襄樊市志

1979–2005

（上）

襄阳市地方志编纂委员会　编

方志出版社
Publishing House of Local Records

图书在版编目（C I P）数据

襄樊市志:1979～2005/湖北省襄阳市人民政府，襄阳市地方志编纂委员会编.--北京：方志出版社，2015.2

ISBN 978-7-5144-1203-1

Ⅰ. ①襄… Ⅱ. ①湖… ②襄…Ⅲ. ①襄樊市-地方志-1979～2005 Ⅳ. ①K296.33

中国版本图书馆CIP数据核字(2014)第039898号

襄樊市志（1979～2005）

编　　者：湖北省襄阳市人民政府　襄阳市地方志编纂委员会

责任编辑：黄彦　罗滔　冯松

出 版 人：冀祥德

出 版 者：方志出版社

地址　北京市朝阳区潘家园东里 9 号（国家方志馆四层）

邮编　100021

网址　http://www.fzph.org

发　　行：方志出版社发行中心

（010）67110500

经　　销：各地新华书店

法律顾问：北京高文律师事务所

印　　刷：襄阳大唐彩印包装有限公司

开　　本：889X1230　　1/16

印　　张：225 印张

字　　数：5500千字

版　　次：2015 年 2 月第 1 版　　2015 年 8 月第 1 次印刷

印　　数：0001～3000册

ISBN　978-7-5144-1203-1/K·978　　定价：1280.00元

资料截止时间：2005年12月

襄樊市行政区划图

制图：张光杰

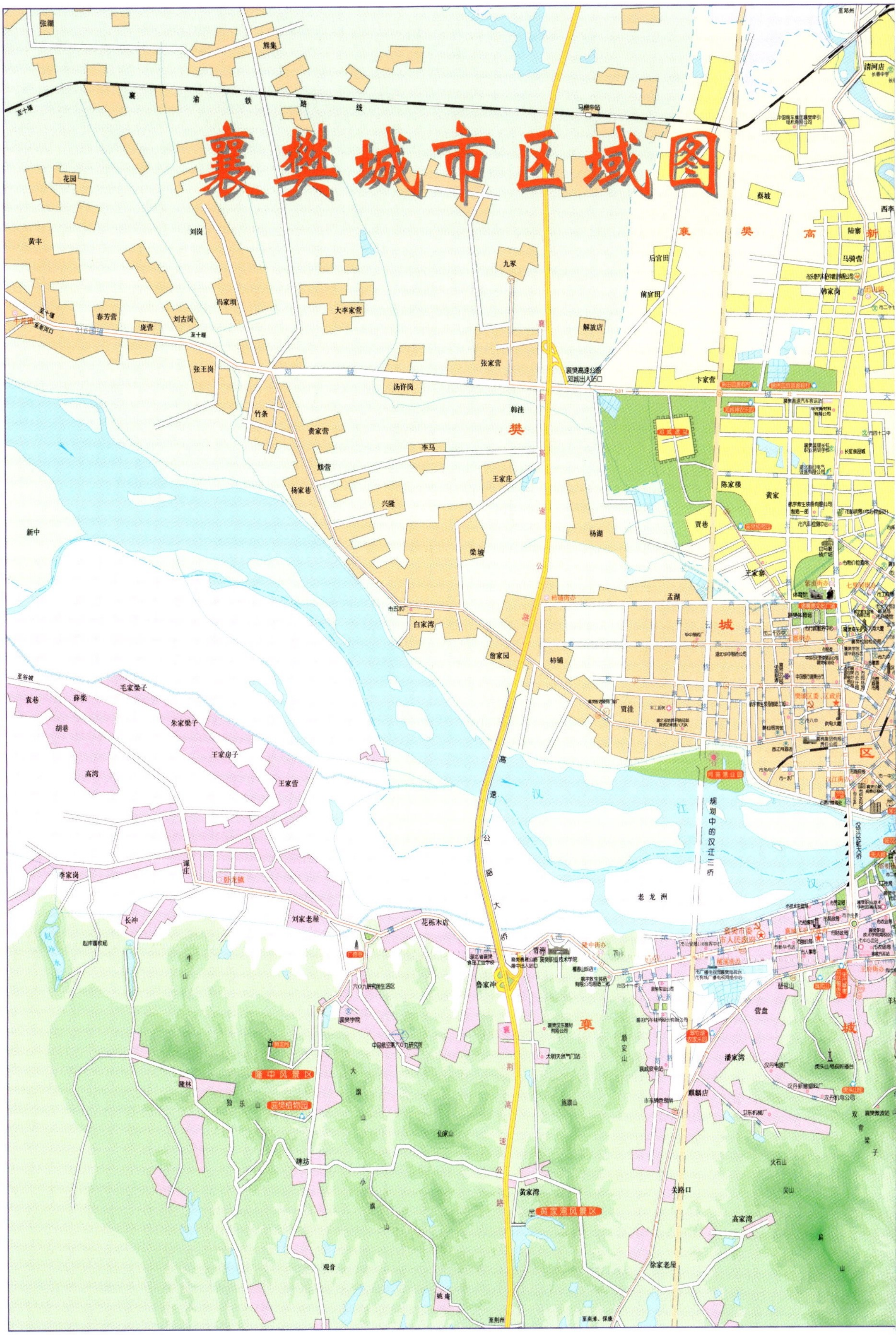

资料截止时间：2005年12月

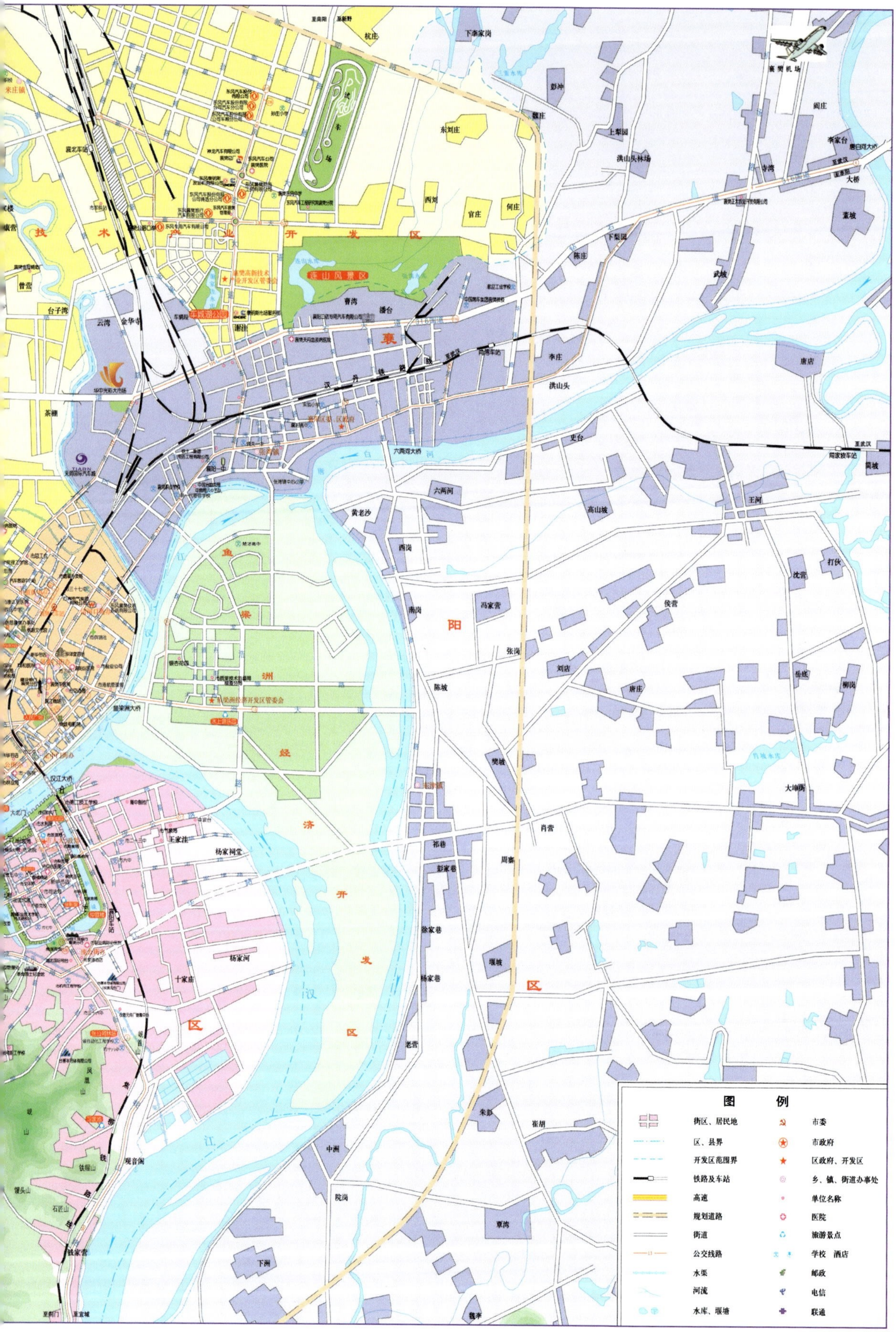

图例
街区、居民地
区、县界
开发区范围界
铁路及车站
高速
规划道路
街道
公交线路
水渠
河流
水库、堰塘
市委
市政府
区政府、开发区
乡、镇、街道办事处
单位名称
医院
旅游景点
学校 酒店
邮政
电信
联通
襄阳区
鱼梁洲经济开发区
技术产业开发区
汉丹铁路
襄樊机场
试车场
连山风景区
六两河大桥
汉江大桥
汉江
唐店
王河
张岗
刘店
肖营
周寨
中洲
院岗
下洲
杨家河
十家庙
王家洼
杨家祠堂
观音阁
铁佛山
铁炉营
羊祜山
岘山
曾营
台子湾
云湾
金华寺
东刘庄
西刘
官庄
何庄
陈庄
李庄
洪山头
史台
高山坡
黄老沙
西岗
南岗
冯家营
陈坡
唐庄
侯营
沈营
打伙
岳庄
柳岗
樊坡
大埠街
祁巷
彭家巷
徐家巷
杨家巷
老营
堰坡
朱彭
崔胡
覃湾
翟岑
寺湾
薰坡
武坡
阎庄
李家台
上梨园
下梨园
洪山头林场
下汤家岗
杭庄
菁湾
潘台
谢洼

制图：张光杰

襄 樊 市

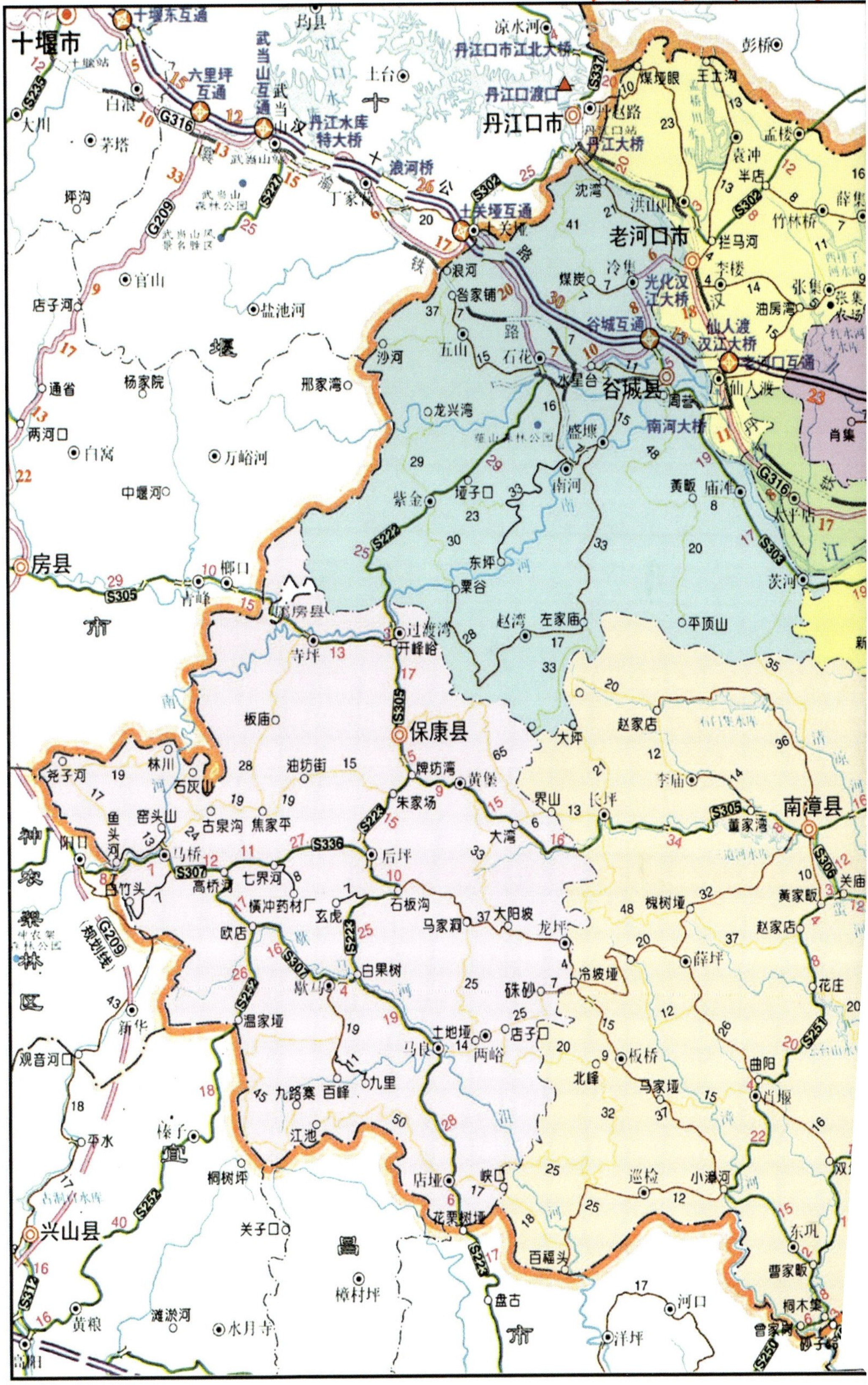

资料截止时间：2005年12月

交通图

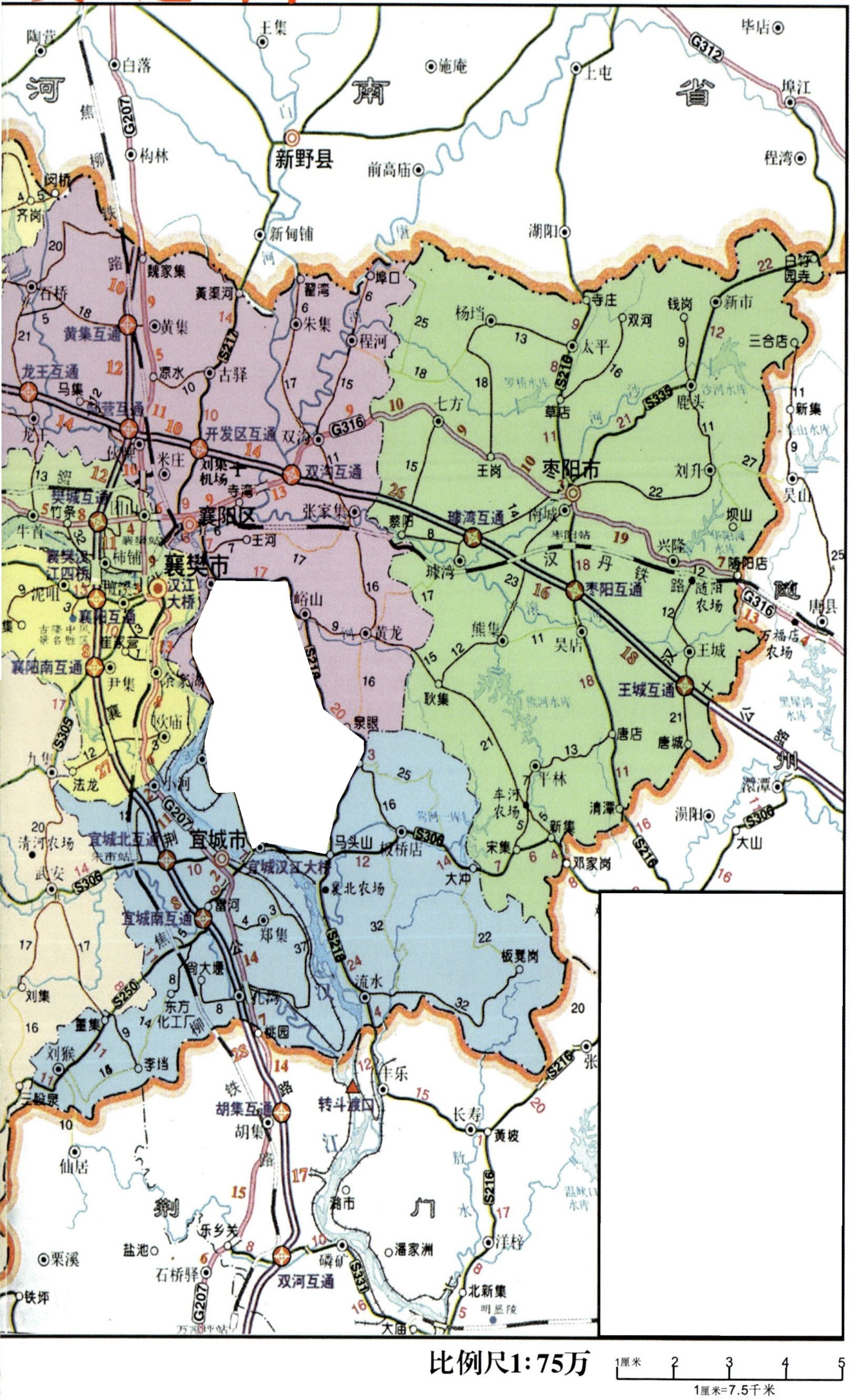

比例尺1:75万

1厘米=7.5千米

制图：张光杰

资料截止时间：2005年12月

襄樊市旅游景区分布图

制图：张光杰

20世纪90年代,襄樊市城区全景鸟瞰

20世纪80年代,襄阳城临汉门城楼

2005年,襄阳古城夜色

1991年，襄阳城中心的昭明台夜景

20世纪90年代，樊城山陕会馆

2001年7月16日，诸葛亮铜像在诸葛亮广场吊装成功

1986年，襄樊第四水厂在襄阳新城湾建成

1988年12月，风神大厦竣工

1991年，全面整修后的襄樊汉江一桥

1991年，改建后的仿古一条街——襄阳北街

1991年11月，改建后的襄阳公园

1992年5月1日，汉江襄樊长虹大桥建成通车

1981年，湖北飞龙摩擦密封材料股份有限公司生产车间建成投产

1990年10月16日，东风襄樊基地汽车试车场竣工

襄樊市提花织物厂改制为冠鑫提花纺织有限公司

东风汽车股份有限公司生产的东风轻型卡车
（1997年6月28日第一辆1.5吨东风轻卡下线；1998年生产轻卡18 202辆）

1998年，襄樊热电厂三期工程完成

1999年9月25日，襄樊火电厂竣工

2000年，军转民的际华3542纺织工厂

2000年，东风康明斯柴油发动机生产线建成投产

20世纪初，东风德纳车桥有限公司生产的车桥产品

2004年9月29日，“天籁”轿车在风神襄樊汽车有限公司下线

“天籁”轿车停车场

2003年8月22日，第10万辆“风神-蓝鸟”轿车在东风襄樊基地下线

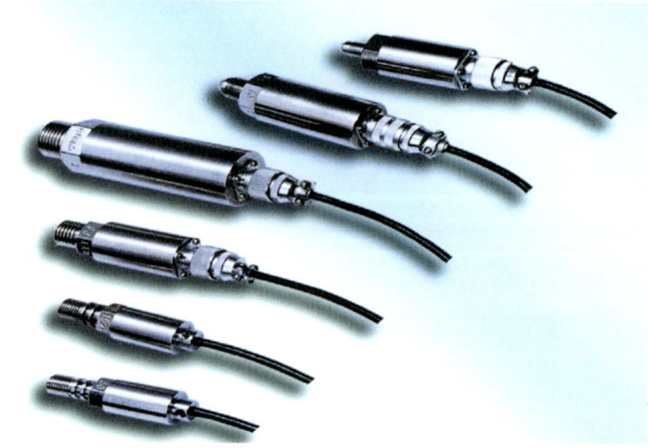

20世纪90年代，湖北泰和电气公司生产的压力测感A2

1984年10月27日，位于襄樊市余家湖处的汉江输油管桥竣工

1989年12月14日，襄樊刘集飞机场正式通航启用

20世纪90年代的襄樊火车站

21世纪初,改扩建后襄樊火车站夜景

2001年6月，襄樊火车站11643平方米高架候车厅竣工

2003年12月，位于襄樊市伙牌镇部营村的襄十、襄荆高速公路互通竣工

2005年6月，222省道谷城薤山路段

2005年6月，223省道保康县红崖寺路段

1997年，购置的信函分拣机

1997年，购置的包裹分拣机

20世纪90年代,邮政三农服务站

20世纪90年代，保康县的香菇生产

21世纪初，张集农场优质水稻

21世纪初，枣阳小麦丰收

21世纪初，谷城山药

21世纪初，枣阳大仙桃

21世纪初，谷城五山镇堰河村景

2005年，市农科院 水稻测土配方施肥“3414”试验田

20世纪90年代，保康后坪詹家坡村，树龄1300年的光叶榉

20世纪90年代，南漳李庙千年银杏树

20世纪90年代，保康小勾儿茶

20世纪90年代，保康县欧店自然保护区生长的国家一级保护植物红豆杉

20世纪90年代，保康九路寨生长的国家一级保护树种珙桐（鸽子树）

1983年冬，清除行水障碍后的长渠（白起渠）渠道

1992年6月，引丹工程清泉沟泵站建成通水

1993年7月，枣阳石台寺泵站二级站出水塔竣工

1999年8月，谷城白水峪水电枢纽工程竣工

1999年3月，保康过渡湾水电枢纽工程竣工

2005年，襄樊学院

2005年，襄樊职业技术学院

2005年，湖北省重点高中襄樊四中

1998年,湖北省重点高中襄樊五中

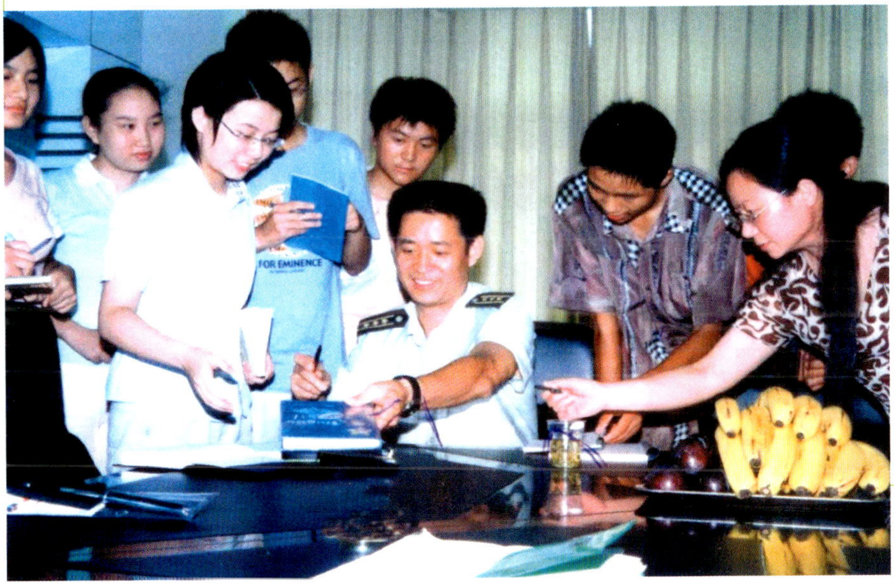

2005年,航天英雄聂海胜与枣阳一中师生在一起

2005年,襄樊革命烈士纪念塔

21世纪初，革命传统教育基地——老河口袁书堂纪念馆

20世纪90年代，襄樊革命烈士纪念馆

1991年，爱国主义教育基地——宜城张自忠将军纪念馆

21世纪初，东风旅行车公司自主研发生产的国内一次充电续航里程最长的纯电动客车

21世纪初，华光新材料有限公司研制生产的新型玻璃材料

21世纪初，弧焊机器人

21世纪初，老河口民间艺人陈义文制作的木板年画（1）

21世纪初，老河口民间艺人陈义文制作的木板年画（2）

21世纪初，襄樊市地书爱好者在米公祠前开展地书活动

21世纪初，老河口木板年画传承人陈义文在制作木板年画

21世纪初，老河口丝弦演奏

21世纪初，襄阳黄龙镇楚王城遗址——西周夯土城墙

21世纪初，保康县明清时代洞寨遗址

21世纪初，清代樊家寨遗址

21世纪初，枣阳新市清代傅家祠堂

21世纪初，谷城南河石家场清代民居

21世纪初，南漳板桥冯家湾明代冯氏民居门前的石鼓

1979年，征集到的西周晚期邓公牧铜簋

21世纪初,南漳板桥冯家湾明代冯氏民居木质浮雕

2002年，枣阳郭家庙墓地出土的春秋早期卷体龙纹铜壶

1981年4月，襄樊市郊团山出土的西周晚期侯氏孟姬铜簋

2002年，枣阳郭家庙出土的春秋早期龙纹铜器座

1990年，宜城楚皇城出土的战国晚期铜带钩

1991年，襄樊市郑家山出土的战国晚期四足方铜鼎

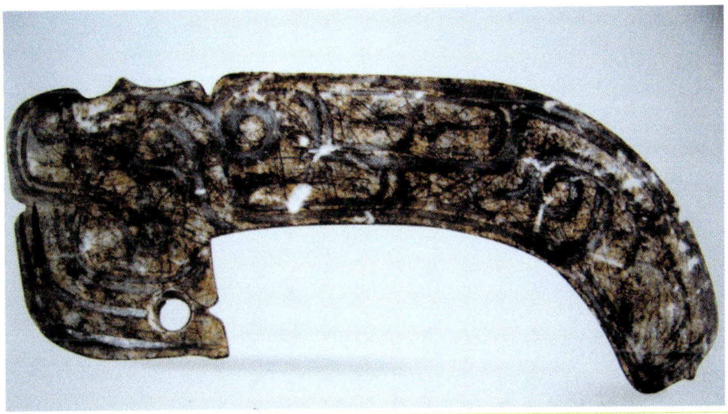

2002年，枣阳郭家庙出土的春秋早期龙形玉佩

2005年，襄樊高新区沈岗墓地出土的春秋晚期龙纹玉佩饰

南漳薛坪古佛洞中的清代石刻造像

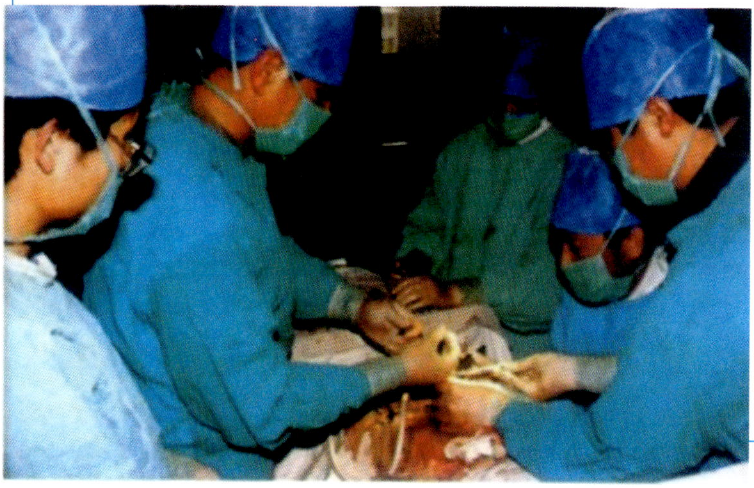

1989年12月21日，市中心医院在襄樊市成功实施同种异体肾移植手术

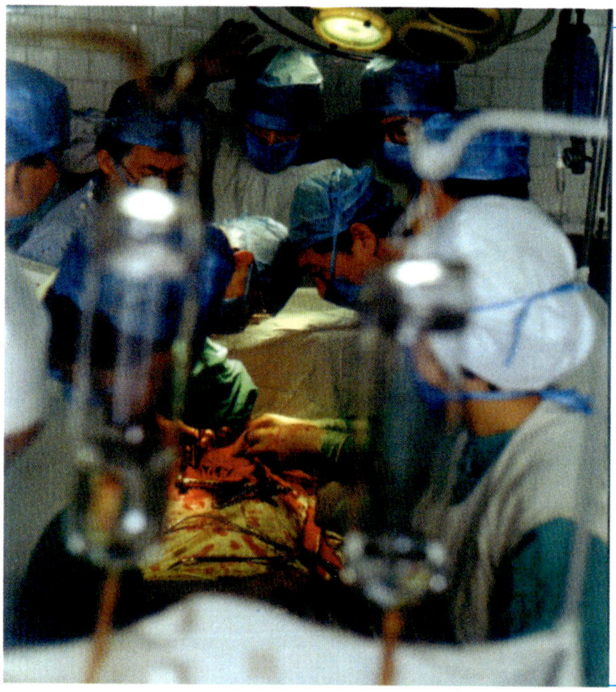

1999年6月25日，襄樊市中心医院心胸外科在协和医院教授指导下，为一位冠心病患者成功地实施了心脏冠状动脉搭桥术

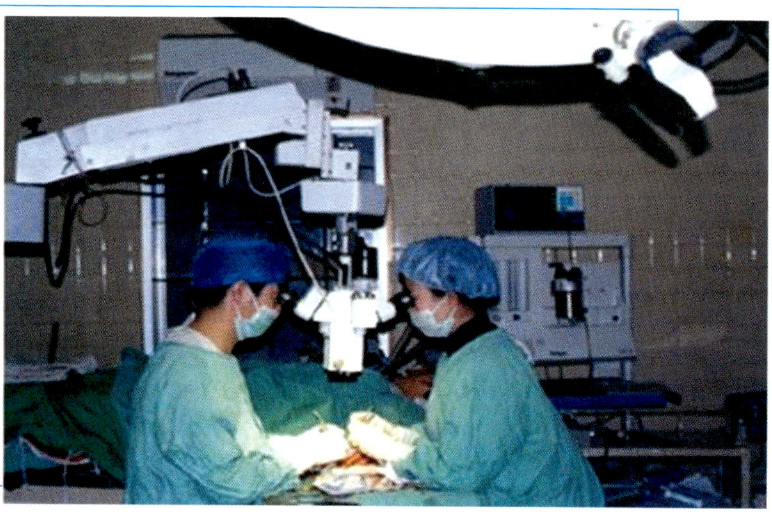

2001年，市一医院手显微外科断肢再植手术

21世纪初，襄樊市中心医院

2003年9月28日，社会各界群众万人在市人民广场参加无偿献血签名活动

21世纪初，襄樊市第一人民医院

21世纪初，襄樊职业技术学院日本东芝医疗医学影像实训基地

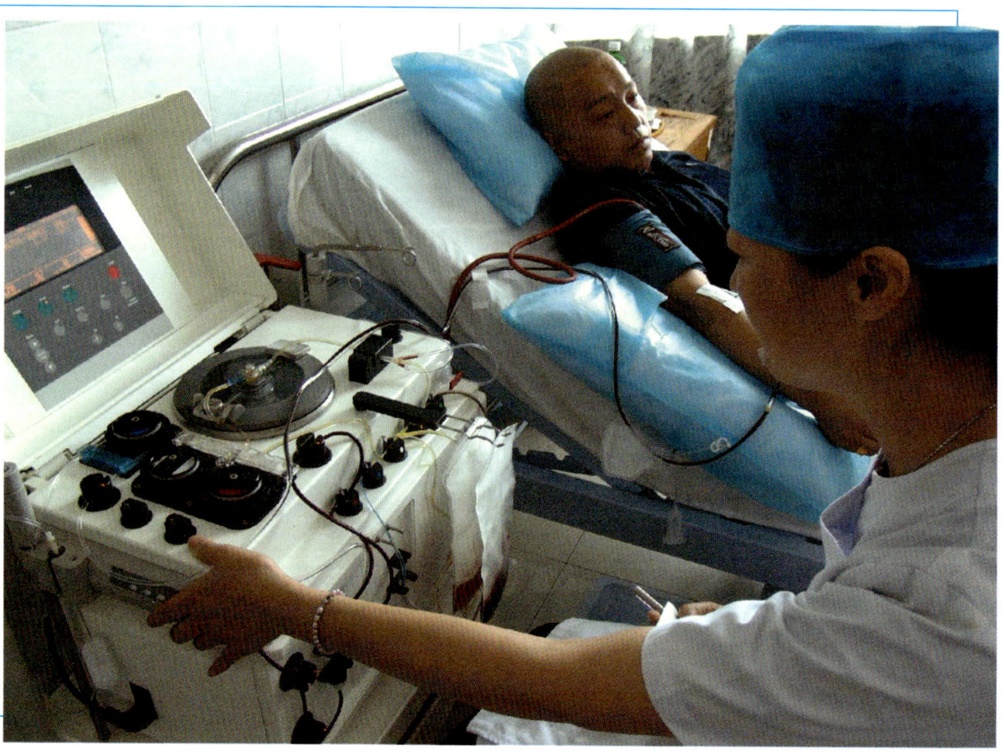

2004年，襄樊市中心医院开展首例自体干细胞移植治疗白血病

1980年，襄樊体育馆建成

1986年，汉城第十届亚运会襄樊籍运动员工新乐（倒数第二）获得赛艇金牌

1988年9月，汉城奥运会襄樊籍运动员周秀华（右三）和张亚黎（右二）获赛艇项目8单有舵第3名

1993年，建成的占地128亩、建筑面积21 000平方米的襄樊体育场

1997年，刘宝根（左三）在全国第八届运动会上获8人单桨有舵冠军

1996年,庆祝全民健身计划纲要颁布一周年襄樊少儿体操表演

1996年6月10日，庆祝全民健身计划纲要颁布一周年在人民广场群众健身表演

20世纪90年代，隆中牌坊

20世纪90年代，隆中诸葛武侯祠

20世纪90年代，隆中三顾堂

20世纪90年代，襄阳仲宣楼

20世纪90年代，习家池

20世纪90年代，樊城米公（米芾）祠

20世纪90年代，襄阳明王府绿影壁

20世纪90年代，襄阳广德寺多宝佛塔

20世纪90年代，襄阳鹿门寺

20世纪90年代，樊城水星台

20世纪90年代，襄阳真武山道观

21世纪初，襄阳黄家湾诸葛亮夫人黄月英塑像

20世纪90年代，南漳水镜庄

20世纪90年代，谷城承恩寺

21世纪初，南漳山寨黄林寨

21世纪初，南漳山寨春秋寨

21世纪初，南漳龙王峡

21世纪初，保康县五道峡风景

20世纪90年代，枣阳白水寺

20世纪90年代，谷城薤山风景区

《襄樊市志（1979—2005）》历届编纂委员会及办公室负责人名单

襄樊市地方志编纂委员会（2000 年）

主任委员　罗　辉
副主任委员　赵成霖　尚立学　曹敬兰
委　　员　李跃华　路德林　段明贵　周祖锐　张庆国　李厚涛
　　　　　张永远　杨同昭　马新南　黄刚亮　余天军　赵瑞华
　　　　　余国成　王文清　戴学青
办公室主任　余国成
副　主　任　王文清　戴学青

襄樊市地方志编纂委员会（2003 年）

主任委员　傅明珠
副主任委员　赵成霖　陈文海　尚立学
委　　员　李跃华　梁建华　段明贵　梅晓英　张庆国　张永远
　　　　　胡颐新　周清义　余天军　文治金　余国成　戴学青
　　　　　李纲平
办公室主任　余国成
副　主　任　戴学青　李纲平

襄樊市地方志编纂委员会（2005 年）

主任委员　李德炳
副主任委员　陈文海　欧阳万坤　刘觉民　赵双桂　黄大国
委　　员　马升云　陈天国　李玉芳　张金良　梁建华　王廷兴
　　　　　柳维志　吴长华　郑忠华　李德璋　严　勇　胡颐新
　　　　　李万友　余天军　彭广全　岳兴平　陈万波　程宝清
　　　　　陈丰林　施李国　卓　越　丁曼珞　杨述明　刘金元
　　　　　林发明　裴　宁　戴学青
办公室主任　裴　宁
副　主　任　戴学青

襄樊市地方志编纂委员会（2009年）

名誉主任	唐良智
主任委员	李新华
副主任委员	陈文海　施真强　罗琼玖　吴长华　孙景明
委　　员	李肃清　尚明洋　陈天国　李光河　叶长卫　聂贵生
	薛传武　金世国　王祖瑛　王廷兴　李成运　柳维志
	王忠运　李德璋　陈东灵　雷明安　胡颐新　余天军
	李　菲　乔海林　白光德　王少明　郭发友　曾进生
	邓卓海　邹洪成　张丛玉　严　勇　陈乐一　林芳立
	郭　静　王万清　李秀普　黎国平　彭占银　闫　敏
	李万友　佘秀强　彭广全　周建元　刘智勇　周海涛
	唐启楹　王安明　张文运　汪厚安　周森峰　王世荣
	李焕珍　叶　丛　艾文金　王　军　袁德芳　项晓峰
	刘金元　曾玉平　汪　云　戴学青　张　俭
办公室主任	叶长卫
副主任	汪　云　戴学青　张　俭

襄阳市地方志编纂委员会（2012年）

名誉主任	范锐平
主任委员	别必雄
副主任委员	虞国旗　岳兴平　罗琼玖　陈洪基
委　　员	胡颐新　尚明洋　李光河　叶长卫　薛传武　彭志新
	杜　军　王廷兴　孔凡才　吴传虎　张劲松　葛秀全
	李　诗　郭发友　范景玉　郭雅琴　李　菲　乔海林
	白光德　李焕珍　曾进生　沈雪香　邹洪成　严　勇
	陈乐一　林芳立　郑玉清　叶传辉　李斯成　黎国平
	黄　斌　杨国林　郭　毅　周建元　周海涛　吴天植
	王安明　邱承金　何　飞　郭　静　王　鹏　张世伟
	龙小红　郑德安　王士金　刘　强　胡　军　李德璋
	曾玉平　金保樊　孙天银　汪　云　张　俭
办公室主任	叶长卫
副主任	孙天银　汪　云　张　俭

襄阳市地方志编纂委员会(2013 **年**)

名誉主任	王君正					
主任委员	别必雄					
副主任委员	王兆民	岳兴平	罗琼玖	陈洪基		
委　　员	胡颐新	王少明	黄洪斌	苏超时	彭志新	杜　军
	王廷兴	孔凡才	江万丰	吴传虎	张劲松	葛秀全
	李光河	李　诗	郭发友	范景玉	田新柱	李　菲
	乔海林	白光德	李焕珍	曾进生	沈雪香	邹洪成
	严　勇	李晟任	林芳立	郑玉清	尚显强	伍义兵
	李斯成	黎国平	黄　斌	杨国林	文廷全	郭　毅
	周建元	周海涛	吴天植	王安明	邱承金	何　飞
	郭　静	王　鹏	张世伟	龙小红	郑德安	王士金
	刘　强	刘智勇	李德璋	曾玉平	金保樊	汪　云
	陈太宇	赵乾文				
办公室主任	江万丰					
副 主 任	汪　云	陈太宇	赵乾文			

《襄樊市志(1979－2005)》历届总纂委员会成员名单

第二届《襄樊市志(1979－2005)**》总纂委员会**(2009 **年**)

总　　纂	李新华					
常务副总纂	施真强					
副 总 纂	李肃清	陈天国	叶长卫	谢春修	杜　军	晋宏忠
	魏平柱	毛运海	冯毓奎	叶　植	袁天斌	石雄斌
	乐大华	安良海	马善记	李俊勇	郭宗旭	徐　钊
	魏新生					

第二届《襄樊市志(1979－2005)**》总纂委员会**(2012 **年**)

总　　纂	别必雄
常务副总纂	虞国旗

第二届《襄樊市志(1979－2005)》总纂委员会(2013年)

《襄樊市志(1979－2005)》总编室

《襄樊市志(1979－2005)》初稿各卷撰写人员

大事记	高健 姚景灿 赵宗勤 杨家龙 吕梅 徐全卫
卷一 建置区划	杨宜城 李仕华 牛爱平
卷二 自然环境与环境保护	尹同生 刘玉忠 李瑛 彭举华 李德亮 董迎波 刘唐 李浩
卷三 人口	朱本泽 李艳 宋诗杰 郑新富
卷四 城乡建设与管理	刘全福 郑永强 李守仁
卷五 经济综述	乐大华
卷六 交通	贾衔 方章召 肖萍 吴晓云 崔卫东 张帮华 赵世全 王宏伟 唐兴 耿朝欣 谢春 陈勇
卷七 邮政、电信	沈乐 雷红英 程捷 陈水源 姜庆光 李道南 吕品 黄星 张贵平 李文斌 曾爱华 段慧勇 黄茂松
卷八 金融	陈万和 许波 杨茂全 王学林 刘光宙 韩维正 周德清 卢凯国 潘祥仁 刘波 谢转义 王学国 汪建平 卢永全 王劲松 杨永汉 张琴 陈水源 陈娉 弋兴海 金飞 谢平 褚正平 罗涛 胡书钦 王芹 朱建培 杨君兰 刘文 望英 杨宇华 刘蓓 余蓉艳 陈岚 唐绍华
卷九 农业	吴万里 齐玲 曾俊 杨道华 张家洪 鲁波 余维 汪艳丽 章治国
卷十 林业	魏新生
卷十一 水利	李德亮 冯荣甫 董迎波
卷十二 工业	徐岘峰 徐乐丹 江宁 徐春林 陆政林 刑正东 洪玉飞 尹探宇 游家军 何俊 朱成龙 祝艳
卷十三 国内贸易	龙通湖 陈新生 王秉华 田关超 龚成斌 刘元成 傅立翰 王娟 陈海 樊春华 王恩涛 胡滨 郭金学 彭东湖 彭广明 杨敏琼 李楠
卷十四 对外经贸和港澳台贸易	王秉华 李瑞萍 万春安 赵建 彭宏志 李明刚 王传宝 刘显仁
卷十五 旅游业	何文煊 贾光明 李玲
卷十六 财政税务	马善记 顾军 方小玲 曾和权 刘珩 李小波 张兴汉 宋晓舟 席其林 余永锋
卷十七 经济综合管理	刘世荣 李地宝 刘艳涛 胡晓华 张亚洲 乐大华 涂家国 孙秀慧 汪群章 袁军 盖海波 武俊岭 李万智 李进 郭华 赵晖 严克友 张爱武 刘爱军 胡平 董建军 王华光 刘志宏 陈志军 秦晨辉 李岭 白四新 刘艳 闫艳君 许昌群 杨汉东 刘旭瑞 曾进生 尹同生 刘玉忠 李瑛 尚同志 马善记 李兆琴 陈宏斌
卷十八 中国共产党襄樊地方组织	徐耀坤 高剑峰 陈朝根 杜明忠 程元银 马忠斌 徐平 蒋双成

	徐晓英 王　畅 王廷兴 喻　毅 雷　兵 谢小玲 李小波 马文林
	宋华军 俞洪颖 张士勇 邓少林 孙天银 赵乾文 张承武 任茹芬
	陈怀林 陈三星
卷十九 襄樊市人民代表大会	刘长斌 谢　军 刘　斌 杨　军 陈海波 王晓龙 李秀桦
卷二十 襄樊市人民政府	范　黎 姚景灿 卢艳弟 朱建国 徐全卫 冯小东 张绪萍 周红艳
	吕　梅 蒲云惠 王　平 杨家龙 郭襄义 郑新富 郭　炜 段兰锦
卷二十一 襄樊市人民政协	夏宝泉
卷二十二 民主党派	赵秉红 代　湉 吕忠泽 杨昌红 姚从升 王家发 关学贵 胡　洋
	刘天智 杜晓娟
卷二十三 人民团体	郭燕邕 彭天武 司应奎 费建春 曾月成
卷二十四 军事	徐　钊 陈贵芳
卷二十五 法治	伍华钢 姜敬赋 朱　勇 鲍　曼 杜旭辉 李　勇 何　伟 龙文杰
	史春玲 王　豪 谭志青 雷峻琳 杜跃峰 吴本权 刘启文 兰　涛
	张新兴 张洪涛 粱平安 王　建 胡逢波 焦运青 乔明唐 宋华军
	张心爽 赵四平 钟启军 刘　林
卷二十六 民政	杨宜城 杜柳桦 齐善文 焦向东 吴　群 刘亚新 冯传旺 袁婧芳
	王法涛 王焕章 邓先锋 宋凌雁 郑　会 刘宝春 兰　宁 贾荣亮
	徐　辉
卷二十七 劳动、人事	桂汉祝 王耀丽 袁泽阳 陈红岩 黄永新 叶家齐 邹远成 段占惠
	水福生 郭元玲
卷二十八 教育	安良海 付清林 李国儒 沈国清 贾勇贞 李　杰 范修启
卷二十九 科学技术	龚为军 孟燕琴 郑红梅 田　英 赵学芬 郭宗旭 黄学芬
卷三十 文化	舒振宏 李　娜 赵　阳 柴成生 叶惠勤 苏学武 孔祥福 李翼鹏
	邓　涛 安　铭 梅笑雪 胡秋明 张雅萍 庞建军 郑永强 李　娜
	高　军 任　伟 王沪醒 雷剑朝 马汉江 邹　劲 张　靖 陈　昆
	周　婷
卷三十一 医药卫生	王永富 贾赞琴 纪华平 王　哲 熊志进 陆利军 李　楠 丁建新
卷三十二 体育	闫金学 陈东升 韩振阳 李佳锋 莫春阳 朱兴菊 王　静 胡雪峰
卷三十三 精神文明建设	郭宗旭
卷三十四 社会生活	程元银 王　玉 郑新富 邹会生
卷三十五 县（市）区概况	陈佑明 徐林军 肖明忠 彭　艳 程　静 张建成 刘　超 傅立新
	严　俊 傅志刚 周建宏 廖光学 蔡念东 杨海松 李明全 王　燕
	路学党 吕志士 曹金成 陈　勇 习瑞芳 张志富 吴存文 李光辉
	胡霞喜 刘　芳 王均祥 贺宝峰
卷三十六 人物	杜明忠 老干局及市直有关单位、各县（市）区史志办公室
附录	李德亮 晋宏忠 魏平柱
图片供稿	交通局 林业局 军分区 民政局 建委 经委 史志办 水利局 农委
	科技局 卫生局 体育局 教育局 高新区 文旅新局 张光杰 李俊勇
	颜京利

序(一)

习近平总书记于2014年2月25日考察首都博物馆时强调:“要在展览的同时高度重视修史修志,让文物说话、把历史告诉人们,激发我们的民族自豪感和自信心,坚定全体人民振兴中华,实现中国梦的信心和决心。”这对我们修志工作既提出了新的要求,也指明了前进方向。

地方志书作为全面系统地记述本辖区自然、政治、经济、文化、社会等历史与现状的标准性、基础性文献,既有“存史”功能,“可补史之缺,参史之错,详史之略,续史之无”,为后人留下真实、全面、客观、系统的资料;也有“资政”功能,能够为科学决策提供历史借鉴,可谓“资治宝鉴”、“致用之书”;更有“育人”功能,能够为文化传统教育提供可靠可信的权威性教材。

襄阳历史悠久,修好志书是每代人的责任所在。“盖地据荆郢之上游,为宛洛之门户,自古为雄郡。然古今郡县或因时会而易其名,或因地利而徙其所,惟襄郡自魏晋以降,名莫与更,城莫迁改。宇内最古之郡亦莫襄阳若矣”。地处汉江中游的襄阳,是中华民族最早开发的区域之一,早在60万年前,就有人类在这片丰饶的土地上繁衍生息。周宣王元年(前827),周宣王封仲山甫于樊,樊城由此建城而得名。襄阳建制于汉初,自东汉初平元年(190)荆州刺史刘表徙治所于襄阳,建安十三年设襄阳郡,始终为历代州、郡、路、府、道、县治所。漫长的历史进程中,勤劳智慧的襄阳人民谱写铸就了辉煌的历史篇章。修好当代志书,是薪火相传前人的心愿,也是对后世留存有据可查的历史。

襄阳文化灿烂,修好志书是所有襄阳人的无尚荣光。作为龙兴之地、智慧之城,千百年来人文荟萃、钟灵毓秀。中国历史上十大圣君刘秀起兵舂陵,开启光武中兴盛世;中华“智圣”诸葛亮在这里隐居躬耕十年,以《隆中对》拉开波澜壮阔的三国文化序幕;汉水女神现身老龙洲的传说,衬托了襄阳作为汉水文化核心区的厚重文化底蕴。历史上众多著名文人墨客都曾在襄阳留下了许多脍炙人口的名篇佳句。帝乡、古城与汉水文化、三国文化等文化形态交相辉映,相得益彰,勾画出让人易辨难忘的“一城两文化”鲜明底色。修好当代志书,既是延续文化根脉的内在要求,也是文化创新的必然选择。

襄阳区位重要,修好志书是利己、利人、利长远的功德事业。三千里汉江,精要在襄阳。素有“南船北马,七省通衢”之称的襄阳,在汉、唐、明、清等多个时期,都是沟通南北、连接东西的物资集散地和商贸中心,数度成为区域性中心城市。随着汉襄十城际铁路、郑渝重载铁路的建设,机场的升级扩建,高速公路网的加密,汉江航道的综合整治,襄阳“铁水公空管”多种交通运输方式无缝对接、综合联运换乘便捷的独特优势日益显现。立足中国地理大格局,经营和图治襄阳,已超出了局部地域性而具有全局性战略意义。修好当代志书,既是自身发展的现实需要,也是区域社会的客观要求。

“治天下者以史为鉴,治郡邑者以志为鉴”。《襄樊市志(1979—2005)》是继1994年《襄樊市志》编纂出版后又一部最完备的志书。全志用唯物史观全面记述了改革开放以来襄阳境内发生的深刻社会变革、社会进步、经济发展和人民生活,具有鲜明的时代特点和地方特色。该志不仅凸显了襄阳人民在新的历史征程中解放思想、开拓进取、团结奋斗、顽强拼搏,倾力建设新襄阳的精神风貌,也高度体现了“千古帝乡,智慧襄阳”的地方性特色。在新的历史起点上,编纂改革开放以来的地方志书,为后世存宝鉴,备施政者观览,供人民学以致用,影响不可谓不深远。

修志工作是继往开来、垂鉴后世的重大工程。《襄樊市志(1979—2005)》卷帙浩繁,篇幅巨大。全体编修人员多年如一日，伏案劳作，倾智尽力，完成了这项光荣而艰巨的重大工作。藉此，向所有参与编纂志书的专家、学者和同志们，致以崇高的敬意，表示衷心的感谢！

当前，襄阳正依托湖北省域副中心城市的政治优势，致力打造经济发达、文化繁荣、法治优良、功能完善、生态一流、人民幸福的汉江流域中心城市，引领和带动汉江生态经济带新一轮开放开发。希望全市广大干部群众深入学习利用志书，了解襄阳历史，研究襄阳市情，投身襄阳发展，为开创襄阳更加美好未来做出新的更大贡献。

中共湖北省委常委
中共襄阳市委书记
襄阳市人大常委会主任

2014 年 8 月

序(二)

中华民族素有优良的修志传统。襄阳具有2800余年的建城史,历来重视地方志书的编修。全面反映襄阳改革开放26年历史的大型资料性工具书——《襄樊市志(1979—2005)》,历经近8年的编纂,今天问世了。这是文化襄阳建设的一大丰硕成果,是我市修志史上的一件大事,可喜可贺!

修志问道,以启未来。地方志书是传承中华文明、发掘历史智慧的重要载体,具有存史、资政和育人的功能,是了解一个地方自然风貌、经济发展、政治文明、风俗民情等重要的参考资料。襄阳在历史上曾多次修志,从东晋习凿齿编纂《襄阳耆旧记》至清光绪十二年(1886)王万芳修订《襄阳府志》,共21部之多。中华人民共和国成立后,原中共襄阳地委、襄阳地区行政公署编纂《襄樊市志(1886—1985)》于1994年12月出版。为了弘扬中华民族的优良传统,传承襄阳的历史文脉,从2000年起,我市根据全国地方志工作会议精神和湖北省二轮修志统一部署,开始续修的前期工作。先后举办4期修志培训班,动员全市各部门、各单位广泛搜集历史文献和档案资料,完成了一批专业志、部门志及专题资料汇编,为市志的续编奠定了坚实的基础。2006年2月,全市修志工作全面启动。2009年7月,正式成立了第二届《襄樊市志》(1979—2005)总纂委员会。为加快市志编纂进度,全体编纂人员夜以继日,辛勤笔耕,字斟句酌,数易其稿,终于成此洋洋巨帙。

《襄樊市志(1979—2005)》门类之齐全,内容之丰富,采编之审慎,文字之凝练,堪称"襄阳百科全书"。全书除序、志首图片、凡例、大事记、总述、附录、索引和编后记外,共36卷、计600余万字。该志真实记录了改革开放26年间襄阳的历史巨变,全面展示了襄阳建设与发展的辉煌成就,也集中体现了襄阳人民奋发有为的精神风貌。该志是各级领导干部了解市情的珍贵史料,科学决策的历史借鉴;是社会各界研究地方历史,开展爱国主义、革命传统教育的权威性重要文献。

《襄樊市志(1979—2005)》的编纂工作自启动至成书,凝聚了市委、市政府和市地方志编纂委员会以及全市各相关部门太多的关心和厚爱,全体编纂和审稿人员更为之付出了大量心血。同时,本书的出版还得到中国地方志指导小组等部门的关心和支持,得到湖北省地方志编纂委员会的具体指导和帮助。值此志书问世之际,我谨代表襄阳市人民政府,向所有参与、关心和支持本书编纂出版的同志们、朋友们表示衷心的感谢!

开发利用志书,是马克思主义历史唯物观的基本要求。方志既是经世致用之作,又是惠及子孙之本;修志之日,即是用志之时。地方志是"官修"之书,具备高权威性、高可信度、大信息量等特征,使用价值十分丰富,主动进行开发利用,是时代的新要求。当前,全市上下正在加快建设汉江流域中心城市,该志的出版为襄阳的科学发展提供了宝贵的史证资料。"以古为镜,可以知兴替"。每一届政府都在继承着历史、开创着未来。希望全市各级各部门认真学习好、利用好这部志书,从中汲取营养、受到启迪,继往开来、奋发进取,持续推进改革创新,在加快建设汉江流域中心城市的历史进程中谱写改革发展的新篇章,创造无愧于时代的新业绩。

是为序。

中共襄阳市委副书记
襄阳市人民政府市长 别必雄

2014年8月

前　言

“方志”一词最早见于《周礼·地官·诵训》:“诵训,掌道方志,以诏观事”。“方”指地方、方域;“志”就是记载、记述。地方志书是全面记述一个地方自然、政治、经济、文化与社会生活等各个方面历史与现状的科学性著述,被誉为“一方之全史”“地方性百科全书”“地情资料库”。从广义上讲,方志属于历史学范畴。然而,“志”体和“史”体又有质的区别,“史远而志近”“史专而志广”“史简而志繁”“史主论述、志著广征”。

我国历代志书都曾进行过比较严格的规范。至宋代,志书编写开始遵从统一的基本原则;至明代,朝廷颁布有《纂修志书凡例》等规定;至民国时期,国民政府先后颁发过《修志事例概要》和《地方志书纂修办法》。中华人民共和国成立后,在继承传统方志体例的基础上,全国统一进行了第一届省、地、县三级志书的编纂。2006 年 5 月,国务院正式公布《地方志工作条例》。同时,也正式开启我国各地各级第二届志书的编纂工作。

时代在前进。当今社会各项事业发展迅速,社会分工越来越细,行业门类也更加纷繁复杂,交叉学科和领域日渐居多。一部完整的地方志书不能有大的门类缺项和长的时限空缺;具体到每一项事业本身而言,其始末也必须完整,从发生到现状、从过去到现在,应有过程、有规律。而作为一部地方政府主导编纂的文化类著述,又必须体现出它的政治性、思想性和文化先进性,能够代表一个地方文化的主流方向。同时,编写者必须尊崇事物发展的客观规律性,尊重历史,尊重科学。充分反映出人民群众的智慧、意志和创造精神。进而为一个地方的社会文明进步提供强有力的文化支撑作用。

襄阳历史悠久,人文荟萃,代为州、郡、府、道治所,历来是兵家必争和商贾云集之地。在改革开放新的历史时期,襄阳(时称襄樊)更是发生了翻天覆地的变化,各项事业取得巨大成就。《襄樊市志(1979—2005)》正是以这一重要的历史时期为主线,在 19 724.41 平方公里的辖区范围和 577.23 万人口数量的基础上,从自然、政治、经济、文化和社会生活的多重角度,辑农、工、商、贸、文、教、卫、技、军、政、民、宗教和人物等为 36 卷专志,具序言、志首彩图、大事记、概述、附录、索引、编后记等为一体,以述、记、志、传、图、表、考、录等编纂方法,集中展示襄樊改革开放 26 年波澜壮阔的历史画面,呈现全国历史文化名城、全国魅力城市、全国优秀旅游城市、全国园林城市、全国卫生城市和“三国文化之乡”的襄樊全貌。全体参与编修和审定的相关领导、专家、学者和所有关心支持志书编纂的社会各界人士,惟愿此书真止体现出“总结过去、以史为鉴、开启未来”的志书价值。

襄阳市地方志编纂委员会

2014 年 12 月

凡　例

一、《襄樊市志(1979—2005)》是新中国成立以来襄樊市的第二部市志,是1994年版《襄樊市志》的续编。重点记述1978年12月中国共产党第十一届三中全会召开至2005年12月间政区内所发生的重大事件,客观真实地反映辖区内各项事业的发展历程。以马克思列宁主义、毛泽东思想、邓小平理论、"三个代表"重要思想和科学发展观为指导,遵循实事求是、秉笔直书的原则,以可靠的资料为当世和后代留下一部地方信史。

二、该志在记事时限上与1994年版《襄樊市志》(下限1985年)有重复交叉。其主要原因在于1979—2005年作为一个社会发展阶段是客观存在的,具有不可分割的性质。从叙事存史的全过程及读者阅读的便捷考虑,本志将时限上限定在改革开放发端的1979年。但在某些事件的记述中,为了反映事物发展变化的完整性,上限有所突破。下限定在2005年。

三、全志设志首图片、2序、目录、1记(大事记)、1述(概述)、36卷、附录及编后记。立卷坚持"类为一志"的原则,事类划分一般不受行政隶属关系的限制。卷首一般设无题概述,卷下按"一""(一)""1.""(1)"等分为4个层次。

四、全志采用规范语体文和记述体,除某些专用名称或特殊用字外,一律使用规范的简化汉字。记述形式采用述、志、记、传、录、表、图、照片等形式,以志文为主,重要图片(彩色)集中置于志首,一般图、表,随文附于文中适当位置。文中图表以卷次分别标注序数,如卷一图、表分别标为:图1-1 图1-2,表1-1 表1-2;卷二图、表分别标为:图2-1 图2-2,表2-1 表2-2。其他各卷,依此类推。

五、纪年。民国及民国以前沿用中国传统历史纪年,首次出现时括注公元纪年,例如:宣统三年(1911);民国24年(1935)。1949年10月以后,采用公元纪年。

六、数字书写以1996年6月1日实施的《出版物上数字用法的规定》为准。计量及单位的书写,以国务院1984年2月27日颁布的《关于在我国统一实行法定计量单位的命令》为准,采用中华人民共和国法定计量单位。

七、资料主要来源于全市各地各单位及档案馆、方志办、统计局、旧志、年鉴、专著、报刊等,有些资料来源于口碑,一般不注出处。

八、随州市于1994年从襄樊市划出归省直管,相关时限内事件不予记述。

九、附录包括断限期间地方党政出台的重要文件、法规,旧志勘误,旧志补遗,方言辑录等内容。

十、卷中需要另行说明的编排体例及其他事宜,均见该卷的相关注文。

目 录

卷三 人口

卷四 城乡建设与管理

卷五 经济综述

卷六 交通

卷七 邮政、电信

卷八 金融

卷九 农业

卷十 林业

卷十一 水利

Catalogue

Volume One Construction Division

Volume Two Natural Environment and Environmental Protection

Volume Three Population

Volume Four Urban and Rural Construction and Management

Volume Five Economic Review

Volume Six Transportation

Volume Seven Postal Services, Telecommunication

Volume Eight Finance

Volume Nine Agriculture

Volume Ten Forestry

Volume Eleven Water Conservancy

大事记

1979 年

2 月 2 日　中共襄阳地区纪律检查委员会重建。

3 月 26—29 日　中共襄阳军分区第五次代表大会在襄城召开，与会代表一百六十八人。大会通过中共襄阳军分区第四届委员会作的《紧跟形势，搞好工作重点转移，加速部队民兵建设，为实现四个现代化而努力奋斗》的工作报告，选举产生第五届委员会。

4 月 5 日　中共襄阳地区师范专科学校委员会成立。

4 月　中共襄阳军分区党委组织学习邓小平在党的理论工作座谈会上的讲话，深刻领会四项基本原则的精神实质，深入部队和人武部进行宣讲。

6 月 8 日　中共襄阳地委、地区行政公署、襄阳军分区隆重举行对越自卫反击战、英雄模范报告会。

6 月 20 日　襄樊市从襄阳地区分出，升格为省辖市。中共襄阳地委书记王耀兼任中共襄樊市委第一书记，王清贵任市委书记。

8 月　襄樊市文物普查领导小组成立，文物普查工作开始。

9 月 9—15 日　中共襄阳地委召开常委扩大会议，部署深入开展真理标准问题大讨论。

9 月 29 日　中共襄阳地委下发《关于认真做好农村人民公社收益分配工作》的文件。要求分配工作要体现多劳多得的社会主义分配原则，不要搞“拦头”政策，以鼓励农民的积极性和创造性，让一部分农民先富起来。

11 月 16 日　经国务院批准，随县城关镇从随县划出，设立随州市。光化县老河口镇从光化县划出，设立老河口市。

11 月　根据省委指示，地委决定恢复地委统战部。

12 月 11 日　襄阳地区编制委员会成立，韩永昌任主任。

本年对 6 万名已改造成为劳动者的地主、富农分子及子女改定成分；对历史遗留问题调查核实，为 110 人恢复了中国共产党员党籍；追认烈士或恢复烈士称号 369 人。

1980 年

5 月 15 日　光化、谷城交界处的汉水公路大桥建成通车。

6 月 1 日　《襄樊报》复刊，出试刊号。

6 月　城市公社被撤销，成立街道办事处，为市人民政府的派出机构。

当年夏，襄阳地区地名普查领导小组成立，地名普查开始。

7 月 15 日　襄樊人民广播电台恢复播音。

7 月 24 日　省委第一书记陈丕显检查襄阳地区、襄樊市工业生产情况；接见上海等省（市）支援襄阳地区、襄樊市工业建设的老工人和技术人员，肯定了襄阳地区、襄樊市的经验。

7 月 31 日　襄渝线襄樊至胡家营区段电气化铁路开通。

8 月 22 日　中共中央副主席、国务院副总理、全国政协主席邓小平，前往丹江口考察水利枢纽工程，途经老河口莫家营车站时作短暂停留，在火车上听取了襄阳地委、行署工作汇报。

8月　襄阳地区选举人大代表领导小组成立，具体指导全区建立县、乡人大常委会和县人民代表直接选举工作，胡久明任组长。

9月　国营520厂阻力7—1阻力伞荣获国家银质奖、歼八飞机救生系统（救生—11）荣获国防工业重大技术改进成果协作一等奖、歼七2飞机救生伞系统（救生—12甲）荣获国防工业重大技术改进成果二等奖和协作一等奖。

10月1日　总投资200万元的襄樊市体育馆落成，建筑面积5 040平方米。馆内共设有4 112个座位，分东西两个看台和两个贵宾席。

10月5日　襄阳地区档案局和襄阳地区档案馆成立。

10月8—13日　中共襄阳地委召开县、市委书记会议，讨论、研究农业生产责任制问题。

12月15日　襄阳地区行署发布《关于加强集贸市场管理的若干规定》。

1981年

1月5日　襄阳地区设置纺织工业局。

1月23—29日　襄樊市第九届人民代表大会召开，选举王清贵为人大常委会主任，王根长为市长。

1月23—30日　襄樊市第六届政协会议，选举安海田为政协主席，李鸿波等为副主席。

3月　襄阳地委、行署在谷城县石花镇召开小城镇建设工作现场会。

5月3日　襄樊市前进一路改造工程开工。设快车道（水泥面）、慢车道（沥青面）、人行道，全长1 755米。

5月　襄阳地区、襄樊市分别成立第一届地方志编纂委员会，修志工作开始。

8月1—17日　随州发掘擂鼓墩二号墓。出土文物数百件，其中有大型定调乐器——编钟36件。青铜礼器50余件。

9月23日　襄阳地区整顿铁路治安领导小组成立，全面开展整顿铁路治安工作。

10月　中国人民解放军基建工程兵第五技术学校组建，编制为正师级单位。

11月30日　襄阳地区行署举行专业技术职称证书颁发仪式。234名工程师、农艺师、畜牧师、兽医师、会计师、统计师获得了证书。

12月18日　鼓楼商场竣工开业（1979年9月13日开始兴建，面积6 817平方米，总投资329.6万元，经营百货、纺织、针织、鞋帽、服装、交通、副食、家具、五金交电等，为当时襄樊市最大的综合性商业零售企业）。

12月　襄樊市组建民兵高炮团。

1982年

1月20日　襄阳地区电视台启用CSZ—5型50瓦彩色电视差转机，差转湖北省822台信号。24日19时，开始转播湖北电视台节目。

4月　襄阳地区广播事业局和宜城县广播局、讴乐公社放大站，帮助讴乐大队第三生产队建成全区第一个“电视村”。

5月1日　地委书记王耀率10个县（市）主要负责人，到讴乐“电视村”与老百姓一起欢度国际劳动节。

6月21日　中共中央总书记主席胡耀邦抵樊视察工作，在襄阳宾馆接见地、市党政军负责同志和县（市）委书记，并合影留念。作了新老干部都要努力工作，为建设新襄阳作出新贡献为主要内容的重要讲话。随行人员有中共中央办公厅第一副主任杨德中、中共中央党史研究室主任胡绳等。

7月　中国人民武装警察部队襄阳地区支队组建。

8 月 7 日　第二汽车制造厂向中共湖北省委、中汽公司并一机部提交的《关于第二汽车制造厂扩建工程更改厂址的报告》获得批准。油坊岗 1 000 公顷土地被征用。

9 月 4 日　《人民日报》报道枣阳县太平公社李岗大队社员李明成养土元致富后，帮助其他困难户养土元并捐资修缮学校的事迹。

9 月 15 日　中共襄阳地委发出通报，纠正南漳县薛坪公社三景管理区党总支负责人对靠种天麻等多种经营致富的三景庄大队张相恒点名批评的错误做法。

9 月 19—20 日　《湖北日报》《人民日报》以及中央人民广播电台刊发、广播中共襄阳地委关于三景管理区党总支负责人错批张相恒的通报。《人民日报》以《保护勤劳致富的农民》为题发表了评论员文章。

9 月　国营 520 厂设计制造"阻力—9 型伞"，获 1982 年部级科学技术进步三等奖。《宜城县地名志》印行。

10 月 4—11 日　中共中央政治局委员方毅抵樊参加全国中、小城市科技工作会议。在襄樊市招待所接见地委、行署领导同志。

11 月 12 日　国务院副总理姚依林，在襄樊市招待所接见中共襄阳地委、襄樊市委负责同志，并听取襄阳地委工作汇报。

11 月　中共襄樊市第五次代表大会召开，选举王清贵为市委书记，王根长等为副书记。

12 月 24 日　襄阳地区汽车运输公司樊城中原路客运站第一期工程竣工。建筑面积 10 445 平方米。客运：110 车次 / 日，5 000 多人次。该站 1979 年 11 月 25 日动工新建，第一期工程包括车站北楼、候车大厅、售票厅、发车站、站前广场等。

12 月底　全区 26 270 个生产队实行联产计酬责任制 99.9％。其中 98%的生产队实行了"四统一"的大包干。

1983 年

3 月 2—6 日　襄阳军分区政治部、中共襄阳地委宣传部、共青团襄阳地委联合在宜城县召开"民兵青年之家"建设现场会。

3 月 11 日　南漳、随北飞播造林 7.16 万亩。

3 月 14—21 日　襄樊市友好代表团访问日本犬山市并与日本犬山市签订友好城市协议书。

5 月 11 日　以全国政协副主席萧克为团长，蔡啸、罗涵先为副团长的参观、考察团抵达襄樊。中共襄阳地委和襄樊市委向考察团汇报地、市工农业生产情况，并回答考察团提出的有关社会治安、计划生育和保护妇女儿童等方面的问题。

5 月 16 日　张自忠将军的女儿张廉云与宜城各界代表一起，祭扫张将军及一同牺牲的官兵。

5 月 31 日　湖北省人民政府批复，同意建立襄樊职业大学。

5 月　《襄樊市地名志》印行。

7 月 21 日　襄樊市人民政府研究决定，撤销襄樊市科技进修学院。教职员工的组织、人事关系，所属的资金、物资等，全部移交襄樊职业大学。

8 月 18 日 7 时 45 分　中国人民武装警察部队湖北省总队第 4 支队第 3 大队第 9 中队第 1 排所守护的 373 仓库第 3 号和第 22 号库 619 吨梯恩梯炸药，因洞库管理人员破坏发生爆炸，26 名官兵牺牲，2 人重伤。群众亡 12 人、伤 6 人。

8 月　中共襄阳地委办公室对 5 户雇工经营者情况进行调查。其中枣阳县城关镇沙店七队倪正修，1979 年承包生产队石灰窑，雇工 7 人；襄阳县泥嘴公社永利六队杨云亭，1981 年承包大队采石场，常年雇工50人(最多达70人);南漳县东巩公社汪家畈一队张顺浩,雇请三十多人(最多时达60人),开采小煤窑;光化县仙人渡公社曙光三队刘德启,雇人从事无线电、钟表修理业;光化县张集农场五大卧党支部书记张学根,雇请52人,从事两门吊窑。地委办公室表明的态度是:一允许,二限制,三引导。

8月19日　国务院就湖北省省、地、市行政体制改革方案批复省人民政府,撤销襄阳地区,将襄阳地区的襄阳、枣阳、宜城、南漳、保康、谷城划归襄樊市管辖;随州市、老河口市仍为省辖(县级)市,由襄樊市代管。撤销随县,将其行政区域并入随州市;撤销光化县,将其行政区域并入老河口市。

9月10日　襄樊职业大学成立。

9月　襄阳陆军预备役师成立,与襄阳军分区合署办公。军分区司令员胡亚中、政委顾斌分别兼师长、政委。

9月中旬　中共湖北省委书记王全国、省人大常委会副主任焦德秀,率省机构改革人事安排指导小组抵樊。同中共襄阳地委、襄樊市委的领导一起,筹建地市合并后的襄樊市党政领导班子。

10月13日　中共湖北省委讨论通过地市合并后的中共襄樊市委、市人民政府、市人民代表大会常务委员会领导班子调整配备方案。

10月14日　中共襄樊市委、市人民政府机构改革方案拟定,市委内部设6个部、办、委,市政府行政机构设立40个部、办、委、局。

10月31日　中共湖北省委、省人民政府以厅函〔1983〕118号文批复襄樊市市级党政机关机构改革方案。

11月15日　中共襄樊市委召开县(市)委书记会议,贯彻部署整党决定和清除精神污染工作。

12月　襄阳军分区改称襄樊军分区。襄樊市人民武装部被撤销,同时组建襄樊市襄城区、樊东区、樊西区和郊区人民武装部。随县与随州市、光化县与老河市人民武装部合并。

1984年

1月1日　《襄阳报》与《襄樊报》合并为《襄樊日报》。

1月19日　湖北省人民政府批准襄樊市《关于划分城市行政区域及设立区建制的请示报告》,同意设立樊东区、樊西区、襄城区和郊区。

1月18—23日　政协襄樊市委召开第七届委员会议,选举沈汉民为政协主席,汤学林等为副主席。

1月18—22日　襄樊市第十届人民代表大会召开。选举王根长为人大常委会主任,章治文为市长,张学义为市中级人民法院院长,王佐为市人民检察院检察长。

1月　中国人民武装警察部队襄阳地区支队与中国人民武装警察部队襄樊市支队合并。

2月1—20日　中共襄樊市委常委、市政府常务副市长胡久明,市委常委、市委秘书长邓海波率市直各部办委、局和县(市)区负责人30余人,到沈阳、丹东、大连、苏州、无锡、常州、南京等市学习市管县经验,历时20天。

2月20—3月4日　中共襄樊市委召开常委(扩大)会议。进一步解放思想,放宽政策,大力发展农村商品生产。

3月18日　中共襄樊市委、市人民政府调整全市区、乡设置方案:全市设85个区,比撤区并社前多两个,比公社减少37个;拟建43个县辖镇,比撤区并社前增加30个,比现有县辖镇增加31个;拟建442个乡,比撤区并社前的小公社减少63个,比现有管理区减少62个;拟建71个乡级镇,比撤区并社前增加50个。

3月25日　中共襄樊市委、市人民政府决定成立经济研究中心,并成立经济研究中心领导小组,对市政府经济体制改革和经济决策起参谋作用。

4 月 4 日 20 时至 21 时 15 分　中共中央总书记胡耀邦由省委书记关广富、副书记钱运录等陪同在专列上接见中共襄樊市委、市政府部分负责同志张怀念、王根长、伍荣显、鄂万友、邓海波、李正洪、冯忠祺。陪同接见的有中央书记处候补书记乔石、团中央书记处书记胡锦涛，胡耀邦就全市农业、发展食品工业、改革开放、消费等问题作了指示。

4 月 5 日　襄樊市人大常委会决定从本月起，每月 15 日为市人大常委会主任、副主任接待代表日，直接听取人民代表的意见、建议和要求。

4 月 6 日　市长章治文率友好代表团，赴日本犬山市，参加犬山市建市四十周年庆祝活动。常务副市长胡久明同犬山市副市长松山定夫代表双方政府签订两项协议：一是从日本为襄樊电视机厂引进 14 寸彩电组装线两条，并以 13 万美元外汇购买 14 寸彩电零部件回来进行组装。二是由犬山市为襄樊市培养两名牙科进修生和两名农业技术进修生。

4 月上旬　设区建乡工作顺利完成，全市共建 83 个区、441 个乡、44 个县辖镇、73 个区辖乡级镇。

4 月　国营 520 厂设计制造“特种—6”单兵火箭爆破系统，获国家科技进步二等奖。

4 月 25 日　全国第一部针型汉字打印机在市计算机外部设备厂研制成功。

4 月 26 日至 5 月 2 日　中共襄樊市委召开三级干部会议。深入学习中央一号和四号文件，传达贯彻胡耀邦视察湖北时的讲话和省委农村工作会议精神，进一步解放思想，放宽政策，大胆改革，动员和组织农业大军，开创全市商品生产和经济工作的新局面。会议期间，全国人大常委会副委员长王任重、省人大常委会副主任焦德秀接见了全体与会人员并讲了话。

4 月 27 日　襄樊市人民政府发出通知，决定恢复襄樊市手工业联社和各县(市)手工业联社，并在各县(市)辖镇建立手工业联社或办事处。

4 月 27 日　国务院批复湖北省人民政府，同意扩大襄樊市郊区行政区划，将襄阳县的 31 个大队、县林场和隆中风景区的部分区域划归郊区管辖。

5 月 15—16 日　襄樊市首届个体劳动者协会会员大会召开。

5 月 19 日　全国人大代表胡久明、王根长、余永兰赴京出席全国人大六届二次会议。

5 月　武警襄樊市支队枣阳县中队在严厉打击严重刑事犯罪活动斗争中成绩显著，被武警总部记集体二等功。武警襄樊市支队枣阳县中队队长汪志安和武警湖北省总队第四支队第八中队副教导员吴南山出席了总部召开的“双先”代表大会，受到李先念等党和国家领导人的接见。

6 月 10 日　中共襄樊市委、市人民政府下发《关于经济体制改革若干问题的暂行规定》，共 31 条。

6 月 15 日　襄樊市商业局召开大会，宣布市区第一批 56 个小型（即职工在 60 人以下，年利润在 10 万元以下）国营副食品、纺织品、五金和百货零售商店，经济管理体制下放，改为集体经营，自负盈亏。

7 月 24 日　襄樊市人民政府与北京邮电学院签订科技、体育协作议定书。双方商定在通信技术、广播电视、集成电路、光信息处理、计算机应用、自动化、实验检测、质量管理、专用化学制品、新产品开发等领域，以科技协作、成果转让、人才培养、发展教育、学术和情报交流、聘请技术顾问和咨询服务等多种形式进行协作。襄樊市人民政府代表胡久明和北京邮电学院代表叶培大，分别在协议书上签字。

8 月 15 日　湖北省第一届青少年运动会在襄樊开幕。

8 月 20 日　襄樊市编制委员会及其办事机构(办公室)成立。

9 月　襄樊市人民政府常务副市长胡久明率襄樊市政府招商引资代表团一行 60 余人，赴深圳招商引资。历时 10 天，在深圳建立办事处。以办事处控股建立香港、深圳三友股份公司来保证办事处一切费用开支。

9 月 1 日　襄樊市郊区施营大队农民自筹资金 300 万元兴建的“新华商场”开业。

9 月底　襄阳西门桥建成通车。改建、重修襄阳西门桥工程 6 月 2 日开工。

10 月 4 日　襄樊市第一人民医院新建的门诊大楼举行开诊典礼。大楼 1981 年开工建设，投资 280.5 万元，建筑面积 7 861 平方米，可供 2 500 名病人同时就诊。

10 月 5 日　二汽襄樊基地开工典礼。中共二汽党委第一书记黄正夏、襄樊市市长章治文出席并讲话。

10 月 15 日　襄樊市撤销文教办公室、教育局、职工教育管理委员会办公室，成立襄樊市教育委员会。教委主任由副市长杨斌庆兼任。

10 月 15 日　中共湖北省委办公厅、省人民政府办公厅批准襄樊市经济体制综合改革实施方案。

10 月 27 日　湖北省人民政府办公厅通知，湖北制药厂、鄂北六六厂、湖北钢丝绳厂、襄阳轴承厂、鄂西化工厂、湖北石棉制品厂、湖北化纤厂、襄樊棉纺织印染厂、襄樊纺织机械厂、红旗机械厂（9611 厂）、漳河机械厂等 11 个省属工交企业下放襄樊市管理。湖北油泵油嘴厂、湖北齿轮厂、环潭汽修厂下放随州市管理。光化水泥厂下放老河口管理。

11 月底　襄樊市计委制定《关于我市计划体制改革的暂行规定》，对现行计划体制进行改革。工业生产 156 种指令性计划产品减少到 8 种，实行指导性生产计划的产品 53 种，其余产品实行市场调节；农业生产全部实行指导性计划。其他各项，如交通运输、固定资产投资、物资分配、商业及外贸、劳动工资、科技、文教卫生等计划，也进行相应的改革。

12 月　中共襄樊市第六次代表大会召开，选举张怀念为市委书记，章治文等为副书记。

12 月 30 日　襄樊市人民政府批转市财委《关于进一步放开搞活商业饮食服务小型企业的意见》。

1985 年

1 月 10 日　由三位农民开办的全省第一家乡办邮电所——襄阳县欧庙区千弓乡邮电所挂牌开业。

1 月　中国人民解放军基建工程兵第五技术学校整编为中国人民武装警察部队黄金指挥部黄金学校。

2 月 14 日　襄樊市由对外开放的乙类地区调定为甲类地区。

3 月 10—15 日　襄樊市十届人大召开第二次会议，审议并批准市人民政府的工作报告。选举郑少波为襄樊市人大常委会主任。

3 月 21 日　中共襄樊市委办公室发出通知：取消市委、市人大、市政府领导干部及市政协党员领导干部在各种公司、中心和经济实体中兼任的各种职务。

3 月 21 日　据湖北省人民政府《关于审定全省地、市、州、县党政群机关编制总数的通知》，襄樊市市、县两级党、政、群机关的行政编制人数为 10 685 人。其中，市直编制 2 734 名。

3 月 27 日　襄樊市民用航空公司筹备领导小组成立，开始筹建襄樊飞机场。

3 月 31 日　全市抽调 300 余名工商干部，对千家企业进行清查。查出属党政机关经商办企业 292 家，参与经商办企业的党政干部 92 人，直接经商者 252 人。

3 月 31 日　襄樊市人民政府发出改造和建设襄阳南街、樊城炮铺街的通知，要求 1985 年市区内集中力量重点建设襄阳南门桥和环城东路、樊城中原路、长虹路、新华路。

4 月 1 日　襄樊市取消粮油统购，实行合同定购。规定小麦、稻谷、玉米三个粮食品种，按“倒三七”比例计价(即 30％按统购价、70％按超购价)；芝麻、油菜籽、棉籽三个油料品种，按“倒四六”比例价,实行合同定购。其他粮油品种实行市场调节。

4 月 12 日　襄樊市人民政府核定县、市党政群机关编制人数。随州 2 825 人,老河口 1 468 人,襄阳 700 人,枣阳 688 人,宜城 580 人,南漳 620 人,保康 470 人,谷城 600 人。

5 月 16 日　宜城各界人士隆重集会,纪念张自忠殉国 45 周年。全国政协常委李峰、张自忠之女张廉云、冯玉祥之女冯弗发等 1 000 余人与会。

8 月 30 日　襄樊市人民政府发布《关于制止乱摊滥派减轻农民负担的布告》和《关于坚决制止乱占滥用耕地的布告》。

10 月 10 日　襄樊市职称评定工作领导小组成立,中共襄樊市委副书记鄂万友任组长。

10 月 13 日　由襄樊、成都、汉中发起并组织的"诸葛亮研究会襄樊联会"在襄樊召开。

10 月 27 日　由中国银行汉口信托咨询公司、襄樊市磁带厂和香港大荣进出口贸易公司三方共同投资经营的亚太磁带企业有限公司,在襄樊市磁带厂举行投产剪彩仪式。

11 月 10—14 日　中共中央顾问委员会常委、全国政协副主席刘澜涛考察襄樊。听取市委、市政协负责同志的工作汇报,并考察施营村、市毛纺厂、三水厂,参观市容及古隆中、米公祠。

11 月 12 日　中国襄阳米芾书会在米公祠举行。著名书法家和书法理论家舒同、柳倩、吴丈蜀、陈天然以及日本犬山市书道代表团共 80 余人出席会议。展出书法作品 300 余件。

11 月 20—25 日　全国针棉织品交流会在樊城施营举行,样品展出面积达 1.24 万平方米。

11 月 30 日　中共襄樊市委统战部为 2 539 名国民党起义投诚人员颁发证书。

12 月 7 日　襄樊电视机厂年产 15 万台的彩电生产线投入批量生产。

12 月 22 日　襄樊市市长章治文、副市长杨斌庆受中共襄樊市委、襄樊市人民政府的委托,在北京中直机关招待所　邀请于光远、宦乡、周太和、杨守正、顾德欢、李宝恒等 24 位领导、专家、学者,征求他们对襄樊经济社会发展战略的意见和建议。

12 月 24 日　襄樊市消费者协会在友谊宾馆举行成立大会。

本年全市乡镇企业发展到 13.6 万多家,完成总产值 110 082.66 万元,实现利润 13 783.22 万元。

12 月　据湖北省人民政府《关于部分省属高校级别问题的批复》,襄阳师范专科学校为副地级事业单位。

1986 年

1 月 30 日　国务院、中央军委批准兴建襄樊市刘集民用机场,总投资 2 500 万元。

2 月 5 日　国家旅游局拨款 50 万元修建的隆中草庐,对游人开放。

2 月 6 日　空军老河口场站组建,隶属于空军航空兵第 27 师。

2 月 13 日　《文汇报》头版刊发襄樊市市长章治文与该报记者的谈话:欢迎各地人才到襄樊"大显身手"。

2 月 27 日　全国人大常委会副委员长王任重抵樊,听取中共襄樊市委、市人大、市政府、市政协领导的工作汇报。深入襄樊卷烟厂、人造毛皮厂、三水厂和民办醉仙居饭店作社会调查。王任重对襄樊实行市管县新体制,如何发展农业、搞好城乡关系、发展商品经济、纠正不正之风等问题作了重要指示。

28 日下午　王任重游览米公祠,题写:墨宝传世、名扬古今。

2 月　《襄樊市地名志》成书印行。

3 月 5 日　鄂豫川陕毗邻地区贸易协调委员会在襄樊成立。市长章治文、副市长杨斌庆出席成立大会并讲话。

3月15日　建筑面积9 487平方米，高7层的襄樊市中心医院住院部大楼落成。该大楼1985年开工，投资319.19万元。

3月17日　襄樊市人民政府外事办公室、襄樊市人民政府接待办公室合并，组建襄樊市外事接待办公室、襄樊市旅游局。“两块牌子，一套班子”。

3月27日　著名美籍华人养鸡博士许志俭，在市一招接受章治文市长的聘书，被聘为襄樊市高级科学顾问。

3月　襄樊市直党政机关974名科级干部实行聘用制。

4月8—23日　市科技馆展出东方红一号、实践一号、空间物理探测卫星和试验通信卫星等四颗卫星实物。

4月9日　襄樊市编委把省政府核定给襄樊市直的2 734名行政编制分别下达到79个直属机关和四个城区。对市直12个局改公司提出了控制数。

4月15日18时52分　随州市大堰坡镇降落陨石雨，散落面积5平方公里。最大陨石重55公斤。

4月18—20日　国务院总理赵紫阳，全国人大常委会副委员长王任重，中共中央书记处农研室主任杜润生，农牧渔业部顾问林乎加，民政部部长崔乃夫，国家计委副主任于志坚，在中共湖北省委书记关广富，副书记、代理省长郭振乾的陪同下，视察襄樊市区和南漳、保康两县，并听取市委、市政府领导的汇报。

5月　襄樊陆军预备役师列入中国人民解放军编制序列，称中国人民解放军襄樊陆军预备役步兵师，师机关与襄樊军分区机关分离，单独办公。

6月14日　襄阳县古驿区西尹乡五楼村粮食大户刘文豹，一次向国家交售小麦10万公斤。

7月25日　中国国民党革命委员会、中国民主同盟襄樊支部在樊城宾馆宣布成立。

8月1日　襄樊市第十届人大常委会第十二次会议决定女贞树为襄樊市市树，紫薇花为襄樊市市花。

8月10日　襄樊市人民政府出台《襄樊市聘请科技顾问暂行办法》。

8月20—24日　湖北地区城市工贸中心首届商品交易会在襄樊举行。

9月2日　襄樊市人民政府在市文化宫召开市直单位劳动制度改革大会。改革用工制度，实行劳动合同制；改革招工制度，面向社会，公开招工，经过考试后择优录用，并规定试用期；赋予企业辞退违纪职工的权力；建立社会保险制度。

9月26日　襄樊市人民政府办公室颁布《襄樊市实施九年制义务教育规划》。

10月8日　国家科委主任宋健一行抵达襄樊，视察市机床电气传动设备厂、六〇九研究所。

10月12日　襄樊市科技成果展在市科技馆开幕。116个单位参展，展出360多项科技成果，1 000余件实物，600多幅图片。

10月25日　交通部部长钱永昌率长江航运考察团抵达襄樊。对即将兴建的老河口王甫洲水电站、市丹江路煤炭中转码头、余家湖港进行考察。

11月16日　广州军区预备役部队军事汇报表演在枣阳县民兵训练基地进行，广州军区副司令员张万年和总参工作组成员到场观摩。

11月18日　枣阳自行车厂生产的“野马”牌自行车，经全国自行车质量检测中心测试，整车质量95.5分，被评为全国县级自行车厂质量第一名。

11月23日　广西边防民兵英模报告团一行10人抵达襄樊。中共襄樊市委、市人大、市政府、市政协和军分区的负责同志到火车站迎接。

24日上午　英模报告团向市直机关、各群众团体、驻市部队指战员、预备役师和民兵代表共1

600 余人作首场报告。

12 月 8 日　国务院文件《国务院批转建设部、文化部关于请公布第二批国家历史文化名城名单报告的通知》,公布襄樊市为国家历史文化名城。

12 月 9 日　襄阳轴承厂、襄樊市缝纫机厂合并。

12 月 27 日　襄樊市人民政府批转市财政局、卫生局《关于改进市直公费医疗管理办法的报告》。

1987 年

1 月 27 日　纪录片《襄樊在起飞》,发往中国驻外使、领馆对外放映。

2 月 5 日　中共襄樊市委、市人民政府研究决定本年为市民办好十件实事:一抓好三大工程(四水厂、汉江公路桥、民用机场)建设;二新修、拓宽、延伸七条市区道路;三修复文物风景点七处;四兴建公园两座 (阳春门、新华游乐园);五完善襄阳城区排水管网,配套城南排水泵站,闸口泵站;六新建房屋 10 万平方米;七消灭泥巴路 11 条;八新建改造公共厕所 18 座;九新建万吨污水处理厂一座;十城市绿化植树 20 万株。

2 月 12 日　襄樊市城区被评为“全国绿化先进单位”,市绿化管理所襄城绿化队队长汪大忠被评为“全国绿化劳动模范”。

2 月 15 日　中央电视台播放襄樊市 1987 年春节文艺晚会录像。

2 月 20 日　襄樊市政府同意印发《关于工业企业实行租赁经营的试行办法》。

2 月 25 日　襄樊市人民政府颁发《关于加强建筑市场管理的暂行规定》。

2 月,组建中国人民武装警察部队襄樊市消防支队。

3 月 1 日　中共襄樊市委、市人民政府制定《关于鼓励和组织科技人员到乡镇企业工作的若干规定》。

3 月 9 日　襄樊市体育运动学校成立。

3 月 13—15 日　湖北省长郭振乾抵樊检查指导工作,听取中共襄樊市委书记张怀念、市长章治文工作汇报。要求“襄樊开展增产节约、增收节支运动”。“要把农业放在首要位置,要从国民经济全局出发,抓好农业这个基础”。

4 月 17 日　襄樊市企业集团——松鹤集团成立。

5 月 8 日　襄樊市直工交战线租赁企业——市织袜厂被租赁。

6 月 1 日　襄阳城东门外阳春门公园开园。

6 月 18 日　全国热气球协会在襄樊成立。

9 月上旬　襄樊市开展撤区并乡工作。

9 月 16—18 日　国防部部长张爱萍抵樊视察。

10 月 23 日　中共襄樊市委书记张怀念和市棉纺厂女工魏兰芬,赴京参加中国共产党的第十三次全国代表大会。

11 月底　全市有 9 家骨干企业实行了“一长三总师”(即厂长,总经济师、总工程师、总会计师)的新型管理体制。

12 月 4 日　以“二汽”、美国汽车通用公司、日本富士重工株式会社组成的 30 万辆轿车场地踏勘小组抵樊。踏勘小组听取襄樊市基本情况的介绍,参观二汽基地和第三铸造厂、襄阳轴承厂、湖北汽车灯具厂等单位。

1988 年

1月1日　襄樊市人民政府批准，市物资局对市属各单位的钢材、铝、铜、锌、铅、铜材、铝材和水泥实行计划内外“同一销价、价差返还”的办法。

1月8日　根据《国务院关于湖北省撤销枣阳县设立枣阳市的批复》，撤销枣阳县，设立枣阳市（县级）。

1月13日　国务院公布广德寺多宝佛塔为国务院重点文物保护单位。

1月14日　中共襄樊市委、市政府作出《关于发展壮大村级经济的决定》。

2月11日　襄樊市电视机厂与天津712厂联营生产的“北京牌”8303型18英寸彩色电视机获国家质量金牌。

3月6日　全国工交企业财务工作会议在襄樊召开。

4月23—24日　全国政协主席李先念及夫人林佳楣在中共湖北省委书记关广富陪同下视察襄樊工作。

5月11日　中共中央顾问委员会常委张廷发抵樊视察工作。

6月27日　襄樊市第十届人大常委会举行第三十三次会议。会议同意章治文辞去襄樊市市长职务，杨斌庆任襄樊市代市长。

6月　空军光化场站更名为空军老河口场站，隶属于空军武汉基地。

7月1日　中国银行襄樊支行开始开办国际结算业务。

8月8日　湖北省军区在襄樊军分区礼堂举行授勋仪式，为襄樊军分区251名离休老干部授中国人民解放军功勋荣誉奖章。

8月31日　襄樊市党政干部违纪违法举报中心成立。

9月15日　北京至老河口客机航班通航。

9月21日　襄樊市高新技术产业管理局、襄樊市专利管理局成立。

10月6日　全国粮油食品饲料机械产品订货会在卧龙饭店召开，900多名代表参加了会议，成交额达1.3亿元。

11月5日　国务委员兼财政部部长王丙乾在湖北省省长郭振乾的陪同下抵樊视察。

11月22日　中共中央政治局常委、书记处书记，纪律检查委员会书记乔石抵樊视察工作。

12月15日　襄樊市召开1988年度科技工作会议，明确“科技兴市”，振兴襄樊经济的战略方针；表彰了19位科技拔尖人才。

12月　位于襄樊市中原路和前进路相交的东北角的风神大厦竣工。1984年由二汽襄樊办事处筹建，襄樊市建筑设计院设计。占地面积8 224平方米，主楼24层，高67.31米，总建筑面积为15 309平方米。

1989年

1月1—11日　湖北省人大常委会副主任梁淑芬一行4人，对襄樊市直和随州市、宜城县、南漳县、郊区、襄城区1988年第四季度的执法检查情况进行视察。

1月14日　共青团襄樊市第十次代表大会在襄阳剧院召开。

2月15日　全省第一套年产8万吨硫酸配套1 500千瓦余热发电工程，在襄樊市磷肥厂投入生产。

3月9—14日　市政协第八届委员会召开。胡久明当选为政协主席。于惠福等为副主席。

3月10—15日　襄樊市第十一届人民代表大会在铁路文化宫召开。选举伍荣显为人大常委会主任，杨斌庆为市长。

3 月 23—26 日　广州军区政委张仲先中将抵樊，检查襄樊军分区和预备役师以及广州军区驻襄樊有关单位的工作。

3 月 26 日　《人民日报》报导：鄂北岗地和江汉平原一起为 1989 年新增的八个国家商品粮棉生产基地之一。

3 月底　由联合国儿童基金会、世界卫生组织和卫生部联合组成的评审团，对襄樊市 1988 年计划免疫工作进行全面评审，确认全市“四苗”接种率达到 85%，实现了卫生部提出的目标。

3 月　全军预备役部队军事训练试点在襄樊陆军预备役师进行。试点分师、团首长机关训练，营以下分队军官训练，新编士兵基础训练，1/4 战斗分队战术演练和专业技术兵军官训练。

4 月 1—5 日　全国会计工作座谈会在南湖宾馆召开。国务院、中央各部委和各省、市财政厅主管会计工作的负责同志出席了会议。

4 月 14—19 日　全国政协主席李先念在中共湖北省委书记关广富的陪同下，视察了丹江口水利工程和襄阳轴承厂，并听取了引丹工程清泉沟泵站和二汽襄樊基地建设情况的汇报。

4 月 18 日　两千吨油压机，在襄樊拖拉机厂安装、调试成功。

4 月 19—22 日　中共襄樊市委召开六届九次全会。通过《章治文同志在全委会上作的工作报告的决议》《中共襄樊市委关于加强自身建设的若干规定》《中共襄樊市委六届九次全会关于加强廉政建设的决定》及 26 项廉政规定和试行办法。

4 月 28—5 月 2 日　著名法籍华人成之凡教授抵樊访问。在襄樊职业大学作了《中西文化比较》的演讲。考察了襄樊市的投资环境，与市林业部门签订了娜美丽层积木投资项目。市长杨斌庆出席了签字仪式。

5 月 3 日　“襄樊市首届艺术节暨第二届青少年文化科技艺术节”在襄阳运动场拉开序幕。

5 月 4—6 日　襄樊市政协召开八届二次常委会，学习《人民日报》4 月 26 日《必须旗帜鲜明地反对动乱》和 4 月 29 日《维护大局、维护稳定》的社论；讨论并原则通过了市政协委员持证考察办法和市政协《关于贯彻执行政协全国委员会〈关于政治协商、民主监督的暂行规定〉的意见》。中共襄樊市委书记章治文与会，就制止政治风波、稳定局势等问题作了重要讲话。

5 月 12 日　全国第二届青少年运动会男子排球襄樊赛区在市体育馆开赛。参赛单位有解放军、河北、湖北、江西、新疆、福建、浙江 7 个代表队。

5 月 19—22 日　全国“三夏”现场会在樊召开。各省、自治区、直辖市和计划单列市的农牧厅(局)负责人参加了会议，农业部部长何康与会讲了话。

5 月 25—28 日　襄樊市第十一届人大常委会召开第二次会议。会议听取并审议了市政府关于全市“治理整顿”工作、发展农业生产、贯彻执行《中华人民共和国标准化法》及《中华人民共和国村民委员会组织法》情况的报告，通过了《襄樊市人民代表大会常务委员会工作规则》和设立襄樊市人大常委会代表工作委员会的决定及人事任命，伍荣显主任向任职的 14 名干部颁发了任命书。

5 月 29 日　中共襄樊市委召开县(市)区委书记、市直部办委局党委(组)主要负责人和行政 14 级以上的离退休老同志会议。市委书记章治文传达了省委关于制止政治风波、稳定局势的重要指示精神，结合全市实际，作了重要讲话。

6 月 8 日　中共襄樊市委召开县以上党员负责干部会议，传达学习中共湖北省委召开的省直机关负责同志会议和地市州委书记会议精神。动员全市共产党员、机关干部和广大群众认真学习邓小平同志在接见首都戒严部队军以上干部时的重要讲话。进一步贯彻落实党中央、国务院关于制止政治风波等一系列决策精神，部署进一步稳定襄樊局势、全面恢复秩序的工作。市委书记章治文、市长杨斌庆分别讲了话。

6月11日　中共襄樊市委追认在"6·9"追捕持枪抢劫犯战斗中牺牲的市公安干警杨光斌为中共正式党员，并号召全市人民向他学习。

6月26日　中共襄樊市委召开党建工作会议，授予襄阳县新集乡鄢洲村党支部等三十个基层党组织为"先进党组织"称号；授予项后军等30名党务干部为"优秀党务工作者"称号；授予魏家让等40名党员为"优秀共产党员"称号。

7月20日　襄樊市"小麦基地"建设经国家计委、农业部、省计委、省农牧厅联合考察、验收。

7月28日　襄樊市第十一届人大常委会举行第三次会议。通过《关于市人大代表工作办法(草案)》及市人大常委会代表资格审查委员会组成人员名单和人事任免事项。

8月9日　保康磷矿区被列为"七五"国家科技攻关项目。

8月16日　襄樊市政府与湖北大学在南湖宾馆举行签字仪式，副市长焦泽浩和湖北大学校长徐章煌分别代表襄樊市、湖北大学就人才培养、科技开发、社会咨询、学术研究等方面建立友好协作关系签字。

9月13日　中日友好枣阳石台寺泵站提灌工程协调领导小组成立，并召开中日友好石台寺泵站提灌工程筹备会议。中共市委书记章治文，市长杨斌庆，市人大常委会主任伍荣显，市政协主席胡久明和中共枣阳市委书记贾天增，中共襄阳县委书记许国富等出席会议。

9月25日　省人大常委会副主任王瑞生一行三人抵樊，检查指导工作。研究商定把襄阳县作为省人大常委代表工作联系点，看望了襄阳县内的八位七届省人大代表，并召开了座谈会。

9月28日　襄樊刘集机场竣工。该机场1987年7月1日动工兴建。

10月1日　襄樊市多种经营办公室成立。

10月4—12日　襄樊市经济体制改革办公室、市政府经济研究中心和市体改研究会联合举办首次"襄樊改革与发展"研讨班，市委副书记鄂万友在研讨班上讲了课。

10月14日　谷城县军事科副科长毛金善，赴北京参加军事科学院主办的全国"国防知识竞赛"决赛，荣获三等奖。

10月24日　国家"七五"攻关项目——老年收缩期高血压和脑卒中后降压治疗临床试验第四次科研协作会和落实急性心肌梗塞临床药物试验协作计划会议在襄樊召开。全国29个省、直辖市、自治区(除西藏、台湾外)的115位专家教授参加了会议。世界卫生组织顾问英国牛津大学查德·皮托教授应邀出席了会议。

11月6—8日　市政协召开八届四次常委(扩大)会议。

11月7—9日　襄樊市第六次妇女代表大会召开。

11月11—14日　中共襄樊市第七次代表大会召开。章治文当选为书记，伍荣显等为副书记。

11月12日　"襄樊市首届艺术节暨第二届青少年文化科技艺术节"闭幕。艺术节共开展87个项目，展演、汇演艺术比赛160余场次，各类展览115项，展出书画等作品2 870余件，展播广播电视剧等节目115部(集)。活动于11月12日结束。

11月11—15日　全国农业技术承包工作座谈会在襄樊召开。

11月23日　襄樊市十一届人大常委会举行第五次会议，审议市人民检察院《关于贯彻"两高"〈通告〉及反贪污、反受贿、打击严重经济犯罪活动情况的报告》，市政府《关于监察工作情况、关于物价工作情况及科技工作情况的报告》；通过了新编《襄樊市城市总体规划》。

11月26—27日　襄樊市政府在宜城县召开全市农村教育费附加工作会议，讨论修改了《襄樊市农村教育费附加实施办法》。

12月1—10日　以省人大常委会副主任黄正夏为团长的省人大常委会执法检查团一行10人抵

樊，对襄樊市贯彻执行《关于惩治贪污罪贿赂罪的补充规定》《个人所得税法》《银行管理暂行条例》《严禁淫秽物品的规定》等法律法规的情况，进行为期十天的执法检查。

12 月 14 日　襄樊刘集民用机场首航成功。

12 月 18 日　新编《襄阳县志》由湖北人民出版社出版发行。

12 月 25—27 日　全市政协工作会议召开，总结检查贯彻执行全国政协《关于政治协商、民主监督的暂行规定》的情况和经验，研究政协工作的主要内容、基本形式、运行程序及配套措施。

12 月 28 日　光化水泥厂扩建工程竣工通过验收。

12 月 31 日　襄樊市顺安变电站建成投入运行。

12 月　“中国财政四十年书画展览”在襄樊举办。邓小平为展览题词。王任重、黄火青、方毅、杨成武等参观展览。

1990 年

1 月 5—6 日　襄樊市政府召开乡镇企业工作会议，研究贯彻中央关于“调整、整顿、改造、提高”的八字方针。

1 月 10 日　襄樊市口腔医院医生倪志和研制的“舌下口底显露器”，被国家专利局授予专利权，填补了我国一项口腔医疗器具空白。

1 月 16—18 日　襄樊市十一届人大常委会举行第六次会议。会议通过了《关于 1989 年国民经济计划部分变更的决定》《关于持续深入地开展扫除“六害”斗争的决议》《关于县乡两级人民代表大会换届选举时间的决定》；补选杨斌庆为省七届人大代表；任命吴德兴为襄樊市人民政府副市长。

1 月 22 日　中共襄樊市委、市人民政府办公室下文批转《关于调整固定资产投资结构的计划》《关于调整企业结构的计划》《关于双增双节计划》《关于产品质量年计划》《关于进一步清理整顿批发企业的计划》。

2 月 8—15 日　市政协主席胡久明、副主席于惠福、汤学林、姜敏樵、邓海波、江长发、杨宗维、刘舜荪等带领 470 多名政协委员，到市直和各县(市)区 59 个单位，围绕治理整顿、深化改革和廉政建设等 50 多个专题进行调察。

2 月 16 日　中共湖北省委书记关广富、省委秘书长吕乃强在市委书记章治文、市长杨斌庆、市委秘书长姚祥栋的陪同下，视察襄樊山区工作。

2 月 16 日　襄樊市城市管理协调委员会成立，市长杨斌庆兼任主任。

3 月 1 日　襄樊市政府完善企业承包领导小组成立，吴德兴任组长。

3 月 3 日　襄樊市政府在襄阳宾馆召开“整顿金融秩序，制止抬高存贷利率”动员大会。

3 月 9—13 日　襄樊市政协召开八届二次会议，听取并审议《市政协八届一次常务委员会的工作报告》和《提案工作报告》；讨论《政府工作报告》及其他报告；通过了《政治决议》及有关决议。

3 月 13 日　在上海举行的“诸葛亮躬耕地论证会”上，16 名史学界专家、教授用史料论证诸葛亮躬耕地在襄阳隆中。

3 月 20 日　襄樊江华机械厂生产的“军马”牌 EXQ6550、EXQ655l 轻型客车和 EXQ5100LXC 冷藏车通过省级鉴定。

4 月 1 日　在省八届运动会上，襄樊市代表队获金牌 17 枚、银牌 14 枚、铜牌 20 枚，其他奖牌 58 枚。金牌总数和团体总分分别居全省第 6 位和第 8 位。

4 月 17 日　中共襄樊市委召开七届二次全体会议，学习中共十三届六中全会精神。市委书记章治文作题为《用整风精神学习贯彻中央〈决定〉，加强党同人民群众的血肉联系》的报告。

4月28日　老河口市生产的SEME500／630型机械滑台、超声波溶接机系列产品、导电橡胶系列产品，参加全国首届科技贷款优秀成果展览会，均获“金箭”优秀奖。导电橡胶系列产品列入“八五”火炬计划。

5月5—16日　襄樊市人大常委会副主任谢传纪率襄樊市青少年武术代表团一行16人出访日本犬山市。

5月8—13日　全军预备役部队训练工作暨广州军区预备役部队训练工作会议在襄樊召开，与会领导和代表共80余人。

5月22日　张自忠将军的女儿、全国政协委员张廉云在市政协主席胡久明陪同下到宜城县长北山参加“张自忠将军殉国五十周年纪念会”，凭吊张自忠将军及共难官兵。

5月16日　襄樊市副市长黄贤德率领环境保护法宣讲检查团一行34人，赴各县(市)区、市直有关部门宣讲《中华人民共和国环境环保法》，检查环保目标责任书落实执行情况。

5月中旬　襄樊汉水车辆空调设备总厂生产的LD—035冷冻机组通过航空航天部和中汽总公司联合鉴定。

5月23日　以松山邦夫市长为团长的日本犬山市代表团一行五人，应邀访问襄樊，并参加襄樊建城2 800年纪念活动。

5月24日上午　襄樊各界群众两万多人在樊城人民广场集会，纪念“襄樊建城2800年”。市人大常委会主任伍荣显主持开幕式，市委书记章治文为全国政协主席李先念题词“襄樊建城2800年”揭彩，市长杨斌庆作题为“把崇高的爱国主义化为振兴襄樊的实际行动”的讲话，日本犬山市市长松山邦夫致贺词并赠送礼物。

5月25日　中宣部部长王忍之、省委副书记钱运录、宣传部部长王重农同时抵樊参加“纪念襄樊建城2800年”活动。

6月1日　省政府确定在老河口市进行税利分流试点，在随州市进行住房制度改革试点。

6月5日　能源部部长黄毅诚由华中电管局和省电管局局长陪同到襄樊考察选择襄樊120万千瓦火电厂厂址，考察王甫洲水利发电厂厂址。

6月15日　襄樊市邮件转运站被邮电部列为全国一级转运站。

6月18日　在京召开的全国第二届收获机械展评会上，襄樊收割机厂生产的“星火牌”4GL—100型麦稻收割机获“丰收杯”奖。

6月22日　经省专利局批准，襄樊市专利局为全省第一家在本辖区内独立行使执法权利的单位。

6月29日　23个国家驻我国的外交使节及夫人一行40人抵樊，进行考察访问。

7月1日　第四次人口普查工作结束。襄樊市总人口为6 595 135人。

8月5日　襄樊市合成纤维厂第一条年产1 200吨烟用聚丙烯丝生产线投产。

8月11日　省长郭树言、副省长徐鹏航、韩宏树率省直十几个厅局的负责人，在樊现场办公，解决经济建设中最突出的问题。

8月19日　中共湖北省委副书记钱运录抵樊，考察山区经济和精神文明建设。

8月24日　襄樊历史文化名城工作会议召开，确定了迎接1993年全国历史文化名城保护工作会议在樊举行的具体任务。

9月7—12日　诸葛亮研究会1990年襄樊年会在南湖宾馆召开。上海、北京、武汉、成都、邯郸、临沂、汉中、常德等地从事诸葛亮研究的75位专家、学者在会上进行学术交流。

9月14日　襄樊市市长杨斌庆、中共襄樊市委宣传部部长张子强率团赴天津洽谈两市经济合作事宜。

9 月 15 日　襄樊市在人民广场举行民兵应急分队和预备役师机动分队阅兵活动。湖北省军区司令员王申少将和中共襄樊市委、市人大、市政府、市政协、军分区、预备役师和各县(市、区)委、政府分管武装工作的领导参加阅兵仪式,并观看民兵应急分队和预备役师机动分队军事汇报表演。

9 月 25 日　谷城县石花酒厂、枣阳市自行车厂升为国家节能二级先进企业。

10 月 11 日　中共中央政治局委员李铁映抵樊视察。

10 月 16 日　国家计委主任邹家华抵樊视察。二汽襄樊基地试车场高速环形跑道主体工程竣工,占地 2 500 余亩。

10 月 17 日　中共襄阳地委宣传部原部长梁斌及夫人散帼英,应襄樊市市长杨斌庆邀请抵樊。

10 月 25 日　宜城汉江公路大桥通车。交通部部长钱永昌为大桥题名。

11 月 2 日　国务院税收、财务、物价检查组一行 5 人抵樊巡视、督导“三查”工作。

11 月 13 日　应日本犬山市邀请,襄樊经济贸易考察团一行 6 人赴日考察。

11 月 15 日　中共中央政治局常委李瑞环在中共湖北省委书记关广富陪同下视察襄樊。

12 月 5—8 日　襄樊市举办编钟乐舞商品展销会,邀请全国 6 省 24 个地市的代表来樊洽谈业务,展销商品 3 万余种,三天成交 21 778 万元。

12 月 10 日　中国古典文学名著《三国演义》特种邮票(第二组)首发式在隆中举行。

12 月 14 日　湖北省财政厅电贺枣阳市实现税收收入 10 080 万元。

12 月 15 日　在北京举办的全国首届轻工产品博览会上,襄樊市送展的“野马 MTB 车”和“白兰牌 100 克 / 米铜版纸”获金奖,“白马”牌电池和“飞帆”牌印刷磷面火柴获银奖。

12 月 16 日　湖北省“七五”重点技改项目——湖北化纤厂年产 2 000 吨聚酯工业丝建成投产。

12 月 25 日　襄樊市社会科学界首届代表大会在溪苑宾馆召开,大会选举产生了市社科联第一届委员会、常务委员会和主席团,通过了市社科联工作报告和《章程》及《襄樊市社会科学优秀科研成果评奖条例》。

12 月 26 日　国务院表彰襄樊市为全国夏粮生产先进单位。

12 月 28 日　襄樊市政府批准国营湖北华光器材厂、航空航天工业部六一零研究所、襄樊市电力设备厂、襄樊市特种科技开发公司为高新技术企业。

12 月 29 日　襄樊客运段 241/242、249/250 次旅客列车,1990 年再次获进京列车直快 3 组第一名,被铁道部命名为“红旗列车”。

12 月 31 日　樊东区长庆市场征收入库个体工商税收 113 万元,成为全省地(市)州集贸市场中第一个年税收超过百万元的工业品集贸市场。

是年,襄樊刘集民用机场开通襄樊——北京、郑州、上海、武汉、西安、成都、重庆、长沙 8 条空中航线。

1991 年

1 月 5 日　襄樊市公用客车厂试制的 XFK5090ZLJE、XFK5090ZLJC 型侧吊双厢自装卸垃圾车获省建设厅颁发的《科学技术成果鉴定书》。

2 月 1 日　中共襄樊市委第七届三次全体(扩大)会议召开,审议并原则通过《中共襄樊市委关于贯彻执行中共中央和湖北省委关于国民经济和社会发展十年规划和“八五”计划建议的实施意见》及《襄樊市社会主义精神文明建设“八五”发展规划》。

2 月 19 日　襄樊市劳动用工制度、干部人事制度、工资分配制度改革现场会在市烟草大厦召开。

3 月 1 日　襄樊市工商局、财政局、税务局、审计局联合下发通知:即日起全市统一实行广告业专用发票制度。

3 月 10 日　中共中央顾问委员会常委陈丕显抵樊视察工作。

3 月 20 日　襄樊日报印刷厂购回华光 I—v 型激光汉字编辑排版系统 JJ204 型卷筒纸双色胶印轮转机投入使用。

4 月 1 日　法国雪铁龙公司轿车专家工作组一行 4 人抵达“二汽”襄樊基地，就 CKD 进展情况、工艺技术问题和总体计划实施情况进行考察。

4 月 4 日　新编《枣阳志》出版发行。

5 月 2—4 日　以亲善友好会会长石田忠司为团长的日本犬山市代表团一行 12 人访问襄樊。

5 月 9 日　美国等 7 国驻华科技参赞抵樊考察访问。

5 月 15 日　香港有荣有限公司董事长霍英东率香港中华总商会湖北省访问团一行 30 人，由副省长韩宏树陪同访问襄樊。

5 月 16 日　社会各界人士 1 000 余人在宜城集会，纪念张自忠将军殉国 51 周年、诞辰 100 周年，举行张自忠将军纪念馆揭幕式、《张自忠将军史料专辑》首发式和 6 集电视连续剧《张自忠将军》首映式。

5 月 17 日　全国政协副主席钱伟长抵樊考察。

5 月 19 日　襄樊人民广播电台推出星期天特别节目，采用主持人直播形式，开办空中服务台、空中大舞台等栏目，在每个星期天 8:00 ~ 12:00 两次播出。

5 月 21 日　襄樊市第十一届人大常委会举行第十六次会议，通过《关于开展第二个五年法制宣传教育的决定》和《1991~1992 年襄樊市〈科教兴市〉战略实施纲要》。

5 月 27 日　湖北石棉制品厂与意大利博法集团 ALA 公司达成合资生产协议。协议项目总投资 341 万美元，其中引进技术及设备 311 万美元，生产规模为年产轿车前盘 60 万套，产品使用意大利商标，返销 50%，返销期 5 年。

6 月 3 日　中共襄樊市委七届四次全委（扩大）会议在南湖宾馆举行。传达中共湖北省委对襄樊市委常委人事安排的决定，杨斌庆任市委书记，贾天增、孙楚寅任市委副书记。

6 月 4 日　全省综合物资协作交易会在襄樊市召开。成交物资总金额 2.2 亿元，比上届增加 6 600 万元。

7 月 6 日　国务院副总理朱镕基在省长郭树言陪同下抵樊视察湖北钢丝厂和二汽襄樊基地，市委书记杨斌庆、副市长焦泽浩、阎增福作了工作汇报。

7 月 6 日　由省、市和襄阳县三级水利学会联合大专院校、科研单位共同承担的“鄂北岗地膨胀土特性及渠道滑坡防护与整治研究成果”通过鉴定。

7 月 27 日　襄樊市中级人民法院审理“江苏省江都县建安配套公司”襄樊工程处 1 972 万元资产所有权归属案。中央人民广播电台、《人民日报》《经济日报》《法制日报》《科技日报》等 30 多家新闻媒体相继报道。

8 月 6 日　“襄樊十大杰出青年”评选活动在南湖宾馆揭晓，举行颁奖大会。

8 月 18 日零点 10 分　襄樊市万门程控电话割接成功，电话号码全部上升到 6 位。

10 月 12 日　襄樊市长杨斌庆分别同市直 17 个主管局（公司）的局长（经理）签订 1991 年上缴利税 36 480 万元、风险金 98 665 元的责任状。

10 月 15 日　襄樊市科技情报研究所开通国际国内联机情报检索业务。完成“联合国技术信息促进系统（TIPS 系统）中国国家分部襄樊中心站”筹建工作。

10 月 31 日　以德意志联邦共和国交通部内河航运航道司司长海茵茨·庚岑为团长的德国交通

部代表一行 4 人抵樊，考察汉江余家湖港口。

11 月 1 日　最高人民检察院检察长张思卿抵樊检查工作。

11 月 3 日　子午线轮胎钢丝帘线工程在湖北钢丝厂竣工，通过国家验收。

11 月 8 日　在第三届全国新技术新产品展销会上，襄樊五个参展项目获奖，其中“DA7~03 印花糊料”和“HS 型全自动电磁调速恒压给水设备”分获金奖。TWLN 型微型电烙铁获银奖。

11 月　武警湖北省总队第 4 支队第 13 中队指导员张翔，出席武警总部“双先”表彰大会，受到党和国家领导人的亲切接见。

11 月　武警襄樊市支队被中国人民武装警察部队评为落实《纲要》先进支队。

1992 年

1 月 14 日　应襄樊市人民政府邀请，中国银行香港分行派员抵樊考察投资环境，并就兴办“环宇车灯工业股份有限公司”等 10 个项目进行洽谈。

1 月 14 日　襄樊市歌舞团改编创作的音乐舞蹈诗剧《洪湖的女儿》在北京民族文化宫演出成功，获得“五个一”工程奖。

1 月 16 日　由湖北石棉制品厂和省非金属矿地质公司合作研制的无石棉海泡石摩擦材料获国家专利，被列入国家“八五”火炬计划。

1 月 17 日　湖北化纤厂万吨粘胶短纤工程在樊破土动工。省长郭树言出席奠基仪式。

1 月 21 日　湖北省政府决定设立湖北省襄樊汽车产业经济技术开发区。

1 月 25 日　襄樊市第十一届人大常委会第二十一次会议通过决议，接受杨斌庆辞去襄樊市人民政府市长职务，任命贾天增为襄樊市人民政府副市长、代理市长。

2 月 18 日　襄阳汽车轴承集团成立。

2 月 28 日　襄樊高新技术园成立，园内面积 2.2 平方公里，独立科研机构 10 家，大中专院校 5 所，各类科技人员 4 000 多名。

3 月 12 日　中国工商银行襄樊市中心支行国际业务部开业，由代理省分行外汇业务转变为自主经营外汇业务。

3 月 16 日　襄樊市十一届人大四次会议通过决议，补选贾天增为市人民政府市长。

3 月 18 日　湖北中亚房地产开发(集团)有限公司成立。公司注册资金 1 000 万元，引进外资 300 万元。中共襄樊市委书记杨斌庆任名誉董事长，香港恒立公司董事长郑奕龙任董事长，市建委副主任、房地产开发公司党委书记李守仁任总经理。

4 月 1 日　国务院纠正行业不正之风办公室司长崔宽等抵樊检查贯彻落实中央 17 号文件情况。

4 月 7 日　向台商有偿出让土地使用权。面积 1 447.6 平方米，每平方米出让地价为人民币 196.5 元，使用期 50 年。

5 月 1 日　襄樊汉江长虹大桥通车。该桥1987年12月14日动工，全长2 187米，其中正桥长 1 308 米，桥面宽 22 米，总投资 10 226.3 万元，大桥为双墩双壁式结构，桥身 8 孔 9 跨，通航标准为 4 级。

5 月 3 日　中共襄樊市委书记杨斌庆、市长贾天增带领市直部办委和各县(市)区委、政府主要负责人一行 45 人，到武汉、鄂东参观学习，同武汉市有关部门进行经济技术合作洽谈，引进技术 27 项，输出技术 32 项。

5 月 3 日　中国社会科学院考古研究所在枣阳市鹿头镇武庄村，发掘出距今约 5 000 年的原始氏族部落房屋遗址，是我国首次发现的新石器时代建筑物。

5 月 4 日　襄樊市召开纪念中国共产主义青年团建团 70 周年大会。19 支青年突击队、89 名优秀团员受到表彰。

5月上旬　襄樊市歌舞剧团创作演出的音乐诗剧《洪湖的女儿》获全国1991年度“五个一工程”优秀戏剧作品奖。

5月10日　全国农村“讲精神文明、比科技致富、建科普乡（镇）村”经验交流会在宜城县召开，推广了宜城县等4个试点县的经验。

6月1日　原钢铁厂与轧钢厂合并为襄樊钢铁公司。

6月3日　清泉沟泵站工程正式通水，鄂北岗地40万亩稻田旱情得到缓解。

6月8日　最高人民检察院副检察长陈明枢视察襄樊市及枣阳、宜城检察院的机关建设和技术装备情况。

6月12日　襄樊卧龙饭店股份有限公司开始发行股票，成为经市政府批准的第一家股份制企业。

6月12日　鄂北岗地第一期农业综合开发项目竣工，完成投资12 675万元。

7月1日　内陆最大的单辆自行车包装线在枣阳自行车厂一次试车成功。

7月2日　我国驻亚、非、欧、拉美和大洋洲等15个国家和地区的大使、参赞一行30余人，抵樊参观考察。

7月10日　襄樊市政协主席胡久明率经贸考察团对广西及所辖地、市、县的经贸、边贸进行考察。签订协议1亿多元，与北海市达成建立友好城市协议。

7月14—20日　中共湖北省委书记关广富抵樊视察。

7月22日　磁卡电话在襄樊投入使用。

8月12日　国营隆中水泥厂被命名为全国首批“机立窑综合节能技术改造示范线”厂家。

9月1日　襄樊粮食购销价格全部放开。

9月11—26日　市政协主席胡久明率襄樊市经贸考察团一行30人，在柳州、南宁、凭祥、北海、钦州、桂林等地市进行经贸和边贸考察。

9月13日　湖北省省长郭树言视察老河口、谷城、保康、南漳的经济工作。

9月16日　“92襄樊全国科技成果湖北交易会”在市工业品展销中心举行，4.5万人次参观洽谈。共办理登记各类技术合同812项，合同成交额（含意向）16 469.06万元。

10月13日　世界银行官员普朗特先生在国家、省环保局有关领导的陪同下抵樊考察小清河污染综合治理项目。

10月17日　以市长贾天增为团长的襄樊市友好代表团一行5人，访问日本犬山市。双方就两市结好十周年庆典活动和经济、文化等交流合作进行洽谈，达成协议12项。

10月20日　襄樊直管公房首次拍卖大会在樊城宾馆举行。四处共602平方米房屋以37.2万元起价，128万元成交。其中一处卖出2 250元/平方米的高价。

10月26日　首家民间股份经营团体——襄樊钢铁公司注股经销协会成立。25个省市地区44家企业和经济实体前来入股，襄樊钢铁公司一次性吸收股金1 520万元。

10月30日　襄樊市区拍卖五条“中巴”线路，55名车主共出资60.18万元买走一年经营权。同日，襄樊市土地综合开发公司成立。

11月7—9日　应襄樊市政府邀请，以副议长百濑武一先生为团长的日本犬山市议会友好代表团一行8人对襄樊进行友好访问，9日离樊。

11月10日　美国进出口企业集团公司董事长肖开翼博士一行，应邀抵樊洽谈投资与贸易。

11月14日　襄樊市人大常委会决定设立人民代表大会常务委员会农村工作委员会。

11月16—25日　中共襄樊市委安排，市人大、市政府对20个政府职能部门工作进行民主评议。

市政协主席、副主席分别带领参加评议的人大代表、政协委员分赴市直各战线、基层企事业单位，座谈搜集对市政府 20 个被评部门的意见和建议。

11 月 18 日　在深化企业改革转换经营机制现场会上，中共襄樊市委、市政府决定对股份制试点企业试行无行政主管部门的运行机制。

11 月 21 日　老河口市仙人渡镇安岗村发掘出距今 2 700 多年的战国中晚期古墓 3 座，出土文物 600 多件，其中双龙座屏、竹简等珍品属全国罕见。

11 月 29 日　国营漳河机械厂承担的国家“七五”重点科技攻关及开发项目——次烧成彩轴墙地砖国产化示范线辊道输送器、装卸载系统工艺装备通过国家级鉴定。同日，瑞典 SKF 公司副总裁卡尔松、SKF 中国有限公司董事经理庄美吉到襄阳轴承厂参观，并就合资生产小轿车轴承项目进行洽谈。

11 月　襄樊陆军预备役步兵师机关与襄樊军分区机关合并，实行一个机构两块牌子，两机关机构亦作调整。总参谋部工程兵部老河口房地产管理所与总参谋部装甲兵部襄樊房地产管理所合并，成为中国人民解放军总参谋部兵种部襄樊房地产管理处，编制正团级单位。

12 月　空军航空兵第 79 团进驻老河口场站。当年，襄樊警备司令部改称为襄樊警备区。

12 月 2 日　中共襄樊市委书记杨斌庆率襄樊市招商团参加中国（深圳）92 海外投资经济技术交流会，就利用外资开发房地产、引进技术与外商达成 64 项、13.31 亿元的合作协议和合同，外方单项投资 5.15 亿元，其中签订正式合同 17 项，投资总额 2 559 万美元。

12 月 5 日　襄樊“十大青年科技标兵”评选活动揭晓。邓剑如、肖保良、王速、郭志刚、孟亚平、李振柱、高文举、黄培新、彭宗仁、王正明 10 人当选。

12 月 15 日　湖北省交通厅厅长王连东同襄樊市市长贾天增签订交通基础设施建设投入产出承包责任书。同日，谷城白水峪电站动工兴建，副省长张怀念、市委副书记姚祥栋等省、市领导和有关专家、工程技术人员出席奠基仪式。

12 月 20—23 日　市委、市人大、市政府、市政协在襄阳宾馆召开评议会。集中对市政府 20 个职能部门的工作进行评议。经代表、委员投票表决，被评为满意、基本满意、不满意的分别为 10 个、9 个、1 个。

12 月 28 日　襄樊市政府新批准 10 家“三资”企业成立，自此全市“三资”企业突破 100 家。

1993 年

2 月 2 日　中法合资 30 万辆轿车机加工厂在樊奠基。

2 月 13 日　襄樊历史文化名城建设总指挥部召开工作会议。市委书记杨斌庆强调：“名城建设工程，只能提前，不能推后”；市长贾天增强调：“名城建设是百年大计，要确保工程质量。”

2 月 15—20 日　市政协第八届委员会第五次会议在襄城溪苑宾馆举行。

2 月 27 日　襄樊市邮电局市话 61 局 1 000 门纵横制集装箱电话交换设备开通。

3 月 1—8 日　中纪委调查组一行 4 人到襄樊市区和老河口市、谷城县检查了解减轻农民负担工作。

3 月 3—7 日　全国财政法制工作会议在南湖宾馆召开。

3 月 5—10 日　襄樊市第十一届人民代表大会举行第五次会议，会议通过了关于市人大常委会、市政府、市中级人民法院和市人民检察院等 6 个工作报告的决议。

3 月 11 日　中共襄樊市纪委、市监察局即日起合署办公。

3 月 12 日　襄樊汉江经济广播电台开播。

3 月 22 日　经国家计委批准，王甫洲水利枢纽工程被列入国家大中型基本建设项目计划。

3月29日　襄樊市编制委员会批复，市机械工业局、市农委、市财委、计量局、燃化工业局、医药管理公司、纺织工业公司、化纤工业公司、建材工业总公司、乡镇企业管理局、水利水产局、林业局、农牧业局、工商局、供销社精简内部科室、分流机关人员的改革方案。上述单位改革后内设机构由164个减到70个，人员由653人减到423人。

3月30日　襄樊市移动通信(大哥大)系统开通。

4月3日　枣阳市刘升镇罗寨村农民汤明清在菜地内挖出一只何首乌，重3公斤，经药材部门鉴定，约有500多年的历史。

5月12日　由交通部二局一处承建的"六两河"大桥竣工通车。1991年12月5日，六两河大桥破土动工，大桥决算总支出1 073.3万元。最高人民检察院原检察长黄火青题写大桥桥名。

5月12—13日　市政协八届十八次常委会议在市政协五楼会议厅召开。

5月18日　襄樊市区127自动寻呼台开通。

6月18日　由襄樊市商业物资经销公司开办的拍卖市场在樊城立业路开业。总投资6780万元，日供水12.5万立方米的市第五水厂一期工程建成通水。

7月1日　襄城环山路建成通车。

7月2日　经省劳动厅批准，襄樊市全民所有制企业工资实行弹性劳动工资计划，废除原指令性工资计划。

7月9日　襄樊市赴香港招商团在港签订合资项目23个，总投资8 600万美元，注册资金5 393万美元，其中外资占55%。

7月15日　中日共同投资兴建的枣阳石台寺泵站建成，干渠全部通水。1989年11月20日破土动工，国内总投资1.31亿元人民币，日本无偿援助投资16.35亿日元。

7月16—18日　中共襄樊市委、襄樊市人民政府、襄樊军分区在军分区招待所召开民兵、预备役部队基层建设工作会议。各县(市)、区分管武装的领导，各县(市)、区人武部、各预备役团领导，各乡(镇)、场武装部长，18个大型企业领导，共280人参加会议。

7月18日　随州市、枣阳市同时开通8 000门、6 000门程控电话和300路、200路长途交换设备。

7月23日　襄樊市劳务市场开业。

8月2日　襄樊市金融工作会议召开。市长贾天增提出整顿金融秩序、严肃金融纪律的六条措施：整顿结算秩序，着力解决资金结算难的问题；坚决制止乱抬乱浮利率；坚决制止各种社会乱集资；坚决纠正违章拆借资金；坚决制止金融机构乱办经济实体；狠抓增收节支，努力缓解财政紧张状况。

8月10日　110千伏紫金至白水峪水电厂输电线路投产运行。

8月31日　据湖北《省人民政府关于确认武汉电子学校等40所学校为省部级重点普通中等专业学校的批复》，襄阳农校、襄樊市卫校、襄樊市财校、襄樊市农机学校、襄樊市体育学校为省部级普通中等专业学校。

9月3日　国防部部长迟浩田上将为襄樊陆军预备役步兵师建师10周年题词："楚天雄师、后备劲旅"。

9月6日　美国、澳大利亚、英国、日本、比利时、加拿大和俄罗斯7国驻鄂专家团一行49人抵樊参观访问。

9月18日　汉江余家湖港机械设备联动试车成功，一号泊位生产线建成，年可转运煤炭250万吨。同日，由襄樊市政公司工程设计研究院与武汉市政设计院联合设计、国营武昌造船总厂施工建造的襄江商场人行天桥竣工。横跨长征路与丹江路交叉口的钢结构人行天桥，桥梁宽4～5米，跨径组合为42.5+42.5米，面积990平方米，是襄樊市建设的首座人行天桥。1993年6月开工。

9 月 21 日　由襄樊市政协、市电视台、市电视剧制作中心联合摄制的电视系列艺术片《诸葛孔明》首映式在市政协五楼会议厅举行。

9 月 22 日　襄樊市床单厂在中央电视台《榜上有名》栏目推出鹤牌床单系列广告，是全市纺织系统首次在中央电视台播出广告。

9 月 29 日　襄樊市长贾天增主持召开市政府常务(扩大)会议，提出反腐倡廉要明确重点，集中查处党政领导机关、司法部门、行政执法部门、经济管理部门及其工作人员的违法违纪案件。

10 月 2 日　襄樊广场 4047 平方米地面铺装大理石竣工。该工程由园林局组织，南漳县城建局承建，总投资 60 万元。

10 月 4 日　东风汽车公司年产 10 万辆轻型车厂在襄樊基地奠基。

10 月 5 日　中国湖北襄樊隆中诸葛亮文化节开幕式在新落成的襄樊体育场举行。中央国家机关的领导黄毅成、高登榜、周干峙和省委省政府领导关广富、王重农、韩南鹏；日本国犬山市市长松山邦夫，美国、法国、意大利等 20 多个国家和地区客商 580 多人、海内外新闻记者 280 多人、国内客商和来宾 7000 多人和近 2 万名襄樊市民出席了开幕式。7 日，'93 中国湖北襄樊隆中诸葛亮文化节闭幕式在襄阳环城公园和襄樊体育场同时举行。

10 月 6—9 日　全国历史文化名城保护工作会议在樊召开。

10 月 8—10 日　中国历史文化名城第六次研讨会在樊举办。

10 月 19 日　第三产业普查在驻樊中央、省属及市直各单位和农业、工业、建筑业所属的第三产业单位全面铺开。

10 月底　襄樊市郊区王寨乡施官营村工业企业完成总产值 1.076 亿元，比 1992 年增长 2.35 倍，成为全市第一家工业产值过亿元的村。

11 月 18 日　中国城市评价中心资料显示：襄樊市综合经济指标——国民生产总值在全国 187 个地(市)级以上城市中居第 47 位。其中：第一产业居第 13 位，第二产业居第 65 位。第三产业居第 36 位。

11 月 23—25 日　襄樊市十一届人大常委会举行第三十四次会议，听取《关于依法治市的决议》《关于科教兴市的决议》的报告；听取市政府《关于 1993 年度全市行政执法检查情况的报告》；听取《市人民检察院贯彻执行〈全国人大常委会关于惩治贪污、贿赂的补充规定〉情况的报告》，学习中共中央《关于建立社会主义市场经济体制若干问题的决定》。

11 月 30 日　中共襄樊市委、市政府召开紧急会议，市长贾天增要求各地严格控制财政支出和信贷、货币投放，平抑市场粮油价格，确保市场稳定。

11 月底，襄樊鼓楼商场(集团)股份有限公司销售总额突破亿元。

12 月 1 日　襄樊股民通过电脑监控、行情显示和襄樊至上海即通即接式热线电报电话系统，同步参与上海股市股票交易的襄樊建设银行信托公司股票交易大厅在襄城北街开业。

12 月 4 日　中共襄樊市委、市纪委在襄阳宾馆举行反腐败工作新闻发布会。截至 11 月底，全市各级纪检监察机关共立案 544 起，查结案 458 件。其中，开除党籍 114 人，留党察看 101 人，撤销党内职务 24 人，党内严重警告 133 人，党内警告 87 人；给予行政处分 38 人，移送司法机关处理 38 人。受党纪政纪处分的人员中，县级干部 9 人，乡(科)级干部 37 人。为国家挽回直接经济损失 89.74 万元。

12 月 18 日　襄阳电视台新发射塔开播，覆盖半径为 53 公里。

12 月 20 日　由襄樊重型机械厂、中外合资襄樊三力塑料制品有限公司、市长虹机械厂、国家建材局合肥水泥研究所等企业构成的湖北襄重工业集团成立。

12 月 21 日　纪念毛泽东一百周年诞辰大会在南湖宾馆举行。同日，襄樊棉纺织印染厂改制为湖北金鹏纺织(集团)股份有限公司。

12 月 27 日　襄樊市区交通线路 1993 年中巴经营资格招标方案出台，发布第一号招标通告。

1994 年

1 月 1 日　襄樊市执行湖北省电网统一销售电价。

1 月 13 日　襄樊市政府与湖北省政府签订 1994—1997 年环境保护目标考核责任书。

1 月 15 日　襄樊市农委主办的《农村经济与科技》杂志公开出版发行。

1 月 16—24 日　市政协主席胡久明带领市直各部、办、委、局主要负责人 29 人赴苏州参观学习。

1 月 18 日　襄樊“168”自动电话信息服务台开通。

2 月 2 日　宜城县公安局获“全国优秀公安局”称号。襄樊市中心医院获卫生部“三级甲等医院”资质。谷城县被湖北省人民政府、湖北省军区命名为“双拥模范县”称号。同日，湖北化纤总公司、襄樊车桥厂、谷城汽车配件厂、襄阳汽车轴承股份有限公司等 7 家企业负责人在武汉东湖宾馆，与加拿大龙源集团公司签订合资经营技改项目协议，总金额 9.4 亿多元人民币，外商现汇支付。

2 月 15 日　襄樊市中级法院司法警察大队成立，挂牌办公。

2 月 22—24 日　中共襄樊市委、市政府召开全市汽车工业工作会议，要求逐步把襄樊建成“依托东汽、面向全国、具有襄樊特色、在全国占有重要位置”的汽车工业基地。

3 月 1 日　襄樊市机关、事业单位（不含中等专业技术学校）、人民团体开始执行每周工作 44 小时制度。

3 月 10 日　新加坡新淀源投资企业有限公司董事长蔡岳华和襄樊市日用化工总厂厂长朱德成签订合同，成立合资企业，联合开发房地产，注册资本为 2 000 万元人民币，其中新淀源公司投资 1 400 万元，日化总厂投资 600 万元。

3 月 16 日　华夏证券有限公司襄樊交易营业部在襄城北街开业。

3 月 22 日　襄樊市招商局成立。

3 月 25 日　襄樊市政协九届委员会议召开，选举孙楚寅为政协主席，魏元明等为副主席。

4 月 1 日　《襄樊晚报》出版发行，四开八版，每周两期。

4 月 2—6 日　襄樊市十二届人民代表大会召开。伍荣显复任人大常委会主任，贾天增为市长，姚仁安为法院院长，张明声为检察院检察长。

4 月 7 日　襄樊市市长贾天增在南湖宾馆与 12 个县（市）区及市直有关委、局（公司）行政领导签订环境保护目标责任书，明确提出新一届政府任期内的环保目标。

4 月 12 日　隆中风景区被国务院批准为国家级风景名胜区。风景区由古隆中、水镜庄、七里山、承恩寺、鹤子川五大景区组成，总面积为 209 平方公里。

4 月 14 日　中共襄樊市委书记杨斌庆、市长贾天增率市直有关部办委局主要负责人赴苏州市学习考察，市长贾天增和苏州市常务副市长冯大江分别代表两市政府签订《苏州市、襄樊市经济技术对口交流协议书》。

4 月 20 日　150 部磁卡电话在襄樊市各邮电局、所，各大宾馆和繁华地段电话亭安装完毕并启用。

4 月 22—26 日　全国人大常委会副委员长廖汉生在省人大常委会副主任谢培栋陪同下抵樊视察，并参观了二汽襄樊基地和古隆中。

4 月 30 日　中共襄樊市委、市政府召开全市加快发展个体私营经济工作会议。

5 月 10 日　襄樊至丹江口市自办特快专递汽车邮路开通营运。邮路设 10 个交接点。

5 月 20 日　《隆中对》《编钟》特种邮票和纪念卡在樊发行。

5 月 27 日　襄樊电力设备厂生产的高压合成绝缘子和微机无线摇控防误操作装置在电力部召

开的首届新技术、新产品暨科技攻关成果展示交易会上获金奖。

5 月 29 日　国务院副总理李岚清视察襄樊市区和东汽襄樊基地。

6 月 6 日　襄樊市外贸企业自营出口创汇 1 947 万美元，占省分全年任务的 108%，比 1993 年同期增长 1.46 倍，首次跃居全省各地、市、州之首。

6 月 11 日零点　襄樊市邮电局 44 局万门程控电话割接开通，市区电话全部实现程控化。

6 月 18 日　襄樊市国家安全局成立。

6 月 31 日　总投资 11 080.5 万元，从意大利 GCR 公司引进的年产 3 500 吨钢丝帘线生产线在湖北钢丝厂建成投产。

7 月 1 日　襄樊市税务局、所，分为国家税务局、所，和地方税务局、所，并正式运行。

7 月 6 日　经国务院批准，宜城县撤县设市（县级），由襄樊市直管。

7 月 11 日　鄂西北最大的司法警察训练基地投入使用，基地地处襄樊市郊区檀溪乡贾洲村，占地面积 2.09 公顷。

7 月 16—17 日　襄樊市召开以劳养武工作会议，传达全省以劳养武工作会议精神，制定发展以劳养武的三年规划，出台《关于广泛开展以劳养武活动的决定》。

7 月 18 日　世界银行及省环保外资办一行18人抵樊，就襄樊市城市污水治理等 3 个项目计 3 000 万美元环境治理贷款问题进行实地考察。

7 月 20 日　襄阳县、老河口市、襄樊市郊区被省委、省政府授予"全省十强县（市）"，张湾镇、太平店镇、仙人渡镇、王寨乡、庞公乡被授予"全省十强乡（镇）"称号。

7 月 24 日　湖北省首家房地产产权交易市场——襄樊四友房地产交易有限公司在长虹路开业。

7 月 30 日　襄樊市电话磁卡交费查询语音系统开通。

8 月 8 日　保康县农民曹青山发明的"跟踪式太阳能开水器"获"1994 年世界科技博览会"金奖。同日，襄樊市首家公私合营股份制企业——襄樊建昌液压缸工程有限公司成立。

8 月 9 日　汉江襄樊余家湖港口，通过省交通厅初步验收，被定为优良工程。国务院副总理邹家华题写港名。

8 月 10 日　中国银行襄樊分行和市邮电局，使用西班牙 943 万美元贴息贷款转贷协议在南湖宾馆签字。

8 月 25 日　在湖北省科技进步奖和湖北省星火奖评比会上，襄樊市获科技进步二等奖 4 项，三等奖 7 项；星火二等奖 2 项，四等奖 3 项。

9 月 1 日　"94 全国畅销国产商品展销月"活动在襄樊市鼓楼商场、襄江商场、工贸中心开幕。

9 月 8 日　襄樊港水路货运交易市场开业。

9 月 14 日　襄樊市律师协会成立。

9 月 16 日　上海市虹口区商品展销会在襄城昭明台前开幕。襄樊市市长贾天增、虹口区区长黄跃金分别致词。参展商品 2 500 多种，价值 2 000 多万元，成交 110 万元，达成购货协议近 5 000 万元。

9 月 19—22 日　八省区十四州市人大财经工作联系会第七次会议在樊召开，会议通过《八省区十四州市人大财经工作联系会第七次会议纪要》。

10 月 4 日　宜城市特种建材厂生产的 JBT 新型高效节能保温涂料被国家经委、计委和科委联合评定为 1994 年优秀节能产品和优秀节能科技成果推荐产品。

10 月 8 日　中共襄樊市委、市政府组团赴新加坡、及我国香港地区招商引资。

10 月 13 日　中国民主促进会襄樊市委员会成立，任金亭当选为主任委员。

10 月 15 日　襄樊通达集团总公司总经理涂小山与美国全球蜂窝技术公司（GCT）总裁肯·麦道

高，在金城大酒店签订中美合资襄樊双鸽通信有限公司合同。合资项目总投资900万美元，其中美方投资540万美元，占60%，合资有效期为25年，生产经营数字式蜂窝手持移动无线电话机及中英文BP机，各年产15万台，产品70%返销美国。

10月20—22日　由乔治·普朗特先生为团长的世界银行湖北环境贷款项目准备团抵樊考察市造纸厂、化工厂、小清河等污染治理项目。

10月21日　樊东区人民法院召开襄樊市华泰通信器材开发公司破产还债债权人会议，19个债权单位和个人参加破产财产分配，共分得财产折价43.6万元。

10月30日　襄樊市环境监理总站获"全国排污收费先进集体"，市环保局副局长汤建林获"全国排污收费先进个人"。

11月5日　据湖北省人民政府《省人民政府关于随州市由省直管的通知》，随州市由省直管。

11月8—10日　中共襄樊市委、襄樊军分区在老河口市召开全市全民国防教育经验交流会。中共襄樊市委、襄樊军分区和各县(市)区宣传部、组织部、党校、教委、人武部、预备役师、团政治部门的90多名领导参加会议。广州军区政治部群工部部长曾志军、湖北省国防教育办公室主任周小珠、湖北省军区政委徐师樵等到会并讲话。

11月11日　襄樊市管道煤气工程利用加拿大政府660万美元的贷款合同在北京建国饭店举行草签仪式。

11月13日　以议长百濑武一为团长的日本犬山市议会友好代表团一行6人抵樊进行友好访问，就1995年本市产品在犬山市展销和招商等达成意向协议。

襄樊市邮电局BP机号码升为7位数，自动寻呼"127"同时改为"129"并与全省联网。

11月24日　中共襄樊市委、市政府召开帮助市直16家困难企业摆脱困境督办落实会议。落实到位急需的2 865万元解困资金。同日，在第76届广交会上，襄樊市国际贸易公司出口成交钉丝、轴承、活性炭、衬衣等30余种商品，金额408万美元。

11月9日　襄樊市中医院获"全国示范中医医院"和"三级甲等中医医院"资质。同日，襄阳、老河口、枣阳、南漳、谷城、保康、随州等县(市)80 000户无线寻呼联网。

11月28日　中共襄樊市第八次代表大会在襄阳剧院开幕，大会代表426名。大会选举产生八届市委委员35人、候补委员6人、常委12人，杨斌庆为书记，贾天增、孙楚寅、姚祥栋、张振华为副书记；选举产生新一届纪委常委9人，杨祥义为纪委书记。

11月30日　老河口市金属回收公司改制为老河口市物质再生利用有限责任公司，成为湖北省首家无主管企业。

11月　广州军区在襄樊陆军预备役师召开预备役部队军事训练改革工作会议。总参谋部动员部预备役部队训练局局长徐希忠大校，广州军区副司令员王申中将、副参谋长吴湘庆少将，湖北、湖南、广东、广西、海南五省(自治区)军区有关领导，襄樊市人大常委会、市人民政府及襄樊军分区有关领导参加会议。

12月　广州军区高炮旅驻枣阳部队迁往湖南衡阳。

12月30日—1995年1月2日　中共襄樊市第八届委员会第一次会议召开，杨斌庆当选市委书记，贾天增等为副书记。

1995年

1月1日　襄樊市对商品木材运输出境实行准销制度。

1月5日　襄樊市工商局公开销毁各种假冒名优烟、酒及劣质食品饮料等价值近百万元商品，围观群众数千人。

1月10日　襄樊市行政学院在中共市委党校成立。

1月15日　襄樊市政府常务(扩大)会议召开。市长贾天增代表市政府承诺1995年为全市人民办12件实事:即城市煤气工程、旧城改造工程、商城立交桥工程、兴建三元路工程、修建邓城大道工程、郑家山110千伏变电站工程、市区电话程控增容工程、市区菜篮子建设工程、市图书馆建设工程、兴建中心医院病房大楼工程、襄樊海关建设工程等。

1月20日　襄樊市区第13路公共汽车实行无人售票。

2月6日　襄樊市委、市政府颁布《关于大办农业的决定》。

2月7—9日　襄樊市企业改革工作会议在老河口市召开。

2月10日　台湾欧奇公司向襄樊市赠送13种美国、日本及我国台湾地区改良蔬菜种子。

2月11日　襄樊市委、市政府在南湖宾馆召开市直机关包点扶贫暨小康建设总结表彰大会,交流扶贫开发的成绩与经验,表彰先进,研究部署1995年的扶贫开发、农村基层组织建设和小康建设工作。

2月13日　襄樊市直企业产权制度改革动员会在襄阳剧院召开。

2月16日　襄樊市国家安全领导小组成立。

2月22日　襄樊市经济师协会在建昌机器厂成立。

2月24—3月1日　政协襄樊市第九届委员会第二次会议在溪苑宾馆召开。会议增选李诗刚为市政协副主席。

3月1日　襄樊人民广播电台虎头山100瓦调频广播发射台建成运行。广播节日交叉双重覆盖。中波、调频全天播出17.5小时,覆盖半径30公里。

3月2—5日　襄樊市第十二届人民代表大会召开。会议审议通过"一府两院"工作报告,补选李远继、熊小春为人大常委会副主任,宋德福为副市长。

3月6日　襄樊电视台录制的专题片《大山里的启明星》《访胜探幽古隆中》《隆中深处话人才》在中央电视台《神州风采》栏目中播出。

3月8日　襄樊市"职业女明星"命名大会在市工人文化宫召开,甘菊秀等30人被授予"襄樊市职业女明星"称号。

3月12日　市反腐败协调小组更名为中共市委反腐败领导、协调小组。市委副书记姚祥栋任组长,市委常委杨祥义、张学义、张子强、阎增福、夏志斌、张建一任副组长。

3月15日　枣阳曲剧团《刘秀还乡》进京在前门剧场演出取得成功,获"五个一"工程奖。

3月22日　中共襄樊市委、市政府发出《关于开展向"优秀共产党员"童淑英同志学习活动的决定》。

3月23—24日　中央综治委、中纪委、中组部、人事部、监察部组成的社会治安综合治理检查组抵樊检查工作。

3月25日　襄樊热电厂升为国家大型二档企业。

3月27日　市委、市政府在襄阳剧院举行童淑英事迹报告会,襄樊电视台、广播电台、有线电视台现场直播报告会。

3月28日　襄樊市第七次妇女代表大会在溪苑宾馆召开。

4月1—7日　中共襄樊市委书记杨斌庆率团访问日本犬山市。双方达成以下协议:犬山组织商工会议所、青年会议所实业家赴樊考察,寻求投资合作项目;由犬山牵线,促成襄樊与日本有关大公司的合资合作,争取首先在汽车产业开发方面实现合作;犬山市对襄樊部分产品进入国际观光中心展销给予协助；襄樊市金融界继续派员到日本有关银行学习；犬山组织民间观光团抵樊游览，提供方便，并进一步加强两市工商界的联系。

4月5日　湖北汽车蓄电池厂新建襄樊分厂投入4 666万元，从美国引进免维护蓄电池项目竣工。其中引进设备用汇388万美元。

4月10—16日　全国政协副主席胡绳抵樊考察政协工作，并将个人3万余册藏书赠送给襄樊市图书馆，为襄樊市新图书馆题写馆名。

4月13日　彩色可视会议电话在襄樊开通。

4月14—20日　中共湖北省委副书记杨永良抵樊，视察19家工厂及老河口市、谷城县、襄樊高新技术产业开发区、襄樊汽车产业经济技术开发区就如何围绕经济工作加强党的建设作调查研究。

4月15—19日　全国示范中医医院经验交流会在南湖宾馆召开。卫生部副部长兼中医药管理局局长张文康和各省(市)、自治区卫生厅(局)分管中医工作负责人及验收合格的全国示范中医医院的院长参加了会议。

4月18日　新中国成立后第一部《襄樊市志》，1994年12月由中国城市出版社出版发行，首发式在襄阳宾馆举行。

4月20日　中共湖北省纪委书记丁凤英抵樊检查指导工作。襄樊市政府召集各银行和邮电局主要负责人，研究储蓄利率管理，制订利率管理同业公约。

4月30日　以“破大案、打团伙、追逃犯、收枪支、治重点”为主要内容的严打斗争开始。

4月　《襄樊市文物史迹普查实录》由今日中国出版社出版、发行。

5月1日　《襄樊市人民巡逻警察巡察暂行规定》在市区施行。

5月2日　襄樊清河二桥建成通车。长310.01米，面宽24米，1993年3月28日开工，竣工决算支出1 173.48万元。

5月5日　《襄樊有线新闻》开播。

5月9日　湖北省人大评议工作现场会在樊召开。中共襄樊市委书记杨斌庆介绍了发挥党委领导作用、推进评议工作健康发展的经验。省人大常委会主任关广富作了总结讲话。

5月9—16日　应喀麦隆共和国矿业和工商会主席P·昌凯先生的邀请，以副市长邱勇为团长的襄樊市经济贸易考察团一行5人赴喀考察。探讨在喀麦隆网箱养鱼、合办家具厂、养鸡场项目。

5月21日　襄樊市市区电话基本营业区范围扩大，新的范围是：东至小清河，南至观音阁，西至花梨木店、柿铺，北至邓城大道。

5月23日　即日起《襄樊有线新闻》每周播出两次。

5月26日　襄樊市妇女儿童工作委员会成立。中共襄樊市委常委、副市长阎增福任妇女儿童工作委员会主任。

6月12日　胡绳首批捐赠的7 000册图书抵樊，举行捐赠仪式，市长贾天增代表全市人民接受捐赠。

6月13日　广州军区副司令员文国庆少将视察襄樊民兵预备役工作。

6月15日　襄樊市综合治理委员会公布《襄樊市奖励见义勇为有功人员暂行办法》和《襄樊市见义勇为奖励基金管理办法》。

6月18日　世界银行湖北城市环境项目评估团团长乔治·普特朗宣布，世界银行贷款襄樊的污水处理和固废处理两个项目通过评估。世行贷款污水处理为1.7亿元人民币，固废处理为2 550万元人民币。

6月30日　中国建设银行襄樊分行城市综合业务网络系统开通。

7 月 14 日　“双推双考”选拔县级领导干部工作结束。

7 月 21 日　襄樊军分区组织 25 个团级以上驻军单位召开防汛会议，司令员马正武主持会议，襄樊市副市长袁军晶及襄樊市水利局、防汛指挥部的负责人，军分区副司令员、参谋长、政治部主任、驻军单位的领导和军分区、预备役师机关有关部门人员参加会议。

8 月 5—8 日　襄樊市公安局抽调警力及保卫干部 1 950 人，组成 42 个盘查专班，在市区和襄阳县设三道防线、42 处卡点，统一盘查机动车、高档自行车，共查验各类机动车 7 789 辆，发现有问题的 438 辆；查验自行车 5 694 辆，发现有问题的 629 辆，当场查明属被盗的 23 辆；清查旅社 173 家、路边店 129 家，暂住人口 7 730 人，抓获各类违法犯罪人员 69 名，其中逃犯 30 名；审查破获刑事案件 66 起，其中大案 9 起。

8 月 8 日　中共湖北省委书记贾志杰率省委、省政府和省直有关厅、委、局负责人到襄樊市大型企业、水电工程和边界乡镇调查研究，听取制订“九五”发展规划情况汇报。

8 月 16 日　国务院特区办主任胡平抵樊考察开放开发工作情况。襄樊市国家税务局税务稽查分局挂牌办公。

8 月 30 日　以中共襄樊市委副书记张振华为团长的襄樊市赴藏慰问团一行 28 人抵达西藏琼结县慰问考察，并向琼结县捐助人民币 40 万元。

9 月 20 日　东风汽车公司副总经理顾林生一行抵樊，就东风汽车公司轻型车零部件第一批布点工作同市领导杨斌庆、贾天增和省计委、省经贸委、省机械厅的代表进行协调，达成共识。襄樊市承担 1.5 吨轻型车系列 950 种零部件中的 600 多种的生产任务。分配到红旗机制厂、汉丹电器厂、卫东机械厂、力特电机总公司、宏伟机械厂、5710 工厂、汽车产业开发区冲压件厂、东襄汽车零部件厂和汽车产业开发区机电部第二机电厂。

9 月　位于长征路与大庆路交叉口的人行过街飞环天桥建成。该桥 1995 年 5 月开工，由市政公用工程设计研究院设计，中国一冶机装公司施工。总面积 1 642.4 平方米。

10 月 7—9 日　由国家科委成果办、省科委、全国学联和襄樊市政府联合举办的“95 襄樊科技成果交易会暨中国中部协作区第四届科技交易会”在市科技情报局展览大厅开幕。转让科技成果 422 项，成交额 5 815 万元。

10 月 9—19 日　应孟加拉康辉超级服装公司邀请，襄樊市外经委副主任陆吉堃一行四人，赴孟加拉签订法兰绒布出口合同，成交 230 万美元。

10 月 11 日　襄樊市汽车工业工作会议在溪苑宾馆召开。会议要求奋力实现“九五”汽车工业大跨越，使汽车工业成为襄樊第一支柱产业。

10 月 14 日　湖北摩擦密封材料总厂获“八五”期间“全国节能先进企业”称号。

10 月 17—20 日　全国 15 城市劳动工作交流会在南湖宾馆召开。北京东城区、抚顺、西安、自贡、乐山、桂林、海口、江门、青岛、安阳、贵阳、株洲等市劳动部门负责人和劳动部、省劳动厅的有关负责人参加会议。

10 月 20 日　全省勤政廉政先进典型事迹报告团在南湖宾馆向襄樊市直行政事业单位 500 多名副县级以上党员领导干部举行首场报告会。

10 月 22 日　全国城市卫生检查团复查小组抵樊，对创建国家卫生城市工作开展复查。

10 月 23 日　余家湖港口工程通过国家级验收。该港系双泊位、堆场对称式港口，季节通航 500 吨级船舶，年吞吐量 500 万吨。同日，樊城郊区柿铺乡一块东距市区四公里，南临 316 国道，面积 120 平方米的土地被拍卖，出让年限 70 年。郊区农民童元钊以每平方米 192 元买下该地。

10 月 25 日　投资 3 000 万元的樊城解放路市话 44 分局程控扩容 15 000 门电话开通。投资 1

400 万元的襄城万山新建市话 56 分局 5 000 门程控电话开通。同日，经地矿部武汉综合岩矿测试中心检验的襄樊市隆中路 8 号（襄樊市林业科学研究所）发现的天然矿泉水，为含锶、锌、硒优质天然矿泉水，样品中锶、锌、硒达到国际标准要求。

11 月 6 日　对外贸易经济合作部赋予襄樊市机械对外贸易公司进出口经营权。

11 月 15 日　在全国村民自治示范经验交流暨城乡基层先进集体和先进个人表彰大会上，襄阳县太平店镇、老河口市仙人渡镇被授予“中国乡镇之星”；老河口市光化办事处为“中国街道之星”；襄阳县双沟镇双北村民委员会为“全国模范村民委员会”。市郊区王寨乡乔营村民委员会主任黄志付为“全国优秀村民委员会主任”。

12 月 17 日　襄樊市城区及所辖七县（市）电话号码由六位数升至七位，号码源扩大 10 倍，所辖县（市）统一使用“0710”长途区号。

12 月 25 日　西藏山南地区党政代表团一行 19 人在书记向巴平措、专员胡春华的率领下抵樊访问。

12 月 31 日　襄樊市完成湖北省政府、省军区赋予的征集新兵的任务。

1996 年

1 月 10—12 日　中国建设银行襄樊市分行行长崔滨洲与市煤气管道工程公司经理熊永健签订协议，将加拿大 660 万美元政府贷款转贷给煤气公司，全面启动煤气管道工程。

1 月 24 日　襄樊市、老河口市被评为全国城市环境综合整治先进市。

2 月 3 日　襄樊市计划生育工作会议召开。会议强调两年内改变不了计划生育落后面貌的单位领导免职。

2 月 26 日　台湾欧奇公司总经理钟瑞建为市农科所引进美国植物种子肥料 80 公斤。

2 月 27 日　襄樊市人民政府发布《落实农民负担政策，减轻农民负担的通告》。规定每个农民承担的“三项提留五项统筹”数额不得超过 1995 年农民人均纯收入的百分之五；各类集资不得超过 1995 年农民人均纯收入的百分之一；村组提留的共同生产费比例控制在 1995 年人均纯收入的百分之一以内。

3 月 1 日　民航襄樊票务处开始推出国际航班售票业务，办理北京、上海、广州、青岛到纽约、旧金山、米兰、大阪、东京、巴黎、汉城、悉尼、新加坡和我国香港地区往返联程机票。

3 月 16 日　中共湖北省委决定调襄樊市委书记杨斌庆到省任职，襄樊市委副书记贾天增任中共黄冈地委书记；孙楚寅任襄樊市委书记，阎增福任襄樊市委副书记。

3 月 21 日　国务院总理李鹏同意把襄樊火力发电厂纳入国家利用外汇储备金建设试点。总投资 73 亿元人民币。

3 月 24—26 日　全国政协副主席杨汝岱考察东风汽车公司柴油发动机厂、轻型车工厂、汽车试验场、襄城北街，与襄樊市党政领导和企业负责人就“南水北调”、中西部与东部地区缩小差距、国有企业发展进行探讨。

28 日　襄樊市十二届人大常委会第十五次会议决定阎增福代理襄樊市人民政府市长。

4 月 3 日　由襄樊市第一人民医院蒋克昌、中医院康义华、卫生学校孙天焕、妇幼保健院刘雪琴组成的首批援助西藏琼结县医疗队抵达西藏。

4 月 8 日　神龙公司襄樊富康轿车发动机装配线开通试生产。广东省珠海市本森实业有限公司与南漳县合资 5 500 万元兴建水镜湖（三道河）旅游度假村奠基。

4 月 11 日　由国家计委牵头，中国社会科学院院长刘国光、水利部原部长杨振怀、清华大学教授雷志栋等 50 余名领导、专家组成的国务院南水北调工程论证审查委员会考察团抵樊考查。

4 月 12 日　十六省八十多县(市)的代表考查老河口市 800 公顷蔬菜制种基地及“京丰一号”“九月鲜”“紫棉茄”等蔬菜品种。

4 月 14 日　中共襄樊市委决定,在全市普遍推行执法责任制和执法违法责任追究制。

4 月 16—19 日　全国人大常委会副委员长倪志福视察襄樊。

4 月 19 日　中共襄樊市纪委、襄樊市监察局对全市 30 万元以上的建设工程项目开始实行廉政责任制。

4 月 20 日　襄樊图书馆暨胡绳藏书馆开馆。全国政协副主席胡绳及其夫人吴全衡出席开馆典礼。

4 月 24 日　襄樊市十二届人大常委会第十六次会议通过《关于禁止在襄樊市城区公共场所吸烟议案的决议》。

4 月 28 日　襄阳县唐白河新大桥竣工。桥长 381.5 米,净宽 18 米,总投资 1 500 万元。该工程 1995 年 2 月 14 日破土动工。

5 月 8 日　总投资 6 262 万元的襄樊洛神汽车玻璃有限公司成立。国家科委批准谷城县石花镇为国家级星火技术密集区,武汉工业大学为技术依托单位。

5 月 15 日　枣阳市曲剧团创作演出的新编历史剧《刘秀还乡》,获国家文华新剧目奖和编剧、表演两个单项奖。

5 月 31 日　襄樊市优秀民办教师转公办教师工作结束。共转 2 150 人。

南漳县巡检镇丁家沟村发现大型铜矿。矿体长 5 公里、宽 4 公里,铜含量 75%。

6 月 6 日　中国城科会名城委员会会报《名城报》在襄樊市创刊。

6 月 7 日　劳动部副部长王建伦率国家体改委、计委、经委、财政部、人事部、人民银行等领导组成的调研组抵樊,调查企业职工养老保险制度改革,查看襄樊市社会保险计算机网络管理系统和个人账户电话查询系统。

6 月 8 日　全国政协副主席马万祺抵樊考察。

6 月 17 日　国家审计署副审计长郑力抵樊检查审计工作,考察了保康县审计局。

6 月 18 日　中国地产咨询评估中心襄樊分中心成立。

7 月20日　樊城电信大楼模拟移动电话 EMX 2500 交换机割接开通。移动电话用户容量可达 75 000 户。

7 月 26 日上午　襄樊军分区举行首批预备役军官授衔仪式。湖北省军区副政委潘运斌少将,中共襄樊市委、襄樊市人民政府、襄樊市人大、襄樊市政协主要领导,襄樊军分区、襄樊预备役师首长及预备役官兵代表一千多人参加授衔仪式。首批为 2 785 名预备役军官评授预备役军衔。

8 月 4—16 日　抗洪救灾。4 日晨至 5 日晨,宜城市、南漳县、保康县、谷城县连降大到暴雨。6 日上午 10 时,中共襄樊市委、市政府召开紧急会议,发出《关于抓好防汛抗灾工作的紧急通知》,宣布抗灾进入紧急状态,市委、市人大、市政府、市政协领导奔赴抗洪前线救灾。15—16 日,襄樊市直机关为灾区捐款 80 余万元。襄樊城区救灾捐款约 212 万元。

8 月 25 日　襄樊市考古队成立。

8 月 28 日　襄樊市财产保险公司赔付洪灾款 960 多万元。

8 月 28 日　下发《中共襄樊市委、襄樊市人民政府、襄樊军分区关于成立襄樊市国防动员委员会的通知》(襄文〔1996〕58 号文件),成立襄樊市国防动员委员会。

9 月 3 日　襄樊市国防动员委员会成立。襄樊市人民武装委员会和市国防动员委员会全体会议召开。襄樊市人民防空委员会、襄樊市交通战备领导小组自行撤销。

9 月 9 日　襄樊市与福建省泉州市结为友好城市。

9 月 26 日　襄樊市第一人民医院升为“国家三级甲等医院”。

9 月 28 日　襄樊市邮电市话用户达 142 919 户，无线寻呼 80 017 户。

9 月 29 日　《襄樊市城区公共场所禁止吸烟暂行规定》颁布实施。

10 月 10 日　中共襄樊市委、市政府根据内燃机车工厂开展“塑造形象”活动的经验，召开城区创建文明卫生城市动员大会，号召市民深入持久地开展塑造“城市形象、单位形象、产品形象、市民形象”活动。

10 月 13 日　襄樊市区“安居”工程启动。建筑面积 135 100 平方米，住宅 1786 套的乔营小区一期工程由市住宅经营公司承建。

10 月 16 日　湖北金环股份有限公司 1 300 万 A 股在深圳股票交易所挂牌上市。

10 月 20—22 日　中共襄樊军分区第八次代表大会在军分区招待所召开，出席会议代表 92 名。

10 月 22 日　“湖北万邦房地产发展集团有限公司”成立。

11 月 2 日　襄樊市被国务院批准为全国安居工程第三批 70 个试点城市之一。

1995 年开工，投资 2 887.45 万元、建筑面积 130 00 平方米的襄樊市中心医院内科病房大楼落成。

11 月 8 日　襄樊通力集团伍明企业托管有限公司成立，托管樊城宾馆三年。第一年扭亏、第二年盈利、第三年兼并。襄樊市首次无形资产—天桥资产拍卖会在银都宾馆举办。

11 月 12 日　中共襄樊市委第八届四次全体（扩大）会议召开，会议提出切实把精神文明建设提到更加突出的地位，加大建设力度，努力开创全市精神文明建设的新局面。同日，襄樊市代市长阎增福与各县（市）区长及有执法任务的市政府各办、委（局）主任（局长）签订《行政执法责任书》。

11 月 13 日　《襄樊市城市市容、卫生、交通管理实施细则》颁布。

11 月 18 日　中国农业发展银行襄樊市分行成立。

11 月 24 日　襄樊市狠刹用公款请客送礼歪风动员大会召开。

11 月 28 日　襄樊发电有限责任公司成立。

12 月 5 日　襄樊市体育运动学校被国家确定为“国家高水平体育后备人才基地”。

12 月 6 日　襄樊市司法局被评为全国理论调研工作先进单位。

12 月 8 日　襄樊东风路食品大市场开业。207 国道襄樊至宜城段公路经营权有偿转让给澳大利亚经营协议签约。

12 月 18 日　中国民主建国会襄樊市委员会成立，王德强被选为主任委员。

12 月 20 日　襄樊邓城大道建成通车。

12 月 25 日　襄樊市第一部理论宣传电视专题片《硬道理硬在得民心》在省电视台播发。

1997 年

1 月 1 日　总投资 650 万元人民币的襄樊梯子口汽车集装箱专用码头建成并投入使用。

1 月 5 日　襄樊市财政工作会议召开。为确保 1997 年财政收支平衡，代市长阎增福与各县（市）区签订责任状。

1 月 6 日　襄阳轴承股票在深圳交易所挂牌上市。

1 月 7 日　襄樊市地税局闸口税务所被授予“全国文明税务所”，国家税务总局副局长杨崇存到该所慰问干部职工。

1 月 8 日　占地面积 3 000 多平方米，摊位 1 500 多个的樊城前进路小商品城开业。

1 月 11 日　隆中诸葛亮躬耕地被国务院列入第四批全国重点文物保护单位。

1 月 12 日　江华汽车有限公司从韩国大宇公司引进技术生产的 300 辆豪华旅行车下线。

1 月 16 日　中共襄樊市委、市人大、市政府、市政协召开联席会议，专题研究部署减轻农民负担问题。

1 月 20 日　襄樊市政府印发《襄樊市(市区)国有土地使用租赁管理暂行办法》。

1 月 21 日　襄樊市被列为全国 110 个优化资本结构试点城市。

1 月 22 日　襄樊市城市总体规划修编纲要经建设部评审通过。

1 月 26 日　襄樊市政协九届四次会议在溪苑宾馆召开。姚祥栋当选为市政协主席。

1 月 27 日　襄樊市人大十二届四次会议在襄阳剧院召开,阎增福当选为襄樊市人民政府市长。

1 月 28 日　襄樊市政府印发《襄樊市(市区)外商、华侨、台港澳同胞投资企业用地管理暂行办法》。

2 月 2 日　中共襄樊市委常委召开议军会议,研究加强民兵预备役建设和军分区、人武部基础设施建设,进一步做好“双拥”工作。

2 月 12 日　襄樊市人民政府聘请 6 位律师为法律顾问。

2 月 14 日　中共襄樊市委、市人大、市政府、市政协领导到市区部分泥巴路现场办公,提出 6 月 30 日以前改造市区 58 条泥巴路。

2 月 20 日　襄樊市市直机关工委、市精神文明建设委员会联合表彰市直机关 1995—1996 年度最佳文明科室 124 个和文明科室 728 个。

2 月 21 日　襄樊市各界人士沉痛悼念邓小平逝世。

2 月 23 日　全国人大代表张正林、姬建强、贾华英、安明、万赤明、操三泳离樊赴京,出席全国人大八届五次会议。

2 月 26 日　中共襄樊市委、市人民政府从市直单位选派 86 名干部、教师支援山区基层教育。

2 月 27 日　襄樊市农村工作会议在南湖宾馆召开。贯彻中央、湖北省农村工作会议精神,表彰襄阳县张湾镇等 1996 年度全市经济综合实力十强乡镇,部署 1997 年农业和农村工作。

3 月 1 日　共青团襄樊市委“青年志愿者助万家”活动启动,全市近 40 家单位 600 余名志愿者走上街头开展服务。

3 月 3 日　襄樊市人事工作会议提出 1997 年的中心工作是紧贴中共襄樊市委、市政府的中心工作,深化推行公务员制度、事业单位人事制度、社会保险制度改革;实施农村人才开发工程、跨世纪“155”人才工程;搞好为农业发展服务,为国有企业服务;抓好创建文明系统活动。为实现中共襄樊市委提出的“两个高于”的目标作贡献。

3 月 7 日　“干湿混合法”水泥生产线在光化水泥厂试产成功。

3 月 11 日　中共襄樊市委召开市直领导班子届中考察动员大会。抽调 138 名干部组成 33 个考察组,考察市直 104 个部办委局领导班子及其成员。

3 月 13 日　湖北省军区政委徐师樵少将抵樊检查民兵预备役工作。

3 月 18 日　襄樊市美城彩色路面砖厂投入生产。

3 月 31 日　中共襄樊市委、襄樊市人民政府、襄樊军分区做出《关于在全市推广宜城市支持办好民兵青年之家,促进社会主义精神文明建设的决定》。

4 月 5 日　国家计划委员会副主任郭树言抵樊检查工作,视察襄樊火电厂工地和东风汽车公司轻型车总装车间。同日,总投资 1 000 万元的襄樊市人民广场改建工程开工。

4 月 8 日　中共湖北省委书记贾志杰、副书记邓国政到襄阳县万宝集团、双沟粮油工业分公司等 24 家企业考察襄阳县农业产业化。同日,襄樊市“银环”牌粘胶人造丝、2XX 系列汽车轴承等 8 种产品被湖北省政府命名为湖北名牌产品。

4 月 22 日　襄樊市困难企业解困目标责任状签字仪式在南湖宾馆举行。市长阎增福等和市直各有关部门、各家银行、25家困难企业负责人参加签字仪式。

4月23日　襄阳县马集乡“白玉蜗牛系列产品开发”项目，成为全国最大的白玉蜗牛养殖基地和交易市场，被国家科委列入星火计划。

4月25日　中共襄樊市委、市政府在南湖宾馆召开纺织服装工业二次创业工作会议。

4月29日　襄樊市国际计算机互联网业务开通。国家能源交通重点工程汉江（襄樊至汉口）航运建设工程通过交通部验收，被评为优良工程。

5月2日　中共湖北省委书记贾志杰，省长蒋祝平，省委副书记杨永良、邓国政，视察襄樊城区部分企业和形象工程。

5月14日　襄樊汽车产业经济技术开发区被列为湖北省开发区系统推荐上市公司试点单位。

5月16日　机械工业部部长包叙定考察湖北东力工业公司、襄轴集团，听取汉江机械厂、江华机械厂等企业负责人的工作汇报。

5月17日　湖北省旅游示范景点现场交流会在樊召开，隆中风景区获省“十佳旅游景点”称号。

5月21日　中共襄樊市委、襄樊市政府与八一电影制片厂联合拍摄电视连续剧《飞兵襄阳》在樊开镜。

5月26日　经劳动部和国家计委批准，襄樊市一技校改建为高级技工学校，并被省劳动厅列为省综合职业培训基地和劳动预备制度培训试点单位。

5月29日　襄樊七县（市）突遭龙卷风和冰雹袭击，风力8级以上．持续20多分钟。经济损失8000多万元。同日，《襄樊市（市区）居民最低生活保障暂行办法》出台。

5月30日　襄樊市区58条泥巴路改造工程竣工。总投入2 027．65万元。

6月1日　襄樊机场开通海口—广州—襄樊航线。

6月6日　襄樊市1996年度税收财务大检查表彰会在财苑宾馆召开，财政部、湖北省财政厅领导出席会议。查处违纪金额6 798万元，入库5 521万元。

6月16日　《人民日报》以《襄樊引资开发万亩荒滩》为题。报道中共襄樊市委、襄樊市政府兴建鱼梁洲旅游开发区情况。

6月24日　襄樊市政府召开赴港招商引资新闻发布会。本次招商签订项目8个，总投资6 437万美元，其中外方出资5 836万美元。

6月25日　经省体改委批准，襄樊汉源电力开发股份有限公司成立。《飞兵襄阳》在米公祠封镜。襄樊市第四水厂二期工程竣工，一次性试车通水。

6月26日　从王树岗火车站至电厂厂区14公里的襄樊火电厂铁路专用线通车。

6月27日　襄樊邮电无线分局寻呼扩容10 000号投产，城区无线寻呼系统总容量达220 000户。

6月28日　东风汽车公司1.5吨轻型汽车在襄樊基地下线。同日，湖北钢丝厂机修分厂职工刘光辉的“洗雪国耻”篆刻在香港书画联谊会举办的“97香港回归书画篆刻精品展”中获金奖，被香港艺术馆收藏。同日，襄樊两城万余干部群众走上街头，参加“迎回归”民间文艺大游行，共庆香港回归。鱼梁洲大桥建成通车。

6月30日　人民广场改扩建工程竣工，总面积64 200平方米。该工程1992年4月启动。

7月3日　襄樊市慈善会成立。

7月15日　经国务院全国企业兼并破产和职工再就业工作领导小组批准，市粮油进出口公司和土畜产进出口公司被纳入全国优化资本结构试点单位。

7月18日　占地800平方米的襄樊市图书音像贸易中心在襄城东街开业。

8月11日　保康县百峰、歇马、马良、黄堡等10个乡镇遭受特大风暴与冰雹袭击，灾及186个村

18 850 户。

8 月 13 日　襄樊车辆总厂“力神”牌 XCl507 型农用运输车在全省农用运输车质量拉练赛中获一等奖。

8 月 22 日　法国康宁公司首席代表恩科里纳兹等一行 9 人抵樊与华光光学襄樊有限公司举行第 4 轮谈判，达成投资经营协议。法方投资 3 000 万美元，中方以技术和土地参股。

9 月 1 日　襄樊市市长阎增福率党政代表团赴河南漯河市考察农业产业化。

9 月 3 日　中共襄樊市委、市政府通报表彰 1996 年度县(市)区党政领导班子目标管理考核五个优胜单位：枣阳、襄阳、老河口、谷城、宜城。

9 月 11 日　襄樊市委、市政府召开大会，公开处理违纪县级干部 10 名。

9 月 20 日　谷城白水峪水电站首台机组并网发电。

9 月 23 日　襄樊市消费者投诉举报中心成立。

9 月 24 日　中国共产党第十五次全国代表大会代表、襄樊市委书记孙楚寅向市委、人大、政府、政协学习中心组传达党的十五大精神，全市掀起学习贯彻热潮。同日，襄樊市“安居工程”——乔营小区住房销售合同在市房管局签字，57 户中低收入家庭成为该区首批住户。

10 月 8 日　全国政协副主席、中国社会科学院院长胡绳抵樊考察。

10 月 18 日　襄樊市第七届城区运动会开幕。

10 月 28 日　电子电器批发市场——再尔电器广场开业。

10 月 30 日　襄樊市人大常委会十二届二十七次会议通过《讨论决定重大事项的决定》。

10 月 31 日　国家教委高等学校培训委员会专家组组长方惠坚、上海第二工业大学校长王式正、国家教委高教司原司长龙正中和省教委有关负责人抵樊考察襄樊学院组建工作。

11 月 5 日　中共襄樊市委、市政府召开农村工作会议，提出要以更加务实的举措抓好农村经济“二次创业”。

11 月 24 日　316 国道襄樊至南漳路段改扩建工程竣工通车。

11 月 26 日　在第三届中国国际食品博览会暨交易会上，襄樊市参展企业 44 家，产品 100 多种。

12 月 18 日　中国公众多媒体信息网——“襄樊热线”开通。

12 月 19 日　中共襄樊市委、市政府召开创建国家园林城市动员会，动员全市人民力争二至三年内把襄樊市建设成为生态平衡、环境优美的园林城市。

12 月 20 日　襄棉集团公司、一棉集团公司、金方圆集团联合成立大襄棉集团。

12 月 22 日　襄樊市审计局被国家审计署、人事部评为“全国审计机关先进集体”。谷城县审计局局长刘富华被评为“全国审计系统先进工作者”。

12 月 20—28 日　襄樊陆军预备役师组织步兵第 1 团 8 个建制连队和师团机关官兵 1 000 余人，参加呼和浩特至北海光缆线路湖北襄樊段施工，开挖缆沟、铺设光缆 26.3 公里，回填土方约 7.1 万立方米，铺设水泥盖板 2 458 米、红砖 547 米、各种管道 1 600 米，埋设标石 543 块，优质安全完成施工任务。

12 月 28 日　襄樊市鱼梁洲旅游开发区被批准为省管开发区。

12 月 31 日　总后武汉后方基地司机训练大队、教导队、汽车修理工训练队、通信站教导队、农场等五个单位合编，组建总后武汉后方基地教导大队，编制为正团级。

1998 年

1 月 5 日　湖北省“县(市)、区人武部、预备役团建设现场观摩会”在宜城市人武部召开。总参动员部预备役局局长杨建国、广州军区动员部副部长杨生国、湖北省军区司令员贾富坤、政委徐师樵等领导和全省各军分区、人武部、预备役团领导100余人参加会议。

1月6日　中共襄阳县张湾镇委员会被中共湖北省委授予“全省乡镇党委十面红旗”称号。

1月8日　襄樊市精神文明建设协调委员会办公室李晓航被上海大世界吉尼斯总部确认为“收藏毛泽东著作版本最多的人”。

1月9日　江汉航空救生装备工业公司研制开发的民用飞机座椅技改项目，通过中国航空工业总公司验收。

1月12日　襄樊市地税局被人事部、国家税务总局授予“全国税务系统先进单位”。

1月16日　襄樊市政府召开生猪定点屠宰管理工作会议，要求加大管理力度，确保人民群众真正吃上放心肉。

1月20日　襄樊市公安局警务督察队挂牌，督察队干警开始上岗执勤。

2月9日　美籍华人、留美博士华久屹先生在襄樊高新技术产业开发区独资组建襄樊济科电子有限公司，从事计算机网络与系统设计等高、精、尖产品的研究生产。

2月11日　湖北制药厂第八分厂周庆和、腾明清等共同发明的硝基安定制备工艺，被世界著名杂志《CPI》收载。

2月13日　中共襄樊市委、市政府召开发展民营经济工作会议，提出2000年全市个体工商户和民营企业要达到20万户，民营经济收入在国民经济中所占份额要达到25%左右。

2月14日　中共襄樊市委、市政府召开植树造林电话会，要求1998年完成新建“绿色致富工程”基地26 567公顷；封山育林10 000公顷；“四旁”植树1560万株，中幼林抚育5万公顷，大田育苗713公顷。

2月16日　中共襄樊市委、市政府组织17个单位的50名农业科技人员，把农技资料、产品送到九集镇、朱集镇、吴店镇约1 500名农民手中；并组织6名农业研究员和农业专家举办农业科技讲座，听众4 000人。

2月21日　襄樊市1 839人参加招录国家公务员考试。

2月26日　中共襄樊市委副书记张振华、秘书长张子强应中宣部、团中央邀请，参加在京举办的“纪念老一辈无产阶级革命家为雷锋题词三十五周年座谈会”，在会上介绍襄樊以开展形象工程建设为载体，弘扬雷锋精神，开展讲文明、树新风活动的经验。

2月27日　襄樊市全国人大代表阎增福、赵双桂、刘彦平、姬建强、纪本涛、刘鹏赴京，出席全国人大九届一次会议。

3月6日　湖北省副省长张洪祥、武汉海关关长莫海涛出席襄樊海关开关仪式。

3月8日　襄樊海关大楼竣工。该大楼1995年3月6日开工建设，建筑面积1 687.5平方米，投资1 100万元。

3月19日　国家教委批准襄阳师范专科学校、襄樊职业大学、襄樊教育学院合并，组建襄樊学院。

3月28日　襄樊市青少年活动中心建成并投入使用。襄樊市技术监督局被评为全国计量先进单位。

3月30日　中共襄樊市委、市政府发布《关于发展个体私营经济若干政策的暂行规定》。

4月6日　襄樊市人大常委会举行第69次会议，审议市长、副市长、秘书长，委办局主任、局长，市中级人民法院院长、副院长，市人民检察院检察长、副检察长共57名干部的述职报告。

4月7日　湖北省人大常委会副主任章治文视察襄樊市林业生产和执法情况。

4月20日　枣阳市枣北大埠山森林发生重大火灾，烧毁森林面积23公顷。

4 月 21 日　中共中央政治局原委员、空军司令员张廷发抵樊视察。

4 月 28 日　襄阳县、枣阳市、宜城市被省委、省政府命名为小康县(市)。

4 月 30 日　襄樊市职工再就业指导中心成立。

5 月 1 日　襄阳护城河一期整治工程竣工。工程包括提水泵站、大型喷泉、三叠瀑布、水上游览桥等。

5 月 7 日　襄樊市世行贷款卫生罗麦项目启动。项目总投资 1 158 万元。

5 月 8 日　襄樊市隆中牌摩擦材料、飞翔牌分电器、石花牌清香型大曲酒、襄阳牌卷烟、楚虹牌尿素、楚虹牌农用碳酸氢铵,六个产品被湖北省政府公布为第二批湖北精品名牌产品。

5 月 9 日　全国政协副主席杨汝岱抵樊考察。襄樊市水政监察支队成立。

5 月 14 日　襄阳汽车轴承股份有限公司通过美国 FMRC 公司（美国工厂共同研究协会)的质量体系认证,成为我国轴承行业大型骨干企业中首家通过国际质量认证的企业。

5 月 15 日　中共襄樊市委、市政府召开市直部门包扶困难企业工作会议,决定市直各部门继续包扶三十五家困难企业。

5 月 19 日　襄樊市第二批援藏干部陈炜波等七人赴藏。襄阳汽车轴承股份有限公司轴承研究所,被认定为国家级技术中心,负责承担国家汽车轴承的科研工作。

5 月 20 日　唐白河流域的襄阳县和枣阳市普降特大暴雨。

5 月 23 日　襄樊市直首批行风评议总结评估大会召开,市教委、市卫生局被评为合格单位。

5 月 26 日　襄樊市政府发出《关于坚决贯彻落实顺价销粮工作的通知》,要求全市统一粮食零售价格。

6 月 2 日　襄阳县公开拍卖非耕地 1 467 公顷。

6 月 10 日　襄樊市第十二届人大常委会决定,接受阎增福辞去襄樊市人民政府市长职务。同意罗辉任襄樊市人民政府副市长、代市长。

6 月 17 日　拍卖出租汽车集约经营权。

6 月 28 日　中国农业发展银行总行行长谢旭人抵樊,检查收购资金封闭运行及夏季收购资金供应与管理工作。

6 月 29 日　襄樊市十二届人大常委会举行第 32 次会议，补选代市长罗辉为湖北省第九届人民代表大会代表,接受刘忠汉辞去襄樊市人大常委会副主任职务的请求。

7 月 7 日　襄樊市乡镇企业改革现场会召开,会上中共襄樊市委、市政府要求两午内完成乡镇企业改制任务。

7 月 8 日　襄樊市首家私营企业工会联合会在高新区成立。

7 月 9 日　中共襄樊市委、市政府举行招商引资新闻发布会,动员各部门努力为国内外客商营造良好、宽松的环境,投资襄樊,建设襄樊,促进全市经济持续、快速、健康发展。

7 月 16 日　襄樊争创全国卫生城市实现两年大变样目标誓师大会召开。罗辉、张子强、徐晓伟、尚立学、陈鼎益及 29 个单位的党政负责人各交创建保证金 1 000 元。

7 月 18 日　襄樊化工资产经营有限责任公司成立。

7 月 21 日　襄樊市投资工作会议召开。市政府与各县(市、区)政府、开发区管委会签订 1998 年固定资产投资工作目标管理责任书。

7 月 25 日　南漳香水河风景名胜区通过专家评审。

8 月 3 日　襄樊预备役师赴石首参加抗洪抢险。

8 月 5 日　驻樊武警四支队 320 名官兵赴松滋抗洪。

8月7日　襄樊市委召开紧急会议，动员全市上下全力支援长江抗洪。

8月8日　襄樊人民捐70万元的款物，运抵长江抗洪一线。

8月11日　襄樊市首支抗洪救灾医疗队奔赴荆州。

8月14日　襄樊市副市长尚立学率慰问团赴荆州慰问抗洪抢险官兵。

8月19日　湖北省副省长周坚卫带领省经贸委、省人民银行、工商银行、农业银行、建设银行及中国银行负责人抵樊调查研究，为襄樊市企业注入流动资金2.047亿元。

9月1日　襄樊市城区公路交通电视监控系统建成试运行。

9月5日　人民银行襄樊市分行城区办事处被共青团中央、中国人民银行命名为1997年度国家级“青年文明号”。

9月12日　中共襄樊市委、市人大、市政府、市政协、襄樊军分区举行盛大仪式，欢迎抗洪武警官兵凯旋。

9月13日　《人民日报》发表长篇通讯，报道襄樊市形象工程建设。保康县发现面积达130余公顷紫薇群落，树龄500年以上约万余株。

9月17—23日　《经济日报》连续报道襄樊小城镇建设经验。

9月23日　襄樊市发展个体私营经济座谈会召开。市委、市政府提出为个体私营经济快速发展修筑“高速公路”。

9月24日　原汉江化工厂产权经襄樊市拍卖行拍卖，由沈阳裕腾集团以718万元竞价买断。

9月27日　，襄樊市财税工作会议召开，市委、市政府要求财税部门务必完成省追加1亿元的收入任务。

10月7日　武钢兼并襄樊钢铁集团公司，在武钢宾馆签字。

10月12日　襄樊市林业工作会议召开。会议要求坚决贯彻落实国务院关于保护森林资源、制止毁林垦荒和乱占林地的通知精神，坚决退耕还林，改善生态环境。

10月13日　襄樊市百岁以上老人开始享受政府定额补贴。

10月16日　中共襄樊市委召开党员代表大会，以无记名投票方式，差额选举出席湖北省第七次党代表大会的44名代表。

10月30日　《襄樊市城市总体规划（修编）》经市第十二届人大常委会第34次会议审议通过。

11月7日　襄樊车桥股份有限公司启动动态股权制改革。

11月14日　保康县在’98湖北省首届产权交易会上成交项目2个，成交额6.55亿元。与葛州坝股份有限公司合作建设寺坪电站协议金额6亿元。同日，襄樊有线电视台副台长王水禄、市委对外宣传办公室主任胡立华撰写的《还地球一个清新》入选全国高中语文教材。

11月16日　南京至襄樊至成都航线开通。

11月18日　鄂西北人才市场在樊挂牌。

11月25日　1998年“春泉杯”五省八城市（四川达川市，河南平顶山、漯河市，陕西汉中市，河北邢台市，湖北武汉、十堰、襄樊市）男子篮球邀请赛在襄樊铁路体育馆开赛。

11月26日　襄樊市住房制度改革与住房建设工作会议召开，提出从1998年底起停止任何形式的住房实物分配，从1999年起对新建住房和腾空旧房全部按新的成本价出售。

11月28日　襄樊邮电分营。撤销襄樊市邮电局，成立襄樊市邮政局、电信局。

11月30日　湖北省长蒋祝平，省政府秘书长贾天增，抵樊考察市区和枣阳市、南漳县、宜城市的工业生产和农业产业化。

12月2日　襄樊市完成全年财政收入任务紧急会议召开，代市长罗辉代表市政府与7个县（市）

主要负责人签订完成财政收入任务责任状。截至 12 月 20 日全市共完成财政收入 22.66 亿元任务(含省追加任务),12 月 22 日,省政府致电祝贺。

12 月 4 日　襄樊市代市长罗辉率科技协作团,携 135 个工业项目,赴华中理工大学、武汉大学、武汉汽车工业大学寻求科技协作。

12 月 11 日　襄樊市委、市政府在枣阳市召开全市财政收入兑现现场会。

12 月 12 日　全国总工会副主席、书记处书记徐锡澄一行抵樊,考察贯彻落实中国工会十三大精神。

12 月 16 日　襄樊人民广播电台文艺台开播。

12 月 26 日　老河口王甫洲水利枢纽工程实现大江截流。

1999 年

1 月 5 日　襄樊市政协和中共市委组织部、宣传部、统战部联合举办送文艺下基层活动。

1 月 7 日　中共襄樊市委、市政府命名襄阳县黑龙集等 25 个乡(镇)为全市第二批文化先进乡(镇)。同日,华中理工大学副校长周祖德率领 16 个院系 30 名教授抵樊开展科技协作活动。

1 月 8 日　国务院发展研究中心、科技部专家组一行 6 人抵樊调查襄樊高新技术产业发展情况。同日,襄樊市银行同业协会和襄樊市保险同业协会成立。

1 月 12 日　樊城区个体私营企业——帝豪红日名品街开业,总经理兰勇将拟用于剪彩的 1.8 万元当场捐给樊城区再就业工程,安排下岗职工和待业青年 111 名在此就业。

1 月 16 日　襄樊市中级人民法院在法官培训中心召开第二次执行案件债务人大会,执行案件债务人 300 名和债权人 100 名参加大会。

1 月 17—22 日　政协襄樊市第十届委员会召开。姚祥栋当选为市政协主席。王家康等为副主席。

1 月 20—25 日　襄樊市第十三届人民代表大会召开。孙楚寅当选为市人大常委会主任,罗辉当选为市政府市长。姚仁安为中级人民法院院长,张安福为市检察院检察长。

2 月 2 日　襄樊市无线电厂同深圳亿码电能仪表有限公司合作开发、生产 IC 智能电度表项目签字,首批 2 000 套投入市场。

2 月 3 日　襄樊隆中风景名胜区等被湖北省人民政府命名为爱国主义教育基地。

2 月 5 日　国家新闻出版署命名的“全国新华书店精神文明示范单位”,在新华书店襄阳图书超市挂牌。

2 月 10 日　鄂西北最大的平价超市——襄樊百货站量贩店开业。

2 月 12 日　“襄樊联合经济信息网”与襄樊多媒体信息网——“襄樊热线”联网。

3 月 1 日　在襄阳宾馆召开的全市城市建设管理工作会议上,中共襄樊市委、市政府确定 1999 年市区完成 12 项民心工程。同日,襄樊“政务直通车”开通。

3 月 4 日　襄樊市三级干部会议在襄阳剧院召开。会议动员全市围绕山区整体脱贫和平原达到小康目标,做好推进农业产业化经营、小城镇建设和乡镇企业“二次创业”3 篇“文章”,加速建设农业强市和推进农业现代化。

3 月 12 日　襄樊市党政军领导及市直各战线 5 000 名干部职工在鱼梁洲参加植树活动。同日,襄樊预备役部队调整改革试点工作会议在南湖宾馆举行。原襄樊陆军预备役步兵师,改在湖北全省建师,名称为湖北陆军预备役步兵师,调整改革试点在该师第一团进行。

3 月 21 日　中共襄樊市委、襄樊市政府在襄樊车桥股份有限公司召开全市动态股权激励试点企业现场会,以推动全市深化企业改革,建立现代企业制度。

3月22日　襄樊市十三届人大常委会举行第二次会议。投票表决通过新一届市政府组成人员33名。

3月26日　中共湖北省委书记贾志杰、副书记王生铁和省委常委、秘书长宋育英带领省直有关部门负责人，到南漳、保康、谷城县和老河口市调查研究。

3月29日　全省推进农业农村现代化建设工作会议在南湖宾馆举行。中共湖北省委书记贾志杰、省长蒋祝平参加会议并讲话。

4月1日　隆中旅游观光路改扩建工程竣工通车。同日，“九五”国家科技成果重点推广应用的冷扎带肋钢筋在樊城区洪沟预制厂试制成功。

4月6日　全国集体合同调研工作会议在南湖宾馆召开，全国20个省市工会组织的负责人就企业推行平等协商签订集体合同制度的有关问题进行交流和研讨。

4月7日　东风汽车公司开发生产的23种新型客车底盘，在襄樊展示。

4月8日　襄樊学院挂牌。襄樊华盟房地产有限公司与香港汇贸集团有限公司合资开发的“中原公寓”项目开工。

4月9日至7月8日　襄樊市直县级单位领导班子换届。中共襄樊市委、市政府抽调150名干部，组成31个考察组，对市直130个县级单位（党政机关108家，事业单位22家）领导班子及领导干部进行考察。对被评为不胜任现职的16人，免职4人，降职3人，诫勉1人，未明确职务8人。

4月15日　襄樊市形象工程建设总结动员大会在襄阳剧院召开。

4月15日　中共襄樊市委常委召开议军会议，学习《中华人民共和国兵役法》，研究武装工作的有关问题。

4月17日　在全省第四次汽车工业大会暨’99中国湖北国际汽车工业展览会上，襄樊市组织31家企业参展。

4月23日　襄樊市纠风办公室会同市交警、新闻单位，突击检查公车迎（送）亲、公车公款钓鱼、公车接送子女上学问题。查实参与公车214辆，其中迎亲151辆，钓鱼23辆，送子女上学40辆。

4月27日　襄樊公安机关集中搜捕、清查、盘查统一行动在全市展开，清查车站、码头、建筑工地、租赁房屋、公共娱乐场所、修理行业5 100处。抓获违法犯罪嫌疑人员365名，其中逃犯77名。破获刑事案件193起，缴获各类枪支29支。

4月　襄樊陆军预备役师调整为湖北陆军预备役师，所属部队分别在襄樊、武汉、荆州、宜昌等地组建。师机关于12月18日从襄城落轿街十月桥移驻武汉市洪山区南望山。

5月12日　由中共中央组织部、宣传部和中央党校组成的小城镇建设考察组实地考察襄樊的兴隆、吴店、五山、孟楼等8个乡镇的乡镇建设。

5月18日　中共襄樊市委、市政府在财苑宾馆召开全市推行“收支两条线”管理和会计委派制动员大会。中央财经领导小组副秘书长华建敏、中央政策研究室副主任王沪宁，考察东风汽车公司柴油发动机厂、轻型车厂、试车场，神龙公司襄樊总厂和市一棉集团公司。同日，襄樊烟厂生产的“金蝶”卷烟、仪表元件厂生产的“岘峰”KK快速晶闸管系列产品、第一棉纺生产的“九天”精梳涤棉混纺针用纱、湖北制药厂生产的“爱百颗”诺松、华中制药厂生产的“华意”VB1、骆驼蓄电池厂生产的“骆驼”牌蓄电池、湖北金华麦面集团生产的“章陵”精制小麦面粉及精制挂面、老河口汉江冶炼厂的“汉江”电解铅，被湖北省人民政府命名为名牌产品。

5月25日　湖北省工商银行与襄樊市人民政府合作协议签字仪式在襄阳宾馆举行。同日，中共襄樊市委组织部、市总工会、市直机关工委下发《关于在市直县以上领导机关、领导干部中开展与市属特困企业下岗职工“结对子、一帮一”活动的通知》。

5 月 26—27 日　中共中央总书记、国家主席、中央军委主席江泽民视察襄樊。先后视察了东风汽车公司轻型车厂、柴油发动机厂、汽车试验厂、神龙公司襄樊总厂和襄樊一棉集团公司、襄阳汽车轴承股份有限公司，接见了襄樊市党政军领导。陪同视察的有国务院副总理吴邦国、中共中央组织部部长曾庆红、中央军委委员总政治部主任于永波、广州军区司令员陶伯均等。

5 月 27 日晨　陪同江泽民到樊的中国人民解放军总政治部主任于永波上将到襄樊军分区警备纠察排看望战士，并同他们亲切交谈。

5 月 28 日　东风汽车公司轻型车股份有限公司股票上市发行。

5 月 29 日　重庆至襄樊至重庆航班开通。

6 月 1 日　襄樊市区主次干道禁止机动车鸣喇叭。

6 月 12 日　湖北陆军预备役师炮兵团在宜城调整组建。

6 月 17 日　襄樊农业学校和襄樊市农业科学研究所合并申办襄樊学院职业技术学院获省政府批准。

6 月 26 日　湖北数字移动通信第四期襄樊工程扩容成功，襄樊市数字移动电话交换机容量达 10 万门。

6 月 30 日　中共谷城县石花镇党委、保康县尧治河村党支部、仙人渡镇党委、南漳县水镜水泥股份有限公司党委、湖北化纤集团华发公司党委、中级法院机关党委、湖北万宝粮油股份有限公司党委，被中共湖北省委命名为先进基层党组织。

7 月 5 日　移动通信与电信分离，移动通信襄樊分公司成立。同日，全国政协副主席张思卿率全国政协农村文化建设专题调查组一行 16 人抵樊考察农村文化建设。

7 月 13 日　隆中风景名胜区管理处接待导游班被国家旅游局和共青团中央联合命名为“首批旅游景区全国青年文明号”。

7 月 18 日　由襄樊合成绝缘子股份公司、国家电力公司电力科学研究所和清华大学共同研制的 500 千伏直流合成绝缘子通过国家电力公司技术鉴定。

7 月 19 日　中共襄樊市各级党委、政府迅速行动，坚决取缔邪教“法轮功”及其练功活动。

7 月 22 日　中共襄樊市委召开全市党政领导干部会议，部署处理和解决邪教“法轮功”问题。

7 月 23 日　襄樊市公安机关出动警力 8 000 人次，取缔邪教“法轮功”辅导站 5 个、练功点 71 个，对 11 名顽固分子采取强制措施，禁止其非法活动。

7 月 30 日　经湖北省外经贸厅批准，投资总额为 2 874 万美元的襄樊长虹大桥（含 ·桥公路部分）有偿转让（转让期 15 年）给上海骏林（集团）有限公司和香港中基设施投资有限公司。

7 月 31 日　襄樊市被中共湖北省委、省政府、省军区命名为“双拥模范城”。襄阳县、宜城市、保康县、谷城县被授予“省级双拥模范县”同日，襄樊市陶瓷集团、市钛白粉厂、市钢铁公司破产。

8 月 8 日　襄樊市膜分离研究所申报的酒类专用膜过滤机项目经科技部批准，进入国家级星火计划行列。

8 月 10 日　襄樊市 9 个县（市）区“148”法律服务专用电话全部开通。枣阳市粮食执法检查点，通过国家计委、财政部、审计署等中央七部委检查。

8 月 17 日　襄樊市市级领导班子、领导干部“三讲”教育开始。

8 月 24 日　襄樊市政府与湖北省建设银行签订 1 亿元贷款和长期合作协议在武汉签订。

8 月 28 日　襄樊铁路二类口岸开通。

9 月 2 日　襄樊市整治乱收费动员大会在南湖宾馆召开。

9 月 10 日　襄樊市十三届人大常委会在财苑宾馆举行第六次会议。审议市政府关于建设汉江大道等城市基础设施利用国家开发银行贷款还贷专项资金的议案。

9 月 14 日　襄樊鱼梁洲旅游经济开发区被省政府列为省级开发区。

9 月 16 日　在中央文明委召开的表彰会上，襄樊市被表彰为全国创建文明城市工作先进城市。

9 月 17 日　全国人大常委会副委员长成思危率领执法检查组抵樊，检查《中华人民共和国义务教育法》的贯彻实施情况。

9 月 22 日　在 99 中国国际农业博览会上，襄樊市参展参评产品 90 个，被评为名牌产品 19 个。

9 月 25 日　襄樊火电厂 4 号机组一次并网发电成功，襄樊火电厂工程竣工。该工程 1997 年 2 月 26 日开工，国家、地方共同投资 64 亿元人民币。装机 120 万千瓦（4 × 30 万千瓦）。

9 月 30 日　襄樊 160 人工信息台开通。

10 月 1 日　襄樊市市区城市居民最低生活保障标准由每月 100 元提高到 130 元。

10 月 5 日　襄樊市被国家环保局定为“全国环保重点城市”。

10 月 9 日　襄樊市利用世界银行贷款建设的项目，洪山头生活垃圾填埋场工程奠基。

10 月 11 日　由中华文学基金会、中国社科院文学研究所、复旦大学文学院和中共襄樊市委宣传部联合举办的第五届巴金国际学术研讨会在南湖宾馆召开。收到论文 34 篇。

10 月 12 日　湖北省第十届运会闭幕，襄樊市体育代表队获金牌 70 枚、银牌 74 枚、铜牌 9l 枚，获团体总分 2 297.83 分。奖牌总数和团体总分居全省第二和第三名。

10 月 14 日　由中国老年人体育协会主办，湖北省、襄樊市老年人体育协会承办的 99 全国中老年人“金环杯”无极健身球保健操（舞）比赛，在襄阳剧院举行。

10 月 19 日　世界银行贷款襄樊固废项目设备首批 20 辆集装箱垃圾运输车，验收交接仪式在市体育馆举行。

10 月 23 日　中共襄樊市委、市政府在南漳县召开全市扶贫开发工作会议，要求全市 1999 年基本解决剩余贫困人口和返贫人口的温饱问题。

11 月 2 日　建筑面积 2 000 平方米，摊位 100 个的鄂西北（襄樊）电脑广场在襄樊高新区开业。

11 月 4 日　襄樊长山泵站工程可行性研究报告通过省计委、省水利厅专家论证。

11 月 6 日　以色列农业专家查尔迪卡斯·威连姆到襄城区庞公办事处为菜农传授蔬菜种植新技术。

11 月 17 日　由华光器材厂与新加坡原野高科技发展有限公司合资的襄樊斯达莱光电技术有限公司在襄樊高新技术产业开发区成立。

襄樊市科委、人事局、专利局、乡镇企业局在鄂西北人才市场联合举办“’99 冬季技术（人才）交流会”。

11 月 25 日　襄樊高新技术产业开发区万亩优质水稻基地被国家立项。

11 月 28 日　襄樊人民广播电台襄广新闻台开播。

11 月 30 日　中国民航总局上海航空器审定中心向国营宏伟机械厂颁发我国第一个热气球型号合格证（TC）。同日，襄樊出入境检验检疫局成立。

12 月 2 日　襄樊市连续第五次被评为全国园林绿化先进城市。

12 月 15 日　襄樊市表彰十大杰出青年农民、农村青年星火带头人标兵。

12 月 18 日　北京燕京啤酒集团公司与宜城汉江啤酒有限公司合作开发生产啤酒、饮料产品在宜城市签约。

12 月 23 日　襄樊市国债专项资金管理通过国家审计署检查验收。

12 月 26—30 日　中共襄樊市第九次代表大会召开。选举孙楚寅为市委书记，罗辉等为副书记。

12 月 28 日　襄樊市法律援助中心挂牌。

2000 年

1 月 1 日　襄樊市机械进出口(集团)公司在尼泊尔磷酸二铵化肥国际招标项目中中标，获 7000 吨生产订单。

1 月 3 日　政协襄樊市第十届委员会第二次会议开幕，会议增补李文烈为市政协副主席。

1 月 6 日　中共襄樊市委、市政府考核 12 个县（市）区、开发区党政领导班子贯彻党风廉政建设责任制情况。

1 月 9 日　襄樊市十三届人大二次会议召开，会议讨论、审议“一府两院”工作报告，选举张克禄、程仁发为襄樊市第十三届人民代表人会常务委员会副主任。同日，美国微软公司计算机教育中心落户襄樊高新技术产业开发区。

1 月 17 日　襄樊金瑞钢铁公司整体生产性资产被武汉钢铁集团公司以 7 400 万元竞争买断。同日，襄樊市市长罗辉与中国银行湖北省分行副行长张朝在武汉签订增加信贷投资 7 亿元协议。

1 月 25 日　谷城县石花镇被建设部列为全国小城镇建设示范镇。

1 月 27 日　中共襄樊市委宣传部和公安、工商、广播电视、新闻出版等部门联合组成“扫黄打非”专班，突击清理整顿城区文化市场。

1 月　空军老河口场站转隶广州军区空军航空兵训练基地。

2 月 16 日　宜城市被文化部授予“全国文化先进市”。

2 月 17 日　襄樊市计划生育工作会议召开。市长罗辉代表市委、市政府与市区及市直 9 个职能部门负责人签订 2000 年计划生育目标管理责任书。

2 月 28 日　襄樊市纪律检查委员会、襄樊市监察局及科学技术委员会、公安局联合对 13 家民营科技企业实行挂牌保护。

2 月 29 日　襄樊市高新技术产业开发区 4 个新产品（FT—D 系列智能化不间断电源、高压热变电阻器、15 吨串联驱动车桥、聚氨酯模塑蜡型模剂）被科技部火炬中心纳入 2000 年国家级火炬计划项目。

3 月 5 日　全国第十届外贸交易会闭幕。交易会期间，襄樊市 5 家外贸公司、12 家生产企业的产品参加交易，出口成交 140 万美元，占湖北省出口成交总额的 50.3%。

3 月 6 日　襄樊市妇女联合会、人事局联合举办纪念“三八”国际妇女节 90 周年、妇女人才交流暨妇女人才成果展示会。

3 月 10 日　国务院批准《襄樊市城市规划（1996—2010）》。

3 月 12 日　襄樊市解放中路被中宣部、团中央等 6 个部门联合命名为“百城万店无假货一条街”。

3 月 14 日　襄樊四中高三学生李炎恒在全国中学生奥林匹克数学竞赛中获得一等奖。

3 月 14—20 日　襄樊军分区组织全区乡镇、街道办事处人武部部长 230 人在襄阳县民兵训练基地集训，按照湖北省军区下发的《专武干部训练纲目》，进行基础技能、战术、民兵预备役业务、民兵应急专业、高炮专业教学法训练和军事高科技知识学习。

3 月 22 日　襄樊市信访工作会议召开。市长罗辉、中共市委副书记刘善桥出席并讲话。

3 月　中国人民解放军第 370 中心医院并入中国人民解放军第 477 医院。

4 月 1 日　襄樊市组织 8 家企业 10 个专利项目，赴京参加中国人民革命军事博物馆举办的“中国专利 15 年成就展”。

4 月 5 日　中共中央组织部在樊召开全国部分省市干部制度改革座谈会。中共襄樊市委副书记夏志斌、组织部部长王树华在会上介绍了襄樊市干部制度改革的情况与经验。

4月14日　中共襄樊市委决定在全市建立领导干部信访接待日制、公示制和领导包案制，全面启动“信访绿色通道”工程。

4月25日　王甫洲电站1号、2号机组投产发电。

5月8日　襄樊市纠正行业不正之风办公室与广播电台联合开办《行风热线》直播节目。同日，襄樊市政府与华中理工大学共同开发“数字襄樊”协议在华中理工大学签字。

5月11日　中共湖北省委书记贾志杰率领农业厅、水利厅负责人抵樊察看旱情，指导抗旱。

5月12日　全国人大常委会副委员长丁石孙率“西部大开发”考察团抵樊，考察襄樊市参与和服务西部大开发情况。

5月13日　由襄樊市农业科学研究所选育、南漳县农业科技示范园繁育的小麦新品系“94—5036”通过湖北省品种审定委员会审定。

5月14日　联合国教科文组织顾问、新加坡政府顾问、著名城市规划专家、荷兰籍华人孟天强和新加坡城市规划专家罗素英抵樊考察城市规划、建设情况。同日，全国第五届残疾人运动会闭幕。襄樊市残疾人运动员吴海波夺得男子聋哑200米仰泳金牌和50米、100米自由泳银牌；刘巧平夺得男子田径800米银牌，并打破该项目的全国纪录。

5月15日　政协襄樊市委员会举行首次“委员约谈日”。

5月16日　国家开发银行武汉分行为沿江大道改造贷款首批500万元拨付到账。

5月18日　襄樊市药品监督管理局挂牌成立。

5月20日　襄樊市两级法院评定的1 001名法官获等级证书。

5月21日　襄樊市12个县市区和开发区的领导班子、领导干部“三讲”教育开始。

5月24日　襄樊市政府在枣阳召开全市旅游工作现场会，要求举全市之力创旅游大市。

5月26日　襄樊市第五次人口普查工作全面铺开。

6月8日　“襄樊创业网”、襄樊科技信息网开通。

6月9—10日　全国财政信息工作座谈会在樊召开。

6月22日　襄樊市十三届人大常委会主任会议举行第二十六次会议，讨论审议市政府《关于治理“乱收费、乱摊派、乱罚款”情况报告》。

6月28日　《光明日报》头版报道中共襄樊市委开展“双向教育”的经验。

6月29日　襄樊市第十届政协委员会召开第八次常委会，讨论通过《关于汉江襄樊段水污染防治的建议案》。

7月8日　洛玻集团玻璃总公司与湖北万众集团公司共同出资300万元兴建的洛神公司钢化玻璃生产线在樊投产。

7月10日　中国青年志愿者博士团149团一行10人到谷城县、樊城区开展送科技下乡活动。

7月13日　中共襄樊市委、市政府授予湖北回天胶业股份有限公司等19家企业为“优秀民营科技企业”，授予赵成显等12人为“优秀民营企业家”。

7月16日　中共湖北省委、省政府表彰襄樊市经济综合实力十强县（市）：枣阳市、襄阳县、老河口市；被表彰为经济效益目标考核十佳市的有枣阳市；被表彰为乡镇企业十强乡镇的有襄阳县双沟镇；被表彰为十强村的有枣阳市北关村；被表彰为十强乡镇企业的有谷城县骆驼电池公司。同日，襄樊市政法系统公开处理违法违纪干警47名。

7月17日　中国襄樊政府网站开通。

7月18日　襄樊市大中专毕业生求职热线开通。

7月20日　襄樊市政府召开第三次全体（扩大）会议，会议签订治理乱收费、乱罚款、乱摊派整改目标责任状。

7 月 25 日　襄樊市交通指挥中心运行。

7 月 26 日　国家质量技术监督局和监察部检查组一行 6 人，在樊检查产品质量与打击制造和销售假冒伪劣产品工作责任制落实情况。

8 月 2 日　全国政协环境保护考察团，实地考察襄樊市小清河污染治理情况。

8 月 4 日　中共襄樊市委书记主持召开市委常委议军会议，听取襄樊军分区关于湖北省国防动员委员会第四次全体（扩大）会议主要精神及襄樊市贯彻落实的初步意见的汇报，研究确定调整国防动员委员会成员，明确人防办公室机构及领导关系，确定建立国防动员指挥中心，确定组建经济动员和科技动员办公室，确定将“351”指挥所定为襄樊市国防动员委员会地下指挥所，确定在襄城、樊城两个区预设高炮阵地。

8 月 13 日　中共襄樊市委组织部与市财贸委员会、贸易局组织面向社会公开招聘企业总经理。

8 月 22 日　小清河污水处理工程获国家专项投资 1 500 万元。

8 月 23 日　东风汽车公司神龙轿车建设项目一期工程由国家专家组验收通过。

8 月 25 日　襄樊市召开治理“三乱”公开处理大会，乱收费、乱摊派、乱罚款的 8 名党员干部受到党纪、政纪处分。

8 月下旬　襄樊市各级公安机关，清理娱乐服务场所 2700 余家次，整改隐患 180 余处，取缔 300 家，破获案件 94 起，打掉犯罪团伙 2 个，查获犯罪嫌疑人 300 余人，收缴各类物品 1 150 件。

9 月 4 日　襄樊市旅游专题片《烽火襄阳》在中央电视台第四套国际频道播出。

9 月 8 日　襄樊学院艺术系美术专业与湖北省工艺美术学校合并组建“襄樊学院美术学院”。

9 月 18 日　襄樊师范学校、襄樊农业学校、襄樊卫生学校、襄樊财税贸易学校合并组建的襄樊职业技术学院挂牌。

9 月 19 日　襄樊市纪检委、组织部、监察局召开治理“三乱”特派监察员工作会议，决定向襄樊市城区 40 家国有、“三资”企业和大型市场委派监察员 20 名。

10 月 12 日　在深圳举行的第二届中国高新技术成果交易会上，襄樊市签订合同金额 1.9 亿元人民币。

10 月 15 日　在广州举行的第 88 届中国出口商品交易会上，襄樊市产品成交 912.6 万美元。

10 月 16 日　襄樊市公共交通运输总公司筹资 300 万元，购进 6101 型无人售票公共汽车 20 辆，投入 1 路、13 路运营。

10 月 23 日　老河口市种子公司承担的“万亩蔬菜制种综合配套技术研究与开发”和枣阳市电气没备厂承担的“XGN—10 箱型封闭式高压开关柜”等 5 个项目，被列入 2000 年湖北省重点成果推广计划，项目总投资 3 160 万元。

10 月 25 日　1993 年 10 月开工兴建的王甫洲水利枢纽工程全面竣工。总投资为 12.4 亿元人民币(其中引进设备由奥地利政府专项贷款 5.9 694 亿奥地利先令，约合人民币 2.86 亿元)。

11 月 1 日　全国第五次人口普查登记开始，全市各辖区的普查指导员、普查员到各居民户登记。

11 月 2 日　中共襄樊市委员会第九届二次全体（扩大）会议在南湖宾馆召开。会议表决通过《中共襄樊市委关于制定全市国民经济和社会发展第十个五年计划的建议》和《中共襄樊市委、襄樊市人民政府关于抢抓西部大开发机遇，推进襄樊更快更好发展的决定》。

11 月 7 日　襄樊市小城镇发展工作座谈会在老河口市召开，会议要求襄樊市城镇化水平“十五”期间达到 50%以上。同日，襄樊市市长罗辉率团参加湖北省高新技术产权交易会，签约项目 23 个，交易额 4.8 亿元。

11 月 14 日　襄樊市私营企业工会联合会成立。

12 月 9 日　襄樊市汉江大道改造工程获国家开发银行贷款 2.35 亿元。

12 月 18 日　中共襄樊市委、市政府召开全市发展混合经济工作会议。要求把混合经济作为新世纪跨越式发展的“引爆点”，解放思想、创新措施，大力培植。同日，《襄樊日报》公示拟提任县级领导职务的 28 名干部。

12 月 20 日　襄樊市政府、襄樊军分区组织的 2000 年度冬季征兵工作完成。

12 月 20 日　襄樊市财政收入任务完成，实现收入 28 亿元人民币。

12 月 27 日　市长罗辉主持召开襄樊市第四中学、体育学校、第二十二中学、东街小学合并会议。决定从 2001 年 1 月 1 日起，4 校合并为“襄樊市第四中学”。

12 月 28 日　湖北省社会科学院襄樊分院成立，挂牌。

2001 年

1 月 3 日　科学技术部以国科发火字〔2001〕3 号文件，认定襄樊高新技术产业开发区创业服务中心为国家级高新技术创业中心。

1 月 4 日　樊城区高效蔬菜种植基地园建成。

1 月 5—9 日　襄樊五中被湖北省教育委员会评为“湖北省教育科研 50 强”。

同期，襄樊市重点科技项目——完善微机指纹自动识别系统技术研究与应用通过公安部专家论证验收。

1 月 16 日　中共湖北省委“三个代表”重要思想学习教育活动指导组进驻襄樊，指导全市农村“三个代表”重要思想学习教育活动。

1 月 17 日　襄樊市民营企业家黄河森出资 10 万元与襄城区华侨联合会合作设立的《黄河森侨界科教奖励基金》举行首次颁奖。

1 月 18 日　襄樊市总工会组织 9 个送温暖小组，赴各县（市）区、市直属有关单位，走访慰问困难企业 165 家、困难职工 37 399 户，下发慰问款 839.8 万元。

1 月 19 日　襄樊市市长罗辉等领导到襄阳县双沟镇调查教师工资发放情况，强调要调整学校布局，确保教师工资兑现。

2 月 5 日　中共襄樊市委、市政府召开全市减轻农民负担确保农村稳定电视电话会议，强调要落实党在农村的各项政策，减轻农民负担，确保农村社会稳定，促进农村经济快速健康发展。

2 月 13 日　襄樊市首次运用综合考察预告制和差额考察制，考察和调整高级技校校长及建筑设计院院长等 5 个职位的人员选配。

2 月 15 日　中共襄樊市委、市政府召开汉江大道、滨江路房屋拆迁动员大会。要求 6 月底确保拆迁工作完成。

2 月 20 日　襄樊市人事工作会议召开。会议提出全市县（市）乡党政机关按行政总编制精简 20%。

2 月 23 日—3 月 2 日　襄樊市国防动员委员会在襄阳县民兵训练基地举办国防动员业务集训。襄樊军分区部以上首长、全体机关干部，各县（市、区）人武部领导、机关干部，宜城市、谷城县国防动员委员会各专业办公室负责人，襄樊市人民防空办公室有关人员参加集训。

3 月 1 日　襄樊市中小学教师工资实行县级统一发放暨教育体制、人事制度改革现场会在襄阳县双沟镇召开。决定从 4 月起，全市中小学教师工资实行县级财政统一发放。

3 月 2 日　枣阳烟草专卖局并入襄樊烟草专卖局。

3 月 4 日　国务院总理朱镕基、副总理温家宝、政法委书记罗干做出批示，查处枣阳市平林镇超伐林木 2 671.6 立方米事件。

3 月 8 日　襄樊市首家县级法律援助中心在襄阳县挂牌成立。

3 月 14 日　襄樊市从报名参加考试的 418 名 35 岁以下干部中，确定 18 名充实到各县（市）区领导班子中。

3 月 18 日　投资 980 万元的现代化污水处理站在燕京啤酒集团襄樊分公司投入使用。

3 月 20 日　襄樊市“打黑除恶”专项斗争告一段落。摧毁黑恶势力组织 71 个，破获各类刑事案件 526 起，收缴枪支 97 支、赃款赃物折款 300 万元。

3 月 22 日　襄荆高速公路第一施工合同段开工仪式在尹集举行。

3 月 28 日　财政部与日本协力银行合资建设的保康寺坪水电站建设项目贷款协议签订。项目投资 4.4 亿元，使用日本协力银行贷款 26.72 亿日元（折合人民币 2 亿元）。

3 月 31 日　襄樊市调整乡镇工作完成。全市乡镇、街道办事处由原来的 156 个调整为 98 个。

4 月 11 日　襄樊闽发房地产开发公司以 2 220 万元的价格，竞标买走位于长征东路襄樊三九玻璃厂 2.467 公顷（37 亩）生产厂区。

4 月 13 日　襄樊市第五次人口普查揭晓：全市总人口 565.67 万人（包括外来常住人口，不包括常年外出人口），同第四次全国人口普查 1990 年 7 月 1 日 0 时的 515.53 万人相比，10 年零 4 个月时间，增加人口 50.14 万人，增长 9.73%。平均每年增加 4.85 万人，年平均增长率为 0.9%。

4 月 20 日　台北故宫博物院“楚、汉、三国文化团”抵樊，参观考察襄樊市三国文化景点。

4 月 25 日—9 月 30 日　襄樊军分区在全市开展国防动员潜力调查，对辖区所有企、事业单位（含中央、省、市、县属企、事业单位、三资企业）、院校、科研院所、乡镇（街道）和个体企业等进行普查。经过普查基本摸清组织机构、人员潜力、物资潜力、国民经济潜力、科技潜力和其他潜力六个方面的基本状况。

4 月 26 日　襄樊鹏辉数据电子通信有限公司的“数字语音记录传输系统”项目、湖北襄樊泰美生物工程有限公司的“高纯度葡苷聚糖”项目，分别获国家 2000 年度第四批科技型中小企业技术创新基金 110 万元。

4 月 27 日　襄樊市劳动模范表彰大会暨庆“五一”职工文艺汇演在彩电中心演播厅举行。会议表彰“襄樊市劳动模范”100 名、襄樊市“五一”劳动奖章获得者 19 名。

5 月 5 日　首批 10 辆 EQ1021H（东风皮卡）在东风汽车股份公司襄樊汽车分公司总装作业部出厂。

5 月 16 日　襄樊市公安局刑警支队在北京市公安局治安总队的配合下，在北京打掉一个假冒襄樊市“湖北回天胶业股份有限公司”名义制售“回天”牌粘胶的地下工厂，抓获涉嫌制假人员 22 名，缴获假冒产品 822 件，涉案总标值 700 万元。

5 月 21 日　襄樊市玻璃纤维制品有限责任公司的“年产 2 000 吨耐碱玻璃纤维”项目被列入全省 2001 年首批省级火炬计划。

5 月 25 日　韩国太光机械制造公司理事金相莹一行 5 人抵樊，考察高新区投资环境，与襄重集团签订联合生产环保机械协议。

6 月 1 日　中共襄樊市委、市政府召开整顿和规范市场经济秩序工作会。

6 月 6 日　国家税务总局党组书记、副局长钱冠林抵樊考察国税系统依法治税工作。

6 月 11 日　东风汽车股份有限公司柴油发动机分公司 30 万台东风康明斯 B 系列柴油发动机下线。

6 月 12 日　“风神蓝鸟”（EQ7200—Ⅱ）轿车在东风汽车公司襄樊基地下线。

6月13日　襄樊市司法鉴定委员会成立。

6月16日　2001湖北·樊城科技人才交流暨科技产品交易会在人民广场举行。

6月18日　中国第二家血液病医院在襄樊市建成开诊。全国人大常委会副委员长、中科院院士吴阶平为该院提写院名。

6月27日　总投资2.06亿元，建筑总面积11 643平方米的襄樊火车站改扩建工程暨高架候车厅竣工并投入使用。

7月1日　襄樊市各级劳动保障部门根据湖北省人民政府〔2001〕30号令，将社会保险费统一交由地税部门征收。

7月9日　襄樊市老干部工作会议召开。会议要求认真落实离休干部“两费”及政治待遇。

7月10日　《中国古典文学名著(三国演义)系列邮票珍册——中国·襄樊》邮册出版。

7月11日　襄樊市首批公共产品经营管理权有偿转让签字仪式在襄城西门桥安和园举行。

7月21日　襄樊市与泰国工商总会建立友好经贸合作关系签字仪式在溪苑宾馆举行。

8月7日　襄隆景观公路竣工通车。加宽铺筑路面1.5万平方米，新植草坪2 000平方米、观赏花卉树木6万株，建成公路园林5处，总投资1 480万元。

8月19日　中共襄樊市委、市政府在南湖宾馆召开全市农民负担专项治理工作会议。市委副书记杨祥义代表市委、市政府与市直11个部门签订农民负担专项治理责任状。

8月26日　“数字襄樊”工程在建设部立项。

8月27日　全长1 000多米的襄城西城墙内修复工程竣工。

9月1日　湖北省省长张国光抵樊，考察湖北银河纺织股份有限公司、610研究所、华光器材厂、东风汽车公司襄樊基地。

9月12日　襄樊民营企业泰跃投资有限公司聘任市管干部仪式在该公司总部举行。

9月17日　2001中国湖北襄樊诸葛亮文化节暨中西部经贸洽谈会(简称“一节一会”)在诸葛亮广场开幕。海内外宾客及襄樊市各界群众3万余人出席开幕式。著名歌星张信哲、郭富城、毛阿敏、韩红和湖北省、襄樊市演员联袂演出《襄樊好风日》大型文艺节目。

9月18日　襄樊市签订利用外资项目23项、投资额14 239.06万美元，合同外资金额10 015.69万美元，签订外贸出门合同15项、金额2 973万美元。

9月19日　39家厂商与襄樊市签订大宗贸易合同24项，贸易额5.602 5亿元，投资额10.76亿元。“中国·襄樊纳米村”奠基仪式在高新区举行，投资5 000万元的第一期工程启动。

9月20日　“一节一会”产权交易签约合同26个，交易额6.16亿元。

9月21日　高新区民营企业襄樊鑫泉化工有限公司与德国拜尔公司签订技术合作合同，合同总金额1 000万美元。

9月23日　2001中国湖北襄樊诸葛亮文化节暨中西部经贸洽谈会闭幕式。“鱼梁洲(金龙泉)之夜”孔明灯焰火晚会在鱼梁洲举行。

9月30日　汉丹线襄樊铁路分局12辆25k快速列车提速运行。

10月7日　襄樊市残疾人联合会被中国残疾人联合会授予“全国残疾人按比例工作先进单位”。

10月8日　襄樊市首条页岩陶粒生产线点火试生产成功。

10月12日　在深圳举行的第三届中国国际高新技术成果交易会上，襄樊市签约项目5个，金额8.1亿元。

10月22日　中铁十一局集团有限公司在成立。

10月25日　东风汽车公司生产的“东风小霸王”轻型卡车出口缅甸仪式在云南举行。该公司向缅甸出口各种汽车突破 6 000 辆。

10 月 29 日　襄樊市十三届人大常委会举行第二十一次会议。会议听取并审议市公安局、审计局、财政局、广播电视局、质量技术监督局负责人的工作报告，评议陈鼎益、胡向斌副市长的述职报告。

11 月 1 日　中共襄樊市委九届四次全体（扩大）会议在南湖宾馆举行。会议部署襄樊市加强和改进党的作风建设工作，并审议通过了《中共襄樊市委贯彻〈中共中央关于加强和改进党的作风建设的决定〉的决议》。同日，襄樊市与俄罗斯科斯特罗马州缔结友好城市关系协议书签字仪式在南湖宾馆举行。同日，湖北神州运业集团及湖北神州运业集团有限公司挂牌成立。

11 月 2 日　中共襄樊市委、市政府在襄阳剧院召开市直机关机构改革动员大会。

11 月 6 日　政协襄樊市十届十五次常委会议在南山宾馆召开。会议研究加快全市旅游业发展问题。

11 月 7 日　在北京举行的 2001 年中国国际农业博览会上，襄樊市 12 个产品被评为国家名牌。

11 月 8 日　在厦门召开的首届中国国际城市绿色环保博览会上，襄樊市城市园林绿化与环保成就展区获“特别优秀奖”。

11 月 15 日　世界银行贷款项目——鱼梁洲污水处理厂 DN2000 钢管道通过汉江北支流工程破土 动工。

11 月 18 日　投资 2 078 万元的国家级农业科技示范项目“湖北先飞农业高科技示范项目”在枣阳市启动。

12 月 10 日　共青团襄樊市第十二次代表大会在溪苑宾馆召开。陈东灵当选为团市委书记。

12 月 16 日　全国整顿和规范市场经济秩序调查组抵樊，检查襄樊市棉花打假专项斗争开展情况。

12 月 20 日　襄樊市十三届人大常委会举行第二十二次会议。会议听取并审议市政府关于社会保障制度和机构改革工作情况等报告。

12 月 25 日　襄樊市召开“污染经济环境典型案件”电视电话会议，对 4 起污染经济环境案件的 19 名违纪违法人员给予纪律处分。

12 月 29 日　中共襄樊市委、市政府在襄阳县鹿门宾馆召开襄阳县撤县改区及调整部分行政区划工作会议。经国务院批准，襄阳县从即日起撤销，设立襄阳区，并调整部分行政区划。同日，投资 641 万元，建筑面积 3 230 平方米的襄樊市革命烈士纪念馆建成。

2002 年

1 月 8 日　襄樊市高级农艺师肖斌获世界华人专家协会颁发的“世界华人专家证书”，他是襄樊市第一位获此荣誉的农业科技人员。

1 月 9 日　中共襄樊市委、市政府召开经济工作会议。确定 2002 年全市经济发展目标；决定 2002 年继续举办“中国襄樊诸葛亮·三国文化旅游节暨中西部经贸洽谈会”。同日，襄樊市中级人民法院公开审理公安部督办的老河口以余林为首的黑社会性质犯罪案，判处余林死刑。

1 月 17 日　据湖北省旅游局统计，2001 年襄樊市接待海内外游客 659.2 万人次，完成旅游收入 27.955 亿元，比 2001 年分别增长 57.34% 和 109%，旅游业在全省的位次由第六位上升到第三位。

1 月 17 日　襄樊军分区司令部被广州军区通报表彰为“先进司令部”。

1 月 20 日　保康野花谷风景名胜区、枣阳青龙山、枣阳白水寺风景名胜区被湖北省人民政府列为第四批省级风景名胜区。

1月25日　襄樊市城区地籍管理数据库建设与应用研究通过国土资源部组织的验收、鉴定。同日，襄阳石桥镇黑龙村妇女邬爱梅受中央电视台农业频道《农家女》栏目的邀请，在中国农业电影电视中心作刺绣现场表演。

1月31日　胜利油田大明集团公司与襄樊市燃气热力公司天然气输配工程合资经营签字仪式在南湖宾馆举行。

2月2日　鄂澳合资企业襄樊新田园农业发展有限公司与澳门行政区建南行有限公司，在澳门签订土豆、包菜、白萝卜、大白菜、甜豆、毛豆6个品种13 550吨、价值2 100万元的供货合同。

2月3日　襄樊市第十三届人民代表大会第四次会议召开，通过“襄樊市创建中国优秀旅游城市”议案的决议。

2月5日　襄樊市行政服务中心成立，襄樊市直属47个行政部门进入中心，设立服务窗口。同日，中共襄樊市委、襄樊市人民政府命名襄阳石桥镇、伙牌镇，枣阳熊集镇，宜城流水镇，南漳巡检镇，保康店垭镇、黄堡镇，老河口张集镇，襄城昭明办事处、庞公办事处、王府办事处等11个乡（镇、办事处）为襄樊市文化先进乡（镇、办事处）。

2月6日　襄樊市人民政府决定从3月起将市区低保标准由人均每月130元提高到150元，襄阳区仍执行原襄阳县标准不变。

2月10日　襄樊市政府颁布实施《襄樊市（市区）城市管理的暂行规定》。

2月18日　北京电视台、海南电视台拍摄的《古隆中》电视专题片，在中央电视台国际频道（四台）播出。译成英语的该片在中央电视台9套播出。

2月21日　日产公司社长戈恩先生一行8人抵樊，对东风襄樊试车场、柴油发动机分公司、汽车分公司、铸造分公司以及神龙公司襄樊总厂进行实地考察。

2月23日　中共襄樊市委、市政府召开全市农村工作会议，提出全年要实现“发展畜牧水产业，推进公司制农业，发展外向型农业，发展林业经济，加强农村基础设施建设，放活科技队伍”六个方面的突破。

3月1日　襄樊市教育局组织开展“向贫困地区中小学捐赠计算机活动”，共组织捐赠计算机128台。

3月2日　中共襄樊市委决定把2002年确定为“公民道德建设年”，把“每年3月确定为公民道德教育月”，把每月最后一个星期六确定为“公民道德建设实践日”。

3月5日　襄樊市十三届人大常委会举行第二十四次会议，决定批准襄樊市与俄罗斯科斯特罗马州结为友好城市，授予海军“襄樊舰”全体现役官兵荣誉市民称号。

3月13日　中共襄樊市委召开全市村级“三个代表”重要思想学习教育工作会，安排部署全市村级学教活动及整改提高阶段的工作。

3月15日　襄樊市音乐教师赵诗咏全家在中央电视台“神州大舞台—欢乐家庭”大赛上，获一等奖。

3月16日　316国道枣（阳）襄（樊）段改建为高标准省级文明路工程启动，工程全长80.893公里，投资6 500万元。

3月19日　中共襄樊市委在南漳武安镇界碑头村召开全市村级“说事”制度现场会，号召全市村级组织学习借鉴界碑头村建立“说事”制度的经验。

3月22日　襄樊市社会治安综合治理委员会召开见义勇为表彰大会，表彰、奖励李惊涛、韩仕华、张德炯、叶有志等见义勇为先进个人。

3月25日　江华汽车公司夏三稳、襄樊市中医院段华汛、襄樊四中苏超时、谷城银纺集团王泽时被批准为 2001 年度湖北省人民政府专项津贴人员。

3 月 27 日　襄樊市直属 28 个党群单位负责人同中共襄樊市委副书记、纪检委书记曲颖签订 2002 年党风廉政建设责任书。同日，挪威旅游观光团一行 24 人抵达谷城薤山风景区参观旅游。这些人大多是 60 年前在薤山传教的传教士的后裔，其中不少人在这里出生并度过童年。同日，国家级星火计划项目溶剂紫 9# 染料，在老河口新景染化公司一次试车成功，产品质量经检验超过英国同类产品标准，达到国际先进水平。

3 月 29 日　樊城“客商子女教育服务中心”挂牌。

3 月 31 日　207 国道宜城孔湾段发生恶性袭警案，犯罪嫌疑人谢辉开枪打死正在例行检查车辆的宜城交警三中队副指导员张斌。

4 月 1 日　襄樊市县级领导班子和领导干部“三争”（争当思想解放的先锋、争做求真务实的表率、争创群众满意的政绩）活动启动。

工商银行樊东支行为“襄十”高速公路贷款 13 亿元人民币。

4 月 4 日　公安干警将在樊城清河一桥上游 100 米处一运沙船上持枪负隅顽抗案犯谢辉击毙，擒获同案犯刘韬、谢晓伟。

4 月 5 日　经中共湖北省委、湖北省人民政府批准，襄樊市李凯、杨庆毅、张华忠、吴山、王道明获 2001 年度湖北省有突出贡献中青年专家称号。

4 月 6 日　湖北省省长张国光，副省长韩忠学，省政府秘书长阮成发一行抵樊调查了解民营企业和市行政服务中心工作情况。

4 月 7 日　解放军总后勤部部长王克上将视察襄樊驻军，参观古隆中并题词。

4 月 9 日　湖北省人大常委会检查组对枣阳、谷城、老河口、宜城及襄樊市区十几家工厂污水处理情况进行现场检查，要求关停严重污染企业。

4 月 11 日　武汉、宜昌、神农架、武当山等 23 家旅行社的总经理和导游 40 余人，实地考察保康五道峡风景名胜区、温泉度假区、官山森林公园度假村等生态景区线路，以及旅游商品市场，共商推介保康野花谷生态旅游大计。

4 月 14 日　武汉大学襄樊构树资源开发万亩示范基地，在襄城赵冲种畜场开工建设，首期投资 500 万元。

4 月 15 日　襄樊市各地突遭强风暴雨袭击，雨量为 11.3～53.8 毫米，造成直接经济损失达 3.1 亿元。同日，“襄樊党建”网站（http://WWW.xfdjw.gov.cn）开通。同日，南漳县被湖北省人民政府批准为“十五”期间全省农村电气化建设重点县，并纳入全国水电农村电气化县建设考核范围。

4 月 17 日　《城市平台·襄樊》在中央电视台第 10 演播室录制。襄樊市市长罗辉发表题为《改革重谋隆中对、发展尚需借东风》的演讲。

4 月 19 日　中共襄樊市委出台《关于科学规范和有效监督县（市）区委书记用人、用权的暂行规定》，共 9 章 48 条。

4 月 21 日　农业银行樊东支行松鹤路分理处发生重大抢劫银行案，下岗职工李卫东奋力与歹徒搏斗，帮助追回抢劫的全部现金，抓获歹徒。

4 月 22 日　国家在襄樊市一次性投入最大的德政工程——农网（电力）改造工程全面完工。

4 月 23 日　湖北省人民政府批准襄樊市建立岘山、鹿门寺、薤山、官山、剌滩沟、欧店、七里山、白竹园寺、青峰岭等 9 个自然保护小区。同日，南漳水镜庄风景区通过湖北省旅游局质量等级检查验收，被评为国家 AA 级风景区。

4 月 25 日　老河口百花山林场的名贵雪松在北京奥运广场种植。

4月28日　总投资320万元的兴武街、回龙寺旅游码头竣工。

5月5日　襄樊招商代表团一行119人赴香港、澳门和深圳招商引资。

5月8日　超级杂交油菜9908在宜城、谷城试种成功。

5月12日　襄樊市公安消防支队被公安部命名为“全国消防站开放先进支队”。

5月19日　襄樊市创建“中国优秀旅游城市”工作经国家验收组检查验收，达到验收标准。

5月30日　保康民营企业荆山锦有限公司研制的“荆山锦”牌绿针茶，被湖北省农业厅确认为“湖北省十大名茶”之一。

6月8日　全国人大常委会副委员长田纪云为襄樊五中百年校庆题写贺词：“以人为本，全面发展”。

6月9日　《城市平台·襄樊》在中央电视台第10套节目播出。

6月14日　中央电视台2套节目播出《龙行天下·隆中专辑》。《城市平台·襄樊》在中央电视台第10套节目播出。

305省道改线工程，1 213米的保康峰儿垭隧道工程开工。

6月16日　《城市平台·襄樊》在中央电视台第10套节目播出。

6月18日　襄樊市安全生产监督管理局成立。

6月19日　《襄樊市市区住房公积金个人购房贷款管理暂行办法》颁布实施。

6月24日　襄樊市农村税费改革电视电话会议强调：下决心减人减事减支，下工夫进行配套改革，确保农村税费改革目标实现。

6月25日　襄樊市引进的美国西芹在王寨种植成功。

7月5日　襄樊市区公交车原0.5元的票价线路调整为1元。

7月7日　襄阳区人民法院被评为“全国人民满意的好法院”。

7月9日　襄樊“一节一会”开幕式、经贸展销会和闭幕式3个合同文本在襄阳宾馆签约。分别由泰跃投资公司、襄樊市兴业体育发展中心和鱼梁洲旅游经济开发区管委会承办。

7月12日　中共襄樊市委、市政府在南湖宾馆召开全市优化信用环境促进经济发展再动员会，提出将襄樊建为A级信用市。

7月18日　宜城297名干部离岗创业。同日，湖北省、襄樊市和枣阳考古队在枣阳兴隆镇周台村发现一处东周时期大型村落遗址。

7月22日　以中共襄樊市委副书记刘善桥、副市长尚立学，襄樊军分区司令员王天华率领的襄樊市党政军慰问团，到广东湛江南海舰队慰问“襄樊舰”全体官兵。

7月28日　襄樊市辉翔房地产开发有限公司以每亩90万元的价格取得汉江大道二桥头1号地块国有土地使用权。成为襄樊市首次使用挂牌形式出让国有土地使用权，成交金额2 075.1万元。

7月30日　中共襄樊市委、市政府召开发展民营经济动员大会，全市各县、（市）、区，各乡、镇（办事处）组织150万人收听收看广播电视现场直播。

7月31日　襄樊市广播电视中心、中心医院急救中心等8项工程获湖北省“楚天杯”（省优质工程）奖。同日，襄樊人大网站开通，采用独立国内域名：http://www.xfrd.gov.cn。同日，襄樊市各级公安机关组织警力12 379人，开展“荆楚001号行动”，抓获各类违法犯罪嫌疑人787名，破获各类刑事案件815起。

8月1日　襄樊市民营经济办公室成立，中共襄樊市委常委万桃元兼办公室主任。

8月8日　谷城薤山国家森林公园被中国美术家协会批准为中国美协创作基地。

8月9日　铁道部投资400万元建设的襄北整备场信号工程完工。

9 月 2 日　襄樊市公路管理处与香港豪放集团有限公司举行襄樊市路网建设投资合作签字仪式,豪放集团出资 1 亿元与襄樊市合作兴建公路桥梁 20 座。

9 月 4 日　中共襄樊市委、市政府召开电视电话会，要求全市各地在农村税费改革中坚决做到“七个禁止”:禁止在负担标准上打折扣;禁止截留、平调、挪用村集体资金和上级转移支付资金;禁止突击清收农民欠款;禁止收取明文规定已停征的各种税费和平摊农业特产税;禁止在“一事一议”收费以外再收取共同生产费;禁止新增不良债务;禁止不尊重农民意愿搞暗箱操作。

9 月 9 日　襄樊市 10 项重点工程:春园路与新华路交叉路口改造、荆州北街改造、行政审批中心、襄阳公园内外环境整治、316 国道汉十复线段改造及景观带建设、东内环路北段改造、南渠广场建设、滨江路建设工程、长虹大桥(汉江二桥)襄阳桥头环境整治、慧安巷改造等全部竣工。

9 月 12 日　中国襄樊国际诸葛亮文化节在体育场开幕。18 个国家和国内 25 个省(市)区的客商和来宾达 5 000 多人与会。

9 月 13 日　襄樊举行经贸洽谈会、科技成果发布会和旅游交易会。

9 月 14 日　襄樊举办大宗贸易签约仪式和产权交易项目签约仪式。

9 月 17 日　闭幕式——“汉江鱼梁洲(金龙泉)激情之夜”交响乐焰火晚会在襄城临汉门举行。著名的东方交响乐团的艺术家和歌唱家参加演出。

9 月 18 日　中共襄樊市委、襄樊市人民政府在南湖宾馆举行“一节一会”成果新闻发布会:“节会”期间签订合同项目 28 个,投资 16 584 万美元,合同外资 9 303 万美元。签订出口成交合同 32 个,出口成交额 2 429.6 万美元，涉及 11 个国家和地区；签订大宗贸易项目 243 个，合同及协议成交额 16.68 亿元,其中合同成交额 12.31 亿元;签订国内投资合作项目 149 个,合同资金 8.8l 亿元,协议资金 9.6 亿元；达成科技成果交易意向总额 3 265 万元,其中合同投资 300 万元；达成人才交流意向 1 700 人;签订产权交易项目合同 47 个,产权交易额 5.1 亿元;实现旅游收入 5 082 万元。

9 月 19 日　东风汽车公司与日产汽车有限公司双方合作新组建一家中外合资汽车公司——东风汽车有限公司,在其襄樊工厂和广州花都工厂生产乘用车,使用日产品牌。日产方投资人民币 85.5 亿元,获得 50%的股份。

9 月 25 日　襄樊市 11 个科技项目被列入 2002 年度国家级科技计划。

9 月　襄樊军分区组织襄城、樊城、襄阳(含东汽襄樊管理部一个排)三个民兵高炮连,参加由湖北省军区组织在梁子湖靶场进行的民兵高炮实弹射击考核,取得命中(击落)航模飞机拖靶九具十发的优异成绩,参加考核的樊城、襄阳民兵高炮连被湖北省军区评为“优胜单位”,襄城民兵高炮连被评为“优秀单位”。

10 月 10 日　襄樊市政府出台对从事民营经济的下岗失业人员，实行 3 年内可享受 28 个部门 111 种有关收费全免和 19 种长期免收的优惠政策。

10 月 12 日　东风汽车股份公司的“东风梦卡”下线。

在深圳第四届全国高新技术交易会上,襄樊市签约 2.5 亿元。

10 月 13 日　全长 21.675 公里,总投资 5 亿元的樊(城)魏(集)高速公路建设工程开工。

10 月 17 日　中共湖北省委、湖北省人民政府决定:湖北化纤集团有限公司交由襄樊市管理。

10 月 22 日　襄樊市十三届人大召开第二十八次常委会，罢免刘有庆襄樊市十三届人大代表资格,撤销其襄樊市第十三届人民代表大会常务委员会副主任职务。

11 月 12 日　襄樊市城市居民最低生活保障工作会议在南山宾馆召开。

11 月 17 日　在成都市举办的“湖北名优特新产品展销会暨科技旅游合作项目洽谈会”上,襄樊市 58 家企业 45 个类别 160 多种产品参展,交易额 1.16 亿元。

11 月 20 日　襄樊机场飞行区扩建工程通过验收，机场跑道向北延长 600 米，跑道总长达到 2 400 米，可起降波音 757 以下飞机。

11 月 25 日　江汉航空救生装备公司被国家经贸委列入全国照明节能示范企业。

11 月 29 日　襄樊市十三届人大常委会举行第二十九次会议，经审议表决，接受罗辉辞去襄樊市人民政府市长职务的请求，任命付明珠为襄樊市人民政府副市长、代市长。截至 11 月底，全市有低保对象 55 232 户 139 550 人，占非农业人口的 7.9%，发放低保金 6 123.77 万元，人均补助金额 44 元 / 月。

12 月 1 日　襄樊市直属党政群机关全体在编工作人员和退休人员享受的公费医疗制度废止，全部实行医疗保险制度。

12 月 2 日　东风车桥股份有限公司、襄樊东风重型车桥股份有限公司和东风车桥轮毂厂重组为东风车桥有限公司，在高新技术产业开发区注册资本 5 亿元。

12 月 8 日　中共湖北省委副书记杨永良，省委常委、组织部部长宋育英在襄樊市南湖宾馆全市领导干部大会上宣布中共湖北省委决定：阮成发任中共襄樊市委委员、常委、书记，免去孙楚寅中共襄樊市委委员、常委、书记职务。

12 月 11 日　中共襄樊市委书记阮成发，代市长付明珠等带领市直属部门负责人，到东风公司襄樊基地调研并现场解决问题。阮成发表示，要举全市之力支持东风公司襄樊基地发展。

12 月 13 日　襄樊市表彰第四届襄樊十大杰出青年：王炜、王均涛、孙长彬、刘松、朱志敏、李华、罗双红、龚云涛、黄芳、魏萃华。

12 月 18 日　东风公司襄樊汽车试验场续建工程完工，汽车碰撞试验成功。

12 月 19 日　襄樊市瑞源纺织集团通过 IS0 9001：2000 国际质量管理体系认证。

12 月 20 日　襄樊车桥股份有限公司 2002 年利税突破 4.7 亿元。同日，襄樊市人大十三届五次会议召开，选举阮成发为襄樊市人大常委会主任，付明珠为襄樊市人民政府市长。

12 月 22 日　湖北省考古研究所对枣阳吴店九连墩一、二号墓地及两个车马坑进行考古发掘，共出土文物 1 000 多件。

11 月 20 日　刘集飞机场二期工程竣工，验收合格。2001 年 11 月 16 日机场飞行区扩建工程开工，延长跑道 400 米。

12 月 27 日　中共襄樊市委、市人民政府召开大会，要求市直属行政事业单位实行单位资金的所有权、使用权、审批权和债权债务关系不变；取消单位银行账户，通过财务核算中心对行政事业单位集中办理资金结算；财务核算中心和单位实行财务双重管理，财务核算中心只集中账户不集中会计人员的财务集中核算制度。

2003 年

1 月 1 日　襄樊市编制办公室，依据数据库对各单位财政供养人员编制实施监测管理，实行“一人一证、凭证核资”，从源头和制度上解决超编进人、违规进人和混编、混岗的问题。

1 月 3 日　襄樊市电视台和有线广播电视台合并，组建襄樊有线广播电视网络中心。

1 月 7 日　中共襄樊市委常委会决定：实行市委、市政府领导信访接待日制度。第一个接访日，由市委书记阮成发、市委常委、秘书长陈文海在市信访局现场接待 13 起信访案件。件件有批示有答复。同日，宏伟机械厂开发的高速列车座椅项目通过国防科工委评审。

1 月 9 日　中共襄樊市委书记阮成发、市长付明珠等到九连墩古墓群发掘现场调研。阮成发、付明珠强调，要把保护、利用好九连墩文物和九连墩现场及未发掘的墓群。

1 月 10—11 日　襄樊市公路路网建设工作会议召开，会议提出 3 年后基本实现乡乡通柏油路。

1 月 11 日　襄樊火电厂投资 150 亿 ~180 亿元人民币，由 120 万千瓦增加到 480 万千瓦扩建工程在汉江国际大酒举行签字仪式。

1 月 12 日　襄樊市荆州街、慧苑、幸福小区、水星台、余岗等最佳示范社区受到中共湖北省委、省人民政府的表彰。

1 月 15 日　襄樊市人大常委会实行领导接访日制度，常委会主任、副主任每月 15 日轮流接待上访群众。

1 月 18 日　襄樊市举行公务员招聘笔试。1 469 人参加笔试，招录人民警察 250 名。342 人参加笔试，招录 27 名公务员。

1 月 22 日　襄樊市第一人民医院荣膺“全国百姓放心医院”和“全国维护消费者权益先进单位”称号。

2 月 6—7 日　全国政协副主席钱正英抵樊考察水利工作。

2 月 8 日　襄阳万宝集团被农业部等 9 部委认定为第二批农业产业化重点龙头企业。襄樊市政工程总公司获得 GB/T9001—2000—ISO 9001:2000 国际质量认证。

2 月 9 日　襄樊市政府确定 2003 年市区 10 项重点建设工程：绿色襄樊工程、汉江大道续建工程、城市路网改造工程、长虹路和邓城大道改建工程、地埋式无动力污水处理装置、天然气管道工程、污水处理工程、市级医院病房大楼建设工程、荆州北街改造工程以及博物馆建设工程。

2 月 11—16 日　中共湖北省委书记俞正声深入襄樊市 8 个县(市)区和部分企业，就农村信用社、农村税费改革、农业产业化、企业改革与发展、干部职务消费货币化等问题进行调查研究。

2 月 17 日　中国农林水工会委员会和国家林业局办公室授予襄樊市林业局“全国林业系统合理化建议技术革新先进集体”称号。

2 月 22 日　东风汽车股份有限公司与康明斯公司在北京人民大会堂签订合作协议，将在襄樊的“东风汽车”下属柴油发动机分公司康明斯独资拥有的发动机缸体缸盖机加工公司与康明斯 C 系列柴油机合资生产厂重组合并。

2 月 26 日　襄樊市召开民营经济总结表彰大会，5 个先进单位、50 强先进企业受表彰，市政府拿出 35 万元奖励 28 项优秀新产品。

2 月 26—28 日　付明珠、刘鹏、刘国本、刘跃珍、孙开林、姬建强、周建元、王绍玲在北京出席全国第十届人民代表大会。

2 月 27 日　中共襄樊市委、市政府在南湖宾馆召开全市农村工作暨农村税费改革工作会议。

3 月 5 日　襄樊市举行纪念学习雷锋 40 周年典型事迹报告会，军事经济学院襄樊分院幼儿园园长王和青和雷锋班第 20 任班长齐兵等分别做了报告。

3 月 6 日　襄樊市被卫生部定为全国首批 51 个艾滋病综合防治示范区之一。同日，东风汽车公司第二动力厂与日本 IHI 公司 35 吨循环流化床锅炉合作项目签字仪式在风神大厦举行。

3 月 11 日　襄樊市《关于提拔任用市委管理的领导干部征求纪委意见的暂行办法》发布实施。

3 月 12 日　中共襄樊市委书记阮成发，市委副书记杨祥义、夏志斌、曲颖等和 4 000 多名机关干部、驻军部队和武警官兵，在小清河两岸植树 1.5 万棵。

3 月 18 日　航天 42 所研制的气袋发生器和气袋模拟联合试验达到了美国 TRW 公司的标准，具有国际先进水平。

3 月 23 日　襄樊市农业水费改革现场会在宜城召开，学习推广小河镇农业水费改革试点工作经验，推进全市农业水费改革。

4 月 1 日　襄樊市政府召开植树造林检查督办暨 2002 年度退耕还林表彰会，全市 2002 年退耕还林工程经省政府验收，合格率达 99.1%，名列全省第一。

4月3日　襄樊大力工业控制有限公司生产的6 500千瓦液体电阻启动器在伊朗一次试用成功。

4月7日　襄樊市“四大家”领导联席会议召开，中共襄樊市委书记阮成发通报了随省委考察团赴浙江温州、宁波、杭州、绍兴、台州等地学习考察的情况，并就加快襄樊发展、推进国企改革、大力发展民营经济等工作作了讲话。

4月9日　襄樊市招商局成立，挂牌。

4月11日　东风康明斯发动机有限公司成立。

4月22日　襄樊市非典型肺炎防治工作领导小组成立。市长付明珠任组长，市委副书记杨祥义，副市长赵成霖、曹敬兰任副组长，并随即成立襄樊市防治非典型肺炎指挥部，中共襄樊市委书记阮成发任政委，市长付明珠任指挥长。

4月22日　襄樊市公交总公司与武汉武商集团股份有限公司在汉江国际大酒店举行租赁合同签字仪式。“合同”约定由市公交总公司投资2 000万元兴建一栋15层的大楼，其中商业面积6 000平方米租赁给武商集团开办超市，租期为20年。

4月23—24日　襄樊市第十三届人大常委会举行第三十二会议。审议通过关于罢免魏伟、曾宪荣襄樊市人大代表资格的审查报告。

5月1日　武警襄樊市支队直属大队第1中队21名官兵遵照武警湖北省总队和襄樊市“防非”指挥部指令，在襄樊火车站担负封控任务。参战官兵检查过往旅客2.8万人，留置11人。翌日八时，担负封控任务的官兵撤回后实施隔离，至5月16日解除隔离归建。

5月14日　襄樊高新区申报的湖北中航救生科技股份有限公司的TJB2A汽车座椅调角器、凡科电子的FTT数字化在线式不间断电源、襄樊堰飞公司的功率节能荧光灯等6个高科技项目，入围2003年度国家级火炬计划。

5月18日　中共襄樊市委、市政府抽调287名干部、438名执法人员，组成105个工作队，进行为期100天的城市环境综合治理工作。

6月9—12日　湖北省长罗清泉率省直有关部门负责人抵樊，就国有企业改革与职工就业，发展县域经济，扩大开放与招商引资，增收节支，开发建设等进行调研。

6月21日　全市农村税费改革及配套改革现场会在谷城县召开。会议提出乡镇机关编制按大型乡镇50人、中型乡镇40人、小型乡镇30人核定。

6月24日　襄樊市审计局直属办事处、襄樊市审计局开发区办事处被撤销，重新组建市经济责任审计局、市社会劳动保障和重点项目审计中心。

6月26日　襄樊市神农园、市科技馆、隆中植物园、锦绣园、气象局等单位被市政府确定为“襄樊市青少年科普教育基地”。

6月27—28日　襄樊市十三届人大常委会第三十三次会议召开。听取并审议全市防治非典型肺炎工作情况的报告、审议并通过关于罢免赵振、刘顺学、陈玉国襄樊市人大代表资格的审查报告。任命胡水华为襄樊市人民政府副市长。

7月1日　溪苑宾馆被浙江饭店整体承包20年。

7月2日　中国农业银行湖北省分行与汽车产业开发区签署全面合作协议，为开发区提供总额10亿元人民币的综合信用贷款。

7月5日　襄樊市召开环境综合整治工作第一阶段表彰大会。通报第一阶段市区共拆除各种遮阳篷39 185平方米、各种违章建房13 186平方米。对903个夜市摊点进行了疏导规范，清除卫生死角696个、垃圾14 607吨，交警部门先后纠正各种违章2 226次。

7月14日　襄樊市13个部门联合下发《关于做好自主择业军队转业干部安置管理工作的意

见》，对军队自主择业转业干部的接收安置、医疗住房待遇、管理服务和就业优惠等方面作出具体规定。

7 月 14 日　襄樊市十三届人大常委会举行第三十四次会议。表决通过常委会关于接受姚仁安辞职的决定,关于罢免张克禄、冯德合市人大代表资格的审查报告。决定虞国旗任市政府副市长、万桃元任市公安局局长。免去柳维志的市公安局局长职务。

7 月 15 日　国家发改委和省计委安排襄樊市公共卫生基础设施建设项目(市疾病预防控制体系和急救系统建设)利用日元贷款 103 万美元,贷款的年利率为 0.75%,还款期为三十年。

7 月 19 日　襄城区泥嘴镇、樊城区遭特大龙卷风和暴风雨袭击。

7 月 22 日　东风汽车股份有限公司、湖北东力工业公司、湖北化纤集团有限公司、襄樊烟厂、湖北襄棉集团总公司被国家统计局列入“2002 年全国 1 588 家大型工业企业名单”。

8 月 1 日　中共襄樊市委召开常委会议,专题研究党风廉政建设。

8 月 17 日　襄樊市市长付明珠率襄樊市经济代表团赴韩国、日本招商,签订协议 24 个,投资总额 7 600 万美元。

8 月 18 日　在湖北省第七届戏剧新人新作品展演评奖会上，宜城市艺术团演出的大型花鼓戏《宋玉传奇》一举囊括演出奖、编剧奖、导演奖、音乐奖四项大奖。

8 月 21—22 日　襄樊市十三届人大常委会举行第三十五次会议,通过了城市建设规划和工作情况报告；表决通过了罢免刘静林湖北省第十届人大代表职务的决议和罢免赵成霖襄樊市第十三届人大代表资格的审查报告;决定王健为市中级人民法院代理院长。

8 月 22 日　风神公司第 10 万辆蓝鸟轿车下线。

8 月 25 日　中共襄樊市委、市政府召开全市防治非典表彰大会。给市防治非典指挥部办公室等 10 个单位记集体二等功,给市公安局巡警支队等10个单位记集体三等功。对湖北神州运业集团公司等48个单位给予嘉奖;给保家富等21人记二等功,给袁安佟等30人记三等功。对孙祖军等113人给予嘉奖;对东风汽车股份有限公司等7个单位授予“支持防非工作贡献奖单位”荣誉称号,并通报表扬了108个优秀抗非志愿者,会议还宣布了襄樊市已获得省级表彰的“防非”先进集体和先进个人名单。

8 月 30 日　中央电视台《走遍中国》开机仪式在南湖宾馆举行。《走遍中国》襄樊专辑拍摄《古城往事》《兵家必争之地》《荆山寻楚音》《汽车与襄樊》《襄樊之夜》《民族英雄张自忠》《书宗米芾》7 个专题。

9 月 1 日　中共襄樊市委书记阮成发,市长付明珠主持召开汉江防汛工作紧急会议,要求沿江各级党委、政府和广大人民群众迅速行动起来,积极防汛救灾,确保沿江群众生命财产安全,确保沿江城市安全,确保全市社会稳定。

9 月 2 日　汉江襄阳站水位达到 66 米,超过设防水位 0.5 米,相应流量 8 000 立方米 / 秒以上。

9 月 3 日　中央电视台《走遍中国》摄制组抵荆山重镇薛坪,拍摄具有浓厚楚国文化色彩的《端公舞》《苞茅缩酒》等民间传统节目。

9 月 7 日　湖北省人民政府常务副省长周坚卫带领省计划、财政、水利等省直部门负责人抵樊视察汉江防汛工作。

9 月 8—11 日　襄樊市组织 60 余人在厦门参加第七届中国投资贸易洽谈会。签订投资项目 11 个,其中利用外资合同 5 个,投资总额 1 068 万美元,合同外资 651 万美元。

9 月 12 日　襄樊市保康、谷城、枣阳、南漳 4 个县(市)被列入 2003 年全国农村沼气建设国债项目第一批投资计划,将得到总额为 680 万元的中央国债资金投入。

9 月 16 日　湖北省人民政府批准由襄樊市承办 2006 年湖北省第十二届运动会。

9 月 18 日　全国九家电视台组成的“湖北旅游精品大聚焦”采访团抵达襄樊,拍摄古隆中和市区景点。

韩国襄阳郡郡守李镇浩率襄阳郡政府代表团访问襄樊。襄樊市市长付明珠表示要加强两个“襄阳”之间的联系，加深友谊。祝愿两个“襄阳”的友谊之树万古长青。

9月20日　国家发改委批准，汉江崔家营航电枢纽工程被列入世界银行2005财政年度贷投计划，贷款额为1亿美元。

9月21—22日　小提琴大师盛中国、日本钢琴家濑田裕子夫妇在铁路文化宫举办音乐会。演出收入全部用于在襄樊学院设立“基金会”，资助襄樊学院品学兼优的贫困大学生。

9月21日　保康县尧治河村党支部书记孙开林在清华大学礼堂向清华大学研究生院1 000多新党员和预备党员作题为《用共产党员的忠诚拓出小康之路》的专题报告。

9月22—26日　襄樊市总工会党组书记廖桂芝、全国劳模市一棉集团特纺车间质检员王梅、市中心医院心胸外科副主任马军柏等30人，在北京参加全国总工会第十四次代表大会。

9月23日　湖北襄樊（香港）经贸洽谈会在香港举行。来自美国、加拿大、英国、新西兰等国家和中国香港、台北等地区的200多名中外客商及新闻界朋友出席了洽谈会。签约26个项目，总投资3亿美元。

9月23—25日　中央“三个代表在基层”采访团对襄樊市农村“文化科技屋”和尧治河村党支部书记孙开林分别进行了采访。

9月25日　襄樊市第十三届人大常委会举行第三十六次会议。会议表决通过了市人大常委会关于欧阳万坤任职的决定；表决通过了罢免梁汉江市十三届人大代表资格的审查报告；表决通过了授予盛中国“襄樊市荣誉市民”称号的决定。

9月28日　《襄樊市2003——2010年长江防护林工程建设总体规划》由襄樊市计委、林业局编制出台。

9月29日　湖北省第十一届运动会结束，襄樊代表队在游泳、体操等9个项目，获得13块金牌、14块银牌、22块铜牌，团体总分745分，列全省第五位。

10月2—6日　央视第四套节目《走遍中国》栏目连续7天播放了《走遍中国·襄樊专辑》。

10月8—12日　央视一套节目播放《走遍中国·襄樊专辑》。

10月9日　中央电视台《东方时空》栏目对老河口市领导职务消费货币化改革进行了专题报道。

10月10日　樊城区全面取消农业户口、非农业户口、自理口粮户口、临时户口等户口类型。58.3万居民户口改称“湖北居民户口”。

10月14日　航天42所所长郑剑、航天员杨利伟、翟志刚、聂海胜等，在酒泉卫星发射中心受到胡锦涛总书记亲切接见。

10月15日　中共襄樊市委、市政府召开全市服务东风、加快汽车产业发展动员大会，市委书记阮成发要求全市各级党委、政府一定要牢固树立“服务东风就是发展襄樊”的观念。

10月16日　受中共湖北省委书记俞正声委托，枣阳市委、市政府领导到杨垱镇樊庄慰问航天员聂海胜的家人。

10月21日　万骏路桥有限公司投资600万元改造维修的长虹大桥桥面工程全面竣工。

10月21日　全省退耕还林现场会、全省秋播会议在谷城召开。

10月27日　襄樊市党政领导干部大会在襄阳剧院召开，公开选拔市交通局、农业局、旅游局、粮食局局长，同时出台《襄樊市公开选拔任用的市直机关行政正职管理暂行办法》《襄樊市市管单位领导集体决策重大问题议事规则(试行)》。

11月6日　湖北省省长罗清泉、副省长任世茂带领省直有关部门负责人在襄樊南湖宾馆就“新型工业化规划情况”听取襄樊、十堰、随州 3 市市长的情况汇报。

11 月 10 日　由北京恒高科技投资有限公司投资 1.5 亿元的襄樊弱电管网工程在汽车产业开发区开工。

11 月 11 日　省政府批准泥嘴镇更名为卧龙镇。

11 月 20 日　湖北省人民政府将襄樊、宜昌确定为省域副中心城市，与武汉形成“三足鼎立”，以带动全省城镇整体发展。

11 月 22 日　中共襄樊市委书记阮成发、市长付明珠率市直有关部门及烟厂主要领导赴十堰就关闭郧阳烟厂有关政策进行协商会谈。

11 月 29 日　中共襄樊市委召开市“四大家”联席会议，专题研究市直国企改革。

12 月 8 日　中共襄樊市委九届十一次全体会议在南湖宾馆举行。会议表决通过了保康县、宜城市、南漳县、谷城县、老河口市、襄阳区、襄城区党委、政府正职的拟任和推荐人选。同日，航宇救生装备有限公司在襄樊高新区成立。

12 月 10 日　襄樊市经济发展环境投诉中心成立。

12 月 24 日　襄樊市十三届人大常委会举行第三十八次会议，审议通过召开第十四届人民代表大会第一次会议的决定，关于撤销陈琦襄樊市交通局局长、许小遂襄樊市农业局局长职务的决定等。

12 月 26 日　襄十高速公路全线通车。

12 月 27 日　国务院批准襄樊市为中国优秀旅游城市。

12 月 29 日　全市企业 75 家改制方案、53 家破产预案经过审核获得批准。

2004 年

1 月 1 日　中共襄樊市委书记阮成发、市长付明珠等领导分别深入到保康县、南漳县、谷城县、老河口市、枣阳市、宜城市看望社会福利院的孤寡老人和特困户，向他们祝贺新年。

1 月 2 日　中共襄樊市委举行九届十二次全体会议，通报市人大、市政府、市政协换届人事安排方案。中共市委、市政府向各民主党派、工商联负责人和无党派代表人士通报全市 2003 年经济工作情况，听取他们的意见和建议。

1 月 5—8 日　襄樊市政协举行十一届一次会议，选举姚祥栋为市政协第十一届委员会主席，王家康、王光祖、杨丰亭、纪本涛、张华美、路德林、周元宵、赵双桂、潘巧莲、王绍玲为副主席，李希学为秘书长。

1 月 6—18 日　襄樊市总工会深入全市 218 家困难企业，走访慰问 1 160 名特困职工、255 名困难劳模、128 名困难工会干部，发放慰问金及物资折款 60 余万元。

1 月 7 日　投资 60 亿元(其中武汉 53 亿元，襄樊 7 亿元)的神龙 30 万辆轿车工程奠基典礼在武汉经济技术开发区举行。同日，中央电视台国际频道播出《三国漫谈》襄樊专辑《三顾茅庐》，重点介绍襄樊古隆中景观。

1 月 9 日　谷城县荣获“全国双拥模范县”称号，谷城县教育局被授予全国“爱国拥军模范单位”称号。

1 月 5—8 日　襄樊市政协第十一次委员会议，选举姚祥栋为政协主席，王家康等为副主席。

1 月 10—14 日　襄樊市第十四届人民代表大会召开。选举阮成发为市人大常委会主任，选举付明珠为市人民政府市长，选举王健为市中级人民法院院长、张安福为市人民检察院检察长。

1 月 17 日　中共襄樊市委、市政府召开全市经济工作会议，表彰市区纳税 5 000 万元和过亿元的企业经营者。

1月22日　中央电视台《焦点访谈》栏目详细报道南漳县文化科技屋建设。

1月30日　湖北省纪委第六次全体扩大会议公布，襄樊市委原书记、市人大常委会主任孙楚寅被依法逮捕。

1月31日　《襄樊市文化体制改革总体方案》经中共市委常委会研究通过。总投资30多万元的襄阳区六两河码头正式开工兴建。

2月1日　中共襄樊市委、市政府召开全市防治高致病性禽流感紧急会议，安排部署全市禽流感防治工作。

2月7日　襄樊民营企业家、小白象电器股份有限公司董事长杜诗武在中央电视台第二套谈话类节目《劳动就业》中讲述其创业故事。

2月8日　襄樊市劳动保障工作会议召开。中共市委、市政府明确要求全年实现城镇新增就业人员7万人，下岗失业人员再就业3.8万人，城镇登记失业率控制在4.3%以内。

2月10日　谷城县为1 392户(2 292人)特困农户核发了“农村特困户救助证”。

2月11日　中共中央政治局委员、湖北省委书记俞正声抵樊，对襄樊市发展汽车产业、企业改制、重点工程和项目建设、禽流感防治等问题进行考察。

2月12日　中央电视台第7套国防时空节目开播16集电视系列片《荆楚行》，其中襄樊专辑为《襄水话英雄》《铁打襄阳城》。

2月16日　襄樊市政府决定为在工商执法检查中因公殉职的襄阳区工商局城关分局干部徐锐追记个人二等功。湖北省下达襄樊市医疗救治体系用房建设和设备购置国债投资1 285万元。

2月18日　襄樊青年企业家协会、襄樊日报社等单位共同举办的“襄樊十大经济风云人物”评选揭晓。由市公安局、襄樊日报社联合举行的2003年度全市“谁是最可爱的民警”评选活动在市公安局揭晓。

2月24日　中共襄樊市委举行九届十三次全体会议，表决通过了第一批市政府组成部门行政正职人选建议名单。

2月25—26日　襄樊市十四届人大常委会举行第一次会议，审议并通过市人大常委会2004年度工作要点(草案)、市政府关于市直国有企业改革情况的报告、市人大常委会关于任免地方国家机关工作人员办法(修改草案)、关于市人大常委会代表资格审查委员会组成人员名单的议案，有关人事任免事项。任命胡水华为襄樊市人民政府副市长。

3月2日　辽宁中新印染有限公司，承债式整体收购襄棉集团经营性资产。

3月6日　襄樊市政府在襄阳宾馆召开全市加强春季传染病防治工作紧急会议，要求各有关单位切实加强全市春季传染病防治工作。

3月15—17日　中共襄樊市委、市政府领导阮成发、李德炳、陈文海、曹敬兰、刘德政等带领襄樊市直有关部门负责人，到枣阳市和宜城市调研农村义务教育制度改革。

3月30日　中共襄樊市委、市政府向92名外商、港澳台侨商及外籍高级管理人员颁发外商保护绿卡。

4月8—23日　阮成发率襄樊市经济代表团一行18人，随湖北省经济代表团赴日本、韩国进行招商引资活动。签订投资合同6个，投资金额4 340万美元，协议外资额1 890万美元；签订投资意向协议12个，投资金额11 000万美元，协议外资额8 010万美元；签订贷款协议1个，金额5 000万美元；签订出口合同3个，与新客户洽谈了13个意向性项目。同日，新加坡佳通集团上海轮胎事业部以483万美元收购湖北钢丝厂生产经营性资产。

4 月 20 日　保康县极品茶叶拍卖会暨茶叶展示会在南湖宾馆举行。保康荆山锦有限公司生产的荆山锦牌 500 克绿针茶拍出了 7 000 元的高价。

4 月 22 日　劳动街口 1 号“黄金”地块（占地 5.1 亩），被襄樊亚帅房地产开发有限责任公司以每亩 440 万元的价格竞得。创襄樊市土地交易市场运行以来，亩平单价交易之最。解放路 2 号地块（占地 116.40 亩），以 2.0 370 亿元的交易额被襄樊雅可商务区开发有限公司竞得，成为襄樊市土地交易市场运行以来，交易额最大的一宗地。

4 月 26 日　中泰信用担保有限公司重组湖北化纤集团有限公司资产签约仪式在南湖宾馆举行。

4 月 27 日　湖北省暨襄樊市“庆五一、送岗位”大型招聘洽谈活动在人民广场举行，副省长蒋大国出席开幕式并发表讲话。

4 月 29 日　襄樊市公推公选 7 名市直部门“一把手”笔试，在襄樊职业技术学院南校区举行，313 人参加角逐。

5 月 17 日　京剧《襄阳米颠》获得 2003 年度全省 5 台备选剧目第一名，入选全省舞台艺术精品工程重点剧目。

5 月 19 日　全国人大常委、人大农业与农村委员会主任刘明祖率领调研组抵樊，对襄樊市落实国务院出台的农业政策措施情况进行检查调研。

5 月 21 日　华中光彩综合园在襄阳区云湾村奠基。同日，襄樊市副市长胡水华、丹东市副市长张学军代表两市签订“长期经济技术合作协议”。

5 月 25 日　东风国际花园建设项目在汽车产业开发区奠基。该项目占地 27.5 万平方米，总投资 5 亿元人民币。

6 月 8 日　中共中央政治局常委、国务院总理温家宝在从老河口机场前往十堰的途中，对老河口市洪山嘴太山庙村进行考察，与农民王转运交谈，详细询问了粮食增产、收入等情况。同日，襄樊市国防政治动员工作会议在襄樊军分区召开。

6 月 17—23 日　市长付明珠率襄樊经济代表团一行 103 人抵达香港，开展经贸洽谈活动。签订投资合同 17 个，金额 16 009 万美元。

6 月 22 日　谷城籍探亲战士、现役军人曾得启为保护人民生命财产安全，勇斗歹徒，身负重伤。

6 月 24 日　湖北省发改委、省国税局、省地税局联合发文，认定襄樊市 11 家企业为资源综合利用企业，企业在两年内可享受免征增值税和所得税的优惠。

6 月 30 日　中共襄樊市委举行全市纪念中国共产党成立 83 周年暨农村党的建设“三级联创”活动表彰大会。

6 月底　襄樊市公开选拔市直县级领导干部工作圆满结束。

7 月 2 日　襄樊市事业单位改革领导小组会议召开。会议要求，年底前全市推行聘用制改革的事业单位要达到 80%，保证今年事业单位改革目标的完成。

7 月 6 日　中共襄樊市委、市政府召开“一县一品”建设工作会议，要求立足农民增收推进“一县一品”建设，用工业化理念大力发展县域经济。

7 月 7 日　襄樊市公安局追认民警周友国为全市优秀警察。

7 月 8 日　中国、加拿大合作，襄樊四中高中双文凭班签字仪式在襄樊四中举行。

7 月 15 日　襄樊市入围“2004 年度中国魅力城市展示”城市。

7 月 16 日　东风汽车股份有限公司举行东风轻型商用车能力提升工程竣工暨第 25 万辆轻型商用车下线仪式。

7月21—24日　清华大学研究生工作部14名代表在保康县尧治河村感受“当代愚公精神”。村党支部书记孙开林向清华师生颁发“荣誉村民”证书。

7月23日　中央党校副校长王伟光教授应邀抵樊举行“科学发展观”专题报告会。

7月29日　襄樊日报社承办的《世纪伟人邓小平》全国摄影巡回展在诸葛亮广场会展中心开展。

8月1—5日　襄樊市城区、宜城、保康、谷城等地发生强降雨，降雨量最高达200毫米。受灾农作物面积6.76万公顷，其中当年绝收面积9 580公顷，造成全市69万人受灾(其中死亡1人)，灾害造成直接经济损失1.6亿元。

8月2日　东风—日产“蓝鸟·智尊”上市。同日航天员聂海胜及妻子聂捷琳回到枣阳杨垱镇探亲，受到家乡各界人士的热烈欢迎。

8月6日　中共襄樊市委九届十六次全体会议召开。会议审议通过市委书记阮成发代表市委常委会所作的《增强实力，完善功能，为把襄樊建设成为省域副中心城市而努力奋斗》的报告和《中共襄樊市委关于努力把我市建设成为省域副中心城市的决定》。

8月8—17日　应台湾裕隆日产汽车股份有限公司邀请，以阮成发为团长的襄樊赴台经贸参访团一行8人，对台湾裕隆公司进行参访。

8月16日　中共湖北省委书记俞正声冒雨到保康县马桥镇尧治河村进行调研。俞正声指出，对于磷矿开采，要研究如何遏制采富弃贫现象，实行规模开发、深度加工，合理利用磷矿资源。

8月18日　全长1 487米的保康峰儿垭隧道贯通。

8月24—25日　襄樊市公安局在全市范围内组织开展代号为“震慑”的统一行动，对全市涉毒歌舞娱乐场所进行集中清查，共清查娱乐场所98家，抓获吸毒人员28名。

8月27—28日　中央纪委、中央组织部巡视组在组长曹克明、副组长戴俭明的带领下抵樊巡视。

9月1日　财经杂志《福布斯》公布对中国大陆660个城市的调查结果，100个最佳商业城市，襄樊名列第54。

9月10日　襄樊市召开农村教育工作会议。会议表彰了模范教师、模范教育工作者。中共市委书记阮成发主持会议并讲话。市长付明珠作工作报告。

9月12日　襄樊市3542厂的平纹仿羽绒布获国家优秀创新奖。

9月13日　全国人大民族委员会副主任委员陈士能带领全国人大考察组，到襄阳区双沟镇双北村考察散居民族工作情况。

9月18—20日　襄樊市在武汉中南协作区贸易洽谈暨名优产品博览会上，签订项目11个，金额9.8亿元。

9月21日　襄樊市清理建设领域拖欠工程款、农民工工资工作会议召开。

9月23日　全国人大法律委员会委员张春生一行7人抵樊，就《全国人民代表大会和地方各级人民代表大会选举法》和《地方人民代表大会和地方各级政府组织法》的修改进行立法调研。

9月28日　车城及邓城大道竣工典礼仪式在樊城举行。

9月29日　东风——日产高档轿车“天籁”在东风汽车有限公司乘用车公司襄樊新厂下线。

10月5日　我国著名教育改革家魏书生抵樊，出席由市教育局和襄樊四中共同举办的学术报告会。

10月9日　襄樊市领导干部大会在南湖宾馆举行。中共湖北省委组织部部长宋育英在会上宣布中共湖北省委决定：田承忠任中共襄樊市委委员、常委、书记，免去阮成发中共襄樊市委书记、常委、委员职务。

10 月 11 日　首届“中国魅力城市”评选结果在北京揭晓，襄樊市荣获“2004 年度中国魅力城市”称号。全国人大常委会副委员长何鲁丽率全国人大北京代表团抵樊，视察燕京啤酒襄樊有限公司。

10 月 12—16 日　监察部、国土资源部、审计署、农业部组成联合调查组抵樊检查土地收费管理使用情况及经营性土地招标、拍卖、挂牌出让工作。

10 月 15 日　总投资 4 亿元的华新襄樊日产 4 000 吨水泥项目签约仪式在南漳县财苑宾馆举行。

10 月 15—19 日　襄樊市中高级人才中心在襄樊职业技术学院举办襄樊市首届论坛式“城市规划、建设与管理专题”讲学活动，华中科技大学公共管理学院院长刘建平等 10 位专家教授分别就城市规划、建设与管理等专题进行了讲授。

10 月 16 日　韩国国家电视台摄制组抵达南漳县水镜庄，拍摄三国风光旅游专题片。

10 月 16—21 日　襄樊市第一届体育运动会举行。17 个代表团的近 6 000 名运动员，参加了青少年、职工、农民、残疾人等 4 大类、26 个单项、345 个小项的比赛，产生金牌 450 枚、银牌 390 枚、铜牌 343 枚。樊城区、襄城区、宜城市分列金牌总数前 3 位。

10 月 20 日　全国政协副主席李兆焯率领全国政协考察团抵樊考察襄樊汉江崔家营航电枢纽工程坝址。

10 月 21 日　襄樊市被卫生部、中国红十字会总会、中国人民解放军总后勤部卫生部评为“2001—2003 年度无偿献血先进城市”。

10 月 24—25 日　全国村务公开督察调研组到保康县检查调研。

10 月 28—29 日　襄樊市十四届人大常委会举行第六次会议，决定接受阮成发辞去市人大常委会主任职务的请求，推选夏志斌为市人大常委会代理主任。补选田承忠为湖北省第十届人大代表。

10 月 28—31 日　中共襄樊市委、市政府组团参加了武汉国际文化产业博洽会，全市 34 个项目参加“文洽会”。同日，投资 2 800 万元的樊城区的桥北西路、朝阳北路、汉江中路（人民路口到松鹤路口）、红光北路、米公路、朝阳南路、建设路、汉江南路 8 条道路改造工程开工。

11 月 1 日　襄樊市 400 余名教师被评为省级骨干教师。

11 月 5 日　邓城大道、清河口、三桥以西至高速公路广告经营权拍卖，襄樊真品位广告公司以 151 万元的价格竞得广告经营权。

11 月 13 日　中共襄樊市委、市政府在南湖宾馆召开市级政府机构改革工作座谈会，要求在 11 月底前完成机构改革任务。同日，全市依法完善农村土地二轮承包工作会召开，要求全市土地二轮延包工作要在明年秋播前完善规范到位。

11 月 17 日　襄阳区 143 个镇直事业单位全面整体转制，1 218 名干部告别铁饭碗。

11 月 18 日　襄樊 500 千伏变电站一次性送电成功，三峡电力直输襄樊。襄樊市深化市区城市管理体制改革工作会议召开。

11 月 24 日　襄樊市见义勇为促进会成立。

11 月 25 日　国家烟草专卖局局长姜成康一行对襄樊卷烟厂的改革和生产经营情况进行考察。武烟集团与襄樊卷烟厂联合重组签字仪式在武汉东湖宾馆举行。

12 月 2 日　中国致公党襄樊市第一次党员大会在南湖宾馆召开。

12 月 6 日　江苏雨润集团重组襄阳肉联厂签字仪式在南湖宾馆举行。

12 月 8 日　鄂豫联手治理唐白河干流防洪一期工程开工。

12 月 15 日　京剧《襄阳米颠》在上海举行的第四届“中国京剧艺术节”上荣获优秀剧目奖（银奖）第一名。

12 月 16 日　“日本政府贷款湖北造林项目”正式启动。北京桑美科技有限公司与南漳县人民政府合作的 20 万立方米 MDF·HDF(高密度、中密纤维板)加工项目签约仪式在汉江国际大酒店举行。

12 月 17 日　中共襄樊市委召开各民主党派、工商联负责人和无党派代表人士座谈会,中共襄樊市委书记田承忠通报了中国共产党襄樊市第十次代表大会工作报告的形成情况。

12 月 18 日　北京泰跃集团向襄樊市人民政府移交襄樊刘集机场签字仪式在南湖宾馆举行。

12 月 20 日　襄樊市行政事业性收费项目和标准清理工作完成。

12 月 27 日　襄樊市十四届人大常委会举行第八次会议，接受付明珠辞去襄樊市人民政府市长职务的请求,决定李德炳为襄樊市人民政府副市长、代理市长。

12 月 28—31 日　中共襄樊市第十次代表大会召开,选举田承忠为市委书记,李德炳等为副书记。

2005 年

1 月 1 日　《中国魅力城市—襄樊·古隆中》系列邮品在隆中发布。

1 月 13—16 日　襄樊市第十四届人大举行第二次会议。会议选举田承忠为市人大常委会主任，李德炳为市人民政府市长,李群星为市中级人民法院院长。

1 月 15 日　恒丰公司以 2 371.58 万元的价格整体收购襄樊燃料总公司的全部国有净资产。

1 月 18 日　首都机场(集团)公司、湖北机场(集团)公司和中共襄樊市委、市政府举行重组襄樊机场签字仪式,襄樊机场加入首都机场公司。

2 月 19 日　中共襄樊市委、市政府召开全市依法完善农村土地二轮延包工作会议，全面部署 2005 年完善农村土地二轮延包工作。

2 月 20 日　中共襄樊市委、市政府下发《关于襄樊高新技术产业开发区与襄樊汽车产业经济技术开发区合并的决定》。

3 月 10 日　东风汽车有限公司与美国德纳公司共同成立中美车桥生产合资公司,项目总投资 22 亿元人民币,各持股百分之五十。

3 月 18 日　襄樊铁路分局与武汉铁路分局合为武汉铁路局。

3 月 22 日　国务院南水北调办公室总工汪易森率领水利专家对汉江襄樊段至皇庄河段航道整治与闸站改造进行现场查勘。

4 月 5 日　襄樊市 42 个市直部门在老河口市孟楼镇建设现场会上承诺全力帮扶该镇,把孟楼镇建设成为全省一流的“口子镇”。

4 月 6 日　中宣部部长刘云山一行抵樊考察农村基层文化工作。

4 月 15—30 日　襄樊市 12 家企业的近 60 名代表参加第 97 届广州交易会,接待新老客户 786 人次,出口成交额 1 123 万美元。

4 月 26 日　湖北省人民政府批准襄樊建设开放公路二类口岸。

4 月 28 日　襄樊市工商局、劳动和社会保障局联合在人民广场举办“帮扶下岗失业人员再就业招聘会”，来自全市 135 家民营企业提供就业岗位 3 450 个,1.5 万名下岗失业人员登记了求职岗位，当场签订用工意向性协议 1 800 份。

4 月 29 日　襄樊陆军预备役炮兵旅在襄阳区组建成立。

4 月 30 日　南漳县林业局和市林勘院在南漳县板桥镜内发现国家一级保护植物野生红豆杉群落,数量百余株。

5 月 1 日　根据中央军委和广州军区命令,组建中国人民解放军襄樊陆军预备役炮兵旅。

5 月 2 日　武警湖北省总队第 4 支队与襄樊市支队合并，整编为旅级，命名为“中国人民武装警察部队襄樊市支队”。

5 月 7 日　在第二届中国武汉农博会上，襄樊市 10 个产品获得金奖，并获最佳组织奖。金华麦面集团生产的面条获最佳畅销奖。

5 月 7—13 日　以中共襄樊市委书记田承忠为团长的襄樊经济代表团在香港出席“2005 香港湖北周”大型招商活动。

5 月月 8 日　东风车桥有限公司、风神襄樊汽车有限公司等八家企业荣获“全省百佳纳税人”称号。

6 月 6 日　襄樊市新体育馆工程建设开工举行奠基仪式。

6 月 8 日　襄樊神龙油脂公司年产三万吨色拉油项目在南漳县工业园区举行开工仪式。

6 月 18—20 日　中共中央委员、中央机构编制委员会办公室主任李铁林抵樊，就市乡镇综合配套改革等工作进行调研。

6 月 23 日　国家艾滋病防治示范区项目官员陈清峰一行 7 人抵樊，对襄城区艾滋病防治项目执行情况进行考察。

6 月 23—28 日　《经济日报》连续在《今日导刊》版整版推出了“湖北省襄樊市乡镇综合配套改革”系列报道——《人往何处去》《钱从哪里来》《乡镇怎样干》《农民怎么看》，在全国引起重大反响。

6 月 24 日　全国首台万吨黄磷电炉在保康县兴发集团楚烽公司投产运行。

6 月 26 日　襄樊市禁毒委员会、市检察院、市中级法院联合在人民广场举行公捕公判大会，对九名贩毒犯罪嫌疑人执行公开逮捕，主犯刘某被判处死刑并立即执行。

7 月 1 日　中共襄樊市委书记田承忠率代表团在北京与福田公司就枣阳福田专用汽车公司发展达成合作意见。

7 月 2 日　“2005 中国襄樊国际汽车博览会”在襄阳区开幕。

7 月 8 日　《尧治河的神话》在襄阳剧院公演。

7 月 12 日 9 时　中国人民解放军襄樊陆军预备役炮兵旅成立大会暨授旗仪式在襄樊市体育馆隆重举行。

7 月 21 日　襄樊市建立市级储备粮，1 300 万公斤小麦储备完成入库。

7 月 26 日　襄樊市军粮供应站获全国十佳军粮供应站称号。

7 月 31 日　中国农工民主党襄樊市第三次党员大会召开，纪本涛当选为主席。

8 月 1 日　襄樊市浪潮调味品有限公司生产的“孔明菜”，被农业部中国绿色食品发展中心认定为绿色食品 A 级产品。

8 月 4 日　中共湖北省委书记俞正声率领的湖北党政代表团视察襄樊市对口支援的西藏自治区山南地区琼结。

8 月 10 日　香港中港印集团主席区可华一行 14 人抵樊，就租赁襄樊港务局现有设备建设年产 1 000 万吨煤炭配送中心项目进行实地考察。

8 月 18 日　英国爱丁堡皇家植物园迈克尔日穆勒博士和中国科学院昆明植物所高连明博士等一行到保康县龙坪镇实地考察红豆杉资源。

8 月 21 日　中共中央总书记、国家主席、中央军委主席胡锦涛，中共中央办公厅主任王刚，在中共湖北省委书记俞正声和省长罗清泉陪同下抵樊，考察老河口市万亩桃梨基地、风神襄樊汽车有限公司、东风康明斯发动机有限公司、襄樊正大农业开发有限公司。

8 月 26 日　南漳县三道河水镜湖风景区被水利部批准为国家级水利风景区。

8 月 30 日　国家质检总局批准保康县反季节蔬菜、有机茶叶农业综合示范区为第五批国家级农业标准化示范区。

8 月　襄樊军分区组织抗日战争胜利 60 周年纪念活动，为 70 名老红军、老八路颁发“抗战胜利 60 周年纪念章”。

9 月 7—11 日　襄樊市人民政府常务副市长欧阳万坤带领襄樊市经济代表团，在厦门参加第九届中国国际投资贸易洽谈会，签订合同项目四个，投资总额及合同外资分别为 2 170 万美元、1 480 万美元。

9 月 15 日　国家发展和改革委员会核准襄樊火电厂二期工程。

9 月 18 日　全国政协副主席张思卿就南水北调工程中文物保护工作抵樊调研。

9 月 22 日　襄樊市启动湖北省“新世纪高层次人才”选拔工程。

9 月 30 日　孝襄、樊魏高速公路开通。

10 月 12 日　“神舟”六号载人飞船发射成功，枣阳籍航天员聂海胜同昆山籍航天员费俊龙执行此次航天飞行任务。中共襄樊市委、襄樊市政府和襄樊军分区向中国人民解放军航天员大队发去贺电。

10 月 20 日　襄樊市外宣办开展“驻樊外籍人士游襄樊”活动。来自美、英、法、德、日等 20 个国家的 100 多位外籍人士游览了南漳县水镜庄、水镜湖等景点，参观了南漳县福利院，并向福利院赠送了慰问品。

10 月 21 日　襄樊市组建党政军慰问团赴京慰问聂海胜及其家属。襄樊星火轴承有限公司、东风康明期发动机有限公司、湖北新丰粮油土特产品有限公司、襄阳三珍食品有限公司、襄樊六六千服装有限公司、宜城雅新家纺有限公司、襄樊恒立铸造有限公司、老河口大进针织有限公司、老河口金玛珠宝企业有限公司获得全国“双优”外资企业称号。

10 月 26 至 11 月 1 日　襄樊市市长李德炳率经济代表团赴韩国首尔参加湖北省政府举办的“2005 年韩国·湖北省友好周”活动，并成功举办“2005 中国襄樊·韩国首尔投资环境说明会”。

11 月 18 日　襄樊市被接收为武汉经济协作区第三十一个成员。

11 月 22 日　汉江崔家营航电枢纽工程开工。

12 月 5 日　瑞联公司将长虹大桥收费经营权移交给襄樊市政府。

12 月 6 日凌晨　长虹大桥及汉江大桥一桥停收过桥费。

12 月 18 日　2005 年“襄樊·隆中杯”湖北省导游精英大赛在市广电中心圆满结束，襄樊两名选手荣获“全省十佳导游员”称号。

12 月 22 日　中共襄樊市委召开常委议军会议，听取襄樊军分区党委关于 2005 年工作情况和 2006 年工作设想的汇报。

12 月 26 日　襄樊公路二类口岸对外开放。

概 述

襄樊位于汉水中游，历史悠久，山河秀美，风俗淳朴，资源丰富，社会发展充满生机，素有“最适宜人类居住之城”的美誉。辖境三县、三市、三区、两个开发区，总面积 19 724.41 平方公里(其中城区面积 3 672.87 平方公里)，总人口 577.23 万人(其中城区人口 217.31 万人)。襄樊是全国历史文化名城、全国魅力城市、全国优秀旅游城市、全国园林城市、全国卫生城市和“三国文化之乡”。2004 年 10 月 11 日，首届中国魅力城市评选颁奖词对襄樊是这样描述的：“这才是一座真正的城！古老的城墙仍然完好，凭山之峻，据江之险，没有帝王之都的沉重，借得一江春水，赢得十里风光，外揽山水之幽，内得人文之胜！襄樊自古就是商贾汇聚之地，今天，这里已成为内陆重要的交通和物流枢纽。”

一

襄樊地处我国地势第二阶梯向第三阶梯过渡地带，地势自西北向东南倾斜，全境呈山区面积大、平原面积小的特点。其中山地占 31.4%，丘陵岗地占 57.3%，平原占 11.3%。按地形类型，全市可分为西部山地、中部岗地平原和东部低山丘陵三个地形区。西部山地为鄂西北山地的东延，亦即我国地势第二级阶梯东缘的一部分，由武当山脉东端和荆山山脉北段组成，海拔多在 400 米以上。覆盖保康、谷城、南漳 3 个县的全境，约占全市总面积的 40%。武当山余脉自西向东延伸到谷城县和老河口市的西部，山脉为西北—东南走向。荆山山脉北段分布在保康县全境和谷城县的南部及南漳县的西部。地势西高东低，山脉在保康县境呈东西走向，在南漳县境转为西北—东南走向。聚龙山主峰位于保康县境，海拔 2 000 米，为汉水与长江的分水岭，又是市境最高山峰。东部低山丘陵位于鄂豫两省交界地带以及与随州、钟祥、京山、荆门交界地带，大部分为海拔 1 000 米以下的低山丘陵，由桐柏山、大洪山余脉组成。此两山南北对峙，均呈西北—东南走向。

地处西部山区和东部低山丘陵之间的中部岗地平原地带，由襄阳、枣阳、老河口 3 县(市)的“三北”岗地和分布在汉水、唐白河、蛮河流域的冲积平原组成，北属鄂北岗地，南属江汉平原的宜(城)钟(祥)夹道。鄂北岗地俗称“三北”，指襄阳、枣阳、老河口 3 县(市)北部岗地，介于桐柏山与武当山之间，汉水以东、滚河以北地域，属南阳盆地南缘。为第四纪黄褐土沉积层受地表水切割、浸溶形成岗垅相间、波状起伏的岗地地貌。岗顶宽平，岗垄相间，起伏和缓，土层深厚，海拔在 85—140 米之间，相对高差 10—30 米。沿河冲积平原主要分布在汉水、唐白河两岸，以及蛮河的宜(城)钟(祥)夹道地带，海拔 90 米以下。宜城县八角庙海拔 44 米，为全市最低点。

襄樊总面积占湖北省总面积的 10．6%，在全省市、州（含武汉市)中居第四位。西部是大片高山，为全市高寒地区，海拔多在 400 米以上，土壤多为棕壤。中部多为岗地平原，海拔一般在 85—140 米之间，地势呈波状起伏，土壤多为水稻土，部分地区有紫色土、潮土。东部为低山丘陵，海拔多在 90—250 米之间，土壤以黄棕壤土为主，约占 60%。从土地构成看，耕地占 31.28%；林地占 40.5%；园地占 2.68%；牧草地占 0.19%；其他占 25.35%。

襄樊北连南阳盆地，与河南省邓县、新野县、唐河县、桐柏县接壤；南接江汉平原；西南与宜昌市兴山县、宜昌县、远安县和荆门市钟祥县、京山县相连；东接随州市曾都区、河南省信阳市；西邻十堰市丹江口市、房县及神农架林区。位于北纬 31° 13'—32° 38'，东经 110° 45'—113° 47'。全境地形略呈一向北敞开的马蹄状盆地。襄樊属北亚热带季风气候，冬冷夏热，冬干夏雨，湿热同期，四季分明。年均气温(高山除外)一般在 15℃—16℃之间。无霜期在 228—249 天之间。年降水量 820—1 100 毫米，其中夏季 400—450 毫米。年降水日 107—135 天。年日照 1 800—2 100 小时。

襄樊地处北亚热带，类型多样的地质地貌和生态环境，使其生物品类繁多。境内植物区系成分多属亚热带区系的科属。其中木本植物多属北亚热带落叶阔叶、常绿阔叶混交林地带。森林覆盖率达 40%以上，有维管束植物 201 科 852 属 2 119 种。有国家级珍贵树种 61 种，其中国家一级珍贵树种有红豆杉、银杏、珙桐、秃杉、钟萼木、香果树、苏铁等 9 种；国家二级珍贵树种有秦岭冷杉、大果青扦、蓖子三尖杉、厚朴、鹅掌秋、香樟、杜仲等 16 种；有国家重点保护野生植物 80 多种。

全市有野生动物 268 种，其中鸟类 151 种，兽类 60 种，爬行类 34 种，两栖类 23 种。国家一级保护野生动物有金钱豹、梅花鹿、林麝、白鹳、中华秋沙鸭、金雕等 10 种；国家二级保护的野生动物有马鹿、猕猴、黑熊、红腹锦鸡、鹰类等 50 种；国家"三有"(即有益的、有重要经济价值的、有科学研究价值的)保护的野生动物和湖北省重点保护野生动物有 68 种。

襄樊矿藏资源丰富，属湖北省重要矿产区之一。现已探明矿产有 5 大类 54 种，产地 350 余处。大中型矿床 20 余处，小型矿床 40 余处；金属矿有铁、钛、锰、钒、铜、铂、铝、铅、锌、金、银、钴、镓等 24 种；非金属矿有耐火黏土、磷、重晶石、硫铁矿、石灰石、白云石、硅石、金红石、膨润土、石棉、煤和石油等 30 多种。稀有矿种金红石储量约 2.4 亿吨，位居亚洲第一、世界第三。铝土矿、耐火黏土储量居全省第一。磷矿储量 10 亿吨以上，属全国八大磷矿之一。石灰石储量位居全省第五。

全市水资源常年总量为 68.427 4 亿立方米，其中地表水资源总量为 63.979 亿立方米，地下水资源总量为 25.9 064 亿立方米。全市入境水量 512.098 4 亿立方米，全市大中型水库常年蓄水量13.0 276 亿立方米。汉水自丹江口水库坝下陈家港流入襄樊市境，经老河口、谷城、襄阳和襄樊城区，于宜城市岛口村入钟祥市，境内全长 195 公里。襄樊辖境有大小河流 649 条，流域面积大于 100 平方公里的有 66 条。

襄樊河流水能资源理论蕴藏量 100.86 万千瓦，可供开发的水能资源装机容量 87 万千瓦，在湖北排位第四。水能资源分布：西南山区约占 38.82%，东部丘陵约占 3.03%，鄂北岗地占 3.15%，汉水及小支流约占 45%。仅汉江襄樊段即可建中型水电工程 4 处，装机容量 46.4 万千瓦。截至 2005 年年底，全市已建成各类水电工程 269 处，装机 475 台，容量 32 万千瓦，年发电能力 12 千瓦时。其中装机容量在 1 000 千瓦以上 24 处 80 台容量 28.47 万千瓦。

二

襄樊，是古城襄阳与古埠樊城的合称。经过 1948 年 7 月 2 日至 16 日的襄樊战役和 1948 年 12 月 20 日至 1949 年 1 月 10 日的樊城战役，樊城、襄阳彻底解放。中共桐柏区党委决定组建襄樊市爱国民主政府，辖襄城、樊城两个区公所，隶属桐柏行署三专署。1949 年 5 月，襄樊市并入襄阳县。中华人民共和国成立后，1950 年 5 月，复以襄阳县之襄阳、樊城两镇组建襄樊市，隶属襄阳专署。1952 年，襄樊市降为专署辖镇。1953 年 4 月，襄樊市恢复建制，改为省辖(县级)市。1979 年 6 月，襄樊市升为省辖市。1983 年 8 月 19 日，国务院〔1983〕164 号文批准地市合并，组建新的襄樊市。

襄阳的得名源于襄水之阳。《水经注·沔水》载："应劭曰：'城在襄水之阳，故曰襄阳也'。"《元和郡县图志》卷第 2 1 载：襄阳"在襄水之阳，故以为名"。

樊城则在周仲山甫封于樊之前已经存在，仲山甫受封于此，建立樊侯国，而名更彰显。《太平寰宇记》《荆州图副》《太平御览》《后汉书·樊宏传》《元和郡县图志》等均有“古樊城，仲山甫之国也”的记载。历代《襄阳府志》《襄阳县志》均沿袭此说。

早在20万年前，襄樊这块土地上就有人类繁衍生息。考古发现，今襄樊市境有160余处旧、新石器时代遗址。牛首金鸡嘴、团山山湾、太平店龚家洲、军营坡出土的石核、石片、尖状石器等，透露了旧石器时代中晚期这里已经留下了人类文明的足迹。襄阳城南王树岗、谷城县下新店、宜城市顾家坡和枣阳市雕龙碑等158处遗址出土的大量新石器时代的遗物，即是襄樊先人步入原始社会末期和人类社会初级阶段的实证。

夏代，天下分为九州，今境分属于荆州和豫州。樊城之邓城为古邓国。唐·杜佑《通典》云：“邓，夏禹之国。”《路史》则云：“邓，仲康子国，楚之北境。”仲康是夏禹的孙子、夏启的儿子、太康的弟弟，邓是他的封国。殷商时代，今境置有楚、邓、邔、罗、阴等国。至西周分封诸侯，今境又有樊、邓、谷、曾、鄾、鄀、卢戎等国。春秋战国时期，今境属楚国。宜城郑集楚皇城、枣阳郭家庙曾国墓地、枣阳九连墩楚国贵族墓葬等遗址、遗迹，都是该时期今境属楚国的明证。秦始皇灭六国，分天下为36郡，今境分属南阳郡和南郡。西汉至东汉中前期，今境仍分属南阳郡和南郡，但两郡均属荆州刺史部。东汉初平元年（190）至建安十三年（208），襄阳为荆州刺史、荆州牧刘表的治所，下辖南阳、南郡、江夏、武陵、长沙、桂阳、零陵等7郡。建安十三年（208），曹操取荆州，始置襄阳郡。自此，襄阳代为州、郡、路、府、道、署、地、市治所。

襄樊作为行政辖区治所,在历史上最辉煌时期有三：一是东汉末刘表为荆州刺史时期。刘表把荆州治所从武陵汉寿（今属湖南）迁到襄阳，从而使襄阳成为管辖今湖北、湖南两省和河南、贵州、广东、广西一部的荆州首府。荆襄成为天下大乱中的一块安定的绿洲，而襄阳则是当时全国最繁华的城市之一。二是盛唐时期。唐贞观十三年（639），全国分10道，今襄樊市境属山南道之襄州。唐玄宗时设15道，现襄樊是山南东道的治所，属一级政区。辖地东至桐柏(今属河南)、随县、沔阳；南至石首、宜都、宾化(今属四川)；北抵方城、鲁阳关(均属今河南)、洛南(今属陕西)；西抵河池(今属甘肃徽县)、绵谷(今四川广元)、大足(属四川)。襄阳成为今湖北、豫南、陕南、川东的政治中心。五代沿袭唐制，于襄阳设置山南东道，辖区略小，襄樊仍是该辖区政治中心。三是北宋时期。襄樊为京西南路治所，领襄、郢、随、唐、邓、均、房、金8州，所辖区域大体上为汉水中上游地区。

元代，今境属河南江北行省的襄阳路。明代，今境先后属湖广布政使司襄阳府、湖广布政司襄阳府。清代，今境先后属湖广总督安襄郧荆道、湖北省襄阳府。民国时期，先为安襄郧荆道，后为鄂北道襄阳道。第二次大革命、抗日战争、解放战争时期，先后属鄂豫皖工农民主政府、湘鄂西苏维埃政府、鄂豫边区抗日根据地、鄂豫边区行政公署、鄂西北根据地。

新中国建立后，今境属湖北省襄阳行政专员公署、湖北省人民政府襄阳区专员公署、湖北省襄阳专员公署、襄阳地区行政公署、襄樊市。至2005年，襄樊市辖枣阳、宜城2市；辖谷城、南漳、保康3县；辖襄城、樊城、襄阳3区；辖襄樊高新技术产业开发区（国家级）和鱼梁洲旅游经济开发区（省级）2个开发区，代管省辖老河口市（县级）。全市共有72个镇、4个乡、24个街道办事处。

三

襄阳历为兵家必争之地。司马懿说：“襄阳水陆之冲，御寇要地，不可失也。”庾亮刺荆州，上言曰：“襄阳北接宛洛，南沮汉水，其险足固，其土足食。臣宜移镇襄阳之石城，乘衅齐进，以临河洛。”庾翼上表言曰："襄阳荆楚之旧，西接益梁，与关陇咫尺；北去河洛，不盈千里。土沃田良，方城险峻，水陆流通，转运无滞。进可以扫荡秦赵，退可以保据上流。"《荆州记》曰："襄阳者，旧楚之北津。从襄阳渡江，经南阳出方关，是周、郑、晋、卫之道。其东津经江夏出平靖关，是通陈、蔡、齐、宋之道。"

周釐王四年(前 678)，楚文王熊赀灭邓(今襄樊市樊城西北的邓城)，使楚国的腹心地区与南阳盆地联成一片，襄阳成为楚国北方的门户。春秋战国时期，襄樊是楚国与中原周天子及郑、晋、卫诸国的通道。周昭王御驾亲征，三伐荆楚，且丧六师于汉；后来，周宣王再伐荆楚。可见，当时必有一条从京都通往荆楚的"国道"在今襄樊境内延伸。秦灭六国，统一天下，大修国道，"车同轨"。秦始皇二十八年(前 219)，始皇巡行泰山后，"自南郡由武关归"；秦始皇三十七年(前 210)，始皇出巡云梦泽，亦当由此路往来路过今境。

汉至隋唐时期，从洛阳经襄阳到江陵的驿道，是沟通南北政治、经济中心的大动脉。加上汉水、唐河、白河、唐白河、蛮河，襄阳成为"南船北马"的汇集地。盛唐诗人张九龄曾经写道："江汉间，州以十数，而襄阳为大，旧多三辅之家，今则一都之会。"杜甫的名诗"即从巴峡穿巫峡，便下襄阳向洛阳"，白居易的诗句"下马襄阳郡，移舟汉阳驿"，生动地记述了襄樊"南船北马"、交通便利的繁荣景象。乾隆版《襄阳府志》称襄樊自"汉晋以来，代为重镇""南船北马""七省通衢"。历来是商贾云集、物资集散地。

东汉末，襄阳成为荆州治所，一跃而成为全国一个较大的一级行政区域，这无疑促进了襄樊经济的发展。蔡邕在《汉津赋》中写道：襄阳"南援三州，北集京都，上控陇坻，下接江湖，导财运货，懋迁有无"。可见当时襄樊已是一个具有相当规模的商品物资集散地。王阮亭也曾经写道："樊与襄阳隔水相望，实为南雍屏蔽，盛时为吴楚大贾辐辏之所。酒楼歌馆，鳞次十余里。"

西晋以来，随着全国经济重心的南移，襄樊的经济得到了更快地发展。到东晋南北朝时期，襄樊已成为与建康(今南京市)、成都、江陵、广州等齐名的商业发达城市，"是南北进行物资交换的通商据点"，是"南北互市的枢纽"。

隋唐之际，襄阳成为盛产漆器的工业重镇。史载襄樊"往来行舟，夹岸停泊，千帆所聚，万商云集"。唐代"安史之乱"时，运河阻断，江淮的粮、盐等漕运物资，全部改道走汉水，经襄樊以达长安。汉水是唐王朝的生命线，而襄阳则成为"天下喉襟"。唐昭宗乾宁初，著作郎朱朴认为襄阳"乃形势之地，沃衍之野，若广浚漕渠，运天下之财，可使大集"。

北宋时期，襄樊乃京西之地。从贾黯"带水依山一万家，襄阳自古富豪奢。北轩二月回头望，红日连城尽是花"的诗句，可以想像当时的繁华。南宋时期，襄樊由于地处边境，更发展成为与鄂州(今武昌)齐名的开放性城市和"绿窗朱户，十里烂银钩"的锦绣商都。无论北宋、南宋，襄樊都是重要的商贸城市，曾为六大榷场之一，是茶叶、竹木漆器、中药材的集散地，是与金、蒙古进行互市的枢纽。元蒙灭宋就是从"置榷场于襄阳城外"开始的。

元朝初年，意大利旅行家马可·波罗在其著名游记中，描绘了襄樊"商贾云集"的盛况。

明清以来，襄樊的商业经济辐射到大河上下、长江南北，更是"商贾边墙，列肆殷盛，客至如林"。各省客商纷至沓来，商铺之外，会馆林立。仅樊城就有山陕会馆、河南会馆、江苏会馆、浙江会馆、湖南会馆，以及其他专业行会，如汉水航运的独桅子会馆(纤夫、船工会馆)等。

襄樊市境内的荆山、沮水、漳水是楚文化的发祥地。一块山头，由璞而玉、由玉而璧、由璧而传国玉玺，见证了半个封建社会的政治风云。屈原流放汉北九年而成《九歌》；宜城宋玉悲秋，所作文赋启汉赋繁荣先路；王逸《楚辞章句》开楚文化研究之先河；《琴思楚歌》成七言诗歌创作之基础。不断出土的精美青铜器，彰显楚文化的光芒。绝无伦比的竹木漆器，以"襄样"闻名。一部《黑暗传》，传唱开天辟地的故事；荆山深处的薅草锣鼓、沮水巫音，敲打的还是远古楚音音符。谷城《喜神》、南漳《扛神》、保康《跳神》,依然含有《九歌》的基因。

襄樊境域又是中原文化和楚文化交汇融合之所。正所谓"经市阛兼秦楚俗,图疆雄据汉襄流"。一颗穿天石,散发着女娲补天的信息,承载着交甫解佩的传说。沧浪河畔,孔子听歌而叹;灵溪二堰,白起拔郢,渠水至今溉田。

东汉末,初平元年(190)到建安十三年(208),刘表治荆州,襄阳成为当时全国的政治、文化中心。山东、河北、关中、河南大批学者,"盖有千数"得来襄樊,数以千计的"学士"聚集荆襄,文化教育事业冠于全国,培育出了一大批如诸葛亮、徐元直、崔州平、孟公威、石广元、庞统、马良、马谡、向朗等为代表的政治、军事、经济、文化人才。繁荣学术,端正学风,形成了在中国学术史上具有承前启后的"荆州学派"及"荆州学"理论。关西、兖、豫以及巴蜀学士云集襄阳,其中有当时全国一流学者司马徽、宋仲、綦毋闿、颖容等。枣阳宋仲为一代大儒,时人以"北有郑玄,南有宋仲"称说。释道安援引玄学入佛,改造印度佛教为中国佛教。

初唐杜审言的诗歌,标志着格律诗的成熟;盛唐"王孟诗派",是以孟浩然开其端的。继之以朱放、张继、柳浑等襄阳诗人在南方山水间讴歌,一曲《枫桥夜泊》,让寒山寺中外驰名。晚唐皮日休的乐府诗,表现出大胆干预社会现实的精神。过往游子、骚客如陈子昂、张说、张九龄、李白、杜甫、白居易、岑参、李贺、王昌龄、韩愈、刘禹锡等诗坛明星,也在这里留下了不朽的诗篇。

北宋襄阳"二米"(米芾、米友仁)在中国书画艺术的发展上创造了一个新的高峰。《宋史·米芾传》说芾"妙于翰墨,沉著飞翥,得王献之笔意"。苏轼说他:"超逸入神。"称其"风樯阵马,沉著痛快,当与钟、王并行"。黄庭坚评之曰:"米元章书如快剑斫阵,强弩射千里,所当穿彻,书家笔势,亦穷于此。"宋高宗特爱米书,在《翰墨志》中说:"米芾得能书之名,似无负于海内。"朱熹在《朱子文集》中也说:"米老书如天马脱衔,追风逐电,虽不可范以驰驱之节,要自不妨痛快。"范成大也说:"米礼部行草正用大令笔意,稍跌宕遂自成一家。"米芾的书法甚得楚文化的精髓。米芾本非楚民,其五世祖米信,族属奚族。宋初,其族属尚多在塞外。但米芾却自称是楚国芈氏之后裔,尝自署名"芈黻"或"楚国米黻",自号"鬻熊后人""火正后人"。米公祠内有米芾纪念馆,精品荟萃,是翰墨文士拜谒、游赏的胜地。

诸葛亮在《隆中对》中说:"荆州(首府设在襄阳)北据汉沔,利尽南海,东连吴会,西通巴蜀,此用武之国也。"《天下郡国利病书》说:"襄阳上流门户,北通汝洛,西带秦蜀,南遮湖广,东瞰吴越。欲退守江左,则襄阳不如建邺;欲图中原,则建邺不如襄阳;欲御敌寇,则建邺、襄阳乃左右臂也。"王万芳纂《襄阳府志》说:"襄阳为楚北大郡,上通关陇,下连吴会,北控宛洛,南达滇黔。汉晋以来代为重镇,故典午之东迁,赵宋之南渡,忠义之士力争上游,必以襄阳为扼要。晋之平吴,元之伐宋,皆先取襄阳为建瓴之势。"襄、樊二城之得失,直接关系到战事之全局。吴庆焘《襄阳兵事略》从中国历代战争的角度概述了襄樊的战略地位:"世之言形胜者荆州而外必及襄。其用兵萌于春秋,茁于东汉,枝于三国,蔓于东晋六朝,而樛于宋之南渡。史策具在,可坐而稽也。""大率襄之为地,一统则小丑跳梁者易以平,分裂则重屹立者难与争,知此可与言襄之用兵。"

春秋战国时期,襄樊为楚国的北大门。周庄王六年(前691),楚灭罗、卢后,襄阳遂成为楚国北通中原和向东拓展的重要渡口和军事要地,谓之北津戍。三国时,襄樊是魏、蜀、吴争夺的战略要地。襄樊在三国时的战略地位,除诸葛亮的论说之外,鲁肃在与孙权的"合榻对饮"中也说得十分明白。他告诉孙权,东吴要把荆州(时治所襄阳)当成孙权兴霸称帝以图天下的战略要地看待。在荆州牧刘表死后,鲁肃把荆州问题的重要性说得更明白:"夫荆州楚与国邻接,水流顺北,外带江汉,内阻山陵,有金城之固,沃野万里,士民殷富,若据而有之,此帝王之资也。"晋陆机在他的《辨亡论》(上篇)谈到东汉建安十三年(208)曹操从襄阳南下江陵时说:"籍战胜之威,率百万之师,浮邓塞之舟,下汉阴之众,羽楫万计,龙跃顺流,锐骑千旅,虎步原隰。"就是说,曹操大军下江南时是从襄樊的两个军事要塞发兵的，一个是水军港湾邓塞。《水经·淯水注》称，邓塞是“邓城东南小山”，北面是淯水（今唐白河），南面是浊水（今清河），当时浊水和淯水正在其东汇合，是“邓之南鄙”。这个能够容纳水师舟舰万艘的邓塞，是一个不小的港湾。再一个是“汉阴”台戍垒。关于汉阴台的得名，据《水经注》记载，檀溪水“北迳汉阴台西。临流望远，按眺农圃，情邈灌蔬，意寄汉阴，故因名台矣”。汉阴台在檀溪水东、大城西垒南。大城西垒也就是春秋战国时的“楚北津戍”。《读史方舆纪要》卷 79“襄阳府”条载：“府跨连荆豫，控扼南北，三国以来尝为天下重地。”司马懿说：“襄阳水陆之冲，御寇要害。”

东汉建安二十四年（219），蜀汉大将关羽率水陆进攻曹魏大将曹仁坐镇的襄阳、樊城。关羽水军控制汉江，切断了襄阳与樊城之间的联系，集中主力攻击樊城，并借暴雨淋漓、江水猛涨之势，水淹曹操援军于樊城之北，生擒援军统帅于禁，中原为之震动。曹操几议“徙许都以辟其锋”。曹仁内部也军心动摇，不少人主张弃城逃跑。唯满宠力主坚守待援，他对曹仁说：樊城的得失至关中原安危，“今若遁去，洪河胡（注：大河也）以南，非国家有也”。

襄樊为全国性军事重镇，形成于西晋。西晋泰始五年（269），羊祜进驻襄阳，都督荆州诸军。西晋把荆州的防务重心转到了襄阳。羊祜在襄阳期间，一方面“进据险要”，“养甲训卒，广为戍备”，另一方面积极恢复和发展生产，实行军垦，“农功田畴，百姓布野”。“祜之始至也，军无百日之粮，及至季年有十年之积”。西晋咸宁五年至六年 279—280 年，西晋大举伐吴。兵多粮足的襄阳升格为这场统一战争的军事指挥中心，总督诸军的贾充坐镇指挥各路大军出击。接替羊祜的杜预率襄阳一带晋军组成五路之一，攻克江陵后，继续南进，所向皆克。欧阳修对此评价说：“方晋与吴以兵争，常倚荆州以为重，而二子(指羊祜、杜预)相继于此，遂以平吴而成晋业，其功烈已盖于当世矣。”

东晋南北朝时期，襄樊在南北政权的战略布局中占有重要地位。长期控制襄阳的南方政权很注意选派精明强干，有政治、军事头脑的重臣镇守，如东晋梁州刺史甘卓、桓宣，雍州刺史杨佺期等。东晋咸和五年（330），石勒趁东晋“苏峻之乱”，派郭敬攻占了襄阳、樊城。“毁襄樊，迁其百姓于沔北，城樊城以戍之”。两年后，又被东晋夺回。东晋咸和八年（333），东晋政权与)河西走廊的前凉政权建立起政治联系后，姑藏（今甘肃武威）—长安—汉中—襄建康(今南京)一线“每岁使命不绝”。襄阳是这条政治联系线的重要中间接。

军事上，襄阳是南方政权北伐的重要基地。东晋永和十年（354），桓温率水陆大军由襄阳出发，溯汉水，走丹江通道，过武关，直捣关中，打到长安城东霸上。南北朝元嘉二十六年（449），刘宋命广陵王刘诞出镇雍州，准备北伐。罢江州军府，文武官员归雍州调遣，并拨湘州上交给的赋税给襄阳，充实北伐的物资储备。第二年，柳元景由襄阳出发，通过南襄隘道，直攻河洛，进叩潼关，北魏政权为之震惊。

襄阳也常常是北方政权大举南征、进行统一战争时首先考虑攻占的军事目标。例如，前秦符坚统一北方后，挥师南下，企图消灭东晋。最早攻击的城镇就是襄阳。东晋太元三年（378），符丕、慕容垂等率十几万步军分多路会攻朱序镇守的襄阳城，通过东晋叛将李伯护的策应，攻占了襄阳这座重镇，使东晋上游防务受到严重威胁。直到淝水之战后，东晋才又重新夺回襄阳。南北朝建武四年（497），北魏孝文帝亲率十几万大军南征，锋芒所指首先也是襄阳。当年连克沔北 5 郡。第二年，攻克邓城。在这次战役中，邓城受到毁灭性破坏，自此渐趋荒废，成为今邓城遗址。魏孝文帝乘胜围攻樊城。最后，因曹虎以襄阳为后盾，闭门坚守，魏军只好“临沔水，望襄阳岸而去”。

东晋南朝时期，朝廷往往派勋贵权臣出镇襄阳，如“宋、梁世，荆、雍(治襄阳)为南方重镇，皆皇子为之牧”。他们有一定的政治号召力，且掌握有一支水陆大军，物资储备又充足，因而逐渐成为可以左右南方政权的重要政治力量。东晋初年，驻守武昌的王敦心怀逆谋，只因受到襄阳周访的牵制，才“终访之世未敢为非”。甘卓驻镇襄阳后，王敦设法收买其部下除掉甘卓，才解除了东下建康的后顾之忧。这是襄阳牵制国内其他政治势力的重要例证。萧齐后期，政出多门。雍州刺史萧衍在襄阳招募骁勇，于襄阳城西檀溪湖备造舟舰。南北朝永元二年(500),萧衍率甲士万余、舟舰三千艘起兵东下。第二年冬,攻入建康。南北朝中兴二年(502),建立了萧梁政权。这是襄阳军事力量促成南方王朝更替的重要例证。南北朝正平二年(549),梁雍州刺史萧詧投降西魏。南北朝承圣四年(555),西魏在萧詧配合下,一举攻占江陵,杀梁元帝,扶持萧詧在江陵成立了后梁傀儡政权,以换取他手中的襄阳城。襄阳一旦归于北方政权,南方政权的西大门马上变成北方王朝南下统一全国的重要基地。

宋之盛时,襄阳为京西重地。建炎初李纲上言:巡跸之所,关中为上,襄阳次之。南宋时期,江北大地被金人占领,襄樊成了南宋与金人激烈争夺的战略要地。金人扶植的伪齐刘豫政权曾经占据襄阳,出没沔上,觊觎荆南。岳飞向朝廷建言:"襄阳等六郡,为恢复中原基本。宜先取六郡,以除心膂之病。"于是岳飞率岳家军讨伪齐军将李成于襄阳。一战取胜,收复襄阳、随州、唐、邓、信阳军。孟珙也说:"襄阳为朝廷根本。"宰相赵鼎亦曰:"吴越介在一隅,非进取中原之地,宜屯重兵于襄阳,为经营大业之计。"南宋孝宗初,陈亮曾说:襄汉之地,控引京洛,侧睨淮蔡,包括荆楚,襟带吴蜀,沃野千里,可畊可守,地形四通,可左可右。此今日所当有事者。胡寅亦认为,"荆、襄为固守必争勿失之地"。南宋建炎三年(1129),闰八月,胡寅又上疏曰:"至于荆、襄,规模措置,为根本之地,犹汉高中之于关中,光武之于河内。况巡历往来,征伐四出,而所固守必争而勿失者,以荆、襄为重。"

在蒙(元)、宋争战中,襄樊更是双方激烈争夺的战略要地。从南宋景定二年(1261)泸州守将刘整降蒙、献攻取襄樊之策起,忽必烈就决心占领襄樊。南宋咸淳三年(1267)战幕拉开,到咸淳九年(1273)2月,襄樊被蒙(元)占领,前后有十多年时间。南宋爱国将领孟珙曾建议说:"襄樊为朝廷根本,当加经理,如护元气,上兵伐谋,此不争之争也。"他留镇襄阳,招中原精锐,分屯汉北樊城、新野、唐、邓间,蒙古不敢与抗。叛将刘整向蒙古献计说:"攻宋方略,宜先从事襄阳,浮汉入江。宋可平也。"阿里海牙也说:"荆襄自古用武地,汉水上流已为吾有,顺流长驱,宋必可平。"蒙古军正是按照刘整所献之方略,终于占领了襄樊。所以,史者有言:宋之亡,盖自襄樊始矣!

李自成、张献忠领导的农民起义军,也把攻占襄樊作为对统治者的沉重打击。明崇祯十五年(1642),李自成在襄阳建立"新顺"农民政权,改襄阳为襄京。这里成为李自成农民革命政权的政治、军事中心。

民国时期,襄樊是反帝、反封建爱国运动发生较早的地区,也是共产党组织建立较早的地区。大革命时期,党在这里创建过襄、枣、宜苏区,领导人民开展了轰轰烈烈的土地革命运动。抗日战争中,这里是第五战区司令部所在地,是抗日战争的前线。此间,这里曾发生过两次较大的对日作战。随枣会战,使日军伤亡13 000余人,损失马匹器械无数。为此,日军大本营撤了指挥官第十一军司令官冈村宁次的职;枣宜会战,共毙伤日军45 914人。国民党第33集团军司令张自忠将军壮烈牺牲。他是抗日战争时期国民党阵营牺牲的最高将领。

解放战争时期,国共两方亦把襄樊作为重要的军事据点而加以激烈争夺。蒋介石为了加强对襄樊的重点防御,在襄樊设置"第十五绥靖区",派亲信康泽任中将司令官。康又保荐深懂军事的郭勋祺任中将副司令官。绥靖区辖3个旅(7个团)、1个化学臼炮连、整编85师23旅教导队(军事连)、特务营等。另有襄阳行政专员公署保安司令部所属3个保安团,共计2万多人,以防人民解放军渡江入川。经过激烈的战斗,解放军解放了襄樊。此次战役的胜利,打开了"南襄隘道"门户。中共中央在贺襄樊胜利的电文中说:"这一汉水中游的胜利,紧接着开封、睢杞两大胜利之后,对于中原战局的开展,帮助甚大。"为开辟汉水中段,建立渡(长)江入川作战战略基地,截断敌西北交通,牵制敌军北上集结,配合豫东作战,乃至中华民族的解放事业都意义重大。

四

中共十一届三中全会以来，襄樊经济快速发展。2005 年，形成有一定规模和区域特色的农业产品，如鄂北岗地的优质小麦；汉江沿岸和境内大、中型水库灌区的优质水稻；襄江流域的优质油料；襄阳、枣阳、宜城 3 县(市)结合部的优质畜禽、水产；鄂北岗地以及汉江沿岸的优质棉花；城郊和高山地区的无公害蔬菜；“汉十”公路沿线的优质林果；荆山山区的烟、茶、菌、药，以及大头菜、柳编、花椒、西瓜等。“章陵”小麦、“梅园”大米、“玉莲”油脂、“正大”饲料、“仙仙”水果、“绿生”茶叶、“流水”西瓜、“孔明”大头菜、“非凡”柳编工艺品等知名品牌享誉国内外。农业产品产量增长迅速。以粮、棉、油产量为例，1979 年，粮食、棉花和油料作物的产量分别是 174 万吨、3.38 万吨和 2.99 万吨。到 2005 年，分别增长到 328.86 万吨、3.71 万吨和 32.59 万吨，增幅分别为：1.89 倍、9.76%和 10.9 倍。农、林、牧、渔业增速显著。1979 年，全市共实现农、林、牧、渔业总产值仅 13.09 亿元；到 2005 年，全市农、林、牧、渔业总产值上升到 214.3 亿元，同 1979 年相比，猛增 16.37 倍。全市每个农村劳动力所创造总产值、农业耕地的生产率、畜牧业产值、渔业产值、林业产值均有很大的递增。

农业生产经营形成了新格局。到 2005 年，全市已形成以 2 家国家级龙头企业、30 家省级龙头企业和 86 家市级龙头企业为骨干，一大批县、乡产业化组织为基础的农业发展格局。带动基地在 10 万亩以上的龙头企业 13 家，涌现出各类中介组织 630 个，专业市场 185 个。在龙头企业的带动下，一批布局相对集中、区域特色明显的优质农产品生产取得了突破。主要农产品逐步向优势产区集中，年上缴税金近 5 亿元。到 2005 年，襄樊市已成为全国 10 大夏粮主产区和 20 个商品粮基地之一，成为国家确定的粮棉油生产基地和“一优两高”农业示范区、三大芝麻产区之一、全国商品肉牛生产基地。在襄樊农业工作中，有 10 项指标位居全省第一，有 6 项指标居全省第二位，绿色、有机、无公害农产品指标达到 210 个，无公害农产品基地认证面积达到 386 万亩，先后有 300 多个农产品在全国、全省展示展销会上荣获金奖和最佳畅销奖。

1966 年以后，襄樊被国家列为“三线”(内地战略后方)的建设区。中央、省先后在这里重点安排了军工、铁路、化工、纺织、建材等行业，以及为第二汽车制造厂生产和配套的等一大批工业企业和科研单位；1970 年代初，随着“汉丹、襄渝、焦柳”三条铁路的相继通车，襄樊成为新兴的列车编组枢纽后，一批大型工业企业，如全国知名的湖北制药厂、国内重点企业湖北化纤厂和省内第二大棉纺厂襄樊棉纺厂等入驻襄樊，从而使襄樊地区的工业逐渐形成了以市区为中心、沿“汉丹铁路”向东、西两翼展开的工业带，并由此带动了整个襄樊地区的工业不断由传统的手工作坊迅速向现代化工业转变，而且基本建立起以“三线”企业、中央和省属企业为骨干、机械、化工、纺织、轻工、建材为主的工业体系。随着新的襄樊高新技术产业开发区的组建，以及与美国德纳公司共同投资 22 亿元的东风德纳车桥有限公司的成立，极大地优化了襄樊的经济结构，带动了襄樊经济的飞跃。2005 年，襄樊的汽车及零部件生产企业达 200 多家，日产、标致雪铁龙、康明斯等 10 多家跨国公司先后在这里投资。“天籁”轿车、东风“小霸王”牌轻型车从襄樊驶向世界。同年，全市汽车工业产值突破 400 亿元，占全市工业总产值的 59%。襄樊汽车工业企业的聚集度，居全国十大汽车工业城市前列，汽车工业不但成为全市第一大支柱产业，而且襄樊也成为东风公司轻型商用车、中高档乘用车等整车和关键零部件总成的主要生产基地。襄樊正迅速发展成为我国内陆“汽车城”和湖北“千里汽车走廊”的中心。当年，全市生产的汽车共计为 163 411 辆，其中载货汽车 69 498 辆，轿车 76 893 辆。至 2005 年，襄樊高新技术企业已达 157 家，共承担国家级和省级科技计划项目 73 项，资金投入达 7.8 亿元，技术转让交易额 1 亿元，其中申请专利 821 件。高新技术总产值和高新技术增加值分别为 232.51 亿元和 60.11 亿元，其中产品出口交货值为 4.65 亿元，产品销售收入 177.53 亿元，利税总额 32.23 亿元。同 1996 年相比，分别增长了 8 倍、7.3 倍、9.12 倍、5.65 倍和 15.06 倍。

工业结构不断优化。实现了从门类简单到齐全；从以轻工业为主，到轻、重工业共同发展；从以劳动密集型工业为主导，向劳动、资本和技术密集型共同发展的转变，形成了以汽车工业为龙头，以高新技术产业为先导，以纺织、电力、食品、烟草工业为主要支柱和以医药、建材、化工等为辅助的多点支撑的产业发展格局。工业经济实力仅次于武汉市，居全省第二位。1979 年，全市工业总产值为 14.79 亿元，2005 年为 712.45 亿元，增长近 40 倍。1979 年，全市规模以上工业(年销售收入在 500 万元以上的非国有工业企业和全部国有工业企业)为 13.64 亿元，2005 年上升为 537.42 亿元，增长 39.4 倍。在工业中，增长速度较快的是重工业。1979 年，轻、重工业分别为 8.67 亿元和 4.95 亿元，到 2005 年，分别上升为 134.57 亿元和 403.71 亿元。同 1979 年相比，轻工业增长 15.5 倍，重工业增长 81.6 倍。经济效益有了明显提高。2000 年，上述 500 多家工业企业提供的利税为 25.47 亿元，到 2005 年则达到 41.50 亿元，增长 162.9%。随着襄樊经济的发展和对外开放、引进外资力度的加大，越来越多的外来资本不断涌入。法国 PSA 集团、日产、麦当劳、沃尔玛等近 10 家世界 500 强企业扎堆襄樊，世界发动机制造巨头美国康明斯有限公司，在襄樊汽车产业开发区落户。到 2005 年，新批准外商企业 17 家，合同外资金额 5 633 万美元，实际外商直接投资 3 127 万美元，较 1992 年增长 6 倍多。

到 2005 年，襄樊余家湖火电厂并网和发电成功，4 台 30 万千瓦火力发电机组全部建成投产和投入运营。襄樊发电有限公司进入了“全国纳税 500 强企业”之列，位列全省第一。与其相配套的襄樊水力发电也纷纷投入建设。汉江王甫洲电站全面竣工投产；谷城南河、白水峪和保康县的寺坪、过渡湾电站先后建成投产。到 2005 年，全市年发电量达到 695 300 万千瓦小时，是 1979 年的近 180 倍。

到 2005 年，全市共接待海内外游客 628 万人次，较 1996 年增长 3.14 倍；全市旅游总收入为 29.24 亿元，较 1996 年，增长 3.37 倍；旅游外汇收入达 671.83 万美元，较 1996 年增长 5.25 倍。

市境交通优势突出，已发展为“一条汉江、两座机场、三条铁路和四通八达的立体运输网”。境内已形成铁路、公路、水路、航空联成一体、四通八达的水、陆、空立体交通体系。1979 年，襄樊市全社会旅客运输量只有 1 176.90 万人次，货物运输量为 691.10 万吨；到 2005 年，二者分别上升 7 885.20 万人次和 5 389.10 万吨，与 2004 年相比，分别增长 5.2%和 7.63%；与 1979 年相比，则分别增长 6.7 倍和 7.8 倍。襄樊在全国铁路网中是重要的的枢纽之一。有一流的襄樊北列车编组站和吞吐量巨大的襄樊客货运输中心。汉(武)丹(江口)、襄(樊)渝(重庆)、焦(作)柳(州)线在境内通过，过境铁路里程 356 公里。1989 年 10 月，襄樊刘集机场试飞成功，结束襄樊市区无机场的历史。全市有民用机场 2 个，可通达北京、上海、深圳等城市。1979 年，水运客运量和货运量分别为 7.9 万人和 158.1 万吨，到 2005 年，水路通航里程达 597.5 公里。其中客运量和货运量分别为 7.8 万人和 130 万吨，与 1979 年相比，基本持平。1949 年，全市公路通车里程仅为 534 公里。1979 年，公路营业里程也只有 6 576 公里。随着“襄十、襄荆、孝襄、樊魏”4 条高速公路的建成通车和在襄樊境内的交会，基本可实现与相距 1 000 公里左右大城市朝发夕至。市境已基本构筑起以襄樊市区为中心，国、省道为骨架，省、市、县、乡相通的公路网络。2005 年，公路通车里程较上年新增 701 公里，公路通车里程共计达 13 571 公里，比 2004 年增长 1%。比 1949 年增长 25.4 倍，比 1979 年增长 2.06 倍。境内的高速公路里程达 270 公里。

1979 年，全市邮电业务总量为 0.071 亿元，2005 年，达到 13.57 亿元，与 2004 年比，增长 10.87%，与 1979 年相比，提高了 190 多倍。其中，2005 年全年完成邮政业务总量 2.34 亿元，电信业务总量 11.39 亿元，局用电话交换机总容量 118.52 万门，固定电话用户 88.02 万户，移动电话用户 138.23 万户。其中，固定电话普及率达到每百人 15.26 部。随着襄樊移动通信工程、襄樊联通传输干线工程、襄樊联通 CDMA 数字移动通信网工程的建成，全市已形成了以程控交换、数字微波、光纤传输为主，设备先进的电信网络。

商业贸易不断发展。2005 年，全市亿元以上各类商品交易市场达 9 个，市场成交额为 21.32 亿元。襄樊随之成为鄂豫川陕毗邻地区 30 万平方公里内唯一的大城市、秦巴经济走廊上最大的中心城市和鄂西北最大的商贸物流中心。全市外贸进出口总额达 2.74 亿美元，与 1988 年的 362 万美元相比，增长近 76 倍。其中出口总额 1.44 亿美元，进口总额 1.3 亿美元。到 2005 年底，全市实现国内生产总值近 600 亿元(592.33 亿元)，高于同期全国（10%）和全省（10.2%）的平均水平。与 1979 年的 16.43 亿元相比，增长 36.05 倍。人均 GDP 过 1 万元，达 10 844 元。随着经济总量的提升，襄樊市在全省的位次不断地提高。1979 年，襄樊市在全省 GDP 所占的比重为 8.70%，2005 年，上升到 9.25%，在全省位居前列。1979 年，全市人均地区生产总值仅 380 元，2005 年达到 10 944 元，年平均递增 13.83%。1979 年，全市的地方财政收入仅为 2.43 亿元，2005 年已达到 18.4 亿元，所辖县、市、（区）的财政收入也都全部突破了 1 亿元大关。1981—2005 年，全市城镇居民人均可支配收入从 421 元增加到 7 721.14 元，增长了 18.34 倍，年均增长 322 元，年均增长率为 13.1%。20 世纪 80 年代中后期，城市家庭“万元户”不断涌现。1990 年以来，襄樊城市居民人均可支配收入从 1 368 元提高到 1993 年的 2 152 元，1999 年达到 6 870 元，提高 4 倍多。

1979—2005 年，襄樊商贸流通领域经过“计划经济为主、市场调节为辅”，“有计划的商品经济”，“社会主义市场经济”的体制改革，管理体制、市场结构、流通方式等方面发生深刻变化和快速发展，在经济社会发展中发挥了连接生产、扩大消费、促进经济结构调整和经济增长方式转变的重要作用。到 1984 年，全市 1242 个商业网点，已有 1 222 个实行了经营承包，占 98.4%。到 1985 年，全市商贸机构达到 50 587 个，其中国营商业 2 830 个，集体商业 11 522 个，个体商业 36 235 个，零售网点 46 458 个 2 582 个，全社会商品零售总额达到 214 412 万元。到 1991 年除成品石油仍实行计划供应外，其他工业品全部敞开供应。国家统一分配的生产资料由 256 种减少到 30 种。全市社会商品零售总额达到 294 632 万元。2000 年，市直企业退出国有资产 62 793 万元，占市直贸易系统总资产的 51.36%，企业退出国有的占 77%。各县市按照县域经济民营化的要求，大部分企业实现了民营化。截至 2000 年底，全市在国有商业企业的基础上已组建股份制企业 44 家。全市社会商品零售总额达到 1 424 086 万元。城乡市场建设加快，呈现出布局合理、各类市场比较健全的发展态势，市场机制在价格形成中的主导地位基本确立。2005 年，根据商品流通发发需要，全市建立和完善了生活必需品、重要生产资料、重点流通企业和特殊内贸行业管理等 4 个直报监测系统，并在此基础上创立了市场动态分析、市场专题分析、市场综合分析、商品供求分析、市场预警分析和宏观经济运行分析 6 大信息工程，及时向社会公布市场供求信息，引导生产和消费。截至 2005 年底，全市社会商品零售总额 2 412 092 万元。

1985—2005 年，随着襄樊对外开放的不断推进和深入，全市外向型经济从无到有、由小到大、由弱到强。到 2005 年底，各县（市）、区全部开口自营外贸，全市共发展拥有外经、外贸、国际货运经营权的企业 245 家，加上正在运作的 300 多家三资企业，可直接对外经营的企业 600 多家，与世界上 100 多个国家和地区建立投资贸易关系。至此，襄樊初步形成外经、外贸、外资“三外”的有机融合，贸、工、农、银等多部门联动的全方位、宽领域、纵深化的对外开放格局。2001 年，进出口总额突破 1 亿美元，2004 年，仅出口总额就突破 1 亿美元，2005 年，出口额 1.4 亿美元，全市自营出口累计 8.5 亿美元。全市出口商品种类已发展到 28 个大类 112 个品种，远销世界六大洲 97 个国家和地区。利用外资水平不断提高，全市外资企业已进入 10 大行业，形成了一二三次产业竞相发展的强劲势头。1992 年，境外客商实际投资仅为 508 万美元，至 2004 年增至 8 013 万美元。1984—2005 年，全市累计批准外商投资企业 578 家，协议利用外资 71 797 万美元，实际利用外商投资 41 108 万美元。已有 20 多个国家和地区的客商在襄樊投资。其中，中国香港、台湾地区和美国、加拿大、巴拿马、澳大利亚的协议外资均已超过千万美元。全市有 4 家企业实施了对外“走出去”战略,全市先后累计外派劳务人员 1 524 人。2005 年 9 月,美国《福布斯》杂志中文版公布,2005 年中国大陆最佳商业城市排行榜,在其子榜——最适合开设工厂的 20 个城市中,襄樊排名第四。对外经济贸易的快速发展,有力地带动了各类企业参与国际经济大循环。1984—2005 年,全市累计实际利用外商投资 41 108 万美元;外商投资企业累计安置就业人员超过 14 万人。2002 年突破亿元大关,2003 年达到 2.17 亿元,2004 年突破 5 亿元。1984—2005 年,累计上缴涉外税收 10 亿元以上。襄樊市金融机构存款余额及贷款余额,1979 年分别为 3.70 亿元和 9.76 亿元,2005 年分别为 558.70 亿元和 259.66 亿元。2005 年与 1979 年相比,分别增长 151 倍和 26.6 倍。1979 年,除自行车每百户仅有 0.02 辆外,其他均是空白。到 2005 年,平均每百户城市居民拥有自行车 122 辆,洗衣机 99 台,电风扇 170 台,电冰箱 96 台,彩电 136 台。从城市居民住房人均建筑面积看, 1979 年末,人均 18.84 平方米,相当于 1978 年的 3 倍多;2005 年人均 29.37 平方米,较 1979 年增长 55.89%。每百户家庭拥有固定电话、移动电话 225 部,平均每户家庭至少有 1 部固定电话和移动电话。城镇居民的出行日益方便、快捷。2005 年,襄樊全市载客汽车达 5 608 台,其中出租汽车 2 408 台,占载客汽车总数的 42.9%;公共交通汽车 724 台,占载客汽车总数的 12.3%。电脑与小汽车也先后进入了寻常百姓家。1979 年,每百户城市家庭仅有 1 台电脑,而到 2005 年,每百户家庭拥有的家用电脑达 55 台,城市家庭电脑普及率为 70%;到 2005 年,襄樊新增私家车数量达 81 900 辆,平均每年新增 20 475 辆。其中,新增私人小轿车 33 500 辆,平均每年新增 8 375 辆。

1978 年, 全市农民人均纯收入只有 126.44 元,2005 年达到 3 191 元,27 年间增长了 24 倍多,年均增长 12.6%。特别是 1993—1997 年间,农民人均纯收入每年增幅都达到两位数。其中 1994、1995 年达到高峰,有 300 个村的 37 万多人人均纯收入接近 4 000 元。农村民生工程日新月异。1979 年,改革开放后,一批小城镇迅速兴起。1981 年,建制镇发展到 12 个;1983 年底发展到 42 个,1993 年,乡镇建设进入高潮,城镇化水平加快,有建制镇 119 个,城镇化水平达 28.7%。至 2005 年,小城镇发展到 180 多个,建城区面积达 210 平方公里,城镇化率达 43%,市域范围已初步形成以大城市为中心,以中小城市为依托, 以星罗棋布的小城镇为纽带, 联系广大农村腹地的城镇体系格局。先后有 2 个镇荣获“中国乡镇之星” 称号,1 个镇被列入星火技术密集区,8 个镇跻身国家级重点镇,10 个镇跻身于湖北省重点镇,7 个镇 11 次荣获小城镇建设“楚天杯”。

1979 年, 农村居民人均居住面积只有 10.78 平方米,1988 年上升为 19.01 平方米,1 0 年间增加了 8.23 平方米,增幅为 76.35%。到 2005 年,人平居住面积达到 32.03 平方米,比 1988 年又增加了 13.02 平方米。住房质量也有了较大提高。1988 年末,农户每间房屋价值 473.06 元,比 1980 年增加 17.83 元,增长 85.35%。到 2005 年,农户每间房屋价值提高到 1 000 元左右。全市所有的行政村实现村村通公路,其中,95%以上的行政村通水泥路。在粮食主产区和平原地区,100%的村通水泥路。全市所有的行政村全部通电,并基本上普及了广播、电视。所有行政村全部通电话,覆盖率为 100%。消费水平不断提高。到 2005 年,襄樊全社会消费品零售总额达 255.36 亿元,与 1979 年的 5.32 亿元相比,增长 48 倍。

五

襄樊物华天宝,人杰地灵。涌现出一代又一代灿若星辰、光彩夺目的华夏人杰。仅籍于斯、生于斯、长于斯、成就于斯的人物即有两刖其足、仍忠贞不渝的卞和;有军事名将、辅佐吴王成就霸业的伍子胥;有辞赋名家屈原、宋玉;有东汉文学家王逸、王延寿父子;有东汉开国皇帝、人称“十大明君”之一的刘秀；有“建安七子之冠冕”的王粲；有千古名相诸葛亮；有与诸葛亮齐名、人称“凤雏”的庞统；有三国名将、后被尊称为武圣的关羽；有西晋名将、为灭吴统一天下立下殊勋的羊祜、杜预；有魏晋名医、太医令王叔和；有使印度佛教中国化的大法师释道安；有东晋著名史学家习凿齿；有唐代著名山水田园诗人孟浩然；有被鲁迅称为“一蹋糊涂泥塘里的光辉和锋芒”的诗人、思想家皮日休；有唐代诗圣杜甫；有《枫桥夜泊》诗作者张继；有恢复大唐社稷的宰相张柬之；有唐宋八大家之一的欧阳修；有宋代著名书画家米芾；有宋代著名女词人魏玩；有抗金名将岳飞；有“闯王”李自成，“八大王”张献忠；有八路兵马总指挥王聪儿；有辛亥革命三烈士之一的杨洪胜；有抗日民族英雄张自忠；有中共鄂北第一个党小组的创建人程克绳。还有第一任襄阳党团特支书记谢远定；文化部原副部长、电影局局长陈荒煤；有《黄河大合唱》词作者张光年；有马克思主义在襄阳的最早传播者萧楚女；有中共襄阳地委首任书记张廷发；有最高人民检察院原检察长黄火青等等。

中共十一届三中全会以来，襄樊涌现了许许多多的先进人物和英雄模范。如种粮大户刘文豹；靠多种经营带头致富的能人张相恒；建筑行业先行者王元山；航空工业的带头人王学博；在航天科技研究中有突出贡献的张小平；汽车新能源的发明者曹青山；骆驼牌蓄电池的创业者刘国本；粘胶工业的奋进者章锋；纺织女工答邦贵；新农村建设的开拓者肖明芝、孙开林；勇闯生命禁区的好医生周毅；为教育事业呕心沥血的童淑英；航天英雄聂海胜等。

六

襄樊历史遗迹和人文资源丰厚。全市共有各级文物点 94 处，其中全国重点文物保护单位 6 处，湖北省文物保护单位 16 处，市级文物保护单位 72 处。据考古发现，当“北京人”在山顶洞点燃篝火烤制猎物时，这里古人类居住地上空亦飘起了袅袅炊烟。从襄樊市区 3 个旧石器时代遗址所出土的石核、石斧等尖状器、刮砸器来看，这里古人类活动与“北京人”所处时代相当，与蓝田、丁村文化接近。到了“新石器”时代，襄樊一带成了人口稠密地区。据考，襄樊辖区“新石器”时代遗址近 200 处。史前 2 000 到 4 000 年间，已具有相当发达的制陶、石器加工和房屋建造等技术。如距今 4 000—6 000 年的雕龙碑遗址，即是一处内涵丰富、保存完整的原始氏族聚落遗址。出土的陶器制作工艺在许多方面超出了同时代其他文化遗址。尤其令人惊叹的是，房屋建筑均是布局合理的单元式住房，均采用推拉式房门。这无疑是我国古建筑史上的一大奇迹。

位于襄樊境内宜城市郑集镇的楚皇城遗址，是春秋时期楚国都城遗址。城墙周长 6 440 米。有烽火台、紫禁城、跑马堤、散金坡、白龙池、金银冢、捞尸湖、鞭尸台（即伍子胥鞭打楚王尸首）等遗址。出土的遗物有铜方壶、大型铜车、金丝嵌玉片鳖形带钩、带流铜、蚁鼻钱金币“郢爰”“中左偏将军”印章等。

坐落在枣阳市吴店和兴隆交界的一条南北向山岗上的九连墩，绵延 3 公里，有墓 9 座，南北向排列，故称九连墩。仅从 2002 年对两座战国楚墓发掘的情况看，已发掘出中国迄今最大的两个车马坑，坑中除出土了车马文物外，还出土了 1 000 多片楚简、七大类 90 余件乐器、1 000 多件青铜礼器，以及精美的玉照和漆器等珍贵文物，其中有楚墓考古中所罕见的虎座鸟架鼓龙蛇盘绕的底盘、身披马甲的铜马，以及木制冥器和木车等。

樊城西北 6 公里处的邓城村，是古邓城遗址。邓城是周王朝时期的邓国都城。“邓”是中华民族一个古老的部族，曼姓。西周初即受封于此，距今约 2 700—3 000 年。楚灭邓后，邓城成为楚国属邑，并成为中国最早的置县之一。战国时期，邓城一直是县治所在地。邓城发掘出土了大批陶器、青铜器、玉器以及窑址、灰坑、水井等。特别是先后出土了吴王夫差剑、徐王义楚之元子剑、邓公乘鼎等一大批带铭文的青铜器，都是珍贵文物。

襄阳古隆中位于襄阳城西 10 公里处，是诸葛亮躬耕之地，也是《隆中对》诞生的地方。这里已经成为以古隆中为中心的三国文化之乡和三国文化的研究基地，也是全国著名的旅游胜地。另有三国文化遗址、遗迹遍布市域。如荆州古治、呼鹰台、仲宣楼、去梯求计处、刘表墓、蔡瑁墓、刘琦墓、学业堂、凤林关击毙孙坚处、马跃檀溪处、鱼梁洲、鹿门山、庞靖侯祠、水淹七军古战场、樊城氾水碑、涸湖、广昌里、南白沙、习家池、黄承彦故里、庞德墓、水镜庄、徐庶庙、宋忠故里、蒯越故里、马氏兄弟故里、廖化故里、三杨故里、堕泪碑、羊杜祠等等。

千年古刹广德寺始建于唐贞观年间（627—649），原名“云居禅寺”，明景泰年间（1450—1456）重建后，更名为广德寺。寺中有全国重点文物保护单位——多宝佛塔。多宝佛塔又名五星塔，塔体全用砖石砌成，高 17 米，分塔座和塔峰两部分，近似印度佛陀伽耶大塔。这种金刚宝座多宝佛塔在我国数量极少，仅有北京、呼和浩特和襄樊 3 座。而襄樊这一座，把元代盛行的喇嘛塔和辽代风格的密檐六角攒尖顶式塔组合在一个塔座上的，又为全国所仅见，故而极为珍贵。

襄阳明王府绿影壁，位于襄阳城内东南隅，是明仁宗第五子朱瞻墡徙封襄宪王时建造的王府门前的一块照壁。这块照壁，美轮美奂，全国绝无仅有。

米公祠位于樊城西南的汉江之滨，是一座青瓦白壁的清代建筑，是为纪念我国宋代著名书法家、画家、鉴赏家米芾而建造的祠宇。米公有祠，始于北宋，黄庭坚写有《题襄阳米芾祠》诗二首可证。现存米公祠建于清光绪元年（1875）。

襄阳古城墙始建于汉。以后屡毁屡修，代有增筑。最初的护城河仅有 20 余米宽。宋代以后，护城河被不断拓宽，最宽处 250 米，平均宽度为 180 米。加上北城临江而建，据水守城，固若金汤，号称“华夏第一城池”。襄阳城周长 7 322 米，原有城门 6 座，每座城门设有瓮城或子城。2005 年城墙北段仍保留着临汉、拱震、震华 3 座城门和 2 座瓮城。在临汉门上尚保留的一座始建于唐、重建于清的重檐歇山式城楼。

襄阳城西真武山脚下石壁上留有宋代摩崖《襄樊铭》。《襄樊铭》距今 700 多年，具有较高的历史和书法艺术价值；铭文共 82 字，字径 30 厘米，碑文宽正，阴刻楷书，字体方正宽博，遒劲有力，结体显现宽绰，结构丰满茂密。刻工技艺高超，字字清晰，保持了书体的原有神韵。《襄樊铭》是湖北境内唯一的书刻上乘，是保存完好的大型摩崖。

襄阳城南 5 公里处的凤凰山麓，有全国最早的私家园林习家池。东汉初襄阳侯习郁依照春秋末越国大夫范蠡养鱼的方法，在凤凰山下筑一长 60 步、宽 40 步的土坝，引山上的泉水进池养鱼。林、亭、阁浑然一体，景色迷人。西晋永嘉年间（307—312），镇南将军山简常来此饮酒，醉后自呼“高阳酒徒”，故习家池又名“高阳池”。习凿齿在此临池读书、著史，留下《汉晋春秋》等名著，远播于世，习家池因此更负盛名。晋以后，习家池一度荒废。此后历代多有修建。1956 年，省政府曾拨款维修。1957 年，襄樊市再次将房舍、碑刻等修葺一新，现存白马泉、养鱼池和水上亭台等景点。

位于襄阳城西南 1 公里处，有号称小武当的真武道观。明永乐十年（1412），明成祖朱棣降谕修建。清顺治年间，在真武山上重建真武殿等百余间，号称“小金顶”。直到 20 世纪中期，真武山香火仍然十分旺盛。“文化大革命”中道观被毁。1994 年，襄樊市政府决定恢复真武山道观。

襄樊市境内，枣阳有为祭祀汉光武帝刘秀而建的白水寺；南漳的卧牛寨，号称“华夏第一山寨”；谷城的汉唐古刹承恩寺；宜城的张自忠将军纪念馆；老河口有“光化黉学”等等。

襄樊自古以来是宗教发展较快的地区，佛教、道教、天主教一度为全国领导中心。众多的寺观，如白马寺、凤林寺、檀溪寺、甘泉寺、谷隐寺、铁佛寺、保堤寺、十方院、鹿门寺、灵泉寺、如珠寺、龙泉寺、延庆寺、承恩寺、广德寺、清凉寺以及真武道观、沈垭大教堂等等。直到民国期间，还有 184 所。

襄樊市博物馆内有文物 1 万多件，包括吴王夫差青铜剑和夏、商、周、春秋等时期的铭文青铜器，以及唐代宰相张柬之家族墓志铭等珍贵文物。还藏有古文献典籍 4 万多册。

七

1979 年，襄樊市编制完成第 3 个城市总体规划。1986—2005 年，襄樊市相继修编完成《1988—2010 襄樊城市总体规划》《1996—2010 襄樊市城市总体规划》和《2006—2020 襄樊市城市总体规划》。1986—1988 年，围绕抓规划，解决市区道路布局不合理问题，改善城市环境。对 41 条道路进行改建、重建，人均道路面积由 1983 年的 2.8 平方米提高到 3.2 平方米。1989—1995 年，全市修建改建道路 147 条，新建下水道 145 条，建桥梁 12 座。完成全长 1 488 米汉江北路排水工程和襄樊第一座人行天桥，100 座旱厕改水厕工程和北街仿古一条街以及米公排水工程。1996—2000 年，投入城市基础设施建设资金 27.37 亿元，新建道路、广场工程 58 项，面积 442 059 平方米，改造泥巴路 66 条，面积 10 643.6 平方米，新建下水道 8 条，基本形成现代化的大城市道路交通网络。2001—2005 年，新增城市道路 113.86 万平方米。先后完成 18 项重点工程，市区主次干道 252 条，道路总长 150 公里，总面积 284.82 万平方米。至 2005 年，城市排水管网达 192 条，总长 163.59 公里，市区排水泵站 19 座，总流量 18.00 平方米 / 秒，装机 2 956 千瓦。市区主要桥梁 17 座，一般桥梁 16 座。市区燃气事业转轨变型，由单一液化气供应转变为液化气、天然气供应并存。市区液化气用户由 1986 年 13 500 户增加到 33 000 户。2003 年，引进的天然气工程项目铺设管道全面开工，大明天然气公司成立。2004 年投资 6 756.38 万元的市区天然气工程竣工，2005 年 1 月 1 日点火通气，用户 2826 户。

1979 年后，公共交通事业迅速发展，至 2005 年，营运车辆 452 台，营运线路 37 条，拥有公交场地 139.43 亩。初步形成以人民广场，襄樊火车站两大交通枢纽为中心，以市区主干道为主线，以次干道和城乡结合部为辅线，东至唐白河，西至牛首，南到余家湖，北通部营的城市公共交通网络。

1986—2005 年，襄樊市居民住房制度启动并取得进展。至 2005 年，市区累计开发建设商品住宅 474.36 万平方米，约 4.9 万套。市区累计开发建设经济适用住房 43.25 万平方米，4 593 套。2001 年，市区注册房地产开发企业 206 家，年开发能力 260 万平方米，10 万平方米以上的住宅小区 11 个。至 2005 年，市区累计开发建设经济适用房 43.25 万平方米。

1979—1993 年，道路绿化纳入道路建设规划，先后建设绿化带道路 14 条，总长 26 公里。建绿化带主干道 6 条，长 28 公里，建绿化带 25 条，面积 36 亩，建街心花坛 6 处，小游园 2 处。全市 51 条主次干道绿化普及率 100%，绿地率 25%。绿化覆盖率 45% 以上。至 2005 年，市区 134 条主次干道道路绿化总长度 201 公里，新增绿地面积 11 公顷，分车道绿化带面积 38.95 公顷，市区道路绿化普及率 99%。2002 年 3 月，建设部下发《关于命名第六批国家园林城市的通知》，襄樊市被命名为“国家园林城市”，1996 年 3 月，全国绿化委员会授予襄樊市“全国造林绿化‘十佳’”城市奖牌。2000 年 12 月，湖北省人民政府授予襄樊市“湖北园林城市”。

1990—1993 年，襄樊市共有各类小城镇 320 个，建制镇 119 个。1994—2000 年，修订小城镇总体规划 23 个，完成 52 个小城镇规划修编，编制小城镇绿化、旧城改造、居住小区、街景、农贸市场、市政工程建设性详细规划 638 项，编制中心村规划 4 665 个，自然村规划 16 971 个，基层村并点规划 9 854 个，推行全省优秀农村住宅设计 400 套。2001—2005 年，对 1997 年以前编制的规划都重新进行了修编。至 2005 年，全市小城镇发展到 180 多个，建成区面积 210 平方公里，城镇化率达到 43%。72 个建制镇(不含县城关镇)中心区道路、电信、供水、卫生等主要基础设施逐步配套,人均居住面积12.78平方米,供水普及率87.68%,人均占有道路面积14.86平方米,绿化覆盖率23%。主干道亮灯率73%。同期,在全市区开展消灭卫生死角,动员组织市区62 200人次,运输车7 290台次,清除卫生死角1 395处,清除垃圾29.3万立方米,新增垃圾倾倒点50处,增设垃圾容器4 906个,清理"牛皮癣"31 249处,整改不规范饮食商店826家,市区涌现出10个精品社区和55个精品庭院。拆除不合格广告牌2 521块,形成6大广告区域,市区市容市貌发生前所未有的变化。截至2005年,市区有170座公共厕所,改建一座星级公厕,日清运粪便1 000立方米,市环卫处日清扫路面达156万平方米。

科技的进步与推广,教育的普及与提高,文化的活跃与繁荣,是襄樊社会发展的重要因素。楚长渠、习家园林、水轮车、木牛流马、竹木粽器等,反映了古代襄樊科学技术的进步。解放后,特别是中共十一届三中全会后,襄樊经济社会迅速发展,倡导科学技术,新成果不断涌现。1979—2005年,全市共产生各类科技成果838项,其中鉴定项目673项,验收项目105项,评审项目21项,行业准入32项(主要为农业新品种),其他为7项,这些成果为促进襄樊的经济发展和科技进步发挥了积极的作用。科技成果中,基础理论成果、应用技术类成果和软科学类成果分别占成果总数的10%、80%、10%,大量的科技成果集中在应用技术类,反映出当今时代科技为经济建设服务的特征。其中80%以上达到国内先进水平,10%以上达到国际先进水平。自1986年以来,共取得省、部级以上科技奖励395项。

农业上,以"培育科技示范户"为主,推进了农业科技进村入户。到2005年,全市每个农村劳动生产力所创造的农、林、牧、渔、服务业的总产值达16 559元(现价),与1988年的2 086元相比,提高7.64倍,年平均递增25.9%。其中每一个种植业劳动力人均创造农业产值17 202元,与1988年的1 998元相比,增加15 204元,年平均递增27.0%;农业耕地的生产率也有了显著提高。2005年,全市平均每1亩耕地所创造的种植业产值为2 680元,与1988年的201元相比,增加了2 479元,增长13.33倍,平均每年递增33.4%;2005年,畜牧业产值127.4亿元,与1988年的5.3亿元相比,增加122.1亿元,人均劳动力创造养殖业产值12 926元,人均增加12 542元,增长33.66倍,年平均递增47.8%;在牧业中,人均劳动力创造养殖业产值1 247元,与1988年的7元相比,人均增加1240元;渔业产值为12.29亿元,与1988年的0.1亿元相比,增加12.18亿元;林业产值4.77亿元,与1988年的1.34亿元相比,增加3.43亿元,人均劳动力创造林业产值434元,与1988年的87元相比,人均增加347元,增长3.56倍,年平均递增18.1%。

工业上,瞄准高新技术和新产品开发,共计完成技术革新项目932项。1988年,成立了全国第一个高新技术产业管理局。1992年,建立襄樊高新技术园,创建国家级襄樊国家高新技术产业开发区,成为湖北省仅有的两家国家级高新技术产业开发区之一。在经济联合方面,组织企业与大专院校、科研单位建立合作关系,组成科研生产联合体,共同研制开发新项目、新产品。"中国'襄樊纳米村'"建成、航空航天、新材料、机电一体化、新医药等产业为重点的高新技术产业,正成为襄樊工业经济乃至整个区域经济的驱动器和新的经济增长点。到2005年,全市高新技术企业累计已达157家,共承担国家级和省级科技计划项目73项,资金投入达7.8亿元,技术转让交易额达1亿,其中,专利申请821件。到2005年,科技活动机构增加到39个,人数和经费分别上升到11 795人和107 374万元,与1988年相比,分别增长4.7倍和43倍。

中共十一届三中全会后,襄樊教育得到极大发展。形成从幼儿教育、小学教育、初中教育、普通高中教育、特殊教育、普及九年义务教育、初级和、中等职业教育、中等师范教育、高等教育、成人教育等完整的教育体制。学院三校,整合,组建襄樊学院。

襄樊是龙文化与凤文化的交汇地,也是各民族文化的融合地。无论是文王化南国,还是楚文化北进;无论是魏晋南北朝及宋明时期的民族大迁徙,还是宋、金、蒙(元)大争战,襄樊都是南北文化的争夺点、交汇点、融合点、聚焦点。《襄阳府志》说："襄阳民，多近秦音，俗尚楚歌"，"北鲁南徐之习不替"。陈荒煤为襄樊题词"民族文化之乡"，其意正在于此。楚先人"筚路蓝缕，以启山林"的创业精神和诸葛亮"淡泊明志，宁静致远"的豁达胸襟，已经融入当代襄樊的城市精神。尚文之风，至今犹然。谷城人杨昭哲编纂了全国第一部图书管理专著《图书馆学》；襄阳东津人潘文郁最早翻译了《资本论》。一支"文学襄军"已经蓬勃兴起。新一代书法家如雨后春笋，并在全国书法界享有荣誉。京剧、曲剧、花鼓、汉剧、歌舞竞相争艳。《襄阳米颠》《刘秀还乡》《宋玉悲歌》《山野秀才》《荆山楚源》等优秀剧目，斐声域内外。

八

中共十一届三中全会以后，各民主党派迅速在襄樊发展成员，建立组织，开展活动。20 世纪 80 年代初，襄樊地区一些失去组织联系的党派成员与党组织取得联系，党派成员逐步发展，活动得到恢复。各党派成员发展到规定要求后，先后分别组建襄樊小组、襄樊支部和襄樊支部委员会。20 世纪 90 年代，中国国民党革命委员会、中国民主同盟会、中国民主建国会、中国民主促进会、中国农工民主党、九三学社六个党派，先后建立襄樊市委员会，组织建设和活动开展进入经常化、规范化的发展轨道。2004 年，中国致公党在襄樊建立支部委员会。至此，襄樊市民主党派发展到 7 个。到 2005 年底，7 个民主党派共有成员 652 人。襄樊市各民主党派成员被当选为各级人大代表和政协委员的有 315 人次，担任各部门监督员的 125 人次。部分民主党派主要领导进入市、区两级人大、政府、政协各届领导班子。各民主党派在中共襄樊市委领导下，发扬"爱国、民主、团结、求实"的优良传统，充分发挥各自优势，积极参政议政、建言献策，开展民主监督和社会服务，为襄樊改革发展作出积极贡献。

襄樊数千年的文明发展史，曾经几度辉煌。中华人民共和国成立以来，尤其是改革开放以来，所取得的成就是以往任何时代无法比拟的。然而，在襄樊历史发展的道路上，也曾经有曲折徘徊，不堪回首的时候。封建制度的桎梏，兵戈不息，盗匪猖獗，社会动荡不安，给人民带来的沉痛苦难应当记取。无庸讳言，即使在人民成为国家的主人时期，也曾一度发生过"左"的失误，对襄樊经济社会的发展起到了一定的阻碍作用。襄樊的工业企业还存在着规模偏小，技术装备比较落后，经济发展的外向度也比较低等问题。以 2005 年为例，数以千计的工业企业中，规模以上的有 441 家，而达到国家规划型标准的只有 7 家，占 1.9%。技术装备也很落后。仅就市直工业企业而言，三万多台(套)生产设备，属 20 世纪 80 年代及以前的，占 95%以上。纺织行业中无梭织机占比仅为 3.76%，低于全省 7.9%。经济发展的外向度也比较低。2005 年全市外贸出口总额为 14 400 万美元，占全市国内生产总值的比重不到 2%。低于全国、全省的平均水平。在利用外资方面，2003 年累计金额仅占全省 2.53%。此后，连续三年位居全省第四位。距省域副中心城市的要求相差甚远。在科技方面，自主研发能力不足，缺乏拥有自主知识产权的技术和产品。2005 年，全市共申请专利 821 件。但最能反映技术创新和原创性发明的创造能力的，只有 33 件。还有人才队伍的流失，旅游业的定位不高，农村经济的弱势地位等等，都在一定程度上制约了襄樊经济社会的快速发展。襄樊市"十一五"规划展开了一幅新的蓝图。襄樊的发展，任重而道远。

卷一 建置 区划

一、区划

襄樊市是湖北省辖市，全市面积 19 724.41 平方公里。市境东西长 283 公里，南北宽 184 公里。东接随州市曾都区，西邻十堰市辖丹江口市、房县，神农架林区，南连宜昌市辖兴山县、远安县和荆门市辖钟祥市、京山县，北接河南省南阳市辖邓州市、新野县、唐河县、桐柏县。

自市区中心向东沿 316 国道长 94.5 公里至随阳桥与随州市交界，向西沿 305 省道长 179 公里至保康县珠藏洞与房县交界，西北沿樊（城）丹（江口）公路长 98.5 公里至老河口市傅家寨与丹江口市交界，向南沿 207 国道长 68 公里至宜城市桃园与钟祥县交界，向北沿 207 国道长 42 公里至襄阳区龚家营与河南省邓州市交界。

（一）建置沿革

1979 年 6 月 20 日，经国务院批准，襄樊市由地辖市升为省辖市，从襄阳地区分出。下辖 2 个公社、11 个街道办事处。

1982 年，襄阳地区辖 8 县 2 市，县辖镇 12 个，农村人民公社 120 个，社辖镇 62 个，管理区 498 个，生产大队 3 889 个，生产队 26 270 个。

1983 年，随县并入随州市，光化县并入老河口市。二市由襄阳地区代管。

1983 年 9 月，根据国务院〔1983〕国函字 164 号文批复撤销襄阳地区，其行政区域所辖襄阳、枣阳、宜城、南漳、保康、谷城六县并入襄樊市。随州市、老河口市仍为省辖（县级）市。新组建的襄樊市为地级市，实行市带县新体制。1984 年 1 月 19 日，经省政府批准（鄂政函〔1984〕7 号），襄樊市城区分设襄城、樊东、樊西、郊区 4 个县级区。其中襄城区辖岘山、万山、北街、南街 4 个街道办事处；樊东区辖中原路、清河口、解放桥 3 个街道办事处；樊西区辖望江、朝阳路、汉江路 3 个街道办事处；郊区辖 7 个乡，即菜越、庞公、观音、檀溪、中心、刘河、杨河。至此，襄樊市辖 6 个县，即：襄阳、枣阳、宜城、南漳、谷城、保康；4 个区，即：襄城、樊东、樊西 3 个城区和郊区；代管随州、老河口 2 市。

1984 年 3 月，实行政社分开，全市设区 87 个，县辖镇 44 个，乡 437 个，乡级镇 73 个。

1987 年 9 月，襄樊市撤区并乡，全市设置 184 个乡级人民政府。其中，乡 53 个，镇 117 个，办事处 9 个，农、林场 5 个。全市乡（镇）设置的具体情况如下：襄阳县 28 个乡、镇，其中乡 9 个，镇 19 个；枣阳县 26 个乡、镇、场，其中乡 5 个，镇 19 个，农场 2 个；宜城县 16 个乡、镇，其中乡 6 个，镇 10 个；南漳县 22 个乡、镇、场，其中乡 5 个，镇 16 个，农场 1 个；谷城县 19 个乡、镇、场，其中乡 7 个，镇 11 个，林场 1 个；保康县 16 个乡、镇，其中乡 5个，镇 11 个；老河口市 15 个乡、镇、办事处，其中乡 2 个，镇 8 个，办事处 5 个；随州市 35 个乡、镇、办事处、场，其中乡 8 个，镇 22 个，办事处 4 个，农场 1 个；襄樊市郊区 7 个乡、镇，其中乡 6 个，镇 1 个。

1988 年 1 月 8 日，根据国务院国函〔1988〕7 号文件精神，撤销枣阳县，设立枣阳市。

1992 年 11 月，经国务院批准，设立襄樊高新技术产业开发区（国家级），湖北省政府批准，襄樊设立汽车产业开发区（省级）。两区为经济区，兼有部分行政职能。

1994 年 7 月 15 日，经国务院批准，宜城撤县建市。

1994 年 11 月 5 日，湖北省政府下发鄂政发〔1994〕152 号文件，决定随州市升为副地级市，脱离襄樊市领导由省直管。调整后，襄樊市辖襄阳、南漳、谷城、保康 4 县，枣阳、宜城 2 市，襄城、樊东、樊西 3 个城区及郊区，另辖襄樊高新技术产业、襄樊汽车产业 2 个经济技术开发区，代管老河口市。全市有 39 个乡，100 个镇，8 个街道办事处，4 个农林场，2 970 个村民委员会，224 个居民委员会。

1995 年 10 月，撤销樊东区、樊西区、郊区，设立樊城区。其中，原郊区的檀溪、尹集、庞公 3 个乡的行政区域划归襄城区，区人民政府驻陵园路。樊城区管辖原樊东区、樊西区和原郊区的米庄、团山、王寨、柿铺 4 个乡镇的行政区域，区人民政府驻长虹路。调整后，襄樊市辖襄阳、南漳、谷城、保康 4 县，枣阳、宜城 2 市和襄城、樊城 2 区，代管老河口市。1996 年 4 月，全市下辖 99 个镇，29 个乡，24 个街道办事处。

1999 年 9 月 14 日，经湖北省人民政府批准，同意将襄樊市鱼梁洲列为省级经济开发区。至此，襄樊市辖襄阳、南漳、谷城、保康 4 县，枣阳、宜城 2 市，襄城、樊城 2 区及高新技术产业开发区、汽车产业经济技术开发区和鱼梁洲旅游开发区，代管老河口市。下辖 106 个镇，29 个乡，24 个街道办事处，5 个乡（镇）级农（林）场，2 912 个行政村，283 个居民委员会。

2001 年春，襄樊市各县、市、区按照襄樊市人民政府的通知精神，调整、撤并部分乡、镇、街道办事处。调整后，全市共减少乡、镇、街道办事处 58 个。其中，襄阳县减少乡、镇 11 个，枣阳市减少乡、镇 10 个，宜城市减少乡、镇 7 个，街道办事处 2 个，老河口市减少乡、镇 11 个，街道办事处 1 个，南漳县减少乡、镇 11 个，谷城县减少乡、镇 7 个，保康县减少乡、镇 5 个，襄城区减少街道办事处 1 个。这次调整是新中国成立以来全市调减乡镇规模最大的一次。

2001 年 12 月 29 日，根据国函〔2001〕93 号及鄂政发〔2001〕54 号文件精神，撤销襄阳县，组建襄阳区，并将原襄阳县所辖牛首镇和太平店镇划归樊城区，欧庙镇和泥嘴镇划归襄城区，樊城区米庄镇划归襄阳区代管。襄阳区政府驻原襄阳县新县城（张湾镇）。

2005 年 2 月 20 日，经中共湖北省委、省政府批准同意，中共襄樊市委、市政府将襄樊汽车产业开发区与襄樊高新技术产业开发区合并。至此，襄樊市辖 2 市、3 县、3 区、2 个开发区，代管省辖县级市 1 个。2 市：枣阳、宜城；3 县：谷城、南漳、保康；3 区：襄城、樊城、襄阳；代管省辖县级市：老河口；2 个开发区：襄樊高新技术产业开发区（国家级）和鱼梁洲旅游经济开发区（省级）（见表 1—1）。下辖 72 个镇，4 个乡，24 个街道办事处。

乡、镇、街道办事处的具体分布是：襄城区 2 镇、1 乡、5 个办事处，即卧龙、欧庙 2 个镇，尹集 1 个乡，王府、昭明、庞公、檀溪、隆中 5 个街道办事处。有 43 个社区居委会、25 个村委会。区政府驻檀溪路。樊城区 4 镇、10 个办事处，即太平店、牛首、团山 3 个镇，屏襄门、米公、清河口、王寨、汉江、中原、定中门、柿铺、七里河、紫贞街道办事处 10 个街道办事处，社区居委会 79 个。村民居委会 89 个，区政府驻长虹路 23 号。襄阳区 14 镇（含代管 1 镇），区人民政府驻张湾。辖张湾、龙王、石桥、黄集、伙牌、古驿、朱集、程河、双沟、张家集、黄龙、峪山、东津、米庄共 14 个镇（米庄镇为代管镇），社区居委会 50 个，总面积 2 490 平方公里，总人口 106 万。南漳县 10 镇，即城关、武安、九集、东巩、巡检、肖堰、板桥、李庙、长坪、薛坪 10 个镇，社区居委会 31 个，村民居委会 274 个，县政府驻城关镇。谷城县 9 镇、1 乡，即城关、石花、盛　、冷集、庙滩、五山、紫金、南河、茨河 9 镇和赵湾乡，社区居委会 31 个，村民委员会 257 个，县人民政府驻城关镇。保康县 10 镇、1 乡，即城关、黄堡、后坪、龙坪、店垭、马良、歇马、马桥、寺坪、过渡湾 10 镇和两峪乡，社区居委会 9 个，村委会 261 个，县人民政府驻城关镇。枣阳市 12 镇、3 个办事处，即鹿头、新市、太平、杨垱、七方、琚湾、熊集、吴店、平林、王城、兴隆、刘升 12 镇，北城、南城、环城 3 个街道办事处，并设西城经济技术开发区、车河农场管理区、随阳农场管理区，共有 48 个居民委员会，479 个村民委员会。宜城市 7 镇、2 个办事处，即流水、板桥店、小河、刘猴、郑集、孔湾、王集 7 镇，鄢城、南营 2 个街道办事处，社区居民委员会 36 个，村民委员会 178 个，市人民政府驻鄢城街道办事处。老河口市 5 镇、1 乡、4 个办事处，即光化、酂阳、洪山嘴、李楼 4 个街道办事处，孟楼、薛集、张集、仙人渡、竹林桥 5 个镇和袁冲 1 个乡，社区居民委员会 34 个，村民委员会 224 个。

襄樊市建置沿革表

表 1—1

时间	建置	备注
1979—1983 年 （3 市 8 县）	湖北襄阳地区行政公署：襄阳县 谷城县 宜城县 南漳县 枣阳县 保康县 随州市 老河口市 随县 光化县	—
	襄樊市（县级）	国务院 1979 年 6 月批准由地辖改为省辖
1984—1994 年 （4 区 4 市 4 县）	襄城区 樊东区 樊西区 郊区 老河口市 枣阳市 宜城市 随州市 襄阳县 谷城县 南漳县 保康县	1984 年 1 月经国务院批准增设襄城区、樊东区、樊西区、郊区。1988 年 1 月 8 日，经国务院批准撤销枣阳县，设立枣阳市（县级）。1994 年 6 月 10 日国务院批准撤销宜城县，设立宜城市(县级)。1994 年 11 月 5 日，湖北省政府批准随州市升格为副地级，由襄樊代管
1995—2000 年 （2 区 4 市 4 县）	襄城区 樊城区 老河口市 宜城市 枣阳市 随州市（代管） 襄阳县 谷城县 南漳县	保康县 1995 年 10 月 22 日，经国务院批准撤销樊东、樊西、郊区，设立樊城区。2000 年，随州市改为地级市，脱离襄樊市领导
2001—2005 年 （3 区 3 市 3 县）	襄城区 樊城区 襄阳区 老河口市 宜城市 枣阳市 谷城县 南漳县 保康县	2001 年 12 月，经国务院批准撤销襄阳县，设立襄阳区

（二）地理位置

襄樊市位于湖北省西北部，居汉水中游，地处秦岭、大巴山和大别山之间，北连南阳盆地，南接江汉平原。地处北纬 31° 13′ ~ 32° 38′ ，东经 110° 45′ ~ 113° 47′ 。城区在市境中部、跨汉江两岸，有汉江一、二、三桥相连。南岸城区古称襄阳，因位于襄水（今南渠）之北得名，现称襄城，自古为中原地带政治中心，历为州、郡、道、府、县治所；北岸城区为樊城，因周宣王（前 827 年至前 782 年）封樊侯（仲山甫）于此，故名。襄樊地处中原地区南北交通要道，历为军事重镇和鄂西北经济中心。襄樊机场距城区 15 公里。襄渝（襄樊—重庆）、汉丹（汉口—丹江口）、焦柳（焦作—柳州）3 条铁路交会于此，孝襄（孝感—襄樊）、襄十（襄樊—十堰）、襄荆（襄樊—荆州）、魏樊（河南邓州魏集—襄樊）4 条高速公路在襄阳区伙牌镇交会，207 国道纵贯南北、316 国道横穿东西，216、217、222、223、250、251、303、305、306、335 等多条省道与内外相通。汉江航线襄樊境内主要港口为湖北省北部重要水路交通枢纽。

二、政区

（一）城区政区

1. 襄城区

位于襄樊城区汉江南岸，隔江与樊城区相望。1984 年置区，面积 657.57 平方公里，人口 48.19 万人。区人民政府曾先后驻东街、陵园路，现驻檀溪路。区内街道以十字街为中心，呈棋盘式布局，主要有东西南北四街和荆州街。为党政军机关、文教机构集中区，中共襄樊市委、市政府驻荆州街，襄樊军分区驻南街。十字街为商业中心。有襄阳城、夫人城、绿影壁、隆中风景区等名胜古迹。辖王府、昭明、庞公、檀溪、隆中 5 个街道办事处，卧龙、欧庙 2 个镇，尹集 1 个乡。有 43 个社区居民委员会、25 个村民委员会。

2. 樊城区

樊城区于 1995 年 10 月经国务院批准设置。东面、北面与襄阳区接壤，南临汉江与襄城区隔江相望，西面与谷城、老河口接壤，面积 529.08 平方公里，人口 71 万。辖太平店、牛首、团山 3 个镇和屏襄门、米公、清河口、王寨、汉江、中原定中门、柿铺、七里河、紫贞 10 个街道办事处，有 79 个社区居民委员会，89 个村民居委员会。区人民政府驻长虹路 23 号。

3. 襄阳区

2001 年以前为襄阳县，2001 年 12 月撤襄阳县建襄阳区。北与河南省邓州、新野、唐河 3 县（市）相连，东与枣阳市接壤，南与宜城市、襄城区交界，西与樊城区、老河口市毗邻。区人民政府驻张湾。辖张湾、龙王、石桥、黄集、伙牌、古驿、朱集、程河、双沟、张家集、黄龙、峪山、东津、米庄 14 个镇（米庄镇属代管），有 50 个社区居民委员会，307 个村民委员会。面积 2486.22 平方公里，人口 98.88 万人。

襄阳区以原县治于古城襄阳而得名。据《襄阳县志》记载：因“地在襄水（今襄渠，又名南渠）之阳，故名”。襄阳，古时为《禹贡》豫州之城。秦始皇二十六年（前 221）统一中国，全国分为 36 郡。汉水以北、万山以西为南阳郡，襄阳城为南郡之域。西汉时期，始置襄阳县，属南郡。西汉始建国元年（9），王莽建立新汉，改襄阳为相阳。西汉复汉三年（25），东汉光武帝复汉旧制，相阳县复为襄阳县。自东汉以来，历代襄阳行政体制虽多经变革，但古城襄阳一直为郡、州、府、路、公署、市的首府治邑。

民国 37 年（1948）7 月，古城襄阳解放。1949 年 5 月，建立襄阳县爱国民主政府，县府设置樊城。1950 年 4 月，经政务院批准将县辖昭明（襄阳）、樊城两镇划出，组建襄樊市。1950 年 8 月，襄阳县爱国民主政府改为襄阳县人民政府。1956 年，改为襄阳县人民委员会。1968 年，改为襄阳县革命委员会。1981 年 1 月，改为襄阳县人民政府。1992 年 8 月，县人民政府驻地由樊城区大庆西路搬迁至张湾镇。2001 年 3 月，实行乡镇合并，将原 28 个乡镇合并为 17 个乡镇。2001 年 12 月，经国务院批准，撤襄阳县建襄阳区，并将牛首、太平店 2 镇划归樊城区，欧庙、泥嘴 2 镇划归襄城区，樊城区米庄镇划归襄阳区代管。

(二)县(市)政区

1.枣阳市

枣阳市位于襄樊东部,东与随州市接壤,西与襄樊市襄阳区毗连,南与宜城市相连,北与河南省唐河、桐柏2县为邻。市区东距武汉272公里,西距襄樊城区74公里。境内东西宽53公里,南北长78公里,面积3 277.58平方公里。辖12个镇:鹿头、新市、太平、杨垱、七方、琚湾、熊集、吴店、平林、王城、兴隆、刘升,3个街道办事处:北城、南城、环城,1个开发区:西城经济技术开发区,2个管理区:车河管理区、随阳管理区。共有48个社区居民委员会,479个村民委员会。截至2005年底,枣阳市总人口109.82万人,乡村人口77.77万人,城镇人口32.05万人(城区人口18.8万人)。

秦始皇二十六年前(221)秦推行郡县制,枣阳地置蔡阳县,属南阳郡。公元前45年,西汉划蔡阳县的白水(今吴店镇)、上唐(今随州市唐县镇)两个乡置舂陵侯国(治所在今吴店镇北的古城),与蔡阳县同属荆州的南阳郡。东汉建武五年(29)改舂陵乡为章陵县,后又分蔡阳县东北地带置襄乡县,同属南阳郡。北魏废襄乡县,置广昌县,属广昌郡。隋仁寿元年(601),改广昌县为枣阳县,属舂陵郡。唐时地属山南东道,宋属京西路,元属河南江北行省,清属湖北布政使司襄阳府。1988年1月,国务院批准撤销枣阳县,建立枣阳市。

枣阳有国家级文物保护单位1处(雕龙碑古文化遗址,新石器时代,位于枣阳市鹿头镇武庄村),省级文物保护单位8处(黉学大殿、白水寺、毛狗洞遗址、跑马道遗址、翟家石城遗址、墓子岗遗址、九连墩古墓群、石鼓山石刻),市级文物保护单位4处。国家重点文物保护单位雕龙碑古文化遗址,位于枣阳市鹿头镇北3公里的武庄村南,遗址原有面积约8万余平方米,现存面积5万余平方米。遗址于1957年文物普查时发现,曾先后进行过5次发掘,在揭露面积1 500平方米的范围内,发现3个不同时期的房屋建筑基址21座,窖穴75座,土坑竖穴墓133座,瓮棺葬63座,动物葬23座,生产工具和生活用具等遗物多达4 000多件。发掘证明,遗址是一处内涵丰富、特色鲜明、保存较好的原始社会新石器时代文化遗址。九连墩战国古墓群发掘于2002年,共发掘出土文物1 100多件,其中有很多极具历史研究价值的文物,被中国社会科学院考古研究所定为2002年全国最为重要的六大考古发现之一。

2.宜城市

宜城市面积2107.86平方公里,人口56.45万人,辖鄢城、南营2个街道办事处,流水、板桥店、小河、刘猴、郑集、孔湾、王集7个镇。下辖社区居民委员会36个,村民委员会178个。宜城市人民政府驻鄢城街道办事处。

宜城秦时已设县,属南郡。东汉初年三年(192)改鄢县为宜城县,或原谓为“夷城”“夷邑”,后因雅化,改“夷”为“宜”,故名。南朝宋废宜城县,设华山县,梁改率道县。唐天宝元年(742)复改率道县为宜城县。明、清隶属襄阳府。民国33年(1944)改名为自忠县。1949年复为宜城县。1994年撤县建市。有楚皇城、腊树园宋玉故居及墓地、小南河水库风景区等名胜古迹。

3.老河口市

老河口市面积1032平方公里,人口51.43万人。北与河南省邓州市和淅川县接壤,南接襄阳区、樊城区,西北邻丹江口市,西隔汉水与谷城县相望。“西彻梁益,北据淅邓,挟汉江经为池,负崇山经为固,实为襄阳上游之屏蔽”(清《县志》)。历史上为战略要地,为历代兵家必争之地,也是重要的物资集散地，素有“襄陨要道、秦楚通衢”之称。老河口市辖光化、酂阳、洪山嘴、李楼4个街道办事处，孟楼、薛集、张集、仙人渡、竹林桥5个镇和袁冲1个乡。下辖34个社区居委会，224个村民委员会。

老河口市古称阴国，因位于荆山山北而得名。周景王十三年（前532）入楚，属南阳郡，西汉时酂县、阴城并立。秦设酂县，属南阳郡。北宋乾德二年（964）置乾德县。北宋熙宁五年（1072）改乾德县为光化县，取“光大王化”之意为名，为光化定名之始，属襄州。明洪武十年（1377）并入谷城县，洪武十三年（1380）复置，属襄阳府。清因之。民国3年（1914）属襄阳道。民国26年（1937）置老河口镇，因处汉江故道之口得名，为光化县治。民国37年（1948）7月第一次设立老河口市。1949年属襄阳专区。1951年以老河口镇置老河口市，1952年撤销，仍为光化县治。1960年均县并入光化县，1962年二县分治，属襄阳专区。1970年属襄阳地区。1979年划老河口镇及近郊置县级老河口市。1983年撤销光化县，并入老河口市，属襄樊市。

老河口市有马头山、中山公园、滨江公园、梨花园风景区、孟桥川水库风景区、博物馆、生态观光（中洲岛—梨花山庄—六股泉—紫峡谷—三尖山—宋代微型长城—黑虎山）等名胜。

4. 南漳县

南漳县面积3 859.97平方公里，人口58.39万。辖城关、武安、九集、东巩、巡检、肖堰、板桥、李庙、长坪、薛坪10个镇。下辖社区居民委员会31个，村民委员会274个。县政府驻城关镇。

南漳县秦时为伊庐县。汉为临沮、中庐两县地。晋置上黄县。西魏置上黄、重阳县。北周废上黄县，改重阳为思安县。隋开皇十八年（598）改思安县为南漳县。南漳县以境内古南漳水（今漳水）而得名。明、清隶属襄阳府。（1914）属襄阳道。1949年后属襄阳专区、地区，1983年属襄樊市。庄、玉印岩、徐庶庙、冯氏民居、团山寺、春秋寨等名胜古迹，有鱼泉河、龙王峡漂流、香水河七彩瀑布、金牛洞、七里山森林公园、水镜湖风景区旅游地。

5. 谷城县

谷城县面积2540.56平方公里。人口55.20万人。辖城关、石花、盛墉、冷集、庙滩、五山、紫金、南河、茨河共9个镇和赵湾乡。下辖31个社区居委会，257个村民委员会。县人民政府驻城关镇。

谷城县秦时为筑阳县，属南阳郡。齐移置义成县，为义成郡治。隋开皇十八年（598）改义成县为谷城县。以古谷国得名。唐属襄州。宋属襄阳府。元属襄阳路。明、清属襄阳府。民国3年（1914）属襄阳道。1949年后属襄阳专区、地区，1983年属襄樊市。有承恩寺、南河、沈垭等风景区，有襄宪王墓等名胜古迹。

6. 保康县

保康县面积3220.41平方公里，人口28.61万人。辖城关、黄堡、后坪、龙坪、店垭、马良、歇马、马桥、寺坪、过渡湾共10个镇和两峪乡。下辖9个社区居民委员会，261个村民委员会。县人民政府驻城关镇。保康县汉为房陵县地。三国魏分置祁乡县。西魏分房陵东境置大洪县。北周保定二年（562）改名永清县。宋开宝永清入房陵县。明弘治十一年（1498）拆房县东部潭头坪置保康县，取保民安居康乐之意沿用旧名，属郧阳府。清因之。民国3年（1914）属襄阳道。1949年后属襄阳专区、地区，1983年属襄樊市。有汤池峡温泉、五道峡风景区、野花谷、九路寨风景区、宫山森林公园等旅游景点。

卷二　自然环境与环境保护

一、自然环境

（一）地质

1.城区地质概况

襄樊市城区地处扬子地台北缘，横跨南秦岭——淮阳褶皱带和上扬子台坪结合部。以扬子地台北缘断裂为界，北部属于襄枣断陷部分，南部属于大洪山台褶束部分。区域构造以扬子地台北缘断裂(即襄广断裂)为主，该断裂呈隐伏状态通过本区，弧形，展布近东西。其次以龙滩——尹集复式倒转向斜褶皱为代表，轴向近东西，向南倒转，轴面倾向北或北东，倾角53° ~75° ；核部为志留系地层。与上述区域构造配套的次级构造中以断层较发育为主要特征，并造成多层多处地层缺失，但规模不大。次级褶皱不太发育，且大部分被第四系掩盖。

襄城以北为南襄盆地，属于华北沉降带西南隅的一个二级沉降区。盖层为白垩系——第四系地层，一般厚度1 000 ~ 1 500米，最大2 500米。基底为元古界变质岩系。物探揭示盆地内部隐伏的新野断裂、襄樊断裂走向北西西，把盆地自北而南分割成为南阳凹陷、新野凸起和襄枣凹陷等三个北西西向次级构造。两断裂之间又被北北东向断裂分割成襄樊凹陷、双沟凸起与枣阳凹陷等三个再次级的北北东向构造，整个襄南盆地重叠于东秦岭纬向构造带之上。

襄城以南经宜城至钟祥为汉江“夹道”，实为汉江盆地西北部的延伸，于襄城东沟通南襄盆地。汉江盆地是新华夏构造体系重叠于淮阳山字形西翼之上的白垩以来的沉降区，“盖层”为白垩——第三系及第四系地层，汉江盆地“基底”是震旦系——中三叠系地层。新华夏构造体系定型于燕山晚期或喜山初期。

挽近世以来，本区经过多次的垂直运动和微弱水平运动造成。新地层沉积厚度的很大差异和多种形式的结构、构造关系，上更新世以来，继承性运动较强烈，山区继承性上升，平原出现多次升降运动，但总的趋势是上升，其升降幅度有明显的差异，平原区由边缘向内部沉降幅度变大，白垩至下第三系，上第三系地层的倾斜，断裂与第四系地层的扩展收缩是挽近世运动的直接佐证。地震活动则表明沿断裂的继承性断块活动至今未息，继承性活动的不均衡性是表现为差异升降运动的根本原因。区内地质构造活动较弱，属间歇性上升区，区域地壳稳定性较好。

（1）岩土体工程地质

根据本地区出露地层岩石特征，结合岩土体结构、构造特性，将区内岩土体分为松散土类、层状碎屑岩类、岩溶化层状碳酸盐岩类三种工程地质。

（2）地层岩性

襄樊市城区出露地层为震旦系上统灯影组至第四系，但缺失泥盆系、石炭系、侏罗系等地层。岩性主要为生物碎屑源化学沉积岩及陆源碎屑岩类。出露地层以第四系分布最广，范围达85%左右，而其他地层分布范围约占15%左右，仅在本区西南部出露。

(3)水文地质条件

按地下水含水介质特征，赋存条件及水动力特征，依据地下水赋存条件及含水介质特征，将市域内地下水类型划分如下。

松散岩类孔隙水：①全新统砂、砂砾石孔隙潜水含水[Q4]。分布于汉江、小清河和唐白河等水系的漫滩、一级阶地。沿河流两岸呈条带状分布，含水层岩性由砂、砂砾石组成。其结构松散，具强透水性。含水岩组的厚度、岩性、富水性各地差异明显。在汉江两岸(一级阶地)的襄樊市市区、牛首、卧龙、欧庙等地。含水层呈宽约3千米的条带状分布，自上而下由粉土、粉砂、砂(砾)石组成。卵石含量占40%～60%，砾石占30%，砂占10%～30%。含水层厚13～75米，水位埋深2～8米。北岸含水层厚度大于30米，水位埋深3～8米，渗透系数9～30m/d，钻孔单位涌水量111～506m^3/m.d，换算单井涌水量1 371～2 373m^3/d，富水性级别为水量中等—丰富；南岸含水层厚10～70米，水位埋深2～7米，渗透系数15～32m/d，钻孔单位涌水量377～490m^3/m.d，平均钻孔单位涌水量330.08m^3/m.d。换算单井涌水量1 371～2 402t/d，水量丰富。潜水位线与地形一致，微向汉江倾斜。水化学类型一般为HCO3—Ca、HCO3—CaMg型。②中、上更新统砂、砂砾石孔隙承压水[Q2、Q3]。分布于上述水系的二、三级阶地，含水层由砂、砂砾石组成，结构松散，透水性较强，与地表水联系较弱，但具互补特征。该含水岩组不对称地分布于汉江两侧，含水层由砂、砂砾石组成，上覆(盖层)岩性为黏土、粉质黏土，厚4.87～17.45米，构成隔水顶板，使地下水具有承压性。地下水位埋深北岸1.3～10.76米，含水层厚度不均，水化学类型一般为HCO3—Ca、HCO3—Ca、Mg型。

碎屑岩类裂隙孔隙承压水含水：上第三系碎屑岩[N]在调查区图幅内极少出露，埋藏于第四系松散层之下。岩性为泥灰岩、砂岩、砂砾岩。局部被河流切割出露。含水层埋深一般20～90米。据钻孔资料显示，孔深200米以内见5～7层砂岩、砂砾岩，单层厚2～16米，总厚10～30米。单井涌水量71.71～86.40 m3/d，渗透系数1.67～2.49m/d，水量中等—较丰富。裂隙孔隙承压水埋藏较深，地下水位动态较稳定，水质好。

碳酸岩类岩溶裂隙水：①震旦系下统灯影组含燧石结核及条带状的硅质白云岩岩溶裂隙含水岩组[Z2dn]。分布于襄樊市的虎头山、扁山、磨基山一带低山丘陵区。薄至厚层状，呈零星出露，裂隙岩溶较发育，在扁山一带见溶洞和落水洞。②寒武系白云岩泥质灰岩岩溶裂隙水含水岩组[∈]。仅在黄龙山、隆中有少量出露。裂隙岩溶发育，见有溶洞，其中隆中老龙洞泉水流量107.14 m3/d，为中等富水的岩溶裂隙水。③三叠系下统、二叠系下统灰岩、泥质灰岩岩溶裂隙水含水岩组[T1]、[p1]。分布在隆中、磨基山以南，呈条带状出露，溶沟、溶槽发育，钻孔单井涌水量2.59 m3/d.m(二叠系)，为弱富水的岩溶裂隙水。

隔水层：①志留系粉砂质页岩非含水岩组。分布马头山和狮子山一带，呈零星出露，岩性为页岩。②奥陶系页岩、白云质灰岩非含水岩组。分布枣林、林爬里以北，零星出露，岩性上部为页岩，下部白云质灰岩，为相对隔水层。③中、上更新统黏土、粉质黏土非含水岩组。在区内广泛分布，岩性为黏土、粉质黏土(盖层)。

2.各县(市)地质概况

(1)保康县：保康县地处扬子准地台一级构造区北缘，处于鄂西山地强烈上升区，四周分布有挽近期活动性断裂，北部为近EW向青峰断裂，西有NNE向新华断裂，南有NNW向通城河断裂，中部为EW向的阳日湾断裂。开封峪以北位于青峰断裂带南缘，近EW向断裂特别发育，地层重复、缺失现象频繁。县区北部青峰断裂与阳日湾断裂间展布受断裂切割破坏的向、背斜，北为以志留系为槽、寒武系和奥陶系为翼的向斜，南为一 EW 向的复背斜，核部由中元古界神农架群构成，两翼依次出露震旦系至志留系。县境西部马桥以南，位于神农架穹隆东翼和北翼东端，岩层向东和北倾，并受 NNE 向新华断裂影响，断裂东盘上升，震旦系地层出露地表。县境西南部处于黄陵背斜北翼，往东依次出露震旦系至志留系。

（2）南漳县：南漳县位于新华夏系第三隆起带与淮阳山字形西翼反射弧东段的复合部位，淮阳山字形西翼反射弧北西向至近东西向的褶皱带、断裂带斜贯全区，县城北部为青峰断裂带，南为荆当盆地，西为牛头山倒转复式向斜，东部为南漳断凹。新华夏系的北北东向构造带、北北西向构造的断裂和槽地带复合于山字形构造带之上，构造较为复杂。

（3）谷城县：谷城县地处昆仑—秦岭纬向构造体系东秦岭南亚带，淮阳山字形西翼反射弧构造，新华夏系第三隆起带、第二沉降带中段交接部位。以青峰断裂（F1）为界，南部为淮阳山字形西翼反射弧；北西部为昆仑—秦岭纬向构造体系东秦岭南亚带；北东部为谷城盆地。属新华夏系第二沉降带中段南襄盆地西缘。

（4）老河口市：老河口位于秦岭褶皱系的西北段。秦岭褶皱系是一个结构比较复杂的多旋回发展的褶皱系，呈北西向斜贯工作区北部，主要断裂有青峰—襄樊—广济断裂、两郧断裂、白河—石花街断裂。

（5）宜城市：宜城市位于扬子准地台边缘，自西向东分布有大巴山—大洪山台缘褶皱带、神农架—钟祥断隆两个二级构造单元。汉江以东低山丘陵区属大洪山断褶束和客店坡褶皱束，其基底为青白口系花山群的变酸性火山碎屑岩、碎屑岩及页岩等岩层。大巴山—大洪山台缘褶皱带可分为大洪山断褶束和客店坡褶皱束两个次级构造单元。神龙架—钟祥断隆的杨坡地垒、汉江地堑、荆门地堑和刘猴一带的穹状断块构造四个次级构造单元。汉江冲积平原及部分低岗属汉江地堑，是从晚白垩世开始发育起的长条状，向西倾斜的不对称凹陷，沉积中心在地堑的西侧，白垩系—第三系沉积物东薄西厚，东老西新，以砂砾岩为主，第四系沉积物覆盖于其上；杨坡地垒位于郑家湾—双河断裂和胡集断裂之间的带状区域内，沉积基底为前震旦系杨坡群变质岩类，盖层为震旦系—奥陶系碳酸盐岩及碎屑岩；荆门地堑东界郑家湾—双河断裂与杨坡地垒分开，西以刘猴—许家集断裂，上白垩统、第三系、第四系沿北北西方向稳定规则分布，是一个受断层控制的强烈下陷的地堑带。宜城市位于耿集—古井深断裂（襄—广深断裂）南东的扬子准地台区，新构造运动表现为地壳抬升，地貌上发育三级和更多级夷平面，显示中更新世以来，汉水地堑盆地也随周围山区的抬升而抬升。在盆地中，沿汉水展布的中更新世晚期形成的阶地均向河谷倾斜，其上升速率为 10mm/a，表明汉水地堑正逐步回升，使地堑区的在新生代变为退缩型上升盆地，白垩系和第三系普遍裸露并遭受剥蚀。杨坡地垒东侧的王家湾—胡集航磁断裂上，微震活动较为频繁，震级达 3 ~ 4 级，沿断裂西侧钟祥市境内有一系列温泉出露，元古界杨坡群直接被第四系堆积掩盖，说明在地垒带的早期断裂，至今仍有明显的活动。在汉水流域内，东岸阶地和白垩系与第三系组成的台地前缘上，有规律分布着带状湖泊。西岸的宜城从 1540 年以来，有震级记录达六次之多，沿陈家集—板桥—沙河店一线以西地区处于六度地震危险区，表明汉水地堑内在近期仍是一个构造活动性较大的地区。

（6）枣阳市：枣阳市平林至耿集一带穿过的襄（樊）—广（济）大断裂为界，其南侧小部分地区属扬子准地台区，北侧绝大部分地区属秦岭褶皱系及枣阳断陷。其中，枣阳凹陷、枣阳复向斜、大洪山褶皱束、耿集—平林断裂为区域性构造。

(二)地形

襄樊市横跨扬子准地台与秦岭地槽两个性质不同的大地构造单元。以房县—襄樊—广济深断裂为界,断裂以南的保康、南漳、宜城三县全境和谷城、襄樊、枣阳等县(市)的南边边缘位于扬子准地台区,约占全市总面积的42%;断裂以北的老河口市和谷城、襄樊、枣阳等县(市)的大部分地区位于秦岭地槽区,约占全市总面积的58%。根据其地势自西北向东南倾斜的特点,襄樊市全境为西部山地、中部岗地平原及东部低山丘陵三个地形区。全境呈山区面积大、平原面积小的特点。

西部山区,为鄂西北山地的东延,由武当山脉东端和荆山山脉北段组成高中山—中低山区,既是襄樊全境最高点,又是汉江与长江的分水岭。覆盖保康、谷城、南漳3个县的全境。武当山余脉自西向东延伸到谷城县和老河口市的西部,境内峰峦重叠,地势高阜,海拔多在400米以上。荆山山脉北段分布在保康县全境和谷城县的南部及南漳县的西部,地势西高东低,其中保康县境内的关山海拔2000米。地层主要为浅海相碎屑岩类和碳酸盐类。西部山区物产丰富,类型多样,是用材林、经济林、土特产、畜牧业等多种经营的重要生产基地。

东部低山丘陵,位于鄂豫两省交界地带以及与随州、钟祥、荆门交界地带,大部分为海拔1000米以下的低山丘陵,由桐柏山、大洪山组成。山体由第三纪红色砂岩和第四纪黏土构成,沟谷较宽阔。丘陵以低丘为主,丘间河谷开阔,土地肥沃,适宜多种农作物生长,也是重要的粮棉油产区。

在西部山地和东部低山丘陵之间的广阔地带属于岗地平原,由鄂北岗地和分布在汉水、唐白河、蛮河流域的冲积平原组成。鄂北岗地俗称“三北”(襄阳、枣阳北部和老河口全部)岗地,海拔在85～140米之间,相对高差10～30米,岗坡一般在100米左右。岗地岗顶宽平,岗垄相间,起伏和缓,土层深厚,适宜农业机械化作业,是小麦、棉花、豆类、油料、烟叶的重要产地,并兼有农林牧副渔多种经营和推广农业高新技术的优越条件。汉江流域两岸河谷小平原和大面积冲积平原属江汉平原北端的组成部分,海拔在90米以下,其地势平坦,水源充足,土质上乘,是水稻、小麦、棉花、牲畜、禽蛋、水产的主要生产基地。

(三)气候

襄樊市属北亚热带季风气候,具有南北过渡性气候特点。四季分明,冬冷夏热,光照充足,热量丰富,无霜期长,降水适中,雨热同季。由于地形地貌类型复杂,气候表现为地区差异和垂直差异。同时,由于各年季风进退的迟早、强度变化不一,以及降水、气温年际变化的差别,导致常发生的气象灾害有:干旱、暴雨(暴雪)、雷电、低温连阴雨、冷害、寒潮、大风和冰雹等。

1.气候特征

四季的划分以候(5天)平均气温为依据,即候平均气温<10.0℃为冬季,≥10.0℃、<22.0℃为春、秋季,≥22.0℃为夏季。

(1)春季:3月中期、后期至5月中旬,时长60余天,西部山区比东部地区多5天左右。开春后,气温回升快。2月平均气温才4.7℃左右,到3月下旬末平均气温已超过12.0℃;4月中旬中期平均气温则可达到15.0℃以上;5月中旬平均气温已超过20.0℃。此时,一般每隔7天左右就会有一次冷空气南下影响市境,造成天气冷暖剧烈变化。春季降水量平均在160～190毫米,约占全年降水量20%左右。

(2)夏季:从5月下旬到9月中旬初,长110多天,夏季又分为初夏、盛夏和夏末。初夏从5月下旬到7月中旬初50余天，平均气温在22.0℃—28.0℃之间；7月中旬中至8月中旬初为盛夏约30天，平均气温在28.0℃以上；8月中旬中至9月中旬初为夏末，平均气温从28.0℃开始降到22.0℃。夏季降水量为420～540毫米，约占年降水量的50%以上。同时夏季又是对流性天气活动最强，最集中的季节，局部性差异明显，降水变率大，易遭暴雨、干旱、雷电、洪涝等灾害。

(3)秋季：9月中旬中至11月中旬，时长约70天。受地理地貌影响，入秋时间早、晚有些差异，一般汉水以东比汉水以西要晚5天左右。许多年份在9月中旬就有较强冷空气南下影响本地，导致气温迅速下降。例如：1997年9月11日受强冷空气影响，平均气温从10日的27.8℃开始下降，连续4天，到9月14日降到15.2℃，降幅达12.6℃，并伴有连阴雨天气。秋季平均降水量140～170毫米，约占年降水量的18%左右。

(4)冬季：从11月下旬到次年3月中旬前期，冬季时间长，长达近120天，但严寒时间短，特别是20世纪90年代以后，在全球气候以变暖为主要特征的背景下，寒冬时间趋短，暖冬年增多，日平均气温≤0℃的天气日数，北部岗地每年平均8—10天(较20世纪60—70年代少3—5天)，其他地区7天左右(较20世纪60—70年代少2—3天)。冬季降水量平均在90—130毫米，约占年降水量的12%左右。

2.气候要素

(1)气温：受季风气候影响襄樊市春夏秋冬四季分明，年平均气温在15.1℃～15.9℃，相差近1℃，受20世纪90年代以后全球气候变暖趋势的影响，襄樊地区除保康外，各地较20世纪60、70年代相比，年平均气温均有不同幅度的上升，其增幅在0.1℃～0.5℃。

全年逐月平均气温变化呈单峰型，1月份为全年最低(冷)月，平均气温为3.0℃左右，7月份为全年最高(热)月，平均气温为27.0℃～28.0℃，然后气温逐渐下降，到12月平均气温降至4.0℃～5.0℃(仅次于1月气温)。其次，年中春秋两季气温上升，下降变化较剧烈，每月上升或下降幅度为5℃～6℃，冬季气温变化最缓慢，升降约为2℃左右(见表2—1)。

1981—2005年襄樊市各地月、年平均气温(℃)统计

表2—1

	1	2	3	4	5	6	7	8	9	10	11	12	全年	1961—1980年平均
襄樊	3.2	5.5	9.8	16.6	21.6	25.3	27.4	26.6	22.5	16.9	10.8	5.1	15.9	15.7
枣阳	2.7	5.1	9.6	16.4	21.5	25.6	27.7	26.6	22.4	16.7	10.6	4.6	15.8	15.4
宜城	3.2	5.5	9.7	16.4	21.5	25.3	27.3	26.5	22.4	16.9	10.9	5.1	15.9	15.8
南漳	2.7	5.0	9.4	16.3	21.3	25.1	27.3	26.5	22.2	16.4	10.2	4.5	15.6	15.4
保康	3.1	5.1	9.4	16.0	20.3	24.0	26.5	25.3	21.0	15.5	10.0	4.7	15.1	15.1
谷城	2.9	5.3	9.6	16.4	21.5	25.5	27.5	26.4	22.2	16.6	10.5	4.8	15.8	15.4
老河口	2.9	5.3	9.6	16.4	21.5	25.4	27.5	26.5	22.3	16.7	10.5	4.9	15.8	15.3

襄樊各地的日气温变化也呈单峰型，一天中最高气温一般出现在13—14时，最低气温则因季节的原因，出现的时间有差异。7—8月在5时左右，冬季在7时左右，其他月份则在6时左右。

各地日最高气温≥35.0℃的日数，年平均为9～24天，保康最多为24天，宜城最少仅为9天，其他县(市)13～17天，高温日数的年际变化差异十分明显，多的年份可达40～50天，少的年份仅有几天，例如保康1997年高达47天，1983年才有9天，襄樊市区1997年有26天，而1987年仅有3天。

各地年极端最高气温为 39.6℃ ~ 41.6℃。41.6℃的极端气温 1997 年 9 月 6 日出现在保康城关。

极端最低气温为—7.9℃ ~ —13.7℃。除襄樊为—7.9℃外，其他县(市)均在—11.0℃以下，尤以谷城最低，为—13.7℃。

(2)降水：襄樊各地年平均降水量在 818 ~ 942 毫米，地理分布西南部山区多，向东北部呈递减，南漳、保康、谷城三地年平均降水量均 910 毫米以上，其他各地均在 890 毫米以下，年平均降水量最多的是保康为 942 毫米，最少的是襄樊城区为 818 毫米，相差 124 毫米(见表 2—2)。各地降水量的年际变化十分明显，多在 2 倍以上，有的年份(最少)的降水量不到有的年份(最多)的一半。例如：枣阳市 2005 年降水量多达 1493 毫米，而 2001 年降水量仅有 473 毫米，不到 2005 年的 1/3。从表 2—2 中可明显看出，一年中 1 月、12 月的降水量最少，基本上在 20 毫米左右，上半年降水量是逐月增多，到 7、8 月达到最多(130 ~ 190 毫米)，9 月起逐月减少。6—8 月的月降水量基本上在 100 毫米以上(最多的保康 8 月份降水量有 192 毫米)，雨量集中约占全年雨量的 44% ~ 50%，同时，6—8 月又是强对流天气活动最集中、最频繁的时期，伏旱、暴雨、雷电、冰雹、洪涝和山区泥石流等气象灾害集中出现在这期间。全年各地年平均降水日数为 110—130 天，西部山区为 120—130 天，东部地区在 110—116 天。春季、秋季日数多，夏季次之，冬季最少。

1981—2005 年襄樊地区各地各月年平均降水量

表 2—2 (单位：0.1 毫米)

月份 地点	1	2	3	4	5	6	7	8	9	10	11	12	全年	
襄樊	196	284	477	573	940	998	1 270	1 360	781	711	411	182	8 183	
枣阳	175	266	469	530	925	1 194	1 658	1 286	679	644	359	168	8 353	
宜城	199	304	487	658	1 078	1 032	1 442	1 451	798	791	390	200	8 830	
南漳	168	278	455	610	988	1 087	1 722	1 619	935	754	365	180	9 161	931.6
保康	140	239	425	624	1 019	1 170	1 660	1 924	945	742	384	150	9 422	
谷城	262	326	614	704	1 033	1 089	1 204	1 586	999	812	485	234	9 348	
老河口	220	282	523	600	916	982	1 185	1 431	846	716	436	217	8 354	

(3)风：全市各地年平均风速为 0.8 ~ 2.4 米 / 秒，由于受地形地貌影响，平均风速和主导风向的时空分布均有明显差异。襄樊、枣阳和宜城风资源较丰富，平均风速在 2.4 ~ 2.1 米 / 秒，老河口、南漳和枣阳的次之，1.4 ~ 1.1 米 / 秒，保康最小为 0.8 米 / 秒，仅为襄樊市区(2.4 米 / 秒)的 1/3。从季节上看，春季、夏季风大，秋季、冬季风小；从地理分布看，东部地区风大，西部风小。襄樊地处季风气候区，风向随季节而变化，10 月到次年 3 月主要受北方冷高压控制和影响，多吹偏北风(主导风向)。4—9 月副高势力渐强北抬东伸，受其影响，主导风向为偏南风。襄樊、宜城、枣阳和南漳，符合这一特征。因地形因素，保康的主导风向是偏北风，偏南风向不明显，而谷城的主导风向则是偏西和偏东风，偏南风出现最少(见表 2—3)。

1981—2005 年襄樊地区平均风速

表 2—3　　单位:米 / 秒

月份 站点	1	2	3	4	5	6	7	8	9	10	11	12	全年
襄樊市区	2.2	2.4	2.9	3.0	2.7	2.6	2.6	2.2	2.2	2.1	2.1	2.2	2.4
枣阳	2.0	2.1	2.5	2.4	2.2	2.2	2.2	1.8	1.9	1.8	1.9	1.9	2.1
宜城	2.1	2.2	2.6	2.4	2.1	2.1	2.1	1.9	1.9	1.8	2.0	2.0	2.1
南漳	1.1	1.2	1.4	1.4	1.3	1.2	1.3	1.2	1.1	1.0	1.0	1.0	1.2
保康	0.8	0.9	1.0	1.0	0.8	0.7	0.8	0.8	0.7	0.6	0.7	0.8	0.8
谷城	0.9	1.0	1.2	1.3	1.2	1.2	1.2	1.0	1.0	1.0	0.9	0.9	1.1
老河口	1.2	1.4	1.6	1.6	1.6	1.5	1.5	1.3	1.3	1.3	1.3	1.3	1.4

(4)日照:照时数各地年平均日为 1 630 ~ 1 890 小时,南漳、枣阳和襄樊市区在 1 840 小时以上,宜城次之,谷城、老河口和保康在 1 670 小时以下(见表 2—4)。从表 2—4 看,日照的年变化各地最高值均在 7、8 月,平均为 160 ~ 190 小时,12 月到次年 2 月最低,平均在 100 ~ 120 小时。日照的年际变化差异明显,多的年份和少年份可相差 500 ~ 900 个小时。例如:南漳 1986 年多达 2 332 小时,而 2003 年仅为 1 417 小时,相差 915 个小时。襄樊市区年平均日照百分率为 42%,年际变化高低差异较大,高的年份有 46%(1986、2001 年),低的年份为 34%(1989、1993 年)。

1981—2005 年襄樊市各地月、年平均日照时数(小时)统计

表 2—4

月份 地点	1	2	3	4	5	6	7	8	9	10	11	12	全年
襄樊	114.9	113.0	137.1	168.5	186.4	182.0	190.9	187.6	158.6	145.2	135.6	122.4	1 842.2
枣阳	114.0	113.9	136.8	166.8	182.6	177.7	195.1	191.2	164.1	146.7	131.8	122.9	1 843.6
宜城	108.3	104.9	131.3	156.5	171.9	167.1	184.2	186.8	152.3	132.2	123.8	113.1	1 732.4
南漳	121.8	114.5	138.4	170.1	191.1	185.4	193.8	191.8	161.9	151.1	142.0	126.6	1 888.5
保康	112.1	99.0	122.4	152.7	164.3	163.1	171.3	160.6	131.8	118.0	116.3	118.2	1 629.8
谷城	101.8	102.9	128.9	150.9	174.3	162.0	168.9	167.1	142.0	135.9	119.3	111.2	1 665.2
老河口	99.6	101.2	126.6	157.3	170.5	167.2	170.2	163.5	137.4	134.1	124.9	110.2	1 662.7

(5)无霜期:全市无霜期平均在 238 ~ 250 天,襄樊、宜城长有 250 天,南漳短为 238 天。平均初霜日出现时间,枣阳、南漳、老河口和谷城在 11 月中旬初,襄樊、宜城和保康晚 3 ~ 4 天,在 11 月 15 日前后;平均终霜日,南漳、枣阳、老河口和保康出现在 3 月 17—20 日,宜城、襄樊则早 8 ~ 10 天,在 3

月 11 日前后。初霜日最早全市均出现在 1981 年 10 月 24 日，最晚出现 1998 年 12 月 4—7 日。最早终霜日除保康出现在 2000 年的 3 月 1 日外，其他各地均出现在 2 月 13—22 日；最晚终霜日均出现在 4 月上旬。无霜期年际变化也很明显，最长与最短相差 60 ~ 80 天，例如：枣阳 2004 年无霜期长达 285 天，而 1990 年的无霜期只有 203 天。

(6)湿度：全市年平均相对湿度在 73%—78%之间，地域分布大致由南向北逐渐减小。相对湿度的年际变化和月季变化并不十分明显，但有明显的季节变化特征，表现为夏秋湿润，冬春干燥。2 月至 8 月为上升期，峰值出现在 7 月或 8 月；8 月至次年 2 月为下降期，低谷出现在 1 月或 2 月。全市最小相对湿度在 0% ~ 4%之间，大致出现在冬半年的 10 月至次年 3 月。降水量多的年份相对湿度相应也高，晴好天气相对湿度要低于阴雨天气的相对湿度。相对湿度日变化明显，并与温度日变化趋势相反，相对湿度极值出现的时间正好与气温极值出现时间相同。

3.局(台)简史

历史沿革：1958 年，筹建湖北省襄阳专署气象台。1960 年，成立湖北省襄阳公署气象局。1968 年 1 月，成立湖北省襄阳专员公署气象局革命领导小组。1969 年 1 月，改名为湖北省襄阳地区革命委员会农林水小组气象台。1971 年，实行军管，成立湖北省襄阳地区革命委员会气象台，归口农业办公室。1973 年，恢复湖北省襄阳地区革命委员会气象局。1979 年 1 月，撤销湖北省襄阳地区革命委员会气象局，改称湖北省襄阳地区行政公署气象局，局内设气象台、气象科、行秘科、人降办。1980 年，襄阳地区行政公署气象局实行以条条管理为主和条块结合的双重领导体制，局内设气象台、人事科、办公室、气象科（原行秘科分为办公室和人事科、人降办合并于气象科）。1983 年 8 月，撤销湖北省襄阳地区，实行市管县；同时成立湖北省襄樊市人民政府气象局，地方归口农业委员会。1984 年 1 月，湖北省气象局将襄樊市气象局改名为湖北省襄樊市气象台，仍属县级单位；同年 6 月，湖北省气象局下文恢复湖北省襄樊市气象局名称。1959 年以前，襄阳地区气象观测是由水文部门所属气象站进行的。1959 年开始气象与水文两部门达成协议，仍沿用设在襄城长门内的气象站的观测场地，气象部门派 2 ~ 3 名观测员共同值气象观测班，资料共享，由气象部门负责资料的审核与保管。1962 年，气象观测场搬迁至襄城西门外农校侧，气象观测任务由气象部门单独承担。襄樊市局先在襄城北街由政府没收的杨吉六家宅内开展业务，后来依次迁至米花街、民警支队院内、专署西院、财校、农校等地。直至 1968 年才迁至襄城东门外现址至今。10 年中搬了 7 次家。2002 年，机构改革，市气象局内设办公室、业务管理科、人事教育科 3 个职能科室和市气象台、市专业气象台、市气象科技服务中心、后勤服务中心 4 个直属事业单位；地方编制机构 2 个：市防雷中心、市人工影响天气办公室。历任领导班子主要成员情况见（表 2—5）。

襄樊市气象局领导干部情况简表

表 2—5

机构名称	姓名	籍贯	职务	任职时间
襄阳地区行政公署气象局	田自中	河北深泽	局长	1979.01—1981.10
	肖家文	湖南常德	副局长	1979.01—1981.10
	李新	河北清河	副局长	1979.01—1981.10
	卜学焕	湖北襄阳	副局长	1979.01—1981.10

续表

机构名称	姓名	籍贯	职务	任职时间
襄阳地区行政公署气象局	何廷文	四川梓潼	局长	1981.11—1983.08
	卜学焕	湖北襄阳	副局长	1981.11—1983.08
	肖家文	湖南	副局长	1981.11—1983.08
	李新	河北清河	副局长	1981.11—1983.08
	阮水根	江苏苏州	副局长	1982.10—1983.08
湖北省襄樊市气象局	何廷文	四川梓潼	局长	1983.08—1984.01
	卜学焕	湖北襄阳	副局长	1983.08—1984.01
	肖家文	湖南常德	副局长	1983.08—1984.01
	阮水根	江苏苏州	副局长	1983.08—1984.01
湖北省襄樊市气象台	阮水根	江苏苏州	台长	1984.01—1984.03
	卜学焕	湖北襄阳	副台长	1984.01—1984.03
湖北省襄樊市气象台	阮水根	江苏苏州	台长	1984.03—1984.06
	卜学焕	湖北襄阳	副台长	1984.03—1984.06
湖北省襄樊市气象局	阮水根	江苏苏州	局长	1984.06—1986.02
	卜学焕	湖北襄阳	副局长	1984.06—1986.04
	陈杰洲	广东开平	副局长	1985.12—1986.04
湖北省襄樊市气象局	卜学焕	湖北襄阳	副局长	1986.04—1986.12
	陈杰洲	广东开平	副局长	1986.04—1987.10
	邹士荣	湖北钟祥	副局长	1986.12—1987.10
湖北省襄樊市气象局	陈杰洲	广东开平	副局长	1987.10—2000.03
	邹士荣	湖北钟祥	副局长	1987.10—2000.03
	李正钧	湖北孝感	副局长	1989.06—1993.03
	匡本贺	武汉市	副局长	1993.03—1994.05
	田玉成	湖北京山	副局长	1994.05—2000.03
	刘从西	湖北保康	纪检组长	1990.08—2000.03

襄樊市气象局主要领导干部情况简表

机构名称	姓名	籍贯	职务	任职时间 终止时间
湖北省襄樊市气象局	李光斌	湖北枣阳	局长	2000.03—2005.12
	邹士荣	湖北钟祥	副局长	2000.03—2005.12
	田玉成	湖北京山	副局长	2000.03—2005.12
	许昭南	四川合江	副局长	2002.04—2005.12
	谭仁芝	湖北襄阳	纪检组长	2002.04—2005.12

(四)水系水文

1. 河流水系

襄樊地区河流纵横,河网发达。全市有大小河流 649 条,其中长度在 10 公里以上的有 228 条,流域面积在 100 平方公里以上的有 50 条,总属长江水系,再分各属汉江、沮漳河水系,最终入汇长江。

(1)汉江水系

汉江是长江最长的支流。古称沔水,或以汉沔、沔汉联称,又名汉水,襄樊及其以下亦称襄江、襄河。汉江河源概说一般为陕西省秦岭南麓,此说正确但不准确。细说有南、中、北三源,其中中源源于陕西省宁强县大安镇汉源村嶓冢山,山下有一石洞名石牛洞,洞形似正方形,深不过 3 米,高、宽各 3 米左右,洞中有一股食指般粗的泉水终年流出,出洞不远即隐入地下流长数十米后涌出地面,名为漾水,过去在石牛洞前建有嶓冢祠,《尚书》称"嶓冢导漾,东流为汉",因而历来被看做正源,但流程最短;南源源于陕西省宁强县西南部蔡山岭,有一眼清泉从山中岩石缝中喷出,如玉粒颗颗,珍珠串串,故名玉珠泉,泉水沿着阶梯形峭壁乘势而下,形成一叠一叠的飞瀑,落入山下潭中,潭名云汉,潭水流出后名玉带河,流程较中源长 24 公里,后被认作正源;北源源于陕西省留坝县西,流程最长,名上沮水,《汉书·地理志》名沮水,《说文》《水经》名沔水,皆以此为正源。三源相比,北源长,中、南源皆短,按照河源唯远的原则,北源应为正源,故今《湖北河流集》认定汉江源出陕西省留坝县。干流流经陕西、湖北两省,于武汉市汉口龙王庙注入长江,全长 1577 公里,总落差 1964 米。支流遍布甘肃、陕西、四川、河南、湖北 5 省。全流域面积 1959 年之前为 17.4 万平方公里,位居长江水系各支流之首;1959 年之后,府河下游人工改道,裁弯取直,新挖河道 83.8 公里,澴水入汇后由过去注入汉江改由武汉市谌家矶直入长江,减少至 15.9 万平方公里,退居嘉陵江之后,为长江水系各支流第二。流域北部以秦岭、外方山与黄河为界,东北以伏牛山、桐柏山与淮河为界,东南以大洪山与府澴河为界,西南以大巴山、荆山与嘉陵江、沮漳河为界,南为江汉平原,无明显天然界限。流域水系呈叶脉状,自上而下汇入干流的主要支流有褒河、任河、洵河、甲河、堵河、丹江、南河、唐白河等。按河势划分,汉江分为上、中、下游三段。从河源至丹江口为上游,长 925 公里,流域面积 9.52 万平方公里,两岸高山、浅山、丘陵面积占 97%,其中秦岭山脉高程为 2 500~3 000 米,大巴山高程为 2 000 米,平均海拔高程在 600 米以上,河床平均比降 0.6‰,其落差约占总落差 95%以上,河面宽 200~300 米,水急滩多,属山区河流;从丹江口至钟祥为中游,长 270 公里,流域面积 4.68 万平方公里,两岸为丘陵、平原及河谷盆地,山势开展，地势平坦，流速缓慢，河床平均比降 0.19‰，河道宽阔，两岸阶地相距甚远，枯水期河宽 300~400 米，洪水期河宽 4 000~6 000 米，冲淤不定，洲滩众多，属游荡性多槽型河道；从钟祥至河口为下游，长 382 公里，流域面积 1.7 万平方公里，两岸为平原湖沼地带，堤防完整，河床稳定，河势收束，水深增加，平均比降 0.09‰，河道弯曲，渐行渐窄，至河口附近仅宽 180 米，属蜿蜒型单一河道。

襄樊地区汉江河段位处中游，自丹江口市黄家港入境，流经老河口、谷城、樊城、襄城、襄阳、宜城等 6 个县(市)区，于宜城芝麻滩出境入钟祥市，全长 195 公里，流域面积为 16 859.38 平方公里，占全市总面积 85.47%。据襄阳站(始建于 1929 年 5 月 1 日，现直属于长江水利委员会襄阳水文水资源勘测队，位于襄樊市襄城区滨江路 2 号，汉江右岸，为南河入汇后唐白河入汇前汉江干流的国家基本水文站)记载，汉江最大夏季洪水发生在 1935 年 7 月 7 日，洪峰流量 52 400 立方米 / 秒，最高水位 71.71 米，最大秋季洪水发生在 1964 年 10 月 6 日，洪峰流量 26 400 立方米 / 秒，最高水位 69.92 米，最小流量见于 1958 年 3 月 12 日，145 立方米 / 秒，最低水位见于 2004 年 7 月 16 日，水位 59.75 米，多年平均径流量 435 亿立方米，最大年 651 亿立方米，最小年 261 亿立方米，多年平均径流深 312 毫米。襄樊地区河段水电规划 4 级开发，可建中型水电工程 4 处，装机容量 46.4 万千瓦。

襄樊地区汉江河段河道属游荡性分汊型河道。区间入汇河溪较多，河谷开阔，河道宽浅，洲滩密布，河水分汊，水流散乱，枯水河宽仅 300~400 米，洪水漫滩达 2 000~3 000 米，主流摆动游荡不定，变化较为频繁，向有"三十年河东、四十年河西"之说，因而河岸易受冲刷，崩塌相对严重，河道内洲滩数量多面积大。全河段易冲河岸长 312.9 公里，其中左岸长 176.9 公里，右岸长 136 公里，崩塌河岸长 216.59 公里，其中左岸长 123.8 公里，右岸长 92.79 公里，洲滩面积 37.52 万亩，其中耕地 17.27 万亩。进一步划分如下：入界至老河口城区河段，入汇河溪左有六股泉、闫家沟、苏家河、杜槽河、孟桥川、贾沟河，右有龙潭河、冷集河。两岸多为山石土丘，河道平均宽度 1200 米，河床卵石夹沙，时有出露，河泓摆动频繁，河岸多有崩塌，主要有老河口城区上段及沈家湾、付家寨下段，沿河洲滩有宋家洲、鲍家洲，面积 2.3 万亩，其中耕地 0.9 万亩；老河口城区至太平店河段，入汇河溪左有铁锁堰沟、唐沟、马家岗河、马冲河、牛车沟、姚河，右有北河、南河、黄畈河。流经平原谷地，河床基本为沙质，局部有卵石出露，河道平均宽度约 1 100 米，河岸崩塌加重，左岸仙人渡至太平店崩塌长 2.15 公里，右岸尖角至格垒咀崩塌长 2.65 公里，仙人渡以下因猪圈洲淤塞，形成拦门江心洲，水道被分成两条，左道水流逐渐衰减，洲体南部淤长增宽约 1 公里，右道下移约 2 公里，沿河洲滩较多，左有王甫洲、猪圈洲，右有李家洲、黄家洲、胡家洲，面积约 8 万亩，其中耕地 4.5 万亩；太平店至襄阳站河段，入汇河溪左有石河畈、冢子湾河、黄龙沟、黑龙沟，右有狮子岩河、杨叉河。右岸多山丘阶地，左岸滩地开阔，堤防多于右岸，河道平均宽度 1 500 米。河床多为沙质覆盖，河岸屡有崩退，1949 年以来，左岸崩塌长 18 公里，平均崩宽 167 米，韩家咀至施官营最宽处崩退 660 米，共搬迁房屋 450 间，居民 147 户 583 人，崩地面积 4 400 亩，沿河洲滩有小樊洲、中洲、袁家洲、长丰洲、贾家洲、老龙洲，面积 6.1 万亩，其中耕地 4.4 万亩；襄阳站至宜城城区河段，入汇河溪左有清河、唐白河、胡家沟、肖坡河、淳河，右有南渠、渭水。河流由东津折转向南，右岸滩地开阔，河道偏左，襄城、樊城之间，河床骤然变窄，形成"藕节"状，宽度仅为 500~800 米，平均宽 1300 米，沙质河床。由于唐白河、清河相继于襄樊城区东北部入汇，水流缓慢，砂石沉积，逐步淤塞成有名的"鱼梁洲"，河道至此分割成左、右两汊，左汊衰落，洲头向北淤长约 1 公里，洲尾向南延伸 1 公里，左岸东津湾港口淤死废弃，右汊被冲宽、冲深，成为主河道。两岸崩塌严重，1949 年以来，左岸襄阳区东津段崩岸长 13.6 公里，宽 104 米，崩走耕地面积 3 600 余亩，右岸襄城区欧庙段崩岸长 9.8 公里，宽 90 米，崩地面积 1 600 亩，搬迁房屋 900 间，居民 348 户 1 360 人，沿河洲滩有鱼梁洲、大旺洲、应山洲、王集洲、南营洲等，面积 11.2 万亩，其中耕地 2.8 万亩；宜城城区至出界河段，左岸为土丘，右岸属平岗，入汇河溪左有肖家湾河、黑石沟、石门河、南洲河、莺河、连江河，右有鲤鱼桥河、蛮河。沙质河床，河道平均宽 1 570 米，河道加宽，比降减小，水流减缓，崩岸加剧，洲滩增多。其中雅口至胡家坡段，左岸流水沟崩退约 0.7 公里，右岸郭海营、安家洲两处崩退各约 1.2 公里，芝麻滩处崩岸近年加重。沿河洲滩有谭垴、何骆、流水、璞河等，面积 9.92 万亩，其中耕地 4.65 万亩。

汉江流域是洪灾多发地区，民国时期(1912—1949)的 38 年间，襄樊地区共发生洪灾 14 次，其中特大洪灾 1 次，平均 2.7 年 1 次。1935 年 7 月夏季洪水为百年一遇，其时汉江上游大雨，河水陡涨，7 月 7 日襄阳站最高水位 71.71 米，洪峰流量 52 400 立方米 / 秒。新中国建立后，加强汉江综合治理，特别是 1967 年 11 月 5 日丹江口水库下闸蓄水后，调蓄功能增强。由于其拦洪和调蓄作用，汉江中游河段洪水特征较建库前有明显改变，主要表现为：洪峰削减调平，洪水历时增长，洪峰由消瘦型变为肥胖型；大流量出现概率减少，襄阳站大于 20 000 立方米 / 秒流量的出现概率由建库前的 23.5%下降为 5.7%；水位最大年变幅减小，襄阳站建库前为 8.35 米，建库后减小至 6.45 米。据统计，从 1968 年至 1989 年的 22 年间，共拦截入库流量 1 万立方米 / 秒以上洪水 58 次，其中 1 万 ~2 万立方米 / 秒 40 次，2 万 ~3 万立方米 / 秒 16 次，3 万立方米 / 秒以上 2 次，对减少汉江中下游地区人民洪水灾害起到重要作用。

汉江属中等含沙量河流。丹江口水库建成以前，襄阳站最大年输沙量为 2.42 亿吨，多年平均 1.13 亿吨；建成以后，最大年减少到 0.202 亿吨，多年平均 0.08 亿吨。据 1959 年至 1978 年实测，黄家港站河床平均冲深 5.46 米，老河口冲深 3.11 米，太平店冲深 1.38 米，襄阳站冲深 1.01 米。至 1997 年 4 月查勘，经过近 30 年冲刷，总体河势调整已基本完成，但局部河段崩岸和河势调整仍在持续，部分河段还在加剧。襄阳站至皇庄站区间河道游荡性消失，动力轴线较为稳定，较小的江心洲与边滩相连已形成较稳定的高大边滩，滩地上已长满芭茅、树木。在 1991 年至 1996 年期间，航道部门历时 5 年，对该河段进行航道整治，兴建各种丁坝导堤 198 座，改变这一态势，主流线完全受工程控制，目前尚未归顺，河势调整尚未到位，局部河段变化仍较剧烈，从而导致部分新的崩岸发生。汉江流域概况（见表 2—6）。

汉江流域概况

表 2—6

区　　域		全流域	上 游	中 游	下 游
河　　段		—	丹江口以上	丹江口至钟祥	钟祥以下
干流总落差(米)		1 964	—	—	—
河床平均比降(‰)		—	0.6	0.19	0.09
河 道 长 度(公里)		1 577	925	270	382
集水面积	面 积(平方公里)	159 000	95 200	46 800	17 000
	占总流域面积(%)	100	59.9	29.4	10.7
地形组成(%)	山　地	55	79	25.4	22
	丘　陵	21	18	23	27
	河谷盆地(平原)	24	3	51.6	51

境内汉江水系重要支流有北河、南河、清河、唐白河、南渠、淳河、蛮河、莺河等。

①北河：汉江干流中游右岸支流。南北朝时称泛水，后因位于谷城县城之北，与县境之南的南河相对称，而谓北河，清代又称古洋河。源出武当山南麓房县沙河镇南进沟，东流至观音堂入谷城县境，1974年前为南河支流，在两河口入汇，1974年在安家岗新开河道长997米，筑堵老河口坝1座，长265米，高7米，缩短流程7.5公里，于北河镇唐家洲注入汉江，全长103公里，流域面积1 194平方公里，其中谷城境内长59.6公里，流域面积894.7平方公里。河道平均比降3.5‰，弯曲系数1.8。多年平均径流量4.6亿立方米，多年平均径流深385.6毫米，多年平均流量14.6立方米/秒，枯水季节仅1~2立方米/秒，徒步可涉。水能理论蕴藏量3.14万千瓦，其中可开发量1.28万千瓦。

北河流域地势西南高，东北低。潭口水库以上为山区，人烟稀少，山岭连绵，树木丛生，植被尚好，河道蜿蜒曲折，流经高山峡谷之间，比降3.3‰，河床狭窄，水流湍急；潭口水库以下属丘陵平畈，河谷开阔，河流平缓，土壤肥沃，是农业生产发达之地。

北河上游地区是暴雨集中区之一，常有山洪暴发、骤然成灾之患，仅清朝一代268年间就曾发生大水30多次，因此流传“北河害，北河苦，洪水来了无从堵，你卖儿，他卖女，换来粮食难下肚”民谣。自1949年至2005年的56年间，北河共发生大洪水8次，平均为7年一次。1975年8月上旬持续强降雨，房县佘家河站最大24小时降雨量达395.2毫米，观音堂站为256.8毫米，山洪暴发，8月9日潭口水库坝顶局部漫溢深15厘米，溢洪道左侧溃口，调查石花镇洪峰流量4 870立方米/秒，石花街进水，下游红卫桥以上河堤溃漫7处。

北河流域水资源较为丰富。干流先后有40条流域面积在5平方公里以上的支流注入，其中50~100平方公里的有西河、团湖河，100平方公里以上的有紫金河、盐池河。流域内水资源开发利用起步较早，自20世纪50年代以来，已建成潭口、团湖中型水库2座，小⑴型水库6座，小⑵型水库19座，总库容8 581万立方米，拦控面积707平方公里，占流域面积59.2%，灌溉农田7万余亩，占流域耕地面积36.4%。建成固定机电排灌站10处，装机13台775千瓦。建成骨干潭口电站1座，装机8台2 370千瓦。

②南河(附清溪河)：汉江干流中游右岸重要支流。古名筑水，因其水汇峡谷，形似古击弦乐器“筑”，被礁石划成的道道水纹恰似“筑弦”而得名，又称粉水、粉青河、粉清河、粉渍河。《南雍州记》所载：西汉丞相“萧何夫人渍粉，鲜洁异于诸水，随取为名”，俗称南河。南河属雨源性河流，除洪水期外，平时河水清澈，有粉水澄清之誉，系谷城八景之一。清代名士方其敬诗云：“谁将粉水洗汪洋，相国夫人古迹彰，此日一泓清澈底，临流犹觉有余香。”后因河道位于谷城县城之南，故有南河之称。源出神农架林区田家山乡大神农架山，海拔2933米，自西南流向东北，由关门河、苦水河汇流于阳日湾后称粉青河，至雷公滩入保康县境，穿房县，至三里坪再入保康，至珠藏洞纳马栏河后称南河，至开峰峪纳清溪河，至玛瑙观入谷城县境，历龙滩、胡家渡、盛塘、谷城县城，至城关镇王家咀注入汉江。全长253公里，流域面积6481平方公里，其中谷城、保康两县境内流长141.5公里，流域面积2568平方公里，总落差470米，多年平均径流量24.7亿立方米，最大年为1964年，径流量44.3亿立方米，最小年为1997年，径流量7.47亿立方米，多年平均径流深380.8毫米。

南河流域位处武当山、荆山、大巴山和大神农架山脉之间，地势西南高、东北低。干流河道平均比降3.85‰，弯曲系数1.64，为山地蜿蜒型河流。河道分为上、中、下游三段。上游从源地至阳日湾流长83公里，两岸为高山区，海拔500～3 000米，高山壁立，河道狭窄，坡陡流急，支沟密集，河道弯曲系数1.38，比降16.2‰；中游从阳日湾至胡家渡流长146公里，两岸为山区，海拔500～1 500米，峡谷台地相间，其中“金斗峡”“青巴峡”较为有名，枯水期河宽50~150米，河道曲折，弯曲系数1.83，比降2.4‰；下游从胡家渡至河口流长32公里，两岸除擂鼓台一段长约2公里峡谷外，为丘陵平畈地带，地势开阔，垦殖面较广，土地肥沃，河道弯曲系数1.49，比降1.64‰。

南河流域多年平均降雨量为1 031.7毫米，是洪灾多发地区。据统计，明弘治十一年(1498)至民国

24 年(1935)的 437 年间,共发生大洪水 30 次,平均约 14.5 年一次,其中特大洪水 3 次,最大洪水发生在清咸丰三年(1853)八月,调查谷城三幢碑站水位 89.41 米,洪峰流量 15800 立方米 / 秒;新中国建立到 2005 年,其间 56 年,发生较大洪灾 8 次,平均约 7 年一次。1975 年 8 月 4 日至 10 日,中上游地区连降暴雨 6 天,8 月 9 日最大降雨达 256.8 毫米,山洪暴发,保康开峰峪站最高水位 211.79 米,洪峰流量 8 280 立方米 / 秒,谷城三幢碑最高水位 89.25 米,洪峰流量 12 800 立方米 / 秒,保康、谷城两县遭受重灾。

南河干流中上游及其支流清溪河两岸，是水土流失比较严重地区。据开峰峪站实测,1964 年至 1979 年的 16 年间，年均输沙量 319 万吨，平均侵蚀深 6.8 毫米，南河 (胡家渡) 电站坝前每年淤高 1~1.5 米。1975 年最为严重,年输沙量为 1 400 万吨,每立方米含沙量 43.3 公斤,侵蚀模数每平方公里 2674 吨，为允许值 5 倍以上。1980 年至 1992 年的 13 年间，年均输沙量 162 万吨，比上述时段减少 49.2%,水土流失状况有所改善。1998 年长江流域特大洪水后,国家加大长江防护林和退耕还林建设力度,南河流域水土流失治理步伐加快,水土流失状况得到进一步改善。

南河流域雨量充沛，河道落差大，坡陡流急，蕴藏着相对丰富的水能资源。水能理论蕴藏量达 25.42 万千瓦,其中可开发量 21.67 万千瓦。进入 20 世纪 80 年代以来,南河流域水电建设速度加快,形成梯级开发态势。域内干流已先后建成保康马桥一级、马桥二级、马桥三级、寺坪、过渡湾,谷城白水峪、南河(胡家渡)、庙子头、金盆沟等 9 座干流梯级电站。

清溪河是保康县境的重要河流,为南河右岸一级支流。古称清吉河,因河水清澈透底而得名,上游也称渡汉河、豆沙河。源出神农架外围山系的望佛山邓家岩栗子树坪一带,即保康后坪镇分水岭,流经后坪、黄堡、城关、过渡湾等乡镇,沿途纳入白浴沟、陈家沟、黄堡河、白果园沟等流长 10 公里以上支流 4 条,其中黄堡河在距县城清溪河二桥上游 4.5 公里处的牌坊湾入汇,自南而北穿城而过,将县城分为东、西两区,至开峰峪注入南河,河长 50.8 公里,流域面积 599 平方公里。据开峰峪水文站推算,多年平均流量 7.29 立方米 / 秒,多年平均径流量 2.3 亿立方米。

清溪河属山溪性河流,河源山顶高程 1946 米,自然落差 1546 米,主河道长 37.2 公里,平均比降 8.97‰。流域地处鄂西北大山区崇山峻岭之中,南以荆山山脉与沮河分界,东临蛮河水系,西、北部归属南河流域,地势险要,域内山峰高程多在 850~1850 米之间,河床落差大,水流急,河道狭窄,汇流快,河流两岸山体风化严重,且过度开荒垦殖,因而每遇暴雨洪水往往挟带大量泥沙、卵石冲刷而下。保康县城位于清溪河中游地带,该段河床坡度较缓,每年有大量沙石沉积,抬高河床,影响行洪,是城区防洪保安的一大隐患。1975 年 8 月特大洪水,南河开峰峪水文站洪峰流量 8280 立方米 / 秒,清溪河保康城关洪峰流量相应为 1340 立方米 / 秒,造成堤坝决口,县城进水,交通、通信、供电全部中断,城关 97 个行政机关、企事业单位有 31 个受灾,冲毁房屋 1900 余间,淹死 50 人。

③清河(附大李沟):汉江干流中游左岸支流。以河水清澈而得名,又名小清河。上游称排子河,分南、北两支。北支为正源,因流经襄阳区石桥东,故称东排子河,源出河南省淅川县南部山丘,流向东南经陶岔,彭桥东、林扒、岁楼寨西,折转向南至李楼入老河口市境,至黑龙集入襄阳区境,再南流至石桥;南支西排子河源出河南省邓州市朱连山(又名杏山、俗称二皮山)南麓,流向东南入老河口市境,经纪洪岗先入申家洼水库,再入古城水库,转东流经孟楼,转南至竹林桥入西排子河水库。东、西排子河汇流于石桥后称排子河,再南流经龙王至黄茅山,黑水河(现称红水河)由西注入后,始称小清河。继续向东南流经孙家咀、清河店,至洪家沟有大李沟(七里河)由西注入,于樊城区清河口入汇汉江。全长 123 公里,流域面积 2010 平方公里,其中境内长度 74.5 公里,流域面积 1376 平方公里。多年平均径流量 4.08 亿立方米,最大年 6.95 亿立方米,最小年 0.192 亿立方米,多年平均径流深 199.4 毫米。

清河流域地势西北高,东南低。干流河床平均宽 25 米,河道比降 2.48‰。调查最大洪水发生在)民国 24 年(1935)7 月,黄茅山站洪峰流量为 2 840 立方米 / 秒。实测最大洪水发生在 1964 年 7 月 27

日，黄茅山站洪峰流量为 1580 立方米 / 秒；最小流量仅 0.01 立方米 / 秒。

清河流域属平岗浅丘区，地势西北高，东南低，黄土层深厚，植被覆盖率较低，耕地面积大，人均耕地多，是全市著名“三北岗地”之一。流域内建有西排子河、红水河大⑵型水库 2 座，古城、武家营、冯营、滕庄、柳堰集、马张河中型水库 6 座，小⑴型水库 19 座，小⑵型水库 45 座，总库容 6.48 亿立方米，拦控面积 899.2 平方公里，占流域面积 44.7%。建有机电提水泵站 3 座，装机 9 台 720 千瓦。1973 年引丹(丹江口水库)工程总干渠及二、三、四、五、六干渠相继建成通水后，为域内农业灌溉，农业生产发展提供有利条件。

大李沟为清河右岸一级支流。也称大吕沟、头道沟，下游河段因南距樊城七里，亦称七里河，是樊城区、高新区排洪、排涝、排污的重要沟渠。上游在樊城区牛首镇以上分东、西两支。东支又称普陀沟，为正源，源出襄阳区龙王镇拐子岗，流向东南进入普陀堰水库，流经丘岗地带后折转向南，至王庄纳入西支；西支又称李家沟，源出樊城区牛首镇熊家集，流向东南，自许岗穿过邓城大道转向东流，至王庄汇入东支。两支汇合后继续南流，纳入王家伙沟后转向东南，至樊城区王家寨转向东北，途中纳入黄龙沟，治理后至高新区望城岗折向东南，于樊城区洪家沟入汇清河。全长 32.5 公里，兴建普陀堰水库后，减少到 15.8 公里，比降 0.9‰，流域面积由 148.6 平方公里减少至 128 平方公里。大李沟流域地处南阳盆地南部边缘地区，北以丘陵分水为界，南达汉江北岸，西起竹(条)熊(集)公路，东至清河右岸。地势西北高、东南低，地形以冲积平原为主，有部分低丘岗地。冲积平原主要分布在流域中部、南部及东部，地面高程 66~67 米，面积 120.9 平方公里，占总面积 81.4%；丘岗主要分布在流域北部及西北部，地面高程 74~118 米，面积 27.7 平方公里，占总面积 18.6%。该流域相传为汉江汉道，后演变成洪泛区，据史书记载，历史上曾建有“樊北五堰”(黄龙堰、普陀堰、白龙堰、黑龙堰、青龙堰)等小型水利工程；亦是三国时期蜀国大将关羽“水淹七军”古战场，“破五堰之水擒庞德”故事就发生在牛首镇鏖战岗(今鏖战岗由此得名)。由于地势低洼，历史上汉江发生的数次特大洪水，域内大部分平原之地都被淹没。大李沟河道分为上下两段，平均比降 0.68‰。上段由普陀堰水库至普陀沟口，长 7.46 公里，在樊城区境，沿岸为农作区，主要以排泄大气降水和农田灌溉回归水为主；下段从普陀沟口至洪家沟，长 8.34 公里，沿岸为城市建成区，除排泄大气降水外，还担负着排泄工业废水和生活污水任务。

④唐白河(附白河、唐河、滚河及沙河)：汉江干流中游左岸重要支流。上游分西、东两支，西支名白河，为正源，东支名唐河。白河、唐河入境襄阳区后，在双沟镇龚家嘴两河口交汇，始称唐白河。再向西南下行，流程 22.6 公里，流经董坡、刘集、梁嘴等地，于洪山头纳滚河，至张湾镇黄沙垴注入汉江。唐白河入河口原在新打洪(今清河口)，据清同治十三年(1874)《襄阳县志》记载：唐、白两河汇流后，“又南黄龙港(今港沟)水西北来至武家营入之，又南滚河东来至王家河入之，折而西经古城报恩寺延五娘洲，清河西北来入之，又南七里河至洪家沟入之，南至新打洪白河嘴入汉。今新打洪淤塞，南至龙坑，龙坑距城十五里，旧有深潭，坑与汉隔 2 里许，每小涨则溢。清咸丰十一年(1861)忽溃决成河，水(唐白河)径入汉，旧洪淤塞，不可复开”。河道全长 350.8 公里(含白河长度)，流域面积 24500 平方公里。多年平均流量 197.4 立方米 / 秒，调查董坡站最大洪水发生在 1975 年 8 月 9 日为 13400 立方米 / 秒，最小流量仅 3.1 立方米 / 秒，多年平均径流量 62 .34 亿立方米，多年平均含沙量每立方米 2.73 公斤，多年平均输沙量 804 万吨。

唐白河水系分布呈扇形。白河、唐河汇流前流程较长，汇流后干流很短，河道宽 700~1 000 米，安全过洪能力仅为 6 000 立方米 / 秒，下端左岸又有滚河入汇，且下泄洪水易受汉江河水顶托影响，因而发生洪水时流速缓、下泄慢，漫滩出岸成灾频率较高。

唐白河流域，北以伏牛山与黄河流域为界，东以桐柏山、大洪山与淮河、府河相邻，西以萧山与丹江分水，南临汉江，其中山区面积约占 16%，丘陵面积约占 23%，岗地平原面积约占 61%。境内唐白河流域地势自北向南逐渐降低，是“三北”岗地(包括老河口市全部，襄阳、枣阳北部地区)的重要组成部分，山地少，岗地平原多，因而兴修水利，发展农业生产潜力大。

白河古名淯水，为唐白河正源。源出河南省嵩山县伏牛山主峰玉皇顶，流经南召、南阳、新野等地，至襄阳区朱集镇东翟湾入境，于双沟镇龚家嘴两河口与唐河交汇，长328.2公里，流域面积12 224平方公里，其中境内长28公里，流域面积192平方公里，多年平均径流量22.8亿立方米，多年平均径流深185.8毫米，多年平均含沙量每立方米1.68公斤，多年平均输沙量40万吨。

白河两岸地势平坦，河床宽浅多滩，一般河宽300~500米，平均比降0.4‰。据新店铺站记载，白河最大洪水发生在1935年为10 700立方米/秒，最小流量出现在1960年8月27日为0.04立方米/秒，水位变幅1.5~6.0米，最大流速4.35米/秒。1961年河南境内鸭河口大(1)型水库建成，总库容13.16亿立方米，自此以后，新店铺站洪峰流量一般为1 000立方米/秒，超过3000立方米/秒的只有3年，有效地减轻下游洪涝灾害。

白河流域河南境内建有水库大(1)型1座、中型12座、小(1)型41座、小(2)型108座，总库容18.33亿立方米，拦控面积4355平方公里，占流域面积35.5%。境内建有水库小(1)型47座、小(2)型11座，总库容2196万立方米，拦控面积43.5平方公里，占境内流域面积22.7%，并在左岸建有翟湾、袁湾泵站，装机5台1030千瓦，设计提水能力4.9立方米/秒。

唐河又名泌河，为唐白河一级支流。源出河南省方城县七峰山，流经社旗、唐河、新野等地，至襄阳区程河镇石台寺入境，蜿蜒南行于双沟镇龚家咀两河口入汇白河，长230公里，流域面积8 685平方公里，其中境内长48公里，流域面积1 192平方公里。多年平均径流量16.3亿立方米，多年平均径流深187.7毫米，多年平均含沙量每立方米3.15公斤，多年平均输沙量52万吨。

唐河河道平均比降0.25‰。上游河床宽坦，中下游狭窄多弯，弯曲系数大，境内从石台寺到两河口，直线距离仅长28公里，而河流弯弯曲曲却长达46.8公里，有21道弯，“江流曲似九回肠”，“白河滩多，唐河弯多”，是十分形象的描述。弯曲半径一般为300~500米，最小半径仅150米。河槽狭窄，主河槽一般宽150米，最窄处不足100米，过洪能力约为1500立方米/秒，洪水漫滩后，最大过洪能力6 000立方米/秒。据郭滩站记载，唐河最大洪水发生在1975年8月8日，洪峰流量为13400立方米/秒，最小流量见于1958年3月19日，为0.11立方米/秒，水位变幅3~11米。由于过洪能力低，洪水宣泄不畅，且上游缺乏大型骨干水利工程，因而经常洪水出岸，泛滥成灾，两岸人民深受其害。据统计，从新中国建立到1985年，其间36年，先后发生洪涝灾害13次，其中大灾3次。民谚流传“家住唐河边，三年一小淹，十年一大淹，大水来了连锅端”。

唐河流域河南境内建有水库中型7座，小(1)型20座，小(2)型97座，总库容4.84亿立方米，拦控面积889平方公里，占流域面积10.24%。境内在枣阳建有邢川、烈士陵、小黄河、刘桥、罗桥、周桥，在襄阳建有黑清河等中型水库7座，小(1)型水库15座，小(2)型水库30座，总库容28016万立方米，拦控面积545平方公里，占境内流域面积45.72%，并在沿河两岸建有大岗坡、石台寺、陈湾、尚寨、寇集等5座泵站，装机38台21 100千瓦，设计提水能力28立方米/秒。

滚河（附沙河）古名白水，为唐白河左岸一级支流。源出桐柏山与大洪山之余脉随州市吴山镇七尖峰。干流由东向西横贯枣阳、襄阳，是流经两市(区)的一条重要河流。进入枣阳市境后，先后经王城、新店、王家湾、吴店、梁集、琚湾、蔡阳，至徐窝入境襄阳，继续西行于东津镇唐家店入汇唐白河，沿途汇入支流依次有伍河、华阳河、昆河、优良河、熊河、沙河等，全长146公里，流域面积2824平方公里。多年平均径流量6.35亿立方米，最大年为1954年11.2亿立方米，最小年0.74亿立方米，多年平均径流深224.9毫米，多年平均含沙量每立方米1.05公斤，多年平均输沙量79.5万吨。

滚河河床平均比降0.7‰。上游河床较陡，比降6.67‰~20‰，河槽宽30~50米，河床切割较深，两岸山丘为风化页岩及片岩，节理裂隙发育，林木稀少，中下游河谷较宽，为风化石沙泥河床，比降0.67‰~2‰，河槽宽80~150米。滚河最大洪水发生在1954年7月10日，调查张家集洪峰流量为6 060立方

米 / 秒，最小流量 0.128立方米 / 秒，一遇大旱年份，河水基本断流。

滚河流域建有华阳河、熊河大(2)型水库 2 座，中型水库 15 座，小(1)型水库 49 座，小(2)型水库 175 座，总库容 10.5 亿立方米，拦控面积 1553 平方公里，占流域面积 55%，灌溉农田 85.4 万亩，占流域耕地面积 63.97%。滚河流域降雨少，河流径流量小，水源不足，水库不能满蓄，水利工程分布亦不够均衡，因而旱灾发生频率较高，是境内易旱地区之一。

沙河古名涢水，因“广野被沙而河蔓延其间”，自元代起改称沙河，为滚河右岸最大支流。源出随州市吴山镇七尖峰，于三合店入枣阳市境，流向由东北至西南，经新市、鹿头、环城、北城、南城，穿行枣阳城关而过，至琚湾镇东 1 公里处汇入滚河，全长 88 公里，流域面积 722 平方公里。

沙河流域地势东北高、西南低。上游穿行于丘岗之间，河床宽约 50 米，水流湍急，下游游走于平畈之地，河床宽 100 米左右，流速变缓。上游地带山高坡陡，系太古纪片麻石岩及红砂砾岩构成，缺乏植物被覆，风化厉害，水土流失较严重，致使河床逐年淤高。主河道自吉河水库至枣阳城关东滚水坝段，比降 1.4‰。沙河流量变幅较大，每遇山洪暴发，河水陡涨，最大流量达 1 876 立方米 / 秒；进入枯水季节，河流细小，最小流量仅 0.38 立方米 / 秒。

沙河流经枣阳中心地带，城区以上流域面积为 584.5 平方公里，占流域总面积 81%，城区以上干流相继梯级开发修建石梯、沙河、吉河 3 座中型水库，洪水位比城区高程分别高出 100 米、60 米、30 米，防洪保安，至关重要。据记载，清咸丰五年(1855)秋七月暴雨，沙河盛涨，枣阳城关北门桥上水深数尺。民国 27 年(1938)沙河流域发生大洪水，干流两岸泛滥成灾，枣阳城关洪水位达 111.81 米，城关东西南北均淹没在洪水之中。新中国建立以来，从 1957 年冬起开始治理沙河，至 1980 年全流域已建成 7 座中型和 10 座小(1)型水库，治理强度大，有效地减少洪水危害，促进枣阳工农业生产和城乡社会经济发展。

⑤南渠：汉江干流中游右岸支流。又称襄水、襄渠，俗称南渠，因明代在距离襄阳城西南角响水洞渠段开口修引水渠，连通护城河，并建南、北二闸，用以调控渠水与护城河水，引水渠时称北渠，闸门以下渠段时称南渠，后来代称整个襄渠。南渠是襄樊城区襄城片排洪、排涝、排污的一条重要沟渠。襄阳城因襄水而得名，《水经注》沔水篇记：“应劭曰，城在襄水之阳，故曰襄阳，是水当即襄水也。”源出扁山西麓襄城区尹集乡凤凰村太山庙，源头亦名泉水坑，泉口直径约 10 厘米，终年涌水，泉水沿宋家包北侧，经转子山、关路口北流，先汇摩旗山东麓杨家岗所流泉水，经麒麟店，又汇孙家冲所流溪水，至营盘地，再汇虎头山所流溪水，折向东南，顺琵琶山、真武山、羊祜山、郑家山逶迤下行，至岘首山绕行向南，于庞公办事处观音阁注入汉江，全长约 18 公里，流域面积约 30 平方公里。

由于南渠所处重要的地理位置，历朝历代对南渠治理都相当重视。南北朝时期沿渠修建护城堤，渠侧之地开垦成了良田。唐代以前，南渠流域地势地貌与现在有很大不同。当时营盘村、檀溪村等地势较现在为低，南渠汇集襄阳城西南诸山与摩旗山东麓之水后滞留于营盘村一带，形成一天然洼地湖——“鸭湖”，水在湖东有两个豁口溢出，一个流向东南，即今之南渠，一个北向流入檀溪，檀溪与汉江相通，于汉阴台西注入汉江。唐代以后，随着南渠渠堤和汉江大堤逐步修建，鸭湖、檀溪湖相继干涸，有限之水尽入南渠。南宋时期，对南渠进行过疏浚，并在渠侧驻军屯垦。明代襄阳城规模形制确定之后，同时在西起万山东至响水洞段修建渠堤，长七百丈，至此，南渠被束水归槽，在襄城区间走向基本稳定下来。

南渠流域地势西南高东北低，沿渠地面高程 65.5~69.5 米。南渠渠道平均比降 1‰，过洪能力仅为 40~60 立方米 / 秒，堤身单薄，历史上常因山洪暴发而破堤泛滥成灾，沿岸人民深受其害。史载，襄水为襄阳城“西南诸山水所汇，每岁夏秋泛涨，民地万余亩辄为泽国，渠渐淤塞，遂致冲及城壕。道光年间知府周凯、知县熊宝书先后修浚。同治初知府方大湜重浚，……并勒岁修章程于石”。新中国建立后，襄樊城区人口不断增加，企事业单位不断增多，建成区面积不断扩大，因而南渠功能进一步加重，除了单一排洪外，又承担沿岸企事业单位生产废水、居民生活污水和城区内涝积水排泄任务。但是，南渠自身条件与之极不匹配、极不适应，矛盾日趋突出。一是行洪断面过小，排洪、排污、排涝能力不足。据1995年统计资料，南渠污水排放服务面积9.4平方公里，服务人口12.7万人，年工业废水排放量1 407万立方米，生活污水排放量1 340万立方米，两者合计2 743万立方米。一遇强降雨山洪暴发，“三水”(洪水、污水、涝水)合流，渠堤时有漫溢溃决发生。二是跨渠桥涵壅水阻水较严重。时有跨渠桥涵32座，其中14座过水断面达不到设计要求，水流不畅，降低过水能力，急待改建、扩建、重建。三是水质污染严重，沿渠生态环境差。

⑥淳河：汉江干流中游左岸支流。古名瀴水、纯河。源出枣阳耿集余家湾，南水北流，经耿集折转向西，于罗岗水库尾端入襄阳区境，历黄龙垱、峪山，又向西南抵淳河店，经顺河沿，于霸王山西侧东津镇王家嘴注入汉江，全长67.4公里，沿途纳羊桥河、泉水沟、杨垱沟、蓝家垱沟、马家河、涂冲沟、老东大沟等支流，流域面积626平方公里。多年平均径流量1.5亿立方米，多年平均径流深239.6毫米。

淳河流域地势东、南、北三面较高，西面较低。东、南均为低山丘陵，北为土丘岗地，西为平原河畈，地势开阔平坦。河床均宽30~50米，平均比降5‰。历史最大洪水发生在民国24年(1935)7月，调查秦嘴洪峰流量1 519立方米/秒。最小流量0.1立方米/秒。

淳河流域建有罗岗、秦嘴中型水库2座，小⑴型水库7座，小⑵型水库35座，总库容9 340万立方米，拦控面积306平方公里，占流域总面积48.86%，灌溉农田7.5万亩，占流域耕地面积27.86%。

⑦蛮河：汉江干流中游右岸重要支流。古称鄢水，《宜城县志》载：“蛮水入县境去城西四十里，地名申家嘴，初名鄢水，宜城在古名取鄢取此水也，后以水出戎夷之地更名夷水”，又名彝(夷)水。《水经注》云：“蛮水，夷水也，晋朝南郡公桓温父名彝(夷)，因讳其名，改称蛮水”，又称蛮河，俗称堰河。源出保康龙坪镇马虎垭，自西向东，至长坪入南漳县境，经长坪、李庙、城关、胡营、武安镇，至申家咀入宜城市境，过朱市后折向东南，历雷河、孔湾、璞河镇，至岛口入钟祥市境，于转斗镇王家营小河口入汇汉江，沿途依次汇入龙凤河(司空河)、白峪河、冷水河、段家河、白洛河、便河、洞沟、八都河、清凉河、挪河(黑河)、武东河、界碑河、善家沟、新沙河、胡耳冲河、王家垱河、黄源沟、赤湖河等18条长10公里以上支流，其中集水面积500平方公里以上的2条，为清凉河、挪河(黑河)，全长184公里，流域面积3 276平方公里。多年平均径流量6.04亿立方米，最大年11.7亿立方米，最小年1.456亿立方米，多年平均径流深448毫米，多年平均输沙量18.5万吨。水能理论蕴藏量6. 41万千瓦，其中可开发量5.5万千瓦。

蛮河流域地势西、南、北三面高，东向低，干流最高处南漳长坪海拔高约400米，最低处钟祥王家营河口海拔为44米，河道平均比降1.1‰。三道河水库以上为上游河段，长77公里，山高坡陡，水流湍急，两岸有森林覆盖，林草茂盛，耕地多为梯田。河床一般宽50~60米，比降3‰~4.5‰。三道河水库以下至武安镇为中游河段，有少量森林植被，武安镇至河口为下游河段，植被稀少，两段长108公里，河宽流缓，均宽160~200米，最宽处达600米，河床砂砾沉积，比降0.2‰~1.54‰，两岸为冲积平原，为南漳、宜城两县(市)粮棉油生产基地。

蛮河属山溪性河流，主要径流由降雨补给，径流量年内分配与当年降雨基本一致，每年4月至10月为丰水期，径流量占全年88%以上，因而突降暴雨，极易引起山洪暴发，河水泛滥。历史最大洪水发生在民国24年(1935)7月，南漳县3天降雨量303毫米，7月7日武镇最高水位74.6米，洪峰流量4 460立方米/秒，县城和武安镇两岸全部被淹。最小流量发生在1953年4月30日，河道断流。1970年南漳县在对蛮河进行治理时，片面强调取直改田，将河堤南移，致使城关段河道狭窄，行洪断面大幅度减少，泄洪能力仅为800立方米/秒，为防御蛮河洪水带来隐患。

蛮河流域建有三道河、云台山、石门大(二)型水库3座，中型水库3座，小(二)型水库20座，小⑵型水库82座，总库容5.92亿立方米，拦控面积1 827平方公里，占流域面积55.8%，灌溉农田

61.85 万亩，占流域耕地面积 76.88%。著名的“百里长渠”是重要引蛮灌溉工程，1966 年 7 月三道河水库全部建成竣工后，使长渠水源进一步得到保障，每年灌溉南漳、宜城两县(市)农田 23 万亩。

⑧莺河：汉江干流中游左岸支流。又名洇水。源出枣阳市耿集梁家山，北水南流，至包家湾进入宜城市境，向西流经田家集、板桥店，又折向南流，于流水镇雅口注入汉江，全长 54 公里，流域面积 492 平方公里。多年平均径流量 1.2 亿立方米，多年平均径流深 244 毫米。

莺河流域地势北、东南两面高，西南低。干流上游名南泉河、汝泉，有三支五派之说，北支三派，东、南两支两派。北支三派以象鼻子溪最长，为正源。三派汇流至南泉畈与东、南两支汇合，建有大⑵型水库莺河一库。中游为一小型盆地，汇流支汊多，承雨面积大，盆地底部建有中型水库莺河二库。下游是一狭窄走廊，河道长 18 公里，支流很少。

莺河属山溪性河流，河水暴涨暴跌，河床狭窄，河槽低下，河谷发育不全，两岸几乎没有一级阶地，只在二级阶地上有一些小面积平畈分布，大都高出河面 10 米左右。河床一般宽 30~50 米，河道平均比降 4.2‰，最大洪水发生在 1935 年 7 月，两岸全部淹没。

莺河流域建有大⑵型水库 1 座，中型水库 1 座，小⑵型水库 10 座，总库容 2.1 亿立方米，拦控面积 402 平方公里，占流域面积 81.7%，灌溉农田 5.98 万亩，占流域耕地面积 28.48%。

(2)沮漳河水系

沮漳河因沮河、漳河两河汇流而得名。上游分西、东两支。西支名沮河，为正源，东支名漳河。沮河、漳河在当阳市河溶镇两河口交汇后，合称沮漳河，往南流至荆州市，原在江陵县万成闸注入长江，为加大下游泄洪能力，1993 年改道开挖新河长 2.3 公里，缩短流程 18.5 公里，于李埠镇临江寺注入长江，全长 344 公里(含沮河长度)，流域面积 7 305 平方公里，河道平均比降 0.8‰，弯曲系数 1.9，多年平均径流量 32.6 亿立方米。沮漳河水系上游地处境内西南山区，沮河、漳河分别源出保康、南漳两县，两河境内流域面积 2 865.03 平方公里，占全市总面积的 14.53%，水能理论蕴藏量 12.53 万千瓦，其中可开发量 7.7 万千瓦。

境内沮漳河水系重要河流有沮河、漳河等。

①沮河：又名沮水，上游因流经保康县歇马镇，也称歇马河，为沮漳河正源。源出保康县欧店乡大湾响铃沟，流经保康、南漳、远安、当阳四县(市)，抵当阳市河溶镇两河口与漳河汇流，全长 230 公里，流域面积 3 353 平方公里。保康、南漳两县境内长度 94 公里，沿途接纳杨家湾河、黑沟、小河沟、深溪河、鸡冠河、朝家河、重阳河、峡峪河、刘家坪河、通城河、姚家沟等，流域面积 1 715.03 平方公里，多年平均径流量马良坪站为 3.76 亿立方米，最大年 1964 年为 7.33 亿立方米，最小年 1966 年为 1.42 亿立方米，多年平均径流深 406 毫米。水能理论蕴藏量 6.58 万千瓦，其中可开发量 4.7 万千瓦。

境内沮河流域地势西北高、东南低，全属山区，海拔高程 500~2 000 米。干流两岸高山峻岭绵延，河谷深切，河道蜿蜒曲折，穿行深山峡谷之间，河床一般宽 30~50 米，河道平均比降 9.4‰。洪水峰型呈尖陡状，据马良站观测，汛期平均水位 287 米左右，最高水位达 290.82 米，历史最大洪水发生在 1935 年 7 月 6 日，调查洪峰流量 2 590 立方米 / 秒，最小流量见于 1981 年 6 月 10 日为 0.47 立方米 / 秒。

沮河流域建成小(一)型水库 2 座，小(二)型水库 10 座，总库容 1 128 万立方米，拦控面积 33 平方公里，灌溉农田 1.7 万余亩。

②漳河：古名南漳，以别于山西省境的清漳、浊漳，亦名漳水，为沮漳河一级支流。源出南漳县薛坪镇三景庄(因老龙洞、自生桥、蓬莱观三景得名)，流经南漳、远安、荆门、当阳 4 县(市)，至当阳市河溶镇两河口入汇沮河，全长 190 公里，流域面积 2 968 平方公里。南漳境内长度 91 公里，先后有潮水洞河、明阳洞河、刘家河、东林河、甘溪、小漳河、南峪沟、茅坪河等支流注入，流域面积 1 140 平方公里，据打鼓台站观测，汛期平均水位 251.50 米，最高水位 257.74 米，最大流量发生在 1999 年 7 月 5 日

为 1410 立方米 / 秒，调查 1935 年 7 月，最大流量 2870 立方米 / 秒，最小流量出现在 1975 年 5 月 8 日，河道干枯，基本为零。多年平均径流量 3.23 亿立方米，丰水年达 6.65 亿立方米，多年平均径流深 444.3 毫米。

境内漳河横贯南漳西南山区，山峦重叠，多为石灰岩构造，水蚀溶洞多。漳河承雨面积大，接纳沟溪多，并汇入部分潜流、洞泉，溪涧性强，水流很不稳定。河床一般宽 20~50 米，河道平均比降 8‰。自三景庄至幸家河为上游河段，群山夹峙，河道狭窄，水流湍急，两岸杂树丛生，植被茂密，耕地甚少；幸家河至小漳河为中游河段，河道渐宽，流量增大，河床为泥沙结构，两岸林茂草丰；小漳河至傅家畈为下游河段，河道蜿蜒曲折，水流缓慢，水量较大，两岸植被较好。

境内漳河源头三景庄海拔 1220.5 米，出境处傅家畈海拔 118 米，两地落差 1102.5 米，因而蕴藏着较为丰富的水能资源，水能理论蕴藏量 5.95 万千瓦，其中可开发量 3.04 万千瓦。

漳河流域建有小(一)型水库 2 座，小(二)型水库 31 座，总库容 995 万立方米，拦控面积 112 平方公里，灌溉农田 1.1 万余亩。漳河源被南漳县划定为自然保护区，面积 59.7 万亩，区内森林覆盖率 66.15%。

2. 水文特征

限于气象气候、地质地貌、地理方位等自然环境条件，全市河流水系具有如下水文特征。

(1)雨洪同步

河流流量主要由降雨补给，同降雨时空呈正相关性，同步产生增减变化，表现为三个一致：与降雨年内变化一致，与降雨年际变化一致，与降雨空间分布一致。

①与降雨年内变化一致：全市多年(1971—2001 年)平均降雨量 882.1 毫米，同一年内，降雨时段主要集中在 4 月至 10 月，降雨量 713.6 毫米，约占全年 80%以上，其中 7、8 月降雨量最大，占全年 32%左右。由于这一时段降雨多，产生径流量大，因而江河汛期与之同时出现，汛期时段为每年 5 月 1 日至 10 月 15 日。其时河流流量骤增，水位陡涨，浊浪翻滚，挟石夹沙，急速宣泄。以襄阳站为例，汉江每年 5 月至 10 月多年平均流量占全年流量 80.5%，其中 7、8 月流量占全年 39.6%。

②与降雨年际变化一致：据水文部门资料，从 1971 年到 2005 年，其间为时 35 年，全市降雨量最大年是 1979 年，为 1368.6 毫米，汉江襄阳站 9 月 24 日最高水位 66.35 米，最大流量 7490 立方米 / 秒；降雨量最小年是 1976 年，仅为 520.70 毫米，汉江襄阳站 7 月 20 日最高水位 63.46 米，6 月 2 日最大流量 2 070 立方米 / 秒，两年对比，差异很大。其中降雨量差值 837.9 毫米，最高水位差值 2.89 米，最大流量差值 5 420 立方米 / 秒。雨多年份，河流流量迅速增加，洪水暴涨，泛滥成灾。如 1954 年 7 月至 8 月，降雨量比常年同期增大 300 余毫米，8 月 8 日，汉江襄阳站水位 68.38 米，洪峰流量 2.37 万立方米 / 秒，襄阳朱坡、东津、欧庙等地溃堤 73 处，滚河及随县府河两岸一片汪洋，枣阳吴店、琚湾等地被淹；雨少年份，河流流量迅速减少，水源紧缺，干旱快速蔓延成灾，对农业生产和城乡居民生活影响甚大。如 1998 年 8 月下旬至 1999 年 9 月中旬，全市长达 13 个月持续干旱少雨，平均降雨量仅 600.9 毫米，比常年同期减少 45%左右，因而全市 649 条河流有 500 多条断流，845 座水库有 429 座干涸，8.8 万口堰塘有近 6 万口干枯见底，库坝堰塘蓄水同比减少 13.84 亿立方米，夏秋两季受灾农作物面积达 890 万亩，占全年复播面积 85%。

③与降雨空间分布一致：从地域上划分，全市降雨南部多于北部，西南多于东北，山地多于平岗。其中西南山区是全市暴雨中心之一，多年平均降雨量在 900 毫米以上，北部岗地为少雨区，多年平均降雨量在 800 毫米以下，老河口市降雨量最小年 1966 年仅 471.5 毫米。以汉江为界，秋季常年降雨量右岸地带 150~190 毫米，左岸地带 120~140 毫米，两者差异明显。相比较而言，西南山区降雨多，径流

系数大，因而山洪暴发频率高；老河口及枣(阳)北、襄(阳)北等北部岗地降雨少，径流系数小，因而干旱发生频率高。

(2)西南山区水能蕴藏量较丰富

除汉江干流及引丹渠道外，境内西南山区南河、北河、蛮河、沮河、漳河流域河流集水范围广，溪涧性强，流程短，汇流快，落差大，水能蕴藏量较丰富，理论蕴藏量 47.5 万千瓦，占全市中小河流理论蕴藏总量 92.8%。因而西南山区南漳、保康、谷城 3 县具有得天独厚的开发水电有利条件，开发前景广阔。

(3)汉江干流河道洲滩面积大

汉江干流境内河段，共有洲滩面积 37.52 万亩，其中耕种面积 17.27 万亩，是十分宝贵的国土资源，是沿江各县(市)区在坚持科学规划、防洪为主、保护土地、综合利用原则下，开展洲滩整治，进而改善农业生产条件，提高农业生产能力，改善生态环境，提升全市旅游行业形象的可靠物质基础。

(4)洪水传播时间快

境内主要河流汉江及南河、唐白河距离襄樊城区流程短，洪水传播时间快，因而水文预见期短，早着应对，防御洪水难度大。其中汉江从丹江口水库坝下黄家港至襄樊城区，河长 112 公里，在黄家港站流量 1 500 立方米 / 秒低水条件下，洪水传播到襄阳站为 24 小时，在流量 14 000~15 000 立方米 / 秒中、高水条件下，洪水传播时间为 12 小时，比低水条件下传播时间缩短一半以上；南河从开峰峪站到襄樊城区，距离 151 公里，在低水条件下，洪水传播时间为 24 小时，在中高水条件下，洪水传播时间为 18小时；唐河从郭滩站到襄樊城区，距离 104 公里，在中、高水条件下，洪水传播时间为 20 小时，但唐河、白河在襄阳区双沟镇龚家咀两河口汇流后的唐白河干流，距离襄樊城区仅 22.6 公里，水文预见期极其短促。

(5)城市建成区降水径流系数增大

由于经济快速发展，城市化程度不断提高，因而城市建成区面积进一步扩大，以襄樊城区为例，1949 年建成区面积仅 3.2 平方公里，1985 年为 28.4 平方公里，2005 年扩大到 70.4 平方公里，后者分别比 1949 年、1985 年增加近 22 倍、1.6 倍。建成区内，堰塘坑洼悉数被填平，滞水蓄水功能丧失殆尽，且永久性建筑物密度大层级高，道路拓展延伸“硬化”率高，建筑容积率高等，改变原有的自然生态环境，由此派生出新的“水文”现象，主要是地表不透水层面积大幅度增加，降水下渗能力锐减，地表径流产流快汇流时间大大缩短，径流系数明显增大，宏观评估至 2005 年已达到 30%左右，径流量相应加大，致使襄樊城区及县(市)城区一遇强降雨，便会产生内涝渍害。

(五)土壤

1.类型分布

襄樊市地形复杂，成土母质和植被类型多样，受气候及人类长期生产活动的影响，形成了多种类型的土壤。分为 6 个土类、13 个亚类、57 个土属、226 个土种。主要土壤类型有黄棕壤、山地棕壤、石灰土、紫色土、潮土、水稻土等。其中黄棕壤面积占全市土壤总面积的 65.31%，山地棕壤占 0.83%，石灰土占 12.19%，紫色土占 3.37%，潮土占 3.54%，水稻土占 14.7%。

土类分布有明显的区域差异。黄棕壤为境内主要土壤，约占总面积的2/3，集中分布在岗地和部分丘陵地区。水稻土、潮土等农作物高产土壤，约占土壤面积的10%。按土壤肥力和环境综合评级，一级土壤占9.7%，二级土壤占58.03%，三级土壤占27.9%，四级土壤占4.37%；酸碱度适中(PH值5.1～8.5)的土壤占99%以上，宜种性广泛。具体为：

(1)黄棕壤：境内岗地及低山丘陵区的主要土类，总面积1 150 433公顷，占土壤总面积的65.31%。其中耕地2 09 466.7公顷，占总耕地面积的37.7%(按习惯面积，下同)；林荒地940 966.7公顷，占土壤总面积的53.42%。黄棕壤分为黄棕壤亚类、山地黄棕壤亚类、黄褐土亚类和黄棕壤性土亚类。其中黄褐土亚类面积248 880公顷，占土壤总面积的14.13%；内有耕地138 640公顷，占总耕地面积的24.95%。主要分布于老河口、枣阳、襄阳北部岗地、宜城、谷城等部分岗地，是本市粮、棉、油的集中产地。

(2)山地棕壤：主要分布于保康县佛山一带海拔1 500米左右的高寒山区土壤垂直带谱中。此土类仅有山地棕壤土一个亚类，面积14 686.67公顷，占土壤总面积的0.83%。其中耕地359.8公顷，林地14 333.33公顷。

(3)石灰土类：除枣阳外，其他各县(市)都有分布，谷城、保康、宜城每县在23 333～39 333公顷之间，南漳、襄阳在8 000～16 000公顷之间，老河口市有4 667公顷，石灰土类多分布在海拔800米以下丘陵地区，面积214 626.7公顷，占全市土壤总面积的12.19%。其中耕地24 753公顷，占总耕地的4.46%；林地189 866.7公顷，占土壤总面积的10.8%。

(4)紫色土类：此土类全市59 280公顷，占土壤总面积的3.37%。依酸碱度不同，分为中性紫色土亚类和灰紫色土亚类。前者有25 940公顷，内有耕地1 693公顷，林地24 240公顷，主要分布于宜城、南漳低山丘陵地带；后者有33 333.34公顷，其中耕地2 880公顷，林地30 453.33公顷，除襄阳区外，其他各县(市)均有分布。

(5)潮土：非地带性土壤，全市62 360公顷，占土壤总面积的3.54%，内有耕地56 526.67公顷，林地5 833公顷，分别占耕地、林地总面积的10.29%和0.33%。主要分布于众多的河流两岸阶地。自河床由近至远依次为飞沙土、沙土、淤沙土、油沙土、淤泥土、潮自普土、黄黏土。

(6)水稻土：水稻土分布广泛，分为三个亚类。淹育型水稻亚土类分布于平原、岗地、低山，多为梯田；潴育性水稻土亚类分布于低山丘陵、岗地、平原、冲畈地带；潜育性水稻土亚类多集中在山涧谷地、峡沟深谷或大冲汇合处。

2.土壤质地

(1)黄棕壤：土壤质地差，重壤比重大，绝大部分呈微酸至微碱反应，pH值在6.5～8.5间。耕层较浅，耕性不良，蓄水能力差，有机质含量低，普遍缺少磷、氮，全钾比较丰富，代换量较高，保肥性能好。

(2)山地棕壤：其成土母质主要为泥质岩及碳酸盐类的坡残积物；呈微酸性至中性反应，pH值一般低于7.0，养分丰富，耕地有机质含量为3%左右，全氮0.2%左右，代换量中等。

(3)石灰土类：仅有棕色石灰土一个亚类。成土母质为石灰岩、白云岩、大理岩的残坡积物，上层一般较深厚，质地黏重，肥力较高，有机质含量在2%左右，全氮含量高于0.15%，pH值一般表土低于心土，在6.5～8.0之间。耕地多种植水稻、棉花、小麦、玉米等作物，林地植被多为茅草、灌丛类。

(4)紫色土类：成土母质为紫色砂页岩，物理风化作用强烈，母岩、母质逐渐剥落成碎屑状风化物，剖面分化不明显，质地颜色均一，化学风化作用弱，富含碳酸钙，全剖面均有不同程度的石灰反应。据耕地诊断样化验结果，耕作层14.3厘米，有机质1.96%，全氮0.14%，全磷0.064%，全钾1.8%，pH值7.5，代换量19.23毫克/100克土。

(5)潮土类：分为潮土亚类和灰潮土亚类，均以耕地为主。一般潮土土层深厚，自然肥力高，有机质、矿质养分都较丰富;质地层次差异明显,各层质地均一;呈中性到微碱性反应,PH 值在 7.0～8.5 之间。潮土分布在海拔低、地势平坦地区,均已开垦,适种范围广,复种指数高,是粮食、经济作物的高产土壤。

(六)资源

1.土地资源

襄樊市辖区总面积 1 972 441.03 公顷,占全省国土面积的 10.6%,在全省地(市)州(含武汉市)中居第四位,其中耕地面积居全省第二位。采用《全国土地分类》(过渡期适用)的分类标准,截至 2005 年末,全市农用地面积 1 609 935 公顷,占总面积的 81.62%;建设用地面积 162 509.8 公顷,占总面积的 8.24%;未利用地面积 199 996 公顷,占总面积的 10.13%。农用地、建设用地和未利用地面积之比为 9.91∶1∶1.23。

农用地包括耕地、园地、林地、草地和其他农用地,各项土地具体面积与构成(见表 2—7)。

全市农用地面积和构成

表 2—7　　（单位:公顷）

项目	合计	耕地	园地	林地	牧草地	其他农用地
面积	1 609 935	601 646.9	54 660.9	814 268.0	3 628.9	135 730.6
构成(%)	100	37.37	3.4	50.58	0.23	8.43

新中国成立以来，特别是改革开放以来，全市各项建设用地需求不断加大，用地总面积增长较快,其中城镇、居民点和工矿用地增幅最大。

全市建设用地主要分为三大类,即居民点工矿用地、交通运输用地以及水利设施用地,占地面积分别为 116 110.6 公顷、11 141.82 公顷、35 257.41 公顷，分别占襄樊市建设用地总面积的 71.45%、6.85%、21.7%。

在全市建设用地中,居民点工矿用地具体情况为:城镇用地面积为 15 661.7 公顷,占全市建设用地总面积的 9.63%,其中城市和建制镇用地面积分别为 5 376.3 公顷、10 285.4 公顷;农村居民点用地 86 599.4 公顷,占全市建设用地总面积的 53.32%;独立工矿用地面积为 10 328.6 公顷,占全市建设用地总面积的 6.29%;盐田占地为 0.68 公顷,占全市建设用地总面积的 0.0 004%;特殊用地面积为 3 520.1 公顷,占全市建设用地总面积的 2.06%。

交通运输用地具体情况为:铁路用地 1 538.27 公顷,公路用地 9 495 公顷,民用机场用地 101.8公顷,港口码头面积为 6.79 公顷。

水利设施用地具体情况为：水库水面面积为 31 917.5 公顷；水工建设用地面积为 3 339.9 公顷(数据见表 2—8)。

全市各类建设用地面积与构成

表 2—8 （单位:公顷）

项目			建设用地面积	建设用地构成(%)
合计			162 509.8	100
居民点工矿用地	城镇用地	小计	15 661.7	9.64
		城市	5 376.3	
		建制镇	10 285.4	
	农村居民点		86 599.4	53.29
	独立工矿用地		10 328.6	6.36
	盐田		0.68	0.000 4
	特殊用地		3 520.1	2.17
交通运输用地	小计		11 141.82	6.86
	铁路		1 538.27	
	公路		9 495	
	民用机场		101.8	
	港口码头		6.79	
水利设施用地	小计		35 257.4	21.70
	水库水面		31 917.5	
	水工建设用地		3 339.9	

全市未利用地分为:未利用土地,其他土地。其中未利用土地包括荒草地、盐碱地、沼泽地、沙地、裸土地、裸岩石砾地。其他土地主要有:苇地、滩涂、河流水面、湖泊水面。荒草地主要分布在襄阳、枣阳、宜城、南漳等县市区。未利用土地中可开发利用部分质量低劣,宜耕性小,多数只能用于林牧业和非农业建设。

全市未利用地面积和构成

表 2—9 （单位:公顷）

项目		未利用土地面积	未利用土地构成(%)
合计		199 996	100
未利用土地	小计	140 078	70.04
	荒草地	121 884.4	60.943
	盐碱地	1.77	0.001
	沼泽地	9.86	0.005
	沙地	373.7	0.187
	裸土地	1 852.5	0.926
	裸岩石砾地	15 955.61	7.978
其他土地	小计	59 918	29.96
	苇地	3 272.9	1.636
	滩涂	22 145.7	11.073
	河流水面	34 484.19	17.242
	湖泊水面	15.19	0.008

2.水资源

(1)水量资源

①地表水:地表水是地下水的对称,专指陆地表面的流水、积水和固态水。根据境内各河流水文(雨量)站观测资料计算,全市多年平均径流总量为 62.97 亿立方米。按县(市)区划分,襄樊城区(襄阳、樊城、襄城)9.215 亿立方米,枣阳 8.225 亿立方米,宜城 5.498 亿立方米,老河口 2.63 亿立方米,南漳 12.933 亿立方米,谷城 9.225 亿立方米,保康 10.991 亿立方米。

②地下水:地表以下,存在于土壤、岩石的孔隙、裂隙和洞穴中的水,通称地下水。全市地下水储量较丰富,据沿河一、二级阶地和襄(阳)枣(阳)宜(城)部分岗地等面积 5645.7 平方公里计算,全市地下水静态储量为 162.67 亿立方米。按河流划分,其中汉江 103.89 亿立方米,唐白河 42.68 亿立方米,清河 11.47 亿立方米,南、北河 1.01 亿立方米,蛮河 1.23 亿立方米,莺河 2.16 亿立方米,沮、漳河 0.23 亿立方米。根据 2005 年襄樊市水资源公报,全市直接接受补给,可开发利用的地下水资源总量为 28.7 亿立方米,其中襄樊城区(襄阳、樊城、襄城)5.01 亿立方米,枣阳 4.59 亿立方米,宜城 2.99 亿立方米,老河口 1.1 亿立方米,南漳 5.5 亿立方米,谷城 4.83 亿立方米,保康 4.71 亿立方米。

全市地下水主要分为孔隙水、承压水和裂隙水三种类型,境内储量最多的是孔隙水和承压水。孔隙水主要分布在沿河两侧滩地及一级阶地,由大气降水补给,与地表水呈互补关系。含水层由砂、砂砾(卵)石构成,结构松散,透水性强。汉江沿岸地下水量最为丰富,含水层厚度一般 30 米左右,其中襄樊城区附近厚度达 70 米,埋深 4~12 米,易开采,钻孔涌水量 1000~5000 吨 / 日;唐河、白河沿岸地下水也较丰富,分为两层两类,上层是孔隙潜水,下层是承压水,钻孔涌水量均在 1000 吨 / 日,顶板埋深

10~30 米；南河、北河、滚河、蛮河沿岸地下水较少，钻孔涌水量 100~1 000 吨 / 日，南河盛康以下、北河潭口水库以下，钻孔涌水量均在 500~1 000 吨 / 日，蛮河南漳城关以下，钻孔涌水量 100~500 吨 / 日。承压水主要分布在沿河两岸二级阶地和岗坡地。含水层由砂、砂砾(卵)石构成，大部分上覆较厚的黏土层，且含水层段之间有黏土层纵向间隔，因而地下水普遍具有承压性。由于含水层厚度不一，富水层差异较大，储量以汉江、唐河、白河二级阶地为丰，滚河、沙河中等，其他河流贫乏。其中枣阳北部分布在杨垱、店子街至徐寨一带，埋深 20~30 米，水量较丰富；中部岗地属黄棕壤土，土层深厚，埋深 30~60 米，其间有砂卵石夹层，储量很少；南部储量也很少。襄阳北部、老河口全境除沿河地区外，绝大部分均为黏土覆盖，土层厚度 40~80 米，有的在 80 米以上，地下水开采困难。南漳东部岗地九集一带，大部分为黏土覆盖，不含地下水。裂隙水和裂隙岩溶水主要分布在山区、低山区及山前岗丘地带。分布零散，单个水量较丰，多以泉水出露。其中汉江以东襄阳区境内襄樊市园艺场，泉水庙至刘湾一线，含水岩层为碳酸岩类，泉流量 8 200~43 200 吨 / 日。襄城区与南漳交界的卧龙山区为砂质灰岩、泥质条带灰岩，储量较少，泉流量 100~500 吨 / 日。枣阳鹿头附近姚沟一带有裂隙岩溶水分布，泉流量 100~500 吨 / 日；刘升、上棚一带呈不连续的块状分布，水量贫乏。宜城汉江以东与襄阳、枣阳、随州交界山区，为灰岩和白云质灰岩，有较丰富裂隙水储存，泉流量 500~1 000 吨 / 日，其中珍珠泉最大达 15 000 吨 / 日；汉江以西与南漳相邻山区，亦有裂隙水分布，但面积不大。老河口毗邻羊山、朱连山一带，泉流量一般在 577~1 200 吨 / 日，钻孔最大涌水量 2 000 吨 / 日。保康聚龙山至南漳城关一线，以南为石灰岩区，裂隙岩溶水储量丰富，泉流量 1 000~5 000 吨 / 日，有的超过 5 000 吨 / 日；以北为页岩地区，储量少。保康西南地区由于页岩与灰岩交错分布，储量欠丰。谷城庙滩、当铺、盛塬、龙滩一带属砂质白云质灰岩和泥质条带灰岩区，裂隙岩溶水有一定储量，泉流量 500~1 000 吨 / 日。

③过境客水：过境客水是指流经襄樊地区的入境、出境水量。全市入境水量以汉江干流为多，唐白河、南河、北河、清河次之。其中汉江干流从老河口，唐白河从襄阳及枣阳，南河从保康，北河从谷城，清河从老河口入境。全市正常年景入境客水总量为 463.22 亿立方米。全市主要出境河流 4 条，其中汉江及蛮河分别于宜城出境，沮河、漳河各自于南漳出境，正常年景出境水量 509.71 亿立方米。

(2)水力(水能)资源

全市水能资源理论蕴藏量 100.86 万千瓦，其中可开发量 87.25 万千瓦，主要分布在汉江干流和西南山区，其中汉江干流理论蕴藏量 47 万千瓦，可开发量 46.4 万千瓦，南、北河流域理论蕴藏量 28.56 万千瓦、可开发量 22.88 万千瓦，沮、漳河流域理论蕴藏量 12.53 万千瓦、可开发量 7.74 万千瓦。至 2005 年，全市建成中型水电站 1 座，装机 4 台 10.9 万千瓦，小电站 269 座，装机 460 台 21.0 997 万千瓦，中小电站装机容量占全市可开发量 36.67%，年发电量能力 14 亿度。

(3)水域资源

水域资源是指能够开展采集、捕捞与人工护养、增殖、养殖水生经济动植物的水体面积。全市水域分为四类，1985 年总面积 197.58 万亩，其中河流水面 71.17 万亩，渠道水面 37.04 万亩，水库水面 58.90 万亩，堰塘水面 30.47 万亩。在以上四种水域水面中，河流、渠道两类水面属季节性水面，历史上没有放养鱼类、种植水生植物习惯，且河流虽为天然产鱼区，但产量较少，因而在当时总量计算中予以减除，所剩水库、堰塘两类水面全市总面积为 89.37 万亩，其中可供放养水面 53.66 万亩。1985 年以后，随着水利工程建设的增加，水产养殖技术的提高，至 2005 年全市水域面积增加到 257.1 万亩，占全市版图面积的 8.7%，其中河流水面 156 万亩，沟渠水面 5.86 万亩，水库水面 42 万亩，堰塘水面 34.7 万亩，鱼池水面 18.54 万亩。在总水面中，可供放养水面为 71.8 万亩，其中水库水面 34.87 万亩，堰塘水面 19.8 万亩，鱼池水面 16.28 万亩，渠道、河流水面由于季节性强，面积不稳定，为天然产鱼区，且产量较低，但全市分别于 1991 年、2000 年开始利用渠道、河流水面进行养殖，并形成可养水面 0.85 万亩，仍有继续扩大的趋势。全市水生经济动物资源主要有鱼类，甲壳类、两栖类等，水生经济植物资源主要有莲、藕、菱、苇等。

(4)水热资源

全市地下热水亦有一定储量，但缺乏全面的统计，其中宜城、谷城、保康 3 县(市)有温泉常年涌出，水温以中低温为主。较有名的有上湾温泉，位于宜城板桥店镇上湾村，水温 32℃，矿化度 0.49 克 / 升，泉流量 968 吨 / 日；落花潭温泉，位于宜城流水镇董家坪村，水温 44℃，矿化度 0.69 克 / 升，泉流量 1 123 吨 / 日；温坪月亮温泉，位于谷城大薤山南麓，南河镇月亮畈村，水温 38℃，泉流量 1 000 吨日，该温泉早期泉眼出口有一活水塘，冬日供人沐浴与洗衣，据《谷城县志》载："薤山之麓曰温坪，有温泉出焉，其水隆冬信暖，绕出迂回曲折，可作流觞之乐"；汤池峡温泉，亦名陈家河温泉，位于保康城关镇陈家河村，源自地下 179 米青峰断裂带，水温 39.5℃，泉流量 2 500 吨 / 日，富含氟、镭、锶、铜、硒等 27 种有益人体健康的微量元素，泉水理化指标优于国家矿泉水标准，有"华中第一泉"美誉；六股泉温泉，位于老河口洪山嘴办事处六股泉村，水温 19℃，泉流量 864 吨 / 日。

全市地下水热资源开发利用尚处在起步阶段，在养殖、洗浴、矿泉水生产等方面已初见成效，但开发利用的广度、深度还不够，具有进一步拓展的较大潜力。

(5)水质状况

2005 年，境内汉江干流、中小河流、跨省河流、城市内湖及纳污河渠、水库等地表水质监测结果情况如下。

①汉江干流水质：境内汉江干流共布设 6 个监测断面，具体为老河口付家寨、仙人渡，襄樊城区白家湾、钱营、余家湖，宜城郭安。分别为老河口、谷城、宜城与襄樊城区的城市供水水源地。监测结果表明，汉江襄樊段水质良好，均为二类水质，可作为饮用水源。但在襄樊城区襄城南渠排污口至湖北制药厂排污口长约 1.5 公里河段和樊城闸口至唐家坡长 12.8 公里河段，由于城区大量排放污水，存在岸边污染带。主要污染物为铵氮、高锰酸盐指数。

②中小河流水质：境内清溪河、南河、北河、蛮河、唐白河、滚河、清河 7 条中小河流共布设 12 个监测断面。监测结果表明，全市中小河流水质局部河段污染严重。其中南河、北河、蛮河、清河、滚河上游河段水质较好，为地表水环境二至三类标准，但下游水质较差，为四至五类，部分河段出现劣五类水质。唐河、白河水质较差，为四类。全市评价河长 885.6 公里，其中二类水质河长占 41.1%，三类水质河长占 30.5%，四类水质河长占 13.3%，五类水质河长占 9.7%，劣五类水质河长占 5.4%，受污染严重河长占评价河长 28.4%，所占比重不小。其中蛮河上游南漳造纸厂至宜城雷河河段，水质为四类，清河襄樊城区、蛮河中游雷河以下、南河谷城茶庵以下、北河谷城石花以下、唐白河襄阳双沟以下、滚河枣阳吴店以下等河段水质四至五类，部分河段水质劣五类。

③跨省河流水质：唐河、白河为跨湖北、河南省界河流，两河在省界处各设一个监测断面，分别为襄阳埠口、翟湾断面。监测结果表明，唐河埠口断面水质为轻度至中度污染，白河翟湾断面水质劣五类，为重度污染。

④城市内湖及纳污河渠水质：襄阳护城河为襄樊城区内湖，南渠为襄樊城区纳污河渠。监测结果表明，护城河水质为四类，南渠水质劣五类，为重度污染。

⑤水库水质：全市 66 座大中型水库水质良好，一般为二至三类。

全市地下水水质较好，绝大部分为低矿化度淡水，属中性或偏酸性，pH 值为 6.2~8.4，矿化度大部分小于 1 克 / 升，硬度为 350 ~515，适于人畜饮用和农田灌溉。但汉江两岸一、二级阶地孔隙水中普遍含铁、锰离子，尤以左岸老河口市、襄阳区境内含量为高，一般为 1~8 毫克 / 升，最高达 12.5 毫克 / 升。枣阳北部地下水含氟量超过 1 毫克 / 升以上，以杨垱、太平、姚岗一带最为严重。

3.矿产资源

襄樊市矿产资源储量比较丰富。截至 2005 年底，共发现矿种 57 种，矿产地 520 余处，其中 24 种有探明储量。探明各类矿产资源储量 10.652 亿吨，保有储量 10.3 亿吨。金红石、石榴子石的探明储量居全国首位；铝土矿探明储量居全省第一位；硬质耐火黏土、磷矿、石灰石探明储量分别居全省第二、三、五位。

（1）区域矿产资源探测

20 世纪 80 年代前，襄樊市大规模区域地质调查和矿产资源调查工作比较活跃。20 世纪 80 年代，矿产勘察工作明显减少，仅中南冶勘 605 队、省八地质队、省非金属地质公司分别对宜城市官庄耐火黏土矿、南漳东巩煤矿、保康白竹磷矿区、襄樊市程家冲石灰岩矿、南漳邓家崖磷矿区、老河口油榨沟石灰岩矿和谷城凉水泉石英石岩矿进行勘察。80 年代后期，除主要由省地质八大队做局部工作外，基本上没有大规模地质勘察工作投入。20 世纪 90 年代初，又掀起短暂矿产勘察高潮。1990—1993 年，探明了谷城大麦山——王家沟花岗岩矿、保康管驿沟硫铁矿、南漳大坪累托石矿、保康马桥磷矿、枣阳兴隆吴家湾含硝盐矿、老河口西湾石灰岩矿和保康峰山磷矿。但是，自 1994 年公益性、商业性地质工作分体运行以来，矿产勘察工作几乎停滞，仅 1995 年省化工地质勘察院对保康县管驿沟硫铁矿进行普查工作。2001 年，为了拍卖保康县马桥磷矿区朱家坡段六柱垭块段的采矿权，相关部门请省化工地质勘察院对该矿段开展了普查工作。2002—2003 年，湖北省化工地质勘察院、地质八大队分别对保康磷矿洞河矿段、枣阳大阜山金红石矿段、南漳大坪累托石黏土矿、枣阳赵家湾银铝矿等 11 个地堪项目进行勘察。

经过勘察，已探明资源储量矿种 26 个，矿区（床）86 处。其中，达到勘探阶段的 41 处，占 47.7%；达到详查阶段的 24 处，占 27.9%；达到普查阶段的 21 处，占 24.4%。按矿种统计，达到勘探阶段和详查阶段的矿区占 60%以上的矿产有水泥用灰岩、黏土、饰面用花岗岩、铜、磷、冶金用石英岩、电石用灰岩、煤、耐火黏土、钛、石榴子石、盐、芒硝、累托石黏土和地下水。到 2005 年底，全市探明有资源储量的矿种 43 种，新查明矿产资源储量变化较大矿区为保康磷矿白竹矿区Ⅱ、Ⅲ矿段，查明储量 3297 万吨。全市共设置地质勘察项目 31 个，涉及银、铁、锰、砂岩矿等 11 个矿种，填补了金属探矿的空白，遍及襄阳、枣阳、宜城、保康、南漳、谷城等 6 个县（市）、区。

查明资源储量居全省第一位较多，包括金红石、铝矿、镓矿、石榴子石、电石用灰岩、水泥配料用黄土和建筑用辉绿岩；查明资源储量居全省第二位的有水泥配料用砂、耐火黏土、累托石黏土和水泥配料黏土；居全省第三位的有磷矿、冶金用石英岩和饰面用花岗岩。但属国民经济支柱性重要矿产仅铝矿和磷矿，在全国 45 种主要矿产中，金红石储量占第一，耐火黏土储量占第二，饰面用花岗岩储量占第三。

（2）矿产资源分布

襄樊市位于秦岭褶皱带东端与扬子准地台交接处，青峰—襄樊—板桥—广泛区域性大断裂由西向东从襄樊市中部穿过，由此形成南北风格各异的成矿地质条件和成矿规律，使南北所产出的矿产在矿种和数量上具有明显的差异性。大多矿产分布相对集中，与控矿地质条件关系明显。

除石灰岩等少数矿种在区内广泛分布外，大部分矿产分布相对集中。煤主要集中分布在南漳县东巩镇南部和巡检镇东南部；钛矿集中分布在枣阳市鹿头镇大阜山；铝土矿主要分布在南漳城关、武安镇西南和宜城流水镇东南部；镓矿主要在南漳城关和宜城流水镇与铝土矿伴生；铜矿主要集中分布在谷城石花镇、枣阳熊集镇和南漳县南部地区。此外，铁矿点相对集中分布在南漳和保康县；金、银、铅、锌矿点主要集中分布在枣阳市熊集、新市、鹿头和谷城县南部地区。磷矿主要集中分布在保康县马桥镇；硫铁矿主要集中在保康城关镇东北；盐和芒硝集中在枣阳兴隆镇；耐火黏土集中在宜城板桥和襄城隆中街道办事处；电石用灰岩集中在襄阳县泥嘴镇；石榴子石集中在枣阳市鹿头大阜山；辉绿岩、花岗岩、大理石岩集中在谷城县北部和枣阳市东部；累托石集中在南漳；膨润土集中分布在枣阳七方和襄阳峪山两地；重晶石主要集中在谷城、南漳等地。

(3)矿产资源开发利用

改革开放以来，全市形成了有一定技术水平和发展规模的矿业开发体系，开发矿产30多种。其中磷、煤、重晶石、盐硝、水泥用灰岩、白云岩、硅石等矿产开发利用规模较大，并已形成磷化工、建材、水泥、制盐、冶金辅助材料、煤炭及金属钛、铝、黄金等采选冶及加工产业。20世纪90年代末，全市矿山企业500多家，矿石总量1 300多万吨，1997年矿业产值约6亿余元，吸收劳力就业近5万人次。全市500家矿山企业中，国有企业仅占10%，其余均为集体和个体企业。从矿石产量结构和产值看，国有企业约占40%左右。从开采规模看，国有企业远小于乡镇企业，但是从经营方式看，大多数国有矿山企业是矿产品深加工企业，或附属矿山，实行采掘、加工、销售全程管理。最为典型的是水泥灰岩的开采利用，保康光千水泥厂、枣阳真龙水泥有限公司、老河口光化水泥厂、南漳水泥有限公司、襄阳隆中水泥厂等均有自己附属矿山。

到2001年，全市有各类矿山企业357家，从业人员19 347人，产值32 155.8万元。其中国有矿山企业47家，从业人数4 372人，产值7 567万元；集体矿山企业287家，从业人数12 625人，产值22 685.87万元；私营矿山企业4家，从业人数25人，产值10.9万元；联营矿山企业12家，从业人数2 063人，产值1 317万元；股份有限公司7家，从业人数262人，产值575万元。全市矿产生产总量为642.18万吨，实现工业产值3 2155.77万元。2003年，全市矿山企业有337家，开采矿种25种，从业人员达16 486人，矿石生产总量503.5万吨，实现工业总产值26606.1万元。2005年全市各类矿山企业292家，比2004年减少1.68%；工业总产值36 858.35万元，比2004年增长18.7%；矿产品销售收入33 507.9万元，比2004增22.3%。

全市主要矿种开发利用情况如下。

①化工原料非金属矿产：已开发的矿种主要有重晶石、磷矿、盐矿、钙芒硝、蛇纹岩等6种。磷矿1997年年产矿石量183万吨，矿产品产值6 800万元。已建成的国有磷矿有保康白竹、九里川、茅山岩、观音岩、加沟磷矿；南漳邓家崖磷矿；宜城偏头山、腰子山磷矿、襄北邓林农场磷矿等。乡镇集体磷矿数量众多，保康马桥矿区等58个，形成年产百万吨生产能力。通过整理规范，磷矿企业减少到32家（保康26家、宜城4家、南漳县2家）。2005年，全市磷矿开发从业人员1 772人，年产矿石113.13万吨，实现产值20 168万元。重晶石矿已建成的矿产地包括谷城茨河棋盘山、盛 镇的小河沟、官坊的东桩峪、南河的龙滩，枣阳市的耿集八角及南漳县龙门等12家矿山，年产35万吨。硫铁矿已建成保康管驿沟国有矿山1处，并形成年产2万吨生产能力。盐硝矿集中在枣阳兴隆镇，已形成年产5万吨真空盐和1千吨钙芒硝生产能力，产值1 593万元，选矿回收率达95%。蛇纹岩主要分布在谷城，90年代末零星开采。

②冶金辅助原料类非金属矿产：开采矿种主要有普通萤石、硅石等6种。1997年矿石产量21.4万吨，产值近600万元。除部分县（市）将硅石烧成硅铁出售外，其余为原矿出售。

③铝土矿：在18处铝土矿矿床中，已形成规模开发的有宜城西山与双砦子两处矿山，年生产能力为3万吨，产值300万元，选矿回收率达95%。“八五”期间，建成年产2万吨铝氧粉厂，在宜城西山开

发高铝耐火材料系列产品，主要有流钢砖、炉顶砖、镁碳砖。同期在宜城双砦子建一座年产 10 万吨铝土矿矿山，为特种水泥提供原料。

④煤：较缺乏，已建成的矿山除保康公溪沟国有矿山规模较大外，其余主要集中在南漳县东巩镇，多为镇、村、个体小矿。已建成的 74 个矿山企业，核定生产能力为 69 万吨。

⑤建材类矿产：已开发矿种达 13 种，矿产品产值 41 130 万元。襄樊市的石灰石、砖瓦用黏土开发力度大，饰面用大理石、花岗石已形成小规模开发。“八五”期间，建材行业除扩建成市一水泥厂年产 18 万吨高标号水泥和粉煤灰水泥外，对隆中水泥厂等 6 家企业技术改造，年产水泥 270 万吨，石灰 7.5 万吨，并改造市建陶厂，形成年产 200 万平方米釉彩砖生产规模。还在市区、老河口、枣阳市一线及靠近汉江的宜城等地分别建成黏土砖等生产线，年产墙地砖 200 万平方米，砖瓦 6.7 亿块(片)。

⑥黑色金属矿产：黑色金属矿开发规模小，主要有 1972 年建成的枣阳大阜山金红石国有矿山 1 处，因原生产金红石颗粒较细，连生体多见不易分离，选矿难度大等因素，企业经营亏损，已于 1995 年倒闭。现正加大招商引资力度，拟作进一步开发。

已开发的矿产中，产量居前 8 位的分别是砖瓦用黏土(277 万吨)、磷矿(110 万吨)、水泥用灰岩(66 万吨)、建筑用砂(36 万吨)、煤(36 万吨)、建筑石料用灰岩(20 万吨)、制灰用灰岩(11 万吨)和建筑用辉绿岩(9 万吨)。到 2001 年，铁、锰、钛、铅锌、耐火黏土、陶瓷土和蛇纹岩等 7 种矿产因资源开发利用条件和市场销路问题而停止开发。

4.生物资源

(1)植物资源

①珍稀植物资源：全市有维管束植物 201 科 852 属 2 119 种(其中蕨类植物 27 科 50 属 93 种；种子植物 174 科 802 属 2 026 种，其中木本植物 114 科 350 属 1 223 种)，分别占全省总科数的 74.42%、总属数的 5.02%、总种数的 28.21%。全市植物资源比较丰富，初步调查有国家级的珍贵树种 61 种，其中国家一级珍贵树种有红豆杉、南方红豆杉、银杏、珙桐、光叶珙桐、秃杉、钟萼木、香果树、苏铁等 9 种；国家二级珍贵树种有秦岭冷杉、大果青扦、篦子三尖杉、厚朴、鹅掌楸、香樟、杜仲等 16 种；省级珍贵树种有三尖杉、粗榧、蜡梅、黄檀、银鹊树、楸树、紫班牡丹、南紫薇等 36 种；有国家重点保护野生植物 80 多种。

②古、大、奇树资源：全市共有 60 种 1 340 株，其中千年以上的有 300 多株，以保康、南漳居多。谷城县三道岭青龙山海拔 1 360 米处有一株千年柯楠木树，当地人称“水漆树”，高 40 米，胸径 301 厘米，树冠覆盖面达 625 平方米，为襄樊大树之最。

(2)动物资源

全市有野生动物 268 种，其中鸟类 151 种，兽类 60 种，爬行类 34 种，两栖类 23 种。按国家保护级别分，国家一级保护野生动物有金钱豹、梅花鹿、林麝、白鹳、中华秋沙鸭、金雕等 10 种；国家二级保护的野生动物有马鹿、猕猴、黑熊、红腹锦鸡、鹰类等 50 种；国家“三有”(即有益的、有重要经济价值的、有科学研究价值的)保护的野生动物和湖北省重点保护的野生动物有 68 种。

（七）自然灾害

1.干旱

襄樊是湖北省有名的“旱包子”，干旱是襄樊最常发生的气象灾害。经统计，进入20世纪80年代以后，全市除个别山区县以外，年降水量呈递减趋势，即20世纪80年代的降水较20世纪60—70年代少，20世纪90年代降水较20世纪80年代少。汉江河谷平原及其以东（鄂北岗地），自20世纪60年代以来几乎呈直线递减（见表2—10）。

襄樊市区各年代年平均降水量

表2—10　（单位：毫米）

年代	60	70	80	90
年降水量	889	856	845	772

襄樊市区年降水量在1200毫米以上的年份，在20世纪60年代出现过3次（1963年、1964年、1967年），1971年至今未出现过1次。年降水量在1 000～1 200毫米的，20世纪80年代出现2次（1983年、1989年），1991年至2005年只出现过一次。资料统计显示，干旱年年有，四季可发生。而且是一年两遇，其中尤以秋、冬旱最常发生，冬旱为十年九遇，伏旱、秋旱约两年一遇，春旱、初夏旱、伏秋旱、秋冬旱和冬春旱各为十年一遇。依干旱程度划分，襄樊市轻度干旱（小旱）每年均有发生，中度以上干旱为十年七遇；大旱和严重干旱则为两年一遇，特大干旱为十年一遇。从分布的时段看，大旱主要是3—4月的春旱，7—8月的伏旱和8—11月的伏秋连旱，这三个时段的大旱占全部大旱的73%。从干旱的年际分布看，各年代干旱出现的频次呈上升趋势，20世纪80—90年代明显高于20世纪60—70年代，且高出近1倍（见表 2—11）。

襄樊市各年代不同程度干旱出现次数

表2—11

年代／次数／干旱时间	60	70	80	90	合计
20天以上	16	20	24	23	83
30天以上	13	14	16	15	58
40天以上	6	7	6	12	31
50天以上	3	6	3	10	21
60天以上	2	2	2	5	11
出现时段	秋冬	秋冬	初夏	秋冬	

2.暴雨

襄樊各地年平均暴雨（日降水量≥50.0毫米）日数为1.8—2.5天，宜城、枣阳、谷城和南漳平均每年有2.5天，襄樊、保康、老河口每年不到2天。其中≥100毫米以上大暴雨和特大暴雨的日数，

1981—2005 年的 25 年间，枣阳出现 13 次最多，不到 2 年就遇上一场大暴雨天气，襄樊、南漳、谷城和宜城次之，出现有 4～6 次，平均每 4—6 年则会遭遇一场大暴雨天气，老河口和保康最少有 2 次（见表 2—12）。每年 12 月、1 月和 2 月襄樊各地均没有出现暴雨天气，3 月、10 月和 11 月是偶有暴雨发生，暴雨发生的集中时段在 5—8 月，其中又以 7—8 月最集中期，这期间平均至少出现一次暴雨天气。各地日最大降水量均在 110 毫米以上，其中宜城日最大降水量达 251.5 毫米(2001 年 8 月 20 日)，老河口日最大降水量紧随其后，达到 242.9 毫米（2005 年 7 月 7 日）。

1981—2005 年襄樊各地暴雨、大暴雨日数统计

表 2—12

项目＼站点	襄樊	枣阳	宜城	南漳	保康	谷城	老河口
暴雨日数	47	59	59	57	52	59	46
大暴雨日数	4	13	6	5	2	5	2

3.冰雹

冰雹：冰雹的发生具有明显的地域性和局部性特点，其持续时间短，从几分钟到几十分钟不等，影响范围较小，但冰雹和大风往往又是相伴同时发生，所以危害程度严重。2005 年前，由于气象站点稀少（每个县市只有 1 个观测站），在气象站点观测到的冰雹天气很少，许多冰雹资料从灾情调查中收集到的，不是很全面。冰雹主要发生在每年 5—9 月的午后到傍晚这段时间里，从调查收集的资料分析显示，保康出现冰雹天气最多，南漳、谷城、老河口和枣阳次之，襄樊、宜城最少。

4.连阴雨

连阴雨天气一年四季均有出现，其中又以春、夏、秋季的连阴雨危害性最大。连阴雨天气西部较东部稍多，连阴雨天气又多与低温（冷空气）天气相伴。春季基本上每个月都有一次 5 天以上连阴雨天气，个别年份甚至出现 2 次，7 天以上的连阴雨天气大多数年份都会出现 1 次，例如，襄樊 1994 年 4 月 16—29 日就出现了一次长达 14 天的连阴雨天气。秋季的绝大多数月份里平均会出现 1 次 5 天以上的连阴雨天气，少数年份还会出现 2 次。7 天以上的长连阴雨平均约两年一遇。例如，襄樊 1984 年 9 月 20 日—10 月 3 日连阴雨长达 14 天，过程雨量 112.8 毫米，比常年 9 月平均雨量（78 毫米）还要多 34.7 毫米（44%）。

5.雷暴（雷击）

全市各地年平均雷暴日数 19—30 天，保康最多平均每年有 30 天，谷城最少有 19 天，其他县（市）介于其间。每年的 1 月、12 月无雷暴。雷暴的高峰期集中在每年的 7—8 月，平均每个月有 5—8 天，4—6 月次之，平均每个月 2—3 天；襄樊市雷暴最多年份有 36 天。雷暴最早的可于 2 月上旬出现，一般在 11 月中旬雷暴天气就终止了。

6.大风

大风（风力≥6 级或瞬时风速≥10.8 米／秒）的天数，不论是地理分布，还是时间分布，其差别十分明显。从平均情况看，襄樊最多，平均每年为 4 天，最多的年份有 15 天（1982 年）；宜城次之，平均每年3天，最多年份有10天（1992年、2004年）；枣阳、老河口平均每年2天，谷城平均每年1天，保康25年（1981—2005年）出现7天，约3.5年一遇；南漳最少，25年才出现3天（1981年2天、2002年1天），其余23年间均未出现大风天气。从季节上看，春季、夏季大风最多，冬季次之，秋季最少。

7.寒潮

寒潮（48小时日平均气温下降≥10.0℃，最低气温在5.0℃以下）天气来袭时，不仅是明显的降温，且常伴有大风、降雪（雨）和结冰等天气。寒潮天气发生频次与季节关系密切，同时还与地形、地势有关，鄂北岗地多于西南部山区。襄樊市区寒潮主要出现在11月到次年的3月，最早出现在10月（1987年10月29—31日），其中3月最多（10次），11月次之（5次），1981—2005年，共出现20次，几乎每年一遇。

8.水灾

从地域空间上划分，分为江河洪水和山洪。江河洪水多为流域性洪水，主要是受季风(台风)影响，由大范围大面积强降雨、持续暴雨以及境外来水所形成，绝大部分发生在汉江干流襄樊城区至宜城区间。此时江面宽阔，洪水滔滔，淹没洲滩，冲刷堤岸，洪峰流量大，在高水位运行时间较长。如“1935·7“型、“1964·10”型、“1983·10”型境内汉江流域洪水。山洪是指山丘流域由降雨引起的突发性、暴涨暴落的地表径流。多发生在境内西南山区南漳、保康、谷城3县，洪水历时短，峰型尖瘦，霎时千沟万壑，浊流滚滚，挟石带沙，充溢河溪，流速急，流程短，无从宣泄，水位暴涨。如“1975·8”型谷城南、北河及保康清溪河流域洪水，“2001·8”型南漳蛮河流域洪水。从时令季节上划分，分为夏季洪水和秋季洪水。依据襄樊地区气候条件细分，每年5月1日至8月31日为夏季汛期，9月1日至10月15日为秋季汛期。夏季洪水多发生在每年5月下旬至8月下旬，秋季洪水多发生在每年9月上旬至10月上旬。从危害形成划分，分为洪灾和渍涝。如“1935·7”型汉江特大洪水，境内襄阳、光化、谷城、宜城、南漳、保康六县受灾惨重，受灾人口81.5万人，淹没农田131万亩，死亡4.1万人，“1964·10”型汉江洪水，“1975·8”型唐白河洪水灾情也很严重。渍涝，包括城区渍涝和农田渍涝，主要是区间洪水排泄不畅引起，成灾范围相对较小，但单位面积灾害程度较重。如“1987·7”型、“2004·8”型襄樊城区南渠沿岸渍涝，“1998·5”型枣阳城区渍涝，“2001·8”型宜城城区渍涝，都很严重，甚至致人死亡，社会负面影响较大。暴雨天气原因是造成全市洪灾的最主要最直接原因。襄樊地区位于汉江中游，境内汉江流域面积占全市总面积85.5%，洪水灾害与汉江流域降雨密切相关。水利工程建设缺失、分布不均和标准偏低也是造成部分地方水灾的原因之一。生态环境严重失衡，也是山洪灾害频发的原因之一。洪水灾害作为一种自然灾害，产生在一定的自然条件之下，且形成于一定的社会环境之中。自然条件与社会环境从来就是互相关联、互相影响的。

附：1979—2005年襄樊水灾记录

1979年，谷城洪灾及风灾为害甚重。4月12日全县14个公社分别遭受冰雹与9~10级大风袭击，气温骤降3℃~4℃，冻坏早稻秧苗849亩、红薯6.5万亩。6月5日狂风、冰雹复至，全县126个生产大队、609个生产队受灾，损失夏粮113万公斤，毁坏民房1 072间，死伤3人。7月24日至31日，连降大到暴雨，30日晚突降暴雨5小时，雨量达262毫米，山洪暴发，河水暴涨，南河下泄洪水9 350立方米/秒，全县10个公社、267个生产大队、1 846个生产队受灾，受灾农作物面积22.38万亩，冲毁砂压农田2.3万亩，减产粮食170多万公斤、棉花53万公斤、芝麻39万公斤，冲毁小型水库7座、堰塘448口、桥梁24座、堤岸20处，倒塌房屋2 928间，死亡4人，伤5人，庙滩、当铺、盛塛、茨河等地损失尤重，当铺公社少数生产队丧失再生产能力。宜城9月中下旬汉江、蛮河水涨，受涝农田9.3万亩。襄阳水灾,受灾农作物面积 30.5 万亩。

1980 年,境内长期阴雨低温,局部地区暴雨频繁,6、7、8 三个月降雨比常年同期偏多 3.9 成,其中随县偏多 5.9 成,襄阳、枣阳、南漳、光化、谷城 5 县局部地区降雹,保康两峪公社桃园大队 7 月 12 日降雪,6 月下旬各中小河流普遍暴发山洪。全区 119 公社 16 604 个生产队 190 万人受灾,渍涝耕地面积 249.5 万亩,其中绝收 84.8 万亩,冲毁堰塘垱坝 2 928 处、涵闸 123 处、渠道长 187 公里、河堤长 80 公里,淹死 15 人,减产粮食 2 亿公斤。

1982 年,谷城 7 月 27 日至 31 日连降大暴雨,南漳、保康也相继降大到暴雨。谷城南河胡家渡水电站 29 日降雨 501 毫米,三日降雨 691 毫米,五日降雨 755 毫米,北河潭口水库日最大降雨 360 毫米,三日降雨 566 毫米,五日降雨 677 毫米,南河、北河洪水泛滥,三幢碑最高水位达 88.33 米,北河潭口水库溢洪深 8.77 米,泄洪流量 3 910 立方米 / 秒,沿河两岸一片汪洋,石花镇被淹。全县 12 个社(镇)受灾,其中石花、大峪桥、五山、当铺、盛　、龙滩、薤山受灾最重,受灾人口 26.8 万人,其中 1 716 户 8 153 人无家可归,淹没和冲毁秋作物面积 22.44 万亩,冲毁农田 7.89 万亩,倒塌房屋 5151 间,死亡 82 人,冲走大牲畜 658 头,冲毁各种水利设施 4 005 处,冲毁公路 597 处,直接经济损失 3 100 万元。随县均川公社 7 月 22 日夜降雨 108 毫米,库堰水位猛涨,高庙管理区二大队两名社员为了防止责任田被淹而挖坝排水,造成双堰湾水库垮坝失事,时为境内人为原因水库垮坝第一起事故。

1983 年,汉江流域气候异常,降雨量之多,干流来水量之大,洪峰流量之高,汛期结束之晚,均为新中国建立以来之最。5 月至 10 月,汉江先后出现六次洪峰,8 月 1 日丹江口水库入库流量 33 600 立方米 / 秒,上游陕西省安康县城被淹。10 月 6 日第六次洪峰,丹江口水库入库流量为 34 300 立方米 / 秒,7 日库水位上升到 160.07 米,为建库以来最高水位,超汛限水位 11.2 米,水库下泄流量 1.96 万立方米每秒,7 日襄阳站水位 68.86 米,洪峰流量 21 200 立方米 / 秒。且境内其他各中小河流相继涨水,库满堰溢, 有 41 座大中小型水库溢洪,56 座超汛限水位。6 日襄阳老龙堤吴家坑段内坡长 400 米散浸,堤脚两处翻砂涌水,出现脱坡裂缝。8 日宜城窑湾站水位 58.93 米,持续 150 多小时,八角庙 2 处堤防长 350 米被水冲刷崩塌严重,何家套堤脚渗水,郭海闸八字墙发生管涌。襄阳唐白河堤防刘集段长 500 米发生散浸、明流两处。谷城北河王马套堤段长 568 米堤身裂缝漏水,塌方两处。蛮河水位陡涨,9 月 16 日 16 时雷河站水位达 59.84 米,洪峰流量 1 810 立方米 / 秒,比“1975·8”型洪水水位高 0.34 米、洪峰流量达 290 立方米 / 秒。与此同时,保康、随州部分地区遭受山洪袭击。境内受灾人口 46.66 万人,死亡 4 人,受灾农作物面积 28.69 万亩,倒塌房屋 7 778 间,冲毁水利工程 7 600 处、公路长 190 公里,直接经济损失 1 381 万元,其中谷城 6 个社(镇)、53 个生产大队、278 个生产队受灾较重,水毁农作物面积 7.71 万亩,倒塌损坏房屋 5 940 间,冲毁堰塘 215 口、桥梁涵闸渡槽 194 处,毁坏堤岸 986 处长 568 米。由于丹江口水库调控削减洪峰流量,下游杜家台、邓家湖、小江湖相继分洪,加之各级政府组织 16.1 万劳力日夜抗洪抢险,堵复河堤明口 296 处,加固险段长 14.4 公里,加筑新堤长 830 米,转移群众 3.8 万人、牲畜 1.2 万头、粮食 380 万公斤,全市洪灾损失未进一步扩大。

1984 年 7 月 17 日晚襄阳峪山、东津等 8 个区突遭暴雨袭击,降雨量达 271.9 毫米,堰垱堤坝溃口 200 多处,冲坏公路长 45 公里,刮倒输电线杆百余根,受灾农作物面积 17.5 万亩。宜城 6 月、7 月、9 月三次遭受水灾,其中 7 月最重,7 月 16 日至 19 日,全县降雨 60~100 毫米,36 574 亩农作物受渍,冲毁水利设施 549 处、桥涵 25 座,死亡 1 人。枣阳 7 月 17 日至 20 日暴雨成灾,全县受灾农作物面积 56 611 亩,冲毁耕地 1301 亩、塘堰垱坝 255 处,倒塌房屋 585 间,伤 5 人。

1987 年,襄樊城区 7 月 10 日突降大暴雨,下午 5 时至 8 时 4 小时降雨量达 150 毫米,历时短,强度大,城内街道积水,部直接经济损失 343 万元。南漳 8 月 2 日至 6 日突降暴雨,巡检 6 日 2.5 小时降雨 151 毫米,巡检、薛坪、肖堰 3 区(镇)受灾最重。全县受灾农作物面积 88 100 亩,其中绝收 11 400 亩,损失粮食 285 万公斤,倒塌房屋 449 间,砸死 1 人,洪水冲走 1 人。谷城 3 月 31 日至 4 月 11 日突降暴雪，深20厘米，在田小麦茎秆受压折断30%，损失减产1 500万公斤。枣阳8月10日，遭受大风、冰雹、大雨袭击，风力强度10.3级，冰雹大如鸡蛋小如枣，密度40粒/平方米，持续三个半小时，姚岗、新市、鹿头等7个区(镇)24个乡131个村灾情严重，受灾农作物面积25.5万亩，减产粮食225万公斤、瓜果500万公斤，倒塌房屋136间，死伤3人，直接经济损失4 000万元。

1989年，全市局部发生洪水灾害15次，受灾人口397.4万人，受灾农作物面积618.6万亩，其中绝收23.94万亩，损失粮食25 480万公斤，倒塌损坏民房175 008间，死亡78人，淹死大牲畜3165头，冲毁水利设施14 695处〔含小⑵型水库4座〕、桥涵1832处、输电通信线路长368公里，直接经济损失35 210万元。其中6月6日至7日，襄阳东部、随州、枣阳中北部普降大到暴雨，随州北部淮河、万和镇为暴雨中心，淮河镇6小时降雨320毫米，万和镇6小时降雨318毫米，造成山洪暴发，河水陡涨，襄阳、枣阳、随州部分地区洪灾严重，受灾人口120余万人；谷城14个乡镇336个村、31416户、13.35万人受灾，死亡3人，重伤7人，轻伤59人，倒塌房屋526间，进水民房4863间，受灾农作物面积17.86万亩，其中绝收1.26万亩，冲毁耕地832亩、茶园572亩、苗圃37亩、木耳及香菇9400棚，冲毁堰塘、鱼池、挡坝835处，损失成鱼1.9万公斤，冲毁桥涵13处、渠道618处长214公里，毁坏公路372处、小水电站1座、提水泵站14座，损失粮食500万公斤，直接经济损失1 460万元。

1991年，全市5月至8月局部发生暴雨和风雹灾害15次，其中最大日降雨量209毫米，最大风力10级，有56座大中小型水库水位超过汛限水位，52座大中小型水库溢洪，3 513个村、334.5万人受灾，死亡49人，伤321人，死亡大牲畜3065头，倒塌损坏民房42 486间，冲走及浸烂农户存粮615万公斤，受灾农作物面积229万亩，其中绝收35万亩，毁坏农田16.8万亩、鱼池1 137亩、堰塘3 659口、桥涵12 55处、公路长895公里、河堤4 756处长87.5公里、渠道11 833处长319.8公里、泵站(水闸、水电站)433处，100多家工厂一度停产，局部供电、通信多次中断，直接经济损失3.76亿元。

1992年5月，全市局部暴雨成灾。5月5日宜城6小时降雨101毫米，重灾乡镇6个，160个村425个组15 200人受灾，城区交通路、振兴路积水深达0.5米，部分房屋进水，受淹农田8.75万亩，损坏倒塌房屋1 128间，直接经济损失4 500万元；5日保康8小时降雨104毫米，马良镇所属3个管理区11个村受灾，损失粮食32.2万公斤，冲毁河堤6处，直接经济损失300万元。

1996年，境内汛期局部发生暴雨、洪涝、风雹等灾害8次，立冬过后又出现长期大范围阴雨，局部地区降中到大雨，形成“汛后灾”。全市受灾农作物面积117.5万亩，其中绝收32.8万亩，转移安置灾民5.59万人，淹死22人，伤1 234人，损失粮食3.25亿公斤，直接经济损失9.5亿元。其中谷城8月2日至4日普降大到暴雨，3日平均降雨量200毫米以上，前进水库3日降雨274.3毫米，为当时全省3日雨量之最，全县18个乡镇、333个村、26.63万人受灾，其中1.05万人被洪水围困，1.71万人被迫转移，大峪桥、城关、盛　、茨河等地严重积水，房屋倒塌，农田被淹，损坏倒塌房屋3694间，死亡13人，受灾农作物面积16.63万亩，其中绝收6.26万亩，冲毁耕地4 890亩，减产损失粮食335.9万公斤，冲毁鱼塘面积0.18万亩、堰塘98口、小水电站3处、乡村公路38条、涵闸62处、输电线路长96公里，损毁堤防、护岸25处长9.6公里，大发沟、黄龙潭水库溢洪道垮塌，黄畈河河床下切，堤脚被掏空，堤坡垮塌。

1997年7月16日，枣阳南部地区遭受暴雨袭击，6小时降雨量达290.6毫米，滚河流域河水暴涨，兴隆等6乡镇洪涝灾害严重，吴店白水寺、熊集段营、兴隆天子岗等3座小⑵型水库垮坝，冲毁堰塘挡坝100多口，被淹农作物面积4.1万亩，毁坏公路30多条，倒塌房屋337间，停产企业57家，直接经济损失5 300万元。

1998年，全市局部发生洪灾11次，受灾人口167.27万人，死亡22人，死亡牲畜19911头，倒塌损坏房屋33 447间，受灾农作物面积302.5万亩，减产粮食0.905亿公斤，受灾水产养殖面积8.59万亩，减产水产品932万公斤，直接经济损失9.9亿元。其中谷城紫金、赵湾、官坊、莛山、南河、盛塘、当铺、黄畈、庙滩等9个乡镇8月6、7日普降暴雨,有102个村1 010个村民小组1.13万户13.44万人受灾,损坏倒塌房屋3 931间,死亡1人,重伤5人,轻伤12人,受灾农作物面积24.07万亩,其中绝收9.16万亩,损毁堰塘垱坝768处、桥涵32座、护岸30处、输电线路长32.2公里、通信线路长8.9公里,直接经济损失5 000万元。

2001年,全市7月以后局部发生洪灾5次,涉及南漳、宜城等5个县(市)38个乡镇,受灾人口119.7万人,死亡5人、大牲畜2 197头,倒塌房屋7 718间,受灾农作物面积138.8万亩,其中绝收26.4万亩,减产粮食1.48亿公斤、水产品169.2万公斤,停产工矿企业203家,中断公路交通144条,损毁路基长3 248公里,损坏输电线路长1 149公里、通信线路长2 100公里,损坏各类水利设施7 173处,直接经济损失4.8亿元。其中南漳8月7日至9日连续3天突降特大暴雨,日最大降雨量286毫米,山洪暴发成灾,受灾人口29万人,受灾农作物面积48.6万亩,其中绝收8.1万亩,冲毁农田2.5万亩,损失粮食0.75亿公斤,倒塌房屋5 204间,冲毁渠道1 426处长68公里,冲毁道路132条、桥涵42座,损毁泵站21座,冲毁鱼塘178口,死亡2人,受伤77人,死亡大牲畜261头,直接经济损失2.1亿元。8月8日至10日,蛮河流域普降大雨,三日累计降雨224毫米,朱市站水位达61.66米,洪峰流量1 900立方米/秒,宜城蛮河沿岸5个镇(办事处、场)32个村5.75万人受灾,7.2万亩农作物被淹,其中绝收4.8万亩,损坏倒塌房屋423间,冲走毁损抽水机电设备50台(套),冲倒电力线杆320根,6条通信线路中断,直接经济损失5 250万元。8月19日晚22时至22日上午8时宜城突降特大暴雨,受灾严重的有城关(鄢城)、王集、南营、刘猴、郑集及原种场6个乡镇(办事处、场),城关最甚。位于暴雨中心的城关地区10小时降雨250.8毫米,为有气象纪录以来的最大值,降雨强度超过百年一遇。受灾8.1万户25.5万人,占宜城总人口50%以上,受灾农作物面积18.5万亩,其中绝收5.3万亩,倒塌损坏房屋3 600间,砸死1人,砸伤11人,冲走大牲畜70余头,冲毁公路20余处、桥涵123座、堰塘250口、渠道长8 300米,浸坏商品近10万件,浸坏彩电、冰箱等家用电器近6 000台,各类直接经济损失9 700万元。其中城关地区发生严重渍涝灾害,城内顿成"泽国",一片汪洋,60%以上地带积水平均深达1.5米左右,最深处超过3米,交通中断,人们只能趟水穿行,有1.1万户3.4万人的住房进水,倒塌房屋1 300多间,砸死1人,砸伤5人,浸坏商品9万多件,浸坏彩电、冰箱4 000多台,直接经济损失3 200万元。

2002年,立春以后,全市多次受到强冷空气袭击,"倒春寒""雷打雪"灾害天气一再发生,进入4月,强对流天气发生频繁,暴雨、冰雹、狂风危害多次成灾,受灾人口191万人,受灾农作物面积295万亩,其中绝收49.4万亩,减产粮食2.4亿公斤,死亡大牲畜1 984头,损坏各类水利设施560处,倒塌房屋7 545间,直接经济损失5.6亿元。其中4月3日宜城流水、刘猴、板桥店、王集,襄阳黄龙等乡镇突遭龙卷风、冰雹、暴雨袭击,龙卷风中心最大风力达11级,冰雹直径约2厘米,最大点降雨量115毫米,给正处于生长期的农作物造成灭顶之灾,尤其是处于盛花期的小麦、油菜、豆类等损失严重,受灾面积13.28万亩,其中绝收2.4万亩,倒塌损坏房屋223间,折断树木1 000多株,刮倒电力、通信线路25杆程,直接经济损失2 470万元;4月15日下午2时至次日凌晨,境内受西南暖湿气流和新疆冷空气南下影响,遭受暴雨、狂风、冰雹等多种灾害袭击,最大点降雨量30分钟35毫米,最大风力10级以上,最大雹径10~20毫米,暴雨之强,风力之大,危害之广,损失之重,为新中国成立以来所罕见,受灾涉及襄阳、枣阳、谷城、保康4个县(市、区)的38个乡镇和市管熊河水库,受灾人口63.4万人,其中死亡4人、伤37人,死亡大牲畜1 360头,受灾农作物面积155万亩,其中绝收29.79万亩,减产粮食1.07亿公斤,刮倒折断树木46.56万株,倒塌房屋17 242间,冲毁公路3条长21公里,损坏输电及通信线路长174公里,损坏灌溉设施6处,沉没船只1艘,直接经济损失3.1亿元;6月20日至24日,全市5天平均降雨量为100毫米,其中枣阳资山达270毫米,宜城朱市、南漳武镇等11处24小时降雨量超过100毫米以上,造成较大经济损失,受灾范围涉及老河口、宜城、谷城、南漳、保康、枣阳等县

(市),宜城、谷城灾情最重,受灾人口32万人,农作物受灾面积45万亩,倒塌房屋381间,老河口、谷城城关内涝渍水,直接经济损失7 809.6万元。

2003年,全市多次发生暴雨、风雹、山体滑坡等灾害,秋季境内汉江发生自1984年以来最大洪水,灾情严重,受灾人口104.6万人,受灾农作物面积115.1万亩,其中绝收56万亩,减产粮食0.8亿公斤,死亡大牲畜1 940头,冲毁公路39条,毁坏路基长276公里,毁坏各种水利设施2 364处,倒塌房屋4 264间,直接经济损失8.6亿元。其中从入汛至7月30日,局部地区出现较为严重的洪涝灾害,受灾农作物面积26.6万亩,倒塌损坏房屋2 884间,山体滑坡10余处,损坏河溪堤坝长20多公里,毁坏公路长91公里,保宜(保康—宜昌)干线公路一度中断,毁坏输电线路长13.9公里,毁坏水利设施400余处,直接经济损失8 144多万元;9月4日襄阳站水位达67.08米,洪峰流量12 300立方米/秒,沿江堤防、河岸发生各类险情47处,老河口、谷城、樊城、襄城、宜城5个县(市)区及鱼梁洲旅游经济开发区严重受灾,受灾人口81.7万人,倒塌房屋3 290间,受灾农作物面积79.785万亩,其中绝收37.26万亩,减产粮食0.78亿公斤,死亡大牲畜1 400头,受灾水产养殖面积1.005万亩,减产0.037亿公斤,停产企业22个,中断公路25条(处),毁坏输电线路长34公里,毁坏通信线路长30公里,损坏堤防8处长4.55公里、护岸27处、涵闸39座、机电井245眼、泵站120座,冲毁塘坝180座,直接经济损失6.074亿元。鱼梁洲入洲道路被淹,部分居民住宅一楼进水,水深0.7米,对外陆路交通中断,实行交通管制,社会各界和新闻媒体对此十分关注;襄阳区8月30日唐河流域发生较大洪水,沿河朱集、程河、双沟三镇堤外农作物绝收。

2004年,全市局部地区数次洪涝成灾。8月4日、5日境内大范围发生强降雨,降雨中心位于襄樊城区,襄城、襄阳、老河口、谷城、南漳、宜城、保康7个县(市)区48个乡镇(办事处)61.3万人受灾,受灾农作物面积61.8万亩,其中绝收7.2万亩,直接经济损失2.2亿元。襄樊城区4日9时开始瓢泼大雨持续不停,直到11时才有所减弱,过程总降雨量127.9毫米,是17年来最大的一次暴雨,其中最大1小时降雨量65.2毫米、3小时降雨量102.6毫米、6小时降雨量117.2毫米,接近或超过百年一遇暴雨强度,造成多处严重积水,交通受阻,1万多户6万多群众受灾,数百间房屋倒塌、损坏,多处路段严重积水,1 800余户居民家中进水,不少住户被迫转移安置,6 000多人遭受停电之苦,220家企业停产,直接经济损失1.4亿多元。其中襄城区内涝积水最为严重,市委书记阮成发冒雨在齐腰深的积水中视察灾情。南渠多处漫溢或溃决,六化建渠段附近4处家属院围墙被冲垮,11栋居民楼被洪水围困,一楼全部被淹,二楼部分进水,160多名老人、妇女、儿童被困,上午10时,环山路一带积水深达1.5米以上。10时30分,增援抢险的武警官员泅过深2米的洪水,进入六化建家属院内,将被困群众全部转移到安全地带。12时10分,南渠铁四局家属院渠段发生溃决,缺口长数十米,市委书记阮成发、市长付明珠、襄城区区长丁曼珞紧急赶赴现场,组织数百名武警官兵抢险,经过6小时奋战,打桩120余根,填筑砂石300余立方米,加固渠堤长80余米。下午15时15分,市卫东机械厂厂区内孙家冲一蓄水6万立方米堰塘漫溢垮坡,坝顶及坝下部分房屋被冲毁,不少房屋进水,灾情紧急。参战的武警官兵不顾疲劳与饥饿,紧急增援抢险,至19时共搬运土石方2 100多立方米,压堵管涌,加固加高堰坝长150米。5日,庞公办事处一农妇卖菜趟水过胜利街口触电身亡。枣阳7月10日暴雨成灾,6小时强降雨146毫米,日均降雨150毫米,其中城区高达175毫米,受灾人口1.1万人,受灾农作物面积10.2万亩,冲毁水利设施1 320处、道路长153公里、小型桥涵30座,冲毁水产养殖面积600亩、减产水产品9万公斤,淹死畜禽3 000多头(只),直接经济损失5 250万元。南漳8月13日至16日连续3天普降大到暴雨,平均降雨104毫米,薛坪镇达196毫米,引起山洪暴发,蛮河胡家营段左岸堤防崩塌长90米、宽7米,经过奋力突击,重筑长100米、宽9米、高5米堤防一道,排除险情。

2005年,全市多次发生洪水灾害,受灾人口270.78万人,死亡9人,受淹城市2座(老河口城区、谷城城关),受灾农作物面积361.2万亩次,其中绝收80.1万亩次,减产粮食1.435亿公斤,停产企业

60 个，毁坏公路长 771.71 公里，中断公路交通 81 条次，毁坏输电线路长 79.29 公里、通信线路长 53.36 公里，损毁水利设施 3591 处，倒塌房屋 10 222 间，死亡大牲畜 1 549 头，损失成鱼及鱼苗 0.77 万吨，直接经济损失 15.95 亿元。其中以 10 月汉江洪灾最重，10 月 4 日襄阳站洪水水位 67.25 米，洪峰流量 14 900 立方米 / 秒，洪水在高水位运行持续 9 天，为 1983 年以来最大洪水，受灾涉及老河口、谷城、樊城、襄城、襄阳、宜城 6 个沿江县(市)区、22 个乡镇、42.3 万人，受灾农作物面积 56.6 万亩，其中绝收 25.98 万亩，减产粮食 0.489 亿公斤，倒塌房屋 888 间，损坏公路长 37.94 公里，损毁水利设施 171 处，转移洲滩人员 10 896 人，直接经济损失 4.68 亿元；枣阳 7 月暴雨成灾，冲垮渠道 429 处长 6 100 米，冲毁堰塘垱坝 849 处，损坏泵站 45 处，冲毁输电线路长 80 100 米，损坏省、县级公路 13 处长 5 280 米、乡村道路 15 条长 105 公里，受灾农作物面积 122.9 万亩，直接经济损失 2.21 亿元；宜城 6 月 25 日突降大到暴雨，间有龙卷风袭击，流水、郑集镇灾情严重，受灾农作物面积 2.08 万亩，伤 26 人，倒塌损坏房屋 2 000 余间，直接经济损失 1 900 万元；谷城 7 月全县降雨量近 500 毫米，超过历年同期 2.6 倍，为 50 年来同期最高值，其中 7 月 24 日晚 23 时至 25 日早上 8 时，冷集、石花、五山、盛、茨河、庙滩、城关等 7 个乡镇遭受暴雨袭击，农作物成灾面积 13.7 万亩，其中绝收 5.1 万亩，减产粮食 1 125 万公斤，死亡牲畜 336 头，倒塌民房 368 间，损坏输电线路长 7.5 公里，龚家河、盐池河等崩垮共长 4 700 米，裴桥、胡家棚等水库先后出现险情，黄龙潭水库大坝左岸外坡冲刷成长 30 米、宽 6 米、深 12 米、斜坡长 58 米沟槽一道，冲走大坝代料 2 500 立方米，经抢救脱险；保康 7 月 24 日至 8 月底，全县有雨天气达 43 天，其中城关地区平均降雨量 742.5 毫米，占常年平均降雨量 81%，高强度的暴雨引发山体滑坡、泥石流、崩塌、洪涝等自然灾害，全县受灾农作物面积 11.4 万亩，占总面积 34%，1 607 户 5 676 人因房屋倒塌失去住所，干线公路路基坍塌 150 处，桥梁损坏 7 座，村级道路毁损长 886.4 公里，受灾人口 18.37 万人，占总人口 63%，直接经济损失 2.4 亿元。发生山体滑坡等 975 起，滑坡体一度曾将保康至房县的道路阻断，马栏河道(房县境内)被阻断 2/3。

9.旱灾

从季节上划分，分为春旱、夏旱、秋旱、冬旱或多季连旱、多年连旱。春旱是指 3 月至 5 月期间发生的干旱。夏旱是指 6 月至 8 月期间发生的干旱，在“三伏”期间发生的也称伏旱。秋旱是指 9 月至 11 月期间发生的干旱。冬旱是指当年 12 月至次年 2 月发生的干旱。襄樊地区十年九旱，形成原因是多方面的。主要有气象、地理、水资源、水土流失、农业种植结构、水污染等方面因素。依据新中国建立至 2005 年发生中等以上旱灾年分季统计分析，襄樊地区旱灾具有干旱种类多、成灾频率高、夏(伏)旱比重大、北部岗地受旱重特点。

附：1979—2005 年襄樊旱灾记录

1979 年，春夏(伏)连旱。境内自 1978 年秋至当年 6 月，大部分地区未下透墒雨，加之连续三年干旱，4 月底蓄水量仅为 5.6 亿立方米，比常年同期减少 11 亿立方米，中小河流大部分断流，有 1048 座水库干涸和放不出水来，占总数 73.5%，20 万口堰塘绝大部分干涸。全区受旱农作物面积 350 万亩，有 3000 个生产队约 20 万人饮水困难。

1980 年，保康从 1979 年冬至当年 5 月 20 日持续干旱，12 485 亩稻田无水插秧，199 973 亩玉米受旱缺苗，比 1979 年减产粮食 2 855 万公斤。

1981 年，夏(伏)秋大旱。1 月至 8 月上旬光化、襄阳、谷城、枣阳、宜城、南漳降雨量为 290~380 毫米，保康、随县为 470~509 毫米，与常年同期相比，保康、随县少 2~3 成，其他各县少 4~5 成，是各地有雨量记录以来降雨量最少，旱情最重的一年，除汉江、唐白河、南河外，有 750 条河流断流。全区受旱农作物面积 539 万亩，其中绝收 154 万亩，有 50 万人、18 万头牲畜饮水困难，襄阳、宜城、南漳、谷城、保康5县受灾严重。

1982年,冬旱。全区受灾农作物面积189万亩。

1985年,夏(伏)大旱。全市受灾农作物面积292万亩。其中保康3万亩农田因旱绝收;光化7、8两个月连续50多天未下透墒雨,秋作物严重受旱,受灾面积40.5万亩,减产粮食544万公斤。

1986年,春夏(伏)大旱。境内1月至8月平均降雨量仅300毫米,比常年同期减少250毫米,其中枣阳太平镇湖河、寺庄两乡降雨仅141毫米,同比减少600多毫米。全市870条河流有70%断流,86座大中型水库有40座放不出水,1 257座小型水库及20万口堰塘有60%干涸,56个区 (镇)、254个乡、1 763个村、40.8万户、191.1万人受灾严重,受旱农作物面积410万亩,其中水稻23.32万亩、玉米11.1万亩、秋杂粮7.78万亩绝收。

1988年,春夏(伏)特大干旱。境内冬旱连春旱,春旱连夏旱,1月至7月平均降雨425.7毫米,与1987年同期减少174毫米,比多年平均减少124.3毫米。5月下旬至7月15日56天时间里,大部分地方雨日只有2、3天,降雨量仅10~15毫米,为常年同期1/10。由于气温高,干热风多,蒸发量大,蓄水锐减,旱情日趋严重。旱在在田作物生长和大秋作物播种捉苗的关键时刻,想种种不上,种了出不了苗,出了苗难成活。全市800多万亩秋季作物,严重受旱的有575万亩,干死239万亩,50万人、28万头牲畜饮水严重困难。

1990年,夏(伏)大旱。全市受旱农作物面积209万亩。

1993年,夏(伏)大旱。全市5月至7月中旬平均降雨仅87毫米,比常年同期减少30.2%,其中6月至7月中旬基本未下透墒雨。襄阳、枣阳和老河口等县(市)受旱严重,连续无雨达60天。境内817条河流有370多条断流,88座大中型水库有18座放不出水,1239座小型水库有398座放不出水,20万口堰塘有10.9万口干涸,南漳、保康、谷城3县及水利死角地区有67.5万人、41.7万头大牲畜饮水困难。全市181个乡镇有124个受旱,占68.5%,780万亩大秋作物有437万亩受旱,占56%,保康减产木耳100多万公斤。

1994年,境内先后3次发生较大范围夏(伏)干旱。全市有121个乡镇、408万亩大秋作物受旱,其中33.6万亩干死绝收,22万人、11万头牲畜饮水困难,直接经济损失4亿多元。

1995年,春夏(伏)大旱。去冬无大雪,入春少春雨,干旱从“三北”岗地逐渐波及全市。1—6月,平均降雨量仅240毫米,比常年同期减少32%,老河口、谷城、南漳、保康降雨量分别减少49%、48%、45%、41%,气温比常年同期偏高2℃,蒸发量大,土壤含水量急剧下降。全市649条河流有390条断流,占60.1%,845座大中小型水库有420座放不出水,占49.7%,丹江口水库蓄水下降到建库以来最低点,引丹清泉沟泵站持续70多天抽不出水,境内蓄水量降至6.1亿立方米,比1994年同期减少3亿立方米。全市受旱夏粮面积326万亩,占总量85%,夏油面积58.1万亩,占69.2%,在田大秋作物受旱面积285万亩,占49.1%,其中40万亩稻田无水插秧,80多万亩已插水稻无水可复,4.8万亩旱杂粮干死,37.9万人、30.4万头牲畜饮水困难。干旱造成粮食损失2.6亿公斤,多种经营损失8 000多万元,直接经济损失总计3.3亿多元。

1996年,1月、2月两月冬旱。全市直接经济损失1.6亿元。

1997年,春夏(伏)秋大旱。5—10月降雨比常年偏少四至八成,由于降雨明显偏少,且时空分布不均,出现自1988年以来最严重的夏(伏)、秋连旱,平均干旱时间近100天,西南山区和襄阳北部、老河口等地持续干旱长达120多天。干旱高峰期,全市66座大中型水库有38座放不出水,779座小型水库有647座放不出水,8.8万口堰塘有5.2万口干涸,649条河流有369条断流。全市受灾人口249.3万人,受旱农作物面积480万亩,占复播面积的53%,其中重旱310万亩,绝收63.8万亩,24万人、19万头大牲畜饮水困难,直接经济损失3.4亿元。

1998年,秋冬连旱。10月全市降雨量30毫米,比常年同期偏少5~6成,月平均气温19℃,比常年偏高 2℃，是仅次于 1951 年、1979 年同期第三个高峰值；11 月全市降雨量仍比常年同期偏少 5~6 成。不利的气候对全市农作物生长影响较大，直接经济损失 1.7 亿元。

1999 年，特大干旱。从上年 8 月下旬至当年 9 月中旬，境内气候异常，长达 13 个月一直干旱少雨，平均降雨量仅为 537 毫米，比常年同期少 45%。据分析，全市平均干旱重现期达百年一遇，其中枣阳达五百年一遇，襄阳达二百年一遇，保康达百年一遇，宜城、老河口、南漳、谷城分别达八十、五十、三十、二十年一遇，是历史上罕见特大旱灾。特别是入夏以后，气温升高，蒸发量加大，旱情发展迅猛，旱灾日甚一日，到 8 月底，全市 649 条河流有 500 多条断流，845 座大中小型水库有 429 座干涸，8.8 万口堰塘有近 6 万口干涸见底，库堰塘坝蓄水快速下降，蓄水量降至 6.62 亿立方米，同比减少 13.84 亿立方米，3 300 多眼机井有 80%抽不出水来。旱魔肆虐之处，热浪滚滚，尘土飞扬，热气逼人，稻田龟裂，果树落果，作物枯死。全市夏秋两季农作物累计受旱面积达 890 万亩，占全年复播面积 85%，其中绝收 115.4 万亩，全年减产粮食 6.25 亿公斤、棉花 29.1 万担、油料 8 829 万公斤，有 128 个乡(镇、办事处)、2 036 个村、258.54 万人受灾，其中 30.4 万人、39 万头大牲畜饮水出现严重困难，直接经济损失 26.22 亿元。

2000 年，严重的春夏(伏)连旱，干旱时间长达 150 多天。从 1999 年 12 月至当年 5 月中旬降雨偏少，气温偏高，特别是 3 至 4 月份，境内降雨量不足 10 毫米，气温偏高 4℃，蒸发量是降雨量的 6 倍多，649 条河流有 370 条断流，80%水库蓄水处于死水位以下，90%堰塘干涸，70%泵站因地表水位低不能正常开机提水，60%机电井抽不出水来，其中灌溉骨干工程引丹清泉沟泵站因丹江口水库水位低于提水设计高程 1.1 米，无法正常开机提水，枣阳石台寺、大岗坡两座大型泵站，因唐河水位下降，不得不拦河筑坝抬高水位提水。全市 570 万亩夏收作物全部受旱，其中重旱 310 万亩，绝收 62 万亩，50.92 万人、58.58 万头大牲畜饮水困难。旱灾造成粮食减产 5 亿公斤，油料减产 100 万担，茶叶减产 60 万公斤，直接经济损失 15 亿元。

2001 年，春、夏(伏)大旱。降雨长期偏少，3—7 月上旬降雨量 211 毫米，比常年同期少 6 成，其中春旱期间的 3 月至 5 月，平均降雨 114 毫米，少 3~8 成，6 月下旬至 7 月上旬，平均降雨 20 毫米，基本未发生有效降雨，受旱严重的枣阳、老河口、襄阳 3 县(市)20 天内降雨分别只有 4.8 毫米、11.5 毫米、13 毫米；气温异常偏高，入春以来，多次出现持续高温天气，其中 3 月份平均气温偏高尤其明显，为 12℃~13℃，较常年同期偏高近 3℃，是 50 年来的第二个高峰值，5 月平均气温 23℃，较常年同期偏高 3℃~4℃，最高气温达 37℃，为历史同期所罕见，6 月下旬至 7 月上旬，全市 30℃以上高温天气持续时间长达 20 多天，平均气温比常年同期偏高 3℃，最高气温达 39℃，仅次于有记录以来的 1964 年；蓄水量锐减，由于遭受 1998 年、1999 年、2000 年连续 3 年干旱，农业灌溉用水急剧增加，截至 7 月上旬，百日之内已向农业供水高达 8 亿立方米，襄阳 15 座大中型水库蓄水降至 2 亿立方米，黑清河水库几近干涸。全市受旱农作物面积 564.5 万亩，其中绝收 62.5 万亩，43 万人、44.5 万头大牲畜饮水发生严重困难，损失粮食 3.59 亿公斤、经济作物折款 5.9 亿元，各类直接经济损失 13.8 亿元。

2003 年，夏(伏)旱。自 7 月 22 日以来，境内一直持续晴热高温少雨，日最高气温大部分地区均在 36℃~38℃，局部地区高达 40℃。由于气温高，日照时间长，蒸发量大，土壤失墒快，旱情发展迅速。全市受旱农作物面积 282 万亩，部分地区出现人畜饮水困难，直接经济损失 6.1 亿元。

2004 年，春、夏(伏)连旱。全市受旱农作物面积 426.3 万亩次，其中绝收 3.75 万亩，高峰时 33.3 万人、15.6 万头大牲畜饮水困难，直接经济损失 3.6 亿元。

2005 年，夏(伏)旱。全市 1 月至 6 月降雨量为 266.4 毫米，比常年同期偏少 4 成，局部地区偏少 6 成，受旱农作物面积 288 万亩，其中绝收 9.7 万亩，高峰时 19.2 万人、17.6 万头大牲畜饮水困难，直接经济损失 5.2 亿元。

10.地震

襄樊地处华中地震区的汉水地震带,绝大部分地区处于6度设防区,具有发生中强地震的地质构造背景,辖境横跨秦岭地槽、扬子地台两个性质不同的大地构造单元,区内地质构造复杂,断裂纵横交错,主要有青峰、襄广等7条地震活动断裂带。20世纪曾两次发生4.8级破坏性地震。自1959年有仪器记录以来,共记录到地震800多次,而且,全市的地震活动具有震源浅、烈度高、破坏性强的特点。特别是近几年来,襄樊辖区的有感地震活动相对较多。1997年襄樊市被省政府确定为全省防震减灾重点工作城市。

1981年6月17日,南漳县沐浴公社发生2.5级有感地震;1985年6月21日,保康县马良南发生3.0级有感地震;1986年,襄樊市辖区共发生3次有感地震,分别是3月21日谷城庙滩2.1级地震、5月30日南漳3.1级地震和7月25日谷城盛康温平2.5级地震。地震发生后,市地震办会同襄樊地震台与有关县、市的同志赶赴现场进行调查,并将调查的情况及时向市委、市政府和省地震局作书面报告,对有感区的干部群众进行宣传解释,宣传地震知识,安定民心,稳定社会秩序。

1990年3月22日,谷城南河镇温坪村发生有感地震,市地震办立即与省局震情值班室、襄樊地震台、丹江地震台联系,了解震情,并及时派员同谷城科委的同志赶赴现场进行考察。考察中,发现当地干群普遍有恐惧心理,担心会发生大地震,针对这一情况,考察组及时在现场进行地震知识宣传,赠送地震科普知识画册,解答大家提出的问题,稳定群众情绪,并及时向市政府、省局提供了考察报告。

1991年6月22日、9月3日分别在随州金明铺、保康金斗乡发生ML3.4级、ML2.3级有感地震。市地震办接到电话报告后,及时取得有关地震参数,组织人员进行现场考察。在考察中针对情况宣传地震知识,平定慌乱情绪,并向上级部门提交了考察报告。

1997年8月10日,南漳——远安间发生ML3.7级地震,波及东巩、双坪、巡检、峡口4个乡镇,造成巡检、东巩70座小煤矿停产9天,间接经济损失近百万元,给震区人民带来一定恐慌。地震发生后,市地震局全体人员立即到岗,在震后1小时内掌握这次震群活动的发震次数、时间、震级,迅速了解省局会商意见,及时报告市政府、市科委,为应急指挥决策提供了准确震情信息。同年8月11日,市科委、地震局考察组随同市委杨祥义副书记到达震区,立即开展考察工作,逐乡逐镇察看了解震情、震感程度、震灾损失情况,拟定地震烈度,宣传防震减灾知识,提出具体措施和建议,为当地防震减灾起到了很好的参谋作用。考察结束后,一方面向市委、市政府和省地震局提交《考察报告》,另一方面向各县(市)区下发加强震情监视通知,提高震情观念,密切与襄樊地震台联系,严密监视震情。此次地震应急工作在南漳县科委、县地震办和我局的共同努力下,取得了较好的效果,在短时间内稳定了社会和人心,恢复了经济生产,将地震造成的损失降到了最低限度,得到了省地震局的肯定。

1998年6月5日,襄阳县牛首发生2.9级地震,市地震局立即与省局震情值班室、襄樊和随州地震台联系,确定发震时间、地点和震级,震后1小时与襄阳县科委有关人员组成联合考察组赴震区考察。此次地震处微观震中的牛首一带无明显震感,而宏观震中隆中——万山——汉丹一带有明显震感,少数群众惊慌跑到户外,市地震局在考察中深入到汉丹、襄轴、宏伟、六零九等单位做了大量宣传,消除了群众的恐震心理,稳定了社会,安定了人心。

1999年9月11日,南漳县九集发生ML3.0级地震,震发后,市地震局立即与襄樊地震台、随州地震台和省地震局震情值班室取得联系,确定地震时间、地点和震级,组织现场工作组赴震中区进行考察,并将考察情况及时上报市政府和省地震局。

2000年4月29日,河南省南阳市镇平——内乡间发生ML4.7级中强地震,襄樊市城区、老河口、枣阳、襄阳部分地区受到地震波及,震感强烈。一些群众惊慌跑到户外,议论纷纷,不敢进屋;有的单位和学校生产和学习受到一定影响。震后仅10分钟,市地震局即展开应急工作:一是立即与湖北省地震局、河南省地震局以及周边邻区地震部门、地震台站进行联系，快速确定了地震发生时间、地点和震级。根据专家的趋势意见，及时作出此次地震活动趋势判断。二是及时向市委、市政府和省地震局上报震情，安排专人接听市民询问电话300余次，向群众做耐心的宣传解释工作，并接受新闻单位采访，通过新闻媒体广泛宣传地震科普知识。三是及时将震情通报市防震减灾领导小组成员单位，要求相关部门按照《襄樊市破坏性地震应急预案》做好地震应急准备，防患于未然。此次地震有感范围涉及闹市区，震感之强，社会影响面之大，是近几十年来所未见。

2002年3月18日，襄阳区肖集发生ML3.4级有感地震，谷城茨河白龙庙村部分群众震感强烈，襄樊城区部分群众也有震感。市地震局在震后立即成立地震应急专班，按照应急方案开展工作。震后30分钟内，确定并上报地震三要素参数，同时向有感震区县(市)区及乡镇通报，要求震区政府迅速了解地震影响情况。震后2小时，经与省地震局紧急会商，提出了"后续不会发生更大地震"的趋势意见，上报市委、市政府主要领导，为领导决策提供了依据。同年3月19日，市地震局部署全市范围内的地震应急考察工作，分别与老河口市、谷城县、襄阳区地震办组成四个调查组，开展震情考察，并向省地震局、市委、市政府提交了考察报告。

2005年11月26日，九江地震波及襄樊，市区及大部分县市普遍有震感。市地震局立即启动应急预案。震后15分钟，震情值班员向市委、市政府总值班室做了"襄樊有震感情况"的口头报告。40分钟后，反映九江地震参数和襄樊市震感初步情况的《震情》上报市委、市政府。随后又续报了震区余震情况和襄樊市震感详细情况。同时把震情信息通报给市公安局110指挥中心、武警消防支队119报警台和市气象局，扩大宣传的覆盖面。此外，还安排专人接听市民咨询，详细解答群众关心的问题，仅上午4个小时就接听市民电话100多次。由于应急快速反应及时，措施得力，使市民很快从地震恐慌中平静下来，保证了社会稳定和人心安定。

二、环境保护

襄樊市环境保护局是在1973年"襄樊市'三废'治理领导小组"的基础上演变而来。1983年地市合并后，原襄阳地区环保办与原襄樊市环境保护局合并，成立了现在的襄樊市环保局，同时成立了党组。在2002年全市机构改革过程中，市环保局作为市政府工作部门，设立办公室、监督管理科、污染控制科等7个职能科室，另按上级要求，设立了纪检(监察)科和离退休人员工作科。下属环境监察支队、环境监测站、环保科研所、印染污水净化站、环境信息中心、机关后勤服务中心6个二级单位。

1986年4月7日至10日，襄樊市召开全市环境保护工作会议。会议主要传达贯彻1986年省环保会议精神，落实1986年限期治理项目，研究排污收费、乡镇企业环境监测工作，布置开展工业污染源调查。同年11月16日至20日，国家环保总局在襄樊市主持召开全国水污染防治工作会议。全国各省、市、自治区环保部门，国家有关各部、委一百多位领导和代表出席这次会议。

1996年12月12日，襄樊市委、市政府在襄阳宾馆召开第7次环境保护会议。会议提出，"九五"期间在全市实施环境保护"5421工程"，就是"治理5条河"，即小清河、蛮河、清溪河、滚河和护城河；"建成4个厂"，即市区城市污水综合处理厂、垃圾无害化处理厂、固体废物处置场和襄东联片集中供热厂；"营好2个区"，即城市烟尘控制区和噪声达标区；"保护一条江"，即保护好汉江。

1997年12月，国家环保局授予全国26个城市为"全国城市环境综合整治定量考核先进集体"，襄樊市榜上有名。

襄樊市始终坚持"预防为主、防治结合"的方针，加强"一江五河"污染防治，切实履行环境监管职责。“十五”期间,全市新建、改建、扩建项目249个,全部按照规定编制了环境影响评价报告书(表),审批合格率为100%。竣工投产建设项目64个,全部通过环保验收。对51家排污企业进行了集中整治,对38家重点排污企业实行挂牌督办。在35家重点排污单位安装在线监控设备38台(套),实时进行监控。

(一)环境质量与污染状况

环境质量状况主要指空气环境、地表水环境及城市声学环境质量状况。

1.环境质量

(1)空气环境

①空气环境质量监测点位情况:襄樊市空气环境质量监测始于1984年。1984—1989年,设置了6个监测点位:隆中、卫校、监测站、五一棉纺厂、建委、清河口。1990—1995年,调整为4个监测点位:隆中、监测站、净化站、材料厂。1996—2002年,增加一个监测点,为5个监测点位:隆中、监测站、净化站、材料厂、二汽基地。1997年6月以前,监测分析方法采用“五日法”进行监测,1997年下半年—2002年6月,监测方法改为24h自动连续采样,实验室分析。2002年6月至2005年,根据国家环保总局的要求,监测方法改为大气自动站连续监测(二氧化硫紫外荧光法、二氧化氮化学发光法、可吸入颗粒物 β 射线记数法),设置2个自动监测站:市监测站、环保局。

②降水监测点位情况:1987—2000年,设置2个监测点位:监测站、环保局;2002年开始,调整为3个监测点位:监测站、环保局、隆中。

③降尘监测点位情况:1987—1992年,设置6个监测点位:51支队、卫校、监测站、棉织厂、建委、清河口;1993—1996年将清河口测点调整至十五中,其他不变;1997—2005年,增加隆中、二汽基地两个点位,其他不变。

1999年6月开始,襄樊市实行环境空气质量周报制度。2002年6月5日,实现环境空气质量日报,周报、日报均在城市报刊、电台、电视台向社会公众进行公告。大气监测见(表2—13),降水监测见(表2—14)。

襄樊市区1984—2005年大气监测情况监测年度综合统计

表2—13

年份	二氧化硫年均值(毫克/立方米)	二氧化氮年均值(毫克/立方米)	总悬浮颗粒物年均值(毫克/立方米)	降尘年均值(吨/平方公里·月)
1984	0.032	0.040	0.715	17.77
1985	0.030	0.031	0.502	18.70
1986	0.036	0.033	0.598	19.22
1987	0.042	0.042	0.582	15.20
1988	0.043	0.036	0.667	10.85
1989	0.040	0.042	0.402	8.08
1990	0.040	0.024	0.334	7.45
1991	0.049	0.032	0.284	19.27

续表

年份	二氧化硫年均值（毫克/立方米）	二氧化氮年均值（毫克/立方米）	总悬浮颗粒物年均值（毫克/立方米）	降尘年均值（吨/平方公里·月）
1992	0.046	0.040	0.312	8.71
1993	0.046	0.036	0.252	8.16
1994	0.058	0.036	0.268	6.72
1995	0.049	0.042	0.258	9.25
1996	0.045	0.032	0.265	9.18
1997	0.036	0.036	0.253	8.40
1998	0.014	0.029	0.273	9.87
1999	0.015	0.035	0.269	10.61
2000	0.015	0.035	0.269	11.82
2001	0.012	0.032	0.280	13.97
2002	0.037	0.029	0.210	11.43
2003	0.087	0.025	0.146	10.04
2004	0.063	0.025	0.156	10.51
2005	0.049	0.043	0.154	9.42
标准值	0.06	0.04	0.2	—

注：1.标准值为GB3095—1996《环境空气质量标准》二级标准限值

2.2002—2005年由于采用自动监测，总悬浮颗粒物年均值由自动监测所得的“可吸入颗粒物（PM10）”浓度换算而来

襄樊市区1984—2005年降水监测年度综合统计

表2—14

年份	总雨量（毫米）	酸雨量（毫米）	酸雨量率（%）	酸雨检出率（%）	pH最小值	pH最大值	pH均值
1984	3.01	1.29	42.9	37.5	5.02	6.88	5.34
1985	1 065.51	0	0	0	5.86	7.63	6.49
1986	1 026.92	11.0	10.7	1.43	5.2	6.92	6.37
1987	1 511.04	43	2.85	4.41	5.21	7.90	6.25
1988	1 055.2	147.5	14.0	14.5	4.42	8.90	5.28
1989	1 066.8	151.6	14.2	11.3	4.30	7.38	5.56
1990	1 159.3	194.1	16.7	18.75	7.20	4.20	5.46
1991	212.31	13.60	6.4	3.75	5.05	7.72	6.86
1992	54.8	0	0	0	6.20	7.90	7.06
1993	819.8	89.5	10.9	4.35	4.83	8.00	7.04
1994	1 316.4	199.0	15.1	9.68	4.48	5.54	5.01
1995	1 383.8	0	0	0	7.60	6.20	6.55
1996	1 903.06	75.36	3.96	3.8	5.25	7.74	6.71
1997	974.8	204.9	21.0	14.7	4	8.48	5.14

续表

年份	总雨量（毫米）	酸雨量（毫米）	酸雨量率（%）	酸雨检出率（%）	pH 最小值	pH 最大值	pH 均值
1998	1 717.3	69.06	4.0	4.55	5.3	7.21	6.17
1999	1 031	61	5.9	4.1	4.90	7.40	6.13
2000	1 391	67	4.8	8.2	4.20	7.40	5.65
2001	890	80	9.0	11.7	4.58	7.12	5.70
2002	1 416	0	0	0	5.72	7.42	6.11
2003	1 130	15	1.3	2.0	4.80	6.90	5.98
2004	1 508	16	1.1	4.1	4.82	7.28	5.98
2005	1 824	149	8.2	12.3	4.26	7.28	5.56

注：如果降雨中这 pH 值小于 5.6，便为酸雨。

监测结果评价：

①二氧化硫监测结果评价：1984—2005 年间，2003 年和 2004 年两年的二氧化硫年均值超过 GB3095—1996《环境空气质量标准》中的二级标准限值，其中，2003 年均值为 0.087 毫克 / 立方米，为历年最高，超标 0.45倍；2001 年均值为 0.012 毫克 / 立方米，为历年最低。

②二氧化氮监测结果评价：1984—2005 年间，1987 年、1989 年、1995 年及 2005 年的年均值超过 GB3095—1996《环境空气质量标准》中的二级标准限值，其中，2005 年的均值为 0.043 毫克 / 立方米，为历年最高，超标 0.075 倍；1990 年的均值 0.024 毫克 / 立方米，为历年最低。

③总悬浮微粒监测结果评价：1984—2005 年间，除 2003、2004 及 2005 年的年均值达到 GB3095—1996《环境空气质量标准》中的二级标准限值要求外，其他各年份均超标，其中，1984 年的均值为 0.715 毫克 / 立方米，为历年最高，超标 2.575 倍；2003 年的均值 0.146 毫克 / 立方米，为历年最低。1989 年至 2005 年，总悬浮微粒的污染基本处于下降趋势中。

④降尘监测结果评价：1984—2005 年间，1986 及 1991 年的降尘污染最为严重，其年度均值分别达到 19.22 吨 / 平方公里·月、19.27 吨 / 平方公里·月。1994 年年度均值为历年最低，为 6.72 吨 / 平方公里·月，从 1994 年开始至 2001 年，基本处于上升趋势中，2002 年至 2005 年又处于下降趋势。

⑤降雨监测结果评价：如果降雨中的 PH 值小于 5.6，便为酸雨。1984—2005 年间，1984 年、1988 年、1989 年、1990 年、1994 年、1997 年及 2005 年共 7 个年度出现酸雨，其中，1994 年降雨 pH 值为 5.01，酸雨污染最为严重。

（2）声学环境

①区域环境噪声点位设置情况：1986—1990 年，市区建成区共设置 6 个监测点位：环保局、樊城桥头、五一棉纺厂、二招、市政府、鼓楼商场。1991—1992 年对原有的监测点位进行了优化调整，设置了 5 个监测点位：环保局、电力局、水星台、二招、老干局。1986—1992 年，区域环境噪声采用手工监测，每季监测一次，每次监测三天，每天昼、夜间、各监测 10 分钟。1993—1994 年，对市区建成区进行了网格式划分，区域环境噪声改为网格监测，在市区（建城区）设置 500 米 × 500 米网格（监测点）148 个，覆盖了全部建成区，覆盖面积 37 平方公里，每年监测一次，每次每个点监测 10 分钟。1995—1996 年根据建成区的变化，将监测点位调整为 192 个（500 米 × 500 米），覆盖面积 48 平方公里。1997—2005 年又将监测点位调整为 216 个（500 米 × 500 米），有效点位 161 个，覆盖面积 54 平方公里。

②交通干线噪声监测点位设置情况：1986—1990 年，共设置 3 个监测点位：樊城桥头、襄江商场、襄阳十字街。1991—1992 年，调整为 2 个监测点位：大庆东路、襄城西街。1993 年开始对 12 条交通干

道的噪声污染情况进行全面监测，共设置23个监测点位，1995—2005年，对市区的12条交通干道的监测点位进行了优化调整，共设置26个监测点位。

区域环境噪声及交通干线噪声监测结果（见表2—15）。

1986—2005年襄樊市区噪声监测情况监测年度综合统计

表2—15

年份	区域环境噪声(分贝)	交通噪声(分贝)
1986	60.7	69.9
1987	56.5	71.1
1988	55.5	67.7
1989	57.6	66.8
1990	54.2	68.5
1991	51.0	68.9
1992	49.8	69.8
1993	59.0	76.3
1994	57.9	74.7
1995	57.06	70.95
1996	56.7	70.75
1997	55.5	69.2
1998	55.9	70.5
1999	55.7	70.2
2000	55.7	69.6
2001	56.2	68.7
2002	56.5	70.2
2003	56.3	70.6
2005	56.0	68.2

③区域环境噪声监测结果评价：从监测结果来看，1986年的区域环境噪声最高，达到60.7分贝，而1992年为49.8分贝，为历年最低。1993年调整为网格化监测后，区域环境噪声基本处于下降趋势，并逐渐在56分贝左右趋于稳定。

④交通干线噪声监测结果评价：从监测结果来看，1989年交通干线噪声分贝值为66.8分贝，历年最低，此后开始逐年上升，到1994年则达到76.3分贝，为历年最高。从1995开始出现下降，1996年以后基本无明显趋势，在68.2～71分贝之间波动。

（3）地表水环境

1981年，襄樊市地面水水质监测网建成，襄樊市环境保护监测站从1981年开始，对襄樊市区地表水进行定期的长期监测。本次参与评价的地面水体为汉江襄樊市区段，小清河、唐白河张湾段、市区护城河及南渠。

根据1981—2005年襄樊市主要地表水监测结果（年平均值），分别以《地面水环境质量标准》(GB3838—83、GB3838—88及GB3838—2002)的标准值为依据进行评价。

①汉江襄樊市区段：1981—1996年，汉江襄樊市区段的监测点位为白家湾、闸口、清河口、余家湖，其中白家湾作为对照断面，闸口作为市区河段第一控制断面，清河口为市区河段第二控制断面，余家湖作为汉江的削减断面。1997—2005年，汉江襄樊市区段监测点位为白家湾、钱营、余家湖，分别为对照、控制及削减断面。1981—1990年，汉江各断面均执行《地面水环境质量标准》二级标准。1991—2005年，除白家湾Ⅱ类标准外，其余汉江断面均执行《地面水环境质量标准》Ⅲ类标准，从监测数据统计分析，清河口断面在1987年水质由于氨氮和BOD超标降为Ⅴ类。1991年、1992年、1994年、1995年水质由于BOD等项目超标降为Ⅳ类。1982年汉江各断面均出现氨氮超标，水质类别有所下降外，其余各年度汉江各断面均符合规定的水质类别标准。

②小清河：1981—1988年，小清河监测点为为云湾、二化、铁路桥、公路桥、清河出口。1989—2005年，变为三个断面即云湾、清河大桥、清河出口。1981—1990年，各断面执行《地面水环境质量标准》Ⅲ类标准，1991—2000年，清河出口执行Ⅴ类水质类别。2001—2005年，清河出口执行Ⅳ类，其余年度各断面均执行Ⅲ类标准。从监测数据统计分析，铁路桥、公路桥、清河出口各年度水质类别在Ⅳ类和劣Ⅴ之间，均超出规定的水质类别。云湾断面1981—1990年符合规定水质类别，1993年、1996年、1997年、1999年至2001年符合规定的水质类别，其余年度水质均超出规定的类别。二化断面各年度均符合规定的水质类别。

③唐白河张湾段：从监测数据统计分析，张湾断面各年度水质以劣Ⅴ类居多，污染严重。

④护城河：1981—1988年，护城河的监测断面为襄阳公园、襄阳火车站、南门桥、夫人城、襄阳布厂出口、福利院。1989—1996年，监测断面为卫校和火车站。1997—2005年，监测断面为襄阳火车站。历年来执行《地面水环境质量标准》Ⅲ类标准。从监测数据统计分析，1981—2003年，为劣Ⅴ类。2004年，为Ⅴ类。2005年，为Ⅳ类。说明护城河水质有所改善。

⑤南渠：1981—1988年，南渠的监测断面为汉丹路口、烈士塔、603厂、落桥街和南渠出口。1989—1996年，监测断面为烈士塔和出口。1997—2005年，只有南渠出口断面。1981—1990年，执行《地面水环境质量标准》Ⅲ类标准。1991—2005年，执行《地面水环境质量标准》Ⅴ类标准。从监测数据统计分析，南渠各断面历年来以劣Ⅴ类居多，污染严重。

(4)饮用水

1981—1993年，饮用水监测断面为施官庙和火星观。1994—2002年，监测断面为白家湾、施官庙和火星观。2003—2005年，监测断面为白家湾和火星观。多年监测表明，襄樊市饮用水水质很好，达标率每年均为100%。

2.污染状况

(1)废水

襄樊市废水排放主要为工业废水和生活污水，各占排放总量的一半，而工业废水排放以县以上工业企业为主。全市废水排放总量1991年2.187亿吨，1995年3.064亿吨，2000年2.26亿吨，2005年的2.44亿吨。其中工业废水的排放总量1991年为1.409亿吨，1995年1.36亿吨，2000年1.095 7亿吨，2005年为1.1亿吨。

“九五”期间，平均每年排放的工业废水总量为1.234亿吨，工业化学需氧量平均年排放量为4.39万吨(见表2—16)。

“九五”期间襄樊市工业废水及化学需氧量排放情况统计

表2—16

指 标	单位	1996年	1997年	1998年	1999年	2000年
工业废水排放量	亿吨	1.30	1.19	1.28	1.30	1.10
工业化学需氧量排放量	万吨	2.59	4.48	4.02	6.58	4.29

“十五”期间，平均每年排放的工业废水总量为1.050 8亿吨，工业废水达标率逐年提高(见表2—17)。

“十五”期间襄樊市工业废水排放及处理情况统计

表2—17

指标	单位	2001年	2002年	2003年	2004年	2005年
工业废水排放量	万吨	10 210.7	9 768.83	10 541.1	11 005.6	11 014.6
工业废水排放达标量	万吨	8 136.18	8 041.67	8 710.1	9 033	9 400.43
工业废水排放达标率	%	79.68	82.32	82.63	82.08	85.35
工业废水治理设施数	套	255	245	230	237	240

这些含有各种污染物的工业废水排入江河湖泊，污染着襄樊的地表水体，使地表水体水质变差、湖泊的富营养化逐步加深。“九五”期间，襄樊市汉江干流(襄樊段)1995年与2000年的监测结果比较，老河口上游冯营至襄樊市区上游白家湾江段水质无明显变化，均达到Ⅱ类水质标准，襄樊市区下游余家湖断面因总磷超标水质由Ⅱ类将为Ⅳ类，宜城窑湾断面由Ⅲ类上升为Ⅱ类水质。“十五”期间，襄樊市加大城市生活污水治理力度，通过世行贷款，筹建了城市污水预处理厂一座，并将樊城大部分地区的排水管网截污到预处理厂通过预处理后再排入水体，并在全市推广埋地式无动力生活污水处理装置，到2005年，根据2005年襄樊市环境状况公报显示，襄樊市区下游余家湖断面水质重新达到Ⅲ类水质标准。

襄樊市境内汉江五条主要支流2000年与1995年比较，北河无明显变化保持为Ⅱ类，南河由Ⅳ类上升为Ⅲ类，小清河无显著变化为劣Ⅴ类，唐白河与蛮河由Ⅳ降为劣Ⅴ类。到2005年，汉江五条主要支流水质状况无明显变化。

襄樊市工业废水的治理逐年取得一定效果。通过技术改造，调整产业结构，加大重点污染源的工程治理，加强环境监察等措施，特别是“九五”期间完成“一控双达标”，关停、取缔一批“十五小”企业，尤其是小造纸企业，有效地遏制了“十五小”企业的蔓延，使得工业废水排放达标率由1991年的47.7%提高到2005年的85.35%。自2002年起工业废水中各种污染物通过城市排污管网进入城市污水处理厂进行一级处理后再排入襄樊市地表水体。2005年襄樊市城市污水处理厂开始建设二级污水处理设施，届时襄樊市的城市污水将全面实现达标排放。

据2005年环境统计数据显示，襄樊市2005年度重点调查工业企业废水排放量为9981.02万吨，主要污染行业依次是化学纤维制造业、化工原料及化学制品制造业、电力、热力的生产和供应业、交通运输设备制造业、造纸及纸制品业(见表2—18)。

襄樊市2005年度工业废水污染主要行业分布

表2—18

行业名称	废水排放量(万吨)	占总量百分比(%)	累计百分比(%)
化学纤维制造业	2 250.00	22.54	22.54
化学原料及化学制品制造业	2 060.92	20.65	43.19
电力、热力的生产和供应业	1 515.23	15.18	58.37
交通运输设备制造业	1 034.94	10.37	68.74
造纸及纸制品业	1 010.93	10.13	78.87

(2)废气

襄樊市是湖北省能耗大市之一,能源问题比较突出。全市每年煤炭消耗量大约在250万吨左右,近年正逐年提高,大部分二氧化硫、烟尘排放多来自煤炭使用。尤其是襄樊火电厂等项目建成投产,每年增加近3万吨二氧化硫,将对环境造成新的压力。因此,襄樊市积极推广使用清洁能源,减少污染物排放,在立足于煤炭的基础上,分别采取节能、改善能源结构,加强污染治理等多种对策,走出了一条多元化的道路,以此来减少污染物排放。近年来,生活煤炭消费量已呈现逐年下降趋势。

1992年,襄樊市工业废气排放总量为365.41亿标立方米,其中工业燃料燃烧废气130.1亿标立方米,生产工艺废气235.31亿标立方米;1995年,工业废气排放总量为362.71亿立方米,其中工业燃料燃烧废气126.74亿标立方米,生产工艺废气235.97亿标立方米;2000年,工业废气排放总量为533.94亿立方米,其中工业燃料燃烧废气235.47亿标立方米,生产工艺废气298.47亿标立方米;2005年,工业废气排放总量为877.557亿立方米,其中工业燃料燃烧废气611.78亿标立方米,生产工艺废气265.78亿标立方米。

废气中的各种污染物排放污染了大气环境,其中三项主要大气污染物二氧化硫、烟尘、粉尘排放情况(见表2—19、2—20)。

"九五"期间襄樊市工业废气、二氧化硫、烟尘和粉尘排放情况

表2—19

指标	单位	1996年	1997年	1998年	1999年	2000年
工业废气排放量	亿标立方米	349.62	355.18	401.78	477.36	533.94
工业二氧化硫排放量	万吨	1.94	2.66	2.79	2.99	3.76
工业烟尘排放量	万吨	1.38	2.28	2.30	2.69	2.90
工业粉尘排放量	万吨	3.60	4.01	3.93	4.91	4.60

"十五"期间襄樊市工业废气排放及治理情况统计分析

表2—20

指标	单位	2001年	2002年	2003年	2004年	2005年
工业废气排放量	亿标立方米	662.26	695.02	976.04	870.86	877.56
废气治理设施数	套	569	536	547	511	518
工业二氧化硫排放量	万吨	4.94	6.04	5.72	7.80	8.13
二氧化硫去除量	万吨	2.76	2.50	1.88	1.91	1.88

续表

指标	单位	2001 年	2002 年	2003 年	2004 年	2005 年
工业烟尘排放量	万吨	1.81	2.12	2.05	2.52	2.48
工业粉尘排放量	万吨	3.60	4.01	3.93	4.91	4.60

注:数据来源于历年环境统计数据,数据均按小数点后两位取值

襄樊市的工业“三废”污染严重的行业主要集中在电力、热力的生产和供应业(其中主要是火力发电业)、化学纤维制造业、化工原料及化学制品制造业、非金属矿物制造业这四个行业。据2005年环境统计数据分析显示,襄樊市2005年重点工业废气排放总量为877.5574亿标立方米,主要污染行业依次是电力、热力的生产和供应业、化学纤维制造业、非金属矿物制造业,其工业废气排放量分别占总量的57.56%、20.47%、9.51%;二氧化硫排放量为74739.58吨,主要污染行业依次为电力、热力的生产和供应业(占74.03%),化学纤维制造业(占5.71%);工业粉尘排放量22515.82吨,主要污染行业依次是电力、热力的生产和供应业(占69.01%),非金属矿物制造业(占7.48%),化学原料及制品制造业(占6.03%);工业粉尘排放量是24472.56吨,污染行业主要是非金属矿物制品业,占总量的83.69%。

(3)工业固体废物

襄樊市工业固体废物年产生量1992年为85万吨,1995年为99.07万吨,2000年为262.77万吨,2005年为205.34万吨。工业固体废物的综合利用量,1992年为72万吨,1995年为77.36万吨,2000年为103.04万吨,2005年为169.69万吨。

据2004年环境统计数据显示,襄樊市工业固体废物产生量为201万吨,其中市区为169.64万吨,约占85%,其他控制单元仅占15%(详见图2—1),可见襄樊市工业固体废物污染源分布相对集中,有利于集中处理处置。

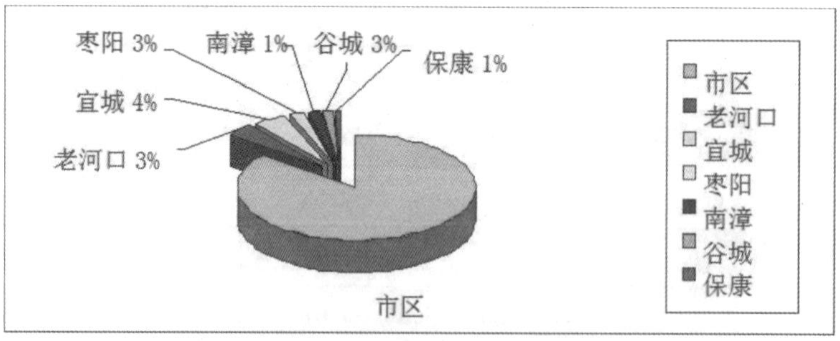

图2—1 襄樊市各控制单元工业固体废物产生量比较

按照各类一般工业固体废物及危险废物产生量分别统计,其分析结果(详见图2—2)。

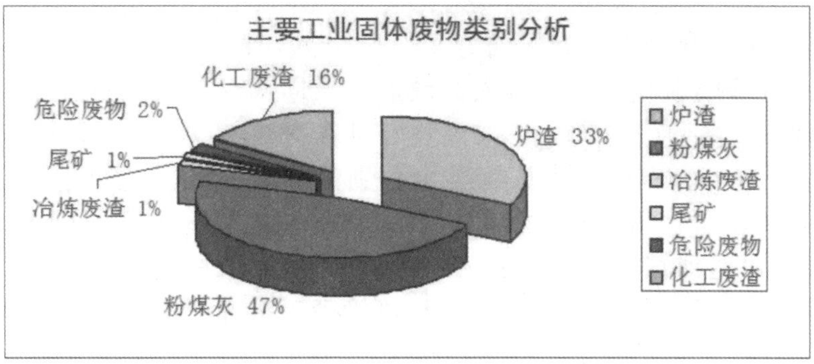

图 2—2 2004 年主要工业固体废物类别分析示意图

主要工业固体废物类别及危险废物统计分析结果表明:襄樊市工业固体废物主要类别为炉渣、粉煤灰和化工废渣,分别占全市工业固废总量的 47%、33%和 16%;全市工业危险废物产生量约占工业固废总量的 2%。

(二)管理

环境影响评价是指在一定区域内进行开发建设活动，事先对拟建项目可能对周围环境造成的影响进行调查、预测和评定,并提出防治对策和措施,为项目决策提供科学依据。环境影响评价制度是从环境保护的角度决定开发建设活动能否进行和如何进行的具有强制性的法律制度。

1.条例法规

襄樊市自 1984 年始实行建设项目环境保护管理。在 1997 年国务院《建设项目环境保护管理条例》实施以前,仅是对工业企业基本建设项目和技术改造项目开展环境影响评价。环评主要由襄樊市环保科研所承担,其间,省环保局向市、县两级环境监测站发放了编制小型项目环评表的资质,各地监测站也承担了一些小型项目环评表的编制工作。1984—1997 年,全市共审批 157 个建设项目的环评报告。《建设项目环境保护管理条例》实施至 2003 年《中华人民共和国环境影响评价法》实施的 6 年间,全市建设项目环境保护管理步入了法制化、规范化轨道,环境影响评价涵盖了多个行业,建设项目环境影响评价执行率和“三同时”执行率逐年提高,1997—2003 年,全市共审批 187 个建设项目,环保“三同时”验收 57 个项目,通过环境影响评价,全市控制新污染的能力得到明显加强。2003 年,《中华人民共和国环境影响评价法》实施后,全市建设项目环境管理水平、环境影响评价全面覆盖工业、农业、社会区域各个领域。2003—2005 年,全市共受理审批建设项目环境影响评价 452 项,271 项目竣工投产项目通过了环保“三同时”验收。襄樊电厂、崔家营航点枢纽、襄荆、汉十高速、东风公司襄樊基地等一批重点项目通过环境影响评价有效地落实了环境保护和生态防护措施。

在 1984—2005 年的 22 年,经历了从无到有、从一般到规范、从被动执法管理到法律强制许可的历程。全市通过实施建设项目环境管理,配套环保投资达 235 亿元,新上和“以新带老”建成废水治理设施 2768 台(套),废水处理能力达 547 万吨 / 年;废气治理设施 4653 台(套),处理能力达 2.78 亿标立方米 / 年;固废年处理处置达 314 万吨。

2.目标责任制

1989 年 7 月，湖北省人民政府在武昌召开了“湖北省第四次环境保护会议”。会上，副省长兼湖北省环境保护委员会主任徐鹏航代表湖北省人民政府首次同武汉、黄石、鄂州、沙市、宜昌、荆门、襄樊、十堰 8 个省辖市人民政府签订了《湖北省人民政府对省辖城市环境保护目标考核责任书》。随后，襄樊市人民政府与各县（市）区政府、开发区管委会分别签订了《环境保护目标责任书》，开始了对地方政府的环境目标考核工作。在不同时期，针对国家、省对环境管理的不同要求，襄樊市人民政府适时对考核指标进行修改，以达到相关考核要求，提高地方环境质量和环境管理水平。通过签订环境保护目标责任状，把环境质量、污染控制、环境建设、环境管理等指标变成基层政府和部门的硬任务。襄樊市人民政府已将环境保护目标责任书年度考核成绩纳入政府年度实绩综合测评，环境保护已纳入政府目标管理体系。

1990 年，湖北省环保目标责任制考核检查团对武汉、黄石、襄樊、十堰、沙市、宜昌、荆门、鄂州8个省辖城市执行《湖北省人民政府对省辖城市环境保护目标考核责任书》1989 年度进展情况进行了全面检查。经过审核、评议、计分，襄樊市获省政府授予的环境保护目标考核一等奖。到 2000 年，襄樊市在历年环境保护目标责任书年度考核中都名列前茅。

3.环境综治考核

襄樊市 1998 年开始参加城市环境质量综合整治定量考核工作。城市环境综合整治定量考核的考核指标 1998 年为 30 项（其中环境质量 7 项，污染控制 8 项，环境建设 4 项，环境管理 7 项，生态环境4项，“土地、森林资源保护”、“生态环境示范区建设”两项暂不考核）。2001 年调整为 23 项，到 2002年确定“十五”期间“城考”指标为 20 项（环境质量 7 项，污染控制 5 项，环境建设 4 项，环境管理 4项）。“十一五”期间，“城考”指标由 20 项减为 16 项（见表 2—21）。

1999—2005 年襄樊市城市环境综合整治定量考核结果汇总摘要

表 2—21

考核项目		单位	1998 年	1999 年	2000 年	2001 年	2002 年	2003 年	2004 年	2005 年
环境质量	大气总悬浮颗粒物浓度年均值	毫克/立方米	0.216	0.209	0.212	0.206	0.210	0.114	0.112	0.096
	二氧化硫浓度年均值	毫克/立方米	0.014	0.015	0.010	0.011	0.018	0.062	0.047	0.044
	二氧化氮浓度年均值	毫克/立方米	0.029	0.035	0.030	0.031	0.029	0.025	0.025	0.032
	集中式饮用水源地水质达标率	%	100	100	100	100	100	100	100	100
	城市地面水水质达标率	%	75	81	82	98	100	97.73	100	100
	区域环境噪声平均值	dB	55.9	55.7	55.7	56	55.6	55.8	55.8	56
	交通干线噪声平均值	dB	70.5	68.3	69.6	67.8	67.6	67.8	67.7	67.80
污染控制	关闭“15 类”小企业	%	—	100	100	—	—	—	—	—
	烟尘控制区覆盖率（2002 年起增加清洁能源使用率）	%	—	—	—	—	—	—	—	100/6
	环境噪声达标区覆盖率	(%)	100	100	100	100	100	100	100	7.08
	工业废水排放达标率	%	80.07	82.19	82.56	82.72	—	—	—	—
	汽车尾气达标率	%	87.91	88.11	91.11	93.40	94.30	92.12	93.49	85.359

续表

考核项目		单位	1998 年	1999 年	2000 年	2001 年	2002 年	2003 年	2004 年	2005 年
		%	91.46	89.40	91.32	91.20	92.94	95.87	95.40	5.829
	工业固体废物综合利用率	%	92.59	90.01	90.56	92.25	91.24	94.36	97.82	9.47
	危险废物处置率	%	70.8	100	100	100	100	100	100	100
环境建设	城市污水处理率(2002 年起改为城市生活污水集中处理及回用率)	%(%)	40.1 --	43.41 --	46.47 --	51.34 --	42.53/ 21.75	40.76/ 21.42	51.57/ 26.78	46.27 --
		%	--	--	--	--	--	--	--	--
	城市集中供热率	%	43.64	50.13	50.13	--	--	--	--	--
	生活垃圾处理率	%	100	100	100	100	100	100	100	100
	建成区绿化覆盖率	%	40.82	40.82	40.83	41.66	40.13	40.13	44.43	40.57
	自然保护区覆盖率		8.98	10.23	10.23	10.23	10.23	10.41	11.16	13.17
环境管理	城市环境保护投资指数		2.03	2.41	2.01	2.50	2.0	2.07	2.12	2.20
	城市环境保护机构建设	%	100	100	100	100	100	100	100	100
	环评"三同时"合格执行率	%	100	100	100	100	100	100	100	—
	污染防治设施运行率(2002 年起增加污染排放自动监控率)	% %	-- 100	-- 100	-- 100 --	-- 100 --	-- --	-- 92.31	-- 92.31	— — —

注:因 1998-2005 年"城考"指标变化较大,此表摘录了绝大部分考核指标,少数指标因只使用一年,故未予摘录;表中数据空缺处,说明该指标年末实行考核或已被取消

截至 2000 年底,全市建有 25 个共 131.08 平方公里的"烟尘控制区"和 20 个 112.87 平方公里的"环境噪声达标区"。到 2005 年,襄樊市各类环境功能区划均达到相关国家标准,集中式饮用水源水质达标率 100%,区域环境噪声平均值为 56 分贝,交通干线噪声平均值为 67.8 分贝,工业固体废物处置利用率 99.47%,危险废物集中处置率 100%,工业废水排放达标率 85.35%,工业烟尘排放达标率 93.43%,工业二氧化硫达标率 94.33%,工业粉尘达标率 99.54%。

1993 年 7 月,襄樊市投入运行东风公司第二动力厂污水处理厂;1994 年,正式投入运行襄樊印染污水净化站,承担樊城工业区 11 家纺织行业印染污水及 16 家企事业单位的生活污水的处理;2001 年 3 月,建成投入使用襄樊市洪山头垃圾填埋场,设计能力为日处理垃圾 630 吨,较好地保障了襄樊市中心城区近 90 万人的居民生活垃圾处理;2002 年 10 月,建成并投入运行鱼梁洲城市污水处理厂,之前完善了樊城区城市污水收集管网,污水处理厂二级处理工程 2005 年底已提上议事日程,拟于 2006 年开工建设;2004 年 4 月,襄樊金力环保工程公司建成并投入运营,2005 年 1 月,襄樊中油环保服务公司建成并投入运营,两家公司设计处理危险废物能力合计 28 吨 / 日,这两家公司的投入运营彻底解决了襄樊市乃至鄂西北的危险废物集中处置问题。

4.污物排放

襄樊市城区地面水域功能类别划分技术报告及适用国家地面水环境质量标准规定,于 1994 年 1 月 27 日通过省环保局评审验收,1994 年 3 月 7 日经襄樊市人民政府批准实施。

襄樊市环境保护局对襄樊市辖区 182 家企事业单位进行了全面申报登记工作。在 1986 年工业污染源调查和 1988 年工业现状调查及历年环境统计数据的基础上,于 1993 年以前确定了污染物排放量,进行了总量控制,对污染物等标污染负荷大于 80%以上的企业进行了排序、调查、摸底,并按消减

总量10%的规划，将负荷分配到各个企业。在许可证的发放管理方面，襄樊市环保局对辖区类66家企业进行了(甲、乙类)排污申报登记，发放排污许可证89个，吊销许可证1家；制定了相应的管理制度，建立排污申报登记数据库及档案系统，并实行了微机管理；为实现现行排污收费制度与排污许可制度的有机结合，选择了3家企业试行许可排污收费制度。

实施排污许可制度的企业，其排污口按行业、流域、排序统一编号，安装了统一制作的排污口标志牌；1996年襄樊市被列入全国排污口规范化整治试点城市，襄樊市环保局对92家(市辖区20家)重点排污单位在排污口进行了规范化整治，购置并安装了“水、气、噪声、固体废物”4种不同种类、样式、功能的标志牌241个(市辖区72个)，有25个排污单位安装污水计量装置33台(套)。

全面开展排污申报登记，实行排污许可制度的主要目的是使现行单一的排污收费逐步过渡到浓度与总量控制双向收费的排污许可制度，襄樊市环境保护局对这一过渡的技术难点，进行了积极探索。1996年，襄樊市环境保护局选择市热电厂、湖北汽车灯具厂、湖北制药厂三家企业为排污收费和总量控制双轨制相结合的试点单位，经采取安装污水流量计装置，加强水质监测，日常监督管理，确定专人负责等措施推进试点工作。两年统计表明，三家单位的年实际排污量数据高出历年申报数据6%~15%。试点工作取得了阶段性效果，为襄樊市下一步全面推行许可证总量控制收费，奠定了必要的技术和管理的前期准备，提供了科学的依据和比较成功的经验。

5.污物排放总控

1996年12月12日，襄樊市召开全市第七次环境保护会，明确提出了全市“九五”期间环境保护工作的目标任务，即到2000年，力争使环境污染和生态破坏加剧的趋势得到基本控制，部分城市(城关镇)环境质量有所改善，局部地区生态环境有所好转；到2000年，小清河、清溪河、护城河实现水体变清，滚河、蛮河水体水质有明显改善，汉江襄樊段水体水质保持国家二类标准(即“重点污染治理达标”)；到2000年，所有工业污染源排放污染物要达到国家和地方规定的标准，襄樊市区、各(县)市城区、国家和省级经济技术开发区、重点风景名胜区以及自然保护区(即“重点城市和区域”)的空气环境和地面水环境质量，要按功能区分别达到国家规定的有关标准(及“双达标”)；到2000年，全市主要污染物排放控制在湖北省政府下达的重量控制指标内。

襄樊市政府按照1997年8月湖北省人民政府批准的《“九五”期间湖北省污染物排放总量控制计划》中下达的襄樊市的污染物总量控制指标，在实现国家和有关总量控制要求前提下，结合我市实际，制定了《“九五”期间襄樊市污染物排放总量控制计划》，并将总量控制指标分解下达到各县(市)区。襄樊市环境保护局根据国家环境保护总局《关于印发全国2000年工业污染源达标排放和环境保护重点城市环境功能区达标工作方案的通知》和湖北省环境保护局《关于印发〈湖北省“九五”期间环境保护达标工作方案〉的通知》要求，制定了《襄樊市“九五”期间环境保护达标工作方案》。

为加强襄樊市“一控双达标”工作的领导，襄樊市政府成立了以市委副书记、市长罗辉为组长、分管环保、工业的市委副书记、市政府副市长为副组长的“一控双达标”领导小组，全面领导、组织协调全市的“一控双达标”工作。襄樊市政府及各县(市)区政府都把环境保护工作列入重要议事日程，都有一名副县(市)长、副区长主管环保工作，解决执行“一控双达标”工作的具体问题，如研究世行贷款城市环境项目问题、南河污染治理问题等。2000年，襄樊市政府分别于5月29日、10月27日、11月30日连续三次召开“一控双达标”现场会、工作会、督办会。特别是在枣阳市召开的全市环境资源座谈会暨2000年重点工业污染源限期治理达标工作现场会，罗辉市长代表市政府与各县(市)区及市直有关部门签订了以“一控双达标”为主要内容的环保目标责任书。

襄樊市人民政府根据《“九五”期间湖北省污染物排放总量控制计划》，结合全市实际，制定了《“九五”期间襄樊市污染物排放总量控制计划》，并将总量控制指标分解下达到各县(市)区政府。通过完善排污申报登记和环境统计制度、实行排污许可制度、安装在线监控装置、加强环境监管等多种措施，推进总量控制工作。截至2000年底，在国家总量控制考核的12种主要污染物指标中，按省分解下达的指标，基本上达到了要求。尤其是工业粉尘、化学需氧量（COD）、石油类等水、气指标完成较好，并有所下降，废水中主要污染物化学需氧量（COD）年排放量为8.22万吨，比省下达的计划指标9.50万吨，削减1.28万吨，消减率13.47%。使全市的环境质量处在稳中有升，控制达标率为100%。

到2000年，实现所有工业污染源达标排放是整个“一控双达标”任务的基础和突破口。对全市超标工业污染源进行分类排队，对纳入国家、省考核的28家，纳入市考和的151家超标排污工业企业，一家一家按当年8月30日、10月30日、12月31日列出倒计时实施进度安排计划，实行明确治理责任单位（工业企业），主管责任机关（县区政府、部门），督办责任单位（环保局）三级责任人制度，建立三级负责的实施、督办监控体系，对重点超标排污工业企业按照“一厂一策，宜治则治、宜转则转、宜关则关”的原则，通过多种途径，多种方式实现达标，将达标工作与企业重组、结构调整、技术改造、清洁生产与发展环保产业有机结合起来，从各方面有效地促进了达标排放按期实现。截至“九五”末，全市726家排污企业单位，基本全部实现达标排放。襄樊市青山化工厂碳酸钡车间硫化氢尾气污染，群众反映强烈，该厂虽经多方治理，仍因技术和资金难以解决，不能实现达标排放，是市区多年来的污染老大难问题。为攻克这个污染问题，市政府领导多次带领市环保局及有关部门现场办公，协调解决有关问题，对该企业产生污染的碳酸钡车间采取了关停措施，彻底消除了污染。

在“九五”期间，襄樊市通过依法实施超标污染源限期治理，加强城市环境综合整治（如完善城市污水管网收集系统、深化“烟尘控制区”和“环境噪声达标区”建设管理工作等），坚决依法关停、取缔“十五小”企业，强化新污染控制监督管理，集中力量推进汉江流域水污染防治工作，推广地埋式无动力生活污水处理装置等多种措施，使环境质量保持稳定，部分指标有所改善，环境空气质量主要指标达到国家标准。2000年，襄樊市市区环境空气中二氧化硫、氮氧化物的年平均浓度控制在国家二级标准以内，各县（市）城关镇（城区）环境空气质量均达到环境空气功能区划定的标准。全市主要地表水污染得到控制，有效地保护了城市饮用水源。襄樊市市区及各县（市）城关镇（市区）饮用水源水质达标率均保持在100%，汉江襄樊段水质保持国家二类水质标准，护城河、清溪河、南河、北河水质明显改善，小清河、蛮河、滚河、沙河等汉江支流水质污染得到一定的控制。2000年，襄樊市区主要地面水水质达标率达到100%。

2002年，全市开展“严肃查处环境违法行为”的专项执法行动，查处违法排污企业23家；2003年，开展“查处环境违法行为，遏制污染反弹”的专项执法行动，共检查企业348家，查处各类环境案件82件；2004年，开展“清理整顿不法排污企业，保障群众健康”专项执法行动，对18家不法排污单位进行挂牌督办，全部按要求实行关停治理或整顿。

6.污染集中控制

污染集中控制指采用集中供热、污水集中处理、固体废物集中处置和处理等工程技术措施和配套的管理体制，集中控制“三废”污染。襄樊安能热电有限公司（原襄樊市热电厂）属于国家“千家企业节能行动”的企业之一，是城区唯一的热电联产企业，也是国家“六五”期间在全国安排的五个节能试点项目之一。始建于1980年，经一期、二期工程建设及技术改造项目建设，现拥有6台65t/h煤粉锅炉、2台6兆瓦背压式和2台12兆瓦抽气式发电机组，年供蒸汽95万吨，年发电量25000万千瓦时。另外有襄樊金环股份有限公司、东风第二

鱼梁洲污水处理厂

动力厂主要从节约资源方面考虑,将生产中的大量余热,供给本系统职工办公和生活使用。

襄樊市鱼梁洲城市污水处理厂是市引进世行贷款兴建的城市污水处理厂,位于鱼梁洲东北角,占地 450 亩,于 2002 年 10 建成并投入运行,形成了预处理生活污水 20 万吨 / 日的规模,总处理规模为 54 万立方米 / 日,服务范围为整个樊城中心城区。鱼梁洲污水处理厂二级 处理工程 2005 年底已提上议事日程,拟于 2006 年开工建设。二级处理工程是襄樊市樊城城市污水综合治理工程的延续,将对鱼梁洲污水处理厂预处理后的污水进行二级分化处理,处理后尾水水质达到《国家城镇污水处理厂污染物排放标准》一级排放 B 标准后排入汉江。

襄樊印染污水净化站于 1988 年动工兴建,占地面积 17 亩,总投资近 700 万元,日处理污水 1 万吨, 承担樊城工业区 11 家纺织行业印染污水及 16 家企事业单位的生活污水的处理,1994 年正式投入运行。排入该站的印染废水具有水量大、有机污染物浓度高、色度深、碱性大、水质变化大、成分复杂等特点,属较难处理的工业废水之一。现有印染废水处理装置能达到国家《纺织染整工业水污染物排放标准》(GB4287-92)二级标准。东风公司第二动力厂污水处理厂于 1993 年 7 月投入运行,主要负责襄樊二汽基地排放生产和生活污水的处理,总投资 2 035.69 万元,设计处理能力 2 万吨 / 日,实际处理量约 493.92 万吨 / 年,其中生活污水处理量 65 万吨。

襄樊市洪山头垃圾填埋场是利用世行贷款按国家卫生填埋场标准建设的无害化、功能比较齐全的垃圾处理场,也是襄樊目前唯一的垃圾处理场。项目占地 245 亩,设计能力为日处理垃圾 630 吨,填埋库区做了场底防渗处理,建有渗滤液及沼气导排系统,配套有管理区、污水处理站及垃圾计量装置。2001 年 3 月,洪山头垃圾填埋场建成投入使用,2002 年被建设部评为国家Ⅱ级垃圾填埋场,自投入运行以来,较好地保障了襄樊市中心城区近 90 万人的居民生活垃圾处理。

襄樊市工业固体废物主要以综合利用、变废为宝为主。主要以企业自身单位自身进行综合利用。综合利用率 2005 年达到 82.64%。1998 年由襄樊市环境保护局牵头,市化工厂、市无机化工总厂、襄阳腾飞化工集团三家化工企业投资 75 万元,建成启用了梨园磷石膏堆放场,集中处置三家化工厂的生产废渣,解决了磷石膏废渣占用耕地、占用河道的污染问题。2004 年 4 月,襄樊金力环保工程公司建成并投入运营,2005 年 1 月,襄樊中油环保服务公司建成并投入运营,两家公司设计处理危险废物能力合计 28 吨 / 日,这两家公司的投入运营彻底解决了襄樊市乃至鄂西北的危险废物集中处置问题。

7.污染源治理

“七五”期间,襄樊市五年间共完成污染治理项目 242 个,总投资 6 453 万元。“八五”期间,完成污染治理项目 308 个,总投资 9 164 万元,通过加强工业污染防治。1995 年,襄樊市工业废水处理率达到 76.07%,工业废气消烟除尘率达到 95.12%,工业固体废物综合治理率达到 79.16%,与 1990 年相比,分别调 48.07%、9.95%、17.16%。“九五”期间,襄樊市对全市开展了系统的工业污染源调查,共调查核实工业企业污染源 726 家,按照污染源限期治理管理权限划分,并根据省环保局对 2000 年超标工业污染源达标实行分级规划、分级管理的要求,在全市市区及各县(市)区调查摸底核实落实的基础上,上报省政府下达了 12家中央、省属企业;市政府下达了 17 家市属企业;各县(市)区政府下达了 122 家企业超标污染源 2000 年限期治理达标计划。省、市、县(市)区三级政府下达的限期治理计划共涉及 151 家企业,具体污染源限期治理项目 180 个,总投资 1.82 亿元。通过严管促治,狠抓污染源的限期治理,截至“九五”末,全市 726 家排污企业单位,已基本全部实现达标排放。

“十五”期间,襄樊市抓好环境监管,巩固“一控双达标”成果,加快对老污染源的治理步伐,全面实施环保治理工作的再提高工程,结合每年实际情况确定重点污染源限期治理项目。2001 年,襄樊市环境保护局下发了《关于下达襄樊市属工业企业 2001 年重点污染源限期治理项目计划的通知》,确定了市属 12 家工业企业 18 个项目为 2001 年重点污染源限期治理项目。位于襄樊市区东大门的武钢集团襄樊钢铁长材公司，未治理前红尘滚滚，烟尘高达数百米，通过下达限期治理，现在已见不到丝毫的烟尘。襄樊市大枫纸业有限公司是襄樊市一家大型造纸企业，自2003年5月以来，该公司在企业改制、经营状况不佳的情况下，先后投入3 000万元建设造纸白水回收工程和制浆黑碱液回收工程，但仍未实现达标排放。按照环保专项行动要求，市政府对该公司下达了停产通知，限期治理。2005年8月底，公司停产治污，又投入1 600万元建设中段废水治理工程，最终实现了达标排放。

8.排污收费

襄樊市自1983年开始排污费征收工作。1986年3月，在市环保局增设排污收费监理科。从1986年4月至12月，历时9个月，对全市、县(市)区628个企业进行摸底调查，获数据近10万个，建立档案628个，绘制了17张主要工业污染源分布图(市区8张)。基本摸清全市工业污染和污染物排放状况，为排污费征收工作的展开也提供了依据。1987年4月成立"襄樊市排污收费监理处"，全市各县(市)区监理机构相继成立。1992年6月，襄樊市排污收费监理处改为襄樊市环境监理总站。各级环境监理部门全面加强建章立制工作，加强环境监理执法队伍建设。在环境监理现场执法，实行"三查、两调、一收费"(三查:查污染源及污染防治设施、查"三同时"和限期治理项目的执行情况、查排污许可证;两调:调查污染事故、调查污染纠纷;一收费:征收排污费)。环境监管由过去单一的收费职能，扩展到对新老污染源的全面环境管理，对污染事故、污染纠纷的调查管理。1994年，对企业的排污费进行了重新核定，实行动态管理，开始加强对城市建筑施工噪声及第三产业、乡镇企业的环境管理和排污收费。

为进一步使用好环保补助资金，1987年3月，襄樊市在宜城宾馆召开了各县(市)环保局长、四个区建委主任、工商银行行长会议，排污费使用由过去的拨款改为贷款。对环保资金的收、管用办法进行改革，实行排污费有偿使用。1989年9月，襄樊市召开全市环保、财政、工商银行系统参加的排污费收管用会议，制定了《关于进一步加强超标排污费征收工作的通知》《关于加强超标排污费财务管理的通知》《关于执行"污染源治理专项基金有偿使用暂行办法"的通知》三个文件。对全市排污费征管用进行了规范。1995年9月，省政府〔1995〕86号令《湖北省排污费征收管理实施办法》颁布实施。规定"征收排污费全部用于环境保护事业，其中排污费征收总额的 7 1 %作为污染源治理专项基金，建立省、市(地)县级环境保护基金;其余部分和提高标准收费、加倍收费、滞纳金、补偿性罚款等四项收费作为环保补助费""污染源治理专项基金全部用于贷款，主要贷款给缴纳排污费的单位和重点污染源治理、自然保护等项目。治理项目经验收合格的，环保部门可给予不高于利息 5 0 %的贴息"。

1988-1997年，襄樊市共为87家单位210个污染防治项目投放污染源治理贷款3070.79万元。1998-2005年，为企业投放环保污染源专项治理资金3196.66万元。污染防治资金的投入有力促进了污染控制，解决了一大批污染扰民严重、投诉较多、长期困扰政府的污染治理问题，使企业生产环境有了较大改善，居民生活环境质量得到提高。部分污染大户通过治理，区域环境质量得到一定改善。

9.环境信访制度

1997-2005年，共受理查处各类环境污染来信来访1 535件，办复率达98%以上(其中来访办复率在99%~100%)。1997年1月，襄樊市环保局专设环境信访科，机构设在市环境监察支队。由政治素质高、业务能力强、工作经验丰富的环境监察人员专门从事环境信访工作。同时还成立了襄樊市环保局环境信访工作领导小组。2003年3月，"12369"环保投诉热线正式开通，并建立以襄樊市环保局为中心，全市9个县市、(区)"12369"环保投诉联动工作网络，坚持全天候受理群众对环境污染、环境执法、环境监管等方面的投诉和咨询，随时受理群众的各类环境诉求，接受和了解群众对环境管理工作的意见及建议。"12369"环保投诉热线值班室设在市环境监察支队，实行24小时值班制度，全员轮流上岗，并配置专勤车辆、取证设备，以强化现场执法手段。其中，2003 年开通当年 9 个月就接诉 3 500 余件，出现场 5 600 余人次，其中工业生产、建筑施工、生活噪声占投诉总数的 70%，餐饮油烟占 15%；2004 年接诉 5 747 件，出现场 6 980 人次。

2001—2005 年，针对“15 小”尤其是小造纸废水污染的群众投诉不断增多，市环保局结合整治违法排污企业，保障群众健康环保专项行动，责成所属县（市）、区环保局对辖区内的“15 小”尤其是小造纸企业进行拉网式排查。局党组书记、局长彭占银与班子其他成员带领环境监察人员深入违法企业（作坊）现场，对其环境违法行为进行明察暗访，突出重点严查严办（信访情况见表 2—22）。

1997—2005 年襄樊市群众来信来访环保情况统计

表 2—22

时 间	类 别	数 量	来信来访反映环境问题所占比例（%）					处理率（%）
			水	大气	噪声	固废	其他	
1997 年	来信（件）	83	27.7	37.3	34.9	——	6.0	100
	来访（人次）	7	28.6	71.4				100
1998 年	来信（件）	115	13.9	56.5	23.5	——	——	99.4
	来访（人次）	3	——	100	66.7			100
1999 年	来信（件）	144	20.8	55.6	18.1	——	——	99.7
	来访（人次）	9	22.2	88.9	33.3			100
2000 年	来信（件）	110	22.7	53.6	21.8	——	1.8	98.5
	来访（人次）	10	20.0	40.0	20.0		20.0	99.4
2001 年	来信（件）	162	42.0	28.4	21.0	1.2	——	99.3
	来访（人次）	13	7.7	69.2	15.4			100
2002 年	来信（件）	188	56.9	23.9	15.4	1.6	2.1	98.9
	来访（人次）	7	28.6	14.3	42.9	14.3		100
2003 年	来信（件）	165	55.8	25.5	18.8	10	——	99.6
	来访（人次）	10	30	30	30			100
2004 年	来信（件）	230	41.3	33.9	20.9	0.43	3.5	98.3
	来访（人次）	7	28.6	42.9	14.3		14.2	100
2005 年	来信（件）	257	38.9	34.6	19.1	0.8	4.7	98.6
	来访（人次）	15	6.7	53.3	40.0			100

襄樊市（襄阳地区）环境保护局领导干部情况简

表 2—23

机构名称（起止年月）	姓名	职务	任职时间（年月）
襄阳地区环境保护办公室（1977 年 08 月成立）	田吉鸿	主任（兼）	1977.08—1980.08
	步万程	负责人	1977.08—1983.12
襄樊市环境保护局备注：1979 年 6 月称环境保护办公室，同年 11 月改称环境保护局环境保护办公室（1979.06—1979.11）	唐树志	主任	1979.09—1979.11
	饶钦玉（女）	副主任	1979.06—未到职
	张志毅（女）	副主任	1979.06—1979.11

续表

机构名称（起止年月）	姓名	职务	任职时间（年月）
襄樊市环境保护局（1979.11—1983.12）备注见上	唐树志	局长	1979.11—1983.12
	张志毅（女）	副局长	1979.11—1983.12
	李洪义	副局长	1981.12—1983.12
襄樊市环境保护局（1983.10—2004.12）备注：1983 年 12 月建党组，1986 年 1 月改为党委	唐树志	局长	1983.12—1992.09
		书记	198.012—1986.01
	张凤钧	局长	1992.09—1994.06
		书记	1986.01—1994.06
	高明富	局长	1994.06—2000.11
		书记	1994.06—2000.09
	彭占银	局长	2000.11—2005.12
		书记	2000.09—2005.12
	唐树志	副书记	1986.01—1989.07
	耿德元	副书记	1991.02—1999.02
	李洪义	副局长	1983.12—1986.01
		纪检组长	1985.01—1986.01
	戴大钰	副局长	1983.12—1994.06
	程其昌	副局长	1983.12—1986.01
	高明富	副局长	1986.01—1994.06
		副书记	1990.03—1994.06
	汤建林	副局长	1986.08—2002.03
	刘大福	副局长	1992.11—1994.06
		工会主任	1994.06—2004.12
	王雷	副局长	1994.06—2004.12
	易贤生	副局长	1995.09—1999.05
	杨进堂	副局长	1996.03—2002.03
		纪检组长	1997.05—1999.05
	李爱国	副局长	1997.05—2005.12
		副书记	1999.05—2005.12
	邓家顺	副局长	1997.11—2005.12
	李俊	副局长	2001.09—2005.12
襄樊市环境保护局（1983.10—2004.12）	李建忠	副局长	2004.11—2005.12
	付睿	副局长	2005.10—2005.12
	柯学明	纪委书记	1987.04—1990.02
	宋成良	纪检组长	1990.02—1994.06
	王世方	纪检组长	1999.05—2005.12
	叶信明	工会主任	1990.02—1993.02
	汤建林	工会主任（兼）	1993.02—1994.06

卷三 人口

1979 年 2 月 9 日，成立襄阳地区计划生育领导小组办公室，同年 10 月 1 日，该机构独立成为政府职能部门。到 2005 年，全市逐步建立和完善计划生育行政管理（市、县计生委、乡计生办）、技术服务（市、县、乡计生站）和社会组织（计生协会）三位一体的计划生育工作体系，网络延伸和覆盖至全市各村（居）民委员会（小组）。从 1980 年《中共中央关于控制我国人口增长问题致全体共产党员、共青团员的公开信》的发表，到 2002 年 9 月 1 日实施的《中华人民共和国人口与计划生育法》，全市人口和计划生育工作逐渐由行政管理走向法制化管理。

1979—2005 年，襄樊市（襄阳地区）在人口和计划生育工作中始终坚持“四个不动摇”（即党政一把手亲自抓、负总责不动摇，坚持目标管理责任制不动摇，坚持重点管理不动摇，坚持一票否决不动摇）；认真落实“三为主”（即宣传教育为主，避孕节育为主和经常性工作为主）；大力推进“三结合”（即计划生育与发展经济相结合，同帮助群众勤劳致富相结合，同建设文明家庭相结合）。1995 年，建立起“依法管理、村（居）民自治、优质服务、政策推动、综合治理”的计生工作新机制。同期，全市全面贯彻落实党和国家在人口与计划生育工作中的一系列方针、政策、法律、法规。结合襄樊实际，实现了“两提高”“一降低”：即综合避孕率从 1979 年的 80.38%提高到 2005 年的 90.28%；计划生育率从 1990 年的 79.38%（以前无统计数据）提高到 2005 年的 95.90%。人口自然增长率从 1979 年的 11.35%降低到 2005 年的 4.87%，降低 6.48%。全市人口从 1979 年的 4 360 439 人到 2005 年的 5 772 309 人，累计减少出生人口约 120 万人，为襄樊市的经济发展和社会进步创造了巨大的社会效益和经济效益。

一、人口状况

（一）人口分布

1979 年，襄樊全区总人口 4 360 439 人，其中襄樊城区人口 2793 74 人，占总全区人口的 6.41%；各县（市）人口 4 081 065 人，占全区总人口的 93.59%。1990 年，全市总人口 5 087 864 人，其中襄樊城区人口 524 705 人，占全市总人口的 10.31%；各县（市）人口 4 563 159 人，占全市总人口的 89.69%。2001 年、2002 年，由于行政区划调整，原襄阳县的太平、牛首、欧庙、泥嘴 4 个乡镇划入襄樊市区，导致人口的机械性增长，使市区人口由 2000 年占全市总人口的 12.83%，增加至 2001 年的 15.92%和 2002 年的 20.30%。2005 年，全市总人口 5 772 309 人，襄樊市区人口 1 184 344 人，占全市总人口的 20.52%；各县（市、襄阳区）人口 4 587 965 人，占全市总人口的 79.48%。从 1979 年至 2005 年，襄樊市区人口和各县（市）人口分布占全市总人口的比重分别上升和下降了 14.11%，城市化进程在 27 年逐年提速（见表 3—1）

襄樊市 1979—2005 年人口分布变化情况

表 3—1

年度	总人口	襄樊城区		各县(市)人口								
		人口	%	合计	%	襄阳区	宜城市	枣阳县	南漳县	谷城县	保康县	老河口市
1979	4 360 439	279 374	6.41	4 081 065	93.59	1 134 346	432 079	842044	535 123	493 516	268 319	375 638
1980	4 408 095	287 239	6.25	4 120 856	93.48	1 147 954	435 649	850362	538 695	496 954	270 045	381 197
1981	4 451 250	291 761	6.55	4 159 489	92.45	1 156 762	441 812	858739	540 788	501 300	271 989	388 099
1982	4 532 131	323 277	7.13	4 208 854	92.87	1 172 048	446 597	868881	545 110	506 227	273 632	396 359
1983	4 556 884	318 902	7.00	4 237 982	93.00	1 180 431	455 616	873010	548 636	506 380	274 573	399 336
1984	4 589 213	407 389	8.88	4 181 824	91.12	1 112 454	458 694	874401	552 108	504 007	276 245	403 915
1985	4 638 669	421 224	9.08	4 217 445	90.92	1 114 557	465 511	871482	559 846	507 617	278 402	420 030
1986	4 686 780	441 584	9.42	4 245 196	90.58	1 110 406	466 306	888368	565 843	509 706	281 477	423 090
1987	4 747 644	460 753	9.70	4 286 891	90.30	1 111 181	478 011	902273	572 656	511 437	284 624	426 673
1988	4 812 074	478 500	9.89	4 333 574	90.11	1 121 471	482 494	915732	579 298	512 849	287 128	434 602
1989	4 905 285	506 076	10.32	4 599 209	89.68	1 145 191	492 522	921052	584 480	518 153	289 855	447 956
1990	5 105 864	524 705	10.28	4 581 159	89.72	1 231 191	509 267	984727	589 080	520 002	291 600	455 292
1991	5 154 846	543 499	10.54	4 611 347	89.46	1 234 186	516 048	1001085	590 175	520 372	292 643	456 838
1992	5 242 315	566 619	10.81	4 675 696	89.19	1 254 166	525 991	1017435	591 813	526 218	293 377	466 696
1993	5 322 289	583 744	10.97	4 738 545	89.03	1 275 675	535 082	1030812	593 772	531 506	294 095	477 603
1994	5 403 377	606 050	11.22	4 797 327	88.78	1 296 435	543 689	1041149	596 143	535 913	295 456	488 542
1995	5 491 041	631 758	11.51	4 859 283	88.49	1 318 275	552 296	1052130	602 730	541 645	296 196	496 011
1996	5 575 175	663 604	11.90	4 911 571	88.10	1 341 043	557 576	1062808	604 177	546 580	296 955	502 432
1997	5 646 935	686 589	12.16	4 960 346	87.84	1 373 894	550 732	1072387	607 676	550 033	297 932	507 692
1998	5 715 836	706 378	12.36	5 009 458	87.64	1 399 604	556 384	1083754	605 502	553 669	298 145	512 400
1999	5 770 348	718 027	12.44	5 052 321	87.56	1 416 863	562 375	1096663	600 977	556 066	301 631	517 746
2000	5 725 568	734 323	12.83	4 991 245	87.17	1 397 787	561 558	1098341	587 481	543 243	291 093	511 742
2001	5 678 063	904 024	15.92	4 774 039	84.08	1 295 232	524 520	1044012	571 961	542 455	284 761	511 098
2002	5 773 819	1 172	20.30	4 601 812	79.70	1 004 686	563 392	1098575	587 642	543 736	291 968	511 813
2003	5 785 447	1178638	20.37	4 606 809	79.63	1 006 237	563 984	1098596	587 507	547 325	291 304	511 856
2004	5 787 702	1181944	20.42	4 605 758	79.58	1 004 152	564 154	1098210	587 998	547 124	291 661	511 859
2005	5 772 309	1184344	20.52	4 587 965	79.48	988 772	564 597	1098216	583 917	552 021	286 135	514 307

注:数据来源于襄樊市人口和计划生育委员会

(二)人口变动

1979 年,全区出生 77395 人,出生率 17.88‰;死亡 28281 人,死亡率 6.53‰;人口增加 49114 人,自然增长率 11.35‰。1990 年,全市出生 88266 人,出生率 17.52‰;死亡 32731 人,死亡率 6.50‰。人口增加 55535 人,自然增长率 11.02‰;2005 年,全市出生 47615 人,出生率 8.43‰;计划内生育 45664 人,计划生育率 95.90%。死亡 20120 人,死亡率 3.56‰;人口增加 26895 人,自然增长率 4.76‰。

1979 年,市区(指襄樊市区)出生 5022 人,出生率 18.51‰;死亡 1273 人,死亡率 4.69‰;人口增加3 749,人自然增长率13.82‰。1990年,市区出生5 357人,出生率9.97‰;死亡2 286人,死亡率4.25‰;人口增加3 071人,自然增长率5.72‰。2005年,市区出生8 871人,出生率7.98‰;计划内生育8 725人,计划生育率98.35%。死亡8 725人,死亡率7.85‰;人口增加146人,自然增长率0.12‰。

1979年,全区各县(市)出生72 373人,出生率17.73‰;死亡27 008人,死亡率6.62‰;人口增加45 365人,自然增长率11.12‰。1990年,全市各县市出生82 909人,出生率18.42‰;死亡30 445人,死亡率6.67‰;人口增长52 464人,自然增长率11.66‰。2005年全市各县(市)出生38744人,出生率8.52‰;计划内生育36 939人,计划生育率95.34%。死亡11 395人,死亡率2.50‰;人口增加26749人;自然增长率5.88‰;人口自然增长率最低的保康县为2.12‰,在6‰以上谷城县为6.47‰、枣阳为6.24‰(见表3—2)。

襄樊市1979—2005年人口自然变动

表3—2　　单位:人,‰

年份	年末总人数	出生		死亡		自然增长	
		人数	率	人数	率	人数	率
1979	4 360 439	77 395	17.88	28 281	6.53	49 114	11.35
1980	4 408 095	68 253	15.57	29 026	6.62	39 227	8.95
1981	4 451 250	64 939	14.66	30 421	6.87	34 518	7.79
1982	4 485 768	70 930	15.47	30 381	6.62	40 549	8.85
1983	4 556 884	103 470	22.71	32 354	7.10	71 116	15.61
1984	4 589 213	72 130	15.72	33 238	7.24	38 892	8.48
1985	4 638 669	64 756	14.04	32 848	7.12	31 908	6.92
1986	4 686 780	70 556	15.13	29 614	6.35	40 942	8.78
1987	4 747 644	75 138	15.94	30 191	6.40	44 947	9.54
1988	48 12 074	71 997	15.06	29 499	6.17	42 498	8.89
1989	4 905 285	77 577	15.97	29 382	6.05	48 195	9.92
1990	5 105 864	88 266	17.52	32 731	6.50	55 535	11.02
1991	5 154 846	94 546	18.26	31 594	6.10	62 952	12.16
1992	5 242 315	68 580	13.15	31 975	6.13	36 605	7.02
1993	5 322 289	76 681	14.52	30 483	5.78	46 198	8.74
1994	5 403 377	71 195	13.32	29 132	5.45	42 063	7.87
1995	5 491 041	51 462	9.55	28 291	5.25	23 171	4.30
1996	5 575 175	45 327	8.38	28 896	5.34	16 431	3.04
1997	5 646 935	42 206	7.76	28 700	5.28	13 506	2.48
1998	5 715 836	42 977	7.84	28 574	5.21	14 403	2.63
1999	5 770 348	44 592	8.08	26 928	4.88	17 664	3.20
2000	5 725 568	44 933	8.08	27 581	4.96	17 352	3.12
2001	5 678 063	41 138	7.37	25 180	4.51	15 958	2.86
2002	5 773 819	39 697	7.10	25 387	4.54	14 310	2.56
2003	5 785 447	40 577	7.25	39 754	7.10	823	0.15
2004	5 787 702	44 259	7.85	21 219	3.78	23 040	4.07
2005	5 772 309	47 615	8.43	20 120	3.56	27 495	4.87

注:计生统计表(此表年末总人数含自然增减人数和机械增减人数两部分,但表中未列出机械增减人数的具体数字)

(三)人口构成

1.性别、年龄构成

从 1990 年第 4 次和 2000 年第 5 次人口普查及其对比情况看，全市总人口性别比变化不大，四普、五普均稳定在 105。从各县(市)区情况看，属平原、丘陵的县市区总人口性别比低于山区为主的南漳、谷城两县，前者两次普查基本在 101～105 之间，后者在 107～109 之间，全部是山区的保康县总人口性别比最高，四普、五普分别为 112.42 和 113.85，且五普比四普还上升了 1.43 个单位值，上述现象主要原因可能是受山区自然环境和地理条件的影响，成年女性在婚嫁选择上倾向于条件相对较好，经济相对发达的平原、丘陵地区，从而导致山区男性人口多于女性(见表 3—3、表 3—4)。

1990 年第 4 次人口普查分性别、年龄人口数

表 3—3　　单位：人、%

年龄别	人口数			占总人口数的百分比		
	合计	男	女	合计	男	女
总计	5155297	2644793	2510504	100.00	51.30	48.70
0—4 岁	602992	310949	292043	11.70	6.03	5.66
5—9 岁	476587	244238	232349	9.24	4.74	4.51
10—14 岁	429544	219597	209947	8.33	4.26	4.07
15—19 岁	497997	253439	244558	9.66	4.92	4.74
20—24 岁	556990	284342	272648	10.80	5.52	5.29
25—29 岁	515620	266637	248983	10.00	5.17	4.83
30—34 岁	381565	198192	183373	7.40	3.84	3.56
35—39 岁	397648	205188	192460	7.71	3.98	3.73
40—44 岁	279995	147276	132719	5.43	2.86	2.57
45—49 岁	222040	116974	105066	4.31	2.27	2.04
50—54 岁	183545	98401	85144	3.56	1.91	1.65
55—59 岁	178633	95506	83127	3.47	1.85	1.61
60—64 岁	141647	74828	66819	2.75	1.45	1.30
65—69 岁	129666	63015	66651	2.52	1.45	1.30
70—74 岁	83941	37371	46570	1.63	0.72	0.90
75—79 岁	48706	19681	29025	0.94	0.38	0.56
80—84 岁	20377	7006	13371	0.40	0.14	0.26
85—89 岁	6436	1872	4564	0.13	0.04	0.09
90—94 岁	1048	234	814	0.02	0.00	0.00
95—99 岁	191	41	150	0.00	0.00	0.00
100 岁及以上	29	6	23	0.00	0.00	0.00

2000 年第 5 次人口普查分性别、年龄人口数

表 3—4　　单位：人、%

年龄别	人口数			占总人口数的百分比		
	合计	男	女	合计	男	女
总计	5658723	2903797	2754926	100.00	51.32	48.68
0—4 岁	235659	124791	110868	4.16	2.21	1.96

续表

年龄别	人口数			占总人口数的百分比		
	合计	男	女	合计	男	女
5—9 岁	396561	205777	190784	7.01	3.64	3.37
10—14 岁	635038	325296	309742	11.22	5.75	5.47
15—19 岁	530321	269623	260698	9.37	4.76	4.61
20—24 岁	421965	214999	206966	7.46	3.80	3.66
25—29 岁	511541	263995	247546	9.04	4.67	4.37
30—34 岁	591612	305690	285922	10.45	5.40	5.05
35—39 岁	556800	288539	268261	9.84	5.10	4.74
40—44 岁	371829	192156	179673	6.57	3.18	3.40
45—49 岁	399540	205619	193921	7.06	3.63	3.43
50—54 岁	280598	145729	134869	4.96	2.58	2.38
55—59 岁	207980	108205	99775	3.68	1.91	1.76
60—64 岁	164322	85964	78358	2.90	1.52	1.38
65—69 岁	146320	74849	741471	2.59	1.32	1.26
70—74 岁	98010	47952	50058	1.73	0.85	0.88
75—79 岁	66901	29497	37404	1.18	0.52	0.66
80—84 岁	30776	11302	19474	0.54	0.20	0.34
85—89 岁	10390	3258	7132	0.18	0.06	0.13
90—94 岁	1955	448	1507	0.03	0.01	0.03
95—99 岁	522	102	420	0.01	0.00	0.01
100 岁及以上	83	6	77	0.00	0.00	0.00

2.民族构成

襄樊市境内夏商时期即居住有古蛮人和骆越人。魏和南北朝时,先后有大批少数民族迁入。这些少数民族大多与本地汉人融和。回族约从唐初进入襄阳、樊城,主要从事商业、农业、牛宰业和皮革业。元朝,被蒙古军迁发到襄阳路和随州的回民,聚居地多以清真寺为中心,在乡村自成村落,在城镇自成区域。樊城教门街(1964 年改名为友谊街)即因是回民集中居住区域而得名。该街今居有回民数百名。襄阳、枣阳、老河口、随州、保康、宜城共有 4 条街道和 13 个村为回民比较集中的居住地。襄樊市区有回民 3 144 人,占市区总人口的 1%。老河口市有回民 2 127 人,占该市人口的 0.56%。

据 1982 年人口普查,境内有 24 个民族。其中汉族人口 5 724 362 人,占总人口 99.76%;少数民族 23 个,13 517 人,占总人口 0.24%。在少数民族中,回族人口居多,共 12 288 人。市内各少数民族多是新中国成立后转业的军官、战士,调入的机关干部、教师、职工及随迁家属。

据 1990 年人口普查,境内有 30 个民族。其中汉族人口 6 577 436 人,占总人口的 99.73%;少数民族 29 个,17631 人,占总人口的 0.27%。在少数民族的人口排序中,回族、土家族、满族仍居前一、二、三位。增加的少数民族人口中,除原居住的自然增长外,随着市场经济的活跃,机械增长除传统原因外,外来经商或从事服务业落户也是一个重要因素。

据 2000 年人口普查,境内已增加至 41 个民族,占全国 56 个民族总数的 73.21%。其中汉族人口 5 638 930 人,占人口的 99.65;少数民族 40 个,人口 19 793 人,占人口的 0.35%,比 1990 年增加了 0.08%(本次人口普查,随州已划走,不在本次统计之内)。在除外随州的情况下,回族相对增长了 0.03%,土家族增加了 446 人,满族增加了 183 人。新增添了景颇、柯尔克孜、达斡尔、仫佬、撒拉、塔吉克、怒、俄罗斯、京、独龙、门巴等 11 个少数民族,在改革开放的新时期,民族融合进一步加强(见表

3—5）。

各民族人口变动情况

表 3—5

民族别	普查人数			占总人数(%)		
	1982 年	1990 年	2000 年	1982 年	1990 年	2000 年
总计	5737877	6595069	5658723	100.00	100.00	100.00
汉族	5724362	6577438	5638931	99.76	99.73	99.65
蒙古族	159	491	1402	—	—	—
回族	12288	13816	13336	0.21	0.21	0.24
藏族	1	39	162	—	—	—
维吾尔族	8	16	105	—	—	—
苗族	67	205	447	—	—	—
彝族	21	42	159	—	—	—
壮族	206	252	422	—	—	—
布依族	28	38	120	—	—	—
朝鲜族	52	80	187	—	—	—
满族	440	923	1106	—	—	—
侗族	34	79	173	—	—	—
瑶族	22	56	70	—	—	—
白族	4	46	32	—	—	—
土家族	130	1431	1877	—	—	—
哈尼族	—	1	4	—	—	—
哈萨克族	—	2	2	—	—	—
傣族	3	6	3	—	—	—
黎族	21	11	12	—	—	—
傈僳族	—	9	4	—	—	—
佤族	—	7	8	—	—	—
畲族	—	8	15	—	—	—
高山族	4	5	6	—	—	—
拉祜族	—	1	1	—	—	—
水族	6	14	6	—	—	—
纳西族	—	1	1	—	—	—
景颇族	—	—	1	—	—	—
柯尔克孜族	—	—	2	—	—	—
土族	1	2	35	—	—	—
达斡尔族	—	—	4	—	—	—
仫佬族	2	—	5	—	—	—
羌族	1	5	2	—	—	—
撒拉族	—	—	1	—	—	—
仡佬族	—	5	28	—	—	—

续表

民族别	普查人数			占总人数(%)		
	1982 年	1990 年	2000 年	1982 年	1990 年	2000 年
锡伯族	6	31	25	—	—	—
塔吉克族	—	—	17	—	—	—
怒族	—	—	1	—	—	—
俄罗斯族	—	—	1	—	—	—
京族	2	—	2	—	—	—
独龙族	—	—	1	—	—	—
门巴族	—	—	2	—	—	—
其他未识别民族	9	7	5	—	—	—

注:数据来自 1964、1982、2000 年人口普查,2000 年不含随州

3.婚姻、家庭构成

(1) 婚姻构成:1982 年，襄樊市全区进入结婚年龄人口 3 890 854 人，其中男 1 989 943 人,女 1900911 人;已婚 2 736 815 人,其中男 1 333 063 人,女 1 403 752 人;婚龄人口已婚率 70.34%,男性 66.99%,女性 73.85%;未婚率 29.66%,男性 33.01%,女性 26.15%;15—49 岁育龄妇女有 1 443 261 人，占总人口的 25.15%(市区占 28.92%)，其中已婚妇女 1016671 人，占总人口数 17.72%(市区占 19.71%),占育龄妇女总数的 70.44%(市区占 68.16%)。在育龄妇女中,15—19 岁妇女占 25.04%(市区占 18.13%),构成比重较大。

1990 年第 4 次人口普查：全市 15 岁及 15 岁以上人口 4 646 284 人，其中男性 2 381 911 人,占 51.26%;女性 2 264 373 人,占 48.74%。未婚人口 1 099 682 人,未婚率占 15 岁及 15 岁以上人口的 23.67%;已婚人口 3 546 602 人,已婚率占 15 岁及 15 岁以上人口的 76.33%。有配偶 3 219 177人,占已婚人口的 90.77%,其中男性 1 611 466 人,占已婚人口的 45.44%;女性 1 607 711 人,占已婚人口的 45.33%。丧偶 304 139 人,占已婚人口的 8.58%,离婚 23 286 人,占已婚人口的 0.66%。

2000 年第 5 次人口普查:全市 15 岁及 15 岁以上人口 4 291830 人(不含随州),其中男性 2174217 人,占 50.66%;女性 2117613 人,占 49.34%。未婚人口 792446 人,未婚率占 15 岁及 15 岁以上人口的 18.46%,比 1990 年降低 5.21%,婚姻年龄提前。已婚人口 3499384 人,已婚率占 15 岁及 15 岁以上人口的 81.54%,比 1990 年增加 5.21%,晚婚率降低。初婚有配偶 3139355 人,占已婚人口的 89.71%;再婚有配偶 91871 人,占已婚人口的 2.63%。丧偶 240300 人,占已婚人口的 6.87%,医疗保健的普及与提高，丧偶率比 1990 年下降 1.71%。离婚 27858 人，占已婚人口的 0.80%，离婚率比 1990 年增加 0.14%,其中男性离婚 18675 人,占离婚人口的 67.04%;女性离婚 9183 人,占离婚人口的 32.96%。

(2)家庭构成:

①家庭规模:1982 年第 3 次人口普查,家庭规模以 3 人户、4 人户、5 人户的比重较大,共占总户数的 52.69%。其中 4 人户最多,占全区总户数的 18.69%。1 人户比重最小,仅占 6.52%。市区家庭规模以 3 人户最多，占市区总户数的 27.84%,2 人户、3 人户、4 人户共占市区总户数的 71.01%,8 人户比重最小,仅占 1.16%。1990 年第 4 次人口普查,全市家庭规模以 4 人户居多,占总户数的 30.83%;3 人户居二,占总户数的 21.65%; 5 人户居三,占总户数的 19.50%。4 人户、3 人户、5 人户占全市总户数的 71.98%。全市户平 4.17 人。2000 年第 5 次人口普查,本市家庭规模又以 3 人户居一,占总户数的

28.90%;4 人户居二,占总户数的 26.32%;2 人户居三,占总户数的 14.96%;5 人户居四,占总户数的 14.21%。3 人户、4 人户、2 人户、5 人户占全市总户数的 84.39%。全市户平 3.76 人,呈现家庭规模向小户型发展。

②家庭类别: 家庭类别以一对夫妇及其子女组成的家庭所占比重大。1982 年,全市两代户有 735400 户,占全区总户数的 61.72%;一对夫妇户和三代及以上户分别占 4.33%和 20.97%;单身户占 6.52%;其他类型户占 6.46%。市区一对夫妇户占 5.26%,两代户占 70.93%,单身户占 7.79%,三代及以上户占 12.39%,其他类型户占 3.63%。1990 年,全市两代户 1041362 户,占全区总户数的 65.81%;一对夫妇户和三代及三代以上户分别占 5.47%和 25.07%;单身户占 3.65%。2000 年,全市两代 3 人户 423708 户,占全市总户数的 28.13%;两代 4 人户 330826 户,占全市总户数的 21.96%;一代 2 人户 168502 户,占全市总户数的 11.19%;三代 5 人户 122940 户,占全市总户数的 8.16%。一代夫妇 2 人户比 1990 年增长 5.72%。

4.行业、职业构成

1990 年,全区各行业在业人口 3867015 人,占当年总人口 6595067 人的 58.63%。其中男性在业人口 2082125 人,占当年男性人口 3381623 人的 55.54%,女性人口在业率比男性低 6.03%。在 13 个行业大类中,女性超过男性在业人数的只有房地产管理、公用事业、居民服务和咨询服务业;卫生、体育和社会福利事业,前者占行业在业人口的 51%;后者占行业在业人口的 50.45%。女性在业人口比重最低的行业是国家机关、政党机关和社会团体,在 73922 人的职位中,女性 15158 人,占行业人口的 23.69%。

2000 年,全区(不含随州)各行业在业人口 3272054 人,占当年总人口 5658723 人的 57.82。其中男性在业人口 1763968 人,占当年男性人口 2903797 人的 60.75%;女性在业人口 1508086 人,占当年女性人口 2754926 人的 54.74%,比男性在业人口比例低 6.01%。在 6 个行业大类中,女性职业分布比例超过男性第一位的是专业技术人员,在 198455 人中,女性 101361 人,占行业总人口的 51.08%;第二位是商业服务人员,在 316591 人中,女性 158910 人,占行业总人口的 50.19%。女性在业人口比重最低的仍然是国家机关、党群组织、企业、事业单位负责人,在 37144 个职位中,女性 5667 人,占行业人口的 15.26,比 1990 年下降了 8.43%。

二、人口控制

人口控制的主要依据是相关的计划生育政策法规。湖北省襄樊市计划生育政策和法规之分,以 1988 年 3 月 1 日起实施《湖北省计划生育条例》为分界,此前执行的是计划生育政策,此后执行的是计划生育法规和政策。

(一)计划生育

1.生育政策

(1)晚婚晚育:1980 年 3 月 24 日,湖北省印发(《关于湖北省推行计划生育的试行规定》的实施细则《讨论稿》)中第一条一款,晚婚,农村男 25 周岁,女 23 周岁结婚;城镇男 26 周岁,女 24 周岁结婚为晚婚。1981 年 6 月 13 日，省人民政府颁发《湖北省推行计划生育的暂行规定》第三条规定："要教育和鼓励青年自觉地晚婚晚育，女性 23 周岁以上结婚为晚婚，男性 24 周岁生育为晚育"。襄阳地区、襄樊市认真传达贯彻这一规定，并具体解释为：晚婚年龄是以法定婚龄为基础，推迟 3 周岁以上结婚，城镇和农村均执行了这一规定，晚育年龄没有区别。襄樊市 1980 年晚婚人数为 36557 人，晚婚率 95.63%，后逐年下降，"六五"末为 70.77%；"七五"末 64.17%；"八五"末 64.63%；"九五"50.64%；"十五"末为 54.2%。

(2)生育间隔：1979 年，襄阳地区行政公署下发《省计划生育试行规定》，提倡"一对夫妇只生一个孩子"，要求优先安排一胎，严格控制二胎，坚决杜绝三胎，促使计划生育达到规定的要求。1984 年，中共中央和中共湖北省委关于计划生育政策的规定，国家干部职工、城镇居民，除特殊情况经过批准者外，一对夫妇只生育一个孩子。1984 年后，襄樊市执行了中央、省委的这一计划生育政策。1985 年，襄樊市人民政府办公室批转市计划生育委员会《关于生育政策暂行补充规定的报告》的通知，第五条"凡符合条件要求生育二胎的夫妇，须在第一个孩子年满三至五周岁。经本人申请，乡(镇)政府审核，县(市)区计划生育委员批准，领取准生证，方可生育"。1986 年 6 月 2 日，襄樊市人民政府办公室印发(《襄樊市区计划生育补充规定》的通知)。

2.优待政策

1985 年后，根据国家计生委、国家医药总局文件精神和省计生委关于避孕药具实行经费包干暂行规定，襄樊市全面加强领导，建立发放网络，实行科学管理，在实施避孕药具承包过程中，基本上做到了"三个转变"，即由过去领导的认识不足，单纯抓节育手术，忽视药具管理，转变到领导重视、建立机构、健全网络、提倡综合节育措施，不搞"一刀切"；由过去的无人专管、领导手续不健全、盲目发放药具，转变到组织专班、固定专人、建立制度、定人定时、计划发放、保证供应、满足群众需要；由过去节育措施不落实、节育效率低，造成计划外怀孕多的状况，转变到宣传科学避孕节育知识，因人制宜，分类指导，服务上门，为群众排忧解难，密切党群关系。

1979 年 10 月 29 日，襄樊市下发《关于执行〈湖北省计划生育的试行规定〉的补充规定》，采取其他避孕措施者，给予适当奖励，儿童保健费从组织批准之日起发给。对实行绝育终身不要孩子的夫妇，每年给旅游假 15 天，补助差旅费 50 元。

1986 年 6 月 2 日，襄樊市人民政府办公室印发《襄樊市区计划生育补充规定》的通知。对实行晚婚、晚育和只生过一个孩子的夫妇，给予奖励和照顾。凡晚婚的初婚者，延长婚假 15 天，凡晚育的初产妇，延长产假 20 天。婚假期间，国家和集体职工工资照发。城镇居民、个体户、农村社员免出任何义务工。休假期间，国家和集体职工工资照发。对职工实行计划生育手术者，凭医疗单位证明，按规定给予休假，休假期间原则上工资照发，不影响全勤。

3.避孕节育经费

1979 年 3 月 27 日，省计划生育办公室关于贯彻执行国务院计划生育领导小组、财政部、卫生部《关于计划生育事业费开支范围的规定和加强财务管理的意见》的补充规定，

1981 年 4 月 6 日，湖北省人民政府计划生育办公室、湖北省财政局、湖北省卫生局印发国务院计划生育领导小组、财政部、卫生部《关于计划生育事业费开支有关问题的答复》和湖北省收费标准的通知。

1987 年，湖北省计划生育委员会、湖北省财政厅、湖北省卫生厅、湖北省物价局下发《关于调整计划生育手术收费标准的通知》，结合本省住院费、部分药品、材料价格已提高的实际情况，对本省计划

生育手术收费作了调整:输卵管结扎 18 元;输精管结扎 3 元;人工流产 4 元;中孕引产 16 元;上节育环 1.5 元;取节育环 1 元;透视节育环 0.5 元。

2001 年省计生委、省财政厅《关于落实“十五”期间计划生育事业费投入的通知》规定,落实计划生育事业经费投入,统筹兼顾,合理安排技术服务经费,并纳入年度经费预算,确保专款专用。环情、孕情检测,由乡(镇)自行承担,省、市对乡(镇)开展查环、查孕所需 B 超等器械设备的添置给予适当的补助。环情、孕情监测以外的其他免费技术服务项目所需经费,以县、乡为主,省、市适当补助。每年在本级计生经费中省(含中央补助)按核定费用的 15%—20%,市(州)按 10%—15%对县、乡进行补助,襄樊市计划生育部门及计生技术服务机构严格按上述文件规定要求执行。

2002 年,襄樊市财政局、襄樊市计划生育委员会下发《关于补助向农村实行计划生育夫妻免费提供避孕节育技术服务经费的通知》,补助全市 4 县 3 市 2 区和市直(含高新区)免费节育技术服务及先进县奖励经费 148.9 万元。

4.奖励政策

1979 年,襄樊市执行《湖北省推行计划生育的试行规定》的补充规定第三条:对享受儿童保健(或工分)之独生子女如入托、入园(幼儿园)、入学、医疗等可根据本单位的情况进行免费、半免费和给予适当补助到 17 周岁,对独生子女应加强保健,定期体检,做好预防,凭“独生子女证”可在市内指定医院优先就诊。

1979 年,襄阳地区行政公署文件通知执行《省计划生育试行规定》,对自愿终身只要一个孩子的夫妇发给保健费,每人每年按 30 至 40 元计算,发到 14 周岁,属国家机关、工矿企业的由单位支付,生产队社员由公益金支付。在入托、入学、就医、招工、招生、城市住房和农村宅基地等分配方面,照顾独生子女及其家庭。

1985 年 12 月 25 日,襄樊市计划生育委员会制发《襄樊市区计划生育若干规定》(分总则、生育、奖励、处罚、附则)奖励。对实行晚婚、晚育和只生过一个孩子的夫妇,给予奖励和照顾。生育一个孩子后,决定不再生第二个的,通过正当办证手续,从领取“独生子女证”书之日起,每月发给儿童保健费 5 元,由父母所在单位各发一半至独生子女满 14 周岁止,郊区农村应参照此办法进行奖励。在入托、入学、就业、招工、招生等方面,要照顾独生子女及其家庭。对两周岁以内的独生子女住院,经医院证明,确需其母陪伴护理,是职工其母护理期间工资照发(领养子女除外)。

1986 年 6 月 2 日,襄樊市人民政府办公室印发《襄樊市区计划生育补充规定》的通知,独生子女入托、入园、入学、医疗等费用,由父母双方所在的单位各负担一半,上述费用,凭原始单据,在一方单位报销并出具证明,以此作为一方单位报销的凭证。结婚多年无生育能力的夫妇,抱养一个孩子后又恢复生育能力,且自愿到医院实施节育手术者,可办理“独生子女证”,并享受独生子女的一切待遇。市区农村户口的青年,其晚婚晚育可顶算义务工。

1988 年 1 月 18 日,湖北省计划生育委员会、省计划生育委员会关于《湖北省计划生育条例》应用中若干条款的解释:重新组合的家庭,在重新组合前夫妻双方或一方只有一个孩子,并领取了“独生子女证”,重新组合后,新的家庭只留一个孩子,又不再生育的,其子女仍享受独生子女待遇。生育两个或两个以上的夫妻,绝育后,因小孩夭折只剩下一个孩子又不要求再生育的,经申请批准,其小孩可享受独生子女待遇。“干部职工中,属独生子女父母的,退休时加百分之五的退休金”。

1997 年 5 月 8 日,湖北省计划生育委员会关于《湖北省计划生育条例应用中的有关问题解释》的通知中关于独生子女在 14 周岁以前每月发给 8 元保健费的规定。自条例规定生效之日起执行。《条例》实施后,在经济条件许可的地方或单位,可以适当高于 8 元的规定。无论什么情况不能低于每月 8 元的标准。

2002 年 12 月 1 日，湖北省第九届人民代表大会常务委员会第三十七次会议通过的《湖北省人口与计划生育条例》，建立人口与计划生育奖励专项资金，专项资金通过政府拨款、社会捐助、社会抚养费、计划生育罚没收入等渠道筹措，主要用于奖励独生子女家庭。晚婚公民除享受国家规定的婚假外，增加婚假 15 天；已婚妇女晚育的，除享受国家规定的产假外，增加产假 30 天，并给予其配偶 10 天护理假。婚假、产假和护理假视同出勤，工资、奖金照发。接受节育手术的，其工作单位应当凭节育手术证明，按有关规定给予假期，并发给假期期间的工资、奖金。自愿终身只生育一个子女的夫妻，由夫妻双方申请，经乡(镇)人民政府或者城市街道办事处登记，发给“独生子女父母光荣证”。

(二)计生法律法规

1987 年 12 月 19 日，湖北省第六届人大常务委员会第 30 次会议审议通过《湖北省计划生育条例》(以下简称《条例》)，这是湖北省第一部计划生育地方性法规。《条例》规定从 1988 年 3 月 1 日起正式实施。此后，襄樊市认真贯彻执行《条例》，进入依法管理计划生育的时期。1988 年 5 月 5 日，市人民政府发出《关于贯彻执行〈湖北省计划生育条例〉若干问题的意见的通知》，对《条例》授权地、市决定的一些具体问题，提出了贯彻意见。

2001 年 9 月 29 日，湖北省人民代表大会常务委员会第三十七次全体会议通过，于 2003 年 1 月 1 日起施行《湖北省人口与计划生育条例》。

2002 年 9 月 1 日，施行《中华人民共和国人口与计划生育法》。

(三)计生科技

襄樊市(襄阳地区)计划生育避孕节育起步于 20 世纪 50 年代中后期。至 1983 年前，此间避孕节育主要采用男、女性结扎、上环、引产和人工流产等传统的节育措施。1986—1994 年，襄樊市计生委和各县(市)区计生委积极鼓励各级计生服务站加大避孕节育新技术、新材料的引进、推广使用力度，为广大育龄群众提供安全、有效、简便的避孕节育方法。1986 年冬，襄阳县计划生育服务站从上海新华医院引进“复方苯酚糊剂”女性节育新技术。至 1990 年 5 年中，做女性粘堵手术 4 万余例，绝育成功率达 92.5%以上。1983 年 5 月，随州市计划生育服务站引进重庆市计划生育研究所李顺强研究员创造发明的男性非手术节育新技术——“输精管注射粘堵法”。至 1988 年 12 月，该计生服务站 6 年共做男性节育手术 9572 例，有效率达 97.64%。老河口市计划生育服务站从 1990—1994 年，先后从随州、上海等地引进“男性粘堵”、“女性输卵管银夹”两项节育新技术和一项新型的避孕方法——皮下埋植，成功率分别达到 100%、100%和 99.7%。另外，全市各计生服务站还引进了母体乐环、米非司酮药流术、高频治疗机、广泛推广应用了小口刀扎术、药流术、早早孕试条、T 型环等避孕新药具、新技术，避孕新技术、新材料、新药具的引进，减少了避孕节育受术者的痛苦，深受广大育龄群众的欢迎，依靠科学进步有力地促进了全市计划生育工作，为控制全市人口过快增长，稳定计划生育低生育水平作出了贡献。仅 1995—2000 年，全市采用新技术、新材料实行避孕节育，“三查、两补、一治疗”2588277 人次(见表 3—6)。

全市县、乡两级服务站新技术开展情况统计

表 3—6

年份	母体乐		米非司酮使用例数	皮下埋植		B超				波姆光激光	新技术开展合计例数
	使用例数	有效例数		Ⅰ型例数	Ⅱ型例数	三查例数	查出脱环数	查出计划外怀孕数	查出病例数	治疗妇科病例数	
1995	1100	1089	1611	8	1496	126549	1987	2112	5201	263	130756
1996	5450	5330	2519	952	1562	217074	2245	2025	5285	380	227937
1997	5399	5309	3145	10	2744	271155	3325	3268	12726	1136	283589
1998	5051	4870	2839	276	1349	387897	3251	2712	76505	1298	398710
1999	—	—	—	—	1272	432606	2626	2461	45945	45945	479823
2000	—	—	—	—	13347	1053844	—	—	—	—	1067191
合计	17000	16598	10114	1246	21770	2489125	13434	12578	145662	49022	2588277

1.输卵管粘堵术

女性输卵管粘堵术是襄阳县计生服务站于 1986 年冬引进上海“复方苯酚糊剂”作粘堵术，5 年共做万余例，术后反应良好，成功率在 92.5%以上，受术者主要分布在本省和河南、四川、陕西、浙江五省 20 余个县市。襄阳县计划生育服务站从 1988 年开始，每年组织随访调查组对本县峪山、方集、黄龙三个乡镇最早实施这种手术的 2500 例受术者进行了连续 3 年的术后效果观察。

为使每次调查结果能反映出真实的情况，每年统一开展调查随访均定在夏收农忙季节之前，因查找受术者本人和家属方便。每次的调查均分三个小组，小组长分别由襄阳县计生服务站副主任医师、主治医师和医师担任，调查工作率先集中学习统计方法和注意事项，带足拟订的统一表格下到指定的地点，汇同各村组分管计划生育工作的专干，采取逐户找受术者或家属询问术后情况，必要时同当地群众和妇联主任核实情况并记录下来。各小组调查结束后分别小结并汇总，最后集中在手术单位查阅 X 光片及其有关的手续加以分析、总结。其 2500 例调查对象的一般资料(见表 3—7、表 3—8)。

2500 例调查对象的年龄分组比较

表 3—7

年龄组	调查人数	占总数的%	现有子女数
25 岁以下	223	8.92	均有二孩或二孩以上
26—30 岁	1255	50.2	均有二孩或二孩以上
31—36 岁	823	32.92	均有二孩或二孩以上
36—45 岁	199	7.96	均有二孩或二孩以上

2500 例调查对象的随访结果汇总

表 3—8

无反应数	占总数的(%)	术后反应数	占总数的(%)	其中											
				过敏数	占总数(%)	出血数	占总数(%)	腰酸腰痛	占总数(%)	发热数	占总数(%)	再孕数	占总数(%)	后遗症数	占总数(%)
2440	97.6	60	2.4	2	0.08	3	0.12	22	0.88	24	0.93	9	0.36	无	无

2500 例调查对象中 2440 例无任何不适反应,术后一切如往。60 例术后除 9 例再孕外,51 例(占总数的 2.04%)术后有轻微不良反应,包括有过敏、出血、腰酸腰痛、发热等,但一般持续一月余后基本减轻或消失。至今未发现一例术后后遗症现象。

从表 8 中可以看出,此方法绝育无任何反应症状者达 97.6%,是绝育手术比较理想的现行方法,至于术后认为这种方法绝育不开刀、痛苦小、既安全又经济方便,同时效果也好而备受欢迎,这对当时全省范围来说是很值得推广应用的。但随着时间的推移,到 2000 年以后发现,少数受术者 10 年后由于输卵管粘阻肉芽组织增生异常而致肠粘连，引起长期慢性腹痛，因此术后远期安全性问题受到质疑。

2.输精管粘堵法

1983 年 3 月,随州市计划生育委员会引进重庆市计划生育科学研究所李顺强研究员创造发明的非手术节育新技术——“输精管注射粘堵法”(简称粘堵法),开始运用临床男性绝育,从 1983—1988 年,该市计划生育服务站共培训绝育技术人员 9 名,6 年共做男性粘堵节育手术 9572 例。受术者效果满意。

1983 年 5 月至 1988 年 12 月,输精管粘堵法绝育新技术不仅在随州市推广应用,而且临近的枣阳市、安陆市、广水市、京山县和河南省等地的部分受术者，也到随州市计划生育服务站实行粘堵法绝育。

在临床应用中,随州市计生服务站按《节育手术常规》对节育手术质量做到严格把关,即消毒关(包括手术所用物品、器械);严格掌握适应证关(必要的辅助检查);严格无菌关,认真仔细关,动作稳、准、轻、巧;出血感染关;严格把住术后留察 1 个小时及 1 周内出血、感染,收到了较好的效果。

1989 年 3 月,通过随机抽样调查,1986 年施术的粘堵法 466 例,再孕 11 例,有效率 97.64%,再孕率 2.36%。术后近期并发症、轻度阴囊皮下出血 2 例,占 0.43%。

3.计生科研

1994 年 12 月下旬,市计生服务站收集整理全市计生系统 1990—1994 年全国、省、市报纸刊物发表的和被评为全国、省、市优秀论文作品的计生节育技术论文 30 余篇,汇编成册,在全市计生系统内部发行、交流。

1996 年,在全省计划生育工作会议上,省计生委代表国家计生委向老河口市计划生育服务站颁发了全国计划生育科技先进集体奖;张久菊等 4 人荣获全省计划生育科技先进工作者称号。2003 年,老河口市计划生育服务站再次获全国计划生育科技工作先进集体；服务站长刘祥菊荣获全国计划生育科技工作先进个人。

(四)避孕节育工作

1.指导与管理

1982 年 5 月 25 日,湖北省人民政府计划生育办公室下发省卫生局转发卫生部《关于认真做好计划生育技术指导工作的通知》,襄阳地区按卫生部文件要求,培训各县医院、县妇幼保健站和公社卫生院以及计划生育小分队从事节育技术的医生,并从基础理论到实际操作进行全面考核,成绩合格者发给合格证,不合格者要复训或调做其他工作。对于从事节育技术工作的人员,特别是担负放、取节育环和人工流产手术的中、初级医务人员,力求固定或相对稳定,以有利于钻研技术,保证手术质量。同时要求施行节育手术的医疗单位,严格执行卫生部颁发的《节育手术常规》,做到质量第一,安全第一，确保受术者的健康与安全，医务人员要严格按照节育手术常规办事，掌握好适应症和禁忌症，把好消毒关、操作关，加强术后随访观察，发生差错事故或异常情况要采取严肃负责态度，不隐瞒、不推诿，必要时转上级医院抢救。对节育和手术并发症患者，由当地节育技术指导组就地组织诊断治疗，对疑难病例由上级技术指导组协助。凡鉴定确属节育手术引起的疾病，应区别情况，分级治疗，对与手术无关的其他疾病患者，要从科学道理上解释清楚，解除疑虑。

1983 年 3 月，襄阳地区计划生育宣传指导站成立。随后，各县（市）计划生育宣传指导站相继成立，全地区（后改市）计划生育技术指导与管理的工作主要由各级计划生育宣传技术指导站（后改名计划生育服务站）承担。

2.避孕节育方法

避孕方法：放置宫内节育器、皮下埋植、口服及注射避孕药、避孕套、外用避孕药。绝育方法：女性输卵管节育术（女扎）。男性输卵管节育术（男扎）。补救方法：人工流产（早孕）、引产（中孕）。

3.避孕节育效果

1979—2005 年，全市已婚育龄妇女由 492887 人增至 1050149 人，增长率为 113.06%，年增长率为 4.19%，期末选用各种避孕方法人数由 396169 人增至 948109 人，增长率为 139.32%，年增长率为 5.16%。综合避孕率由 80.38%增至 90.28%。1979—1995 年，虽然男性绝育、口服及注射避孕药、外用药人数不断减少，但是采取女性节育人数和放置宫内节育器人数增加，综合避孕率不断增加。截至 1995 年底，综合避孕率达到 94.32%，总体上属于增长趋势。1996—2005 年，各种长效节育措施人数开始降低，综合避孕率下降，由期初的 93.83%降至 90.28%.随着县、乡两级计生服务站技术服务的功能不断加强与完善，服务效率与效益逐步上升，完成避孕节育（绝育）手术，由 1988 年占全市“四术”27.91%，到 2005 年增加至占全市“四术”的 72.57%（见表 3—9）。

襄樊市 1979—2005 年各年末节育措施落实情况

表 3—9

年份	育龄妇女人数	期末选用各种避孕方法人数	综合避孕率	男性绝育人数	女性绝育人数	放置宫内节育器人数	皮下埋植人数	口服及注射避孕药人数	避孕套人数	外用药人数
1979	492887	396169	80.38	8278	96793	255532	—	11348	4668	19550
1980	520123	435642	83.76	8579	115902	267486	—	13861	5132	24682
1981	545409	451946	82.86	8306	122568	270559	—	30695	10594	9224
1984	652729	577174	88.42	11825	264530	235004	—	35858	16006	13951
1985	717573	636097	88.65	14523	69196	544084	—	5935	980	1379
1986	756523	663107	87.65	12108	310894	249404	—	55020	25136	10545
1987	783960	704999	89.93	12701	348617	258597	—	51513	28961	4610
1988	835369	753958	90.25	11790	388691	254699	—	52236	36378	10164
1989	891008	791118	88.79	11757	425837	247589	—	59709	34901	11325
1990	947606	856387	90.37	11339	474123	268775	—	57594	34540	10016
1991	959167	884487	92.21	9977	509247	268724	—	49850	36685	10004
1992	967818	899928	92.99	8629	519271	282854	—	39686	38347	11141
1993	967142	895255	92.57	6963	526849	292175	—	31586	31210	6472
1994	968942	901690	93.06	5300	531530	304707	—	26674	26178	7301

续表

年份	育龄妇女人数	期末选用各种避孕方法人数	综合避孕率	男性绝育人数	女性绝育人数	放置宫内节育器人数	皮下埋植人数	口服及注射避孕药人数	避孕套人数	外用药人数
1995	973933	918685	94.33	4574	536427	316284	1122	28628	24926	6724
1996	975631	914259	93.71	3804	532958	325490	—	24037	21828	6142
1997	989170	923350	93.35	3437	528883	345710	620	19500	19621	5579
1998	990762	923653	93.23	3315	524178	351677	3925	17209	19721	3628
1999	1004303	935616	93.16	2903	524656	364857	4352	16268	20395	2185
2000	1011646	941406	93.06	2587	521486	369586	4083	17412	24186	2066
2001	1009881	943157	93.39	2487	511733	384093	3923	14860	23897	2164
2002	1019395	936870	91.90	2065	503955	390734	3862	11497	23288	1469
2003	1013511	930472	91.81	1848	487071	398081	8755	10102	23938	677
2004	1019230	934823	91.72	1720	471399	413834	7601	12154	27139	976
2005	1050149	948109	90.28	1646	457837	444744	3900	10268	28756	958

（五）计生设备

1990年前，襄樊市各级计划生育服务站避孕节育的仪器设备简陋，计生技术服务人员依靠简陋的设备，完成了繁重的避孕节育手术任务。从“九五”开始，县（市）区服务站以省、市支持为主，乡（镇）服务站以自筹为主，拓宽资金筹措渠道，广泛筹集资金，相继购置了先进的计划生育医疗设备，一些先进的如B超治断仪、激光治疗仪，200MAX光机、多功能手术床、九孔无影灯、显微镜、电冰箱、恒温箱、721分光光度计，为全市计划生育避孕节育手术的顺利开展提供了物质基础。“十五”期间，全市县级计生服务站又相继配备了麻醉机、离心机、血液分析仪、血凝仪、尿液分析仪、生化分析仪、心电图机、便携超声仪、酶标仪、宫腔镜等功能更全、更为先进的计划生育设备仪器。至2003年底，全市7个县级计划生育服务站拥有手术床7张，麻醉机5台，急救车6辆，显微镜10台，离心机6台，血液分析仪5台，血凝仪2台，尿液分析仪3台，生化分析仪5台，心电图机3台，X光机8台，超声仪4台，便携超声仪12台，酶标仪3台，宫腔镜5台。这些先进的仪器设备，为更好地为广大育龄群众服务，稳定全市低生育水平发挥了巨大作用。

（六）计生统计

计划生育统计工作是整个计划生育工作的基础性工作，是计划生育经常性工作和科学管理的重要组成部分。

1.初始阶段

1982年初，老河口市人民政府计划生育办公室为方便基层计生干部准确掌握情况，专门印制了《一孩情况登记》《育龄妇女情况登记》和《婚龄女青年情况登记》三种账本，发至基层计生干部使用。1984年8月，襄樊市计划生育建账建卡经验交流会后，老河口市计生委对原计生账卡进行了整改，首先在江山机械厂和仙人渡镇进行了建账建卡试点，初步摸索出了一套办法，当年年底在老河口市推广。此间，该市已有部分乡、村也初步建起了计划生育账簿。到 1985 年，老河口市农村普遍以村为单位，市区以居委会、工厂、车间为单位，建立了育龄妇女登记卡，村级建立“六本账”，当年该市共建立计划生育档案 327 本，建账卡 53316 张。各级账卡普遍做到了一月一调整。通过账卡，把育龄妇女分为四类，即已婚和已安排生育的为保健类；未上环未结扎的为关心类；结扎不足一年的为观察类；上环满两年、结扎满一年的为稳定类。按照不同类型，进行管理服务。1986 年，老河口市已婚育龄妇女基本达到了每人一卡、一村一本、一月一运转。

1992 年，为提高计划生育账卡管理效率，老河口市将原有的乡、村两级育龄妇女账卡、统一更新为内容齐全、运转方便、科学规范的新账卡，并将过去的一人一卡改为一人二卡（即一式两张），镇、村各留一张，使每一张账卡都能清楚反映育龄妇女的生育、节育情况，提高了计划生育管理效率。

1985 年，襄樊市计划生育委员会在当年《计划生育工作要点》中要求各县（市）区、乡、镇、村在 1985 年 6 月底前完成建账建卡任务。到 1986 年，全市普遍建立了育龄妇女“六账一卡”，使计划生育基础管理工作日趋规范。

计划生育统计报表（1984—1993 年）全市、县（市）区、乡（镇）统一，主要有国计育统 1 号“年度自然变动情况全年报表”；国计育统 2 号“半年一年分孩次长效节育、独生子女领证及女性初婚情况表”；国计育统 3 表“年节育情况全年、半年报表”；国计育统 4 表“年全年育龄妇女年龄别出生情况”；“年生育情况分析报表”；“年节育、领证及女性初婚情况分析报表”6 种报表。各类年报表县（市）区计生委于次年 1 月 10 日上报市计生委，市计生委于次年 1 月 15 日上报省计生委。

2.逐步规范阶段

1994 年，根据国家计生委《关于下发计划生育统计报表的通知》精神，省计生委将“国计育统 1、2、3 表”做了适当补充，经征求意见并经湖北省统计局批准，省计生委下发了《湖北省人口与计划生育统计报表》（国计育统 1、2、3 表），经国家计生委精简后的计划生育系统科技、药具政策法规、宣传教育和信访统计报表。上述报表自 1994 年 7 月 1 日起启用，这些报表分别由地、市、州、林区计生委的各业务科室组织所辖各级计生委（办）逐级填报，并按要求上报省计生委有关处室，同时抄送本级计生委规划统计科（处）。各级计生部门上报“湖北省人口与计划生育统计报表”时应将结果抄送同级统计部门。

1990 年 7 月 3 日，湖北省计划生育委员会、湖北省统计局转发国家计生委、统计局《计划生育统计工作实施办法》的通知，共六个部分（计划生育统计工作的基本任务；计划生育统计对象；计划生育统计的基本工作制度“基层统计台账制度”“统计报表制表制度”“统计例会制度”“统计质量检查制度”“各级统计干部的岗位责任制”“统计培训制度”“统计资料的保管、保密制度”“统计数据定期公布制度”“评比奖惩制度”；统计机构与人员；计划生育统计经费；附则）。《计划生育统计工作实施办法》颁发后，全市各级计生委、乡（镇）办事处计生办等统计部门严格遵照执行。

3.科学管理阶段

1997 年 2 月，襄樊市计生委统一印制了全市育龄妇女计划生育台账，使全市计生台账达到了完整统一，实现了规范化管理。同年上半年，随着计划生育信息管理工作的需要，市、县（市）区计生委筹集资金，全部配齐了微机，市计生委培训了各县（市）区微机操作员，采用计算机管理育龄妇女信息统计台账，实现了与省联网。

1999 年，市计生委狠抓村级计划生育基础资料的规范管理，针对基层计生人员普遍反映资料过于繁杂、负担过重，难以操作的问题，为了既保证工作需要，又减轻基层计生工作负担，本着删繁就简、高效实用的原则，结合全市实际，按照省计生委有关“三为主”的要求，起草了《襄樊市村级计生设施及资料规范标准》。按照此标准,市计生委选择了计划生育各项工作较好的枣阳市吉河乡丁庄村作为示范村进行试点,先后多次深入该村指导督办。组织各县(市)区计生委分管规统工作的领导及规统科长在枣阳市召开了“全市计划生育基础建设现场会”,学习参观了该市吉河乡丁庄村计生设施及资料规范化管理工作,并根据讨论意见,进一步补充完善了该《标准》内容,及时将《标准》下发各县(市)区,参照执行。

市计生委认真做好计生新台账启用工作,根据省计生委统一要求,全市自 1999 年 10 月正式启用《湖北省计划生育基层统计台账》,层层按照省计生委《关于印发湖北省计划生育基层统计台账填报说明的通知》的要求进行了培训。同时加大督办力度,要求各地保质保量地填好新台账,做到规范统一,不错填、不漏填、无逻辑错误。截至 2000 年,全市所有的乡(镇)、居委会、单位均启用了新台账,并坚持做到了一月一运转,收到了较好的效果。

1999 年,襄樊市计划生育委员会印发《襄樊市计划生育信息工作目标管理暂行办法》的通知,内容有组织领导、工作目标、信息报送、考核评估五个部分,同时还附了《1999 年计划生育信息工作报送提纲》。同年 2 月,襄樊市计划生育委员会下发《关于成立襄樊市计划生育系统计算机应用推广领导小组的通知》,组长由市计生委主任任定超担任,市计生委副主任余言任副组长,沈瑞林、陈选树为成员。领导小组下设办公室,由陈选树负责日常工作。该小组的职责是:负责确定工作目标,制定实施措施,提供保障条件,及时协调解决工作中出现的问题,保证全市计划生育系统计算机应用推广工作的顺利进行。市计生委还随文下发了襄樊市计划生育系统 1999—2000 年计算机应用推广工作发展规划。

“十五”期间,全市按照省人口计生委要求,积极争取领导,加大投入,通过全市各级的共同努力,计划生育信息化建设与管理工作从无到有,从起步、建立到初步完善,取得了很大发展。

(1)市、县、乡信息联网

按照《湖北省育龄妇女管理信息系统应用实施方案》的要求,结合本市实际,市计生委印发了《襄樊市育龄妇女管理信息系统应用实施办法》《襄樊市计生系统县、乡计算机房建设标准和微机操作员基本条件》,统一了“常住育龄妇女基础信息卡”和《村级人口与计划生育信息报告单》《乡镇计划生育信息变更单》(简称“一卡两单”)。市计生委经过反复斟酌讨论,经请示省计生委同意后,将“两单”中具体内容的格式进行了调整,既保证了工作需要,又最大限度地减轻了基层人员的工作负担;使“一卡两单”操作起来更加简便实用,同时在具体操作中,要求村计生人员在填写村级报告单的同时相应地对信息卡进行手工变更,省去了乡级以个案打卡的形式向村级反馈信息的工作。

市计生委于 2001 年 6 月和 9 月分别在枣阳市和谷城县召开了全市计划生育信息系统建设工作会和现场会。当年,全市无计划外生育的村达到 85.18%。在乡(镇)级计生管理上,着重加强信息化建设,分期分批为全市县、乡两级培训微机操作管理人员,先后在枣阳市和谷城县召开了全市计生信息系统建设工作会和计生信息管理经验交流会。当年,全市 50%的乡镇开展了育龄妇女信息录入工作,计划生育信息进入了现代化管理的轨道。2002 年,市计生委对县、乡计生部门 80 名微机操作管理员进行了专门的培训,并为 12 个县(市)区各培训了 1—2 名骨干,作为质量监督指导员,至此,全市所有微机操作管理人员全部接受了专门的培训,培训合格率达 100%。抓督办运转到位,市、县(市)区两级 30 多名质量监督指导员不定期深入到乡(镇)进行抽查,保证了录入信息的质量。截至 2002 年底,全市所有乡(镇)办事处均完成了育龄妇女信息录入工作,80%的乡(镇)已进入管理运行阶段。

2003 年,全市人口和计生部门继续加大信息化建设的力度,牢牢抓住省计生委要求实行微机联网机遇,积极争取领导加大投入,使全市信息化建设与管理工作有了进一步发展。年底,全市县、乡两级已婚育龄妇女信息管理录入、使用基本到位,信息报告、信息交流、信息反馈,均通过微机进行管理，提高了计生工作效率，市计生委投入了20多万元，对微机房、联网设备等进行了改造、购买，实现了市、县(市)区、乡(镇)三级信息联网。

(2)建立市、县、乡三级常住育龄妇女信息库

2002年9月，市计生委组织专班对各县(市)区育龄妇女信息化建设情况进行专项调查，并将各县(市)区在操作过程中遇到的问题进行收集整理，印发襄樊市育龄妇女管理信息系统操作注意事项，供各级微机操作人员参考。市计生委从2002年开始将此项工作纳入年终人口与计划生育目标管理责任制考核。2003年，各县(市)区人口计生局规统科都购置服务器，市计生委投入20多万元对微机房、联网设备等进行了改造、添置，购买了两台服务器、24小时不间断电源、路由器、交换机、防火墙、机柜等设备。同年6月，国家人口和计生委下发关于建设全国省际间流动人口计划生育信息交换平台，建立全国流动人口信息交换机制的通知，市计生委要求各地将在流动人口信息交换中掌握的属于常住育龄妇女信息系统建卡对象而又未建的流动人口要立即补建，从而进一步充实信息库。到2003年10月底，全市市、县、乡三级常住育龄妇女信息库已全部建立，信息、报告、交流、反馈均通过微机进行管理；大大提高了基层计生工作效率。

(3)初步完善计生网络联通

2004年，市、县两级共增加投入100多万元添置了服务器、不间断电源、交换机、激光打印机、杀毒软件和《政和计生电子政务系统》等硬件和软件设施，申请了固定的IP地址，实现了光纤或ADSL宽带上网。联网设施准备到位后，市计生委请示省计生委两次派出工程师分期对市及各县(市)、区进行了虚拟专网软件的安装、调试，实现了与省计生委广域专网中心结点的网络联通，提升了信息系统为计划生育工作服务的能力和水平，并做好新版软件使用和升级工作。2005年，省人口计生委对育龄妇女管理信息系统软件进行了更新，推出了新版育龄人口软件，在虚拟专网上进行了网络培训，后又对新版软件进行了多次升级。为了尽快启用新版软件，根据各县(市)区的要求，市人口计生委多次与省计生委联系，请省有关专家到全市对所有的县、乡两级微机操作员进行了培训。由于培训前市人口计生委要求各地作了充分的准备，将遇到的问题进行统一收集整理，培训期间有针对性地提问，提高了培训效率，确保了培训质量。此后，省人口计生委对软件又进行了多次升级，市人口计生委及时督促各地从专网上下载、安装最新版本，以确保所使用的育龄人口管理信息系统处于较完善的状态。乡镇、办事处信息化建设的硬件设施得到更新。2005年，新版育龄人口管理信息系统启用后，省里以前配备的IBM微机已不能满足工作需要，为了解决这一问题，各县(市)区计生局十分重视，克服重重困难，积极筹措资金，有的已全部、有的是部分更新了乡镇、办事处微机，为信息化建设提供了硬件保障。

2003年，省人口和计划生育委员会共下达全市计划生育信息网络建设经费28万元，其中襄阳、枣阳、宜城、南漳、保康、谷城、老河口、襄城、樊城9个县(市)区人口计生局各2万元，市计生委直属单位10万元；2004年，省人口计生委下达全市计生信息网络补助经费15万元，其中襄阳区人口计生局1万元，襄城区人口计生局5万元(其中网络建设经费4万元)，樊城区人口计生局1万元，市计生委直属单位8万元。

2004年6月23日，湖北省人口和计划生育委员会下发了《关于全省计划生育广域专网应用的通知》，要求已开通的单位要指派固定的系统维护人员(系统管理员)，要加强对广域专网的管理，定期对网络、设备、应用进行检测，特别要注意对系统状态数据进行备份，备份数据应存放到第三介质上。加快专用邮件系统的建设和应用。网络已联通的单位，应立即建立值班电子邮箱。省、市专用邮件系统计划于2004年3月开始运行，各单位信息化建设领导小组，应对本单位电子邮箱建设进行检查督促,并指派固定网络系统维护人员。

2004 年 6 月 23 日,襄樊市计划生育委员会印发《全市计生系统开展信息岗位练兵和信息化建设质量综合评估活动综合实施方案》的通知,加强信息化知识的普及和培训;开展信息岗位练兵活动;开展信息化建设质量综合评估活动。

至 2005 年,全市市、县两级人口计生委(局)均建起了本级的局域网,接入了省计生委虚拟专网,实现了虚拟连接、电子政务、育龄妇女信息系统(WIS)远程查询等功能,大大方便了工作,提高了办事效率,市、县、乡三级均能通过 WIS 系统生成各种报表。

2005 年 6 月,襄樊市人口和计划生育委员会在全市计生系统推广《襄阳区镇、村计划生育基础规范化管理资料》,共分三大部分:镇级人口与计划生育基础规范化管理;村级人口与计划生育基础规范化管理;人口与计划生育宣传标语。进一步规范了全市计划生育信息系统的标准化建设。

4.符合政策生育情况

1990 年,全市出生 88 266 人,计划内出生 70 066 人,计划生育率 79.38%,其中一孩出生计划生育率 99.69%;二孩出生计划生育率 39.75%;三孩出生计划生育率 1.10%。2005 年,全市出生 47615 人,计划内出生 45 664 人,计划生育率 95.90%。其中一孩出生计划生育率 99.73%;二孩出生计划生育率 85.53%;三孩出生计划生育率 52.75%。

1990 年,市区出生 5 357 人,计划内生育 5 253 人,计划生育率 98.06%。其中一孩出生计划生育率 100%;二孩出生计划生育率 76.34%;三孩出生计划生育率 12.50%。

2005 年,市区出生 8 871 人,计划内生育 8725 人,计划生育率 98.35%。其中一孩出生计划生育 99.90%;二孩出生计划生育率 89.66%;三孩出生计划生育率 70.00%。

1990 年,各县(市)出生 82 909 人,计划内出生 64 813 人,计划生育率 78.17%。其中计划生育率最高的谷城县 89.82%,居二的老河口市 85.69%,居三的保康县 82.53%;计划生育率最低的枣阳市 71.19%。2000 年各县(市)出生 38 744 人,计划内出生 36 936 人,计划生育率 95.34%,计划生育率最高的宜城市 97.06%;计划生育率最低的老河口市 90.11%(见表 3—10)。

襄樊市 1980—2005 年符合政策生育情况

表 3—10　　　　单位:人 、%

年份	出生人数	计划内人数	计划生育率	一孩出生			二孩出生			三孩出生		
				人数	计划内人数	计划生育率	人数	计划内人数	计划生育率	人数	计划内人数	计划生育率
1980	68253	—	—	38271	—	—	19314	—	—	10668	—	—
1981	64939	—	—	43133	—	—	15638	—	—	6168	—	—
1982	—	—	—	—	—	—	—	—	—	—	—	—
1983	—	—	—	—	—	—	—	—	—	—	—	—
1984	72130	—	—	48941	—	—	19136	—	—	4053	—	—
1985	64756	—	—	45834	—	—	16661	—	—	2261	—	—
1986	70556	—	—	47114	—	—	20710	—	—	2732	—	—
1987	75174	—	—	50572	—	—	21888	—	—	2714	—	—
1988	71997	—	—	50801	—	—	19284	—	—	1912	—	—
1989	77577	—	—	54232	53922	99.43	21322	12340	57.85	2023	44	2.18
1990	88266	70066	79.38	60210	60024	99.69	25210	10021	39.75	2846	21	1.10
1991	94546	76481	80.89	66896	66756	99.79	25205	9698	38.48	2445	27	1.10

续表

年份	出生人数	计划内人数	计划生育率	一孩出生			二孩出生			三孩出生		
				人数	计划内人数	计划生育率	人数	计划内人数	计划生育率	人数	计划内人数	计划生育率
1992	68580	58213	84.88	51590	51517	99.88	15977	6678	41.80	1013	18	17.77
1993	76681	65535	85.47	58630	58541	99.85	17159	6968	39.77	892	866	97.09
1994	71195	63365	89.00	55985	55934	99.91	14674	7400	50.43	536	31	5.78
1995	51462	48292	93.84	40515	40455	99.85	10647	7770	72.98	300	67	22.33
1996	45327	43891	96.83	35840	35613	99.37	9224	8181	88.69	263	97	36.88
1997	42206	41441	98.19	33873	33747	99.63	8094	7616	94.09	239	78	32.64
1998	42977	42346	98.53	32791	32671	99.63	9926	9574	96.45	260	101	38.85
1999	44592	44107	98.91	31934	31857	99.76	12406	12117	97.67	252	133	52.78
2000	44933	44327	98.65	34055	33944	99.67	10583	10275	97.09	295	108	36.61
2001	41138	40638	98.79	31444	31380	99.80	9425	9145	97.03	269	113	42.01
2002	39697	39111	98.52	30973	30891	99.74	8470	8114	95.80	254	106	41.73
2003	40577	39754	97.97	31514	31453	99.81	8734	8119	92.96	329	182	55.32
2004	44259	42906	96.94	33375	33307	99.80	10455	9361	89.54	429	238	55.48
2005	47615	45664	95.90	35774	35679	99.73	11405	9755	85.53	436	230	52.75

注:计生统计报表

5.独生子女领证及晚婚情况

1980—2005 年,全市独生子女领证人数由期初的 47570 人增至 161879 人,增长率为 240.30%,年增长率为 9.24%。女性初婚人数由 48191 人增加至 25205 人,增长速度最快是从 1980—1985 年的 6 年间,领证人数增加 181.85%,年增长率为 30.31%。随着计划生育宣传力度的加大,早婚率由 1990 年的 2.62%降至 2005 年的 0.14%。

市区独生子女领证人数逐年增加, 由 1980 年 11513 人增至 2005 年的 74322 人, 增长率为 545.55%, 年增长率为 20.98%。1980—1985 年同为领证高峰期,6 年增长 424.30%, 年增长率为 70.72%。受地理环境的影响,市区早婚人数很少,早婚率一直在 0.5%以下。晚婚率由期初的 99.73%降至 68.20%(见表 3—11)。

襄樊市 1980—2005 年历年末独生子女领证及当年女性初婚情况

表 3—11

年份	独生子女领证		女性初婚				
	人数	率	人数	其中:早婚		其中:晚婚	
				人数	率	人数	率
1980	47570	—	38229	—	—	36557	95.63
1981	91283	—	45614	—	—	36904	80.90
1982	—	—	—	—	—	—	—
1983	—	—	—	—	—	—	—
1984	108303	—	60495	—	—	49241	81.40
1985	134077	—	46879	—	—	34401	73.38
1986	129630	—	48191	—	—	34105	70.77
1987	130697	—	45218	—	—	31735	70.18

续表

年份	独生子女领证		女性初婚				
	人数	率	人数	其中:早婚		其中:晚婚	
				人数	率	人数	率
1988	119489	—	47464	—	—	34111	71.87
1989	123622	—	46397	—	—	31709	68.34
1990	127579	—	44665	1170	2.62	28661	64.17
1991	136002	—	43470	658	1.51	27899	64.18
1992	150705	—	40362	409	1.01	26672	66.08
1993	159652	—	35470	191	0.54	23943	67.50
1994	167695	—	34485	73	0.21	23504	68.16
1995	173216	—	30836	128	0.42	19930	64.63
1996	171463	—	30350	62	0.20	18971	62.51
1997	189664	—	27346	55	0.20	16345	59.77
1998	196095	—	24853	97	0.39	14341	57.70
1999	206688	—	27747	19	0.07	14930	53.81
2000	206664	—	26612	31	0.12	13477	50.64
2001	210051	—	24537	12	0.05	11646	47.46
2002	181184	—	25545	35	0.14	12743	49.88
2003	166904	—	22616	53	0.23	11686	51.67
2004	172126	—	22660	66	0.29	11715	51.70
2005	161879	—	25205	35	0.14	13660	54.20

注:计生统计报表

(七)流动人口

自20世纪90年代末期,襄樊市城乡流动人口呈日益上升之势。据统计,1998年全市有流动人口158823人,其中流入52251人,流出106572人。流动人口中有已婚育龄妇女43280人。大量的流动人口一方面为城市商品经济的发展注入了生机和活力,另一方面由于他们居住分散,经营地不稳定,流动性快,为计划生育工作带来了新的问题和困难。调查发现,流动人口中已婚育龄人群占58%以上,由于他们正值生育旺盛期,在流动人口工作体系尚未健全的情况下,不符合政策生育现象时有发生,对全市的计划生育工作造成很大的冲击。

针对流动人口计划生育日益出现的新情况和新问题,中共襄樊市委、襄樊市人民政府按照国家《流动人口计划生育工作管理办法》和《湖北省流动人口计划生育工作管理实施办法》的要求,建立全市流动人口计划生育工作体系和工作机制。1998年9月14日,市委、市政府下发《关于加强流动人口计划生育工作的意见》。流动人口计划生育工作由其户籍所在地和现居住地的地方人民政府共同管理,以现居住地管理为主;对流出育龄人员进行计划生育登记,办理"流动人口计划生育证",以村(居)民自治章程为载体,进行计划生育宣传教育和节育技术服务,签订计划生育合同,落实孕情跟踪管理;流动人口现居住地的计划生育管理职责为:对流入育龄人员进行计划生育登记,查验"流动人口计划生育证",依托社区,通过责任合同管理,对流入人员开展计划生育宣传教育,督促流入已婚育龄人员落实节育措施和计划外怀孕补救措施,同时实施计划生育节育技术服务和生产生活服务,构筑群众网络体系,部门配合,实行综合治理,落实属地管理。全面促进全市流动人口计划生育工作质量的提升。

1997年，经编制部门审批，全市在市、县两级成立流动人口计划生育管理科(站)。同时，在街道办事处(乡、镇)明确流动人口计生管理干部，并把流动人口计划生育纳入社区居委会建设规划。在社区居委会公开选拔热心计划生育工作，综合素质高的同志从事流动人口计划生育工作，每个社区配备1—2人。建立健全四级流动人口计划生育工作体系。全市共配有社区居委会计划生育专(兼)职人员380余人。同时，各级政府协调文明办、公安、工商、人事、劳动、民政、计生、卫生等部门紧密配合，做好流动人口计划生育管理工作，并把此项工作作为创建文明社区居委会、安全社区居委会、卫生社区居委会的一个重要条件。

各社区居委会充分发挥常住人口和社区老党员、老干部、积极分子的威望和带头作用，在居民中选拔群众自愿者参与计划生育管理工作，选举楼长、栋长、单元长，并建立楼(栋)长、单元长计划生育责任制和常住租房户计划生育责任制，户外挂牌公示责任人的计划生育管理职责，实行"包栋联户管重点"，协助社区居委会建立流动人口计划生育档案，查验"流动人口计划生育证"，做好管理服务。同时在流动人口中广泛建立计划生育协会，实行群众间的互帮互助互相服务。在1998—1999年的短短两年间，全市流动人口计划生育协会蓬勃发展，建成各类流动人口计生协会33个，中心户达到690个，会员总数达28522人。

1.合同管理与群众自治

为抓好散居的流动人口计划生育工作，自1998年始，各地积极探索计划生育合同管理，对散居的流动人口和特殊人群中的已婚育龄妇女实行社区居委会负责制，推行合同管理。1999年1月，全市社区计生工作试点樊城区不断创新发展，利用计划生育协会的群体优势，成功地在社区创建了流动人口计划生育"一带五联三"管理服务网络。即：由一名常住人口(中心户)和社区居委会老党员、老干部、积极分子带动5户亲友，每一位再联系3户流动人口和特殊人群落实计划生育宣传教育、生育政策和优质服务。为了确保"一带五联三"服务网络工程的顺利实施，特别采取了"四轮驱动"的保障措施：即目标带动。区计生协—街道办事处—社区计生协—中心户—帮带户层层签订帮带服务合同，明确工作目标责任。宣传发动。充分利用各类新闻媒体和专栏、人口学校等宣传阵地大力宣传国家《流动人口计划生育工作管理办法》，宣传"一带五联三"做法和先进典型经验，形成了良好的计划生育工作环境。截至2000年底，全区共建立"一带五联三"服务网络工程活动户5680户，联系服务对象37000户。先后有44个基层协会被授予"十佳计生协会"；289户被授予"百优带头户"。由于流动人口计划生育工作实行了合同管理，居民自治，全市出现了"群众带群众，服务促管理"的良好社区计生工作局面。

2.综合治理

2005年6月，市政府下发了《襄樊市市区暂住人口管理办法》，以社区为依托，坚持"政府牵头、综合治理、资源共享"的原则，公安、劳动、计生三家部门联合，建立了区、街道、社区三级管理服务工作体系，对暂住(流动)人口实行办理"暂住证""劳动务工许可证"，查验《流动人口婚育证明》"三证合一"，发放"暂住(流动)人口管理服务证"。同时，实施管理服务的"一站式"工作机制。截至2005年底，全市市、县两级财政投资近100万元，在社区建立暂住(流动)人口管理服务站120个，"三家"部门联手，通过公开招聘的形式选拔政治素质好，文化程度高，40岁以下的公民经过岗前培训，担任协管员，全市配备协管员146人。

为加强协管员的管理，市综治委协调相关部门制定了《襄樊市市区暂住(流动)人口协管员管理办法》，明确规定协管员的职责是配合公安、劳动、计生部门做好社会治安综合治理、劳务用工、流动人口计划生育的信息采集、登记办证、资料建档工作，要求每天必须对辖区出租房和暂住(流动)人口的综合信息进行采集和核对，并进行资料整理归档，及时更新运转。同时向暂住（流动）人口和出租房主宣传有关政策、法律法规，查验相关证件，做好管理服务。社区协管员在相关部门的配合下，对暂住（流动）人口进行了一次全面的清理，同时采集“三家”部门信息，填写登记表册，统一建卡建账，做好社区暂住（流动）人口社会综治、劳务和计生管理服务工作，在办理“暂住（流动）人口管理服务证”时，对流动人口严格查验婚育证明。流动人口在办理租住、就医、生产、经营和小孩入托入学时凭“暂住（流动）人口管理服务证”方能办理。

在此基础上，全市依托社区居委会探索性地开展了计划生育“以房管人”工作，以抓好出租房为重点，对租房流动人口落实计划生育管理。2005 年 8 月，全市统一安排部署，在襄城区檀溪办事处檀溪村、樊城区王寨办事处施营社区居委会分别进行了流动人口计划生育“以房管人”试点工作。为了准确地摸清当地出租房屋和租住流动人口及已婚育龄妇女计生重点管理对象的底子，奠定“以房管人”的基础，两城区在试点地以宣传教育为导向，印制了计划生育政策法规，摘录《襄樊市市区暂住人口管理办法》，印制《致出租房主、流动人口的一封公开信》，张贴、发放到群众手中，营造计划生育工作氛围。在此基础上，一方面采取集中人员、集中时间、集中精力的办法，组织计生、公安、房管、劳动、街道和社区等相关部门和单位，抽调人员 60 多人，按照划片负责、不重不漏、全面清查的原则，对辖区内的出租房屋和流动人口进行了拉网式的清理。针对辖区内房屋门牌号不全的实际，以社区为单位，在房屋醒目处统一喷绘“人口”字样的计生门牌号；另一方面，根据科学化、信息化、规范化的管理要求，制订了计划生育“以房管人”管理服务工作流程，绘制了租赁房屋平面图、“以房管人”计生管理服务工作网络图，流入人口计生情况登记表、基本情况月统计表、计生避孕药具免费发放登记表，做到一人一档，分类编号，分类管理。同时建立健全了“流动人口计划生育登记、《流动人口婚育证明》查验、出租房屋和流动人口定期清理清查、责任单位计划生育情况通报、计生信息月报、已婚育龄妇女定期三查”等系列规章制度。

为了落实社区计划生育“以房管人”责任，樊城区在试点建立了责任人—联络员—信息员三级“以房管人”管理服务工作群众责任体系。责任人由社区主任担任，联络员由居民小组长或单位计生干部担任，选拔热心计生工作的积极分子担任计生信息员。日常工作中，由 1 名责任人联系 1—5 名联络员，1 名联络员联系 2—6 名信息员，1 名信息员联系 3—30 户房屋出租户，随时掌握流动人口流进、流出、婚育情况。做到底子清，数字清，情况明，协同社区开展计划生育管理服务工作。通过试点工作，全市的流动人口计划生育“以房管人”工作模式以现稚形，取得了初步成效。

3.优质服务

全市从保护流动人口的合法权益入手，管理与服务并举，以服务促管理，寓管理于服务之中，从而把流动人口计划生育管理和“以房管人”工作融入到优质服务之中。自 1999 年始，扎实开展了一系列优质服务。

全市在辖区居民小区、单位、集贸市场广泛开展流动人口计划生育政策宣传，弘扬婚育新风。在节假日大力进行计划生育宣传，提高群众知晓率。每年节假日和计划生育宣传日；在车站、街头和流动人口集中的地方，采取发放慰问信、宣传单、拉横幅等形式，向流动人口宣传政策法规和生殖保健知识，并在电视台开办《计生知识竞赛》栏目；干部、居民和流动人口互动，开展计生政策、流动人口权利和义务的宣传，形成了良好的计划生育氛围；在基层开展计划生育宣传，提高普及率；各城区社区在大街小巷、单位、企业、市场、公司专栏张贴了计划生育政策法规、生殖保健、避孕节育知识的宣传图画；在社区以图文并茂、寓教于乐的形式建立了计划生育政策和生殖保健宣传一条街，使宣传教育深入人心；在公路沿线强化宣传，营造计划生育宣传氛围；在城市街道、广场、繁华地段架设巨幅和大幅计生宣传标语、图画，并在国道沿线设立了宣传墙，绘制了一条条靓丽的计划生育宣传风景线，既美化了城市,又感染教育了群众。

社区计划生育服务站(室)为流动人口建立健康档案,制订发放已婚育龄妇女服务卡,流动人口凭卡定期开展计划生育、优生优育、避孕节育、生殖保健咨询服务,开展围产期妇女的优生优育知识培训,组织流动人口已婚育龄妇女开展妇科病普查和治疗。先后有流动人口 56500 人次在社区计生网点接受检查,9780 名育龄妇女妇科病得到及时治疗。

全市各城区人口计生局组织区计生服务站技术人员深入到各社区、市场,免费为已婚育龄妇女进行查环、查孕、查病及生殖保健服务,宣传、指导流动人口已婚育龄妇女开展避孕节育知情选择,并对围产期、产褥期、避孕节育对象进行定期随访,受到育龄群众的普遍欢迎。2005 年,全市共对 13000 余名流动人口已婚育龄妇女发放了流动人口计划生育免费服务卡, 先后为已婚育龄妇女进行孕检 96000 人次,为 6726 名育龄妇女实施上环或换环手术。各社区在计生服务室、单位、大型集贸市场、居民小区、超市设立了流动人口避孕药具免费发放点,为流动人口育龄群众免费发放避孕药品药具。

全市整合社会和部门资源,建立利益导向机制,为流动人口提供多种服务,切实解决流动人口生产和生活中遇到的困难和问题,城市社区居委会对流动人口中的计生户落实发放独生子女保健费,失业保险,免费办理独生子女双保险等待遇。各相关部门对计划生育家庭在办证、就医、就业、社会保障和子女入学、入托等方面给予优先、优待。对计划生育独女户和双女户,开通生产帮助与生活求助服务通道,提供就业信息,落实生产经营帮扶措施。送关心、送温暖、送关爱。2003—2005 年 3 年期间,全市指定 12 所幼儿园、5 所中小学校,集中解决了 322181 名流动人口子女入学入园的问题;为 5120 余名育龄群众落实了经营场所、摊位;建立"法律维权服务中心"9 个;举办法制教育学习班,9600 多人次参加;为流动人口提供法律咨询 11000 人次,制止侵害流动人口合法权益事件 20 余起;解决劳资纠纷 40 起,追讨拖欠工资 130 多万元。

(1)"一证管多证"的管理模式:自 1998 年以来,市政府在同各县(市)区政府签订计划生育目标管理责任书的同时,与市公安、工商、劳动、建设、房管、交通、卫生、民政、计生 9 个部门签订了市直部门计划生育目标管理责任书(2002 年后新增市经贸委、药监局、商务局等部门)。其核心内容为:各责任单位依据不同的工作职能在办理"暂住证"和行业许可证及证件年审等手续时,对流动人口必须严格查验其经现居住地乡(镇)人民政府或者街道办事处查验过的《婚育证明》并向当地计生部门通报,对未持《婚育证明》的须补办后再办理有关证件,实行流动人口计划生育"一证管多证"。同时对部门行业内的流动人口担负起管理责任,做好经常性的计划生育宣传教育、管理和服务。责任书规定,对部门计生工作进行平时工作检查与年终统一考核,实行年度综合考评,将计生责任指标完成的结果作为考核部门一把手和分管领导的主要内容之一。

(2)部门流动人口计生《婚育证明》查验:各部门在办理行业许可证时认真查验《流动人口婚育证明》,并将证明复印存档,建立计划生育专项档案,严格计划生育管理。公安、计生合署办公,对流动人口实行办理"暂住证"、查验《流动人口婚育证明》同时实施、一并管理的"一站式"工作机制,市交通、工商、劳动、建设、房管、交通、卫生、对流动人口把好"两关"(即:准入关、《婚育证明》查验关),坚持计生"一证管多证"制度,市民政部门严格流动人口"结婚证"的发放,配合计生部门,加强计划生育管理。

(3)部门流动人口计生管理服务:各有关部门对行业内的流动人口建立计划生育账册,开展计生宣传教育,协助计生部门对已婚育龄妇女实施计划生育技术服务。发挥部门优势,对计划生育家庭实行"四个优先"(优先办理"暂住人口管理服务证",优先办理劳动就业手续,优先办理"营业执照",优先安排子女入学入托),在办证、就医、就业、社会保障和子女教育等方面给予优先、优待,开通生产帮助与生活求助服务通道。2002 年,为认真贯彻落实国家计生委、卫生部、药品监督管理局《关于禁止非医学需要的胎儿性别鉴定和选择性别的人工终止妊娠的规定》和《湖北省禁止非医学需要胎儿性别鉴定和选择性别终止妊娠的规定》等法律法规,综合治理性别比,促进社会人口经济可持续发展。

(4)部门流动人口计生考核奖惩:为落实计划生育"一证管多证",市政府抓好部门计生工作的检查和督导。建立经常性的计生工作联系制度,定期召开部门领导参加的计划生育工作联席会,不定期检查通报有关部门综合管理计划生育工作情况。各级计生部门经常主动深入到各部门开展计划生育政策宣传、业务指导,协助部门做好计划生育工作。严格实行年度考评,奖惩兑现。每年底,市政府组织人员,依照部门年度计划生育目标管理责任书和考评方案,对市直各部门的计划生育工作进行认真的检查考评,考评结果由市政府发通报。自 1998 年以来,市政府先后表彰奖励年度计划生育目标责任完成好的单位 28 个次,对未完成年度计划生育责任指标的进行通报批评和要求责令整改的单位 2 个,推动了计划生育综合治理工作的开展。

(5)流动人口信息交换平台的建设及其应用:2003 年 10 月,成立以市计生委分管领导陈选树为组长,流动人口管理科、规划统计科主要负责人为成员的流动人口计划生育信息交换平台工作领导小组,负责做好全市的流动人口计划生育信息交换工作。各县(市)区也相应成立了计生信息平台工作领导小组。全市流动人口计划生育信息交换平台工作明确由流管科牵头进行日常工作的综合分析,检查督促,拟发通报。规统科负责统计管理,汇总分析,信息安全,网络保障等技术支持。县(市)区则明确由区流管科和县(市)流管站牵头协同各地规统科共同做好工作。各地按要求积极划拨经费,配备和更新微机系统,进行流动人口信息平台和 WIS 信息系统的联网,明确专人专机,对微机操作人员开展专业技术培训进行流动人口计划生育信息平台上网操作,做到信息平台日日上网查询,对流入地提交的流出人口信息及时查询反馈;对流入人口计划生育信息及时上网进行提交,实现流动人口计划生育信息适时查询和跟踪管理。

(6)规范信息交流工作"四关":为确保信息采集的准确性和连续性,在入户等级初始信息时做到不漏一名流动人口,不空一项流动信息,要求各村(居)委会每月对流动人口育龄人员进行一次清理清查,将信息变动填写《村级计划生育信息月报告单》报镇(街道办事处)计生办。严把信息提交关。镇(街道办事处)计生办对流入育龄人员以社区(村)为单位详细登记流入人员的姓名、性别、身份证号码及从业状况、户籍所在地,地址细化到村(单位)。严把信息录入关。镇(街道办事处)计生办每月将育龄人员变动信息核对后及时变更相关信息,详细注明流入时间、流向及联系方式,对流出返乡的及时给予注销。严把信息反馈关。对提交的流入人口信息经所在镇(街道办事处)计生办育龄妇女信息系统核对或组织人员查实,确保真实、准确后方予以提交反馈。

(7)考核工作:按国家人口计生委规定,每月 20 日为当月流动人口计划生育信息交换统计截至日。市计生委定期上网对各县(市)区流动人口计划生育信息交换平台进行检查,及时将各地提交和反馈的信息情况进行通报,对计划生育信息提交和反馈及时的给予表扬,对工作迟缓导致信息提交率和反馈率低的进行通报批评,提出整改要求。2005 年,全市流动人口计划生育信息提交率为 90.24%,信息有效反馈率达 92.10%,完成了省定的责任指标。流动人口计划生育信息交换平台运行表明,它具有时效性强、实用性强、操作性强的特点,实现了流动人口计划生育信息异地查询,使流动人口户籍地和现居住地人口计划生育部门及时准确掌握流动人口婚育、节育等计划生育信息,"两地"联系,共同对流动人口开展计划生育管理和实施计划生育节育技术服务。

(8)户籍地"六个一"管理:全市各地建立健全流动人口计划生育工作体系,以村民自治为载体,把流动人口计划生育工作纳入村民自治章程,依法实施管理。对流出人口开展计划生育宣传教育,进行计划生育登记,办理《流动人口婚育证明》,对已婚育龄妇女建账建卡,落实计划生育节育措施。2002年5月,依据计划生育村民自治章程,对流出已婚育龄妇女签订计划生育管理服务合同,实行"六个一"管理。即进行一次计生登记建卡,落实一项避孕措施,签订一份计生合同,明确一名责任人,办理一本《流动人口婚育证明》,定期返乡孕检或寄回一次孕检证明。为将工作真正落到实处,全市把流动人口《婚育证明》办证率、流出已婚育龄妇女重点对象定期返乡孕检或寄回孕检证明率及符合政策生育率三项主要责任指标在2003年纳入人口计划生育工作责任目标。各地将流出人口计划生育管理作为人口计划生育工作的一项重要内容,层层实行责任目标管理。

(9)登记和办证:各地组织人员对流出人口逐一进行摸底和清理登记,详细了解掌握其流出时间、流入地、经营务工地、居住地及从事的行业,填写《流动人口计划生育情况登记表》,做到"五不"。即镇不漏村、村不漏组、组不漏户、户不漏人、人不漏项。对流出育龄妇女建立育龄妇女生育信息卡,村(社区)居委会按月上报乡镇(街道办事处)计生办。对符合政策办理《流动人口婚育证明》的办证对象由其户籍地村(社区)居委会出具有关婚姻、生育、节育(有不符合政策生育行为的需出具社会抚养费征收情况)等情况证明,由个人填写办证申请表,村(社区)居委会盖章,乡镇(街道办事处)计生办审核,交县(市)区流管站办理和发放《流动人口婚育证明》。

(10)计生合同和干部包保制度:各地以村民《自治章程》为载体,依据《湖北省计划生育管理条例》、国家《流动人口计划生育工作管理办法》和省《流动人口计划生育工作管理实施办法》《村民组织法》等法律法规将流出育龄人员自觉办理流动人口婚育证明和流出已婚育龄妇女按时返乡孕检或寄回孕检证明,自觉实行计划生育作为重要条款,写入《计划生育合同》。在签订合同时,始终坚持群众自愿、知晓、理解、参与的原则,使群众明确双方的权利和义务,确保合同的公开、公正和真实性。并对流出已婚育龄妇女计划生育重点对象实行包保责任制,即党政干部驻村包片,总支干部、计生干部包村,村组干部包户,对联系人建立有效的联系方式。在工作任务上实行"六包"制,即包摸清外出打工意向,包《流动人口婚育证明》办证,包节育措施的落实,包计划生育合同的签订,包定时返乡孕检或寄回孕检证明,包定期访视慰问。

(11)计生技术和生产帮扶服务:在节假日流出人口返乡之际,各地计生技术服务人员主动上门,向流出育龄群众开展计生政策、优生优育、生殖保健、计划生育、节育技术咨询。免费发放计生政策、科普图书等计划生育宣传资料。计生技术服务机构积极指导已婚育龄流出人口知情选择,采用安全、有效、适宜的避孕节育措施,定期返乡孕检或寄回孕检证明,及时开展随访服务,组织医务人员将计生服务车开进村(社区),以最大限度满足广大群众的需求为出发点,对流出人口已婚育龄妇女开展环孕情监测检查,对未落实节育措施的对象免费实施计生技术服务。同时主动帮助外出务工人员了解外地务工信息,寻找就业门路,协调有关部门为流出人口开展"架金桥"联谊活动,不定期举办缝纫、烹饪、修理、打字等实用技术培训班,提高流出人口的就业技能。

(12)建立流入地计生信息员联系制度:流动人口户籍所在地在主动利用信函和电话与流入地计生部门经常通报计生情况,"两地"联系,互通信息,在实行双向管理协作的基础上,2004年3月,各县

(市)在流出人口集中的现居住地建立联络站,选拔威信较高,有一定政策水平的人担任计生信息员,每月向户籍地计生部门反馈本地育龄妇女婚育、节育、生育信息,同时督促各项节育措施的落实,年终考核时如管理对象没有违犯计生政策和合同规定的现象,由计生部门对信息员给予一定的报酬和物质奖励。截至2005年底,各地先后在广东、深圳、北京、上海、江苏、浙江及本省武汉等地的流出人口聚集区建立联络站38个,聘请计生信息员200余人,信息员累计提供有价值计生信息2500条,消除政策外生育25人次,从源头上有效地控制了流出人口的政策外生育。

(八)计生宣传

1.节假日、纪念日宣传

(1)元旦、春节宣传:1982年11月6日,中共襄阳地委、行署召开全区计划生育会议。地委副书记陈仲华作重要讲话并部署了计划生育宣传月活动任务,并责成地委宣传部牵头,召集人武部、计生办、卫生局、广播局、总工会、妇联、农会等单位开会,专题安排全区第一次计划生育宣传月活动任务,会后向全区下发关于开展计划生育宣传月活动的通知。同年12月17日,襄樊市委宣传部、襄樊市人民武装部、襄樊市卫生局、襄樊市广播事业局、襄樊市总工会、共青团襄樊市委、襄樊市妇女联合会、襄樊市农民协会联合下发《关于开展计划生育宣传月活动的联合通知》。同年12月25日,省委、省政府召开全省计划生育宣传月活动广播动员大会,地、市、县共组织公社以上分会场128个,其中县以上分会场14个,有14万人收听了广播动员大会实况。地委、行署、军分区领导,地直各部、办、委、局负责人,各县(市)委政府、人大、政协的负责人都参加了广播动员大会。全省广播动员大会结束以后,地区又紧接着召开了广播动员大会。动员大会以后,地委宣传部、地区计划生育办公室合编计划生育宣传提纲,打印300份发至公社,地区计划生育办公室印发宣传资料38000份,发至生产大队。《襄阳报》在突出版面连发5期专栏稿件,并拟定一个月内保证每期有计划生育内容。地区医院派出宣传车到街头宣传。

按照地委宣传部和地区计划生育办公室编印的宣传提纲,以公社为单位培训宣讲员,每个生产大队至少配备一名计划生育宣讲员。枣阳县组织1万人的宣传大军进行计划生育宣传,老河口市要求农村小队长以上干部,城市二级单位负责人在宣传月活动中,每人至少宣传两次。谷城县结合木县实际,印发宣讲资料800份发至生产大队,印发计划生育宣传要点25 0份发至管理区,以保证宣传口径的统一。南漳县要求公社宣传委员深入生产大队指导宣传月活动。全地区共组织计划生育宣讲团200个,宣讲2000场次,听众超过百万。先后向省、市报纸投稿150余篇,省级用稿5篇、市级用稿96篇,市、县两级广播每天播出计划生育新闻及相关稿件。襄阳县报纸每期固定一个版面宣传计划生育,宜城县6万只喇叭天天响,播放县委书记、县长关于计划生育宣传的录音。全区各单位出计划生育宣传橱窗、黑板报3000多期,图片、宣传画达5000余套,出动宣传车200多辆,张贴标语、过街横幅近万条。地区电影公司向各县电影公司发出通知,要求各电影院在每场电影前加放计划生育幻灯片,在计划生育宣传月活动中要求加映2000场次。宜城县所有电影队场场加映计划生育幻灯片。地委要求各县、市专业剧团在元旦、春节期间加演计划生育节目100余场次。宜城县剧团加班排演《朝阳沟内传》在全县巡回演出30余场次,观众10万人次。地市文化部门、专业剧团抽调近百名文艺骨干深入基层,指导各生产大队业余文艺宣传队编排计划生育节目在元旦、春节巡回演出。全区各单位在元旦、春节期间组织文艺汇演,涌现出一批计生小品节目。襄樊市各个街道办事处、居委会、各县城关镇还组织计划生育文艺节目在元旦、春节期间上街宣传计划生育。1988年《湖北省计划生育条例》实施后,襄樊市计划生育委员会把《条例》作为元旦、春节计划生育宣传月活动的重点内容宣传。1990年市委宣传部和市计划生育委员会联合有关部门开展全市第八次计划生育宣传月活动。

(2)世界50亿人口日宣传:1987年6月,市计划生育委员会、市计划生育协会发出联合通知,要求各县(市)区开展世界50亿人口日宣传活动,敲响人口膨胀的警钟。同年7月10日,市政府副市长焦泽浩亲临襄樊市电视台,为纪念世界50亿人口日发表电视讲话,《襄樊日报》全文转载。根据市计生委、计生协联合通知要求,各县(市)区分管计生工作的领导先后在当地电视台发表了纪念世界50亿人口日电视讲话。在这次宣传活动中,市计生委创办了《襄樊人口报》,当年筹办3期,每期5000份,编印计生宣传资料7000册,发至各县(市)区、乡、村,向广大群众宣传,并和其他省市进行交流。各县(市)区还组织广大计生干部积极给新闻单位投稿。据统计,1987年,各地为县级广播电台投稿3115篇,播出2052篇,为县级报纸投稿450篇,用稿162篇,为省级广播电台投稿42篇,播出9篇,为省级报纸投稿27篇,用稿11篇。襄阳、谷城、老河口、枣阳等县(市)统一购置10万多块计划生育宣传牌,发至村组。枣阳在城关闹市区和交通要道分别设立大型计划生育宣传牌、宣传画、宣传栏。

(3)世界60亿人口日宣传:世界60亿人口日期间,各县(市)区组织发动群众,采取多种形式,有计划、有步骤地开展大规模宣传活动。在"7·11"宣传日当天,襄城、樊城两区计生干部走上街头组织居民划旱船、扭秧歌、演节目。发放计生有奖答卷等形式展开卓有成效地宣传活动。市计生委与市豫剧团、枣阳市计生委与文化局,谷城县计生委与曲剧团分别联合编排一组婚育新风进万家文艺节目。在世界60亿人口纪念日期间,到各地进行巡回演出。同年10月11～18日,全市开展了60亿人口宣传周活动。襄阳、枣阳等县(市)领导发表了电视讲话。襄阳电视台、《襄阳日报》在宣传周期间,每天都有计划生育报道。枣阳、老河口、谷城、宜城等县(市)区从省计生委购回"60亿人口日"宣传挂图发放给各单位。

2.中国12亿人口宣传月和世界人口日

(1)中国12亿人口宣传月:1995年,在中国12亿人口宣传月活动中,市委宣传部、市统计局、市计生委及新闻单位密切配合,在全市范围内开展了声势浩大的宣传活动。老河口、保康、市郊区、樊西区等县(市)区的领导亲自身披绶带上街宣传。南漳县在宣传月中有1300多对育龄夫妻主动落实了节育措施。据不完全统计,宣传月中全市共出动宣传车260余辆次,书写标语3500多幅,设咨询服务点80个,刊发新闻稿件250余篇。

(2)世界7·11人口宣传日:2000年7月,为纪念"世界人口日",市计划生育药具供应站在"世界人口日"会后结合宣传贯彻中央《决定》,组织全站干部职工走上街头,开展宣传教育和咨询服务活动。此项活动该站共制作宣传牌10块,主要内容有计划生育条例、流动人口管理办法、婚育新风进万家、避孕节育、避孕药具真伪识别和消费指南等,图文并茂、通俗易懂,并为200余人提供了咨询服务,千余人参观展牌。2004年7月11日,"世界人口日"的宣传主题是全市各地开展以贯彻实施国际人发大会行动纲领——"关心母亲健康、关爱女孩成长"为主题的社会宣传活动。襄城区设立咨询服务台8个、横幅8条、宣传展板200多块,发放计生政策、女性健康知识等内容的宣传单5000余张,办宣传栏150多个,请专家义诊、答疑解惑500多人次,免费为育龄妇女发放避孕药具7000只(板)。宜城市联合举办大型咨询活动,市人大、市政府领导亲自为群众发放宣传品、讲解计生政策、发放生殖保健、优生优育宣传资料8000余份,婚育新风宣传品围裙1000条。枣阳市电视台播出市政府领导的电视讲话“全社会都来关心女性、关爱女孩”,及“从源头控制性别比升高”专题片,广播电视台黄金节目“今日有约”开辟了三期“今天的女孩,明天的母亲”专题公益广告。南漳县以“7·11”世界人口日宣传活动为契机,组织县、镇计生、妇联、卫生、科协等部门在人口密集地带设立咨询台、服务台、宣传海报等;开展国策知识有奖征答活动,定期评出一、二、三等奖;组织宣传车到农村巡回宣传,在公路沿线、村委会附近人口集中地刷写规范醒目的计生宣传标语500多条。保康县围绕“关心母亲健康、关爱女孩成长”这一主题开展活动。

3.政策法规宣传

(1)《公开信》宣传:1980年9月25日,中共中央发表《关于控制我国人口增长问题致全体共产党员、共青团员的公开信》(以下简称《公开信》)。《公开信》发表后,地委召开常委会议,研究部署贯彻《公开信》的意见。把计划生育工作重点转移到一对夫妇只生一个孩子上来和“少生、优生”、奖一、限二、不生三的要求。地委常委会研究决定,要求全区1981年1月一对夫妇报名只要一个孩子的达到70%以上,1981年底达到90%左右,同时要求全区18万党员、34万团员、7万脱产干部带头报名终身只要一个孩子。同年11月,地委、行署召开全区计划生育工作会议。在认真学习贯彻《公开信》基础上组织各县(市)分管计划生育领导到四川学习经验,各县(市)在四川学习回来后,层层召开会议,把四川的经验传达到基层。三个月时间内,地、市两级共翻印有关文件30万册,发至基层,在全区开展宣传《公开信》活动;根据《公开信》内容演计划生育节目,各县(市)文化馆、广播站、电影院、剧团和业余宣传队,采取群众喜闻乐见的宣传形式,先后编演了计划生育节目30余个、宣传教育群众;组织宣讲团、巡回宣传《公开信》内容。随县县委组织计划生育宣传团先后到16个社(镇)宣讲,独生子女率达到72%。宜城小河公社宣讲团深入大、小生产队宣讲,全社一胎率达到70%;大力表彰计划生育典型,全区各县(市)、公社(镇)层层召开表彰大会。枣阳县在召开的县级独生子女夫妇表彰大会上,县委书记周本立亲自为她们颁奖;发挥党、团员、干部带头作用,带动群众实行计划生育。地委大院125名育龄干部报名终生只要一个孩子,宜城县各部、办、委、局和各公社党委主要负责人中一个孩子的有25人,都积极报名终生只要一个孩子。全区一个孩子的夫妇103383对,有47570对报名领取了独生子女证。独生子女率由年初的9.33%,增加到46.61%。宜城县及40个公社已达到省委要求的70%以上。

1990年9月25日,是《公开信》发表10周年纪念日。中宣部、团中央、国家计生委联合下发了《纪念〈公开信〉发表10周年宣传活动的通知》。按照中宣部、国家计生委通知要求,结合全市人口普查结果,针对面临的严峻人口形势,市计生委邀请市委宣传部、团市委和报社、电台等新闻机构的负责人,召集四个城区的计生委主任及部分计生专干召开纪念《公开信》发表10周年座谈会。在《公开信》发表10周年之际,市计生委先后举办了计划生育论文评选活动,首届美术、摄影学习班。同年10月23日,举办了全市首次计划生育专职干部六种能力演讲会,通过演讲竞赛,选出的刘锦、冯英、王金燕和王智辉在同年12月2~6日全省计划生育专干技能演讲比赛中,襄樊市总成绩显著,分别获得个人二等奖和三等奖。在这次宣传活动中,樊东区开展了首次人口知识演讲会,樊西区举办了“人口与计划生育”文艺汇演,保康县按照省计生委和文化厅13号文件精神,组织放映了纪录片《人类的抉择》15场,观众逾7000人次。2000年9月25日,在《公开信》发表20周年之际,市计生委狠抓计生典型的宣传。20年来,全市共少出生人口120万人,涌现出了各类先进和典型。市政协人口资源环境委员会、市电视台与市计生委联合,在全市选择10个不同类型的先进代表,拍摄专题片,宣传了他们的事迹,表彰了40对计划生育模范家庭。与此同时,各县(市)区也先后开展了评先表模、发表电视讲话、演讲、文艺汇演、独生子女书画展方式纪念《公开信》发表20周年。襄阳、高新等地开展了“婚育新风”专场演出，老河口、襄城、樊城等地开展了独生子女书画展和书法比赛，谷城、宜城、南漳等地开展了计生知识竞赛，保康组织了“老奶奶国策秧歌队”。在纪念《公开信》发表活动中，全市各地共印发宣传品 98 万份，张贴刷写标语口号 2 万多条，办专栏板报 2500 余期，展出宣传板 4835 块，文艺演出 75 场次，知识竞赛、演讲比赛 82 场次，提供咨询服务 53 万余人次，接受教育人员达 194.9 万人次。

（2）《条例》的宣传：1987 年 12 月 19 日，湖北省第 6 届人民代表大会常务委员会第 30 次会议通过的《湖北省计划生育条例》（以下简称《条例》），从 1988 年 3 月 1 日起施行。市计生委与市展览馆联合举办了《人口与优生》展览，在市区及各县市巡回展出 1431 期次。举办了《人口、家庭、计划生育》知识竞赛。编写拍摄了电视小品《抓阄》，在中央、省、市电视台播放。据统计，全市共举办各类型学习班 1979 次，培训基层计划生育干部 16812 人次；举办计划生育知识讲座 1686 次，参加人数 100881 人次。广播计划生育稿件 2372 篇，报纸刊登稿件 877 篇（其中《湖北日报》3 篇、《中国人口报》4 篇）。组织计划生育文艺演出 366 场，放有关计划生育影片 1177 场次，放有关计划生育幻灯 1347 场次。印发宣传资料 242696 份，办专栏 2080 期、橱窗 2699 期，固定计划生育宣传画 1567 幅，固定标语 27818 条。1991 年 12 月 1 日，《湖北省计划生育条例》修改后颁发。1992 年 3 月，市辖各区计划生育工作者走上街头，利用宣传板、宣传画以及各种类型的横、直标语进行宣传，同时进行政策法律、优生优育咨询。各县（市）也都开展宣传月活动，枣阳市在宣传月活动中共出橱窗 512 期，书写标语 26901 张，出动宣传车 311 辆次，文艺演出 105 场；结合“二五”普法活动，开展对《条例》的宣传。各级党校、团校、干校都把《条例》作为重要学习内容加以学习；利用各种舆论工具进行宣传，基本做到广播里有声、电视中有影、报纸上有文。全市全年共出各种宣传橱窗 6142 期，发表各类文章 1972 篇，其中国家级 27 篇，省级 79 篇，市级 397 篇，县（市）级 1469 篇；利用其他宣传媒体进行宣传。市计生委与市科协联合举办了《走向科学文明人类与性》的展览活动。通过图片向人们宣传了生理、优生、优育、避孕节育等方面的知识，全市有 53000 余人参观了展览。市计生委与市委宣传部联合下文，要求各地组织群众观看计划生育豫剧片《生儿子大奖赛》。从 1987 年《湖北省计划生育条例》颁发以后，全市计划生育部门和党政部门都把《条例》作为计划生育宣传的核心内容。2002 年，《人口与计划生育法》实施后，各地将 2003 年 1 月 1 日施行的第三次修改的《条例》作为人口与计划生育的重要法律法规同时进行宣传。

（3）《决定》的宣传：1991 年 5 月 12 日，中共中央、国务院《关于加强计划生育工作严格控制人口增长的决定》（以下简称《决定》）发布后的第二天，市委召开全市计划生育电话会。市委副书记伍荣显主持会议，市长杨斌庆作了讲话，副市长焦泽浩及其他领导出席了会议。市直有关单位、各县（市）区及乡（镇）场党政负责人参加了会议。同年 6 月 4 日，市计生委召开各县（市）区计生委主任会议，传达中共中央国务院文件精神，研究部署具体措施。为贯彻《决定》和纪念《公开信》发表 11 周年，全市举办了人口与计划生育宣传板、宣传画调展、评展活动。共展出宣传板 190 块、宣传画 24 快，规模之大、内容之多、范围之广在本市计划生育史上尚属首次。同时，全市举办计划生育宣传周活动，大搞宣传一条街、全市书写计划生育宣传标语 3500 幅，办专栏、板报 2547 期，出动宣传车 571 辆次，进行巡回宣传。保康、老河口、随州等县（市）领导身披绶带，亲自上街宣传。各级报纸、杂志、广播、电视共发表、播出稿件、节目 386 件，其中省级 85 件，国家级 51 件。全市在贯彻、落实《决定》精神中，以《条例》为准绳，全方位开展清理整顿工作，落实节育措施，依法征收超生子女费。各地借鉴宜城县的经验，成立了计划生育清理整顿领导小组，由党政领导亲自挂帅，组建了 2208 个清理专班，有司法、监察、公安、计生等部门的 13991 名工作人员参加清理整顿工作。全市共清理出超生对象 116789 人，取消不合格生育指标 1788 人，弄虚作假滥批生育指标有关人员 72 人，搞假结扎、开假证明 191 人，不到法定婚龄办理结婚证的有 1373 人。在清理中应征收超生子女费 7673 万元。截至 1991 年底，征收 4556 万元，占

59.4%。同时查处贪污超生费25583元，挪用超生费86万元，借支超生费83万元。在清理中落实节育措施15.6万人次。2000年3月2日，中共中央、国务院作出《关于加强人口与计划生育工作稳定低生育水平的决定》(以下简称《决定》)，湖北省委、省政府高度重视，分管计生工作的省领导就宣传贯彻中央《决定》精神，进一步抓紧抓好人口与计划生育工作作了重要讲话。同年4月6日，市委、市政府召开了电视、电话会，市计生委印发《关于宣传贯彻中央〈决定〉的实施意见》，就指导思想、工作措施、工作要求等作了全面安排。在中央《决定》发表之际，市计生委把学习、宣传、贯彻、落实《决定》作为人口与计划生育工作的头等大事来抓。市计生委印制《决定》单行本1.5万册，发至全市各级各部门分管计生工作领导。计生委将学习《决定》精神贯穿于全年的各项工作之中，不仅在机关政治学习中交流学习《决定》的深刻体会，而且在《襄樊日报》发表有独到见解的体会式论文。同年5月10日，组织了10名县(市)区分管宣教的主任到省宣教中心参加《决定》培训学习。市计生委培训中心组织三期《决定》培训班，实现了每个县(市)区和乡(镇)都有1—2名骨干宣传员。各级骨干宣传员又通过以会代训办培训班的形式，层层培训骨干宣传员。据统计，市、县两级共培训骨干宣传员34人。同年5月8日，《襄樊日报》及各县(市)报纸都全文转载了中央《决定》，各级电视台、广播电台在原有《计生栏目》的基础上增设了学习《决定》新栏目。襄阳、枣阳、谷城、保康等县(市)的党政领导还就宣传贯彻中央《决定》精神作了电视答记者问。枣阳市计生委在《决定》精神宣传活动中，有7户家庭代表走上电视，展示优生优育风采，有40户模范家庭受到表彰，有7幅独生子女的书画作品在省获奖。据统计，在《决定》宣传活动的一年中，出动宣传车376辆次，举办知识竞赛34场次，巡回演出30余场次，办宣传橱窗5 10个，直接受教育者130万人。中央第二个《决定》发表后的6年间，市计生委每年都结合《湖北省计划生育条例》《中华人民共和国人口与计划生育法》，均把《决定》作为计划生育工作的纲领性文件宣传、贯彻、落实。

(4)《中华人民共和国人口与计划生育法》的宣传:2001年12月29日，第9届全国人民代表大会常务委员会第25次会议通过《中华人民共和国人口与计划生育法》，于2002年9月1日起实施。2002年1月20日，市委办、市政府办印发《关于学习和宣传〈中华人民共和国人口与计划生育法〉的通知》，各县(市)、区迅速成立了由分管计划生育领导任组长的学习宣传领导小组，并制定了详细实施方案。在当年3月8日的国际妇女节上，襄阳区、襄城区、樊城区、高新技术开发区、汽车产业开发区、鱼梁洲生态旅游开发区的计生、宣传、司法、新闻等部门通力合作，通过设立咨询台、制作宣传板、制作录音、录像带、悬挂过街横幅、张贴标语等形式举行了声势浩大的《中华人民共和国 人口与计划生育法》的宣传活动。市人大常委会副主任苏家德、副市长曹敬兰到现场观看了各区的宣传活动，并接受了新闻记者的采访。南漳、谷城县分管领导还发表了电视讲话。市计生委共印制《中华人民共和国人口与计划生育法》和《条例》单行本各5000份，免费发放给村计生专干以上所有计生干部。除市计生委外，南漳、老河口、枣阳、谷城等县(市)均与当地剧团联合编排了以宣传《中华人民共和国人口与计划生育法》为主题的文艺节目，除邀请各级党政和部门领导观看外，还深入到基层开展演出。全市各级计生部门还精心组织了一场自上而下的知识竞赛活动，通过层层选拔，同年10月18日，“诺爽杯”全市《中华人民共和国人口与计划生育法》知识竞赛在溪苑宾馆举行。全市12个县(市)区12个代表队经过紧张激烈角逐，老河市代表队获一等奖，保康、高新代表队获二等奖，宜城、樊城、襄城代表队获三等奖。市委副书记杨祥义、市政府副市长曹敬兰、市人大常委会副主任苏家德亲临现场观看比赛，并为获奖代表队颁奖。同年12月3~4日，在全省组织的《中华人民共和国人口与计划生育法》知识竞赛中，老河口市三名队员代表襄樊市荣获“优秀奖”。同年9月26日晚，市计生委、市文体局联合举办庆祝《中华人民共和国人口与计划生育法》颁布实施文艺晚会。参加演出的有5个单位，观众达1300余人，市“四大家”领导及参加农业、扶贫开发会议的200多位乡(镇)长观看了演出。据不完全统计，2002 年全市以宣传《中华人民共和国人口与计划生育法》为主要内容的普法宣传教育活动，共召开各种学习动员会 5600 余次，印发宣传品 98 万份，张贴刷写标语口号 4500 多条，办专栏（板、报）12500 余期，展出宣传板 3375 块，文艺演出 130 场次，设咨询台 480 个，提供咨询服务 8000 余人次。多形式、多层次的宣传，使全市受教育人数达 240 万人次。从此以后，在历年的计划生育宣传活动中，《中华人民共和国人口与计划生育法》成了必不可少的首要宣传内容。

4.专项宣传

（1）"婚育新风进万家"活动宣传:1999 年 5 月 14 日印发《襄樊市开展婚育新风进万家活动实施方案》的通知。该活动分 3 年 3 个阶段实施，即 1999 年为试点阶段。2000 年为全市推广阶段。2000 年为总结验收表彰阶段。为落实加强对婚育新风进万家活动的领导，市计生委成立了领导小组和工作专班。计生委党组书记、主任任定超任组长，分管宣教工作的副主任任副组长。宣教科全体成员组成专班，把此项活动作为计生宣教的主要工作来抓。1999 年作为婚育新风进万家活动的试点阶段，有特色及有影响的宣传活动在三个层次上广泛开展。在春节、"5·29"、60 亿人口日期间，全市各地开展了电视讲话、上街宣传、散发资料、发放药具、免费医疗和咨询宣传活动，尤其是在"5·29"协会会员活动日及 60 亿人口日期间，更是充分发动社会各界共同参与了宣传活动，形成了良好的社会氛围。2000 年，作为婚育新风进万家活动的推广阶段，围绕"婚育新风"这一主题，在全市 18 家新闻单位继续开办专题专栏，在全市城乡制作计划生育公益广告、宣传招牌，樊城区利用人民广场的大型电子彩色显示屏，经常滚动宣传"婚育新风进万家"的有关宣传标语。各地结合自身实际，开展了丰富多彩的具有地方特色的宣传活动，如枣阳、襄阳、高新等地开展的"婚育新风"专场演出，尤其是枣阳市婚育新风进万家活动专场节目，被省计生委发文要求在全省各地进行巡回演出。老河口、襄城、樊城等地开展的独生子女书画展和书法比赛，谷城、宜城、南漳等地举办的计生知识竞赛，形式多样，寓教于乐，取得了较为突出的社会宣传效果。一年来，全市在以"婚育新风进万家"为主体的宣传活动中召开各种参观学习动员会 500 余次，印发宣传品 98 万份，张贴刷写标语口号 2 万多条，办专栏板报 2500 余期，展出宣传板 4835 块，文艺演出 75 场次，知识竞赛、演讲比赛 82 场次，设咨询服务台 469 个，提供咨询 53 万余人次，全市共接受教育人员达 194.9 万人次。2001 年是"婚育新风进万家"活动的总结经验表彰先进阶段。该年度除巩固过去的宣传形式和成果外，樊城、襄城等市区直有关单位还抓住"中国湖北襄樊诸葛亮文化节暨中西部经贸洽谈会"的有利时机，举办文艺专场演出 14 场次。市计生委在本年度还邀请湖北电视台科教部，拍摄一部"婚育新风进万家"活动专题片。襄阳信息《搭文艺宣传台唱婚育新风戏》被国家计生委《宣教信息》刊发，樊城、襄城有 6 幅独生子女作品在全省获奖。参加全省三口之家汇演活动中，襄城区参赛的 3 个节目全部获奖。南漳、老河口、宜城编演的文艺节目歌颂男到女家落户等新风尚，改变了青年男女婚嫁传统观念，收到了较好效果。自开展"婚育新风进万家"活动以来，全市共建起 98 条国策街，宣传灯箱、宣传牌达 1700 个，婚育新风国策苑 671 个，编排文艺节目 500 多个，演出 623 场次，观众达 33 万人次，4320 名独生子女参加了书画赛，5913 幅作品参加了展评。全市一孩妇女积存率由 1999 年的 40.74%上升到 2001 年的 43.29%，农村符合生育二孩政策而主动放弃生育计划的家庭由 5000 户上升到 16000 户，全市平均晚婚率上升到 45.5%，喜事新办，男到女家落户，生男生女顺其自然等观念被越来越多的年轻人所接受。2005 年 3 月 8 日，省人口计生委印发《关于婚育新风进万家活动检查评估情况的通报》：襄樊市枣阳市建立了婚育新风进万家活动联席会议制度；襄阳区团委在广大青年团员中开展"我为新风做贡献"活动。同年 11 月 10 日，中宣部、中央文明办、人口计生委、教育部、民政部、文化部、广电总局、全国总工会、共青团中央、全国妇联《关于表彰 2001—2005 年全国婚育新风进万家活动先进集体和先进个人的决定》。全市共表彰先进集体 10 个：

枣阳市、襄阳区张湾镇、南漳县肖堰镇、枣阳市吴店镇、谷城县庙滩镇、宜城市鄢城街道；老河口市人口计生局、保康县计生局、襄阳区计生局、襄樊市樊城区襄樊卷烟厂。先进工作者7人：任定超、李辉、覃俊杰、朱顺国、朱接马、石少萍、方海潮。

（2）“关爱女孩”活动宣传:1998年10月30日至11月1日，省计生委组织“三峡醇”杯独生子女卡拉OK赛，襄樊市有两个小品参赛。由襄阳轴承厂李杰一家三口表演的小品《周末》获三等奖；该厂工人赵宗军一家三口表演的小品《家有小女初长成》获表演优秀奖。2001年1月4日《湖北人口报》刊登了全省独生子女书法大赛获奖名单：襄城区的李兢妍获二等奖；刘立文获三等奖；刘慧泉获优秀奖。2003年国家人口计生委发出“关爱女孩”行动的号召，按照全省统一部署，本市启动实施了“关爱女孩”行动的试点工作。通过扎实有效的宣传和制定各种针对独女户、双女户的优惠政策，深化计划生育“三结合”，帮助她们解决了一些实际困难。为把这项活动引向深入，全市层层举办独生女演讲比赛，通过这些独生女的现身说法，进一步宣传了实行计划生育和优生优育的好处。同年8月1日，市计生委和市妇联联合举办“全市独生女”演讲赛，宜城市的吴艳、枣阳市的叶竹馨、襄城区的张宜获一等奖。2004年9月4～5日，全市关爱女孩、青春期性健康教育现场会暨宣传教育工作会议在樊城区、枣阳市召开。参加会议的有各县（市）区计生局分管宣传教育工作的副局长和宣教科（股）长，会议期间参观了樊城区青春期性健康教育基地，观看了襄阳区荣华广场计生宣传活动现场，参观了枣阳市书苑街“关爱女孩”宣传一条街、村级广场、市行政服务中心、独生子女才艺表演和文艺晚会《传孙楼的故事》。会上樊城区和枣阳市分别就青春期性健康教育和关爱女孩行动作了典型发言，市计生委主任任定超到会讲话。2005年1月8～10日，全省青春期性健康工作研讨会在本市樊城区召开，来自全省各地分管宣教的主任（局长）和12个试点县（市）区的人口和计划生育局长参加了会议。2005年2月18日，省人口计生委《关于湖北省独生子女征文比赛评选结果的通报》：襄樊市报送的11篇作品中，襄城区张甲立《独自飞翔又何妨》获一等奖；保康县黄詹娜《我的梦》获二等奖；枣阳市宋迎颖《边走边唱》、胡欣《期待阳光》、保康县袁雅丽《爸爸＋妈妈＋我》获三等奖；老河口市王秋萍《离家的孩子》等6名独生女获优秀奖；襄樊市获组织奖。

1996年，县（市）区、乡（镇）、村（居委会）依托网络共举办《湖北省计划生育条例》培训班4845期，培训人数258371人次。到1999年，全市共有计生教育专（兼）职教师11167人，乡、村两级人口学校应培训1859331人次，实培训1595576人次，参学率为85.81%。2000年，全市共办培训班352期，培训乡、村两级计生干部1.1万人次。

（3）市培训中心、市党校：市培训中心（1999年成立，隶属市计生委二级事业单位，原培训工作由市计生委宣教科负责）的主要任务是培训县（市）区、乡（镇）计划生育行政管理人员和技术服务人员（在“组织机构”章节中已述及）。在市党校，一是在办党政干部培训班时把人口和计生课程纳入教学计划；二是开办负责分管计生工作的党政干部专业培训班。仅1995年就培训分管计生的乡（镇）长和计生办主任各1期，培训干部98人。2002年4月10日，市委党校、市计生委印发了《关于印发〈关于加强党校系统人口理论教学和科研工作的实施方案〉的通知》。同年4月12日，市计生委、市委党校联合召开全市党校人口理论教学科研工作会议。各县（市）区党校分管教学的副校长、教务科长、计生委分管宣教的主任、宣教科长共40余人参加了会议。襄阳区、南漳县计生委作了经验交流。

（4）县（市）区人口学校、党校：各县（市）区计生局从1989年开始筹建人口学校、为基层培训计划生育干部和“双基”教育师资。县（市）区党校则把人口理论、计划生育政策、计划生育法律法规课程纳入教学计划。如1992年各党校在“二五”普法活动中，都将1991年修改的《湖北省计划生育条例》作为重要内容加以学习。1995年,全市把开发领导层的人口理论培训纳入目标管理量化考核。当年,老河口市领导中心学习小组重视人口理论学习,多次专题听取计划生育干部讲授人口理论课程;市郊区各级单位一把手普遍进行了一次人口理论的轮训;区、乡两级党校开课10次,参学人数620人次;谷城县举办党政干部人口理论培训班5期,共有800多名干部受到培训。各县(市)当年举办各类计生干部培训班50期。

(5)乡(镇)人口总校(党校):乡(镇)党校定为本区域人口总校,成为培训村、组计生干部、计生信息员和村计生教员进行"双基"教育的阵地,为了加强这一阵地的组织领导,各乡(镇)党委、政府于1989年以后相继成立了人口与计划生育基础知识教育领导小组,由宣传、计生、卫生、妇联、民政、共青团、司法等部门组成,由分管计划生育的领导任组长,根据省计生委"一年试点,两年推广,三年普及"的要求,由镇政府为每个村人口分校至少聘请一名教员,并颁发聘书,由领导小组负责管理,制定对教员的考核办法,保质保量地完成教学任务。到1990年4月,全市开展"双基"教育的乡(镇)、街道办事处已有112个,占总数的60%。1993年,学校的设施和管理日趋完善,谷城县"双基"教育手段现代化,购买了电影机、幻灯机、录放机等先进的教学设备,全县举办培训班42期,参训人员3500人,发放资料2.1万份。当年全市184个乡(镇)普及率已达100%。1995年,乡(镇)举办培训班49期,全市村计生干部应培训7800人,实培训5942人,培训率为76.18%。为拓宽更新基层干部计生专业知识、提高计生工作水平奠定了基础。

5.村级人口分校

1989年,根据湖北省计划生育委员会关于"三年内在全省城乡普遍开展人口与计划生育基础知识教育"的规定,市计生委印发了《人口与计划生育基础知识教育试点方案》,要求各县(市)区在本辖区内选择一至二个乡(镇)推行人口与计划生育基础知识教育的试点工作,并指定以辽宁省计生委编写的《计划生育科普知识讲话》为基本教材,结合本市情况,进行一些内容补充。市计委在谷城石花镇、老河口仙人渡镇进行试点工作。在试点过程中通过紧密结合农村实际,本着灵活安排时间,提高参学率的原则,开展教学活动,并总结出"五结合、五为主"的授课方法。通过试点,老河口市仙人渡镇总结的"开展人口与计划生育基础知识教育是转变人们生育观念的重要途径"的典型材料,在全省计划生育宣传工作会议上进行了经验交流,受到了与会者的一致好评。全镇810名国家干部、职工无一人计划外生育,在农村有28对独生女主动退出了生育指标,还有9对独男户表示终身只要一个孩子,并领取了独生子女证。

1990年,市计生委在老河口市召开人口与计划生育基础知识教育现场经验交流会。截至1990年底,全市各地已培训师资125期,7000多人次,开展基础知识教育的有2019个村,占总村数的45%,普及面占40%。在婚育领域内出现了驱愚昧、讲科学、讲文明的新风尚。1991年5月,市计生委专题召开基础知识教育工作会议,对石花镇、仙人渡镇的试点经验全面推广。同年9月27日,在全国计划生育宣传表彰会上,本市保康县店垭镇、老河口市一中教师蒋承良被评为全国人口与计划生育基础知识教育先进单位和先进个人。同年11月上旬,对襄阳、随州、枣阳、宜城、南漳、保康6个县(市)的20个乡(镇)进行了抽查,普及面为50%以上。

1992年2月,全省进行人口与计划生育基础知识教育抽查,襄阳县得92分,老河口市得84分。老河口市计生委编写的《当前的人口形势与现行的生育政策》《遗传与优生》《避孕节育》等通俗易懂的教材。在教学方法上,学员按青春期、婚育期、中老年期进行编班。通过面授、挂图、标本、录音、广播、电影等多种形式进行教学。1993年,全市4255个村已建立起3619个村级人口学校,普及率达85.85%。全市3268900育龄人群中有2451675人普及了"双基"教育,普及率达75.05%。1994年,全市人口与计生“双基”教育进一步向纵深发展，建立村级“双基”学校95%以上，参学率85%以上。通过“双基”教育，提高广大群众实行计划生育的自觉性。襄阳县有548户“两女户”主动做了结扎手术，有2185对育龄夫妇主动领取了独生子女证，市郊区有140对育龄夫妇主动退还二胎生育指标。

1996年3月，湖北省计生委提出要办好乡村人口学校，同年7月，省计生委印发《湖北省乡镇人口学校管理办法》。随之，市计生委制定了《襄樊市村级人口学校管理办法》(以下简称《管理办法》)。人口学校(“双基”学校更名)在硬件建设上达到“十有、五上墙”。“十有”即有领导小组、有教学计划、有教员、有学习管理制度、有校牌、有教学阵地、有教材课本、有学员花名册、有教师备课本、有考勤及考卷登记。“五上墙”即生育政策、学习管理制度、优生优育知识、教学计划课程表、生育花名册上墙。在教学课程安排上、管理制度上，按照“五结合、五为主”方式进行。但总的原则是年授课不得少于4次，参学率不低于80%。枣阳、保康等县(市)在具体教学中，制定“四统一”，即统一教学内容。结合一个时期的工作重点和难点有针对性地拟定教学内容。每季度的第一个月下发到各乡镇，各乡镇再结合本地实际增加一些实用技术、致富信息等农业生产科技知识以丰富教学内容；统一教学时间。每季度至少开展1—2次，作为一项任务必须完成；统一印发学员测试题。为检验参学人员的学习效果，根据每季度安排的教学内容和参学对象，统一印制测试题，并把参学人员名单、学习成绩、测试试卷一并归入学习档案；统一检查评比，为把人口教育工作落到实处，严格按照《管理办法》及评分标准，进行检查、评比、通报。老河口在4所中学开展人口与计划生育基础知识教育、青春期性教育的同时，组织学生进行社会调查、撰写论文、举办人口与计划生育论文报告会，使青年学生接受“双基”教育。多年“双基”教育，使群众生育观念发生了显著变化，主要表现在女性初婚中晚婚率提高，长效节育措施落实及时率上升，独生子女领证人数增多。到2000年，全市晚婚率为47.85%、农村当年生育一孩妇女上环率为76.29%、当年生育二孩及以上夫妇结扎率为70.12%、独生子女领证率为19.78%、综合避孕节育率为93.18%。

6. 宣传载体

(1)《襄樊人口》报的出版与发行:1987年，由襄樊市计划生育委员会、襄樊市计划生育协会主办的《襄樊人口》创刊发行。《襄樊人口》以8开4版的版面，每期印刷5000份，创刊当年出版3期15000份。每期出版均发给市委、市政府、市人大、市政协四大家主要领导，市计划生育领导小组成员每人1份，并按每个村、居委会、工厂(车间)、企业1份计算，邮寄至全市下辖的县(市)、区计生委，由其负责发行。除在全市形成发行网络外，每期向省计生委和全省地、市、州计生委以及全国二十多个省市计划生育报刊编辑部进行信息交流，实现资源共享。1991年，《湖北人口》报出版发行，《襄樊人口》报当年发行最后1期后停刊。从1987年创刊至1991年停刊，5年时间，《襄樊人口》报共出版发行15期75000份，对宣传党和国家人口计划生育政策、普及计划生育知识、推动全市计划生育工作起到了一定的作用。

(2)新闻媒体宣传:市人口计生委历来认识到新闻媒体是宣传计划生育重要载体，除创办《襄樊人口》报外，并积极征订发行《中国人口报》《人口与计划生育》杂志、《人生》杂志、《湖北人口》报等报纸杂志，1999年度《中国人口报》征订率为0.33‰；2000年《湖北人口报》征订率2.07‰。为了进一步加强计划生育新闻舆论宣传、提高新闻报道的深度和广度，讴歌计生战线上的模范人物、先进典型、交流经验，各县(市)区分别制定了新闻报道的奖励办法，制定了新闻工作者采编计生稿件的奖励措施，充分调动了通讯人员和新闻工作者的积极性。1992年全市发表各类计生文章1972篇，其中国家级27篇、省级79篇、市级397篇、县(市)级1469篇，到1999年全市县以上新闻部门共设计划生育专栏(栏目)16 个,成为经常性人口和计划生育宣传教育的主流媒体。

1985 年,谷城县冷集区、老河口市贺湾乡。率先在全市建立第一个区、乡(小乡)计划生育服务站。1987 年,由市计生委副主任余言撰稿的电视专题片"《新风赞》——襄樊市区、乡计划生育服务站巡礼"拍制完成后,当年 11 月 13 日在湖北电视台播出后在全省引起很大反响,对襄樊市计划生育服务站的建设与管理起到积极的推动作用。1999 年 11 月 11 日和 2002 年 3 月 27 日市政协和市计生委联合拍摄的访谈专题片《婚育新风进万家》和《争做新时期最可爱的人》在襄樊电视台"政协论坛"栏目播出后,受到社会各界好评和关注。2000 年,省电视台、省计生委宣教中心在本市拍摄的《吕桂兰老太太的国策秧歌队》《财政局来的计生官》《出走的媳妇回家了》《老河口计生服务站透视〈上、下集〉》《计生大篷车》五部专题片在湖北卫视经纬中播出。同年 3 月 25 日,市计生委与樊城区计生委联合在人民广场全彩电视屏开办《国策宣传》,并于当日开始播放计划生育宣传标语。同年 9 月 22 ~ 28 日,市计生委会同市政协人口资源环境委员会、市电视台拍摄电视系列片《优生优育家庭风景录》,对老河口、保康、宜城、枣阳、襄阳、樊城、襄城 7 个典型进行了分专题拍摄,7 个专题分别是:《少生孩子学技术的杨遂胜一家》《男到女家倡新风的柳正园、吉付琴夫妇》《少生致富陈应钊、李以秀夫妇》《枣阳市第一对领取独生子女证的高正权、张金华夫妇》《少生圆了致富梦、富了不忘众乡邻的任建国、薛遂花夫妇》《顶着压力坚持要一胎的刘玉平、刘冬梅夫妇》《事业有成、家庭幸福的黄宽略、杨有凤夫妇》,并在襄樊电视台 8、23 两个频道的新闻节目中同时播放,并重播 10 次。2002 年 4 月,在襄樊每周一期的《政协论坛》电视节目中,走进论坛的是"新时期最可爱的人"。他们是老河口市计划生育服务站主治医师谢宇、宜城市小河镇山河村计生主任李维美、保康县黄堡镇计生服务站站长黄佳秀,与他们共同讨论的还有市政协委员和计划生育干部代表。

1993 年 12 月 8 日,在全省计划生育宣教会上,省委宣传部和省计生委举行的 1992 年度计划生育宣传先进单位及个人颁奖仪式上,襄樊市襄阳报社被评为先进集体,襄阳县黑龙集镇计生专干李虹被评为先进个人,谷城县计生协秘书长柳家弗等 5 人的作品被评为好新闻奖。其中一等奖两篇、二等奖一篇、三等奖两篇,本市总分排名全省第三。1994 年 7 月 11 日,市计生委干部邹健的作品《小议"油抹布"现象》在《中国人口报》"南车杯"《大家谈》有奖征文竞赛评选中获二等奖。在《湖北人口》报"好新闻、好作品"评选中历年获奖的作品有:市计生委副主任余言的小说《相亲》《老河口市领导请"评判官" 五评计生工作》 分别获 1997 年度三等奖和 2000 年度二等奖。1996 年 4 月,《县委书记给他压岁钱》被湖北人口报社授予 1995 年度《湖北人口报》"好新闻、好作品"二等奖。1996 年 6 月,《把服务工作放在首位是管理流动人口的成功之道》在中央人民广播电台播放,被国家计生委和中央人民广播电台联合授予"流动人口大家谈"广播征文三等奖。1999 年 11 月,《襄樊市着力解决计生事业费"空转"问题》被湖北日报社授予 1998—1999 年度《湖北人口报》"好新闻、好作品"三等奖。2002 年 2 月,《老河口市计生服务站的管理改革》被市直机关工委授予 2000 ~ 2001 年度优秀调研成果优秀奖。2005 年 8 月,《南漳县县、乡计生服务站何以焕发勃勃生机》被国家计生委办公厅授予优秀论文和调研报告二等奖。市计生委干部李辉、襄阳县计生委干部周泽民的《别担心、我不走》《说"怕"》分别获 2000 年度二等奖和三等奖;枣阳市计生委干部杨金林、唐兰刚的《喜看婚嫁添新风》《人口学校实行群众"点讲制"》分别获 2002 年度二等奖和三等奖。2003 年 2 月 10 日,省委宣传部、省计生委、省新闻工作者协会联合下发了鄂计生宣〔2003〕11 号《关于首届湖北人口新闻奖评选活动的通报》:枣阳市计生委干部唐兰刚、襄樊市计生委干部李辉分别获二等奖和三等奖;同年 5 月,《人口与计划生育》杂志表彰 2003 年全国基层宣传先进工作者,市计生委主任任定超获"先进个人"。

1993 年 6 月中旬,老河口市计生协获全国征订《人生》杂志百面红旗之一,也是全省当年唯一获奖单位。1996 年 7 月,襄樊市计划生育协会、南漳县计划生育协会、老河口市计划生育协会被国家计生委宣教司、中国计划生育协会办公室授予《人生》杂志发行工作先进集体;1999 年 7 月,市计生委获

1999 年、2000 年《人生》杂志发行先进集体称号。襄樊市历年获《湖北人口》发行工作先进单位(发行联络员)、优秀通讯员的有:2000 年襄樊市计生委获二等奖,枣阳市、襄城区、樊城区、襄阳县和谷城县分别获"县(市)区发行单位"二等奖和三等奖。2001 年襄樊市计生委获二等奖,襄阳、枣阳、樊城获三等奖。2002 年襄樊市计生委、樊城区、襄城区计生委获二等奖,谷城县、保康县、老河口市计生委获三等奖。襄樊市计生委李辉、枣阳市计生委朱顺国、襄阳区计生委孙书珍获"发行先进联络员"。市计生委李辉、枣阳市计生委唐兰刚于 2000 年、2002 年分别获"优秀通讯员"称号。2003 年枣阳市计生局被评为 2003 年度《中国人口报》新闻宣传与发行先进单位;李辉、石发明被评为《中国人口报》新闻宣传先进个人。2002 年县(市)区开设人口与计生栏目情况及 2003 年县(市)区《中国人口报》《人口与计划生育》《湖北人口》发行情况(见表 3—12、表 3—13、表 3—14)。

2002 年县(市)区开设人口与计生栏目情况

表 3—12

单位	广播		电视		报纸	
	是否有专栏	全年费用(元)	是否有专栏	全年费用(元)	是否有专栏	全年费用(元)
合计	—	20000	—	45000	—	39000
枣阳市	有	3000	有	4000	有	5000
宜城市	有	3000	有	3000	有	8000
南漳县	有	5000	有	5000	有	5000
保康县	有	5000	有	5000	有	8000
谷城县	无	—	有	10000	无	
老河口市	有	4000	有	6000	有	4000
襄阳区	无	—	有	免费	有	9000
襄城区	无	—	无	—	无	—
樊城区	无	—	大屏	10000	无	—
高新区	无	—	无	—	无	—
汽车区	无	—	有	2000	无	—

2003 年县(市)区《中国人口报》发行情况

表 3—13

序号	单位	人口数(万人)	年发行份数	1 月发行份数	千人比	与 2002 年同期比
1	老河口市	52	34	68	0.131	+34
2	樊城区	54	195	121	0.111	+26
	襄城区	42				
	高新区	8				
	汽产区	5				
3	保康县	28	87	28	0.100	+59
4	南漳县	58	65	42	0.072	—23
5	谷城县	55	121	17	0.031	—104

续表

序号	单位	人口数(万人)	年发行份数	1月发行份数	千人比	与2002年同期比
6	襄阳区	96	118	24	0.025	—94
7	宜城市	51	286	12	0.024	—274
8	枣阳市	110	555	5	0.005	—550

2003年县(市)区《人口与计划生育》及《湖北人口》发行情况

表3—14

单位	《人口与计划生育》(本)		《湖北人口》(份)	
	应征订	实征订	应征订	实征订
枣阳市	80	94	2145	2185
宜城市	50	10	1015	1042
南漳县	60	16	1163	1163
保康县	60	2	564	583
谷城县	55	64	1079	2005
老河口市	55	22	1021	1061
襄阳区	70	147	1945	2526
襄城区	45	67	856	865
樊城区	55	5	1112	1112
高新区	20	67	94	77
汽产区	15		90	100
鱼梁洲	2	2	8	2

(3)计生文化、艺术:1986年10月24日,湖北省计生委委托省计生宣教中心在武昌首次举办湖北省计划生育摄影、美术、书法作品展览,本市收集作品235件,送展作品20件,其中5幅作品获奖,即摄影作品《静》获二等奖(谷城);工艺美术《独艳》《近亲结婚》获荣誉奖(宜城);书法作品获荣誉奖(襄樊涂廷多)。

1989年10月1～10日,襄樊市举办首届计划生育美术、摄影作品展。共收到作品314件,评出一等奖2名,二等奖6名,三等奖10名,佳作奖26名。

1990年,市计生委设计制作的灯雕"为了下一代"参加全市春节灯展,荣获二等奖。李辉创作的连环画《后遗症》获市记协、市美协等举办的新闻美术作品展,获二等奖。2月,市计生委参加了襄樊市美协、记协、展览馆、襄樊日报社联合举办的新闻美术作品展,本委选送展《襄樊人口》刊载的题花及美术作品获漫画、连环画二等奖。同年9月18日至10月5日,举办襄樊市首届美术摄影培训班,全市各地有12名宣传干部参加了培训。培训期间组织学员前往张家界进行了5天的实地拍摄与写生。同年9月20日至22日,市计生委组织了全市计生宣传板、宣传画的调展、评展工作。这次活动共展出宣传板190块,宣传画24块,评选出一、二、三等奖。在获奖的8个单位中,其中老河口市计生委获宣传板一等奖;樊西区计生委获宣传画一等奖。

1991年12月,襄樊市报送摄影作品17件,漫画作品26件,参加湖北省计划生育美术、摄影作品展，全省共评出 30 件获奖作品，其中襄樊市报送的 6 件作品获奖。同年 12 月 18 日，襄樊市计划生育服务站举办了各县(市)影集评展，老河口市等三个单位分别获奖。1998 年 12 月中旬，市计生委举办了第二届美术摄影展览。本次共收到选送作品 149 幅，其中美术作品 57 幅，摄影作品 92 幅。经过筛选，有 107 幅作品正式展出。评选出美术、摄影一等奖各 1 名，二等奖各 3 名，优秀奖各 13 名，组织奖 1 名，宜城市计生委获美术作品一等奖；保康县计生委获摄影作品一等奖；樊城区计生委获组织奖。2005 年 4 月 6 日，省人口计生委《关于湖北省首届人口与计划生育宣传品评比结果的通报》(鄂人口宣〔2005〕4 号)：襄樊市人口计生委获"挂图类二等奖""画刊类二等奖""音像制品类一等奖""实物类二等奖"。

市计生委副主任余言先后制作两部电视作品，1988 年 6 月由省计生委宣教中心、襄樊电视台录制，经中央电视二台审定的电视小品《抓阄》，于当年 9 月与观众见面。1990 年 11 月，市计生委与省计划生育宣教中心联合拍摄了计划生育短剧《砝码》。1994 年 1 月上旬，电视小品《抓阄》、电视短剧《砝码》分别获 1994 年中国人口文化奖(飞龙奖)三等奖和湖北省委宣传部、湖北电视台等 6 家单位联合举办的社会法制宣传文艺剧演三等奖。1995 年 11 月，余言创作的小小说《被盗的荣誉室》在《湖北人口报》发表，获第 3 届中国人口文化奖二等奖；1997 年 9 月 22 日，由其撰写的话剧小品《唐僧肉》在参加省计生委、省广播电视厅、省文学艺术联合会、省作家协会联合举办地湖北省人口文化文艺汇演中获优秀奖。

1992 年 4 月 13 ~ 15 日，全省召开宣传品进村入户表彰会，共有 15 个单位获奖，其中襄樊市属随州市获一等奖；南漳、襄阳县获二等奖。特别是中央倡导的"三下乡"活动，更使人口和计划生育文化更好的面向基层、面向生活、面向实际，仅 2000 年全市计划生育文艺演出 75 场次，353 个节目参加了演出。

(4)科普教育:1988 年 5 月 28 日，市计生委、计生协和湖北医学院管理系联合举办了《人口、家庭、计划生育》知识竞赛，老河口市、枣阳市、谷城县、保康县、市郊区、樊西区六个代表队取得决赛权。最终市郊区队获得第一名，谷城县、枣阳市并列第二名，老河口市、保康县、樊西区队获第 3 名。同年 8 月，市计生委和湖北医学院管理系合编的《人口、家庭、计划生育知识 1 000 题解》正式出版。该书内容丰富、知识面广，涉及人口理论、人口政策、计生法规、婚姻家庭、生殖生理、遗传优生、避孕节育、人口与计划生育统计和计划生育管理等方面的知识，是一本实用性较强的人口与计划生育知识的教材和参考资料。计生委副主任余言参与编写的两部专业著作《人口与计划生育简明教程》(196 000 字)和《21 世纪的抉择》(230 000 字)分别于 1990 年 3 月和 2001 年 5 月公开出版。

三、组织机构与工作

(一)行政管理机构

1979 年 2 月 9 日，襄阳地区行政公署宣布成立襄阳地区计划生育领导小组办公室。同年 10 月 1 日，将地区行政公署计划生育领导小组办公室从卫生局划出，成为政府的职能部门。陈长彬任办公室副主任，主持日常工作，成员 7 名。1980 年后，马玉亭、张启英先后任办公室副主任。1980 年 1 月，襄阳地区行政公署调整计划生育领导小组，陈仲华任组长，秦志维、张卫东任副组长，小组成员 23 名。

1979 年 6 月，经国务院批准，襄樊市由地辖市升格为省辖市，从襄阳地区分出，襄樊市革命委员会宣布单独设“襄樊市计划生育办公室”，与襄阳地区计划生育业务指导关系解除。襄阳地区县(市)级计划生育办公室为8个(襄阳县、宜城县、南漳县、谷城县、光化县、保康县、随县、枣阳县)。同年11月16日，经国务院批准，随县城关镇、光化县老河口镇，分别从随县和光化县划出，设立随州市和老河口市。年底，襄阳地区县(市)级计划生育行政管理机构(办公室)，增至10个。

1983年8月19日，经国务院批准，撤销襄阳地区建制，襄阳地区与襄樊市机构合并，实行市管县的领导体制，原襄阳地区所辖的各县(市)均由襄樊市管辖。原襄阳地区计划生育办公室与原襄樊市计划生育办公室合并组建新的襄樊市计划生育办公室。1984年1月10日，襄樊市人民政府办公室文件通知，襄樊市计划生育委员会印章自1984年1月13日正式启用。1984年9月15日，陈长彬任中共襄樊市计划生育委员会党组副书记。管辖(业务指导)范围为襄阳县、枣阳县、宜城县、南漳县、保康县、谷城县、老河口市、随州市计划生育委员会。撤销光化县并入老河口市，撤销随县并入随州市，两县(市)级计划生育行政管理机构随之合并。

1984年1月19日，经湖北省政府批准，襄樊市成立樊东区、樊西区、襄城区、市郊区，计划生育办公室相继成立。年底县(市)区级计划生育管理机构增至12个。

1985年12月19日，中共襄樊市委《关于成立市计划生育委员会党委的通知》，成立中共襄樊市计划生育委员会党委。1986年5月5日，中共襄樊市计划生育委员会党委印章从1986年5月5日启用。

1987年9月，经襄樊市政府同意，襄樊市计划生育委员会机关从襄樊市长征路110号迁至襄樊市襄城区西门外檀溪路110号。

1990年，经国务院批准，枣阳撤县建市，成立枣阳市。枣阳县计划生育委员会随之更名为“枣阳市计划生育委员会”。

1992年1月21日，湖北省政府通知成立“襄樊汽车产业经济技术开发区”。同年2月，省政府通知成立“襄樊高新经济技术开发区”。当年底，襄樊市所辖的5县(襄阳县、宜城县、南漳县、保康县、谷城县)3市(随州市、老河口市、枣阳市)4个城区(樊东区、樊西区、襄城区、市郊区)均设有计划生育委员会。同年，襄樊汽车产业经济技术开发区成立“社会事业管理局”，内设“计划生育科”，管理该区计划生育工作。

1994年7月15日，经国务院批准，宜城撤县建市，成立宜城市。宜城县计划生育委员会随之更名为“宜城市计划生育委员会”。

1995年，襄樊高新经济技术开发区开始履行计划生育管理职能。同年，经国务院批准，各项计划单列工作由襄樊市代管的随州市升格为省辖市。年底，全市共有13个县(市)区级计划生育管理机构(枣阳市、老河口市、宜城市、襄阳县、谷城县、南漳县、保康县、襄城区、樊东区、樊西区、市郊区、襄樊汽车产业经济技术开发区、襄樊高新技术产业开发区)。

1996年3月31日，经国务院批准，襄樊市新组建襄城区、樊城区。同年底，襄樊市县(市)、区级计划生育行政管理机构(计划生育委员会)9个(襄阳县、南漳县、保康县、谷城县、枣阳市、宜城市、老河口市、襄城区、樊城区)，设社会管理局负责计划生育工作1个(襄樊汽车产业经济技术开发区)，履行计划生育管理职能1个(襄樊高新经济技术开发区)。

1997年，襄樊市计划生育委员会《关于委托鱼梁州旅游开发区管委会行使计划生育管理权，负责辖区内计划生育管理工作的通知》，将鱼梁州旅游开发区计划生育管理权委托该区管委会行使。

1998年，襄樊高新技术开发区，襄樊汽车产业经济技术开发区分别由社会事业局主管计划生育工作。

2001年底，经国务院批准，撤销襄阳县建制，成立襄阳区。襄阳县计划生育委员会随之更名为“襄樊市襄阳区计划生育委员会”。

2004年，襄樊市进行市、县(市)、区体制改革，市设“襄樊市人口和计划生育委员会”，县(市)、区设“人口和计划生育局”。各县(市)、区计划生育委员会随之更名为“县(市)、区人口和计划生育局”。同年，襄樊汽车产业经济技术开发区与襄樊高新技术开发区合并，全市计划生育局总数仍为9个，主管人口和计划生育的社会事业局2个(高新区、鱼梁州开发区)。

2005年底，襄樊市共有县(市)、区级计划生育行政管理机构即人口和计划生育局总数为9个(谷城县、南漳县、保康县、枣阳市、老河口市、宜城市、襄阳区、樊城区、襄城区)。

1985年，全市县(市)级计生委共有157名干部，1987年增至239人，1993年，实有132人。2004年编制人数127人，实有人数202人，学历结构：研究生5人，大学本科52人，党校本科97人。

1979年，各县(市)、区按照5万人以上的社镇配2名、5万人以下的社镇配1名计生专职干部的要求，全区应配177名，实配154名，其中男61名，女93名。这些人员分别来自行政部门35人，卫生部门25人，教育部门10人，商业部门12人，农村社员23人，其他49人。

1980年6月，撤销城市公社，改设办事处。襄阳地区辖10县(市)，共有83个公社(辖505个管理区)，21个镇，各县(市)所辖公社(镇)均成立了计划生育办公室，并配备了专职的计生干部。1983年，新组建的襄樊市辖6县2市，共有83个区、44个镇、441个乡(管理区、总支)、73个区辖镇，各县(市)直辖区(镇)均成立有计划生育办公室，负责计划生育管理工作。1985年，全市共配备县(市)级计生委干部157名，区、乡(镇)计生专干347人，其中大专9人，高中、中专175人，初中以下157人。1987年，经过撤区并乡(镇)机构改革，全市6县2市184个乡(镇)办事处、农林场(其中乡58个，镇112个，办事处9个，农林场5个)计划生育办公室共有专兼职干部349名，其中公务员176名，事业编制146人，其他(招聘)23人，每个乡镇接近2人。1990年，全市184个乡镇，应配乡(镇)计生专干393人，已配272人，占69.20%，管理区(办事处)579个，已配计生专干440人，其中国家干部68人，招聘干部146人，临时工226人，分别占管理区(办事处)计生专干总数15.5%、33.2%和51.3%。1994年，全市乡(镇)计生办公务员编制401人，事业人员编制202人，实有专职干部981人，其中公务员411人，事业人员228人，其他人员342人；文化程度：大专以上学历64人，中专(高中)724人(未含随州市)。1995年，经国务院批准，随州市由省计划单列县级市升格为省辖市，与襄樊市脱离工作代管关系，襄樊市的乡镇总数由184个减至160个，其中乡(镇)141个、办事处14个、农林场5个、各乡(镇)均设有计划生育办公室。

2004年，根据市委、市政府统一要求，社会事务和计划生育办公室更名为社会事务办公室，加挂计划生育办公室的牌子。同时针对部分乡镇行政编制人员偏少的问题，市委明确要求，各乡镇应根据配套改革中确定的大、中、小型乡(镇)类型，分别配备5、4、3名工作人员(公务员)。随后，市编委下发《关于确定乡镇计生专干的通知》，各县(市)区按此文精神迅速配足了乡镇计生专干(公务员)。到2005年11月底，全市106个乡(镇、办事处)均有计生办机构，其中单独设立14个，设在社会事务办的92个，实有计生工作人员682人，其中公务员228人，实际事业编制166人，其他人员288人。其中大专以上学历312人，高中(中专)学历358人；35岁以下的319人。同年，市辖辖境有车河、随阳店、王集、清河、张集5个省属国有农场，总人口116154人，其中农业人口108782人，国家职工8236人，辖区总面积468.1平方公里。行政级次副县级3个，乡级2个。改革前5个农场计生管理机构行政编制34人，实有41人(其中行政人员8人，事业人员33人)；改革后5个农场计生机构编制人数24人(其中行政编制10人，事业编制14人)。

1994年，襄樊市襄城区、樊东区、樊西区、市郊区、高新技术经济开发区辖境企、事业单位、居委会、计划生育专干达177人，其中女干部168人，行政编制36人，事业编制21人，其他120人。计生专干中有中共党员102人，共青团员11人；国家正式干部73人，聘用制干部74人，其他30人。1979—2005年襄樊市(襄阳地区)人口和计划生育委员会领导干部情况(见表3—15)。

1979—2005年襄樊市(襄阳地区)人口和计划生育委员会领导干部情况简表

表3—15

机构名称(起止年月)	姓名	职务	任职时间(年月)
襄阳地区计划生育办公室(1979.2—1983.12)	陈长彬	副主任	1979.10—1983.11
	马玉亭	副主任	1981.9—1983.11
	张启英(女)	副主任	1982.12—1983.11
襄樊市计划生育办公室(1979.6—1983.12)	饶钦玉(女)	主任	1979.6—1983.12
	李智珍(女)	副主任	1979.6—1983.8
襄樊市计划生育委员会(1983.12—2004.12)备注:1983.12—1983.5设党组 1986.5—1990.5设党委 1990.5—2005.12设党组	李正之	主任(书记)	1983.12—1988.8
	陈长彬	主任(书记)	1988.8—1994.6
	韩　军	主任(副书记)	1994.6—1999.2
	任定超	主任(书记)	1999.2—2004.12
	陈长彬	副主任(副书记)	1983.12—1988.8
	张启英(女)	副主任(纪检组长)	1983.12—2002.2
	任定超	书记	1997.6—1999.2
	饶钦玉(女)	副书记	1983.12—1985.12
	韩　军	副主任(副书记)	1989.7—1990.2
	余　言	副主任(副书记)	1989.7—2004.12
	王文清(女)	工会主任	1990.3—1997.4
	付国英(女)	副主任	1990.11—1999.5
	陈永家	副主任	1997.4—2002.2
	杨家国	副主任(工会主任)	1997.4—2002.2
	李明芝(女)	副主任	1999.5—2004.12
	陈选树	副主任(工会主任)	1999.5—2004.12
	齐和平	副主任(纪检组长)	2001.8—2004.12
襄樊市人口和计划生育委员会(2004.12—2005.12)	任定超	主任(书记)	2004.12—2005.12
	余　言	副主任(副书记)	2004.12—2005.12
	李明芝(女)	副主任	2004.12—2005.12
	齐和平	副主任(纪检主任)	2004.12—2005.12
	陈选树	副主任(工会主任)	2004.12—2005.12

(二)技术服务机构

1.市级技术服务机构

计划生育管理与服务体系,是为实现人口目标,推进育龄群众生殖健康和家庭幸福而确定的一系列活动过程和组织形式。襄樊市计划生育管理与服务体系主要包括宣传教育、政策法规、人口计划、科研技术、财务、药具等方面。

（1）市计划生育服务站

襄阳地区计划生育宣传指导站于1983年3月成立，人员编制3人，机构设在地区计划生育办公室，两块牌子，一套班子，编制经费由办公室解决。襄阳地区计划生育宣传指导站印章自1983年4月28日启用。1983年底，实行市管县的领导体制，襄阳地区计划生育指导站随之更名为“襄樊市计划生育宣传指导站”，仍与襄樊市计划生育办公室一起办公。1985年，襄樊市计划生育宣传指导站从市计划生育委员会分出，单独办公，成为市计生委的二级单位，共有干部和技术服务人员7人。1990年7月，襄樊市计划生育宣传指导站更名为“襄樊市计划生育服务站”。

（2）市计划生育药具供应站

1988年10月10日，成立湖北计划生育药具供应站，并在湖北制药厂所在地襄樊市设立湖北计划生育药具供应站襄樊分站。襄樊分站暂配备专职会计、计划统计、调拨储运、仓库保管、司机各1人，由襄樊市计生委一名副主任兼管，计划生育药具管理站一名站长负责具体的业务工作，分站的党政工作由襄樊市计划生育委员会领导，业务工作由省主管部门指导，编制由当地解决。分站的财务管理实行“事业单位、独立核算、专款专用”，在当地工商银行设立企业性质的存款账户，并定期向省上报资金活动情况。分站的人头费、公用费原则上在收入的避孕药具管理费中解决。年终结余的管理费，转入下半年继续使用，主要用于分站的业务建设。分站的主要任务是根据国家和省下达的避孕药具计划（签订的合同）和要求，收购、调拨、储存湖北制药厂生产的避孕药具（与制药厂签订的生产合同），并发至全国有关的省、地、市（签订的供需合同）计划生育药具管理站。省计生委先解决襄樊分站40万元开办费，其中30万元建立药具库房和住房，并拨给一台北京130卡车。

湖北计划生育药具供应站襄樊分站于1988年11月底基本完成基建。同年12月正式开展工作。

根据国家计生委通知精神，决定从1989年1月1日起，对避孕药具实行直调（其中外用避孕膜和避孕套仍由工厂直接调拨，其他避孕药品由产地计划生育药具供应站负责收购和调拨）。同年2月21日，襄樊市编制委员会《关于成立“湖北计划生育药具供应站襄樊分站”的批复》，市编委同意成立“湖北计划生育药具供应站襄樊分站”，该站党政工作由市计生委领导，业务受省主管部门的指导，定事业编制6名。按有关部门的要求，对外开展业务。

1998年6月25日，“湖北省计划生育药具供应站襄樊分站”加挂“襄樊市计划生育药具站”的牌子，实行“一套班子、两块牌子”的体制，不增加人员编制。

2.县、乡级计生服务站

从1983年开始，各县（市）区计生委，先后向县（市）政府写出报告，要求把计划生育宣传技术指导站的基本建设纳入地方基本建设计划统筹安排。市计生委和各县（市）区计生委采取“省计生委补助一点，地方财政解决一点，自己挤一点”的办法建宣传站。襄阳、谷城两县于1983年开始建立计划生育宣传技术指导站。1985年，襄阳县计划生育宣传技术指导站建成面积3 024平方米的两层业务用房，调进业务人员3人，开展了上环、取环等节育手术。谷城县于1986年4月建成计划生育宣传技术指导站，房屋建筑面积4 000平方米，其中业务用房2 000平方米。此后，全市其他县（市）计划生育宣传技术指导站房屋也相继开工建设。至1987年底，全市9个县（市）计划生育宣传技术指导站的房屋主体工程，除随州市站未完成外，其余已全部竣工，投入使用，建筑总面积19 924平方米，共计投资411.6万元，已解决资金272.9万元，其中省计生委先后解决105.5万元，地方财政拨付40万元，自筹127.4万元，已竣工面积14 909平方米，其中业务用房8 899平方米，生活用房6 010平方米，正在修建的 5 015 平方米。

1990 年 7 月，襄樊市编委下发《关于将计划生育宣传技术指导站更名为计划生育服务站的通知》,各县(市)区计划生育宣传技术指导站随之更名为“计划生育服务站”。1994 年根据市计生委“襄樊市计划生育人事统计工作基本状况分析”,全市县(市)区计生服务站总数 9 个(不含随州),分别是襄阳、南漳、谷城、保康、4 个县计划生育服务站,枣阳市、老河口、宜城 3 个县级市计划生育服务站、市郊区、一个城区计划生育服务站,共有干部职工 238 人,其中男 90 人,女 148 人。编制情况:行政编制 4 人,事业编制 232 人,其他 2 人;文化程度:大学以上 3 人,大专 18 人,中专高中 187 人;专业情况:人口学 3 人,医学 77 人;政治面貌:中共党员 52 人,共青团员 65 人;身份情况:国家正式干部 131 人,聘用制干部 40 人,正式工人 26 人,合同制工人 41 人。

1997 年,据《襄樊市县、乡两级计划生育服务站调查分析》,全市 7 个县(市)区计划生育服务站,总人数 234 人,其中 30 岁以下 109 人,30—39 岁 55 人,40—49 岁 52 人,50 岁以上 18 人;文化程度:大学 5 人,大专 14 人,中专高中 192 人;其他学历 23 人;技术职称:副高 7 人,中级 48 人,初级 122 人,无职称 57 人;编制情况:行政编制 2 人,事业编制 225 人,聘用 7 人;经费来源:事业 146 人,自收自支 88 人;政治面貌:中共党员 41 人,共青团员 54 人;从事专业:行政 10 人,技术 172 人,勤杂 52 人。县(市)区计生服务站建筑总面积 19041 平方米,其中生活用房 5 660 平方米,工作用房 13381 平方米,工作用房中:技术 9 920 平方米,宣传 338 平方米,培训 2330 平方米,药具 428 平方米,展室 365 平方米。县(市)区计生服务站基建设备共投资 1 062.9 万元,其中基建投资 949 万元(省投入 83 万元,地市投入 8 万元,县市投入 87 万元,自筹 771 万元);设备投资 113.9 万元(省投入 53.5 万元,地市投入 2 万元,县市投入 21 万元,自筹 37.4 万元)。

1985 年后,襄樊市计生委和各县(市)计生委根据国家计生委,国家计委关于把计划生育宣传站的基建纳入计划的通知精神，积极向分管领导、财政部门、计划部门宣传计划生育技术指导站的性质、任务、作用,征得了党委、政府和相关部门的支持。财政部门在地方财力困难的情况下,也给予了一定的投资,先后解决了计生宣传指导站建设资金 40 多万元。全市各区(1987 年改为乡镇)乡(镇)采取因陋就简、克服困难,边建站、边工作的计生技术服务的办法,使建站、计生技术服务两不误。全市第一个建立计生宣传技术指导站的是谷城县冷集区计划生育宣传技术指导站,该站于 1985 年 7 月建成,继冷集区计生宣传技术指导站建立之后,老河口市贺湾乡(管理区级)计划生育宣传技术指导站又于同年 12 月建成开业,荣获“全国计划生育先进个人”的贺湾乡计生干部朱菊英白手起家,在乡党委、乡政府的支持下,承担了建立计生服务站的任务,她克服了重重困难,一边抓计生工作,一边抓服务站建设,仅用了 3 个月的时间,建起了 7 间房屋,开展计生技术服务工作,襄樊市计生委及时总结推广了该计生宣传指导站的建设经验;在较短的时间内,全市建起了区、乡(管理区)级计划生育宣传指导站 14 个。

1989 年,襄樊市计生委在加强县(市)区计生宣传指导站的同时,全市加快了乡(镇)服务站的建设步伐,同年底,已有 50 个乡(镇)开展了工作。1990 年,全市新建乡(镇)计生服务站 22 个,年底乡(镇)计生服务站总数达到 63 个,占应建总数 160 个的 39.38%。1991 年全市新建乡(镇)服务站 77 个,累计达到 140 个,占应建总数 160 个的 87.50%。1997 年,据市计生委《襄樊市县、乡两级计划生育服务站调查分析》,全市四县三市、两个城区、两个开发区,共有乡(镇)农场、办事处 160 个(其中乡镇 140 个),有 116 个乡(镇)计划生育服务站。工作人员 362 人,其中 30 岁以下 223 人,30—39 岁 93 人,40—49 岁 46 人;乡(镇)计生服务站工作人员平均年龄 30.11 岁;工作年限:5 年以下 216 人,5—9 年 141 人,10—14 年 5 人;文化程度和技术职称:大专 5 人,中专(高中)300 人,初中 57 人;技术职称:中级 1 人,初级 103 人;人员编制及经费来源:行政编制 2 人,事业编制 231 人,聘用 129 人;事业经费 142 人,自收自支 220 人;政治面貌及从事专业:中共党员 40 人,共青团员 127 人;行政 17 人,技术

288 人，勤杂 57 人。基建面积及基建、设备投资，全市已建成的 116 个乡(镇)计划生育服务站房屋建筑总面积 24 667 平方米，116 个乡（镇）计生服务站基建设备总投入 1265.74 万元，其中基建投资 1 102.9 万元(地市投入 51.5 万元，县市投入 79.5 万元，自筹 971.9 万元)；计生服务设备投资 162.84 万元(省投入 42.4 万元，地市投入 2.3 万元，县市投入 5 万元，自筹 113.14 万元)。1998 年，新建乡(镇)计生服务站 10 个，年底乡(镇)计生服务站总数达到 126 个，各行政村均建立服务室。2001 年乡(镇)合并，计生服务站随行政机构合并成 81 个。

"十五"期间，襄樊市人口计生委抓住《计划生育技术服务条例》贯彻机遇，把加强计生技术服务网络建设，改善服务条件，改造服务硬件设施作为提高技术服务能力的基础性工作。全市 8 个县级和 73 个乡级计生服务站投入资金 847 万元，对服务站房屋进行新建、改建、扩建和移址。改扩建面达 85%以上，其中房屋新(改)建投入 600 万元，设备投入 247 万元，为大力开展计生技术优质服务，满足育龄群众避孕节育、生殖保健服务的需求，创造了一个良好环境。

宜城市计生委针对市计生服务站房屋使用面积小、结构布局不合理、房屋年久失修、房屋主体整体下落，导致墙体大面积损坏，房顶破坏严重，手术室未设置隔离区、无菌操作得不到保证，经房管部门鉴定已成危房 1 590㎡的实际情况，积极向宜城市委、市政府汇报，并会同市计划发展局向省发改委、省人口计生委争取国债建设项目，对本市服务站进行改扩建，完善服务设施，改善服务环境，终被省发改委、省人口计生委，将该市服务站业务用房改扩建工程，列入了 2004 年度农村基层计划生育网络基础设施建设国债建设项目，总投资 120 万元。宜城市计生服务站业务用房改扩建项目，主要内容有：业务用房改扩建(面积 1590 平方米)，建立排污和医疗废弃物处理系统、道路硬化绿化等。宜城市委、市政府对省下达的国债建设项目非常支持，积极落实配套资金。2005 年 8 月，该市计生服务站先期进行了部分改造和扩建，投入近 30 万元，分别硬化路面 540 平方米，建立绿化带 600 平方米，新建洗衣房、病号食堂、消毒室 100 平方米，房顶整修 2200 平方米，手术室、药房改造 280 平方米。

(三)计划生育协会

襄樊市计划生育协会于 1987 年 2 月 24 日经襄樊市科学技术协会批准，于同年 2 月 28 日在襄阳宾馆召开襄樊市计划生育协会第 1 届会员代表大会正式宣告成立。截至 2005 年底，已走过了 18 年历程，经过 1992 年和 2002 年的 2 次换届，协会工作已步入规范化运作时期。1990 年 3 月，按照《社团管理条例》的规定，市计划生育协会正式在襄樊市民政局注册。同年 11 月 21 日，襄樊市机构编制委员会同意市计生协会核定事业编制 3 名。1992 年 5 月 2 日，市计生协会第 2 届全体代表大会对计划生育协会《章程》进行修订并通过。

襄樊市所辖的 12 个县(市)区的计划生育协会先后于 1987 年、1988 年、1989 年宣告成立。县(市)区第 1 批成立计划生育协会的有 4 个：谷城县 1987 年 4 月成立，老河口市 1987 年 6 月成立，随州市 1987 年 8 月成立，宜城县 1987 年 10 月成立。第 2 批成立计划生育协会的有 5 个：襄阳县、枣阳市 1988 年 4 月成立。南漳县、保康县、樊东区 1988 年 5 月成立。第 3 批成立计划生育协会的有 3 个：襄城区、樊西区 1989 年 5 月成立，市郊区 1989 年 11 月成立。随着襄樊市行政区划的变更，计划生育协会名称也随着行政区划而变更。1995 年，随州市升格为省辖城市，其计划生育协会独立。

各县(市)区计划生育协会成立后，迅速发展基层协会组织，组建计划生育协会网络。1990 年，全市建立计划生育协会组织 3214 个，其中市级 1 个，县(市)区级 12 个，乡镇(街道办事处)160 个，村级(居委会)2752 个，企事业单位 154 个，流动人口协会 45 个。2000 年，全市计划生育协会组织发展到 3605 个，其中市级 1 个，县(市)区级 11 个，乡镇(办事处)148 个，村(居委会)3007 个，流动人口协会 15 个，企业协会 423 个。建立会员小组(中心户)40398 个，会员联系户 277192 户，会员 472394 人。截至

2005 年 12 月，全市计划生育协会 3056 个，其中，市级 1 个，县（市）区级 11 个，乡镇（街道办事处）102 个，流动人口 24 个，村（居委会）2918 个，建立会员小组（中心户）22168 个。

1998 年 7 月 1 日，中共襄樊市委办公室、市政府办公室下发了《关于进一步加强计划生育协会工作的通知》，通知进一步明确了协会的性质，强调了协会在计划生育工作中的地位，指明了开展协会工作的原则、内容和方法，并提出了解决协会工作中实际困难的措施与办法。到 1999 年，全市已有 6 个县（市）区协会解决了编制问题。截至 2005 年，县（市）区计生协会仅剩南漳县尚未解决编制，其他县（市）区全部纳入编制。襄樊计生协会成立 18 年来，得到市委、市政府重视。

（四）相关工作

20 世纪 80 年代初，山东荣成、文登等地的干部群众总结探索出计划生育工作以“宣传教育为主、避孕为主，经常性工作为主”的“三为主”工作方法。原国家计生委高度重视这一经验，1983 年在荣城召开现场会，把“三为主”作为基本的计生工作方针在全国推广。

1998 年，国家计生委《关于加强实现计划生育工作“三为主”的意见》和省政府批转省计生委《关于全省计划生育工作基本实现“三为主”目标的实施意见》。同年 11 月 18 日，襄樊市人民政府办公室襄、市人民政府办公室转发市计生委《关于全市乡（镇）办事处基本实现计划生育“三为主”目标实施意见的通知》，全市计划生育工作基本实现了“三为主”，人口出生率稳定在低生育水平，2000 年和 2005 年全市计划生育率分别达到 98.65%和 95.90%，圆满完成了省下达的“九五”“十五”人口计划，人口与社会资源的占有量得到有效控制，促进了全市人口与经济、社会协调发展。全市在加快实现计划生育工作“三为主”和创建“三为主”县活动中，涌现出一批计划生育基层基础工作扎实，落实“三为主”规划成绩优异，控制人口增长成效显著的县（市）区、乡（镇）办事处。

1.“三为主”先进单位

1999 年 3 月 22 日，省计生委下发《关于 1998 年度计划生育工作“三为主”合格县（市）区的通报》，全省共 51 个县（市）区被授予 1998 年度计划生育工作“三为主”合格县（市）区，襄樊市宜城市、枣阳市、南漳县、谷城县 4 县（市）榜上有名。

2000 年 4 月 19 日，省计生委下发《关于 1999 年度计划生育工作“三为主”合格县（市）区的通报》，授予武汉市洪山区等 35 个单位为 1999 年度计划生育“三为主”合格县（市）区，襄樊市襄城区、樊城区、襄阳县、老河口市、保康县 5 个县（市）区跻身“三为主”合格县行列。

2001 年 4 月 5 日，省计生委下发《关于表彰计划生育工作“三为主”先进县（市）区的决定》，授予武汉市武昌区等 13 个县（市）区“全省计划生育工作‘三为主’先进县（市）区”称号，襄樊市南漳县名列其中。同年 6 月 26 日，省计生委下发《关于表彰全省计划生育工作“三为主”基层先进集体和优秀个人的决定》，全省共表彰计生工作“三为主”先进乡（镇、街道）100 个，其中襄樊市 9 个（宜城市讴乐乡、老河口市洪山咀街、谷城县官坊乡、枣阳市钱岗乡、南漳县双坪乡、樊城区定中门街、襄城区庞公街、襄阳区泥咀镇、保康县大湾乡）；授予全省计划生育先进合格村（居）委会 200 个，其中襄樊市 16 个（襄樊汽车产业技术开发区米庄镇清河村、宜城市郑集镇何洛村、宜城市龙头镇窑湾村；老河口市仙人渡镇刘家营村、老河口市中山办事处高潮村；谷城县北河镇安家岗村；枣阳市吉河乡丁庄村、枣阳市环城街杨坡村；南漳县城关镇便河村；襄阳县双沟镇双南村、襄阳县新集镇牌坊村；保康县后坪镇马龙观村、保康县马桥镇尧治河村；樊城屏襄门街机坊街居委会；襄城区庞公街十家庙村，襄樊市高新技术开发区团山镇施坡村）。

2."三为主"合格县(区)、乡(镇)办事处

1999 年 4 月 23 日,襄樊市计划生育委员会下发《关于 1999 年度计划生育基本实现"三为主"乡(镇)、办事处的通报》,经各(县)市计生委考核验收和市计生委的综合评估,确认襄阳县黑龙集镇等 83 个单位为 1998 年基本实现计划生育"三为主"乡(镇)办事处。

襄樊市 1998 年度计划生育基本实现"三为主"乡(镇)、办事处名单:

襄阳县:黑龙集镇、张湾镇、石桥镇、黄集镇、马集乡、伙牌镇、古驿镇、黄渠河镇、朱集镇、程河镇、埠口镇、东津镇、泥咀镇、新集镇。

南漳县:刘集镇、胡营镇、雷坪乡、武安镇、清河农场、九集镇、城关镇、肖堰镇、峡口镇、巡检镇、双坪乡。

谷城县:石花镇、庙滩镇、北河镇、紫金镇、谢湾镇、五山镇、沈湾镇、官坊乡、赵湾乡

保康县:大湾乡、歇马镇、过渡湾镇、欧店镇、店垭镇、百峰乡、龙坪镇、城关镇

老河口市:光化办事处、中山办事处、酂阳办事处、洪山咀办事处、李楼办事处、仙人渡镇、张集镇、付家寨镇。

枣阳市:北城办事处、南城办事处、徐寨镇、耿集镇、熊集镇、资山镇、钱岗乡、开发区、平林镇、王城镇、吴店镇、清潭镇、吉河乡、梁集镇。

宜城市:朱市镇、刘猴镇、李垱乡、上大堰镇、流水镇、讴乐镇、板桥镇、新街乡、雷河办事处。

襄城区:庞公办事处、昭明办事处、余家湖办事处、王府办事处。

樊城区:柿铺乡、米公办事处、王寨办事处、屏襄门办事处。

汽车产业开发区:米庄镇。

高新技术开发区:团山镇。

2000 年 2 月 13 日,襄樊市计生委下发《关于确认襄阳县竹条镇等 69 个乡(镇)办事处为基本实现计划生育"三为主"乡(镇)、办事处的决定》,决定襄阳县竹条镇等 69 个乡(镇)、办事处为基本实现计划生育"三为主"乡(镇)、办事处(见表 3—16)。

襄樊市 1999 年度基本实现"三为主"乡(镇)、办事处

表 3—16

单位	乡(镇)、办事处
襄城区	檀溪、隆中、尹集
樊城区	定中门、清河口、汉江、中原
襄阳县	竹条、朱坡、太平店、肖集、双沟、张集、黄龙、峪山、王河、欧庙、法龙
南漳县	安集、龙门、长坪、薛坪、板桥、东巩、花庄、涌泉、闫坪、三景
谷城县	城关、大峪桥、盛康、茨河、南河、当铺、黄畈、薤山
保康县	黄堡、后坪、马桥、寺坪、两峪、重阳、金斗
老河口市	孟楼、纪洪、薛集、秦集、竹林桥、赵岗、袁冲
枣阳市	环城、刘升、鹿头、姚岗、太平、杨垱、罗岗、七方、琚湾、兴隆、车河、随阳
宜城市	龙头、郑集、小河、孔湾、璞河、王集、鄢城

2000 年 4 月 29 日，襄樊市计生委下发《关于确认襄樊汽车产业经济技术开发区、襄樊高新技术产业开发区为 1999 年度计划生育工作“三为主”合格区的通知》。1999 年 12 月，襄樊市组织人员对襄樊汽车产业经济技术开发区、襄樊高新技术产业开发区 1999 年度计划生育“三为主”工作进行了考核验收。经综合评估，两个开发区均符合省统一规定的计划生育工作“三为主”合格县（市）区标准，予以确认。

3.经常性工作

（1）定期孕检：1985 年以来，全市各级计生服务站保持“面向基层、深入乡村、服务上门、方便群众”，坚持为广大育龄妇女免费“三查”（查孕、查环、查病），从 20 世纪 70—80 年代，每季度对育龄妇女进行一次孕检，90 年代两个月一次孕检，到“十五”期间，每月进行一次孕检。仅 2001 年，各县（市）区、乡（镇）计生服务站对育龄妇女孕检人数达到 787163 人次。

（2）药具发放：1984 年前，襄阳地区计划生育避孕药具发放没有形成网络，避孕药具发放主要依靠各级卫生部门组成的计划生育技术服务小分队、基层商业部门发放。1984 年，各级计划生育委员会成立后，随着各级避孕药具管理机构的建立，避孕药具发放工作逐步走上正轨。1984—1986 年，全市避孕药具发放网点发展到 4444 个，其中区级 130 个，乡（大型厂矿）级 681 个，村（街道）级 3633 个，初步形成了市、县、区、乡、村五级避孕药具发放网。全市乡以下药具发放人员 5483 人，其中乡级（大型厂矿）948 人，村级（街道居委会）4545 人。

2002 年 9 月，全市 11 个县（市）区（未含鱼梁州旅游开发区）有县级药具管理发放人员 30 人，其中专职 5 人，兼职 25 人，有卫生技术人员 10 人；有乡级药具管理发放人员 711 人，其中专职 147 人，兼职 564 人，有卫生技术人员 147 人；全市 2811 个行政村、204 个社区居委会，共有药具发放人员 3271 人，其中持证上岗 3220 人，受过药具业务培训的 3264 人，全市村（社区居）委会中有 2720 名药具发放人员落实了报酬，占村（居）委会药具发放人员总数的 83.16%。全市县（市）、乡（镇）办事处、村（居）委会共有药具发放人员 4012 人。

为搞好避孕药具的管理发放工作，市、县（市）区计生委挑选具有一定文化素质的妇女主任、乡村医生作为基层的发放员，并对他们进行培训，提高他们管理发放避孕药具的能力，真正做到“两清、三懂、四会”。即服用对象清、药具的品种规格清；懂药具性能，懂服用方法，懂一般药物副作用的处理原则；会宣传，会保管，会发放，会巡视回访。各县（市）区在抓服用药具有效率的过程中，要求发放员坚持随访，做到“六查六看”，即查服用药具人数，看准确率是否达到标准；查药具保管，看是否过期失效；查用药方法，看是否正确；查服药时间，看是否恰当；查服用反应，看是否适应品种；查用药效果，看是否怀孕。1986 年，全市药具发放人员随访服用药具人数 86590 人，占总服用药具人数的 95.47%。1996 年，全市服用避孕药具总人数达到 32320 人。2001 年，全市发放避孕药具价值 32.2611 万元，2005 年达到 115.93 万元。

“九五”以来，全市以计划生育药具发放的网底工程建设为切入点，抓了三方面的工作：①加强县、乡、村三级计划生育药具发放网点建设。为使全市计划生育药具免费发放网络更趋完善合理，计生部门一方面对全市县、乡、村药具管理各项制度执行情况及保管发放过程中存在的问题、育龄群众需求意愿、服务方式及满意度进行了专项调查。另一方面针对乡、村两级发放网络存在的薄弱环节，要求县（市）级加强对乡、村两级发放人员的培训，县（市）级设有专人、专库、专账，乡（镇）设有专人、专柜、专账，村级设有专人、专卡（服用药具人员登记卡），并做好领药登记。第三方面是按照畅通渠道、方便群众、便于管理、保证供应、提高效益的原则，为方便外出务工回乡探亲人员、流动人口、下岗人员及时地领到避孕药具，增加了部分村卫生室和街道社区卫生服务室为计划生育药具发放网点，实行《免费避孕药具发放服务证》制度，以县级服务站为龙头，镇站为依托，村、社区为网点，形成方便、及时、安全、畅通、高效的药具管理和服务体系。②建立科学的需求计划编制体系。要求全市县、乡、村三级必须做到“三清”。县级：清楚各乡（镇）药具发放人员基本情况，清楚各乡（镇）当年服用各种药具总人数；乡级：各村药具发放人员基本情况清，服务药具有效率情况清，各村当年服用药具人员总数清；村级药具管理员要做到：应使用药具对象清，有无产生副作用情况清，服用药具效果清，并将药具的计划发放工作纳入计划生育年度目标考核和计生服务站工作考核，做到从下往上申报药具需求计划，市对县、县对乡都要下达药具发放计划。③优化药具管理条件。仓库药具实行分批号和分类堆放，做到一品一位一卡，账、卡、物相符。乡有药具专用柜，村有药具专用箱。另一方面要规范完善账、卡、表的设置。全市县级统一建立避孕药具经费总账、分户账、分类明细账，分乡（镇）服用药具人数统计表和药具管理发放人员情况统计表；乡级建立药具分类明细账，分村服用药具人员情况统计表和《避孕药具发放登记本》；村级建立服用药具人员登记卡，服用药具效果登记表，从而规范了计划生育药具管理发放工作，优化了计划生育药具管理发放条件，切实做到了渠道畅通、保障供应、满足需求。

1997 年 2 月 24 日，湖北省计划生育委员会下发《关于转发枝江市 1996 度计生“三结合”目标管理考核验收方案的通知》，要求各地借鉴。襄樊市各级在签订计划生育目标管理责任制合同时，均将计生“三结合”作为目标管理考核的一项重要内容，在平时和年终定期、不定期对被考核单位的“三结合”工作进行督办、检查和考核。

（3）帮扶育龄群众推行“三结合”活动：各地成立“三结合”领导小组，严格目标管理考核。枣阳市为了认真实施计生“三结合”工作，下发了《关于“九五”期间实施计划生育“121”工程的决定》的文件，成立了由市政府市长任组长，分管计生工作的市委副书记和分管农业、农村的副市长任副组长，市计委、农委、计生委、教委、农行、农业局等 16 个相关委、局、行主要负责人为成员的枣阳市计划生育“121”工程领导小组（就是对农村领取独生子女证并采取长效节育措施的一孩户、符合政策并落实了绝育手术的二孩户和没领证的一孩户，实行优先优惠政策，从资金、技术、物资等方面向少生家庭倾斜，使之政治上光荣，经济上富裕，家庭上幸福）。南漳县委、县政府将计生“三结合”办公室、扶贫办、小康办等合署办公，统一安排部署，统一督办检查，统一考核验收。1996 年 7 月，谷城县计生协汇编的《计划生育“三结合”项目在谷城》图片资料得到国家、省、市计生协的高度评价，这本资料集以国家计生协确定的五山、谢湾两镇 10 个行政村的“三结合”项目示范点工作为主要内容，依时间和工作发展进程分三个部分。

1998 年，宜城市计生协进一步推广计生“三结合”，深化“112 幸福工程”（就是对生育一个女孩或一个男孩，并领取了独生子女证的独生子女户，生育了两个女孩，其中夫妇一方已经结扎的双女户，通过实行优惠政策，开展优质服务，帮助他们兴办致富项目，引导他们先富快富，使他们年均收入比本市平均水平高 30%以上，进而成为计划生育的带头户，发展经济的先行户，文明幸福家庭样板户），全市开展了“六个一”活动，即充实完善推广“三结合”，强化“112”领导小组；落实一系列优先优惠政策；签订并兑现目标管理责任书；乡村建立一个协会基地；副局（乡）级干部帮扶一户收入较低工程对象户；中心户长带好一个少生快富联系组。全市有 305 名副乡级以上干部，820 名副局级以上干部，2060 名村组干部落实了帮扶责任。与此同时，该市计生协还按照襄樊市计生协的要求，先后确定了龙头、刘猴、讴乐、流水、李垱、郑集 6 个乡镇 100 个村为“三结合”示范点，树立了 100 户少生快富先进典型，装订了一套“三结合”图片资料，编写了《攻坚之举希望之路》典型材料，载入了中国人口出版社编印的《计划生育“三结合”实用手册》，大大提高了宜城市推广“三结合”，深化“112”工程的知名度。

谷城县冷集镇在会员联系户活动中提出了“三包”，即包生育政策宣传，包节育措施落实，包人口计划完成。宜城县郑集镇在联系户活动中提出了“五包、四联”，即包思想政治工作，包晚婚晚育，包节育措施落实，包依法婚姻，包脱贫致富，会员组联系会员，会员联系生育对象，并对联系10户以上年奖励50元，通过实行“五包四联”，该镇的人口出生率、节育率等计划生育指标都完成得好。

一是枣阳市、老河口市、谷城县、襄阳县、宜城市等都制定了计划生育“三结合”目标管理考评实施办法，对“三结合”工作组织、方案、帮扶、效果等方面实行量化管理。二是枣阳市农行信贷部门优先为计生困难户解决生产急需贷款471万多元；谷城县计生委、计生协，在县委、县政府的支持，成立了“三结合”基金委员会，多方筹措资金100万元，为“三结合”项目开展提供了资金保障；保康县城关镇民政部门在社会救济金中，优先为21个村901个计生困难户解决发展致富项目资金4.09万元，该县工商银行为店垭镇椰榆沟村计生协提供了2万元资金，帮助建茶叶基地20亩，为实行计划生育的农户服务。三是各地、各部门根据其工作性质，积极为计生“三结合”提供物资帮助。枣阳市农委、供销等部门仅1998年共为“三结合”对象户提供良种800多万公斤、化肥14多万吨、农药1870多吨。保康农业局以农业产业为依托，支持计生困难户发展“两优一高”农业，增加了粮食产量，使部分困难户一年脱了贫。四是抓多项服务，促整体联动。各地各部门在开展计生“三结合”工作中，注重发挥行业优势，拟定服务领域，全市各级妇联、科委、环保等部门将“三结合”工作与“双学双比”“科技致富”“竞争绿色证书”等活动有机结合起来，拓宽了“三结合”发展领域，取得了良好效果。五是抓群体效应，促广泛参与。在开展“三结合”工作中，各地注重发挥各部门驻村干部的作用，实行“一包一”或“一包二”等帮扶形式，推动了“三结合”工作深入开展。保康县国税局投资2万元为驻点的寺坪镇教师湾村建起了“希望书库”，藏书达5 000余册。该县商业局为驻点6名独生子女户捐资4000元，帮助他们完成学业。枣阳市5 000多名驻村干部，踊跃参与计生“三结合”工作，共建帮扶联系点1085个。老河口市市委、市人大、市政府、市政协领导包点、包村、包人，为计生户提供资金、物资、技术及信息帮助。六是狠抓措施落实，拓展“三结合”的载体形式，为确保计生“三结合”工作的顺利开展，全市各级计生委、计生协按照“因地制宜、分类指导”的原则，对实行计划生育户进行了调查摸底和分类排队，注重载体建设，做到目标一致，功能各有侧重，促使实行计划生育的困难户尽快走上少生快富之路。

(4)利用多种“三结合”载体，帮育龄群众脱贫致富:20世纪80年代末，襄樊市计划生育协会根据市计生委总体工作布局，发挥各级计生协会在计划生育工作中的桥梁纽带作用。全市基层协会主动协助基层党组织，动员和依靠社会各方面的力量，从育龄群众急需解决的问题为切入点，千方百计为育龄群众在实行计划生育过程中产生的实际困难、解除后顾之忧做了大量工作，取得了良好的社会效益和经济效益。襄阳区峪山镇、东津镇计生协帮扶实行计划生育户发展养殖业，取得了明显效果。2005年两镇计生协为20户育龄实行计划生育的家庭提供虾苗和养殖技术，一年内均获得了可观的经济效益。老河口市罗营村计生协，1992年将价值6400多元的鱼苗、果苗优先分发给独生子女户和贫困户，使其勤劳致富有了门路。该村计生协还积极为妇女儿童服务，每季度对育龄妇女进行一次妇检，已有59户独生子女家庭表示终身只要一个孩子。1993年，随州市封江乡明福村计生协会员致富不忘众相邻，对种香菇的从事技术指导，对从事贩运土特产的提供市场行情和商品鉴别技术。在计生协会员的带动下，有300多名育龄群众分别掌握1～2项致富技术，其中200多户已告别贫困，100多户跻身到小康行列，30多对夫妻主动放弃了二胎生育指标，人口出生率连续3年控制在8.7‰以内。1990年，襄阳县计划生育协会与农业部门联手为育龄群众提供10余项近千条致富信息，并请农业专家向200多户计生贫困户传授养殖、种植、加工等技术，使多数户找到了致富门路。该县计生协还开展了“会员之家”和“会员联系户”活动，为群众办好事。枣阳市计划生育协会，结合本地实际在全市27个乡(镇)建立了枣东北水果，枣东南茶桑，枣西北杂粮、养牛、柳编，枣中鱼、禽、蛋，城郊瓜菜等不同形式的“三结合”基地。老河口市、宜城市、襄阳县、南漳县、谷城县等都在所辖乡(镇)因地制宜建起了计划生育

“三结合”基地，为实行计划生育的群众积极参与“三结合”活动提供了良好的场所。

(5)提供全方位服务，为育龄群众排忧解难：随州市计生协创办的协会服务部，解决了日常工作的五大难题。①解决了基层干部管理工作难的问题；②解决了育龄妇女手术者吃住难的问题；③解决协会活动经费难问题；④解决了待业青年安排工作难的问题；⑤将地搭工包袱变财富，增添了协会活力。省、市计生协将随州市的经验材料在全省、全市予以转发，樊东区、郊区计生协积极为出现意外伤害事故的伤残儿童服务，解决了育龄群众的实际困难。1998年，城区计生部门联合有关部门投资15万元开办了6家托儿所，开放了28个医疗卫生点和药具发放网点，共吸收了365名流动人口子女入托入学，办了近2000件好事实事。

计生“三结合”活动开展以来，通过10余年的运行，各级计划生育协会发挥了桥梁纽带和龙头作用，引导协会“中心户”和科技致富带头人因地制宜开展工作，积极向育龄群众开展了“四生”(生产、生活、生育、生殖健康)服务活动。全市普遍推行了党政领导干部、协会“中心户”少生快富标兵与贫困计生户结对子，通过签订帮扶责任书的形式，实行“一帮一”帮扶，增强了帮扶责任人的责任感，推动了各项帮扶措施落到了实处。为有困难的计生手术对象提供术前、术后服务，协会会员去医院帮助照顾受术者，并帮助料理家务；对实行计划生育后生产有困难的家庭，帮扶责任人组织村民帮助抗旱救灾、抢收抢种，照顾老人、小孩，求医问药等。谷城县五山乡计生协，全乡545名会员，带领实行节育措施的育龄群众发展庭院经济，全年收入达2万多元，人均400多元，该乡下七坪村退休干部、计生协会会员任家宝，利用嫁接、栽培果树的特长，联系本组32户，落实了节育措施的育龄群众发展庭院经济，使他们走上了致富之路。1997年，老河口市仙人渡镇计生协充分发挥自身作用，帮助镇委、镇政府制定了“一区、四地带、一庭院”少生快富工程计划，以帮助全镇1009个独生子女户和双女户率先富裕起来。通过计划生育“三结合”活动，全市计生委、计生协会共建养殖基地1.71万亩，种植基地3.627万亩，加工企业基地293个，各类经济载体1969个，其他各类协会基地2424个，累计投入资金6000多万元，仅1999年年创利润11434.85万元。全市共争取到了国家计划生育“三结合”项目1个、宣传项目4个。谷城县谢湾镇项目工作经中国计生协考察评估，达到了预期的目的，项目档案管理受到好评，为全市开展项目工作积累了经验。

(6)坚持把计划生育“三结合”纳入精神文明建设：宜城市把开展计划生育“三结合”与全市农村社会主义精神文明建设有机结合起来，在实施“112”幸福工程的基础上，1998年全市又开展了“少生快富联谊组”活动，以村民小组为单位，每10户选好一名中心户长，实行挂牌服务。已成立了7500个“少生快富联谊组”。襄阳县黄渠河镇下涂村在开展“三结合”活动中，以计划生育中心户为依托，帮助实行计划生育的群众争创“十星”级农户，为“三结合”对象户解决种植、养殖中的技术难题。老河口市白鹤岗村在开展计划生育活动中，把利益导向机制引入计划生育，促进农民群众转变生育观念，全村354户有250户被评为“十星”级农户。截至1999年，全市已建成了文明家庭42475户，文明村547个，小康户18065户，示范户1583户，示范村137个。

(7)建立长效机制，推行系列保险:襄樊市为实行计划生育家庭办理计生系列保险，从1991年开始，主要由各级计划生育协会负责帮助办理，当年共办理计生系列保险33 697份，投保金额为547.28万元，其中全年投保17 875份，投保金额达239.68万元。1993年，全市各级计生协继续为计划生育家庭办理系列保险，以解除他们的后顾之忧，从1992—1996年，全市各级协会共办理计生系列保险165 240份，投保金额7 744 808.70元。

1991年，樊东区计生协在全市首先开展了独生子女“两全”保险，为独生子女家庭做好事、实事；樊西区有1 879名独生子女参加了“双全”保险，投保1894份，保险金额达377 880元，据不完全统计，

1991 年全市投保总份数 20 306 份，投保总额达 3 075 939 元，其中：独生子女双全保险 12 583 份，占 61.97%，保金 420 848 元；独生子女父母养老保险 3 037 份，占 14.96%，保金 1 572 517 元；计划内双女户父母养老保险 1 313 份，占 6.47%，保金 656 500 元；计划外双女户父母养老保险 407 份，保金 203 500 元，其他投保 3 373 份，占 16.61%，保金 426 074 元。把保险为育龄群众办好事、实事落到了实处，赢得了群众的好评（见表 3—17）。

服务全市计划生育系列保险保费收入支出情况统计

表 3—17　　单位：万元

单位	10 年来养老保险		2006 年独生子女两全保险		2006 年子女教育婚假保险		年母婴安康保险		2006 年独生子女平安健康保险	
	保费收入	给付	保费收入	给付	年保费收入	意外给付	2006 年保费收入	给付	保费收入	给付
全市	403.00	524.00	801.00	194.00	179.00	10.00	—	—	763.00	757.00
襄阳区支公司	38.00	55.00	52.00	—	2.20	—	—	—	39.00	58.00
枣阳市支公司	59.00	90.00	162.00	20.00	28.00	5.00	—	—	121.00	108.00
宜城市支公司	36.00	41.00	94.00	—	6.00	—	—	—	112.00	102.00
南漳县支公司	40.00	43.00	33.00	—	16.00	20.00	—	—	80.00	94.00
谷城县支公司	41.00	50.00	122.00	36.00	32.00	—	—	—	128.00	96.00
保康县支公司	19.00	26.00	71.00	20.00	18.00	—	—	—	53.00	48.00
分公司营业部	66.00	89.00	147.00	—	31.00	—	10.00	—	18.00	45.00
襄城支公司	33.00	39.00	23.00	—	6.00	—	—	—	114.00	143.00
樊城支公司	41.00	50.00	19.00	—	7.00	—	—	—	22.00	22.00
开发区支公司	—	—	—	—	—	—	—	—	—	—
河口市支公司	30.00	41.00	78.00	118.00	33.00	5.00	—	—	76.00	40.00

（8）目标管理：在 20 世纪 80 年代后期，襄樊市计划生育工作虽取得了一些成绩，但整体工作水平不高，尤其是农村人口出生率仍保持在 15.17‰。为适应改革开放形势，引进经济领域责任承包机制，变单纯的行政管理为目标管理。目标管理分两个层次，四种类别，即省政府、省计生委对襄樊市政府、市计生委；市政府、市计生委对各县（市）区政府、计生委；市政府对市直有关部门；市政府对市计生委。

计划生育目标管理程序：第一步：分解目标、制定责任书。在收集、整理、分析各县（市）区人口和计划生育工作现状的基础上将省市的要求，分解到县（市）区级，指标量化，设置底分、百分制考核，责任书全文分责任目标及记分方法、考评方法及奖惩办法、领导签字及签字日期四个部分。第二步：签字。举行庄严的签字仪式是非常必要的，签字仪式一般安排在年初的计划生育工作会议上，在签字仪式上由市政府、市计生委领导与各县（市）区政府，县（市）区计生委主任、市直相关部门负责人逐一上台签字，新闻媒体予以报道。第三步：实施。目标管理就是开始和终结于目标，全年的工作要围绕目标完成，开展经常性的监督、检查、抽查，随时掌握各项目标的进展情况，修正工作方法，争取目标的全面实现。第四步：考核、兑现。年终根据责任书的要求，统一考核口径、考核方法，对责任单位进行考核。年后全市各级实行“党政目标线”考核和“计生目标线”考核，考核数据经过科学整理、分析后，对责任单位的目标执行情况，进行评估和认定，次年初召开计划生育工作会议，公开进行奖惩兑现。

管理原则：①分类指导原则：市计生委始终遵循分类指导的原则，对不同工作水平的县（市）区提出不同的要求。首先是城市和农村设置不同的目标体系和目标值。在计划生育率目标值上差别大，农业人口计划生育率在80%～94%之间，非农业人口计划生育率一直在98.5%～99.5%之间。节育措施指标上，农村设置过上环及结扎任务例数，一孩妇女上环率及期内二孩以上夫妇及时结扎率，且指标远远高于城区，一孩妇女上环率指标72%～87%之间，二孩夫妇结扎率在60%～85%以上；而城区，一孩妇女上环率在42%～48%之间，二孩夫妇结扎率在13%～15%之间。主要是督促农村落实长效节育措施。对工作水平不同的县（市）区，虽设置同一个指标，但目标值要求不同，如农业人口计划生育率，最低保康县、南漳县1991年为72%以上。而当年最高的老河口市，高达80%以上，主要是考虑保康、南漳为全省36个贫困县之一，当时的计划生育基层基础工作较薄弱，群众的生育观念没有根本转变，而老河口市计划生育基层基础工作抓的较好，所以，下达计划生育率指标较高。在其他主要指标及部分保证措施指标中都体现出分类指导的原则。②导向性原则：1987年和1988年，襄樊市农村计划生育工作突出问题是计划生育率低、多胎率高、出生率高。因此，为了遏制全市出生率较高的态势，1989年～1993年，市与各县（市）区，特别是农村县（市）设置了一孩妇女上环率、二孩夫妇结扎率指标，用目标管理手段控制人口特别是农村人口过快增长。如1987年，全市共出生96151人，其中一孩65106人，占67.71%，落实各种节育措施的育龄妇女占88.62%，还有11.38%的育龄夫妻未落实节育措施，因此设置上环任务数及结扎任务数的指标占30%的比例，引导农村抓好节育措施的落实。1988年后，改为农村一孩妇女上环率、二孩以上夫妇结扎率的指标，大力提倡已生一个小孩的妇女采取上环措施，已生两个及以上的夫妇，采取结扎措施，即当年生一孩的妇女42天至60天内上环，当年生二胎以上的夫妇产后百日内结扎。从1989年起针对农村二女户夫妇结扎率低、多胎率高的现状，增加农村二女户结扎率的指标。通过以上在指标设置上的不断变化和完善，促进了节育措施的落实，当年一孩妇女上环率达67.96%以上，当年二孩以上夫妇结扎率提高到82.94%以上。1992年，计划生育率达到83.25%，综合节育率为93.14%。在保证措施指标中，根据各个时期薄弱环节和工作重点，适时增加一些指标。从1993年起，增加统计准确率的指标，为了治理出生人口性别比偏高，从2003年起，增加了“综合治理出生人口性别比”指标，为搞好流动人口的计划生育管理，从1990年起，增设“流动人口计划生育管理”指标。③适用性原则：近17年来，凡是在目标管理责任书中设置的“率”“比例”等量化目标考核、评估时大大提高可操作性。对于一些不易考核、不易操作对整体工作意义不大的指标，则果断予以舍弃。如“孕检率”“补救率”两个指标，经过两年列入市级目标试行后发现，作为地、市一级要查清楚一个县或者一个区的“孕检率”和“补救率”是很难的。因此，决定将这两个指标从市级目标中舍弃，但工作安排时仍作重点，同时加大督办力度，同时指定这两个指标，尤其是“孕检率”（1997年改为每季一次“三查三落实”，1999年改为“三查两补一治疗”）要作为县（市）区级、乡级指标层层列入目标体系。在宣传教育指标中舍弃“订报率”“宣传品入户率”指标，突出了宣传国家“一法三规”和《湖北省人口和计划生育条例》，深入开展婚育新风进万家活动及重点人群（35岁以下已婚育龄妇女）计划生育基础知识的宣传“普及率”指标、计划生育协会指标，舍弃了计生协会会员占总人口的比例等，突出村级计生协会的年度活动中心户长等指标。突出了农村部分计划生育家庭对国家奖励扶助政策的“知晓率”、避孕节育措施的“知情选择面”、县（市）区财政计划生育费用人平投入、乡（镇）统筹计划生育经费提取比例等指标。④系统性原则：襄樊市在计划生育目标管理的实践中，十分注意目标体系设计的科学性、严肃性和系统性。同时也注意保持目标体系的连续性，每年只作一些小的调整和完善，以便与上一年的目标体系保持连续性。⑤协调一致的原则：市计生委除在制定目标责任书之前开展深入细致的调查研究工作，掌握工作现状的第一手材料，收集基层在推行目标管理的好经验、好做法，同时在起草后将草案印发基层，广泛征求意见，反复协调，最终达到上、下都统一，才正式签字。因为协商的过程也是调查研究的过程，层层都摸家底、清现状，实际上也是一个层层动员的过程。

(9)管理历程:襄樊市计划生育目标管理责任制大致可分为两个阶段。①起步阶段(1986—1993年):这段时期是襄樊市计划生育目标管理的摸索完善阶段。1986年,襄樊市计生委在全市全面推广了襄阳县计划生育经费管理的改革办法,全市县与乡(镇)、乡(镇)与村、村与组层层签订了生育合同,实行了包思想教育、包生育指标、包生育政策宣传和节育措施的"四包责任制"。1987年2月25日,襄樊市政府、市计生委在武昌洪山宾馆与本市各县(市)政府签订了1987年人口出生率、一胎率、多胎率、计划生育率、结扎率五项指标协议书。1989年,省政府、省计生委与各地、市、州政府、计生委签订了计划生育目标管理责任书,为各级制定计划生育目标管理提供出样板。襄樊市在总结过去经验的基础上,根据省里要求,对计划生育目标责任制作出改进。实行城市、农村目标值分别设立,明确以农村为重点。采用一孩妇女上环率、二孩以上夫妇结扎率,使节育措施得以具体化。市计生委设立与县(市)区计生委对口科室纵向管理责任指标。设置计划生育经费投入(县、市财政投入年人平、乡镇统筹计生经费提取比例)指标。建立了较为完善的计划生育目标体系,将各项指标分主要指标和保证指标两个板块,保证指标又分组织网络、宣传教育、政策法规、科技服务、队伍建设、财务管理等小板块。这一时期计划生育工作的特点是:实行对城市、农村计划生育工作的分类管理,工作精力主要放在农村。工作方法上采取"以难攻难",即以抓二女户结扎为主,促进一孩妇女上环,二孩以上夫妇结扎、计划外怀孕补救保当年、保长远的方法。全市年均计划生育手术达到146582例,创历史最高纪录。各级党委、政府和计生部门对孕前型管理有所认识,行动上有所动作,但仍属孕后补救型,这一时期年均补救是43106例。"三假"(假数字、假手术、假证明)抬头。在1989—1993的5年间,历年与各县(市)区签订的计划生育目标管理责任中,市政府市长和市计生委主任同时签字。此期间目标管理责任书执行情况考评方法为每年年终由市政府组织计划生育目标管理考核小组考评,采取各县(市)区自报与考评相结合,以考评为主。在奖励上,1989—1992年,一、二、三等奖分别奖励县(市)区政府目标责任书签字人200元、100元、100元和县(市)区计生委目标责任书签字人150元、100元、50元,并分别奖励获一、二、三等奖县(市)区2000元、1500元和1000元。在处罚上,凡未获奖单位,由政府和计生委分别向市政府和市计生委写出负责任的报告,市政府和市计生委将根据情况进行通报。1993年,考评方法突出了流动人口计划生育管理,其比重占全面工作的50%以上,采取各地上报和市计生委考核评议相结合的办法。考评总分在90分以上的可获奖,分设一、二、三等奖。一、二、三等奖获得单位由市政府发给县(市)区政府责任书签字人250元、200元和150元奖金,计生委责任书签字人200元、150元和100元的奖金;分别发给县(市)区2000元和1500元、1500元和1500元;1000元和500元的奖金。处罚同1989—1990年。

②规范阶段(1994—2005年):这段时期是计划生育目标管理强化阶段。主要指标值逐渐向求实转变。如襄城、樊城、市郊区、樊东、樊西区等几个城区设置了农业人口计划生育率、非农业人口计划生育率、流动人口计划生育率,其他县、市计生责任指标则设置了人口出生率、计划生育率。计划生育率指标权重增大。各地计生责任指标完成结果,将作为考核党政一把手和分管计生工作负责人政绩的主要内容之一,并实行"一票否决",即计划生育率不达标,即取消评奖资格,人口出生率指标权重下降,呈被淘汰趋势。采取当年(期内)生育一孩妇女上环率和当年(期内)生育二孩以上的夫妇结扎率指标,并发展到在规定的时期内落实长效节育措施,减少计划外怀孕,更具针对性。增加流动人口计划生育管理和"三结合"工作指标。增加统计质量指标。统计质量指标参与计分,如果统计误差超过规定的限度,则实行"一票否决",取消评奖资格。这一时期,计划生育目标管理责任人由过去的分管领导、计生委主任发展到各县(市)区、市直相关部门党政一把手、分管领导和计生委主任5个责任人,明确党政"一把手"亲自抓、负总责和计划生育"一票否决权"。1997年,襄樊市又将目标责任制延伸到有关部门,由市政府主要领导与有关部门主要负责人签订流动人口计划生育目标责任书,切实做到了计划生育目标责任制纵向到底、横向到边。据考核数据分析,这段时期全市人口出生率下降6.09‰,

由1993年的85.47%提高到2005年的95.90%，计划生育率提高10.43%。期间采取各地考核上报与市政府组织考核相结合的办法，对上报结果有明显误差或考核达不到方案要求的，取消评比资格。各地计生责任指标完成结果，将作为考核党政一把手和分管计划生育工作的负责人政绩的主要内容之一。奖励（1994—1995年）根据高分向低分顺延，分设一、二、三等奖，5县3市获一等奖奖现金3000元，获二等奖奖现金2000元，获三等奖奖现金1000元，三个城区、郊区、开发区获一、二、三等奖，分别奖现金2000元、1500元和1000元，获奖县（市）区的奖金奖励党政一把手和分管计生工作的领导；在处罚上，1994年未完成年度责任指标中任意两项的，由签字人所在单位向市政府写出责任报告，说明原因，并限期改变计生工作后进面貌。1995年，处罚增加了依据《湖北省计划生育条例》进行必要的行政处罚，对不实事求是、弄虚作假的进行严肃处理。1996年后，全市计生目标考核后仍设一、二、三等奖，奖励金额另行规定。在处罚上，1996—1998年同1995年。从1999年开始，计划生育目标管理责任书取消设奖规定，考评办法中规定各县（市）区上报统计数据，经考核有明显误差的将加重扣分，重申计生责任指标完成将作为考核党政一把手和分管计划生育工作负责人政绩的主要内容之一，未完成责任指标的，实行计划生育"一票否决权"。"十五"期间，襄樊市注重将计生目标考核作为充分调动各方面积极性，推动和引导计划生育整体工作的深入发展，解决当年工作中突出问题的重要手段，坚持"突出重点、注重实效、简便易行"的原则，从减轻基层负担入手，精简和调整考核指标，加强了对计划生育工作效果指标的评估。从提高育龄群众对计划生育工作的满意率为重点，突出以人为本，引导基层为群众提供全方位优质服务，不断提高工作质量。从2002年起，全市计划生育目标考核，分党政线和计生线进行；计生目标责任书分党政线和计生线"两线"分签，明确了各自的责任。在每年的考核前，市计生委本着分类指导的原则和指标精简的原则，起草考核方案。对考核方案、评分标准进行多次修改，力求使考核指标在满足工作需要的基础上少而精，并结合工作实际和省、市每年的工作重点，对考核指标进行调整，去掉了一些没有实际意义的指标。在样本点的构成上，为了体现分类考核，促进平衡发展的思路，2004年在各县（市）、襄阳区各增加了一个县直非农业人口的考核样本点，每个样本点由3个县直单位组成。2005年增加了一个镇直非农业人口样本点。在调查表的设计上，力求科学实用，通俗易懂，易于操作。

自1989年开始签订《计划生育目标管理责任书》，就成为各级党政"一把手"负总责、亲自抓的"一把手工程"，计划生育"一票否决"也就成为计划生育行政管理的"尚方宝剑"。

1989年，省与市、市与县（市）区开始签订《计划生育目标管理责任书》，并实行年度考核，依据考核结果不但与经济奖惩挂钩，而且奖惩办法还有"对各地执行责任书的考评结果作为当地政府和计生委负责人的政绩之一记载"的规定。襄樊市大胆探索和试行"计划生育一票否决权"。各县（市）区都以文件形式作出了明确规定，重点把好"三关"。1989年，宜城县有11个单位因计划生育搞得不好，未被命名为文明单位，有4个单位被取消称号。凡超生对象和计划外怀孕不落实补救措施的一律不予调资和晋级。南漳县当年有69名国家干部职工因超计划生育未予调资晋级。对超计划生育者坚决予以处理。同年，南漳县清退超生民办教师318人，襄阳县处理超生的国家干部、职工107人。1990年，老河口市纪委下发文件，对自1981年以来违反计划生育的137名党员干部的处分情况作了通报。襄阳县政府对1983年以来超生的国家干部、职工170人中尚未处理的103个超生对象打印成册，并及时处理。1991年，各级党委政府狠抓"一票否决权"的落实，严肃生育政策，严格奖励处罚，对违反计划生育的单位和个人明确提出九不准：即不准入党，不准提干、不准招干、不准调资，不准农转非，不准晋升职称，不准评为先进，不准当选党代表、人大代表。南漳县有14个单位因超计划生育被取消了"文明单位"的荣誉称号。枣阳市有6个襄樊市级"文明单位"、7个枣阳市级"文明单位"因违反计划生育被复核取缔。1992年，襄樊市在省政府文件精神指导下继续开展计划生育"六清理、两落实"工作。"六清理"即：节育措施是否落实；计划外怀孕是否补救；超生对象是否处理；超生子女费是否征收彻底，使用管理是否得当;早婚早育是否查处;计划生育领域的不正之风是否得到解决(处理)。“两落实”即:计划生育政策落实;人口计划落实。全市共清理不合格生育指标3123人,弄虚作假滥批生育指标有关人员148人,搞假结扎、假证明320人,违反计划生育政策的党员、干部5196人。对违纪党员干部给予了处分,其中开除党籍366人,留党察看1 150人,其他党纪处分1175人,开除公职224人,开除留用察看296人,其他政纪处分1 985人。清理工作结束后,各县(市)区都进行了检查验收,市计生委于十月份对各县(市)区的“六清理,两落实”工作进行了抽查验收,抽查结果表明,各县(市)区的“六清理,两落实”工作都抓得比较彻底,查处也很认真,各地都在查处过程中推行了“计划生育一票否决权”。1993年,全市向省推荐的精神文明单位中,襄阳钢厂因计划生育问题被否决。老河口市评选出的全市基层党组织十面红旗,其中两个单位因计划生育工作落后而被否决。

1994年,市委、市政府按照党中央、国务院和省委、省政府《关于实行计划生育“一票否决权”的决定》精神,下发《关于实行计划生育“一票否决权”的实施办法》。到1997年,全市基本规范和完善了计划生育“一票否决权”的体制机制。

1995年,省、市在贯彻执行《党政领导干部选拔任用工作暂行条例》的有关意见中,更进一步明确了在选拔任用干部中必须实行计划生育“一票否决”监督。对连续两年未完成人口与计划生育目标管理责任指标的单位和主要负责人,对违反《湖北省计划生育条例》的干部实行“一票否决”。表明了市委、市政府对计划生育工作的高度重视和一抓到底的决心,表明了市委组织部门对计生工作的理解、支持和关心。

1989年以来,计划生育工作普遍采用了目标管理责任制。各级党委、政府和部门单位签订的目标管理责任书,不仅是落实一把手亲自抓、负总责的措施,也是检验、评估计生工作,开展计生监督的重要依据。

1994年以来,全市在实行干部监督中,以落实计生目标管理责任指标为重点,不断完善内容,搞好监督。凡是当年未完成计划生育目标管理责任指标的党委、政府和部门机关、人民团体、企事业单位(含三资企业)、村委会,实行“关笼子”管理(1997年以来改称为重点管理),取消单位评先、企业升级资格;对连续两年未完成计划生育目标管理责任指标的党政一把手和分管领导实行“一票否决”,建议有关部门给予党纪、政纪处分;对有计划外生育的机关、人民团体、企事业单位(含三资企业)的党政一把手及分管副职,取消当年评先资格和奖金,并处于一定数额的罚款。1994—1997年的4年中,因计划生育“一票否决”受到党纪处分的共65人,其中科级以上干部21人,一般国家机关工作人员29人。被取消评先资格的单位一把手和分管领导73人,其中科级以上干部44人,一般干部29人;依照《湖北省计划生育条例》和《湖北省流动人口管理办法》,督促、协调流动人口管理的相关部门认真落实省政府第55号令,规范流动人口暂住、从业、经营中的验证工作,截至1998年6月,流出人口办证率达77%,流入人口持证率达73%,验证率达94%;加强对卫生及从业人员的监督,规范计生服务管理,基本遏制了假手术、假证明、非法取环和利用B超非法进行胎儿性别鉴定等事件的发生;监督各级财政部门按政策规定落实计划生育经费,计生经费由1995年人均1.45元上升到1998年人均2.17元,四年间人均增长了0.72元,解决了计划生育费开支去向的审查监督,做到征收合法、使用合理;加大打假挤水的力度和措施,严禁在统计工作中弄虚作假;严格执行政策纪律,坚决制止滥批指标、滥罚款、滥收费的三滥现象;教育广大计生干部自觉执行《计划生育条例》,规范执法程序,纠正和克服计划生育牵牛赶羊、揭瓦扒房等简单粗暴的工作方法。

市计生委在开展计划生育行政监督工作中,总结了一些行之有效的监督方法和措施。①目标监督:层层签订计划生育目标管理责任书,对当年计划生育的各项指标包括计划生育率、人口控制率、统计准确率及流出、流入人口的办证率和持证率、验证率做了详细规定,明确各级党、政一把手和单位领导的责任,划清责任界限,做到目标明确、任务具体、责任到人。②制度监督:坚持联系工作制度。

县、乡(镇)每两月、市每季度向上一级计生主管部门上报一次党政主要领导、分管领导、计生委(办)主任抓计生工作的日程行动,坚持计划生育按月报表、台账账卡制度。计生基层单位建立计划生育台账和育龄妇女账卡(册)一月一运转,乡每月、县每季度上报一次人口报表,把计划生育工作落实到户到人。坚持计划生育指标审批制度,按照个人申请、单位把关、乡(镇)办事处审核,县级计生委审批的程序,每年下达两次人口计划,实行持证生育,严格控制二胎,坚决杜绝三胎。坚持户外公布制度。村、居委会建立计划生育户外公布栏,将人口计划、当年出生人口、计划外生育费征收等情况公布上墙,接受群众监督;坚持检查考核制度。计生委半年,年终采用随机抽样的办法确定考核点,不打招呼直接进村入户,了解人口出生情况、生育水平和计生工作状况。对在统计报表中虚报漏报、隐情不报等弄虚作假现象,一经查处,加重惩处,鼓励各级领导和计划生育干部在工作中讲真话,报实数,确保了行政监督的公正公平。③群众监督:各级计生委成立政策法规科室,固定专人接受群众来信来访,公开举报电话,鼓励群众检举揭发违法违纪行为,1995—1997 年,全市共接待群众来信来访 2958 人次。其中反映各级干部违反《湖北省计划生育条例》和有关政策规定的案件 246 件,对每一个问题都进行了认真调查,基本做到了件件有回音。④舆论监督:各级党政领导通过学习,明确了人口与经济的关系,掌握了党和国家人口与计划生育的方针政策,增强了自觉执行党的人口政策,运用人口理论指导本地计划生育工作,促进人口与经济协调发展的积极性和主动性。对乡(镇)分管领导、计生办主任进行分期轮训,学习政策理论和业务知识,提高工作能力。4 年中市计生委与组织部密切配合,分三期对 160 个乡(镇、办事处、场)的分管领导进行了培训。市计生委还对乡(镇、办事处)的计生办主任,县(市)、区计生委股长进行业务培训。1995 年以来参加培训学习达 600 多人次。在各级党报、电台、电视台开设人口与计生专栏,宣传计生政策法规,介绍典型经验,剖析后进原因,进行违纪曝光,提高了广大干部自觉参与,带头执行计划生育的意识。

1995—1998 年以来,市委、市政府先后对 22 个当年未完成人口与计划生育目标管理责任指标的乡(镇)实行"关笼子"管理,对 5 个乡(镇、场)亮黄牌警告,并重申凡是连续两年未跳出"笼子"的党政一把手和分管领导一律就地免职,不准易地做官。这些单位均迅速调整工作部署,通过艰苦扎实的工作,扭转了落后局面。除 1997 两个重点管理的乡(镇)还要经考核验收外,其余均于 1998 年跳出了后进"笼子",不少乡(镇)由后进变成了先进。全市自 1995 年连续 3 年完成了省政府与本市签订的人口与计划生育目标责任指标,工作水平逐年提高。1995 年、1997 年荣获省政府颁发的目标管理达标奖。全市计生工作水平在全省排名稳中有升,并涌现了一批先进县(市)和乡(镇)。

从 1994 年作为规范计划生育"一票否决权"的起点,到 1997 年已基本规范,在随后的年度里,全市向程序化、制度化、科学化逐渐完善。1997 年 7 ~ 8 月,襄樊市计划生育委员会根据省计生委要求,组织专班对 1990—1998 年 9 月各县(市)区人口出生情况、育龄妇女有关情况、已婚育龄妇女落实长效节育措施情况、流动人口基本情况、计划外生育费征收情况等进行了清查,并分类进行了汇总。共清查出 1990 年以来党员干部计划外生育 704 人次,其中乡(科)级干部 11 人,城市一般党员干部 7 人,农村干部 377 人,农村一般党员 309 人;计划外出生 704 人,其中计划外一孩 6 人,计划外二孩 447 人,计划外多孩 251 人。全市各级党委、政府及纪检、监察部门对计划外生育的党员干部,按照中央、省、和市有关计划生育的法律法规及政策进行了严肃查处,党籍处理 296 人次,其中警告 72 人次,严重警告 56 人次,撤职 72 人次,留党察看 96 人次;政纪处理 203 人次,警告 48 人次,记过 34 人次,记大过 11 人次,降级 9 人次,撤职 90 人次,开除留用察看 6 人次,开除公职 5 人次(见表 3—18)。

襄樊市历年"一票否决"统计

表 3—18

年度	否定单位	否定个人
1999	38	28
2000	12	1
2001	83	96
2002	28	38
2003	35	25
2004	11	13
2005	7	14

1995 年度计划生育工作被进"笼子"的 10 个单位：保康县黄堡镇、寺坪镇、马桥镇、龙坪镇、百峰乡，老河口市纪洪镇、袁冲乡，南漳县三景乡、双坪乡，谷城县五山镇。实行重点管理的 5 个单位：襄阳县程河镇，保康县金斗乡，老河口市中山办事处，枣阳市鹿头镇，市农垦随阳农场。

1996 年度计划生育工作被进"笼子"的 10 个单位：樊城区汉江办事处，谷城县薤山林场，老河口市傅家寨镇，南漳县安集镇、薛坪镇，襄阳县肖集乡，宜城市王集镇，汽车产业开发区米庄镇，谷城县冷集镇，襄城区隆中办事处。

1997 年度计划生育工作重点管理的 2 个单位：襄阳县张家集镇，老河口市竹林桥镇。

1998 年度计划生育工作重点管理的 2 个单位：襄阳县方集镇、市劳动局。

1999 年度计划生育工作重点管理的 4 个单位：襄阳县龙王镇，谷城县冷集镇，宜城市南营乡，枣阳市蔡阳镇。

2000 年度计划生育工作重点管理的 1 个单位：襄阳县朱集镇。

2001 年度计划生育工作重点管理的 4 个单位：宜城市王集镇，谷城县冷集镇，枣阳市琚湾镇，襄阳县东津镇。

2002 年度计划生育工作重点管理的 3 个单位：老河口市孟楼镇，襄城区檀溪办事处，襄阳区张湾镇。

2003 年度计划生育工作重点管理的 6 个单位：老河口中山办事处、竹林桥镇，枣阳市鹿头镇，襄阳区程河镇，保康县金斗乡，市农垦随阳农场。

2004 年度人口和计划生育工作重点管理的 6 个单位：襄城区尹集乡，高新区紫贞办事处，襄阳区双沟镇，枣阳市兴隆镇、刘升镇、太平镇。

2005 年度人口和计划生育工作重点管理的 4 个单位：襄阳县双沟镇、黄集镇、峪山镇，谷城县冷集镇。鉴于襄阳区双沟镇连续两年受到人口和计划生育"一票否决"，责成襄阳区委对双沟镇主要负责人予以免职。同年，全市人口出生率为 8.43%。比 1994 年全市人口出生率的 13.32%，下降 4.89%；2005 年，全市计划生育率为 95.90%，比 1994 年全市计划生育率的 89%上升 8.56%，并高于省下达的责任目标。1994 年 ~ 2005 年间，襄樊市委、市政府高度重视人口和计划生育工作，适度运用"一票否决权"手段，加强计划生育目标管理。17 年间被市委、市政府否定的乡镇、农场、办事处 50 余个，乡镇主要负责人 1 人。特别是谷城县的冷集镇先后于 1996 年、2001 年、2005 年三次被市委、市政府否决；襄阳区双沟镇 2004 年、2005 年连续两年受到人口和计划生育"一票否决"，其党、政主要负责人被免职。

（五）工作机制

1995年，原国家计生委在充分调查研究的基础上，针对计划生育的实际，提出人口和计划生育工作要实现工作思路和工作方法“两个”转变的工作方针。即实现工作思路和工作方法由以往仅就计划生育问题抓计划生育向与经济社会发展紧密结合，采取综合措施解决人口问题转变，由以社会制约为主向逐步建立利益导向与社会制约相结合，宣传教育、综合服务、科学管理相统一的机制转变。

1.依法管理

襄樊市计生管理实践经历了从无序到有序、从人治到法治、从领导讲话就是政策到建立起比较完备的法律体系的过程。1987年以来，国家出台计划生育主体法律法规有《中华人民共和国人口与计划生育法》《社会抚养费征收管理办法》《流动人口计划生育工作管理办法》《计划生育技术服务管理条例》，除此“一法三规”外，还有《湖北省计划生育条例》《计划生育统计工作管理办法》《计划生育系统统计调查管理办法》《计划生育宣传品管理办法》《湖北省流动人口计划生育管理实施办法》《湖北省禁止非医学需要鉴定胎儿性别和选择性终止妊娠的规定》等计划生育法规规章；其他与计划生育相关的法律、法规还有《中华人民共和国婚姻法》《中华人民共和国妇女权益保障法》《中华人民共和国母婴保健法》《中华人民共和国女职工劳动保护条例》；支持与保障计划生育法规、规章施行的有《中华人民共和国宪法》《中华人民共和国民法通则》《中华人民共和国民事诉讼法》《中华人民共和国刑法》《中华人民共和国刑事诉讼法》《中华人民共和国行政处罚法》《中华人民共和国行政复议法》《中华人民共和国行政诉讼法》《中华人民共和国国家赔偿法》等。全市在计划生育依法管理历程中，经历了有法可依阶段、规范执法阶段、依法行政阶段。

《湖北省计划生育条例》1988年3月1日的施行，使全市结束了计划生育管理无法可依的时代。当年，市委、市人大、市政府为加强对《条例》宣传、贯彻的领导，不断地对《条例》贯彻、落实情况进行督促检查，先后组织了五次活动，促进了全市贯彻落实《条例》活动的深入发展。市人大与市委、市政府在当年1月29日联合召开了有县、市（区）人大常委会副主任、宣传部宣传科长、计生委主任及市直有关部门负责人会议。一年中，市人大就贯彻《条例》工作，先后组织了6次大的活动：①1月与市委、市政府联合，召开各县（市）区人大教科文卫委员会主任、宣传部长、计生委主任及市直有关部门负责人大会，安排部署宣传、贯彻《条例》工作；②3月至5月，人大常委会副主任崔寿臣带领人大秘书长和三名常委检查了五县三市和市郊区的《条例》贯彻情况，共检查31个乡镇、16个村、2个居委会、2个工厂，并向市委、市政府通报了检查情况，反映了问题，提出了建议；③6月中旬，与市政府在谷城县联合召开有各县（市）区教科文卫委员会主任、司法局长、计生委主任参加的现场会议，推广石花镇“计划生育合同加公证”的经验；④6月下旬，市人大十一位正副主任、四位秘书长、十八位常委，分成五个组，对5县、市（襄阳、枣阳、宜城、南漳、保康），4城区的21个乡镇（办事处、场），8个工厂（单位），4个居委会，8个村的《条例》贯彻情况进行了视察；⑤6月下旬，市10届人大常委会第23次会议上，专门安排一天时间讨论计划生育工作，并通过了《襄樊市人大常委会关于认真贯彻执行〈湖北省计划生育条例〉的决议》；⑥12月下旬，全市开展普法大检查，市人大把《条例》作为一个重要内容列入。通过人大的一系列督促检查工作，促进了《条例》的贯彻落实，基本上达到了要把《条例》意义弄清、政策弄懂、奖惩弄通、职责弄明的要求。1988年初，谷城县石花镇在全镇普遍实行“计划生育合同加公证”，使计划生育政策和节育措施“对号入座”，稳定了人心，理顺了生育秩序。市人大、市政府召开了现场会向全市推广，并得到省人大、省计生委领导同志的充分肯定，还在全省计生委主任会议上作了经验介绍。到年底为止，全市已有6万对育龄夫妇实行了“计划生育合同加公证”。按照省政府

“三抓三保”(抓长效节育措施,保长远人口规划的实现,抓补救;保当年人口计划的实现,抓奖惩兑现,保生育政策的落实)的要求,狠抓了结扎、上环、补救、征收超生子女费等项工作,取得了很大成绩。落实长效节育措施的人数增多。全年统计,共结扎、上环 122 424 例,比 1987 年增加 11 421 例。其中男、女性结扎 58 439 例,比 1987 年增加 7 878 例;上环 63 985 例,比 1987 年增加 3 543 例,为杜绝多胎生育打下了好的基础。落实补救措施的增多。全年共补救 40 534 例(流产 30 030 例,引产 10 504 例),比 1987 年增加 5 603 例,保证了全年人口规划的实现。奖惩政策得到较好的落实。在严格按规定征收超生子女费的同时,各地也按照规定落实了独生子女奖励费。枣阳市吴店镇对各村历年来拖欠的独生子女保健费一一进行清查,并召开群众大会如数补发,促进了生育政策的落实。

1989 年,全市继续以《条例》为中心,普遍开展依法征收工作。把依法征收超生子女费作为清理整顿的重点工作之一,认真抓好兑现。随州、枣阳、襄阳、谷城征收额均在 400 万元以上。在依法征收的同时,对群众强烈反映的乱挤、乱占、乱用超生子女费等问题,各地会同财政部门进行了彻底的清查。在清查的基础上,市计生委、市财政局、市审计局联合下发了《关于加强超生子女费管理暂行办法》,严格了管理办法,规范了超生子女费的管理。宜城县在全县范围内全面整顿生育秩序,从县到村层层成立了整顿生育秩序领导小组,县长王家康、县委副书记肖祖文亲自任领导小组正、副组长,全县共组织了 25 61 人的清理整顿专班,从 10 个方面对 1980 年以来违反计划生育的人和事进行了清理整顿。截至当年 12 月底,已清理超生对象 18 716 人,其中县直 731 人、乡(镇)直超生595 人、农村 17 390 人,超生对象中党员 852 人、国家干部职工 764 人,前后共处分 512 人。这次整顿期间处分的 358 人,由纪委、监察局、计生委各战线领导参加研究查处的有 298 人。五个月征收的款额比前十年累计征收的金额还要多。同时还清理了早婚早育 510 对。襄阳、随州对部分干部、职工开后门批二胎,以及开假证明、假结扎等问题,组织监察、纪委、计生委等部门联合立案调查,并对当事人进行了严肃处理,同时在全县(市)通报。三是加强廉政建设,增加计划生育工作的透明度。为了维护《条例》的严肃性,提高干部群众学法、执法、守法的自觉性,杜绝在生育问题中的不正之风,市政府专门下发了《关于计划生育工作有关规定》,要求在计划生育工作上实行“公开监督”提高透明度。在实行过程中,收到了很好的效果。谷城县在审批二胎指标上,实行了“两榜公布,群众举报”的办法,即二胎指标各乡(镇)在上报县计生委之前,必须张榜公布,接受群众监督,否则不予审批,县计生委审批后,乡(镇)再次公布。这个办法实行以后,群众举报数十人,经核查,大部分情况属实。这一做法,得到了群众的称赞,并迅速在本市推广。

2.规范执法

1990 年 4 月 20 日,省计生委“关于认真做好《中华人民共和国行政诉讼法》实施准备工作的通知”印发后,同年 8 月 10 日,襄樊市计划生育委员会印发“关于成立《襄樊市计划生育委员会行政复议、应诉小组》的通知”。决定成立襄樊市计划生育委员会行政复议、应诉、小组,由陈长彬、余言、龚启先、张志华、邓建明 5 人组成,陈长彬任组长,余言任副组长。日常工作由法规监察科具体办理。同年 9 月 6 日,市计生委举办全市计划生育干部《中华人民共和国行政诉讼法》执法(应诉)人员培训班。同年 9 月 10 日,襄樊市计生委根据《中华人民共和国行政诉讼法》和《湖北省计划生育条例》的规定,为严格本市计划生育执法程序,下发《关于启用计划生育执法文书的通知》。

①健全网络,抓好队伍建设:1990 年,《中华人民共和国 行政诉讼法》实施以来,全市各县(市)区积极组织宣传、学习,并根据计划生育工作性质,相继成立了计划生育行政执法领导小组和行政复议机构。截至 1992 年,全市 12 个县(市)区已全部成立了计划生育政策法规工作机构,市计生委专门成立了法规科,配备 3 名工作人员,有 8 个县(市)区也成立了相应的法规股(保康、襄阳、谷城、宜城、南漳、樊东、襄城、枣阳),配备一名工作人员负责。全市 184 个乡(镇)都配有兼职执法人员,4116 个村配

有法制宣传员。1992 年以来，各县(市)区结合“二五”普法，把修改的《湖北省计划生育条例》作为普法的必修内容，并借普法的机会，对各级计划生育执法人员进行系统的政策法规培训。枣阳、襄阳、随州、南漳、保康、老河口等县(市)专门举办了乡(镇)计生专干政策法规培训班，重点讲授《中华人民共和国行政诉讼法》和《湖北省计划生育条例》。枣阳市计生委还专门聘请市人民法院行政庭两名庭长参加计生行政执法工作，负责培训乡(镇)计生行政执法人员和行政执法业务工作。襄阳县组织执法工作人员观摩强制执行现场，以实际案例培训执法队伍。

②建立健全生育指标审批制度，加强档案管理：坚持指标审批，加强合同管理。全市 12 个县(市)区绝大部分乡(镇)都建立了育龄妇女账卡，并做到了三级管理，四级运转。1992 年下半年，根据省计生委 32 号文件规定，全省从 8 月 1 日起实行统一的执法文书，按《条例》规定的程序对超生对象下达处罚决定书，并按档案管理要求，将处罚各种资料档案装订成册，分类归档。如老河口市、襄阳县等乡(镇)的处罚有依据，执行按程序，结案有存根。1992 年以来，全市各地开始逐步理顺流动人口计划生育管理秩序，部分县(市)、乡(镇)依据《流动人口计划生育管理办法》制定了实施细则，成立了流动人口管理机构，有的县(市)区对流动人口进行了清理，并对生育对象建立了档案，如樊东区、老河口市鄘阳办事处等在流动人口管理上想了一些办法，取得了一些成绩，探索了一些流动人口管理的路子。同时，本市各县(市)根据省计生委的要求已逐步开始对流入、流出人口进行验证、签证工作。

3. 落实奖惩政策

全市在执法过程中一方面处罚一批违反计生政策的人和事，另一方面争取各方财力，积极落实独生子女的奖励和优待(如开展了独生子女保险和双女户的养老保险试点工作，积极主动为实行计划生育的对象服务，解决其后顾之忧)。从 1990 年 10 月起，全市各县(市)区都相继成立了计划生育行政复议委员会，并按照法定程序和有关法律文书要求，认真做好计划生育行政复议工作，1992 年，全市共受理申请复议案件 4 例，并按法定程序进行了复议。1993 年上半年，全市共受理了计划生育行政案件 317 起，其中行政诉讼 1 起，行政复议 6 起，申请法院强制执行 310 起。对每起行政案件都采取认真负责、客观公正的态度进行审理。通过对行政案件的复议，做到既维护计划生育当事人的合法权益，又维护行政机关依法行使行政职权。

推行执法“两制”，提高执法水平。1997 年 8 月，襄樊市计生委“关于印发《行政执法责任制》和《错案责任追究制》的通知”发至各县(市)区计生委。根据市人大、市政府指示，在全省推行执法责任制度和执法违法追究制度的要求，借鉴试点单位的做法和经验，结合襄樊市计生委实际，特制定《襄樊市计划生育委员会执法责任制和执法违法追究制实施方案》。为了进一步加强对全市计生系统“行政执法责任制”和“执法违法追究制工作”(以下简称“两制”)的领导，推进“两制”工作健康发展，襄樊市计生委《关于成立襄樊市计生委行政执法责任制和执法违法追究制领导小组的通知》，成立以韩军任组长，付国英任副组长的“两制”领导小组。

4.培训工作

1996 年，全市各级共办以法制教育内容为主的培训班 25 期，培训人员达 1500 人。培训时先后邀请了市人民法院院长姚仁安、行政庭和民庭两位庭长结合计生工作实际分别讲授《中华人民共和国行政诉讼法》《中华人民共和国国家赔偿法》《中华人民共和国行政处罚法》。各级法制培训，为推行“两制”提供了人员保证。

为了搞好“两制”，要求有执法任务的相关科室拿出“两制”的具体措施，以供监督执行，为搞好“两制”提供措施保证。把计划生育行政执法纳入年终目标考核和计生纵向管理，行政执法责任、权利和任务，逐级签订直至到人，依据《中华人民共和国行政诉讼法》《中华人民共和国行政复议法》《中华人民共和国行政处罚法》和《中华人民共和国 国家赔偿法》制订出了执法过错追究的统一性、规范性管理运作办法。与此同时，在樊城区前进路居委会进行“三包”责任制试点，包管理到位、包执法公正、包收费规范。

5.行政复议

1995 年 8 月 29 日，湖北省计生委《关于转发国家计生委在计划生育行政执法中坚持“七个不准”的通知》中指出：为了巩固和发展计划生育工作成果，提高计划生育行政执法水平，实现正确执法、文明执法，杜绝恶性案件的发生，提出计划生育行政执法“七个不准”的规定：一不准非法关押、殴打、侮辱违反计划生育规定的人员及其家属。二不准毁坏违反计划生育规定人员家庭的财产、庄稼、房屋。三不准不经法定程序将违反计划生育规定人员的财物抵缴计划外生育费。四不准滥设收费项目、乱罚款。五不准因当事人违反计划生育规定而株连其亲友、邻居及其他群众；不准对揭发、举报的群众打击报复。六不准以完成人口计划为由而不允许合法的生育。七不准组织对未婚女青年进行孕检。

1999 年 8 月 20 日，湖北省计生委《关于转发国家计生委贯彻执行行政复议法的通知》指出：注意学习和把握《中华人民共和国行政复议法》的基本法则和主要内容，不断建立健全计划生育行政复议工作制度，严格遵守法定程序，进一步规范计划生育行政执法文书，清理各级规范性文件及乡规民约，规范行政行为，努力提高依法行政水平。

①抓制度建设，规范行政行为：1999 年初，市计生委对全市下发了《关于加强计划生育政策法规工作意见》，从十个方面对计划生育工作做了制度性规定。同年 3 月初，计生委专门在南漳县进行计生政策法规规范化管理试点，在南漳县九集镇召开现场会议，推广了南漳县依法规范管理先进经验，指导全市依法管理计划生育工作。

②审查计划外生育费征、管、用情况：看计划外生育费是否依法征收使用；审查计生执法人员政治业务素质，看是否受到法律知识、行政执法培训；审查各地计划生育依法行政情况，看有无违法违规执法行为。1999 年 4 月，全市在老河口市竹林桥镇检查计生执法工作中，该镇范冲村村民滕桂荣反映，本人 1996 年 10 月计划外生育二孩，1997 年 3 月该镇范冲管理区征收其计划外生育费系口头通知，无送达回证，并搬走滕家一台 17 吋黑白电视。1997 年 4 月至 1998 年 8 月，竹林桥镇计生办曾先后两次通知滕夫妇参加镇计生办举办的学习班。学习期间，滕交纳 500 元计划外生育费，计生办出示收据为白条。根据滕反映的情况，市计生委专题进行了实地调查取证，经核，滕桂荣反映情况属实，竹林桥镇在征收滕桂荣计划外生育费中属程序不合法，并有过火行为和收费打白条问题。市计生委领导对该镇计生办提出了严肃批评，立即责成该镇计生办退回滕家 17 吋电视机，出具正规收费发票，登门道歉，受到滕家亲属谅解。1998 年、1999 年两年全市共有 8 名个人和 5 个单位受到追究。

③加强行政复议工作，维护申请复议人的合法权益：凡公民对基层执法机关作出的具体行政行为不服，提起申请复议的，市计生委都严格按照法律程序要求各复议机关认真办理，以积极督办为手段，加强计划生育依法行政的监督，协调工作，保证公民合法权益不受侵犯。1999 年，全市受理行政复议 16 件，维持 13 件，按期结案 16 件，撤销 3 件。

6.依法行政

襄樊市自 1993 年起已经开始推行计划生育行政执法公示制工作，在全市村一级全部实行了“两公开一监督”（生育政策公开、生育对象公开、接受群众监督）制度，有力地促进了计划生育政策法规的落实。1999 年 5 月，市政府召开全市依法行政工作会议，2000 年 4 月 14 日，市人民政府下发《关于进一步加强全市依法行政的决定》；湖北省计生委下发《关于建立计划生育行政执法过错责任追究制和公示制的通知》和《关于进一步加强计划生育行政执法工作紧急通知》。根据会议《决定》和《通知》

精神，市计生委全面推行计划生育依法行政、执法过错责任追究制和公示制。

市、县、镇均出台了《计划生育行政执法责任制》《计划生育执法过错追究制》和《计划生育执法过错追究办法》等文件。推行计划生育政务公开，公示内容由市计生委统一规定。全市所有的村都设立了固定永久的人口与计划生育户外公布栏，将生育政策、生育指标、生育对象、节育措施、计划外生育处理、计划生育执法中坚持“七个不准”规定等内容公开。并向社会公布举报电话，接受群众监督。市计生委也向社会公布了举报电话（3571111）。

建立健全计划生育执法制度，规范执法行为。先后出台了《襄樊市计划生育执法责任制和执法违法责任追究制》《关于实行计划生育“一票否决”的实施意见》《计划外生育费征收、管理、使用制度》《计划生育重大案件上报制度》等一系列管理制度。以制度规范执法人员的行为，做到正确执法、文明执法。推行计划生育执法人员持证上岗制。凡是计划生育执法人员一律要经过培训，经考试合格，取得“行政执法证”后，才能上岗执法。未获上岗证者，一律不得从事计生执法工作。1999 年、2000 年全市各级共举办培训班 20 期，1200 多名计划生育执法人员通过了考试，获得了上岗证。规范计划生育抽象行政行为。认真清理计划生育规范性文件，纠正和废止与《条例》等计划生育法律相抵触的文件。规范制定计划生育规范性文件的程序，严格以《条例》和有关法律、法规为依据。规范具体行政行为。在发放生育证、征收计划外生育费、实施计划生育行政处罚、进行病残儿鉴定等时，做到既维护计生法规的严肃性，又保护广大群众的合法权益。

各地都把信访工作作为沟通干部与群众关系的桥梁，了解各项计划生育政策在基层贯彻落实情况的窗口来对待，认真办理群众来信，热情接待群众来访，推行逐级上访制度。对群众反映的问题，视情况及时予以处理。尤其是将群众反映的计划外生育、干部弄虚作假现象作为查处的重点。

1999 年，结合部门行风建设，对各级基层计生部门的收费问题进行了清理和规范。规范办证收费标准，要求各地严格按物价局审批的标准收取，严禁自行其是。取缔不合理的收费项目。坚决取消了收取计划生育押金、流出人口的计生管理费和验证等手续费。全市统一的计生资料，只准收成本价，严禁层层加码，各县（市）区一律不准自行印发计生资料，变相收取，确需印发的报市计生委批准后，发样稿，由各基层单位自行制作。全面推行收支两条线的管理办法，坚决杜绝了乱收费、打白条等现象。各基层单位在收费中严格实行了一证一据一账制度，主动出示收费许可证，使用统一的收费票据，建立专账，确保专款专用。

2003 年，襄樊市计生委转发《湖北省计划生育委员会关于严格执行乡镇干部行政行为的（三项规定）的通知》。2004 年，转发省人口计生委《关于认真做好行政许可事项出示工作的通知》的通知。省政府依照《中华人民共和国行政许可法》和国务院关于贯彻实行行政许可法的有关规定，人口和计划生育部门继续实施的行政许可事项为 4 项，即计划生育技术服务机构执业许可、生育第二个子女及再生育一个子女审批、计划生育技术服务人员执业证书核发和计划生育统计调查审批。根据有关法律法规，结合本市计划生育实际，市计生委印发《关于全面推进依法管理人口与计划生育工作的意见》。市计生委抓住《中华人民共和国行政许可法》颁布实施的机遇，进一步强化了法制教育。全市各级计生部门都通过自学与请专家辅导相结合的办法，认真组织学习《中华人民共和国行政许可法》《中华人民共和国人口与计划生育法》等法律法规。同时，对各种行政审批事项进行彻底清理，凡不符合《行政许可法》的一律予以取消。全市没有发生一起违反“七个不准”和“五个一律禁止”的事件，计划生育乱收费、乱罚款现象得到了有效遏制。

(六)村民自治

根据2000年6月28日湖北省计划生育委员会《关于推行计划生育村民自治的若干意见的通知》精神,襄樊市计划生育委员会于同年8月23日将省计生委《通知》转发全市,要求结合实际认真贯彻执行,并将工作中遇到的情况问题及时反馈给市计生委。

1.村民自治试点

2000年,全市计划生育村民自治在计生委作出"办点探索,先点后面,稳步推进"工作思路指导下,在南漳县九集镇王花园村、城关镇便河村、枣阳市吉河乡丁庄村开展了计划生育村民自治试点。在试点中,市计生委根据《中华人民共和国村民委员会组织法》,注重体现四个原则。公开原则。试点重点抓村民代表大会为主要形式的民主议事制度和以村务公开、民主评议以及村委会定期报告计划生育工作情况为主要内容的民主监督制度建设。广泛参与的原则。着力调动村级组织主动性和群众广泛参与计划生育的积极性,把决策权、监督权、管理权交给群众,试点村都多次召开村民代表大会,讨论修订村民自治章程等乡规民约。村级年度计划生育工作计划、人口计划及生育指标审批发放、计划生育"三结合"帮扶措施和优惠政策都必须经过村民代表大会讨论,根据大多数群众的意见作出决策。体现公正的原则。不论是制定村民自治章程还是计划生育合同均体现公正的原则,对村级组织和村民的权利和义务、管理和服务、奖励违约责任作出明确具体的规定。自愿知情的原则。试点中由于坚持了开展计划生育村民自治应由群众自愿知情的情况下主动参与,试点工作普遍得到了群众的拥护。

2.村民自治运作

全市计划生育村民自治工作2000年正式启动,率先在南漳、枣阳的3个村进行试点。之后,逐步在全市农村普及推广。在推行计划生育村民自治过程中,市计生委根据各村不同情况,提出不同指导意见,使计划生育村民自治切实符合村情民意。对已达到计划生育示范村标准,实现村民自治的村,把工作重点放在推行生殖保健和避孕节育知情选择上。对已达到计划生育合格村标准,基本能独立完成计划生育任务的村,把工作重点放在计划生育合同管理,用村"小法典"规范计划生育工作上。对计划生育后进村,把工作重点放在帮助解决好班子、队伍、阵地制度和路子问题上,以加快计划生育村民自治的过程。经过几年的努力,到2002年,全市计划生育合格村(居)委会已占总村(居)委会的87.23%;实行计划生育村(居)民自治村占村总数的89.84%(见表3—19)。

2002年县(市)、区计划生育合格村(居)及村(居)民自治情况

表3—19

单位	村(居)委会总数	计生合格村(居)委会数	计生合格村(居)委会比例(%)	实行计划生育村(居)民自治村(居)数	实行计划生育村(居)民自治村(居)比例(%)
合计	2687	2344	87.23	2414	89.84
枣阳市	620	614	99.03	620	100.00
宜城市	200	161	80.50	121	60.50
南漳县	288	247	85.76	262	90.97
保康县	272	218	80.15	163	59.93
谷城县	277	245	88.45	245	88.45

续表

单位	村(居)委会总数	计生合格村(居)委会数	计生合格村(居)委会比例(%)	实行计划生育村(居)民自治村(居)数	实行计划生育村(居)民自治村(居)比例(%)
老河口市	252	202	80.16	247	98.02
襄阳区	449	352	78.40	449	100.00
襄城区	160	148	92.50	160	100.00
樊城区	147	135	91.84	130	88.40
高新区	11	11	100.00	7	63.64
汽产区	10	10	100.00	10	100.00
鱼梁州	1	1	100.00	0	0.00

在实施计划生育村民自治工作中，全市采取的主要措施如下：制定规章制度，依法规范运行，为使计划生育村民自治能够规范运作，指导各村制定了一套上符法律法规、下合村情民意的规章制度，以此来规范村干部和村民开展计划生育工作的行为，维护群众的合法权益。首先，经村民代表大会讨论制定了《计划生育村民自治章程》和《计划生育公约》，把政府的主张、法律规定的权利义务变成群众的自觉行动。其次，村委会与育龄夫妇签订《计划生育合同书》，依靠合同规范村委会和村民双方的权利、义务。再次，建立健全村民代表民主议事制度、优质服务承诺制度和村干部计生工作岗位责任制等各项工作制度，以便依责尽职，照章办事。成立自治小组，自治落实到户。要把计划生育自治工作落到实处，需要建立起计划生育村民自治管理和服务网络，使计生管理与服务由村延伸到组、到户。部分地方结合实际成立了计划生育村民自治自我管理小组(简称自管组)。

(七)计生工作

1.创建与效果

2002年，襄樊市计生委转发《省计生委转发国家计生委关于计划生育优质服务先进县(市、区)创建活动的通知》的通知。同年5月22日，市计生委印发《关于进一步加强计划生育技术服务机构建设全面推进优质服务工作的意见》的通知。各地都要以争创计划生育优质服务县(市)区和优质服务乡(镇)为目标，积极开展服务站的达标创优活动。县(市)区服务站要切实规范技术服务用房的布局及结构，添置和更新必要的医疗设备，不断改善服务环境，强化其在本区域内计划生育技术服务中心的地位。乡(镇)服务站要结合乡(镇)区划调整的实际情况，认真抓好人员设备等资源的重新配置和整合工作，并根据国家计生委第5号令及省、市确定的等级，不断添置和更新符合要求的手术床、B超、显微镜、“四术”器械包、消毒仪器等基本的设备。切实做到力量增强、设备完善、环境改善，不断满足群众生殖保健的需要。2003年4月2日，市计生委《关于转发(国家计生委优质服务县<市、区>评估指标体系)的通知》的通知，要求各县(市)区计生局，按照《通知》要求，结合本地实际进行自查自评，总结成绩，查找问题，并积极组织开展争创计划生育优质服务县(市)区、乡(镇)工作。优质服务县(市)区创建活动评估采取自查和上级抽查，平时检查和年终考核相结合的方法进行，《评估指标体系》中的各项指标可采取查阅相关文件和统计报表，抽样调查、个人访谈和小组座谈、现场测试管理服务过程和设施等方法进行评估。

2003年，中共湖北省委办公厅、省政府办公厅《关于表彰2002年度全省计划生育优质服务先进县(市)区的通报》，全省受到表彰的计划生育优质服务先进县(市)区共20个，其中襄樊市2个(樊城区、老河口市）。

2004年，湖北省人口和计划生育委员会《关于授予秭归县等计划生育服务站为“2003年计划生育优质服务站”称号》的通报，全省共表彰20个县（市）区计生服务站，襄樊市老河口市计生服务站获此殊荣。

2005年，湖北省人口和计划生育委员会《关于表彰2004年度全省计划生育优质服务站的通报》，省人口计生委共授全省14个县（市）区级计划生育服务站荣誉称号，襄樊市南漳县计划生育服务站获2004年优质服务站称号。

2.知情选择

2002年3月22日，湖北省计划生育委员会印发《湖北省开展避孕节育方法“知情选择”的工作意见》的通知，省计生委《通知》要求各地要认真调研，做好试点。避孕节育方法的知情选择，是指需要采取避孕节育措施的育龄夫妇，在技术人员的指导和帮助下，掌握必备的避孕节育措施，在自愿的基础上，根据自身的实际情况和需要，选择以长效避孕措施为主的安全、有效、适宜的方法避孕。

2002年，襄樊市各级计生部门扎扎实实地推进了避孕节育知情选择工作。首先是统一思想、答疑解惑。一方面是针对基层干部存在的“知情选择后，计划生育就没法做了”的思想，有的放矢地开展了依法行政教育。另一方面针对群众存在的“计划生育放松了”“节育措施可自由选择了”等思想，侧重宣传了知情选择的目的、意义、条件及方法，使他们明白知情选择的真正含义。其次是深入宣传，充分知情。全市通过开办讲座、印发宣传资料、面对面交流、知识传递等方式，深入开展了生殖保健、避孕原理、常用避孕方法优缺点、知情选择的一般原则等知识教育，使育龄群众充分了解和掌握知情选择的相关知识。

2003年，全市65%的村通过开展面对面的宣传、指导及签订知情选择合同等形式，推行知情选择工作。全市发放知情选择挂图85份，发放《避孕药具知识手册》1500多本，知情选择面达90%以上。2004年，由于计生服务机构工作措施得力，全市避孕节育知情选择的范围不断扩大，全市有80%的村推行了知情选择，术后随访率达74%，由于措施得当、随访及时，各地保证节育措施落实的及时率和有效率都有不同程度的提高。

2005年，全市各级计生服务机构继续推行避孕节育知情选择工作，全市已实行知情选择的村占村总数的83%。

谷城县从2002年初本着积极稳妥、严谨的原则，由县人口计生局分管领导带队，组织局班子成员、乡（镇）分管领导、计生办主任到应城市参观学习，同时结合行风评议，开展“万名群众评计生”活动，广泛听取群众意见，广大群众对计划生育工作满意率在90%以上。但育龄群众对过去强制性的“一环二扎”的做法反应强烈，通过评议，提高了领导和计生干部开展避孕节育措施“知情选择”是依法行政的需要，是计划生育工作进入低生育水平的客观需求，是实践“三个代表”重要思想的重要体现，是加快实现计划生育工作实现“两个转变”的必由之路。认识统一后，该县把握关键环节，扎实推行避孕节育措施的《知情选择》。县计生局选择了基本具备“知情选择”的条件即城关镇曾家营村举办试点，县委、县政府在该村召开了现场会，会后，各乡（镇）也都选择了2～3个村进行了“知情选择”试点，在试点取得成功经验后全面推行。根据各乡（镇）经济基础、工作水平、育龄群众生育观念的转变程度，分别确定了不同的工作目标，提出了不同的要求。县委、县政府决定，全县2002年80%的村开展，2003年达到100%；该县在推行“知情选择”过程中，始终本着科学有序的原则，制定下发了《知情选择工作实施方案》，规定了实施方法、步骤、要求，提出了具体指标。同时，根据各试点反馈的问题，县人口计生局及时派出工作专班进村指导，帮助解决。将以下4种对象确定为知情选择对象：当年有生育行为，需要避孕者；曾避孕失败导致意外妊娠而实施补救措施后需要避孕者；现有避孕措施不适应需要更换方法者;符合政策自愿推迟生育需要避孕者。采取各种方式使育龄群众做到“五知情”,即知党和国家现行生育法规政策;知“三查两补一治疗”具体时间;知本人身体状况;知五种避孕节育方法;知本人避孕节育史。指导育龄妇女选择合适其身体状况的安全、有效、适宜的避孕方法。五是个人申请、签订“知情选择”合同。确定的“知情选择”对象,在医生的指导下,选择适宜的避孕方法,由本人填写知情选择服务卡和知情选择申请书,村委会根据医生指导意见和知情选择对象选择的避孕方法,进行讨论通过后,由知情选择对象夫妻本人与村委会主任签订《知情选择合同书》。六是技术服务人员根据“知情选择”对象在知情选择合同上选择的避孕方法,及时提供服务,满足育龄群众需求。

谷城县计划生育避孕节育措施“知情选择”工作健康发展,圆满完成了年度计生责任目标,低生育水平进一步稳定,2002 年,全县 277 个村(居)委会有 235 个开展了“知情选择”工作,占村(居)委会总数的 85%,全县人口出生率 7.94‰,符合政策生育率 98%,出生人口性别比 108,综合节育率达 95%,长效节育率达 65%以上,育龄群众对计划生育的满意率达到 90%以上。取得了明显的社会效益和经济效益。

襄樊市 2002 年实行县(市)区避孕节育措施知情选择的村(居)委会 1953 个,占全市村(居)委会总数 72.68%,已实行知情选择人数 39020 人,占应知情选择总人数 66.9%(见表 3—20)。

2002 年县(市)区避孕节育措施知情选择情况

表 3—20

单位	实行知情选择村(居)委会数	实行知情选择村(居)比例(%)	应实行知情选择人数	已实行人数	实行知情选择人数比例(%)
合计	1953	72.68	58323	39020	66.90
枣阳市	620	100.00	11881	10932	92.01
宜城市	21	10.50	5319	567	10.66
南漳县	232	80.56	3610	3142	87.04
保康县	11	4.04	4808	125	2.60
谷城县	235	84.84	3923	3355	85.52
老河口市	247	98.02	3794	3719	98.02
襄阳区	278	61.92	7493	4639	61.91
襄城区	160	100.00	12786	8280	64.76
樊城区	139	94.56	4134	3720	89.99
高新区	7	63.64	250	250	100.00
汽产区	2	20.00	314	280	89.17
鱼梁州	1	100.00	11	11	100.00

2005 年,全市计划生育避孕节育知情选择应落实对象 111546 人,实际落实 103763 人,占应落实对象总数的 93.02%;应落实免费计生服务人数 471242 人,实际免费服务人数 450931 人,占应免费服务总人数 95.70%。

3.生殖健康

1998 年 1 月 17 日,国家计生委对 1997 年全国人口与生殖健康优秀调查单位和优秀调查员进行了表彰。根据审核结果,对参加调查的所有县(市)区,调查质量进行了综合评分,将排名在前 100 位县(市)区计生委评为“优秀调查单位”;排名前 200 位县(区)市计生委参加调查的 410 名调查员评为“优秀调查员”。宜城市计生干部王浩、张晓琼获“优秀调查员”称号。

1998 年 9 月 18 日，在全省召开的地、市、州计生委主任会上，湖北省竞赛组织委员会对在全国范围内开展由成都恩威集团独家赞助的"恩威杯生殖生理健康知识竞赛活动"进行颁奖。市计生委获湖北赛区的优秀组织奖，谷城县盛康镇干部孙国兵获三等奖，市计生委韩军、杨家国、张志华等 17 名同志获优秀奖。

1999 年 1 月 5 日，襄樊市计划生育委员会转发《湖北省 2000 年实现育龄夫妇享有初级生殖保健的实施方案》的通知。（见表 3—21）。

初级生殖保健指标分类

表 3—21　　单位：%

初级生殖保健指标	不同县市标准		
	三类	二类	一类
1.把初级生殖保健纳入县、乡政府工作目标	100	100	100
2.人口、计划生育及生殖保健知识接受率	75	80	85
3.已婚育龄妇女综合避孕率	80 以上	80 以上	80 以上
4.避孕有效率	—	—	—
5.已婚育龄妇女人流率	—	—	—
6.节育手术并发症发生率	—	—	—
7.妇女常见病普治率	60	75	90
8.常见遗传病咨询率	60	70	80

该《方案》分四大部分，目的和意义、标准、初级生殖保健服务内容；基础知识教育及咨询服务；计划生育技术服务，包括避孕节育服务、并发症防治；其他与计划生育相关的生殖保健服务；保障措施。

湖北省 2000 年实现育龄夫妇享有初级保健分类县（市）规划名单中，全省一类县（市）区 68 个，襄樊市枣阳市、南漳县、谷城县、老河口市 4 个县（市）被列入；全省二类县（市）、区 27 个，襄樊市襄阳县、襄城区、樊城区、宜城市 4 个县（市）区被列入；全省三类县（市）7 个，襄樊市保康县被列入。

1995 年以来，襄樊市各级计生服务站围绕育龄群众生育、节育、不育普遍开展了生殖保健系列服务，宣传和普及生殖保健知识。开展"五期"（青春期、婚前期、孕产期、避孕期、更年期）保健知识宣传教育。在全面加强两月一次"三查"（查环、查孕、查病）的基础上，因地制宜的围绕生育、节育、不育等开展了治疗、咨询、宣传服务工作，各级计生服务站纷纷成立了生殖保健服务专班，进村入户，开展服务，取得了较好社会效益和经济效益。市计生委也在老河口市、谷城县大峪桥办了生殖保健服务试点，并在总结试点经验的基础上，召开了现场会，推广了试点的做法。主要是搞好生殖保健咨询服务，在全市普遍推行了以建立"三个机制"为重点，全面开展生殖保健全程服务。建立了生殖健康全程服务管理机制，使群众了解认识生殖健康保健工作的必要性和重要性；建立了生殖健康全程服务的运行机制，调查摸底建立档案；引进计生服务技术和设备，为广大育龄群众提供安全、可靠、有效、方便的节育措施。1999 年，全市普遍开展了村、组计生干部和信息员对重点已婚育龄妇女的月访工作，及时掌握其避孕节育和孕产情况，加大了孕情监测力度，在此基础上，还要求申请生育者，持证之前应到乡（镇）以上计生服务站进行咨询，由专业人员宣传和解答相关的政策，优生优育及产后保健知识等。

全市各级计生服务站还普遍推行了育龄群众生殖健康就近服务，对怀孕妇女及患有妇科疾病的特殊对象实行跟踪随访服务。

1998 年，襄樊市县、乡计划生育服务站普遍对全市已婚育龄妇女开展了"三查两补一治疗"（即查环、查孕、查病；脱环补救、怀孕补救；治疗妇科病）生殖保健系列服务活动，全市已婚育龄妇女应检总人数457 666人,实检人数387 897人,占总人数84.76%,其中查环299 904人,查出病例人数76 505人,治愈人数60 056人,占病例人数78.50%。

2002年5月,全市计划生育与生殖健康抽样调查工作圆满结束,据初步统计,全市共抽查样本点72个,调查4 439户,总人口16 543人,15—46岁适龄妇女5 160人,占调查总人口的31.19%,登记个人问卷3 899份,登记外出适龄妇女调查表1 043份,个人问卷和调查表均未填的238人,分别占适龄妇女人数的75.37%、20.21%和4.42%,此次调查涉及64个乡(镇)街道级单位,70个村(居)委会级单位。同年12月份,省计生委对在"全省计划生育与生殖健康"调查工作中成绩显著的襄樊市计生委颁发了"生育健康调查组织奖"。

2000年以来,全市加大了生殖道感染普治工作力度,据统计,县、乡两级计生服务站为育龄群众提供"三查"及生殖保健服务200多万人次。优生优育的检测面逐渐加大,全市有两个县级计划生育服务站开展了不孕不育症的诊断和治疗业务。

4.奖励扶助

国家人口计生委要求通过试点，逐步建立农村部分计划生育家庭奖励扶助制度。其奖励对象是农村实行了计划生育的部分家庭,即夫妻双方没有违反计划生育政策,现有一个子女、或两个女孩、或子女死亡现无子女,年满60岁以上的夫妇可终身享受每人每月50元的奖励扶助金。

市计生和财政部门于2004年8月16日联合下发《关于转发省人口计生委,省财政厅〈关于布置全省农村部分计划生育家庭奖励扶助调查摸底工作的通知〉》和《关于做好农村部分计划生育家庭实行奖励扶助制度工作的通知》两个文件,并及时将有关对农村部分计划生育家庭实行奖励扶助制度的意义、内容、目标、对象、标准、原则和要求传达到各县(市)区;同时,成立由市人口计生委主任任定超任组长,市财政局副局长曾海水、市人口计生委副主任余言、齐和平任副组长,市财政局、市人口计生委相关科室9名负责人为成员的襄樊市推行农村部分计划生育家庭奖励扶助制度工作协调小组。工作协调小组下设办公室,共有7名工作人员,负责主要的日常工作。各县(市)区按照文件要求成立了工作协调小组及工作专班,并将有关精神迅速传达到乡(镇)和基层单位,从而拉开了全市农村部分计划生育家庭奖励扶助调查摸底工作的序幕。

为了把摸底工作抓好抓实，市计生委、市财政局特别注重政策口径、调查方式方法等内容的培训。联合文件下达的第三天,市人口计生委召开了各县(市)区计生局长参加的培训会议。举办各城区、乡镇办事处有关人员的培训班,由于省未将本市城区列入培训计划。同年8月17日,省培训会议结束一周后,市财政局、市计生委两部门联合组织襄城、樊城、高新、二汽、鱼梁洲五个城区和襄阳、南漳、宜城、谷城、保康、枣阳、老河口和7个县(市)区财政局、计生局分管领导和相关科室人员37人,以及各乡镇办事处计生办主任和统计人员，市人口计生委全体干部、二级单位负责人进行了专门培训。市财政局领导讲解了奖励扶助制度的意义，市计生委领导对摸底登记政策口径逐条逐项进行了讲解。培训基层调查登记人员。基层调查人员对政策口径的掌握程度直接关系到调查摸底的质量,各县(市)区财政、计生部门分别抽调所属乡(镇)、村既懂计生业务,又有一定调查经验的干部组织培训学习,统一政策口径,明确登记方式方法,同时,对调查登记表和汇总表一一作了培训讲解,以确保这次登记工作顺利开展。

宣传发动,调查摸底。此项工作分五步有序展开。第一,各地在登记之前,认真做好宣传发动工作,各乡镇、村都非常重视宣传发动工作,有的组织全体村民召开群众大会,直接面对面地宣讲政策;有的通过有线广播或电视台进行反复宣传;有的地方如宜城市将政策以告示的形式印发,在村、组张贴,谷城县将政策的内容、扶助对象的确认条件等以公开信的形式印发5万份,发到广大村民手中,真正把奖励扶助政策宣传到群众中去,让广大农民群众家喻户晓。第二,乡、村两级调查人员严格按照政策口径，认真查看被调查登记对象相关证件，并通过群众走访座谈，逐一核实登记表中的每一个项目，确定无疑后再进行认真登记，对有疑问的，不擅自做主，迅速向上级汇报。登记结束后，村级将登记对象有关情况和市、县、乡三级计生部门的电话张榜公布，接受群众监督，群众没有疑问后，再按要求进行汇总。第三，市、县、乡、村四级紧密配合，乡、村两级着重将摸底中发现的问题集中汇总并向上级请示，市、县两级着重加强指导，对能够解答的疑难问题及时解答，不能解答的问题则一一归类，集中反映，确保登记口径的统一性。第四，市、县计生、财政部门严把汇总关，对层层上报的汇总结果进行分析判断，仔细推敲，没有疑问后再认真汇总，签字盖章，层层上报。第五，认真开展督办检查，并抽查了部分村的登记情况，同时走访了部分被调查对象和村组干部；县、乡计生部门分别组织专班层层进行了督办核实。宜城、老河口、保康等地对所有登记对象一一见面核实。在核实过程中，重点通过走访群众，到乡（镇）核实有关证件，发现错登的及时进行纠正。由于督办及时到位，保证了登记质量。

截至 2004 年 9 月上旬，全市已圆满完成农村部分计划生育家庭奖励扶助目标人群调查摸底工作，据全市汇总结果（第一次摸底数据），本市共有符合政策规定的摸底对象 7753 人，其中现有一个子女的 5221 人，现有两个女孩的 2189 人，子女死亡现无子女的 343 人，界定为农村居民户口的对象人数为 8 人，曾经生育具有抱养或送养行为的对象人数为 492 人。

2005 年 3 月 22 日，市人口计生委第五次组织各县（市）区计生局分管局长及规统科长召开专题会，布置安排奖励扶助对象资料归档工作。会后，各地按照省样式，以县为单位统一印制的“农村部分计划生育家庭奖励扶助对象档案袋”及相关表格，并对确认对象的资料一式三份进行了整理归档，分别存于县、乡、村。

根据省人口计生委《关于抓紧做好当前奖励扶助对象资格确认和录入上报工作有关要求的紧急通知》，全市县、乡、村三级集中领导、集中时间、集中力量，普遍开展了资格确认工作。市、县、乡三级按照相关文件要求，明确责任主体，对村级上报对象调查核实工作由乡（镇）人民政府负责，以乡（镇）领导干部或驻村干部为主，乡（镇）计生办工作人员配合，一同进村逐人调查核实确认。县、市两级审核分别由计生部门统一组织力量，财政部门配合进行，计生和财政部门共同把关，严格实行入户调查人员和调查审核单位责任追究制。为了保证摸底上报数据质量，根据市政府的安排，2005 年 4 月 29 ~ 30 日，市人口计生委再次组织人员分 5 个调查小组对襄阳、老河口等 5 个县（市）区共计 15 个乡（镇）15 个村奖励扶助对象进行了质量抽查，此次抽查 15 个村上报 80 人，市核实结果 78 人，核减 2 人，误差率 2.56%。为了确保上报对象准确无误，2005 年 5 月 8 日，市人口计生委第 6 次组织各县（市）区计生局局长、分管局长及相关科室负责人召开紧急会议，进一步强调了奖励扶助对象的确认工作，安排了录入上报工作。同年 5 月 5 日前，各县（市）完成了农村部分计划生育家庭奖励扶助对象的录入上报工作。

2005 年 7 月 28 日，全市农村部分计划生育家庭奖励扶助金首发式在宜城市举行。30 名符合条件的老人代表获得了每人每年 600 元的奖励扶助金。省人口计生委副主任刘望清、市政府副市长曹敬兰出席了首发式。

截至 2005 年 9 月底，经过核查全市符合农村部分计划生育家庭奖励扶助标准的资格确认人数 6777 名，实际发钱人数 6733 人，按照每人每年 600 元的奖励扶助标准，共兑现奖励扶助资金 4039800 元。差错人数 44 人（婚姻史不清 6 人，没有生育史 10 人，户口性质有误 6 人，现存人口不符 7 人，3 个子女同时见面 7 人，其他 8 人）。

按照省人口计生委、省财政厅《关于对拟扩大农村部分计划生育家庭奖励扶助制度试点目标人群重新进行调查摸底核实的紧急通知》要求，2005 年 1 月，襄樊市人口计生委再次对奖励扶助对象进行了核实摸底，摸底结果比第一次数据有所增加，全市符合条件为 8050 人，占农业人口的 1.94‰。同时，市、县两级按照国家规定的标准，作出了资金承诺，并再次向省上报核实摸底结果。同年 3 月 9

日，省人口计生委、省财政厅又召开了农村部分计划生育家庭奖励扶助制度扩大试点工作座谈会，市人口计生委迅速将这次会议精神向市委、市政府领导作了汇报。市委、市政府要求各级计生、财政部门集中时间、集中精力，层层加大核实力度，确保奖励扶助对象准确无误。通过对奖励扶助对象的进一步核实，核实结果为7208人，占农业人口的1.74‰，比第二次核实减少842人，占农业人口比降低了0.2个千分点。2005年3月11日，市人口计生委第四次组织县(市)区计生局局长及规统科长召开专题会，传达了省座谈会精神，进一步明确了市、县两级人口计生委(局)一把手亲自抓、负总责，分管主任(局长)具体抓，规划统计部门具体落实。

在调查摸底的基础上，做到5个坚决：坚决收集登记对象身份证，户口簿原件，并取得复印材料；坚决同每个对象单独取证；坚决对知情群众背靠背个别调查取证；坚决对婚姻史和生育史情况复杂，有抱养行为的，替补性生育3个以上的、未生育子女的重点对象，找3人以上的知情人分别单独取证，如果证明不一致时，扩大范围调查取证；坚决对摸底对象实行村、乡、县三榜公布，充分接受群众监督。

为防止因政策口径不准导致目标人群数据失真，大起大落，市、县(市)区人口计生部门坚持从严的原则，不准有任何政策松动，严禁违反国家和省政府规定，随意乱开政策口子，同时把握政策执行的准确性，根据对象的实际条件进行客观、及时、准确地核实，对需通过调查取证核定的对象，及时进行调查取证，对符合条件的对象及时进行确认，不盲目地纳入待定范围，对不符合条件的对象及时进行核减并对群众进行解释。对政策口径难以把握的，市人口计生委还多次向省请示，待省明确答复后，再进行确定。

5.质量抽查

为保证省规定的检查面和检查质量，各级计生部门领导亲自带队包县、包乡、包村进行抽查，对象入户率、见面率、取证率均达到100%。

2005年3月25~26日，市人口计生委抽调24名计生干部组成核查专班，分别对老河口、枣阳、宜城、襄阳、襄城、樊城等6个县(市)区农村部分计划生育家庭奖励扶助目标人群进行了核查，每个县(市)区核查4个乡(镇)办事处各一个村，共核查了24个村，这次核查采取与本人见面座谈；查看身份证件；找到2~3名知情人了解；核对村级收集的有关证明材料等。同年3月28日，省人口计生委印发《关于全省农村部分计划生育家庭奖励扶助目标人群调查摸底核实质量抽查情况的通报》：在县(市)区重新核实后，省级抽查的样本点村对象没有误差的有襄樊市的保康县、谷城县等10个县(市)，占样本点县(市)的55.55%。保康、谷城等县(市)精心组织，从严把握政策，保证了调查核实工作的顺利开展。县(市)开展重新调查核实后，省级抽查不符合条件的对象人数为16人，南漳县占3人，误差率为12.5%；南漳县等县(市)样本点村在调查取证、合法证件审核环节时，工作程序不到位、不规范。同年3月29日，为进一步做好农村部分计划生育家庭奖励扶助制度试点工作，加强奖励扶助信息交流与沟通，市人口计生委转发了省人口计生委《关于加强农村部分计划生育家庭奖励扶助制度信息管理工作的通知》。

市人口计生委在2005年3月以来，两次组织抽查各县(市)区、乡(镇)办事处39个村，其自报226人，其核定结果为217人，核减9人，市级核查误差率为4.61%。针对核查发现的问题，人口计生部门及时向当地反馈，以便及时整改。

(八)计生综合治理

1.出生人口性别比治理

1989 年,湖北省计划生育委员会在"关于转发国家计生委《转发卫生部〈关于严禁用医疗技术鉴定胎儿性别和滥用人工授精技术的紧急通知〉的通知》"中提出:"任何卫生机构、计划生育部门(包括个体开业)不许以任何理由用医疗技术和设备作胎儿性别鉴定,以保证计划生育工作正常进行。"但随着计划生育由行政干预走向依法行政,为了在法定的胎次内出生男婴,非医学需要的胎儿性别鉴定和选择性别的终止妊娠成为新时期计划生育工作中出现的新问题。全市 1998 年 10%抽样调查结果表明,1991—1998 年 3 月,全市出生婴儿性别比平均为 111.40,超出正常值(103 ~ 107 之间)范围,并且随着出生孩子的递增出生婴儿性别比升高。

(1)治理出生人口性别比的政策、法规:面对日益严重的出生婴儿性别比结构严重失调问题,1998 年 5 月 6 日,襄樊市计划生育委员会、襄樊市卫生局"关于转发《湖北省计划生育委员会、湖北省卫生厅关于严禁非医学需要鉴定胎儿性别的通知》的通知"。同年 8 月 26 日,襄樊市计生委、卫生局、民政局、公安局、妇女联合会联合下文"转发省计生委《转发国家计划生育委员会等五部委关于综合治理出生婴儿性别比升高问题的通知》的通知"。2001 年 12 月 10 日,省长张国光签署经 2001 年 11 月 19 日省人民政府常务会议审议通过的湖北省人民政府令第 218 号《湖北省禁止非医学需要鉴定胎儿性别和选择性终止妊娠的规定》发布实施。2002 年 7 月 4 日,襄樊市人民政府办公室"转发市计生委等部门关于贯彻《湖北省禁止非医学需要鉴定胎儿性别和选择性终止妊娠的规定》意见的通知"。2003 年 5 月 12 日,襄樊市计生委"关于转发省计生委《转发武汉市计生委等部门〈关于认真贯彻抓好我市出生人口性别比专项治理工作的通知〉的通知》的通知"。2004 年 2 月 16 日,襄樊市计生委"关于转发省人口计生委《转发国家人口和计划生育委员会关于出口人生性别比升高问题综合治理工作基本要求(试行)的通知》的通知"。同年 7 月 12 日,襄樊市计生委、卫生局联合下文《关于进一步加强出生人口性别比综合治理工作的通知》。

(2)性别比治理措施:关于综合治理出生人口性别比工作,本市主要采取了以下"五抓"措施。①**抓关键,强化领导力度**:2001 年以来,市委、市政府高度重视综合治理出生人口性别比失调工作。市委书记阮成发、市长付明珠及分管领导先后主持召开市委常委会、市长办公会和深入计生委听取计生工作汇报,认真研究了综合治理出生人口性别比失调问题,并提出了相关措施。在 2004 年初的工作会上,市委书记阮成发对这一问题进行了重点强调,点名批评了工作落后的枣阳、襄阳,在全市引起了震动;同年 6 月,在市委常委会专题研究人口计生工作会上,再次强调各级党委、政府要把控制出生人口性别比工作摆在当前计生工作的突出位置,切实抓出成效。2003 年 9 月和 2004 年 7 月,市委、市政府先后两次召开了综合治理出生人口性别比工作的座谈会,对此项工作进行了专题动员、安排和部署。同时,市委、市政府下发了《关于禁止非医学需要鉴定胎儿性别和选择性终止妊娠的实施办法》。层层成立了由党委、政府领导任组长、相关单位负责人参加的综合治理领导小组。市政府把出生人口性别比指标作为与县(市)区、市直相关单位签订的目标管理的重要内容,明确规定各地各部门党政一把手为综合治理出生人口性别比工作的第一责任人,必须亲自抓、负总责。四是落实"一票否决"制。2004 年 4 月 8 日,市委、市政府对连续三年来出生人口性别比超过 120 以上的樊城区柿铺办事处,襄阳区朱集镇、程河镇、双沟镇、张家集镇、峪山镇,谷城县冷集镇、保康县后坪镇、寺坪镇,老河口市薛集镇、孟集镇及枣阳市杨垱镇、琚湾镇、熊集镇、太平镇、刘升镇、七方镇、北城办事处等 18

个乡(镇、办事处)予以黄牌警告。

②抓宣传,营造浓厚氛围:采取多种形式,广泛开展了社会化宣传。2004 年以来,全市各级共在电台、电视台开办宣传栏目 18 个,累计宣传时间达 120 小时。制作宣传栏 230 期,印刷标语 1 万余条。继续深入开展"婚育新风进万家"活动,启动实施"关爱女孩行动"。各地及时把治理出生人口性别比问题作为婚育新风进万家的重要内容,针对不同的目标人群,进行了有针对性的宣传。认真实施了"关爱女孩行动",通过演讲、重点帮扶及制定落实优惠政策等措施,在全社会营造出了"关爱女孩,消除性别歧视"的氛围。在这项活动中,各地共印发各种宣传资料、图片 20 多万份。在计生技术服务机构、医疗保健机构、个体诊所和药店开辟"两禁"宣传专栏,设置了"两禁"的醒目标志,张贴了"两禁"规定。各地计生、卫生、药监部门还加强了对相关从业人员的法制教育和培训,教育其遵守职业道德,并通过签订责任书,明确奖惩,督促他们禁止进行非医学需要的鉴定胎儿性别和选择性终止妊娠活动。

③抓制度建设,落实各项管理与服务措施:2003 年以来,各地结合实际制定规范了一系列管理和服务措施。第一,实行孕情报告制度。凡领取"生育服务证"或"生育证"的对象,在怀孕两个月内向所在村(单位)报告孕情,建立孕情档案,由镇、村技术服务人员按月填写孕情。生育对象在领生育证时,还要与村委会(单位)签一份《计划生育管理服务合同》,合同期满,兑现奖惩。第二,实行孕请访视制度。全市镇、村干部对所有怀孕对象实行包保责任制,坚持落实旬上门、月随访、季"三查"的全程服务管理办法。第三,实行定点分娩。规定孕妇分娩只能在具备条件的卫生机构和计生服务机构进行,严禁个体诊所、乡村医生接生。第四,建立新生儿死亡报告制度。无论是死产,还是活产死亡,镇、村干部必须在 72 小时内查清死因,填写报告单,报告单必须由计生专干、村干部、对象亲属和知情群众签字。第五,严格生育证管理制度。通过采取孕前生育证集中管理和生育合同管理等形式,切实加强对孕期的管理。第六,建立妊娠手术审批上报制度。凡是施行中期以上终止妊娠手术的必须取得计生部门的批准,否则任何单位不得为其实施手术。相关施术单位每月必须将施行终止妊娠手术情况上报各地计生局及卫生局。第七,建立终止妊娠药品流通管理制度。严禁终止妊娠药品在市场上自由流通,严禁个体医生使用终止妊娠药品,严禁药品经销商向群众个人和个体医生出售终止妊娠药品。第八,从严加强 B 超管理,对涉及孕妇 B 超检查时,在卫生、计生双锁管理、双人上岗的基础上,孕产妇必须现场出具真实身份证和计划生育证,必须由计生部门 1 人和该院院长或分管院长在场,并与 B 超操作人员同时在检查记录上签字备案。

(3)专项治理行动:根据省人民政府决定,从 2004 年 12 月至 2005 年 7 月在全省集中开展整治非法鉴定胎儿性别和选择性别终止妊娠行为专项活动。2005 年 2 月 3 日,襄樊市人民政府办公室印发《关于开展集中整治非法鉴定胎儿性别和选择性终止妊娠行为专项活动的实施意见》,把"专项活动"分为四个阶段:从当年 2 月至 3 月为调查摸底阶段。通过调查摸底,掌握基本情况,确定工作重点,并有的放矢地开展工作。当年 4 月份为专项检查阶段。当年 5 月份为集中查办案件阶段。对查实的案件,严格按照有关法律法规和规章的规定,进行公开处理曝光。当年 6 月份为健全制度、规范管理阶段。为了对专项活动加强领导与协调,成立了全市集中整治非法鉴定胎儿性别和选择性终止妊娠行为专项活动领导小组。

附:领导小组成员名单:

组　长　曹敬兰　市政府副市长

副组长　任定超　市人口计生委主任

　　　　林芳立　市卫生局局长

成　员　余　言　市人口计生委副主任

张忠刚 市监察局副局长

伍华钢 市公安局副局长

李恒勤 市药监局副局长

任爱林 市卫生局工会主任

2003 年 5 月 12 日，襄樊市计生委“关于转发省委宣传部等 11 个部门《关于贯彻落实中宣部等 11 个部门〈关于综合治理出生人口性别比升高问题的意见〉的通知》的通知”，对党委宣传、计划生育、教育、公安、民政、劳动和社会保障、农业、卫生、统计、药品监督管理、妇联等各部门的职责进行了明确分工。2005 年 3 月初到 4 月上旬，全市城区开展集中整治非法鉴定胎儿性别和选择性别终止妊娠(下称“两非”)行为专项清查活动。市、区两级人口计生委、卫生局和市药监局组成专班对襄城区、樊城区、高新技术开发区、汽车产业开发区和鱼梁州开发区的所有医疗保健机构、计划生育技术服务机构、个体医疗机构和经营药品批发零售的企业和药店的“两非”情况进行一次全面深入的清理清查。这次本市城区行动，共清理清查了 26 家医疗保健机构，625 家个体诊所，9 家药品批发公司和 64 家零售药店。依据国家和省有关法律法规，封存个体诊所 B 超 2 台，拆除宣传计划生育技术服务违法广告 8 个，没收零售药店的终止妊娠药品，并给予相应处罚。综合治理出生人口性别比领导小组先后两次召开了有卫生、药监、公安等部门参加的协调会议。同年 7 月，又在枣阳市召开全市综合治理出生人口性别比工作现场会，推广枣阳市逐人见面面检，定期见面回访等先进做法。全市各级计生、卫生、药监等部门联合行动，对各级各类医疗机构、药店进行大规模的清理清查，共取缔无证行医诊所 92 家，吊销行医执照 4 个，封存 B 超 42 台，对管理不规范，未查验引产证明的 9 家医院发出了整改通知。全市各地结合实际，不断健全完善了孕情报告制度、责任包保制度、终止妊娠手术报批等一系列制度。同年，全市共依法查处了 5 件“两非”案件，收回二孩生育证 5 个，罚款 1.5 万元。

2.治理结果

2005 年 9 月 13 日，市政府在南山宾馆召开部分县(市)区出生人口性别比综合治理工作座谈会。会上通报：襄阳、保康、枣阳、宜城 4 个县(市)区 2005 年上半年出生人口性别比均超过正常值，其中襄阳、宜城的出生人口性别比与去年同期相比处于攀升状态。据统计，2005 年上半年，全市人口性别比为 110.44，比 2004 年同期下降了 2.45. 其中出生一孩性别比为 103.27，比 2004 年同期下降 2.70；出生二孩性别比为 174.58，比 2004 年同期上升 14.28。

四、人力资源结构

(一) 从城镇化看人力资源结构

襄樊市城镇人口 1979 年为 52.5 万人，2005 年增加到 244 万人，年平均增长 5.4%。相应城镇化率也由 1979 年的 12.2%，上升为 2005 年 44.9%，年均提高 1.13 个百分点。随着城镇化的发展，全市人力资源结构也相应呈现新的变化和特点。

1.从业人员比重上升，第一产业减少，第二产业、第三产业增加

1983 年，全市总人口为 455.69 万人。其中从业人员为 256.68 万人，占总人口的 56.33%。从业人员在一、二、三产业分别为：190.40 万人、32.46 万人(其中工业 27.15 万人)和 33.82 万人；所占比例为

74.18%、12.64%和13.18%。1988年,全市总人口为481.21万人。其中从业人数为291.12万人,占总人口的60.49%。从业人员在一、二、三产业分别为:185.81万人、58.71万人(其中,工业47.21万人)和46.61万人;所占比例为63.83%、20.17%和16.01%。

2.非农业人口大幅度增加

1979年,全市总人口为436.04万人,其中非农业人口52.48万人。2005年,总人口上升为577.22万人,其中非农业人口217.67万人,26年增长4倍。

3.市区从事农业劳动者的比重降低

1979年,全市总为436.04万人,市区人口32.97万人;从事工、农业劳动者的比重分别为9.13%和90.87%。2005年全市总人口为577.22万人, 较1979年增32.38%。其中市区从业人口比重为66.8%,在从业人口中,从事工业的比重为83.5%,从事农业的比重下降为16.5%。

(二) 人口普查结果

1979－2005年,按国务院规定,襄樊市先后开展了三次全国人口普查工作。从三次人口普查的资料可见,全市人力资源结构呈现优化趋势。

1.1982年第三次全国人口普查

1982年11月,襄樊市开展了第三次全国人口普查。普查结果:全市共计1 268 031户,586.82万人。其中, 市区68357户,32.33万人。在总人口中, 全市劳动适龄人口318.76万人, 占总人口的55.55%。其中,男性170.74万人,比重占53.56%;女性148.02万人,比重占46.44%。在总人口中,农村人口占总人口达81.45%,农村劳动适龄人口占83.45%;城镇人口占总人口18.55%,劳动适龄人口占总人口的16.15%。在全市城镇劳动适龄人口中,襄樊市区、随州和老河口市区,占67.28%,其他12个镇,占32.72%。1882年,全市从业人口为309.69万人,占全市总人口53.97%,略高于当时全国(51.94%)和湖北省(53.85%)的平均水平。其中男性171.60万人,占从业人口55.41%;女性138.09万人,占从业人口的44.59%。同年,全市各行业人口年龄的构成较为年轻化。其中,35岁从业人口占总数的63.06%;35岁以上、54岁以下的从业人口, 占30.09%;55岁及其以上的年龄组从业人口,占6.85%。全市从业人口中,具有大学文化(含大学肄业)占0.55%,高中文化程度占10.54%,初中文化程度占31.57%,小学文化程度占30.91%,文盲、半文盲占26.43%。全市各业从业人口所占比重,较高的依次是,农、林、牧、渔业占就业人口的78.82%,高于同期全省(73.51%)和全国(72.02%)的平均水平;工业、运输和有关人员占就业人口的比重为10.12%,低于同期全省14.33%的平均水平;商业人员占就业人口的比重为1.61%,也低于全省同期1.78%的平均水平。

2.1990年第四次全国人口普查

1990年7月1日,襄樊市第四次人口普查资料表明:全市共计有1 577 137户(含随州市,下同),总人口为659.54万人。其中:襄樊市区55.41万人,襄阳县122.83万人,枣阳市97.83万人,宜城县50.63万人,南漳县59.80万人,谷城县54.16万人,保康县29.46万人,随州市143.98万人,老河口市45.44万人。平均每个家庭为4.18人。在总人口中主要特征,一是男性338.17万人,女性321.34万人,男女性别比例为105.23：100。二是汉族人口为657.77万人,各少数民族人口为1.74万人,占总人口的比重分别为99.74%和0.26%。三是具有大学(包括各种研究生、大学本科、专科)文化程度的为

58 534人,具有中专(含中专)以上文化程度的为518 693人,初中的为1 667 701人,小学的为2 243 434人(以上各种文化程度均包括毕业、肄业和在校生);四是文盲、半文盲(指12岁及其以上不识字或识字很少的人)为1 079 939人,占总人口的比重为16.37%;五是居住在市区(指襄樊市、随州、老河口、枣阳市市区)、镇(指随州、老河口、枣阳市所辖的镇和县所辖的镇居民委员会)的人口为1 626 775人。占总人口的24.67%。其中襄樊市区总人口1 179 724人,镇的人口为447 051人,占总人口的比重分别为17.89%和6.78%。

3、2000年第五次全国人口普查

2000年11月1日,襄樊市开展了第五次人口普查。普查结果:全市共有153.21万户(不含随州市,下同),总人口565.67万人(包括外来常住人口,不包括常年外出人口),平均每个家庭规模为3.45人。在总人口中,襄城区28.98万人,樊城区58.16万人,枣阳市105.38万人,老河口市50.94万人,宜城市52.27万人,襄阳县128.88万人,南漳县57.32万人,谷城县55.07万人,保康县28.67万人。同第四次人口普查总人口515.53万人 (不含随州市) 相比, 全市10年中共增加50.14万人, 增长率为9.73%,年均增加4.85万人,年均增长率为0.9%。全市总人口在年龄构成上的特点。0—14岁人口为126.1万人,占总人口数的22.4%;15—64岁人口为404.12万人,占总人口数的71.44%;65岁及以上人口为34.84万人,占总人口数的6.16%。同1990年第四次人口普查结果相比,0—14岁人口的比重,下降了6.78个百分点;15—64岁人口的比重,上升了6.34个百分点;65岁及以上人口的比重,上升了0.53个百分点。性别构成发生微弱的变化。男性为290.37万人, 女性为275.30万人, 性别比为105.47∶100,男性比较1990年上升了0.24。2000年,全市汉族人口为563.90万人,占总人口的比重达99.69%,各少数民族人口数1.77万人,占0.31%,与1990年第四次人口普查结果相比,汉族人口增加了50.02万人,增速为9.73%;各少数民族人口数增加了0.12万人,增速为7.04%。在各种受教育方面,大学(指大专以上)教育人口达17.91万人,高中(含中专)教育的为70.67万人,初中教育的为213.15万人,小学教育的为192.11万人。与1990年第四次人口普查结果相比,每10万人中拥有各种教育程度的人数,发生了如下变化:具有大学教育程度的由1 010人,上升为3 167人;具有高中教育程度的由8 124人,上升为12 494人;具有初中教育程度的由24 973人,上升为37 682人;具有小学教育程度的由34 117人, 下降为33 962人。在全市的人口中, 文盲人口 (15岁以上不识字的人)为34.50万人,文盲率由原来的16.29%,下降为6.10%,下降了10.19个百分点。城镇人口增加。居住在城镇的人口为242.67万人,居住在农村的人口为323万人,比重分别为42.9%和57.10%。与1990年第四次人口普查的结果相比,城镇人口的比重上升了17.25个百分点。

(三) 三次产业结构

1.第一产业的变化构成

1979年以后,全市在农村从业人数,曾经呈上升趋势。21世纪前后,由于城市化发展和大批农民外出务工等原因,农村人力资源快速向第二、第三产业转移。1979年,襄樊市一、二、三产业就业的结构比例,依次为55.7∶28.2∶16.1,1990年变化为50.9∶29.4∶19.7。2005年,进一步变化为41.1∶30.5∶26.4。比如,1983年,全市第一产业的从业人员为,190.40万人,1988年,全市第一产业的从业人员为185.81万人。两个年份相比,第一产业的从业人员减少了4.59万人。2002年,全市总人口为577.38万人, 非农业人口161.51万人。从业人员为290.47万人, 其中在年末统计单位从业人数为46.57万人,三次产业分别为,第一产业为2.58万人,第二产业为18.48万人,第三产业为25.51万人。2005年,全市总人口为577.22万人,非农业人口上升为217.67万人。从业人员294.78万人,其中年末在统计单位从业人数为41.44万人,第一产业为1.99万人,第二产业为16.54万人,第三产业为22.91万人,第一产业人力资源比2002年减少0.59万人。1988年,全市乡镇人口385.89万人中,从业人员有167.28万人。其中,一、二、三产业从业人员分别为137.97万人、20.50万人和8.81万人。2005年,乡镇人口达364万人,从业人员为179.85万人。其中,一、二、三产业从业人员分别为121.41万人、22.48万人和35.96万人。17年来,第一产业的人力资源减少了16.57万人(见表3—22)。

2002-2005年全市三次产业从业人员统计情况

表3—22 单位:万人

	2002年	2003年	2004年	2005年
年末总人口	577.38	578.54	577.22	577.22
非农业人口	161.51	163.52	—	217.67
从业人员	—	294.78	—	291.98
年末单位从业人数	46.37	44.17	42.92	41.44
第一产业	2.58	2.23	2.03	1.99
第二产业	18.48	18.31	17.12	16.54
其中:制造业	13.51	—	7.71	—
建筑业	1.87	—	1.69	—
第三产业	25.51	23.63	23.77	22.91

2.第二产业的变化构成

2002年,全市总人口577.38万人,其中,被统计的第二产业从业人数为18.48万人;2003年,全市总人口578.54万人,被统计的第二产业从业人数18.31万人,较2002年减少0.17万人;2004年,全市总人口577.22万人,被统计的第二产业从业人数17.12万人,较2003年减少1.19万人;2005年,全市总人口577.22万人,被统计的第二产业从业人数16.54万人,较2004年减少0.58万人,较2002年,减少1.94万人。2002年,被统计的建筑业的从业人数1.87万人,2004年,则下降为1.69万人,两年共计减少了0.18万人。

3.第三产业的变化构成

2002年,全市从事第三产业的职工人数为25.51万人。2005年,下降为22.91万人。三年来,减少了2.6万人(见表3—23)。

2002—2005年襄樊市第三产业从业人员一览

表3—23 单位:万人

	2002年	2003年	2004年	2005年
第三产业	25.51	23.63	23.77	22.91
交通运输等业	—	1.79	—	1.6
批发零售业	—	3.07	—	2.18
金融业	—	1.13	—	1.24
科技和地质业	—	1.02	—	1.18
教育	—	6.56	—	6.51
卫生和福利	—	2.09	—	2.24
公共管理业	—	5.46	—	5.47

由表中可以看出，2005 年与 2003 年相比，在第三产业中，除公共管理业增加 0.01 万人外，其他各业均在下降。

城镇登记失业逐年减少，城镇个体私营从业人员，也在减少。2002 年，全市年末城镇登记失业人数为 5.18 万人；2003 年，年末城镇登记失业人数为 3.96 万人，较上年减少 1.22 万人；2005 年，全市年末城镇登记失业人数为 3.95 万人，较 2002 年减少 1.23 万人，较 2003 年减少 0.01 万人。统计资料表明，2002 年，城镇个体私营从业人员为 41.79 万人；2003 年，城镇个体私营从业人员为 43.02 万人；较 2002 年增加 1.23 万人；2005 年，城镇个体私营从业人员为 35.31 万人，较 2002 年，减少 6.48 万人；较 2003 年减少 7.71 万人。在被统计的 7 个企业集团中，也存在从业人员下降现象。2004 年，7 个企业集团中共有从业人员 8 850 人，2005 年下降为 8 061 人，减少了 789 人。按企业集团主营行业分，从事制造业的，2004 年为 5 591 人，2005 年减少为 5 144 人；从事建筑业的，2004 年为 840 人，2005 年减少为 832 人；从事交通运输、仓储和邮政业的，2004 年为 1 088 人，2005 年减少为 854 人；从事批发零售业，2004 年为 1 163 人，2005 年减少为 1 132 人； 从事房地产业的，2004 年为 168 人，2005 年减少为 99 人。按母公司登记注册的类型分，在有限责任公司就业，2004 年为 5 591 人，2005 年减少为 5 144 人；在股份有限公司就业的，2004 年为 2 171 人，2005 年减少为 1231 人；在其他企业中就业的，2004 年为 1 088 人，2005 年则增为 1 686 人。

卷四 城乡建设与管理

1978年1月11日,成立中共襄樊市基本建设委员会党组。1979年,中共襄阳地委组织部决定成立中共襄阳地区基本建设委员会。1983年,襄阳地区、襄樊市合并,城里襄樊市建设委员会,归口管理25个行政企事业单位。2001年,撤销襄樊市建设委员会,设置襄樊市建设局。2003年,撤销襄樊市建设局,设置襄樊市建设委员会。

1979年,襄樊市编制完成第3个城市总体规划,1981年,湖北省人民政府批准实施。这个规划进一步明确襄樊城市性质是全国重要的铁路交通枢纽之一,以发展轻纺工业为重点,相应发展电子、建材、机械工业。

1986—2005年,襄樊市相继修编完成《1988—2010襄樊城市总体规划》《1996—2010襄樊市城市总体规划》和《2006—2020襄樊市城市总体规划》。至2005年,城市居住人口规划控制在80万人以内,建成区用地面积规划73.6平方公里。

1981—1985年底,先后新建、改建了主次干道30条,使市区道路总长达70公里,总面积90万平方米。

1986—1988年,主要围绕抓规划,解决市区道路布局不合理问题,改善城市环境。先后为市民办33件好事,对41条道路进行改建、重建,人均道路面积由1983年的2.8平方米提高到3.2平方米。

1989—1995年,襄樊市区建设突出"狠抓配套、完善功能、稳步发展"以"襄南工程"和"民心工程"为重点。襄樊刘集民用机场于1989年通航,形成空中、陆地、水上的立体交通网络,全市修建改建道路147条,新建下水道145条,建桥梁12座。完成全长1488米汉江北路排水工程和襄樊第一座人行天桥,100座旱厕改水厕工程和北街仿古一条街以及米公排水工程。

1996—2000年,投入城市基础设施建设资金27.37亿元,新建道路、广场工程58项,面积442 059平方米,改造泥巴路66条,面积10 643.6平方米,新建下水道8条,基本形成现代化的大城市道路交通网络。

2001—2005年,新增城市道路113.86万平方米。先后完成18项重点工程,市区主次干道252条,道路总长150公里,总面积284.82万平方米。至2005年,城市排水管网达192条,总长163.59公里,市区排水泵站19座,总流量18.00平方米/秒,装机2956千瓦。市区主要桥梁17座,一般桥梁16座。市区燃气事业转轨变型。由单一液化气供应转变为液化气、天然气供应并存。经营单位由襄樊市煤气公司发展为襄樊市煤气公司、管道燃气公司、大明天然气公司。市区液化气用户由1986年13 500户增加到33 000户,全年供气量由1986年的1040立方米增加到3 200立方米。2003年,引进的天然气工程项目铺设管道全面开工,大明天然气公司成立,2005年天然气管道穿越汉江,2004年投资6 756.38万元的市区天然气工程竣工。2005年1月1日点火通气,用户2 826户。

1979年后,公共交通事业迅速发展,新的营运线路相继开辟。1981年,开始增设出租新客运项目。1984年,设立旅游汽车出租公司,个体经营的出租车开始营运,城市公共交通形成以公用汽车为主体,各种社会车辆补充的多家经营格局。1986年以后,城市公共交通通过自身发展,适应市场竞争,满足市场需求,公司的综合实力明显加强。至2005年,营运车辆452台,营运线路37条,拥有公交场地139.43亩。初步形成以人民广场,襄樊火车站两大交通枢纽为中心,以市区主干道为主线,以次干道和城乡结合部为辅线，东至唐白河，西至牛首，南到余家湖，北通部营的城市公共交通网络。

1986—2005年，襄樊市居民住房制度启动并取得进展，第一阶段职工以标准价购买单位公有住房，个人拥有60%产权。第二阶段主要是标准价与成本价购房并存，个人享有74%产权，成本价个人享有100%产权。第三阶段是职工已购标准房向成本价过渡。第四阶段全面实行成本价售房。至2005年，市区累计开发建设商品住宅474.36万平方米，约4.9万套。市区累计开发建设经济适用住房43.25万平方米，4593套。2001年，市区注册房地产开发企业206家，年开发能力260万平方米，10万平方米以上的住宅小区11个。至2005年，市区累计开发建设经济适用房43.25万平方米。

1979—1983年，市区道路两旁种植行道树的道路12条，树种主要是法国梧桐、女贞、泡桐等。1985年，市区绿化面积达到803公顷，人均拥有公共绿地3.27平方米。1984—1993年，道路绿化纳入道路建设规划，先后建设绿化带道路14条，总长26公里。建绿化带主干道6条，长28公里，建绿化带25条，面积36亩，建街心花坛6处，小游园2处。全市51条主次干道绿化普及率100%，绿地率25%。绿化覆盖率45%以上。至2005年，市区134条主次干道道路绿化总长度201公里，新增绿地面积11公顷，分车道绿化带面积38.95公顷，市区道路绿化普及率99%。2002年3月，建设部下发《关于命名第六批国家园林城市的通知》，襄樊市命名为"国家园林城市"，1996年3月，全国绿化委员会授予襄樊市"全国造林绿化'十佳'"城市奖牌。2000年12月，湖北省人民政府授予襄樊市"湖北园林城市"。

1990—1993年，襄樊市共有各类小城镇320个，建制镇119个。1994—2000年，补测1：1000地形图94平方公里，修订小城镇总体规划23个，完成52个小城镇规划修编，编制小城镇绿化、旧城改造、居住小区、街景、农贸市场、市政工程建设性详细规划638项，编制中心村规划4665个，自然村规划16 971个，基层村并点规划9854个，推行全省优秀农村住宅设计400套。

2001—2005年，对1997年以前编制的规划都重新进行了修编，累计完成中心村规划1423个，占村庄总数的56%以上。

1989—1990年，全市用于小城镇基础设施建设投资1778.52万元，仙人渡等15个镇获得全市建制镇奖励。1990—1994年，建设部确定襄樊市为中部地区小城镇建设试点之一。市委、市政府确定枣阳吴店等11个主要镇作为建设重点。1992年底，全市182次集镇在国家省市县各类集镇建设评比中获奖。1995—2002年，市委、市政府成立了小城镇建设领导小组，适时提出了小城镇建设、农业产业化、乡镇企业二次创业的"三大战略"。1995—2000年，全市城镇建设投入资金53529.07万元，规划建设试点镇50个，兴办工业小区150余家，实现增加值106.22亿元。市财政每年安排400万元用于补贴小城镇建设，市区多家部门对重点小城镇建设对口支援。2003年，对15个省级重点镇，投入资金8300多万元。2005年，对口扶持孟楼镇援建项目40多项，帮扶资金1000多万元，并通过"以地生财融资，闲资置换筹资，公益拍卖聚资，外延扩张引资"等方式，三年间共筹集小城镇建设资金1700多万元。至2005年，全市小城镇发展到180多个，建成区面积210平方公里，城镇化率达到43%。72个建制镇（不含县城关镇）中心区道路、电信、供水、卫生等主要基础设施逐步配套，人均居住面积12.78平方米，供水普及率87.68%，人均占有道路面积14.86平方米，绿化覆盖率23%。主干道亮灯率73%。

1983—1987年，市区以治理"脏、乱、差"为重点，改造道路14公里，硬化人行道22.74平方米，拆除乱搭乱建3000多处，维修，拆除残墙断壁208处，取缔"马路市场"40多个，清理无证和游散摊点1.4万人次。

1988—2000年，市容管理工作以建设襄樊，美化襄樊为宗旨，清理游散摊点270.220个（人次），维修断墙残壁26 380米，清除占道物资14 537立方米，重新整修35个进城客车停车场，查处无证经营大巴车7台，老式三轮车214台，没收各类物资罚款14 000多元。建成了市区第一座现代化垃圾填埋场，建垃圾中转站20座。1996年，襄樊市被建设部公布进入大城市行列。

2001—2005 年，在全市区开展消灭卫生死角，动员组织市区 62 200 人次，运输车 7290 台次，清除卫生死角 1395 处，清除垃圾 29.3 万立方米，新增垃圾倾倒点 50 处，增设垃圾容器 4906 个，清理“牛皮癣”31 249 处，整改不规范饮食商店 826 家，市区涌现出 10 个精品社区和 55 个精品庭院。拆除不合格广告牌 2521 块，形成 6 大广告区域，市区市容市貌发生前所未有的变化。

1988 年，在市区 1000 家单位实行卫生“门前三包”的基础上，又与 102 家临街单位签订“门前三包”责任制。至 2005 年，樊城辖区 20 条主次干道“门前三包”基本走上规范的管理轨道。截至 2005 年，市区有 170 座公共厕所，改建一座星级公厕，日清运粪便 1000 立方米 ，市环卫处日清扫路面达 156 万平方米。

一、城市规划与建设

（一）城市规划

1986—2005 年，襄樊市 3 次修编城市总体规划。与前 5 次相比，规划理论体系更加完备。对城市性质和规模，城市规划范围和布局，城市综合交通，名城保护和园林绿化，规划管理，规划结构，用地布局，公共建筑，历史文化保护，旧城改造等方面，做出详细规划，使襄樊市城市总体规划更加规范。

1.城市总体规划

1979 年，襄樊市编制完成第 3 个城市总体规划，1981 年，湖北省人民政府批准实施。这个规划进一步明确城市性质是全国重要的铁路交通枢纽之一，以发展轻纺工业为重点，相应发展电子、建材、机械工业。城市人口发展规模，1985 年，发展到 30 万人，2000 年，控制在 45 万人左右。工业布局按照“分区集中、成组配套、成块发展”的要求，将性质相同，协作关系密切的工厂分区布置。在市政公用设施方面，规划要求完善交通干道体系，建设过境快速公路和步行道系统，做到快、慢、人、车分流。城市主要干道采用三个环的结构方式，即樊城一环、襄城一环与联系两城的中间环。

1983 年 10 月，襄樊市与襄阳地区合并，市区面积扩至 326.26 平方公里 。1986 年 12 月底，襄樊市城域有各级城镇 118 个，其中中等城市 1 个（市区），小城市 3 个（随州、老河口、枣阳），县城 4 个（南漳、宜城、保康、襄阳），市域总面积 26 725 平方公里，总人口 598.02 万人。城镇化水平按城镇总人口计算为 26.5%。市区建成区面积 28.8 平方公里，总人口 44.16 万人，其中非农业人口 33.39 万人，辖襄城、樊东、樊西、郊区四个县级行政区。随着城市面积的扩大和城市发展，1980 年编制的襄樊市城市总体规划已不适应城市建设的需要。《1988—2010 襄樊市城市总体规划》由湖北省城市规划设计研究院和襄樊市城市规划管理处联合修编，1990 年 4 月，湖北省人民政府批准。

1988—2010 年，城市总体规划，把城市性质定为国家历史文化名城，全国重要的铁路交通枢纽，工业以机械制造，轻纺为主的鄂西北地区中心城市。市区辖襄城区、樊东区、樊西区、郊区及襄阳县张湾镇、竹条镇、欧庙镇，总面积 610 平方米。城市规模结构采用中心双城一组团式结构。中心由樊城（商贸交通中心）襄城（政治、文化中心）组成。组团分别是油坊岗、张湾镇、万山、余家湖。

工业用地规划为 2080 公顷，仓库用地为 560 公顷，生活居住用地 3600 公顷，公共建筑用地 800 公顷，大专院校、科研用地 320 公顷。

历史文化保护规划坚持“有效保护，合理开发，突出特色，赋新光大”的规划原则，以控制性保护为重点，针对文物古迹划分三级保护区。一级保护区为文物现有地域，应绝对保护；二级保护区为文物历史上原有地域，应恢复原设计意境；三级保护区为文物相邻地域，需要进行环境协调，有控制的建设。

规划重点建设襄阳环城公园，扩建米公祠为文化、书法交流中心；整修抚州会馆，修缮山陕会馆，县学宫大成殿；修复广德寺，辟为重要旅游景点和佛教活动中心并纳入隆中风景区范畴。

重点保护由古城墙，护城河，汉江组成的古襄阳城防御体系，疏浚、挖通护城河，修复西南城墙，重建北大门、东门、西门和南门城楼，保护古城完整，恢复江城古堡风貌；隆中扩大建设区范围，突出"幽""青""秀"的特色，力求恢复原有意境；重点保护邓城古城遗址，划定保护范围，建立遗址公园。

结合旧城改造，开辟磁器街特色商业街区和北街仿古传统商业（旅游）文化街区，修复庞公祠、黄承彦故里及水淹七军、凤林关等名胜。

按照规划现有铁路、公路、港口与市区道路有机结合，积极发展公用交通事业和新建停车场、站，构成城市交通运输系统。

1990 年后，东风汽车公司襄樊基地建立和三线军工企业相继大量迁入市区，襄樊市先后成立了国家高新技术产业开发区和省级汽车产业开发区，兴建余家湖 240 万千瓦火电厂，使市区的产业结构和用地布局发生了较大变化。至 1995 年，随着市域行政区划和城镇体系结构的变更。市区非农业人口由 1987 年底的 35.1 万人增加到 52.5 万人，建成区面积由 1987 年 31.29 立方米增加到 51.69 立方米。市域城镇化水平达到 33.01%，襄樊进入了大城市的行列。1988 年编制的襄樊市城市总体规划已不能适应大城市经济发展和城镇建设的需要，于 1995 年襄樊市人民政府以《关于报请调整修编襄樊市城市总体规划的请示》上报省人民政府，1996 年 1 月，省人民政府批准"同意襄樊修编"。同月，湖北省建设厅复函襄樊市人民政府同意把襄樊市总体规划修编列入省建设厅 1996 年、1997 年工作计划。

1997 年 11 月 3—5 日，湖北省建设厅在市南湖宾馆召开《襄樊市城市总体规划（1996—2010）》修编方案评审会。1998 年 10 月 30 日，襄樊市第十二届人民代表大会常务委员会第三十四次会议，审议通过了襄樊市人民代表大会常务委员会《关于〈襄樊市城市总体规划修编〉的决定》。2000 年 3 月 29 日，国务院办公厅正式批准《襄樊市城市总体规划（1996—2010 年）》。这个规划进一步明确了城市的性质是国家历史文化名城，全国主要的铁路交通枢纽和汽车工业基地，鄂、豫、渝、陕毗邻地区的中心城市。城市规模到 2005 年城市实际居住人口要控制在80万人以内，建成区建设用地控制在73.6平方公里，到2010年，城市实际居住人口控制在90万人以内，建成区建设用地控制在85.5 立方米以内。

2.城市详细规划

（1）名城保护规划内容

古建筑及历史纪念物(32 处)，重点保护现存建筑及其空间环境。保护区外 15 ~ 50 米范围为建设控制地带，不得修建破坏环境风貌的建筑物。石刻(8 处)、石刻本身为重点保护，20 米范围为建设控制地带，严禁挖土取石。古遗址(16 处)、古墓葬(群)(17 处)、古遗址、墓葬封土堆周围 20 ~ 50 米为文物保护区，50 ~ 100 米范围为建设控制地带。

陈老巷、友谊街、襄城北街、荆州街北段、陈侯巷等两侧各 50 米为历史街区重点保护地段。

邓城遗址的保护：邓城及城垣外围 50 米为重点保护区。

襄阳古城保护：在襄阳古城区，凡新建和改建项目要与古城的历史风貌相协调。古城墙 25 米，城墙外至(汉)江(护城)河边为重点保护区。古城保护区外分为四级控制建设地带：一级控制建设地带建筑高度不得超过 10 米；二级控制建设地带建筑高度不得超过 14 米；三级控制建设地带建筑高度不得高于 18 米；四级控制建设地带建筑高度不得高于 24 米。

襄阳古城门楼及昭明台之间建立相互通视的空间走廊，走廊绝对控制区宽 20 米，以绿化为主，建筑高度限制在 7 米以下。

(2)城市生态与环境规划

以鱼梁洲生态岛作为城市生态环境的绿心。以城市外围的山体—水库—田园组成城市生态圈。隆中风景区、张公祠国家森林公园、鹿门寺国家森林公园构成城市的空间景观生态走廊。以汉江、唐白河、小清河及堤岸绿带形成城市的四条向心生态绿轴。

结合居住区建设滨江公园、万山公园、岘首山公园、油坊岗公园、余家湖公园和邓城遗址公园等区级公园。保护城区汉江、唐白河、护城河、小清河等主要水体,沿汉江、小清河设置 30 米宽滨河游憩林荫带。规划普陀堰水库为近郊风景区。

突出"一洲、二山、三水"。即鱼梁洲、岘山和万山、汉江、小清河及唐白河。利用襄阳古城垣、城池、古建筑等文物古迹,展现"南城北市"的古城格局。以站前广场、沿江大道、长虹路的现代建筑及街道广场绿地构筑襄樊市现代城市景观。以汉江大桥、古城墙、城楼等为主要标志物,结合沿江建筑群形成沿江城市景观。

(3)旧城改建规划

旧城区改建范围:樊城为大庆西路、长虹路、沿江西路、中山前街和丹江路所围合的地区,面积 240 公顷;襄城为古城墙围合以内的地区,面积 257 公顷。长征路、炮辅街、襄城十字街改建为市级商业中心;人民广场地段改建为市级文化娱乐中心;中山巷一带改建为行政中心;米公祠、古城墙、陈老巷、襄城北街、荆北街、会馆、绿影壁等区域为传统文化区;友谊街为历史风貌区。樊城陈老巷、及襄阳古城内,属重点保护地段,容积率控制在 0.5 左右;樊城大庆西路、丹江路地段容积率控制在 1.2 ~ 1.5 左右。旧城区内绿地率不低于 25%。

(4)市政基础设施规划

汉江是襄樊城区主要供水源。综合用水量指标:近期最高日为 0.87 立方米 / 人,远期最高日为 0.9 立方米 / 人, 工业用水重复利用率近期为 55%, 远期为 60%。城区城市水厂总供水规模近期为 60.8 万立方米 / 日,远期为 8 1.0 万立方米 / 日,并保留现有自备水源。规划新建余家湖城市水厂,一期供水规模为 2.5 万立方米 / 日,远期为 4.5 万立方米 / 日,占地面积 4 公顷。

樊城和襄城老城区采用截流式合流制排水体制,新区采用雨污分流制;油坊岗、余家湖采用雨、污分流制。城区污水处理采取分片集中,分期处理城区分为樊城、襄城老城区、襄阳城檀溪片、余家湖、油坊岗五大排水分区。

襄城、樊城的雨水仍以南渠和大李沟作为主要排水渠道,其他组团的雨水利用自然沟渠。规划在大李沟上游地段采用等高截流进行分流。近期对南渠进行改造,规划在各雨水排放口设节制闸和排渍泵站。

2000 年,襄樊城区电力总负荷达 33.63 万千瓦,电量约 19.6 亿千瓦时。近期建成两座 220 千伏变电站;远期再建成两座 220 千伏变电站。分期建成高新开发区等 12 座变电站,形成襄城片、樊城片和油坊岗片 3 个内环网。

城区近期市话普及率达到 35%以上,市话交换机容量为 29 万门,长途线路数 1.5 万路端;远期市话普及率达到 50%以上,市话交换机容量 58.5 万门,长途线路数达到 2.5 万路端。改造、新建多座支局、所。建设市内环形光缆中继网,通信干线电缆采用管道地埋敷设。建立完善数据通信网,逐步建成综合业务数字网,智能业务网;开发电子信箱和计算机互联网络;开放可视图文业务和电子数据交换等业务。建成襄樊邮件处理中心和邮件转运中心,实现邮件分拣自动化。城区邮电支局按照服务半径 0.8 ~ 1.0 公里,服务人口 1.0 万人标准设置。

城区发展无线电视节目 4 套，有线电视节目 50 套，中波广播节目 3 套，调频广播节目 10 套。建成襄樊彩电中心，广播发射中心以及有线电视台。城区有线电视入户率达到 100%。建成广播电视光纤传输网。

燃气规划城区气化率近期达到 80%，远期达到 95%以上。供气规模：近期 50 万立方米 / 日，远期 59 万立方米 / 日。管网采用环状，燃气输配采用中低压输气、配气系统。

建立以热电厂和区域锅炉房相结合的供热系统，发展集中供热，提高城市热化率水平。

垃圾转运站按 0.5 ~ 0.8 公里服务半径设置，规划垃圾转防报警、火警调度等通信设施。保留现有城区消防站，新建一个水陆消防站和 10 个陆上消防站；市政道路消火栓间距应不大于 120 米；城区消防通道的设置符合国家防火技术规范；

新建工程抗震设防和现有工程抗震加固应执行《建筑抗震设计规范》和《地震基本裂度六度区建筑抗震加固暂行规定》。对震时易产生次生灾害的工厂、仓库等结合城市产业结构的调整，逐步外迁远离城区。汉江堤防工程要按抗震要求对现有城区部分堤段进行改造或加固。

建立平战结合的人民防空保障体系，从整体上增强城市的综合发展能力和防护能力。严格按组团式格局进行城市建设，确保主要疏散干道的战时通行。城市广播、电视、通信、供电、供水、煤气等管线工程应分散联网，工程设施的枢纽尽量建于地下。规划期末应增建人防工程 32.96 万立方米。合理增设开发利用广场、绿地和地下防空空间面积。

郊区范围包括区辖的两乡、两镇及 13 个街道办事处管辖的乡村，面积 277.5 平方公里。郊区突出发展蔬菜、畜禽、水产、果品 4 大支柱产业。规划蔬菜面积近期 420 000 亩。

建成襄樊邮政处理中心，第二长途交换局、彩电中心和有线电视台。

在襄阳城火石山新建一座 250 吨 / 日垃圾处理场；在襄阳城环城路、沿江大道、高新开发区、汽车产业开发区各新建一处二级消防站；樊城清河口新建一处特勤消防站。

乡镇企业用地应在各乡、镇所在地集中发展，严格限制发展有污染的工业项目。郊区农村居民点建设，应节约耕地，相对集中，统一规划，配套建设。合理配置公共服务设施。

火葬场布置在团山镇的施坡与冯家冲之间，相应配置公墓，在隆中花栎木店后山坡建一墓地。

（二）市政建设

襄樊自古与水争地，傍水建城。城区随江道南北争泓而变迁，城市道路随之演变。改革开放以来，城市建设纳入了政府议事日程，解决城市基础设施落后，道路布局不合理，城市脏、乱、差等问题，成为全市人民的共识，全市城市建设，公用事业，环境卫生，建设管理工作坚持抓规划龙头，坚持提高城市“功能”，坚持抓城市管理法制建设。襄樊城市建设发展日新月异，城市“功能”不断增强，人民居住、出行环境不断改善。

图 4—1　襄樊新姿

1.城市道路建设

1978 年后，市区道路建设步伐加快。1981 年将前进路改建机动车道与非机动车道用绿化带隔开，两侧为人行道的“三块板”式道路。

1982—1983年，又将大庆东路、人民路、长征路部分路段改建成“三块板”式道路。1984年，将樊城中原路南段700米改建成宽50米的“三块板”式道路。将襄城原仅10米宽的西街改建成宽40米，长550米的“三块板”式道路；将襄城环城东路改建成本市第一条路中设绿化带，左右为车行道和人行道的“三块板”式道路。

1985年，将襄城原仅7米宽的南街改建成宽39米，长132.2米的“三块板”式道路。这些道路的改建完成，改变了过去人车混行，快慢道不分，交通拥挤的状况。到1985年底，先后新建、改建了樊城前进路、朝阳路、米公路、杜甫巷、建华路、新华路、长虹路和襄城东街、西街、南街、环城路、胜利街等主次干道30条，使市区道路总长达70公里，总面积90平方米，分别比1949年增长83.6%和417.2%，形成四通八达的交通网络。

1986—1988年，襄樊城区道路建设主要围绕抓规划，发挥龙头作用，解决城市道路布局不合理的问题。抓基础，上配套，解决城市基础设施落后，欠账太多的问题。抓管理，建法制。解决城市脏、乱、差。全市市政建设在取信于民，为民办实事上做文章，提高城市功能，使襄樊市城市道路建设与改善投资环境紧密结合。新修编的襄樊市总体规划，1983年地市合并后，市区面积由111平方公里扩大到326平方公里，城市性质定为中国国家历史文化名城和重要的交通枢纽，汉水中上游地区中心城市，以轻纺、汽车制造为主导的工业基地。城市结构为“双城”组团式。围绕城市总体规划，1984年以改造襄城西街为重点办了10件事；1985年以改造襄城南街为重点办了8件事；1986年以改造襄樊炮铺街为重点办了15件事。1986—1987年，先后新建，改建了七里河路，新华北路，前进东路，檀溪路、立业路、南湖路、闸口路等，长达5.12公里，面积96 616平方米。拓宽延伸大庆东路，中原路约1公里，面积20 206平方米。新建了市民关心的街巷工程丹江居民路，肖家台路、东风路、云集路、沿江东路、汉江付一路、定中街、环城南路、东大街、陵园路、宜襄路、盛丰路、陈营二路等20项工程、硬化大小泥土路24 101平方米，既解决了城市中段的城市面貌，方便了居民出行，也开通了通往武汉和河南的东大门和北大门。市区道路骨架基本形成，市区交通拥挤的状况得到缓解。1988年襄樊市政建设以3大工程（市第四水厂、刘集民用机场、汉江二桥）为契机，继续提高城市“功能”，配套完善道路，排水、公厕、垃圾处理等市政基础设施，重点解决市民“行路难，吃水难，乘车难，如厕难”，投资环境进一步改善。先后完成了50米宽的檀溪路和春园西路拓宽工程，长虹北路拓宽工程4.94公里，面积71 020平方米，完成解放路、陈营一路、建锦路、建昌路等13项民心工程。1984—1988年，重点建设樊城前进路、朝阳路、米公路、新华路、旭东路、职工路及襄城胜利街、陈候巷等41条，道路总长度达26.31公里，面积63万平方米。改造街巷43条，人均道路面积由1983年的2.8平方米提高到3.2平方米，比地市合并前的1983年增长132%。城市建设进入建设的黄金期。

1989—1995年，襄樊市政建设在压缩基本建设规模，按照突出重点，狠抓配套、完善功能，稳步发展的指导思想，以建设部“南襄工程”和市“民心工程”建设为重点，以迎接全国历史文化名城会在襄樊召开为契机，运用市场经济手段，集中人力、物力、财力，大打歼灭战，名城建设、市政建设和改革取得了可喜成果。1989年，襄樊刘集民用机场通航，使襄樊形成了空中、陆地、水上的立体交通网络，城市建设改革迈出坚定步伐。围绕理顺管理体制，经市委、市政府，市编委批准，将原规划管理处升格为市城市规划管理局，市城建局成立了环境卫生管理处、生产建筑渣土管理处，市客运管理处。市建委成立了建设监理处、勘察设计管理处，勘察设计质量监督站。从而使襄樊市政建设管理由分散、自由、散漫的节拍走向规范化，科学化，法制化轨道。在城建资金改革上，本着“人民城市人民建”的方针和市场经济的原则，变政府单一投资渠道为多元化，多层次，多渠道的投资体系。征收配套费，收取7%的商业网点的配套费用于服务网点建设；收取15%的市政基础设施配套费用于道路和排水建设。征收城市建设用地综合开发费，用于城市基础设施建设。对公用事业实行“以水养水”的优惠政策，加大市政公用事业建设的投入。根据“谁投资谁受益”的原则，组织受益单位共同开发。联合金融部门发展有偿债务,吸收社会闲散资金用于城市基础设施建设资金的周转。变无偿服务为有偿服务,预收汉江大桥机动车辆过桥费。联合交通部门合资建设襄樊城区出口路。改善襄樊与外地联合的环节。开展纵向联营,综合开发房地产,拓宽城市基础设施建设资金来源。在市政建设管理上,初步理顺了城市道路路政管理体制。市政府出台了《关于加强城市道路与交通管理工作的通知》明确了市城建部门是城市道路路政管理的主要部门。市城建和交通部门联合印发了《关于加强城市道路与交通管理的通知》,对占用、挖掘城市道路,沿街摆摊设点征收城市道路占用费和挖掘修复费,解决了历史上以来城市道路占用,挖掘修复资金短缺的问题。抓住改革的契机,市城建部门还印发了《告全市人民一封公开信》和《襄樊市路政管理问答》等宣传材料 5 万余份,增强了市民城市意识,使市政道路建设和管理上了一个新台阶。城建改革,给市政建设注入了新的活力,城市居民行路难、排水难、乘车难、照明难和入厕难的问题得到缓解。全市(含县市)修建道路 147 条,维修路面 8.9 万平方米,新建桥梁工程,新建下水道 145 条,增装路灯 941 盏,新建改建公厕 127 座。

1990—1995 年,襄樊城市建设取得新突破。1990 年,完成长 1990 米排水干管近 400 米的樊西米公排水工程,消灭市区泥巴路 16 条;1991—1992 年,完成市区东大门—大庆东路的改造,该工程全长 4310 米;1992 年,为长虹大桥配套的长虹路进行大规模的改建,铺设机动车道 37 716 平方米,非机动车道 26 977 平方米,人行道 6878 平方米;全长 2187 米,宽 22 米的长虹大桥正式通车;100 座"旱改水"公厕改造完成;1993 年以名城建设为重点,大力加强城市基础设施建设,增强城市综合服务功能,完成了全长 1488 米汉江北路排水工程主体,并抢在全国历史文化名城会议之前,完成了东门立交桥及其配套工程和襄樊市第一座人行天桥—襄江商场人行天桥和城南泵站,长虹南路,松鹤路排水等工程及襄城北街道路工程,10 条泥巴路改造工程,结束了"晴天一身灰,雨天一身泥"的历史。其中,对襄江商场人行天桥,长虹南路,长虹北路等市政工程首次实行了公开招标。

1994 年,城市建设重点项目步伐加快,全市人民关心的热点工程,全长 1400 米的汉江北路,继完成排水工程之后,加快速度完成机动车道的铺装。1995 年,重点工程飞环天桥建成通行。五年间,总投资 5.4 亿元的市政建设 10 大工程近 50 个项目,政府只拿出设计费,其他资金全部拓宽城建资金来源解决。建设部门,财政部门,建设单位共同筹措,三年增收 1000 余万元。借贷还息,超前使用。三年向银行借款 2 亿多元,完成了长 2187 米,宽 22 米,总投资 1.2 亿元的长虹大桥和宽 50 米,长 2510 米的长虹路,五水厂一期工程等建设项目。综合开发,集中统建。在改造 17.2 万平方米,投资 1.89 亿元的北街改造中,政府采用综合开发的办法,由四家开发公司联合开发。政府给政策,谁投资,谁受益。按照规划设计要求集中统建, 完成了 4700 万元的北街民房及门面房 7.2 万平方米, 投资 580 万元的 3300 平方米的三国陈列馆,重修了昭明台,襄阳大市场,汉江古渡等工程 288 896 平方米,投资 5920 万元。修建后的民房,由开发公司出租出售,补偿投资。采取"三养三收",效益返还,扩大城建资金来源。即"以水养水""以桥养桥""以路养路",1991 年开征了排水设施有偿使用费,让城市基础设施活起来,用这些钱,解决了 30 多年想解决而未解决的米公排水系统工程及南渠整修,泵站建设等,消除了市区常年"内涝"的历史。

1996—2000 年的 5 年间,襄樊围绕建设现代化大城市的目标,以城建资金为主,鼓励吸引,利用外资、合资、股份,个体经营者投资,投入市政基础设施建设资金 27.37 亿元,先后新建改建松鹤路、汉江北路、庞公路、人民广场、诸葛亮广场、人民路等重点道路;广场 58 项,面积 442 059 平方米;改善泥巴路 66 条,长 16 642 米,面积 10 643.6 平方米;新建下水道 11 条,长 11 001 米,维修道路 255 854 平方米,维修人行道 53 973 平方米。其中:1996 年完成松鹤路、春园东路、汉江北路桥、朝阳南路等 12 项工程及大石桥路、职工街、江华路、襄城十字街和商校路等民心工程,全长 796 米的松鹤路于 10 月 29 日通车。春园东路配套工程扩建,慢车道总长 1 236 米,排水设施总长 1 332 米,4 月 10 日开工,10 月 29 日竣工。完成汉江一桥建桥通车 26 年来第 1 次路面大修工程,对 1 路公汽沿线,长虹路和西大 3

条主干道实施“亮化”工程，首选飞环天桥 和襄江商场人行天桥作试点，公开拍卖两年广告和30年名称使用权，获资金109.5万元。先后选择绿化处、3个设计院、市政管理处、路灯管理处、堤防管理处、客运管理处等单位作试点，试行管理人员与一线工人分灶吃饭，老产业与新经营项目分开等项目改革，使过去平均分配制度发生了质的变化，效果明显。同时，市规划局、房管局、园林局、中房公司、大桥 处、供水总公司、煤气公司、公交公司、城建档案馆、招标办10个单位首次向社会作出承诺，并将承诺内容公布，接受社会监督，受到广大市民的普遍欢迎。1997年，围绕民心工程建设，人民广场改建工程于6月30日全面竣工。改建后的人民广场东至市总工会电影院大门，西至人民公园、北至大庆路人行道边，总面积64 200平方米，其中西广场面积42 600平方米，东广场面积9000平方米，长征路面积12 600平方米，整个广场通透、明快、敞亮、环境优美，成为广大市民休憩娱乐的良好场所。1998年城市基础设施建设共完成人民路中段改建，长虹大桥南桥头改建、丹江南路改造，春园中路扩建、杜甫巷改建、陈营工程续建、财苑路，荆州街路面更新，民主路桥新建，庞公路（排水、供水）、泰安路地下人行通道新建、南渠截弯取直，大李沟清瘀和护城河截污等工程的新建，改建和配套建设，并进行了护城河治理二期工程，建锦路、定中桥、前进路中段改造、白家庄路续建等工程，于1999年全部完工。

2000年，围绕市委、市政府提出的12项城市建设重点工程，由建委承担完成9项，即：襄城排水系统改造工程，东门广场和樊城名人园建设及配套工程，襄阳护城河第三期治理工程，人民广场二期扩建工程，诸葛亮广场新建工程，永安广场建设、隆中风景区入口区域环境改造工程，市区道路建设和世行贷款污水治理工程等。截至2000年底，襄樊市道路达到270条，总长146.23公里、面积242.47万平方米。其中、主次干道36条，总长60.95公里，面积181.58万平方米，一般道路234条，总长85.08公里，面积60.89万平方米。在市区道路中，水泥路长107.95公里，面积115.14万平方米。沥青路长70.82公里，面积73.74万平方米。市区排水管道总长149.63公里；其中：直径250～800毫米102.22公里，陶管104.19公里，箱体砖砌45.44公里，基本形成现代化大城市的道路交通网络。

2001—2005年，城市建设改革力度大，投资项目多，在市政府和有关部门的配合下，按照“政府领导，部门管理，市场运作，法人负责”的管理体制，坚持“突出规划、完善功能、以人为本、彰显特色”的原则，完善内部管理机制，科学安排建设项目，加大项目管理力度，强化质量进度管理，把城建资金投入到重点工程建设，基础设施建设，市政公用事业建设等方面，着力打造现代化大城市道路交通体系，2001—2005年，城市道路新增113.86万平方米。其中：2001年，围绕办好“诸葛亮文化节”和“全国历史名城会议”召开，结合创建“楚天杯”活动，襄樊市先后完成重点工程18项，主要有襄城内环路、滨江路、七里河路、春园西路、檀溪路延伸，诸葛亮广场、东大街改造工程，军纺路、汉江北路道路扩建，东门广场、襄城十字街游园等道路工程，新增道路长度23 357.16多米，面积121 455.43平方米，浇灌混凝土面积18.6万平方米，沥青路面1200平方米，完成襄城东大街，东内环路，十字街拆迁14 072平方米，建成街头游园面积8469平方米，总投资达4 381.85万元。同年，岘山泵站，人民路天桥正式开工。城墙亮化工程8月10日开工，8月28日竣工，总投资232万元，安装路灯灯笼187套，装饰灯带8 550米，铺设电缆14 380米。使襄阳古城墙在夜晚实现灯与景的完美结合。

2002年，市委、市政府继续推进重点工程建设，着力打造襄樊对外招商的投资环境，全年完成26项道路排水和路灯工程。其中，全市重点工程建设超过7亿元，市建设局承担的工程项目3大项26小项，较大的项目有民主路改造，陈侯巷改造，车桥大道改造，长征东路改造，东内环路北段新建，人民路人行天桥、大庆路人行天桥，东西大街路灯工程，长征东路路灯工程，大庆西路路灯工程等。修建道路总长度6 648米，面积102 800平方米，拆除50户私房和18户公房计4 000多平方米，在每项工程开工前，召集供电、邮电、供水、燃气等有关部门的协调会，让各种地下管线与道路建设同步到位，减少道路反复开挖的巨大浪费。同年1月24—25日，全省建设工程会议在武汉召开，会议表彰创建“楚天杯”先进单位和先进个人，老河口市获“楚天杯”城市奖，保康、南漳、谷城获“楚天杯”县城奖，谷城五山镇、石花镇、襄阳太平店镇、老河口仙人渡镇获“楚天杯”小城镇奖，枣阳太平镇、吴店镇获“楚天杯”创建先进小城镇奖。

同年3月16日，襄樊市人民政府印发襄樊建设局职能配置、内设机构和人员编制工作的通知，确定建设局为政府组成部门，主管全市建设行政管理工作。襄樊市建设局历任领导名录(见表4—1)。

襄樊市城市建设局历任领导名录

表4—1

机构名称	姓名	职务	任职时间
襄樊市城市建设局 (1979.06—1983.11)	李复克	局长	1979.06—1983.10
	韩澄河	副局长	1979.06—1981.12
	李秀峰	副局长	1979.06—1981.12
	程其昌	副局长	1979.06—1983.10
	李云	副局长	1979.06—1983.10
	刘成富	副局长	1979.06—1981.12
	王书勤	副局长	1979.06—1983.10
	朱永宇	副局长	1979.06—1982.08
襄樊市市政公用管理公司 (1983.10—1987.05)	吕平川	经理	1983.10—1985.12
	万久顺	经理	1985.12—1987.05
	丁明贵	副经理	1983.10—1987.05
	万久顺	副经理	1983.10—1985.12
襄樊市城市建设局 (1987.05—2004.12)	万久顺	局长	1987.05—1994.07
	陈鼎益	局长	1994.12—1997.08
	刘顺学(女)	局长	1997.09—2001.12
	丁明贵	副局长	1987.05—1989.07
	吴祥国	副局长	1987.05—1994.10
	王家斌	副局长	1988.12—1994.12
	卢松林	副局长	1988.08—1997.08
	肖文钦	副局长	1990.08—1994.12
	张建新	副局长	1994.06—2001.12
	高峰	副局长	1994.12—1998.12
	张德志	副局长	994.12 —2001.12
	刘顺学(女)	副局长	1996.09—1997.08
	赵新建	副局长	1997.05—2001.12
	李建中	副局长	1997.10—1999.12
	彭德成	副局长	1998.08—2001.12

至此，建设行业改革完善到位，为城市建设、小城镇建设、城市公用、工程勘察咨询创造良好的管理协调环境。2002年襄樊市直属勘察设计单位受理工程设计128项，市区新建工程审查率100%，同时将工程图纸审查制度向县(市)推广和延伸，审查覆盖面由2001年的31.8%上升到80%。

2003年10月，襄樊市撤销建设局，重新组建襄樊市建设委员会，新的建设委员会于2003年6月挂牌成立，为理顺城市建设管理协调开启了新的模式。新的建设委员会，按照市委、市政府赋予的职能，本着求新务实，真抓实干的精神，着力打造襄樊大城市格局，2003—2004年完成投资37 114.3万元，完成新建改造长虹路配套工程 6 487.6 米，面积 293 971.91 平方米，长虹路地下人行通道 42.8 米，青山路道路排水工程，东内环路北段道路排水工程，三元路道路排水工程，七里河东路排水工程，解放西路道路排水工程，大庆西路道路排水工程以及桥北东路，春园东路、邓城大道改造配套，襄城东大街，南大街、樊城集粮街，樊城韩家台路、春园东路、北路、桥北西路、汉江中路、朝阳北路、米公路、汉江南路、朝阳南路、建设路等 24 条道路排水工程面积 744 400.89 平方米，并按照国务院颁布的《建设工程质量管理条例》全面建立了建筑工程施工图设计文件审查制度，审查施工图设计文件中涉及地基基础，结构安全，强制性标准规范和公众利益的执行情况，审查的覆盖率由市区扩展到县市区，市区建设项目图审查率达 100%。2005 年，是襄樊加快市政建设步伐最快的一年，市区全年共安排十大类，68 个大项目，100 多个子项目，计划投资 4.7 亿元，其中财政投资 1.8 亿元。截至年底，已完成和正实施的大项目 56 项，子项目 135 项(含 20 个规划项目)超全年计划 31%，财政实际投资 1.4 亿元。先后完成檀溪路工程，卉木巷道路及排水工程，七里河东路道路排水，人行道工程，三元北路道路工程，环山路排水、人行道工程，环城东路改造工程，建设西路路端道路及排水工程，汉江南路路端及排水工程，丹江路改造工程，韩家台路、长虹南路人行道、胜利街人行道、环城北路人行道、襄阳 8 号路改造。其中襄樊西大门檀溪路由四车道改成 6 车道，机动车道面积加铺沥青路面 53 000 平方米，非机动车道面积 50 290 平方米，人行道铺装面积 37 000 平方米，绿化带面积 13 000 平方米，路缘石 19 382 米，隔离柱 182 个，消防栓 31 个，路灯 186 组，道路标线 3.674 公里，排水主管为钢筋混凝土圆管，直径 800、长 332 米，直径 1000、长 676 米，直径 1200、长 1770 米，直径 1350、长 813 米。收水井 2 座。解决车速及车行容量问题和长期以来檀溪路及长虹南路长年积水内涝问题。2005 年，市区通过加大基础设施建设力度，共完成沥青路面 17 万平方米，砼路面 3 万平方米，铺装人行道 5 万平方米，排水管 4 万米，安装路灯 3334 盏，新增绿化面积 21 万平方米，新植乔、灌木 500 多万株，植树 1 万株，改造陈营中路、化工路、临清巷、福码德消防通道、益民巷、前进一路、洪铁路、34503 路、民政路、许家岗路、小蓝鲸路、江山北路等泥巴路 13 条，全长 2127 米，面积 25 700 平方米。2005 年工程完成概括起来就是“2 座桥”“3个渠化岛”“4项排水”“9项绿化”“8条道路护栏”“10大亮点工程”“10 条主干道路灯改造”“13 条主干道改造”“21 条背街小巷路灯改造”“13 条泥巴路”等，加速推进以城市道路主体的基础设施的配套建设，促进了城市功能有效地发挥，有力地提升了城市品位和档次，努力营造功能完善，生态良好，环境优美，富有活力的创业环境和人居环境。截至 2005 年，市区主次干道达 252 条，道路总长度达到150公里，总面积284.82万平方米，分别是1985年的8.4倍、2.14倍和3.16倍(见表4—2)。

襄樊市区主次干道统计一览

表 4—2　　　　单位：米

序号	道路名称	路宽	车行道长(米)	道路类别
1	七里河路	42.0	2 605.8	樊城主干道
2	春园路	42.0	3 693.9	樊城主干道
3	白家庄路	40.0	1 057.6	樊城主干道
4	中原路	50.0	1 968.3	樊城主干道
5	前进路	42.0	3 327.4	樊城主干道
6	大庆路	42.0	4 755.9	樊城主干道
7	清河路	40.0	2 375.9	樊城主干道
8	人民路	42.0	3 455.7	樊城主干道
9	长虹路	50.0	6 383.1	樊城主干道
10	长征路	42.0	2 947.4	樊城主干道

续表　　　　　　　　　　　　　　　　　　　　　　　　　　　　　　　　　　单位：米

序号	道路名称	路宽	车行道长(米)	道路类别
11	汉江路	42.0	3 081.1	樊城主干道
12	新华路	36.0	1 423.8	樊城主干道
13	建华路	36.0	1 086.4	樊城主干道
14	解放路	36.0	2 482.8	樊城主干道
15	松鹤路	50.0	1 675.8	樊城主干道
16	振华路	36.0	1 315.2	樊城主干道
17	环城东路	42.0	2 656.1	襄城主干道
18	环山路	42.0	3 613.6	襄城主干道
19	长虹南路	50.0	513.6	襄城主干道
20	檀溪路	50.0	3 713.3	襄城主干道
21	东　街	43.0	1 105.9	襄城主干道
22	西　街	50.0	1 381.9	襄城主干道
23	南　街	42.0	852.8	襄城主干道
24	胜利街	42.0	943.5	襄城主干道
25	庞公路	40.0	1 546.5	襄城主干道
26	东风路	30.	771.8	樊城次干道
27	丹江路	30	1 876.7	樊城次干道
28	朝阳路	34	1 059.8	樊城次干道
29	建设路	34	1 565.1	樊城次干道
30	米公路	34	451.2	樊城次干道
31	车桥大道	28	621.1	樊城次干道
32	炮铺街	32	234.4	樊城次干道
33	建锦路	34	1 029.2	襄城次干道

【长虹路】始建于1979年6月，北起七里河桥，南至环山路，全长6896.7米，总面积309 579.1平方米。规划红线宽50米，环山路—春园路段横断形式为：8米（人行道）×2+6.5米（非机动车道）×2+2米(绿化带)×2+16米(机动车道)；春园路—邓城大道横断形式为：8米(人行道)×2+4—5米(非机动车道)×2+2米(绿化带)×2+2l米(机动车道)。路面结构：机动车道为沥青砼路面，非机动车道为沥青砼路面，人行道为曲边砖。历年建设情况：1979年6月建设路—工人新村段进行了下水道建设；1980年3月建设路—工人新村段进行了道路

图 4—2　樊城长虹路

建设；1982 年 6 月进行了高庄新村以北下水道的建设；1985 年 7 月织工路—建华路段道路建设；1991 年 5 月建设路—铁路下水道建设，9 月大庆路—春园路段道路及下水道建设；1993 年 3 月檀溪路—环山路段道路建设，6 月春园西路—七里河路段道路及下水道建设；1994 年 10 月七里河路—中原路段道路及下水道建设；1997 年 11 月七里河路—七里河桥段道路建设；1999 年 10 月长虹南路与环山路交叉口改建。2001 年 8 月中原路—邓城大道段雨水配套工程建设；2003 年 11 月大庆路—邓城大道段慢车道及人行道建设；2004 年 2 月大庆路—邓城大道段机动车道刷黑工程；2005 年 12 月环山路—檀溪路段车行道及人行道改建工程建设。

【大庆路】始建于 1971 年，东起清河桥东，西至长虹路，全长 4755.9 米，总面积 171 780.2 平方米。红线宽 42 米，横断形式为：清河桥东—长征路：4.5 米(人行道) × 2+5—6.5 米(非机动车道) × 2 十 2.5 米(绿化带) × 2+1 4—1 5 米(机动车道)；长征路—人民路：4.5 米(人行道) × 2+28 米(机动车道)；路面结构：机动车道为水泥砼路面，非机动车道为沥青砼路面，人行道为方砖。人民路—长虹路：4.5 米(人行道) × 2+18 米(机动车道)；路面结构：机动车道为沥青砼路面，人行道为方砖。历年建设情况：1981 年 11 月米公路—长虹路段道路建设；1982 年 5 月，星火路—长征路段下水道建设；6 月人民路—丹江路段道路建设；1983 年 2 月，丹江路—清河口道路建设；1986 年 9 月，铁路下河线—清河路段道路建设；1991 年 6 月，襄江商场—铁路下河线道路建设；1992 年 8 月，大庆东路与清河路交叉口道路改造；2000 年 8 月，人民路—长征路道路排水建设；2003 年 9 月，人民路—长虹路段道路排水改建工程建设。

【人民路】始建于 1981 年 8 月，南起大庆路，西至化工厂，全长 3455.7 米，总面积为 118 033.2 平方米。红线宽 42 米，横断形式为：4.5 米(人行道) × 2+5.5 米(非机动车道) × 2+2 米(绿化带) × 2+15 米(机动车道)。路面结构：机动车道为水泥砼路面，非机动车道为沥青砼路面，人行道为方砖。历年建设情况：1981 年 8 月，汉江路—头道沟段下水道建设；1982 年 9 月，汉江路—大庆路段道路建设；1997 年 9 月，大庆路—前进路段道路建设；1998 年 3 月，前进路—汉江路道路建设。

【前进路】始建于 1980 年 12 月，东起三元路，西至人民路，全长 3327.4 米，总面积为 108 200.7 平方米。红线宽 42 米，横断形式为：4.5 米(人行道) × 2+6.5 米(非机动车道) × 2+2.5 米(绿化带) × 2+1 2 米(机动车道)。路面结构：机动车道为水泥砼路面，非机动车道为沥青砼路面，人行道为方砖。历年建设情况：1980 年 1 2 月，人民路—头道沟段下水道建设；1981 年 4 月，中原路—三八车队道路建设，同年 8 月，人民路—丹江路道路建设；1987 年 6 月，中原路—烟叶仓库道路建设；1999 年 4 月，中原路—丹江路段道路建设。

【春园路】始建于 1980 年 9 月，东起汉江路，西至长虹路，全长 3693.9 米，总面积为 125 708.8 平方米。红线宽 42 米，汉江路—长虹路段横断形式为 6 米(非机动车道) × 2+2 米(绿化带) × 2+14 米(机动车道)；长虹路—中原路段横断形式为：5 米(人行道) × 2+6 米(非机动车道) × 2+2 米(绿化带) × 2+14 米(机动车道)；中原路—大李沟桥段横断形式为：5 米(人行道) × 2+6.5 米(非机动车道) × 2+2 米(绿化带) × 2+15 米(机动车道)。路面结构：机动车道为水泥砼路面，非机动车道为沥青砼路面，人行道为方砖。历年建设情况：1980 年 9 月，中原路—新华路道路建设；1986 年 2 月，中原路—新华路道路及排水建设；1987 年 1 月，中原路—建材技校道路及排水建设，同年 10 月，新华路—科技馆道路及排水建设；1998 年 4 月，长虹路—消防路道路及排水建设；1996 年 4 月，中原路—大李沟桥道路及排水建设；1998 年 6 月，长虹路—消防路段道路及排水建设；2001 年 6 月，汉江路—长虹路段道路排水工程建设；2002 年 9 月，春园路与新华路交叉口工程改建。

【白家庄路】始建于 1999 年 6 月，东起汉江路，西至华中制药厂，全长 1057.6 米，总面积 18 438.9 平方米。红线宽 40 米，横断形式为：14 米(机动车道)。路面结构：机动车道为水泥砼路面。

【松鹤路】始建于 1996 年 10 月，东起长虹路，西至振华路，全长 1675.8 米，总面积为 61 084.0 平方米。红线宽 50 米，横断形式为：5 × 2 米(人行道)+5.5 米(非机动车道) × 2+2 米(绿化带) × 2+15 米(机动车道)。路面结构：机动车道为水泥砼路面，非机动车道为沥青砼路面。历年建设情况：1996 年 3 月，长虹路—汉江路段道路及排水建设；1997 年 7 月，汉江路—振华路段道路及排水建设。

【檀溪路】始建于1984年12月，东起长虹南路，西至轴承厂，全长3713.3米，总面积为 179 005.9 平方米，红线宽 50 米，横断形式为：7.7 米(人行道) × 2+5 米(非机动车道) × 2+1.8 米(绿化带) × 2+21 米(机动车道)。路面结构：机动车道为沥青砼路面，非机动车道为沥青砼路面，人行道为曲边砖。历年建设情况：1997 年 5 月，长虹南路—虎头山路段下水道建设；1998 年 5 月，檀溪路与长虹路交叉口改造；2005 年 4—12 月，长虹南路—轴承厂段道路排水工程建设。

【环城东路】始建于 1986 年 1 月，东起襄阳公园(一桥引道)，西至胜利街，全长 2656.1 米，总面积为 92 575.0 平方米，红线宽 42 米，横断形式为：5 米(人行道)+12 米(机动车道)+5 米(绿化带)+12 米(机动车道)+5 米(人行道)。路面结构：机动车道为沥青砼路面，人行道为曲边砖。历年建设情况：1986 年 1 月，一桥引道—胜利街段道路及排水工程；2005 年 10 月，襄阳公园—胜利街段道路排水工程建设。

【东街】东起环城东路(东门桥)，西至十字街，全长 1105.9 米，总面积为 31 605.8 平方米，红线宽 42 米，横断形式为：4.5 ~ 11 米 × 2(人行道)+19 米(机动车道)。路面结构：机动车道为沥青砼路面，人行道为曲边砖。历年建设情况：1986 年 5 月，东门桥—十字街段道路建设；2004 年 9 月，十字街—环城东路段道路工程改建。

【西街】东起十字街，西至长虹南路，全长 1 381.9 米，总面积为 48 957.4 平方米，红线宽 50 米，横断形式为：5 米(人行道) × 2+6 米(非机动车道) × 2 十 3 米(绿化带) × 2+14 米(机动车道)。路面结构：机动车道为沥青砼路面，非机动车道为沥青砼路面，人行道为曲边砖。历年建设情况：1984 年 12 月，十字街—长虹南路段道路及排水建设；2004 年 9 月，十字街—长虹南路段道路工程改建。

【南街】北起十字街，南至南门桥，全长 852.8 米，总面积为 29 132.1 平方米，红线宽 42 米，横断形式为：4.5 米(人行道) × 2+6 米(非机动车道) × 2+2.5 米(绿化带) × 2+14 米(机动车道)。路面结构：机动车道为沥青砼路面，非机动车道为沥青砼路面，人行道为曲边砖。历年建设情况：1981 年 12 月，十字街—南门桥段下水道建设；1985 年 5 月，十字街—南门桥段道路及排水建设；2004 年 9 月，十字街—环城东路段道路工程改建。

【北街】位于襄樊市位于襄阳城内十字街之北，与南街相对，故名北街。解放初一度称延安北街，1979 年恢复今名。北街北起临汉门，南至十字街口，南北走向，全长 904 米，宽 12 米。

【丹江路】始建于 1973 年，起点为前进路，终点为鱼梁洲桥。全长 1730.6 米，总面积 36 282.1 平方米，红线宽 30 米。前进路—长征路段横断形式为：4 米(非机动车道)

图 4—3　襄城北街

+10 米(机动车道)+4 米(非机动车道),路面结构:机动车道为水泥砼路面,非机动车道为沥青砼路面;长征路—鱼梁洲桥段横断形式为:8 米(人行道)+12 ~ 14 米(机动车道)+8 米(人行道),路面结构:机动车道为沥青砼路面,人行道为曲边砖。历年建设情况:1973 年,前进路—江边段道路工程建设;1979 年,立交桥—樊城护城河段排水工程建设;1998 年 11 月,解放路—鱼梁洲桥段道路排水工程建设;2005 年 11 月,大庆路—鱼梁洲桥段道路排水工程建设。

【建设路】始建于 1976 年,东起大庆路,西至供变电设备厂。全长 1565.1 米,总面积 50 008.9 平方米,红线宽为 34 米。横断形式:10 米(人行道)+14 米(机动车道)+10 米(人行道),路面结构:机动车道为沥青砼路面,人行道为曲边砖。历年建设情况:1976—1977 年大庆路—汉江路段道路排水工程建设;1991 年 6 月,长虹路—杜甫巷排水工程建设;2005 年 2 月,大庆路—汉江路段道路排水工程建设,同年 6 月,汉江路—供电设备厂段道路排水工程建设。

【建锦路】始建于 1989 年 10 月,东起环城东路,西至周家埂。全长 1029.2 米,总面积 17 196.2 平方米,红线宽 34 米。横断形式:5 米(人行道)+14 米(机动车道)+5 米(人行道),路面结构:机动车道为水泥砼路面,人行道为方砖。历年建设情况:1989 年 10 月,环城东路—闸口路段道路工程建设;1997 年 6 月,闸口路—闸口二路段道路排水工程建设;1999 年 5 月,闸口路—周家埂段道路排水工程建设。

【幸福路】建于 1997 年 6 月,北起前进路,西至春园路,全长 741.4 米,总面积 7 707.1 平方米,红线宽 26 米,横断形式为:10 米(机动车道)。路面结构:机动车道为水泥砼路面。

【风华路】建于 1991 年 9 月,起点为人民路,终点为陈营中路,全长 1 292.2 米,总面积 18 977.5 平方米,红线宽 26 米,横断形式为:2.5 米(人行道)+10 米(机动车道)+2.5 米(人行道)。路面结构:机动车道为水泥砼路面,人行道为方砖,部分现浇。

【闸口路】建于 1989 年 10 月,北起庞公路,南至滨江路,全长 975.8 米,总面积 10 864.8 平方米,横断形式为:3 米(人行道)+8 米(机动车道)+3 米(人行道)。路面结构:机动车道为水泥砼路面,部分为沥青砼路面,人行道为方砖。

2.城市排水

(1)排水管道

1980 年,兴建襄城南街下水道,排水入南护城河,修建了襄阳公园至闸口的盖板暗渠,汇集东、南护城河的雨污水排入汉江。1982 年,兴建新街和北街下水道。兴建了闸口临时排水泵站,以便洪水季节抽排入汉江。

1985 年,将襄城南街下水道延伸城外南门桥,建成南排水泵站,同时铺设胜利街至南护城河的下水道及环城东路分段入东护城河的排水管道,至此,襄阳排水系统基本形成。

至 1985 年市区已建成下水道 78 条,总长 74 公里,共建有排水泵站 9 座,安装机泵 29 台,总装机容量 1 587 千瓦,排水能力为 3.8 万立方米 / 时,下水道服务面积为 13 平方公里,占市区建成区面积的 50%,由于市区排水汇水面积小、排渍能力不足,市区大部分街巷仍受大雨暴风威胁。同时,长期以来雨水污水合流排入汉江和护城河,造成汉江和护城河水质严重污染,急待解决。1984—1988 年,市政建设把雨、污分流纳入了工程主体,着手解决雨水污水分流。为解决街巷内涝,新建排水泵站一座,下水道 46 条,总长 32.13 公里,比 1983 年地市合并的前 5 年增长 19.8%。1989 年新建改建下水道 20 条,长 9 452 米,疏通下水道 12.31 万平方米,下水道服务面积由 1983 年的 30% 增加到 60%。1990 年,先后新建改建下水道 10 条,长 1 379 米,疏通下水道 14.59 万米。同年 6 月 10 日,市政府颁发《襄樊市(区)排水设施有偿使用实施办法》开征排水设施有偿使用费,用于加大排水基础设施建设力度。

1991 年,襄樊市市政设施养护管理处成立,标示着襄樊市道路维护,排水建设,泵站管理,下水道疏通迈上正规划道路，做到市政设施管理维护同步。1991—1995年，围绕城市重点工程建设，排水工程纳入道路建设统一规划，统一建设序列，重点利用排水设施有偿使用费兴建长1900米，汇水面积达1.89平方公里的米公排水系统，解决了30多年来想解决而未解决的樊城米公片长年雨水内涝问题。先后与汉江北路，长虹南路，襄城西内环路，北街工程等道路工程配套，兴建下水管道7条，长12 975米，并兴建城南泵一座，维修道路244.221平方米，人行道142 696平方米，维修疏通下水道1 098 853米，维修检查井、收水井14 003座，更换井盖井6 503块(套)。特别是1995年，市政府重点投入705万元市政府设施维护资金，对全市186公里下水管道进行了全面地维修，疏淘，提高市区大雨、暴雨的排清能力，为确保市区排水奠定基础。

1996—2000年，市政养护实行改革，内部机构进行调整，成立机械化公司和机械化修理厂，面向市场，自主经营，自负盈亏，向社会公开推行服务承诺制。1998年，市政设施养护管理处更名为襄樊市市政管理处，把竞争机制引入市政设施养护工作中，改革了经营方式，实行维修经费包干、内部招投标。1996—2000年，市区围绕塑形象工程和重点工程，配套松鹤西路、春园路、白家庄路、三元路、丹江路、红光路、振华路、幸福路、中清路、庞公路、檀溪路、闸口路、建锦路等道路工程，新建改建下水道10条，总长10261米，维修路面268 450平方米，人行道575 440平方米，疏通下水道298 616米，更换检查井、收水井14 514座，更换井盖3273套，使市区雨、污水得到及时排放。截至2000年，市区为解决暴雨成涝，疏通了南渠，治理襄阳护城河污水工程，市区排水管网149.63公里，其中陶管104.19公里(直径250～800共102.22公里，箱体砖砌45.44公里，)基本解决市区雨、污分流和暴雨成灾的问题。

2001—2005年，随着重点工程建设，排水工程得到充足发展。2001年，新建七里河道路排水管网和江华泵站，汉丹泵站，南迁巷泵站，环山路泵站，北街下水道等排水工程，新装机容量212千瓦，铺设排水管网6309米，市区排水能力提升1.5个秒流量。同时，为解决胜利街，环山路一带雨天严重积水的问题，岘山泵站建设开工扩建。2002年，市区对主次干道，排水设施开展经常性维护保养，完成了车桥大道，陈侯巷、曲径巷、北街东西支路，新华路、慧安巷等道路排水工程。2003—2004年，先后完成青山路，东内环路北段，三元北路，七里河路，解放西路，大庆西路，春园路，汉江中路，朝阳北路，米公路，朝阳南路，建设路等道路排水工程建设和完善，总长43 890米。2001—2005年，共维护道路140.975平方米，人行道11 756平方米，疏通下水道779 191米，更换检查井、收水井42 404座。截至2005年，市区排水管网192条，总长163.59公里。

【樊城护城河】建于1973年，樊城护城河排水管全长3115.7米，为雨污合流制。

【长虹路】建于1979—1992年1月，北起大庆路，为雨污合流制。

【人民路】建于1973—1982年4月，起点为大庆路，终点为廖家湾，全长5587.8米，为雨污合流制。

【前进路】建于1980年，起点为人民路，终点为洪沟泵站，全长3351.69米，为雨污合流制。

【松鹤路】起点为长虹路，终点为振华路，全长1474.30米，为雨污合流制。

【檀溪路】起点为襄阳轴承厂，终点为长虹南路，排水管道全长7122.3米，为雨污合流制。

【东街】建于1985年1月，起点为十字街，终点为护城河，排水管道全长923.00米，为雨污合流制。

【西街】建于1984年，起点为环城西路，终点为十字街，排水管道全长1203.70米，为雨污合流制。

【南街】十字街—绿影壁巷建于1981年12月，绿影壁巷—南门桥建于1985年4月。起点为十字街，终点为南门桥，排水管道全长854.50米，为雨污合流制。

(2)排水泵站

1981年，建七里河排水泵站，1983年在樊城洪家沟建排水泵站。至1985年，襄樊市区仅有排水泵站9座，安装机泵29台。遇到大雨，抽排水能力严重不足，致使道路，街巷积水成河。1990年，襄城南门外胜丰移民区，住有1985年扩建南街时搬迁的居民288户，由于市政公用设施不配套，存在严重的常年渍水，道路泥泞等问题。市人大、市政协代表多次反映予以解决。1990年市政府作为重点问题之一，调剂泥巴路工程款28万元，在当地建成排水泵站1座，使胜丰路一带排水问题彻底解决。1991年，为解决襄城闸口路、建锦路、庞公路等地段积水和防洪问题，新建临时泵站一座，装机3台，为汛期抽排积水创造条件。同年，由于米公路排水建成竣工，新建米公泵站1座，根治樊城米公路一带长期积水问题。1993年3月，襄城区城南排污泵站开工，同年9月25日竣工，历时6个月，工程包括蓄水池，泵房两部分，彻底根治了襄城南片污水横溢的现状。1994年，东门立交桥排水泵站竣工，泵站安装水泵2台，解决东门立交桥机动车道长期积水问题。1995年，新建环城西路泵站1座，安装水泵2台。1996年，三元泵站建成竣工，装机2台，解决三元路及三元路立交桥雨污水排放。1997年，为解决襄城庞公路沿线长年积水问题对江丹泵站进行改扩建，新增潜污泵2台，使庞公路段雨污水得到有效控制。1999年，随着襄城环山路改扩建，为解决该段雨、污水、排放问题，新建环山路泵站。该泵站安装清水泵2台，轴流泵1台。2001年，新建环山路2号泵站。2002年6月，江华泵站竣工，装机2台。2002年1月，岘山泵站竣工，工程建设内容包括浇灌1座下沉式大型集水池。该泵站的建成，改善了胜利街、环山路一带雨天严重积水问题。

【城南泵站】城南泵站占地面积7767.1平方米。是1座较为正规的常用泵站，主要担负着东、西大街以南大片区域的企事业单位及居民生产、生活污水及雨水抽排任务，抽排的污水经护城河管道排入南渠。1987年投用时为两台轴流泵，1993年，扩建后增设3台污水泵。

【汉丹泵站】汉丹泵站是1座占地面积4322.9平方米担负着长虹南路以西、檀溪路两侧区域生产、生活污水及雨水抽排任务。该泵站最初建设于1984年，其间对泵站的积水池进行了两次大的改造，并于1997年对泵站进行了扩建。

【迎旭门泵站】迎旭门泵站建于1977年，配备有轴流泵，在2003年抗洪中发挥了重要作用。

【汉江北路泵站】汉江北路泵站是一座建于1982年的防汛泵站，主要担负着汉江路沿线单位、居民生产、生活污水及雨水的抽排任务。配备有3台轴流泵。

3.城市桥梁

1979年，襄樊市区主要有解放桥、定中门桥、迎旭门桥、七里桥、南渠上的三里桥及东门桥、西门桥、南门桥、清河桥、汉江一桥。这些桥多数为石桥或砖桥、跨度小、桥面窄，已不适应襄樊城市建设的交通需要，有的桥随城市道路修建而拆除，有的进行了重建。

【东门桥】改建于1978年，是位于东街横跨护城河上的一座双曲拱桥，单跨10米，桥长100米，面宽40米，行车道宽19米，面积5387.4平方米东门桥的建立，打通了襄城的东大门。

【西门桥】改建于1984年，是位于西大街横跨护城河上的双曲拱桥，跨径组合为12+15+12米，桥长53米，侧引桥长各30米。桥面宽43米，行车道宽14米，面积5672.6平方米。建成后，打通了襄城的西大门。

【南门桥】改建于1985年，是位于南街横跨于护城河上的钢筋砼简支桥梁，桥长48米，面宽42米，行车道14米，面积3007.2平方米，跨径组合为8.75+11.06+8.75米，打开了襄城南大门的通道。

【襄江人行天桥】始建于1993年6月，竣工于1993年9月，是横跨长征路与丹江路交叉口的钢结构人行天桥，桥梁宽4～5米，跨径组合为42.5+42.5米，面积990平方米，是襄樊市建设的首座人行天桥。建设单位为襄樊市城建局，设计单位为武汉市市政工程设计研究院，施工单位为武昌造船厂。

【飞环天桥】始建于1995年5月，竣工于1995年9月，是横跨长征路与大庆路交叉口的钢结构人行天桥，桥面宽4.5米，跨径组合为29+29+29+29米，面积1642.4平方米。建设单位为襄樊市城建局,设计单位为襄樊市市政公用工程设计研究院,施工单位为中国一冶机装公司。

【环山路 1 号桥和环山路 2 号桥】建于 1987 年,是新建襄城环山路道路工程时所建,两桥均为钢筋砼简支桥梁,跨径组合均为 6+6+6 米,1 号桥面积 582 平方米,2 号桥面积为 584 平方米。

【民主路桥】建于 1995 年,为襄城民主路横跨护城河上的钢筋砼拱桥,跨径组合为 8+13+8 米,面积 1456.4 平方米。

【铁公路桥】建于 2004 年，是樊城铁公路上的装配式钢筋砼空心板桥，单跨 10，面积 100 平方米。

【七里河桥】改建于 2005 年,是樊城汉江路上的钢筋砼简支桥梁,单跨 30 米,面积 900 平方米。

【黄龙沟桥】建于 2005 年是樊城长虹路上的钢筋砼简支桥梁，跨径组合为 11.5+6.6 米，面积 514.6 平方米。

【人民路人行天桥】建于 2002 年，是樊城人民路上的钢结构人行天桥，跨径组合为 7.62+17.25+7.87 米,面积 216.1 平方米,该桥的建设主要解决行人和人民路小学学生交通过街的安全问题。

【大庆路天桥】建于 2002 年,是樊城大庆路上的钢结构人行天桥,跨径组合为 7.6+17+7.6 米,面积 276.7 平方米。基本解决了行人和大庆路小学学生过街难的交通问题。

【汉江长虹大桥】1987 年 12 月 14 日动工,1992 年 5 月 1 日建成通车，是经国家计委计资字 329 号文件的批准兴建。工程经费以自筹资金为主,国家补贴为辅,汉江长虹大桥全长 2187 米,其中正桥长 1308 米,桥面宽 22 米,总投资 10 226.3 万元,大桥为双墩双壁式结构,桥身 8 孔 9 跨,通航标准为 4 级,建设过程中采用本市工程技术人员自行研制并获国家专利的“转臂自控式伸缩缝装置”整个桥富有节奏韵律感,达到先进水平,有 6 名建桥工人在大桥建设中殉职。

图 4—4　汉江长虹大桥

【汉江一桥】建于 1970 年，1991 年进行全面整修,因汉江一桥自建成 21 年未作全面整修,致使桥身纲梁托架平均锈蚀 3 ~ 4 厘米，公路沥青面补贴厚度超过原设计标准 3 ~ 4 倍,导致路面凹凸不平,人行道残缺破损,护栏倾斜,油漆剥落,护坡断裂,存在严重的隐患。于 1991 年由市政管理处承担整修任务，清刨路面 4 ~ 13 厘米厚,整修恢复路面 13 070 平方米,更换沿面护轮纲带 2 800 米,路灯、道路、人行道、钢托架进行了全面更新，使汉江一桥焕然一新,确保了车辆及行人安全。

1986—2005 年襄樊新成立二汽产业开发区,随着区域性建设和交通需要,陆续改建、扩建、新建清河口大桥,叶店 1 ~ 9 号桥,米庄 1 ~ 4 号桥,谢洼 1 桥和下刘 1 ~ 2 桥,鱼梁洲汉江桥。截至 2005 年,襄樊市区主要桥梁 17 座,一般桥梁 16 座,为襄樊大城市交通网络起着重要的作用。

襄樊市区主要桥梁设施统计一览

表 4—3

序号	名 称	地 点	结 构	跨径组合(米)	面积(平方米)	修建时间
1	东门桥	襄城东街	钢筋砼拱桥	9+11.5 +9	5387.4	1979
2	南门桥	襄城南街	钢筋砼简支梁桥	8.75+11.06+8.75	3007.2	1985.4
3	西门桥	襄城西街	钢筋砼拱桥	12+15+12	5 672.6	1984.9
4	环山路 1 号桥	襄城环山路	钢筋砼简支梁桥	6+6+6	582.0	1987
5	环山路 2 号桥	襄城环山路	钢筋砼简支梁桥	6+6+6	584.0	1987
6	民主路桥	襄城民主路	钢筋砼拱桥	8+13+8	1456.4	1999.5
7	铁公路桥	樊城铁公路	装配式钢筋砼空心板桥	单跨 10	100.0	2004.3
8	七里河桥	樊城汉江路	钢筋砼简支梁桥	单跨 30	900.0	2005.9
9	黄龙沟桥	樊城长虹路	钢筋砼简支板桥	11.5 +6.6	514.6	2005
10	襄江人行天桥	长征路与大庆路交叉口	钢结构	42.5 +42.5	990.0	1993.9
11	飞环天桥	征路与丹江路交叉口	钢结构	29 +29 +29 +29	1642.4	1995.9
12	人民路小学天桥	樊城人民路	钢结构	7.62+17.25+7.87	216.1	2002.3
13	大庆路小学天桥	樊城大庆路	钢结构	7.6+17+7.6	276.7	2002.5
14	襄樊汉江大桥	樊城公馆门	钢砼拱桥	三墩四跨	30452	1970
15	襄樊汉江长虹大桥	樊城星火观	钢砼拱桥	八孔九跨	2860596	1992.5

4.城市路灯照明

20 世纪 70 年代后，襄樊新城区不断扩大，道路渐被拓宽和延长，弯管灯逐被总臂灯所取代，或固定在临街墙上。襄樊大桥、公园等地带装有少量玉兰型组合灯。80 年代“三块板”式道路修建后，市容面貌明显改观，路灯造型愈来愈讲究审美效果。1981 年，在前进路安装海鸥型双臂琵琶灯 188 盏。1984 年在扩建后的襄城西街和檀溪东段安装新型组合华灯 726 盏，在西门桥上安装 3 火球型灯 36 盏。1985 年在南街新安装四叉五火圆筒组合灯 440 盏，在襄樊大桥引坡安装球形灯 46 盏。东门桥装水泡型钠灯近 20 个品种。这些路灯色调和谐，把城市点缀的五光十色。

1985 年，襄樊市区仅有路灯专用变压器 14 台，供电控制箱 26 台，光电控制器 12 台，由于设备落后，路灯数量相对较少，缺少机械化生产工具，照亮建设和维护主要依靠人工攀爬和使用登高梯完成，方法落后，效率低，不适应城市建设发展水平。

1986 年以后，市区照明设施纳入了城市建设之中。特别是改革开放，城市照明由格调单一向多元化发展，照明光源由第一代光源迈向第二代，第三代光源。从 1985 年以前的白炽灯开始到以高压汞灯为代表的第二代光源。提高了发光效能，延长了使用寿命。1983 年建设西大街启用第三代光源——高压钠灯，并将路灯的品位由过去的单臂弯管式改为组合散开式开始，光源、灯具的品种和样式不断更新。灯路也随着城市的扩大而不断改变。1985 年以前，市区路灯基本上是依附供杆架设光源，灯距是由供电灯杆确定的，一般灯距为 50 ~ 60 米，1986 年以后，路灯的安装开始采用专用灯杆确定灯距，根据路灯的宽度和灯源辖射范围确定灯距，一般为 30 ~ 40 米，1985 年以前，城市照明灯型单一，1986 年以后灯型已多次更新换代，结合城市美化和亮化使用的灯型主要按照装饰性和功能性分类加工，具有造型美观，设计合理，美化环境的特点，用于美化环境的灯具属于非截光型，用于主干道照明的灯具属于截光型，介于两者之间的属于半截光型。主要是以灯具能使用的路段和环境确定灯型的选择。截至2005年，已采用的灯型包括琵琶型、纺菲型、风帆型、泛光型，幻箱型等。在灯杆的建设和改造中，市区改变了过去使用的供电部门的水泥灯杆，这种灯杆结构简单，外观单调，随着使用年代的增加，自然界的风化以及外界的拉力，会给水泥灯杆造成严重的损伤。使其出现裂纹，容易发生安全事故。1986年后，由于制造工艺和科技水平的提高，专业厂家生产了镀锌钢质灯杆，这种灯杆明显优于水泥灯杆，钢质杆体轻便、耐震，耐腐蚀，外形美观大方。随着生产厂家的生产技术不断成熟以及人们追求品位的生活环境在钢质灯杆的基础上又衍生出具有装饰作用的各种金属灯杆，款式新颖，样式独特，从享受生活上满足了人们的需求。

在路灯设备更新换代的同时，路灯控制技术也有了根本的改变。控制手段由传统的手控不断变革为时控，光控和时控光控一体化。为提高路灯开关时间的准确性和消灭大面积的白天亮灯，“夜间黑灯”的现象提供了可靠保证。特别是计算机的应用，根据城市路灯点多，线长，面广的特别，采取了遥控，遥测，遥信的控制方式，对实行全夜灯，半夜灯等节能措施起到了很大作用。

从1986至2005年，随着市区“鄂西北第一路”长虹路的建成，汉江二桥的通车，襄樊市掀起了市政建设高潮，城市照明事业得到了长足发展，市区的路灯覆盖面积已扩展到方圆百余公里，东到机场路，西至邓城大道高速出入口，南到尹集乡襄南高速。北至长虹北路团山大道，路灯似繁星遍布市区的大街小巷。至2005年底，市区路灯生产装备配量已相当齐全。公务车、高空作业车及应急工程车共11台，加工设备切割机、电焊机、钻床、砂轮机、空压机、弯管机等生产设备16台，涵盖了生产加工、安装、维修等各项工作。光源已发展为高压钠灯、高压汞灯、全卤灯、节能灯、LED灯、景观灯、无极灯等。低杆灯、中杆灯、高杆灯、草坪灯、庭院灯等款式新颖，样式独特，不断满足了照明需要，而且装扮了市容市貌，美化了人们的生活环境。至2005年，市区路灯建设投入由过去的每年10多万元增加到每年2000多万元。路灯线路里程由16公里发展到500余公里，路灯线路达到295条，装灯盏数达到36 617盏，变压器容量达到5 366.6千瓦时，控制箱由1986年的14台增加到97台，节电器从无到有达到97台，路灯占有率从过去的10%发展到86%。

路灯设施历史对比一览

表4—4

年份	路灯(盏)	变压器台	变压器容量(千伏安)	控制箱台	节电器(台)
1979年	1038	5	152.035	无	无
1986年	4118	8	860.6	14	无
2000年	13325	40	2759.9	69	无
2005年	36617	66	5366.6	97	97

（三）公用事业

1979年，襄樊市城市公用事业含城市供水、公共交通、公用客车厂、煤气公司等。2002年，城市公共交通划转市交通局管理，市公用客车厂对外买断经营。2005年8月，市供水总公司与市污水治理公司重组为襄樊水务集团有限责任公司。

1.城市供水

1978 年,在樊城兴建第三水厂,总投资 1600 万元,一次设计,两期建设,分别于 1981 年 4 月和 1984 年 7 月建成投产,水质达到国家标准。

1985 年,市区有 3 座水厂,市区 3 座水厂及自备水厂供水人口 31.5 万人,供水普及率为 95%。

1986 年,市政府决定在襄阳城东北角兴建第四水厂,同年 8 月破土动工,工程分两期进行,第 1 期工程预算投资 2400 万元。1988 年 5 月,第四水厂 1 期工程比原计划提前半年建成投产,共安装机电设备 408 台(套)总建筑面积 9359 平方米,是当时市区规模最大,设备最优的供水设施。建成投资后,襄城片工业用水得到缓解,改变了襄城 12.8 万人长期供水不足的问题。

1997 年 6 月,第四水厂 2 期工程建成投产,彻底解决了襄城工业用水和生活用水不足的矛盾。四水厂建成后,实行新的生活饮用水卫生标准,考核出厂水浑度由过去的 5 度改为 3 度,检验项目由 23 项增加到 35 项。

1987 年,经市政府批准 ,市自来水公司更名为襄樊市供水总公司,隶属市城建局领导。为适应樊城区及郊区经济发展,满足城市供水需求,公司报请市政府批准兴建襄樊市第五水厂。1990 年,经湖北省计划委员会 651 号文件批复,市第五水厂工程立项,1991 年破土动工,占地 15.8 公顷,工程分 4 期建设,项目总投资 32 998 万元。

1993 年 5 月 31 日,投资 6778.11 万元完成清水池、平流池等 7 个项目,新增的五水厂 1 期工程 1 次试车成功,于 6 月 1 日与一、三水厂并网供水,樊城区缺水局面彻底扭转,同时解决了一水厂枯水季节取水短缺问题。

1995 年 7 月,投资 2651.5 万元,完成沉砂池,反应池,双阀滤池等 10 个项目,新增的五水厂 2 期工程竣工投产。全市自来水普及率达到 95%以上,较好地适应了市区工业和居民生活用水需要。

1998—2000 年,五水厂 3 期工程开工建设,完成工程投资是 6170 万元,发展输水干管 7000 米,完成全部 13 个工程项目。

1987 年,襄樊市水务集团公司为加强供水生产和销售的有效管理,与中南设计院,中国计算机技术服务公司合作,联合开发《城市供水无线监测调度系统》《供水监控系统》。其中《供水监控系统》经运行后,对各水厂生产销售管理规划起到直接明晰的作用,并通过省市级鉴定。1996 年,为彻底改变老城区管理落后和群众用水难问题,发展新管网,改造旧管网。1998 年,总公司结合全市形象工程,承担了市区重点工程项目——襄阳护城河百米喷泉工程,投入 21 600 个工作日,完成投资 320 万元,喷泉喷射高度达百米以上。2003 年,公司重新调整企业管理委员会,全面系统修订完善各项管理制度;使企业基础管理进一步规范。1995 年, 公司投资 300 万元在汽车产业开发区设立的加压泵站竣工。1999 年 5 月 10 日,输水管道横跨汉江直通鱼梁洲,使鱼梁洲旅游开发区用水与樊城连线。1999 年 7 月 15 日,公司组织的省级科研项目"ZCJ"自动防堵取水头成果,通过省科研成果鉴定并通过省技术监督局验收,从而解决了流动水源取水头部堵塞问题。2000 年 2 月,人民路铁路涵洞上水管通水,使樊城区管网形成完整的闭合环网,改善了大庆路一带老城区吃水难。2005 年 5 月 1 日,襄城区尹集乡供水工程正式竣工通水,户表工程入户 17 671 户。同年 8 月,成立襄樊水务集团有限责任公司。

【襄樊水务集团有限公司第四水厂】襄樊水务集团有限公司第四水厂始建于 1986 年 10 月,承担襄城人民生产和生活用水。其净水系统采用的是当时国内属领先水平的网格式反应池,工艺流程为:预沉、混凝、沉淀、过滤、消毒。近年来又更新配置了隔膜式计量泵投加净化剂装置、壁挂式真空加氯机和氯气泄氯吸收装置,是一座现代化水厂。四水厂现有职工 60 人,其中,高级工程师 1 人、工程师 2 人、高级技师 2 人、技师 1 5 人。四水厂是一座花园式工厂,建筑造型属宫殿式建筑,飞檐斗拱、金碧辉煌与深厚凝重的襄阳古城交相辉映, 形成了历史文化名城中一处特有景观。厂区绿地面积占 70%是市级"绿化先进单位"。2005 年,中华全国总工会授予四水厂模范职工之家称号。

【襄樊水务集团有限公司第五水厂】襄樊市水务集团有限公司第五水厂始建于1991年10月，占地面积15.8公顷，项目总投资概算为32 998万元。1993年6月第1期工程开始投入运行。1995年第2期工程建成投产。2003年6月，在五水厂建厂10周年的同时，完成了3期工程的建设，投资总额累计达到32 998万元。五水厂由中国市政工程中南设计院设计，是由网格、平流沉淀、双阀滤池为主体工艺的产水工程，其工艺流程为取水头部—取水泵房—沉砂池—管线加药、网格反应—平流沉淀—双阀滤池—二次加氯、清水库—送水泵房—管网(用户)。土建部分是襄樊市第一建筑公司承建，取水头部，沉井由武汉二航承建；水泵机组、电气、管道的安装全部由供水公司工程技术人员、技术工人承担。五水厂是座集产水设施、设备博览(物)馆、教学、园艺、花卉、体育健身、休闲观光为一体的综合园区。

【二水厂输水管道】二水厂两条输水管道始建于1969年，于1971年投入使用，以襄城西南部万山等高压力的山区供水为主。

【四水厂输水管道】四水厂出厂管道于1986年动工建设，出厂为一条DNl200毫米、一条DNl000毫米管道。

【五水厂输水管道】五水厂已完成3期共两条出厂输水管道的铺设。其中1、2期工程为承插式预应力砼管道，由公司通过银行贷款、自筹等多种方式筹集资金建设。该管道由中南市政设计院设计，由公司工程公司施工。该管道于1991年开始与五水厂1期工程建设同期铺设，历时两年，1993年投入使用。该管道与五水厂1期工程的建成投产，解决了当时樊城区供水不足的问题，沿途经过的梁坡、柿铺、贾洼等区域居民用上了自来水。公司于2000年通过自筹资金、银行贷款、申请国债等方式多方筹措资金开始建设五水厂第二条出厂管道三期工程输水管道。该管道历时四年建设完成，于2006年7月并网运行。该管道的建成极大改善了高新技术经济开发区的供水压力状况，使樊城管网形成了环网，均衡了管网供水压力，同时使五水厂输水管道增至两条，增加了樊城供水量最大的水厂的供水可靠性，同时也使邓城大道沿线居民用上了自来水。

【水质检测中心】襄樊水务集团有限公司水质检测中心始建于1972年10月，于1995年10月首次通过省级计量认证评审，并挂靠于襄樊供水总公司成立了湖北省城市供水水质监测网襄樊监测站。2005年为省内第二大水质专业检测机构。中心每日对6个制水厂管网水、出厂水的常规4项进行检测；每月对6个制水厂的管网水、出厂水、源水进行国标35项检测；每季对6个制水厂的源水除进行国标35项检测外，还增加了氨氮、总磷等7个项目的检测；按要求对购进净水剂进行使用前的常规检测。5个制水厂化验室每日对源水、出厂水的浑浊度、氯化物、总硬度等12项指标进行检测；制水厂车间班组对余氯每小时检测一次。通过三级检测制度的建立，确保了公司出厂水水质符合国家生活饮用水卫生标准。

【市节约用水办公室】于1989年正式成立。1991年，市政府颁发了《襄樊市城市节约用水管理暂行规定》，节水管理工作正式步入法制化轨道。1992年开始，按照“开源与节流并举”，提高用水效率，计划用水户仅为180户，开展节约用水难度较大。先后在市银都宾馆、铁路大酒店、溪苑宾馆、风神大厦等用水量较大的宾馆、旅社推广延时冲洗阀和红外线阀门等496套，对城市节水起到极大的推动作用。至1998年，计划用水户增加到3 1 4户，人均月用水量控制在7.5立方米以内，按市区用水人口计算，市区全年节水量达到20万立方米。1979年，市区工业自来水重复利用率几乎为零，为使有限的水资源得到合理利用，节水办公室通过对140户计划用水户进行了抽查，建立了计量收费、巡回检查、推行技改、重复用水等方面的规章制度，并采取对计划户收取超计划加价水费，取消生活用水“包费制”，提高自来水重复利用率，建立循环用水。1999年，市区自来水重复利用率达到29.5%，仅襄樊市车桥股份有限公司1 998年投资引进具有国际先进水平的台湾污水处理设备，建成含油废水综合污水处理站，并铺设污水管直达锻压车间等总长500米的管道，将达标排放水送至车间作为冷却水循环使用，使60%的达标排放水得到重复利用，自来水重复利用率达到37.3%，年可节水30万立方米，节约水费36万元。

【市城市污水治理公司(排水设施收费监理处)】于1994年，为一套班子、两块牌子的事业单位，隶属襄樊市建设委员会。公司现有职工58人，其中专业技术人员33人，副高级工程师5人。主要担负全市城市污水处理费的征收管理及调价申报，污水治理专业规划的编制、实施，城市污水设施建设运营，进行日常监管，以及对排入城市管网的污水进行水质监测和排水许可等社会公共事务管理工作。随着全市经济的快速发展，大量的工业废水和生活污水排放量未经任何处理直接排入小清河、七里河、汉江，城市水环境日益受到破坏，为完善城市功能，加快城市污水处理设施建设，1994年4月，襄樊市政府启动了利用世界银行贷款建设樊城鱼梁洲污水处理项目的工作。该项目于1995年6月通过了湖北省计委的批准和世行的正式评估，项目正式启动，1998年7月开工建设，2003年建成运行。项目总投资3.099亿元，主要资金来源为：世行贷款8881万元(人民币)，国债资金1.65亿元人民币，其他为地方自筹。主要建设内容包括：樊城老城区二级污水管网、樊西樊北污水收集管网、樊城南北支截污干管及清河口泵站、鱼梁洲污水预处理厂。项目建设管涵53公里，泵站提升能力为10.3立方米/秒，鱼梁洲污水预处理厂日处理管网13.86公里，新建樊西樊北污水收集管管涵19.24公里，大大改善了部分老城区污水排放难的问题，解决了多年来樊城工业区污水直接排入汉江上游、污染城市供水水源及高新区发展急需解决的污水排放等问题。2000年4月，樊城南北截污干管及清河口泵站开工建设，次年5月鱼梁洲污水预处理厂土建工程动工。至此，市区拥有华中地区规模最大的第一座城市污水预处理设施。樊城区服务范围内的城市污水经过收集、截流汇至清河口泵站，通过提升集中输送到鱼梁洲污水处理厂处理后排放，从而解决了困扰市区多年的污水分散排放、小清河、七里河等水体污染严重等问题，确保市区水源质量。

2.城市燃气

1977年，液化石油气进入城市居民家庭，气源来自荆门炼油厂，年供气量7.5吨，供应700户烧用。1978年成立襄樊市煤气公司，燃气用户增至1 027户，年供气量35.62吨。液化石油气的运输与储备，最初采取钢瓶小罐直接到炼油厂运回后发售。1979年，购置"黄河"牌油罐车1部。1985年增至6部，总载重量30吨，同年投资200万元，在樊城贾家洼兴建贮气能力为200吨的贮运站，年周转量2 000吨，燃气用户达到11 456户，气源计划内占60%。

1994年，为解决襄樊市区液化气供应紧张和煤气公司严重亏损问题，襄樊市管道煤气公司成立，主要从事煤气工程建设和经营管道煤气。其资金来源：一部分财政拨款，另一部分是利用加拿大政府"转贷"660万美元，外贷担保第一担保人为襄樊市供水总公司，第二担保人为襄樊市财政局，并由市财政局偿还贷款本息。至1997年5月，相继完成了征用襄阳县竹条镇168.21亩土地和四通一平，建成综合办公楼、中央变电所、综合水泵房、干煤棚及厂区生产设施等10多个项目。引进日产24万立方米的3台直径为3.6米两段式水煤气发生炉等"转贷"引进设备外资649.6万美元，于1998年4月全部运抵煤气工程工地，迄今为止未开箱。1997年6月以后，在市场经济和煤制气行业亏损和价格倒挂等因素的影响下，经专家对市煤气工程建设方案的评审和论证，考虑襄樊煤炭资源短缺和亏损，煤制气工作全面停建，市管道煤气转为引进四川盆地天然气的"西气东输"工作。

2000年8月，襄樊市燃气热力有限公司成立，襄樊市煤气公司、襄樊市管道煤气公司隶属市燃气热力有限公司领导，两公司各出资50万元人民币，企业类型为非自然人出资有限公司，主要经营城市燃气。

1999年10月，市煤气公司以"动态股权"形式改制成立襄樊市美好燃气有限公司。公司出资41万元，占注册资本的59%，职工入股29万元，占注册资本的41%，主要经营石油液化气，实行全员经营、独立核算,全面推向市场。

2002 年,市燃气热力有限公司与中石化胜利油田大明(集团)股份公司合资经营襄樊市天然气输配工程,双方签订了《合资经营企业合同》。中石化胜利油田大明(集团)股份公司以现金出资 5000 万元人民币,占注册资本的 71.43%,襄樊燃气热力有限公司出资 2000 万元,占注册资本 28.57%,共同成立了襄樊大明天然气有限责任公司。

2002 年 3 月,市燃气热力有限公司改制,对市燃气热力有限公司、市管道燃气总公司、市煤气公司、市美好燃气有限公司资产进行评估,率先对职工实行了买断工龄和身份置换,有 204 名职工买断了工龄。对买断工龄未走向社会的 85 名职工进行了分流,其中:40 名职工在襄樊大明燃气公司上岗,31 名职工在市美好燃气有限公司上岗,14 名职工在燃气热力有限公司上岗。至此,襄樊大明天然气有限公司主营天然气经营,以市燃气热力有限公司为主的“四块牌子,一套班子”,主要经营石油液化气的“职工身份已置换,国有资产未剥离”的格局,持续经营和发展,至 2000 年,除天然气外,市区液化石油气年供气量 3208 吨,用气户 30 018 户(见表 4—5)。

2001—2005 年,市区燃气事业开始实行转轨变型,由单一液化气供应变为液化气,天然气供应并存。2001 年,市区建成管道液化气小区 6 个。2002 年,由市燃气热力有限公司出资与山东胜利油田大明集团公司合资成立大明天然气公司,市区引进天然气迈出了艰难的一步。2003 年,引进天然气工程项目铺设管道全线开工,襄樊大明天然气公司成立揭牌仪式在诸葛亮广场举行。至 2005 年,天然气管道顺利穿越汉江,襄樊大明天然气公司在诸葛亮广场举行通气点火仪式。至此,市区液化气,天然气供应并存的格局形成。2004 年,投资 6756.38 万元的城市天然气工程,于 2005 年 1 月 1 日樊城区点火通气,用户 2826 户。市区液化气供应用户由 1986 年的 13 500 户增加到 33 000 户,全年供应液化气由 1986 年的 1040 立方米增加到 3200 立方米。

1979—2005 年液化气供应一览

表 4—5

年份	储气能力(立方米)	供应用户(户)	供应量(立方米)	备注
1979	—	1 912	99.24	
1980	—	3 273	166	
1981	—	4 650	333	
1982	—	5 741	481	
1983	—	6 597	601	
1984	—	8 581	634	
1985	200	11 456	927	
1986	200	13 500	1 040	
1987	200	15 524	1 120	
1988	200	16 230	1 134	
1989	200	17 806	1 200	
1990	200	18 605	1 420	
1991	200	20 125	1 519	
1992	200	21 360	1 441	
1993	200	21 680	1 468	
1994	400	22 750	1 500	
1995	400	22 890	1 550	
1996	400	23 465	1 580	

续表

年份	储气能力(立方米)	供应用户(户)	供应量(立方米)	备注
1997	400	25080	1800	
1998	400	27050	2100	
1999	400	28560	2500	
2000	400	30000	2680	
2001	400	31500	2800	
2002	400	32000	3020	
2003	400	33000	3200	
2004	400	34000	3300	
2005	400	33000	3200	

3.城市公共交通

1979年后,公共交通事业迅速发展,新的营运线路相继开辟。1981年,开始增设出租新客运项目。1984年设立旅游汽车出租公司,个体经营的出租车开始营运,城市公共交通形成以公用汽车为主体,各种社会车辆补充的多家经营格局。截至1985年底,市公用汽车公司拥有各类客车116辆,其中普通公共汽车62辆,通道车35辆,出租大客车9辆,小型厢式客车3辆,小轿车7辆,运营线路12条,总长174.6公里,日运营班次为90个,年客运量3391万人次。此外,市区尚有机关、企事业单位和个体等近40辆的客车投入市区营运。

1980—1989年,襄樊公交公司在经济体制改革的推动下,实行了以扩权为中心的企业管理体制,把经营权下放给车队,允许车队在完成公司下达的各项指标前提下,司机可以招揽顾客,实行招手上车,减少放空车、跑空趟。为保证经营权下放不影响营运市场和乘客的利益,公司从抓基础工作入手,统一了全公司营运、维修、考核、分配、修订了会计、司售员等岗位责任制40条,完善了成本管理、资产管理等八项规章制度,从公司到车队制定了考核指标769件,完善了原始资料、统计台账财务核算等19类37件,并修订了燃料、工具、费用开支、保修、材料费、营运维修工时、物资储备、安全考核等21个方面107项定额,为全面推行经济责任制打下了基础。1985年,公交公司开始实行运营里程和销售收入双挂钩的目标责任制,首先在各车队下达百公里收入定额,作为计奖依据,超额完成部分车队分成1%,司机售票员分成9%,上交公司90%,歉收部分按合同比例扣罚。同时,对维修车间每一工时单价折合为0.15元,对外修车及加工收入30%留给维修车间,70%上交公司。对于后勤科室、调度人员、辅助工人按司机平均奖的80%发给,食堂、幼儿园、医务室等部分与公司签订合同,除按规定上交公司一定利润外,自己负担工资奖金。通过目标责任制的实施,极大地调动了司售人员的积极性,为公司长足发展奠定了基础。1983年,襄樊市人民政府批准公交公司由总支部升格为党委,1987年批准公交公司为副县级单位,下设6个支部和工会,共青团2个群团组织,为公司进入市场搭建了平台,至1989年底,由于公司内部改革的推动力,使经济效益和社会效益明显增强,在全国221个公用企业50%亏损的情况下,公司上缴国家税利6.5万元。至1 989年底,营运线路达到14条,比1 977年增长75%,线路长度达到191公里,营运车辆增加到113台,全年完成客运量3948.65万人次,比1977年分别增长了89.66%、85.25%和321.3%,首次评为湖北省公交行业先进企业。

1990—1995年期间,随着城乡客运市场的开放,公交公司遇到了前所未有的困境和阻力,出租车、三轮车抢占公交市场,扰乱了公交市场正常的营运秩序。巨大的冲击使国营公交公司,收入跌入低谷,企业经济效益急剧下降。面对200多辆社会车辆给公交市场带来的压力,公交公司调整内部经营结构,发展第三产业、节能降耗、挖掘潜力。对社会车辆挤占的市区1路、11路、15路、13路、14路等重要公共线路，优化线网布局，合理调整班次，充实驾驶员队伍，增强公司竞争实力，提高营运安全服务水平。1995年底，为贯彻国务院关于城市客运“多家经营，统一管理”的方针，采取对客运车辆实行总量控制，公交优先的原则，限制了盲目购车、无证经营、扰乱客运市场的现象，减轻了客运线路的负荷，确保了城市公交车辆在客运市场中的主导地位。同时，襄樊市首次对城市客运资格实行有偿转让，即以线路定量分配客运车辆指标，通过招标投标，集体或个体经营者中标可以取得两年的经营权，并根据公交线路等级向政府交纳7000～10 000元不等的有偿经营使用费，用于城市公交线路维护、车辆更新、站点建设。1993年3月，襄樊市公共交通公司更名为襄樊市公共交通总公司，确保了公共交通在城市客运市场中统一管理的主导地位。总公司抓住有利时机，以优质服务取信于民，增强总公司的竞争实力，全面提高营运安全水平。1995年1月，总公司通过政府首次融资180万元，购置无人售票车12辆，投入营运市场，安全方便、舒适正点，把自尊自重自爱还给了乘客，让乘客自觉投币，得到了社会和广大乘客的肯定和赞扬。同年，公司自筹资金将16辆普通车改装成无人售票车，并开通了9路、14路无人售票线路。至1995年底，公交总公司拥有营运车辆150台，营运线路21条，线路长度达到1223公里，年运送客运总量4151.78万人次。

1996—2000年，襄樊公交总公司为营造安全、舒适、快捷的客运市场环境，加大了车辆更新力度，共增加营运车辆97台，逐步淘汰过去占车辆总数50%的老解放客车，并在市区全面推行了无人售票车，大力发展城市出租车业务，建设并投入使用檀溪路车场，完成二车场的改造。同时，总公司通过自身发展适应市场竞争，满足市民日益增长的乘车需要，对盲人和年满65周岁以上的老人免费乘车，创立“线路围着市场转，车辆围着乘客转”的经营观念，以提高车辆的技术状况，保障车辆的出行。在燃料和汽车配件大幅度涨价的情况下，总公司以做好做强为前提，以任人唯贤的标准，突破了营运生产机制中的障碍，整体收购了舒捷、3路中巴、16路中巴，企业的综合实力明显增强。至2000年底，公司固定资产总额达到7664.万元，利润总额由1992年亏损219万元下降至21万元，营运收入达到3936万元。营运线路达到23条，是1977年的4.6倍，线路总长度达到283公里，营运车辆310台，年客运总量达到6978.03人次，分别是1977年的5.08倍、2.74倍和5.85倍。

截至2005年，市内营运车辆从2001年的346台增加到452台，公交线路从2001年的27条增加到37条，公交场地从2001年的102.61亩增加到139.43亩，日运班次从2001年的475个增加到680个，企业固定资产从2001年的7664万元增加到1.27亿元。初步形成了以人民广场、火车站两大交通枢纽为中心，以市区主干道为主线，以次干道和城乡结合部为辅，东至唐白河，西至牛首，南到余家湖，北通部营的城市公共交通网络（见表4—6）。

襄樊市公共交通总公司历年线路开辟一览

表4—6

线路	起终点	长度（公里）	开辟时间	站点数
1	火车站——岘山	9.2	1979	14
2	火车站——丹江路	10.4	1967	22
3	广场——牛首	20	1964.7	14
4	长虹桥北——唐白河	20	1976	20
505	广场——余家湖	17	1964.7	25
6	广场——泥咀	19.5	1965	25
7	广场——部营	17.1	1967	22
8	广场——尹集	16	1979.3	16
9	制漆厂——军纺路	8.3	1979.1	16

续表

线路	起终点	长度(公里)	开辟时间	站点数
10	三元路——三元路(环行线)	12.1	1981.8	22
511	万山工业区——火车站	11.2	1979.3	16
512	火车站——隆中	18.4	1976	21
13	火车站——南湖广场	10.9	1986.3	16
14	火车站——东风电气厂	11.2	1989.1	18
515	火车站——二汽基地	13.2	1990.5	18
516	火车站——内燃机车厂	11.5	1990.6	16
16	市一医院——钢铁厂	13.4	2005.7	23
517	五七一三厂——庞公祠	11.5	1997.10	18
518	火车站——米庄	13.9	1997.10	18
19	紫贞公园——鱼梁洲	8.4	1999.1	16
20	乔营——鱼梁洲	7.9	1999.3	15
21	万山工业区——闸口	7.5	2000.3	13
22	广场——华光厂	6.5	2001.1	13
23	肖湾——中原路	13	1976	16
24	长虹桥南——荣华路	14	2000.6	20
25	火车站——公安驾校	12	2001.4	18
26	火车站——柿铺	10	2001.4	16
27	广场——华中制药厂	6.1	2001.5	12
28	汉丹专线	7.3	2001.10	20
530	长虹桥北——董台——轿车厂	16.7	2003	30
	卫东专线	8.2	2001.9	17
531	火车站—诸葛亮广场——邓城——九家	12	2005.10	13
536	南湖广场——二汽广场	17.8	2003.12	27
	铁三院专线	8.4	2004.7	18
537	荆州街——市政府	5	2004.6	10
38	广场(解放桥)——王寨	8.3	2004.6	18
539	文博馆——杨家河	6	2005.5	12

(四)房地产管理

1981年7月,经市政府批准,襄樊市革命委员会房地产管理局更名为襄樊市房地产管理局,隶属市基本建设委员会领导。1997年4月,市政府办公室印发《襄樊市房地产管理局机构编制方案》,将房管局改为事业单位,由市建委管理,将局管理的直管公房经营管理、物业管理、机关三产业和后勤服务职能移交给下属单位管理,强化房地产业执法工作力度;将房屋产权户籍由兼管、分散管理变为集中统一的专业化管理;主要职责贯彻实施国家、省房地产管理法律、法规和政策。代政府起草房地产管理政策性文件,制定本行政区内房地产发展规划,负责对市区所有产权、交易、直管公房、城镇国有土地使用权和有偿转让、开发等进行管理,指导房地产开发经营和房屋商品化工作。组织实施“安居工程”,归口物业管理,负责房地产中介服务机构管理,负责城市住房制度改革等。

2001 年 11 月 1 日，市委下发《关于印发〈襄樊市市级机构改革实施意见〉的通知》。房地产管理局更名为房产管理局，住房制度改革委员会办公室与房产管理局合署办公，负责全市房产行业管理和房改工作。2002 年 1 月 21 日，市政府下发《襄樊市房产管理局（襄樊市住房制度改革委员会办公室）职能配置》。原市建委承担的全市房地产开发管理和房地产开发企业资质审批及核定资质等级的职能划入房产管理局，增加组织实施全市住宅建设计划、经济适用住房、集资建房和合作建房、廉租房计划、住房社会保障、公有住房出租价格和出租租金标准的制定、住房分配货币化、物业公司资质、等级管理等职能。

襄樊市房产管理局历任领导名录

表 4—7

职 务	姓 名	任 职 时 间
局 长	付帮斌	1981.7—1989.7
	高德忠	1990.6—2004.4
	肖　勇	2004.7—2005.12
副 局 长	熊仁义	1981.7—1981.12
	王世浩	1981.7—1983.11
	郭庆祥	1981.7—1983.12
	张学贤	1981.7—1985.12
	苏林汝	1981.7—1985.12
	季淑盛	1983.12—1990.6
	杨志明	1983.12—1987.5
	崔文强	1986.1—1990.2
	庄世辉	1987.5—1989.7
	肖文钦	1988.1—3
	范　旭	1989.7—2002.2
	张树林	1994.6—1997.12
	戚自力	1991.11—2002.2
	刘德祥	1994.6—2005.12
	张雪梅	1997.4—2004.11
	熊杨薇	1997.4—2005.12
	孙　平	1995.8—2004.12
	李才智	2002.2—2005.12

1.产权产籍管理

（1）**产权管理**：襄樊市市区从 1984 年开始进行房屋产权登记发证工作，至 1988 年共核发房屋所有权证 6 078 户，军户 17 户，集体户 121 户，私有产 5 523 户，占应发证总户数的 59%。1989 年市房管局下发《关于开展城镇房屋产权登记发证工作的通知》。同年 8 月下发《关于开展城镇房屋产权登记发证工作的补充通知》。截至 1990 年底，市区共办理登记 6 796 起，核发房屋所有权证 6 191 户，确权房屋建筑面积 1 111 万平方米，占市区房屋总面积的 88.89%。1991 年 6 月，市政府《批转市房地产管理局关于开展房屋产权验证换证报告的通知》。明确了市区验证、换证范围，同年 9 月，为保证全市房屋产权验证、换证工作顺利开展，市房管局印发《襄樊市房屋产权登记发证实施细则》。同年 10 月，印发《襄樊市房屋产权登记发证工作程序》。1992 年 5 月，湖北省建设厅《转发建设部〈关于加强商品房屋产权产籍登记管理〉的通知》。建立房地产开发公司在商品房屋销售前办理产权登记备案制度。同时，商品房屋的购买方必须在商品房购买的 3 个月内，持能证明交易行为合法性的有效证件到产权管理机关办理登记手续，领取产权证书。1994 年 7 月 5 日，《中华人民共和国城市房地产管理法》颁布，明确“国家实行土地使用权和房屋所有权登记发证制度”，为登记发证制度提供了法律依据。1997 年 7 月，建设部下发《关于制作颁发全国统一的房屋权属证书的通知》。从 1998 年 1 月 1 日起启用全国统一的房屋权属证书。2001 年，根据市委、市政府《关于加快襄樊高新技术产业开发区建设和发展的决定》等文件，将各开发区房产管理移交给各开发区管理。2005 年 4 月，为贯彻依法、便民、高效的原则，从 2005 年 5 月 1 日起，各开发区房管部门不再办理各类房产发证业务。市区（除襄阳区外）所有单位及个人申请房屋权属及交易登记发证一律到市行政服务中心受理和办理。

（2）产籍管理：1995 年 6 月 8 日，根据建设部《城市房屋产权产籍管理暂行办法》和《湖北省城市房屋产权产籍管理实施细则》的规定，为了巩固产权登记发证工作成果，加强产权资料管理，推动城市房屋产权产籍管理工作步入规范化、制度化、法制化轨道，使产籍资料更好地为房地产管理服务，市房管局印发《房地产产籍资料立卷归档办法》。1998 年 7 月，《襄樊市城镇房屋权属登记和产籍管理办法》出台。2001 年 8 月 29 日，建设部《城市房地产权属档案管理办法》出台，规定了房地产权属档案的收集、整理、归档、管理、利用及法律责任。襄樊市房地产产籍档案管理于 1997 年 7 月投资 11 万元购置 1 台拓普康（TOPCOM）电子全站仪。适用于房产测量中二等以下基本控制和图根控制测量，在野外可自动采集并储存数据，与计算机连接，实现测、算、绘一体化。2002 年 7 月，湖北省建设厅，省测绘局联合发文印发《湖北省实施〈房产测绘管理办法〉细则》，将房产测绘资格分为甲、乙、丙、丁四级，襄樊市申报取得丙级资格。2005 年 4 月，襄樊市房管局与市行政服务管理委员会办公室联合行文印发《关于市区房产权属档案资料交接有关事项的通知》，鱼梁洲、开发区、高新技术产业开发区、汽车产业开发区均须将所有房产档案资料移交市房屋产权与市场管理处，为理顺全市房产产籍管理的全面性打下基础。

2.住房制度改革

1992 年 9 月 14 日，襄樊市人民政府向湖北省城镇住房制度改革领导小组上报《襄樊市城镇住房制度改革实施方案》。1992 年 11 月 4 日，湖北省城镇住房制度改革领导小组批复同意《襄樊市城镇住房制度改革实施方案》。1993 年 3 月 16 日，中共襄樊市委、襄樊市人民政府印发《襄樊市城镇住房制度改革实施方案》，成立襄樊市住房制度改革委员会。

襄樊市公房出售经过四个阶段：第一个阶段为 1993 年下半年至 1994 年，职工以标准价购买单位公有住房，个人拥有 60% 产权。襄樊市人民政府于 1994 年出台了《襄樊市市区单位自管住房标准价评估审核暂行办法》。第二个阶段是 1994 年下半年至 1998 年底，其主要特征是标准价与成本价购房并存。按标准价购房个人享有 74% 产权，成本价购房个人享有 100% 产权。第三个阶段是职工已购标准价住房向成本价住房过渡，加快住房商品化的进程。第四个阶段是全面实行成本价售房，住房商品化、社会化进程提高。2000 年 12 月 1 日，《襄樊市市区自管公有住房出售办法》出台，标志着市住房制度改革上了一个新台阶。市人民政府办公室《关于加快已售公有住房产权证和土地使用证办理发放的通知》明确要求在 2005 年年底以前基本完成“两证”办理发放工作，对 2005 年 8 月 1 日前办理的，给予一次性付款优惠，过期将取消一次性付款优惠。四个阶段共评估出售公房 14 万多套。公房出售工作已全部完成。1984 年 9 月 22 日，襄樊市人民政府颁发《襄樊市补贴出售住宅试行办法》，为单位和个人买房提供了依据和办法。2001 年 4 月，市政府发布《关于印发〈襄樊市职工住房分配货币化实施办法〉的通知》,文件对住房补贴的对象、形式及标准作了详细说明,对住房补贴资金来源、管理及使用也作了明确规定。

3.住宅建设

(1)商品住宅建设:襄樊市区于1982年开始住宅商品化工作。首先组建开发房屋的机构,在襄樊市房管局内部,以襄樊市住宅经营公司为基础设立一个房屋开发经营机构。为进一步加快商品房建设和销售,经多次向中国房屋开发总公司申请,取得中国房屋开发总公司的支持,同意收纳襄樊市为分支机构,于1983年10月成立"中国房屋开发总公司襄樊市公司",由襄樊市房管局代管。1982—2005年,襄樊市区累计开发建设商品住宅474.36万平方米,约4.9万套。自1996年11月开始,襄樊的经济适用住房建设在市委、市政府的领导下,根据国务院、省政府和建设部、省建设厅的有关文件精神,按照以住宅建设推动房改,以房改带动住宅建设的原则,先后规划建设乔营小区、三元小区、檀溪花园、长虹新村等十几个经济适用住房(国家安居工程)小区。自1996年11月国家下达襄樊市国家安居工程建设计划至今,市区累计开发建设经济适用住房43.25万平方米,4593套(见表4—8)。

襄樊市经济适用住房(安居工程)建设情况一览

表4—8

	批准时间	建筑面积(万立方米)	套数	销售情况	备 注
乔营小区	1996.11	17.87	1982	7套未售	安居工程
三元小区	1997.6	4.20	443	7套未售	安居工程
檀溪花园	1997.6	5.59	638	售完	安居工程
长虹新村	1999.8	3.81	378	售完	
二汽小区	2001.2	3.50	459	售完	
运动路小区	2001.10	2.1	144	售完	驻军
新华路小区	2001.10	0.9	72	售完	驻军
新城湾小区	2001.12	3.28	237	售完	
车城二区四组团	2004.1	2.0	240	售完	
合计	—	43.25	4953		
东风电气公司	2005.7	4.0	400	在建	
477医院	2006.6	1.0	90	在建	驻军
合计	—	5.0	490		

(2)经济适用住房建设与管理:襄樊市经济适用住房开发建设根据"统一规划、合理布局、综合开发、配套建设"的原则,结合襄樊市的独特地理环境和居民住房需求状况,提出"统一领导、统一规划、分片建设、稳步实施"的指导思想。在建设管理体制上,采取垄断与竞争相结合的方式运作,即市经济适用住房建设领导小组办公室代表市政府统一规划和组织市区的经济适用住房开发建设,具有决策权。同时,按照公平竞争的方式择优选择开发单位,实行工程建设项目开发企业法人负责制。市经济房办与开发单位签订委托开发建设合同,就建设规模、施工质量、单位造价、竣工日期和建设标准及双方的责、权、利等作出明确具体的规定。因而做到了投资、建设、管理的分离,体现了市场经济与计划经济的结合,形成了由市经济房办统一组织,各委托开发企业开发建设小区的科学、高效、竞争、有序的管理运行体制。

（3）经济适用住房的销售管理：1997 年 8 月，襄樊市就以襄樊市住房制度改革委员会文件印发了《襄樊市国家安居工程住房销售办法（试行）》，明确规定了销售对象及条件、申请审批程序。经济适用住房供应对象的认定条件：本市市区内的单位职工和社会居民家庭；双职工家庭年收入 1.5 万元（含 1.5 万元）以内；个人未按房改标准价或成本价购买单位公有住房。购买经济适用住房的申请审批程序：购房人领取并填写《襄樊市经济适用住房购房申请书》；提交证明材料：户口簿和购房人身份证；家庭成员年收入证明（由职工所在单位出具）；现住公房承租证明（无房户由单位出具证明）；购房人夫妻双方所在工作单位（或街道居委会）进行审查，符合条件的，在购房人填报的《襄樊市经济适用住房购房申请书》上签署意见，并加盖公章；襄樊市经济房办、房改办对申请人填报的《襄樊市经济适用住房购房申请书》及提交的材料进行初审，对符合条件的，由市经济房办发给《襄樊市经济适用住房预售通知书》；购房人持《襄樊市经济适用住房预售通知书》，到经济适用住房小区开发建设单位签订预售合同。正式交房时，经市经济房办、房改办复审合格发给"襄樊市经济适用住房购房证"后方可办理房产手续。

4.房地产开发

1986—2000 年期间，襄樊房地产开发发展速度缓慢，基本是徘徊不前，联合开发和零星插建占主导地位，房地产开发建设水平不高，也没有开发出较好的住宅小区。2000 年后，襄樊房地产开发迅速起步。2005 年，市注册房地产开发企业 206 家，年开发能力 260 万平方米。

1978 年 1 月至 1981 年 6 月，市区兴建第一个住宅小区——高庄工人新村，位于樊城长虹路终端的高庄。该小区距市中心 5 公里，有主干道长虹路、人民路、建华路与市中心相连。小区地势平坦，总用地面积为 2.29 公顷，其中住宅用地 1.12 公顷、公共建筑用地 0.63 公顷，总建筑面积为 4.79 万平方米（共 26 栋），其中住宅面积 4.55 万平方米。在住宅建设中，居住面积 1.99 万平方米，平均住宅层数为5 层。小区内设有粮油、副食、饮食、百货及储蓄，邮电代办等店铺和幼儿园，道路、供水、排水设施齐全。1981 年 2 月至 1985 年底，建成幸福小区，位于襄樊火车站北侧，距樊城中心 1.9 公里。中原路、前进路与市中心相连。总用地面积 13.59 公顷，其中居住用地 7.57 公顷，公共用地建筑 1.17 公顷，其中住宅建筑面积 100 731 平方米，平均层数为 5 层，安排有集贸市场。1982 年 10 月至 1995 年底，建成毛纺住宅小区主要是为纺织企业提供居住。小区总用地面积 17.66 公顷，其中住宅用地 12.89 公顷，公建用地 3.24 公顷，道路用地 0.97 公顷，绿化用地 0.5 公顷。总建筑面积 22 534 平方米，其中住宅面积132 059 平方米，平均住宅层数 5.78 层，公建项目与幸福小区基本相同。20 世纪 90 年代末，房地产开发开始向规模开发过渡，规划建设了乔营小区、鹿鸣岛花园、都市花园等一批 10 万平方米以上的住宅小区(见表 4—9)。

襄樊市优秀城市住宅小区及 10 万平方米以上住宅小区一览（2005 年以前）

表 4—9

序号	项目名称	开发单位	总建筑面积(万平方米)	备 注
1	泰跃朝阳	襄樊纯昊投资有限公司	17.4	市优秀住宅小区并推荐申报省优秀城市住宅小区
2	闽发·汉江国际	襄樊市闽发房地产开发有限公司	9.5	市优秀住宅小区
3	都市花园	襄樊市闽发房地产开发有限公司	10.299	市优秀住宅小区
4	锦绣天池	襄樊昊天房地产开发有限公司	7.36	市优秀住宅小区
5	航空花园	中房集团襄樊房地产开发公司	4.95	市优秀住宅小区

续表

序号	项目名称	开发单位	总建筑面积(万平方米)	备注
6	风锦园	襄樊市车城东厦房地产开发公司	4.5	市优秀住宅小区
7	万众星苑	襄樊襄海置业有限公司	4.84	市优秀住宅小区
8	乔营小区	襄樊市住宅经营公司	14	国家安居工程
9	鹿鸣岛花园	襄樊杜立房地产开发有限公司	20	—
10	闽发·世纪新城	襄樊市闽发房地产开发有限公司	18	—
11	东风国际花园	怡达行置业(襄樊)有限公司	25	在建

5.房地产市场与权属管理

1996年9月29日,经市编委批复,成立襄樊市房地产产权产籍监理处,隶属市房管局领导,事业性质,经费自筹,暂定编15人。2002年7月1日,原襄樊市房地产产权产籍监理处更名为襄樊市房产产权产籍监理处,更名后机构编制、人员编制、经费渠道不变。1989年5月,市房产局发布《关于开展城镇房屋产权登记发证工作的通知》要求本市城区,郊区城镇建设成独立工矿区范围内的国家机关、人民团体、学校、企事业单位(含中央省属企事业)的房产,都必须到所在辖区的市属房地产管理部门登记,申请办理产权登记手续,经审查核准,确认产权,发给"襄樊市房屋所有权证"。截至1990年底,市区共办理登记6796起,核发房屋所有权证6191户,确权房屋建筑面积1111万平方米,占市区房屋总建筑面积的88.89%。2001年10月,省建设厅要求全部收回并换发建设部统一样式的、合法的,北京印钞厂印制的新房屋权属证书。襄樊市于1998年正式启用新房屋产权证书。2002年6月,经建设部批准"襄樊市房地产管理局"变更为"襄樊市房产管理局"。2005年4月,市委、市政府办公室为贯彻依法、便民、高效的原则,市政府同意,将房产管理局原下放给汽车产业开发区、高新技术开发区和鱼梁洲开发区的房产委托办证权限收回。将整合后的市区房屋产权产籍与市场管理业务整体进入市行政服务中心(见表4—10)。

1995—2005年产权登记一览

表4—10

年份	产权登记面积(万平方米)	总计总件数(件)	登计发证(本)
1995	26675.47	86	120
1996	48036	113	150
1997	6693.76	47	70
1998	232361.06	426	774
1999	1480340.21	2267	4160
2000	2420964.47	8053	15326
2001	2884822.44	18498	35393
2002	3653235.07	29764	57821
2003	3015814.49	21413	41723
2004	2631306.57	18523	36310
2005	4373071.38	28419	55920

(1)产权登记发证收费:1990 年 8 月,市物价局下发《关于调整房屋所有权登记换发证承租房变更收费标准的通知》规定房屋所有权登记费:私房 10 元 / 户,单位 15 元 / 户;房地产测绘图费 0.5 元 / 平方米;承租房变更费每户 8 元,房屋所有权证 4 元 / 本,房屋租赁证 2 元 / 本。2002 年 8 月,湖北省物价局,财政厅联合下文规范房屋所有权登记费,要求住房以外其他房屋所有权登记费按宗收取,具体收费标准为:①建筑面积 50 平方米以内的(含 50 平方米的,下同)每宗收费 100 元。②建筑面积超过 50 平方米不超过 100 平方米的,每宗收费 200 元。③建筑面积超过 100 平方米每宗收费以 200 元为基数,每增加 100 平方米以内(含 100 平方米)加收 20 元。④超过 4000 平方米的每增加 100 平方米内加收 10 元;⑤房屋所有权登记费每宗收费超过 8000 元的,按 8000 元收取。⑥他项权利(包括抵押权、典权等)登记费,按照房屋所有权登记费的 60% 收取。⑦按国家房改政策出售的公有住房所有权登记费为每套 60 元。⑧对"三改"企业已有房屋产权证书的,办理房屋产权变更登记的只能收取工本费 10 元。

(2)房地产抵押管理:1995 年 4 月 25 日,市政府印发《襄樊市房地产抵押管理暂行办法》。2000 年 3 月 22 日, 以房管局名义起草上报《襄樊市区个人住房贷款担保暂行办法》由市政府印发出台。2000 年,办理抵押登记面积 28.1 万平方米;2001 年,办理抵押登记面积 17.38 万平方米;2002 年办理抵押登记面积 10.90 万平方米;2003 年,办理抵押登记面积 30.98 万平方米,抵押登记金额 46 235.26 万元,抵押登记户数 843 户;2004 年,办理抵押登记面积 56.06 万平方米,抵押登记金额 78 823.49 万元,抵押登记户数 1707 户;2005 年办理抵押登记面积 71.847 万平方米,抵押登记金额 110 829.345 万元,抵押登记户数 2558 户。

(3)房产测绘:2001 年 7 月,成立了襄樊市房产测绘中心,实行企业化管理。同年 8 月正式运作。2001 年测绘费收入 620 829 元;2002 年收入 1 258 108 元;2003 年收入 697 577 元;2004 年收入 1 313 152 元;2005 年收入 2 580 000 元。

(4)房地产交易管理:1988 年 10 月 11 日,成立"襄樊市市区房地产交易所"隶属于襄樊市房地产管理局,企业管理,对外开展业务按有关部门的规定办理,人员从系统内调剂。1990 年 8 月 3 日,原襄樊市市区房地产交易所更名为襄樊市房地产交易管理所,更名后原隶属关系、性质、规格的经费渠道不变。2002 年 7 月 1 日,原襄樊市房地产交易管理所更名为襄樊市房产市场管理处,更名后机构编制、人员编制、经费渠道不变。2005 年 3 月 1 4 日,襄樊市房产市场管理处和襄樊市房产产权产籍监理处合并,组建襄樊市房屋产权与市场管理处。

(5)房地产转让管理:1990 年 1 月 10 日,市房管局、市物价局、市工商行政管理局联合发出《关于加强房地产交易市场管理的通知》。同年 7 月 26 日,市人民政府下发《关于加强房产交易市场管理的通知》。1996 年 5 月 25 日,为了维护房地产市场秩序规范房地产交易市场,促进房地产健康发展,市政府印发《襄樊市房地产交易管理办法》,对房地产秩序、抵押、房屋租赁、房地产中介服务及违章处罚作出明确具体的规定,使房地产交易活动有法可依。2000 年 12 月 10 日,《襄樊市已售公有住房上市交易管理实施细则》出台。《实施细则》共分总则、上市交易条件、上市交易审批、出售交易过户管理、税费收缴及减免收益分配和土地出让金的管理,相关政策、附则共九章二十九条。1993 年,办理房地产转让成交面积 347 675 万平方米;1994 年, 办理房地产转让成交面积 77 857.4 万平方米;1995 年,办理房地产转让成交面积 29.52 万平方米;1996 年,办理房地产转让成交面积 161 449 万平方米;1997 年,办理房地产转让成交面积 12 771.8 万平方米;1998 年,办理房地产转让成交面积 139 797 万平方米；1999 年，办理房地产转让成交面积 139 567 万平方米；2000 年，办理房地产转让成交面积 184 560.16 万平方米，成交金额 20 136.73 万元；2001 年，办理房地产转让成交面积 266 059 万平方米，成交金额 26 732.87 万元；2002 年，办理房地产转让成交面积 231 222.54 万平方米，成交金额 20 425.96 万元；2003 年，办理房地产转让成交面积 48.78 万平方米，成交金额 56 310.42 万元，成交户数 3646 户；2004 年，办理房地产转让成交面积 66.7 万平方米，成交金额 81 329.89 万元，成交户数 5426 户；2005 年，办理房地产转让成交面积 77.21 万平方米，成交金额 90 901.05 万元，成交户数 719 户。

（6）房地产租赁管理：1990 年 9 月 24 日，市政府印发《襄樊市房屋租赁管理暂行办法》。1991 年 9 月 12 日，市政府下发《关于加强市区暂住人口管理工作的通知》。1992 年 7 月 15 日，市房管局、襄樊市工商行政管理局联合出台《关于市区房地产交易市场租赁登记费有关问题的协议》。2000 年，办理房屋租赁监证面积 4.78 万平方米，租赁额 25.8 万元。2001 年，办理房屋租赁监证面积 3.91 万平方米，租赁额 20.48 万元。2002 年，办理房屋租赁监证面积 7.79 万平方米，租赁额 10.95 万元。

（7）房地产中介管理：1999 年 4 月 8 日，襄樊市房地产价格评估所被建设部评定为国家一级房地产价格评估机构，这是全市第一家，也是唯一一家国家一级房地产价格评估机构，它的诞生，将推动襄樊市房地产交易，维护房屋产权交易双方的合法权益。1999 年 6 月 7 日，根据《关于加快发展湖北省经济适用住房建设意见的通知》精神和具体要求，襄樊市房地产管理局下发关于“襄樊市住房抵押贷款担保中心”的通知，该中心隶属房产管理局，暂依靠市房地产交易管理所，实行独立核算，自负盈亏。2005 年 5 月 30 日，根据《城市房地产中介服务管理规定》及有关法律、法规规定，襄樊市房产管理局印发《襄樊市房地产经纪机构管理暂行规定》的通知。

（8）房地产市场：1990 年 1 月 10 日，市房管局、市物价局、市工商行政管理局联合发出《关于加强房地产交易市场管理的通知》。1990 年 7 月 26 日，市政府印发《市人民政府关于加强房产交易市场管理的通知》。2002 年 6 月 25 日，为贯彻落实建设部、国家工商总局、监察部等“七部委局”《关于整顿和规范房地产市场秩序的通知》、国家工商总局、建设部《关于进一步加强房地产广告管理的通知》和省政府批转省工商局《关于做好〈中华人民共和国合同法〉贯彻实施工作意见的通知》，以及市房产局、市计委“四局委”《关于印发〈襄樊市房地产开发建设程序〉的通知》等相关文件精神，襄樊市工商行政管理局、襄樊市房产管理局下发《关于进一步加强房地产市场管理的通知》。2005 年 4 月，成立房产市场管理部，主要负责对市区房地产交易、中介市场的清理、整顿、规范市场行为，建立房屋销售预警预报机制，定期公布房产企业不良资信行为，负责中介机构资质审核，规范房地产销售、评估、经纪活动，查处房产市场违法违规行为。同年 8 月 12 日，根据《中华人民共和国城市房地产管理法》《城市房地产开发经营管理条例》《商品房销售管理办法》《城市商品房预售管理办法》等法律法规以及国务院办公厅下发建设部等部门《关于做好稳定住房价格工作意见的通知》精神，襄樊市房产管理局下发《关于加强商品房预售管理的通知》。2000 年 6 月 8 日—11 日，全省“房交会”襄樊分会在市人民广场举行，总成交额近 2 千万元，在此次房交会上，参展的 43 家房地产公司共提供了 20 万平方米的各类各档次的商品房供广大市民挑选，签订正式售房合同书 162 份，总面积 1.7 万平方米，其中新建商品房 126 户，经济适用房 18 户，存量房 13 户，营业房 5 户，成交额 1 696.83 万元。同时，签意向性协议书 1 758 份，总面积 18.46 万平方米，其中新建商品房 627 户，预售商品房 705 户，经济适用住房 138 户，存量房 280 户，营业房 8 户，协议成交额 7 762.1 3 万元。

（9）房屋拆迁管理：1991 年 6 月 6 日，市政府印发《襄樊市城市房屋拆迁管理实施办法》。1997 年

7月17日，根据国务院《城市房屋拆迁管理条例》和《湖北省城市房屋拆迁管理办法实施细则》，市政府印发《襄樊市房屋拆迁管理办法》，修正了与湖北省现行实施细则相悖的有关条款，对拆迁程序和补偿安置对象、地点、面积及临时过渡办法等作了更加详细具体的规定。2001年10月，建设部表彰全国城市房屋拆迁管理工作先进单位，襄樊市房地产管理局为先进单位。2004年1 2月，市政府下发《关于加强襄樊市区城市房屋拆迁管理的通知》，调整市区城市房屋拆迁补偿补助费标准。具体补偿参照标准为，临街一楼经营性用房：一级区段每平方米补偿1800～2500元，二级区段每平方米补偿1200～1800元，三级区段每平方米补偿600～1 200元，四级及以下区段每平方米补偿200～600元；临街二楼以上和非临街经营性用房每平方米补偿100～400元。2005年1月，襄樊市房产管理局会同市发改委联合下发了《关于编制襄樊市城镇房屋拆迁中长期规划和2005年度计划的通知》，对城镇房屋拆迁实行总量控制。通知要求：拟在2005年度实施拆迁的市区各建设工程指挥部、各房地产开发企业应根据建设项目准备情况。填报《2005年度建设项目房屋拆迁计划申报表》，连同建设项目规划红线图复印件报襄樊市房产管理局拆迁管理科。由市房产局、市发改委编制2005年度市区房屋拆迁计划，经市人民政府同意后，报省建设厅、省发改委审批。拆迁计划一经审批，各地不得随意变更。确需调整的，应按规定程序报原审批机关同意。没列入房屋拆迁计划的项目，拆迁管理部门不得审批发放“房屋拆迁许可证”。

（10）房地产开发管理：2002年襄樊市机构改革之前，全市房地产开发管理由襄樊市建设委员会负责，2002年1月，市政府办公室下发《襄樊市房产管理局职能配置、内设机构和人员编制规定》，重新调整市房产管理局行政职能，明确将原市建委承担的全市房地产开发管理和房地产开发企业资格审批及核定资质等级的职能，划由市房产管理局负责全市房地产综合开发管理工作，审查房地产开发企业资质，核发资质证书，参与制订并组织实施全市住宅建设计划、经济适用住房计划等。2005年，市政府办公室印发《关于成立襄樊市房地产开发管理领导小组的通知》，成立市房地产开发管理领导小组。

（11）开发企业资质管理：开发企业资质管理主要依据《城市房地产开发经营管理条例》《房地产开发企业资质管理规定》及《湖北省房地产开发企业资质管理实施细则》等有关规定实施管理。2003年，湖北省建设厅印发《关于开展全省房地产开发企业资质年检的通知》明确要求，提高房地产开发企业准入门槛，房地产开发企业注册资本不得低于1000万元人民币。从2003年5月1日起，按全省统一要求，新设立的房地产开发企业注册现金，资本不得低于1000万元人民币。房地产开发企业220家，其中一级开发企业3家，二级开发企业10家，三级开发企业46家，四级及暂定开发资质等级企业1 61家，新成立的开发企业注册资本均严格按规定审批。

（12）物业管理：襄樊市物业管理在1990年代以前沿袭传统模式，直管公房由房管部门委托房管所管理，单位自管房由产权单位自行管理，新建商品房或由开发商管理或无人管理，开发商对房屋的管理仅限于修缮。1994年10月，市政府批转市房管局《关于城镇住宅小区实施物业管理试行意见的通知》，要求住宅小区实施物业管理，摸索经验，逐步推行。1995年4月，分别成立爱民物业管理公司、福豪管理公司、旭东物业管理公司、康民物业公司、联达物业公司。其业务工作归属房管局房产物业科管理，各公司独立核算，自主经营，自负盈亏。2001年1月，《襄樊市房管系统2000年改革方案》，明确“转换机制，转变职能”，市房屋租赁公司和各个房管所，按照社会化发展方向，以物业管理公司运作，走自主经营，自我约束，自求发展，自我完善之路，真正成为面向社会、服务社会的物业管理公司。截至2000年，市新建住宅小区基本实施了物业管理，旧住宅小区物业管理得到突破性进展，特别是

《襄樊市城镇住宅小区物业管理办法》出台后，以创建市级、省级、国家级物业管理优秀小区为主线，市区物业管理蓬勃发展。到 2000 年发展到 50 家，从业人员达 1000 多人，纳入物业管理的小区 60 个，截至 2005 年，市区共有物业管理企业 98 家，其中二级资质 1 家，三级资质 97 家，从业人员达 2000 多人，管理面积达 300 多万平方米。1994 年 12 月 1 日，襄樊市编委批准市房地局房地产管理科更改为房产物业管理科，健全了物业管理机构。1997 年 4 月，市政府印发《襄樊市房地产管理局机构编制方案》，根据工作职责，内设 6 个职能科室，有住宅建设与物业管理科。2002 年 1 月 21 日，市政府下发《关于印发襄樊市房产管理局职能配置、内设机构和人员编制规定的通知》，专设物业管理科（襄樊市房屋维修基金管理中心）。

①小区达标创优：1997 年 12 月，湖北省建设厅组织了 1997 年度优秀物业管理住宅小区省级达标考评活动，襄樊市东汽襄樊基地住宅小区被评为“湖北省城市物业管理优秀住宅小区”称号。1998 年 1 2 月，东风襄樊物业发展总公司车城一区通过“全国物业管理优秀住宅小区”达标验收，这是市第一家，也是唯一一家“全国物业管理优秀住宅小区”。同年，有 7 个小区达到省级物业管理优秀住宅小区标准，分别是：东汽公司第二住宅小区、乔营安居小区、铁十一局机关大院、襄轴第二住宅小区、襄棉北院小区、烟厂董台五生活区、襄铁南苑小区。1999 年 12 月，襄樊市汽车产业开发区车城二区被评为“全国城市物业管理示范和优秀住宅小区”，管理单位为东风襄樊物业公司。2000 年，襄樊市房管局按照建设部颁发的统一规则和标准，结合本市的实际情况，开始组织考评验收“襄樊市城市物业管理优秀住宅小区”。当年有 10 个小区获此殊荣。2001 年，襄樊市有 3 家小区获“湖北省城市物业管理优秀住宅小区”称号，他们分别是襄樊烟厂立业路小区、檀溪花园、汉水山庄。2002 年，襄樊市又有 2 家小区获“湖北省城市物业管理优秀住宅小区”称号，他们分别是中房襄樊分公司鑫鼎物业公司管理的鑫鼎花苑和襄樊市教苑物业公司管理的樊城区教师公寓。2003 年，襄樊市有 3 家小区获“湖北省城市物业管理优秀住宅小区”称号，他们分别是东风襄樊物业管理公司管理的风锦园小区、襄樊市闽发物业管理公司管理的都市花园商住小区，襄樊市金穗物业管理有限公司管理的小井巷生活小区。

②专项维修基金管理：2000 年 3 月 16 日，襄樊市房管局、财政局联合发文。印发了《襄樊市公有住房共用部位共用设施设备维修基金管理实施办法》。本实施办法所称共用部位是指住宅主体承重结构部位，户外墙面、门厅、楼梯间、走廊通道等。共用设施设备是指住宅小区或单栋住宅内，建设费用已分摊进入住房销售价格的共用的上下水管道、落水管、公益性文体设施和共用设施设备使用的房屋等。办法共分总则、维修基金的来源、维修基金的管理、使用、法律责任、附则共 6 章 23 条。截至2000 年底，全市已办理资质证书物业公司 30 余家，从业人员 3000 多人，管理面积 200 万平方米，已有 500 多家企业事业单位归集维修基金 4000 多万元，90 多家单位被批准使用资金 400 多万元。

③城市房屋安全鉴定：1991 年 4 月 23 日，襄樊市房产管理局成立襄樊市危险房屋鉴定所，属科级事业单位，定事业编制 10 名，人员从市房管局内部调剂，所需经费从收取的危房鉴定费中列支。1994 年 10 月 27 日，该所更名为襄樊市房屋安全鉴定管理所。1991 年 9 月 8 日，市政府颁发《襄樊市危险房屋管理暂行办法》，体制上明确了房管部门的职责和权限：市房地产管理局和各县（市）房地产管理部门是危险房屋管理的行政主管部门，负责对危险房屋进行安全管理。市危险房屋鉴定所负责市区危险房屋的安全鉴定工作，并对各县（市）危险房屋鉴定工作实行归口管理。2001 年 5 月 1 4 日，按照建设部和省建设厅的统一部署，全市房屋安全大检查拉开序幕。共检查房屋 79 196 栋，面积 65 284 576 平方米，危房三级 5853 栋，四级 2924 栋，按区域划分市区 27 431 栋，面积 12 956 429 平方米，危房三级 400 栋，四级 42 栋，县（市）区 51 765 栋。按使用性质划分公共娱乐场所 542 栋，面积 498 402 平方米，危房三级 77 栋，四级 3 栋；学校 13 927 栋，面积 13 601 642 平方米，危房三级 529 栋，四级 306 栋；体育场所 25 栋，面积 51 417 平方米，危房三级 1 栋；车间仓库 9139 栋，面积 4 100 222 平方米，危房三级 249 栋，四级 183 栋；居民住宅 55 563 栋，面积 47 032 893 平方米，危房三级

4685 栋，四级 2404 栋。2002 年 5 月 28 日，根据建设部全国安全生产电视电话会精神和省建设厅的紧急通知，襄樊市房产管理局从 5 月底开始在全市组织开展对年久失修、存在安全隐患的危旧房屋安全检查，重点检查对象是公共场所、校舍、居民住宅楼、体育馆等。全市检查各类房屋 86 243 宗，58 432 万平方米，查出危房三级 4616 宗，四级 3020 宗。其中襄樊市市区危房三级 1583 宗、四级 2120 宗；县（市）危房三级 3033 宗、四级 900 宗。

（五）城市绿化

1979—1983 年，市区 12 条主次干道，大多在两则人行道旁各种植一排行道树，树种主要是法国梧桐、女贞、泡桐等。1982 年，在人民广场内建园中园，建筑面积 1525.8 平方米，游路 716.9 平方米，景墙 123 米 。1985 年，先后辟建襄城桥头东西两侧，樊城人民广场、樊城老汽车站对面、樊西区停车场、襄阳城西城墙、东城墙内外、寡妇堤、夫人城等 11 处公共绿地。面积 8.62 公顷，植花木 8 033 株。市区机关、工厂、学校普通植树、铺草、栽花、绿化庭院。有 200 多个单位在搞好树木花草的主体建设基础上，配置楼台亭阁，假山喷泉，雕塑小品，道路两旁栽种小黄杨、冬青。112 个单位跨入市绿化达标先进行业。市区园林绿化面积达 803 公顷，其中公共绿地面积 103 公顷，人均拥有公共绿地面积 3.27 平方米，植树保存数 170 万株，绿化覆盖率达 30.8%，基本上达到“四季常青，三季有花，树木成荫，有园有景”的城市绿化格局，1984 年，襄樊市跨入全国城市绿化市行列。

1984—1993 年，道路绿化纳入道路建设中。襄城南街，环城东路，樊城中原路，春园路等改扩建，改变了过去“一块板”的格局。以“二块板”“三块板”车行道为主，两侧为绿化带或人行道两侧为绿化带。其间，共建设有绿化带的道路 14 条，总长度 26 公里。道路绿地率从 1984 年的 5%提高到 1993 年的 20%。绿化覆盖率由 15%提高到 40%。在道路绿化中，选择运用了 30 多种植物，其中行道树骨干树种有广玉兰、石楠、女贞、枇杷、白玉兰等，充实了道路绿化的植物景观，为改善城市空气起到较大作用。

1994—2000 年，市区道路绿化增强了街心花园、花坛、街头游园等开放式公共绿地建设。建设有绿化带的主干道 6 条，长 28 公里，建绿化带 25 条，面积 36 亩，建街心花坛 6 处，小游园 2 处。在树种选择上，体现生物多样化，大量种植植物色带灌木、花灌木、冷季型草坪等，丰富了道路绿化景观的色调层次，基本形成“二季有花，四季常青”的效果。至 2000 年，全市 51 条主次干道绿化普及率达 100%，绿地率达 25%，绿化覆盖率达到 45%以上，形成了较为完整的林荫道路系统。

2001—2005 年，襄樊市区园林绿化以创造国家园林城市为目标，围绕改善城市环境，绿化美化城市开展工作，先后完成 16 条道路的行道树、绿化带，树木补植 2 750 多株，乔木、灌木 59 796 株，种植草坪 9360 平方米，地栽花卉 35 万株，品种 16 个，使绿篱花坛行道树完好率达 95%以上。对襄城南街、樊城人民东路、大庆西路行道树截头 150 株，改良嫁接樊城长征中路、人民东路等道路行道树 184 株，新绿化春园西路、白家庄路、建锦路，种植香樟等乔木 913 株，小叶女贞等灌木 8 935 株。对 17 条道路补栽树木 13 840 株，草坪 6 000 平方米，花卉 18 万株，修复绿带道牙 2 985 米，在襄城区植树 10 个品种，计 13.25 万株，11 条出口路新植、补植大规格树木 9 个品种 8 829 株，新增 13 个园林式单位和绿化单位。2002 年，全市新增公共绿地 14 处，总面积 33 万平方米。2003—2004 年，市区长虹路、三元北路、中原路、檀溪路、环城东路、西大街、大庆东路等 29 条主干道相继改造完成，种植乔、灌木 283 万株，花卉及地被植物 14.03 万株，修复绿带道牙 3.7 万米，6 条出口路新植、补植大规格树木 9 个品种 18 029 株，首次在道路绿带中种植金叶女贞、红花继木、刺柏等高档植物，并用红黄绿三种颜色组成几何图形，配植笔柏、大叶樟、紫薇等，形成高低错落，色彩变化的景观带。通过绿线管理，新增城市庭院绿化面积6万多平方米，襄樊市园林局获全国创造国家园林城市先进单位。2005年，完成襄城内环路、三元路、南大街、十字街游园，昭明台绿地、二技校绿地绿化改造工程，植树153.6万株，花卉及地被植物578.77万株。至2005年，市区134条主次干道道路绿化总长度达到201公里，新增绿地面积11.004公顷，分车道绿化带面积达到38.95公顷，市区道路绿化普及率达到99%，道路绿地率从1986年5%提高到18%，绿化覆盖率从1986年的8%提高到25%，基本形成了点、线、面相结合的道路绿化系统。园林绿化"十一五"规划编制工作顺利完成，全国绿化模范城市创建工作顺利通过验收。

1.公园建设

1986—2005年，在原有人民公园的基础上，相继建设新华游乐园、月亮湾公园、龙堤公园、张公祠森林公园等。市区现有公园6座，总面积达到393.4公顷。

【人民公园】位于樊城中心城区。1953年，市文教科组建，主景点有盆景园，儿童乐园，绿地面积24公顷，其中庭园41.8亩，盆景园13.9亩，花圃3.5亩，水面0.86亩。1996年，由于人民广场兴建及扩建道路，占用该园大部分面积。至2000年，公园庭园游区面积仅剩12公顷。市政府2000年决定将人民公园改建为开放式公园，2期改建工程包括拆除公园围墙及门面房，铺游路19 294平方米，新植草坪13 700平方米，调栽、新植树木7544株，安装喷灌管道1200米，开挖人工湖1120平方米，安装庭院灯302盏，灯带580米，改造盆景园5336平方米。2001年5月1日竣工后，人民广场和人民公园融为一体，面积91.95亩，公园昼夜开放，游人不绝。人民公园盆景园始建于1982年，1986年竣工。人民公园盆景园系一处仿古园林建筑，分南北两部分。园门外，控河堆埠，曲桥流水，莲池红鱼，景观别致。园内建有盈曦楼，面积350平方米，上额"盈曦楼"琉金大字。北侧"得天楼"浑厚雄伟，另建有"绮园"和"挹春亭"两门，还有"艳波拱宇"水中榭，"怡神栋"卷棚曲廊。"芳斋点趣""余晖唱晚"亭和"卧龙"亭，南北耳廊12间，游廊7间。盆景园系江南风格，小桥曲径，卵石路面，草坪茵衬托树桩，观园游赏，心旷神怡。

【襄阳环城公园】原名襄阳公园，位于襄阳城东北角，北临汉水，南到襄阳东门桥，面积395.5亩，其中园67.7亩，动物园4.9亩，花圃27.1亩，水面191.8亩。1974年始建，1990年市政府将原隶属水利部门的护城河水面划拨给襄阳公园，将原襄阳公园、阳春门公园、市渔场3个单位合并，组建襄阳环城公园。至2000年，公园总面积达80公顷，分长春、文荟、岘秋、安合四个景区，在长春景区内，有一座小型动物园。1991年11月5日，市园林局配合襄城区政府组织数万名市民义务劳动，疏浚护城河，清挖河床，整修堤岸，埋设排污截流管道，共清挖淤泥18万立方米，完成护岸4500米。1991年10月，文荟园景区正式动工建设，第1期工程投资256万元，建成了石舫，东西大门建筑群、茶室、游路等园林建筑，植树51个品种，1.25万株，铺草坪1.2万平方米，于1992年4月29日正式对外开放。2001年，便于公园管理需要，将位于襄城内的动物园园址迁到长春景区北侧，新建馆舍及展场15座，工程于2001年9月开工，2002年5月1日建成开放。襄城环城公园是城市目前面积最大，设施齐全的综合性娱乐场所，它不仅有陆上游览场所，还有水上游览场地，奇花异草，珍禽异

图 4—5 襄城环城公园

兽,建筑玲珑精巧,城墙古老雄伟,配有各家书法匾额、碑廊。

【新华游乐园】位于樊城中心城区。1987年兴建,总投资550万元,建筑面积6178平方米。1987年6月正式动工,1989年5月1日对游客开放,公园占地6公顷,主要景点有游艺馆、健美馆、书画楼、花展廊、人工湖及游船码头等,水面6 572平方米。2001年,市政府决定将新华游乐园改建为开放式公园,拆除游乐设施25组,建筑物9处,共1 200平方米,拆除门面房19间393平方米,围墙320米及美容院、露天舞场等私房1 069平方米,由襄樊市市政工程总公司承建。园区建设工程投资356.5万元,新建入口3处,1 500平方米,园区广场4处2 500平方米,人行道、儿童游乐场等12 300平方米,装路沿石3 433米,铺设电缆10 320米,给水管道2 272米。排水管道730米,新建星级厕所2栋,亭子1处,自行车停车场2处。园区绿化工程投资102.95万元,由市绿化管理处中标,完成基础拆除,地形整理8 000平方米,调栽乔、灌木27种239株,新植各类观赏植物25种2 096种,花灌木缘台7处4.5万株,播种草坪20 550平方米,种植水生植物300株,设景石60处。园区配套亮化工程投资39.47万元,共安装各种灯具14种503套,400千伏安箱式变压器1台及喷泉设备。新华游乐园以岭南现代园林风格为基调,配置各种亚热带观赏植物,呈现出典型的南国风貌。

【月亮湾公园】位于樊城西汉江江滩,总面积110公顷,为市级综合性公园。1991—1992年,1期工程动工,总投资360万元,建成游路4800米,小桥4座,疏浚开挖2900米长的内渠和2.1公顷的人工湖,毛砌护坡3500米,初步建成了跑马场,添置各类游乐设施34件,建花木基地112亩及办公楼、江边码头、茶室和管理房等永久式建筑。月亮湾公园设计为10大景区:文娱活动区(面积3公顷)、儿童游戏区(2.2公顷)行政管理区(2000平方米),安静休憩区(20公顷),路趣游览区等,全部采用现代风格建筑。1992年5月1日,一期工程完成,对外开放。1998年4月28日,月亮湾公园引资500万元兴建的全省最大的跑马场开业。该跑马场占地200亩,环形跑道周长1500米,拥有10多名骑手,20匹经过训练的赛马。跑马场娱乐项目设施配套、功能齐全,与跑马场配套的金鑫娱乐城可同时容纳400人就餐、休闲、娱乐。2003年11月,经市政府批准,将汉江中长丰洲划归为月亮湾公园管理,作为永久性公共绿地进行开发利用。该洲位于月亮湾公园南面江中,为冲积沙洲常年面积约180公顷。

【龙堤公园】位于长虹大桥南头西侧,总面积3公顷,是一座区级公园。公园于1993年由襄城区集资兴建,因地势低洼,年植树木多次被淹。2001年,又重新修建了园路,活动场地,种植了观赏树木,园容园貌有了很大改观。

【张公祠森林公园】是典型的生态公园。2004年,市政府决定关闭位于公园东侧的市水泥厂及多种采石场,对提升公园的环境质量起到积极作用。至2005年,森林公园总面积达到87公顷。

2.广场建设

襄樊市兴建广场起源于20世纪90年代中期。1997年,市财政投资对原人民广场进行改建,拆除广场周边商业门面房,建成襄樊的城市客厅。随后,兴建诸葛亮广场、南湖广场、隆中文化广场、明珠广场等,至2005年底,市区有大小广场12座,总面积44.07公顷,广场绿地60%以上。

【人民广场】1987年,市政府投资兴建工会小游园,总面积3354平方米,园内有喷泉池,两组蘑菇亭,两组花架和3座雕塑。配置30多种观赏花木。1990年12月,人民广场进行改造,铺设沥青地面9854米,水泥方块3880平方米,下水道554米,植花木15 890株,草坪8000平方米。1992年4月,市政府再次启动人民广场改造工程,拆除原主席台,建文渊楼,水池喷泉,地面铺装。1997年,拆除沿大庆路30余间门面房,一座公厕,一座滑冰场,将工会小游园融为一体,完全废除了原有建筑及绿化,形成了东广场景观,并经(襄机编〔1997〕29号文)批准,成立了人民广场管理处。1998年,广场管理处与济南钟表厂协作,在广场南侧花坛安装直径为7.2米的巨型花钟,总投资12万元,为广场增添了新的景观。2000年人民广场实行2期改造,主要是对广场进行扩建:拆迁、与广场南路打通、广场周围绿化、基础设施完善、人防改造。新植树木 8970 株，调栽树 183 株，植草坪 18 500 平方米，平整场地 23 500 平方米，回填土方 1100 平方米，修建园路 486 米，新建管理房 1000 平方米，鸽舍一栋，改建花钟一座，整形盆景 2580 平方米，拆除门面房 68 间。工程于 2000 年 10 月动工，2001 年 9 月竣工，建成后的人民广场与人民公园形成“前厅后院”“前动后静”的格局。

【诸葛亮广场】位于樊城长虹北路以西，是一个集文化、娱乐、体育、旅游、会展、商务、休闲于一体的多功能大型城市综合性广场。一期工程于 2001 年 8 月底完工，占地 14.89 公顷，分南、中、北 3 个区，南区为绿化生态区，以园林绿化为主，种有千年古树和大规格树木 2722 株，灌木 17 万株，东侧为大面积的樟树林，种植香樟、桂花等大树 291 株，绿地布置以疏林草地为主，草坪 26 313 平方米，点缀数十个品种的观赏花木，绿地占 70%以上 。中区主要是健身场地，下沉式广场，配有水旱结合型音乐喷泉。北区是广场的重心，建有会展中心，中心面积 1 万平方米，会展中心前矗立着一座高 14 米、重 350 斤的诸葛亮铜像，是整个广场的标志性建筑。

【南湖广场】位于襄城南门外，北临护城河，南接盛丰路，东与南大街交会，占地 7.3 公顷。2001 年 4 月开工，2001 年 9 月完工。拆除临街旧房 1.67 万平方米，建有中心文化广场，蝴蝶形喷泉、花园、商业区等。整治美化南湖宾馆至襄阳南门桥段护城河，主区全部由花岗岩铺就，配有各种灯饰。

图 4—6　南湖广场

【永安广场】位于樊城区人民路、大庆西路与焦柳铁路交会的三角地带，占地面积 1.6 公顷。2001 年 4 月开工，同年 9 月完工，由永安广场，永安商住楼组成。是一座小型“前园后楼”的休闲场所。

3.街头游园及绿地建设

1979—1985 年，街头游园为零。1986—2005 年期间，全市共建有街头小游园、小绿地 45 处，总面积 40.55 万平方米。

1986—2005 年襄樊市街头游园一览

表 4—11

序号	游园名称	总面积(h 公顷)	竣工时间	备注
1	檀溪游园	0.1	2005 年改建	
2	内环路边小游园	0.2	2004 年	
3	南渠带状游园	0.45	2000 年	
4	长虹桥南游园	0.8	2003 年	
5	一桥南游园(3 处)	0.11	2001 年	
6	庞公游园	0.16	1989 年	
7	回龙寺码头游园	0.42	2003 年	
8	小清河游园	1.6	2003 年	

续表

序号	游园名称	总面积(h 公顷)	竣工时间	备注
9	虹北游园	0.34	1999 年	
10	建设游园	0.08	1988 年	
11	供电局游园	0.07	1989 年	
12	松鹤路游园	0.05	2005 年	
13	襄大游园	5.2	2001 年	
14	真武山游园	1.78	2005 年	
15	邓城大道云湾节点	2.2	2004 年	
16	邓城大道长虹节点	2.8	2004 年	
17	宏伟厂前绿地	0.9	2003 年	
18	有线台家属院前绿地	0.17	2000 年	
19	六化建前绿地	0.25	2005 年	
20	王府绿地	0.33	2003 年	
21	襄樊大学前绿地	0.08	1989 年	
22	襄城十字街绿地	0.3	2004 年改建	
23	东街绿地	1	2003 年	
24	廖家园绿地	0.3	2002 年	
25	大庆西路水杉林	0.1	1986 年	
26	幸福路绿地	0.04	1986 年	
27	东风大道街头绿地	3.45	2004 年	
28	高新区烟厂南绿地	0.6	2004 年	
29	富康大道边绿地	2.23	2004 年	
30	高新区三号路绿地	0.98	2005 年	
31	高新区国税路绿地	0.09	2005 年	
32	高新区腾飞转盘绿地	0.92	2004 年	
33	名城路绿地	0.16	2005 年	
34	高新区六号路绿地	0.79	2005 年	
35	高新区管委会绿地	1.5	2005 年	
36	富康路两端绿地	5.72	2004 年	
37	高新区柴发广场	0.9	2004 年	
38	二桥北三角绿地	0.07	2004 年	
39	鱼梁洲绿洲大道绿地	0.3	2003 年	
40	襄阳区滨江花园绿地	0.36	2005 年	
41	襄阳区交通路绿地	0.81	2005 年	
42	六零五厂前绿地	0.08	2004 年	
43	荆州街绿地	0.09	2005 年	
44	一桥北游园	0.07	2004 年改建	
45	仲宣园游园	1.6	2001 年	
	合计	40.55		

【虹北游园】位于长虹北路与中原路交会处的三角地带，总面积 0.3 公顷。1999 年，由市建委牵头，组织园区附近单位筹集建设资金近 100 万元。土地是由市园林苗圃场无偿提供。园中部有一件现代风格的不锈钢雕塑，造型为双手捧着一个金色圆球，象征“拥抱未来”。

【长虹桥南游园】位于长虹大桥南头，由东北侧游园、交通岛和西南侧绿地等3部分组成，总面积0.8公顷。2004年，市财政投资对绿地进行改建，主体工程在东北侧游园。园内修建游路、花坛，安装景观灯，重新配置观赏植物，成为一处户外活动的好场所。

【长虹节点绿地】位于长虹北路与邓城大道交会处，由东北、东南、西南等3大块绿地组成，2004年兴建，绿地面积约2.8公顷，总投资170万元。绿化工程由中国美院园林设计所设计，市绿韵园林科技服务中心施工。主景点由色叶灌木组成，灌木绿台面积达5000余平方米，前沿种植"天掌"草坪，中间为灌木绿台，后侧为高大乔木林。在东南绿地上，放置有一块高9米的大花岗岩景石，石上用红油漆书写"襄樊"二字，为市区北大门门户。

【云湾节点绿地】位于邓城大道东端与春园东路交会处，由东南、西南两大块绿地组成，2004年兴建，总面积2.2公顷。工程由中国美院园林设计所设计，市绿化处施工，总投资120万元。西南侧为工程的主体部分，地形整理成坡面，建设有管理房及公厕、文化墙、景观灯、游路、入口场地、景石等。

【南渠带状绿地】位于襄城南渠陵园路至盛丰路。绿地面积0.45公顷，于2000年改建。在绿地较宽的地段，点缀有几组园林小品、花坛及铺装场地，为市民提供了一处休闲场所。

【真武山绿地】位于襄城真武山北麓襄南路边，绿地面积1.78公顷。原由市宗教管理部门负责兴建，后因资金原因未建成。2005年，由市园林部门负责组织续建工程，重新修建了园路、铺装场地、安放景石，种植大量观赏花木。

【仲宣园游园】位于襄阳古城东南角内侧，因与仲宣楼相邻而得名。2001年改建，由市绿韵园林科技服务中心设计施工，总投资98万元。园内有三国名士王仲宣雕像。有600平方米的象棋盘及残局，象征三国时期群雄纷争的动荡局面：有宽阔的园路与活动场地，有由乔、灌、花、草坪组成的大面积观赏绿地，配置以景石、桩景。

【东街绿地】位于襄城东街主干道南侧，是2003年东街改建工程的附属工程。绿地内以冷季型草坪和灌木色带为主景，周边种植整齐的绿篱。

4.单位庭院绿化

1986年以来，市区各单位十分重视单位庭院绿化。1992年，国务院城市绿化条例颁布后，襄樊市把提高单位庭院绿化水平作为改善城市生态环境，提高城市绿化整体水平的重要任务来抓。1979—1984年，市区机关、工厂、学校普遍植树、铺草、栽花、绿化庭院，有200多个单位在搞好树木花卉等主体建设基础上，配置楼台亭阁、假山喷泉、雕塑小品，有112个单位跨入绿化达标先进行业。市区园林绿化面积达103公顷，人均公共绿地面积3.27平方米。植树保存数170万株。从1995年开始，襄樊在市区范围内开展创建"花园单位""绿化先进单位"活动，同年5月，市园林局颁发了《襄樊市"花园单位""绿化先进单位"评选标准》。至1997年1月，市政府组织专班对1984年以来授予的"花园单位""绿化先进单位"进行了复查评议。经严格评议，市政府研究决定：经复查确认的花园单位53个。绿化先进单位260个：取消花园单位称号3个：取消绿化先进单位称号的30个；由花园单位降格为绿化先进单位的3个：限期整改需要重新确认的先进单位13个。市政府在1997年5月上旬组织人员进行复查，对限期整改单位验收。再次不合格的取消原授予称号。

【东汽公司试车场】位于东汽公司襄樊基地，总面积86.7公顷，其中绿地面积45公顷，绿地率51.9%。绿化布局合理，在环形试车道路外侧是高大乔木林，内侧是草坪与观赏绿地。

【襄樊供水公司四水厂】位于襄阳古城北侧江边，占地面积3.7公顷，其中绿地面积1.47公顷，绿地率40%。厂区采用中国园林的布置手法，在大面积的绿地上与水池旁建有亭、台、水榭。

【襄阳师范高等专科学校】位于古隆中景区东侧，占地35.26公顷，绿地面积14.78公顷，绿地率41.9%，绿化覆盖率63.3%。

1998—2005年，随着国有企业改革的不断深化，市区大批中小型企业进行了不同形式的改制，有的合并，有的倒闭，有的被改变为房屋开发用地。2002年，湖北省建设厅组织丌展省级“园林式单位(小区)”的评选活动。经省建设厅考核，确定襄樊市第四中学、解放军三五四二工厂、中铁十一局集团有限公司、襄樊市襄阳区国家税务局等4个单位荣获湖北省第一批城市园林式单位(小区)。

5.生产绿地与园林苗圃

据1995年市区公用设施普查数据，市区共有生产绿地79.74万平方米。其中建成区内42.42万平方米，建成区外37.32平方米。1995年以后，由于城市规划区与建成区范围扩大，生产绿地发生了较大变化。2000年后，樊城区在王寨乡发展“万亩花卉基地”，成片种植了各种苗木花卉，其中约160公顷为园林苗圃。同时，城市周边出现一批以民营为主的花卉、盆景、大树桩等生产基地。至2005年底，市区有园林苗圃245.4公顷，比1995年增加165.6公顷，增长了2倍多。

襄樊市生产绿地统计一览(2005年12月30日)

表4—12

编号	单位名称	总面积(h公顷)	备注
1	绿化处檀溪苗圃	0.3	—
2	绿化处洪沟苗圃	3.82	—
3	市园林苗圃场	15	原苗圃地大部分被占用
4	隆中居委会苗圃场	23.4	—
5	樊城区王寨花卉基地	160	号称万亩花卉基地，实际作为园林苗圃地占一部分
6	樊城区柿铺梁坡苗圃	1.3	—
7	襄城区庞公乡苗圃	3.3	—
8	襄城区檀溪乡贾州村苗圃	3.3	—
9	汽车开发区桐树店村苗圃	5	—
10	汽车开发区叶店村苗圃	30	—
	合计	245.42	—

6.防护绿地与风景林地

1995年以后，市区对防护绿地与风景林地未进行系统的统计。至2005年底，市区防护绿地总面积479.03万平方米，种植乔木102.6万株；风景林地，市区及郊区风景林地24 441公顷，乔木总株数495.88万株，灌木11.3万株。

7.园林重点工程建设

邓城大道绿化景观工程：东起寺湾，西至襄十高速公路，总长19.4公里，该工程按照“政府领导、部门管理、法人负责、市场运作”模式，实行“投资、建设、监管、使用”分开，由人合地景经营开发中心负责实施。2005年1月17日至4月17日，90个工作日内完成道路绿化带及防护林带景观建设工作，绿地面积50万平方米。

襄阳护城河综合治理工程：一期工程于1998年10月24日动工，1991年5月1日竣工，总投资600万元，共清理杂草4 000平方米，拆除临时建筑25 000平方米，开挖土方22 000立方米，修建游路4 000平方米，砌石驳岸挡土墙1 320米，广场铺设彩砖3000平方米，绿化面积16 000平方米，建成提

图 4—7 襄阳护城河

水泵站，大型喷泉，三叠瀑布最长117米水上浏览桥各一座。喷泉直径7.6米，主喷头周围有354个辅助喷头，主喷头可喷110米高的水柱，是国内少有的百米喷泉。三叠瀑布宽20米，每层落差分别为1.5米，1.1米，1.5米，在景观灯映衬下飞珠溅玉，流光溢彩。二期工程建于1999年10月至2000年4月，按照“换水、疏浚、截污、置景”的改造方案，总投资800万元，其拆除违章建筑1 200平方米，修砌挡土墙护岸1 300米，抛毛石11 000平方米，截流排污管50处，整理地形1 000平方米，回填土方4 000平方米，绿化面积22 000平方米，植树4 100株，植草坪1 600平方米，安装花岗岩栏杆60米，铺大理石地墙1 500平方米。三期工程于2001年8月31日前完工，总投资5 500万元，其中招商引资1 400万元，拆除房屋8万多平方米，疏浚西门桥至南湖宾馆河道800多米，清控淤泥6.5万立方米，砌筑护栏挡土墙1 700多米，修建清水驳岸及护栏共860米，修复西门至仲宣楼古城墙1 800多米，铺设霓虹灯带9 400米，灯笼两组，兴建西门桥至仲宣楼内环路、西岸道路、铁佛寺中路2 935米，安装路灯170组，铺设地下管网2 700米，改建西门桥，扩建夫人城广场4.5万平方米，植树17.4万株及园林小品20组等。

8.园林城市创建

1992—2000年，市政府切实加强对城市绿化工作的领导，逐年扩大城市绿地面积，加大资金投入，开展创建工作。至2000年底，市区绿化覆盖率达到40.83%，绿化率达到38.72%，人均公共绿地8.02平方米，达到国家园林城市标准。

按照《襄樊市创建国家园林城市实施方案》《襄樊市城市绿地系统专业整体规划》于1991年正式实施，形成了完善配置的道路绿化体系，市区92条主次干道绿地率达到30%以上。绿化覆盖率达到55%。新建公园3处，广场6座，扩大绿化面积2000公顷，新增街头小游园，改造街心花坛24处。2001年又兴建4座广场，扩大公共绿地100公顷；居住区和市属各单位开展庭院绿化美化工作，庭院绿化率达90%以上。其中新建居住区绿化面积达到35%以上，创建绿化先进单位184个，花园式单位76个，花园式住宅小区3个，先进面占30%以上；建成了规模的园林生产基地，全市3个苗圃总面积占建成区的25%。苗木自给率占80%；开展了大绿化工程建设，209平方公里的隆中国家级风景名胜区总体规划经费改由建设部批准实施；鱼梁洲生态旅游开发区全面启动，万山、岘山、鹿门山等以森林景观为特色的公园风景正在开发。邓城大道、南渠、大吕沟等城市外围护林带建设初见规模。市政府先后颁发《襄樊市城市绿化实施细则》《襄樊市古树古木保护管理暂行办法》《襄樊市风景名胜区管理暂行规定》等有关规章，对城市建设项目实行“绿线”控制制度。2002年10月10日，建设部组织国家园林城市考评验收组对襄樊创造国家园林城市进行考评验收，认为襄樊市创建工作力度大，市区道路、广场绿量大，具有鲜明的地方特色。2002年3月13日，建设部下发《关于命名第六批国家园林城市的通知》,襄樊市被命名为国家园林城市。1991 年 3 月 12 日,全国绿化委员会授予襄樊市市区全国绿化先进单位光荣称号。这是襄樊市连续第三次获此殊荣。1996 年 3 月,全国绿化委员会在北京召开颁奖大会,授予襄樊市“全国造林绿化”“十佳”城市奖牌。2000 年 12 月,湖北省人民政府授予襄樊市为湖北园林城市。

襄樊市园林局历任领导名录(见表 4—13)。

襄樊市园林局历任领导名录

表 4—13

机构名称	姓名	职务	任职时间
襄樊市园林局（1981.10—1983.12）	王福元	局长	1981.12—1984.01
	李秀峰	副局长	1981.12—1984.01
	刘成富	副局长	1981.12—1984.01
襄樊市园林局（1984.01—2004.12）	王福元	局长	1984.01—1991.10
	邱正森	局长	1991.10—1994.06
	聂世国	局长	1994.06—2001.12
	赵新建	局长	2001.12—2004.12
	邱正森	副局长	1984.01—1991.10
	李云	副局长	1984.01—1985.11
	刘成富	副局长	1984.01—1985.11
	李春生	副局长	1986.04—2002.02
	崔文强	副局长	1991.03—1999.05
	李文林	副局长	1991.11—1994.12
	赵瑞华	副局长	1992.04—1994.06
	杨翠云(女)	副局长	1995.01—1996.06
	王明富	副局长	1996.06—1999.05
	郭忠	副局长	1997.01—1998.07
	程定芳	副局长	1998.12—2004.12
	周清政	副局长	1998.08—2004.12
	周少诚	副局长	1999.05—2000.09
	黄中文	副局长	1999.10—2000.05
	龚兴成	副局长	2000.09—2004.12

9.风景名胜区建设

(1)国家级风景名胜区

隆中风景名胜区是襄樊市唯一的国家重点风景名胜区，按建设部批准的隆中国家级风景名胜区总体规划,风景区分为古隆中、水镜庄、七里山、鹤子川、承恩寺 5 大景区。1985 年以后,在老龙洞依山就势增建了长亭、双亭、曲桥、水榭、流杯楼、潜龙亭、南山亭等园林建筑。至 2005 年,隆中风景区名胜建筑日臻完善。景区内设有停车场、餐厅、招待所、储蓄所、接待外宾的呼啸山庄、茶室、照相馆、纪念品商店等服务设施、也建有雪松山、樟树林、楠竹园、牡丹园、樱花园、温室等游览观赏场所。

广德寺景区,广德寺原名云居寺,始建于唐代,寺内现存“圣旨碑”等残缺碑碣数块,藏经楼 1 座,比较完好的是明朝修建的多宝佛塔，高 17 米，其中塔座高 7 米，呈八角形，其中五座小塔合为塔峰，宝塔内外上下共嵌佛像 48 尊，塔旁有千年银杏 1 株，高 40 余米，胸径 2 米多，明朝嘉靖皇帝，赐此树名为“大将军”。

水镜庄位于襄阳城西南 45 公里的南漳县城郊玉溪山下，为东汉末年水镜先生隐居之处。清乾隆年间庄前立大碑，上书“汉水镜栖隐处”，并建两层楼阁的水镜祠。顺楼门向东，依山筑城堰数十米，上有渌堞，城楼有三重天门，二天门到头天山有石级上下。水镜庄依山面水，楼阁挺立，左有珍珠泉，右有文峰塔。现已建成水镜公园。

七里山景区为南漳县七里山林场，位于南漳县东北与襄阳县交界处，森林面积 33平方公里，该景区是鄂西山区向东伸出的一支脉，由白云岩类构成，山脉走向呈西北向展延，属构造剥蚀低山地形，最高海拔 565 米，与其南侧王家河相对高差 300 ~ 350 米。主要人文景观有古老的水车造纸作坊，天保寨、葫芦寨等古山寨，自然景观中的山石景观有异峰奇洞，悬崖峭壁，森林景观以观松、栎混交林为主。

承恩寺景区位于谷城县茨河的狮子山中，离市区 64 公里。始建于隋朝名宝严寺。前有天王殿，后有大雄宝殿，高 15 米，供高 8.2 米卢佛一尊，是湖北少有的大佛。天王殿左侧有钟楼三间，重檐二层，上吊钟（又称万斤钟），下供如来佛。此外，承恩寺还有玉带水、卧牛池、玉石碑、龙泉池、锁凤桥等风景点。

鹤子川景区位于七里山与隆中山之间，鹤子川小河沿线，是古隆中通往七里山的走廊，山林茂密，水源丰富，历史上是鹤类的栖居地。此处谷地平坦，农田与村落相间，一派丘陵田园风光。

（2）省级风景区

枣阳青龙山、白水寺风景名胜区位于枣阳市吴店镇近郊，总面积 33.35 平方公里，由白水寺、白水湖、香龙山、山庄度假区 4 个景区组成。主要游览景点有刘秀殿、光武祠、白水碑廊、丽华花卉园、白水井、王莽庙、饮马池等，其风景名胜资源有较高的文化和科学价值。青龙山熊洲风景区位于枣阳市熊保镇南 3 公里处，景区面积约 50 平方公里，水库面积 13 平方公里 ，含八峡、六岛、三十八半岛，有水上乐园、中庙、小板桥、霸王殿、白鹤湾、猴王洞等景点。

老河口梨花湖风景名胜区位于老河口市境内，总面积 47 平方公里 ，是汉江下游王甫洲水利枢纽工程形成宽阔的水湖，在湖岸种植大面积梨园，成为独特的水库景观。下游有低水头发电站，境内有梨花岛，五龙公园，水电公园，湖山嘴，中洲岛等景点。

南河风景名胜区位于谷城县南河镇，总面积 250 平方公里，分南湖水库、小三门峡、白水峪和温坪温泉四大景区。风景区以水库为中心，奇峰、异石、飞瀑、溶洞气势恢宏。主要景点有石凳、石马、滴水岩、文龙书院、香炉石、娘娘洞、黄龙洞、蘑菇石、温泉、龙潭飞瀑、玉龙山、白布潭等。

香水河名胜风景区位于南漳县薛平镇三景乡境内，总面积 110 平方公里。分为香水河、普陀庵、甘景洞、般若寺、三景仕 5 大景区。景区内象形山石、洞穴、瀑布群、古树古木、野生动物栖息地、人类文化遗址等多种风景资源。主要景点有七彩瀑、雄鹰瀑等 7 个大小瀑布，一线天、古渠、楚乐洞、金牛洞、罗汉洞、自生桥、般若寺峡谷等 50 处自然人文景观。

保康野花谷风景名胜区位于保康县城附近，总面积 180 平方公里。由野花谷景区，五道峡景区、珍稀植物园，官山森林公园，温泉旅游度假区组成。景区内有五道峡，汤池峡，刺滩峡，霸王河更是引人入胜。泉水、溪涧、瀑布、幽谭随处可见，尤以神女泉、仙女漂、五道峡瀑布、黄龙洞瀑布最具特色。

（3）市级名胜风景区

1998 年 11 月，襄樊市政府下发《关于公布首批市级风景名胜区的通知》。公布市级风景名胜区为枣阳市白水寺风景名胜区，青龙山熊河风景名胜区，南湖风景名胜区，谷城野花谷——五道峡风景名胜区，南漳香水河风景名胜区。

（4）新“襄樊十景”

1988年4月，由市城乡建设委员会和新闻工作者协会联合发起的“襄樊十大名景”评选活动，经半年的市民投票和评选征名委员会评选验票，同年4月1日，评委会主委及全体委员会审议通过，并在《襄樊日报》上公布，其景点和景名为：隆中烟云（隆中景区）、三岘丰碑（岘山景区）、镜湖映翠（襄阳城东景区）、故垒惊涛（襄阳城西北景区）、鹿门野趣（鹿门山景区）、南宫墨林（米公祠）、山寺晨钟（承恩寺景区）、多宝佛光（广德寺）、中原夜色（樊城中原路景区）、得天竞秀（樊城公园盆景园）。

“隆中烟云”位于襄樊西郊13公里的隆中山东麓，是三国时期诸葛亮青年时代躬耕10年的地方，现已建成隆中文物风景区，清晨云雾霭霭，三九冬雪皑皑、三顾堂、草庐、武侯祠、六角井等10余处景点，寻幽探胜，松柏茂密，梅瘦鸟吟，风声鹤鸣，另有一番情趣。

“三岘丰碑”位于襄阳城西南诸山绵延6公里，东为岘首，中有羊祜山（岘中）、岘尾（万山），称三岘。有习家地、孟浩然故宅、谷隐寺、岘石寺、卧佛寺、延庆寺等。民国37年（1948），中国人民解放军从西门突破登城解放襄阳。为缅怀先烈，在羊祜山顶兴建纪念碑。

“镜湖映翠”为襄阳护城河，堪称华夏第一城池，河面一般为130米宽；最宽250米，环城卧波，是我国最宽的城壕。1974年，襄阳东门兴建了阳春门和襄阳公园。环城翠柳夹岸，百花竞艳，亭台掩艳。

“故垒惊涛”在襄阳城西北角，有夫人城与小北门遥相呼应。城下江水滔滔，构成襄阳的天然屏障，临台远眺，汉江鸭绿，山峦南屏，水天相连，城区繁华景象尽收眼底，构成一幅壮丽的画景，

“鹿门野趣”位于襄阳城东南15公里，东汉初年襄阳侯习郁立神祠于上，名万寿寺，并刻二石鹿夹神道，形似“鹿门”，故后称鹿门寺。诸葛亮之师庞德公，诗人孟浩然，皮日休等一批文人骚客曾隐居于此或游览此地，留下脍炙人口的诗篇。鹿门山岩扉松径，曲径通幽，嶙峋石岩席座可赏。登山远眺，汉江如带，为市东南郊风景区之一。

“多宝佛光”为国家重点文物保护单位多宝佛塔，是我国仅存的三座佛塔之一，是一座造型别致的砖塔，塔基座为八方四门，上建五塔，座顶中立瓶塔一座，四周边分立六边形塔和一个方亭。塔内均有壁龛，全塔嵌佛48尊。塔侧有银杏树“大将军”与塔相映成趣，斜阳透射浓荫，光柱摇曳，犹如佛光四射，是游隆中必经之地。

“南宫翰林”为北宋书画家米芾故里，现存米芾等宋代四大家的书法拓本及石刻近百件。现已在米公祠基础建成“米芾纪念馆”，是省内仅有的书法艺术宝库。祠内建筑古朴典雅，布局得体。园林衬以碑刻，相映生辉。宝晋斋，仰高堂，洁亭，洗墨池等均已修葺一新，锦簇争香，文人拜瞻，是湖北省重点文物保护单位。

“山寺晨钟”是襄阳城西的古刹承恩寺，屏山怀抱，古木参天。寺内点缀着卧牛池、玉石碑、龙泉池、锁风桥、清泉跌宕而下、绕寺环流，是湖北省重点文物保护单位。

“中原夜色”起于中原路樊城火车站广场，向西北直达中原大地的一条宽50米的新型干道，路两旁高楼大厦造型各异。入夜，宽阔平坦的中原路上，彩瓣华灯，海鸥灯凌空高照，似群星点缀，霓虹灯闪烁中的娱乐场所。沿路小游园，亭台楼榭，使中原路夜色充满诗情画意。

“得天竞秀”即樊城人民公园内的倚园，1985年新建的一座盆景荟萃的大观园。园内地小天宽，山石盆景千奇百怪，造型奇异，巧夺天工。近千件树桩盆景让游客联想翩翩，赞不绝口。园内小品建筑亭阁、曲廊、雕梁画栋，与山水贴切。

（六）建筑管理

1.勘察设计

1978年12月，襄樊市规划设计院成立。1981年，将城市规划划出，更名为建筑设计院，有各类技术人员40人。襄阳地区1975年成立建筑设计室。1983年地、市合并后改为市第二设计室。1985年，全市注册登记领取资格证书的勘察设计单位27个。其中乙级单位4个，丙级单位22个，丁级单位1个。其中有18个建筑设计单位和轴承、机械、水利、输配电、林业、化工、制药、棉纺织印染、金属制品9个专业设计单位。共有各类专业技术人员和管理人员462人，其中高级工程师3人，工程师114人。全年完成设计建筑面积112.97万平方米。1988年市建筑设计院有职工100多人，其中高级技术职称12人，中级技术职称22人，初级技术职称34人。

改革开放以后，市建筑设计院进行三项重大改革。第一在事业单位性质不变的情况下，实行企业管理；实现自收自支，自负盈亏。第二，实行逐级聘任，双向选择的人事制度，进行优化组合。第三实行技术经济责任制，指标考核逐级承包，层层分解，拉开分配档次。调动了全院干部、工人和专业技术人员的积极性。据统计，1984—1988年，市建筑设计院为市轻工、纺织、电子、机械、军工等完成设计项目477个，施工图面积90.9万平方米，完成投资1.4亿元，完成勘察项目760项，勘察总进尺9.98万标米。设计的樊城汽车客运站和鼓楼商场分别获省优秀奖和表扬奖。其中，1988年完成了市制革总厂的羊皮制革车间，市儿童保健院门诊大楼，市一中教学楼，3542工厂幼儿园等设计项目86个，施工图面积23万平方米，完成市污水处理厂，15层的服装进出口公司综合大楼，16层的3542工厂办公大楼，12层的提花织物厂办公大楼，14层的鄂北财办，武当大酒店等151个勘察工厂，勘察进尺2万标米，实现产值132万元。比地市合并的1983年增长69%。

经湖北省城市建设优秀设计、优质工程评审委员会评定，市推荐的随州市建筑设计院设计的随州市文峰园水上餐厅，襄樊市建筑设计院编制的襄樊造纸厂1880纸机车间工程地质工程勘察报告获1988年湖北省城乡建设厅优秀勘察设计三等奖。市造纸厂1880纸机车间，是引进国外投资和设备的重点工程项目之一。由轻工部上海设计院设计，襄樊市建筑设计院勘察。车间长115米，宽18米，总高17米，框架结构，独立装机，单位最大负荷140立方米。针对沉降敏感，地形、地表和地下条件复杂的情况，为确保质量，在勘察时采用了以静力触探为主，306型钻探为辅，动力触探配合的勘察手段，勘察中合理布孔，提高分层界线精度，使勘察数据准确。

1989年，主要完成全市76个建设单位委托的平面规划设计和建筑小品方案。经市编委批准，成立襄樊市勘察设计管理处，主要承担市属44个勘察设计单位及驻市勘察设计单位的资质审查，发放勘察设计证书和建设工程的初步审查等业务。至年底，市属勘察设计队伍职工人数达到910人，其中高级技术职称88人，中级技术职称206人。为了提高全市勘察设计质量，对171个项目进行检查评比，湖北钢丝厂设计研究室获建筑工程设计质量第一名，襄樊市建筑勘察设计院，襄樊市城市规划设计院分别获第二、第三名。襄樊市建筑勘察设计院获工程地质勘察质量第一名。襄樊市城市规划设计院，襄樊市民用建筑设计室分别获第二、第三名。襄樊市水利工程设计院获水利工程设计第一名。保康县水利设计室，襄阳县水利设计室分别获第二名、第三名。同时，对申报的22项建筑工程设计，6项工程勘察进行了评选。襄樊市建筑勘察设计院设计的市合成纤维厂化纤车间获市级优秀建筑设计一等奖。醉仙酒楼和风神大厦获二等奖。保康县建行办公住宅楼，总后装甲兵招待所，老河口市中山公园水榭获三等奖。市建筑勘察设计院完成的风神大厦工程勘察和中心商场工程勘察分别获市级优秀勘察二等奖和三等奖。

风神大厦位于襄樊市中原路和前进路相交的东北角，工程占地总面积8224平方米，大厦由主楼和裙楼组成，主楼24层，高67.31米，建筑面积11 387平方米；裙楼为2层，高10米，建筑面积为3922平方米，总建筑面积为15 309平方米。1984年由二汽襄樊办事处筹建，同年4月委托市建筑设计院设计，1988年12月竣工使用，1989年获襄樊市优秀工程设计奖。

襄樊汽车客运站位于火车站中原路北侧，设计规模按远期日发车150班次，日客流量6000人次考虑，占地3.13公顷，总建筑面积8375平方米，主楼中部七层大楼挺拔壮观，外观效果突出，长达140米的主、副楼在平面平局与主局处理上，采用了不对称又均衡的格局，与周围建筑遥相呼应。该工程由市建筑设计院设计，经省交通厅公路运输管理局推荐，编入全国《客运站设计图集》。

1990—1995年，全市持证勘察设计机构65家，职工1 882人，其中高级工程师269人，工程师446人，拥有22个建筑工程设计单位和城市规划、市政、水电、林业、机械、医药、化工、建材、粮食、棉纺、化纤等20多个专业。不完全统计，几年来完成施工图1 507个，勘察进尺76 644标米，建筑面积415.32万平方米。市属建筑设计院，第二建筑设计院，规划设计院1995年完成产值近900万元，达到历史最高水平。

1995年，对全市30个单位95个建筑工程设计项目，通过现场抽查，其中合格50项，合格品率为52.6%。其中：优级1项，良级2项，优良品率为3.2%，不合格45项，占47.7%。建筑工程地质勘察质量检查共抽检39个单位的36项，合格率为100%，其中优级4项，良级11项，优良比率41.7%。

1989年6月，襄樊市勘察设计管理处成立，主要职能受市建委委托，承担市区及各县(市)勘察设计咨询业发展规划、管理、监督等，规范建筑工程勘察设计活动，保证勘察质量，保护项目法人和工程勘察设计单位的合法权益。2002年，该处成立施工图审查办公室，对全市所在建项目的施工图进行严格审查。市区施工图审查率达到100%，各县(市)施工图审查率达到90%以上，确保了全市勘察设计质量的提高。

1992年，襄樊市抗震防灾办公室成立，同市勘察设计管理办公室合署办公。1997年，受市政府委托，编制了第一套《襄樊市抗震防灾规范》，并把防震抗灾作为工程勘察的一项重要内容。

2002年，随着机构改革的变化，勘察设计处从市建委分离，成为委属二级单位，完成市中心医院外科大楼勘察设计招标工作，成为全市第一个设计招标投标项目。2005年，勘察设计处档案管理荣升为省二级。

1975年，襄樊市建筑科学设计研究院成立，设计资质等级乙级，勘察资质丙级。院下设研究所、工程地质勘察部等，年设计勘察总值达200万元。

襄樊市建筑科学设计研究院自成立以来，设计出一大批省、市优秀工程。其中泰跃—朝阳高层住宅小区(21栋高层，190 000平方米)为全市第一个生态园林式住宅小区。湖北昌盛房地产开发公司领秀中原长征花园高层住宅(35 000平方米)，联达物业公司在水一方小区(60 000平方米)，宁港、东城休景住宅小区(65 000平方米)，诚友房地产顺安居住宅小区(50 000平方米)，兴汉房地产帝乡华府小区(120 000平方米)，奥华房地产公司开发的汉江馨园(23 000平方米)，鄂发房地产滨江苑(60 000平方米)等都产生了良好的经济效益和社会效益。

1978年，为适应新时期襄樊市建设发展需要，襄樊市城市建设研究所成立，与市城建局科级科合署办公。主要承担市政建设工程设计方案及新建筑材料的研究推广运用。1987年，经襄樊市编制委员会批准，襄樊市城市建设研究所更名为襄樊市市政公用管理设计研究所。1994年更名为市政公用工程设计研究院，具有道路、桥隧、排水乙级设计资格，主要从事道路、桥隧、给排水等工程的设计，咨询、监理及技术服务。

截至2005年，该院坚持“一业为主，两头延伸”的经营策略，先后设计襄樊市城市道路、排水、桥隧、泥巴路的新建、改建工程340多项，完成设计产值近40 000万元，其中，该院设计的城市第二座人行天桥—飞环天桥，以其独特新颖的造型荣获市级优秀设计二等奖，被省内外多家城市引建。设计的钢纤维砼路面用于改造旧沥青路面技术，在省内外处于领先地位。2001 年，设计的汉江大道道路改建工程被中国市政协会评委市政工程金杯示范工程，2000 年设计的解放路改建工程，被评为湖北省优良样板工程。2001 年 12 月，该院通过北京三星质量认证中心的审核，获得了 ISO 9001：2000 质量管理体系认证证书。2003 年设计的汉江大道道路排水工程被湖北省建设厅评为勘察设计"四优"优秀设计表扬奖，被评为湖北省勘察设计行业 50 强。

襄樊市 1995 年优秀工程勘察、设计获奖项目一览

表 4—14

获奖等级	项目名称	专　业	设计单位
一等奖	襄樊石油大厦	工程设计	襄樊市第二设计院
二等奖	襄樊市住宅经营公司老龙堤综合楼	工程设计	襄樊市第二设计院
二等奖	襄樊市飞环天桥	市政工程设计	襄樊市市政公用工程设计研究院
二等奖	铁十一局文化宫	工程设计	铁十一局勘察设计研究院
二等奖	襄阳县邮电局电信综合机房	工程勘察	襄樊地区工程勘察院
二等奖	襄樊市工贸中心展销厅	工程勘察	襄樊市建筑设计院
三等奖	保康县汽车站	工程设计	保康县建筑勘察设计院
三等奖	谷城县新华书店	工程设计	襄阳轴承厂工厂设计处
三等奖	宜城市棉花开发公司综合楼	工程设计	宜城市建筑勘察设计院
三等奖	当代水泥厂节能技改工程	工程勘察	鄂西北工程勘察公司
三等奖	随州市第一人民医院门诊 CT 楼	工程勘察	襄樊市建筑设计院
	保康县地水电站	水利工程设计	保康县水利水电勘察设计院
	保康县温泉游泳馆	工程设计	保康县水利水电勘察设计院
	宜城市城建公园	工程设计	宜城市建筑勘察设计院
	枣阳市建委幼儿园	工程设计	枣阳市建筑设计院
表扬奖	二汽襄樊易地金融大厦	工程勘察	中南冶金勘探公司 605 队
表扬奖	襄樊市鼓商集团 7#8# 住宅楼	工程勘察	襄樊市第二建筑设计院
表扬奖	老河口市船厂电能车间	工程勘察	老河口市工程勘察处
表扬奖	襄樊市长虹路扩建工程	市政工程设计	襄樊市市政公用工程处设计研究院

1996—2000 年，市建委，市工商局联合颁发《襄樊市勘察设计市场管理办法》，严肃查处一批无证无照私人设计。1998 年 4 月 1 日，市建委成立了襄樊市建设科技发展中心，全面负责建设技术市场的管理，组织建设科技成果和新技术，新产品的鉴定、评审、技术咨询服务。1999 年，继市政府办出台《关于加强全市勘察设计管理工作的通知》，市建委《关于加强建设科技管理工作的规定》等管理性文件后，在全市组织开展勘察设计单位市场行为检查，重点对市属 28 个单位的内部管理，合同管理换发新证的准备情况，推广应用新产品等方面的督办检查。通过对 54 家单位资质年检，吊销资质 5 家，限期整改 1 家，合并 1 家。1999 年，襄樊市报考全国一级注册结构工程师 32 人，二级 61 人，报考全国一级注册建筑师 9 人，二级 19 人。到 12 月底，全市有 13 人取得一级注册结构工程师资格。1999 年，襄樊市建委组织开展全市勘察设计优秀项目评选中，考评项目 13 个，襄樊市海关大楼获二等奖，应城龙头镇一中教学楼获三等奖，江山机械厂 6 号住宅楼，襄樊车桥股份公司获表扬奖。

2000 年，勘察设计合同登记 83 项，建筑面积 27.5 万平方米，建设总投资 20.6 亿元，评审勘察设计方案 29 项，完成丙级建筑工程设计单位的换发新证 11 家，培训市属及驻市所有勘察设计单位的总工及建筑、结构、水、电及勘察等专业骨干 138 人，审查建筑工程（含抗震设计审查）设计项目 110 个，建筑面积49万平方米，对管道材料、门窗系列，防水材料，建筑涂料，卫生器具、厨房排油烟系统，新型墙体材料和新型钢筋等房屋建筑材料、淘汰、限制落后产品5种，推广新材料，新技术15种，办理了新产品推广准用证书。

2000—2005年，勘察设计企业由56个降为24个，但资质结构大幅上升。其中甲级由1个升为2个，乙级由4个升至7个，丙级由31个降为15个，丁级由20个降为0个，至2005年，全市勘察从业人数1 201人，其中高级职称271人，中级职称583人，初级职称234人，分别比1988年增长226倍，472倍和60倍。注册勘察设计师由2003年的177人上升到178人。

2.建筑施工

1978年后，市直施工企业陆续购进16～25吨米塔吊和轮胎液压吊6台，以及外用施工电梯等设备。钢筋制作、木材加工也实现了机械化和半机械化。20世纪70年末开始使用钢模、钢脚手架。到1985年，市直施工企业已有定型钢模537吨，钢脚手架1 054吨，实现了以钢代木的转化。市仪表元件厂1979年竣工投产，主楼3 445平方米，冷冻站等辅助工程1 150平方米，主楼采取砖混结构，轴线尺寸为4×14.1米。每层设计有夹层，布置水电、动力、空调管线，纵墙为370毫米厚砖墙，门窗封闭。高频生产区做高频评比处理。为了达到生产工艺要求，使墙内数字电路、线性电路两车间有很高的净化，恒温和防震性能，对10万级洁净区的墙、地面都按高级抹灰标准施工；100万级洁净区用无窗式封闭、不锈钢板网吊顶（金属骨架）、不锈钢板墙面（环氧树脂粘连），地墙为铸铝搁栅、下设回风地沟。

襄阳影剧院1982年12月竣工营业，建筑面积4 687平方米，包括前厅、观众厅、舞台3部分。前厅有两座螺旋形楼梯通往楼座。包厢及两侧休息四廊，设有半地下式地下室兼空调机房。观众厅平面呈钟形，高27米，设1 800座。舞台进深21米，具有多种功能。影剧院内大量使用大理石、彩色水磨石、马赛克、水刷石、干黏石、石膏板吊顶、木地板、木隔断、乳胶漆等装饰材料，还使用了大面积钢丝网水泥船吊顶、波形拉条抹灰、彩色仿假石等新工艺。

襄阳地区棉纺织批发站4层仓库建筑面积8 021平方米，结构采用整版钢筋混凝土带型基础，柱网6×6，柱高21.1，自重13吨，共60根。平板楼面、层面、整板预制、分层提升、就位安装、砖墙维护。每根柱子放1台电动自升式提升机，由电动指挥台统一控制提升和下降速度。该工程是采用机械化工艺较多的工程。

1986年初，市辖区属建筑施工企业5家，职工2 061人，固定资产总值637万元，中央和省属驻樊建筑施工企业3家，职工8 071人，施工技术已由单一的手工操作，发展到机械化，半机械化。30年中，这些建筑施工企业累计完成工业和民用建筑面积6.6万平方米，完成建筑工程量10.55亿元。

自1986年以来，开始对新建厂房和民用住宅的地基进行钻探，遇有软弱地基或负荷沉重的建筑工程，多采用人工大开膛挖土换沙作持力层。高层建筑逐步采用打桩作基础。由于市区地质构造属汉水冲积平原，持力层较深，为适应多层建筑发展的需要，新型材料投入使用，大跨、高层、悬挑、轻型、净化、恒温、耐火、耐酸碱的工程结构不断增加，钢筋混凝土的生产工艺随之不断革新和发展，改变了过去人搅拌，手推车浇灌的落后方法，采用了搅拌机直接浇铸的方法。对屋架、楼层、梁、柱采用现场预制，就地吊装和现场浇铸。钢筋制作，木材加工，也实现了机械化和半机械化。模板采用多次循环使用的钢模或已成型的木模板，脚手架也实现了改革，采用钢管式组装脚手架和网式安全网，逐步实现以钢代木的转化。

装修技术改变过去灰砂粉墙套石灰水的历史。进入20世纪80年代，住宅建筑外观装修多采用大理石、陶瓷锦砖、马赛克、涂料、粉麻石、绿豆沙各种水磨石或水刷石镶贴墙面。内墙粉刷装修多采用涂料装饰，墙纸贴面，花饰贴面，石膏贴面。室内装饰粉刷还大量采用压模板、石青板、玻璃镶贴等方法，使公共建筑、民居、工厂车间在设计思想、环境艺术、功能使用和建筑革新等方面不断提高水平。

在建筑材料方面，按照1997年市政府《关于新型墙体材料发展基金使用管理的意见》，全市墙革管理部门克服困难，切切实实推进墙革工作。1997—2005年，采取“堵”“疏”结合的方法，限制黏土实心砖生产，大力发展和推广使用新型墙体材料，全力扶持国有、民营企业、依靠大专院校、科研单位、研制开发、生产新型墙体材料产品。湖北省人民政府颁布137号令以来，强化了墙革管理力度，市区内框建筑基本上不用实心黏土砖上墙，通过建筑市场限制黏土实心砖生产，并通过整治、改造、关闭小砖窖200多家，回收土地2000多亩。变垦农田1000多亩。累计节约土地6000多亩。取代黏土实心砖的新型墙体材料加气混凝土砌块，空心砌块，黏土空心砖，多孔砖，轻质板的设计施工规范，规程和图集及工程定额相应配套，使框架结构建筑使用新型建筑材料达到95%以上。砖混结构建筑承重墙使用承重黏土多孔砖，蒸压粉煤灰砖，水泥混凝土砌块等承重新墙体材料也开始广泛使用。截至2005年，全市已有20多家企业进行技术改造，开发新墙体材料，使市区新墙材应用率平均达到15%以上，利用工业，废渣保护土地，保护环境，节约能源，提高建筑速度和效益。

根据国家有关部门测算：使用1万立方米散装水泥，可节约木材330立方米，电力7200度，煤炭78立方米，包装纸60立方米，创综合经济效益45万元。2002年，省人民政府以省政府273号令下达了《湖北省发展散装水泥管理办法》，标志着散装水泥已由过去的兴散推广应用步入依法兴散，法制推进的轨道。发展散装水泥，实现水泥散装化，是水泥产品从出厂、运输、装卸、储存在建筑工程使用的重大变革。

1986—2005年，襄樊市应用散装水泥1020万立方米，从最初不足10万立方米发展到2005年的50.50万立方米，散装率达到36%，高于全国的29.52%和全省的25.07%的平均水平，仅2005年，因使用散装水平创综合经济效益2632.5万元，为节约能源，保护环境，净化建筑环境做出了贡献。2005年，市开始执行禁止现场搅拌混凝土的“禁现”工作，实行预拌混凝土，这对市建筑工业化，实现文明施工起到积极的推动作用。30年来，市建筑施工从单纯手工操作到半机械化、机械化，从露天施工发展到封闭式施工，从古老的建筑材料发展到新型的建筑材料的应用，在众多的建筑群中起到重要的作用，襄樊供电大楼、长虹人防工程、襄阳新县城、鹿鸣岛花园小区等在建筑艺术和新型建筑材料应用中都达到了高质量、高水平。

鹿鸣岛花园小区是坐落在鱼梁洲一号公路和二号公路交会处，一排排欧式住宅楼被宽阔的草坪和休闲广场围绕，完全没有闹市区里的拥挤和闭塞，这里空气清新，视野开阔，离市中心只有几分钟车程，小区内，春意盎然，花团锦簇。车道、人行道、停车场布局合理，井然有序、绿地、私家花园中心花园相互映衬，树木、奇石、喷泉、雕塑、儿童园地巧妙点缀，把一幢幢住宅楼烘托得极有品位。2001年3月，鹿鸣岛花园被评为襄樊市首家“花园小区”。

1991年7月，位于张湾镇的襄阳县新县城建设拉开帷幕。1992年8月1日，国务院正式批准襄阳县以张湾镇为基础建设新县城。经过8年的建设，坚持“高起点，高标准、高质量”的指导思想，共开工各种建设项目300多个，累计投资7.5亿元，建成区面积达10.5平方公里。200多栋风格各异，特色鲜明的大楼拔地而起。其中10层以上大楼18栋，城市道路交通发达，航空路、襄新路、人民路等29条主次干道纵横交错，给排水管道总长170多公里，城区道路两旁植树2万多株，培植绿化带69公里，绿地面积达180平方米，近百家单位内部庭院绿化，建成了花园式单位。城区绿化覆盖率达39%，亮化工程别具一格，安装霓虹灯、轮廓灯、光灯、泛光灯、广告灯箱139处，设置龙门架5处，城区11万伏变电站和供电线路运行正常，万门程控电话，无线寻呼台开通，真正成为“流光溢彩不夜城”的标准，这是改革开放以来市最大的新城市建设工程。

3.建筑管理

从1979年起，地、市建筑工程局组织全市建筑施工企业，分别参加两地（襄阳、郧阳），三市（武汉、黄石、襄樊市)创优工程联赛,由两赛区分别进行联合检查,验收创全优工程项目。市直建筑施工企业是在1980—1985年,经赛区联合验收评定为样板工程和全优工程的项目有24个,计7.94万平方米。其中米公饭店被评为省级样板工程;市毛纺厂的生产车间、市丝绸厂织造车间、市服装厂成衣楼和展销楼等工程被评为省级样板工程。同时,对全市建筑施工企业开展技术资质评定工作。

1983年,地市建筑工程管理局合并,改称襄樊市建筑工程总公司后,辖襄樊市第一、二、三、四建筑工程公司和市机械化施工公司、市预制构件厂6个企业。1987年5月,总公司改为襄樊市建筑管理局,对市属三市、五县、四区的建筑行业进行管理。1988年,全市拥有建筑队伍13.2万人,其中市属县以上施工企业25个14 665人,全年完成总产值12 443.59万元,施工产值11 373万元,施工面积878 487平方米。竣工面积361 945平方米。其中襄樊棉纺织印染厂气流纺车间,市毛纺织厂4800绽纺织印染车间,市合成纤维厂工程、三五四二纺织车间,老河口市棉纺厂气流纺车间,随州万吨饲料厂主车间,成品库等都评为优良工程。1988年市辖25个县以上施工企业,全部推行了各种不同形式的承包制,其中承包较好的12个企业,占48%,同年对市区281个企业报省建设厅进行了资质审查,重新颁发了资质证书。对137个外地来樊施工企业严格资质审查。加强注册登记。清退7个省59个县43个不合条件的建筑施工队4584人,压减3258人,占全部外地施工队总人数的49.3%。1989年,对市属283个施工企业进行资质审查,对资质达不到的企业采取降级或停业,对四无企业即无领导班子,无管理能力,无技术力量,无设备资金能力,坚决予以撤销,吊销企业执照62个,计10 000多人,占总人数的15.9%,降级23个企业,占原133个有级企业的17.7%。同年9月,市建筑管理局制定《襄樊市建筑安装工程招标投标暂行办法》。随州、老河口、枣阳、南漳、宜城等县市,全年招标项目55个,面积113 316平方米,折合造价2765.62万元,招标覆盖面占新开工程的20%。

1990年,国家压缩固定资金投资规模,襄樊市建筑行业面临严峻考验。市建筑管理局从内、外两个方面帮企业渡过难关。继续整治建筑市场、清退压减外地施工队伍9066人。抓住建筑管理招标的龙头,151个项目,面积37.4万平方米。建设投资近1.2亿元全部纳入招标范围,约占新开工程的70%。强化工程质量,变单一"法管式"监督为预防为主,帮促结合的监督方式,变微观检查为宏观控制。强化企业自我控制,工程质量事故明显减少。全市消除质量隐患145起,创优良工程45个,在全市463个工程项目质量监督中,建筑面积达105万平方米,受监工程竣工281个,优良率16%。

1992年,全市各类建筑施工企业达259家,58 251人,其中部省属及外地施工企业61家,11 650人,全年完成建安工作量8.14亿元。

1991—1992 年全市县以上施工企业主要经济技术指标完成情况一览

表 4—15

年度	企业个数	企业人数	总产值				工程质量				利润			
			总量万(元)	比1990年增长%	其中国营企业完成情况(万元)	比1990年增长(%)	优良品率(%)	比1990年提高百分点	国有企业优良品率%	比1990年提高百分点	总量(万元)	比1990年增减(万元)	国营企业利润量(万元)	比1990年增减(万元)
1991	23	12649	12140	28.4	3487	58	21	—6	27	—16.6	—258	增 45	—142	103
1992	24	132253	16525	36.1	5811	66.6	23.5	2.5	35.4	8.4	—1	减 284	60	202

1992 年，组建襄樊市建筑房地产综合开发集团公司，其中建筑资质一级，房地产开发二级，装饰装修二级，下属 18 个分公司，具备从设计到施工安装至交付使用总承包能力，标志着市区建筑业集团经营已具雏形，为市区建筑业专向同房地产开发相结合的发展轨道奠定基础。1995 年，全市 260 家建筑施工企业完成建安工作量 11.2 亿元，比 1994 年增长 17.5%，竣工面积 180 万平方米，增长 22%，其中市区建筑集团和建筑总公司完成产值 0.7 亿元，竣工面积 8 万平方米，工程优良率 30%，分别比 1994 年增长 6%，持平 80.9%。先后制定《襄樊市外地驻樊施工企业暂行办法》《襄樊市建筑市场监察队工作职责》等规章制度，对外地建筑施工企业和建筑市场实行规范化管理，实行工程项目招投标管理。1995 年，共办理招投标项目 115 个，面积 38.75 万平方米，占全市年新开项目的 83.9%。同年，办理质监项目 124 个，面积 37.4 万平方米，达到 100%。清理 16 家资质低、质量差、信誉低的外地队伍，对留在襄樊的 53 家外地驻樊建筑企业签订目标责任状。共发布建材价格信息品种 400 种，新增工程定额两类 7 项。1996 年，襄樊市建筑市场管理加大力度。1997 年，对市区 52 个临街工程出入口路面铺设了钢板，设置隔离带，完成硬质封闭 12 000 平方米。软质封闭 6000 平方米，投资近 70 万元。结合安全生产周，印发宣传资料 8000 多册，深入 215 个工地检查，整改安全隐患 400 多处，市区 30 万元以上的施工项目都做到了办证施工，安全施工，因工死亡重伤频率均控制在国家规定的千人死亡率 0.2。千人重伤频率 0.36 人次以内。1998 年襄樊市建设工程招投标管理中心正式投入使用，集信息发布、招标法、投标、开标、评标、决标于一体，实现了微机封闭式管理，全年报建项目 246 个，报建率达到 100%，招投标工程 232 项，招投标率达到 94.3%。同时，施工企业定队伍、定经营范围、定年任务量的“三定”工作实施，保证了市区建筑市场平稳有序，良性发展。襄樊市建筑集团深化内部改革，通过剥离附体；实行项目经理年薪制；定岗减人；中层干部、管理人员竞聘上岗；改革用工制度；工程预决算人员实行承包制；建立质量奖励基金七项改革措施的实施。建筑集团经济效益和质量跃上新台阶，全年完成产值 5000 万元，承接施工任务 8769 万元，分别比 1997 年增长 40% 和 13%。承建的市人民广场人防工程被评为国家优质人防工程，承建的市水厂双阀滤池被评为全省优良工程。1999 年，在建筑市场管理上，以《中华人民共和国建筑法》及《湖北省建筑市场管理条例》为依据，健全制度，强化管理，推行公平竞争，建筑市场体系初步形成。1999 年，市属七县和市区都建立了有形建筑市场，全市办

理工程项目报建 764 个，面积 352 万平方米。办理招投标项目 639 个，占报建项目的 83.6%。其中市区办理报建项目 236 个，面积 88.6 万平方米，办理招投标项目 245 个，面积 95.7 万平方米，中标价达 6 亿元。对全市 202 家预制构件生产厂家进行拉网式大检查，吊销资质 48 家。办理建设业培训班 72 期，培训 5406 人，审核、申报、认证项目经理 511 人。从 2000 年 3 月 1 日起，全市所有立项建设的工程信息，招标文件都在互联网上发布，在全省率先实现招标投标的透明度，在造价管理上实行了"四个一"工作法，即健全一个网络—造价信息网络；管理一个龙头—严格标底审查；抓住一根主线—严格合同审查；收好一个结尾—开展工程竣工结算审查。通过"四个一"工作法，网络直接报点达 200 多个，编辑发行《工程造价信息》698 份，统计建材品种 900 多种，实现了对工程造价过程的监督，湖北省建设厅推广襄樊经验、并授予襄樊市造价站湖北省造价管理先进单位称号。

2001 年，襄樊市四级以上资质建筑企业 182 家，从业人员 5 万余人。为了搞好建筑市场管理，市建管局将 2001 年定为"强化安全生产管理年"；有计划有步骤地推进全市建筑行业安全生产。先后下达整改通知书 54 份，查处事故隐患 270 项，945 处，在 90%的建筑工地上使用了钢管脚手架。95%以上项目使用了标准铁质配电箱，通过完善安全设施，有效地增强了企业的责任感，市区工地整体形象焕然一新，通过省建设厅检查组随机抽查，市供电局综合大楼、市四中综合楼、省烟草公司综合楼，全部达到优良标准。在招投标管理上，推选了 6 项管理制度，即：工程招标信息公开制度；无歧视报名制度；摇号选择投标人制度；评匿名标制度；纠纷调解处理制度；评委管理制度。使招标投标达到公平、公正、严谨。2001 年，通过开展"楚天杯"城市建设管理竞赛活动，市区 246 个施工现场做到了施工标志悬挂，场内场地硬化，安全防护设施，出入口钢篱铺设，材料、设备有序堆放。食堂、厕所设施，门前三包人员等八个到位。

截至 2005 年，全市共有建筑企业 245 家，其中总承包企业 139 家，专业承包企业 49 家，对 188 家建筑企业进行了清理整顿，受理申报二级建造师 314 人，对符合申报条件的 140 名报送省建设厅办理了项目经理备案证，办理外地建设企业入樊投标手续 300 余份，共评选 2004 年度先进建筑企业 32 家，优秀建筑企业经理 32 名，优秀项目经理 68 名。评选 2004 年度襄樊市"隆中杯"奖（市优质工程）62 项，"结构优质工程"30 项，市安全文明施工现场 17 项，新增注册监理工程师 45 人。

2002—2005 年，重点开展了全市监理市场专项整治活动，对国有建筑企业改制进行调研、抓建筑企业清欠工作的落实。共检查在建工程 717 项，面积 231.89 万平方米，造价 16.46 亿元。按照《中华人民共和国建筑法》，下达停工通知书 225 份，整改通知书 173 份，制定 30 家企业改制逐步推进的方案。2004—2005 年根据国家，省清欠办要求和《襄樊市人民政府办公室关于预防和制止建设领域拖欠工程款与劳动者工资有关问题的通知》，召开全市清欠工作会议。以清理政府投资工程，房地产开发项目拖欠工程款为重点单位，下发督办函 63 份，解决拖欠工程款 29 053.27 万元，清欠比例达到 92%，其中施工企业拖欠工程款和劳动者工资 200 余起，拖欠劳动者工资 3322.12 万元，促进了清欠工作长效管理机制的形成，保障了参建各方的合法权益。

截至 2005 年底，全市共有建设施工企业 272 个，从业人员 84 000 人，企业年产值达到 540 000 万元，比上年增长 15%，平均发展速度达到 17%。全年建筑业产值 530 000 万元，平均增长速度达 18%，建筑业增加值 160 000 万元，平均增长速度达到 17.2%。

二、村镇规划与建设

（一）村镇规划

1979 年，改革开放后，一批小城镇迅速兴起。1981 年，建制镇发展到 12 个，即枣阳、宜城、谷城、南漳、保康 5 县的城关镇，襄阳县的双沟镇，谷城县的石花镇，南漳县的武安镇，随州市的历山镇、淅河镇、環潭镇，老河口市的仙人渡镇。1983 年底发展到 42 个，其中襄阳县 7 个，枣阳县 8 个，宜城县 5 个，谷城县 6 个，南漳县 3 个，保康县 4 个，随州市 7 个，老河口市 2 个。非建制镇发展到 75 个，其中襄阳县 12 个、枣阳县 11 个、宜城县 5 个、谷城县 5 个、南漳县 14 个、保康县 7 个、随州市 15 个、老河口市 6 个。

1984 年 1 月，国务院发布《城市规划条例》。据此，各地制定有关城镇、村庄规划建设管理实施细则。对建设项目的选址定点，建设单位或个人须报经主管部门批准，凭用地规划许可证向土地管理部门申办划拨土地，确保土地合理使用。对较大的建设项目，规划部门参与共同选址定点。对村镇建筑工程和道路建设用地，主管部门负责审查设计方案，核发工程规划许可证，并深入施工现场开展用地放线、验线工作。

至 1989 年底，随州、老河口、枣阳 3 个市区和 117 个建制镇（含 4 个城关镇）的建设总体规划编制完成，分别报湖北省和襄樊市人民政府审查批准。3928 个中心村和 23 144 个基层村的粗线条的建设规划（含二图一书）也于 1985 年编制完成，已经县人民政府批准，一部分市、镇修编的总体规划已经审批。3 个市区和少数镇还编制了部分小区或居住组团风景区和街景等详细规划 107 项（市区 55 项、镇 52 项），为全市形成不同层次，不同职能，各显优势特色的城镇网络奠定了基础。

1990—1993 年，全市有各类小城镇 320 个，有建制镇 119 个，城镇化水平达 28.7%。1990 年 7 月 7 日，市政府要求各县（市）镇政府按照《中华人民共和国城市规划法》第三条关于城市规划区范围的决定，在原批准的总体规划基础上，抓紧研究划定本市、镇规划区的具体范围。到 1990 年底，全市 3 个县级市和 119 个建制镇划定规划区范围的图纸编报，审批工作全部完成。

1991—1993 年，共修订、调整建制镇总体规划 27 个，编制乡总体规划 14 个，编制部分居住组团、街景、文化娱乐、旧城改造、中心区、园林绿化、集贸市场、市政工程等修建性详细规划 332 项，完成 954 个中心村，2317 个村庄的建设规划和 61 套农村住宅设计。1993 年，开展乡镇详细规划和农村住宅设计方案竞赛评比。28 套农村住宅设计方案和 122 项详细规划参与评比。经过初审，向省建设厅推荐住宅方案 6 套，详细规划 3 项，在加强村镇规划力量上，新组建 9 个村镇规划室。其中兴隆镇规划建设设计处引进专业技术人员 7 人，其中助理工程师 2 名，技术员 5 人，会同襄樊市园林局编制西河公园规划，规划面积 32 万平方米。

1994—2000 年，襄樊小城镇规划工作进入全面提高阶段。在全市村镇农村现代化总体规划中，中心城市，县级市、小城镇三个层面同时进行，完成襄樊市区域城镇体系规划，规划布局以铁路、公路干线及沿汉江城镇带为轴线，以全市范围为外围，形成一个大城市（襄樊市区）两个中等城市（老河口市、枣阳市）组成中轴为核心，各县（市）区域城镇体系为基本单元的全市统一的多层化的城镇体系结构“大、中、小”彼此联结，硬件建设与软件建设有机的结合，完成了农村现代化发展规划。在编制过程中，注重将小城镇建设规划及详细规划控制性规划和市区域城镇规划体系相结合，初步形成了体系框架。其间，标测 1：1000 地形图 94 平方公里，修订调整小城镇总体规划 23 个，其中仙人渡、泥嘴、五山、黄集、马良等12个镇规划已正式批复实施。先后完成52个小城镇规划修编，编制完成小城镇园林绿化，旧城改造，居住小区，街景、农贸市场、市政工程等建设性详细规划638项，编制中心村规划4665个，自然村规划16971个，基层村并点规划9854个，设计规划农村住宅和小城镇临街经营兼住宅型设计方案50多套，推行全省优秀农村住宅设计400套。全市26个乡镇规划了工业小区，总面积2.67平方公里，至1998年，全市小城镇总体规划除14个待批外，其余全部完成并付诸实施。石花、当铺、仙人渡、太平店、吴店、七方、兴隆、太平等镇放开设计市场，引进城市化设计，聘请专业院校进行规划设计，规划水平大幅度提高。2000年，组织规划局、园林局专家对团山、太平店、石花、双沟等12个乡镇的详细规划和园林绿化规划进行了编制，向湖北省建设厅申报中心镇规划24个，至2000年，累计启动新农村试点建设205个，规划用地1324.35公顷。通过规划迁村并点建设，205个村比原址节约耕地1337.77公顷。

1996年以来，通过函授及委托省、市大中专院校定向培训等途径，培养规划设计人员344人，举办规划设计短期培训班4期，培训人员246人。邀请建设部标准设计院、武汉大学、武汉城建学院、南方村镇建设学校、市规划设计院、建筑设计院等编制小城镇规划，指导培训乡镇规划设计人员。

2001—2005年，以提高规划质量和水平为中心，加快村镇规划修编，尽快构成“县城(市区)—中心镇—一般镇—中心村”的城镇体系新格局。2002年规定，凡是1997年以前编制的规划都要着手进行修编，全市23个省级中心镇的规划必须由具备乙级资质以上的规划设计单位承担，并上报省建设厅评审论证。口子镇规划的重点应放在修建性详规上。2003年，在抓规划、抓特色的基础上，对1997年以前编制的规划修编全面启动。石花、仙人渡、吴店、太平、泥嘴等城镇，树立精品和名镇意识。在园林景点设计上求“绿”，重视绿化体系的建设，适地植树，生态造园，精心培育具有本地特色的植物景观。在城镇结合部求“美”，重点地段，三角地段等位置规划设计一批绿量大的草坪景点，开辟城镇小游园，并在其中点缀建筑小品，建立镇标，增强了环境艺术效果。2002—2003年，全市20个镇开展了总体规划修编工作，详细规划共完成街景，住宅小区，旧城改造，工业小区，园林绿化，市政工程，文化娱乐等各类修建性规划274项，推广运用农民建房单体建筑通用图68套，累计完成中心村规划1984个，占总数2746个的89.9%。吴店镇是东汉开国皇帝刘秀的故里，在规划中将经济功能与历史文化有机结合，突出帝乡人文特色，再现“龙飞白水”的历史风貌。注重城镇整体功能和人居环境相结合，把镇南的门槛山规划为绿色屏障，把镇中的河改造为花园式荷花池，植荷栽柳，架起了拱桥，形成极富自然、人文特色的山水园林城镇。

2004年，石花、武安、马桥、太平、卧龙、峪山6个重点镇完成城镇总体规划的修编。全市15个重点镇已有13个完成了规划修编，东巩、兴隆、七方等7个镇已完成城镇总体规划编制，小河、牛首等5个镇规划修编工作全面启动。

2005年，政府带头执行建设项目规划管理制度，村镇建房都认真落实“一书一证”“一书两证”，核发省建设厅统一编号的证书，维护了规划的严肃性和权威性，多数规划修编都是由乙级以上资质规划设计单位编制，履行了严格的规划评审程序。市建委成立了市村镇规划建设专家咨询委员会，为村镇规划提供多方面的技术咨询与服务。石花、武安等镇的规划得到专家评审组及省建设厅的充分肯定。在维护规划的权威性方面，加大了村镇规划的管理力度。认真贯彻落实《中华人民共和国城市规划法》《村庄和集镇规划建设管理条例》《建制镇规划建设管理办法》等一系列村镇规划建设法规，20个建制镇完成总体规划修编，省级重点镇全部完成了总体规划修编，并编制详细规划38个。吴店、太平、太平店等10镇启动了镇区详细规划的编制工作。至2005年底，小城镇全部完成总体规划编制工作，全市完成村庄规划编制1423个，占村庄总数的56%。

(二)村镇建设

1985年,全市共有小集镇200多个,平均每个县(市)有县辖镇5.4个,区(乡)辖镇9.5个,乡村小集镇20多个,境内平均7公里左右有一小集镇,14公里左右有一区(镇),28公里左右有一县辖镇,70公里左右有一城关镇。县辖镇绝大多数沿铁路、公路和汉水两岸分布,区(乡)镇按行政区域经济贸易发展状态设置、乡村小集镇多为区(乡)所在地或为集市贸易的场所。城镇分布东疏西密,与经济发展、人口分布一致。中共十六大以后,小城镇建设着力实施小城镇建设由"重点发展小城镇"到"发展重点小城镇"的战略调整,以构建和支持小城镇建设的发展体制、机制为突破点,以抓好省、市级重点镇建设为重点。2005年,全省建设工作会议提出全省小城镇建设学襄樊,充分肯定襄樊市建设小城镇的做法和经验。

1.建设历程

1989—1990年,这个阶段的城镇建设主要是按行政区划,以镇、乡政府所在地为主体。全市3个县级市和119个建制镇划定规划区范围的图纸编报,审批工作全部完成,各县(市)、镇政府坚持"统一规划,合理布局,综合开发,配套建设",切实加强公用基础设施建设。1990年,宜城、南漳、谷城、保康4个县城关镇用于基础设施建设投资834.4万元,除4个城关镇外的115个建制镇,全年用于城镇基础设施建设的投资1778.55万元。同时,市政府每年从全市小城镇建设维护税中安排一定资金补助乡镇用于基础设施建设,利用座谈会,现场会等形式推广典型经验。在1990年全市建制镇建设管理表彰会上,盛土康镇、仙人渡镇、南漳城关镇、宜城城关镇、板桥、太平店、张湾、孟楼、环潭、洪山、琚湾镇、吴店等15个镇获得一、二、三等奖。

1990—1994年,随州市从襄樊划出成立地级市,襄樊市所辖乡镇含老河口市、枣阳市、宜城市、南漳县、谷城县、保康县。建设部确定襄樊市为中部地区小城镇建设试点之一。市委、市政府将枣阳市吴店镇、兴隆镇,宜城市雷河镇、朱市镇,老河口市仙人渡镇、孟楼镇,襄阳县双沟镇、太平店镇,谷城县石花镇,南漳县武安镇,保康县马桥镇等11个城镇作为建设重点。在此期间,市委、市政府为适应区域经济社会发展的需要,提出了"建立市域城镇体系,推动区域经济发展"的战略。在"三沿一边"(即沿公路,沿铁路,沿汉水,省际边境)小城镇率先发展的整体思路,并在小城镇建设中,引入竞争激励机制,采用以奖代补的形式,对年度小城镇建设先进镇给予表彰奖励。促使小城镇呈现大发展,快发展的竞争态势。1990—1992年,投入乡镇基础设施建设资金5860.4万元,对19个先进乡镇予以重奖,到1992年底,全市已有182个次集镇在国家、省、市县各类集镇建设评比中获奖,襄阳县太平店镇被民政部评为"楚天明星镇"的称号,盛土康镇、环潭镇等8个镇在全市集镇建设竞赛中分别获一、二、三等奖,1993年,小城镇建设呈现梯次推进,整体联动,全面发展的良好局面:开展了全市乡镇详细规划和农村住宅设计方案竞赛评比。向省建设厅推荐3项详细规划和6套住宅设计;全年乡镇建设投入创纪录,全年乡镇建设投入资金5199万元,比1992年增加了1307万元;围绕"古"字做文章,挖掘历史文化内涵,石花、吴店、双沟等镇城镇建设各具特色,使小城镇建设在规划、设计、建设中打破了传统模式,开始向"古、美、绿"方向发展。1993年底,全省第四届集镇建设竞赛评比中,全市20个镇获奖,其中,市区6个,占33%。《中国建设报》《中国市容报》《农民日报》《经济参考》等新闻媒体相继对襄樊集镇建设予以重点报道。

1995—2002年,制定《加快小城镇建设的决定》《关于进一步加快小城镇健康发展的政策措施》等文件,即从发展小城镇向培植区域中心镇转变;从重视小城镇建设向村庄建设延伸转变。从注重扩大外延向城镇建设内涵转变;从着眼于规划建设向严格管理转变;从小城镇发展梯次推进向整体联动推进转变。

1995—2000 年，全市城镇建设投入资金 53 529.07 万元，规划建设试点 50 个（其中部级试点 5 个，省级试点 3 个，地级试点 20 个，县级试点 22 个。全市小城镇兴办工业小区 150 多个，实现增加值 106.22 亿元，占全市国内生产总值的 25.6%），彻底改变了乡镇企业“村村点火，户户冒烟”的传统模式。

从 2003 年起，市财政每年安排 400 万元，作为小城镇建设专项资金，专项用于小城镇建设补助。2004 年 4 月，市建委、财政、土地、电力、国税、地税、工商等 25 个市直部门，在老河口市孟楼镇召开对口扶持现场会，对口扶持孟楼镇的发展，总计援建 30 多个项目，总投资近 700 多万元。市建委、市财政局投资 100 万元完成了曹家巷路配套建设工程，市民政局投资 80 万元建设的老年公寓已竣工。对襄阳区黄集镇、枣阳太平镇每年安排 100 多万元小城镇建设资金补助。

2003—2004 年，对 15 个省级重点镇，共投入小城镇建设资金 8300 多万元。重点镇政府投入部分仅占建设总投资的 25%。2005 年，对口扶持孟楼镇帮扶工作力度加大。援建项目达 40 多项，帮扶资金 1000 多万元。襄阳区黄集镇“以地生财融资，闲资置换筹资，公益拍卖聚资，外延扩张引资”，3 年间共筹措小城镇建设资金 1700 多万元。老河口市孟楼镇“边贸兴镇”，建立了 6 大专业市场。共吸纳 8000 多个体工商户入场交易，年商贸交易额达 5 亿元。

2.城乡一体化进程

至 2005 年，襄樊市小城镇发展到 180 多个，建城区面积达 210 平方公里，城镇化率达 43%，市域范围已初步形成以大城市为中心，以中小城市为依托，以星罗棋布的小城镇为纽带，联系广大农村腹地的城镇体系格局。先后有 2 个镇荣获“中国乡镇之星”称号，1 个镇被列入星火技术密集区，8 个镇跻身国家级重点镇，10 个镇跻身于湖北省重点镇，7 个镇 11 次荣获小城镇建设“楚天杯”。

2003 年，出台《关于进一步加快我市重点镇建设和发展的意见》。从 4 个方面提出了支持小城镇建设发展的配套措施：赋予重点镇部分县级经济管理权限，建立健全相对独立的镇级财政；减轻重点镇工商企业税赋；市国土部门每年给市级重点镇安排 10 亩农地转用指标；建立对口扶持制度，市县两级财政对小城镇建设政策上的倾斜。

在小城镇建设管理上，整体推进小城镇建设管理工作，坚持每年开展一次小城镇规划建设管理考核，每两年开展一次小城镇建设示范乡镇的评选表彰活动。在量化考核上，引导各县（市）区按照“因镇制宜，逐步完善，量力而行、稳步实施”的原则，稳步推进小城镇建设，不盲目铺摊子，搭架子。制定下发了《关于将小城镇建设纳入乡镇领导干部实绩考核范围的实施意见》，年底组织一次考核，保证村镇建设的稳步发展。

在发展重点小城镇的战略调整中，发展口子镇和省、市级重点中心镇建设，提高中心镇的辐射能力，为加快小城镇建设提速加力。对口子镇、重点中心镇实行对口扶持，扶持资金向重点镇集中；把重点镇推荐纳入世行贷款项目的候选镇；工程建设移民，南水北调移民等项目适当向重点镇集中；基础设施建设优先考虑重点镇；村村通工路，水利建设及土地整理等项目，优先考虑重点镇。

3.城镇特色

在村镇建设中，按照“不求大，但求美”的指导思想，引导小城镇建设凸现个性特色和城镇魅力。突出产业特色，使小城镇建设与产业发展相结合。以茶、果、树、农、鱼为小城镇建设的主要产业，以建设文明生态镇为目标。在规划编制时，按照“不求规模，注重实效”的原则，将城镇景观、街头小品、住房设计、市政工程有机结合，挖掘内在的底蕴和个性。如谷城五山镇、区位独特，跨谷城、丹江、房县边境，襄渝铁路横贯东西、汉十（高速）公路擦境而过，园林山镇精巧别致，千山万岭绿茶飘香，素有“湖北十大名茶之乡”和“山水园林小镇”的美誉。因此，在建设小城镇中，以茶文化和文明生态为主要目标，着力营造新颖独特的“园林山镇”和“名茶之乡”。形成了“水绕镇中流，镇在林中走，园依山水旁，美景不胜收”的现代特色小城镇，茶产业的发展，互为反哺相得益彰，镇特色已经凸显。

在规划小城镇建设中，注重经济功能和历史文化功能相结合，注重历史遗留与现代气息相结合，注重小城镇整体功能和人居环境相结合，把人文、自然、环境、功能、经济有机结合起来，突出小城镇的人文特色。如枣阳吴店镇是东汉开国皇帝刘秀的故里，素有“白水遗龙种，春陵郁帝基”之说，在小城镇建设中，该镇充分利用白水文化优势，连接白水寺风景名胜旅游区为文化功能区，突出帝乡人文特色。

突出商贸特色，塑造新型商贸集镇。老河口孟楼镇是省级重点镇，《经济日报》发表《从孟楼到孟楼》在全国闻名。孟楼镇注重发挥区域优势，突出边境贸易功能，先后建立汉孟大市场、粮油交易市场、竹木交易市场、牲畜交易市场、工业品市场、小商品市场，共吸纳万余个体工商户入场交易。至2005年底，全市小城镇常住人口125万人，占村庄总人口的28%。樊城太平店镇、枣阳吴店镇、太平镇、老河口市仙人渡镇，谷城城关镇、石花镇、襄阳双沟镇、南漳城关镇被国家六部委确定为国家重点镇，樊城太平店镇，枣阳吴店镇，太平镇，襄阳黄龙镇，老河口仙人渡镇，孟楼镇，谷城石花镇，南漳武安镇，宜城小河镇，保康马桥被省政府确定为省级重点镇，襄城泥嘴镇，高新技术产业开发区团山镇、枣阳七方镇、杨挡镇、兴隆镇、老河口市张集镇、竹木桥镇、宜城板桥店镇、郑集镇、谷城庙滩镇、墭康镇、南漳东巩镇、九集镇、保康寺坪镇，樊城区太平店镇被市政府确定为市级重点镇。

4.小城镇建设试点

1994年初，市委、市政府提出到本世纪末把襄樊建成为大城市—中小城市—中心城镇的城镇体系。同年10月，建设部又确定襄樊为中部地区小城镇建设试点之一。给予小城镇建设低息贷款600万元。据此，市委、市政府确定将枣阳市吴店镇、兴隆镇；宜城市雷河镇、朱市镇；老河口市仙人渡镇，孟楼镇；襄阳县双沟镇，太平店镇；谷城县石花镇；南漳县武安镇；保康县马桥镇11个主要城镇作为建设试点，出台《襄樊市小城镇建设新发展战略实施方案》，11个建设试点镇党委政府把城镇建设纳入重要议事日程，主要负责人亲自抓，掀起了城镇建设的高潮。根据市委、市政府城镇建设战略，山区城镇发展迅速。山区城镇占1/3强，这些城镇因受经济实力和地理条件的影响，城镇建设起步较晚。1994年，保康县店垭镇拿出168万元用于集镇建设，办了8件实事，当年进镇经商办企业的就有64家，消化1300多名农村剩余劳动力。11个试点镇按照小城市的要求修编建设规划，城镇建设以配套完善为主，着重解决人民群众吃水难、行路难、照明难、垃圾堆放难等10难问题。枣阳吴店镇2年投入819万元，解决城镇基础设施建设。保康五山镇利用山水相间碧水萦绕的特定环境，建设风味独特的山水城镇。南漳县峡口镇利用“一脚跨两省”“鸡鸣闻三县”的地域空间，建设功能齐全的边际集贸中心城镇。同时，店垭、马良、马桥、仙人渡、紫金、吴店、兴隆等城镇在房屋建设上注重建筑风格，讲究个性与空间美相结合。

1995年11月，建设部在南湖宾馆主持召开襄樊、南阳两市小城镇建设工作会议。与会代表参观了襄樊市五山、石花、仙人渡、太平店4个镇的城镇建设与管理。同年10月，35张襄樊市小城镇建设图片参加了由建设部、财政部在北京举办的“全国小城镇和村庄建设成就展”，展出数量居全省首位。1996年5月，应建设部邀请，瑞士驻华大使斯洛夫妇和瑞士驻华首席记者墨夫夫妇一行4人到襄樊考察小城镇建设工作。先后考察了枣阳市吴店镇、兴隆镇和杨垱镇，游览了襄樊古隆中，枣阳白水寺和襄阳仿古一条街等名胜古迹。这是新中国成立以来第一位参观考察襄樊的外国驻华大使。嗣后，墨夫在欧洲影响较大的《新苏黎世报》上发表介绍襄樊北街建设经验和管理的文章。

1996年11月，在广东省中山市小揽镇全国村镇建设工作会议上，襄樊市代表作了书面发言，吴店镇被评为全国村镇建设先进单位。中国国际广播电台、《人民日报》海外版、《中国市容报》、《村镇建设杂志》《城市导报》记者到樊考察，采访报道小城镇建设。中央电视台《金土地》栏目摄制组专程采访报道了襄樊小城镇建设成就。市建委与《中国市容报》联手组织出版襄樊小城镇建设风貌画册。

1997 年 9 月 15 日，国家中部地区小城镇建设试点工作经验交流会在南湖宾馆召开，同年 9 月 18 日在河南南阳梅溪宾馆闭幕。湖北、河南、四川、重庆、山西、江西、陕西、安徽、湖南 8 省 1 直辖市建设厅局长，乡建处长，中部地区部级试点镇长及《经济日报》、新华社《人民日报》《中国建设报》《市容报》《城乡建设杂志》《村镇建设杂志》等新闻单位的记者共 200 多人参加了会议。市委、市政府代表作了典型发言，介绍实施国家“625”工程，探索小城镇建设的途径和方法，推动小城镇建设快速发展的经验。3 个省和 6 个部级试点镇交流经验，参观襄樊形象工程和太平店、仙人渡、五山、石花、孟楼镇，及老河口市区、谷城县城关镇。1988 年，襄樊市小城镇建设引起社会各界关注。国家计委、建设部、省委、省政府领导到樊视察调研。新华通讯社、《人民日报》《经济日报》、中国国家广播电台、中央电视台、《新华日报》及湖北省新闻单位专程采访报道。《经济日报》重点对村镇建设进行报道。

至 1998 年，全市小城镇总体规划除 14 个待批外，其余全部完成修编调整并付诸实施。全市乡镇完成街景、旧城改造、商贸小区、住宅小区、风景园林、街头绿地、市政工程建设详细性规划 168 项，石花、当铺、仙人渡、太平店、吴店、七方、兴隆、太平等镇展开设计市场，引进城市化设计。1999 年，市委、市政府为推进小城镇建设快速发展，确定 20 个乡镇为乡镇建设重点镇，先后在南湖宾馆，襄阳宾馆召开由各县市区主要负责人，20 个重点小城镇书记、镇长参加的专题会议，在谷城石花镇和枣阳兴隆镇召开现场会，总结和推广石花镇和兴隆镇的建设经验。市政府拿出 400 万元，支持重点小城镇建设。20 个建设重点镇为：枣阳市吴店镇、兴隆镇、七方镇、太平镇、襄阳县太平店镇、双沟镇、新集镇、黄集镇、谷城县石花镇、五山镇、当铺镇、老河口市孟楼镇、仙人渡镇、宜城市朱市镇，小河镇，南漳县武安镇，峡口镇，保康县马桥镇，店垭镇，高新区团山镇。

1999—2000 年，20 个重点镇共投入市政建设资金 6367.1 万元，新建桥梁 5 座，新建、改建、扩建道路 57 条，长 49.5 公里，面积 54.83 万平方米。新铺供水管道 45 条，长 48.55 公里，新建排水管道 82 条，长 48.1 公里，新增路灯 1325 盏，新建公厕 43 座，新增垃圾箱筒 585 个，植树 12.43 万株，新建绿化带 14 075 米，新增公共绿地面积 43 477 平方米。20 个口子镇和重点镇中，老河口市孟楼镇、枣阳市太平镇，襄阳县黄集镇于 2000 年 11 月被中共湖北省委、省政府确定为省际边界重点口子镇，湖北省建设厅、省财政厅给 3 个口子镇分别拨建设款 60 万元、70 万元、40 万元予以支持发展。至 2000 年底，襄樊市共有规划建设试点小城镇 50 个，其中部级试点 5 个，省级试点 3 个，地级试点 20 个，县级试点22 个。为提高襄樊市小城镇建设知名度，塑造新型小城镇形象，襄樊市建设委员会配合中央电视台、湖北电视台、建设部、农业部、市委组织部电教中心摄制组完成反映襄樊小城镇建设风貌录像片制作的前期拍摄和资料收集工作，为推动中心镇发展，组织规划，园林等部门专家对团山、太平店、双沟店等乡镇的详细规划和园林绿化规划进行编制，向湖北省建设厅申报中心镇规划 24 个。

2004—2005 年，重点抓好口子镇及重点镇规划和编制完善。市财政每年安排 400 万元用于“口子镇”和重点镇建设，直接拉动重点镇基础设施建设投资 4000 多万元，市财政建立对小城镇建设稳定的财政补偿机制，各县(市)区安排专项资金，支持重点小城镇建设。

(三)村庄建设

1979 年，农村兴起建房热潮，占用耕地较多。1980—1985 年，有 35 万农户建了新房，总建筑面积 3000 多万平方米。至 1985 年，全市共有村庄 40 569 个，农民住房面积达到 1.1 亿平方米，砖瓦房占

80%左右,人均居住面积20余平方米。1986年,襄樊市共有280个小城镇,人口89万人,建成区面积16万平方公里。2842个村民委员会,18 000多个村民小组,358万人。至1994年小城镇发展到296个,人口100万人,建成区面积196平方公里,2886个村民委员会,19 400多个村民小组,83万户,人口367万人。其间,村庄建设主要在发展小城镇的带动下,以自然发展为主,农民把住房,吃水,作为村庄建设的新的起点,以改变过去建房无整体规划,占用耕地多,房屋结构、规模、景观差的落后状况,逐步以水泥预制板结构代替了过去砖瓦土墙结构,以二层、三层楼为主代替了过去的一层平面房,以厨房、卫生间单设形式代替了过去屋内无厨房无厕所的状况。前厅后院的住房得到农民的认可,简易自来水,深井取水,门前道路硬化,通电及通信正渗透农民建设的热潮,改善着农村的落后面貌和农民的生活条件与居住环境。

至1992年底,全市46 684个村庄,3911个村民委员会共办理村民新建改建房屋4.29万户,竣工建筑面积达497.9万平方米,其中混合结构楼房屋面积182.74万平方米,累计有住房使用面积5920.97万平方米,居住面积达4386.41平方米,居住人口414.43万人,人均居住使用面积14.29平方米,人均居住面积10.58平方米,完成公共建筑面积34.11万平方米,乡镇建立农贸市场和工业品市场500多个,部分乡镇还建立了综合市场、牲畜市场、竹木交易市场,为方便农民购销,促进农村商品流通起了桥梁作用。1993—1994年,随着进镇务工经商农民不断增多,各县(市)采取"谁投资,谁建设,谁受益"的办法,再掀起兴建市场热潮,农民建房再次上档次,庙滩、兴隆、双沟、唐县、五山、峡口、马桥、新城、袁冲、小河10个乡镇,投入市场建设的资金达800多万元,建成各类市场20多个,年成交额达15亿多元。

在市场建设中,注意把扩大容量同提高档次相结合。如双沟的农贸大市场、石花的商贸区、庙滩的"庙滩大世界"、孟楼的"楚孟商城",无论规模、容量、建设标准都达到相当水平。注意把市场建设同本地资源相结合,如三里岗的香菇市场,欧庙的麦冬市场,璞河的板鸭市场以及各村的竹、木、土特产、牲畜市场等,使小城镇与广大农村的商贸沟通得以发挥。注重把市场建设与集镇管理结合,取缔马路市场,引摊入室,划行归市,综合整治镇容镇貌。与此同时,许多城镇如店垭、马良、马桥、仙人渡、紫金、吴店、兴隆等镇引导农民在农房上注重建筑风格,建筑设计、建筑造型、建筑装修,讲究个性与空间美相结合,指导农民在建房中突出"精、巧、秀、雅、高"的特点,村庄建设取得突破性进展。市场的繁荣,农民建房的热潮,引导大批农民走上致富之路。

1995—2000年,襄樊市确定为"南襄工程建设试点之一",开展乡村城市化工作。以实现乡村城市化、农业现代化和城乡一体化为目标,在全市14个村庄进行农民新村建设试点活动。编制新村建设规划254个,设计适合农民建房特点的住宅方案48套。襄阳县双北村、洪山头村、襄城区麒麟村、谷城县周湾村、枣阳市白露村等村庄建设初具雏形。1997年,编制完成中心村规划1914个,基层村并点规划9854个,编制农村住宅通用图48套。全市确定26个新村建设试点全面启动,有12个初具雏形,节约耕地30%~50%。同年9月,在襄樊市召开有省建设厅、襄樊市人民政府、各市(地、州)人大领导以及建委分管村镇工作的副主任及乡建科长参加的全省村庄规划工作的现场会。会议推广了宜城市村庄规划的先进经验。

1998年,市委、市政府3次召开村镇建设会议,4次召开各(县)市村镇建设工作会议。研究村镇建设发展的新途径、新思路、新办法。全年实现村镇住宅投入7.04亿元,建房1.9万户,面积271.86万平方米,其中建制镇建房0.41万户,面积77.56万平方米,集镇建房0.09万户,面积13.55万平方米,村庄建房1.4万户,面积180.75万平方米,农村人均使用面积达到19.45平方米,居住面积达到11.34平方米,全市31个试点村规划占地124.34公顷,其中公建用地23.32公顷,建房户4762户,动工建设762户,竣工657户,31个村通过规划村庄并村建设,节约耕地68.42公顷,并完成中心村规划2751个,占总数的76%,自然村规划16971个,占总数的68%,设计农村住宅方案56套,推行全省优秀农村住宅设计图集400余套。1993—1998年，全市村庄建房户达18.3万户，面积达2183.36万平方米。

1999年，枣阳、谷城、老河口、南漳等县(市)通过实施村庄规划，把分散的自然村向较大的中心村集并，迁建还旧。全市2746个行政村，15 328个自然村的规划编制达80%以上。到年底，共启动试点村庄建设112个，规划用地面积507.73公顷，其中公建用地88.27公顷，建房14 401户，1999年动工3355户，竣工2931户，112个村庄建成后可节约耕地489.13公顷。老河口市傅家寨镇七里岩林，谷城县冷集镇李州村，当铺镇当铺村，枣阳市杨档镇司庄村，吉河乡董河村，王城镇王城村，襄阳县新集镇鄢州村，王河乡吕寨村，南漳县东巩镇龙王滩村等成为全市村庄建设的示范村。2000年，村庄用于住宅投资4.17亿元，建房1.63万户，新增农村住宅面积182.74万平方米，全市村镇建设管理机构101个，人员9 745人，其中助理员407人，管理人员528人，年末全市村镇建成区面积达149.99平方公里，城镇人口420.12万人，城镇化率达到40.5%。

2001—2005年，襄樊市推进“百镇千村”示范工作，一批省级重点镇建设起到示范带动作用。至2005年，全市完成村庄规划编制1423个，占村庄总数的56%。襄城区尹集村试点建设，按照“统一规划，统一设计，统一放线，统一施工，统一绿化，统一配套”六统一原则，重点抓村庄内部道路，供水排水，绿化美化等基础设施建设，80多户村民房屋造型设计新颖，基础设施基本配套。谷城县五山镇偃河村依托良好的自然条件，从2003年起启动生态文明村建设。依山就势，节约用地，“一建四改”(即建沼气池、改灶、改厕、改水、改猪圈)，破旧立新，形成了小楼别致新颖，墙头青绿苍翠，山涧碧水悠悠，垃圾分类收集的生态村庄，称之谓初见端倪的“五山模式”。全市10镇107个村被列入湖北省“百镇千村”示范建设工程试点范围，对试点村林域面积，村庄人口，村庄经济发展，村庄基础设施进行全面摸底，组织编制了《襄樊市农村住房设计参考图集》，重点抓好保康寺坪大坂村，襄阳峪山樊岗村试点，积极推广五山镇偃河林、田河村的经验，推广“一建四改”的建设作法。截至2005年，示范村基本完成村通公路建设，村级办公场地建设，初步形成“百镇千村”示范工程建设的合力。涌现出老河口孟楼村、尹集乡姚庵村、谷城五山村，以及火青村等示范村建设典型。

(四)公用设施建设

1979—1985年，全市42个建制镇和75个非建制镇共用于市政公用设施建设投资1574.6万元。其中用于道路、桥梁建设759.9万元，用于供水建设513.6万元，用于排水建设238.3万元，用于环境卫生设施建设25.4万元，用于园林建设18.5万元，用于其他方面19万元。完成建设项目有道路90条，长56.8公里，面积100万平方米，桥梁4座；维护路面19.77万平方米，自来水厂35座，供水管道40条，长38.7公里，下水道77条，长41.7公里；植树10.3万株；公厕30座；垃圾箱(桶)119个；集贸市场60多万平方米。

1990年，村镇公用设施建设呈现梯次推进，整体联动。宜城、南漳、谷城、保康4县城关镇用于基础设施建设投资834.4万元，其中新建、改建、扩建道路10条，长15.35公里，面积16.37万平方米，维护路面1.35万平方米，新建桥梁4座，新修下水道9条，长2.24公里，新铺供水道6.86公里，日增供水能力2.59万平方米，新建住宅建筑面积13.4万平方米。除4个城关镇以外的115个建制镇，全年用于基础设施建设投资1778.55万元，其中用于道路、桥梁建设808.69万元，新建、改建、扩建道路103条，长59.4公里，面积65.6万平方米，维护路面40.45万平方米，用于供水设施建设412.37万元，新建小水厂23个，铺管道59.03公里，新修下水道127条，长44.28公里，新建公厕52座，新架设路灯523盏，新建住宅87.8万平方米。

1991—1993 年，乡镇建设进入高潮，城镇化步伐加快。全市共有各类小集镇 320 个，比地市合并前增长 2.6 倍；有建制镇 119 个，比地市合并前增加 2.9 倍；城镇化水平已达 28.7%，比地市合并前提高了 6.7 个百分点。114 个建制镇、50 个乡的规划质量和整体设计水平不断提高。其间，全市乡镇基础建设投入资金 11059.4 万元，新建、改建道路 112 条，长 100.9 公里，新建桥梁 21 座，新建供水管道 97 条，长 84.49 公里，新建下水道 127 条，长 61.36 公里，新增路灯 1479 盏，新建公厕 78 座（其中水冲式厕所 11 座）新添垃圾集装箱 65 个，环卫机械由 14 辆增加到 24 辆，其中洒水车 4 部，新建垃圾处理场 5 个，占地面积 116 亩，基本做到垃圾日产日清。开辟襄阳联山、谷城谷山，宜城鲤鱼桥 3 个公园，面积 154 公顷。至 1993 年底，全年乡镇街区实有道路 637.88 公里，桥梁 205 座，建制镇小水厂 91 个，供水规模 24.09 万立方米 / 日，用水人口 53.95 万人，供水普及率 76.5%，植物保存 635 万株，绿地面积 417 公顷，其中公共绿地面积 174 公顷，人均公共绿地为 2.2 公顷，建城区面积 140.35 公顷，人均住房使用面积 13.64 公顷。

图 4—8　谷城五山镇

1994—2000 年，全市城镇建设共投入资金 53 529.07 万元，新建桥梁 126 座，新建改建道路 1763.38 公里，面积 980.64 万公顷，新铺供水管道 467.75 公里，新建下水道 1198.93 公里，维修道路 580.05 万平方米，新增路灯 8170 盏，新建公厕 343 座。用于建制镇集镇住宅投资 4.17 亿元，新增住宅面积 182.74 万平方米。全市 100 个建制镇小水厂全部建成。至 2000 年底，全市 310 个小城镇，其中建制镇 68 个，人口 110 万人，其中人口在 10 万人左右的镇 5 个，建城区面积 210 平方公里，住房面积 679 .25 万平方米，人均居住面积 11.39 平方米。68 个建制镇有水厂 63 座，日供水能力 15.85 万立方米，自备水源日供水能力 5.67 万立方米 / 日，供水管道长 756 公里，用水人口 55.92 万人，用水普及率达到 86.71%。全市城镇共有桥梁 141 座，道路 751 公里，排水管道 123 公里，路灯 9201 盏，防洪堤总长 129 公里，园林绿化 704 公顷，绿化覆盖面积 1378 公顷，公共绿地 121 公顷，人均公共绿地 1.88 平方米，公共厕所 503 座，人均道路 4.6 平方米，绿化覆盖率 21%，垃圾清运率 80%以上。全市小城镇兴办工业小区 150 多家，实现增加值 106.22 亿元，占全市国民生产总值的 25.6%，改变了小城镇传统手工业和分散落后的局面。

2001—2005 年，全市村镇基础设施建设坚持以提高质量和水平为中心，在重实效、上档次、出精品上下工夫。在全市 25 个重点镇中，主干道硬化率、路灯装饰灯安装都达到 90%以上。逐步形成了一批仿古一条街、荷花一条街、桂花一条街、商贸一条街等样板街区。商贸小区、住宅小区、工业园小区建设，求精、求佳、求特色。在自然景观塑造中，提倡地域性、民俗性、民族性，把以山造景、因地变景融入公用基础设施建设之中。2002 年，从 23 个省级中心镇和 13 个市级口子镇中，选择 3 ~ 4 个发展潜力比较明显的镇作为县市的试点，加大重点工程建设，进一步完善城镇功能，改善投资环境，提高建设水平。在基础设施建设中，重点解决供水、供电、道路、通信等设施的配套以及文化、娱乐、广播电视、体育场馆、医院、学校等设施建设，对旧城老房改造，实施“穿衣戴帽”，以街道绿化、居住区绿化为重点。 城镇公用基础设施建设坚持高标准起步，注重基础设施功能完善。2001—2002 年，全市各乡镇共筹措资金 1.12 亿元，投入小城镇基础设施建设。两年中，新修硬化道路 50 余条，有 20 个重点镇启动样板(示范)街的建设工程,普遍制作街景规划,路面、绿化带、路灯、灯箱广告。建成高标准示范街20条,成为小城镇一大亮点。在市场建设中,提倡“建一座市场,富一方群众”“工业产品进店堂”“农贸产品入市场”,从根本上解决基础设施配套和解决环境卫生问题。至2004年,3个口子镇中心区道路、电信、供电、供水、排水、园林环卫等基础设施基本配套,人居环境明显改善,人均居住面积由2000年的11.03平方米增长到14.16平方米,人均道路面积8平方米,道路硬化率90%,主次干道铺装率60%。用水普及率85%,排水管网覆盖率85%以上。其中襄阳县黄集镇建城区面积达到3.8平方公里。比2000年扩大31.7倍,镇区常住人口达到3万余人。是2001年的1.5倍。枣阳市太平镇建成区面积达到2.5平方公里。常住人口达2万余人,3年增长幅度达50%以上。3年中3个口子镇共吸纳农村富余劳动力2万多人,城镇化率达到30%,远高于全市乡镇平均水平。口子镇已成为全市乡镇企业有效载体,农业产业化的有力支撑,农村剩余劳动力的“蓄水池”,城乡物资交流的枢纽和农村精神文明建设基地。至2005年底,全市小城镇达180多个,城镇化率43%,72个建制镇(不含城关镇)中心区道路、电信、供水、卫生等主要基础设施逐步配套。人均居住面积提高到12.78平方米,供水普及率87.68%,人均占有道路14.86平方米,绿化覆盖率22.3%,道路硬化率85%,主干道装灯率73%,市域范围内初步形成以大城市为中心,以中心城市为依托,以星罗棋布的小城镇为纽带,联系广大农村腹地的城镇体系格局。

(五)小城镇简介

国家重点镇8个:太平店镇、吴店、太平镇、仙人渡镇、谷城城关镇、石花镇、双沟镇、南漳城关镇。

【樊城太平店镇】辖村委会42个,社区居委会3个。2005年,总人口114 426人,其中男性56 460人,农业人口74 419人。生产总值98 609万元;其中第一产业、第二产业、第三产业产值分别为30 180万元、52 631万元、15 798万元。农业总产值中,粮食作物为8155万元,亩均999元;经济作物8411万元;渔业产值为1210万元。农产品总产量:粮食54 604吨(其中小麦15 354吨,水稻34 993吨),油料作物5727吨,瓜果1987吨,肉类8373吨,水产品1415吨,禽蛋产量742吨。财政收入1750万元,支出2100万元,农民人均纯收入3488元。镇办个体工商经营户1183户,经营总额5482万元,税金1170万元。该镇位于鄂西北部,地处襄樊西郊,濒临汉水,与谷城、老河口交界,是一个有两千多年历史的古镇。全镇版图面积232.7平方公里,耕地面积5400公顷,宜林山滩5333.33公顷。农业以晶琦米业公司、金城板材公司为龙头的“公司+农户+基地”的产业化生产经营。工业形成化纤、化工、纺织、服装、建筑建材、机械铸造等门类齐全的工业体系。第三产业形成餐饮、服务、商贸等7家专业民营街,注册登记私营户1180多家,从业人员2.1万人。曾先后获“中国乡镇之星”“楚天明星乡镇”“全国小城镇建设先进单位”“全国创建文明村镇工作先进单位”“全国文明城镇”“襄樊市小城镇建设示范镇”、全省二、三届小城镇建设管理“楚天杯”等多个荣誉称号,2004年5月12日被建设部、国家发展改革委员会、民政部、国土资源部、农业部、科技部六部委综合评定为全国重点镇。同年10月,又被农业部、国家体育总局、中国农村体育协会联合授予亿万农民健身活动先进乡镇。

【枣阳市太平镇】辖村委员会63个,居委会2个。2005年末有21 527户,101 245人,其中农业人口81 714人,男性52 647人。生产总值3 000万元,其中第一产业、第二产业、第三产业各35 649万元、37 200万元、3 200万元。农业总产值中,粮食作物产值为12 276万元,亩均720元;经济作物产值为9 108万元,亩平910元;林业产值为64万元;渔业产值为1 291万元。农产品总产量分别为:粮食81 847吨(其中小麦39 379吨、水稻19 500吨、其他22 966吨)、油料作物8821吨、瓜果25 167吨,肉类6 890吨,水产品2 175吨,禽蛋1 674吨。税收280万元。财政收入2 400万元,财政支出2 400万元。农民人均纯收入2 935元,比2004年增加60元。有农贸市场8个,实现经营总额为1 020万元,税金49

万元。

【枣阳市吴店镇】辖村委会43个,居委会2个。2005年末总人口90 815人,男性46 646人。生产总产值232 160万元。其中第一产业、第二产业、第三产业分别为137 000万元、44 100万元、51 060万元。农业总产值中,粮食作物产值为10 020万元,亩平612元;经济作物产值为16 271万元,亩平3566元;林业产值为171万元;渔业产值为1736万元。农产品总产量分别为:粮食74 627吨(其中小麦21 737吨、水稻51 246吨,其他1644吨),油料作物5469吨,瓜果11 967吨,肉类8882吨,水产品2961吨,禽蛋3702吨。税收1040万元。财政收入2042万元,财政支出2042万元。农民年人均纯收入3300元。有农贸市场3个,个体工商经营户560户。吴店镇是东汉开国皇帝刘秀故里,素有"古帝乡"之称。该镇地处大洪山余脉北麓,是农副土特产品的重要集散地。镇内,寺沙省道纵贯南北,汉十高速横穿东西。版图面积366平方公里。农业初步形成以生猪养殖为主的养殖业和以甘蔗种植为主的水果业;工业有纺织、机械两大支柱产业。固定资产在100万元以上的企业100多家。旅游业恢复刘秀殿、娘娘殿、扳倒井等文物古迹原貌,兴建白水碑廊、丽华花卉园、瑞堂斋等30余新景点,境内有九连墩战国古墓群。

【老河口市仙人渡镇】辖村委会32个,居委会1个。2005年末总人口41 905人,男性21 193人。农业总产值中,粮食作物4395万元;经济作物16 809万元;渔业360万元。农产品总产量:粮食29 211吨,(其中小麦8102吨、水稻19 705吨)、油料作物2618吨,果用瓜类20 850吨,水果15 362吨,肉类6150吨,水产品4149吨、禽蛋3107吨。税收454万元。财政收入848万元,支出845万元。农民人年均纯收入3910元,比2004年增加129元。个体工商经营户1198户,经营总额56745万元,税金312万元。该镇种植水稻2100公顷、小麦1533.33公顷,莲藕133.33公顷、山药400公顷、水果800公顷、养牛5000多头、羊3000多只、鸡26万只,引进华源农牧养殖企业,壮大养猪、养鸡规模。镇工业园区为省级工业园区,全年投资50多万元,硬化开发区道路660米,投资30多万元,新架双回线路,完善开发区设施。开发区内现有企业34家,引进外资2690万元,新上项目10个,壮大服装纺织、汽车配件、食品加工、光学材料支柱产业。

图4—9　樊城太平店镇

【保康县城关镇】辖村委会31个,社区居委会11个。2005年末总人口14.5万人,男性7.6万人。生产总产值23.97亿元,其中第一产业、第二产业、第三产业分别为2.43亿元、17.34亿元、4.2亿元,分别比2004年下降22%、增长15%、增长20%。农业总产值中,粮食作物3123.44万元,亩均420元;经济作物11 340.62万元;渔业1052.42万元。农产品总产量:粮食23 285吨(其中小麦5250吨、水稻11 077吨)、油料作物880吨,瓜果4500吨,肉类6198吨,水产品1349吨,禽蛋4600吨。税收1506万元,财政收入1606.13万元,支出1606万元。农民人均纯收入3580元。个体工商经营户5370户,经营总额29 882万元,税金978万元。该镇是全县蔬菜大镇和工业强镇。以蔬菜为主的特色产业建成133.33公顷无害蔬菜基地,申报并核准通过无公害蔬菜品种6个,全镇蔬菜种植面积 2933.33 公顷，注册“北河”品牌。3 个畜禽养殖小区，培植养殖大户 100 多户，家禽年出笼 120 多万只，生猪出栏 5 万多头。工业经济以建设湖北省过山口民营科技园为依托，4 个纺织工业小区初具规模，形成纺织服装、汽车配件、医药化工、农产品加工 4 大支柱产业。有纺织企业 75 家，汽车配件加工企业 26 家。乡镇企业总产值 17.3 亿元，增长 13.1%，其中工业企业产值 10.9 亿元，增长 15.9%，乡镇企业增加值 2.97 亿元，增长 14.7%。

【谷城县石花镇】辖村委会 37 个，居委会 8 个。2005 年末总人口 108 863 人，男性 56 031 人。生产总产值 285 000 万元，其中第一产业、第二产业、第三产业分别为 73 395 万元、36 427 万元、175 178 万元。农业总产值中，粮食作物 2964.8 万元，亩平 868.3 元；经济作物 12 367 万元；渔业 867.5 万元。农产品总产量：粮食 36 373 吨（其中小麦 10 497 吨、水稻 22 807 吨），油料作物 1216 吨，瓜果 9747 吨，肉类 6940 吨，水产品 1275 吨，禽蛋 3618 吨。税收 2843.5 万元。财政收入 4550.7 万元，支出 4540.91 万元。农民人均纯收入 3360 元，比 2004 年增长 6.6%。个体工商经营户 2976 户，经营总额 11 288 万元，税金 318 万元。该镇是全县工业大镇，工业总产值、增加值、产品销售额、利税总额均名列全县首位。有 2976 家个体工商企业和 40 家民营企业。工业总产值 28.4 亿元，销售收入 26 亿元，增加值 15 亿元，利税 6000 万元，分别比 2004 年同期增长 24%、20%、19%和 16%。骆驼蓄电池公司、石纺公司纳入全省“三个一百”工程，金洋公司、恒立公司被列入全省“中小企业成长工程”。镇企业产值过 5 亿元 1 家、过 3 亿元 3 家、过 1000 万元 10 家。

【襄阳县双沟镇】辖村委会 42 个，居委会 3 个。2005 年末总人口 27 549 户，97 465 人，其中男性 50 017 人，农业人口 61 281 人。生产总值 120 000 万元，其中第一产业、第二产业、第三产业分别为 42 000 万元、55 200 万元、22 800 万元。农业总产值中，粮食作物 7935 万元，亩均 850 元；经济作物 18 884 万元；渔业 500 万元，农产品总产量：粮食 56 606 吨（其中小麦 31 360 吨、水稻 18 000 吨，杂粮 7240 吨）、油料作物 4610 吨、棉花 794 吨、瓜果 2716 吨、肉类 9966 吨、禽蛋 1860 吨。财政收入 619 万元，财政支出 503 万元，农民人均纯收入 3016 元，比 2004 年增长 1.03%。个体工商经营户 1500 户，经营总额 15 000 万元，税金 260 万元。双沟镇农业人口占全镇总人口 63%，耕地面积 6572.53 公顷，其中水田 4000 公顷，旱地 2572.53 公顷，地处唐、白、滚河沿岸的村组，土质肥沃，水源充沛，农业生产条件优越。在稳定粮食面积的基础上，重点扩大蔬菜、土豆、芋头、花生等经济作物面积，经济作物面积 1333.33 公顷，经济作物总产值 5 亿多元，亩产值 2500 元。陈湾正大生态养殖场和陶王岗三元杂交猪养殖小区形成养殖板块。全镇大牲畜存栏 15 000 头，生猪存栏 39 000 头，羊存栏 25 000 只，家禽存栏 54 万只，养殖业总产值达 3800 多万元。2005 年，双沟工业园区内有万宝（恒通）粮油、双北粮油、盛源粮油、紫晶服装、金梭织布、百利服装、春辉纸业、一帆服装、金腾鞋业等 30 家企业改制，其中国家级龙头企业 1 家，省级企业 2 家，合资企业 3 家，原镇办企业 24 家。同年，完成工业总产值 55 200 万元，利税 5750 万元，其中纺织服装、粮油加工、饲料生产 3 大支柱产业产值占全镇工业产值的 95%。紫晶、百利服装公司生产的服装远销香港，出口英、德，创汇 880 万元。

【南漳县城关镇】辖村委会 32 个。2005 年末总人口 83 781 人，男性 41 052 人。生产总值 165 926 万元，其中第一产业、第二产业、第三产业分别为 27 825 万元、107 220 万元、30 881 万元。农业总产值中，粮食作物 5367.6 万元，亩均 1475 元，经济作物 3173 万元，渔业 210 万元；农产品产量：粮食 42 429 吨，（其中小麦 11 578 吨，水稻 27 128 吨）、油料作物 2283 吨，瓜果 325 吨，肉类 8580 吨，水产品 541 吨，禽蛋 610 吨。财政收入 470.81 万元，支出 786.8 万元。农民人均纯收入 3345 元。个体工商经营户 8210 户，经营总额 5.5 亿元，税金 800 万元。有大中小型企业 623 家，从业人员 25 000 人，企业产值 12.69 亿元；村（街）办企业完成产值 10.5 亿元。该镇的珍稀食用菌、山野菜、绿色蔬菜、襄南梨、茶叶等优质农产品畅销县内外市场。民营经营总户数 8210 户，从业人员 22 000 人，产值营业额 5.5 亿元，税收 800 万元。

省级重点镇 10 个：太平店镇、吴店镇、太平镇、黄龙镇、仙人渡镇、孟楼镇、石花镇、武安镇、小河镇、马桥镇。

【老河口市孟楼镇】辖村委会 20 个，居委会 1 个。2005 年末总人口 36 874 人，男性 18 822 人。农业总产值中，粮食作物 4451 万元，亩均 548 元；经济作物 4601 万元；渔业 1645 万元。农产品总量：粮食 29 363 吨，（其中小麦 11 390 吨，水稻 10 564 吨）、油料作物 953 吨，水果 2086 吨，肉类 4277 吨，水产品 2915 吨，禽蛋 1650 吨。税收 140.3 万元。财政收入 617.3 万元，支出 615.3 万元。农民人均纯收入 3547.5 万元，比 2004 年增加 126.5 元。个体工商经营户 1046 户，经营总额 55 000 万元，税金 300 万元。该镇位于老河口东北部，是湖北省的省际边缘城镇，北与河南孟楼镇联结成为一体。主要农作物有水稻、小麦、棉花、芝麻等，镇内 6 大专业市场辐射两省、3 县（市）、10 个乡镇。年商品零售交易额 5.5 亿元以上，是鄂西北、豫西南较大的农产品物资集散地之一。2005 年被省政府授予小城镇规划建设、管理"楚天杯"。

【南漳县武安镇】辖村委会 41 个。2005 年末总人口 11.0233 万人，其中农业人口 7.9316 万人，男性 4.14 万人。生产总值 38 415 万元，其中，第一产业、第二产业、第三产业分别为 20 915 万元、12 000 万元、5500 万元。在农业总产值中，粮食作物 7989.6 万元，亩平 850 元；经济作物 4820.3 万元，亩平 1570 元；林业 6453.2 万元；渔业 4068.8 万元，农产品产量分别为：粮食 63 499 吨（其中小麦 3951 吨，水稻 49 449 吨，其他 5551 吨）、油料作物 9015 吨、瓜果 2725 吨、肉类 13 084 吨、水产品 843 吨、禽蛋 1401 吨。财政收入 1030 万元，支出 1360 万元。农民人均纯收入 3352 元。有农贸市场 14 个，总面积 12.4 万平方米。有个体工商经营户 3706 户，比 2004 年增 8%，经营总额 2542 万元。该镇苎麻基地面积稳定在 2666.67 公顷以上，年产量 750 万公斤，产值 6000 万元。油菜面积 6666.67 公顷，总产量 2 万多吨。2005 年新发展杨树 300 万株。镇域内过千万元的企业 5 家，龙头企业带动一批农户发展私营加工业。千万元项目两个：浙江周立明投资 26 000 万元新建中原牧业公司；金辉公司投资 1000 万元扩建 1.4 万锭纺纱项目。

【宜城市小河镇】辖村委会 29 个。2005 年末总人口 54 444 人，其中农业人口为 49 685 人、男性 27 262 人。生产总值 76 400 万元。第一产业、第二产业、第三产业分别为 31 282 万元、22 630 万元、22 488 万元。农业总产值中，粮食作物为 18 933 万元，亩均 1500 元；经济作物 2000 万元、亩均 2000 元，比 2004 年增长 3%；林业产值 475 万元，渔业产值 2496 万元。农产品总产量分别为：粮食 82 563 吨，油料作物 3857 吨；瓜果产量 14701 吨，肉类总产量 8436 吨，水产品产量 5567 吨，禽蛋产量 13 784 吨。税收 126.90 万元，比 2004 年增长 2%。财政收入 890.36 万元，支出 889.12 万元。农民人均纯收入 3218 元。有个体工商经营户 320 户，经营总额为 4800 万元，税金 40 万元。

【襄阳县黄龙镇】辖村委会 24 个、居委会 1 个。2005 年末总人口 43 000 人，其中男性 22 400 人。生产总值 21 837 万元。其中第一产业、第二产业、第三产业分别为 20 343 万元、900 万元、594 万元。农业总产值中，粮食作物 6061 万元，亩平均 878 元；经济作物 796 万元；渔业 787 万元。农产品总产量：粮食 43 296 吨（其中小麦 14 409 吨、水稻 22 550 吨）、油料作物 1326 吨，瓜果 1000 吨，肉类 7710 吨，水产品 1573 吨，禽蛋 4560 吨。税收 81 万元，财政收入 48 万元，支出 302 万元。农民人均纯收入 3482 元，比 2004 年增长 1.3%。个体工商经营户 683 户，经营总额 536 万元，税金 45 万元。黄龙镇发展冬桃和养殖两大产业。冬桃成为市场抢手货供不应求。抓养殖小区建设新建 5000 只以上的养鸡场 5 个，建立完善各类农村专业协会 3 个

【保康县马桥镇】辖村委会 30 个，社区 2 个。2005 年末总人口 32 056 人，男性 17 119 人。生产总产值 6.3 亿元，其中第一产业、第二产业、第三产业分别为 1.2 亿元、4.3 亿元、0.8 亿元。分别比 2004 年增长 9.8%、14.6%、7.6%。农业总产值中，粮食作物 3700 万元，亩平 1049 元；经济作物 1400 万元；渔业 70 万元。农产品总产量：粮食 3700 吨（其中小麦 2217 吨、水稻 2316 吨），油料作物 226 吨，瓜果

1290 吨，肉类 2890 吨，水产品 7 吨，禽蛋 595 吨。税收 2372 万元。财政收入 2372 万元，支出 623 万元。农民人均纯收入 2586 元，比 2004 年增加 63 元。个体工商经营户 434 户，经营总额 2500 万元，税金 150 万元。该镇是保康的经济强镇，以磷矿开采、加工和水电为主的工业比较发达。有矿山开采企业 22 家，矿石加工企业 12 家，年产磷矿石 100 万吨，磷矿粉 35 万吨，产销率达 98%，是镇财政增收的支柱产业。有水电站 24 座，总装机 3.2 万千瓦，年发电量 1500 万千瓦时，是全镇经济可持续发展的重点产业。发展柴胡 1333.33 公顷，桑蚕 333.33 公顷，葛根 33.33 公顷，土鸡 25 万只，山羊 2.5 万只，生猪 3 万头，是农民增收的主导产业。

市级重点镇 15 个：团山镇、卧龙镇、七方镇、杨档镇、兴隆镇、张集镇、竹林桥镇、板桥店镇、郑集镇、庙滩镇、盛墉镇、东巩镇、寺坪镇、九集镇、团山镇。

【襄阳县团山镇】全镇 42 平方公里，辖村委会 5 个，居委会 3 个。2005 年总人口 31 400 人（含华光、401、襄重人口），其中农业人口 186 67 人（男性 9146 人）。生产总值 41 800 万元，第一产业产值 9913 万元；第二产业产值 8040 万元；第三产业 23 847 万元。农业总产值中粮食作物 981.09 万元，亩均 541 元；经济作物 6119.47 万元；渔业产值 271.33 万元。主要农产品产量：粮食 7335 吨（其中小麦 1800 吨、水稻 5535 吨）；油料作物 848 吨；瓜果 710 吨；肉类 2244 吨；水产品 472 吨；禽蛋 174 吨。2005 年全镇财政收入 366 万元，支出 310 万元，农民人均纯收入 3571 元，比 2004 年增长 2%。个体工商经营户 1140 户，工商费收入 65 万元。

【襄阳县卧龙镇】辖村委会 45 个，居委会 2 个。2005 年末总人口 61 743 人，男性 31 674 人。生产总值 4.3 亿元，其中第一产业、第二产业、第三产业分别为 2.2 亿元、4000 万元、1.7 亿元。农业总产值中，粮食作物 6634 万元，亩平均 565 元；经济作物 3981 万元；渔业 1398 万元。农产品总产量：粮食 45 085 吨（其中小麦 11 678 吨、水稻 30 227 吨），油料作物 4734 吨，瓜果 614 吨，肉类 4618 吨，水产品 2834 吨，禽蛋 1528 吨。税收 890 万元，财政收入 475 万元，支出 555 万元。农民人均纯收入 3050 元。个体工商经营户 1213 户，经营总额 4659 万元，税金 78 万。农作物种植面积 1.12 万公顷。通过与湖北种业集团、中油所等 10 多家大公司、大集团联合，采取“公司 + 基地 + 农户”模式运作的制种业，逐步形成 5 大类 15 个品种，成为农民增收的主导产业之一，卧龙镇成为全省制种第一大镇。全镇骨干经济作物发展山药 666.67 公顷，花生 666.67 公顷、玉米 1333.33 公顷，成立“卧龙山药生产经营协会”，产品进入城市超市并远销上海、福建、江浙等地。山药、花生、玉米等作物产销两旺，创产值 3000 多万元，农民户平增收 300 余元。完成成片造林 3333.33 公顷，退耕还林 406.67 公顷，滩涂造林 933.33 公顷，四旁植树 100 多万株，封山育林 2000 公顷。发放退耕还林资金 360 余万元。扶持、引进杨森公司等大小 170 多家公司集团及个体私营业主参与镇林业大开发。

【枣阳市七方镇】辖村委会 70 个，居委会 5 个。2005 年末有 2.2 万户，10.5 万人，其中农业人口 9 万人，男性 4.7 万人。生产总值 135 077 万元，其中第一产业、第二产业、第三产业各 65 682 万元、25 160 万元、44 235 万元。农业总产值中，粮食作物产值为 18 485 万元，亩平 637 元；经济作物 27 767 万元，亩平 2456 元；林业 106 万元；渔业 1954 万元。农产品总产量分别为：粮食 124 002 吨（其中小麦 46 089 吨、水稻 43 574 吨、其他 34 339 吨），油料作物 6876 吨，瓜果 199 589 吨，肉类 9442 吨，水产品 3476 吨，禽蛋 4154 吨。财政收入 660 万元，转移支付 2205 万元，财政支出 3080 万元。农民年人均纯收入 3101 元，比 2004 年增加 156 元。农贸市场 9 个，个体工商经营户 609 户，经营总额 9000 万元，税金 192 万元。境内地下蕴藏着 1.8 亿多吨膨润土资源。农业产业有 1 万公顷优质稻麦基地、4000 公顷油料基地、3333.33 公顷优质西瓜基地，是枣阳大米、棉花、芝麻主产区，年产西瓜 15 万多吨，有籽瓜、无籽瓜、小果型礼品瓜 3 大系列 20 多个品种，远销广东、河北、辽宁、湖南等全国 13 个省市、30 多个地区。该镇集体、个体企业 2147 个。民营经济营业额 6.18 亿元。初步形成油料经销、粮食加工、餐饮服务和商业贸易 4 大支柱产业。日产 50 吨以上的粮食加工企业有 18 家，年吞吐量在千吨以上的油料经销大户 10 多家，年经销粮食 9 万吨，油料 2 万吨，成为方圆 500 多平方公里的粮油中转站和集散地。招商引资引进项目 25 个，资金 5910 万元，盘活潘岗砖厂、七方砖厂、七方磷肥厂及其他单位房产、院落、校产等闲置资产 1400 多万元。镇区规划控制面积 2 平方公里，已建成区面积 1.5 平方公里，常住人口 2 万人，初步形成工业、餐饮、行政、商贸、教育 5 大功能分区。

【枣阳市杨垱镇】辖村委会 37 个，居委会 4 个。年末总人口 7.56 万人，男性 3.87 万人。生产总值为 6.04 万元，其中第一产业、第二产业各 3.14 万元、2.9 万元。农业总产值中，粮食作物产值为 11 650 万元，亩均 540 元；经济作物产值为 5719 万元，亩均 600 元；林业产值为 92 万元；渔业产值为 1182 万元。农产品总产量分别为：粮食 64 663 吨（其中小麦 35 420 吨、水稻 15 743 吨、其他 13 500 吨），油料作物 2248 吨，瓜果 464 吨，肉类 11700 吨，水产品 1640 吨，禽蛋 4386 吨。财政收入 2488 万元，财政支出 2028 万元。农民年人均纯收入 3160 元。有农贸市场 3 个，个体工商经营户 475 户，经营总额为 16 000 万元，税金 76 万元。

【枣阳市兴隆镇】辖村委会 33 个，居委会 2 个。年末总人口 50 178 人，男性 31 409 人。生产总值 153 000 万元（现价，下同），其中第一产业、第二产业、第三产业各 35 909 万元、82 354 万元、29 745 万元。农业总产值中，粮食作物产值为 8127 万元，亩均 853 元；经济作物产值为 14 908 万元，亩均 1565 元；林业产值为 64 万元；渔业产值为 2285 万元。农产品总产量分别为：粮食 53 256 吨（其中小麦 20 800 吨、水稻 28 455 吨、其他 4001 吨），油料作物 4424 吨、瓜果 22 346 吨，肉类 3946 吨，水产品 4529 吨，禽蛋 3866 吨。税收 856.9 万元。财政收入 774.06 万元，财政支出 888.47 万元。农民年人均纯收入 3400 元。农贸市场 3 个，个体工商经营户 1380 户，经营总额为 6000 万元，税金 240 万元。该镇各类运输车辆 1460 台，有湖北第一运输大镇之称，形成新疆—广东、广西、北京—海南 2 个运输大镇，年运输货物 1 168 000 万吨，利润 14 600 万元。有汽车货运信息部以及相关服务性经营商家 120 多个，形成购车、物流信息、修理一条龙，年利税 12 000 万元。镇区东北 10 公里处的大霸山，1998 年，经铁道部勘测鉴定霸山石材属国家一级道砟石，蕴藏约有 20 亿立方米。1999 年后，襄樊铁路石料段及其他民营石材开发商陆续对霸山石材进行开发。2005 年，霸山有石材开发公司 8 家，大型工程机械 50 多台套，年产优质石材 30 多万方，从业人员 600 多人，年创产值 1000 多万元，利税 100 多万元，财政增收 30 余万元。

【老河口市张集镇】辖村委会 33 个，居委会 1 个。2005 年末总人口分别为 45 130 人，男性 23 085 人。农业总产值中，粮食作物 9392 万元，亩均 800 元；经济作物 11 562 万元；渔业 2490 万元。农产品总产量分别为：粮食 60 308 吨，（其中小麦分别为 21 050 吨，水稻 25 200 吨）、油料作物 4794 吨，水果 4700 吨，肉类 7300 吨，水产品 4469 吨，禽蛋 4701 吨。税收 370 万元，财政收入 1010 万元，支出 1005 万元。农民人均纯收入 3650 元，比 2004 年增加 105 元。个体工商经营户 1050 户，经营总额 55 000 万元，税金 1150 万元。该镇形成 5733.33 公顷优质专用小麦商品粮生产基地（2000 年被农业部确定为“十五”第一批商品粮基地）；万亩红薯生产基地，建起华明、绿农两个红薯“三分”深加工龙头企业、100 公顷优质烤烟生产基地和百万只（头）畜牧生产基地等四大产业基地。场办企业全部改制为民营，盘活存量资产 2000 多万元。硬化路面 30 公里，集镇新装路灯 47 盏，形成纵横 8 条街、占地 2 平方公里、集镇住户 3000 多户、12 000 多人的新型商贸性城镇，被湖北省政府列入全省中心城镇。

【老河口市竹林桥镇】辖村委会 23 个，居委会 1 个。2005 年末总人口 35 909 人，男性人口 18 447 人。农业总产值中，粮食作物 5735 万元，亩均 1950 元；经济作物 10 174 万元；渔业 947 万元。农产品总产量：粮食 35 625 吨，（其中小麦 12 507 吨、水稻 17 217 吨）、油料作物 2200 吨，果用瓜类 120 吨，水果 7780 吨，肉类 2350 吨，水产品 1664 吨，禽蛋 3520 吨。税收 60 万元。财政收入 501.9 万元，支出 554.6 万元。农民人均纯收入 3547 元，比 2004 年增加 124 元。个体工商经营户 692 户，经营总额 782.3 万元，税金 57.8 万元。该镇位于老河口成区东 40 公里，是鄂西岗地的中心腹地。辖区面积 86 平方公里，耕地面积4466.67公顷。三大支柱产业：优质稻生产和精米加工。竹林桥有3座中小型水库，两条长渠系，西排子河临近6个村，产优质稻且有16家精米加工大户，并组建老和口奇迈农业现代有限公司，使精米加工初具规模，已注册的竹林桥牌精米在全国12个省市建立窗口和销售点，农民年种优质稻1333.33公顷以上，增加收入500万元以上。岗桃产业。镇内岗坡地多，借助国家退耕还林政策，沿孟土路两旁的大堰、孟湾等8个村新开发大仙桃、甜油桃240公顷，花椒133.33公顷，成立岗桃协会，将400公顷桃梨等产品印制统一包装箱。仅油桃一项农户均增加千元以上。烟叶生产，建成千亩烟叶示范基地以及专业村、专业组。

【宜城市板桥店镇】辖村委会18个。2005年总人口33 477人，其中农业人口29 137人、男性16 949人。生产总值44 890.59万元。第一产业、第二产业、第三产业分别为25 329.3万元、12 118万元、7443.29万元。农业总产值中，粮食作物6940万元，亩均893.3元，比2004年减少3%；经济作物7281万元、亩均937.23元，比2004年增长2%；林业产值891万元，渔业产值837万元。农产品总产量分别为：粮食46 300吨，(其中小麦、水稻、分别为6 594吨、34 720吨，分别比2004年增加31%、增加71%)，油料作物为9472吨比2004年减少31%(其中油菜、芝麻分别为6057吨、164吨)；瓜果产量58 227吨，肉类总产量424吨，水产品产量1836吨，禽蛋产量796.98吨。税收为76万元，比上年减少17.4%。财政收入977.25万元，支出974.06万元，分别比上年增长16.9%、16.7%。农民人均纯收入3293元，比上年增加137元。个体工商经营户300户，经营总额为500万元，税金45万元。该镇位于宜城东北部，距市区仅28公里，地处襄阳、枣阳、宜城三(区)交界处，辖18个村。该镇以2.2万公顷自然山场资源为依托，引进新型品种，扶持大户养殖。以东湾、罗屋、范湾等新型品种，规模性发展以羊为主的畜牧养殖业。以东湾、罗屋、范湾等7个村为中心、镇种羊繁殖基地为龙头，全镇年循环养羊3万只，养50头以上达300户，养100头以上达150户，养200头以上达20户。同时，该镇把花生作为大田种植的主导产业，种植面积4000公顷。食用菌是该镇的朝阳产业，全镇发展木耳260万桐，香菇160万袋。

【宜城市郑集镇】辖村委会30个，社区居委会2个。2005年总人口78 488人，其中农业人口71 426人，男性35 815人。生产总值103 013万元。第一产业42 847万元，第二产业42 142万元，第三产业18 024万元。农业总产值中，粮食作物13 335万元，亩均862元，比2004年减少8.9%；经济作物6416万元，亩均731元。林业产值1080万元。渔业产值3223万元。农产品总产量分别为：粮食90 914吨，油料作物12494吨，瓜果产量1226吨，肉类总产量2460吨，水产品产量6446吨，禽蛋产量4699吨。税收516万元，比2004年减少8.3%。财政收入1712万元，支出1710万元，分别比2004年增长16.2%、16.1%。农民人均纯收入3390元。全镇有个体工商经营户760户，经营总额19 469万元。税金为60万元。该镇属汉江冲积平原，亚热带季风性气候，土地肥沃，雨量充足，农业条件良好。全镇有耕地8300公顷，农业人口71 426人，占总人口的91%，是一个典型的传统农业大镇。全镇粮棉油生产总值2.85亿元，占农林牧副渔业总产值的60%以上；汉江沿岸10多个村发展蔬菜产业面积1466.67公顷。蛮河沿岸和百里长渠灌区年循环养鸭32万只。农村外出务工人员6000余人，劳务经济收入达5500万元。全年农林牧副渔业总产值42 847万元。农民均纯收入3390元。

【谷城县庙滩镇】辖村委会29个，社区居委会4个。2005年总人口51 029人，男性26 480人。生产总产值34 003万元，其中第一产业、第二产业、第三产业分别为15 499万元、12 732万元、5770万元。农业总产值中，粮食作物3547万元，亩平860元，经济作物4993万元；渔业426万元。农产品总产量：粮食24 053吨，(其中小麦6695吨、水稻14 303吨)、油料作物767吨，肉类4507吨，水产品717吨，禽蛋3284吨。税收260.8万元。财政收入1203.3万元，支出1202.9万元。农民人均纯收入2979元。个体工商经营户1168户，经营总额2900万元，税金70万元。该镇主要以家具板材、建筑建材、精细化工、商贸物流和畜禽养殖五大支柱产业。其中“川泉”牌冰醋酸、“汉江”牌家具、“安利达”牌摩托车头盔畅销省内外，2000 千瓦小水电正在建设中；沿汉江洲地 2000 公顷生态农业、沿丘陵浅山 1333.33 公顷花椒和黄畈 3333.33 公顷优质板栗基地、50 万只蛋鸡养殖小区初步形成，集中养猪千头；引进项目 28 个、6000 万元，其中 500 万元以上项目有精细化工、曙光生态农业开发有限公司、襄樊兴乐公司和谷城龙王水利发展有限公司。

【谷城县盛塝镇】辖村委会 26 个，社区居委会 2 个。2005 年总人口 64 199 人，男性 31 344 人。生产总产值 34 000 万元，其中第一产业、第二产业分别为 16 000 万元、18 000 万元。农业总产值中，粮食作物 3950 万元，亩均 752 元；经济作物 7100 万元；渔业 530 万元。农产品总产量：粮食 26 277 吨，（其中小麦 5751 吨、水稻 16 785 吨）、油料作物 1753 吨，肉类 5910 吨，水产品 236 吨，禽蛋 378 吨。税收 290 万元，财政收入 1266 万元，支出 1266 万元。农民人均纯收入 2810 元。个体工商经营户 431 户，经营总额 850 万元，税金 20.86 万元。该镇滩涂面积多、水库多、山场面积大、矿藏储量大品位高。以种草植树、养鸭、采石采砂为业。主导产业有银杏，板栗、畜牧、油菜制种；形成横跨 12 个村、长 20 公里的板栗带，面积达 3500 公顷。

【南漳县东巩镇】辖村委会 22 个，社区 2 个。2005 年总人口 34 258 人，男性 19 528 人。生产总值 36 500 万元，增长 15.15%。其中第一产业、第二产业、第三产业分别为 4172 万元、7592 万元、625 万元。农业总产值中，粮食作物 2892 万元，亩均 573 元；经济作物 2140 万元；渔业 34 万元。农产品总产量：粮食 18511 吨，（其中小麦 2543 吨、水稻 9760 吨）、油料作物 2663 吨，瓜果 23.6 吨，肉类 2646 吨，水产品 47 吨，禽蛋 195 吨。财政收入 584 万元，支出 341 万元。农民人均纯收入 2696 元。个体工商经营户 497 户，经营总额 12 600 万元，税金 160 万元。该镇境内已探明煤炭地质储量 2721 万吨，每千克发热量均在 5000 大卡以上，2005 年产值 5250 万元，税收 105 万元。山场林业面积 3.73 万公顷，其中林木面积 3.07 万公顷，活立木蓄积量 75 万立方米；全年出售商品材计划 2000 立方米，自用才 1.2 万立方米。香菇代料食用菌 500 万袋，形成以东巩集镇为轴心，网络口泉、铜孔集、双坪等 12 个香菇交易市场，由 3000 多个农民组成的香菇贩卖队伍，香菇远销广州、广西、江西、浙江等 20 多个地区，年香菇交易量 170 万公斤，成交额 6120 多万元；年食用菌产值 1800 万元。东巩镇粮油公司以“公司 + 农户 + 基地”的形式，与农户签订“苍坪官米”合同订单 166.67 公顷，产品远销深圳、广州等超市，销售收入 262 万元。茶叶面积 149.64 公顷，产量 31 694 万公斤；产值 198 万元。

【南漳县九集镇】辖村委会 42 个。2005 年总人口 92 526 人，其中农业人口 78 693 人，男性 39 882 人。生产总值 72 890 万元，其中第一产业、第二产业、第三产业分别为 30 970 万元、30 850 万元、11 070 万元。农业总产值中，粮食作物 10 886 万元，亩均 1100 元；经济作物 3842 万元，亩均 497 元；渔业 1049 万元。各类农产品产量分别为：粮食 89 438 吨（其中小麦 18 784 吨）、肉类 6600 吨、水产品 1926 吨、禽蛋 1925 吨。财政收入 217.44 万元，支出 601.37 万元。农民人均纯收入 3243 元。个体工商经营户 1500 户，经营总额 3000 万元，税金 300 万元。该镇已发展粮食、畜禽、水产、林业为主。种植水稻 7333.33 公顷，订单农业 3333.33 公顷，小麦 4666.67 公顷，油菜 3333.33 公顷；生猪出栏 69 172 头，家禽存笼 380 500 只，植树 575.6 公顷，鱼类养殖面积达到 587.6 公顷，产量 1926 吨。输出劳务 1.8 万人，劳务经济收入 5000 万元。

【保康县寺坪镇】辖村委会 26 个，社区 1 个。2005 年总人口 28 084 人，男性 15 101 人。生产总产值 16 600 万元，其中第一产业、第二产业、第三产业分别为 8860.7 万元、4000 万元、3739.5 万元。农业总产值中，粮食作物 260.5 万元，亩平 324.7 元；经济作物 787.1 万元；渔业 15.5 万元。农产品总产量：粮食 7426.1 吨（其中小麦 2184.2 吨、水稻 1720.2 吨），油料作物 618.6 吨，瓜果 207.7 吨，肉类 1962.1 吨，水产品 43 吨，禽蛋 278.3 吨。税收 32 万元。财政收入 139.4 万元，支出 296 万元。农民人均纯收入 2093 元。个体工商经营户 120 户，经营总额 300 万元，税金 15 万元。该镇畜牧养殖业产值 2357 万元，外出务工人员近 5000 人，劳务收入 2280 万元。

三、市容管理与环境卫生

(一)市容管理

1.市容环境综合整治

1983 年,以治理“脏、乱、差”为重点,初步展示襄樊“城市绿化、市容美化、庭园香化、环境净化”的风姿。1983—1987 年,市容管理依法整顿市容、卫生和交通秩序,治理“脏、乱、差”,改造泥巴路 14 公里,面积 20 多万平方米,硬化人行道 22.74 万平方米,设置痰盂、果皮箱 3000 多个,清理占道物质 7000 多次,拆除乱搭乱建 3000 多处,拆除与维修残墙断壁 208 处;取缔“马路市场”“马路工厂”40 多个;清理无证和游散摊点 1.4 万人次。

1988 年,对公共场所、1 路公共汽车沿线等地段进行重点整治,组织规划和城建部门联合检查、清理游散摊点 8200 人次,拆除乱搭亭棚 80 处,清理占道物质 500 余处。在公安部门的配合下,强行拆除严重占道的钉子户。刷新、更换果皮箱 195 个,刷新卫生宣传牌 200 多块并对三轮车实行统一登记注册,统一编号、统一色调的三统一管理。

1989 年,市容管理工作以建设襄樊、热爱襄樊、美化襄樊为宗旨,健全机构,强化管理。全年整修残墙断壁 26 380 平方米;清除占道物质 1031 处,7912 吨;疏通阴沟 90 余条;硬化泥巴路、院 60 余处计 40 060 平方米;清运垃圾 56 404 吨;拆除占道房屋 396 家。其中搬掉钉了户 20 余户,达 2 万平方米;埋平坑洼 72 550 平方米;更新门面、粉刷墙壁 965 519 平方米;拆除乱搭乱建支锅立灶铁棚 95 个;清理游散摊点 193 004 起; 纠正各种违章车辆 58 261 起; 灭犬 47 条; 没收处理违章占道台球桌 118 张;维修街道铁护栏 141 平方米;新增卫生果皮箱 517 个。

1990 年,市容综合管理办公室坚持依法治市、科学管理。综合治理脏、乱、差,全年共拆除违章建筑、占道棚架 803 家计 12 980 平方米;清除各类违章占道物资 80 余处 6625 吨,清理乱搭乱建、室外支锅立灶 930 处,计 18 200 平方米;清理游散摊点 8900 多人次,取缔马路市场 47 个;清理洗刷乱贴乱画、乱牵乱挂 2950 处,对长期占用襄阳区西门桥绿化带的两家“钉子户”的铁棚子、东风路的马路工厂、朝阳路、襄樊饭店、清河桥头、隆中风景区等处的违章建筑物进行强制拆除。

1991 -1992 年, 市容管理以名城建设和迎接全国卫生城市检查评比为契机, 先后与相关部门联合发布了《关于加强市区临街门面装潢、装饰的通知》《襄樊市户外广告管理办法》《襄樊市市容门面整顿经济处罚实施细则》《关于加强彩券市场定点设置管理的通知》 等一批规章性文件。两年间改造泥巴路 45 条计 16 万多平方米,改造泥巴场院 68 个计 14 万多平方米,硬化人行道 40 多万平方米,制止乱停乱放车辆 13 000 余起,扣罚三轮车 1500 余辆,没收取缔无证摊点 57 000 余人次,取缔查处乱贴乱画 5000 余平方米,拆除违章建筑 700 余处,市区临街施工基本实行了封闭作业。对道路指示牌进行全部更新,初步形成了 6 大广告区域;新建、改建大型橱窗 3 座,安装霓虹灯 5000 余米;彩灯 2 万余盏,火车站—南湖沿线已基本形成“繁荣夜市一条街”。

1993 年 5 月至 8 月,市区市容市貌综合治理使市区面貌发生很大变化:交通秩序明显好转。通过线路调整,杜绝 15 分钟以上非交通事故堵塞;市场管理进一步加强。取缔游散摊点 2800 人次,清理夜市及饮食摊点 161 个,新建了昭明市场、七里河市场,取缔了西门桥市场;临街门面向高档次,高标准发展。新装修门面 100 多家,计 5 万多平方米,清洗,刷新临街建筑物 30 余处 4 万多平方米,拆除违章建筑 82 处,清除和清理乱牵乱挂、乱贴乱画 1200 多处;清扫保洁达到三坚持、二合格。即主干道坚持夜扫日洁，合格率达 9 8.5%；垃圾清运坚持日产日清，合格率达 98%；坚持洒水压尘。新建五个垃圾转运站，新购两台垃圾转运车，新修及改建公厕 4 座，修理垃圾桶(箱)1023 个；依法强制拆除违章建筑。在公安、城建监察大队的配合下，1993 年 5 月 17 日，对市区违章建筑进行大规模清理和拆除。依法对檀溪路、春园路、襄谷路隆中段、人民西路、闸口路进行逐段逐户清理，3 天依法拆除违章建筑 82 处，推倒残墙 54 处。

1994 年 8 月 20 至 9 月 20 日为“市区城市管理月”，取缔违章占道摊点 2120 余处次，拆除乱设标牌、棚架 280 个，吊收乱设电话亭 23 个，清缴台球桌 100 余台次，取缔“马路市场”10 个；在铁路大酒店前建立了有形中巴候车站，在卧龙商场、中原路口建立出租小汽车、长途客车候车点，取缔长征路中段和炮铺街一带中巴车、长途客车、机动三轮车自发形成的违章停车站；重新修整35个进城客车停车场，查处无证经营的大巴车7台，老式人力三轮车214台，无证机动三轮车35台，偏三轮8台，非法出租转让三轮车27台，违章中巴86台，共刷新金属护栏12 744米，水泥隔离墩1300个计2600米，岗亭(台)15个。取缔了中原路白天市场，规范了中原路夜市。集中力量对火车站、襄江商场、解放桥和鼓楼商场区域进行整治，共清理游散摊点520多户次，没收各类物资折款14 000余元。对长虹路、春园东路、前进东路、长征东路、襄阳内环路、中原路等地段无主建筑垃圾进行清理，运走 400 余车约 2000 余吨。

1995 年 3 月 1 日，市委、市政府召开“创建省级文明城市三大战役动员大会”。以清理经营占道、整顿交通秩序为重点；以解决露天经营为突破口，重点整治饮食食品卫生和公共卫生；以落实“门前三包”责任制为重点，全面整顿市容环境卫生。对火车站、长途中心客运站、飞机场等窗口单位加大整治力度。

1995 年 12 月 19 日，世界银行董事会批准襄樊市固废处理项目贷款 213 万美元，建设市区第一座现代化垃圾填埋场和完善市区生活垃圾清运中转系统，总投资 5160 万元人民币。

1996 年 7 月 25 日，襄樊市进入建设部公布的 8 大城市行列。市区重点对 1 路公汽沿线、长虹路、襄城西大街 3 条主干道两边及重要地段的 700 多家单位进行亮化、美化建设。先后对铁路大酒店、鼓楼商场、中心医院新大楼、襄江商场，新华市场，市一医院住院部大楼，襄城区委、区政府办公楼等 35 家单位的建筑物外墙进行了清洗或涂饰，面积达 131 500 平方米。对市区 164 座一、二类公厕全部进行一次粉刷和水电维修，基本做到每座公厕有一名专人负责管理。全部公厕达到“三无四有”(无蛆、无蝇、无臭味、有电、有水、有人管理、有相应制度)。组织各单位和驻地部队开展义务劳动，先后出动 32 000 多人次，5 车辆 307 台次，清理积存垃圾和卫生死角 250 多处，清运垃圾 4 700 多吨，基本做到无卫生死角。铁路分局为清理马路市场，投资 10 万元，在铁路大院新建一个封闭农贸市场；市建筑总公司投资上百万元，利用公司闲置场地建起一个规模适中的工贸市场，市展览馆、樊城宾馆、庆德大厦等，都投资兴建了相当规模的市场。

1997 年 1 月，市区“亮化工程”使火车站至鼓楼商场 1 路公汽沿线街道和单位按期“亮”起来。市区 419 公里 384 条道路上的 1896 个单位和 3. 7 万多个门店分别签订“门前三包”责任书，配置垃圾箱、果皮箱共 4300 个，粉刷墙壁 30 万多平方米。建成区内基本做到黄土不见天、污泥不上路。转迁运动路、中原路、长征路等 23 条马路市场，取缔游散摊点 2500 多个。市区 125 家占道修理摩托车店铺全部入店经营；拆除违章占道“三亭”73 个(其中治安亭 7 个、电话亭 5 个、售货亭 61 个)，整顿和规范电话亭 147 个；全年共扣违章车辆 6 400 台次，刷洗护栏 20 万余米，组织联合行动 20 余次，查处“黑车”500 台次，扣留“电麻木”59 辆，前人力三轮车 95 辆，销毁后人力假三轮车 670 辆；规范板车停靠点，没收处罚无牌无证板车 81 部，货运三轮车 79 部。新购垃圾运转车 5 辆，建垃圾中转站 20 座，投资 45 万元对市区原有敞口式垃圾箱创造性地全部新(改)制成密闭式大箱。

1998—2000 年，取缔不符合要求的车辆冲洗站(点) 13 家；整治城乡结合部、“断头路”、城市入口 14 处；投资 80 万元新建三中、施营、青山路三座新型全封闭垃圾中转站，使市区垃圾中转站由 20 座增加到 39 座;取消市总工会、三中、棉纺厂等 9 处露天临时垃圾点。

2001 年 5 月 15 日,迎接"一节一会""百日会战"动员大会召开,市委书记在会上要求举全市之力,打好城市环境综合整治攻坚战。

2003 年 5 月 20 日开始,历时半年,在市区开展清除卫生死角,清除"牛皮癣"、治理"白色污染"、取缔游散摊点及占道经营等 1 4 项专项整治,动员组织市区 62 200 人次、运输车辆 7290 台次,清除卫生死角 1395 处,清除陈年垃圾 29.3 万吨,新增垃圾倾倒点 50 处,增设垃圾容器 4906 个;取缔游散摊点 14180 个,规范占道经营摊户 8805 户;全面清洗市区"牛皮癣"、组织人力 43 500 人次,清理"牛皮癣"31 249 处;清理取缔不符合标准、经营面积狭窄的市区临街餐馆及饮食门店 161 家,限期整改不规范的 826 家饮食门店;加强社区单位、庭院楼栋环境卫生保洁,涌现出 10 个精品社区和 55 个精品庭院;集中清理被损的店面招牌,拆除不合格广告牌 2521 块,遮阳篷 4738 块;拆除违章建筑 102 处、1090 间。

2.户外灯光(景观灯饰)安装

1991 年,市区安装霓虹灯 5000 余米,彩灯 2 万余盏,襄樊火车站—南湖宾馆沿线已基本形成了"繁荣夜市一条街"。至 1993 年 9 月,除襄樊火车站—南湖宾馆沿线已基本亮化外,长虹路、大庆路临街的 633 家建筑物、构筑物均按标准进行了灯光装点和门面美化。

1996 年 12 月,市区 1 路公汽沿线、长虹路沿线和襄城西大街临街 1000 多个单位门面的霓虹灯、泛光灯、灯箱安装完毕,3 条线路率先"亮化"。

1997 年 1 月,市区"亮化工程"襄樊火车站至鼓楼商场 1 路公汽沿线街道和单位按期"亮"起来。襄城区辖区 76 个单位、86 户个体门店进行霓虹灯装点。樊城区对辖区内的 3 条主干道 (1 路公汽沿线、13 路公汽沿线、长虹路)沿街单位进行霓虹灯装点。

1998 年 4 月 1 日,长虹路路灯改造工程开工。在全长 2.5 公里的道路两侧竖起 135 组直径为 2.8 米的豪华组合灯,每组 17 盏灯,灯柱为锥形并行管,上径为 250 毫米,下径为 270 毫米,场面平均照明可达 1 6 个勒支斯。

2000 年 8 月,长征路路灯改造工程完工启用,该工程长 700 米,立杆 40 根,装灯 80 盏。

2000 年 9 月至 12 月,襄城、樊城两个城区对汉江一桥、汉江二桥、夫人城、小北门等进行整体景观亮化。8 层以上临街建筑恢复、增设了霓虹灯灯光设施。

2001 年,对长虹路、人民广场等重点路段和场所实施 "穿衣戴帽" 和亮化,美化工程。安装 316 国道、春园西路、内环路、七里河西路、汉江北路、铁佛寺路、益民巷、曾家洼街等 10 余条道路的路灯工程,新增照明线路 13.8 千米,新增路灯 929 盏,市区路灯总数达 14 686 盏;修复马王庙街、北街、星火路、桥北西路、大庆西路、长征东路、丹江路、东风路等 23 条道路路灯工程,路灯建设实现白天美化与夜间亮化的统一。同年 8 月 10 日开工,8 月 28 日竣工的城墙亮化工程,投资 232 万元,安装装饰灯带 8550 米,安装灯笼 187 套。

3.户外广告

1991—1992 年,以名城建设和迎接全国卫生城市检查评比为契机,依据国务院《城市市容和环境卫生管理条例》,先后发布《关于加强市区临街门面装潢、装饰的通知》《襄樊市户外广告管理办法》《关于在道口统一制作单位指示牌的通知》、《关于开展市区户外广告张贴管理的通知》等。对道路指示牌进行全部更新,初步形成 6 大广告区域,新建、改建大型橱窗 3 座,安装霓虹灯 5000 余米。

1993 年,从襄樊火车站经一桥到南湖宾馆沿线,以及长虹路、大庆路临街的 633 家建筑物、构筑物均按《襄樊市户外广告管理办法》要求的标准进行整治;全年清除和清理乱牵乱挂、乱贴乱画 1200

多处。

1994年8月20至9月20日，市区开展“第三次城市管理月”活动，拆除户外乱立乱设标牌280多个；1995年，摘除人行道树上的广告横幅200余件，刷洗张贴在树上的各种“非法广告”470多处。

1996年10月10日，市委、市政府开展以“城市形象为龙头、单位形象为细胞、个人形象为根本、产品形象为支撑”的四个塑形工程。

1996年11月13日，《襄樊市城市市容、卫生、交通管理细则》颁布。截至当年12月28日，襄樊市区1路公汽沿线、长虹路沿线和襄樊市西大街临街的户外广告按标准进行清理和整治。

1997年，城区4条主干道和6个重点区域安装霓虹灯广告。1998年4月25日，襄樊市容管理卫生监察中队成立。2000年4月13日，襄樊市最大的城市雕塑“拥抱未来”在长虹北路游园落成。

2001年8月18日，由襄城环卫所投资20万元购置的20只仿古游船在西护城河投入运营。

2002年3月23日，市立面市容(含户外广告)的管理及城市“三乱”治理，全部下放到区。

2003—2004年，出台《市区户外广告设置标准》，拆除不规范广告986块，拆除所有绿化带内260块广告。

2004年9月14日，开通电子语音追呼系统(俗称“呼死你”系统)，追呼各类违法小广告电话号码，全年用“呼死你”系统追呼250多个“牛皮癣”号码，61个号码被“呼死”，40个制“癣”行为人上门接受处罚，全年清洗、涂刷各类“牛皮癣”3万多条。

2005年，市区共拆除违规设置和不规范户外广告2400余块，规范各类户外广告、门店招牌3000余块，取缔移动式灯箱广告400多块。专班人员清洗涂刷“牛皮癣”38 600余处。“呼死你”系统追呼“牛皮癣”号码458个，呼死220个，通过追呼使制“癣”者主动接受处罚的有120人。

（二）环境卫生

1.“门前三包”责任制

1983年8月，原市委主要领导带领市直部办委局主要领导和市区各区、县(市)委书记赴西安参观学习，以西安为榜样，成立“指挥部”，组织“执法队”，推行以包卫生(即负责指定范围内的垃圾并清扫保洁、维护好市政环境卫生设施、做到无垃圾、无污泥、无痰迹果皮纸屑)、包绿化(即负责完成分配的植树种草任务，做好树林花草和设施的维护)、包秩序(即门前不乱放乱堆物品，不乱设摊、不乱停放车辆)为内容的“门前三包”责任制。

1988年，在城区原近1000家单位实行“门前三包”的基础上，又与102临街单位签订了“三包”任务书。轮训“门前三包”员12期共131人。

1990年2月20日，襄樊市容管理协调委员会成立，市长杨斌庆任主任。制订《襄樊市区环境卫生及“门前三包”责任制》。与937家临街单位签订“三包”任务书，“三包”面积27万平方米。

1991—1992年，出台《关于加强市区临街门面装潢、装饰的通知》《关于强化冷饮瓜果市场管理的通知》。实行“夜间一大扫，白天巡回保”的清扫保洁制度。与市区451家临街单位签订“门前三包”责任书。

1994年8月10日，市政府决定成立襄樊市城市管理委员会，下设办公室(正县级)，办公室内设人秘科、综合管理科和督办检查科，定编24人。

1995年，全市城区共签订“门前三包”责任书1277份，“三包”面积53.25万平方米，形成“专群结合，统包和自包相结合”的门前“三包”网络。出台了《襄樊市门前三包责任制管理办法》《襄樊市门前三包管理处罚实施细则》《襄樊市市区单位庭院文明卫生管理标准》《关于进一步落实规范门前三包管理工作的通知》。

1996年，与市区临街门店签订“三包”责任书3740份。253家饮食门面设置泔水桶，配备垃圾容器19 650个。市区临街1454个法人(产权)单位，已全部签订“门前三包”责任书，制作悬挂统一的责任牌1059处，落实“三包员”1157个，新增设果皮箱，垃圾容器5500多个，建立“门前三包”档案1176户，划定门前自行车停车线49 000余米，硬化人行道及门前裸露地面9100平方米。

1997年，襄樊市城区围绕塑造“四个形象”(城市形象、单位形象、产品形象、市民形象)开展治理脏乱差，修填泥巴路，整顿交通秩序、塑造单位形象。在市区419公里384条道路上的1896个单位和3.7万多个门店分别与居委会或房产责任单位签订“门前三包”责任书，落实“三包员”3000多人，监管员3700多人，配置垃圾箱、果皮箱4300个，刷新墙壁30万平方米。

2000年，市政府在樊城区解放路，建华路、长虹路开展“门前三包”规范化管理示范街试点，根据试点经验制定《门前三包责任制管理制度》，对“门前三包”的责任内容、责任形成、考核办法、奖罚办法等16个方面进一步具体化、规范化。

2001—2005年，以樊城区“门前三包”规范化管理为重点，开展“一节一会”(诸葛亮文化节、中西部经贸洽谈会)形象工程百日会战，全面推广解放路“门前三包”规范管理的经验，樊城辖区20条主次干道“门前三包”基本走上规范化管理轨道。

2.渣土管理

1991—1992年，襄樊市渣土管理处出动机械车辆2000台次，为400个施工单位清运建筑垃圾、工程渣土15万吨，为300多个建筑单位调剂余缺建筑渣土5万吨；纠正制止违章乱倒、乱运、飞扬撒漏车辆2000台次，对城区、城乡结合部、市区主次干道的建筑渣土和工程垃圾进行推整、清运450多处，平整面积25 000平方米，运走5000余车，近3万吨，折合人民币40万元。1992年，参与长虹大桥土方工程和混凝土的运转管理工作，出动机械车辆200多台次，共运送土石方和混凝土近1000车。

1993年，襄樊市生产建筑渣土管理处全年共出动机械车辆2500台次，为市区60多个建筑施工单位清运、调剂工程渣土2万立方米，参与名城重点工程——市体育中心土方的回填、清运。历时4个多月，完成4万立方米渣土的清运、回填任务，累计出动车辆近5000台次。对市区城乡结合部，断头路义务推整建筑垃圾3万立方米，运走25吨，综合治理污染源15处。巡回监察管理出动人员1500人次，纠查违章、乱运、乱倒建筑渣土车辆500台次，制止飞扬撒漏250起。

1994年，市生产建筑渣土管理处做到对建筑单位“五个上门”。即：送文件宣传上门，调查了解上门，办理清运手续上门，调剂余缺上门，管理督办上门。市区公益性的无偿清运共出动机械车辆近千台次，对市区城乡结合部、断头路综合治理15处，累计推整面积2万平方米，运走垃圾3.5万吨。先后为市区50余家建筑施工单位调剂、有偿清运工程渣土4万立方米，收入20万元。坚持定点巡回管理、白天与黑夜交叉管理相结合，全年累计组织800人次，出动巡回车辆150台次，纠查违章乱运、乱倒建筑渣土250起，制止飞扬撒漏车辆120起，发放督办通知书100余份，市区施工单位管理率95%以上。

1995年，在治理“垃圾围城”整治中，无偿清运走市区两座垃圾山(即市松鹤路和市三十一中门前)，全年累计无偿清运建筑渣土4.5万吨，整治断头路、城乡结合部渣土面积3万平方米，为近百家建筑单位调剂渣土余缺1500立方米，出动夜巡车辆580台次，纠正各类车辆550台次，罚没收入2500元。

1996年，市渣管处对市区60个单位进行有偿服务，累计开挖清运、调剂建筑渣土5万立方米，出动机械车辆250台次，无偿整治城乡结合部、断头路10处，平整推整面积1.5万立方米。运走建筑渣土400余车，达2000余吨，折合人民币10万元。

1997年，市渣管处围绕市委、市政府提出的“形象工程”建设，强化市区建筑渣土的收集、运转、销纳和处置力度，促进建筑渣土减量化、无害化、资源化。对市区长虹北路、春园东路、人民西路、襄城环山路沿线等 10 处城乡结合部和断头路和公益地段，进行无偿整治，累计推整面积 15 000 平方米，运走 6000 吨，组织城管监察人员 1500 人次，加强对市区主次干道、小街小巷、单位或居民生产建筑渣土的管理，共纠正和制止违章乱拉乱倒飞扬撒漏车辆 400 台次，实现“市区主次干道污染不过夜，背街小巷渣土存放不过三天”的管理目标。

1999 年 8 月，襄樊市环卫渣土管理处成立，有职工 1800 名。

2000 年，市政府出台《襄樊市城市建设垃圾管理办法》(襄政发〔2007〕40 号)，合并建筑渣土和执法监督管理职能，遏制了建筑垃圾围城现象。

3.公厕管理

1979 年，樊城公厕增至 73 座。1981 年，襄樊市第二环境卫生管理所成立后，开始对旧有公厕进行整修、改建，并在车站、公园、商场和主要路口等公共场所兴建一批水冲式厕所，基本解决群众如厕难问题。至 1985 年，市区共有厕所 140 座，其中水泥结构旱厕 18 座，总蹲位 2000 多个。同时，先后兴建储粪库 8 座，总容量 9.9 万担，购置粪便清运车 12 台，基本实现了粪便清运机械化和半机械化。

按人的生理排放量 1.5 公升／人／天计算，襄樊市城区粪便使用日产生量为 1000 吨左右。襄樊市现有公厕座(1999 年为 206 座)，市环卫处管辖的 168 座公厕，均为水冲式公厕。其中，一类公厕 1 座，二类公厕 14 座，其余均为三类公厕，二类以上公厕占总数的 8.9%。

2000 年，为加强公厕管理，市政府出台《襄樊市公厕管理办法》，对承包人实行风险抵押承包管理。通过 213 座收费公厕跟踪考核，质量均达到“六无四净”。

2002 年 1 月，襄樊市首座投资 25 万元的三星级公厕在市客运中心建成投入使用。

2003—2004 年，市环卫管理处提档升级改造直管的 170 余座公共厕所；改造一座星级公厕(位于火车站广场附近)，20 座旅游公厕，统一和更新了所有公厕的服务功能。

4.道路保洁

1981 年，襄樊市卫生管理所改成第一环境卫生管理所，负责市区主要次干道清扫保洁和垃圾清运。庞公、王寨粪管站合并建为第二环境卫生管理所，负责市区公厕兴建、维修、清扫和粪便清运。在市区建垃圾转运站一处，设垃圾桶 37 个。至 1985 年，市区日清扫保洁道路 30 条，面积 97 万平方米，拥有封闭式垃圾清运车 12 台，自卸车 3 台，洒水车 3 台，建有垃圾转运站 3 座，设垃圾桶箱 1348 个。在樊城贾家洼干河套内开辟固定垃圾倾倒场一座，基本做到垃圾“日产日清”。

2005 年，道路清扫采取市、区两级负责制，道路清扫率 98%。市环卫处有清扫保洁人员 576 人，担负全市 16 条主干道 156 万平方米的道路及绿化带的清扫保洁工作。城区道路采取“晨扫日保”的作业方式。即早晨(3:00～6:00)实行全面清扫，白天对城区道路进行保洁。同时对鼓楼、广场、火车站 3 个中心区适当延长保洁时间(晚 19:00～22:00)。主要作业工具为铁制保洁车、后三轮保洁车、铁锹及扫帚等。一年先后购置了大型机械清扫车，一台小型清扫机。

襄城、樊城两个区城管局主要担负整个市区次干道和支路以及背街小巷的道路清扫保洁任务及部门单位的“门前三包”工作。襄城区有清扫人员 168 人，清扫面积 65.56 万平方米(其中“门前三包”17.16 万平方米)。樊城区有清扫人员 436 人，清扫保洁面积 110 万平方米(其中“门前三包”48.52 万平方米)，作业方式采取夜间清扫和白天清扫相结合。作业工具基本以板车、扫帚为主，机械化程度低。

5.垃圾处理

襄樊市城市垃圾的主要来源是居民生活垃圾，其次是商业服务垃圾、办公和清扫垃圾等。1992

年，经市计委批准立项建设的垃圾处理场位于襄城南尹集凤凰村，距市中心 13 公里，占地 127 亩，建有进场道路，分片填埋场，二级氧化及管理用房等。处理方式主要为卫生填埋，建有导渗盲沟，垃圾渗滤流入二级氧化塘自然净化后排放。1994 年，环保部门争取的世行贷款在襄樊建设“固废处理”项目，选址在襄阳县洪山头，这座较先进的无害化垃圾处理场在 2001 年 3 月已正式启用，解决了襄樊市区的垃圾倾倒和无害化处理问题。

1992年和1998年，襄樊市环卫处分别对市区生活垃圾成分进行了两次调查，垃圾成分（见表4—16）。

市区生活垃圾成份一览

表 4—16

年份	有机物(%)				
	厨余类	纸类	织物类	竹木类	塑料类
1992	20.92	1.68	0.38	1.27	1.54
1998	28.11	3.12	2.63	2.74	6.36

年份	无机物(%)				
	玻璃类	金属类	织砖石	煤渣类	其他
1992	0.93	0.17	3.15	69.96	—
1998	4.02	4.33	7.08	38.01	3.6

随着城市的发展，生活垃圾成分中有机物的比例有明显增加。1998—2005 年，襄樊市城区垃圾收集方式主要有废物箱收集。由区级环卫管理机构负责设置、管理、主要设置在交通要道、繁华闹市及娱乐场所。垃圾楼道收集。设置在多层建筑物楼房中，便于居民倾倒垃圾，由于底层一般设有垃圾储存间，常出现垃圾阻塞及滋生蛇鼠。垃圾收集点。在未设垃圾楼道的住宅附近设置垃圾收集点，安置活动垃圾箱及建造固定生活垃圾容器间。对于医疗废弃物和其他特种垃圾由各单位单独存放，单独收集和处理。

2005 年以前，襄樊市城区存在两种清运方式：垃圾收集后不经转运站台，直接送到垃圾处理场；由市区两级环卫清扫作业部门用板车把道路垃圾杂物和单位代运垃圾收集后倾倒在指定的垃圾站点，然后由市环卫处统一清运到垃圾处理场进行无害化处理。至 2005 年底，襄樊市现有垃圾中转站 3 座，垃圾中转点 10 个，其中容量在 10 吨以下的有 45 个，容量在 15 吨以上的 3 座，其中 1996 年以来新建 18 座中转站全部为封闭式，均采用行车机械吊装，实行集装箱运输。

四、管理机构

中华人民共和国成立后，根据城市建设需要，襄阳地区专员公署下设建设科，管理全区基本建设。1955 年 3 月，襄樊市人民政府组建襄樊市城市建设局。1956 年 8 月，襄阳地区专员公署组建城市建设局，并与襄樊市城市建设局合署办公。1966 年，由于“三线”建设开始，沿海部分工厂内迁，三线工业在襄樊得到新建和发展。1972 年 10 月，中共襄阳地委成立襄阳地区基本建设委员会。1980 年 8 月，中共襄阳地委决定，将襄阳地区基本建设委员会由处级升格为战线，归口管理的局级单位有：襄阳地区建筑工程管理局、襄阳地区建筑材料工业局。1971年，撤销市城市建设管理局，成立襄樊市革命委员会基本建设科，归口市工交办公室领导。1972年12月，又成立襄樊市基本建设委员会，统管全市的基本建设工作，归口管理襄樊市城市建设局、襄樊市建筑工程局、襄樊市建筑材料工业局、襄樊市房地产管理局。

1980年8月，成立襄樊市建筑安装工程定额管理站。1981年7月，成立市建委外地农村建筑队伍管理站。1979年11月，成立襄樊市环境保护局。1981年8月组建襄樊市城市规划管理处。同时襄樊市规划设计院更名为襄樊市建筑设计院。1981年10月，襄樊市人民政府成立襄樊市园林管理局。至1983年10月，襄樊市基本建设委员会归口管理的局级单位有：襄樊市城市建设局、襄樊市建筑工业局、襄樊市房地产管理局、襄樊市环境保护局、襄樊市园林管理局、襄樊市城市规划管理处、襄樊市建筑设计院、襄樊市市容管理办公室。1983年地、市合并，襄樊市基本建设委员会更名为襄樊市城乡建设委员会。至2000年，襄樊市归口管理的单位有襄樊市环境保护局、襄樊市城市规划管理局、襄樊市人民防空办公室、襄樊市城市建设局、襄樊市房地产管理局、襄樊市建筑管理局、襄樊市园林管理局（隆中风景名胜管理局）、襄樊市建筑设计院、襄樊市民用航空站、襄樊市汉江大桥管理处、襄樊市第二建筑设计院、襄樊市历史文化名城建设管理委员会办公室、襄樊市房改办公室、中房集团襄樊房地产开发股份有限公司、襄樊市环卫渣土管理处、襄樊市城市建设管理监察支队、襄樊市建设工程质量监督站、襄樊市城建档案馆、襄樊市勘察设计管理处、襄樊市工程建设监理公司、襄樊市建华实业总公司、襄樊市乡镇建设技术咨询服务中心、襄樊市排水设施收费监理处、襄樊污水治理公司、襄樊市固体废弃物处理公司等25个行政、事业单位。

2001年，根据《中共湖北省委湖北省人民政府关于印发襄樊市机构改革方案的通知》《中共襄樊市委、襄樊市人民政府关于印发襄樊市市级机构改革实施意见的通知》精神，设置襄樊市建设局，为市政府职能部门，主管全市建设行政管理工作。辖市政管理处、路灯管理处、城建档案馆、勘察设计管理处、建设工程质监站、建筑市场管理处、建筑工程造价站、建筑工程招标办、建筑职工学校、建筑安全生产监理站、机关后勤服务中心等11个事业单位和市供水总公司、市管道燃气公司、市煤气公司、市公用客车厂等企业单位，逐步将市政工程总公司、建筑科学设计研究院、建筑设计院、第二建筑设计院、市政设计研究院、污水治理公司（排水设施收费监理处）等单位改制为混合制民营企业，并与主管部门脱钩。

2003年，根据省人民政府《关于加强城镇建设工作的决定》和《中共襄樊市委、襄樊市人民政府关于改革城市管理体制建立长效管理机制的意见》文件精神，撤销襄樊市城市建设局、设置襄樊市建设委员会，为市政府组成部门，统一协调全市城镇规划建设与管理，主管全市建设行政管理工作。至2005年，市建设委员会统一协调的单位襄樊市规划管理局、襄樊市园林管理局、襄樊市房产管理局、襄樊市城市管理局工作；归口管理的单位有襄樊市政府投资工程建设管理中心、襄樊市历史文化名城建设委员会办公室、中房集团襄樊房地产开发股份有限公司、襄樊市建筑设计院、襄樊市第二建筑设计院、襄樊市建筑科学研究院、襄樊市供水总公司、襄樊市市政管理处、襄樊市市政总公司、襄樊市建筑市场管理处、襄樊市建设工程招标投标管理办公室、襄樊市建筑安全生产监督管理站、襄樊市建设工程质量监督站、襄樊市建设工程造价管理站、襄樊市路灯管理处、襄樊市勘察设计管理处、襄樊市城建档案馆、襄樊市城市污水治理公司、襄樊市汉江大桥养护管理中心、襄樊市墙体材料革新办公室，襄樊市装饰装修行业管理办公室、襄樊市建设职工学校、襄樊市污水治理公司（襄樊市排水设施收费监理处）、襄樊市市政公用设计研究院、襄樊市燃气热力有限公司、襄樊市现代建筑有限责任总公司、襄樊市建筑安装总公司、襄樊市工程建设监理公司、襄樊建达建设监理公司、襄樊市工程造价咨询公司、襄樊市建委机关后勤服务中心等31个企事业单位。

襄樊市建委历任领导名录(见表4—17)。

市建委历任领导名录

表4—17

	姓 名	任 职 时 间
主任	汪玉桥	1979.6—1983.11
	江长发	1983. 11—1989.7
	李世久	1989. 3—1994.6
	李文强	1996.10—2002.2
	郭 忠	2004.2—2005.12
副主任	王正刚	1979.6—1983.11
	曾照洲	1979.6—1983.11
	付帮斌	1979. 6—1983.11
	甄培元	1979. 6—1983.11
	曾广枚	1979. 6—1983.11
	刘代斌	1979. 6—1983.11
	焦捷	1979. 6—1983.11
	李复克	1979.6—1985.11
	陈耀新	1983.11—1985.11
	孙野龙	1985.11—1994.6
	李崇祯	1986.07—1994.6
	邹尚举	1983. 11—1988. 12
	郑 浩	1997.4—1999.1
	蒋正华	1979.6—1991.4
	白光蓉(女)	1990. 1—1992. 8
	蒋继舒	1985.11—1994.6
	李崇祯	1987.11—1994.6
	李文强	1990.11—1994.6
	吴德裕	1989. 8—1994. 6
	胡舜国	1992.8—1994.6
	陈鼎益(回族)	1994.6—1997.8
	孙野龙	1987.11—1999.5
	王家斌	1995.1—1999.5
	卢松林	1997.9—1999.5
	谢选伦	1998.12—1999.12
	郭 忠	1998.7—2001.5
	卫建国	1997.4—2001.12
	郭元林	1998.12—2001.12
	刘顺学(女)	1999.5—2001.12
	杨同昭	1995.1—2002.2
	邱洪(女)	1995.1—2002.2
	周森峰	2004.8—2005.12
	黄潮海	1999.5—2005.12
	王定文	2004.2—2005.12
	刘鸿俊	2004.6—2005.12

1979 年 7 月，襄樊市建委内设规划处，属建委职能科室。1981 年 6 月，市政府决定划出市建委规划处职能，成立市城市规划管理处，为市政府职能部门。1989 年 7 月，襄樊市委、市政府决定在原市城市规划管理处建制基础上，成立襄樊市城市规划管理局。2001 年 11 月，襄樊市委、市政府在机构改革中，组建襄樊市国土资源局和城市规划管理局，合署办公。2004 年 10 月，根据省委、省政府和市委、市政府的决定，襄樊市城市规划管理局与襄樊市国土资源局不再合署办公。襄樊市城市规划管理局历任领导名录（见表 4—18）。

襄樊市城市规划管理局历任领导名录

表 4—18

机构名称	姓名	性别	职务	任职时间
襄樊市城市规划管理处(1981.06—1989. 7)	胡登高	男	副主任	1981.06—1987.11
	陈耀新	男	主任	1987.11—1989.07
	胡登高	男	副主任	1987.11—1989.07
	刘祖义	男	副主任	1987.11—1989.07
襄樊市城市规划管理局1990.01—2005.12	白光蓉	女	局长	1990.01—1992.07
	胡舜国	男	局长	1992.08—2002.02
	郭玉田	男	局长	2002.03—2005.02
	卢华翔	男	局长	2005.03—2005.12
	王渭江	男	副局长	1989.08—1994.06
	朱载雄	男	副局长	1989.08—1991.03
	刘祖义	男	副局长	1989.08—1994.06
	刘金峻	女	副局长	1997.05—2005.12
	王笑健	男	副局长	1998.09 —2005.12
	张平选	男	副局长	2000.12—2002.02
	张树林	男	副局长	2002.02—2004.12
	胡舜国	男	副局长	2002.02—2002.03
	盛国勤	男	副局长	
	张春	男	副局长	
	余振	男	副局长	
	贺　旺	男	副局长	2005.03—2005.12
	刘金峻	女	副局长	2005.03—2005.12

卷五　经济综述

中共十一届三中全会以后，全国进入改革开放新时期。中共襄阳地委、中共襄樊市委从“解放思想，放宽政策，搞活经济”的原则出发，大胆突破原来“一大二公”的模式，不断改革创新，切实把工作重心转移到经济建设上来。农村家庭联产承包责任制的实施，经济管理由计划经济向市场经济体制的逐步转变，工业的放活和改制，以及服务业的开放，使全地区（含襄樊）经济社会快速发展。

一、经济演进

(一) 起步阶段

1979 年，襄樊积极推行家庭联产承包责任制，开展对山、水、林、田、路的综合治理。据统计，全区共建成大型水库 3 座，中型水库 26 座，小型水库 270 余座，净增蓄水 10 亿立方米，为地区农业提供了水利保证。粮食产量 174 万吨，棉花 3.38 万吨，油料 2.99 万吨。除棉花较 1978 年减 12%外，粮食和油料分别较 1978 年增长 3.57%和 2.75%。到 1983 年，粮食产量 227.71 万吨，较 1982 年增长 45.2%，占全省总量的 14.9%。其中夏粮总产居全省第一。在当时八个县(市)中，粮食总产超过 5 亿公斤的有随州、襄阳、枣阳，超过 2.5 亿公斤的有宜城、南漳。同时，棉花、油料与烟叶等产量，在全省也有一定的地位；棉花 4.97 万吨、油料 2.44 万吨，分别比 1982 年增长 3 倍和 19%，与 1979 年相比，分别增长 29.42%和下降 16.2%。统计表明，1979 年，全地区实现农林牧渔业产值达到 13.09 亿元，比 1978 年增长 3.57%。1983 年，全市农林牧渔业产值为 19.30 亿元，较 1979 年增长 31%。1979 年，第一产业（包括种植业、林业、牧业和渔业)的增加值为 7.85 亿元，较 1978 年增长 21%以上，占地区生产总值 16.43 亿的比重，由 1949 年的近 70%，下降为 47.77%。1983 年，全地区生产总值 24.55 亿元，其中第一产业增加值为 11.58 亿元，较 1982 年增长 27.25%，占地区生产总值的比重，继续下降为 47.17%。

全区第二产业(包括采掘业、制造业、电力和建筑业等)增加值为 5.38 亿元，较上年增长 18.53%。其中，工业增加值为 4.84 亿元，较上年增长 18.34%。第二产业占地区生产总值的比重，由 1949 年的不足 4%和 1965 年的 10.29%，上升到 1979 年的 29.45%。至此，襄樊地区经济发展的“城乡、工农二元”格局正式形成。

1983 年地市合并后，襄樊市工业进一步发展，形成以轻纺工业为主，以机械、冶金、化工、电子、建材、食品等为辅的 60 多个工业门类。全市工业企业 2037 个(中央、省属工业 61 个；全民所有制工业企业 574 个；独立核算工业企业 310 个)，拥有固定资产原值 13.25 亿元。主要工业产品，有棉布、棉纱、化纤、毛呢、卷烟、饮料酒、水泥、化肥、集成电路等 125 种。其中获国家金奖产品 1 种，获国家银奖产品 5 种，获部优和省优称号产品 88 种。1983 年全市工业总产值达 23.87 亿元，较 1982 年增长 15.14%，是 1949 年的 161 倍，年均递增 16.15%；与 1979 年相比，增长 110.3%。1983 年，市区工业产值达 13.2 亿元，较 1982 年增长 16.6%，比 1949 年增长 501 倍，年均增长 20.07%，与 1979 年相比，增长

114.6%。1983年,全市地区生产总值为24.55亿元。第二产业增加值为7.97亿元,比重由1979年的29.45%,上升为32.46%,接近第一产业比重47.17%的水平。其中,工业增加值7.22亿元,比重也高达29.41%。

1979年,全社会商业零售总额为5.32亿元,较1978年增长8.05%。但发展不平衡,其中市级零售额2.98亿元,占全地区销售总额的55.64%,其他大县和县以下零售额,只占44.36%。到1983年,全社会商业零售总额为9.45亿元,较1982年增长12.37%。其中市区部分仍占30%以上。全地区交通运输和邮电通信业有长足的发展。在交通运输方面,“汉丹、焦枝、襄渝”三条铁路在襄樊境内交会,贯穿南北连接东西,形成规模较大的铁路枢纽。全地区除保康、南漳外,其他各县(市)都通火车。到1983年,襄樊铁路的货运量为697万吨,客运量475万人。境内的水路交通,有汉江、南河、唐白河、清河等六条河通航,通航里程为598公里。1983年,水运量23.5万人,货运周转量为39417万吨公里,港口吞吐量为245.5万吨。1983年全市已形成了以市区为中心的公路网,公路运输干、支线6632公里,实现了所有县(市)、区通公路,79.6%的村通汽车。全市公路客运量1788万人,货运量222.8万吨。

1979年,全社会固定资产投资总额为1.11亿元,比1978年增长45.05%。当年基本建设部分投资高达1.07亿元,占全部投资比重的96.4%;到1983年,全社会固定资产投资总额上升为1.90亿元,虽然比1982年下降了39.7%,但基本建设投资仍高达1.05亿元,占全部投资比重的55.26%。其中,建筑安装工程0.96亿元,设备、工具和器具的购置857万元,比重分别为85.4%和7.6%。当年,新增固定资产0.99亿元。在固定资产投资总额中,第一,工业系统,占总额比重为39.8%;第二,城市建设系统,投资比重占15.5%;第三,文教卫系统,比重为12.0%;第四,农、林、水和气象系统,比重占5.9%。其他系统占26.8%。

由于投资的大幅度增加,致使经济获得高速增长或发展。据统计,1979年,全地区生产总值(GDP)为16.43亿元(现行价,下同),较1978年增长17.7%(可比价,下同)。按当时总人口436.04万人平均计算,人平380元,比1978年人平增加了55元。地方一般预算财政收入2.43亿元,较1978年增长8%。到1983年,全市地区生产总值为24.55亿元,较1982年增长16.13%,按当年455.69万人口计算,人平540元,比1982年增长14.65%;同时,地方一般预算收入3.29亿元,较1982年增长20.07%。城镇居民可支配收入为436元,农民人均纯收入为342元。

存在的问题: 农业内部结构单一,发展不平衡。1979年,襄樊市第一产业占地区生产总值的47.77%比重,直到1983年仍然占47.15%较大比重。1983年,全市农林牧渔业总产值为19.30亿元,较1982年增27.22%。其中,种植业15.25亿元,较1982年增27.30%;林业0.74亿元,较1982年增27.59%;牧业2.93亿元,较1982年增26.84%;渔业0.06亿元,较1982年增120.0%;其比重,分别为79.01%、3.83%、15.34%和0.31%。在一段时间内,许多农业基础设施没有得到建设及维修,致使农业基础比较薄弱,难以抵御自然灾害的侵袭。

1975—1982年,由于自然灾害的侵袭,襄樊市农业总产值平均年递增只有2.9%。其中粮食产量1983年曾一度达到了历史最高水平。但此前,却一直在150万~170万吨之间上下徘徊。8年的粮产量依次为,146.43万吨、164.59万吨、153.58万吨、168.03万吨、174万吨、156.85万吨、151.92万吨、185.38万吨。

第二产业发展缓慢基础薄弱。1983年,全市实现地区生产总值24.55亿元。其中第一产业、第二产业和第三产业分别为11.58亿元、7.97亿元和5.00亿元。虽然第一产业所占的比重为47.15%,较1979年下降了0.62个百分点;第二产业比重为32.46%,较1979年上升了3.01个百分点;第三产业比重为20.37%,较1979年的19.48%,上升了0.89个百分点,但襄樊地区的产业结构仍不够合理。表现为第二产业发展不快,工业内部结构不够合理。尤其是1978年以后,按照中央提出的“调整、改革、整顿、提高”的方针，全市打破过去“围绕农业办工业”的旧模式，大力发展轻纺工业，在政策上加以倾斜，一度创造了历史上的最高水平，但也造成工业结构比较单一问题。1979 年，在全区工业总产值中，轻纺工业的比重达 65.23%，1983 年再度升高到 68.97%。由于片面发展轻纺工业，导致襄樊地区工业发展的“瓶颈”项目日益显现。比如，长期摆脱不了电力供给不足的难题，企业往往正在开工生产，突然被迫拉闸限电停产停工。结果，严重制约工业的发展。

第三产业发展不足。1983 年，全市社会商业零售总额仅有 9.45 亿元，只占当时地区生产总值的 38.5%。其中商业、饮食业和服务业网点 30980 个，从业人员 96488 人。市区拥有各种商业网点 1566 个，从业人员 11165 人，平均每千名常住人口，也只有 5.7 个网点。全市年营业额千万元以上的大型商场，只有两家；200 万元以上的中型商场只有 5 家；能容纳 500 多人的大、中型饭店、旅馆也只有 15 家。1983 年，全市商业部门购进总额为 17.97 亿元。其中农副产品收购总额仅 9 亿多元。直到 1992 年，全市社会商业零售总额虽增加到 33.61 亿元，但占地区生产总值还是下降为 31.4%。其中市一级商业零售总额 18.70 亿元，县一级 3.99 亿元，县以下 10.92 亿元。

旅游业发展落后。襄樊丰富的人文自然旅游资源，并未转化带动旅游业的发展。1983 年，全市仅接待国内外旅游宾客 184 批。直到 1985 年，全市也只接待各个国家和地区的旅游、参观、探亲、访友及从事贸易、科技、文化交流活动的人员 853 人次，其中，港、澳同胞 448 人次，外宾 405 人次。

经济实力不强，经济效益不高，经济发展不平衡。1983 年，全市人均地区生产总值只有 540 元。全市地方一般预算财政收入，也只不过是 3.29 亿元。在占财政收入比重较大的工业中，全民所有制独立核算工业企业共计 310 家，亏损企业就有 30 家，占总数近 10%。企业盈亏相抵后的利润只有 1.10 亿元。1950—1983 年间，市区工农业总产值年平均递增 16.06%，而各县(市)则只增 7.56%。出口质低量少。改革开放后，襄樊对外贸易步伐加快。到 1983 年，外贸收购产品达 10 大类，210 种，收购额也超过了 1.5 亿元。产品远销美国、日本、西德等 30 多个国家和地区。然而，所有出口产品，一是量很小，二是质较低，大多商品为农产品和初加工工业产品。1983 年，襄樊市总人口，占全省人口的 9.59%，地区生产总值只占全省的 9.3%；人均 GDP 只相当全省平均水平的 90.2%，总量和人均指标，分别列全省的第 3 位和第 6 位；一般预算财政收入列全省第 3 位，人均水平只及全省的 42.4%。

(二)改革与创新阶段

1980 年 7 月，时任中共中央副主席、国务院副总理、全国政协主席的邓小平，乘火车前往丹江口，考察水利枢纽工程，途经老河口市莫家营车站，短暂停留期间，专门听取襄阳地委、行署的工作报告；1999 年 5 月，时任中共中央总书记、国家主席、中央军委主席江泽民，就发展社会主义市场经济和国有企业改革等问题，专门到襄樊考察；2002 年 5 月，时任中共中央政治局委员、国务院副总理温家宝，到老河口市短暂考察；2004 年 6 月，时任中共中央政治局常委、国务院总理温家宝再次考察老河口市；2005 年 8 月，中共中央总书记、国家主席、中央军委主席胡锦涛，到襄樊市考察，并就“十一五”时期经济社会发展和落实科学发展观，进行调查和研究。

1982 年，南漳县薛坪公社三景管理区三景庄大队支部副书记张相桓，因靠种天蔴等家庭多种经营致富，遭到南漳县薛坪公社三景管理区的点名批评。这件事给襄樊领导以极大的启示：中央早已明确指出，改革开放是党和国家的大政方针，是经济社会发展的重中之重，但是，它还停留在理论政策层面，远远没有接触实际。过去人们头脑中所存在的旧思想，旧习惯，根比较深，也比较牢固，不能指望通过一两次学习，就能解决问题。改革开放是全方位的，涉及方方面面，不能仅限于家庭联产承包责任制一个方面。同年 9 月，中共襄阳地委专门为此发出通报，批评薛坪公社三景管理区的极端错误做法。《人民日报》《湖北日报》、中央人民广播电台等，分别对此事及时予以重点报道。20世纪80年代初，襄樊市党和政府提出“对内搞活，对外开放”的决策和“以放对放，以活对活”的发展方针。

1978年5月，经国务院批准，襄樊市成为对外开放的乙类城市之一。1979年6月，原襄樊市由地辖市升格为省辖市，从襄阳地区分出，同时，随县城关镇、光化县老河口镇，也分别从随县和光化县划出，成立随州市和老河口市。1983年8月19日，襄樊实行市领导县的行政体制改革正式启动。在经国务院批准后的湖北省“省、地、市行政体制改革方案”中，撤销襄阳地区，将原襄阳地区的襄阳、枣阳、宜城、南漳、保康、谷城6县划归襄樊市管辖；随州、老河口市为县级市，由襄樊市代管。同年10月，中共湖北省委讨论通过地市合并后的襄樊市委、市人大、市政府领导班子调整配备方案。同月，省委、省政府批复，同意襄樊市市级党政机构的改革方案。

行政区划的变更和市带县体制的实行，给襄樊市的发展带来了新的机遇和路径。襄樊要走出一条符合市情的发展之路，坚持改革开放，坚持城乡统筹，坚持以工业化为核心，以发挥中心城市主体功能为契机，带动整个襄樊市经济快速发展。1980年6月，襄樊市“革委会”，宣布撤销城市人民公社，改设街道办事处，全市共设街道办事处4个。1984年1月，襄樊市《关于划分城市行政区域设立区建制的请示报告》，经省政府批准。同意设立樊东区、樊西区、襄城区和郊区。1992年1月和11月，湖北省襄樊汽车产业经济开发区和国家襄樊高新技术开发区分别成立。1994年11月6日，由襄樊市代管的随州市正式单列，改为省直管市。1995年12月，湖北省人民政府下发了《关于襄樊市市辖区调整变更的通知》，撤销襄樊市襄城区、樊东区、樊西区、市郊区，设立襄城区、樊城区。1996年2月，市委、市政府决定成立鱼梁洲旅游经济开发区管委会。1997年12月，鱼梁洲旅游经济开发区被批准为省管开发区。2001年12月，襄阳县被撤销，设立襄阳区，同时调整了部分乡镇行政区划。2002年，襄樊市顺利完成了市级机构改革工作。改革后的市委内设机构，平均精简了10%，市政府内设机构，平均精简了20%。2005年2月，襄樊高新技术产业开发区与襄樊汽车产业经济技术开发区合并，组建成新的襄樊高新技术产业开发区。

农村体制改革顺利进行。1984年10月，襄樊市统一进行了撤社建区、乡的改革工作。将原来的人民公社改为区，行政管理区改为乡，生产大队改为村民委员会，生产小队改为村民小组。1987年9月，襄樊市统一进行撤区并乡工作，全地区共设有乡52个、镇118个、办事处9个，农林场5个。2003年，全市推行以“减人、减事、减支”为主要内容的乡镇综合配套改革工作。据统计，从2003年5月至2005年，全市所有乡镇完成综合配套改革，精简乡镇（办事处）71个，内设机构272个，精简乡镇（办事处）机关工作人员52.8%、全额拨款事业单位人员51%，实现了对乡镇机构、编制刚性化、法定化的管理。

体制的变换，为经济发展提供了良好的制度保证。襄樊市打破过去“城市工业与乡村农业”孤立分散的传统格局，建立城乡统筹发展的新格局。统计资料表明，市带县前5年(1979—1983年)与市带县后5年(1984—1988年)相比，工农业产值年均递增率，由12.33%提高到15.76%；社会商业零售总额由12.2%提高到14.90%。同时，由于实行市带县体制，使市区工业与县域工业获得协调发展。1979年，全市工业总产值125 936万元。其中市区64 752万元，占51.42%，县域工业占48.58%。到2005年，襄阳县纳入市区范围，全市7个县（市）实现生产总值362.28亿元，同比仍增长8.9%，占全市的比重达53.66%。其中县域规模以上工业企业完成增加值51.14亿元，同比增24.4%。同时，县域工业占全市工业的比重，也由1979年的14%上升到26%。

(三)转变发展体制阶段

全市进一步在农村推进以家庭联产承包责任制为主要内容的改革。据统计,全市820万亩耕地、1300万亩山林、70多万亩的水面,实现了多种形式的联产承包。到1982年底,全市99.9%的土地实行家庭承包责任制,并且有所创新。如1992年,襄樊市郊区王寨乡乔营村,在承包过程中,成立全省第一家农民股份有限公司。在完善土地承包的同时,全市从严控制新增建设用地的规模,加强对耕地特别是基本农田保护。严格实行土地出让“招、拍、挂”的制度,提高土地集约利用水平。逐渐恢复和扩大农民自留地。

针对全市农业技术推广体系、基层动物防疫体系,“网破、线断、人散”的实际,抓住乡镇综合配套改革的契机,以“企业化、市场化、社会化”为基本取向,按照“养事不养人”的原则,每个乡镇3万元的标准,将农技推广经费纳入省、市级财政预算。将农村公益性服务经费,按“每亩不低于1.2元”的标准,纳入县级财政预算。所有人员纳入社会养老保险。同时,经营性职能,全面推向市场。2005年底,每个乡镇配备2名防疫监督员,每一千户聘用一名协防员。据统计,全市共聘用防疫监督员167人,乡镇协防员938名,落实经费720万元。一个以“县为基础,防检统一,治防分离,双向监督,治疗放开”的基层兽医管理体制全面建立。

2002年5月,根据中央、省的部署,市委、市政府启动农村税费改革。取消乡统筹等专门面向农民征收的行政事业性收费和政府性基金,取消农村教育集资等涉及农民的政府性集资,取消屠宰税,逐步取消统一规定的劳动积累工和义务工;调整农业特产税政策;改革村提留征收使用办法,改革共同生产费征收使用办法等。2005年,按照中央精神,襄樊市全部取消农业税,并相继出台粮食直补、良种补贴、农机具购置补贴等各种“支农、惠农、强农”的政策。2005年12月,全市87.27万农户签订第二轮承包合同。

襄樊市抓住被列为湖北省市带县体制城市和综合试点城市体制改革试点的有利时机,实施企业经营机制转换。由放权让利入手,转向制度创新,建立现代企业制度,推行股份制改造、强化管理、兼并重组“三项制度”改革等。1984年6月,中共襄樊市委、市政府下发《关于经济体制改革若干问题的暂行规定》。其主要内容包括下放经济管理权限,全面推行经济责任制;改革企业人事制度,扩大企业经济管理自主权;改革商品流通体制;改革科技、教育体制等。

1986年,针对20多家大型企业成建制和部分进入襄樊的实际,襄樊市集中在市属预算内企业中,全面实行以承包为主的经营责任制;1987年2月,襄樊市政府又印发了《关于工业企业实行租赁经营的试行办法》,决定在中小工业企业中试行租赁制。为保证企业改革的顺利进行,襄樊市多管齐下,对科技、金融、财税、流通、外贸管理体制进行一系列改革。同时,政府经济职能也由直接管理向间接调控转变。从1988年开始,襄樊市进一步全面落实14项企业经营的自主权,采取多种形式,放开搞活中小企业。比如,利用优化资本结构试点政策,实施资产大重组,实现企业集团化、规模化。到1988年底,全市187家预算内工业企业、186户大中型商贸企业和大部分工交集体企业,都实行了承包或租赁经营。

1990年3—10月,襄樊市组织实施预算内国营企业第二轮承包工作。全市314户预算内国营企业,先后签订二轮承包合同。

1992年2月,在襄樊钢铁厂试点经验的基础上,全市全面推行企业职工工资浮动制、干部聘任制、职工优化劳动组合为主要内容的企业“破三铁”(铁饭碗、铁工资、铁交椅)改革工作。到1998年底,襄阳轴承厂、湖北化纤集团和金鹏公司,被列入国家512户重点支持企业;襄樊卷烟厂、襄樊棉纺织印染厂、湖北东力工业公司等 8 户企业,被列入全省 85 户“巨人工程”企业。

1994 年,市直部分企业大胆探索和尝试了“动态股权制”。以建立按劳动、资本、贡献“三位一体”的新分配制度,形成职工与企业“兴衰与共、盈亏共担”的风险激励机制。1998 年 8 月,这种改革扩大到襄樊市的部分国有企业。1999 年下半年,市委、市政府将这种改革扩大到市直 20 家企业。到 2000 年,全市有 87 家企业实行这种“动态股权制”的改革。

1999 年,国有企业改革进入到攻坚脱困的关键时期。在建立部门帮扶、下岗再就业、最低生活保障,“三道防线”的基础上,各种形式的产权制度改革,在全市企业展开。经过几年的攻坚改革,其中,襄阳轴承厂、襄樊棉纺织印染厂、湖北化纤集团顺利地实现了,国有产权退出、职工身份的转换。同时,在经历了简政放权、承包经营、厂长(经理)负责制等改革后,襄樊一大批国有企业开始脱胎换骨的变化,普遍呈现出,“企业增效、国家增税、职工增收”的良好势头。以襄樊车桥股份有限公司和湖北化纤集团两企业为例。1998 年 10 月,襄樊车桥股份有限公司启动了动态股权制改革,实行改革的第一年,车桥股份有限公司即实现销售收入 3.4 亿元,实现利税 3650 万元,分别比 1997 年同期增长 22%和 30%;改革后的湖北化纤集团,其产值、销售收入和利税实现连年大幅度增加,4 年创造的利税总额是改革前 20 年的 1/3。1994 年,湖北化纤总公司被列入全国百家现代企业制度试点企业。

与转换机制的改革同时,另一项跨地区优化组合的改革,也在顺利进行之中。1992 年 6 月,卧龙饭店股份有限公司发行股票成为全市第一家股份制企业。1996 年 10 月至 1997 年 1 月,湖北金环股份有限公司股票和襄阳汽车轴承股份有限公司的股票,分别在深圳挂牌上市,实现襄樊上市公司零的突破。 1997 年,襄樊市被纳入全国优化资本结构的试点城市;襄阳轴承、东风仪表股票先后分别在深圳、上海上市;同年,湖北钢丝厂加入东风轮胎集团;襄樊市酒厂加入深圳三九集团。2001 年 7 月,湖北化纤集团与北京泰跃集团签订股权转让协议, 泰跃集团襄樊泰跃投资公司收购了湖北金环股份有限公司 28%的法人股。1998 年 7 月,市委、市政府印发《关于支持搞活国有大中型企业和实现三年解困的意见》。从融资、再就业、社会保障、财政、税收、土地、经济运行等方面,制定深化国有企业改革与脱困的具体措施。从而拉开企业“兼并重组”改革的大幕。同年,湖北制药厂、襄樊钢铁公司分别被湖北中天集团、武钢集团兼并, 东风轮胎集团兼并湖北钢丝厂。2004 年 11 月, 武烟集团兼并襄樊卷烟厂。

1984 年,襄樊市被确定为湖北省综合经济体制改革试点城市和国家科技改革试点城市。同年 10 月, 湖北省委、省政府批准襄樊市经济体制综合改革实施方案, 并扩大襄樊市在八个方面的管理权限。1985 年,襄樊被国务院批准为对外开放甲类城市。襄樊抓住机遇,下决心将自己的发展与国家区域发展战略部署联系在一起,力争纳入国家和湖北省发展的战略之中。1989 年 11 月,中共襄樊市第七次代表大会召开,大会提出“振兴襄樊、鼎足湖北”的奋斗目标。积极转向到西部大开发和实现中部崛起的快车道上来。

进入 21 世纪,党中央、国务院提出西部大开发的战略。省委、省政府制定了以“武汉为中心,襄樊、宜昌为两个副中心,一主两副,比翼齐飞,带动全省经济社会全面发展”的崛起蓝图。襄樊在这一蓝图中被赋予重任。襄樊市委、市政府紧紧抓住这一难得的历史机遇,把握发展大势,确定了顺应时代发展潮流的战略举措。2000 年 11 月,中共襄樊市委召开了九届二次全体(扩大)会议。会议审议通过《关于制定全市国民经济和社会发展第十个五年计划的建议》和《关于抢抓西部大开发机遇,推进襄樊更快更好发展的决定》,提出新世纪襄樊改革发展的“一、二、三、四、五”的宏伟目标。即:确定“一个定位”——把襄樊由历史上的兵家必争之地变成新千年的商家必争之地,把襄樊建设成为湖北经济强市和秦巴经济走廊的中心城市;形成“两个枢纽”——把襄樊建成全国性的物流枢纽和信息枢纽;实现“三个对接”——将内陆经济与开放型经济对接、传统产业与高新技术产业对接、相对单一的所有制结构与混合所有制经济对接;建设“四大基地”——汽车工业基地、纺织工业基地、高新技术产业基地和现代农业基地;实施“五大工程”——结构调整工程、科教创新工程、城乡一体化工程、信息化工程、发展环境优化工程。

2001 年,襄樊市第九次党代会召开,进一步明确“以加快工业化为核心,以大开放为主战略”的基本思路,坚定了襄樊在中部崛起的目标地位。

2003 年 7 月,中共湖北省委第十一届四次全会强调,要进一步加大区域经济合作的力度,确定“把襄樊建设成为省域副中心城市”的宏观布局安排。2004 年 8 月,襄樊市委九届十六次会议,根据省委关于将襄樊市确定为省域副中心城市的宏观布局,审议通过了《中共襄樊市委关于努力把我市建设成为省域副中心城市的决定》,提出经过五至七年的努力,把襄樊建设成为省域副中心城市。2004 年 12 月,中共襄樊市第十次代表大会召开。审议通过九届市委关于《求真务实,加快发展,为把襄樊建设成为名副其实的省域副中心城市而努力奋斗》的工作报告,明确提出“把襄樊建设成为名副其实的省域副中心城市”。

20 世纪 80 年代,襄樊市委、市政府为正确处理工农关系,明确提出“立足农业,主攻工业”的战略思想;着力实施“以工兴市”“以市带县、以工带农”的发展路子。针对襄樊农业实际,襄樊市历届领导强调,以农业为基本点,把解决好“三农”问题放在重中之重的位置。

1982 年底,全区 99%的土地实现了各种形式的家庭联产承包责任制。到 1984 年,家庭联产承包责任制这种制度变迁的动力冲击相对减弱释放。农业生产总体上投入滞后、后劲不足、粮价过低等问题,逐渐凸现出来。“种粮不赚钱,增产不增收”的现象已较为普遍。多数农副产品价格彻底放开。1985 年 4 月,襄樊市取消实行 30 年的粮油统购制度,对棉花、粮食、油料,实行合同订购和市场收购的“双轨制”。进入 20 世纪 90 年代之后,粮食价格下滑、农资价格上涨、农产品销售不畅以及“乱摊派”“乱收费”现象,使襄樊的农业,陷入了粮食“生产越多、效益越低”的怪圈,从而导致农民增收困难负担沉重,农业生产出现波动。以粮食为例,1992 年全市粮食总产量达 330.50 万吨,1993 年却下降为 322.94 万吨,降幅达 2.3%。最低年份的 2003 年降至 229.46 万吨,是自 1984 年以来的最低点。农民收入的增幅,也从 1994 年的 41.1%的最高点,滑落到 1999 年的 1.6%。统计资料表明,1999—2003 年的五年间,农民收入的增幅,一直持续在 3.9%以下。

针对农民收入增长缓慢问题,2004 年 2 月 8 日和 2005 年 1 月 30 日,中共中央、国务院连续下发了《关于促进农民增加收入若干政策的意见》《关于进一步加强农村工作,提高农业综合生产能力若干政策的意见》两个重要文件。为贯彻执行党中央的决策,破解农民收入增长缓慢的新难题,市委、市政府早在 1992 年,按照全国的统一部署,在全市进一步全部放开食用油和粮食的购销价格。紧接着又出台一系列“支农、惠农、强农”空前的政策。如提前一年免征农业税等等。同时,大力发展各种类型的农民专业合作社,鼓励农村剩余劳动力向第二产业、第三产业转移。以上措施的实施,激发了广大农民的积极性,全市农业基本走出了阴影。

为从根本上解决好“三农”问题,襄樊市采取一系列基础性举措。

改善农业生产条件。农田水利基本设施的配套改善。针对实行家庭联产承包责任制后,农田水利设施年久失修的问题,1984 年春,襄樊市委、市政府组织制定了鄂北岗地综合开发治理方案,并着手对鄂北岗地进行综合治理。由于大力改善农业设施及配套工程,全市农田水利建设和防洪、排涝、灌溉、发电等工程,大为改观。1993 年 7 月,中日共同投资建设的石台寺泵站建成,实现了干渠全部通水,襄北、枣北 23 万亩岗地的灌溉用水、10 万人居住区的人畜饮水困难问题得到了缓解。据统计,截至 2005 年,全市新建了大、中型水库 66 座,总蓄水量达 37.78 亿立方米;全市农田灌溉面积,由 1979 年的 198 000 公顷,扩大到 229 420 公顷,农田有效灌溉面积占耕地总面积的比重也由 1979 年的 44%,上升到 54.8%。农业机械化逐渐普及。1979 年,全市农业机械总动力,达 93.89 万千瓦时。其中,农业机耕面积为 176 480 公顷,机播面积为 22 990 公顷,分别是 1951 年的 9.6 倍和 14.56 倍。到 2005

年,全市农业机械总动力上升到325.03万千瓦时,农业机耕面积为301 560公顷,机播面积为98 670千公顷,与1979年相比,分别增长了3.5倍、1.7倍和4.4倍。农村用电量和化肥施用增加。1988年(1988年开始统计)分别是3.09亿千瓦时和35.23万吨。2005年用电量达4.97亿千瓦时,化肥施用量(折纯)为43.10万吨。与1979年相比,分别增长了5.7倍和4.9倍。2005年,全市拥有农用大中型拖拉机55万台,农用载重汽车5.7万辆。耕、种、排、灌、收割和运输,实现一条龙机械化操作逐年增加。对农业投入的加大,抵御自然灾害能力也相对增强。襄樊一方面,按照中央、省委一系列惠农政策,在工作中一直坚持"多予、少取、放活"的方针,力争做到"予得更多、取的更少、放得更活";另一方面,在结合支柱产业培植和推进社会主义新农村建设等问题上,坚持"矛盾和困难上移,财力和支持重心下移"的原则,着力建立市、县两级财政惠农投入的长效机制。其中,市级财政每年拿出大量资金,对产业化龙头企业、产业化板块基地建设进行扶持,以奖代补支持种养大户、养殖小区发展。完善了农村交通、水利、人饮等基础设施,加快发展农村教育、卫生、文化、扶贫事业。2003年8—9月,汉江上游普降大雨,导致汉江襄樊段水位猛涨,沿江6个县(市)、区所辖堤防、河岸发生各类险情47处。全市组织劳力13.8万人及各种物资投入抢险救灾,共计安全转移农民12600人,畜禽6万余头(只),实现了沿江两岸"不溃堤"和"无一人死亡"的目标。2004年1—3月,襄城区欧庙镇发生禽流感疫情,市、区、镇三级政府采取果断措施,成功扑灭了禽流感疫情。

推动农业产业升级。1997年,襄樊提出"把农业产业化经营、乡镇企业的二次创业和小城镇建设'三大战略'扭在一起抓"的思路,使襄樊的农业结构调整和产业升级,比中央正式提出农业结构战略性调整的决策要早两年。2000年,为应对"入世"的需要,襄樊市提出"公司制发展农业、城镇化建设农村、专业化致富农民"的思路,被省委主要领导称之是"全省农业产业化经营的一个亮点"。2003年,襄樊市还进一步确立了"一县一品"发展战略,提出了"终端产品进超市、省内市场占第一,国内市场有地位,国际市场能进入"的发展标准。2005年,为了坚持用工业化的理念、产业化的思路,促进农业产业化经营,襄樊市把产业升级,作为农业农村经济的全局性、方向性工作,从而使之提升到一个更高的标准和更新的层次。在加强农业产业化基地建设方面,重点抓好了优质小麦、优质稻米、优质油料和经济林基地建设;在加快新型农业技术推广体系建设中,新增了有机、绿色、无公害标志农产品;在提倡发展多种经营,开发农贸市场方面,调整产业结构,促使种植业由单一粮食型结构,向粮食和多种经营结构转变,从而,产业升级初现端倪。通过调整产业结构,初步形成了鄂北岗地、襄枣宜结合部、汉江流域和山区为主的四个经济小区。到2005年,襄樊形成了有一定规模和区域特色的农业产品。如鄂北岗地的优质小麦;汉江沿岸和境内大、中型水库灌区的优质水稻;襄江流域的优质油料;襄阳、枣阳、宜城三县(市)结合部的优质畜禽、水产;鄂北岗地以及汉江沿岸的优质棉花;城郊和高山地区的无公害蔬菜;"汉十"公路沿线的优质林果;荆山山区的烟、茶、菌、药,以及大头菜、柳编、花椒、西瓜等。"章陵"小麦、"梅园"大米、"玉莲"油脂、"正大"饲料、"仙仙"水果、"绿生"茶叶、"流水"西瓜、"孔明"大头菜、"非凡"柳编工艺品等知名品牌享誉国内外。襄樊市相继被国家确定为全国10大夏粮主产区之一、全国10大小麦产区之一,三大芝麻产区之一、全国20个商品粮基地之一。国家粮棉油生产基地、全国商品肉牛生产基地和"一优两高"农业示范区。

培育新型农民。农民问题的实质是提高其收入问题。农民增收的关键是适应市场经济需要,摆脱单一的农产品种植模式,向加工、销售环节延伸,拉长产业链条,提高农产品的附加值,实现传统农业向现代农业的转变。为此,必须培育农民具有新知识的新型农民。襄樊是典型的农业人口大市,要变人力资源优势为经济发展优势,必须走"大培训、大增收、大转移、大发展"的路子。进入新世纪以来,全市围绕"一户培养一个明白人,一户转移一个劳动力"的目标,开展多种形式的转移就业技能培训工作。其中自2004年实施"阳光工程"以来,累计培训农村劳动力104 503人,通过培训转移96 070人,转移就业率91%。同时,全市农民适用技术培训达120万人次。以"培育科技示范户"为主,推进了农业科技进村入户;以赶科技大集、组织“三下乡”为主,推广了农业实用技术,提高了农民应用农业科技的水平和转移就业技能。据统计,全市每年平均有60万人次的农民,接受了不同形式的培训,共培育农业科技示范户2万多户,带动了近10万户的农民受益。到2005年,全市外出务工的劳动力达到65万人,农民人均工资性收入达到1200元。

拉长产业链条。襄樊市围绕农业工业化、工业农字化、经济外向化、资源高效化的思路抓农业。实施和发展“产供销一条龙”“贸工农一体化”,按照“公司加基地联农户”的方式,突出抓好一袋米、一袋面、一壶油、一篮菜的“四个一”工程。高标准建设食品工业园区,把襄樊打造成全省乃至全国重要的优质农产品生产加工基地。21世纪以来,“公司+农户、工厂+基地、专业市场+农户”等经营模式遍地开花,形成“市场扬龙头、龙头带基地、基地连农户,种养加、产供销、农工贸一体化”的生产经营新格局。到2005年,全市已形成以2家国家级龙头企业、30家省级龙头企业和86家市级龙头企业为骨干,一大批县、乡产业化组织为基础的农业发展格局,带动基地在10万亩以上的龙头企业13家,涌现出各类中介组织630个,专业市场185个。在龙头企业的带动下,一批布局相对集中、区域特色明显的优质农产品生产取得了突破,主要农产品逐步向优势产区集中,年上缴税金近5亿元。1993年,随州、襄阳、老河口、市郊区跻身全省乡镇企业十强县市行列。全市首富村——市郊区王寨乡施官营村,成为第一个工业产值过亿元的村;被誉为全市发展集体经济一面旗帜的襄阳县双沟镇双北村,工农业总产值达到1.2亿元,集体固定资产达到3000万元,全村80%以上的农户住上楼房,1/3的村民装上了程控电话;谷城县石花镇实现工农业总产值4.78亿元,人均纯收入1248元,分别比1979年增长38倍和6倍。乡镇企业占据了全市经济的半壁河山。1986年,襄樊油料总产首次突破200万担大关;1987年,襄樊粮食总产首次达到36.7亿公斤;1998年9月,襄樊市通过省政府吨粮市验收委员会的验收,成为全省第一个市级“吨粮市”。襄樊农业工作,有10项指标位居全省第一,有6项指标居全省第二位,绿色、有机、无公害农产品指标达到210个,无公害农产品基地认证面积达到386万亩,先后有300多个农产品,在全国、全省展销会上荣获金奖和最佳畅销奖。

推进小城镇建设。1997年5月,市委、市政府召开全市推进农业产业化暨乡镇企业工作会议,对全市农业产业化和乡镇企业工作,进行规划和部署。1994年10月,襄樊市被建设部确定为小城镇建设试点地区,全市小城镇建设,呈现快速发展态势。1995年,襄樊市又被列入实施“南(阳)襄(樊)工程”国家小城镇建设试点。2000年,襄樊市被列为中西部小城镇建设试点城市,稳步推进“城中村”“城郊村”“园中村”集体资产产权制度改革。到2000年,全市小城镇达到310个,其中,石花镇、太平店镇荣获“中国乡镇之星”。2000年全市小城镇创造的GDP达150亿元,提供的财政收入达6.8亿元,分别占全市的29%和27%。

(四)重点发展工业阶段

针对襄樊市工业薄弱的实际,在抓好农业的同时,把工作重心转向中心城市的工业发展。

1.建立高新技术产业开发区

在城市工业建设中,市委、市政府结合襄樊优势,将工作的重点放在建立经济开发区和发展汽车及汽车零部件工业方面。20世纪80年代末,省委、省政府决定建设以襄樊为中心的“武汉—襄樊—十堰”汽车工业走廊。为了支持“东汽”东移襄樊和30万辆轿车项目,成立襄樊市支持东汽轿车基地建设领导小组办公室(简称轿车办)。1990年10月,亚洲最大的汽车试验场,在襄樊基地顺利竣工。1991年,市委、市政府开始酝酿依托东汽襄樊基地和30万辆轿车项目,准备建立襄樊汽车产业经济技术开发区,并考虑着手建成湖北第二个汽车城。同年10月,市委、市政府正式决定,成立襄樊汽车产业经济技术开发区，并将市郊区的米庄镇及襄阳县张湾镇部分村组，整体划转给襄樊汽车产业经济技术开发区。另外，襄樊市在离市区5公里的油坊岗，开始建设轻型汽车基地。同时，东风公司襄樊汽车装试厂竣工。

1992年1月，省政府同意设立湖北省襄樊汽车产业经济技术开发区。经济技术开发区发展目标定位以30万辆轿车项目为依托，以汽车工业为主体，高新技术和其他产业相结合，逐步建成有自己特色的外向型经济技术开发区。随后，汽车工业园、化纤工业园、化工工业园、软启动工业群等崛起。东风康明斯、印度博拉、中航精机等一批国内外知名企业相继落户襄樊。

1992年9月，中法合资生产的神龙第一辆富康轿车，在东汽襄樊基地下线。1993年2月，中法合资30万辆轿车项目——襄樊汽车发动机加工厂在襄樊汽车经济技术开发区开工建设；1995年9月，东风汽车公司决定将644种轻型车零部件，布点在襄樊生产。1996年，在引进美国康明斯公司生产技术的基础上，东风公司与康明斯公司合资，成立东风康明斯发动机有限公司，在襄樊建设发动机生产基地；1999年，东风公司又将襄樊基地的轻型车厂、康明斯发动机厂等几块优良资产重组，成立东风汽车股份公司，并成功上市；1999年7月，东风汽车股份有限公司成立；2002年9月，东风汽车公司又与日本日产汽车有限公司建立全面合作伙伴关系，共同组建东风汽车有限公司，一期在襄樊投资人民币33亿元；2003年1月，东风车桥股份有限公司车桥分公司、襄樊东风重型车桥股份有限公司、东风车桥轮毂厂，联合成立东风车桥股份有限公司。

1995年10月，市委、市政府确定汽车工业为全市"九五"计划主要发展目标，"力争到2000年全市汽车工业总产值达到300亿元"。1996年5月，市委、市政府下发《关于加快发展汽车工业的若干意见》，要求抓住东风汽车公司战略东移和实施百万辆汽车工程的大好机遇，对内联合，对外招资，尽快把襄樊建成全国知名的汽车工业大市。2003年10月，市委、市政府召开全市服务东风、加快汽车产业发展动员大会，并下发《关于加快发展汽车产业的若干意见》和《关于支持东风公司发展的意见》，要求全力支持服务东风公司在襄樊的发展。2003年6月9日，标志着中国汽车工业迄今为止最大的国际合作项目东风与日产全面合作的"新东风"正式挂牌成立。2004年9月，东风—日产合资东风汽车有限公司生产的"天籁"3.5升高档轿车，在东风襄樊基地下线，标志着东风襄樊基地已经具备生产国际高档轿车的能力。为迎接"天籁"轿车的下线，改善东风襄樊基地的外部环境，襄樊市特地为此建成车城大道和邓城大道。2005年2月，襄樊高新技术产业开发区与襄樊汽车产业经济技术开发区合并，组建新的襄樊高新技术产业开发区。同年3月，东风汽车有限公司又与美国德纳公司签订协议，共同投资22亿元，组建了东风德纳车桥有限公司。

2005年，襄樊汽车及零部件生产企业达200多家，日产、标致、雪铁龙、康明斯等10多家跨国公司，先后在这里大规模投资。同年，全市汽车工业产值突破400亿元，占全市工业总产值的59%。襄樊汽车工业企业的聚集度，居全国十大汽车工业城市前列。汽车工业，不但已成为全市第一大主导产业，而且襄樊也成为东风公司轻型商用车、中高档乘用车等整车和关键零部件总成的主要生产基地。襄樊迅速发展成为中国内陆的"汽车城"和湖北千里汽车走廊的中心。

2.能源开发与建设

1985年，全市第一个中外合资企业——亚泰磁带企业有限公司建成投产。1999年后，不但三九集团兼并襄樊市玻璃厂，北京燕京啤酒挺进到宜城，而且浙江中天、辽宁中兴等一大批"巨头"，先后在襄樊安家。随着引进项目的脚步加快，促成越来越多的外资齐聚襄樊，跨国公司格林科尔、新加坡佳通、中泰信用等一大批巨头，也先后来襄樊安家。1992年，襄樊市实际外商直接投资508万美元，2005年，新批准外商企业17家，合同外资金额5633万美元。实际外商直接投资3127万美元，较1992年增长6倍多。

襄樊火电厂建设是招商引资中的一个典型范例。过去，襄樊市区只有一家小的襄樊热电厂，电力供应十分紧缺，与经济发展很不适应。到 1979 年，全市年发电量只有 3888 万千瓦时。1994 年，经能源部批准，静态总投资 63 亿元，国家"八五"重点能源建设项目——襄樊火电厂，前期配套工程开始建设动工。同年，市委、市政府指示要求"要像全国支持三峡工程那样全力支持襄樊火电厂建设"。当年 4 月，襄樊火电厂的配套工程，汉江上最大煤炭专用港口——余家湖港投入运行。

1996 年 11 月 29 日，作为"九五计划"重中之重的襄樊火电厂项目，正式开工建设了。一期工程 4 台、共 120 万千瓦机组并网发电后，年发电量将达到 72 亿千瓦时，相当于 1994 年全市年用电量的 2 倍多；年可创产值 21 亿元，相当于全市乡及乡以上独立核算工业企业总产值的 2/5；年可提供利税近 1 个多亿，相当于 1994 年全市财政收入的 1/4。

1999 年 9 月，经过三个年头施工建设，实际总投资 74 亿元，装机容量 120 万千瓦，襄樊火电厂一期工程发电并网成功。1999 年 11 月 ，4 台 30 万千瓦火力发电机组全部投产运营。到 2005 年，襄樊发电有限公司以其强大的经济实力，进入"全国纳税 500 强企业"之列。当年，襄樊火电厂二期工程 2 台 60 万千瓦超临界燃煤机组又开始上马。两年后，该工程全部建成投产。

与其相配套的襄樊水力发电，通过引进外资纷纷投入建设。2000 年 12 月，汉江王甫洲电站全面竣工投产。此后，谷城南河、白水峪和保康县寺坪、过渡湾电站，先后建成投产。2005 年，全市年发电量达 695 300 万千瓦时，是 1979 年的近 180 倍。

进入 21 世纪，襄樊把目光投向国家"西气东输"工程的天然气。2001 年 2 月，中国石油天然气股份有限公司副总裁到襄樊考察，同意将襄樊列入"忠县—武汉"天然气管线总体规划之中。

能源结构的改善，为襄樊城市建设和经济发展提供了支撑，为国内外企业扩张发展、购并重组搭建了平台，越来越多的外国资本在这一时期涌入。例如，法国 PSA 集团、日产、麦当劳、沃尔玛等近 10 家世界 500 强企业扎堆进入襄樊，世界发动机制造巨头美国康明斯有限公司，也在这时进驻襄樊汽车产业开发区落户。

2004 年 1 月，市委、市政府联合下发《关于开展"项目年"活动的实施意见》，决定加快建成一批重点项目，引进一批外来项目，激活一批民间资本项目，加快推进工业化进程，推动襄樊经济结构、行政效率和发展环境，发生质的改变。

3.发展民营经济

20 世纪 80 年代末，襄樊市委、市政府审时度势，支持民营经济发展壮大，制定了"学苏州、赶荆州、争上游、创一流"的指导思想。2003 年后，襄樊市又把国有企业改革的经验向城镇集体企业、乡镇企业延伸，并完成了国有工商企业、城镇集体企业、乡镇企业和文化事业单位的改革。同时，为了引进民间资金和推进企业产权多元化，在土地、资金、人才等生产要素的优化配置和效益方面，为民营企业发展创造了机会，提供了发展平台。

1999 年，全市个体私营工商户发展到 21 万户，从业人员突破了 50 万人。其中私营企业累计近 4700 户，从业人员达 6 万人。

2002 年 7 月，市委、市政府召开全市加快发展民营经济动员大会。随后，市政府出台了一系列支持鼓励民营经济发展的一系列优惠政策。在世纪之交，襄樊"王胖子建筑(置业)集团有限公司"、"追日电器""回天胶业"等一大批民营企业，先后纷纷破壳而出。她们的崛起，为襄樊发展注入了无穷的活力。据统计，到 2002 年，襄樊市的民营经济，已占全市经济总量的 20%以上。

湖北回天胶业股份有限公司，前身是襄樊市胶粘技术研究所。该所原本是一家名不见经传的地方小小科研单位，曾一度步履维艰。1996 年，在全市开始推行中小企业改制的形势下，该单位领导和群众毅然决定：扔掉事业单位帽子，全员出资买断国有生产性净资产的方式，进行彻底的股份制改造而成立的。改制后的公司，精简机构，面向市场，建立起全面的竞争机制、激励机制和监督机制。结果，公司马上得到新生。2001年，该公司又探索施行了期权股票制。经过短短的七年时间，迅速发展成为年销售额突破亿元、利税2350万元的襄樊知名企业，并一跃创造了销售收入、利税5年增长10倍的"回天速度"，迅速成为国内汽车制造业及工程用胶粘剂最大的供应商之一。同样，用短短7年时间创造奇迹的小白象公司。1996年6月，原市中心商场职工杜诗武，靠着借来的8000元钱和赊来价值10万元的产品，单枪匹马创建了小白象电器商行。在市场上打拼了7之后，小白象电器商行变成了小白象公司，经营规模也由原来1间18平方米的小店铺，发展成为拥有2个分公司、3个精品专卖店、180名员工、年销售额突破3000万元的中型民营企业。除上述两家民营企业外，宋爱洁和陈建国也先后奇迹般创办了"妞妞"食品有限公司、"追日电气有限公司"。

4.技术研发与新产品开发

传统产业技术改造、高新技术研发和新产品开发是推动襄樊工业发展的一项战略性措施。1979年，全市大部分工业企业规模小、设备陈旧、工艺落后，针对当时的实际，襄樊市开展了技术改造工作，并提出"向内挖潜和使劲，花大力气对现有企业进行技术改造，推广新技术、新材料、新工艺，大搞生产能力的填平补齐"的政策要求。1981年，襄樊市区曾一度开展群众性的技术革新活动，共计完成技术革新项目932项，筹集资金1501万元，改造28个技术项目。1981年底有16个项目开始见成效，新增产值1.05亿元，占全年净产值的51.7%，新增利润78.3万元，占全年净增利润的58.9%。

1984年3月，襄樊市计算机外部设备厂，研制出全国第一部针型汉字打印机。1985年12月，襄樊电视机厂与天津712厂结成北京牌电视机生产联合体。一些知名品牌开始走向全国，一个闻名全国的"轻纺城"称号也由此诞生。到1985年，全市拥有3113个工业企业。其中国营企业585个，集体企业2528个；轻工业企业1816个，重工业企业1297个。职工314 078人。固定资产原值31.5亿元。主要工业产品，有棉布、棉纱、化纤、毛呢、卷烟、酒、化肥、水泥、电视机、自行车、缝纫机、集成电路、录像磁带125种。全市创优质产品340个。其中有11种产品获国家金、银质奖，52种获部优质产品称号，74种获省优质产品称号。

1988年，襄樊市委、市政府根据国家关于发展高新技术产业的战略部署，结合襄樊产业布局实际，成立全国第一个高新技术产业管理局，负责对全市"火炬计划"的管理和襄樊高新技术产业开发区的筹建工作。

1992年2月，市委、市政府批准建立襄樊高新技术园。同年5月，湖北省人民政府批准高新技术园为全省首家省级高新技术产业开发区。1992年11月9日，经国务院批准，升级为国家级襄樊高新技术产业开发区。

1997年4月，襄樊市提出以"提档升级为核心"的汽车、纺织工业"二次创业"。通过"二次创业"，实施传统优势产业振兴计划，对传统优势产业改造升级。通过技术改造，纺织工业一改多年低速运行的局面，实现大幅度增长。食品工业发展增速加快。电力工业形成以火电为主、水电为辅的发展格局。化工医药、建材冶金等传统工业，保持了高速发展势头。汽车工业更是有了明显的"提档升级"。先后开发出重型冲焊车桥、汽车轴承、汽车座椅、蓄电池、汽车门锁、富康车摇臂等具有国内先进水平的产品，并且，形成以湖北新华光信息材料股份公司为龙头的全国最大的特种光学玻璃研发、生产基地，以航宇救生设备有限公司为主体的全国最大的航空救生装备研究、设计、实验和制造基地。统计资料表明，更新改造投资超常规地增长。2001年9月，"中国'襄樊纳米村'"开工建成。

到2005年，全市新认定高新技术企业8家，至此，高新技术企业累计已达157家，共承担国家级和省级科技计划项目73项，资金投入达7.8亿元，技术转让交易额也达1个亿，专利申请达821件，较2004年增长10.8%。

据统计，1981 年，全市的更新改造投资仅为 0.76 亿元，到 2004 年，上升到 43.13 亿元。1979 年，全市用于更新改造投资为 453 万元，2005 年，该项投资上升到 431292 万元，是 1979 年的 950 多倍。

1979 年，科学技术在全市的统计尚属空白。1988 年，全市科技机构 50 个、从事科技活动人数 2512 人、科技活动经费总额2504万元。到2005年，科技机构调整为39个，但人数和经费分别上升到11 795 人和 107 374 万元。1996—2005 年高新技术产业发展情况（见表 5—1）。

1996—2005 年襄樊市高新技术产业发展情况

表 5—1　　　　单位：亿元

年份	高新技术总产值	高新技术增加率(%)	其中				出口交货值	销售收入	利税总额
			电子信息	生物与新医药	新材料	先进制造			
1996	2.1	8.21	—	—	—	—	0.51	31.4	2.14
2000	78	25.64	—	—	—	—	1.06	73.61	8.3
2001	101.11	29.07	0.39	1.15	2.14	9.66	2.46	97.05	12.91
2002	139.78	34.19	0.33	0.4	4.07	20.32	1.35	137.21	17.97
2003	160.65	43.34	0.52	0.58	2.34	28.72	2.44	158.45	22.45
2004	184.47	51.73	0.68	0.76	2.43	43.68	5.08	183.15	32.25
2005	232.51	60.11	0.85	0.89	4.41	51.05	4.65	177.53	32.23

从上表可见，1996 年，襄樊高新技术主要涉及电子信息、生物技术与新医药、新材料和先进制造等行业。当年，实现高新技术总产值和高新技术增加值分别为 29.10 亿元和 8.21 亿元。其中产品出口交货值为 0.51 亿元，产品销售收入 31.40 亿元，利税总额 2.14 亿元。到 2005 年，高新技术总产值和高新技术增加值分别增加为 232.51 亿元和 60.11 亿元。其中产品出口交货值为 4.65 亿元，产品销售收入 177.53 亿元，利税总额 32.23 亿元；与 1996 年相比，分别增长 8 倍、7.3 倍、9.12 倍、5.65 倍和 15.06 倍。

1979—2005 年，襄樊坚持改革开放，坚持工农并举，实现经济又好又快的发展，成为新中国成立以来经济最快的发展时期。这种超常发展演进，可以概括为“两个跨越”，即经济总量跨越 500 亿，达 592.33 亿元，人均 GDP 过 1 万，达 10844 元；“两个实现”即实现大城市目标和总体基本上实现“小康”水平；“两个增强”，即农业基础地位进一步增强，综合生产能力稳步提高，经济发展后劲进一步增强，发展能量不断积聚；“两个突破”，即经济结构调整取得新突破，比例关系不断优化，外向型经济取得突破性发展，对外开放水平不断提升。

二、经济结构

(一)产业结构

襄樊市三次产业结构变化总的趋势是:第一产业(种植业、林业、牧业和渔业)在国民经济中的比重下降,第二产业(工业和建筑业)比重上升,第三产业(除以上以外的其他各行各业)比重则是先上升,后趋稳的状态。

1.第一产业

1949年新中国成立后,襄樊国民经济以第一产业农业为主的模式,在相当长时间内没有改变。1979年,全地区生产总值16.43亿元。一、二、三次产业的增加值依次为7.85亿元、5.38亿元和3.20亿元,其结构比例分别是47.8%:32.5%:20.9%。这种第一产业为主的结构态势,呈逐年下降改变。比如1983年第一产业比重仍高达46.35%,到1987年,则下降为40.9%。直到1988年,这种以第一产业为主的模式,才发生了根本的变化。1988年,全市实现地区生产总值57.05亿元,三次产业增加值依次为20.94亿元、23.21亿元和12.9亿元,结构比例依次变化为36.7%:40.7%:22.6%。第一产业的比重由1983年的46.35%,下降为36.7%;而第二产业的比重则由1983年的32.5%,上升为40.7%,第二产业的比重,首次比第一产业高出了4个百分点。

1998年,工业取代农业在全市生产总值中占据的主导地位。当年,全市实现生产总值343.68亿元,三次产业增加值依次为103.84亿元、136.03亿元和103.81亿元,三次产业的结构比例变化为30.21%、39.56%、30.21%。三次产业的结构比例顺序,已由1979年的“一二三”转变为“二三一”了。在三次产业结构质变的同时,农业内部结构也发生了优化。这种优化总的趋势是:种植业比重逐年下降,林渔业比重则逐渐上升,牧业的比重则是先升后降。

1979—2005年主要年份农林牧渔业总产值及内部比例变化

表5—2 单位:亿元

年份	农林牧渔业	种植业	比重(%)	林业	比重(%)	牧业	比重(%)	渔业	比重(%)
1979	13.09	10.34	79	0.5	3.9	1.99	15.2	0.04	0.3
1980	11.87	9.37	79	0.46	3.9	1.8	15.2	0.04	0.3
1985	25.36	20.03	79.6	0.98	3.9	3.85	15.3	0.08	0.3
1990	54.62	43.16	79	2.1	3.8	8.3	15.2	0.16	0.3
1995	118.06	92.08	78	4.89	4.1	18.77	15.9	0.42	0.4
2000	154.59	102.45	66.3	5.16	3.3	39.2	25.4	7.68	5
2005	214.3	123.3	57.5	4.38	2	73.64	34.4	9.79	4.6

1979年,襄樊市农林牧渔业总产值13.09亿元。其中种植业、林业、牧业和渔业分别为10.34亿元、0.50亿元、1.99亿元和0.04亿元,其占比重分别为79.0%、3.9%、15.2%和0.3%。到2005年,全市农林牧渔业总产值214.3.96亿元,比1979年增20多倍。其中种植业为123.3亿元,增1.57倍;林业4.38亿元,增10.7倍;牧业73.64亿元,增45.5倍;渔业9.79亿元,增329倍。其所占的比重分别为

57.5%、2%、34.4%和4.6%(见表5—2)。

2.第二产业

1979年和1983年，第二产业增加值分别为5.38亿元和7.97亿元，占地区生产总值的比重为32.75%和32.46%。2005年，第二产业增加值上升为246.55亿元，占地区生产总值的比重也上升到41.6%。同时,2005年,全市工业企业达4300多家。其中规模以上工业企业716家,产值过亿元的企业为113家,主营收入过百亿的企业为2家。

第二产业的崛起,轻、重工业的比重也开始发生变化。1979年,襄樊轻、重工业总产值分别为8.67亿元和4.95亿元,轻、重工业的比例为63.61%和36.39%。1983年,轻、重工业总产值分别为16.06亿元和7.22亿元,轻、重工业的比例变化为69.02%和31.08%。1998年,重工业总产值127.23亿元,首次超过轻工业总产值的125.15亿元,轻、重工业的比重,为49.6%和50.4%,形成轻、重工业并驾齐驱的格局。2005年,襄樊市重工业产值上升到403.71亿元,大大高于产值为134.57亿元的轻工业,轻工业比重由1979年的63.6%下降为25%;而重工业的比重则由1979年的36.4%上升为75%。

2005年，全市一个“龙头”“四大支柱”产业，共完成总产值600多亿元，占规模以上工业的82.6%。其中汽车工业一路领先,产值突破270亿元,占规模以上工业的比重高达50.37%。1979—2005年,主要年份的工业总产值及轻重工业比例结构的变化(见表5—3)。

1979—2005年主要年份襄樊市工业总产值轻重工业比例

表5—3　　单位:亿元

年份	全部工业总产值	轻工业		重工业	
		产值	比重(%)	产值	比重(%)
1979	13.63	8.67	63.6	4.95	36.4
1980	16.86	11.23	66.6	5.63	33.4
1985	33.16	21.49	64.8	11.67	35.2
1990	63.14	15.78	25	47.35	75
1995	240.96	125.22	52	115.74	48
2000	267.04	128.38	48	138.66	52
2005	538.28	134.57	25	403.71	75

上表可见,轻、重工业的比重中间有所波动,但总体上则呈轻工业比重下降,重工业比重上升的趋势。

第二产业中的建筑业,基本上保持与工业同步的态势。1979年,建筑业增加值为0.53亿元,1983年为0.75亿元,分别占第二产业的比重为9.85%和9.41%。1990年为2.36亿元,占第二产业的比重为9.25%。到2005年,建筑业的增加值上升为25.16亿元,占第二产业的比重为10.20%。

3.第三产业

1979年，全区第三产业增加值为3.20亿元，占地区生产总值的比重为19.5%;1983年第三产业增加值为5.0亿元,占20.4%。1998年,第三产业增加值为103.81亿元,占30.2%,与第一产业103.84亿元、比重为30.21%齐头并进。2005年,全市实现生产总值592.33亿元。其中第一产业、第二产业、第三产业分别为121.92亿元、246.55亿元和223.86亿元,一、二、三次产业结构比例为20.58:41.62:37.79。第三产业的绝对值超过第一产业,高于第一产业比重的20.6%。第三产业37.79%的比重,低于第二产业41.62%比重,仅3.93个百分点。同时,第三产业的比重,较1979年的19.49%,上升了18.3个百分点。

同时,襄樊市第三产业的内部结构也发生了深刻变化。以交通运输、仓储、邮电通信业、批发和零售贸易、餐馆业、金融保险业、房地产业和其他服务业为例,其变化特点是:(1)交通运输业发展最快,1990年,其增加值为3.1亿元,占第三产业的比重为20.34%;2005年,上升为61.24亿元,较1990年增19.75倍。(2)房地产业、批发和零售贸易、餐馆业,1990年,其增加值依次是:4.58亿元、1.13亿元和4.45亿元;2005年,分别上升为70.78亿元、17.28亿元和67.68亿元,与1990年相比分别增长15.45倍、15.29倍和15.21倍,占第三产业的比重分别由1990年的30.10%、7.42%和29.20%;变化为2005年的33.77%、7.39%、29.81%。(3)金融保险业比重下降,1990年,其增加值为1.97亿元,2005年,虽然上升为6.87亿元,但只增3.34倍,其占第三产业的比重,也由1990年的12.93%,下降为2005年的3.07%。1979—2005年间,主要年份的生产总值及结构情况(见表5—4)。

1979—2005年主要年份全市生产总值三次产业比例

表5—4　　单位:亿元

年份	地区生产总值	第一产业		第二产业		其中工业	第三产业	
		产值	比重(%)	产值	比重(%)	产值	产值	比重(%)
1979	16.43	7.85	47.8	5.38	32.7	—	3.2	19.5
1980	17.36	7.12	41	6.31	36.3	—	3.93	22.6
1985	36.01	15.21	41.9	13.3	36.9	—	7.5	20.8
1990	73.52	32.78	44.6	32.78	34.7	23.14	15.24	20.7
1995	238.39	83.24	34.9	83.24	37.3	78.24	66.22	27.8
2000	368.42	97.19	26.4	97.19	37.5	121.22	133.15	36.1
2005	592.33	121.91	20.6	246.55	41.6	221.39	223.86	37.8

(二)产品结构

1.农业产品

襄樊市农产品一直保持增长趋势。1979年,粮食、棉花和油料作物产量分别是174万吨、3.38万吨和2.99万吨。到2005年,分别变化为329.51万吨、3.71万吨和32.72万吨。2005年与1979年相比,增幅分别为1.89倍、9.76%和10.9倍。其中花生和油菜籽1979年为2.40万吨和0.41万吨,到2005年,分别为17.29万吨和18.11万吨,分别增7.2倍和44.2倍。

粮、棉、油等主要传统农产品产量增长速度变慢,而多种经营的速度呈增快趋势。2002年,粮、棉、油和蔬菜的产量分别为300.56万吨、4.62万吨、44.29万吨,459.21万吨;到2005年,则分别为329.51万吨、3.01万吨、37.48万吨和336.04万吨。两个年份相比,除粮食增9.6%外,其他则分别为—34.9%、—15.4%和—16.9%。2002年,水果、肉类、奶类分别为42.21万吨、34.78万吨和0.14万吨;2005年为45.82万吨、45.66万吨和0.21万吨。两个年份相比,增幅分别8.55%、31.28%和150%。1979年以来,主要代表年份的部分农业产量(见表5—5)。

1979—2005 年主要年份襄樊市部分农产品产量

表 5—5

年份	耕地面积(千公顷)	农民人均(公顷)	粮食(万吨)	棉花(万吨)	油料(万吨)	猪羊肉(万吨)	水产品(万吨)
1979	456.39	—	174	3.38	2.99	—	—
1980	455.37	—	150.85	3.49	0.93	—	—
1985	441.76	—	248.9	4.74	7.24	—	—
1990	429	0.11	323.48	5.1	10.12	12.83	2.12
1995	415.64	0.11	360.27	7.13	27.5	34.27	7.94
2000	412.96	0.11	307.05	4.12	39.93	30.94	13.93
2005	400.62	0.11	329.51	3.01	37.48	38.34	15.94

2.工业产品

1979 年，襄樊工业经济基本上是中央和省属“三线”企业为骨干的机械、化工、纺织、轻工、建材工业。其中轻工业的比重一度占到 60%以上。1983 年，襄樊市已发展成以轻纺工业为主，兼有机械、冶金、化工、电子、建材、食品等 60 多个工业门类的地区。到 1988 年，发展为拥有 33 个工业大类、142 个中类和 479 个小类，行业比较齐全的工业结构。到 2005 年，襄樊市工业结构实现从门类简单到齐全；从以轻工业为主，到轻、重工业共同发展；从以劳动密集型工业为主导，向劳动、资本和技术密集型共同发展。形成以汽车工业为龙头，以高新技术产业为先导，以纺织、电力、食品、烟草工业为支柱和医药、建材、化工等门类较为齐全的工业体系，多点支撑的产业发展格局。工业经济实力仅次于武汉市，居全省第二位。

1979 年，全地区实现工业总产值 13.63 亿元，较 1978 年增 25.85%。其中轻纺工业的比重为 63.6%∶36.4%。到 2005 年，襄樊市轻、重工业比重则变化为 25%∶75%。轻、重工业比例的变化，导致工业产品结构也发生重大变化。即轻工业产品下降，重工业产品上升。以汽车为例，1979 年，襄樊市没有汽车生产，而到 2005 年，全市生产汽车共计 163 411 辆。其中载货汽车 69 498 辆；轿车 76 893 辆。1979—2005 年，部分年份主要工业产品产量（见表 5—6）。

1979—2005 年主要年份襄樊市部分工业品产量

表 5—6

1979—2005 年主要年份襄樊市部分工业品产量表	发电量(万千瓦时)	卷 烟(万支)	棉纱(吨)	布(万米)	硫酸(吨)	化肥(折纯)(吨)	水泥(吨)	汽车(辆)
1979	2009	28.09(万箱)	13329	5999	44359	—	281800	—
1980	—	—	—	—	—	—	—	—
1985	—	—	—	—	—	—	—	—
1990	37975	—	45621	20016	216490	—	1379400	—
1995	68201	—	76300	39203	262900	—	2228700	—
2000	—	—	—	—	—	—	—	—
2005	700673	2395904	145726	34686	236761	222322	1714438	163411

3.其他产品

经过26年的建设，襄樊交通运输业已发展为“一条汉江、两座机场、三条铁路、四通八达公路运输”格局，形成境内铁路、公路、水路、管线、航空联成一体，四通八达的水、陆、空立体交通网络体系。1979年，襄樊市全社会旅客运输量只有1176.90万人次，全社会货物运输量为691.10万吨；到2005年，分别上升7788.80万人次和5389.10万吨。与2004年相比，分别增长5.2%和7.63%；与1979年相比，则分别增长6.7倍和7.8倍。

1985年，以襄樊北编组站和襄樊客货运站为中心的襄樊铁路枢纽工程竣工。2005年，汉(武汉)丹(丹江口)、襄(襄樊)渝(重庆)、焦(焦作)柳(柳州)线在境内通过，铁路通车里程356公里。1949年，全区公路通车里程仅为534公里，1979年，公路营业里程也只有6576公里。2003年12月，襄樊第一条高速公路——“襄十”高速公路的建成通车，结束了鄂西北没有高速公路的历史。随后，襄樊被纳入国家公路枢纽总体布局。到2004年6月，“襄荆、孝襄、樊魏”高速公路先后建成通车。构成四条高速公路在襄樊境内交会，基本可实现相距1000公里左右的大城市朝发夕至。2005年，全市已基本构筑起以襄樊为中心，国、省道为骨架、省、市、县、乡相通的公路网络和国道、省道的改造升级以及县、乡、村道路的互联互通。襄樊随之成为鄂豫川陕毗邻地区，30万平方公里内唯一的大城市，秦巴经济走廊上最大的中心城市和鄂西北最大的商贸物流中心。2005年，公路通车里程较上年新增701公里，公路通车里程13571公里，比上年增1%，较1949年增长25.4倍；较1979年，增长2.06倍。其中境内高速公路已达270公里。在管线运输方面，有效实现油、气、水、电畅通输送，保证生产和生活的需求。1979年，全市邮电业务总量为0.071亿元，2005年，达到13.57亿元，与2004年比，增长10.87%，与1979年相比，提高190多倍。其中2005年全年完成邮政业务总量为2.34亿元，比2004年增长14.1%，电信业务总量11.39亿元，比2004年增长9.1%，年末局用电话交换机总容量118.52万门，比2004年末增加1.05万门；固定电话用户88.02万户，比2004年增加3.5万户；移动电话用户138.23万户，比2004年增加30.14万户。固定电话普及率，达到每百人15.26部。襄樊移动通信工程、襄樊联通传输干线工程、襄樊联通CDMA数字移动通信网工程的建成，全市已形成了以程控交换、数字微波、光纤传输为主，设备先进的电信网络。

1989年10月，襄樊刘集机场试飞成功，结束襄樊市区无机场的历史。到2005年，全市民用机场2个，可通达北京、上海、深圳等城市。1979年，水运客运量和货运量分别为7.9万人次和158.1万吨。到2005年，水路通航里程达597.5公里。其中客运量和货运量分别为7.8万人次和130万吨，与1979年相比，基本上持平。1979—2005年主要年份襄樊交通运输业客、货运量(见表5—7)。

1979—2005年主要年份襄樊交通运输业客、货运量

表5—7

年份	里程(公里)	总 量	旅客运输量(万人)			货物运输量(万吨)		
			铁路	公路	航空	铁路	公路	航空
1979	6577	1177	—	691	—	—	0.071	—
1980	6631	1336	—	619	—	—	0.075	—
1985	6667	3077	—	771	—	—	0.096	—
1990	6721	3972	—	2898	—	—	0.44	—
1995	4991	4266	—	3275	—	—	2.1	—
2000	6176	5926	—	4264	—	—	2.03	—
2005	13571	7789	485	5389	5.72	498	13.57	0.01

(三)所有制结构

1.全民所有制

1979年,全市在统计的工业企业1645个,全部工业总产值15.25亿元。其中全民所有制工业企业513个,总产值12.20亿元,分别占全部工业比重的31.2%和80%。到1988年,在统计的工业企业3234个,总产值65.74亿元。其中全民所有制工业企业624个,总产值41.62亿元,分别下降到19.3%和63.31%。

全市国有及国有控股工业企业的比重,也呈逐渐下降态势。1979年,工业总产值为10.94亿元,占全部的80.3%,到2005年,为69.65亿元,占比重仅为13%,下降67.3个百分点。

2.集体所有制

改革开放以前,农村经济主体是集体所有制。26年来,集体经济在工业结构比例:1979年,全市在统计的集体所有制工业总产值2.69亿元,占全部工业总产值的比重19.7%。2005年,集体所有制工业总产值10.36亿元,占全部工业总产值的比重1.93%。两个年份相比下降17.77个百分点。1999年,在全市固定资产投资总额中,国有经济占66.9%,集体经济占7.5%,其他占25.5%。到2005年,在全市固定资产投资总额中,国有经济占87.3%,集体经济只占2.6%,其他经济占总额10.1%。

3.个私所有制

改革开放以前,襄樊市的个体私营所有制(简称个私所有制)经济,基本上属于空白。进入21世纪,通过全民创业活动,个私所有制经济发展成为社会生产一支重要力量。

1979年,全市职工工资总额为2.10亿元。其中全民经济1.73亿元,集体经济0.37亿元,占总额的比重分别为82.38%和17.62%(无其他经济)。2005年,全市职工工资总额为44.66亿元。其中全民经济为31.54亿元,集体经济为2.18亿元,个私经济职工工资总额10.83亿元,分别占总额的比重为70.62%、4.89%和24.25%。

2005年,全市个私所有制经济增加值占GDP的比重由1978年的0.1%上升到30%左右。私营企业主要集中在农林牧渔业、制造业、建筑业、交通运输业、批发零售业、服务业和文化体育业等行业有119.87万户,从业人员62.91万人,全年实现增加值208.13亿元,向国家缴交税金13.64亿元。

4.中外混合所有制

中外合资合作经济,在改革开放中从无到有,从小到大。2002年,全市规模以上工业法人企业399个,中国港、澳、台商投资企业14个,外商投资企业8个。到2005年,规模以上工业法人企业441个,中国港、澳、台商投资企业16个,外商投资企业增加到15个。

2004—2005年,在被统计的企业集团中,全市有7个。其中国有控股2个,其他5个。按企业集团主营业务划分,制造业3个,建筑业1个,批发和零售业2个,房地产1个;按母公司登记注册类型划分,有限责任公司3个,股份有限公司3个,其他1个。

在企业集团中,2004年企业总资产为28.15亿元,2005年为28.05亿元;两年基本持平。如按母公司控股情况划分,2004年,国有控股资产2.04亿元,2005年为1.98亿元,下降了3%;而其他经济类型的资产,2004年2.61亿元,2005年为2.56亿元,虽也下降为0.2%,但降幅较小;如按母公司登记注册类型划分,有限责任公司资产,2004年为23亿元,2005年为23.15亿元,增0.7%;股份有限公司资产,2004年为2.87亿元,2005年为1.98亿元,下降31.1%;其他部分的资产,2004年为2.29万元,

2005 年为 2.92 万元,上升 27.7%。全民(包括,国有及国有控股企业)、集体和其他所有制经济比例的变化(见表 5—8)。

1979—2005 年主要年份全市工业企业全民(国有及国有控股企业)、集体和其他所有制经济比例变化

表 5—8 单位:亿元

年份	全部工业总产值	全民所有制		集体所有制		其他所有制	
		产值	比重(%)	产值	比重(%)	产值	比重(%)
1979	13.63	10.94	80.3	2.69	19.7	—	—
1980	16.86	13.32	79	3.29	19.5	—	—
1985	33.16	22.83	68.9	10.33	31.1	—	—
1990	63.14	38.67	61.2	24.47	38.8	—	—
1995	240.96	48	19.9	106.97	44.4	105.88	44
2000	267.04	78.01	29.2	55.73	20.9	133.3	49.9
2005	538.28	68.65	12.8	10.36	1.93	458.28	85.1

三、经济发展

2005 年,襄樊市全社会完成固定资产投资 149.85 亿元,同比增长 14.66%,与 1979 年的 1.11 亿元相比,增长 135 倍。其中城镇 50 万元以上项目投资 12.54 亿元,较 2004 年增长 20.7%。全市工业固定资产投资达 66.3 亿元,同比增长 52.96%,占全市 50 万元以上项目固定资产投资总额的 58.9%。全市农林牧渔业完成投资 4.82 亿元,同比增长 30.07%。全市房地产开发投资 22.08 亿元,比 2004 年增长 26.1%,与 1991 年的 0.32 亿元相比,增加了 69 倍。全市房屋施工面积达 265.65 万平方米,同比增长 7.13%;商品房销售面积为 107.43 万平方米,同比增长 34.35%。电力、燃气及自来水生产供应业完成投资 19.93 亿元,同比增长 170.79%。水利、环境和公共设施管理业完成 5.77 亿元,同比增长 76.45%。

根据财政包干、分灶吃饭新体制,襄樊市建立分级财政,开辟梯级财源。1984—1988 年,襄樊市财政拿出约 5000 万元,投入农业生产。

在金融方面,全市把有限的资金集中使用,主要用于增强大、中型企业活力,支持发展经济技术联合,支持发展适销对路产品、有效供给产品、名优产品和回笼货币多的紧俏产品、拳头产品等。

在科技方面,从 1985 年开始,用经济办法管理科技工作,对科研的"三项经费",实行切块包干,分层管理,并实行科技贷款,促进科技与金融的融合。市区有 21 个部门 200 多家效益好的生产企业、科研单位与 300 多家乡镇企业建立了协作关系,向乡镇企业扩散产品 1000 多种,开发项目 240 多个,网罗乡镇企业 860 多家。2005 年,襄樊市作为鄂西北及鄂豫陕渝毗邻地区,在物流,金融、人力资源,人员素质,大专院校、科研机构、涉外服务、医疗卫生等方面堪称一流。

在行政审批方面,襄樊市围绕提高经济效益,采取了一系列政策措施。提出"实施阳光新政,再造审批流程,把襄樊打造成全国同类城市中最适宜投资创业的城市"的口号,将目标直指零障碍、低成本、高效率。同时,全面推行"首问负责""限时服务""一条龙办公"等制度。全市具有行政审批职能的部门和单位,全在市行政服务中心开设"窗口"。原有 1356 项审批事项,只保留 195 项,砍掉 85.6%。

1979—2005 年,是襄樊市经济增长最好时期。2005 年,全市实现生产总值 592.33 亿元,同比增长 15.96%,高于同期全国 10%和全省 10.2%平均水平。与 1979 年 16.43 亿元相比,增长 36.05 倍。随着经济总量的提升,襄樊市占全省的比重,也在不断地提高。1979年,在全省 GDP 所占的比重为 8.70%;1985 年,上升为 9.10%;到 2005 年,又上升到 9.25%,与 1985 年相比,提高了 0.15 个百分点。襄樊市冲刺全省前列位置,势头更加强劲。

(一) 生产总值

1979 年,全市实现生产总值 16.43 亿元,人均仅 380 元。2005 年全市实现生产总值 592.33 亿元,人均 10844 元,2005 年,襄樊市一天所创造的财富,相当于改革开放初一年的总量。1979—2005 年主要年份生产总值和人均 GDP(见表 5—9)。

1979—2005 年主要年份全市生产总值和人均 GDP 一览

表 5—9

指标项目	1979	1980	1985	1990	1995	2000	2005	平均年递增%
地区生产总值	16.43	17.36	36.01	73.52	236.39	368.42	592.33	12.8
人均 G D P	380	396	785	1471	4504	6881	10844	13.83

26 年来,襄樊市地区生产总值增长,呈现波浪式上升态势。即一种上升变化、有慢有快、合乎规律的常态现象。根据 1979—2005 年各年实际生产总值(GDP)为例,现列为下图:

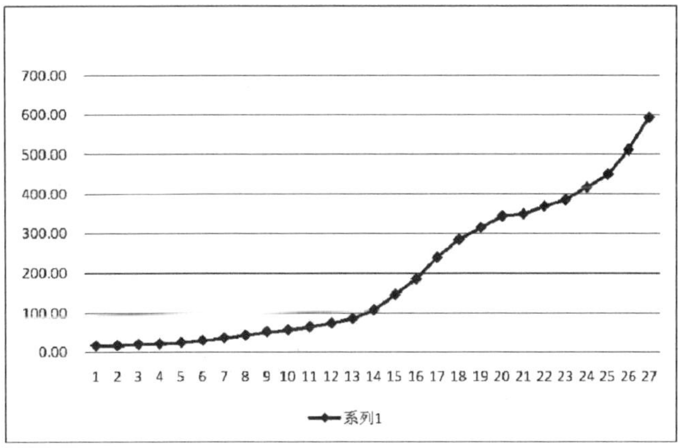

由上图可见,改革开放 26 年来,襄樊市生产总值发展大体分为 4 个时期。

1.增长时期

1979—1990 年,襄樊市经济处于稳步增长时期。根据中共襄樊市第六次代表大会精神,在城市工业方面,一手抓扩大生产规模,一手抓企业改革。针对薄弱的城市工业情况,襄樊市积极引进外资,扩大生产规模,发展轻纺工业。1985 年 12 月,襄樊电视机厂年产 15 万台彩电生产线投入批量生产。同时,还发挥各县(市)的资源优势,陆续开办一批地方国营企业和街道工业。1986 年以后,按照中央经济体制改革的要求,襄樊市广泛开展以承包经营责任制为重点的企业改革和技术联合与交流。利用兵器工业部二九五工厂转迁到市区、省属湖北制药厂、鄂北六六厂下放到襄樊市的实际,工业不但规模迅速壮大,效益也明显好转。1988 年,全市预算内工业企业实现利税为 61 364 万元,其中利润 24 226

万元，分别比1983年增长116%和118%。同时，资金利税率和销售利税率分别达到27.13%和19.44%，重点企业万元产值耗标煤年平均下降了7.33%，万元产值耗电平均下降5.53%，平均每度电所创的产值也由1983年的2.76元，上升到1988年的3.75元。襄樊市因此被评为全省综合经济效益先进城市。

1984年后，市委、市政府出台一系列优惠措施，支持驻襄樊三线军工企业转产民品，调整调迁进驻襄樊市区。1988年9月，根据中央、省委的部署，全市开始对国民经济进行治理整顿。主要内容措施包括控制物价、压缩固定资产投资规模、抑制消费基金的过快增长、控制信贷规模和减少货币发放、整顿流通秩序。到1990年底，全市实现生产总值73.52亿元，人均1417元，分别比1989年增12.75%和9.61%，分别也是1979年的4.47倍和3.73倍，年均递增9.4%。1990年地区生产总值中，第二产业的比重为35%；在第二产业中，工业增加值达到23.14亿元，虽然较1989年的26.03亿元，下降11.11%，但与1979年的4.85亿元相比，仍然增5.4倍。1990年10月，襄樊市被国家计委确定为“军转民”试点城市。

据统计，1990年，全市共有工业企业2037个。其中，中央、省属工业企业61个，全民所有制工业企业574个。拥有固定资产原值23.1亿元。主要工业产品有棉布、棉纱、化肥、毛呢、卷烟、饮料、酒、水泥、化肥、集成电路、电视机、缝纫机等25种。襄樊市已发展有轻纺、机械、冶金、化工、电子、建材、食品等60多个工业门类，基本形成以轻纺为主导，以机械、电子、建材、化工、电子、食品为支柱的工业体系。

1990年，全市农林牧渔业共实现总产值为54.62亿元，较1989年的42.33亿元，增长29.33%，较1979年的13.09亿元，增长3.23倍。其中农业增加值为32.78亿元，较1989年的25.4亿元，增长29%，与1979年的相比，增长4.18倍。1990年，全市粮食产量为323.48万吨，比1989年的296.74万吨相比，增长9.01%，与1979年的174万吨相比，增长1.85倍。

1979—1990年，襄樊经济有较大的发展，但是，经济下滑趋势也开始显现。以1989年、1990年和1991年三年，全市全口径工业总产值为例，这三年工业速度分别只比1988年增长8.2%、5.56%和10.86%，远远低于地市合并后5年增长22.5%平均速度。尤其严重的是国有企业亏损面正在加大。1985年，全市370个全民所有制独立核算工业企业中，亏损单位高达26个，比1984年的14个增加了12个；到1986年，亏损企业则上升到43个，比1985年又增加了17个。同时，不但城镇下岗职工就业困难，农民人平纯收入也逐年下降。例如，1985年农民人均纯收入为3939元，1986年为3983元，1987年为3850元。1990年，襄樊整个纺织业开始出现下滑趋势，客观需要有新的产业跟进。例如，湖北化纤集团有限公司，既是襄樊市境内为数不多的国有大型企业之一，也是亚洲唯一的粘胶帘子布生产厂家。20世纪90年代初期，经济形势的变化，占企业90%的粘胶帘子布，几乎一夜之间失去市场，价值几千万元的产品积压在仓库。面对生存的压力，湖北化纤集团有限公司迎难而进，他们开始走“模拟市场，利润承包”之路。将企业出厂产品和构成产品成本的所有要素，都按市场价格进行计算，进而核算出产品的目标成本和内部利润，逐级承包到企业的每一级系统、每一个环节和每一个职工。把企业内部的供应与生产、上线与下线、半成品与成品、生产与销售、公用工程与生产单位之间的转移关系，变成“有价买卖”关系，在企业内部形成无情市场竞争的改革模式。

2.提升时期

1993年11月，中共湖北省委五届十二次会议决定把湖北省基础较好的襄樊、沙市、宜昌、黄石建成大城市。当年12月，中共襄樊市委、襄樊市人民政府及时向全市人民发出“向现代大城市迈进”的号召。1994年12月至1995年1月，中共襄樊市第八次代表大会召开，大会审议通过七届市委关于《推进改革开放，加速实现小康，为胜利跨入二十一世纪而奋斗》的工作报告。

1995 年，市委、市政府在建立部门帮扶、下岗再就业、最低生活保障“三道防线”的基础上，将各种形式的产权制度改革，在越来越多的企业推开。到 1995 年年底，市区工业总产值超过 100 亿元的预定目标。到 1997 年，全市实现地区生产总值 314.46 亿元，比 1996 年增长 14%，比 1991 年增长 2.24 倍。1991—1997 年，地区生产总值年平均递增达 12.4%。

这一时期经济的快速发展，主要得益于汽车工业较快发展的结果。“七五”(1990—1995 年)期间，襄樊进一步加大了对汽车工业的投入。据统计，“七五”时期，全市共完成基建、技改投资 18.50 亿元。其中在汽车工业方面完成 5.6 亿元，占总数的 1/3 以上。同时，二汽铸造三厂、柴油发动机厂、第二动力厂、汽车试验厂以及专用铁路运输线等骨干项目相继竣工和投产。1990 年，全市汽车工业实现产值 6 亿多元，占全市机械工业产值的 50%以上，占全市工业总产值的比重也达 9%，居全省同行业的第二位。全市共有汽车及零部件企业 95 家。其中与二汽配套供货的 45 家，职工 5 万多人，固定资产原值 6 亿元，净值也有 4 亿元，初步形成了东风系列产品配套、配件、协作生产的格局。纺织工业企业改革创新、二汽襄樊基地的初步建成，基本上扭转了襄樊经济不利的局面。

1991—1997 年，农村战胜比较严重的自然灾害，克服农业生产资料价格大幅度上涨的困难，夺取粮食等农产品丰收。1991 年，全市实现农林牧渔业总产值为 56.96 亿元。到 1997 年，上升到 132.72 亿元。二者相比，增长 2.33 倍。其中粮食 1991 年 331.17 万吨，1997 年 405.68 万吨，二者相比，增长 1.25 倍。

3.蓄势时期

2000 年前后，襄樊市经济因为企业市场销售不畅，一度出现波动。对市直国有企业的调查结果表明，企业平均资产负债率曾高达 90%，亏损面也达 90%，一批企业处于停产、半停产状态。纺织、建材和一轻行业先后整体亏损。全市 550 户县(市)属以上工业，有 90 户出现亏损，亏损额一度达 1.39 亿元。其中市直企业亏损面高达 50%，亏损额为 1.12 亿元。到 2002 年，市直国有企业平均负债率为 90%、90%的国有控股企业亏损。全市资不抵债的企业达到 50%以上。

为扭转企业不利局面，解决市场销售不畅问题，市委、市政府决定：(1) 制订规划，振奋精神，树立信心。1996 年 1 月，襄樊市第九届人大第三次会议审议通过了《襄樊市国民经济和社会发展“九五”计划》和《2010 年远景规划纲要》。在《2010 年远景规划纲要》中，规划全市市区总面积 19724 平方公里。同时，既明确规划市区襄城区、樊城区，面积 363 平方公里，又将规划区范围扩大至襄阳县的竹条、欧庙、东津三镇，总面积 750 平方公里。城市性质定位为：国家历史文化名城，全国重要铁路交通枢纽和汽车工业基地，鄂、豫、渝、陕毗邻地区的中心城市。城市规模：2005 年城市居住人口为 80 万人，城市用地 73.6 平方公里；2010 年城市居住人口为 90 万人，城区用地 83 平方公里。城区结构及发展方向为：城区采用樊城、襄城为中心，以油坊岗组团和余家湖组团为两翼的“双中心带状组团”结构。规划远景是：形成以鱼梁洲生态绿地为绿心，“五城环州”的组团格局。重点发展樊北新区，积极发展油坊岗和余家湖组团。《纲要》融入体现了全市人民意志的、跨世纪的、牵动全局的“八大工程”。因此，它进一步鼓舞了襄樊市人民战胜困难、奋发图强的信心和士气。(2) 发挥襄樊区位优势，扩大销售。2000 年 11—12 月，市委在全市组织开展“把襄樊由古代兵家必争之地，建成现代商家必争之地”的大讨论。统一发挥区位优势，扩大销售的目标。围绕这一目标，制定“十一五”城市规划，加强和完善了城乡基础设施建设管理，科学合理调整和完善城市规划布局。同时，还将此规划内容，扩大到交通、信用、服务、人居等软、硬环境建设方面，并力争实现在市区范围的全覆盖。(3) 进一步改革开放，创新发展。2000 年后，全市上下掀起“思发展、议发展、谋发展”的热潮。全市通过解放思想，大胆探索以多种形式推进经济发展。确定进一步改革所有制结构，加快个体私营经济发展的策略。伴随着国有企业改革的深入，在市直部分企业，县(市)、区国有工业企业、集体工业企业中，逐步完成了股份制或民营化的改造。

例如，风神襄樊汽车有限公司、湖北金环股份有限公司、湖北银河纺织股份有限公司、襄樊车桥股份有限公司、湖北骆驼蓄电池股份有限公司、襄樊大力工业控股股份有限公司等，一大批股份制或民营化企业相继创立。民间资本陆续进入工业领域，全市工业企业的所有制结构发生重大变化。由于其适应市场灵活反应的特点，迅速扭转全市经济中企业市场竞争一度被动的局面。2000 年，全市实现生产总值 368.42 亿元，人均 6 881 元，比 1999 年的 348.47 亿元和 6 513 元，分别增长 5.7%和 5.65%，与 1998 年相比，年平均递增分别为 2.68%和 2.09%。1998 年，全市农林牧渔业实现总产值为 140.26 亿元。到 2000 年，上升到 154.19 亿元，二者相比增长 9.93%。1998 年粮食生产为 410.44 万吨，2000 年为 307.05 万吨，二者相比下降了 25.2%。

4.递增时期

2003 年 4 月中旬，市委、市政府召开全市国有企业改革动员大会，开始新一轮国有企业改革。全市认真贯彻落实国家宏观调控的各项政策措施，制订比较得力的应对措施，在国家实行收缩调控政策下，实现国民经济又快又好的发展。2003 年，生产总值达到 450 亿元，比 2002 年增长 7.1%。其中第一产业、第二产业、第三产业分别增长 1.5%、7.0%和 10.2%。到 2005 年，襄樊经济保持了较快的增长，据统计，全市实现地区生产总值 592.33 亿元，比 2004 年增长 12.8%，是 1996 年以来的最高水平，与 2001 年相比，平均递增为 12.9%。从 2000 年到 2005 年，全市地区生产总值增长 146.3%。其中第一产业、第二产业、第三产业分别增长 116.8%、159.1%和 148.1%。

（二）产业发展

1.农业发展

1979 年，全市实现农林牧渔业总产值 13.09 亿元，农村居民年人均纯收入只有 151 元。粮食产量 174 万吨，按当时全地区总人口 436 万人计算，人均不足 200 公斤。2001 年，全市实现农林牧渔业总产值 159.59 亿元。到 2005 年，全市实现农林牧渔业总产值上升到 214.3 亿元，与 1979 年相比增长 16.37 倍，与 2001 年相比增长 34.28%。其中主要农产品粮食，1979 年 174 万吨，2001 年 318.99 万吨。2005 年，襄樊粮食总产 329.51 万吨，按当年全市人口 577 万计算，人均 285 公斤，与 1979 年相比增长 89.37%；与 2001 年相比增长 3.30%。。到 2005 年底，襄樊农业工作有 10 项指标位居全省第一，有 6 项指标居全省第二位。其中绿色、有机、无公害农产品指标 210 个，无公害农产品基地认证面积 386 万亩。先后有 300 多个农产品在全国、全省展示展销会上荣获金奖和最佳畅销奖。

到 2005 年底，全市共实现农林牧渔业 214.03 亿元，农、林、牧、渔的产值分别为：123.30 亿元、4.38 亿元、73.64 亿元和 9.79 亿元，依次的比重分别变为：57.5%、2.0%、34.4%和 4.6%。两个年份相比，农业部分比重下降 21.5 个百分点；林业部分比重下降 1.9 个百分点；牧业部分比重上升 19.2 个百分点，渔业部分比重上升 4.3 个百分点。

农业取得如此成绩，主要抓好了以下四方面的工作：（1）发展优质农业，增加农产品产量。按照“统一供种，集中种植，全程服务，订单收购”的模式，着力提升粮油产量。并且重点发展 300 万亩优质专用小麦、100 万亩优质稻米、120 万亩优质油料。致使粮、油的产量由 1979 年的 174.0 万吨和 2.99 万吨，提高到 2005 年的 329.51 万吨和 32.72 万吨，分别增 89.37%和 1094.3%。（2）实施规模化养殖，推进特色农业。在规模化上，重点发展 9 个万头以上、52 个 5000 头以上和 127 个千头以上的猪场。同时，在农村大力推广“150”“500”模式（即建一栋标准猪舍，一批出栏生猪 150 头、500 头）。在标准化上，提高标准化养殖水平。另外，推进特色农业，因地制宜，做大板块，加快蔬菜、大头菜、柳编、西瓜、花椒、麦冬、山药等农产品发展步伐,使特色变成品牌,地产走向远销。(3)以龙头企业引领,突破性发展食品工业。以鲁花、奥星、万宝为重点,在全省扛油脂产业红旗;以梅园米业、金华麦面和酒类企业为重点,拉长粮食精深加工产业链;以福润为龙头,填补肉食精深加工的空白;依托大山、丰年和聚龙山公司等扩大食用菌、蔬菜出口发展外向型农业;支持统一食品对接水果饮料加工项目建设,促进水果产业提档升级。(4)以科学技术,支撑现代农业。加快新型农技服务体系建设,制订农业标准化生产技术规程。建立市级农产品质量检验检测中心,发展"绿色""有机"和"无公害"食品,提高农产品市场竞争力。加快培育、引进、推广优质、高产、高效的动植物新品种。推广测土配方施肥、药剂拌种、植保综合防治等新优农业技术,以及"麦瓜棉""猪沼菜""稻虾共养"等高效生产模式,促进农业的全面发展。

2.工业发展

1979 年,全市工业总产值 14.79 亿元,2005 年 712.45 亿元,增长近 40 倍。同年,全市规模以上工业 13.62 亿元,2005 年上升为 538.28 亿元,二者相比也增长了 39.4 倍。全市规模以上工业内部轻、重工业分别为 8.67 亿元和 4.95 亿元。到 2005 年,分别上升为 134.57 亿元和 403.71 亿元。1979—2005 年主要年份工业总产值的变化(见表 5—10)。

1979—2005 年主要年份襄樊市工业总产值变化

表 5—10　　单位:亿元

年份	全部工业总产值	其中				
		规模以上工业	工业总产值指数(%)		轻工业	重工业
			与上年比	与 1979 年比		
1979	14.79	13.62	25.74	—	8.67	4.95
1980	17.79	16.86	23.7	55.66	11.23	5.63
1985	36.72	33.16	22.91	206.08	21.49	11.67
1990	69.71	63.14	3.8	482.76	15.78	47.35
1995	233.68	240.96	15.91	1791.9	125.22	115.74
2000	364.93	267.04	—4.04	2364.83	128.38	138.66
2005	712.45	538.28	33.13	4868.49	134.57	403.71

3.其他行业发展

1998 年后一段时间里,襄樊市一度出现企业产品大量积压和库存问题。当年,全市实现社会商品零售总额只有 119.67 亿元,较 1997 年只增长 9.83%,明显低于同期地区生产总值发展速度的 10.2%。针对企业产品严重滞销问题,市委、市政府从改革入手,以改革统领全局,一方面,以"多渠道、少环节"为中心,改革商品批发体制。这项改革工作主要体现在,通过将供销社"官办"改革为"民办";对商业体制的改制,引入民营经济,盘活城乡商贸流通。利用襄樊文化底蕴深厚的优势,发展经济,即:"文化搭台,经贸唱戏"。1990 年 5 月,襄樊市就以自己的优势,隆重举办了纪念襄樊建城 2800 年经贸文化活动。由此引发全市新一轮对外开放和引资高潮。1992 年,全市外资企业上升到 101 家,是 1991 年的 7 倍多。1993 年 10 月,襄樊市一次成功主办"93 中国湖北襄樊隆中诸葛亮文化节",同样带来良好的效应。这一年,全市新批外资企业 127 家,外资企业的总数比 1992 年翻了一番。2001 年 9 月至 2002 年 9 月,针对流通领域出现的新问题,襄樊市又连续两次分别成功举办"2001 中国湖北襄樊诸葛亮文化节暨中西部经贸洽谈会"和第二届"中国襄樊国际诸葛亮文化节暨经贸洽谈会"。

到2005年，全市全社会消费品零售总额241.21亿元，比2004年增长14.51%，与1979年的5.32亿元相比，则增长48倍。其中，亿元市场从无到有，亿元以上各类商品交易市场达9个，市场成交额为21.32亿元。从城乡看，2005年，市区消费品零售额183.15亿元，同比增长15.3%；县城消费品零售额15.04亿元，同比增长9.63%；县以下零售额43亿元，同比增长12.95%。与1992年(此前无统计数)相比，分别增长9.78倍、3.77倍和4.3倍。从行业看，2005年，批发零售业贸易额180.83亿元，同比增长4.25%；住宿、餐饮业零售额23.50亿元，同比增长17.03%；其他行业零售额36.88亿元，同比增长14.2%。与1993年(此前无统计数)相比，分别为6.07倍、11.81倍和4.03倍。

1988—2005年，襄樊外贸进出口总额也成倍增长。2005年，全市外贸进出口总额达2.74亿美元，比2004年增长17.81%，与1988年的362万美元相比，增长近76倍。其中，出口总额1.44亿美元，比2004年增长39.25%；进口总额1.3亿美元，比2004年增长0.72%。在出口总额中，机电产品出口0.39亿美元，比2004年增长54.78%；占全市出口总额的比重，由2004年的24.5%，上升到27.28%。纺织服装出口0.48亿美元，占全市出口总额的比重，则由2004年的33.73%，下降为21.48%。同时，产品出口的科技含量，不断提高。到2005年，全市机电产品出口额达1.06亿美元，超过传统纺织服装大类的出口成为全市第一大类出口产品。

在旅游住房方面。随着居民消费结构的改变，消费水平的提升，旅游、教育、住房、汽车成为新一轮消费热点。1996年，全市旅游总收入为8.67亿元(以前无统计)。其中，国内旅游人数为200万人次，国际旅客出入境人数为0.31万人次，旅游外汇收入为127.97万美元。到2005年，全市共接待国内外游客628万人次，比2004年增长22.8%，较1996年增长3.14倍。全市旅游总收入为29.24亿元，同比增长17.1%，较1996年，增长3.37倍。其中，接待国际游客1.82万人次，比2004年增长1.46倍，旅游外汇收入，达到了671.83万美元，比2004年增长2.20倍，较1996年增长5.25倍。在住房方面。1997年，襄樊市开始实施最低生活保障制度。1998年12月，全市住房制度改革与住房建设工作会议宣布：从1998年底起停止任何形式的住房实物分配。从1999年起对新建住房和腾空旧房，全部按新的成本价销售。旅游业的详情(见表5—11)。

1979—2005年主要年份全市"三驾马车"及旅游业的详情

表5—11

	社会商品零售总额	出口总额	固定资产投资	旅游外汇收入
	亿元	万美元	亿元	万美元
1979	8.82	—	1.11	—
1980	10.83	—	1.6	—
1985	21.44	—	8.35	—
1990	25.96	320	10.26	—
1995	73.56	5225	42.53	127.97
2000	142.41	5027	80.47	95.99
2005	241.21	14368	149.66	671.83

四、宏观效益

宏观效益，即社会经济总体和结构的优化产出结果。它应由经济益效、社会效益和生态环境效益等方面构成。宏观效益最终体现在人民生活质量水平的提高。

(一)经济成果

1.国民收入

20 世纪 80 年代初期，为客观反映社会经济效益和克服总产值中重复计算的不足，国家一度开展了国民收入的统计与计算。1979—1988 年襄樊市国民收入情况(见表 5—12)。

1979—1988 年部分年份襄樊市国民收入情况

表 5—12　　单位：万元

年份	国民收入	比上年%	比 79 年%
1979	351642	15.3	—
1980	379714	7.99	7.99
1985	369016	27.59	4.94
1988	463642	5.45	31.85

注：由于开展了国内生产总值的计算，故在 80 年代末，取消了对国民收入的计算和统计

2.财政收入

2005 年，襄樊市农村单个劳动力所创造的农、林、牧、渔和服务业的总产值达 16 559 元，与 1988 年的 2 086 元相比，提高 7.64 倍，年平均递增为 25.9%。其中种植业单个劳动力人均创造农业产值 17 202 元，与 1988 年的 1 998 元相比，增加 15 204 元，年平均递增 27.0%。同时，农业耕地的产出率也有显著提高。当年，全市平均每亩耕地所创造的种植业产值为 2 680 元，与 1988 年的 201 元相比，增加 2 479 元，增长 13.33 倍，平均每年递增 33.4%；养殖业产值 127.2 亿元，与 1988 年的 5.3 亿元相比，增加 121.9 亿元，人均劳动力创造养殖业产值 12 926 元，人均增加 12 542 元，增长 33.66 倍，年平均递增 47.8%；在牧业中，人均劳动力创造养殖业产值1 247元，与1988年的7元相比，人均增加 1 240 元；渔业产值为 12.29 亿元，比 1988 年的 0.1 亿元相比，增加 12.18 亿元；林业产值 4.77 亿元，与 1988 年的 1.34 亿元相比，增加 3.43 亿元，人均劳动力创造林业产值 424 元，与 1988 年的 87 元相比，人均增加 337 元，增长 3.56 倍，年平均递增 18.1%。在工业方面，2000 年，企业资产负债率曾高达 8.60%，到 2005 年，减少为 63.34%；同年，全市规模以上工业企业的总资产贡献率为 8.18%，2005 年，上升为 9.33%；据统计，2000 年，每个工业劳动者创造的劳动生产率为 43 467 元，到 2005 年，上升到 104 658 元，增长 240.83%；2000 年，工业产品销售率为 97.98%，到 2005 年，则达到 101.8%。说明不但销售完了当年生产的产品，而且把原来仓库中积压的产品，也销售出去了。2000 年，上述 500 多个工业企业提供的利税为 25.47 亿元，到 2005 年，达到 41.50 亿元，增 162.9%。

由于工农业的快速发展，使襄樊市 GDP 实现翻番。从 1949 年算起，全市 GDP 登上 10 亿元的台阶，整整花去了 24 年的时间，一直到 1978 年，襄樊市 GDP 才达到 13.95 亿元；而跨过百亿元的台阶，到 1992 年，GDP 达到 107.55 亿元，才用去了 20 年的时间；原定于 2000 年地区生产总值，比 1980 年翻

两番的第二步战略目标，也于1993年，提前7年实现；而到2005年，仅仅只花了13年的时间，就再一次越过500亿元的台阶。

工农业经济的快速发展，也丰富了财源，保证了襄樊市财政收入连年增加。1952年，全市地方财政收入0.26亿元，到1972年，整整用了20年，才跨过1亿元门槛，达到1.01亿元；到1979年，全市地方财政收入也仅为2.43亿元，到1994年，整整用了22年的时间，地方财政收入终于迈过10亿元台阶，达到10.77亿元；到1999年，只用了5年的时间，就越过15亿元台阶，达到16.35亿元。再到2005年，全市地方财政收入已达到18.4亿元，与1979年相比，增长29.6倍，年平均增12.5%。2005年各县(市)、区的财政收入，也都突破了1亿元的大关。其中，超过5亿元的有樊城区(5.96亿元)，越过3亿元的有枣阳市(3.6亿元)、高新区(3.14亿元)和襄城区(3.03亿元)。

在宏观指标方面，2005年，人均地区生产总值为10 844元，较1979年增28.54倍；1979年，全市城镇在岗人员年人均工资只有586元，到2005年，上升到8 903元，两年相比，增长达15倍之多。另外，城镇在岗人员平均工资为10 156元，比1979年增17.33倍；1952年，襄樊市金融机构存款余额和贷款余额分别为0.13亿元和0.11亿元；1979年，分别上升为3.70亿元和9.76亿元。到2005年，则分别飞跃到559.76亿元和259.66亿元。2005年与1979年相比，分别增151倍和26.6倍(见表5—13)。

1979—2005年主要年份全市城镇在岗人员年人均工资

表5—13

年份	总人口(万人)	财政收入(亿元)	人均GDP(元)	城镇在岗人员平均工资(元)	金融机构存款余额(亿元)
1979	436.04	2.43	380	586	3.70
1980	440.81	2.53	396	697	5.12
1985	463.87	3.41	785	966	12.84
1990	508.79	5.57	1471	1714	39.7
1995	549.1	6.47	4504	419	104.92
2000	572.56	18.43	6881	6196	251.01
2005	577.22	18.4	10844	10156	559.76

(二)生态环境

改革开放以来，襄樊市高度重视环境保护工作，始终把保护环境作为经济效益提高的前提。1979—2005年，全市通过财政投资、银行贷款、民间筹资等多渠道，共计投资40多亿元，用于中心城市的环境建设。其中完成城市防洪及小清河、南渠、大李沟的防洪治理、城区污水处理和邓城大道、襄樊机场排水工程；同时，全市实行严格的节能减排工作责任制和问责制，全面完成节能减排目标任务，确保青山常在，绿水长流。2003年7月，省委在十一次四届全会上确定，要进一步加大区域经济合作的力度，“把襄樊建设成为省域副中心城市”的目标时，襄樊市委、市政府就把“既要金山银山、更要绿水青山”的发展理念，融入到新的发展模式中。2004年，全市环保系统共设有环境监测站10个，环境监测人员达316人；每日平均新增废水处理能力3万吨；废气处理能力为每小时1360万标立方米。当年，主要地表水的污染，基本得到控制，空气质量主要指标，也达到国家标准。到2005年，废气处理能力为每小时6205万标立方米。市区环境空气质量提高，达到国家二级标准以上的天数，高达274天，[县(市)、区城关镇的空气质量检测，也都达到国家二级标准]。市区环境噪声，也达标到国家和省考核的标准。到2005年,完成造林面积18.24千公顷,全市森林覆盖率为46.6%。同时,新增废水处理能力1.44万吨,河流水质总体保持良好,八条主要河流一至三类水质断面的比例77.2%。其中汉江水质为良。

在节能减排方面,全市实行严格的节能减排工作责任制和问责制,全面完成节能减排目标任务,工业总产值创增加值增加,单位GDP耗标煤下降。例如,2004年,单位GDP的能耗为1.7955万吨(标煤),到2005年,下降为1.6806万吨,一年之间,单位GDP的能耗下降了0.1149万吨。

1988年9月,襄樊市被国务院确定为全国第二批国家历史文化名城;1999年的12月,襄樊市荣获全国园林绿化先进城市称号;2002年3月,襄樊市被建设部命名为第六批国家园林城市;2004年1月,襄樊市荣获中国优秀旅游城市称号;2004年10月,首届中国魅力城市揭晓,襄樊市荣获2004年度中国魅力城市称号,成为湖北省唯一获此殊荣的城市;2005年,襄樊市又被美国《福布斯》杂志评为中国20座最适合开设工厂的城市之一,并位居第四名;最适合人居的城市排在第四十一位,在湖北省排第一位。

(三)社会生活

改革开放的26年,襄樊在宏观经济效益提高的同时,城乡居民的收入也得到增加。相应城乡居民的消费追求,正从数量向质量的转变;消费重心正向住、行和文化娱乐转移。新的四大件(彩电、冰箱、空调、洗衣机),取代过去盛行一时的“三转一响”(自行车、手表、缝纫机、收音机),轿车开进寻常百姓家。

1.农村发展与收入

在农村、农业及农民生活上,改革开放26年来,襄樊有以下五大显著变化。

(1)粮食地位更加凸显:襄樊作为全国粮仓之一,对粮食生产历来十分重视。2005年与1979年相比,襄樊粮食单产增加到258公斤,增幅为153%;总产达到39.45亿公斤,增加22.65亿公斤,增幅为134.8%。其中,小麦单产增加211.50公斤,增幅145%,总产量由51.65亿公斤,增加到15.32亿公斤;水稻单产增加334.05公斤,增幅126%,总产量由7.98亿公斤,增加到17.55亿公斤。襄樊市的粮食产量,已占全国粮食产量的1%,占湖北省的1/3。多次被国务院和省委、省政府评为全国粮食生产先进单位、全省粮食生产先进单位,形成全国粮食看湖北,湖北粮食看襄樊的格局。

(2)特色农业发展显著:2005年与1979年相比,襄樊油菜籽产量达到243万担,增长53倍;水果产量达到50万吨,增长20倍;蔬菜产量达到309万吨,增长13倍;花生产量达到290万担,增长68倍。到2005年底,全市建成连片10万亩以上板块农业基地10个,初步形成粮食、油料、棉花、水果、畜牧、蔬菜、林特七大主导产业。如襄阳区100万头三元猪、枣阳30万亩优质桃、宜城70万亩油料、南漳2000万袋食用菌、谷城10万亩花椒、老河口10万亩优质梨等特色农业基地。以乡为单位的多种经营特色农业,如,“柳编之乡”“麦冬之乡”“西瓜之乡”“水果之乡”等也取得了重大突破。

(3)畜牧业规模化发展:26年来,全市建成标准化养殖小区430多个,培育出养殖大户16000多户。规模养殖业,占全市饲养量的35%以上,比重与1979年相比增长10倍。到2005年底,全市猪、牛、羊、禽分别出栏(笼)485.5万头、46.3万头、98.8万个、6232.6万只,分别比1979年增长171%、

10.8%、357%、158%;肉、蛋、奶产量分别达到64.5万吨、18.2万吨、1.2万吨,分别比1979年增长4倍、5倍和20倍;畜牧业产值达到102.69亿元,占农业总产值的比重达到71.9%,分别比1979年增长4倍和2.3倍。

(4)农业科技硕果累累:26年来,全市累计组织实施农业科技项目1214项,取得市级以上科技成果36项。先后自主选育出小麦新品种4个、芝麻新品种4个、水稻新品种1个,引进试验示范各类农作物新品种198个,推广先进适用农业新技术新成果160多项。2005年,科技对农业增长的贡献率70%。全市水稻、小麦、玉米、棉花等主要农作物,品种实现更新换代,良种普及率达95%。其中粮食优质率77%,棉花优质率55%,油料优质率100%。农业机械总动力250万千瓦,比1979年增长1.3倍。

(5)农村民生工程完善:全市所有行政村,实现村村通公路。其中95%以上的行政村通水泥路,在粮食主产区和平原地区,100%的村通水泥路。全市所有行政村全部通电、通电话,覆盖率100%,并基本上普及广播、电视。以最低生活保障制度为基础,以养老、医疗、教育、住房等专项救助为辅佐,以其他救助、救济和社会帮扶形式为补充的社会保障网,已覆盖全市城乡。农村教育全部实行两免一补。10个重点镇和107个示范村的整治建设,取得明显成效。全市100万人饮水安全问题得到解决,有11万多农村特困群众获得最低生活保障补助,6000多户农村危房得到改造,2万多极端贫困人口摆脱了贫困,7万多低收入人口解决了温饱问题。

(6)农民收入增加,生活改善:据对全市700多户近2000名农民的抽样调查,1979年,农民人均纯收入只有151元,到2005年,达到3191元,增长21倍多。1978—1988年,人均消费支出增长4.06倍,平均每人每年增加消费支出40.48元;1998年,人均消费粮食310.35公斤,食油6.68公斤,肉类15.33公斤,家禽2.62公斤,鱼虾3.08公斤,蛋类6.54公斤,酒类15.78公斤,食糖1.025斤,化纤布2.12米。分别比1978年增加23.18公斤、3.93公斤、7.23公斤、0.88公斤、0.93公斤、2.32公斤、1.30公斤、0.65公斤和1.98米。1979年,除自行车每百户仅有0.02辆之外,其他均是空白,到2005年,每百户农民拥有自行车112辆,洗衣机15台、电扇152台、冰箱6台、彩色电视机77台。26年来,在消费来源中,商品消费和自给消费的比重,发生了较大的变化。以农民消费总支出100计算,1979年,农民商品消费只占3.49%,到1988年上升为60%,十年间农民商品消费比重上升1.51%;到2005年,则又上升到65%左右。同时,农村农民的恩格尔系数,也由1979年的68.3%,下降到48.9%。1988年,农村农民人平每年用于文化生活服务支出达19.99元,是1979年的10倍;2005年,又是1988年的近10倍。1979年,农村农民人均居住面积只有10.78平方米。到1988年,上升为19.01平方米,十年间增加8.23平方米,增长的幅度为76.35%。到2005年,人平居住面积达到32.03平方米,比1988年又增加了13.02平方米。同时,住房的质量也有了较大的提高,1988年末,农户每间房屋价值达473.06元,比1980年增加17.83元,增长85.35%。到2005年,农户每间房屋价值又高达1000元左右。

2.城镇发展与收入

(1)中心城市规划规模功能扩张提升:1976年城市总体规划,曾把襄樊城市定性为全国重要的铁路交通枢纽、轻化、机械工业,其他工业的综合性工业城市;鄂西北的政治、经济、文化中心之一。到1985年,城市人口规划达到33.5万人,新增城市建设用地17.91平方公里,城市中心区的位置,只定在大庆路以南、解放路以北、长征路以西、人民路以东的整个街坊。1980年,在新编城市总体规划中,襄樊市城市性质又确定为襄樊市是一座历史悠久的文化古城,是全国重要的铁路交通枢纽之一,工业以轻纺工业为重点，相应发展电子、建材、机械工业。城市人口规模近期(1985 年)为 31 万人，远期(2000 年)为 45 万人；用地规模，近期 25 平方公里，远期 45 平方公里。公共绿地 1985 年增加到 116 公顷，绿化覆盖率提高到 35%，2000 年的公共绿地达到 405 公顷，绿化覆盖率达到 50%。1988 年编制的城市总体规划中，襄樊城市规划区扩大到襄城区、樊东区、樊西区、郊区及襄阳县的张湾镇、竹条镇、欧庙镇，总面积 610 平方公里。城市性质也改定为国家历史文化名城、全国重要的铁路交通枢纽，工业，以机械制造、轻纺工业为主的鄂西北地区的中心城市。城市规模市区近期(1995 年)人口为 65 万人，城区用地 47.84 平方公里；远期(2010 年)人口为 100 万人左右，用地 85 ~ 90 平方公里。规划的市区结构为：三镇(襄城、樊城、东津)加组团的建设格局。到 1995 年，城市人口达到 58.39 万人，城区面积达到 51.69 平方公里，市城镇化水平为 33.01%。到 1996 年编制的城市总体规划中，则进一步明确：到 2005 年，城市居住人口 80 万人；城区用地 73.6 平方公里；城区结构及发展方向，城区继续以樊城、襄城为中心，以油坊岗组团和余家湖组团为两翼，“双中心带状组团”的结构。远景则形成以鱼梁洲生态绿地为绿心，“五城环州”的组团格局；重点发展樊北新区、积极发展油坊岗和余家湖组团。

(2)城镇体系日趋完善：26 年来，全市城镇人口，由 1979 年 52.5 万人增加到 2005 年 245 万人，年均增长为 5.4%。按照统筹城乡规划、建设和管理的要求，全市已启动了城市总体规划的修编工作，编制了历史文化名城保护、城乡综合交通等 10 项专项规划。不但城市路网、气网、水网和通信网等基础设施齐备，而且全市小城镇综合布局体系日臻完善。其中中心城市襄樊，1991 年 9 月至 1993 年 9 月，曾进行一次大规模的名城建设与保护工作。包括古城墙的修复、襄阳北街的修复改造等十大工程，共计 50 个项目，完成建筑面积 65.4 万平方米，总投资 51731 万元。1992 年，全长 2187 米的长虹大桥建成通车；1994 年，总投资 9061 万元，年装船能力达 500 万吨的汉江余家湖港全面建成，并投入运行；同时，通信建设也实现了历史性跨越，电信网络规模和质量，达到省内一流水平，全市信息高速公路的雏形已基本形成；1999 年 8 月，樊城沿江大道改造工程开工。2005 年 12 月，市政府与中国瑞联公司签订协议，收回了汉江长虹大桥的经营权，并停止征收汉江一桥、二桥的过桥费。

(3)城镇居民生活水平明显提高：1979 年，襄樊市城市职工年平均工资 547 元，与 1970 年相比提高 25.7%，当时，大多数的城市居民，只是以“吃得饱、穿得暖”为目标。进入 20 世纪 80 年代随着经济发展，襄樊城市居民的消费明显上升。尤其 80 年代中后期，“万元户”不断出现，电视热、冰箱热、洗衣机热、建房热、装修热等一浪盖过一浪。同时，城市居民的消费性质也悄悄发生了变化。即，由过去“生存性消费”，转向以追求质量、档次、功能为目标的“发展性的消费”。“一彩三箱”(彩电、双门电冰箱、双缸洗衣机、双门收录机)取代了昔日的“三转一响”。到了 90 年代，城市居民的生活水平，更是有了大幅度的提高。以城市居民人均年可支配收入(生活费收入)为例。据统计，自 1990 年来，襄樊城市居民人均年可支配收入连续被刷新。从 1990 年的 1368 元，提高到 1993 年的 2152 元；到 1994 年又一跃突破 2700 元，达到 2790 元；1995 年再升到了 3502 元；到 1997 年又实现为 4797 元；到 2001 年则跨越了 6000 元大关，达到 6068 元，较 1990 年提高了 4 倍多；到 2005 年，则进一步上升为 8145 元。据 1980 年对襄樊市区 100 户城镇居民家庭基本情况调查：一直到 1982 年，被调查的居民户，还没有人购买电冰箱和彩电；而平均每百户城市居民，拥有的自行车也只有 38 辆，洗衣机 1 台，电风扇 31 台。到 2005 年，平均每百户城市居民，拥有自行车 122 辆，洗衣机 99 台，电风扇 170 台，电冰箱 96 台，彩电 136 台。城市居民人均住房面积，由 1978 年的 10.6 平方米，增加到 2005 年的 24.5 平方米，人平增加近 14 平方米。在城镇居民的恩格尔系数中，1981 年为 59.6%，到 2005 年，下降到 38.3%。城市居民的最低生活保障标准，也由过去 100 元左右，调高到近 200 元。到 2005 年，城市居民家庭消费，又进入新一轮的升级、换挡及更新期。此一轮消费升级，主要表现在住房、交通、通信、教育、旅游等方面，开支大幅度增加。其中,在通信和汽车方面消费的变化最为显著。直到上个20世纪90年代,襄樊市通信不便的问题,还未得到明显的改观,装电话机难以及装电话机后的服务不到位的问题,一直困扰着普通城市百姓。到2005年末,城市居民每百户家庭拥有固定电话、移动电话225部,平均每户家庭至少有一部固定电话和移动电话。昔日一度作为身份象征的移动电话,现已成为普通百姓的必备通信工具。2005年,襄樊市载客汽车达5608台,其中出租汽车2408台,占载客汽车总数的42.9%;公共交通汽车724台,占载客汽车数的12.3%。电脑小汽车也进入了寻常百姓家。据统计,1997年,每百户城市家庭才拥有一台电脑,到2005年,每百户家庭拥有电脑达55台,城市家庭电脑普及率为70%;到2005年,襄樊新增私家车数量达81 900辆,平均每年新增20 475辆。其中,新增私人小轿车数量为33 500辆,平均每年新增8 375辆。城乡居民的人均收入和人平居住面积情况(见表5—14)、(见表5—15)。

1979—2005年主要年份襄樊市城乡居民人均收入人平居住面积

表5—14

年份	城镇居民人均		农村居民人均	
	可支配收入(元)	住房面积(平方米)	人均纯收入(元)	住房面积(平方米)
1979	—	—	—	11.36
1980	421	4.35	173	12.43
1985	966	12.61	394	16.25
1990	1368	15.19	700	21.91
1995	3502	17.21	1475	25.51
2000	5663	21.36	2386	27.54
2005	8145	29.37	3191	32.03

1985—2005年襄樊市经济基本统计指标一览

表5—15

指标项目		1985	1990	1995	2000	2005	平均增长(%)
地区生产总值(亿元)		36.01	73.52	250.75	368.42	592.33	15.01
人均地区生产总值(元)		780	1471	4603	7255	10407	13.83
分产业占地区生产总值比重(%)	第一产业	42.25	44.58	33.2	26.38	20.58	-21.67*
	第二产业	36.93	34.68	40.4	37.48	41.62	4.69*
	第三产业	20.82	20.74	26.4	36.14	37.8	16.98*
城乡居民储蓄存款余额(亿元)		11.09	34.62	104.92	166.82	388.27	19.04
全社会固定资产投资(亿元)		8.35	10.26	42.53	80.47	156.62	15.79
主要农产品产量(吨)	肉类	100969	138458	384137	360724	456130	7.83
	粮食	2489010	3234793	2602762	3070469	3295055	1.41
	水产	17714	21188	98763	139283	159384	11.61
农林牧渔业产值(亿元)		18.03	22.33	84.41	154.06	210.21	13.06
社会消费品零售总额(亿元)		14.76	25.95	73.56	142.41	241.21	14.99
农民人均纯收入(元)		394	700	1475	2386	3197	11.04
城镇居民人均可支配收入(元)		707.04	1367.68	3501.84	5663.04	8145	12.1

注:1.1995年水产品产量为1996年数;2.资料来源:襄樊年鉴、襄樊统计年鉴;3.带*记号的指标为比重值增数

卷六 交通

襄樊地处我国中部，是鄂豫川陕毗邻地区南北交汇、承东启西的重要通道。襄樊交通发达，自古以来就是水陆交汇的枢纽，素有“南船北马”的美誉。从1949年10月1日中华人民共和国成立到改革开放之初的1980年30年间，襄樊市交通运输事业形成了铁、水、公、管道等现代运输方式纵横交错的综合运输网络。中共十一届三中全会以来，襄樊市交通运输业得到迅速发展，到2005年构建了铁、水、公、航空、管道五种运输方式齐全、体系完整、层次较高的基础平台，使襄樊成为国家中部重要的现代化交通枢纽。

在襄樊1.97万平方公里的大地上，汉丹（汉口至丹江口）、焦柳（焦作至柳州）、襄渝（襄樊至重庆）3条铁路干线贯穿境内并在市区交会；位于市高新区的襄樊铁路编组站扩建成为单向纵列式编组站是全国15个路网型编组站之一；襄樊铁路枢纽连接华北、华东、华南、西南路网，管线总延长2008.6公里，是1985年末的2.14倍；位于襄樊市樊城区的襄樊火车站在1992年升为一等甲级客货运站。2005年，车站发送旅客427万人，货物到发量共293万吨，分别为1985年的1.46倍和1.21倍；福银（福州至银川）高速、二广高速（二连浩特至广州）在襄樊境内纵横交织（境内通车里程269.12公里），207、316两条国道和新樊、寺沙、随南、襄关、襄谷、保宜等10多条省道总长达1 442.3公里，全部实现高等级化；全市公路通车总里程达24 453公里，为改革开放之初1980年的5.03倍，公路桥梁1609座，为改革开放之初1980年的3.25倍，构成了四通八达的公路运输网络，使襄樊市通达各县（市）时间大大缩减。县乡公路及村村通公路达到10 292.2公里，促进了全市城乡一体化建设的发展。与公路同步建设的客货运站包括高速公路客运站，一、二级市级县（市）级客运站和一大批乡镇客运站建成为襄樊人民外出经商、旅游、务工创造了便利条件。

国家投资1.4亿多元对汉江航道的整治工程，把襄樊市境内汉江航道等级由五级提升为四级，可常年通航500吨级船队。汉江航运梯级开发整治中老河口王甫洲、襄樊崔家营航电枢纽工程的建成投产极大地改善了汉江水域通航状况。汉江第 ·大煤港余家湖港、梯子口、兴武街、三里庙等一大批码头投入使用。襄阳区张湾、宜城窑湾、老河口港洋油栈等沿汉江县（市）基本形成“一城一港”格局。通江达海、辐射内河的港口、码头、泊位、装卸、疏运构架起汉江中游完善的水运网络。

1989年正式通航的襄樊刘集机场，飞行技术等级达4e，可起降波音757等大中型客机，先后开通了北京、上海、广州、深圳、海口、长沙、温州、厦门、武汉、西安、重庆等10余条航线。

1977年建成投产的河南魏岗油田至荆门炼油厂输油管道全长219.9公里；1978年又进行了管线复建，1983年进行了输油管道跨汉江管桥建设，1984年12月建成投入运营。从1998年至2005年年输油量稳定在100万吨左右，为交通能源稳定发展奠定了基础条件。

一、铁路运输

襄樊境内铁路始建于1958年，到2005年已有汉丹（汉口至丹江口）、焦柳（焦作至柳州）、襄渝（襄樊至重庆）3条铁路干线经过境内，并在市区内交汇。襄樊市所辖县（市）区除南漳、保康外均通铁路。位于市郊高新区米庄镇的襄樊铁路编组站，从1988年起，经过扩容改造，建成单向纵列式编组站，是全国15个路网型编组站之一。襄樊铁路枢纽连接华北、西南路网。襄樊铁路分局管辖线路总延长2 008.613公里，营业里程946.1公里。其中正线总延长959.883公里，其中运营里程938.1公里。2004年底，换算周转量351.3亿吨公里。其中货物周转量完成243.6亿吨公里，旅客周转量107.7亿吨公里。经由境内或由境内始发列车35对，年旅客发送量1 115.25万人次，为年计划的100.5%；运输收入182 558.1万元，为年计划的100.7%；换算周转量完成352.53亿吨公里，为年计划的110%。襄樊铁路分局是鄂西北、鄂西南铁路的调度、指挥中心，建成有通讯枢纽和机车、车辆检修基地。

（一）铁路线

1.干线

（1）汉丹铁路：汉丹铁路东起武汉市江岸区江岸西车站，西至丹江口市，全长411公里。其中江岸西至老河口为国家一级干线，老河口至丹江口为三级支线，该线由铁道部第四勘测设计院1958年分段勘测设计，1958年10月开始施工，1965年10月修通，1966年1月1日通车。2005年已全部更换60公斤／米钢轨，武汉至老河口东客车运行最高时速140公里。

（2）焦柳铁路：焦柳铁路北起河南焦作，南至广西柳州，全长1 636.33公里。该路月山至湖北枝城段先修，称焦枝线，枝城至柳州段后修，称枝柳线。1987年，两线合称焦柳线。焦柳线纵贯豫鄂湘桂4省（自治区），北与太焦、南与湘桂、黎湛铁路相连，在宝丰可经孟宝（孟庙至宝丰）与京广线相连，在洛阳、襄樊、怀化、分别与陇海、汉丹、襄渝、湘黔铁路交会；沟通山西、豫西、鄂西、广西，号称“第二京广线”，在全国路网中占有重要地位，对国民经济发展（特别是湘、鄂西少数民族地区的发展）和国防建设起到重大作用。襄樊铁路分局管辖线路为部营站北（K478+000）至西斋站南（K798+449），正线390.449公里(不含荆东联络线)。1999年12月28日，襄樊至石门的复线开通，2005年，全部更换60公斤／米钢轨，湖北境内客车运行最高时速120公里。

（3）襄渝铁路：襄渝铁路东起湖北省襄樊市老河口仙人渡镇，西至重庆，全长859.6公里。铁道部第二勘察设计院曾于1958年进行踏勘初测，1965年再次勘测设计，于1968年4月开始动工，十堰至莫家营、十堰至万源先后于1975年1月、1976年11月开办临时客运。1978年6月1日交付正式运营，2005年已全部更换60公斤／米轨，客车最高运行时速105公里。

2.专用铁路线

境内铁路专用线（见表6—1）。

铁路专用线

表 6—1

接 轨	专用线名称	长度(米)	接 轨	专用线名称	长度(米)
王树岗站	华电实业责任有限公司专用线	10 114	王树岗站	—	1980
襄阳站	中央储备粮襄樊直属库专用线	1 800	余家湖站	港务局专用线	6990
余家湖站	—	819	余家湖站	中石化襄樊石油公司专用线	888
余家湖站	襄樊水泥有限公司专用线	800	襄樊站	襄樊新棉责任有限公司专用线	3148
襄樊站	襄樊市供电公司专用线	911	襄樊站	襄樊安能热有限公司专用线	793
襄樊站	德茂化工建材有限公司专用线	232	襄樊站	塞亚米业有限公司专用线	257
襄樊站	襄樊物质行业协会专用线	194	襄樊站	襄樊市润滑油公司专用线	133
襄樊站	港口物质中转站专用线	873	肖湾站	中石化工湖北石油分公司专用线	294
肖湾站	—	192	肖湾站	襄樊市威路桥物质责任有限公司专用线	549
肖湾站	中国南车集团襄樊内燃机车厂专用线	5 000	枣阳站	枣阳四达汽车运输有限公司专用线	2691
枣阳站	中石化工襄樊配送中心专用线	417	兴隆集站	湖北天池科技股份有限公司专用线	4456
宜城站	湖北金源化工股份有限公司专用线	6 711	黄康站	中石化襄樊谷城配送中心专用线	1410
石花站	谷城县铁路联运站专用线	50	陈家湖	湖北化纤集团公司专用线	2 组 935/1370 米
太平店站	—	2 组 1700 米 /150 米	老河口站	—	3 组 90/255/249 米
老河口站	—	780	洪山嘴站 苏家河	—	2 组 3131/1890 米
洪山嘴站	老河吉港宝石水泥责任有限责任公司专用线	1 890	合计	31 条	64132

(二)桥涵隧道

1.襄樊汉江一桥

襄樊汉江一桥位于襄樊市城区，北濒樊城、南接襄阳城，是焦柳铁路上的一座公路、铁路两用桥，跨汉江。该桥1969 年 9 月 6 日动工，1970 年 4 月 26 日建成通车。1996 年5 月，襄樊汉江一桥开始复线建设，1996 年复线建成通车。通航最低水位 11.28 米，标准四级航道。

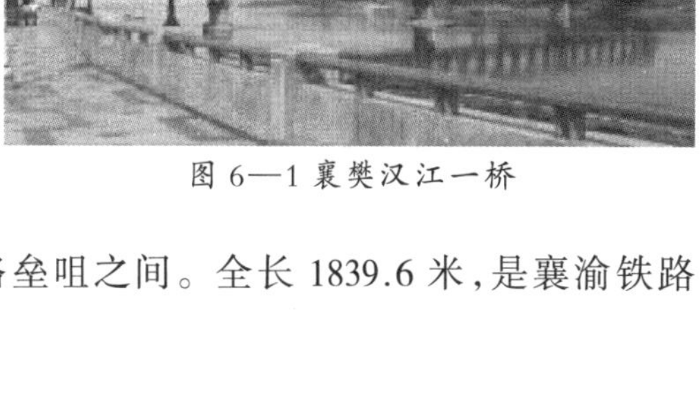

图 6—1 襄樊汉江一桥

2.仙人渡汉江铁路大桥

仙人渡汉江铁路大桥位于老河口市仙人渡镇和谷城县格垒咀之间。全长 1839.6 米，是襄渝铁路第一座特大桥梁。通航最高水位 81.6 米,最低水位 76.56 米,通航净空 6 米,1969 年竣工,1976 年 10 月 1 日交付运营。

图 6—2 武当山隧道谷城端口

3.武当山隧道

武当山隧道位于文畈车站至浪河车站之间，隧道两端口分别在襄樊市谷城县境内和十堰市丹江口市境内，属襄渝线上第二座大隧道，长 5226 米,宽 8 米,高 20 米,线路坡度为 15 度。隧道绝大部分为尖拱直墙,支承块式整体道床。采用自然通风及隧限—2 单线电力索引区段限界。该隧道 1969 年 8 月开工,1973 年 10 月竣工,1976 年 10 月交付武汉铁路局襄樊铁路分局运营。

图 6—3 文笔峰隧道。右为上行线,左为下行线

4.文笔峰隧道

文笔峰隧道位于襄阳车站与余家湖车站之间，距襄阳车站约 3 公里,分上、下行各一个隧道,长 163 米。襄樊市境内铁路桥梁、隧道、涵洞数量与长度(见表 6—2)。

襄樊市境内铁路桥梁、隧道、涵洞数量、长度统计

表 6—2

线路别	桥梁(座 / 米)					隧道(条 / 米)			涵洞(个 / 米)
	合计	特大桥	大桥	中桥	小桥	合计	长隧道	短隧道	
汉丹线	42/1844.06	—	3/924	9/398.3	30/561.76	—	—	—	347/5703.44
焦柳线	97/5769.03	2/1950	4/1178.1	36/1708.33	55/932.6	4/620	—	4/620	323/7877.45
襄渝线	23/6610.5	4/4109.3	9/1858.4	7/570.1	3/72.7	8/5890.2	1/5226.1	7/664.1	146/3323.09
合计	162/14263.59	6/6059.3	16/3960.5	52/2676.73	88/1567.06	12/6510.2	1/5226.1	11/1284.1	816/16903.98

(三)襄樊铁路枢纽

襄樊铁路枢纽位于襄樊市市区汉丹、焦柳、襄渝三条铁路交会处,以襄樊北车站(编组站)和襄樊车站(客货运站)为中心,东南西北方向分别以肖湾、襄阳、马棚、部营 4 个车站作为前方站,共 6 个车站和清河店、张湾 2 个线路所组成。是内地大型路网性铁路枢纽。

1958 年 5 月，铁道部批准襄樊枢纽设计。1959 年 3 月，铁道部第四勘察设计院编制施工设计。1969 年 11 月开工。1985 年竣工。襄樊铁路枢纽总正线延长 63.043 公里,站线总延长 102.667 公里,铁路产权及非铁路产权专用线 21 条,总延长 22.770 公里。

1985 年,铁道部为提高焦柳铁路襄樊以北单线通过能力,提出修建焦枝铁路月山至襄樊复线电气化设计任务书,经国家计委批复,同意将襄樊枢纽扩建工程包括在内。1986 年 2 月,铁道部第四勘察设计院将襄樊枢纽扩建初步设计文件报铁道部鉴定批准。扩建范围北起部营车站经襄樊北编组站至西湾线路所,西起襄渝线清河线路所,东至汉丹线张湾线路所。

扩建工程由铁道部第四工程局、第十一工程局和郑州铁路局武汉工程公司、襄樊工程公司四个单位承担。1987 年 11 月,部营车站开始动工,1988 年下半年,襄樊北编组站改造动工,1997 年 10 月 28 日完工。

1.襄樊北车站

位于襄樊市北郊高新技术开发区米庄镇。1970 年建站,是单向纵列式三级四场路网性编组站,主要担负武汉、重庆、柳州、洛阳、丹江五个方向货物列车解体编组、无调中转和行车组织工作。襄樊北车站从 1990 年 3 月起开始技术改造扩建,1997 年 10 月 28 日完成,耗资近 8 亿元,建成四推双溜半自动化大型编组站,2002 年,查定办理编解能力 12 380 辆。到 2005 年,日均解列车 97.2 列,编列车 94.4 列,办理车辆 12 076 辆,为 1986 年的 2.1 倍。

襄樊北车站管线总延长 146 809 米,站场纵向 6 800 米,横向 500 米,占地 185 万亩。客车到发线 2 股,有效长 767.787 米。车站一、二、三、四场共有股道 76 股,均为电气集中联锁。调车尾部为无连锁调车区,编组场有机械驼峰 1 座。峰下咽喉区灯塔 1 座,伞灯 1 座(高 24 米),调车场灯塔 4 座(高 15 米)。到达场和到发场均架设电力机车接触网。车站有货物线 2 股,货物站台 1 座 1 140 平方米,装卸有效长 143 米,货场总面积 4 830 平方米(襄北 1 140 平方米,部营 3 690 平方米)。襄樊北车站于 1980 年被铁道部定为一等站,2003 年升为特等站。

2.襄樊车站

襄樊车站位于樊城区前进路 38 号,位于汉丹、焦柳、襄渝三条铁路干线的交会处。1992 年,升为一等甲级客货运站,管辖襄阳、余家湖、王树岗 3 个中间站,属站管站模式,主要担负襄樊市及周边 11 个县市的旅客、货物运输和行车组织工作。车站中心里程为汉丹线 K317+384,焦柳线 K492+078。各线所有列车均在此始发、终到、停车,并进行列车的技术作业,办理旅客、行包发送和终到及旅客、行包中转业务。车站拥有客车到发线 5 条,客货到发线 2 条,货车到发线及编发线 7 条,货场货物线 6 条,水井 103 座,货运营业厅 4 个 323 平方米,货场 4 座 164 987 平方米,仓库 12 个 9 311 平方米,雨棚 2 个 5 970 平方米,货运站台 8 个 25 089 平方米,露天货场 20 152 平方米,集装箱区 8 592 平方米,货物卸载线 10 条,客运电梯 2 部,“易燃、易爆、危险品”检查仪表台,固定资产原资 14 448 万元,净值 11 598 万元。售票窗口 22 个,候车室 3 个 7 376 平方米,客运站台 8 座,地道 3 座。襄樊站售票厅 2 230 平方米,售票窗口 18 个。2001 年 6 月 28 日投入使用高架候车室 8 663 平方米,最多可容纳 6 000 人候车。图定客车 35 对,其中始发终到客车 8 对。2005 年,车站发送旅客 427 万人;发送货物 133 万吨,接收货物 160 万吨。

襄樊市境内各铁路车站(见表 6—3)。

襄樊市境内铁路车站

表 6—3

线别	车站名	开站时间	位 置	车站性质	等级	备注
汉丹线	兴隆集	1966.1	枣阳市兴隆乡	货运、中间站	四	—
汉丹线	枣阳	1966.1	枣阳市区南城	客货运站	三	—
汉丹线	董岗	1966.1	枣阳市环城董岗	中间站	四	—
汉丹线	琚湾	1966.1	枣阳市琚湾镇	中间站	四	—

续表(1)

线别	车站名	开站时间	位 置	车站性质	等级	备注
汉丹线	张家集	1966.1	襄阳区张集镇	中间站	四	—
汉丹线	简家坡	1966.1	襄阳区张集镇	中间站	四	—
汉丹线	肖湾	1966.1	襄阳区张湾镇	货运、中间站	四	—
汉丹线	张湾线路所	1994.	襄阳区张湾镇	线路所	线路所	—
汉丹线	马棚	1966.1	襄阳区竹条镇	中间站	四	—
汉丹线	熊营	1988.2	襄阳区牛首镇	中间站	四	—
汉丹线	黑龙堰	1972	襄阳区牛首镇	中间站	四	—
汉丹线	朱坡	1960.6	襄阳区太平店镇	中间站	四	—
汉丹线	陈家湖	1973	襄阳区太平店镇	货运站、中间站	四	—
汉丹线	太平店	1960.6	襄阳区太平店镇	中间站	四	—
汉丹线	老河口东	1972	老河口仙人渡镇	中间站	四	—
汉丹线	仙人渡	1960.4	老河口市仙人渡镇	会让站	四	—
汉丹线	老河口	1960.3	老河口市北京路	货运站、中间站	四	—
汉丹线	洪山嘴	1975	老河口市洪山嘴镇	货运站、中间站	四	—
焦柳线	耿坡	1970.7	襄阳区黄集镇	货运站、中间站	四	—
焦柳线	郜营	1970.7	襄阳区伙牌镇	中间站	四	—
焦柳线	襄樊北	1970.7	高新区米庄乡	编组站	特	—
焦柳线	襄樊	1970.7	樊城区前进路	客货运站	一等甲级	—
焦柳线	襄阳	1970.7	襄城区东南	货运站、中间站	四	—
焦柳线	余家湖	1970.7	襄城区庞公乡	货运站、中间站	四	—
焦柳线	王树岗	1970.7	襄城区欧庙镇	货运站、中间站	四	—
焦柳线	朱市	1970.7	宜城市朱市乡	货运站、中间站	四	—
焦柳线	宜城	1970.7	宜城市雷河镇	客货运站	四	—
焦柳线	上大堰	1970.7	宜城市孔湾	货运站、中间站	四	—
襄渝线	黄康	1976.10	谷城县黄康乡	中间站	四	—
襄渝线	谷城	1976.10	谷城县北河	客货运站	三	—
襄渝线	石花	1976.10	谷城县大峪桥镇	货运站、中间站	四	—
襄渝线	黄家营	1976.10	谷城县石花镇	货运站、中间站	四	—
襄渝线	文畈	1976.10	谷城县五山乡	中间站	四	—
汉丹线	苏家河	1976	老河口市洪山嘴	中间站	四	2004 年撤销
汉丹线	傅家寨	1976	老河口市傅家寨乡	中间站	五	1997 年撤销
汉丹线	仙人渡	1960.4	老河口市仙人渡崔家营	中间站	四	2001 年撤销改为会让站
汉丹线	清河店线路所	1972	襄阳区伙牌镇境内	线路所	线路所	2004 年撤销
汉丹线	十岗	1976	随州市十岗乡境内	中间站	四	1994.11 属随州市
汉丹线	淅河	1961.11	随州市淅河镇	中间站	四	1994.11 属随州市
汉丹线	随州	1961.11	随州市区	客货站、区段站	三	1994.11 属随州市
汉丹线	两水沟	1961.11	随州市两水乡境内	中间站	四	1994.11 属随州市
汉丹线	厉山	1962.3	随州市厉山镇	中间站	四	1994.11 属随州市
汉丹线	净明铺	1966.12	随州市尚市乡境内	中间站	四	1994.11 属随州市
汉丹线	唐县镇	1962.3	随州市唐镇	中间站	四	1994.11 属随州市

续表(2)

线别	车站名	开站时间	位 置	车站性质	等级	备注
汉丹线	万福店	1966.1	随州市万福店镇北	中间站	四	1994.11 属随州市
汉丹线	随阳店	1966.1	随州市唐镇压辖内	中间站	四	1994.11 属随州市
焦柳线	邓湖	1970.7	襄阳区伙牌镇境内	中间站	四	2003.11 年撤销
焦柳线	砖庙	1970.7	宜城市小河乡境内	中间站	四	1998 年撤销

(四)客货运输

1986 年后,随着铁路运输设施的不断完善,管理水平的逐步提高。1997 年 4 月 1 日,全国铁路实行第一次大面积提速。到 2005 年,汉丹线客车时速武汉至老河口东段达到 140 公里,襄渝线客车时速老河口东至胡家营段时速 105 公里,焦柳线湖北省境内时速达到 120 公里。2004 年,襄樊铁路分局(2005 年 3 月 18 日撤销)旅客发送量 1 115.25 万人,比 1986 年增长 7.1%;货物发送量 2 010.79 万吨,比 1986 年增长 45.4%。2005 年,襄樊市内铁路车站客运量达到 436 万人,其中襄樊站发送 435.4 万人,襄北站发送 0.6 万人。全市铁路货运完成 222.5 万吨。其中襄樊站发送 99.0 万吨,襄北站发送 0.4 万吨,襄阳站发送 12.0 万吨,肖湾站发送 25.3 万吨,余家湖站发送 19.0 万吨,部营站发送 67.2 万吨。

1.客运

1986 年,经襄樊或由襄樊始发各线客车 24 对,其中直快 7 对,管快 8 对,直客 1 对,普客 6 对,市郊 2 对。到 2005 年,经襄樊或由襄樊始发各线客车 35 对,其中特快 5 对,快速 11 对,管快 4 对,直客 11 对,普客 2 对,市郊 2 对。

1986 年 1 月 25 日,襄樊铁路分局开行襄樊至重庆临时客车(后改为武昌始发),同年 7 月 11 日,成为图定列车。1994 年,开行宜昌至西安列车。1994 年 9 月,开行襄樊至郑州列车,1996 年 1 月 29 日延至无锡,又改为宜昌始发。2002 年 11 月 8 日,襄樊铁路分局开行宜昌至上海、宜昌至广州列车。1986 年以来,其他铁路局及集团公司先后开行经由襄樊到达重庆、广州、上海、福州、厦门、成都、东莞、青岛、太原、西安、厦门的列车,襄樊可以直达北京、上海、广州、福州、重庆、成都、西安、郑州、太原、青岛、厦门、无锡、东莞、湛江、洛阳、安康等 16 个省外的城市,以及省内武汉、宜昌、十堰、荆门、随州等 5 个城市。

2.货运

1986 年,襄樊铁路分局货物发送量 1 383.3 万吨,2004 年为 2 010.8 万吨,增长 45.4%。其中襄樊车站货场建于 1967 年,当年开办货运业务,1995 年,货场总面积 152 071 平方米,其中硬化面积 41 031 平方米。各类货物仓库 10 座 6 971 平方米。货物线 6 条,总延长 3 703 米。货位 388 个,堆放能力 14 454 吨。各类装卸机械 70 台。除担负区内整车(爆炸品除外)、零担和集装箱业务外,还办理全路零担货物的中转业务。1986 年,货物发送量 53.7 万吨,2005 年,货物发送量 133 万吨,增长 147.7%。

（五）机车车辆机务

1.机车装配

1986 年，襄樊铁路分局配属 183 台机车。其中蒸汽机车前进型 73 台、解放型 24 台、解放 6 型 1 台、建设型 4 台、人民型 11 台，内燃机车东风型 31 台，电力机车韶山型 39 台。2002 年 7 月 28 日，枝江机务段建设型 8178 号蒸汽机车正式退出作业，湖北省境内国有铁路告别蒸汽机车。2003 年末，襄樊铁路分局共配属各类型机车 286 台，其中电力机车 93 台，内燃机车 193 台。2005 年，襄樊铁路分局所属机务段均并入襄北机务段，该段配有机车 271 台。其中内燃机车 208 台（东风 4 型 172 台、东风 7 型 35 台、北京型 1 台），电力机车 63 台（韶山 3 型 56 台、韶山 1 型 7 台）。

2.客车装配

2004 年，襄樊铁路分局配属客车车辆 698 辆，其中硬座 358 辆，硬卧 187 辆，软卧 43 辆，餐车 9 辆，发电车 23 辆，行李车 36 辆，软座 1 辆，双层硬座车 9 辆，试验车 2 辆。2005 年起，客车车辆配属归于武昌南客车车辆段。

3.机车车辆检修

1986 年，襄樊铁路分局完成架修蒸汽机车 77 台、洗修 932 台；完成架修内燃机车 14 台、定修 201 台；完成架修电力机车 30 台、定修 183 台。2004 年，襄樊铁路分局全年大修内燃机车 8 台、平均停时 27.8 天；中修机车 99 台，其中内燃机车 81 台、电力机车 18 台，平均停时 14 天；辅修机车 437 台，其中内燃机车 310 台、电力机车 127 台。机车年度质量鉴定 132 台，其中内燃机车鉴定 75 台，优良等级 69 台、良好等级 6 台。电力机车年度鉴定 57 台，优良等级 34 台，良好等级 23 台。2005 年，襄北机务段内燃机车大修完成 6 台，为年计划的 100%，中修完成 83 台，为年计划的 96.5%，小修完成 146 台，辅修完成 248 台，完成段修率 4.6%；电力机车中修完成 22 台，为年计划的 100%，小修完成 69 台，辅修完成 42.8 台，完成段修率 5.1%。同年，襄北车辆段完成货车段修 4 371 辆，辅修 6 151 辆，摘车临修 6 347 辆；完成货车厂修 100 辆，提速改造完成 472 辆。外委厂修完成 68 辆，段修完成 242 辆，辅修完成 163 辆。货车通过修完成 775 万辆。段修一次交验合格率 95.7%。

4.给水供电

2004 年，襄樊铁路分局全年完成生活供水 1 386 万立方米，完成电力供电 8 264.6 万千瓦时，其中牵引供电 1 752 万千瓦时。完成水电大修更改 64 项工程 1 194.5 万元投资施工任务。牵引供电设备包括接触网 471 条公里，变电所 8 座，容量计 34 万千伏安，牵引主变压器 16 台、总容量 320 000 千伏安（其中移动备用变压器 1 台、容量 15 000 千伏安），吸流变压器 47 台。电力供电设备包括变压器 95 台，总容量 29 150 千伏安，配电装置 1 132 面，电力线路 1 336.65 公里（其中电力贯通线路 1 044 线条公里、自动闭塞电线路 322.6 公里）。给水设备包括水道 95 座 / 组，管道 204.82 公里，扬水设备 167 台 / 面，水处理设备 34 套 / 座。

5.工务电务

工务包括线路、桥隧涵渠等设备，管内铁路交付运营后，根据设备状况和计划，工务部门按计划综合维修，整治病害提高线路质量，以保证列车运行安全。电务方面，襄樊市境内 32 个运营车站，其中编组场 1 处，电气集中站 27 个，计算机连锁站 2 个，色灯连锁站 3 个。境内焦柳线信号为自动闭塞,共 15 个区间,90 公里;汉丹线信号为半自动闭塞,共 24 个区间,183 公里。原色灯连锁站已基本改造成电气集中站或计算机连锁站,电气集中更为安全可靠,操纵和维护更简单、快捷,连锁动作速度更快,信息量大,设备体积小、重量轻,便于调试和维修,提高了自动化程度和作业效率。部分线路实现自动闭塞,提高了区间通过能力和行车安全性。

6.铁路通信

襄樊市境内铁路通信线路 313.927 公里,折合 1 220.243 皮长公里。1999 年,开通铁路程控电话,境内装配 12 900 门铁路程控交换机。境内电报所 1 个。

(六)管理

1.计划管理

襄樊铁路分局在货源调查的基础上编制上报年度运输计划,铁路局下达月度计划,分局调度所则编制日(班)计划。1983 年起,铁路运输计划开始改革,缩小指令性计划,扩大指导性计划。铁路局对分局指令性计划 7 项,包括旅客发送量、货物发送量、客货周转量、煤炭发送量、货车周转时间、货运机车日产量和机车配属台数。其余指标由分局自定报铁路局备案。列车运行图由铁道部统一编制下达,一般每隔 4 年重新编制,并适时进行调整。

2.车流组织

1986 年起,襄樊铁路分局为解决湖北省生产和生活煤炭供应,组织开行煤炭专列,利用管内磷矿石、石油、汽车等货物装车地优势,按月编制直达运输方案。至 2005 年,共组织直达列车 27 036 列。

3.运输调度

襄樊铁路分局调度所是分局运输生产的指挥中心,指挥保证行车安全,落实运输管理和客货营销措施,完成运输经营任务和各项技术指标。到 2004 年,襄樊铁路分局调度所一线设 4 个调度班组,二线设教育室、分析室、统计室。按列车调度员的指挥区域,划分为 4 个计划调度台和 9 个列车调度台。其中地区计划台管辖地区台,地区台负责焦柳线部营至王树岗站区间和汉丹线肖湾至马棚站区间,计 8 个车站 2 个线路所。焦柳线计划调度台管辖南一台、南二台,负责焦柳线王树岗至西斋、荆门东支线、鸦宜线共 32 个车站。东一台、东二台、东三台负责汉丹线肖湾至朱家台及长荆线共 40 个车站。西一台、西二台、西三台负责汉丹线马棚至丹江以及襄渝线胡家营共 8 个车站。调度所根据工作需要设 1 个客运调度台、3 个货运调度台、1 个特种物资调度台、1 个篷布调度台,东、西、南 3 个机务调度台。截止 2004 年,襄樊铁路分局调度所定员 143 人,现员 142 人。旅客列车发出 6 528 列,正点 6 513 列,正点率 98.8%,运行 25 887 列,正点 25 783 列,正点率 99.6%;货物列车发出 79 821 列,正点 78 384 列,正点率 98.2%,运行 112 186 列,正点 109 045 列,正点率 97.25%。

4.安全管理

襄樊铁路分局未撤销前,襄樊市境内铁路运输安全管理实行分局、站段、车间、班组 4 级管理。2005 年 3 月 18 日,撤销襄樊铁路分局,安全管理在武汉铁路局领导下,实行站段、车间、班组 3 级管理。1986 年 1 月 1 日至 2005 年 3 月 18 日,襄樊铁路分局设安全监察室,负责全分局管内安全检查监督以及事故的分析定责、路外安全宣传工作。开展"安全百日"活动,同期间,襄樊铁路分局实现 67 个无行车重大事故、大事故的“安全百日”,实现 14 个安全年,创下连续 4 388 天无责任行车重大、大事故的纪录,进入全国铁路安全生产的先进行列。襄樊铁路分局路安全宣传队在铁路沿线采取放电影、幻灯、录像、图片展览、散发宣传品等形式进行铁路安全知识教育,受教育群众达 54.23 万人次。管内所有道口安装自动报警器,并进行线路平面交叉改立体交叉工作,使路外伤亡、道口责任事故逐年下降。

2005 年,武汉铁路局襄樊办事处安全监察室认真落实安全检查监督的职能,按铁道部定编配齐人员,建立健全安全检查监督的各项工作制度。安全监察室内部根据工作性质进行明确分工,设置值班、综合分析机构、设立 12 项专业监察。加强日常检查监督考核。检查信号、供电、机车、车辆、锅炉压力容器等行车和特种设备 1 750 台次,添乘机车 548 趟,检查 16 个行车站段,下发《安全监察通知书》《安全监察指令书》112 份,召开安全生产专题交班会 18 次,及时督促站段进行了整改落实,确保铁路运输安全生产。

(七)机构沿革及铁路管理体制改革

1.机构沿革

襄樊铁路分局前身是武汉铁路局汉丹线铁路管理处。襄樊铁路分局组建于 1966 年 6 月 1 日,隶属于武汉铁路局,办公机构设在武昌洪山。1969 年 1 月,襄樊铁路分局机关从武昌洪山迁至襄樊。1983 年 3 月,武汉铁路局撤销,襄樊铁路分局隶属郑州铁路局。管辖有汉丹、焦柳、襄渝、鸦宜、小厉、长荆等 6 条铁路线,分布于湖北省武汉、孝感、宜昌、荆门、天门、随州、襄樊、十堰 8 个省辖市。

1979 年,襄樊铁路分局直管、代管基层单位 40 个。其中车务系统 8 个:襄樊车站、襄樊北车站、襄樊北列车段、襄樊客运段、随州车务段、襄阳车务段、荆门车务段、六里坪车务段。机务系统 7 个:随州机务段、襄樊北机务段、六里坪电力机务段、紫荆岭机务段、襄樊水电段、襄樊供电段、襄樊北车辆段。工务系统 7 个:长江埠工务段、襄樊工务段、荆门工务段、六里坪工务段、枝城桥工段、襄阳采石厂、荆门采石厂。电务系统 4 个:襄樊电务段、六里坪电务段、荆门电务段、紫荆岭电务段。建筑、生活系统 2 个:襄樊建筑段、襄樊生活供应段。教育卫生系统 5 个:分局教育办公室、分局职工培训中心、襄樊铁路医院、六里坪铁路医院、襄樊铁路卫生防疫站;工附业单位 3 个:襄樊机修厂、襄樊材料厂、襄樊汽车运输队。政法部门 3 个:襄樊铁路公安分处、襄樊铁路运输检察院、襄樊铁路运输法院。1985 年底,在册职工总数 29 337 人,2004 年底 30 334 人。

附:襄樊铁路分局历任领导名单(1979—2005 年 3 月)

分局党委书记:

赵永德 1974.3—1980.12

李殿文 1981.9—1982.9

于绍江 1982.9—1984.3

高树珊 1984.3—1985.4

曾祥瑞 1985.4—1990.6

李人胥 1990.6—1995.7

陈世金 1995.7—2004.1

龚新教 2004.1—2005.3

分局长:

贺占奎 1978.7—1979.10

于绍江 1980.1—1982.9
李大强 1982.9—1983.6(武汉铁路局党委副书记、副局长带职下放)
赵承仁 1983.7—1985.5
赵家田 1985.5—1993.10
王延安 1993.10—1996.12
贡海利 1996.12—1998.10
姜如华 1998.10—1999.6
杨国勋 1999.11—2005.3

2.铁路管理体制改革

襄樊铁路分局成立以来,一直实行铁路局、铁路分局、站段三级负责制,先后实行过"一长制"、厂长负责制和职工代表大会制、"一元化"领导制、中共党委领导下的负责制和职工代表大会制。1987年1月1日起,实行局长负责制。

新中国成立以来的铁路政工体制中,铁路分局及铁路局一直设政治部作为铁路局和铁路分局党委的政治工作机构。1988年12月1日,根据铁路政工体制改革的要求,撤销襄樊铁路分局政治部。

2000年,铁道部下发《关于加快推进运输业主辅分离和运输企业内部分离工作的意见》。2001年,根据郑铁路局《关于贯彻落实铁道部〈关于加快推进运输业主辅分离和运输企业内部分离工作的意见〉的通知》,襄樊铁路分局所属的辅业单位开始与运输主业脱钩。同年2月,所属各电务段通信业务从各电务段划出,成立铁通分公司。襄樊铁通分公司是湖北省铁通公司下属单位,隶属国家资产管理委员会。2003年,襄樊铁路分局工程公司划归中国铁路工程建设总公司七局管辖,隶属国家资产管理委员会。

从2003年12月起,襄樊铁路分局将具有社会职能的企事业单位移交当地政府管理。至2004年12月,共移交中小学10所531人,医院3所、独立卫生所2所共740人,幼儿园6所142人。其中襄樊市境内中小学6所436人,医院1所501人,幼儿园4所132人。

2004年,全国铁路实施生产力布局调整,襄樊铁路分局生产单位进行整合撤并,襄樊铁路分局直属单位减少到30个。其中车务系统7个:襄樊车站、襄樊北车站、宜昌车站、襄樊客运段、随州车务段、荆门车务段、十堰车务段(原六里坪车务段更名);机辆系统4个:襄樊北机务段、枝江机务段(原紫荆岭机务段更名,2005年撤销)、襄樊供电段、襄樊北车辆段;工务系统4个:长江埠工务段、襄樊工务段、荆门桥工段、襄樊石料供应段(原襄阳采石厂更名);电务系统1个:襄樊电务段;文教卫生系统2个:襄樊铁路防疫站、襄樊铁路高级运输技校(分局职工培训中心更名);工附业单位7个:金鹰集团(原轨道车辆厂更名)、襄樊材料厂、襄樊房地产中心(原襄樊建筑段更名)、金利集团公司、金利运输代理责任有限公司、襄樊装卸总公司、襄樊劳动服务公司;支线管理中心1个:老丹管理中心;合资铁路公司1个:长荆铁路合资公司。

2005年3月18日,全国铁路实行运输管理体制改革。根据《关于成立武汉铁路局的决定》,撤销郑州铁路局所属武汉铁路分局和襄樊铁路分局,组建武汉铁路局,实行铁路局直接管理站段的体制,武汉铁路局在襄樊设立办事处,人员定编60名,主要领导可按副局级配备。同年4月6日,武汉铁路局襄樊办事处成立,下设安全监察室、综合管理办公室、党群工作办公室、社保办公室(2005年12月撤销)、离退休管理办公室、财务室,配备人员63人。至2005年底,武汉铁路局管辖襄樊市境内的铁路运输生产站段9个:襄樊车站、襄樊北车站、襄樊客运段、襄樊北机务段、襄樊北车辆段、襄樊供电段、襄樊工务段、襄樊电务段、襄樊石料供应段。

二、公路运输

1979—2005 年，襄樊市的道路里程迅速增加，等级不断提高。1979—1985 年，襄樊市交通建设把市、县城区出口路建设与城市建设结合起来，把改造过境路与区镇建设结合起来，把修路建桥与农田基本建设结合起来，把交通公路建设与国防建设、工业发展基地建设结合起来，交通建设得到发展。1984 年冬，开始实施干线公路大规模改造工程。国家“七五”计划期间，全市干线公路大规模改扩建，207 国道、魏樊、新樊、襄南等干线公路相继开工。全市公路建设与养护投资 4.2 亿元。

国家“八五”计划期间，全省公路实行养建投入产出承包责任制，全市公路交通以提高公路技术等级，增强公路通行能力和承载能力，着力以襄樊为中心，外接省、地(市)，内联各县(市)的大通道建设。5 年间共完成一、二级路面 568 公里，新建改建桥梁 60 座 2 140 延米。全市公路建设、养护投资共 8.31 亿元。

国家“九五”计划期间(1996—2000 年)，全市交通以建设鄂西北客货运输主枢纽为目标，加大交通基础设施建设的资金投入，全市公路养建资金实际投入 11.12 亿元。2000 年末，襄樊公路初步形成以二级公路网为骨架，内联县、乡、村，外接省、地、市的公路网络，市区到各县(市)和各县(市)之间高等级公路大通道基本形成，主要干线公路基本实现标准化、美化、绿化，公路路况、路容、路貌显著改善。全市新建、扩建公路桥梁 113 座 3 230.5 延米。“九五”末期境内 4 条高速公路相继开工兴建。

“十五”时期(2000—2005 年)，全市完成交通固定资产投资 35.9 亿元(不含高速公路和二期汉江航道整治投资)。襄十、襄荆、孝襄、樊魏四条高速公路相继建成通车。经过路网改造，国道、省道主干线技术等级全面提高。农村公路网建设快速发展，完成投资 5.55 亿元，完成 706 公里通乡油(水泥)路建设，结束 328 个行政村不通公路的历史。

2005 年末，襄樊市公路通车总里程(含高速公路)达 24 723 公里，其中晴雨通车里程 22 338.4 公里，分别为 1985 年末的 4.3 倍和 6.1 倍；县乡村三级公路总里程达 22 839.5 公里，为 1985 年末的 4.9 倍；公路密度为每 100 平方公里 125.3 公里，比 1985 年末净增 96.1 公里。村道总里程 12 154.2 公里，沥青混凝土路面 10.7 公里，水泥混凝土路面 1 201.1 公里，高级路面约占村道总里程的 10%。全市公路桥梁(不含高速公路)达到 1 609 座，总长度达 50 072.1 延米，其中永久式桥梁 1 484 座、46 172.1 延米。

1984 年 10 月，襄樊市交通公路运输按照湖北省交通厅提出的“企业下放、管理集中、面向全国、搞活交通”的指导思想，采取放开搞活、松绑放权，鼓励有条件的国营企业、集体企业、社会单位、个体联户从事运输业，促进道路运输业的发展。襄樊市第一汽车运输公司驻各县(市)车队、车站下放属地政府经营管理。1985 年末，全市营运汽车 8 644 辆，旅客营运线路 371 条，营运班次 1 675 班，营运总里程 31 477 公里。从国家“七五”计划开始，全市交通部门将公路汽车客运站、货运站等基础设施建设作为交通建设的重点之一，新建、改建各县(市)区级客运站，到“九五”期初，县级车站达到 二级，一大批乡镇客运站达到四级。先后对襄樊中心客运站进行改造，新建襄樊高速公路汽车客运站，到 2005 年底，全市道路客运营运线路总计 744 条，客运班次 7 388 班，总营运里程 557 399 公里。其中跨省营运线路 123 条 205 班，跨地(市)营运线路 96 条 303 班，跨县(市)营运线路 354 条 4257 班，县(市)内线路 171 条 2 623 班。拥有营运客车 3 111 辆。2005 年完成汽车旅客运输 7 781 万人次，317 275 万人次公里。

从“八五”期初开始到 2005 年末，先后建成米庄汽车货运站、枣阳市公铁联运货场站、襄樊市集装箱中转站、鄂西北襄樊物流中心、宜城汽车货运站、襄阳区货运站。2001 年，襄樊市开始筹建鄂西北货运交易中心。2005 年末,全市货运信息配载业户共 92 户,物流服务内容延伸、扩展到生产、流通、销售等各个环节。同年,全市运营货车 13 775 辆,完成道路货物运输量 5 259 万吨,402 232 万吨公里。城区公交车辆 452 辆,公交线路 37 条。市区出租车发展到 1700 辆。

1986—2005 年,襄樊市交通规费征收稽查部门共征收水陆交通规费 52.64 亿元。

(一)公路建设

1.高速公路

1999 年 11 月 15 日,湖北省襄(樊)十(堰)高速公路建设指挥部成立。至 2005 年 9 月 30 日,襄樊境内先后建成襄十(含汉十与襄荆连接线)、襄荆、孝襄、樊魏等 4 条高速公路,总里程 270 公里,是福银(福州至银川)、二广(二连浩特至广州)高速公路重要组成部分。

为搞好高速公路建设,市委、市政府于 1998 年 7 月成立汉十、襄荆高速公路襄樊区段工程建设指挥部,市长罗辉任指挥长。2000 年 8 月 29 日,成立襄樊市高速公路建设协调指挥部,隶属高速公路襄樊区段工程建设指挥部。市委常委、常务副市长赵成霖任指挥长,副市长赵振、市政府副秘书长马升云、交通局局长魏伟任副指挥长。下设办公室,市交通局副局长安俊美兼办公室主任。办公室设在襄樊市交通局。办公室下设襄(樊)十(堰)高速公路等 4 个协调组。2004 年 3 月 3 日,工程建设协调指挥部组成人员调整,由市政府常务副市长欧阳万坤任指挥长,分管交通副市长刘立勇、市政府副秘书长李建华、市交通局局长邓卓海等任副指挥长,市交通局副局长安俊美仍兼任办公室主任。

(1)襄十高速公路(含与襄荆高速公路连接线)

图 6—4 2003 年 12 月高速公路部营互通

襄十(襄樊至十堰)高速公路是汉十(汉口至十堰)高速公路分期建设的第一阶段,是福州至银川高速公路湖北省西段。由襄武段、武许段及汉十与襄荆高速公路连接线三部分组成。襄十高速公路襄樊至武当山段,起点位于襄樊市伙牌镇部营,经襄阳县龙王集、老河口市仙人渡镇、谷城县石花镇、丹江口市土关垭镇、丁家营镇,止于丹江口市武当山旅游经济特区,路线全长 107.6 公里。襄樊境内全长 99 公里,总投资 36.95 亿元。其中国家投资 14.52 亿元,占总投资 39.3%,银行贷款 22.43 亿元,占总投资的 60.7%。按双向四车道标准设计,部营互通至谷城北河段约 49.5 公里及连接线约 20.5 公里共约 70 公里的路基宽 26 米,行车速度为 100 公里 / 小时,谷城北河至土关垭段约 29 公里,路基宽 24.5 米,行车速度为 80 公里 / 小时。襄樊境内设襄城(位于贾洲村)、樊城(位于邓城大道中段)、部营(伙牌、属交叉转向互通)、龙王集、仙人渡、谷城(三岔路)6 处互通及钟岗服务区。有中型以上桥梁 15 座共 12 312.39 米。其中特大桥有仙人渡大桥长 5 346 米、汉江四桥长 4 618 米、吕家岗大桥长 668 米。大型桥梁有清河大桥、排子河大桥、北河大桥、四道河大桥和柏果树大桥。2001 年 3 月 31 日,工程开工动员大会在襄城区贾洲汉江四桥建设工地举行。湖北省人民代表大会常务委员会副主任刘荣礼、章治文,湖北省人民政府副省长周坚卫、交通厅厅长任必年,襄樊市市长罗辉等省市领导出席动员大会。2003 年 12 月 19 日竣工并通过初步验收。2003 年 12 月 26 日上午 9 时,在汉十、襄荆高速公路连接线襄樊西收费站前广场举行通车典礼仪式。

湖北省人民政府副省长韩忠学、政协副主席焱行德、交通厅厅长任必年等领导出席通车典礼，中共襄樊市、十堰市市委、政府领导参加会议并致贺词。当日，襄十高速公路开通试营运。该工程比计划提前8个月完工。

（2）襄荆高速公路

襄樊至荆州高速公路是湖北省“十五”规划建设的交通重点工程，是湖北省交通投资体制改革试点项目。属太（原）澳（门）高速公路湖北段，北起襄樊市襄城区贾洲，接襄十、襄荆高速公路连接线，终点为荆州市荆州区龙会桥，接荆州长江大桥襄荆连接线，途径襄樊市襄城区、宜城市，荆门市的钟祥市、东宝区、掇刀区和沙洋县，荆州市荆州区。全程185.4公里。向北与汉十、樊魏（襄樊至南阳魏集）高速公路相连，向南与沪蓉国道主干线相接，并通过荆沙长江大桥连接荆（州）东（岳庙）高速公路通往湖南省。

1999年10月，葛洲坝股份有限公司、湖北省公路建设总公司、湖北省投资公司、襄樊市公路建设有限责任公司、荆州市投资公司等国内5家企业共同发起组建项目业主——湖北襄荆高速公路有限责任公司，筹备建设襄荆高速公路，负责项目建设的资金筹措、组织实施与经营管理，以国内BOT方式和特许经营权形式建设襄荆高速公路。1998年7月，通过《襄樊至荆州高速公路预可行研究报告》。1999年12月30日，国家计划委员会下发《印发国家计委关于审批湖北襄荆高速公路工程可行性研究报告（代项目建议书）的批示的通知》，项目获准立项。2000年5月8日，交通部下发《关于襄樊至荆州高速公路初步设计的批复》批准项目初步设计。

襄荆高速公路设计行车速度为100公里/小时，双向四车道，全封闭、全立交，沥青混凝土路面。襄樊市境内北起襄城区隆中办事处贾洲村，南至宜城市孔湾镇台子岗村，长57.148公里，其中起点至0.31公里一段由襄十高速公路指挥部负责施工，襄荆高速公路指挥部实际施工里程为56.838公里。境内设置襄樊南（尹集）、宜城北（朱市）、宜城南（雷河）三个互通和宜城服务区。全线有大中桥梁12座，其中大桥3座。2000年8月14日，湖北省襄荆高速公路建设指挥部在荆门召开襄荆高速公路开工动员大会。副省长周坚卫作动员报告。襄樊市人民政府及各相关管理部门、沿线各县（市）区负责人参加会议。2000年9月26日，开工典礼在荆门市举行，襄荆高速公路工程项目开始动工建设。2004年6月20—21日，襄荆高速公路工程全线完工并通过湖北省交通厅组织的交工验收。工程比计划提前半年完工。同年6月26日，襄荆高速公路竣工通车典礼在荆门市举行。中共襄樊市委副书记、市长付明珠，市委副书记夏志斌、副市长刘立勇等领导参加通车典礼。2005年1月23日，湖北襄荆高速公路有限责任公司修订并印发《章程》，公司注册资本9亿元。襄樊市交通规费征收管理处接替襄樊市路桥公司（该公司改制为民营企业）代表襄樊市出资3 600万元，占注册资本4%，成为该公司5家股东之一。

在襄荆高速公路建设的过程中，协调指挥部完成境内永久性征地17 179亩，一期工程临时性用地9 422.97亩，二期工程用地近1 000亩，拆迁房屋120 834.95平方米，拆迁三杆（电力、电信、广播）1 893根，砍伐树木356 798棵。完成改路、改渠、改沟工作，全线共签订“三改”项目327项，总资金173万元。协助完成绿色通道建设工作，境内高速公路两边共植树239 221棵，成活率达98%。完成整治施工环境工作，组织协调施工单位与地方派出所签订治安联防协议书，协同处置各类矛盾3 105起。协助完成三期封网工程建设工作和水土保持工程建设工作，除在一期施工中完成护砌工程、植树种草工程、临时取土场、施工便道工程边施工边恢复外，另对局部路段弃土场、取土场总共约40项恢复性工程项目，通过议标与地方上有资质的施工单位签订合同，组织施工复建，总计投资300多万元。另外，还协助解决工程项目所遗留的还耕、还渠、还路、还债及拌和场地的使用，设备的搬迁等问题。协调清还拖欠各类工程款项1 000多万元。

(3)孝襄高速公路

孝感至襄樊公路属汉十高速公路孝感至襄樊段，是福银高速的组成部分，起于孝感市孝南，接汉十高速公路汉口至孝感段，与京珠高速公路湖北境北段交叉，途经安陆、随州、枣阳、止于襄阳区部营互通，与襄樊至十堰(武当山)高速公路相连，全长243公里。其中孝感市境82公里，随州市境70公里，襄樊市境91公里。1999年6月，国家环境保护总局下发《汉口至十堰高速公路孝感至随州段及随州至襄樊段环境影响评价大纲》。2001年7月，经国务院批准，国家计委发文批准孝感至襄樊公路项目建议书，同意孝感至襄樊公路项目立项建设。2001年9月，成立项目法人——湖北孝襄高速公路经营有限公司，湖北省政府成立湖北省孝襄高速公路建设指挥部。实行指挥部与公司一个机构两块牌子的建设管理体制。2002年2月，国家环境保护总局发文批复《孝感至襄樊高速公路环境影响报告书》。2002年3月，国家计委发文批复本项目可行性研究报告。同年4月，湖北省交通厅将《关于报送湖北省孝襄高速公路初步设计文件的请示》上报交通部审批。同年5月，交通部批复初步设计。孝襄高速公路设计双向四车道，行车速度120公里/小时，路基宽28米，概算总投资72.6亿元人民币(其中世行贷款2.5亿美元)。襄樊境内东起枣阳市王城镇陈店村，西止于襄阳区部营互通，全线共设王城、枣阳(吴店)、琚湾、襄樊东(双沟)、襄樊北5个互通，另设枣阳服务区和双沟、王城2个停车区。线段内有特大桥3座，大桥4座，中桥15座。2002年11月23日，在随州举行开工典礼。2005年9月底，建成通车试运行，比计划工期提前8个月。2000年8月底，孝襄高速公路襄樊境内5个标段，2个监理单位，在青苗补偿费尚未拨付、土地征用手续尚未办理的情况下，襄樊市协调指挥部多方协调，提前做到通水、通电、通信，使施工单位顺利进场，抢了工期。2002年5月，开始房屋及场面附着物拆迁，到年底，累计拆迁房屋320户46 000余平方米，水井363口，坟墓1 271座，地坪55 496平方米，砍伐树木75 424株。2003年，拆迁房屋229户，砍伐林木8万余株。

(4)樊魏高速公路

樊魏高速是二广高速公路（原称）高速公路襄樊境内北段。起于襄樊市襄阳区伙牌镇的部营互通，止于襄樊市襄阳区黄集镇与河南省邓州市魏集交界的长王村，全长22.8公里，采用双向四车道高速公路标准，设计速度100公里/小时，路基宽度26米，路面宽度2×7.5米，建大桥2座、中小桥4座，设互通立交1处、分体立交8处。

2001年6月15日，湖北省发展计划委员会下发《关于襄樊至南阳高速公路湖北段工程可行性研究报告(代项目建议书)的批复》。2002年7月4日，湖北省发展计划委员会下发《关于襄樊至南阳高速公路湖北段初步设计的批复》。该项目由湖北东方投资有限公司与香港恒茂集团有限公司共同投资，总额4.6亿元(批准概算)。其中资本金1.6亿元，国内银行贷款3.0亿元。由湖北省交通规划设计院设计，中铁十一局集团有限公司、天津第五市政公路工程有限公司等7家单位施工建设。由北京华宏路桥咨询监理公司、湖北省交通科技研究所、襄樊市鑫业工程建设监理有限公司监理。2002年11月24日，在孝襄高速公路指挥部举行孝襄、樊魏高速公路开工新闻发布会，樊魏高速公路正式开工建设。2005年9月30日，在孝襄高速公路孝感服务区举行樊魏、孝襄高速公路通车庆典仪式。中共湖北省委书记俞正声、省长罗清泉等领导参加。2005年10月投入试运行。

2.国道

根据全省国、省干线公路网总量增长，公路质量等级提高，路网分布变化的实际情况，2002年，襄樊市境内316国道、207国道线路走向进行调整。至2005年末，全市境内316国道、207国道总里程328.719公里，其中一级公路126.866公里，二级公路201.853公里。沥青混凝土路面145.386公里，水泥混凝土路面180.332公里，次高级铺装路面3.101公里。

(1)316 国道(福州至兰州线)

316 国道襄樊境内改道前为东西走向,自枣阳市、随州市交界的随阳桥进入,经枣阳市、襄阳区从清河一桥进入襄樊市城区,过襄樊一桥到南漳、保康,从保康、房县交界的珠藏洞出境,全长 273.517 公里。2002 年线路变更后,316 国道自寺湾向西改走汉十公路复线、樊丹(樊城至丹江)线竹条至老河口段、老白(老河口至白河)线老河口至土关垭段出谷城县进十堰市丹江口市境,全程桩号 K1332+203—K1549+880,境内总里程为 217.677 公里,比原 316 国道里程减少 55.84 公里。原 316 国道寺湾至六两河桥头 6.735 公里改称寺清路,降为县道。原 316 国道襄城经南漳、保康至房县段改为襄关线,为 305 省道。

该路段在 316 国道改线前后,先后进行扩改建工程,提高公路档次和通行能力。第一阶段分三大部分。一是从枣阳随阳桥至老河口市光化大桥,二是汉十路襄樊段复线,三是光化大桥谷城桥头至土关垭。1985 年 11 月 15 日,湖北省计划委员会下达《关于国道 107 等 4 条干线改建工程设计任务书的批复》,汉十公路孝感至襄樊段 260 公里按平丘二级公路标准改建。

1984 年冬,随阳桥至光化大桥段按平丘二级公路标准改扩建。枣阳市完成东郊水库段、资山段、七方段改线 10.4 公里,襄阳县完成吴河、寺湾、金鸡嘴、吴起沟、太平店镇街道等段改线 17.7 公里,老河口市完成华家沟至光化大桥路基加宽改建,其中改线 14.674 公里。到 1987 年底,该路段基本完成改线、扩宽,路基土方、小桥涵配套和底层铺筑,部分路段底层铺筑达标路段已铺筑沥青路面或水泥路面。1988 年,对过渡式路面压实度达到标准的路段铺筑沥青路面和水泥混凝土路面,到年末完成路面铺筑共 164.825 公里,内有沥青碎石路面 70 公里,其中襄阳县 39.783 公里,枣阳市 30.217 公里。完成水泥混凝土路面 94.825 公里。其中枣阳市 7.622 公里,襄阳县 53.355 公里,襄樊市区 2.873 公里,襄樊市郊 5.6 公里,樊城区及市郊共 8.473 公里,老河口市 25.375 公里(包括童营至洪城门 1.6 公里),安家庄龙营桥段 6.4 公里,洪城门至光化大桥 1.13 公里等城区或近城区公路。

随阳桥至光化大桥路段中,清河一桥至洪山头段(即 316 国道老线)改造工程分两个项目实施。清河一桥是襄樊城区东出口的卡脖子老桥,襄樊市交通局于 1985 年初投资 150 万元扩建该桥,建设规模为双向四车道。由襄樊市公路管理处(原公路总段)承建,年底完工。1986 年 1 月 25 日举行通车典礼。清河一桥东头至洪山头公路改建项目分两阶段进行。第一阶段完成清河一桥东头至杨庄 9 公里扩建,1988 年 11 月建成通车。第二阶段杨庄至寺湾段 7 公里改线路段,于 1989 年 12 月完成。两段公路全长 16 公里,达一级路标准,为水泥混凝土路面。在该路段新建汉丹铁路与公路立交桥,长 64 米,宽 18 米。11 月 28 日举行竣工通车典礼。

1993 年 3 月,汉十路襄樊段复线开始建设。此前,1992 年 10 月 22 日,襄樊市交通局向湖北省交通厅上报《关于汉十路襄樊段复线(唐白河大桥至魏樊路)贷款修路、收费还贷的请示》,同年,湖北省交通厅批复同意汉十路襄樊段复线(唐白河至魏樊路)采用贷款修建、收费还贷的方式筹集部分建设资金,批复同意襄樊市交通局上报的工程可行性报告,确定路线走向以唐白河大桥为起点,经寺湾、薛家凹(二汽基地附近)、洪家沟,止于春园路转盘与魏樊路相交,全长 20.6 公里,其中新建里程 14.5 公里,改建里程 6.1 公里,新建唐白河大桥长 381.5 米、清河二桥长 310.01 米。技术标准按一级公路标准设计,行车速度 80 公里 / 小时,路基宽 24.5 米,水泥混凝土路面宽 16 米,两侧非机动车道各 4 米,荷载标准为汽车—20 级,挂车—100 级。中小桥与路基同宽。总投资控制在 4 920 万元以内,其中襄樊市交通局自筹 1 320 万元,向银行申请贷款 3 600 万元。

该工程由襄阳、枣阳、保康公路段和襄樊市公路总段工程处、公路机械修理厂等 5 个单位施工,由襄樊市公路质量监理站监理。1995 年 10 月 28 日竣工,完成投资 5 795.5 万元,其中向银行贷款 4 400 万元,向交通系统干部职工有偿集资 497.032 万元,自筹 898.5 万元。经验收小组验收达到优良等级。该路段为汉十路襄樊段复线东段。

云湾至竹条为新建汉十路襄樊复线西段，长 14 公里。襄樊市交通局报经襄樊市人民政府同意后，向湖北省交通厅上报汉十公路襄樊西段复线采用贷款修建、收费还贷及工程可行性研究报告的请示，湖北省交通厅批复同意该工程立项。路线走向东起云家湾，中经茶棚、卞家营、邓城到竹条镇，与樊丹公路老线相接，全长 18.65 公里（内含规划中汉江三桥连接线 4.65 公里）。新建清河三桥。设计行车速度 80 公里 / 小时，路基宽度 24.5 米、水泥混凝土路面宽 16 米，两侧沥青表处非机动车道各 4 米；荷载标准汽车—20 级，挂车—100，中小桥涵与路基同宽。总投资控制在 4 500 万元以内，其中襄樊市交通局自筹 1 500 万元，襄樊市向银行申请贷款 3 000 万元。由襄樊市重点工程指挥部组织施工。1996 年 12 月 20 日，称为邓城大道的汉十复线工程竣工通车。1997 年 11 月 28—30 日，襄樊市公路总段对云湾至竹条段的 14 公里和清河三桥组织竣工验收，被评为优良工程。

2003 年，市委、市政府为支持二汽、发展襄樊，结合全省后三年(2002—2005 年)路网建设规划，责成交通公路部门贷款对 316 国道邓城大道段寺湾至汉十、襄荆高速公路连接线邓城互通处 19.46 公里，按城市规划改建。该段按道路状况分东、西两段，寺湾至襄阳区义乌环形景观区 9.27 公里为东段，道路宽 22 米。义乌环形景观区至汉十、襄荆高速公路连接线邓城互通处 10.188 公里为西段。西段又分为四段，义乌转盘至 K1417+640 米（云湾附近）1.29 公里道路红线控制为 60 米，行车道宽 2 × 11 米，路中央为 4.8 米绿化分隔带；K1417+640 米至清河三桥段 1.98 公里，道路红线控制为 60 米，两侧绿化控制 15 米，路面宽 20 米，中央无分隔带；清河三桥西至 316 国道与 207 国道交叉路口 2.248 公里，道路红线控制 70 米，行车道宽 2 × 12 米；316 国道与 207 国道交叉口至高速公路邓城互通 4.67 公里道路红线控制 70 米，行车道宽 2 × 15 米。

图 6—4 2005 年扩建后的邓城大道

义乌环形景观区至汉十、襄荆高速公路连接线邓城互通处 10.188 公里改建工程由襄樊市交通规划院勘测设计，经招标，由襄阳、枣阳、谷城、南漳中标负责基层（3 层）补强施工，沥青面层和其他工程施工由襄樊海威公司中天交安处承建，襄樊市利民公路工程咨询监理有限公司监理。工程总投资 7 083 万元（贷款 6 583 万元，其他 500 万元）。该工程 2003 年 10 月 28 日破土动工，2004 年 9 月竣工，同年 9 月 25 日举行通车典礼。

寺湾收费站至襄阳区义乌转盘 9.27 公里按一级公路改建，由襄阳区公路段承担施工。该工程 2004 年 2 月动工，2004 年 12 月竣工，建成沥青碎石路面，宽 22 米，基层面层结构与义乌转盘至铁路立交桥段相同，投资 1 403 万元。寺湾收费站至汉十、襄荆高速公路连接线邓城互通 19.46 公里达到一级公路标准，完成总投资 6 849.86 万元，其中贷款 6 349.86 万元，其他 500 万元。

光化大桥至土关垭段改扩建。1990 年 5 月，襄樊市交通局委托湖北省交通规划设计院勘测，同年 11 月完成初步设计，改建 49.865 公里。其中平原微丘二级公路 38 公里，路基宽 12 米，路面宽 9 米；山岭重丘二级公路 11.865 公里，路基宽 8.5 米，路面宽 7 米。全部为沥青路面。桥涵设计荷载汽—20 级，挂—100。在大峪桥与襄渝铁路交叉处设分离式立交桥一座(铁路跨线桥)，公路与铁路专用线平面交叉一处。1992 年 7 月，襄樊市交通局向湖北省交通厅报送该工程初步设计文件，湖北省交通厅下发《关于汉十路光化大桥至土关垭段改建工程可行性研究报告的批复》批准修建，工程总投资 3 000 万元(大峪桥公铁立交桥除外)，其中交通部补助 1 400 万元，地方申请银行贷款 1 600 万元。

该路段分三期施工，一期工程在湖北省交通厅下发批复前，于 1992 年 2 月正式动工，1994 年 7 月完成。同年 8 月开始二期工程施工，同时按 GBM 工程标准实施三期工程。到 1995 年完工，总工期 45 个月。1995 年 12 月 11—24 日，襄樊市交通局委托襄樊市公路总段总工程师办公室按部颁 1994 年公路工程质量检评标准验收,该工程为合格工程。

大峪桥铁路、公路立交桥由郑州铁路局武汉设计院和襄樊铁路分局工程处承建,1995 年 7 月竣工。1995 年 9 月,由铁路、公路等有关部门组织的验收委员会,对该立交桥进行验收检评,达到优良工程,随即移交铁路部门管理。至此,316 国道第一阶段扩改建工程除少数路段外基本完工,全线达二级或超二级公路标准。

1997 年,根据湖北省交通厅《关于樊丹路华家沟至老河口段水泥混凝土路面工程可行性研究报告的批复》,老河口公路段于同年完成仙人渡(K52+000)至老河口(K68+000)16 公里加宽工程,路面由 7 米加宽到 12 米(龙营桥段为 9 米)。1999 年,完成华家沟(K45+805)至仙人渡(K52+000)段 8.195 公里路面加宽工程,路面由 9 米加宽到 15 米。

1999 年,将汉十复线襄阳义乌大市场以西至三岔路段(云湾)2 公里路面扩宽,由襄樊市交通局工程处施工。该段行车道由 16 米扩宽到 21 米(路两侧各加宽 2.5 米),水泥混凝土板厚 24 厘米,投资 99 万元。其他配套工程(修建挡墙、砌砂桩、处理软基、挡土墙加高、水泥路面维修等)24 万元,共计 123 万元。襄樊市交通局基建科、质检站负责质量检测、监督。当年完工。

2001 年,襄樊市交通局决定对枣阳东线破损严重的水泥混凝土路面大修,此工程包括 K1342+000—K1344+000 段路中两幅和 K1347+500—K1348+500 段全幅水泥混凝土路面大修,总面积 2.4 万平方米,核定投资 269.5 万元。该工程 2001 年 9 月底开工,同年底完工。

2002 年,根据湖北省交通厅公路管理局下发的《湖北省公路局关于襄樊市境枣阳城西段至双沟镇西段路面改建工程一阶段施工图设计的批复》和湖北省交通厅下发的《关于 316 国道襄樊市境部分路段路面改建工程可行性研究报告的批复》,316 国道襄樊市境(K1325+043—K1425+000)中 6 段 45 公里进行改扩建,该技术指标为:计算行车速度 80 公里 / 小时,路基宽度 15 米(原路基宽度),路面宽度 12 米,设计荷载等级为汽车—20 级,挂车—100,碎石路面。当年枣阳市公路段、襄阳区公路局、襄樊公路建设公司、保康县公路段、襄樊市港航工程处等单位参加施工,实际完成随阳店至寺湾段 53.32 公里省级文明路创建,投资 10 731.80 万元,全部为地方贷款。

(2)207 国道(锡林浩特至海安)

207 国道为南北走向,改道前从老河口孟楼镇进入,经老河口市、谷城县、襄阳县卧龙镇进入襄樊市襄城区,折南经宜城至宜城孔湾大桥南桃园出境进入钟祥,全长 178.459 公里。改道后从襄阳区与河南省邓州市交界的魏集入境,经黄集、团山入市区,再经宜城入钟祥市,市境内 111.042 公里。变更后在市境内的里程缩短了 67.417 公里。原 207 国道孟楼镇至老河口栏马河段改为 302 省道(孟土路—孟楼经栏马河走丹江至土官垭),栏马河至老河口段 3.372 公里改为县道,谷城三岔路至襄城段改为 303 省道。

河南省邓州市魏集至襄樊段公路,1973—1974 年修建为 6 米宽的渣油路面,升级为平原微丘三级。大规模扩建始于 1984 年,按市政府规划对火车站至大水桥段 2 公里进行扩改建,修建宽 12 米的水泥混凝土路面(现中原路)。

1986 年 10 月 13 日,襄樊市公路总段下达《关于魏樊路改建工程的批复》,襄阳县公路段所辖 K13+290—K40+880 计 27.59 公里,按二级公路扩建,路基宽 16 米,铺筑过渡式路面宽度 10 米,小桥涵与路基同宽,设计荷载汽—20,挂—100。工程于 1987 年底结束。

1987 年,襄樊市郊区公路段对 K7+000—K9+360 计 2.36 公里渣油路进行大修,路面宽 7 米,投资 9.224 万元。

1991 年,襄樊市公路总段机修厂完成该路黄龙沟桥至清河店 7.92 公里、14 米宽水泥混凝土路面的新建,投资 150 万元。同年完成 K33+400—K35+100 计 1.7 公里沥青路面新建,路面宽 12 米,投资

51.8 万元。

1989 年，襄樊市公路总段完成大水桥至团山段 4.38 公里改线段拆迁、征地、小桥涵配套等前期工程。1992 年 2 月 14 日，由襄樊市公路总段工程处完成 1.288 公里的路基和 1.112 公里的沥青路面铺筑。1993 年完成龚家营至小郭楼段 27.581 公里改扩建工程，达到平原微丘二级路技术标准，路基宽 18 米，路面宽 12 米，其中改线 550 米，扩建 27.03 公里，新建水泥混凝土路面 14.36 公里，沥青路面 13.22 公里，投入资金 620.53 万元。1993 年 6 月 5 日至 10 日，湖北省公路局委托襄樊市公路总段验收，被评为优良工程。

1995—1996年，襄樊市公路建设有限公司完成魏樊路市郊与襄阳交界至清河店段K7+500—K9+302计1.802公里水泥路面铺筑。同期完成清河四桥扩建。至此原省道魏樊路全线达到二级路标准。

2002 年，省道魏樊路调整为 207 国道后，鉴于该路段为北煤南运的重要通道，经严重超载大型车辆碾压，全线路面已破损影响车辆通行。襄樊市向湖北省交通厅报告，2003 年被列入湖北省后三年（2003—2005 年）干线公路路网改建工程项目，采取分期改造，逐段实施的方式进行。

图 6—6 2004 年 7 月，207 国道襄阳北伙牌路段

2003 年 4 月，襄樊市路网建设指挥部与襄樊市郊区公路管理段签订 207 国道 K1847+293—K1850+360 段 3.06 公里修建水泥稳定碎石级配基层及有关缺陷处理合同，宜城市公路段完成 207 国道魏樊段水泥混凝土路面压浆、维修 1.6 万平方米的工程，该段由襄樊市交通规划设计院设计，襄樊市利民公路工程监理咨询有限公司监理。

2003 年 4 月，经过襄樊市路网建设指挥部招投标，207 国道魏樊路魏集至清河店段划分 4 个标段，分别由老河口市公路局、襄樊市郊区公路段、襄阳区公路段、宜城市公路段中标承建。基层采用补强两层结构，厚 33 厘米，下基层采用 15 厘米厚的石灰结构，上基层采用 18 厘米厚的水泥稳定砂结构。面层为水泥混凝土路面板，厚 23 厘米，沥青路面为厚 1.3 厘米主油层，3 厘米厚沥青面料上封层。沥青路面由襄樊市公路建设有限责任公司铺筑。累计投入 6 889.10 万元，资金来源为地方统贷。共完成水泥混凝土路面 3.8 公里，沥青碎石路面 20.78 公里。该工程由襄樊市利民公路工程监理咨询有限公司监理。

207 国道与 316 国道（邓城大道）相交处至长虹大桥段全长 7 公里（长虹路）改建，经招投标，由谷城县公路段、南漳县公路局承担路基局部加宽、路面病害处治、老路彻底翻建任务，襄樊公路建设有限责任公司承担 6.384 公里沥青碎石路主油层铺筑，襄阳区公路管理局承担下封层施工，襄樊海威公司承担透油层施工，襄樊路建公司建安处负责安全护栏等施工。此工程由湖北省公路工程咨询监理中心监理。改建后，沥青碎石路面（行车道）宽度达到 16—21 米。改建工程于 2003 年 3 月 28 日开工，2003 年 11 月 15 日竣工，完成总投资 4 040 万元。

图 6—7 2005 年 7 月，207 国道与 316 国道交会处

1982 年完成襄东路岘山垭至湖北制药厂 2.6 公里沥青路面新建，路面宽 12 米，投资 260 万元。

1984 年 7 月，湖北省交通厅向交通部和湖北省计委报送《国道 207 线襄樊至沙市段改建工程初步可行性研究报告》。1985 年 5 月，报送《国道 207 线襄阳至东岳庙段改建工程项目建议书》。同年 11 月 15 日，湖北省计委下发《关于国道 107 号 4 条干线公路改建工程设计任务书的批复》，将该工程列为“七五”期间交通建设重点工程，并下达《襄阳至荆门段改建工程设计任务书》对 207 国道襄樊市境内路段改建工程设计进行了批复。

随后，襄樊市郊区、襄阳、宜城等县(市、区)相继发动民工对辖境段路基进行改扩建。1985—1989年投入施工机械达180多台(套)。市公路总段工程处，襄阳、宜城、保康、南漳公路段等共6个单位参加路基和路面、桥涵防护工程施工。襄阳东门至胜利街3.8公里水泥混凝土路面，由市城建部门施工。胜利街至枣林9.3公里，水泥混凝土路面由襄樊市公路总段工程处和保康县公路段施工。枣林至宜城城关段28公里水泥混凝土路面由襄阳县、宜城县、保康县、谷城县4个公路段施工。宜城城关3公里水泥混凝土路面由宜城市公路段施工。宜城以南至桃园段16.554公里沥青碎石路面由宜城县公路段和保康县公路段施工。

截至1989年底，全市完成207国道襄樊至桃园段60.8457公里新建改建工程，其中襄阳至宜城段达到一级路标准，宜城至桃园段达到二级路标准。枣林至宜城路基宽度24米，其他路段为12—15米，枣林至宜城路面宽度2×7.5米，其他路段为9—12米，路线最小半径260米(不包括城镇路段)，路线最大纵坡4.979%。桥梁设计荷载为汽—20，挂—100。共完成投资4 671.42万元，其中交通部、湖北省补助786.30万元，养路费和其他投入3 885.12万元。

1992年5月，襄樊长虹大桥建成通车后，新建207、316国道穿越市区的环山路。襄樊市交通局、市公路总段投资196.624万元，新建襄樊长虹大桥南转盘至胜利街2.56公里。路基、水泥混凝土路面由襄樊市公路总段机械厂修建。

207国道襄阳南岘山垭(K1894+208—K1894+600)0.392公里，由于地质不良，经常发生山体滑坡，影响207国道畅通。1992年，市公路总段聘请湖北省交通规划设计院、中国(武汉)地质大学对该地段进行实地勘测设计，由襄樊市总段拟定施工方案。投资125万元，由市公路总段工程处对岘山滑坡进行彻底治理。该工程1992年2月5日动工，1993年8月8日完工。

1993年，襄樊市贷款520.6万元，由市公路总段工程处，襄阳、宜城公路段将襄阳至宜城段中央分割带拆除，新建水泥混凝土路面32.55公里，建成一级公路。207国道市境内宜城以南段建成二级公路。

2002年，襄樊市交通局向湖北省交通厅请示，将207国道襄樊至宜城段47公里列入全省后三年(2003—2005年)干线路网建设项目，同时组织施工队伍进场进行一期工程(路基及底层铺筑)施工。2003年，湖北省交通厅下达《关于207国道襄樊至宜城段路面改建工程可行性研究报告的批复》，湖北省公路局批复207国道与襄谷线(303省道)交会处至宜城邬家冲(桩号K1892+470—K1939+470)路面改造，全长47公里。技术标准为平原微丘一级，行车速度100公里/小时，路面宽度17米(原有路面宽度)，K1892+470—K1898+479计6公里，采用水泥混凝土路面，其余41公里采用沥青混凝土路面。工程总投资为11 054万元，资金按路段建设里程，观音阁收费站承担9 408万元(含2000—2005年中修和大修资金共3 300万元)，邬家冲收费站承担1 646万元，不足部分由襄樊市通过银行贷款解决。2002年，襄樊市组建207国道改建指挥部。

该工程分为两期，一期工程2002年3月29日开工，划为四个标段分别由襄樊市郊区公路段、襄阳区公路局、襄樊市路建公司、宜城市公路段承担路面中修、大修和底层铺筑。工程质量由武汉交科大交通工程咨询监理中心监理。工程于2002年10月1日完工。二期工程划为六个标段，由襄樊市路建公司、保康县公路段、襄阳区公路局、宜城市公路段、枣阳市公路段、南漳县公路段等六个单位施工，由襄樊市利民公路工程咨询监理公司监理。于2002年10月18日开工，2003年11月底完工。两期工程合同金额10 918.313万元，实际完成工程总投资14 091.46万元。资金由湖北省统一贷款8 012.55万元，襄樊市贷款6 078.91万元解决。

2005年，襄樊市市郊公路段完成207国道K1890+000—K1892+560计2.642公里(襄城环山路)地势低洼路段沥青混凝土路面铺筑工程。至此，207国道襄樊至桃园段70.004公里路面改建工程全部竣工。

3.省道

1986年,襄樊市有省道随(州)南(漳)路,境内全长111.031公里;寺(庄)沙(市)路,境内全长74.73公里;新(野)樊(城)路,长32.98公里;魏(集)樊(城)路,长27.561公里;樊(城)丹(江)路,境内长98.679公里;老(河口)白(茨坪)路,境内长37.07公里;石(花)开(峰峪)路,长57.274公里;保(康)宜(昌)路,境内长103.25公里;白(果树坪)红(花朵)路,境内长57.12公里等9条公路,省道总里程为599.774公里。1992年,湖北省交通厅调整省道,襄樊市新增6条线路,线路编号分别为17334谷(城)水(星台)路10.9公里;17335新(市)枣(阳)路33.08公里;17336仙(女山)桐(木集)路2.92公里;17250南(漳)远(安)路91.07公里;17251宜(城)东(巩)路85.5公里;17252欧(店)兴(山)路长26.19公里。共新增里程249.66公里,省道总里程达到849.434公里。2002年10月,全省干线公路网再次调整。调整后,襄樊市境内省道仍为15条,总里程为1 121.924公里,减去重复里程,实际总里程为1 113.624公里,比1992年省道里程增加264.19公里。15条省道先后进行改扩建。2005年底,襄樊市境内15条省道总里程1113.624公里中有一级公路42.077公里,二级公路988.059公里,三级公路43.121公里,四级公路32.367公里,等外公路8公里。按路面等级划分高级路面里程为831.748公里,占总里程74.7%,其中沥青混凝土路面450.198公里,水泥混凝土路面381.55公里。次高级路面237.409公里,中低级路面44.467公里。

(1)216省道(寺沙路—寺庄至沙洋公路)

起自枣阳市与河南省交界处的寺庄,经太平、草店、枣阳城区、吴店、唐店、清潭,入随州市境,经钟祥至沙洋。襄樊市境内里程为74.73公里。

1981—1985年,枣阳市公路段利用国债资金73.375万元,修建寺沙路(原枣寺路)渣油表处高级路面8.6公里,路面宽度达到7.5米。1987年,新建寺沙路K13+800—K20+500沥青表处路面9.7公里,路面宽9米,投资135.08万元(国债资金)。

1990年冬,枣阳市公路段建成寺沙公路枣阳城关(沙河二桥)至枣阳火车站5.9公里14米宽水泥混凝土路面。同年冬将唐店至清潭12公里的路基工程进行一次大规模的改扩建,裁弯取直,开山降坡,于1992年12月完工,将该段公里改建为路基宽达18米的超二级标准公路。1993年,对寺沙路(K44+600—K60+700)16.1公里进行改建,完成路基土石方40余万立方米。枣阳市公路段完成寺沙路三段(K13+000—K14+700、K37+400—K44+400、K61+000—K63+000)共10.7公里二级公路改建任务,新建9米宽水泥混凝土路面,完成投资213.95万元。1994年,枣阳市公路段新建寺沙路K60+000—K61+000、K15+750—K17+450,计2.7公里高级路面,(水泥混凝土1.7公里,沥青混凝土1公里),路面宽9米,投资227.59万元。

1995年,枣阳市对吴店至唐店段改建成路基宽12米的二级公路。同年6月,在路基扩建达标的基础上,枣阳市公路段按二级公路标准延伸铺筑沥青路面5.8公里。同年8月末竣工,工程实际投资80万元。同年10月,经襄樊市公路总段验收,评定为优良工程。

1996年,枣阳市公路段结合大修对寺沙路K27+000—K28+800、K34+200—K35+000—K38+000共4.2公里进行改建,修建沥青碎石路面2.98公里,水泥混凝土路面1.22公里,路面宽9米。

1997—1999年,枣阳市公路段对寺沙路K24+000—K25+800、K50+000—K56+000、K0—K3+000、K44+000—K45+000、K73+000—K74+730等24.33公里按平丘二级标准改建,新建水泥混凝土路面18.33公里,沥青碎石路面6公里,路面宽度为9米。

2000年,市交通局根据寺沙路K000—K12+130段12.13公里超重车流量增多、路面破损严重的实际，下达对该段路面大修计划。维修面积 4 230 平方米，改建两段计 1 120 米，总面积 13 400 平方米，投资 173.98 万元。

2001 年，市公路总段下达枣阳市寺沙路改扩建工程投资计划，其中路基桥涵配套 98.8 万元。主要工程量为路面加宽 3 米，降坡 800 米，土方 7 500 立方米，水泥路面 0.8 公里。由枣阳市公路段组织施工。同年，市交通局下达寺沙线 K25+117—K26+917 段路面改扩建工程投资计划，由 12 米宽扩建为 14 米宽水泥混沥青砼路面。

2001 年，枣阳市公路段对寺沙路城区复线 2.6 公里改建，其中修建水泥混凝土路面 1.8 公里，路面宽 9 米，投入资金 287.964 万元。

2001 年 6 月，寺沙路 K72+930—k74+794 计 1.864 公里路段改建为沥青碎石路面，总投资 602 万元。枣阳市公路段组建施工专班，2002 年 12 月竣工，实际改建沥青碎石路面 2.975 公里，比计划超出 1.15 公里，路面宽度为 9 米。

图 6—8 2005 年 8 月，216 省道枣阳城区复线

2002 年 4 月，市交通局下达寺沙路枣阳市北出口路 K24+200—K26+075 段计 1.175 公里扩建为平丘二级路计划，路基宽 12.3 米，路面宽 12 米，原水泥路面改建为沥青碎石路面，市交通局补助投资 82.25 万元。此段工程由枣阳市公路段施工。

2005 年底，寺沙路枣阳市境内 74.73 公里达到平原微丘二级路标准，其中水泥混凝土路面 9.73 公里，沥青碎石路面 29.80 公里，简易铺装路面（次高级）35.20 公里。

(2)217 省道（新樊路—新野至樊城公路）

该路于 1987 年 12 月 18 日由县道提升为省道，更名为新樊路，起自襄阳县黄渠河，经古驿镇至张湾镇，全长 32.98 公里。

1986 年 3 月 4 日，该路油坊岗段（穿越二汽襄樊基地厂区）3 570.75 米改线工程动工，1987 年 10 月 1 日竣工通车。改线段路基宽 18 米，水泥混凝土路面宽 12 米。该路由二汽襄樊基地投资，市交通公路部门按超二级公路标准设计，该基地第二修建处承包施工。

1989—1991 年，由市公路总段投资 110 万元，襄阳县公路段完成新樊路钢丝厂至张湾段 1.7 公里路基改建工程，新建水泥混凝土路面 1.7 公里，路面宽度 12 米。同时完成大修 6 公里。

1992 年 11—12 月，襄阳县公路段完成新樊路黄渠河至乔洼部分路段改线、选线的测设定位、房屋及地面附着物拆迁和施工设计任务。黄渠河、古驿两乡镇组织民工完成路基改线 11.3 公里。1993—1994 年，贷款 1 190 万元，襄阳县公路段修建黄渠河至古驿段水泥混凝土路面 12 公里，沥青碎石路面 7 公里，路面宽度 12 米。

1995 年省统贷 375 万元，改建新樊路古驿至红林铺段 3.84 公里，改线段新建水泥混凝土路面 2 公里，沥青碎石路面 1.84 公里。

1995 年 12 月，襄阳县公路施工队完成新樊路 K23+000—K24+790 计 1.79 公里改线扩建。改线路基填筑完成土方 1.5 万立方米，路基宽度达到 23 米，铺筑沥青碎石路面宽 12 米，共投资 152 万元。

1997 年 3 月，襄樊市交通规划设计院对新樊路与 316 国道襄樊复线的交叉点起到二汽试验场东南角拐弯处，全长 2.25 公里进行改线测量与设计，其中新建 1.8 公里，接线改造 0.425 公里。

1999 年，襄阳县公路局施工队完成新樊路二汽试车厂 6 公里路段大修，铺筑沥青碎石路面，路面宽度 12 米，投资 1 175 万元。

2000 年，新樊路何庄至曹湾 2.16 公里改线，一期工程分别由襄樊市交通局工程处和襄阳县公路局修建。二期工程于 2001 年 3 月开工,2001 年 12 月底竣工,新建水泥混凝土路面 100 米,沥青碎石路面 2.06 公里。

2002 年 5 月, 新樊路 K12+580—K21+580、K25+100—K26+400 段计 10.3 公里沥青路面改建,按平丘二级标准,路基宽 15 米,路面宽 12 米改建。该工程由襄阳区公路局组织施工, 于 2002 年 4 月 18 日开工,同年底竣工。实际完成投资 1 020 万元(省统贷 700 万元,交通规费 120 万元,地方自筹 200 万元)。由襄樊市利民公路工程监理咨询有限公司监理。

图 6—9 2005 年 6 月,217 省道汽车产业开发区路段

2002 年,襄阳区公路局对新樊路黄渠河街南至襄樊市原种场 5.45 公里大修、改建,完成投资 707.68 万元,沥青碎石路面宽 9 米,还对严重损坏,影响行车安全黄渠河街 1.2 公里水泥路面进行大修,路面宽 9 米,完成投资 164 万元(地方自筹)。

2005 年,孝襄高速公路襄樊北出口与 316 国道连接线路段改善工程,全长 9.6 公里,于 2005 年 7 月 18 日开工,2005 年底,完成基层补强、主油层铺筑等主体工程。当年底,新樊路通过新建、扩建,由四级公路提升为二级公路,其中水泥混凝土路面 5.359 公里,沥青碎石路面 27.621 公里。

(3)218 省道(襄钟路—襄樊至钟祥公路)

218 省道起自襄樊市清河一桥,经襄阳区张湾过六两河大桥,经襄阳区东津、峪山、方集,宜城市新街、流水进钟祥市丰乐镇,全长 106.5 公里,襄樊市境内 93.299 公里。

1985 年,宜城县交通公路部门对境内部分路段进行大修。1986 年,襄阳县对襄钟路峪山至宜城界路段路基进行改善并加铺泥结碎石路面。1988 年,湖北省交通公路部门将该公路纳入国家列养。1991 年,襄樊市公路总段补助 10 万元,新建襄阳县东津镇过境街道水泥 混凝土路面 1 公里,路面宽 9 米。1992 年,襄阳县张湾镇、东津镇对六两河大桥至东津 8 公里路基扩建,1993 年 6 月,对该路段路面进行沥青表面处理,达到平丘二级路标准,路基宽 12 米,路面宽 9 米。1994 年,对该路段王河乡 7.4 公里、峪山镇 6.5 公里油路新建,襄阳县公路段施工队于同年 2 月 20 日动工,同年 8 月底竣工,改建后路基宽度 12 米, 路面宽度 7 米, 达到三级路标准。1994 年对原峪板路方集乡境 4.5 公里油路新建,1994 年 1 月动工,7 月 31 日竣工,新建沥青路面 3.3 公里,路面宽 7 米,水泥混凝土路面 1.2 公里(方集街),宽 9 米。改建后达到三级路面标准。1995 年,襄阳县公路段完成襄洪路六两河大桥至峪山段 25 道管涵改建和两座桥涵新建、接长工程,投资 8.3 万元。完成峪板路沥青路面 3 公里,投资 12 万元。

1996 年,襄阳县峪山镇对原峪板路(K0+000—K4+700)计 4.7 公里砂石路路基扩宽,并备新建油路底层土方。投资 70.5 万元,对该路段新建沥青路面,路基宽 12 米,路面宽 6 米。同年,王河乡对襄洪路 K17+000—K19+300 计 2.3 公里线型弯曲段改线,改线后里程为 1.75 公里(K17+050—K18+800),路基填筑挖填土方 20 多万立方米。襄阳县公路段在该路段接长倒虹吸 4 道,圆管涵 11 道,新建石拱涵 1 道,接长板涵一座。1997 年完成石灰土垫层(过渡式路面)铺筑。1998 年 9 月 24 日完成沥青路面铺筑。

1998 年, 由湖北省和襄樊市交通部门补助, 襄阳县公路段将 316 国道清河一桥东桥头至六两河北段(现称航空路)5.23 公里进行路面扩改建,由 14 米宽水泥混凝土路面扩宽到 26 米沥青混凝土路面。1999 年,市公路总段投资 16.27 万元,襄阳县东津镇对穿越街道 3 公里公路进行改线,襄阳县公路局完成改线段桥涵配套工程,改线段路基宽 12 米。2001 年 5 月,襄阳县对连接鹿门寺的一段进行扩建,扩建后路基达到超二级路标准,六两河大桥至西岗段长 800 米,路基宽 30 米,路面宽 18 米,其余路段路基宽 15 米, 路面宽 12 米。2001 年, 宜城市对板桥至马头山段按平原微丘二级路标准进行改建。2002 年,襄阳县境内 21.56 公里路基扩建,投资 430 万元。宜城市境内 3 公里二级路改建,投资 18

万元。宜城市公路段新建改建路段圆管涵（倒虹吸）16 道，直径 50～100 毫米，共 200 米，投入 14.86 万元。2004 年，市交通公路部门对襄钟路按平原微丘二级路标准改建，襄阳区境内六两河大桥至峪山段 25 公里划为四个标段，总投资 3 200 万元（合同价 3046.77 万元），3 月开工，9 月底竣工。除六两河大桥至东津段 6 公里修建路基宽 16 米，铺筑 12 米宽沥青碎石路面外，其余路段路基为 12 米，路面宽 9 米，沥青碎石路面 23 公里，水泥混凝土路面 2.5 公里。同年，宜城市境内 13.9 公里（K71+500—K85+400）二级路改建，投资 1 500 万元，铺筑 9 米宽的沥青碎石路面 12.8 公里，水泥混凝土路面 1.2 公里，新建二级公路 7.4 公里。

图 6—10　2005 年 5 月，218 省道宜城邓林农场路段

2005 年，新街至马头山段 8 公里二级路改建，总投资 1 000 万元。宜城市公路段铺筑沥青碎石路面 8 公里，路基宽 12 米，路面宽 9 米。同年，对清河一桥至六两河大桥段 5.73 公里水泥混凝土路面铺筑沥青路面，投资 800 万元。襄阳区公路段于 2005 年 10 月 31 日完工。

同年底，218 省道襄樊境内一级公路 12.692 公里，二级公路 62.13 公里，三级公路 30.42 公里，四级公路 14.177 公里。

（4）222 省道（石开路—石花至开峰峪公路）

222 省道起自谷城县石花镇，经紫金、官坊，至保康县开峰峪，全长 57.274 公里。石开路 1980 年前为山岭重丘三级公路，沙石路面。1983 年，谷城县公路段完成 K5+900—K6+375 计 0.475 公里渣油表处路面。1985—1990 年，谷城县公路段对辖境 6 段共 23.759 公里按山岭重丘三级路标准修建渣油路面。1987 年保康县公路段新建 K54—K56 计 2 公里沥青路面。1989 年，保康县公路段新建 K56—K57+500 计 1.5 公里沥青路面，改建 1.39 公里。1990—1999 年，谷城县公路段投资 1 278.18 万元，按山岭重丘二级路标准完成境内 16.534 公里水泥沥青混凝土路面新建，路面宽 8 米。按设计白水峪电站竣工蓄水后，石开路谷城东庄峪至保康县开峰峪(K51—K54)有 4 段公路被淹没，需加高重建。1998 年 4 月 30 日，谷城县白水峪电站移民安置办公室和襄樊市公路总段签订《石开路东庄峪至开峰峪段加高意见协议书》，由该安置办出资 120 万元，分别由保康、谷城两县交通公路部门按原公路标准对淹没段加高重建，至年底填筑土石方 4 506 立方米，加固、加高挡墙 10 处 /2 617 米，8 133 立方米，接长涵洞 10 道，新建 4 孔 4.6 米板桥。2000 年改建 K44+700—K54+573 段，2001 年改建 K14+700—K56+573 段。改建按山区二级路标准，路基宽度 8.5 米，路面宽 8 米，两边各设 0.25 米宽混凝土护肩带，水泥混凝土路面。该工程 2000 年 4 月开工，2001 年 12 月 31 日竣工，共新建水泥混凝土路面 42.27 公里，工程竣工决算总支出 4 549.96 万元 (全部为省统贷款)。2005 年底，石开路 57.274 公里有二级公路 56.573 公里，三级路 0.701 公里，水泥混凝土路面 47.173 公里，简易铺装 10.101 公里。

图 6—11　2005 年 6 月，222 省道谷城薤山路段

（5）223 省道（保宜路—保康至宜昌公路）

起自保康县城关牌坊湾，经后坪、白果树、马良、店垭从花栗树垭出境到宜昌，境内里程 103.25 公里。保宜路 1980 年前为山岭重丘三级公路。1983—1986 年，由襄樊市公路总段投资 61.24 万元，由保康县公路段对茅家岭段改线和路基改善，铺筑沥青碎石路面 5.7 公里。1987 年，保康县公路段对竹林

口至马良段（K46+750—K83+000）计 42.25 公里路基进行改善，增设挡墙、涵洞，投入资金 98.06 万元。1991 年，保康县完成鸡冠河至花栎树垭段路基改造。1993 年，市公路总段投资 553.55 万元，由保康县公路段对保宜路中段、南段计 49.25 公里按山岭重丘二级路标准进行路基改建。1994 年，保康县公路段改建 K68+000—K81+610 计 13.61 公里路基，新建沥青碎石路面，并完善二级路配套、新建挡墙、板涵、护栏等，共计投入资金 287.61 万元。1996 年，保康县公路段新建保宜路 K45+000—K50+500 计 5.5 公里沥青碎石路面，投入资金 59.20 万元。2001 年，改建保宜路 K0+000—K17+600 段，2002 年改建保宜路 K51+800—K69+500 段。2001 年，保康公路段完成 K78+800—K80+400 段路基防护工程，于 2002 年完成沥青路面，实际改建总长度 36.90 公里。该路段按山岭重丘二级路标准设计，路基宽度 8.5 米，路面宽度 8 米，两边各设 0.25 米宽混凝土护肩带，设计行车速度为 40 公里 / 小时。同年，谷城县公路段承建 K0+000—K7+050 计 7.5 公里沥青路面修建，同年 1 月 8 日开工，同年 10 月 30 日竣工。保康公路段修建 K7+500—K15+500 路段计 7.5 公里水泥路面，K14+750—K17+600 计 2.85 公里水泥路面，K51+800—K69+500 计 17.7 公里沥青路面，于 2001 年 1 月 8 日开工，2003 年 1 月 30 日竣工。截至 2005 年底，保宜路保康境段 103.25 公里有山岭重丘二级公路 101.85 公里，四级 1.4 公里；其中水泥混凝土路面 43.60 公里，沥青混凝土 58.25 公里，未铺装路面 1.4 公里。

图 6—12 2005 年 6 月，223 省道保康红崖寺路段

（6）250 省道（宜远路—宜城至远安公路）

宜远路是原省道宜东路向西延伸至曾家岗进远安路段的一条省道，起自宜城市城关，经雷河、董家集、刘猴、双坪、曹家畈至曾家岗进远安。境内里程 100.05 公里。宜远公路原为山区三、四级路标准，沥青砂石路面，宽 6 米。1980—1999 年，宜城、南漳两县（市）多次进行改扩建，1999 年末，该路基本达到山区二级路标准，投入 2 872.2 万元。2000 年，列入全省前三年干线路网建设项目。宜城市对 K28+095—K47+000 段 19 公里路基进行了改扩建，达到平丘二级公路标准。2001 年 10—12 月，南漳县对 K19+219—K28+256、K48+586—K54+288、K55+280—K67+700 共 3 段计 27.159 公里路基按山岭重丘二级公路标准进行改扩建。同年，省公路局批准宜城至双坪段 51.51 公里，按山岭重丘二级标准改造，路基宽 8.5 米，路面宽 8 米，行车速度 40 公里 / 小时。经襄樊市路网建设指挥部招投标，由宜城、枣阳、老河口、襄阳 4 个公路段和襄阳县乡道所中标承建，襄樊市利民公路工程咨询监理有限公司监理，2002 年 10 月开工，2003 年 11 月竣工。其中新建水泥混凝土路面 2 公里，沥青碎石路面 49.51 公里。

双坪至陈家棚路段 33 公里，2001 年 1 月 8 日开工，2002 年 10 月 30 日竣工。

2003 年，宜城至雷河段 14 公里二级路改扩建被列入全省后三年(2003—2005 年)干线路网建设项目。经过市路网建设指挥部招标，宜城市公路段中标承建，2005年，完成该项目及雷河大桥段3.75 公里路基接线土方，累计支出2 002.86 万元。同年底，宜远路宜城至陈家棚段 100.05 公里全部达到二级公路技术标准，其中水泥混凝土路面 5.5 公里，沥青碎石路面 68.25 公里，简易铺装路面 26.30 公里(次高级)。

图 6—13 2005 年 6 月，250 省宜城道刘猴路段

(7)251 省道(南荆路—南漳至荆门公路)

251 省道起自南漳县蛮河大桥,经花庄、肖堰、小漳河、东巩桐木集到砂子岭与荆门市相接,再经新街到荆门,全长 166.22 公里,其中南漳县境段 88.82 公里,有 8.3 公里与宜远线重复。1987 年,肖堰至小漳河段完成路基工程,1988 年,新建 3.57 公里,改建 17.297 公里。1989 年,新建沉河滩桥,1990 年 5 月完工。肖堰至小漳河路建成通车后,使该县西南山区与县城之间缩短距离 30 公里,省道南远路改走该路段,原南远路肖堰至双坪段降为县道。1995 年,肖堰至小漳河路路基扩建。2001 年 4 月,被列入全省路网建设项目,2001 年,肖堰至小漳河路开工,2002 年,葛公至肖堰段,东巩至砂子岭段开工,2003 年花庄张林村至葛公段开工,2004 年, 蛮河桥开工,2005 年, 葛公大坪康家井段及接线工程开工,2005 年末全线竣工通车,达二级路标准,其中水泥混凝土路面 5.6 公里,沥青混凝土路面 72.32 公里,简易铺装路面 2.6 公里。

(8)252 省道(保兴路—保康至兴山公路)

保兴路为原省道 17252 欧兴路,起于保康县欧店,经榛子、火石岭、高阳至兴山县白沙河,全长 108.7 公里,保康县境内 26.19 公里。保兴路始建于 20 世纪 70 年代。2000 年以来,保康县为改善境内保兴路路况,对该段公路分段进行改建。2005 年,由保康县自筹 524 万元对该路 26.19 公里路基按山岭重丘二级路标准改建。同年底,达到山岭重丘四级公路标准 18.19 公里,等外路 8 公里未铺装路面(砂石路),已达到晴雨通车。

(9)302 省道(孟土路—孟楼至土关垭公路)

由原 207 国道孟楼至拦马河和原省道樊丹线拦马河至丹江及原丹土线段组成, 起于鄂豫交界处孟家楼,经栏马河、洪山嘴、傅家寨、丹江口、三官殿、杨家店,止于谷城县与丹江口市交界的土关垭,襄樊境内长 41.428 公里。栏马河至洪城门段 3.372 公里降为县道。孟土路孟家楼至老河口市栏马河段原为 207 国道的一段,1990—1992 年, 由湖北省公路管理局下达孟家楼至老河口市区段改建工程计划,老河口市对该段 21.18 公里按平原微丘二级公路改扩建,新建 9 米宽水泥混凝土路面 9.95 公里,完成投资 2 260 万元。1994—1995 年,市公路总段下达拦马河至丹江段 19.2 公里改建计划,老河口市公路段对该段公路按平原微丘二级路标准改扩建, 新建水泥混凝土路面 10.66 公里, 沥青碎石路面 10.35 公里,水泥混凝土路面宽度 9—12 米,总投资 2 523 万元。2004 年,孟土路改建 25.273 公里,总投资 3 207 万元,其中省定补投资(含银行贷款)2 964 万元,地方自筹 243 万元。老河口市将该路原水泥混凝土路面改建为沥青碎石路面,于 2004 年 2 月开工,2005 年 12 月竣工。境内全线一级公路 1.3 公里,二级公路 40.128 公里,其中水泥混凝土路面 21.08 公里,沥青混凝土路面 20.348 公里。

(10)303 省道(襄谷路—襄阳城至谷城公路)

303 省道起自襄樊汉江长虹大桥南转盘,经泥嘴、茨河、庙滩、谷城城关,至三岔路与 316 国道相接,全长 76.33 公里。该道原为 207 国道的一段。1980 年,市公路总段投资 20 万元对 40 公里路基进行改造。襄阳、谷城两县分路段分期按平原微丘三级路标准进行改造。1984 年,市交通部门结合城市建设对襄谷路襄城、谷城两端的出口路段进行改造。首先对檀溪至万山段 3.5 公里路基按平原微丘一级公路标准 (路基宽 24 米,过渡路面 15 米)、万山至牌坊段 4.6 公里路基按平原微丘二级公路标准(路基宽 18 米,过渡式路面 12 米)改建,谷城

图 6—14 2005 年 6 月,303 省道谷城庙滩路段

县县城出口路段9.7公里新建渣油表处路面(路面宽9米)。1985年,谷城县完成庙儿岗1.615公里改线。1986年,谷城县投资49.9万元对K47+000—K68+000计21公里中的部分路段油路进行大修,路面宽9米。1987年,襄樊市市郊公路段完成西门桥至泥沮12公里水泥混凝土路面修建,路面宽12米,共投资1 200万元。1988年,谷城县公路段新建襄谷路沥青碎石路面3.53公里,水泥混凝土路面4.5公里,新建路面宽12米,另完成0.8公里渣油路面新建,路面宽9米。1990年谷城县公路段新建襄谷路6.02公里9米宽渣油表处路面,新建4.16公里水泥混凝土路面。1991年,襄樊市公路工程处完成襄谷路K1880+810—K1881+058计248米遗留工程,共铺筑水泥混凝土路面2 976平方米,修建挡墙55米。1991年谷城县公路段对K1829+500—K1833+000、K1828+445—K1831+720段部分油路大修,路面宽9米。1992年,襄阳县开始对襄谷路县境段逐段按平原微丘二级公路标准改建。1992年9月至1993年6月襄阳县泥嘴镇对穿越该镇集贸市场的3.847公里路段改建。同年,市郊公路段新建K1877+850—K1879+650计1.8公里12米宽水泥混凝土路面。同时,改建K1891+040—K1893+600即环山路共计2.56公里,路基23米,路面14米。1993年,市郊公路段新建隆中段3.6公里水泥混凝土路面,路面宽9米。

1994—1995年,襄阳县公路段完成襄谷路胡巷至刘家台段14.57公里的二级路改扩建工程和市郊交界处至胡巷段3.847公里路基工程,3公里路面工程。1995年,谷城县对刘家台至三岔路45公里改建,于1995年1月开工到1996年11月基本建成。

1996年,经市公路总段与保康、宜城两个公路段协商,组织施工专班会战修建襄谷路水泥路面。保康县公路段完成青山段4.94公里,宜城市公路段完成卧龙段2.082公里,总段工程处承担青山段劈山改线工程1.2公里,其余段由襄阳县公路段负责完成。1997年襄阳县公路段完成2.483公里水泥路面铺筑。1998年,谷城县公路段对襄谷路谷城境内5段计9.382公里进行改建,其中,除2.26公里为沥青路面外,其余为水泥路面。1998年12月,市郊公路段完成回龙河大桥两端接线路基土方填筑。1999年,襄阳县公路段完成襄谷路K1885+088—K1885+995段0.907公里水泥混凝土路面,路基宽12米,路面宽9米,同时完工的还有回龙河大桥接线沥青路面铺筑工程,路面宽12米,长486米。2000年,谷城县公路段完成K1845+300—K1858+300间6.8公里水泥混凝土路面新建,路面宽9米。该工程于2000年3月15日开工,同年9月10日竣工。

襄谷路谷城县城至三岔路匝道段既是谷城县北出口路,又是谷城连接316国道和襄十高速公路的通道,2000年以来,为配合襄十高速公路联络线建设,谷城县政府自筹资金将县城交警队转盘至邱家楼2公里改建为水泥混凝土路面,路面宽30米,其中行车道14米,绿化带宽2×2米,人行道2×6米,该段邱家楼至三岔路2.889公里,路基宽12米,水泥混凝土路面宽9米,三岔路至高速公路互通0.7公里路基宽15米,水泥混凝土路面宽12米。2002年,市郊公路段对襄谷路万山至隆中段改建,对襄樊师范专科学校段进行扩建,共修建水泥混凝土路面8公里。2003年,谷城至三叉路段4.43公里改建,2004年竣工,铺筑宽17米沥青路面。2005年底,襄谷路全线76.33公里建成一级公路9.385公里,二级公路66.945公里。其中水泥混凝土路面63公里,沥青碎石路面6.9公里,简易铺装(次高级)路面6.43公里。

(11)305省道(襄关路—襄阳城至关垭子公路)

305省道起自襄城汽车客运站,经尹集、九集、涌泉、南漳城关、长坪、黄堡、保康城关、开峰峪、寺坪、至珠藏洞进房县,再经竹山、竹溪蒋家堰,至鄂陕交界的关垭子。全长377.157公里,襄樊市境内襄城至保康县与房县交界的珠藏洞段长166.322公里。

图6—15　2005年6月,305省道襄城区尹集路段

1981年11月，国家计委、经委、交通部联合下发文件将襄南路、宜（城）竹（山）路南漳至保康与房县交界的珠藏洞段调整为316国道。2002年变更为305省道。该道在境内分襄城、南漳、保康三段。

襄城段：1991年，市交通局从襄南路口起点(檀溪)至道口计7公里按一级公路标准改建，路基宽26米，剩余段9.23公里按二级公路标准改建，路基宽18米。1992年，新建环山路(襄城汽车站—琵琶山水泥路面接头)，由市公路总段机械厂承担一期工程路基土方工程和该路段10米宽水泥混凝土路面铺筑。同年，市公路总段工程处修建襄南路尹集段6.73公里桥涵配套工程。1994年，襄南路凤凰段改建，市公路总段工程处承担老拱涵接长，路基扩改建。1995年，市公路总段下达总段工程处襄南路水泥混凝土路面（西段）共3.59公里新建任务，此段路面宽12米，水泥混凝土板厚23厘米。1996年，市公路总段工程处铺筑襄南路1.66公里水泥混凝土路面。1997年，市公路总段工程处修建襄南路挡墙长574米，砌体2 419.77立方米，浆砌边沟638米，砌体307.7立方米，改做倒虹吸管30米。1998年，市公路总段，对襄南路凤凰山段挡土墙进行抗滑动、抗倾覆的稳定性试验。挡土墙背后做反滤层，墙身设泄水孔，墙山体卸载土石方11 450立方米。修复两边挡土墙边沟各64米。1993年4月17日，襄阳县公路段按平丘二级一般公路技术标准对该路段改建，路基宽18米。1995—1996年，新建管涵、盖板涵、机耕排水管，接长拱涵、倒虹吸、浆砌挡土墙、浆砌边沟等路基桥涵配套工程。1996年，襄阳县公路段铺筑4.1公里水泥混凝土路面。1997年，市公路总段将襄南路尤河段段改线，高填方路段由原设计沥青碎石路面改建为水泥混凝土路面。襄城区（含原襄阳县境路段）水泥混凝土路面全线贯通。2003年，市交通局将该段扩建，由原二级公路标准提升到一级公路标准，改建为沥青混凝土路面。

南漳段：1993年，南漳县修建K16+270—K21+000计3.9公里的沥青路面和南漳县城西出口路5公里及东出口路4.2公里水泥混凝土路面。1996年，南漳县修建K1458—K1463+300计5.3公里及K1480+650—K1481+652计1.002公里水泥混凝土路面。1997年，南漳县公路段新建30公里水泥混凝土路面。1998年，南漳县公路段新建境内3.5公里水泥混凝土路面。2001年4月，由襄阳、枣阳公路段对刘坪桥头至穿山河段进行改扩建，铺筑沥青混凝土路面，当年年底竣工。同年6月，襄关路南漳至保康段新改线工程开工，穿过梅子岭和峰儿垭隧道，南漳境内新改线路段长5.6公里。2003年，路基、桥梁、过渡路面、其他附属工程竣工通车。整个工程于2005年全部竣工。同年5月，襄关路涌泉至九集段一级公路工程开工建设，全长8.1公里，路基宽24米，路面宽15米，沥青混凝土路面，双向四车道，工程于2005年11月完工。当年底，南漳县城关以东路段大部分达到国家一级公路标准，城关以西达山区二级公路标准。

保康段：1987—1992年10月，保康县公路段对原316国道城关过境路段4.2公里按山岭重丘二级水泥混凝土路面改扩建，总投资190.9万元。1992—1997年，保康县公路段对原316国道县境段44.2公里山岭重丘二级路改建，新铺筑水泥混凝土路面21.7公里，沥青碎石路面2公里，累计完成投资979.5万元。1996—1998年3年，保康县对城关镇至开峰峪、开峰峪至寺坪、寺坪至珠藏洞三段公路分期进行扩建，全线铺筑水泥路面，达二级公路标准，总投资达720多万元。2000年，根据湖北省交通厅《关于2000—2002年公路网整体规划》及工程建设会议精神，按照全线改造、分段实施原则，组织保康境内襄关线路段二级公路改造。2001年1月8日，开工修建316国道K1487+299—K1506+900段长19.63公里沥青路面，2001年10月30日竣工。2001年2月20日，开工修建316国道K1574+730—K1585+900段长11.7公里水泥混凝土路面，同9月30日竣工。2002年，南漳长坪至保康黄堡段改线，襄阳县公路段、南漳县公路局、襄樊公路建设公司、保康县公路段等单位中标承建改线段中、小桥梁、涵洞及过渡式路面铺筑。2003年底全部完成，工程决算总支出6 991.71万元。2005年底，襄关路166.322公

图6—16 2005年6月，306省道宜城南营段

里,水泥混凝土路面 94.161 公里,沥青混凝土路面 43.25 公里,简易铺装路面(次高级)28.911 公里,达二级路标准 147.622 公里。

(12)306 省道(随南路—随州至南漳公路)

随南路从枣阳市邓家岗入境经宋集、东湾、板桥店、莺河、马头山、南营、宜城、朱市、武安、蛮河到南漳,市境内全长 111.031 公里。随南公路是襄樊市境内一条东西走向联通枣阳、宜城、南漳 3 县(市)市际干线公路。1986—2005 年,随南路改扩建(含大修)工程累计投入 11 945.934 万元。资金来源:国债 516.09 万元,养路费 6 403 万元,省统贷款 2 391.83 万元,地方贷款 1 820.99 万元,地方自筹(其他)823.024 万元。2005 年底, 随南路 111.031 公里全部达到平丘二级路标准, 其中水泥混凝土路面 25.208 公里,沥青碎石路面 54.973 公里,简易铺装路面 30.85 公里。

(13)307 省道(白茨路—白果树坪至茨芥坪公路)

白茨公路原称白(果树坪)红(花朵)公路,2002 年 10 月改为白茨路。东起自与保宜路连接点白果树坪,向西经歇马、梅花、欧店、黎店、马桥到达鱼头河大桥,进入神农架林区茨芥坪,与 209 国道相交,呈东西走向,全长 117 公里,保康县境内从白果树坪至鱼头河大桥长 57.10 公里。1987—1998 年, 保康县按山岭重丘二、三级公路标准对白红路路基进行改扩建。2001 年,白红路 K27+000—K39+000 段列入全省前三年(2000—2002 年)路网建设项目,按山岭重丘二级公路标准改扩建, 新铺沥青碎石路面 12 公里。2005 年,白茨路 K38+500—K57+100 段 18.6 公里改扩建。按山岭重丘二级路标准,路基宽 8.5 米,路面宽 7 米,修建水泥混凝土路面。改建工程主要包括路基改造、路面、桥涵、防护排水、安全示警等。2005 年 4 月底,白茨路 K26+500 一 K38+500 段 12 公里路面改建。同年 12 月,主体工程完成。1991—2005 年,累计完成总投资 3 603.185 万元。2005 年底,白茨路 57.1 公里中达到山岭重丘二级路标准的有 45.1 公里,三级路 12 公里。

图 6—17　2005 年 6 月,335 省道襄阳李冲水库路段

(14)335 省道(桐枣路—河南桐柏县至枣阳公路)

桐枣路由原省道 17335 新枣路从新市延伸至枣阳市的白竹园寺与河南省交界处后改称。经新市、鹿头到枣阳城关,线路全长 54.78 公里。新枣公路原为县道,1992 年变更为省道。1984 年开始对新枣路进行分段扩建。1984 年, 投资 6.06 万元,对新枣公路大修 3.35 公里,铺设 6 米宽渣油路面。1985 年,投资 7.01 万元,对新枣公路大修 4 公里。同时修复漫水路堤一处。1994 年,投资 188.63 万元,对新枣公路按二级路标准改建 6.5 公里。1995 年, 投资 255.98 万元, 对新枣公路 K8+000—K9+000、K10+500—K18+500、K21+000—K22+000、K24+300—K25+000 共 4 段 10.7 公里按平原微丘二级路标准改扩建,新建 9 米宽沥青碎石路面。1996 年,投资 105.90 万元,对新枣路 K7+000—K8+500、K18+500—K21+000 计 4 公里按平原微丘二级公路改扩建。2002 年,投资 1 700 万元,对新枣路 K8+000—K16+016 计 8.016 公里扩建。2003 年,投资 5571 万元,对枣阳市与河南桐柏县交界的老虎庙,至枣阳市新市镇全长 21.743 公里,按二级公路标准改建,设计行车速度 80 公里 / 小时,路基宽 12

图 6—18　2005 年 6 月,336 省道保康分水岭路段

米，路面宽 9 米，穿越城镇段 4.5 公里为水泥路面，余为沥青碎石路面。截至 2005 年底，该路改建实际完成投资 3 426.05 万元。同年底，桐枣路 54.78 公里全部达到二级公路标准，其中水泥混凝土路面 7.88 公里，沥青路面 16.016 公里，简易铺装路面 30.884 公里。

(15)336 省道(后高路—后坪至高桥河公路)

该路东起保康县后坪镇与保宜公路相交，经分水岭、付家垭，向西至高桥河与白茨公路相交，呈东西走向，全长 38.34 公里。此路在 1985 年由乡道提升为县道，2002 年 10 月，调整为省级干线。1988 年，对后高路按山岭重丘三级公路路基标准改造。1990 年完成 2 处桥涵配套工程。1999 年，对后高路按山岭重丘三级路标准改建。2000 年，后高路 K0+000—K38+340 计 38.34 公里，按山岭重丘二级沥青碎石路面标准改建。

4.县道、乡道

(1)县道

1985 年末，襄樊市县(市)级公路总里程为 1 294.94 公里，其中晴雨通车 1 161.15 公里；养护里程有 1 219.78 公里，另 75.16 公里未列养。

1987 年 9 月，保康白(果树坪)马(桥)公路延伸进入神农架林区，经阳日湾至红花朵段升级为省道，改称白红路。襄(樊)新(野)公路升级为省道。1992 年，谷(城)水(晶台)、枣(阳)新(市)、欧(店)兴(山)、仙女山至桐木集、南(漳)远(安)、宜(城)东(巩)共 6 条县道升级为省道。2002 年，对国道、省道、县道进行调整，保康县后(坪)高(桥河)路由县道升级为省道。南(漳)远(安)路改为南(漳)荆(门)路，线路中段走向由肖堰至双坪改由肖堰至小漳河经东巩南进入荆门，肖堰至双坪降为县道。南漳小漳河至峡口与远安交界处百福头称小百路升为县道。谷(城)水(星台)路也降为县道。207 国道改走魏樊路后，老河口孟楼经老河口栏马河入丹江到土关垭改为省道，栏马河至老河口洪城门改名栏(马河)洪(城门)路降为县道。2002 年末，全市有县道 66 条 1 347.62 公里。2002—2005 年间，全市对县级道路进行调整，增加 10 条县道。至 2005 年末，全市有县道 1 511.752 公里。

1986—1995 年，襄樊市各级交通部门坚持民办公助、以工代赈、民工建勤等政策方法，以修通“断头路”、拓宽“卡脖子路”、乡(镇)过境路以及改善晴通雨阻路为重点，对县(市)与县(市)之间、县与乡(镇)之间公路进行分步改造、扩建，使之连通、拓宽形成比较畅通的县乡公路。到 1995 年末，全市县级道路全长 1 269.99 公里，其中达一级公路 14.3 公里，二级 140.41 公里，三级 300.74 公里，四级 477.70 公里，等外公路 336.84 公里。按路面划分，高级次高级 705.11 公里，内有沥青路面 159.3 公里，水泥路面 88.25 公里，次高级 457.56 公里，中低级路面 564.88 公里，晴通雨阻公路 26.15 公里。

1996—2005 年，全市县通乡(镇)公路改造工程完成 706.1 公里，其中二级公路 239.5 公里，三级公路 340 公里，四级公路 126.6 公里。

牌隆公路：305 省道通往隆中风景区的旅游公路，接 305 省道的路口有一牌坊，至隆中风景区，故简称牌隆公路，全长 2.944公里。1999 年初，市公路部门对牌(坊)隆(中)路 2.6 公里路段扩建改造，铺沥青路面宽 7 米，总投资 337 万元，当年 4 月 1 日竣工通车。

黄(集)老(河口)公路：起自黄集镇与省道魏樊路(后改为207 国道)相接，经薛集、石桥、任岗进入老河口市，全长 49.677 公里，襄阳区境内黄集至任岗 21.5 公里。1993 年，黄集镇组织民工建勤完成该公路与焦柳铁路立交桥两端降坡开挖和路基扩宽工程。桥涵配套防护工程由襄阳县公路段于同年 12 月底完成。1994 年，经襄樊市公路总段批准，襄阳县公路段对黄老路 K0+000—K3+000 计 3 公里铺设水泥混凝土路面，路基宽度 12 ~ 15 米，路面宽 9 米，达到二级路标准，同年 9 月 30 日竣工。同年石桥镇组织民工建勤完成该路小河至任岗段4公里改线工程。1995年，市公路总段下达石桥镇境K14+000—K21+500全长7.5公里油路新建计划，工程预算投资166万元(其中总段补助57.5万元，石桥镇自筹37.5万元，县公路段补贴71万元)，由襄阳县公路段组织路面施工，路基宽15米、路面宽7米。石桥街段改线2.5公里，路面宽9米，达到二级路标准。1997年3月，黄老路襄阳县辖境8公里(K3+000—K11+000)路段大修，底层采取两层石灰土补强，底层宽9米，沥青路面宽7米，9月底竣工。1991年1—4月，老河口市第一次对境内两段（K5+000—K6+800、K19+300—K23+300）共4.8公里路面进行改建，总投资99.84万元。改建成水泥混凝土路面厚18厘米，宽5米。2003年，黄老路老河口至张集段19公里被襄樊市交通公路部门列入全市县通乡油路工程项目，计划总投资2 432万元（车购税570万元，地方自筹1862万元），同年由老河口市公路局按平原微丘二级路标准完成勘测设计，并组织施工，至2005年底完工。

襄（阳）洪（山）公路：起自襄阳区峪山镇，止于随州市洪山镇。市境内全长49.047公里。20世纪80年代末至90年代中期分期分段将襄阳区境内17.59公里建成渣油路面。1987年，市交通公路部门上报湖北省交通部门批准，将襄洪路黄龙至陈湾段9.56公里纳入国家列养，县公路段设立黄龙道班管养此段公路。1992年，东津镇对境内9公里路基改(扩)建，襄阳县公路段完成桥涵配套工程，共计投资140万元。1993年6月，张湾至东津段10公里沥青路面竣工，有8公里达到二级路标准，路面宽9米，有2公里达到三级路标准，路面宽6米。1992年，襄樊市公路总段批准襄洪路黄龙镇辖段13.7公里的油路新建计划，当年完成7公里底层铺筑，改(扩)建后路基宽12米，路面宽7米，达到三级路标准。1994年，市公路总段批准襄洪路王河乡7.4公里，峪山镇境6.56公里油路新建计划，襄阳县公路段2月20日动工，8月底完工，改建后路基宽度达12米，路面宽度9米，达到二级路标准。襄（阳）洪（山）路枣阳段全长32.24公里先后进行4次改扩建，总投资1 219.69万元。1997—1998年，枣阳市公路段工程处与车河农场、平林镇政府和耿集政府对车河至耿集15.4公里路段进行改扩建，铺筑成沥青渣油路面。

黑（龙集）牛（首）公路：起于襄阳区黑龙集，经石桥、白集、龙王，止于樊城区牛首镇，全长45.18公里。该路原为6米宽渣油路面，1994—1999年，改建为沥青路面。2003—2004年，市交通公路部门将该线路石桥至牛首段31公里列入全市县通乡油路工程，按二、三级公路标准进行改扩建，计划投资6 200万元（其中石桥至龙王段17公里3400万元，龙王至牛首段2800万元）。同时，襄阳区公路段和樊城公路段勘测设计，并负责辖境段施工。至2005年累计完成投资2 608万元（交通部车购税补助62万元，国债资金投资358万元，其余为地方自筹），完成路基31公里扩宽补强，新铺沥青路面26.82公里，水泥混凝土路面4.18公里，路面宽度7米。

古（驿）凉（水）路：起于襄阳区凉水，与樊魏公路相接，经解放军军事经济学院襄樊分院、元通寺、至古驿街，全长10公里。路线所经之处为微丘区。2001年5月，由伙牌镇完成解放军军事经济学院襄樊分院至魏樊路2.017公里改线，投资235万元，基宽12米，由襄阳区公路段铺筑沥青砼路面1.2公里，水泥砼路面0.817公里。

翟（湾）双（沟）公路：起于鄂豫两省交界的襄阳区朱集镇翟湾村，经朱集、三合，止于双沟镇，全长22.594公里。1992年4月，襄阳县政府确定新建翟双公路朱集段15公里的油路，市公路总段于同年7月批准翟双路朱集段K7+000—K15+000、K20+750—K22+750计10公里油路新建计划。工程于1992年7月30日动工，1993年完工。1994年冬，双沟镇境内K14+760—K22+670计7.91公里，由双沟镇政府先对4.3公里线型弯曲段进行改线，市公路总段计划投资158万元，襄阳县公路段组织油路施工专班完成油路新铺工程。1994年，完成双沟大桥至316国道段550米水泥混凝土路面铺筑，路面宽7米。2004年，翟双公路双沟至朱集段17公里按三级公路标准改建，总投资1 169万元，其中国家投入车购税资金255万元。

埠(口)双(沟)路:起于埠口,经程河至双沟镇,全长23.378公里。1990年,新建埠双路双沟街水泥混凝土路面1 018米,路面宽9米,厚20厘米,同10月底完工。1992年,对埠口乡境内7公里,程河镇境内5.3公里进行油路大修。路面宽度7米,路基宽度10~12米。1993年,程河街南段3.5公里改线,新建沥青路面。1997年,双沟街至程河镇界段5公里大修,同年10月完工。2003年,埠双路双沟至程河段13公里,由襄阳区公路段按平原微丘二级路标准进行勘测设计,并组织施工。2004年,续建程河至埠口9公里。至2005年末,完成投资1 355万元,完成沥青路面22公里,宽7米。

双(沟)黄(龙)公路:起于双沟,经张集至黄龙,全长27.81公里。双黄公路双沟至张集段10.6公里,于20世纪80年代初列为砂石路面养护。1987年,襄樊市公路总段下达列养计划,襄阳县公路段正式将该路张集至黄龙段17.25公里列养,设张集、李岗两道班养护。20世纪80年代末,黄龙镇将穿越集镇段的1.09公里过境路改建成水泥砼路面。1992年9月9日,市公路总段批准双黄路张集火车站段改线工程0.9公里,投资4.3万元。1996年,市公路总段下达双黄路K3+700—K10+700计7公里油路新建计划,共投资126万元,由襄阳县公路段组织施工,年底完成12.20公里油路新建,超计划5.20公里。该路段底层为石灰土结构,面层为沥青碎石结构。1997年,市公路总段下达追补计划,该段公路铺设沥青路面,宽7米,路基宽12~15米,达到三级公路技术标准。2003年,孝襄高速公路连接双沟至黄龙公路路段改(扩)建,全长26.996公里。其中过集镇路段5公里路面采用沥青碎石路面。由襄阳区公路段施工,2005年,新铺沥青碎石路面13.164公里,水泥混凝土路面14公里,路宽7米。

东(津)王(集)公路:起点为襄阳区东津镇,止于宜城市王集镇,全长28.202公里。2004年,市交通公路部门将东王路列入县通乡油路建设项目,2005年,下达油路建设计划,总投资1 170万元。襄阳区境内由襄阳区公路段勘测设计,并于2004年5月8日动工,按平丘三级公路标准修建,路基宽9~10米,沥青路面宽7米,至2005年末,累计投资1 735万元,扩建路基18公里,新建沥青路面18公里。宜城市境内全长9.7公里,路基宽8米,路面宽6米,为砂石路面,1982年,由宜城市公路段修建完工。2001年,对全线进行路基改扩建。

部(营)马(集)公路:部马公路起于伙牌镇部营街,经李食店,止于马集街,全长11.7公里。1992年,襄阳县交通局投资23万元,伙牌、马集两乡(镇)自筹资金46.3万元,将该路修建成渣油路面,路面宽6.5米。

龙(王)肖(集)公路:起于龙王,止于肖集,全长7.32公里。1991年,投资45万元将该路修建成渣油路面,路基宽9米,路面宽6米,达到三级公路技术标准。

魏(集)黑(龙集)公路:魏集至黑龙集公路,起于河南邓州市魏集街,止于襄阳区黑龙集街,全长8.57公里。1995年8月动工修建渣油路,1996年4月竣工。路基宽12米,路面宽6.5米,达到四级公路标准。2001年, 襄樊市交通局将魏黑路纳入国家列养。2002年前属乡镇公路,2003年1月提升为县道。

王(河)西(岗)公路:王西公路起于张湾镇西岗,止于王河乡政府,全长7.23公里。1992年,铺筑砂石路面,路基宽8.5米。1996年5月,修建成5公里沥青路面。

东(津)鹿(门寺)公路:起于东津镇街,经朱岗、淳河店、庄冲、吴家冲、富咀,止于鹿门寺国家森林公园,全长18公里。该路是襄樊市的一条旅游专用公路。2001年,东鹿公路被列为国债建设项目。2001年9月7日开工,按四级公路标准修建,路基宽8米,路面宽7米,2002年2月完工。2003年9月28动工改建,下基层为厚18厘米的灰砂土,上基层为厚18厘米的碎石灰土,面层为厚3厘米的沥青碎石,2004年6月,路面工程完工,同年10月路基防护工程完工。东鹿路改建后,路基宽12米,路面宽7米,实际完成投资843.68万元,其中国债资金540万元。

文(瑙)九(集)公路:起于襄城区欧庙镇文瑙村,经法龙至南漳县九集镇,全长14.9公里。1991年,襄阳县交通局补助11.6万元,完成法龙乡段6.29公里渣油路面。1992年,襄阳县交通局批准欧庙镇辖段1.3公里新建沥青表处路面，投资4万元，欧庙镇负责底层备土，文瑙道班负责底层、沥青表处铺筑，路面宽6米。1999年4月，法龙至九集段7公里，由襄樊市、襄阳县交通部门补助17.5万元，不足部分由法龙乡自筹，完成该段5公里沥青表处。

泥(嘴)新(集)公路：起于襄城区卧龙镇谭庄，经李岗、韩家竹园、洪庙学校，止于新集，全长8.6公里，路基宽12米，路面宽8米。1987年冬，襄阳县交通局补助1.5万元，新集自筹1万元，新建杨叉河桥，改线150米。

七(方)蔡(阳)公路：是枣阳市七方镇与蔡阳镇的连接线，全长15.276公里，是蔡阳到达襄樊市区的一个便捷通道。2003年下达油路工程计划，总投资1 290万元，其中国债资金投入357万元，交通部车购税补助资金93万元，于2004年建成15公里平原微丘三级公路。

枣(阳)蔡(阳)路：枣阳至蔡阳公路，全长21.75公里。1986—2001年，市交通部门先后5次共投资210万元对枣蔡路进行分段改扩建。2003年，投资1 720万元改建枣阳城关至琚湾20公里公路，技术等级由原来平原微丘三级提升到二级。

枣(阳)耿(集)公路：是枣阳城关经梁集、熊集达耿集的一条市内县级干线，全长34.37公里。1986—2002年，先后7次投资共885.54万元分步分段进行改造升级，部分路段达二级公路标准，部分路段达三级公路标准。2004年，枣阳城关至熊集段纳入县通乡油路建设计划，总投资1 053万元，其中交通部车购税投资315万元，2004年动工，2005年完工，建成二级公路21公里。

唐(店)宋(集)公路：起于枣阳市唐店，经平林、车河农场，止于宋集，全长25.01公里。1998—2004年，先后5次改扩建，建成三级公路19公里。

太(平)王(岗)公路：起于枣阳市太平镇，经杨垱、罗岗至王岗，与316国道相交，全长31.642公里。1986—2000年，先后5次投资共199.2万元对太王路分段进行改造。2003年，太平至杨垱段油路改造，总投资780万元，2004年完工，建成三级公路12公里。

枣(阳)刘(升)鹿(头)公路：起于枣阳市城关，经榆树、刘升达鹿头镇，全长35.467公里。1986—2004年，先后投资412万元，对该路分段扩改建。2005年，改建枣阳至刘升段22公里，总投资1 892万元，技术标准达二级公路。

兴(隆集)资(山)公路：起于枣阳市兴隆镇，经随阳农场、王城镇，止于资山，全长21.33公里。市交通公路部门于1998年、2002年先后对该路进行改造升级。2004年5月，将兴资线延长至唐店作为孝襄高速公路联络线建设，总投资7 625万元，总里程为49公里，其中沥青碎石路面40公里，水泥混凝土路面9公里，有中桥3座132米，小桥1座10米。设计行车速度每小时80公里，路基宽12米，路面宽9米。达到二级公路技术等级。

峪(山)板(桥)公路：峪板路起于襄阳区峪山镇，经宜城市新街至板桥的一条县级公路，宜城境内原长15.94公里，2001年底，将襄宜交界处至新街段2.7公里并入218省道后，缩短为13.24公里。该路原为砂石路面。2003年以前，宜城市对K19+500—K35+440段15.94公里的路段进行路基改扩建。2003年5—11月，宜城市交通局投资370.72万元，对新街至板桥段13.24公里改建，路面为平原微丘三级沥青路，宽6米。

宜(城)璞(河)孔(湾)公路：起自宜城，经璞河至孔湾，全长37.475公里，路基宽8米，路面宽6米，为砂石路面。该路于1985年修建。1993年10月对K10+000—K13+000、K26+000—K28+000计5公里路段进行改建，路面为平原微丘三级，1993年12月竣工。1999年6月，对K11+000—K17+000计6公里路段进行改建，路面宽6米，路面为平原微丘三级沥青路面，投资102.24万元。2001年，对璞河街道至余营(K29+000—K35+700)6.7公里路段改建，投资87.11万元，对K2+750—K10+850、K17+900—K29+000段19.2公里路段路基改扩建，投资289.6万元。2005年，对K21+000—K26+800计5.8公里的路段改建，路面达平原微丘三级水泥路，投资173.304万元。2005年7月开工，2006年1月竣工。

王(集)万(洋)路:王集至万洋公路,全长15.6公里,路基宽8米,路面宽6米。1995年6月,投资20万元对K0—K1、K10—K11、K14+600—K15+600三段计3公里路段进行改建,路面为平原微丘二级水泥砼。2002年5月,宜城市交通局投资572.84万元对南营老街街道、李街街道路段改建。2003年3月,对K3+000—K4+600、K8+516—K15+016段计8.1公里进行大修,路面为平原微丘二级沥青砼,2004年4月竣工。

小(河)朱(市)公路:小朱路是宜城市小河镇至朱市镇的一条便捷通道,全长12.05公里,1977年10月修建完工,渣油路面。1999年6月,对K0+000—K4+200段4.2公里路段进行改建,路面宽6米(其中砖庙街道400米为8米宽),平原微丘二级水泥砼路面,投资222.13万元,其中地方自筹207.13万元。2001年,K4+900—K10+000段5.1公里路基改扩建,民工建勤投资52.8万元。

火(雷河火车站)陈(岗)路:起自宜城雷河火车站,终至陈岗,长1.5公里。2002年5月,地方自筹资金150万元对该路段进行改扩建,路面宽21米,为平原微丘二级水泥砼路面。

董(集)李(垱)公路:起自宜城市董集,终至李垱,全长8.9公里,路基宽7米,路面宽6米,1997年8月修建完工。

板马路:起自宜城市板桥店,终至流水镇,原长53.62公里,2002年,部分路段并入218省道,余板凳岗经马集、落花潭至流水为四级砂石路,全长30公里,路基宽7米,路面宽6米,1978年1月修建完工。1993年10月动工,对K10+000—K12+000,K72+000—K75+000两段5公里进行改建,路面为平原微丘三级,1993年12月竣工。1995年,对K47+420—K52+620段5.2公里进行改建,路面宽10.5米,为平原微丘二级路面,投资119.6万元,其中地方自筹72.8万元。1997年,对K42+000—K45+500段3.5公里,K22+870—K25+000段2.13公里进行改扩建,路面分别宽9米、6.5米,为平原微丘二级沥青路面,分别投资80.85万元、37.39万元,均为交通规费支出。2001年3月动工,对K19+000—K21+180、K25+700—K30+136二段6.616公里进行改建,路面宽7米,为平原微丘二级沥青路面,地方自筹投资153万元,2001年9月竣工。2001年,对K10+000—K21+200、K24+500—K33+300段共20公里进行路基改扩建,投资607.4万元。在K16+000—K21+200、K25+700—K30+700段新建10.2公里铺筑沥青油路,投资357万元。在K24+000—K30+000段新建5公里铺筑沥青油路,投资214万元。2003年,襄樊市将马头山至流水公路纳入通乡油路建设,计划改建16公里,总投资1 378万元,其中国债资金381万元,部投车购税99万元。2003年动工,2004年完工,建成沥青路面二级公路。

孔(湾)上(大堰)路:宜城市孔湾镇至上大堰工业园区公路,全长7.9公里(K0—K7+900)。1993年,对K0+000—K1+000段1公里路段进行改建,路面宽7米,为平原微丘三级渣油路面,投资4.5万元。2003年,改建为平原微丘三级沥青路面,投资355.5万元,其中国债资金240万元,地方自筹118.5万元,2004年初竣工。

长(渠桥)郑(集)公路:起自207国道长渠桥,终至郑集镇中心,全长3.8公里,路基宽14米,路面宽12米,1992年12月完工。1993年3月,对K0+000—K3+400段3.4公里路段改建,路面宽12米,为平原微丘二级沥青路面,地方自筹投资15.3万元。1993年10月竣工。

南(漳)石(板沟)公路:南漳县城关向西跨越珍珠桥,经殷庄、薛坪、进保康冷坡垭到石板沟,全长93.02公里。2000年,南漳县对境内全线路基进行扩宽、改造。2001年,纳入国家县通乡油路建设项目。2001年开工,2003年完工,建成30公里沥青路面,技术等级达到三级公路标准,总投资1 000万元,其中国债资金投入397万元,部投车购税103万元,其余为地方配套资金。2003年,薛坪至冷坡垭段20公里纳入通乡油路建设计划,当年底建成油路20公里,达四级公路标准,总投资1 048万元,其中国债资金投入476万元,部投车购税124万元,地方配套资金448万元。保康段从冷坡垭进入保康县龙坪镇,经龙坪镇穿过聚龙山(海拔1 852米)到达后坪镇石板沟,与保宜公路(K26+750处)接线。保康境内全长41.44公里(K51+580—K93+020),呈东西走向。2000年,襄樊市交通局对保康境内41.44

公里进行改扩建。工程项目性质为国债资金项目。2000 年初至 2005 年 7 月，按山区三级水泥路改建，宽 6 米，因地势、投资所限，部分路段宽度只有 5.5 米，水泥砼路面厚 18 厘米，全线达三级路标准，投资 2 772 万元，其中国债资金 1 060 万元，部投车购税 200 万元。

董（家湾）李（庙）公路：起于南漳县刘坪董家湾，经金狮垭到李庙，全长 13.6 公里。1986 年 5 月 21 日，市交通局批复同意将上述两条公路改善提高到四级公路技术标准，分别下达补助资金 6 万元和 1 万元。2002 年，该路全线铺筑成沥青混凝土路面。

李（家祠堂）刘（家台）公路：起于南漳县李家祠堂，经秦家坪、温家坑、冯家湾、板桥、南湾、西冲、甘溪、高清河至刘家台，全长 51.77 公里，为砂石路面。它是南漳境内的一条主要县级公路。由原刘（家台）板（桥）路延伸而成。2004 年，市交通部门将冷坡垭（李家祠堂）至板桥段 19 公里纳入通乡油路计划，总投资 1 690 万元，其中部投资车购税 285 万元。2005 年 5 月，南漳县交通公路部门对李家祠堂至板桥段公路路面进行硬化，铺筑沥青混凝土路面 19.5 公里，水泥混凝土路面 1.2 公里，达到四级公路标准。

小（漳河）百（福头）公路：南漳县小漳河至百福头公路，与南荆路、李刘路相接，起于小漳河，经玉印岩、金镶坪、堰堤坪、巡检、白鹤船、五道垭、峡口、雁落坪，由百福头入远安县境，全长 37.25 公里，为砂石路面。2000 年，南漳对全段路基改造。2004 年，市交通部门将小漳河至巡检段 12 公里纳入通乡油路改造计划，建成沥青混凝土路面 12 公里，达三级公路标准，总投资 780 万元，其中国债资金 360 万元，地方配套资金 420 万元。

马（良）两（峪）公路：起于保康县马良镇，止于两峪乡，全长 14.30 公里，呈东西走向。2001 年，保康县对该公路进行二级沥青路面改造，2001 年冬到 2002 年春，完成 16.59 公里（K0—K16+590）路基改扩建。2002 年 9 月底，铺筑油路 17.59 公里，达四级公路标准，总投资 2 772 万元，其中国债资金 1060 万元，部投车购税 200 万元。

歇（马）百（峰）公路：起于保康县歇马镇西口，经百峰到七里，呈南北走向，全长 18.80 公里。歇百路由地方政府修建而成，配套桥涵，铺筑沥青路面，建成三级公路。1999 年，由乡（镇）公路提升为县级公路。

盛（塝）石（花）公路：起于谷城县盛塝、途径付湾、南河、南河电站大坝、红山水泥厂、庙子头电站、翠花铺，止于石花苍苔，长 23.611 公里，于 1998 年全线建成沥青渣油路面。

冷（集）煤（炭）公路：起于谷城县冷集镇，止于团湖水库边煤炭村，长 7 公里。1998 年、1999 年，对该路扩建为 6 米山区重丘三级渣油路面，累计投资 93.53 万元。

石（花）昝（家铺）路：起于谷城县石花二中，途经殷畈村、席垭村、谢湾街、何湾村、五山镇、昝家铺村，止于文畈火车站，长 21.8 公里，1988 年进行 3.3 公里改造，2003 年 3 月起到 2005 年 12 月底，对石花至五山段 12.25 公里改建，完成总投资 780 万元，其中国债资金投入 461 万元。竣工路段达三级公路标准。

丹（江）双（河桥）路：起于丹江与谷城交界处，途经王家康村、沈湾街、马庄村、常洲村，止于冷集桥头，长 20.56 公里。1996 年，对 K16+000—K20+500 长 4.5 公里按平丘三级进行改造。2005 年，对 K0+000—K18+000 路段中 7 公里进行改扩建，总投资 161 万元。

谷（城）粟（谷）路：起于谷城县城关镇，途经县化肥厂、青山、姜家梁子、黄岗村、盛土康镇、龙堰口、罗坪、凉水井、金钱洞、左庙村、赵湾乡陶湾村、长岭，止于粟谷，长 93.15 公里。1988 年、1990 年、1992 年，对该路谷城至盛土康段进行分段改造为渣油路面，其他为砂石路面。2000 年，投资 32.4 万元对 K18+000—K29+000 计 11 公里改建为渣油路面。2004 年，谷城至南河公路列入通乡油路建设，谷城至盛土康为谷粟路一段，盛土康至南河为盛石路一段，改建 20 公里，投资 1 364 万元，其中部投车购税资金 300 万元。2002—2005 年，利用国债资金对该路盛土康至赵湾 70.8 公里改扩建为山区三级油路,总投资 3 956 万元,其中国债资金总投入 1 219 万元,部投车购税 161 万元。

谷(城)黄(康)路:起于谷城县城关镇,止于黄康粮站,长 1.8 公里,为水泥路面。

谷(城)水(星台)公路:原为省道,后调整为县道。起于谷城城关镇,途经火车站、胡家井村、锅底湖村、新店村,止于水星台村,长 10.9 公里,1984—2005 年,对该路段改扩建 7.21 公里,累计投资 304.3 万元,2005 年底, 作为工业园区主干道按一级公路标准对 K4+200—K8+800 计 4.6 公里改造为双向 6 车道高级沥青路面,总投资 4 400 万元。

文(畈)老(湾)公路:起于谷城县文畈,止于老湾,长 1.05 公里。

茨(河)承(恩寺)公路:起于谷城县茨河镇八一路口,途经陶湾、后庄,止于承恩寺,长 11.7 公里。2005 年,市交通部门下达县乡公路改造计划,将茨承路延伸至棋盘山,计划改建 19.2 公里,总投资 1 248 万元,其中国债资金 576 万元。谷城县完成扩改建 20.7 公里,其中三级公路 8.6 公里,四级公路 12.1 公里。

李(家沟)王(土沟)公路:起于老河口市李家沟,经陈家湾、王湾、袁冲,止于与河南邓州交界的王土沟村,全长 32.95 公里。2003 年,对李家沟至袁冲段 15 公里扩改建,总投资 1 920 万元,其中国债投资 357 万元,车购税投资 93 万元,该路段达二级公路标准。

老河口市城关至张集公路:是跨县(市)县道黄(集)老(河口)公路的一段。2003—2005 年,对该段进行改造,总投资 2 432 万元,其中部投车购税 285 万元,使该段 19 公里公路达到二级公路标准。

(桥)半(店)公路:是老河口市东西走向的一条重要县道,起点为与襄阳区黑龙集、河南邓州都司交界处的闵桥,经齐岗、薛集镇、竹林桥镇、种畜场至半店,与省道孟土路相接,全长 23.64 公里。2005 年,对半店至齐家岗 23.4 公里改建,达三级公路技术标准,总投资 2 382 万元。

经过国家“九五”“十五”经济计划时期,对县级公路路基、路面大规模扩建、改造,2005 年末,全市县级公路总里程 1 511.752 公里, 其中一级公路 15.942 公里, 二级公路 378.656 公里, 三级公路 748.272 公里,四级公路 368.880 公里。全部晴雨通车。高级路面 518.891 公里,其中沥青混凝土路面 127.884 公里,水泥混凝土路面 391.007 公里,次高级路面 734.334 公里,高级、次高级路面里程占县道总里程的 82.9%。另外,县道中还有中级、低级路面、无路面里程 258.527 公里。

(2)乡村公路

为适应农村社会和经济的发展需要,“六五”计划后期至“七五”期末,市交通部门以修通县际、乡际“断头路”和“以工代赈”修建贫困山区致富路为重点,促进农村特别是山区农村交通的发展。从“九五”计划期初开始,市交通部门将农村公路网建设,包括乡道、村道建设被列入交通基础设施建设重点。从 1996 年起,逐年下达乡村道路建设计划。

修通“断头路”。1982 年,根据国务院、湖北省人民政府《关于修通国家和省级公路“断头路”的通知》精神,襄阳地区计划委员会、襄阳地区交通局于同年 7 月 26 日发文,计划修通境内县级以上“断头路”25 处 244.6 公里,新建桥梁 47 座 1 307 米。“断头路”工程采用民工建勤、以工代赈方式,由地方政府组织劳力,交通部门派技术人员指导的方式进行。到 1985 年,接通“断头路”28 处,修建公路 258.4 公里,其中包括接通相邻省、地(市)的兴山、房县、应山、钟祥、荆门、远安、邓县(今邓州)、新野、神农架林区等县(市)“断头路”13 处。1986—1990 年,市公路部门继续将“断头路”建设作为重点,将襄樊辖区内县(市)与县(市),乡(镇)与乡(镇)之间的公路接通、拓宽,使之形成循环路。此间,国家发放棉、粮、布等工业品,用“以工代赈”办法,境内接通“断头路”计划向南漳、保康、谷城等山区县倾斜,计划修通“断头路”6 条计 73.34 公里。谷城县紫金镇至观音堂公路是一条连接房县百步梯的断头路,全长 16.3 公里。修通后,紫金到房县可缩短距离 41 公里。该工程于 1988 年 11 月 4 日动工,同年 12 月 9 日竣工通车,完成土石方 194 000 立方米,铺筑砂石路面。到 1990 年末,全年共修建断头路 36

处计 365.67 公里(不含乡村间修通的“断头路”)。“断头路”的修建,冲破了地区分割的公路格局,使县与县、乡与乡之间的公路连接起来,并向相邻地(市)县延伸。

以工代赈修建区乡公路。南漳、保康、谷城 3 县地处荆山、武当山脉,山峦重叠、峰迴蜿蜒,大部分为高寒山区。1984 年底,3 县中仍有 10 个乡(南漳县的文家垭、高峰鹿乡,谷城县的温坪、天子垭乡,保康县的洞河、李家、同庆、玄虎、板庙、铺湾乡)不通公路。1984 年,采用“以工代赈”的方法扶持贫困地区修建公路。南、保、谷 3 县被列为全省 37 个贫困县之列。1985 年春,省计划委员会、省交通厅计划安排襄樊市 3 县补助粮食 720 万公斤、棉花 1.5 万公斤、布匹 85 万米、资金 182 万元,共计投资 725.39 万元,新建公路 170 公里,改建公路 120 公里,修建桥梁 13 座 1 000 延米,实现乡乡通公路。1985 年 6 月 17 日,襄樊市以工代赈区乡公路建设工程在 3 县全面展开。从 1985 年夏到 1986 年底,3 县共新建公路 189.3 公里,提前一年实现乡乡通公路要求。到 1990 年底,“以工代赈”建设区乡公路 196.3 公里,改建区乡公路 439.95 公里,新建桥梁 40 座 1 664.8 米。这一期间,国家累计发放粮、棉、布折款 433.84 万元,工业品代赈券 163.2 万元,配套资金 622 万元,合计总投资 1 219.04 万元。1984—1990 年,国家共拨给南漳县粮食 187.30 万公斤,棉花 4.28 万公斤,棉布 20.47 万米,粮棉布折款 105.5 万元,中低档工业品购货券 36 万元,配套资金 250.9 万元,总计投资 392.4 万元。架桥 15 座,新建改建公路 21 条 440 公里。在薛(板)公路建设中,薛坪、三景、板桥、雷坪等乡镇民工自带干粮、被子和工具连续奋战三个冬春,投工 40 万个,在高寒山区凿出一条四级公路,在碑坡建起了一座净高 42.4 米的大桥。公路建成后,南漳县交通局与乡(镇)协商先后组建 15 个群养道班,每年从拖拉机养路费超收分成资金中拿出 10 多万元用于支付群养道班养护经费。1990 年 5 月 29 日,湖北省计委、省贫困地区开发办、省交通厅、省水利厅组成以工代赈联合检查验收组对南漳以工代赈项目肖小路、峡店路、沉河滩大桥等工程进行检查验收后认定。同年 7 月 7 日,全省中低档工业品以工代赈试点工作经验交流会在南漳召开,副省长张怀念到会讲话,肯定南漳的试点工作。1985 年,保康县开始以工代赈修路工作,到 1990 年,国家调拨粮食 290.50 万公斤,棉花 6.54 万公斤,棉布 34.28 万米,共计折款 176.627 万元。配套资金 201 万元。以工代赈工业品兑换券 47 万元,合计补助投资 424.6 万元。另有政府各部门集资 66.57 万元,群众集资 44.4 万元。新建公路 12 条 130.5 公里,改建公路 15 条 321 公里,新建公路桥梁 10 座总长 564.62 延米。

村村通公路建设。1992 年,市交通局对全市公路状况进行普查,重点是县、乡、村三级公路情况。普查得出,全市公路总里程 8 001.9 公里,其中县道 51 条 1 433.4 公里,乡道 544 条 4 791.8 公里,村道 93 条 457.8 公里。农村公路等级低,防护工程差,抗灾能力弱。为解决农村行路难的问题,市交通局与三个山区县签订村村通公路建设目标责任书,共同修建村级公路 126 条 468.07 公里,使不通公路的村由 134 个减少到 8 个。国家“九五”计划期间,市交通部门共投入补助资金 4 481.6 万元,建设油路 644.43 公里(其中水泥路面 92 公里),新建桥梁 67 座,1 711.45 延米,路基改造升级 1 196.22 公里。国家“九五”计划期末,全市农村公路高等级路面比“八五”期末增加 2 倍,新增通车在册里程 1 077.51 公里,新增等级公路 2 788.44 公里。2000 年底,非列养乡村公路达 9 929.38 公里,其中列入国家在册公路里程 3 197.74 公里。按公路技术等级划分,二级公路 56.63 公里,三级公路 1 328.62 公里,四级公路 4 722.62 公里。按路面分,水泥路面和渣油路面达 1 011.95 公里,中级路面 4 232.24 公里。进入“十五”时期后,国家和省对农村公路建设加大资金投入,制定农村公路建设管理办法。未通油路的乡(镇)新铺沥青路面每公里补助投资 5 万元,等级公路改造每公里补助投资 2 万元,未通公路的山区行政村每村补助投资 2 万元,平原地区补助投资 1 万元。其后,对通达工程和通村公路建设水泥路也按此标准给予定额补助。襄樊市按公路里程每公里补助 1 万元,县级配套资金按每公里 1 万~2 万元予以补贴。2005 年,省交通厅又将定额补助标准从每公里 5 万元提高到 7 万元。“十五”期间,襄樊市共完成乡通村油路、水泥路建设 3 614.16 公里,其中 2001—2003 年完成 1 050.73 公里,

2004 年完成 1 097.72 公里,2005 年完成 1 465.71 公里。2003—2005 年, 连续三年湖北省给襄樊市奖励补助资金居全省各市、州第一,累计完成投资 4.56 亿元,全市实现乡乡通油路、村村通公路,885 个村修通 3 635 公里油路或水泥路,占全市行政村总数的 34.2%。2005 年末,全市乡道总里程 9 194.393 公里,其中等级公路 8 858.343 公里,等外公路 336.05 公里,等级公路比重达 96.3%。等级公路中一级公路 4.18 公里,二级公路 23.591 公里,三级公路 373.873 公里,四级公路 8 456.699 公里。按路面分,高级路面有 1 495.546 公里,其中沥青混凝土 26.303 公里,水泥混凝土 1 469.243 公里;次高级路面 533.938 公里;晴雨通车里程达 8 865.241 公里。全市村级公路总里程达 12 154.186 公里,其中等级公路 9 626.299 公里,等外公路 2 527.887 公里,等级公路比重为 79.2%。等级公路中有二级公路 10.177 公里,三级公路 91.051 公里,四级公路 9525.071 公里。村道总里程中有铺装路面里程(高级路面)1 211.781 公里。其中沥青混凝土 10.698 公里,水泥混凝土 1 201.083 公里;次高级路面有 158.023 公里。中低级路面 10 784.382 公里。晴雨通车里程为 10 158.366 公里。

1980—2005 年襄樊市公路发展情况统计表

表 6—4　　　　单位:公里

年度	公路年报总里程	公路分类				公路等级						公路路面			养护里程	绿化里程	公路密度(公里/百平方公里)	未列上报里程
						等级路					等外							
		干线	县级	乡镇	专用	合计	一级	二级	三级	四级		合计	高级、次高级	中级、低级、无路面				
1980	4857.77	977.65	1270.92	2521.93	88.27	3179.12	-	1.2	907.96	2269.96	-	3524.46	1612.33	1334.31	2644.26	2306.56	24.6	-
1985	5749.88	971.49	1293.53	3396.59	88.27	4195.89	-	15.0	1093.81	3087.08	1679.65	4364.7	1641.92	1385.18	5654.61	3386.39	29.2	446.1
1990	4983.55	1042.33	1281.52	2571.43	88.27	3459.58	73.84	277.18	801.03	2307.53	1553.99	3833.29	1743.06	1150.26	4884.23	3087.03	25.2	636.49
1995	4991.43	1256.34	913.71	82.51	88.27	3956.36	86.93	832.01	829.42	2208.0	1523.97	2190.94	2190.94	2800.49	4903.16	4408.34	25.3	2229.95
2000	6175.70	1282.81	1455.25	164.85	83.77	5684.31	135.93	1144.49	1777.13	2626.76	1035.07	2733.8	2733.8	3441.9	6087.43	5087.92	31.3	3184.52
2005	24453.158	1442.343	1490.876	9194.393	171.36	21581.221	181.806	1515.617	1382.945	18500.853	491.39	6198.129	6198.129	18255.029	24401.188	15407.252	124.0	-

注:1980 年为交通发展"六五"计划的基础数,录入备参考。统计表列 1980、1985、1990 三年数据已减去随州实数

5.桥梁、隧道、渡口

1978 年底,襄樊市拥有公路桥梁 504 座,总长 14 295 延米,其中永久式桥梁 492 座 14 110.3 延米。1985 年底,襄樊市公路桥梁总数达到 605 座 20 421 延米,其中永久式桥梁 595 座 20 341.75 延米。按桥梁规模划分有大桥 39 座、7 810.72 延米,中桥 94 座、4 982.83 延米,小型桥梁 469 座、7 627.5 延米。另有公路部门管理汽车渡口 4 个。经"七五""八五""九五""十五"四个五年计划期交通建设,全市公路桥梁发展到 1 609 座,总长度 50 072.12 延米,分别是改革开放之初的 3.19 倍和 3.5 倍。大型桥梁 75 座 16 438.24 延米;中型桥梁 225 座 11 184.77 延米;小桥 1 309 座 22 449.11 延米;永久性桥梁 1 484 座 46 972.12 延米。

公路隧道主要分布在 305 省道和保康及谷城县的县乡公路上。2005 年末, 全市拥有公路隧道共 62 道,总长 13 162 米。其中长隧道 1 道长 1 487 延米,中隧道 7 道 5 800 延米,短隧道 54 道 5 875 延米。分布在省道上 2 道,1 606 延米;县道上 1 道长 120 延米,其余都在乡、村公路上。

2005 年末,襄樊市拥有社会渡口、乡村渡口 181 处(含水库库区),有渡船 124 艘,其中机动船舶 95 艘。

(1)桥梁

襄樊汉江长虹大桥：是207国道桥梁，南起襄城檀溪路与环山路交叉口，北抵樊城大庆西路，与长虹路衔接，全长2 152米，其中正桥长1 308.2米，宽22.5米（行车道宽18米，两侧人行道宽2米），引桥长588.9米，引道长254.9米，宽24米，护岸长307米。设计荷载为4车道，汽车—20级，挂车—100。通航标准为四级航道。地震基本烈度6级。该桥由交通部第二公路勘察设计院设计，襄樊市汉江公路桥建设指挥部建设，铁道部第一工程局施工，襄樊市汉江公路桥质量监理站监理。1984年，襄樊市计委向湖北省计委、交通厅呈报了《关于兴建襄樊汉江公路桥的请示报告》和《襄樊汉江公路桥计划任务书》，1985年，省计委两次向国家计委申报立项。经国家计委审批，下达《关于襄樊市新建汉江公路桥设计任务书的批复》批准立项。1986年3月15日，湖北省计委下达《关于襄樊市新建汉江公路桥初步设计的批复》，批准汉江公路桥概算投资5 850万元，其中建设部、交通部各补助500万元，湖北省建设厅、交通厅各补助750万元，不足部分由襄樊市贷款解决，大桥建成后收费偿还。1986年4月2日，襄樊市人民政府成立襄樊市汉江公路桥指挥部，市长章治文任指挥长，副市长及市直委办8名负责人任副指挥长，市直相关委、局、建行、规划及襄城区、樊西区、市郊区负责人任指挥部成员。并从市建委战线抽调320多名专业技术骨干，组成人秘、计划财务、工程管理、物资供应等4个职能科室，负责指挥、协调、组织汉江公路大桥建设。交通部第二公路勘察设计院结合襄樊市城市建设总体规划，慎重选择和精心设计7个桥形方案。1986年8月中旬，襄樊市政府邀请有关专家对大桥桥形进行综合评议，市委、市人大、市政府、市政协初步审定桥形方案。同年11月15日，大桥指挥部邀请国家计委、建设部、交通部等有关部门的领导及104名公路桥梁专家、教授汇集襄樊，召开襄樊汉江公路大桥初步设计方案评审会。确定在公铁两用桥上游2公里河道宽阔处由正桥、引桥、引道三部分组成的双壁墩14跨一整联的预应力混凝土连续箱梁桥设计方案。大桥引道长537.9米，其中襄城引道254.9米，樊城引道283米。该桥两侧共设4个观光平台。这种桥型为襄樊境内首创，设计新颖、造型美观、实用经济，既满足了变迁性河道通航需要，又成为城市建设的一大景观。1986年11月26日，铁道部第一工程局、铁道部大桥工程局、铁道部第三工程局、交通部第二公路工程局等四家单位参加投标，经过专家评审，铁道部第一工程局以报价合理、技术力量强、施工设备先进、施工方案可行、确保工程质量优良等优越条件中标。1987年2月25日，签订《襄樊汉江公路大桥工程承包合同》。1987年12月14日正式奠基开工。因河床地质构造复杂，泥岩地层软硬不一，遇水呈可塑状，0号至2号墩有溶孔、溶洞，基础施工难度大，工程进度慢。襄樊市政府领导与铁一局领导共同分析研究，采取果断措施，制订新的施工组织方案，引进交通部第二公路工程局、江西地质工程公司、湖北省第八地质大队3个单位协助攻克钻孔难关。1992年1月，襄樊汉江公路桥工程指挥部为实现“五一”通车的预定目标，经过充分分析研究并征得铁一局同意，将桥面、照明、引道等工程，划给襄樊市第一建筑工程公司、市政工程公司、路灯管理处等8个单位，协同作战。1992年“五一”国际劳动节建成通车。襄樊汉江大桥自1992年5月1日建成通车后，襄樊市航道段完成全部后期工程。如移堤护岸、抛石固岸、通航标志等，投资71.88万元。1995年10月1日，大桥配套设施全部工程竣工。1996年11月7日，省计划委员会组织有关部门和专家组成襄樊汉江公路桥竣工验收委员会，对大桥进行竣工验收，评定襄樊汉江长虹大桥工程质量等级为优良。大桥设计和施工采用14项全国建桥新技术。1992年，市政府下文，将襄樊汉江公路大桥命名为襄樊汉江长虹大桥，中国人民政治协商会议副主席王任重题写“襄樊汉江长虹大桥”桥名。

图6—18　2004年8月，襄樊汉江长虹大桥

孔湾大桥：孔湾大桥老桥位于207国道宜城市孔湾镇东北2公里余旗营村处，横跨蛮河，全长

324.94 米，19 孔，桥宽 7.5 米，行车道 7 米，无人行道，并设置双向接线，为上下行分离式永久性桥梁。上部结构为每孔 16.8 米的少筋微弯板与 Z 型组合装配式钢筋混凝土梁式结构，两头桥台为天然基础埋设式空心桥台，主桥孔 1 号至 5 号墩为钻孔灌注式钢筋混凝土墩，6 号墩为天然基础双柱式钢筋混凝土墩，7 号至 18 号为天然基础双柱式混凝土墩，荷载等级为汽—13，拖—60，此桥由湖北省公路局第三勘测设计队勘测设计，于 1966 年 12 月 1 日建成通车。1996 年，襄樊市交通公路部门向湖北省交通厅、公路局报送扩建孔湾大桥的工程可行性报告。随后，市交通规划设计院完成该桥扩建部分施工图设计。湖北省路桥公司承担施工任务。宜城市交通局负责质量监理。1996 年 1 月，宜城市成立孔湾大桥建设指挥部，张德忠任指挥长。该桥于 1996 年 1 月动工兴建，1996 年 9 月竣工。大桥扩建部分与老桥同长(324.94 米)，桥宽 10 米，行车道宽 7 米，上部结构为 T 型梁，下部结构为双柱式墩，设计荷载等级：汽车—20，挂车—100，总投资 660.8 万元。为确保 207 国道畅通，1999 年，市公路总段向宜城市公路段下达孔湾大桥维修加固计划。2005 年 10 月，投资 230 万元对该桥进行大修。

清河四桥(清河店大桥)：清河四桥位于 207 国道魏(集)樊(城)公路 K1878+033 处，南北向横跨小清河。清河四桥是在原老桥上游扩建的一座大桥。老桥是 20 世纪 70 年代修建的一座长 178 米、宽 7 米的连拱桥。因年久失修，老桥破损严重。为此，改建扩宽为 18 米。由市交通规划设计院设计，市公路建设有限公司承建，市公路工程质量检测站监理。累计投资 599.33 万元。新桥全宽 9+1 × 2 米，通过中央分车带与老桥连为整体，新建桥梁部分设计荷载为汽车—20，挂—100。1995 年，由市交通规划设计院完成该桥施工图设计，上部结构为 5 孔跨径 32.6 米的预应力 T 梁，下部结构为双柱式墩。1995 年 9 月，市公路建设公司在施工中，将单一钻孔灌注桩基础改为钻孔灌注桩、沉井和实际桥台三种基础形式，仅此一项缩短工期 50 天，节省资金 30 万元。将弗氏锚改为群锚，将张拉预应力钢丝千斤顶由退楔式改为油压强型千斤顶，提高了施工效率。整个工程于 1997 年 11 月竣工通车。

岘山垭公铁立交桥：襄樊市岘山垭位于 207 国道与焦柳铁路 K504+450 与 3 号桥相交处。铁路为上行，公路为下行，老铁路桥净跨 10 米，桥梁底部距离公路路面 4.32 米。此段公路为直线，南段为弯道，立交桥在公路缓和曲线内，铁路东段为弯道，西段为直线，铁路桥与公路斜交，交角 30 度，实际正交宽度为 7 米，已不适应 207 国道交通量日益增长的需求。1990 年，襄樊市公路总段报请湖北省公路局同意改造该立交桥。1990 年 5 月 3 日，襄樊市公路总段与郑州铁路局工程公司二段参与设计施工任务。1990 年 7 月 4 日，市公路总段向襄樊铁路分局申请改建焦柳铁路 K504+450 三号桥。同年 10 月，襄樊铁路局同意改建桥断面形式为 3 孔立交桥，中孔为机动车道、净宽 14 米，净高 5 米，两侧分为非机动车道及人行道，净宽为 5 米，净高不小于 4 米，桥墩与道路中轴线平行。此桥由郑州铁路局工程公司二段负责施工，1993 年开工，1996 年竣工。实际支出 125 万元，资金由交通部补助 80 万元，从 207 国道转让金中列支 45 万元。

唐白河大桥(新桥)：唐白河大桥老桥于 1961 年修建。1990 年 3 月，市交通局委托湖北省交通规划设计院设计唐白河大桥新桥。1993 年 2 月，委托交通部第二公路工程局第一工程处编制唐白河大桥施工图预算。1994 年 10 月 26 日，湖北省公路局下发《省公路局关于汉十线唐白河大桥初步设计的批复》。新桥中心线在老桥中心线下游 20 米，按新、老桥孔对孔、墩对墩布设。驳岸滩孔比老桥多设 3 孔。考虑将来交通量增长作为拖拉机、非机动车和行人之用，老桥不拆除。桥型设置多孔钢筋混凝土简支梁桥，跨径组合为 22.3 米 × n+33 米 × 2+22.2 米 × 3，全长 381.5 米，其中滩孔 22.5 米，为普通混凝土简支梁，主孔 33 米，为预应力混凝土简支梁，下部构造为钻孔灌注桩基础，双柱式墩身，框架埋置式桥台，两岸接线长度 0.84 公里。桥面宽 15 米 +2 × 1.5 米，设计荷载汽车—20 级，挂车—100，设计洪水频率 1/100，桥下通航等级六级，两岸接线长度平丘一级公路。总概算 1 500 万元。大桥整个工程由新桥建设、老桥改造和接线工程三个部分组成，襄阳县政府为建设单位，湖北省路桥公司负责施工。该工程 1995 年 2 月 14 日破土动工，1996 年 4 月 28 日竣工通车，同日举行通车典礼。新建唐白河大桥桩号为 316 国道 K1410+611—K1410+991 处，长 381.5 米，宽 18 米，净宽 15 米，两边人行道净宽 1.5 米，荷载等级：汽车—20，挂—100。唐白河大桥主体工程完工后，襄阳县乡道所组织施工，对两岸接线路段铺筑过渡式沥青路面。两年后，两端接线新建水泥路 786 米，路面宽度 14 米，由襄阳县公路段路桥公司施工，1998 年 4 月 18 日开工，1998 年 7 月 20 日完工，投资 108 万元。

清河二桥：清河二桥位于襄樊市春园东路的延长线上，东连 316 国道襄樊复线，西接长虹路。桥长 310.1 米，全宽 24 米，其中行车道宽 20 米，两侧人行道各宽 2 米，桥梁纵向采用抛物线设计，主跨为斜腿钢架拱形结构，最大跨径为 46.47 米。1993 年，市交通局向湖北省交通厅上报《关于汉十复线改建工程可行性研究报告》，得到湖北省交通厅批复。设计荷载为汽—20、挂—100，桥面行车道净宽 20 米，两侧人行道各宽 2 米。桥两端引线长 59.45 × 2=118.99 米，引道按一级公路标准设置。清河为不通航河流，一般水面宽 33.24 米，河面高程(吴淞)为 60.668 米。清河二桥由市公路总段工程处修建，市公路总段质量监理站监理。1993 年 3 月 28 日开工，1995 年 5 月 2 日竣工通车，竣工决算支出 1 173.48 万元。清河二桥通车后，由于桥东填土路堤较高，为确保路基稳定，当时铺筑沥青过渡式路面长 107.15 米，宽 10 ~ 20 米。经过 3 年的自然沉降后，由市公路总段工程处将此处沥青过渡式路面铺筑成水泥混凝土路面。

清河三桥：清河三桥位于 316 国道汉十复线段(K1418+985)襄阳区张湾镇云湾村六组与襄樊市高新技术开发区团山镇台子湾村交界处，全长 245 米，横跨清河，与下游的清河二桥相距约 3 000 米。该桥由市交通规划设计院勘测设计，桥梁设计荷载等级汽—20、挂—100，桥孔采用普通钢筋混凝土空心板及 T 型钢构结构，桥面净宽 16+2 × 2 米，全桥共设 28 个泄水孔，上部结构主孔为钢筋混凝土 T 型钢构带挂梁，边孔采用 16 米普通钢筋混凝土空心板，中孔采用 32 米跨径 T 型结构，悬臂长 8.6 米。下部结构除 8 号、9 号墩采用控空变截面实体方柱墩，0 号墩为方柱墩外，其余各墩均为圆柱式墩，基础采用钻孔灌注桩，墩柱与桩的连接除号 #、8 号、9 号墩以承台相连接外，其余均以系梁相连接。桥梁支座在伸缩缝处采用四氟板式橡胶支座，其他均采用普通板式橡胶支座。桥面伸缩缝采用组合工字钢。桥梁接线为过渡式沥青路面，按一级公路标准设计，路基宽 20 米，路面宽 16 米。该桥由市公路总段工程处施工，1995 年 8 月 15 日开工，1997 年 5 月 1 日竣工通车，总投资 960 万元。市公路工程质量监理站监理。

光化大桥：光化汉江公路大桥坐落在老河口市区西面，横跨汉水，是沟通鄂西北、豫西南和陕南之间公路交通的一座重要桥梁。大桥全长 1 999.792 米，建成时其长度居全国公路桥梁第二位，为湖北省之首。为改变鄂西北山区交通状况，适应国防和经济建设需要，1976 年 3 月，中共中央军委副主席叶剑英指示在老河口修建汉江公路大桥。同年 4 月 26 日，国家计划委员会、交通部、中国人民解放军总参谋部和总后勤部等四单位联合发文，将光化大桥列为国家重点建设项目。同年 4 月 30 日，交通部将光化大桥定为光（化）房（县）公路改善的配套工程，下达工程计划任务书，确定由交通部第二勘察设计院勘测设计，交通部第二公路工程局第一工程处施工。1977 年 8 月，编定初步设计文件，设计大桥洪水频率为 1/100，流量为 23 400 立方米 / 秒，四级航道，长度为 1 999.98 米，两岸引桥共长 4.114 公里。1977 年 7 月 1 日，湖北省光化汉江大桥建设指挥部成立，襄阳地区行政公署副专员张晓初任指挥长，湖北省公路管理局副局长王广文、交通部第二公路工程局副局长孙洪运、襄阳地区交通局副局长刘继合等任副指挥长，负责大桥施工的组织领导工作。1978 年初，第二公路工程局第一施工处 1 500 余人施工队伍进驻到位，同年 1 月份开始滩岸基础钻孔。同年 6 月 5 日，大桥指挥部召开誓师动员大会，主孔深水基础

图 6—19　2005 年 6 月，汉江老河口光化大桥

开始钻孔，光化大桥全面开工。大桥主体工程 1979 年底基本完工。1980 年 4 月，湖北省交通厅主持初步验收。1980 年 5 月 14 日，交通部组织大桥验收委员会通过大桥竣工验收鉴定，并评定为优良工程。交通部副部长王西萍、湖北省经济委员会副主任秦忠分别代表交通部和中共湖北省委参加同年 5 月 15 日举行的通车典礼，大桥正式建成通车。大桥建设总投资 2 187.23 万元，包括移交襄阳地区公路总段负责完成的收尾工程（沥青表处、绿化等）投资 16.33 万元。收尾工程于 1981 年全部完工。

兴隆东西桥：兴隆东西桥位于 316 国道枣阳市兴隆镇东西出口处，原桥是单孔 L0=20.0 米的砼双曲拱桥，桥面宽 7.0 米。1988 年，枣阳市境内的汉十路改建一、二级公路，此处成了卡脖子路段。1989 年，经枣阳市公路段勘测设计和施工，于 1990 年 10 月，在老桥的一侧平行修建一座同高、同宽的砼双曲拱桥，新旧桥间隔 3.0 米，上面用 L=3.5 米的砼盖板横向联系，做成中央隔离花带，投资 121.73 万元。由于两座桥位于凹型竖曲的最低处，行车视线不良，中央花带经常被撞坏，为行车安全，1995 年 7 月，由枣阳市公路段设计、施工，拆除中央花带和盖板，新旧桥之间用 L=23.5 米的砼 T 型梁纵向连接为整体式桥面结构，T 型梁翼板宽 B=3.5 米，设计荷载为汽车—20，挂车—100，1995 年 12 月完工。该项工程总投资 11.05 万元。

黑鱼沟中桥：黑鱼沟桥位于樊丹路 K38+320 处（现为 316 国道），长 35.25 米，高 8.13 米，宽 16.1 米，净宽 15.5 米。设计、施工单位均为襄阳县公路段。1989 年 8 月 29 日，襄樊市公路总段下达黑鱼沟桥扩建工程计划，该桥在原老桥的两侧加宽，投资 38.526 万元，设计载重标准为汽车—13，挂—60，两侧为汽—20，挂—100，上部构造属净跨 1—20 米悬链线双曲拱，下部构造台身为 150 号片石水泥砼，U 型桥台，200 号钢筋砼沉井基础，此桥于 1989 年 5 月 10 日动工扩建，1990 年 9 月 18 日竣工。

华家沟中桥：华家沟中桥位于 316 国道樊城区与老河口交界处樊城一侧原樊丹公路 K43+965 处，长 39.46 米，宽 15.02 米，净宽 14.41 米，老桥载重等级汽—13，挂—60，新加宽部分为汽—20，挂—100。施工单位为襄阳县公路段。1989 年 8 月 29 日，襄樊市公路总段下达华家沟桥扩建工程计划，投资 47.368 万元，在老桥的一侧加宽。加宽后的桥面宽度 12+2 × 1.5 米。该桥上部构造属净跨 1—20 以悬链线双曲拱，下部构造为 150 号片石水泥砼，基础 200 号钢筋砼沉井，片石水泥砼填心。U 型桥台。1989 年 10 月动工，1990 年 10 月竣工。

沙河二桥：民国 14 年（1925），襄（阳）花（园）公路全线通车，车由河面趟水而过。民国 36 年（1947）7 月，襄花路管理局修建 4 米宽，孔径 4.8 米，28 孔，全长 190.6 米的洋灰墩木石简易桥。1976 年开始筹备改造。1980 年春正式施工，1982 年 6 月竣工通车。该桥位于 316 国道 K1359+050 处，为 5 孔 30 米砼双曲拱桥，设计荷载汽—20，挂车—100，总投资 180 万元。由枣阳市公路段设计施工。2003 年 4 月，枣阳市公路段对桥梁整体维修。

清河一桥：清河一桥也称清河大桥，原属 316 国道、现属省道襄钟路。老桥于 20 世纪 60 年代末竣工通车，桥面净宽 7+2 × 1.0 米，设计荷载汽—13，拖—60，全长 173.24 米。1981 年 9 月，省公路管理局勘测设计处第三测量队对清河口桥进行勘测、设计，在老桥上游并建一座同跨径的桥梁，桥面通过中央分车带与老桥横向联成整体。设计载重为汽—20、挂—100，桥面宽 2 × 7.5（行车道）+2 × 1.5（人行道）+1.3（分车带）(米)。两岸接线宽 16.3（行车道）+2 × 2（人行道）(米)，接线路基总宽 20.3 米。东岸弯道半径 250 米，限速 60 公里，西岸弯道半径 220 米，限速 50 公里。1981 年 10 月 7 日，省公路管理局批准该方案。同年 12 月底，完成设计文件的编制。1984 年 12 月 22 日动工。1985 年 10 月 25 日主体工程完工。1986 年 1 月 25 日竣工通车。

六两河大桥：位于襄阳区张湾镇东，襄钟公路 K6+180—K6+725 处，横跨唐白河，全长 545 米。1991 年 7 月 11 日，省计划委员会批准襄阳县六两河大桥立项。1991 年 10 月 30 日，省计划委员会下达襄阳县六两河大桥设计任务书，并下达新建六两河大桥开工通知。大桥全长 545 米，净宽—9 米 +1.5 米 × 2，共 24 孔，其中 3 孔通航孔跨径 40 米，其余每孔标跨 20 米，桥型为 12 × 20+3 × 40+9 × 20 普通混凝土简支梁与预应力钢筋混凝土简支梁，桥台为双肋形埋置式，桥墩为双柱式，基础均采用钻孔灌注桩。设计荷载：汽—20，挂—100。1991 年 12 月 5 日动工，1993 年 4 月竣工通车。最高人民检察院原检察长黄火青题写桥名。大桥总支出 1 073.3 万元。2002 年 5 月，该桥 16 号墩向下游倾斜 13.5 厘米，该墩板式橡胶支座全部位移，经测量 0 号桥台到 16 号桥墩所处河床下切 4 至 5 米，致使灌注桩外露严重，该桥成危桥。2002 年 7 月 20 日 21 时，襄阳区交通、公安部门对六两河大桥实施封闭。2002 年 8 月 10 日，进行除险施工。2002 年 11 月 5 日，大桥维修加固工程全面完成，恢复通车。

开封峪大桥：开封峪大桥亦称过渡湾大桥，位于省道石开路开封峪桥中心桩号 K56+796 处，横跨开封峪河。开封峪老桥修建于 1971 年。2002 年 8 月，市交通规划设计院设计，并经湖北省公路局批复，该桥建设长度 83.14 米，总投资 357 万元。主要设计标准：行车速度为 40 公里，桥面宽度两车道 8.5 米，桥梁平面位于直线段上，设计地震基本烈度 6 级，简易设防，无风化地层，洪水频率 1/100，通航标准为桥下水道通航。采用单跨为 70 米的钢筋混凝土拱桥，桥台采用埋置式轻型桥台，桥台基础均为 4 根钻孔灌注桩。2003 年，市公路建设有限公司中标承建，2005 年 9 月竣工，襄樊市利民公路工程咨询监理有限公司监理。大桥加上接线工程实际投资 1 068.67 万元。

雷河大桥：雷河大桥老桥位于省道宜远公路 K8+347 处，在雷河镇和平村跨越雷河。1970 年 12 月建成，荷载标准为汽—15 级，挂—80 级，桥宽组成为净—7 米+2 × 0.5 米(人行道)，上部构造为钢筋混凝土简支 T 梁，桥跨组成 17 × 17(米)，全桥长 293.5 米，下部构造为重力式桥台，桩柱式桥墩，水泥混凝土桥面铺装，切线式钢板支座。2000 年，宜远路及雷河大桥新(改扩)建立项。2001 年勘测设计，2002 年 12 月完成施工图设计。2003 年初动工修建，采用第一设计方案，公路等级为平原微丘二级公路，行车速度 80 公里 / 小时，荷载等级为汽—20，挂—100，人群荷载 3.5 吨 / 平方米，桥面宽度 9+2 × 1.5 米(人行道)，洪水频率为 1/100，抗震设防等级为六度，通航等级为不通航河流。全桥按 13 跨 20 米预应力钢筋混凝土空心板梁，即：上部构造采用 13 × 20 米钢筋混凝土空心板梁，桥梁全长 266.64 米，下部构造采用直径 1.2 米双式桥墩，基础为直径 1.5 米嵌岩钻孔灌注桩，两岸桥台均采用 2 根直径 1.2 米柱式桥台，桥台基础为 2 根直径为 1.5 米嵌岩钻孔灌注桩，桥面铺装 8 厘米厚 C40 防水混凝土，桥面横坡度通过桥梁墩台顶面形成。年底竣工通车进入试运营。大桥主体工程投资 801.30 万元。

图 6—20　2005 年，宜城雷河大桥

蛮河大桥：蛮河大桥位于省道南荆公路起点 K0+166.68(桩号在随南路 K184+193.2 处)，终点桩号 K0+393.32，上部构造桥跨组成采用 11 孔 20 米预应力空心板，下部构造为钢筋砼双柱式墩台，桥台基础均为 2 根钻孔灌注桩，接线工程长 740 米，宽 12 米，路面宽 9 米，小桥涵与路基同宽。新桥设计标准为：平原微丘二级路，行车速度 80 公里 / 时，纵坡≤3%，荷载汽—20，挂—100，人群荷载 3.5 吨 / 平方米，桥面宽 9+2 × 1.5 米，洪水频率 1/100，抗震按六度设防。设计流量和设计水位 Q10/n=2 060 立方米 / 秒，H10/n=86.29 米。新桥由市交通规划设计院设计。2002 年 10 月 18 日开工，2003 年 5 月 28 日竣工，投资 854.14 万元(省统贷款)。该桥由公路建设公司承建，市利民公路工程咨询监理有限公司监理。

图 6—21　2005 年 6 月，南漳蛮河大桥

沉河滩大桥：位于南荆线 K55+600 米处，全长 84 延米，宽 8 米，双曲拱结构，设计荷载为汽—20，挂—100，总投资 128 万元。该桥为以工代赈项目，于 1989 年 5 月动工，同年 11 月竣工，由南漳县公路

段设计施工。

迴龙河大桥:位于省道襄谷线。老桥 1982 年修建,改建后桥长 110 米,净宽 7.5 米 +0.75 米(人行道),上部结构主跨为 3 孔 32 米的预应力 T 梁,下部结构方柱式墩台,基础为钻孔灌注桩,桥高 8 米,设计荷载标准汽车—20、挂车—100,接线工程为 477.5 米全幅及 92.47 米加宽水泥砼路面。该桥由市交通规划设计院钻探设计。1998 年 2 月,市公路建设有限责任公司承建,同年 3 月 1 日动工,同年 11 月底完工。

图 6—22 2005 年 6 月,谷城聂家滩大桥

聂家滩大桥:位于 303 省道 K74+631.5 处, 跨越北河。原聂家滩大桥 1972 年建成。2002 年,被市公路管理处列为危桥,决定拆除老桥,在老桥址处新建聂家滩大桥。新建桥长 156.578 米, 起点桩号为 K74+533.211, 终点桩号为 K74+709.789, 采用 5×30 米预应力简支 T 梁。该桥由市交通规划设计院设计二室勘测设计,设计标准为平原二级路:汽—20,挂—100;人群荷载:3.5 吨 / 平方米;桥面宽 17.5 米,抗震按六级设防,通航等级为不通航河流。上部构造:30 米 T 梁,梁高 1.8 米,梁间距 2.2 米的断面型式,横向布置 8 片梁,每片梁设端横隔板 2 块,中横隔板 3 块,横隔板留有孔洞,以减轻吊装重量。预应力钢绞线采用美国 ASTMA—41687A270 级标准高强低松弛钢铰线, 直径为 15.24 毫米, 标准强度 R61 860 兆帕。质量符合国家标准《预应力混凝土用钢丝》(GB/5223—1995)。锚下张拉控制应力为 0.75=1 395 兆帕。桥墩桥台均为钻孔灌注桩基础。该桥由谷城县公路段承建,决算总支出 899.86 万元(省统贷款),由市利民公路工程咨询监理有限公司监理。2004 年 6 月 5 日开工,同年 12 月 30 日竣工。

涌泉大桥:1999 年,襄樊市公路总段决定在老桥旁扩建一座新桥,与老桥加固维修后一并使用。新桥位于 305 省道 K46+435 处,全桥长 142.2 米,净宽 6 米,桥高 7.8 米,上部构造 T 型梁,下部构造双柱式墩 U 型桥台,荷载等级汽车—20,挂车—100 级。1998 年,市交通规划设计院勘测设计。1999 年 2 月,市公路建设责任有限公司开工建设,1999 年 12 月竣工通车。实际投资(含接线及老桥维修工程) 460 万元。市利民公路工程咨询监理有限公司监理。

图 6—23 2004 年 12 月,保康清溪河大桥

清溪河大桥: 位于 305 省道开封峪, 中心桩号 K156+549,1 孔桥梁,横跨清溪河。老桥建于 20 世纪 70 年代初。2000 年 9 月,市交通规划设计院完成初步设计。2002 年 8 月, 市交通规划设计院开始清溪河大桥施工图设计。主要设计标准为 40 公里 / 时, 桥面设两车道, 宽 8.5 米 (0.5+7.5+0.5),大桥平面位于直线段上,地震烈度 6 度,按 7 度设防,无风化地层,洪水频率 1/100。结构采用单跨过河,为 90 米的钢筋混凝土拱桥,桥台采用 150 厘米的双排桩基础。2003 年初, 市公路建设有限公司中标承建,2005 年 9 月竣工通车。市利民公路工程咨询监理有限公司监理。总投资 2 174.87 万元,其中南河水库补偿投资 50 万元。

寺坪大桥:位于 305 省道寺坪街头,中心桩号 K169+121,桥梁 3 孔跨越南河,为永久性公路双曲拱桥,全长 182 米,设计不通航,桥面全宽 8 米,净宽 7 米,桥面桥高 18 米,桥下垂直净高 16.6 米,最大跨径 50 米,设计洪水频率 1/100。该桥由湖北省公路局设计院设计,三线建设鄂西北公路指挥部施工,建设单位为湖北省公路局,用时 15 个月,于 1973 年 1 月建成,总造价 200 万元,全部由湖北省公路局投资,竣工验收评定质量等级为良。2002 年 8 月,保康县公路段对该桥进行维修,主要工程为桥面铺装，完成投资 20 万元。

蒋口桥：位于 305 省道寺坪蒋口，中心桩号 K166+733，桥梁 4 孔跨越蒋口河，为永久性公路工形梁桥，全长 80 米，设计不通航，桥面全宽 9 米，净宽 7 米，桥下垂直净高 9 米，最大跨径 16.8 米，设计洪水频率 1/100。该桥由湖北省公路局设计，黄岗民兵师施工，建设单位是湖北省公路局，用时 13 个月，于 1970 年 10 月建成，总造价 68 万元，全部由湖北省公路局投资。竣工验收评定质量等级为良。2002 年 8 月，保康县公路段对该桥进行维修，完成投资 17 万元。

宜城汉江大桥：位于宜城县城关窑湾汽车渡口下游近 1 公里处，长 1 894.863 米，是全国第一座双支座连续梁桥。1983 年 3—4 月，湖北省交通厅公路管理局第三勘测队，对新建大桥进行可行性研究和勘测设计，经湖北省计划委员会和省交通厅核准后，于 1984 年报请国家计划委员会审批，同年 10 月 20 日，国家计划委员会批复同意，并将该桥纳入国家“七五”计划重点工程项目之一。1985 年 4 月 3—4 日，湖北省计划委员会和省交通厅在武汉主持召开大桥方案审定会，确定桥位和桥型方案，并报经交通部批准。方案的主要内容为桥长 1 886.95 米，桥面净宽 9 米，两侧人行道各宽 1.5 米，设计荷载为汽—20、挂—100。两跨主孔按 3 级航道标准设计，航道净宽不小于 65 米。东岸桥孔按四级航道标准设计，宽 44 米，大桥按 7 级地震烈度设防，洪水频率为 1/100。两岸接线共长 7.913 公里，按平丘二级公路标准，最小平曲线半径 1 000 米，最大纵坡 2.5%，路基宽 12 米，沥青表处路面宽 9 米（施工中施工单位将部分路段路基改为 15 米或 18 米，路面改为 13 米或 15 米），其中接线中新建中桥 2 座、小桥 3 座、涵洞 23 道。大桥工程于 1986 年 3 月试钻，同年 7 月 15 日动工。钻孔灌注桩基础施工采用筑岛围堰和深水工作平台，2.2 米大直径反循环钻机钻孔灌注成桩，上部箱梁采用提篮悬臂浇灌，小孔 T 梁采用 150 吨双导梁架桥机安装，其他工程按常规方法施工。该桥的主体工程及两端连线中的 2.113 公里(其中，西岸为 1.02 公里，东岸 1.093 公里)由交通部第二工程局一处承包修建，接线中的另 5.8 公里(其中，西岸延长为 2.8 公里，东岸延长线为 3 公里)由宜城县工程服务部组织施工。主体工程按计划方案实施。其接线工程考虑到发展的需要，2.113 公里路基由原计划 12 米扩宽至 15 米—18 米，路面扩宽至 12—15 米，并由沥青表处路面改为水泥混凝土路面。完成投资额 4 940.333 万元，其中大桥主体部分 4 488.8 万元、接线部分 451.533 万元。1990 年 10 月 5—10 日，初验评定大桥工程质量为优良。1990 年 10 月 25 日竣工通车。

图 6—24　2005 年 5 月，汉江宜城大桥

东风大桥：东风大桥位于随南公路 K173+708 处，总长 93.04 米，全宽 8 米，净宽 7 米，上部结构为预应力混凝土简支空心板梁，下部结构为 U 型桥台。荷载等级汽车—20 级，挂车—100。上部构造采用 4 × 22 米预应力混凝土简支空心板梁，鉴于新桥桥台填土高度超过 5.5 米，新桥桥台肋板埋置式桥台，新桥采用圆柱式墩，基础均采用钻孔灌注桩，因老桥构造尚好，新老桥中间采用防撞墙分离，车辆分向行驶。桥面铺装采用 C40 号水泥混凝土现浇。接线长 0.807 公里。工程概算总投资 312 万元（含接线工程及老桥加固维修费用）。南漳县公路局中标承建，市利民公路工程咨询监理有限公司监理，2004 年 2 月开工，2005 年 2 月竣工通车。

图 6—25　2005 年 6 月，宜城莺河大桥（当面为老桥，后面为新桥）

莺河大桥：位于省道随南路 K122+133 处，跨莺河。新桥长 137 米，宽 9 米（含两侧人行道各 1 米），上部构造 T 型，

下部构造为梁柱式墩。该桥2001年立项,市交通规划设计院对该桥进行勘测和初步设计。2002年,省公路局批复莺河大桥施工图设计。设计荷载为汽车—20级,挂车—100,桥面宽7米+2×0.5米,桥面行车道横坡为1.5%,洪水频率为1/100,地震烈度6级简易设防,桥头接线按平原微丘二级路标准执行,其他技术指标按交通部发的《公路工程技术标准(JTJ001—97)》有关规定执行。宜城莺河大桥为扩建加宽桥梁,新桥建在老桥上游,对老桥进行加固维修利用。新老桥中间用防撞墙分离。桥面采用C40号水泥混凝土现浇铺装层。莺河大桥两岸桥头接线长0.8公里,接线路面采用5厘米厚沥青碎石路面,基层采用5%水泥稳定碎石基层,8%碎石灰土底基层。该工程由宜城市公路段中标承建,于2004年2月开工,2004年12月竣工。市利民公路工程咨询监理有限公司监理。决算支出349.18万元。

鱼头河大桥:位于307省道鱼头河上,中心桩号K57+050,桥梁1孔跨越鱼头河,为永久性公路双曲拱桥,全长87.9米,设计不通航,桥面全宽7.6米,净宽7米,桥高35米,桥下垂直净高34米,最大跨径50米,设计洪水频率1/100。该桥由保康县交通局曾建军设计,保康县交通局施工,市公路总段监理。用时16个月,于1990年8月建成,总造价109.9万元,由襄樊市公路管理处、湖北省交通厅、保康县政府按3∶1∶6的比例投资。2003年,保康县公路段根据市公路管理处的要求,对该桥桥面进行大修,费用4万元。

新樊路公路铁路立交桥:位于省道新樊公路K32+489米处。原与汉丹铁路K312+291米处为一处无人看守平(面)交(叉)道。此桥由郑州铁路局武汉勘测设计院设计,襄樊铁路工程有限责任公司施工。立交桥修建总投资705.8万元,其中立交桥420万元,(铁路部门投资270万元,襄阳县投资150万元),两端公路接线270万元,其中省交通部门补助100万元,湖北钢丝厂投资15万元。立交桥主体工程于2000年3月20日正式开工,同年9月底竣工。两端400米接线为水泥砼路面,主车道宽12米,襄阳县公路管理局施工,2000年3月底竣工。公路挡墙建筑物和400米非机动车道水泥砼路面2 400平方米(主车道两侧各3米)于2001年5月完成。

沙河大桥:也称沙河一桥、光武桥,位于寺沙公路枣阳市城关K28+476米处。桥梁结构为7跨20米双曲拱桥,全长152米,桥面宽9米。该桥于1968年建成通车。设计荷载为汽—12,拖—60,工程总投资84万元,由枣阳市公路段设计施工。1986年8月遇暴风雨袭击,遭重创。同年9月对该桥进行加固。2004年,投资24万元进行维修。

田安河一桥:位于305省道田安村,中心桩号K118+196,桥梁1孔跨越田安河,为永久性公路板梁二级公路桥,全长39.05米,设计不通航,桥面全宽8.5米,净宽7米,最大跨径20米,设计洪水频率1/50。该桥由襄樊市交通设计院设计,市交通局工程处施工,市公路工程咨询监理有限公司监理。工程用时9个月,2003年1月建成,总造价57万元,全部由市公路管理处投资。

砟峪河一桥:位于305省道砟峪村,中心桩号K110+941,桥梁2孔跨越砟峪河,为永久性公路板梁二级公路桥,全长51米,设计不通航,桥面全宽8.5米,净宽7米,桥高10.5米,桥下垂直净高5米,最大跨径20米,设计洪水频率1/50。该桥由市交通设计院设计,南漳县公路段施工,市公路工程咨询监理有限公司监理。工程用时10个月,2003年1月建成,总造价125万元,由市公路管理处投资。

朱家场桥:位于223省道朱家场,中心桩号K3+512,桥梁1孔跨越朱家场河,为永久性公路双曲拱桥,全长42.5米,设计不通航,桥面全宽7.6米,净宽7米,桥高5米,桥下垂直净高4米,最大跨径30米,设计洪水频率1/100。该桥由保康县公路段设计,保康县公路段施工,市公路总段监理。工程用时7个月,1978年8月建成,总造价7.9万元,由市公路管理处和保康县政府按85∶15的比例投资。2000年,该桥桥面、护栏经过路网建设项目施工单位维修。

南河大桥:位于303省道谷城县城关西南隅刘家划子渡口下游附近,南北向横跨南河。该桥是一座13孔净跨50米的双曲拱桥,正桥全长715.20米。1977年10月6日,湖北省交通厅批准修建此桥。同年11月3日,由中共谷城县委、县革命委员会组建谷城县南河大桥指挥部。1977年12月10日动工，施工队伍主要是由各社队抽调的农民组成的专班，谷城县公路段技术人员负责督促和检查大桥施工质量。1979 年 12 月底，大桥主体工程和两端接线土方工程完工，1980 年 1 月举行通车典礼。1980 年 11 月 15 日至 18 日，省交通厅委托襄阳地区交通局主持大桥初验。初验后，大桥 13 项遗留工程计投资 14.5 万元，经省公路局核准后由谷城县公路段于 1981 年完成。大桥总投资 720.57 万元。

图 6—26　2001 年 10 月，谷城南河大桥

吴店大桥：位于 216 省道枣阳市吴店镇。老桥建于 1965 年，桥长 118.5 米，桥面行车道宽 8.1 米。设计荷载为汽—12，拖—60，工程总投资 50 万元，由枣阳市公路段施工。老桥年代久远，技术指标低，不能适应车流量迅速增长的需要。为此，省发改委、省交通厅将吴店大桥改建列为“十五”后三年路网建设项目，改建桥长 120 米，宽 14 米，总投资 480.7 万元。

新店大桥：位于谷水线 K8+750 处，老桥建于 1967 年，是一座 4 孔净跨 30 米全长 146 米的双曲拱桥，桥宽 7.9 米，人行道宽 0.9 × 2 米，桥面铺装采用 20 厘米 × 20 厘米直径 8 毫米钢筋网砼厚 20 厘米和 4 厘米沥青砾石，以后又多次罩面。新店大桥采用跨径 30 米的预应力简支 T 梁，全长 146 米，荷载等级汽车—20，挂车—100，行车道宽 7 米，钢筋砼灌注桩基础。宜城市公路段中标承建，2004 年 4 月 26 日动工，2004 年 12 月 30 日竣工通车。市公路工程咨询监理有限公司监理。实际支出 341.84 万元。

碑坡大桥：又名手扳河大桥，位于南漳县薛(坪)板(桥)公路线上，是全市境内山区公路上最高的桥。该桥跨越深山峡谷，地势险要，为单孔净跨 50 米双曲拱桥，桥高 42.2 米，长 101.8 米，宽 8.5 米，净宽 7 米，人行道 0.75 × 2 米。该桥由南漳县交通局和公路段自行设计施工。1986 年开工，1987 年 2 月竣工，同年 12 月 25 日，市交通局工程科组织验收。该桥采用钢拱架竖直旋转合拢新工艺代替传统满堂木支架架桥方法获得成功，填补此法在全市建桥史的空白。

图 6—27　1989 年 11 月，南漳碑坡大桥

岛口大桥：位于宜钟线宜城市璞河镇与钟祥市转斗镇之间。2001 年，宜城市交通局申报新建岛口大桥，襄樊市交通局经过审核予以批复，同意修建蛮河岛口大桥。该桥长 179.44 米，桥梁组成为 13 米(空心板)+5 × 30 米(预应力 T 梁)+13 米(空心板)；桥面宽度为净 7 米(行车道)+2 × 0.75 米(人行道)，荷载等级为汽车—20，挂车—100，人群荷载 3 吨 / 平方米。该项目主体工程总投资 398.14 万元。工程于 2001 年初开工建设，2001 年底竣工通车。

谷城美人潭大桥：位于谷城县庙(滩)盛(土康)公路，该桥由市公路勘察测设处设计，谷城县交通局建设，谷城县公路段施工。1994 年 3 月动工，1994 年 12 月竣工，投资 141 万元。上部构造为双曲拱，下部构造为重力式桥台，总长 114.7 米，全宽 9 米，净宽 7 米，桥高 9 米，荷载等级汽车—20，挂—100。

保康城关二桥：位于保康县城关镇城关至万年山乡道，中心桩号 K0+030，桥梁 5 孔跨越清溪河，为永久性公路 T 形梁桥，全长 104.3 米，设计不通航，桥面全宽 9 米，净宽 7 米，最大跨径 20 米，设计洪水频率 1/100。该桥由保康县公路段设计，保康县交通局施工，保康县政府监理，用时 9 个月，于 1992 年 10 月建成，总造价 198 万元，由襄樊市、保康县按 6 : 4 的比例投资。

保康城关三桥：位于保康县城关至万年山乡道王湾村，中心桩号 K4+680，桥梁 5 孔跨越清溪河，为永久性公路 T 形梁桥，全长 140.3 米，设计不通航，桥面全宽 9.8 米，净宽 7 米，最大跨径 20 米，设计洪水频率 1/100。该桥由保康县乡道所设计，保康县乡道所施工，保康县交通局监理，用时 10 个月，于 1996 年 9 月建成，总造价 185 万元，由襄樊市、保康县按 8 : 2 的比例投资。

保康马桥大桥：位于保康县马桥街，在原马桥至尧治河乡道起点，中心桩号 K0+330，桥梁 8 孔跨越汾清河，为永久性公路T形梁桥，全长184.4米，设计不通航，桥面全宽9米，净宽7米，最大跨径20米，设计洪水频率1/100。该桥由保康县公路段设计，保康县公路段施工，保康县交通局监理，用时12个月，于1992年4月建成，总造价76万元，由襄樊市公路管理处投资。

梁集大桥：位于枣阳市枣耿公路K15+300处，2000年，被列入全省2000—2002年干线路网建设项目，由襄樊交通规划设计院设计，襄樊市公路建设有限公司（中天路桥公司）和枣阳市公路段施工。建设工期近两年，于2001年10月竣工投入使用，总投资为550万元。桥梁结构为7孔30米预应力T梁桥，设计荷载汽—20，挂—100。

唐河大桥：位于襄阳区翟双公路K21+553处，横跨唐河，为湖北省首座以群众集资为主修建的大型公路桥梁。1985年1月4日，襄阳县交通局借鉴广东东莞市集资建桥、过桥收费的经验，向襄阳县政府上报《关于集资修建双沟公路唐河大桥，实行过桥收费的请示》，襄阳县政府于同年1月26日给襄樊市政府呈送集资修建双沟唐河大桥的报告，得到同意。同年8月30日，襄阳县政府向省交通厅请示解决建桥经费，得到支持。1986年3月22日，襄樊市计划委员会下发《关于襄阳县集资建设双沟唐河公路计划的批复》。湖北省交通规划设计院对该桥进行钻探设计，主要技术指标为：按三级公路50年一遇的洪水年流量水位设计，以100年一遇的洪水流量(10700立方米/秒和水位76米)校核；桥梁上部结构为梁式桥体，下部结构为桩基础，全长224.04米，共计11孔(后因防汛需要更改设计延长至267米15孔)，标准跨径20米，桥宽10米，其中行车道7米，两侧人行道各1.5米，荷载等级汽车—15级，挂车—80级。概算投资219.06万元。该桥1986年11月23日破土动工，1988年5月15日竣工。同年5月26日至28日验收，大桥施工质量基本合格，可以通车。大桥总投资219.06万元，其中湖北省交通厅补助30万元，襄樊市交通局补助30万元，襄阳县交通局投资43.5万元，群众集资91.2495万元。

洪山头立交桥：位于襄阳县张湾镇洪山头，是与汉(口)丹(江)铁路立体相交的一座公路桥梁。1988年，市公路总段将洪山头公铁立交桥建设任务下达到襄樊市公路总段工程队。1988年11月7日，市公路总段工程队与交通部第二航务工程局船舶机械化施工公司签订洪山头立交桥施工承包合同，实行总工程预算包干，工程费用为73万元，总工期6个月。该桥为3孔跨径20米的T梁桥，全长64.4米，桥面全宽18米(15+2×1.5米)，桥高9.5米，设计荷载汽车—20级，挂车—100级，上部结构为33片T梁，下部结构为16根钻孔灌注桩，4柱式墩身，桥两端各设φ100厘米圆管涵1道与路面同宽，桥两头各设100米的片石护坡。此桥于1988年12月5日破土动工，1989年10月15日竣工。1989年11月14日验收，被评为优等工程。1989年11月18日通车。该桥实际投资89.4万元(因材料差价增补、变更设计增加工程费、搬迁补贴等共16.4万元)。

重阳桥：位于保康县乡道马重路中心桩号K11+410处，桥梁5孔跨越白龙洞河，为永久性公路工形梁桥，全长44米，设计不通航，桥面全宽7.6米，净宽7.2米，最大跨径6米，设计洪水频率1/50。该桥由保康县乡道所设计，保康县公路段施工，市公路总段监理，用时8个月，1986年10月建成，总造价14万元。

鳝鱼河大桥：位于保康县乡道寺焦路中心桩号K0+300处，桥梁1孔跨越鳝鱼河，为永久性公路板双曲拱桥，全长60米，设计不通航，桥面全宽8.4米，净宽7.5米，最大跨径40米，设计洪水频率1/100。该桥由保康县公路段设计，保康县公路段施工，保康县交通局监理，用时8个月，1988年8月建成。总造价36万元，由市公路总段和保康县政府按8∶2的比例投资。

温泉桥：位于保康县乡道朱金路(朱九路Y001)陈家河温泉，中心桩号K15+000，桥梁1孔跨越陈家河，为永久性公路双曲拱桥，全长30米，设计不通航，桥面净宽5.6米，最大跨径20米，设计洪水频率1/100。该桥由保康县公路段设计，保康县公路段施工，保康县交通局监理，用时8个月，1995年10月建成，总造价20万元，由保康县政府投资。

彭家岭桥：位于保康县乡道彭梅路起点，中心桩号 K0+030，桥梁 1 孔跨越清溪河，为永久性双曲拱桥，全长 37 米，设计不通航，桥面全宽 7.6 米，净宽 7 米，最大跨径 30 米，设计洪水频率 1/100。该桥由保康县乡道所设计并施工，保康县交通局质量监理，工期 9 个月，1995 年 10 月建成，总造价 17 万元，由市和保康县政府按 6：4 的比例投资。

（2）隧道

峰儿垭隧道：2001 年，305 省道南漳至保康段改扩建工程批准立项。市交通局委托铁道部第四勘察设计院对峰儿垭隧道进行勘察设计。2002 年 4 月 3 日，市公路管理处向湖北省公路局上报《305 省道长坪至保康黄堡段峰儿垭、梅子岭隧道施工图设计的请示》得以批复，工程总概算 4 794 万元。峰儿垭隧道原设计桩号 305 省道改线工程 K44+388—K45+614，洞身长度为 1 267 米。行车速度 40 公里 / 小时，双车道双向行驶，两侧人行道 0.75 米，荷载等级汽—20，挂—100，水泥混凝土路面。由铁道部第四工程局中标承建。2002 年 6 月 14 日上午，在保康黄堡举行开工典礼仪式。由于施工过程中出现山体滑坡，遂对原进口设计方案进行变更，由原设计的 1 267 米变更为 1 487 米（桩号为 K44+121+K45+608）。2003 年 6 月 18 日，市路网建设指挥部与铁道部第四工程局第二工程有限公司签订《305 隧道工程补充合同协议书》，合理调整工程总投资。2004 年 8 月 18 日凌晨 1 时许，隧道贯通。2005 年 11 月，照明工程竣工。2005 年 12 月 28 日，竣工通车典礼。工程项目总投资 6 475.22 万元。改线后 305 省道该段公路降低海拔 400 多米。

图 6—28　2005 年 12 月，305 省道保康峰儿垭隧道

梅子岭隧道：是 305 省道南漳长坪至保康黄堡段改线工程中的一个隧道，进洞口桩号为 K29+604，出洞口桩号为 K29+703，全长 119 米。2002 年 4 月 3 日，市公路管理处向湖北省公路局上报《305 省道长坪至保康黄堡段峰儿垭、梅子岭隧道施工图设计的请示》得以批复，总概算为 433 万元。梅子岭隧道路等级为山岭重丘二级，双车道双向行驶，行车速度 40 公里 / 小时，两旁人行道各 0.75 米，车辆荷载汽车—20 级，挂车—100 级。工程决算总投资 498.1178 万元，其中施工图部分 475.3707 万元，变更设计部分 22.7471 万元。2005 年 12 月 28 日，梅子岭隧道竣工通车正式投入试运营。

图 6—29　2005 年 12 月，305 省道保康梅子岭隧道

县、乡、村公路隧道概况：2005 年底，襄樊市县乡公路和村级道路有公路隧道 60 道，总长 11 519 延米。县道隧道 1 道，为襄阳区埠双公路上双东隧道，长 83 米，公路通过隧道在长渠下穿过。乡道隧道 7 道，主要在谷城、保康两县。谷城五（山）浪（河）线上界山垭隧道长 750 米；保康县马（桥）尧（治河）线隧道 3 道，长 337 延米。分布在村道上的隧道共有 52 道总长 10 055 延米，主要在保康县马桥镇，是尧治河村、堰垭村等为主修建的隧道。

1980—2005 年襄樊市公路桥梁发展基本情况

表 6—5

年度	公路桥梁		按规模分组						桥梁总数中危桥		按使用性质分组						公路渡口(个)
			大型		中型		小型				永久性		半永久性		临时性□		
	座	米	座	米	座	米	座	米	座	米	座	米	座	米	座	米	
1980	494	17282.99	31	6864.74	67	3606.37	396	6811.88	13	825	489	17226.19	1	23.5	4	33.3	4
1985	605	20421.05	39	7810.72	94	4982.83	469	7627.5	11	760.5	595	20341.75	2	37.5	5	41.8	4
1990	566	22433.19	42	10094.9	89	4699.3	435	7638.99	8	652.5	510	22400.89	1	23.5	1	8.8	1
1995	631	24438.47	42	10587.55	99	5198.23	490	8652.69	8	652.5	630	24429.67	1	23.5	1	8.8	0
2000	750	27860.03	54	12077.62	120	5699.67	576	10082.74	21	3059.42	750	27860.03	1	23.5	1	8.8	0
2005	1609	50072.12	75	16438.24	225	11184.77	1309	22449.11	215	4930.0	1484	46972.12	106	2799	19	301	22

注:1.2005 年末有隧道 62 道 13162 延米;2.2005 年末大型桥梁中有特大桥 2 座 3887 延米,2008 年末有特大桥 3 座 6039 延米;3.2004 年前公路渡口统计口径为公路交通部门管理渡口,2005 年后将县、乡(镇)管理的渡口也纳入了统计范围

(二)公路建设施工企业

襄樊市公路总段成立工程队,9 县(市)公路段(含随州段)先后成立公路工程队、桥涵施工队及筑路机械队,承担 316、207 国道民工建勤后路基遗留问题及路面铺筑和桥涵等配套工程建设。1991 年,市公路总段工程队与市郊公路段合并,成立襄樊市公路总段工程处,1995 年,成立襄樊市公路建设有限责任公司。同年 4 月取得营业执照,并向湖北省建设厅申请了二级施工企业资质。该公司下设 8 个直属工程队(枣阳、襄阳、宜城、南漳、保康、谷城、工程处、机修厂)。1998 年 10 月,襄樊市公路建设有限责任公司重组扩充,从市郊公路段划走大部分工程机械设备。2001 年前,襄阳汇通路桥股份有限公司、枣阳市公路建设有限公司、老河口市公路建设有限责任公司获得了湖北省建设厅颁发的公路施工总承包二级资质。全市 9 个县(市)公路施工企业筑路机械设备发展到 1 050 台(套),机械设备固定资产原值达到 15 821.102 2 万元。

襄樊公路建设有限责任公司:1995 年 3 月,经襄樊市交通局批准,襄樊市公路总段成立襄樊市公路建设有限责任公司。公司注册资本 1 900 万元,其中固定资产 1 800 万元,隶属襄樊市公路总段领导,属事业单位性质,实行自主经营、自负盈亏、单独核算的企业化管理。公司设计划经营部、工程技术部、财务部、综合办公室,公司主营承接路桥、市政工程与民用建筑工程施工及路桥勘测设计,兼营提供交通公路行业工程技术、科研、工程信息咨询服务、运输等。1995 年 9 月,市公路总段决定以市公路建设有限责任公司为集团核心,各县(市)公路段、工程处(市郊段)、公路机械厂组成公司直属工程队,枣阳、襄阳、宜城、南漳、保康、谷城公路段、工程处、公路机械厂依序为公路建设有限责任公司第一至第八工程队,职工 2 562 人,拥有各类工程机械设备,能进行包括铲运、碾压、起重、拌和、摊铺等工程各道工序的施工,有各类质量检测设备、试验仪器 176 台(件)。1998 年 8 月,市公路总段将各县(市)公路段成立的公司直属工程队改为工程处。公路建设公司各工程处的级别为各县(市)公路段副段级,行政方面隶属各县(市)公路段领导,业务方面隶属市公路建设有限责任公司领导。1998 年 10

月，公司获准公路工程施工一级企业资质。公司与各县(市)公路施工企业组成联合体，下辖枣阳、襄阳、谷城、保康、南漳、宜城6个县(市)工程处，直辖一个工程处、一个桥梁处、一个设备处。

1999年8月，组建由该公司和全市各县(市)公路段出资参股的襄樊市公路建设有限责任公司(经纬路桥股份有限公司)，注册资本7 057.8万元，其中市公路处出资6 443.8万元，占出资总额91.3%，襄樊市公路管理处工会出资(集体资本)500万元，占出资总额7.08%。至2001年,先后完成宜黄、黄黄、京珠高速公路共计60余公里的建设任务。2001年1月，襄樊市公路总段决定，公路建设有限责任公司彻底由事业单位管理，改变为企业单位管理，明确转变为企业性质。2002年4月，公司获准公路施工总承包一级、公路路基工程专业承包一级、公路路面工程专业承包一级。2002年11月，经襄樊市交通局批准，襄樊市公路管理处将公路机械厂的人、财、物整体并入公司，合并后的公司共有职工462人，其中离退休职工83人。2002年，公司完成产值2.8亿元。2003年，襄樊市公路建设有限责任公司被列为全市首批改制的50家重点企业之一。通过公开招投标，襄樊市交通局和公路管理处在多家竞标者中，选择中天集团作为公路建设公司(不含各县、市工程处)的收购企业。中天集团是以建筑、房地产为主业的大型民营企业，注册资本3亿元，房建工程总承包特级资质，全国500强企业中排列第340位。2003年8月28日，襄樊市公路建设有限责任公司(国资、集体)、中天集团(收购单位)三方代表签订《改制合同书》和《股权转让协议书》，中天集团一次性付现4 970万元，整体收购襄樊市公路建设有限责任公司净资产，并增资到1亿元对原公司进行重组，组建中天路桥有限公司(民营企业)。中天路桥公司按襄樊市政府的政策对原企业职工进行安置，剥离离退休职工83人、内退职工85人，交襄樊市养老保险中心托管，襄樊市交通局、公路管理处从出售企业所获得的资金中拿出1 719万元用于安置职工。中天路桥公司全部接收原企业剥离后的在职职工294人，并签订聘用合同，首期合同期为3年。襄樊市公路建设有限责任公司改制后实现“双退”(企业产权退出国有序列，实现民营化；职工退出国有身份，实现社会化)。中天路桥公司于2004年2月搬迁至武汉，襄樊仅留下基地。至此，襄樊市公路系统唯一一家拥有一级资质公路建设施工企业实现民营化改造。

宜城市金路公路桥梁建设有限公司：1991年3月，宜城市公路段成立公路工程队，为公路段正股级直属单位，主要担负公路建设及大修任务，人员由段内统一调配，财务实行单独核算。2003年8月，宜城市金路桥梁建设有限公司获准成立，注册资金1 000万元，由宜城市公路段出资800万元，引进外来资金200余万元组建而成，同年获得公路路基专业承包二级、公路路面专业承包二级临时资质。2005年，湖北省建设厅颁发给该公司公路路基专业承包二级、公路路面专业承包二级资质。宜城市金路桥梁建设有限公司成立之后，参加了襄樊市路网工程后高路、宜远路等项目的建设。2005年底拥有公路机械设备等固定资产原值1 318.46万元。

枣阳市公路建设公司：枣阳市公路建设公司成立于1998年，同年12月30日被湖北省建设厅颁发“公路施工总承包二级”资质企业证书，对内负责辖区公路大修、改建新建任务，对外承揽资质允许范围内的高速公路路基工程、一级路面，单孔小于100米的桥梁，长度小于1 000米的隧道及中小桥涵施工。公司下设5个项目部、1个机械设备处和1个质检站，公司设经理1人，副经理2人，员工658人。有高级工程师、工程师32人，助理工程师46人，高级经济师1人，经济师11人，会计师3人。截至2005年，枣阳市公路建设公司拥有筑路机械设备等固定资产原值1 021.19万元。

南漳久通路桥建设有限责任公司:南漳久通路桥建设有限责任公司组建于2004年5月。2005年11月注册成立。主要从事公路改建、公路扩建、桥梁、防护工程、房屋建筑、公路养护、机械设备租赁、道路材料、机械维修、机械配件批发、零售经营。2005年，该公司就在县外承接路桥建设项目15个，年生产总值 4 000 余万元。

襄樊虹彩公路建设有限责任公司：襄樊虹彩公路建设有限责任公司位于襄樊市襄城区环山路 11 号，为公路路基路面工程专业承包二级施工企业，可承包单项合同额不超过企业注册资本金 5 倍的一级标准以下公路的路基、中小桥涵、防护及排水等工程的施工。它的前身为襄樊市郊公路管理段路桥处。1985 年至 1990 年 2 月，从事路建职工 110 人，其中技术人员 9 人，1990 年 3 月更名为“襄樊市公路总段工程处”，职工增加到 160 人，其中技术人员 45 人。1998 年 10 月更名为襄樊市市郊公路管理段路桥处，职工 186 人，其中技术人员 63 人。2002 年 1 月 31 日，组建具有独立法人资格的襄樊市虹彩公路建设有限责任公司，注册资本金 1 500 万元。2002 年 9 月 14 日获湖北省建设厅颁发的公路路面工程专业承包二级、公路路基工程专业承包二级资质。公司下设行政办公室、总工办、工程部、质检中心、机械安全部、财务室，职工人数 186 人。2005 年底，各类固定资产总额达 1 949.2 万元，拥有各类大中型机械设备 81 台(套)，年施工能力 5 000 万元以上。共修建等级公路 22 条 303 公里，修建大中小桥 27 座，货币工程量达 33 464 万元。完成清河二桥、三桥修建，黄黄、宜黄高速公路两个标段路基工程，襄樊市区出口路改扩建和隆中风景区文化广场等多项大中型工程，其中多个工程项目被省、市公路业务主管部门评为“精品工程”，隆中文化广场被评为襄樊第一个“青年文明号工程”，虹彩路建公司连续被省、市工商部门授予“重合同、守信誉企业”称号。

老河口市公路建设有限责任公司：老河口市公路建设有限责任公司的前身是老河口市公路管理局工程队，1998 年 7 月，取得公路建设公路路基、路面专业承包二级施工企业资质证书。公司于 2000 年 2 月 1 日荣获湖北省交通厅颁发的湖北省公路建设施工企业资信证书，同年 2 月 15 日取得公路工程总承包二级资质证书。公司成立之初有职工 150 人，其中技术工人 120 人，后发展到职工 200 人，其中技术工人 140 人，各类工程技术人员 55 人，占总人数的 28%，高级职称 2 人，工程类中级职称 14 人，经济会计类中级职称 3 人，初级工 126 人。公司建设之初拥有各类工程机械设备 71 台(套)，包括挖掘机、装载机、推土机、水泥砼拌和站、自卸汽车设备，设备总功率 3 500 千瓦。水泥砼拌和站具备装卸、运输、拌和、摊铺、平整、碾压、养生等各种工序机械化施工能力，并能满足各种中小桥梁的施工需要。公司现有机械设备 89 台(套)，设备总功率 5 500 千瓦，机械设备固定资产原值 1 280.87 万元。先后完成襄十高速公路襄武段一标三工区路基工程、柏果树大桥工程、高升区中路、石开路、宜东路、魏樊路和孟土路、北京路、大桥路、316 国道等项目施工。累计完成修建列养公路 257.6 公里，其中一、二级路面 105.5 公里，一级路基 58.7 公里，二级路面改造 93.4 公里，一级沥青路面 39.7 公里。公路工程质量全部在合格以上。316 国道和 302 省道工程被襄樊市公路管理处评为全优工程，苏家沟大桥被评为“样板工程”。1999 年，该公司承包的王甫洲水电站隔流堤工程被长江水利委员会评为“样板工程”。施工队伍被王甫洲水利枢纽集团总公司誉为“铁军”。

谷城县路路通养建有限责任公司：1995 年初，谷城县公路段成立两个路桥工程队。以老白路改建工程技术人员为主体成立工程一队，以 207 国道襄谷路改建工程为主体成立工程二队，工程队实行单项工程预决算，与县公路段签订年度目标合同，向县公路段交纳管理费。1996 年 6 月，谷城县公路工程队正式改建为谷城县公路工程处，后又改为襄樊市公路建设有限责任公司第六工程处，县公路段机修厂、预制厂、石灰厂均划归工程处管理。2000 年初，先后投资 500 万元购置平地机、振动压路机、挖掘机、沥青摊铺机、三滚轴整平机、沥青混凝土拌和楼等设备。2003 年 5 月，谷城县公路工程处正式改称谷城县路路通公路养建有限责任公司。同年，湖北省建设厅颁发公路路基专业承包二级、公路路面专业承包二级临时资质。2005 年被湖北省交通厅颁发公路路基专业承包二级、公路路面专业承包二级正式资质。2005 年底,公司拥有各类工程机械设备 60 台(套),大型机械设备有挖掘机、装载机、平地机、压路机、灰土拌和机等成套设备,固定资产原值达 1 137.03 万元。

保康县经纬建设有限责任公司:1998 年 12 月,保康县公路段将原工程队、机务队重组为保康县公路段路桥工程处,对外以襄樊市公路建设有限责任公司第五工程处的身份参与公路工程项目招投标,承建工程。工程处注册资金 1 500 万元,职工 70 余人,各类机械设备 60 台(套)。2003 年 12 月取得公路路基、路面二级施工资质。2005 年 7 月,将保康县路桥工程处改制成立保康县经纬路桥建设有限责任公司,内设机构有办公室、财务科、工程技术部、安全科。1998 年,完成白红路油路路面工程 11.3 公里,货币工程量 400 万元。完成 316 国道混凝土路面工程 8.5 公里,货币工程量 200 万元。2001 年,完成随南路改建工程 2.8 公里,基层 1.8 公里,货币工程量 250 万元。其中路基垫层 2.8 公里,底基层 2.8 公里,基层 1.8 公里,拱桥 1 座,管涵接长 17 道,油路铺筑 2.8 公里,挡墙 240 立方米,路基土石方 12 万立方米。完成石开路改建工程三标段 3.4 公里,货币工程量 266 万元,预算外货币工程量 45 万元,合计 311 万元。2004 年,完成保宜路改建工程一标 6 公里,货币工程量为 520 万元。保宜路改建工程五标 6 公里,货币工程量为 637 万元。完成孟土路三标改建工程 5.3 公里,货币工程量为 575 万元。完成南石路国债资金项目二标 10 公里、三标 10 公里,货币工程量 600 万元。2005 年,分 4 个工区施工,完成后高路改建工程 16 公里,货币工程量 170 万元。完成过渡湾、开峰峪两桥接线工程 1.2 公里,货币工程量 70 万元。完成襄关路碎石路面工程 10 公里,货币工程量 86 万元。白茨路改建工程 10.1 公里,货币工程量 737 万元。白红路改建工程 9.5 公里,货币工程量 90 万元。完成襄樊市市政七里河工程 0.6 公里,货币工程量 90 万元。完成襄樊市市政长虹北路黄龙沟工程,货币工程量 55 万元。

襄阳汇通路桥有限公司:襄阳汇通路桥有限公司,具有建设厅颁发的公路工程施工总承包二级资质和湖北省交通厅颁发的养护二级(甲级)资质,主要承建各等级公路、桥梁工程项目建设。2005 年末,注册资本为 5 030 万元。1994 年,开始组建湖北汇通路桥股份有限责任公司。1998 年,湖北省建设厅颁发公路施工总承包二级资质。2001 年,通过湖北省建设厅的二级施工总承包资质审查。2002 年 9 月 14 日,更名为襄阳汇通路桥有限公司,由襄阳区公路段和襄阳区区镇公路管理所两家单位共同出资组建。先后参与京珠高速湖北南段、汉十襄荆连接线、孝襄高速公路路基土方工程和襄樊市 207 国道、316 国道、新樊路、南远路、宜东路等公路项目的施工。工程优良率达 80%以上。其中 207 国道魏樊段、南远路、316 国道邓城段均被襄樊市交通局、市公路处评为“优良工程”。公司拥有各类施工机械设备 963 台(套),机械设备总功率达到 31 287 千瓦,机械设备原值达到 2 385.46 万元。2002 年,公司实施内部改革,机械设备由个人卖断。

(三)客货运输

1985 年,全市营运汽车 8 644 辆,其中客车 799 辆,货车 7 845 辆,分别比 1978 年增长 13.6 倍、5.3 倍和 15.8 倍。同年,全市汽车货运量达 948.5 万吨,周转量 58 789.5 万吨公里,分别较 1978 年增长 6.1 倍和 4.9 倍,全市客运量达 3 076.6 万人,客运周转量达 96 956 万人公里,分别较 1978 年增长 3.3 倍和 3.2 倍。1990 年,经审验合格运输经营单位 4 087 家,换发营运证汽车 11 502 辆,拖拉机 1 132 台,经过资格复查审核的汽车维修经营户 501 家。

“七五”时期至“八五”期末,先后建成襄樊市集装箱中转站、米庄汽车货运站、公铁联运枣阳市铁路货场等公路货运基础设施,采取扩(改)建、新建等形式先后将宜城、枣阳、谷城、南漳、保康、老河口等县(市)客运站建成二级以上客运站,新建襄城汽车客运站,扩建襄樊中心汽车客运站等。全市道路运输经营业户 5 292 家,营运车辆总数 12 573 辆,其中营运客车 1 230 辆 38 027 座,分别比“七五”期末增长 87%和 36.7%。营运货车 11 523 辆,47 767.4 个吨位,分别比“七五”期末增长 18.3%和 16.5%。全市中高级客车 196 辆,卧铺车辆 17 辆。客运线路向外省辐射、向乡镇延伸,线路 585 条,日发 3 651 班次,班线里程 28 733 公里。进入“九五”时期,客货运输向集约化规模方向发展。“九五”期末,全市道路运输车辆总数达到 13 634 辆,其中营运客车达到 2 075 辆,营运货车达到 11 559 辆,分别比“八五”期末增长 4.2%和 8.1%。1997 年,全市形成货运交易市场 6 个,货运信息业户 23 家,通过引导,货运向规模化经营方向发展,2000 年底,危险品运输由调整前的 100 户、211 台变为 9 户、133 台,重新核发经营许可证货运信息业户 36 家,进信息交易中心集中经营 17 家。跨县市的客运线路上零散经营客运业户下降 21%,普通客车及以下客运车辆比例下降 11.3%,高级客车由调整前的 8 台发展到 21 台。

“十五”期间,全市新建或改造等级客货运站 8 个、乡镇站 11 个、候车棚 20 个,其中新建襄樊高速汽车客运站及一批汽车客运站,基本形成以襄樊城区客货运一、二级站为中心,以县市为依托,以乡镇为基础的站场网络,以城区为中心,依托一、二级公路,以中级客车为主体,辐射各县(市)城关和主要发达乡镇的快速客运网,依托农村公路网,以高级车、中级车为主体,由县(市)城关直达乡镇、村组的农村客运网络也已初具雏形。高级客车发展到 287 台,中级客车发展到 213 台,中高级车辆在客运车辆中所占比例达到 22%。危险品运输车辆、重型货车、专用货车发展到 2 872 台,较“九五”末增长 75%。专线货运、专项运输得到较快发展,服务内容已延伸、扩展到生产、流通、销售的各个环节。商品车及零配件仓储、配送、包装、维修、装卸搬运和滚装运输车辆、维修救援等服务项目全面展开,物流服务供给能力有了一定提高。“四位一体”的特约维修企业上升到 10 家,占一类维修企业 20%。至 2005 年底,全市营运车辆发展到 16 886 辆,其中客车 3 111 辆,货车 13 775 辆,营运车辆总数较“九五”末增长 23.9%,其中营运客车增长 49.9%,货车增长 19.2%,完成客运量 7 781 万人次,旅客周转量 31.73 亿人公里,货运量 5 259 万吨,货物周转量 40.22 亿吨公里,分别较“九五”期末增长 31.3%、18.8%、30.6%和 18%。

1.公路货运

(1)货运场站

鄂西北襄樊物流中心:该中心作为“十五”期间鄂西北最大的物资流通枢纽工程,2001 年完成项目初步设计和土地规划,开始桩基工程施工。作为全省站场建设管理体制改革试点,按照“统筹规划,分步建设,多元投资,公司化运作”的原则,实行股份制投资建管一体化管理的投资管理新机构。2001 年 11 月 16 日,湖北省交通厅下达《2002 年全省货运站场建设预安排计划的通知》,鄂西北货运交易中心续建工程拟投资 1 506.37 万元,建设期限 2001—2002 年。2001 年完成投资 660 万元。2002 年计划安排 826.4 万元。同年,湖北省交通厅批准按照投资新建一级区域枢纽货运中心的标准建设鄂西北物流中心。总建筑面积 7 610 平方米,其中货运交易大楼 3 000 平方米,仓储 4 500 平方米,理货场地 12 000 平方米。该工程项目一期计划投资 1 541.96 万元,完成交易大楼主体工程 3 300 平方米,完成投资 690.6142 万元。理货区项目 6 980 平方米,所需资金 789.1652 万元,共计总投资 1 479.78 万元。2003 年 7 月,鄂西北货运交易中心完成信息大厅网络系统安装、大型轻钢仓库及信息业户用房、专线仓库及场地硬化建设。

米庄汽车货运站:1993 年 10 月 22 日,襄樊市交通局向湖北省交通厅申报《关于米庄汽车货运站建设资金的报告》。该站地处襄樊汽车产业开发区二号路中段,与米庄客运站共征地 54.46 亩,计划总建筑面积 3 500 平方米，总投资 219 万元，申请湖北省交通厅补助解决资金。1996 年 7 月 31 日，省交通厅批准对该站进行续建，建设规模为汽车备部件仓库 600 平方米，货运调度大楼 2 000 平方米，1997—1998 年建成，计划投资 270 万元，湖北省交通厅补助投资 150 万元。该站 1997 年 10 月开工建设，1998 年 8 月竣工投入使用。

襄樊市集装箱中转站：1988 年，湖北省计划委员会批复同意襄樊市在襄樊长征东路西侧新建集装箱中转站，年中转集装箱 6 万标箱规模。该站由市交通局建设，市城市规划设计院设计，市第一建筑工程公司、谷城县第五工程公司施工。1990 年 10 月 24 日动工，1992 年 1 月 10 日竣工。总投资 311 万元，总建筑面积 5 967 平方米，货场、堆场及停车场 7 390 平方米。1992 年 7 月，襄樊市联运公司集装箱中转站成立，隶书于襄樊市交通局领导。站内有货场和 3 000 平方米仓库，库内有 18 吨行吊一台，3 吨、5 吨、8 吨叉车各一台，集装箱专用车辆 3 部，年发送量在 700 标准箱（10 吨）左右。2004 年，公司改制为私人企业，改名为襄樊市联合物流有限公司。

图 6—30 襄樊市公路铁路集装箱站

襄阳区货运站：该站 1999 年经湖北省交通厅批准建设，站址位于襄阳县城商贸城对面，面邻 316 国道。工程总建筑面积 1 752 平方米，另建停车场 4 900 平方米。工程总投资 281 万元。1999 年 3 月动工，1999 年 8 月竣工。

襄樊市货运中转站货运交易大楼：该站 2000 年经湖北省交通厅批准建设，站址位于襄樊市长征东路。批准总投资 321 万元，总建筑面积 2 644 平方米。由市公路运输管理处负责建设，市城市规划设计院设计，市海口建筑安装工程公司施工。2000 年 4 月开工，2000 年 10 月竣工。

宜城市货运站：2003 年 5 月 8 日，湖北省交通厅批复同意在宜城市燕京大道与汉江大桥西岸连接线处修建宜城市汽车货运站，该站用地面积 13 334 平方米，按二级货运站设计，总建筑面积 3 104 平方米，总投资 439 万元。2005 年，货运站信息交易大楼竣工投入使用。

枣阳市公铁联运货场站：该站为枣阳市四达运输公司所有的与铁路连接专用线。1996 年 6 月 3 日，湖北省交通厅批复同意，枣阳市公铁联运货场扩建工程建设规模为仓储 2 000 平方米，货场堆垛场 6 000 平方米，总投资 582 万元。1996 年建成。

南漳县货运站：2005 年 5 月，湖北省交通厅批准南漳县货运站改扩建，建筑面积 1 229 平方米，总投资 294.8 万元，2005 年底完成土地征用。

（2）货运车辆

1980—2005 年，襄樊市公路运输载货汽车营运格局向多种所有制转变，营运车型由以中型车为主转向小型化、重型化转变，特种车、大型货车等得到较快发展。1985 年，全市营运载货汽车 7 845 辆，其中交通部门 918 辆，占总数 11.7%。1983 年秋，宜城县第一个个体货车运输专业户郑集乡舍铺村社员吴源举购置一辆 120 型 1.5 吨货车参加公路营运。1990 年，营运载货汽车 10 836 辆、45 598 吨位，其中交通部门 1 000 辆，5 496 吨位，分别占全市营运货车的 9.2%和 12.1%。至 1995 年末，全市营运货车达 10 692 辆、44 094.0 吨位，其中交通运输企业营运货车 640 辆，3 822.0 吨位，分别占全市营运货车的 5.99%和 8.67%。

“九五”时期，襄樊市交通专业企业逐步退出货物运输市场。2000 年，全市营运货车达到 11 559 辆、45 098 吨位，其中非交通部门营运载货车辆达到 11 279 辆，43 678 吨，占整个货运市场 97.55%和 96.71%。其中普通载货汽车 10 704 辆、40 152.1 吨位，专用载货车 95 辆，871.6 吨位（集装箱载货汽车 14 辆、105 吨位，零担车 14 辆、91 吨位，冷藏车 12 辆、24.3 吨位，罐车 76 辆、426.3 吨位），危险品运输汽车 190 辆、1002.3 吨位。交通部门专业运输工具拥有 280 辆，1 420 吨位，分别占行业总量的 2.4%和 3.1%。专业运输企业的车辆、吨位比重较"八五"时期初分别下降 6.3%、8.47%。

"十五"期间，全市公路运输工具继续向多样性发展。这一时期交通专业运输企业基本退出货运市场。到 2002 年，全市营运载货汽车总数为 11 172 辆，44 680.92 吨位，其中普通载货汽车 10 892 辆、42 417.84 吨位，专用载货车 280 辆，2263.08 吨位（冷藏车 13 辆、18.06 吨位，罐车 126 辆、804.9 吨位），危险品运输汽车 203 辆、1085.58 吨位。2005 年，大件运输车发展到 2 辆、30 吨位，商品汽车运输车发展到 90 辆、244 吨位。至 2005 年末，全市营运载货汽车总数 13 775 辆、65 239 吨位，其中普通载货汽车 13 291 辆、61 622 吨位，专用载货车 484 辆、3671 吨（其中冷藏车 12 辆，23 吨，罐车 179 辆、1613 吨），危险品运输汽车 294 辆、2 035 吨位。除襄阳安达和老河口运输公司外全部退出货运市场（见表 6—6，表 6—7）。

1986—2005 年襄樊市公路营运货车拥有量统计

表 6—6

年度	合计		其中							
			交通部门		非交通部门					
					小计		社会		个体	
	辆	吨位	辆	吨位	辆	吨位	辆	吨位	辆	吨位
1986	7678	31619	914	5024	6764	26667	6025	24545	739	2122
1987	8777	36227	942	5178	7835	31049	7114	28954	721	2095
1988	10219	42179	977	5370	9242	36809	8477	34501	765	2308
1989	10819	44947	1022	5648	9797	39299	8767	35681	1030	3618
1990	10836	45598	1000	5496	9836	40102	8886	36201	950	3901
1991	10580	43994	931	5183	9649	38811	8748	35111	901	3700
1992	10837	43467	879	5027	9958	38440	8836	33119	1122	5321
1993	11505	47086	861	5038	10644	42048	9495	36732	1149	5316
1994	12786	52222	666	3897	12120	48325	10952	44012	1168	4313
1995	10692	44094	640	3822	10052	40272	8889	35290	1163	4982
1996	11242	47465	593	3500	10649	43965	8852	36383	1797	7582
1997	11639	49519	465	2765	11174	46754	9139	38363	2035	8391
1998	10358	42905	338	2030	10020	40875	7747	31674	2273	9201
1999	10628	43220	296	1623	10332	41597	7690	31711	2642	9886
2000	11559	45098	280	1420	11279	43678	6329	24842	4950	18836
2001	10477	40087	—	—	10477	40087	4450	17292	6027	22795
2002	11172	44681	—	—	11172	44681	3879	15168	7293	29513
2003	13139	52360	—	—	13139	52360	4822	18769	8317	33591
2004	12808	51715	—	—	12808	51715	2882	10550	9926	41165
2005	13775	65239	—	—	13775	65239	3177	14883	10598	50356

2005 年襄樊市营运载货汽车分类

表 6—7

项目		计算单位	车辆总数	其中个体车辆数
普通载货汽车	合计	辆	13291	10534
		吨位	61622	49694
	大型	辆	4779	3823
		吨位	24229	18919
	重型	辆	2388	1983
		吨位	27109	23009
	中型	辆	1457	1089
		吨位	4653	3475
	小型	辆	4667	3639
		吨位	5631	4291
危险货物运输车		辆	294	—
		吨位	2035	—
特种货物运输车		辆	484	—
		吨位	3617	—

(3)货物运输量

运输总量:1985 年,襄樊市公路货运量完成 1992.7 万吨,周转量完成 66 829.7 万吨公里。1990 年以前,襄樊市公路货物运输以计划管理为主。1990 年,全市公路运输业货物运输量 2 650.11 万吨,货物周转量 97 154.4 万吨公里。分别比 1985 年增长 33%和 45.4%。其中交通专业企业完成货运量 175.2 万吨、货运周转量 15 075 万吨公里,分别占全社会完成量的 6.61%和 15.51%。其中襄樊市第一汽车运输公司完成货运量 10.4 万吨、货运周转量 2 658 万吨公里。1990 年,成立货运疏运管理机构以加强计划运输管理,当年完成疏运量 60 万吨。在抓大宗货源管理中,全市对 116 家年外运量在 5 000 吨以上的大宗物资单位逐步实行计划管理, 有 105 个大宗物资单位与 137 个专业运输企业和成建制车队签订运输合同 151 个,合同运输量达 310 万吨。1992 年,襄樊市道路运输行业管理实行"四个鼓励"和"六个取消",即鼓励国营、集体单位和个人从事运输业,鼓励公用型运输企业跨省、市经营,鼓励党政机关及有车单位经营运输,鼓励单位和个人从事运输代理业;取消运力计划额度管理,取消防洪、抢险、救灾等紧急运输任务外的计划运输,实行市场调节,放开经营,取消货运签证制度,撤销全市货运签证点 165 个,取消汽车定点维修制度,取消社会客运经营单位经营范围的限制,取消对社会举办零担运输和集装箱运输的限制。在这一政策的引导下, 全市多方办交通, 货物形式呈现多样化,货运结构由整车运输向零担运输、集装箱运输等领域拓展, 至 1995 年末, 全市 (全社会) 货物运输量达 2 955.0 万吨(其中交通专业企业 142.0 万吨,占 4.8%,比 1990 年下降 1.81 个百分点),货物周转量 135 067 万吨公里(其中交通专业企业 12 603 万吨公里,占 9.33%,比 1990 年下降了 6.18%)。当年,襄樊集团完成货运量 7.6 万吨、货运周转量 1 638 万吨公里。"九五"时期,运力由中型车向小型车、特种车发展,经营机制向承包、租赁、挂靠经营转变,形成跨地区、跨行业营运体系。1996 年,全市货运量 3 242 万吨、周转量 151 827 万吨公里,其中交通专业企业货运量 144 万吨、周转量 12 109 万吨公里,分别占全市完成量的 4.45%和 7.98%。到 2000 年,全市货运量 4 025.51 万吨、周转量 476 542.97 万吨公里,其中交通专业企业货运量 157.2 万吨、周转量 12 132.52 万吨公里,分别占全市完成量的 3.91%和 2.55%。2002 年,襄樊市交通局制订 12 条支持民营运输发展措施。年底,全市货运量 4 483 万吨、周转量 317 463 万吨公里，其中个体经济货运量 2 511 万吨、周转量 147 078 万吨公里，分别占全社会完成量的 56.01%和 46.33%。2005 年，货运量 5 259 万吨、周转量 402 232 万吨公里，其中个体经营货运量 3 489 万吨、周转量 217 733 万吨公里，分别占全市完成量的 66.34%和 54.13%。这一阶段，由于专业运输企业改制的原因，除襄阳安达运输公司和老河口货运公司继续从事货运业务外，其他的全部退出货运市场。2005 年底，交通运输货运专业企业完成货运量仅为 34 万吨、周转量 2 219 万吨公里，分别为 1991 年的 19%和 14.7%(见表 6—8)。

1986—2005 年襄樊市(全社会)公路货物运输量统计

表 6—8

年度	货运量(万吨)					货物周转量(万吨公里)				
	合计	其中				合计	其中			
		交通部门	非交通部门				交通部门	非交通部门		
			小计	社会	个体			小计	社会	个体
1986	1850.2	197	1053.2	558.2	495	75191	14122	61069	34048	27021
1987	2105.6	223.2	1882.4	1185.9	696.5	85570	20078	65492	35228	30264
1988	2283	221.7	2061.3	1298	763.3	92780	19943	72837	48557	24280
1989	2494.7	199.5	2295.2	1454	841.2	100224	17815	82409	62641	19768
1990	2650.11	175.2	1678.91	1678.91	796	97154.4	15075	82079.4	63373.4	18706
1991	2965.77	168.3	1908.47	1908.47	889	106467	14483	91984	69759	22225
1992	2688.5	151.9	2536.6	1730.6	806	131726	14875	117101	97757	19344
1993	2966.5	143	2823.5	1963.5	860	133493	14846	118647	98179	20468
1994	3104.2	145.8	2958.4	2043.89	914.51	133921.8	14064.8	119857	98112	21744.9
1995	2955	142	2813	1743	1070	135067	12603	122464	87338	35126
1996	3242	144	3098	1805	1293	151827	12109	139718	86339	53379
1997	3832	142	3690	1940	1750	236849	11098	225751	149877	75874
1998	4422.2	140.9	4281.3	2217.3	2064	321871	10088	311783	213413	98370
1999	3867	139	3728	2040	1688	346584	9866	336718	225328	111390
2000	4026	155	3871	2061	1810	476550	12065	464485	285270	179215
2001	4265	—	4265	2052	2213	293423	—	293423	173163	120260
2002	4483	—	4483	1972	2511	317463	—	317463	170385	147078
2003	4692	—	4692	1788	2904	338197	—	338197	172834	165363
2004	4821	—	4821	1734	3087	363283	—	363283	190490	172793
2005	5259	—	5259	1770	3489	402232	—	402232	184499	217733

零担运输：1984 年底，襄运集团建立零担货运站，当年新购置 10 吨厢式零担车 1 辆、改制 5 吨厢式零担车 2 辆。1985 年，先后开通武汉、西安、南阳三条零担线，设立 8 个站点。1986 年，新购和改制零担车 4 辆，共有 7 辆。有营运线路 10 条，其中跨省 4 条、跨地市 5 条、跨县 1 条，营运里程 3 686 公里，从襄樊直发全国 25 个省、市的货物。有零担货物仓库 600 平方米，液压叉车一辆。起运货物 4 500 多吨，营运收入 29 万多元。1988 年，有车辆 12 辆，开通 17 条营运线路，全年营运收入 299.1 万元，利润 11 万元。1990 年，有零担货车 15 辆，营运线路 27 条，营运里程 15 853 公里，月发 82 个班次，直达全国 167 个站点。1993 年 6 月，零担货运站已连续 20 个月发生亏损，随后实行承包，但到 1994 年零担货运量比 1993 年仍下降近 40%，收入完成承包基数的 72.6%。1995 年 6 月，零担货运公司积极采取措

施应对业务逐年下滑，将21辆零担货车，承包8辆，产权转让8辆，停放5辆。还对所辖营业门市实行承包，激励业务人员多方揽货增加收入。当年实现营业收入176.6万元、税金5.8万元、利润6.1万元。1997年，开通上海、广州零担快运业务。1998年，与沙市九州快运公司联合，开通武汉、沙市、宜昌、十堰、合肥、南京、杭州等快运线路，促进零担货运发展。1999年增加停车住宿和货运配载，全年营业收入130万元。1998年8月，零担货运公司在册职工73人，其中管理人员10人、经营人员3人、司机26人、50岁以上司机和劳保人员5人、外借5人、退休6人。有固定资产原值116.6万元，净值42.3万元。有营运车9辆（产权属驾驶员7辆），上半年营业收入68.4万元（运输57.1万元），税收2.3万元，利润亏损15万元。2000年，开发快件货运和"中运网"运输业务，全年完成营运收入180万元，盈利0.04万元。2001年盈利1.2万元。2002年，零担货运公司并入货运公司。以后零担业务主要是以站点仓库的基础办理存储、集散零担物资手续，没有自己的运力。

集装箱运输：襄樊市公路集装箱运输主要承担整性货物装箱及适箱零担货物装箱、拼箱，经营公路铁路联运业务。1989年，集装箱运输在襄樊市区、枣阳市、随州市等地开展起来，1990年全年完成11 821箱，运输量4.20万吨，127.4万吨公里。其中10吨箱1 258箱，1.26万吨，40.3万吨公里；5吨箱3 491箱，2.1万吨，65.3万吨公里；1吨箱7 072箱，0.84万吨，21.8万吨公里。主要运送市区及周边枣阳、谷城、老河口、宜城等地和河南南阳、邓县、新野等等地货物。1990年，全市承运16 515个标准箱，完成运输量6.75万吨。襄樊公路集装箱运输主要由襄樊市联运公司和襄樊市汽车运输公司经营，配置10米半挂、大型平板车12辆。1991年，全市集装箱运输达46 516个标准箱。1992年1月10日，襄樊市集装箱中转站建成投入使用。1993年，襄樊市公路集装箱运输量为11 043箱、50 505吨。进入20世纪90年代中期，随着更多的专业运输企业逐渐退出货运市场，集装箱运输更多的是由个体运输户承担。

商品汽车运输：20世纪90年代，襄樊市公路运输行业根据交通部关于《道路商品汽车发送管理办法》通知精神和市场发展的需要，开始兴起商品汽车运输业务。1997年，开展商品汽车运输的经营业户10家，从业人员225名。1998年对全市发送公司进行专项清理，取缔无车源和发送能力的公司4家，保留13家。即襄樊市通货运输服务有限公司、襄阳风神汽车发送有限公司、襄樊市市政公司商品车发送队、铁道部第十一工程局路通商品车发送公司、东风汽车襄樊管理部发送站、襄樊市汽车产业开发区海潞分公司、襄樊市汽车产业开发区物资贸易中心、襄樊市志达物资有限公司、襄樊市汽车产业开发区阳帆商品车发送公司、襄樊市宏明汽车发送公司、襄樊顺达商品车发送队、襄樊机场十堰办事处发送公司、襄樊宇康商品车发送公司。2001年，实行商品车发送业户季度例会制度，商品车发送驾驶员持证经营、凭证上岗、签证运行。出于东风汽车公司商品汽车发送管理的需要，东风汽车公司襄樊管理部2003年5月专门成立东风襄樊物流工贸有限公司。公司成立后，原襄樊市从事商品汽车发送业务的运输业户进行全面整合，成立4个商品车发送公司，即中合物流公司（主要负责华中和华北区域）、金运通运输公司（主要负责华南区域）、新江山运输公司（主要负责华东区域）和双益达运输公司（主要负责金刚车运输），作为东风襄樊物流工贸有限公司商品车业务的承运协作单位。从事商品车发送业务的架子车共有80台，商品车发送经营使用停车场面积达17万平方米，2005年全年发送商品车6万余辆，年产值近2.7亿元。到2005年底，全市专门用于商品汽车运输的车辆发展到90辆、244吨位。

危险货物运输：1990年，襄樊市危险货物运输以生产企业自有运输车辆运输为主。1995年，交通部制定《道路危险货物运输管理规定》，1996年，湖北省交通厅制定《湖北省道路危险货物管理实施细则》，不具备10辆以上专用车辆、经营管理制度不健全的以及经营管理经验不足五年的从事道路危险货物运输开始受到限制。1997年，全市有危险品运输经营车辆269辆，1 469吨位。1998年，全市危险品运输经营车辆258辆，1408.70吨。2000—2001年，襄樊市运输管理处对货运市场中老旧车加快淘汰,通过引导集中经营的方式推动货运市场向规模化、集约化经营转变,当年全市危险品运输由整治前的100户、211台减少到9户、133台。2002年,襄樊运管部门对危险品运输经营再次进行清理,到年底全市符合资质要求的企业有16户、219台,从业人员585人,其中具有二类危险品运输经营资质2家、21台。到2003年,经过进一步的归并,全市危险货物运输单位有15家,车辆总数232台,其专用车辆133辆,从业人员702人。2004年,襄樊运管部门通过“人车见面”等方式继续加大危险品运输单位的监管。尤其是2005年《道路危险货物运输管理规定》出台后,运管部门对道路危险货物运输车辆再次全面开展企业资质、车辆技术状况和从业人员资格检查,到2005年底,有危险品运输业户21户、车辆275台,当年453名驾驶员、510名押运员和41名装卸管理人员重新参加培训并取得从业资格证。

2.公路客运

(1)客运场站

襄樊市客运中心站:该站1979年11月25日动工新建,第一期工程包括车站北楼、候车大厅、售票厅、发车站、站前广场等。1982年12月24日竣工,1983年10月1日正式投入营运。建筑面积10 000平方米,主楼7层,候车厅1 290平方米,停车场12 400平方米。1989年站运合并,襄樊市客运中心站并入湖北神州运业集团。1996年3月,襄樊市客运中心站扩建工程立项。1996年4月24日,湖北省运管局下达《1996年汽车客运站建设计划的通知》,将襄樊市客运中心站纳入一级站改扩建工程,建筑面积9 905平方米,其中改建8 375平方米,总投资1 100万元。1997年4月28日正式动工。1998年5月5日,湖北省运管局下达《1998年全省公路客运站设施建设计划的通知》,批准襄樊市中心客运站扩建(续建)工程按一级站标准,建筑面积14 600平方米,批准总投资3600万元。2002年7月3日,襄樊市运管处襄运管上报《关于襄樊汽车客运中心站改扩建工程配套项目请求补助资金的请示》,改造中心站站前广场面积4 080平方米,预算投资103.6万元,改造中心站星级厕所面积115平方米,预算投资22.5万元,新建发车位网架大棚1 290平方米,预算投资118.2万元,扩建停车场面积8 600平方米,预算投资178.4万元。该项目总投资423万元,企业自筹100万元,申请湖北省交通厅补助投资323万元。2004年9月,随湖北神州运业公司整体拍卖给香港冠忠集团公司。至2005年底,襄樊市客运中心站总面积59 172平方米,建筑面积12 000平方米,其中站房面积9 166平方米,站前广场面积3 750平方米,停车场面积18 000平方米,发车位3 000平方米(其中发车大棚1 300平方米),候车大厅2 232平方米,售票厅408平方米。

图6—31 1999年8月,襄樊市客运中心站停车场

襄城汽车客运站:1991年1月15日兴建,1992年8月18日竣工,总投资284万元,其中客运附加费补助投资223万元,总建筑面积3 020平方米,站前广场1 500平方米,停车场及行车通道4 220平方米。1993年6月10日正式投入使用。

谷城县汽车客运站:1988年5月5日,襄樊市计划委员会、交通局联合向湖北省计划委员会、交通厅报告《关于谷城县汽车客运站建设计划任务书》,拟定按二级汽车客运站建设标准新建谷城县汽车客运站,建筑面积3 900平方米,总投资234万元,谷城县自筹资金50万元用于征地,其余184万元请湖北省交通厅从公路客运附加费中予以解决。1989年4月10日开设,当年底,主站房、发车位投入使用。

南漳县汽车客运站：1987 年 5 月 2 日，湖北省计划委员会下达《关于襄樊市南漳县汽车客运站设计任务书的批复》，同意修建南漳县汽车客运站，设计标准为二级站，总建筑面积为 3 845 平方米，其中主体建筑 2 700 平方米，站前广场 1 500 平方米，停车场及行车通道 5 865 平方米，总投资 218 万元。该工程于 1988 年 1 月 5 日动工，1989 年 7 月 30 日竣工投入使用。

保康县汽车客运站：1989 年，提出申请拟在保康县城清溪河路 99 号原老汽车站旧址（1975 年洪水冲毁旧站房）处建新站。1990 年 10 月，提交可行性研究报告。1991 年 3 月，经湖北省计划委员会批复按照三级站标准建设，总投资 213 万元，当年补助资金 30 万元。1992 年，湖北省交通厅安排 135 万元，保康县财政补助 30.28 万元。建筑面积 2 769.09 平方米，其中主站房 2 361.6 平方米，站前广场 1 500 平方米，停车场及行车通道 4 890 平方米。1993 年建成投入使用。2004 年，湖北省交通厅再次拨款 150 万元对该站内外进行全方位装修。

枣阳汽车客运站：该站是 1985 年 10 月在拆除危房的基础上新建的企业站，竣工面积 4 622 平方米，实际用于客运的设施面积为 3 231 平方米。1987 年站企分离后，为适应面向社会服务的要求，急需扩大候车厅、新建售票厅、续建附楼 7 层，利用原有门厅改造成行包房及提升机房。续建面积 1 414.08 平方米，改建面积 583.68 平方米，预算总造价 73.12 万元。1988 年 1 月二期改造工程完工，春运前投入使用，总面积 5 442 平方米。1992 年又对 6 750 平方米停车场进行硬化。1996 年 4 月 24 日，新建辅助生产用房 2 000 平方米。2002 年，对枣阳客运站进行配套完善，对候车大厅进行改造，同年 1 月 22 日动工，同年 10 月竣工投入使用。改造扩建后该站建筑面积 5 850 平方米，其中候车大厅 1 028 平方米，售票大厅 390 平方米。停车场面积 18 200 平方米，各项站务配套设施完善，达到二级站设计标准。

襄樊高速公路客运站：该站为与高速公路配套而新建。2001 年完成建设用地规划，2002 年工程立项，2003 年完成用地调整规划，办理征地协议，编制完成初步设计上报方案。湖北省交通厅下达《关于襄樊高速公路汽车客运站工程可行性研究报告的批复》同意新建襄樊高速公路客运站，选址位于高新技术开发区 316 国道与金岗路交叉路口西南角，距离襄荆、襄十高速公路连接线襄樊西出口 2 公里，规划用地 99.66 亩，计划平均日旅客发送量 10 000 人次，一级客运站规模，工程总投资 2 869.65 万元。一期工程投资 1 958.13 万元，含站务楼 3 000 平方米，配电房、门房及厕所 1 200 平方米。2004 年，高速公路客运站完成主体工程的 80%。2005 年，高速公路客运站主楼主体工程封顶，网架工程已基本完工，玻璃幕墙、停车场工程、弱电工程进入全面施工，消防报警系统、公交站棚、车站广场设计方案完成，襄樊市车辆检测站迁址实施方案完成。

图 6—32 2011 年 11 月，襄樊市高速客运中心站停车场

宜城汽车客运站：1985 年 1 月 10 日，宜城县汽车客运站移址新建。1987 年 5 月，客运站与县汽车运输公司站企分离。1988 年 4 月 1 日，省交通厅批准续建改造。1996 年 4 月 24 日，省运管局批准宜城市客运站附属工程，新建生产用房 2 000 平方米。2001 年，宜城市汽车客运站按照二级站标准进行改扩建，占地 16 071 平方米，建筑 8 195 平方米，停车场 6 433 平方米，站前广场 1 250 平方米，发车位 8 个，售票室面积 64 平方米，候车大厅 642.6 平方米。总投资 214 万元。2001 年 8 月竣工投入使用。

老河口市汽车客运站：1989 年，经湖北省交通厅批准立项，新建二级站，占地面积 2 600 平方米，客运站建筑面积 3 394 平方米，1992 年 12 月 18 日竣工，12 月 20 日验收合格投入使用。老河口市汽车客运站隶属于顺通运业有限公司。1997 年，经湖北省交通厅批准立项，扩建，占地 2 880 平方米，建筑面积 4 879 平方米，1999 年 5 月开工，2000 年 12 月 20 日竣工，同年 12 月 28 日投入使用。

襄阳区汽车客运站：1988—1989 年，建成 400 多平方米的候车、售票一体的综合服务大厅，修整停车场等基础设施。1992 年，经省计划委员会批准立项，在襄阳县新县城中心地段征地 40 亩，投资 468 万元新建二级站。该站建筑面积 8 719 平方米，场地 6 871 平方米。1994 年建成。2005 年 6 月 22 日，襄樊市交通局下达《襄阳区汽车客运站改造工程投资计划的通知》，对襄阳区老客运站按二级站规模，对站务楼、站前广场、车辆出入站口、停车场进行改造。2005 年完工投入使用。

米庄汽车客运站：1992 年，襄樊市交通局上报《关于新建三级米庄客运站建设资金的报告》，拟在襄樊市汽车产业开发区新建三级客运站，建筑面积 3 000 平方米。1993 年，省交通厅补助投资 80 万元，安排使用 10 万元。1994 年，安排补助投资 70 万元，建成并投入使用。

（2）客运车辆

1980 年，全市营运客车 358 辆，其中交通运输企业 241 辆，社会客车 117 辆。到 1985 年发展到 799 辆，其中交通运输企业 440 辆，社会客车 359 辆。比 1980 年分别增长 123.2%、82.6%和 206.8%。1990 年，公路运输行业拥有客车 802 辆，专业客运企业有载客汽车 635 辆（其中襄樊市第一汽车运输公司 122 辆），交通专业中型客车从无到有发展到 13 台。1991 年高级客车发展到 8 辆，中级以上客车发展到 38 辆，当年底全市有营运客车 884 辆。

1992 年运力发展迅速，结构调整速度加快，年底营运客车达到 999 辆，较 1990 年增长 24.5%，其中中高级客车发展到 97 辆。1992 年 6 月，襄运集团公司购置第一辆湖北 EK6960T 米卧铺客车，共 21 个铺、6 个座位，经营襄樊至西安客运线路，卧铺客车首次进入襄樊，受到乘客普遍欢迎。当年卧铺客车发展到 6 辆。到 1995 年末，全市拥有道路客车 1 287 辆、38 900 客位，其中大型客车 636 辆，中型客车 452 辆，小型客车 199 辆。其中交通专业 645 辆，客位 2 462 个。

“九五”时期，襄樊市营运载客汽车向高档、豪华、舒适、快捷方向发展。1998 年 6 月 8 日，由捷龙运输公司、襄运集团公司等 9 家运输公司联合投资组建湖北省九环快速客运有限公司，投入桂林大宇等豪华大客车 20 辆，专线运营襄樊至武汉和襄樊至沙市的客运班线。1999 年，襄运集团公司发展长途载客汽车累计 338 辆，其中：大型客车 94 辆(卧铺车 58 辆)，普通客车 244 辆。到 2000 年底，全市营运客车达到 2 075 辆，全市 150 个乡镇全部通客车。

“十五”期间，襄樊道路客运发展进入空前高速成长期。2001 年，经营车辆总数达到 2 108 辆，其中卧铺客车发展到177辆，6 938客位，高级客车达到21辆，764客位。2002年，全市营运客车达到2 828辆，高级客车达到 79 辆，客位 2 508 座。干线上零散经营客运业户下降 80%。到“十五”期末，全市共有载客汽车 4 811 辆（其中神州运业集团公司 264 辆），班车客运车辆 2 200 辆，46 779 个座位，其中大型高级客车 97 辆，8 450 个客位，大型中级客车 46 辆 1 708 个客位，中型高级客车 178 辆 4 755 个客位，中型中级客车 146 辆 3 856 个客位，小型高级客车 12 辆 108 个客位，小型中级客车 21 辆 315 个客位(见表 6—9）。

1986—2005 年襄樊市公路营运客车拥有量统计

表 6—9

项目 年度	合计		其中							
			交通部门		非交通部门					
					小计		社会		个体	
	辆	客位	辆	客位	辆	客位	辆	客位	辆	客位
1986	698	28977	524	23001	174	5976	168	5761	6	215
1987	731	31221	568	25160	163	6061	152	5727	11	334
1988	714	31019	588	26195	126	4824	108	4210	18	614
1989	774	32542	622	27842	152	4700	134	4086	18	614
1990	802	33927	635	28232	167	5695	129	3985	38	1710
1991	884	36192	704	30764	180	5428	143	3763	37	1665
1992	999	39996	786	33870	213	6126	155	3516	58	2610
1993	1152	43035	740	31215	412	11820	332	8220	80	3600
1994	1341	43674	661	27882	680	15792	605	12417	75	3375
1995	1287	38900	645	24623	642	14277	232	7240	410	7037
1996	1544	42628	773	26167	771	16461	261	7828	510	8633
1997	1673	44680	879	26424	794	18256	213	7842	581	10414
1998	1802	46733	986	26681	816	20052	163	7856	653	12196
1999	1813	45505	1028	24894	785	20611	166	9019	619	11592
2000	3072	44672	915	23468	1160	21204	239	5340	921	15864
2001	2108	44708	—	—	2108	44708	1171	28664	937	16044
2002	2828	47955	—	—	2828	47955	1347	30008	1481	17947
2003	2855	50742	—	—	2855	50742	2215	44054	640	6688
2004	3077	52328	—	—	3077	52328	2556	46657	521	5671
2005	3111	51364	—	—	3111	51364	2820	47817	291	3547

(3)旅客运输量

1983 年,全市公路行业客运量 1 787.9 万人,旅客周转量 54 923 万人公里。1985 年,全市行业客运量完成 3 076.6 万人,旅客周转量 96 959 万人公里,分别比 1983 年增长 72.1 和 76.5%。其中交通专业完成客运量 2 451.9 万人,周转量 83 119 万人公里,分别占总运量的 79.7%和 85.7%;个体客车完成客运量 74.2 万人,周转量 2 903 万人公里,分别占总运量 2.4%和 3%。1990 年末,全市公路运输客运量 3 972.2 万人次,旅客运输周转量 13.25 亿人公里。其中襄樊市第一汽车运输公司客运量 436 万人,公路运输旅客周转量 25 605 万人公里。

1995 年末,全行业完成旅客运输量 4 266 万人,旅客周转量 153 165 万人公里。其中交通部门运输企业完成旅客运输量 2 722.7 万人,旅客周转量 109 065 万人公里。交通部门运输企业占全社会客运量和旅客运输周转量的 63.8%和 71.2%, 交通运输专业企业在公路客运经营中仍起主导决定性地位。

1996 年末,全行业完成旅客运输量 4 695 万人,旅客周转量 182 017 万人公里。其中交通部门企业完成旅客运输量 2 817 万人,旅客运输周转量 112 173 万人公里,交通部门运输企业占全社会客运量和旅客周转量的 60%和 61.96%。至 2000 末,全市公路运输客运量达 5 918 万人,其中交通部门运输企业 3 720 万人占 62.9%，个体联户 1 312 万人占 22.20%。全市旅客周转量 267 215 万人公里，其中专业 152 708 万人公里占 57.10%，个体联户 71 351 万人公里占 26.7%。这一时期，非交通部门，尤其是民营个体旅客运输得到空前发展。

自 2001 年，道路运输行业开始实行经营资质等级评审，道路旅客运输开始向公司化、专业化、集约化方向发展。2003 年底，全市公路运输客运量、客运周转量分别为 6 774 万人，270 914 万人公里。其中个体经济成分客运量 1 157 万人占 17.08%、旅客运输周转量 39 400 万人公里占 14.54%。至 2005 年末，全市公路运输行业客运量达 7 781 万人（个体运输完成 637 万人，占 8.1%），客运周转量达 317 275 万人公里（个体运输完成 23 929 万人公里，占 7.5%）（见表 6—10）。

1986—2005 年襄樊市（全社会）公路运输客运量统计

表 6—10

项目/年度	客运量（万人）					旅客周转量（万人公里）				
	合计	其中				合计				
		交通部门	非交通专业				交通部门	非交通专业		
			小计	社会	个体			小计	社会	个体
1986	3565	2227.8	1337.2	1275.2	62	119754	81846	37908	36190	1718
1987	3911	2401.7	1509.3	1439.3	70	131376	89728	41648	39708	1940
1988	4138	3148.2	980	916	74	139002	119666	19375	17324	2051
1989	3940	3084	855.8	740.2	115.6	141319	119662	21656	18579	3077
1990	3972.2	2939.1	1033.2	874.5	158.7	132478	106644	25834	22000	3834
1991	4494.3	3386.9	1107.4	950.4	157	151685	124050	27635	24062	3573
1992	4580.4	3747.4	833	661	172	158318	134410	23908	20004	3904
1993	4627.3	3137.8	1489.5	1169.5	320	175837	108126	67711	60543	7168
1994	4385.4	3048.3	1337.1	687.8	689.3	164789.9	114798.3	49991.6	30003.2	19988.4
1995	4266	2722.7	1543.3	695.3	848	153165	109065	44100	24347	1975.3
1996	4695	2817	1878	855	1023	182017	112173	69844	31297	38547
1997	5202	3086	2116	829	1287	224241	122621	101620	36666	64954
1998	5709.3	3355.9	2353.4	802.4	1551	266465	133070	133395	42033	91362
1999	5683	3529	2154	848	1306	253515	139149	114366	43015	71351
2000	5918	3720	2198	886	1312	267215	152708	114507	36556	77951
2001	6270	—	6270	4651	1619	256245	—	256245	194042	62203
2002	6614	—	6614	4810	1804	270805	—	270805	204721	66084
2003	6774	—	6774	5617	1157	270914	—	270914	231514	39400
2004	7399	—	7399	6602	797	293767	—	293767	265513	28254
2005	7781	—	7781	7144	637	317275	—	317275	293346	23929

（4）特殊时期客运

1993 年 1 月 8 日至 2 月 16 日春运，全市共投入客运车辆 1 150 辆、76 276 个班次，完成旅客运输量 401.58 万人，旅客周转量 17 471.16 万人公里。1995 年 1 月 11 日至 3 月 1 日春运期间全市共投入营运客车 51 665 辆次，发送班车 110 494 班次，安全运送旅客 609.94 万人，27 146 万人公里。其中疏运民工 569 班次，接送外地民工 2 万人。

1996 年 1 月 30 日至 3 月 19 日春运，全市共投入营运客车 66 312 辆次，运送旅客 3 652.11 万人，旅客周转量 27 975.93 万人公里。疏运广东、江苏、浙江、山东、上海等地民工 6.6167 万人，整个春运期间实现安全无事故。

1997 年 1 月 18 日至 3 月 8 日春运，全市投入营运客车 8.52 万台次，开行 242 476 班次，运送旅客 685.51 万人次，旅客周转量 29 011.84 万人公里，疏运广东、江苏、浙江、上海等地民工 5.47 万人次。

1998 年 1 月 8 日至 2 月 26 日春运，全市投入营运客车 8.52 万辆次，疏运民工 7 万人次。

2001 年春运，全市营运客车达到 85 771 台次，开行班次 24 4731 个，运送旅客 611.77 万人次，24 984.17 万人公里，投入跨省运输车辆 1 665 台次，途径 14 省(市)，运送跨省民工旅客 6.6 万人次。

2002 年春运，全市营运客车达到 83 150 台次，运送旅客 630.34 万人次，投入跨省运输车辆 13 083 台次，途径 16 省(市)，疏运前往广东、江苏、山东等沿海地区的民工旅客 6.819 万人次。

2003 年春运从 1 月 17 日开始至 2 月 25 日结束。全市日均投入营运客车达到 2 298 台次，日均投入班次 5 258 个，运送旅客 611 万人次，客运量同比减少 3.1%，没有出现重大安全行车事故。

2004 年春运从 1 月 7 日开始至 2 月 15 日结束。全市日均投入营运客车达到 1 996 台次，日均投入班次 4 793 个，运送旅客 633.3 万人次，客运量同比增长 3.6%，整个春运期间没有出现重大安全行车事故。

1998 年抗洪抢险，共安排防汛车辆 201 辆集结待命，并调用 24 台车辆随襄樊陆军预备役师参加湖北、江西长江沿线的防汛救灾工作。共投入 402.34 万元。

2003 年，抗击“非典型肺炎”，为了防止通过道路运输传播非典型肺炎，对从事道路客运的营运车辆实施严格的消毒制度，对乘车旅客实行实名登记制，在客运站候车厅、售票厅、发车位等醒目位置张贴“非典型肺炎”知识指南，并设置留观站。在运输途中发现非典型肺炎病人和疑似病人进行及时有效的处置。同 4 月 28 日起，对发往广东、天津、浙江、重庆、山西、湖南等疫情相对高发区域的班车暂停运行。同年 6 月 5 日开始，先后对 12 台不按要求进站经营的车辆做出取消经营资质、罚款或停班整顿的处罚决定，确保了整个“非典”期间，襄樊市道路旅客运输安全、平稳。从 4 月 29 日至 7 月 25 日，襄运集团客运中心站共检测旅客 20 多万人次，其中送交留验室观察 898 人，留置观察或送 120 急救中心共 75 人，有效防止了“非典”疫情在道路旅客中传播。

2004 年 8 月，襄樊地区普降特大暴雨，市区多处居民区受淹，襄樊市运管处安排襄运集团公司出动 14 台大客车，赶赴襄城区受灾严重的 102 公司家属区和檀溪乡等地参加防汛抢险运输，做出积极贡献。

1983 年，旅游客运兴起，当年开辟襄樊至武当山、谷城至武当山、光化至武当山、谷城至隆中旅游线路固定班次。

1984 年，神州运业公司成立“旅游出租服务公司”，先后新增 9 辆高中低档旅游车，当年开辟了襄樊至西安、洛阳、少林寺、葛洲坝、玉泉寺等五条旅游线路，办理汽车出租、会议包车、结婚用车以及其他方面用车。1985 年下半年，旅游公司又开辟了襄樊至沙市的直达班车。

“十五”期间，国家开始实行“黄金周”休假制度，襄樊道路旅客运输“假日经济”得到快速发展。2001 年“五一旅游黄金周”全市投入运力 13 130.19 辆次，32 794 班次，完成客运量 60.08 万人、周转量 2 385.87 万人公里，实现营运收入 439.81 元。2001 年“十一黄金周”全市投入运力 12 684.62 辆次，40 785.58 班次，完成客运量 69.02 万人、周转量 2 716.46 万人公里，实现营运收入 401.048 万元。

2002 年“五一旅游黄金周”全市投入运力 13 918 辆次，34 762 班次，完成客运量 63.69 万人、周转量 2 529.026 万人公里，实现营运收入 421.99 元。2002 年“十一旅游黄金周”全市投入运力 13 192 辆次，42 417 班次，完成客运量 71.97 万人、周转量 2 825.12 万人公里，实现营运收入 417.09 万元。

2003 年，湖北神州运业集团公司、襄樊运鑫公司、襄阳安达运输公司、老河口顺通有限公司相继成立专业旅游运输公司，并相继取得国家一级旅游客运资质企业。2003 年“五一旅游黄金周”受“非典”影响，当年全市投入运力 9 856 辆次，22 648 班次，完成客运量 33.13 万人（仅为 2002 年的 50%）、周转量 1 391 万人公里，实现营运收入 165.7 万元，仅为 2002 年的 39.27%。随着“非典”的结束，2003 年“十一旅游黄金周”全市投入运力 13 843 辆次（较 2002 年增加 5%），32 393 班次，完成客运量 100.41 万人（较 2002 年增长 39.52%）、周转量 4 217.2 万人公里，实现营运收入 502.05 万元（较 2002 年增长 20.37%）。

2004 年“五一旅游黄金周”全市投入运力 14 651 辆次，完成客运量 132.61 万人、周转量 2 529.026 万人公里，实现营运收入 421.99 万元。2004 年“十一旅游黄金周”全市投入运力 14 651 辆次，33 901 班次，完成客运量 131.14 万人，实现营运收入 214.96 万元。

2005 年“五一旅游黄金周”全市投入运力 14 917 辆次，完成客运量 129.81 万人、周转量 2 580 万人公里，实现营运收入 430 万元。2005 年“十一旅游黄金周”全市投入运力 14 917 辆次，完成客运量 149.41 万人，实现营运收入 494 万元。到 2005 年底，全市专业旅游运输企业 4 家，共有高级客车 263 台，8 202 座，中级客车 205 台，5 673 座。

（5）农村客运

1979—1989 年，农村客运市场呈现运力少，停靠站点少，运行班次少，车辆老、破、旧，安全隐患多状况。进入 20 世纪 90 年代，运管处采取多项发展农村客运措施。进入 21 世纪，市运管处根据实际情况采取鼓励社会投资、放宽市场准入、简化审批手续等一系列优惠政策发展农村客运。同时加大农村道路客运网络建设和线路改造投入。谷城县交通局采取减征或缓征客运附加费和运管费的措施，为社会资金进入农村客运创造条件，通过收购、股份制改造等方式。2004 年，吸引企业、民间资本 300 万元，购置 47 台车辆投入到农村客运市场。并将 20 多名经营五山到谷城线路的个体户组成谷山客运股份有限公司，引导和鼓励个体营运户走公司化、公交化农村客运道路，开通 3 条村组客运循环线路，串联五山镇 90%的行政村、30 多个茶场和8 个农田基地，通车总里程达 82 公里。截至 2004 年，各县（市）乡镇至城关全部通达班车，乡镇与乡镇及部分村组间班车通达率达 70%。从事农村客运车辆共有 1 202 辆。全市105 个乡镇中，等级站 31 个，简易站 42 个，总计 73 个。

（6）城市客运

城市公交：1966 年 4 月以前，城市公交车辆属襄樊市汽车队管理。1966 年 4 月，成立襄樊市公用汽车公司。1993 年 3 月 16 日，公用汽车公司更名为襄樊市公共交通总公司沿用至今。1968 年至 2002 年 6 月，襄樊市城市公交隶属于襄樊市城建局管理。2002 年 7 月至 2003 年 11 月隶属于襄樊市城管局管理；2003 年 11 月至今，实行“一城一交”模式，城市客运管理及公共交通总公司交由襄樊市交通局管理。1980—2005 年间，公交公司先后建成 8 个大型停车场和公交调度大楼。1980—1989 年，公交公司共斥资 92 万余元购置土地用于建设停车场。1982 年 8 月，公交公司斥资 10.78 万元购置土地 9 500 平方米建立前进东路 103 号停车场，用于第四分公司车辆停车，后经整修扩建，目前车场面积已达 15 920.4 平方米。1983 年 12 月，公司投资 8.3 万元购置土地 3 565 平方米建立停车场，用于第一分公司车辆停车。1985 年 10 月，公司投资 23 万元，在檀溪路附近购买土地 11 078 平方米建立停车场用于第三分公司车辆停车。1988 年 12 月，公司投资 50 万元购在万山附近购买土地 44 078.8 平方米建造万山停车场。1990—1999 年间，公司对部分停车场合理调整，最大限度减少车辆空驶返场路程。1996 年 12 月，出租公司根据市政府法治办意见，将卧龙长途旅游客运车辆转让，在前进路车场临街门面房设置 300 平方米候客室，在车场内划定 1 500 平方米的专用停车场地。1998 年 4 月，公交第三分公司由樊城车场迁往檀溪车场。1 路、2 路、9 路、10 路归第二分公司管理，11 路、13 路、14 路、17 路归第三分公司管理，减少部分线路车辆空驶里程。2000—2005年，公交公司购买29 733平方米的土地用于建造4个大型回车场。2001年8月，在鱼梁洲购置土地5 188.9平方米建立停车场。2002年6月，公交公司取得位于樊城区七里河地号为7—24—9的国有土地使用证，土地面积为12 519.2平方米。12月，购得人民西路一块12 025平方米的国有土地使用权，用于建造公交停车场。2004年3月，公交公司第二分公司由前进路车场迁至七里河车场，第四分公司由星火路车场迁至前进路车场。4月，第一分公司迁至星火路车场。10月，公交调度中心大楼破土动工，于2005年建成投入使用（见表6—11）。

襄樊市公共交通总公司停车场建设、分布情况一览

表6—11

名 称	征地面积（平方米）	征地年月	投资情况（万元）	使用情况	备 注
星火路停车场（总公司）	6 000	1974.10	1.4	已建成调度大楼	经扩建总面积已达22680.2平方米
前进东路103号停车场（二车场）	9 500	1982.8	10.78	四分公司使　用	经扩建总面积已达15920.4平方米
一公司停车场	3 565	1983.12	8.3	一分公司使　用	—
檀溪停车场	11 078.1	1985.10	23	1995年3月投入使用	—
万山停车场	44 078.8	1988.12	50	正在建设中	—
岘山停车场	3 401.7	1997.6	65	2000年10月投入使用	10.33亩
鱼梁洲停车场	5 188.9	2001.8	…	正在建设中	性质：出让；期限：至2051年7月
七里河停车场	12 519.2	2002.6	280	2004年3月投入使用	性质：出让；期限：至2052年5月
人民西路（贾洼）停车场	12 025.0	2002.12	…	正在建设中	性质：出让；期限：至2036年8月

公交线路随着城市的建设发展逐步增加和调整。1980年，公司开辟线路9条，线路长度143.75公里。1981年8月，开通10路公交线路——三元路至三元路环形线。1986年3月，开通襄樊火车站至襄城胜利街13路线，全程9公里。1989年1月，开通襄樊火车站开往为青山路口的14路公交线，全程9公里。1990—1999年，公司共拥有线路25条，线路长度为1 263公里。1990年5—6月，公司开通15路、16路两条公交线。15路由火车站开往二汽医院，全程13公里。16路由广场开往内燃机厂，全程17公里。1992年长虹大桥建成通车，同年5月，13路车由一桥通行改为从长虹大桥通行，终点站为文博馆。同年12月，公司开辟501路、515路两条专线车。同年11月，1路车终点站由胜利街延伸至市仪表元件厂，延伸后的班次、时间不变动，每个营运车组增加营运里程6公里。同年12月，14路改为514路专线车，由三公司经营。1995年1月20日，融资180万元购置标准无人售票车12辆，开通襄樊市第一条无人售票线路13路。2—4月将16辆普通公共汽车改装为无人售票车。1997年9月，开通9路、14路两条无人售票车线路。1998年9月，5路、12路车改为505路和512路专线。1999年1月，开通董台小区至红光路的19路无人售票公交线路，沿途设11个站点，全长6公里，投入5台车辆运营，日运行70趟次。同年3月，开通解放桥至月亮湾公园的20路公交线路，沿途设12个站点，全长8公里。1999年5月，首批25台无人售票空调车在1路、13路、512路运行。当月，开通文博馆至隆中的512路襄城区间车，日运行20趟。2000—2005年，公交公司线路开发呈现快速增长，5年间共新开线

路 14 条。2000 年,公司开辟万山工业区至闸口的 21 路和长虹桥南至荣华路的 24 路公交线。2001 年 1 月,公司开通华光厂至人民广场的 22 路公交线路,线路全长 6.5 公里,沿途设 11 个站,投放 6 台车运营。4 月,开通董台至二桥桥北的 25 路和火车站至 5713 厂的 26 路公交线。5 月,开通华中制药厂至解放桥的 27 路公交线。9 月,开辟"襄樊一日游"旅游专线,线路全长 25 公里,从火车站始发,途经诸葛亮广场、明珠广场、夫人城、十字街(鼓楼)、仲宣楼、人民广场,终点站为火车站,后因客流量过低,于 2002 年暂停运营。2003—2005 年,公交公司先后开辟 530 路、536 路、537 路、38 路、539 路、531 路、537 路等 7 条线路。截至 2005 年底,公司拥有 37 条线路,总长 452 公里(见表 6—12),车辆年运行 3 001 万公里,站点 1 300 个,年送乘客 9 090 万人次。

2005 年末襄樊市公共交通总公司线路开辟明细

表 6—12

线路	起点—终点	长 度(公里)	开辟时间(年月)	站点数(个)
1	火车站—岘山	9.2	1979	14
2	火车站—丹江路	10.4	1967	22
3	广场—牛首	20	1964.7	14
4	长虹桥北—唐白河	20	1976.	20
505	广场—余家湖	17	1964.7	25
6	广场—泥咀	19.5	1965.	25
7	广场—部营	17.1	1967.	22
8	广场—尹集	16	1979.3	16
9	制漆厂—军纺路	8.3	1979.1	16
10	三元路—三元路(环行线)	12.1	1981.8	22
511	万山工业区—火车站	11.2	1979.3	16
512	火车站—隆中	18.4	1976.	21
13	火车站—南湖广场	10.9	1986.3	16
14	火车站—东风电气厂	11.2	1989.1	18
515	火车站—二汽基地	13.2	1990.5	18
516	火车站—内燃机车厂	11.5	1990.6	16
16	市一医院—铁厂	13.4	2005.7	23
517	五七一三厂—庞公祠	11.5	1997.10	18
518	火车站—米庄	13.9	1997.10	18
19	紫贞公园—鱼梁洲	8.4	1999.1	16
20	乔营—鱼梁洲	7.9	1999.3	15
21	万山工业区—闸口	7.5	2000.3	13
22	广场—华光厂	6.5	2001.1	13
23	肖湾—中原路	13	1976.	16
24	长虹桥南—荣华路	14	2000.6	20
25	火车站—公安驾校	12	2001.4	18
26	火车站—柿铺	10	2001.4	16
27	广场—华中制药厂	6.1	2001.5	12
28	汉丹专线	7.3	2001.10	20
530	长虹桥北—董台—轿车厂	16.7	2003.	30
专线	卫东专线	8.2	2001.9	17

续表

线路	起点—终点	长 度(公里)	开辟时间(年月)	站点数(个)
531	火车站—诸葛亮广场—邓城—九冢	12	2005.10	13
536	南湖广场—二汽广场	17.8	2003.12	27
	铁三院专线	8.4	2004.7	18
537	荆州街—市政府	5	2004.6	10
38	广场(解放桥)—王寨	8.3	2004.6	18
539	文博馆—杨家河	6	2005.5	12

1985 年,襄樊市公用汽车公司拥有公交车辆 95 台。1987 年,拥有公共汽车 134 辆,其中铰接车 40 辆,年运送乘客 3 566.41 万人次。1990—1995 年,随着城乡客运市场的放开,公交公司的发展遇到阻力与挑战。1992 年,近 200 台社会客运中巴车依附市区 1 路、11 路、15 路、13 路、14 路等重要公交线路上运营,对公交车的正常营运产生较大冲击。为适应城市客运市场变化,最大限度满足人民出行需要,公司采取增加营运车辆、优化线网布局、合理调整班次时间、充实一线驾驶员队伍等有效措施,增强公司竞争力,提高营运安全服务水平。1995 年底,公交公司拥有营运车辆 150 台,年运送乘客 4151.78 万人次。1996—2000 年,公交公司加大车辆更新力度,共增加车辆 97 台,在市区全面推行无人售票车。1998 年,市区取缔中巴,公交车辆承担任务加重,也促进了企业的发展。到 2000 年末,公司拥有车辆 310 台,年运送乘客 6 978.03 万人次。2000—2005 年,公司创立"线路围着市场转,车辆随着乘客转"的营运理念,使线网布局更加合理。整体收购舒捷、3 路中巴、16 路中巴。2001 年 7 月至 2005 年,营运车辆从的 346 标台增加到 452 台(见表 6—13),日营运班次从 475 个增加至 680 个(见表 6—14)。

1980—2005 年襄樊市公共交通总公司车辆、车型一览

表 6—13

年度	车辆(台)	车型
1980	83	上海 SH760 型、襄樊 XF660 型
1981	82	襄樊 XF640A
1982	84	襄樊 XF641
1983	97	襄樊 XF641
1984	91	广州 644 型
1985	95	武汉 WC645 型、四平 SP650 型、襄樊 XF642E 型、东风 JJ69 型
1986	100	襄樊 XK660A 型
1987	104	襄樊 XF660A
1988	103	襄樊 XF661E
1989	113	襄樊 XF661E 型
1990	126	襄樊 XF661E
1991	134	襄樊 XF641E 型、新乡 XK636 型、成都中巴 C320N 型
1992	162	襄樊 XF641E 型、XF661E 型、新乡 XK636 型、武汉 WH6923 型
1993	171	新乡 XKC6920 型、XKC6970 型、武汉 WH6923 型
1994	183	…
1995	150	新乡 XKC6970 型、常州 6922 型
1996	213	常州 CJ6922CH 型

续表

年度	车辆(台)	车型
1997	221	常州 CJ6921T、CJ6921G 型、河北 ZX6700 型、上饶 6995 型、
1998	249	江西萍乡 PK6970WS、常州 CJ6921G 型、襄樊 XF6900E 型
1999	273	重庆 CKZ6753 型、常州 CJ6101G1 型、重庆 CK26753 型
2000	310	常州 CJ6921G 型
2001	346	萍乡 PK6970WS 型、常州 CJ6101G 型、重庆 CKZ6846A 型
2002	371	常州 CJ6101G 型、武汉 WD6720HC 型
2003	380	新乡 LCK6980、武汉 WG6100E、常州 CJ6101G、CJ6101G5Q2、
2004	443	常州 CJ6101G5Q2 型、EQ6720PM 型、武汉 WG6100E 型
2005	452	武汉 WG6100E 型、东风 EQ6720PM 型、楚风 HQG6740E 型

襄樊市公交总公司 1980—2005 年城市公交客运指标统计

表 6—14

年度	线路数(条)	线路长度(公里)	营运车辆(台)	行驶总里程(万公里)	日行里程(万公里)	年客运量(万人)	日均客运量(万人)	单车运力(万人)
1980	9	143.75	83	303.15	0.83	1934.03	5.30	23.3
1981	10	151.35	82	321.72	0.88	2122.61	5.82	25.9
1982	11	152.4	84	328.58	0.90	2459.91	6.74	29.3
1983	12	158.8	97	342.89	0.94	2703.03	7.41	27.9
1984	12	158.8	91	352.23	0.96	2914.61	7.98	32
1985	12	174.6	95	413.49	1.13	3391.13	9.29	35.7
1986	13	175.7	100	463.54	1.23	3566.41	9.77	35.7
1987	13	183	104	487.05	1.33	3765.48	10.32	36.2
1988	13	182	103	503.36	1.38	4114.59	11.27	39.9
1989	14	191	113	524.36	1.44	3948.65	10.82	34.9
1990	16	223	126	549.79	1.51	3944.88	10.81	31.3
1991	16	223	134	642.63	1.76	4285.63	11.74	32
1992	16	233	162	752.20	2.06	4619	12.65	28.5
1993	16	233	171	790.29	2.17	4672.52	12.80	27.3
1994	16	233	183	821.02	2.25	4202.37	11.51	23
1995	21	1223	150	883.61	2.42	4151.78	11.37	27.7
1996	21	1223	213	1052.89	2.88	5009.61	13.72	23.5
1997	23	1247	221	1196.21	3.28	5332.19	14.61	24.1
1998	23	1251	249	1581.42	4.33	6470.32	17.73	26
1999	25	1263	273	1815.22	4.97	6524.53	17.88	23.9
2000	23	283	310	1976.19	5.41	6978.03	19.12	22.5
2001	30	253	346	2208.13	6.05	6958.67	19.06	20.1
2002	30	365	371	2337.42	6.40	6867.75	18.82	18.5
2003	30	380	380	2319.41	6.35	6357.71	17.42	16.7
2004	34	422.6	443	2653.23	7.27	6891.72	18.88	15.6
2005	37	452	452	3001.76	8.22	9090.25	24.90	20.1

城市出租汽车运输：襄樊市区出租汽车客运始于1980年。当年，市出租公用汽车公司购置2辆菲亚特轿车从事出租汽车客运，主要经营乘客包车业务。1986年，出租汽车增至6辆。1989年，市政府根据国民经济由计划经济向市场经济过渡的发展形势，允许国营、集体、个体从事出租汽车客运经营，出租汽车增至48辆，1992年，增至68辆，其经营方式主要是驻站候客和乘客包车。1993年，市区出租汽车增至90辆。1995年，出租汽车统一安装计价器，在市区道路上流动载客经营，按计价器显示的里程收费。1996年，市政府决定在市区取缔机动三轮车载客，大规模发展出租汽车客运，解决市民乘车难的问题。当年实际增加出租汽车374辆，市区出租汽车总量达到584辆。并对出租汽车的标志进行统一规范，即统一安装出租汽车顶灯，统一在车门上喷印公司的名称，统一在车的后保险杠上喷印监督电话，统一出租汽车专用"T"字牌照。按照中华人民共和国建设部《城市公共客运交通经营权有偿出让和转让的若干规定》对市区出租汽车经营权实行有偿出让，经营年限为3年，富康型轿车3年经营权出让价9000元，富康以下轿车3年经营权出让价为7000元，面的车3年经营权出让价12000元。第一次运用市场经济的手段和方法把政府的无形资产变成了有形资产，并通过这种方法实现襄樊市区出租汽车发展的宏观调控。1998年，市政府决定分两年在市区淘汰中巴车，配套出台鼓励市区中巴车换型为出租汽车的优惠政策。凡在规定时间内淘汰换型的中巴车可获得一台出租汽车经营指标。1998—2000年，共淘汰换型中巴车181台。2001年，市区出租汽车专用"T"字牌照号段统一更换为"X"牌号段。市政府根据城市发展需要继续扩大出租汽车发展规模，实行经营权有偿出让，到2002年，市区出租汽车达到1520辆。2003年，襄阳县撤县设区后，市政府将襄阳区出租汽车纳入襄樊市区统一管理，经省政府批准，襄樊市区增加出租汽车180辆，市区出租汽车总量增至1700辆。同时，对1700辆出租汽车进行新一轮经营权有偿出让，出让年限为5年，出让价：富康出租车每年8 000元，面的车每年9 000元。在进行经营权有偿出让时，市政府决定统一出租汽车车型，分3年淘汰面的，在2005年8月31日前将襄樊市区面的型出租汽车全部换成富康型出租汽车，并给予政策奖励，每提前一个月换型的，市政府奖励经营者50元现金，截至2005年7月6日，襄樊市区最后一辆黄面的退出市场，市区出租汽车全部为富康车型。

客运人力三轮车：1949年后，三轮车已是市区载人主要运输工具。1958年东风公社成立后，下属一个集体性质的民间组织——东风三轮车公司，车型为车厢前置式三轮车。1966年，襄樊市公用汽车公司成立之后，三轮车营运逐渐减少。改革开放后，客运人力三轮车营运又逐渐恢复。1989年，市区有1000多辆人力二轮车营运，车型有车箱前置式三轮车，也有车箱后置式三轮车。1989年9月，市城市公共客运管理处开始对市区客运人力三轮车进行统一管理。1991年8月10日，市政府出台《襄樊市市区人力三轮车管理暂行办法》，提出"强化管理、控制总量、限制发展"的总体思路，统一客运人力三轮车车型（车厢后置式）和颜色（天蓝色），建立年检制度，总量控制在1000辆以内。1999年6月统计，市区拥有客运人力三轮车351辆。1999年7月，为解决市区部分下岗职工就业问题，市区新增400辆客运人力三轮车，采取行政手段分配指标，其中襄城区40辆，樊城区70辆，高新技术产业开发区20辆，汽车产业开发区20辆，经委战线180辆（含襄樊市力车厂50辆），财委战线30辆，建委战线40辆。各行政区和战线按照分配的数量和经营者条件对报名者进行资质审查后，再分配到下岗职工手中。截至2003年12月，市区客运人力三轮车总数达到958辆。2004年1月，襄樊市十四届人大一次会议上，付明珠市长在《政府工作报告》中提出要"限期取缔三轮车"，由市政府牵头组成工作专班，拟定《关于取缔襄樊市城市客运人力三轮车的实施方案》，提出取缔客运人力三轮车的时间、方法、步骤以及补偿方案。后因三轮车经营者多次集体上访，反映取缔客运三轮车存在的困难和问题。同年9月，市政府将取缔客运人力三轮车工作转为取缔摩的、黑出租、黑三轮工作。2005年3月，市城市公共客运管理处提出市区客运人力三轮车换型工作方案，赴苏州、杭州、镇江考察。确定新式三轮车车型：后座选用诸葛亮云冠造型，采用一次性压模成型玻璃钢车体以及防水性较强的风雨篷，车后座由襄樊玻璃钢厂生产,车架由西安金元车业有限公司生产,2005 年底开始整车组装。

(四)公路运输企业

1.国有运输企业

1980 年, 汽车运输企业有襄阳地区汽车运输公司和各县（市）交通局组建的交通车队共 8 家。1984 年 2 月,襄阳地区汽车运输公司更名为襄樊市第一汽车运输公司(以下简称市一汽运)。同年 7 月,市政府将市第一汽运原分驻 6 县(市)7 个车队、58 个汽车站下放到所驻县(市)领导。调整后,市一汽运公司下辖 4 个汽车队、11 个汽车站、1 个出租汽车公司、1 个汽车大修厂和 1 个保养场。1984 年末,市一汽运拥有营运汽车 269 辆 1 374 吨位,其中营运客车 88 辆 398 吨位,营运货车 181 辆和 976 吨位,挂车 182 辆 728 吨位。职工人数 1 700 人。拥有固定资产原值 1 537.7 万元,净值 1 522 万元。

经过 1984 年全市汽车运输企业大规模改革后,组建各县(市)汽车运输企业。分别是:随州市第一汽车运输公司由市一汽运下放的货运 7 队、客运 8 队及车站组成;老河口市汽车运输公司由市一汽运下放的汽车第 11 队及车站组成; 枣阳县第一汽车运输公司由市一汽运下放的汽车 2 队及车站组成;谷城县汽车运输公司由市一汽运下放的汽车 9 队及车站组成; 宜城县汽车运输公司由市一汽运下放的汽车 5 队及车站与宜城县交通局汽车队合并组成;南漳县汽车运输公司由市一汽运下放的汽车 10 队、车站与南漳县交通局车队合并组成;保康县汽车运输公司由保康县交通局汽车队与市一汽运下放的部分车辆、车站合并组建。其余各县(市)市交通局汽车队按原管理方式运转,分别有:随州市交通局汽车队(前身为随县交通局车队,1984 年 7 月改名);老河口市交通局汽车队;枣阳县交通局汽车队(1984 年 7 月改名为枣阳县第二汽车运输公司);谷城县交通局汽车队;襄阳县交通局汽车队(1984 年改名为襄阳县汽车运输公司);襄阳县汽车客运公司(襄阳县交通局汽车队中客车与一汽运下放部分客车组建);枣阳县客运公司(枣阳县交通局汽车修配厂于 1984 年投资组建)。到 1984 年末,全市全民所有制汽车运输企业 15 家,职工 4 128 人,营运车辆 899 台、4 320.5 吨位。

1990 年,15 家全民所有制企业,营运汽车 1 108 辆,其中客车 570 辆。1993 年 7 月,襄阳县交通局将汽车客运公司更名为湖北襄阳安达运输总公司,1994 年,将襄阳县汽车运输公司并入安达公司。同年,随州市改为省直辖市,随州市汽车运输公司不再列入襄樊市统计范围。1995 年,襄樊市国有汽车运输企业 13 家。到 2005 年底,13 家全民所有制企业中 1 家被香港冠忠(湖北)交通发展公司以 9 059 万元整体并购,2 家先改制为国有控股企业后改制为民营企业,4 家破产后重组为民营企业,2 家破产后消亡,另有 4 户仍为国有企业。

(1)湖北神州运业集团有限公司

湖北神州运业集团有限公司是以汽车客货运输为主,多种经营共同发展的企业。其前身是 1949 年 6 月成立的中原公路管理局樊城办事处,1950 年 2 月改为湖北省国营汽车运输公司樊城分公司。1958 年 7 月改为襄阳交通运输管理局。1964 年 6 月改为湖北省运输局襄阳汽车分局。1973 年 12 月改为襄阳地区汽车运输公司。1984 年 2 月改为襄樊市第一汽车运输公司。1995 年 4 月改为湖北襄运集团公司。2001 年 11 月称湖北神州运业集团有限公司。2004 年 9 月改制,名称不变。

公司在职职工 854 人,托管离退休人员 691 人,内退 460 人。至 2005 年底,注册资本 13 184.38 万元, 总资产 22 761.68 万元, 其中流动资产 3 883.91 万元, 固定资产 3 338.60 万元, 无形资产 11 018.33 万元,长期投资 4 520.83 万元。总负债 12 194.87 万元,其中:流动负债 10 429.73 万元,长期负债 1 765.15 万元。所有者权益 10 566.80 万元。

1984 年 7 月 1 日，市政府决定将公司驻各县（市）的车站、车队的人财物全部下放交由所在县（市）管理。公司 11 个车队下放 7 个车队，下放营运车辆 365 台，占总车数的 57%。下放光化、谷城、南漳、宜城、随州、枣阳 6 个县级车站及其所辖区级车站。下放人员 1 489 人，占职工总数的 45%。下放固定资产原值 1 406.9 万元，占公司总数的 50.1%。襄阳县当时无县级站，1984 年 8 月双沟、程河、朱集、黄龙、峪山、方集、东津七个区级站 32 条客运线路下放给襄阳县经营管理。1988 年 7 月，公司所属襄阳县欧庙、古驿、黄集、石桥、龙王、太平店 6 个站下放给襄阳县交通局管理。下放的车多人少，企业贷款等负担留在原公司，在一定程度上影响了市一汽运的经营和发展。

1986 年，公司经营管理体制改革，改集中管理为分散独立核算单位、改车队为车站、修订经济责任制、扩大基层单位经营管理自主权。1988 年 5 月，公司与市政府有关部门签订《承包经营合同书》，采取“利润包干，确保还款，超收多留，歉收自补”的方法。1988—1990 年包干实现利润 284 万元，归还专项贷款 225 万元。

1990 年 10 月，市政府有关部门与公司签订 1991—1993 年（第二轮）承包合同，采取“定额实现利润，定额归还贷款”的办法。三年实现利润定额分别为 20 万元、40 万元、60 万元，还贷定额 270 万元。1992 年 12 月，襄樊市交通局批复公司实行经理负责制。1994 年，湖北省政府把公司列入企业解困试点单位。1995 年 4 月，公司更名为湖北襄运集团公司，向襄樊市交通局签订年度承包经营协议。全年实现总收入 5 332 万元、利税 250 万元，分别比 1994 年增长 22%和 25%。1996 年度湖北省交通厅授予襄运集团公司为“全省 20 强交通运输企业”和“五好企业”。

2001 年，为壮大专业运输规模，襄樊市交通局牵头组建国有资产占 88%控股权的湖北神州运业集团有限公司，优化经营环境，加大内部改革力度，促进企业的发展。2002 年，实现营业收入 8 361 万元，税金 343.6 万元，利润 4.2 万元。2004 年 9 月企业改制，由香港冠忠集团以 9 059 万元整体并购，成为港资企业。改制后企业名称不变。2005 年底，有营运车辆 336 台，其中客车 256 台，客运站房 9 166 平方米，站前广场 3 750 平方米、停车场 16 000 平方米，完成客运量 607.8 万人次，客运周转量 43 881 万人公里，营业总收入 6 826.26 万元，其中客运收入 5 022.39 万元，上缴税收 313.70 万元，利润 6.92 万元。

（2）湖北襄阳安达运输总公司

湖北襄阳安达运输总公司（以下简称“安达公司”）的前身是襄阳县交通局汽车队。1984 年，市第一汽车运输公司将车站下放给襄阳县。襄阳县交通局将车队的客车和车站合并，组建襄阳县汽车客运公司，货车部分组建成襄阳县汽车运输公司。1993 年 7 月，襄阳县汽车客运公司更名为安达公司。1994 年，襄阳县汽车运输公司并入安达公司。1995 年，襄阳县安达汽车运输公司完成汽车货物运输量 7 万吨、271 万吨公里，旅客运输量 200 万人、7 442 万人公里，营业总收入 550 万元，实现利润 6 万元。年末，固定资产原值 1 151 万元，净值 729 万元。1996 年，襄阳县双沟装卸运输公司也并入安达公司，并改名为襄阳县双沟万里达运输公司。

1999 年 8 月，安达公司进行股份制改造，更名为襄阳安达运输有限公司。2001 年 4 月，襄阳县汽车客运站与公司合并，壮大企业规模，成为襄樊市一家集客货运输、站务管理、公交出租、汽车加油、维修、驾校、旅游于一体的综合性国有股份制运输企业。同年 10 月，安达公司与襄运集团公司等十家运输企业组建“湖北神州运业集团”，获得二级客运资质。

2003 年，安达公司（除襄阳汽车客运站和双沟万里达运输公司外）作为全区首批民营化改造单位。2004 年 8 月，襄阳区企业改制办公室正式批准公司改制方案，并于 10 月注册创立“襄阳安达运输有限责任公司”。改制后，263 名职工全部解除国有企业职工身份，进行合理安置。2005 年 4 月，襄阳区国有资产管理办公室正式批准将原公司资产转入新公司，实行民有民营。2005 年，公司完成公路旅客运输量 483 万人、18 860 万人公里，货物运输量 23.6 万吨、1 130 万吨公里，实现营业总收入 3 865.4 万元，其中运输收入 1 860 万元，站务管理费 140.2 万元，实现售票收入 1 542.2 万元，实现利润 4.3 万元。

（3）老河口市汽车运输总公司

老河口市汽车运输总公司（以下简称“老河口汽运”）的前身是老河口汽车运输公司。1984 年，襄樊市第一汽车运输公司下放车队、车站，组建老河口市汽车运输公司。有营运汽车 56 辆、266 吨位。1993 年，老河口市将汽车客运站和运输公司两家合署办公，同年 8 月成立老河口市汽车运输总公司。2000 年 10 月，资不抵债，老河口市人民法院依法宣告破产。公司破产后，在此基础上新成立顺通运业有限责任公司，在岗职工 129 人，买断原公司继续经营。2005 年末，顺通运业有限责任公司拥有各类客车 127 辆，客运线路共 52 条，其中跨省线路 19 条，跨地区 33 条，总里程 7 962 公里。

（4）老河口市联合运输公司

老河口市联合运输公司由老河口市交通局汽车队与联运公司合并组成。老河口市交通局车队为原光化车队，1985 年，有职工 79 人，客车 4 辆，货车 15 辆，挂车 14 辆。1991 年 10 月与联运公司合并，成立老河口市联合运输公司。公司拥有各类营运车辆 47 台，职工 148 人，其中汽车驾驶员 42 人、汽车修理工 24 人。进入 20 世纪 90 年代，企业日益亏损，2000 年 10 月，企业资不抵债，被依法宣告破产。

（5）南漳县汽车运输公司

南漳县汽车运输公司的前身是南漳县交通局汽车队。1980 年，南漳县交通局汽车队有职工 18 人，6 辆营运货车 25 吨位，6 辆挂车 21.5 吨位。1984 年 7 月，南漳县人民政府将襄樊市第一汽车运输公司下放的汽车 10 队、南漳县汽车站、南漳县交通局汽车队合并成立南漳县汽车运输公司，下辖县汽车客运站、货运站、武镇汽车站、东巩汽车站、巡检汽车站、板桥汽车站、肖堰汽车站、九集汽车站。拥有客货汽车 72 辆 334.5 吨位（其中客车 25 辆 102.5 吨位，货车 47 辆 232 吨位），挂车 45 辆 180 吨位。固定资产总值 203.5 万元。职工人数 314 人。

1985—1992 年，南漳县汽车运输公司连续 8 年盈利，企业处于稳定发展期。1992 年营运车辆达计 85 辆 376.5 吨位。1993 年 2 月 28 日，南漳县汽车运输公司一辆大客车从薛坪返回南漳途中发生特大恶性交通事故，死亡 14 人，伤 25 人，使企业元气大伤。当年收入大幅度下降，企业即发生亏损。1995—2000 年，连年亏损，企业资不抵债，不能维持正常运转。2002 年 4 月 20 日，南漳县客运公司客车鄂 F60918 在李刘路薛坪镇温家坑处发生重大交通事故，造成 5 人死亡，11 人受伤。同年 5 月，南漳县人民法院依法宣告南漳汽车运输公司破产。同月，企业全部客运经营线路权和外欠债务移交南漳县四通交运公司。

（6）宜城市汽车运输总公司

宜城市汽车运输总公司的前身是宜城县交通局汽车队。1980 年，宜城县交通局汽车队拥有营运汽车 32 辆 128 吨位。1984 年 7 月，汽车队与襄樊市第一汽车运输公司下放的汽车五队及宜城县客运站合并组建宜城县汽车运输公司。1985 年，宜城县汽车运输公司有职工 405 人，营运汽车 97 辆 460 吨位，挂车 63 辆 252 吨位。企业固定资产原值 357.6 万元，净值 251.8 万元。1994 年，企业更名为宜城市汽车运输总公司，下设客运公司、货运分公司、大修厂、经贸公司等单位。该公司从 1992 年开始出现经营性亏损，年亏损额最高达到 193 万元，直到 2000 年 2 月企业已资不抵债，宜城市人民法院宣布企业破产。2001 年 12 月，经宜城市体改办批准重组为民营企业，名称为宜城市顺达汽车运输有限公司。

(7)保康县汽车货运公司

保康县汽车货运公司的前身是保康县交通局汽车队。1980年12月,成立保康县交通局汽车队。1981年末,有营运载货汽车26辆、111.5吨位,挂车11辆、44吨位,固定资产净值51.9万元。1984年10月,保康县交通局车队与襄樊市一汽运下放的车辆以及保康县汽车站合并组建保康县汽车运输公司。1985年末,企业有职工229人,营运汽车50辆。1986年1月,保康县汽车运输公司分为保康县汽车货运公司和保康县汽车客运公司。保康县汽车货运公司有职工70人,营运货车24辆、130吨,挂车23辆、92吨,固定资产72.6万元。1990年,该公司营运货车增加到26辆。1994年,保康县装卸运输公司长期亏损,难以维持正常经营,保康县人民政府决定撤销保康县装卸运输公司,人、财、物并入保康县汽车货运公司。合并后的保康县汽车货运公司也逐渐陷入困境,1995年亏损85万元,1996年亏损20.1万元,1997年亏损18.7万元。1998年8月,保康县人民法院宣告保康县汽车货运公司破产,资产变卖后用于安置职工和清偿债务。

(8)保康县汽车客运公司

1986年1月,保康县将保康县汽车运输公司的营运客车、县汽车站及相关资产单独划出成立保康县汽车客运公司。公司成立时有职工170人,营运客车30辆129吨位,固定资产净值185万元。1987年8月,交通部门推行汽车运输企业站运分离,又将保康县汽车客运站从保康县汽车客运公司分出,成立两户独立核算单位。1998年12月,经保康县企业改革领导小组批准,保康县汽车客运站又并入保康县汽车客运公司统一经营管理。1987—1991年,保康县汽车客运公司生产经营效益明显(见表6—15)。

1987—1991年保康县汽车客运公司经营成果一览

表6—15　　　　单位:万元

区分＼年份	1986年	1987年	1988年	1989年	1990年	1991年
营业总收入	151	157	166.8	150.5	216.5	239
实现利润	15	13.5	9.8	0.6	19.4	19

1993年企业出现亏损。1998年以后采取职工出资购车,在公司统一管理下单车单线自主经营。2005年,公司营运客车发展到38辆,并且全部都是中高级客车,全年完成客运量224万人、客运周转量8 840万人公里,实现利润10.8万元。

(9)谷城县汽车运输总公司

该公司前身为谷城县汽车运输公司,成立于1984年7月。1985年末拥有职工241人,营运汽车57辆,固定资产净值169万元。1987年7月,襄樊市推行汽车运输企业与汽车客运站分离,谷城县汽车客运站从汽车运输公司分出。1990年,谷城县汽车运输公司客货车辆发展到63台、296.3吨位,固定资产395.5万元。2000年5月,更名为“谷城县汽车运输总公司”。2001年8月,成立湖北神州运业集团谷城客运有限公司。

(10)谷城县交通运输公司

该公司前身是“谷城县交通局汽车队”,组建于1976年10月。1980年有营运汽车16辆、77.5吨位。1985 年营运货车数为 19 辆，挂车 16 辆，完成货运量 3.9 万吨，货运周转量 348.2 万吨公里，营业收入 68.9 万元，实现利润 1.7 万元。1991 年 4 月，经谷城县政府批准，更名为谷城县交通运输公司，有职工 81 人，全年完成货物运输量 4.2 万吨、345 万吨公里。1996 年，拥有营运客车 22 辆、72 吨位。1998 年，经营客车产权转让。同时吸纳职工自购车辆和社会车辆到公司挂靠经营。1998 年末，货车全部退出经营，成为一家专门从事道路旅客运输的企业。2000 年 1 月至 2005 年 12 月，对 22 台挂靠客车进行更新换代。截至 2005 年，公司中高级大型客车达到 10 台，中级、普通中巴客车发展至 17 台，客运量达到 330 万人次，客运周转量达到 9 442 万人公里，实现营运收入 560 万元，营业场地 8 500 平方米，职工 103 人。

（11）枣阳市汽车运输公司

该公司于 1984 年 7 月，由襄樊市第一汽车运输公司下放枣阳县的汽车 2 队、汽车站合并组建。1985 年，公司有职工 305 人，营运汽车 61 辆，其中客车 37 辆、货车 24 辆。有挂车 24 辆，固定资产 224.2 万元。全年完成汽车货物运输量 4 万吨、584.6 万吨公里，旅客运输量 160.9 万人、7 296.6 万人公里。营业总收入 281.6 万元，实现利润 21.7 万元。1987 年 7 月，实行“站企分离”，将枣阳县汽车客运站从枣阳县汽车运输公司划出，成为具有独立法人地位的事业单位。分家后的汽车运输公司拥有职工 256 人，营运客车 50 辆、220.1 吨位，营运货车 29 辆 167 吨位，挂车 24 辆 96 吨位，固定资产 279.4 万元。1988 年，枣阳撤县设市，企业更名为枣阳市汽车运输公司。1990 年，枣阳市汽车运输公司营运车辆发展到 84 辆 410.6 吨位，其中客车 55 辆 255.6 吨位，货车 29 辆 155 吨位，挂车 25 辆 100 吨位，固定资产 341.6 万元。1994 年后，公司逐年亏损。2003 年 7 月宣告破产。企业破产后实行改造，成立枣阳市宏兴运输公司。

（12）枣阳金通运输有限公司

枣阳金通运输有限公司的前身是枣阳县交通局汽车队。1980 年，该队职工 86 人，营运货车 29 辆 126.5 吨位，挂车 18 辆，固定资产 143.2 万元。1985 年，枣阳县交通局汽车队更名为枣阳县第二汽车运输公司。同年，公司从单一汽车货物运输拓展到道路旅客运输，有职工 129 人，营运货车 31 辆，客车 2 辆，挂车 30 辆。1988 年，企业更名为枣阳市第二汽车运输公司。1990 年，企业营运车辆发展到 91 辆 436.5 吨位，其中客车 35 辆 126.5 吨位，货车 56 辆 310 吨位；挂车 60 辆 240 吨位。1993 年，经市体制改革委员会批准，枣阳市第二汽车运输公司进行股份制改革。改革后的企业名称为湖北枣阳汽车运输有限公司，有职工 214 人，固定资产原值 487 万元，净值 229 万元。2000 年 8 月，湖北枣阳汽车运输有限公司由国有控股的股份制企业改制为民营企业，原公司 50 名职工出资金额买断公司产权，改制后的企业名称为枣阳金通运输有限公司。2005 年末，拥有各型客车 29 辆，经营跨省客运线路 6 条，跨地市客运线路 13 条，跨县（市）客运线路 11 条。

（13）枣阳市恒昌汽车修理公司

该公司的前身是枣阳县客运公司。1983 年 4 月，枣阳县交通局决定成立枣阳县客运公司，与枣阳县汽修厂一门两牌。1984 年，有职工 30 人，营运客车 10 辆 42 吨位，当年完成旅客运输量 67.2 万人、周转量 1 344 万人公里，营业总收入 34.2 万元，实现利润 3.9 万元。1988 年，更名为枣阳市客运公司。1990 年，枣阳市客运公司拥有营运汽车 19 辆 77.5 吨位，其中营运客车 15 辆 65 吨位，全年完成客货换算周转量 244.3 万吨公里，营业收入 74.1 万元，实现利润 0.8 万元。1993 年 7 月，更名为枣阳市恒昌汽车修理公司。是一个集汽车修理、配件生产销售、道路旅客运输和机动车辆综合性能检测的服务性企业。2005 年底，有在册职工 189 人，专业技术人员 30 人，离退休人员 39 人。各种设备器材 70 台

(套),营运客车 30 台,固定资产 476 万元。

2.集体运输、装卸搬运企业

1980 年,全市集体所有制道路运输企业、装卸搬运企业共 15 家。其中隶属于襄樊市(地市合并前)管理的 4 家,职工总人数 1 621 人,拥有货运汽车 124 辆 530 吨位,挂车 44 辆 187 吨位,其他机动车 30 辆 15 吨位,货运人力车 278 辆。全年完成汽车货运量 78 万吨,周转量 1 431.3 万吨公里,装卸量 183 万吨,全年营业总收入 480 万元,实现利润总额 30.7 万元。其余 11 家企业分属于襄阳行政公署下属各县(市)交通局管理。1981 年,全地区(含襄樊市)15 户企业有职工人数 4 136 人,拥有营运货车 312 辆 1 448 吨位,挂车 114 辆 409 吨位,其他机动车 62 辆 80 吨位,营运拖拉机 55 台 93 吨位,货运人力车 1 453 辆,固定资产总值 1 520 万元。全年完成装卸量 379.5 吨,汽车货运量 154.4 万吨,货物周转量 2 515.9 万吨公里,营业总收入 1 032 万元,实现利润总额 105.2 万元。1990 年,谷城县两户企业下放乡镇管理,全市有集体所有制企业 13 家。1991 年开始,企业利润逐年下降,甚至亏损,到 1995 年末,全市在册集体所有制装运企业 8 家。经过企业改革、改制,部分企业或破产或被兼并或改制重组,到 2005 年末剩 3 家。

(1)襄樊市恒达汽车运输总公司

该公司的前身是襄樊市汽车运输公司。1980 年,襄樊市汽车运输公司主营业务为汽车货物运输和装卸搬运,拥有营运货车 68 辆 291 吨位,挂车 26 辆 114 吨,货运人力车 120 辆,职工 727 人。是襄樊市(省辖)的一家骨干企业。1984 年,更名为襄樊市第二汽车运输公司。年末拥有营运汽车(货车)105 辆 540 吨位,挂车 101 辆 404 吨位,全年完成汽车货运量 29.6 吨、周转量 2 456.3 万吨公里,装卸量 97.3 吨,营业总收入 554.9 万元,实现利润 93.2 万元。1987 年开始从事道路旅客运输。1993 年,襄樊市第二汽车运输公司更名为襄樊市恒达汽车运输总公司。企业先后探索单车承包、合股购车经营、租赁经营、带车挂靠等多种经营模式,但企业经济效益逐年下降亏损。1999 年,总公司管理层处于半瘫痪状态。2004 年,企业改制。2005 年,恒达总公司道路旅客运输部分按承包经营模式运转,总公司以收取承包费形式维持。公司职工 814 人,其中在职职工 508 人,离退休 306 人。

(2)襄樊市汽车运输公司

该公司 1980 年隶属于襄樊市(省直辖)交通局,企业名称为襄樊市装卸运输一公司,拥有营运货车 27 辆 117 吨位,挂车 9 辆 31 吨位,其他机动车 20 辆 10 吨位,货运人力车 6 辆,职工 524 人,全年营业总收入 245.4 万元,实现利润 25 万元。1985 年企业拥有营运货车 55 辆 288 吨,全年营业收入达 256 万元,实现利润 15.7 万元。同年下放给襄樊市樊东区管理。1990 年,企业经济效益下滑。1991 年亏损 35.4 万元。到 1998 年,企业已不能正常经营。

(3)襄樊市汽车运输三公司

该公司 1980 年隶属于襄樊市交通局领导,企业名称为襄樊市装卸运输三公司,拥有营运货车 29 辆 122 吨位,挂车 9 辆 42 吨位,货运人力车 98 辆,职工 280 人。1980 年营业总收入 78.9 万元,实现利润 1.6 万元。1985 年,营运汽车发展到 64 辆 318 吨位,其中货车 62 辆 310 吨位,客车 2 辆 8 吨位,挂车 42 辆 168 吨位。同年下放到襄城区管理,改称现名。从 1994 年开始亏损,1996 年亏损达 49.8 万元。1998 年以后企业不能正常经营,处于停产状态。

(4)老河口市装卸联运总公司

该公司的前身为老河口市装卸运输一公司。1981 年,职工 859 人,营运货车 16 辆 69 吨位,挂车 7 辆 28 吨位,营运拖拉机 51 辆 79 吨位,货运人力车 377 辆。1985 年 3 月,改名为老河口市装卸联运总公司。年末,营运车辆增至 49 辆,挂车增至 15 辆,装卸机械 10 台(套),固定吊车 8 台,货运人力车 410 辆,职工 623 人。全年完成汽车货物运输量 38.1 万吨,周转量 441.3 万吨公里,装卸量 131.5 万吨。全年营业总收入 400.1 万元,实现利润 6 万元。1990 年,该公司营运汽车 68 辆 293.6 吨位。其中货车 64 辆 284 吨位,另新增客车 4 辆。全年营业总收入 467.1 万元,实现利润 1.4 万元。1992 年,营运客车增加到 8 台。其后,运输能力没有变化,而经济效益下降。1999 年,营业收入大幅下降,全年亏损 62.6 万元。2000 年 10 月宣布破产。破产时,有在职职工 854 人,离退休职工 355 人。

(5)襄阳县双沟装卸运输公司

该公司的前身是襄阳县双沟搬运公司。1980 年,有营运货车 7 辆 35 吨位,货运人力车 60 辆,职工 148 人。1983 年 6 月,企业更名为襄阳县双沟装卸运输公司。1985 年,从随州环潭汽修厂购入 662 型客车 4 辆,营运货车增加到 12 辆,当年完成客、货换算周转量 215 万吨公里,营业总收入 69.3 万元,利润 0.8 万元。1990 年,营运汽车发展到 23 辆 106 吨位,其中客车 10 辆 46 吨位,货车 13 辆 60 吨位。1996 年,营运客车为 13 辆 57.4 吨位,货车 7 辆 35 吨位,挂车 7 辆 28 吨位,完成客、货换算周转量 711 万吨公里,全年营业总收入 256 万元,实现利润 2 万元,固定资产原值 259 万元,净值 108 万元。1997 年 1 月,并入襄阳县安达运输总公司,更名为襄阳安达运输公司双沟公司。

(6)襄阳县张湾装卸运输公司

1980 年,企业名称为襄阳县张湾搬运公司,职工 161 人,营运货车 7 辆 28 吨位,货运人力车 70 辆。后更名为襄阳县张湾装卸运输公司。1990 年,货运车辆增到 8 辆 50 吨位,1991 年 10 月,张湾装卸运输公司归并襄阳县航运总公司。

(7)谷城县装卸搬运公司、石花装卸搬运公司

1980 年,谷城县装卸搬运公司和石花装卸搬运公司规模很小,仅有营运汽车 3 辆 10.5 吨位,挂车 1 辆 3.5 吨位,其他机动车 6 辆 14 吨位,货运人力车 118 辆,职工 210 人。1981 年,营业总收入 31.5 万元,实现利润共 4.3 万元。1984 年,两户企业营运汽车增加至 11 辆、45.5 吨位,挂车增加至 4 辆 16 吨位,货运人力车减少到 108 辆。当年完成装卸量 83.4 万吨,汽车货运量 5.6 万吨,货物周转量 189 万吨公里,营业总收入 85.9 万元,实现利润 5.9 万元。1985 年,谷城县交通局将两家装卸搬运公司分别下放到城关镇、石花镇管理。

(8)南漳县装卸搬运公司

1982 年,公司有职工 284 人,拥有营运货车 4 辆,挂车 4 辆,人力车 71 辆。当年完成装卸量 21.2 万吨,汽车货运量 7.3 万吨,货物周转量 50 万吨公里,营业收入 40.8 万元,实现利润 1.8 万元。1988 年,营运车辆发展到 11 辆 46.5 吨位,其中营运客车 5 辆 19.5 吨位,货车 6 辆 27 吨位,挂车 5 辆 20 吨位,营运拖拉机 2 台 2.5 吨位。当年完成汽车货运量 7 万吨,货物周转量 117.3 万吨公里,客运量 28.2 万人,客运周转量 987.8 万吨公里,完成营业总收入 91.8 万元,实现利润 0.1 万元。1989 年下放到南漳县城关镇管理。

(9)保康县装卸运输公司

1981年为保康县搬运公司，有职工96人，货运汽车5辆24吨位，挂车4辆16吨位，当年营业收入9.3万元。1983年改称保康县装卸运输公司。1985年，职工175人，货运汽车9辆，挂车9辆，拖拉机5台，其他机动车3辆，固定资产93.5万元。当年完成货运量4.3万吨、183.1万吨公里，装卸量10.1万吨，营业总收入53.8万元，实现利润—6.1万元。1986—1993年，企业基本维持原生产规模，但效益逐年下降亏损。1993年末，保康县人民政府批准撤销保康县装卸运输公司，人、财、物并入保康县汽车运输公司。

(10)宜城汽车出租公司

1980年，企业名称为宜城县搬运公司，职工152人，货运汽车5辆，挂车3辆，其他机动车3辆，货运人力车18辆。1981年完成装卸量14.4万吨，汽车货运量1.9万吨、21.5万吨公里，营业总收入22.9万元，当年亏损1万元。1984年8月，企业更名为宜城县装卸运输公司。1986年，购置客车4辆18吨，开始将主营业务拓展到道路旅客运输。1991年6月，企业组织职工集资购置部分小型客车，拓展小车租赁业务，成立宜城县汽车出租公司，与宜城县装卸运输公司一门两牌。1992年，营运客车发展到14辆54吨位，汽车货运车辆退出运输领域。当年完成旅客运输量48万人2 300万人公里，营业总收入148万元，实现利润2.8万元。1994年撤县设市，企业名称改为宜城市汽车出租公司。2005年，营运客车达到34辆62.3吨位，装卸机械30台（套），拥有固定资产114万元，当年营业总收入71万元。

(11)枣阳市四达运输总公司

1980年，企业名称为枣阳县搬运公司，隶属枣阳县交通局领导。1981年末，职工398人，营运货车15辆85吨位，挂车5辆19吨位，货运人力车40辆，全年完成装卸量91.2万吨，汽车货运量5.4万吨，货物周转量109.9万吨公里，营业总收入85.5万元，实现利润10.1万元。1984年，改称枣阳县装卸运输总公司。1985年，职工461人，装卸机械10台，货运汽车17辆，挂车15辆，营运客车9辆，固定资产原值235.5万元，净值155.7万元。全年完成汽车货运量4.9万吨，货物周转量407.1万吨公里，客运量31.4万人，客运周转量830.8万人公里，装卸量152.2万吨。全年营业总收入236.8万元，实现利润17万元。1990年，营运汽车62辆312.8吨位，其中客车27辆142.6吨位，货车35辆170吨位。1993年11月12日，枣阳市交通局批复同意成立枣阳市四达汽车运输总公司，下设出租汽车公司、四达货运公司、集装箱联运公司、装卸运输公司、汽车修理公司、石油经销公司。当年完成客运量180万人，货运量8.3万吨，装卸搬运量241万吨，营业总收入1 018万元，实现利润51万元。1994年3月，枣阳市四达汽车运输总公司在武汉设立分支机构，组建四达运输实业公司。同年4月，枣阳市四达汽车运输总公司由集体所有制改为全民所有制。2001年，枣阳市四达汽车运输总公司调整主要生产管理机构，下设3个分公司，一个汽车修理厂。即：出租汽车公司、装卸运输公司、劳动服务公司、四达汽车修理厂。1985—2001年，公司取得长期稳定发展，维持较高经济效益（见表6—16）。

枣阳市“四达”运输总公司经济效益一览

表 6—16

年份	汽车客货换算周转量(万吨公里)	营业总收入(万元)	实现利润(万元)	固定资产净值(万元)	职工总人数
1985	490.2	236.8	17	155.7	461
1986	720.1	278.2	17.6	175.3	502
1987	816.8	295.3	18.5	194.1	521
1988	848.4	319.9	13	203.8	580
1989	970.8	421.6	15	191.7	523
1990	1002.8	559.3	15.1	237.9	532
1991	1113.7	659.4	15.2	287.5	553
1992	1382.7	772.4	15.4	290.6	550
1993	1692.8	1018.9	17.9	384.3	539
1994	2053.8	1335.2	17.8	435	550
1995	1940.5	878	18	510	591
1996	1084.1	2564	26	1312	680
1997	2617.7	3051	28	1341	690
1998	3104.4	3264	39	1264	…
1999	…	3312.9	36	2420.8	…
2000	…	3323.4	36.8	2375.2	688
2001	…	3600	60	…	…

2002 年,企业已发展成为集客货运输、铁路货场、集装箱公铁联运、汽车维修、餐饮服务等多种经营项目为一体的综合性运输企业。截至 2002 年底企业累计负债(含职工集资、押金、上岗保证金等)达到 3 600 多万元。2003 年 5 月,枣阳市四达汽车运输总公司破产,组建新的枣阳市四达汽车运输有限公司。

3.出租车企业

(1)襄樊市公交出租汽车公司

1978 年,襄樊市成立出租公用汽车公司,隶属于襄樊市公用汽车公司,是襄樊市区第一家出租汽车客运服务公司。1993 年,市公共交通总公司(原公用汽车公司)将出租汽车从出租公用汽车公司分离,成立襄樊市公交出租汽车公司。1996 年,从事出租客运的车辆增至 30 台。1997 年 37 台。2002 年,车辆台数 59 辆。2004 年,公司被市文明办、交通局授予市级文明优质企业称号。

(2)襄樊市利通出租汽车服务有限公司

襄樊市利通出租汽车公司成立于 1994 年,隶属于襄樊市物资局下属汽车贸易公司,借襄樊市和上海市虹口区结为友好市区的契机,向市政府申请成立襄樊市汽车贸易公司出租车队,当时市政府批准的数量为 100 辆。车辆采取公车公营的经营模式。1996 年 1 月增加到 102 辆。1996 年 11 月,汽车贸易公司改制,加之对市场变化和困难估计不足,企业出现严重亏损,公车公营的经营模式难以维持,遂决定将车辆所有权卖给个人,对车辆实行挂靠经营管理,并将公司更名为利通出租汽车服务有限公司,新增加车辆 40 辆,公司出租汽车总数达到 142 辆。1998 年,根据市政府有关中巴车退出市场换型为轿车后对集约管理权进行公开拍卖的政策，通过竞标，取得10辆出租汽车集约管理权，使公司车辆总数达到152辆。2002年，在市区清理整顿出租汽车公司的过程中，兼并志达公司，公司车辆总数达到167辆。2003年初，又同万华公司合并，车辆总数增加到207辆。2003年12月，参加市区出租汽车集约管理权拍卖会，取得4辆出租汽车集约管理权，公司车辆总数达到211辆。2003年，公司被授予“全国百家先进出租汽车企业”称号。2004年，被省文明办、省交通厅表彰为“省客运十佳文明优质企业”。

（3）襄樊市华奥出租汽车服务有限公司

襄樊市华奥出租汽车公司成立于1995年，其前身是襄运集团旅游出租公司，当时拥有出租汽车10辆，实行公车公营，隶属襄运集团管理。1996年，取得49辆出租汽车集约管理权，公司车辆总数达到59辆，其中10辆公车公营，49辆车挂靠经营。1997年增加22辆出租汽车集约管理权指标，车辆总数达到81辆，仍实行集约管理挂靠经营。1999年，在中巴车淘汰换型过程中，通过拍卖竞标取得2辆出租汽车集约管理权指标，购置2辆富康实行公车公营。2002年，随着襄运集团改为股份制企业，更名为神州运业集团，其所属的出租汽车公司更名为襄樊市华奥出租汽车服务有限公司，出租汽车达到83辆。2005年，神州运业集团被香港冠忠集团兼并，华奥公司部分股东撤资带走出租汽车25辆，出租汽车总数减至58辆。2004年，公司被市文明办、交通局授予市级文明优质企业称号。

（4）襄樊市吉星利出租汽车服务有限公司

襄樊市吉星利汽车服务有限公司成立于1996年，前身是襄樊市物贸出租汽车分公司，当时拥有车辆48辆，管理人员3人。1998年，根据市政府有关中巴车换型优惠政策，取得出租汽车集约管理权指标24辆，使公司车辆总数达到72辆。1999年，物贸公司改制，宣告破产，原物贸出租汽车公司部分职工通过集资获得公司经营管理权，并将出租汽车公司更名为襄樊市吉星利出租汽车服务有限公司。2002年，在市区清理整顿出租汽车公司的过程中，成功兼并隆基公司、平安公司和金牛公司，公司车辆增加到141辆。2005年12月，与天利元公司合并，车辆总数增加到237辆，一跃成为襄樊市最大的出租汽车公司。2003年，公司被评为“抗非典工作先进单位”。2004年，被市文明办、交通局授予市级文明优质企业称号。2005年，被中国出租汽车暨汽车租赁协会授予全国规范管理先进企业。

4.其他企业

（1）襄樊市联运公司

1992年7月，襄樊市交通局成立襄樊市联运公司。地址位于襄樊市长征路56号，有6 000平方米货场和3 000平方米仓库，库内有18吨行吊1台，3吨、5吨、8吨叉车各1台，集装箱专用车辆3部，年发送量在700标准箱（10吨）左右。2004年公司改制，更名为襄樊市联合物流有限公司。

（2）襄樊市中合物流有限责任公司

襄樊市中合物流有限责任公司位于襄樊市汽车产业开发区，成立于2004年1月，注册资金1 200万元，流动资金2 000万元，固定资产3 500万元。主要经营商品车仓储、运输，汽车及零配件销售和技术服务，内陆货物仓储运输及物流配送。拥有专业承运司机1 100人，专业运输车辆85台，年运输能力达5万辆份。利用GPS卫星定位系统与公司内部局域管理系统相结合进行全程监控。

(3)襄樊市新江山商品车运输有限公司

该公司于1999年10月8日成立,位于襄樊市汽车产业开发区福康大道,注册资金160万元,固定资产400万元,流动资金300万元,管理人员30人,司机320人,停车场地30亩,有架子车25台,年营业额1 700万元,税金90万元,年运量18 000台,主要运送郑州皮卡、天籁轿车、小霸王。

(4)襄樊运鑫实业有限公司

2002年4月5日,襄樊市公路管理处为整合襄樊客运市场,实行客运企业集团化、集约化、公司化经营,批复同意襄城运管所工会出资78万元(占60%)、襄城车站出资39万元(占30%)、周新国等13个自然人出资13万元(占10%),合计出资130万元组建襄樊运鑫实业有限公司。公司地址位于襄樊市长虹南路65号(襄城汽车站)。公司经营班车客运、包车客运、旅游客运、汽车大修、汽车维护,汽车配件、汽车设备、机电产品、建筑材料批发零售,物业管理,停车场服务。2002年,在原锦通公司、运鑫公司46辆客运车辆的基础上,大力整合社会零散客运车辆,积极申报开发新的线路,当年使客运车辆达到76台,增加30台。2003年12月30日,经湖北省运管局批准,公司率先在全省申请襄樊至汉口8台、襄樊至十堰3台商务客运,取得良好的社会效益和经济效益。为适应市场需要积极发展旅游客运,公司于2005年正式组建旅游客运分公司。襄樊市运鑫公司在2003年1月13日被省道协批准为国家三级资质客运企业。现为道路客运二级资质(见表6—17)。

襄樊运鑫实业有限公司发展一览

表6—17

时间	管理人员(人)	资产总额(万元)	上缴税费(万元)	线路(条)	车辆(台)	座位(个)
2002年	23	224	153.0	13	70	1 725
2003年	23	235	175.1	16	80	1 976
2004年	24	366	186.0	20	84	2 074
2005年	19	466	216.6	22	98	2 420

(五)公路运输管理

1.公路养护

国家“七五”经济计划时期,襄樊市公路总段积极贯彻以养护为中心的工作方针,执行交通部颁发的检评标准,把提高公路技术等级和车辆通过能力作为重要工作纳入议事日程,制定《公路养护管理细则》和《养护管理考核办法》,建立市、县两级养护管理机构,开展“三个一”(裁一个弯、降一个坡、修一公里标准路)、“四个一条线”(路面边缘一条线、路基边坡一条线、边沟畅通一条线、路树齐全一条线)和“五自”(自己备料、油路自己中修、自己划道路标线、自己铺松保层、自己修理标准路基)等活动,调动公路职工积极性,促进公路好路率稳步提高。至1990年年底,全市干、支线公路好路率达到77.7%。“八五”期间共完成大修路面192.84公里,中修路面300.69公里,完成GBM工程576.69公里。共完成自备料34.875万方,整修标准路基3 038公里,铺筑泥结碎石路面547.4公里,完成公路绿化1 048.29公里,国道、省道绿化率达98.2%,总段、枣阳、老河口分别被湖北省绿化委员会和省交通厅评为绿化先进单位。到“八五”末,干线、支线平均好路率达到85.1%,干线好路率达到96.4%。

“九五”期间,全市完成路面大修264.14公里,完成油路中修262.68公里,完成GBM工程426.98

公里。公路绿化 840.47 公里,全市列养好路率达到 73.6%,其中,干线好路率达到 84.4%。2000 年,公路养护引入竞争机制,实行招投标制,各公路养护机构实行企业化管理,并且打破原有人事管理制度,实行全员聘用制。“十五”期间,制定新的《公路养护管理办法》《襄樊市公路养护检查考核评比试行办法》等,将养护检查结果与养护经费拨付挂钩。至 2005 年末,完成公路大修 390.09 公里,中修 493.98 公里,标准路基 2 587.63 公里,累计完成 GBM 工程 1 293.133 公里,自备料 92 233 立方米,列养公路干线、支线好路率达到 77.87%。其中干线好路率 89.13%。至 2005 年,全市公路已绿化里程达到 10 090 公里,占全市通车里程的 74.4%。全市列养里程 3 030.208 公里,已绿化 2 848.395 公里,占列养里程 94%(见表 6—18)。

1986—2005 年襄樊市公路养护(质量)情况

表 6—18

项目 年份	养护里程(公里)	列养里程(公里)	给补费养护里程(公里)	干支线好路率%	干线好路率%	干、支线好路综合值	干线综合值
1986	6 568.2	3265.1	3303	65.1	74.2	60.8	70.8
1987	6 585.7	3323.8	3261.9	75.7	80.8	…	…
1988	6 689.7	3353.4	3236.3	75.2	88.3	…	77.3
1989	6 590.3	3357.2	3233.6	77	89	74.6	…
1990	6 621.5	3363.5	3258	77.7	92.8	76.5	82.3
1991	6 629.3	3361.8	3267.5	78.4	92.18	76.8	84.95
1992	6 629.2	3368.3	3260.9	82.1	94	78.9	84.2
1993	6 541.9	3436.2	3105.7	83.9	94.8	78.9	85.1
1994	6 541.9	3458	3083.9	84.9	95.4	81.1	87.8
1995	4 627.2	2490	2137.3	86.2	96.2	80.6	86.6
1996	4 627.2	2520.6	2106.6	85.1	96.4	74.3	…
1997	4 742.7	2565.7	2174	68.9	80.6	69.8	77.3
1998	5 057.7	2598.1	2459.61	69.8	81.8	…	…
1999	5 900.5	2829.9	3070.6	75.3	85	75.2	80
2000	6 087.4	2902.91	3184.5	73.6	84.4	73.9	85.5
2001	12 382	2977	9404.9	74.1	86.2	74.8	80.8
2002	12 402	2977	9425.221	75	86.5	—	—
2003	12 616	2979.1	9637.2	77.8	89.8	75	80.93
2004	12 618	3030.2	9587.6	77	88	75.8	84.7
2005	12 619	3030.2	9588.7	77.87	89.13	76.29	—

(1)公路养护组织

1986 年,襄樊市公路总段(以下简称市总段)下设市郊、枣阳、襄阳、谷城、保康、南漳、宜城 7 个公路段,代管随州市、光化县公路段,有 372 个道班,养路职工总数 2 647 人(其中固定工 1 509 人,合同制职工 83 人,计划外用工 134 人,民勤代表工 921 人)。

1987 年,对全市公路机构设置、规格、人员编制作统一规定。同年,光化县公路段更名为老河口市公路段,1989 年更名为老河口市公路管理局。1988 年,枣阳县撤县建市,枣阳县公路段更名为枣阳市公路段。1994 年宜城县撤县建市，宜城县公路段更名为宜城市公路段。至 1994 年底，全市公路系统下设市郊、枣阳、襄阳、谷城、保康、南漳、宜城 7 个县（市）公路段，代管随州市、老河口市公路段，有 374 个道班，养路职工 2 699 人，(其中固定工 1 491 人，合同制职工 523 人，计划外用工 85 人，临时工 31 人，民勤代表工 334 人)。

1995 年初，随州市公路段划归省公路局直管。1999 年，枣阳市、襄阳县公路段更名为公路局，老河口市公路段划归襄樊市公路总段管辖，全市公路养护道班更名为公路管理站。2000 年，南漳县公路段更名为公路局。至 2000 年底，全市县（市）级公路机构有枣阳、襄阳、谷城、老河口、保康、南漳、宜城和市郊公路段，230 个公路管理站，有养路职工 2 180 人(其中固定工 1 844 人，临时工 103 人，民勤代表工 233 人)。

2002 年，襄阳县公路局更名为襄阳区公路管理段。2003 年，设置樊城公路筹备处。2005 年 1 月，成立樊城公路段，为市公路处的副科级事业单位，具体负责樊城区、汽车产业开发区、高新技术开发区列养公路的建设、养护和管理。同年，襄樊市公路管理处市郊公路段更名为襄樊市公路管理处襄城区公路管理段，负责襄城区行政区划内列养公路的建设、养护和管理。至 2005 年，全市县(市)、区级公路机构 9 个，即：枣阳市公路段、襄阳区公路段、谷城县公路段、老河口市公路局、保康县公路段、南漳县公路局、宜城市公路段、襄城区公路段、樊城区公路段，下设 9 个养护公司(处)48 个公路管理站，其中 8 个机械化管理站，107 个养护作业组(道班)，有养路职工 1 553 人(其中固定职工 470 人，合同制工人 794 人，临时工 289 人)(见表 6—19)。

1986—2005 年襄樊市公路养护组织情况

表 6—19

项目 / 年份	公路养护机构(个)			公路养护职工(人)					
	县市公路管理机构	养护处或养护中心	道班(站)	养护总人数	其中				
					固定工	合同制工人	计划外用工	临时工	代表工
1986	9	9	372	2 647	1509	83	134	—	921
1987	9	9	384	2 812	1595	139	134	—	944
1988	9	9	388	2 666	1601	250	153	—	662
1989	9	9	387	2 716	1527	250	111	—	828
1990	9	9	385	2 714	1447	450	90	35	692
1991	9	9	374	2 786	1866	200	—	—	720
1992	9	9	374	2 823	1491	523	85	31	705
1993	9	9	374	2 832	1491	523	85	31	705
1994	9	9	374	2 699	1491	523	85	31	705
1995	8	8	296	1 921	1054	543	108	20	196
1996	8	8	233	2 005	1092	582	115	19	197
1997	8	8	228	2 256	1632	—	—	177	691
1998	8	8	227	2 457	1752	—	—	85	620
1999	8	8	217	2 733	1913	—	—	73	742
2000	8	8	230	2 180	1844	—	—	103	233
2001	8	8	192	1 893	1699	—	—	194	370
2002	8	8	184	1 952	895	748	—	309	—
2003	9	9	104	2 086	912	884	—	290	—
2004	9	9	155	2 022	910	819	—	293	—

续表

项目 年份	公路养护机构(个)			公路养护职工(人)					
	县市公路管理机构	养护处或养护中心	道班(站)	养护总人数	其中				
					固定工	合同制工人	计划外用工	临时工	代表工
2005	9	9	48	1553	470	794	—	289	—

注:2005 年大道班 48 个,养护作业组 107 个

(2)养护体制改革

1985 年,南漳县公路段受农村"包产到户"责任制的启迪,率先推行"包路到人"责任制。1986 年,襄樊市公路总段在全市推行公路养护经济责任制,改奖金按人分配为好路率评定分一、二、三类县(市)公路段发放。1988 年,全市公路系统推行目标分级、定量考核、合同制约、风险抵押为内容的全面目标责任管理。

1992 年,全市进一步改革工资分配制度,推行全员风险抵押和浮动工资制,执行公里工资包干责任制,逐步实行专业化和机械化养护大道班生产方式。改变道班单一的道路养护生产,大力发展多种经营。1994 年,全市改革养护组织形式,根据养护机械化生产的要求,改分散养护向大道班、专业化养护队方向发展。根据道路养护任务轻重定编、定员。改革用工、分配制度,减少固定工,多用临时工、季节工,打破固定工、合同工、代表工界限,择优选职。推行计件或定额工资,多劳多得,调动员工生产积极性,提高生产效益。1995 年,全市养护机构实行改革,名称由养护科(股)改为养建公司、养护处等。养护机构实行分账到户、单独核算、自负盈亏。1999 年,襄樊市公路总段制定《全市公路养护改革指导意见》,将全市养护机构由事业性质向企业性质转变,实行养护工程定额管理,养护路段采取招投标形式确定承包人。2000 年,市公路总段启动道路养护市场机制,实行经费包干、任务承包、独立核算、自负盈亏的公司化管理。2003 年,根据湖北省公路局关于《所有养护企业要完成公司化改制》的行业改革意见,市公路处实行"养建市场化、企业公司化、民有民营化、用工社会化,机关聘用制"的改革。全市共申领资质证一类 1 个,二类甲级 9 个,二类乙级 9 个,三类甲级 8 个,三类乙级 9 个。

(3)公路养护新技术

襄樊市公路总段注重公路养护技术的提高,实行科学养护提高公路路况,延长养护周期,降低养护成本。1986—2005 年,全市公路部门认真贯彻执行《水泥混凝土路面养护技术规范》《沥青路面养护技术规范》《桥梁养护技术规范》《公路养护检查评定标准》和《襄樊市养护管理办法》,广泛应用水泥路面钻孔压浆、水泥砼路面清灌缝、道路沥青加热节能、水泥砼路面快速修补和水泥砼路面改性沥青灌缝等技术,先后研究发明早强剂、破碎机、铣削机、沥青路面灌缝设备等新设备,开发出阳离子乳化沥青和乳化剂等新产品,以及灰土拌和机、多功能综合养护车的研制与开发,水泥路面缺陷修补技术、道路沥青加热节能技术、水泥砼路面病害快速修补技术等的研究与运用,超载车辆作用下路面结构设计研究等多项科研成果通过省级鉴定。在新技术、新工艺、新设备、新材料研究应用中,突出以下几项:①阳离子乳化沥青和乳化剂的推广利用。②水泥路面管理系统(CPMS)的推广运用。③沥青路面冷补料、贴缝带、R—24 外加剂等技术的运用。④压浆机、清灌缝设备的运用。

2005 年,襄樊市公路处养护科组织研发沥青路面清灌缝设备,在新樊路进行试验获得成功。解决了全市沥青路面清灌缝主要依靠人工的问题,提高了生产效益,减轻了养护工人的劳动强度。

(4)农村公路养护

1985年末,农村非列养公路主要依靠乡(镇)、村、组组织群众进行季节性养护。1986年10月,为理顺农村公路建设、养护、管理问题,襄樊市人民政府颁发《襄樊市区乡公路管理暂行办法》(襄政发[1986]119号文件),规定农村公路修养实行民工建勤、民办公助原则,年底,全市建立群养道班176个,群养道工1 074人,管养区、乡公路1 933公里。1993年5月,襄樊市成立县、乡道路管理处。各县(市)区先后成立县乡道路管理所。

2001年开始,由乡镇组织群众建立了八条路、沈垭、巩湾、白水峪等道班,其它乡镇依靠"路协会"采取拍卖养护权方式建立养护队伍,通过公开竞标或议标形式落实专门养护责任人,并由"路协会"对建养管理各项工作进行专项考核,依据考核情况兑现奖惩。到2005年底,谷城将全县1 075公里农村公路纳入养护范围,其中专人养护550公里,季节性养护525公里。保康县以县、乡(镇)、村当业主,逐级签订养护管理合同。一级管一级、一级促一级,调动县、乡(镇)政府和村委会积极性。宜城市、襄阳区以交管站养护管理与乡镇养护相结合。县(区)乡道及县(区)内大循环农村公路由交管站负责,其余村道由乡(镇)和村、组日常养护,公路大中修则由县乡道班管理所组织。

(5)养护设备

1986—1990年,机械设备购置以湖北省公路局配备大型机械为主,襄樊市公路段及各县(市)公路段以小型养护机械为主。至1990年底,全市拥有养护机械210台。其中载重汽车22台,自卸汽车46台,大中型拖拉机54台,小型拖拉机34台,碎石机25台,洒水车4台,小型压路机25台。全市干线公路养护和油路大中修工程从拌和到运输、摊铺碾压等主要施工流程实现机械化。1993—1995年,襄樊市公路总段机械厂生产的MBC—20型稳定拌和机批量生产投入养护工程。"八五"期间,全市提取购置费346.995万元,主要用于购置机械。至1995年底,全市养护机械为252台(套),混凝土搅拌机26台,混凝土切缝机3台,拖拉机99台,轻型压路机24台,碎石机98台。主要干线的大道班基本实现机械化养护,但一般干线和支线养护机械尚未配套。

1996年6月,襄樊市公路总段本着缺什么机械就配套什么机械的原则,有计划的配置筑养大型机械设备,使全市公路部门机械化程度大为提高。同时,市公路总段机械厂研制生产MBC—20型稳定拌和机、SDM70—1水泥路养护多功能维修车、CCX—1000型沥青路面铣削机。至2000年,全市共有公路养护机械356台(套)。其中,综合养护车14台、轻型压路机13台、混凝土搅拌机51台,混凝土切缝机14台,初步形成适应国道、省道干线和县、乡道支线多等级、多类型路面养护机械体系。

"十五"期间,全市共投入1 897.569万元资金购置筑养机械269台(套)。全市各县市段基本做到混合料拌和、材料运输、路基路面压实、基面层材料摊铺等主要工序实现机械化。同时按规定报废一批已到使用年限的养护机械146台(套)。至2005年末,全市共有养护机械377台(套)。

1986—1990年,襄樊市公路总段制定下发《襄樊市公路机械及设备管理办法》,建立固定资产账卡和技术档案计算机管理,大型养护机械办理使用执照和驾驶证,持证上岗,严格实行定人、定机、定岗责任制,加强机械设备规范化管理。大型养护设备实行统一管理、统一修理、统一调配使用、统一单车单机核算考核。小型拖拉机由道班管理,用于日常养护运料,各县市段机务料负责安全管理,养护科和道班负责单机考核,核销机械用油和材料费。

1991—1995年,全市筑养路机械实行一机一牌制,建立机械设备档案。机械设备实行省、市两级管理,大中型机械设备,从造型、购置、改造,调拨、建账、立卡和报废由湖北省公路局管理、审核。小型筑养路机械,如小客车、挂车、机床、变电输电设备,从造型、购置、调拨、建账、立卡和报废由市(州)公路总段管理和审批,报省公路局备案。按以上原则,机械设备编为"901"和"902"系列输入计算机。

1993年,推行机务、机料改革,创办襄樊市公路总段物资供应公司。走有偿使用、积累创收、滚动发展之路，实行单车单机核算，收取折旧费。完善机务管理中的各种形式的承包责任制，包括购置、管理全过程，以保证国有资产不受侵占和损失，提高机械完好率和使用率。

2001 年，襄樊市公路总段制定《全市公路机务部门机务管理办法》《公路机械设备操作规范》。全市着手各县（市）、区养护机械管理站配套建设，机械全部实行专车、专人使用，定期维护保养。2003—2005 年，全市养护设备租赁收回资金近百万元。2005 年，全市创省级机械设备管理先进单位 4 个（保康、老河口、宜城、谷城），红旗设备 5 台，红旗操作手 4 人，省级机务管理先进个人 2 名。

（6）水毁防治

襄樊地区降水偏多，水毁路面经常发生。1979—2005 年，以 1987 年、1989 年、1995 年、1998 年、2002 年、2003 年、2005 年水毁最为严重。

1987 年 3 月阴雨连绵，4—5 月又连降多次大暴雨，入夏后再次连续降雨，境内大部分地区河(溪)水猛涨，山洪暴发，境内公路屡遭冲毁。截至 8 月 8 日，境内公路共遭受 6 次严重水毁，累计路基塌方 419 处 20.6 万立方米，冲毁渣油(沥青)路面 1.77 万米 4.87 万平方米，砂石路面 7.16 万米 31.98 万平方米，桥梁全毁 30 米 /1 座、部分毁 523 米 /11 座，涵洞全毁 53 道、部分毁 98 道，道班房倒塌 4 栋 340 平方米，直接经济损失达 237.861 万元。11 月 11 日—13 日，境内公路、桥涵等构造物又因暴雨而遭受严重水毁，经济损失达 40.714 万元。

1989 年 2 月，连续 3 天大雪，积雪平均深达 50 厘米，山区部分路段达 1 米以上。大雪过后连绵阴雨，路基塌方 27 处 14 587 立方米，驳岸倒塌 8 处 450 立方米，压坏道班房 79 间 1 896 平方米。5—7 月，多次大雨，降雨量达 280 ~ 320 毫米，持续时间较长，境内公路交通数次中断，损失金额达 712 万元，其中以随州北部、襄阳及枣阳东部、南漳、谷城、保康等地受灾最重。

1995 年 8 月 6 日至 8 月 12 日，境内连降大到暴雨，造成山体滑坡，路面冲毁，桥涵坍塌。国道、省道干线 4 处中断交通。全市水毁造成公路路基塌方 280 处 161 509 立方米，路基冲断 5 427 米 398 277 立方米，漫水路堤 280 米 1 038 立方米，沥青路面 92 741 平方米，砂石路面 1 013 432 平方米，挡土墙 3 处 47 854.4 立方米，驳岸 1 处 1 470 立方米，护坡 2 处 55 平方米，锥坡 2 个 63.5 平方米，桥梁全毁 座 28.2 米，桥梁部分毁 1 座 20 米，涵洞全毁 53 道，涵洞部分毁 17 道，房屋 4 栋 1 400 平方米，GBM 工程 7 674 米，共计损失金额 6 038.94 万元。

1996 年夏季，发生 4 次公路水毁。致使全市 2 条国道 7 处中断交通达 74 小时、省道 4 条 6 处、县道 4 条 5 处、乡道 1 条 7 处中断交通。全市 4 次水毁总计损失金额达 4 399.53 万元，其中路基坍方 0 937 米 608 713.4 立方米，路基冲断 9 317 米 114 713.4 立方米，冲毁油路面层 34 270 米 216 362 平方米，冲毁砂石路面 195 017 米 702 756 平方米，挡墙 9 619 米 74 688.42 立方米，驳岸 7 030 米 182 01.3 立方米，锥坡 4 120 平方米，桥梁局部冲毁 6 座，涵洞全毁 25 道，损坏道班房 5 栋 630 平方米。年度还发生秋季水毁，10 月 30 日至 11 月 8 日，全市境内连续普降中到大雨，平均降雨量为 150 至 00 毫米。共造成 316 国道、保宜路、石开路等 11 条干线公路损坏沥青路面 70 000 米 112 300 平方米，路基塌方 31 处 25 510 立方米，全毁涵洞 1 道，冲断路基 20 米 1 500 立方米，损失金额 398.66 万元。

1998 年 3 月，阴雨绵绵，并时有大雪，即造成公路水毁。5 月，先后遭遇两次暴雨袭击，致使部分路段损坏。6 月，多次的暴雨袭击。共造成路基坍方 127 处 217 869 立方米，冲毁路基 3 860 米，冲毁沥青路面 12 558 米 10 422.5 平方米、砂石路面 82 220 米 221 580 平方米，冲毁桥梁 42 座 916.5 米、涵洞 4 道，冲毁挡墙、驳岸 53 处 23 442 立方米、护坡 34 处 2 002 平方米，冲毁道班房 5 栋 1 040 平方米，造成直接经济损失 1 456.63 万元。

2002 年强降雨，2 条国道、9 条省道、28 条县乡道遭水毁，直接经济损失 6 000 多万元。2003 年遭受20年不遇连绵阴雨,20条公路水毁,直接经济损失2 764.3万元,全市共投入水毁修复资金1 600万元,全面恢复水毁路段。2005年7月6日—10日、24日—25日两次强降雨,境内316国道、石开路、襄谷路、桐枣线、襄关线、保宜线及10余条县道遭受严重水毁。8月20日,305省道保康境内牌坊湾处发生泥石流,18万方土石阻断公路。222省道、306省道遭水毁。10月20日,305省道保康境内K158+200处两次出现特大塌方,阻塞公路长约220米。

遭遇水毁后,襄樊市公路部门积极发动公路职工以及人民群众抢修,保障公路畅通,支援救灾工作。20世纪80年代累计动员民工百万人次以上,投入抢修资金5 000多万元。20世纪90年代以后,随着市场经济的发展,公路水毁主要在上级主管单位及当地政府的领导之下,由公路部门组织人员、机械进行抢修抢通,按照"三先三后一结合"(先干线公路、后支线公路、先重点、后一般、先抢通后改善,修复与提高相结合)原则,组织技术人员调查灾情,研究确定抢修方案,组织抢修,并在道路修通前在交通要冲之地开辟便道,保证车辆通行。

(7)GBM工程

GBM工程即公路标准化、美化工程。1989年,湖北省公路管理局把GBM工程"标准路"建设列入年度养护计划,并制定《湖北省公路养护标准化、美化(简称GBM工程)实施办法(试行)》。同年,下拨襄樊市GBM工程建设资金34.86万元,其中含随州市建设资金15.96万元。同年5月,316国道南漳境段K1493+000—K1503+000及K1465+000—K1466+000段共11公里,保宜路K0+000—K29+000长29公里等路段实施GBM工程。至年底,共建GBM工程60公里。

1990年4月,316国道南漳、保康两县辖境段大范围实施GBM工程,随后又在随州、老河口、襄樊市区等路段铺开。至年底,全市共完成GBM工程996.517公里,修建安全护栏5 178个、示警桩1 058根,累计完成投资3 242 780元。其中,316国道南漳、保康两县辖境段152.42公里全部实现标准化、美化。

至2005年,全市17条国道、省道干线累计完成GBM工程(含标准路)2 741.537公里,累计完成投资5 983.945万元,其中新建1 532.064公里,投资4 124.8750万元,恢复1 209.473公里,投资1 859.07万元(见表6—20)。

1989—2005年全市公路部门GBM工程完成情况统计

表6—20

年份	新建或恢复	里程(公里)	投入资金	建设线路
1989	新建	60	34.8601	316国道、省道保宜路
1990	新建	208.149	421.2340	312、207、316国道,寺竹路
1991	新建	90	73	312、316国道,寺沙、随南、南远路
1992	新建	55.1	55.1	316国道,寺沙、随南路
1993	新建	47.6	71.42	207国道,随南、保宜、宜东、新枣路
1994	新建	103.3	212.75	207、316国道,寺沙、魏樊、保宜、宜东路
1995	新建	16.633	76.96	樊丹路
1996	新建	110.56	500.47	襄谷、襄东路,207国道(标准路工程)
1997	新建	93.8	93.8	寺沙、白红路
1998	新建	155.19	276.14	316国道,新枣、石开、白红路
1999	恢复	398	163.59	316国道
2000	新建	19.5	77.72	南远、寺沙路
2000	恢复	45.34	118.18	207、316国道,随南、新樊、老白、石开路

续表

年份	新建或恢复	里程(公里)	投入资金	建设线路
2001	新建	159.64	619.99	207 国道,魏樊、保宜、石开、南远、后高路
2001	恢复	167	203.34	207、316 国道,随南、新枣、寺竹路
2002	新建	116.349	464.7	南远、襄关、荆东、保宜、寺沙、宜东路
2003	新建	70.859	230.87	襄谷、白茨、后高、寺沙、桐枣、新樊路
2003	恢复	36.521	145.53	207 国道,襄谷、寺沙路
2004	新建	137.395	590.34	207、316 国道,襄钟、襄洪、保宜、宜远、寺沙、桐枣路
2004	恢复	395	475.76	207、316 国道,保宜、孟土、寺沙、宜远路
2005	新建	67.889	305.52	襄洪路
2005	恢复	167.612	752.67	316、207 国道,襄关、襄谷、白茨路

2.公路路政管理

(1)管理机构

1986 年,襄樊市公路总段成立路政绿化科,各县(市)公路段相应成立路政绿化股,全市有路政人员 26 人。1991 年,市公路总段设路政科。1993—1994 年,路政科与养护科合并。1995 年 1 月,恢复路政科。1998 年,《中华人民共和国公路法》开始实施,路政管理进一步加强。市公路总段根据湖北省公路局核编通知,结合本市实际情况,全市核编路政执法人员 42 人,实编 51 人。

2002 年 4 月 22 日,襄樊市正式成立公路路政执法支队。到 2005 年,全市有路政科 10 个,路政执法支队 1 个,路政执法大队 9 个,部分县(市)、区还成立有路政执法中队,共有路政执法人员 168 人。

(2)制定制度规定

1987 年《公路管理条例》颁布实施以后,襄樊市交通局和市公路总段都相继出台多项规范管理的办法和制度,法律文书和路政档案也逐步达到规范统一。同年,市公路总段制定《公路路政管理办法》。1991—1995 年,全市各级公路管理机构,修订各项管理办法。1998 年,《中华人民共和国公路法》开始实施。1999 年,市交通局制定下发《行政管理执法公示制度》,把路产赔(补)偿收费标准、路政处罚程序及违法责任追究办法等向社会公示。同时还制定内部巡查制度、社会监督制度、考评制度、执法人员自律制度等相配套的制度,规范管理行政执法行为。2000 年,市公路总段制定和完善学习制度、路政巡查制度、内业管理制度、文书制作填写标准和审批程序规定等制度,发至各县(市)公路路政机构执行。2000 年 12 月,市公路总段对规范制作路政执法文书和路政执法文书归档顺序及分类标准进行统一。路政档案管理分类为 8 个小类,行政公文分为 4 个小类。2005 年,市公路管理处为贯彻落实交通部《交通行政许可实施程序规定》,制定和完善实施行政许可的工作制度和工作流程,制定行政许可受理登记制度、跟踪督察制度、责任追究制度、行政许可档案管理制度,先后制定和完善路政案件质量管理办法、路政业务程序化管理规定、文明执法行为规范、路政巡查制度、内业管理制度、路政管理考核办法及评分细则等 10 多项规章制度。

(3)路政执法

1986 年,襄樊市公路总段在全市范围内实行层层包干责任制,狠抓清除公路路障、违章建筑,制止在公路上打场晒粮等为重点的路政管理工作,全市共清除各种违章建筑 959 处,摊点 1 597 处,各种堆积物 2 660 处,处理乱砍滥伐路树违法行为 43 起。

1989 年 1 月,市政府发布《关于加强公路路政管理的通知》,市公路总段和各县(市)公路段,坚持以宣传《公路管理条例》为主,严格控制公路两侧的违章建筑、处理各种违章侵占、损毁公路的案件。1998 年《中华人民共和国公路法》开始实施。1999 年 1 月,湖北省第九届人大常委会第 7 次会议审议通过《湖北省公路路政管理条例》。市公路部门全年共制止新的违法建筑 434 处 57 568 平方米,拆除违法建筑 529 处 6 409 平方米,清理各类占道物资 245 处 32 326 平方米,清理非交通标志 5 847 块。2004 年 6 月 20 日起,按照交通部、公安部等七部委治超工作领导小组的部署,以国省干线公路、省际进出口路段、重点煤矿区路段为整治重点,全市路政执法人员严格执行统一的超载超限认定标准,加强协作配合,坚持上路,严格执法,科学监测,卸载放行,全面制止超限超载运输行为。经湖北省政府批准,襄樊市 5 个超限检测站投入使用,当年查处超限运输车辆 101 584 辆。2005 年,围绕重点监管车辆和重点地区,有针对性地加大路面监管力度,采取日常治理与源头治理相结合,部门联手与区域联动相结合,行政手段与经济手段相结合,治理力度与社会接受相结合,严格执法与人性化管理相结合,抓重点车型、重点路段、重点物质监管对象,加大源头治理,同时新增加超限检测站 6 个,基本实现了国家七部委提出的车辆超限超载控制在 6%左右的工作目标。2005 年,襄樊市将超限运输和路政许可等审批事项纳入市行政服务中心集中办理,实行政务公开。

3. 运价管理

1984 年,全省公路运价开始逐步放开,实行国家定价和指导价相结合。1989 年,为适应公路交通建设发展和运输市场,湖北省交通厅逐步调整运价结构及比率,改革运价管理体制。

(1)调整运价结构及比率

客运价:1986 年 12 月 25 日,襄樊市物价局、交通局印发《关于上浮区乡短途支线公路客运运价的通知》,规定凡起止点在区乡短途支线的固定客班车,其运价在基本运价的基础上允许上浮到 20%,而不得突破 20%,上浮后运价为 0.0288 元 / 人公里。保康县山区区乡支线公路客运运价在 0.0288 元 / 人公里的基础上加 4%,为 0.03 元 / 每人公里。1989 年 12 月 2 日,对全市客运线路里程票价及客车等级进行评定,理顺客运市场价格。基本运价由每人公里 0.024 元上调为 0.038 元。199年 12 月 28 日,襄樊市物价局、交通局根据湖北省物价局、交通厅《关于整顿公路运价有关问题的通知》,印发《襄樊市公路客运运价整顿明细表》,并改编为《襄樊市公路客运线路里程票价表》向社会公布,接受社会监督检查。2003 年 1 月 28 日,襄樊市物价局转发《省交通厅、省物价局关于印发〈湖北省汽车运价规则实施细则〉的通知》,规定汽车货物运输实行市场调节的价格管理形式,汽车旅客运输中抢险、救灾运输及军运实行政府定价,运输经营者应执行基准价,旅客包车运输实行市场调节价,其他旅客运输实行政府指导价,运输经营者可根据运输市场的需求,在旅客基准运价上下浮动运价,上下浮动不超过 30%。运价管理实行报备制度。

货物运价:1990 年 9 月 25 日,襄樊市物价局、交通局印发《关于整顿我市公路汽车和拖拉机货运运价的通知》,规定全市公路汽车货物短途运价,按一等货物低于市搬运价的 8.03%计费。并具体列《襄樊市汽车货运一等货物短途运价表》。拖拉机货物基本运价由每吨公里 0.20 元,调整为 0.27 元。1992 年 2 月 29 日,湖北省交通厅、物价局颁发新的《湖北省汽车运价规则实施细则》,对无法确定内行驶里程的大、中城市,采取加计市内平均运输里程和装卸里程的办法。规定襄樊市加计运输里5 公里,襄樊市和县(市)城关加计装卸里程分别定为 8 公里、4 公里。计算计时包车费率每小时平里程由 20 公里改为 25 公里。为解决货物短途运价长短途临界里程的运价反差,采取在 26 ~ 30 公按 1.80 元吨次费递远递减(每公里减 0.30 元)的办法,使短途运价在 30 公里处与长途运价相衔接增加零担快件运价,其运价率与省际省内相同,另按基本运价加 20%。

2002 年,颁布新的《湖北省运价规则实施细则》。随着货运市场的全面放开,货运运价依市场调节,政府部门的货运定价更多的是作为运输承托双方价格协商及运价纠纷的重要参考而存在。

4.公路规费

(1)公路客运附加费

襄樊市公路规费征稽部门除征收公路养路费外,公路客运附加费是另一种重要费种。从 1986 年 6 月 1 日起,开征公路客运附加费,征收标准为每人公里 0.003 元。客运附加费由代征单位或个体(联)户在出售的每张客票中加收。1989 年 10 月,襄樊市按平原标准为每月每座 10 ~ 18 元征收。

1991 年 8 月,湖北省交通厅、财政厅、物价局联合发出《关于调整客运附加费征收标准的通知》,规定从 1991 年 9 月 1 日起,公路客运附加费由每人公里 0.003 元调整为每人公里 0.007 元。当月,湖北省交通厅下发《关于调整客运附加费征收标准实施意见的通知》,对按座位包干计征的标准进行调整,襄樊市按每月每座 26 ~ 47 元征收。

1992 年 8 月,湖北省交通厅、财政厅、物价局发出《关于调整公路客运附加费征收标准的通知》,规定凡乘车里程在 25 公里以内的(含 25 公里)客运附加费一律按 0.3 元计征,25 公里以上的按实际乘车里程计征。对包干定额标准进行了调整,规定襄樊市的标准为每月每座 60 ~ 100 元。

1998 年 8 月,湖北省物价局、财政厅、交通厅联合下发《关于转发国家发展计划委员会、财政部、交通部有关调整公路客运附加费征收标准的文件的通知》,客运附加费费率标准由 0.015 元 / 人公里提高到 0.025 元 / 人公里。襄樊市执行平原地区的费额标准,实行每月每座 85 ~ 130 元。从 1998 年 7 月 1 日起开始执行,至 2005 年底仍执行此标准。

2005 年 4 月,湖北省征稽局下发《关于出租汽车客运附加费征收工作有关问题的通知》,决定从 2005 年 1 月 1 日起停止征收城区运营出租汽车的公路客运附加费。对只在城区运营的已经缴纳了 2005 年度公路客运附加费的出租汽车,采取在以后月份征收公路养路费中抵扣的办法予以退还。从 5 月 1 日起,对出城区运营的出租车采取与车主协商的办法,按 75 元 / 月车包干计征,至年底共征收客运附加费 114.6 万元。

1986 年 6 月至 1995 年 3 月,襄樊市的客运附加费由襄樊市运管处财务科和各运管所财务股负责征收。交通专业运输企业客运车辆的客运附加费由襄樊市运管处直接征收。每年由市运管处根据湖北省征稽局下达的总的费收计划,为各运管所分解下达计划,年终进行计划完成情况的考核。各运管所每月将征收的费款上交市运管处,由市运管处集中上解湖北省征稽局。1986 年 6 月至 1996 年 8 月,使用手工票征收客运附加费,1996 年 8 月之后,客运附加费与养路费、货运附加费一起,实行“三费合一”计算机网络征收管理。

1986 年 6 月,襄樊市运管处对湖北省交通厅等部门的文件提出具体贯彻意见,跨省线路双方对开相互结算的,去程由起点站在当次开具结算单时扣除所征客运附加费,回程按湖北省境内里程和征收标准与去程票价相等征收。双方对开互不结算的,由襄樊市代征单位按客运周转量和征收标准征收。跨省线路的客车,在湖北省境内中途售票暂不征收客运附加费。对襄樊市和市辖各运输企业及外地(市)客车进入本市客运,双方对开互不结算的,客运附加费由起点站在办理托收时一次扣除,双方互不结算的谁售票谁征收,中途售票按实际里程征收。社会及个体(联)户客车进入交通运输企业汽车站实行联运,由汽车站征收。外省社会及个体客车来襄樊市进站经营,由汽车站按在湖北省境内里程和征收标准征收。湖北省社会和个体(联)户客车进入襄樊市客运市场,由所在地运管部门定额征收。襄樊市境内兼营客车,按 40 公里以内加 0.01 元征收,40 公里以上按实际里程征收。

1988 年 8 月,襄樊市交通局下发《关于进一步加强公路客运附加费征收工作的通知》,明确凡站、乘分设的县、市，公路客运附加费改按客票收入10.53%征收为按车座征收。征收标准为车日行程在110公里以下的月座征收10元，111～130公里征收11元，131～150公里征收12元，151～170公里征收13元，171～190公里征收14元，191～210公里征收15元，211公里以上征收16元。经公路运输管理部门批准从事公路客运的车辆暂定按月征收客运附加费，月征收标准小客车（含面包车、小卧车、吉普车）80～100元，三轮机动车30～50元，非机动三轮车8～10元。从1988年9月1日起执行。

1990年1月，襄樊市运管处下发《关于改革公路客运附加费征收办法的通知》，从1990年1月1日起，凡经批准从事公路旅客运输的国营、集体和个体（联户）的客运经营者，公路客运附加费由过去按比例交纳改为按额度和按座位两种办法征收。市、县交通运输企业按额度征收，征收额度由市、县运管部门根据线路、班次、运行里程确定，采取合同形式，一年一定，分月计征。社会、个体（联）户客运经营者，由当地运管部门按车座计征，月座不少于10元。

1993年12月，襄樊市运管处明确规定1994年度交通运输单位车辆月座不低于60元，社会单位和个体运输户车辆月座不低于70元。经营国道、省道的公路客运月座不得低于75元，经营经济线路的月座不得低于70元，经营平丘支线的月座不得低于50元，经营山区支线的月座不得低于40元。

1994年1月，按照湖北省公路运输管理局《关于加强客、货运附加费征管工作的通知》精神，从1994年1月起，将随州、老河口市的客运附加费计划纳入襄樊市计划内，湖北省征稽局不再对上述二市下达计划和单独考核。同年9月，市运管处下发《关于进一步加强客运附加费征收的通知》，强调加大稽查力度，堵漏增收，杜绝费收流失。同年11月，交通厅制定激励政策，对超额完成入省库计划以上的部分，扣除征管经费后全部安排该地方的公路、站场建设。同年12月，市运管处下发通知，规定对实行单车承包、国有民营、租赁经营、合股经营、挂靠经营和集体经营实行单车核算的公路客运附加费，一律由车籍地公路运输管理部门按月座不低于70元标准向单车征收，从1995年1月1日起执行。

1995年3月，市公路养路费征收稽查处制定一系列管理办法，如车辆异动“四费”（养路费、车购费、客运附加费、货运附加费）衔接征费，按照养路费的管理模式，设计统一的客运附加费征收台账和计算机套打程序，将客运附加费征收纳入包干计征范围和年度目标考核等，从而促进了客运附加费征收的规范化管理。同年9月，市交通局下发《关于开展全市客、货运附加费“清欠月”活动的通知》，决定在9月15日至10月15日开展全市客、货运附加费移交的收尾清欠月活动，全市在“清欠活动月”中清收客运附加费欠费45万元。

1996年，襄樊市征稽处对挂靠交通专业运输企业经营的社会客运车辆进行了全面清理，查出挂靠车辆67辆，全部按80元/月座的标准补征客运附加费。对交通专业企业的欠费实行客运附加费资金返还抵扣，全年共抵欠费121.32万元。

1997年，市征稽处将襄樊市区的出租车客运附加费全部集中由樊城征稽所征收，并统一征收标准。同年5月，制定《襄樊市公路养路费、客货运附加费票证使用管理办法》。

1999年，市征稽处对客运附加费实行按月考核，按月兑现。同时，对1998年度的客运附加费票证领发、使用情况进行全面检查。

2000年，将老河口市交通专业的客运附加费纳入襄樊市征稽处统一征收管理。襄樊市征稽处加强襄樊市区中巴车、出租车的客运附加费征收管理，统一征费标准，严格按责任区划实施管理，加强稽查堵漏，确保足额征收。

2001年1月，市征稽处转发湖北省交通厅《关于城市客运出租车应按规定交纳公路客运附加费有关问题的通知》，进一步强调做好城市客运出租车的客运附加费征收稽查工作。同月，中共襄樊市委、市政府信访办公室下发《关于市区出租车经营者集体上访有关情况协调会议纪要》，明确城市出租车（包括轿的和面的）跨行公路从事道路旅客运输，必须到交通部门办理相关手续、缴纳交通规费。

在湖北省、襄樊市政府关于出租车管理体制的新规定出台之前，在国家正式实施费改税之前，按单车客运附加费 75 元 / 月征收。

2002 年，将城市出租车纳入客运附加费征收管理。同年 12 月，执行湖北省征稽局“转发省交通厅关于调整‘四小车’公路规费征收政策严格征收管理有关问题的通知”，在征收 2003 年的公路规费和签订包干计征合同时，取消客运附加费包干计征，严格按照规定的定额标准征收。

2003 年，市征稽处进行客运附加费征收标准核定，使同线路、同车型的征收标准保持一致，交通专业车辆和社会车辆的征收标准保持一致，全市平均执行标准达到 66.8 元 / 月座，比 2002 年提高 4.1 元 / 月座，月增收 14.6 万元。当年，根据国家规定，湖北省征稽局制定“非典”期间的优惠政策，5—9 月份对营运客车减征 25%的客运附加费。11 月，襄樊市交通局下发通知，从 2004 年 1 月 1 日起，“四小车辆”养路费、客运附加费、货运附加费移交征稽部门统一征收管理。

2004 年，对市区 1 600 多辆出租车征收客运附加费，月增费额 7.3 万元。4 月，襄樊市征稽处对跨行公路公交车辆的客运附加费征收标准做出具体规定，跨行公路 5 公里、10 公里、10 ~ 15 公里、15 ~ 20 公里的，分别按月座 5 元、10 元、15 元、30 元计征，跨行公路 20 公里以上的，按从事公路客运车辆标准征收。9 月，按照财政部、国家发展和改革委员会、交通部通知，从 2005 年 1 月 1 日起，对三轮汽车免予收取公路客运附加费。

(2)公路货运附加费

公路货物运输附加费是专用于站场、公路基础设施建设的专项资金，实行专款专用。1992 年 1 月至 1995 年 3 月，襄樊市公路货运附加费由公路运输管理部门负责征收管理，襄樊市运管处每年对各运管所下达货运附加费征收计划，每月督促各运管所按时解款，年终进行计划完成情况考核。为做到应征不漏，实行委托交管站代征，征收的费款解往各县、市运管所，由运管所解缴市运管处。此间使用的票证为手工票证。从 1995 年 4 月 1 日起，按照湖北省交通厅《关于全省公路客运附加费和公路货运附加费改由公路养路费征稽部门征收的通知》，公路货运附加费由运管部门移交征稽部门征收管理 1996 年 8 月之前，使用手工票征收，此后货运附加费与养路费、客运附加费一起，实行“三费合一”，利用计算机网络征收管理。

1995 年 9 月，全市开展“清欠活动月”，清收欠缴货运附加费 20 多万元。1996 年，市征稽处设计养路费、客运附加费、货运附加费“三费合一”的包干计征协议书和征收台账，将货运附加费纳入包干计征管理，保证“三费”同步征收、统一管理。

1997 年 3 月，市征稽处加强简易汽车、农用运输车货运附加费的征收管理。5 月，印发“襄樊市公路养路费、客货运附加费票证使用管理办法”，加强货运附加费票证管理。

1998 年 6 月，制定《襄樊市征稽处公路养路费、客货运附加费“三费合一”票证使用管理办法》，进一步规范征费票证管理。

1999 年，对货运附加费征收实行按月考核，按月奖惩兑现，对 1998 年度的货运附加费票证的领发、使用情况进行清查，对 1998 年以前的拖拉机货运附加费代征情况进行清理，并请湖北省征稽局进行票证核销。

2000 年，将老河口市交通专业企业的货运附加费纳入襄樊市征稽处统一征收管理。

2001 年 4 月，根据湖北省征稽局下发的《关于加强交通专业运输车辆公路规费征管工作的通知》，对交通专业运输企业车辆在稽查中发现货运附加费未达到 70%包干计征的按 100%补征。

2002 年 12 月，湖北省征稽局要求，在征收 2003 年的公路规费和签订包干合同时，货运附加费一律取消包干计征，严格按照规定的定额标准征收。

2003 年，受“非典”影响，大批车辆报停，货运附加费征收减少，本年度征收货运附加费 1 200 万元，占年计划 79.31%。

2004 年 1 月，根据湖北省征稽局通知，停止使用 2004 年度以前的拖拉机货运附加费票证。2004 年 3 月，湖北省交通厅发出《关于转发省财政、物价部门对家禽业减免部分政府性基金和行政事业性收费有关文件的通知》，鉴于高致病性禽流感对家禽业的影响，决定自 2004 年 2 月 1 日起至 2004 年 7 月 31 日，对运输禽类及其产品的设有固定装置的专用车辆全额免征公路货运附加费。

2005 年 1 月，根据财政部、国家发展改革委、交通部的通知，对三轮汽车免收公路货运附加费。

(3)车辆购置附加费(税)

1985—2004 年，襄樊市的车购费征收管理分为三个管理阶段。1985—1994 年由生产(组装)厂家和海关代征，市、县两级车购费征收办公室主要实施代征管理。1994—2000 年改由征稽部门直接征收管理。2001—2004 年改车购费为车购税由征稽部门代征管理。

1996 年 1 月，实行计算机征收汽车车购费。1997 年 4 月，使用全国统一的车购费征收程序，车购费征收实行全国联网，使车辆价格信息得到及时准确地传递。10 月，在车购费征费大厅安装触摸式车购费查询系统，投入使用后给车主提供了方便快捷的查询服务。

1998 年 7 月，研制开发摩托车、农用车车购费征费管理系统，在全省率先实行计算机征收摩托车、农用车车购费，从而彻底结束了车购费征收的手工操作时代。

(4)公路运输管理费

襄樊市运管处结合襄樊市实际，研究制定征收办法。规定凡参加公路运输的单位和个人，其运输收入实行独立核算或虽未单独核算但收入可以计算的，仍按 1%征收。未实行单独核算，或收入不易计算的，均按定额征收运管费。其标准为 4 吨以上载货汽车(不含 4 吨)每月每吨 6 元，4 吨以下每月每吨 5 元，拖车每月每吨 3 元。个体(联)户参加运输的机动车，按定额征收的，全年按 10 个月计算。贫困地区的乡镇企业，个体(联)户的机运车，按上述标准减半征收。

1986 年 8 月 14 日，襄樊市按汽车运输管理费总收入上交省公路运输管理局 20%，留用的运管费，编制年度支出预算，报市交通局审批，包干使用，超支不补，节余留用。

1996 年，襄樊市运管处、物价局联合发出《关于调整运管费征收标准的通知》，要求严格执行国家调整的征收标准（汽车运输管管理费按营业收入的 0.8%，拖拉机运输管理费按营业收入的 0.5%收取）。

(5)公路通行费

自 1988 年 6 月双沟大桥设站收取车辆过桥费偿还国家贷款和群众集资始，至 2005 年，全市境内先后建起 18 个通行费收费站，其中经营性收费站 1 个，收费还贷收费站 17 个(其中，襄樊市建委管理 2 个)。1988—2005 年，全市修建公路和大型桥梁贷款 19.18 亿元，修建二级公路以上高等级公路 1 751.933 公里，桥梁 9 247.21 延米，使全市交通基础设施建设得到大发展。

1988 年 5 月，双沟大桥利用贷款和集资建成通车。为偿还国家贷款和群众集资，经襄阳县人民政府批准，于 1988 年 6 月设站收取车辆过桥费。经县物价局同意比照改渡为桥前渡口渡运标准收取，小车 1 元 / 车次，货车 1 吨 1 元 / 车次。1995 年，根据湖北省《关于全省公布取消项目的通知》，将该站撤除，其债权债务以及人员由襄阳县交通局清理、安置。

1993 年 5 月 12 日，襄阳县六两河大桥利用贷款和集资建成通车。为偿还贷款和群众集资，报经湖北省交通厅批准《关于对襄樊市六两河公路大桥设置收费站请示的批复》，于 1993 年 6 月 1 日设立收费站收取车辆通行费，收费标准按照县物价局、县交通局下发的文件精神，比照建桥撤渡前渡口渡运收费标准，每吨位 2 元 / 车次计征(不足一吨的按一吨计收)。1998 年 3 月 29 日撤销。

1996—1997 年，樊(城)丹(江)线建设列入全市重点工程项目，新建二级路 43.57 公里，改建 29.45 公里，共投入资金 3280 万元，其中贷款 2800 万元。1998 年，报经湖北省人民政府同意，在朱坡设立收费站。为规范收费站设置，经湖北省人民政府批准，朱坡收费站于 2002 年 8 月 31 日撤销停止收费，朱坡收费站债权债务由老河口市童营和襄樊市寺湾收费站分担。

1991 年 3 月 29 日，经湖北省人民政府同意，设立宜城汉江大桥收费站，于 1991 年 7 月 1 日开始收取车辆过桥费，按每车吨次 3 元收取，不足一吨按一吨征收。营运客车、班车、摩托车、机动三轮车减半收取。2002 年 8 月 31 日撤除，停止收费。宜城汉江大桥收费站的贷款余额和养护里程由宜城郧家冲收费站担负。

207 国道宜城南段及孔湾大桥改造和扩建工程，完成 19.65 公里二级路水泥路面改建和 325 米的孔湾大桥的新建，利用银行贷款 2 950 万元。经湖北省物价局、财政厅、交通厅批准，设立收费站，于 1995 年 7 月 23 日开始收取车辆通行费，其收费标准按照湖北省物价局规定标准执行。

1993 年，枣阳市交通局贷款投资修建袁庄至火车站全长 34.2 公里二级公路。为偿还贷款，分建枣南站(袁庄村)和枣北站(肖毛村)两个收费亭，1993 年 5 月 1 日正式实施还贷性车辆通行费征收工作。1995 年，经湖北省人民政府批准设立袁庄收费站，枣北收费亭撤销。

1994 年，交通部门贷款 7 274 万元修建枣阳东郊至大店二级公路。为偿还国家贷款，1995 年 1 月 1 日，经湖北省人民政府批准，设立 316 国道枣阳段齐集收费站。1998 年 3 月迁址至枣阳城区以东 10 公里处的东郊，更名为东郊收费站。

1993 年，经省交通厅批准同意利用贷款改建新樊路黄渠河至张湾段 31.261 公里为二级路，魏樊路龚家营至小郭楼路段 27.581 公里改造成二级路。1993 年经湖北省交通厅批准设立黄渠河、黄集收费站。1993 年 6 月 25 日正式设站收费。两站收费标准均按荷沙公路汉川县新河至分水段的标准执行。

1997 年，经湖北省人民政府批准设立茨河收费站，3 月 1 日正式收取车辆通行费，收费路段为谷城三岔路至襄城区刘家台。

1993 年 7 月，经湖北省批准设立石花、冷集收费站，8 月 1 日正式收取公路通行费。1995 年 2 月，在湖北省组织收费站清理时，撤销冷集收费站。

1991 年，湖北省交通厅批准设立雷祖殿收费站，收费路段是 207 国道孟楼至拦马河段，长 20.4 公里。1992 年 4 月 1 日正式设站收费，经湖北省交通厅、物价局等部门批准，在樊丹路老河口至丹江的宋营设立收费站，于 1993 年 4 月 15 日开始收取通行费，收费路段共 46 公里。1997 年，因公路扩改建工程延伸，经湖北省人民政府批准，于 1998 年 2 月 15 日将宋营收费站迁移到老河口市酂阳办事处童营，隶属老河口市公路局。

1996 年，湖北省人民政府批准设立寺湾收费站，收费路段为汉十公路复线（现为 316 国道）襄樊唐白河大桥至魏樊公路段，收费里程 41.77 公里，于 1996 年 3 月 16 日收取车辆通行费。隶属襄樊市交通局管理。

1993 年，湖北省交通厅下达《关于对襄樊市襄东路(襄樊—宜城段)收取车辆通行费意见的函批复》设立襄樊市观音阁收费站。1993 年 5 月 1 日开始收取车辆通行费，其收费标准比照汉十线孝感市张河段一级公路收费标准执行，隶属襄樊市交通局。1997 年，经交通部《关于对有偿转让 207 国道襄宜段经营权的批复》及湖北省对外贸易经济合作厅批准和湖北省工商行政管理局工商注册，成立中澳合作襄樊襄宜公路有限公司，1997 年 3 月 21 日以后，观音阁收费站收取通行费为公司经营性收入。由襄樊市交通局引进澳大利亚艾特公司投资 6 000 万元，澳大利亚艾特公司获得收费站部分经营权 15 年。1992 年 5 月 1 日，襄樊长虹大桥建成通车，经湖北省物价局、财政厅批准设立车辆通行费收费站，同年5月3日征收车辆通行费。为合理分流，统一管理，襄樊公路、铁路两用桥同时设站收费。2002年3月，经国家和省有关部门批准，将两站经营权转让给襄樊万骏路桥有限公司(民营企业)，转让期为15年。为改善投资环境，市政府采取赎买政策，收回两站经营权，并于2005年12月6日同时撤销两站。

2003年，湖北省人民政府批准设立保康枫桥通行费收费站，2003年12月1日开始收取车辆通行费。收费标准按省物价局、省财政厅、省交通厅联合下发的文件按60公里以下二级公路收费标准执行。

至2005年，全市保留收费站13个，其中经营性1个，为观音阁收费站，收费还贷12个，分别是袁庄、东郊、黄集、黄渠河、石花、茨河、雷祖殿、童营、枫桥、涌泉、邬家冲、寺湾收费站。

(6)其他公路交通规费

拖拉机养路费：拖拉机养路费是公路养路费的重要组成部分，是县、乡公路建设与养护的主要资金来源。拖拉机养路费的征收对象主要是农村中从事货物运输的轮式拖拉机（城区亦有部分），二轮、三轮摩托车、简易汽车和农用运输车辆的车主。1990年，襄樊市交通局转发湖北省交通厅《关于加强拖拉机养路费征收和使用管理的通知》。1996年4月，襄樊市交通局根据1994年全市拖拉机养路费实征率低、解缴入库率仅74.9%的实际情况，为加强拖拉机养路费管理，印发《襄樊市拖拉机养路费征收和使用管理办法（试行）》，规定襄樊市交通局规费征收管理处统一管理拖拉机养路费票据，要求所有收费单位规范填写、使用拖拉机养路费票据，做到核票缴款、票款相符、票证相符。所有费款（含银行专户存款利息）按规定时间及时足额收缴，入襄樊市交通局规费征收管理处预算外资金专户，并于1996年5月27日，印发《襄樊市交通规费征管单位会计核算规程》，对交通规费征管单位会计核算工作进行规范，并督促、检查、指导。2004年1月，襄樊市交通规费征收管理处采取三个一点〔襄樊市交通局、襄樊市征稽处、县（市）交通局各出资1/3〕筹集资金购置计算机，配置到各基层收费站点，对“四小车辆”规费全面实施计算机征费。

车辆建勤费：车辆建勤费是结合当地车辆经营收入状况，将国家规定的车辆建勤工日折算成费用征收的一种形式。1989年6月，按照城市发展总体规划和经济发展以及支持二汽轿车发动机加工厂在襄樊建设的需要，襄樊市政府下发《关于征收市区车辆建勤费修建张湾至油坊岗公路的通知》，征收市区车辆建勤费，包括襄阳县、郊区驻市单位以及市属的党政机关、团体、企事业单位的小汽车、生活车、市内专用车辆、个体车辆以及大小拖拉机等。征收标准为每车每吨位每年按48元计征，征收年限为1989年和1990年两年，实行两年一次性征付，共征收车辆建勤费178万余元。1992年2月，襄樊市物价局批准同意，凡未完成车辆建勤日的货车，按定额规定每台班120公里计费，每吨位每年收取建勤费67.20元。客车及其他车辆的征收吨位，按养路费征收有关规定计征。此标准从当年3月1日起执行。1993年8月，市征稽处下发《关于加强市区机动车辆建勤费征收管理工作的通知》，统一使用襄樊市财政局印制的“行政事业性收费专用收款收据”，设置专账，专款专存，规定每月20日前足额上解，不得压款和挪用。1994年度，襄樊市区共征收车辆建勤费1 338 707.07元。1995年5月，襄樊市征稽处对1994年市区车辆建勤费征收情况进行审计，发现未与银行对账、建账不全及漏征现象严重等问题，强调建立健全各类账目及规章制度，按时上解费款，将建勤费的征收与养路费征收挂钩考核。同年8月，市交通局下发《关于加强机动车辆建勤费征收管理的通知》，要求按照养路费的征收范围和计费吨位征收建勤费，征收标准仍为每吨位每年67.20元。对超额完成征收入库计划的，按超收部分的20%~30%奖励征稽部门。同月，襄樊市交通局下达1995年市区机动车辆建勤费计划为135万元。10月，襄樊市征稽处将1995年市区建勤费计划分解下达樊城、襄城、交通专业3个征稽所。同月，下发《关于加强市区机动车建勤费征收管理的通知》，具体强调建立总账、收入明细账、银行现金账和季度报表制度,实行专户存储,每季度第一月20日前解缴上季度费款,年终结清,超额完成征收入库计划的,提取超额部分的10%~15%作为经费补助奖励相关征稽所,完不成年度计划的,每欠1%按1%扣减经费。当年,襄樊市区3个征稽所征收车辆建勤费120万元。1996年3月,襄樊市物价局、交通局联合下发《关于调整机动车辆建勤费征收标准的通知》,对机动车辆建勤费征收标准进行调整。10吨及以下机动车辆建勤费每年每吨位120元,10.1~20吨机动车辆建勤费每年每吨位110元,20吨以上机动车辆建勤费每年每吨位85元。征收范围为车籍在襄樊市区内,领有牌证(包括零时牌证)或长期驻市时间在三个月以上的各种货车、客车(包括各型轿车、吉普车等)、特种车、专用车、牵引车、简易车(含农用车)、挂车、拖带的平板车以及从事公路运输的各型拖拉机等。机动车辆建勤费一律按车辆的标记吨位计征。该规定从1996年3月10日起执行。本年度,襄樊市区3个征稽所征收车辆建勤费133.3万元。1997年,襄樊市征稽处下达市区3个征稽所的车辆建勤费计划为130万元。当年共计征收上解156.6万元,占年计划的120.56%。1998年,根据市交通局的要求,市征稽处下达市区3个征稽所的车辆建勤费计划为140万元。本年度征收195.3万元,为年计划的139.52%。1999年,征收车辆建勤费72.8万元。当年9月停止征收车辆建勤费。各县、市的车辆建勤费收取与否及征收标准,由各县、市确定,所征费款由县、市交通局掌握使用。

交通重点建设基金:1996年4月,市政府下发《关于开征新增车辆地方重点交通建设基金的通知》,决定在全市范围内开征交通重点建设基金,专项用于交通重点建设项目。征收范围为在襄樊市境内落籍(包括新增购置和从外地异动转籍入户)的大、小客车(含轿车、吉普车)、载货汽车、客货两用车、专用车、特种车、牵引车、简易车(含农用车)和挂车、拖带的平板车、摩托车等。征收标准按新增置车辆销售价款的5%计征,农用汽车减半征收。从外地异动转籍入户的车辆,根据实际车龄减率计征,但最低标准不低于新车价款的2.5%。交通重点建设基金征收由襄樊市交通局主管,襄樊市交通规费征收管理处征收管理,襄樊市公路养路费征稽部门具体负责。重点交通建设基金实行行政事业性收费许可制度,接受物价、财政部门年审、监督检查。征收地方重点交通建设基金一律使用襄樊市财政局统一印制的专用收款收据,收入全部纳入襄樊市预算外资金管理,实行专户储存、专款专用。地方重点交通建设基金的使用,按照市政府制定的交通建设总体规划,由市交通局负责编制年度计划,与市财政局共同报请襄樊市政府批准后,具体组织实施。地方重点交通建设基金从1996年5月1日起实施。同月,襄樊市交通局、财政局、物价局联合印发《襄樊市地方重点交通建设基金征收和使用管理实施细则》,规定凡购车、转籍的单位和个人,在办理车辆入籍手续前,必须按规定标准一次性交清交通建设基金。各县(市)征收的交通建设基金必须按规定时间逐笔、全额缴入襄樊市财政部门在银行开设的"交通建设基金收入专户"。征收的交通建设基金,95%用于交通建设,5%用于征管部门工作经费。1999年,中企组(财政部驻襄樊财政监察专员组)在费收工作检查中,认为交通重点建设基金属于违规征收费种,要求停止征收,此费种征收至当年8月。1996年5月至1999年8月,襄樊市征稽处共代征交通重点建设基金4 464.3万元。其中1996年征收1 244.8万元,1997年征收1 879.7万元,1998年征收1 033万元,1999年征收306.8万元。

1985—2005 年襄樊市交通规费完成情况一览

表 6—21　　单位：万元

年度	汽车养路费	公路客运附加费	公路货附费	拖拉机养路费	公路运管费	公路通行费	车购费(税)	公路渡口费	水运规费	其中：水运货附费	重点建设基金	建勤费	合计
1985	3194.1	—	—	259	283.8	—	175.9	71.9	159.6	—	—	—	4144.3
1986	3998.8	140.1	—	268	372.8	—	313	81.7	160.5	—	—	—	5334.9
1987	4591.2	292.3	—	357.7	468.5	—	478.8	93.3	173.2	—	—	—	6455
1988	5497.7	380	—	528.2	583.1	—	581	96.8	208.7	—	—	—	7875.5
1989	6215.1	420.2	—	677.2	709.4	—	288.7	103	259	—	—	—	8672.6
1990	7134.4	423.3	—	776.9	706.6	—	357.7	123.2	254.1	—	—	—	9776.2
“七五”期间平均增长	17.4	31.8	—	24.6	20.2	—	15.3	11.4	9.7	—	—	—	18.7
1991	7330.8	478.3	—	1348.1	936.6	—	364.3	52.5	278	—	—	178	10967
1992	7967.7	926	647.7	1584.3	1034.4	306.4	488	51.7	357.2	58.9	—	—	13363
1993	9804	1450.2	950.5	1803.5	1318.3	2131.6	4822	27.2	557.3	88.9	—	—	22865
1994	10443	1545.5	1092	1675.4	1437	3575.4	3277	—	638.4	84.5	—	133.9	23297
1995	10965	1610	1220	1438.4	1656	4719.6	4655	—	617.6	—	—	120	27002
“八五”期间平均增长	9	30.6	23..5	13.1	18.6	148.8	67.1	—	19.4	—	—	—	22.5
1996	12586	1740	1270.2	1654.9	1914.1	6298.5	5488.7	—	612.3	—	1244.8	133.3	32943
1997	12713	1697	1183.8	1868	2203.1	8184.5	4406.9	—	531.3	—	1879.7	156.6	34824
1998	11920	2010	1284	2224	2517	11076	4269.9	—	425.7	—	1033	195.3	36954
1999	10600	2086	1334	1995.2	2220.6	11214	3584.6	—	303.8	—	306.8	72..8	33718
2000	11312	2100	1351	2044.1	2542.2	12720	3545	—	321.6	—	—	—	35936
“九五”期间平均增长	0.6	5.5	2.1	7.3	9	21.9	−5.3	—	−12.2	—	—	—	5.9
2001	10484	2089	1357	2160.7	2255.1	18069	3800	—	286.9	—	—	—	40502
2002	12066	2189	1415	2965	2178.7	19278	5219	—	292.3	—	—	—	45602
2003	11817	2237	1200	3272.8	2200.9	17537	5475	—	335.1	—	—	—	44075
2004	13392	2226	1460	3113.7	2158.3	15036	7190	—	397.2	—	—	—	44973
2005	15685	2612	1755	3275.2	2530	14278	—	—	402.1	—	—	—	40537
“十五”期间平均增长	6.8	4.5	5.4	9.9	−0.1	2.3	19.3	—	4.6	—	—	—	2.4
总合计	196521	28652	17520..2	35031..3	31943	144424	58605	629.4	7412.3	232.3	4464.3	989.9	526424
总平均增长(%)	8.3	12.9	8	13.5	11.6	34.4	16.7	—	4.7	—	—	—	12.1

注：1991—1994 年公路维修行业管理费分别为 26.7 万元，26.3 万元，48.4 万元，51.2 万元计入当年公路运管费收入中

（六）行业管理

1.客运组织管理

1984 年，道路运输市场实现全方位放开。襄樊市第一汽车运输公司开辟第一条运距在 500 公里

以上的长途班线——襄樊至西安，全长 507 公里，每日 2 个班次。当年新开辟襄樊至阜阳全长 488 公里，每日 1 个班次。1986 年，旅客营运线路发展到 371 条，其中跨省线路 43 条，跨地（市）线路 41 条，跨县（市）线路 69 条，县（市）内线路 218 条。营运班次 1 675 班，其中跨省班次 172 班、跨地（市）班次 136 班、跨县(市)班次 538 班、县（市）内班次 829 班。营运里程 31 477 公里，其中跨省里程 7 154 公里，跨地(市)里程 7 251 公里，跨县（市）里程 5 601 公里，县（市）内里程 11 471 公里。按经济性质划分，交通运输企业营运线路 219 条、341 班次、5020 公里。1987 年，全市客运线路发展到 404 条，日发 1 790班次，营运里程 36 193 公里。

1988 年，全市客运线路发展到 410 条，日发 1 887 个班次，营运里程 39 091 公里。1989 年，客运线路、班次经过审验，全市审验合格客运线路 422 条，1 662 班次，营运里程 42 109 公里。取缔已批未开、擅自停开、改线和报停的线路 18 条 38 个班次，严肃客运纪律。1991 年，襄樊市第一汽车运输公司新开辟客运线路 9 条，11 个班次。其中襄樊至洛阳、襄樊至郑州、襄樊至长沙、襄樊至常德、襄樊至汉口、襄樊至监利、襄樊至竹溪 7 条线路，每天 1 个班次。襄樊至孝感、襄樊至公安每天 2 个班次。全市客运线路发展到 468 条 1 865 班次，营运里程达 50 520 公里。全市开辟循环班线5 条 12 班，夜班车 2 条 2 班，夜宿农村班车发展到 177 个点，234 辆车。所有乡镇都通了客车，通客车的村达 67.8%。1992 年，襄樊市第一汽车运输公司新开辟客运线路 16 条 15 个班次。其中襄樊至上海投入 4 台客车，2 个班次；襄樊至陕西商南、襄樊至白河、襄樊至南京、襄樊至宝丰、襄樊至郧县、襄樊至鄂州每天 1 个班次，襄樊至应城、襄樊至广水每天 2 个班次。另外新开辟了襄樊至商丘、鲁山、岳阳、王集 4 条线路，当年无车经营。当年还增加襄樊至宜昌、西安、武昌各 1 个班次。全市共新增客运线路 82 条，379 个班次，营运里程 21 789 公里。可直达陕西、广东、上海、北京、浙江、江苏等 10 个省（市）的 30 个地、市。全市 30 个乡镇有了直达襄樊的班车。

1992 年 7 月 20 日，市运管处对襄樊市第二汽车运输公司客运线路、班次、发车时间进行了审核。1993 年，新开通襄樊至义乌、柯桥、河北白河，枣阳至平州等超长线路。夜班车线路 14 条 18 班。全市通客车的村达 2 763 个。襄樊市第一汽车运输公司新开辟襄樊至安徽亳州线路。1994 年，全市公路客运线路班次达到 557 条，2 755 班次，营运里程 251 954 公里。新开辟襄樊至常熟、襄樊至温州、枣阳至深圳客运线路。夜班车线路 16 条 62 班。1995 年，襄樊市第一汽车运输公司改称襄运集团公司，新开辟客运线路 7 条，分别是襄樊至彭市、石首、花园、岳口、马口、晋州、禹州。1996 年，全市新增 9 条长途和超长途客运线路。襄运集团公司开辟了最长的客运班线襄樊至广东汕头，全长 1 913 公里。

1998 年，襄运集团公司开辟客运线路 5 条，4 个班次，其中襄樊至广东中山 2 个班次；襄樊至广东东莞 2 个班次；襄樊至烟台、杭州、长恒均无车经营。1999年，全市客运线路覆盖全国 11 个省（市）。襄运集团公司开辟北方最远超长途客运班线襄樊至天津，全长 1 080 公里，日发 1 个班次。2000 年，全面开展客运线路牌清理、换发工作，对车况不符合要求、有线无车、擅自停班、批而未开的客运线路予以取缔。继 1999 年注销了 16 条客运线路后，当年又注销330 条客运线路。健全完善客运线路基础工作，建立了全省统一的客运线路班次计算机管理台账。实现了“一车、一牌、一证”，打破线路使用终身制。

2000 年 6 月，市运管处对长期批而未开、擅自停班、未参加年度审验的 30 条客运班线及线路牌予以注销。同年 7 月 17 日，市运管处重新核定跨县（市）客运线路班次。将原一个批文号含多块线路牌的批复改为一牌一号。对原来批准的线路经营班次与现在运行实际不符的部分客运线路班次进行合理调整。快速客运线路里程在 50 公里以内的每车核定为日发3 班；在 50 公里以上的，核定为日发 2 班。定线客运采取定线不定班的方式运行，经营资格证上不定班次。起（止）点为乡镇往返襄樊市区的客运班线一般按日发 1 班核定。2000 年，客运线路发展到 718条，其中跨省班线 128 条，通达 15 个省、市，跨地（市）线路 168 条，跨县线路 216 条，县（市）内班线206 条。75.2%的行政村开通客运班线。以襄樊为中心，内联城乡、辐射省外的客运网络初步形成。同年，襄运集团公司开辟南方直线最远的超长途班线襄樊至珠海，全线 1 737 公里，日发 2 班。2001 年，以干线公路为依托，以进站经营、快速直达为运行方式的城市间快速客运，对 116 块未及时换发的线路牌予以注销。尝试客运线路服务质量招投标，对长期批而未开的襄荆客运线路经营权实行以道路旅客运输服务质量、安全技术和经营行为为标准的招投标。2002 年 7 月 19，市运管处对经营樊城泥咀的81 台客车经营手续予以确认。同时要求该线不再新增运力。同年 10 月 9 日，省运管局同意湖北神州运业集团（2001 年 11 月，襄运集团公司改称湖北神州运业集团）枣阳金利有限公司新增枣阳至随州、枣阳至随州三合店、枣阳至随州洪山和枣阳至丹江口客运线路牌各一块，本次线路经营有效期至 2006 年 7 月 31 日。12 月 3 日，湖北省运管局同意襄樊市运鑫实业公司新增襄樊至广水客运线路一块。2003 年 5 月 19 日，湖北省运管局发布《湖北省道路客运线路经营有效期使用管理规定》。规定客运线路分甲、乙、丙、丁四种。甲、乙两种经营权为五年；丙种为四年；丁种为三年。同年 10 月 16 日，市运管处制定《襄樊市客运线路经营权招投标实施办法》。至此襄樊市辖区内跨县（市）、县（市）区城关至主要乡镇的新增客运线路经营权的审批，通过招标形式进行审批。同年 11 月 29 日，市运管处首次将襄樊至荆门客运线路经营权进行招标，招标经营期限至 2008 年 7 月 31 日，经营方式为公车公营。招标车辆 2 台，始发站为襄樊客运中心站。湖北神州运业集团公司以绝对优势中标。12 月 20 日，湖北省运管局《关于同意湖北神州运业集团等申办襄樊至上海等客运线路的批复》。同意申办 7 条客运线路。2004 年 12 月 13 日，湖北省运管局同意批准襄阳安达运输有限公司经营襄阳至河南苍台客运班线，进站点为襄阳区汽车站，经营车辆为中型中级客车。2004 年 4 月 30 日，市运管处《关于开展客运线路经营权服务质量招投标的通知》，对 2004 年 7 月 30 日到期的跨县（市）客运线路经营权运用服务质量招投标的形式重新配置。同年，湖北神州运业集团有限公司开辟西部最远的超长途班线襄樊至重庆，全长 1 200 公里，日发 1 个班次。另开辟合肥、乐清、龙岗、柯桥长途和超长途班线，日发各 1 个班次。2005 年，襄樊市乡村客运班线新增 17 条，通班车行政村总数达 1 530 个，更新车辆 135 台。同年，襄樊市运管处对襄宜线、襄谷线、襄枣线三条运力总量过大、经营矛盾较多的线路实行“退二进一”的运力调控政策。同年年，市运管处按照有关客运班线重新许可要求，清理合格在营跨省线路牌 308 块，跨市州 306 块。不符合或已停班应注销跨省线路牌 114 块，跨市州线路牌 131 块。市公交公司先后出资近 1 500 万元，整体收购樊城至牛首、钢铁厂的客运车辆。同年 12 月 20 日，市运管处同意该公司开通火车站至九冢村 531 路公共汽车班线，投入车辆 6—8 辆。同年，神州运业集团公司新开辟襄樊至芜湖、盐城、聊城等 3 条长途或超长途客运班线，日发 1 个班次。到 2005 年底，全市共有道路旅客运输经营业户 338 户，其中二级客运企业 6 个，三级客运企业 4 个，四级客运企业 7 个，五级客运企业 14 个，从业人员 6 772 人。（见表 6—22）。

1986—2005 年襄樊市公路客运线路、班次发展情况

表 6—22

年份	线路总数	客运班次	跨省		跨地区		跨县(市、区)		县(市、区)内	
			线路	班次	线路	班次	线路	班次	线路	班次
1986	397	1760	46	143	49	116	80	352	222	1149
1987	416	1796	54	152	59	124	81	362	222	1158
1988	432	1887	52	168	61	131	82	384	237	1204
1989	432	1887	52	168	61	131	82	384	237	1204
1990	434	1829	55	80	65	75	88	202	226	1472
1991	468	1805	58	166	78	110	109	516	223	1013
1992	550	2244	65	179	106	160	136	585	243	1320
1993	550	2338	80	193	121	293	164	792	185	1060

续表

年份	线路总数	客运班次	跨省		跨地区		跨县(市、区)		县(市、区)内	
			线路	班次	线路	班次	线路	班次	线路	班次
1994	577	2737	81	193	130	330	192	1168	174	1046
1995	585	3651	92	224	145	425	175	1188	173	1814
1996	653	4606	97	240	157	446	200	1430	199	2490
1997	665	5395	103	246	153	514	196	1494	213	3141
1998	702	8328	113	253	165	551	218	1538	206	5986
1999	758	5360	120	265	168	568	221	1522	249	3005
2000	718	5715	128	273	168	566	216	1448	206	3428
2001	953	6736	139	204	164	371	417	3452	233	2709
2002	816	4547	146	286	157	366	308	2228	205	1667
2003	932	7379	150	269	161	378	376	3808	236	2924
2004	871	7023	155	328	161	378	367	4054	188	2263
2005	744	7388	123	205	96	303	354	4257	171	2623

2.出租汽车管理

(1)管理机构沿革

1989 年 5 月,经襄樊市编制委员会批复同意成立襄樊市城市公共客运管理处,隶属于襄樊市城市建设局(以下简称城建局),为正科级事业单位,编制 7 人,经费自筹。1990 年 8 月,经襄樊市机构编制委员会批复,襄樊市城市公共客运管理处扩编为 20 人,并设置办公室、业务科、稽查科三个职能科室。1993 年 10 月,襄樊市通关服务公司成立,主要开展出租汽车计价器维修业务。1996 年,经襄樊市城建局批准,调整襄樊市城市公共客运管理处内部科室,设置办公室、财务科、业务科、稽查科、法制宣传教育科、行管科。1999 年,经襄樊市城建局批准,襄樊市城市公共客运管理处领导班子换届,邱云德担任党支部书记、主任,设置办公室、财务科、业务科、法制宣传教育科、投诉中心、樊城稽查所、襄城稽查所。

2002 年 2 月,襄樊市政府根据全市机构改革的要求,将襄樊市城市公共客运管理处划归襄樊市城市管理局(以下简称城管局)管理,其管理职能不变。

2003 年 11 月,襄樊市人民政府按“一城一交”格局部署,将市城市公共客运管理处划归襄樊市交通局管理。其管理职能除襄樊市区公共汽车管理职能划归襄樊市道路运输管理处管理外,其他管理职能不变。2004 年 12 月,市城市公共客运管理处领导班子调整,李孔刚担任党支部书记、主任。同时对内部科室进行调整,设置办公室、财务科、出租汽车管理科、三轮车管理科、法制宣传教育科、工会、纪检监察室、管理一所、管理二所、管理三所、投诉中心、通关服务公司、车辆服务中心、停车场。2005 年底,全处有在编干部职工 113 人。

(2)管理职能演变

襄樊市城市公共客运管理处成立之初的管理职能主要是:对襄樊市区范围内的城市公共交通,包括公共汽车、出租汽车、客运人力三轮车等客运交通工具和与之相配套的场、站等生产和生活设施实施具体管理;编制城市公共交通客运行业发展规划;组织实施城市公共交通经营权有偿出让和转让;对经营者进行资质审批和年度审验;对经营者歇业报停的审批和管理;组织经营者、从业人员的职业培训；监督检查经营者、从业人员的经营活动和服务质量；查处违章违纪行为以及受理查处乘客投诉;代征代收有关城市公共客运交通有关费用;管理市区以经营为目的社会停车场。

依据1995年7月10日湖北省建设厅、物价局、财政厅、地方税务局、工商行政管理局《关于印发〈湖北省城市公共客运交通管理办法〉的通知》,襄樊市城市公共客运管理处的职责是:在城市总体规划指导下,协助城建(公用)主管部门编制城市公共客运交通发展规划,制定城市公共客运交通车船及客运场站管理的规章制度;对从事城市公共客运交通的非城建单位和个人的车船进行审批;负责城市公共客运交通有关证牌的发放和管理;负责对城市公共客运交通车、船经营权有偿出让和转让的具体实施工作;配合物价、地方税务部门对客运车、船的收费标准和票据进行管理;配合有关部门加强对非城建单位和个人的客运车、船的治安和交通安全管理;按规定征收城市公共客运交通有关规费,并代征代收城市公用事业附加费(不跨地区征收);各级客运管理部门按规定收取的客运管理费、城市公用事业附加费、客运经营权出让、转让费等其他行政事业性收费,统一使用财政部门监制的收费票据,所收资金实行财政预算外资金管理;依照有关规定监督、检查、指导城市公共客运车、船经营者的经营活动,负责处理乘客的投诉;组织城市公共客运经营者的培训,定期进行政治、法律、法规、规章教育。

2003年11月,襄樊市城市公共客运管理处整体移交襄樊市交通局管理后,依照国家和省有关道路运输法规、规章,负责襄樊市城区(襄城区、樊城区、高新技术产业开发区、汽车产业开发区、襄阳区)客运出租汽车和襄城区、樊城区、高新技术产业开发区、汽车产业开发区、鱼梁洲旅游开发区范围内客运人力三轮车的运输管理工作,依法行使监督检查权,并受襄樊市交通局委托依法行使行政处罚权和行政强制权。涉及城市客运出租企业、车辆及从业人员的"道路运输经营许可证""道路运输证""从业资格证"等证件由城市公共客运管理处直接向湖北省运管局申报、领取,并负责管理、核发及年度审验工作。客运出租汽车从业人员经湖北省运管局认定的合格培训机构培训后,由襄樊市城市公共客运管理处组织考试,并对考试合格者核发"旅客运输"类"从业资格证"。客管执法人员履行公务时,持湖北省交通厅核发的《中华人民共和国交通行政执法证》,着全省统一规定的运征执法标志、服装,使用湖北省运管局统一印刷的执法文书。对不具备从事城市客运出租经营资格而在城区从事客运出租业务的经营行为进行监督检查和行政处罚。

(3)市场管理

1996年6月,襄樊市区取缔机动三轮车(俗称"电麻木")从事城市客运之后,出现个体大巴、中巴、面包车、人力三轮车及少量单位小轿车非法从事城市客运现象,节假日尤为突出。为此,市城建局制订《关于突击清理整顿市区客运车辆无证经营串线行驶的实施方案》,整顿突出重点线路、重点车辆、重点对象,此次整顿由城建部门牵头,公安、工商、税务、物价部门参与,共抽调110名工作人员。

1997年5月,经市政府同意,市城建局、公安局抽调150人联合整顿市区交通秩序,取缔非法经营城市客运车辆。1998年9月,市城市公共客运管理处开展清理整顿出租汽车公司乱收费专项活动和取缔市区非法经营客运三轮车活动。2000年9月,市政府成立清理整顿指挥部,从有关部门抽调270人,组建交通管制组、清理暂住人口组、查封制作销售三轮车窝点组、应急处置组、宣传报道组,清理整顿市区三轮车、中巴车、出租车、板车,取缔无证无照经营车辆。共查处三轮车、板车3 500辆,查处电麻木、中巴车、出租车620辆。

2001年4月,市城建局组织对市区37家出租汽车公司进行清理整顿,明确公司职责、规范公司服务,复审公司资质。2001年9月,湖北省清理整顿城市公共客运交通工作领导小组办公室对襄樊市区清理整顿情况验收合格。2002年,市政府印发《关于加强市区出租车管理的通告》,整顿市区出租车经营秩序,统一出租车"X"牌照,将襄阳区出租车纳入市区统一管理。2003年,襄樊市政府印发《关于在襄樊市区(建成区)全面禁止"电麻木"上路行驶的通告》,规定从2003年3月1日起,严禁"电麻木"在襄樊市建成区(通往宜城方向至观音阁收费站,南漳方向至营盘,呢咀方向至隆中风景区,老河口方向至柿铺,河南方向至清河四桥,襄阳方向至清河一桥、清河二桥、清河三桥,汽车产业开发区厂区、车城大道和富康大道,鱼梁洲开发区全部)道路上行驶。残疾人专用车不准从事客货运输。明确襄樊市公安交警部门为"电麻木"的主管部门,由公安交警牵头,与城管、交通等相关执法部门组成联合整顿专班,开展长达两个多月的清理整顿工作,市区客运市场经营秩序明显好转。

2004年,市区摩托车、轿车、三轮车非法营运现象抬头,严重影响合法出租车市场经营秩序及经营者的利益。襄樊市政府牵头组织交通、公安、城管等部门开展4个月的城区客运市场秩序整治行动,打击非法营运行为,净化城区客运市场经营秩序。从2004年9月1日至12月31日,共查扣非法营运摩托车325辆、轿车18辆、三轮车480辆。

2005年,市客运管理处在日常管理中实行全员着装、全员上岗、全天候出勤、全方位稽查,实行无假日执法制,工作时间为每天6:30—21:30。通过长时段监控,有效打击"黑车"非法营运行为,规范客运市场营运。全年共查扣非法营运摩托车543辆、轿车215辆、三轮车1 901辆。

(七)领导机构

1978年,襄阳地区革命委员会改为襄阳地区行政公署后,设立襄阳地区交通局。局内设办公室、政工科、工程科、运输科、安全科、民管科,配备干部32人。同期,襄樊市设交通局。1983年10月,实行市管县体制后,襄阳地区交通局与襄樊市交通局合并。局内下设办公室、政工科、运输管理科、政策研究科、工程科、机务技术科、安全科、计划财务科,工作人员70人。1983年12月,建立中共襄樊市交通局党组,1986年1月,改为党委。1990年5月,市交通局党委改为党组。1994年12月,机关科(室)调整,内设办公室、政工科、运输科、财务科、计划统计科,有干部职工35人。2001年12月,机关再次调整,中共襄樊市交通局党组改为党委。内设办公室、政工科、综合计划科、基建管理科、财务科、运输管理科、企业科、科学技术科、审计科、监察室、离退休干部管理科共11个科室,干部36人。襄樊市交通局领导成员名录(见表6—23)。

襄樊市交通局领导成员名录

表6—23

职务	姓名	籍贯	任职时间
局长	王云峰	河北故城	1977.4—1983.12
	任必年	湖北宜城	1983.12—1986.7
	汪家栋	湖北黄陂	1986.8—1994.6
	魏 伟	河南新野	1994.6—2001.2
	陈 琦	湖北老河口	2001.3—2003.9
	邓卓海	湖北随州	2003.12—2005.12
	刘国尧	湖北黄陂	1976.10—1980.5
	刘东旭	河北景县	1976.10—1982.9
	马久昌	湖北十堰	1976.10—1983.12
	张新皋	湖北襄阳	1976.10—1983.12
	刘继和	山东青岛	1976.10—1983.12
	石金洪	湖北均县	1978.11—1985.5

续表

职务	姓名	籍贯	任职时间
	谢金武	湖北武汉	1991.5—1998.6
	胡金洲	湖北汉阳	1992.7—1999.5
	高麦生	湖北襄樊	1994.10—2005.12
	胡文玉	湖北随州	1995.5—2003.12
	安俊美	河南泌阳	1995.12—2005.12
	陈 琦	湖北老河口	1997.4—1999.5
	陈岘山	湖北武汉	1999.5—2005.12
	朱云地	湖北房县	2000.9—2002.2
	魏明亮	湖北随州	2002.2—2003.12
	朱云地	湖北房县	2004.12—2005.12
书记	刘玉川	湖北天门	1979.6—1985.12
	王云峰	河北故城	1983.12—1985.2
	任必年	湖北宜城	1985.3—1986.8
	汪家栋	湖北黄陂	1986.8—1994.6
	阮治川	湖北武汉	1994.6—1997.9
	魏 伟	河南新野	1997.12—2001.2
	陈 琦	湖北老河口	2001.12—2003.9
	魏明亮	湖北随州	2003.12—2005.12
副书记	王权安	…	1979.6—1981.3
	陈金亭	山东盐山县	1979.6—1983.11
	黄克英(女)	湖北襄樊	1979.6—1983.11
	张江庆	江苏扬州	1979.6—1983.11
	许安儒	湖北谷城	1981.3—1983.11
	李银河	河南新野	1981.3—1983.12
	刘玉川	湖北天门	1983.12—1985.2
	任必年	湖北宜城	1983.12—1985.2
	汪家栋	湖北黄陂	1985.3—1986.8
	魏 伟	河南新野	1994.6—1997.12
	胡文玉	湖北随州	1995.5—2003.12
	陈岘山	湖北武汉	1999.5—2005.12
	陈 琦	湖北老河口	2001.3—2001.12
	余建立	湖北枣阳	2004.3—2005.12
纪检组长	马久昌	湖北十堰	1983.12—1985.12
	张传礼	吉林长春	1986.8—1994.6
	舒辉英(女)	湖南岳阳	1994.6—2001.12
纪委书记	余建立	湖北枣阳	2002.2—2005.12
工会主席	谢金武	湖北武汉	1989.6—1991.5
	彭德成	湖北襄樊	1985.12—1989.6
工会主任	殷明国	湖北南漳	1991.5—1999.5
	陶作文	湖北襄阳	1999.5—2005.12
总工程师	刘耀兴	湖北襄阳	1999.5—2005.12

三、水路运输

襄樊市航道以汉江为主干道，唐白河、蛮河、南河与之相连形成一纵三横水路通道。1984年，全市航道总里程578公里，其中汉江航道196公里，蛮河航道88公里，唐白河航道22.5公里，唐河航道44.5公里，白河航道27公里，南河航道175公里，三道河水库航道25公里。按航道等级划分，四级航道87.2公里，六级航道152.3公里，七级航道204.5公里，等外级航道134公里。按航道维护类别划分，汉江、蛮河、唐白河航道属二类维护，南河航道属三类维护，三道河水库航道未维护。汉江为设标航道，襄樊以下为二类设标航道，襄樊以上为三类设标航道。襄樊汉江航道经过两期整治（一期治理是“八五”时期襄樊至转斗湾90公里；二期治理是“十五”时期襄樊至丹江口市大坝），襄樊境内196公里航道全面达到四级航道标准，理论上可通航500吨级船舶、2 000吨级船队。蛮河、南河航道因流域水量变化及其他因素影响已不适于通航。

襄樊共有港口11座，自然岸线长达47公里，码头占用岸线长7 860米，码头62个，共有泊位140个。其中市区有码头12座，岸线长37.50公里。全市港口年吞吐能力1 200万吨。襄樊为鄂西北最大的港口枢纽。2005年，襄樊港被国家划分为汉江重要港口。

中共十一届三中全会以来，加快内河港口建设逐步纳入国家、省、市各级政府的议事日程。1998年10月18日，湖北省人民政府办公厅下文，制定“谁投资、谁建港、谁受益”的原则和“社会、企业自己筹资建港，港口费减半征收或50%拨回”的政策。1984年，为解决北煤南运铁路运输压力，由国家投资184万元，兴建丹江路机械化煤炭中转码头，年设计中转能力65万吨，拉开国家、集体、社会专业投资建港的序幕。1986年，襄樊市人民政府颁布《襄樊市港口码头、货场管理暂行办法》。1988年，国家计划委员会批准投资1.87亿元整治汉江襄樊至利河航道，新建余家湖港口。通过整治，襄樊至利河航道通行能力由300吨级提高到500吨级。余家湖港口为年吞吐量500万吨级的大型机械化煤炭中转港口，自1989年开始建设，1996年全面验收竣工，总投资达2.36亿元。同时，省政府决定开征水路货物附加费，与航养费合并使用于港航建设。省交通厅、省计划委员会联合下发文件，将陆上货物附加费的50%切块专门用于地方港口建设。从1989年开始，谷城格垒咀年吞吐量50万吨级的综合码头、老河口10万吨级洋油栈件杂码头、年吞吐能力30万吨级的磷矿散货码头、余家湖斜坡式杂件码头、襄阳县白湾20万吨级综合码头、宜城窑湾年吞吐能力30万吨级综合码头、梯子口东汽年运30万架汽车集装架专用码头、兴武街60万吨级综合码头和襄阳县六两河20万吨级综合码头先后建成投入使用。除专业、省、市投资兴建港口外，社会筹资、个体投资、单位融资等多种资金投入港口建设。梯子口与中电大件运输公司协议80万元的大件运输码头，及个体投资70万元建设官码头煤炭中转泊位竣工使用，并形成初步生产能力。襄樊市航道段投资70余万元兴建官码头综合码头，恒达公司投资10万元改建回龙寺码头。同时，为平战结合与旅游开发，兴武街、三里庙、闸口、宜城平战结合旅游码头先后竣工交付使用。随着港航建设的发展，襄樊港口建设本着“港依城建，城以港兴”的发展思路，形成码头门类齐全、机械化水平高、规模完整的港口群落，老河口、宜城、襄樊市区也基本形成港口群落的规模雏形，使散货整件、大件运输港口各自错落有致，煤炭、磷矿、粮食、杂件规划齐整，彻底改变襄樊港口靠人挑肩扛，货物堆集杂乱，港口管理自然坡岸的状况。1980年，全市港口起运量191.4万吨，周转量12 390.6万吨公里，1992年，港口起运量317.1万吨，周转量36 801万吨公里。2005年，襄樊港建设成为码头岸线顺直、货场开阔、道路畅通、机械化程度较高、布局合理、功能齐全，年吞吐能力1 200万吨的大型港口。从20世纪80年代起，沿汉江老河口、谷城、樊城，襄城、襄阳区、宜城等地已形成一城一港的格局。在樊城，襄城、襄阳区、宜城等地还形成港口群落，货场集散枢纽的功能得到发挥。

（一）航道

1.汉江航道

（1）基本情况

汉江又称汉水，全长 1 567 公里。襄樊市位居汉江中游，所辖航道通航里程全长 196 公里，平均坡降 0.19‰，枯水期河宽 300～400 米，洪水期宽度 2 000～3 000 米，个别地段宽达 5 000～6 000 米。河床以砂卵石为主，河滩众多，冲淤不定，属游荡性多槽型河道。

汉江航道由丹江坝下从老河口付家寨的黄楝处进入襄樊，至宜城转斗湾处出境，全长达 196 公里。该航段有急流险滩 10 处，自上而下分别为羊皮滩、格垒咀、蒋家套、龚家洲、胡家州、新集、马家洲、白家湾、二龙滩、叫驴滩。碍航浅滩群 7 处，分别为玉兰坪、水府庙、牛路口、确家套、郭海营、白路岭、芝麻滩。最小水深 0.9～1.1 米，航道宽度 30 米，曲率半径 300 米。流速，襄樊以上 1.6 米／秒，襄樊以下 1.2～2.0 米／秒，船舶通航能力常年通航 100～500 吨级船舶，中洪水期可通 2 000 吨级船队。

襄樊以下至转斗湾 90 多公里航道，经过“八五”期间的整治（汉江一期整治工程），已达四级航道标准，理论上可通航 500 吨船舶 2 000 吨级船队。襄樊至王甫洲电站 70 多公里航道，基本为受丹江大坝控制的天然河道，可通航 100～150 吨级船舶。王甫洲电站为径流电站，王甫洲电站至丹江大坝 36.5 公里航道基本为王甫洲电站回水区，只是在丹江口大坝下游 1 公里范围内的羊皮滩水深较浅，枯水期水深 0.8 米左右。

截至 2005 年，襄樊市汉江辖区已建跨河桥梁 7 座，其中宜城大桥、襄樊汉江长虹大桥达到四级航道技术标准，襄樊铁路桥、襄樊四桥、仙人渡铁路桥、仙人渡高速公路大桥、老河口大桥净宽达到 40 米以上。架空电线、管道、水下电缆等共 24 处，只有白马洞水下通信电缆未达标，其余均达标。主要临河设施包括码头、渡口、抽排水口（站）、水位站等 45 处，均不碍航。主要的过河、临河建筑物都按规定设置专用航标。由于襄樊市辖区内汉江航道河床表面砂层较厚，沙波移动频繁，航槽摆动性大，因而设标任务重。

2003 年 6 月，国家投资整治襄樊至丹江口航道正式开工，2005 年完工。汉江航道襄樊段 196 公里达到四级航道标准。

汉江襄樊段自丹江水库、王甫州水电站建成后，削减洪峰，枯水期流量增大，最小流量为 242 立方米／秒，洪水期最大流量为 20 400 立方米／秒。由于上游大量泥沙被水库拦截，坝下黄家港站多年平均年输沙量由 1.27 亿吨减少到 117.4 万吨。

（2）维护与治理

襄樊市航道的维护管理由襄樊市航道段负责。该段原为航标段，成立于 1954 年 8 月。1984 年，宜城、襄樊两个航标段合并成立襄樊航标段。1984 年 6 月，由湖北省航运公司交湖北省航务局航道处管理，属报账生产单位。1993 年，由湖北省航务局航道处下放到襄樊市航务局，由襄樊航标段改为襄樊市航道段。

襄樊市航道段辖汉江丹江大坝至转斗湾全长 206.3 公里航道设标建养管理任务，现拥有航道生产机艇 6 艘，备用艇 2 艘，总功率 576 千瓦，工程船 2 艘，航道生产管理人员 74 人，固定资产原值 300 余万元。每年投入 50 余万元用于航道生产。全辖区分 6 个管段进行管理，具体为：601 艇管理丹江大坝至王甫洲电站段，605 艇管理王甫洲电站至太平店段，607 艇管理太平店至樊城段，606 艇管理樊城至刘集段，612 艇管理刘集至宜城段，611 艇管理宜城至转斗湾段。主要任务是依法对辖区汉江航道进行养护管理，具体包括：按照国家统一标准及省对汉江航道的有关要求，负责对丹江大坝至转斗湾 206.3 公里的航道进行设标、养护、管理工作，负责襄樊市辖区内汉江航道及通航设施的保护，负责参与辖区汉江航道修建与通航有关的拦河、跨河、临河建筑物的审批工作，并报请省、市航道管理部门核查，负责掌握丹江口至转斗湾 206.3 公里航道特征、水情变化及碍航物分布情况，保持航标的正常状态，并发布航道通告。保证航道畅通，确保运输船舶安全航行。并在实践中总结出“标位正确、规格完整、密度合理、颜色鲜明、改弘及时、及时恢复、寸水必争、驻守重点”三十二字工作方针。

襄樊至宜城航道是襄樊水运的主要航道，该航段浅滩因水情变化无常碍航较多。其中水佛庙、牛路口、确家套、郭海营、白路岭、芝麻滩最小水深 0.9 米，航道宽度 30 米。

汉江航道的整治自 20 世纪 80 年代开始，先后分二期进行。一期工程于 20 世纪 80 年代初开始前期工作。1986 年，国家计划委员会批准汉江航运建设项目建议书。1988 年，国家计划委员会批准《汉江(襄樊至汉口)航运建设工程设计任务书》。1990 年，国家计划委员会下发《关于下达建设新开工大中型项目计划的通知》，批准汉江航运建设工程。

汉江航道整治一期工程 1990 年开工，对巴家洲、水佛庙、龙门滩 3 个滩群进行整治。总工程量为 20 座丁坝、锁坝、长 8 143 米；护岸(滩)2 处，长 1 895 米。先期进行巴家洲滩群整治，1989 年 12 月 9 日动工，筑丁坝 5 座，长 2 108 米；护滩 1 处，长 356 米，1990 年 6 月 25 日竣工。同年 7 月通过初步验收。水佛庙和龙门滩群先后于 1990 年 10 月 10 日和 11 月 24 日开工，分别由郧阳地区航务局航道工程队和省航务局航道处承担施工任务。至年底，累计投资 4 160 万元，完成 10 座丁坝、锁坝，长 3 039 米；护岸 1 处，长 356 米。1991 年，安排投资 4500 万元，继续进行水佛庙和龙门滩群整治工程，至年底，累计投资 8 660 万元，完成 3 个滩群的整治工程。

1992 年，整治工程在 9 个滩群铺开，累计完成丁(锁)坝 58 座，护岸 5 处，挖槽 1 处。当年投资 3 500 万元。1993—1994 年，叫驴滩、九龙滩、马口弯道的整治工程和重点整治的 13 个滩群(除柯直滩群外)已全部相继开工。完成丁(锁)坝 30 座，坝长 11 488 米，护岸(脚)3 处，长 2 698 米，疏浚 1 处，长 551 米；完成坝体 26.3 万立方米，护底面积 43.4 万平方米，疏浚土方 1.97 万立方米。

图 6—33 2001 年 3 月，二期航道整治太平店航段施工现场照片

1995 年，兴建丁(锁)坝 51 座，护岸 6 处，疏浚 3 处。至年底，完成 40 座丁(锁)坝建设，完成护岸 6 处，疏浚 2 处。

图 6-34 2002 年 8 月，汉江整治一期工程太平店丁字坝施工现场

1996 年，完成新建丁(锁)坝 29 座，护岸 1 处，维修 30 座。至 6 月，一期整治工程全面完工，共完成丁(锁)坝 169 座，坝长 69 969 米，护岸(滩)17 处，总长 23 656 米，坝体方量 176.63 万立方米，其中石方 165.83 万立方米，沙袋 10.80 万立方米，护底面积 246.25 万平方米，疏浚挖槽 7 处，挖方 55.32 立方米。1997 年 4 月 1 日，汉江整治一期工程通过竣工验收，工程决算 12 469 万元。通过整治，襄樊至皇庄 13 个滩群 154 公里航道达到四级航道标准。

汉江航道二期整治工程。2003 年 10 月，长江委水文局完成《汉江王甫洲至襄樊航道整治工程防洪影响评价报告》编制，同年 11 月，长江委江务局组织《报告》评审会。2004 年 2 月，长江委下达《关于汉江王甫洲至襄樊航道整治工程涉及河道管理有关事宜的批复》，同意王甫洲至襄樊航道整治工程按设计方案施工。2004年1月，市水利局下达《关于汉江丹襄段航道整治工程水土保持方案的批复》，同意工程按《方案》要求施工。

汉江丹江口至襄樊段河床宽浅、支汊多、河床质粗化、纵坡大、水流分散。整治工程按内河Ⅳ级航道、通航500吨级船舶标准进行建设，采用整治与疏浚相结合，塞支强干、堵汊并流、固滩护岸等整治原则以减少航道内淤积，增加航道水深，改善航行条件，提高航道标准。具体工程措施由筑坝、疏浚、护岸、切滩（咀）、平堆、航标等。本河段按滩群划分从上到下有羊皮滩、付家寨、仙人渡、涸流湾、太平店、伍家河、马家洲、贾洲8个滩群及襄樊北支航道。主要工程量有疏浚工程19处，总长40 561米，工程量271万立方米；筑坝工程44座，总长16 476米，工程量19万立方米；护岸工程3处，总长2 447米，工程量6 883立方米；切滩（咀）工程5处，工程量17万立方米；平堆工程8处，总长6 462米，工程量14万立方米；航标222座。

工程于2003年7月10日开工。截至2005年，疏浚、护岸、切滩（咀）、平堆工程完成；筑坝工程44座完成42座。当年底，落实资金计划11 270万元。

（3）助航设施

信号台：信号台是航运管理部门在危险河段及险滩地段设置的指挥设施。襄樊市航道管理拥有宜城大桥信号台和襄樊长虹大桥信号台。宜城大桥信号台1989年建造，1991年信号开通。长虹信号台建造于1991年，1994年正式发放船只过往信号，指挥过往船舶有序过桥航行，维护大桥和船舶安全。

图6—35 2004年6月，宜城大桥信号台

图6-36 2001年6月，襄樊长虹大桥信号

标志：先后采用过青蛙浮、双头浮、圆形炸弹式浮标。襄樊市辖区汉江航道全部实行航标浮鼓化（铁质），岸标改为钢管，顶端焊接不同形式不同要求的标牌，色泽明亮，增加船舶视距。到1988年底，规格4米和6米的标志船达250余条，约占全境布设航标总数的70%。1996年，湖北省航务管理局根据襄樊市航道需要，调拨60条4米规格的标志船。2005年，丹江至转斗湾航道助航设施全部实现标准化，标志船目标大，稳性好，便于管理。截至2005年，襄樊市辖区汉江航道配备航道生产艇8艘，每艇平均管辖航道25.79公里。在《内河航标规范》三类19种标志中，襄樊市辖区航道共用10种，216.3公里共设标390座，其中岸标88座，水标302座，设标密度达1.8座/公里，航标生产费用每年50多万元。2004年，省水运管理随着长江海事管辖权的移交，航道管理重点向汉江倾斜。为保证汉江航道管理工作有序进行，同时也为强化汉江航道管理，省港航局筹备在襄樊建立汉江航标基地，在襄樊梯子口集装架码头的基础上，投资100万元对办公楼进行整改装修，将场地进行改造，与樊城官码头襄樊航道段的航标修造的场地连为一体。工程于2004年11月动工，2005年7月完工，2005年7月28日正式交付使用。工程总造价120万元。

图6—37 2005年1月，王甫洲航电枢纽过船闸

（4）航电枢纽工程

王甫洲航电枢纽：王甫洲航电枢纽位于丹江枢纽下游约30

公里，径流主要来源丹江口枢纽下泄水量，1995 年兴建，2001 年竣工。系低水头径流电站，主为发电，次为航运、灌溉、养殖、旅游。船闸规模 300 吨级。电站装 4 台灯泡贯流式机组，单机容量 27.25 兆瓦，总装机 109 兆瓦，年发电 5.81 亿千瓦时。枢纽主要建筑物有谷城土石坝、主河床土石坝、泄水闸、老河道右岸围堤、船闸、重力坝、电站厂房、老河道左岸围堤。上游航道从泄水闸上游左侧老河道与主河道交汇处至船闸上闸首，航线长约 68 8 米。航道左右岸是老河道两岸围堤，围堤用沙砾料填筑，利用土工膜作防渗体。围堤迎水面为砼护坡，水库蓄水后可形成天然航道，两岸围堤之间最宽 1 400 米，最窄处 1 100 米，河槽底面高程 82.5 米至 78.0 米，两侧为高漫滩，高程在 83.0 米以上，航道地表面为细砂或砂壤土，下部为 5.0 米至 10.0 米厚的砾砂、砂砾石。船闸根据地形、河势并结合枢纽布置，船闸布置在老河道右岸，船闸中心线与大坝正交，船闸右侧与老河道右岸围堤相连，左侧与混凝土重力坝相连。船闸由上闸首，闸室和下闸首组成。闸室墙面上布置有浮式系船柱和制动系船柱，船闸的设计规模为 300 吨级单线单级船闸。上游引航道建筑物包括上游靠船墩、导航墙和辅导墙。航道右侧坝轴线上游 320 ~ 400 米处，布置有 5 个间距均为 20 米的靠船墩，靠船墩泊位长 80 米，供船闸迎向运行时下行船队停靠等待过闸之用。墩顶高程 87.43 米，各墩引航道侧分别在墩顶和 86.0 米高程布置有系船柱，上闸首右边墩前沿布置有长 25.35 米的折线型重力式辅导墙，邻左边墩布置 13 跨总长 195 米墩板式导航墙，其中近闸首 7 跨共长 105 米，平行船闸中心线布置，其余 6 跨共长 90 米左偏 15 度布置。在第 1 ~ 6 号墩引航道侧布置有固定系船柱。下游引航道建筑物引航道为人工航道，长 329.2 米，底宽 45 米。船闸中心线以左 6 米紧接下闸首布置两块含泄水廊道的重力式导航墙。在距下闸首下游 249.2 米处的右侧航道边，往下游布置泊位长 80 米，间距均为 20 米的 5 个靠船墩，供上行船队停靠等待过闸之用。各墩引航道侧布置有系船柱。上下游靠船墩均为混凝土结构。下游航道从船闸下闸首至老河道出口与主河道交汇处，长约 800 米。航道左侧为电厂尾水渠，右侧为船闸下游隔流堤。隔流堤的迎水面用混凝土护坡。航道地面高程 78.0 ~ 72.0 米，航道底部的表层为细砂，下部为砂砾石。王甫洲航电枢纽航道长度 7.68 公里，其中上游 6.88 公里，下游 0.8 公里，通行驳船 300 吨级。船队过闸时间单向 32.51 分钟，双向 61.75 分钟，平均过闸时间 91.65 分钟。每昼夜过闸次数为 42 次，昼夜平均工作时间 22 小时。非载货船过闸次数 2 次，船闸充水时间 50 分钟，船闸泄水时间 8.2 分钟，人字门开关时间 1.5 分钟。平板门开关时间 2 分钟。

2.支流航道

(1)唐白河航道

唐白河航道有浅滩 2 处，其中主要浅滩是距河口 9 公里处的金石滩。金石滩属特殊的黏土胶板河床。2000 年，湖北省、襄樊市投资 200 万元对金石滩进行疏浚，但由于金石滩下游河道大量采砂，河床下切严重，该河段枯水期水深达 3 米多，河面宽 300 米以上，与上游比过水断面猛增，至使上游过渡航段形成跌水，金石滩又出现浅滩，浅滩水深 0.6 米，宽 20 米，滩长 550 米。唐河、白河交汇处建有一座充气拦水橡胶坝，该坝设有过船通道，拦水坝只在水特别小的枯水季节拦水供上游 4 公里处的取水泵站取水，坝上游的唐河和白河属季节性通航航道，该坝对上游通航影响不大。唐白河有桥梁三座，通航净空达标。位于河口上游 1.6 公里处的过江输油管道 1978 年建设时达到通航技术标准，后由于管道上下游大量采砂，河床下切，管道悬离河床近 0.3 米，有碍通航。

(2)唐河航道

唐河在襄阳区张湾镇郭楼进入襄樊辖境，航道里程 44.5 公里，多年平均流量 52 立方米 / 秒。河流弯曲较窄，有两座桥梁，双朱公路桥达到通航标准，水台子漫水桥，枯水期桥面离水面只有 3.5 米，虽留有活动桥孔，但净宽只有 7 米，属碍航桥梁，该桥位于湖北与河南交界处。唐河航道枯水期20 ~ 30 米，水流缓慢，比降小。

(3)白河航道

白河自襄阳区张湾镇两河口处进入襄樊辖境，航道里程 27 公里。航宽 25 ~ 35 米，航道顺直，沙河床。

(4)南河航道

南河于阳日湾进入保康县境内。原为常年通航河流。自 1962 年胡家渡电站开始建设后，将其一为二，货物只能翻坝换船，后因公路运输的发展和水运成本增加，水路通道逐渐中断。1984—2005 年南河相继建起无过船设施的 3 座电站和一座引水坝，将南河拦成数段，船舶只能分段航行。南河素“小三峡”之称，旅游资源比较丰富，目前航行在各航段的船舶主要是旅游船舶、客班船和当地的砂、采石船。南河上有过河桥梁 5 座，只有盛土康公路桥通航净空未达标，在中水位以下可通航外，余 4 座桥都满足通航要求。

(5)蛮河航道

蛮河全长 179.4 公里，转斗湾至江坡航道 21 公里，枯水期航宽 30 ~ 40 米，水深 2 米左右，江坡孔湾大桥航道 10 公里，枯水期航宽 30 米，平均水深 1.3 米。该航段有主要浅滩 3 处，长 600 米，50 ~ 53 米。规划中的汉江梯级开发工程之一的碾盘山电站正常蓄水位时，回水可至孔湾大桥下 2 里，回水区的蛮河航道航宽将达 80 米以上，最小水深 2 米以上。孔湾至武镇航道 57 公里，枯水期航 25 米左右，水深 0.8 ~ 1.5 米。蛮河孔湾过河输油管道、朱市漫水桥有碍通航。

(6)滚河航道

滚河航道从襄阳县的汤店至枣阳县的梁集 74 公里航段，可通航 5 吨以下木帆船，洪水期可续 24 公里到吴家店。1957 年在枣阳县琚湾建坝断航，随后在其上游相继兴建沙河、熊河、东郊等大型库，使水源枯竭，全线断航。

3.水库航道

(1)南河水库航道

南河水库位于谷城县西南部南河镇，水库控制水域面积 6 096 平方公里，为总面积的 93.8% 库河道弯曲，河床平均坡降为 1.69‰，是襄樊最大且唯一有客运班船的库区，也是谷城县主要旅游景区，素有“小三峡”的之称。南河库区的来水量主要受降雨控制，径流的年内分配与降雨特征一 4—10 月为汛期，11—3 月为枯水期，汛期的径流量占年径流量的 80% 以上。库区 20 公里航段，航平均水深 1.5 米以上，平均航道宽度 30 米，最大流量8 280 立方米 / 秒，最小流量 7.0 立方米 / 秒平均流量 29.4 立方米 / 秒，最高水位 87.67 米，最低水位 80.07 米，水位保证率 90% 达 80.93 米。

南河库区形成以后，因南河电站的兴建，没有同时兴建过船设施，为解决库区以上客货运输老鸦山码头转到坝上，成为南河码头。1983 年以前为简易泊位码头。1985 年投资 14.4 万元在南河站上游 750 米兴建 40 米长的 2 个码头，5 个泊位，设航务管理站，年吞吐能力达 2 万吨，现码头定发送南河库区坝上至陈滩 21 个停靠点，31 公里长航线的客班船和区间运输，年送旅客 14.4 万人次

南河电站的兴建，形成了一个主航线大坝至大谷峪为回水 30 公里，支航线为大坝至温坪 2 条

运航线，主要是从事库区内人民群众进出，南河的客运航线大坝至大谷峪一天发 4 个班次，大谷峪至大坝一天发班 4 个班次，从事客运船舶 38 艘 719 吨位 408.74 千瓦 1 326 客位，是大坝形成后当地人自己建造的钢质船，一般能装载 30 多人，救生、消防设备齐全。大坝至温坪老虎洞，因当地在温坪口修渔场被中断，现在只有大坝至温坪口和温坪口至老虎洞的客运航线的客人随到随走，从事这条航线的船主都是当地人，有钢质船也有木质船。货运船主要有 120 多艘农用小划船，有钢质也有木质。从事旅游航线的 38 艘旅游船舶主要是从事旅客运输。

(2)三道河水库航道

三道河水库位于蛮河上游，距南漳县城关镇 3.5 公里，由于拦坝在主源蛮河，副源白洛河、龙潭河的交汇处，故取名三道河水库。三道河水库具有防洪、灌溉、发电、航运、养殖等功能。年发电量 1 882 万度，灌溉农田 30 多万亩。水库深达 40 多米，水面宽达 1 公里，总库容 1.56 亿立方米，蓄水面积 12 593 亩，水库控制面积 780 平方公里。三道河自东向西地势渐高。航道分为 2 条，一条为大坝码头至干洞坪，全长 20 公里，为蛮河主航道，其上游 6 公里航道最小水深 1.0 米，航宽 15 米，最小弯曲半径 100 米。另一条为老凤湾至大柳树长 5 公里，最小水深 1.0 米，航宽 50 米，最小弯曲半径 100 米，可常年通航 30 吨级的船舶，无需维护。三道河水库有简易客货码头一处，停靠点多处，均为自然坡岸。水库内有营运船舶 25 艘，分为两类，一类为货运船舶，最大载货 20 吨，运输主要货物是农副产品，另一类为客船，最大载客 25 人。航道上有跨河桥梁两座，均不碍航。

(3)熊河水库航道

熊河水库位于枣阳市青龙山风景区。水库坝长 1 373 米，最大坝高 32.1 米，坝顶高程 130.9 米。库内正常高水位水深 28 米，最大水深 33.78 米，季节性水深变化范围为 16 ~ 30.4 米，库区水面流速为零，洪水期上游速度 1.5 ~ 2.5 米 / 秒，流向由南向北。主要航线为八仙渡码头至仙鹤山庄至石人岛至小板桥至猴王洞，八仙渡码头至八角庙。运量 5 000 人次 / 年。旅游船为玻璃钢快艇(60#、40#)20 艘，钢板游船(80 马力)2 艘。

(二)港口

1.港口分布状况

(1)港口设置

襄樊港坐落在汉江中游，是汉江沿线最大的港口群落。襄樊水陆交通发达，沿汉水南下可直达汉口进入长江，溯汉水北上，可远抵陕西汉中，经唐白河，可与豫西南相通。由焦柳铁路北联陇海线，南达柳州，汉丹铁路东联京广线，西接襄渝线，3 条铁路在襄樊交接，形成襄樊铁路交通枢纽。襄荆、襄十、孝襄、魏樊四条高速公路和 207、316 国道在襄樊交会，形成发达的水、陆、铁立体交通网络。1986—2005 年，国家投资 1 亿多元，先后建成丹江路煤炭码头和余家湖煤港。省、市通过自筹、地方拨付、陆上资金切块等方式，投入资金 2 800 多万元，先后建成梯子口集装架码头、兴武街综合码头、回龙寺、三里庙、闸口、宜城旅游码头。襄樊港按照《襄樊市港口总体规划》具体划分为：襄樊港区、老河口港区、谷城港区和宜城港区 4 个大港区。

(2)港区分布

襄樊港区:襄樊港区包括分布在汉水干流上的襄樊市区港区(含襄城、樊城港区)、余家湖港区和分布在支流唐白河的张湾。襄樊市区港区作业岸线总长32.7公里,其中襄城作业区从红旗码头至三里庙,岸线长14公里,观音阁至罩山,岸线长2.7公里,樊城作业区上起自白家湾,下至清河口,岸线长16公里。水域面积共1 088平方公里,陆域面积1.75平方公里。有堆场64处9.85万平方米,客运站1座60平方米,仓库2座600平方米容量535吨,码头25座占岸线3 531米,设泊位74个,其中500吨级1个,300吨级16个,100吨级57个。襄樊市港区的作业码头主要有丹江路、大庆路、杜甫巷、林家巷、官码头、兴武街、回龙寺、梯子口、清河口、小北门、闸口、石灰窑及钱家营码头,主要运输煤炭、砂石、磷肥、粮棉及其他工业品和材料等货物,年吞吐能力可达300万吨。张湾(六两河)港区位于樊城下游7公里处的唐白河右岸,距唐白河口2公里,岸线长1.24公里,陆域面积0.27平方公里,水域面积0.25平方公里。有堆场6处,0.19平方公里;作业区2个,码头12座,占岸线973.70米,设泊位15个,其中200吨级3个,100吨级4个。由于河床泥沙淤积,枯水期只能靠泊100吨级以下船舶。港区内有职工286人,其中装卸工人及司机218人;有输送机械16台,总长1 192米,装卸搬运载重汽车3台,链斗装车机3台,输送船4艘;港区铁路专用线分为三股道,总长3 730米,装卸线770米,公路专用线长600米。以装运黄沙、磷矿石、水泥制品、化肥等货物为主。尤以黄沙为大宗。年输出能力达120万吨以上。余家湖港区位于市区下游10公里处的南郊余家湖办事处所在地,汉水右岸,岸线长1 750米,水域面积0.35平方公里,陆域面积0.53平方公里。有堆场7处,2.2万平方米;仓库1座,容量870立方米,面积200平方米;码头9座,泊位11个,其中500吨级3个,300吨级8个;占岸线750米,最大停泊能力为500吨级。拥有各种港口机械10台(件),有职工133人。棉花储运站码头泊位1个,为物资部门自建自用。煤炭作业区初步形成由防尘设施、煤池、沟桥、皮带机等组成的机械化装船作业线。皮带机输送量达300吨/小时,年中转煤炭能力为30万吨。余家湖港区前沿水深条件优越,枯水季节也能靠泊500吨级船舶,是比较理想的煤炭分流港。由于多方面的原因,汉水水运的潜力没有得到充分利用,襄樊港的功能没有得到充分发挥。1973年,港口的吞吐量达到113万吨,这是在港口历史上第一次超百万吨,1978年突破了200万吨,1985年吞吐量曾达到300.83万吨。樊城港区(襄樊市一桥至八一)总岸线长2 800米,为襄樊传统的老港区,主要以件杂、散货和二汽配套码头,兼容部分旅游码头。官码头散货1个泊位,梯子口大件码头、梯子口集装箱码头共3个泊位。其他10个码头共16个散货件杂码头泊位。2003年增加平战结合码头1个泊位。白家湾港区(白家湾至贾家洼港区),自然岸线长度6 945米,白家湾港区2个散货泊位和1个件杂泊位,贾家洼码头10个散货泊位,装卸机械16台,年综合通过能力达到70万吨。老龙堤港区自然岸线长度500米,散货码头2个泊位,码头总延长120米,水域面积1.2万平方米,陆域面积1.1万平方米,年综合通过能力10万吨。小北门港区自然岸线长250米,货运2个码头2个泊位,码头总延长140米,水域面积1.2万平方米,陆域面积0.7万平方米,年综合通过能力10万吨。闸口港区自然岸线长250米,散货码头1个泊位,旅游客运码头1个泊位,平战结合码头1个泊位,港区客、货运码头总延长250米,水域面积1.0万平方米,陆域面积0.3万平方米,堆场面积1 500平方米,年综合通过能力20万吨3万人次。三里庙港区自然岸线长1 915米,2个散货码头泊位,旅游客运码头1个泊位,平战结合码头1个泊位,共形成10个码头泊位。码头总延长640米,陆域面积11万平方米,水域面积21万平方米,库场总面积4万平方米,装卸机械16台,年综合通过能力140万吨3万人次。清河口港区自然岸线长700米,矿建码头1个泊位和磷矿码头1个码头2个泊位,总延长100米,陆域面积4.3万平方米,水域面积2.7万平方米,年综合通过能力达到20万吨。六两河港区自然岸线长2 000米,4个散货码头共9个散货泊位,担负本港区矿建材料进出口,平战结合码头2个泊位(两岸对称布置),规划港区共4个码头13个泊位,码头总延长680米,陆域面积15万平方米,水域面积22万平方米,库场总面积1.02万平方米,装卸机械 24台,年综合通过能力达到 125 万吨。余家湖老港区自然岸线长 3 000 米,2 个原油码头泊位,港区共 10 个生产性泊位,1 个非生产性泊位,码头总延长 736 米,陆域面积 28 万平方米,水域面积 35 万平方米,库场总面积 5.1 万平方米,装卸机械 72 台,年综合通过能力为 545 万吨。太平港区自然岸线长 600 米,散货码头 4 个泊位,码头总延长 310米,水域面积 6 000 平方米,陆域面积 4 800 平方米,年综合通过能力 10 万吨。牛首港区自然岸线长 600 米,散货码头 2 个泊位,码头总延长 290 米。港区陆域面积 4 800 平方米,水域面积 6 000 平方米,装卸机械 4 台,年综合通过能力 20 万吨。老营港区自然岸线长 800 米,客运码头 1 个泊位,码头总延长 350 米。港区陆域面积 8 000 平方米,水域面积 6 000 平方米,年综合通过能力 3 万人次。

老河口港区:老河口港位于鄂西北老河口市,地处汉江中游东岸,逆流而上 28 公里抵丹江口大坝,老河口港上起望江楼坝,下至罗汉寺,岸线长 4.29 公里,水域面积 74.84 万平方米,陆域只大桥下 700 米,岸线后方宽 50 ~ 80 米,其余岸线后方狭小。现有堆场面积 20 559 平方米。有码头泊位 17 个,占用岸线 1 15l 米。最大靠泊能力 300 吨级。综合通过能力 75 万吨。由于港口位于王甫洲大坝上游,常水深在 2 米以上。该港口在 20 世纪 80—90 年代年吞吐量在 30.50 万吨。2000 年港口吞吐量为 20 万吨。老河口港区是由老河口市洋油栈杂件码头和老河口砂石磷矿码头组成。洋油栈杂件码头于 1989 年开工,1991 年建成,码头位于老河口大桥下游 160 米,岸线长 132 米,300 吨级泊位 3 个,堆场面积 5 000 平方米,装卸机械 1 台(套),吞吐能力 30 万吨。砂石磷矿码头于 1993 年开工,1995 年建成。码头位于光化大桥下游 260 米,岸线长 167 米,300 吨级泊位 3 个,堆场面积 11 000 平方米,装卸机械 3 台(套),吞吐能力 35 万吨。2003 年 12 月,老河口市交通局投资 10 万元,对砂石磷矿码头进行扩建、加高工程。

谷城港区:谷城港位于谷城县县城东南 5 公里,地处汉江中游西岸,逆江而上 41 公里抵丹江口大坝到汉江上游,顺江而下 66 公里抵襄樊市。港区为自然坡岸。"七五"期间国家投资 200 万元修建格垒咀码头,老码头已废弃不用。格垒咀码头占用岸线 170 米,堆场面积 6 000 平方米,泊位 2 个,设计年吞吐能力 30 万吨,靠泊能力 300 吨级。

宜城港区:宜城港位于宜城市市区,地处汉江中游西岸,逆江 64 公里抵襄樊市,顺江而下 468 公里达武汉进入长江。是宜城市物资集散的主要港口。港口自然岸线长 3.93 公里,水域面积 76 万平方米,陆域面积 35 万平方米,码头泊位 38 个,最大靠泊能力 500 吨级,堆场面积 3 万平方米,年综合吞吐能力 72 万吨。自汉江航道整治后,港区段偏向西岸,常年水深在 1.6 米以上。

2.港口建设

1984 年,为解决北煤南运铁路运输压力,国家投资 184 万元,兴建丹江路机械化煤炭中转码头,年设计中转能力为 65 万吨。1986 年,市政府颁布《襄樊市港口码头、货场管理暂行办法》,具体明确港航管理部门的职权范围,理顺港口管理与城市规划、城建、堤防、水利、土地等部门关系。1988 年,国家计划委员会批准投资 1.87 亿元整治汉江襄樊至利河航道, 兴建年吞吐量500 万吨级的余家湖大型机械化煤炭中转港口。为解决港口建设资金,省政府决定开征水路货物附加费,与航养费合并使用于港航建设, 湖北省交通厅、计划委员会联合发文, 将陆上货附费 50%切块专门用于地方港口建设。1989—2005 年,先后兴建年吞吐量 50 万吨级的谷城格垒咀综合码头、老河口 10 万吨级洋油栈件杂码头、年吞吐能力 30 万吨级的磷矿散货码头、余家湖斜坡式杂件码头、襄阳县白湾 20 万吨级综合码头、宜城窑湾年吞吐能力 30 万吨级综合码头、梯子口东风汽车公司年运 30 万架汽车集装架专用码头、兴武街 60 万吨级综合码头和襄阳县六两河 20 万吨级综合码头。除专业、省、市投资兴建港口外,社会筹资、个体投资、单位融资建港也有了新的进展,梯子口与中电大件运输公司协议 80 万元的大件运输码头,及个体投资 70 万元建设官码头煤炭中转泊位,襄樊市航道段投资 70 余万元兴建官码头综合码头和恒达公司10万元改建回龙寺码头。为了做好平战结合与旅游开发，兴武街、三里庙、闸口、宜城建立平战结合旅游码头。

（1）余家湖煤港

余家湖煤港与余家湖火车站毗邻，旁316国道，常年水深2米以上，具备优良港口条件。1990年，国家计划委员会下达《关于下达建设新开工大中型项目计划的通知》，批准汉江航运建设工程和余家湖建设内河大型煤炭中转专用港口。港口总投资概算为9 061万元，设计中转能力为500万吨/年，两个装卸泊位。最大停泊能力1 000吨级。1990年10月14日，余家湖煤港工程，由市政府主持开工典礼。交通部、国家计划委员会、湖北省政府、经济委员会、计划委员会、交通厅和中共襄樊市委、襄樊市政府等领导和专家出席。承担施工单位为上海交通建设总承包工程公司。1995年10月，通过国家验收后正式投入生产。共完成投资1.125亿元。

图6-38 1997年7月，余家湖煤炭码头卸车机

图6—39 1997年7月，余家湖煤炭码头堆料机

图6—40 1997年7月，余家湖煤炭码头装船机

余家湖港口占地571亩。其中港区占地317亩，铁路专用线占地234亩，生活区占地20亩。港口由生产系统、供电系统、供水系统、辅助生产系统、生活住宅系统组成。港口铁路专用线一条，自焦枝线余家湖车站南端出岔，至港口卸车线为终点，正线全长8.26公里，铺轨长度14.84公里，设有编组站（六股道）一个，铁路专用线机车1台，港口作业区拥有卸煤线2条，卸车机4台，堆料机2台，取料机4台，装卸机4台，泊位4个。港口供电由钱营变电所架设10千伏、3.33公里的专线，总容量2 700千伏安，生产区为2 400千伏安，有配电所1座，变电所2座，3个变压器容量皆为800千伏安。供水系统打深井3口，供水塔2座（生产区、生活区各一座），供水管道5 351米，排水渠道4 515米及污水处理系统。港口辅助生产设施配套齐全，面积5 065.7平方米，包括房屋9栋，综合楼、机修车间（1 500平方米，内有航车、航吊配套设备）、汽车库、浴池、理发室、哺乳室、食堂、锅炉室、水泵室、门房、传达室、自行车棚等。

图6—41 2005年8月，余家湖港大件货运码头

生活区建筑面积9 822.93平方米，包括房屋9栋，职工住宅楼1～4号、单身宿舍楼、商业网点、招待所、幼儿园、水泵房、配电室。铁路专用线生产房屋1 509平方米，生活房屋3 273平方米。余家湖港口有干部职工276人，主要担负着汉江下游沿线的煤炭中转，每年实际中转煤炭量30万～50万吨。是汉江目前中转能力最大，机械化程度最高的大型机械化煤港。1997年，被铁道部列入铁水联运换装港、被湖北省经济委员会列为调度港。

（2）襄樊港

樊城丹江路煤炭码头：1984年2月25日动工，同年12月竣工投产，1995年正式通过验收，是汉中游一个水、陆、铁联运的中转港口。上联铁路，下汉江。拥有铁路专用线 873 米，固定式皮带机 694，机械、电气、控制、通信信号及防尘设备完备，门单向螺旋卸货机 2 台。年吞吐能力 65 万吨。场区积 21 000 平方米，堆场量 10 万吨，专用泊位 3，码头岸线长 500 米。主要担负北煤南运，西货东的港口中转任务。丰水期水深可达 2 米以上，可泊0 吨级驳船，枯水期水深一般为 1.3 米以上，可泊0 吨级驳船，水域开阔，船只的锚泊、编队均有回余地。船队最大的运量为 1 200吨 / 队。

图 6—42 樊城丹江路煤炭码头

梯子口集装架码头：梯子口码头主要为“二汽”轿车集中架和商品车运输而建的配套设施。该项1993 年立项并通过湖北省交通厅批准。该工程水工、仓库、场及生产设施部分由湖北省交通厅规划设计院设计，综合部分由襄樊市水利设计院设计，工程总投资 650 万元。梯子集装架码头 1993 年 11 月完成初步设计，1994 年 1 月完成工图设计，1994 年 7 月 1 日动工。原计划 1995 年底建成投，后由于资金不到位，东旭公司抢占港区建设用地，以及设不衔接等原因，工程没有按期完成，至 1996 年 11 月，除电部分施工配套外，工程主要部分基本竣工。1997 年正式通过北省港航局验收交付使用。

图 6—43 2005 年 6 月，梯子口集装架码头

襄樊兴武街综合码头：兴武街综合码头位于汉江北岸，兴街出口处，水域宽阔，陆域条件良好，对外交通便利。1997 年 11 月开工，2000 年 12 月竣工。工程项财务决算为 584.10 万元。设计建成 1 个粮食专用泊位，1 个综泊位。设计船型为 500 吨级，年吞吐量为 25 万吨，占用岸线3 米，堆场面积 5 148 平方米，一栋综合楼面积 1 176 平方米，港道路长 600 米，装卸桥 1 套，皮带机 3 条，配套辅助建筑及区围墙等。兴武街综合码头由襄樊市建筑设计院进行地质勘，湖北省交通规划设计院完成可行性研究报告，襄樊市水利设院完成初设及施工图设计。经招标，由交通部二航局五分局1级企业）承建粮食泊位水工部分，襄樊市港航工程处承建综合泊位水工部分，谷城第五建筑公司建道路，襄樊市农垦建筑公司承建综合楼，襄樊市港航工程队负责回填工程，国营襄樊船厂承建综泊位装卸桥及粮食泊位专用皮带机。工程于 2000正式通过验收。

图 6—44 2009 年 6 月，兴武街综合码头

三里庙斜坡码头：三里庙斜坡码头工程位于襄城汉江右岸三里庙。码头建设区域地势平坦，为宽60 米滩地。码头前沿为主航道，常年水深在 1.5 ~米。三里庙斜坡码头工程，按 500 吨级船型设计，顽 100 ~ 300 吨级船舶停靠作业，年吞吐量设计为万吨，旅客年吞吐量为 10 万人次。工程总投资 225.39 万元。水下挖方 8 627.5 立方米，水下抛石立方米，抛石笼 470 立方米，水下砼 375 立方米，回填砂卵石 875 立方米。斜坡道及道路砼路面 3平方米，浆砌块石挡土墙 677 立方米，挖方 11 000 立方米。浆砌踏步 864 立方米，块石护坡 432.5

图 6—45 2005 年 8 月，三里庙斜坡码头

立方米。经招标，襄樊航务工程处承建水工部分，襄樊市金厦建筑安装有限责任公司承建斜坡道及挡土墙工程，襄樊市航运总公司承建踏步及护坡工程。2004 年 3 月 19 日开工，2004 年 9 月 18 日完工。

图 6—46 2005 年 8 月，老河口洋油栈杂件码头

（3）其他港口码头

老河口洋油栈杂件码头：该码头于 1989 年开工，1991 年建成。2002 年 2 月，由于王甫洲水电站蓄水，省、市港航部门又投资 20 万元对件杂码头进行加高、改造，同时硬化场地、绿化场所。洋油栈件杂码头位于光化大桥下游 160 米，岸线长 132 米，300 吨级泊位 3 个，堆场面积 5 000 平方米，装卸机械 1 台（套），吞吐能力 30 万吨 / 年，湖北省港航局投资 219 万元，产权归老河口市港航所。

图 6—47 2005 年 8 月，谷城格垒咀码头

谷城格垒咀码头：格垒咀码头 1988 年正式开始建设，工程总投资 133.74 万元。该港口为直立式码头，设计年吞吐能力为 35 万吨，岸线长 100 米，自然岸线长 250 米，最大靠泊能力为 300 吨级。两个泊位，堆场面积 6 600 平方米，装卸货物栈桥两座。码头设计高程 73.19 米，最低水位 72 米，码头前沿水深 1.5 米。

图 6—48 1998 年 6 月，谷城南河码头

谷城南河码头：南河码头始建于 1986 年，工程总投资 35 万元。该码头为客货及旅游综合码头。设计年货物吞吐量为 5 万吨。年客运量为 20 万人次。岸线总长 100 米，5 个泊位，其中：货运泊位 1 个，长 20 米，最大靠泊能力 50 吨级，客运泊位 4 个，最大靠泊能力 50 吨级。

图 6—49 2004 年 5 月，宜城窑湾码头

宜城窑湾码头：1994 年 6 月，襄樊市交通局批复同意在宜城汉江公路大桥下游与信号台之间兴建窑湾散货码头 1 个，岸线 200 米，500 吨级泊位 2 个，年吞吐能力 30 万吨。1995 年 2 月 22 日正式开工，1998 年 12 月 8 日竣工。水上工程由宜城汉江建筑公司承建，水下部分由湖北省振兴港航工程有限公司承建。总投资 188.5 万元，其中水工部分投资 134.7 万元。因资金受限，新建的散货码头货场为土面。1999 年春，南漳木片需从宜城港散货码头长期发运到九江，为满足货方需求，宜城港埠运输公司投资 28 800 元，于 1999 年 7 月硬化堆场面积 400 平方米，专供木片堆放。

图 6—50 2005 年 6 月，襄阳区六两河码头

襄阳区六两河斜坡式码头：襄阳区六两河斜坡式码头位于襄阳区张湾镇潘台村的唐白河右岸。设计岸线在上游 100 米汽车轮渡码头处，距六两河大桥下游 200 米，码头选用岸线与原汽车轮渡码头下坡道路平顺衔接。平战结合斜坡码头泊位 1 个，码头岸线长度 30 米，直立挡墙 +2 × 10 米台阶式护坡。设计年吞吐量 5 万吨，船型为 300 吨船舶，兼顾 100 吨级船舶，要求满足应急和突发事件的物资和人员运输需要。工程投资核准为 383 826.94 元，资金筹措由襄樊市交通局给予定额补助 30 万元，不足部分襄阳区自筹。襄阳区六两河斜坡式码头 2003 年 11 月 15

日正式开工，于 2004 年 4 月 30 日全部完工交付验收使用。

3.港埠企业

(1)襄樊港务局

1992 年，湖北省交通厅批复同意襄樊市交通局组建襄樊港务局。1993 年 5 月 7 日，襄樊市人民政府明确余家湖港口建成后成立襄樊港务局，为具有法人地位的全民所有制企业，实行独立核算，自负盈亏，隶属襄樊市交通局管理。1993 年 8 月，襄樊市交通局组建襄樊港务局。襄樊港务局位于襄樊市襄城区岘山路 424 号。

余家湖港 1994 年 8 月竣工后投入试运行。1995 年 10 月 24 日通过国家验收，移交襄樊市港务局正式投入生产运行。襄樊港务局主要经营煤炭、矿石、钢材、木材、粮食、百货集装箱中转贮存业务。1996 年，港务局先后成立开发公司负责开发磷矿、杂件中转运输业务，成立经销公司负责销售煤炭以带动港口中转业务。1997 年 10 月撤销上述公司。1998 年，成立鑫航运输有限公司，负责组织协调航运运力。已撤销的开发公司、经销公司的业务转由鑫港公司经营。1999 年因经营亏损，鑫港公司也停止经营。2002 年 8 月，襄樊港务局与金鹰轨道运输有限公司合作，将港口铁路专用实行租赁经营。2003 年，将机修车间对外出租。

港务局党委下设五个基层党支部，即机关一支部、机关二支部、港埠支部、铁运党支部、金鹰支部。现有干部职工 278 人，其中党员 58 名，退休职工 15 人。

1997 年 9 月 17 日，受襄樊市交通局委托，港务局托管襄樊市轮船总公司，从同年 10 月 1 日起对襄樊市轮船总公司正式接管。两年后，襄樊市轮船总公司与襄樊市港务局因市场疲软相脱离。

襄樊港务局自 1995 年正式运营后，随着经济体制转变后企业依赖市场，因客户少、业务量小，形成不了稳定的中转规模，港口区位优势和运转中转潜能难以发挥，“北煤南运，西煤东调”运输大通道的中转港作用难以体现。加上建港期间巨大的资金缺口(银行债务转嫁企业)制约了企业生产能力配套与完善。更突出的问题是项目投产，国家没有安排流动资金投入，企业难以正常运转。1995—2005 年，年平均港口起运量仅 18 万吨，不足年生产能力的 4%，企业一直处于严重亏损状态(见表 6—24)。

襄樊港务局 1995—2005 年生产经营情况一览

表 6—24

年份	起运量(万吨)	营运总收入(万元)	实现利润总额(万元)	职工人数	定资产	
					原值(万元)	净值(万元)
1995	23	205.6	—130.7	280	8353	8350.2
1996	19	160.7	—568.7	289	8371	7941.2
1997	17	152.2	—714.7	300	8381.6	7522.6
1998	23.8	269.6	—385.9	302	8399.5	7121.1
1999	14.5	150.4	—717.4	307	8251.2	6570
2000	12.2	127.3	—594.9	300	8249.3	6152.1
2001	9.8	93.6	—525.6	288	8227.9	5717.7
2002	12	115.8	—372.4	281	8219.9	5294.8
2003	15.6	138.7	—588.2	280	8783.8	3322.2
2004	23.7	209.6	—424.5	279	8800.4	5263.2
2005	31.2	293.6	—78.7	278	8862.6	5325.4

(2)其他港口企业

襄樊市港口装卸公司:襄樊市港口装卸公司于1975年7月成立,其前身为襄樊市砂石公司,位于樊城沿江东路9号,是隶属于襄樊市交通局的一家集体所有制企业,1990年被湖北省企业领导小组评为"省级先进企业"。企业主要经营黄沙、卵石、卵石自产自销,承办水路、公路、铁路运输货物装卸,固定资产原值604万元,净值160万元,职工人数162人(在职106人,退休56人,工程技术人员16人),公司现有自航自卸钢质运输船4艘(单船吨位154吨,主机功率105千瓦),钢质工程船2艘(单船吨位259吨位,主机功率110千瓦),年生产能力40万吨。1985年,因为与襄樊市航运总公司和襄樊市国营轮船公司在砂石供应价格上发生矛盾,投资100余万元建造挖石船、运输船,与两家公司脱离供销关系。公司先后在湖南等地考察,设计建造100吨级自航自卸驳船,提高船舶运输效率,减少劳动力的投入,降低生产成本。2003年7月30日,襄樊市政府批准该公司由集体改为民营,改制后更名为襄樊市旺烨航运有限公司。

樊城港物资中转站:樊城港物资中转站是1984年12月随着丹江路煤码头竣工投产,成立的港口中转企业,隶属于襄樊市港航处海事局管理,位于丹江路下河线,是一个水路、公路、铁路联运的中转企业。拥有铁路专用线873米,固定式皮带机694米,机械、电气、控制、通信信号及防尘设备完备,门式单向螺旋卸货机2台,属机械化装卸码头,年吞吐能力65万吨。场区面积21 000平方米,堆场量10万吨,专用泊位3个,码头岸线长500米,固定资产200余万元,职工70余人,1984年成立后,主要担负襄樊市内化工企业和汉江襄樊以下天门、潜江、仙桃等市化工、电力、油田等单位的煤炭运输任务。1985—1996年经济状况处于发展阶段,经济效益较好。1997年后,由于经营管理不善和襄樊水运业务下滑,单位亏损严重。

4.港航工程施工组织

1985—1995年,襄樊市港航工程由襄樊市航务管理局(现襄樊市港航管理处)组织。1995年,全省港航体制改革,要求政企必须分开,襄樊市港航海事部门由机关工作人员分流和当时的水运运销服务部联合组建"襄樊市金航有限责任公司"负责港口建设的组织和货物代理。各县市按照政企分开的要求,成立运销公司和工程公司,具体负责港口建设和码头施工管理。

襄樊市交通系统港航工程施工企业只有湖北振兴港航工程有限公司。湖北振兴港航工程有限公司是襄樊地区最大的具有综合施工能力的航道、港口工程施工企业。企业性质系国有企业,成立于1990年,固定资产2 100万元,设备共96台、专用码头3座,公司下设3个项目管理部,5个子公司,1个设计室,主要承担中、小型港口、船厂、内河航运建设项目及城市道路、各类地基与基础工程项目的施工。现有员工420余名,其中专业技术人员156名,高、中级管理人员42名,技术工人208名。在引进、消化、吸收大型船机设备和挖泥机具的同时,引进大批先进的测距、测深、定位检测仪器,重点开发高精度导航、定位、视频监控技术、计算机辅助施工的电子图形系统,提高施工能力和施工效率,保证工程质量,积极推进施工生产、技术管理现代化,大力应用计算机辅助企业管理,致力工程项目经理部建设,项目管理在同行业中处于领先地位。公司成立以来,承接的项目有宜城市区郭海营、小河、襄樊市区、胡家州等多处航道疏浚工程,襄樊市火电厂取水头、襄樊市梯子口集装架码头工程,汉江一期整治工程金石滩航道整治,襄阳县六两河码头、襄樊兴武街码头工程,宜城市自来水公司小河取水头工程,襄樊岘山泵站沉井工程,襄樊四桥桥墩围堰工程,宜城市泥坪杂件货码头水工工程,襄樊市平战结合旅游码头工程,汉江丹襄段航道整治疏浚工程六合同段、十合同段,襄樊港闸口码头,汉江丹襄段航道整治工程E合同段、F合同段工程,小清河大桥钢板沉箱围堰工程。其中汉江整治工程有4个单项、火电厂取水头有2个单项均获得优质工程。兴武街码头工程、旅游码头工程、闸口码头工程、汉江丹襄段航道整治疏浚工程六合同段被评为优质工程。

(三)渡口

襄樊的渡口随着公路建设的迅速发展而增加,同时也因公路建桥撤渡,一些渡口被撤销。至 2005 年,乡镇渡口 76 处,旅游库区 3 处。有乡镇渡船 120 艘,1 183.83 吨位、1 506.46 千瓦、5 062 客位,其中机动船 95 艘、非机动船 26 艘。在 76 处渡口中,汉江 42 处,支流 20 处,库区 14 处。渡工 138 人。

1.专业渡口

因建桥撤渡,专业渡口逐步撤销。1986 年,全市有专业渡口 3 处,即宜城渡口、六两河渡口和双沟渡口。3 处专业渡口共有拖船 7 艘,驳船 6 只,职工 102 人,年渡运量 200 010 车次,年渡运费 81.66 万元。1988 年 6 月 1 日,双沟大桥建成通车,双沟渡口随即撤销。1990 年 10 月,宜城汉江大桥建成通车,宜城渡口也随之撤销。1993 年 5 月 12 日,全市最后 1 处专业渡口六两河渡口,因六两河大桥建成通车而撤销。此时,襄樊市境内无专业渡口。

(1)宜城渡口

宜城渡口位于汉江中游,距宜城县城(现宜城市)东 1.5 公里,西岸码头设在窑湾,东岸码头位于万洋洲内河套区,地处 306 省道(随南路)K133+650 处。该渡口于 1969 年底完成建设,1970 年 6 月正式建立宜城窑湾渡口。至 1986 年,宜城渡口有鄂路 233、209、210、111 拖轮 4 艘,载 8 车驳船 2 只,载 6 车驳船 1 只,职工 63人,年渡运量 97 200 车次,过渡费收入 38.8 万元。1987 年 11 月,襄樊市公路总段将该渡口的备用船鄂路 210 拖轮和 6—7 驳船调至六两河渡口使用。

由于汉江水位下降,航道变迁,渡口窑湾至万洋洲码头被大片沙滩堵塞,渡船无法航行,渡口 2 套渡船投入渡运,日渡运量仅250 车次,致使车辆在渡口长时间待渡,码头秩序很难维持,严重影响汉江两岸的工农业生产和群众生活。为确保车辆渡运及时、安全,根据汉江水位及航道变化情况,襄樊市公路总段两次批复迁移和改建完善码头。将西岸窑湾码头迁移至原码头下游 3.5 公里的谭姥沙滩,并新建码头 1 处及码头引道 800 米,同时修建 3.2 公里简易砂石路面,共投资 6 万元。

1990 年 3 月 19 日下午 3 时左右, 该渡口 233 船队载车由河西窑湾码头驶往河东万洋洲码头,下行至万洋洲码头上游正在施工的大桥约 60 米处与上行的该渡口 211 船队相遇, 由于当时风力较大(南风 4 级以上),双方估计不足,采取避让措施不力,致两船在同一桥孔会船时发生相撞事故。下行的 233 船将上行的 211 船左侧会议室门、墙全部撞坏,上层支撑柱撞断,上层驾驶室变形,上甲板下坠,系缆柱及护栏全部撞断,211 船不能继续航行。

1990 年 10 月 25 日,宜城汉江大桥竣工通车后,宜城渡口随即撤销。撤渡时,渡口有拖船 3 艘、驳船 3 只,职工 79 人。撤渡后,渡口的 3 套渡船除 1 套出售给洪湖外,另 2 套由湖北省公路局调走处理,原渡口所更名为宜城汉江大桥管理所。该所性质和隶属关系不变,职工随之转入大桥管理所。

(2)六两河渡口

六两河渡口位于唐白河下游,襄阳区(原襄阳县)东津镇六两河村,地处 218 省道襄钟路 K7+100 处。1970 年春,因襄(阳)洪(山)路改线而建六两河渡口,因当时未修永久式码头,只有 3 名渡工,木渡船 1 只,不能渡运车辆,来往车辆绕道原滚河渡口过渡。1972 年 5 月 1 日,六两河渡口两岸永久式码头修竣,该渡口正式渡运。渡口有木船 2 只,每只载车 1 辆,有渡工 12 人,人力撑渡,年渡运量 14 400 车次。1973 年,襄阳县公路管理站为渡口购买 40 马力的襄拖—143 号木质拖船 1 艘,六两河渡口由人力撑渡改为机渡。由于襄洪路交通量增大,来往车辆与日俱增,1974—1985 年,襄阳地区公路总段先后从老河口渡口和宜城渡口将鄂路016、108、113、115拖船和6—6、6—10、6—7驳船调至六两河渡口，使该渡口的渡运能力大为提高。至1986年，六两河渡口有拖船3艘、驳船2只、职工29人，年渡运量95 484车次，渡运费收入37万元。

襄阳县化肥厂、磷肥厂距六两河渡口较近，两厂排出的大量污水常年冲刷河岸，造成码头严重淤塞，致使渡船无法靠岸。加之张湾码头与采矿木船码头、磷矿装卸码头、民间人渡码头混在一起，船多、人多、车多，造成码头十分拥挤，严重影响汽车渡船的靠岸和渡运车辆上、下船，两岸汽车因渡运不及时而经常排队待渡。从河南平顶山至武汉的55万伏高压输电线路从码头上空经过，每逢河水上涨，船员反映头顶上空有电火花，引起船员心理上的恐惧。1984年9月，襄樊市公路总段批复，将六两河渡口码头向下游迁移200米，在两岸修建宽8米，坡长40米的顺水码头及引道和接线、3道涵管和防洪闸口设施，投资7万元，1986年新建码头竣工，渡口转至新码头。

1987年，襄樊市公路总段批复，将渡班房迁至张湾镇潘台村6组，征地3亩，并新建职工住房3栋，同时建有会议室、食堂、机料油库等用房，共投资20万元。

1987年6月14日，下午5时左右，鄂路108拖轮，拖带6—6驳船载120、130汽车各1辆、救护车1辆、140汽车3辆(载重)带挂车2辆，由新建码头北岸向南岸行驶，船行至离南岸码头30米处，因渡驳倾斜进水而搁浅沉没。此次事故原因是装载超载不平衡，处置措施不力。同年11月，襄樊市公路总段将宜城渡口的鄂路210号拖轮和6—7驳船调到六两河渡口。

1990年，宜城渡口被撤销后，六两河渡口成为襄樊市唯一的一处专业渡口。1991年，六两河渡口拥有拖轮、驳船3套，木质拖船1艘，职工36人，年渡运量达到111 200车次，年过渡费收入52.5万元。1990年4月，六两河渡口班更名为襄阳县六两河渡口所。

1993年5月12日，六两河大桥竣工通车，襄樊市列养公路中最后1处专业渡口，撤销渡船抛锚停泊。至此，全市列养公路中再无渡口。六两河渡口撤销后，渡口的大部分职工转入新成立的六两河大桥管理所，一部分职工回襄阳县公路段。1993年5月，湖北省公路局为支持兴办第三产业，安置渡口职工，同意将码头改为砂石场使用，同时将鄂路113、108拖轮、6—7、6—10驳船价拨给襄樊市公路总段，并将价拨的2套渡船改造为挖沙船和运沙船。湖北省公路局将鄂筑223拖船和8—27驳船调走。

(3)双沟渡口

双沟渡口位于襄阳区(原襄阳县)双沟镇西800米，双(沟)朱(集)(原双沟至瞿湾公路)路0公里+500米处，所在河流为唐河。1966年，双沟至瞿湾公路全线通车，当地生产队在此设立渡口，有载车1辆的木平船1艘，有渡工8人，以渡行人和板车为主，兼渡车辆，日均渡运量4～6车次。由于渡口设备简陋，两岸无牢固的柱、锚设施，仅有一对枯水位土质简易码头，每年5—9月汛期，不能渡运车辆，双瞿公路要中断交通5个月之久。1979年，完成双沟渡口东西两岸码头的新建，同时新建一栋126平方米的渡班房。襄阳县公路段抽调7名职工到双沟渡口组建双沟渡口班，渡口的管理性质也随之改为专业渡口。

1981年1月，湖北省公路局，将试制的两头12马力的挂机式双开动力船调拨到双沟渡口，因唐河水面不宽，两头双开动力船因撬板过厚，人工压撬劳动强度大，不适应车辆过渡需要。同年5月，将此船在原襄阳地区公路总段机修厂改制成2车人力拉索渡驳，7月1日正式投入渡运。至1986年，双沟渡口有驳船1只，载车2辆，渡工10人，年渡运量7 326车次，过渡费收入5.86万元(见表6—25)。

1988年6月1日，双沟大桥建成通车，双沟渡口随即撤销，渡口职工回襄阳县公路段另行安排工作。渡口撤销后，为沟通襄阳县程河至朱集、古驿及河南新野等地的交通，经湖北省公路局同意，将双沟渡口的驳船调给程河至朱集的社会渡口尚湾渡口使用。

1985—1993 年全市专业渡口过渡费收入明细

表 6—25　　单位：万元

年度＼区分	年过渡费收入				备注
	宜城渡口	六两河渡口	双沟渡口	合计	
1985	38.8	27.88	5.22	71.9	—
1986	38.8	37	5.86	81.66	—
1987	49.2	37.8	6.28	93.28	—
1988	54.5	40	2.26	96.76	双沟撤渡
1989	60.6	42.36	—	102.96	—
1990	75.5	47.67	—	123.17	宜城撤渡
1991	—	52.5	—	52.5	—
1992	—	51.74	—	51.74	—
1993	—	27.18	—	27.18	六两河撤渡
总计	317.4	364.13	19.62	701.15	—

2.社会渡口

社会公路渡口是指由单位、集体或个体设置、经营，未被公路管理机构列养的公路渡口。

20 世纪 80 年代以前，农村公路交通发展缓慢，社会公路渡口极其有限。1984 年 12 月，湖北省人民政府下发文件，鼓励国营、集体和个体兴办公路渡口，调动社会办渡口的积极性，全市城乡社会渡口发展较快。1988 年 6 月，湖北省交通厅下发《湖北省公路渡口设置和安全管理规定》，至 1990 年，全市有社会公路渡口 5 处。

1995 年，为加强对社会公路渡口的有效管理，襄樊市公路总段对辖境内的社会公路渡口实行统一行业管理，主要对有关渡口政策、法规的宣传，对社会公路渡口开渡的审批，渡运秩序的安全检查以及资料的统计归口。同年上半年，襄樊市公路总段委托有关县(市)公路段与当地港监部门一起对社会公路渡口进行调查和登记，共调查登记社会渡口 7 个，即襄阳县东津老营渡口、张湾洪山头渡口、朱集尚湾渡口、朱集三河渡口、太平刘嘴渡口和谷城粟谷渡口，最后认定东津老营渡口和粟谷渡口为社会公路渡口。1996 年 11月，襄樊市公路总段下发《关于谷城县段、襄阳县段加强社会公路渡口管理的通知》，要求谷城县和襄阳县公路段加强对境内社会公路渡口的管理。2000 年，全市社会公路渡口 3 处。2005 年，全市社会渡口 72 处。

3.乡村渡口

1986 年，襄樊市有乡村渡口 128 处，渡船 231 艘，渡工 338 人。随着经济和交通事业的发展，部分乡村渡口因兴桥废渡而被撤销，至 1991 年全市有乡村渡口 134 处。1996 年，襄樊市境内在市港监部门办理正式审批登记手续的营运渡口有 29 处，其中机渡 18 处，人力渡 11 处。有 2 处渡运车辆，其他以渡行人为主。渡口分布为襄阳县 7 处；谷城县 6 处、老河口市 3 处、宜城市 5 处、枣阳市 2 处、保康县 2 处、南漳县 3 处、襄樊市区 1 区。共有各类渡船 60 艘，其中机动船 45 艘，非机动船 15 艘，年客渡运量 278.94 万人次、0.24 万车次。

为加强乡村渡口管理，确保渡运安全，2002 年，襄樊市开展乡镇船舶(渡口)安全整顿。2004 年，襄樊市政府办公室下发通知，进一步明确乡镇船舶(渡口)安全管理工作职责，要求认真落实水上安全生产管理责任。2005 年，襄樊市地方海事局对全市渡口渡船的基本情况进行了调查摸底，全市有乡村渡口 78 处，旅游库区 3 处，有渡船 120 艘，其中机动船 95 艘，非机动船 25 艘，渡工 183 人。

2005 年 9—11 月，襄樊市地方海事局按照国家安全监管总局和交通部关于在全国范围内开展为期二年的渡口渡船安全管理专项整治活动要求，对全市乡村渡口进行全面调查摸底，对渡口、渡船的现状，开展调查登记，掌握基本情况，针对存在的问题实施整改。2005 年，襄樊渡口管理结合社会主义新农村建设，实施渡口达标改造。内容包括渡口路面硬化、船舶钢质化，设施配备完整，有候船室（棚）等。同年，已经改造通过验收的渡口 19 处，使渡口的安全系数提高。

（四）船舶

1980—2005 年，襄樊境内航行的船舶主要有拖轮、挂浆机船、机驳船、自航自卸驳、客货轮、客轮、小型旅游船、驳船、工程船、趸船。以拖轮、挂浆机船、机驳船、驳船为主，大部分工程船进行砂卵石采挖，趸船为水运生产辅助设备，小型客轮、小型旅游船多航行在库区和渡口及老河口市梨花湖、襄城的小北门。客货轮和客轮于 20 世纪 70 年代末停止运营，襄樊水运主要为货运船舶。

（1）拖轮

汉江航行的拖轮主要类型为平头和尖头两种，动力为 160 匹马力、250 匹马力、320 匹马力和 500 匹马力为主，最大马力为 700 匹。1980—2005 年，拖轮的改造更新，经历了一个漫长的过程。1982 年，船舶实行机械化，大部分由原来的机帆船改造为木质拖轮。1984 年开始由木质向水泥船舶过渡，到 1990 年全部实现拖轮钢质化。2005 年底，襄樊拥有拖轮 21 艘，3 156 千瓦，1 523 吨位。

图 6—51 1989 年 10 月，195 马力拖船

（2）驳船

驳船为没有动力，装载货物的水上运输工具。襄樊水运主要分舱口驳和甲板驳，由于水运发展和钢质船舶的建造，20 世纪 80 年代中期，舱口驳已经基本淘汰，取代的是甲板驳。它是一种船头上方下尖，船尾呈圆弧形，船身中宽，两头瘦，吃水较浅，平舱甲板的水运船舶。从 20 世纪 80 年代中期进入汉江航运系列，就担当汉江航运的主力军。驳船主要有 180、200、300、500 和 700 吨级，与拖轮混合编队运输。由于它可以装载散货、整件货物及小型集装箱，以及汽车、件杂、钢材等特种货物，所以驳船一直是汉江航运的主要运输工具。2005 年，全市拥有驳船 60 艘，20 386 吨位。

图 6—52 1989 年 5 月，200 吨驳船

（3）机驳船

机驳船是自带动力的小型挂浆机运输船，根据机帆船改造而来。20 世纪 80 年代中期，襄樊国营船厂、襄樊市航运公司船厂及各航运企业的船厂都可以建造。特别是襄阳县航运公司造船厂和谷城航运公司造船厂建造最多。该船型开始以 30 吨、50 吨、70 吨级为主，随着水运发展的需要，进入 20 世纪 90 年代中期，

图 6—53 1989 年 6 月，200 吨机驳船

小型挂浆机运输船逐步淘汰，改为100吨级和170吨级、200吨级的机驳船舶。到2000年，按照湖北省船舶标准化的要求，机驳船舶纳入规范管理，一般由150～200吨级为主。2005年，襄樊拥有机驳船279艘，60 190吨位，载重量104 578吨。

(4)自航自卸驳

自航自卸驳是一种为解决松散物料运量大而码头装卸能力薄弱问题而设计的新型船舶，是自带动力的散货运输船，采用舱面皮带式料斗装卸系统，能够自动排水、自动卸载，减少装卸环节，该船最初由襄樊国营船厂设计建造，排水量为164吨，载货为100吨级。

图6—54　2001年10月，100吨自航自卸驳

随着水运发展需要，经不断改进，装载能力多在150～230吨左右。

(5)客船

客船曾经作为汉江水上客运的主力，发挥过重要作用。进入20世纪80年代，由于陆路交通发展，1982年退出水路旅客运输领域。现在汉江航行的多为小型改装客船，大部分是平舱结构，自带动力，20～30个客位，80～150马力，一般航行谷城南河、南漳三道河库区水域。襄樊市区襄城小北门一带在20世纪90年代兴起水上观光旅游产业，汉江上航行的也是以此类船舶为主。2005年，襄樊拥有客船112艘，1 395千瓦，3 785客位。

图6—55　2004年5月，客船

(6)工程船

目前在襄樊境内的工程船是一种自身不带动力的生产性船舶，用于建筑港口的起重船、打桩船、管柱施工船、水下基础整平船、多用途作业平台、挖石船和抛沙船等；用于疏浚的耙吸式、链斗式、抓斗式挖泥船等。襄樊市工程船排水量多为100～200吨，多为非自航箱式船型，主甲板上设有多台移船绞车，用以移动船位。施工机械有起重机、打桩机、抓斗和挖泥机、耙吸泥管和整平机等。机舱设有为施工机械提供动力的柴油机、发电机和液压泵站等。2005年，襄樊拥有23艘，1 058千瓦，2 355总吨。

图6—56　2002年1月，工程船

(7)趸船

趸船是无动力装置的平底匣形非自航船，固定在岸边、码头，以供船舶停靠，上下旅客，装卸货物或者作为现场办公使用，是运输船舶的辅助设施。2005年，襄樊拥有趸船12艘，其中水泥趸船1艘、钢质11艘。

图6—57　1989年10月，趸船

(五)水路运输

1978 年以来,经航道整治、港口建设,汉江水运条件逐步改善。社会经济发展,货物种类数量增多,对水运发展提出客观需要,进而促动造船业的发展。襄樊市辖区水上运力日臻完备,形成大型、中型、特种、长水、短水和零担运输的运力结构。水运运力由建国初期 2 万余吨增加到 96 000 余吨,航线由新中国成立初期襄樊至汉口伸长到长江沿线港口及全国内河支流。

1980—2005 年,襄樊水运企业经历从计划经济向市场经济过渡的发展过程。1980 年,襄樊市属、县(市)属共 6 家水运企业,拥有船舶 100 艘 7 275.3 千瓦,总载重吨 25 333 吨位。年货运量 144.1 万吨,货物周转量 17 341.4 万吨公里。1985 年,机动船舶发展到 210 艘,总功率达到 9 830.6 千瓦,总载重吨 46 558 吨位。全年完成货运量 160 万吨、货物周转量 38 608.6 万吨公里。

1986 年,船运企业改革,湖北省航运船队及襄樊船厂下放襄樊市,组建襄樊市国营轮船公司,水运企业内部实行承包经营责任制。全市 7 户水运企业拥有机动船舶 219 艘,总功率 12 614.1 千瓦,总运载能力 58 340 吨,运力结构也得到优化。至 1993 年,襄樊市水运企业达到发展顶峰,年度完成货物运输量 273.6 万吨 65 348 万吨公里,营运收入达到 4 490.2 万元,企业经济效益明显提高。

1996 年以后,随着公路、铁路运输快速发展,加之受汉江水量逐年下降,航道不畅,水运资源急骤减少等外部因素,及企业负担重,退休人员比重大等内部因素影响,企业失去活力。2001 年以后,企业改组、改制。2001 年老河口轮船公司破产重组,成立江达船业有限责任公司,为民营制企业。同年,襄阳县航运公司破产,部分运力成为个体船舶运输户,部分运力外卖。2003 年,襄樊港口装卸公司由集体所有制改为民营企业,更名为襄樊市旺烨航运有限公司。2005 年,襄樊市航运公司由国有企业改制为股份制企业,实现民营制改造。

2002—2005 年,通过改革,民营企业和个体企业得到发展,外港、外籍船舶挂靠经营增多,仅襄樊市远帆航运有限公司,就吸纳挂靠运力达 50 000 多吨,使襄樊水上运输得到恢复和发展。

1.水运企业

(1)省驻市企业

省属驻襄樊水运企业仅鄂航襄樊分公司一家。鄂航襄樊分公司成立于 1950 年,始称湖北省航运公司襄樊分公司。下辖一个鄂航三船队、一个襄樊造船厂,及丹江口至利河口轮船站 16 个,担负襄樊地区水上的大、中型客货运输。1991 年 3 月,湖北省航运公司体制改革,湖北省航运公司更名为华中航运集团有限公司,襄樊分公司更名为华中航运集团有限公司襄樊分公司。1993 年 10 月,该公司扩大经营范围,中转磷矿石、农副产品的业务,最好年份达 20 万吨。1996 年 6 月,湖北省航运公司将下辖第三船队、国营襄樊船厂一并下放襄樊市成立的国营轮船公司,华航襄樊分公司没有直接从事水运及水运生产机构,演变为办事处性质。2005 年企业改制,全员解除国有职工身份,企业更名为华中航运集团有限公司襄樊办事处。

(2)市、县(市)属水运企业

襄樊市航运公司:公司成立于 1974 年 3 月,是襄樊市一家较大型专业水运企业。公司原址位于襄樊市丹江路 13 号,隶属于襄樊市交通局领导。注册资本 866.7 万元,主要经营水上运输、港口与海岸工程、航道工程、卵石挖运销、船舶修造。1980 年以来,公司实行不同形式的经济承包责任制,通过对船队、单船实行公开招标、风险抵押、租赁承包,有效改善企业内部经济状况。同时,改革人事、工资、用工制度,提高全员责任意识。在发展水路运输主业的同时,先后投资组建砂卵石经销场,滤料石加工厂。2001 年,在襄樊市郊贾洼成立兴航有限责任公司,投资 300 万元建大型卵石破碎石料场,年生产建筑石料 30 万吨。借余家湖发电厂建设之机,投资 200 万元,年生产砂石料 20 余万吨。积极投入港航工程建设,具备港口与岸线工程、航道工程三级施工资质。公司船厂为二级造船厂,拥有一个大型加工车间,两个船线车间,具有 300 吨级单船建造能力。1980—1985 年,为了加快水运运力发展,克服材料和资金困难,因陋就简采取把木质船舶外壳糊水泥(俗称,穿大褂),或用钢网建造水泥船的办法,发展水泥船舶,消灭木质船舶,使水运运力猛增至 13 000 余吨。1985—1990 年,发展钢质船舶,逐步淘汰水泥船舶。1995 年后,水运逐步衰退,企业经济下滑。1997 年,被襄樊市政府列为 10 家贫困企业之首。襄樊市航运公司为摆脱困境,在发展主业的同时,注重发展第三产业,开办船员之家、招待所、幼儿园、养老院、船舶物资供应站等。1993 年,公司由集体企业改为国营企业。2003 年 5 月,该企业被列为襄樊市直首批 50 家改制企业之一。2005 年下半年由国营企业改为民营股份制企业。改制后企业称襄樊市富航航道工程有限公司。公司地址:襄樊市清河口临清巷。公司有固定资产原值 4 345 万元,生产经营性固定资产 3 265 万元,离退休职工 500 人,在职职工 497 人。

襄樊市国营轮船公司:襄樊市国营轮船公司于 1986 年 6 月由湖北省航运公司第三船队和国营襄樊船厂下放襄樊市成立,隶属襄樊市交通局管理。位于襄樊市丹江路 54 号。主要从事水上运输、船舶修造、砂石经营、起重机设计与修造。襄樊市国营轮船公司下放襄樊市后,全方位转换企业内部经营机制,在人事、工资、用工制度上引进竞争机制,在船队经营上实行公开招标承包。工资全浮动,经营风险抵押,包死基数,确保上交。坚持多业并举补漏堵缺,发展企业最大潜力,开办的餐饮、砂卵石经销。公司 2005 年职工 700 人,其中离退休 311 人。拖驳船 29 艘,1 202 千瓦,7 132 吨,工程船一艘,129 千瓦。因多种因素影响,企业现账面资产 1 431.32 万元,净资产—1 256.02 万元,负债 2 687.34 万元。2003 年 10 月,公司向市政府企改办提出破产申请,2004 年 3 月 18 日被市政府批准。至 2005 年底,此项工作正在实施中。

宜城市航运总公司:宜城市航运总公司成立于 1960 年,位于宜城市窑湾,隶属宜城市交通局。属集体所有制企业。2005 年固定资产 1 005 万元,职工 690 人,其中退休职工 313 人,船舶 24 艘,共计 1 090 千瓦,运力 6 500 吨。1980—1985 年,宜城市航运总公司发展水泥船,淘汰木质船,尽快提升企业等级。1983 年建造襄樊地区第一艘 210 吨级水泥预制驳。因水泥船安全系数低,自身重量大,航行速度慢,1985—1990 年,宜城市航运总公司采取自己建造、购买的方式,发展钢质船舶。公司坚持以主业为主,扩大经营项目,开办船舶修造、餐饮服务、水泥制品、医疗卫生、教学、船舶物资供应、沙石料、服装、蜂窝煤加工等。该经验先后在全省和全市交通系统推广,被《中国交通报》和《中国水运》杂志转载。公司坚持承包与调控相结合,放管根据经营情况适度调整,确保最佳的经营效益。2005 年,为全市唯一一家成建制的航运集体企业。

襄阳区航运总公司:襄阳区航运公司(原襄阳县航运总公司)成立于 1977 年,集体企业,位于襄阳区张湾镇,隶属襄阳区交通局。2001 年 3 月,公司资不抵债,根据公司申请,区法院宣布破产,破产时拥有职工 1 269 人,其中退休 649 人,固定资产 2 671 万元,负责 4 700 万元。2003 年,破产清算结束,正式解体。1980—1985 年,公司加快淘汰木质船,发展水泥船。1982 年,建造襄樊地区第一艘 120 吨级的水泥驳。1985—1990 年,公司采取自己建造、购买的方式,发展钢质船舶。1995 年,公司对社会集资约 700 万元发展 70 吨级钢质挂桨机船舶,使企业的运力猛增达到 14 000 余吨,一跃而为襄樊地区的最大水运企业,公司拥有汉江最大吨级载重量为 700 吨的驳船。曾经挤进全省水运 20 强企业。由于水运市场疲软、经营管理存在问题,资不抵债。为了规避银行 700 多万元债务,进行虚假破产,后进入司法程序后,2001 年 3 月 12 日正式破产。

谷城县航运公司:谷城县航运公司成立于 1976 年 9 月,集体企业。隶属谷城县交通局。位于谷城县南河岸。公司2000年4个船队,4 790吨,771千瓦,职工411人,固定资产560.83万元,负债835.04万元,净资产—274.21万元。1979—1981年,谷城县航运公司根据谷城县政府指示,用3年时间不修船,把折旧费和修理基金的提留用作组建谷城县卫生纸厂,由于资金仍不足,按照县政府要求,卖两艘拖轮,建成谷城县卫生纸厂。谷城县卫生纸厂1981年正式投产,谷城县政府将该厂调整为县直属企业,大部分谷城县航运公司人员回原建制,资产收归国有。谷城县航运公司自此一蹶不振。1984年,谷城县航运公司利用国家一系列优惠扶持政策,贷款购进一批南京驳,重新投入水运发展,使公司获得生机。因人员、债务负担过重,加之航道、内部管理等困扰,长期被谷城县列为特困企业。企业破产、改制、职工安置、补偿难于进行。

老河口市轮船公司:老河口市轮船公司成立于1973年,集体企业,隶属于老河口市交通局,位于老河口市水西门。1980—1985年,公司加快淘汰木质船,发展水泥船。1982年建造襄樊地区第一艘180吨级的钢质驳。因水泥船安全系数低,自身重量大,航行速度慢。1985—1990年,建造钢质船舶,1997年后,由于市场疲软,公司经济效益严重下滑,于2001年改制破产重组,改为江达船业有限责任公司。2005年,有在职职工83人,退休职工231人,船舶12艘,1 475吨位。

保康县航运公司:保康县航运公司成立于1973年,集体企业,隶属于保康县交通局,原位于保康县过渡湾,后因南河水库建成后,南河断流,航道枯浅。1992年,公司迁至襄樊市余家湖港,港籍入襄樊市区。1980年以后,根据水运市场发展实际,改革工资分配制度,分配向生产一线倾斜,利用山区有利资源,开办粮食、饲料加工,精简机关工作人员,分流富余人员,在县政府和县交通局的支持下,投资30万元,兴办生猪养殖场。由于市场转轨适应能力较差,领导更换频繁和水运市场滑坡等原因,经营状况不佳,逐步变卖公司资产,维持生产。2000年公司被保康县政府宣布破产,转为个体经营。

襄樊市远帆航运有限公司:公司于2005年4月在襄樊市登记注册,分别于2005年6月、7月通过交通部长江航务管理局筹建和开业资质审查,成为全市第一家取得长江干线航运资质的民营企业。注册资金430万元。截至2005年底,运力总数为49艘,52 919总吨,22 540千瓦,96 341载重吨。其中长期航行于长江沿线千吨级以上船舶32艘48 898总吨,91 121载重吨,20 842千瓦;千吨级以下船舶17艘(主要在内河航行),3 021吨位,载重5 220吨位,1 698千瓦。一等船3艘,6 766吨位,2 600千瓦,9 750载重吨位;二等船28艘,42 537总吨,80 121载重吨位,17 256千瓦;内河四等至五等船舶18艘,3 616总吨,6 470载重吨,2 596千瓦。

襄樊市水运服务中心:中心成立于1993年,组建时7人,后发展到12人,2002年,人数增加到14人。水运中心主要是以中转货物和销售煤炭为主。2000年以前,中心效益一直稳定,2001年后,随着市场变化,中心的效益一直处于下滑状态,仅围绕余家湖港口煤炭运输进行代理服务。

2.运输种类

(1)轮驳船运输

旅游客运:襄樊市水上旅游开始于1986年,襄樊市航运公司改造一条原轮渡公司的客渡船,开始汉江漫游项目。紧接着又配备了9艘旅游快艇,正式成立了汉港俱乐部,开始汉江旅游。因经营状况不佳,开办两年多歇业,设备部分变卖。2002年,老河口王甫洲水电站蓄水后,老河口市政府招商将天河游乐有限公司引进王甫洲水电站上游“梨花湖”开发汉江旅游,但是符合安全条件的仅有2艘快艇、一艘20客位的小型旅游船,其他全部属于无动力玻璃钢小船。因为严重违反安全规定,被湖北省安全生产委员会列为全省十大安全隐患之一,后逐渐衰落。2005年,襄樊成立汉江魅力旅游公司,专门开发汉江旅游。从1990年开始,谷城南河、南漳三道河、枣阳熊河先后进行水上旅游的开发。

货物运输:襄樊轮驳船货运可通过汉江到江西、安徽、江苏、上海、湖南、四川等省。襄樊港口的货物运输以黄沙、卵石、煤炭、钢材为主。黄沙主要产自襄阳区张湾唐白河，因质量较好，每年从水上运输到钟祥、沙洋、天门一带，大部分靠轮驳船运输。年最高运输量曾达200万吨，最低100万吨。20世纪80年代曾经有一句水上流行的顺口溜："襄阳有个滩，钟祥有座山，不愁吃来不愁穿。"进入20世纪90年代，挂浆机船和机驳船兴起，近距离如钟祥、沙洋，大部分靠自带动力的船舶完成。1996年后，由于沙源枯竭，质量下降，运量大大减少，每年不足100万吨。煤炭从河南省平顶山煤矿和山西晋城煤矿通过陆路到港口中转。绝大部分供应沿汉江钟祥、荆门、仙桃、潜江、天门等地。中转的码头主要有樊城丹江路物质中转站码头和余家湖港务局码头，每年在襄樊中转的煤炭40万~50万吨。一般以拖驳船队运输。卵石年运输量最高达200多万吨。1980—1990年以小型机驳船和小型拖驳船队运输为主。1990—2005年大部分用自航自卸驳，降低运输成本，大幅度提高劳动生产率(见表6—26)。1987年开始军品货物运输，主要运送风雷化工厂生产的梯恩梯炸药。

1980—2005年襄樊市港口起运量和周转量完成情况

表6—26

年份	起运量(万吨)	周转量(万吨公里)
1980	191.4	12 390.6
1981	180.2	12 217.9
1982	304.2	15 402.3
1983	245.4	29 338.7
1984	256.3	33 187.7
1985	259.2	19 194.7
1986	217.0	25 002.0
1987	230.1	25 500.0
1988	267.9	29 709.0
1989	270.9	39 000.8
1990	304.7	33 029.0
1991	301.3	33 683.9
1992	317.1	36 801.0
1993	217.9	33 726.2
1994	202.5	29 848.7
1995	231.4	42 595.0
1996	225.1	34 425.7
1997	230.1	35 089.0
1998	230.2	31 987.8
1999	145.8	33 500.0
2000	157.1	16 282.0
2001	182.6	20 354.0
2002	169.4	15 417.0
2003	116.4	9 310.0
2004	211.0	25 781.0
2005	193.7	21 136.0

3.船舶修造

随着襄樊水运的发展,每个航运企业都拥有自己的船厂。2003 年,全市有造船厂 6 家,职工 800 余人,各种机械设备 300 多台(套),自己设计制造 500 马力拖轮和 500 吨级的各类船舶。同时还可以生产龙门吊、螺旋式卸煤机等大型装卸设备。

襄樊航运公司造船厂:成立于 1958 年 7 月。1965 年,与襄樊市航管站机动船安装组合并,资产 120 余万元,各类机械设备 30 余台(套),具备省二级造船厂资质,能够建造 500 ~ 1 000 吨级船舶和 500 马力拖轮。2005 年,公司转民营企业更名为襄樊市富航航道工程有限公司。船厂更名为襄樊市富航航道工程有限公司造船厂。

宜城市航运总公司造船厂:成立于 1957 年,原为宜城水运合作社维修车间。有职工 50 多人,机械设备 20 余台套,具备省二级造船厂资质,能够建造 500 ~ 1 000 吨级船舶和 500 马力拖轮。

江达船业有限责任公司造船厂:江达船业有限责任公司造船厂的前身是老河口轮船公司造船厂,1974 年成立。因老河口轮船公司破产改制为江达船业有限责任公司而更名。具备省三级造船厂资质,年产值 200 多万元。

谷城县航运公司造船厂:谷城县航运公司造船厂 1976 年正式成立,职工 30 余人,具备省三级造船厂资质,年产值 200 多万元。可建造 300 ~ 500 吨级船舶和 300 马力拖轮。

襄阳区造船厂:襄阳区造船厂前身是襄阳县航运公司造船厂,成立于 1958 年,职工 40 余人,具备省三级造船厂资质,年产值 200 多万元。可以建造 300 ~ 500 吨级船舶和 300 马力拖轮。2003 年襄阳区航运公司破产,造船厂仍为襄阳区造船厂。

国营襄樊船厂:国营襄樊船厂前身系湖北省航运公司襄阳地区船厂,成立于 1956 年,于 1986 年 5 月下放襄樊市,隶属襄樊轮船总公司管理,地址位于襄樊市清河口。有职工 210 人,其中离休 3 人,退休 86 人,在职职工 121 人。其中高级技术工人 2 人,中级 12 人。企业注册资本 304.7 万元,拥有资产总额 1 165.28 万元,负债总额 839 万元,固定资产净值 99.28 万元,企业生产经营性土地面积 8 787 平方米。船厂拥有各类造船设备 80 余台(套),设备种类主要包括车床、刨床、钻床、铣床、锻压、裁板机、电焊等。1956—1978 年,以建造木质拖轮、木质驳船为主,木质拖轮最大马力为 120 马力,驳船为 60 ~ 120 吨,后期曾建造 200 吨级水泥及钢质驳船,船厂修造能力为襄樊地区最大。1979—1986 年,实现由单纯的修造向独立实行设计建造的重要转变。可独立设计建造 80 ~ 500 马力及 200 ~ 500 吨级适合汉江航行的各类浅水钢质船舶。平均年生产拖轮 12 艘 2 800 马力,驳船 15 艘 4 500 吨位。产品除自用外,相当一部分销往郧阳、荆州、天门、南阳等地区。1986—1997 年,除修造船舶外,还设计建造沙石采挖工程船舶多艘,并根据市场需求设计开发起重机和轿车专用船。起重机系当时鄂西北最大专业生产厂家,生产型号为 3T—30T 系列产品,产品销往武汉及襄樊地区。轿车专用船曾获得湖北省科技进步三等奖。1997 年以来,由于受江汉航道枯竭,油价上涨及货源短缺,运费低且难以回收的影响,航运经营企业陷入困境,直接影响船舶修造,国营襄樊船厂困难重重。2005 年,进入破产程序。

(六)港航管理

1.船舶管理

船舶管理是海事部门实施航运管理的主要内容,主要包括船舶建造和运输管理、船舶国籍和运输证书的管理及船舶检验三大部分。

（1）船舶建造的审批

船舶建造的审批由造船单位和个人向海事部门提出书面申请和建造船舶的图纸及有关技术资料，海事部门根据船舶标准和国家海事局海船检规定，对建造船舶的检验进行审批。建造开工前核实船舶生产企业的生产条件、设施、质量控制制度等，并确保船舶生产企业的等级和生产船舶的类别已包容本次申请建造检验的船舶。检查船台（坞）能否适应本次造船舶，确保该船台（坞）陆地耐压部分的长度、宽度、耐压强度与所建造船舶的船长、船宽、空船重量是否相适应。检查建造焊接工艺。在建造过程中，现场验船人员对所有检验项目做原始记录。完成船舶建造检验并签发船舶检验证书，并将有关文件整理、装订、归档备查。

（2）船舶国籍及运输证书的管理

船舶国籍及运输船舶的证书管理是海事部门的重要工作之一，所依据的规章是1994年国务院155号令《中华人民共和国船舶登记条例》。按照《条例》规定，中华人民共和国港务监督机构是船舶登记主管机关。各港的港务监督机构是具体实施船舶登记的机关(以下简称船舶登记机关)，其管辖范围由中华人民共和国港务监督机构确定。为加强国家对船舶的监督管理，保障船舶登记有关各方的合法权益，按照规定对有关船舶进行登记。船舶经依法登记，取得中华人民共和国国籍，方可悬挂中华人民共和国国旗航行；未经登记的，不得悬挂中华人民共和国国旗航行。船舶所有权的取得、转让和消灭，船舶由两个以上的法人或者个人共有，船舶抵押权、光船租赁权的设定、转移和消灭，都须登记。中国籍船舶上船员应持适任证书。

船舶登记港为船籍港。船舶登记港由船舶所有人依据其住所或者主要营业所所在地就近选择，但是不得选择两个或者两个以上的船舶登记港。申请登记的船舶，经核准后，船舶登记机关发给船舶国籍证书。船舶国籍证书的有效期为5年。

（3）船舶签证管理

凡进、出中华人民共和国港口或在港内航行、作业的中华人民共和国籍船舶及其所有人、经营人、代理人都应该在港务监督（含港航监督，下同）机构及其设置的签证站点办理签证。军用、公安船舶、体育运动船舶除外。拖轮或顶推船及其所拖、顶船舶的签证，可由拖轮或顶推船持本船及所拖、顶船舶的签证簿，向港务监督或其签证站点统一办理。

（4）船舶检验

船舶检验包括船舶建造检验和船舶营运检验。建造船舶的检验也就是建造船舶的审批。营运船舶的检验一般为年底检验。拥有襄樊港籍的20万吨船舶，营运一年须进行重新检验。船舶经检验合格后，签发相应的检验证书。

2.船员管理

（1）船员培训及考核

1986—2005年，襄樊港航海事部门对船员管理，按照《中华人民共和国内河船舶船员适任考试发证规则》的有关规定，在内河船舶上担任规定职务的船员，进行培训考核，经考核合格发给“适任证书”。“适任证书”有效期不超过36个月。到期证书持有人可申请适任证书再有效。“适任证书”每次再有效的有效期不超过36个月。证书有效期的截止日期，女性不超过60周岁，男性不超过65周岁。

(2)船员证书、档案管理

襄樊市船员证书、档案管理按照《内河船员技术档案管理暂行办法》的规定,实行一人一档管理。内河船员技术档案是船员考试发证机关在船员注册、培训、考试和发证管理等工作过程中形成的,具有查考利用价值的各种文字、图表、声像、光盘等不同形式和载体的文件材料。还包括内河船员证书的签发和签证、到期换证、再有效、损毁、注销、扣留(滞留)和吊销等所进行的登记。船员档案真实反映每个船员完整的水上资历、业务技术水平、教育培训情况和适任能力。船员档案分长期(16 年以上)、短期(15 年)两种期限保管。

3.安全管理

(1)船舶安全管理

1986—2005 年,襄樊船舶的安全管理,由襄樊海事部门,根据《中华人民共和国内河交通安全管理条例》和《中华人民共和国内河海事行政处罚规定》等有关法律、法规实施管理。在具体的管理过程中,认真贯彻“安全第一、预防为主”方针,每年利用元旦、“春运”“五一”“六月安全生产月”“十一”、中秋节及春节等重要的节假日开展安全大检查,并与平时不定期检查相结合。对检查出的隐患,下达整改通知书并进行督办。1992 年,襄阳县航运公司创造了《船舶、船员安全管理程序法》,襄樊海事部门在全市航运企业积极推广。将船舶安全管理纳入程序化管理。

整顿“三无”船舶。为搞好船舶的安全管理,襄樊市从 1990 年开始对辖区内的无证、无照、无船籍港(名)的船舶进行大规模的清理整顿,从 1990 年到 2005 年经过全面的清理,使各地船舶纳入了正规管理。

开展低质量船舶专项治理。坚决打击非法违规造船,遏制不合格船舶进入航运市场。同时严格把好船舶“造、检、航”管理关,从船舶设计图纸的审查到船舶建造的每一个工序,都进行严格的质量把关。不符合规定、达不到质量的船舶不予检验发证,对营运船舶严格检验时间和质量,做到带病船舶禁止航行,连续 15 年没有发生船舶安全事故。

(2)航行安全管理

船舶航行安全是海事安全管理中的重中之重。在船舶航行安全管理中, 襄樊海事部门主要抓好源头管理和重点环节的管理。1986—2005 年,襄樊海事部门主要从汛期安全、制止超载、禁止夜航和渡口管理这些重点环节抓起。

汛期安全。襄樊海事局每遇汛期,每天对汉江水位和流量及丹江泄洪情况及时打电话、发手机短信通告各县(市)区海事部门,以便随时通知有船单位和船主,做到提早防范。并加大检查力度,成立水上防汛安全领导专班,专门负责汛期的安全检查。对重点部位如襄阳区的六两河桥港区、武康唐白河铁路桥、马集镇的蓝王桥区域、襄城的余家湖港区、崔家营航电枢纽工程水域、老河口港区砂石厂水域、付家寨水域、谷城回流湾渡口、宜城章咀渡口等进行检查,确保汛期安全过渡。各县(市)区组建抢险、巡查、保障 3 个工作专班,实行 24 小时值班,闻(警)讯即动,消除险情。必要时实施全面禁航。

制止超载和整治非法采挖。襄樊航道内从 20 世纪 90 年代到 2005 年,个体淘金和采挖铁沙的船舶增加,航道内滥采乱挖,使本来变迁很大的航道通航条件更加恶化。襄樊市海事部门多次在辖区内开展专项整治,对在辖区航道中个体淘金和采挖铁沙的船舶进行重点整顿,对无证无照经营的船舶进行取缔,对没有经过检验或者自行制造的滩头船舶,进行强行解除动力和强行拆除。同时按照船舶具体的情况进行甄别对待, 对违反有关规定在航道内采挖的运输船舶, 进行教育处罚, 并按照有关规定,划定区域进行规范采挖沙石。在做好汛期安全和制止超载、滥采乱挖的同时,针对襄樊航道属于非夜航区的特点，实现禁止夜航的航行管制，特别针对襄城小北门，老河口梨花湖旅游船舶，严格规定禁止夜航。为加强监控在千福码头和小北门码头安装视频监视器。

渡口安全管理。根据国务院《关于加强内河乡镇运输船舶安全管理的通知》和国家经贸委、交通部《关于进一步加强乡镇船舶交通安全管理责任制的通知》，以及《湖北省乡镇船舶安全管理办法》的有关规定，在1986—2005年渡口管理中，乡镇船舶安全管理坚持“县(市)、乡(镇)人民政府两级负责，乡(镇)人民政府直接管理”的原则，落实各级政府对乡镇船舶安全管理工作的领导，县(市)、乡(镇)人民政府主要领导是本行政区乡镇船舶安全管理第一责任人。县(市)、乡(镇)人民政府明确一名领导具体分管水上交通安全管理工作，认真落实乡镇船舶安全管理责任制。建立健全客(渡)船制度，利用各种形式加大宣传力度，使渡口安全得到有效控制。同时加强渡口渡船制度建设，完善渡口达标配套措施，加快渡口达标改造的进程，打造平安渡口。针对一些农用渡口非法载客和非法私自渡运汽车的现象，抓好汉江渡运、汉江旅游、库区旅游的现场监督管理，在渡运高峰期深入渡口、旅游库区抓好防范，并协助乡镇政府维持渡运秩序。打击“三无”船舶、渔船、农用船和自用船非法载客。

4.水上水下施工管理

(1)水上水下施工审批

水上水下施工审批是海事部门实施水上安全管理的重要工作。施工者施工作业，须向港监提出申请，接受港监审核。涉及构筑水上水下固定、永久性建筑物的施工作业项目，其工程可行性研究和初步设计阶段的评审活动应有港监部门参加。经港监审核符合要求的核发“许可证”，同时准予办理发布航行警告、航行通告的相关手续。“许可证”有效期最长不超过5年。期满不能结束施工作业时，持证人须于期满之日7日前到港监办理延期手续。如作业项目、地点、范围或实施施工作业的单位等发生变更，原申请者须重新申请，领取新的“许可证”，原“许可证”交发证机关注销。

(2)水上水下施工现场管理

施工作业者应按港监确定的安全要求和防污染措施进行作业，并接受港监的监督检查。专门从事水文测量、航道建设和沿海航道养护的施工作业者，应按季将测量、建设、养护工程以及施工船舶的安排计划，书面报送港监备案。主要监督内容包括：是否设置警示标志信号，施工前是否发布航行警告，是否配备有效的通信设备并有专人值守，遗留碍航物体是否清除，有否向江内倾倒废弃物，是否按规定划定安全作业等。

(七)水路交通规费

1.航养费

航道养护费是国家根据以航养航、专款专用的原则，由港航部门向各类船舶的拥有者征收的，用于维护、改善和管理航道的事业费。1964年，国务院发出《关于加强航道管理和养护工作的指示》，同年由交通部和财政部联合发出《内河航道养护费征收和使用试行办法》，开始征收航道养护费。1987年，《中华人民共和国水路运输管理条例》和《中华人民共和国航道管理条例》再次重申航道养护费征收有关规定。1993年，湖北省人民政府下发《湖北省航道养护费使用和管理实施细则》，征收航道养护费采取两种方式。按费率征收：从事营业性运输独立核算成建制的企业，在长江干线航行船舶按总运输收入6%征收；航行于长江干线以外水域的按总运输收入8%征收；按费额征收：对按费率征收船舶以外的本省境内一切应费船舶以及瞒报营运收入的水路运输企业船舶均按每月总滚位（无总吨位按载重吨位）人民币四元五角计征。竹木排筏、浮运物体按每航次每立方米航行2公里1分的标准征收，工程船舶按每吨位每月4.5元征收。

2.水路运输管理费

水路运输管理费是国家规定，由各省、直辖市、自治区航运管理部门负责向从事国内水路营业性运输（服务）的企业、单位和个人征收并用于水路运输行政管理的事业性经费。1980年前一直沿用交通部1965年颁发的《关于向民间运输业提取管理费的几项规定》所明确的费收比例为收入的3%。1973年，交通部和国家财政部联合发文给予重申。到1990年，交通部和财政部根据《中华人民共和国水路运输管理条例》的规定，公布全国统一的《水路运输管理费征收和使用办法》，湖北省交通厅、财政厅制定了贯彻执行的实施办法。规定凡在国内从事水路营业性运输（服务）的企业、单位和个人以营运收入为依据，对难以准确反映营运收入的水运企业、单位和个人，其水路运输管理费按照船舶载重吨（客位、千瓦）为依据征收。水路运输管理费最高不得超过水运企业、单位和个人营运收入的2%。其征收的办法由各级港航部门按月、季或者是航次征收。

3.港务费

港务费是船舶港务费、货物港务费和停泊费的总称，用于港口设施的维护、改善和行政管理的事业费。征收的依据主要是《航行在国内航线船舶及国内进出口货物港口费收规则》。1990年10月10日，湖北省物价局、交通厅颁发《湖北省港口费收规则》，对港务费进行规定。船舶港务费按船舶每进港或者出港一次，分别计征基本费率每吨位0.35元、每千瓦0.48元。客轮（包括旅游船）、客货轮，从事全程100公里以内的短途运输、经营性汽车轮渡以及集体所有制水运企业的船舶按基本费率减半征收。货物港务费按货物进港或者出港向货方征收货物港务费。标准为：以重量计费的货物，每吨计费0.50元，以体积计费的货物每立方米计费0.25元。重量与体积比超过1∶5的轻泡货物，按体积与重量计费。停泊费按在码头停泊4小时以上船舶每吨位每日收取0.07元；每千瓦每日收取0.10元。浮筒，每吨位每日收取0.03元，每千瓦每日收取0.04元。

1993年2月15日，湖北省交通厅、物价局下发《关于调整湖北省港口费收标准的通知》，货物港务费基本费率调整为每净吨0.55元，每千瓦0.75元。停泊费率调整为：码头、趸船每净吨每日0.12元，每千瓦日0.16元。浮筒：每净吨每日0.05元，每千瓦每日0.07元。货物港务费调整为：以重量计费的货物，每吨计费0.80元，以体积计费的货物每立方米计费0.40元。

4.航政费

航政费是港航监督费和船舶检验费的合称。它是港航监督机关对各类船舶持有人、经营人和有关水工工程履行行政的、技术的监督、管理智能，按照国家有关规定收取的规费。现行航政费包括船舶登记费、船员考试费、海事处理费、乡镇船舶管理费、水工安全监管费，危险货物监督管理费及船舶检验费。

(1)船舶登记费

根据国家物价局、财政部《关于发布交通部水上安全监督收费项目及标准的通知》，收取船舶登记费。船舶登记费的基数为200元（未满50净吨的船舶，基数为100元），再按船舶净吨加收，每净吨收1元，超过1万净吨，超过部分减半收费。拖轮每千瓦收0.50元。船舶临时登记，1000净吨以下船舶200元，1000净吨（含1000净吨）以上船舶400元。船舶抵押登记按低押总金额的0.5‰核收。船舶租赁登记按租赁总金额的1‰核收。船舶烟囱标志或公司旗注册(自愿申请)每艘100元。船舶更名或船籍港变更100元。船舶登记项目变更50元/项。船舶国籍证书正本100元/本,副本25元/本。内河船舶登记证书20元/本。内河船舶执照10元/本。废钢船登记每艘次100元。

(2)船员考试费

船员考试费根据《中华人民共和国内河船舶船员考试发证规则》,按照等级收费,1、2等船员40元/人,3、4等船员30元/人,5等船员20元/人。2001年,《国家计委、财政部关于调整船员考试费等收费标准的通知》规定:理论考试(全部科目),内河船舶船员适任证书的考试费收费标准调整为每人100元,船员专业培训和特殊培训考试费收费标准均调整为每人80元。实际操作考试(全部科目),各类船员的实际操作考试均按理论考试的收费标准执行。补考(无论几门),分别按相应考试收费标准的50%计收。“内河船舶船员适任证书”“船员专业培训合格证书”“船员特殊培训合格证书”“船员服务簿”的证书工本费收费标准统一调整为每证10元。

(3)海事处理费

根据中华人民共和国交通部颁布的《海损事故调查和处理规则》,外轮40元、本国轮20元,其调查处理的车船费电信费等据实报销。危险货物监督管理费,由于襄樊本地危险货物运输较少,基本上没有开征。乡镇船舶管理费,由于对乡镇船舶的管理采取依靠各级乡镇政府管理,基本没有征收。

(4)水工安全监管费

根据《中华人民共和国内河交通安全管理条例》和交通部《中华人民共和国水上水下施工作业通航安全管理规定》进行征收。1992年,国家物价局、财政部下发《关于公布交通部水上安全监督收费项目及标准的通知》对所有安全监督项目的收费进行统一规定。2001年,《国家计委、财政部关于调整船员考试费等收费标准的通知》规定:船舶、设施发生海上交通事故引起的民事侵权赔偿纠纷,当事人可以申请港务监督调解,并向港务监督缴纳调解费。调解成功的,收取调解费最高不超过损失金额的1%,按当事人过失比例或约定数额分摊,调解不成的,按最高不超过损失金额的0.5%计收调解费,由当事人各方平均分摊。因调解而支付的电信费、差旅费等按实计收。

(5)船舶检验费

根据《船舶和船用产品监督检验条例》和《内河船舶法定检验技术规则》在具体的船舶检验完毕后征收。

5.水上规费完成情况

1985年,襄樊市港航管理部门征收水上交通规费159.6万元。1990年征收254.1万元。1995年征收617.6万元。2000年征收321.6万元。2005年征收402.1万元。呈波浪式发展态势,平均增长速度为4.7%,其中“八五”期间发展最快,平均年增长速度达到19.4%。

四、航空运输

中华民国时期襄樊境内曾先后建有樊城、老河口、枣阳军用飞机场。枣阳临时机场废弃于1935年,樊城机场毁于1938年,唯老河口机场至今尚存。今襄樊的民用航空运输机场为襄樊刘集机场。

(一)机场

襄樊刘集机场于1986年1月30日经国务院、中央军委同意修建,为二级民用机场。1986年3月8日,湖北省计划委员会批复同意襄樊刘集机场设计任务书。1987年7月1日动工。一期工程于1989年9月28日竣工。1989年10月9日,通过国家正式验收。1989年12月14日正式通航启用。2001年11月16日,襄樊机场进行飞行区扩建,工程总投资约5300万元。2002年11月20日竣工验收合格并投入使用。2005年8月28日,由湖北机场集团投资583万元对航站楼实施改建工程。工程主要包括临时候机厅的搭建、原航站楼(包括蓝天乐园)的拆除、空调新风系统工程、外接电缆铺设工程、消防系统(包括烟感、自动喷淋)工程、强弱电系统工程、室内流程(包括头等舱、要客服务厅、移动公司服务厅、旅客餐厅、包厢等)装饰和外墙面装饰等项工程。

机场公司经营范围为:机场运营、规划和发展,航空客货运输,航空售票代理,地面运输服务,航空器维修,航空油料运输、仓储及供应,场地出租,花木绿化,广告经营,停车收费等。

(二)运输

襄樊机场自1989年12月14日通航后,曾先后开通襄樊至北京、广州、上海、深圳、西安、重庆、南京、昆明、厦门、温州、长沙等航线。目前,正在开通运营的航线有襄樊至北京、上海、广州、深圳四条航线。已累计完成吞吐量起降架次14 144架次,进出港旅客858 670人次。其中,出港旅客414 716人次,进港旅客443 954人次。货邮运输量3 731.8吨。

(三)管理

襄樊刘集机场的管理体制经历了四个阶段。

1."一场两站"管理体制阶段

2005年1月18日之前,襄樊刘集机场实行"一场两站"的管理体制,即襄樊市民用航空站和中国民航襄樊航务管理站。襄樊民用航空站主要负责地面运输服务和安全保障,民航襄樊航管站主要负责空中管制。襄樊民用航空站于2001年7月13日改制,产权出让民营企业,由北京泰跃集团经营管理,更名为襄樊刘集机场有限责任公司。2004年2月,民航襄樊航管站根据全国民用机场实行属地化管理改革要求,随湖北机场集团公司重组于首都机场集团公司。2004年3月8日,成立湖北机场集团公司襄樊航务管理站。

2.有限责任公司阶段

2001 年 6 月 30 日，市政府为促进襄樊民航事业发展，实现资产优化组合，将原属事业单位序列的襄樊民用航空站改制为企业性质，更名襄樊刘集机场有限责任公司。

3.襄樊泰跃投资有限公司阶段

2001 年 6 月 11 日，市政府与北京泰跃集团在北京签署《关于襄樊机场转让合作经营有关问题的备忘录》。2001 年 7 月 13 日，市政府与襄樊泰跃投资有限公司签订《襄樊机场股权转让协议书》。协议将原襄樊民用航空站改制时投资到襄樊刘集机场有限责任公司形成的国有股权的 90%，以 1 085 万元现价转让给襄樊泰跃投资有限公司。2001 年 9 月至 2004 年 12 月，襄樊机场地面运输保障由民营企业襄樊泰跃投资有限公司经营管理。2004 年，民航机场实行属地化改革。同年 12 月 18 日，市政府以现金支付和给予优惠政策的方式，从北京泰跃集团收回机场全部产权，作为国有资产出资，参与湖北机场集团重组。襄樊市成立襄樊机场协调领导小组，领导过度期内的机场工作。

4.湖北机场集团襄樊机场公司阶段

2005 年 1 月 18 日，湖北机场集团公司与襄樊市政府签署重组襄樊机场协议书，成立湖北机场集团襄樊机场公司。湖北机场集团襄樊机场公司负责襄樊刘集机场的运营与管理（见表 6—27）。至此，结束襄樊机场 16 年的“一场两站”的管理体制，实现统一规划、统一管理、资源共享、一体运作的管理模式。襄樊机场公司成为湖北机场集团公司的全资子公司。机场公司重组后，按照现代企业制度要求，建立、完善内部管理机制，目前公司所属二级机构 7 个，分别是 2 个职能部门：综合办公室、规划财务部，5 个生产经营和业务保障部门：地面服务部、航务管理部、场务修缮部、安全保卫部、非航业务部。2005 年 7 月，机场派出所移交襄樊市公安局管理。

襄樊机场历年航班运行生产数据统计

表 6—27

年度	吞吐量				其中：出港				其中：进港			
	起降架次	旅客吞吐（人）	货邮吞吐（吨）	客座率%	起降架次	出港旅客	出港货邮	客座率%	起降架次	进港旅客	进港货邮	客座率%
1989	6	237		31.3	—	—	—	—	—	—	—	—
1990	438	16 732	117.3	63.6	—	—	—	—	—	—	—	—
1991	648	24 660	197.7	66.2	—	—	—	—	—	—	—	—
1992	346	33 907	319.5	85.4	—	—	—	—	—	—	—	—
1993	548	42 925	457	75.8	—	—	—	—	—	—	—	—
1994	840	66 074	804.7	71.8	—	—	—	—	—	—	—	—
1995	892	86 698	547.4	82.1	446	43672	138.6	84.2	446	43026	408.8	80
1996	1246	94 235	516.2	69.8	623	46535	182.2	68.8	623	47700	334	70.7
1997	1183	75 245	410.4	59.8	591	36219	159.3	57.7	592	39026	251.1	62
1998	954	59 181	375.4	59	477	27926	93.8	56.5	477	31255	281.6	61.5
1999	607	30 961	328.4	46.3	303	13313	118.3	40.2	304	17648	210.1	52.3
2000	686	35 778	330.9	48	343	15573	160.6	42.3	343	20205	170.3	53.6
2001	875	35 819	216.8	42.3	437	15727	158.8	38	438	20092	58	46.5
2002	463	21 875	63.2	51.4	231	9815	39.9	47.9	232	12060	23.3	54.9
2003	487	24 969	35.2	54.4	243	11642	23.3	51.6	244	13327	11.9	57.3

续表

年度	吞吐量				其中:出港				其中:进港			
	起降架次	旅客吞吐(人)	货邮吞吐(吨)	客座率%	起降架次	出港旅客	出港货邮	客座率%	起降架次	进港旅客	进港货邮	客座率%
2004	850	54966	131.6	59.7	425	25277	72.9	55	425	29689	58.7	64.4
2005	824	57244	149.1	66.8	412	27196	86.1	63.4	412	30048	63.1	70.3
2006	1134	77292	188.5	63.3	567	38602	108.4	63.2	567	38690	80	63.5
2007	1764	100796	218.4	63.6	882	51837	130.8	65.5	882	48959	87.6	61.7

五、管道运输

(一)基础设施建设

1.管道建设

1977年,河南石油会战指挥部(现为河南石油勘探局)根据国家计划委员会、国家建设委员会和石油化工部以及湖北省计划委员会、建设委员会、工业办公室《关于抢建河南魏岗油田至荆门炼油厂输油管道的通知》,修建直径273×7(毫米)输油管道,采用A3F高频螺纹焊接管管材,投资2 610万元,由江汉石油管理局设计院设计,江汉石油管理局管理一处、二处、三处组织人员施工。1977年7月开始踩线、施工,同年年底,全线竣工,1978年1月1日输送原油。1978年,河南石油会战指挥部根据石油化学工业部建成250万吨原油生产能力的要求,认为直径273×7(毫米)输油管线,满足不了河南油田生产发展的需要,决定复建一条直径426×7(毫米)管线。复建管线由江汉石油管理局设计院设计,江汉石油管理局管道处于当年5月动工,10月1日建成投产。管线全部采用单面埋弧螺纹焊缝焊接。管线外的工程项目有:新建9号加热站一座,扩建2号、4号、6号、11号、13号、16号加热站和魏岗联合站、襄樊加压站、胡集加压站。直径426×7(毫米)输油管线投用以后,1986年,经石油部批准,同意直径273×7(毫米)输油管线停运、拆除。

图6—58 襄樊汉江输油管桥

2.襄樊汉江管桥建设

直径426×7(毫米)输油管线,原在襄阳县欧庙乡余家湖下游穿越汉水。1981年开始,由于汉水冲淤,使穿越管段扭曲变形,南岸水下部分裸露140余米,最大移位5.5米,悬空18米,为防止水下管线断裂,保证安全输油,避免汉水污染,曾拟就地再建复线穿越。后经实地勘察,由于汉水河床不稳,施工挖泥深、土方量大、弃土困难等不利因素,乃改穿越为架设管桥跨越。

1982年,由河南石油勘探开发公司(原河南石油会战指挥部)向石油工业部呈报跨越建设方案。根据石油工业部以及湖北省基本建设委员会的批复,进行汉水跨越复线管桥(下称管桥)的设计和建设。管桥由四川石油管理局勘察设计研究院设计,四川石油管理局油气田建设工程公司第二工程处施工建设。管桥在汉水中游的襄樊市余家湖。建有斜拉索管桥一座，南北岸清管球阀室两座，加热站一座，埋地管线以及通信高频电缆、房屋建筑等。气田建设工程公司第二工程处承建，投资 1 405.95 万元。1983 年 11 月 6 日开工，1984 年 10 月 27 日竣工。同年 12 月投入试运，次年 4 月 28 日正式移交管道局襄樊输油公司管理。

管桥基础为钢管桩群桩基础，南北岸锚固墩，均用钢筋混凝土结构。管桥全部共 12 个单项工程，除河南油田水电厂施工的水井外，11 个单项工程的焊接均一次成功。12 个单项工程，经建设单位、生产单位、设计单位和施工单位现场检查评定，合格率 100%，优良率 100%，工程质量总评为优良。管桥最高输送压力 4.17 兆帕，最高工作温度 90℃。投运以后，保温效果良好。经测定，管桥管线上站至下站平均温度散失比穿越管线降低 0.84℃，每年可节约燃油 54.3 吨。

管桥工程设计采用的主要新技术成果是：从结构上改管道轴向受压为轴向受拉，充分发挥钢管抗拉强度的优势，增强管桥的刚度，水中仅设置一个支撑铁塔，减少了大量的工程量。设置防震索及密集布置的扇形斜拉索，取消庞大的抗风索体系。不仅简化结构，节约投资，同时改善抗风性能，提高管桥的稳定性。支撑铁塔及锚固墩基础，采用国内外推广的开口钢管桩新技术。这种钢管桩不仅弹性好、强度高、承载能力大，而且施工方便，加快了工程进度。管桥基础采用阴极保护措施，在淡水介质中，管桩埋置较深，金属面积大，接地电阻小，且与两岸埋地管连通，在国内尚无先例。在施工钢管桩基的不同阶段中，采用临时阴极站法实测大量数据，为钢管桩阴极保护设计和实施提供了科学依据。

取得的主要技术新成果是：自制了简易打桩机，适应了直径 508 毫米开口钢管桩施打的需要。自行设计制造水上工作平台，完成直径 720 毫米，长达 30 米的 44 根开口钢管桩的施工任务。采用倒装穿心扒杆，分层大片吊装方法，一次吊装成功。采用钢丝绳索道分节发送，完成管桥拖管过江工程，全管桥的充水、试压、整体调试等都是一次成功。

管桥工程从设计到施工都具有一定的开创性，采用这样大跨度斜拉索管桥形式，在国内尚无先例。管桥设计符合实际，技术先进，经济合理，安全可靠，在工艺技术方面有创新，并且在施工中严格按照基本建设程序，施工质量优良，投产运行无故障。经国家审查评定，获国家优质工程金牌奖（鲁班奖）。

3.加压、加热站

魏荆长输管线有加压、加热站 23 座，其中湖北境内 17 座。建设 273 毫米管径管道时，鉴于河南油田原油黏度、凝固点、含蜡量高的特性，魏荆输油管道设置魏岗首站、襄樊中间站、荆门末站 3 个加压站，18 个加热站。加压站的主要功能是增加管道的输油压力。站内的主要输油设备有离心式输油泵（原油加压用），200 万大卡 / 时管式加热炉（原油加温用），20 000 立方米贮油罐（贮油、缓冲、计量用），深井水泵（生产、生活用），收发室（清扫管线收球发球用），35 千伏变电所（供电源变化用，魏岗首站、襄樊站设有变电所），压风机（吹扫管线用），锅炉（原油罐和管线伴热用），以及通信线路电话和消防工具等。加热站的作用主要是给管道中原油加温。站内主要设备有管式加热炉，4 135 柴油发电机（供外接电源停电自发电用），柴油罐（贮油发电用），阀室（变换流程用），变压器，深井泵，以及通信线路电话和消防器材等。

图 6—59 襄樊热泵站站貌

1978 年，建设 426 毫米管径的复线管道时，新建 9 号加热站一座，同时使用 2 号、4 号、6 号、11 号、13 号、16 号加热站及魏岗、襄樊、胡集热泵站。原 1 号、3 号、5 号、7 号、8 号、9 号、12 号、14 号、15 号、17 号共 10 座加热站停用，18 号站改作交油、化验、计量站。1983 年兴建汉江管桥时，配套建设江边加热站一座。426 毫米管道实有中间加热站 8 座。各加热站设管式加热炉 2 座，4210 型 30 千瓦柴油发电机 2 台（自备电源用），阀室 1 座，KKG—3 阴极保护仪 2 套，以及通信和消防等设备。每站配 10 余人操作。湖北省境内设热泵站 2 座，即襄樊站和胡集站。

（二）输油生产

1983—1988 年，由于河南油田逐年不断开发，管线输送原油也逐年增加，年年超计划完成输油、交油任务。1988 年达到最高纪录（237.46 万吨）。此后，油田开采量逐年下降，而且又自建炼油厂，分流一部分原油，致使输油量逐年减少。1995 年降到投产初的水平（128 万吨）。1998 年起，年输油量一直在 100 万吨左右。

（三）管理

襄樊输油处划归管道储运公司管理以来，不断健全 HSE 管理体系，严格落实安全生产责任制度、安全承诺书制度，制定并下发安全生产强化管理办法，执行安全风险抵押金制度，制定领导承包要害部位，编制总体应急预案以及火灾爆炸、管道原油泄漏、地震、洪汛灾害、交通事故、管道凝管、站内工艺管网及输油设备事件、水上溢油、气象灾害、公共卫生、急性职业中毒等应急预案 14 个，多次进行事故演练。襄樊站曾获储运公司"三基标杆"站队称号。魏岗站曾获储运公司安全"三标"站队称号，荆门站获储运公司安全"三标"先进站队称号，襄樊输油处 2005 年获湖北省"职业卫生示范企业"称号（见表 6—28）。

安全管理活动一览

表 6—28

活动名称	次数	负责单位	备注
专项安全检查	每季度一次	生产科、安全科	设备、仪表、电气等专项检查
季节性安全检查	按季节	生产科、安全科、管道运销科	根据季节的不同，有针对性地进行检查，如冬季检查冬防保温工作等
突击性安全检查	随时	安全科	各项安全工作
领导承包要害部位检查	每月一次	处领导	对各基层单位安全管理工作全面检查
消防演练	至少半年一次	安全科、各输油站	由各输油站、队的义务消防员进行
职业病防治活动	每年一次	安全科、基层各单位	对特殊岗位工人进行职业病体检，发放耳塞等预防职业病的工具等
安全生产月活动	每年一次	处属各单位	开展安全知识竞赛、专项检查、事故演练等活动，并进行评比
应急预案演练活动	处级的每季度一次，站队级每月一次	安全科、各输油站、队	进行油罐着火、原油泄漏等应急预案的演练
"百日安全无事故"竞赛活动	每年一次	处属各单位	开展安全知识竞赛、专项检查、事故演练等活动，并进行评比
"11·9"消防日、世界环境保护日等的宣传活动	每年一次	处属各单位	通过出橱窗、挂条幅、标语等进行宣传

襄樊输油处通过夯实基础，与地方政府联手、建立长效机制、提升管理水平等各种措施。1997 年 4

月至2001年11月，先后发生16次盗油事件，有14名盗油分子落网。2001年，新《管道保护条例》颁布以来，襄樊输油处成立专项整治小组，与地方公安部门一起，将打击打孔盗油活动列入湖北经济保卫战行动中，湖北省公安厅组织警力对湖北省境内非法土炼油厂集中清理，取得了成效，堵住犯罪分子盗油销赃的渠道。为进一步遏制打孔盗油的势头，襄樊输油处处、站两级分别制定《魏荆线压力下降处理预案》《抓捕预案》《反打孔抢修预案》等各类预案。同时建立夜间巡逻制，在多发季度每周巡逻2~3次，一般情况下每周巡逻一次，取得较好的效果。襄樊输油处还与管道沿线22个派出所建立了横向联络机制，使警方能在第一时间内出动警力，配合抓捕盗油分子，同时与地方交通收费站建立委托监督联系，加强对可疑车辆盘查。2001年11月至2005年未再发生一起打孔盗油事件。

卷七 邮政、电信

在1979-2005年国民经济发展和社会改革进程中，襄樊邮电部门基本建成沟通城乡、覆盖全市、四通八达、连通各地的邮政运输传递网和电信传输网，基本适应各个时期的通信需要，为国民经济建设发展和人民群众生活，发挥了重要支撑和服务作用。到2005年，襄樊邮政共实现业务收入1.9114亿元，企业经营效益和职工人均收益均有一定程度提高，邮政通信服务得到社会各界的肯定和赞扬。

在襄樊邮电通信高速发展的同时，1998年，邮电管理体制经历了重大改革，实施邮电分营，撤销地（市）、州、县(市)邮电局，分别成立了邮政局、电信局。同年11月28日，根据国家机构改革精神和信息产业部及湖北省邮电管理局安排部署，襄樊市邮政局正式挂牌成立，开始独立运营，负责全市邮政通信网的建设、运营管理和经营服务工作。

一、邮政

襄樊市邮政局分辖7个县（市）局和1个现业局，有支局所245处，服务面积为19 724.41平方公里，服务人口580万人，是全国一级邮件转运站和二级邮件处理中心，负责鄂西北、陕、川、渝部分地区的进出转口邮件分拣封发，日接发火车及汽车邮件30多趟次，邮件达1.2万袋(捆)，日处理邮件达20万件。到2005年，襄樊市邮政局有职工2 519名，固定资产3.38亿元。

（一）企业经营

1985—1998年，襄樊邮电局期间，行业内实行“邮政亏损电信补”，邮政投资建设少，业务发展变化不大。邮政业务收入占邮电总收入26%～32%。其中1985年襄樊邮政业务实现收入407.7万元，占襄樊邮电局总收入的28.5%；1996年459万元，占28.3%；1987年，546.1万元，占27.5%；1988年698.9万元，占26.2%。1989年，邮政业务发展开始提速，当年收入999.8万元，占邮电总收入29.4%，比1988年增长43.1%；1990年1 346.2万元，在1989年基础上继续增长34.7%，占邮电总收入比重31.8%；1991年，1 776.4万元，比1990年增长32%，占邮电收入32.4%；1989—1998年邮政收入主要由邮政传统业务构成，平均每年以26%的速度增长，1998年邮政业务收入达到8 327.3万元，占邮电收入的26.3%。

1998年邮电分营，全市邮政收支差-5 076万元，各类挂账、隐形债务达3 810万元，财政部门欠邮储资金1 200多万元，电信部门欠邮政储蓄资金3 000万元、欠分营预留资金4 000多万元。

1999年，邮政单独运营，全年累计实现收入11 103.9万元，邮政业务收入首次过亿元，与1998年相比增幅达33.43%，收入构成中邮政储蓄占27.8%。2000年实现收入13 798.5万元，其中邮政储蓄收入占30.2%。2001年实现收入15 602.6万元，同比增长13.1%，全市初步实现扭亏为盈的目标，其中邮政储蓄收入占38%。2003年实现收入17 698.5万元，其中邮政储蓄收入占54.8%。2004年实现收入16 838.8万元，其中邮政储蓄收入占73.4%。2005年实现收入19 134.3万元，其中邮政储蓄收入14 389万元，占全年总收入的75.2%，为邮政储蓄业务开办以来之最。

(二)业务发展

改革开放以来,邮政业务在函件、包件、邮政储蓄、汇兑、报刊发行、机要、集邮、国际邮政、快件和特快专递基础上,发挥自身网络优势,开办物流业务、代理保险等业务(见表7—1)。

部分年份全市邮政业务量统计

表7—1

年份	邮政业务总量(万元)	函件(万件)	机要(万件)	包件(万件)	汇票(万张)	定销报纸(万份)	定销杂志(万份)	储蓄余额(万元)	快件(万件)	特快专递(万件)	邮(万枚)
1986	353	1766.7	4.5	17	61	11630	1169.3	58	–	–	–
1987	400	2148.1	3.4	18	63	13120	1368.8	578.1	–	–	–
1988	576	2503.5	3.6	19	67	12253	1275.5	1780.4	14.3	–	–
1989	695	2561	3.4	22	62	7373.5	804.3	1146.9	95.8	0.09	–
1990	1346	2153.8	3.9	21	58	7738.1	877.8	5025.9	131	0.35	–
1994	3638	2553.2	4	37	60	12044	961.4	30200	126	27	1542.9
1995	3660	1968.6	3.7	40	50	11111	747.1	55658	100	33	888.1
1996	4671	1710	3.4	32	52	11180	620.9	86181	106	45.1	1155.3
1997	5278	1692.9	3.1	18	50	12871	681.7	80800	82.5	35.3	2781.5
1998	5678	1689.4	2.7	17	50	11001	604.9	90918	40.9	42.5	3655.3
1999	6563	1673.8	2.5	32.3	41.9	10883	804.5	122200	–	39.3	4115.3
2000	7629	1657.1	1.9	27.7	39.2	8491.7	613.2	143316	–	41.8	3627.3
2001	17686	3722.5	1.8	23.5	34.4	9190.2	430.2	290000	–	38.9	3374.3
2002	19315	3833.3	2.9	20.1	39.1	9230.7	337.5	402000	–	29.6	1602.4
2004	20467.7	1211.9	7.3	28.5	30.3	3126.4	289.8	623220	–	45.6	697
2005	24325	535.6	3.2	23	24	3541.7	341.3	783700	–	49.7	286.5

注:1986年、1987年邮政业务量未单独计列,故按照当年业务收入倒推而得

1.速递业务

特快专递是邮政部门采取专人、专车、专门的组织处理方式,以最快传递处理邮件的国内邮件业务。1988年,襄樊市邮电局开办邮政快件业务,其实质是优先安排封发给据邮件,是邮政满足市场需求推出的新业务,当年收寄快件14.3万件。1989年收寄快件95.8万件,比1998年增长570%,并在1989年开办特快专递业务,收寄特快专递922件。1990年收寄快件131.4万件,在1989年基础上增长37.1%,收寄特快专递3477件,比1989年增长277.1%。1993年3月8日,成立襄樊市邮电速递公司,专门经营和管理快件和特快专递业务。1994年,收寄快件126.3万件,收寄特快专递27万件。1995年收寄快件100万件,同比出现负增长,收寄特快专递33万件。1995年开办邮政礼仪、婚庆新娘、铁路货单、旅游热线、礼仪点歌专递、有奖预存电话费等一批新服务项目。1996年12月,"特快专递跟踪查询系统"上线,实现电脑实时查询EMS邮件全程邮递过程,为用户提供更大便利,市场竞争力进一步增强。1997年收寄快件82.5万件,特快专递35.2万件。1998年,快件业务量继续下滑,仅收寄40.9万件,而特快专递保持平稳增长,共收寄42.5万件。1999年,邮政、电信分离,出于市场竞争和收益率考

虑，停办快件业务，全力发展特快专递业务。2004 年，结合中秋节，开展“思乡月”月饼速递活动，收寄月饼 7 334 盒，开拓了速递市场。2005 年速递专用车辆达到 17 辆，收寄特快专递 49.7 万件，收寄“思乡月”月饼 2.2 万盒。为适应 Internet 网电子商务的市场需求，速递公司按照国家邮政局统一部署开办货到付款、收件人付款业务和鲜花礼仪等服务。

2.物流业务

为适应市场竞争，邮政充分依托邮政网，通过对现有的资源进行整合、改造，按照客户需求，逐步开展直递运输、区域配送、货运代理、分销物流等物流业务。2002 年，襄樊邮政物流业务收入完成 249 万元。并成立襄樊市邮政局流物分局，专门管理和发展邮政物流业务。2004 年 8 月 18 日，襄樊至武汉的省内物流专线网邮路开通，实现当日收寄，次日到达。并连接到全国 23 个省、市的中邮快货物流网，襄樊邮政物流能力上新台阶。2005 年，襄樊邮政物流实现收入 330.9 万元，比 2002 年增长 132.9%，平均每年增长 33.2%。

3.函件

传递信函是国家设立邮政的主要目的，也是邮政部门的根本任务。按用户类别分为个人通信类信函和商业信函。传统信函的处理以手工为主，1986 年，发出信函 1 766.7 万件。1987—1993 年，年发出函件业务量在 2 100 万 ~ 2 600 万件之间。为提高传递效率，减低运作成本，1993 年推广使用邮政编码，以便使用机器分拣封发信函。1994 年，总量 2 742.2 万件。其中国内函件 2 553.2 万件，商业信函 182.5 万件，国际信函 6.45 万件。以后呈逐年下降趋势。1995 年 2 月 6 日，成立邮电信息广告公司，同年 5 月 18 日开业，购置美国信函广告微机处理系统，储有国内各行各业及市区居民数据 400 万条，当年寄发商业信函 140 万件，实现收入 30 万元。

1998 年，信函业务量为 1 689.4 万件。开始实行中心局体制，开始使用大型的机械设备进行邮件分拣封发，襄樊因交通便利、城市辐射力强，被国家列为二级邮件处理中心。1999 年 7 月 5 日开办“中邮专送广告”业务。2001 年，襄樊邮政中心局大楼完工投入使用。2005 年，信函量 535.6 万件。其中台湾函件 117 件，港澳函件 378 件，国际函件 1 872 件。

函件业务特别是信函和明信片使用广泛，具有公用性和服务性，体现国家对公民通信自由权的维护，实行的是低资费政策，为方便广大用户使用，实行均一资费政策，即在全国范围内，对同一重量采取统一资费标准，对义务兵信件、盲人读物等实行免费政策。自新中国成立初到 1990 年的 40 多年里，邮政资费未作调整。1990—2005 年，邮政资费先后四次上调。

第一次在 1990 年，国务院批准对国内邮政及其他相应业务资费进行上调，邮政总体资费水平较调整前上涨 150%。第二次在 1996 年 12 月 1 日，邮政资费再次上调，总体水平又较调整前上涨 150%。第三次在 1999 年 3 月 1 日，国家邮政局又一次上调资费标准，本埠信函较以前上调 40%，达每件（100 克内，下同）0.60 元，外埠上调 60%，达每件 0.80 元，明信片资费上调 50%，挂号费上调 100%。第四次在 2004 年 1 月 1 日，国家邮政局将国内邮件挂号费从 2 元调为 3 元。

4.报刊发行

报刊发行是邮政部门利用通信网络点多、线长、面广的特点，将出版单位出版的报纸、杂志，以订阅、零售的方式发送给读者的业务。1986 年，全市建立报刊门市部 3 个，并以每年 1 个的速度增加，1990 年达到 7 个。1986—1988 年，襄樊邮政年定销报刊 1.1 亿 ~ 1.3 亿份，杂志 1 000 万 ~ 1 300 万份。1989—2002 年有所下降，年定销报纸保持在 7 000 万 ~ 8 000 万份，杂志 800 万 ~ 900 万份。2003 年 10 月开始实行分层分网、信报分投为主的投递体制改革，组建邮政第二投递网，重点解决报刊商函投递不到位问题。1994—1998 年，年定销报刊量达到 1986—1988 年的水平，年定销杂志 600 ~ 800 万份。随着社会的发展，主流媒体逐渐由报纸杂志向电视转变，报纸、杂志定销量逐渐减少，至 2005 年定销报纸 3 541.7 万份，定销杂志 341.3 万份，约为 1986 年的 1/3。

5.邮政储蓄

邮政储蓄业务分为活期、定期和定活两便三种储蓄类型。定期储蓄又分整存整取、零存整取、存本取息和整存零取四种。另还有保值储蓄、定期定额储蓄和通知存款储蓄等。

1986 年 4 月，全国邮电部门恢复邮政储蓄业务。同年 6 月 25 日，市邮电局恢复开办邮政储蓄业务。在樊城解放路邮电营业厅设专台，配备 3 名专职员工，组成襄樊市首家邮政储蓄点，办理邮政储蓄业务。根据人民银行规定，恢复后的邮政储蓄业务，只能办理个人存取款业务。因此，邮政储蓄只办理个人定期和活期存款两种。定期分半年期、一年期、三年期、五年期、八年期和零存整取业务。邮政储蓄现金全部存入襄樊市人民银行，以在人民银行交存款平均余额折算手续费为收入，当时结算手续费标准按年平均余额 2.64%，按月结算。

截至 1986 年底，邮政储蓄余额 58 万元。鉴于此，襄樊市人民银行建议邮电局，通过开展有奖储蓄的形式发展邮政储蓄余额规模。市邮电局经过反复比较、论证，最终决定采取发行有奖邮政储蓄券的办法，并从人民银行争取到提前给付手续费收入的特惠政策。具体操作办法为：市邮电局面向全市市民发行有奖邮政储蓄券，奖券视同储蓄存单管理，但不记名、不挂失。每张奖券详细编列奖券号码、发行日期、发行单位。奖券存满一年，邮电局按人民银行挂牌利率付给利息。奖券面值定为 5 元，当期发行有奖储蓄券 20 万张，共计 100 万元。在奖券全部销售完后的 10 天内，按奖券号码公开进行摇奖，利用人民银行提前给付的手续费款购置奖品，一等奖奖现金 5 000 元，二、三等奖设置电视机、洗衣机、自行车等奖品，吸引了广大的市民购买。1987 年底，邮政储蓄余额达到 587 万元，为全省邮政系统之最。1998 年，邮政储蓄余额规模达到 9.1 亿元，储蓄业务收入占邮政总收入的比重达 34.17%，成为襄樊邮电分营后邮政的支柱性业务之一。由于其能给企业带来净现金流和稳定收益率，给企业发展带来活力，被历任领导高度重视，常抓不懈。1999 年，邮政储蓄余额 12.2 亿元。2003 年达到 49.2 亿元，业务规模仅次于武汉，居全省第二。2005 年达到 78.4 亿元。

随着邮政储蓄用户的增多，储蓄券的手工操作方式逐渐不能适应用户和业务管理需求，1992 年 9 月，湖北省邮政储蓄事后监督微机应用系统在襄樊试运行成功。1993 年 8 月，襄樊邮政储汇前台安装、使用微机工作，营业员凭口令登录系统，全面落实“双人临柜、双线复核、钱账分管”制度。1997 年，全市投入 30 多万元，新购、更新微机 30 台，配备邮电储蓄微机处理系统，组织开发窗口微机应用软件。全市各局配备专用提款车 18 台，主要邮储网点均实现业务处理微机化。1998 年 10 月 29 日，湖北省开始建设邮政金融计算机网络系统和绿卡工程，襄樊为湖北省内绿卡三大联网中心之一，实现邮政储蓄的通存通兑。2000年6月10日起，襄樊市邮政局开通网内通存通取业务，成立绿卡资金清算中心。

2001 年 5 月 10 日，绿卡网实现全国联网，全市 60 个绿卡邮储网点实现全国通存通兑，并配置 ATM 自动柜员机 10 台，2004 年购置 8 台，至 2005 年，ATM 自动柜员机数量达到 18 台。2004 年，根据中央关于解决“三农”问题系列要求，结合襄樊农村对外劳务输出量增大，人员从业结构多元化，货币流通日渐频繁的特点，襄樊市邮政局深入农村针对外出务工户、经商户、求学户、运输户、种植户、养殖户等“六大户”推介邮政绿卡，方便农户资金往来，提高邮政储蓄活期比重。襄阳区邮政局成片开发，成功建设“绿卡村”，8 月 18 日全省邮政绿卡

图 7—1 湖北邮政第一款绿卡

村建设经验交流会在襄阳召开,“绿卡村”建设经验向全省推广。“绿卡村”建设活动获得了政策保护,同时获得农民拥护,对促进全省邮政储蓄业务结构优化、效益提高起到重大影响。2005 年 6 月 8 日,襄樊市邮政局顺利实现“两网互通”(储蓄绿卡网和电子汇兑网互通)。此项工程的顺利完成确保了邮储资金利用率最大化,标志着邮政储蓄在专业化、现代化道路上迈进了一步(见表 7—2)。

几个不同年份邮政储蓄余额、收入及所占比重

表 7—2　　　　单位:万元

年份	1986 年	1987 年	1988 年	1989 年	1990 年	1998 年
储蓄余额	58	578.1	1780.4	1146.9	5025.9	90918.4
储蓄收入	—	10.9	2.5	35.7	141.8	2439.6
邮政收入	459	546.1	698.9	999.8	1346.2	8327.3
占邮政总收入(%)	—	2	0.4	3.6	10.5	29.3
年份	1999 年	2000 年	2001 年	2003 年	2004 年	2005 年
储蓄余额	122200	143316	290000	492000	623220	783700
储蓄收入	3088	4163	5929	9697	12358	14389
占邮政总收入(%)	27.8	30.2	38	54.8	73.4	75.2

6.邮政汇兑

邮政汇兑业务是邮政企业接收汇款人的委托,在收到委托人的汇款后,将汇款稳妥兑付给收款人的一种货币收付活动,主要分为普通汇款和电报汇款以及小额汇票、高额汇票和电话汇款。邮政负责汇票的传递,汇兑资金通过银行划转。1991 年 7 月 1 日,银行与邮政部门协商,邮政局在银行支取、存入汇兑资金按照银行利息计收或计付利息,即由原来的“存欠不计息,划付不收费”改为“存欠计息,划付收费”。

1985 年,襄樊邮政开发汇票 62.7 万张,实现收入 42.3 万元。1986 年开发汇票 62.8 万张,实现收入 48.4 万元。1987 年开发汇票 65.3 万张,实现收入 57.2 万元。1988—1994 年,襄樊邮政年开发汇票张数均在 60 万张左右。1995—1999 年,年开发汇票均在 50 万张左右。2000 年为 21.2 万张,实现收入 259.6 万元。

2001 年,邮政汇兑业务运用计算机网络技术改造为邮政电子汇兑,襄樊市及所辖 7 个县(市)新建汇接节点,与全国电子汇兑网点机构连通。连通后可为客户提供现金到现金 24 小时、4 小时和特级电子汇兑业务,逐步开办现金到账户、账户到现金、账户到账户电子汇兑业务及国际电子汇兑业务和电话汇款、网上汇款等业务。邮政汇兑资金交由邮政储蓄系统清算。2001 年开发汇票 40.62 万张,发汇量明显回升。2003 年开发汇票 19.9 万张,实现收入 216 万元。

2004 年,全市汇兑联网网点 87 个,联网率达 46.5%。汇兑收入 154.3 万元,年增幅达 71.3%。开办国际汇款和西联汇款等新业务。国内汇票 30.3 万张,发汇金额 23 258.8 万元,兑付汇票 746.8 万张,兑付金额 109 911.2 万元。

2005 年, 开发汇票 23.9 万张, 较 1985 年减少 61.8%, 实现汇兑收入 180 万元, 较 1985 年增加 325.5%。国际汇兑业务方面, 西联汇款覆盖襄樊市区邮政储蓄网点,2005 年全市共计办理西联汇款 110 笔,交易金额 102 万元。

7.代理保险

代理保险业务是指襄樊市邮政局接受保险公司的委托,利用遍布城乡的网络优势,在保险公司授予的代理权限内，代理保险公司销售保险产品，代理收取保险费、代理支付保险金等业务，为客户提供方便、快捷、全面的金融服务。主要代理分红险、万能险、人身意外伤害保险和车辆保险。

1999 年，襄樊市邮政局与中国人寿保险公司、太平洋人寿保险公司签订代理人寿保险协议，当年代理户数 125 户，代理保费（指代理保险公司销售的保费）3.5 万元，代理手续费收入 0.45 万元。2000 年，市邮政局又与中国人民财产保险公司签订合作协议开始代理财产保险，当年累计代理寿、财险保费 914.1 万元，共实现手续费收入 52.1 万元。2001 年代理保费 901.01 万元，手续费收入 20.99 万元。2002 年代理保费 1 947.76 万元，手续费收入 61.26 万元。2003 年，代理保费 7 554.94 万元，比 2002 年增加 287.9%，手续费收入 247.24 万元，比 2002 年增加 304.6%，收益率达到 3.3%。2004 年，湖北省提出“超常规发展代理保险业务”的方针，市邮政局累计代理保费 14 107.82 万元，实现手续费收入 212.58 万元。

2005 年，邮政代理保险“邮保通”业务系统成功上线，实现与保险公司业务系统的联机，襄樊市邮政局柜员利用“邮保通”系统能够为客户现场投保、实时出单、实时续缴保费，大大提高了代理保险的科技含量和规范程度。同年，襄樊市邮政局与新华人寿襄樊中心支公司、泰康人寿襄樊中心支公司、大地财产保险公司襄樊中心支公司等合作，同时以现金方式代收太平洋续期保费，襄樊邮政代理保险业务形成了同时代理多家保险公司、代理多个险种的格局，为客户提供更大的选择空间，为邮政代理保险的长足发展奠定了坚实基础，当年代理保费 1.53 亿元，累计实现手续费收入 136 万元。

8.包裹

在普通包裹、快递包裹基础上，增加直递包裹（即直接收取、直接运输、直接投递）。因包裹在运输费中比重较大，故包裹资费不能像函件那样实行均一的资费政策，而是以运输距离和包裹重量为主要依据，采用区域计费制。即把全国划分为 222 个计费区，实行一区一费制。1986 年，襄樊市收寄包件 17 万件，1987 年为 17.8 万件，1988 年 18.9 万件，1989 年 22.4 万件。到 1995 年，业务量 40.3 万件。以后逐年减少，2005 年为 23.9 万件。

9.集邮

为方便集邮爱好者集邮，1986 年，全市设有 5 个集邮门市部，其中市区 1 个。1988 年增至 7 个，销售邮票 54.9 万元；1990 年增至 10 个，其中市区 2 个。集邮业务销售额 125.7 万元。1994 年销售邮票 1 542.9 万枚。1998 年销售邮票 3 655.3 万枚，销售额 2806.7 万元，为历年最高。为发展集邮业务，市邮政局于在 2003 年 1 月首次推出“襄樊市十三届人大六次会议”个性化邮票。截至 2004 年 9 月，襄樊市集邮协会已吸收会员 1 万余人，基层协会组织 202 个，成立集邮学术、集邮宣传、集邮展览、青少年集邮等四个委员会，并先后在 2004 年 10 月组织开发《中国魅力城市——襄樊》邮品 2 000 册，2005 年 5 月开发大型古装剧《襄阳米颠》个性化邮票 600 版，同年 8 月设计制作“民族忠魂——张自忠将军”个性化邮票 5 000 册，同年 10 月开发“魅力城市——航天英雄的家乡”邮品 4 000 册。同年，襄樊邮政集邮销售额 860.1 万元，比 1985 年的 16 万元增长了 52.8 倍，比 1998 年的 2 806.7 万元下降 69.4%。

(三)通信能力建设

1.邮路

截止 2005 年底，襄樊市邮路总条数为 64 条，邮路总长度 6 418 公里。其中自办汽车邮路 38 条(省内干线 8 条 1 439 公里)5 284 公里，委办汽车邮路 14 条 654 公里，其他邮路 14 条 480 公里。与 1985 年相比，扣除 1994 年划出的随州邮路，由于投递方式从投递到户改为投递到村组、居委会，襄樊市邮路长度共减少 15451 公里，汽车邮路比重由 3.13%上升至 92.52%。

2.邮政网点

全市邮政网点 239 处。其中邮政局所 225 处，邮政代办网点 14 处。邮政局所中，设在农村的局所 131 处，提供全功能服务的 128 处，电子化支局 42 处。邮政生产用房 159 612 平方米。其中营业用房 80 255 平方米，内部处理用房 64 503 平方米(其中邮区中心局 23 000 平方米)。

3.车辆

1986—1989 年，襄樊邮政汽车数量保持在 24～29 辆之间。从 1990 年开始平均每年以 10 辆的速度增加，到 1998 年达到 104 台。邮政、电信分营后，1999 年新增 34 辆，总数 138 辆。2005 年为 145 辆。

4.微机

1998 年，邮政、电信分营时，邮政拥有计算机 114 台，1999 年 303 台，之后每年以 25～50 台的速度增加，到 2005 年达到 471 台，其中内部生产用 139 台，窗口用 196 台，综合用 136 台。综合网网络服务器 13 台，储蓄网网络服务器 132 台。

图 7—2 工作人员正在操作高速信函分拣机

5.其他设备

1997 年购置比利时阿尔卡特公司生产的信函分拣机，每小时能处理信函 3.3 万件。2001 年购置瑞士 kern 公司价值 152.5 万元的商业信函制作系统，同年购置 ATM 柜员机 10 台。2004 年增加 ATM 柜员机 8 台，累计 18 台。

(四)体制改革

1.机构

1979—1997 年，襄樊市邮电局(原称襄阳地区邮电局，1983 年 9 月更名，以下统称襄樊市邮政局)内部管理机构按照计划经济管理模式设置，共 10 个科室(不含党群部)，即办公室、邮政科、电信科、农话科、计划财务科、劳资教育科、物资供应科、保卫科、基建科、总务科。邮政科内设综合台、营业台(含函件、包裹、储蓄、汇兑)、发行投递台、邮运台(含机要)、视察室。其间，速递业务发展较快，1993 年 3 月 8 日，成立襄樊市邮电速递公司。

1998 年 1 月 23 日，市邮电局内部机构按照机关、邮政生产科室、电信生产科室和综合科室四大类重新调整、认定，其中邮政生产科室主要按业务种类分为 11 个：邮区中心局、邮件分拣中心、邮政设备维护中心、邮政运输中心、报刊发行投递公司、速递公司、集邮公司、集邮协会(集邮联合会)、储汇分局、邮政质量监察室、机要通信站,为邮、电分营作机构准备。

1998 年 11 月 28 日,市邮政、电信分营,成立襄樊市邮政局。局机关机构设行政办公室、视察审计室、经营业务部、建设维护部、计划财务部、人事教育部(下设保卫科)、党群工作部、多种经营办公室(负责管理邮政第三产业各单位)。

图 7—3 位于长虹北路的襄樊市邮政局办公大楼

1999 年 1 月 25 日, 成立计算机中心, 负责全局邮政设备、邮政金融计算机网络设备、办公设备的管理与维护。同年 3 月 2 日,按照湖北省邮政局要求,储汇分局更名为储汇局,其职责不变。同年 5 月 31 日,成立审计科、公众服务科、行业管理法律事务科(与公众服务科合署办公)。同年 7 月 2 日,成立视察室,与公众服务科合署办公。同年 12 月,撤销党群工作部、公众服务科、行业管理法律事务科、经营业务科、建设维护部,成立党组办公室、经营服务科、基本建设科、保卫科,将原设置的各部,改名为各科,组建物业公司和华邮公司,同时成立物业管理办公室。

1999 年,市邮政局调整后的经营、服务实体有储汇局、报刊投递发行公司、报刊零售公司、速递公司、信函广告公司、邮购公司、邮区中心局、计算机中心、邮票公司、机要通信分站。市区主要营业厅有解放路营业厅、长虹路营业厅、襄城营业厅、汽车产业开发区营业厅、人民路营业厅、樊东营业厅、火车站营业厅。

2002 年,物流业务收入完成 249 万元,业务达到相当规模,成立襄樊市邮政局物流分局。

2004 年 7 月 23 日,市邮政局听取行风评议代表、政协委员的建议,响应群众呼声,成立汽车产业开发区局,支持襄樊汽车产业,更好地服务二汽基地及周边群众。

由于邮政传统业务的非盈利性,造成邮政企业亏损,在邮政电信未分之前,采取“邮政亏损电信补”的办法维持邮政业务的运行。邮政、电信分开之后,邮政企业不断更新设备、应用新技术,特别是计算机技术的应用, 使得襄樊邮政事业得到快速发展, 邮政网路四通八达, 邮政网组织形式不断优化,以用户需求为导向,不断拓新业务领域,先后开办邮政储蓄、速递、物流、商业信函等新型竞争性业务。

1998 年 11 月 28 日,襄樊邮政、电信分业经营,成立襄樊市邮政局,全市邮政收支差—5076 万元,各类欠费近 8000 万,邮政企业负担沉重,发展基础薄弱,市场开发艰难,履行普遍服务压力巨大。襄樊邮政按照业务种类成立专业分局,实行经营责任制,改革人事、财务、业务制度,促进各项业务发展。其中重点发展邮政储蓄和特快专递等盈利业务。运用省拨和自筹资金,购置信函分拣机、信函制作系统、邮运车辆、计算机终端、网络服务器、ATM 柜员机等硬件设备,广泛应用网络技术,先后安装了储蓄系统、电子汇兑系统、代理保险系统、报刊收订系统、特快专递跟踪系统、11185 客户服务系统,逐步形成邮政“实物网”“信息网”和“金融网”,使襄樊邮政成为具有“三网合一”独特优势的网络型企业。

邮政局领导班子成员名录

表 7—3

	姓名	职务	任职时间	备注
第一届	朱志明	局长、党组书记	1998.11—2002.10	—
	李学国	副局长、党组成员、纪检组长	1998.11—2002.10	—
	赵宇光	副局长、党组成员、工会主席	1998.11—2002.10	—
	阳海龙	副局长、党组成员	2001.05—2002.10	增补
	蔺春元	副局长、党组成员	2001.10—2002.10	增补
第二届	朱志明	局长、党组书记	2002.11—2006.11	退二线
	李学国	副局长、党组成员	2002.11—2004	退二线
	蔺春元	副局长、党组成员	2002.11—2004	退休
	赵宇光	副局长、党组成员、工会主席	2002.11—2005.4	调省局
	阳海龙	副局长、党组成员、纪检组长	2002.11—	调省局
	黄华荣	副局长、党组成员、工会主席	2005.4—	增补
	庞子培	副局长、党组成员	2005.4—	增补

2.经营体制改革

1999 年，襄樊市邮政局实行干部竞聘、选聘，对各个专业实行经营责任制管理，赋予经营承包者(即竞聘上岗的干部)合规经营权、工资分配权、人事权，同时配套实行经营承包者风险抵押制度、收支差考核办法、超产奖励办法等配套措施。2005 年，公开选拔 8 名县(市)、区邮政局副局长，在市邮政局现业公开选拔 6 名助理以上干部，招聘 3 名人员到机关管理岗位工作。同年，按照新的《中华人民共和国劳动法》，全市邮政系统在岗职工全部职能规定续签劳动合同，1 195 名劳务工通过劳务派遣组织输入，实施“底薪加提成”营销分配模式。

3.网络组织形式改革

(1)襄樊市邮政中心局体制改革:传统的邮政网是随着城市的兴起而发展起来的，物件的传递以县市邮政局为封发单元，主要以手工操作为主，存在运能调节困难、无法明确时限标准等缺点，无法适应迅猛增加的业务量和市场对邮件传递速度越来越高的要求。1998 年开始改为三级邮区中心局体制，减少转运层次，利用机器处理邮件，提高邮件传递速度。襄樊局被列为国家二级邮件处理中心。2001 年，建成襄樊邮区中心局大楼，正式实行中心局作业模式。

(2)投递和网运体制改革:2005 年，以“定位市场需求，分层分网运作，突出重点客户，退进社区服务”为投递改革指导思想，在市区实现信报分头、分层分网运作。改革后，新增 31 名投递员，成立 7 个投递站，优化 82 个段道。实现当天报刊当天投递，

图 7—4 包裹分拣机

图 7—5 包裹分拣机微机控制台

用户见报时间普遍提高 1～2 小时，外勤作业时间从原来的 6.2 小时缩短到 4.5～5.5 小时，段均点交户减少 26 户，段均负重由原来的 30 公斤减少到 15 公斤。投递员收入提高，投递队伍逐渐稳定，终端服务能力得到提高。

（五）服务

1.普遍服务

襄樊市邮政局为确保人民群众用邮需求，特别是保康、南漳、谷城等偏远山区，邮政局不计成本，不断改革普遍服务体制，提高服务质量。2002 年，投递服务分局正式成立，组建成一个融实物投递、市场营销、增值业务为一体的襄樊邮政投递服务网络，市区分批推行包裹投递直投到户服务，使投递服务质量不断上升，服务投诉量由年初每月 40 多件，下降到每月 4～5 件，普遍服务质量不断提高。

2.窗口服务

在做好普遍服务的同时，市邮政局在不断提高服务质量和服务水平上下工夫。建立以 185 电话为主的投诉和业务受理窗口，对服务热点难点随时进行落实解决。2002 年，市邮政局中心营业处、郊区投递站、解放路储蓄所、春元路储蓄所四个集体被评为一星级服务窗口。2005 年，在营业投递窗口开展“每月一星”竞赛活动，评选出 80 名服务明星。开展“星级窗口”创建工作，达标的一星级服务窗口 26 个，二星级窗口 6 个。有 132 个支局、班组的基础资料管理达到省局规定的标准，86 个营业窗口达到国家邮政局颁发的《企业形象管理手册》标准。到 2005 年，全市七个县（市）、区局的邮政楼相继新建投产。市区诸葛亮广场营业厅、邮政城二楼营业厅、襄城营业厅、老河口中心营业处等一批重点支局所、营业窗口进行装修。

3.服务范围

1986 年，全市共有乡、镇 554 个，其中通邮乡、镇数 106 个，邮政服务乡镇覆盖率为 19.1%。1987 年，全市乡镇重新划分后，共有乡镇数 165 个，通邮乡镇数 162 个，邮政服务乡、镇覆盖率达到 98.2%。1990 年，乡、镇数增加至 170 个，通邮乡、镇数 164 个，邮政服务乡、镇覆盖率达到 96.5%。2000 年，乡、镇数减少至 135 个，通邮乡、镇数 133 个，邮政服务乡、镇覆盖率为 99.2%。2005 年，乡、镇数精简至 100 个，设行政村 2 252 个，通邮乡、镇数 100 个，邮政服务乡、镇覆盖率达 100%，通邮行政村 2 241 个，邮政服务行政村覆盖率为 99.5%。

4.服务“三农”

自 2003 年起，中共中央连续三年下发 1 号文件规范“三农”工作，在 2005 年的 1 号文件中明确提出邮政部门做好服务“三农”工作的要求。襄樊邮政积极参与农村社会化体系建设，在农村开办农资和农民日常消费品配送业务和邮政储蓄定期存单小额质押贷款业务。2005 年底，全市累计建立“三农服务站”756 个，覆盖 20%的行政村。

图 7—6：邮政工作人员为三农服务站送农用物资

二、电信

(一)电报

襄樊电报业始于清光绪十年(1884)。民国初年设襄阳、老河口电报局,主要为政府和军队服务。1949年,中华人民共和国成立后,以无线电报为主,为政府、军队和企事业单位服务。后电报业务范围有所扩大,有天气、水情、新闻、公务、公益、邮汇、私人、普通和明语国际电报等业务。随着国民经济的发展、科学技术的进步和人民生活水平的提高,公众电报的种类也有所增减,但变化不大。

中共十一届三中全会后,襄樊公众电报通信逐步发展。1978年4月,开办真迹、文件传真业务。1985年,改用微型电报中文译码机,来报由人工译码改为机器译码,从而结束电报来报人工译电的历史。至1986年,公众电报共有天气、水情、公益、政务、新闻、普通、汇款等几种业务。农村邮送、专送电报和国内、国际船舶无线电报也在继续办理。进入20世纪90年代,襄樊电信业迅速发展,公众电报业务也有新的开拓。1983—1985年,先后引进全电子电传电报打字机和高速传真机,加速信息的传递;安装全电子时分制用户电报自动交换机,用户可直接与国内外通电报;安装自动转报系统,实现转报自动化。1985年,平均每月处理的来报和去报业务总量达到91.86万份。其中市区31 067份。1989年3月,开办国际电报业务。1990年,全市范围的用户、电报都实现全自动交换,电报业务量逐步增长,年底达128.58万份。

随着通信技术飞速发展,固定电话、移动电话、互联网等多种业务的发展和兴起,尤其是20世纪90年代固定电话的大发展,造成公众电报业务量大幅度下降。1993年5月,电报科撤销,全市大部分报务人员转岗,其业务移交长途电信分局,后又移交给多媒体分局管理。1999年2月,关闭襄樊至南阳、十堰省际电报电路。2000年1月,对襄樊电报本地网进行改造并入分组交换网。电报开始采用分组交换,实现数字化传输。2001—2005年,虽然开发了鲜花礼仪电报等新服务深受用户欢迎,但受诸多更具时效通信手段的冲击,城市居民总体电报业务量直线下降,使电报业务逐步萎缩退居后台,淡出人们的视野。据统计,2003年,全市国内公众电报业务量仅为26 512份,比1990年减少5.93万份。到2005年,电报业务量仅为几百份,主要是气象电报业务,国内公众电报为零。

1.有线电报

(1)网路

1978年,为合理组织网路,提高通信质量,减少电路转接次数,利用话路,开通襄樊至武汉直达载报电路。当年底,全区开通电报电路一级干线26路。其中襄阳至汉口10路,襄阳至石泉、安康各2路,襄阳至邵阳、常德、来源各3路,襄阳至花园、晓天、登封各1路。开通二级干线53路。其中襄阳至汉口10路,襄阳至谷城6路,襄阳至江陵、宜城各4路,襄阳至南漳3路,襄阳至房县2路,襄阳至南阳、阳新、郧阳、丹江、保康各1路,樊城至南漳6路,樊城至光化5路,樊城至枣阳3路,樊城至随县2路,樊城至黄冈、保康、丹江各1路。1979年,全区开通有线电报电路38路。其中襄阳地区局现业22路,随县、枣阳各3路,南漳、谷城、老河口、宜城、保康各2路。1980年,襄樊至武汉增加载波电传双工电路1路。

1980年后,电报电路的发展进一步加快。1982年增加载报设备电路5P/5路。1984年12月,襄樊至武汉首次进入自动转报网路。1985年底,全市电报电路42路。其中市区直达电报电路25路,比

1959 年增加 12.5 倍。襄樊电报直达省际省内 11 个县、市，成为襄樊地区转报中心。1986 年增开武昌至襄樊长途程控电路 6 路。1986 年 8 月，襄樊、随州、老河口、枣阳电报进入武汉 256 路程控自动转报系统，结束近百年来靠人工撕纸条转报的落后方式。1987 年，宜城、南漳、谷城、保康开通至武汉 256 路自动转报业务，与全国 256 路自动转报系统联网，实现国内电报全自动转报。1987 年，襄阳县设置中心报房，开电传电路 4 路。其中市局报房至县局报房 2 路（将市局报房至张湾、太平 2 对线改为市至县直达），县至张湾、田山各开一条电传电路。其余支局（所）均为话传电路至县局报房。

1988 年 5 月，襄樊至武汉开通长途用户电报电路，其用户应签代码为 419004XFCBCCN。1989 年 12 月，开通襄樊市棉花公司至省棉花公司电话用户电报电路。1990 年，全市范围的用户、电报实现全自动交换。增设备用话路：襄樊至武昌 2 路，襄阳至武昌、襄阳至樊城、樊城至老河口、樊城至谷城、樊城至保康、樊城至南漳、樊城至宜城、樊城至枣阳、樊城至随州 9 条电路。国家“七五”计划末期，全市拥有电报电路 43 路，其中襄樊市局现业 23 路，老河口 4 路，襄阳、随州、枣阳各 3 路，南漳、谷城、宜城、保康各 2 路。电报电路中有线 28 路，无线 15 路；二级省际电路 1 路，三级省内电路线 24 路，市(县)内报路 18 路；电传电路共 15 路，占电路总数的 34.9%，自动转报电路 9 路，占 20.9%。1991 年电报通信全部进入自动转报系统。

随着通信技术飞速发展，在数据通信方面已有了更为简便、快捷、高效的通信手段可供选择，造成电报业务逐步萎缩，业务量大幅度下降。自 1994 年开始，由于公众电报业务的发展趋于缓慢，电报设备通信能力的增长速度有所减缓，设备利用率也有所下降。1995 年载报终端设备容量 202 路。其中襄樊市局现业 166 路，枣阳、老河口、南漳、谷城、保康各 4 路，宜城 16 路。公众电报业务电路（二级）23 路，市、县内 10 路。

1999 年，对襄樊电报本地网进行改造，新装 IBM 系统服务器 1 台，将用电报分组服务器更新为电报分集器，逐步取消电传机设备，减少营业电报设备和专制务员，并入分组交换网。开通市内分组电路和双流电报电路。年末，全市有公众电报分集器容量 40 线，载报终端设备容量 166 路。2000 年 1 月，襄樊公众电报通信网实施改造，将襄樊市所属 7 个市、县的公众电报本地网电报分集器改用电报分组服务器，电路全部改由电话网数字传输，逐步取消电传机设备，减少营业电报设备和专职报务员。至此，襄樊的公众电报电路全部进入国家骨干分组业务网。年底，电报电路 55 路，电报业务成为电信领域的辅助通信手段。

图 7—7 报务人员正在紧张的工作

(2)设备

1978 年 1 月，襄阳地区局装用单路传真机 2 部。同年 7 月，增型电传机和双饥机头发报机。到年底全区装用载波电报机 20 部。其中襄阳地区局现业 17 部，随州、谷城、老河口各 1 部。人工电报机 15 部。其中襄阳地区局现业 8 部，随州、枣阳、南漳、谷城、老河口、宜城、保康各 1 部。电传打字机 46 部。其中：襄阳地区局现业 29 部，南漳 4 部，随州、枣阳、谷城、老河口、宜城各 2 部，保康 1 部。襄阳地区局现业装用自动发报机 14 部。

1980 年，襄樊至各县相继由人工机械发报发展为电传、双机头自动发报。到年底全市电报主要设备有载波电报机 28 部，襄阳地区局现业 19 部，随州、老河口、宜城各 2 部，枣阳、南漳、谷城各 1 部。电传打字机 51 部，襄阳地区局现业 29 部。自动发报机 19 部。1981 年，使用光电自动发报机。1982 年，新增电报测量和电报转换设备各 1 台（架），1984 年，使用部分全电子电传打字机。1982 年 4 月 12 日，襄阳地区首次进入武汉自动转报电路网。1985 年，改用微型电报中文译码机，来报由人工译码改为机器译码,可以自动译码并打字,在很大程度上替代了人工操作,使电报处理速度和通信质量提高了一大步。年底,襄樊市区电报主要设备有:载波电报机37部,其中襄樊市局现业24部。电传打字机82部,襄樊市局现业52部。自动发报41部,襄樊市局现业自动发报31部,全电子电传机10部。机械式电传机73部,其中襄樊市局现业43部。电传打字机27部,全电子电传打字机10部,中文译码机1部,5单位自动发报机21部。1987年,宜城、枣阳新增BF5830型发报机各一部。襄阳县调增55型电传机4部(包括襄樊市局原来对张湾工作的2部),双机头2部。1986年1月,装电子电传机8部(8县各1部),老河口、随州、枣阳装汉字电传机各1部。1986年3月,随州、保康、谷城装BF94201程控发报机各1部。11月19日购PP14对端机1部。1987年3月3日,枣阳局报房安装邮电部广州通信设备厂生产的BH83B型汉字电传机正式开通使用。安装汉字电传机后,来电文不需报务员译字,直接将电文用汉字打印在来电文纸上,减轻了报务员的劳动强度,加快了电报传递速度。1990年1月12日,谷城新增汉字译码机1部,新增无线短波电台1套。

1990年底,市邮电局电报科和中心报房由解放路搬迁至长虹路邮电大楼五层,新增BLR—01型电报测量台1台、DPH—01型电报交直流合用配电屏1架、BPX—01型电报配线架1架、BFP—02型电报设备集装架5架、BHL—01—24型单双流转换设备1部;迁装ZB—319A型载波电报机7部,B2P01A型4路杆报机7部,BZS4226型46路时分复用设备1部,机械电传机10部,电子电传机8部(其中汉字电传机7部、TX20机1部),自动发报机9部。截至1990年,全市装用载波电报机9部,其中襄樊市局现业9部;电传打字机65部,其中襄樊市局现业33部,襄阳7部,随州6部,枣阳、南漳、宜城各4部,谷城、老河口各3部,保康1部;自动发报机51部,其中襄樊市局现业28部,南漳、宜城、老河口各4部,枣阳3部,襄阳、随州、谷城、保康各2部;全电子电传机18部,其中襄樊市局现业11部,随州3部,枣阳、老河口各2部;插报机14部,其中襄樊市局现业7部,随州、枣阳、南漳、宜城、老河口、谷城、保康各1部;机械式电传机47部,其中襄樊市局现业22部,襄阳7部,南漳、宜城各4部,随州、谷城各3部,枣阳2部,老河口、保康各1部;自动译码机15部,其中襄樊市局现业4部,枣阳、南漳、谷城、宜城各2部,襄阳、随州、保康各1部;传真机28部,其中襄樊市局现业12部,襄阳7部,老河口3部,枣阳、南漳、谷城、宜城、随州、保康各1部。装用理光120C传真机1台及热敏纸筒。南漳装用4202型传真机1套。1995年,全市有电传机53部,其中市局现业34部,枣阳、老河口各4部,保康3部,襄阳、南漳、谷城、宜城各2部。

1999年,对襄樊公众电报本地网进行改造,新装IBM系统服务器1台,将用电报分组服务器更新现有的电报分集器,逐步取消电传机设备,减少营业电报设备和专制务员,并入分组交换网。全市有公众电报分集器、载报终端设备、电传机31部。

2.无线电报

(1)网路

1979年,全区开通无线电报电路16路,其中襄阳地区局现业9路,随县、枣阳、南漳、谷城、老河口、宜城、保康各1路。1985年,襄樊至武汉、襄樊至各县只有无线电路8路。1990年,全市开通无线电报电路15路,其中襄樊市局现业8路,随州、枣阳、南漳、谷城、老河口、宜城、保康各1路。自有线电报开通后,无线台转为备用,除保证在特殊情况下及时开通电路以及承担战备、防汛、防震、抢险救灾等通信任务外,一般情况下已无报源。因此平时仅对专业通信电台定时会晤,按时校测。无线电路仍实行一呼一频制。1999年7月,邮电分营,移动分离后,无线电报业务划分给襄樊移动通信分公司管理。

(2)设备

1978年,全区设无线电台9处,配短波发讯机(无线报话机)44部(套),总数中其中1千瓦以下至150瓦发讯机4部,150瓦以下发讯机40部。截至1985年底,全市邮电部门有短波发信机35部,现用15部,总数中一级干线5部,1千瓦以下至150瓦发信机3部,150瓦以下收发信机31部。其中15瓦30部,短波收信机6部,短波天线14部,发信机输出功率计995瓦。1990年1月12日,新增无线短波电台1套。1990年全市设无线电台8处(襄阳除外),配短波发讯机(无线报话机)25部(套),其中1千瓦以下至150瓦发讯机1部,150瓦以下发讯机24部。谷城更新八一电台1部,短波收信机2部。

3.业务

(1)种类

国内公众电报:1978年3月1日,襄樊市开始执行邮电部重新颁发的《电报业务规程》。电报业务种类分为防空电报、天气电报、特种电报、水情电报、公益电报、军政电报、新闻电报、普通电报、汇款电报、公务电报和公电11种。特别业务有特急、加急和分送3种。1985年4月1日,邮电部参照国际有关规定修订《电报业务规程》,将国内电报业务种类由原来的11种调整为天气电报、水情电报、公益电报、政务电报、新闻电报、普通电报、汇款电报和纳费业务公务电报8种。特别业务有特急、加急和邮送3种。为适应人民群众和社会各界之间社交需要,1988年9月,襄樊开办礼仪电报业务,包括庆贺(GRT)、吊唁(CDL)两种,均适用于普通电报和政务电报,并可与加急(UGT)并用。至1990年,陆续扩大至大部分县局,但市郊及农村地区暂未开放。1989年9月,襄樊所属随州、老河口、枣阳、南漳、谷城、宜城、保康局均开办礼仪电报业务,其来报一律经电报处理,配卡后投送。1991年9月,所属县、市城镇农村地区均办理礼仪电报业务。12月开办请柬电报新业务,其标志为“IVT”。1997年4月20日,开办鲜花礼仪电报业务。2005年12月1日,取消公众礼仪和鲜花礼仪电报业务。

国际及港澳台地区电报:1980年10月,襄樊电信执行邮电部《国际电报业务规程》规定。国际电报种类有有关人命安全电报、航空安全电报、国际政务电报、国际公(业)务公电、国际气象电报、观察卫星和宇宙天体运行情况电报、电离层观察电报、国际新闻电报、国际普通电报、战时受日内瓦保护人员电报、国际电信联盟免费优待电报、纳费业务公电、国际船舶电报和书信电报。上述电报(书信电报除外)办理普通和加急两种特别业务。1990年,国际电报种类调整为14种,比1988年增加8种。港澳台电报可拍发普通电报和纳费业务公电。1996年,国际电报可拍发普通电报等14种业务。2004年,港澳台电报只开放普通电报业务,其他特别业务均不开放。1989年3月,襄樊开办国际电报业务。1994年,公用数据分组交换网建立之后,国际及港澳用户电报业务为其取代。

用户电报:用户电报是把电路从电报局延伸到用户所在地,用户可以用电传机链盘或拨号方式通过电报局的交换设备与对方直接通报联系。用户电报在襄樊初次使用的时间是1988年12月,开通襄樊市棉花公司至湖北省棉花公司电话用户电报电路,用户号码为419014,用户代字为MHEECN。1989年,用户电报12户,其中襄樊市局现业8户。1990年国内用户电报1 643次。1995年,用户传真452户,其中襄樊市局现业290户。2000年,国内用户电报683次。1978年5月,先后对湖北第八地质大队及湖北化纤厂开办简码代号密语电报业务。

传真业务:传真电报是传递相片、图表、合同、文件、报纸等和一般文字的电报业务。传真电报分为4种,即相片传真、真迹传真、文件传真和报纸传真。相片传真有新闻和普通两种业务,真迹传真有新闻、普通和公电3种业务,文件传真是传递公文等文件的传真业务,报纸传真是传送报纸样板的传真业务。1978年4月,襄樊开办真迹、文件传真业务,其业务范围按国内电报的有关规定办理。初办时期发展缓慢,业务量很小。1979 年 1 月,开通至所辖各县传真业务。1989 年,开办真迹传真电报业务,方便快捷。3 月开办相片传真电报业务。1990 年,出口传真 275 份,进口传真 260 份。1995 年用户传真用户 452 户。国际传真 490 份。2000 年传真存储用户 8 户,国内传真 28 459 份。

话传电报:20 世纪 80 年代,襄阳县局(未设电报室)20 多个支局所的来去电报,都直接话传到襄樊市局中心报房。1987 年,襄阳县设置报房后,县至张湾、田山各开一条电传电路,其余支局(所)均为话传电路至县局报房。

(2)传递顺序及时限

1978 年 10 月,开办邮送电报业务,对城市郊区及农村电报,交邮政部门按挂号邮件投递。1989 年,市区内属于电报直投,以外区、乡镇以下的电报投递方式为邮送,即随当日班次乡村邮递员按址投递,收报单位或个人签名盖章。

1985 年 4 月,实行修订后的《电报业务规程》,调整服务范围,并将电报等级由 7 个等级简化为 4 个等级。为确保重点通信,天气电报仍列为一级,给予特别保证。其余各类电报(包括水情电报)均按特急、加急、一般分别排列在一、二、三、四级传递,简便易记,方便处理。公众用户电报和公众传真电报均列入国内公众电报的业务范围之内(见表 7—4)。

2000 年,电报网在实施改造后,为减少业务亏损,对电报业务规程重新修订,调整传递处理等级。调整后的业务传递处理等级根据业务性质和不同时限要求分三级传递处理。天气电报列为一级,水情、公益电报及重要业务(纳费业务)公电列二级,普通电报、公务公电及一般业务(纳费业务)公电列三级传递处理。一、二级电报局内盹和全程最大处理时限保持不变。由于加急业务取消,一般电报的夜间投递也随之取消。普通电报的全程最大处理时限,由原来的 6 小时,调整为 12 小时。

1985 年国内电报种类、传递顺序和时限

表 7—4　　　　单位:分钟

电报等级	电报种类和传递顺序	局内最大时限		全程最大时限
		发出	投递	
1	天气电报	8	8	30
2	水情、特急公益、特急政务、特急业务(纳费)、特急公务公电	20	40	90
3	加急公益、加急政务、加急新闻、加急普通电报、加急业务纳费公电、加急公务公电、加急汇款电报(银行汇款)	30	120	240
4	公益、政务、新闻、普通电报、业务(纳费)公电、公务公电、汇款电报	60	180	360

(3)资费

自 1983 年 12 月开始,国内普通电报资费由每字 0.03 元调整到每字 0.07 元,新闻电报资费由每字 0.01 元调整为每字 0.02 元,特急和加急电报加倍收取,去报译电费等其他附带业务资费不变。1992 年 12 月,国内普通电报资费由每字 0.07 元调整为 0.13 元,新闻电报资费由每字 0.02 元调整为 0.05 元,邮局汇报电报由每份 1.00 元调整为 2.00 元,特急或加急电报加倍收取,去报译电费由每字 0.005 元调整为 0.01 元,其他查询抄录去报报底费、来报回单费、礼仪电报等随常用的普通电报资费亦作相应调整,直到 2000 年。除 1996 年 4 月新开办的鲜花礼仪电报资费(不常用且分鲜花、电报费、特别处理费,指定对时间专送费等)和船舶电报中的岸台费由每字 0.18 元调整到 0.96 元,其他所有资费保持在 1992 年电报资费水平。

2001年,信息产业部对全国所有电信收费进行统一管理,将电信收费政策分为政府定价、政府指导价和市场定价3个档次。2002年5月1日起,襄樊电信分公司取消政务、新闻、银行系统汇款电报的收费标准,统一按普通电报业务资费标准收取。2002年8月1日起,电信业务服务实行明码标价。国内公众电报资费标准为气象电报、水情电报每字0.13元,每份电报不足10个字,按10个字计费;公益电报、普通电报每字1元,译电费每字0.01元,每份电报不足10个字,按10个字计费;礼仪电报与普通电报计费标准相同,须另加特别业务处理费2.00元;鲜花礼仪电报计费收费标准与礼仪电报相同,须另加鲜花费。

(4)业务量

1979年后,公众电报业务量以平均0.12%的速度逐年递增。"六五"计划期末,公众电报业务量达102.3万份为1978年的189.2%。20世纪80年代中后期,电报自动化程度逐渐增强。1987年,襄樊至所属县、市实现转报自动化。1990年底达到128.58万份,为1978年的237.8%。1995年,国内公众电报业务量38.36万份,国际公众电报77份,国内传真16 143份,国际传真490份。此后,电报业务量开始流入用户电报,加之固定电话、移动电话、互联网等多种业务的发展和兴起,造成电报业务量大幅度下降。从1992年起逐年减少,2000年,国内公众电报业务量为75 257份,比1990年减少120.05万份。国际及港澳台公众电报9份,用户电报683次,国内传真28 459份,国际及港澳台传真53份。2003年,国内公众电报业务量仅为26 512份,鲜花礼仪电报仅3份,国际及港澳台公众电报86份,国内用户电报290次,国内传真12 564份。至2005年电报业务量仅为几百份。

(二)长途电话

20世纪80年代初,襄樊长途通信接续方式主要是以人工交换为主,长途传输方式以明线载波为主。在1979—1980年的调整时期和国家"六五"计划期间,襄樊市邮电局贯彻邮电部提出的"立足现有基础,狠抓挖潜、革新、改造,积极增加通信能力"的总体要求,对长途电话设施进行改造扩建,增加中继设备,同时应用多频半自动拨号设备、全自动拨号设备及高十二路载波设备,提高长话的接续和传输能力。到1990年,全市长途电话电路达543路。"八五"计划期间,在全国大规模建设光缆干线、数字微波干线,襄樊长途通信进入快速发展时期,完成人工网向自动网的转移。1993年,新建独立的长途交换局,基本实现模拟技术向数字技术的转变,长途传输设备由PDH向SDH和数字微波发展,传输容量和速率得到快速提升,通信手段也实现多样化。1997年12月,襄樊有线模拟传输被光纤数字传输取代,架空明线随同模拟微波、中小同轴等模拟信息传输系统退出长途电信通信网,结束了100余年架空明线的历史。

1998年,随着全国第一条密集波分复用DWDM的武汉至襄樊至西安光缆干线开通,襄樊的长途通信技术层次得到再次提升,长途网络向新一代宽带高速网迈进。同时,长途电信网的规模和技术层次都发生了质的飞跃。传输设备从PDH、SDH、WDM到DWDM,传输速率从34Mb/s、140Mb/s、155Mb/s提高到622Mb/s。1999年,襄樊先后建成NO.7信令网、数字同步网。到2000年,长途传输电路达到13 134条,长途交换机容量已达到10 000路端。由于武汉至西安、呼和浩特至北海一横一纵两条干线光缆和汉口至西安至兰州国家级数字微波交汇襄樊,为襄樊市电信通信提供大容量、高速率、多功能的骨干通信通道,使襄樊成为全国八纵、八横骨干网络中的一个重要枢纽。

进入21世纪,襄樊长途通信网络通过利用DWDM密集波分复用技术对现行网络设备进行改造,形成以光传输网络为主,微波为辅的融语音、数据、图像为一体的宽带、高速的公共信息网络,成为基本通信业务和各种宽带多媒体业务强有力的支撑平台。同时,大力发展襄樊智能网络,为公众提供包括被叫集中付费800业务、记账卡300业务、虚拟专用网600业务、主叫直拨IP电话17901业务等骨干智能业务以及包括一码通、本地800FP、指定电话付费、预付费、统一充值业务中心、虚拟专网业务、WACNPN、200卡号业务、智能公话、手机17909业务及17908业务等省内增值业务,为用户提供更多更加个性化的服务。

1.网络

(1)交换网

改革开放后,襄樊邮电通信开始向通信现代化目标迈进。1978年,全区长途交换机28部,其中供电式长途交换机22部,总数中襄阳地区局现业12部。1985年,全市有供电式长途交换机51席255门,其中襄樊市区20席,100门,半自动电路75路,襄樊市区半自动拨号接续电路32路,占电路总数92%。长途半自动拨号业务的开通减轻了话务员劳动强度,提高了长途电话接续能力。1986年10月,襄樊至枣阳开通DD14双向半自动拨号电路4条。1988年7月,宜城局开通长途半自动拨号。1990年,全市有供电式长途交换机62部,其中襄樊市局现业28部。

1991年6月,为配合万门数字程控电话交换设备工程建设和襄阳302站、机务一站搬迁,满足传输性能要求,在长虹路邮电大楼三层新建人工长途局和长机室,安装JTOS型人工交换台8台(含电子钟),进入数字程控的人工电路85条。8月,襄樊首次利用西班牙政府贷款引进西班牙(SESA)阿尔兴卡特标准电气公司生产的S12系统数字程控电话交换机,在长虹路邮电大楼二层设长途市话合一的数字程控交换局(即22局),长途容量500路端,市话容量6 000门。1992年8月,22局长途扩容500路端,总容量达1 000路端。1991年,县以上城镇电话全部实现自动化并进入全国长途自动网,实现国际国内长途电话直拨。7月,开通长途"114"查号系统。

1993年10月,在长虹路邮电大楼二层新建独立的长途交换局。采用租赁方式引进台湾生产的S—1240型数字程控交换设备,容量为3 000路端。同时,拆除22局数字程控长途交换部分,取消长途半自动业务部分,理顺长途、市话交换之间的关系,增强长途交换通信能力。襄樊长途局为省内地区级长途交换中心(C3),负责疏通襄樊市及所辖各县、市长话业务,对市话长虹路22局、解放路44局、荆州街51局、襄阳县71(农话汇接)局、襄阳县81局及移动通信局90局分别设置长途市话中继,对114台、人工长途局(台)设置直达中继。与上级交换中心武汉局及所辖各市、县设有基干路由,对相邻地区荆州、宜昌、十堰、荆门、孝感、恩施、郑州等地设高效直达路由,其国际长途通过武汉经北京或上海国际接口局转接。至此,襄樊形成自动长途电话网和人工长途电话网,两网基本上各自独立,各自分别组织长途电路及长途市话中继电路,在长途自动局与长途人工局之间设人工转自动和自动转人工的局间中继电路,以沟通两网的联系。1995年4月,长途局第二期扩容,利用西班牙贴息贷款引进阿尔卡特西班牙标准电气(SESA)公司生产的S—1240长途数字程控交换机,设备量为3 000路端。年底,长途数字程控电话交换机容量10 210路端。其中襄樊市局现业6 000路端,枣阳900路端,谷城960路端,宜城400路端,老河口1 200路端,南漳300路端,保康150路端。长途人工交换157门。

1996年11月1日,结合襄樊市人工长话网络、设备及业务量实际情况,襄樊、南漳、保康、谷城、宜城、枣阳、老河口7个局人工直达电路全部关闭,人工长途台撤销,长途话务员编制取消,人员转岗。襄樊市人工长途局(台)设备、中继等大部分被拆除,仅留一个台对外。撤销人工长途台的C4局内挂出的人工电话一概通过长途自动电路直接进入襄樊局人工长途台,通过长途自动交换机与人工长途台之间的人工转自动电路自行拨叫。其时,人工电话业务量相当稀少。1998年11月,长途人工交换坐席全部拆除,结束长达50年的长途电话人工接续历史。

(2)智能网

智能网是在原有通信网络基础上为快速提供新业务提出来的，是依靠先进的 NO.7 信令网和大型集中数据库来支持，实现网络的交换功能与控制相分离，有效地提供用户所需的各种电信新业务，使用户对网络有更强的控制功能，灵活地获取所需的信息，一改通过各交换机软硬件升级提供新业务的传统方式，而独立交换机和网络体系进行业务生成和业务管理。

2001 年 9 月，湖北(襄樊)智能网建成开通。在襄樊设置业务交换点(SSP)平台和 2 个业务管理接入点(SMAP)，机型为 C&C08，容量为 3.7KT。业务交换点 SSP 安装在长虹路电信大楼的三层，配置数字中继接口 132 个 E1，其中 NO.7 信令链路 12 条 Link。同时在传输室新增 DDF 架 1 架。2 个业务管理接入点(SMAP)设备分别安装在长虹路和解放路电信营业厅。2002 年 2 月，新建襄樊本地智能网，设置 1 个业务管理控制点(SMCP)，1 个业务接入点(SSAP)，1 个业务管理接入点(SMAP)。SSAP 设备安装在长虹路电信大楼三层，SMAP 设备安装在公话号簿公司机房 SMCP 2M 端口数为 42 个，NO.7 信令链路 8 条。襄樊 SSP 作为本地网的电信智能网业务交换局，负责汇接疏通本地网固定电话所有 IN 业务。襄樊对长途局、关口局、解放路市话汇接局、荆州街市话汇接局设置直达中继。其他市话 IN 业务均通过市话汇接局转至襄樊 SSP。同时与襄樊电信关口局互连，完成固定电话与其他电信运营商的电话用户接续。主要用于外网手机上拨打 17909IP 电话业务，并增加 200 卡号业务拨打长途的功能。同时，对固定电话和 PHS 语音实现预付费业务。2004 年 9 月，对襄樊智能网(SSP)交换点进行第二期扩容，SSP 扩容 16 个 E1，增加充值业务(VC)，对原有 200 业务、预付费业务功能进行改进，提升业务管理能力。2005 年 12 月，长途智能网 SSP 容量为 30 个，为提升现有网络的业务提供能力和业务创新能力提供了可靠的保障，并使襄樊市成为跨襄樊、孝感、荆门、随州、十堰 5 地市的固网软交换中心，襄樊作为鄂西北地区的通信枢纽地位基本确立。

(3)传输网

1979 年以前，长途电话主要依靠架空明线网传输，存在抗自然灾害能力差、维护工作量大、传输能力低等缺点。长话通信主要依靠人工交换方式完成，效率低下。虽然电路的载波化使通话能力有所提高，但电路质量不高、接续技术落后的状况始终存在。改革开放后，襄樊市采取有线、无线一起上的建设方针。长途电信网络，除继续普及明线载波外，着重发展大通路电缆载波和大通路微波等现代化的通信设备，沟通省际和与所属县、市间直达电路，提高通信能力和接续效率。

图 7—8 长机室机务人员正在测试电路

省际网络：1978 年 7 月，北京至武汉至广州中同轴电缆载波工程，由北京至郑州经襄城、南阳至襄樊，又经应城、孝感至武汉。在襄阳县黄龙设高频转接站(工程代号为“5502 工程”)。1979 年，一级干线载波电路 456 路。1981 年，长途电路相继开通至武汉、北京、郑州、南阳、安康等省际大中城市及省内各地市和区内 7 县直达电路，共 25 个方向路群。载话设备电路 2P/15 条，长途台开放电路 7 条，半拨设备电路 16 条，增开半拨电路 9 条，现用微波电路 13 条。1987 年 3 月，开通 8 条长途电路，襄樊长途电话进入全国大网。1988 年 11 月，开通襄樊至广州、石家庄、洛阳、信阳直达电路各 2 条，平顶山、南阳直达电路各 1 条。1989 年 6 月，增开襄樊至济南局(途经汉口、武昌)电路 1 条。1992 年开通襄樊至武汉至西安 2 400 路微波干线。1995 年长途业务电路(二级省际)375 条。自 1986 年至 1996 年，襄樊长途电信已成为成武(成都—武汉)、京十(北京—十堰)、渝郑(重庆—郑州)、成沪(成都—上海)、京襄邵(北京—襄樊—邵阳)、宁襄南(兰州—襄樊—南京)、京汉广(北京—汉口—广州)等省际通信干线的重要组成部分。管辖国家一、二级干线 21 960 条，中继电路 41 波道，长途光缆 636 公里，小同轴电缆 156 公里，长途架空明线 609 杆程公里 3 448 线对公里。转接南北（湖南、广州、北京）、东西（上海、安徽、陕西、乌鲁木齐）的通信，形成架空明线、对称电缆、同轴电缆、光缆 4 种传输设备并存的格局。

1998 年 10 月，新建的西安至武汉光缆通信国家一级干线工程，是中国第一条容量为 10G/S 的一级干线光缆，可为襄樊开通直达国际国内长途 2M 电路 4 536 条。2000 年 7 月 17 日，呼和浩特至北海光缆通信工程投入试运行，为襄樊增加直达国际国内长途电路 11 640 条。由于武汉至西安、呼和浩特至北海一横一纵两条干线光缆在襄樊交会，为襄樊市邮电提供大容量、高速率、多功能的骨干通信通道，使襄樊成为全国八纵、八横骨干网络中的一个重要枢纽。2001 年 12 月，中国电信高速传输网波分复用系统西环（湖北段）工程，路由自武汉至重庆至成都至西安至武汉，在襄樊、宜城设置中继站，襄樊下 2M 电路 504 条。2003 年，长途 2Mbps 传输端口总数达到 2 500 个。2005 年长途 2Mbps 传输端口总数达到 50 923 个；数据网 DDN 长途电路 2 773 路，其中：帧中继 /ATM 途电路 2 646 路。

省内网络：1978 年，新建湖北五三矿至襄阳 302 站传输电缆，全长 51.5 公里，沿途设 3 个无人增音站，新装路低架载波机两套。1978 年，全区长途电路总数为 164 路，总数中襄阳地区局为 82 路。1979 年，邮电部电信总局同意，将襄樊"302"站至江陵站的 2 套明线 12 路和相关 3 路载波经由五三矿 533 站开放。襄樊 302 站至 533 站使用已开放的电缆 60 路载波，533 站至江陵站使用明线载波，经南漳武镇接入"303"干线。载波电路在 533 站进行基群（或倍频）转接。年末，长途电路 267 条，其中长途台终端电路 150 条，载波设备 13 部 208 条电路，其中一级干线 144 路。1980 年，全区长途电话电路总数为 175 路。其中省际电路 9 路、省内电路 166 路。1982 年增加长、市中继线 20 条。

1985 年，积极配合省局搞好网络调整，发展襄樊至武汉及重点县局的双频全自动拨号电路，以提高通信实效。先后安装襄樊至随州、房县、谷城、荆门 4 套十二路载波机，共增加设备电路 48 条，业务电路 19 条。安装襄樊至武汉长途全自动对端设备，自行安装开通半自动拨号设备 1 架，增加半拨电路 20 条，使枣阳、老河口至襄樊、汉口通信紧张状况得到缓解，长途自动电话省内通达武汉和部分地、市及所属部分县、市，用户可通过自动电话直拨上述地点。11 月，开通宜城至荆州局长途直达电路。截至 1985 年底，全市长途电路总数 226 路（无线电路 30 路），比 1950 年增加 21.6 倍，比 1978 年增加 37.8%。总数中市局为 123 路。可通往省际 6 个市、县，省内 9 个地、市和所辖各县。襄樊市区通往所属各县、市(除襄阳县外)的长途通信，全部开通载波直达电路。1986 年 5 月，增开汉口至光化 2 条电路。6 月，增开襄樊至光化电路 2 条，襄樊至丹江 1 条，襄樊至黄冈 1 条，襄樊至枣阳 1 条，武昌至襄樊电路 10 条。

1987 年 3 月，开通襄樊至武汉长途全自动电路 8 条。先后组建开通市政府至省政府专网和襄樊市政府至所属各县（市）政府专网，安装武汉至襄樊高十二路载波设备。增开襄樊至宜城高十二路载波机、至南漳低十二路载波电路，新增（更新）襄樊至随州的红卫十二路载波机，襄樊至老河口、襄樊至枣阳网络。增加襄樊至武汉、宜城、房县设备电路 27 条，新增长话业务电路 33 条。1988 年 10 月，枣阳局开通至汉口双向半拨电路，枣阳长途台对武汉地区用户可以直拨。

1988 年，随着国民经济迅速发展，长途电路业务量不断增加，为满足社会需求。1 月 23 日，增开武汉至襄樊至十堰 2GHZ/300 路模拟微波载波电路，襄樊至武汉开 180 路、至十堰开 240 路。全市增开 47 条电路，其中省局直达电路 17 条，省际直达电路 14 条，至市、县直达电路 16 条。同年 2 月，增开襄樊至随州、老河口、南漳、宜城、保康局电路各 3 条。同年 7 月，宜城增开半自动拨号电路 5 条。7 月，开通襄樊至第二汽车制造厂（十堰，租用）电路 1 条。1989 年 2 月，随州局开通国际长途直拨。同年 3 月，开通谷城至老河口的 WJH—24 路特高频，实现谷城至老河口直拨。同年 6 月 28 日，开通襄樊至武汉长途干线电缆载波系统（即汉口—孝感—襄樊小同轴 300 路载波电缆工程），襄樊新增电路 72 条，新开业务电路 51 条。同年 10 月，宜城局新增 2 条长途电路，进入全国长途直拨大网。

随着电信技术的进步,全市拥有自动和半自动电路长途电话电路351路,占总数的64.6%,长途直拨有权用户达到2 128户,可直拨全国500多个大、中城市及县(市)。市辖7个县(市)开通自动、半自动长话电路(包括点对点),均进入全国、国际长途自动网。1990年底,全市长途电路共543路,总数中襄樊市局为260路,比1980年增加2.1倍,其中二级省际电路31路,二级省内电路512路。长途电话电路,有线电路占85.6%,共465路,无线微波电路占14.4%,共78路。1990年10月—1991年2月完成襄樊302站、机务一站和机务二站机线载波设备向长虹路邮电大楼搬迁工作。1991—1992年,长途电信传输转入以小同轴、微波和光纤通信为主。1991年10月,随着襄阳县县城搬迁至张湾镇,对襄阳局开通长途直拨电路、配22局普号。1993—1994年,建成襄樊至武汉、丹江各县(市)干线光缆428.5公里,新增长途电路985条,长途电路总数达到2 049条。

PDH传输网:为改善和提高襄樊市长途通信能力,加速模拟通信网向数字通信网转换过程。1993年5月建设襄樊至安陆140Mb/s架空光缆通信与北京至武汉至广州架空光缆沟通,初期容量为1 920+1 200话路。襄樊、安陆设终端站。该工程安陆以34Mb/s接口转接至北京至武汉至广州架空光缆V系统开往武汉的电路,襄樊、枣阳、随州均以2Mb/s终端。1994年2月,开通襄樊至南漳至保康34Mb/s架空光缆通信系统,襄樊至南漳、保康各暂开电路60条,终期容量为780路,以缓解南漳、保康长途电路出口紧张状况。同年3月,开通襄樊至老河口至丹江140Mb/s架空光缆通信系统。设备主信道容量为每系统1 920路,区间信道开1 200路。同年4月,开通谷城至老河口34Mb/s架空光缆通信系统,谷城至老河口各暂开电路60路,终期容量780路。5月,为解决宜城局的长途电路出口问题,开通襄樊至宜城34Mb/s架空光缆通信系统,襄樊、宜城为终端站,暂开30条电路,终期容量为780路。11月,对谷城至老河口34Mb/s架空光缆通信系统设备进行扩容,在原有通路组织的基础上增开主用系统的H1、H3信道,增加电路600路,使电路总数达到1 440路。扩容后,取消老河口对谷城电路的转接,老河口占用襄樊至十堰140Mb/s光通信系统中的2个34Mb/s系统对襄樊开直达路,谷城由新建的襄樊至谷城的2个140Mb/s系统疏通。

1995年10月,为配合襄樊本地电话网建设,对襄樊至宜城34Mb/s架空光缆通信系统设备进行扩容,在原有通路组织的基础上新增襄樊至宜城电路480路,为宜城进入襄樊本地电话(C3)网打下基础。同年10月,对襄樊至南漳至保康34Mb/s架空光缆通信系统设备进行扩容,扩容后新增襄樊至南漳电路480路,襄樊至保康电路240路,南漳至保康电路600路。同年11月,新建襄樊至谷城140Mb/s光通信系统,襄樊、谷城设置终端站,茨河设中继站。光传输系统可提供8448Kb/s信道1条,谷城对襄樊开通电路2 280路,对茨河开通电路120路。同年12月,投资新建襄樊本地电话网SDH(2.5Gb/s)大外环光通信传输工程之襄樊至谷城至保康140Mb/s架空光缆通信线路。1995年底,全市有电路4 570条。其中省际来去话电路314条,省内来去话电路1 298条,本地区电路1 094条,长市中继电路1 864条。总数中长途电路2 706条。长途模拟终端复用设备容量38 967路,其中襄樊市局现业5 202路。长途数字终端复用设备容量21 420路,其中襄樊市局现业8 520路。长途光纤数字终端复用设备容量21 420路,其中襄樊市局现业8 520路。由于PDH传输设备主要为语音业务设计,存在传输以点对点为主,缺乏网络拓扑的灵活性,复用结构采用异步复用,系统结构复杂,硬件数量多,只有地区性的电接口规范,没有世界性的标准光接口规范,存在3种不同的数字系列,网络通信带宽不足,建立集中式的网管困难等不足之处。为解决这些问题,1996年,襄樊电信首次引入瑞典爱立信(ERICSSON)公司的同步数字传输系列(SDH),传输设备组建襄樊本地电话网传输网。同时,对PDH传输网进行多次网络优化,PDH设备利用率呈逐年下降趋势。

SDH传输网:同步数字系列SDH不仅适合于点对点传输,而且适合于多点之间的网络传输。它由SDH终端设备(或称SDH终端复用器TM)、分插复用设备ADM、数字交叉连接设备DXC等网络单元以及连接它们的(光纤)物理链路构成。SDH终端的主要功能是复接/分接和提供业务适配。例如将多路

E1 信号复接成 STM1 信号及完成其逆过程，或者实现与非 SDH 网络业务的适配。ADM 是一种特殊的复用器，它利用分接功能将输入信号所承载的信息分成两部分，一部分直接转发，另一部分卸下给本地用户。然后信息又通过复接功能将转发部分和本地上送的部分合成输出。DXC 类似于交换机，它一般有多个输入和多个输出，通过适当配置可提供不同的端到端连接。

1996 年 8 月 18 日，开通汉口至襄樊 622Mb/s（SDH）光缆通信系统，开通襄樊 15 120 路、随州 5 130 路、枣阳 3 360 路。襄阳县一对襄樊市局 13 公里 14 芯光缆改为 28 芯。1997 年 3 月，为完善扩大的襄樊本地网网络结构，新建襄樊中心环、外大环两个同步数字光缆传输环形网和 2.5Gb/sSDH 内外环光缆通信系统，共开通电路 514 个 2Mb/s，其中长虹路 322 局 220 个 2Mb/s、荆州街 351 局 110 个 2Mb/s、解放路 344 局 213 个 2Mb/s、襄阳县张湾 281 局 61 个 2Mb/s。2.5Gb/s SDH 外环光缆通信系统由 7 个局站组成，其路为长虹路 322 局至南漳至保康至石花至老河口至谷城至荆州街 351 局。共开通电路 828 个 2Mb/s，其中长虹路 322 局 275 个 2Mb/s、南漳 75 个 2Mb/s、保康 79 个 2Mb/s、石花 48 个 2Mb/s、老河口 131 个 2Mb/s、谷城 130 个 2Mb/s、荆州街 351 局 90 个 2Mb/s。7 月，开通襄樊至宜昌 622Mb/s SDH 光缆通信系统，与已建成的汉口至宜城、汉口至襄樊 622Mb/s SDH 光缆通信系统形成光缆省内环路（即西环光缆）。初期开通 1 个 622Mb/s SDH 系统，本期可提供通信生产能力分别为襄樊至宜城 5 190 路、宜城至襄樊 1 170 路。1998 年 2 月，利用襄樊至十堰原有架空光缆的空余纤芯（5#、6#），开通一个 155Mb/s SDH 光缆通信传输系统，系统容量为 1 890 路，63 个 2Mb/s 数字电路。

2000 年 8 月，利用原已敷设的光缆，对汉口至孝感至襄樊、襄樊至十堰、襄樊至荆门等省内 SDH 传输系统进行大规模扩容，采用爱立信（Ericsson）公司提供的传输设备组建 12 个 SDH 子网。同时，建设汉口、襄樊等 5 个同步数字交叉连接设备（DXC），构成湖北省内（襄樊）同步数字传输网。汉口至襄樊光缆通信系统，可提供群路终端（电路）466 × 2M，群路交叉终端（电路）357 × 2M。襄樊至十堰光缆通信系统可提供群路终端（电路）504 × 2M，群路交叉终端（电路）205 × 2M，襄樊至荆门光缆通信系统可提供群路终端（电路）312 × 2M，群路交叉终端（电路）98 × 2M。襄樊站 DXC 系统由 AXD2500—2TM 终端复用设备、光纤分配架、同步交叉连接（DXC）设备和数字分配架等主要设备组成。DXC 容量按 128 个 VC—4 配置，新增 DXC 端口 40 × 155M、820 × 2M。2000 年 12 月，对襄樊 SDH 传输内外环（长虹路至解放路至张湾）光缆传输系统进行扩容，长虹路 322 局上下电路 693 × 2M，解放路 344 局 126 × 2M，荆州街 351 局 189 × 2M，襄阳县老 81 局 252 × 2M，南漳局 63 × 2M，谷城局 63 × 2M。

2000 年，全市长途电话业务电路（不含数据省际电路）共 13 134 路，其中省际二级电路 1 440 路、省内二级电路 11 694 路。长话业务电路 5 584 路，其中省际电路 1 440 路，省内二级电路 4 144 路。全自动电路 4 920 路，其中省际电路 1 440 路，省内二级电路 3 480 路。人工电路（含特设专线）2 路，会议电话电路 2 路，会议电视电路 6 路，200 业务电路（省内二级）90 路，网管网电路（省内二级）270 路，N0.7 网电路（省内二级）180 路，ISDN 电路（省内二级）60 路。数据通信网长途电路（不含省际电路）4 843 路，其中分组交换网用电路 5 路、数字数据网用电路 2 340 路，IP 网用电路 2 490 路、报用话路 8 路。长途数字终端复用设备容量 612 930 路，光纤数字终端复用设备容量 605 370 路，数字微波终端复用设备容量 7 560 路，其中一级干线 SDH（155Mbps）4 个，长途同步时钟（BITS）2Mbps 端口容量 40 个，长途同步时钟（BITS）2Mbpz 端口容量 10 个。

为配合宽带接入网建设，进一步完善襄樊电信网络结构，满足高速宽带业务的需求，2002 年 5 月，兴建襄樊 DWDM 高速宽带传送网 10Gb/s。该网为湖北 DWDM 高速宽带传送网工程 10Gb/s 组成部分，与武汉、荆州、宜昌等局站构成湖北 DWDM 传输平台，设备采用北电网络的 OPTera LH1600 80 波 x10Gb/s 单纤单向系统和 OPTera Connect DX10Gb/s SDH 系统，组成 4 纤双向复用段保护环，各节点（站）SDH 设备交叉能力为 120G（68 个 VC—4）。12 月，襄樊传输 2.5G（东）环路架空光缆通信系统投入运行。新增电路 2M 端口 315 个、155M（光）端口 2 个、155MM（电）端口 6 个。

2003 年 9 月，采用先进的大容量、高速率波分复用技术建成襄樊本地骨干传输网并投入运行，骨干传输网主要由市外环二、市内环三及市内支线三部分组成。由襄樊长虹路、荆州街、南漳、保康、谷城、老河口 6 个节点构成。市内环三由长虹路、荆州街、解放路、张湾 4 个节点构成，市内支线由荆州街、356 局、隆中构成，其系统由 2.5Gb/s DWDM 设备（Optix6100）和 2.5Gb/s SDH（Optix2500+）设备组成。能提供通信终端 / 转接电路 32 个 155Mb/s 电路，567 个 2M 终端电路。年末，长途 155Mbps 传输端口为 254 个，长途 2.5Gbps 波分系统端口总数 28 个，长途 2.5Gbps 波分系统波长公里总数 10 444 波长公里，其中：长途 2.5Gbps 波分系统波长公里占用数 4 476 波长公里。

2004 年 7 月，对湖北省内（武汉至孝感至襄樊至荆门至宜昌至仙桃）西环传输系统襄樊站设备进行扩容，系统采用中兴公司提供的 2.5G SDH 设备，利用省内 DWDM 高速宽带传送网提供 2.5Gb/s 透明的传输通道，提供通信终端 / 转接电路 155Mb/s 光接口和 155Mb/s 电接口。同年 12 月，对市内环二长虹路局至解放路局传输网进行扩容，新增 126 个 2M 和 1 个 155M（O）路电。市内环三荆州街新局至长虹路局新增 63 个 2M 电路，荆州街老局至长虹路局新增 63 个 2M 电路。张湾局至长虹路局新增 2 个 155M（O）路电。市外东环荆州街局至宜城局新增 2 个 155M（O）路电。荆州街老局至枣阳局新增 2 个 155M（O）路电。同时，新建老河口、谷城、枣阳和宜城局 2.5G SDH 传输环。完工后，市内可提供 504 个 2Mb/s 电路，14 个 155Mb/s 电路，老河口局 2.5G SDH 传输环可提供 190 个 2Mb/s 电路，24 个 FE 电路，谷城局 2.5G SDH 传输环可提供 318 个 2Mb/s 电路，16 个 FE 电路，枣阳局 2.5G SDH 传输环可提供 158 个 2Mb/s 电路，16 个 FE 电路，宜城局 2.5G SDH 传输环可提供 126 个 2Mb/s 电路，16 个 FE 电路。

为逐步完善和优化本地传输网，依托现有物理光缆网网络结构，2005 年投资 588.03 万元，对襄樊本地传输网进行改造、扩建。新建襄樊 DWDM 东环和襄樊本地网 SDH 扩容 2 个传输系统。DWDM 东环含长虹路局、荆州街局、宜城局、枣阳局 4 个局站（节点），总容量为 40 × 2.5G。建成后开通电路 GE 端口 14 个、2 个 POS、3 个 2.5G SDH。襄樊本地网 SDH 扩容含襄樊市内环二、襄樊西环、襄樊东环及襄阳、宜城、枣阳、老河口、谷城、保康、南漳 SDH 设备改造，同时新建南漳 2.5G SDH/MSTP 局间传输系统。12 月投入试运行，新增电路 2M 端口 2 050 个，FE 电路 5 个。

2005 年底，全市有长途 2Mb/s 传输端口总数为 50 923 个，实际占用端口 14 800 个，其中长话业务电路 223 路，数据长途（省内）电路 2 773 路，DDN 长途电路 127 路、帧中继 /ATM 长途电路 2 646 路。长途 155Mb/s 传输端口总数为 384 个，长途 2.5Gb/s 传输端口总数为 46 个，长途 10Gb/s 波分系统端口总数为 8 个，长途 10Gb/s 波道总数 80 个。本地 2Mb/s 传输端口总数为 10 022 个，实际占用 6 146 个，本地 155Mb/s 传输端口总数为 44 个，本地 2.5Gb/s 传输端口总数为 8 个，本地 2.5Gb/s 波分系统端口总数为 67 个，本地 WDM 系统 GE 端口数为 16 个，实际占用 11 个。长途同步时钟（BITS）端口容量 26 个，其中 2Mbps 端口 40 个、2Mbz 端口 20 个。

（4）微波传输

微波通信（Microwave Communication），是使用波长在 0.1 毫米至 1 米之间的电磁波进行的通信。微波通信不需要固体介质，当两点间直线距离内无障碍时就可以使用微波传送。利用微波进行通信具有容量大、质量好并可传至很远的距离，因此是通信网的一种重要通信手段，也普遍适用于各种专用通信网。

1969 年，根据国务院总理周恩来批示邮电部要加快微波通信建设，迅速改变长途通信的落后面貌的指示精神，207、206 两条国家一级模拟微波干线先后在襄樊兴建。同年 11 月 15 日，在襄阳城南扁山筹建襄阳地区邮电局 207 工地(即 53 站)。207 微波电路是从西安至武汉的国家干线，同年 12 月 26 日开通 600 路电子管微波电路。1970 年 2 月，53 站被确定为省指挥站，负责全电路开放、停闭和调度等任务。同年2月1日动工兴建襄樊206微波站,206微波电路是从襄樊经湖南长沙至广州国家干线电路，配置全电子管600路微波设备。10月1日国庆节当天正式开通电路传送中央电视台节目。1977年9月,207微波站设备改造，使用960路晶体管设备。微波收发信机的功率为3—5瓦。1980年,改名襄樊微波站。1977年,建宜城寨沟207微波站。1980年6月,为挖掘设备潜力,缓和长途电话电路紧张状况,利用干线微波超群电路和闲置设备,增开襄樊至武汉60路微波载波电路。后又开放光化至武汉微波载波电路。1980年以后,微波干线大量投入实际生产,开始传送电话、广播、电视、传真等多项业务。此时,襄樊利用201微波设备已经开通襄樊至武汉直达电路,同时开通襄樊至武汉、十堰等地区的接转电路及长途电话、电报、国际通信等业务。1985年,从襄樊至荆州206微波电路利用旧960路微波设备复建一条电路，在襄樊与207微波站电路汇接至武汉，同年9月16日开通使用。到1985年底,全市已建成3个微波站,3 840条微波电路。经境内的省际微波干线4条和省内微波干线2条,沟通东西南北全国一级干线,成为全国最大的微波枢纽站之一。除担负全市开放电视传送信号和对随州、宜城、武汉等地开办微波报话业务外,同时还承担国际电报、电话以及本省与北京、广州、西安、郑州、长沙等城市的报纸传真、图像通信、相片、数据传真、广播电视等项业务传送。并负责5个调制段(武汉50站,临潼44站,长沙郊95站,方城155站,南漳53矿)指挥调度工作。与26个站相连(含随州、宜城站),传输距离约1 511.26公里,其中襄樊境辖197公里。1987年,微波中继电路为27站波道。1988年1月23日,开通武汉至襄樊至十堰2GHZ/300路模拟微波载波电路65路,其中省际5路。同年4月,襄阳扁山207微波站至武昌电路电视波道改传电话业务,襄樊微波站装用960路。同年,配合武汉至襄樊微波扩容,调增电路40路。1990年,微波中继电路为33站波道。

1991年11月,汉(口)长(沙)广(州)微波武汉至襄樊段设备改造,装用美国6GHz/2400路模拟微波“二手”设备,襄樊至武昌安装6个波道,11月投入运行。1992年,襄樊至西安微波电路扩容投产,微波电路全长444.98公里,共有10个微波站,安装6GH/2400路日本NEC“二手”设备4个波道,其中两个主用干线电路波道,一个备用波道,一个支线省内电话波道。干线由襄樊53站至西安为一个调制段,并为一个倒换段,支线在湖北由襄樊53站至谷城站及谷城至十堰站为两个调制段。襄樊内有襄樊53站、谷城站。襄樊至谷城终期开通600条电路,襄樊至十堰终期可开通900条电路。年底,襄樊至谷城开通120条电路,襄樊至十堰开通240条电路(襄樊至谷城、襄樊至十堰的大哥大电路皆是由此电路传递)。1994年5月，启用53站至襄樊邮电大楼（530站）传输段开放的微波电路，设备型号为MD—2400—5000A。1998年3月,停止使用并拆除。1997年12月,汉口至西安至兰州数字微波工程襄樊段竣工。汉口至西安至兰州数字微波工程为国家一级通信干线,是武汉至福州SDH微波工程的延伸,是连接鄂、陕、甘三省,贯穿国家东西部的通信大动脉。全长1 406公里,引进加拿大北方电信公司5GHZ2 × 155Mp/s(6+1)SDH数字微波设备。襄樊境辖225公里,设谷城、陈家冲、襄樊邮电大楼、七方、随阳店、厉山6个微波站。襄樊为上下话路站。1998年5月15日,全线投入试运行。增加襄樊对外长途电路5 640条。至此,襄樊长途传输系统已全部淘汰传统的模拟传输方式,实现全数字化传输,成为汇接国家一级数字干线和省内二级数字干线的重要通信枢纽。1998年12月,有数字微波终端复用设备电路7 560路。

2000年,全市微波线路长度(一级干线)221.97公里,微波通信线路(一级干线)1 523.08波通公里,数字微波线路长度(PDH)221.97公里。设微波站7个,微波通信站波道为32个。2001年底,襄樊全部进入数字微波时代,模拟微波电路停开,襄樊电信只保留数字微波机房,枢纽楼微波机房因设备停开而撤除。2005年全市有数字微波线路(省际)长度214.3公里、数字微波1 500.07波道公里。

NO.7信令网是一种国际标准化通用公共信道信令系统。具有信道利用率高,信令传送速度快,信令容量大的特点,它不但可以传送传统的中继线路接续信令,还可以传送各种与电路无关的管理、维护、信息查询等消息,而且任何消息都可以在业务通信过程中传送,可支持ISDN、移动通信、智能网等业务的需要，其信令网与通信网分离，便于运行维护和管理，可方便地扩充新的信令规范，适应未来信息技术和各种业务发展的需要。NO.7 信令网是现代通信的三大支撑网(数字同步网，NO.7 信令网，电信管理网)之一。随着通信的飞速发展，数字传输和数字交换网的不断发展健全，移动通信和智能网的建立，建设和发展 NO.7 信令网成为通信发展的迫切需要。NO.7 是通信网向综合化、智能化发展不可缺少的基础支撑。

为与全国长途一级干线 NO.7 信令网接轨，提高全网运行效率，并为开放 ISDN 等新业务和智能业务创造条件，1999 年 4 月，新建襄樊长途 NO.7 信令网，襄樊 NO.7 信令网转接点为湖北省长途 NO.7 信令网组成部分，设备采用青岛朗讯公司提供的 5ESS—2000 型交换机作为低级信令转接点。设置一对 144 条信令链路的低级信令转接点(LSTP)，除覆盖本地区各 SP 点外，还覆盖十堰市的 SP 点。电路均采用不同物理路由的双链路，襄樊至十堰采用汉口至西安至兰州微波电路 53 个 2M 口。12 月，通过验收，投入正式运行。2000 年有 NO.7 信令网电路 180 路，2001 年建立 NO.7 信令网网络管理系统，2003 年 10 月，NO.7 信令网第三期扩容。2004 年又建 NO.7 信令网集中监测系统，襄樊本地网设 NO.7 信令接入设备及远程管理终端，通过 DCN 接入省监测系统中心。

2.设备

“六五”初期，长途电话设备大部分集中于地区局。自 1980 年起，长途电话设备在规模和质量两方面有所发展，但利用率不高。20 世纪 80 年代后，通信设备由分离元件向集成化方向发展，其操作和控制方式由模拟人工向程控方向发展，技术水平大幅度提高。

(1)交换设备

1978 年，全区有长途交换机 28 部，其中磁石式长途交换机 6 部、供电式长途交换机 22 部，总数中襄阳地区局现业 12 部。1985 年，全市有供电式长途交换机 51 部，255 门，半自动电路 75 路，市区半自动拨号接续电路 32 路，占电路总数 92%。长途半自动拨号业务的开通减轻了话务员劳动强度，提高了长途电话接续能力。1988 年 7 月，南漳、宜城局装用 JDD01—B 长途半自动拨号设备。1990 年，全市有供电式长途交换机 62 部，其中襄樊市局现业 28 部，随州 6 部，枣阳 4 部，南漳 4 部，谷城 6 部，老河口 4 部，宜城 6 部，保康 4 部。

1991 年 6 月，为配合万门数字程控电话交换设备工程建设和襄阳 302 站、机务一站搬迁，满足传输性能要求，在长虹路邮电大楼三层新建人工长途局和长机室，安装 JT—O3 型长途接续台 9 台(含电子钟)、JZJ—10G 型长途系统中继器 1 架(120 条)、JZJ—11G 型记查系统中继器 1 架(20 条)、ZP—116VI 列配线架 2 架、JTY—02 Ⅱ 型记录台 2 台 (对 22 局、51 局)、JTB—01I 型班长台 1 台、JTY—04I 型生产质量检查台、查询台等。同年 8 月，襄樊首次利用西班牙政府贷款引进西班牙(SESA)阿尔兴卡特标准电气公司生产的 S12 系统数字程控电话交换机，在长虹路邮电大楼二层设长话市话合一交换局(即 22 局)，长途容量为 500 路端。1992 年 9 月，长途交换扩容，新增上海贝尔公司生产的 S—1240 型数字程控交换机 500 路端。

1993 年 10 月，采用租赁方式引进台湾 ALCTTALSES 公司生产的 S—1240 型数字程控交换机，在原长虹路邮电大楼二层新建长途局，容量为 3 000 路端，安装共 16 个机架，其中公共设备机架 1 架、磁带机机架 1 架、电源分配架 1 机、数字中继机架 13 架。共 178 个 DTM 机架排 2 列。在 22 局和 51 局两端设置终端站，分别配置 140Mb/s 光电合一架端机、2/34Mb/s 跳群数字复用设备、140Mb/s 数字复用设备各一套。1995 年 4 月，长途局扩容，利用西班牙贴息贷款，引进阿尔卡特西班牙标准电气(SESA)公司生产的 S—1240 长途数字程控交换设备 3 000 路端，安装在长虹路邮电大楼二层长途程控机房内，共安装长途数字程控交换设备机架 8 架。为配合长途交换设备扩容，在四楼 PCM 室安装数字分配架3架。

1999年5月,襄樊长途局再次扩容,设备采用上海贝尔电话设备制造有限公司生产的S1240(J)型长途数字程控交换机,设备容量为4 000路端,安装在长虹路邮电大楼二层长途程控机房内,扩容后其总容量达到10 000路端。同年5月19日,进行系统割接开通,并投入试运行。2M端口总数为618个。2001年11月,为统一全省本地网长途交换机软件版本(EC7.4LT108),对长途局原S1240(J7.2)型长途数字程控交换机设备版本升级为S1240J7.4版。

(2)电话会议设备

电视会议系统,是邮电通信的新业务,是利用先进的视、音频压缩编码技术和电视网会议网络控制系统,通过数字传输电路(卫星、光缆或数字微波),以64Kbp/s ~ 2Kbp/s传输速率将电视会议系统网内任一会场实时的彩色图像、语音、图文、数据等信息传送到其他会场。电视会议系统内任一会场参会人员感受到"面对面"与其他会场参会人员召开会议。1978年,全市有会议电话汇接台5台,会议电话终端机28部。1988年7月,湖北省局至襄樊专线会议电话汇接设备开通。

1995年,襄樊开通彩色电视会议系统,引进英国GPT公司生产的数字会议电视系统,第一期襄樊境内装终端设备8套。在襄樊局营业厅二楼设主会场,为FOCUS521型设备1套,所辖之枣阳、老河口、南漳、保康、谷城、宜城、随州局设分会场分别装FOCUS311型号设备。电视会议系统的建成,可提供襄樊及所属县、市共8个会场召开本市电视会议。各会场之间用2M一次群传输电路相连,采用两级级联的方式,对湖北省与武汉中心连接,或参加湖北省及全国的电视会议,有会议电视网电路30条。襄樊主会场设70个座位,枣阳局60个座位,宜城局41个座位,谷城局54个座位,老河口局54个座位,南漳局20个座位,保康局35个座位。同年4月13日,会议电视网正式对外营业,嗣后,宜城、南漳、保康、谷城、老河口、枣阳相继开通使用。1996年2月,首次开通电视会议系统,上接湖北省会议电视中心,与全国八大区域汇按中心之一的武汉骨干会议电视网联网,下联所属县、市。同年7月,电视会议系统投入运行。1998年3月,第二期工程新增襄阳局分会场。2003年3月,全省会议电视系统扩容,襄樊局主会场新建1套基于H.320的会议电视系统和1个基于IP的覆盖各地、市及主会场的会议电视网。采用中兴公司的高清晰度会议电视设备,基于MPEG—2的会议电视系统的MCU采用二级级联网,襄樊局主会场设MCU。2006年主会场搬迁至新建电信枢纽大楼四楼。

(3)传输设备

载波终端设备:1978年以后,明线载波设备中单路和三路陆续减少,进入20世纪80年代,十二路、高十二路及超高十二路长途载波终端设备逐步增加,在一定程度提高了线路的复用能力。"五三矿"的进出口电路即襄阳至"五三矿"对称电缆载波通信工程开工建设。该工程自襄阳302机务站至53—3站外的第一个无人站,全程敷设全埋式HEQ2—4 × 4 × 1.2电缆53双条公里,沿途建设无人增音站3处,一次性配齐60路载波终端机两套(即120路)。1975年,襄阳至武镇至荆门至江陵新架3.0铜线2对,装12路载波电话机2套。

1979年,装载波设备67部。1983年12月20日,枣阳局新装的ZZD04型明线高十二路载波电话终端机(B端)开通使用(对襄樊),同时开通ZR305型明线高十二路晶体管载波电话增音机二部。1985年,安装襄樊至随州、房县、谷城、荆门十二路载波机4套,安装襄樊至武汉长途全自动对端设备。自行安装开通半自动拨号设备1架。截至当年底,全市有各类载波终端设备96部,其中单路载波设备1部、三路载波设备40部、十二路载波设备55部。总数中襄樊市局现业72部。载波电话增音机22部。

1986年2月,装用襄樊至房县局ZZD—04型十二路载波机、襄樊至谷城局ZZD—09型十二路载波机、襄樊至随州局ZZD—9型、襄樊至荆门局ZM—305型、襄樊至南漳局ZM—305型十二路载波机。3 月，襄樊至随州、谷城、房县、保康局装用特高频十二路载波设备各一套。1987 年，襄樊至谷城局开通 ZM—306 型低十二路载波设备，襄樊、宜城局新增 ZZD—04 及 913 型高十二路载波设备各 1 套。随州至孝感局装用 ZZD04 型载波设备。同年，襄樊先后开通至南漳、老河口、房县局高十二路载波电路。1987 年 3 月，安装武汉至襄樊高十二路载波设备。襄樊至宜城高十二路载波机、至南漳低十二路载波电路，新增（更新）襄樊至随州的红卫十二路载波机。1988 年 2 月，襄樊至南漳、老河口局安装 ZM305G 型低十二路载波设备各 1 套。襄樊至枣阳、随州局安装 ZZD37C 型超十二路载波设备各 1 套。老河口至谷城局装用 WT—24 型特高频载波设备 1 套。同年老河口长途电话改全自动拨号。1989 年，新增长途半自动拨号设备 3 架、十二路载波设备 11 路端。襄樊至保康、老河口局装用 ZD004 型高十二路载波设备各 1 套，襄樊至宜城局装用 ZZD37 型超十二路载波设备 1 套。随州、枣阳、保康、谷城新增长途自动设备。调整明线载波设备，保康至房县局新增高十二路载波设备 1 套。6 月，投资新建襄樊至武汉长途干线电缆工程（即汉口至孝感至襄樊小同轴 300 路载波电缆工程），安装襄樊至武汉六管小同轴载波系统，这条电缆全长 287 公里，其中襄樊市辖区 159.3 公里，设增音站 28 座。襄樊、孝感为终端站，安装两个 300 路载派系统的终端设备。孝感经黄陂效外站进入武汉。1990 年 3 月，新增谷城至老河口 WJH—24 路特高频，南漳、谷城、枣阳、宜城、随州局新装长途全自动对端设备（DD16）及市话配套设备，进入全国长途电话自动交换网，实现国内长途电话直拨。1990 年底，全市有各类载波终端设备 113 部，其中十二路载波设备 72 部；总数中襄樊市局现业 74 部，载波电话增音机 25 部。1991 年，襄樊至南漳局安装 ZM305 型十二路载波设备 1 套，襄樊至保康局新增高十二路载波设备和三路载波设备各 1 套。

20 世纪 90 年代，长话传输设备呈现出多样化的发展趋势，而且其技术性能更加先进。高次群光电设备容量增长幅度较快。1993 年之后，大量开通准同步数字传输系列(PDH)传输设备和同步数字传输系列(SDH)传输设备，使数字电路数量快速增长。1997 年明线载波设备逐步停开。

光缆终端设备：准同步数字传输系列(PDH)传输设备作为早期投产的网络设备，从 1993 年就开始在襄樊电信投入使用。它是一种点对点方式的中继传输设备，设备类型按其速率分为 34M 光 / 电设备、140M 光 / 电设备等。1993 年 5 月，建设襄樊至安陆 140Mb/s 架空光缆通信系统与京汉广架空光缆沟通，采用武汉邮电科学研究院生产的四次群光电合架设备。设置四次群干线传输系统 2 个（1 主 1 备），其中第一系统为主用，第二系统为备有，初期容量为 1 920+1 200 话路。襄樊、安陆设终端站，双沟、枣阳、唐镇、随州、长岭设中继站，襄樊配置 PCM 设备 2 端，随州、枣阳配置 PCM 各一端。本次工程安陆以 34Mb/s 接口转接至京汉广架空光缆 V 系统开往武汉的电路，襄樊、枣阳、随州均以 2Mb/s 终端。10 月，为配合长途程控交换局建设，新建长虹路 22 局至荆州街 51 局间传输中继光缆，两端设置终端站，在原长虹路邮电大楼四层传输机房和荆州街 51 局分别配置 140Mb/s 光电合一架端机、2/34Mb/s 跳群数字复用设备、140Mb/s 数字复用设备各一套。加速模拟通信网向数字通信网转换过程。

图 7—9 长虹路邮电大楼四层传输机房

1994 年 2 月，建襄樊至南漳至保康 34Mb/s 架空光缆通信系统，光通信设备采用 1B1H 线路传输码型，设备选用武汉邮电科学研究院生产的三次属光电合架设备（光传输系统为 1 主 1 备），2Mb/s 口按满容量布线。终端机（GD/MF34HL—ⅢA）、中继（GZ/MF34HL—ⅢB）T OVPBTJT ET YMTL（MD—2—06V）。襄樊局数字分配架、信令转换设备分别选用邮电部眉山通信设备厂、南京邮电学院生产的 MPX—88D、MXJ02—01 设备，全部按 2Mb/s 终端在数字配线架，并配备相应数量的信令转换设备。南漳、保康局各配备 PCM 基群设备 3 套，其余电路按 2Mb/s 终端在数字配线架。数字分配架、列柜分别选用邮电部重庆通信设备厂、湖北省邮电通信器材二厂生产的 MPX07A SZLG11 型设备。3 月,建设襄樊至老河口对丹江 140Mb/s 架空光缆通信系统。光传输设备配置 140Mb/s 光数字通信系统,采用四次群光通信设备,线路传输码型为 1B1H,设备主信道容量为每系统 1 920 路,区间信道开 1 200 路,全程安装 2 个四次群系统,主信道和区间信道按 1 主 1 备方式工作。所用光缆及四次群、电端机为武汉邮电局科学研究院研制的新产品。襄樊、丹江设终端站。老河口局设 140Mb/s 终端转接站,其中一个 34Mb/s 转到谷城,丹江至襄樊开放 120 路区间电路在老河口只得 2Mb/s 转接。5 月,建设襄樊至宜城 34Mb/s 架空光缆通信系统。襄樊、宜城为终端站,光传输设备配置 34Mb/s 光缆数字通系统,采用三次群光电合架通信设备,光路系统为一主一备,线路传输码型为 1G1H。设备选用武汉邮电科学研究院生产的三次群光电合架终端机(GD/MF34HC—ⅢA)和数字复用设备(MD2—O6V)。襄樊局数字分配架、信令转换设备分别选用邮电部眉山通信设备厂、南京邮电学院生产的 MPX—880、MXJ—02—01 型设备。宜城局数字分配架、列头柜分别选用邮电部重庆通信设备厂、湖北省邮电通信器材二厂生产的 MPX07A SZLG11A 型设备。1995 年 10 月,为配合襄樊本地电话网建设,对襄樊至南漳至保康 34Mb/s 架空光缆通信系统设备进行扩容,在襄樊、南漳、保康终端站安装武汉邮电科学研究院生产的配合 GD/MF34HL—3 型设备的 2/8 复用机盘。

同步数字传输系列(SDH)传输设备可以进行同步数字信息传输、复用、分插和交叉连接。1995 年 11 月,为配合襄樊本地电话网建设,局间中继传输网由 PDH 网开始向光同步数字传输网(SDH 网)过渡。新建襄樊至茨河至谷城 140Mb/s 光通信系统,襄樊、谷城设置终端站,茨河设中继站。光电设备选用武汉邮电科学研究院生产的 140HL—2C 型光通信设备。在襄樊长虹路电信大楼四层传输机房内安装 GD/MF140HL—2C 型光电合架端机 1 架、眉山通信设备厂生产的 MPX88D 型数字分配架 6 架和武汉日电(NEC)通信设备公司生产的 N8778 型光分配架 2 架,谷城局安装 GD/MF140HL—2C 型光电合架端机 1 架、广州通信设备厂生产的 MPX03 型数字分配架 2 架和武汉日电(NEC)通信设备公司生产的 N8778 型光分配架 1 架,茨河安装 GZ/MF140HL—2C 型光电合架中继机 1 架和武汉日电(NEC)通信设备公司生产的 N8778 型光分配架 1 架。

1996 年 8 月,建设汉口至襄樊 622Mb/s(SDH)光缆通信系统(即西环光缆的一部分)。襄樊为终端站。沿途各局安装英国 GPT 公司生产的两个 622Mb/s SDH 系统的光电及复用设备,每系统均按满容量配 2M。襄樊境内光电传输设备安装光通信设备机架及机房配套设备机架共 28 架(随州 5 架、唐镇 1 架、枣阳 5 架、襄樊 17 架)。数字分配架选用邮电部眉山通信设备厂生 MPX88D 型设备,机房配套列柜选用山东邮电器材厂生产的 ZLG03ABC 型设备。

1997 年 3 月,为完善扩大的襄樊本地网网络结构,新建襄樊中心环和外大环两个同步数字光缆传输环形网。2.5Gb/sSDH 内外环光缆通信系统,内环由 4 个局站组成,全长 33.9 公里。内外环有两个节点,分别形成环路传输。2.5Gb/s SDH 内环光缆通信系统,利用原有的局间 G.652 单模长波长光缆,传输设备采用瑞典 ERISSON 公司生产的 SDH 系列产品,新装一个 SDH2.5Gb/s 系统,配置一个 2.5Gb/s 同步复用分插系统,各局站配 155Mb/s 接口模块 TM 或 ADM。2.5Gb/s SDH 外环光缆通信系统由 7 个局站组成,全长 335.3 公里。市内线路利用原有局间光缆,襄樊至南漳至保康利用原有光缆,荆州街 351 局至谷城至石花至保康新建 8 芯架空光缆,采用长飞光纤光缆有限公司生产的松套层绞光缆。新装一个 SDH2.5Gb/s 系统,共安装瑞典爱立信公司 AXD2500 同步复用分插系统 7 个(子架),AXD155—2 同步复用分插系统 21 个(子架)等光传输设备。7 月,利用德国政府西门子(SIEMENS)公司贴息贷款建设襄樊至宜昌 622Mb/s SDH 光缆通信系统,襄樊、宜昌为终端站,宜城和荆门等为中继站。襄樊境内光电设备,采用英国 GPT 公司生产的 622Mb/s SDH 系统的光电及复用设备。安装 3 套同步复用分插设备 SMA—1,数字分配架选用邮电部眉山通信设备厂生产的 MPX800D 设备 4 架,OPX—2D 光电分配架 1 架。

1998年2月，利用襄樊至十堰原有架空光缆的空余纤芯（5#、6#），开通一个155Mb/s SDH光缆通信传输系统，襄樊、十堰设终端站，光路系统为一主无备方式。主要设备采用瑞典爱立信(ERICSSON)公司生产的SDH同步数字传输系列设备，DDF架及其他设备采用国产设备。在襄樊长虹路邮电大楼四层传输机房内安装AXD155—2（TM）同步复用分插设备1套、数字分配架选用四川眉山通信设备厂生产的MPX88D型设备2架。太平店、老河口局安装AXD155—2（ADM）同步复用分插设备各1套。10月，投资建设西安至武汉光缆通信干线（襄樊段）工程，采用朗讯公司提供的中心束管式36芯和48芯G.652单模长波长光纤光缆。襄樊境内155公里。传输设备采用LUCENT（朗讯）公司提供的OLS波分复用系统。在襄樊长虹路邮电大楼四层传输机房内安装SLM—2000/16REG2.5中继设备、ISM—2000/4ADM622M分插复用设备、OLS R2.0—0A光放大器设备、光纤分配架（ODF）及数字分配架（DDF）等设备。2000年7月，建呼和浩特至北海国家光缆通信干线（襄樊段）工程，豫鄂界新野至襄樊至荆门段采用三星公司48芯层绞式光缆。采用日本NEC公司生产的SDH传输设备在襄樊长虹路邮电大楼四层传输机房内安装SDH 10Gb/s设备1套、2.5Gb/s设备3套、622Mb/s设备1套及STM—16终端复用器（SMS—2500A）、STM—16光中继器（SMS—2500R2）、STM—4终端复用器、分插复用器和光中继器（SMS—600V）及STM—1终端复用器（SMS600V）以及网元管理系统INC—100和子网管理系统SG TNC等设备。

2000年8月，利用原已敷设的光缆，对汉口至孝感至襄樊、襄樊至十堰、襄樊至荆门等省内SDH网进行大规模扩容，采用爱立信(ERICSSON)公司提供的传输设备组建12个SDH子网。同时，建设汉口、襄樊等5个同步数字交叉连接设备（DXC），以构成湖北省省内同步数字传输网。襄樊站系统由AXD2500—2TM终端复用设备、AXD416—2IR中继设备、光纤分配架（ODF）、同步数字交叉连接（DXC）设备和数字分配架（DDF）等主要设备组成。传输系统配置1个2.5Gb/s光纤系统。通路组织：汉口至襄樊光缆通信系统，襄樊站DXC系统由AXD2500—2TM终端复用设备、光纤分配架、同步交叉连接（DXC）设备和数字分配架等主要设备组成，DXC容量按128个VC—4配置。12月，对襄樊SDH传输内外环（长虹路至解放路至张湾）进行扩容，沿途设置长虹路322局、解放路344局、荆州街351局、襄阳老81局、南漳、谷城共6个局站，传输设备采用华为公司提供的设备。各局站通信系统由ADM分插复用设备、光纤分配架和数字分配架等主要设备组成。传输系统分别配置分插复用设备（ADM）组成双纤复用段自愈环。同时为移动关口局提供电路而新建点对点长虹路322局至襄阳老81局传输网。

2001年7月，新建老河口SDH本地网（622Mb/s）传输系统，该网由5个节点组成622Mb/s自愈环。传输设备采用武汉邮电局科学研究院生产的SDH系列产品，各节点通信系统由同步复用设备、光纤分配架（或光终端盒）和数字分配架等主要设备组成，可提供终端电路504×2M。8月，新建宜城SDH本地网（622Mb/s）传输系统，由宜城局至郑集至璞河至孔湾至上大堰至雷河至宜城局等6个节点组成622Mb/s同步分插复用系统。传输设备采用武汉邮电局科学研究院烽火科技股份有限公司生产的SDH系列产品。各节点通信系统由同步复用设备、光纤分配架（或光终端盒）和数字分配架等主要设备组成，可提供终端电路198×2M。

2001年12月，中国电信高速传输网波分复用系统西环（湖北段）工程，路由自武汉至重庆至成都至西安至武汉，在襄樊站、宜城设置中继站。安装OPTera LH600光放大设备、OPTera LH600光转换器设备、OPTera LH600无源设备及DWDM网元管理系统等设备。

2002年，为配合宽带接入网建设，新建襄樊DWDM高速宽带传送网工程10Gb/s，为湖北DWDM高速宽带传送网工程10Gb/s组成部分，与武汉、荆州、宜昌等局站构成湖北DWDM基础传送平台。设备采用北电网络的OPTera LH1600 80波×10Gb/s单纤单向系统和OPTera Connect DX10Gb/s SDH系统，组成4纤双向复用段保护环，各节点（站）SDH设备交叉能力为120G（68个VC—4）。襄樊至宜昌方向采用湖北省西环襄樊至荆门至宜昌地埋12芯光缆的5、6芯和40×10G波分设备，襄樊至汉口方向采用湖北省西环汉口至襄樊地埋12芯光缆的7、8芯和40×10G波分设备。襄樊站在长虹路电信大楼四层传输机房安装2套SDH系统分插复用设备(ADM),以DWDM为传输平台,构成两个4纤SDH自愈环。襄樊站32×2.5G波分设备,由DWDM设备光终端复用设备(OTM)和光纤分配架等主要设备组成,并配置一台远程终端和一台Window网管客户维护终端(PC机),实施对网元的日常维护。该工程2002年5月竣工并投入运行。10月,襄樊本地网传输(西)环光缆通信工程投入运行,光缆线路以襄樊长虹路局为起点,沿途经过襄阳局竹条、牛首、朱坡、太平、仙人渡、老河口局、冷集、谷城局、大峪桥、石花、紫金、官坊、过渡湾、保康局、黄堡、大湾、长坪、南漳局、涌泉、九集至襄樊荆州街351局。全长302.12公里。架空光缆为24芯,采用无铜线、充油、松套层绞式结构的光缆,光缆程式为GYTA—涂塑钢带—聚乙烯外护层,中心为金属加强芯构件。传输设备采用先进的大容量、高速率波分复用技术,构成襄樊DWDM高速宽带传送网,极大地增强襄樊传输宽带的供给能力。西环传输网由襄樊长虹路、荆州街、南漳、保康、谷城、老河口6个节点构成。其系统由2.5Gb/s DWDM设备(Optix6100)和2.5Gb/s SDH(Optix2500+)设备组成。为进一步完善襄樊电信网络结构,满足高速宽带业务的需求,2002年12月,新建襄樊传输2.5G(东)环路架空光缆(24芯)通信工程,光缆线沿途经过宜城局、枣阳局,襄阳(张湾)局,长虹路局,全长243.07公里。光缆线路利用ITU—T建议单模长波长光纤光缆。采用上海华为公司生产的Optix系列设备。各局站通信系统由ADM16分插复用设备、光纤分配架和数字分配架等主要设备组成。

2003年9月,投资新建襄樊本地骨干传输网,主要由市外环二、市内环三及市内支线三部分组成。各局站通信系统由DWDM设备(OTM或OADM)、2.5Gb/s SDH ADM分插复用设备和光纤分配架、DDF架等主要设备组成。其中襄樊市外环由长虹路、荆州街、南漳、保康、谷城、老河口六个节点构成,其系统采用2.5Gb/s DWDM设备 (Optix 6100) 密集波分复用系统和SDH设备为华为公司提供的Optix2500+设备组成, 在DWDM设备构成的基础光传送平台之上, 采用SDH设备组成两纤双向复用段保护环。襄樊市内环三由长虹路、荆州街、解放路、张湾4个节点构成,其系统由2.5Gb/s SDH(Optix 2500+)设备组成。襄樊市内支线由荆州街、356局、隆中构成,其系统由2.5Gb/s SDH设备组成。本工程在6个局站共安装波分设备7架、在10个局站安装SDH设备机架10架,安装配套设备(列柜、ODF架)共14架。

2004年7月,对湖北省内(武汉至孝感至襄樊至荆门至宜昌至仙桃)西环传输系统襄樊站设备进行扩容, 系统采用深圳中兴公司提供的2.5G SDH设备, 利用省内DWDM高速宽带传送网提供2.5Gb/s透明的传输通道。12月,襄樊本地网传输网(汇聚层)工程投入试运行,襄樊本地网传输网工程汇聚层2.5G SDH设备安装工程,主要是对市内环二、市内环三传输网进行扩容。同时,新建4个2.5G SDH传输环,即:老河口2.5G SDH传输环,谷城2.5G SDH传输环,枣阳2.5G SDH传输环和宜城局2.5G SDH传输环。设备采用华为公司提供的SDH传输设备。24个局站共安装SDH设备机架24架,配套设备有列头柜1架、DDF架15架。ODF/DDF综合柜8架及ODF架3架。各局站(节点)通信系统由2.5Gb/s分插复用设备、622M TM、数字分配架和光纤分配架等主要设备组成。新建的2.5G SDH环内各局站 (节点)SDH具有128×128VC—4的高阶无阻塞交叉能力, 并提供多系统配置的支持能力。新建部分全部纳入原长虹路局设置的Opti Xi Manager T2000网管系统。

2005年,为逐步完善和优化襄樊本地传输网,依托现有物理光缆网网络结构,扩建襄樊本地网传输工程,主要是新建襄樊DWDM东环和襄樊本地网SDH扩容2个单项工程:DWDM东环设备安装工程,含长虹路局、荆州街局、宜城局、枣阳局4个局站(节点),在此波分环上承载GE、POS及SDH业务;同时新建的2.5G SDH东环也承载在此波分环上。4个局站共安装华为40×2.5G DWDM设备5架及配套设备2架。总容量为40×2.5G。襄樊本地网SDH扩容工程,含襄樊市内环二、襄樊西环、襄樊东环及襄阳、宜城、枣阳、老河口、谷城、保康、南漳SDH设备改造。

(4)线路设备

明线线路:1975 年,架设襄阳至武镇至荆门至江陵 3.0 毫米铜线 2 对。1977 年,京邵(北京—邵阳)一级干线襄阳至魏集路段进行线路改造,将一级铝线更换为 3.0 毫米铜线,线路长 102 对公里。1978 年“302”干线孔家畈至保康线路改造,新架设线路 124.8 对公里,其中 2.5 毫米铜线计 83.2 对公里,4.0 毫米铁线计 41.6 对公里。1978 年以来,利用原有长途电信杆路,更换和加挂铜线、铝线,加装高十二路载波电话终端机,增强通信能力。长途杆路为 843.66 杆程公里,架空明线为 4 839.89 线对公里。1979 年以后,国家不再供应明线用的木杆、木担,长途明线杆路长度略有减少,长途线路逐步向电缆方向转移。1982 年,长途电缆未成网,微波尚未发挥作用,长途通信线路仍以架空明线为主。1985 年,长途电信传输线路发展到 844.34 杆程公里、4 806.32 线对公里、电缆 149.793 皮长公里。1988 年,襄樊至老河口长途线路更换为 3.0 铜线。1990 年全市长途杆路总长度为 854 公里,其中一级线路 464 公里;水泥杆路 396 公里,其中一级线路 142 公里;油杆路 458 公里,其中一级线路 322 公里;架空明线线条总长度 4 953 对公里,其中一级线路 2 269 对公里;铜线长度 2 673 对公里,其中一级线路 1 595 对公里;铝线长度 387 对公里,其中一级线路 210 对公里;铁线长度 1 893 对公里,其中一级线路 464 对公里。1995 年架空明线线条总长度 2 399.2 对公里。1978 年“302”干线孔家畈至保康路段进行线路改造,架设 2.5 毫米铜线 83.2 对公里。1998 年 1 月,襄樊架空明线随同模拟微波、中小同轴等模拟信息传输系统退出长途电信通信网。

电缆线路:1978 年,北京至武汉至广州中同轴电缆载波工程的配套工程,由北京至郑州经襄城、南阳至襄樊,西经应城、孝感至武汉,在襄阳县黄龙设高频转接站(工程代号为“5502 工程”)。1985 年,电缆 149.793 皮长公里。1989 年 10 月,投资建设襄樊至武汉(300 路小同轴)长途干线电缆工程,为湖北“七五”期间的重点建设工程,是北京至武汉至广州中同轴电缆的分支线,贯穿鄂中鄂西北地区,自襄樊起途经枣阳、随州、安陆、云梦、孝感、黄陂到汉口,全长 400.4 公里。该工程小同轴电缆线路主要采用直埋式,局部采用过河电缆,市区采用管道电缆。襄樊至孝感段敷设六管综合小同轴电缆 284.58 公里。安装 300 路载波系统 2 个,备用系统 1 个,在枣阳、随州设分路站,孝感设无人站,襄樊、武汉设终端站。其中襄樊市境内 159.3 公里,设增音站 28 座,设无人站 37 个,巡房 17 座(含业务电缆),电缆段 2 处,各式人孔 159 个。

光缆线路:1993 年 5 月,建设襄樊至安陆 140Mb/s 架空光缆与京汉广架空光缆沟通。在原有汉口至襄樊架空明线杆路上架挂 140Mb/s 单模长波长 6 芯束管式光缆,全长 232.624 公里(传输距离)。11 月,建设襄樊至宜城 34Mb/s 架空光缆通信线路,在原有襄樊至宜城长途架空明线杆路上架挂 34Mb/s 单模长波长 4 芯、6 芯束管式光缆。其中管道电缆 5.22 公里。沿途余家湖、欧庙、小河支局加芯光缆(4 芯)长为 3.421 公里。架空光缆采用武汉邮电科学研究院生产的单模 4 芯、6 芯束管式光缆及 6 芯、8 芯骨架式光缆等 4 种型号。

1994 年 2 月,建设襄樊至南漳至保康 34Mb/s 架空光缆通信线路,在原有襄樊至保康 302 长途明线杆路上架挂 34Mb/s 光缆通信线路。线路自襄樊局长虹路邮电大楼过汉江二桥,沿 316 国道(现为 306 省道)经南漳、长坪止于保康局,架空光缆采用武汉邮电科学研究院生产的单模 4 芯、6 芯束管式光缆及 4 芯、6 芯、8 芯骨架式光缆等 5 种型号。同年 3 月,建设襄樊至老河口至丹江 140Mb/s 架空光缆通信线路。该光缆线路自襄樊长虹路邮电大楼沿汉十公路经老河口至丹江口市邮电局,在原长途二级明线杆路上架挂光缆,沿途经过太平店、老河口到丹江,全长 102.04 公里。光缆采用武汉邮电科学研究院生产的单模长波长 6 芯束管式光缆。同年 4 月,建谷城至老河口 34Mb/s 架空光缆通信系统,采用 34Mb/s 单模长波长 4 芯束管式光缆,配置 34Mb/s 光缆通信数字系统。5 月,建设襄樊至宜城 34Mb/s 架空光缆通信系统,在原有襄樊至宜城长途架空明线杆路上架挂 34Mb/s 单模长波长 4 芯、6 芯束管式光缆,全长 50.85 公里,襄樊、宜城为终端站,

1995年11月，为配合襄樊本地电话网建设，局间中继传输网由PDH网开始向光同步数字传输网(SDH网)过渡。新建襄樊至茨河至谷城140Mb/s光通信系统。襄樊长虹路22局至谷城光缆通过管道进入荆州街51局转接，沿途经茨河到谷城局，全长76.62公里，光缆采用长飞公司生产的单模光纤，襄樊、谷城设置终端站，茨河设中继站。同年12月，投资新建襄樊本地电话网SDH(2.5Gb/s)大外环光通信传输工程之襄樊至谷城至保康140Mb/s架空光缆通信线路，干线光缆为6芯，沿途农话加芯后光缆共计有6芯、8芯、10芯、14芯和16芯五种程式，光缆线路全长153.95公里。沿线共设5个局站，即襄樊51局、谷城局、老河口局、石花局、保康局，其中谷城至老河口段利用原有光缆。

1996年8月，建设汉口至襄樊622Mb/s(SDH)光缆通信系统(即西环光缆的一部分)，全长372公里，其中安陆至襄樊段长度为233.37公里。汉口至安陆段与京汉广干线光缆同步建设，同沟直埋美国GPT公司12芯埋式光缆一条，安陆至襄樊采用德国西门子(SIEMENS)公司生产的松套层绞光缆14芯，其中2芯作为农话加芯使用，襄阳县对襄樊市局13公里14芯光缆改为28芯。同年11月，利用德国政府西门子(SIEMENS)公司贴息贷款建设襄樊至宜昌622Mb/s SDH光缆通信系统。光缆线路始于襄樊，途经宜城、荆门、当阳，终至宜昌，全长为272公里，其中襄樊至荆门段长度为136公里。光缆采用德国西门子(SIEMENS)公司生产的松套层绞单模光纤12芯埋式光缆，其中襄樊至荆门段与呼和浩特至北海一级光缆干线同沟敷设。

1997年3月，为完善扩大的襄樊本地网网络结构，新建襄樊中心环和外大环两个同步数字光缆传输环形网。2.5Gb/s SDH内外环光缆通信系统，内环由4个局站组成，其路由为长虹路322局至荆州街351局至解放路344局至襄阳县张湾281局，全长33.9公里。内外环有两个节点，分别形成环路传输。2.5Gb/s SDH内环光缆通信系统，利用原有的局间G.652单模长波长光缆。2.5Gb/s SDH外环光缆通信系统由7个局站组成，其路由为长虹路322局至南漳至保康至石花至老河口至谷城至荆州街351局，全长335.3公里。光缆线路市内利用原有局间光缆，襄、南、保利用原有的光缆，荆州街351局至谷城至石花至保康为新建8芯架空光缆，采用长飞光纤光缆有限公司生产的松套层绞光缆。

1998年10月，投资建设西安至武汉光缆通信干线(襄樊段)工程，采用北京朗讯科技光缆有限公司提供的中心束管式36芯和48芯G.652单模长波长光纤光缆。襄樊境内155公里，襄樊至荆门沿途埋设36芯无铜线的单模长波长光纤光缆，十堰至襄樊增加12芯为本地使用，并在老河口的洪山嘴、仙人渡，襄阳的太平店支局留开口分支。襄樊至宜城(50.2公里)与呼和浩特至北海光缆通信干线同沟敷设。

2000年7月，呼和浩特至北海光缆通信干线(襄樊段)工程是邮电部"九五"期间计划项目，从北到南贯穿内蒙古、湖北、广西等省区。豫鄂界新野至襄樊至荆门段采用三星公司48芯层绞式光缆，襄樊境内150多公里，其中襄樊至荆门段与武汉至西安光缆同沟埋设。其中省级干线襄樊、江陵为转接站，省内干线襄樊、江陵站为终端站。"九五"计划末期，全市长途光缆线路长度1 095.06公里，其中一级干线412.27公里、二级干线682.79公里。长途光缆长度皮长1 117.09公里，长途光缆纤芯长度25 075.55纤芯公里。本地电话网杆路总长度8 105.19公里。其中襄阳1 629公里，枣阳1 917.85公里，老河口1 044公里，宜城886.36公里，谷城655.6公里，南漳1 048.03公里，保康924.35公里。电缆长度3 908.68皮长公里。

2001年12月，中国电信高速传输网波分复用系统西环(湖北段)工程，路由自武汉至重庆至成都至西安至武汉，在襄樊站、宜城设置中继站。

2002年10月，襄樊本地网传输(西)环光缆通信工程，光缆线路以襄樊长虹路局为起点，沿途经过襄阳局竹条、老河口、谷城、保康、南漳至襄樊荆州街351局。全长302.12公里。架空光缆为24芯，采用无铜线、充油、松套层绞式结构的光缆，光缆程式为GYTA—涂塑钢带—聚乙烯外护层，中心为金属加强芯构件。12月，新建襄樊传输2.5G(东)环路架空光缆通信工程投入运行。为进一步完善襄樊电信网络结构，满足高速宽带业务的需求，襄樊市电信分公司决定新建传输（东）环路24芯光缆通信工程，光缆线由襄樊长虹路局，沿途经过荆州街局、宜城、枣阳，襄阳（张湾）局，长虹路局，全长243.07公里。光缆线路利用ITU—T建议单模长波长光纤光缆。

2005年，国内长途光缆线路长度818.16公里，其中：省际长途光缆线路长度279.99公里，省内长途光缆线路长度538.17公里，国内长途光缆纤芯长度18 412.26公里，其中省际长途光缆纤芯长度13 101.88公里。

3.业务

（1）业务种类

国内长途电话业务：长途电话分8类，包括代号电话、特种电话、首长电话、紧急调度电话、军政电话、新闻电话、普通电话、公务业务电话。长途电话的接续顺序按1～8类处理。长途电话等候时限不分直达、转接和业务种类。叫号、叫人电话，实行迟缓接续制的规定为1小时，实行立即接续制的规定为10分钟。传呼电话一律规定为2小时。记录、查询应答时限一律规定为40秒。修订后的规程根据不同的服务对象和业务性质，按轻重缓急，规定各种电话的接续顺序和时限，体现了长途电话业务的服务方针。1983年，长途电话还按不同处理手续分为“叫号电话”“叫人电话”“传呼电话”3种业务，又分加急、普通2类。

1985年4月1日，国内长途电话业务，改称国内公众长途电话业务，邮电部对长途电话业务种类，作了新的调整，由原来的8种，调整为6种。减少首长电话和新闻电话两种，军政电话，改为政务电话，调整后顺序依次为代号电话、特种电话、紧急调度电话、政务电话、普通电话、公务、业务电话。在接续过程中，仍沿用传统的叫号电话、叫人电话和传呼电话等3项通话种类。

1996年3月1日，邮电部按照不同的服务对象和业务性质对业务种类重新作了调整，业务种类由6类改为4类，即：代号电话，紧急调度电话，政务电话，普通电话、公务业务电话。通话种类为叫号电话、叫人电话，取消传呼电话。

樊城解放路营业厅和襄城东街支局(24小时昼夜营业)、工业区、火车站、万山等邮电所均办理现费长途电话业务。市区长途电话用户837户，可以在登记电话上挂发长途电话，每月按实际使用话费由银行结算或到邮电局交付现金。为方便旅客挂拨长途电话，市邮电局委托旅店、宾馆等15处代办旅客挂长途电话业务。为方便用户挂发和收听会议电话，市邮电局设有会议电话室。

1987年9月，襄樊开办长途电话快速业务。发展长途有权用户110户。1988年开通长途直拨有权用户143户，1989年长途电话有权用户发展258户。1990年为2 081户。1991年8月，襄樊市开放长途自动电话业务。长途自动电话不经长途台挂号，用户自动拨叫对方用户，因而电话不分业务种类和接续顺序，随拨随通。2005年，全市长途电话有权用户672 207户，其中：襄樊市局现业281 605户。

1997年3月3日，襄樊c3本地网开放“163”“162”特别服务业务。4月1日，开办“300”业务和被叫付费“800”业务。5月7日，启用“169”特别服务号码，为全国电话网和公共信息网之间统一使用的接入专用码。2001年，信息产业部再次对长话人工业务进行调整与改革，取消代号电话、政务电话和紧急调度电话业务，仅保留普通人工长话业务种类。同时规定，遇有特种业务部门的用户要求在人工长话台挂发紧急事项电话时，按普通电话业务处理。1998年，襄樊停止办理人工长话业务。

国际及港澳台地区电话业务：国际电话业务。1975年，襄樊执行邮电部制订的《国际电话业务规程(试行)》，规定国际电话种类有遇险电话、政务电话、新闻电话、业务电话和私务电话。其接续顺序依次为遇险电话、政务电话、加急业务电话、加急新闻电话、加急私务电话、普通新闻电话、普通私务电话、普通业务电话。在国内电路上接续顺序为国际遇险电话按国内2类电话处理，国际政务电话按国内4类电话处理,国际加急业务、加急新闻、加急私务电话按国内5类电话处理,国际普通新闻、普通私务、普通业务电话按国内6类电话处理。1988年,襄樊开办国际电话业务。1993年开办国际电话108和800业务。

港澳地区电话业务。根据邮电部关于《港澳电话的处理规定》,对港澳电话的电话种类分普通私务电话和业务电话两种。业务类别分叫号电话、叫人电话和传呼电话(只办理来话业务)3种。港澳电话在内地电路上的接续顺序,按国际电话规定办理。1988年5月,襄樊正式开放港澳直拨电话。1989年7月,开放至台湾省的直拨电话,开办与"台湾"间接通话、通邮业务。1989年国际和港澳长途电话增长19.6%,达到2 116张。1993年,开放至香港和台湾受话人付费业务,即108和800业务。12月8日,开放内地至香港自动受付业务(Call Me)。

会议电话:会议电话包括固定会场电话和电视会议。固定会场会议电话业务。1985年,邮电部重新修订国内公众《长途电话业务规程》,对会议电话的开放时间不作规定,但对会议电话的受理时间定为24小时前受理,如遇预定通话时间已有其他用户挂号不能同时开放,应按照先中央后地方,先重点后一般的原则办理。不论用电报或电话通报都应直接通报给受话局和汇接局。会议电话遇有临时变更事项,发话用户需在预定通话时间前6小时通知长途台,由于用户原因或在预定时间以前发话人要求取消挂号的,作销号处理,由于局方原因未能接通的,作退号处理。1975年设会议电话汇接5台,其中襄阳地区局现业2台。会议电话终端机28台,其中襄阳地区局现业10台。

电视会议业务。1995年5月,襄樊开通彩色电视会议业务,其范围仅限省内及所辖之枣阳、老河口、南漳、保康、谷城、宜城、襄阳局设分会场。襄樊局主会场上接省会议电视中心,与全国八大区域汇按中心之一的武汉骨干会议电视网联网,下联所属县、市。业务处理程序为业务受理、通报和来话处理,在预定时间1小时前做好汇接,按预定时间接通收听收看。所辖7个县、市局中的任意一个都可作为主会场,利用彩色电视摄像机和话筒,可自两地之间或多点之间,通过数字传输,将会议实况进行交换,使不同地方的与会者感同在一个会议室。

长途电路出租:1982年7月,邮电部规定长话电路出租为长途租用电路接入电话机或传真机等终端设备的点对点电路,几个用户共同使用的电路,多用途电路,租用1个基群(12路)的宽频带电路,租用1个超群(60路)的宽频带电路,临时租用电路等。1986年,省邮电管理局把中共湖北省委、省公安厅租用长话电路规定为租用多用途电路。同年6月,襄樊市公安局租用襄樊至宜城邓林农场长途电路。12月又租用至所属各县长途电路,同年10月,租给中国工商银行湖北分行武汉至襄樊、随州、老河口电路各1条。1989年10月,襄樊市政府租用电信部门有线长途电话电路7条,建立至所属各县市专线通信网。1993年,湖北省邮电管理局规定,对租用长途电路的政府机关、某些事业单位、军事单位,如法院、检察院、公安厅、安全厅、纪检委、监察厅、机要局、武警、地震局、气象局、军分区等实行优惠。2000年,出租长途电路2 707路。

2001年,为满足重要出租大客户各类业务对传输的要求,襄樊市电信分公司开始对外开放2M点对点长途出租网元电路。长途出租网元电路为长途电路在本地网的延伸,它不通过长途交换和本地网交换,而使用户直接与长途干线相连,这对相对集中使用长途网的用户十分便利。2001—2002年先后为省机要局、省公安厅、省电信公司、省委会议省教院、长春街移动和吉通等单位提供该出租业务。随着业务需求的不断增长和市场竞争的日益加剧,愈来愈多的集团用户大量租用长途2M电路。2003年,又为人寿保险、襄樊市国家税务局、襄樊市气象局、襄樊广播电视大学等单位提供出租网元。2005年,出租长途电路105条。

智能网业务:智能网业务包括"200"密码记账长途直拨电话卡业务、"300"电话卡业务、"800"被叫集中付费业务和IP电话业务。"200"密码记账长途直拨电话卡业务。1995年,襄樊开通"200"密码记账长途直拨电话卡(以下简称200电话卡)业务。200电话卡业务是指用户从邮电局购买200电话卡后,利用任一一部双音频话机,通过拨叫特别服务号码200以密码记账方式使用的国际、国内电话业务。根据用户需要,200电话卡业务分为3种。包括国际国内卡、国际卡、国内卡。国际国内卡在国内用于直拨国际、国内长途电话,国际卡在国外用于直拨国际长途电话,国内卡用户在国内直拨国内长途电话。200电话卡业务联网分为省际网、省内网。3类用户均可在异地使用。200电话卡业务的组织管理分为三级。即:电信总局、各省(自治区、直辖市)邮电管理局、现业局。电信总局负责全国省际200电话卡业务的组织管理,各省(自治区、直辖市)邮电管理局负责省内200电话卡业务的组织管理,各现业局负责本局200电话卡业务的日常营销组织管理。

“300”电话卡业务。1997年4月1日,襄樊开通300电话卡业务(以下简称300卡业务)。中国电话卡300业务是在智能网上向社会开放的记账式电话卡业务。用户通过任意一双音频话机,以密码记账方式可拨打本地、国内和国际电话。与200业务相比,300业务具有全国联网,操作方便、安全保密的优点,可限制受话地点、限制发话量、缩位拨号、随时修改密码、连续呼叫等多种功能,能在全国大部分县级以上城市使用。300业务使用类别和付费方式分为A、B、C、D4类。A类卡是按月实行无承付托收办法缴纳话费。B类卡是可续费卡,当卡上余额不足最小通话金额时,用户可到办理业务的营业部门续费,如3个月后仍未续支预付费,则自动取消用户卡号,用户主动要求时余额可退。C类卡是一次性有价密码记账卡,当卡上金额不足最小通话等级1分钟话费时,或超过期限时,卡即无效。D类卡是一次性无密码有价记账卡,使用时按次扣除通话费用,当余额不足国内长途最小等级的1分钟话费时,或超过期限时,卡即无效。

“800”被叫集中付费业务。1997年4月1日,襄樊对公众开放被叫集中付费800新业务(以下简称800业务)。该业务是由用户向电信部门提出申请,由电信部门核配一个800号码成为“800用户”。800用户公布其800号码后,他的许多用户与他联系时(例如进行咨询、调查、订货、销售等)所产生的通话费均由800用户集中支付,主叫用户不需支付通话费。800业务适宜在服务性企业或个人使用,特别适宜电话订货、购货、业务咨询、订票、订房、订车等行业使用。800业务号码在全国范围内是唯一的,简单易记,使用方便。2000年800业务用户4户。

IP电话业务。IP电话业务按主叫方式可分为主叫IP电话和电话卡IP电话两种。1999年,襄樊电信对公众开放IP电话业务。2000年初,又对公众推出17909主叫IP长途直拨业务(以下简称17909)。该业务采用先进的IP技术,可通达国内所有城市及国际230多个国家和地区。用户使用这种主叫接入方式进行长途通信,无需购买IP电话卡,免去了输入账号、密码等的繁琐操作,直接在双音频固定电话上拨打长途电话,所产生的话费直接计费于主叫电话上。2001年,湖北省智能网的17908业务正式对外开放。17908是由湖北省电信公司发行,在湖北省内使用的IP电话卡式业务,是利用IP技术向社会提供的记账式电话卡业务。用户通过任何一个双音频话机(不包括磁卡电话和IC卡电话),以密码记账方式拨打国内和国际电话。17908虽然只能在湖北省内使用,但其通达的地区基本已覆盖全国的大中城市。2005年,全市省内IP电话区内通话次数为1 728.41万次。

(2)资费

1979年7月起,襄樊恢复长途电话基本收费时间的计费办法和叫人、传呼、附加费的收费办法。1982年,长话从18级简化为13级计费办法,每张的基本收费时间为3分钟,通话不满3分钟的,一律按3分钟计算,通话超过3分钟的,基数不满1分钟的,按1分钟计算。叫人电话和传呼电话分别按照原挂的种类和等级计算,另加收1分钟基本价目的附加费。1983年,规定长途电话每日7时至19时全价收费,每日19时至次日7时半价收费,星期天及法定节假日半价收费。

1996年12月1日起,按照《国家计委、邮电关于改革邮电价格通知》的有关规定:简化长途电话计费等级。长途电话计费等级由12级简化为4级。通话费标准为:已建成本地网的省内本地网之间、没建成本地网的省内 300 公里以上长途通话费标准每分钟 0.60 元，省外 800 公里及以内每分钟 0.60 元；800 公里及以上每分钟 1.00 元；

2001 年 1 月 1 日起，按照信息产业部、国家计委发展计划委员会、财政部《关于电信资费结构性调整的通知》有关规定，将原国内长途电话资费标准 4 级统一调整为一级计费，将计费单元由 1 分钟缩短为 6 秒钟，资费标准为每 6 秒钟 0.07 元；国际电话资费标准为每 6 秒钟 0.80 元；港澳台电话资费标准为每 6 秒钟 0.20 元。

(3)业务量

国内长话业务量：1978 年全市长话业务量为 76.56 万张，其中襄阳地区局现业为 37.32 万张。1985 年，全市长话业务量为 114.91 万张，其中襄樊市现业为 50.8 万张，与 1980 年比上升 84%。1986—1990 年长途电话在增加电路，更新设备的基础上，采用新技术和新的服务举措吸引用户。为发展长途电话全自动直拨业务，1988 年 2 月 1 日起，襄樊市邮电局停止使用“173”长途台，让出该台的长途电话电路给自动直拨使用。同时采用“免收门票，先请进来”的办法，对申请安装长途全自动直拨功能的用户，免收有权费，鼓励对长途有权用户的发展。1989 年，国内长途电话达 178.64 万张，比 1978 年增长 1.3 倍，长途自动电话有权用户达 401 户。

1990 年，全市长话业务量为 224.39 万张，其中襄樊市现业为 105.51 万张，长话业务量由 1985 年的 114.91 万张，增加到 224.39 万张，年平均增长 14.3%，增长幅度超过全省平均水平。1995 年，全市长话业务量为 2 278.35 万次，港澳台电话次 68 323 次。1998 年后，襄樊经过邮电分营、寻呼削离、移动分离和 2003 年的电信改革重组，电信领域引入中国移动、中国联通、中国电信、中国网通和中国卫通等 5 家运营商，使长途电话业务形成激烈的竞争格局。但是，襄樊电信分公司在长话领域仍然占有绝对优势，2000 年，国内长途电话通话量为 3 530.89 万次，其中襄樊市分公司 1 932.21 万次。城市电话区间通话量 7 188.27 万次，其中襄樊市分公司 3 205.49 万次。城市电话区内通话量 30 802.44 万次，其中襄樊市分公司 21 260.07 万次。达到襄樊长途电话业务量的历史最高量。2005 年，全市国内长途电话通话总次数为 5 427.54 万次，本地电话通话总次数为 123 200.25 万次，其中襄樊市分公司 68 211.32 万次，创历史最高水平。

国际及港澳台地区电话业务量：1978 年，国际长途电话业务有所发展。1988 年，全市国际长途电话 356 张，港澳长途电话 1 413 张。1990 年，全市国际长途电话通话 966 张，港澳长途电话通话为 2 404 张。1995 年，国际长途电话通话为 41 805 次，港澳台长途电话通话 68 323 次。到 2000 年，国际长途电话通话达到 42 736 次，港澳台长途电话通话 42 805 次。2005 年，国际电话通话总次数达到 108 332 次，是 2000 年国际长途电话通话量的 2.5 倍；港澳台长途电话通话 41 574 次。

(三)市内电话

市内电话(简称市话)是电信通信网的重要组成部分，市话是城市通信的重要工具之一。改革开放前，全区市内电话交换机总容量 6 570 门，其中自动交换机 4 700 门。由于市内电话交换存在磁石、共电、步进制和纵横制四种不同交换制式，转换设备接口不畅，造成市话不好打，接续速度慢，用户使用不便。1979 年，国务院指示：“为加速发展邮电通信事业，尽快改变我国邮电通信的落后状况，必须充分发挥中央、地方和企业的积极性。市内电话要纳入各地城市建设规划，由中央和地方共同投资建设。”保证电信的发展。1980 年，国家对市内电话资费标准进行合理调整，规定电话月租费实行“包月制”和“计次制”两种。1984 年 4 月，为彻底改变市话紧张状况，经湖北省邮电局和中共襄樊市委、市政府批准,开始对市内电话新装用户收取定额的初装费,作为建设市内电话的补充资金,用于市内电话线路扩充和设备的补缺配套。同时,还依靠地方、集体或个人集资建设市内电话,以加快市内电话的发展。1985—1990 年“七五”计划期间,全市市内电话容量每年平均增长 2 000 多门。1991 年后,襄樊邮电把握发展机遇,实现超常规发展。“八五”计划期间,先后引进西班牙(SESA)阿尔兴卡特标准电气公司和上海贝尔公司生产的 S12 系统数字程控电话交换机 163 000 门,本地电话网实现交换程控化,局间中继传输数字化。1991—1995 年“八五”计划期间,本地电话容量达到 184 000 门,每年平均增长 32 600 门。

进入 20 世纪 90 年代后,市内电话建设推进市话程控化,并开始大规模组建长、市、农合一的本地电话网。1995 年 12 月 17 日,襄樊市本地电话号码由五位升至七位。1998 年 11 月,襄樊电信建成并开通窄带综合业务数字网(N—ISDN),实现由传统的话音通信向综合业务数字通信的迈进。2000 年,襄樊市电信分公司实行公司化运作后,坚持以发展为中心,进一步提高市场占有率、设备利用率,对本地电话网进行优化,使其更趋完善,综合通信能力进一步增强。2000 年末,本地电话网交换容量达 64.1 万门,比 1995 年增长 248.37%。

2001 年后,襄樊电信在外部环境和内部经营机制发生根本变化的情况下,抓住机遇,加快发展,开通各种新的业务和智能业务,提高自身的竞争实力,加强规模经营,进一步调整和理顺网路规模。2005 年,又把握发展趋势,推进企业转型。年末,本地网交换机总容量突破 118.52 万门,实占容量为 94.21 万门。5 月 17 日,固定电话用户达到 100 万户(含小灵通)。传输网络建成 SDH 本地传输网和覆盖全市的光纤用户接入系统,逐步实现光纤到小区,使襄樊本地电话网基本建成一个安全、灵活、先进、扩展能力强、结构清晰的现代化通信网络。

1.网络

(1)交换网

1978 年前,全区市话交换机总容量 6 180 门,其中磁石式电话交换机 1 280 门、供电式电话交换机 200 门、自动电话交换机 4 700 门。总容量中襄阳地区局现业 2 700 门、随州局 800 门、枣阳局 400 门、南漳局 500 门、谷城局 500 门、老河口局 600 门、宜城局 400 门、保康局 280 门。由于市内电话交换设备陈旧,通信能力弱,通信质量差,在一定程度上制约了襄樊市的对外开放和经济发展。1978 年后,在对原有的步进制 F 式电话交换机改造的同时,开始新装在通话质量和业务性能上都优于步进制电话交换机的纵横制自动电话交换机。1985 年,襄樊市区有自动电话局 3 处(2、3、8 分局),自动电话交换机容量 4 000 门。1985 年,全市市话交换机总容量 10 900 门,其中磁石式电话交换机 400 门(保康局)、供电式电话交换机 300 门、自动电话交换机 10 200 门。总容量中襄樊市局现业 4 000 门。1986 年,荆州街市话局增容,装 HJ—921 型 1 000 门纵横制自动电话交换机。6 月,为实现上半年长途自动拨号,解放路市话 4 分局装用 HJZ—25 型市话对长途自动,由于长话市话中继是以市话 2 分局为汇接局,该局是德国西门子公司生产的 F 式步进制电话交换机,因此再增装 DD14 对端设备及 C15(4)下式接口盘。襄樊市内电话 4 位、5 位号码并存,8 分局为 4 位号码(F 式交换机),4 分局为 5 位号码(HJZ—25 型交换机)。1986 年,随州市市话实现微机自动计费。1988 年保康局市话(磁石式)改制,装用 HJ—921 型纵横制自动电话交换机 500 门,甩掉摇把子。自此,全市市内电话基本实现自动化。1989 年 12 月,在襄樊市荆州街市话 7 分局新增 HJ—921 型纵横制自动电话交换机 1 000 门。1990 年 6 月,解放路樊城市话分局增容,装用 HJ—25 型纵横制自动电话交换机 1 000 门,与 4 分局原 HJ—25 型交换机设备合设一机房,其号码安排为 43 × × ×。1990 年全市市内电话交换机总容量达 21 000 门,比 1980 年增长 2.15 倍;5 个县(市)局开通了长途直拨电话,进入全国自动交换网,市话全部实现自动交换，全市市话拥有话机3.6万部，每百人拥有话机0.56部。

1991年8月，首次引进西班牙（SESA）阿尔兴卡特标准电气公司生产的S12系统数字程控电话交换系统，标志着襄樊市应用国际先进通信技术装备进入一个新阶段。程控电话增加办理缩位拨号、叫醒服务、转移呼叫、热线服务、三方通话、呼叫等待6种新业务。交换设备容量为10 500门（路端），其中长途500路端、市话10 000门。新建两个交换机局：一个为"长市合一"局（22局），局址在长虹路电信大楼二层，长途容量为500路端，市话容量为6 000门；另一个市话分局（51局），容量为4 000门，局址在荆州街新建的程控机房楼内。8月18日零时10分割接开通，届时，市内电话号码由原来的4位数、5位数全部上升到6位数。同时，将原荆州街市话8分局F式500门步进制电话交换机和7分局HJ—921型1 000门纵横制自动电话交换机设备（模拟）拆除。在一期引进交换设备组网时，仍保留有一个纵横制交换局（解放路樊城市话分局），设备容量为3 000门。三个市话局交换网由综合汇接网方式，开始向设置独立汇接局的方式进行组网，长虹路22局为市话汇接局，荆州街51局、解放路44局为市话端局。至1991年，形成由纵横制、数字程控电话交换机组成的多制式模拟、数字混合电话交换网。全市县以上城镇电话全部实现自动化，并进入全国长途自动网，实现国际国内长途电话直拨。在此之前，为解决解放路樊城市话分局通信能力不足和襄樊经济技术开发区（二汽）通信需要，先后在解放路北院和经济开发区分别安装了日本生产的集装箱式纵横制电话交换机（二手设备）1 000门，局名为61局和31局。由于樊城分局市话交换仍然采用模拟制式，与数字程控电话交换局之间数模转换设备接口不畅，造成市话不好打，长途电话难出入的紧张状况。为进一步优化市话网络，襄樊电信在大量引进数字程控电话交换机的同时，陆续拆除在市话网上运行的纵横制电话交换设备，襄樊市话网完成了由数模混合网向全数字网过渡。8月，为缓解襄樊市市内电话紧张状况，投资2 200万元对市话进行扩容，采用上海贝尔公司生产的S—1240型数字程控电话交换机，设备容量为10 000门（其中长虹路22局7 000门，襄城51局安装3 000门），并于6月11日零时正式割接开通。樊城市话分局易名解放路44局，原610×××电话号码改为440×××，原226145—226999改为446145—446999，原227×××改为447×××，原441×××、442×××、443×××保持原号码不变。建成后的解放路44局为市话端局，对长虹路（22局）市话汇接局、荆州街51局、二汽31局和襄阳县71局、81局均设直达中继，对39局和90移动局均经长虹路（22局）市话汇接局汇接。6月，襄樊市内电话进行第三期扩容，利用荷兰政府贷款引进SESS程控交换设备10 000门，新建5个模块局，其中余家湖3 000门、万山2 000门、尹集1 000门、余岗2 000门、柿铺2 000门。8月，为缓解市内电话紧张状况，对荆州街51局市话进行扩容，采用上海贝尔公司生产的S—1240型数字程控电话交换机，设备容量为10 000门。9月8日，投资1 582万元，对长虹路22局数字程控电话交换设备进行第三期扩容，设备容量为10 240门。随着原樊城市话分局HJ—921型3 000门纵横制自动电话交换机和61局的1 000门日本生产的集装箱纵横制交换机（二手设备）的全部拆除，全市实现长话、市话交换数字程控化、长途传输数字化。

1995年1月，新建汽车产业开发区（简称"二汽"）市话31局。在新建的电信楼三层安装上海贝尔公司生产的S—1240型数字程控电话交换机，设备容量为5 000门。二汽31局为市话端局，对长虹路22局市话汇接局设直达中继，与其他市话端局之间的话务均通过长虹路22局汇接，与襄阳县81局、39局之间设直达中继，与襄阳县71局之间的话务通过局汇接，长虹路22局对长虹路长途局设置长市中继105条，于1月14日割接开通，并拆除31局原日本生产的集装箱式纵横制电话交换机（二手设备）1 000门。襄樊市内电话网基本形成由数字程控电话交换机组成的多局制数字程控电话交换网。局间均设直达中继，并采用数字传输。同时，把二汽东力公司2 000门数字程控交换机（用户交换机）作为39局引入襄樊市话网。8月，对长虹路22局市话进行四期扩容，容量为10 000门。

1995年11月，新建万山市话56局。在新建的万山电信楼三层安装天津日电（NEC）电子通信工业有限公司[以下简称"天津日电(NEC)"]生产的NEAX—61型数字程控电话交换机，设备容量为5 000门，新建万山56局为市话端局，对长虹路长途局设置长市中继90条；对51局设置直达中继320条；与其他市话端局和移动局之间的话务均通过荆州街51局汇接。1995年，市话交换机新增58 000门，全网容量达到18.4万门，襄樊市话已形成数字程控交换网，襄樊市话网内电话机与用户小交换机的比例为1∶0.67，市话普及率为××%。12月17日，以襄樊市区为中心的电话本地网建成，电话号码由6位升至7位，电话号码资源扩大10倍。所辖7个县(市)统一使用"0710"长途区号。"八五"计划末期，全市本地电话(市话)交换机容量由"七五"末的2.1万门增至18.4万门，增加了近9倍。

1996年3月，对解放路44局市话交换、线路、电源及配套设备等进行扩容。在电信楼三层安装上海贝尔公司生产的S—1240型数字程控电话交换机15 000门。对长虹路长途局设置长市中继1 080条。8月28日，万山356局市话扩容，在电信楼三层原市话程控机房内安装天津日电(NEC)提供的NEAX—61型数字程控电话交换设备5 000门。万山356局作为襄樊本地网中的一个市话端局，与荆州街351局及长途局之间设置直达中继，与襄阳、宜城、南漳、保康、枣阳、谷城、老河口局及市区长虹路322局、解放路344局、二汽331局、移动90局、移动GSM局间话务均由荆州街351局转接。1997年9月4日襄樊市本地网网管和集中监控系统工程开通使用。襄樊本地网网管和集中监控系统，是利用计算机网络技术，数据库技术对所辖市、县交换13个局点，两种制式，其中S—1240有12个局、NEAX61有1个局交换机进行集中监控和管理。改变过去分散看管式维护组织和维护方式。

1998年3月，襄樊本地电话网扩容。设备采用天津日电NEC公司生产的NEA×61∑综合业务(市话)交换机设备。新建一个母局和五个模块局，总容量为模拟用户25 000门，可以容纳窄带ISDN用户1 024户。母局设在解放路348局。5个模块局为：长虹路321局3 000门、荆州街355局5 000门、余岗334(余岗设两个模块局)6 000门、清河口340局3 000门。母局可远程监控长虹路5个模块局。8月，为配合窄带综合业务数字电话网(N—ISDN)的建设，新建荆州街355局，设备采用天津日电NEC公司生产的NEAX—61∑综合业务交换机，设备容量为5 000门，(2B+D)用户128门，局号为"355"，号码为3557874～3561713。2000年4月，对荆州街355局进行扩容，容量为3 000门，2B+D用户(107个)，V5.2接口(1套)。接入网用户容量为3 840线。其网络组织为：355局与长途局之间设置直达中继电路330条，与351局420条、322局420条、348局90条，至其他汇接局、市话分局话务均由322局、351局负责转接。10月，新建松鹤路311局，设备为天津日电NEC公司生产的NEA×61∑型程控数字交换机，容量为15 000门，19日投入试运行。

1999年2月3日新建清河口、二汽开发区(311)分局NEA×61∑型程控数字电话交换机模块局。同年6月，新建隆中359模块局。设备为天津日电NEC公司生产的NEA×61∑型程控数字交换机，容量为3 300门(含32个ISDN用户)。359局为荆州街355局(母局)的一个模块局，对355局设置直达中继电路480条，至其他汇接局、市话局话务均由355局负责转接，同年6月30日投入试运行。同年8月，新建第六化学建筑公司350模块局，设备为天津日电NEC公司生产的NEA×61∑型程控数字交换机，同年8月14日割接开通，投入试运行。同年11月，为配合光纤接入网工程建设，对解放路局数字程控交换设备扩容，采用天津日电NEC公司生产的NEA×61∑型程控数字交换设备，扩容V5.2接口480条中继电路(16×E1)。日前通过初步验收，投入试运行。同年12月31日襄樊本地电话网成功实现"2000年时钟过渡"。

2000年3月31日，新建长虹路327局，在原电信大楼二层327局机房内安装天津日电NEC电子通信工业有限公司生产的NEAX—61∑型数字程控交换机5 000门，2B+D用户(200个)，V5.2接口(2套)全套设备及市话配线架等配套设备。其网路组织为：长虹路327局与长途局设置直达中继电路240条，至长虹路322局中继电路300条、荆州街351局中继电路300条、解放路348局中继电路60条，至其他汇接局、市话分局话务均由322局、351局负责转接。同月，完成全市S1240程控数字交换机E升J工作。2001年10月,对长虹路327局设备扩容,安装天津日电(NEC)生产的NEAX—61∑型数字程控交换机,容量为5 000线,ISDN用户308门,市话中继900路端。同时完成对长虹路322局、解放路344局、荆州街351局、二汽开发区331局S1240E数字程控交换机升J工作。同年10月,对万山356局数字程控交换设备扩容,设备为天津日电NEC公司生产的NEA×61∑型程控数字交换机,容量为2 000门。同时,为配合光纤接入网建设,对荆州街局扩容V5.2接口2套(32×2M),长虹路局扩容V5.2接口2套(32×2M),松鹤路局扩容V5.2接口1套(16×2M)。

2000年,全市本地电话网城市局用交换机总容量352 517门,其中襄樊市分公司现业186 381门,枣阳47 000门,老河口43 000门,宜城22 248门,谷城26 624门,南漳17 024门,保康10 240门。城市局用数字终端复用设备(2Mbps)2 295个,其中同步(SDH)局用(2Mbps)2 065个、准同步(SDH)局用(2Mbps)230个。总数中襄樊市分公司现业1 335个。城市用户交换机总容量15 904门。

2001年11月,襄樊本地电话网(市话)扩容,长虹路327局安装NEAX—61∑型数字程控交换机5 000门,2B+D用户308,市话中继900路端,扩容V5.2接口1套;解放路348局安装NEAX—61∑型V5.2接口1套;二汽开发区332局安装NEAX—61∑ISDN用户128;松鹤路311局安装NEAX—61∑ISDN用户128,扩容安装NEAX—61∑ V5.2接口1套;荆州街355局扩容安装NEAX—61∑ ISDN用户368 ,NEAX—61∑V5.2接口1套。2003—2004年,本地电话网(市话)数字程控交换机扩容33 320门。截至2005年,襄樊本地网交换机总容量突破118.52万门。

襄樊本地交换网建设坚持"大容量、少局所、多模块、广覆盖"的原则,通过网络结构优化、设备机型整合、新技术适时引进等多种手段,逐步增强网络对各种新业务的支持能力和响应速度。

(2)传输网

20世纪70年代末,市话线路发展趋向电缆化,架空明线逐年减少。1978—1985年,是市话发展的兴盛时期。1979年,全区有市话杆路390公里,其中襄阳地区局现业12.5公里,架空明线长度为1 084对公里,其中襄阳地区局现业279对公里。1979年在汉江一桥上敷设过江市话中继电缆,架空电缆由地上转入地下,建樊城至襄阳中继电缆,为直埋式HEQ2:7×4×1.2电缆一条920米,为3.0铜线5对公里。1985年,全市有市话杆路481.51公里,架空明线长度为1 163.58对公里,电缆长度370.19皮长公里。除电缆建设外,市话杆线建设还采用了先进的新技术和新设备,在局间中继线上加装载波机或PCM脉冲编码设备。1987年,安装市话1+1环路载波机100路架。是年9月,架设襄樊刘集机场外部通信线路,全长22.5皮长公里,敷设HQ50×2×0.9电缆一条(市话中继线)由电信综合楼建华路至前进路至丹江路至大庆路至张湾至洪山头武坡至刘集机场。

1990年,为配合襄阳、樊城两地机务站搬迁到长虹路电信邮电大楼,在汉江二桥上游200~300米范围,敷设过江通信电缆3条,解决东西南三方的通信干线进局路由。1990年末,全市市内电话杆程为567.3公里,其中襄樊市区198公里;架空明线长度为1 074对公里,其中襄樊市区132公里;电缆长度628.7皮长公里,其中地下电缆96皮长公里,电缆芯线长度5.0万对公里,其中襄樊市区132公里、304皮长公里。

1991年,市内电话交换机械在引进国外先进设备的同时,加快线路建设,开始向光缆通信传输行列迈进。20世纪80年代后期,市话局间传输改为光缆。为配合万门程控电话建设,在市区长虹路、春园路、人民路西(长虹路口至振华路口)、檀溪路等地段敷设樊城电信综合大楼至7个方向出局主干电缆12.3皮长公里,5 651线对公里,襄阳5 000线敷设完工,调整配线53.7皮长公里,7 475线对公里。襄阳、樊城两局增装环路载波100路架。1991年8月,一期程控建设中引进中继光缆传输系统,长虹路22局和荆州街51局两端设置终端站,配置140Mb/s光端机一个系统,34Mb/s跳群数一个系统和6芯单模光缆8.3公里。1993年12月,配合新建长途3 000路端数字程控交换局,与现有网络形成综合通信能力，在长虹路22局与荆州街51局之间二桥新建长市合一中继光缆传输系统，敷设中继光缆线路6.284公里，敷设管道光缆4.966公里。采用单模、长波长芯光缆(市话10芯、长途8芯、农话4芯)，开通三次群传输系统。在22局和51局两端设置终端站，分别配置武汉日电通信工业有限公司提供的四次群140Mb/s光电合一架端机各一套、2/34Mb/s跳群数字复用设备、140Mb/s数字复用设备各一套。新增长市中继电路525条、市中继电路649条。1993年5月，为配合市话第二期工程扩容，新建长虹路22局、解放路二汽开发区31局、39局(东风汽车公司第二动力厂电话站)、襄阳县81局局间传输中继，建15个单模光缆传输系统，光缆长度17.4公里。8月，新建长虹路22局至荆州街51局局间(140Mb/s光纤传输)中继，两局均设终端站，采用24芯单模骨架式光缆，两端分别配置武汉日电(NEC)通信工业有限公司提供的四次群140Mb/s光电合一架端机各一套、2/34Mb/s复用设备4个系统、数字分配架及光缆配线架各一架。22局光电设备安装于长虹路邮电大楼二层PCM室，51局光电设备安装于荆州街电信大楼二层PCM室。本期开通中继电路2×480路。同时，新建长虹路22局出局主干电缆6条及局间中继2条、荆州街51局出局主干电缆4条，长虹路22局出局主干电缆6条7 600对线，分四个方向配置；荆州街51局出局主干电缆4条，4 800对线，分三个方向配置。1994年4月，为配合解放路44局市话改制，新建长虹路22局至解放路44局至荆州街51局局间传输中继。在22局、44局、51局均设终端站，22局和51局分别配置武汉日电(NEC)光通信工业有限公司提供的四次群140Mb/s光电合一架端机各1套，光、电设备及DDF架均安装于原PCM机房；44局配置四次群光电合架端机2套，光、电设备及DDF架安装于新建解放路电信综合大楼三层的PCM机房。可提供开通44局至22局、44局至51局的中继电路各1 920路。10月，为配合二汽开发区31局建设，先后修建31局至米庄800对及至南北方向主干电缆、配线。

1995年11月，为配合万山56局建设，新建万山56局至荆州街51局局间传输中继，两端均设终端站，分别配置武汉日电(NEC)光通信工业有限公司提供的四次群光电合架端机各1套。FO—4250型光端机、NE6041型140Mb/s数字复用设备、NE6058型2/34Mb/s跳群数字复用、光缆配线架及数字分配架等设备安装在新建电信楼二层数字传输机房。56局至51局全长6.4公里，占用4芯光纤，可开通局间中继电路4×480路。1995年末，市话出局用户线对达到202 020线对，其中襄樊市局现业98 920线对。

1996年8月，对万山356局至荆州街351局市话局间传输中继扩容，在原NE6041型140Mb/s光通信系统中增开32×30路局间中继电路。在原N6000S型光通信设备中增加1部NE—6058型2—334Mb/s数字复接设备，数字分配架选用眉山通信设备厂的MPX88D型和武汉日电(NEC)生产的型N8778FA设备。

1998年4月，为配合窄带综合业务数字网网至长话交换机中继电路5(N—ISDN)建设，新建解放路348局至清河口340局、长虹路321局至余岗334局局间传输中继。解放路至清河口数字段、长虹路至余岗数字段全程传输距离分别为3公里、3.5公里，均配置140Mb/s光缆通信系统。4个局均为终端站，采用武汉日电(NEC)通信设备厂生产的N6000系列光设备，系统终期容量为1 920路。数字配线架为四川眉山通信设备厂的MPX88D型和武汉日电(NEC)生产的型N8778FA设备，可提供解放路至清河口的数字电路32×30路，长虹路至余岗的数字电路48×30路。10月19日，为配合松鹤路311市话局建设，新建长虹路322局至松鹤路311局局间光通信传输中继，安装140Mb/s光通信传输设备，可提供48个2M端口，1 440条电路。1999年8月，为配合新建六化建350模块局，新建六化建模块局至荆州街351局局传输中继，利用光纤纤芯，安装155Mb/sSDH光传输系统，传输设备采用武汉邮科院生产的GF155—03/06型产品。开通21×2M电路至351局。10月，建隆中359模块局至荆州街351局传输中继，利用已敷设的6芯光纤中的2芯，传输设备采用武汉邮科院生产的GF155—03/06型155Mb/sSDH光传输系统，开通21×2M电路至351局。

2000 年，全市城市电话中继电路 43 423 路。城市中继光缆长度 453.57 皮长公里，城市中继光缆纤芯长度 3 570.97 芯公里。城市接入网光缆线路长度 161.65 公里，纤芯长度 1 897.51 芯公里。本地 670 路，其中襄樊市分公司现业 3 630 路，至数字数据网中继电路 990 路，至因特网中继电路 2 310 路，至中国移动中继电路 15 180 路，至中国联通中继电路 130 路。城市用户交换机中继电路 874 路。

2001 年 7 月，新建老河口 SDH 本地网（622Mb/s）传输系统，该网由 5 个节点组成 622Mb/s 自愈环，可提供终端电路 504 × 2M。8 月，新建宜城 SDH 本地网（622Mb/s）传输系统，由宜城局至郑集至璞河至孔湾至上大堰至雷河至宜城局等 6 个节点组成 622Mb/s 同步分插复用系统，可提供终端电路 198 × 2M。2002 年 7 月，新建襄樊传输 2.5G 市内二环光缆通信系统，沿途经过长虹路、松鹤路、余岗、二汽、解放路等局。光缆线路利用 ITU—T 建议单模长波长光纤光缆。传输设备采用上海华为公司同步分插复用设备（ADM）。新增电路 2M 端口 630 个、155M（光）端口 8 个、155MM（电）端口 8 个。其中松鹤路局 2M 端口 126 个、155MM（电）端口 2 个，余岗局 2M 端口 126 个、155MM（电）端口 2 个，二汽 331 局 2M 端口 126 个、155MM（电）端口 2 个，解放路局 2M 端口 63 个、155MM（电）端口 2 个。2004 年 8 月，建长虹路 22 局至襄阳（张湾）局 24 芯中继光缆和解放路 344 局至荆州街 351 局中继光缆 156 芯。10 月，建长虹路 22 局至解放路 344 局中继光缆，布放 GYTA—96 芯管道光缆 4.63 公里、GYTA—48 芯管道光缆 5.74 公里、GYTA—48 芯架空光缆 5.74 公里。10 月，建枣阳局西大街至南岗局中继光缆 96 芯、太平至杨垱至罗岗至徐寨局中继光缆（12 芯），全长 49.12 公里，采用武汉邮科院烽火通科技股份有限公司生产的单模光缆 GYTA—12B1、GYTA—96B1，架挂在原有农话明线杆路上。10 月，建宜城局局间中继光缆：即宜城局至雷河、东湾至杨棚、王集至南营老区至南营新区局间中继光缆，全长 40.99 公里。采用单模 12 芯光缆，架挂在原有农话明线杆路上。10 月，建南漳局至花庄至肖堰、南漳局至城北机房至龙门 2 条局间中继光缆，采用单模 12 芯、24 芯光缆。11 月，建谷城局局间中继光缆，自谷城局，沿途经过庙滩、黄畈、当铺、盛土康，全长 74.74 公里。采用单模 12 芯架空光缆。12 月，建老河口局局间中继光缆，光缆线路自花园路局沿途经过西关、袁冲、纪洪、赵岗、江山、江山新区、洪山咀支局，全长 52.05 公里。采用单模 12 芯光缆，架挂在原有农话明线杆路上。12 月，建保康局歇马至马良支局中继光缆，全长 20.08 公里。采用单模 12 芯光缆，架挂在原有农话明线杆路上。2003 年，全市主干电缆长度为 7 769.18 皮长公里，其中襄樊市分公司现业 1 089 皮长公里；主干电缆对公里 1 875 107.64 对公里，其中襄樊市分公司现业 644 955 对公里。

2005 年 4 月，投资 136.32 万元，新建襄阳局局间中继光缆，光缆线路自襄阳局至竹条至牛首至朱坡、襄阳至伙牌至黄集、东津至大埠至峪山至方集、大埠至王河、新集至阎集等 5 条局间中继光缆，全长 108 公里。采用单模 12 管式（带状）48 芯、36 芯、12 芯光缆，分别架挂在原有农话明线杆路上。2005 年，本地网中继光缆线路长度 2 856.6 公里，中继光缆长度 3 162.5 公里，中继光缆纤芯长度 28 886.83 公里，城市中继光缆线路长度 583.51 公里，城市中继光缆长度 653.43 公里，城市中继光缆纤芯长度 5 360.59 公里。主干电缆长度 8 756.31 公里，主干电缆对公里 2 810 760.14 公里。

（3）无线市话（PHS）

无线市话（PHS），俗称“小灵通”，是一种新型的个人无线接入系统，它采用先进的微蜂窝技术，以无线方式接入固定电话网，使电话在无线网络覆盖的范围内可随身携带使用，随时随地接听、拨打市内、本地网和国内、国际电话，也可方便地拨打寻呼和移动电话，是市内电话的延伸和补充。

2000 年 8 月，襄樊开始在全市部分地区及部分县、市城区进行 PHS 无线接入系统的建设，通过依托现有的固定电话网和小灵通业务可移动的通信优势，改善固定电话“热装冷用”的现状，开发新的业务增长点。在长虹路电信大楼四层无线市话机房安装 ZXJ10 型—PSC 交换设备，系统容量 42 000 用户，设置 48 个基站控制器 CSC、610 个基站 CS 设备及电源、传输等配套设备。设备采用深圳中兴通信股份有限公司生产的无线市话 PHS 系统。PSC 作为襄樊本地网一个无线市话交换局,负责疏通本局无线市话用户与无线市话用户、固定电话用户及 GSM 移动用户(包括 TACS 用户)之间通信业务。PSC 交换中心采用 NO.7 信令准直联方式与长虹路 322 局、荆州街 351 局、智能网设置直达中继相连。PSC 交换中心对长途局设置低呼损直达路由,疏通本交换区所有用户与异地电话的长途话务。全市安装 610 个 ZXPCS500mw 基站 CS,其中长虹路局 96 个、松鹤路局 27 个、余岗模块局 9 个、荆州街局 97 个、万山局 21 个、六化建模块局 10 个、解放路局 91 个、樊东模块局 12 个、二汽局 6 个、老河口局 44 个、谷城局 35 个、宜城局 32 个、襄阳局 20 个、枣阳局 55 个、南漳局 24 个、保康局 20 个。11 月,无线市话(PHS)开通投入试运行。PHS 网络已基本覆盖市区的主要城区及所辖 7 个县(市)城关镇的主要城区、个别经济发达的乡镇的主要街区。当年,发展(PHS)电话用户 4 551 户,其中襄樊市分公司现业为 3 100 户。2001 年 8 月,谷城城关、石花两镇开通了无线市话业务(小灵通)。2001 年 11 月,为解决因用户及话务分布不均匀,而导致不同 GW 间的注册用户数和话务量差异较大,针对一期工程中覆盖及小灵通电话不好打的问题。对无线市话网第二期扩容,进行网络优化。将系统容量提高到 60 000 用户,新增大基站 181 个、1 个 ANU、1 个 MF。网络方面:开局间 NO.7 信令中继群 6 个,电路 1 200 条,V5 接口 24 个,共 192 个 V5 链路。截至 2003 年底,PHS 无线接入容量 153 232 线,其中实占容量 126 291 线,PHS 基站 2 202 个,PHS 信道总数 9 577 个。

2004 年,对 PHS 无线市话网先后进行第三、四、五、六、七期扩容。新增 PSC 系统容量 170KL、32 个基站控制器 CSC、京瓷大基站 200 个,三洋大基站 100 个、1C7T500mw 智能型 cs28 大基站 360 个、1C4T500mw 智能型 cs4 大基站 627 个、1C7T200mw 智能型 cs28 大基站 200 个,同时对原有网络进行改造优化。截至 2005 年,PHS 接入容量 201 197 户,PHS 实占容量 230 318 户,PHS 基站 2 548 个,PHS 信道 11 826 个。2005 年全市 PHS 用户数达到 250 520 户。

(4)接入网

接入网是指骨干网络到用户终端之间的所有设备。其长度一般为几百米到几公里,因而被形象地称为“最后一公里”。由于骨干网一般采用光纤结构,传输速度快,因此,接入网便成为了整个网络系统的瓶颈。电信网按网络功能分为三个部分,即传输网、交换网和接入网。接入网负责将电信业务透明传送到用户,具体而言,接入即为本地交换机与用户之间的连接部分,通常包括用户线传输系统、复用设备、交叉连接设备或用户 / 网络终端设备。而实际上接供业务的实体就是业务结点。

襄樊电信光纤接入网系统始建于 1995 年底,组网方式采用链形和环形结构。一期光纤接入网工程建 2 560 线,其中长虹路 322 局至军纺集团 1 024 线、新铁三院 512 线、老铁三院 512 线,荆州街 351 局至湖北制药厂 512 线。1998 年完成二期工程,襄樊光纤接入网总容量为 10 240 线,其中长虹路 322 局 7 168 线,二汽开发区 331 局 1 024 线,荆州街 351 局 2 048 线。光纤设备共安装 8 个 512 线系统,其中用户分别安装在 5713 工厂、五水厂、化工二厂、华光厂、国际电台、米庄派出所、电气化二处、新铁三院、老铁三院、湖北制药厂。COIU(中央局接口单元)设备分别放置在长虹路 322 局、荆州街 351 局、二汽开发区 331 局程控机房。

2001 年,投资 1 627.32 万元,对市区光纤接入网络系统进行改造扩容,主要包括:①解放路 348 局在渔梁洲之刺绣厂、置地花园、鹿鸣岛、开发区管委会、昊天公司、丹江中路、回收公司、艺苑小区、酱品厂、虹桥小区 10 处设置远端接入网机房,系统采用华为公司生产的 HONET 型接入网设备,系统容量均为 512 线。规模为 832ASL,传输采用内置 SDH、SBA155A、SBS155H 设备组网,上与解放路 348 局天津日电 NEC 公司生产的 NEA—61∑综合业务交换机相连,分别构建星型 / 链型结构,2002 年 5 月 23 日投入运行。②长虹路 327 局分别在人民路、团山政府、赵家巷、物流所、粘胶所、蓝天服装城、长虹路 OLT、幸福小区、市规划局、樊城区法院、5710 厂、401 厂等 12 处设置远端接入网机房。系统采用华为公司生产的 HONET 型接入网设备，系统容量 9 216 线。传输采用内置 SBS155/622H、SBS622H 设备组网，上与长虹路 327 局天津日电 NEC 公司生产的 NEA—61∑综合业务交换机相连，分别构建星型 / 链型结构构成 SDH 环形结构，2002 年 1 月 26 日投入运行。③荆州街 355 局在花园小区、市公安局、物价局、电气厂、南湖宾馆、尹集、湖北制药厂 7 处设置远端接入网机房。系统采用中兴公司生产的 ZXONU—IN/384、ZXONU—IN/1K 型接入网设备，7 个 ONU 点，共计 8 704 线，传输采用外置 ZXSM—150/600/2500 设备组网，上与荆州街 355 局天津日电 NEC 公司生产的 NEA—61∑综合业务交换机相连，分别构建星型 / 链型结构，2001 年 11 月 28 日投入运行。④松鹤路局在华中制药厂、瑞源厂、汉江信用社、化工设计研究所、五水厂、柿铺街 6 处设置远端接入网机房。系统采用 UT 斯达康公司生产的 AN—2000 型接入网设备，系统容量 4 096 线，组网采用 SDH 有源传输方式，上与松鹤路分局天津日电 NEC 公司生产的 NEA—61∑综合业务交换机相连，分别构建星型 / 链型结构，2001 年 12 月 21 日投入运行。⑤二汽 311 局在米庄、清河店设置远端接入网机房。系统采用三高公司提供的设备，系统容量 1 440 线，在二汽 311 模块局安装 TTS 公司生产的 V5 中央接口单元（COIU）3 套，直接与米庄、清河店点相连，2001 年 5 月投入运行。

接入网网络管理，在解放路 348 局设置集中维护中心，其他各局的 OLT 通过 DDN+ 路由器或 2M 专线 + 路由器的方式接入到该中心。

由于用户对带宽需求呈几何级数的增长，同时基于市场竞争形势的需要，襄樊电信在推进接入网光纤化的进程上不断增加投入，使光网单元靠近路边，靠近用户。利用小区、大楼内的综合布线系统，逐步实现光纤到路边、小区、大楼。同时推动以太网接入，利用原有资源推进 ADSL 等多种有线接入手段，为单个用户可提供 1.5M—lOM 或 100M 可管理带宽的接入能力。截至 2001 年底，城市接入网光缆线路长度 161.65 公里，纤芯长度 1 897.51 芯公里。2003 年底，接入网点 236 个，其中襄樊市分公司现业 73 个。

2004 年，襄樊电信光纤接入网系统扩容 10 414 门。老河口分公司接入网局端 COT 设备传输机房内，系统采用 UT 斯达康公司的 AN—2000 型接入网设备，分别在丁楼、黄龙庙、杨寨、卧龙、半店设置远端接入网机房，系统容量 1 728（户）线。南漳分公司接入网系统采用中兴公司 ZXA10 型和华为 HONET 型设备，系统容量 1 408 门，采用内置 SDH155 传输设备组网，构建星型 / 链型结构，分别在武镇、武东、新集、龙门、沈湾、石门设置远端接入网机房。谷城分公司接入网系统采用华为 HONET 型设备，系统容量 1 536 门，采用内置 SBS155C、SBS155H/622H 传输设备组网，分别构建星型 / 链型结构，分别在潭口、小坦山、黄土康、甘家庄、倒庄设置远端接入网机房。枣阳分公司接入网系统采用 UT 斯达康公司的 AN—2000 型接入网设备，接入网局端 COT 设备传输机房内，分别对侯井、沙店、霍庄、优良 RT 设备进行扩容，系统容量 512 门，采用 SDH 有源传输方式。襄阳分公司接入网系统采用中兴公司 ZXA10 型和华为 HONET 型设备，系统容量 5 240 门，分别在东津、龙王、欧庙、肖集、竹条、泥咀、黄集、双沟、太平设置远端接入网机房，统采内置 SDH155、SBS155C 和 SBS155H/622H 传输设备组网，分别构建星型 / 链型结构。

2005 年底，接入网光缆线路长度 2 650.84 公里，接入网光缆纤芯长度 27 900.23 公里。接入网点 293 个，其中襄樊市分公司现业 73 个。

2.设备

(1)交换

1979 年，全区市话交换机总量 6 570 门，其中自动交换机 4 700 门，市话用户 4 547 户，市话普及率平均每千人 2.1 部，其中襄樊市话普及率每千人 5.7 部。为加速市话技术改造，宜城、谷城装用

HX—400 门和 HXJ—500 门型纵横制交换机。1985 年,市区有自动电话局三处(2、3、8 分局),自动电话交换机容量 4 000 门。1985 年 5 月 1 日,将市内电话用户话机产权,全部无偿移交给用户。12 月 20 日,襄樊市话四分局增容,装 HJ—921 型 1 000 门纵横制自动交换机。

1986 年 6 月,为实现上半年长途自动拨号,襄樊市话四分局装用 HJZ—25 型市话对长途自动,配套设备,市话八分局装用 DD17 设备一套,长途对市话出中继系统,在二分局装用长途第一选组机三架(国产 JB—1A 型 I/N 选组机),长途话装用一套 DD16,长途全自动对站设备一套。来话装用 DD14(16 来 /16 去)长途半自动对站设备一套。由于襄樊长市中继是以市话二分局为汇接局,该局是西门子 F 式步进制交换机,因此再增装 DD14 对端设备及 C15(4)下式接口盘。1987 年 12 月,襄城市话分局增容 500 门,装 HJ—921 型 500 门纵横制自动交换机。1989 年 12 月 25 日,在襄城荆州街市话七分局,新增 HJ—921 型纵横制自动电话交换机 1 000 门,安装 1 600 回线配线架一架、机械 54 架、局间配套设备 17 架。1990年6月,襄樊市话增容1 000门,装用HJ—25型纵横制自动电话交换机,与四分局原 HJ—25型交换机设备合设一机房。1991年,随州局市话增容,新增HJZ—21型纵横制自动电话交换机 1 000 门。

1991 年,襄樊首次利用西班牙政府贷款引进西班牙(SESA)阿尔兴卡特标准电气公司生产的 S12 系统数字程控交换机,设备容量为 10 000 门,分设"长市合一"局和市话分局(51 局)。"长市合一"局局址在长虹路电信大楼二层,市话容量为 6 000 门,安装程控交换设备机架 17 架,另外配置邮电部江西景德镇通信设备厂生产的 HP×06Ⅱ型 6 000 回线配线架 7 架,测量台 1 台,在一层设配电室,安装交流、直系统。市话分局(51 局)容量为 4 000 门,局址在荆州街新建的程控机房楼三层,安装程控交换设备机架 12 架, 另外配置邮电部江西景德镇通信设备厂生产的 HP×06Ⅱ型 6000 回线配线架 2 架,测量台 1 台。樊城市话分局(61 局)和经济开发区分局(31 局)分别安装了日本生产的 1 000 门集装箱纵横制交换机(二手设备)。1993 年 8 月,引进上海贝尔电话制造有限公司(以下简称"上海贝尔公司")生产的 S—1240 型数字程控电话交换机,设备容量为 10 000 门,其中长虹路 22 局 7 000 门,荆州街 51 局安装 3 000 门。长虹路 22 局安装程控交换设备机架 11 架,荆州街 51 局安装程控交换设备机架 4 架,市话配线架、测量台等配套设备。

1994 年, 樊城市话分局市话改制, 采用上海贝尔公司生产的S—1240型数字程控电话交换机10 000 门,在新建的电信综合楼三层程控机房安装程控交换设备机架 18 架。同时,在二层新建解放路测量室、传输室、电池室和电力室,另外配置邮电部江西景德镇通信设备厂生产的 HP×06Ⅱ型 6 000 回线配线架 3 架,测量台 1 台。安装—48V 电源设备 1 套,更新油机 2 台,交流屏、油机转换并各 1 部,变压器 1 台,低压屏 4 部等电源设备。并于 6 月 11 日,零时正式割接开通。8 月,对荆州街 51 局数字程控电话交换设备进行扩容。1992 年 12 月,与上海贝尔公司签订 S—1240 型数字程控电话交换机供货合同,设备容量为 10 240 门,在电信综合楼三层程控机房扩装程控交换设备机架 13 架,另配置邮电部江西景德镇通信设备厂生产的 HP×06Ⅱ型 6 000 回线配线架 3 架、电源等配套设备 16 架(台)。9 月,投资 1 582 万元,对长虹路 22 局数字程控电话交换设备进行第三期扩容,设备容量为 10 240 门。为配合市话线路工程需要另配置邮电部江西景德镇通信设备厂生产的 HP×06Ⅱ型 6 000 回线总配线架 3 架。

1995 年 1 月,新建汽车产业开发区(简称"二汽")市话 31 局。设备采用上海贝尔公司生产的 S—1240 型数字程控电话交换机 5 000 门。在新建的电信综合楼三层程控机房安装数字程控电话交换设备 12 架。在三层测量室,安装邮电部江西景德镇通信设备厂生产的 HP×06Ⅱ型 6 000 回线配线架 1 架、上海贝尔公司生产的数字测量台 1 台。同时,新建传输室、配电室和油机室,安装—48V 直流屏 1 部,更新油机 2 台,整流器 2 台,交流屏、油机转换并各 1 部,变压器 1 台,低压屏 4 部等电源设备。8 月,投资 2 100 万元,对长虹路 22 局市话进行第四期扩容及电源设备改造,设备采用上海贝尔公司生产的 S—1240 型数字程控电话交换机 10 000 门，在电信综合楼二层市话程控机房安装数字程控电话交换设备 18 架及电源配套设备等。

1995 年 11 月 20 日，新建万山市话 56 局，设备采用天津日电（NEC）电子通信工业有限公司［以下简称“天津日电（NEC）”］生产的 NEAX—61 型数字程控电话交换机，设备容量为 5 000 门。在新建的电信综合楼三层程控机房安装 NEAX—61 型数字程控电话交换设备 10 架，中继线 300 条；在二层测量室安装邮电部江西景德镇通信设备厂生产的 HP×06Ⅱ型 6 000 回线配线架 1 架及天津日电（NEC）提供的 LTC 测量台 1 台。万山市话 56 局为市话端局。同时，新建万山 56 局配电室，安装—48V 高频开关电源 2 部，新配油机 2 台，整流器 2 台，交流屏、低压屏各 1 部，油机转换并各 1 部，新装变压器 1 台等电源设备。是月，投资 2 875 万元，先后对荆州街 51 局和解放路 44 局市话扩容，容量为 17 000 门。在荆州街 51 局电信楼三层安装上海贝尔公司生产的 S—1240 型数字程控电话交换机 7 000 门。在解放路 44 局电信楼三层安装上海贝尔公司生产的 S—1240 型数字程控电话交换机 1 0000 门，新增邮电部江西景德镇通信设备厂生产的 HP×06Ⅱ型 6 000 回线配线架 1 架。同月，投资 2 622 万元，对解放路 44 局市话交换、线路、电源及配套设备等进行扩容，在电信楼三层安装上海贝尔公司生产的 S—1240 型数字程控电话交换机 15 000 门。另增邮电部江西景德镇通信设备厂生产的 HP×06Ⅱ型 5 000 回线总配线架 2 架，对长虹路长途局设置长市中继 1 080 条。安装—48V 直流配电屏 1 面、整流器 2 台、蓄电池 1 组，迁装柴油发电机组 2 台，增变压器 1 台等电源设备，1996 年 3 月 22 日割接开通。

（2）市话管道

1982 年，铺设电缆管道 17.22 管孔公里。1984 年，铺设中原路、春园路口、襄阳公园、西大街 4 处电缆管道 1.52 公里，9.59 管孔公里。1986 年，修建建华路通信电信大楼管道 10 000 米，24 孔，前进路通信管道（丹江路—人民路口）长度 2 000 米，12 孔。1986 年 6 月 17 日，襄樊二桥桥上通信槽道建成，电缆槽宽 600 毫米，电缆槽深度 250 毫米。1987 年，全市有通信管道 22.07 公里，其中襄樊市局现业 12.05 公里。1990 年，全市通信管道长度 41.9 公里，其中襄樊市局现业 27 公里。管孔长度 415.4 公里，其中襄樊市局现业管孔长度 313 公里。

1991 年，为配合万门程控电话建设，在市区长虹路、春园路、人民路西(长虹路口至振华路口)、檀溪路等地段建电缆管道 6.69 管程公里，89.9 管孔公里。1994 年，为配合二汽开发区 31 局建设，先后修建 31 局出局、至春园东路路口、车城大道、钢丝厂路、富康大道等通信管道 5.7 管程公里，93.6 管孔公里。

1995 年 12 月，先后新建万山 56 局通信管道，敷设 56 局出局管道 54 孔、万山路管道 24 孔、万山路至隆中路 12 孔、檀溪路 12 孔及轴承东路 6 孔，共 4.46 管程公里，29.99 管孔公里。

2002 年 5 月，修建鱼梁洲二桥通信管道，敷设 12 孔塑料管道。至 2002 年底，全市通信管道长度 367.3 公里，其中襄樊市分公司现业 157.92 公里，管孔长度 1 789.25 公里，其中襄樊市分公司现业管孔长度 765.09 公里。

3.业务

（1）市话营业区域

襄樊市内电话营业区域以行政区划为范围。市内电话基本营业区域是市内电话用户比较集中、且主干线自设备已经到达的地区。在营业区域内划定基本营业区域，作为市内电话的服务范围。市话基本营业区域的范围小于营业区域，是划分界内和界外用户的依据。基本营业区域以内的为界内用户,基本营业区域以外的为界外用户。在基本营业区以外的用户,除按一般规定纳费外,尚须负担一定的界外费用。

1996 年 6 月 1 日,根据邮电部颁发的《市内电话业务规程》,对固守了 36 年的襄樊市内电话基本营业区域进行调整,以襄樊市区行政区划分范围,统一划为市话营业区域,不再划定基本营业区域和界外区域。调整原则为南北直径 12 公里,东西直径 12.5 公里。东向:樊城由原来的丹江路调整到清河;襄城由原来的东门调整到襄江边;南向:由原来的南门调整到观音阁;西向:樊城由原来的汉江路调整到柿铺;襄城由原来的西门调整到花梨木店;北向:由原来的七里河路调整到邓城大道,这是继 1980 年调整以来的第一次调整。1997 年 4 月,调整市区与襄阳县市内电话营业区域界线,以行政区域为标准划分。1999 年 1 月,调整襄樊市区内电话营业区服务范围,襄城电信分局市话营业区:以襄城区行政区域为内电话服务范围。二汽汽车产业开发区电信分局市话营业区:以二汽汽车产业开发区的行政区域为内电话服务范围。解放路电信分局市话营业区:东至清河口,西至长虹路,北至襄柳铁路线和铁路专线。长虹路电信分局市话营业区:东至清河,西至大吕沟、汉江路和铁路专线,南至汉江中心线,北至襄阳县交界线。松鹤路电信分局市话营业区:东至大吕沟、汉江路和铁路专线,南至汉江中心线,西北至襄阳县交界线。经市物价局、省电信有限公司批准,2004 年 9 月 21 日,襄樊市电信分公司所辖的襄阳分公司从零时起,将襄阳区与襄樊市区区间通话费调整为区内资费。

(2)业务种类

1978 年,襄樊市邮电局执行新的市内电话业务规定。市内电话业务种类划分为 12 种:普通电话(正机)。即一个用户单独使用的电话。电话副机及附件。即用户在正机之外,加装的话机、听筒、分铃、插扑等设备。同线电话。即同一正机线路上装设两部话机,供不同用户使用。合用电话。即一部话机供几个用户共同使用。用户交换机、集团电话(所需中继线按规定配备)。分机。即接通用户交换机的话机。中继线。用户交换设备接通市内电话局的电话线路。专线。即用户租用市内电话线路作为通话和传递信号等。临时电话。即供用户临时需要装设的电话或专线。公用电话。即供人民群众使用,按次收取通话费的电话。租杆挂线、租用管道。即用户租用市内电话杆路、管道、附挂线条、电缆或敷设地下电缆。代维用户机线设备。即产权属于用户的机线设备,市内电话局代为维护。

1987 年 10 月,邮电部《市内电话业务规程》规定,市话业务种类分为普通电话(正机),电话副机及附件同线电话合用电话,用户交换机、集团电话(所需中继线按规定配备),分机,中继线,专线,临时电话及临时专线,公用电话,无绳电话,用户终端复用设备,租杆挂线,租用管道,代维设备,程控电话新服务项目(缩位拨号、热线服务、缺席服务、呼叫等待、遇忙回叫、转移呼叫、三方通话、闹钟服务、免打扰等),共 16 种业务。1992 年,开办磁卡电话业务。1997 年 5 月 7 日,开办“121”答询气象服务业务。1997 年,开办 201 新型电话业务。1998 年开办 IC 卡电话业务。

(3)市话特别业务

市话特别业务是电信部门为电信业务和社会公益事业而设置,如机线查修、接受用户申告、查号、报时、业务查询以及报告火警、盗警等。特种服务电话号码位数少、易记、呼叫方便,部分特别服务电话号码属全国统一使用。20 世纪 90 年代后,随着社会经济发展对通信的需求及电信新技术、新业务的发展,特别服务电话出现快速发展,有的已成为公众通信网中和特殊用户的专用接入号码。1981—1995 年,襄樊电信先后开通特别服务电话为社会提供服务。

1981 年 9 月,启用“119”火警台电话号、“110”盗警台电话号码、“114”市内电话查号台和“12 ×”特种业务电话号码。1995 年启用“122”道路交通事故报警特别服务电话号码。随着用户对通信业务的需求,至 1995 年底,开办的特种业务电话 21 类(见表 7—5)。

1981—1995 年襄樊电信特种业务电话一览

表 7—5

号码	业务内容	号码	业务内容
112	市话障碍申告台	968	自动声询信息服务台
113	国内人工长途挂号台	960	人工信息服务台
116	国内人工长途查询台	991	无线电省内联网自动寻呼台
114	市内电话查号台	997	本地网无线电中文自动寻呼台
117	报时台	998	本地网无线电中文人工寻呼台
119	火警	129	无线电省内联网白动寻呼台
110	匪警	173	国内立接制长途半自动挂号台
126	无线电人工寻呼台	176	国内长途半自动查号台
127	无线电自动寻呼台	966	本地网语音信箱
161	电话网与分组网网间互联号(同步)	108	直拨国外话务员受付电话业务
162	电话网与分组网网间互联号(异步)	—	—

1995 年后，襄樊电信为满足社会公益需求相继开通“985”支票业务查询特别服务电话专号、“121”气象特别服务电话、“120”急救服务电话、“122”交通事故报警电话、“12315”消费者投诉举报电话、“148”法律服务专用电话和“185”全国邮政特快专递业务电话等特种电话。1997 年陆续启用“162”分组交换网特别服务号码、“163”计算机互联网业务特别服务号码、“1641”电子信箱业务特别服务号码等,同时还启用“169”特别服务号为全国电话网和公众信息网之间使用的接入专用码。“198”为人工寻呼、人工漫游登记接续特别服务号码。“199”为自动寻呼、漫游登记接续特别服务号码。“184”为全国邮政编码查询特别服务号码。1998 年启用“179”为中国公众多媒体通信网语音按入码。2003 年,信息产业部公布《电信网编号计划》,对部分特别服务号码分别进行调整,至 2005 年,襄樊本地网开通的特种业务电话达 100 多种。

(4)公用电话

公用电话是市内电话中一项重要业务,在市话普及率不高的情况下,是城市居民日常生活中不可缺少的通信工具。公用电话分为有人值守和无人值守两大类。其中有人值守公话包括:普通有人值守公话、公话超市(话吧);有人值守智能公话;无人值守公话包括 201 公话、校园卡公话、无人值守智能公话、IC 卡公话、信息公话(多媒体公话)。

普通代办类公用电话:1991 年以前,公用电话因不能独立完成公用电话的完整过程,只能算是受理电话的营业点。挂长途电话在邮电营业厅(所)排队挂号或用 113 长途台挂号,等待长途话务员接续,才能实现通话。等待时间长、受话信号弱、可靠性差,等待几个小时甚至一天,未能通话的情况经常出现。1991 年 8 月 18 日,襄樊万门数字程控电话开通,为开展公用电话业务提供了先决条件。国内、国际长途电话实现了直拨,邮电窗口和营业网点实现公用电话自动化。为适应形势的发展、满足人们使用公话业务需要,1992 年 12 月,在火车站、襄江商场、鼓楼商场等繁华地段设置市内电话亭 10 处,为公众使用电话提供方便。1992 年,公用电话 1 711 部,其中襄樊市局现业 1 192 部。截至 2000 年底,城市公用电话 7 831 部,其中普通公用电话 6 731 部,乡村公用电话 1 547 部。2005 年公用电话总数(含 PHS 公话)为 33 210 部,其中无人值守电话 8 382 部。

卡式类公用电话:1994 年,开办磁卡电话业务,改变了币式付费方式,为无币(电话卡)付费的方式。磁卡机这一新生事物颇受用户欢迎,许多单位把拥有磁卡电话作为自己单位上档次的象征,纷纷申请安装磁卡电话。3 月 16 日,成立磁卡电话发展办公室,大力发展磁卡电话业务,至 1995 年,全市共安装磁卡电话 406 部,其中襄樊市局现业 212 部,主要安装在宾馆、饭店、车站、话亭、学校、企事业单位等场所。1996 年 9 月 28 日,应襄樊铁路部门申请,在 49/50 次列车上,安装 4 部"车载移动磁卡机",从而在襄樊开创"磁卡电话移动中使用"的历史。1997 年,开办 200 电话卡业务。1998 年,IC 卡在襄樊热销,8 月,201 平台的建立,襄樊首套本地卡——201 电话卡在襄樊上市。随后,17900IP、17908IP、宜通卡、201 专用 IC 卡等国卡、省卡、本地卡(企业卡)相继开通使用。用户可根据自己活动范围及使用方式,自由挑选不同的电话卡,这些电话卡的出现,为襄樊市民通信带来了很大方便。1995 年 3 月,磁卡公话分局成立,将以前的分散管理改为集中管理,从而实现了襄樊市公话的第二次跨越。1997 年,为促进襄樊公话的普及和增长,并为襄樊市民、市政府"排忧解难",推出装公话不交初装费的优惠政策,吸引人们办理公话业务。1997—1998 年,公用电话得到迅速发展,总数量达到 4 000 多部,公用电话遍及襄樊的大街小巷,极大地方便了市民的通信需要。随着科技的进步及社会的不断发展,襄樊市的公话业务也得到很大的发展。1998 年 1 月,开办 IC 卡电话业务,在解放路电信营业厅内安装 IC 卡话机。同年 6 月,又在襄樊火车站及鼓楼商场投入 5 座无人值守话亭及 13 部卡式话机。为使人们在公用电话亭上更加方便使用电信业务,不仅加装了部分磁卡机,还在 IC 卡机、磁卡机上迅速开通 200、201、300、800 及特别服务号业务。同年,采取与学校签订协议的方式,开通大专院校、中专、技校和中学专用 201 电话系列。2000 年底,城市公用电话 7 831 部,磁卡公用电话 356 部,IC 公用电话 744 部,乡村磁卡电话 22 部,IC 公用电话 81 部。2005 年 IC 公用电话 3 901 部。

智能公话:为解决 IC 卡公话的单一性,2002 年 6 月,根据湖北省公话局的要求,襄樊市公话分局对全市的 IC 卡电话进行改版升级。升级后的 IC 卡电话,不仅具有 IC 卡电话的拨叫功能,而且,还具有电话卡充值、预存话费、消费积分、升级用户、智能记忆等许多智能化功能。2005 年,智能网用电话 13 047 部。

市话用户:包括普通电话用户和无线市话用户。普通电话用户。1987 年 10 月,按邮电部电信总局新颁布的《市内电话业务规程》规定,根据市内电话装设位置的不同和用户使用电话业务量的大小,对普通电话甲、乙种用户种类再次进行划分,甲种用户是指电话安装在个人住宅的市话用户,乙种用户是指甲种用户范围以外的所有用户。如:电话安装在集体宿舍院内,供职工和家属共同使用的,应按乙种用户处理。有些用户的住宅兼作办公或业务生产的,安装的电话也应按乙种用户处理。个体工商户在住宅或其他地点开办经营业务,申请安装的电话,按乙种用户处理。1996 年 1 月,邮电部电信总局颁布的《市内电话业务规程》规定的市内电话种类仍为甲、乙两种,襄樊一直执行并沿用至今。

1978 年末,市内电话达到 4 547 户,市话普及率平均每千人 2.1 部,其中襄樊市话普及率为每千人 5.7 部。1985 年末,市内电话达到 7 142 户,其中襄樊市局现业为 2 769 部、随州 862 部、枣阳 766 部、南漳 525 部、谷城 522 部、老河口 965 部、宜城 440 部、保康 294 部。1990 年末,市内电话达到 14 929 户,其中襄樊市局现业为 5 219 部、随州 2 172 部、枣阳 1 745 部、南漳 1 043 部、谷城 1 155 部、老河口 2 066 部、宜城 900 部、保康 629 部。1989 年,市话用户达 12 636 户,全市市话电话机总数已达到 33 914 部,市话普及率平均每百人 2.7 部,其中襄樊市区每百人达到 4 部。

1991 年 8 月 18 日,万门程控电话开通后,在市区开展市话放号大会战活动,实行优惠办法,突击装机放号。共装机 605 户。1992 年底,全市市话达 23 844 户,其中私人电话 3 391 户(襄樊市区占 2 155 户),住宅电话 6 763 户。"八五"期末,全市市内电话用户由"七五"末的 12 757 户增加到 100 986 户,截至 1999 年 12 月底,襄樊公网住宅电话用户达 87 009 户,其中襄樊市区达到 43 223 户,占所有电话户数的 80%以上。

国家"九五"计划期间,襄樊电信继续加快市内电话发展。1995 年,发展市话用户 24.54 万户,累计达到 86.9 万户。2000 年,城市电话区内通话量 30 802.44 万次。其中襄樊市局现业为 21 260.07 万次；市电话用户 302 415 户，其中襄樊市局现业为 158 462 户，总数中住宅电话 256 889 户。城市智能网专用接入终端用户 7 891 户。2001 年，城市电话普及率达每百人 25.47 部。

2002 年，针对周边农村、铁路沿线、新建住宅小区等不同情况，采取不同的有针对性的营销政策，同时开展“装机捆绑来显”“装机捆绑宽带”等打包优惠装机活动。针对大专院校附近新建的大批出租给学生居住的私人公寓所产生的电话需求，及时调整 201 电话装机政策，抢占市场，拓展 201、202 电话业务的发展空间，市话放号完成 24 011 户。

2003 年，在市场竞争日益激烈的情况下，襄樊电信在市内电话甲种用户集中的新建小区，采取与物业管理部门开展互利合作、多业务捆绑等营销举措，有效抑制其他运营商在小区的扩张。在高校学生公寓，通过采取与校方话务量分成、在高校学生宿舍安装第二部 201 电话、对其他营运商进入校区针锋相对地安装 201 插卡式电话机等措施，有效巩固高校通信市场份额。在农村市场，到 2005 年，全市固定电话用户达到 100 万户。

无线市话用户。2000 年 8 月，襄樊开始在全市部分地区及部分县、市城区进行无线市话 PHS（俗称“小灵通”）无线接入系统的建设，通过依托现有的固定电话网和小灵通业务可移动的通信优势，改善固定电话“热装冷用”的现状，开发新的业务增长点。11 月，无线市话（PHS）开通投入试运行。当年发展（PHS）电话用户 4 551 户，其中襄樊市分公司现业为 3 100 户。2001 年 11 月，加大技术研发和投资改造力度，对无线市话网进行网络整治优化。

（5）资费

普通电话包月制电话资费：1980 年 8 月 1 日起，邮电部、国家物价局对市内电话资费标准进行调整，把包月制的月租费计费等级调整为四级，电话月租费按二级局收取。电话月租费为 18 元，住宅用户 11 元，电话副机 6 元。

普通电话计资制电话资费：从 1990 年 11 月 1 日起，按照湖北省物价局、邮电管理局《关于调整我省市内电话初装费及计次制月租费收费标准的通知》的有关规定，结合襄樊市实际，对市话计次制月租费收费标准适当调整，基本月租费以市话交换容量在 1 万门及以上的等级标准，按甲类用户 12 元 / 月，乙类用户 18 元 / 月，中继线用户 57 元 / 月的标准收取。通话费由原来的每次 0.04 元，调整为每次 0.10 元。1996 年 12 月 1 日起，按照湖北省物价局、邮电管理局《关于邮电价格改革有关问题的通知》的有关规定，襄樊市本地网营业区间（即县与县之间、县与乡之间、乡与乡之间、城市与县城之间、同一城市中市辖郊区营业区与市话营业区之间等）通话费标准统一按每分钟 0.40 元执行，市话通话费仍按每 3 分钟（不足 3 分钟按 3 分钟计算）0.20 元执行，电话基本月租费甲类用户 21 元 / 月、乙类用户 33/ 月、中继线 96 元 / 月对。2001 年 4 月，根据湖北省物价局、湖北省通信管理局、湖北省财政厅《关于调整我省固定本地电话资费标准的通知》文件，对襄樊本地网固定电话资费标准进行结构性调整，将拨打本地网电话通话费由原来的每 3 分钟计 1 次，不足 3 分钟按 l 次计，调整为前 3 分钟计 1 次，3 分钟后每分钟计 l 次的计费方式，即“3+1”计费方式。此次资费调整有升有降，襄樊市话通话费新资费标准为首次 0.22 元 /3 分钟，续次 0.11 元 / 分钟，取消附加在市话通话费的城市公用事业附加费。电话基本月租费甲类用户 18 元 / 月、乙类用户 35/ 月。2004 年 9 月，经襄樊市物价局、省电信有限公司批准，襄樊市电信分公司所辖的襄阳分公司从 9 月 21 日零时起，将襄阳区与襄樊市区区间通话费调整为区内资费。

初装费及装机费：市内电话初装费是由国家开征专项用于市话通信建设的政府性基金项目，作为市话建设的补充资金，用以增加市话机械容量或扩充用户线路。1980 年，市内电话初装费 1 500 元 / 部。1990 年，对市内电话装机资费标准作了适当的调整，并从同年 11 月 1 日起开始执行。调整后的资费标准工矿及企事业单位为 4 500 元 / 部，党政机关及大中专院校为 3 500 元 / 部，中小学校、幼儿园、托儿所、住宅用户为2 500元/部。1997年1月,鉴于市内电话通信设施基本建设已发展到一定规模,供求矛盾趋向缓解,根据湖北省物价局、省财政厅、省邮电管理局联合下发的《关于适当调低电话初装费标准及有关问题的通知》文件精神,下调市内电话初装费资费标准。1999年,国家计委、信息产业部下发通知,降低市话初装费指导性资费标准。同年3月,襄樊电信根据《湖北省邮电管理局、省物价局关于降低全省电话初装费和入网费标准的通知》要求,对城区市内电话的初装费再次进行下调。2001年7月,财政部、信息产业部下发通知,取消包括市话初装费和邮电附加费等用于邮电通信事业建设的政府性基金项目,襄樊市电信从7月1日起,停止对新装机用户收取初装费,并开始执行新的市话装机资费标准,市内电话装机只收取工料费200元/部和手续费16元,原有的市话装机资费政策及优惠活动一律停止。

(四)本地电话网

襄樊扩大的本地电话网,是以襄樊市为中心并包括所辖襄阳、宜城、南漳、保康、枣阳、谷城、老河口等12个市话局、2个移动通信局(90局、GSM局)以及各市县所辖的116个农话端局统一组网,网内用户统一编号、统一拨号程序,形成一个以襄樊市长途局C3为中心,统一的襄樊地区本地电话通信网。本地电话网的服务范围,根据需要确定,打破原有市内电话和农话村电的界限。但是,在同一个本地电话网内开通的电话业务,在计费方式和费率上仍然可以有市话和农话的区别。襄樊本地电话网始建于1995年6月,涉及襄樊市区及辖区内7个县、市的长、市、农话交换设备,传输线路,传输设备以及模拟、数字移动电话,无线寻呼,计时计费,用户查号等30多项配套工程。

1.网络组织

襄樊市与襄阳、宜城、南漳、保康、枣阳、谷城、老河口等及所辖端局形成一个以襄樊市长途局C3为中心的襄樊地区扩大的本地网。本地网内设长虹路322局、荆州街351局、襄阳县、宜城、南漳、保康、枣阳、谷城、老河口9个汇接局,汇接局间采用各个相连的方式组网。长途局(C3)在本地电话网与9个汇接局及襄樊市二汽331局、万山356局、解放路344局、移动通信90局和GSM局均分别设直达长市中继。与特别服务台及长途人工台间均设置中继,以构成自动网与人工网之间的联系。长虹路322局汇接二汽331局及移动通信局,荆州街351局汇接万山356局。解放路344局与长虹路322局、荆州街351局、移动通信GSM局和襄阳县分别设有直达中继。解放路344局与谷城、老河口局话务均由长虹路322局汇接,与保康、南漳、宜城局话务均由荆州街351局汇接。各县市汇接局负责所属端局话务。1995年12月17日零时,襄樊本地电话网建成投入使用,电话号码由6位升至7位后,所属各县市原"长市合一"的交换局改为汇接局,进入襄樊本地电话网。同时,取消所属6个县市原有C4级长途交换局(襄阳县原为农话汇接局),对外统一使用襄樊市长途局(C3)长途区号0710。

2.传输网络

襄樊市本地电话网传输系统,是依照原有电话交换体制的需求逐步建立起来的,它包括市区的中继传输系统和本区内的二级干线传输系统。这些系统均采用光缆传输,设备选型市区采用进口140Mb/s光电端机,二级干线采用国产34Mb/s及140Mb/s光电传输设备,本地电话网干线传输采用PDH过渡方案。为保证本地电话网建成,1995年先后对襄樊至宜城、襄樊至南漳至保康、谷城至老河口34Mb/s光通信传输设备进行扩容。同时,新建襄樊至谷城140Mb/s光通信传输系统及新建襄樊中心环和外大环两个同步数字光缆传输环形网。传输网络基本上是星状辐射网,即从长虹路(322局)至7

个市县局(襄阳、宜域、南漳、保康、枣阳、谷城、老河口)及荆州街351局均采用点对点传输。1995年底，本地网中继电路5 947条，其中数字电路5 625条。本地电话网建成后，按照襄樊市扩大本地电话目标网规划，对交换、传输网路组织进优化，逐步完善襄樊全区交换、传输监控网，为综合业务数字网：即公用分组交换数据网、公用数字数据网(DDN)、湖北省CHINANET(襄樊)网、宽带多媒体网(ATM)、IP城域网、窄带综合业务数字网(N—ISDN)、IP宽带城域网发展打好基础。

3.襄樊长途局

襄樊长途局位于长虹路邮电大楼二层，为独立的长途交换局，在全国电话网中属第三级“简称C3”长途交换中心，本地网区号为“0710”。设备采用台湾和上海贝尔电话设备制造有限公司生产的S—1240(J)型长途数字程控交换机，其容量为6 000路端。对所属DC1局(武汉TSH2、TSH3)设有基干路由，并与其有较大业务联系的DC2长途局及市话局间设直达路由，省际(电路)北京120条、广州180条、南京120条、重庆120条、西安×条、郑州90条、合肥60条、杭州×条、长沙180条、南阳120条、常德60条、平顶山60条，省内(电路)武汉长途局(TSL1、TSH2、TSH3)3 000条、宜昌360条、荆州240条、孝感300条、黄冈150条、黄石150条、十堰180条、荆门240条、随州780条、鄂州90条、恩施150条、江汉120条和咸宁长途局360条，对本地网市话汇接局、市话分局、90局移动局、GSM移动局设长市直达路由。对市话汇接局(电路)有：市区长虹路322局1 080条、荆州街351局780条，襄阳281局450条、宜城421局450条、南漳523局330条、保康581局360条、枣阳622局840条、谷城723局420条、老河口823局1 080条；对市话端局(电路)有：解放路344局1 080条、解放路348局(具有ISDN功能)540条、二汽开发区331局180条、万山356局180条、松鹤路局270条、余家湖局90条、人工台30条及90局移动局330条、GSM移动局330条。其国际长途通过武汉经北京或上海国际接口局转接。1999年5月，襄樊长途局再次扩容，设备采用上海贝尔电话设备制造有限公司生产的S1240(J)型长途数字程控交换机，设备容量为4 000路端，安装在长虹路邮电大楼二层长途程控机房内，扩容后其总容量达到10 000路端。5月19日进行系统割接开通，并投入试运行。此时2M端口总数为618个。2001年11月，为统一全省本地网长途交换机软件版本(EC7.4LT108)，对长途局原S1240(J7.2)型长途数字程控交换机设备版本升级为S1240J7.4版。2005年长途电话交换机总容量10 000路端，实占容量5 822路端。

(1)长虹路汇接局

长虹路汇接局位于长虹路邮电大楼二层，设备引进西班牙(SESA)阿尔兴卡特标准电气公司和上海贝尔公司生产的S—1240型数字程控电话交换机，截至1995年总容量为33 000门。对襄樊市长途局C3设置直达长市中继电路1 050条，对本地电话网内的8个汇接局采用各个相连方式组网，分别设直达中继电路：荆州街351局600条、襄阳180条、宜城120条、南漳90条、保康120条、枣阳各540条、谷城各240条、老河口570条，与市内解放路344局、二汽开发区331市话端局设有直达中继电路，分别为1 200条、300条，至移动通信(模拟)90局120条、移动通信(数字)GSM局90条，对特别服务台、人工台设直达中继电路各60条，对129寻呼台120条、168信息台30条。1995年12月17日零时，襄樊本地电话网电话号码由6位升至7位后，实行等位拨号，长虹路汇接局局号(#322)，用户号码为3220000～3253792。1996年8月，长虹路322局扩容7 000门，安装上海贝尔公司生产的S—1240型数字程控电话交换机。扩容后市话交换机容量达到40 000门。

(2)荆州街汇接局

荆州街(351)汇接局局址在荆州街新建的程控机房楼三层。设备引进西班牙(SESA)阿尔兴卡特标准电气公司和上海贝尔公司生产的S—1240型数字程控电话交换机，截至1995年总容量为24 000门。对襄樊市长途局C3设置直达长市中继电路780条，对本地电话网内的8个汇接局采用各个相连方式组网，分别设有直达中继电路：长虹路322局600条、襄阳150条、宜城210条，对南漳150条、保康180条、枣阳210条、谷城90条、老河口210条，对市内解放路344局、万山356市话端局设直达中继电路，分别为750条、300条，对移动通信90局（模拟）90条、移动通信GSM局（数字）60条，对特别服务台、人工台设直达中继电路各60条，对129寻呼台75条、168信息台75条。1995年12月17日零时，襄樊本地电话网电话号码由6位升至7位后，实行等位拨号，荆州街汇接局局号(#351)，用户号码为3511000～3535575。1996年，对荆州街市话351局扩容，安装上海贝尔公司生产的S—1240型数字程控电话交换机7 000门，3月22日割接开通。

（3）襄阳区汇接局

1992年前，襄阳县政府机关及企事业单位驻襄樊市区，襄阳县邮电局不经营市内电话业务，县局设置电话总机“区线台”负责接转襄阳县农村电话。1993年7月，襄阳县71局（原县局）、81局（张湾）分别开通台湾KY—1000数字程控交换机各1 000门。1995年10月27日，襄阳县县城搬迁至张湾镇，新建农话汇接局。引进西班牙（SESA）阿尔兴卡特标准电气公司生产的S12系统数字程控电话交换机10 000门。1995年12月17日，襄樊扩大本地电话网建成后，襄阳作为农话汇接局(#281)进入本地电话网，负责疏通襄阳本地网内话务。对襄樊市长途局C3设置直达长市中继电路，其长话业务主要靠450条自动长途电路和4条长途人工电路来疏通，对外统一使用襄樊市长途局（C3）长途区号0710；对本地电话网内的8个汇接局采用各个相连方式组网，分别设直达中继电路：长虹路322局180条、荆州街351局150条、宜城60条、老河口90条、枣阳90条，南漳、保康、谷城各30条，对解放路344局设直达中继电路180条，对特别服务台、人工台设直达中继电路各30条，与其他市话端局之间的话务量通过长虹路322局、荆州街351局汇接，对辖区内农话端局太平、牛首、伙牌、程河、黄集、东津、峪山、欧庙、古驿、张集、双沟、泥咀、朱集、龙王、石桥、黄龙、竹条、新集、王河、黄渠河、法龙、马集、埠口、黑龙集、方集、朱坡、肖集27个农话端局分别设置直达中继，负责汇接上述农话端局的长、市话业务。12月17日零时，襄樊本地电话网电话号码由6位升至7位后，实行等位拨号，襄阳区用户在原号码第一位前加“2”，襄阳局局号改为281。1997年6月23日，张湾（新县城）第二期扩容，采用上海贝尔厂生产的S—1240数字程控交换机10 000门。

（4）宜城汇接局

1978年，宜城局市话人工交换改自动交换，安装自动电话交换机HX—400门。1986年5月，长市农话改制，安装HJ—921型纵横制自动电话交换机1 000门，设长途值班台3台，农话值班台3台，同时市内电话号码由3位升为4位数拨号。1994年4月，宜城局市话改制，新建“长市合一”数字程控电话交换局。引进上海贝尔电话制造有限公司生产的S—1240型数字程控电话交换机，市话容量为6 000门、长途为200路端。同时，拆除原HJ—921型纵横制自动电话交换机1 000门。1995年8月，长市话第二期扩容，安装上海贝尔公司生产的S—1240型数字程控电话交换机，市话容量为6 000门、长途为200路端。市话总容量达到12 000门、长途为400路端。宜城长途局在全国电话网中属第四级“简称（C4）”交换中心，其长途区号为07203。

1995年12月17日，襄樊扩大本地电话网建成后，宜城市“长市合一”的交换局改为汇接局（#421），进入襄樊本地电话网，负责疏通宜城本地网内话务。同时，取消原有C4长途交换中心和07203长途区号，对襄樊市长途局C3设置直达长市中继电路，其长话业务主要靠450条自动长途电路和4条长途人工电路来疏通。对外统一使用襄樊市长途局（C3）长途区号0710，对本地电话网内的

8个汇接局采用各个相连方式组网，分别设直达中继电路，长虹路322局120条、荆州街351局210条、襄阳县60条、老河口90条、枣阳90条，南漳、保康、谷城各30条，特别服务台、人工台、129台设直达中继电路各30条，与其他市话端局之间的话务量通过荆州街351局和长虹路322局汇接。对辖区内农话端局小河、朱市、雷河、刘猴、李垱、孔湾、郑集、璞河、流水、讴乐、板桥、新街、南云、王集、上大堰、邓林16个农话端局分别设置直达中继，负责汇接上述农话端局的长、市话业务。12月17日零时，襄樊本地电话网电话号码由6位升至7位后，实行等位拨号，宜城市用户在原号码第一位前加"4"，宜城局局号改为421。1996年12月，网话第三期扩容，安装上海贝尔公司生产的S—1240型数字程控电话交换机8 000门。

(5)南漳汇接局

1978年，南漳县城市内电话为纵横制自动电话交换机，容量500门。1990年6月市话增容，装用HJ—921型纵横制自动电话交换机1 000门。1994年7月，南漳局市话改制，新建"长市合一"程控交换机局，安装上海贝尔公司生产的S—1240型数字程控电话交换机，市话容量4 000门，长途为150路端。1995年11月，市话扩容，采用上海贝尔厂生产的S—1240型数字程交换设备4 000门，长途为150路端。市话总容量为8 000门，市话编号为6位，号码为230000—238191。南漳县长途局在全国电话网中属第四级(简称C4)交换中心，长途交换容量为300路端，与上级交换中心襄樊市长途局(C3)之间设置基干电路，其长途区号为07204。

1995年，襄樊扩大本地电话网建成后，南漳县"长市合一"的交换局改为汇接局(#523)，进入襄樊本地电话网，负责疏通本地网内话务。同时，取消原有C4长途交换中心和07204长途区号。对襄樊市长途局C3设置直达长市中继电路，其长话业务主要靠330条自动长途电路和4条长途人工电路疏通，对外统一使用襄樊市长途局(C3)长途区号0710。对本地电话网内的8个汇接局采用各个相连方式组网，分别设直达中继电路：长虹路322局90条、荆州街351局150条，对枣阳、老河口各60条，对宜城、襄阳县、保康、谷城各30条；对特别服务台、人工台、129台设直达中继电路各30条，与其他市话端局之间的话务量通过荆州街351局和长虹路322局汇接，对辖区内农话端局胡营、武镇、清河、刘集、安集、九集、涌泉、龙门、李庙、长坪、薛坪、花庄、肖堰、双坪、东巩、巡检、峡口、板桥18个农话端局分别设置直达中继，负责汇接上述农话端局的长、市话业务。12月17日零时，襄樊本地电话网电话号码由6位升至7位后，实行等位拨号，南漳县用户在原号码第一位前加"5"，南漳局局号改为523。

(6)保康汇接局

1978年，保康县城市内电话为磁石式电话交换机，容量280门。1988年，市话(磁石式)改自动，装用HJ—921型纵横制自动电话交换机500门，甩掉"摇把子"。自此，全市市内电话基本实现自动化。1994年5月，保康局市话改制，新建"长市合一"交换局，引进上海贝尔电话制造有限公司生产的S—1240型数字程控电话交换机，市话容量为4 000门、长途为150路端。同年5月28日开通使用。1995年10月，长市话第一期扩容，装用上海贝尔公司生产的S—1240型数字程控电话交换机，其中：市话容量为6 000门、长途为300路端。至此，市话容量达到10 000门、长途为450路端。保康长途局在全国电话网中属第四级(简称C4)交换中心，其长途区号为07205。

1995年12月17日，襄樊扩大本地电话网建成后，保康县"长市合一"交换局改为汇接局，局号581，进入襄樊本地电话网，负责疏通本地网内话务。同时，取消原有C4长途交换中心和07205长途区号，对襄樊市长途局(C3)设置直达长市中继电路，其长话业务主要靠360条自动长途电路和4条长途人工电路疏通，对外统一使用襄樊市长途局(C3)长途区号0710，对本地电话网内的8个汇接局采用各个相连方式组网，分别设直达中继电路长虹路322局120条、荆州街351局180条、老河口60

条、枣阳 90 条，对南漳、襄阳县、宜城、谷城局各 30 条，对特别服务台、人工台、129 台设直达中继电路各 30 条，与其他市话端局之间的话务量通过荆州街 351 局和长虹路 322 局汇接。对辖区内农话端局马良、歇马、马桥、寺坪、后坪、黄花、两峪、过渡湾、店垭、欧店、重阳、金斗 12 个农话端局分别设置直达中继，负责汇接上述农话端局的长、市话业务。同年 12 月 17 日零时，襄樊本地电话网电话号码由 6 位升至 7 位后，实行等位拨号，保康县用户在原号码第一位前加“5”，保康局局号改为 581。

（7）枣阳汇接局

1978 年，枣阳县城市内电话为磁石式电话交换设备，容量 400 门。1985 年 2 月，市内电话磁石改自动，安装 HJ—921 型纵横制自动电话交换机 1 000 门，并正式开通，结束了枣阳县城近 50 年的“摇把子”电话历史。1987 年 5 月，市话增容 1 000 门，市话交换机容量达到 2 000 门。

1993 年，枣阳市邮电局市话改制，新建枣阳“长市合一”数字程控交换局，设备引进上海贝尔电话制造有限公司生产的 S—1240 型数字程控电话交换机，市话容量为 6 000 门、长途为 200 路端。7 月 18 日开通使用。同时，拆除原 HJ—921 型纵横制自动电话交换机 2 000 门。1995 年 10 月底，长市话第一期扩容 6 000 门，设备为上海贝尔公司生产的 S—1240 型数字程控电话交换机。1996 年 10 月，市话第二期扩容，安装上海贝尔公司生产的 S—1240 型数字程控电话交换机 10 000 门，市话交换总容量达到 22 000 门，市话编号为 6 位，号码为 211000 ~ 243527。枣阳市长途局在全国电话网中属第四级（简称 C4）交换中心，长途交换容量为 900 路端，与上级交换中心襄樊市长途局（C3）之间设置基干电路，与老河口、随州局均设置高效直达电路，其长途区号为 07201。

1995 年，襄樊扩大本地电话网建成后，枣阳市“长市合一”的交换局改为汇接局（#622），进入襄樊本地电话网，负责疏通枣阳本地网内话务。同时，取消原有 C4 长途交换中心和 07201 长途区号，对襄樊市长途局 C3 设置直达长市中继电路，其长话业务主要靠 1 170 条自动长途电路和 10 条长途人工电路疏通，对外统一使用襄樊市长途局（C3）长途区号 0710。对本地电话网内的 8 个汇接局采用各个相连方式组网，分别设直达中继电路，长虹路 322 局 540 条、荆州街 351 局 210 条、老河口 240 条，对宜城、襄阳县、谷城、保康各 90 条，南漳 60 条，对特别服务台、人工台、129 台分别设直达中继电路 44 条、10 条、30 条，与其他市话端局之间的话务量通过荆州街 351 局和长虹路 322 局汇接。对辖区内农话端局太平、杨垱、姚岗、罗岗、徐寨、鹿头、新市、兴隆、吉河、钱岗、刘升、吴店、清潭、平林、王城、资山、蔡阳、七方、梁集、琚湾、熊集、耿集 22 个农话端局分别设置直达中继，负责汇接上述农话端局的长、市话业务。12 月 17 日零时，襄樊本地电话网电话号码由 6 位升至 7 位后，实行等位拨号，枣阳局用户在原号码第一位前加“6”，枣阳局局号改为 622。1997 年 5 月 25 日，枣阳市网话第三期扩容，新建南岗市话端局，装用上海贝尔公司生产的 S—1240 型数字程控电话交换机 10 000 门。

（8）谷城汇接局

1978 年，谷城县市内电话人工交换改自动机，安装 HXJ—500 门型纵横制自动电话交换机，容量 500 门。1985 年 7 月，市话增容，安装 HJ—921 型纵横制自动电话交换机 500 门。1987 年 9 月，市话增容 2 000 门。1989 年市话增容，装用 HJ—921 型纵横制自动电话交换机 500 门。1990 年 6 月，市话增容 HJ—921 型纵横制自动电话交换机 1 000 门。1994 年市话改制，新建“长市合一”数字程控电话交换局，设备引进上海贝尔电话制造有限公司生产的 S—1240 型数字程控电话交换机，市话容量为 6 000 门、长途为 200 路端，5 月 28 日开通使用。1994 年 6 月，市话增容 4 000 门、长途为 150 路端。从而市话交换机总容量突破 10 000 门，长途为 350 路端。谷城县长途局在全国电话网中属第四级（简称 C4）交换中心，其长途区号为 07206。市话编号为 6 位，号码为 230000 ~ 240239。

1995 年 12 月 17 日，襄樊扩大本地电话网建成后，谷城县“长市合一”的交换局改为汇接局

(#723),进入襄樊本地电话网,负责疏通谷城本地网内话务。同时,取消原有C4长途交换中心和07206长途区号,对襄樊市长途程控交换局C3设置直达长市中继电路,其长话业务主要靠420条自动长途电路和8条长途人工电路疏通。对外统一使用襄樊市长途局(C3)长途区号0710,对本地电话网内的8个汇接局采用各个相连方式组网,分别设直达中继电路长虹路322局240条、荆州街351局,老河口、枣阳各90条,襄阳县60条,对南漳、保康、宜城、襄阳县各30条,对特别服务台、人工台、129台设直达中继电路各30条,与其他市话端局之间的话务量通过荆州街351局和长虹路322局汇接。对辖区内农话端局冷集、石花、盛土康、庙滩、茨河、南河、白水峪、紫金、五山、大峪桥、官坊、谢湾、沈湾13个农话端局分别设置直达中继,负责汇接上述农话端局的长、市话业务。12月17日零时,襄樊本地电话网电话号码由6位升至7位后,实行等位拨号,谷城县用户在原号码第一位前加"7",谷城局局号改为723。1996年10月18日,市话扩容,安装上海贝尔公司生产的S—1240型数字程控电话交换机10 000门,网话总容量突破20 000门。

(9)老河口汇接局

1978年,光化县城(老河口)市内电话容量600门,为磁石式电话交换机。1990年6月市话磁石改自动,安装HJ—921型纵横制自动电话交换机1 000门。1993年,老河口市邮电局市话改制,新建"长市合一"程控交换机局,引进上海贝尔电话制造有限公司(以下简称"上海贝尔公司")生产的S—1240型数字程控电话交换机,市话容量为6 000门,长途为200路端,7月18日开通使用。1994年8月,市话第一期扩容,采用上海贝尔公司生产的S—1240型数字程控电话交换机,市话容量为10 000门、长途为400路端。建成全省第一个全数字电话网。截至1995年底,市话交换总容量达到16 000门。市话编号为6位,号码为220000~236383。同时,设洪山嘴(51局)和江山(54)2个市话端局。老河口市长途局在全国电话网中属第四级(简称C4)交换中心,长途交换容量为600路端,与上级交换中心襄樊市长途局(C3)之间设置来去直达中继电路,其长途区号为07207。

1995年,襄樊扩大本地电话网建成后,老河口市"长市合一"的交换局改为汇接局(#822),进入襄樊本地电话网,负责疏通老河口本地网内话务。同时,取消原有C4长途交换中心和07207长途区号。对襄樊市长途局C3设置直达长市中继电路,其长话业务主要靠1 080条自动长途电路和6条长途人工电路疏通,对外统一使用襄樊市长途局(C3)长途区号0710。对本地电话网内的8个汇接局采用各个相连方式组网,分别设直达中继电路长虹路322局570条、荆州街351局210条、枣阳240条,对宜城、襄阳、谷城各90条,对南漳、保康各60条,对特别服务台、人工台、129台分别设直达中继电路43条、10条、30条,与其他市话端局之间的话务量通过荆州街351局和长虹路322局汇接,对洪山嘴(51局)和江山(54局)2个市话端局直达中继电路分别为105和75条,对辖区内农话端局仙人渡、张集、竹林桥、薛集、孟楼、赵岗、纪洪、袁冲8个农话端局分别设置直达中继,负责汇接上述农话端局的长、市话业务。12月17日零时,襄樊本地电话网电话号码由6位升至7位后,实行等位拨号,老河口局用户在原号码第一位前加"8",老河口局局号改为822。1996年3月,网话第二期扩容,容量为14 000门、长途为600路端。截至1996年底,网话交换总容量30 000门,长途为1 200路端。

4.移动通信网

襄樊移动通信有模拟、数字两个通信网。襄樊900MHZ移动电话(模拟)网始建于1992年,设备采用美国摩托罗拉公司生产的TACS制式900MHZ蜂窝状移动电话系统。在长虹路邮电大楼七层设独立的交换机房,安装一部EMX250型模拟移动电话交换机,全市有13个基站,基站信道总容量可满足15 990用户。襄樊移动电话(模拟)网为本地电话网中的一个端局,局号为90局。对襄樊市长途局C3和长虹路322局分别设直达长市中继180条和120条,与荆州街351局设中继90条。1993年4月15

日投入运行，当日，销售“大哥大”120部，到年底，全市发展到771部，其中襄樊市区479部。

襄樊数字移动通信(GSM)网于1995年12月建成。襄樊900MHZTDMA数字移动通信(GSM)公众网是湖北省900MHZTDMA公用数字移动通信网的一个交换区，包括一个移动电话交换中心，3个基站控制器，15个基站，467个信道。在长虹路邮电大楼三层设独立的数字移动交换机房，安装意大利意达太尔ITALTEL公司生产的GSM(泛欧数字蜂窝移动电话系统)数字移动交换机(MSC)，其容量为12 000门，负责襄樊、十堰、孝感三个地区GSM用户交换。另外在MSC机房建一个基站控制器(BSC)负责管理襄樊地区的基站。1995年12月17日零时，襄樊MSC(网号139)以端局方式进入襄樊本地电话网，分别设与襄樊市长途局C3、长虹路322局、荆州街351局、解放路344局设有直达长市中继和市市中继。

(1)襄樊关口局

襄樊电信关口局也可以叫接口局，负责与其他网络或者运营商的互联互通，有时话务量小的地区可以端局兼做关口局。襄樊关口局于2001年8月建成。襄樊关口局C&C08iNET是大容量综合网集成系统，为纯中继交换机，在不增加机柜的情况下，最多可配置2 000个2M。本次提供总端口数为414个2M（设备容量12 390DT），其中225个2M电口、3个155M光口，分别与1240长途汇接局、襄樊322、襄樊327、襄樊331、移动GW等进行连接。2005年关口局中继容量为(E1)509个。

(2)综合汇接局

2004年11月，新建襄樊综合汇接局，襄樊综合汇接局为本地网的重要枢纽中心，为新业务提供支撑平台，集市话汇接、网间关口局、长途局、智能SSP网等功能为一体。可作为本地网市话汇接局，可以承担一部分网间话务，同时作为长途局和智能网SSP的备份，采用冷备份的方式组网。襄樊长途局和智能网SSP局出现紧急的情况下由综合汇接局承担30%的长途和智能业务。

设备安装在荆州街电信大楼四层，采用深圳市中兴通信公司生产的ZXJ10交换机系统，ZXJ10交换机有5个机架，2M电口数为352个，STM—1光口为3个，NO.7信令链路96条，同时安装路由器、DTU、以太网延伸器和计费采集机等配套设备。

5.本地网网管监控系统

1997年9月，组建襄樊本地网管中心，为湖北省网管中心的一部分，与武汉传输、交换监控网管中心和其他10个地市局本地网管中心构成湖北省网络管理中心。采用美国AT&T公司生产由交换设备监控系统MFOS、传输设备监控系统TRANSVU和作为监控设备支撑网的数据通信网DATAKIT系统及国内一配套设备包括人机通信接口、DTU、UPS等设备。通过省电信网管专用数据通信网，与武汉的省网管中心一起对全省的长途交换机中心及与C3局相连的市话汇接局移动通信交换机、基站控制器和全省一、二级长途传输干线以及NO.7信令HSTP实时监控。

襄樊本地网网管和集中监控系统，由交换设备监控系统MFOS、传输设备监控系统TRANSVU和监控设备支撑网的数据通信网DATAKIT系统组成。设备采用美国电报电话AT&T公司Datakit设备。网络结构为星型，节点间带宽为2M，提供低速串行接口及IP接入，为交换、传输网管系统提供数据承载。负责襄樊本地网网上运行的长途C3局、13个市话局和部分通信干线传输设备实时监视和控制。襄樊网管中心通过2MB/S物理传输电路经BNS—lOOO节点机与武汉网管中心的主处理机进行数据交换。2000年有网管网电路270路。

2001年3月，建湖北省综合数据通信网(DCN)，采用三级容错网络结构。襄樊区域核心节点，采用3Com公司的设备，路由器采用NetbuilderIl，网络交换机采用CoreBuilder9000，孝感、十堰、随州(一般节点)接到襄樊。武汉作为全网的中心节点,襄樊、黄冈、荆州三地作为区域核心节点,互为保护。襄樊区域核心节点,除以 2M 联到武汉中心外,再以 2M 连接到区域核心节点。2003 年 10 月,襄樊本地网网管系统升级改造,新增一套小型服务器、网管应用软件及网路设备。同时,增加交换机接入点 17 个。2004 年 8 月,省内 DCN 实施扩容。采用 Juniper 公司 M 系列路由器,将 DCN 由单一平面扩充为双平面,节点间带宽由原来的 4M 提升为 155M,并具备 MPLS—VPN 功能,稳定性及安全性都较大提升。长途网管网主要应用于长途三期网管系统、长途传输 GIS 系统、数据 97 纵向联网系统、全省网管信息发布系统、97 纵向延伸、集团公司网运部电视会议系统及全省 OA 系统等。

(五)农村电话

中共十一届三中全会后，襄阳地区邮电局对 8 个县（市）农村电话制定长远发展规划和近期计划,农村电话的投资规模、设备容量、技术层次、传输质量等方面都有较大提高。到 1979 年,基本实现县至公社线路水泥杆化、电路载波化、会议电话对讲化。年末,全区农话用户 4 890 户,农话杆路 21 769 杆程公里,装交换机大队 106 个,占大队总数 2%,通电话大队 3 846 个,占大队总数 99.78%;通话生产队 5 359 个，占生产队总数 21.5%。经营农话支局所 202 个，职工 1 043 人。农话计费业务量 226.98 万元,业务收入 225.64 万元。同年,中共湖北省委批转国务院 165 号文件,县至公社的地方国营农村电话各项计划均纳入省国民经济计划,自 1980 年起与中央国营分别核算。

自 1985 年起,农村电话的建设侧重于技术设备的更新改造、交换机自动化的实验普及,由单一的人工交换向自动交换过渡。1985 年 11 月 24 日,谷城县石花镇、襄阳县张湾镇在全市率先实现了农村区镇电话自动化。截至当年底,农话交换机总容量 25 905 门。全市县至公社载波终端机 306 套,装置载波终端机农村支局(所)55 个,装置交换机支局(所)123 个,支局 (所)与县直达电路 109 个,农话线路 19 491 杆程公里、24 787 线对公里,电路 1 073 条,比 1950 年增长 36 倍。县至区乡平均电路 8.7 条。农话单机 12 742 部,其中自动电话机 1 128 部。全市农话普及率平均每百人 0.26 部。通话的村 3 480 个,占村总数 87%。经营农话支局(所)123 个。农话业务总量 259.3 万元,业务收入 368.72 万元,比 1956 年分别增长 11.1 倍和 17.2 倍。1994 年,25 个农村支局电话改制联网,实现自动化的支局累计达 74 个,农村电话交换机增容 7 536 门,总容量达到 40 480 门。全市 178 个乡镇全部通电话。3 950 个行政村通电话,占 76.4%。60%的农村乡镇进入全国自动交换网。至此,全市形成以县城为中心,向各乡、镇辐射的农话通信网。

20 世纪 90 年代,农村电话根据通信市场的需求和网络发展的趋势,加快交换自动化和长话、市话、农话联网的建设步伐,开始大规模组建本地电话网。经过技术改造和设备更新,程控、光缆、数字微波等先进的交换和传输手段在农村电话通信中得到广泛应用。1995 年 12 月 17 日零时，全市电话号码由 6 位升至 7 位。116 个农话交换点以端局形式进入本地电话网，形成一个以襄樊市长途局 C3 为中心,统一的襄樊地区本地电话通信网。实现了城乡电话一体化,网内用户统一编号、统一拨号程序,在同一个本地网内城乡电话用户实现等位拨号。本地电话网的服务范围,打破原有市内电话和农村电话的界限。但市话和农话在计费方式和费率上有所区别。

1.交换网络及其设备

20 世纪 70 年代中期,全区有农村电话(邮电局经营)交换点 127 个,配备人工磁石式电话交换机。一般容量为 30 ~ 50 门。1976 年,襄阳县试制 100 门全电子自动电话汇接机。1978 年,光化县仙人渡安装自动电话交换机,但由于设备技术性能差,通信质量不稳,不久被撤除。1980 年,随县、南漳、谷城县(市)的农话电路增装半自动拨号设备,开通半自动拨号电路。

1984年末,农话交换点总数671处,其中地方国营150处,乡(镇)、行政村经营521处。交换机总容量24 470门,其中地方国营10 745门,乡(镇)、行政村经营13 725门。

1985年,对农话网进行改造,增加建设投资,调整产业结构,合理配置设备,农村电话向规范化、载波化方向发展。11月24日,谷城县石花镇、襄阳县张湾镇依靠地方政府和社会支持,对农村电话进行改制,开通纵横制自动电话800门,在全市率先实现农村区镇电话自动化。1986年6月,襄阳县太平店、泥嘴镇农话改制,各装用HJD—Ⅲ型全电子自动电话交换机200门。同月,随州厉山镇农话改制,装用HJ905型纵横制自动电话交换机400门,实现与随州局市话联网直拨。10月,襄阳县双沟镇农话改制,安装自动电话500门。12月,南漳县武安镇农话改制,装用HJD型时分制全电子自动电话交换机500门,实现与南漳县城内各部门直拨电话。1988年,襄阳县东津、黄龙镇农话人工改自动,各装全电子自动交换机300门。4月28日,枣阳县梁集镇农话人工改自动,安装H5D—2型全电子自动电话交换机200门,并与县局市话联网。1989年1月1日,枣阳局开通使用湖北省邮电设计研究院研制的本地网长话、市话、农话微机复式计费设备,并与鹿头、新市、刘升、太平、七方、琚湾、吴店、兴隆、姚岗、熊集、耿集、环城、杨垱、梁集14个邮电支局联网。用户拨往乡镇的电话,可直接拨叫所要乡镇的电话号码,再由支局总机转接所要单位,不再经“118”挂号接续台转接。

1989年,襄阳东津、牛首、伙牌镇支局农话人工改自动,各装用HJD—200门全电子自动电话交换机及计算机计费设备,并与县局市话联网直拨。随州洪山、三里岗支局农话人工改自动,各装用HJD—200门全电子自动电话交换机及计算机计费设备,并与随州局市话联网直拨。同年7月1日,枣阳鹿头镇支局农话人工改自动,安装HIZ87型—300门全电子纵横制自动电话交换机。7月,老河口至仙人渡镇农话人工改自动,装用HJD型300门全电子自动电话交换机,并与老河口市局市话联网。宜城朱市农话人工改自动,并与县局市话联网。枣阳新寺、兴隆镇支局农话人工改自动,并与枣阳局市话联网。随州淅河镇支局农话人工改自动,装用HJD—Ⅲ型300门全电子自动电话交换机。环潭镇支局农话人工改自动,并与随州市局市话联网。同年10月,宜城市朱市、雷河、郑集农话人工改自动,装用×××自动电话交换机,与宜城市市话联网直拨,农话实现微机计费,所属支局所农话与市话开通直拨电话,结束农话通过118台(农话台)接转的历史。同年,老河口、谷城、南漳新增计算机计费设备,实现农话微机计费。1989年,全市农话人工改自动12个支局,共1 000门,累计达16个支局。实现农村电话与市话联网直拨7个支局,累计达15个支局。农话直拨半拨中继电路205条。实现农村电话微机计费5个县市局,累计达15个支局。谷城实现县局与石花、大峪桥、冷集、五山、紫金、粟谷、盛土康、南河、北河、庙滩、茨河等11个支局所农话联网、微机计费。开通谷城至石花双向直拨,石花微机计费。1989年,农村电话交换机容量达到29 340门,比1988年增长4.4%,其中自动交换机上升到4 800门,占交换机总容量的16.4%。

1990年,加快通信网技术改造的步伐,改善农村电话结构。襄阳法龙、东津、峪山,随州唐镇,老河口仙人渡,宜城郑集、雷河、朱市,枣阳新市、兴隆先后开通100~300门自动电话。南漳巡检开通200门自动电话。全市农村电话自动交换机容量由上年的4 800门增加到7 100门,增长47.9%。1990年,全市农村电话交换点总数608处,其中地方国营167处,乡(镇)、行政村经营441处。交换机总容量31 039门,其中地方国营17 744门,乡(镇)、行政村经营的13 285门。农话自动化交换设备达22.3%。

1991年,全市有56个农村乡镇电话实现自动化。1992年5月23日,枣阳七方镇开通数字程控电话200门。1993年8月,谷城县大峪桥镇安装数字程控电话交换机256门。10月,谷城县黄畈乡进入庙滩镇农话自动网,实现电话直拨。谷城石花镇1 500门程控电话工程和光纤通信工程割接开通并投入使用,是第一个“传输光纤化”“交换程控化”一步到位的乡镇。11月,谷城当铺乡农话通信进入盛土康农话自动网。1993年襄阳县双沟农村电话改制,安装HJD04G型程控电话5 000门。

1994年，谷城茨河、南河、五山、盛土康、庙滩、谢湾、紫金、沈湾、官坊镇和枣阳平林、熊集、刘升、吉河、资山、梁集、鹿头、姚岗、耿集、徐寨、王城、蔡阳镇21个邮电支局农话改制，改磁石式人工交换为自动交换，分别安装ZXJ—2000型、HPS01型、HJD—Ⅲ—Ⅱ型程控电话交换机，与县（市）话联网，实现国际国内电话直拨。1993—1994年，完成25个农村支局电话改制联网，实现自动化的支局累计达74个。农村电话交换机增容7 536门，总容量达到40 480门。农村电话普及率达0.34%。

1995年12月，全市农村电话交换设备容量84 825门，其中程控自动电话交换设备容量76 520门。用户交换机容量4 322门。农村电话交换点332处，其中邮电局经营140处。有116个农话交换点。交换设备制式有HJD—04（RM）型、KY1000型、SDX—RB型、JK1000型、ZXJ2000型、STD2000型、HAX8000型、HPS01型、SPX—216型、WM—9000D型、C&C08型等十几种机型。

1996年4月8日，谷城紫金邮电支局程控改型增容240门，总容量达360门。4月18日沈湾所程控改型增容240门，总容量达360门。5月8日茨河支局农话增容256门，总容量512门，冷集支局改型增容512门，总容量达1 024门。5月18日，五山支局改型增容256门，总容量达512门。6月8日，庙滩支局程控改型增容1 248门，总容量达到1 760门。6月12日，谢湾农话改型增容904门程控电话，总容量达到1 024门。6月18日，南河支局程控改型增容256门，总容量达512门。8月8日，官坊所程控改型增容120门，总容量达240门。11月20日，枣阳市微机管理计费中心与22个农村支局联网投入使用。11月30日，枣阳耿集开通数字程控局用交换机，并实现光纤传输。至此，枣阳市本地电话网全面实现传输数字化、交换程控化。

1997年1月，宜城市17个乡镇实现电话交换程控化、传输光纤化。5月12日，谷城石花镇10 000门程控电话增容工程割接开通，成为襄樊市第一个实现万门交换机的乡镇，同年被湖北省邮电管理局评为全省邮电系统“农村邮电支局的百强支局”。6月20日，谷城县盛土康增容4 000门。10月16日，开通石花至襄樊SDH直达业务电路120条。1998年11月，枣阳市琚湾、吴店支局改制，安装大唐电信有限公司生产的SP30型超级数字程控电话交换机各4 000门。

1999年9月，谷城庙滩农话交换机由2 000门扩容6 000门，敷设管道6.36管孔公里。2000年3月，谷城冷集04机增容1 000门和配线架160线对。4月，谷城大峪桥04机增容1 000门和DTM电话30条。5月，谷城黄畈完成256模块整治。

2000年，进入长话自动网的乡（镇）117个，通电话的乡（镇）132个，通电话的行政村2 477个。

2.会议电话设备

1959年，部分县局在县至区电路上开始使用自制简易会议电话机，在农话交换机上汇接，用户用电话机收听。由于设备简陋，技术条件差，组织召开会议电话困难。通过技术革新，试制成功会议电话汇接台，改进会议电话终端机。1966年，公社经营的电话开始安装会议电话终端机111部，以后有增有减。至1979年，全区安装会议电话终端机272部。1980年以后，会议电话终端机和汇接台逐步定型，将原有自制简易会议电话终端机逐步撤除，数量逐渐减少，全区地方国营农话会议电话终端机减至162部。1985年以后，随着农村经济的发展，会议电话业务日益发展，使用逐渐广泛。到1990年，会议电话终端机总数359部，比1966年增长32%，其中地方国营150部，乡（镇）、行政村经营209部。地方国营会议电话汇接设备12部。

3.传输网络及设备

20世纪80年代以前，农村发展有线广播，利用农村电话线路定期定时开放有线广播。每天早上6点～7点，晚上7点～9点为广播时间。由于广播时段电话中断，往往延误重要电话。为了解决这一问题，襄阳县邮电局机务人员根据转电线圈原理，用可调电阻组成电桥代替转电线圈，试制“广播电话桥式分流器”,用幻线开放广播,实线通电话,电话广播两误。这一革新成果受到邮电部军管会赞扬,在湖北省技术革新成果展览会上向全省推广。

1975—1985 年,为适应农村行政体制改革,农话通信网经过两次较大变动。1975 年,农村撤区并社,将 125 个区变为 494 个公社。为使所有公社通电话,需新建通信线路。经过 3 年多努力,新建线路 1 972.5 杆程公里,架空明线 2 090.3 对公里。1984 年,农村公社改区乡,将 494 个公社改为 111 个区和 540 个乡(镇)。为使所有乡(镇)通电话,农话网路再次进行新建和调整。至 1985 年全市农话线路 19 491 杆程公里。其中邮电局经营 4 657 杆程公里,乡镇(集体)经营 14 751 杆程公里;架空明线 24 787 对公里,其中邮电局经营 10 707 对公里,乡镇(集体)经营 14 080 对公里;电缆长度 324.8 皮长公里;农话载波电话终端 306 端,其中单路载波电话终端机 208 端、3 路载波电话终端机 86 端、12 路载波电话终端机 12 端,环路载波电话终端机 7 端。

1987 年,开始大量装设环路载波机,从 3 月起,先后在襄阳、南漳、老河口、宜城等县邮电局,各装设环路载波主机 7 部(端)。1990 年,全市农话线路总长度为 17 000 杆程公里,其中水泥杆路 7 000 公里,占 42.4%。农话明线线条长度 23 000 万对公里,电缆总长度 554.8 皮长公里。1994 年,全市农话建设投入资金 6 403 万元,农话端局改制工程完成 89 个,新增农话交换设备全电子交换机 15 套 4 900 线,新增模拟程控交换机 37 套 7 716 线,全数字程控机 69 套 3 287 线。数字微波 11 套 /480 路,光缆传输 9 条 30 052 公里。其他模拟载波特高频 76 套。农话载波电话终端 218 端,其中单路载波电话终端机 136 端、3 路载波电话终端机 68 端、12 路载波电话终端机 14 端,环路载波电话终端机 29 端。安装交换机的乡镇 158 个,总容量 49 044 线,其中自动交换机容量 44 324 线,实占 25 079 线,实装率 51.03%,农话单机 23 694 部,达 23 920 户,使用电路 3 167 路,其中半拨电路 160 条,直拨电路 2 410 条。与县(市)市话联网 143 个,其中 105 个可进入全国大网,其中数字交换机,数字传输的农话端局 16 个,占自动端局总数的 18%。实现 76.2%的行政村通电话。

1995 年,本地网电话中继电路 4 227 路,其中数字电路 3 438 路,总数中襄阳 1 642 路,枣阳 618 路,宜城 334 路,老河口 290 路,谷城 433 路,南漳 520 路,保康 390 路。农村电话线路总长度 9 944 杆程公里,其中邮电局经营 3 882.9 杆程公里。架空明线总长度 14 643 对公里,其中襄阳 1 929 对公里,枣阳 2 704 对公里,宜城 423 对公里,老河口 616 对公里,谷城 2 366 对公里,南漳 5 041 对公里,保康 1 564 对公里。电缆总长度 1 510 皮长公里,其中襄阳 508 皮长公里,枣阳 467 皮长公里,宜城 282 皮长公里,老河口 69 皮长公里,谷城 62 皮长公里,南漳 56 皮长公里,保康 66 皮长公里。光缆总长度 843 对公里,其中襄阳 149 皮长公里,枣阳 107 皮长公里,宜城 98 皮长公里,老河口 114 皮长公里,谷城 92 皮长公里,南漳 177 皮长公里,保康 106 皮长公里。12 月 17 日,襄樊本地电话网建成后,取消农话、市话,统称网话。2000 年实现传输光缆化的乡镇达到 119 个。

2004 年,根据省人民政府《关于实施“村村通电话工程”进一步加快全省农村通信发展的通知》精神。为进一步促进农村通信发展,切实解决广大农村特别是贫困地区的通信问题。在省公司统一安排下,襄樊电信村村通工程于 2004 年 11 月 28 日开工。本期工程襄樊业务区安装 1 个 BSC 基站控制器和新建 69 个基站(含模拟 450M 改造基站),主设备由深圳华为公司提供。其网络结构,农村电话系统由电话交换机、无线接入网和网管系统组成。其中无线接入网由基站控制器(BSC)、基站收发信台组成。BSC 是多个基站的控制器,负责完成信道管理、转码 / 速率调整等功能。基站则负责完成无线发射、接收、同步、编码、跳频、控制等功能。BSC 控制基站数量,依处理能力、各基站配置的载频数以及各地实际情况决定。襄樊电信村村通可覆盖未通电话行政村 260 个。村通率达到 97.8%。本期工程襄樊业务区工程总投资 34 208 012 元,其中基站系统 21 206 874 元,铁塔及机房部分单位工程投资为 13 001 138 元。2005 年 7 月 16 日,襄樊电信“村村通”工程通过验收,被评为“优良工程”,并开通使用。截至 12 月,全市共发展“村村通”用户 2.9 万户。

2005年，乡村电话中继电路7 561路，其中襄阳1 350路、枣阳1 140路、老河口720路、宜城1 560路、谷城1 140路、南漳751路、保康900路。乡村用户交换机中继电路126路。

4.无线设备

为了满足业务发展需要，1985年，襄阳县泥嘴支局开通8路无线特高频设备。1989年欧庙支局开通24路无线特高频设备。至欧庙特高频电路，由于无线电波要绕过襄城南面一座海拔350米的山顶，所以电路质量较差。这时过江明线只作业务联络使用。为支持襄樊市政建设，汉江两岸铁塔和明线农话线路于1993年拆除。

1995年，襄阳县泥嘴、欧庙开通数字程控交换机。采用新技术在县局至泥嘴镇间开通120路数字微波，随后又在襄樊至谷城干线光缆中加4芯光纤。欧庙支局在襄樊至宜城干线光缆中加2芯光纤。利用空中距离短，传输数量多和通话质量好的特点，缓解两地间传输严重不足状况。从此，汉江两岸农话进入信息高速公路，通信安全也进一步得到保障。由于汉江的阻隔，过江线路经历明线、载波、特高频、微波、光缆等传输设备的过程（见表7—6、表7—7、表7—8）。

1995年农村电话主要设备（一）

表7—6

单位	交换机容量（门）				总容量中自动式（门）	农村电话交换点（处）				接入邮电局交换机的电话机（部）
	总数	邮电局经营	乡镇村经营	其他经营		总数	邮电局经营	乡镇村经营	其他经营	
合 计	84 825	79150	5655	20	76520	332	140	191	1	39133
老河口	9 866	9416	430	20	9216	30	12	17	1	4051
枣 阳	15 178	13448	1730	—	13368	80	23	57	—	8858
襄 阳	27 748	27448	—	—	27708	29	29	—	—	12885
南 漳	8 618	6788	1830	—	5968	79	25	54	—	3719
谷 城	10 620	9490	1130	—	8880	61	18	43	—	3914
宜 城	7 060	7060	—	—	7060	17	17	—	—	3830
保 康	5 735	5200	535	—	4320	36	16	20	—	1876

1995 年农村电话主要设备(二)

表 7—7

单 位	农村电话中继电路(门)			局用模拟终端设备(端 / 路)			局用数字通信 / 复用设备(端 / 路)		
	总数	数字电路	县至乡镇直达电路	总 数	载波机	特高频	总 数	光电端机	数字微波
合计	4 227	3438	3260	116/607	102	14/168	102/27090	90/13260	16/1140
老河口	290	240	267	2 月 24 日	—	2 月 24 日	13/3360	9/3360	4/240
枣 阳	618	450	556	14/105	10	4/48	16/2070	13/1830	7/510
襄 阳	1 642	1458	929	26/192	20	6/72	23/8940	20/3960	3/360
南 漳	520	390	444	12/54	12	—	13/2340	13/1200	—
谷 城	433	330	375	16/76	14	2 月 24 日	13/3900	13/960	—
宜 城	334	270	332	14/63	14	—	14/4020	12/990	2/30
保 康	390	300	357	22/93	32	—	10/2460	10/960	—

1995 年农村电话主要设备(三)

表 7—8

单 位	杆路总长度(公里)			明线总长度(对公里)			光缆总长度(皮长公里)	乡镇村 / 已通电话(个)	
	总数	邮电局经营	乡镇村经营	总数	邮电局经营	乡镇村经营		乡镇	行政村
合 计	9 944	3883	6071	14643	7635	7008	842.5	140/140	2998/2301
现业局	—	—	—	—	—	—	—	7 月 7 日	56/56
老河口	563.5	295.5	261	616	467	149	114	15/15	230/194
枣 阳	2 124	750	1374	2704	1099	1605	107	22/22	645/645
襄 阳	880.5	880.5	—	1929	1929	—	149.2	28/28	627/627
南 漳	3 305	645	2660	5041	1637	3404	176.6	20/20	538/314
谷 城	1 543	397	1146	2366	933	1433	92.2	17/17	374/146
宜 城	309	309	—	423	423	—	97.7	16/16	182/151
保 康	1 219	606	613	1564	1147	417	105.8	15/15	346/168

5.农话业务

(1)种类

1980 年 1 月,贯彻邮电部《农村电话业务规程》,对农话业务管理进行调整。由县邮电局将办理农话业务的支局、所,以交换点为中心,以 500 米为半径,划定基本营业区(对用户比较集中,主干线路设备已经到达的地区,可适当扩大)。基本营业区以内的用户称界内用户,基本营业区以外的用户称界外用户。将原来党政军群用户和企业事业、一般用户两大类,改为甲、乙两种用户。农话业务种类分：普通电话、电话副机、同线电话、合用电话、用户小交换机、分机、公用电话、临时电话、用户交换机中继线和专线电话共 10 种。此外，还有装机、拆机、移机业务。特别业务有会议电话、租用电路和代维设备，租杆挂线和利用农村电话线开放有线广播。农话通话，根据不同处理手续，分为叫人、叫号、传呼和加急电话。通话种类分代号电话、特种电话、紧急调度电话、首长电话、军政电话和普通电话 6 种。每种电话分别规定有严格的使用范围。将原来通话的接续顺序由 4 类改为 7 类。第一类防空情报电话，第二类特种电话，第三类首长电话，第四类紧急调度电话，第五类加急军政电话，第六类军政电话，第七类普通电话、公务、业务电话。农话时限要求，不分业务种类(除第一、二类电话外)，也不分直达或接转，叫人、叫号的等候时间为 1 小时，传呼电话为 2 小时。

(2)资费

1981 年，贯彻农话“以话养话”的方针，湖北省邮电管理局和湖北省物价局联合发出通知，对农话资费进行调整，新增长途电话过线费，即由农村支局(所)发出的长途电话，按农话计时计次办法，收取长途电话过线费。1985 年 3 月改为从农村支局(所)发出的，从地、市、州局发至各县(市)农村的，从各县(市)发往外县(市)农村的，从本省发至外省农村的长途电话和电报，按每张(份)收取农话段过线费。1985 年 4 月，农话业务又增加长话账号管理费和“回挂”电话管理费。

(3)业务量

1981—1985 年，通话张数呈波浪式向前发展，1983 年达到 539.3 万张，是中华人民共和国成立后 36 年中达到的最高峰。嗣后，受农话资费调整的影响，1984、1985 年两年，通话张数连续下降，1985 年末为 472.2 万张。1985 年后，随着农村电话交换机改制扩容，农村电话通信能力迅速提高。1990 年，全市已有 56 个农村乡镇电话实现自动化，农话用户达到 7 709 户，农话通话张数 894.7 万张。

(六)无线寻呼

1989 年 10 月，襄樊市邮电局建成第一套人工无线寻呼系统。建设初，选用北京京新电子有限公司提供的“京新”寻呼系列产品。发射机为 JX—100(B)型，天线 JX150A—6，调制、调解器分别为 JX8804A、8804B 型，控制终端(编码器)为 8801 型。寻呼机为美国摩托罗拉(Motoria)公司生产的 BPR—2000 型。基站台设在长虹路邮电大楼六楼，在市区及随州、枣阳、谷城、宜城、老河口、南漳、保康设寻呼基站 8 个。其频率为全国统一公用无线寻呼系统频率 152.650MHz，覆盖半径为 50 公里。寻呼机地址号码为 060000 ~ 067999。无线寻呼服务台专用码为“126”。容量为 1 000 户。当年用户为 12 户。1990 年，无线寻呼用户为 277 户。1992 年 1 月，襄樊人工无线寻呼实现全省联网通信。1993 年 5 月 18 日，市区 127 自动寻呼台正式开通，实现无线寻呼人工和自动兼容。1993 年，为大力发展乡镇 BP 机，开拓无线寻呼市场。襄阳县局在乡镇新建无线寻呼台 2 个。

1994 年，为配合全省无线寻呼联网工程，襄樊播区内基站扩建，增设襄樊、枣阳、随州、老河口、宜城、南漳、谷城和襄阳太平 8 个基站，同时对 152.650MHZ127 自动寻呼台用户改号升位。9 月，湖北省自动无线寻呼联网系统开通。11 月，襄樊电信无线寻呼机号码升为 7 位，自动寻呼“127”改为“129”，并与全省联网。同时将 991 台并入全省联网系统，统一使用自动寻呼台特别服务号“129”。并将人工寻呼号改为全国统一人工寻呼号 126。省自动无线寻呼联网系统控制中心(NCC)设在武汉市电信局寻呼局，为全省联网系统业务领导局。全省设 4 个应急维修中心，襄樊维修中心负责襄樊、十堰、郧阳三地维修业务。12 月 18 日，襄樊“129”寻呼台实现全省自动漫游。截至 12 月，襄樊有无线寻呼基站 16

个,无线寻呼系统总容量达到 12.2 万户。1993—1994 年,建成全市移动通信网和无线寻呼网,开通襄樊市区无线自动寻呼台。1994 年 11 月 13 日, 枣阳市 BP 机联网寻呼台割接开通,BP 机号码升 7 位,自动寻呼台为“129”。1995 年 11 月 18 日,保康县 1 000 户无线寻呼机与全省联网。年底,全市无线寻呼容量 113 000 户,其中襄樊市局现业 43 000 户。无线寻呼基站 8 个,无线寻呼用户为 52 787 户,其中襄樊市局现业 30 466 户。

1996 年 6 月 27 日,襄樊无线寻呼扩容,为全省无线寻呼联网第二期扩容工程。主机为引进美国摩托罗拉(Motoria)公司设备,系统采用 POCSAG 低速寻呼系统和 FLEX 高速寻呼系统两套系统共存的方式组网,占用频点为 F4(159.550MHZ),在原有基站增加一套由 C—NET 控制的 NULEUS 发射系统,新进网的保康基站新配两套由 ASC 控制的 NACNULEUS 发射系统和一套由 C—NET 控制的 NULEUS 发射系统。寻呼控制中心和各基站配一套全球卫星定位系统(GPS),为 C—NET 发射系统提供准确的时钟。网络连接由长途专线改为 DDN 专线。襄樊区域自动寻呼中心新增 2 个 E1(CEPT)单元,系统容量增加 3 万号,襄樊寻呼区域系统容量达到 14 万号。1997 年 3 月 14 日,襄樊市邮电局在不增加中继线路和发射功率情况下,开展改造、革新、挖潜技术攻关活动,成功地对无线寻呼系统多个数据库进行扩充。分别扩容 2 万号和 1 万号,使襄樊无线寻呼系统容量达到 17 万号。6 月 27 日,湖北无线寻呼联网扩容(襄樊业务区)开通使用。是年,无线寻呼第三期扩容,投资 189.3 万元。1998 年,襄樊无线寻呼启用 5 个寻呼频点, 其中低速频点 4 个, 分别为 152.650MHz、159.300MHz、159.850MHz、151.350MHz,容量为 15 万户(含股票寻呼号源 1 万户);高速频点 1 个,为 159.550MHz、容量 6 万户。

自 1989 年 11 月 13 日,无线寻呼开通以来,市邮电局采取多种形式的促销手段。一是迅速采取 BP 机摸奖销售,购“大哥大”奖售保价保本、储蓄购机等灵活多样的营销手段启动市场,刺激消费。二是实行专职兼职经营人员与全员销售相结合,采取计划层层分解,加大内部考核力度,调动职工促销积极性,并对重点单位和用户延伸销售,方便用户选机交款。三是增加销售 BP 机品种,拓宽市场销路。全市 BP 机销售网点达 30 余处,遍布城乡。四是强化通信经营市场的控制和管理,行管办、专业科相结合,主动向地方政府、铁路、部队、新闻单位以及外商等有建台意向的 10 多家单位和个人宣传行规行法,帮助分析市场和经济效益,打消非邮电建台的念头,使全市无一家自办 BP 机台。1994 年,无线寻呼用户增长 232%,累计达 28 454 户,其中襄樊市局达 15 622 户。1996 年 9 月,无线寻呼(BP 机)达 80 017 户。1998 年无线寻呼(BP 机)165 532 户。

1998 年 10 月 1 日,无线寻呼改制,从电信主业剥离,成立湖北国信寻呼公司襄樊分公司,职工 66 人,其他从业人员 20 人。剥离前的系统容量为 21 万户。1999 年 11 月 15 日,襄樊电信公众寻呼网与万声通信寻呼台联网与中北联合通信有限公司中北寻呼台联网。后湖北国信寻呼襄樊分公司整建制划归中国联通襄樊分公司。同年 12 月,襄樊电信信鹏实业公司建寻呼台,经营无线寻呼业务。2000 年 1 月 28 日,寻呼台开台。128 为自动台,928 为人工台,并在市区开展特优赠机 5 888 部大酬宾活动。截至当年底,网上用户 4 万余户。

(七)移动通信

1.移动通信机构及经营

1999 年 7 月 5 日,根据国务院电信重组方案,中国移动通信正式从电信分离。同年 9 月 27 日,湖北移动通信公司襄樊分公司揭牌仪式在南湖宾馆举行, 分公司成为国有特大型中国移动集团湖北移动通信公司所属非独立核算分公司,从事移动通信电话业、数据业、网络建设、维护、移动通信终端营销等工作。

1999—2000 年,襄樊移动通信分公司设置职能部门 6 个:办公室、市场经营部、计划财务部、维护建设部、人力资源部、党群工作部。生产单位 7 个:即襄城经营部、解放路经营部、长虹路经营部、交换维护中心、基站维护中心、资费结算中心、业务部。县市分公司 7 个:襄阳县经营部、枣阳市经营部、老河口市经营部、南漳县经营部、谷城县经营部、保康县经营部、宜城市经营部。陈力任总经理。

2000 年,公司增设工会、工程建设部、离退休职工管理办公室、档案室、物业办、车队、市区经营部、资费结算中心、客户服务中心、网管中心、计算机中心。同时,各县市经营单位更名为分公司,即襄阳分公司、枣阳分公司、宜城分公司、谷城分公司、南漳分公司、保康分公司、老河口分公司。

2001—2005 年,襄樊移动通信分公司管理机构设置综合办公室、财务部、党群部、市场部、人力资源部、工会委员会、网络部。生产单位设营销中心、1860 服务中心、维护监控中心、网络优化中心、传输中心、计算机中心、物业管理办公室、公司第三产业——信力达公司。张伟任襄樊移动通信分公司总经理。

2002 年, 襄樊分公司管理机构增设综合部。生产单位增设大客户中心。临时机构设通信建设办公室。

2002 年 7 月 1 日,中国移动(香港)有限公司收购湖北等 8 省的移动通信公司,襄樊分公司随湖北移动通信有限责任公司整体上市。9 月 20 日,湖北移动通信公司襄樊分公司更名为湖北移动通信有限责任公司襄樊分公司。

2003—2005 年,襄樊分公司管理机构设置综合部、市场部、网络部、计财部、人力资源部、党群部、工会委员会。生产单位设营业部、客户服务中心、大客户服务中心、集中维护中心、业务支撑中心、传输维护中心。

中国移动通信网络从 20 世纪 80 年代中期开始建设,于 1987 年在广东和北京分别开通了以模拟(TACS)无线信号为特征的第一代公众移动通信系统。1992 年 3 月 5 日,湖北开通第一个无线移动通信系统,诞生全省第一个移动电话——俗称“大哥大”。1993 年 3 月,襄樊移动(当时为襄樊邮电)在解放路邮电大楼开通第一个无线移动通信系统,标志着襄樊进入移动通信时代。

1993 年模拟通信技术在襄樊市开始投入使用后,用户达 27 634 户,规模和用户总数在全省居第二位。1999—2005 年, 中国移动通信经历了模拟蜂窝移动通信(TACS 系统)至数字蜂窝移动通信(GSM、GPRS 系统)技术的发展历程。

1999 年前后,是襄樊移动通信的初步发展期,也是移动网络的建设期。由于模拟移动通信属于第一代移动通信技术,通话质量低,保密性差,容易被盗打,资源利用率低,国家出于调整模拟频率资源、技术更新等原因,要求关闭模拟网。2001 年初,襄樊分公司开始模拟退转网工作。同年 10 月份,襄樊模拟退转网工作全面完成。同年 12 月 31 日,襄樊模拟网顺利关闭。在整个模拟退转网工作中,襄樊分公司投入专项资金 1 368 万元。

2001 年,移动通信襄樊分公司开始第二代移动通信——GSM 网络的大建设时期。全年完成固定资产投资 4.3 亿元。GSM 六期扩容工程从 2001 年初开始启动,历时 10 个月,共计投资 1.9 亿元。新增一个交换机,搬迁两个交换机,扩容四部交换机,新增一个 HLR,扩容一个 HLR,新建基站 130 个,扩容基站 34 个, 新增载波 756 个。六期完工后, 襄樊移动交换网拥有 3 个交换局,2 个网关局,2 部 HLR, 襄樊交换机总容量为 48.2 万,HLR 总容量为 58.5 万, 基站总数为 283 个, 网上总载波数为 1 817 个,大幅增强襄樊移动通信网络能力,实现交通要道及城区无缝隙覆盖,乡镇覆盖率上升到 96%。完成中原路移动通信机房楼主体建设,完成枣阳、老河口、宜城传输机房建设,完成了襄樊移动通信 GSM 网七期扩容工程规划。初步完成 2.5 代移动通信 GPRS 的建设,并投入试商用。

2002 年,完成固定资产投资 2.1 亿元,全面开始 GSM 七期建设和扩容工程以及本地传输网二期扩容工程。GSM 七期扩容工程从 4 月份开始启动，至 11 月份完工，历时 8 个月，共计投资 0.92 亿元。扩容一个 HLR，新建 4 套 BSC，新建基站 84 个，扩容基站 109 个，搬迁基站 10 个，换型基站 18 个，新增载波 231 个。七期完工后，襄樊移动共有 GSM 交换机 5 部，交换容量达到 58.2 万门，基站 379 个，载波数达到 2 048 个。本地传输网二期扩容工程新增 SDH 传输节点 39 个，新增 SDH 设备 45 套，敷设光缆 747 公里。随后，开展以“交钥匙工程”为主要内容的网络优化和维护工作。襄樊市 GSM 信号，城区室内外达到无缝隙覆盖，无线网络覆盖率达到了 99.32%，乡镇覆盖率为 98.63%，村庄覆盖率为 96.37%。襄樊移动通信网络能力大幅增强。

2002 年 5 月 17 日，襄樊移动通信枢纽大楼经过近 3 年的建设，正式落成启用，并于当日举行庆典仪式。湖北省公司林东华副总经理、襄樊市委副书记夏志斌、襄樊市政法委书记姚仁安、襄樊市人大常委会副主任刘觉民、襄樊市副市长赵振、襄樊市政协副主席李文烈等领导到会表示祝贺。

2003 年，经过八期工程建设，襄樊分公司已建成遍布全市的移动通信骨干通信网，网络总容量突破 100 万门，基站数量 700 多个，GSM 网络已实现主要交通线路的连续覆盖，全市城区室内外全覆盖，县市所有乡镇（农林场、风景区）除南漳、谷城和保康极少数偏远乡村难于收到移动信号外，基本做到每个乡镇均可进行手机通信。

2004 年，移动通信襄樊分公司完成固定资产投资 2.987 亿元。经过 GSM 九期工程建设，新增交换机容量 17 万门，交换机总容量达到 100 万门，新增基站 90 个，扩容 420 个载波，新建传输 242 杆公里。6 月份，完成高速公路沿线基站建设，提高境内襄十、襄荆等高速公路的网络覆盖能力。

2005 年，襄樊移动共完成固定资产投资 2.5 亿元，累计固定资产投资达到 13.8 亿元。新增交换机容量 20 万门，交换机总容量达到 145 万门，新增基站 96 个，新建机房 56 个，网络覆盖率达 99.8%。新增本地传输网光缆线路 671 公里和传输 SDH 传输节点 117 个，使襄樊本地传输网 SDH 传输节点由原来的 134 个增加到 251 个。GSM 十期工程荣获全省质量第一名。网络接通率高达 95%以上，基站退服比低于 0.2%，短信 MT 成功率达到 98.2%。襄樊移动积极响应国家提出的“社会主义新农村”建设号召，在十期工程中建设农村基站十余座，完成 60 余个行政村通电话的“村村通”工程，对 107 个山区行政村进行网络优化。为适应未来移动通信的发展，公司还顺利完成了 3G 实验机房的建设、试验工作，同时进行 3G 人才培训，积极进行人才资源储备。8 月 5 日，襄樊移动集中监控新机房正式建立并投入营运，由于其融交换网管设备、无线网管设备、综合网管、动力环境监控设备为一体，因此网络的自动化监控程度得到极大程度提高。

业务品牌和品种：20 世纪 90 年代初，中国移动对品牌的塑造还没有上升到战略的高度，当时只有“全球通”，它只是一个产品的代名词。2001 年，襄樊移动公司率先对客户品牌进行初步的清理，归并出全球通、动感地带、神州行、集团客户 4 大客户品牌。2002 年，中国移动开始“全球通”品牌的推广，襄樊移动公司拥有移动 GSM“139、138、137、136、135”网号下的全球通、神州行、楚天行 3 大业务品牌。除传统的话音业务外，还提供短消息、呼叫转移、移动秘书、手机炒股、IP 电话、手机上网等数十种业务，满足客户对信息多样化、个性化的需求。2003 年，随着对“全球通”品牌从内到外地进行改造和提升，“全球通”成功实现从产品到品牌的升华。同时，推出“动感地带”品牌。至此，襄樊移动拥有了“全球通”“神州行”“动感地带”3 大著名服务品牌，服务网号为“139、138、137、136、135”。在业务内容上，除传统的话音业务外，还提供短信、彩信、WAP、GPRS、企信通、车辆 GPS 定位和防盗、违章查询、互联网 WLAN 宽带接入、小区宽带、专网互联等数十种增值业务，极大程度地满足用户对信息社会多样化、个性化的需求。2004 年，为更好地服务客户，襄樊移动开始对各子品牌的整合，初步建立全球通、神州行、动感地带 3 大品牌架构。2005 年，经过品牌整合和广泛的宣传，全球通、神州行、动感地带 3 大品牌已深入人心，为广大客户所熟知。

发展情况：1999 年，实施第一个“百千万”工程。即发展百户代办，千部手机上列车，再放一万号。

2000年，针对农村服务力量薄弱的现实，大力发展代办。5月10日—6月30日，实施第二个“百、千、万工程”。建立农村业务代办点，推出模拟手机“本地通”业务，推出神州行和智慧卡两种预付费业务，满足广大客户的需求。2001年，实施第三个“百千万工程”，相继推出温馨卡、园丁卡、节会卡、虚拟网业务、专网直联业务，中国移动的业务全面推向农村。截至2001年底，全市客户总数超过25万户。枣阳分公司进入全省十强县之列，公司综合绩效考核位居全省第三。2002年，开始实施“四个一”工程战略，即在农村乡镇新刷广告标语一千条，在已开通的基站新发展客户一百名，建设过千户的移动电话乡镇十个，在农村发展1 000名经纪人。为进一步巩固农村市场，试行全员营销策略，除专业营销人员之外，机关干部、后勤支撑人员都走向营销一线，宣传发展业务。2004年，襄樊移动用户达到100万。公司开展“用户过百万暨公司成立六周年庆典”服务回馈活动，采取积分送话费、积分预存送话费、积分购机优惠购机等方式，对新老客户进行回馈，参与客户达10余万人，新增用户以及话务量快速增长。全年新增用户24万户，移动网上通话用户总数达到80万户，全市移动电话用户普及率达到13.8%。枣阳分公司连续三年进入全省十强县市行列。2005全年新增用户20万户，通话用户规模达到100万户，全市移动电话用户普及率达到17.3%。全年累计完成运营收入5亿元，比2004年增长22%。业务发展和管理水平一直处于全省领先地位。

硬软件建设：1999年8月20日，建成襄樊移动营业账务计算机系统，实行独立收费。2000年3月27日，公司召开移动通信社会监督员会议，向受聘的51名社会监督员颁发聘书及社会监督员证，监督员来自人大、政协、工商、税务、技术监督、物价、新闻等部门。2000年6月28日，襄樊移动通信城正式开业。2004年5月21日，襄樊移动在现代城开设大型手机卖场。2004年9月24日，襄樊移动分公司与襄樊刘集机场有限责任公司“全球通易登机”合作项目正式开通。

服务渠道：1999—2001年，襄樊移动公司成立初期，服务渠道处在建设之中，品种相对单一，数量相对有限。渠道主要集中在两个方面，一是窗口营业厅，主要从事业务办理。此间，全市仅有10家自办营业厅。二是客户服务中心，设立有1860服务投诉热线，主要从事客户的电话咨询和投诉问题的解决等服务。同时，还有几家代办营业厅。2002年，随着业务的快速发展和客户规模的扩大，襄樊移动加快自办营业厅建设。襄城区、襄阳区营业厅投入使用，全区13处高标准的自办营业厅全部投入运营，配备话费自助查询系统、打印系统、充值系统及加油站系统设施，实现标准化营业。同年，大客户中心成立，全市高端移动通信客户群体专业化服务有了保障。2003年，随着服务的精细化程度不断增强，服务渠道也开始向多元化方向发展。公司加快自办营业厅在全市的均衡布局及建设；代办合作渠道得到了快速发展；推行了移动网上服务渠道，客户可以通过互联网“中国移动通信”网址访问中国移动各省公司网站，办理话费、清单查询等相关业务。2004年，建立移动通信品牌分层服务体系，进一步完善电子服务渠道。客户除在营业厅、1860、1861、网站查询及账单寄送和短信点播外，新增一个话费查询渠道，提高客户服务效能。2005年，按照“服务与业务领先”的双领先战略，公司对全市16家自办厅的店面和400余家代办厅进行整改、升级，进一步提升企业形象。完善“市区至县、市至乡、镇至村、组”四级服务营销网络，同时，推出短信营业厅服务，畅通电子服务渠道。

服务举措：1999—2001年，提出“沟通从心开始”的服务理念，移动通信服务主要体现在完成服务设施、夯实服务基础等方面。包括率先对客户品牌进行清理，归并出全球通、动感地带、神州行、集团客户四大客户品牌，下调资费，针对广大集团客户推出虚拟网优惠措施，针对不同层次客户开展服务。主要做好业务办理、服务咨询、解决投诉等内容。让客户“明明白白消费，安全放心使用”。针对重要客户，主要做好“三优”（优质、优先、优惠）服务。2002年，为广大客户提供短消息、呼叫转移、移动秘书、手机炒股、GPRS、IP电话、企业短信助理、车辆GPS定位和防盗及违章查询、互联网宽带接入、小区宽带、专网互联等数据业务，最大限度满足信息社会大众对信息多样化、个性化的需求，为实现市政府提出的“数字襄樊”而努力。2003年，公司除1860服务热线全天候为客户提供服务外，营业厅、客户经理、首问责任制等精细服务和服务体制让客户倍感温馨，大客户服务、贵宾接待室、商家联盟让众多大客户感受到贵宾的尊贵，1861、自助系统、移动通信网更让所有客户体验到移动无处不在的服务和明明白白的消费。在历年的服务调查中，移动公司客户满意率均在80%以上，公司从2000年起连续被评为湖北省消费者满意单位。2004年，提出并建立移动通信品牌分层服务体系，推出电子免填单服务，向社会做出“话费误差、双倍返还”“免填单服务”“免费提供近三个月账单”等十项服务承诺，对全市15家自办营业厅和437家代办厅进行统一的店面形象整改，并采用光纤接入，提高系统处理能力。整改（新建）解放路移动通信城、枣阳及保康手机中端通信市场，完善市区至县、市至乡镇至农村四级服务体系，设立SP专门处理台席，强化与12315、消费者协会的密切联系，有效降低客户投诉。完善市区内影视、休闲、医疗等VIP俱乐部。网络运行质量始终保持在优秀标准，全年长途来话接通率为62%，掉话率0.6%，短信MT接通率98%，均达到网络质量要求。2005年，按照“服务与业务领先”的双领先战略，公司进行服务硬件与软件改造工程，服务能力与服务水平得到明显提升。严格履行“话费误差、双倍返还”等十项服务承诺。公司推出“全球通A+体验”活动，推出短信营业厅服务等，给客户创造更便利、高效、放心的沟通环境。

中国移动企业文化理念体系由三部分构成，即企业价值观、企业使命、企业愿景。中国移动企业文化理念体系的核心内涵是“责任”和“卓越”，体现中国移动作为企业、中国移动人作为社会中的一员，将以成为“负责任”和“最优秀”的企业和个人作为自己的追求。襄樊移动在促进企业稳步发展的同时，开展文明创建活动，参与襄樊地方经济建设。1999—2005年，襄樊移动分公司多次获得青年文明号、消费者满意单位、质量信得过单位、重合同守信用企业等国家级、省级及地（市）级各级各类荣誉。

2.联通机构及经营

2000年1月25日，成立联合通信有限公司襄樊分公司。现有固定资产3亿元，在网用户60万户，全年完成主营业务收入2亿元，净利润4 000万元。完成连接武汉、十堰、荆门551公里二级干线光缆；完成本地传输网4 000余公里，建成能覆盖全市所有乡镇的移动通信网络，完成G网交换容量50万线，基站900个；建成自有、代办各类营业厅和营业点800个。2005年底，襄樊联通共有员工356人。在册联通员工102人，在册派遣员工254人。其中分公司领导6人，其他管理人员20名。有经营单位10个（集团客户营销服务部、市区营销服务中心、家庭客户部和枣阳、襄阳、宜城、老河口、南漳、保康、谷城7个县市区分公司）；内设8个部门（综合部、党群工作部、计划财务部、人力资源部、客户服务部、网络建设部、运行维护部、信息化部）。

襄樊分公司连续五年获得湖北省消费者满意单位称号、获得湖北省、襄樊市平安单位称号，公司党委被湖北省国资委评为先进基层党组织。先后100多人次被国家部委、联通总部、湖北省、襄樊市表彰。

中共中国联合通信有限公司襄樊分公司党委隶属于中国联合通信有限公司湖北分公司党委。至2005年12日，中国联通有限公司襄樊分公司党委下辖第一、第二两个支部。共有党员39名。中共中国联合通信有限公司襄樊分公司委员会由中国联合通信有限公司湖北分公司党委任命组成。

中共中国联合通信有限公司襄樊分公司委员会历任领导名录

书　记：蔡念勤（2001.9.18—2004.3.17）

范水中（2004.3.17—2005.12.30）

纪委书记：张建全（2003.3.12—2005.12.30）

中国联通有限公司襄樊分公司共设机构8个，其中市级分公司1个（襄樊分公司），下设县（市）分公司7个（襄阳分公司、枣阳分公司、宜城分公司、南漳分公司、谷城分公司、老河口分公司、保康分公司）。市分公司设综合部、党群工作部、计划财务部、人力资源部、客户服务部、网络建设部、运行维护部、信息化支撑服务中心、集团客户营销服务部、市区营销服务中心、家庭客户部。公司共有员工356人。在册联通员工102人，在册派遣员工254人。其中在职联通员工中具有本科学历的59人，大专学历的17人，高中、中专学历的26人。

中国联合通信有限公司襄樊分公司历任领导名录

总经理：蔡念勤（2000.5.22—2004.3.17）

范水中（2004.3.17—2005.12.30）

副总经理：吴东升（2000.9.12—2001.12）

吴习之（2002.11.26—2004.3.29）

张建全（2003.3.12—2005.12.30）

方友斌（2004.3.29—2005.12.30）

杨鸿雁（2004.6.7—2005.12.30）

工会主席：张建全（2003.4.21—2005.12.30）

1999年，中国联通的Uninet立项，2004年，这项采用ATM+ID的技术方案，针对关键指标进行创造性的网络设计获得成功，襄樊是第一批开通Uninet增值业务的城市之一。Uninet的成功，为中国联通的3G业务做好了网络准备，可以方便地为用户提供多种类应用的虚拟专网服务，若政策允许还可以方便地提供网络的虚拟运营服务，其网络优势还将不断地被挖掘和开发出来。

2001年，中国联通襄樊分公司一方面加快网络建设速度，提高覆盖率，改善服务，新增一批130移动基站，改善旅游景点和人群密集地带的覆盖，彻底解决诸葛亮文化广场周边的覆盖，为中外游客来襄樊后的通信提供强有力的保障。另一方面加大网络维护力量，24小时不间断巡检网络质量。同时努力改进服务，扩大销售和缴费渠道，充分发挥邮政网络和电话报刊亭网点密集优势，方便用户随时随地办理业务和缴费。增加投诉咨询热线和服务人员，解决用户投诉咨询难的问题。充分利用国家准许联通各项业务资费均比国家标准低10%的政策支持，发挥联通各项业务的综合优势，推出灵活多样的资费套餐供用户选择，用户不仅可以轻松入网，而且可以享受到更优质的服务和更低的资费。延长193长途的优惠时段，用户每天可以享受11个小时的优惠。130移动用户9月20日前拨打IP17911打一分钟送一分钟，从而大大降低用户的通信费用，为广大人民群众提供全方位便利的通信。

为协调GSM和CDMA两网的发展，中国联通开创性地开展GSM1X技术试验，成功地开发出“G&C移动双模系统”。该系统在2005年5月全面建成，以“世界风”为品牌全面推向市场。该系统在襄樊使用后，将使GSM用户能够享受CDMA1X的高速数据服务，同时实现CDMA用户的全球漫游，还可以弥补G网和C网的覆盖不足。这将极大方便广大移动用户，尤其是双机双卡用户。

2003年，中国联通襄樊分公司总经理蔡念勤荣获由襄樊青年企业家协会、《襄樊日报》、襄樊电视台、襄樊人民广播电台、《经济风云》杂志等单位主办的新石花杯2003襄樊十大经济风云人物。2004年7月22日，中国联通襄樊分公司建华路营业厅班长黄静获“全国用户满意电信服务明星”。2005年5月27—28日，中国联通襄樊分公司为谷城庙滩镇中心小学的农村留守孩子和闽发、世纪新城建筑工地的外地农民工提供8部亲情热线，让这些留守孩子和农民工与自己的家人免费通了电话。为关爱襄樊市的农村留守孩子成长和进城务工农民生活，襄樊联通还为谷城庙滩镇中心小学捐赠一部话机，1000元话费。此项活动经《楚天都市报》加入，成为中秋节“关注农村留守孩子，关注进城农民工”系列活动。

(八)数据通信

1994 年 8 月,襄樊开始筹建公用分组交换数据网。同年,成立数据通信科,负责数据通信、分组交换网络规划、交换、传输、维护等业务。1995 年 12 月,数字数据(DDN)网建成,使襄樊进入数据通信时代。1997 年 4 月,襄樊建设 CHINANET 网的网络节点,为国际 INTERNET 网的延伸。数字通信在金融、财税、海关、证券、贸易、科教等领域得到广泛应用,并且成为 NO.7 信令网、移动通信、高清晰电视电话会议以及增值业务的基础承载网络。由于计算机性能的提升,数据通信领域为增加带宽出口及传输实时能力,引入异步转移模式(ATM)作为高速网络的基础,承载多媒体、多业务、多点通信等业务。1997 年,襄樊宽带多媒体网 ATM、综合业务数字网 N—ISDN 和 IP 城域网建成,数据通信开始向宽带化、综合化、高速化发展。1999 年,数据通信网业务增长,并逐步从最初低速、单一的业务向高速、多样化的业务发展,主要业务包括:数据专线业务、国际互联网业务、分组交换业务、帧中继业务、IP 电话业务和远程教育。

2002 年 7 月,开始新建襄樊电信 ADSL 宽带接入网引入非对称数字用户线 ADSL 技术。ADSL 素有“网络快车”之美誉,因其下行速率高、频带宽、性能优、安装方便、不需交纳电话费等特点而深受广大用户的欢迎,成为继 Modem、ISDN 之后的又一种全新的、更快捷、更高效的接入方式。2005 年底,全市 ADSL 用户达到 56 587 户,其中襄樊市局现业为 30 306 户。ADSL 专线用户 1 513 户。

1.网络设备

(1)公用分组交换数据网

襄樊公用分组交换数据网始建于 1994 年 8 月,是湖北省公用分组交换数据网节点交换机局。与汉口、荆州组建成三个“节点”,构成湖北省公用分组交换数据网。设置 RM 节点交换机各 1 部,采用 RM 节点交换机、AM 节点交换机及装拆(PAD)设备组网。襄樊、汉口、荆州之间采用完全网状结构。设备引进加拿大北方电信公司生产的 DPN—100 设备,64K 接口设备和 PCM 设备。襄樊 RM 节点交换机设 64 个端口,其中中继线端口 16 个、同步用户端口 32 个、异步用户端口 16 个,对武昌、荆州、孝感、十堰设中继直达路由。襄樊分组交换数据网的建成,利用数字传输通道形成分组交换数据网,并通过武汉 DPN—100 型节点机与国家骨干网相连。1995 年,分组交换节点交换机端口 168 个,分组交换网用话路 5 路。

1996 年,对襄樊分组交换数据网扩容。新建襄樊分组交换城域网,在解放路(44 局)、荆州街(51 局)、二汽开发区(31 局)及襄阳县(81 局)安装分组交换 DPN—100/3 设备。1998 年 4 月,再次对襄樊公组交换数据网扩容,在原有基础上,对中继和用户端口扩容,将网络向县、市延伸,在老河口、枣阳局安装 DPN—100/5 设备各 1 部,南漳、宜城、保康、谷城、宜城等局安装 DPN—100/3 设备各 1 部。并增加 AM 节点中继路由,实现分组网 RM、AM 节点的全网状结构,将襄樊与汉口、荆州、宜昌节点间的中继速率从 64Kb/s 提升为 256Kb/s, 同时将县、市 RM 节点 AM 节点间的中继速率从 64Kb/s 提高为 128Kb/s。1998 年,分组交换数据网端口扩容达到 176 个,分组交换 PAD 端口为 508 个。2003 年,分组交换网中继电路总带宽(Mbps)2Mbps。2005 年 12 月,全市分组交换节点端口容量 466 个,实际占用端口容量 75 个。

分组交换网基本业务有可交换型虚电路(SVC),任选业务有分组多址广播功能。分组交换用户有电话拨号和专线入网两种方式。有虚拟专用网业务(VPN)。1994 年 8 月,对外试开分组交换业务,发展分组交换用户 94 户。2000 年,分组交换用户为 122 户,其中襄樊市局现业 68 户,分组交换专线用户为 94 户。随着 DDN、帧中继等业务的开放，该业务逐渐萎缩，从高峰时的 122 户，下降到 2005 年的 33 户。

（2）公用数字数据网（DDN）

数字数据网(DigitalDataNetwork 简称 DDN 网)，是利用光纤、数字微波等数字传输通道和数字交叉复用设备组成的数据传输网。采用数字传输信道传输数据信号的通信网，可提供点对点、一点对多点透明传输的数据专线出租电路，为用户传输数据、图像、声音等信息，以满足用户多媒体通信和组建中高速计算机通信网的需要，使用户可以开通种类繁多的信息业务，传输任何合适的信息。

“八五”期间，襄樊邮电通信呈现持续高速发展势头。为满足政府、银行、证券、保险、税务、商业及大中型企业等对数据业务的需求，1995 年 12 月，襄樊数字数据网（DDN）节点建成。襄樊数字数据网（DDN）节点是湖北省公用数字数据网（DDN）的一部分。采用加拿大新桥网络公司生产的 DDN 设备，设 3645 带宽管理器一部。设备安装在长虹路邮电综合楼五层数据机房内。共提供 130 个端口（其中老河口、枣阳各 27 个端口；宜城、谷城各 21 个端口；南漳、保康各 17 个端口）。襄樊节点机 P3 通过 2Mb/s 电路延伸至所属县、市，其枣阳、随州、宜城、南漳、保康、谷城、老河口局的复接设备均采用 3600 带宽管理器，配备各类插卡。采用辐射星型连接方式汇接襄樊业务区各县、市。数字数据网采用集中式网管系统，网管中心设在武汉，在襄樊设置分权网管站。分权网管的操作平台为 PC 机，配备 4602 分权网管软件，襄樊所属各县市局及十堰所属各县市局节点机均作 PC 机维护终端。1995 年，数字数据网节点机端口容量 298 个。1996 年（DDN）网用话路 180 路，

随着金融电子化的迅速推进，为配合金融部门借助公用数字数据网（DDN）平台，建金融电子化网络，实现汇兑和结算电子化。1996 年 12 月，新建数字数据（DDN）城域网，设 5 个节点，在解放路 344 局、荆州街 351 局、二汽开发区 331 局及襄阳县 281 局各安装一部 3600 带宽管理器。各局的 3600 节点机与长虹路 322 局之间各通过 1 条 2Mb/s 数字电路连接。解放路局与荆州街局之间设 1 条 2Mb/s 数字电路，城域网的维护管理工作由原 HBDDN 设在长虹路 22 局的分权网管负责。同年，数字数据网（DDN）向乡镇延伸。1997 年初，DDN 乡镇网建成投入使用。同年 3 月，公用数字数据网（DDN）襄樊业务区扩容。在第一期工程的基础上对原有系统进行扩容改造和系统优化，节点机升级为版本 5 软件系统，加报表系统功能，扩大用户端口数，并为所属 7 个城域网提供入网中继路由。本期的 E1 端口扩容为 176 个，V.24DTU 端口为 6034 个，V.24DCC 端口为 264 个，V.35DTU 端口为 370 个，V.35DCC 端口为 18 个。本期工程局端是引进加拿大 Newbrdge 网络公司的 3600 系列数字数据网设备，用户端采用 DTU2600 系列和 2700 系列设备及少量国内配套 MODEM 设备。1998 年底，数字数据网节点机端口达到 1 062 个，发展数字数据用户 865 户。1998 年 4 月，公用数字数据网（DDN）襄樊业务区第三期扩容，主要解决 NO.7 信令网及其他通信网络所需中继端口，以满足通信发展的需求，同时对原有网络进行扩容改造和系统优化。襄樊新增 3645 带宽管理器一部，老河口、枣阳、谷城、南漳、保康、宜城新增 3600 带宽管理器卡，新增端口 140 个。2000 年，全市有 DDN 网本地网业用户端口 1 413 个，其中襄樊市局现业 839 个。

为满足数据业务发展需要，2001 年 2 月，对湖北数字数据网（DDN）襄樊业务区第四期扩容，在原有网络基础上进行优化扩容，保留原有 TDM 平面，新建 1 个 ATM 交换平面。ATM 平面包括武汉、襄樊、宜昌、黄石、荆州 5 个骨干节点汇接中心，为不完全网状结构。分别配置 1 套阿尔卡特公司生产的 36170 宽带多业多交换机（1.6G）。ATM 交换平面各节点间开 155Mb/s 中继电路。襄樊汇接中心 36170 交换机与本地 TDM 平面的 3645 节点机之间以 7 × 2Mb/s 中继电路相连。襄樊 36170 交换机至十堰 3645 节点机开通 2Mb/s 中继电路 3 条。襄樊 3645 节点机至十堰、宜昌 3645 节点机各开通 2 条中继电路，随州 1 条。2003 年，DDN 节点机端口容量达到 2 995 个，DDN 节点机中继端口数容量 396 个，DDN

城域网中继总带宽(Mbps)480Mbps,其中省内340Mbps,本地网140Mbps。2005年12月,全市有DDN节点机端口容量2 793个,其中襄樊市现业1 249个。DDN节点用户端口折合64K3 162.4个,其中襄樊市现业1 895.4个。DDN城域网中继带宽446Mbps。

DDN业务种类主要有点到点和点到多点的DDN透明电路、帧中继电路。由于DDN安全可靠的特点,迅速在计算机联网、金融业广泛应用,并且成为NO.7信令、移动通信、高质量的电视电话会议以及增值业务的基础承载网络。DDN可提供的业务有:①租用专用电路业务。可向用户提供N*64K (N=1—31)及2048Kb/s速率的全透明专用电路,高速率高质量的点对点和一点对多点的数字专用电路,广泛用于金融、证券等集团系统用户组建总部与其分支机构的业务网,利用多点会议功能还可以组建会议电视系统。②帧中继业务。可用于业务量大的主机之间互连、局域网之间的互联。③话音、传真业务。为用户提供带信令的模拟接口,用户可以直接通话,或接到自己内部小交换机(PBX)进行电话通信,也可用于传真。④虚拟专网功能。用户自己拥有网络管理权限,对其所属的线路及端口进行管理。2000年,全市有DDN网用户1 496户,其中襄樊市局现业为922户。2005年12月,全市有DDN业务用户端口为759个,其中襄樊市分公司现业为368个。

(3)湖北省CHINANET(襄樊)网

中国公用计算机互联系网络CHINANET作为邮电部门经营管理的中国公用INTERNET网是国际INTERNET网的延伸,鉴于襄樊市计算机技术应用的发展,社会各界对INTERNET的需求越来越大,为满足全市各用户对INTERNET网丰富资源和各种服务的需求。1997年4月,在襄樊建设一个供市内各类用户使用的CHINANET网的网络节点,为湖北省INTERNET接入网的一部分。襄樊CHINANET网的网络节点,由北京中讯—亚信公司作系统总集成,主要产品采用美国CISCO公司生产的CISCO4500路由器、SUN公司的服务器。整个湖北省接入网为一个自治网,网络拓扑采用混合结构,整个网络呈不完全网状结构,由武汉节点进行集中监控管理,襄樊节点作为湖北CHINANET接入网的骨干网,与武汉、宜昌、荆州、黄石4个节点组成,并采用点对点DDN直连电路相连,襄樊节点配置1台CISCO4500路由器,接入服务器(30个异步端口),另配US—ER—SERVER1台。配置用户服务器及拨号终端服务器。路由器及服务器之间用以太网相连。同年4月28日,国际计算机互联网在襄樊市邮电局建成开通,并向社会公众提供30个拨号端口及专线用户端口。上网用户可通过计算机网络了解世界各地政策法规、金融贸易、商品供求、教育科研、医疗卫生、电子购物、家庭视频点播等信息。公众也可利用该网络向全球发布信息。到年底受理用户165个。为满足广大用户的业务需求,1999年10月20日对湖北省CHINANET(襄樊)网进行第二期扩容,同年10月23日完工,12月22日通过初步验收,投入试运行。工程总投资218万元,新增CISCO路由器、局域网交换机、用户服务器、接入服务器、服务器等各1台,新增拨号端口480线。2003年3月第四期扩容,新增千兆路由器1台,路由器集装架1架。2004年3月进行第五期扩容。

(4)宽带多媒体网(ATM)

襄樊公众多媒体信息网始建于1997年,新开1台7 470MSP ATM交换机,并和DDN网之间进行2M互连后正式开通,可向公众提供集文字、表格、声音和图像于一体的信息服务,并向所有的信息源和信息服务商提供入网连接和全网结算服务。采用世界最先进的计算机网络技术,利用邮电公网优势,向社会提供一个大容量、高带宽、高可靠性的信息服务平台。1998年12月,169多媒体用户1 039户。

1998年,襄樊建宽带多媒体网(ATM)。襄樊ATM网是湖北省多媒体通信网汇接中心之一,襄樊与宜昌、黄石、荆州4个汇接节点和省网汇接中心(武汉)构成省多媒体核心层。其他11个节点为接入节点，形成接入层，整个网络呈单星型结构。省网汇接中心（武汉）采用 4×155Mb/s 中继上与国家多媒体通信网的骨干网相连。襄樊多媒体网汇接中心设在长虹路邮电大楼五层数据机房，作为湖北省多媒体信息网的辅助汇接中心，其通过 4×E1 和 2×E1 中继电路分别与武汉、宜昌相连接。与十堰、孝感、荆州、荆门设 1×E1 的直达电路。襄樊汇接中心配置美国 Bay 网络公司 1 台 BCN 路由器和 1 台 Moae15000BHC 网络（局域网）交换机作路由及以太网连接，用户拨号接入服务器采用 Ascend 公司 May4000，能提供普通电话拨号和 ISDN 接入，并配置有各种功能的服务器 5 台。局域网采用交换的 100METHERNET 网结构连接，在 BCN 路由器和 5000BHC 交换机之间采用两个 100ETHERNET 连接以支持两个子网——接入和内部 VLAN。

2001 年，建湖北省宽带多媒体网 IP(襄樊)工程。该工程在襄樊、宜昌、黄石各增加 1 台 GSR12008 路由器和 1 台 Catalyst2948G 交换机，构成全省宽带多媒体通信网核心层，与现有 163/169 网形成全省宽带 IP 网，全网为一个治域，正式开放 ADSL 业务。2002 年 12 月，建湖北省宽带多媒体网第二期(襄樊)工程，该工程对原省 ATM 网进行升级扩容，整个网络采用两级拓扑机构。襄樊核心节点新增高鸿公司 AS800—01SDSLAM 集中器 2 台。襄樊 ATM 交换机扩容端口 ××个。ATM 核心节点间采用 N*155Mb/s 中继与本地千兆路由器相连，从而形成省内多媒体通信核心骨干网。ATM 交换机设备支持 MPLS 协议，网络支持的主要业务为 ATM 业务、IPVPN、帧中继业务、X.25 接入业务等，通过省网（武汉）汇接中心与国家骨干 FR 网采用 155Mb/s 电路互通。2003 年，全市帧中继 /ATM 网端口容量为 126 个，帧中继 /ATM 网中继电路总带宽（Mbps）8060Mbps，其中省内 4805Mbps，本地网 3255Mbps，

2004 年 1 月，建湖北省宽带多媒体网第三期(襄樊)工程，该工程在原有网络基础上进行扩容，网络结构维持现状不变。襄樊核心节点新增 1 套加拿大北电网络国际有限公司生产的 Passport7440ATM 接入设备和高鸿公司 AM100—A 接入设备，将 ATM 网向所属县市进一步延伸，以满足县市高速数据专线用户的接入。同年 10 月，建襄樊宽带多媒体网 ATM 第四期工程，对 ATM 网进行扩容，扩大网络覆盖面并提供各种类型的业务端口，开展全省性的 VPN 业务实现端到端的 QOS 保证。新增加拿大北电网络国际有限公司生产的多业务 ATM 交换机（Passport7480），高鸿公司 AM100—16Pr 接入设备，中兴 C 系列 ATM/IP 交换机以及对现网的板卡进行扩容。并在解放路 344 局设置节点，增加全市 ATM 网覆 盖面。

随着宽带多媒体网(ATM)的建成，1997 年 12 月，中国公众多媒体信息网“襄樊热线”开通，开放业务有：襄樊风光、新闻政治、文学艺术、娱乐天地、经济贸易、邮电业务、人才交流、便民服务、科技教育、信息导航。

2000 年 5 月 1 日，襄樊多媒体分局正式开通“963 上网直通车”。为广大用户提供方便、快捷的互联网接入服务。“963 上网直通车”主叫号码计费，是指用户无需办理上网手续，直接通过拨打“963”特别服务号，以“963”分别为用户隐患和密码，即可登录上网，其功能和资费标准与现行“163”业务相同，上网通话费和信息费直接计在主叫号码上。

（5）IP 城域网

IP 城域网分为核心层、汇聚层和接入层（即区域汇聚层）。核心层为设在长虹路电信大楼五层的 ISN8850 智能 IP 业务交换机，长虹路局节点设置 1 台骨干接入路由器（CiscoGSR12016）。长虹路路由器与省中心（武汉洪山）B1 之间通过 1 条 2.5G POS 电路相连，荆州街局路由器与荆州汇聚之间通过 1 条 2.5G POS 电路相连。负责提供本市城域 VPN 业务，并为本市 XPN 与省域 VPN 的连接点。作为本地 GSR 千兆路由器、P15000ATM 交换机、城域汇聚层 L3 交换机间的互联网关。终结本地 ADSL 和 LAN 虚拟拨号用户的 PPPoe，通过省域 ATM VPN 向省中心 163 网 RadiusServer 上传 PPPoe 证计费信息。汇聚层为设在长虹路局、荆州街局、解放路局的路由交换机 QuidwayS8016，要由 BAS 和三层交换机构成，

BAS、三层交换机及核心层路由器之间均通过 GE 电路相连。其中长虹路节点配置 1 台华为 NE80 路由器设备、2 台华为 ISN8850、1 台华为 S8016 交换设备，荆州街局节点配置 1 台华为 NE80 路由器设备、1 台华为 ISN8850 设备及 1 台华为 S8016 交换机设备，解放路局节点配置 1 台加拿大北电网络国际有限公司生产 Shasta5000 BAS 设备及 1 台华为 S8016 交换机设备，负责汇集分散的业务接入点（POP），进行路由、端口、带宽和业务汇聚、收敛及分发，进行用户管理，提供安全保证机制，与核心层 GSR12016 下联 GE 口构成城域子 Area。接入层为设在市区长虹路、幸福小区、规划局、余岗、松鹤路、华中制药厂、人民路、荆州街、南湖宾馆、公安局、物价局、万山、解放路、米公祠、丹江路、樊东、昊天公司、二汽等 18 个 POP 点及 7 个县市局，7 个县市局接入层采用华为 MA5200、S3526、S3528 或 S8505 多业务接入（交换机）设备，通过 GE 电路与汇聚层或 BAS 连接，负责将不同地理分布、各种类型用户驻地网，如楼道 LAN 网络、企业 LAN 网络、DSLAM、窄带接入服务器等快速有效地接入城域网。2003 年 9 月，兴建湖北 IP 城域网二期（襄樊）工程，襄樊 IP 城域网新增宽带接入服务器等设备。

2003 年 12 月，兴建湖北电信 IP 城域网三期（襄樊）工程，对襄樊 IP 城域网进行扩容。新增 1 台 ciscoGSR12016 千兆路由器，作为城域网第二核心节点，与省 IP 骨干网的核心路由器通过两个 GE 接口相连，在汇聚层新增 1 台加拿大北电网络国际有限公司生产（BAS）Shast5000 汇聚点交换机，对原有部分汇聚点交换机进行扩容，用作汇聚新增的各 POP 点交换机，宽带接入服务器通过 1 个 GE 链路与解放路原有汇聚点交换机相连。在枣阳、宜城、谷城、南漳、保康、人行新区 6 个 POP 点新增 6 台 POP 点交换机，以接入宽带用户。IP 网端口总数 6 000 个，IP 网中继电路总带宽（Mbps）39331Mbps，其中省内 2467Mbps，本地网 36864Mbps。

2005 年 12 月，兴建湖北 IP 城域网五期（襄樊）工程，对襄樊 IP 城域网进行扩容优化，并根据中国电信集团宽带城域网建设指导意见，将随州与襄樊 IP 城域网合并组成襄随大城域网，把交换型城域网改造为路由型城域网，新建独立出口核心路由器。到 2005 年底，IP 城域网覆盖市区及所属 7 个县市。拥有 1 个核心节点、10 个汇聚节点、31 个接入层。

（6）窄带综合业务数字网（N—ISDN）

窄带综合业务数字网(N—ISDN)，是以电话线为基础发展起来的，可在一条普通电话线上提供语音、数据、图像等综合性业务，为社会提供经济、高速、多功能、覆盖范围广、接入简单的通信手段。最大的优点是能把多种类型的电信业务，如电话、传真、可视电话、电视会议等综合在一个网内实现。凡加入这个网的用户，都可实现只用一对电话线连接不同的终端，进行不同类型的高速、高质的业务通信。随着各种数据通信业务、图像通信业务量的日益增长。1998 年 11 月，新建襄樊窄带综合业务数字网，在襄樊设置 1 个 N—ISDN 端局，配置 4 个 ISDN 用户远端模块（IRSU），并与武汉、荆州、宜昌、黄石 N—ISDN 端局构成湖北 ISDN 网，为星状型结构，以武汉 731 局为中心，局间直达中继采用 NO.7 ISUP 信令。设备采用天津日电通信公司生产的 NEXT61Σ型综合业务交换机 10 016 门。ISDN 交换机主机安装在解放路 348 局，4 个模块局分别为长虹路 321 局、荆州街 355 局、清河口 340 局、余岗 334 局，4 个局均为终端站。中继方式：解放路 348 局对自动长途局设置直达长市中继电路，对长虹路 321 局、荆州街 355 局、清河口 340 局、余岗 334 局之间设置直达电路。传输设备：新建长虹路局至余岗模块局、解放路局至清河口模块局 140Mb/s 光缆通信系统和通信电源设备。

窄带接入业务包括电话拨号(含注册账号业务、主叫计费业务、上网卡业务、ISDN 拨号上网业务)及专线上网业务。电话拨号上网是在普通电话线上，利用调制解调技术，通过话音传输数据信号，拨打专用电话号码，实现接入互联网或专网的业务。普通 Modem 理论上最高速度可达到 56Kbps，文件下载速率最快达到 4—8Kbps。由于模拟信号在传输过程中容易受静电和噪音干扰，造成误码率较高，通常传输速率需视网络情况而定。

1998 年，开放窄带上网业务，接入号码为“163”。建成之初，该业务发展良好，并成功向市委、市政府、市公安局、市工商行政管理局、银行等单位推出利用 ISDN 组建专业信息网。2000 年，N—ISDN 基本速率（30B+D）接口用户 229 户，其中住宅用户 128 户。同年 6 月，开通一线通（N—ISDN）业务。一线通（N—ISDN）窄带综合数字网业务（N—ISDN）是在现有电话网上开放的一种集话音、数据和图像通信于一体的综合业务。“一线通”用户利用一对普通电话线即可得到综合电信服务，最多可连接八个相同或不相同的终端，并允许两个终端同时通信，如边上网边打电话、发传真等，用户的一部电话实际上成为两部电话。如果做桌面电视系统，通信双方可实现可视通话，同时传话音、图像和数据。如果上因特网或公众多媒体网，使用“一线通”则更加方便，比 ODEM 方式快。后随着宽带业务的迅猛发展，窄带业务逐渐萎缩，2003 年，N—ISDN 基本速率（2B+D）接口用户为 2 298 户。至 2005 年，全市互联网窄带接入用户为 50 943 户，其中襄樊市局现业为 24 928 户，注册拨号用户及在线的主叫计费用户分别为 24 140、26 803 户。

（7）IP 宽带城域网

襄樊电信 IP 宽带城域网是中国国际计算机互联网的延伸，是为用户高速接入 infemef 提供的一种快捷途径。是襄樊市电信分公司充分利用已有的光纤网络，成熟的 IP 路由交换技术建起的高速通信平台。该网采用现有 IP/ATM 骨干网作为城域网核心层，设置汇聚层节点 3 处，宽带接入点 1 处，区域汇聚层节点（POP）18 处。由核心层、汇聚层、接入层构成襄樊宽带城域网。核心层有 3 台路由器，其中心台为设置在长虹路的 CISCO12016 核心路由器作为国家骨干网接入点使用，另有 2 台作为城域网核心层路由器使用，1 台 CISCO12016 核心路由器配置于荆州街局和 1 台华为 NE80 核心路由器配置在长虹路局，相互以 2×1 000M 互联，并各以 2.5G 的带宽接入省域网。4 台核心 BAS 设备，包括 1 台 Shasta 5000 和 3 台 ISN8850 设备，分别置于长虹路（2 台）、解放路和荆州街局，负责全市拨号上网用户的认证工作。汇聚层有 6 台华为 S8016 三层交换机，分别配置于长虹路、解放路、荆州街、襄阳张湾、枣阳西大街和老河口花园路局，主要承担全市各宽带用户接入后的汇聚。接入层有 27 个 POP 节点，其中有 18 台华为 MA5200，6 台华为 S3526，3 台华为 S3528 设备，主要负责全市区和各县局的 DSLAM 设备及 LAN 小区交换机的接入。2002 年 7 月，襄樊电信 IP 宽带城域网通过验收，投入试运行。新增 1 000 兆中继端口 50 个、155M 中继端口 2 个、100 兆用户端口 456 个。覆盖襄樊市区 70% 的区域和部分县（市）。设备采用华为、中兴公司宽带接入服务器和以太交换设备。核心层节点间采用重叠网状连接，汇聚层节点与核心层 IP/ATM 节点进行连接，在部分市话端局、用户集中小区设置接入层交换机。接入层采用星形结构与汇聚层连接，为用户提供 ADSL 及 FTTX+LAN 等宽带接入。实现用户层到 IP 城域网到国际互联网的全光纤高速接入，解决宽带接入最后一公里的问题和速度瓶颈。同时，俗称“网络快车”的 ADSL 宽带接入端口也随之增加到 3 500 个。襄樊电信 IP 宽带城域网的建成，使集团用户和住宅小区享用到 100 兆的接入宽带和互联宽带，为襄樊市民提供高质量的网络生活。

2005 年，对襄樊宽带光纤接入进行二期扩容。L2 汇聚交换机扩容，襄樊市区新建樊东模块局、六化建、二汽、邮政局 3 处光纤接入节点，为 LAN 小区及光纤网吧用户提供接入端口，新建汇聚交换机 5 台，新增 LAN 端口 120 个。襄阳局在太平、黄集、泥嘴、峪山 4 个乡镇新建光纤接入节点，新建交换机 6 台，并对张湾 MA5200 设备进行扩容，新增 LAN 端口 200 个。枣阳局新建鹿头光纤接入节点，同时对西大街、南岗 2 处 LAN 小区接入的交换机进行扩容，新增 LAN 端口 96 个。老河口局新建竹林桥光纤接入节点，新增 LAN 端口 96 个。宜城局对中心局交换机进行扩容，新增 LAN 端口 120 个。谷城局新建庙滩、大峪桥、冷集、盛康 4 个乡镇光纤接入节点，新增 LAN 端口 120 个。南漳局在武镇、东巩、巡检、九集、安集 5 个乡镇新建光纤接入节点，新增 LAN 端口 176 个。保康局新建马良、歇马 2 处乡镇光纤接入节点，新增 LAN 端口 72 个。完工后，全市新增 L2 汇聚交换机 35 台，以太网集中可网管型光纤收发器 630 对。提供 LAN 端口 1 000 个,全市各主要端局、模块局、大中型接入网点均具备以太网光纤接入能力。同年 10 月投入试运行。

(8)ADSL 宽带接入网

ADSL 技术是运行在原有普通电话线上的一种新的高速宽带技术，它利用现有的一对电话线,为用户提供上、下行非对称的传输速率(带宽)。2002 年 7 月,新建襄樊电信 ADSL 宽带接入网。是中国国际计算机互联网的延伸,是为用户高速接入 infemef 提供的一种快捷途径。充分利用已有的光纤网络,成熟的 IP/ATM 路由交换技术建起的高速通信平台。ADSL 设备采用现有 IP/ATM 及 IMA 上行方式,上行现有市 IP/ATM 城域网络,用户认证由系统实现。全市及 7 个县市局新建 ADSL 节点 25 个,新增用户端口 3 116 线,其中襄樊市区 2 928 线。在长虹路、解放路、二汽开发区采用 IMA 上行的方式,通过 155Mb/s 光口上行至华为 BAS 设备 ISN8850,在余岗、幸福小区、规划局、昊天公司、万山、襄阳张湾、荆州街、5701 厂、物价局、公安局、艺苑小区、回收公司等地采用 100M 电口以 IP 上行方式接至华为宽带接入设备 MA5200;宜城、南湖宾馆、六化建采用 100M 光口就近接至荆州街,隆中接至万山,蓝天服装城、南漳接至长虹路,鹿鸣岛接至昊天公司,谷城、保康采用 TMA 上行的方式,用 4*2M 上行至北电 PASSPORT15000。网络管理系用集中式网管系统,网管中心设在襄樊市分公司接入网中心。基本覆盖襄樊市区和个 7 县市局点。

2003 年,对 ADSL 宽带接入网进行第二、三、四、五期扩容改造,新建 ADSL 节点 134 个,扩建 60 处，新建、扩建用户端口 31 624 线。设备采用中兴 8220 大容量 DSLAM 设备、华为 MA5100、烽火 AN2200 及西门子 XpressLinkV3.0 等设备。解放路新增 1 台 SAST5000 型 BASA，有 8 个 155M 接入端口。ADSL 端口容量 34 772 个,其中:襄樊市分公司现业 21 308 个,LAN 端口容量 7 816 个,其中襄樊市分公司现业 7 725 个。网络管理系用集中式网管系统,网管中心设在襄樊市分公司大客户部。

2004 年,对 ADSL 宽带接入网进行第六、七期扩容,根据省公司要求,ADSL 节点组网以 IP 方式为主。市区大型节点以 GM 速率上行,县市局大、中型节点以 N*100M 速率捆绑上行,市区及县市局城区内小型节点以 100M 速率上行,乡镇节点可采用星型或链状方式级联,速率为 155M 或 N*2M(ATM 反向复用)。2004 年,全市新建 ADSL 节点 130 个,扩建 94 处,新建、扩建用户端口 41 012 线。换型 64 处,换型用户端口容量为 9 680 线。年底全市端口总容量达到 76 928 线。网络管理系用分布式网管系统,网管中心设在襄樊市分公司网络监控室,对全市 ADSL 设备进行集中监控,并在所属县市分公司设置二级网管终端,对本地 ADSL 设备进行配置管理。

2005 年,对 ADSL 宽带接入网进行第八、九期扩容。市区长虹路扩容 14 个 ADSL 节点,松鹤路扩容 9 个节点,解放路扩容 6 个节点,新建 ADSL 节点 1 个;荆州街扩容 12 个节点,新建 1 个节点;二汽开发区扩容 6 个节点,新建 1 个节点;襄阳区扩容 8 个节点,新建 4 个节点:谷城扩容 3 个节点,新建 2 个节点;宜城扩容 5 个节点,新建 1 个节点;南漳扩容 1 个节点。截至 2005 年底,全市 ADSL 端口总容量 91 980 线。其中市区 57 个(长虹路 322 局向 17 个,解放路 344 局向 9 个,荆州街 351 局向 19 个,松鹤路 311 局向 9 个,二汽开发区 331 局向 3 个)。ADSL 端口容量为 5 026 线。其中襄阳区 ADSL 端口容量为 7 176 线;枣阳 ADSL 端口容量为 9 360 线;老河口 ADSL 端口容量为 6 120 线;谷城 ADSL 端口容量为 5 208 线;宜城 ADSL 端口容量为 6 144 线;南漳 ADSL 端口容量为 5 088 线;保康 ADSL 端口容量为 2 624 线。ADSL 宽带业务范围覆盖全市城区及乡镇。

宽带业务是襄樊电信为用户提供的高速访问互联网的接入业务。2002 年 7 月，正式对外受理 ADSL 业务,成为襄樊最早推出宽带接入业务的主导运营企业。随后 ADSL 业务吸引了大批网民,用户数成倍增长。特别是 2003 年，宽带业务取得长足发展,ADSL 用户由初期的不足 151 户发展到 3420 户。光纤接入用户从无到有,针对不同用户群,采用灵活多样的宽带资费政策。对中小学、大专院校、网吧、办公及商用、住宅等用户推出包月制、包年制等不同的资费标准。同时丰富宽带应用，推出网上教育、VOD、网络医疗等多种服务，并大力推行政府上网、企业上网、学校上网和家庭上网。到2005年底，全市共有互联网宽带接入用户80 932户，其中襄樊市局现业36 918户；xDSL用户56 644户，其中襄樊市局现业30 336户；ADSL用户56 587户，其中襄樊市局现业为30 306户。ADSL专线用户1 513户。

（九）专用通信网

专用通信网（或称用户交换机）是指各机关、企业、铁路、航空、军事、气象等单位为本单位业务需要而设置的通信网。专网中的传输设施如明线、电缆、光缆或微波中继线路等根据国家规定自行建设或向电信部门租用。专用网可以由国家给以支援由本单位自建，也可联合建设按互惠条件共同使用。专用电信网需要进入国家公用电信网时，其建设技术标准和与公用网连接方式必须符合公用电信网的有关规定，以保证全网的正常通信，但专用网不得办理公众通信业务。

襄樊市内用户交换机（又称用户小交换机），是由单位建立专用电信网（户交换机），供内部互相通话，并通过中继线与中国电信公众市内电话网相连接，是市内电话业务之一，是邮电部门的大用户。用户交换机主要是党政军部门使用，后逐渐发展到铁路、电力、工矿、企业、学校、医院及宾馆等单位使用。用户交换机制式初期主要是以磁石为主，后逐步发展有供电式、纵横制、全电子及数字程控用户交换机。

1959年，用户交换机容量仅为215门，1978年6 940门。1984年，新装用户交换机5户800门。到1990年，全市用户交换机容量达到34 098门，其中自动用户交换机容量为20 863门，是1959年的158倍。用户交换机的快速发展，使公众市内电话网局用交换机与用户交换机的比例出现失调，加之交换机制式不同（磁石、供电式、纵横制、全电子、数字程控），使通信质量下降，设备障碍较多。针对上述问题，“八五”期间，襄樊电信根据“国家对邮电实行重点扶持，优先发展的政策”精神，依靠地方政府的支持，广泛筹集资金，加快市话建设步伐，扩充市话交换机容量，增强通信能力。1991年起，随着数字程控交换机的不断引进，市内电话管线工程建设的全面铺开，到1995年市话网局用（公众）交换机容量达到136 000门。1996年，由于通信技术的需要，根据邮电部指示精神，襄樊本地电话网停止接收脉冲信号，模拟制式的用户交换设备相继被淘汰、退网、拆除。此后，随着襄樊本地电话网的不断发展，及“小交换机改单机”的深入推广，大部分用户小交换机纷纷实行改制，并以单机的形式进入襄樊本地电话网。1995年，二汽东力公司专用通信网2 000数字程控交换机（用户交换机）以为39局引入襄樊公用电话网。仅1995—1996年，改制、拆除用户小交换机达256户。1999年1月，铁道部第十一工程局专用通信网以DID+D0D1方式进入襄樊市电信局公用电话网，采用联合建设的方式，以分局形式接入公用电话网长虹路（322）汇接局。市电信局投资传输设备，专用通信网采用上海贝尔电话制造有限公司生产的S—1240型数字程控电话交换机，容量为3 000门。入网后分局所有用户为电信公众用户，其业务及技术归口市电信局管理。至2000年，用户交换机容量相继减少到15 904门。2005年为10 408门。

（十）基础设施建设

1979年，襄樊邮电依靠政策，把握发展机遇，实行国家、集体、个人一起上，采用租赁经营，应用国外无息、低息和远期付息贷款，集中资金解决市话增容、长途电路的补缺配套工程建设，逐步把工作重点转到市话、长途通信建设上来。

1.固定资产投资

“七五”计划期间，完成固定资产投资4 200万元，建成襄樊邮电综合机房、襄樊至十堰300路微波、武汉至襄樊300路小同轴电缆载波工程及武汉至襄樊微波扩容工程等近90个项目。

“八五”计划期间，固定资产投资由“七五”末的4 200万元增加到12亿元，增长了30倍，五年跨越三大步，建成“五网”，实现“四化”。人工和纵横制交换更新为数字程控交换。1994年，县以上城市实现市话交换程控化，总容量由1990年的1.8万门增加到19.9万门，比“七五”计划末增加10倍。长途传输由明线、同轴电缆发展为光缆数字传输。1994年，实现长途交换程控化和长途传输数字化。长途交换机总容量从1990年的408路端增加到6 000路端，是“七五”计划期末的15倍。农话交换机容量由23 210门增加到77 000门，是“七五”末的3.3倍。126个乡镇实现农村电话交换程控化、传输数字化，改变了农村通信落后面貌。四是建成全市乡镇以上扩大的本地电话网，电话号码由6位升至7位，网络发生了质的变化，建成先进的同步数字传输系列网状网，跨入国内国际选进行列。

“九五”计划期间，完成固定资产投资13亿元。是“八五”期间的1.4倍，全市电信网络规模和质量达省内一流水平，迈入全国先进行列。光缆通信、数据通信、程控交换、多媒体通信等先进技术得到广泛应用，窄带、无线接入网技术开始推广使用。全市新增交换机容量36.5万门，累计达到64.1万门，是“八五”计划期末的2.4倍。农话交换机容量增加到25万门，是“八五”计划期末的3倍。国家投资建设的汉口至西安、呼和浩特至北海两条国家一级光缆干线和汉口至西安至兰州国家级数字微波交会襄樊，为襄樊提供大容量、高速率、多功能的长途电路。建成并开通汉口至襄樊至荆门、襄樊至十堰国家二级干线光缆，市内传输成功建成市内环、市外环两大环形传输光缆系统。长途交换设备扩容4 000路端，总容量达到10 000路端，长途电路达到13 499条，比“八五”计划期末增加了6 632条。建成襄樊信息港和N—ISDN网，开通“襄樊热线”，多媒体通信网容量达到2 700个端口，DDN网容量达到1 201个端口，襄樊信息高速公路雏形基本形成。

“十五”计划期间，完成固定资产投资9.2亿元。新增本地网交换机容量24万门，2005年总容量为118.52万门，实占容量为94.21万门。完成国家一级干线西环、省西环两个DWDM高速传输工程襄樊段和市内外两个2.5G传输环和县(市)局6个622M的SDH传输光环的建设，架设传输光缆28 862芯公里。新建DDN网节点34个，新增DDN容量619个端口。完成了ATM骨干网、CHINANET三期扩容工程。新建光纤接入网54 000线、完成无线市话(小灵通)二期至七期扩容工程，新增基站335个。完成关口局、智能网工程建设。建成接入网14 416线，完成ADSL一期至九期扩容工程，新增ADSL宽带接入端口15 000L、LAN端口15 000L。新建本地网传输(汇聚层)工程、光纤接入扩容工程。新建通信管道373管孔公里、电缆120 000线对公里、光缆7 800纤芯公里。IP城域网五期工程顺利完工，将襄樊市互联网出口带宽提高到7.5Gb/s，为IP增值业务的大力开展创造了有利条件。完成“村村通”工程，新增“村村通”无线接入容量60 000L、PHS接入容量48 000L，为农村通信业务发展带来了新的契机。长虹路通信枢纽大楼土建项目工程基本完工。

2.重点通信工程

(1)武汉至襄樊至十堰微波工程：襄樊是连接鄂西北至全省通信枢纽，是十堰通信电路出口的必经之地，同时还担负着所辖各县(市)及荆门等地区至武汉的电路转接任务。为此，1987年10月动工新建武汉至襄樊至十堰2GHZ/300路模拟微波工程，第一期先建襄樊至十堰2GHZ/300路微波载波电路二个波道，第二期续建襄樊至武汉2GHZ/300路微波载波电路二个波道。本期工程从二〇七微波干线电路的均县、襄樊、宜城、大洪山微波站、安陆、应城微波站、孝感、汉阳微波站至武汉。武汉至襄樊开 180 路,孝感至随州开 60 路,襄樊至随州开 60 路,襄樊至十堰 240 路。该工程 1988 年 1 月竣工,总投资 855.4 万元。

(2) 襄樊至武汉长途干线电缆工程:襄樊至武汉长途干线电缆工程为汉口至孝感至襄樊 300 路小同轴电缆载波工程,是北京至武汉至广州中同轴电缆的分支线,襄樊至武汉安装六管小同轴载波系统,自枣阳起沿途经随州、安陆、云梦、孝感,经黄陂郊外站进入武汉,全长 287 公里,其中襄樊市辖区 159.3 公里。襄樊、孝感为终端站,电缆线路主要采用直埋式,局部采用过河电缆,市区采用管道电缆。襄樊至孝感段敷设六管综合小同轴电缆 284.58 公里,安装两个 300 路载派系统的终端设备,备用系统 1 个。在枣阳、随州设分路站,孝感设无人站,襄樊、武汉设终端站。设复式无人站 35 个,容量 312 个通路。工程于 1987 年 9 月开工,投资 290 万元。1989 年 6 月完工。10 月 16 日投入试运行。武汉至孝感至襄樊 300 路小同轴电缆载波工程的投产,使孝感、襄樊两地及其所辖 13 县市可进入全国长途交换网,与全国主要城市可以进行长途电话自动拨号,较大地改善了鄂西北长途通信的紧张状况。

(3)汉口至长沙至广州微波载波设备工程武汉至襄樊段工程:该工程采用美国二手(5+1)波道模拟微波设备,由中国通信建设武汉工程公司承担施工任务。1990 年 6 月开工,1991 年 4 月经邮电部微波二手设备办公室组织电路质量验证。1991 年 11 月 12 日,汉(口)长(沙)广(州)微波武汉至襄樊段工程竣工,湖北省局二手设备办公室在汉召开验收会议,该工程微波载波设备工程质量被评为优良。该工程通过正式验收,设备和电路投入运行、运转正常。

(4)万门数字程控电话交换设备工程.万门数字程控电话交换设备工程于 1986 年 5 月 15 日批准立项,经国计委批准,利用西班牙政府贷款 333 万美元,国内配套资金合计 2 000 万元。同年 8 月 16 日,襄樊市邮电局在北京与西班牙阿尔卡特标准电气公司进行技术和商务谈判。同年 10 月 11 日,签订订货合同。首次引进西班牙(SESA)阿尔兴卡特标准电气公司生产的 S12 系统数字程控电话交换机,设备容量为 10 500 门(路端),其中长途 500 路端、市话 10 000 门。新建两个交换机局:一个为“长市合一”局(22 局),局址在长虹路电信大楼二层,长途容量为 500 路端,市话容量为 6 000 门;另外配置邮电部江西景德镇通信设备厂生产的 HP×06Ⅱ型 6 000 回线配线架 7 架,测量台 1 台。另一个市话分局(51 局),容量为 4 000 门,局址在荆州街新建的程控机房楼内。同年 8 月 18 日零时 10 分割接开通,市内电话号码由原来的 4 位、5位数全部上升到 6 位。该项设备总投资为 3 850 万元,由邮电部、湖北省邮电管理局和襄樊市邮电局筹措。

(5)襄樊至西安微波电路扩容工程:该工程是引进日本 ZEC“二手”微全套设备。微波电路全长 444.98 公里,共有 10 个微波站,安装 6GH/2400 设备 4 个波道,其中两个主用干线电路波道,一个备用波道,一个支线省内电话波道。干线由襄樊 53 站至西安为一个调制段,并为一个倒挨段,支线在湖北由襄樊 53 站至谷城站及谷城至十堰站为两个调制段。湖北省内全长 154.65 公里,共有 5 个微波站,依次为襄樊 53 站、谷城站、丹江站、土门站、十堰站。省内支线于 1993 年 4 月正式开通。襄樊至谷城终期开通 600 条电路,襄樊至十堰终期可开通 900 条电路。1992 年底,襄樊至谷城开通 120 条电路,襄樊至十堰开通 240 条电路,(襄樊至谷城、襄樊至十堰的大哥大电路皆是由此电路传递)。该工程 1993 年底电路全部开通。

(6)襄樊 900MHZ 移动电话网(模拟)工程:襄樊 900 兆赫移动电话网工程,是湖北省 900MHZ(第二期)移动电话网工程的一部分。在襄樊设一个移动电话交换局,负责汇接襄樊、十堰、老河口、枣阳、随州、宜城、谷城7个基站,容纳1 366个用户,能覆盖鄂西北地区主要工业城市和比较发达的县市60%~70%的农村地区。设备采用美国摩托罗拉公司的TACS制式900MHZ蜂窝状移动电话系统,为EMX—250型程控数字交换机。由美国摩托罗拉公司负责施工,襄樊电信局配合。无线基站设备安装单项工程,襄樊业务区内之襄樊、老河口、枣阳、随州、宜城、谷城基站的设备安装,均由襄樊市邮电局无线分局负责施工。工程总投资1 464.44万元,其中引进设备外汇1 366.14万元人民币,国内配套设备198.36万元。1992年2月21日开工,1993年4月1日竣工并开通使用。

(7)襄樊至安陆140Mb/s架空光缆通信干线工程:为改善和提高襄樊市长途通信能力,加速模拟通信网向数字通信网转换过程。1993年5月建设襄樊至安陆140Mb/s架空光缆通信与北京至汉口至广州架空光缆沟通。在原有汉口至襄樊架空明线杆路上架挂140Mb/s单模长波长6芯束管式光缆,全长232.624公里(传输距离),以1B1H码型为线路传输码型,采用武汉邮电科学研究院生产的四次群光电合架设备。本期工程设置四次群干线传输系统2个(1主1备),其中第一系统为主用,第二系统为备用,初期容量为1 920+1 200话路。襄樊、安陆设终端站,双沟、枣阳、唐镇、随州、长岭设中继站,襄樊配置PCM设备2端,随州、枣阳配置PCM各一端。本次工程安陆以34Mb/s接口转接至北京至汉口至广州架空光缆V系统开往武汉的电路,襄樊、枣阳、随州均以2Mb/s终端。工程于1992年12月15日开工,1993年5月6日竣工,总投资935.7万元。

(8)襄樊至老河口至丹江140Mb/s架空光缆通信工程:1993年9月,开工建设襄樊至老河口至丹江140Mb/s架空光缆通信系统。光缆线路工程自长虹路邮电大楼经老河口至丹江口市邮电局,在原长途二级明线杆路上架挂光缆,沿途经过太平店、老河口到丹江,全长102.041公里。光缆采用武汉邮电科学研究院生产的单模长波长6芯束管式光缆。光通设备安装工程配置140Mb/s光数字通信系统,采用四次群光通信设备,线路传输码型为1B1H,设备主信道容量为每系统1 920路,区间信道开1 200路,全程安装2个四次群系统,主信道按1主1备方式工作,区间信道按1主1备方式工作。所用的光缆及四次群、电端机为武汉邮电局科学研究院研制的新产品。襄樊、丹江设终端站,老河口局设140Mb/s终端转接站,下设2个34Mb/s区间电路,其中一个34Mb/s转到谷城,丹江至襄樊开放120路区间电路在老河口只得2Mb/s转接。太平店设中继站,下设120路区间电路。在襄樊设监控中心,对襄樊至老河口和老河口至丹江两个数字段进行监控。工程总投资为491.07万元,其中光缆线路工程271.06万元,光缆设备安装工程220.01万元。1994年3月15日投入运行。

(9)襄樊至南漳至保康34Mb/s架空光缆通信工程:1993年11月,建设襄樊至南漳至保康34Mb/s架空光缆通信系统。光缆线路经长虹路邮电大楼沿长虹路过汉江二桥,经南漳、长坪止于保康县邮电局,在原有襄樊至保康302长途明线杆路上架挂武汉邮电科学研究院生产的34Mb/s单模长波长4芯、6芯束管式光缆及4芯、6芯、8芯骨架式光缆等5种型号。光通信设备采用1B1H线路传输码型,选用三次属光电合架设备(光传输系统为1主1备),2Mb/s口按满容量布线。南漳、保康各配备PCM基群设备3套,其余电路按2Mb/s终端在数字配线架,襄樊局全部按2Mb/s终端在数字配线架,并配备相应数量的信令转换设备,本期工程襄樊至南漳、保康各暂开电路60条,终期容量为780路。设备选用武汉邮电科学研究院生产的三次属光电合架(光传输系统为1主1备)终端机(GD/MF34HL—ⅢA)、中继(GZ/MF34HL—ⅢB)T OVPBTJT ET YMTL(MD—2—06V)。襄樊局数字分配架、信令转换设备分别选用邮电部眉山通信设备厂、南京邮电学院生产的MPX—88D、MXJ02—01设备。南漳、保康局数字分配架、列柜分别选取用邮电部重庆通信设备厂、湖产邮电通信器材二厂生产的MPX07A、SZLG11

型设备。该工程1994年2月3日竣工。投资401.8万元,其中光缆线路安装工程为234.1万元,光缆管道工程为16.09万元,光缆设备安装工程为151.57万元。由中国通信建设第三工程局施工。

(10)湖北公用分组交换数据网(襄樊)工程:为适应襄樊市数据通信业务发展需要,湖北省局决定建立省内分组交换网,襄樊公用分组交换数据网为湖北省公用分组交换数据网工程的一项单项工程,为省内分组交换节点交换局,采用司进加拿大北方电信公司生产的DPN—100分组交换数据通信网设备。总端口为64个,其中中继端口G7 089个,用户端口V2 448个,对武昌(RM1RM2)、荆州、孝感、十堰设有直达中继电路,设置RM节点交换机及配套的PCM等设备。设备安装在长虹路邮电大楼五层,由襄樊市邮电局长途电信分局负责安装,1994年5月14日开工,1994年8月2日投入试运行。

(11)襄樊至宜城34Mb/s架空光缆通信工程:1993年11月,建设襄樊至宜城34Mb/s架空光缆通信系统。光缆线路自长虹路邮电大楼,过汉江二桥沿途经过荆州街51局、余家湖、欧庙、小河到宜城,全长50.85公里,管道电缆5.222公里。在原有襄樊至宜城长途架空明线杆路上架挂34Mb/s单模长波长4芯、6芯束管式光缆。沿途余家湖、欧庙、小河支局加芯光缆(4芯)长为3.421公里,襄樊、宜城为终端站。架空光缆采用武汉邮电科学研究院生产的单模4芯、6芯束管式光缆及6芯、8芯骨架式光缆等4种型号。光缆设备配置34Mb/s光缆数字通系统,采用三次群光电合架通信设备,光路系统为一主一备,线路传输码型为1G1H。本期工程襄樊至宜城暂开30条电路,终期容量为780路。设备选用武汉邮电科学研究院生产的三次群光电合架终端机(GD/MF34HC—ⅢA)和数字复用设备(MD2—O6V)。襄樊局数字分配架、信令转换设备分别选用邮电部眉山通信设备厂、南京邮电学院生产的MPX—880、MXJ—02—01型设备。宜城局数字分配架、列头柜分别选用邮电部重庆通信设备厂、湖北省邮电通信器材二厂生产的MPX07A SZLG11A型设备。光缆管道工程由各局自行负责施工。工程投资182万元。1995年1月运行。

(12)谷城至老河口34Mb/s架空光缆通信工程:谷城至老河口34Mb/s架空光缆通信工程,谷城、老河口为终端站。光缆线路采用34Mb/s单模长波长4芯束管式光缆,附挂在谷城冷集现有农话明线杆路上,从冷集至老河口新立杆路5.85公里沿公路过老河口汉江大桥,全长24.97公里,其中架空光缆20.78公里,管道光缆4.19公里。谷城至冷集采用6芯光缆,冷集至老河口采用4芯光缆。本期工程开通两地直达电路60条。光通信设备安装工程配置34Mb/s光缆通信数字系统,采用1B1H线路传输码型,选用武汉邮电科学研究院生产的光电合架设备(光传输系统为1主1备),2Mb/s口按满容量布线。谷城至襄樊的数字电路在老河口进行2Mb/s转接,老河口局在襄樊至丹江140Mb/s光通信系统内配备34Mb/s跳群设备1套。谷城配备PCM设备1套,其余电路均按2Mb/s进口进程控交换机。本期工程开通两地直达电路60条,终期容量780路。总投资为158.73万元。1994年3月开工,1994年4月运行。

(13)襄樊数字移动(GSM)网工程:襄樊900MHZTDMA数字移动通信(GSM)公众网是湖北省900MHZTDMA公用数字移动通信网的一个交换区。包括新建成一个GSM移动交换局(含交换机和基站控制器),在十堰、孝感建2个BSC(基站控制器),另外兴建襄樊1、襄樊2、老河口、谷城、宜城、枣阳、随州、孝感、安陆、云梦、汉川、应城、十堰1、十堰2、丹江口15个基站。襄樊GSM移动电话交换局机房设在长虹路电信综合楼三层。十堰GSMBSC机房设在十堰市局电信综合楼四层与原TACS制式的交换机合装在同一机房。孝感GSMBSC机房设在孝感市新电信综合楼六层。襄樊数字移动电话交换业务区是指上述15个基站所覆盖的范围,该系统共含有61个无线载频,467个无线语音信道,能容纳

12 192 个数字移动用户。设备选用意大利意达太尔 ITALTEL 公司生产的 GSM（泛欧数字蜂窝移动电话系统），该系统主要由交换机 MSC 拜访位置记存器 YLR、归属位置记存器 HLR、鉴权中心 AUC、基站控制器 BCS、基站 BTS 以及相应的附属设备组成。工程总投资 4 301 万元，襄樊局（含交换）2 648.61 万元，孝感局 906.39 万元，十堰局 620.97 万元，随州局 125 万元。工程由襄樊传输局工程队负责施工，1995 年 4 月开工，1995 年 12 月 6 日投入使用。

（14）襄樊扩大本地电话网工程：该工程为襄樊市所辖各市、县的端局统一组网，形成一个以襄樊市长途局（0710）C3 为中心，统一的襄樊地区本地电话通信网。1995 年 6 月开始建设，包括交换、传输和电话号码升七位 30 多项单位工程。具体有襄樊、襄阳、宜城、南漳、保康、谷城、老河口、枣阳(县)市交换机中继端口扩容，襄樊至宜城、襄樊至南漳至保康、谷城至老河口 34Mb/s 光通信设备扩容工程，襄樊至谷城 140Mb/s 光通信设备安装工程，襄樊至谷城至保康架空光缆线路工程和杆路整治等过渡传输工程及新建襄樊中心环和外大环两个同步数字光缆传输环形网，内、外环局间 2.5Gb/sSDH 传输设备安装工程等。其中 SDH 设备安装工程由 9 个局站组成，内、外环有 22 局和 51 局两个公共节点。本期共开通终端电路 1 342 个 2Mb/s。1996 年 4 月开工，总投资 2 994.78 万元，1996 年 12 月完工，1997 年 3 月 9 日投入运行。

（15）汉口至襄樊 622Mb/sSDH 光缆通信系统：为进一步完善省内长途数字传输网，利用国外贴息贷款建设汉口至襄樊 622Mb/sSDH 光缆通信系统（即西环光缆的一部分）。线路路由自汉口至襄樊，全长为 373 公里，其中襄樊至安陆段长度为 233.37 公里。光缆基本上是沿 316 国道埋设，与公路平均间距 150 米。汉口至安陆段与北京至汉口至广州干线光缆同步建设，同沟直埋英国 GPT 公司 12 芯埋式光缆一条，襄樊至安陆段采用德国西门子（SIEMENS）公司生产的松套层绞单模光纤 14 芯埋式光缆，其中 2 芯作为农话加芯使用，襄樊市局对襄阳县 13 公里 14 芯光缆改为 28 芯。汉口、襄樊为终端站，其他局为中继站，且上下电路（除唐镇外）。襄樊境内光电设备安装，引进英国 GPT 公司生产的 SDH—622 Mb/s 系统的光电及复用设备，每系统均按满容量配到 2M。初期使用 1310μm 波长，开通 16+1 个 4 次群光缆数字性传输系统。机房配套设备机架共 28 架（随州 5 架、唐镇 1 架、枣阳 5 架、襄樊 17 架）。数字分配架选用邮电部眉山通信设备厂生 MPX88D 型设备，机房配套列柜选用山东邮电器材厂生产的 ZLG03ABC 型设备。本期工程可提供通信生产能力分别为襄樊 15 120 路、枣阳 3 360 路、随州 5 130 路。该工程由湖北省邮电设计科研院设计，湖北省邮电工程局施工。工程总投资 5 827.69 万元，其中襄樊 2 373.07 万元。光电设备安装单项工程于 1995 年 7 月 28 日开工，1996 年 5 月投入试运行。该工程的建成，加速了模拟通信网向数字通信网转换的进程。

（16）襄樊至宜昌 622Mb/sSDH 光缆通信系统

1996 年 11 月，利用德国政府西门子（SIEMENS）公司贴息贷款建设襄樊至宜昌 622Mb/sSDH 光缆通信系统，与已建成的汉口至宜昌、汉口至襄樊 622Mb/sSDH 光缆通信系统形成光缆环路（即西环光缆）。光缆线路始于襄樊，途经宜城、荆门和当阳市，终至宜昌，全长为 272 公里，其中襄樊至荆门段长度为 136 公里，光缆采用德国西门子（SIEMENS）公司生产的松套层绞单模光纤 12 芯埋式光缆，与呼和浩特至北海一级光缆干线同沟敷设。襄樊、宜昌为终端站，宜城和其他局为中继站，且上下电路。襄樊境内光电设备，采用英国 GPT 公司生产的 622 Mb/s SDH 系统的光电及复用设备。安装 3 套同步复用分插设备 SMA—1，数字分配架选用邮电部眉山通信设备厂生 MPX800D 设备 4 架，OPX—2D 光电分配架 1 架。初期开通 1 个 622 Mb/s SDH 系统。本期可提供通信生产能力分别为襄樊至宜城 5 190 路、宜城至襄樊 1 170 路。工程总投资 2 607 万元，其中襄樊 385.1 万元。1997 年 7 月通过验收投入试运行。

(17)湖北省 CHINANET 接入网(襄樊节点)工程:中国公用计算机互联系网络 CHINANET 作为邮电部门经营管理的中国公用 INTERNET 网是国际 INTERNET 网的延伸，鉴于襄樊市计算机技术应用的发展,社会各界对 INTERNET 的需求越来越大,为满足全市各用户对 INTERNET 网丰富资源和各种服务的需要,经湖北省局统一安排,在襄樊建设一个供市内各类用户使用的 CHINANET 网的网络节点,为湖北省 INTERNET 接入网的一部分。本工程由北京中讯—亚信公司作系统总集成,主要产品采用 CISCO 路由器、SUN 公司的服务器,整个湖北省接入网为一个自治网,由武汉节点进行集中监控管理,襄樊节点作为湖北的骨干网与武汉、宜昌、荆州、黄石五个节点组成,并采用点对点 DDN 直连电路相连。1996 年 12 月 25 日开工,1997 年 3 月 20 日完工。工程总投资 159.14 万元,其中外币(美元)113 232.75 元。1997 年 6 月投入试运行。

(18)汉口至西安至兰州数字微波(襄樊段)工程:汉口至西安至兰州数字微波工程为国家一级通信干线,是福州至武汉 SDH 微波工程的延伸,是连接鄂、陕、甘三省,贯穿中国东西部的通信大动脉,全长 1 406 公里。1997 年 12 月开工,引进加拿大北方电信公司 5GHZ2 × 155Mp/s(6+1)SDH 数字微波设备。襄樊境辖 225 公里,设厉山、随阳店、七方、陈家冲、襄樊邮电大楼、谷城 6 个微波站,襄樊为上下话路站。陈家冲至襄樊建支线电路。1998 年 5 月 15 日,汉口至襄樊至西安数字微波传输系统全线投入试运行。襄樊投入 167 万多元,增加襄樊对外长途电路 5 640 条。该工程投入运行,襄樊长途传输系统全部淘汰传统的模拟传输方式,实现全数字化传输,成为汇接国家一级干线和省内二级干线的重要数字通信枢纽。

(19)西安至武汉光缆通信干线(襄樊段)工程:西安至武汉光缆通信干线工程是邮电部“九五”期间计划建设的一条容量为 10G/s 的一级光缆通信干线，是邮电部规划的八纵八横光缆通信传输网的重要组成部分，在襄樊与呼和浩特至北海干线和汉口至西安至兰州数字微波相连通。线路全长 1 189.1 公里,襄樊境内 155 公里。采用朗讯公司提供的中心束管式 36 芯和 48 芯 G.652 单模长波长光纤光缆。沿途埋设 36 芯无铜线的单模长波长光纤光缆,其中襄樊至十堰增加 12 芯,并在洪山嘴、仙人渡、太平店支局留有开口分支。襄樊为分路转接站。襄樊至宜城(50.2 公里)与呼和浩特至北海光缆通信干线同沟敷设。设备采用 LUCENT(朗讯)公司提供的 OLS 波分复用系统。在襄樊长虹路电信大楼四层传输机房内安装 SLM—2000/16REG2.5 中继设备、ISM—2000/4ADM622M 分插复用设备、OLSR2.0—0A 光放大器设备、光纤分配架(ODF)及数字分配架(DDF)等设备。工程属军民合建,由中国通信建设总公司承包,线路施工由所属第二、第三工程局、及广州军区舟桥部队施工,1997 年 10 月 18 日开工。总投资(湖北段)26 428.93 万元。1998 年 12 月 5 日投入试运行。该工程提供长途电路 116 070 条,其中一级干线 62 370 条(终端电路 42 420 条,转接电路 19 950 条),二级干线 53 700 条,为襄樊邮电通信提供大容量、高速率、多功能的骨干通信通道。襄樊增加直达国际国内长途 2 兆电路 4 536 条。

(20)呼和浩特至北海光缆通信干线(襄樊段)工程:该工程是邮电部“九五”期间计划建设的重点项目,北起内蒙古的呼和浩特,经山西、河南、湖北、湖南到达广西北海,线路全长 3 830.38 公里。采用 ITU—T 建议 G.652 单模长波长光纤光缆。豫鄂界新野、襄樊、荆门段采用三星公司 48 芯层绞式光缆。襄樊、宜城设中继站,在襄樊与西安至武汉光缆通信干线相连通。采用日本 NEC 公司生产的 SDH 传输设备,在襄樊长虹路电信大楼四层传输机房内安装 SDH10Gb/s 设备 1 套、2.5Gb/s 设备 3 套、622Mb/s 设备 1 套、STM—16 终端复用器（SMS—2500A）、STM—16 光中继器（SMS—2500R2）、STM—4 终端复用器、分插复用器和光中继器(SMS—600V)及 STM—1 终端复用器(SMS600V)以及网元管理系统 INC—100 和子网管理系统 SGTNC 等设备。1997 年 12 月 5 日开工。工程采取军民共建方式,由中国人民解放军襄樊陆军预备师负责挖沟、布放光缆、排流线、埋设标石等工作,由中国通信建设第三工程局负责设备安装。襄樊段设备安装为 161.89 万元。1999 年 9 月25 日投入试运行。襄樊市可增加直达国际国内长途电路 11 640 条。由于西安至武汉(一横)、呼和浩特至北海(一纵)两条干线光缆在襄樊交汇,使襄樊成为全国八纵八横骨干光缆干线网络中的一个重要枢纽。

(21)襄樊市长途局扩容 4000 路端工程:为适应改革开放的需要,促进全市国民经济的发展,提高襄樊长途通信能力,在省、市各级政府的支持下,1997 年 10 月,市局与上海贝尔电话设备制造有限公司签订了 S 1240(J)程控数字交换机供货合同,容量为长途 4 000 路端,对现有的长途程控交换机进行扩容。扩容后其总容量为 10 000 路端。工程总投资 627 万元,1998 年 2 月 14 日开工,1999 年 5 月 19 日投入试运行。

(22)宜城至武汉光缆通信干线工程:该工程是邮电部"九五"期间计划建设的一条重要长途光缆通信干线,线路全长 436 公里,自宜城经胡集、荆门、钟祥、京山、应城、云梦、孝感、汉口、武昌,全程敷设 36 芯光缆,其中荆门至孝感增加 12 芯,工作波长 1550μm,一级干线开通 1 个 8 波长波分复用系统,即 4×2.5Gb/s 系统,二级干线及区间开通 1 个 622Mb/s 系统,由中国通信建设工程局二十处施工。1998 年 9 月,孝感至汉口 30 芯光缆通信工程汉口合作路局至东山头管道末端路由,利用空余子管敷设光缆及原汉渝干线光缆余缆,东山头至孝感市电信局采用长飞光缆公司提供的 30 芯光缆,汉口至孝感传输长度 74.672 公里,工程由湖北邮电局工程公司负责施工,于 1999 年 1 月 10 日完工。5 月,根据"九五"规划和业务发展的需要,湖北省局决定利用已敷设的光缆,对全省 SDH 网进行大规模扩容,建设 12 个 SDH 子网,同时建设汉口、襄樊、荆门、宜昌同步数字交叉连接设备(DXC)工程,最终构成湖北省省内同步数字传输网。

(23)湖北襄樊 SDH 传输扩容工程:襄樊 SDH 传输扩容工程包括襄樊至孝感至汉口、襄樊至丹江口至十堰、襄樊至荆门等单项工程。该工程是利用已敷设的光缆,对 SDH 进行大规模的扩容,为湖北省 SDH 子网,同时还建设了襄樊同步数字交叉连接设备(DXC)局站。利用 ITU—T 建设 G·625 单模长波长光纤光缆,工作波长 1 550 毫米。设备采用 Ericsson 公司 AXP 产品,对于距离超过 87.5 公里,129 公里的中继段,采用光放大器。传输通路能过 DXC 设备自动保护功能,以 155Mb/s 进 DXC 后至 DDT 架,供长途程控交换等专业使用,DXC 容量按 128 个 VC—4 配置。1999 年 7 月正式开工,于 2000 年 12 月 11 日起投入试运行。

(24)老河口 SDH 本地网(622Mb/s)传输系统:2001 年 7 月,新建老河口 SDH 本地网(622Mb/s)传输系统,该网由 5 个节点组成 622Mb/s 自愈环。即花园路至洪山咀至西关至北京路至老局至花园路。传输设备采用武汉邮科院生产的 SDH 系列产品,各节点通信系统由同步复用设备、光纤分配架(或光终端盒)和数字分配架等主要设备组成。可提供终端电路 504×2M。

(25)宜城 SDH 本地网(622Mb/s)传输系统:2001 年 8 月,新建宜城 SDH 本地网(622Mb/s)传输系统, 由宜城局至郑集至璞河至孔湾至上大堰至雷河至宜城局等 6 个节点组成 622Mb/s 同步分插复用系统。传输设备采用武汉邮科院烽火科技股份有限公司生产的 SDH 系列产品。各节点通信系统由同步复用设备、光纤分配架(或光终端盒)和数字分配架等主要设备组成。可提供终端电路 198×2M。

(26)襄樊电信新建关口局工程:2001 年 8 月,襄樊电信新建关口局建成。根据各电信运营商网间结算业务的需求及湖北省电信公司安排,襄樊关口局 C&C08iNET 是大容量综合网集成系统,为纯中继交换机,在不增加机柜的情况下,最多可配置 2 000 个 2M。本次提供总端口数为 414 个 2M(设备容量 12390DT),分别与 1240 长途汇接局、襄樊 322、襄樊 327、襄樊 331、移动 GW 等进行连接。工程总投资为 217.3 万元。

(27)湖北(襄樊)智能网工程:2001 年 9 月,湖北(襄樊)智能网工程建成开通。本项工程在襄樊设置业务交换点(SSP)和 2 个业务管理接入点(SMAP)。

(28)襄樊电信 IP 宽带城域网:2002 年 7 月,襄樊电信 IP 宽带城域网通过验收,投入试运行。该工程采用现有 IP/ATM 骨干网作为城域网核心层,设置汇聚层节点 3 处,宽带接入点 1 处,区域汇聚层节点(POP)18 处。新增 1 000 兆中继端口 50 个、155M 中继端口 2 个、100 兆用户端口 456 个。基本覆盖了襄樊市区 70%的区域和部分县(市)。设备采用华为、中兴公司宽带接入服务器和以太交换设备。在部分市话端局、用户集中小区设置接入层交换机。接入层采用星形结构与汇聚层连接,为用户提供 ADSL 及 FTTX+LAN 等宽带接入。实现用户层到 IP 城域网到国际互联网的全光纤高速接入,解决宽带接入最后一公里的问题和速度瓶颈,同时,俗称"网络快车"的 ADSL 宽带接入端口也随之增加到 3 500 个。工程总投资 538 万元。

(29)襄樊本地网传输(西)环光缆通信工程:该工程沿线山峦起伏,地形复杂,光缆线路以襄樊长虹路局为起点,沿途经过襄阳局竹条、牛首、朱坡、太平、仙人渡、老河口局、冷集、谷城局、大峪桥、石花、紫金、官坊、过渡湾、保康局、黄堡、大湾、长坪、南漳局、涌泉、九集至襄樊荆州街 331 局。全长 302.12 公里。架空光缆为 24 芯,采用无铜线、充油、松套层绞式结构的光缆,光缆程式为 GYTA—涂塑钢带—聚乙烯外护层,中心为金属加强芯构件。传输设备采用先进的大容量、高速率波分复用技术,构成襄樊 DWDM 高速宽带传送网,极大地增强襄樊传输宽带的供给能力。西环传输网由襄樊长虹路、荆州街、南漳、保康、谷城、老河口 6 个节点构成。其系统由 2.5Gb/sDWDM 设备 (Optix6100)和 2.5Gb/sSDH(Optix2500+)设备组成。工程总投资为 1 828.2 万元。其中光缆线路工程为 1 163.7 万元,传输设备为 664.5 万元。2002 年 10 月,投入运行。

(30)襄樊传输(东)环路光缆通信工程:为进一步完善襄樊电信网络结构,满足高速宽带业务的需求,新建传输(东)环路 24 芯光缆通信工程,光缆线由襄樊长虹路局,沿途经过荆州街局、宜城局、邓林、板桥、平林、吴店、枣阳局、双沟、襄阳(张湾)局、长虹路局,全长 243.07 公里。光缆线路利用 ITU—T 建议单模长波长光纤光缆。采用上海华为公司生产的 Optix 系列设备。各局站通信系统由 ADM16 分插复用设备、光纤分配架和数字分配架等主要设备组成。该工程提供电路 2M 端口 315 个、155M(光)端口 2 个、155MM(电)端口 6 个。工程总投资 2 200 万元。其中光缆线路 1 418.15 万元。2003 年 1 月投入运行。

(31)襄樊传输 2.5G 市内二环光缆通信:2002 年 7 月,新建襄樊传输 2.5G 市内二环光缆通信系统,沿途经过长虹路、松鹤路、余岗、二汽、解放路局。光缆线路利用 ITU—T 建议单模长波长光纤光缆。传输设备采用上海华为公司同步分插复用设备(ADM)。建成后新增电路该工程新增电路 2M 端口 630 个、155M(光)端口 8 个、155MM(电)端口 8 个。其中;松鹤路局 2M 端口 126 个、155MM(电)端口 2 个,余岗局 2M 端口 126 个、155MM(电)端口 2 个,二汽 331 局 2M 端口 126 个、155MM(电)端口 2 个,解放路局 2M 端口 63 个、155MM(电)端口 2 个。2002 年 4 月开工,2002 年 8 月,投入运行。

(32)湖北电信(襄樊)本地骨干传输网工程:襄樊本地骨干传输网工程为省内干线传输网在本地网的延伸,主要由市外环二、市内环三及市内支线三部分组成。其中市外环由长虹路、荆州街、南漳、保康、谷城、老河口 6 个节点构成,其系统由 2.5Gb/s DWDM 设备 (Optix 6100) 和 2.5Gb/s SDH (Optix2500+)设备组成,在 DWDM 设备构成的基础光传送平台之上,采用 SDH 设备组成两纤双向复用段保护环。市内环三由长虹路、荆州街、解放路、张湾 4 个节点构成,其系统由 2.5Gb/s SDH (Optix2500+)设备组成。市内支线由荆州街局、356 局、隆中局构成,其系统由 2.5Gb/s SDH 设备组成。该工程在 6 个局站共安装波分设备 7 架、在 10 个局站安装 SDH 设备机架 10 架,安装配套设备(列柜、ODF 架)共 14 架。工程提供通信终端 / 转接电路 32 个 155Mb/s电路,567 个 2M 终端电路。工程由中通建设股份有限公司第三公司承建,总投资 648.30 万元,2003 年 9 月投入运行。

(33)襄樊本地网传输网(汇聚层)工程:襄樊本地网传输网工程汇聚层 2.5G SDH 设备安装工程,主要是对市内环二、市内环三传输网进行扩容。同时,新建老河口、谷城、枣阳和宜城局 2.5G SDH 传输环。采用华为公司提供的 SDH 传输设备。各局站通信系统由 2.5Gb/s 分插复用设备、622M TM、数字分配架和光纤分配架等主要设备组成。新建部分全部纳入原长虹路局设置的 Opti Xi Manager T2000 网管系统。工程提供 504 个 2Mb/s 电路,14 个 155Mb/s 电路。老河口局 2.5G SDH 传输环可提供 190 个 2Mb/s 电路,24 个 FE 电路。谷城局2.5G SDH 传输环可提供 318 个 2Mb/s 电路,16 个 FE 电路。枣阳局 2.5G SDH 传输环可提供 158 个 2Mb/s 电路,16 个 FE 电路。宜城局 2.5G SDH 传输环可提供 126 个 2Mb/s 电路,16 个 FE 电路。工程由湖北电信工程有限公司承建,总投资 304.78 万元,2004 年 12 月投入试运行。

(34)湖北电信“村村通”(襄樊)工程:湖北电信“村村通”工程襄樊业务区共安装 1 个 BSC 基站控制器和 69 个基站(含模拟 450M 改造基站)。其中襄阳 15 个、枣阳 13 个、谷城 7 个、宜城 8 个、老河口 9 个、南漳 9 个、保康 8 个。蜂窝基站 56 个,小基站 15 个,新增载波 73 个,话音信道 1 620 个,数据信道 73 个,容量为 63 256 线。主设备由深圳华为公司提供。其网络结构:农村电话系统由电话交换机、无线接入网和网管系统组成。其中无线接入网由基站控制器(BSC)、基站收发信台组成。BSC 是多个基站的控制器,负责完成信道管理、转码 / 速率调整等功能。基站则负责完成无线发射、接收、同步、编码、跳频、控制等功能。每个 BSC 可控制数个基站,具体数量依 BSC 的处理能力,各基站配置的载频数以及各地实际情况决定基站。可覆盖未通电话行政村 260 个。村通电话率达到 97.8%。该工程襄樊业务区总投资 3 420.8 万元,其中基站系统 2 120.69 万元(主合同设备价为 17 720 834 元),铁塔及机房部分单位工程投资为 1 300.11 万元。工程由湖北省邮电设计有限公司设计,鄂鸿通信有限公司襄樊分公司等 7 个公司负责施工,2004 年 11 月 28 日开工。2005 年 7 月 16 日投入试运行。截至同年 12 月,全市共发展村村通用户 2.9 万户。

(35)襄樊本地网传输工程:为逐步完善和优化襄樊本地传输网,依托现有物理光缆网络结构,扩建襄樊本地网传输工程。主要是新建襄樊 DWDM 东环和襄樊本地网 SDH 扩容 2 个单项工程。DWDM 东环设备安装工程,含长虹路局、荆州街局、宜城局、枣阳局 4 个局站(节点),在此波分环上承载 GE、POS 及 SDH 业务。同时新建的 2.5G SDH 东环也承载在此波分环上。4 个局站共安装华为 40 × 2.5G DWDM 设备 5 架及配套设备2 架。总容量为 40 × 2.5G。襄樊本地网 SDH 扩容工程,含襄樊市内环二、襄樊西环、襄樊东环及襄阳、宜城、枣阳、老河口、谷城、保康、南漳 SDH 设备改造。①襄樊市内环二

2.5G SDH 设备安装工程，在原有 2.5G SDH 环中新增樊东站点，使用华为 Optix 2500+ 设备，新增电路 2M 端口 126 个。②襄樊西环 2.5G SDH 设备扩容单位工程包括 6 个局站，即荆州街、长虹路、老河口、谷城、保康、南漳局，用华为 Optix 2500+ 设备。荆州街、长虹路局各新增电路 63 × 2M 端口 4 个，老河口、谷城、保康、南漳局各新增电路 63 × 2M 端口 2 个。③新建襄樊东环 2.5G SDH 设备安装单位工程，设置长虹路、荆州街、宜城、枣阳、张湾局站，DH 环使用华为 Optix 2500+ 设备。该工程新增电路 63 × 2M 端口 12 个。④襄阳局新建南环 2.5G SDH 设备安装单位工程，将原有 2.5G SDH 链荆州街至万山至隆中新增泥咀、新集、法龙、欧庙 4 个站点，形成二纤复用段保护环，使用华为 Optix 2500+ 设备。新增电路 2M 端口 189 个。同时对原 PDH 改 SDH 设备，含张湾、伙牌、方集、峪山 4 个站点，新增 GF622—06A 设备。该工程增加电路 16 × 2M 端口 8 个。⑤宜城局对原 PDH 改 SDH 设备安装单位工程，含宜城、董集、刘猴、李垱 4 个站点，分别新增 GF622—06A 设备。该工程增加电路 2M 端口 63 个。⑥枣阳局对原 PDH 改 SDH 设备安装单位工程，含枣阳（西大街）、杨垱、罗岗、徐寨 4 个站点，分别新增 GF622—06A 设备。该工程增加电路 2M 端口 63 个。⑦老河口局对原 PDH 改 SDH 设备安装单位工程，含老河口（花园路）、李楼、王甫洲 3 个站点，李楼、王甫洲扩容，安装华为 Optix2500+ 设备。该工程增加电路 2M 端口 16 个。⑧谷城局对原 PDH 改 SDH 设备安装单位工程，即谷城、石花、谢湾、五山、茨河 5 个站点，分别采用华为 Optix 155/622 设备，谷城 2.5G SDH 环华为 Optix 2500+ 设备。该工程新增电路 2M 端口 158 个。⑨保康局对原 PDH 改 SDH 设备安装单位工程，即保康、马良、龙坪 3 个站点，分别新增华为 Optix 155/622 设备，该工程增加电路 2M 端口 63 个。⑩南漳局对原 PDH 改 SDH 设备安装单位工程，即南漳、薛坪、三景 3 个站点，分别采用华为 Optix 155/622 设备，该工程新增电路 2M 端口 16 个。工程由湖北电信工程有限公司承建，总投资 588.03 万元。2005 年 12 月投入试运行。

3.生产设施建设

（1）长虹路邮电信大楼工程：长虹路电信大楼位于樊城长虹路与建华路交叉口。占地 35.86 亩，建筑面积 11 152 平方米(总体规模为 16 417 平方米)，1985 年 6 月动工，主楼 5 层，塔楼 8 层，塔楼楼高 65 米。一层为电源设备，二层设“长市合　”数字程控交换局（即 22 局），三层新建人工长途局和长机室，安装 JTOS 型人工交换台 8 台（含电子钟），四层设长途传输机房，五层设用户电报交换机和自动转报机，安装载报机 14 套。楼内还安装微波设备两套、终端设备、长途交换设备、安装人工电路 185 条、半自动电路和全自动电路 418 条、载波设备包括最终容量 1 000 路的明线载波和电源等共 200 余个机架。敷设综合大楼 7 个方向出局主干电缆 12.3 皮长公里，5 651 线对公里。总投资 779 万元。1988 年 11 月完工。

（2）新建二汽（331 局）：二汽开发区邮电支局位于襄樊市汽车产业经济技术开发区。该工程 1992 年 8 月开始筹建，1993 年 3 月选址，两次征用土地 32.34 亩，1994 年 4 月 15 日动工。1995 年 1 月，在三层设程控机房，安装上海贝尔公司生产的 S—1240 型数字程控电话交换机 5 000 门。配套设备有邮电部江西景德镇通信设备厂生产的 HP × 06 Ⅱ 型 6 000 回线配线架 1 架、数字测量台 1 台等。1995 年 8 月先后完成邮电综合楼、住宅楼、油机房、食堂、车库、厕所、室外道路及地下管线等单项工程，整个工程建筑面积为 4 245 平方米。工程由襄樊市建筑科研设计所设计，襄樊市建筑集团装饰公司承建。工程总投资 1 350.58 万元，其中土建部分 560.18 万元、交换设备 790.40 万元。

（3）新建万山 356 局：万山 356 局市话程控交换机房，位于襄城区檀溪路万山以南，占地 2 亩。该工程是 1994 年底开始筹建，整个工程建筑面积 1 269 平方米，其中，程控机房为五层，地下一层，1

157平方米,油机配电房112平方米。该工程由襄樊市民用建筑设计院设计,湖北省第一建筑公司襄樊公司承担建筑安装施工。在三层设程控机房,安装天津日电(NEC)电子通信工业有限公司[以下简称“天津日电(NEC)”]生产的NEAX 61型数字程控电话交换机,设备容量为5 000门,中继线300条及安装邮电部江西景德镇通信设备厂生产的HP×06Ⅱ型6 000回线配线架1架及天津日电(NEC)提供的LTC测量台1台。工程总投资3 040万元。其中土建部分为165万元,交换设备2 875万元。1996年4月,整个工程完工。

(4)襄樊电信信息通信枢纽大楼工程:襄樊信息通信枢纽大楼位于长虹路与建华路交界处,建筑面积24 200平方米,28层,房屋高度99.4米,塔楼距地面高度为116.75米,顶部电信发射塔距地面高度为142.4米,为襄樊市最高的标志性建筑。主体结构采用现浇框架—剪力墙结构体系。抗震等级二级设计,襄樊市地震基本烈度为6度,按7度采取抗震措施。该工程由中南设计院设计,中国建筑第一工程局二公司负责施工。2000年12月31日开工,进行试桩。工程总投资1.38亿元,2005年12月竣工。

(十一)电信管理

邮电通信业是以国家经营为主体,从事信息传递的公用性企业。电信通信的主体为公用电信通信,也是全民所有制、中央国营,由国家邮电部门经营管理,县以下的农村电话,也是全民所有制,但经营方式为地方国营。公用电信通信网的最末梢,还有集体所有制以及少数个体所有制。

电信通信除由国家邮电部门经营管理的公用电信外,其他各事、企业单位以其自身工作与生产需要,设置专用电信通信网。专用电信通信与公用电信通信并存,各自独立,协作联合。但专用电信通信进入公用电信通信网(大网)时必须符合电信部门的传输、交换技术标准并服从调度,电信部门对其实行有偿服务。专用电信通信的管理体制、机构以及管理制度由其自订。

公用电信通信具有全程全网联合作业的特点,管理需要高度集中统一。无论通信网路的组织、通信生产的指挥调度以及计划、财务、业务、技术、劳动工资等的管理,均需执行全国统一的规章制度。电信部门按地方行政区域划定邮电生产管理区域,实行生产区域管理制。有关襄樊通信网路组织、业务、技术管理诸方面之执行情况,电信已有记述。下面仅就管理体制、机构、财务、诸方面进行记述。

1.管理体制

1979年6月,国务院批转邮电部《关于调整邮电管理体制问题的报告》,强调邮电通信“具有全程全网、联合作业的特点”“是党和国家的神经系统,是国民经济的先行部门”。为有利于通信的指挥调度,管理体制实行邮电部和省、市、自治区双重领导,以邮电部领导为主。从当年7月1日起,恢复以邮电部门管理为主和地方党委、政府双重领导,县市以下的邮电分支机构由县市邮电局直接领导;邮电部门党的工作由地方党委负责,思想政治工作以地方为主,干部管理以邮电部门为主,邮电通信各项计划,包括邮电业务、基本建设、劳动工资、财务收支、物资供应以及邮电各项资金,均由省邮电管理局统一管理,财务收入上交省局。县至公社的地方国营农村电话各项计划纳入省的计划,农村电话实行独立核算、收支包干、以收养支的办法。公社以下集体所有制农村电话,由公社自建自用,自负盈亏,县邮电局在通信技术、业务管理上予以指导和帮助。

1983年9月,襄阳地区被撤销,其行政区域并入襄樊市。翌年4月,撤销襄阳地区邮电局,设立襄樊市邮电局,内部工作机构为职能科室有办公室、邮政科、电信科、农话科、计财科、教育科、劳资科、保卫科、调研室、总务科、物资科、基建科、总工程师室；生产科室有长话科、电报科、机务一站、市话科、302站、省邮电学校襄阳分校；党群部门有政治处、纪律检查委员会、工会、团委(设政治处内)。负责管理襄樊市区邮电工作和对所辖襄阳县、枣阳县、宜城县、南漳县、谷城县、保康县、随州市、老河口市邮电局。同时代管长途线务站、207微波站。1987年1月，成立襄樊长途电信传输局(科级)，实行局、站二级管理。下辖53微波站(襄阳)、54微波站(随州)、530微波站(樊城)、531微波站(宜城)、樊城小同轴电缆站及原襄樊长途电信线务站所属各线务段、队。同年2月，成立襄樊市邮电局质量监督检查科。1988年2月，枣阳县邮电局更名为枣阳市邮电局。同年3月，为加强企业经营管理促进邮电业务发展，成立襄樊市邮电局经营管理办公室，同时成立二汽邮电支局。1989年6月，成立机务三站，负责邮电通信大楼的电力、小同轴设备的维护及管理。同年6月19日，成立邮政储蓄汇兑科，负责组织邮政储蓄、汇兑科业务发展、管理和监督检查等工作。1990年5月1日，为健全邮电系统政治工作，恢复政治处。撤销襄樊市邮电局党委办公室和人事科、宣传科、老干部科。同年8月10日，撤销市话科，成立襄樊市邮电局市内电话樊城分局、襄樊市邮电局襄城分局、分局通信工程队。同年10月5日，襄樊长途电信传输局级别升为副处级。1991年1月，为加强邮电全面质量管理，推进企业管理现代化，成立全面质量管理办公室，与督查科合署办公。同年7月，电信、农话科合并，成立电信科。实行一套班子两块牌子，对内称电信科，对外保留农话科名称。1992年3月12日，撤销电信资费结算室，成立电信营业处。同年9月15日，樊城微波站更名为无线分局(传输系统名称仍保留530站)。同年10月13日，成立襄樊市通信行业管理办公室，挂靠在襄樊市邮电局通信行业管理科，实行一套班子，两块牌子。1993年5月12日，为深化企业内部改革，强化专业经营和参与市场竞争，成立樊城营投分局、郊区邮电分局、邮件分拣转运分局、长途电信分局、储汇发行分局、速递公司、汽车修配厂。同年6月7日，成立通信服务处(副处级)。负责全市邮电行业通信服务管理监督、检查。

1994年，随州市计划单列，随州市邮电局改为省邮电管理局直管。3月，为适应社会主义市场经济发展需要，成立市场经营部。同年3月23日，成立用户通信设备维修中心，业务归口电信科管理，负责用户小交换机的安装、改制、代维及管理工作。同年5月11日，成立数据通信科，负责数据通信、分组交换网络规划、交换、传输、维护等业务。同年12月2日，为适应现代化通信建设发展需要和电信维护体制改革，成立运行维护部，与电信科实行一套班子，两块牌子。成立网管交换传输维护中心、线路维护中心、电源空调维护中心。运行维护部是全市长途和本地网通信生产的主管和职能部门，负责全网的运行、维护和管理。1995年6月6日，为加快邮电多种经营发展，撤销邮电技术开发公司，组建襄樊市利鸿实业有限公司。本着“依托邮电发展多种经营”的原则，主要从事经营邮电末梢业务和延伸服务。

1996年3月11日，撤销电信科，保留运行维护部(正科级)，负责全市长途和本地网的运行维护管理、电信、农话设备的技术管理、战备通信等工作。市局战备通信值班室、用户申告管理服务中心挂靠运行维护部。同日，成立市场经营部(正科级)，主要负责电信业务经营发展、业务管理工作，负责综合性业务宣传，综合下达邮电重点业务发展计划，汇总、分析、通报全市重点业务完成情况，制定邮电重点业务奖励办法等。农话发展办公室挂靠市场经营部。将综合统计工作由计划财务科划归市场经营部负责。邮政业务发展工作归口邮政科负责。撤销数据通信科、磁卡公话分局，成立数据公话分局(正科级)，负责办理所辖区域内的全功能电信业务。米庄邮电所划归汽车产业开发区邮电分局管理。

1997年3月17日，为规范电信业务市场管理，加强对放开经营后市场秩序的监控，成立湖北省邮电通信服务稽查大队襄樊市邮电局稽查队，归口通信服务处管理，按上级要求行使电信行业职能管理权。同年5月12日，设置襄樊移动通信支撑中心，其主要职责是对襄樊、十堰、随州所辖区域内移动通信维护工作提供技术支持，同年6月12日更名为襄樊移动通信支持中心。同年10月9日，成立代办管理科。1998年10月20日，邮政电信分营，襄樊所属县(市)分别成立邮政局、电信局。撤销襄阳县邮电局，成立襄阳县邮政局、襄阳县电信局，撤消枣阳县邮电局，成立枣阳县邮政局、枣阳县电信局，撤销老河口市邮电局，成立老河口市邮政局、老河口市电信局，撤销谷城县邮电局，成立谷城县邮政局、谷城县电信局，撤销保康县邮电局，成立保康县邮政局、保康县电信局，撤销南漳县邮电局，成立南漳县邮政局、南漳县电信局，撤销宜城市邮电局，成立宜城市邮政局、宜城市电信局。10月30日，襄樊市邮电局所属县（市局）邮电支局（所）调整。根据湖北省邮电局《关于襄樊市邮电局分营中分支机构变动的批复》（鄂邮编〔1998〕36号文件），各县市邮政局设立邮电分支机构165个，其中邮政支局60个，邮电支局64个，邮电所41个，各县市电信局设立电信分局63个。同年11月28日，撤销襄樊市邮电局，成立襄樊市电信局，设一室八部。即办公室、计划财务部、市场经营部、运行维护部、通信建设部、人力资源部、党群工作部、审计监察部、物业管理办公室。1999年7月6日，根据国务院批准的《中国电信重组方案》和《湖北电信移动通信分离工作实施方案》精神，襄樊电信重组，移动通信与电信分离，成立湖北移动通信襄樊分公司。原湖北襄樊电信培训中心成建制的划归移动通信管理。

2000年8月18日，襄樊电信经过两年多的改制重组，胜利完成公司化改制，正式成立“中国电信集团湖北省电信公司襄樊市分公司”，英文全称为：China Telecom Grop Hubei Corporation Xiangfan Branch。分公司地址在襄樊市建华路155号。8月23日，根据精简、效能和责权一致的原则，襄樊市分公司内设职能部室设办公室、计划财务部、市场经营部、运行维护部、通信建设部、人力资源部、审计监察部、安全保卫部、物业管理办公室、多种经营办公室及工会办公室。生产单位设襄城区经营部、长虹路经营部、解放路经营部、松鹤路经营部、汽车产业开发区经营部、多媒体分局、大用户经营服务心、资费结算中心、电源空调中心、计算机管理中心、网管交换维护中心、公话号簿中心、传输设备维护中心、用户申告投诉支持中心、接入网技术支持中心、号线室、市话线路建设办公室（挂靠市场经营部）。同时，管理襄阳、枣阳、宜城、老河口、谷城、南漳、保康7个县（市）电信局和襄樊传输局、器材二厂2个副处级单位。同年12月4日，设置无线市话运营中心。同年12月31日，襄樊传输局及相关微波站整建制划归省长途电信传输局管理。2002年1月7日，襄阳县电信局更名为中国电信集团湖北省电信公司襄阳区电信局。2003年2月20日，湖北省邮电器材二厂被撤销。

2004年5月18日，在集团公司和省公司的统一部署下，完成企业改制上市和BPR流程重组，“中国电信集团湖北省电信公司襄樊市分公司”更名为“湖北省电信有限公司襄樊市分公司”，实现企业管理体制和机制创新的重大跨越。同年6月18日，襄樊市电信分公司配合完成各项上市准备工作，湖北电信作为集团公司第三批10个省市电信公司之一成功在美国和香港上市。同年11月7日，按照流程重组中企业组织架构的要求确定企业机构划分为管控部门、前端部门、后端部门。管控部门包括：综合管理部、人力资源部、计划财务部、审计监察部、企业文化部；前端部门包括：市场拓展部、大客户部、商业客户部、公众客户部长虹路分部、公众客户部襄城分部、公众客户部解放路分部、公众客户部松鹤路分部、公众客户部开发区分部、公用电话部、1000号客户服务中心、企业信息化部；后端部门包括：客户响应中心、网络建设部、网络建设部网络计划室、网络建设部网络采购室、网络监控维护部、网络监控维护部网络监控室、网络监控维护部网络维护室、维护安装部、维护安装部线路维护安装室、维护安装部终端设备维护安装室。

襄阳地区邮电局历任正、副局长名录

表7—9

姓名	籍贯	职务	任职时间	备注
刘平斌	湖北老河口	党委书记	1979年1月—1984年1月	—
李汉钦	河北巨鹿	局长	1979年1月—1983年12月	—
张文鸿	山西沁水	副局长	1976年10月—1980年5月	—

续表

姓 名	籍 贯	职 务	任 职 时 间	备 注
孟大礼	湖北襄阳	副局长	1978 年 11 月—1983 年 9 月	—
赵泽益	湖北竹溪	副局长	1978 年 1 月—1983 年 9 月	工会主席
韩明生	山西保德	副局长	1979 年 10 月—1983 年 9 月	-
李培生	湖北襄樊	副局长	1983 年 10 月—1985 年 8 月	—

襄樊市邮电局历任正、副局长名录

表 7—10

姓 名	籍 贯	职 务	任 职 时 间	备 注
孟大礼	湖北襄樊	党委书记	1984 年 1 月—1992 年 8 月	1985 年 8 月兼局长
李庭中	湖北广济	局长	1984 年 1 月—1985 年 8 月	—
杨明袖	湖南临湘	副局长	1984 年 1 月—1985 年 8 月	兼总工程师
李培生	湖北襄樊	副局长	1985 年 8 月—1992 年 8 月	—
王明玉	湖北老河口	副局长	1989 年 4 月—1991 年 3 月	—
杨群英	陕西渭南	副局长	1985 年 8 月—1992 年 8 月	兼总工程师
胡继昌	湖北随州	副局长	1986 年 10 月—1992 年 8 月	—
李学国	湖北随州	副局长	1991 年 6 月—1992 年 8 月	—
赵泽益	湖北竹溪	工会主席	983 年 9 月—1991 年 7 月	—
叶进光	河北大名	工会代主席	1991 年 9 月—1992 年 8 月	—
李培生	湖北襄樊	局长	1992 年 8 月—1997 年 2 月	党组书记
杨群英	陕西渭南	副局长	1992 年 8 月—1997 年 2 月	兼总工程师
胡继昌	湖北随州	副局长	1992 年 8 月—1997 年 2 月	—
李学国	湖北随州	副局长	1992 年 8 月—1997 年 2 月	1995 年兼总会计师
朱志明	湖北老河口	副局长	1995 年 7 月—1997 年 2 月	—
叶进光	河北大名	工会主席	1993 年 4 月—1997 年 2 月	—
胡继昌	湖北随州	局长	1997 年 2 月—1998 年 11 月	
杨群英	陕西渭南	副局长	1997 年 2 月—1998 年 11 月	兼总工程师
李学国	湖北随州	副局长	1997 年 2 月—1998 年 11 月	兼总会计师
朱志明	湖北老河口	副局长	1997 年 2 月—1998 年 11 月	—
杨 峰	湖北石首	副局长	1996 年 1 月—1998 年 11 月	—

襄樊市电信局历任正、副局长名录

表 7—11

姓 名	籍 贯	职 务	任 职 时 间	备 注
胡继昌	湖北随州	局 长	1998 年 11 月—2000 年 8 月	党组书记
杨 峰	湖北石首	副局长	1998 年 11 月—2000 年 8 月	兼总工程师
胡仲裕	安徽休宁	副局长	1998 年 12 月—2000 年 7 月	—
陈 力	湖北南漳	副局长	1998 年 11 月—1999 年 7 月	—
曹芬玉	湖北襄樊	副局长	1999 年 4 月—2000 年 8 月	党组副书记、工会主席
张永俭	湖北老河口	副局长	1999 年 4 月—1999 年 7 月	—

湖北省电信公司襄樊市分公司历任正、副总经理名录

表 7-12

姓 名	籍 贯	职 务	任 职 时 间	备 注
胡继昌	湖北随州	副总经理	2000 年 8 月—	兼任党组书记
曹芬玉	湖北襄樊	副总经理	2000 年 8 月—2003 年 7 月	副书记、工会主席
杨 峰	湖北石首	副总经理	2000 年 8 月—2001 年 10 月	兼总工程师
陈绍洪	湖北谷城	副总经理	2000 年 8 月—	兼纪检组长
周培雄	湖北孝感	副总经理	2001 年 10 月—	兼总工程师
胡 勇	湖北随州	副总经理	2001 年 10 月—	2004 年兼任工会主席
赵礼清	湖北仙桃	副总经理	2005 年 8 月—	兼任工会主席

2.企业改革

(1)管理体制改革

领导体制改革。中共十一届三中全会后，为深化企业改革，根据中共中央《关于经济体制改革的决定》和颁发的“三个条例”以及于关企业领导体制改革的精神，襄樊市邮电局积极稳妥地在企业内部推行领导体制和经济体制改革。1985 年 5 月，在襄阳县和随州市邮电局开展试点工作。1987 年 6 月，又在谷城、保康、襄樊长途传输局第二批推行局长负责制。同年 9 月，老河口市局推行局长负责制，同时被作为企业升级的试点。1988 年，根据省局统一部署，在全市全面实行局长负责制、任期制和任期目标责任制，结合本单位的实际制定贯彻三个条例的实施细则，从制度上理顺行政、党委、职代会三者之间的关系。为保证局长负责制的贯彻执行，做到责、权、利配套，实行局长任期制和局长任期目标责制，签订局长任期目标责任书。局长任期目标责任书是局长在任期内对上级主管部门承担责任的具体保证，是组织企业经营管理活动的根据，同时，也是上级主管部门对局长任期内工作实绩进行考核和奖惩的主要依据。在实施局长负责制中，襄樊市邮电局把局长任期责任目标和承包经营责任制及企业上等级的考核结合起来。局长的任期责任目标，以企业长远发展规划为指导，以承包经营责任书内容为基础，以升级创奖为方向，并运用现代化的目标管理方法，纵向展开到班组支局所，横向展开到职能，层层包保，通过 PDCA 循环，狠抓落实，保证局长任期责任目标的超额完成。1988 年，全员劳动生产率达 4 829 元 / 人，比 1987 年增长 13.28%，经济效益综合得分 98 分，在全省地、市、州局中居第二位。完成了各项计划指标，邮电业务总量达 1 718.19 万元，比 1987 年增长 18.03%;邮电业务收入完成 2 673 万元，比 1987 年增长 34.72%，净增 689 万元；通信总量完成 2 023 万元，增长 14%；职工收入达 1 941.7 元，增加 395.5 元。

政企分开。1978 年前，襄樊市邮电局行业监管职能工作主要由邮政科和电信科和县、市邮电局等部门负责。1990 年，成立襄樊市邮电局通信行业管理科。1992 年 10 月 13 日，成立襄樊市通信行业管理办公室，挂靠在襄樊市邮电局，担负通信市场监管的政府职能。自 1994 年 3 月 1 日起实行通信终端设备准销证制度，加强网上运行的用户小交换机管理。1997 年 3 月，为规范电信业务市场管理，加强对放开经营后市场秩序的监控，成立湖北省邮电通信服务稽查大队襄樊市邮电局稽查队，按上级要求行使电信行业职能管理权。邮电分营后，为继续行使邮电分营后湖北省电信行业管理工作，维护全市电信通信市场的正常秩序和国家及广大电信用户的利益，湖北省局于 1999 年 10 月 12 日授权各市州、直管市、林区电信局代表湖北省局主管本辖区内的电信通信工作，在当地政府的领导下，负责履行本辖区内电信行业管理职能。2000 年 8 月 18 日，襄樊电信经过两年多的改制重组，完成了公司化

改制，正式成立“中国电信集团湖北省电信公司襄樊市分公司”。其电信行业管理职能归口湖北省通信管理局管理。

（2）经营体制改革

企业转型。1978年中共十一届三中全会后，襄阳地区邮电局认真贯彻“调整、改革、整顿、提高”的方针和中共中央《关于经济体制改革的决定》，企业由生产型向生产经营型转化，经营管理工作亦转向以提高经济效益为中心。1981年11月，全区开展邮电企业经济体制改革工作，遵照中央、省、市部署和要求，按现代化企业的要求，有计划地实施企业整顿工作。其主要内容如下：制定规章制度和企业整顿计划，劳动组织及人员的设置，建立适应市场的经营机制，整顿企业的目标和具体措施，大力提高职工素质。1983年，调整充实企业整顿领导小组，成立整顿办公室。根据干部“四化”要求，对地区局和8个县市局的领导班子进行考核、选拔和调整，基本解决领导班子年龄偏大、人数偏多、文化偏低的问题。5月7日，地区局实行企业内部经济责任制。年底，谷城、南漳、襄阳、光化、宜城和随州局完成企业整顿工作。1985年上半年，全市9个邮电企业整顿工作通过验收全部合格。

经营分配承包。从1985年1月起，为进一步扩大企业经营自主权，在全市邮电通信企业内部试行全面经济核算制和分配制度改革。制定了《襄樊市邮电企业经济承包责任制（试行）办法》。1987年实行多种形式的经营承包责任制，一方面对县（市）局实行“利润基数包干，定额上交，超基数分成”的办法；另一方面对市局现业长话科、市话科、投发科、营业科和襄城区局实行基数承包，对报刊零售科实行利润分成，对邮票公司实行收入提成，对邮件转运站实行计件工资，对服务公司实行单独核算、自负盈亏等5种形式的经营承包责任制。到1987年6月，全市112个农村支局，全部实行全额工资浮动。同年11月，市局长话科作为第一个在全省长话部门推行全额工资浮动的生产科室，被省局特邀参加全省邮电第26次会议，介绍经验，襄阳县局也在会上介绍了经验。12月底，全市8个县市局全面推行全额工资浮动和经营承包，把竞争机制引入劳动分配制度，实行全员全额工资浮动和工资总额与业务量挂钩，打破企业吃国家大锅饭、个人吃企业大锅饭现象，在分配制度改革方面基本形成了“全额浮动，各有特色”的格局。对加快全市邮电通信建设，发展邮电通信生产，调动企业生产经营积极性，改善经营管理，提高经济效益，起到了积极作用。成为全省第一个百分之百推行工资全额浮动的地市局。

邮电分营与电信重组。1988年11月，国务院明确邮电体制和机构改革“三步走”的方向：第一步，对邮电物资等管理机构完全实现政企分开，第二步，逐步实现邮政、电信专业分别核算，转移职能，第三步，条件成熟时，从上至下实现邮政、电信分营和政企分开。同时确定，邮电主要业务必须由国家统一经营，邮电通信的管理体制应继续实行以系统领导为主、地方政府领导为辅。1998年在信息产业部统一部署下，在湖北省邮电管理局领导下，襄樊市邮电局逐步实现职能调整、政企分开，完成寻呼剥离、邮电分营、移动分离的体制改革与战略性重组任务。1998年初，邮电部决定对中国电信经营的无线寻呼业务进行剥离(简称寻呼剥离)，实行股份制改造，组建全国非独立经营的寻呼集团公司。同年4月9日，襄樊市邮电局成立无线寻呼改制工作机构，对寻呼股份制改造的相关筹备工作做出了具体安排，清产核资、资产评估、产权界定，清理债权、债务等事宜。同年9月15日，湖北省局下发《关于无线寻呼改制剥离人数的批复》。批准襄樊市邮电局无线寻呼剥离人员总数为87人，其中邮电职工为67人，其他从业人员20人。同时，向无线寻呼业务拨入货币资金209万元。同年10月，襄樊无线寻呼台正式从襄樊市邮电局剥离，挂牌成立“湖北国信寻呼有限责任公司襄樊分公司”。1999年5月，从中国电信剥离出来的国信寻呼有限责任公司，整建制划归中国联通公司。襄樊市邮电局的邮电分营工作于1998年9月正式启动，根据信息产业部《关于印发〈邮电分营工作指导意见〉的通知》和湖北省邮电管理局《湖北省邮电分营工作实施方案》等文件精神，于9月18日成立武襄樊市邮电局邮电分营工作领导小组，具体负责邮电分营工作的组织领导和协调。第一阶段动员发动，第二阶段结合襄樊的实际，制订《襄樊市邮电分营工作实施方案》，同年 10 月 14 日湖北省局以鄂邮局发〔1998〕132 号文批复。邮电分营本着“公平、公正、合理、有利于邮政、电信两大专业的优势发挥和适度向邮政倾斜”的原则。第三阶段具体实施，襄樊市局现业邮政、电信生产单位，按专业属性，分别划归邮政局、电信局，所有自办邮电所划归邮政局。邮电员工划分坚持服从工作需要和人随事走的原则，并按先生产人员、后管理人员的顺序进行。夫妻、父母、子女等直系亲属同在综合岗位的适当分开。划分到邮政局（含离退休人员）630 人、电信局 725 人（含离退休人员）。资产划分根据实际生产需要，便于管理，有利于生产的原则，兼顾双方利益，以院、楼、层进行合理划分。具体划分到邮政局流动资产 13 177.54 万元，固定资产 8 044.01 万元，土地面积 101 409 平方米、房屋面积 102 165 平方米，资产总额 20 728.67 万元；划分到电信局流动资产 22 503.06 万元，固定资产 59 559.82 万元，土地面积 128 123 平方米、房屋面积 102 845 平方米，资产总额 67 974.25 万元。负债类划分适度向邮政倾斜，邮政资产负债率相对略低一些，具体划分到邮政局负债额为 2 223.52 万元，划分到电信局负债额为 43 105.54 万元。权益及损益（所有者权益）划分，邮政局 18 505.15 万元，电信局 24 868.71 万元。11 月，邮电分营完毕。11 月 20 日，根据省局鄂邮编〔1998〕62 号文决定：撤销襄樊市邮电局，分别成立襄樊市邮政局、襄樊市电信局。1999 年 5 月 19 日成立电信分营工作领导小组，组织专班对全局的财务、资产、房产、车辆等进行清理、调查、摸底和方案制定。同年 6 月 18 日，湖北省局批复同意《襄樊市电信移动通信分离工作实施细则》。同年 7 月，移动通信分离工作正式启动，将原襄樊市电信局经营的移动电话业务从襄樊市电信局分离，组建成立湖北移动通信公司襄樊分公司。坚持公平、公正、公道、科学，分离后有利于固定、移动两家企业的正常发展和管理的原则。人员划分坚持服从工作需要和人随事走的原则，全市划分到移动通信企业的职工 401 人。其中市电信局现业划分到移动通信企业 145 人，离退休人员 44 人，襄樊电信培训中心成建制地划分到移动通信企业 33 人。划分到湖北省移动通信公司襄樊分公司资产 35 680 万元、房产 14 192 平方米、债务 29 814.9 万元、综合性债务 960.32 万元。各县、市电信局移动分离工作由各单位具体负责实施。同年 7 月 6 日移动通信与电信正式分离。

（3）公司化改制

组建襄樊市分公司。邮电分营、寻呼剥离、移动分营等重大改革之后，襄樊市电信局经过两年多的改制重组，顺利地完成公司化改制。2000 年 8 月 18 日正式成立中国电信集团湖北省电信公司襄樊市分公司。襄樊市分公司是襄樊市行政区划范围内，由湖北省公司出资设立的电信运营分支机构，不具有法人资格。按照国家有关法规，办理工商营业登记。根据湖北省公司授权，襄樊市分公司主要承担辖区内电信网络的建设、维护与市场营销及服务工作。所辖 7 个县市的电信运营机构，作为市分公司的下属运营机构，继续保留“电信局”称谓，不作为独立财务核算单位。襄樊市分公司及下属机构设立的非通信企业(含多种经营企业)，在理顺产权关系的基础上，建立资本联结纽带，逐步调整、重组为公司制企业，实行自主经营、自负盈亏，实现规范化管理。依据建立现代企业制度和湖北省公司的要求及电信特点，建立健全内部管理机制，襄樊市分公司比照正处级单位管理，设总经理 1 人，副总经理 3 人，实行总经理负责制，重大事项由总经理办公会议研究决定。其主要职责是受湖北省公司委托，依法经营、管理和监督省公司投资形成的国有资产，并对省公司承担相应的保值增值责任。执行国家有关政策、法规，依法开展经营活动，加强业务管理，提高服务质量。实施省公司制定或批准的发展战略、措施和计划、内部改革方案及重大决策。对辖区内的网络进行指挥调度，确保网络与通信安全。组织实施辖区内的通信网络设施、支撑系统建设，进行业务开发和运营，负责新技术的推广和应用。指导与协调所属运营机构的网络建设、运行维护和经营服务工作。在湖北省公司的统一组织、指挥调度下，具体承担电信普遍服务、党政专用通信和应急通信等任务。搞好企业的社会主义精神文明建设和企业文化建设。组织承担地方政府和湖北省公司委托的其他工作。襄樊市分公司建立中共党组,接受中共襄樊委领导。2002 年,按照建立现代企业制度的要求,深化企业改革,转换经营机制,积极推进人事、劳动、分配等"三项制度"改革。充分运用市场机制,实现人力、网络、信息、客户等资源的重新组合和有效利用。围绕"五项机制创新",狠抓企业内部改革,优化人力资源配置,开展双向选择、竞争上岗,建立以岗位为中心的薪酬激励和绩效考核制度。制定竞争上岗实施细则,科学设置各类岗位,确保双向选择、竞争上岗工作公平、公正、公开地进行。通过竞争上岗,全市电信员工从 1 507 人减少到 1 139 人,企业劳动生产率由 2001 年的 28 万元 / 人提高到 35 万元 / 人。

公司上市改制。2003 年 12 月,按照中国电信集团公司"整体上市、分步实施"的总体部署和湖北电信注资改制工作的总体安排,襄樊市电信分公司正式启动注资改制准备工作。成立注资改制领导小组和工作小组,从 2004 年 1—4 月,完成从尽职调查、财务报表审计、资产评估、房产土地办证、现场勘察、会计审计、企业更名、上市等一系列工作。同年 5 月,完成企业 BPR 流程重组,于同年 5 月 18 日更名为"湖北省电信有限公司襄樊市电信分公司"。 同年 6 月 18 日,配合完成各项上市准备工作,湖北电信作为集团公司第三批 10 个省市电信公司之一成功在美国和香港上市。同年 12 月底,完成存续公司注册资金的核减、存续公司分支机构的注销、上市资产中土地、物业产权属变更、关于知识产权权利人的变更、电信业务经营许可证备案工作、劳动合同的重新签订等相关工作。进行上述重组后,目标公司法律形式规范,产权、资产、负债及诉讼关系清晰,极大简化操作,具有结构上的灵活性。实现了企业管理体制和机制创新的重大跨越。

3.企业管理

(1)管理机构

1979 年,襄阳地区局通信生产管理职能归电信科负责,具体组织生产由长话室、载波室、电报室、市话机线室、市话工程队、302 站、技术调度室负责。(邮件转运站、投递发行室、机要科、营业室)。1981 年 1 月,设置工程师室,负责通信技术管理。1984 年 3 月,生产单位升格,设立长话科、电报科、市内电话科、机务一站、302 站。在"七五"计划期间,由于通信迅速发展和企业领导人变更,生产指挥机构有过数度调整,但都未脱离专业管理和工作属性管理的两种模式。

1990 年 8 月 10 日,撤销市话科,成立襄樊市邮电局市内电话樊城分局、襄樊市邮电局襄城分局、分局通信工程队。1994 年 3 月,为适应社会主义市场经济发展需要,成立市场经营部。

1994 年 10 月,根据邮电部、省管局有关专业化集中维护的精神,市局对维护体制进行了重大改革,成立运行维护部,与电信科实行一套班子。除运行维护部以外,襄樊市邮电局的通信生产指挥还涉及总工程师室、电信营业处、通信服务处等职能部门。1997 年,运行维护部除去直管生产单位的功能,调整为管理全局通信运行维护的职能部门。2000 年 8 月,襄樊电信经过两年多的改制重组,成立中国电信集团湖北省电信公司襄樊市分公司, 通信生产技术管理机构为市场经营部和运行维护部。2004 年 5 月,襄樊电信分公司实施业务流程重组(BPR),公司组织机构分成前端、后端和管控 3 大部分,通信生产业务管理部门为前端部分的市场拓展部和后端部分的网络维护部,前者负责业务管理,后者负责维护管理。

(2)业务管理

1978 年前, 襄樊市邮电局的电信业务依然是传统业务, 即电报、长途电话与市内电话等业务。1991 年 8 月,数字程控电话开通后,传统人工电报、长话业务萎缩,移动通信和数据通信、新兴业务迅速取代传统业务,业务管理的内容和形式相继发生改变。1992 年 3 月,为配合市话超速度发展,撤销电信资费结算室，成立电信营业处，专事市话业务发展管理。同时，负责电话装、拆、移机，国际国内直拨电话、无线寻呼、移动通信、用户电报、用户传真和数据传输等业务的开发和办理。整体上通信生产的管理依然是从业务和技术两个方面实施管理。在业务管理方面，一方面是全局意义上的管理，即全程全网管。另一方面是本地通信业务管理，以前称市话业务管理，由于用户的内涵发生改变，用户电报、数据、图像、终端已进入了用户的驻地，在用户内容改变以后称本地网业务管理。

长途通信网业务管理。1980 年 1 月，执行邮电部《电信通信指挥制度》，自上而下地建立与通信网路组织和业务管理相适应的长途电信业务指挥调度系统，负责全程全网的统一指挥调度。按省间中心、省中心、县间中心、县中心四级汇接辐射制的全国电信通信网络初步形成。在各级中心，设置业务领导局，主要任务是在领导区域内临时调度电路，督促修复障碍，在规定时限内完成任务。指定襄樊为所属各县市县间中心业务领导局。进入 20 世纪 90 年代，襄樊市邮电通信生产稳定发展。“八五”计划时期，电报和人工长途电话业务量达到历史高峰，襄樊市邮电局在企业整顿和升级中，进一步明确通信调度室的任务和职权，调度室设在电信科，在分管通信的局长、总工和长途、市话、电报科等部门的领导下，实行 24 小时昼夜值班，对全局电信负责统一调度指挥，确保全程全网通信畅通。1989 年，邮电部为加强全国长途交换网的组织管理。颁发《长途电话自动交换网路组织管理若干规定》，原《长途通信网组织管理暂行规定》废止。1994 年 8 月，建襄樊公用分组交换数据网，与汉口、荆州组建成三个“节点”，是湖北省公用分组交换数据网节点交换机局。同年，成立数据通信科，负责数据通信、分组交换网络规划、交换、传输、维护等业务。

本地通信网业务管理。1979 年 3 月根据电信总局制订的《电信通信指挥调度制度》，重建通信指挥调度室，对全局通信情况，做到日有汇报，旬有比较，月有小结。1983—1984 年，企业全面整顿，进一步完善和加强业务监督与检查系统。20 世纪 80 年代中期，本地网的用户基本是市话语音用户。因此，本地电信网的业务管理也称为市话业务管理。1980 年，襄樊市第一部用户电报设备装到了用户驻地，市话网的用户出现了非话业务种类。到 1985 年，高速传真机，数据传输机等非话用户设备纷纷进入用户驻地，如外贸、宾馆、酒店。通信终端的内容起了变化，随着新业务的不断出现，到 2005 年，各种语音、图文、图像、数据、多媒体终端进入本地通信网，对本地网中的电信用户和电信服务项目的管理就是本地网电信业务管理。20 世纪 90 年代后期，襄樊本地网业务管理的重点完全转到以用户为中心上来，以用户的需求为业务发展目标，襄樊电信大力改进内部经营机制，同时将业务推向市场，2000 年成立大客户经营服务中心。12 月 4 日，设置无线市话运营中心，比照副科级单位管理，主要负责无线市话业务的经营、管理、通信服务、网络维护等，受有关职能部门委托代行无线市话运营的有关管理职能。2004 年，企业改制上市后，实施本地网业务流程重组，将企业分为前端、后端和管控部门，同时，业务管理职能部门由业务流程重组前的市场经营部变为市场拓展部，成为企业前端的龙头。前端设置市场拓展部、大客户部、商业客户部、公众客户部（包括长虹路分部、襄城分部、解放路分部、松鹤路分部、开发区分部）、公用电话部（增值业务部）、10000 号客户服务中心、企业信息化部（计费账务中心）。面向用户的前端员工人数在比例上超过了后端和管控部门，真正实现“后端为前端，前端为用户”的运作。

技术管理。1978 年，全党工作重点转移到经济建设上来以后，全市通信技术管理工作重新得到恢复与加强。1980 年 6 月开始，根据邮电部陆续颁发的《市内电话机械技术维护规程》《报话技术维护规程》和《长途报话电路管理办法》等，制订出一系列技术维护的管理制度和规定。1984 年 3 月，市局设置总工程师室，加强对电信技术管理，建立健全技术和维护检测制度，并采用全网组巡办法，解决通信全程中技术问题。1992 年 10 月，成立通信计量站，加强对全市辖区内通信仪表管理。随着改革开放的深入发展，数字程控交换技术、分组交换技术及用户电报新设备的引进，长途电话的人工转接方式和人工电报的利用率逐步萎缩，长途干线网和襄樊本地网逐年延伸扩展，结构日趋复杂，原有的通信生产组织架构已不适应通信生产的要求。1993 年 5 月，撤销维系近 10 年的长话科、电报科和市话科，成立长途电信分局，实行维护管理和业务管理合一。1994 年 12 月，根据邮电部电信总局有关维护体制改革精神，市局对维护体制进行重大调整，成立运行维护部，与电信科实行一套班子，两块牌子。同时，又分别成立成网管交换传输维护中心、线路维护中心、电源空调维护中心。为加强电话自动网的管理，提高全网效益和通信质量，程控交换机房统一归属网管交换传输维护中心管理。1996 年电信科被撤销后，运行维护部是全市长途和本地网通信生产的主管和职能部门，负责全网的运行、维护和管理。长途电信传输设备在维护管理上具体由襄樊长途电信传输局负责。1997 年 9 月，组建襄樊本地网管中心，开通本地网网管和集中监控系统，实现对襄樊本地网网上运行的长途 C3 局、13 个市话局、动力环境监控和部分通信干线传输设备及 NO.7 信令 HSTP 进行实时监视和控制，并做到各类资料完整，数据规范，局数据准确率达到 100%。2003 年 10 月，襄樊本地网网管系统升级改造，增加交换机接入点 17 个，新网管系统替代了 1997 年开通原网管系统，从而，使襄樊本地网维护管理工作逐步现代化。2000 年后，为适应市场激烈竞争，中国电信提出“维护就是服务，维护就是效益，维护就是质量”的理念，维护管理开始倾向前台，更多的是要面向市场、面向客户。从分散式现场维护转向网络集中维护，从面向设备维护转变到面向网络维护，从网元维护转变到端对端的全程维护，推行零故障管理原则和连带考核原则。2004 年，后端业务快速响应能力、网络保障能力、低成本运作的管控能力不断增强，后端维护体系在 BPR 重组中进行了大幅度的调整，成立客户响应中心、网络建设部、网络监控维护部、网络监控室、网络维护室、维护安装部、线路维护安装室、终端设备维护安装室。构成了以网络监控维护部牵头，交换、传输、数据、无线、电源、线路 6 大专业支撑中心和长途电信传输局为基础的维护保障体系。2002 年 6 月，为适应市场竞争新格局，实施面向用户层面的营销维护体制改革，初步建立“营维合一”的作业组织模式。根据企业发展和市场竞争的需要，撤销原来的线路维护、装移机、营销等班组，将营销体系和线路维护体系在用户终端合二为一，全市成立 90 余个营销维护包区。

质量管理。1980 年 3 月，国家经济委员会颁发《工业企业全面质量管理暂行办法》，襄樊开始在部分县、市局和基层生产单位推行全面质量管理。1981 年，襄樊邮电局初步建立质量保证体系，制定通信质量目标值，在质量管理活动中，起到协调、督促、综合、指挥调度的组织作用，并有较完整的各项技术、操作、管理标准，通信质量管理逐步完善，并形成由地区局、县市局、生产科室、班组分级负责的通信质量管理体系。1983 年开始建立局级全面质量管理领导小组，局长负责全局的全面质量管理工作，全面质量管理办公室(后称企管办)负责全面质量管理的综合协调，电信科作为局长的助手，负责全面质量管理的日常工作。各县市局和基层单位相继建立全面质量管理领导小组，各基层单位主要负责人任组长，并设专(兼)职全面质量管理员，负责日常全面质量管理工作。全程全网由各级业务领导局和电路小组组成，按照指挥调度系统、生产管理系统开展各项质量活动。支局(班组)设质量(QC)小组，每月各举行一次质量分析活动。如长话科经过三次 PDCA 循环，通过“提高计时记分准确率，增加经济收入”，长话接通率由 12 月的 86.22%提高到 88.84%，在全省邮电部门全面质量管理成果发布会上，被评为全省全面质量管理先进小组。1985 年开展企业整顿，将提高通信质量作为企业整顿的重点，加强班组和支局的质量管理，进一步健全落实责任制。各基层班组全部建立各种原始记录，普遍开展 QC 活动，襄樊市局组成 QC 领导小组，各科室、生产单位相继成立或健全 QC 小组，并举办 QC 活动培训班，对开展 QC 活动起较大的促进作用。1987 年 2 月起设置质量监督检查科，负责全局质量管理的综合协调工作和制定相关制度及督察办法，明确各级专(兼)职质量督察员的职责、权限、检查时间和频次，基本形成自上而下的三级质量管理网，确保质量保证体系有效运行。配专职干部对组长以上干部进行全面质量管理理论培训，加强正规化、科学化管理。1991 年 1 月，为加强邮电全面质量管理，推进企业管理现代化，成立全面质量管理办公室，与督察科合署办公。推行全面质量管理后，全市年年完成通信质量指标计划，1990 年可比的 19 项质量指标中，有 14 个指标高于全国平均水平。与

1979 年比较，可比的 9 个指标中，8 个指标有提高。20 世纪 90 年代后，根据《襄樊市邮电局经营责任制考核办法》，对电话装机、移动电话、数据用户、电信通信等电信业务进行考核，促进电信服务质量的提高。

（3）财务管理

收支管理。中共十一届三中全会后，襄阳地区邮电局对财务制度再行整顿调整。在收入管理方面，加强稽核，及时缴解，督促分支机构管好票券、现金，制定《分支机构票券、现金保管规定》。规定各县（市）局、生产单位应经常检查督促，切实做好票券和现金保管；在开支管理方面，执行费用定额制，开支标准制与工程项目计划(预算)制，并严格审批制度。通过整顿，“双增双节”(增产节约、增收节支)取得成效。中央国营邮电通信的财务收支管理，长期以来实行统收统支，收支两条线的管理办法，地(市)、县邮电局均不核计盈亏。1980 年，根据邮电部的办法，对县（市）邮电通信企业(含中央国营及农村电话)，规定除按全面完成经济技术指标中“邮电业务总量”“通信质量”“收支差额”3 个指标核给工资总额 5%的企业基金外，并按收支差额(收差)，较 1979 年的增长额(支差为降低额）及超计划收差额(或减支差额）再按比例核给一部分企业基金。1983 年，试行邮电通信企业经济核算制度，利润与收支差额同时核算。在邮电部“收支差额包干，基数留成，增长分成”办法的约控下，实行基数利润(亏损）和基数收支差额包干、增长(减亏）分档分成的财务包干办法。按前三年的平均数核定基数利润（亏损)及基数收支差。在企业实现利润（亏损)与收支差额基数后，给以应得的利益(职工奖励基金与福利基金）外，对超额部分按湖北省邮电通信企业经济效益指标管理办法所记分数，分档分成。1985 年，全国邮电通信企业推行经济核算制，改收支差额分配为利润分配，试行经济承包责任制，改收支差额分配为利润分配，对县（市）局实行利润(亏损)基数包干，超基数分成的办法。基数的核定依年度利润(亏损)计划水平与企业正当留利为依据核定。1987 年，实行经营承包责任制，变专业费用核算为部门成本核算，变收支差额核算为利润核算，建立成本核算制。1988 年，按国家规定，实施“利改税”，财务管理制度也相应作一系列的改动。1994 年，建立邮电财务管理信息网络系统，该系统安全可靠，实用性强，操作简便，符合财会电算与标准。9 月，通过部级鉴定。1999 年 3 月 28 日，实施会计制度改革，市局现业取消独立核算，转向统一核算、统一报账的财务核算制度，加大宏观调控能力，从严管理企业财务。2003 年，实施“省市财务核算一体化”。即湖北省电信公司与襄樊市电信分公司实行“收支两条线”的管理模式，企业的各项收入通过专户全额上缴省公司，企业的经营和资本性支出，由省公司核定后通过专户下拨（见表 7–13、表 7–14）。

1978—1998 邮电业务收入支出

表 7–13

年度	邮电业务收入（万元）			支出	年度	邮电业务收入（万元）			支出
	合计	邮政	电信			合计	邮政	电信	
1978	646.3	192.2	454.1	—	1989	3403.1	999.8	2403.3	2669.4
1979	689.6	207.8	481.8	—	1990	4228.7	1346.2	2882.5	3459.7
1980	772.3	219	553.3	529.2	1991	4311.9	1776.3	2535.6	3562.2
1981	821.4	235.3	586.1	—	1992	6200.8	2241	3959.8	4825.9
1982	869.9	228.3	641.6	—	1993	8688.8	2566.7	6122.1	5859.3
1983	946.9	252.9	694	—	1994	15300	3289	12011	9434
1984	1148.3	304.1	844.2	—	1995	26144.8	3838.9	22305.9	12680

续表

年度	邮电业务收入(万元)			支出	年度	邮电业务收入(万元)			支出
	合计	邮政	电信			合计	邮政	电信	
1985	1432.3	407.7	1024.6	1092.4	1996	32220	4629	27591	18512
1986	1622.1	459.1	1163	1252.5	1997	30892	3443	27449	14283
1987	1983.9	546.1	1437.8	1638.5	1998	48973.6	—	48973.6	30030.4
1988	2672.7	698.9	1973.8	2216.1					

1999—2005 电信业务收入支出

表 7-14

年度	业务总量(万元)	业务收入(万元)	支出(万元)	备注
1999	31985	31985.5	25314.1	注:减去移动收入
2000	38660	38660.3	29285.8	
2001	39404	39403.6	30162	
2002	43600	43562.3	31576.8	
2003	47000	47006.7	33131.4	
2004	47500	47500	33422	
2005	48600	48600	34518	

邮电业务总量及收支差额。邮电业务总量是以货币表示的邮电部门为社会提供通信服务的总数量,是用于观察邮电业务发展变化总趋势的综合性总量指标,类似工农业总产值。襄樊邮电业务总量(计费)逐年发展指数与工农业总产值的发展指数呈同一趋势。1990 年,全市电报业务总量为 128.6 万份,是 1980 年的 2 倍;长途电话业务总量为 224.7 万张,是 1980 年的 2.7 倍;市话年末到达户数 14 929 户,是 1980 年的 3.2 倍。收支差额是国家考核邮电部门经济效果的重要指标。1983 年,试行邮电通信企业经济核算制,在考核收支差额的同时,考核利润。

邮电经济核算制。邮电生产成果与消耗的对比计算,一直采取邮电部集中统一核算办法。地、县(市)邮电局均只计算收支差额,不独立计算盈亏。襄樊邮电经济核算的基本路子是以劳动创造价值的理论为指导,在制订企业产品目录,确定计量单位及费用分摊办法的基础上,以企业产品为核算对象,以成本为基础,以内部结算价格为尺度,计算企业自有收入及盈亏。1985 年正式推行邮电通信企业经济核算制度,并改收支差额管理为利润管理,改变了邮电通信企业盈亏全国统一核算的传统方法。根据襄樊邮电行政管理体制改为市、县(市)二级制,制订了地、县(市)局的内部结算价格,实行二级管理。地、县(市)内各邮电局的核算制度及单价由地、县(市)局自订。

内控制度。2004 年 8 月,按照湖北省公司的统一安排,襄樊市电信分公司成立了以总经理为组长的内控项目领导小组,组成综合财务、市场、网发三个专业小组的项目工作团队。2005 年,内控工作团队按照湖北省公司的具体安排,完成了流程对标、缺陷修补与执行、控制点责任细化、权限列表设置和实施细则延伸增补、自查和资料归档等各项工作,顺利通过湖北省公司组织的验收,取得并列第一名的好成绩,财务日常工作日趋规范。每月对内控制度各流程的执行情况进行循环检查,对执行过程中的薄弱环节和不足及时加以整改、处理,加强内控制度修订工作,制定《招投标管理办法》《资本性支出管理办法》《全面预算管理办法》等管理办法不断完善内控体系建设,确保内控工作的日常化。

（十二）无线电管理

1.机构沿革

襄樊市无线电管理始于20世纪70年代初，由襄樊军分区负责实行军管，其下设的司令部通信科具体承办无线电管理日常工作。1984年8月23日，襄樊市政府根据《国务院、中央军委关于调整各级无线电管理委员会组织机构的通知》和《国务院办公厅转发国家无线电管理委员会、劳动人事部关于政府系统各级无线电管理机构编制问题的通知》文件要求，成立襄樊市无线电管理委员会（以下简称襄樊市无委），襄樊市副市长冯忠祺任主任，市政府副秘书长郭发展、襄樊军分区副参谋长刘臣陶任副主任，委员10名，为市政府的议事协调机构。襄樊市无委下设办公室（以下简称襄樊市无委办），1984年12月31日组建，设在市政府办公室内，实行军、地联合办公，从代管过渡到专管，逐步接管全市的无线电管理工作，并具体承办襄樊市无委的日常事务。1986年5月6日，襄樊市政府决定襄樊市无委办为副处级建制，仍设在市政府办公室，对外代表市政府行使无线电管理职能。随后，所辖各县（市）相继成立无线电管理工作领导小组，县（市）政府办指定熟悉无线电业务的人员负责辖区的无线电管理日常工作。1987年3月以后，市政府根据辖区无线电事业发展和人员变动情况，先后4次调整襄樊市无委会成员，逐步调整配齐襄樊市无委办工作人员。

1997年3月17日，市政府根据湖北省政府关于调整地市州无线电管理体制的统一部署，将市无线电管理机构移交省直管，襄樊市无委办更名为“湖北省无线电管理委员会办公室襄樊市管理处”（以下简称湖北省无委办襄樊市管理处），隶属湖北省无线电管理委员会办公室（以下简称湖北省无委办）领导，业务及人、财、物以湖北省无委办管理为主，为正处级单位；成立襄樊无线电监测站，为该处的技术机构。该处主要职责：贯彻执行国家无线电管理的方针、政策、法规和规章；拟订襄樊市无线电管理的具体规定；协调处理辖区内民用无线电管理方面的事宜；根据审批权限审查辖区内无线电台（站）的建设布局和台址，按照国家、省赋予的权限指配无线电台（站）的频率和呼号，核发电台执照；负责辖区内的无线电监测和干扰查处，维护空中电波秩序；代管随州市无线电管理工作。

2000年，湖北省政府实施机构改革。同年4月3日，湖北省无委办襄樊市管理处随湖北省无委办机关一并隶属湖北省信息产业厅管辖，单位名称及其管理体制维持不变。2002年4月，随州市成立无线电管理工作筹备组，遂不再代管该市无线电管理工作。2003年3月31日，根据湖北省无委办《关于印发市州管理处内设机构设置和科级干部职数的通知》精神，湖北省无委办襄樊市管理处设综合科、频率台站管理科、监督检查科、监测与检测科。襄樊无线电监测站仍为湖北省无委办襄樊市管理处内设机构(见表7–15)。

襄樊市无线电管理机构历届领导人名录

表7–15

姓名	部职别	任职时限	备注
冯忠祺	襄樊市无委主任	1984.8 ~ 1989.12	襄樊市副市长兼
阎增福	襄樊市无委主任	1989.12 ~ 1994.8	襄樊市副市长兼
赵成霖	襄樊市无委主任	1994.8 ~ 1997.3	襄樊市副市长兼
谢明义	襄樊市无委办主任	1986.5 ~ 1987.3	市政府办副主任兼
田智建	襄樊市无委办副主任	1987.3 ~ 1993.5	—

续表

姓名	部职别	任职时限	备注
周清义	襄樊市无委办主任	1993.5 ~ 1994.8	—
孔繁刚	襄樊市无委办主任	1995 ~ 1997.3	—
张新建	襄樊市无委办副主任、办公室主任	1989.12 ~ 1995	—
汪明国	襄樊市无委办副主任	1989.12 ~ 1997.3	—
黄茂松	襄樊市无委办副主任	1993.5 ~ 1997.3	—
	湖北省无委办襄樊市管理处副处长、处长	1997.3 ~ 2005.12	—

2.无线电频率、台站管理

湖北省无委办襄樊市管理处的频率台站管理工作主要是指配甚高频(VHF)和特高频(UHF)频段的部分频率,审批无线电台站(初审国家、湖北省无线电管理机构指配频率的无线电台站),核发电台执照,承办台站封存、注销、报停报废业务等事项。

1986年以前,全市仅有襄樊市邮电局、湖北省第八地质大队、襄樊人民广播电台播、襄樊电视台使用无线电发射设备,设台用频数量较少,开展的无线电业务仅限于短波通信、调幅广播和电视转播,襄樊军分区司令部通信科主要对上述几个单位的设台用频行为实施监管。1986年5月12日,襄樊市无委下发机构成立后第一份文件《关于同意使用超短波无线电电话机的批复》,批复襄樊市供电局使用甚高频频段,组建该局与谷城电力局等单位13个台址的无线电通信网。随着民用无线电通信业快速发展,至1989年底,襄樊市无委办共审批涉及党政机关、公安、司法劳改、税收、水利防汛、粮食、林业、金融、石油、供电、城市交通、水运、铁路运输、公路收费稽查、医疗、科研等部门行业和军队(使用民用频率)的52家单位分别组建移动电话、数据遥控、寻呼等专用无线电网络。1989年6月5日,经协调,明确襄樊铁路局审批所辖单位使用非铁路专用频率需到襄樊市无委办备案,以避免襄樊市辖区内多头审批引发无线电干扰问题。

1990年初,由于跨地区通信业务出现,襄樊市无委办开展与外地无线电管理机构协调频率工作。4月2日,就襄樊市国家重点水利工程清泉沟泵站提水灌溉建设项目使用的频率可能覆盖河南省淅川县部分地域事,致函河南省南阳市无委办,达成一致意见后,经襄樊市无委办组网设计,顺利完成清泉沟泵站至襄樊市水利局无线电通信专向网络的建立工作。同年7月19日、10月12日,襄樊市无委办在不影响辖区内无线电通信的前提下,通过频率调整,同意武汉市无委办、湖北省无委办协调的中国物资储备武汉公司短波单边带电台、漳河水库管理局水文自动测报系统在襄樊辖区内使用频率的事项。本年度还就湖北省无委办关于湖北省航务管理局在襄樊设台、国营四〇四厂搬迁至孝感临时跨地区无线电通信频率需求和台站设置等问题进行对外协调。

1991年以后,全市无线电专用移动通信业务增长较快,无线电新技术、新业务应用逐步推广。同年3月22日,襄樊无线电厂经湖北省无委办批准,开始生产销售特高频和甚高频无线电对讲机、固定台、车载台和中转台。襄樊市无委办在电台试验使用频率、销售审批和产品推介等方面给予支持。当年在全市增加的323部电台中,有73%是该厂的设备。1992—1997年,相继批准襄樊市供电局在虎头山设置800MHz模拟集群电网调度网,谷城县邮电局、武警湖北省总队第四支队分别设置公众服务、内部通信的无线电寻呼台,随州市、南漳县、谷城县设立教育电视台,初审并报湖北省无委办批准湖北省邮电管理局在襄樊市区及所辖各县市建立无线电寻呼网和GSM公众移动通信系统等。至1997年初,襄樊市无委办先后审批211个单位3 585部(含自行停用、报废电台)电台建立无线电台网络。

其间，在全市范围内开展无线电台站普查，重新登记各类台站 3 200 部，查出非法设台 168 部，基本摸清全市无线电台站的设置使用情况。

1997 年 10 月 10 日，湖北省无委办襄樊市管理处依据《条例》对报停、报废和停用电台的报批手续、工作流程等事项做出明确规定，下发《关于明确无线电台(站)频率使用期限的通知》，明确限定频率使用期限为 3 年等相关事宜，以规范设台用频行为，完善频率台站监督管理措施。是年，批准华中制药厂、中国化学工程第六建设公司、湖北省储备物资局五三八处、襄阳县交通局等 14 个单位报废封存电台 170 部，中国银行襄樊市分行、三道河水电工程管理局报停封存电台共 9 部，铁道部电气化工程局二处五段、襄樊市财政局三查办等 23 个单位继续使用在用频率。

1998 年 1 月 23 日，襄樊市政府下发《襄樊市区无线电收发信区域划分管理的暂行规定》，详细划分收发信区域，明确设台标准和保护要求，保障无线电台站设置有序，充分发挥效能，防止电磁污染现象发生。1999 年 4—11 月，以人机见面的方式，对全市无线电台站进行核查，重点检查虎头山、大洪山、薤山等 8 座海拔较高的大山和其他“三高”(高山、高楼、高塔)地点设台单位 79 个，全市 4 县 4 市 4 个城区和 20 多个乡镇设台单位 216 个，共核查无线电设备 2180 多部，查出私设电台 17 部，手续不全的 39 部。湖北省无委办夏国华主任率队到襄抽查，给予核查工作做得实、检查细、要求严、效果好的肯定。1999-2001 年，襄樊市无线电寻呼业务发展步入高峰期，外地的中北、万声、吉通，本地的电信、联通、铁通以及部分民营寻呼公司相继运营，湖北省无委办襄樊市管理处对这些企业在频率上的需求给予大力支持，使无线寻呼业得到蓬勃发展，寻呼基站数量达到 120 多个，寻呼机数量达到 200 多万个。2000 年 11 月 6 日，正式批准湖北省移动公司襄樊分公司 74 个数字电话基站，38 个模拟电话基站投入使用。

2002 年 6 月 5 日，针对无线电发射设备报停、报废工作中存在的问题，对各无线电用户下发《关于加强报停、报废无线电发射设备管理暂行规定》，加强封存报停、报废无线电发射设备的管理，尽可能地消除设备外流扰乱空中电波秩序、引发无线电干扰的隐患。同年 10 月 16 日—11 月 30 日，对全市广播电视系统各类无线电台进行登记，共对市县(区)二级广播电视台站核发电台执照并加贴核准合格标志牌 99 个，关、停 8 个；乡镇差转台补办设台合格手续 28 个、关闭设置不合理的 6 个，将乡镇电视差转台的管理工作纳入正常管理轨道。是年，频率台站审批手续进一步规范。同年 12 月 27 日，湖北省无委办襄樊市管理处收悉襄樊电信分公司建设第三代无绳电话(小灵通)申请后，随机抽选预设站址，对拟用频段进行电磁环境监测、电磁兼容分析并报湖北省无委办批准，第三代无绳电话开通运行，经逐年发展，全市基站数量达 1 365 个，电话终端设备达 21.4 万部。

2003—2004 年，因无线电第三代无绳电话的发展，寻呼业逐步萎缩，各寻呼公司相继停业，仅剩襄樊市电信公司保留 1 台寻呼发射机，湖北省无委办襄樊市管理处收回停业公司无线寻呼频率。2004 年 3—5 月，开展无线电固定台站普查，清理登记全市 128 个单位在用各类固定台站 2 037 部，批准报废报停电台 25 部，收回频率 20 组。

2005 年 1 月，湖北省无委办襄樊市管理处对襄樊市林业局、长江水利委员会水文局等 5 个单位分别下发《关于注销短波电台频率的函》，收回长期闲置不用的频率，注销原设置的电台。同年 2—6 月，按照国家《无线电台站录入指南》要求对频率台站数据库管理系统进行全面修改更新后，正式应用于日常无线电管理，工作效率和质量明显提高。同年 9 月 20 日，根据湖北省无委《关于建立保护航空专用频率工作长效机制有关事项的通知》精神，建立保护航空无线电专用频率工作长效机制，加强航空专用频段日常监管，坚持每季度或适时组织台站管理、通信质量、电磁环境等专项检查，查遗补漏，防微杜渐。

1986—2005年襄樊市无线电频率、台站审批业务统计

表7-16

年份	设台单位（户）	审批频率（个）				审批台站(部)	报废报停电台(部)
		合计	高频频段	甚高频频段	特高频频段		
1986	7	139	139	—	—	459	—
1987	2	24	24	—	—	18	—
1988	—	—	—	—	—	—	—
1989	43	85	1	73	11	947	6
1990	28	42	6	32	4	133	—
1991	32	51	11	34	6	323	—
1992	30	51	7	9	35	1 120	71
1993	9	15	—	4	11	131	—
1994	8	12	—	4	8	—	85
1995	31	67	—	22	45	326	—
1996	21	40	5	16	19	128	84
1997	14	29	—	13	16	256	179
1998	14	21	—	13	8	102	298
1999	11	65	—	6	59	96	280
2000	24	41	—	16	25	316	226
2001	17	75	—	4	71	150	125
2002	11	22	—	13	9	119	227
2003	4	10	—	3	7	164	55
2004	21	29	—	11	18	112	131
2005	26	31	—	7	24	173	150

3.无线电监督检查与执法

1996年以前，主要依靠行政手段实施无线电监督检查，在加强日常监督检查的同时，多次开展专项整顿活动。1990年12月19日—1991年4月30日，襄樊市无委办实施全市无线电发射设备销售市场整顿，对32个销售商进行全面检查，共查处违章销售电台的行为11起，注销不符合销售资格的单位1个，重新发放“准销证”13个。1992年5月18日—8月30日，在全市范围内开展短波无线电通信秩序整顿，对全市40多个单位计100多个台站逐一检查，纠正执照过期、制度不健全、机房管理不到位的问题5起。1992年底至1993年初，襄樊市无委办联合公安、广播电视、工商等部门对擅自销售、使用大功率无绳电话的单位和个人进行突击查禁，共查处违章销售单位4个，收缴、拆除各种大功率无绳电话近40部。1993年8月12日至9月15日，针对全市小功率无绳电话机销售市场混乱无序的问题进行专项检查，12名福建省等外地人员在樊非法销售电台的行为得到禁止。同年9月9—15日，在襄樊市城区及各县（市）开展《条例》颁布实行宣传周活动。1994年，对10余家引进、销售小功率无绳电话的单位进行检查和设备检测，对2家无证销售单位补办“准销证”。1996年1—5月，全市开展无线电管理执法、守法大检查活动，某乡镇对擅自设台的问题主动做出检查，及时补办设台用频手续；3个单位按规定补交拖欠的规费；某公司长达3年非法使用的电台被查封并处罚金。

1997年3月，无线电管理机构隶属省直管后，湖北省无委办襄樊市管理处依照法律赋予的职能，认真开展行政执法活动。当月，分别对襄阳县某乡镇邮电局等20个非法设台用频单位进行调查取证，下达处理意见书，其中，19 个单位在规定期限内补办了设台手续；对 1 个未在规定期限内履行手续的单位拟进行处罚，在听证通知书下达当日，该单位补办了设台手续。1997 年 4—5 月，联合襄樊市国家安全局对襄樊市城区和宜城、南漳、老河口、谷城、随州 5 个县(市)共 23 名非法设置使用业余电台参与全国非法无线电“空中沙龙”活动的人员全部查清，共收缴电台 20 余套和部分电台拼装件。5 月，根据《中华人民共和国行政诉讼法》《条例》的有关规定，按照法律程序，陆续对全市 83 个欠费单位下达《处理决定书》，36 个单位在规定期限内主动缴纳规费；37 个逾期拒不履行义务的单位提交法院强制执行，其中 24 个单位陆续在法定期限内缴纳，13 个单位被法院强制执行，无线电频率占用费征收难的问题得到扭转。6 月 5 日 -11 月 15 日，专项测试检查全市寻呼通信公司寻呼发射设备的技术指标及设台手续办理情况等，共查出不符合国家标准的非制式发射机 2 部，技术指标超标电台 57 部，未领取电台执照或执照过期的单位 10 家。通过整改验收，2 部非标设备更换，所有设备按要求进行调校，设台手续不全的全部补齐。

1998 年 5 月底—6 月初，湖北省无委办襄樊市管理处在要求全市各防汛设台单位做好防大汛、抗大灾通信工作的同时，深入老河口、谷城、南漳、襄阳、枣阳、宜城等汉江沿线或有大型水库的县市，检查防汛无线电台站通信情况，免费检测通信设备 103 部，逐台试验防汛无线电指挥网通信效果并调整通信效果不佳的频点 3 个，组织现场技术培训 3 场次。此外，调配 450MHZ 频段防汛备用频率 5 组，使用 1 部 25W 转信台和 20 部对讲机组成防汛指挥通信备用网，供襄樊市防汛部门随时调用。7—8 月，对防汛频率进行 24 小时保护性监听，再次对全市防汛无线电通信情况进行全面检查，针对少数防汛台站通信值班记录不全、设备维护不好、易损附件无备份和通信人员业务不熟等问题，向襄樊市政府写出专题报告，提出合理化建议，市政府以《政务督办》信息通报全市，责成各级防汛部门务必解决防汛无线电通信中存在的问题。

1999 年，为加强乡镇电视差转台管理，依法对 37 个非法电视差转台下达整改通知书或处罚决定，33 个乡镇电视差转台按要求补办或补齐设台手续，乡镇电视差转台无照非法运营 10 年之久的问题得到遏制。1999 年 9 月，重点对襄樊市海拔较高、设台较为密集的虎头山、薤山、青龙山、大洪山设置的寻呼基站进行专项检查治理，协助襄樊市信鹏等 4 家寻呼公司加装单向器和技术整改，责令金玖寻呼公司将未经许可上山设置的基站迁回原址，暂扣 3 家寻呼公司擅自设置使用的寻呼发射设备，告诫自行出租设台场所的单位务必履行审批备案手续，最大限度地消除直接威胁航空导航、水上通信业务安全的干扰隐患。2000 年 7 月 7 日至 2001 年 5 月 31 日，针对寻呼业违规问题反弹，150MHZ 频段几乎无法正常使用的问题，开展全市无线寻呼台专项治理整顿活动。工作专班行程 4 000 余公里，对所辖 8 个县(市)4 个城区 21 个乡镇的寻呼设备技术指标逐台检查测试、加装单向器，责令 11 个设置不合理的基站撤除，查封某寻呼公司擅自拆除单向隔离器的发射设备并处罚金，使原来干扰严重的 150MHz 频段杂波明显减少、背景噪声大幅下降，投诉率与 2000 年上半年相比降低约 7 个百分点，受到市政府和无线电用户的一致好评。

2001 年 5 月 31 日—6 月 30 日，湖北省无委办襄樊市管理处对襄樊市、枣阳市个别出租车电台擅自占用金融系统或其他单位的通信频率，恶意干扰他人通信联络的问题进行整顿，分别深入 4 家出租车公司宣传通信法规和通信纪律，将可调频率的 78 部电台进行频率锁定，督促 66 个车台用户补办设台手续，出租车电台通信秩序明显好转。本年度还针对擅自设置使用数字微波、扩频、无线接入等新技术设备，干扰问题时有发生的实际，开展日常监测，定期和不定期在全市范围实施现场检查，截至 12 月底，共监测到未审批频率的信号 3 个，查处非

图 7-10 李佑成(右二)、马升云(中)和黄茂松(左二)在寻呼台专项整顿工作会议上

法设置移动电话基站 801 个、微波台站 22 个、扩频设备 12 套、无线接入基站 3 个，并分别视情予以罚款和补办设台手续的处理。

2002 年，襄樊市公众移动通信市场竞争激烈，擅自设台、先建后报、乱占频率等违规现象时有发生。同年 4 月 1 日，湖北省无委办襄樊市管理处成立工作专班深入各基站，逐台设备进行清理核查，查清各类基站计 1 117 个，违规设置的有 512 个，擅自设置微波站 20 个，并于 5 月 17 日，组织召开专门会议研究制定整改措施，下发《关于加强对各类移动通信基站设台管理的通知》（襄无处发〔2002〕19 号文件），各公司积极响应，均按规定补办设台手续、调整基站布局、补测电磁环境、交清欠缴规费。11 月 25 日，在例行检查时发现 2 家寻呼公司违反湖北化纤厂生产区防火、防静电要求擅自设台，可能引燃、引爆该厂生产用有毒气体硫化碳及其产生的废气硫化氢的问题，当即责令拆除了 2 套寻呼发射设备，消除安全事故隐患。同年底，开展全市卫星通信网和地球站清理整顿活动，对 18 个合格的卫星地球站发放确认标志，分别责令 2 个擅自设台，5 个电台执照过期，2 个已办手续但未安装设备，1 个已停用设备但未办手续的单位限期整改，使设置使用卫星地球站的行为得到规范。

2003 年 3 月 17 日，湖北省无委办襄樊市管理处成立监督检查科，负责辖区无线电监督检查和行政执法工作。6 月 10—20 日，对 9 家出租车公司进行突击检查，共查出违章设台单位 5 个，重新登记车载电台 213 部，补发电台执照 156 个，为此，下发《关于对部分单位违章设置使用出租车无线电台检查情况的通报》，对 3 个违规使用电台现象严重的出租汽车公司进行通报批评。同年 7—9 月，在全市范围内开展《条例》颁布实施 10 周年及《湖北省无线电管理实施办法》（以下简称《办法》）颁布实施宣传纪念活动，组织市电信、移动、联通、铁通、网通等大型用户领导重温《条例》和学习《办法》，座谈讨论落实措施，连续 3 天向移动通信用户播发宣传短信息，在闹市区悬挂宣传标语，利用市电视台、襄阳区电视台晚上黄金时段连续滚动播放宣传标语，通过政府网站、《襄樊日报》刊发宣传文章和图片，全方位、多层次、多侧面地宣传报道全市无线电事业发展和无线电管理工作情况。从同年 9 月 1 日开始，联合襄樊市安全生产监督管理局、广播电视局等单位在全市开展保护民用航空无线电专用频率专项整顿活动，逐一清查可能影响航空无线电通信的台站，共查处违规设台单位 3 家，关停技术指标超标的电视发射机和其他台站 5 部，收缴大功率无绳电话 34 部、私设乱建及设置不用的电台 4 部，并报请湖北省无委办为襄樊刘集机场补办设台手续 15 件，湖北省专项整顿工作组通过检查验收，给予充分肯定。

2004 年 3 月 24 日，湖北省无委办襄樊市管理处就部分供电单位擅自对电力负荷监控数传网更新扩容、增设电台、迁动台址问题，下发《关于纠正擅自更换和增加无线电数传电台等行为的紧急通知》，派出 2 个调查组分赴全市电力负荷监控数传设台单位逐一检查核实，查清违规设台 222 部，并督促相关单位补办设台手续，未经国家型号核准的 30 部电台全部更换。同年 7 月 20 日，在枣阳市七方镇政府和警方的配合下，依法查处了该镇村民袁某私设电视发射台且时常播放不健康节目的问题，依法暂扣 DF-1 型电视发射机 1 台，事后予以没收设备并处 1 000 元罚款，该案例被评为全国无线电管理系统优秀行政执法案例三等奖。同年 7 月 26—27 日，执法人员查出并依法暂扣某公众移动通信公司再次在谷城、保康、宜城等县（市）擅自设置使用的 4 部 5.8GHz 微波设备后，对其做出 5 000 元罚金、限期补办设台手续的处罚，并向相关公司下发处理通报。同年 9 月 2 日，湖北省人民政府颁布施行第 268 号令，将销售无线电发射设备审批列入行政许可事项，同年 11 月 10—30 日，湖北省无委办襄樊市管理处突击检查市区无线电设备销售市场，共抽测各类无线电发射设备 132 台（套），责令 5 种无型号核准证的设备下柜停销，给予 2 个无证经营的销售商处以查封或没收设备并处罚金 1 000 元。年底，全市 15 家经销商均按规定办理“无线电通信设备销售许可证”，无线电发射设备销售市场秩序进一步规范。

2005 年，湖北省无委办襄樊市管理处不断加大行政执法工作力度。同年 2 月 3 日，依法对擅自设置使用扩频电台且以各种理由规避管理的老河口市公安局下达行政处罚决定，在襄樊市中级法院配合下迫使其履行相关义务。同年 2 月 9 日，对擅自增设电台拒不缴费，经多次教育无果的某市电力局依法强制征缴频率占用费 2 万元。同年 3 月中旬，通过调查取证和说服教育，促使擅自转让设备、变相出租频率，拟以治安联防为名组建出租车调度通信网的老河口市公安局治安大队自行纠正了错误行为。同年 6-8 月，针对建筑、物业管理、宾馆酒店等行业擅自设置使用对讲机的行为屡禁不止的情况，以建筑行业为突破口，共依法检查 50 余个施工单位，查处违规使用对讲机 127 部计 31 个单位，其中，24 个单位补办了设台手续，7 个拒不履行相关义务的单位被处罚，并作为典型案例在全市通报，滥用对讲机行为得到一定程度的扼制。

4. 无线电监测与检测

无线电监测、检测工作始于 1994 年，因受设备和机房的限制，至 1998 年 12 月，未开展正常工作，信号监测主要围绕各类无线电频率台站清理整顿等大型活动实施，设备检测在湖北省监测站指导下完成。1999 年，无线电监测人员、设备逐步到位，无线电监测工作逐步走向正轨。年初，日常无线电监测采取定人、定时、定岗的方法实施，主要对 30MHz ~ 1GHMz 频段进行监听，了解掌握各频率的使用情况和查找非法信号，为依法开展行政监督检查和执法以及频率指配提供技术支撑；对汛期防汛等重要通信频率实施保护性监听，确保通信顺畅。其间，监听发现保康县某局违章设置使用电台、襄樊市某厂违章设置使用大功率无绳电话。

2000 年 1 月，结合辖区实际制定无线电监测实施方案，执行《常规无线电监测程序》，适时出动监测车实施移动监测，多地点、多频段（30MHz ~ 3GHMz）采集频率场强数据，定期收集整理分析监测、监听资料，了解无线电信号活动情况，监测工作逐步制度化、规范化、经常化。同年 7 月 17 日，将通过监测发现的寻呼发射机互调干扰信号在部分频段存在尤其是 150MHz ~ 400MHz 频段较多，抽检 10 部寻呼发射机均出现输出功率等指标超标的情况专题向处领导报告，为无线电管理决策提供科学依据。同年 8 月初，独立开展电磁环境测试工作。同年 10 月 6 日，检测实验室通过湖北省技术监督部门的计量认证评审，无线电设备检测工作正式启动，当月配合全市无线寻呼台专项治理整顿，测试寻呼发射机 144 部（套），协助维修调试技术指标超标寻呼设备 21 部。

2001 年 7 月 4—6 日，为防范受电磁辐射影响可能导致恶性安全事故发生的问题，依据国家有关技术安全标准，在国营卫东机械厂厂区相关地点进行电磁环境测试，确认 207 微波站电磁辐射能量不足以影响厂区易爆产品存放和生产，消除了该厂疑虑。同年 6—11 月，分阶段对全市防汛、市区主要无线电通信和广播电视台站的使用频率进行监测监听、实地电磁环境测试，对设台密集的虎头山既设台站使用的频率进行互调干扰分析计算，全面收集整理既设台站基本技术数据资料，基本掌握全市重要保护频点和使用频率较为密集频段的电磁环境情况，初步摸索出一些行之有效的监测方法。其间，通过监测清除了襄樊监狱在虎头山设置的 1 部长期停用未关机的 25W 转信台，该台因调谐频率偏移故障，转发中国联通襄樊分公司 159.850MHz 寻呼信号的异常信号。同年 11 月 21 日，枣阳市太平镇李岗村村民反映：该市联通公司新建寻呼基站后，当地无线电视一直受干扰，部分群众拟到枣阳市政府上访，个别村民拟破坏寻呼通信设施。湖北省无委办襄樊市管理处当即派员通知建设单位赶赴现场共同处理矛盾纠纷，经现地测试发现 159.550、159.275、159.775MHz 同机跳频发射机存在杂散辐射，尤其是 159.550 ± 50MHz 频率范围内杂散辐射严重超标，为此责成联通公司当即停机维修消除干扰信号，并与枣阳市广播局、太平镇广播站一起做好群众工作，使这一纠纷得到圆满解决。

从 2002 年 3 月 1 日开始，湖北省无委办襄樊市管理处建立并执行日常监测情况报告制度，按季度向处领导书面报告日常监测工作情况，从技术层面提出工作建议。同年 4 月 15 日—8 月 10 日，本着边建设边投入使用的原则，协助总参 57 所建成 30MHz ~ 3GHz 频段，由控制中心、固定站、遥控站和移动监测车组成，监测范围覆盖襄樊市市区与周边城镇区域，具有国内先进水平的多功能无线电监测系统。当年，利用该系统先后完成防范邪教“法轮功”分子利用无线电设备非法进行反动宣传、“三个确保”（确保国庆节安全、江泽民同志访美成功以及党的十六大圆满成功）和中国共产党第十六次代表大会召开期间的全时段、全频段无线电监测任务。通过测向定位，查处联通襄樊市分公司设置在市中心城区的2个CDMA基站因受擅自迁址的416.525MHz寻呼链路发射机二次谐波干扰，连续7天不能正常通信案。

2003年4月10日，湖北省102建筑公司职工投诉居住区域内发生间断干扰4频道电视接收的现象，当日派员将102工业学校擅自使用的校园广播调频台拆除，受到该公司职工一致好评。同年6月初，26GHz以下各频段电磁环境自动测试系统设备配备到位后，按照保护民用航空无线电专用频率专项整顿活动的部署，在襄樊市刘集机场及周边多个地点对航空通信、雷达、气象卫星接收等频段的电磁环境进行系统测试分析，全面检查航空诸频段电磁环境安全状况。同年7月21日，对湖北省五四矿设置用于中央广播电视台应急播出和新闻采集的卫星地球站电磁环境进行测试，确定站点符合建立卫星地球站的电磁环境保护要求。同年9月19日9时许，监测发现150.8MHZ频点有寻呼互调干扰信号，经中频分析、信号比对、互调计算、测向和交叉定位，于11时消除了设置在襄樊铁路分局办公楼顶的150.25MHz、150.525MHz两部寻呼发射机产生的150.8MHZ寻呼干扰信号。是年，还有计划地对市区及周边地区的无线电信号进行监测监听，坚持全面系统地实时采集存储日常监测数据，共搜索查找到2个非法信号，7个各类异常信号，并对其影响市区无线电通信的程度进行分析评估，收集整理各类干扰信号频谱、测向交会资料12份，频段、信道扫描、中频分析等数据文件570多个，频率占用度等统计图表78份。

2004年3—4月，结合全国“两会”期间的无线电通信安全保障工作，重点对广播电视频道、航空频段进行实时监测监听，共监测监听调频广播信号9个、电视信号21个、MMDS信号4个，对监测发现的广播电视信号组合的6个二阶互调信号、42个三阶互调信号进行分析评估，确定119MHz、118.4MHz宽频带互调干扰信号对刘集机场航空通信安全的影响有待解决，市区及邻近地域广播电视信号实际分布和信号发射质量状况基本掌握。6月底，先后在南漳、老河口、襄城、樊城4个县、市、区及襄樊刘集机场、老河口军用机场等地区的多个地点、不同的时段对落入航空频段内的119MHz、118.4MHz广播电视互调干扰信号进行专项监测，判明对航空应急通信安全构成潜在威胁，并协助襄樊市广播电台采取技术措施清除。同年12月7—9日，通过先内后外，由近及远的排查和对襄樊辖区及南阳、十堰、随州等周边地区广播电台工作频率互调干扰计算分析，查明飞机飞行距襄樊机场约30公里、高度1 000～2 000米空域时出现的严重影响导航通信的118．2MHZ广播干扰信号，是十堰市94．2、106．2MHz广播信号组合生成，通过该处协查排除，导航通信恢复正常，《中国无线电管理》杂志干扰查处栏目专家对此案例点评：“湖北省无委办襄樊市管理处的同志在查找此干扰中确实经过了认真的分析和推断并成功地查到了干扰，值得很好地总结。”

图7-11 图为检测人员在屏蔽机房检测对讲机

2005年春节前夕，获悉联通公司襄樊分公司连续3天因不明信号严重干扰市区诸葛亮广场至毛纺小区约2平方公里范围的CDMA公众通信自查未果的情况后，湖北省无委办襄樊市管理处迅速出动，监测发现以833.490MHz为中心、带宽约8MHz的较强不明信号阻塞了CDMA上行信号频段，经约2个小时的交叉定位和移动跟踪测向，在樊城区公安分局7楼会议室查获干扰源——手机屏蔽器。

2005 年 4—10 月，依据有关国家无线电测试标准和要求，在恒温恒湿和电磁屏蔽的条件下检测中国航空救生装备有限公司等单位移动通信调频收发信机计 38 部，现场检测襄樊移动通信公司 GSM 移动通信基站 10 个、测试襄樊市电信公司等单位卫星地球站、微波站、超短波固定电台电磁环境 98 个。

湖北省无委办襄樊市管理处 1986—2005 年全市无线电监测、检测业务见(表 7-17)。

1986-2005 年全市无线电监测、检测业务统计

表 7-17

年份	干扰查处		电波监测				电台检测
	受理(起)	查处(起)	信号频率(个)	私占频率(个)	异常信号频率(个)	电磁环境测试(个)	
1994	—	—	35	2	—	—	33
1995	2	2	28	—	—	—	—
1996	2	2	37	—	—	—	—
1997	3	3	68	—	—	—	51
1998	3	2	121	3	—	—	101
1999	9	9	110	1	—	—	113
2000	15	15	260	3	2	10	154
2001	14	14	234	3	1	26	108
2002	18	18	215	12	18	98	107
2003	6	6	305	7	33	121	104
2004	8	8	273	5	46	132	111
2005	12	12	286	2	17	98	105

卷八　金融

襄樊金融业经过“大一统”国家银行体制时期（1949—1978 年）、国有专业银行时期（1979—1994 年）、国有商业银行时期（1995—2003 年）和股份制企业时期（2004 年 1 月至今）的重大变革，探索出一套适应社会主义市场经济的金融经营管理模式。

1978 年以后，襄樊市金融机构不断完善与发展，各项规章制度得到修订和健全，金融业务恢复了正常运转。主要表现在改革单一银行体制，金融机构不断增多。金融机构设置不仅改变了人民银行“一统天下”的局面，而且改变了单一的国家银行体制，先后于 1979 年 11 月恢复农业银行，1980 年 3 月成立保险公司，1982 年 4 月设立中国银行，1984 年 9 月设立工商银行。在业务上扩大信贷范围，延伸银行贷款，年平均增加 6.8 亿元，信贷工作改变过去活动范围极其狭窄的状况，既贷流动资金，又发放技术改造贷款，特别是在科技贷款方面，襄樊市率先在全国打破“禁区”，从 1978 年开始试办科技贷款业务，逐渐走出一条科技与金融相结合的路子。1984 年 2 月，中国人民银行襄樊市分行应邀赴京参加全国经济工作会议，并以《发挥信贷杠杆作用，促进科学技术发展，支持企业技术进步》为题作书面发言，同年 6 月，到无锡参加全国技术改造信贷、信托会议，并作书面发言。1980 年以来，恢复和发展保险业务，发挥社会补偿功能。1993 年 6 月，国务院颁布《关于中国人民银行专门行使中央银行职能的决定》，行使中央银行职能的人民银行襄樊市分行负责领导、管理、协调、监督和稽核襄樊市金融业，襄樊金融发展进入一个相对快速的时期。到 1992 年底，全市银行各项存款余额达到 55.6 亿元；城镇储蓄存款余额达到 31.8 亿元：各项贷款余额达到 104 亿元。

1993 年 12 月 25 日，国务院《关于金融体制改革的决定》，把我国经济体制和金融体制改革的目标明确制定出来，金融机构的经营方式由社会主义计划经济逐步转移到社会主义市场经济上来。这一阶段，全市金融业务取得了长足发展。截至 2005 年底，全市金融机构各项存款余额 559.76 亿元，比 1978 年增长 183.13 倍，各项贷款余额 259.66 亿元，比 1978 年增长 28.85 倍，信贷结构得到明显调整。辖内金融秩序稳定，金融风险逐步得到防范和化解。

2003 年 12 月，根据总行、武汉分行银监分设的统一要求，襄樊中支的金融管理科、农村合作金融管理科、其他纪委监察室划至襄樊市银行业监督管理分局，人民银行进入单独履行央行职能新时期。各商业银行和非银行金融机构纷纷实行股份制企业改革，为上市做准备。2005 年 10 月建设银行成功上市，此后中国银行、工商银行先后上市，邮政储蓄银行从邮政系统分离，证券、保险行业机构也陆续上市。这些单位的成功上市使襄樊各金融机构完全走上了股份制企业发展的道路，金融发展进入了与全球化同步的快车道。到 2005 年，金融机构存款余额、贷款余额为 559.76 亿元、259.66 亿元和 0.12 亿元，比年初分别增长 14.52%、10.92%，襄樊市存贷款增长连续多年排在湖北省各市州前两名的位次。

一、金融机构

(一)银行及监管机构

1.中国人民银行襄樊市中心支行

l978年以来,襄樊市金融事业开始步入蓬勃发展的新时期。作为中央银行分支机构的中国人民银行襄樊市中心支行相伴而生。1983年以前,中国人民银行既是国家金融管理机关,又承办对工商企业和居民的存、贷、汇等具体业务。1984年以后,中国人民银行专门行使中央银行职能,同时也承担对金融机构发放短期贷款、办理缴存款、对老少边穷地区发放专项贷款等具体任务。1995年以来,随着《中华人民共和国中国人民银行法》的颁布实施,基层人民银行经过整顿和职能转换的探索,人民银行的中央银行职能得到明显加强,开始向真正的中央银行转变,迈入依法监管和贯彻货币政策并重的时期。2004年,人民银行与银监会分社,人民银行进入单独执行央行职能的新时期。

(1)改革开放初期的人民银行:l978年末,全市仅有金融机构300余个,人员不足2000人,存款余额3.04亿元,贷款余额8.7亿元。1978年以后,金融机构设置不仅改变了人民银行"一统天下"的局面,而且改变了单一的国家银行体制,先后于l979年11月恢复农业银行,1980年3月成立保险公司,1982年4月设立中国银行,1984年9月设立工商银行。同时提高筹资水平,通过合理增设网点、灵活筹资方式,改善服务质量,使信贷资金来源不断扩大。1980年以来,恢复和发展保险业务,发挥社会补偿功能.通过深化保险改革,开拓业务,增加险种,改善服务,业务得到迅速发展。

(2)专门行使中央银行职能的人民银行:1984年10月,中国人民银行襄樊市分行应运而生。行使中央银行职能的人民银行襄樊市分行负责领导、管理、协调、监督和稽核襄樊市金融业,从过去集管理和经营于一身,既是对金融进行行政管理的国家机关、又是从事货币和信贷业务的经济组织这种双重职能,转变到单一性的管理金融事业的国家机关、主要从事宏观管理和宏观调控的职能上来,至此,人民银行进入了前所未有的发展阶段。在这一阶段里,人民银行襄樊市分行以强化金融宏观调控为目标,积极履行中央银行职能:以支持地方经济发展为己任,做好资金筹措和运用工作;以监督管理为重点,维护辖区金融秩序的稳定;以拓展业务领域为核心,推动金融改革进程;以调研信息和宣传报道为手段,推动金融工作的健康发展。到1992年底,全市银行各项存款余额达到55.6亿元,比1978年增加52.6亿元,增长17.3倍,年递增23.01%;城镇储蓄存款余额达到31.8亿元,比1978年增加31.3亿元,增长67.7倍,年递增35.3%;百元信贷资金自给率由1978年的34.39元提高到5345元,上升1852元:各项贷款余额达到104亿元,比1978年增加95.3亿元,翻了三番多。在积极履行基层中央银行职能的同时,1985年以来,人行襄樊市分行试办短期贷款和再贷款,充分发挥启动、润滑、调剂的作用,为全市农副产品收购、老少边穷脱贫和缓解商业银行"头寸"不足作出了重要贡献。

(3)监管和货币政策并重的人民银行:1993年7月开始至年底,根据国务院和人行总行的统一部署,人行襄樊市分行在辖内开展整顿金融秩序的工作。1994年,市分行对过去经办的短贷、专项贷款向上级行逐级进行了划转。1995年3月,《中华人民共和国中国人民银行法》颁布实施后,人民银行监管走向法制化、规范化的轨道。1996年底,全市农村信用社与农行脱离行政隶属关系。1997年7月,纳入人民银行直接监管。1997年11月全国金融工作会议后,市分行开始向一心一意抓监管、依法监管保平安转变。1998年底,全市人民银行与所办实体脱钩。1999年1月1日起,中国人民银行襄樊市分行更名为中国人民银行襄樊市中心支行,国家外汇管理局襄樊市分局同时更名为国家外汇管理局襄樊市支局,同时。成立了中国人民银行襄樊市中心支行党委、纪委,接受武汉分行、武汉分行党委的垂直领导。截至 2005 年底，全市金融机构各项存款余额 559.76 亿元，比 1978 年增长 183.13 倍，各项贷款余额 259.66 亿元，比 1978 年增长 28.85 倍，信贷结构得到明显调整。辖内金融秩序稳定，金融风险逐步得到防范和化解。

(4)单独履行央行职能的人民银行：2003 年 12 月，根据总行、武汉分行银监分设的统一要求，襄樊中支的金融管理科、农村合作金融管理科、其他纪委监察室划至襄樊市银行业监督管理分局，人民银行进入单独履行央行职能新时期。2004 年 7 月，襄樊中支进行“三定”工作。对内设机构进行调整整合，新设立机构有：办公室、人事科、宣传群工部、内审科、外管科、货币信贷管理科、调查统计科、会计科、事后监督中心、国库科、保卫科、科技科、货币金银科、纪委监察室、后勤服务中心、营业室 16 个科室。2005 年以来，中支围绕经济金融运行中的热点、难点问题深入调查研究，推动建立了以政府主导、部门配合、各方参与的金融生态建设体系，为金融支持地方经济发展搭建了舞台，优化了环境。到 2005 年，襄樊市信贷增长连续多年排在湖北省各市州前两名的位次，截至当年末，金融机构存款余额、贷款余额为 559.76 亿元、259.66 亿元，比年初分别增长 14.52%、10.92%。

中国人民银行襄樊市中心支行领导干部情况

表 8—1

机构名称(起止年月)	姓名	职务	任职时间(年月)
襄阳地区中心支行 1979 年 7 月建立党组	褚国祥	行长	1976.10—1979.07
		书记	1979.07—1979.08
	田锦成	行长	1981.01—1984.01
		书记	1981.01—1983.10
	程岑川	副行长	1976.10—1980.03
		副书记	1979.07—1980.03
	谭文福杨期友	副行长	1976.10—1979.12
		副行长	1977.10—1979.12
	田锦成	副行长	1979.12—1981.01
		副书记	1980.05—1981.01
	龙永才	副行长	1979.12—1984.01
		副书记	1981.01—1983.10
	王世忠	副行长	1980.11—1984.01
		副书记	1981.01—1983.10
	党政民	副行长	1981.02—1984.01
襄樊市分行 1979 年 6 月，市支行党总支改建为党委	赵友志	行长、书记	1979.06—1984.01
	吴开勤(女)	副行长、副书记	1979.06—1984.01
	刘有成	副行长	1979.06—1983.12
	钟烈伯	副书记	1979.06—1984.01
	赵有志	行长、副书记	1984.01—1984.09
	田锦成	行长	1984.09—1991.05
		副书记	1984.01—1991.05
	支德勤	行长、书记	1991.05—1994.09
	周富贵	行长、书记	1994.09—2004.02
	王安明	行长、书记	2004.02—2005.12

续表

机构名称(起止年月)	姓名	职务	任职时间(年月)
襄樊市中心支行 1984 年 1 月成立党委 1998 年 9 月纪检组改为纪委	吴开勤(女)	副行长	1984.01—1984.09
	龙永才	副行长	1984.01—1990.11
	程宝仪	副行长	1984.01—1984.09
	刘有成	副行长	1984.03—1984.09
	支德勤	副行长	1984.09—1991.05
		副书记	1986.01—1991.05
	周富贵	副行长	1986.01—1994.09
	王世忠	副行长	1987.04—1999.05
	鲁钧纪	副行长	1990.09—1997.04
	邓万廷	副行长	1991.05—2002.09
	王安明	副行长	1994.11—2001.09
	朱和平	副行长	1997.05—2003.12

2.农业发展银行襄樊市分行

1993 年 12 月 25 日,国务院下发《关于金融体制改革的决定》,要求组建中国农业发展银行。主要精神是把农业银行等国有商业银行承担的政策性业务分离出来,实现政策性与商业性金融分离,以解决国有专业银行身兼数职的问题。1994 年 4 月 19 日,国务院下发《关于组建中国农业发展银行的通知》,决定组建中国农业发展银行(以下简称农发行或农发总行)。同时,批准《农发行的组建方案》和《农发行章程》。明确规定:农发行是直属国务院领导的农业政策性金融机构。其主要任务是:按照国家的法律、法规和方针、政策,以国家信用为基础,筹集农业政策性信贷资金,承担国家规定的农业政策性金融业务,代理财政性支农资金的拨付,为农业和农村经济服务。农发行为独立法人,实行独立核算,自主、保本经营,企业化管理,在业务上接受中国人民银行的指导和监督。1994 年 11 月 18 日,中国农业发展银行在北京正式成立。

根据国务院《关于组建农发行的通知》要求,农行、工行、建行等国有专业银行所承担的农业政策性金融业务于 1994 年 6 月 30 日全部划转到农发行,在农发行分支机构未组建以前由农行代理经营和管理。为全面履行代理职能,农行襄樊市分行于 1994 年 7 月成立了代理农发行业务办,配备专职代理人员 3 人,与商业信贷科合署办公,代理襄樊市辖区农发行业务的经营和管理;1995 年 7 月农行襄樊市分行根据省农行、省农发行联合印发的《农发行委托农行代理业务协议书实施办法》要求,经市农行研究决定,在原商业信贷科的基础上设立了代理农发行业务科,配备专职代理人员 5 人,办公地点设在农行襄樊中专学校干训楼,由易祖海负责代理业务科全面工作,市分行副行长贾荣慧分管。代理业务科主要职能是代理襄樊市辖区农发行业务的经营和管理。包括:农副产品收购资金的筹措、发放、收回和监管;粮棉油加工贷款和农业综合开发等专项贷款项目的调查评审、申报、贷款发放、收回和监管。资金请调划拨、会计结算、数字统计上报等。1996 年 5 月,农行襄樊市分行决定,将辖属襄城支行、樊东支行、樊西支行和市分行营业部 4 个支行(部)所代理的农发行业务全部集中划到市分行代理业务科管理,并在原代理业务科的基础上成立了代理农发行业务部,人员由 5 人增加到 15 人,办公地点迁至襄城北街,职能由单一管理型变为经营管理型,由张成国负责代理业务部全面工作,市分行副行长姚世文分管。直至 1996 年 11 月 18 日农发行襄樊市分行正式挂牌对外营业,代理业务部自然撤销,所有代理人员随业务划转全部分配到农发行襄樊市分行工作。

1996 年 10 月 8 日，湖北省农村金融体制改革领导小组《关于下达全省农发行增设分支机构人员编制计划的通知》，明确湖北省农发行在襄樊市设立 9 家分支机构、核定编制 193 人。即：农发行襄樊市分行机关 25 人、市分行营业部 15 人、襄阳县支行 25 人、枣阳市支行 25 人、宜城市支行 25 人、南漳县支行 20 人、谷城县支行 20 人、保康县支行 18 人、老河口市支行 20 人。同时，农发行湖北省分行确定姚世文、贾荣慧为农发行襄樊市分行行级领导。

1996 年 11 月 18 日农发行襄樊市分行成立，并召开新闻发布会，宣布农发行襄樊市分行正式挂牌对外营业。办公地址设在襄城区胜利街 176 号(农行襄樊中专学校院内)。1996 年 12 月至 1997 年 1 月，农发行襄樊市分行所辖 7 个县(市)支行，即襄阳县支行、枣阳市支行、宜城市支行、南漳县支行、谷城县支行、保康县支行、老河口市支行先后正式成立。

1996 年 8 月，国务院农村金融体制改革部际协调小组关于《农发行增设分支机构实施方案》，明确地(市)级分行的主要职责是：对所辖县(市)支行和派驻贫困县的信贷组进行管理，所辖营业部具体经办所在市区的农业政策性金融业务。

2001 年 5 月，根据农发总行《关于调整省级分行内部机构、人员编制和开展地(市)分行“三定”工作的意见》(“三定”即定机构职能、定内设机构、定干部职数和人员编制)，明确市(州)分行的职能是：认真贯彻党和国家政策性金融方针政策和粮棉油购销政策，支持国有粮食购销企业、供销社棉花企业及国务院确定的其他企业，按国家政策规定收购粮棉油所需资金的供应和管理；贯彻落实总行、省分行制定的工作方针、政策，并结合实际制定本级行的实施意见和具体工作计划；负责管理本级行的资产与负债；负责辖区内机构、人事、劳动工资的管理和电子化建设；负责辖区各级机构经营活动的监督、检查、稽核，维护农发行的合法权益；加强地方党政有关部门的联系，协调好当地有关金融机构的关系，做好农发行的收购资金封闭运行工作；负责所属机构党的组织建设和党员管理工作；办理总行、省分行交办的其他事项。

中国农业发展银行襄樊市分行领导班子情况

表 8—2

机构名称(起止年月)	姓名	职务	任职时间(年月)
农业发展银行襄樊市分行 1996 年 10 月成立	姚世文	行长、书记	1996.10—2001.07
	李国虎	行长、书记	2001.08—2003.08
	贾荣慧	行长、书记	2004.09—2005.12
	贾荣慧	副行长	1996.10—2000.08
	石襄燕(女)	副行长	1997.04—2001.12
	张成国	副行长	2001.05—2005.12
	徐明刚	副行长、副书记	2002.03—2004.08
	蒋国财	副行长	2004.04—2005.12

3.中国工商银行襄樊市分行

为适应经济体制改革和经济发展的需要，1983 年 9 月，中国人民银行专门行使中央银行职能。1984 年 1 月，中国工商银行正式成立，标志着中国开始有了真正意义上的中央银行体制，金融业在组织体系上实现了政企分离。工商银行襄樊分行正是在这一背景下应运而生的。

(1)中国工商银行襄樊分行的成立

1984年1月初,根据国务院《关于中国人民银行专门行使中央银行职能的决定》精神,工商银行襄樊市支行挂牌成立,与人民银行襄樊市支行"实行一套机构、两块牌子,计划、资金、账务三分开"的过渡办法。1984年10月8日,工商银行襄樊市支行正式从人民银行襄樊市分行分设成立,是隶属于工商银行湖北省分行的处级分支机构,办公地址在襄樊市丹江路28号。

工商银行襄樊市支行成立后,先后于1985年2月9日更名为中国工商银行襄樊市中心支行;于1992年10月13日更名为中国工商银行襄樊市分行;2005年10月中国工商银行股份有限公司成立后,又更名为中国工商银行股份有限公司襄樊分行。

1994年2月,襄樊工行办公地址迁至襄樊市前进路69号。襄樊工行成立之初,在体制上属于国家专业银行,在业务上主要承接原由人民银行办理的工商信贷和储蓄业务。其基本任务是通过开展融资业务,筹集社会资金,加强信贷资金管理,支持工业生产发展和商品流通,促进企业技术改革和技术进步,为襄樊经济建设服务。主要业务范围是:大力发展城镇储蓄业务,积极组织国营工商企业和机关、团体、学校等单位存款;统一管理国营工商企业流动资金,办理国营工商企业、城镇集体企业和个体工商业以及文化、教育、卫生、旅游、服务等行业的流动资金贷款;管理工商企业和有关企业主管部门用于技术改造的各种基金,办理一般技术改造贷款和科技贷款;开展委托、代理、租赁、票据贴现、咨询等信托业务;办理各项结算业务;开展经济调查和经济信息工作。

1994年后随着国家专业银行向商业银行的转变及工总行统一法人体制的建立,襄樊工行的职能也发生变化,主要在工总行授权范围内开展业务,经营范围包括办理人民币存款、贷款、结算业务;代理发行金融债券;代理发行、代理兑付、销售政府债券;买卖政府债券;代理收付款项及代理保险业务;办理外汇存、贷款,外汇汇款,外币兑换,国际结算,结汇售汇,资信调查、咨询、见证业务;工总行在中国人民银行批准业务范围内授权的业务;经银行业监管部门批准的其他金融业务。

(2)分支机构扩增与调整

襄樊工行成立时,人员、机构、业务等几乎都是从市人民银行直接划转过来的,下辖10个支行(含城区办事处、直管营业部),112个营业网点,从业人员1686人,代管老河口支行、随州支行。在分支机构和管理体系上,是一个由中心支行、县支行(城区办事处、直辖营业部)、分理处、储蓄所组成的,按行政区划划定边缘的垂直组织机构系统。成立之后,随着襄樊经济的持续快速发展及其对银行服务需求的提高,襄樊工行的业务范围迅速扩展,业务规模快速增长,营业机构迅速扩增,从业人员大量增加。至1993年底襄樊工行机构总数达到380个,其中支行15个,分理处及储蓄所365个,机构数量扩增1倍多,从业人员2840人,形成了遍布全市城镇的经营网络,机构及人员增长速度和数量达到历史高峰。

1994年以后,为顺应工商银行由国家专业银行向商业银行转变的要求,襄樊工行机构建设开始由总量扩张转向压缩调整,从提高效益出发,以精简为主旨,采取"撤、并、迁、升"的方式,对机构布局和人员规模实施了大刀阔斧地改革。按照省分行"经营要素精,业务发展兴"的要求,襄樊工行开始对县级支行进行大规模的调整和撤并。2004年后,随着工商银行股份制改造步伐的加快,襄樊工行机构调整的重点由撤并机构转向优化网点布局。通过对组织机构的持续调整、改革、精简和优化,襄樊工行机构规模出现大幅理性回落,机构布局得到优化。至2008年底,襄樊工行所辖机构总数为57个,比1993年减少近85%,从业人员1557人,比1993年减少近45%。

中国工商银行襄樊市分行领导干部情况

表 8—3

机构名称（起止年月）	姓名	职务	任职时间（年月）
中国工商银行襄樊市分行 1984年10月8日成立工商银行襄樊市中心支行，同时成立党委。1992年10月更名为工商银行襄樊市分行	赵有志	行长、书记	1984.09—1993.02
	程葆仪	行长、书记	1993.03—1996.03
	彭正江	行长、书记	1996.03—2000.02
	胡继安	行长、书记	2000.02—2002.07
	雷鸣	行长、书记	2002.07—2005.12
	吴开勤（女）	副行长	1984.09—1993.04
		副书记	1984.09—1992.04
	郑春棠	副行长	1984.09—1992.04
	程葆仪	副行长、副书记	1984.09—1993.03
	刘有成	副行长	1984.09—2000.08
	彭正江	副行长	1992.04—1996.03
	余润芝	副行长	1992.04—1999.09
	班建伟	副行长	1992.04—2002.07
		副书记	1999.12—2000.02
	习道清	副行长	1993.07—1999.12
	周红英	副行长	1999.12—2004.02
	李述伟	副行长	2002.02—2005.12
	何峰	副行长	2002.04—2003.12
	郑春棠	纪委书记	1984.01—1992.04
	班建伟	纪委书记	1992.05—1993.07
	余子惠	纪委书记	1993.07—1995.12
	付化南	纪委书记	1995.12—2005.12
	宋鹤霖	工会主席	1993.07—1999.12
	习道清	工会主席	1999.12—2005.12
	严广熙	总稽核	1993.07—1996.12
	周兴国	总稽核	1997.01—1999.12

4.中国农业银行襄樊市分行

1979 年 11 月 1 日，按照国务院《关于恢复中国农业银行的通知》和襄阳地区行政公署《关于恢复中国农业银行襄阳地区中心支行的通知》精神，中国农业银行襄阳地区中心支行正式恢复成立，行址设在襄樊市襄城新街 4 号，1980 年，迁址襄城小井巷 20 号。1980 年 3 月，经中共襄阳地委批准，成立中共中国农业银行襄阳地区中心支行支部委员会，同年 12 月成立党组，隶属中共襄阳地委领导。1980 年底，全行共有襄阳、枣阳、宜城、南漳、谷城、保康、随县、光化 8 个县支行，127 个营业所，干部职工

2052人,中心支行机关内设8个科室。1983年8月,襄阳地区和襄樊市合并,实行以市管县体制,同年12月,中国农业银行襄阳地区中心支行和中国农业银行襄樊市支行合并办公,全称为中国农业银行襄樊市中心支行。1984年,经中共襄樊市委批准,成立了中共中国农业银行襄樊市中心支行委员会,党的工作隶属襄樊市委和省分行党组双重领导。1992年11月9日,中国农业银行襄樊市中心支行改称中国农业银行襄樊市分行。1995年初,市分行机关本着高效、精干的机关运作体系和人员充实到直属经营单位、机关内部岗位轮换的原则,采取职工填报志愿、行党委研究决定的方法进行改革。通过改革,市分行机关科室由19个减少到15个,下辖12个县(市)支行和5个直属单位。1998年初,市分行按照"理顺秩序、强化管理、精简机构、整体推进、提高效益"的原则,对城区支行和市分行直属单位进行全面整合,襄樊市区重新合并组建为"三行三办一部"。通过整合,城区支行级机构由原来的11个减少到6个。2000年,市分行在全辖内实施撤并低效网点、分流富余人员改革,全行共撤并低效网点102个,分流富余人员近千人。2004年3月,根据城区机构扁平化改革要求,市分行对襄樊市区的8个分理处实行扁平化直接管理,即南街分理处、金穗分理处、檀溪分理处、松鹤分理处、丹江路分理处、风华分理处、建设路分理处、银海支行。

中国农业银行襄樊市分行领导干部情况

表8—4

机构名称(起止年月)	姓名	职务	任职时间(年月)
襄阳地区中心支行 1979年10月,农业银行业务由人民银行分出,成立襄阳地区中心支行	杨期友	行长	1980.12—1984.01
		书记	1980.12—1983.10
	杨期友	副行长	1979.12—1980.12
	谭文福	副行长	1979.12—1984.01
		副书记	1980.12—1983.10
	张诚	副行长	1980.12—1984.01
		副书记	1980.12—1983.10
	赵诗明	副行长	1980.12—1984.01
襄樊市中心支行1979年12月设立	王天福	行长	1980.01—1984.01
		书记	1981.09—1984.01
	褚国权	副行长	1981.04—1984.01
	余有伦	副行长	1982.05—1984.01
	杨期友	行长、书记	1984.01—1991.07
	郑亮远	行长	1991.11—1996.12
		书记	1993.11—1998.01
	王本国	行长	1996.12—2001.02
		书记	1998.01—2001.02
	王修常	行长	2001.04—2005.12
		书记	2001.02—2005.12
	王天福	副行长、副书记	1984.01—1987.11
	赵诗明	副行长	1984.01—1991.01
		副书记	1987.12—1991.11
	郑亮远	副行长	1984.01—1991.11
		副书记	1988.11—1991.11

续表

机构名称(起止年月)	姓名	职务	任职时间(年月)
襄樊市分行1983年12月，地、市农业银行合并后重新任命了行长、副行长。1984年1月建立党委。1992年11月改称为农业银行襄樊市分行	姚世文	副行长	1985.02—未到职，1987.11—1996.10
		副书记	1992.11—1996.10
	姚光存	副行长	1991.01—1996.05
		副书记	1991.11—1992.03
	许池顺	副行长	1987.11—1992.11
	彭国祥	副行长	1992.11—1993.07
	骆永吉	副行长	1992.11—1996.12
	贾荣慧	副行长	1993.04—1996.10
	康士昌	副行长	1994.04—2002.03
		副书记	1999.01—2001.02
	王本国	副行长	1996.05—1996.12
		副书记	1996.12—1998.01
	伍华农	副行长	1996.12—2005.12
		副书记	2002.05—2005.12
	张志军	副行长	1996.12—2004.07
	周亮	副行长	1998.03—2001.01
	刘红东	副行长	2000.03—2004.08
	艾毓斌	副行长	2002.08—2003.01
	李建华	副行长	2004.07—2005.12
	罗天玉	纪委副书记	1986.10—1987.11
		纪委书记	1991.11—1999.12
	赵诗明	纪委书记(兼)	1987.11—1991.01
	刘雪苗	纪委书记	1999.12—2005.11
	彭国祥	工会主任	1987.11—1992.11
	陈治友	工会主任	1992.11—1996.12
	张志军	工会主任	1996.12 1999.12
			1999.12—2002.09(兼)
	伍华农	工会主任(兼)	2002.09—2005.12
	骆永吉	总稽核	1991.01—1992.11
	夏仁起	总稽核	1992.11—2000.03

5.中国银行襄樊市分行

中国银行股份有限公司襄樊分行(以下简称“中国银行襄樊分行”)是中国银行股份有限公司湖北省分行下属的二级分行。1982年成立之初为中国银行襄樊支行，是国家外汇、外贸专业银行，主要任务是根据国家金融方针、政策，按照《中国银行章程》，经营一切外汇业务和有关的人民币业务，支持襄樊地区外向型经济发展。1992年9月更名为“中国银行襄樊分行”，为国有独资商业银行，全面参与开放的银行业竞争。2004年8月，中国银行整体改制为国家控股的股份制商业银行。

1981年10月8日，中国银行总行下达《关于成立黄石、沙市、襄樊、宜昌四个支行的批复》，同年11月1日和12月4日，湖北省、襄樊市人民政府分别下发《通知》，成立中国银行襄樊支行。1981年

12 月 25 日，中共襄樊市人民政府任命闫洪章为中国银行襄樊支行副行长 、党支部副书记。1982 年 4 月 1 日，历时半年的筹建，中国银行襄樊支行正式成立。根据国家规定，中国银行是国家外汇外贸专业银行，其职责和业务范围是：负责统一经营国家外汇资金，统一办理国家外汇收支；经营一切外汇业务及有关的人民币业务。

按照当时的计划管理体制和银行领导体制，襄樊支行除行使外贸外汇专业银行职能外，还具有外汇管理等央行职能。1985 年，国家成立外汇管理局，隶属人民银行，外汇管理职能才从中国银行剥离。

中国银行襄樊支行成立之初，除办理襄樊地区的业务外，同时兼顾十堰地区的相关业务。1983 年 1 月 20 日，襄樊支行由襄樊饭店迁至襄樊长征路 120 号，成立了会计出纳科、信贷科和办公室等三个内设部室。1984 年 2 月，中共襄樊市委组织部下文，批准中国银行襄樊支行机关设人秘科(11 月改称办公室)、信贷科、财会科。1986 年 11 月，中国银行汉口分行党组行文，同意建立中共中国银行襄樊支行党组，任命闫洪章为党组书记，胡继华、李同旺为党组成员。截至 1986 年底，支行内设二科一室，共有干部职工 24 人，共中党员 10 人，团员 11 人。1987 年 6 月和 7 月，中国银行总行分别以文件批复：成立中国银行随州支行、中国银行老河口支行、中国银行樊西办事处为县级支行，隶属中国银行襄樊支行领导。到年底，支行内设二科一室，下辖三个县(市)组支行、办事处，共有干部职工 84 人，其中：党员 43 人，团员 41 人。1988 年 6 月和 7 月，枣阳、南漳支行成立，谷城、保康、宜城成立了办事处。l989 年，根据业务发展需要，谷城、宜城、保康三个办事处改称支行。1992 年又先后成立了襄樊汽车产业技术术开发区支行和襄阳支行。截至 1988 年底，襄樊支行内设七科一室，下辖 9 个县(市)级支行、办事处，共有干部 328 人。其中：党员 120 人，团员 206 人。1989 年 5 月 1 日，樊东办事处、营业部成立。支行机关从长征路 120 号迁到长虹路中段。年底，支行内设 9 科 1 室，下辖 11 个县(市)支行、办事处，共有干部职工 343 人。其中：党员 125 人，团员 210 人。1992 年 10 月 28 日，中国银行襄樊支行更名为中国银行襄樊分行，同时，中国银行襄樊分行经济民警中队、国家外汇管理局境内居民外汇调剂代办处也正式成立。截至年底，分行内设 10 科 2 室(办公室、政治办、人事科、信贷科、信托部、计划科、存汇科、会计科、国际结算科、稽核科和保卫科)，下辖 13 个县(市)级支行(部)，共有干部职工 684 人，其中：党员 127 人，团员 229 人。机构分别是：随州、老河口、枣阳、南漳、谷城、宜城、保康、汽车产业技术开发区和襄阳共 9 个支行，1 个支行营业部及樊东、樊西和襄城 3 个办事处。1996 年 11 月，省分行下文，原任党组书记、行长闫洪章退休。同时任命胡继华为行长，任命胡继华为党组书记，马东山、李同旺任党组成员、副行长；任命任爱琼为中国银行襄樊分行工会工作委员会主席。当年底，分行内设 10 科 2 室，下辖 13 个县(市)级支行(部)，共有干部职工 736 人，其中：党员 218 人，团员 284 人。其间，机构几增几合，到 1998 年底，分行内设 16 个科(室)，下辖 12 个县(市)级支行(部)，共有干部职工 736 人，其中：党员 230 人，团员 286 人。内设机构有：办公室、监察室、政治办、工会办、人事科、稽核科、行政科、保卫科、电脑科、信贷科、计划科、存汇科、会计科、国际结算科、信用卡部、票据中心。下属机构有襄阳、枣阳、宜城、南漳、保康、谷城、营业部、樊东、樊西、襄城、开发区和火电厂等支行。2000 年，省分行下文撤销保康支行及所辖中心储蓄所；撤销南漳支行。截至年底，分行机关内部机构已改革完毕。分行内设 9 部 3 室，下辖 12 个县(市)支行(部)，共有干部职工 893 人，其中正式工 776 人，临时工 51 人，代办员 66 人，党员 282 人，团员 249 人。截至年底，分行本部内设 13 个部室，下辖 11 个县支行部，共有干部职工 733 人，其中：正式工 617 人，临时工 47 人，代办员 69 人。内设机构有：行长办公室、监察室、工会办、人事教育部、计划财务部、业务发展一部、业务发展二部、风险部、保全部、国际业务部、电脑部、票据中心、物业中心、保卫部。下属机构为：老河口、枣阳、宜城、谷城、营业部、樊东、樊西、襄城、高新、火电厂和开发区等支行。2004 年 8 月，中国银行改制为股份制有限公司，2005 年 3 月 18 日，中国银行襄樊支行襄樊分行更名为中国银行股份有限公司襄樊市分行。

中国银行襄樊市分行领导干部情况

表 8—5

机构名称(起止年月)	姓名	职务	任职时间(年月)
襄樊支行 1981 年 12 月设立。1986 年建立党组。1992 年 9 月中国银行襄樊支行更名为中国银行襄樊分行。1998 年 12 月设立党委。1999 年 12 月成立中国银行襄樊市分行纪律检查委员会	无正职	行长	1981.12—1984.11
	闫洪章	行长	1984.11—1996.11
		书记	1986.11—1996.11
	胡继华(女)	行长、书记	1996.11—2002.12
	王占一	行长、书记	2004.07—2004.12
	闫洪章	副行长	1981.12—1984.11
	胡继华(女)	副行长	1984.09—1996.11
	马东山	副行长	1992.09—1998.08
	李同旺	副行长	1993.05—2002.12
	任爱琼(女)	副行长	1993.05—1996.11
	段琦	副行长	1998.12—2000.06
	王占一	副行长	2000.08—2004.07
		副书记	2003.01—2004.07
	严林	副行长	2003.01—2004.12
	何践波	副行长	2003.01—2004.12
	姚雯	副行长	2003.01—2004.12
	任爱琼(女)	工会主任	1996.11—2003.08
	周柱成	纪检书记	2000.10—2002.06
	李同旺	纪检书记	2003.01—2004.12

6.中国建设银行襄樊市分行

(1)分行机构发展沿革

1979 年 7 月，襄阳地区行政地、市分设，地、市纳入省辖平级管理，地、市建设银行也按行政区划平级分设，分别设立中国人民建设银行襄阳地区中心支行和中国人民建设银行襄樊市支行，行政隶属关系上分别归地、市管理，业务上均受省分行直接领导。地、市行分设后，根据襄阳地委关于地直县团级单位设立党组的要求，地区中心支行党的组织由支部改为党组，地区中心支行内设科室有办公室、人事科、建筑经济科、技措贷款科、拨款科、会计科、营业部“五科一室一部”。1979 年 12 月 29 日，襄阳地区中心支行设立营业部；1981 年 8 月，襄樊市建行恢复工会组织，成立了工会基层委员会。1983 年 12 月，襄阳地区与襄樊市合并为襄樊市，实行以市带县的管理新体制。同年 12 月 14 日，襄樊市建行地、市两行合并重组，更名为中国人民建设银行襄樊市中心支行，办公地点设在樊城长征路 117 号。1984 年 2 月，襄樊市建行内部机构设置为一室七科，即：即办公室、人事教育科、财务会计科、中央拨款贷款科、地方拨款贷款科、更改措施贷款科、统计调研科、建筑经济科。同年 8 月，根据省委组织部和省建行《关于湖北省建设银行干部实行系统管理》的通知要求，襄樊市建行纳入系统垂直管理，襄樊市中心支行党组成员、正副行长人事任免纳入省建行系统直接管理，市中心支行机关正、副科长、各县市支行党组成员、正副行长的人事任免纳入市中心支行直接管理，各支行干部职工统一由市中心支行调配使用。1985 年 8 月，襄樊市建行共青团支部委员会更名为共青团总支委员会，管辖中心支行机关及襄城、樊城、张湾支行四个团支部。各县市支行共青团的工作，仍以当地团组织管理为主。同年

9月成立襄樊市建行工会工作委员会,辖襄城、樊城、张湾支行和中支机关四个基层委员会。同年11月,增设信贷计划科,1987年4月增设稽核审计科、筹资储蓄科、保卫科。1988年3月,增设中国人民建设银行襄樊市中心支行房地产信贷部。同年4月11日,湖北省建行在襄樊市建行设立中国人民建设银行湖北省分行国际业务部襄樊代理处。同年4月15日,襄樊市中心支行设立中国人民建设银行湖北省信托投资公司襄樊市代理部,其业务受湖北省建行信托投资公司领导和管理,实行统一核算,统一纳入信贷计划。1991年2月,襄樊市建行成立职工教育函授站(中共建设银行襄樊市中心支行党校),下设股级函授科、培训科和综合科。同年10月,襄樊市建行成立国际业务部,撤销中国人民建设银行湖北省分行国际业务部襄樊代理处。其职责是经营外汇存款、外汇放款、外汇汇款,国际结算、征信调查、查询签证及配套人民币业务,开展招商引资工作。同时,撤销调研科,设立项目评估科和工商信贷科。同年12月15日,成立襄樊市建行思想政治工作办公室,负责综合、协调全行政工部门工作。1992年8月,襄樊市建行基建拨贷科与技措贷款科合并,设立投资信贷科,主要经办基本建设投资拨贷款业务和更新改造投资信贷业务。同年10月,中国人民建设银行襄樊市中心支行更名为中国人民建设银行襄樊市分行。襄樊市建行内设科(室、部)有:工会、办公室、监察室、人事科(职称改革工作办公室)、计划科、会计科、投资信贷科、建筑经济科、筹资储蓄科、工商信贷科、项目评估科、稽核审计科、电脑科、教育科、思想政治工作办公室、保卫科、行政管理科、营业部、国际业务部、房地产信贷部、证券交易部、信托投资公司。1993年3月,襄樊市建行国际业务部、房地产信贷部、营业部、信托投资公司从市分行机关分设出去,成为独立的经济实体,实行单独下任务,单独进行核算考核。同年3月10日,襄樊市建行成立贷款清理总公司,1995年9月撤销。同年3月20日,襄樊市建行成立资产风险管理委员会,将资产风险管理纳入议事日程,摸索和建立风险管理制度,在全行初步形成了风险管理框架。同年7月2日,襄樊市建行在内部设立工程经济咨询公司。同年8月8日,湖北省建设银行信托投资公司襄樊证券交易营业部成立。1994年3月,襄樊市建行成立中国人民建设银行襄樊市分行工会委员会和首届职工代表大会委员会。同年4月27日,襄樊市建行各县市内部机构名称由“股”改为“科”,名称更改后,其内设机构统一报市分行人事科审批。同年9月,襄樊市建行成立信用卡业务部。同年12月23日,根据省建行批复,从1995年1月1日起,建设银行随州市支行由省分行直接管理。1996年3月26日,中国人民建设银行更名为中国建设银行,并全面导入CIS,原行徽更改为方圆形蓝色标志。中国人民建设银行襄樊市分行更名为中国建设银行襄樊市分行。同月,襄樊市建行设置委托代理科,撤销襄樊市建行建筑经济科,原建经科业务交委代科办理。同年6月24日,襄樊市建行电脑科更名为科技科、房地产信贷部更名为房地产信贷科、信用卡部更名为信用卡科、国际业务部更名为国际业务科、筹资储蓄科更名为零售业务科。1998年6月,襄樊市建行改革财务和会计管理体制,重新界定了两者的管理职能。并于5月份增设会计核算中心、会计稽核中心和资金清算中心3个内部机构,3个中心为副科级管理部门,隶属于会计科管理。同年10月,中国建设银行党的组织建设纳入系统垂直管理,襄樊市建行成立中国建设银行襄樊市分行党委,中国建设银行襄樊市分行纪律检查委员会。同年11月2日,襄樊市分行设立党委办公室、组织部、宣传与群工部等党委工作部门。同年12月30日,建设银行各县(市)支行党组统一改为支部委员会,其组织关系转为系统内管理。1999年3月,工程审价咨询业务纳入市分行集中经营。市分行成立咨询部,采取公开竞聘的方式,公开选拔咨询技术人员充实到咨询部。同年4月28日,襄樊市建行设立中国建设银行襄樊市分行培训中心。同年4月,襄樊市建行实行三权分离的信贷体制改革,增设风险管理委员会,撤销信贷管理科、项目评估科,成立信贷风险管理科、信贷经营管理科及专职的信贷管理委员会办公室,在此基础上实行信贷经营、审批、监督三权分立。同年8月,建立储蓄事后监督中心,对市区支行的储蓄业务改过去分散监督为集中监督。同年12月,湖北省建行审计办事处在襄樊设立审计分部,撤销审计科。

2000年1月2日,襄樊市建行物业管理部成立。撤销市分行行政科,成立襄樊市分行物业管理部，其行政级别为正科级。同时成立襄樊市分行物业管理部襄城和樊城两个分部，其行政级别为副科级。同年1月19日，襄樊市建行机关“科室”名称统一变更为“部室”，并对职能部门作适当调整。调整后的内设部门为：办公室、计划财务部、人事教育部、会计部、信贷经营部、零售业务部、委托代理部、房地产信贷部、国际业务部、信用卡部、信贷委办公室、风险管理部、资产保全部、科技部、监察室、保卫部、物业管理部。各部门负责人职务名称相应改为正、副经理，各室负责人职务名称不变。同年3月21日，襄樊市建行成立襄城票据中心，集中为客户办理票据贴现业务。同年4月3日，襄樊市建行零售业务部与信用卡部合署办公。2001年3月29日，襄樊市建行成立法律事务部，对全行涉案不良贷款统一管理、统一诉讼，做到专人、专员清收。同年4月9日，成立市区网点管理部，主要行使对直管网点的规划、监管、考核、辅导及协调职能。同年9月13日，与机构扁平化管理相适应，襄樊市建行在市区组建了营业部、襄城、樊城、开发区4个党总支和20个基层党支部。同年9月25日，按照扁平化管理格局，襄樊市建行分片设立团的组织机构，组建了共青团襄樊市建行襄城、樊城、营业部、开发区四个总支委员会，以市区支行本部和大网点为骨干成立20个团支部。2003年4月，襄樊市建行在机关开展“定岗位、定职责、定编制”（简称“三定”）工作，市分行机关内设14个职能机构：办公室（党委办公室）、计划财务部、人力资源部（党委组织部）、风险管理部、会计结算部、公司业务部、个人银行业务部、房地产金融业务部、资产保全部、信息技术部、监察室、安全保卫部、企业文化部（党委宣传部）、工会。2004年3月，襄樊市建行信用卡经营管理职能从个人银行业务部分离出来，单独成立信用卡中心，行使信用卡业务经营职能。同年3月15日，成立国际业务部，行使国际业务部业务经营管理职能，与市分行营业部合署办公。同年5月19日，襄樊市建行营业部更名为襄樊市直属支行。同年9月15日，中国建设银行正式改制，成立中国建设银行股份有限公司。同年12月21日，经襄樊银监分局批复，襄樊市建行所辖71个分支机构名称统一变更，中国建设银行襄樊市分行更名为中国建设银行股份有限公司襄樊分行。2005年3月，襄樊市建行国际业务部从直属支行分离出来，与公司业务部合署办公，实现公司业务与国际业务的整体联动、综合营销。撤销房地产金融业务部，成立个人贷款中心，原房地产金融业务部对公业务并入公司业务部，个人业务并入个人贷款中心，同时将个人银行业务部个人消费贷款业务并入个人贷款中心，实行个贷产品集中经营管理、专业化运作。同年3月15日，襄樊市建行全保卫部押运中心更名为襄樊分行安全保卫部押运配送中心。

（2）所辖分支机构发展沿革

1979年初，随着各地基本建设任务的加大，县级机构的职能也随之不断加强。根据湖北省建行批复，同年1月，保康县行政建制由办事处升格为支行，同年7月，襄阳地区与襄樊市行政区划分设后，襄樊市支行纳入省建行直管，同年9月，随县、光化县市分设后，设置中国人民建设银行随州市、老河口市支行，撤销随县、光化县支行，其人员和财产全部划归两市支行管理。到年底，襄阳地区中心支行下辖随州、枣阳、襄阳、谷城、南漳、老河口、宜城、保康8个支行级机构。1981年5月16日，襄樊市建行丹江渠道办事处清泉沟泵站工程竣工后，根据湖北省建行批复，撤销丹江渠道办事处。1982年4月3日，根据业务发展需要，经湖北省建行批复，随县、光化两县支行机构恢复重建，设立中国人民建设银行随县支行、光化县支行。1983年10月，襄樊地市合并实行市管县体制后，原地市建行重组更名为中国人民建设襄樊市中心支行，管辖各县（市）支行。12月，随县和随州市，光化县和老河口市两地县市合并组建随州市支行、老河口市支行。1984年1月，随州市支行纳入省行计划单列，行政由襄樊市建行代管。3月29日，根据中共襄樊市委组织部批复，襄樊市建行在市区设立中国人民建设银行襄城支行、中国人民建设银行樊城支行，办公地点分别位于襄城西大街、樊城前进路。同年8月22日，中国投资银行在襄樊设立代理处，业务接受省建行指导，行政关系隶属襄樊建行管理，其职能负责办理引进外资、接受世界银行贷款业务。至12月底，襄樊市中心支行管辖两市、六县和两城区共十个县

(市、区)级行政支行和一个投资银行代理处(随州市支行、老河口市支行;襄阳县支行、枣阳县支行、宜城县支行、南漳县支行、保康县支行、谷城县支行;襄城支行、樊城支行;中国投资银行襄樊代理处)。1985 年 2 月 13 日,中国投资银行襄樊代理处更名为中国投资银行襄樊支行,经营实行单独核算,行政上隶属襄樊市建行管理,业务接受省投资银行指导。1986 年 9 月 25 日,根据湖北省建行批复,襄樊市建行设立中国人民建设银行张湾专业支行,主要承办二汽基地、内燃机配件厂等大中型项目投资。1987 年 9 月,成立中国人民建设银行襄樊市中心支行证券交易部,并以此为中心,辐射全市,形成了以中心支行证券部为轴心,县市支行代理处为经线,办事处、储蓄所代办点为端点的“三位一体”证券业务网络。1988 年 3 月,枣阳县改为县级市,中国人民建设银行枣阳县支行更名为枣阳市支行。同年 4 月 15 日,设立中国人民建设银行湖北省信托投资公司襄樊市代理部。至年底,襄樊市建行辖 11 个县(市)支行(其中 5 个县支行,3 个县级市支行,3 个城区支行,一个投资银行和一个营业部)。全行共有机构网点 207 个,其中储蓄机构 130 个,并在乡镇设立网点机构 23 个。1991 年 9 月 9 日,中国人民建设银行湖北省信托投资公司襄樊市代理部更名为建设银行湖北省信托襄樊办事处。1997 年 8 月,中国人民建设银行湖北省信托投资公司襄樊市办事处被撤销。1992 年 10 月 8 日,襄樊市建行设立中国人民建设银行襄樊汽车产业经济技术开发区支行,办理辖内人民币存款、贷款和结算业务;经中国人民银行批准的其他业务。1993 年 2 月 25 日,襄樊市建行设立樊东、樊西、郊区 3 个支行,支行全称为“中国人民建设银行襄樊樊东支行”“中国人民建设银行襄樊樊西支行”“中国人民建设银行襄樊郊区支行”。同年 8 月 8 日,湖北省建设银行信托投资公司襄樊证券交易营业部成立,证券业务开通了上海异地股票委托买卖业务,实现股票、债券的及时报价。1994 年 4 月 27 日,襄樊市建行所辖襄阳、宜城、南漳、谷城、保康 5 个县支行内设机构名称,自 5 月 1 日起由“股”改为“科”,名称更改后,其内设机构统一报市分行人事科审批。同年 7 月 6 日,宜城由县改为县级市,宜城县建行更名为中国人民建设银行宜城市支行。12 月 23 日,根据省建行关于建设银行随州市支行由省分行直管的通知,从 1995 年 1 月 1 日起,建设银行随州市支行由省分行直接管理。1996 年 8 月 28 日,襄樊市建行设立国商办事处,1998 年 1 月撤销该机构。1997 年 10 月,襄樊市建行按照经济区划和效益状况合理设置支行级机构,将张湾支行并入二汽开发区支行,将汉水办事处由正科降为正股级并入樊东支行,将房贷部、国际部管理职能与经营职能分开,经营性业务设正股级单位移交江南办事处和国商办事处管理,分别并入襄城支行、市分行营业部。精简内部机构,将各支行机关科室合并为五科一室,保康支行只设置两科。收缩乡镇网点,调整市区网点,筹资重心向城市转移,先后撤销各类无证所、代办所、小储蓄所 37 个,合并降格网点 22 个,网点布局趋于合理。1998 年 5 月 13 日,根据省建行关于取消老河口市支行业务计划单列的通知要求,自 6 月 1 日起取消老河口市支行业务计划单列,各项业务计划指标并入襄樊市分行,由襄樊市分行统一管理。自 7 月 1 日起,老河口市支行不再在省建行开立有关资金账户,汇差资金通过襄樊市分行清算,各项业务报表报襄樊市分行,不再直接上报省分行;襄樊市建行上报的各项业务报表均包含老河口市支行,老河口市支行的城市综合业务网络系统并入襄樊市分行。自 9 月 1 日起,老河口市支行不再设核算中心、稽核中心,其业务移交襄樊市分行。同年 9 月,随州市支行取消省行计划单列,划归襄樊市建行管理。1999 年 3 月 3 日,原隶属襄城支行的檀溪、庞公两个分理处从襄城支行划出,纳入市建行直管。同年 6 月 25 日,襄阳县支行更名为襄樊襄阳支行;襄樊市郊区支行更名为长虹路支行。同年 10 月 9 日,襄城支行檀溪分理处、庞公分理处两机构名称分别更名为中国建设银行襄樊市檀溪分理处、中国建设银行襄樊市庞公分理处。同年 12 月,经建设银行总行批准撤销地处偏远山区、储源少、资产质量低、经济效益差的保康支行。除暂时安排 6 人留守外,其余 12 人全部交流至市区支行安排工作。至年底,襄樊市建行直管行、处达到 16 个,包括随州、老河口、襄阳、枣阳、宜城、南漳、谷城、襄城、樊城、樊东、樊西、长虹路、开发区支行、市分行营业部和檀溪、庞公分理处。

2000 年 1 月 2 日，襄樊市建行将隶属于樊城支行铁路分理处、新华分理处，樊东支行大庆东路分理处纳入市分行直接管理。至此，襄樊市建行直管行、处达到 19 个，包括随州、老河口、襄阳、枣阳、宜城、南漳、谷城、襄城、樊城、樊东、樊西、长虹路、开发区支行、市分行营业部和檀溪分理处、庞公分理处、铁路分理处、新华分理处、大庆东路分理处。同年 7 月 7 日，襄樊市建行将隶属于汽车产业经济技术开发区支行的内燃机车厂分理处、航空路分理处、襄东分理处，襄阳支行的米公分理处纳入市分行直接管理。8 月 3 日，建设银行襄樊樊城支行办公营业地址由前进路 213 号迁址至前进路 51 号。12 月 26 日，根据省建行通知，将隶属孝感市建行管理的广水市支行划归襄樊市分行直接管理，并从 2001 年 1 月 1 日起，账务并入襄樊市分行。至此，襄樊市建行下辖随州、老河口、襄阳、枣阳、宜城、南漳、谷城、襄城、樊城、樊东、樊西、长虹路、开发区、广水 14 个支行，1 个营业部，庞公、檀溪、新华、铁路、大庆东路、内燃机、航空路、襄东、米公 9 个直管分理处，营业网点 161 个，其中市区网点 112 个。2001 年 2 月 22 日，襄樊市建行将隶属于汽车产业开发区支行的红光分理处纳入直接管理。4 月 1 日，襄樊市建行根据集约化经营的要求，将市区 53 个网点纳入直接管理（火车站、铁路、大庆东路、庞公、檀溪、襄东、长虹北路、长虹路、车桥、春华、春园路、大庆中路、东门、风神、富康、钢丝厂、旭东路、高新、工人新村、工业区、广场、中原路、汉江路、红光、建华路、江南、解放路、荆州街、科技、六化建、米公、米庄、内燃机、七里河、前进路、人民路、神龙、施营、铁电、铁路大院、铁沁、西街、县府路、襄轴、肖湾、新春、新华路、红星、幸福小区、烟厦、银兴、真武、中山路），并对各直管网点重新选配了负责人和会计主管，建立以“扁平化”为特征的“市分行—营业网点”两级架构管理模式。7 月 31 日，根据建设银行总行批复，将隶属于襄樊市分行管辖的随州市支行纳入省建行直接管理，并成立随州市分行。同时，将广水市支行由襄樊市建行划出，纳入随州市分行直接管理。2003 年 1 月 8 日，根据建行总行、省行批复，襄樊市建行檀溪、庞公、大庆东路、铁路、襄东、火车站、内燃机车厂、江南、人民路、七里河、新春、科技、车桥 13 个直管分理处升格为支行。1 月 30 日，根据省建行批复撤销襄樊市建行钢丝厂分理处、烟厦分理处、襄阳城关分理处、建昌储蓄所、东方红大道储蓄所、青山储蓄所、旭东储蓄所、建华路储蓄所等 8 个网点机构。2 月 28 日，“中国建设银行襄樊市长虹路支行”更名为“中国建设银行襄樊市高新技术产业开发区支行”。6 月 6 日，根据省建行批复，撤销旭东分理处、风神分理处，其业务分别并入大庆东路分理处、火车站分理处。11 月 17 日，根据省建行、建总行批复，襄樊市建行襄轴、幸福小区、铁路大院、红光、新华路、西街、米公、中山路、真武、中原路、长虹路、青山路、富康、肖湾、工业区、荆州街、施营 17 个分理处升格为网点型支行。2004 年 1 月，襄樊市建行新设紫贞分理处。同年 9 月 30 日，根据省建行批复，前进路、工人新村、广场、建华路、长虹北路、米庄、县府路 7 个直管分理处升格为支行。到年底，全行拥有支行级机构 50 个，其中市区支行机构达到 45 个。2005 年 6 月，襄樊市建行撤并铁沁分理处，其业务并入春华分理处。

中国建设银行襄樊市（襄阳地区）分行领导干部情况

表 8—6

机构名称（起止年月）	姓名	职务	任职时间（年月）
中国人民建设银行襄阳地区中心支行（1979 年 7 月建立党组）（1972.10—1983.12）	江长发	行长、党组书记	1979.07—1980.09
		行长、党支部书记	1978.05—1979.07
	黄政云	行长、党组书记	1980.09—1983.12
	徐蓬	副行长	1976.10—1980.06
	廖英	副行长	1976.09—1983.12
		副行长、党组副书记	1981.03—1983.12
	苏俊生	副行长	1979.06—1982.12

续表(1)

机构名称(起止年月)	姓名	职务	任职时间(年月)
	刘达富	副行长	1981.10—1983.12
	冯传忠	副行长	1982.01—1983.12
中国人民建设银行襄樊市支行(地、市行分设)(1979.07—1983.12)	刘志平	党支部书记	1979.07—1983.12
	魏凤英(女)	行长、党支部副书记	1979.07—1983.12
	周传志	副行长	1982.02—1983.12
中国人民建设银行襄樊市中心支行(地、市行合并)(1983.12—1992.10)	刘志平	调研员	1985.04—1991.12
		党组书记	1983.12—1985.04
	刘达富	行长、党组副书记	1983.12—1986.11
	黄政云	行长、党组书记	1986.11—1992.03
		党组书记	1985.04—1986.11
	崔滨洲	行长、党组书记	1992.04—1992.10
		副行长、党组副书记	1990.04—1992.04
		副行长	1987.02—1990.04
	廖英	副行长	1983.12—1986.11
	常青禄	副行长、党组副书记	1992.03—1992.10
		副行长	1983.12—1992.03
	徐学敏	副行长	1986.11—1991.01
	陶恒喜	副行长	1992.03—1992.10
	曹晓庆	副行长	1992.03—1992.10
	周传志	纪检组长	1983.12—1989.08
	徐世成	纪检组长	1989.12—1992.10
	陈春良	工会主任	1989.02—1992.10
	魏凤英	顾问	1985.04—1988.06
		顾问、党组成员	1983.12—1985.04
	冯传忠	顾问	1983.12—1987.11
中国人民建设银行襄樊市分行(1992.10—1996.03)	崔滨洲	行长、党组书记	1992.10—1996.03
	常青禄	副行长、党组副书记	1992.10—1996.03
	陶恒喜	副行长	1992.10—1996.03
	曹晓庆	副行长	1992.10—1996.03
	蒋勇	副行长	1994.11—1996.03
	徐世成	纪检组长	1992.10—1994.10
	陈春良	工会主任	1992.10—1996.03
	邓守业	纪检组长	1994.11—1996.03
		总稽核	1993.06—1994.11
	邓发魁	总稽核	1994.11—1996.03
	陶恒喜	行长、党委书记	1998.10—2003.07
		行长、党组书记	1996.12—1998.10
		副行长 (主持工作)	1996.03—1996.12
	王波	行长、党委书记	2003.09—2004.12
		副行长、党委副书记(主持工作)	2003.07—2003.09

续表(2)

机构名称(起止年月)	姓名	职务	任职时间(年月)
中国建设银行襄樊市分行(1998年10月分行党组改为党委,纪检组改为纪委)(1996.03—2004.12)	常青禄	调研员(正处级)	1997.03—1997.09
		副行长、党委副书记	1996.03—1997.03
	曹晓庆	副行长	1996.03—1999.11
	蒋勇	副行长	1996.03—1997.03
	王波	副行长、党委副书记	2001.12—2003.07
		副行长	1996.12—2001.12
	王鑫	副行长	1999.12—2004.12
		行长助理	1999.04—1999.12
	刘学勤	副行长	1999.12—2001.09
	何宏	副行长	2001.12—2004.12
	王洪英	副行长	2004.04—2004.12
		党委委员	2003.09—2004.04
	邓守业	调研员	1999.11—2003.12
		纪委书记	1998.10—1999.11
		纪检组长	1996.03—1998.10
	李世成	纪委书记	1999.11—2004.12
	陈春良	调研员	1996.12—1997.05
		工会主任	1996.03—1996.12
	徐文林	工会主任	1996.12—2004.12
	邓发魁	调研员	1999.11—2003.10
		总稽核	1996.03—1999.11
中国建设银行股份有限公司襄樊分行(2004.12—2005.12)	王波	行长、党委书记	2004.12—2005.12
	王鑫	副行长	2004.12—2005.12
	何宏	副行长	2004.12—2005.12
	王洪英	副行长	2004.12—2005.03
	李世成	纪委书记	2004.12—2005.11
	徐文林	工会主任	2004.12—2005.12

7.中国邮政储蓄银行襄樊市分行

1986年4月,全国邮电部门恢复邮政储蓄业务。同年6月25日,襄樊市邮电局恢复开办邮政储蓄业务,在樊城解放路邮电营业厅设专台,配备3名专职员工办理邮政储蓄业务,这是襄樊市首家邮政储蓄网点。1989年8月24日,副局长胡继昌主持研究成立储汇科的具体工作。储汇科为市局直属生产科室,负责市局储汇业务的经营管理工作,设科长、会计、事后监督、业务管理、统计核算、出纳等岗位,下设三个班组:汇检班、樊城储汇班、襄城储汇班。1990年,全市邮政储蓄机构基本健全,储蓄队伍初具规模,服务范围不断扩大,据统计,全市邮政储蓄机构已发展到9个,业务网点123个,专兼职人员180多人,一个以襄樊市局为龙头,各县(市)局为骨干,各邮电支局为基础的城乡邮政储蓄网已基本形成。1993年5月12日,由储汇科调整为储汇发行分局:主要负责全市储蓄、汇兑、报刊发行业务的归口管理和业务发展工作。1999年3月2日,将襄樊市邮政局储汇分局更名为襄樊市邮政局储汇局,职责不变。

根据中国人民银行文件精神,邮政储蓄吸收的资金转存人民银行,列入信贷计划,安排当地人行调剂使用。今后每年邮电部与人行制定年度发展计划和各省分配指标，分别下达并据以考核计划执行情况。邮储业务由邮电部统一管理，贯彻国家的金融方针、政策，执行国家统一规定的利率标准，在业务上接受人行指导。比照银行现行的储蓄种类办理业务，新业务的开办需由省、自治区、直辖市邮电管理局与人行分行商定。可受理支票，但要在人行收妥入账后办理转存和起息。邮电部门办理邮政储蓄向人行缴存存款的业务关系变更为转存关系，储户的存款利息由邮电部门支付，邮电部门获得的利差即为经营收入。

邮政储蓄银行襄樊市分行领导干部情况

表 8—7

机构名称(起止年月)	姓名	职务	任职时间(年月)
储蓄汇兑科	陈水源	科长	1989.08—1993.04
储汇发行分局	陈水源	分局长	1993.05—1998.01
储汇分局	阳海龙	分局长	1998.02—1999.02
储汇局	阳海龙	局长	1999.03—2000.01
	吴彦	局长	2000.02—2002.06
	胡伟	局长	2002.07—2003.05
	亢锋	局长	2003.06—2005.12

8.襄樊市商业银行

襄樊市商业银行的改革发展历程大致经过两个发展阶段，实现二次机构演变。第一个阶段(1987年3月至2001年12月)。这一时期，作为金融体制改革产物的襄樊市城市信用社应运而生，在经济过热的环境中始终坚持审慎经营，2001年末，虽然资产总额仅4.41亿元，但不良贷款率只有7.43%，呈现出较好的经营发展态势，从而在国家对城市信用社进行全面清理整顿的形势下得以保留，并更名为“襄樊市城市信用合作社”。办公地点：襄樊市襄城区石壶巷。第二个阶段(2002年1月至今)。这一阶段为改变城市信用社过渡体制的束缚，取得生存权利，拓展发展空间，咬定组建城市商业银行的目标不放松，以中国银监会《城市信用社监管—9发展规划》《关于在城市信用社基础上改制设立城市商业银行有关问题的通知》《中资商业银行行政许可事项实施办法》等为指引，在各级银监部门的大力支持帮助下，通过壮大经营规模，增强资本实力。在此期间，于2002年1月将原襄樊市城市信用社中心社移交给地方政府直接管理，市政府高度重视，专门召开市长办公会进行研究，对城市信用社的发展和完成城市商业银行的组建工作提出了明确要求。为落实市长办公会精神，把城市信用社建成一个高效运作、充满活力、适应市场竞争需要的现代金融企业，城市信用社对业务发展进行了四个方面的定位：确立“存款立社”的工作方针，明确“存款是基础，信贷是生命，内控是核心，清收是关键”的经营理念；确立“稳健经营，稳中求进”的经营方针，在加强风险防范的基础上，确保业务健康、规范发展；确立“市政工程，市属企业，市民生活”的市场定位，立足“三市”，支持地方经济发展，服务市民生活；四是确立了以改革创新为主线的工作方式，以人为本，进行制度改革、机构改革，创新管理方式、服务手段，着力提高工作效率，加快业务发展进程。通过以上四个准确定位，城市信用社已成为一个具有较强经营实力、较大发展后劲和较高社会信誉度的富有鲜明特色的地方金融机构，在中国人民银行武汉分行下辖的湘鄂赣三省的信用社评级中被评为一类信用社。

襄樊市商业银行股份有限公司领导干部情况

表 8—8

机构名称(起止年月)	姓名	职务	任职时间(年月)
更名为襄樊市城市信用合作社之前 1987 年 3 月—2001 年 12 月	胡正家	主任	1987.03—1991.01
	吴安斌	主任	1991.09—1996.07
	胡可平	主任	1996.07—1998.03
	张金生	主任	1998.03—2002.02
	王同样	副主任	1987.03—1990.06
	李新跃	副主任	1996.01—1997.11
	杨鄂伟	副主任	1997.11—1998.05
	郭东	副主任	2000.07—2002.02
	杨长清	副主任	2000.07—2001.06
襄樊市城市信用合作社期间	胡向斌	理事长	2002.01—2005.12
	王万清	监事长	2002.01—2005.12
	张金生	主任	2002.02—2005.12
	郭东	副主任	2002.02—2005.12
	谷志锋	工会主席	2002.02—2005.12
	彭滨	总会计师	2002.02—2005.12

9.襄樊市农村信用联社

1979 年 10 月 24 日前,人民银行管理阶段。人民银行襄阳地区中心支行设立农金科,负责全区农村信用社的存款、贷款、财务管理和会计辅导等工作。1979 年 10 月 25 日至 1996 年 11 月 17 日,农业银行管理阶段。农业银行襄阳地区中心支行设立信用合作会计辅导科,负责全区农村信用社的存款、贷款、财务管理和会计辅导等工作。1984 年 1 月 9 日,农业银行襄阳地区中心支行与农业银行襄樊市支行合并,改为农业银行襄樊市中心支行(1992 年 11 月改为农业银行襄樊市分行)。襄樊市中心支行(分行)设立农村信用合作管理科,负责全市农村信用社的存款、贷款、财务管理和会计辅导等工作。各县(市)相继成立农村信用联社,在农业银行县(市)支行领导下,承担全辖农村信用社的业务经营管理等工作。全市农村信用社在农业银行襄樊市中心支行(分行)领导下,进行清资扩股,建立"三会"(社员代表大会、理事会、监事会)制度,恢复"三性"(组织上的群众性、管理上的民主性、经营上的灵活性),加强管理,发展业务。同时也使农村信用社成为农业银行的基层机构,走上了"官办"道路。

1996 年 11 月 18 日至 2003 年 10 月 15 日,为人民银行管理阶段。1996 年 11 月 18 日至 1997 年 10 月 28 日,为人民银行代管阶段。1996 年 9 月 19 日,成立襄樊市农村金融体制改革领导小组办公室,隶属于襄樊市农村金融体制改革领导小组领导,其职能是负责农村信用社与农业银行"脱钩"、设立农业发展银行襄樊市分行及其县(市)支行等改革工作。1996 年 11 月 18 日,襄樊市农村信用社与农业银行脱离行政隶属关系,襄樊市农金体改办隶属于人民银行襄樊市分行管理,其职能主要是负责对全市农村信用社的管理、指导、协调、服务等行业管理工作。1997 年 10 月 29 日至 2003 年 10 月 15 日,为人民银行直管阶段。1997 年 10 月 29 日, 襄樊市农金体改办与人民银行襄樊市分行农村合作金融管理科合署办公,行使对全市农村信用社的金融监管和行业管理双重职能。成立人民银行襄樊市分行机关党委第 6 支部。1999 年 11 月 29 日,根据人行襄樊市中心支行文件通知,撤销襄樊市农村金融体制改革领导小组办公室, 人民银行襄樊市中心支行农村合作金融管理科负责全市农村信用社的金融监管和行业管理工作。2000 年 3 月 9 日,成立襄樊市农村信用合作社联合社筹建领导小组(襄樊市农村信用合作社联合社规范工作领导小组办公室），负责全市农村信用社的行业管理工作，人民银行襄樊市中心支行农村合作金融管理科不再承担对农村信用社的行业管理职能。2001年2月28日，襄樊市农村信用合作社联合社规范工作领导小组办公室更名为襄樊市信用合作管理办公室，党支部进行了改选。襄樊市信用合作管理办公室是全市农村信用社的行业管理机构。2002年7月5日，根据人民银行武汉分行对襄樊市农村信用合作社联合社规范方案的批复，襄樊市农村信用合作社联合社召开全市农村信用社第二届社员代表大会，选举产生了市农村信用联社新的领导机构和监督机构，理事长、监事长选举结果和正副主任聘任得到湖北省信用合作管理办公室确认。同年7月18日，按合作制原则规范后的襄樊市农村信用联社正式对外挂牌。同年12月17日，中共襄樊市委组织部批准成立市农村信用联社党委。襄樊市农村信用联社为正县级建制单位，集体性质，辖7个县（市）区农村信用联社，由各县（市）区农村信用联社出资入股组成，实行民主管理，具有独立法人地位的合作金融组织，履行对全市农村信用社的管理、指导、协调和服务职能。2002年12月31日，根据人民银行武汉分行《关于襄樊市农村信用合作社联合社规范方案的批复》精神，鉴于襄樊市农村信用合作社联合社已规范到位，经人民银行襄樊市中心支行研究决定，撤销襄樊市信用合作管理办公室。2003年10月16日至2005年7月27日，银监局管理阶段。这个阶段，襄樊市农村信用联社由中国银行业监督管理委员会湖北监管局信用合作管理办公室实行行业管理。2005年7月28日至今，省农村信用联社管理阶段。2005年7月28日，湖北省农村信用社联合社（以下简称“省农村信用联社”）成立，襄樊市农村信用联社归口省农村信用联社行业管理。同月，在襄樊市农村信用联社工作的人员档案从襄樊银监分局移交到市农村信用联社。

1989年11月15日，襄樊市农村信用联社批准成立，设在农业银行襄樊市中心支行，地址为襄城区小井巷20号。1996年9月19日，襄樊市农金体改办（履行市农村信用联社职能）设在人民银行襄樊市分行，地址为襄城区新街4号；同年11月18日，襄樊市农金体改办由襄城区新街4号迁址于襄城区红花园。2004年7月16日，襄樊市农村信用合作社联合社从襄城区红花园迁至襄城区东街20号。

襄樊市农村信用联社领导干部情况

表8—9

机构名称（起止年月）	姓名	职务	任职时间（年月）
襄樊市农村信用联社	杨东升	理事长	2002.07—2006.04
	胡可平	主任	2002.07—2006.04
	胡可平	理事长	2006.04—2009.12
	郑本周	副主任	2002.07至今
	汪有明	监事长	2002.07—2004.07
	杨长青	监事长	2004.07—2006.10
	杨长青	主任	2006.10—2008.01
	张逯平	副主任	2002.07—2006.07

10.中国银行业监督管理委员会襄樊市监管分局

2003年12月12日，根据《国务院办公厅关于印发中国银行业监督管理委员会主要职责内设机构和人员编制规定的通知》以及湖北银监局和人民银行武汉分行有关精神，中国银行业监督管理委员会襄樊监管分局（简称襄樊银监分局）开始筹建。2004年3月3日，襄樊银监分局正式对外挂牌成立，开始全面履行职责。主要职责是:根据银监会和湖北银监局的授权,负责对辖内有关银行业金融机构及其分支机构的设立、变更、终止和业务活动的监督管理,依法对金融违法、违规行为进行查处,审查和批准辖内银行业金融机构高级管理人员任职资格,统计有关数据和信息,负责分局机关和系统党的建设、纪检和干部管理工作。襄樊银监分局是银监会原副主席李伟"保持共产党员先进性教育"活动的联系点和湖北银监局原局长李怀珍的工作联系点。在湖北银监局年度工作考核中连续多年排名第一,先后获得襄樊市"五一"劳动奖状、湖北银监局先进单位、银监会系统文明单位、银监会系统先进基层党组织、全国精神文明建设先进单位、全国学习型先进班组等荣誉称号。

成立之初,内设综合科、人事科、统计信息科、监管一科、监管二科、监管三科等六个职能科室,以及枣阳、宜城、谷城、南漳、老河口、保康等6个县(市)监管检查组。2004年5月,6个县(市)监管检查组改称为监管办事处,综合科改称为办公室,其负责人及干部配备不变。2005年5月,财务会计职能从办公室中分出,成立财务会计科。

襄樊银监分局从人行划转干部80人,其中:机关57人,县(市)23人。根据上级有关农村信用社改革规定,襄樊市农村信用联社22名员工(含2名退休人员)的人事关系仍暂保留在襄樊银监分局。2005年9月,根据《湖北银监局系统在信合部门工作人员划转和已划转到市联社工作人员移交工作的实施意见》,襄樊市农村信用联社22名员工的人事关系从襄樊银监分局转出。2005年底,全辖干部人数为60人,其中机关38人,县(市)监管办事处22人。

中国银行业监督管理委员会襄樊市监管分局领导干部情况

表8—10

机构名称(起止年月)	姓名	职务	任职时间(年月)
襄樊市中心支行1984年1月成立党委。1998年9月纪检组改为纪委。	张艳妮(女)	副行长	2002.09—2005.12
	陈建郧	副行长	2002.09—2003.12
	吴安斌	副行长	2004.05—2005.12
	陈万和	副行长	2004.05—2005.12
	韩飚	副行长	2004.11—2005.12
	龙永才	纪检组长	1986.01—1987.11
	王家升	纪检组长	1987.11—1990.11
	张岳洲	纪检组长、纪委书记	1993.09—2000.05
	杜冬青(女)	纪委书记	2000.05—2004.05
	王玉清(女)	工会主席	1987.11—1989.07
	张文运	工会主席、主任	1992.08—2003.12

(二)保险机构

1.襄樊保险业发展情况

襄樊市保险业是1984年1月从人民银行分设出来正式成立的。名称为中国人民保险公司襄樊市分公司。1995年5月18日中国太平洋保险股份有限公司襄樊办事处正式成立(正县级机构)。1996年12月28日中国平安保险股份有限公司襄樊支公司成立(正县级机构),集团内分业经营。中国平安财产保险股份有限公司襄樊中心支公司。中国平安人寿保险股份有限公司襄樊中心支公司。1998 年中国人民保险公司襄樊市分公司产、寿险分业经营。成立中国人民财产保险股份有限公司襄樊市分公司。中国人寿保险股份有限公司襄樊分公司。1998 年 10 月中国太平洋保险股份有限公司襄樊办事处更名为中国太平洋保险股份有限公司襄樊中心支公司。2000 年 12 月，分业经营正式成立：中国太平洋财产保险股份有限公司襄樊中心支公司。中国太平洋人寿保险股份有限公司襄樊中心支公司。2001 年泰康人寿保险股份有限公司襄樊中心支公司成立。2002 年新华人寿保险股份有限公司襄樊中心支公司成立。

2.襄樊市保险同业协会

襄樊市保险同业协会成立于 1998 年 12 月。是经襄樊市民政局批复成立登记，其业务主管部门是中国人民银行襄樊市分行。2000 年 10 月，其业务主管部门是中国保险监督管理委员会湖北监管局。

二、业务

（一）银行业务

1.货币政策

（1）资金管理体制

①改革开放初期资金计划管理工作（1979—1983 年）：这一阶段全市金融机构不断完善与发展，各项规章制度得到修订和健全，金融业务恢复正常运转，此时计划部门在业务上扩大信贷范围，延伸银行贷款，年均增加 6.8 亿元，递增 19.38%，信贷工作改变了过去活动范围极其狭窄的状况，既发放流动资金贷款，又发放技术改造资金贷款，特别是科技贷款方面，襄樊市率先在全国打破“禁区”，从 1978 年开始试办科技贷款业务，逐渐走出了一条科技与金融相结合的路子，产生了广泛影响。随着经济体制、金融体制改革的深入，特别是以中央银行为领导的金融体系的逐步形成，客观上要求对计划管理体制进行改革，并在改革中求得发展。1979 年 2 月，中国人民银行全国分行行长会议提出，要求对信贷计划管理体制进行改革，实行信贷计划差额包干办法。1981 年后试行“统一计划、分级管理、存贷挂钩、差额包干”的信贷计划管理体制。实行信贷计划差额包干办法，在筹集和运用信贷资金方面，体现了宏观上要集中统一、微观上要搞活的精神，因而很快取得了一定的效果。由于多吸收存款可以多发放贷款，促使各级银行改变“重贷轻存”的思想，加强了对存款结构和变化规律的研究，采取种种措施积极组织社会闲散资金。由于在差额包干范围内，地方所需要的信贷资金要自求平衡，促使地方政府领导不仅关心信贷资金的运用，也关心信贷资金的来源，更加支持银行做好工作。

②人民银行专门行使央行职能的资金管理工作（1984—2005 年）：这一阶段是自 1984 年初至 2004 年 6 月。随着国务院《关于中国人民银行专门行使中央银行职能的决定》的颁布，中国人民银行襄樊市分行以新工作内容于 1984 年度 10 月应运而生。行使中央银行职能的人民银行襄樊市分行从过去集管理和经营于一身，既是对金融进行行政管理的国家机关、又是从事货币和信贷业务的经济组织过种双重职能。该时期的计划管理部门在全辖内贯彻落实 1984 年中央银行对专业银行实行“实贷实存”信贷资金管理办法：第一，各专业银行信贷收支，必须全部纳入国家综合信贷计划。第二，信贷计划指标的管理分不同情况，采取不同的管理办法，存贷款差额计划不得突破。第三，对专业银行资

金往来的管理，专业银行总行必须在核定的贷款差额计划内，分配所属行向中国人民银行的借款额度，并同中国人民银行总行联合下达，中国人民银行基层行根据下达的额度掌握贷款。第四，信贷资金的调剂，仍需要留有周转指标。专业银行发生超计划的临时资金需要，可以向所在地的中国人民银行分支机构申请临时贷款，也可向其他银行临时拆借。期间，根据改革发展的需要，1998 年 12 月，中国人民银行襄樊市分行更名为中国人民银行襄樊市中心支行。2001 年"三定"后，根据襄银发[2001]74 号文件精神，计划管理部门更名为货币信贷与统计科，主要职能是负责辖区的货币政策业务和经济金融信息统计工作，主要职责为：一是监测货币供应量，分析货币信贷执行情况，负责分析辖内经济金融形势；反馈货币信贷政策落实情况，反映贷款有效需要变化，为上级行制定货币信贷政策提供依据。二是贯彻实施信贷政策，加强信贷管理。贯彻落实国家信贷政策，及时反映信贷政策执行情况；结合当地信贷特点，提出信贷政策指导建议；加强信贷管理，维护政党信贷程序。三是运用部分货币政策工具，贯彻执行货币政策。根据上级行授权，运用部分货币政策工具，对于货币信用用总量适时进行调控，贯彻执行国家的货币政策。四是做好货币信贷各项基础工作。

(2)存款准备金制度

自 1983 年建立中央银行制度以来，法定存款准备金制度一直是重要的货币政策工具之一。2000 年 4 月，中国人民银行襄樊市中心支行落实总分行有关规定，再次明确存款准备金管理职责，规定经分行授权，中心支行可以审批城乡信用社动用法定存款准备金，但批准动用金额不能超过其应缴金额的 50%，批准动用法定存款准备金机构个数不得超过金融机构总数的 30%；分行审批城乡信用社个数分别超过其总个数的 30%时，须报总行批准。2004 年 4 月 25 日，经国务院批准，中国人民银行实行差别存款准备金率，金融机构适用的存款准备金率与资本充足率、资产质量状况等指标挂钩。金融机构资本充足率越低、不良贷款比率越高，适用的存款准备金率就越高；资本充足率越高、不良贷款比率越低，适用的存款准备金率就越低。为加强和完善辖内存款准备金管理，明确管理责任，我们根据上级行有关规定，对辖区以襄银办发[2008]18 号文件形式下发了《关于明确存款准备金部门管理职责，加强存款准备金管理的通知》，明确了人民银行内部各科室对存款准备金管理的职责，使之管理协调、严格、有效。并组织开展存款准备金专项检查。对全辖 9 家地方法人金融机构开展了存款准备金管理检查。同时，定期对其存款准备金缴存情况进行现场检查。

(3)再贷款制度

1984—1993 年，人民银行为地方经济发展注入大量资金，譬如直接发放的短期贷款和专项贷款、为缓解商业银行"头寸"不足开办的资金拆借业务等。计划管理部门试办短期贷款和再贷款，充分发挥启动、润滑、调剂的作用，为襄樊市农副产品收购、老少边穷脱贫和缓解商业银行头寸不足做出了重要贡献。随着 1993 年 7 月，中国人民银行向真正的中央银行迈进，1994 年，市分行对过去经办的短期贷款、专项贷款向上级行逐步进行划转。1994 年，人行职能转换后，计划管理部门把贯彻实施货币政策与支持地方经济发展有机结合起来，走出了一条支持经济发展的新路。

第一阶段为 1984—1993 年。这一阶段的再贷款作为一种直接的调控工具，管理上具有浓烈的计划经济管理色彩，通过信贷计划指标的分配体现国家产业政策，其优点是调控直接，见效快，其一张一收直接影响专业银行的信贷总量，能很快达到调控目标，便于在市场机制不健全的条件下集中资金，满足重点资金需求。这 10 年间，人民银行再贷款分为两类：一类是年度性贷款。另一类是短期贷款。年度性再贷款与短期再贷款分别平衡，分别管理，分别控制。年度性贷款资金有余，可用于短期贷款，短期资金有余不能用于年度性贷款。贷款的实贷权下放给二级分行。

第二阶段为 1993—1998 年。针对社会经济发展中出现的经济过热现象，1993 年全国金融工作会议适时对信贷资金的分配体制进行了改革，收回了人民银行分行以下供应和调剂再贷款规模的权力，中心支行再贷款管理的主要任务调整为发放短期资金用于解决商业银行头寸不足。1995年，《中华人民共和国中国人民银行法》正式实施，人总行开始执行适度从紧的货币政策，下发了《关于收回人民银行再贷款的通知》。按照总行要求，人行各分支行将原来发放给辖区内各国有商业银行分支行的信用贷款逐级上划，转为人行总行直接对各国有商业银行总行的贷款。同年，人民银行襄樊市分行上划对专业银行再贷款30.53亿元；同时，对各地(市)原来辖内其他商业银行和非银行金融机构发放的再贷款、当年人行总行新增短期融通资金仍实行分类管理。

第三阶段为1998年以后。由于社会主义市场经济体制的确立，人民银行的再贷款管理也逐步向市场经济管理模式转化，1998年取消贷款规模限控制为标志，中国信贷政策基本实现了由直接调控向间接调控转变，再贷款成为真正的间接调控工具。是银行信贷管理体制由计划分配型向市场调节型“转轨”的分水岭。作为我国中央银行货币政策工具内容之一“贷款规模限额控制”被取消，中央银行信贷政策的间接调控手段增强。1998年，人行襄樊分行执行人总行《关于中国人民银行分行再贷款管理若干规定的通知》，进一步明确再贷款限额继续实行指令性计划管理，任何时点的再贷款余额均不得突破人总行核定的限额；向各地市继续下达对农信社贷款限额；所有再贷款限额均不得下达给人行县支行。同时改变短期融通资金管理、融通(不含农信社)全部集中在人行省分行管理，全额收回原来下达各地市的短期融通资金限额指标(不含农信社)；对已发放尚未到期的再贷款，到期后由人行各地市分行自行收回，不再续贷。

这个阶段，再贷款得到较快发展，特别是对地方法人金融机构放贷增长较快。2001年，全市累计发放对农村信用社再贷款76250万元，同比增加4450万元，增长6.2 %；余额达到13250万元，同比增加5250万元，增长65.6 %。2002年底，累计发放各种再贷款资金110186万元。2003年累计发放支农再贷款12.25亿元，发放支持襄樊市城市信用社专项再贷款2000万元，壮大了其支持中小企业的信贷实力；2004年累计向襄樊市城市信用社发放短期发展再贷款1.9亿元；累计向全辖农村信用社发放再贷款12.33亿元，余额达到6.45亿元。2005年虽制定了《农村信用社支农再贷款规范管理重点支持社的实施办法》，但随着央行专项票据在全辖的申请、发行，农村信用社资金压力的缩减，向重点社发放支农再贷款回落较大，全年累放4000万元。2007年辖内累计发放支农再贷款4500万元，累计收回4500万元，没有一笔逾期和欠息，到2008年初受冰雪灾害影响，全辖再贷款余额回升到15954万元，有效地解决了金融机构资金需求。

(4)专项贷款制度

1983年，开办的老少边穷地区发展经济贷款，主要用于国务院确定的“老少边穷”县加快地方经济发展。1985年开办的地方经济开发贷款，根据地方经济开发总体规划，重点用于振兴地方经济，发挥地方经济优势的关键性建设项目。1985年开办的购汇人民币贷款，在人民币贷款额度内，主要用于指定项目或重点企业、重点项目的技术改造。1986年开办的外汇抵押人民币贷款，主要用于流动资金贷款或固定资产投资。1987年开办金银专项贷款，主要用于发展黄金、白银生产的基本建设和技术改造的项目。1988年开办的贫困地区县办企业贷款。

对农村信用社再贷款。1997年1月12日，中国人民银行印发了《对农村信用合作社贷款管理暂行规定》，对农村信用社再贷款管理实行总量控制、限额管理、划分权限、余额监控的方法。人行襄樊市中心支行积极开展对农村信用社的再贷款支持活动。2000年3月，决定采用“点贷”方式安排支农再贷款、紧急贷款。把襄樊市农村划分为救助和发展两个区，运用不同的政策资金，来解决不同的矛盾和问题。具体措施是，用紧急贷款、系统内调剂资金保支付，用支农再贷款促发展。2001年4月，中国人民银行印发《中国人民银行对农村信用合作社贷款管理办法》，对农村信用社再贷款管理进行了规范，实行了“限额控制、规定用途、设立台账、到期收回、周转使用”的管理原则，总行不再规定对款限额的期限，分支行可跨年度周转使用上级下达的再贷款限额。2002 年 3 月，配合全国扩大春耕旺季农村信贷投放，当年，襄樊市对农村信用社累计发放支农再贷款 96250 万元，同比多发放 28750 万元，增长 42.6%。2003 年全市累计发放支农再贷款再创新高，达 12.25 亿元，比年初增加 2.3 亿元，增长 63.89%，为农业经济结构的调整和农民收入的增加提供了强有力的资金支持。

紧急再贷款。对城乡信用社发放紧急贷款。2000 年 10 月 30 日，根据分行统一部署，襄樊市中心支行成立了城市信用社风险防范与处置领导小组和工作专班，专司城市信用社风险的防范与处置工作。2001 年，我们对宜城市农村信用社给予 10000 万元的紧急贷款再次办理了一年期展期手续，保证了该地区农村信用社稳定运转。2002 年针对襄樊市城市商业银行、农村信用社临时资金困难发放紧急救助再贷款 9500 万元。

其他再贷款。系指 1993 年以前对其他银行和非银行金融机构发放的尚未收回的再贷款（简称 93 年前老再贷款）和通过融资中心拆出占用的再贷款。根据武汉分行要求，对 1993 年以前老再贷款进行清理，对 1998—2001 年末的限额指标增减情况进行逐笔核实、清理工作。截至 2002 年底，已收回 1993 年以前老再贷款 3216 万元，占年初余额的 45%。

（5）再贴现制度

1993 年，前的再贴现作为信贷政策手段，主要作用是解决企业拖欠及促进商业汇票业务的发展。这一阶段襄樊市由于商业票据不发达，贴现业务尚处于启动阶段，再贴现的规模一直较小。

1994 年，为加强中央银行宏观调控能力，人总行专门安排再贴现资金，优先支持国家大中型企业和产品有销路、有市场、有效益的国有企业。人民银行襄樊市分行积极组织有关企业和专业银行开展商业承兑汇票的运用和承兑贴现业务，支持襄樊市“龙头”产业汽车贸易的发展，全年共对专业银行发放再贴现贷款 1.5 亿元，是前十年的 11 倍。

1995 年，人总行于 10 月 7 日下发《关于进一步规范和发展再贴现业务的通知》，要求各地切实加强票据承兑、贴现与再贴现业务的基础工作和规模化管理，逐步扩大贴现在贷款总量中的比重。为继续推动商业汇票贴现与再贴现业务在我市的开展，襄樊分行根据省分行加大再贴现操作和引导的力度，将再贴现范围扩大到国家产业政策重点支持的其他行业，再贴现业务总量和范围都比 1994 年有所扩大。

1999 年 9 月 18 日，总行下发了《关于改进和完善再贴现业务管理的通知》，提出要完善再贴现操作体系、扩大再贴现对象和范围、改进再贴现操作方式等，以扩大票据业务，发展票据市场。2000 年 1 月，在人行武汉分行的支持下，以人民银行再贴现做后盾的襄樊市票据贴现市场正式建立，本着适当集中的原则，商业银行在襄樊市区设立了四个贴现中心，经过汇报争取，我市再贴现规模由 2000 年的 1.5 亿元增加到 2.7 亿元，为业务扩张创造了条件。

2001 年，针对前几年再贴现业务发展过程中出现的一些问题，为控制票据业务风险，人民银行系统加强了商业承兑汇票承兑贴现和再贴现业务的管理，从当年 7 月起，人总行开始对票据市场的大整治。随着整治开展，2001 年，全襄樊市再贴现业务量达到最高值，累计办理再贴现 66109 万元，同比增加 29177 万元，增长 79%，余额达到 10058 万元。 2002 年由于对商业汇票及再贴现业务各项规范措施的逐步实施到位，全市再贴现业务量锐减，全年全市累计办理再贴现 6546 万元。

2004 年，再贴现利率再次上调为 3.24%，该利率既高于同业拆借利率也高于转贴现利率，再贴现业务无利润可图，以至全市全年再贴现业务量迅速下降。

(6)窗口指导

1995年以来,每年都要根据全国金融工作会议精神,结合襄樊市金融工作实际,拟定关于做好金融工作支持地方经济发展的意见,提出全市金融工作总的指导思想和具体工作目标。1998年,结合本地实际对有关宏观经济政策和人总行货币政策进行细化,明确金融支持经济发展的工作重点,制定了保障工作目标完成的相关政策和金融服务的具体措施。2000年开始,制定和实施了《襄樊市金融机构货币信贷工作责任制》,同时,还制定了支持中小企业发展和改善对民营经济金融服务的具体措施。为保证这些指导意见的贯彻落实,还建立了重点企业信贷投入情况监测等制度,对重点企业贷款到位情况、中小企业投入、住房建设投入等进行监测,并及时进行督导和协调,将具体措施落到实处。2004年国家针对部分行业投资过度、局部经济过热的情况,采取了区别对待、有保有压、宏观调控的货币信贷政策,做到有保有压,确保货币政策在辖内得到正确的贯彻实施,对过度投资行业如制钢铁、电解铝、水泥等行业过度投资的信贷投放控制。2004年4月25日,为防止货币信贷过快增长,人总行将存款准备金率上调至7.5%。城乡信用社仍执行6%,执行差别存款准备金率的金融机构执行8%。到2006年经经两次上调后,同年于11月,存款准备金率上调至9%。为促进襄樊作为湖北省两大副省域中心城市发展,实现"中部崛起"的目标,2004年,制定和完善《关于贯彻执行货币政策支持经济发展的指导意见》,被市委市政府转发。2005年,制定《襄樊市信贷投向指引》,将信贷投向分为禁止类、限制类和鼓励类三大类,为有效防范信贷风险发挥积极的引导作用。同年,起草的考核奖励办法,被市政府以《关于在全市开展信贷投入考核奖励活动的通知》印发。政府对信贷投放实行奖励,在全省市级还是第一次,被武汉分行认定为机制创新项目。

推动政银企合作,搭建信贷投放服务平台。定期、不定期召开金融联席会、经济金融形势分析会以及信贷管理联席会等,全面了解和深入分析辖区经济金融运行情况,研究和讨论经济金融运行中的热点、难点和焦点问题,并及时向上级行、地方政府反馈。

加大对中小企业的信贷支持力度。中小企业是襄樊这样内陆地市经济发展的主体,但近年来金融机构对中小企业信贷投入全国范围内均呈严重不足状态,为此,国家连续出台多项政策激励措施,人民银行也连续出台信贷工作指导意见,但从襄樊情况看,信贷仍集中于大中型企业,中小企业信贷投入仍显不足。2004年10月份在市南湖广场成功举办了"2004年度企业项目、金融产品推介暨银企洽谈会",达成授信协议61.2亿元,签订贷款25.23亿元。为了解决企业办理贷款时行政审批与收费环境不佳,制约着信贷投放的扩大的问题。

引导支持小额贷款。2004年11月8日,湖北省劳动和社会保障厅、湖北省财政厅、人民银行武汉分行、湖北银监局联合发出加快推进下岗失业人员小额担保贷款工作的通知,要求简化审批程序,重点依托街道社区对申请小额担保贷款的下岗失业人员进行核查,变层层审批为集中各相关部门到街道社区试行"一站式"办公,加快小额担保贷款发放进度;明确提出各地区要在试点的基础上,积极推进信用社区建设,建立社区信用担保机制。2004年,建立了"督办协调会制度",定期或不定期地会同市劳动就业局、财政局和所辖金融机构就此项工作进度情况、存在的问题以及下一步工作措施等进行讨论和协商;当年落实并划转担保基金890万元;出台激励措施,明确提出对办理下岗失业人员贷款有进度、有效果的金融机构,人民银行在再贷款、再贴现政策上给予倾斜。当年末,全市小额担保贷款发放余额达到了312.6万元。

引导开展助学贷款。为解决经济贫困家庭子女就学问题,2004年6月8日,教育部、财政部、人民银行、银监会《关于进一步完善国家助学贷款工作的若干意见》改革财政贴息方式,改变目前在整个贷款合同期间,对学生贷款利息给予50%财政补贴的做法,实行借款学生在校期间的贷款利息全部由财政补贴,毕业后全部自付的办法,借款学生毕业后开始计付利息;延长还贷年限,实行借款学生毕业后视就业情况,在1至2年内开始还贷、6年内还清的做法。并在同年9月3日,中国人民银行、银监会,《关于认真落实国家助学贷款新政策保证高校贫困新生顺利入学的通知》鼓励农村信用社、城市商业银行和其他中小金融机构积极为高校贫困新生提供生源地小额贷款支持。在2004年年初在辖内老河口市组织农信社试办"生源地助学贷款"业务,并根据试点经验形成了《老河口市农村信用社助学贷款管理办法》,该《办法》还首次将市区经济贫困生纳入支持范围。2005年会同教育、财政出台并实施了《襄樊市市属院校国家助学贷款实施方案》,在全省率先启动"市属高校国家助学贷款"项目,连同此前出台的地方财政贴息的《襄樊市生源地助学贷款实施细则》,一起构成了贫困学子顺利完成学业的"绿色通道"。同时,承办了武汉分行、湖北银监局和湖北省教育厅三部门于同年6月28日联合开展的"湖北省生源地助学贷款暨征信知识宣传周"活动,这也是人总行组织开展全国性助学贷款工作经验交流、征信知识宣传及贷款推介活动的首站地,对助学贷款工作展开了强大的宣传攻势。来自人总行、教育部、省委办公厅、武汉分行、湖北银监局、省教育厅的领导,以及省内四家国有商业银行和省农村信用合作社的领导,对活动组织与效果均给予了肯定。经过多次督办协调,促成襄樊学院与农业银行襄城支行、襄樊职业技术学院与建设银行檀溪支行签订了国家助学贷款合作协议。

房地产信贷。1997年10月28日,国家计委、中国人民银行联合发出调整1997年国家安居工程计划的通知,要求确保国家安居工程实施城市配套资金与银行按期同比例足额到位。1998年1月1日起,按照人总行要求,建立起房地产信贷统计报表制度。同年4月24日,人总行进一步要求加大住房信贷投入,支持住房建设与消费。同年5月9日,人总行颁布《个人住房贷款管理办法》,规定不享受购房补贴的以不低于所购住房全部价款的30%作为购房的首期付款,享受购房补贴的以个人承担部分的30%作为购房的首期付款;贷款期限不得超过20年;用信贷资金发放的个人住房贷款利率按法定贷款利率减档执行,其中期限为10年以上的,在3至5年(含5年)法定贷款利率基础上适当上浮,上浮幅度最高不得超过5%;用住房公积金发放的个人住房贷款利率在3个月整存整取存款利率基础上加点执行。1999年4月12日,人总行颁布《经济适用住房开发贷款管理暂行规定》,规定贷款期限由借贷双方协商确定,最长不超过3年;贷款利率按中国人民银行规定的同档次法定贷款利率执行;借款人申请经济适用住房贷款必须提供贷款人认可的有效担保,不能足额提供抵押(质押)的,应由贷款人认可的第三方提供承担连带责任的保证。同年9月21日,人总行调整个人住房贷款期限和利率,贷款期限由现行20年延长到30年;降低个人住房贷款利率水平,由现行按法定贷款利率减档执行改为:5年以下(含5年)按年利率5.31%执行,5年以上按年利率5.58%执行。2002年3月5日,中国人民银行、中国保险监督管理委员会联合发出加强个人住房贷款和贷款房屋保险管理的通知,强调个商业银行在办埋个人住房贷款时,应允许借款人自有选择保险公司,不得强行要求借款人到指定的保险公司投保,各保险公司不得以不正当竞争手段要求贷款银行为其贷款房屋保险。襄樊市房地产金融业务得到较快发展。

2002年下半年,针对房地产投资增幅过高、房价上涨过快等问题的出现。人总行发布了《关于进一步加强房地产信贷业务管理通知》,2003年6月6日,中国人民银行发出进一步加强房地产信贷业务管理的通知,明确规定,房地产开发企业申请银行贷款,其自有资金应不低于开发项目总投资的30%;严格控制土地储备贷款的发放,对土地储备机构发放的贷款为抵押贷款,贷款额度不得超过所收购土地评估价值的70%,贷款期限最长不得超过2年;对借款人申请个人住房贷款购买第一套自住住房的,首付款比例仍执行20%的规定;对购买第二套以上(含第二套)住房的,应适当提高首付款比例。

2.金融监管

1978年改革开放以前,我国实行的是计划经济和"大一统"的银行体制,也就没有现代意义上的金融监管。直到1984年人、工两行分设,人民银行专门行使中央银行职能后,金融监管成为人民银行工作的“主旋律”。1984—1993 年,金融监管工作主要是对金融机构和金融业务制定信贷政策和督促检查政策执行上,监管的主要内容是商业银行的信贷业务经营的规模控制和政策管理,监管的主要手段是行政审批和稽核检查,监管的主要方式是直接控制和行政干预,监管对象主要是金融机构和金融业务活动。在内部设有金融监管部门并且开始实施现场检查,同时为了启动和引导金融市场的发展,自身通过设立城市信用社、开办融资中心(资金市场)等方式参与了金融市场的培育和发展,具有“运动员”和“裁判员”双重身份,这也影响了作为“裁判员”所具有的金融监管职能的行使,也为金融机构风险和人民银行自身风险的产生和累积提供了“温床”。1994—1998 年的金融监管主要是对金融机构和金融业务活动进行逐项治理和整顿规范,先是将人民银行原来自办的扶贫开发贷款等带有政策性特征的专项贷款业务划转到工、农两家国有商业银行,随后从规范金融秩序开始,治理老“三乱”和“新三乱”(老“三乱”即:乱批金融机构、乱浮利率、乱拆借,“新三乱”即乱设金融机构、乱办金融业务、乱集资);规范金融机构经营行为,主要是清理整顿金融机构账外经营和违规经营,查处各种形式的高息揽存,制定和实施金融机构高级管理人员任职资格管理办法,实行金融业管理人员的市场准入审查等。1998 年,人民银行设立大区分行后,金融监管以创建金融安全区为主线,着力构筑“四位一体”(机构内控、行业自律、央行监管、社会监督)监管格局,将风险监管作为监管的主要方向,主要运用金融行政手段和中央银行“最后贷款人”的功能,对金融机构已经发生和即将发生的金融风险进行处置和控制,实行更加严格的准入制度,大规模开展现场检查,逐步强化金融机构内部控制。2003 年,人民银行和银监分家后,金融监管职能基本上全部移交到银监局负责,只保留了与货币政策、金融服务有关的监管职能。人民银行的工作重心转移到贯彻执行货币政策、提供金融服务、维护辖区内金融稳定上来。

(1)机构监管

1984—1993 年,襄樊市的金融机构管理还比较规范,金融机构市场准入、持续管理和市场退出都在人民银行的严格控制之中。1993 年 7 月,中国人民银行下发《关于严格审批金融机构的通知》下发后,人民银行对城市信用社以及专业银行省以下分支机构实行宏观管理,年新增机构指标不得突破;金融机构的增资扩股、经营范围等的变更事项必须严格按照程序报人民银行核准。

1994 年 8 月,《金融机构管理规定》明确了金融机构设立的原则和条件、金融机构审批的权限和程序、许可证管理、资本金或营运资金管理、法定代表人及主要负责人任职资格审查、金融机构的变更、金融机构的终止、年检与日常检查、罚则等细则。但在实际执行中遇到了一些阻力,商业银行机构开始频繁变动,呈现出扩张趋势,机构肩并肩、门对门,“储蓄所比则所还多”就是当时的真实写照。对此,人民银行从 1996 年开始,连续 3 年,每年对金融机构实行年检,同时依靠行政力量,对拒不按期主动处置无证机构的单位实行冻结存款等措施,予以强制撤并,确保了金融机构达到“六相符”(负责人、名称、行政业务公章、地址、金融许可证、对外挂的招牌)。

1996 年 7 月,国务院颁布了《非法金融机构和非法金融业务活动取缔办法》(以下简称《办法》)。《办法》规定:未经中国人民银行依法批准,任何单位和个人不得擅自设立金融机构或者擅自从事金融业务活动,非法金融机构和非法金融业务活动由中国人民银行予以取缔,构成犯罪的,依法追究刑事责任。

1996 年 12 月,开始对商业银行联办储蓄所、代办储蓄所(点)的机构进行清理整顿,并于 1997 年 3 月底前完成了此项工作。

2000 年,以检有成效、逐年提高的思路,对全市 1233 家机构进行了年检,其中,现场抽查机构 887 家,纠正各类问题 97 件,提高了商业银行合规经营意识。在此基础上,理顺了机构秩序,下发了《襄樊市银行机构调整指导意见》,根据经济环境和机构布局,对机构变更、设立、撤并进行严格审批管理,取缔了家无证机构，规范了邮政储蓄机构名称，使机构管理向科学化、合理化迈进。

2003年为促进商业银行营业机构的扁平化管理，及时为其办理审批或申报审批手续。当年及时审批金融机构升格34家，促进了机构扁平化管理的进一步推进。积极支持金融机构按市场运作要求改建内设机构。在全市开展"五星级金融机构评比活动"，在金融机构营业网点推行"便民卡片"服务方式。实施金融资源规划。对已形成的金融机构设立热点区域和新形成的热点区域，在合理范围内，打破机构设立密度限制，根据拟设网点及其管理机构综合管理水平，实施机构变更和准出入，促进金融机构竞争共享金融资源。提高新业务准入效率。对需要审批和报备的新业务，提高审核效率，鼓励金融机构开办新业务。

（2）高管人员监管

"管事要管人"是中国的一大特色。襄樊市从1995年开始，通过建立"金融机构负责人业绩档案"制度，对全市金融系统乡镇办事处、营业所以上的机构负责人都建立了"业务档案"，加强了对金融机构高级管理人员的任职资格管理，先后对6名业绩考评不合格和23名任职资格不合格的管理人员分别给予了建议其上级主管单位撤职或转任职务的处理。中国人民银行湖北省分行对这一做法在全省作了推广。1996年9月，《金融机构高级管理人员任职资格管理暂行规定》发布，对金融机构高级管理人员任职资格、资格审查与管理、资格取消作出了明确规定。1998年，人民银行结合机构年检情况，对未能达标的金融机构支行、支公司的主要负责人进行了"谈话"，其中首批接受谈话的高级管理人员中有5个未通过考核，情况通报全市以后在金融机构高级管理人员中引起了不小的震动。

2000年3月24日，人总行《金融机构高级管理人员任职资格管理办法》发布后。为增强办法的可操作性，促进高管人员自律，借鉴交警部门对司机进行记分考核模式，出台了《襄樊市金融机构高管人员记分考核办法》，该办法依照国务院颁布的《金融违法行为处罚办法》和中国人民银行的相关规定，把市辖各国有商业银行、政策性银行、农村信用社和邮政储汇机构的高级管理人员作为考核对象，致力于防范由金融机构高管人员的不当行为带来的决策风险、管理风险、经营风险和道德风险。这一办法试行以来，有4名支行级高管人员因违反了《办法》的有关规定，受到了相应的行政处分，其中3名"一把手"受到处分，1名"一把手"因"主持制定违反人民银行监管规定的管理制度和考核办法"以及其他事项的违规，被取消了任职资格，并已责成其上级行将其撤职，1名"一把手"因相同原因受到行政记大过处分，1名"一把手"因违规揽存被取消任职资格2年，在全市金融系统引起强烈反响。办法的实施为人民银行规范监管行为提供了操作性较强的依据，净化了金融业的经营环境，推动了金融机构的内控建设。

（3）利率监管

大力整治高息揽储曾是人民银行金融监管的重点之一。1989年，"利率大战"使襄樊闻名全国，全国几个大的新闻单位对襄樊金融机构乱抬利率引发的利率大战都作了报道。1990年2月，人民银行发出《关于强化利率管理的通知》，规定各银行、城乡信用社和其他非银行金融机构，必须严格按照人民银行规定的存款利率执行，一律不准上浮。1990年4月，人民银行发布《关于加强储蓄管理工作的暂行规定》。对储蓄种类、存款范围、储蓄机构及业务和储蓄利率的管理提出明确要求。1991年12月1日开始，根据《关于停止办理新的保值业务的紧急通知》，襄樊市不再办理保值储蓄业务。1993年8月21日，人民银行下发《关于不准擅自提高和变相提高存、贷款利率的十项规定》。1989—1998年，针对高息存款违规手段不断翻新，隐蔽性越来越强的情况，人民银行襄樊市中心支行及时调整监管策略，有针对性地开展监管，先后摸索出突击核打现金库存法、拌装储户现场套存法、空白凭证源头追查法、异常暴增监督兑付法、轮换坐班现场监督法、大额费用跟踪检查法等监督检查方法。1995年11

月《金融时报》以《隆中再唱借东风》为题介绍了襄樊市抓利率秩序监管的做法，为襄樊恢复了名誉。1996年2月8日，中国人民银行发布《关于严肃金融纪律，严禁非法提高利率的公告》。1997年下半年，人民银行又对个别机构乱设储种和超额度发行国债变相抬高存款利率的问题进行重点治理，通过对储蓄统计表的监测分析和现场、非现场的检查核实，对乱设储种、超额发行国债的违规金融机构进行了查处。1998年，开展宣传活动和严查高息行为，将国家利率政策、有关法规通过报纸、电视台、电台等新闻传媒向社会公布，通过召开联席会等形式宣传朱镕基总理批示、人总行紧急通知精神，使“高息揽存法不容，优质服务路自宽”的观念深入到金融机构所有从业人员和广大居民、企业的心中，从而为清理高息存款扫除了障碍。同时，进一步完善利率监管机制，采取常规检查与突击检查、举报查处与巡回检查、检查与处理、利率监管同其他监管相结合的办法，再出“重拳”，坚决制止通过提高存款利率、贴水、支付手续费、协储代办费、吸储奖、有奖储蓄等形式进行高息揽存的行为。1998年全年受理举报247个，组织全面检查两次，日常抽查200余次，共检查金融机构150个，涉及金额13亿元，先后对查实违规吸储和高息兑付的10家金融机构给予通报批评，对11位责任人进行了处理，其中：3人行政记大过处分，并分别给有关当事人及单位进行了经济处罚。1999年后，襄樊市的高息存款行为已杜绝，利率秩序保持平稳，整顿金融秩序的成果得以巩固。

对贷款利率监管主要采取了三条针对性措施。首先，广泛开展宣传活动，提高政策透明度。运用报纸、广播和电视等新闻媒体，采取开辟专栏、答记者问、走上街头等形式广泛宣传利率政策。1997年6月中旬，人民银行牵头组织了100多家工商企业140多名负责人、50家金融机构的信贷科长以及政府有关部门领导共210多人参加的利率政策培训班，为人民银行整治高息贷款工作赢得了广泛的舆论支持。其次，认真检查，及时处理违规机构。1997和1998年，人民银行共组织大小型贷款利率检查20多次，共为12家企业清退多收息约1500多万元，及时纠正诸如政策理解错误、协议利率、随意浮动等各类违规行为。1997年，人民银行在接到襄樊市人大批转的反映企业不堪“高息”重负的提案之后，对所提到的湖北制药石、市皮毛石、建昌机械厂、市棉织厂、湖北宝石水泥集团有限公司进行了深入的调查，作出了公正的处理，并形成文字报告，函复市人大提案委员会和每个提案代表。市人大代表赵贵成专门致函对贷款利率监管工作表示理解和感谢，市政府以工作简报形式对人民银行整治贷款利率工作给予了充分肯定；最近，推行监测通报制度，实施预防型监管。1997年4月，由人民银行提议，以市财委、市经委、人行襄樊市分行三家的名义，向市各国有商业银行、30户大中型企业下发了《关于建立国有大中型企业贷款付息情况统计监测制度的通知》，开始对企业的实际利率状况进行经常性跟踪监测和定期通报。对监测中发现的问题，三方共同与贷款行和贷款单位一起磋商解决办法，以此逐步融洽银企关系。通过多方努力，银企相互之间的信任关系得以逐步恢复，企业、银行主动互相协商现象也逐步增多。1998年以来，卫东机械厂、三利达水泥厂、建昌机械厂等一大批企业得到了开户银行的主动降息。市制漆总厂在市工行有2855万元的贷款全部逾期，考虑到该厂的困难，市工行将其中的1051万元转为正常贷款，利率下降近5个千分点，每月少付利息5万多元。

（4）金融风险化解

1997年以来，防范化解金融风险，维护金融稳定成为金融监管的重中之重。

层层签订责任状。把风险防范、维护稳定与各级领导和部门负责人的切身利益挂起钩来，分三个层次签订了目标责任状：第一个层次是由市行行长与班子成员签订“风险防范责任状”，主要是要求管好分管的人、财、物，如果有一条没有达到要求，从奖金和福利中扣责任人1500元，问题严重的按照有关规定给予处分；第二个层次是由市行党委与各县（市）支行的领导班子签订“目标责任状”，把风险防范作为主要考核内容，实行一票否决，年底考核兑现；第三个层次是由行里分管领导与分管部门签订“岗位责任状”，核心是管好资金和印鉴、凭证。风险责任制的建立，增强了令行禁止、依法监管，防范和化解风险的自觉性和积极性。

完善金融监管机制。1999 年，人民银行管理体制改革后，为进一步明确监管责任，制定了《中国人民银行金融监管责任制（暂行）》。建立了监管部门自下而上的非现场检查责任制，建立和完善监管报表的报送、分析和信息披露制度。建立和完善现场检查工作程序。

2001 年 6 月，人民银行《金融监管指南（试行）》对监管的基本标准、程序和做法进行了统一规范。同年，人民银行又制定了《商业银行考核评价体系》，评价内容包括资产质量、盈利能力、资本比率、流动性等指标，涵盖了对国有商业银行风险监管的主要方面。

2002 年 1 月 1 日起，在国有商业银行全面实施贷款质量五级分类管理。2002 年 6 月，人民银行开始加强商业银行内部控制建设，督促商业银行建立良好的公司治理结构，实现稳健经营和可持续发展。作为全省试点之一，人民银行在枣阳市工行开展的金融机构内控制度建设评判试点工作，对全市各金融机构加强内控到了推动作用。

依规治理社会集资。1997 年，人民银行多次与谷城县政府交涉，促使该县停止了集资并兑付到期集资款。1998 年 1 月，该县集资又抬头，人民银行及时向上级行、市委、市政府作了汇报，向谷城县政府讲明了非法集资的严重后果，并帮助该县制定了稳妥的清退方案，由于人民银行动之以情，晓之以理，严之以法，得到了谷城县政府的理解和配合。2000 年依法查处了谷城县财政局等 3 起乱集资活动，涉及金额 8600 万元；查处襄樊市氮肥厂等 4 起企业内部高息集资活动，涉及金额 760 万元；劝阻了湖北省一建公司设计院等 8 个单位拟从事的违法集资活动，初步扼制住了社会金融风险苗头，在全市营造了“集资非法、责任自担”的氛围。还坚决取缔了襄阳县工商联太平店镇、黄渠河镇、法龙镇等 3 个乡镇会员资金互助会，对其非法吸收的 248 万元存款和发放的 200 多万元贷款，均分别依照国务院第 247 号令和整顿“金融三乱”的有关政策规定，责成相关部门妥善进行处理。2003 年先后妥善处理了“谷城县白水峪电站非法集资”的历史遗留问题；“襄樊拓新股份有限公司”出现的厂内集资和“襄阳区张湾镇街道居委会”出现的个人民间借贷问题，净化了辖区金融运行环境。

及时化解地方金融机构风险。全市的地方性金融机构有 3 家，一个是当时的襄樊市城市信用社，另一个老河口市的永生城市信用社，再就是全市的农村信用社。1998 年 10 月 25 日，国务院办公厅转发了《中国人民银行整顿城市信用合作社工作方案》。该文件确定整顿城市信用社工作主要内容包括：清产核资；化解风险；规范改造，完善行业管理机制；加强监管，真正落实民主管理和民主监督机制。11 月 4 日，中国人民银行发布了《关于进一步做好农村信用合作社改革整顿规范管理工作的意见》。该文件指出，农村信用社改革整顿规范管理工作由中国人民银行统一负责。在化解地方金融机构风险上，人民银行首先是建立风险监管报告制度。其次是反应敏捷，处置得当。再就是发挥“最后贷款人”的作用，想方设法调剂资金保支付。1997 年 10 月老河口永生城市信用社，1998 年枣阳巨星城市信用社，2001 年宜城部分农村信用社都曾出现过支付风险，人民银行及时向市委、市政府汇报，督促这些地方性金融机构采取增存压贷、增资扩股等措施，并呼吁当地市委、政府出面帮助拆借资金，从而迅速化解了支付风险。2000 年 3 月，宜城市雷河、南营信用社先后出现了严重的支付困难，人民银行接到报告后，随即批准动用存款准备金 1 000 万元、再贷款 1 400 万元，及时化解了这一风险。进入 4 月份后，宜城市农村信用社保支付的堤坝全线崩溃，人民银行又及时向武汉分行起草紧急救助报告，分行很快核批 5 000 万元救助贷款，6 月份再次向武汉分行申请进一步的救助，分行很快又核批 5 000 万元，确保了信用社的日常支付。

1999—2000 年，人民银行配合政府部门，开展农村基金会清理工作。在清理整顿基金会工作中，首先成立清理整顿农村基金会工作专班，重点是搞好检查督办、业务指导、组织推动、上传下达和信息反馈，并明确工作规程；其次，培训人员，规范操作程序。编制了《农村合作基金会清产核资指南》和《农村合作基金会操作程序》和《关于清产核资中应注意的问题》用于规范清产核资操作；再次，把握政策导向，全面开展宣传。统一宣传口径，借用各种宣传媒体和其他传播手段，开展全方位、多层次、多角度、永久性的宣传活动。在清整农村基金会期间，全市共书写和张贴标语2560处，挂宣传牌660块，印发宣传资料8万余份。把国务院清整家村基金会的决策和农村信用社的性质、地位、职能、作用等内容讲深、讲透，使广大干部群众了解政策，澄清是非。最后，全面介入，扎实工作。在时间紧、任务重的情况下，全市共抽调293名行社干部，全面介入清产核资工作，各县市从本地实际出发，采取了灵活多样而又各具特色的清理整顿办法，开展清整工作。

2001年12月，国务院颁布了《金融机构撤销条例》，对金融风险较大的金融机构实行特别监管，这更加有助于稳妥地化解金融机构风险。2001年7月30日，老河口永生城市信用社开始停业整顿，2002年1月10日，武汉分行下达撤销决定，其全部存款并入了老河口农村信用社，贷款移交给了当地财政部门；2001年3月31日，枣阳巨星城市信用社并入了当地农村信用社；2007年9月16日，襄樊市城市信用社更名为襄樊市城市商业银行。这也标志着化解地方金融机构风险取得重大成果。

清收化解人民银行自身资金包袱。面对人民银行自身的资金包袱，在统一思想，振奋精神，加大清收人员的压力和责任感，避免债务悬空的基础上。采取落实债务，分类清收。对有一定还款能力的欠款单位，采取签订还款协议，落实还款日期的办法，逐步清收；对有赖债的单位，坚决向法院起诉，依法清收；对机构变更或债权债务关系不明晰的，则把工作重点放在资产促使上。同时，抓住政策机遇，利用专项贷款划转、全国证券回购资金清欠等时机，在商业银行的理解、上级行的支持下，解决了大量基层人民银行自身难以解决的资金包袱问题。2000年，加大了清收欠款执行力度，多次与省高级人民法院、总行清欠办、武汉证交中心等部门联系、汇报，取得了他们的支持与配合，先后从全国清欠办和武证交收回欠款本金2403万元，利息958万元。同时，加强债权管理，防止逃债废债。多方与人民银行海口中心支行及海口市工商银行联系，及时在海口工行进行了海南琼山金海城市信用社500万元国债回购的债权登记，掌握了人行、工行对其资产清理工作的进度，为收回欠款打下了基础。2004年按照人员集中，业务分立的原则将“两办”(中支清收原湖北证券公司襄樊代办处清收办和原湖北资金融通中心襄樊市融资办清收办)人员和货币信贷科人员实行统一领导，统一调配，清理账户，归并资金。原清收回来的资金也得到了相应归并，并将集中起来的资金上划归还了再贷款，于2004年7月21日及8月16日先后两次共归还人民银行再贷款1443万元。采取措施，积极清收，积极会同当地法院执行部门，通过法律手段，已收回了宜昌商业银行的600万元欠款。对贵州省铜仁地区财政局的205万元的欠款也作了妥善处理。根据《中国人民银行办公厅关于向汇达资产托管有限责任公司移交待处理资产的通知》要求，认真做好资产移交各项工作。

（5）稽核监督

稽核监督是监管最有效的手段之一。1995年以来，人民银行湖北省分行一直把襄樊市人民银行稽核监督树为全省的稽核先进典型，两次被襄樊市政府评为内审工作先进集体，1997年，被人民银行总行稽核监督局评为全国先进集体。1998年，共完成稽核项目17个，参加稽核人数达358人次，完成工作日6210个，稽核机构160家，查出违规金额17亿元，提出有效整改意见98条。1997年，根据人民银行总行、省分行进行信贷资产五级分类的试点情况，撰写的调查报告，引起了总行稽核监督局的重视，邀请市人民银行参加总行在北京召开的资产五级分类国际研讨会。2000年4月12日，《中国人民银行真实性检查实施方案》下发后。人民银行从2000年4月起，用一个的时间，对被监管的金融机构1999年年末贷款质量、盈亏、内控制度、高级管理人员任职资格等四方面进行了检查。

2003年，襄樊银监分局正式成立后，实行系统内垂直管理，承接原人民银行襄樊市中心支行银行管理科和合作金融管理科的监管职能，对政策性银行、国有商业银行、邮政储蓄以及农村信用社进行监管。辖内6个县(市)成立的监管办事处，作为襄樊银监分局的派出机构，按照襄樊银监分局统一安排开展有关监管工作，不具有独立的监管职能。在专业化的监管体制下，襄樊银监分局秉承银监会“管法人、管风险、管内控和提高透明度”的监管理念，在加强对银行机构合规监管的基础上，把监管的重点放在风险的防范和化解上。遵循“准确分类—提足拨备—做实利润—资本充足”的持续监管思路，建立了市场准入、现场检查、非现场监管“三大板块”，对银行业金融机构的监管方式和手段发生了重大变化。

（1）监管法制建设

2004—2005年，建立新的监管制度，夯实监管执法基础。在分局内部，成立了行政许可委员会、行政处罚委员会和行政听证委员会，制定专门的工作规则及《襄樊银监分局执法再监督制度》《襄樊银监分局责任追究制度》《关于认真执行廉洁自律各项规定及工作人员行为规范的通知》等监管执法制度，对监管行为进行严格规范。在监管业务方面，针对农业发展银行政策性和商业性贷款分类问题，制定了《分类监管监测指标体系》《贷款风险管理办法》等10个监管试点实施细则，形成了一整套涵盖农发行信贷业务的监管规程；在推进邮政储蓄资金分账管理工作中，制定了《邮政储蓄分账核算试点实施方案》《邮政储蓄分账管理实施细则》和《分账核算试点工作奖惩办法》等制度，为邮政储蓄改革提供了制度保障。按照湖北银监局市场准入监管的考核要求，制定《市场准入监管会签制度》《高级管理人员履职信息库管理制度》《高级管理人员任前巡查制度》《关于贯彻落实湖北银监局有关进一步加强和改进现场检查项目责任管理的实施意见》《关于贯彻落实湖北银监局有关进一步改进和加强市场准入考评工作的实施意见》等配套制度，确保了市场准入、现场检查、非现场监管等监管行为规范有序。

（2）市场准入监管

机构管理。银监分局成立之初，负责监管辖内银行业金融机构835个，其中，农发行9个、工行85个、农行158个、中行41个、建行73个、城市信用社3个、农村信用社302个、邮政储蓄164个。2004—2005年，支持银行业推行机构扁平化管理，整合机构资源。为全辖银行网点换发新版“金融许可证”，取消了老版许可证的正副本制度，不再发许可证副本。2005年，审查批准银行业分支机构设立1个、机构变更74个、撤销30个，审批临时停业13项。年底，全市银行业金融机构网点共有732个，其中：农发行9个、工行62个，农行134个、中行38个、建行69个、城市信用社4个、农村信用社249个、邮政储蓄167个。

高级管理人员监管。一是核准类高级管理人员。包括：政策性银行与国有商业银行支行行长，城市信用社分支机构高级管理人员，农村信用合作社和农村信用合作社县（市）联社高级管理人员。上述人员的任职资格由银监分局受理并核准。二是初审类高级管理人员。包括：政策性银行与国有商业银行的二级分行正、副行长，城市信用合作社法人社理事长、副理事长、主任、副主任。上述人员任职资格由银监分局受理并提出初步审查意见，报湖北银监局核准。邮政储蓄高级管理人员暂时未纳入资格管理。高级管理人员任职资格审查采取考察、考试和谈话制度，拟任人考察由银行机构负责，考试和谈话由银行监管部门负责。2005年，银监分局核准高级管理人员任职资格50人，其中：农发行2人、工行5人、农行5人、中行3人、建行16人、城市信用社4人、农村信用社15人。

业务监管。在对银行机构进行机构准入审批时，要同时审批银行网点的业务范围。已设立的银行业金融机构调整业务范围和增加业务品种的，也要报监管部门审批。2004—2005年，银监分局对枣阳、老河口农村信用联社申请开办汽车消费贷款业务进行了审核和备案。

(3)现场检查

2004年,按照银监会和湖北银监局的统一部署,组织开展了20项现场检查,主要包括:国有商业银行票据业务及教育储蓄业务检查、农村信用社序时性全面业务检查,农村信用社在建和拟建项目固定资产贷款检查,农村信用社最大十户贷款管理检查,邮政储蓄中间业务、机构管理、内部控制检查,城市信用社资产质量和信贷管理检查等。此外,还对农发行进行了全面性检查,检查内容为:市场准入情况,信贷资产、非信贷资产和表外资产的真实性、合规性及风险状况,负债业务、所有者权益的真实性、合规性,新增亏损挂账、挤占挪用贷款的真实性和企业逃废债情况,内控制度的系统性、完整性和有效性等。同年8月,由于国有商业银行教育储蓄业务违规问题严重,对工行、农行、中行、建行进行了行政处罚,分别罚款6万元、8万元、5万元、5万元。同年12月,对襄樊市邮政局邮政汇兑网点违规开办储蓄业务问题作出罚款5万元的行政处罚。同年,还针对农村信用社部分基层社高级管理人员违法违规问题,对5名责任人分别作出了取消2至5年高级管理人员任职资格的决定。

2005年,主要开展了国有商业银行贷款分类偏离度、已清理土地和固定资产投资贷款项目、中间业务、个人消费贷款业务以及邮政储蓄业务、农村信用社增资扩股真实性以及城市信用社信贷资产质量等24项现场检查,查出各类违规及风险性问题135个,发出《金融整改意见书》16份、《金融监管警示书》8份,有针对性地召开监管会谈38次。在现场检查中,除督导银行机构对违规问题进行及时整改外,还对一些严重违法行为进行了行政处罚。6月,就市邮政局对非储蓄部门机要站下达储蓄存款任务,并在利息之外按千分之二和千分之五分别核发创收奖、发展奖的违法行为,作出罚款10万元的行政处罚决定。

(4)非现场监管

非现场监管是监管部门在定期或不定期采集被监管机构相关信息的基础上,通过对监管信息的分析处理,持续监测被监管机构的风险状况,及时进行风险预警,并采取监管措施的过程。重点监测内容包括风险管理、内部控制、资产质量损失准备、风险集中、关联交易、资产流动性等。通过非现场监管分析和报告的形式向领导提供监管决策和开展现场检查依据,对非现场监测分析的结果通过约见谈话和审慎监管会议的形式向监管对象进行反馈,并进行风险提示和预警。银监分局成立后,整合监管统计资源,对报表实行归口管理,解决了被监管单位多头报送的问题。

(5)金融风险处置

2004—2005年,以强化内控约束、严防操作和道德风险为核心,组织开展案件专项治理活动,督导辖内银行机构认真贯彻落实银监会案件防范"十三条"规定,严控各类案件。两年来,全辖案件防控态势整体平稳,没有发生百万元以上案件,银监分局对建行襄樊新春支行员工宗某携公款56万余元潜逃案作出了行政处罚,督促有关银行机构进行了整改。

此外,根据银监会明确的"协调预警—组织认定—配合处置—监督报告"原则,建立了处置非法集资动态监测体系。对历史遗留的谷城县白水峪水电站、谷城县庙子头水电站和老河口市特种钢材经销公司三起非法集资案,按照"严守政策、严密监测、分步处置、确保稳定"的原则,采取"查清底子、区分情况、个案处理"的方式,推动当地政府分别成立了处置工作领导小组,制定了处置方案,采取得力措施防范和化解风险。截至2005年底,谷城县白水峪水电站及谷城县庙子头水电站非法集资余额为28337.2万元;老河口市特种钢材经销公司非法集资余额为853万元,比2003年底下降30.76%。

(6)不良贷款监管

1998年前,银行业对贷款分类实施"一逾两呆"法,即按照贷款逾期时间的长短将贷款划分为正常贷款、逾期贷款、呆滞贷款和呆账贷款四类。1998 年后，银行业对贷款分类逐步实施“五级分类”法，即按照贷款风险程度的不同将贷款划分为正常、关注、次级、可疑和损失五大类，其中后三类合称为“不良贷款”，主要是在国有商业银行中推行。襄樊银监分局成立后，按照银监会的统一部署逐步将“五级分类法”推广到城市信用社、农村信用社等各类银行业金融机构，并将不良贷款作为银行资产质量的重要监管指标，通过签订监管目标责任书、现场检查不良贷款核销情况以及高级管理人员履职评价等方式，督导银行机构加强不良贷款管理，利用政策积极剥离不良资产，严格控制新的不良贷款发生，促使全辖银行业资产质量逐年提高。

2004 年，全市普遍实现了不良贷款双降目标，不良贷款余额 121.68 亿元，比年初减少 8.4 亿元；不良贷款比例 40.7%，比年初下降 6.28 个百分点。其中，农发行、工行、农行、中行、建行五家银行“不良贷款”（五级分类）余额 110.83 亿元、比年初减少 11.11 亿元，不良贷款比例 42.52%、比年初下降 6.32 个百分点；城市信用社不良贷款（四级分类）余额 1961 万元、比年初减少 30 万元，不良贷款比例 3.83%、比年初下降 0.14 个百分点；农村信用社不良贷款（四级分类）余额 10.65 亿元、比年初减少 584 万元，不良贷款比例 32.33%、下降 5.69 个百分点。

2005 年，全市银行业不良贷款双降进度进一步加快，政策性处置措施发挥了关键作用。工行初步完成股改的资产重组工作，一次性剥离资产 44.5 亿元，使不良贷款率降至 0.97%，比年初下降 50.26 个百分点；农村信用社通过对不良资产的票据化置换，损失类贷款全部销账，比年初减少 5.06 亿元，不良贷款比例 14.49%，下降 12.85 个百分点；不良贷款比例较低的银行机构加大新增贷款的管理，避免因管理不到位造成新的贷款风险和损失，中行、建行、城市信用社的不良贷款完全控制了反弹，不良贷款比例分别为 0.75%、2.8%、2.48%。2005 年末，全市不良贷款余额 79.63 亿元，比年初减少 42.04 亿元；不良贷款比例 28.83%，比年初下降 11.9 个百分点。

（7）法人机构监管

2004—2005 年，襄樊辖内的银行业法人机构包括城市信用社和农村信用社两类。

城市信用社监管方面认真督导襄樊市城市信用社进行内部管理改革，健全法人治理结构。围绕“精品银行”的目标，督促并帮助其明确发展目标及市场定位，规范公司治理、强化内控约束，完善资本补充机制、严控投资风险，健全激励机制、增强发展活力。2005 年，推动城市信用社按现代金融企业法人治理的要求，对高级管理层进行了调整，内控机制及发展能力进一步加强。年底，该行存款 10.16 亿元，贷款 7.21 亿元，不良贷款比例严格控制在 3%以内，利润 1727 万元，拨备率达到 86%。

农村信用社监管方面。根据《国务院办公厅关于进一步深化农村信用社改革试点的意见》和银监会《关于农村信用社以县（市）为单位统一法人工作的指导意见》等文件精神，遵照“明确产权、理顺关系，健全结构、规范治理，补充资本、壮大实力，明确方向、稳健发展”的原则，组织全辖农村信用社开展清产核资、增资扩股、申请中央银行专项票据,大力推进农村信用社统一法人改革。2005 年，先后审批了老河口、枣阳、谷城、南漳、城区、宜城、保康 7 家联社的增资扩股事项，进一步壮大了资金实力。在此基础上，选取谷城县为先行试点，以县联社为单位进行统一法人管理，并于 2005 年底正式挂牌运行。

3.货币

（1）货币发行

1979 年以来，人民银行襄樊市中支货币发行部门充分发挥管理和服务职能，逐步建立完善了现金供应监测、分析、报告制度，能准确预测一定时期内现金需求情况。建立商业银行存取现金预约制度，在掌握商业银行现金需求情况的同时，科学编制发行基金需求计划，不断提高现金分析和预测水平，现金供求预测平均准确率达85%。构建了人民币流通状况监测网，中支在市区建立了5家金融机构、10家企事业单位监测网点，每个支行建立2家金融机构、5家企事业单位监测网点，在全市建立57个人民币流通状况监测网点，定期收集反馈流通中人民币券别结构和需求、整洁度等情况。加强调拨管理，针对襄樊现金季节性大投大回的特点，充分运用货币金银管理信息系统，加强现金动态监测，积极主动地开展调拨工作，在现金大投放时期，根据发行库容量，尽量提前摆放发行基金，满足供应。在灾害天气时期，发行部门随时关注天气预报和发行基金投放回笼情况及发行库存变化情况，并与保卫后勤部门加强沟通，每天向分行货币金银处汇报情况，做好发行基金调拨的一切准备工作。在灾害期间个别路通的日子，中支及时调拨发行基金，使辖内各发行库发行基金库存量一直在安全线以内，完全满足社会现金需求。1979年，襄樊市面流通的人民币是中国人民银行1962年4月15日开始发行的第三套人民币，并与第二套人民币分币在市场上混合流通。流通的人民币面值有：10元、5元、1元、5角、2角、1角、5分、2分、1分计9种。硬币面值有1元、5角、1角、5分、2分、1分6种。1980年4月，中国人民银行发行1角、2角、5角3种铜辅币和1元镍币，因数额较少，多为私人珍藏，市面很少流通。

从1987年始，襄樊市货币发行部门认真做好新版人民币的发行宣传工作。1988年就调回发行基金12556万元，使5611万元的第四套人民币得以顺利慎重发行。

(2)货币流通

襄樊市金融系统根据不同时期的实际情况灵活调度，使货币流通量与辖区内经济发展相适应。襄樊市是传统的农业大市，同时也是一个正在崛起的新兴工业城市，货币发行量随经济增长逐年增加，随国家经济政策和辖区经济金融发展水平影响，在净投放和净回笼之间转变，1999年达到顶点，净投放15亿元，以后净投放逐年下降，至2003年转为净回笼并逐年大幅度增长。

1979—1982年，襄樊市紧紧围绕国民经济“调整、改革、整顿、提高”的八字方针，努力调整工业结构，促进农业发展，搞活商品流通，本地货币流通量在增长但现金呈回笼态势。1982年，襄樊市工业总产值11.48亿元，比1978年翻了一番，社会商品零售总额达17602万元，比1978年增长35.36%；但回笼货币五年累计达到13676万元。

1984年，襄樊市农业生产形势好，农副业总产值达23亿元，其中，粮食产量达32.25亿公斤，比1983年增长8%，棉花产量达158万担，比1983年增长10。6%，乡镇企业产值达3亿元，比1983年增长55%。但当年也出现了信贷失控、现金投放过多的情况，全年现金由以前的净回笼变为净投放2.58亿元。为了保证市场现金供应，促进农村产品收购工作进行，人民银行襄樊市支行积极协助各专业银行加强现金计划管理，认真进行现金收支的匡算工作，同时，加强了货币的发行调拨工作，从而保证了市场现金供应，有力地支持了农副产品的收购。同时，支行还派出调查组深入随州、宜城等县市进行了广泛的货币投放、回笼情况的调查，调查表明，襄樊市1984年现金投放量大的主要原因：首先，全市1984年工业总产值比1983年增长15.7%，预算内企业实现利润比1983年增长15.8%，因此，工资性投放现金52 400万元，比1983年增加7 600万元。其次，农业生产大丰收，农副业产值比1983年增长15%，因而对农村现金投放达93 100万元，比1983年增加3 500万元。第三，由于出差补贴、会议补贴费用调整，当年比上年多投放现金3 300万元。

为了减少现金流通，支行通过增加信用流通工具，改进结算方式，在各县市推行了“农副产品收购定额转账支票”结算，这种转账凭证，既可在当地购货，也可作为储蓄存款保存，灵活方便。1986—1988年，襄樊市所辖八县市在夏秋两季农副产品收购中办理了8万多笔，金额达8 900万元，比较适应襄樊市经济发展快、现金运动量大的特点，群众满意，单位欢迎。

为了减少货币流通量，支行计划部门与会计、发行部门积极配合，对专业银行的农副产品收购资金实行了专户管理，在继续推广定额转账支票结算的同时，推行了“农副产品委托书”、“转账付款委托书”等新的结算方式，大大减少了现金使用量。根据调查，秋季收购非现金结算额占收购资金总额的40%以上，大大缓解了农副产品收购资金的供求矛盾。

1988年，全市各项贷款达到57.73亿元，比1987年增长19.2%，货币投放进入第二个高峰期。为了减少市场货币流通量，支行在9—12月组织了全市现金大检查，查出了库存现金大量超限额、单位坐支、白条抵库、公款私存等问题，有效地控制了全市货币投放量。

1989年，支行按照适当集中，合理摆布、总额控制、分批下拨的方针，在认真编制全年发行基金调拨计划的基础上，采取现金投放与现金回笼挂钩的办法，切实加强了货币发行基金调拨管理。当年全市货币投放得到了有效的控制，减轻了市场票子过多的压力。

1990年，襄樊市出现了市场疲软、商品积压、通货紧缩，与此相适应，全市货币投放量大幅度下降，至1991年，全市呈现货币净回笼。为了了解市场货币流通状况，从而把握了货币发行工作的主动权，市支行开始建立货币收支信息联系点。

1992年至1993年，襄樊市经济出现了强劲增长的势头，货币投放大幅度增长，现金大收大支，通胀压力释放。1993年以后，我国针对经济过热和通货膨胀，又实行适度从紧的货币政策，坚决整顿金融秩序，由于时滞效应，到1995、1996两年，襄樊市货币又出现回笼。

1997年，全市银行存款增幅回落，贷款增幅加大、投向明显向重点企业和效益好的企业倾斜。到年底，全市各项存款余额193.3亿元，同比少增8.6亿元，增幅为15%。各项贷款余额为234亿元，比年初增加32.5亿元，同比多增11.4亿元，增幅为16.1%。

1999年，由于前几年的经济过热，全市货币投放滞后显现，当年襄樊货币净投放达到创纪录的水平。此后由于我国又出现了消费低迷、生产相对过剩的状况，虽然人总行采取了较为积极的货币政策，但收效甚微，所以市货币投放逐年减少。

2000年以后，襄樊市境内随着汉十、荆襄等高速公路陆续开通和火车提速、机场改造，襄樊市已成为鄂西北的重要的交通枢纽和物资集散中心。大量的现金由周边地区流入襄樊，襄樊市现金回笼量增长远大于投放量增长，2003年正式成为货币净回笼地区。襄樊市农行作为服务长虹食品城、光彩建材大市场、汽车城等襄樊市大批发市场的主力金融机构，成为货币回笼的主渠道。

(3)货币管理

1986年，中支发行库面对人员少、业务生的情况，充分发挥业务骨干的作用，认真学习业务知识，熟悉规章制度，苦练基本功，提高点钞技术。全年从上级调入发行基金和回笼货币45319万元，其中收入破币3811万元。针对过去工作中的问题，发行部门共同会诊，研究改进措施，取得了较好的效果。如以往由于点款卡把不准，出现了事故而分不清责任，他们查找到原因后，改为代号管理，即会管人员按顺序编号，验捆卡把，盖上各自的代号章，出现差错，明确责任。

1987年，发行部门共从上级行调回发行基金8 800万元，国库券1 715万元，复点损伤券3.7亿张，计3 890万元，破币回笼40 330万元，比1986年同期增长5.2%，上介损伤券38 970万元。当年，按照分行发行库达标升级的考核办法和《关于开展1997年度发行库安全检查的通知》的要求，按照七大类共43项的检查标准，督促分行发行库和各县市支库进行了自查和整改，并对部分支行进行了检查，从而使人民银行发行库安全得到了保障，实现了人行分设以来又一个金库安全年。

1989年，发行部门在认真编制全年发行基金调拨计划的基础上，采取现金投放与现金回笼挂钩的办法，切实加强了货币发行基金调拨管理。并对各县市支行库房规范化管理情况组织了两次检查评比，建立了各项制度。对票币和有价证券实行了货架堆放、挂牌管理。基本上实现了操作程序化、管理制度化、消除了隐患、确保了库房安全。全年共办理出入库1400多次，出入库金额69988万元，发行国库券等有价证券7054万元；复点损伤券3479万元，上介损伤券2239万元。既保证了现金供应，又保证了安全。

1990年8月，针对社会上仿造人民币等违法犯罪活动日益猖狂，而襄樊市专业银行所使用的验钞机在一次鉴别百元钞票时分辨不出真伪的情况，及时向上级行撰写了《分辨不出真伪的验钞机应取缔》的情况反映，省分行根据反馈的信息下发了鄂银发〔1990〕332号文件，要求各级人民银行和专业银行，今后必须到专业厂家购买验钞机仪器，以免给国家财产带来损失。

1990年下半年，发行部门为了加快残破币回笼，提高市场人民币的整洁度，在全市金融系统开展了“五好钱捆”等评比活动，全年办理出入库1533次，其中现场堵住差错4次。复点打洞上介销毁破币23173捆，超额分行下达任务的59%。

1990年是襄樊市发现假币最多的一年，也是新中国成立以来面临的第二次反假币斗争高峰，在各级领导重视下，为了争取斗争主动，货币发行部门坚持“内紧外松”的原则，加强了识别假币的技术培训工作，先后进行反假培训班32期，受训人员达1500余人，增强了财贸职工反假意识和反假技能。到年底，全市收缴各种假币317张。

1992年，根据国家规定，假人民币由中国人民银行开始统一管理、销毁，其他部门收缴的假币及票样上缴中国人民银行。货币发行科开始全面负责辖内假人民币及票样的管理和销毁工作。

1985年至1993年，发行部门开展发行库房规范化管理达标活动，提高管理质量，堵塞各种漏洞，做到了执行制度经常化，操作程序规范化，账簿设置完整化，库款摆放条理化，款、账、证表质量标准化。发行业务规范化管理工作一年一个新台阶，1993年在全省发行库达标升级考核中，市中心支库和六个县(市)支库中有两个被评为二级库，五个被评为一级库。

1995年，发行部门通过采取“一严三加强”措施来确保金库的绝对安全。“一严”就是严格出入金库制度，重新换发了查库证，严格按照库房规范化管理的要求，杜绝一切管理漏洞。“三加强”即加强对发行队伍的管理。注重提高他们的政治素质和业务素质，加强经常性的思想政治工作和思想教育，建立了一支可依赖的发行队伍。加强发行人员思想工作。

1997年，分行把加快改造管理信息系统微机联网，全面提高微机操作水平作为推进货币发行电子化进程的主要工作来抓。在科技部门的支持下，微机联网当年正式运行。至此，全市当天反映的货币投放、回笼库存及券别结构情况当天可顺利上报到省分行，为上级决策提供了准确的数字依据。

1998年，发行部门适应人民银行职能转换，搞好服务，继续执行总量控制、适当集中、合理摆布、灵活调拨的前提下，科学合理地安排了全市发行调拨计划。同时，针对市场票币结构不合理，辐币市场短缺的现象，采取对上联系，对下摸底的方法，及时掌握各行对辅币的需求和动态，灵活调拨，适时投放，保证了全市金融机构的零星支付和流通市场正常运转。全年共组织调动辐币2680万元，比1997年多投15%，基本上缓解了市场辅币的供求状况。

1998年，针对当年库款安全管理中出现的大案呈上升的新动向，按照省分行的要求，一是按照库房升级达标的要求，对市辖6个县市进行了三次认真的检查，在检查中发现有些行存在一些不安全因素，并责成立即整改。二是为确保安全，当年10月，分管行长带领发行、保卫科长一行对全辖库房进行了一次全面检查。

2000年底，襄樊市建立反假货币联席会议。反假货币联席会议组成单位：襄樊市市政府、宣传部、公安局、检察院、法院、铁路、海关、工商局、人民银行、工商银行、农业银行、中国银行、建设银行。成立反假货币联席会议日常办事机构。1992年后，中支每年都组织辖内各金融机构开展反假货币宣传活动。在组织日常反假货币宣传的基础上，1998年，根据新颁布的《中华人民共和国中国人民银行法》《全国人大常委会关于惩治破坏金融秩序的决定》，分行大力宣传反假、防假知识，组织反假专班，在金融系统组织播放反假录像片，编写反假币知识材料。当年10月，根据总行的统一部署，组织了声势浩大的反假宣传月活动。到年底，全市金融系统共收缴假币1125张，0.565万元。2003年开始每年组织大型的反假货币“宣传月”活动。在大型反假货币宣传活动中，金融机构各营业网点必须张贴人民币反假宣传画，宣传高潮日统一上街设立宣传点，制造宣传高潮；金融机构各主要网点统一悬挂按中国人民银行制定口号制作的宣传横幅，制作宣传窗；在宣传高潮日各金融机构要统一扎制宣传车，进行流动宣传；各宣传点统一要有宣传横幅、资料、假币样品、彩旗，有专人讲解货币真伪知识；人民银行组织上街检查，督促各金融机构做好宣传活动。各金融机构还利用各种社会活动开展形式多样的特色反假货币宣传工作。各金融机构利用“法制日”“3·15消费者日”“儿童节”等活动开展反假货币宣传，组织对各行业现金出纳人员开展反假技能培训，利用电视、报纸等新闻媒体宣传等。

2000年，《中华人民共和国人民币管理条例》公布以前，银行、司法机关、国营单位都收缴假币，《中华人民共和国人民币管理条例》公布后，只有中国人民银行、公安机关或者办理人民币存取款业务的金融机构可以收缴假人民币。襄樊作为中西部地区，2000年以前流通中假币较少，发现后各部门收缴比较顺利。2000年以后，流通中假币逐年增多，金融机构营业网点在收缴假币过程中经常遇到纠纷。2002年，人行襄樊中支组织辖内办理存取款业务的一线柜员开展了全面的反假技能培训，2002年10月份分两次组织了反假人民币上岗资格考试，共有2974人经考试合格取得反假货币上岗资格。2007年5月19日、20日，人行襄樊中支组织了襄樊市区金融机构临柜人员反假货币上岗资格考试，共有1033人参加考试取得了反假货币上岗资格。随着反假货币宣传活动逐年开展，金融机构人民币收缴手续规范，民众意识提高，金融机构营业网点收缴量逐年提高、纠纷逐年减少。

襄樊是假币由我国东部地区向西部贩运的一个重要通道，辖内假币大要案主要是交通公安部门查获。2005年6月18日，襄樊铁路公安处刑警支队经济犯罪和毒品侦查大队在襄樊火车站查获宋文强从广州贩运的假人民币80270元。2005年9月14日，襄樊市公安局襄城分局卧龙派出所在6路中巴车上查获张俊梅非法持有假人民币21150元。

2004年，人行襄樊中支设立钞票清分点，配备4台大型钞票清分机和一套钞票联机销毁系统。回笼的100元完整券必须经过清分后才能投放。与武汉、十堰、随州、荆门、宜昌、荆州、黄石、孝感、鄂州、黄岗等地区进行了横向调拨，承担辖内全部和湖北省部分回笼100元完整券清分工作。清分过程中开始联机销毁100元券。提高了辖内再投放100元券的整洁度。

(4)金银管理

1982年8月，中国人民银行总行下达《关于恢复销售黄金制品的通知》。1983年6月，国务院颁布《中华人民共和国金银管理条例》，金银收兑、配售一律由人民银行统一经营管理。个人持有的金银，不得计价使用、私自买卖和借贷抵押，只能向国家银行或银行委托机关出售；企业、个人生产的金银，应当全部交售当地人民银行；生产、科研和其他重要项目所需金银，均按计划配售。中国人民银行是国受授权管理金银的主管机关，负责管理国家金银储备，负责金银的收购与配售价格，审批加工、销售金银制品的单位及管理和检查金银市场。到1994年，人民银行襄樊市分行依据国家《金银管理条例》有关规定，认真履行人民银行货币发行部门管理金银的职能，抓好黄金的收购、配售和市场管理工作，十年来共收购金银472.8公斤，配售1929公斤，金银市场从原来的两家零售点发展到目前的23家，年销售量达亿元的综合性金银饰品市场。

1992年，经营、购销金银饰品实行许可制度，禁止个体工商户、私营企业、个人承包性质的单位经营金银外饰品的生产、加工、批发、零售等业务。襄樊市鼓楼商场、襄江商场、鑫融金店、樊城金店占据市区金银饰品绝大部分份额。1998年，发行部门按省分行的要求，对全市的黄金饰品零售网点进行了全面检查，并进行了统一换证，对不符合换证的两家零售网点予以吊销执照，同时配合工商部门对个体银匠进行了严格的审查及办证和换证，从面规范了个体金银饰品加工市场。2000 年 1 月 1 日，白银市场放开，人民银行取消对白银统购统配管理体制，不再管理白银收购、配售业务。2003 年 2 月，国家取消了黄金收购许可、黄金饰品生产、加工、批发业务审批、黄金供应审批、黄金制品零售业务核准、白银进口（境）审批项目，人行襄樊市中支全面不再管理金银业务。

（5）现金管理

1978 年 3—6 月，人行襄樊市支行成立专班，分成两个调查组，到五个基层办事处（营业部）对库存现金进行了全面清理。调查摸底，捆捆梳辫，分类排队，共清出错款 111 笔，金额 2138 元。党总支进行了认真分析研究，相清了借款的真相，因人因事进行了处理。

1979 年，襄樊支行针对本市纺织行业现金管理混乱、资金周转不灵等问题，派出干部配合纺织局采取措施，加强现金管理，定期召开各厂厂长、财务、供销股长会议，分析研究现金使用情况，加强资金调度，收回借支及不合理占款 14 万元。

1980 年，支行把提高出纳工作质量作为一个硬仗来打，党总支分析了全市会计出纳核算质量变化的原因，提出了出纳全年不错一分钱的要求。为此，全行狠抓了出纳的基本制度的执行、固定完善了一套基本操作方法。同时，进一步动员职工学业务、钻技术，大练基本功，全行出纳通过省考核达到一、二级能手的有 27 人。全年共办理现金收付 3.8 亿元，创造了全行安全无差错。其中，襄城办事处 16 名出纳员三年收付现金 2.8 亿元不错一分钱。

1983—1984 年，为适应国家实行“放宽、搞活”的经济体制改革方针，人行对现金管理作了适当适调整，用现额度适当提高、用现范围适当放宽，将结算起点提高到 100 元，并重新核定单位库存现金定额。由于执行中政策掌握难度较大，特别是信贷失控导致现金投放偏多。

1985 年，人行襄樊市分行针对信贷失控、现金投放偏多的情况，严格执行人行总行《关于加强现金管理的几项暂行规定》，加大了对固定资产投资和消费基金管理，组织开展了信贷计划执行情况大检查，对超限额库存现金及时组织归行。9 月，国务院发布《工资基金管理暂行办法》，规定凡发给个人的劳动报酬、津贴、补贴等，一律纳入工资基金管理范围，按批准计划送开户银行监督支付。但由于工资普调、消费基金和货币供应量增长过快，现金投放偏多仍未得到有效控制。

1988 年，人行襄樊市分行组织的全市信贷现金大检查，由于检查组织得力，使全市金融活动中的问题得到充分暴露，现金管理的问题有五个方面，一是库存现金大量超限额。12 月上旬检查有 1914 个单位超额 375 万元，占检查单位的 28%；二是坐支严重，共有 1 462 个单位坐支 1 290 万元，占检查个数的 22%；三是白条抵库现象普遍，有 2 283 个单位白条抵库 1 000 多万元。占检查单位数的 33%。四是公款私存较多，据不完全统计，储蓄中公款私存达 1 023 万元。

1991 年，分行抓住农副产品调销回笼这个重点，从压缩专业银行库存现金等方面入手，搞好现现金管理。全年强化对专业银行库存限额的监控，并通过定期或不定期检查落实库存限额，压缩了现金库存。全年通过查库共回笼现金 4 000 多万元，在一定程度上减轻了货币投放的压力。

1995 年，分行加大了现金供应和管理的力度。划分了现金管理职责。市分行于当年 3 月召开专门会议，划分了人民银行发行、计划、调统等部门现金管理职责，明确了计划部门在现金管理工作中的主导作用，使各部门既明确分工，又相互协作。建立全方位现金管理监测体系。建立了商业银行和人民银行业务库及所辖县(市)人民银行的现金报表体系。坚持做到“三核对”、“双复核”即商业银行出纳部门与人行发行部门、与本行计划部门、会计部门分别核对；对各县(市)人行和市区各商业银行报表进行双线复核、对数字不准又不能说明理由，发行部门根据情节情节轻重，控制其现金供应。加强调度，保证现金供应，根据全市经济发展状况和夏秋农副产品收购情况，科学制定现金计划并严格执行。全行成立发行基金调拨小组，分管行长亲自抓，发行、保卫、行政等部门密切配合，并做到“四保证”即:保证调款用车、保证调款用人、保证调款用人、保证调款安全。1995 年 10 月,该行作为全省二级分行代表参加“中南六省一市”货币发行经验交流会。

1997 年,全市全面推行“两管一查”工作,即在抓好对商业银行用现计划和库存限额的管理外,重点对商业银行现金报表的准确情况施行了普查,使商业银行每月报送人民银行的报表质量有了明显提高。同时,开展了两次现金大检查,通过检查使得商业银行的现金管理水平有了提高。

2001 年底,现金管理职责由计划科调整到位货币发行科,建立了现金专管员制度,督促各金融机构建立健全现金管理制度。先后转发了总行、武汉分行《关于进一步加强大额现金支付管理的通知》《人行武汉分行大额现金支取管理办法实施细则》,要求各金融机构严格加强现金管理,认真落实现金管理的各项制度,特别是大额报备和异常大额现金的报备制度,并建立了专管员责任制。每年开展现金管理情况检查工作,对各金融机构执行大现金报备制度、核定开户单位库存现金情况、非基本账户取现情况、开户单位支取现金用途、限额审核情况进行检查。进一步提高了商业银行对加强现金管理工作的认识,规范了现金管理工作。

2002 年,开通了与各商业银行的信息传输系统,大额现金报备和异常大额现金的报备通过网络直接报备,大大提高了工作效率。这一工作在分行现金管理座谈会上受到分行领导的肯定。

2005 年 5 月,人行总行开发的《货币金银管理信息系统》试运行,作为该系统的现金管理子系统于 2006 年初正式运行,主要功能是将现场检查情况系统录入,以便进行查询、汇总、分析,对各金融机构的现金管理情况进行有效评价,按照有关规定加强现金管理,保证单位、个人客户合规使用现金,防止犯罪分子套取现金进行犯罪活动。

2005 年 8 月,成立以中支行长为组长、分管行领导为副组长的襄樊市中心支行现金管理工作领导小组。领导小组成员由中支办公室、货币金银科、会计科、货币信贷科等部门负责人组成;领导小组下设办公室,挂靠货币金银科。

4.金融市场

(1)融资中心

1987 年 6 月 19 日,襄樊市中心资金市场在樊城长征路(建设银行襄樊市中心支行)正式成立开盘,拆入、拆出资金 1.0048 亿元,外汇调进、调出 124 万美元。1992 年 7 月,湖北金融市场成立前后,各地市(州)、县人民银行都成立了金融市场。1992 年 9 月 29 日,人民银行襄樊市分行召开全行干部职工大会,宣布增设和更改内部机构,并进行了重大人事变动和岗位交流。成立了襄樊市金融市场,从事资金拆借业务。

市场组织架构上,撤销省级以下金融机构违规办理的有形拆借市场机构,各省市成立一家由人民银行牵头的资金融通中心,执行人民银行宏观金融政策,调剂本地区各金融机构资金余缺。省以下部分中心城市设立融资中心办事处,要求所有跨系统、跨地区的资金拆借必须通过融资中心办理。据此,1993 年 2 月 18 日,襄樊市首家经人民银行湖北省分行批准的以资金拆借为主的金融市场正式挂牌。按照人民银行职能转换的要求进行了定位,在经营上,不以盈利为目的,坚持为宏观调控服务,为金融机构服务,为地方经济发展服务。开业半年,即累计拆出拆入资金 5 亿多元,对缓解资金供求矛盾起到了积极作用。同年 6 月,因国务院下发《关于当前经济情况和加强宏观调控的意见》,决定纠正乱集资、乱提高利率和乱拆借,开始整顿、治理乱拆借。据此,人民银行下发《关于进一步整顿和规范同业拆借市场秩序的通知》,采取坚决措施,堵住邪门,打开正道,整顿同业拆借市场。襄樊市融资中心认真贯彻执行金融政策法规和上级指示,做到令行禁止。同时,按照总、分行要求,停止办理了利用拆借资金扩大贷款规模,特别是固定资产贷款规模的业务,同时督促各地人民银行逐步收回了违规拆借资金。因此，接着襄樊市开始了整顿金融秩序工作，要求所有跨系统、跨地区的资金拆借必须通过融资中心办理，致使金融市场业务有所收缩。

1995 年，襄樊市融资办事处贯彻上级行抑制通货膨胀，实行适度从紧的货币政策的方针。在融资品种上适当增大短期资金的比重。减少了较长期限资金的拆出，加快了资金的周转，防止金融机构将拆借资金用于填补信贷缺口或规模外投资，拆借对象限制在专业银行和商业银行。

1995 年，人民银行决定组建全国统一的同业拆借市场，1996 年 1 月 3 日，全国统一的同业拆借市场网络开始运行。人民银行襄樊市分行经湖北省分行同意加入该网。

从 1997 年 7 月份起，襄樊市融资中心办事处按照总分行关于清收逾期资金的要求，采取强有力的措施，实行部门经理承包催促责任制，在全市范围内开展扎实的清收工作。在清收进度上，建立周报制度，每周予以统计、汇总、分析、监控。到 2005 年，襄樊市基本上完成了对融资中心的清理工作，融资中心逐步退出市场。

（2）票据市场

1979 年以前，对商业信用一直采取禁止或限制政策，银行结算替代了商业信用，票据市场不复存在。中共十一届三中全会后，商业信用逐步进入经济金融活动中。1981 年开始，人民银行上海市分行进行了票据承兑和贴现的试点。1984 年 12 月，中国人民银行颁发了《商业汇票承兑贴现暂行办法》，决定在全国开展这项业务，鼓励工商企业之间的商业信用实行票据化。1986 年 4 月，针对当时企业相互之间拖欠货款、占用资金严重、产生连锁反应并已影响社会资金周转和企业生产经营正常进行的状况，中国人民银行和中国工商银行联合下发《关于实行商业汇票承兑贴现办法清理拖欠货款的通知》，并在北京、上海、广州、重庆、武汉、等城市开展用商业汇票承兑、贴现办法清理拖欠货款的试点，允许专业银行对工商企业进行票据贴现，用于贴现的票据限于在商品交易基础上产生的商业承兑汇票和银行承兑汇票，同时允许各专业银行间办理转贴现业务。同年，为了推动票据市场的发展，中国人民银行又颁布了《中国人民银行再贴现试行办法》，开办了再贴现业务。

1994 年底，针对当时一些重点行业货款拖欠、资金周转困难和部分农副产品调销不畅的状况，中国人民银行会同有关部门提出在"五行业、四品种"(煤炭、电力、冶金、化工、铁道和棉花、生猪、食糖、烟叶)的购销环节推广使用商业汇票，开办票据承兑授信和贴现、再贴现。至此，票据业务才开始有所发展。到 1995 年以《中华人民共和国票据法》为标志，有关票据业务的法规和制度逐步得以建立和完善。

2000 年，襄樊市启动票据市场业务，结算渠道的多样化，使票据源比较丰富。增加了对辖区的信用投入，对支持辖区大中型企业融资直到了一定的积极影响。主要表现为以下特点，即：增加了再贴现规模。经过汇报争取，襄樊市再贴现规模由 2000 年的 1.5 亿元增加到 2.7 亿元，为业务扩张创造了条件。增加了再贴现窗口。市区再贴现窗口由原来的三个增加到五个，拓宽了再贴现的渠道。推广商业承兑汇票业务，增加再贴现业务种类。谷城县为解决中小企业融资难的问题，在其辖内试办了商业承兑汇票业务，比较成功，深受党政领导和企业的好评。推动全市商业承兑票据业务的开展，并对商业承兑汇票给予再贴现支持。到 2001 年底，全市累计开具商业承兑汇票 1285 万元，办理贴现 831 万元，办理再贴现 150 万元。此外，规定各行在向人民银行办理的再贴现票据中，本市企业、银行作为出票人、受票人（含背书转让）的票据须占 60%以上。通过上述措施，增加票据融资量，加大了对辖区经济的支持力度。

《中华人民共和国票据法》规定了商业票据需有真实贸易背景，金融机构通过向出票行查询查复、电报、电话、密押等方式查询票据真伪，2001 年襄樊市票据市场业务继续扩大，人民银行再贴现业务发展到顶峰。全市金融机构累计签发银行承兑汇票 151136 万元，同比增加 33827 万元，增长

28.83%，余额达到73709万元，同比增加13924万元，增长23.29%；累计办理票据贴现117230万元，同比增加59290万元，增长102.33%；人民银行累计办理再贴现66109万元，同比增加29177万元，增长79%，余额达到10058万元。较好地解决了企业短期流动资金的需求。2002年后，全国票据市场进入整顿阶段，清查再贴现资金进入股市，再贴现业务全面停顿萎缩，对中小企业、县域经济带来一定影响。由于再贴现率居高不下，高于同业拆借利率，且商业银行本身资金较充足，再贴现业务日益萎缩，但商业票据仍获得了发展较快，2005年，全辖金融机构累计办理票据融资业务65.62亿元，占当期全部贷款累放额的33.73%。

5.经理国库

(1)机构管理

国库是国家金库的简称，是办理预算收入的收纳、划分、留解和库款支拨的专门机构。原则上一级财政设立一级国库。1979年1月至1984年12月，襄樊市国库业务由工商银行襄樊市分行办理。1984年12月31日，人民银行襄阳地区中心支行从工商银行襄樊市分行接手国库业务。

1979—1985年，襄樊市国库业务遵循的主要法规为1950年3月3日中央人民政府政务院公布的《中央金库条例》。1985年国家颁发《中华人民共和国国家金库条例》《中华人民共和国国家金库条例实施细则》，明确国家金库由人民银行经理，但在1985—1986年5月期间，人民银行襄阳地区中心支行一直实行会计、国库、发行合署办公。

1986年5月18日，国库从会计部门分离出来，人民银行襄樊市分行在全省率先成立了国库科，直接经理襄樊市中心支库业务。根据《襄樊市各级国库机构职责》，中心支库设在人民银行襄樊市分行，组织管理全市国库工作；各县市在人民银行支行设立支库，各支库在业务上均属市中心支库领导。襄樊市中心支库在业务上归中国人民银行湖北省分行国库处领导，行政上归本行领导。

1986年下半年，国库科向全辖推广谷城县人民银行单独设立国库股的做法，在县（市）人民银行普遍设立国库股，配备专职国库工作人员，办理国库业务。至1987年底，全市6个县级支行全部建立了国库机构，配备专职国库干部17人。

自1983年中央决定建立分级财政以后，到1984年，襄樊市所辖乡（镇）全部建立起乡（镇）财政。1987年5月，为了解决全市乡（镇）财政有“财”无“库”的矛盾，人民银行襄樊市分行选择了银财机构健全，并有一定管理实践经验的宜城县开展建立乡级金库试点。试点成功后，1988年1月，全市全面开展乡级金库的组建工作。到1989年底，全市共建立乡级金库126个，占应建乡(镇)的100%。

1994年1月1日，国务院决定在全国实行分税制财政体制。为了适应分税制改革，襄樊市中心支库设立了国家金库和地方金库，实行两套班子，一套人马，并适当充实了国库人员。

1999年，根据《关于加强国库管理，建立国库工作新秩序的通知》和《关于国库挂牌有关事项的通知》文件精神，襄樊市国库对外公开悬挂“中华人民共和国国家金库”牌匾。

2005年4月，襄樊市中心支库全面上收了辖内85家乡镇国库业务，由县市支行直接经理，提高了乡镇国库管理水平。

(2)国库业务

1984年12月31日，中国人民银行襄阳地区中心支行从工商银行襄樊市分行接手国库业务，在会计科建立相关账务。

1986年5月，国库从会计部门分离出来，成立中国人民银行襄樊市分行国库科，直接经理襄樊市中心支库业务。将国库账务从会计部门分离出来，通过内部往来科目处理两个部门间的资金划转关系。国库的所有凭证、账表,单独装订、单独保管,整个账务单独核算,自求收支平衡。提出了对财政库款支拨、税务部门集贸分成及库款退付,实行“先审后拨、先审后退”的管理原则,扭转了长期以来人民银行代理国库仅仅为财税部门“办理手续、充当出纳”的被动状况。市中心支库第一次牵头召开了财、税、银、库四家联席会,协调在库款收纳、报介、退付等方面的关系。

1984年,襄樊市全面建立了乡级财政。其后,乡镇经济迅速发展,财政收支逐年扩大,县以下的经收处业务量增加,有“财”无“库”的矛盾也随之出现。为了适应乡镇经济发展的需要,市中心支库大胆提出国家金库县支库向乡镇延伸的思路。1987年5月在宜城县进行试点,在该县16个乡、镇普遍建立了乡级金库。乡级金库建立后,依照《国家金库条例》及《实施细则》办理国库资金的收纳、报介工作。

1987 年 10 月,襄樊市政府在宜城县召开有各县(市)长、财办主任、财政、税务局长、各银行行长参加的现场会,推广宜城县建立乡级金库的经验。市中心支库及时与财政、工行、农行等部门协商,很快落实了代理乡级金库的机构、挑选金库经办人员的工作。金库经办人员从专业银行择优调配,费用由财政部门解决,业务接受县支库领导。金库管理实行专人、专柜、专账,做到统一账簿、统一凭证、统一报表、统一科目。在各方面的配合下,全市从 1988 年 1 月起在所辖乡镇陆续建立了乡级金库,到年底达到 126 个。1989 年,全市各乡(镇)实现财政收入 1537 万元,比 1988 年增长 15.8%,比全市预算收入平均水平增长 0. 35%。襄樊市乡级金库的建立得到省分行、人总行的充分肯定。1992 年 4 月,在总行组织召开的全国国库工作会议上,襄樊市分行作了题为《适应经济和改革发展需要,积极探索乡级金库管理路子》的大会发言。

1985—1993 年, 市中心支库将所辖支库报介预算资金的联行报单纳入襄樊市大同城票据交换,大大减少了通过邮局中转在途资金占压时间。通过制定《税收入库管理办法》,定期开展税款入库大检查等措施,使各项预算收入报介次数由 1985 年的 471 次增加到 1 993 年的 975 次,加速 1. 1 倍。

1989 年 5 月开始,建立了税款入库进度和有关部门压税监测报告制度,通过不同形式适时加以协调与疏导。10 月,在全市国库系统开展了税款入库和国库账务的全面自查,保证当年税收任务的顺利完成。

1986—1994 年,市中心支库坚持“先审后拨、先审后退”的原则,坚持按年度预算计划、用款进度、资金性质、所属会计科目合理支拨库款。对非正常拨款严格审查,凡违反原则的坚决不予办理;对税收退库,严格按《国家金库条例》和财税部门收入退库有关规定办理。凡正常退库的,坚持执行“三级审批签字制”,即有政府、财政、国库领导审批签字,否则不予办理。属于非正常退库的,做到“三个不退”即:超过规定范围的不退,超越批准权限不退,不符合规定的不退。 1986 年以来,全市审查非正常拨款 660 笔,金额 6210 万元. 堵住不合理退库 169 笔,金额 1 862 万元,落实专款专用 600 笔,金额 45048 万元。

1988 年,市中心支库根据几家银行总行联合颁发的《专业银行办理国库业务管理办法》的规定,对市区税款大户开户的经收处定期和不定期开展检查,针对一些专业银行延压税款的问题,国库部门首先查明压税的原因,分清类别,对症下药。首先,对企业拖交的税款,由税务部门上门催收;对银行占压的税款,由国库部门组织催划。其次对税款入库高峰期,专业银行因资金头寸紧张占压应入库税款,人民银行及时组织资金调剂和临时融通资金解决。第三,对专业银行占压税款屡催不划的,国库部门按照有关规定,督促压税银行限期划转,对拒不按期划转的,则采取直接从专业银行在人民银行的存款户中扣收的办法。第四,对专业银行不及时划转税款,有意占压税款的,国库部门运用经济手段,严格执行罚款制度。1990 年 6 月份,国库部门在对税款入库情况检查时发现,市区某专业银行占压税款 400 多万元,占压时间长达半月之久。针对这种情况,国库部门为了严肃金融法规,保证税款及时,足额地入库,对占压税款的行处以每日万分之五的罚款,共计罚款 1. 2 万多元,并将情况在《襄樊金融动态》上通报,从而引起了各专业银行的高度重视。

1990 年 6 月，针对财税部门随意开设存款账户，专业银行乱设科目转移财政性存款的问题。中心支库会同稽核、会计部门对财税部门开户情况进行清理，撤销、合并财政多开账户 139 个，划缴国库资金 1 340 万元。这样，既能防止中央银行行基础货币的流失，又发挥了财政总预算会计的作用，强化财政存款管理，确保央行信贷资金的完整。

1990—1994 年，为了解决国库工作量大，重复性劳动多。特别是在新的税收制度实施后出现的征收机关多、预算级次多、预算科目多、纳税单位多、纳税笔数多、对账及报送报表的难度大等问题。市中心支库开始抓微机配备和国库工作人员计算机知识培训。在行领导和财税部门及上级主管部门的重视和支持下，到 1994 年 5 月，已配备专用微机 9 台。1991 年全市所辖六个县、市支库全部使用微机核算，1992 年率先实现了省、市、县微机联网，1993 年又基本实现了无人值守自动联网。大大减轻下国库工作人员的劳动强度，提高了核算质量，预算收入报介速度平均比过去提前五至七天。

1991 年 3 月，市建行证券部负责人、工行营业部负责人出席了在井冈山召开的全国国债工作表彰会议。建行证券部负责人在会上作了典型发言。1986—1991 年，襄樊市国库及时组织债券的调运、发行、清收、兑付、资金上划、对账、销毁等工作。在兑付工作中，兑付前落实专业银行兑付网点，设置专柜，落实专人，并进行广播、电视、报纸宣传；兑付中进行检查，发现问题及时解决；兑付后及时做好善后处置工作，从而在国债的发行及兑付工作中发挥了重要作用。1986 年以来，办理国债发行 6 亿多元，兑付国债 2 亿多元，做到了调券及时、资金上划及时、清理及时、销毁及时，在全省处于领先地位。由于各家银行紧密配合，国库券发行兑付工作取得很大成绩。

1993 年，市中心支库在坚持电算化方向的基础上，健全账簿账表，严密核算手续，加强内部监督，确保了国库资金的完整与账务的准确。到年底，全市各级团体共收纳报介各项预算收入 84191 万元，比上年增长 18%，办理各项预算支拨款 38962 万元，比 1992 年减少 6.5%，代理发行国库券 56300 万元，兑付国债 1585 万元，较好地发挥了国库的作用。

1994 年 1 月 1 日，国务院决定在全国实行分税制财政体制，市中心支库按照中央国库和地方国库账务划分的要求，将国家金库业务与地方金库业务正式拉开，专人、专机、专账分别核算国税、地税账务，建立健全“分账核算、归口管理”的账务系统，促进了地方财政包干制向“分税制”财政管理体制的平稳过渡。

1994 年 3 月，南漳县人民银行行长出席全国国库工作会议，并作了《适应改革和实际要求，努力做好国库工作》的典型发言，该县被评为全国国库先进单位。

1995 年，在省分库的统一安排下，襄樊市中心支库先后在全辖推广运用了统一的国库会计核算系统。同年 3 月，市中心支库按照上级要求，加强领导、注重宣传、完善措施，狠抓国债发售工作，当年全市发售三年期凭证式国库券 18340 万元，比 1994 年多发行 2850 万元，名列全省第一，创历史最高水平。

1996 年 5 月，襄樊市中心支库率先编制《国库资金分析表》，每月一期，内容包括国库资金收支说明、预算收入执行情况、预算收支明细核算、专业银行划转税款情况等七种报表。有关情况被国库局《国库情况反映》作专题报道。1997 年 6 月，国家金库湖北分库在人行襄樊市分行召开全省国库业务经验交流会暨统计业务培训班。大会对襄樊市中心支库加强国库基础管理工作、搞好调查统计分析给予充分肯定。

2000 年 4 月，总行下发《中国人民银行关于国库会计核算管理与操作的规定》，这个规定技术性、业务性、操作性很强，涵盖了国库会计核算、国库会计管理的基本内容，学习、贯彻、执行这个《规定》是国库工作的一件大事，为此在同年 9 月份举办了一次全辖培训班。2000 年 5 月，襄樊市中心支库举办首届国库理论研讨会，中支分管国库工作的行领导、辖内县市支库分管国库工作的行领导、国库股长参加会议，对全市国库论文 58 篇进行交流。省分库副处长王佑元应邀参加了会议，对襄樊市举办国库理论研讨会给予了很高的评价。2001 年 1 月，中国人民银行（中国人民银行 1 号令）制定了《商业银行、信用社代理国库业务管理办法》，襄樊市中心支库批准 6 个商业银行、信用社代理支库业务，85 个商业银行、信用社代理乡镇国库业务。9 月，为了加强国库部门执法能力，按照总行要求，襄樊市中心支库统一核发了“代理支库资格证”“乡镇国库资格证”。2001 年 2 月 19 日，在 2000 年湖北省国库业务考核评比通报中，襄樊市中心支库获得一等奖（排名第一）。同年 9 月 25 日，按照省政府文件精神，全市社会保险费改由地税部门征收并纳入国库核算，致使我市国库业务量增加了 40%。同年 10 月 15 日，总行国库局下发《关于重新确认全国国库收支分析重点联系库的通知》，襄樊市中心支库被确认为总行国库收支分析重点联系库。同年 12 月 17 日，襄樊市中心支库被襄樊市城镇妇女巾帼建功活动领导小组授予巾帼文明示范岗荣誉称号。

2002 年 1—10 月，在全辖试点了国库核算系统 2.0 版，这是国库核算电子化的一个里程碑，经过全市国库共同努力，完成了国库部门参与现代支付系统的试点工作。

2003 年 2 月，根据《商业银行、信用社代理国库业务管理办法》和《关于上报代理国库年审工作报告的通知》精神，集中力量，组织专班，制定检查方案，对全市商业银行、信用社代理国库进行了年审。在年审过程中，各级国库从制定代理国库业务年度审计检查方案入手，明确重点，采取审核业务报告、现场考察评估、征求财税部门意见、约见代理行（社）负责人谈话等方法，重点对乡镇国库代理机构设置、人员配备、制度建设及执行情况、国库业务核算及管理情况进行检查。

2003 年 2 月 27 日，襄樊市中心支库加强代理支库管理，在全省率先制定了《襄樊市代理国库年审实施细则》，受到省分库的肯定和好评。同年 3 月 18 日，在武汉分行《关于表彰湖北省国库系统先进集体和先进个人的决定》中，襄樊市中心支库和枣阳市支库被授予 1999—2002 年度湖北省国库系统先进集体，王伟、涂月兰、常华清被授予 1999—2002 年度湖北省国库系统先进个人。同年 2 月 28 日，襄樊市中心支库在 2002 年湖北省国库综合考核评比中获得一等奖。同年，推广应用国库会计核算系统 2.0 版，这是国库参与现代化支付系统，适应财政国库管理制度改革的一项重大举措。市中心支库按照分行国库处的总体部署和具体要求，不等不靠，创造条件，迎难而上，积极运用 2.0 版处理国库会计核算和地方国库收支统计业务，通过各级国库部门的共同努力，市中心支库和县市区支库已都在第一季度如期运用 2.0 版处理国库业务。在推广 2.0 版过程中，各级国库在人少、岗多的情况下，从确保国库资金安全的高度，按照 2.0 版和参加支付系统对国库岗位设置的要求，重新制定了相互制约、相互协调的国库岗位责任制，明确了各岗位职责，签订岗位责任状；定期和不定期地对 2.0 版的运行及风险控制情况进行检查。通过严密的制度约束和安全检查，保证了 2.0 版的顺利运行和 2.0 版运用过程中国库资金的安全和完整。同年 11 月，襄樊市中心支库以国家金库湖北省分库倡导的“国库制度学习年”为契机，认真组织全辖国库人员，扎实全面地学习两年来人总行及武行分行制定的各项国库管理制度，用管理制度严格规范国库每个岗位、每个环节和每笔业务，取得了显著成效，该经验做法被武汉分行《工作简报》第 31 期采用。

2004 年 5 月，襄樊市中心支库采取有效措施规范国库业务。规范内部岗位设置，防范操作风险。该中心支行依据《国库会计管理规定》修订《国库人员岗位职责及操作规范》，实现了人、岗、事、责的“四结合”。严格执行各项规章制度，防范制度偏差风险。在辖区国库系统开展国库管理制度学习活动，制定分级负责的检查监督制度，重点抓制度的落实。规范代理国库行为，防范代理业务风险。年初以来，对代理支库和乡镇国库进行了年审，对信用社代理国库业务进行一次专项检查。通过检查，纠正了个别代理国库的违规操作，彻底解决了代理国库月底保留余额问题，确保代理资金及时足额入库。同时，要求条件成熟的支库积极推广纵向联网。规范支库管理，防范支库资金报解风险。经认真研究，印发了《襄樊市国库业务综合考评办法》，将各支库的会计核算、业务检查、统计分析、调查研究、国债管理、信息反映纳入中支考核，在全市国库系统形成浓厚的比学赶超的氛围。规范计算机管理，防范信息泄密风险。制定严密的计算机管理规定，妥善保管各类数据盘；操作密码严格保密，定期更换；业务机专机专用，不安装与业务无关软件和进行其他操作，确保网络畅通和信息安全。总行《国库情况反映》第14期推广襄樊市国库管理经验做法。

2005年4月，襄樊市中心支库导入“全面经理”的理念，从创新乡镇国库管理模式着手，全面收回了辖内85家商业银行、信用社代理乡镇国库资格，由人民银行直接经理乡镇国库业务，赢得了市、县、乡（镇）三级政府、财政、税务部门的一致称赞，襄樊市上收乡镇国库业务的做法得到了省分库和国库局领导的一致肯定，总行副行长苏宁于2005年4月28日、国库局邵长年局长于2005年4月29日先后在省分库上报的襄樊市经验材料《上收乡镇国库业务，凸现人行经理职责》上作了重要批示。同年8月，襄樊市中心支库以主人翁的精神和对地方政府高度负责的态度，充分发挥人民银行结算渠道方便快捷、安全可靠等优势，采取积极向市政府领导汇报、主动与财政部门沟通协商、精心组织实施等得力措施，率先在全省各中心支库成功地办理财政直接支付业务，同年10月24日总行《国库情况反映》第93期、2005年9月30日《金融时报》对该做法与成效进行报道，省分库领导也给予了充分肯定。同年10月，襄樊市中心支库在认真组织开展国债管理工作的同时，正视目前无记名国债兑付工作中存在的商业银行积极性日趋下降、国债常年兑付网点难以落实等客观问题，创新国债管理制度，采取了“代理国库资格与办理国债兑付业务相结合”的办法，将市区国债兑付业务移交给代理襄城区支库业务的农行襄樊市汉江分理处办理，取得了显著效果。同年，襄樊市中心支库还在全市认真组织开展了纪念《国家金库条例》实施20周年的一系列形式多样的宣传活动，特别是邀请财税部门的领导同志参与国库知识竞赛答题的做法得到总行国库局的肯定，同年5月16日总行《国库情况反映》第27期和6月1日《金融时报》先后作宣传和报道。

6.支付结算

支付结算就是指单位、个人在社会经济活动中使用票据、信用卡和汇兑、托收承付、委托收款等结算方式进行货币给付及资金清算的行为。1979—1989年，以办理原襄阳地区直属机关储蓄、信贷、结算、现金出纳等业务为主；1990—1998年，人民银行襄樊市分行城区办事处成立后，负责会计核算、票据交换、结算监管、账户管理等工作，担负着襄樊市区50多家金融机构支付结算工作和全国9家商业银行、地方银行的汇票解付任务；1998年城区办事处被撤销，成立人民银行襄樊市分行营业部（后改名为人民银行襄樊市中心支行营业室），主要负责办理襄樊市区银行资金清算、央行会计核算、县级国库、现金收付、金银收售的业务，并负责代理解付交通银行、招商银行等全国11家股份制、地方性商业银行汇票，业务范围随着金融体制改革和基层央行职能调整而有所增减；2002年以来，襄樊市的支付结算工作进入了快速发展的轨道，逐步建立起了比较完善的支付结算网络体系和支付工具体系。先后建立了现代化支付系统（CNAPS），中央银行会计核算系统（ABS），大额支付系统（HVPS），小额批量支付系统（HEPS）等，对社会经济发展的促进作用日益显现。

（1）支付结算体系改革

1978年以后，与经济金融改革和发展相适应，襄樊市的支付结算体系改革取得了一系列突破性进展。

①支付工具改革：1980年，推行异地委托收款结算方式和限额结算方式，适用于不具备托收承付结算条件的商品交易、劳务供应以及其他应收款项的结算。1985年，推行商业汇票承兑、贴现业务和中央银行的再贴现；推行定额转账支票结算，适应农村家庭经营承包和农副产品收购对银行结算的需求。1986年，个体经济和个人被批准使用支票业务，结束了银行只为国有经济和集体经济提供支付结算服务的历史。

②联行清算体制改革：1985 年，为适应银行信贷资金管理领域实行的“统一计划、划分资金、实贷实存、相互融通”的变革措施，中国人民银行将自己主办的“大联行”改为各专业银行自成联行系统、跨行直接通汇清算。1987 年，中国人民银行将自身资金和专业银行之间的资金进行了界定，以扭转资金相互占用的状况。

③电子联行系统的开发运行：1991 年 4 月 1 日，全国电子联行系统投入试运行，并取得成功，大大提高了清算效率、减少了在途资金、加速了资金流转速度。同时，各专业银行也积极加强系统内电子资金汇兑系统的建设，改变了各行“先汇划、后清算”的清算体制，促进了异地汇兑业务的开展，提高了资金汇划的效率。1995 年，中国人民银行开始实施电子联行“天地对接”工程，这项工程的开展大大提高了联行处理速度，使电子联行业务处理量迅速上升。商业银行系统内 50 万元以上的大额汇划业务和跨系统 10 万元以上汇划业务，全部纳入人民银行电子联行处理，资金在途时间由 7—10 天减少到 2 天以内。较好地解决了电子联行系统存在的“天上三秒，地上三天”问题。

④银行结算改革：为从根本上摆脱计划经济体制下支付结算的专用性和计划性特征，提高结算服务水平，中国人民银行于 1988 年制定了《银行结算办法》及相关会计核实手续，明确银行支付结算的性质为中介性、服务性；确立银行与客户的平等信用关系；强调结算工具的“方便、通用、迅速、安全”功能，坚持“恪守信用、履约付款；谁的钱进谁的账，由谁支配；银行不垫款”的原则。《银行结算办法》是新中国成立后首个颁布实施的比较全面和系统的结算办法，是中国支付结算制度的重大变革，它确立了票据在结算中的主导地位。

⑤推广使用信用卡：1993 年 6 月，江泽民总书记倡导实施“金卡工程”，2002 年，“银联”标志卡跨地区，跨行通用，使银行卡逐渐成为广大群众方便、快捷、安全的支付工具。

（2）同城资金清算

为解决同城范围内银行业金融机构资金汇划问题，1986 年 4 月 1 日，人民银行襄樊市分行同城票据交换所成立，这是全国第一家地市级票据交换所。1986 年 4 月 20 日，全国银行同城票据交换经验交流会在襄樊召开。1990 年城区办成立，负责会计核算、票据交换台、结算监管、账户管理等工作，担负着襄樊市区 50 多家金融机构支付结算工作和全国 9 家商业银行、地方银行的汇票解付任务。1992 年 3 月，襄樊市区支付结算管理办公室、银行结算账户管理办公室成立。1993 年 4 月 15 日，建立全省首家电子化区域性结算中心，将票据交换、资金清算、资金拆借、结算监督集为一体，将辖内各县间异地汇划纳入市同城清算，形成区域全新的交换清算系统。1993 年，建立清算准备金制度。按专业银行一般性存款的一定比例进行筹集，以解决交换行处间清算资金不足的矛盾，充分发挥了“小钱办大事，四两拨千斤”的特效。1994 年，为提高区域性结算中心的效率，又建立了区辖电子联行，采取有线组网，实时清算办法，将市辖四县四（市）和市区 230 个支行营业室、分理处（所）的辖内资金往来汇划款纳入区辖电子联行进行电子化清算，从而实现了辖内行际间资金汇划当天汇出，当天清算，当天入账，这一改革成果得到人民银行湖北省分行充分肯定。1996 年，为严格结算秩序，疏通结算渠道，加强了对票据交换员的管理，制订了《票据交换员资格审查制度》《票据交换员挂牌交换制度》《票据交换先进单位（个人）评比表彰制度》和《票据交换员学习制度》，一改过去只重交换不重交换员管理的做法，与交换单位签订管理合同，明确双方责任，严肃清算纪律，增强工作责任心和资金风险防范意识。1997 年，支付结算办公室和银行结算账户管理办公室划归人民银行襄樊市分行会计财务科管理。2002 年，结合电子计算机网络通信系统的特点，制定了《襄樊市同城电子支付系统安全管理办法》，该办法将密钥、操作人员、技术设备、数据资料管理进行了细化，对于进一步加强同城清算资金的安全管理工作，堵塞同城资金清算管理漏洞起到了重要作用。同时，对银行和客户反映的结算纠纷问题，通过及时协调的方式，维护了全市结算秩序稳定，确保了结算渠道畅通快捷。2002 年 7 月 11 日，顺利完成了同城支付系统(V2.0)升级换版工作。2005年，取消襄樊市区同城清算贷记业务票据交换，对贷记业务的原始凭证实施截留，进一步加速了同城资金周转，提高了票据抵用率。

(3)现代化支付系统

现代化支付系统(CNAPS)能够高效、安全处理各银行办理的异地、同城各种支付业务及其资金清算和货币市场交易的资金清算的应用系统。它是各银行和货币市场的公共支付清算平台，是人民银行发挥其金融服务职能的重要的核心支持系统。人民银行通过现代化支付系统，形成了一个以现代化支付系统为核心，商业银行行内系统为基础，同城票据交换所并存，支撑多种支付工具的应用和满足社会各种经济活动支付需要的支付清算体系。它由大额实时支付系统和小额批量支付系统组成。2004年11月，大额实时支付系统在襄樊上线，并实现了该系统与各银行业金融机构行内支付系统的连接，为襄樊市银行业金融机构及金融市场提供安全高效的支付清算服务。

小额批量支付系统是一个净额清算系统，该系统支撑多种支付工具的应用，实行7X24小时连续运行，为银行业金融机构的小金额、大批量跨行支付清算业务提供了一个低成本的公共支付平台。

政策性银行和商业银行是支付系统的重要参与者。各政策性银行、商业银行可利用行内系统通过省会（首府）城市的分支行与所在地的支付系统CCPC连接，也可由其总行与所在地的支付系统CCPC连接。同时，为解决中小金融机构结算和通汇难问题，允许农村信用合作社自建通汇系统，比照商业银行与支付系统的连接方式处理；城市商业银行银行汇票业务的处理，由其按照支付系统的要求自行开发城市商业银行汇票处理中心，依托支付系统办理其银行汇票资金的移存和兑付的资金清算。2004年11月，根据中国人民银行总行安排，湖北省金融机构开展大额支付系统试点工作，这是银行资金清算体系的一次大变革，为确保试点工作的顺利进行，成立了由中国人民银行襄樊市中心支行行长王安明为组长、副行长陈万和为副组长，襄樊市各金融机构主管副行长(副主任)为成员的襄樊市支付建设项目领导小组，负责支付系统建设的组织协调事宜。同年11月1日，中央银行会计集中核算系统上线，中国人民银行会计核算方式进行了全新的变革。同年11月20日，人民银行及襄樊市城市市信用社大额支付系统模拟运行工作顺利结束，同年12月6日，大额支付系统上线。同年12月电子联行下线。

(4)非现金支付工具

在中国人民银行的组织和推动下，全市已基本形成以汇票、支票、本票和银行卡等非现金支付工具为主体，汇兑、电子银行、个人跨行转账、个人跨行通存通兑、定期借记、定期贷记等结算方式为补充的非现金支付工具体系，为社会提供了更加高效、便捷、安全、灵活的支付清算服务。

(5)人民币银行结算账户

银行结算账户作为集中反映整个社会经济活动资金收付结算的起点与终点，也是一切经济活动资金往来的基础。存款人进行各项经济活动所产生的资金收付结算，包括所有的支付信用工具，主要都是通过银行结算账户之间的资金划转完成的。银行结算账户管理是人民银行支付结算管理工作中的一项重要内容，有效的银行结算账户管理，可以为中央银行实施货币政策、维护金融稳定提供有力的支持。

20世纪90年代初，针对不少企事业单位多头开户、一些银行为拉存款随意为存款人开户、银行结算账户开立和使用混乱的状况，人民银行加强了对银行结算账户的管理。1992年3月，人民银行襄樊市分行在城区办事处设立了银行结算账户管理办公室，主要负责襄樊市区的银行结算账户管理。1994年，中国人民银行制定并实施《银行账户管理办法》。1995年4月，采取“先易后难、分步实施、分批清理”的办法，对全市企事业单位的全部账户进行了清理。通过清理整顿，全市开户秩序已经得到初步理顺。《金融时报》10月18日头版头条以《清户带来大变化》为题，对襄樊市账户清理工作的经验作了详尽介绍。中国人民银行总行和湖北省分行对此也给予了充分肯定，认为“较好地处理贯彻上级精神与结合本地实际的关系，工作富有一定的创造性”。同年11月底，k l 人民银行襄樊分行作为特邀代表参加了人民银行总行在福州召开的贯彻实施《中华人民共和国票据法》会议，并作了题为《加强账户管理，维护结算秩序》的经验介绍。2000年，在襄樊市区推广使用了武汉分行开发的支付结算与账户管理系统。2001年，将该延伸到襄樊辖内各县（市）人民银行，形成了一个以中国人民银行襄樊市中心支行为中心，人民银行各县（市）支行为结点，账户属地管理，信息全市共享的区域性账户管理网络。将银行结算账户管理系统网络到县工作，不仅得到了武汉分行的肯定，而且还得到了中国人民银行总行的肯定。2001年4月份，中国人民银行总行在湖北省鄂州市组织召开账户管理座谈会，座谈会上，人民银行襄樊市中心支行介绍了襄樊市联网工作的做法和效果，并进行现场演示。总行司长梁英武专程从北京赶到湖北观摩了襄樊的账户管理系统，并指示把襄樊的一些好的做法引用到全国统一的银行账户信息管理系统中去。2001年5月，在襄樊召开的武汉分行支付结算与会计财务工作会议上，武汉分行安排人民银行襄樊市中心支行向来自湖北辖内各中心支行，政策性银行、国有独资商业银行湖北省分行，各股份制商业银行银行武汉分行，武汉市商业银行，武汉市农村信用联社以及湖南、江西监管办的会议代表作了银行账户管理系统联网运作的经验介绍和现场演示。分行副行长钱保生和专员肖作霞在会上对此项工作给予了高度的评介。分行会计财务处处长程福庆要求分行辖内各级人民银行的会计结算管理工作要向襄樊一样，积极创新，充分发挥中国人民银行的结算监管职能，为地方经济发展服务。其经验和做法还被《金融会计》2001年第4期，以《数据高度集中、网络四通八达》为题给予了推介。

为配合《人民币银行结算账户管理办法》的实施，中国人民银行组织、开发、建设全国统一银行结算账户管理系统。该系统以基本存款账户为龙头，存贮存款人的所有账户信息，对银行账户的开立和使用实施有效的监控和管理，及时发现和纠正违规开立和使用账户的行为，为异常开销户和异常支付交易的监测提供信息，以利于防范逃废债务和打击洗钱犯罪活动。2005年5月12日，人民币银行结算账户管理系统在襄樊正式上线，并取得系统上线后湖北省第一张开户许可证、第一个完成清理核实工作的县支行均在襄樊产生的好成绩。从2005年8月30日开始，中国人民银行襄樊市中心支行用一个月的时间，依法对辖内30%的银行业金融机构全面开展了银行结算账户检查。此后这项工作就列入每年的年度工作安排中。

（6）银行卡

1993年1月，《信用卡业务管理暂行办法》正式实施后，中国人民银行对要求开办信用卡业务的银行进行审核批准，相关资料及协议副本报当地人民银行备案。

1996年1月，《信用卡业务管理办法》规定各商业银行的信用卡部为内部业务部门，不得办成实行独立核算、自成体系的法人机构；发卡银行的透支业务必须纳入其贷款规模进行管理等。

1998年12月14日，中国人民银行印发《银行卡异地跨行业务资金清算规则》，以适应银行卡异地跨行信息交换业务的需要，实现银行卡异地跨行业务资金清算的安全、快捷、方便。

2001年3月29日，中国人民银行发布《银行卡联网联合业务规范》《银行卡联网联合技术规范》。4月2日，人民银行下发《关于启用“银联”标志及全息防伪标志的通知》。要求各商业银行（含邮政储汇局、农村信用联社等）发行的具有人民币结算功能的银行卡统一采用“银联”标志。

2004年，人民银行襄樊市中心支行会同市银联、各国有商业银行市分行狠抓银行卡联网通用工作，实现了受理市场建设、联网通用覆盖面、刷卡消费交易额、交易的成功率和稳定性“四个突破”。同年 10 月 22 日，中国人民银行襄樊市中心支行召开了银联特约商户发展座谈会，各国有商业银行银行卡部经理、银联商务湖北分公司市场部、银联襄樊代办员等参加了会议。会议就扩大银行卡联网通用范围、发展商户、改善用卡环境、提供优质服务等达成共识。

2005 年 2 月 28 日，中国人民银行襄樊市中心支行召开襄樊市“银行卡之春”宣传筹备会议，各国有商业银行市分行、襄樊市邮政局卡部经理，银联公司襄樊办事处代表及人行市中支银行卡宣传活动领导小组的成员参加了会议。会议对襄樊市的银行卡宣传工作进行了总体安排布置，并就襄樊市开展集体联动的大型银行卡宣传活动实施计划进行了座谈，人民银行襄樊市中心支行副行长陈万和对如何做好襄樊市银行卡宣传工作提出了具体意见和要求。

2005 年 3 月，中国人民银行襄樊市中心支行出台《襄樊市银行卡业务管理工作意见》，为今后的银行卡管理工作明确了方向和思路，也为实现武汉分行领导提出的“参与者向监管者角色转换，主导者向协调者角色转换”目标奠定了基础。同年 4 月 30 日上午，中国人民银行襄樊市中心支行联合襄樊市各家商业银行和银联商务襄樊办事处在位于市中心的樊城人民广场联合开展了声势浩大的“银行卡之春”集中宣传活动。襄樊市银行卡之春宣传工作得到上级行的肯定；中国人民银行总行支付结算司《支付结算工作简报》第 19 期对此项工作成果进行了推介。同年 5 月 1 日至 5 月 7 日，中国人民银行襄樊市中心支行和银联商务襄樊办事处联合襄樊市各家商业银行、襄樊市辖区所有银联特约商户开展 2005 年的刷卡促销活动。其目的就是为了进一步推动我市银行卡业务的大力发展，营造襄樊市良好的用卡环境，培养持卡人用卡和商户受卡意识。同年 5 月 21 日上午，襄樊市“银行卡之春”有奖知识问答及“五一黄金周”刷卡有奖活动抽奖仪式在财富广场隆重举行，在襄樊市公证处工作人员及现场观众的共同见证下，人民银行及各发卡行、银联公司的领导现场抽出了特等奖 2 名，一等奖 6 名；二等奖 20 名；三等奖 80 名，襄樊电视台对此次活动进行了报道。同年 5 月 13 日，中国人民银行襄樊市中心支行襄樊中支正式启动银行卡联网通用检测工作。同年 11 月 25 日，中国人民银行襄樊市中心支行组织召开襄樊市 2005 年度银行支付结算表彰会，对“银行卡之春”宣传先进集体和先进个人进行了表彰。此外，辖内建设银行还推出具有襄樊特色的“名城卡”，丰富了襄樊银行卡产品。

(7)支付密码

支付密码是经中国人民银行、国家商用密码管理委员会审核认可的用于验证票据和支付凭证真实合法性的专用系统，它由存款人使用的支付密码器和各政策性银行、商业银行、农村信用社和城市信用社(以下简称银行)使用的支付密码核验系统组成。银行受理存款人委托办理收付款结算时，通过银行端的核验系统来验证支付密码的正确性和有效性，从而判别存款人支付指令的真实性和合法性。

2005 年初，中国人民银行武汉分行要求襄樊、十堰、宜昌、荆门为湖北省支付密码推广应用第二批试点城市，在 2005 年底前完成推广工作。根据上级行的要求，襄樊市于 2005 年 6 月份正式启动了支付密码系统建设工作。成立了以中国人民银行襄樊市中心支行副行长陈万和为组长、各金融机构分管会计结算工作行长（主任）为成员的襄樊市支付密码系统推广工作领导小组。领导小组下设办公室，人行襄樊中支会计财务科科长为主任、各金融机构会计结算部门负责人为成员。印发了《襄樊市支付密码系统建设方案》，明确襄樊市支付密码推广应用的工作目标、推广对象及方式、时间和步骤，并提出了具体的工作要求。制定了《襄樊市支付密码核验系统建设模式暨应用方案》《襄樊市支付密码系统推广应用宣传培训活动方案》。通过《襄樊市支付密码管理实施细则(试行)》，对支付密码、支付密码核验系统、支付密码器的使用和管理进行了规范。

为加大推广应用力度，中国人民银行襄樊市中心支行向襄樊市政府报送了《关于在襄樊市推广应用支付密码系统的指导意见》的请示。2005 年 8 月 18 日，市政府印发《市人民政府办公室转发人民银行襄樊市中心支行关于推广应用支付密码系统意见的通知》,文件明确全市支付密码推广应用工作的阶段性目标。人民银行襄樊市中心支行于 2005 年 8 月 20 日,举办了支付密码及个人支票业务知识培训班。襄樊市区银行业金融机构工作人员,人行襄樊中支机关会计财务科、营业室、事后监督中心相关人员共 350 余人参加了这次培训。此次培训分支付密码基础知识、支付密码器操作、支付密码器销售宣传口径、个人支票与其他支付工具的比较、转账支票委托收款会计核算手续等六个专题进行了讲授。培训结束后,对参加培训的人员进行了测试。同年 8 月 22 日,襄樊支付密码系统建设工作领导小组办公室设计制作的"襄樊支付密码网"上挂互联网,此次开通的"襄樊支付密码网"具有信息公告类栏目一个("信息公布");情况介绍类栏目四个("工作概况""知识园地""产品介绍""政策法规");互动交流类栏目三个("在线问答""在线调查""意见箱")。"襄樊支付密码网"的开通,为存款人、银行工作人员掌握支付密码知识、了解相关政策法规提供了一个便捷的窗口;网页所具有的互动功能,使之成为支付密码系统使用者、提供者、管理者自由交流的园地;网页的开放性,使之不仅仅能为襄樊所用,也为各地支付密码的推广工作提供了一个共享宣传工具。同年 8 月 22—31 日《楚天都市报》襄樊版连续报道了推广应用支付密码的意义及如何使用支付密码。同年 9 月 1 日起,襄樊市区凡已购买了支付密码器的存款人,可在支票、银行汇票申请书、银行本票申请书、汇兑凭证以及经中国人民银行批准的其他支付凭证上使用支付密码,作为付款的条件。这标志着襄樊市支付密码系统的推广应用工作已完成阶段性工作目标。同年 11 月 25 日,中国人民银行襄樊市中心支行组织召开襄樊市 2005 年银行支付结算表彰会,对支付密码推广工作中涌现的先进集体和先进个人进行了表彰。中国建设银行襄樊市分行以"加快支付密码系统推广应用步伐,切实防范支付风险"为题,介绍了推广应用支付密码系统情况。

(8)反洗钱

20 世纪中期以来,洗钱活动日益猖獗,严重威胁经济发展和国家安全。面对日益严峻的局面,世界各国及联合国、欧盟等主要国际组织对反洗钱进行了立法,并且采取措施加强反洗钱的国际合作。我国反洗钱工作起步较晚,人民银行履行反洗钱职责则是从 2003 年开始的。2003 年 1 月 3 日,中国人民银行发布第 1、第 2、第 3 号令,分别公布《金融机构反洗钱规定》《人民币大额和可疑支付交易报告管理办法》《金融机构大额和可疑外汇资金交易报告管理办法》。上述法规自 2003 年 3 月 1 日起施行。2003 年 12 月,新修订的《中华人民共和国中国人民银行法》以国家立法的形式,明确规定人民银行作为金融业反洗钱行政主管部门的地位。2004 年是基层人民银行承担组织协调有关部门反洗钱工作,指导、部署金融业反洗钱工作的第一年。人民银行襄樊市中心支行成立以主管行长为组长、各职能部门为成员的反洗钱工作领导小组,并设立了反洗钱办公室,明确了反洗钱工作分工和职责,初步形成反洗钱工作的基本架构。

为了推动辖内金融机构开展反洗钱工作,加强对金融机构反洗钱工作的监管,根据《中国人民银行关于专项检查商业银行反洗钱工作的通知》要求,人民银行襄樊市中心支行组织检查专班,于 2004 年 7 月 22—31 日,对工商银行襄樊市分行及其下属的五洲办事处(分行国际业务部)、樊西、樊东两个支行的反洗钱工作开展情况进行了现场检查。拉开了对银行业金融机构开展反洗钱现场检查的序幕，此后，人民银行襄樊市中心支行用三年的时间，完成了对银行业金融机构第一轮反洗钱现场检查。

2004 年 9 月 17 日,中国人民银行襄樊市中心支行从基层央行反洗钱工作特点与需要出发,积极探索工作思路,会同襄樊市公安局、工商局、司法局、银监局、海关、国家安全局、外管局 7 个单位,联合签署《襄樊市反洗钱工作部门合作意见》,为完善反洗钱工作协调机制,打造与地方各部门的协作平台,构筑反洗钱联合"防线",做出了有益的尝试。《合作意见》的签署和联席会的成功举行,标志着襄樊市反洗钱跨部门、跨系统的多边协作框架已初步建成，通过各职能部门在反洗钱工作中的“三通”（政策沟通、信息互通、工作疏通），大力促进襄樊市反洗钱工作向纵深发展。合作内容之全面、合作部门之多，在地市中支一级具有全国范围内的首创性，得到了武汉分行领导的高度评价，分行行长徐联初在向新闻媒体答记者问讲话时，充分肯定了襄樊市的做法，人民银行总行反洗钱局《反洗钱动态》2004 年第 5 期（总第 6 期）将襄樊市做法进行了推介。

为普及反洗钱知识，提高公众对反洗钱工作的认识，进一步推动辖内反洗钱工作的深入开展，按《关于在湖北辖内开展金融机构反洗钱宣传活动的通知》精神，2004 年 11 月 6—12 日，人民银行襄樊市中心支行组织辖内各金融机构开展了规模较大、形式丰富的“反洗钱知识宣传普及周”活动，此次反洗钱宣传活动的成功举办，对发动社会公众积极参与反洗钱，动员挖掘社会反洗钱资源，营造浓厚的反洗钱氛围，强化金融机构反洗钱的紧迫感和责任感具有重要意义。

2005 年，人民银行襄樊市中心支行积极探索履行反洗钱工作职责的新方式和新办法，开拓性地开展反洗钱工作。根据工作需要，先后建立健全反洗钱工作指引、大额和可疑交易信息监测报告制度、反洗钱检查操作规程、反洗业务培训制度、反洗钱工作联系制度、洗钱信息举报制度等多个规章制度。两次对辖内各县（市）支行及商业银行所有的反洗钱岗位人员开展了培训。全年共上报人民币可疑支付交易报告 14 份，交易 80 余笔，涉及金额 2.27 亿元。按照《反洗钱部际联席会议制度》及《公安部、中国人民银行关于可疑交易线索核查工作的合作规定》的要求，与襄樊市公安机关建立了打击洗钱犯罪的合作协调机制，当年移送可疑支付交易 3 起，涉及金额 2 亿多元。同年，中国人民银行总行确定“反洗钱宣传年”，宣传活动的主题是“2005 反洗钱—中国在行动”。人民银行襄樊市中心支行积极组织辖内县（市）支行和金融机构在营业网点张贴反洗钱宣传海报，在柜台发放反洗钱宣传册，让社会公众了解反洗钱知识，使社会公众树立“反洗钱人人有责”的意识。

7.征信管理

2003 年，国务院“三定方案”赋予人民银行“管理信贷征信业，推动建立社会信用体系”的职责，由人民银行征信管理局具体承担这方面的工作。经过几年的努力，人民银行牵头建设的全国统一的企业和个人信用信息基础数据库（以下简称企业和个人征信系统）已经取得了初步成效，襄樊市征信系统建设也有了明显效果。

（1）银行信贷登记咨询系统

襄樊市银行信贷登记咨询系统推广工作于 1999 年 5 月启动，历时近 8 个月，经过制度宣传、组织建设、发卡编码、数据登录等阶段，到年末，已初步建成了覆盖城区及 8 个县（市）、网络全部金融机构的电子化信贷登记咨询工作体系，各个子系统正常运行，系统功能基本实现，到 2002 年正式实现全国范围内联网查询。

①制度宣传、组织建设：根据武汉分行统一文件要求，襄樊市建立了完善、有效的领导组织和业务专班。在上级行部署信贷登记工作的会议召开后，我们立即进行汇报，组织人员成立了“襄樊市银行信贷登记咨询管理办公室”，安排人员，落实设备，同时在辖内开展宣传活动，正式启动系统建设工作。1999 年 8 月 16 号，人民银行总行发布《银行信贷登记咨询管理办法（试行）》（银发〔1999〕281 号）文件，银行信贷登记咨询系统管理办法正式出台。

②按时完成存量企业发卡及基础数据录入工作：首先，中国人民银行襄樊中支在规定时间内完成了贷款卡发放工作。截至 12 月，全市共发正常卡 2 308 个，其中：企业 2 030 个，事业 140 个，其他 138 个，配卡 11 155 个，虚拟卡 3 456 个，总量达 16 919 个。同时襄樊组织集中全辖金融机构完成了信贷基础数据的录入上报工作，主要工作指标如下：全市贷款登记量为 256.56 亿元，占 1999 年末应登记

贷款余额的 83.1%，其中银行机构完成比例均在 70%以上，农发行达到 100%，只有农信社因贷户多、网点散，没有达标。外币贷款 3 977 万美元，银行承兑汇票录入量达 82 196 万元，占未结清额的 95%，保函业务只有工行、建行发生，共录入 30 254 万美元，比例接近 100%，担保业务共登记 46 笔，大事记录共录入 24 条，录入率在 90%以上。

③系统建设与发展：2000 年 10 月，武汉分行统计研究处、科技处在宜昌中支举办培训班，对襄樊中支开发的“信贷信息统计分析系统”进行推广。分行还以《关于推广运用银行信贷登记分析系统和数据库核对系统的通知》提出，从 2001 年起每季度利用该系统开展一次数据分析，为货币政策和金融监管服务。同年 11 月份，分行带队由襄樊中支有关业务、技术人员到总行统计司、科技司进行汇报、演示，总行领导对该系统的开发、运用给予了充分肯定，专门从宁波、杭州开发基地召集来软件工程师现场观摩，作了全面评测。在此基础上，总行决定，由武汉分行组织、襄樊中支继续对软件系统进行修改完善，尽快在更大范围推广应用。2002 年 2 月，全省银行信贷登记咨询系统城市中支系统数据一次性成功导入省域分系统，完成了省内联网，实现了有信贷业务的企业资信全省异地实时查询。同年 4 月，武汉分行发布《湖北省银行信贷登记咨询系统管理实施细则》《贷款卡申请须知》《贷款卡操作规范》及《金融机构数据登录、上报工作要求》等规章制度。根据武汉分行要求，襄樊市结合日常监督工作中的经验，制定了《湖北省银行信贷登记咨询系统数据核对检查办法》并在全省范围内推广，规范了信贷登记数据的核对和日常检查行为。同年 6 月，实现省域分系统存量数据一次性成功导入总行分系统，顺利实现实现市、省和总行三级数据库体系，实现以地市级数据库为基础的全国范围数据共享查询；从同年 6 月 21 日到 11 月中旬，历时五个多月，按要求对信贷登记咨询系统进行全面升级到 V3.0 版，完成数据修改清理、业务培训工作。同年 8 月 18 日，总行统计司副司长梁明高、信贷登记处处长郝红莹在分行统计研究处处长罗光协、科长苗挺陪同下到樊视察信贷登记升级工作，对中支信贷登记工作给予了很高的评价。同年 9 月，总行办公厅《关于建立银行信贷登记咨询系统运行监督制度的通知》，要求在全国范围内建立银行信贷登记咨询系统运行监督制度，襄樊辖内农行市分行、农发行市分行为全国 500 家监测行。2003 年 9 月，襄樊中支货币信贷与统计科获得中国人民银行总行“人民银行及其他金融机构银行信贷登记咨询系统建设先进集体”称号。2004 年 6 月，根据业务发展需要，银行信贷登记咨询系统停止对自然人配发贷款卡。同年 12 月，根据总行征信管理局综合业务处《人民银行关于取消贷款卡收费项目的通知》，人民银行取消贷款卡收费项目。

（2）企业和个人征信系统

2004 年 12 月，人民银行加快了个人信用信息基础数据库的建设步伐。12 月底，完成全国试点运行，襄樊个人征信系统正式开通运行，襄樊中支同时开通查询功能。2005 年 3 月 18 日，襄樊市 7 家金融机构的信贷专家齐聚人行襄樊市中心支行，对全市 392 家规模以上工业企业进行了信用评级、信贷准入方面的知识培训，以期通过提高企业的信用素质、改善企业的融资条件，启动中小企业信用培优工程。市委、市政府对这次培训非常重视，市委副书记万桃元、副市长周富贵参加会议并讲了话。同年 8 月 18 日，根据《中华人民共和国中国人民银行法》等有关法律规定，中国人民银行发布了《个人信用信息基础数据库管理暂行办法》(中国人民银行令，经 2005 年 6 月 16 日第 11 次行长办公会议通过，自 2005 年 10 月 1 日起实施)。同年 12 月，完成襄樊市地方金融机构——襄樊市城市信用社接入个人征信系统工作，实现数据的完整上报。

8.金融生态环境建设

金融生态是个仿生概念，是指金融运行所依托的基础设施、基本制度和所有的外部环境，它包括法治环境、会计审计制度、清算制度、中介服务体系、社会保障体系、当地的诚信文化及其区域政治、环境等方面的内容。襄樊的金融生态建设经历了金融债权管理、专项治理和全面的金融生态建设三个阶段。1999 年，伴随国有企业改革的推进，在如何处理地方经济发展与金融发展关系方面，银行与地方政府出现了分歧，很多地区出现了借国有企业改革逃废银行债务的现象，在国务院的领导下，人总行在全国开展了以维护金融债权为主的债权管理工作。2002 年，湖北在金融债权维护的基础上增加了优化执法环境、规范企业改制破产的内容，在全国率先开展了信用环境专项治理活动。活动获得了较好效果，2004 年后各地已无逃废债现象。省委、省政府正式决定把信用环境专项治理转为以“四大工程”建设为主的全面金融生态环境建设。

（1）金融债权管理

①成立机构，完善制度：1999 年，宜城等地在企业改制中逃废银行债务的行为，41 家破产终结企业 3743 万元金融债权清偿率全部为零。引起了各家金融机构的强烈反对，省银行同业公会决定对宜城的逃废债企业实施同业制裁，同时，因为企业“逃废债”严重、法院审理破产案件不公正现象比较突出，襄樊先后被 2 家国有商业银行的省分行列为信用投入限制区域，并引起了国务院、省委、省政府领导的关注，批示要求整改，新闻媒体也加强了对襄樊的舆论监督。同年 4 月，市政府组织各企业主管部门、金融机构信贷管理部门及企业代表，对金融债权管理比较好的武汉进行了实地考察。同年 5 月份，市人行牵头建立了由商业银行、农发行、农村信用联社、城市信用社中心社和银行同业协会主要领导组成的金融债权管理行长联席会，作为金融债权管理的最高决策机构，下设金融债权管理办公室负责日常事务。同时要求各商业银行、政策银行和城乡信用社内部专门设置了资产保全部门，配备了专职人员，作为金融债权管理的传导和具体操作机构。同年 6 月初，成立襄樊市金融业维护金融债权同业公约组织，并且由各金融机构推荐一人员组成专门的公约组织执行小组，每届任期一年，与银行同业协会合署办公，作为金融债权管理的自律机构。各组织机构分别履行金融债权管理制度规定的各项职能，完成分配的各项工作任务，相辅相成，统一行动。后又根据胡向斌副市长的指示制定了《襄樊市金融债权管理办法》明确和完善了八项金融债权管理制度，即：建立了中国人民银行长为联席会主席，分管行长及各单位分管信贷工作的副行长为成员的联席会制度，联席会下设以人民银行计划科为主，各单位信贷科长参加的负责日常具体工作办公室；建立企业改制的监测及报告制度；建立逃废金融债务制裁制度；严格清理企业开户，建立企业账户年审制度；严格实施贷款制度，搞好企业贷款证年审；建立关注企业通报制度；建立对不执行金融债权管理规定的金融机构处罚制度；建立金融债权管理工作检查制度。同年 10 月份，辖内各县（市）迅速健全了债权管理办公室，枣阳、宜城、老河口、南漳等县（市）也迅速建立了银行同业协会。

②宣传发动：1999 年，《襄樊日报》开辟专栏，公布了由四家商业银行、农发行、农信社、城信社的法人代表联名签订的《襄樊市金融业维护金融债权同业公约》，向社会各界公开了金融同业联手行动的对象、措施以及自律规定。襄樊电视台开辟了金融债权管理宣传专栏在三个频道播出；各金融机构纷纷在网点张贴《同业公约》；并将《金融债权管理手册》送达各企业和主管部门签收的行动全面展开。

③积极维权：2000 年 8 月 11 日，人行组织召开第 3 次债权管理联席会议，在听取各行、社汇报的基础上，形成了《关于制止和纠正企业改制中逃废金融债权的报告》，报送给市委、市政府及主要领导，引起市政府领导的高度重视。同年 9 月 27 日，襄樊市人民政府印发《关于在企业改制破产中依法防止和制止逃废金融债权的通知》，对全市企业改制和金融债权管理工作进行安排部署。同年 10 月 21 日，经过襄樊市金融债权管理行长联席会研究决定，把经多次协调仍拒不履行偿债义务的襄樊市纺织工业公司和湖北金属建材有限公司两家企业，列为市第一批不守银行信用企业，在全市范围内对其实施包括停止除工资以外的支付结算、停止提供资金（含贷款、承兑、贴现）支持等内容的金融制

裁。2001 年 6 月 14 日，市人行下发《关于建立辖内金融机构涉诉、仲裁案件统计报告制度的通知》，开始在全市建立金融机构涉诉、仲裁案件统计报告制度。

（2）信用环境专项治理

①成立机构：2002 年省委、省政府成立湖北省信用环境领导小组，小组办公室设在中国人民银行负责全省信用环境专项治理工作。同年，市政府下发《关于开展信用环境专项治理工作的通知》。市政府按照省里的模式成立襄樊市信用环境专项治理工作领导小组，由分管金融的副市长胡向斌任组长，桂汉良、曹欣副秘书长任副组长，市各家金融机构、经贸委、体改办、公安局、工商局、地税局、国土资源局、房管局、国资办的负责同志为成员。领导小组下设办公室，办公室设在人民银行，人行副行长朱和平兼任办公室主任。

②宣传发动：2002 年 7 月 12 日，市委、市政府召开“优化信用环境，促进经济发展”动员大会。同时，会议决定把每年的 7、8 两个月定为“信用环境专项治理宣传月”，下发《襄樊市信用环境专项治理领导小组关于在全市开展优化信用环境促进经济发展宣传活动的通知》，当年共出动车辆 223 台次，人员 3530 人次，悬挂宣传横幅 170 多幅，办宣传橱窗 73 个，印制宣传资料 490621 份，刷写标语 7516 条，发表文章 454 篇在全市开展了声势浩大的信用环境专项治理宣传活动。9 月 1 日，作为襄樊市信用环境整治工作的一个重要组成部分，担负着网上信用宣传、推介重任的襄樊信用网（WWW.XFAAA.COM）正式开通。

③集中执行：2002 年 9 月 17 日，由副省长高瑞科带队的省信用环境专项治理领导小组督办组抵达襄樊，听取襄樊市政府信用环境专项治理工作的汇报，并在南湖宾馆与市各家金融机构负责人进行座谈，现场研究解决金融机构债权维护中存在的问题。市委、市政府召开了全市规范企业破产工作会议，传达全省法院审理破产案件工作座谈会精神，会议将 2002 年 12 月份和 2003 年 1 月份确定为全市金融案件集中执行月。同年 12 月 6 日，信用环境办与法院联合召开“全市金融案件集中执行工作会议”。同年 12 月 27 日召开“全市金融案件公开执行大会”，现场对 3 名被执行人进行拘留、罚款，通报 70 家督促还款的企业名单，并向国有商业银行、城乡信用社、资产管理公司等 15 家金融机构兑现了 18 笔共计 1 928.3 万元的执行款。2002 年以来，市县两级法院共受理金融执行案件 820 件，受案标的 9 782.01 万元，截至年底，已执结 574 件，执结标的 5 281.36 万元。

④规范改制：2003 年 4 月 15 日为推进国有经济战略性调整，深化市直国有企业改革特别是产权制度改革和用工制度改革，中共襄樊市委下发《关于加快市直国有企业改革的若干意见》在改革的指导思想中明确提出“有利于银行债务的妥善处置”，在操作程序中明确提出“企业将改革预案报企业主管部门和市企业改革领导小组办公室，并征求税务、工商、金融等相关部门的意见后，由办公室将协商后的预案回复企业”等。同年 4 月 26 日，襄樊中支组织召开襄樊市支持企业改革联席会，请市委市政府有关领导，市中院、经贸委、体改委及有关企业主管部门或协会，各家银行机构参加，对支持服务改革进行了专题研究和协调，在诸多方面统一了思想，达成了共识，对以后金融部门与各方面的密切配合打下了很好的基础。在这一轮以“双退”（企业退出国有资产，职工退出国有身份）为目标的整体改革中，襄樊市共批复企业改制方案 101 户，完成改制 36 户，签订产权转让协议 22 户，转让国有产权 16 亿元，近 10 万人退出了国有企业职工身份，没有出现一例企业逃废债现象。

（3）金融生态环境建设

①成立机构：2004 年 12 月，人行总行行长周小川首次提出“金融生态”这个名词，借用生态学的观点对当前存在的金融抑制现象和问题进行阐述和解释，随后全国开始开展金融生态建设工作。2005 年，省政府成立金融生态建设领导小组及办公室，与信用环境专项治理领导小组及办公室，采用两块牌子一套班子合署办公。至此，省金融生态建设重点由打击逃废债转向信用体系建设和谐银政、银企

关系,工作重点从维护债权转向以信用乡镇、信用企业、信用社区、信用区域“四大信用工程”建设。

②创建四大信用工程:农村信用工程。2002 年 3 月,省政府出台关于推广农村小额信用贷款,创建“农村信用工程”,支持农村经济发展的意见。同年,襄樊市农村信用社在全市广泛开展以评定农户信用等级、推行农户小额信用贷款、创建信用村(镇)为主要内容的“农村信用工程”创建活动。截至年底,全市共对全市 61 万农户进行了信用等级评定,评定信用农户 56 万户,信用村 223 个,信用镇 7 个,向农户发放贷款证 48 万本,分别占全市农户、村(组)、镇(乡)总数的 73.7%、7.7%和 8.3%。当年全市农村信用社累计发放贷款 7.3 亿元,比 2001 年同期增加 4.1 亿元,增长 128%。2004 年,省政府进一步深化农村信用工程创建的内容,出台清收党政干部欠款的意见。同年 9 月,全市召开清收党政干部欠款工作会议认真开展清理公务员欠款工作。首先,组建专班,加强领导。成立以市委常委、常务副市长欧阳万坤为组长,副市长周富贵为副组长,由市纪委、监察局、市法院、检察院、市委组织部、宣传部、市公安局、人事局、襄樊银监分局、市信用联社等单位负责人参加的襄樊市督促国家公职人员偿还农村信用社贷款领导小组及其办公室,全面负责组织、协调、督促国家公职人员拖欠贷款的清收工作。各县市区都以政府文件形式下发《清欠工作实施方案》。随后,各地分别召开了领导小组专题研究会、欠款人员还款动员会等不同形式的会议,专题安排这项工作。老河口市委、市政府于同年 8 月 26 日召开各乡镇(办)、市直部办委局及各相关部门一把手参加的全市清收公职人员拖欠信用社贷款工作会议,在传达省委、省政府有关文件精神的同时,对老河口的清欠工作进行全面的安排部署,要求不折不扣地完成上级拟定的清欠目标。同时,各地广泛利用报纸、广播、电视等新闻媒体和横幅标语等宣传载体,对清欠工作进行多层面、立体式宣传。据统计,全市共召开各类型宣传动员会 21 场次,参会人员达 1800 多人次,在报纸、电视等媒体上刊播宣传资料(片)120 多篇(条),挂宣传横幅 560 条,贴标语 2 万多条,声势浩大的宣传活动在社会上产生了强烈反响。当年,全市共有 45 名国家公职人员主动偿还拖欠农村信用社的贷款及为他人担保的贷款本息 42.9 万元。企业信用工程。2005 年 3 月 18 日,市委、市政府在人民银行召开全市培植优良企业工作会议。会议由副市长喻国旗主持,人行武汉分行副行长曹凝容、市领导万桃元、周富贵,市直有关部门负责人、各金融机构行长和全市规模以上企业代表共 500 余人参加了会议,本次会议就培植优良企业和推进信用评级工作进行动员和安排,在全省率先开展企业信用工程建设。同年 10 月 26 日,襄樊中支组织全市金融机构及近千家中小企业召开了《襄樊市中小企业发展与金融支持研讨会》。市委副书记夏志斌、常务副市长欧阳万坤、分管工业和金融的副市长虞国旗、周富贵以及人大和政协的领导参加了会议。一百多家中小企业在会上与金融机构达成授信协议 61.2 亿元,签订贷款 25.23 亿元。社区信用工程。2005 年 11 月,市人行、市劳动就业保障局、市财政局及工商税务等部门联合下发《襄樊市创建信用社区创建试点工作的通知》,制定下发《创建信用社区试点方案》,成立创建活动领导小组和工作专班,建立金融、劳动就业保障局、财政、工商税务等部门的联动工作机制和信息通报制度;并在试点社区开展“诚信经营户”“诚信居民”“诚信街道”等创建活动,大力弘扬诚实守信,守法经营等社会风尚,增强全社会的诚信意识,通过搭建社区信用平,推动商银行小额担保贷款、国家助学贷款和生源地助学贷款业务拓展,为下岗职工再就业、贫困家庭子女入学等提供信贷支持,构建诚信和谐的新社区。在各县、市、区选择信用基础条件较好,经济比较发达,就业和再就业资金需求较多的 12 个社区积极开展“信用社区”的创建工作。开展社区创建的试点单位成立创建工作专班,制定相应职责,有具体实施计划,社区建立劳动保障工作平台,实现机构、人员、经费、场地、制度、工作“六到位”。当年信用社区累计发放小额担保贷款 26.2 万元,累计收回 126 万元;信用社区试点工作的开展对构建和谐社区,提高公民和全社会诚信意识,促进社区经济发展中发挥了较好地示范作用。区域信用工程。2002 年,省委、省政府做出改评十强县市为评选“最佳金融信用县市”和“A 级信用市州”的决定。同年 7 月 12 日,市委、市政府召开“优化信用环境,促进经济发展”动员大会。确定全市信用环境专项治理的目标是创建 A 级信用市,首批创

建 1～2 个最佳金融信用县市，并力争通过 2～3 年时间把襄樊建成信用优良地区。由此襄樊市开始区域信用工程建设，经过连续不断的艰苦创建，2003 年度襄樊市达到 B 级信用市州标准，2004 年达到 A 级市州标准，2005 年 7 月，省政府在洪山礼堂召开金融生态建设表彰大会，襄樊市荣获 2004 年度 A 级信用市州称号。此后襄樊市进一步加大创建力度，连续 5 年获得 A 级信用市州称号，所辖县市区也全部达到最佳金融信用县市区标准。2005 年 5 月 26 日，金融时报社总编辑宋辅良莅临襄樊就国企改革与维护金融生态环境进行专题调查采访。襄樊市常务副市长欧阳万坤、襄樊中支行长王安明等就襄樊国企改革和金融生态建设等情况进行了介绍。

9.负债业务

负债是银行由于受信而承担的将以资产或资本偿付的能以货币计量的债务。负债业务是银行通过对外负债方式筹措资金的活动。主要由自有资本、存款和借款构成，存款、派生存款是银行的主要负债，约占资金来源的 80%以上，另外联行存款、同业存款、借入或拆入款项或发行债券等，也构成银行的负债。此章节主要反映的是存款负债业务。

（1）企业存款

企业存款，主要是指各金融机构开办的国营、集体工商企业（公司）存款及私营企业存款等。进入 2001 年以后，国有独资商业银行又将企业存款称为单位存款，属于机关、团体、部队、学校等事业单位及财政存款，统称为机构类存款，各类企业存款称为公司存款。单位存款按性质分为：单位定期存款、活期存款和专项存款。

①单位定期存款：单位定期存款是银行与存款单位双方在存款时事先约定期限、利率、到期后支取本息的存款。单位定期存款起存金额为 1 万元，存期分 3 个月、半年、一年三个档次，按存款日中国人民银行挂牌公告的定期存款利率付息，不同档次执行不同利率，遇利率调整，不分段计息。适用对象为：企业、事业、机关、部队、社会团体及个体工商企业及其他经济实体等。

②单位活期存款：单位活期存款是指企业、事业、机关、部队、社会团体及其他经济实体在金融机构开立结算账户，办理不规定存期、单位可随时转账、存取的存款。个人工商户凭营业执照以字号或经营者姓名开立的银行结算账户存款纳入单位存款管理。适用对象为：企业、事业、机关、部队、社会团体及个体工商户等经济实体。计息方式存款按季度累计积数，并按结息日中国人民银行挂牌公告的活期存款利率计息，遇到利率调整不分段计息。结息日为 3 月 20 日、6 月 20 日、9 月 20 日、12 月 20 日。到 2008 年底，全市各金融机构本外币活期存款余额为 112.12 亿元。

③专项存款：专项存款是指国家和地方各项专项拨款以及各项专用基金存款。1979 年前，襄樊市建行吸收的存款都是为“管”字需要的政策性存款，改革开放后，虽然吸收存款从整体上逐渐转变为“用”，但由于继续执行管理固定资产投资的任务，在整个 80 年代到 90 年代初，襄樊市建行依靠政策法令的规定和传统业务手段，吸收政策性存款依然成为在金融同业竞争中的特有优势。1979 年以后，国家采取了一系列重大经济政策措施，扩大企业自主权，有效调动地方部门和企业的积极性，使可供自行分配的资金有了大大增加。襄樊市建行根据自筹基本建设资金必须专户存入建行的规定，进一步强化吸收自筹基本建设资金存款的力度，吸存范围扩大到地方财政自筹资金存款、部门自筹资金存款、企事业单位自筹资金存款和其他自筹资金存款等领域，按照“先存后批、先批后用、存足半年、才能使用”的原则，加强自筹基本建设资金的管理。建立了“双把关、双环型”的自筹资金交存体系，把住项目计划关和开工放线关，形成计划申报、建行资金交存证明、财务拨付资金、审计签署意见、计委下达计划的计划环型圈，以及项目申报、建行资金缴存证明、工程招标投标、工程开工放线的施工环型圈。两个环型圈从政策高度构建了严密的资金管理体系，抑制了自筹资金漏损现象。据统计，全市自

筹资金交存建行的比例，由1979年的50%左右上升到1993年的94%以上，交存面达97%以上，到1993年底自筹基建存款增加到12 415万元，相当于1979年的8.3倍，成为该行一项稳定的信贷资金来源。1979年实行部门企业的专用基金交存建行管理后，襄樊市建行将过去建筑安装企业的专用基金交存管理扩大到部门企业领域，增加了大批客户，扩大了存款，到1993年底，该项存款余额达到6229万元，相当于1979年的5.1倍。1984年建筑和基本建设管理体制改革后，襄樊市建行积极为各类建筑安装企业和包工队开立账户，吸引了大批集体和农村个体建筑企业存款。到1993年底，全行建筑安装企业存款余额达到5271万元，比1984年底的2988万元增长了1.76倍。对技术改造资金存款，1984年由建行管理改为各家专业银行都可办理后，襄樊建行充分运用和发挥几十年来管理固定资产投资的优势，大力吸收各部门和企业单位用于技术改造和设备更新资金，促使技术改造资金存款得以稳定增长，到1993年底，全行技术改造资金存款余额1896万元。与此同时，积极拓展企业存款的新领域，广泛吸收与固定资产投资直接或间接相关的企业存款，如建筑材料企业、城镇开发企业、物质供销企业和交通管理单位，以及由建行贷款建成投产的工业企业和基本建设相关单位存款，通过以审引存、以贷引存、以帮引存、以优引存等吸存措施，密切了与基建客户和有关主管部门的业务来往，既巩固了老客户，又吸引了新客户，使“雪球”越滚越大。1985年开始办理开发承包企业存款业务，开办单位定期存款，到1993年底单位定期存款增加到558万元。单位定期存款的开办，受到企业单位的普遍欢迎，单位把较长时间不用资金定期存入银行，使短期资金转化为长期资金，增强了存款的稳定性。1980年，襄樊建行试办工商企业流动资金存款，以贷引存，吸引了一大批工商企业客户，到1993年底存款余额达到2782万元，工商企业存款的开办实现了建行吸收存款由基本建设领域延伸到生产流通领域的转变。1986年开办信托存款业务，同时大力吸收委托存款业务，积极拓展房地产开发企存款等领域存款业务，到1993年底，全行政策性企业存款和边际性企业存款余额达到46000万元，比1979年底增长近10倍，企业存款占全行负债总额的36 %。

④单位通知存款：1994年5月，为组织企事业单位闲散资金，经中国人民银行批准，襄樊市各金融机构开办了单位通知存款。单位通知存款是介于单位定期和活期存款之间的存款种类。其对象为：企事业单位的闲散资金，机关团体的预算外资金或自有资金；存款金额起点为人民币10000元，多存不限；期限档次为一个月、二个月、三个月、四个月、五个月、六个月、七个月、八个月、九个月、十个月、十一个月、一年、二年、三年、十四个档次，存入时不约定存期，本金一次存入，由开户行开具单位通知存款专用存单；支取规定：客户凭存单一次或分次支取，分次支取时，未支取部分仍按原存入日起息。支取时，客户必须提前两天书面通知开户行；计息办法：三年内支取或部分支取，均按支取日挂牌公告的通知存款利率，根据定期存款的计息方法，以实际存期相应档次的利率记付利息。对实际存期不满一个月或超过三年以上的部分，一律按支取时挂牌公告的活期存款利率计算利息；本存款为记名式，可挂失，但不得转让。

⑤财政存款：主要包括国家和地方各项专项拨款，财政预算内、预算外各项收入存款，机关团体、部队、学校经费存款。中共十一届三中全会以后，随着经济体制和财政体制改革，国民经济迅速发展，财政性存款余额由1978年7 521万元，猛增至1984年的13 755万元，六年基本翻一番。1984年发生信贷失控，财政虚收，通货膨胀，致使1985年财政存款下降为9 689万元，比1984年减少4 066万元。1984年10月，本区人民银行开始独立行使中央银行职能后，逐步建立健全了代理金库机构，完善法规，加强稽核检查，使财政存款的管理逐渐正规化、规范化。到1992年财政性存款24 286万元，比1985年增加14 597万元。1993年以后，随着我国市场经济体制的逐步建立和完善，财政体制改革进一步深入，其间，中央财政与地方财政实行了分灶改革。为适应这一新体制，各级政府不断探索创新财政资金管理办法。2000年，财政资金统一改为由财政会计核算中心管理和经办。襄樊市所辖的各县（市）区财政会计核算中心均在同级农业银行开立基本存款账户，由农业银行指定网点代理财政会计

核算中心结算及出纳业务,代理财政资金授权支付业务。从而进一步加强了财政资金归口管理,促进了财政性存款的稳步上升。

⑥其他存款:1996 年以前,农业银行企业存款中包括农村信用社的转存农行款和缴存准备金。1996 年行社脱离隶属关系后上述两项存款被取消。1996 年农发行襄樊分行成立后,根据国家规定只办理规定业务范围内企事业单位存款和财政支农资金中的专项存款,各级政府粮食风险基金的代理拨付等。企事业单位存款包括粮棉油企业存款、开发性贷款企业存款、各级农业部门及其所属单位的财政拨款和自有资金存款。2002 年增加了农业产业化龙头企业存款。1996 年以后,各金融机构为降低贷款风险,对借款企业开办了风险基金存款、贷款保证金存款。

1978 年以后,随着改革开放的政策逐步落实,境内经济、生产稳步发展,商品流通逐年扩大,因而工商企业存款也逐年增加。利润留存和各种利润包干,以税代利等办法的实施,使企业有了扩大生产的资金和各种基金,存款也相应提高,到 1984 年底,襄樊市企业存款达 3.48 亿元,比 1978 年增加 3.19 亿元。1985 年以后,国家提出了进一步扩大企业自主权,增强国有大中型企业活力,使企业真正成为相对独立、自主经营、自负盈亏的社会主义商品生产者和经营者。企业经营自主权得到了充分体现,企业经营活动和企业存款水平不断提升。1991 年,企业存款首次突破 10 亿大关,余额达到 10.48 亿元。到 1994 年底,企业存款余额达 27.97 亿元,与 1991 年相比三年内企业存款净增 17.49 亿元。1995 年以后,国家对企业实行产权制度改革,城市大中型企业以及城镇集体企业产权制度进一步明晰,经过几年的努力,企业改制工作逐步到位,到 2001 年,个体经济、民营企业大量涌现,国有企业、个体、民营经济蓬勃发展,社会效益不断提高,企业存款也步入了快速发展阶段。2003 年,企业存款首次突破百亿元大关,余额达到 112.3 亿元,到 2008 年底,企业存款余额达 154.44 亿元。比 1994 年净增 126.47 亿元,增长 4.52 倍。

(2)储蓄存款

①储蓄存款种类:储蓄存款,主要是指城镇、农村、农场居民个人储蓄存款。它包括活期储蓄、定期储蓄两种。活期储蓄:指不受存期限制,客户可以随时支取的储蓄种类。活期利率较定期低,属存折户的每年计息一次,由开户银行在规定结息日结算利息,并直接存入客户账户,视同本金起息;属存单户的,按支取日挂牌公告的活期利率计息。结息日为 3 月 20 日、6 月 20 日、9 月 20 日、12 月 20 日。它包括活期存折储蓄、存单储蓄和信用卡储蓄。定期储蓄:是指有约定存期的储蓄。规定有开户起点、期限、利率、存取方法及次数,利率按期长短分档,存期长,利率高。主要包括整存整取定期储蓄、零存整取定期储蓄、整存零取定期储蓄、存本取息定期储蓄、华侨定期储蓄和个人通知存款、定活两便储蓄及信用卡定期储蓄等。到 2008 年底,襄樊市各金融机构本外币定期储蓄存款余额 418.37 亿元。定期存款余额占储蓄总余额的比重为 72.59%,成为储蓄存款的主要来源。1988 年 9 月,国家银行在物价不稳定的情况下,为保障储户的利益不受损失,根据国家规定。各金融机构开办了人民币长期保值储蓄存款。1995 年,经国家多方面的宏观调控,有效地抑制了物价上涨因素,人民币币值充分稳定,因而,国家取消了人民币保值储蓄种类。1993 年以来,随着金融系统的科技发展进步,襄樊各金融机构先后开办了信用卡存款品种。1994 年 5 月,为更好地动员社会闲散资金,增加银行储蓄,襄樊各金融机构先后开办了个人通知存款种类。2002 年,根据国家规定,各行开办了教育储蓄品种。为充分积聚社会闲散资金,经相关部门批准,各行还适时开办了符合本行特色、深受广大客户欢迎的储蓄新品种。如 1985 年,农行襄樊分行先后在全市范围内开办了先存后贷的建房、购房、购买高档消费品和大型生产资料基金存款,承包户、专业户生产基金存款,小商贩流动资金存款等,利率执行国家同档次挂牌公告利率。工行襄樊分行还根据市场特点,开办了高档耐用紧俏商品奖售储蓄、独生子女储蓄、即时摇奖储蓄等。1986 年 4 月,开办了定额定期实物有奖储蓄、定额定期有奖有息、有奖无息等新品

种，1989 年 4 月，还试办了融资储蓄业务，1996 年 1 月，与市团委联合发行“希望工程有奖储蓄”，在 4 个月的发行期内共组织存款 1.1 亿元，1996 年 6 月，为庆祝工商银行存款达万亿元，开办了整存整取有奖有息储蓄活动，奖券面值 50 元，发行总额 5000 万元。襄樊市建行根据不同阶层、不同职业、不同年龄储户的需要，先后开办了老年人养老基金储蓄、“小红花”储蓄、工资转存储蓄、异地存款托收储蓄，以及代办家财保险储蓄和高档商品奖售储蓄等 20 多个储种。

②各阶段储蓄存款发展情况：中共十一届三中全会以后，随着党的改革开放政策的落实，工农业生产逐年发展，大批人员就业，职工数次调整工资、个体工商户兴起，职工居民收入增加，银行加强储蓄宣传、增设储蓄网点，增加储蓄种类，提高定期储蓄利率。同时各金融机构积极采取措施，使存款业务迅速发展。如 1981 年，农行襄阳地区中心支行提出了“三全”（全面、全行、全年）抓存款措施，改单靠银行抓存款为依靠党政领导、建立爱国储蓄委员会、动员社会各方面的力量抓存款，改单纯依靠信用站抓存款为支行、所社、站层层落实任务，全行抓存款，改单纯靠年终分配突击抓存款为增设储蓄网点、扩大储蓄种类、加强宣传、服务全年抓存款。由于各行抓存款的措施得力，到 1984 年底，各金融机构人民币存款达 2.96 亿元，比 1978 年净增 2.5 亿元。1985 年，党中央国务院提出进一步扩大企业经营自主权，增强国有大中型企业活力，使之成为相对独立、自主经营、自负盈亏的社会主义商品生产者和经营者。并确立了专业银行企业化经营的发展战略，为顺应形势的发展，各金融机构适时调整资金组织战略，使存款工作得到长足发展。

1986 年，襄樊市建行把存款大门向城镇居民敞开，开始办理居民储蓄存款业务，结束了建行存款对公不对私的历史，改写了过去那种单一传统筹资模式，使建行进入到一个新的负债领域。至 1988 年底，全行储蓄网点总数增加到 208 个，储蓄余额达列 7613 万元，名列全省建行首位。同时，推行了“五包一奖”集体承包责任制，“两保一挂钩”承包责任制，委托代办承包责任制，三种形式的承包责任制成为竞争的催化剂，促使储蓄所由“收付型”向“经营型”转变。1989 年全行实行承包的所 181 个，承包面达 97.8%。围绕建设高产所柜、稳步增加储蓄余额的目标，全行广开储源渠道，大办“三统”住宅储蓄，爱厂储蓄、发行有奖储蓄券、开办定活两便储蓄、实行有奖揽存等措施，吸引了客户，抓到了资金。1988 年，襄城西街储蓄所存款余额过千万，首批跨入全国建行高产所柜行列，1990 年，樊城铁路大院存款余额达到 1030 万元，被建行总行授予 1990 年度先进储蓄所，1992 年，大庆西路储蓄所存款余额也进入千万元高产所柜之列。到 1993 年底，在全行 175 个储蓄机构中，拥有过千万的储蓄所 37 个，占机构总数的 21.14%。1989 年在基本完成储蓄起步阶段的工作任务后，建行按照总行提出的“巩固、完善、提高、发展”的储蓄工作要求，不失时机地把储蓄业务转入一个新的发展阶段，把工作重心转向巩固现有网点基础、完善内部管理和基础设施上来，推行储蓄网点达标升级活动，全行纳入事后监督系统管理的储蓄所（柜）实现 100%覆盖面。推进电算化服务，从 1984 年 10 月在南漳县建行开始研制应用微型电脑处理银行业务，南漳县建行成为全国建行系统首家丢掉人工记账的县级支行，到 1993 年底，全行有 80%以上的储蓄所实现微机操作，其中市区 10 个网点实现了存款通存通兑。创新服务手段，全面强化服务质量管理规范，树行业新风，讲职业道德，守职业信誉，诚招各方客户。开展了满意在建行活动，设立评所奖，花钱买批评，设置流动储蓄点，开办“夜市储蓄”，实行电话约储等便民举措，代办家财保险储蓄、养老储蓄、结婚储蓄、“小红花”储蓄、工资转存储蓄、异地存款托收储蓄、高档商品奖售储蓄、爱国储蓄等 20 多个储种，方便了客户，提高了优质服务水平，实现了储蓄存款跳跃式发展，该行存款余额以 40%的逐年递增幅度，年新增余额占全市同期城镇储蓄新增余额比例的 30%以上，到 1993 年底，全行储蓄存款余额达 8 亿元，储蓄存款占一般性存款比重达 64%。储蓄业务从无到有，使襄樊市建行的存款结构发生了根本变化，以存款发放贷款的能力迅速提高，全行创造信用的能力有了一次质的飞跃。1988 年，工行襄樊分行把竞争机制引入银行内部，开展多层次、多形式、多内容的承包经营。一是市分行与各支行签订“存款安全承包合同”，逐月考核，按季奖惩。二是对储蓄所采取“万元存款净增工资含量”、“两包一补”(即包存款任务、包服务质量,超额完成承包指标后给予补贴)等形式的储蓄承包。1985 年,农行襄樊中心支行以增强农行的“造血”功能为主导,积极探索在宏观控制条件下资金组织新路子,提出了向改革要资金、向管理要资金。一是强化存款工作责任制,全面推行了按存款净增额计付奖金的办法,并对部分储蓄所实行简易核算和储蓄承包。二是建立专业化的储蓄工作队伍和多层次、多形式的储蓄网络,配备和充实储蓄人员 674 人,发展代办员 1666 人。三是适时开办了新的储蓄品种和新的储蓄项目,在 55 个储蓄所推广运用电子计算机,提高了储蓄工作质量和效益。中行襄樊分行于 1986 年首次开办人民币个人储蓄业务,树立“存款立行”的思想,采取设立高效网点,采用多种形式存款方式,大力宣扬表彰先进,开展“五好”服务工作等措施,努力拓展吸存业务,1991 年存款余额达到 10943 万元,较 1987 年增长了 607.61%。

1987 年 3 月,由于有奖储蓄的不断升级和恶性膨胀,进而发展成为高息存款,它是金融系统抛开国家制定的存款基准利率,擅自直接或变相提高存款利率水平吸收存款的一种方式,是一种严重违规、违纪、违法揽存行为。有的行公开抛弃国家基准利率,直接发展为抬高利率揽存,存款利率一路攀长为:年利率 10%、15%、20%、30%不等,存款期限一般为一年。高息存款的无序竞争,年复一年的恶性循环,一度出现了客户挤兑存款的风波,客户存款随着利率效应在各家银行之间形成了大搬家,很多银行基层营业网点特别是储蓄所几乎难于开门营业。由于高息揽存,存款利率与国家同档次定期储蓄利率相比成 20 多倍的上涨,导致银行长期出现经营亏损,从而使各家银行业务经营走向了深谷。对此,国务院有关领导和人民银行总行、各专业银行以及襄樊市委、市政府曾多次讲话和发文制止,都没有得到有效的遏制。直到 1995 年 7 月,《中华人民共和国商业银行法》和《全国人民代表大会常务委员会关于惩治破坏金融秩序犯罪的决定》贯彻实施,长达 8 年之久的“高息存款大会战”才得以禁止。

1993 年以后,随着市场经济体制的逐步建立和完善,襄樊市各金融机构坚持以市场经济为导向,以客户为中心,以效益为核心,积极转换经营机制,调整和优化存款结构,把资金组织工作作为立行之本和“一把手工程”“第一业务”来抓,不断创新存款品牌,面向市场全面开展存款营销工作,使全市储蓄存款业务稳健发展(见表 8—11)。

襄樊全金融机构历年人民币存款

表 8—11　　单位:万元

年份	各项存款	企业存款	财政存款	机关团体存款	储蓄存款	农业存款	其他
1949	2.2	1.3	—	0.7	0.2	—	0
1950	—	—	—	—	—	—	—
1951	—	—	—	—	—	—	—
1952	1 250	802	60	273	100	1	14
1953	—	—	—	—	—	—	—
1954	—	—	—	—	—	—	—
1955	—	—	—	—	—	—	—
1956	—	—	—	—	—	—	—
1957	3 668	457	400	422	398	1983	8
1958	—	—	—	—	—	—	—
1959	—	—	—	—	—	—	—
1960	—	—	—	—	—	—	—
1961	—	—	—	—	—	—	—
1962	7 093	2138	818	738	550	2756	93
1963	8 617	2100	1302	709	561	3945	0

续表

年份	各项存款	企业存款	财政存款	机关团体存款	储蓄存款	农业存款	其他
1964	—	—	—	—	—	—	—
1965	9945	2254	1018	716	867	4734	356
1966	13551	2748	668	1149	1172	7505	309
1967	15833	3337	921	1227	1349	8665	334
1968	15939	3455	1137	2012	1496	7360	479
1969	—	—	—	—	—	—	—
1970	27353	8505	1103	5024	2049	9349	1323
1971	29075	11227	1517	4525	2341	8297	1168
1972	27557	9326	2025	5032	2892	7309	973
1973	33057	10047	1862	4955	2820	13097	276
1974	28572	10303	2013	3721	3232	9155	148
1975	33567	14158	1842	4318	3502	9085	662
1976	30580	10647	2035	4244	3763	9246	645
1977	29523	9726	2730	3664	4130	8996	277
1978	30392	9914	2925	4596	4623	7438	896
1979	36991	12262	3711	5615	5888	9367	148
1980	51215	17976	4744	6829	8213	13388	65
1981	52412	15332	4370	7697	10130	13099	1784
1982	63709	19269	3683	8511	13335	15350	3561
1983	77533	21345	4536	8335	19585	21224	2508
1984	94446	34843	3539	10216	29558	10909	5381
1985	128382	45741	3346	6343	44505	16599	11848
1986	179234	60573	6035	6953	65359	22781	17533
1987	248144	80211	11255	8093	99615	23441	25529
1988	277423	81670	6694	5605	131742	25892	25820
1989	328507	78873	5450	7103	173187	33423	30471
1990	396973	89251	5640	8207	217576	41961	34338
1991	474650	104792	6381	10975	266775	48336	37391
1992	555988	130072	12170	12116	317521	40985	43124
1993	706977	165789	9617	9510	421882	49776	50403
1994	973410	279723	804	10415	634226	48299	—57
1995	1049179	310991	4316	9506	718245	5212	909
1996	1352280	394892	2102	6746	943756	4067	717
1997	1932987	454520	1124	9404	1441313	23465	3161
1998	2101279	516323	4527	15185	1520624	20668	23952
1999	2669433	729613	6759	27877	1836741	26879	41564
2000	2510097	726147	20864	38747	1668240	27706	28393
2001	2901149	766524	34001	40521	1978994	38119	42990
2002	3553385	921420	34285	84487	2410093	42692	60408
2003	4184899	1123067	30936	111067	2772900	49675	97254
2004	4877040	1105465	54104	120157	3425969	68281	103064
2005	5597623	1188792	57927	192358	3882657	76347	199542

(3)外币存款

①存款种类:外币存款是指单位和居民个人将属于其所有的外汇资金存入银行,开户银行开具存折、存单或银行卡作为凭证,存款可凭存折、存单(卡)续存或取款的外币存款。目前襄樊金融机构开办的外币存款包括本外币定期一本通、本外币活期储蓄存款、外币定期储蓄存款、外币储蓄通知存款、单位外汇定期存款、单位外汇活期存款、单位外汇通知存款、外汇保证金存款等。本外币定期一本通:本外币定期一本通是指集人民币和外币等不同币种和不同档次的定期储蓄存款于一个存折的存款方式。使用一本存折实现了对人民币和外币多账户、多存期定期账户的归集管理。本外币定期一本通是对本、外币定期账户集中管理的一种手段,其核心实质仍然是定期整整储蓄业务。有约定转存、自动转存、通存通兑、异地托收、取款、查询及口头挂失等功能。适用对象为个人客户。

本外币活期一本通:本外币活期一本通主要功能是可以将客户的所有活期现钞和现汇账户集中在一本存折上,方便客户管理和使用个人的所有外币活期账户,是对本外币活期存款进行集中管理的一种手段,核心是活期储蓄业务,对账户进行账务操作时,功能等同活期储蓄。本外币活期一本通是方便客户管理和使用个人的所有本、外币活期账户,具有一折多户、通存通兑、自主查询和代收代付、代发工资等功能。适用对象为个人客户。

外币储蓄通知存款:外币储蓄通知存款是指个人将属于其所有的外汇资金存入银行,存款时不必约定存期,支取时需提前通知银行,约定支取存款日期和金额方能支取的一种存款方式。起存金额和最低支取金额均为 5 万元等值人民币的外汇。外币储蓄通知存款与人民币个人通知存款有所不同,只有 7 天通知存款一种。存款利率高于活期储蓄利率,适用于大额、存取较频繁的存款。适用对象为持有中国人民银行规定可自由兑换外汇的个人客户。

外币活期储蓄存款:外币活期储蓄存款是指居民个人将属于其所有的外汇资金存入银行,不规定存期,由银行开具存折或银行卡作为凭证,个人可随时凭存折(卡)续存或取款、存取金额不限的外币储蓄存款。起存金额不低于人民币 20 元的等值外汇。适用对象为持有中国人民银行规定可自由兑换外汇的个人客户。

外币定期储蓄存款:外币定期储蓄存款是指个人将属于其所有的外汇资金存入银行,约定存期、整笔存入,银行开具存单或银行卡作为凭证,到期一次性支取本息的一种储蓄存款。起存金额不低于人民币 50 元的等值外汇。外币定期储蓄存款期限分为一个月、三个月、六个月、一年、两年五种档次。外币定期储蓄存款还提供自动转存服务。适用对象为持有中国人民银行规定可自由兑换外汇的个人客户。

单位外汇活期存款:单位外汇活期存款是指银行吸收境内外依法设立的单位、驻华机构外汇资金的业务。这里的境内外指中华人民共和国境内的国家机关、企事业单位、社会团体、部队等,包括外商投资企业。单位外汇存款账户是指境内单位和驻华机构以可自由兑换货币在银行开立的账户,包括经常项目外汇账户和资本项目外汇账户。境内单位、驻华机构一般不允许开立外汇现钞账户。外汇活期存款适用对象为公司客户和机构客户。

单位外汇定期存款:单位外汇定期存款是指境内外单位、驻华机构在银行办理的约定期限、整笔存入,到期一次性支取本息的一种外汇存款。存款期限有一个月、三个月、六个月、一年等几个档次。单位外汇定期存款存期长、并相对稳定;利率较活期存款高,能够获得较多的利息收入,满足客户的外汇资金在货币形态上达到更多增值的需要。其适用对象为公司客户和机构客户。

单位外汇通知存款:单位外汇通知存款是指境内单位、驻华机构在存入时不约定存期,支取时需提前通知银行,约定支取日期和金额方能支取的一种外汇存款。只有 7 天通知存款一种,起存金额为等值人民币 50 万元的外汇,最低支取金额等值人民币 10 万元的外汇。其利率高于外汇活期存款,低于外汇定期存款,取款的灵活性高于外汇定期存款。适用对象为公司客户和机构客户。

外汇保证金存款：外汇保证金存款是指外汇业务经办行受理的进口开证、国外汇入信用证项下押金等业务而形成的外汇存款，满足存款单位签发信用证等需求。适用对象为公司客户和机构客户。

②外币存款币种：目前襄樊金融机构外币存款的币种主要有：美元、港币、日元、欧元、英镑、澳大利亚元、加拿大元、瑞士法郎、新加坡元等九种。其他可自由兑换的外币由存款人自由选择上述货币中的一种，按存入日的外汇牌价折算入账。

③外币存款的业务发展：襄樊金融机构的外币存款业务，是从20世纪80年代初期伴随着中国银行襄樊支行的成立而开展的，到80年代后期，工、农、建国际业务部相继成立，国际业务由单一的一家发展为多家银行机构，由代理业务发展为自营业务，业务范围由外币存款和外币兑换业务发展为融外币贷款、外汇汇款、国际结算等为一体的，功能齐全的、系统的国际业务。1982年4月1日，中国银行襄樊支行成立，受中国银行汉口分行领导，开业时有6名工作人员，担负襄樊市区及襄阳、十堰地区外贸贷款和外币兑换业务。1985年，正式开办外币存款业务。1985年12月，中国银行襄樊支行工作人员发展到20人，无下属机构。1987年，随州支行成立，之后陆续在各县（市）设置支行级机构及营业网点，至1992年襄阳支行成立，全市县（市）级机构建立完毕。1994年，中行由外汇外贸专业银行转变为自主经营的商业银行后，采取“壮大实力，拓展业务，强化管理，提高效益”的策略，狠抓存款工作，拓宽业务范围，扩大业务品种，到2008年底外汇存款余额达2559万美元，外币存款余额市场占比59.41%，其中：外币公司存款余额1 321万美元，市场占比为64.4%。外币储蓄存款余额为1 238万美元。1989年9月，按照《关于荆州等6地、市代理省分行外汇业务的通知》要求，工行襄樊分行成立了国际业务部，主要代理省分行外汇存款、外汇贷款、外汇汇款、外币票据兑换等业务。1992年转为自营业务，外币储蓄和对公存款余额分别达到53.53万美元、50.37万美元。1995年采取全员抓存、以优引存、以新引存等办法，外币存款达到406万美元，1988年，农行襄樊分行开办国际业务，当时业务隶属于市分行农贷外资业务科，各县（市）区行有外资业务的由支行信贷科（股）代理，主要办理有外资借贷关系企业的存贷业务。1989年9月20日，农行襄樊中心支行国际业务部挂牌开业。各县（市）区办理外币存取款及外币兑换（A类）业务的机构15个。办理（C类）综合业务的机构1个。外币业务存取、兑换发展成为外汇贷款、外汇汇款、国际结算、结售汇以及代客外汇买卖、代理国外信用卡付款等业务，外汇从业人员有50人，国际业务部内设综合部、客户部、营业部、国际结算部等部室。襄樊建行从1984年8月投资银行在襄樊设立机构，至1991年10月该行成立国际业务部，襄樊市建行冲破传统经营模式，把眼光和触角伸向国际金融业务领域，依托投资银行和国际业务部两个对外“窗口”，一方面开办外汇存款、贷款、结算、咨询和签证业务，一方面开展招商引资和支持施工企业对外承包工程。国际业务从零起步，呈现良好发展势头，1992年，抓住襄樊经济开发建设的时机，配合地方有关部门开展招商引资，依托内资办外资，依托项目抓外资，先后为襄阳大酒店、大通电器有限公司、雅达房地产公司等5个中外合资项目引进外资2100万美元，吸收外币存款200万美元，全行外币存款余额400万美元。1994年，襄樊建行12个支行营业部均开办了国际金融业务，共吸收外币存款176万美元。1995年，襄樊建行设置国际业务深圳办事处，开办异地结汇接单业务。1996年至2000年，襄樊建行把吸收外币存款纳入全方位抓存战略，至2000年底，外币存款余额折合人民币1.11亿元，总量超过襄樊工行，跃居金融同业第二位。2003年，开办“汇得盈”外汇理财产品业务，募集资金829万美元。

市外汇存款指标(1998 年以来)

表 8—13 单位:万美元

年份	各项存款	单位活期存款	单位定期存款	储蓄存款	委托存款	其他类存款
1998	1914	122	—	1778	—	14
1999	3111	131	216	2751	—	13
2000	4881	391	869	3556	—	65
2001	4672	690	125	3840	—	17
2002	4671	388	2	4226	—	55
2003	4365	180	—	4123	—	63
2004	3922	130	—	3272	52	572
2005	4130	322	9	3468	—	331

(4)分机构负债业务

农业发展银行襄樊市分行:农发行负债业务除同业借款(向央行借款)外,主要包括存款业务。

①存款种类:根据国务院《关于组建中国农业发展银行的通知》规定,农发行不办理居民储蓄存款业务,只办理国家规定业务范围内企事业单位的存款和财政支农资金中的专项存款,各级政府粮食风险基金的代理拨付等。

企事业单位存款:农发行企事业单位存款包括粮棉油企业存款、开发性贷款企业存款、各级农业部门及其所属单位的财政拨款及自有资金的存款。农发总行设立之后,农发行襄樊市分行组建以前,全市农业政策性企事业单位存款业务由农行襄樊市分行和工行襄樊市分行办理。农发行襄樊市分行成立后,相关企事业单位存款逐步交由农发行襄樊市分行管理。根据农发总行规定,市分行要求政策性粮棉购销企业只能在农发行一家开户,并实行“三统一管理”,即统一办理存款和结算,统一发放和管理信贷资金,统一代理财政拨付支农资金、风险基金、利息和费用补贴等财政性资金。同时,全市农发行认真清理粮棉购销企业多头开户,加大收购资金派生存款及粮食风险基金等政策性支农资金的归口管理,使企事业单位存款余额明显回升。

1998 年 4 月底,按照人行总行、农行总行、农发行总行、财政部联合通知要求,农发行襄樊市分行将农业扶贫开发等专项贷款企业的存款业务划归农行。同年 5 月,农发行襄樊市分行按照对企业基本存款实行专户管理的要求,对粮棉油收储企业开立“一基三专”存款账户,对增设的三个科目按单位活期存款利率计付利息。1998 年 12 月,按照人行总行、农行总行、农发行总行、财政部联合通知要求,农发行襄樊市分行将开户的粮棉油附营企业存款业务划转到农行和工行。农发行襄樊市分行开户的企事业单位存款只有粮棉油购销企业存款。随着农业产业化贷款业务范围的扩大,企事业单位存款于 2002 年增加了农业产业化龙头企业存款。

财政专项存款:农发行财政专项存款包括市级及市以下粮食风险基金专户存款,粮食政策性财务挂账利息补贴专户存款,军粮差价补贴款专户存款,国家储备粮油、棉花、烟叶等政策性补贴专户存款以及与农副产品收购有关的各类财政拨补款的存款。它是财政预算内支农资金的重要组成部分,专户储存、专款专用,任何单位和个人都不得挤占挪用、截留和超范围使用。

财政补贴资金是农发行收取企业贷款利息的主要来源,农发行襄樊市分行高度重视财政补贴资金管理工作,积极主动配合市、县(区)财政部门做好补贴资金到位监测、跟踪拨付和分解使用工作。财政补贴资金的范围包括粮食风险基金、国家储备粮油补贴资金、棉花补贴资金、军粮差价补贴资金、粮食政策性财务挂账利息补贴、退耕还林补贴资金等。

②准备金缴存：1997 年 7 月起，农发行吸收业务范围内的企事业单位存款，按照人民银行规定的比例缴存准备金。从 1998 年 4 月 10 日起，农发行各分支机构不再缴存存款准备金，由农发行总行统一缴存人民银行总行。

③发展阶段：农发行襄樊市分行存款业务发展主要经历了三个阶段：1994 年农发行设立之后，至 1996 年 11 月农发行襄樊市分行组建之前，全市农业政策性企事业单位存款业务由农行襄樊市分行和工行襄樊市分行代理。截至 1995 年末，农行襄樊市分行、工行襄樊市分行代理农业政策性存款余额仅有 1 899 万元。1996 年 11 月农发行襄樊市分行成立后，由于农业政策性金融资金运用决定资金来源，95%以上信贷资金来源依赖向中央银行借款，对于存款业务重视不够，对于企业多头开户问题管理不严，查处不力，造成粮棉购销企业存款流失严重。直到 2004 年末，企业存款一直处于放任自流状态。加之 1998 年 4 月和 12 月，根据国家规定先后将农发行农业扶贫开发等专项贷款企业的存款业务划归农行、将农发行的粮油附营企业存款业务划转到农行和工行，存款业务更加单一。因此，市分行及所辖行部成立后，全市农发行存款总额有四年在亿元以下，1998 年、1999 年、2000 年和 2002 年分别为 8 672 万元、9 596 万元、9 908 万元和 9 139 万元。虽然 1996 年、1997 年、2001 年和 2003 年这四年存款总额超过亿元，分别达到 19 633 万元、19 996 万元、17 363 万元和 17 424 万元，仍处于放任状态，低水平运行。由于不抓存款，存贷比严重失调，1996 年全市农发行存贷比仅为 4.1%。8 年存款放任自流，5 年经营出现亏损。2004—2005 年，全市农发行在组织存款上逐步改变放任自流状态，将组织存款作为改善负债结构，降低经营成本，提升办行水平的重要举措来抓，实施了下达任务、挂钩工资和费用、兑现奖惩等有效方法，推动了存款较大幅度增长，步入了良性发展阶段。2004 年、2005 年，存款总额分别达到 34 649 万元、32 196 万元。

④筹资管理：全市农发行自改变组织存款放任自流状态以来，将存款组织和管理工作纳入重要日程，采取逐年下达增存任务，拓宽筹资渠道，挂钩工资费用、年末考核兑现等措施，有效地促进了存款组织步入良性发展轨道。

2005 年，省分行开始重视此项工作，将存款纳入经营绩效挂钩考核，下达了“襄樊市农发行存款比 2004 年增加 12592 万元，旬均余额达到 30185 万元”的计划，有效推动了全市农发行开始注重存款工作。市分行设立资金计划部门主抓，下达存款计划促动，存款工作开始有了应有的起色。6 月 14 日，市分行以襄农发银发〔2005〕94 号文件转发《关于开办单位通知存款和单位协定存款业务的通知》，要求各行部认真贯彻执行。为组织全市农发行做好存款工作，不断提高办行水平和经营效益，努力改善负债结构，降低资金成本，增强可持续发展能力，市分行印发了《2005 年存款工作考核办法》。首次明文规定，对各行部企事业存款和专项存款按旬均存款余额进行考核，要求 2005 年全市农发行旬均存款余额比 2004 年净增 12592 万元，任务下达按贷款总额占 40%，收购贷款余额占 30%，职工人数占 30%的权重计算分配。并将存款工作纳入经营目标责任制考核，将向省分行争取的费用与各行部的存款任务完成挂钩。市分行按月监测，按季考核。每季兑现全年挂钩费用的 1/4，即根据任务完成情况，按全年净增旬均存款 2‰兑现挂钩费用，前三个季度未完成任务的单位，若年终算账时完成了任务，仍可兑现全部基数费用。对年度中间出现存款负增长的单位，按负增长 2‰扣减当期费用计划，若年终完成全年存款任务，则将扣减的费用计划予以返还，并按 2‰增加费用。有效促进了存款增加。截至 2005 年末，全市农发行负债总额 577 581 万元，其中各项存款 32 196 万元，系统内借款 543 954 万元，应解汇款及临时存款 141 万元，全国联行汇款 17 万元，其他 1 273 万元，所有者权益 5 150 万元。旬均存款余额 33 504 万元，人平旬均存款达 152.6 万元，分别比同期增加 15 987 万元和 76.6 万元，增幅分别达 91.3%和 100.8%，旬均余额占省分行下达计划的 110%，同比人均存款增加较多的单位是市分行营业部达 193.78%。

自2005年起，市分行每年都印发了《存款工作意见》，市分行对各行部实行“挂钩工资费用、按旬监测分析、按季进行通报，年末考核兑现”的办法，从而，促进了全市农发行加强对企事业单位客户存款、专项存款、产业化龙头企业存款、财政性支农资金的组织和管理，充分挖掘存款资源；实现了市县联动，并加强客户营销，客户关系管理，客户分级管理，银行工具(信贷资金、贷款方式、利率浮动、结算)优化、配置的管理，积极对外开拓，增值优质客户。通过实施挂钩考核，促进了全行联动、共同努力，实现了存款有效增长。

全市农发行适应融资方式的调整变化，高度重视发展负债业务，加强存款组织和营销，优化负债结构，增强资金自给能力。明确了存款工作目标和行长、分管行长以及计划信贷、财务会计等部门存款工作职责，完善开展存款工作的具体措施，促进了扎实做好存款工作。加大组织专项存款、其他财政性支农资金和各项财政存款的工作力度，力争成为代理辖内财政性支农资金拨付的主办行。同时，注重对现有贷款企业的存款管理，充分挖掘现有客户的存款资源；不以牺牲企业利益搞不合理的派生存款。切实加强营销，积极争取新存款客户资源，对目前尚不具备农发行贷款资格的企业，在政策许可的范围内，先为其开立账户和提供结算服务。从而，促进了客户营销，带动了存款增加，实现了组织存款创历史新高。

为提高存款水平、改善负债结构、降低负债成本，提高经营效益，突出抓了以下几点，收到了联动增存、实现增效良好效应。首先，树立抓存款就是抓效益、提高资金自给能力就是提高资产创利能力的观念，促进了组织存款全行抓、全年抓和全面抓。其次，组织全行上下主动攻关，全方位抓存款，全行联动，努力提高资金自给率。一是落实任务，强化考核。市分行将存款任务层层分解到支行，并加强考核，充分调动了全行组织存款的积极性和主动性。二是加强监控，督促归行。对客户贷款形成的资金严格按批复用途监控使用，凡出现回笼归行不及时的情况，及时督促到位。三是以商业贷款业务为平台，促进企事业单位存款增加。主要是对商业性贷款督促企业及时缴存项目保证金和还款准备金，发展新客户群体，争取新的存款资源。四是主动攻关，组织存款。对财政性存款、同业存款，市分行及各行部主动同财政部门和金融同业协调，努力促进存款增长。对客户闲置资金，实行上下联动，下大力气组织，收效明显。

中国工商银行襄樊市分行：工行襄樊分行成立后，为适应国家宏观调控和人民银行“实存实贷”信贷资金管理体制改革的要求，一直将存款作为立行之本，积极探索存款工作机制，不断创新服务品种，着力加强营业机构市场化再造，实现了存款业务由产品中心型向市场中心型的转变，由劳动密集型向科技集约型的转变，由扩展外延型向内涵效益型的转变。

①储蓄存款：工行襄樊分行储蓄存款的发展大致经历了三个阶段：1984年建行到1990年的规模扩张阶段。这一阶段，工行襄樊分行确立了“存款第一”的工作方针，通过兴办储蓄代办所、联办所增加储蓄网点，实施储蓄网点电子化建设提高效率，创新储蓄品种、丰富服务手段满足居民储蓄需求，推行储蓄承包责任制完善内部经营机制等措施，储蓄存款成倍增长，快速弥补了建行初期巨大的资金缺口，1984—1990年7年间储蓄存款余额由建行之初的22 539万元增长到85 235万元，确立了第一大存款银行的地位。1991年到2000年的集约化改造阶段。这一阶段，工行襄樊分行针对储蓄业务存在的管理粗放、服务手段落后、效率不高等问题，通过大力推行柜员制，发展多功能储蓄所，撤并低效低质网点，强化储蓄所目标管理，加快网点电子化建设等工作，实现了传统储蓄业务的集约化改造，逐步建立起以市场为导向、以客户为中心、与商业银行体制相适应的储蓄工作格局。2000年到2005年的业务转型阶段。这一阶段，工行襄樊分行加快市场化转变步伐，推行“大个金”战略，抓住居民个人理财需求日趋迫切的时机，加快个人理财中心建设，实现网点功能综合化，储蓄工作进入个人金融服务新时代。

规模扩张阶段的储蓄存款：拓展“三代一联”储蓄服务网络。1984年工行襄樊分行成立后，随着居民收入的增加，吸收的储蓄存款增长迅猛，储蓄业务量大幅增加，储蓄网点和人员出现严重不足，“存款难”“取款难”成为突出问题。为切实解决这一问题，工行襄樊分行一方面在挖掘已有网点、人员潜力和提高服务效率的基础上，积极增加储蓄网点和人员，1985—1986 年两年间增加网点 106 个，人员 437 人，网点数量增加近一倍。另一方面积极依靠社会力量办储蓄，1986 年 2 月开始突破银行独家办储蓄的聚资格局，与企业联办储蓄所，到 1988 年底共发展各类专职代办所、兼职代办所、简易代办所和联办所 312 个，吸收存款 2821 万元。二是开办储蓄服务新品种。工行襄樊分行成立时承接了人民银行的储蓄业务，主要开办整存整取、零存整取、活期储蓄三大储蓄业务基本品种。随着经济的发展和居民收入的增加，居民对储蓄服务也不断提出新要求，为满足不同储户的储蓄需求，工行襄樊分行先后开办了保值储蓄、贴水储蓄、定活两便储蓄、高档耐用紧俏商品奖售储蓄、独生子女储蓄、即时摇奖储蓄等十余种新的储蓄种类。1985 年 10 月开办兼有定期储蓄和活期储蓄特点的定活两便定额储蓄业务，使储户既享有活期储蓄随时存取的便利，又享有比活期更优惠的利率。1986 年 4 月开办定额定期实物有奖储蓄、整存整取定期有奖有息储蓄、定额定期有奖无息储蓄、定期定额耐用消费品有奖无息储蓄、定期定额名牌新产品有奖有息储蓄。1988 年针对当时通胀率较高的情况，开办保值储蓄业务。1989 年 4 月，试办融资储蓄业务。三是推行储蓄承包责任制。1988 年，为增强聚资活力，工行襄樊分行把竞争机制引入银行内部，开展多层次、多形式、多内容的承包经营。一是市分行与各支行行长签订“存款、安全承包合同”，逐月考核、按季奖惩。二是各支行对不同的储蓄所分别采取“万元存款净增工资含量”“两包一补”（即包存款任务，包服务质量，超额完成承包指标后给予补贴）等形式实行储蓄承包。三是对非储蓄专业职工下达存款任务，促进和鼓励业余吸储。储蓄承包责任制的实行首次尝试把员工利益与存款任务直接挂钩，一方面促进了职工经营意识的转变，提高了存款增长幅度，1988 年当年实行承包的储蓄所存款余额的增长幅度就占到全行储蓄净增总额的 81%。另一方面储蓄承包责任制的实行也有效提高了储蓄服务质量，承包后，员工变以往“坐等储户”为“上门吸储”，变“冷眼相视”为“热情周到”，既方便了储户，也赢得了存款。至 1988 年末，全行实行承包的专业储蓄所达 87 个，联办所 92 个，占专业及联办储蓄所总数的 80%。随后几年，工行襄樊分行对存款承包经营进行补充和完善，1989 年推出三级承包责任制，1990 年实行全员经营承包责任制。

集约化改造阶段的储蓄存款：一是抓管理上等级，加强储蓄所标准化管理。储蓄所是银行开展业务的基础和服务客户的窗口。为加强储蓄所竞争能力，20 世纪 90 年代以后工行襄樊分行不断加强和改进储蓄业务和储蓄所管理，实施了储蓄等级达标制。1991 年起，工行襄樊分行在全行持续开展“抓管理上等级”活动，全面推行储蓄目标管理等级达标制，以增加存款、开拓业务、严格管理、优质服务、保卫安全、提高效益等方面为总目标，划分若干项目，确定具体目标要求，采用百分评定方法，对储蓄所评分。储蓄目标管理等级达标制的推行，促进了储蓄所管理水平、服务质量、经营效益提高。1992 年，樊西支行、南漳县支行分别达到总行级、省行级标准，被工总行和省分行授予“抓管理上等级先进单位”称号。二是推行储蓄柜员制，大力发展多功能储蓄所。发展多功能储蓄所。为满足居民日益多样化的金融需求，80 年代中后期，工行襄樊分行开始发展多功能储蓄所，促使储蓄所从单纯的办理储蓄向综合办理多种个人业务发展，1988 年末多功能所已达 36 个。1992 年 9 月 17 日，为使多功能储蓄所管理有序，统一规范，工行襄樊分行按照“发挥优势、以存为主、打破界限、新旧结合、相互促进、综合发展”的经营思路，制定下发了《开办多功能储蓄所试行办法》，对多功能储蓄所的办所条件、经营范围、账务核算、贷款管理等方面逐一进行了明确。多功能储蓄所的发展使原有储蓄所的业务功能发生了根本性的变化，为把储蓄所提升改造成为全面开办个人金融业务的营业网点奠定了基础。推行储蓄业务柜员制。1993 年工行襄樊分行在市分行营业部、襄城支行进行了储蓄业务柜员制试点，并在全辖逐步推广。柜员制集储蓄经办、复核、出纳、复付等多种职能于一身，单人临柜、单人负责，突破了银行原有的“双人临柜”劳动组合模式，极大提高了劳动效率。三是推行大所发展战略，加强网点建设。建行最初的10年间工行襄樊分行网点、人员规模的快速扩张,虽然推动了银行业务的发展,缓解了社会需求与银行服务之间的矛盾,但随着市场经济的发展、电子操作的普及,传统储蓄网点无论软件还是硬件都与市场要求有相当大的差距。为此1994年以后,工行襄樊分行开始推行大所发展战略,从新建、改造、撤并三方面着手对储蓄网点进行了全面调整。当年投入资金459万元,新建、扩建、迁建30个储蓄网点,新增微机所11个,撤销低效网点54个。1998年5月,又对联办、代办机构进行全面清理整顿,符合改建条件的改建为自办所,不符合改建条件的一律被撤销。通过持续数年的调整,工行襄樊分行网点形象得到大大改观,竞争力得到有效提高。2000年1月,宜城市支行中心储蓄所、随州市支行中心储蓄所存款余额突破亿元大关,结束了工行襄樊分行无亿元储蓄所的历史。是年年底全行3000万元以上大型储蓄所达到43个,其中:亿元储蓄所3个,5000万元~亿元的大所16个,3000万~5000万元以上的大所24个。全行大所存款余额231969万元,占储蓄存款总额的60.18%,占当年新增储蓄存款的80.6%。四是完善储蓄承包,强化储蓄经营机制。随着工行襄樊分行由专业银行向商业银行的转化,优化储蓄负债结构、降低经营成本、提高吸储效益成为储蓄经营机制的转变重点,自1993年起,工行襄樊分行在原有储蓄承包模式的基础上,逐步对储蓄经营机制进行完善和改进。1993年重新修订《存款承包办法》,将组织存款对象由原来的县(市)区行扩大到市分行机关科室和各二级单位,存款工作考核由原来单纯新增任务指标扩大到存款任务、同业占比、内部管理、业务开拓和现金回笼五个方面,存款工作奖惩由原来只对单位改为既对单位,又对主要责任人。1994年3月出台《存款组织管理暂行办法》和《存款横向承包奖惩标准》,建立起分层分线立体承包,存款与贷款、费用、职工收入、行长政绩挂钩,存款部门专业功能与全行整体功能有机结合的存款工作运行机制。1995年将存款净增额同业占比、活期存款占比列入存款工作目标,并实行行领导承包大户存款与岗位津贴挂钩、科室责任联系行存款与年终综合奖挂钩、员工业余揽存任务与部分收入挂钩、超任务按一定比例给奖的激励约束措施,建立起一种全行上下目标同心、利益同在、联利联心的整体联动存款机制。1998年推行了基层处所"资金计价、利润承包"考核办法。五是推进产品创新,提升业务竞争力。独家发售希望工程有奖储蓄。1996年1月市分行与团市委联合发行"希望工程有奖储蓄"。在4个月的发行期内,全行共收储1.1亿元。开展庆万亿元有奖储蓄活动。1996年6月,为庆祝工商银行储蓄存款达万亿,工行襄樊分行开办庆万亿整存整取有奖有息储蓄活动,奖券面值50元,发行总额5000万元,按年利率9.18%计息,每张存单利息1.59元参加摇奖,无论中奖与否,到期按6%付息。共发行两组,每组各发行2500万元,第一组发行期从1996年6月5日至7月15日,第二组发行期从1996年7月20日至8月31日。开办通知储蓄存款业务。1996年为满足居民保值增值需要,工行襄樊分行开办了个人通知储蓄存款业务。率先办理教育储蓄。1999年11月,工行襄樊分行在全市率先独家开办教育储蓄。教育储蓄以其储户特定、存期灵活、总额控制、利率优惠、定向使用、免征利息税的特点,适应了居民解决子女教育费用的需求,受到储户的欢迎,到当年年底在工行襄樊分行开立教育储蓄的储户已达13864户,存款280万元。2000年,人民银行出台了《教育储蓄管理办法》,将教育储蓄扩大到各商业银行,工行襄樊分行按照该办法的规定,积极开拓市场,在竞争中推进教育储蓄业务发展,采取上街设立咨询台、悬挂宣传横幅、散发宣传资料,与教委、学校举办各种联谊活动,签订合作协议、召开学生家长会,举办教育储蓄"有奖作文"等多种形式,大力宣传教育储蓄的功能与产品优势,到年底全行教育储蓄开户数已达43 791户,存款余额19 861万元。六是以存款为导向的个人金融业务快速发展。1995年左右,随着国有商业银行体系的确立,襄樊市各银行间业务竞争日趋激烈,违规高息揽存现象此起彼伏。工行襄樊分行在坚决抵制高息揽存的同时,不断探索新的存款增长点,并逐步实现由传统储蓄业务向个人金融业务的全面转变。1996年为更好地发挥以贷引存作用,工行襄樊分行在全行38个市场所开办了小额抵押贷款业务,发放贷款168笔,金额470万元,使市场所存款净增额达13215万元,占全行当年储蓄存款增量的30%。1997年在全面清理高息存款的情况下,工行襄樊分行把聚资增长点放在代发工资、代发话费、代理保险费、代收学费、代收工商“两费”(个体摊位费、工商管理费)等代理业务,以增加活期存款,促进存款结构的改善。至当年年末各项代理业务金额达20亿元。1999年针对当时证券市场活跃的情况,工行襄樊分行先后与国泰君安、华厦证券、万国证券公司合作开通银证转账业务,至2000年银证转账业务最大日交易额达50万元,全年累计转账交易达3772万元。

业务转型期的储蓄存款:从2001年起,工行襄樊分行储蓄业务开始向个人金融业务转型。在业务发展方向向“以市场和客户需求为导向”转变;在营销方式上实施优质客户发展战略,推行差别服务;在产品体系上,开始构建以个人理财为核心的个人金融产品结构。对储蓄网点实行直管考核。2001年初,工行襄樊分行制定印发《储蓄所直管考核办法》,4月在襄城、樊东支行试点,5月起在全行全面实施。根据直管考核办法的规定,采取“定额定员、核定含量、费用到所、逐月兑现”的考核办法,将全行储蓄人员的工资费用全部纳入市分行直管,把存款增长、业务量、优质服务、内部管理等四项内容捆在一起实行综合考核。工资分配上实行上不封顶,下不保底,增人不增资,减人不减资的原则。储蓄直管考核办法的实施,有力促进了储蓄存款全面、快速的增长,至2001年底,全行储蓄存款余额371483万元,比年初增加40891万元,同比多增53711万元。2002—2003年,工行襄樊分行又对《储蓄所直管考核办法》进行进一步修订和完善,补充了储蓄所末位淘汰制度,开展了储蓄所分档晋级和创建亿元所活动。建立客户经理队伍。2001年,工行襄樊分行在全行推行个人客户经理制。2002年出台《客户经理管理办法》,对个人客户经理的任职资格、聘任、考核,客户经理工作职责以及工作制度等作出了规定。实施大个金工程。2004年为加速个人金融业务发展,工行襄樊分行开始实施“大个金工程”,出台《加快个人金融业务发展的指导意见》,成立个人金融业务指导委员会,组建个贷中心,加快构建以传统储蓄业务为基础,以个人消费信贷业务和个人中间业务为两翼的个人金融业务体系,全面办理个人资产业务,个人负债业务和个人中间业务,完成传统储蓄业务向个人金融业务的转变。建设个人理财中心。按照以客户为中心,以优质客户为重点的分层次的指导原则,2002年起,工行襄樊分行分批对营业网点进行功能再造,将服务场所划分为封闭式的高柜区、开放式的低柜台、自助服务区、客户休息区。同时积极将业务前景良好的大中型网点建设成个人理财中心,建成后个人理财中心展示工行襄樊分行全新的网点形象。理财中心内外标志醒目、统一;内部设施齐全,安装了服务中心电话(95588)、显示屏、自助终端等设备;设置了个人理财区、大户室、现金收付区等,突出个人理财功能;配备了大堂经理,提供面对面、一对一、多对一的个性化服务,增强了网点的亲和力。为提高个人理财中心的优质客户发展能力和整体营销能力,2003年,工行襄樊分行按照工总行《个人理财中心运管管理手册》的规定,对个人理财中心服务、业务、管理流程进行全面梳理,提高个人优质客户市场的竞争力。开拓创新个人金融产品。随着市场环境的发展变化,为适应向客户提供“量身定做”、差异化、个性化的服务要求,2000年工行襄樊分行开拓发展了储蓄业务、个人消费信贷、银行卡、个人中间业务等多种个人金融业务,形成了以个人理财为核心,包含储蓄、转账、代理、投资、贷款、保险等多种服务功能的个人金融业务产品体系。

②对公存款:工行襄樊分行成立后,承接了原中国人民银行的对公存款业务,包括政府机关、企事业单位、社会团体等各类单位存款业务,主要为企业存款。

工行襄樊分行对公存款业务的发展大体经历了四个阶段:1984—1987年,作为国家专业银行,承担着协助地方政府管理企业资金的职能,这一时期主要依靠行政手段组织对公存款,通过帮助企业内部挖潜,革新改造,扩大销售,促进货款回笼银行;1988—1992年,在继续帮助企业挖掘内部资金潜力的同时,工行襄樊分行针对银行间对公存款业务竞争加剧的形势,开始探索对公存款工作机制;1993—2000年,以组建存款部为标志,工行襄樊分行初步建立起“一体化”经营的对公存款管理机制,对公存款得到快速发展;2001年以后,为满足客户综合化金融需求,通过细分客户、分工负责,组建对公客户经理队伍等措施，工行襄樊分行逐步建立起以客户为中心、各部门分工负责的对公存款管理体制。

履行行政职能，防止存款流失：1984年成立后的最初两年，工行襄樊分行主要通过行政性的现金管理、工资基金管理和企业专用基金存款管理组织对公存款。一是抓企业消费基金管理。1985年3月根据国家加强宏观管理，控制固定资产和消费基金增长的需要，对全市企业工资性现金支出进行清理核实，并以此为基数进行严格控制。企业消费基金管理的实施，既堵住个别企业乱支乱发的现象，也使企事业单位的工资性支出资金稳定在银行的工资基金专户中。二是抓企业专用基金的分户管理。将原来企业的专用基金户划分为生产专用基金户、技改基金专户和消费基金专户三类账户，促进企业合理合规分配和使用资金。三是抓转账结算工作，压缩在途资金。

推行存款承包，探索对公存款工作机制：1986年以后人民银行开始鼓励并允许专业银行业务交叉，专业银行以往按业务分工领域垄断企业客户的格局被打破。针对这一情况，为稳定客户，特别是稳定和发展大客户。1988年工行襄樊分行确立了"保两户（无贷户、大户）存款、聚两外（外地、外系统）资金"的对公存款工作思路，通过定人承包、优惠服务等措施，稳定大户存款，引进外地资金。1989年又提出"抓行业、抓大户、抓无贷户"的对公存款工作思路，充分发挥信贷、结算、现金等杠杆作用，全年新增对公存款5 016万元。至1992年底，全行对公存款余额达79 573万元，比1984年增加53 717万元。

健全组织机构，建立一体化对公存款工作机制：为推动对公存款业务发展，1993年工行襄樊分行进一步理顺了存款管理机制。健全对公存款组织机构。组建存款部，充实对公存款力量，统一管理工行系统的人民币对公、储蓄和外币储蓄存款，做到"机构一体化，存款一起抓"。建立对公存款监测机制。对全辖37个无贷存款大户建立对公存款台账，对10万元、5万元以上的存款大户建立对账监测制度。同时全面清理贷款企业体外循环资金，提高贷款归行率。1996年5月，工行襄樊分行又下发了《改革对公存款经营管理体制的试行办法》，实行"行长负责、分线主抓、条块结合、分户承包、内力驱动"的对公存款经营管理体制。对公存款机构的建立有效推动了存款业务的发展。1999年7月东汽股份公司8亿元募股资金归入工行襄樊分行，成为该建行以来最大单笔存款。同年11月工行襄樊分行对公存款余额突破30亿元大关。

细分客户市场，建立以客户为中心的对公存款工作机制：2000年以后，面对同业间更加激烈的竞争和企业资金集中度的提高，工行襄樊分行推出一系列推动对公存款稳定增长的措施。一是建立细分客户、分工负责的公存管理体制。2000年，工行襄樊分行将对公客户按客户不同性质分为有贷户、结算户、无贷户，并成立了公司业务部、机构业务部、会计结算部，同时确定由公司业务部负责有贷企业的派生存款、会计结算部负责无贷企业的稳存挖潜、机构业务部负责开拓竞争新客户，从而形成机构业务、公司业务、会计结算为主体的对公存款管理体制。二是建设客户经理队伍，服务优质客户。为了加强对优质大客户的争夺，2001年工行襄樊分行推出客户经理制，客户经理实行竞聘上岗和"三统一"管理模式，即由市分行统一下达增存任务，统一发放岗位津贴，统一兑现考核。首次竞聘上岗的47名客户经理在当年6月底就增存28850万元，占全行对公存款净增额的78%。

中国农业银行襄樊市分行：农行襄樊分行自1979年11月恢复以来，顺应改革大潮，适时调整经营战略，大力拓展经营领域和服务品牌，存款业务由小到大、由弱到强，存款产品由品种单一到种类众多，现已发展为融金光大道、金钥匙为主要内容的单位、个人存款品种达28种，使存款业务不断取得新突破，资金实力不断增强。农行襄樊分行存款业务的发展，大致经历了三个阶段。

①农业银行恢复后的初始阶段（1980—1984年）：农行襄樊分行恢复初期，按照国务院规定的农业银行的职责，农业银行只能办理农村储蓄存款，农村国营、集体工商企业、国营（农场）、集体农业存款，机关、团体、事业单位及财政存款，存款品种单一，存款领域狭窄。这一时期，农业银行拓展存款业

务的重点主要是以农村和信用社为基础，存款产品种类也只有企业存款、集镇储蓄存款、信用社转存款、信用社存款准备金及财政性存款，其中信用社转存款和信用社存款准备金占全行各项存款总量的60%，1981年，农行襄阳地区中心支行为实现信贷平衡，提出“三全”（全面、全行、全年）抓存款的措施，改单靠银行抓存款为依靠党政领导、建立爱国储蓄委员会、动员社会各方力量全面抓存款，改单纯依靠信用站抓存款为支行、所社、站层层落实任务、全行抓存款，改单纯靠年终分配时突击抓存款为增设储蓄网点、扩大储蓄种类、加强宣传、服务、全年抓存款。1982年，农业银行采取精简支行、所社，充实分社，解决信用站的实际问题等措施，为所、社、站三级开展收储创造条件，全辖当年增设经营网点269个，调整偏僻网点124个，改换门面82个，使经营网点的数量由年初的511个增加到780个，人员由年初的1064人增加到1780人。1983年，农行襄阳地区中心支行根据国务院和省人民政府有关严格控制货币投放、积极组织货币回笼的精神，按照农总行制定的“保护存差行，限制贷差行”的政策，对全年信贷计划和措施进行调整，着力解决银行本身不抓存款、单靠信用社抓存款的做法，在各支行建立了专门的存款科（股）。1984年，农行襄阳地区中心支行把组织存款工作放在首位，分别在宜城县璞河营业所和襄阳县张湾营业所试行“万元储蓄工资含量承包”和“储蓄简易核算承包责任制”，有效地推进了农行自身存款的大幅增长，被农总行称为“璞河模式”“张湾模式”在全国推广。1984年底，全市农行各项存款余额29867万元，其中农行自身存款20059万元，占总存款的67.16%，农村信用社转存款和信用社存款准备金占总存款的比重下降为32.84%。

②企业化改革阶段（1985—1993年）：1985年，党中央、国务院提出进一步扩大企业经营自主权，增强国有大中型企业活力，使之成为相对独立、自主经营、自负盈亏的社会主义商品生产者和经营者。顺应改革形势，农总行确立实行企业化经营、把农业银行真正办成经济实体的发展战略。农行襄樊中心支行以变应变，适时调整资金组织战略，使全行存款业务在改革中不断得到发展。1985年，全行以增强农行的“造血”功能为主导，积极探索在宏观控制条件下资金组织新路子，提出向改革要资金、向管理要资金，充分挖掘城乡居民储蓄存款和工商企业存款。在资金组织工作的实践中，强化存款工作责任制，全面推行按存款净增额计付奖金的办法，并对部分储蓄所实行简易核算和储蓄承包。建立专业化的储蓄工作队伍和多层次、多形式的储蓄网络，配备和充实储蓄人员674人，发展代办员1666人。适时开办新的储蓄种类和新的储蓄项目，在55个储蓄所推广运用电子计算机，提高了储蓄工作质量和效益。1985年底，全行各项存款余额41579万元，比1984年净增11712万元，实现了自农行恢复以来存款净增额首次突破亿元大关。信用社转存农行款占农行总存款的比重下降到30%，结束了依靠信用社转存款过日子的历史。1987年，农行襄樊中心支行认真贯彻执行“紧中求活”的方针，在全辖全面推广存款承包责任制，把储蓄人员的工资、奖金、个人费用捆在一起，与存款净增额挂钩，按万元存款报酬含量计付报酬；把对公存款净增任务分解落实到有关专业部门，与信贷、会出人员的部分工资、奖金挂钩，实行存、贷、收全面考核。各支行、营业所对承包人员实行分层承包、分级负责，超任务部分按比例分成。全市有513个储蓄所实行储蓄承包责任制，占储蓄所总数的98%。有8个支行124个营业所实行了对公存款承包责任制，占营业所总数的85%。承包责任制的推行，打破了分配上的“大锅饭”，调动了全员组织存款的积极性，促进了存款大幅度增长。1987年底，全行储蓄存款净增1.3亿元，对公存款净增1亿元，净增额和增幅创历史最高水平。1991年，农行襄樊分行坚持以资金为中心，以自求平衡为目标，用政策导向，抓纪律约束，靠改革驱动，在继续实行储蓄承包责任制的基础上，不断创新存款品种，充实完善各项存款管理制度，加强监督约束机制，狠抓低利率存款，降低高成本资金比重，严肃制止高息揽储，把执行政策，提高服务质量和工作质量作为储蓄承包的重要考核内容，使存款工作获得了新成就。1991年底，全市农行各项存款余额16.4亿元，比1987年净增8.3亿元，四年存款余额翻了一番。

1992—1993年，农行襄樊分行以市场经济为导向，以转换经营机制为重点，增强改革力度，加快改革步伐,突出经营中心,调整资金组织战略,优化负债结构,转换内部经营机制,根据自身特点,坚持自我发展、自我壮大、自我保护的经营之道,拓展聚资领域,加速实现负债多元化结构进程。一是确立"巩固农村、开拓城镇、渗透市区"的资金组织战略,加强城区及重要集镇资金组织工作,将襄阳、枣阳、随州、宜城、南漳、谷城等县(市)的10个重点乡镇的存款工作纳入市分行统一考核,各支行、营业所实行分级抓重点,统一管理和考核,保证城区和重点区域存款工作的整体联动力,增强系统竞争力。按照标准化、规范化的要求,加速骨干网点建设,对35个骨干储蓄所进行改造装修,增强竞争能力和吸储能力。深入开展优质服务活动,巩固和发展代发工资、代收协管村组资金和农户生产基金存款、工商个体户生产经营基金存款等业务,全行共为689家开户企业开办了代发工资业务,吸收存款近千万元。二是面向市场,拓展资金来源渠道。各支行积极走向市场,配合企业改革,参与社会融资活动,强化各种服务和手段,试办了代理保险、代企业发行债券、股票等业务。市分行按照信贷与信托整体推进、内资与外资同步拓展的发展思路,积极发挥信托公司、国际业务部及各代办处的特有功能,广泛开展信托存款、证券买卖、外币储蓄、企业外汇存款、国际结算等业务,扩大存款业务覆盖面,增强聚资功能。1992年全行共组织信托存款762万元,买卖各种证券1515万元,组织外币外汇存款18.8万美元。三是加快筹资手段现代化建设,为全市60%的储蓄网点配备了电子计算机,并组建了信用卡业务部。信用卡业务部当年与65家大型商场、宾馆、娱乐场所签约,成为金穗信用卡首批特约商户;选定50家农行营业机构为信用卡业务代理行,签发信用卡1300多张,吸收存款45万元。1993年底,全市农行存款余额21.8亿元,比1991年净增5.4亿元,年均净增2.7亿元。

③商业银行经营阶段(1994—2005年):1993年12月,国务院《关于金融体制改革的决定》发布以后,各专业银行开始向商业银行转轨。在1994年农业银行划转政策性业务和1996年11月实行"一分一脱"重大改革后,农业银行开始步入真正商业银行经营阶段。1994年至1996年,全市农行存款工作按照商业银行经营的要求,坚持"存款立行"的指导思想和"巩固优化农村,开拓开发城镇"的资金组织战略,树立"总量、质量、效益"的存款观念,将市县两级行存款科(股)更名为储蓄科(股),专抓储蓄存款;建立健全总量、结构、市场占有率、成本率四项指标,强化对存款工作的考核与考评;加大对公存款力度,将对公存款分别落实到信贷、会计等部门及岗位,对有贷款关系的企业,加强企业销售归行率管理,对新增贷款实行风险保证金、项目基金、利息保证金、风险抵押金、结算备付金等制度,将对公存款与企业贷款、结算紧密挂钩,强化对企业存款的激励和约束。突出机构网点的内涵效能,按人均业务量、人均创利水平、百元资产创利等主要指标,确定网点设置标准,对67个未达到设置标准的营业所、储蓄所实行了撤、并、转、迁。加快骨干网点的标准化、现代化、多功能建设,使存款余额在千万元以上的骨干网点发展到65个。1996年末,全市农行各项存款余额38亿元,当年净增7.2亿元,创下了超计划、超历史、超同期、超同业的"四超"记录。1997年,农行襄樊分行按照实事求是、客观公正、科学测算、合理定价、规范经营、有效管理、区别对待、分类指导、多劳多得、奖优罚劣的原则,在全市农行推行了以"任务定额、上存定量、资金计价、量本利率、功效挂钩、综合考核"为主要内容的资金组织内部计价买卖制,资金组织部门由单一管理型向经营管理型转变,实行实体经营,负责资金价格制定,考核兑现和年终结算。资金组织内部计价买卖制,使市场机制和价格规律在资金组织工作中得到了充分体现,达到了增加资金总量、优化资金结构、降低资金成本的目的。1997年底,全行低成本存款余额达15.59亿元,占总存款余额的34.8%,比1996年提高了2个百分点。资金组织内部计价买卖制引起了全国金融同业的关注和反响,先后有农、工、建、中行的10多个省、市、县行派人到农行襄樊分行考察,7个省市的14家银行发电、发函40多份索取有关材料。2000—2005年,全市农行牢固树立以市场为导向、以客户为中心、以效益为目标的经营理念,突出存款"第一业务"的战略地位,强化"一把手"工程,全面实施"抢占城区、主导县城、垄断乡镇"的市场开发战略,使全行存款业务持续、稳定、高效发展。2000年底,各项存款余额50.8亿元,比1999年净增6.1亿元,增量居全省农行第二;在襄

樊四家国有商业银行中，农行的存款余额和净增分别占 25.3%和 51%，比 1999 年底分别提高 1.62 个百分点和 28.77 个百分点；低成本资金占比 49.4%，全年消化资金包袱 1.8 亿元，资金“头寸”充足，实现了资金自求平衡。2001 年底，各项存款达 60.1 亿元，比年初净增 9.3 亿元，存款余额和净增额居全省农行第一，净增额在全市四家国有商业银行中跃居第一；在偿还省分行借款 1.74 亿元后，还上存资金6亿元，彻底甩掉了借款行的帽子。2005年底，全行各项存款余额125亿元，比1999年净增80.2亿元，增长1.8倍，存款增量连续5年居同业榜首，市场地位实现了由过去“跟跑”到“领跑”的“角色”转换。

中国银行襄樊市分行：中国银行股份有限公司襄樊分行（以下简称“中国银行襄樊分行”）是中国银行股份有限公司湖北省分行下属的二级分行。1982 年成立之初为中国银行襄樊支行，是国家外汇、外贸专业银行，主要任务是根据国家金融方针、政策，按照《中国银行章程》，经营一切外汇业务和有关的人民币业务。1992 年 9 月更名为中国银行襄樊分行，为国有独资商业银行，全面参与开放的银行业竞争。2004 年 8 月，中国银行整体改制为国家控股的股份制商业银行。1985 年之前，襄樊分行主要承担外贸收购保障、为工业企业技术改造提供资金等专业银行业务。1985 年，襄樊分行开办外币存款业务，1986 年，襄樊分行开办人民币储蓄业务。当年，襄樊分行只在长征路营业室设有一个储蓄窗口，办理存款、活期储蓄和整存整取定期储蓄 3 种业务。开办有本、外币活期储蓄，教育储蓄，本、外币定活期一本通，电子汇款，“外汇宝”、外汇买卖，全国通存通兑等金融业务，形成覆盖襄樊地区的金融服务渠道体系。

①探索起步阶段（1982—1986 年）：襄樊支行开业时，接手了此前由汉口分行承办的 11 笔总额为 305.79 万元的人民币贷款，另有一笔金额为 1.6 万美元的外汇贷款。按照当时的计划管理体制和银行领导体制，襄樊支行主要行使外贸外汇专业银行职能，即向上申报项目资金，并负责项目资金的管理、回收及再贷。当时的企业存款多为临时存款，也有一小部分派生存款，1982 年余额为 228 万元。1985 年，为适应外贸出口增长，外汇收入增加的形势，襄樊支行开办了外币存款业务。1986 年，为满足外贸收购资金和外汇贷款猛增造成的人民币配套资金问题，襄樊支行开办了人民币存款业务。在储蓄业务之初，襄樊支行的年轻人摸索出一套文明服务的“336 准则”，即“三先三后六个一样”，包括先外后内、先急后缓、先人后己；存款取款一样周到、生人熟人一样对待、金额大小一样热情、新老顾客一样亲切、忙时闲时一样耐心、易办难办一样接待，受到市民和外商、华侨的好评。1986 年，吸收人民币存款 8 万元，企业存款 518 万元；外币存款余额也达到 21 万美元，较 1985 年同期增长 35%。

②强化竞争阶段（1987—1991 年）：就业务性质讲，襄樊支行长在外汇，弱在人民币，实行“自主经营、自负盈亏、自担风险、自求平衡”方针后，资金“头寸”捉襟见肘。在这个时期，襄樊支行机构扩张前所未有。五年中，先后成立支行 7 个，报批分理处、储蓄所、代办所 20 多个，有效缓解了资金偏紧的状。到 1991 年，各项人民币存款余额达 14084 万元，比年初增加 19.43%。其中储蓄存款 10088 万元，突破亿元大关；企业存款 3996 万元，分别比年初增加 38.83%和—13.34%；外币存款余额 291 万美元，其中：个人存款 277 万美元，比年初增加 59.2%，完成全年新增计划的 513.64%。人民币储蓄存款、企业存款和外币存款较 1987 年分别增长 6013.94%、243.8%和 170.24%。1987 年，中国银行总行定本年为战略起步年。为扭转“重贷轻存”的经营观念，全行组织员工学习文件，统一认识，增强实现战略起步的自觉性。1989 年，新建网点 28 个，使机构网点达到 38 个，较上年的 4 个上升 8.5 倍。此间，随州、老河口、枣阳、南漳支行及谷城、宜城、保康、襄城办事处先后开业。这些同网点设置以后，相对缩小了与同业机构的差距，为开展储蓄业务打下了基础。1989 年，在 43 个网点中，有 5 个达到一级，14 个达到二级，占总数的 39%。其中，自行设计的“十大登记簿”制度(内控监督及优质服务)受到分行检查组的高度肯定，赞扬该项措施“对储蓄工作的规范化运行起到保障作用”。在襄樊首家引入新的金融工具——长城信用卡，通过发行长城卡吸引新客户，带动储蓄业务发展。引入激励机制，试行储蓄存款承包责任制。1991 年，在市财委下发的储蓄五项承包内容的基础上，总结谷城支行“定岗定责，量化考核

目标管理责任制”经验，在全辖正式推行储蓄存款目标责任制。强调严格执行国家利率政策，开展以“五好”为主要内容的优质服务工作。1989 年，樊西办事处在市区储蓄竞争异常激烈的情况下，年底余额达 1042 万元，成为全辖首家储蓄余额过千万的行处。适应业务范围、规模扩张需要，着眼于由单纯经营型管理向管理经营型转变，完善、强化内部管理制度和培训机制，并对干部、职工进行了应知应会测试。1991 年，全行共有 5 个行处储蓄存款余额超过千万级大关。

③理顺管理阶段（1992—1996 年）：1992 年，襄樊支行升格为襄樊分行。此前，邓小平视察南方重要讲话掀起新一轮开放大潮，各项金融法律法规陆续颁布实施，涉及银行的改革接踵而至，而每一项改革都会对市场分配和利益格局产生深刻及深远影响。襄樊分行迅速适应形势，在总体形势不利的情形下，提出了“不争做最大的银行，只争做最好的银行”的经营宗旨，有序参与到行业间竞争中。1994 年是中国银行面临的一个大关，这一年，国家实施外贸、外汇管理和金融“三项体制”改革。根据改革精神，11 家银行成为外汇业务指定银行，结束了中行在外汇业务独家经营的历史。在汇率并轨，实行结汇制的背景下，中行优势业务——结汇所需人民币资金却要由弱势业务——人民币业务来支撑，而按当时结汇规模，每年要拿出 2 亿以上人民币资金，徒然加剧了人民币资金紧张的矛盾。负债业务面对社会集资、发行股票、债券和高利率争揽存款的严峻形势，按照“增加总量，优化结构，降低成本，确保存款稳步快速增长”的思路。1994 年活期储蓄、企业存款之和达到 21 273 万元，比年初增加 8 158 万元，占人民币存款总额的比例达到 40.58%，比年初增加 14 个百分点。当年底，储蓄存款比 1993 年净增 18 782 万元，创历史最高纪录，提前 7 个月完成省分行下达的全年储蓄存款任务。从各支行来看，13 个支行全部完成了全年新增计划，10 个支行完成了全年新增计划争取数。特别是随州、樊东、分行营业部三个行(部)。1994 年全行网点单产 545.3 万元，比 1993 年增加 250.3 万元，增长 84.8%。其中，共有 8 个所(柜)存款突破 1 000 万元，共吸存款 12 860 万元，占全部储蓄存款的 31.4%。鉴于超常实绩，6 月初和 12 月中旬，省分行先后两次发来《贺电》给予鼓励。存款的高速增长，使资金实力大大增强，全行资金自给率达到 97.5%，比 93 年增加 31.2 个百分点，一举扭转了资金不能自求平衡的局面。1995 年，全行资金自给率达到 106．6%，存贷比达到 101.7%，分别比 1994 年提高 9.2 和 10.22 个百分点。开展存款竞赛活动，将 13 个支行(部)划分为三个赛区，每赛区设“存款先进单位”流动红旗一面。各支行在分别制定存款奖惩办法的基础上，纷纷亮出了各自的揽存高招。枣阳支行提出“银行以存款为天”的口号，制定了“四抓”措施组织存款；樊西支行设立“存款排行榜”，每月排名次，年底评“状元”，对前三名给予重奖；分行营业部、樊东、襄阳、襄城支行采取了“全行动员，齐抓共管”的办法号召全员揽存；谷城支行注重开发新储源，给各学校印发了“致辛勤园丁”的贺信，开办了代收学费业务；南漳支行实行“全员风险抵押金”制度；宜城支行实行“储蓄存款连环承包制”等等。在 1990—1995 年的“八五”期间，全行各项人民币存款余额由 9 204 万元上升到 56 630 万元，增长 515%；其中，储蓄存款由 5 168 万元上升到 46 457 万元，增长 799%；企业存款由 4136 万元上升到 10 173 万元，增长 146%；外币存款由 292 万美元上升到 398 万美元，增长 97%。长城卡从 1992 年开始起步，存款余额由 126 万元上升到 1 449 万元，增长 1049%。其中，一个特别的现象是：前半段以冲量为主，很多机构以一年时间完成了数年间的业务积累；后半段则以提质为主，筹资成本大幅下降，负债结构更加合理。到 1996 年，各项人民币存款余额 62 507 万元。其中，储蓄存款余额 49 882 万元；企业存款余额 12 625 万元；外币存款余额 752 万美元；长城信用卡存款余额 995 万元。全辖活期储蓄存款余额达 12 176 万元，比 1995 年新增 3 906 万元。储蓄存款活期占比达到 24.4%，比年初的 17.8%上升 6.6 个百分点。1996 年底，金辖共清退高息存款 13 089 万元，少付高息利息 700 多万元。网点单产在这个时期引起重视，针对网点管理水平差、余额低、地理位置偏等问题，把提高单产和效益作为网点建设的重要内容，认真做好现有网点整改工作。首先是对一些电脑网点的设备予以更新和升级，推进网点达标升级活动。经过总行、省分行验收，3 个网点成为全国一级达标储蓄所，15 个网点通过了省一级达标

网点验收。到1996年底，全辖69个储蓄网点点平余额由1995年673万元上升到723万元。其中，余额1 000万元以上的网点由1995年的12个上升到16个，最高的是樊东支行专柜，余额达2 778万元。银行电子化兴起，全辖电脑网点覆盖率达到60%，市分行中心电脑室已于1995年10月装修完毕，小型机计划进展顺利，为1997年上机打好了基础。11个支行中，8个支行的储蓄、结算、信贷计划统计等基本实现了电脑化操作。1996年11月，全国电子联行"实时通"服务系统正式开通，大大缩短了资金汇划在途时间，提高了竞争能力。年底，全辖电脑网点覆盖率提高到80%。1994年4月底，借中国银行个人外币存款超百亿美元和中行在香港首次发行港币之机，组织辖内开展了声势浩大的宣传活动，扩大中行知名度，增强影响力。同时，强化网点柜台的优质服务，在各网点配备外勤公关人员，捕捉信息，寻找储源，上门服务。在达标创优活动中，11个网点通过二级达标，申报省一级达标网点14个。其次，采取多渠道、多形式培训员工，提高员工业务水平和岗位技能。全辖共有950人次分别参加省行规定14个项目的测评，获得技术能手总数为259人次，其中一级78人次，二级59人次，三级122人次，占30岁以下应测人461人的56.18%。参测人员中，还有55人获得两个以上技术能手。

④相对扩张阶段(1997—2002年)：1997年，新任领导班子采取"开源节流，增收节支，打一场扭亏增盈攻坚战"的策略，推出了以"四个竭尽全力"，构建"七个体系"的战略设想，到2002年底，全行各项人民币存款余额185889万元，比1997年净增10.82亿元，增幅139.27%。其中企业存款余额89270万元，比1997年增长207.8%，企业存款综合排名居全省首位；储蓄存款余额91908万元，比1997年增长86.72%；金融机构存款4711万元；外币存款余额2200万美元，比1997年增长182.4%，其中对公外币存款余额281万美元，对私外币存款余额1903万美元。负债业务被行党委确定为17件大事首位，全行把存款作为"保饭碗"的重要工程，通过"存款工作行长负责制"，进一步明确一把手对存款工作负全部责任。主要措施有：存款任务早分解、早落实，层层签订责任状，务必达到"开门红"。抓基础管理，1998年，对62个基层储蓄网点存款工作进行9次大检查，加大了指导、监督力度，帮助基层解决实际困难，推动存款基础工作上台阶。1998年，根据目标责任百分制考核基础，实行工效挂钩，将各行(部)员工的误餐补助、岗位津贴、保留奖三项工资由原来上划60%调整为全额上划市分行进行目标考核，最低为零，最高不封顶。此前提下，改革费用分配机制，将费用分为固定费用和业务发展费用两个部分，其中业务发展费用与各行(部)存款、收息及利润三项指标完成情况挂钩，综合考核后按季兑现。到2001年，以良好公司治理机制为目标，在全省中行系统率先实行"两打破，一捆绑"改革激励办法。办法以奖勤罚懒为原则，打破档案工资，将全辖员工按效益、责任及岗位技术含量设定基本工资，剩余工资按个人业绩档案进行绩效考核。绩效考核方案实施后，调动了各层面积极性，促进业务发展，得到省分行充分肯定和推广。到2001年底，全辖共有9个支行存款过亿元，其中营业部存款过了2亿元；共有18个网点跨越了省分行确定的存款"生死线"。推广末位淘汰机制，每年7月份对上半年各行(部)综合评分末位行的领导班子成员实行诫勉，年年终对末位行实行领导班子成员淘汰。通过试点尝试，建立健全资金买卖制，不仅降低了筹资成本，同时调动了储蓄人员吸存积极性。2002年，存款"开门红""业务营销月""客户联谊及座谈会"等活动成为花样翻新的经营常态，使存款一直处于上升的好势头。本年，在襄樊广电中心演播大厅举办的大型迎新春慰问演出引起强烈反响。得益于全新的营销手段，中行负债业务首次触及重点行业、重点项目、重点区域。其中，争揽东汽股份有限公司募股资金、电信存款、汉江大桥收费权转让资金、抓火电厂货款回笼全部获得成功，新增存款高达20亿元。1997年，全行千万元存款户由1996年的1家发展至5家，百万元以上的存款户发展至59家。1999年，改造低产网点，撤点5个，并、迁点15个，网点更名9个，歇业2个，新装修网点5个。61个网点新装了利率牌、宣传牌，整改防护栏12个，整改边后门13个，修建卫生间11个，新装防弹玻璃网点8个，新装110报警装置13个。到1998年，网点单产由1997年的896万元上升到年底的990万元。随着网点条件的改善，功能建设也及时跟进。仅1997年一年，电脑软硬件投入达1010万元，增加

了2套小型机设备,40奔腾级的电脑,45台EDC及终端设备,形成了以小型机为中心的计算机网络。8月份市内35个储蓄网点,6个长城卡柜实现电脑网络化作业。9月实现储蓄业务的通存通兑。此后,"定期一本通""活期一本通" 和自动转存等业务新品种相继问世,40个网点具备外汇业务经营许可。2002年,在襄樊金融系统独家推出了中银"外汇宝"业务,新安装了两台自动提款机。2000年外币存款的市场份额达57%。全辖共吸收教育存款1000万元。1998年共制止和成功堵截各类事故案件10余起,减少经济损失40余万元。1999年,按照人行监管要求,在全辖开展公款私存的清理工作,共清理对公存款1.38亿元。2000年,全行集中一个月时间开展职业道德教育。经过查摆问题,进一步摸清了员工在理想信念、工作作风、优质服务、职业纪律、廉洁自律五个方面普遍存在的26条问题,提出了15条整改措施。通过开展职业道德教育活动,全行员工的精神面貌、文明优质服务水平、职业素养有了新提高。在2001年总行举办的全国中行系统第三届业务技术比赛中,老河口支行会计科张萱技压群芳,一举夺得多指多张点钞全国第一名;随州支行中汇分理处储蓄员秦丽娅一举夺得单指多张点钞全国第二名,为襄樊中行乃至湖北省中行赢得了荣誉。

⑤战略转型(2003—2005年):部分县市支行人才向城区转移,城区19个分理处完成扁平化改造,实现了人才前移、机构前移、费用前移。2004年,在条形考核方案基础上,制订存款营销费用考核办法,在不同时间段适时调整奖励范围和标准,同时特别鼓励新增开户、新增代发工资户。外币存款分值为人民币存款的两倍。2003年,设立业务发展一部,承担全辖重点项目、特大客户的授信、存款前台营销工作。原业务发展部改为业务发展二部,主管零售业务。同期,将客户经理团队细分为重点客户经理团队、行业客户经理团队和一般客户经理团队,分别负责不同类别客户的营销、维护和管理。2004年,成功营销了财政性存款,使国库清算主户、社保账户、财政核算中心、襄运集团、新襄棉、襄轴集团等一大批优质客户相继落户中行。尤其是实现了代发市区行政事业单位人事工资工作的大突破,月代发工资达500多万元,占市区行政事业单位月代发工资总额的1/3。此外,通过多方努力,襄樊火电厂、风神汽车公司、襄阳轴承厂等代发工资大户也先后营销成功,为负债业务持续增长打下坚实基础。同年,秋季代收学费工作成绩斐然,成功争取到襄樊职业技术学院、襄樊四中、襄樊五中等近二十所大中院校的代收学费业务,代收学费近亿元。发挥代理业务的联动效应,先后完成对公代收电费、代理天然气费和社保资金的基础工作;完成了市供电局集团理财网银、瑞和纺织公司网银和火电厂华电网银查询功能的上报工作。代发工资业务也取得了新进展, 襄城区行政事业单位、襄城区7所中小学校、市劳动保险处、大明天然气公司、市广播电视大学、襄樊华电实业公司等单位的工资代发业务今年先后落户该行。同年1—12月,全行共新增代发工资户达66家,累计代发金额38306万元。

中国建设银行襄樊市分行:中共十一届三中全会以后,随着国家改革开放政策的实施,襄樊市建行以健全银行功能为标志的筹资银行业务也开始步入一个新的历史发展时期。全行紧紧围绕筹资中心,打破传统筹资模式,全面拓宽筹资渠道,广泛吸收社会资金,不断增强资金实力;实施集约经营,推进筹资重心转移,进一步做大做强筹资业务规模;创新营销理念,转变筹资方式,大力发展公司机构存款和个人零售银行业务,实现了全行筹资业务的跨越式发展。继1993底新增存款以35%的市场占比位居金融同业第一之后,1995年再攀新台阶, 当年新增存款和存款余额分别以45.5%、31.2%的市场份额跃居金融同业首位,实现了双双夺金的目标。到2005年,该全口径存款余额达到139.6亿元,其中企业存款余额首次突破50亿元大关,全行网均存款突破2亿元,达到20529万元。一般性存款总量市场占比达34.88%,新增市场占比37.32%,全口径存款余额连续11年位居金融同业第一。为加大信贷投入,支持地方经济发展积聚了雄厚的资金实力。

①发挥传统优势,巩固和发展政策性存款:1979年前,襄樊市建行吸收的存款都是为"管"字需要的政策性存款,改革开放后,虽然吸收存款从整体上逐渐转变为"用",但由于继续执行管理固定资产投资的任务,在整个80年代到90年代初,襄樊市建行依靠政策法令的规定和传统业务手段,吸收政

策性存款依然成为在金融同业竞争中的特有优势。根据自筹基本建设资金必须专户存入建行的规定，进一步强化吸收自筹基本建设资金存款的力度，吸存范围扩大到地方财政自筹资金存款、部门自筹资金存款、企事业单位自筹资金存款和其他自筹资金存款等领域，按照“先存后批、先批后用、存足半年、才能使用”的原则，加强自筹基本建设资金的管理。据统计，全市自筹资金交存建行的比例，由1979年的50%左右上升到1993年的94%以上，交存面达97%以上，到1993年底自筹基建存款增加到12415万元，相当于1979年的8.3倍，成为该行一项稳定的信贷资金来源。1979年实行部门企业的专用基金交存建行管理后，襄樊市建行将过去建筑安装企业的专用基金交存管理扩大到部门企业领域，增加了大批客户，扩大了存款，到1993年底，该项存款余额达到6229万元，相当于1979年的5.1倍。1984年建筑和基本建设管理体制改革后，襄樊市建行积极为各类建筑安装企业和包工队开立账户，吸引了大批集体和农村个体建筑企业存款。到1993年底，全行建筑安装企业存款余额达到5271万元，比1984年底的2988万元增长了1.76倍。对技术改造资金存款，1984年由建行管理改为各家专业银行都可办理后，襄樊建行充分运用和发挥几十年来管理固定资产投资的优势，大力吸收各部门和企业单位用于技术改造和设备更新资金，促使技术改造资金存款得以稳定增长，到1993年底，全行技术改造资金存款余额1896万元。与此同时，积极拓展企业存款的新领域，广泛吸收与固定资产投资直接或间接相关的企业存款，如建筑材料企业、城镇开发企业、物质供销企业和交通管理单位，以及由建行贷款建成投产的工业企业和基本建设相关单位存款，通过以审引存、以贷引存、以帮引存、以优引存等吸存措施，密切了与基建客户和有关主管部门的业务来往，既巩固了老客户，又吸引了新客户，使“雪球”越滚越大。1985年开始办理开发承包企业存款业务，开办单位定期存款，受到企业单位的普遍欢迎，增强了存款的稳定性。1980年，襄樊建行试办工商企业流动资金存款，以贷引存，吸引了一大批工商企业客户，到1993年底存款余额达到2782万元，工商企业存款的开办实现了建行吸收存款由基本建设领域延伸到生产流通领域的转变。1986年开办信托存款业务，同时大力吸收委托存款业务，积极拓展房地产开发企存款等领域存款业务，到1993年底，全行政策性企业存款和边际性企业存款余额达到46000万元，比1979年底增长近10倍，企业存款占全行负债总额的36％。

②开办居民储蓄业务，增强信贷资金实力：襄樊市建行从成立到1986年前，吸收存款的对象长期局限于建设单位和施工企业，而且吸收存款全部存入人民银行，发放贷款靠委托单位另拨款基金，建行因此被群众称为“过路财神”。伴随着投资体制的改革，投资资金的供给由财政拨款改为银行贷款，建行不再充当“过路财神”的角色，增强资金实力，提供资金自供能力成为历史赋予建行的历史使命。1984年，襄樊市建行开办现金出纳业务，结束了“账本银行”的历史，当年现金出纳业务量达10多万笔，收入现金2.5亿元，经过近10年的发展，到1993年现金收付总量增加到29.3亿元。建行现金出纳业务的开办，极大地方便了企业，使建行具备了最基本的银行功能。1986年，襄樊市建行把存款大门向城镇居民敞开，开始办理居民储蓄存款业务，结束了建行存款对公不对私的历史，改写了过去那种单一传统筹资模式，使建行进入到一个新的负债领域。一是建点打基础。至1988年底，全行储蓄网点总数增加到208个，储蓄余额达列7 613万元，名列全省建行首位。同时，以联办、代办所为网点延伸重要渠道，以广聘协储员、代办员为扩大储蓄覆盖面的重要手段，依托社会各界广揽资金。先后发展代办点27个，聘请协储员2 030名，成为全行增存的又一生力军。二是承包上单产。全行先后推行了“五包一奖”集体承包责任制，“两保一挂钩”承包责任制，委托代办承包责任制，三种形式的承包责任制成为竞争的催化剂，促使储蓄所由“收付型”向“经营型”转变。1989年全行实行承包的所181个，承包面达97.8%。围绕建设高产所柜、稳步增加储蓄余额的目标，全行上下延伸储蓄触角，广开储源渠道，大办“三统”住宅储蓄，爱厂储蓄、发行有奖储蓄券、开办定活两便储蓄、实行有奖揽存等措施，吸引了客户，抓到了资金。1988年，襄城西街储蓄所存款余额过千万，首批跨入全国建行高产所柜行列，1990年，樊城铁路大院存款余额达到1 030万元，被建行总行授予1990年度先进储蓄所，1992年，大

庆西路储蓄所存款余额也进入千万元高产所柜之列。到1993年底，在全行175个储蓄机构中，拥有过千万的储蓄所37个，占机构总数的21.14%。三是管理上台阶。该行先后制定了储蓄业务管理办法，规范全行储蓄会计核算制度，强化储蓄事后监督，全行纳入事后监督系统管理的储蓄所（柜）实现100%覆盖面。推行储蓄网点达标升级活动，全行一级所（柜）达28个，二级所（柜）68个，三级所（柜）79个。四是服务上水平。推行了全面服务质量管理规范，开展了满意在建行活动，设立评所奖，花钱买批评，树行业新风，讲职业道德，守职业信誉，诚招各方客户；推进电算化服务，从1984年10月在南漳县建行开始研制应用微型电脑处理银行业务，到1993年底，全行有80%以上的储蓄所实现微机操作，其中市区10个网点实现了存款通存通兑，信用卡业务自7月份开办以来，当年共发卡1400张，发展特约商户70家，安装信用卡销售终端（POS）55个，自动存取款柜员机（ATM）9台，吸收存款120万元；创新服务手段，设置流动储蓄点，开办“夜市储蓄”，实行电话约储等便民举措，代办家财保险储蓄、养老储蓄、结婚储蓄、“小红花”储蓄、工资转存储蓄、异地存款托收储蓄、高档商品奖售储蓄、爱国储蓄等20多个储种，方便了客户，提高了优质服务水平，实现了储蓄存款跳跃式发展，该行存款余额以40%的逐年递增幅度，年新增余额占全市同期城镇储蓄新增余额比例的30%以上，到1993年底，全行储蓄存款余额达8亿元，储蓄存款占一般性存款比重达64%。在大力拓展储蓄业务的同时，该行的国际业务也应运而生，从1984年8月投资银行在襄樊设立机构，至1991年10月该行成立国际业务部，襄樊市建行依托投资银行和国际业务部两个对外“窗口”，一方面开办外汇存款、贷款、结算、咨询和签证业务，一方面开展招商引资和支持施工企业对外承包工程。国际业务从零起步，呈现良好发展势头，到1993年底，全行外币存款余额达到500万美元。

③拓展服务领域，兴办证券筹资业务：1986年，襄樊市建行顺应改革趋势，大胆创新，率先代理襄樊第四水厂、烟草大厦等6家企业发行有息有奖专项建设债券1 000万元，开辟了新的筹资渠道。1987年，襄樊市建行又代理发行了重点建设债券、电力债券和建行金融债券，按期完成了350万元的重点建设债券、516万元的电力债券和250万元金融债券的发行任务。1991年，为鄂西化工厂、市热电厂等企业代理发行建设债券6 138万元，以券引存570万元。1992年，参与代理各级政府、企业发行固定资产投资债券和各种短期融资债券5 000万元。到1992年，共代理40家企业发行建设债券15849万元，包销国债和重点建设债券4 530万元。1992年，还首次成功代理卧龙饭店股份有限公司发行企业内部股票500万元，1993年2月和4月，又分别代理襄江商场和襄阳汽车轴承（集团）股份有限公司发行个人股60万元，法人股1500万元，实现了由债券到股票的突破。在积极拓展一级市场的同时，二级市场业务也有了突破性进展。1987年，襄樊市建行率先在襄樊地区开办了国库券及有价证券的“三代一保”（代保管、代兑取、代储存、保安全）和贴现业务，经营有价证券达15种，交易额累计过亿元，有效推动了证券二级市场的发展。1992年，加入武汉证券交易中心，成为该中心40个席位中唯一的一家地（市）银行会员。襄樊市建行凭借中心席位的优势，立足湖北，面向全国，参与证券交易大循环，实现了柜台交易向市场交易转换。成交额由1987年的2292万元增加到11500万元。证券资产成为该行资产的重要组成部分，其业务受到建行总行的表彰，由该行撰写的《证券业务实用手册》成为全国建行证券业务操作的指南读本。

④组建融资网络，实现跨地域筹资：1987年6月和10月，襄樊市建行依托鄂豫川陕毗邻地区和鄂西北片的区位优势，牵头组建了鄂豫川陕毗邻地区和湖北省鄂西北片两个资金融通网络。以毗邻地区、四省九地组成的网络是松散性的，主持行随政府一年一度商品交易会的时间、地点更换而轮流担任主持行，一年为一届。活动内容主要是交流信息、进行同业短期资金拆借，相互办理委托等事宜。以襄樊市为中心的鄂西北片建行组成的网络是紧密性的，网络设有理事会，其职责是协调成员行之间关系，仲裁成员行之间的纠纷，商讨开办有形资金市场有关事项等。成员行包括七个地市行及其所属的县支行、营业部及县级支行办事处。1987年网络年会时由30个成员组成，1988年网络年会成员行扩

大到40个。据统计,网络成立当年,各成员行共融通资金7.6亿元,其中拆入322笔,金额4.3亿元,拆出137笔,金额3.3亿元。随后,襄樊市建行又筑巢引鸟,加入到全国55个城市建行资金网络,并通过这个大网,把引进资金的手伸向四面八方,为拓宽筹资渠道,调整资产负债结构,活化可用资金探索了路子。

⑤强化筹资手段,实施行业筹资战略:1994年襄樊市建行确立了"一全五高"(全方位筹资,即在企业存款、储蓄存款的基础上,拓展证券筹资、信用卡筹资、外币筹资等,"五高"即高科技筹资、高素质筹资、高谋略筹资、高效率筹资、高效益筹资)筹资战略,在1993年存款增量夺得金融同业第一、实现第一步筹资战略目标的的基础上,再用3~5年时间,在存款总量上形成与工行、农行"三足鼎立"的第二步筹资战略目标。围绕这一目标,该行进一步强化筹资工作的力度,制定完善筹资经营承包制、行长负责制和目标责任制,层层签订责任状,缴纳风险抵押金,从增存机制上为行业筹资提供了措施保障,营造了全员抓存的良好氛围。实施行业筹资渗透。制定了《行业筹资方案》,将实力雄厚、垄断性经营的行业、资金以纵向流动为主的产业作为行业筹资重点,构建了铁路、电力、邮电、交通、供水等18个行业筹资网络,分别确定了龙头行、协作行,明确了各自职责,任务和工作目标,市分行与各龙头行和协作行整体联动,形成了行业筹资的主体格局。到年底,吸收电力存款7100万元,归集铁路资金14亿元,沉淀资金7 400万元,市场占比分别达到64%和52%。1996年18个龙头行归集资金34亿元,10大龙头行业和20家龙头企业存款余额达46 300万元,占全行企业存款的32%。深化多元代理业务。借助电算化优势,以全市120多个网点的微机网络所形成的整体竞争合力,优服开路,科技搭桥,先后与市供电、邮电、交警、城建、交通、税务等行签订了代收协议75份,代收行业27个,代收费(税)种类41种,新发展代理业务16万户,代理金额15亿元,沉淀资金2.8亿元。新开发科技项目11个,吸收资金4.5亿元,沉淀4500万元。之后陆续开拓了移动、联通话费代收代缴业务,以科技优势一举夺得公交IC卡业务银行独家代理发行权。拓展筹资源头。抓住人民银行组织实施企业基本结算户制度的机遇,强抓行业领头户、边缘交叉户、有存有贷户和一般企业户头,层层推进,主次分明,使建行开立的企业基本结算户达2760个,占据了全市1/3的份额。与此同时,加大其他领域的存款的攻坚力度,设置国际业务深圳办事处,异地结汇接单;整顿证券回购业务,移兵筹资战场;实行存贷比例管理,用活房改资金等,进一步扩大了行业筹资领地,吸收房金业务存款4.7亿元,外汇存款340万美元,新增夺金牌,组织信托公司存款2710万元,成功研制开发了储蓄卡代发工资系统,并在原张湾建行运用ATM单机试用取得成功,发行储蓄卡8700张,吸收存款365万元,有力牵动了筹资代理业务的全面开展,促使全行筹资工作步入了稳健发展轨道。

⑥加大集约经营,培植精品名店:从1995年开始,襄樊市建行以调整机构网点为手段,拉开了网点筹资集约化经营的序幕。按照"闹市区、大门面、网络化、多功能、柜员制、高产所"的网点标准,加大网点调整和消灭低产所的力度,着力培植一批高产储蓄所,对那些高投入、低产出,只投入不产出,高投入负产出的营业网点进行整顿,撤黑所,迁偏所,并邻所,收大所,交小所,创亿所。1995年7月,对保康支行进行了综合整顿,一次性撤并网点6个,裁减人员22人,使该行的所均存款余额由300万元增长到750万元,人均存款和效益增长了100%和79%。1996年,襄樊市建行针对全行定期存款多,活期存款少,储蓄存款多,企业存款少的负债结构和营业网点多、高产所柜少的机构状况,提出了实施"亿元工程",培植一批存款余额高、结构合理、竞争能力强、经济效益好的骨干和龙头处(所)的筹资方案,首批选择确定了28个所作为重点创建对象,通过"亿元工程"建设,争取在1—3年内,使全行30%的基层处所达到"亿元工程"标准。1996年6月,襄城支行庞公分理处率先达到创建标准,11月底樊城支行新华分理处也通过验收,到年底,全行已有6个机构存款余额过亿元,余额在8000万元以上的处所达到4个,5000万元以上的6个,规模经营、集约经营的格局初步形成。1997年,"亿元工程"建设继续深化,并将筹资重心向中心城区和高产所柜转移,对大网点直接监控考核,对一线筹资机构实

行等级管理，“亿元工程”所处的数量、存量增量、管理和效益都有所提高，襄城支行实现了过10亿目标，樊城支行铁路办事处等5个处所达到亿元工程标准，“亿元工程”总量达到10个，涌现出15个5000万元以上处所。1998年，“亿元工程”实施精品名牌战略，将培植“精品店”、创建名牌网点，作为筹资重点，加大对高产网点的培植力度，在网点装修、设备配置、人员培训及政策措施上向大网点倾斜，建设了一批大门面、多功能、高科技筹资网点，亿元工程的品牌效应得到进一步彰显，到年底，全行亿元网点达到12个，其中过2亿元的网点5个。12个亿元网点新增存款占全行新增存款余额的63%，“亿元工程”网点以占全行6%的机构组织回占全行28.6%的存款。1999年，“亿元工程”在培育筹资龙上抓拓展、抓延伸，突出规模经营、集约增存，将创建对象由网点延伸到业务科室，创建档次由原来的亿元提高到2亿、3亿、5亿四个等级，到年底，全行存款过亿元网点达到16个，其中2亿元以上网点6个，亿元工程单位存款余额28.95亿元，占全行一般性存款的37%。2000年，亿元工程活动由网点、科室延伸到个人，对独立承担筹资业务的营销人员实行客户经理等级管理制，当年底除有5个网点新跨入亿元工程行列外，还有3人被确定为三级客户经理。全行亿元工程网点总数达15个，存款余额37.26亿元，占全行一般性存款余额的44%，其中庞公、大庆东路、襄城专柜过2亿元，檀溪、铁路分理处过3亿元。亿元工程渐进式推进，为深化集约化经营，实施大所战略、培植精品名店起到了积极促进作用，特别是为后来推行机构扁平化管理，建立以扁平化管理为特征的“市分行—营业网点”两级架构直管模式，奠定了坚实的网点规模基础。

⑦健全营销机制，开拓公司和个人筹资业务：随着商业银行业务的稳步推进，1997年建行确立了以大行业、大企业为营销重点的“双大”客户方针，实施产品发展战略和客户营销战略，引入市场营销机制，带动了全行公司和个人筹资业务的迅猛发展。该行积极适应筹资市场的变化，转变增存方式，狠抓市场营销，先后组织员工开展了市场营销知识的系统培训，聘请专家讲授市场营销理念和操作技巧，提高了全员对新形势下开展筹资营销活动重要性和紧迫性的认识。健全营销人员管理考核办法，先后制定下发了筹资业务市场营销方案，出台了客户经理配套管理办法，建立了营销人员考核激励措施，有效调动了全员营销积极性。开展市场调查、媒体推介、客户咨询、举办联谊等客户营销系列活动，以“清街道、清门面、清店铺、清楼栋”“六清”为内容的储蓄营销、锁定客户服务活动，丰富了员工营销知识，增强了营销人员的社会调查能力、交际公关能力和语言技巧等综合素质。开展旺季营销活动，每年抓住元旦、春节黄金时段，“五一”“十一”黄金周，大力开展亲情营销和时令营销，抢抓商机，扩大储源。还通过参与襄樊“一节一会”、中央电视台到樊举办激情广场专题节目、全国京剧名家演唱会、中国第四届武术擂台赛等门票销售代理营销活动，树立了建行良好社会形象。培植优良公司客户，围绕财政、电力、高速公路、上市公司、重点行业实施跟进联动营销，配备专职客户经理，推行行长首席客户经理制，成立大客户经理部，实行AB角制度，直接参与重点行业客户营销，帮助东风股份公司组建资金结算网络和汽车销售服务网络，提供集资金清算、信贷支持、销售监管于一体的高附加值服务，使该公司在建行的结算量由过去的15%提高到39%，存款余额增至3.5亿元。抓住国企改革机遇，服务企业改制和资本重组，营销股金归集、股份收购、买断补偿等代理业务，全程跟踪资金流向，营销归集新改制企业户头57个，代理买断补偿金和企业改制资金4.5亿元，吸收存款1.9亿元。跟进全市项目年建设，开展高层营销，全程跟踪服务，争取了铁路复线、公路高速等大项目资金存款，稳固了一大批龙头客户群体。强客户经理队伍建设，精心选拔高素质员工担任客户经理，采取外出考察、选送学习和内部培训等方式，提高客户经理的理论素养和营销经验。推出了新型客户经理绩效考核系统，实施科学考核，有效调动了客户经理拓展业务的积极性。转变服务理念，强化客户营销措施，先后建立和完善了“早训制”“晨迎制”“提示服务制”“大厅客户经理制”“服务承诺制”和“一米线”服务，成立客户投诉中心，开通客户投诉专线等，促使全行服务客户能力大大增强。2002年，选定襄城、樊东两个支行作为试点，改造营业大厅，建立开放式柜台营销服务模式，以差别化服务培育优质客户

群体。2003 年,组建了襄城、樊东两个理财中心,并在襄城理财中心打造了全市首个“24 小时自助服务银行”,开辟了一批以孙莹理财、思俐理财为代表的个人理财窗口,建立了 VIP 客户“绿色通道”,拓宽了产品分销渠道,当年发展总、省行级 VIP 客户 86 个,目标客户 5000 个,吸收存款 3.5 亿元。到 2005 年底,全行发展 VIP 客户 1748 个,累计吸收存款 24.5 亿元,建立完善了 8 个理财中心,54 个理财窗口,襄城理财中心、孙莹理财、思俐理 财等理财品牌都受到了客户普遍认知。

⑧开发现代金融工具,拓展银行卡筹资业务:襄樊市建行自 1993 年开办银行卡业务以来,经过 10 多年的创新与发展,龙卡已形成贷记卡、准贷记卡、储蓄卡、生肖卡、专用卡、IC 卡、联名卡、理财卡、公务卡等能够满足广大客户不同需求偏好的系列产品。除存取款、购物消费结算等基本功能外,实现了用龙卡代发工资、代缴电话费、保险费、证券交易资金转账结算、住房公积金账户管理、外汇买卖、个人贷款转账还款、个人电子汇款等业务,通过网上银行、电话银行、手机银行享受方便快捷全天候的服务。1993 年 6 月 17 日,建行首张万事达信用卡、维萨信用卡在襄樊面世,标志着襄樊市建行银行卡业务的正式开办,当年发展特约商户 71 家,发行信用卡 1400 张,实现交易 8790 笔,交易额 792 万元,开通 ATM7 台,吸收存款 120 万元。从 1994 年建设银行将信用卡银行产品统一定名为“龙卡”以来,襄樊市建行积极适应客户需求,不断推出龙卡新产品,1994 年,在当地同业率先推出了具有存取现金和购物消费功能的第一张借记卡性质的龙卡,当年实现发卡 8700 张,吸收存款 365 万元;1995 年开始与知名企业和非营利组织分别联合发行联名卡;1999 年初,在襄樊金融同业推出了第一张面向少年儿童的银行卡—龙卡生肖储蓄卡;2001 年底,推出了面向投资客户的龙卡证券卡,提供办理开放式基金、记账式债券交易以及封闭式基金认购等证券投资服务;2003 年 8 月,正式发行具有一卡双币、境内外通用、先消费后还款、循环信用、境外消费人民币还款等特点的龙卡双币种贷记卡,2004 年 4 月,双币种贷款卡首家向社会推出境内消费密码可选功能,并同时推出 ATM 密码修改服务;2004 年 6 月,又首推符合国际标准的双币种商务卡,标志着建行的信用卡服务从个人业务领域扩展到公司业务领域。2004 年 8 月,推出了卡号采用中国银联 BIN 号(银行标识码)的龙卡储蓄卡,成为金融同业首家发行该类银行卡的国有商业银行;随后又推出了以私家车主为服务对象的龙卡汽车卡,并专门为个人 VIP 客户开发推出了综合性、多功能、高档次理财工具—乐当家理财卡,实行一卡多账户,通过签约可办理个人质押贷款、外汇买卖、代理国债交易、代收代付等业务,定期寄送综合对账单,针对不同客户群体设计推出了白金卡、金卡和银卡,提供差别化服务,并且开通了龙卡贷记卡网上银行服务功能。截至 2005 年底,龙卡信用卡发卡量 5900 万张,龙卡储蓄卡发卡量 29.7 万张。

中国邮政储蓄银行襄樊市分行:1986 年 6 月 25 日,襄樊市邮电局恢复开办邮政储蓄业务,根据人民银行规定,恢复后的邮政储蓄业务,只能办理个人存取款业务。业务种类单一,只办理定期和活期两种。定期分半年期、一年期、三年期、五年期、八年期和零存整取业务。另还有保值储蓄、定期定额储蓄和通知存款储蓄等。储蓄存款业务发展情况:

第一阶段:邮政储蓄业务恢复初期(1986—1992 年)。1986 年底,邮政储蓄余额(半年时间)仅为 58 万元,极为不理想。襄樊市人民银行非常关心支持邮政储蓄的发展,建议邮电局,通过开展有奖储蓄的形式推动邮政储蓄余额上台阶,并指派市人行经管科余科长为现场指导。襄樊市邮电局的领导非常重视此项工作,同年 12 月中旬,组织专班,由邮政科牵头,邮电营业科领导全参加专班,主要商讨策划如何操作有奖邮政储蓄。专班通过查阅大量的报纸、杂志资料,获取相关信息。经过反复比较、论证,终于决定采取发行有奖邮政储蓄券的办法,并从人民银行争取到提前给付手续费收入的特惠政策。

经过周密的谋划,初步拟定了这样的操作步骤:襄樊市邮电局面向全市市民发行有奖邮政储蓄券,奖券视同储蓄存单管理,但不记名、不挂失。每张奖券详细编列奖券号码、发行日期、发行单位。奖券存满一年,邮电局按人民银行挂牌利率付给利息。考虑到市民工资水平较低,邮电局将奖券面值定为 5 元，保证每个家庭都能承受。在奖券全部销售完后的十天内，按奖券号码公开进行摇奖，利用人民银行提前给付的手续费款设购奖品。此方案报到市邮电局局领导后，最终确定发行有奖储蓄券 20 万张，共计 100 万元。为了吸引广大的市民前来购买，在奖项设置上，确定了少而精的原则，也就是获奖人数稍微少一点，但奖项的奖品均为每个家庭翘首以盼但又捉襟见肘的现代化家用电器，一等奖奖现金 5 000 元，其次还有电视机、洗衣机、自行车。

有奖邮政储蓄活动在襄樊市民中产生了空前影响，急速提高了邮电局在市民心中的知名度，使大家在短时间内了解、认同、信赖邮电局。纷纷把钱存进邮电局的邮政储蓄。从邮政储蓄恢复开办到 1987 年底，襄樊邮电局邮政储蓄余额迅速接近 500 万元，为全省邮政系统之最，并为邮政储蓄的大发展积累了宝贵的经验。省市邮政储蓄会议以来，由于全市邮电职工的共同努力，邮政储蓄业务出现了可喜的发展势头。截至 1988 年 5 月 10 日，全市新开邮政储蓄点七个，储蓄余额已达 674.8 万元，比三月底净增储额212.3万元，占全年计划的百分之三十三点五。1992年上半年全市邮储余额达到14 953.6 万元，比 1991 年同期净增 22.5%，完成全年 16 亿分解计划的 108.4%。

第二阶段：邮政储蓄业务突飞猛进的发展期（1993—1998 年）。1993 年，市邮政储蓄的发展经受住了严峻的考验。在部分专业银行高息吸储、企业高利集资、资金大量外流、金融秩序混乱等不利环境的冲击下，市邮政储蓄的发展受到了严重的影响。就是在这种不利环境下，储汇分局充分调动广大邮电干部职工的主观能动性，采取避开冲击，抓好调查，找准市场，寻找发展；突出邮电特色、灵活经营开拓；深化改革，进一步提高服务水平和管理水平，改善邮储基础设施等各种措施，依托邮电优势，使市邮政储蓄余额有了明显的增长。在年底，全市完成邮储余额 17001 万元，较 1992 年底净增 1430 万元，全市完成业务收入 404 万元，百元收入达到 2.77%高于全省平均水平，为企业创造了良好的经济效益。

1995 年邮储发展的成绩令人瞩目：仅用三个月就完成省局下达翻番目标；截至 12 月上旬，全市邮储余额已达到 5.3 亿元，占 50 亿目标的 126%，占 60 亿竞赛目标的 102.1%，提前 20 天在全省率先完成了年终奋斗目标。在邮储收入方面，1—11 月份全市已实现收入 1004 万元，较 1994 年同期翻了一番，提前一个月完成局领导在年初提出的收入突破 1000 万元奋斗目标，邮储收入在邮政业务中名列榜首，所占比重比 1994 年提高了 11 个百分点。

1996 年襄樊市制定“邮政储蓄利用邮政现有网点点多、面长、信誉好的优势，下大力气在竞争相对薄弱的农村找到突破口，迅速占有农村市场”，根据这一目标，襄阳、枣阳、宜城等农业大县都从实际出发做了大量工作，取得了很好的效果。截至 12 月底，全市农村邮政储蓄的余额已达 2.5 亿元，较 1995 年同期净增了 5000 万元，农村网点已达到 129 个，农村过千万支局已有 4 个，百万以上的农村支局已达 60 多个，点均余额达到近 200 万元，农村余额已占县（市）局余额总额的 45%。至 12 月底，襄阳县全县邮储余额达 1.5 亿元，较 1995 年同期增长 90%，占目标计划的 125.8%，提前 9 个月完成市局下达的目标计划，名列全市第一，实现邮储收入 181 万余元，比 1995 年同期增长 69%，占全县邮政收入的 39%。

1996 年，截至 12 月底，全市邮政储蓄余额达到 8.54 亿元，完成省局下达目标任务的 100.82%，较 1995 年同期增长 46.7%；全年邮政储蓄收入实现 1739 万元，比 1995 年增长 60%。市邮政储蓄业务收入与余额已连续八年高速增长，其中业务收入超过全省邮政业务收入水平增长幅度，在市邮政各项业务中名列第一；1996 年市邮政储蓄发展在全省一直保持领先地位，在全省率先完成了“百亿工程”目标任务，受到省局的高度评价。

1997 年 12 月 20 日，全市邮政储蓄余额达到 8.08 亿元，占年计划的 104%，邮政储蓄收入达 2483 万元，占年计划的 138%，活期存款比例由 1996 年的 24%上升到 35%，邮储百元收益率达 2.89%，全市百元收益超过全省平均水平。截至 12 月 20 日，全市农村邮政储蓄余额达到 2.05 亿元，较 1996 年同期净增 1 600 万元，占全市邮储余额的 27%，其中枣阳、襄阳两局农村余额占该局总余额的比例在 55%以上，农村网点的点均储蓄余额也迅猛增加，全市山区网点平均余额达 89 万元，平原地区网点平均余额达到 212 万元。

1998 年是全市金融环境发生重大变化的一年，同时也是邮储经营史上最为困难的一年。首先继 1996 年国家三次调低存贷款利率以来，今年又连续两次调低利率，同时房改前各单位集中分房也分流相当数目的储蓄资金，再加上国家加大金融市场监管力度，市储汇分局清理消化非正常利率存款工作全面展开等因素，结合起来造成市邮储余额在 1998 年上半年大幅度下滑。到六月底，全市余额仅为 7.3 亿元，较年初下滑 1.1 亿元。其次，国家 1998 年二次调低了邮储在人行的资金结算利率，由年初的 10.53%，下调到 6.64%。邮储平均收益损失率达 2.1%。面对种种不利因素，储汇分局在市局党组正确经营方针、路线的指导下，积极应对，制定发展战略，超额完成了市局下达的分局经营收入进度和邮政储蓄专业收入进度。截至年底，邮政储蓄余额达到 90 918.36 万元，业务收入完成 2646 万元，比 1997 年同期增长 7.43%。

第三阶段：邮政储蓄业务稳定发展期(1999—2005 年)。1999 年，邮政储蓄占邮政业务总收入的 27.81%，到 2004 年邮储业务收入已占邮政业务总收入的 73.39%，在这一阶段中，邮政储蓄作为邮政业务的支柱业务在各项邮政业务中起了模范带头作用，呈现出稳定的发展态势。

2000 年，邮储余额、邮储平均余额、邮储业务收入、代理保险保费收入等各项考核指标均不同程度超出既定目标，且居全省前列。全市邮储余额达 15.1 亿元，占年计划的 74.4%，占省局二季度达标计划的 106%，较 1999 年同期增长 50.3%，提前 10 天完成省局“追赶工程”目标；全市实现收入 2 169 万元，占年计划收入的 52%，较 1999 年同期增长 49.5%，全面实现省、市局党组下达的工作目标，为全年邮储发展奠定了良好的基础。下半年余额计划完成情况一直居全省前三名。到年底，余额到达数为 177 701 万元，较年初净增 55 416 万元，完成年计划的 108.22%，雄踞榜首，增幅为 45.32%，超出同期全省平均增幅 5.85 个百分点。2000 年四项全省性邮政储蓄业务发展竞赛，市储汇局均全面超额完成，完成情况分列全省 3、11、2、1 名。至 2000 年底，市场占有率达到 10.89%。邮储平均余额为 143316.6 万元，为年计划的 110.24%，排名全省第 2，超出全省平均水平 8.5 个百分点。邮储业务收入 4163 万元，完成年计划的 104.33%，居全省第七，邮储业务收入占邮政总收入比重为 30.17%。

到 2001 年 12 月底，全市邮储余额达到 289 938 万元，较 2000 年末净增 112 237 万元，占全省累计净增额的 15.65%，增幅为 63.16%，比全省平均增幅高 15.93 个百分点。市场占有率达到 14.65%，排名全省第四。邮储平均余额为 225 893.7 万元，较 2000 年末净增 82 577.1 万元，增幅为 57.62%，较全省平均水平高 14.21 个百分点，排名第二。2001 年，全市共实现邮储业务收入 5 929 万元，完成年计划的 114.02%，较全省平均水平高 8.64 个百分点，排名第二，邮储业务收入占邮政总收入比重为 38%，排名第四。2002 年底，全市邮储余额 397661 万元，完成计划 109.63%，邮储平均余额 341209 万元，累计邮储业务收入 7 566 万元。2003 年底，全市邮储平均余额为 429 843 万元，到达余额 492169 万元，完成计划 102.54%。累计邮储业务收入 9 697 万元。邮储业务收入占邮政总收入比重为 54.79%。到 2004 年底，全市邮储平均余额 539 806 万元，到达余额 623 188 万元，完成计划 101.33%，累计净增 131018 万元，排名全省第五。累计邮储业务收入 12 358 万元。邮储业务收入占邮政总收入比重为 73.39%。截至 2005 年 12 月，全市邮储余额达 78.37 亿元，完成省局年底计划 74 亿元的 106%，2005 年净增 16.05 亿元，较上年度同比增长 15%，占省局下达年净增计划 116 812 万元的 137.42%；跨年度竞赛净增 4.95 亿元元，占跨年度竞赛净增计划 62 279 万元的 78.83%；市局现业邮储余额 22.75 亿元，完成省局年底计划22.3亿元的102 %，本年净增3.41亿元。2005年全市本年累计实现储蓄业务收入14 389万元，较2004年同期增长15.5%，完成省局年预算的110.3%，占全市邮政总收入19 140万元的75.2 %。

襄樊市城市商业银行：1998 年末，城市商业银行(以下简称城商行)各项存款 4929 万元，其中企业存款4071万元，个人存款858万元。这一年负债业务主要是抓住了人民银行加强查处违规高息揽储的力度，储蓄市场逐渐规范的有利时机，采取多种手段加大组织存款的力度。同时逐步建立了存款的激励机制，促使职工走出去，面向社会扩大储源，组织存款从地域上看，最远到了地处山区的保康县；从对象上看，从熟悉的亲朋好友到陌生的小商小贩；从组织存款结构看，从单纯的储蓄存款宣传，到吸收众多结算存款，与客户建立稳定、长期的信任关系。

1999年末，当年存款增量实现了翻番，截至1999年12月底，各项存款余额为10 092万元，比年初增加5 163万元，存款首次突破亿元大关，其中企业存款余额为8 013万元，比年初净增3 942万元，增96.8%，储蓄存款余额为2 079万元，比年初净增1 221万元，增长142.31%。1999年负债工作坚持以市场为依据，以大户为重点，以完善服务功能为基础，积极拓宽存款渠道，扩大资金来源，主要工作：抓住二次房改机遇，积极参加房改资金的缴存工作，共吸纳售房资金2000余万元，扩大了房改资金的市场占比。抓好教育单位学费缴存工作，共吸收学杂费资金1200余万元，与教育系统建立了一定层次的合作关系。抓市场，为个体户开展多层次全方位服务，现金回笼量大幅增加。抓大户、系统户，一批财政、税务存款陆续汇划入城商行，在一定的阶段保持相对稳定，降低了经营成本。1999年的存款工作展示了城商行的全新形象，提升了社会知名度，壮大了资金实力，在与其他大银行的竞争中地位逐步提高。

2000年末，各项存款余额2.095亿元，连续三年存款实现翻番。始终把存款工作摆在突出的位置，在年初制订5000万元存款任务的基础上，四月份适时地把本年度工作目标调整为8000万元，进而根据存款形势的发展，在本年第四季度将存款工作目标调整到1亿元，加快了工作节奏，增大了工作压力，实现了存款目标的重大突破。在存款策略上，已经建出了一套自己的工作路子，即：巩固老客户、拓展新客户、培植黄金客户，在襄樊市经济生活中占有举足轻重地位的烟草行业、武钢襄樊长材、银河证券、航天四十二所等已成为城商行稳定的黄金客户群体，积极拓展了襄樊市火电厂、铁路、电力、电信新的存款增长点。在存款工作的措施上，充分发挥城商行决策机制灵活、反应灵敏、决策层次少、上下信息对称的优势，分层把关，及时反馈相关信息，做到一户一策，提供全方位，多层面的服务手段，重点客户重点突破，系统客户全员公关，存款工作突出重点，抓住难点，寻找突破点，最终实现存款总量的节节攀升。在大户的拓展上，制订系统的预案，扬长避短，以小搏大，充分发挥了城商行特有的优势，使千万元以上大户增至十户以上。

2001年末，各项存款35276万元，较年初增加14326万元，增幅68．38%。全年始终把扩大存款规模作为各项业务发展的基础，坚持正确的存款定位，把扩大对公存款作为工作的重点，紧紧围绕以地方政府为主体的行政事业单位以及在襄樊经济生活中占举足轻重地位的重点企业，充分发挥城商行机制灵活、决策迅速的优势，以优质的服务和完善的服务功能作为与其他商业银行竞争的手段，通过推行客户经理制，拓展了市财政局、火电厂等一批优质的存款大户，大大促进了存款规模的快速扩张，不仅顺利完成了年初制定的存款目标，而且超额完成4000多万元。

2002年末，各项存款余额59061万元，比年初增加23785万元，增幅67.43%。针对规模小、网点少、基础设施差等先天不足问题，城商行扬长避短，坚持“存款立行”的工作方针，把扩充存款规模作为生存发展的基础，充分发挥各项优势，树立全员经营意识，推动存款工作超常规发展。一是发挥“政府银行”的优势，归集政策性资金。2001年12月，市政府专门召开了市长办公会，并下发了市长办公会议纪要，明确规定财政预算内、外资金、各种财政拨款及专项资金和有关国营大企业资金纳入城商行存款。城商行密切关注外部经济环境的变化，及时调整竞争策略，准确、快捷的将政府调度的存款抓紧、抓稳、抓好。在稳定原有系统单位的同时，吸引了有发展潜力的财政、税务、电力、教育、交通等行业的存款。二是利用“信息对称”的优势，迅速决策，抢占市场份额。如在得知政府成立行政服务中心的信息后，为强占先机，胡市长亲自督导、协调，促使行政服务中心在城商行开户，其大批售房款顺利划入。三是发挥“机制灵活”的优势，施行“资费合一”的激励约束机制，把员工分配与存款挂钩，与绩效挂钩；推行全员客户经理制，鼓励员工业余揽存；延伸服务范围，对优质客户提供票据业务等附加服务，巩固老客户，拓展新客户。今年除巩固了武钢长材等单位的存款以外，还积极拓展火电、烟草、烟厂、汽车等龙头大户的存款，增存 1.1 亿元，占新增存款的 44%。在存款服务中，始终坚持以人为本，以客户为中心，打造诚信品牌，采取跟踪服务、上门提供快速服务等手段，以优质服务吸引优质客户，吸收大量存款。各项存款由年初的 35 276 万元上升至 59 061 万元，增幅 67.43%，存款规模取得突破性进展，抗风险能力显著增强。

2003 年末，存款总额 70 186 万元，比 2002 年增加 11 125 万元，增长 18.84%。对公存款总量和占比继续上升，对公存款余额为 66 629 万元，比 2002 年增加 11 379 万元，增幅为 20.6%，占总存款的 95%。武钢长材、银河纺织、烟厂、湖北金环等原优质客户占新增存款的 52%；另一方面新的客户群体得到有效开拓。全年共发展市财政局预算科、铁十一局公安处、卫东机械厂、华光新材料等 9 家优质客户，占新增存款的 35%。

2004 年末，负债总额 91 444 万元，比年初增加 20 772 万元，增幅 29.39%。存款规模稳定增长。年末存款余额 87 754 万元，比年初增加 17 568 万元，继续保持 20%左右的比例递增，增长幅度达到 25%。优质客户群体不断发展壮大。有针对性围绕目标客户采取了有效的服务手段和措施，稳固了原有客户，有效开拓了新的客户群体。国营 9 604 厂、闽发房地产公司、中铁十一局、湖北金环等老客户存款稳中有升，占新增存款总额的 30%；全年新发展湖北凯天戎仕达公司、经纬化纤公司、广景实业有限公司、东风汽车公司管理部等 11 家优质客户，占新增存款的 60%。通过丰富业务品种，有效带动了存款的增长。从 9 月起开办教育储蓄业务，当年新增存款 355 万元。以进一步做大做强公司业务为重点，对公存款总量继续上升。对公存款余额为 79 788 万元，占总存款的 90.92 %，比 2003 年增加 13 159 万元，增幅为 19.74%。储蓄存款不断增加，增强了存款的稳定性。储蓄存款达到 7 966 万元，比 2003 年增加 4 409 万元，增长 123.95%。

2005 年末，各项存款达到 101 595 万元，当年净增 13 841 万元，增幅为 15.78%，完成年度存款计划的 101.16%，各项存款创历史最高水平。全年大力拓展存款规模，把存款工作作为发展的基础和中心工作来抓，在整合存款业务部门的基础上，加大对客户经理和柜员的业绩和服务的考核力度，集中资源向存款一线倾斜，按照抓大、带小、求优、实效的拓展客户理念，积极营销和拓展客户。制订了《存款市场指引》，将存款市场细分为对公存款的 6 大系列目标和 16 个部门单位以及零售业务的 6 大代理业务和 10 类小门市，在突出抓对公存款的高端市场和客户的同时，不放过零售市场的拓展与培植。全年共新增客户 327 个，其中 100 万元以上客户 56 个，带动存款增加 2.2 亿元。在全市银行同业市场份额不断提升，存款市场占有率由年初的 1.28%上升至 1.64%。

襄樊市农村信用联社：1979 年以来，辖内农村信用社存款种类主要有社队集体存款、社员存款、集体存款、储蓄存款等。随着地方经济改革发展，农村信用社各项存款稳步上升。

①生产基金存款：生产基金存款是襄阳地区农村全面推行大包干责任制后，当地农村信用社为满足千家万户农民的信贷需求，帮助农民筹集一套生产后备资金而首创的一种储蓄存款种类，在农业收入实现前预约到户，收入实现后及时收储，夏存秋用，冬存春用。1982 年，襄阳地区个别农村信用社开办了生产基金存款。1984 年，襄樊市农村信用社吸收的生产基金存款达 67 24 万元。1985 年，农业银行襄樊市中心支行要求各地信用社切实把生产备用金存款抓起来。要求水田每亩存 15～20 元，旱地存 20～25 元。对农户可以签订存贷合同，没有生产备用金存款的，信用社一般不发放贷款。1986 年 4 月中旬，农业银行襄樊市中心支行在南漳县九集农村信用社举办农户生产基金存款试点。4 月 27 日—29 日，在南漳县支行召开全市农村信用社农户生产基金存款现场会。会上，讨论并修改了《农户生产基金专项存款管理办法》。《办法》指出：每年年初，全市分为平原和丘陵农村信用社、山区农村信

用社两大类,按不同金额的亩平年收入(夏秋两季)一次性预约到农户,平时和旺季信用回笼期间做好吸储工作,或是农户在农副产品销售以后,根据下一个生产季节投资所需金额,将部分收入资金专项存在当地农村信用社。对生产基金存款实行专户储存、专账专卡、专款专用、专项考核;随存随取,依档计息,或者按照定活两便存款办法计息;存贷挂钩,在挂钩比例内贷款免除抵押担保,并以生产基金存款为内容开展农户信用等级评定,一级、二级信用户贷款优先、利率优惠。1987 年末,全市农村信用社生产基金专项存款余额 12 164 万元,比年初净增 5 934 万元,占全省生产基金存款净增总额的 39%,名列全省农村信用社第一。1989 年末,全市农村信用社生产基金存款余额比年初净增 2 213 万元,达到 16 661 万元,占全省农村信用社生产基金存款总额的 1/3,亩平存款 27.8 元,社员人均存款 133.39 元。中央、湖北电视台等媒体先后报道了襄樊市农村信用社组织生产基金存款的经验做法。1991 年末,全市农村信用社生产基金存款余额 28 730 万元,社平 57.58 万元,农户户平 237.43 元,亩平 36.18 元。1996 年末,全市农村信用社生产基金存款余额 44 139 万元,占各项存款余额的 18.44%,亩平 76 元,名列全省农村信用社前茅。1999 年 4 月 6 日,襄樊市农金体改办以〔1999〕18 号文件,印发《关于进一步加强农村信用社生产基金存款管理的通知》,要求全市农村信用社增加生产基金存款。2005 年末,全市农村信用社生产基金存款余额 338117 万元,同比翻了近四番,占各项存款余额的 50.88%。全市在组织生产基金存款过程中,一度出现少数农村信用社扒堆切块弄虚作假现象。

②信用站存款:信用站存款自信用站建立以来一直是信用社存款的重要组成部分,一度占信用社总存款余额的一半左右。1980 年,农业银行襄阳地区中心支行在全系统开展了为四化立功活动。同年 9 月 18 日,农业银行襄阳地区中心支行在立功竞赛简报上登载了《立功竞赛情况之三——枣阳县信用社站为四化立功活动开展起来了》的经验材料。该材料反映:枣阳县支行于 8 月 15 日—17 日召开了社员存款工作座谈会,有信用社、分社、信用站共 109 人参加了会议。会议结束后,环城公社鲍庄大队信用站会计严永常回去后,采取大额小额一起抓,没有西瓜拣芝麻,在 8 月下旬的 5 天时间里,就吸收存款 3682 元,人均比上月净增 1.29 元。十里铺信用站会计吴光忠,8 月份,人均存款比上月净增 2.93 元。环城公社 8 月末社员存款余额比 7 月末增加 54700 多元,人均比上月增加 0.94 元。兴隆公社大西信用站,8 天时间吸收社员存款 7 450 元,人均存款上升到 6.52 元。8 月份,在全区社员存款普遍下降的情况下,枣阳县社员存款余额达 451 万元,比 7 月末上升 22 万元,比 1979 年同期增加 114 万元,初步改变了社员存款不稳定的局面。1982 年末,全市信用站人平存款分类:1 ~ 5 角的站 5 个、5 角 ~ 1 元的站 76 个、1 元 ~ 3 元的站 256 个、3 元 ~ 5 元的站 402 个、5 元 ~ 10 元的站 852 个、10 元 ~ 20 元的站 1 079 个、20 元 ~ 30 元的站 505 个、30 元 ~ 50 元的站 366 个、50 元以上的站 157 个(其中宜城县 50 元以上的站 59 个占第一位)。1987 年末,全市信用站存款余额 24572 万元,占全市农村信用社各项存款余额的 41.6%,站平存款 7.14 万元,居全省首位。其中,存款 10 万元以上的信用站 702 个,占全市信用站总数的 20.41%(1987 年末,全市生产基金存款 60%以上为信用站组织)。1988 年末,全市信用站存款余额 24335 万元,站平 6.94 万元,涌现出郊区孙庄、宜城何骆等 50 个“种子信用站”(“示范信用站”)。1989 年末,全市农村信用代办站存款余额 36641 万元,居全省第一;农村信用代办站存款余额占全市农村信用社存款总额的 42.8%,居全省第一;站平存款 10 万元,居全省第一;存款过百万元的站有 10 个;50 ~ 99 万元的站有 36 个,占 1%;20 ~ 49 万元的站有 410 个,占 11.2%;10 ~ 19 万元的站有 872 个,占 23.9%。1997 年末,全市信用站存款余额 13 亿元,占全市农村信用社各项存款的 46%。2005 年以后,随着全市信用站撤销,信用站组织的存款并入农村信用社,不再单独反映。

③存款规模:1979 年末,全区农村信用社各项存款余额 11 278 万元;其中社队集体存款 5 411 万元,社员存款 5 867 万元。1980 年末,全区农村信用社各项存款余额 13 739.6 万元;其中信用社集体存款 699.7 万元,社员存款 6 741.8 万元。超额完成年度社员存款计划的有襄阳、枣阳、随县、宜城 4 个县,其中宜城人均达 23.44 元,居全区之首。比 1979 年增长幅度最大的是枣阳县,人均净增 4.68

元。超额完成年度计划的信用社有71个，占总社数53%；其中襄阳14个、枣阳16个、随县21个、宜城12个、南漳3个、光化1个、谷城1个、保康3个。1981年6月末，全区社员存款余额5826万元，比同期净增1970万元，增51.1%；集体存款4286万元，比同期净增2077万元，增94%。到12月末，全区农村信用社各项存款余额16573.5万元。1982年末，全区农村信用社各项存款余额19231万元；其中社队集体存款4780万元，社队企业存款919万元，社员存款13194万元，其他存款338万元。1983年末，全区农村信用社各项存款余额24119万元；其中集体存款6718万元，社员存款18223万元，其他存款178万元。1984年末，襄樊市农村信用社各项存款余额29702万元；其中集体存款5542万元，社员存款23477万元，集体定期存款33万元，其他存款650万元。1985年末，襄樊市农村信用社各项存款余额33504万元；其中社员存款27522万元。1986年末，全市农村信用社各项存款余额41171万元，比年初净增7667万元，同比多增3865万元。1987年初，农业银行襄樊市中心支行在南漳县丁集农村信用社试办有奖有息储蓄，随后在全市农村信用社推广。1—7月，全市农村信用社共开办有奖有息储蓄30多组，金额350多万元。当年末，全市农村信用社各项存款余额59064万元，比年初净增17893万元，增幅43.5%，居全省农村信用社第一。1988年末，全市农村信用社各项存款余额61311万元。其中，襄阳县农村信用社各项存款余额12763万元，占全市县级农村信用联社第一位，占全省县级农村信用联社第5位，比1987年末下降一位；襄城农村信用社各项存款余额329万元，连续3年排全省县级农村信用联社末位（第78位）。当年末，全市农村信用社组织农村集体存款余额2 431万元，占各项存款余额的3.97%，比1980年农村集体存款余额7 486万元、各项存款余额占比53.1%分别下降为5 055万元、49.2%。从1992年开始，全市农村信用社分城区、集镇或平原县（市）、山区县开展组织资金竞赛活动。1996年末，全市农村信用社存款余额239 348万元，同比增长54 154万元，增幅29.24%。1997年末，全市农村信用社在连续3年存款净增5亿多元的基础上，各项存款余额达到284 174万元，比1996年末净增41 186万元，增长16.95%。襄阳、枣阳2个县（市）农村信用联社各项存款余额过8亿元，分别为83 321万元、82 996万元，并在全市组织存款竞赛活动中夺得流动红旗。1998年末和1999年末，全市农村信用社各项存款余额同比下降分别为15 276万元、25 970万元，降幅分别为5.36%、9.62%。2000年，全市农村信用社存款开始由下降变为增长，当年末，各项存款余额比1999年末净增14 160万元，增幅5.8%，达到258 111万元，仍比1997年末各项存款余额少26 063万元。2001—2004年，全市农村信用社各项存款年末余额增幅分别为22.48%、23.71%、21.89%、27.62%。其中，2003年末存款余额比2000年翻了近一番，成为存款增幅超过全省农村信用社平均增幅的3个市（州）之一；2004年末存款增幅名列全省农村信用社第二、全市金融同业第一，是行社脱钩以来存款净增额最多、增幅最大、完成省信合办计划最好的一年。到2005年末，全市农村信用社各项存款余额664509万元，比年初增加56106万元，增长9.22%。

1979—2005年襄樊市农村信用社存款统计一览

表8—14　　单位:万元

时间（年末）	1979	1980	1981	1982	1983	1984	1985	1986	1987	1988	1989	1990
各项存款	11 278	13739.6	16573.5	19231	24119	29702	33504	41171	59064	61311	73576	110396
时间（年末）	1991	1992	1993	1994	1995	1996	1997	1998	1999	2000	2001	2002
各项存款	110 417	104757	122000	132122	185194	239348	284174	269922	243952	258111	316128	391097
时间（年末）	2003	2004	2005	—	—	—						
各项存款	476715	608403	664509	—	—	—						

10.资产业务

资产业务是指银行利用自有资金从事信用活动的业务，它是银行取得收益的主要来源。改革开放前，银行基本上是“国家出纳”“只管供应，不讲效益”，资产业务品种相对单一。中共十一届三中全会后，随着“银行统管企业流动资金”、国有企业“拨改贷”等政策的推行，以及1995年《中华人民共和国商业银行法》的实施，国家经济体制改革不断深化，襄樊银行业开始向国有商业银行和股份制商业银行转轨，按照现代商业银行经营机制运行，资产业务重点转向提高银行资产的流动性、安全性和效益性上来，在认真做好贷款业务的同时，大力开展资产证券化业务，积极拓展投资业务，信贷品种的开发和营销频率加快，资产规模逐步扩大，资产质量明显提升，壮大了市场竞争力，增强了银行盈利能力，支持了襄樊经济的发展。

(1)资产分类

银行资产业务主要包括贷款业务和票据融资两大类。贷款业务是银行最主要的资产业务。在银行贷款业务中，按不同的用途，不同的限期，以及不同的贷款规定或条件，可以把银行贷款划分为若干种类：按归还期划分，可分为短期贷款、中长期贷款(1993年以前称固定资产贷款)；按有关担保品划分，可分为抵押贷款，非抵押贷款；按费用定价方法划分，可分为固定利率贷款，交易利率贷款，优惠与加成利率贷款；按贷款投向划分，可分为工业贷款、农业贷款、商业贷款、建筑业贷款、乡镇企业贷款、三资企业贷款、私营企业及个体贷款、基本建设贷款、技术改造贷款、个人消费贷款等；按币种可分为人民币贷款、外汇贷款。贴现是商业汇票的持票人在汇票到期日前，为了取得资金贴付一定利息将所需贴现票据权利转让给金融机构的票据行为。贴现是金融机构向持票人融通资金的一种方式，是银行的一项资产业务，汇票的支付人对银行负债，银行实际上是与付款人有一种间接贷款关系。投资可分为实物投资和证券投资。前者是以货币投入企业，通过生产经营活动取得一定利润。后者是以货币购买企业发行的股票和公司债券，间接参与企业的利润分配。证券投资业务主要是指银行买卖有价证券以增加经营流动性和银行收益的活动。

①贷款业务：贷款业务是银行基本职能之一。随着国家信贷资金管理体制的变迁，襄樊市各家银行的贷款业务大体经历了三个阶段：计划控制阶段(1953—1983年)。1978年以前，银行信贷资金实行统存统贷的管理体制，即通过自上而下的存贷款指标的分配、调剂和调整来控制全市的信贷活动。这期间，企业生产、周转所需的固定资金、流动资金主要靠财政拨款解决，银行贷款主要用于企业季节性、临时性的资金需要。1979年国家开始实行“统一计划，分级管理，存贷挂钩，差额控制”的信贷资金管理体制，作为省人民银行的试点地区，襄樊于当年下半年开始对信贷资金实行省、地(市)、县三级管理，银行吸收存款和发放贷款的积极性提高，至1983年末，银行各项贷款余额达222086万元，比1978年增加135075万元，增长了2.55倍。专业分工阶段(1984—1994年)。1984年银行统管国有企业流动资金后，开始对信贷资金实行“统一计划，划分资金，实贷实存，相互融通”的管理体制，由此形成工商银行负责工商企业贷款，农业银行及农村信用社负责农业、乡镇企业贷款，中国银行负责进出口企业、外贸企业、三资企业贷款，建设银行负责基本建设贷款和建筑企业流动资金贷款的分业经营的格局。10年间，银行各项贷款余额由1984年的316377万元增长到1994年的1403610万元，增长4.43倍。市场调节阶段(1995—2005年)。1995年《中华人民共和国商业银行法》的颁布实施，打破了各专业银行的分工界限，银行可以选择企业发放贷款，企业可以选择银行获得贷款。

短期贷款：是指期限一年以下的贷款，主要用于企业临时性、季节性的资金需要。包括工业贷款、农业贷款、商业贷款、建筑业贷款、乡镇企业贷款、三资企业贷款、私营企业及个体贷款。1994年以前统称为流动资金贷款，1994年商业银行实行资产负债比例管理后，金融统计口径发生变化，改称为“短期贷款”(襄樊市1979—2005年短期贷款情况见表8—15)。

襄樊市 1979—2008 年短期贷款情况

表 8—15　　单位:万元

年份	贷款余额	年份	贷款余额	年份	贷款余额
1979	97624	1989	562717	1999	2418675
1980	114667	1990	684440	2000	1828372
1981	143534	1991	772280	2001	1816696
1982	167598	1992	837276	2002	1775274
1983	207356	1993	932866	2003	1767965
1984	296200	1994	1142962	2004	1825156
1985	327674	1995	1130514	2005	1554162
1986	352243	1996	1308393	—	—
1987	438286	1997	1981536	—	—
1988	485959	1998	1978999	—	—

中长期贷款:中长期贷款,是指期限在一年以上的贷款,其中期限一年以上,五年以下的,为中期贷款;期限 5 年以上的,为长期贷款。中长期贷款主要用于企业基础建设、技术改造的资金需要。包括基本建设贷款、技术改造贷款(襄樊市 1979—2005 年中长期贷款情况见表 8—16)。

襄樊市 1979—2008 年中长期贷款情况

表 8—16　　单位:万元

年份	贷款余额	年份	贷款余额	年份	贷款余额
1979	—	1989	67069	1999	434328
1980	1 267	1990	78514	2000	390186
1981	6 193	1991	105022	2001	443562
1982	11 945	1992	132464	2002	534044
1983	14 705	1993	153438	2003	609377
1984	17 392	1994	243569	2004	775646
1985	34 816	1995	272895	2005	842458
1986	41 309	1996	285972	—	—
1987	47 553	1997	333841	—	—
1988	57 940	1998	492618	—	—

其他贷款:除短期贷款、中长期贷款之外,银行贷款还有信托贷款、委托贷款、委托租赁、抵押兑付等形式。

②票据融资:票据融资又称融资性票据是指票据持有人通过非贸易的方式取得商业汇票,并以该票据向银行申请贴现套取资金,实现融资目的。主要包括票据贴现、银行承兑汇票。20 世纪 80 年代,票据融资主要是作为信托业务进行运作。1990 年后,进行信托业整顿,票据融资也跟着收缩。1995 年后,票据融资重新开展,并作为各银行基本信贷业务得到推广。2000 年 4 月,襄樊建行在襄城支行尝试建立票据贴现中心,依托襄城支行集中办理全行系统的票据贴现业务,当年办理票据贴现业务 3.02 亿元,再贴现 2.74 亿元,市场份额占全市金融系统的 75%,实现利息收入 420 万元。2003 年 3 月,报请市人行审批成立了襄城票据中心,全行集中统一为客户办理票据贴现业务。2000 年 7 月,工

行襄樊分行为推动票据业务发展，成立襄城、营业部、二汽等3个票据贴现中心，到2001年票据贴现规模已达46132万元，实现收入473万元。2003年工行襄樊分行实行票据业务专业化经营，大力开展直贴业务，对贴现大户实行开户、查询、结算“一条龙”服务，对中小客户实行跟踪服务，对异地客户实行上门服务，当年实现票据业务交易额57亿元，实现票据业务收入2759万元。2004—2005年适应短期融资票据化的趋势，适时调整票据贴现业务政策，建立起集中办理、全额返还的利益驱动机制和机构上收、服务全行的业务管理体制，全年累计办理贴现10.4亿元。2002年中行襄樊分行积极调整授信资产结构，票据业务累计办理承兑及贴现80023万元。同年，农村信用社开办银行承兑汇票贴现贷款业务，当年累放银行承兑汇票贴现贷款520万元。

(2)贷款投向

襄樊金融系统的贷款按贷款投向，可划分为工业贷款、农业贷款、商业贷款、建筑业贷款、乡镇企业贷款、三资企业贷款、私营企业及个体贷款、基本建设贷款、技术改造贷款、个人消费贷款等。

工业贷款：包括工业企业贷款、地方物资供销贷款、集体工业贷款、工业结算贷款、集体工业设备贷款、小额设备贷款、科技开发贷款等。1979年以前，国营工业企业生产所需流动资金一直采取以财政为主，财政银行共同供应和管理的模式，银行贷款的占比不高。1979年以后随着经济体制的改革，财政分配资金的能力逐步下降，银行贷款的比重逐年增加，1983年国营工业企业流动资金改由人民银行统管，至当年年底，全市银行工业贷款余额达到6438万元，比1979年初的20761万元增长了43623万元，翻了三番。

1984年工行襄樊分行成立以后，作为国家专业银行承担起了统管国营工商企业流动资金的任务。在此后十年间，工商银行襄樊分行按照当时“宏观控制、微观搞活”的结构调整需要，认真贯彻“区别对待、择优扶持”信贷原则，以大中型骨干企业为支持重点，有力地支持襄樊经济的持续高速增长。1984年工行襄樊分行在全国率先开办以科技项目研制开发为主要用途的科技贷款业务，并向襄樊市化工研究所发放第一笔科技贷款，1985年3月《中共中央关于科技体制改革的决定》第二部分吸收了这一做法。1989—1991年在对企业全面开展信用度评估的基础上，实行分类核资定贷，重点扶持轻纺、机械、电子、化工等重点行业和列入“双保”名单的重点企业。1992年，协助企业清理相互拖欠和“三角债”，注入启动贷款11370万元，收回货款22355万元。至1994年末，全市工业贷款余额393736万元，比1983年增长6.11倍。

1987年以前，按照原有专业分工，建行主要从事固定资产建设过程中拨款和贷款资金的管理，发放与此相关的施工企业流动资金贷款。固定资产项目建成后，企业所需的生产流动资金由其他专业银行发放和管理，并在其他银行开立结算户。为了改变这种状况，1987年经中国人民银行同意，襄樊市建行首次为卧龙饭店发放流动资金贷款，解决了企业流动资金紧缺的困难。实践证明，专业银行“一业为主、适当交叉”，进行适度竞争有利于金融业的发展，符合有计划商品经济发展需要。随着经济体制和金融体制改革的逐步深入，该行根据生产企业需要，陆续办理了包括流动资金贷款、周转贷款、临时周转贷款和专用基金贷款为主的工商企业流动资金贷款。到1993年底，在贷余额11654万元，贷款企业41户，保证了该行贷款建成的部分项目顺利转入生产。开办工商企业流动资金贷款，不仅拓宽了业务范围，结束了襄樊市建行自成立以来一直局限于固定资产投资领域的历史，而且也使一些企业实现了从项目建设到生产整个过程中贷款资金的连续管理，方便了企业对其资金的统筹运用，提高了企业资金的使用效率。

1995年，《中华人民共和国商业银行法》颁布施实后，各商业银行之间业务实行交叉，襄樊各银行逐步加大了工业贷款投放力度。1996—1997年，全市各银行实行“狠压力保”的信贷策略，贷款大多投向国有大中型重点企业，两年间贷款猛增268577万元，比1995年末翻了近一番。1998年，长江流域遭受特大洪水，为保证既定经济增长目标的实现，各银行加大了信贷投入，当年全市工业贷款比 1987 年增加 86981 万元，增长 13.22%。达到 744 977 万元。1999 年工行襄樊分行向鄂西化工厂发放全省第一笔 2000 万元封闭贷款，以维护社会稳定。是年全市银行工业贷款余额达到 780 773 万元，为新中国成立以来最高点。

2000 年，当年受各银行不良贷款剥离因素影响，全市工业贷款余额比 1999 年下降 204 126 万元，余额为 576 647 万元。2001 年以后，为防范出现新的信贷风险，银行在信贷资金运用上开始实行区别对待，有进有退的策略，对优质客户加大投入，对落后产业、劣质企业坚决退出并收回贷款，至 2004 年全市工业贷款余额逐步下降至 527 172 万元。2005 年，全市全市工业贷款余额降至历史最低点 235774 万元。

农业贷款：主要包括国营农业贷款、集体个体农业贷款、开发性贷款、信用社贷款四大类，其中集个体农业贷款占农业贷款总量的 60%以上。农业银行、农发行、农村信用合作社等农村金融机构坚持“区别对待，择优扶持，讲求实效，借款自愿，贷款自主，有借有还，按期归还”的农业贷款原则，以支持襄樊农业经济发展为己任，以提高社会效益和自身效益为中心，不断调整贷款结构，积极支持农村经济建设。

1979—1993 年，农业贷款主要由农业银行（农村信用社）负责。贷款主要对象是国营农场、农业生产集体经济组织、乡镇企业、农户。10 多年间，农业银行集中资金支持了以农业产业化为主体的农村经济发展，重点支持了一大批向产业化发展的农业企业和企业集团，大力扶持了一批重要农产品基地、蔬菜基地、林果基地、畜禽养殖基地建设，推动建设了一批具有地域优势的大型农贸市场。至 1993 年末，农业贷款达 39 412 万元。1994 年，农业贷款中政策性业务与商业性业务正式分开营运，由于农发行襄樊分行尚未正式成立，1994—1996 年间农业贷款中的政策性业务由工、农两行代理，1996 年农发行正式设立后，才划转到农发行。此后，农业贷款形成由政策性银行、国有商业银行、合作金融相互补充、共同发展的格局。

①农业开发贷款：农业开发贷款主要包括扶贫、康复扶贫贷款、农业综合开发贷款、农业基本建设与技术改造贷款、林业和治沙贴息贷款等。在农发行襄樊分行成立以前，农业开发贷款主要由工行、农行经营和管理。1996 年农发行成立后，农业综合开发贷款作为政策性农业贷款转由农发行管理和投放。1996—1997 年间，农发行累计发放农业开发贷款 83 434 万元，支持修路 200.5 公里，新修和衬砌防渗标准渠 1130 公里，治理河渠 12.85 公里，新修和改造泵站 98 处，开挖溢洪渠 112 处。1998 年，国家对农发行业务范围进行了调整，农发行农行划转农业开发贷款 28 018 万元。1999 年，农发行又分别向农行、工行划转附营企业 191 家，贷款 147 822 万元。

②出口退税账户托管贷款：2001 年，老河口市农村信用联社在全省农村信用社率先开办出口退税账户托管贷款业务。农村信用社在对出口退税账户进行托管前提下，向出口企业提供以出口退税应收款作为还款保证的短期流动资金贷款。截至 2002 年末，该联社累计向外贸出口企业办理出口退税账户托管贷款业务 10 笔、金额 328 万元，到期本息收回率 100%，由此增加存款 150 多万元、贷款利息收入近 6 万元。

③农业产业化贷款：2004 年，国家对农发行业务经营范围进行调整，农发行开办了农业产业化贷款业务，支持农业产业化龙头企业和农业基础设施。

商业贷款：包括商业企业贷款、农副产品收购贷款、进出口企业贷款、外贸企业贷款、供销合作社贷款、集体商业贷款等。1979 年全市银行商业贷款余额 65 282 万元。商业企业贷款 1993 年以前称国营商业贷款，后改称商业企业贷款。在各银行实行专业分工时期，商业企业贷款的投放主要由工商银行负责。1984—1985 年，工商银行坚持“优化增量、调整存量、保重点压一般”的差别信贷原则，对关系国计民生的重要商品实行贷款倾斜，至 1985 年末，全市商业企业贷款余额达 176 767 万元。1986 年为更好支持商业、饮食、服务、旅游业扩大网点，改善服务设施，工商银行开办了商业网点设施贷款业务。1988年为平抑物价、稳定市场、保障供应发挥主渠道作用，工商银行在对商业企业进行信用评估、实行分类贷款的基础上，实行“保一、促二、压三”的信贷政策，运用金融杠杆，压缩了不合理的贷款占用。1989—1990年工商银行以调整信贷结构为中心，坚持“有保有压，优中选优，紧缩一般，确保重点”的信贷方针，重点支持鼓楼商场等大型国营商业企业发展，至1991年末，全市国营商业贷款余额345989万元。1991～1995年，国营商业企业根据《全民所有制商业转换经营机制实施办法》进行改革，为了支持国营商业发挥主渠道作用，工商银行积极促进国营商业企业转换经营机制，建立适应市场竞争机制的现代企业，到1995年末，商业企业贷款余额已由1991年的393819万元增长至584504万元，增长48%。

1996年以后，随着国有商业企业改革进一步深化，各银行加大了对商业企业的支持力度，到1997年末，全市商业贷款余额达到892902万元，比1995年增长202363万元，增幅达29.3%，1999年前后，襄樊国有商业企业改制基本完成，新的股份制企业得到迅速壮大，全市商业贷款大幅增长，至1999年底余额达到1135519万元，达到历年最高点。2000年受银行不良贷款剥离因素影响，全市商业贷款余额降至885515万元。2001～2005年，完成体制改革的襄樊商业呈现出多种所有制商业企业百花齐放的格局，各银行在贷款投向上进一步趋向效益好、还款能力强的企业。

商业网点设施贷款：为更好支持商业、饮食、服务、旅游业扩大网点，改善服务设施，增加服务项目，扩大商品流通，满足人民生活需要，1986年7月襄樊工行开办了商业网点设施贷款业务。该贷款的主要对象及使用范围为：凡经工商行政管理部门批准，依法登记注册，实行独立经济核算，拥有一定比例的自有流动资金，在工商银行开立账户的国营（集体）商业、饮食、服务、旅游企业在维修门面、扩大小型网点、改善服务设施等方面的资金需要，自筹资金不足时，可向其开户行申请此种贷款。

农副产品收购贷款：主要是粮棉油收购贷款，是银行对农副产品收购企业在收购过程中合理资金需要而发放的贷款。由于农副产品购销形式不同于其他商品，购销对象主要是粮、棉、油，具有季节性突出，政策性强，资金使用集中的特点。因此，对农副产品收购贷款，银行作为一种单独的贷款种类进行发放和管理。1994年以前，农副产品收购贷款由农业银行、工商银行发放，1994年国家成立中国农业发展银行，专司农业政策性金融业务，但在因农发行襄樊分行尚未设立，工、农行仍代理农副产品收购贷款业务。1996年农发行襄樊分正式成立，开始自营农业政策性业务，负责粮棉油收购政策性贷款的发放和管理。

外贸贷款：1982年中国银行襄樊分行成立后，外贸信贷从人民银行划归中国银行经营管理，此后外贸信贷一直是中国银行的一项主要信贷业务。在计划经济时期，外贸进出口实行垄断经营，随着改革的深入，进出口经营权放开，外贸贷款也随之不断变化。最初的外贸贷款仅指为支持外贸企业完成进出口贸易任务，在组织商品流转过程中合理的资金需要而发放的贷款，以后的外贸贷款是指与外贸活动有关的贷款总称。1995年《中华人民共和国商业银行法》实施后，各国有商业银行业务交叉，先后介入进出口和外贸企业贷款，但由于中国银行在国际结算方面具有比较突出的优势，所占贷款份额仍然较大。到2005年外贸贷款并入其他科目统计。

建筑业贷款：包括建筑安装企业贷款、房地产开发企业贷款、对外承包企业贷款、基建材料供销企业贷款、建材和建筑工业生产企业贷款、建筑业其他流动资金贷款6大类。贷款用途分为周转贷款、临时贷款和专项贷款，其中周转贷款期限最长不超过3年，临时贷款最长不超过6个月，专项贷款最长不超过18个月。建筑业流动资金贷款是建设银行的一项重要信贷业务。1984年，建筑业成为城市经济改革的突破口，率先进行了一系列改革。襄樊市建行积极踏上改革节奏，将流动资金贷款对象也由过去施工企业扩大到工程承包公司、城市综合开发公司以及农村房屋建材供应公司等整个建筑业。为了促进资金周转，发挥信贷杠杆作用，襄樊市建行根据资金有偿占用原则，从1984年5月起对全市国营施工企业的国拨流动资金全部转为建行贷款,实行低利率,到1986年底,国拨资金转贷款工作基本结束。同时,为改变“一家施工、千家备料”的状况,配合基本建设物质供应体制改革,1984年取消了施工企业向建设单位预付工程备料款的制度,企业所需备料资金,试行由建行贷款供应的办法,并改工程价款旬末或月中预支、月终结算为工程竣工后一次结算,项目在建过程中所需的资金由建行提供贷款。到1984年底,该行共对全市145家施工企业进行了流动资金改革,年末贷款余额4845万元,流资平均占用额由1983年的8600万元降到1950万元,百元产值资金占用降低2.2元,竣工项目周期平均缩短45天。80年代初期,伴随着城市住房制度改革,建行的住宅金融业务开始起步,到90年代取得了全方位的大发展。襄樊市建行住宅贷款是1982年开办的,当时以随州、老河口、谷城为试点,对建筑公司和房管部门投资216.7万元,试办住宅建设贷款,开发商品房住宅10栋,建筑面积19595平方米,解决了284户居民住房困难。1988年11月,由建行牵头成立了襄樊建筑业联营集团,到年底,该联营集团共承建了五个大型基建项目,总投资1750万元。1988年以后,襄樊市建行开办了以企业、职工为对象的住宅贷款,先后向襄阳轴承厂、鄂西化工厂、铁十一局等单位职工发放贷款2500多万元。到1990年底,全行累计发放住宅贷款5000多万元,共支持购买建造住宅15万平方米,使2500户城镇居民的居住条件大大改善。试办土地开发商品房贷款,把建造出售给个人的商品住宅、城市住宅建设与旧城改造作为发放土地开发和商品房贷款的重点,共支持城乡商品房开发和综合开发公司13家,贷款730万元,开发面积8300平方米。1986年,新增房改贷款985万元,用于六个城区开发、五处旧城改造,竣工面积71600平方米,使襄樊市的房屋开发工作步入全国先进行列。开发面积达10万平方米的幸福小区,成为襄樊市第一个成龙配套、规划合理、条件齐备的住宅区。到1990年底,累计发放贷款9500万元,年末贷款余额3536万元,帮助开发企业预收购房定金余额15000万元,竣工商品房面积100万平方米,为缓解居民住宅紧张的矛盾,推进住宅商品化做出了一定贡献。1991年,襄樊市建行紧紧依靠地方政府的支持,充分发挥建行优势,积极提供优质服务,全面争取房改金融业务由建行独家承办,到年底,全市五县市和四个城区房改部门均已正式委托建行承办房改金融业务。1994年,襄樊市住房制度改革全部启动,襄樊市建行在襄樊首家成立了以房地产产权为交易对象的四友房地产交易有限责任公司,实行房地产咨询、鉴证、转让、交易、出租、出售、评估、按揭、开发、经营等多种服务,成为全国地市级第一家、全国第六家房地产产权交易有限责任公司。建行住宅金融业务,从1984年发放土地开发和商品房贷款起步,经过近10年来的努力,已形成了以银行信用为基础,以政策性金融业务和经营性住宅业务为主体,以中间服务性业务和投资开发性业务为补充的综合体系。到1993年底,襄樊市建行先后支持组建房屋开发公司20家,帮助开发公司多渠道筹集资金4亿元,支持建设了幸福小区、毛纺小区等配套设施齐全的住宅小区15个,开发商品房100万平方米,解决了10万人的住房问题,对40多家大中型企业发放购房、建房贷款1亿多元。

1988年,为扶持初生的房地产业,推动襄樊市城市住宅建设,工行襄樊分行成立房屋开发经营公司,并在各县(市)设立代办处。至1991年公司运用资金总额已近3 000万元,吸收购建房基金存款870多万元,累计投资和贷款2 300多万元,开发商品房11 700多平方米,解决2 500多户职工的住房困难。1991年,为推动房地产金融业务发展,襄樊工行成立住房信贷部,办理房改金融业务。1994年在1993年取得承办政策性房改金融业务资格的基础上,襄樊工行全面介入房改金融服务工作,房地产存贷余额迅速增长,至年末住房存款余额22 400万元,比年初增加18 390万元;贷款余额13 177万元,比年初增加10 300万元。1995年,中国人民银行对房地产信贷业务进行了全面清理整顿。

1996年以后银行间的专业分工日益淡化,各银行针对襄樊建筑行业信贷需求旺盛的市场要求,在确保重点项目、重点行业、重点企业信贷资金需求的同时,对建筑资质强、企业信誉高、经营状况好的建筑企业发放流动资金贷款,用于满足和支持建筑行业的施工建设。

乡镇企业贷款:包括生产周转贷款、生产费用贷款、生产设备贷款等,主要由农业银行、农村信用合作社承办。乡镇企业贷款最初表现为社队企业贷款,以农村信用合作社为主。1980 年起为支持社队企业发展,农业银行、农村信用合作社加强对社队企业信贷工作,至 1982 年农村信用合作社社队企业贷款 884 万元。1984 年,社队企业改称乡镇企业,按照"积极扶持、合理规划、正确引导、加强管理"的方针,乡镇企业信贷工作的重点转移到支持促进乡镇企业调整和整顿上,贷款以流动资金为主,以技术改造为主。1987 年 11 月,农业银行决定对乡镇企业贷款原则上不再委托信用社发放,改由农行直接发放。1994 年,为了进一步推进农行信贷资产的集约经营,保持和重组农行的经营特色和优势,使信贷工作向商业银行转轨,农业银行实施了"126"信贷工程和"111"信贷工程,即重点支持 10 个明星村,10 个产销过亿元的乡镇企业集团,20 个大中型商业和农业集团,100 个农业开发基地,200 个产销过千万元、利润过百万元的乡镇企业,600 个产值过 20 万元的私营企业。重点支持 10 个乡镇总产值过 10 亿元,100 家企业产值过千万元,1 万户农民奔小康。当年投放在 "126"、"111" 工程的贷款达 2.39 亿元。

三资企业贷款:"三资"企业贷款是为了支持中外合资、中外合作、外商独资企业的发展,解决其生产经营中资金不足而发放的贷款。在实际运用中包括外汇贷款、人民币配套贷款。

1982 年以前,襄樊三资企业贷款主要由中国银行汉口分行办理。1982 年中国银行襄樊分行成立后, 承接了汉口分行划转的 1.6 万美元外汇贷款。随后随着襄樊外贸的发展, 全市外汇贷款猛增, 1982—1986 年的五年中,中国银行襄樊分行发放外汇贷款 3496.3 万美元,重点支持了湖北化纤、湖北汽车蓄电池、襄樊市人造毛皮、南漳棉麻纺织、市床单等 131 个技改项目。1986 年,中国银行襄樊分行利用代理汉口分行办理信托业务的机会,在全省首家试办了中中(中国银行)外合资企业"三环尼龙拉链企业有限公司"和"亚太磁带企业有限公司"。

1989 年襄樊工行成立国际业务部,代理省分行外汇业务,主要经营范围包括:外汇存款;外汇贷款;外汇汇款;进出口贸易结算和押汇;非贸易结算;代理外币及外币票据兑换;外币票据贴现;外汇担保和见证业务;征信调查和咨询服务。

1984 年 8 月,中国投资银行在襄樊设立办事处,1985 年 2 月将代理处更名为襄樊市支行,业务由省投资银行垂直指导,行政由襄樊建行管理。投行职能是转贷世界银行、亚洲开发银行及国外银行商业贷款,办理投资信贷业务。成立以来,先后从美国、日本、德国、意大利等 6 个国家引进设备及国内配套设备 1340 台(套),总投资额 10858 万元,其中外汇 1321.3 万美元,支持了襄樊铜版纸厂、襄樊油厂、湖北齿转厂、襄樊床单厂、枣阳自行车厂、湖北蓄电池厂等 18 家企业。1992 年向南漳邮电局发放外汇贷款 68.42 万美元,用于进口 4000 门数字程控电话交换机和监控设备。1991 年,襄樊建行成立国际业务部,经营外汇存款,外汇放款,外汇汇款,国际结算,征售调查,查询鉴证及配套人民币业务。到 1992 年,全行外币贷款 940 万美元,引进外资 3000 万美元,促成了大通电器、中亚房产、太亚制革等 10 余家企业向合资企业转轨,这批企业年创汇 300 万美元。

1992 年,襄樊工行国际业务实现了自营。当年襄樊工行对拥有自营进出口权的工贸企业、出口创汇的国营大中型企业、三资企业和"三来一补"企业,实行技改、外汇和流动资金贷款的"一揽子"支持等措施,至年底三资企业开户数由 1991 年的 2 家发展到 16 家,外汇贷款余额达到 854 万美元,人民币配套贷款余额 2294 万元。1992 以后,随着襄樊经济体制改革的深入,进驻襄樊的三资企业逐渐增多,各银行对三资企业发放的贷款大幅增长,重点支持了襄樊火电厂、襄棉、华中制药、化纤厂、宏伟厂、大通电气有限公司、雅达房地产公司、亚奇针织、市针织厂、飞龙摩擦材料等一大批地方批涉外企业。

私营企业及个体贷款:私营企业及个体贷款是在我国实行经济体制改革、城乡个体私营经济有了较快恢复和发展的情况下,为适应个体私营经济发展需要而开办的一项贷款业务,用于解决个体工商户和私营企业在生产经营过程中季节性、临时性的资金需要。

党的十一届三中全会后,个体私营经济得到恢复。按照"积极扶持,正确引导,热情帮助,加强管理”的个体经济信贷原则，工商银行率先开办了个体贷款、私营企业贷款业务，至 1984 年末，贷款余额达 62 万元。1988 年，为加强贷款管理，工商银行增设了集、个体贷款专项控制指标，控制不合理贷款投放。同年农村信用社针对农村个体商户推出个体商户联保贷款业务。1990 年以后适应优化信贷结构的需要，个体贷款成为压缩清理的对象。1992 年，邓小平视察南方重要讲话后，襄樊个体私营经济得到快速发展，适应个体私营经济资金需要，1995 年，各银行对个体私营经济的扶持力度进一步加大，工商银行推出小额质押贷款业务。1998 年，农村信用社开办农户小额信用贷款和农户联保贷款业务。2000 年，农村信用社先后在各县市区联社都成立了金融超市或城区信贷营销部，开办资（财）产抵押贷款、动产质押贷款、第三方保证担保贷款、库存商品及仓单质押贷款、结算账户质押贷款、出口退税账户质押贷款等不同贷款品种。2004 年后，为满足个人投资、经营的资金需求，各银行先后推出了个人助业贷款、小额贷款、个人商务贷款等个人经营性贷款。城镇个体经济贷款。1984 年工商银行成立时即开办城镇个体经济贷款，凡遵守国家政策法令的个体工商户、专业户生产或经营的资金需要，均可申请此贷款。个体商户联保贷款。1988 年，郊区农村信用联社对个体商户贷款实行“联户担保”管理：把有贷款需求又在农村信用社存款的个体商户组织起来，成立联保小组，用小组所有成员的存款（有价证券）共同担保农村信用社贷款，按全组存款月平均余额的 30%左右的比例核定贷款额度，由小组调剂到人，周转使用。农户小额信用贷款和农户联保贷款。1998 年 3 月开始，市农村信用联社分别在谷城县黄畈、宜城市龙头 2 个农村信用社试办农户小额信用贷款。1999 年，随州、枣阳、谷城 3 个县（市）农村信用联社由点到面推行了农户小额信用贷款。2000 年，全市农村信用社推广农户小额信用贷款和农户联保贷款，其中，全年累放农户小额信用贷款 70087 万元。2005 年末，全市农村信用社农户小额信用贷款余额 58821 万元，农户联保贷款余额 35013 万元。汽车运输贷款。2002 年，市农村信用联社在枣阳市兴隆农村信用社举办汽车运输贷款试点。2002—2005 年，兴隆农村信用社共向 983 个运输大户累放 9703 万元汽车运输贷款，实现汽车贷款利息收入 635 万元；到 2005 年末，该社汽车运输贷款余额 4013 万元。个人助业贷款。2005 年，作为全省三个试点行之一，襄樊建行推出个人助业贷款。个人助业贷款是建行专门面向个体工商户量身定做的贷款，授信总额度最低 5 万元，最高可达 300 万元，单笔贷款期限最长不超过 3 年。贷款担保采取抵押、质押和保证方式，可以质押的凭证包括债券、权利凭证等，抵押物主要为街面商品用房、写字楼、别墅、商品住房等。小额贷款、个人商务贷款业务。个人商务贷款的贷款对象为个体商户、个人独资企业、合伙企业合伙人、有限责任公司个人股东以房产作为抵押的贷款，贷款额度为 10 万至 100 万元，授信有效期为 5 年。

基本建设贷款：改革开放以前，襄樊市建行主要从事基本建设拨款和投资管理工作，吸收的存款除对建安企业发放流动资金贷款外，其余全部存入人民银行，不能用存款发放基本建设贷款。1979 年国家试行基本建设拨改贷，1980 年，襄樊市建行开始办理零星基建贷款业务，年末余额 210 万元，此后，基本建设贷款虽逐年增加，但余额都在 350 万元左右徘徊。1984 年 12 月，国家计委、财政部、建行总行发布《国家预算内基本建设投资全部由拨款改为贷款的规定》，决定从 1985 年开始，凡是由国家预算安排的基本建设投资由财政拨款改为贷款（简称“拨改贷”）。随着拨改贷在全市推广及现金出纳，储蓄业务的开展，襄樊建行基本建设贷款业务有了一个较大的发展，到 1993 年底，全行基建贷款余额达到 42766 万元，累计投放基建贷款 84998 万元，先后支持了市热电厂、襄樊刘集民用机场、汉江宜城大桥、襄樊二桥、内燃机车厂、二汽襄樊基地、湖北化纤厂、襄樊合成纤维厂、华中制药厂、襄北编组站、枣阳石台寺、襄樊仿古一条街、襄樊体育场等 260 多个基建项目的建设，为襄樊经济发展作出了积极贡献。固定资产投资管理体制改革后，襄樊建行充分发挥中长期信贷优势，坚持以服务地方经济建设为己任，大力服务能源、交通、原材料、电信、汽车、纺织、商贸、城建、科技等行业。襄樊市建行累计向“双大”客户投放贷款近百亿元，重点支持了王甫洲水利枢纽、襄樊火电厂、汉十高速、余家湖港口、煤气管道工程、襄樊电力、电信、石油、襄樊车桥厂、湖北化纤厂、华中制药厂、襄阳轴承厂、东力公司、二汽仪表元件、东风股份、东风康明斯、襄樊烟厂、襄棉、中航精机、航宇救生、华新水泥、三环车桥、东方化工、3542纺织总厂、襄樊万洲电器等一大批重点项目和重点企业，为襄樊市经济快速发展发挥了重要的金融支持作用。

技术改造贷款：技术改造贷款是指支持企业以内涵扩大再生产为主的技术改造和技术引进的资金需要而发放的一种长期占用的贷款。早期的技术改造贷款主要是设备贷款。1979年，人民银行开办了中短期设备贷款业务。1984年工商银行成立后，承接了中短期设备贷款业务，并设立技改部，专门办理技术改造贷款业务，至1988年技改贷款余额21597万元。1989年后，随着工商银行信贷结构的持续调整，技术改造贷款主要投向国家和省重点技改项目，至1993年，工商银行技改贷款余额达50078万元，比1985年增长9倍多。1994年后，工商银行将0.3以下的技改项目为贷款重点投象，采取省市县行三级联贷、市行直贷和争取总行点贷等形式，向20个国家和省级技改项目投入贷款1.12亿元，当年有26个技改项目竣工投产，至1997年，技改贷款余额稳步增长到87621万元。1999年，技术改造贷款科目并入中长期贷款科目，当年累放5250万元。2000年，对江汉公司、金鹏纺织等国债技改项目贷款2170万元。

建设银行技术改造贷款与工商银行略有不同，其根据不同的资金来源，大体上可分为两种情况：一种是利用财政基金发放的各项技术措施性专项贷款；二是利用信贷资金安排的技术改造贷款。到l980年开始利用信贷资金发放更新改造贷款，襄樊建行技术改造贷款前后到经历了由发放小型技术贷款，发展到多种专项贷款，逐渐扩大形成技术改造贷款。由运用财政资金发放贷款，发展到财政资金、部门专项基金、银行信贷资金混合使用，逐渐演变为建行单一的信贷资金的发展过程。1979年前，襄樊市建行主要是利用财政基金发放各项技术措施性专项贷款，从1965年起，襄阳地区建行开始发放小型技术措施贷款以满足企业增加产品产量，扩大品种，提高产品质量，提高劳动生产率和设备利用率，节约原材料和降低成本等方面的要求，到1981年，累计发放用财政资金安排的专项技术措施贷款1900.5万元。从1980年开始利用信贷资金安排技术改造贷款，当年发放贷款113.7万元，对枣阳葡萄酒厂等6个单位进行了挖潜改造。此后，贷款项目和行业逐渐增加，规模不断扩大，到1984年底，技术改造贷款余额上升到5714万元，累计投放贷款11876万元，支持了市热电厂、市铜版纸厂等560多个项目的技术改造。其中贷款开发的白兰牌特号铜版纸和金雀牌风景大提花被单获国家银质奖。为了更好地支持专项措施项目和进一步适应技术改造项目贷款的需要，1985年归并了各种措施性贷款种类，统称为更新改造措施贷款，1988年10月更新改造贷款更名为技术改造贷款，统一了管理办法，从而结束了建行过去一个贷款一个管理办法的局面。自世纪90年代以来，该行仅投资汽车技改项目45个，总投资4亿元，新增产值3亿元，创利税近亿元，产生了巨大的经济效益和社会效益。由该行经办的东力公司2万辆份车辆技改项目、襄阳轴承厂185万套轿车轴承技改项目等一批汽车技改项目都具有90年代初的国际先进水平。

个人消费贷款：个人消费贷款是向个人客户发放的指定消费用途的人民币贷款业务。包括个人住房贷款、个人消费贷款和个人经营贷款三大类，有个人住房按揭贷款、个人商用房贷款、个人二手房贷款、个人汽车消费贷款、个人综合消费贷款、个人质押贷款、个人信用贷款、大额耐用消费品贷款，教育助学贷款、旅游贷款、汽车运输贷款、个人最高额担保贷款、小额质押贷款等数十个品种。

早期的个人消费贷款主要个人住房贷款。1998年随着住房改革的推进，居民购买住房的资金需求不断增长，为支持城镇居民购买住房公积金建造的自用普通住房，工行襄樊分行、建行襄樊分行开办个人住房贷款业务。1999年为扩大内需，拉动消费调整信贷结构，人民银行出台了《关于开展消费信贷的指导意见》，此后个人消费贷款业务得到快速发展。2004—2005年，为满足市民个体经营消费需求，工行襄樊分行、建行襄樊分行分别组建了个人消费信贷中心、个人贷款中心，发展个人消费贷款业务。

个人住房贷款：1997 年，中国人民银行颁布了《个人住房担保贷款管理办法》，建行总行据此于 2000 年出台了《中国建设银行个人住房贷款管理办法》，规定个人住房贷款由单纯的向购买住房的自然人发放转变为向购买、建造、大修各类型住房的自然人发放，贷款期限最长由 20 年延长到 30 年，贷款额度最高由所购住房全部价款的 70%提高到所购住房价款的 80%。同时去掉了个人住房委托贷款的有关内容，只涉及用银行信贷资金发放的个人住房贷款。襄樊市建行以此为机遇，将个人住房贷款业务纳入全行新时期业务发展和效益的增长点，充分发挥整体优势及专业优势，全力开拓个人住房信贷业务。1998 年 6 月，东风汽车神龙公司 352 名员工作为襄樊市首批个人住房客户，向建行一次性贷款 868 万元，用于买断住房产权，见证了建行住房消费贷款面向购房单个自然人发放的历史。1999 年，襄樊市建行为适应市区职工已购住房由成本价向标准价过渡的需要，全面开办了个人住房消费贷款业务，对具有稳定收入来源的城镇居民以所购房屋产权作抵押，在建行办理最高限额为所购房款 50%的个人住房贷款，全年向 3687 户市民发放个人住房贷款 8636 万元。同时向市区乔营和檀溪两个国家安居工程项目发放工程贷款 4910 万元，投资开发建设经济适用房 10 万多平方米。2002 年 5 月，建行开国内个人住房贷款领域之先河，率先在全行范围内统一推出个人住房贷款品牌"乐得家"。2003 年以来，该行充分利用全行个人银行产品和客户营销渠道，加强贷款项目上下游联动，开展各产品的交叉营销和联动营销，不断开拓个人住房贷款客户营销渠道，大力拓展非贷款客户按揭业务。由建行发放的开发贷款除 100%在该行办理住房按揭外，非贷款客户楼盘按揭占比达 60%以上。襄樊市建行从当初发放贷款帮助市民买断住房产权、支持安居工程建设，到后来批量发放个人住房按揭贷款，帮助市民购买楼盘，进而又相继开办个人再交易住房贷款、个人住房组合贷款、个人商用房贷款和个人住房最高额抵押贷款等业务，最大限度满足了不同层次客户贷款需求。10 年来，该行累计发放个人住房贷款 36.8 亿元，在贷余额 17.88 亿元，帮助 21948 个家庭近 10 万人次实现了"安居"梦想。2002 年，工行推出"幸福之家"住房贷款品牌，以规范个人住房贷款业务。2004 年，工行个人消费信贷中心成立后，提出以个人住房贷款为主体，以优秀大型房地产企业为主要合作伙伴的业务发展方针，推动了个人住房贷款业务的快速发展，到当年年末工行个人住房贷款余额达到 12178 万元。

个人汽车贷款：1999 年 8 月，襄樊市建行与神龙神安汽车销售公司和中保武汉分公司联手，以襄樊市出租车用户为主要贷款对象，在全市首家推出汽车消费贷款业务，购车者以所购车辆产权和城市出租车经营指标办理抵押，并同时购买机动车辆综合保险和贷款信誉责任险为条件，在建行办理期限三年、最高金额为购车款 70%的汽车消费贷款。至年底，该行发放汽车消费贷款 124 笔，金额 894 万元。2000 年，该行进一步扩大汽车消费贷款的对象和范围，将贷款客户由过去只面向出租业主扩大到具有完全民事行为能力的公民和具有法人资格的机关、企事业单位，汽车品牌由过去局限于富康车扩大到大众、别克、长安、夏利等 20 多个品牌车辆，贷款范围由过去仅限于市区扩大到各县市，到年底，发放汽车消费贷款 146 笔，金额 1 129 万元。此后，共有 2 667 名个人从襄樊市建行贷款 2.8 亿元，分别购置了私家车、出租车或客、货用车，实现了购车梦想。此后，工行襄樊分行、中行襄樊分行等银行也先后开办此业务。

个人质押贷款：1995 年，为满足城乡居民个人生产经营临时周转或消费需要，工行襄樊分行推出小额质押贷款业务。凡具有完全民事行为能力的自然人，均可持必要的证件资料，以银行开具的本人或他人名下的未到期存单、凭证式国债原件作抵押向工行申请贷款。质押贷款期限不得超过质押存单或凭证式国债的到期日。贷款期限在一年以内的，贷款额度最高不超过质押存单或凭证式国债的 90%；贷款期限超过一年的，贷款额度不超过质押存单或凭证式国债的 80%。质押贷款利率按同期同档次法定利率和有关规定执行。1999 年、2002 年，中国银行、建设银行也先后开办此业务。2002 年以后，个人质押贷款的权利抵押物范围逐步扩大，先后增加了电子记账类国债、个人寿险保险单等权利凭证。

教育助学贷款：2000年各银行推出国家助学贷款。向全日制高等院校经济困难的在校本科、专科学生发放用于支付学费和生活费并由教育部门设立助学贷款专户给予贴息的人民币贷款业务。2001年，农村信用社开办一般商业性生源地助学贷款。对所需贷款数额较小，贫困学生家长凭“贷款证”可在当地农村信用社办理助学贷款，在授信额度内随用随贷；既可一次贷款至最高限额、集中使用，也可多笔分贷、周转使用。对贷款额度较大或没有评上信用户的农户，视其家庭信用状况，发放担保或农户联保助学贷款。

(3)分机构不良贷款的清收、剥离与核销

1993年后，国家开始对国有企业实行“抓大放小”和“关、停、并、转”的战略性改组与改制，以往积累的信贷风险开始爆发，各银行纷纷加大了对逾期、呆滞、呆账等不良贷款的清收、盘活力度。1997年为应对东南亚金融危机的负面影响，国家决定对四大国有银行实行不良贷款剥离，对部分国有企业实行债权转股权。并于1999年，组建了信达、华融、长城、东方四家金融资产管理公司，分别收购、管理、处置建设银行、工商银行、农业银行、中国银行剥离的不良资产。此次不良资产剥离后，各银行不良贷款余额仍然较大。2004年以后，随着四家国有商业银行股份制改造进程的加快，四家银行又进行第二次较大规模的不良资产剥离。

①农业发展银行襄樊市分行：1996—2008年的13年间，农发行襄樊市分行共核销呆、坏账贷款及利息64 504万元，棉花定金502万元，消化处理粮棉财务挂账306 110万元。1997年农发行襄樊市分行组织所辖行部对信贷资产进行全面清理，认定呆滞贷款193 048万元，呆账贷款2 302万元，占全部贷款的41.1%。在清理中，农发行遵循边清边改整、清建结合、统一规范的原则，补办贷款手续203笔金额1 827万元，补办担保抵押协议156份金额827万元，清退不符合范围贷款396笔789万元，收回不合理占用资金3亿多元。1999—2000年，农发行采取“五定”清收、清收盘活责任等多种措施，狠抓清收盘活工作，两年分别盘活不合理资金占用9 706万元、1 453万元。2001年，农发行通过开展清资核贷、推行抵押贷款、实施“六严禁”等举措，防止企业悬空、逃废债务和挤占挪用收购资金，保全信贷资产。全年办理仓单值23 654万元，保全资产57 413万元，处理粮食老挂账8 529万元。2004—2005年，农发行不断强化贷款风险事前防范，通过银企双方签订协议、实施领导挂包盘活、加大奖惩力度等措施，按新五级分类口径统计，全行不良贷款仅179万元，不良贷款率0.02%。

②中国工商银行襄樊市分行：自建行以来，工商银行襄樊分行始终把清收逾期、风险、呆账贷款作为一项重要工作，积极利用行政的、法律的手段清收风、呆贷款。1993年后，随着国有企业的战略性改组与改制，工商银行襄樊分行在专业银行时期积累的信贷风险开始爆发，此后10年清收转化不良贷款成为工行襄樊分行信贷管理工作的重点。1994年针对转制企业中存在的逃避、悬空银行贷款倾向和现象，工行襄樊分行依靠各级党政、工商、司法等部门，积极参与企业财务清理、机构重置、债务划转全过程，对转制企业重新办理了借款借据、借款合同和担保抵押手续。1995年对不良贷款实行“逐户认定，逐户建档，逐户监测”的清收策略，清收转化不良贷款7 124万元。1996年重点实施信贷“康复工程”，实行存量贷款盘活目标责任制，采取“一厂一策，对症下药”的办法，清收、转化、盘活不良贷款11 352万元。1997年开展贷款“四清四明”(即：清思想，明确管理责任；清总量，明确贷款底数；清结构，明确贷款质量；清投向，明确压保对象)活动，清收转化六类不良贷款9 412万元。1998年积极争取地方党政部门的支持和配合，全力防范企业假改制、真逃债的行为，落实悬空贷款本息1 456万元，有效抵押担保贷款在85%以上。2000年后，工行襄樊分行在严格控制新增贷款，坚决遏制存量资产劣变的基础上，加大了存量不良贷款的处置力度。2001年组建呆账贷款专营机构——呆账贷款经营管理中心。2002年出台《风险类资产经营管理实施细则》，设立了专项奖励机制，采取“捆绑”处置、委托代理、卖断债权、依法诉讼等方式处置不良贷款。1999—2000年根据国家剥离国有商业银行

不良贷款的规定，工行襄樊分行依据有关申报标准和要求，向华融资产管理公司剥离不良贷款400户，贷款本金125 634万元，利息12 659万元；其中实施债转股13户，本息合计38 009万元。2001年核销呆账2 952万元。2003核销呆账3 432万元，实施债转股剥离不良贷款11 513万元。2005年根据工商银行股份制改造的要求，工行襄樊分行积极开展不良贷款、非信贷风险资产和固定资产的清理、清收工作，完成损失类贷款、可疑类贷款的剥离工作，共剥离损失类贷款492户、14.05亿元，可疑类贷款407户、30.4亿元。

③中国农业银行襄樊市分行：1985年，农行襄樊分行对工商企业实行“存贷分户”“定额管理”，先后进行了四次大检查，累计收回行、社贷款33.2亿元，不合理贷款5311万元。1987年，运用经济、法律、行政手段清收“四种贷款”，全年共收回“四种贷款”7 280万元。1992年，实行清收主任责任制，建立完善清非约束机制和激励机制，当年清收各项非正常贷款19 310万元，“两呆”贷款净压缩18 109万元。1993年，试行信贷员“三定一联”责任制，即将定收息率、定“一占两呆”下降率、定贷款企业存款率，联系三定指标完成情况与信贷员报酬挂钩。1994年，狠抓供销社贷款、乡镇企业贷款管理。1995年，在充分用好常规性盘活措施以外，大胆探索债权变股权、收回产权自己经营，一定额度范围内的出卖债权等盘活存量贷款的新路子。1996年在坚持和发展盘活“十法”的基础上，实行领导分片挂点盘活、专班盘活、责任盘活、银政联手和银企联手盘活的方法，推进了盘活工作的顺利开展。2001年，综合运用帮扶、兼并、重组、拍卖、保全、依法起诉等多种途径清收盘活。2005年，农行襄樊分行按照“资产划转、分责经营、专业处置、垂直管理、单独核算、捆绑考核”的原则，将大部分不良资产划转到虹桥分理处，成功实施了以市分行为主体的不良资产分账经营。农业银行襄樊市分行于2000年进行了不良贷款剥离，2000年，农行襄樊分行向中国长城资产管理公司武汉办事处剥离不良资产1 646个企业，11 230笔贷款，金额188 702万元，其中本金182 403万元，表内利息6 299万元。按部门分，常规贷款剥离1631个企业，11 208笔，金额180152万元，其中本金173 951万元，表内利息6 201万元；专项贷款剥离4个企业，9笔贷款，剥离本金6235万元；外汇贷款剥离11个企业，13笔贷款，余额2 315万元，其中本金2 217万元，表内利息98万元。按贷款占用形态分，贷款本金182 403万元，其中正常18 353万元，占10.1%，逾期173 67万元，占9.6%，呆滞100 867万元，占55.3%，呆账45 816万元，占25.1%。按贷款剥离项目分，农业贷款115户，贷款本金9 800万元，分别占总户数和金额的7.1%和5.4%；工业及乡镇企业贷款750户，贷款本金65 000万元，分别占总户数、金额的46%和35.6%；商业及供销社贷款436户，本金84 603万元，分别占总户数、金额的26.7%和46.4%；村组及其他330户，本金23 000万元，分别占总户数、金额的20.2%和12.6%。

④中国银行襄樊市分行：从2000年，依照国家政策和上级行实施细则，在清理授信资产基础上，开始不良资产剥离工作。当年，向上级行上报本外币不良资产本息75 746万元，并与东方资产管理公司签订了债权协议，截至12月底共到位本外币不良资产本息资金合计达53 154万元。2001年，核销本外币呆账贷款5 360万元，其中人民币4 929万元，外汇52万美元。清收和核呆两项相加，我行2001年不良贷款绝对额下降7 777万元，占年初本外币不良贷款的比例为12.59%。2002年，核销本外币呆账贷款本息5 214万元，其中本金4852万元，利息362万元。新上报金额达48 25万元的贷款核销资料。2003年，组织申报各类核销项目118户，本息共计46 326万元，已通过总行审查的核呆项目本息合计44 932万元。仅此一项，可降低不良比例10个百分点。2004年，按照“逾呆呆”口径，本外币不良资产47万元，较年初减少16 495万元，仅占本外币贷款余额的0.016%。就此，全行资产质量得到根本改善，不良资产占比一直严格控制在1%以内。

⑤中国建设银行襄樊市分行：1994年，随着政策性业务分离和财政职能的移交，建行信贷业务开始向商业化经营目标迈进，对信贷资产的管理开始由粗放式经营向精细化管理转变。以清收盘活到逾期贷款为整治活重点，加大清收盘活到逾期贷款措施的力度，先后采取了责任人风险抵押金制度，加

大责任清收的激励约束；坚持依法治贷，对不讲信誉、赖账不还的“钉子户”诉之于法庭，通过法律的手段，维护资产的安全；与法院联手，组建巡回法庭，聘请法律顾问和律师，对资不抵债的破产企业、欠账不还的赖账企业，金蝉脱壳的“空壳”企业依法提出诉讼，实行债务追索、调解、下达“支付令”、仲裁一条龙，使一大批“死贷”起死回生。实施“盘活工程”，确立逾期大户盘活对象，因企施治，清收与帮扶并重，大胆实施退虚进实、返租经营、主辅分离、分块搞活等多种盘活方案，建立大户监控制，完善盘活责任制，实施风险追究制，积极探索多元化的盘活路子，在盘活贷款的同时，也活化了企业生产经营。1986 年在盘活的 15 家企业中有 6 家扭亏，有 9 家减亏 194 万元，共计归还建行贷款 745 万元，利息 944 万元，活化信贷资产 3.43 亿元。同时，通过依法治贷、行政协调、利率杠杆等手段，清除“芝麻户”74笔，金额达451万元，依法收回净资产1 642万元，落实“三权”4 686万元，盘活呆滞呆账23 650 万元。1997 年借助“振兴企业行动”的契机，实行了盘活 100 家贷款户、消灭 100 家芝麻户的“双百工程”，帮助企业改制改组、支持优势企业兼并联合、重组债务、开展“一降四促”（对不同企业分别采取逐步降息法、一次清收法、条件降息法、资产转移法、资产保全法等不同措施），使一大批沉淀资产由“死”变“活”，湖北钢丝厂、建昌机器厂、鄂西化工厂等 55 家企业重新焕发了活力，活化资产 48 919 万元，清销“芝麻户”111 家，收回贷款本息 1 517 万元。1998 年，借助全国法院系统“加大案件执法力度”的东风，在措施上再出新招，实施风险专案制度，逐笔落实责任人清收贷款，对十大贷款余额户、十大不良贷款户、十大欠息户实行动态监测；开展内部清欠活动，按照“源头注入、定向清收、封闭运行”的原则，解开企业间债务链条，收回贷款本息 11 055 万元；借鉴买方信贷业务，发放买方信贷，以贷促销；采取直接降息、办理展期、以新还旧、开展中长期流动资金贷款业务、利率不上浮、不计复利等措施，对 88 455 万元贷款平均降低利率 4.8 个百分点，减轻企业负债 4 220 万元，收回贷款本息 14 579 万元，落实未执行案件 55 起，收回贷款本息 5 517 万元。进入 2000 年后，襄樊市建行将盘活不良资产作为增收创效的重要渠道来抓，从机制、体制、政策上实行了重点倾斜和延伸。在归口管理上，信贷经营部负责经营管理能收息的贷款户；计财部负责考核管理拆借资金；监察室、保卫部归口管理涉案资产；资产保全部负责考核管理两核资产、呆账贷款、未剥离资产、待处理偿债物资产。在盘活范围上，由过去不良贷款延伸到全方位的不良资产，既有不良贷款，也有拆借资金、待处理偿债物、涉案资金和非生息资产。在激励机制上，市分行切块专项费用，重奖盘活先进单位和个人；在盘活力量上，由过去少数人参与扩大到全行动员，整体联动，组织群众性的盘活运动。在盘活方式上，采取上招标清收、警银联手清收、风险转移清收、责任清收、连环清欠清收、加大执行清收等行之有效的手段，拔钉子户、打击赖账户、震慑躲债户，盘活工作取得了显著成效。2001 年，分行设立法律事务部，对全行涉案不良贷款统一管理，统一诉讼，起到了专业人才、专业清收的效果，当年直接清收不良贷款 1885 万元，协助收回不良贷款 1 120 万元。2002 年开展了全行性的“借东风、抓整改”不良资产整治活动，采取了“六结合、六为主”的整治策略（清收与核销结合，以收为主；奖励和惩罚结合，以奖为主；盘活与增优结合，以盘活为主；内部与外部结合，以内部为主；收现与收物结合，以收现为主；抓大与销小结合，以抓大为主），全行收回不良贷款 8 933 万元。2003 年，加大抵贷资产和自有闲置资产处置力度，成功举办春秋两季拍卖会，共处置资产 6 778 万元，收回现金 3 269 万元。同时，加快不良资产核销处置，全年累计核销呆账贷款 15 179 万元，核销非信贷类不良资产 63 万元。抓好不良资产剥离工作，1999 年以来，按照总分行和信达资产管理公司关于剥离不良资产的规定，襄樊市建行开始对全行不良贷款逐笔、逐户进行清理，分类别登记建档，到2004年底，累计申报剥离单位546户，金额25.05亿元，剥离后，全行不良资产率由年初55.2%降至38.2%，不良资产率下降17个百分点，信贷风险得到有效降低。

⑥襄樊市城市商业银行：城市商业银行建行以来，坚持把信贷资金铁流动性、安全性放在重要位置。2001 通过依法清收一逾二呆贷款，收回不良贷款本息 348 万元，不良贷款占比降低到 7.43%，其中逾期贷款占比 4.2%，呆滞贷款占比 2.3%，呆账贷款占比 0.9%。2002 年按照年初清户压户、转化

逾期、诉讼"两呆"为重点的工作思路，遵循"新老划断、分账管理、集中处置、分类考核"的基本原则，加强不良贷款的管理。全年依法提起诉讼 8 户，标的额 475 万元，执行案件 5 户，执行回款 103 万元；收集整理核销呆账贷款 25 户，本年核销呆账 8 户，金额 137 万元。年末，不良贷款为 1 763 万元，比上年同期下降 253 万元，占贷款总额的比例为 5.03%，比 2001 年同期下降 2.4%。2003 年，2004 年采取打包清收、责任清收、依法诉讼、呆账核销等措施，加大对不良贷款的清收盘活力度，全年累计收回 14 534 万元(含核销呆账贷款 695 万元)，不良贷款余额降至 1 961 万元。

⑦襄樊市农村信用联社：不良贷款分账管理是不良贷款清收的基础工作。1996 年 5 月，枣阳市农村信用联社在兴隆农村信用社进行贷款存量与增量分开管理试点。根据贷款沉淀原因，以 1993 年底为界线，此前的作为存量贷款，此后的作为增量贷款（将新发生的贷款存量视同增量对待），开展贷款普查，摸清贷款存量与增量的底子；从据、卡、簿、账、表、册设置上将贷款存量与增量分开核算管理，做到借据、账务、报表"三分开"。2000 年 6 月—8 月，襄樊市农村信用联社规范办两次对所辖 8 个县（市）农村信用联社的贷款占用形态，按照贷款期限管理的要求和呆账贷款认定条件，进行调账反映。通过对不良贷款检查认定，全市农村信用社调增不良贷款 53 804 万元。2001 年 9 月，全市农村信用社在账务"六相符"基础上，按 2001 年 6 月 30 日时点数，将不良贷款新老划开、余额锁定、分账管理。2003 年 12 月末，襄樊市农村信用社不良贷款分账集中托管比例占 91%。

不良贷款清收工作是农村信用社化解信贷风险的十分重要的工作，也是一项常规工作。1984 年，襄樊市农村信用社坚持常收常贷，积极清收到逾期贷款。当年，清理、落实到逾期贷款 7 142 万元，占旧贷总额的 98.9%。1988 年，农业银行襄樊市中心支行要求辖内信用社要运用法律手段盘活旧贷。1989 年全市信用社通过清收行、社内部人员违章贷款实行清收贷款承包责任制、依法收贷等措施，在当年 1—5 月清收呆滞贷款和呆账贷款 8 738 万元。1990 年 9 月襄樊市人民政府转发了《市农行关于盘活农业银行信用社信贷资金报告的通知》。1995 年，全市农村信用社清收盘活集体旧贷 3 080 万元，占年初集体旧贷的 38.5%，占当年盘活不良贷款的 21.3%；盘活乡镇企业不良贷款 3 349 万元。1997 年 4 月，农村信用社在南漳县农村信用社、枣阳市等农村信用联社试行借据拍卖，南漳县农村信用社内部员工根据贷款形态和让利比例购买 251.8 万元的借据，农村信用社实收贷款本息 344 万元。同年，市农金体改办对全市农村信用社开展责任贷款清理落实与清收考核工作，落实 1993 年 1 月 1 日以来农村信用社内部责任贷款 67 525 笔、金额 48 712.5 万元。当年收回责任贷款 14 342 笔、金额 8 350.2 万元。1998 年 7 月补办农村工商业担保抵押贷款手续 23 237 笔、金额 13 103 万元。2000 年，全市农村信用社对 1.75 亿元贷款补办抵押担保手续，保全贷款资产 1.2 亿元，依法执结案件贷款本息 4 783 万元。2001 年全市信用社共分解落实村组集体债务 3 547 万元，保全信贷资产 22 942 万元。2002 年 7 月—10 月，全市农村信用社开展清收盘活百日攻坚战活动，净压缩不良贷款 4 799 万元。2004—2005 年，全市农村信用社重点清收国家公职人员拖欠农村信用社贷款本息，2004年收回拖欠或担保贷款本息665.6万元，2005年收回公职人员拖欠贷款本息6 386万元，内部员工拖欠贷款本息856万元。

（4）分机构资产业务

农业发展银行襄樊市分行：自 1996 年 11 月成立至 2005 年，农发行襄樊市分行及所辖七行一部以服务三农支持农业综合开发、农副产品收购、农业产业化和新农村建设为己任，以踏实的工作、严谨的作风和热情的服务，认真贯彻执行党的强农惠农政策，得到了各级党政、粮棉企业和农民群众的信赖和支持。农发行襄樊市分行，这支农业政策性金融新军，肩负着承担国家规定的农业政策性金融业务、在支持全市农业和农村经济发展的同时，信贷资产业务也取得了丰硕成果。襄樊作为全国 20 个商品粮重要生产基地之一，农发行已成为全市农副产品收购的重要支撑力量。在这片古老的黄土地上，农发行为落实稳健的货币政策，促使资金回流农村，支持全市农村经济发展，发挥着重要而不可替代的作用。

积极投放农副产品收购贷款，彻底根除“白条”困扰之忧。襄樊市是全省、乃至全国的粮棉主产区和粮棉购销大市。过去很长一段时间，由于收购资金紧张，不得已只好给出售粮棉的农民打欠条，出现了农民深恶痛疾的打“白条”现象，拖欠时间甚至达半年之久，造成了恶性循环，严重影响了农民收入消费和种粮积极性，成为困扰各级党政多年的一大难题。农发行襄樊市分行组建后，认真执行国家政策，加强收购资金的供应和管理，及时足额投放收购贷款，彻底结束了给农民打“白条”的历史。刚组建时，全市农发行按照“库贷挂钩、钱随粮走”政策，加强收购资金封闭管理，促使收购资金封闭运行，无论收购旺季还是收购淡季，都做到“钱等粮”，切实把实惠兑付到农民手中；在保护价收购时期，全市农发行坚持“收一斤粮(棉)、给一斤粮(棉)的钱”，支持国有企业敞开收购农民手中的余粮，并加强购销存三个环节管理；粮棉油购销市场化后，全市农发行又按照“以销定贷、以效定贷”的原则，对非保护价收购实行市场定价、建立风险保证金制度等措施，积极稳妥地支持企业扩大经营，提高经济效益，农发行贷款仍占企业收购资金的90%以上。在2005年襄樊市先后启动稻谷、小麦最低收购价预案，全市农发行把支持粮食最低收购价作为第一要务，及时发放贷款，全力支持国有粮食购销企业做大做强购销业务，再建托市收购之功。农发行襄樊市分行急“农”所急，想“农”所想，历届行领导班子成员到支行调研、检查工作时，关心的重点农产品收购，操心的焦点是收购资金“封闭运行”。每年夏秋两季收购之前，行领导和信贷人员都要深入到收购企业调研，到田间地头、到农民家中了解生产情况和农民的愿望。全市农发行扎实的工作赢得了全市各级政府和农民的信任，农发行的信誉对全市农民来说已代表国家信用，成为全市农民名副其实的“钱袋子”。促进了全市农村经济发展，维护了农村社会稳定。同时，农发行市分行这一坚强的后盾，有力地推动了全市国有粮棉企业改革和发展。

积极投放农业综合开发贷款，同立开发扶贫之业。农发行襄樊市分行作为全市唯一一家农业政策性金融机构，在推动农业综合开发和扶贫的进程中，有效发挥了促进农民增产增收、扶贫攻坚的作用。从市分行组建到农业综合开发贷款业务划出的四年期间，累计投放扶贫农业综合开发贷款8.34亿元，支持修路200.5公里，新修和补砌防渗标准渠1 130公里，治理河渠12.85公里，新修和改造泵站98处，开挖溢洪渠112处。通过支持基础设施建设，改善和恢复灌溉面积36万亩，改造中低产田25.3万亩，支持养猪(禽)67.7万头(只)。2000年4月贷款余额达2.8亿元，比分账划转时增长4.2倍。贷款种类由刚组建时的2个专项增加到12个专项。贷款投向重点用于加工业、农业基础设施和扶贫等项目建设，使全市农业资源开发、农田水利等基础设施建设进入了一个新的发展阶段。特别是为保康、南漳等山区贫困县农业的发展注入了活力，充分发挥了农业政策性银行扶农惠农的基本职责。农业综合开发贷款业务划出后，市分行又通过和保康后坪镇分水岭村“结对子”的方式，驻点帮扶，以改善该村生产、生活环境为目标，以培育经济增长点为重点，通过兴修村级公路，打造人畜饮水池等基础建设，解决了该村生活“五难”。并扶持种植板栗3 500亩，种植香菇73 500桐，促进了该村经济发展，得到市委、市政府高度评价。

积极投放农业产业化贷款，共筑产业经营之路。2004年国务院对农发行的业务范围进行调整后，农发行襄樊市分行把握机遇，根据社会主义“新农村”建设需要，以农业增效、农民增收和农产品竞争力增强为目标，以点带面，实行“择优扶持、重点支持”的信贷政策，培育壮大区域性的农业产业化龙头企业，以优质的信贷服务支持其做大做强，以信贷杠杆促使流通企业和加工企业实现强强联合，初步形成了生产、收购、加工、销售一条龙的产供销网络，全市农发行热情的服务和雄厚的资金支持逐步筑建出全市农业产业化发展的黄金大道。同时，农发行也把农业政策性金融的政策性、扶持性、引导性功能提升到农村开发性金融的政策性、开发性、制度创新、战略导向、引领合力等功能的新阶段和更高层次，成长为市场经济条件下全市农业和农村资源配置的基础性平台，为全市农村经济的可持续发展提供了有力的保障。自2004年开办农业产业化龙头企业贷款以来，全市农发行共受理各类项目贷款 348 个，申报贷款金额 89.1 亿元。其中：报省分行批复项目 65 个，批复贷款金额 36.8 亿元；市分行下达批复项目 278 个，批复贷款金额 49.8 亿元，累计投放贷款 86.6 亿元，支持新襄棉、3 542 厂、襄大农牧等大中型产业化龙头企业 54 家，获得了显著的社会效益和良好的内部效益。

积极化解农业政策性金融风险，攻克不良贷款之困。不良贷款占比之大，一直是困扰农发行业务稳健经营的顽症，是全行干部职工的心头忧虑，更是信贷风险的重大隐患。因此，农发行襄樊市分行及所辖行部自成立之日起，在认真贯彻国家的经济金融方针政策、切实搞好政策性金融支农的同时，根据审慎经营规则，将防范和化解信贷风险置入重要位置，根据各个时期的政策变化，加强调研，寻找对策，制定规章，完善办法，建立健全各项内控制度，切实加强贷款管理，从源头上控制风险；定期不定期地开展清仓查库，摸清家底，查清问题，清收不合理资金占用，及时消除银企差异；举全行之力，持之以恒，毫不动摇地清理信贷资产，清收挤占挪用资金，采取工资挂钩、大员上阵、强化考核、兑现奖惩和与企业资金供应挂钩等有效举措，大力清收盘活不良贷款；坚持标准，执行政策，认真抓好粮棉财务挂账化解处理和呆账核销工作，破解不良贷款之困。经过全行上下历时十三年的不懈努力，共核销呆、坏账贷款及利息 64 504 万元，棉花定金 502 万元；消化处理粮棉财务挂账 306110 万元；加上清收盘活不良贷款，全市农发行“两呆”贷款由 1996 年末占比高达 41.1%。困扰全市农发行多年的不良资产问题，已从根本性上得到解决，政策性金融风险得到有效化解。

中国工商银行襄樊市分行：襄樊工行的信贷业务是在承接人民银行原工商信贷业务基础上发展起来的。纵观襄樊信贷业务发展过程，大体可分为三个阶段。第一个阶段为国家专业银行时期的统管国营企业流动资金阶段（1984—1993 年）。建行之初，作为国家专业银行，襄樊工行承担着统管国营企业流动资金的职能，其贷款的主要对象是国营工商企业，主要任务是支持地方经济发展。十年间，在国家银根紧缩，资金供求矛盾突出的情况下，襄樊工行通过实施“区别对待、择优扶持”的信贷政策，支持地方经济发展，扩大商品流通；通过拓展技改信贷，支持企业技术改造；通过开办全国领先的科技信贷，促进科技成果向生产力转化；通过强化信贷基础建设，促使自身信贷业务健康发展，通过协助企业建立“内部银行”，帮助企业挖潜清欠，提高企业资金管理水平。有力支持了化纤、襄轴、襄棉等全市 95%以上的大中型企业和 85%以上的地方国营工业以及鼓楼、襄江、商城、工贸等一大批商业中心，为襄樊经济建设提供强大的资金保证。至 1993 年底，襄樊工行各项贷款余额达 375 748 万元，比 1984 年增长 260 421 万元，其中工业贷款余额 248 245 万元，商业贷款余额 65 733 万元，技改贷款余额为 50 078 万元。第二阶段为国有商业银行时期的信贷结构调整阶段（1994—2004 年）。1994 年以后为适应由国家专业银行向国有商业银行转变以及国有经济战略改组的需要，襄樊工行开始了持续十多年的信贷结构调整。这一时期襄樊工行以信贷结构调整为主线，通过存量移位等贷款退出措施，集中资金支持重点企业、优质客户；通过开办房地产信贷等新兴业务，创新信贷营销方式，大力拓展优质信贷市场；通过对不良资产的清理、分类和剥离，有效提高信贷质量；通过建立健全贷款管理体系，防范了信贷风险。到 2004 年末襄樊工行各项贷款余额达 809940 万元，比 1993 年增加了 434192 万元，增长 2.15 倍，不良资产率大幅下降，贷款质量得到改善，贷款结构得到优化。第三阶段为股份制商业银行时期的快速发展阶段。2005 年以后，经过股份制改造后的襄樊工行，彻底甩掉了专业银行时期形成信贷包袱，信贷业务得到快速发展。这一时期，襄樊工行坚持以效益与质量并重的经营思想，在贷款营销上，实施重点项目优先发展战略，抓住襄樊市建设省域副中心城市的机遇，不断改进对大型优质企业和重点行业优质项目的营销和服务；在信贷管理，积极推行“三集中一统一”，将市区行公司、机构贷款和个人贷款收归市分行集中统一管理，实行重点发展；在产品创新上，先后开办贸易融资、临时贷款、营运资金贷款、备用贷款、搭桥贷款等多个新型品种，满足重点优质客户融资需求；在贷款结构调整上，积极开发优质中小企业群，在全省率先成立小企业服务中心，整合多方资源，实现对中小企业的全方位服务。

①国家专业银行银行时期的信贷业务。在全国率先创办科技信贷。20 世纪 70 年代末至 80 年代初，随着对“科学技术是生产力”这一重要论断认识的提高，科学技术逐渐成为我国经济发展的战略重点之一。在此背景下，为促进科技与经济的结合，支持科技成果进入生产领域形成现实生产力，襄樊工行率先开办了以科技项目研制开发为主要用途的科技贷款业务，以满足科技成果在开发、生产过程中的资金需要，并成功向襄樊市化工研究所发放第一笔科技贷款。这一创举得到科技主管部门的充分肯定，受到企业和科研单位的普遍欢迎，也引起了国家高层的重视。1985 年 3 月，《中共中央关于科技体制改革的决定》第二部分吸收了襄樊工行这一做法；1986 年 12 月，襄樊工行科技信贷项目被湖北省人民政府破例授予科技进步二等奖；襄樊工行科技开发支行也被作为全国首家专门办理科技信贷业务的金融机构，载入《当代中国的金融事业》的光辉史册。到 1992 年底，襄樊工行发放的 6 400 多万元科技贷款，有力支持了 300 多家企业和项目的科技研发，使 30 多个科研机构焕发生机，产生了 90 多项填补国家空白的科技成果。

协助企业建立“内部银行”。1987 年为适应企业划小核算单位，分级分权和承包经营的新形势，襄樊工行积极协助企业建立“内部银行”，在全国金融系统中率先把银行信用机制、利率机制和资金管理办法引入工商企业，并与其财务管理相结合，对企业内部资金往来实行集中调度，统一管理，以提高企业资金使用效益。经过两年多的推广，至 1988 年全市建立内部银行的企业共有 206 家，产值、销售、利税均以 20%以上的速度增长，由于流动资金周转天数加快，相对节约资金 21384 万元。国家体改委于 1988 年 11 月在襄樊市召开由 18 个省市代表参加的现场会，襄樊工行协助企业建立“内部银行”的做法被推广。

帮助企业挖潜资金潜力。帮助企业挖潜资金潜力不仅是襄樊工行统一管理流动资金工作的重要内容，也是缓解信贷资金供求矛盾，支持经济发展的一项重要措施。在建行后第一个 10 年中，这始终是襄樊工行的一项重要任务。在实践中，襄樊工行创造了许多行之有效的挖潜做法。一是积极取得政府支持，落实挖潜。与市政府、经委联合召开挖潜工作动员大会，同企业签订挖潜承包合同，对企业下达挖潜任务，落实挖潜措施。二是充分运用金融金融杠杆，实行“以收定贷、挖贷挂钩”的管理办法，多收多贷、少收少贷、不收不贷，增加企业挖潜压力。三是把经济、行政、法律多种手段结合起来，根据企业的不同情况，采取结构调整、先扣后调，限额促销，启动润滑、督促归位、釜底抽薪等多种方法，确保挖潜工作收到实效。四是在内部先后实行“包企业、包任务、包期限、利益挂钩”的“三包一挂”责任制和“驻厂包点”责任制，将信贷人员挖潜实绩与工资、奖励紧密挂钩，以调动信贷人员挖潜清贷积极性。仅 1992 年就帮助 163 户国营工业企业挖潜盘活“三项资金”（指企业的产成品资金、发出商品和应收账款）24 640 万元。

协助企业清理拖欠与“三角债”。20 世纪 80 年代中后期至 90 年代初，由于企业相互拖欠而形成的“三角债”成为中国企业信用和社会融资中一个顽症。“三角债”的存在严重影响了企业的正常生产和经营，1989 年至 1992 年间襄樊工行倾注大量人力和财力协助企业清理相互拖欠和“三角债”。1990 年间通过发放启动资金、参加省市清欠现场会等方式，协助企业清收清付拖欠货款 42 000 多万元。1991 年采取启动源头，连环清欠的办法，清欠 18 000 万元。1992 年积极参加全国固定资产连环清欠、4 个重点行业流动资金清欠和三级棉花、粮食清欠等活动，注入贷款 11 370 万元，收回货款 22 355 万元，为解开企业债务链作出了积极贡献。

区别对待择优扶持，支持国有大中企业发展。襄樊工行成立后，始终把支持国有大中型企业的发展放在信贷工作的首位，在严格执行国家宏观调控政策、认真贯彻“区别对待，择优扶持”信贷原则的前提下，千方百计筹措资金，重点支持国有大中企业的合理资金需要。1985 年对国营工业企业 9 644 万元贷款中，60%以上投向重点骨干企业。1986 年为支持商业、饮食、服务、旅游业扩大网点，改善服务设施，襄樊工行开办商业网点设施贷款业务。1988—1990 年针对当时通货膨胀现象严重的问题，襄樊工行积极贯彻执行“保一促二压三”的信贷政策，制止非法经营，限制低效生产，压缩不合理贷款占用，优先支持列入市以上“双保”名单的重点企业，重点保证了农副产品收购和出口创汇产品、人民生活必需品、大宗回笼货币产品的生产和流通。1992 年市分行对市内所辖 12 户国营大中型企业实行直接经营，为企业发展创造良好金融环境。1993 年襄樊工行坚持“五从严、五优先、八不贷”的信贷政策，采取省、市、县行三级联贷、市分行点贷和直接经营大中型企业信贷资金等措施，集中资金 3 亿多元，重点解决襄阳轴承厂、湖北化纤厂、市烟厂、鼓楼商场、市工贸中心等大中型企业的生产经营资金需要，支持光线缆通信、日产 10 万吨自来水工程、二零七国道等重点项目建设，增强襄樊市经济发展后劲。

开展技改信贷业务，支持企业技术改造。技术改造贷款是襄樊工行进入固定资产贷款领域迈出的第一步。1984 年襄樊工行成立后，在承接中短期设备贷款业务的基础上，专门设立了技改部，统一管理技术改造贷款和基本建设贷款。至 1993 年末技改贷款余额达 50078 万元。襄樊工行的技术改造贷款有力支持了襄樊市大批企业的技术改造和重点项目的建设，发挥了“发展经济、革新技术”的杠杆作用，增强了襄樊经济的发展后劲。

开拓房地产金融业务。随着国家逐步推行住房商品化改革，以商品化住房为主体的房地产业开始形成并兴旺起来，为扶持初生的房地产业，推动襄樊市城市住宅建设，1988 年 1 月襄樊工行在全省金融系统中率先成立房屋开发经营公司，并在各县（市）设立代办处，至 1991 年公司运用资金总额已近 3 000 万元，吸收购建房基金存款 870 多万元，累计投资和贷款 2 300 多万元，开发商品房 11700 多平方米，解决 2 500 多户职工的住房困难。1991 年 11 月，为推动房地产金融业务发展，襄樊工行成立住房信贷部，与开发公司合署办公，一套机构，两块牌子，主管全市工商银行系统的房地产信贷业务，直接办理房改金融业务。1992 年市分行及所辖的 6 个县（市）支行相继取得政策性房改金融业务办理权，并分别与政府房改办和 600 多个企事业单位签订了办理房改金融业务协议书。1993 年在取得自筹基建项目验资权的同时，13 个房地产信贷部正式对外营业，当年吸收住房存款 4 661 万元，房地产贷款余额 6 774 万元，支持企事业单位兴建中低档职工住房 24 万多平方米。

加强信贷基础管理。开展企业信用评估。企业信用评估是事前防范企业信用风险、优化贷款结构的有效措施和制度。1988 年襄樊工行对以往比较粗放的分类排队法进行细化，以企业生产经营状况、资金运用情况、经营效益等项目为主要内容，对 629 家工商企业分批进行信用度评估，评出一类企业 194 户，二类企业 281 户，三、四类企业 154 户，并对 456 种主要产品进行了分类排队，排出畅销 204 个、平销 667 个、滞销产品 1 167 个，明确信贷支持重点和限制对象。1989 年又制定出台《工商企业信用度评估试行办法》，增加了对企业考核的内容。1993 年成立企业信用评级委员会，制定襄樊市工、商企业信用评估参照值，对全市 127 户工商企业进行信用等级评估，评出特级信用企业 74 户，一级信用企业 53 户，并颁发“信用优良证书”。

推行技术改造贷款项目承包责任制。1988 年，针对技术改造贷款工作中少数项目存在的工程进度慢、贷款效益差、逾期贷款多等问题，襄樊工行采取先试点、后推广，逐步摸索，逐步完善的办法，对在建和新开项目试行包总投资、包工期、包质量、包效益、包还款的“五包”经营责任制。

组织首次信贷资产全面清理。1988 年襄樊工行以“十查、十看、十弄清”为基本内容，组织 284 名专职、兼职人员，组成立 91 个小组，采取“查、处、纠”相结合的办法，对全辖 11 个行、部、司开展信贷工作大检查，通过自查、抽查和复查，摸清贷款家底，完善改进措施，在信贷检查中，共纠正各类问题 8 个，制定、完善制度 10 条，清收各种不合理贷款 2 182 万元。这是襄樊工行组织的首次信贷资产质量清查。

②国有商业银行时期的信贷业务。实施贷款客户结构调整。在向商业银行体制转轨的过程，根据国家政策要求，襄樊工行加大了支持大中国有企业的力度，同时开始主动调整贷款客户结构，按照效

益优先原则，使新增贷款逐步向效益好、还款能力强的A级以上企业转移。1998年以后，以市场为导向，以风险成本下的效益为准则，实施了以优质客户为主的贷款结构调整。

集中力量重点支持国有大中型企业。国有大中型企业是襄樊经济的支柱，也是襄樊工行建行以来贷款客户的主体。1994年起按照"保重点、帮扭亏、扶贫困"的信贷投入原则，襄樊工行将AA级以上工商企业和风险度在0.3以下技改项目列为贷款重点，采取省市县行三级联贷、市行直贷和争取总行点贷等形式，确保其扩大生产和流通的资金需要，把新增贷款的70%以上用于支持国有大中型企业。1995年按照上级行集中资金保重点，新增贷款与以贷引存、扩大收益、盘活存量相结合的"一集中三结合"投向要求，襄樊工行将新增贷款的80%用于支持产品有市场、有效益、不积压的能源、交通、建材、化工、机械等优势生产行业，优先解决支农企业特别是化肥生产厂家的合理资金需求，重点扶持信誉好、回款多、不欠息的鼓楼、工贸、商城、襄江等大中型商贸、物资企业，择优扶持国家计划内的基础产业和技术改造项目。1996年襄樊工行对全市3 033户贷款企业按照规模、产品、市场、效益等标准实行分类管理、分层服务。对化纤、襄轴、鼓楼等大型企业，积极推荐总行点贷，对襄棉、一棉、华光等20户大中型企业，争取省行直贷，对湖北制药厂、襄钢、无机等190户企业实行两级联保。

确立以优质客户为主的贷款市场定位。随着由国家专业银行向国有商业银行转变进程的加快和深入，襄樊工行的信贷经营目标逐步由支持国有经济发展向获取贷款效益转变。1998年按照工总行统一的信用评级标准，襄樊工行对全行2 097户贷款企业进行了信用等级评估，确定了17户工商企业和六大系统户为我行基本客户，并新增贷款28 196万元，占全部新增贷款的87.6%。1999年实施"四倾斜"营销战略，贷款投向逐步向经济发达区域、基本客户和优质客户、住房购建、医疗卫生、文化教育等新的信贷业务领域及高新技术产业、大型基础产业和重点建设项目倾斜，全年累放贷款107 899万元。2000年以"大城市、大系统、大项目、大企业"为信贷营销方向，先后向襄十高速公路、天然气输配工程、江汉公司、金鹏纺织国债技改等重点项目，投放贷款近2.5亿元。

实施贷款退出战略，强化信贷退出机制。2001年，根据工总行"主动退出一般性贷款市场"的要求，襄樊工行将流动资金客户实行"分类管理，区别对待，有进有退，定性定量"的经营策略，当年发放新增流动资金贷款全部投向A级以上的优良客户，并清收退出类客户贷款5 139万元。2002年，襄樊工行开始实行"存量贷款移位退出"计划，逐步将BBB级以下客户存量贷款移位到AA级以上有发展潜力的客户，当年借新还旧贷款余额下降8 748万元，并清收退出类客户贷款27 499万元。

创新信贷营销方式，大力拓展优质信贷市场。随着工商银行商业化和市场化改革的逐步深入和加快，襄樊工行信贷业务营销方式也在不断创新，逐步由传统的、单一的方式转变为现代营销方式，综合运用重点营销、综合营销、分类营销和联动营销等多种方式，为客户提供一揽子解决方案，不断提高信贷营销质量和水平，积极扩大优质信贷市场。2003年，襄樊工行对市分行信贷机构进行整合，成立大客户、大资金项目工作组，推行公司客户经理制。2004年，针对襄樊市区域经济发展对信贷业务的需求特点，制定出台了《关于进一步规范低风险信贷业务和急事急办事项的操作办法》，对低风险信贷业务开辟"绿色通道"，实行"限时审批"，加快信贷业务审办进度。

加强贷款风险管理。贷款决策权集中。1995年，根据省分行要求，襄樊工行实施"集中调控，归口管理，审贷分离"的信贷管理办法，把贷款决策权集中到市分行，并将信贷工作职能由单纯的贷款发放转移到放款、收款、收息、引存、效益等整体目标上来，建立信贷员"四员合一"(公关员、存款员、收息员、驻厂员)目标责任制，有效规范了信贷管理。

完善有效抵押担保贷款手续。1995年推行贷款抵押、担保，先后两次组织联合调查小组，依照《担保法》条款对全行抵押、担保贷款的合规性全面调查，积极与土地局、房管局协商，补齐了所缺手续，使我行有效抵押担保贷款占比达61.6%，比年初的14.5%上升39.9个百分点。

健全贷款审批组织体系。1997年，市分行成立了贷款审查委员会，统一管理全行贷款的审批和签发,强化了贷款管理,防止了违规放贷。1999 年,重新制定了《贷款审查委员会工作规则》和《贷款审查、审批实施细则》,严格实行审贷分离、集体审批,明确了贷款发放的第一责任人和签批责任人,建立了责任追究制度。

开展贷款五级分类。1998 年,为防范和化解资产风险,襄樊工行开展清理信贷资产,改进贷款分类工作,采用国际通行的贷款五级分类(分正常、关注、次级、可疑、损失五类)方法对贷款质量进行重新认定。

建立信贷管理台账系统。1998 年,襄樊工行开始推广信贷管理台账系统(V1.0 版本),并完成信贷台账初始化和 1998 年数据录入工作,建立了 3806 户企业的基本档案,输入 12000 多张借据等相关资料。信贷台账系统的建立有效降低贷款风险程度,提高信贷资产质量。随后几年,根据上级行统一部署, 襄樊工行对信贷管理台账系统逐步进行了完善和升级,2003 年又顺利投产信贷管理系统(CM2002),实现信贷业务操作和管理全流程电子化。

住房贷款业务跨越式发展。1994 年, 在 1993 年取得承办政策性房改金融业务资格的基础上,襄樊工行全面介入房改金融服务工作,房地产存贷余额迅速增长,至年末住房存款余额 22 400 万元,比年初增加 18 390 万元;贷款余额 13 177 万元,比年初增加 10 300 万元。1995 年,根据中国人民银行清理房地产信贷业务的要求,在认真清理整顿的同时,提出“巩固阵地、拓展业务、规范管理、提高效益”的工作思路,以归集公积金为重点,狠抓住房储蓄存款,至 1996 年末公积金余额达 4 282 万元,售房款余额 7 116 万元,经营性存款余额 6 416 万元,实现利润 545 万元。1997 年 7 月,适应上级行房地产信贷管理要求,将房地产信贷部改建为兴业办事处。1998 年随着国家住房金融政策的调整,在支持商业住房开发的同时, 开始积极拓展个人住房贷款业务。至 2000 年底个人住房贷款余额 3 729 万元。2001 年为促进住房信贷业务规范化发展,襄樊工行在全行开展了住房信贷业务大检查,收回不良开发贷款 1 667 万元,违约个人住房贷款 502 万元。2002 年,提出以个人住房贷款为主体,以优秀大型房地产企业为主要合作伙伴的业务发展方针, 先后向昊天、闽发、强人三家大型房地产企业发放贷款 2 亿多元。

划转政策性业务。1994 年,国家正式组建了国家开发银行、中国农业发展银行和中国进出口信贷银行三大政策性银行,以促进国家专业银行逐步转变为责、权、利相结合,自主经营,自提风险、自岁盈亏、自我发展的国有商业银行。是年 6 月,根据省分行关于向中国农业发展银行划转政策性信贷资产和负债的工作要求,襄樊工行向中国农业发展银行划转粮食贷款 17 064 万元,存款 189 万元。

发放封闭贷款。1998 年,针对部分特困企业亏损严重,生产停滞,长期拖欠职工工资的情况,襄樊工行陆续向部分特困企业发放封闭贷款,帮助亏损企业启动生产。1999 年,鄂西化工厂数千名职工迫于生计,走上焦枝铁路向社会求助,导致焦枝线中断达 6 小时之久,为维护社会稳定,襄樊工行一次性向该企业注入 2 000 万元封闭贷款,委派客户经理驻厂参与生产经营,实行银企“双签”,封闭期满,所实现产值、销售是历史最高水平的 1.5 倍,财务同比减亏近 2 000 万元,盈利 200 多万元。该笔封闭贷款被湖北省政府誉为“搞封闭贷款最成功的一例”。

③股份制商业银行时期的信贷业务。大力拓展优质信贷市场。争揽优质项目贷款。2005 年以后完成股份制改造的襄樊工行, 在加强风险管理的同时, 根据全市经济形势和全行调整信贷结构的需要,加大了对重点项目、重点企业、重点行业的营销、支持力度。2005 年累计向企业发放贷款 10.8 亿元,重点支持了襄樊电厂二期改造项目、中心医院、东风康明斯等优质大客户,并成功化解了襄阳汽车轴承股份有限公司、湖北襄棉集团有限公司、湖北银河纺织股份有限公司等 50 户、71 669 万元潜在风险贷款。

打造个人信贷品牌。随着居民购买住房、购置耐用消费品等消费性支出的不断增长,襄樊工行较早认识到消费信贷风险低、收益高、需求潜力大的特点, 并将其作为争夺个人金融客户和市场的重点。自 1995 年首开小额存单质押贷款以后，又先后开办汽车消费贷款、大额耐用消费品贷款、助学贷款在内的多种个人信贷产品。2004 年，襄樊工行组建了个人消费信贷中心，突出个人住房贷款、个人汽车消费贷款和个人综合消费贷款，大力开展“幸福之家”“幸福贷款”“幸福快车”系列个人信贷品牌营销，个人信贷业务得到快速发展，至 2005 年人消费贷款余额 25 381 万元。

创新信贷产品。2005 年 3 月，与国家开发银行湖北省分行合作，向襄樊市建设投资经营有限责任公司发放联合贷款 3 亿元，开辟了一项低风险信贷业务新领域。

④非信贷资产业务。建立资金市场和融通网络。1986 年 4 月为充分发挥金融系统筹集融通资金的作用，促进横向经济联合，襄樊工行积极探索资金横向融通的渠道，倡导建立了由郧阳、南阳、达县、安康、十堰、荆门、襄樊七个地市工商银行参加的鄂豫川陕四省边界七地市横向融通资金协作网，各地在资金使用上的时间差、空间差、行业差和项目差，灵活调剂资金余缺，突破长期以来资金垂直调拨和封闭式纵向管理的模式，至当年 9 月底，已融通资金 6 150 万元。与此同时为适应国家信贷体制改革，缓解资金供求矛盾，更大范围、更深层次调剂资金余缺，1986 年 10 月襄樊工行主办建立了全省第一个资金市场，开业当天现场成交 4 笔业务，金额 720 万元，其中拆借流动资金 600 万元，金融券 100 万元，债券买卖 20 万元。金融市场诞生后，先后与全国 20 多个大中城市建立资金协作关系，开办票据承兑贴现、发行短期债券等融资业务，累计融资近 10 亿元。

债券业务。为解决发展城镇集体企业急需的资金，引导部分消费基金转化为生产基金，1985 年 10 月，按照上级行统一安排，襄樊工行首次发行了金融债券，该债券分为面额 50 元和 100 元两种，期限 1 年，年息 9%，到期还本付息。此后又于 1987 年 11 月发行工行首创的累进利息金融债券。累进利息金融债券对城乡个人发行，采取浮动期限制，浮动期限为一至五年，各年利息分别为第一年 9%，第二年 10%，第三年 11%，第四年 12%，第五年 13%。该债券允许转让流通。

票据业务。襄樊工行早在 1986 年就试办票据承兑、贴现业务，当年办理承兑、贴现 940 万元。1995 年，当时为支持企业生产经营，襄樊工行在运用贷款支持的同时，积极采取多种信用方式融通资金，解决企业合理资金需要，票据业务开始成为一项常规性业务，当年共签发银行承兑汇票 83 458 万元，办理票据贴现 5 593 万元。2000 年为推动票据业务发展，成立襄城、营业部、二汽等 3 个票据贴现中心，票据贴现业务进入快速发展期。2001 年票据贴现规模已达 46 132 万元，实现收入 473 万元。2003 年襄樊工行将 3 个票据贴现中心合并为市分行票据中心，实行专业化经营，大力开展直贴业务，对贴现大户实行开户、查询、结算“一条龙”服务，对中小客户实行跟踪服务，对异地客户实行上门服务，实现票据业务交易额 57 亿元，实现票据业务收入 2 759 万元。2004 年制定《票据综合理财营销协议》，理顺各行处与票据中心的关系，规范票据管理。2005 年适应短期融资票据化的趋势，适时调整票据贴现业务政策，建立起集中办理、全额返还的利益驱动机制和机构上收、服务全行的业务管理体制，全年累计办理贴现 10.4 亿元。

信托业务。襄樊工行的信托业务是在承接人民银行原有信托业务的基础上发展起来的，1984 年人、工两行分设后，信托业务一直由金融信托部负责管理。1985 年 9 月根据工总行《关于整顿信托业务的意见》，将金融信托部并入信贷科，与信贷科合署办公。1988 年 1 月，为推动信托业务发展，襄樊工行成立信托投资公司及代办处。公司实行独立核算、自主经营，自负盈亏，自担风险，是独立企业法人，主要业务包括：委托存、贷款、委托租赁、自营租赁、委托投资、代理收款、代理付款、代理发行兑付债券、委托代购证券、代出售证券、代保管、有价证券转让、抵押兑付、代理清欠等。1988 年 10 月根据国家清理整顿信托公司决定，公司停办了信托存、贷款、投资、拆借等业务。1991 年经省人民银行检查验收合格，公司更名为“中国工商银行湖北省信托投资公司襄樊市办事处”，继续开办信托投资业务，至 1992 年信托贷款达到 8 856 万元。1993 年在清理、整顿的基础上，信托业务得到健康发展，各项存款达 2 763 万元，贷款余额 1 935 万元，归还拆借资金 4 660 万元，清收逾期、风险、呆账贷款利息 229

万元。1994 年襄樊工行重点抓了调整资产负债结构、发展新的业务品种和清收风险贷款工作,信托业务健康发展。各项存款达 3 508 万元，各项贷款达 4 001 万元，并为 2 家企业开办了证券托管业务。1995 年 11 月根据人民银行信托投资公司全部脱离银行的要求,襄樊工行成立长虹办事处,承接信贷投资公司的资产负债业务,正式信托投资公司脱钩。

中国农业银行襄樊市分行:1980—1983 年,是农业银行恢复的初始期,按照国务院规定的农业银行的"统一管理支农资金,集中办理农村信贷,领导农村信用合作社,发展农村金融事业"任务和业务范围,农业银行襄樊分行在资产业务发展上,重点是领导和指导农村信用社,支持辖内农村商品经济发展,自身资产业务仅限于乡镇工业、集体工业、供销、农业及农副产品收购等领域,范围狭窄,产品匮乏,发展缓慢。全行资产类产品主要是工业贷款、一般商业贷款、农副产品收购贷款、农业贷款和技术改造贷款等(见表 8—17)。

工业贷款:工业贷款主要包括集体工业贷款、国营工业贷款、乡镇企业贷款、电力工业贷款四类,其中乡镇企业贷款占工业贷款总量的 60%以上。

一般商业贷款:一般商业贷款主要包括粮食贷款、供销贷款和定金贷款三大类,其中供销贷款占一般商业贷款总量的 90%以上。

农副产品收购贷款:农副产品收购贷款主要包括供销收购贷款、棉花收购贷款、粮食收购贷款三大类,其中粮食收购贷款占农副产品收购贷款总量的 65%。

农业贷款:农业贷款主要包括国营农业贷款、集个体农业贷款、开发性贷款、信用社贷款四大类,其中集个体农业贷款占农业贷款总量的 60%以上。

技术改造贷款:技术改造贷款主要包括国营商业技术改造和国营农业技术改造贷款两大类。

农行襄樊分行 1980—1983 年各项贷款数据

表 8—17　　单位:万元

项目＼年份	1980 年	1981 年	1982 年	1983 年
各项贷款合计	56 967	62966	73985	100683
一、工业贷款	2 263	2589	6210	7352
1.集体工业贷款	152	758	1622	2099
2.国营工业贷款	70	130	308	
3.乡镇企业贷款	1 415	1026	3563	4549
4.电力贷款	626	675	717	764
二、一般商业贷款	24 993	24088	31036	24549
1.粮食贷款	—	—	—	—
2.供销贷款	19 816	19696	25470	21145
3.定金贷款	937	1157	1356	750
三、农副产品收购贷款	23 146	28192	28482	60640
1.供销收购贷款				
2.棉花收购贷款	10 223	12237	5578	21782
3.粮食收购贷款	12 923	15955	22904	38858
四、农业贷款	6 043	7208	7405	6662
1.国营农业贷款	550	311	428	520
2.集个体农业贷款	5 219	6161	5323	4186
3.开发性贷款	159	460	1071	1404

续表 单位:万元

项目 \ 年份	1980 年	1981 年	1982 年	1983 年
4、信用社贷款	117	276	583	552
五、技术改造贷款	28	190	673	816
1、国营商业贷款	—	138	673	816
2、国营农业贷款	28	52	482	559
六、其他贷款	494	699	179	664

1984 年,中国人民银行对各专业银行准备在 1985 年实现“统一计划,划分资金,实借实存,相互融通”新的信贷资金管理体制,农业银行也将在系统内实行“统一计划,分级管理,实借实存,自主经营”的信贷资金管理体制。为了争取信贷规模基数,全市农行系统加大贷款投放力度,资产业务呈现出超常规发展。1984 年底,农行襄樊分行各项贷款余额达到 159 379 万元,比 1983 年增长 58.3%,是 1980 年底各项贷款余额的 2.8 倍。

1985—1994 年,按照国务院、中国人民银行提出的专业银行要实行“自主经营,自负盈亏,自担风险,自求平衡”企业化经营的要求和农业银行总行确立的要把农业银行办成真正的经济实体的改革目标,农行襄樊分行对资产经营管理和信贷管理体制进行大胆改革与创新。改革信用方式。根据经济发展需要,改革单一的信贷信用方式,开办了信托业务、票据业务、买方信贷、租赁信贷业务、房地产业务、抵押贷款业务等多种信用形式和多种信用工具,满足多种经营形式、多种经济活动的需要。创新信贷产品。重点推出和试办了中短期设备贷款(支持供销合作社和农村国营商业部门扩大农副产品加工,增加仓储能力,兴办服务行业;支持国营农业企业办工业和商业;支持各种联合企业的发展)、农业综合开发贷款、扶贫专项贷款、设备改造专项贷款及外资贷款等。改革信贷资金管理体制和信贷制度,对县支行实现综合放权。在全辖内实行“统一计划,分级管理,实借实存,自主经营”的信贷资金管理体制。全面推行借款合同制,巩固有借有还的贷款制度。全面开展评选企业的信用等级。凡是在农业银行开立账户的企业,均作为评定的对象。固定资产较多、贷款额度较大的企业,通过咨询公司评定等级;资产较少、贷款额度较小的企业,由农行信贷部门结合贷款发放工作晋级评定。企业的信用等级分为特级、一级、二级、三级四个等级,对特级和一级信用企业,可享受信贷的若干优惠政策;对二级信用企业,实行“以销定贷”,逐笔办理抵押担保;对三级信用企业,停止发放新的贷款。实行信贷资金集约化经营,提高信贷资金使用的流动性、安全性和效益性(包括社会效益和银行效益)。对县支行进行综合放权。涉及信贷业务的放权主要是经营决策权和利率浮动权。经营决策权:在进一步完善信贷资金管理责任制的基础上,把新增信贷基金的 60%—70%分配给县支行,把“实存实贷”的管理办法下发到县支行,由县支行统筹资金来源与运用,多存多贷,少存少贷;县支行有权根据经济发展需要和资金情况,自主开拓信贷、信托、租赁、保险、票据、结算、汇兑等业务,在上级行的权限内审查发放贷款,并相应承担风险。利率浮动权:把中央银行规定的按基准利率 20%的浮动权下放给县支行。(四)创新信贷业务经营与管理。1987 年,农行襄樊分行通过探索和总结试点经验,对辖内的 852 个工商企业推行“银企一体化目标管理”。“银企一体化目标管理”的内涵是,综合运用信贷杠杆、承包合同形式和必要的行政手段,按照速度—效益—后劲良性循环的要求,坚持分级分权和责权利紧密结合的原则,融银行与企业的目标为一体,制定出一套科学的目标体系,以此作为既考核企业,又考核银行的统一标准,使企业行为和银行资金运用达到最佳效益的管理办法。其目标体系主要有三大类组成,经济增长目标,即工业产值或商品销售增长幅度;经济效益目标,包括销售资金(贷款)率、资金(贷款)利税率和费用挂账损失率;发展后劲目标,包括固定资产增长率、专项基金提取率、自有资金补充率等等。三类目标紧密联系,互相制约,保证速度—效益—后劲良性循环。至 1987 年 12 月,实行“银企一体化目标管理”的企业取得了显著的效益。企业主要经济指标与1986年同期比较，产值增长44.7%，销售收入增长33.1%，上缴税金增长29.3%，有720个企业利润增长46%，132个企业减亏30.3%，提留折旧和发展基金增长67.7%，归还设备贷款增长103%，销售贷款率下降19.3%，省市政府和农行上级行对“银企一体化目标”给予高度评价，新华社、《金融时报》《中国农金报》《湖北日报》等新闻媒体先后作了专题报道，全国有20多个银行和企业到农行襄樊分行考察学习。1992年，全市农行系统采取四条措施，积极参与粮食购销体制改革和国合商业“四放开”改革。一是建立和完善信贷资金风险管理体制，全面清理、核实及划分有效资产和无效资产，建立二级辅助账户，实行分别管理和监测，防止信贷资金发生新的损失和沉淀。二是建立企业贷款风险金提取制度，有计划、有步骤地消化历年挪用、亏损的包袱。三是改进贷款定额管理和销售收入归行考核办法，加强信贷跟踪监测，防止挪用贷款和企业资金体外循环。四是配备粮食、供销企业信贷专管员，长期进驻企业监管，保证信贷资产安全营运。同时按照收购资金分级分部门筹集的原则，当年全市累计发放收购贷款28.25亿元，同比增长4.8亿元，既保证了收购资金供应，避免了给农民打“白条”，又实现了信贷资金的流动性、安全性和效益性。1994年，农行襄樊分行进一步调整信贷投向，突出抓好“126”信贷工程和“111”信贷工程。“126”工程的内容是：支持10个明星村，10个产销过亿元的乡镇企业集团，20个大中型商业和农业集团，100个农业开发基地，200个产销过千万元、利润过百万元的乡镇企业，600个产值过20万元的私营企业。“111”工程的内容是：支持10个乡镇总产值过10亿元，100家企业产值过千万元，1万户农民奔小康。全市农行系统把“126”工程和“111”工程办成引导农民奔小康的示范工程，办成调整信贷结构、提高信贷效益的希望工程，办成强化信贷管理的试点工程，办成树立农行形象的样板工程，认真调查筛选，搞好上报立项，落实项目单位自筹资金，统筹安排农行、农村信用社（简称行社）资金，优先满足两大工程对信贷资金的需求。行社当年投放在“126”“111”工程的贷款2.39亿元，占一般贷款净投放总额的32%，体现了“效益为主，重点突出，结构优化”的信贷支持政策。1985至1994十年间，农业银行信贷业务获取了较大的发展，实现了历史性的转折：农业贷款逐步改变了传统的财政性资金供给制；农村信贷的投放实现了由农业贷款为主到农村工、商业信贷为主的转移；农业银行由传统的农贷银行转变为办理农村各项金融业务、支持农村经济发展的农村综合性银行。1994年底，农行襄樊分行各项贷款（含向农业发展银行划转的信贷资产）余额达到52.1亿元，是1980年贷款总额的近10倍。

1995—1996年，是农业银行向商业银行全面转轨，全方位、全领域、大力度地拓展金融业务的起步阶段。1995年4月，由农行襄樊分行牵头，与中国社会科学院、中国城乡金融报社、农行湖北省分行在襄樊市联合举办了“农业银行商业化与农村经济发展”研讨会。中央候补委员会、中国社会科学院副院长王洛林及国务院研究室、农业部、农总行、农行湖北省分行和《人民日报》《经济日报》《农民日报》《中国城乡金融报》中国农民杂志社等近40名领导、专家、学者、新闻工作者参加会议，围绕农业银行在实现商业化进程中，应怎样处理好追求自身效益和农业比较效益低的矛盾，如何促进农行信贷结构调整和农村产业结构调整，更好的支持农村经济发展等问题进行研究讨论，提出了许多具有实际操作价值的建议和意见，为全市农行拓展信贷资产业务领域、调整信贷资产结构、提升信贷资产质量与效益提供了指导。在农行信贷工作的实践中，信贷资产的区域配置开始有计划的向襄樊市区、县（市）城关、重点乡镇和城乡结合部等经济发达地区倾斜；信贷资产的产业配置开始向基础产业、“两高一优”农业、城区的大商场、大市场及城郊的“菜篮子”工程倾斜；信贷资产的对象配置开始向产权明晰、经济效益较高、信用风险低的工商企业、各种股份制企业、“三资”企业、私营企业等倾斜。同时，全面加强信贷资产的风险管理，严格掌握贷款对象和条件，全面实行合规、合法担保抵押贷款，按企业信用等级掌握贷款发放，对资产负债比列过高或销售归行率、到期贷款收回率、收息率过低的，实行一票否决；适当集中贷款审批权限，对信贷资产质量低的单位，贷款决策权上收一级；加强贷款跟踪管理，建立贷款风险预警系统，推行银企贷款损失补偿制度；下工夫盘活存量贷款，提高信贷资产的使用效率。1996年，全行信贷工作以开展“管理年”为契机，大力盘活信贷存量，不断优化贷款投向，强化贷款风险管理，全面提高信贷资产营运的质量和效益。在优化贷款投向和结构上，实行“突出三个重点”，即突出产业重点，重点支持以“两高一优”农业为主体的农村资源的深度开发和利用、城郊“菜篮子”工程、粮棉大县农业项目、多种经营和产供销、贸工农一体化的发展，支持交通、邮电、电力等基础产业发展；突出区域重点，信贷经营的中心向襄樊市区、城郊结合部和经济重镇倾斜，培植一批规模优势、效益优势和区位优势的高效信贷资产载体；突出企业重点，支持技术力量强、经营规模大、市场占有份额高、产品竞争力强、效益好的大中型企业和项目。在强化贷款风险管理上，全面实行风险区域和风险等级管理，建立和完善贷款风险责任约束制度，落实和规范贷款抵押担保制度，全面建立贷款风险保证金制度，全面推行大额贷款专管员制度，定时、定向开展信贷资产质量审计等。在盘活贷款存量上，突出乡镇企业和供销社两大重点，坚持和发展盘活信贷资产“十法”，实行行领导包片挂点盘活、专班盘活、责任盘活、银政联手和银企联手盘活方法，推进盘活存量工作开展。1995至1996两年，全市农行净投放贷款11.1亿元，比1994年向农发行划转贷款后的余额增长45%。

1997—2005年，农行襄樊分行全面进入了真正意义上的商业银行经营阶段。按照“以市场为导向，以客户为中心，以效益为目标”的经营理念和“一心一意办商业银行”的宗旨，全行在金融信贷产品建设、信贷领域拓展、信贷风险管理、信贷结构调整、信贷经营效益等等方面均显现出了空前地大进步、大发展、大提升。加大信贷产品建设。在巩固、改良和发展原有信贷产品的同时，根据市场和客户对金融产品的需求，加大产品创新力度，大力发展了房地产信贷、住房按揭贷款、汽车消费贷款、个人门面房抵押贷款、个人私营经济贷款、票据贴现等等系列新型信贷产品。2005年末，全行已拥有公司类、机构类信贷产品91种和个人信贷产品21种，能够全方位的满足各产业、各行业及各类型客户对金融信贷产品的需求。加大信贷领域拓展。全市农行信贷经营战略由“巩固农村，拓展集镇，渗透城区”转向“放大农村，垄断乡镇，覆盖城区”，将襄樊市区、各县（市）城关区域及所辖经济重镇作为信贷工作的主战场，将各类效益好、管理水平高的行业、企业及其他客户作为主攻对象，集合全行优势信贷资源展开全领域、宽覆盖营销攻势，使与农业银行建立信用联系的各类客户总量和质量得到了大幅度提升。优化客户和信贷结构。1997年，全市农行强化集约经营力度，着力培植高效信贷载体，加大区域集约力度，新增贷款和压贷销户的存量贷款集中投放在四大区域“25块”上，即4大城区、4个县（市）城关区、5个国营农场和12个中心集镇；加大优势行业集约力度，贷款主要投向效益好、管理水平高的行业和企业，大力支持农业产业化发展；加大项目集约力度，重点实施“123”效益基地工程，即全市培植一批高效行业，每个支行培植2个高效企业，每个中心乡镇培植3个特优新产品。2000年，全行进一步调整信贷市场定位，重择高效信贷载体。按照效益优先原则，全面制定“保、压、禁”贷款目录，把交通、电力、通信等高效产业和各区域优势产业作为重点支持对象；建立贷款退出机制，关注行业和企业产品的生命周期，确保行业和产品进入衰退期前安全退出信贷资金；有重点的压缩、淘汰一批层次低、效益差、产品无市场的劣质客户。2002年，根据国家产业政策和农行上级行确定的优良客户准入标准，全市农行的信贷支持重点定位在通信、能源、供水、公路、供气等城市基础设施项目，石油、电力、电信、烟草等垄断性行业优良客户，农业产业化高效龙头企业，省市重点学校、大型医院、广播电视、证券、保险、城乡信用社等机构类客户，票据贴现客户。同时，大力发展优质个人信贷业务，将“金钥匙”个人住房贷款、个人门面房抵押贷款、汽车消费贷款、助学贷款、小额质押贷款及个体私营贷款作为全行信贷工作的“亮点”和新的效益增长点来抓。2004—2005年，全市农行继续坚持以优化客户结构为重点，突破性的抓好信贷营销，增强资产业务的效益贡献率。根据区域经济发展规律和资金流量、流向及归集特征，农行襄樊分行将重点客户划分为“十大板块”，强势营销开发。“十大板块”，即汽车产业中心的核心企业、关联企业板块，以华电襄樊发电有限公司为龙头的电力板块，以市公路建设有限公司为重点的路桥板块，以市土地储备中心、优质房地产开发项目为龙头的房地产开发板块，以市中心医院、第五中学为龙头的各县(市)重点医院、学校机构类板块，以正大农业为龙头的农业产业化板块，以天王服饰为重点的外汇业务板块，以烟厂、烟草公司为龙头的烟草板块，以银纺、金环为重点的轻纺板块，各(县)市优良民营、个体私营企业板块。同时采取城乡并举、大中小齐抓、本外币并重的市场营销策略，积极开发中小优良客户、个体客户及“三农”客户。通过长时期、全方位、高强度地持续营销，全市农行的客户结构、信贷结构、资产质量得到了明显优化和提升。加强信贷风险管理。强化准入条件管理，严禁向不符合贷款准入条件的企业放款和不符合经办网点准入条件的网点经营放款。强化资产管理责任，支行行长是资产质量第一责任人，当年新放贷款不良率超过1%，行长引咎辞职；建立客户经理责任制，客户经理履行其对所管贷款企业经营状况的动态分析、资金财务的监测及贷款运用与回收的管理责任，信贷资产出现风险，直接追究其岗位责任和管理责任；坚持审贷分离原则，严格划定前后台部门职能与责任，实现岗位与部门制约，增强前台营销与后台审批的独立性和责任性。强化贷款程序管理，严禁越程序和逆程序操作信贷业务，无论贷款是否出现风险，只要操作过程违规，就要追究责任人员的责任。强化贷后管理，成立专门的信贷检查大队，实行程序化、规范化的贷后检查制度，及时有效地纠正和查处信贷问题。强化信贷规范管理，建立信贷风险预警机制和贷前、贷中、贷后信贷监测和检查制度，规范信贷决策行为，做到统一基本制度、统一操纵规程、同一合同文本、统一法律审查，使每一笔贷款业务都合规合法、安全有效。

中国银行襄樊市分行：中国银行股份有限公司襄樊分行(以下简称“中国银行襄樊分行”)是中国银行股份有限公司湖北省分行下属的二级分行。1982年成立之初为中国银行襄樊支行，是国家外汇、外贸专业银行，主要任务是根据国家金融方针、政策，按照《中国银行章程》，经营一切外汇业务和有关的人民币业务，支持襄樊地区外向型经济发展。1992年9月更名为“中国银行襄樊分行”，为国有独资商业银行，全面参与开放的银行业竞争。2004年8月，中国银行整体改制为国家控股的股份制商业银行。截至2008年，全辖员工570人，有营业机构31个，其中：城区设经营性支行10个(含市分行营业部)，直管分理处11个；县区设4家支行，下辖6个分理处。同年底，全行各项存款余额达到58.81万元，各项贷款余额38.15亿元(不良资产占比为零)，实现利润8048万元。

中国银行襄樊分行秉承中国银行“以客户为中心、以市场为导向、强化公司治理、追求卓越效益、创建国际一流大银行”的宗旨，在业务实践中不断探索符合地方经济情况的发展模式。近年来，结合金融生态环境建设，制定了着眼未来，着眼同业，着眼创新的发展规划。围绕这个规划，确立以“追逐客户、追逐利润、追求领先、追求卓越”为核心理念的价值体系，谋求建立一个“内控严密、风险可控、业绩优良、健康和可持续发展，在同业和系统居中上游水平的良好银行”的目标。

建行以来，中国银行襄樊分行发挥比较竞争优势，借助发达的国际网络、完善的业务流程和特有的人才优势为襄樊外向型经济的发展做出了突出贡献。目前，襄樊分行发挥自身特长，在确保国际结算业务优势的同时，人民币业务、中间业务也取得长足进步。

第一阶段：探索起步(1982—1986年)。襄樊支行开业时，接手了此前由汉口分行承办的11笔总额为305.79万元的市属企业人民币贷款，另有一笔金额为1.6万美元的外汇贷款。到1982年底，仅8个月时间新增流动资金贷款余额达3660万元，较往年净增3354.21万元，帮助外贸完成收购38367万元。其中，完成当年度调省计划34055万元，占年计划的148%。本阶段，根据内陆城市的特点，中行首要任务是“积极支持出口商品生产的发展，增加收购，扩大对外贸易”。从1983年起，中行针对外贸赢利水平，适时调整信贷方针，在确保外贸收购资金供应的同时，会同外贸局挑选属外贸货源产品的项目，发放特种外汇贷款和中短期贷款，扶持了一批城镇中小企业的技术改造。南漳县棉麻纺织厂麻条出口在国际市场上有较强竞争力，经汉口分行批准发放特甲雷外汇贷款32.2万美元，用以添置所需设备。市电池厂在贷款支持后，外销铁壳电池259万只，产值比1982年增长63%，实现税利比1982年上升 2 倍多，经济效益明显。

针对外贸企业重放轻管缺陷，襄樊支行加强了贷后监管的力度，重点对外贸收购资金进行了有效整治，如对流动资金管理实行存贷分户，差别利率管理，减少了不必要的资金占用，提高了外贸收购资金的使用效率。其后，积极配合“大外贸”政策，对外贸信贷实行“一增一减”(增加对工贸、农贸、技贸公司的贷款，减少对外贸专业公司的贷款)，为外贸企业改革打下了基础。

在顺利完成起步阶段后，襄樊支行发挥外汇专业银行优势，致力于工业企业现代化的技改项目贷款，以图扭转襄樊单一的“农副土特”出口结构。主要是在工业项目贷款上实行“三个结合”（把对工业企业贷款同引进国外先进技术和设备结合起来，把利用外资同出口创汇结合起来，把外汇贷款同人民币贷款结合起来）。五年中，分别发放外汇贷款 3 496.3 万美元，人民币配套贷款 3 309.4 万元，重点支持了湖北化纤、湖北汽车蓄电池、襄樊市人造毛皮、南漳棉麻纺织、市床单等 131 个技改项目。其中，市人造毛皮厂两批从西德引进了电子提花机生产线，创造了当年批汇，当年到货，当年投产，当年见效的奇迹。

中短期设备贷款以“区别对待，择优扶持”为原则，对符合贷款条件的企业给予支持。1982 年批贷款户 11 个，贷款余额达 227.8 万元。市轴承厂用贷款购置了 3 台冲床，2 台磨床和 6 台车床，生产能力和产品质量明显提高，出口完成 7.3 万套，比 1981 年上升 28%。

外汇贷款主要帮助企业进口国外先进技术和设备，提高产品质量，增加花色品种。1982 年，报批 5 个外汇贷款的单位，贷款金额达 327.5 万美元，人民币配套贷款 130 万元，还批贷给市针织厂特一类贷款 314 万美元。同时，支持重点企业升级换代，把“二汽”及其所属配套厂作为支持重点，先后为企业办理调剂外汇 400 万美元，发放外汇贷款 631 万美元，占 1983 年外汇贷款批准额的 65%，贷款单位 6 家。湖北化纤厂高效多级闪蒸装置系从西德引进，用汇 200 万美元。汽车蓄电池厂高效铸片（涂片机）从日本引进，用汇 68 万美元。

在此基础上，襄樊支行因势利导，蓄意把利用外资引入新的形式，为襄樊经济培育新的生长点。1986 年，利用代理汉口分行办理信托业务的机会，在全省首家试办了中中(中国银行)外合资企业“三环尼龙拉链企业有限公司”和“亚太磁带企业有限公司”。其中，“亚太”是在加工贸易的基础上发展而来的，这后来成为襄樊发展外向型经济的一个重要方向。

1985 年末，中行严格执行国家宏观紧缩政策，对发放的 150 笔专项贷款和 6 户流动资金贷款进行全面检查，撤销和注销外汇贷款 150 万和 71.4 万美元。同时，在不违背宏观控制前提下，着重抓了用汇、收贷、创汇优质服务。期间，1985 年为批汇放贷高峰，全年共批外汇贷款 818.3 万美元，用汇 1 287.7 万美元，比 1984 年增长 2.8 倍。1986 年后则呈明显的下降走势：新批外汇贷款 175 万美元，下降 88.6%；用汇 1 227.2 美元，下降 4.7%；专项人民币贷款新批 803 万元，较同期下降 11.5%。与之相适应，收回贷款 633.9 万美元，上升 148%；发放 996.4 万元，上升 15.6%；收回人民币贷款 427.6 万元，上升 3.3 倍。1986 年，全行外汇贷款余额 2383.3 万美元，较同期上升 23.1%。由中行贷款的工业企业增加产值 24 450.3 万元，利税 3 352.3 万元，出口创汇 992 万美元。

受宏观政策和内部管理的双向驱动，本阶段季末的项目监管也渐趋严格。主要有项工作：第一，对贷款企业进行调查，促使企业早用汇、早投产，早见效。统计表明，几年来审批的 73 个项目中，已投产的有 64 个，占 89%；正在安装调试的有 4 个，占 5.4%；部分到货或部分投产的有 3 个，占 4.1%；已签约的有 1 个，占 1.3%；未签约的有 1 个，占 1.3%。市人造皮毛厂两批从西德引进的电子提花织机生产线，创造了当年批汇，当年到货，当年投产，当年见效，1986 年实现人均利润 1 万元的奇迹。赵紫阳总理到襄樊时亲自到该厂进行视察。市玻璃厂从比利时引进的啤酒生产线，自投产以来，不仅质量获全省第一，而且电力单耗下降 56.5%，重油单耗下降 26.6%，产品合格率提高 10%。市亚太磁带有限公司自去年十月投产以来，已创造产值 1 028 万元。第二，部署人力回收到(逾)期贷款，加速信贷资金的周转。1986 年共收回逾期外汇贷款 225 万美元；收回逾期人民币贷款 169 万元；收回到期外汇贷款 187 万美元；收回到期人民币贷款 109 万元。第三，在对企业核资定贷，实行差别利率的基础上，贯彻择优扶持原则，制定了发放流动资金贷款的原则，即：本口岸(湖北省口岸)计划内商品只要有合同，资金就保证供应；虽是本口岸计划外，但只要有合同也给予支持；对于外口岸有合同的，在保证本口岸出口，资金许可的情况下，也适当给予支持；内销商品不予贷款，从而有效地保证了正常出口对资金的需要。第四，在市政府统一部署下，采取揭(揭露矛盾、发现问题)、建(抓建章建制、防患于未然)的方法，对外贸企业进行资金综合治理。共清出有问题的商品结算资金 757 万元，到年底已盘活资金 637 万元。1986 年共发放流动资金贷款余额 3 660 万元，比 1985 年同期上升 62.7%，保障外贸收购完成 34 055 万元，占年计划的 148%。

在卖方市场条件下，中行时刻不忘专业银行的职责，利用银行触角广、信息灵的优势，积极为生产企业提供市场信息。1986 年以来，先后为 7 家服装厂与外贸部门挂钩，即使这些企业的产品打入国际市场，又增加了市的出口创汇。在收到(逾)期外汇贷款中，许多企业的还汇额度得不到落实。若买额度企业每一美元的额度就要多花一元人民币，若能从省里把额度落实好，这就减轻了企业的经济负担。为了妥善解决这一困难，中行到省里落实外汇额度 270 万美元，减轻企业 270 万元的经济负担，受到企业的赞扬。

第二阶段：强化竞争（1987—1991 年）。随着市场机制的引入，竞争意识的加强，此阶段是襄樊支行机构扩张最快、开办业务品种最多的时期，也是改革对经济社会影响较强烈的时期。此间，顺应改革、市场和客户的需要，中行相继开办了国际结算业务、长城信用卡业务、出口押汇业务等特色业务。五年中，襄樊支行以信贷为“杠杆”，通过“三个延伸”，实现“两个调整”，达到整合信贷资金，调整信贷结构，引导企业发展的目的。特别是在 1991 年，中行将有限的信贷资金和贷款规模调整到国有大中型企业和出口创汇项目，投放贷款高达 3 亿多元，同时保证外贸收购资金的合理需要，外贸流动资金贷款所占比重由年初的 51%上升到 89.99%。针对当时过逾期贷款增多，部分企业有意逃债的行为，中行开始借助法律维权和进行贷款管理。到 1991 年，全行贷款余额分别达到 27836 万元和 1658 万美元，较 1987 年增长了 191.93%和 96.28%；支持外贸出口收购 58987 万元，自营出口 466 万美元，盘活资金 3251 万元，较同期有长足进步。

外贸收购资金方面，由于缺乏相应的人民币资金支持，外贸收购工作将受到制约。1987 年，汉口分行下放“实贷实存”权后，中行为保证资金和外贸收购、调拨任务，采取多种措施筹集资金：首先，在行内单设了计划科，提出“组织资金、灵活多样、紧中求活、科学运用”的融资方针；其二，在业务发展过程中实行“三个延伸”，即把流动资金向生产领域延伸，支持出口产品的生产，保证外贸有稳定的出口货源；把固定资金贷款向流通领域延伸，支持工贸联营；把贷款业务由市直向县市延伸，促进全市外贸出口。其三，灵活运用“争取、拆贴和押汇”等策略，主动向上级行争取资金，仅 1988 年争取信贷规模达 7 400 万元，资金 3 100 万元。1988 至 1989 两年，共拆入临时借款 4 700 万元，共拆出资金 23 272 万元，办理承兑 3 519 万元，贴现 2 587 万元，再贴现 1 460 万元。1988 年，还开拓了新的融资领域，全年共办理出口押汇 45 笔，184 万美元，提前为外贸企业融资 684 万元。通过这些措施，到 1988 年底，全市外贸收购连续两年超过 5 亿元大关，达到 10.85 亿元，超过全省外贸的增长速度，创历史最高水平。1988 年，为了应对资金持续紧张的形势，及时调整策略，按照“控制总量，调整结构，保证重点，压缩一般，适时调节”的方针，会没外经委对外贸公司实行“资金双线承包”管理，即在定额以内各公司可以灵活使用，不加罚利息；超过定额不但严格审批手续，而且按规定加罚利息。到年底，外贸流动资金贷款所占比重已由年初的 51%上升到 89.77%，1989 年新增贷款规模 79%优先用于外贸贷款。1990 年，根据芝麻出口形势好的市场，从 8 至 11 月共集中抽调资金 2 918 万元，其中现款 1 383 余万元，收购芝麻 7 295 吨，供应出口 5 309 吨。到年底，全辖共收购出口商品 55 456 万元，比 1989 年净增

3 344 万元；自营出口收汇 307 万美元，较 1989 年增长 355.8%。

承接外贸投放的良好态势，本阶段，中行着眼市场竞争，采取“两个对策”(强化信贷管理对策，增强资金使用效益，完善挖潜与补充对策，保持增量与活化存量的对策)，适时调整信贷投向，把专项贷款放在“大老好”（即大企业、老企业、好产品）和替代进口产品上。湖北化纤厂 480 万美元涤纶帘子布生产线、向湖北制药厂发放信托放款 200 万元，市卷烟厂 350 万美元租赁项目。为保证枣阳自行车厂 15 万辆出口自行车目标，特增加流动资金贷款 647 万元，使该厂超额 20%完成省政府下达的出口计划。1999 年，突出重点，把有限的资金向大中型企业倾斜，先后向电视机厂、市制漆厂、襄阳拖拉机厂、枣娟自行车厂、市罐头厂等大中型企业以及市工业品公司、市国贸公司等重点公司投放资金达 3 亿多元，不仅完成大宗出口任务，而且开始信贷投放方向的市场化调整。

受体制及经营不善等多种因素影响，本阶段，贷款企业经营趋紧，到(逾)期贷款、资金压库、三角债务成为银行例外的一项长期业务。在困难大，人手少的情况下，全行采取有针对性的措施，其一，成立清收挖潜专班，由主要领导挂帅，深入企业清仓查库，协助企业推销压库物资，1989 年清收拖欠货款 7100 万元，1990 年清收加盘活资金达到 2.342 亿元。其二，协助企业设立台账，将任务直接下到各外贸公司，并与外贸公司一同到省公司催款，累计收回外欠货款达 1.2 亿元。其三，把清收到逾期贷款与以法治贷相结合，对个别问题突出的企业实行依法收贷，全年共收回人民币到逾期贷款 208 万元，占计划 154 万元的 135%，收回到逾期外汇贷款 190.4 万美元，占计划 188 万美元的 101%。1991 年，下发《补办借款合同和财产抵押的紧急通知》等规范化文件。同时在信贷管理中引入法律手段，聘请了两位常年律师，对庞公营养食品厂和樊西药材公司逾期贷款进行了起诉。一年盘活资金和清收欠款 3251 万元。

经营思路和手段渐趋开放、灵活，1988 年，在支持技改项目的同时，新开办了外汇流动资金贷款，共 2 笔计 55 万美元，支持企业进口原材料或散件，加工增值出口。当年底，各项人民币贷款余额达 2.1549 亿元，新批外汇贷款 583 万美元，余额达 1413 万美元。1989 年，在全行下放信贷计划审批权，对各支行、办事处全部实行了外汇分账。2001 年，在增量业务上实行“233”制，即双线管理，三级签字，三个合同，全年累计放款 500 余笔，金额 12480 万元，没出现一笔新的商品积压和外欠。结合信贷业务进程，信托业务在引导三资企业工作中成效显著。2001 年，共受理三资项目 13 个，协议投资总额 3949 万美元，其中新增天香有限公司、襄阳大酒店等四个新户，为全市吸引外资，扩大对外交往注入了新活力。到 1991 年，人民币贷款余额达到 38771 万元，外汇贷款余额 1917 万美元，实现了社会效益和经济效益同步增长的良好势头。

第三阶段：理顺管理阶段（1992—1996 年）。1992 年，襄樊支行升格为襄樊分行。此前，邓小平观察南方重要讲话掀起了新一轮的开放大潮。襄樊分行迅速适应形势，采取稳健经营的“中行模式”，提出“不争做最大的银行，只争做最好的银行”的经营宗旨，全力优化资产负债结构，积极、有序地参与行业间竞争。期间，整个资产业务形成了以“三个坚持”为核心的运作体系，即坚持分行贷款审批小组集中审批，坚持抵押担保等手续齐全，坚持投向经济效益好的企业或项目。“三个坚持”保障了中行在经济过热期间稳健经营，始终保持了无沿海投资，无炒房地产，无购买股票和炒股票，无自办公司，在省分行无欠差，为当时金融界之少见。到 1996 年底，全行各项人民币贷款余额 58 508 万元，比 1992 年增加万元，增长%。外汇贷款余额 3942 万美元，比 1992 年增加万美元，增长%。

本阶段，顺应国家金融发展进程，在全辖推行资产负债比例管理办法。期初的 1993 年，各项人民币贷款余额为 56 364 万元，外币贷款余额 2 575 万美元。到 1994 年，各项人民币贷款余额 63 200 万元，外汇贷款余额 3 667 万美元，当年新批外汇贷款项目 7 个，批准金额达 1 462 万美元，创历史最高纪录。95 年，全年人民币信贷规模净增加 9 667 万元，创建行以来年增规模最高纪录。支持外向型经济发展的势头日渐强劲，年末外汇贷款余额达 4 034 万美元，创历史最高纪录，重点支持了市邮电通信和机械工业的发展。在新增信贷规模中，用于消化往年超规模放款 6 232 万元。1995 年底，各项人民币贷款余额达 55 659 万元，外汇贷款余额达 4 034 万美元。

信贷业务遵循调整信贷结构的原则，对大中型、出口型、效益型企业实行重点倾斜，大力支持进出口企业、国有大中型企业和外商投资企业的资金需求，大力支持能源、交通、通信、基础原材料等行业的合理资金需要。五年中，用于引进高（科技）新（技术）尖（尖端水平）项目的外汇贷款逐年上升，连创历史新高。如 1992 年到 1995 年三年间，年均净增长千余万，并促使当年度余额逐年攀升。五年中，1992 年为 2 063 万美元，1993 年为 2 280 万美元，1994 年为 3 360 万美元，1995 年为 4 034 万美元。1993 年，报批总投资 909 万美元的 5.7 万门程控电话(西班牙政府贷款)项目获可喜进展，次年，这个总投资为 943 万美元的特大型项目开始实施，创下了襄樊分行成立以来争取外汇贷款的最高纪录。它至少产生两个重大影响：一是从根本上解决了全市通信基础设施落实的历史，为大规模的开放引进奠定了物质条件；二是开创是中国银行信贷投向的新方向，表明中国银行成功涉足大型基础设施项目建设领域。此后，襄樊分行把信贷政策同国家重点项目结合起来，迅速向二汽康明斯柴油发动机项目、襄樊火电厂项目、襄阳轴承厂项目靠近，并成功地争取到项目主（承）办行，为襄樊市加速改革开放进程做出了贡献。

加大资金投入力度，采取固定、流动资金相结合，短、中、长期贷款相结合的办法，对效益好的国有大中型企业实行信贷倾斜。1993 年，采取“主动参与，增加储备，严格筛选，择优支持”的方针，筛选大企业、高技术、效益好和有自营出口权的项目，共向省行申报 17 个，外汇贷款金额达 1 065 万美元，配套资金 370 万元。受中银集团委托，总投资 1 293 万元的汽车灯具合资项目一次性通过。汇总当年多个项目，其批汇总额可达 2 000 万美元，创建行以来年批汇总额最高纪录。此外，建昌机器厂引进长城牌卷烟机组关键配件，上报审批外汇流动资金贷款金额也达 301.5 万美元。1996 年，累计发放人民币贷款 111 笔，金额为 24 947 万元，共支持了 95 家企业，包括机械、纺织、化工、外贸等行业。主要企业有：湖北汽车蓄电池厂 1 200 万元，提花织物厂 1 280 万元，襄棉集团 600 万元，江华汽车公司 300 万元，粮油外贸公司 1 000 万元，机械外贸公司 900 万元，土畜产外贸公司 1 100 万元等等。为解决企业燃眉之急，还为企业开出具有商业背景的承兑汇票 98 笔，金额达 7 631 万元，共为 40 多家企业提供了融资服务。主要企业有：襄棉集团 1 500 万元，提花织物厂 500 万元，湖北汽车蓄电池厂 550 万元，湖北化纤厂 1 200 万元，星火轴承有限公司 450 万元，华中制药厂 600 万元等等。以上两项，即发放贷款和开出承兑汇票共为企业提供资金 32 578 万元。

优先支持“三资”企业，先后为一百多个项目进行咨询论证。1994 年，共向飞环印务有限公司、星火轴承公司、环宇灯具有限公司等 20 多户“三资”企业累计发放人民币流动资金贷款 3113 万元，股本贷款 62.5 万美元，外汇流动资金贷款 30 万美元，使市“三资”企业出口创汇成倍增长，在全省处于领先位置。

成功实现“大外贸”发展方向调整，由过去单一支持外贸公司收购出口商品，转向“谁出口创汇效益好就支持谁”，引导外贸格局产生质的变化。期间，在中行的主导下，外贸公司垄断对外出口的局面基本结束，形成了以金鹏集团、惠普集团、湖北化纤厂、建昌机器厂、华中制药厂、蓄电池厂、湖北汽车灯具厂、枣阳自行车厂、襄阳麻棉纺织总公司、南漳缫丝厂、谷城三棉以及外贸公司等企业为主力的外贸新格局。1994 年，累计发放流动资金贷款 65 453 万元，外汇贷款 1 425 万美元。其中，5 月份一次性争取信贷规模及资金 2 200 万元，全部投向上述企业。在中行的全力支持下，全市外贸发展速度在全省一直名列前茅，市直 18 户外贸企业发展势头更是喜人，1994 年实现出口创汇 4 206 万美元，比 93 年增长 2.91 倍。

就在资产业务在强势增长的同时，信贷管理得到加强，1994 年在全省中行系统率先实施了信贷达标管理，制订了《襄樊中行信贷达标实施方案》，对信贷档案、信贷人员、工作设施、资产质量、管理制度等方面实行规范化、科学化的管理，得到了省分行的肯定。下半年，在行内实行信贷人员上岗证制度，通过严格培训、考试、审查，颁发了第一批共30名信贷人员的上岗证。同时明确规定，只有获得上岗证的信贷人员才有贷款签字权。此间，各行普遍成立了法律小组或固定专人，并做到“三抓”：抓新增贷款质量的优化，做到新发生的贷款无风险；抓新老贷款的抵押担保，使全辖的抵押担保率达到95%以上；抓依法收贷，通过法律程序收回呆滞债务。

清资挖潜工作一如既往，专门成立的领导小组和工作专班深入企业清理家底，运用信贷利率杠杆作用，促使企业两眼向内，立足挖潜。对不合理资金占用设立台账，盘活一笔登记一笔等，收到了较好的效果。1994年，共盘活非正常贷款和不合理资金占用2 942万元。同时还加强了对零散杂户贷款的压缩催收工作，全年共注销零散杂户36户，收回贷款金额646.7万元。加强了逾期贷款，特别是逾期两年以上贷款收贷工作，全年收回外汇贷款543.7万美元，收回人民币固定资产货款320万元，分别完成省行计划的112.1%和41.8%。

本阶段，传统经营模式受到挑战，部分涉外企业渐入困境。由于受破产潮的影响，襄阳县外贸总公司、襄樊市雅兰服装厂等5家贷款企业宣告破产，致信贷资产损失高达3 000多万元。同时，低质量贷款居高不下，到1996年，人民币低质量贷款38 823万元，占贷款总余额的66.3%。其中，逾期贷款余额11 961万元，逾期率20.4%；呆滞贷款余额26 862万元，呆滞率45.9%。外汇低质量贷款余额1480万美元，占37.5%。其中，逾期160万美元，占4.1%；呆滞958万美元，占24.2%；呆账362万美元，占9.2%。

第四阶段：相对扩张（1997—2002年）。1996年底，受多种不利因素的共同影响，不良资产成为襄樊分行商业化转轨重大障碍。为此，新任领导班子采取“开源节流，增收节支，打一场扭亏增盈攻坚战”的策略，推出了以“四个竭尽全力”构建“七个体系”的战略设想，力求以更加积极的竞争态度、主动的工作方法和灵活的经营策略，实现扭亏为盈，完成“二次创业”。其中，资产业务在本阶段呈爆发式增长，连破中行信贷投放纪录：仅1997年一年，累计向企业投入资金达12.4亿元（含老河口为13.46亿元），是1996年的5倍，相当于前10年的总和，年信贷投入总量居襄樊市各商业银行之首。1997年到1998年，襄樊分行新增贷款额度连续两年高居同业榜首，受到市委、市政府的高度评价。到2002年，全行本外币贷款余额上升到261 598万元，比1997年净增175 138万元，增幅高达202.57%。其中，人民币贷款余额109 811万元，较1997年增长%，外汇贷款余额18 338万美元，较1997年增长%

资产业务以贯彻总行“四重战略”（重点地区、重点行业、重点客户、重点产品）为中心，在倾斜大中型企业和基础产业前提下，调整贷款的企业结构和地域结构，着力改善资产负债比例关系。其一，对重点企业实行授信优先、结算优先、减息优先、上门服务优先的“四优先”措施。1998年累计对大中型及出口高创汇企业投入人民币贷款6 342万元，累投承兑7 750万元，分别占投入总额的63.2%和50.6%，除支持火电项目外，还重点支持了襄棉、华中制药、化纤、宏卫、机械、百货批发等企业。2000年，向电信、烟草、二汽、化纤、机械外贸等9家企业授信12 475万元，占全年授信总量的51.8%。其二，对信誉好，暂时有困难的企业，采取封闭贷款给予支持；对“有效益、有市场、有信誉”的“三有”企业则以多种形式给予信贷或票据支持。1998年，累投贷款3 692万元，承兑7 566万元，实现货款回笼12 500多万元，当年付息率达到100%。1999年时，全年授信达8 420万元，占信用总量的35%，并实现了新增授信100%优良。包括襄樊石油、飞环印务、星火轴承、金马摩托、谷城三棉、枣阳一彩印、龙口化工及宏伟机械、国网公司等企业。其三，加大对市区企业投入，1998年，向市区累放人民币贷款8 410万元，占83.3%，承兑10 460万元，占68.3%。外汇贷款新增的12 000万美元全部投入市区，保证了重点区域重点企业的资金需求。1999年达到23 561万元，其中贷款10 616万元，承兑12 945万元，分别占总投入比例的86%和76%。主要投向了火电厂、湖北化纤厂、襄棉集团、华中制药、东汽股份等。其四，争取国债项目支持企业技改，将湖北化纤、华光器材、襄阳轴承、华中制药4家企业相关技改项目上报省分行。

发挥自己优势，想方设法争抢影响力投资项目，由“配角”向“主角”转换是一大亮点。襄樊4×30万千瓦火力发电项目，总投资64亿元，是国家“九五”重点建设项目。襄樊分行抓住其中2.64亿美元外汇贷款的机会，克服困难，就代理开行5.65亿人民币贷款结算业务达成协议。在履行协议的几年实践中，中行成为襄樊火电项目本、外币贷款经办行、国家开发银行结算业务代理行、建设资金基本开户行及襄樊火电厂的主办银行，一举实现了主办银行制度在本市零的突破。为了更好地给项目提供金融服务，专设了火电厂支行并将该行前置到项目工地，直接提供本外币联行、结算、现金等各种业务服务，适应了火电厂建设资金的需求。1997年10月，襄樊分行与襄樊发电有限责任公司签署了襄樊市首单银企合作协议，开创了襄樊金融界与企业界新的合作形式。1998年投入外汇资金1.2亿美元，代理开行贷款业务4亿元，累计向火电厂投入外汇2.14亿美元，累计代理开行贷款5.5亿元，协助业主及股东向开行申请追加贷款11.4亿元。为保证项目临时资金需求，襄樊分行本年累放人民币贷款1850万元，申请总行直贷12870万元，加上原有1.5亿元直贷转换，使项目配套流动资金贷款达到2.7亿元以上。火电厂项目堪称襄樊中行经营史上的革命性事件，不仅开创了襄樊分行主导特大型工程的先例，使襄樊分行与地方经济的密切度有了质的提高；而且使之成为襄樊分行复兴的效益增长点，为扭亏为盈攻坚战立下了卓越功劳。

与上一阶段明显不同的是，本阶段信贷加速呈现出自始至终、点面全面推进的特点。2001年，累计总投入达6亿元。其中，累计发放人民币贷款17 021万元，较同期9 755万元增长74%；累计开具承兑汇票29 223万元，较同期10 779万元增长171%；累计发放外汇贷款910万美元，较同期增加910万美元；累计办理贴现2 628万元，较同期243万元增长9.8倍；累计办理出口押汇361.7万美元。到2002年，细分后的公司业务、零售业务、票据业务等得到了全面快速发展，到当年底，授信总量高达15亿元，约占工、农、中、建四家商业银行的60%，创四年来最高水平，其中，累计发放人民币贷款101 483万元，累计开具承兑汇票64 278万元。人民币贷款收息实现同比增长500万元。特别是公司业务上，对襄樊火电厂、东汽股份、东风康明斯、湖北金环、湖北化纤、谷城锻造、谷城车轿、谷城银纺等重点优质客户的授信进一步加强，共办理授信额度8.2亿元，其中：襄樊火电厂3亿元、东汽股份3亿元（承兑2亿元，贷款1亿元）、东风康明斯1.1亿元。还上报了东风康明斯公司4亿元授信额度，省分行出具了对东风康明斯公司“B+C”项目12亿元的授信意向书。

2000年，基于授信体制改革框架，在全行实行统一授信制度。其中，针对授信手续冗长等进行改革：一是在有效防范风险前提下，尽力简化授信业务的审批手续，加快审批速度；二是在全辖各行(部)全面开办小额质押贷款业务，在规定范围内可先放后报；三是对100%承兑保证金前提下的银行承兑汇票由各行(部)直接对外签发，对信誉好的优质客户可适当降低承兑保证金比例；四是大力开展票据贴现和再贴现等业务。

消费信贷和小额质押贷款蓬勃兴起，1999年选择6家行、部试点时，汽车按揭贷款和住房贷款分别为1 062万元和120万元。2000年，共向中小企业发放流动资金贷款5 944万元。到2002年，各项余额达6 470万元，比年初增加2 819万元。其中，个人住房消费贷款3 185万元，比年初增加1 784万元；汽车消费贷款1993万元，比年初增加308万元；存单质押贷款560万元，比年初减少62.5万元；个人商业用房贷款792万元，比年初增加792万元。中小企业贷款使民营企业授信比例快速增长，2002年累计为民营企业发放人民币贷款12 125万元，占全辖贷款的18.2%。向以追日、大力等小企业为首的高新技术行业发放813万元；向以万众、万通纱业为主的纺织行业发放3 307万元；向以湖北志强房地产开发有限公司、湖北置地房地产公司、中日合资襄樊杜立房地产公司为主的房地产行业发放1 776万元，不仅拓展了公司业务的新领域，而且带动了下游消费业务的迅猛发展。与此同时，票据业务及零售授信快速增长，2002 年累计承兑及贴现 80 023 万元，两项业务均创历史新高。

同期，不良贷款居高不下，1998 年，企业累计欠息达 17 920 万元，较 1997 年上升 39.6%，1999 年收息仍然困难。据不完全统计，30 多家贷款企业不同程度存在逃债行为，涉及贷款 1.2 亿元，城区支行 11 起借款合同纠纷诉讼案，标的达 2 720 万元。虽经清收和展期，年底仍达 38 660 万元，占比 55%。对此，襄樊分行要加紧清收的同时，依法维权，以法收贷，收到较好效果。1997 年，襄樊分行推出了依法收贷的实施细则，拿出得力人员组成专班，主抓全辖的资产保全和债权补偿事务，成功地收回谷城外贸（1 364 万元）、南漳外贸（1 148 万）、市外纺（410 万）、工艺外贸（522 万）、亚细亚商场（1 790 万）。据统计，1997 年，收回抵押物价值 3 000 多万元，1998 年，已保全资产达 3 207 万元。到 1998 年底，共依法起诉企业（个人）52 个，涉及金额 5 911 万元，占不良资产的 15%；其中收回资金和物资折款 3 407 万元，占起诉金额的 58%。

本阶段，改善资产质量一直是业务中心任务之一。1997 年，襄樊分行抓住“优化资本结构试点”之机，积极开展呆坏账核销调查整理工作，当年底批准核销人民币呆账 1 090 万元，外汇呆账 84 万美元，人民币坏账 180 万元。1999 年和 2000 年，连续组织实施了“信贷清分”和“家底测算”，按照五类法重新界定了本外币资产质量，为剥离不良资产奠定了基础。2000 年，共向上级行上报本外币不良资产本息 75 746 万元，并与东方资产管理公司签订了债权协议。到年底，共到位本外币不良资产本息资金合计达 53 154 万元，在全省各地(市)行中名列前茅。2001 年，共核销本外币呆账贷款 5 360 万元，其中人民币 4 929 万元，外汇 52 万美元。清收和核呆两项相加，当年不良贷款绝对额下降 7 777 万元，占年初本外币不良贷款的比例为 12.59%。不良资产下降工作获突破性进展。同时，先后采取清收与工资绩效挂钩，实行清收“两呆”重奖等措施，2001 年共清收不良贷款本息 2 417 万元。到 2002 年，清收不良贷款本息2 441万元，盘活不良资产808万元，核销本外币呆账贷款本息5 214万元，其中本金4 852万元，利息 362 万元。此外，还新上报金额达 4 825 万元的贷款核销有关资料。

第五阶段：战略转型（2003—2005 年）。本阶段，中国银行开始股份制改革。其间，先进的理念导引，加上业务拓展的外向性，方式方法的多样性以及基于严密内控条件下机制、模式的不断创新，促成了襄樊分行经营理念、竞争机制和服务方式的相继转型。特别是客户观念被强力放大，以客户营销为目的的改革始终未有中断，特别是 2005 年以后的“客户开发、维护”大赛等系列活动，更是将客户及客户营销演绎到无以复加的程度。从分设业务发展一、二部到建立客户经理、产品经理等七支队伍，从偏重公司业务客户到公、私客户齐抓，从单纯请客吃送到提供全系金融增值服务，全行在客户服务上更趋系统和规范。在信贷投放上实行授信项目发起人制度，通过“三进四退、一个中心”原则的探索和完善，授信规模进一步发展壮大，资产质量逐年好转。

推行授信新政，首次在授信业务中明确“把握规则，严格准入，自如退出”的原则：第一，在客户内涵上把握三条标准“授信对象在体制上改制到位、产权明晰、管理规范、已建立现代企业制度”，“授信对象在经营状况上有市场、有效益、有诚信、有实力、有潜力”“授信对象风险可控、抵押足值、易于变现”。第二，在客户外延上坚持“四进三退、一个中心”。“四进”是指目前乃至今后一定时期处于市场垄断地位的国有企业、民营企业、城区个人投资经营授信和住房按揭授信。“三退”专指处于市场自由竞争中的中小国有企业、集团性关联因素复杂纯粹搞资本运作的企业、商贸企业。“一个中心”主要要求客户区域分布要以城区客户为中心。围绕这个前提，在授信审查上坚持“四眼原则”，将不良资产认定及责任人的处罚纳入风险管理审议范围，并建立授信预报制度，对风险进行前期甄别。此外，出台了《授信风险管理后评价试行办法》，在抓好风险管理部门自身后评价的同时，启动对支行（部）的后评价工作。机制形成约束效应后，将东汽股份、东风康明斯、襄樊电厂额度项下的授信放到基层机构直接办理，提高其授信比例和授信效率。2004—2005 年，全行退出授信规模为 6 370 万元。

按照授信资产结构调整的基本取向，结合“授信业务准入与退出实施(暂行)办法”，形成多层次的资产格局。2003 年,以东汽股份、康明斯、襄樊电厂、江山机械等大中型企业为载体的人民币贷款余额达到 38 320 万元。以枣阳化工、石花三棉、万众纱业、万通纱业、华润纱业等优质民营企业为载体的贷款余额达 17 910 万元。以文化、教育、医疗卫生部门为载体的贷款余额达 3 250 万元。其中,提高对重点企业的授信效率和服务质量,全年先后为襄樊电厂办理 3 亿元中期贷款额度,为东汽股份、东风康明斯分别办理授信额度 6 亿元、4 亿元，为中航救生公司办理了 1 000 万元的国际结算项下的授信额度。2004 年,集中对大局客户进行重点运作:康明斯 50 000 万元(增量 10 000 万元);襄樊发电有限公司(火电厂一期)166 823 万元(增量 10 000 万元);金叶烟草 1 800 万元;锦绣房产 3 000 万元;枣阳化工 10 000 万元;揽天房产 5 000 万元:社保中心 6 000 万元。火电厂二期 18 亿元项目中长期贷款已完成总行上会,东风康明斯 3 500 万美元贷款顺利发放。

积极拓展消费信贷,发展以住房贷款业务为主、其他消费贷款业务为辅(小企业法人贷款、个人投资经营贷款、二手住房贷款、汽车消费贷款、家居装修贷款、个人存单质押贷款等)的零售贷款业务。2003 年,签约新楼盘 7 个,新经销商 3 个,新发放贷款 15 956 万元。其中,个人住房消费贷款 4178 万元,占总投放的 26%。2004 年,全行零售贷款贷款余额上升到 26 292 万元。

调整资源配置,分设业务发展一部,承担全辖重点项目、特大客户的授信营销工作,业务发展二部主管零售业务。2004 年,明确 10 大重点客户,由分行党委成员牵头成立授信营销小组,成功介入襄樊火电厂二期工程、王甫洲水电站项目,新增授信近 3 个亿,全年对重点客户续做、新批授信额度和预授信额度高达 24 亿元。

创新是本阶段最突出的特色,在实现理念和手法创新的同时,产品创新成为助推业务提升的重要因素:在全省率先为 4 家企业续作了 11 笔“进口汇利达”业务,金额总计 1185 万美元;成功为襄樊华电实业有限责任公司和湖北华中电力燃料有限责任公司续作了 1500 万元委托贷款;已经签订财务顾问协议 9 户,储备的目标客户也达到了 20 余家;与 111 户企业签订了企业年金业务合作框架性协议,占全省签订协议总户数的 85%以上。债券回购抓住全省唯一续作客户，使债券回购和企业网银的业务量同时大幅增长。

本阶段,随着风险控制制度的完善,加上政策调整,资产质量完成根本转变。首先在清收层面:2003 年对不良贷款企业进行细致调查,从易到难排序,对重点企业实行“六定”(定清收目标、定清收责任人、定贷款责任人、定清收进度、定清收措施、定清收奖励),逐行签订责任状,当年清收不良本金 2 974 万元,清收利息 24 万元。2004 年,在清收空间收窄,难度增大的艰难境况下,实现清收 1 026 万元,利息 216 万元,以物抵债变现收入 426 万元,共计 1 668 万元。其次是政策层面:有序做好呆账核销申报工作,无论是申报核销户数、金额,还是批复上划、入账金额,均位居全省前列。2003 年共组织申报各类核销项目 118 户,省行已通过 112 户,本息共计 42 282 万元,材料通过率达 99%,总行材料通过率为 100%,本息合计共 38 281 万元。通过总行审查的核呆项目均已进行了账务处理,本息合计 44 932 万元。仅此,可降低不良比例 10 个百分点。

中国建设银行襄樊市分行:1979 年以前，襄樊市建行主要从事基本建设拨款和投资管理。从 20 世纪 80 年初利用吸收存款开始发放贷款为转折标志,襄樊市建行信贷业务经历了由过去经办单一的国家财政预算内基本建设拨款到办理基本建设贷款(拨改贷),由开始利用存款发放贷款,再到信贷资产多元化的一个发展过程。积极开拓信贷业务领域,不断扩大贷款范围,创新贷款产品,优化贷款结构,稳步推进了资产业务健康发展;加大信贷投入力度,集中资金,优化投向,确保重点,全力支持地方经济建设;强化信贷基础规范,健全风险防范机制,实施全过程监控管理,不断提高了信贷资产管理水平。经过 25 年的发展,襄樊市建行的信贷业务由当初单一的短期流动资金贷款发展到固定资金贷款、流动资金贷款、人民币额度贷款、银团贷款、买方信贷和出口信贷、银行承兑汇票贴现、小企业贷款、房地产开发贷款和个人住房贷款、个人消费贷款等多样化的资产业务体系,到 2005 年,该行信贷资金余额由1985年29 855万元增加到44.82亿元，增长了15倍，支持了遍布全市工交、化工、建材、电力、电信、交通、能源、纺织、机械、军工、汽车、城建等各个领域一大批重点建设项目、国有大中型企业，以及优质民营中小企业的发展，为振兴襄樊经济作出了巨大贡献。

开拓投资领域，形成多样化资产业务。涉足基本建设贷款领域。改革开放以前，襄樊市建行主要从事基本建设拨款和投资管理工作，吸收的存款除对建安企业发放流动资金贷款外，其余全部存入人民银行，不能用存款发放基本建设贷款。1979年国家试行基本建设拨改贷，1980年襄樊市建行开始办理零星基建贷款业务，年末余额210万元，此后，基本建设贷款虽逐年增加，但余额都在350万元左右徘徊。1985年后，随着拨改贷在全市推广及现金出纳，储蓄业务的开展，基本建设贷款业务有了一个较大发展，到1993年底，全行基建贷款余额达到42 766万元，累计投放基建贷款84998万元，先后支持了市热电厂、襄樊刘集民用机场、汉江宜城大桥、襄樊二桥、内燃机车厂、二汽襄樊基地、湖北化纤厂、襄樊合成纤维厂、华中制药厂、襄北编组站、枣阳石台寺、襄樊仿古一条街、襄樊体育场等一大批重点项目的建设，为襄樊经济发展作出了积极贡献。拓展技术改造贷款。1979年前，襄樊市建行主要是利用财政基金发放各项技术措施性专项贷款，从1980年开始利用信贷资金安排技术改造贷款，当年发放贷款113.7万元，对枣阳葡萄酒厂等6个单位进行了挖潜改造。此后，贷款项目和行业逐渐增加，规模不断扩大，到1984年底，技术改造贷款余额上升到5 714万元，累计投放贷款11 876万元，支持了市热电厂、市铜版纸厂等560多个项目的技术改造。其中贷款开发的白兰牌特号铜版纸和金雀牌风景大提花被单获国家银质奖。为了更好地支持专项措施项目和进一步适应技术改造项目贷款的需要，1985年归并了各种措施性贷款种类，统称为更新改造措施贷款，1988年10月更新改造贷款更名为技术改造贷款，统一了管理办法，从而结束了建行过去一个贷款一个管理办法的局面。兴办信托委托贷款。襄樊市建行信托委托贷款业务大体经历了试办、发展、整顿、恢复四个阶段。1981年开始办理信托委托贷款业务，到年底，全市各县市支行都开办了信托委托贷款业务，经过三年试办，到1983年底，全行信托贷款余额达到700多万元。1985年达到2 399万元。鉴于信托委托业务发展迅速，而相应管理没有跟上，1985年，国务院和人民银行根据当时的经济形势和金融状况，作出了停止发放信托贷款，认真清理整顿信托业务的决定。从当年下半年开始，襄樊市建行按照通知要求停办了新的信托贷款业务。1987年底，襄樊市建行的信托贷款业务开始恢复发展，并逐步走上正轨。参与建筑业流动资金贷款改革。建筑业流动资金贷款按照不同贷款共分六大类，即建安企业流动资金贷款、土地开发和商品房贷款、对外承包工程贷款、工程结算贷款、基本建设材料供销贷款和其他流动资金贷款。但由于当时发放时间短，一般贷期6个月，最长不超过一年，放款范围窄，到1983年底，贷款余额总量一直在3 000万元左右徘徊。1984年，建筑业成为城市经济改革的突破口，襄樊市建行将流动资金贷款对象也由过去施工企业扩大到工程承包公司、城市综合开发公司以及农村房屋建材供应公司等整个建筑业。为了促进资金周转，发挥信贷杠杆作用，襄樊市建行根据资金有偿占用原则，从1984年5月起对全市国营施工企业的国拨流动资金全部转为建行贷款。同时，为改变"一家施工、千家备料"的状况，配合基本建设物质供应体制改革，1984年取消了施工企业向建设单位预付工程备料款的制度，企业所需备料资金，试行由建行贷款供应的办法，并改工程价款旬末或月中预支、月终结算为工程竣工后一次结算，项目在建过程中所需的资金由建行提供贷款。到1984年底，该行共对全市145家施工企业进行了流动资金改革，年末贷款余额4 845万元，流资平均占用额由1983年的8 600万元降到1 950万元，百元产值资金占用降低2.2元，竣工项目周期平均缩短45天。开办工商企业流动资金贷款。按照原有专业分工，建行主要从事固定资产建设过程中拨款和贷款资金的管理，发放与此相关的施工企业流动资金贷款。固定资产项目建成后，企业所需的生产流动资金由其他专业银行发放和管理，并在其他银行开立结算户。为了改变这种状况，1987年经中国人民银行同意，襄樊市建行首次为卧龙饭店发放流动资金贷款，解决了企业流动资金紧缺的困难。随着经济体制和金融体制改革的逐步深入，该行根据生产企业需要,陆续办理了包括流动资金贷款、周转贷款、临时周转贷款和专用基金贷款为主的工商企业流动资金贷款。到1993年底,在贷余额11 654万元,贷款企业41户,保证了该行贷款建成的部分项目顺利转入生产。开办工商企业流动资金贷款,结束了襄樊市建行自成立以来一直局限于固定资产投资领域的历史,方便了企业对其资金的统筹运用,提高了企业资金的使用效率。

延伸信用功能,创办住宅金融业务。试办住宅贷款业务。襄樊市建行住宅贷款是1982年开办的,当时以随州、老河口、谷城为试点,对建筑公司和房管部门投资216.7万元,试办住宅建设贷款,开发商品房住宅10栋,建筑面积19 595平方米,解决了284户居民住房困难。1988年、初,襄樊市建行在市政府支持下,牵头发起成立集设计、科研、开发、承包、结算等功能于一身的"襄樊建筑业联营集团",到年底,该联营集团共承建五个大型基建项目,总投资1 750万元。随着住宅商品化进程加快,1988年以后,襄樊市建行开办了以企业、职工为对象的住宅贷款业务,先后向襄阳轴承厂、鄂西化工厂、铁十一局等单位职工发放贷款2 500多万元。其后,为适应城镇居民买房的需要,又适时开办了"居民住宅储蓄业务",随着住宅储蓄业务的展开,住宅贷款业务也随之蓬勃兴起,到1990年底,全行累计发放住宅贷款5 000多万元,共支持购买建造住宅15万平方米,使2 500户城镇居民的居住条件大大改善。试办土地开发商品房贷款。1984年,襄樊市建行把建造出售给个人的商品住宅、城市住宅建设与旧城改造作为发放土地开发和商品房贷款的重点,共支持城乡商品房开发和综合开发公司13家,贷款730万元,开发面积8 300平方米。1986年,新增房改贷款985万元,用于六个城区开发、五处旧城改造,竣工面积71 600平方米,使襄樊市的房屋开发工作步入全国先进行列。开发面积达10万平方米的幸福小区,成为襄樊市第一个成龙配套、规划合理、条件齐备的住宅区。经过几年的实践,该行的土地开发和商品房贷款业务已由过去的部分试点,发展到全市城镇全面推开,由过去单纯的商品住宅贷款,逐步发展为综合开发周转金贷款,由过去单纯发放贷款逐步发展为贷款和筹资相结合的信贷业务;由过去只办理贷款业务发展到贷款与财务管理相结合,到1990年底,累计发放贷款9 500万元,年末贷款余额3 536万元,帮助开发企业预收购房定金余额15 000万元,竣工商品房面积100万平方米,为缓解居民住宅紧张的矛盾,推进住宅商品化做出了一定贡献。积极参与房改金融业务。1991年,襄樊市建行紧紧依靠地方政府的支持,充分发挥职能优势,全面争取房改金融业务由建行独家承办,到年底,全市五县市和四个城区房改部门均已正式委托建行承办房改金融业务。1992年,按照省行房地产开发、房地产经营和房地产信贷"三位一体"的房改思路,健全和完善了以市分行房地产信贷部为主体、各支行房地产信贷部为分支的经营管理职能,各行把房地产金融开发、经营作为拓展银行业务领域的重要手段,把承办政策性金融业务和大系统、大企业房改金融业务作为工作重点,进一步扩大承办范围,提供相应的金融配套服务。由建行承办的襄樊铁路分局房改金融业务,以其配套的服务,当年吸收公积金150万元,初步展示了建行承办房改金融业务的技术和实力。1993年,随着建行全面开办单位和个人购建房贷款业务,当年发放房改贷款7 600多万元,吸收房贷资金1.15亿元,从此,"要建房、找建行"的口语在社会上广为流传,大大提高了建行开办住宅金融业务的社会知名度。1994年,襄樊市住房制度改革全部启动,襄樊市建行也将房地产信贷、经营、开发"三位一体"的发展思路调整到"房地产信贷、房地产开发经营、房地产产权市场"新"三位一体"上来,在襄樊首家成立了以房地产产权为交易对象的四友房地产交易有限责任公司,实行房地产咨询、鉴证、转让、交易、出租、出售、评估、按揭、开发、经营等多种服务,成为全国地市级第一家、全国第六家房地产产权交易有限责任公司。同时承办房改金融业务取得成效,当年归集售房款8 900万元,公积金2 779万元。建行住宅金融业务,从1984年发放土地开发和商品房贷款起步,经过近10年来的努力,已形成了以银行信用为基础,以政策性金融业务和经营性住宅业务为主体,以中间服务性业务和投资开发性业务为补充的综合体系。到1993年底,襄樊市建行先后支持组建房屋开发公司20家,帮助开发公司多渠道筹集资金4亿元,支持建设了幸福小区、毛纺小区等配套设施齐全的住宅小区15个,开发商品房100万平方米，解决了10万人的住房问题，对40多家大中型企业发放购房、建房贷款1亿多元。

培植客户资源，开拓公司信贷业务。1994年，国家开发银行成立，建设银行分离了政策性业务，移交了履行40多年的财政职能，开始向商业银行转轨。从1994年到2005年的12年间，襄樊市建行按照新时期商业银行的改革目标和发展战略，确立了公司信贷业务的经营导向、市场定位和发展措施，逐步建立起以客户为中心的内部管理体系，对固定资产贷款和流动资金贷款业务、企业贷款和存款业务、企业人民币和外币贷款业务实行统一管理，制定和完善了银企定期联系制度，内部协调制度和客户经理激励约束机制等三项制度，全面深化信贷目标客户营销，推行全员客户经理制，扩大高质量有效市场份额，及时介入新兴市场和拓展新客户群体，实施差别化客户营销战略，针对客户结构调整力度的加大，调整信贷产品结构，确定重点行业投向，优化区域分布，实施大行、大企业的“双大”支持战略，首批确立了10个重点行业和20家重点企业作为信贷扶持对象，当年新增比例规模16774万元，其中用于“双大”客户7 850万元，占比46.8%。按照“有所为，有所不为”的原则，从风险相对较高的“五小”企业、商业、房地产开发、化工行业逐步撤退，有效调整了资产结构。深化信贷营销，采取“银行搭台、企业赶集、现场咨询、当面洽谈”的办法，与57家企业事单位洽谈沟通，现场签约，为骨干企业和重点项目提供多形式的信贷支持，开创了公司信贷业务市场营销的新形式。大力拓展票据贴现业务。2000年4月，该行在襄城支行尝试建立票据贴现中心，当年办理票据贴现业务3.02亿元，再贴现2.74亿元，市场份额占全市金融系统的75%，实现利息收入420万元。2003年3月，报请市人行审批成立了襄城票据中心，全行集中统一为客户办理票据贴现业务。到2005年底，票据贴现余额达到104 232万元，在当地金融同业和全省建行系统都处于领先位置，打造了票据贴现的质优品牌。

扩大市场份额，做大做强个贷业务。1997年，人民银行颁布了《个人住房担保贷款管理办法》，建行总行据此于2000年出台了《中国建设银行个人住房贷款管理办法》，襄樊市建行以此为机遇，将个人住房贷款业务纳入全行新时期业务发展和效益的增长点，充分发挥整体优势及专业优势，全力开拓个人住房信贷业务。1998年6月，东风汽车神龙公司352名员工作为襄樊市首批个人住房客户，向建行一次性贷款868万元，用于买断住房产权，见证了建行住房消费贷款面向购房单个自然人发放的历史。1999年，襄樊市建行为适应市区职工已购住房由成本价向标准价过渡的需要，全面开办了个人住房消费贷款业务，全年向3 687户市民发放个人住房贷款8 636万元。同时向市区乔营和檀溪两个国家安居工程项目发放工程贷款4 910万元，投资开发建设经济适用房10万多平方米。2002年5月，建行开国内个人住房贷款领域之先河，率先在全行范围内统一推出个人住房贷款品牌“乐得家”。2003年以来，该行充分利用全行个人银行产品和客户营销渠道，大力拓展非贷款客户按揭业务，由建行发放的开发贷款除100%在该行办理住房按揭外，非贷款客户楼盘按揭占比达60%以上。襄樊市建行从当初发放贷款帮助市民买断住房产权、支持安居工程建设，到后来批量发放个人住房按揭贷款，帮助市民购买楼盘，进而又相继开办个人再交易住房贷款、个人住房组合贷款、个人商用房贷款和个人住房最高额抵押贷款等业务，最大限度满足了不同层次客户贷款需求。10年来，该行累计发放个人住房贷款36.8亿元，在贷余额17.88亿元，帮助21 948个家庭近10万人次实现了“安居”梦想。全面拓展个人消费信贷业务。1999年8月，襄樊市建行与神龙神安汽车销售公司和中保武汉分公司联手，以襄樊市出租车用户为主要贷款对象，在全市首家推出汽车消费贷款业务，至年底，该行发放汽车消费贷款124笔，金额894万元。2000年，该行进一步扩大汽车消费贷款的对象和范围，将贷款客户由过去只面向出租业主扩大到具有完全民事行为能力的公民和具有法人资格的机关、企事业单位，汽车品牌由过去局限于富康车扩大到大众、别克、长安、夏利等20多个品牌车辆，贷款范围由过去仅限于市区扩大到各县市，到年底，发放汽车消费贷款146笔，金额1 129万元。此后，共有2 667名个人从襄樊市建行贷款2.8亿元，分别购置了私家车、出租车或客、货用车，实现了购车梦想。随着个人贷款市场需求量的增加，该行又相继开办了助学贷款、个人消费额度贷款、个人权利质押贷款、个人助业贷款等业务,全行个贷业务呈现出强劲的发展态势。

加大信贷投放力度,支持襄樊经济发展。支持基础设施建设,着力改善投资环境。襄樊市建行始终与地方经济建设同呼吸、共命运,“哪里有建设的热土,哪里就有建设银行”,在支持涉及国计民生的大中型项目建设方面作出了巨大贡献。在支持电力建设方面,通过发行电力债券、直接贷款、票据融资等多种手段筹集资金,累计提供各类资金60多亿元,先后支持建设了白水峪电站、王甫洲电站、过渡湾电站、襄樊热电厂、崔家营水利枢纽工程、新集电站、襄樊火电厂等一批电站、电厂的工程建设。1990年,由襄樊市建行代理发行电力债券,直接面向社会募集资金1.5亿元,全部用于电力建设。1994—1995年,襄樊市建行先后两次为白水峪电站代理发行债券3500万元,确保了该工程资金紧缺状况的缓解和施工进度的加快。仅对襄樊火电厂一、二期工程项目、先后投放基建贷款13.6亿元,提供流动资金贷款8.6亿元,票据贴现融资20多亿元。在汉江王甫洲水利枢纽工程项目长达八年的建设过程中,襄樊市建行累计投放贷款80508万元,2000年4月建成投产4台机组发电,2001年实现发电5.18亿千瓦小时,发电收入1.5亿元,取得了良好的经济效益和社会效益。在支持交通建设方面,累计发放贷款20多亿元,支持了公路、桥梁、铁路、港口和民航等交通事业发展。在公路建设方面,早期支持了316国道南漳段、枣阳段、汉十公路谷城段、魏樊公路襄阳段、襄宜公路宜城段等10多条公路建设,总长达500余公里。随着高速公路建设的迅猛发展,该行倾斜资金,确保重点,有力支持了汉十、孝襄、魏樊、襄荆4条高速公路的建设竣工。在铁路建设方面,先后支持了焦枝线、襄北枢纽工程编组站、汉丹铁路复线、襄渝铁路复线等铁路线建设;在桥梁、港口、机场建设方面,支持了襄樊长虹大桥、宜城汉江大桥、襄樊民用机场、余家湖港口等系列交通枢纽项目建设。二桥总投资1.2亿元,仅建行投入资金8000万元,并且经办预算拨款2000万元。大桥的建成通车,为缓解市区交通拥挤、带动两城经济发展起到了重要作用。在支持邮电通信事业方面,据统计,1979—1998年间,该行对电讯行业贷款约占同期全省电信事业投资的20%,使襄樊市邮电通信事业发展进入了一个新阶段,先后建成电话交换机、数字微波、光缆建设、增开长途电话建设、移动通信建设等。从1985年起该行陆续向邮电通信发放贷款3.2亿元,支持程控电站及其增容项目、农站改造、无线寻呼、电话升位、移动通wy等,仅邮电局1.7万门程控电话增容项目,建行发放贷款6000万元,改善了襄樊市的通wy环境,为襄樊市电wy业的快速发展提供了有力支持。支持二汽基地的建设,培育汽车工业走廊。襄樊市建行充分利用二汽在襄樊扩建第二基地的有利条件,紧紧围绕地方政府制定的汽车工业发展战略,一方面依托东汽,狠抓基础设施配套项目建设,促其新的二汽产业基地在襄樊早竣工、早投产。另一方面,瞄准市场,拾遗补缺,依托上马整车项目,大力发展汽车配套工业以及与此相适应的机械工业,自20世纪90年初以来,襄樊市建累计投资数10亿元,先后支持50余家企业上马东汽配套项目,形成了全市汽车工业的零部件配套体系。支持市车辆厂上马一万辆农用车整车装配项目,填补了市场空白;扶持江华、汉丹等三线军工企业生产与二汽配套的雨刮器、电动机及阀类部件,市场产品供不应求;支持湖北刹车装置厂改造,形成年产刹车阀15万套的能力;支持南漳有色金属压铸厂和随州挂车厂,使南漳有色金属压铸厂加入东风汽车联营公司,生产配套16种压铸件和12种锻造件,为壮大发展规模打下基础。20世纪90年代,该行先后投资汽车技改项目37个,总投资4亿元,新增产值3亿元,创利税近亿元,产生了and大的经济效益和社会效益。由该行经办的东力公司2万辆份车辆技改项目、襄阳轴承厂185万套轿车轴承技改项目等一批汽车技改项目都具有90年代初的国际先进水平。除发放固定资产贷款和技术改造贷款外,该行还不断向汽车产业“供氧输血”,先后向东汽、襄轴、车轿、谷城汽配、空压机厂等56家汽车及配套企业发放流动资金贷款5个多亿,办理承兑汇票两亿多元,解决了全市汽车工业流动资金不足的问题。一大批汽车配套重点项目的建设,为全市经济发展培植了后劲。支持城市建设,为魅力襄樊增添光彩。1987年以来,襄樊市建行为市城建系统办理的拨款和贷款就达数10亿元之多,先后支持了自来水厂、煤气管道工程等系列市政项目建设。90年代初期,又投入巨额资金支持了长虹北路、昭明台、襄城北街、襄樊体育场、护城河系列市政工程等重点项目及名城项目建设，仅北街改造工程就投入资金3 000多万元，占北街改造总投资的1/4。发放贷款1.2亿元，支持了长虹商场、人民商场 、大华饭店、大发农贸市场、襄阳大厦、襄阳大市场等一批城市商贸、饮食、购物市场的建设，起到了建一个项目、带一片经济、富一方群众的作用。2001年至2005年，先后投入资金17890万元，支持了襄樊学院、襄樊职业技术学院、襄樊四中、襄樊八中、襄樊三十五中、襄樊二十四中、襄阳县一中等高校、中学兴建校舍、教学楼，改善校园环境；累计投放19880万元，支持了襄樊市中心医院、第一医院、康达医院等医疗机构扩大医疗规模、更新技术设施；投放资金3680万元，解决了鼓楼商场、襄江商场、襄阳宾馆等商贸企业资金急需；投放6320万元，支持襄樊电视台、襄樊有限电视台等媒体机构进行基本设施配套建设。一大批名城项目建设，为襄樊跻身省域副中心城市、优化和改善城市环境作出了积极贡献。支持大中型企业，培植经济发展后劲。20世纪90年初，随着城市经济体制改革的稳步推进，国有大中型企业面临着异常严峻的生产经营形势，不少企业生产经营举步维艰。襄樊市建行从政策、资金和服务上提供全方位的金融支持。在政策措施上，实行“投、压、减、缓、促”五字方针，帮助企业减轻负担，搞活经营。市委、市政府关于100家企业实行股份制改造的目标提出后，襄樊市建行紧紧抓住企业转换经营机制的机遇，提供了一系列配套服务。为支持卧龙饭店股份制改造，该行与体改委、国资局、饮食公司等有关部门一道，参与企业资产评估、资信评价等工作，全权代理企业发行个人股500万元。之后又相继代理襄江商场、襄阳轴承集团、鼓楼商场、金环股份有限公司等企业发行股票近300万元，并向襄江商场股份有限公司、中亚房地产公司等企业参股200多万元，创造了盘活资金、盘活企业的双重效应。在资金服务上，灵活配置，优先倾斜，区分不同企业实行不同的管理办法。比如对经营不景气，但有拳头产品的企业，发放戴帽资金，专项扶持拳头产品的生产；对固定资金紧张、原材料供应紧缺的企业，发放启动资金，促其满负荷经营；在服务上，出台了搞活大中型企业实施细则，建立了信贷员驻厂制度，开展与帮促和提合理化建议活动，并利用银行信誉优势，开办承兑汇票业务，以银行信用缓解企业资金紧张的状况。1997年，襄樊市建行实施“双大”客户战略，把重点行业、重点客户纳入信贷支持重点，实行信贷倾斜，培植了一批实力强、效益好、信誉高的优质客户群体。1999年，该实行优质客户授信制度，对效益好、信誉优的客户重点倾斜，扩大授信额度，重点支持了襄樊火电厂、王甫洲电站、东力公司、襄阳轴承、东汽股份公司、湖北化纤厂等一批重点客的生产和经营。从1997年到2005年底，襄樊市建行累计向“双大”客户投放贷款近百亿元，先后支持了襄樊车桥厂、湖北化纤厂、华中制药厂、襄阳轴承厂、东力公司、二汽仪表元件、东风股份、东风康明斯、襄樊烟厂、襄棉、中航精机、航宇救生、华新水泥、三环车桥、东方化工、3542纺织总厂、襄樊万洲电器等一大批重点企业，为襄樊市经济快速发展，跻身省域融中心城市发挥了重要的金融支持作用。

建立风险管理机制，提升信贷资产质量。20世纪80年代初，建行开办了基本建设贷款业务，为了保证信贷资金的使用效率，按时收回本息，避免风险，襄樊市建行着手开展了一系列的信贷基础管理工作，实行项目评估，推行审贷分离，完善项目等级管理，有效提高了贷款项目的成功率和信贷资金的利用率。进入90年代后，随着专业银行向国有商业银行转轨步伐的加快，建行信贷管理体制也发生了较大的变革。1994年政策性业务分离和财政职能移交，迈出了信贷业务向商业化经营实质性的一步。1997年，实行前后台分开，本外币经营一体化，向客户提供综合性服务，信贷业务全面走向规范化和集约化经营。1999年，变信贷管理部门“一家包打天下”，为信贷经营、信贷审批、风险管理相互制衡又相互统一的分权制度，并且独创了信贷第一责任人制度。新的信贷体制确立以来，襄樊市建行立足防范信贷风险，提高资产质量，实施了一系列加强风险管理的举措，形成了全面的信贷风险控制管理模式。近年来，通过“不良资产攻坚战”，推进“风险基础平台工程”和“信贷风险评级预警系统”等措施，有力推动了信贷风险管理向纵深发展，全行信贷决策能力和风险控制能力明显提高。从1999年以来，在国家政策支持下，襄樊市建行剥离不良贷款共25.05亿元，大幅消化了历史包袱，到2005年底，全行不良贷款余额仅 12 550 万元，不良贷款率降至 2.8 %。

中国邮政储蓄银行襄樊市分行：(缺少分机构资产业务内容)

襄樊市城市商业银行：1998 年末，贷款余额 3 913 万元；1999 年末，贷款余额 5 913 万元，比年初增加 2 000 万元，增长 51.1%，全年累计发放贷款 253 笔，余额 6 658 万元。年底，存贷比达到 58.5%，低于央行规定的 75%标准，贷款增长平稳。在信贷资金运用上始终坚持稳健经营，稳步发展的工作思路，不求最大，但求最好。决不为单纯追求效益而放松贷款质量的管理，决不走粗放式扩张之路，确保资金安全，提高资产质量，严把信贷投放关。在信贷资金的管理上坚持三查制度，严格信贷纪律，正确处理流动性、安全性、效益性的关系，坚持把流动性、安全性放在重要位置，切实把握信贷投向，慎重发放每一笔贷款，既体现决策机制的灵活性，又坚持管理的规范严肃。

2000 年末，各项贷款余额 11 857 万元，比年初净增 5 944 万元，存贷比 56.6%，信贷资产质量优良，全年牢牢把握贷款投向，初步实现信贷资产运行的良性循环，具备了较强的自我发展能力。贷款投向上主要投向了襄樊日报社、襄樊五中、烟厂、襄樊长材等一批优质客户。

2001 年末，贷款余额达 27 133 万元，比年初增加了 15 276 万元，增幅 128.84%，存贷比 76.92%，比年初上升 20.32 个百分点；不良贷款比例 7.43%，比年初下降 9.56 个百分点。全年始终把信贷资产质量和资产的流动性作为城市信用社的生命线，在贷款管理上狠下工夫，通过健全各项信贷管理制度，运用控制新增贷款的风险度和清收盘活老贷款双管齐下的方法，牢牢把好信贷资产质量关。一是建立完善信贷管理制度，从贷款调查、审批、贷后检查以信贷档案管理等方面，制定了《信贷人员岗位职责》《贷前调查管理办法》等六项制度。成立了贷款审查委员会，从组织管理上加大了信贷管理力度。二是严把贷款投向关。主要向襄樊市烟草专卖局、市烟厂、金环股份有限公司、襄樊五中等一批风险低、收益高的优质大客户倾斜。一年来累计发放各类贷款 38 133 万元，累计收回 22 856 万元，新增贷款回收率达到 95%，收益率达到 5.04%，不仅提高了自身效益，而且支持了襄樊市的地方经济建设，取得银企双赢的社会效益。三是不断加大清收盘活力度，通过依法清收一逾二呆贷款，一年来累计收回不良贷款本息 348 万元，使不良贷款占比降低到 7.43%，其中逾期贷款占比 4.2%，呆滞贷款占比 2.3%，呆账贷款占比 0.9%，优化了资产质量结构。

2002 年末，各项贷款余额 35 044 万元，比同期增加 7911 万元，增幅 29.16%，新增贷款收回率达 98%，不良贷款余额 1 763 万元，比同期下降 253 万元，不良贷款占比 5.03%，比同期下降 2.4%。全年把信贷资产质量视作生存发展的生命线，坚持培植优质贷款规模与清收盘活两条腿走路，努力降低不良贷款，提高信贷资产质量。一是加强新增贷款风险控制管理。一方面，严把贷款审批关，坚持集体审贷、审批。严把贷款“三查”关，信贷管理人员严格按信贷操作流程和信贷规章制度办事，先后拒绝了 17 家不符合信贷条件的企、事业单位及民营个体户 2356 万元的贷款申请。另一方面，强化投向管理，实现结构和效益“双优化”。在积极支持有效益、有实力、有信誉中小企业的基础上，把信贷投放的重点放在市直大型骨干优质企业和重点工程上，并对本市重点企业、利税大户在确保信贷资金安全的前提下积极营销贷款，先后为襄樊卷烟厂、湖北化纤、银河纺织、正大农业、内燃机车厂、金环股份、火电厂等企业累计提供贷款 24 300 万元，为汉江大道改造工程发放贷款 300 万元。全年新增贷款收回率达 98%，累计收回利息 1 572 万元，较同期增长 675 万元，增幅 75.25%，综合收益率达 5.31%。二是多措并举，清收盘活存量，实现了不良贷款余额和占比“双降”。按照年初清户压户、转化逾期、诉讼“两呆”为重点的工作思路，遵循“新老划断、分账管理、集中处置、分类考核”的基本原则，加强不良贷款的管理。全年依法提起诉讼 8 户，标的额 475 万元，执行案件 5 户，执行回款 103 万元；收集整理核销呆账贷款 25 户，本年核销呆账 8 户，金额 137 万元。年末，不良贷款为 1 763 万元，比 2001 年同期下降 253 万元，占贷款总额的比例为 5.03%，比 2001 年同期下降 2.4%。

2003 年末，各项贷款余额 50 106 万元，比 2002 年增加 15 062 万元，增幅 42.98%。坚持“市民银行、地方银行”的市场定位，充分发挥“政府支持、机制灵活、信息对称”的优势，在服务地方经济中壮大实力，在服务社区居民中完善功能，创新对中小企业的信贷支持模式，建立了以中小企业和社区居民为主体、大型企业为补充的客户群体。为适应襄樊私营企业发达、中小企业众多的经济结构，与市中小企业信用担保中心合作，有力支持中小企业的发展。为满足客户的不同需求，加强同业间合作，及时创新业务品种，相继开办票据贴现、银行承兑汇票等业务，增加住房、汽车消费贷款等个贷业务新品种，积极向规模大、效益好、实力雄厚的黄金客户进行贷款营销，提供全方位的服务，优质客户群体进一步巩固和壮大。全年累计发放贷款 44 980 万元，签发银行承兑汇票 17 982 万元，支持了一批重点企业和优质民营企业，有效提升了城市信用社在地方政府、企业和金融业中的地位。全年清收不良贷款 354 万元，新增贷款本息收回率达到 100%。

2004 年末，各项贷款余额 51 179 万元，比年初增加 1 073 万元，增幅 2.14%，贷款规模稳步增长，实现了质量和效益“双优化”。一是信贷投放持续增长。各项贷款余额 51 179 万元，比年初增加 1 073 万元，增幅 2.14 %，贷款规模稳中有升；二是信贷投放进一步向优质客户集中。全年共新增贷款客户 13 家，贷款金额 23 650 万元，其中贷款额在 500 万元以上的 6 家，贷款金额达 8 350 万元，占新增贷款总额的 35.31%；三是信贷手段和措施更加丰富。全年营销贷款 7 户，贷款金额 7 830 万元；累计办理银行承兑汇票 266 笔，金额 21 384 万元，实现收入 8.4 万元；同时，信贷登记咨询系统建设逐步完善并得到充分应用，数据录入报备率达 100%，其防范信贷风险的作用日益突出；四是新增贷款周转快，效益好。按贷款期限结构分析，本年应收回新增贷款 4 518 万元，实际收回 4 518 万元，贷款收回率达 100%。累计收回利息 2 450 万元，较同期增长 613 万元，增幅 33.36%，综合收益率达 4.87%；五是信贷资产质量进一步改善。建立激励机制，分类施策，采取打包清收、责任清收、依法诉讼、呆账核销等措施，加大对不良贷款的清收盘活力度，收到了显著成效。全年累计收回 14 534 万元(含核销呆账贷款 695 万元)，实现了不良贷款“双降”。不良贷款余额为 1961 万元，比同期减少 30 万元，不良贷款率 3.83%，比同期下降 0.14%，其中：逾期贷款 441 万元，占贷款总额的 0.86%，比同期下降 1.88%；呆滞贷款 885 万元，占贷款总额的 1.73%，比同期上升 0.81%；呆账贷款 635 万元，占贷款总额的 1.24%，比同期上升 0.93%。

2005 年全年累计发放各项贷款 73 159 万元，同比增加 48 552 万元，增长 197.31%；年末各项贷款余额达 72 112 万元，当年增加 20 933 万元，增幅为 40.9%，完成年度贷款计划的 103.02%；存贷款比例由年初的 58.32%上升到 70.98%，增长 12.66 个百分点。不良贷款实现“双降”。不良贷款余额由年初的 1 971 万元下降到 1 788 万元，减少 183 万元；不良贷款率由年初的 3.83%下降到 2.48%，降低 1.35 个百分点。严格按照区别对待、择优扶持、科学管理、有保有压的信贷原则，以支持地方经济发展为已任，加强信贷产品和服务创新，积极探索加大信贷支持力度的途径和方式，全年累计向 64 家企业和个人发放贷款 84 笔共 73 159 万元，签发银行承兑汇票 51 993 万元，重点支持了一大批民营骨干企业和中小企业，较好地改善了信贷资产结构，提高了信贷资产的整体质量，为地方经济的繁荣与发展做出了积极贡献。

襄樊市农村信用联社：1979 年以来，辖内农村信用社资产业务主要有各项贷款和债券投资业务。随着农村信用社各项贷款投放逐年扩大，农村信用社支农主力军作用日益突出。

①贷款品种和贷款规模：贷款品种：随着支农工作的深化，农村信用社贷款品种也在不断创新，由最初的支农贷款、社队贷款、社队企业贷款、社员贷款、承包户贷款、沼气贷款、个体经济户贷款等，逐步发展为农户小额信用贷款、农户联保贷款、农村工商业贷款、生源地助学贷款、出口退税账户托管贷款、银行承兑汇票贴现贷款等；适应支农工作新形势，近年来又开发出了汽车运输贷款、社团贷款、粮油协会会员联保贷款、森林资源资产抵押贷款和专业市场商户联保贷款等。贷款品种的多样化，成为支持“三农”和地方经济发展的重要载体，使农村信用社支农主力军作用得到更好发挥。

贷款规模：1979 年末至 1981 年末，全区农村信用社各项贷款余额分别为 3 552 万元、4 016.5 万元、4 763.7 万元。1982 年末，全区农村信用社各项贷款余额 5 908 万元。其中：社队贷款 2 252 万元，社队企业贷款 884 万元，社员贷款 2 771 万元。1983 年末，全区农村信用社各项贷款余额 6 575 万元；其中社员贷款 3854 万元。当年累放贷款 16 885 万元，累收贷款 16 218 万元；其中社员贷款累放 12 309 万元，累收 11 226 万元。1984 年末，襄樊市农村信用社各项贷款余额 18 681 万元；其中社队集体贷款 2 889 万元，社队企业贷款 3 088 万元，承包户贷款 126 30 万元，沼气贷款 11 万元，个体经济户贷款 63 万元。

1985 年末，襄樊市农村信用社各项贷款余额 18 881 万元；其中乡镇工业贷款 3396 万元。1986 年末，全市农村信用社各项贷款余额 22 302 万元，比年初下降 3 644 万元。1987 年，全市农村信用社累放贷款 48 855 万元，比 1986 年增长 129%，其中，累放乡镇企业贷款 12 108 万元。当年末，全市信用站贷款余额 4750 万元，占农村信用社各项贷款余额 31 945 万元的 14.87%。

1989 年，全市农村信用社各项贷款累放 42 377 万元，累收 33926 万元，净投放 8451 万元。年末，各项贷款余额 45 171 万元，其中，农业贷款余额 33076 万元，占各项贷款余额的 73.22%。全市信用站贷款余额 11 689 万元，占农村信用社各项贷款余额的 25.88%，站平 3.2 万元，存贷比例为 1：0.319。

1991 年末，全市信用站贷款余额 22 000 万元，占农村信用社各项贷款余额的 34.23%。1993 年，全市农村信用社各项贷款累放 94 485 万元，累收 78 052 万元，年末贷款余额 92 431 万元，比 1992 年末增加 16 433 万元。

1997 年，全市农村信用社贷款累放181 264万元，累收150 103万元，年末，各项贷款余额 159 147 万元，比 1996 年末增加 29 049 万元，增幅为 23.33%。其中农户贷款余额 70 263 万元，占各项贷款余额的 44.15%，比 1996 年末增加 13 870 万元。1998 年和 1999 年，全市农村信用社贷款净投放额比年初均略有减少，年末各项贷款余额比年初下降分别为 860 万元、1 113 万元，降幅分别为 0.54%、0.7%。2000 年末，全市农村信用社各项贷款余额由连续两年下降变为增长 3 035 万元，达到 161 715 万元，增幅为 1.92%。

2001—2004 年，全市农村信用社各项贷款年末余额分别以 19.94%、21%、19.87%、17.06%的速度增长。2004 年，全市农村信用社累放贷款 30 亿元，是 1996 年"行社脱钩"以来累放贷款最多的一年。

2005 年末，全市农村信用社各项贷款余额 375405 万元，比年初增加 24041 万元，增幅为 6.84%(见表 8—18)。

1979—2005 年襄樊市农村信用社贷款统计一览

表 8—18　　单位:万元

时间(年末)	1979	1980	1981	1982	1983	1984	1985	1986	1987	1988	1989	1990
各项贷款	3 552	4016.5	4763.7	5908	6575	18681	18881	22302	31946	36720	45171	58097
时间(年末)	1 991	1992	1993	1994	1995	1996	1997	1998	1999	2000	2001	2002
各项贷款	64 276	75998	92431	76660	100642	130098	159147	158287	157175	161715	193957	234691
时间(年末)	2 003	2004	2005	—	—	—						
各项贷款	28 1334	329332	375405	—	—	—						

②债券投资：债券投资是农村信用社业务的重要组成部分。2002 年 9 月，襄樊市农村信用联社加入湖北省农村信用社资金交易中心，开始从事债券投资业务。同年 10 月，各县(市)区农村信用联社上存资金由襄樊市农村信用联社委托武汉市农村信用联社，在全国银行间债券市场上进行债券买卖和回购业务。同年 11 月 11 日，襄樊市农村信用联社被中央国债登记结算有限责任公司正式批准加入

全国银行间债券市场，成为乙类结算成员。同年12月，襄樊市农村信用联社加入全国银行间同业拆借市场。在取得交易资格后，市农村信用联社建立了资金交易室，配齐了交易人员。2003年3月2日，襄樊市农村信用联社召开第二届理事会，对开展债券投资业务形成决议（第2号）。决议指出：在合理安排好信贷投放，满足农村经济发展对信贷资金需求的同时，各县（市）区农村信用联社所有富余资金都只能委托襄樊市农村信用联社在全国银行间债券市场上进行债券分销、现券买卖、债券回购（含逆回购）；严禁私自外拆、外存或委托其他单位进行债券投资；所有收益全部归各县（市）区农村信用联社所有。3月，襄樊市农村信用联社与全国银行间同业拆借中心成功联网。入市后，投资行为以消化自身富余资金为前提，自有资金与投资余额的比例控制在1∶3以内；投资品种仅限于国债、金融债和经中央有关部门批准发行的国家重点建设企业债券；所有投资业务均在全国银行间市场进行，并全部在中央结算公司一级托管，不与任何证券类机构建立委托关系。到年末，全市除宜城市农村信用联社外，其他县（市）区农村信用联社投入债券资金3.33亿元，襄樊市农村信用联社债券持有量8.44亿元，交易额113亿元，加权收益率4%，投资收益2 603万元。当年，全市农村信用社债券结算量进入全国农村信用社系统100名以内。2004年6月初，襄樊市农村信用联社对上半年货币市场业务进行核算，收益率为4%。6月10日，召开由各县（市）区农村信用联社参加的货币市场投资收益分配会，对各县级农村信用联社投资收益进行了分配。2005年，全市农村信用社债券业务收益率4.19%，为历史最高水平。

③支农服务：作为农村金融主力军的农村信用社，从它诞生的那天起，就义不容辞地担负起了服务“三农”发展的重大责任，并在支持“三农”发展中实现社农双赢。1980年初，农业银行襄阳地区中心支行号召全区信用站干部每人帮助办好一个商品生产率高的生产队或3、5户社员发展家庭副业治穷致富的典型。随县三里岗营业所39名信用站会计，重点扶持94户“冒尖”，全年计划收入1.11万元，仅2户就实现收入4 845元。据不完全统计，到年末，全区共对31 094户社员发放贷款132.8万元，用于养牛3 323头、羊9 130只、猪28 834头、兔34 927只、鸡鸭75 012只、鱼8万尾、蜂2 000笼、土元388万只，培植天麻31 215窝、果树8182株、黑木耳664棚，已实现收入291.1万元。1981年，全区共发放社员贷款1 230万元，比1980年增长87.2%；其中用于副业生产的416万元，占社员贷款的33.8%。共支持72 547户社员：养猪71 581头、养牛6 910头、养羊25 843只、养鸡鸭235 195只、养兔194 648只、养蜂10 397笼、养土元1677万只、养鱼3 894万尾、种天麻125 598窖、黑白木耳52 635棚等，实现收入1 156万元。

1982年3月，在全区农业银行支持社员发展家庭副业经验交流会上，枣阳太平公社信用社、南漳县远景信用分社、宜城县龙头公社白庙大队信用站会计杨再荣等17名信用社、分社、信用站干部作了经验交流发言。枣阳县太平公社荣光大队信用站会计孙文财，1980年在种好责任田的同时，带头养牛、养羊、养兔、养鸡鸭、养土元，一年收入一千多元；1981年他建议在全大队搞了“十养”“六种”，当年实现收入113 400元，相当于该大队集体农副业总产值的45.3%。

1983年上半年，全区农村信用社及时发放贷款，支持“两户一联”发展生产。全区农村信用社累放贷款12 526万元，比同期增长87.49%；其中社员贷款9 383万元，增长2.77倍。到6月末，全区信用社对629 933个双包户、专业户（重点户）、联合体发放的农业贷款和多种经营贷款6 842万元，设备贷款832万元，基本满足了生产需要。同时，对社员生活方面需要也适时发放贷款2 541万元，帮助10.76万个困难户解决了资金困难。支持了161 184个专业户、重点户、经济联合体，其中粮食专业户84 219户、贷款2 592万元，多种经营专业户73 138户、贷款1 805万元，经济联合体3 827个、贷款1 194万元；支持“两户一联”全面发展生产。

1984年2月下旬至3月上旬，通过调查摸底，全市共需春耕生产资金16184万元，其中缺口7892万元。在摸清底子的情况下，全市农村信用社共发放支持春耕生产贷款11709万元，支持86.4万农户

(占总农户 82.1%),购买化肥、农药、种子、农机具、机械等生产资料。同时,全市农村信用社还积极支持农村产业结构调整,全年发放贷款 9856 万元,支持各种服务性专业户 16.7 万户,占总农户 16.3%;发放贷款 4307 万元,支持 59455 个"三办"(户办、联户办、村办)工业发展商品生产,产值达 12765 万元,利税 3270 万元;支持农民进城镇经营的 43720 户、发放贷款 7829 万元。1985 年,襄樊市农村信用社在支持农村产业结构调整,支持专业户、重点户上有新的突破,促进了农村经济体制改革,促使襄樊市农村商品生产发展的速度已经跟上全国的步伐。

1986 年,南漳县武东乡农村信用社将服务箱挂在群众信得过,并在当地群众中有一定声望的农户门口。该农户负有一定的责任。群众需要办理存贷款等业务,只用一张小纸条,识字的在纸条上写名字,不识字的在纸条上盖章子,投入服务箱内。信用站代办员定期或不定期开箱,根据纸条上的信息上门服务。随后,此便农服务方式逐步推广到全市农村信用社。

1987 年 1 月—7 月,全市农村信用社发放农田水利设施贷款 590 万元,兴建和修复小型水利工程 294 处,增加灌溉面积 22 万亩。发放农业科技贷款 834 万元,使地膜覆盖面积由 1986 年的 79 万亩增加到 126 万亩。发放乡镇企业贷款 6 176 万元,比 1986 年同期多放 3 799 万元,增长 1.6 倍。1989 年,全市农村信用社农业贷款累放 33 963 万元,占全年各项贷款累放总额的 80.1%。其中,10 890 万元贷款用于因受 1988 年严寒影响的灾区农民恢复生产;3000 万元用于农田水利基本建设贷款; 与农业银行资金配套使用,发放 2 000 万元贷款储备化肥;组织农业生产资料下摆,直接发放 4 000 万元资金支持夏秋农副产品收购。当年,全市农村信用社的农户贷款面为 55%。截至 1992 年 8 月末,全市农村信用社农户贷款余额 46 835 万元,占全市农户贷款的 96%;乡镇企业贷款余额 17 548 万元,占全市乡镇企业贷款的 42.8%。

1997 年,全市农村信用社小额农业信用贷款最高额度由 1 000 元上升到 2 000 元。对小额农业信用贷款实行年初一次核定,分次由信用站发放。全年累放农业贷款 117 198 万元,同比净增 23 452 万元。截至当年末,全市农村信用社贷款农户 344 223 户,占全市农户总数 89.69 万户的 38.38%,其中,贷款农户占比最高的是南漳、保康 2 个县农村信用联社,分别为当地农户总数的 55.9%和 71%;全市农村信用社农业贷款余额 73 746 万元,同比净增 18 486 万元,增长 33.5%;全市农村信用社农业贷款具体投向是:粮棉油生产贷款 37 183 万元、养殖业贷款 7 677 万元、农业服务组织贷款 3 709 万元、科技推广运用贷款 3 279 万元、农田水利贷款 5 301 万元、农业开发贷款 2 886 万元、购置农机(具)贷款 6081 万元、"菜篮子" 工程贷款 3 249 万元、农产品加工贷款 4381 万元, 分别占农业贷款总额的 50.42%、10.41%、5.03%、4.45%、7.19%、3.91%、8.25%、4.41%、5.93%。同年,全市农村信用社支农服务存在的问题:农业贷款占比、当年增量、农户贷款面分别为 46.4%、33.5%、38.9%,与上级行(办)"5、6、7"的要求相差较大;全市大部分农村信用社只有 1 个专职信贷员,支农人力不足。1998 年,全市农村信用社以全面支农与重点支农相结合服务"三农"。在全面支农方面发放贷款 26 252 万元,主要支持了农业春耕备耕、夏耕、秋播、冬季农田水利基本建设和购买小型农机具;在重点支农方面发放贷款 18 723 万元,扶持了 8 万多个农户、1 800 个农业产业链和 10 家龙头企业。全年,全市农村信用社累放农业贷款 44 975 万元,占各项贷款累放的 48%;年末,农户及农业经济组织贷款余额 82 586 万元,占各项贷款余额的 52.17%。

1999 年 5 月,根据襄樊市农金体改办〔1999〕30 号文件《襄樊市农户"贷款证"发放管理暂行办法》等有关规定,各县(市)农村信用联社试办农户"贷款证"发放工作。通过信用等级评定,达到标准的农户可获得"贷款证"。农户凭证随用随贷、到期归还、循环使用,贷款用途一般为种养加等生产性项目,每个农户全年贷款最高限额为 2 000 元。截至当年末,随州、枣阳、谷城 3 个县(市)农村信用联社由点到面推行了农户"贷款证",全市大部分县(市)农村信用联社农业贷款占比达到 50%的要求。

2000 年,襄樊遭受春旱。全市农村信用社共投入抗旱资金 5 910 万元,帮助农民购买抗旱机具 62

359 台(套)、柴油 3 165 吨,修建水利设施 1.8 万处,打水井 15 318 口,用于改种药材、豆类、玉米、棉花、红薯等耐旱作物 15 万亩,发展家庭养殖业。3 月 22 日,市农村信用联社规范办印发《襄樊市农村信用社推行农户“贷款证”工作实施方案》的通知。农村信用社入股社员持“贷款证”和户主身份证及户主预留印鉴(两证一章),直接到农村信用社指定的网点即可获得 2 000 元以内的小额农业贷款,不需办理保证、抵押、质押手续,随用随贷,余额控制,周转使用。9 月,市联社规范办在枣阳市北城和熊集 2 个农村信用社试办“客户经理制”,对内强化贷款责任,对外提供一条龙金融服务。客户经理全权负责一定区域客户的存、贷、结算、理财、信息咨询等综合性金融服务,特别是对于客户的贷款需求,客户经理可以根据其被评定的信用等级所确定的贷款最高限额,自行掌握贷款发放,并实行包审查、包发放、包收回、包效益。截至 12 月末,全市农村信用社共向 33.6 万个农户颁发“贷款证”,占全市农户总数的 26.21%,发放农户小额信用贷款 4.96 亿元。

2001 年 4 月 19 日,襄樊市信用合作管理办公室以襄信合管〔2001〕45 号文件,印发《关于切实做好支持订单农业发展工作的指导意见》,要求全市农村信用社发挥农户“贷款证”的优势,推行“一证一单通”制度。只要是持有“贷款证”的农户与农副产品收购单位签订了合法购销合同,农村信用社就按照合同成交额的一定比例(最高不超过 60%)发放贷款,在具体操作上实行“余额控制,随用随贷,逐笔立据,次数不限,周转使用”。对于一些农业产业化生产基地需要大额、批量的信贷资金,单个农户没有能力对大额贷款提供抵押或质押,农村信用社上门服务,促使多个农户联合,签订《联户担保合同》,采取联保贷款的方式,满足订单农业的资金需求。对于“公司 + 基地 + 农户”式的订单制农业,采用“公司担保、联合共管、分环节投资”的方式予以资金支持。即在农产品生产季节,由龙头公司提供担保,先为基地农户提供生产费用贷款;公司收购农副产品时,转向公司发放收购贷款,收回农户贷款;公司对农副产品加工、销售后,再收回公司贷款,信贷资金实行全封闭运行。市信用合作管理办公室在枣阳市农村信用联社举办支持订单农业发展试点。该联社通过发放订单农业贷款,重点支持了当地优质水果、瓜菜、水稻等 15 大农业产业化生产基地建设,其支农做法及效果在《金融时报》刊登。11 月初,枣阳市农村信用联社被确定为湖北省信用合作管理办公室支农工作联系点。保康县农村信用联社发放烟叶生产订单贷款 1500 多万元,解决了全县 1.2 万个农户、5 万亩烟叶生产资金缺口。当年,全市农村信用社推出订单农业贷款,为订单农户提供产前、产中、产后的项目考察、合同签订、贷款发放、技术指导、销售收入结算等一条龙服务,帮助农户签订购销合同 2.2 万份,累计发放订单农业贷款 4500 多万元。同年,市信用合作管理办公室将襄城区泥嘴镇作为支农联系点。

2002 年,襄樊市信用合作管理办公室制定《襄樊市农村信用社创建“农村信用工程”活动实施方案》,全市农村信用社开展了以评定农户信用等级、推行农户小额信用贷款、创建信用村(镇)为主要内容的“农村信用工程”创建活动。5 月,举办了以“推行贷款一站式服务,创建农村信用工程”为主题的宣传周活动。全市农村信用社共对 76 万农户进行了调查摸底,对有贷款需求的 63 万农户建立了经济档案,占全市农户总数的 83%,高于省信合办要求农户信用等级评定面 3 个百分点,共评定信用农户 56 万户,占全市农户总数的 73.7%,比年初增加 52%;通过“贷款证”累计发放农户小额信用贷款 43314 万元。全市共评定信用村 493 个,占全市行政村总数的 20%;信用乡镇 31 个,占全市乡镇总数的 36%。农村信用社对信用乡镇当年收回的贷款全部返还该乡镇,用于支持当地农业产业结构调整,对信用村(组)优先支持其推荐的贷款农户,对信用农户实行贷款优先、利率优惠。到 2002 年末,全市农村信用社已建立支农联系点 35 个。襄樊市农村信用社一些支农做法和经验先后在《人民日报》《金融时报》《湖北日报》、湖北电视台等媒体上报道。

2003 年 2 月,中共中央政治局委员、湖北省委书记俞正声在听取襄樊市农村信用联社工作汇报后指出:“襄樊的实践证明,农村信用社是一支无可替代的农村金融的主力军,在县域经济发展中具有举足轻重的地位。”在上半年全省推广农户小额信用贷款、创建“农村信用工程”中,襄樊市农村信用社信用等级评定面 84.4%，全省排第 7 名；小额农贷满足率 73.1%，全省排第 8 名，基本上消灭了小额农贷的空白村组。8 月，市农村信用联社正式启动"5115"信贷工程，即集中信贷资金重点支持 50 万个农户、1 万个特色种养专业大户、1 千个私营企业、50 个大额黄金客户。全市农村信用社在继续推广农户小额信用贷款的同时，重点支持了订单农业、公司制农业、生态农业、特色农业、科技农业的发展，促进了农业产业结构调整。保康县农村信用联社支持发展的高山蔬菜等生态农业，宜城市农村信用联社支持发展的油料、西瓜等基地，南漳县农村信用联社支持发展的桑蚕、袋料食用菌等产业结构调整项目，都是以小额农贷形式发放的。老河口市农村信用联社支持的仙仙果品公司等"农"字号龙头企业、枣阳市农村信用联社支持的"公司 + 农户"订单农业，除公司贷款以抵押等形式发放外，其他也是以小额农贷方式投向千家万户。全市由农村信用社提供信贷支持的订单农业面积达到 410 万亩。当年末，全市农村信用社评定信用乡镇 24 个、信用村 477 个、信用农户 57 万户，分别占全市乡镇、行政村和农户总数的 28%、19%和 84%。全年累计为 43.2 万户农户发放农业生产贷款 66 155 万元；累放贷款 6 000 多万元，支持兴建专业市场、能人大户等中介组织 200 多家，发展各类专业协会 328 个；向 488 家民营企业发放贷款 2 646 万元。当年末，全市农村信用社中小企业客户已达 8 000 余户，占法人贷款客户总数的 70%，贷款余额达到 2.6 亿元。全市 95%以上的支农贷款、90%以上的县域经济贷款是由农村信用社提供的。

2004 年 4 月 7 日，中共中央政治局委员、湖北省委书记俞正声在 4 月 5 日《湖北督查专报》（第 10 期）登载的《襄樊市农村信用联社服务"三农"实现"双赢"》一文上批示：信用社对农业生产、农民增收关系重大，一方面应积极争取改革试点，一方面应总结湖北省好的经验，在全省宣传、推广。当年，全市农村信用社向 59 万户农户颁发"贷款证"，占全市农户总数的 75.6%，同比提高了 5 个百分点。通过在各县（市）城区组建金融超市（城区业务开发部或贷款营销部），规范贷款营销窗口，统一集中放贷，实行"一站式"服务等措施，加大对中小涉农企业及县域经济支持力度，共向 78 家涉农出口创汇企业、龙头企业累计发放贷款 2.5 亿元。当年全市农村信用社新增贷款的 85%投向了"三农"，占比为全省农村信用社市州联社第 1 名。截至当年末，全市农村信用社发放的农户及农业经济组织贷款余额 22.5 亿元，占各项贷款余额的 68.2%。

2005 年初，全市农村信用社向 59 万个信用农户颁发《贷款证》。经对农户贷款逐年调整，到当年小额农贷 3 级、2 级、1 级信用农户最高授信额度分别提高到 6 000 元、8 000 元、10 000 元，特级信用农户最高授信额度提高到 20 000 元，农户联保贷款单户最高授信额度提高到 10 万元；贷款期限按农业生产经营周期确定，允许贷款跨年度使用，农户贷款最长期限由 1 年提升到 3 年，改变了以往春放、秋收、冬不贷的传统做法。贷款重点支持了襄枣宜结合部优质畜禽水产、城市郊区和高山无公害蔬菜、荆山山区烟菌菇等 3 大特色农业示范区，鄂北岗地优质小麦、襄江流域优质油料、汉十路沿线优质林果、鄂北岗地和汉江沿岸大中水库灌区优质水稻等 4 大优势农业产业带，促进了农业规模经营和农产品提档升级。当年，全市农村信用社累放 6 亿元小额农贷，净投放 5 807 万元小额农贷；组建 6 800 多个各类贷款联保小组，向 2.4 万个特色种养加等大户累放 60357 万元农户联保贷款，净投放 22 266 万元农户联保贷款，占当年新增贷款的 22.3%。在新增贷款中，农户联保贷款投放首次超过小额农贷。全市农村信用社共向 200 多家规模以上农业龙头企业累计发放 6 亿多元贷款，进一步加快了当地农村产业结构调整和农业产业化发展步伐。襄樊大山（宜城）农业公司在当地农村信用社新发放 150 万元贷款支持下，仅上半年出口创汇 600 多万美元，带动当地 1 万多个从事香菇、木耳农户增收。全年全市农村信用社累放支农贷款 38 亿元，占全市金融机构新增支农贷款的 95%。截至 2005 年末，全市农村信用社支农贷款余额 307 258 万元，其中农户贷款余额 258 878 万元，占支农贷款总额的 84.25%。

11.中间业务

中间业务是指不构成银行表内资产、表内负债的非利息收入的业务，包括收取服务费或代客买卖差价的理财业务、咨询顾问、基金和债券的代理买卖、代客买卖资金产品、代理收费、托管、支付结算等业务。与资产和负债业务区别是银行不再直接参与信用活动的一方，扮演的只是中介或代理的角色，通常提供有偿服务。襄樊市金融机构早期的中间业务主要以结算服务为主，到20世纪80年代中后期陆续增加了委托收款、委托贷款、个人汇款、活期储蓄异地通存通兑、旅行支票、银行本票、直达电汇等品种，随后各商业银行又相继开办了外汇中间业务和银行卡业务，但仍以结算服务为主，且收费标准很低。1995年《中华人民共和国商业银行法》颁布后，各商业银行开始把中间业务作为一项重点业务来发展，但在负债主导型时期，各商业银行工作重心仍然偏重于存款规模，中间业务作为同业竞争和服务手段，在拓展空间和范围上主要集中在与存款比较密切的业务领域，鉴于代理业务成本低、风险小、收入高，各商业银行积极发展诸如代发工资、代理收付、代理买卖、代理兑付、代理保管、代理保险等各种代理业务，形成了“中间代理业务”“中介业务”和“表外业务”等多种提法，而实际上中间业务主要是结算、银行卡、代理业务等产品。随着商业银行改革深化与发展，加之利率市场化进程的逐步推进，商业银行仅靠获得传统的存贷差收入很难保持长期竞争力，需要大力发展中间业务。2000年以后，各银行以效益为中心的经营观念得以确立，对中间业务的认识由辅助性业务向主营业务转变，经营目标由稳定客户增加存款向提高收入、取得综合效益转变，业务品种由传统的代收代付向新兴业务、品牌业务、高技术含量和高收益品种转变，进一步明确了中间业务发展目标、发展重点、发展方式。2003年，人民银和银监会颁发了《银行业中间业务管理暂行办法》，对中间业务的管理与发展提出了明确要求和规范，初步界定了中间业务拓展范围和包括的品种，特别是对银行收费服务提供了政策依据。此后，各商业银行中间业务按照暂行规定的要求，在抓好规范的前提下，抓质量，求发展，上规模，讲效益，促使中间业务呈现出高效快速的发展态势。

(1)结算业务

市场经济的发展，要求商业银行发挥更多的中介服务功能，银行的结算业务就是其中重要的一个内容，它是由存款业务衍生出来的，为客户办理因债权债务关系引起的与货币收付有关的业务。客户到银行存款，除为了资金安全外，更多地是为了利用银行在转账结算方面的便利，银行也为了扩大业务量，广泛与法人客户和个人客户建立联系，吸收更多的存款，同时，积极努力为客户提供优质、方便、迅速、安全的结算服务。目前，襄樊市金融机构的结算业务主要包括对公结算业务、个人结算业务、银行卡结算业务、网上银行结算业务和账户管理业务。根据收付形式的不同，银行结算分为现金结算和转账结算，现金结算有特定的适用范围，转账结算或票据结付已成为各家商业银行货币结算业务的主要形式。转账结算是指收付双方以信用支付代替现金支付，通过在银行的账户间划转款项来了结收付关系。按照结算方式的不同，银行结算可分为同城结算和异地结算，同城结算是指在同一城市里同一银行或同一城市里不同银行开立账户办理收付款单位之间经济往来的结算；异地结算是单位之间异地经济往来所发生的应收应付款项，通过银行结清债权债务的转账结算方式。按照支付工具的不同，银行结算票据包括银行汇票、商业汇票、银行本票、支票、汇兑、委托收款、托收承付、银行卡、信用证等，各种票据的签发、取得和转让，要求必须有真实交易关系和债权债务关系。从服务手段上看，银行结算已由最初的手工记账发展到全部运用计算机处理银行业务，特别是各商业银行内部电子汇划直达到账，以及人民银行大额支付、小额支付系统的切换上线，全市金融机构实现了结算效率的迅速提高，不仅节省了资金在途时间，而且大大提高了资金使用效益。

①公司结算业务：襄樊市金融机构的对公结算业务，在1979年以前，一直实行人银银行统一规定的八种结算方式。其间，虽然作过数次操作性的修改，但都没有触动基本模式。改革开放后，随着商品

经济的发展，为了适应多种经济成分、多种经营方式、多条流通渠道和多样信用形式的发展，从 1980 年 1 月开始，除机关团体、企事业单位使用支票外，对取得工商行政管理部门营业执照、有固定营业门面和场地的个体工商户也允许开户并使用支票。1988 年 8 月，国务院批转了人民银行《关于改革银行结算的报告》，决定对银行决算进行全面改革，重新明确银行结算的性质、任务和原则，明确银行结算种类、制度、体制和纪律责任等。1988 年底，中国人民银行正式颁发了《银行结算办法》，从 1989 年 4 月 1 日起开始实施。襄樊市各金融机构按照新的结算办法，确立了以汇票、本票、支票、信用卡支付工具为主体的银行结算制度，即"三票一卡"。1994 年 10 月，人民银行又分别对 1974 年制订和 1983 修订的《异地托收承付结算会计核算手续》《异地托收承付结算办法》进行了重新修订，对异地托收承付结算每笔金额由原来的 1000 元提高到 10 万元，取消了"三方交易、直达结算""代办发货和代理收货托收"等内容。1995 年，第八届全国人民代表大会常务委员会颁发《中华人民共和国票据法》，并从 1996 年 1 月 1 日起实施。经国务院批准，中国人民银行制定颁布的《票据管理实施办法》和《支付结算办法》分别于 1997 年 10 月 1 日和 12 月 1 日起实行。这些法规、规章的出台和实施，使银行结算工作跨入了一个有法可依、有章可循的新的历史阶段。1999 年人民银行武汉分行制定了《中国人民银行武汉分行支付结算管理办法(试行)》，并在 2000 年 10 月又进行重新修订下发。从 2005 年 1 月 1 日起，人民银行又重新调整了票据、结算凭证种类和格式，调整后的票据与结算凭证包括：银行汇票、粘单、商业承兑汇票、银行承兑汇票、本票(不定额)、转账支票、现金支票、支票(普通支票)、进账单、信汇凭证、电汇凭证等。此后，襄樊市金融机构的结算业务得到了规范有序发展。根据中国人民银行有关支付结算办法规定，目前全市各金融机构对公发生的货币资金收付业务多采用以下几种结算方式办理转账结算。

银行汇票。是指银行向客户收妥款项签发的无条件支付给收款人或持票人的票据。单位和个人都可以使用银行汇票，银行汇票可以用于转账，填明"现金"字样的银行汇票也可以支取现金，但公司客户只能用于转账结算。银行汇票可在全国范围内使用，特别适用于到异地采购的交易。银行汇票一律记名，汇票经收款人背书以后可以转让，付款期限自出票日起 1 个月。

商业汇票。商业汇票是出票人签发的，委托付款人在指定日期无条件支付确定的金额给收款人或者持票人的票据。按其承兑人的不同，分为商业承兑汇票和银行承兑汇票。商业承兑汇票由银行以外的付款人承兑，银行承兑汇票由承兑申请人提出申请，经银行审查同意承兑。商业汇票的付款人为承兑人。

银行本票。银行本票是银行签发的，承诺自己在见票时无条件支付确定金额给收款人或者持票人的票据。单位和个人在同一票据交换区域需要支付各种不同款项，均可以使用银行本票。银行本票可以用于转账，注明"现金"字样的银行本票可以用于支取现金。银行本票分为不定额本票和定额本票两种。定额银行本票面额为 1 000 元、5 000 千元、1 万元和 5 万元。银行本票付款期限最长不得超过 2 个月，可以背书转让。银行本票丧失，可以凭人民法院出具的其享有票据权利的证明，向出票银行请求付款或退款。

支票。支票是出票人签发的，委托办理存款业务的银行在见票时无条件支付确定的金额给收款人或者持票人的票据。支票包括现金支票和转账支票。现金支票只能用于支取现金，转账支票只能用于转账。单位和个人在同一票据交换区域的各种款项结算，均可以使用支票。签发现金支票必须符合国家现金管理的规定。禁止签发空头支票，不得签发与其预留银行签章不符的支票，使用支付密码的，不得签发支付密码错误的支票，否则银行予以退票，并处以相应罚款、赔偿金，甚至停止其签发支票。支票的付款期限为 10 天。

汇兑。汇兑是汇款人委托银行将其款项支付给收款人的结算方式。单位或个人的各种款项的结算均可使用汇兑结算方式。汇兑分为信汇和电汇两种，由汇款人根据需要选择使用。汇兑结算方式适用于异地之间的各种款项结算，具有划拨款项简单、灵活的特点。

委托收款。委托收款是收款人委托银行向付款人收取款项的结算方式。单位或个人凭已承兑商业汇票、债务、存单等付款人债务证明办理款项的结算，均可以使用委托收款结算方式。在同城范围内，收款人收取公用事业费或根据规定，可以使用同城特约委托收款。

托收承付。托收承付是指根据购销合同由收款人发货后托收银行向异地付款人收取款项，由付款单位向银行承认付款的结算方式。使用托收承付结算方式的收款单位和付款单位，必须是国有企业，供销合作社以及经营管理较好、并经开户银行审查同意的城乡集体所有制工业企业。办理托收承付的款项，必须是商品交易，以及因商品交易而产生的劳务供应的款项。代销、零售、赊销商品的款项不得办理托收承付结算。

信用证。信用证结算方式是国际结算的一种主要方式。信用证是进口方银行向出口方开立的以出口方按规定提供单据和汇票为前提的支付一定金额的书面承诺，是一种有条件的付款凭证。经中国人民银行批准经营结算业务的商业银行总行以及经商业银行总行批准开办信用证结算业务的分支机构，也可以办理国内企业之间商品交易的信用证结算业务。

②个人结算业务：目前襄樊市各金融机构为个人客户提供的结算和代理服务主要有人民币结算、外币结算和各种代收代缴业务，包括个人汇款、储蓄存款异地托收、代发工资、个人结售汇、外汇汇款、个人外汇买卖等。目前各金融机构最常见的人民币个人结算业务就是汇款业务，随着银行网络的逐步升级，汇款速度也日益提高，有的已经实现了实时到账。各商业银行都推出了自己的汇款产品并打出品牌，比如工商银行的“汇款直通车”、建设银行的“速汇通”等。建行“速汇通”个人电子汇款产品在 1998 年推出后，经过 2002 年、2004 年两次提速，无论客户的款项汇到全国各地建行的任何通存通兑活期储蓄存折、储蓄卡及信用卡，均可即时到账，并且适合于大额汇款。随后各商业银行凭借其庞大和先进的网络开通了网上个人汇款，方便快捷，使客户足不出户就可以轻松自助完成汇款。随着市场经济发展，金融改革步伐的加快，商业银行的国际业务也空前繁荣。目前的外汇结算业务涵盖了外汇汇款、外汇汇票、外汇票据托收、外汇旅行支票、个人结售汇以及境外消费退税等，有的银行还开办了国际卡人民币购汇还款业务。

③银行卡结算业务：银行卡是由商业银行发行的具有支付结算、汇兑转账、存取储蓄、循环信贷等全部或部分功能的支付工具和信用凭证。以银行卡的功能划分，可以分为借记卡、贷记卡、信用卡三大类。信用卡由商业银行向客户提供具有消费信用、转账结算、存取现金等功能的信用支付工具，持卡人可依据银行给予的消费信用额度，凭卡在特约商户直接消费或在其指定机构、地点存取款及转账，在规定时间向发卡机构偿还贷费贷款本息。借记卡是银行发行的一种要求先存款后使用的银行卡，与储户的活期储蓄存款账户相联结，卡内消费、转账、ATM 取款等都直接从存款账户扣划，不具备透支功能。襄樊市各银行金融机构发行的人民币储蓄卡统称借记卡，具有消费透支额度和功能的统称贷记卡。发卡的对象为自然人，具有“通存通兑、跨行通用、安全快捷”的特点。客户持卡可在银行机构指定的特约商户购物消费，在指定的受理网点和 ATM 办理存取现金、转账等业务，还可根据事先签订的协议，办理代收代付等业务。按照业务功能的不同，可分为主副卡、一卡通等。银行卡经过十多年的发展，已经拥有了庞大的客户群，仅建设银行一家就突破百万张大关，目前这一数字还在增长，不少人持有多种银行卡。随着银行卡功能的丰富完善，银行卡已由过去简单的持卡自助存取款等单一功能，逐步发展到持卡消费、持卡交费、银行卡转账等功能相继问世，各家金融机构还有意识地整合了卡的各项功能，推出了多功能银行卡，如建设银行的双币种贷记卡、乐当家理财卡和龙卡通等。近年来，随着银联用卡渠道的拓宽，用卡环境的改善，促成了各家银行的银行卡网络互连，资源共享，用户持有一家银行的卡就可以使用所有的银行卡自助机具，各家银行也相应发行印有银联标的卡，对没有银联标志的逐步召回。为了鼓励持卡消费，各家银行还掀起了刷卡中大奖活动，各家商业银行争相和

知名大商场联合推出联名卡。银行卡的良好发展势头，使各家银行频频推出新举措，丰富卡的功能，部分银行别出心裁地推出针对特定客户群的卡产品，比如建行推出的龙卡生肖卡、龙卡证券卡、龙卡汽车卡、襄樊名城卡等。目前，各家银行已经开始为一些法人客户办理商务卡，在政府机构公务活动中推出公务卡消费结算，但出于对风险的考虑，开审办条件较为审慎。

工商银行牡丹卡。1992 年 9 月，工商银行正式发行牡丹信用卡。首发牡丹信用卡后的最初两年，工商银行把营造良好用卡环境作为牡丹卡业务的重点，不断加大硬件投入，陆续在国有大型商业企业推广商业收银 POS 系统，并于 1993 年投资 800 多万元引进首批 ATM 自动柜员机。不断创新牡丹卡产品，推广“卡折合一”的牡丹灵通卡。

农业银行金穗卡。农行襄樊市分行自 1992 年 7 月开办金穗卡业务，到年底，共发卡 1815 张，账户余额达 45.8 万元，金穗卡特约商户达 71 个，储蓄代办点 74 个。1994 年，农行在襄樊市区 63 个营业机构安装了集自动授权、转让、查询等功能于一体的销售终端结算服务（POS）系统，并与市养路费征稽处、市供电局、市邮电局等单位签订信用卡微机联网代收费协议。1999 年 6 月，开通金穗万事顺卡，全市农行当年发行金穗万事顺卡 42299 张。2000 年 4 月开始发行医保卡，2003 年 4 月发行代收卡，2005 年 6 月发行贷记卡。贷记卡作为农行襄樊分行新的创收产品，初步展示了光明的发展前景。

中国银行长城卡。1992 年，襄樊中行开办长城信用卡。起初，由于受环境和条件的影响（襄樊市没有 ATM 机和刷卡设备），长城卡仅被赋予存取款功能，业务普及面不大。借助电脑网络的普及，长城卡业务在 1997 年得到长足发展，6 个长城卡柜全部实现了电脑网络化作业，8 家长城卡特约商户安装 9 台 EDC 设备，为巩固和拓展信用卡特约商户创造了条件。并发行了具有电脑联网即时扣账特点的长城电子借记卡，到 12 月底已发卡 4100 张。到 2002 年，开通两台自动提款机，同年实现长城卡直销额 543.5 万元，代理外卡交易累计 180 万元。

建设银行龙卡。襄樊市建行自 1993 年开办龙卡银行卡业务以来，经过 15 年的创新与发展，龙卡已形成贷记卡、准贷记卡、储蓄卡、生肖卡、专用卡、IC 卡、联名卡、理财卡、公务卡、名城卡等能够满足广大客户不同需求偏好的系列产品。除存取款、购物消费结算等基本功能外，实现了用龙卡代发工资、代缴电话费、保险费、证券交易资金转账结算、住房公积金账户管理、外汇买卖、个人贷款转帐还款、个人电子汇款等业务，通过网上银行、电话银行、手机银行享受方便快捷全天候的服务。截至 2008 年底，龙卡信用卡发卡量 6.93 万张，龙卡储蓄卡发卡量突破 100 万，达到 103.25 万张，发卡量、消费交易额、存贷款余额、营业收入等指标在同业中位于前列。1993 年 6 月 17 日，建行首张万事达信用卡、维萨信用卡在襄樊面世，标志着襄樊市建行银行卡业务的正式开办，当年发展特约商户 71 家，发行信用卡 1400 张，实现交易 8790 笔，交易额 792 万元，开通 ATM7 台，吸收存款 120 万元。从 1994 年建设银行将信用卡银行产品统一定名为“龙卡”以来，襄樊市建行积极适应客户需求，不断推出龙卡新产品，1994 年，在当地同业率先推出了具有存取现金和购物消费功能的第一张借记卡性质的龙卡，当年实现发卡 8700 张，吸收存款 365 万元；1995 年开始与知名企业和非营利组织分别联合发行联名卡；1999 年初，在襄樊金融同业推出了第一张面向少年儿童的银行卡—龙卡生肖储蓄卡；2001 年底，推出了面向投资客户的龙卡证券卡，提供办理开放式基金、记账式债券交易以及封闭式基金认购等证券投资服务；2003 年 8 月，正式发行具有一卡双币、境内外通用、先消费后还款、循环信用、境外消费人民币还款等特点的龙卡双币种贷记卡，2004 年 4 月，双币种贷款卡首家向社会推出境内消费密码可选功能，并同时推出 ATM 密码修改服务；2004 年 6 月，又首推符合国际标准的双币种商务卡，标志着建行的信用卡服务从个人业务领域扩展到公司业务领域。2004 年 8 月，推出了卡号采用中国银联 BIN 号（银行标志码）的龙卡储蓄卡，成为金融同业首家发行该类银行卡的国有商业银行；随后又推出了以私家车主为服务对象的龙卡汽车卡，并专门为个人 VIP 客户开发推出了综合性、多功能、高档次理财工具—乐当家理财卡，实行一卡多账户，通过签约可办理个人质押贷款、外汇买卖、代理国债交易、代收代付等业务，定期寄送综合对账单，针对不同客户群体设计推出了白金卡、金卡和银卡，提供差别化服务，并且开通了龙卡贷记卡网上银行服务功能。

④电子银行结算业务：电子银行业务是通过网络和电子终端为客户提供自助金融服务的离柜业务，主要包括网上银行、电话银行、手机银行、多媒体自助服务终端业务等，通过电子网络系统向客户提供开户、销户、查询、对账、行内转账、跨行转账、信贷、网上证券、投资理财等传统服务项目，使客户可以足不出户就能够安全便捷地管理活期和定期存款、支票、信用卡及个人投资等。目前全市各家银行开办的网上银行业务基本包括在线查询账户余额、交易记录、下载数据、转账和网上支付等，此外还涵盖了网上投资、网上购物、缴费、个人理财助理、企业银行，以及保险、基金、证券资金存管、抵押和按揭等其他金融服务，电子银行的服务范围和领域逐步得以扩大。电子银行业务是从20世纪90年代开始起步的，1999年国家金融认证中心的建立，为电子商务在线支付服务提供了强有力的安全支持，中国互联网用户数量的快速增长为网上银行的发展提供了良好的客户基础，中国银监会发布实施的《电子银行业务管理办法》和《电子银行安全评估指引》以及相关要求，有力推动了电子银行业务的规范健康发展。从襄樊市各金融机构电子银行业务发展情况看，1997年到2000年是电子银行发展的起步阶段，各家银行逐步建立起自己的企业网站，但主要是作为信息发布的渠道；2000年到2005年各家银行逐步把一些柜台业务搬到网上进行，并发展网上银行用户；从2005年开始银行不仅仅满足通过网银办理传统业务，先后创新了网上炒汇，交费平台，银企直连，理财服务，网上期货等金融交易，积极探索为个人和企业客户提供非现金业务和营销服务的综合金融服务平台。与此同时，电话银行、手机银行、自助银行应运而生，形成了基于互联网的网上银行，基于手机的手机银行和基于有线电视网的家居银行及基于电话专线的客户服务中心，这些统一构成了银行的电子银行业务服务框架。随着商业银行经营模式的日益多元化和经营成本核算的精细化，加之一段时期以来各金融机构营业网点业务处理压力的显著增大，各商业银行更加重视电子银行渠道分流客户功能和成本节约功能，着力推进基础性的业务品种向电子渠道的转移。近年来，受居民投资意识显著增强因素影响，电子银行投资交易类产品投放力度进一步加大，以满足投资者即时交易的需求，代理股票交易、基金交易、外汇交易和黄金交易四种类型正在成为电子银行服务的重要领域；随着电子银行用户规模的迅速增加，银行客户在互联网的开放领域的风险暴露程度也有所加深，各商业银行进一步增强了电子银行安全防护手段的开发和应用，综合化、多样化的保护手段得到进一步推广。除密码和预留身份信息等传统方式外，移动电子证书、手机动态密码、动态密码器、动态口令卡、IC卡、指纹识别、账户余额变动提醒等技术和服务正在得到普及。10多年来，襄樊市金融机构开办网上银行提供的产品已从最初仅有查询、转账功能，发展为可向个人客户提供查询、转账、汇款、在线支付、捐款、基金、国债、黄金，外汇、理财产品、短信提醒等上百种产品的服务体系，各金融机构的电子银行业务呈现高速增长态势。电子银行已经成为现代商业银行新的战略性业务和利润增长点，它不只是传统银行业务在电子渠道上的简单移植，更多是银行业务与信息技术紧密结合，满足客户各种金融服务需求的创新型业务。

襄樊建行1993年推出POS机，当年发展特约商户71家，实现交易8 790笔，交易额792万元，开通ATM机7台；1999年，与证券公司签订协议，推出了银证转账系统服务。并率先实现了网上交易资金的实时划转交割，同时还向客户提供了实查查询、账务管理、代理收费、银证转账等多项金融服务；2000年初，在国内首次将网上银行和呼叫中心整合在一起，实现了跨平台多种交易形式的全方位金融电子化服务。2001年5月，推出了电话银行服务；2002年7月推出网上银行服务，经过当年10月、2004年4月、2005年11月等3次系统升级切换，个人网上银行和企业网上银行功能更趋优化完善；2005年又推出了手机银行。到目前该行已提供网上银行、95533电话银行、手机银行、重要客户服务系统和家居银行等五大系列服务，拥有账户管理、转账汇款、缴费支付、投资理财等8大类100多项服务功能，在同业中独具特色、在客户市场中树立了建行良好的电子银行“e路通”品牌形象。

⑤银行账户管理业务：1977年10月28日，中国人民银行发布了《中国人民银行账户管理办法》，这是我国第一部有关账户管理的部门行政法规。1994年10月，中国人民银行颁布了《银行账户管理办法》，并于同年11月1日正式实施，取代了1977年10月发布的《中国人民银行账户管理办法》。《银行账户管理办法》（以下简称《办法》）对银行结算账户划分为基本存款账户、一般存款账户、临时存款账户、专用存款账户。1994年12月襄樊市人民银行开始对这四类银行结算账户实行核发开户许可制度，且按照《办法》规定一个存款人只开立一个基本账户。自1996年开始，对账户实行年检制度，对预算单位账户的年检还请财政部门派专门人员配合审核。随后人行襄樊市中支推出了新的账户管理系统，替代手工操作，大大简化了账户核准手续，实现了账户管理信息化。由于《办法》赋予了人民银行行政管理和行政处罚职能，对账户管理的力度加大，因此对规范银行结算账户的开立和使用，维护辖内金融秩序的稳定发挥了重要作用。

2003年4月10日，中国人民银行重新颁布了《人民币银行结算账户管理办法》（以下简称新《办法》），并于同年9月1日正式实施，促进银行结算账户管理进一步规范化和信息化。人行襄樊市中支按照新的《办法》规定，结合各银行机构实际，对银行帐户管理进行了一定改进，改开户许可证为核准通知书；对基本存款账户、临时存款账户、预算单位专用存款账户实行核准制；对一般存款账户、非预算单位专用存款账户、个人银行结算账户实行备案制；实行间接行政许可，由开户银行受理审核开户资料后报人民银行核准，原路返回给存款人。

2005年6月6日，人民币银行结算账户管理系统在襄樊上线。账户系统实行全国联网，纵向总行到各分支机构，横向到各商业银行各分支机构的网络化管理。账户系统上线后，人行襄樊中支账户管理工作发生了很大的变化，一是改核准通知书为新版开户许可证。二是实现账户信息网上传输。三是全面清理银行结算账户。自2005年6月起，中国人民银行组织全市各金融机构对已开立的银行结算账户进行全面清理核实，重新提供开户资料，严格审核，对符合开户条件的逐户录入账户系统，对不符合开户要求的及时予以说明销户。

（2）银行代理业务

襄樊市银行系统代理业务起步较早，但代理业务品种较为单一。到20世纪90年代中期，各商业银行陆续开办了代理业务，业务对象、服务范围逐年扩大，从当初简单的代理收费、代收欠款、代理保管业务，到目前发展到代理财政拨付款、财政委托贷款管理业务、代理政策性银行、代发工资、代理保险、代理证券资金清算业务、代理基金业务、代理签发银行汇票、代收代付、委托贷款、收取医疗保险金、发放基本养老金等业务。

①代理银行业务：代理银行业务主要有代理政策性银行业务、代理中央银行业务和代理商业很行业务。代理政策性银行业务是商业银行接受政策性银行的委托，对其自主发放的贷款代理结算，并对具账户资金进行监管的一种中间业务。目前银行金融机构主要代理中国进出口银行和国家开发银行业务。代理中央银行业务主要包括代理财政性存款、代理国库、代理金银等业务。代理商业银行业务是商业银行之间相互代理的业务，包括代理结算业务、代理外币清算业务、代理外币现钞业务，但主要仍是代理结算业务，包括银行汇票业务和汇兑、委托收款、托收承付业务等其他结算业务。

1993年12月，《国务院关于金融体制改革的决定》中明确，中国人民建设银行为国有商业银行。1994年，国家开发银行成立，建设银行分离了政策性业务，移交了履行40年的财政职能，开始向商业银行转轨。1994年9月，在财政部收回由建设银行代行的财政职能后，中央级基本建设资金的拨付和监督工作，以及一部分财政业务继续委托建设银行代理。1995年4月，建设银行总行和财政部正式签订委托代理协议，由此确立了建设银行与财政在新的历史条件下的代理协作关系。1996年1月，建总行印发《中国建设银行代理财政委托业务管理办法》，规定了代理财政委托业务具体操作和管理办法。1996 年 3 月,襄樊市建行成立了委托代理科,作为管理全行委托代理业务的职能部门,其主要业务包括代理财政付款、代理政府投资贷款、代理财政及部门委托贷款、代收代付和审价咨询业务等中介业务管理职能。在代理财政资金和贷款业务上,襄樊市建行一方面积极办理好各级财政拨款业务,严格按照财政和总分行的要求，加强对中央、地方各级财政基本建设项目和其他预算内、外资金的代理,拓宽财政资金来源渠道,提高财政资金代理市场份额;另一方面,加强财政资金代理的管理服务工作,特别是对财政专项委托、中央直属粮库资金、天然林保护工程资金和国债专项资金加强服务管理,做到开专户、建台账,按合同拨付资金,对年终决算进行审查签证。据统计,1995 年以来,襄樊市建行共经办中央财政拨款 4.2 亿元,经办地方财政资金(包括地方国债转拨资金)1.8 亿元;代理政府投资贷款(包括中央政府投资贷款和代理地方政府投资贷款)6.5 亿元;代理中央财政委托贷款、地方财政委托贷款、部门和企事业单位委托贷款 13.4 亿元。

1994 年 3 月 17 日,国务院在《关于组建国家开发银行的通知》中明确,中国人民建设银行在其政策性职能分离给国家开发银行后，接受国家开发银行委托的政策贷款的具体拨付业务，有关委托业务,受国家监管。此后,襄樊市建行全力作好代理国家开发银行业务,积极争办新的项目和贷款,先后赢得银河纺织集团、鄂西化工厂、保康硫矿等一批企业委托贷款和开行在襄樊的最大投资项目襄樊火电厂的贷款业务的代理权。1996 年按照“双大”(大行业和大客户)战略,襄樊市建行把开发银行列为重点客户,有针对性地采取措施,积极争办其代理业务。按照委托代理协议有关规定,重点争办开发银行的重点建设项目及能源、交通、通信等基础设施代理业务,积极参与竞标、投标工作,切实加强对代理项目的管理,参与招投标、工程结算等,保证开行资金及时到位,防止挪用资金等情况发生。同时做好开发银行的本息回收工作,密切协作,及时沟通情况,反映问题,用优质服务、良好信誉赢得客户信任。1995 年以来,襄樊市建行代理开发银行业务贷款金额累计 50945 万元。

②代发工资业务:代发工资业务是银行根据与委托单位签订的代发工资协议,按照委托单位提供的工资清单，将委托单位的职工工资款项以转账的方式批量存入其指定的职工个人储蓄账户的代付业务。20 世纪 80 年代中后期,为增强储蓄渗透力,最大限度地吸收闲散资金,各银行开始探索开办代发工资业务。

市工行于 1986 年在樊东支行试点开办代发工资业务,代企业事业单位向职工发放工资。1992 年随着电子化水平的提高,襄樊工行把大力发展代发工资业务是作为储蓄工作的重点之一,代发工资业务由试点转入点面结合,全面展开。1993 年,襄樊工行统一设计、印制《代发工资协议书》,对代发工资加以规范，当年与 1080 个单位签订了协议，代发户数 17.8 万户，代发额 2.62 亿元，资金沉淀额达 5813 万元。此后代发工资作为一项基础性中间业务得到迅速发展,至 2000 年代发户数已近 16 万户,存款沉淀余额 74329 万元。

1994 年,襄樊市建行成功研制推出储蓄卡代发工资系统,并在原建行张湾支行运用 ATM 单机试用取得成功,当年发行储蓄卡 8700 张,吸收存款 365 万元,有力地牵动了筹资代理业务的开展。此后,随着电子化水平的提高,襄樊建行把大力发展代发工资业务是作为筹资工作的重点之一,代发工资业务由试点转入点面结合,在全行整体推进,全面铺开,相继归集到电力、铁路、学校、医院等一大批企事业单位在该行开办了职工代发工资和代发养老金业务。2000 年,全市机关企事业单位工资由传统的发放模式改为银行代发,该行抓住这一机遇,依托科技领先优势,进一步扩大了代发工资的市场份额,争取新增代发工资户头 17.7 万个,月均代发工资额过亿元,其中在老河口、襄阳支行取得了当地财政系统代发工资的独家代理权,将当地行政事业单位职工工资全部纳入了代理范围。到 2008 年,该行实现年均代发工资户 16 万户,月均代发额 1.1 亿元。

农业银行主要有代发工资、代理水电费、通信费、学费收缴,代理各项保险业务、代理国家发售债券、代理行政事业单位及执法部门罚没款、诉讼费收缴,代发社会最低生活保障金、代理证券、代售基金、代理财政会计核算中心出纳和国库集中收付授权支付业务以及代理金融系统现金领缴、尾箱保管、接送业务等等。

2001 年 4 月 7 日，谷城县石花等 7 个农村信用社在全市农村信用社率先代理发放教师等部分行政事业单位人员财政性工资业务，基本上属于无偿性服务。到 2005 年末，全市共有 69 个农村信用社代发工资，存款余额 9450 万元。从 1990 年 2 月份起，全市邮电部门的工资统转由邮政储蓄代发，这是邮政储蓄代理中间业务的开始。

③代理保险业务：代销商业保险是银行各分支机构在取得保监会认可的经营保险代理业务许可证(兼业)，并与保险公司签订委托协议后，在被代理保险公司授权范围内代理从事代销保险的相关业务。目前各银行代理保险业务的种类主要包括代理人寿保险、财产保险，代理收取保费及支付保险金业务，代理保险公司资金结算业务。1979 年 4 月，人民银行恢复了国内保险业务，人民银行基层办事处相应恢复了保险业务。1984 年工商银行成立后，由各基层办事处代理保险公司业务，办理简易人身险、独生子女健康险等简易保险业务。进入 90 年代中后期，各商业性股份有限保险公司相继在襄樊设立，与商业银行全面业务合作关系有了进一步加强。

襄樊工行 1996 年与中保人寿公司签订代理人寿保险业务的协议，开办代理保险业务，当年实现保费收入 120 万元，盈利 2 万元。2001 年 8 月又与平安保险公司、太平保险公司分别签订全面合作协议，开办协议存款、代收代付保费业务，代理保险业务得到快速发展，至 2004 年年代理保险额已达 2464 万元。

襄樊建行从 1998 年首次与中保人寿、平安保险两家公司签订保险代理协议，到 2004 年 6 月与人寿、平安、新华人寿、太平洋、泰康等多家保险公司建立合作共赢关系，利用建行网点平台大力开展柜面代销保险业务，促使保险代理业务取得了长足发展。2004 年，代理中保、平安、太康 3 家保险公司分红保险产品，销售金额 1647 万无，位居全省建行系统之首。2006 年，进一步深化拓展保险代理业务，加大营销力度，强化柜面销售能力，当年柜面销售保险 8000 万元，实现中间业务收入 233 万元，较 2005 年增加 116 万元，占全省一半份额。

襄樊农行代理保险实行优先代理和包销代理制，细分代理保险市场，加强交强险、人身意外险等寿险产品营销，深度开发信贷财险代理业务，巩固代理保险优势地位，提高保险代理业务综合收益。加大对泰康人寿的“赢家理财”投资联结险、华安财险公司的“华安金龙理财”险及平安财险公司的“无忧金卡”卡单产品等新产品营销力度。并积极寻找其他类似产品，丰富产品体系。

襄樊城区农村信用联社于 2002 年 9 月分别代理人保公司襄樊分公司、平安保险公司襄樊分公司的人身意外伤害保险业务。

襄樊农发行的保险代理业务是农发行适应中间业务的发展需要而开办的一项新业务。2004 年 1 月，银监会批复同意农发行开办保险代理业务。7 月 13 日，市分行转发省分行与中国太平洋财产险有限公司武汉分公司签订《业务合作协议书》和《保险兼业代理合同》，要求在此框架内做好代理保险业务。2004 年下半年开始，全市农发行开办保险代理中间业务，进展顺利，收效显著。

襄樊邮储银行于 1999 年与中国人寿保险公司签订了代理寿险协议，与太保公司达成合作意向。当年办理人寿保险 7 余笔，吸收保费 12600 余元。3 月下旬，又和包括中保在内的其他财保公司进行接洽。各县(市)局也陆续和太保公司签订了兼业代理财产保险协议。在销售品种上，有“盛世开元吉祥卡”、“安居综合险”两个撕单式险种太保“万能寿险”、平保“千禧红”与人保“国寿鸿泰”三种分红保险，丰富了代理险种，迎合了客户多样化的需求。

④代收代付业务：代收代付业务是商银行利用自身的结算便利，接受客户委托代为办理指定款项收付事宜的业务。襄樊市金融行业代收代付业务始于 20 世纪 80 年代中期，并随着银行计算机网络广泛运用而得到较快发展。从当初代发工资起步，逐步向发收代付业务领域渗透延伸，各行先后开办了

代发养老金、代收税费、代收票款、代收过路过桥费、代收电话费、代理保险和保险费归集及资金清算、代理行政事业性收费、代收付股民保证金和代理证券公司资金清算等业务种类。

襄樊建行开办代理业务始于20世纪80年代中期，并且伴随着银行电算化的运用而得到迅猛发展。1986年，该行率先在金融同业发起代理6家单位发行有奖有息债券，开创了全行代理企业发行债券筹集资金的新模式。1987年，襄樊市建行率先在襄樊地区开办了国库券及有价证券的"三代一保"（代保管、代兑取、代储存、保安全）和贴现业务，代理经营有价证券达15种，交易额累计过亿元。进入90年代中后期，随着银行电算化的广泛运用，网点实现了联网通存通兑，以代发、代付、代收为主要方式和渠道的代理业务进入了一个快速发展时期，代理业务品种不断增多，代理范围不断扩大，代理业务作为效益的增长点日趋显现。先后与供电、邮电、交警、城建、交通、税务等行业签订了代收、代付、代发协议75份，代收行业27家，代收费（税）种类41种，新发展代理业务16万户，代理金额15亿元，新开发科技项目11个，此后又陆续开拓了代理移动、联通话费代收代缴业务，铁路电子售票、代收保险机构存折续保业务、代理工交IC卡、代理股份收购、代理门票、代是国企职工买断补偿金、代理职工医保卡、代理缴款卡、代收学费等新业务，全行代理业务呈现出了强劲的发展态势。

襄樊工行早期的代理收付业务主要是代收公用事业费。1994年以后，出于对大力发展新业务和代理业务的认识，市工行开始大力发展代理收付业务。1994年10月市工行与市供电局市区分局签订计算机联网结算电费及开办电储蓄业务协议，首开代理电费结算之先河。1996年利用信贷、结算、存款业务以及微机综合网络等优势，全面开展各项规费代收代付工作。到当年年底，共代收水电费、电话费、防汛费、保险费、养路费、环保排污费、住房公积金、财政预算外资金等"六费两金"10亿多元。1997年在严厉制止高息存款的情况下，把聚资的增长点放在代发工资、代发电话费、代理保险费、代收学费、代收工商"两费"（个体摊位费、工商管理费）等代理业务上，至年末，各项代理金额达20多亿元。2000年7月开办代缴移动电话费业务。是年9月代理发行"中华风采"福利彩票。2003年代售隆中旅游年票。

襄樊农行逐步减少无偿性服务项目，扩大收费性业务，发展代理银行和非银行金融机构业务、证券代理和企事业单位代理业务，重点拓展了以银证通、农村合作医保基金等优质品牌及关联产品，发展以代收水电费、通信费、代发工资为主的代收代付业务和个人汇兑业务。跟踪财政资金转移支付和集中统管趋势，从源头抓起，主动做好财政资金代理工作。城区行主要做好代客理财业务，严格执行业务政策，规范收费管理，按政策规定的项目和标准收到位。

襄樊农发行从1999年开始办理全市收购资金代理业务，2006年以后，枣阳、南漳、老河口联社开始代理农发行金库。2006年以来，南漳等地部分农村信用社开始代收移动通信公司话费业务。襄樊邮储银行目前开办的有代收代付类：代发工资、代发养老金、代付烟草款、代发移民款、代发低保、代发粮食直补、代发燃油补贴、家电补贴、生猪补贴；电信、石油、福利彩票、邮政、公交IC卡、电力六种资金归集和电力预存代缴。

⑤代理证券业务：代理证券资金结算业务是商业银行利用其电子汇兑系统、营业机构以及人力资源为证券公司营业部代理证券资金的清算、汇划等结算业务。20世纪80年代末90年代初，是中国资本市场的萌芽期。随着经济体制改革的不断深入发展，促进了国民经济的高速发展和社会物质财富的增长。如何把分散在社会各方面的资金用经济手段集中起来，用于重点项目建设已被提到了议事日程。1981年国家开始发行国库券，随之开办的国家重点建设债券、国家专业投资债券、企业集资债券、金融债券等陆续出台。为适应市场需要，襄樊建行、襄樊工行积极发展企业债券代理发行、代购证券、代出售证券、有价证券转让等证券业务，有效拉动了全市证券市场的培育和发展。

建行作为经营长期投资信贷的专业银行，承包了绝大部分重点建设债券的发行和各种债券的发行交易业务。1986年，襄樊市建行顺应改革趋势，大胆创新，率先代理襄樊第四水厂、烟草大厦等6家企业发行有息有奖专项建设债券 1 000 万元,开辟了新的筹资渠道。为了抓好建设债券的首发成功,襄樊市建行在借鉴学习外地成功经验基础上,结合当地实际,进行了一系列的调研论证,在项目选择上,通过走访建设单位、征求各方意见,将那些与人民生活息息相关、对地方经济建设至关重要的项目列为发行对象;在具体操作上,证券不分集体个人,一律可以认购,利率和期限适度,力求高奖普奖,到期还本付息,调动了群众认购证券的积极性;在宣传推介上,充分运用报纸、广播、电视等媒体工具,力求家喻户晓。襄樊市政府高度重视,市领导就建行代理证券一事发表电视讲话,《襄樊日报》、襄樊电台开辟专栏,安排专题进行宣传介绍,形成了强大的舆论支持氛围;在布点发行上,除在行内发售证券外,还到人口稠密地段、大型厂矿企业摆摊售券,吸引了工人农民、机关干部 、现役军人踊跃购买,不到一个月时间,1 000 万元的证券就销售一空。1987 年,襄樊市建行又代理发行了重点建设债券、电力债券和建行金融债券,经报市政府同意,由各级政府下达文件,将债券认购任务层层分解至县(市)、区、企业。电力债券分配于 500 多个厂家,逐户催收认购款项。发行重点建设债券,各行利用储蓄所代卖外,还在市区、城关、乡镇广设摊位,开辟临时销售点 22 个,方便群众购买,按期完成了 350 万元的重点建设债券、516 万元的电力债券和 250 万元金融债券的发行任务。1991 年,又为鄂西化工厂、市热电厂等企业代理发行建设债券 6 138 万元,以券引存 570 万元。1992 年,参与代理各级政府、企业发行固定资产投资债券和各种短期融资债券 5 000 万元。几年来,襄樊市建行认真总结经验,完善发行办法,促进了证券发行业务健康发展。到 1992 年,共代理 40 家企业发行建设债券 15849 万元,包销国债和重点建设债券 4 530 万元。1992 年,还首次成功代理卧龙饭店股份有限公司发行企业内部股票 500 万元,1993 年 2 月和 4 月,又分别代理襄江商场和襄阳汽车轴承(集团)股份有限公司发行个人股 60 万元,法人股 1 500 万元,实现了由债券到股票的突破。在积极拓展一级市场的同时,二级市场业务也有了突破性进展。1987 年,襄樊市建行率先在襄樊地区开办了国库券及有价证券的"三代一保"(代保管、代兑取、代储存、保安全)和贴现业务,并逐渐建立了包括自营买卖、委托买卖、抵押付款、咨询服务及证券见证等 13 项业务在内的证券经营体系,经营有价证券达 15 种,交易额累计过亿元,有效推动了证券二级市场的发展。1992 年,加入武汉证券交易中心,成为该中心 40 个席位中唯一的一家地(市)银行会员。襄樊市建行凭借中心席位的优势,立足湖北,面向全国,参与证券交易大循环,实现了柜台交易向市场交易转换。成交额由 1987 年的 2 292 万元增加到 11 500 万元。证券资产成为该行资产的重要组成部分,其业务受到建行总行的表彰,由该行撰写的《证券业务实用手册》成为全国建行证券业务操作的指南读本。1999 年 11 月,襄樊建行先后与申银万国、国泰君安、长城、华厦等 4 家证券公司签订了合作协议,开通了银证转账系统,实现了股民应用银行卡和证券卡存取款和对转账交易。当年发行股民卡 7 040 份,吸收存款近千万元。与此同时,证券基金代理业务发展迅速,在金融同业打造了"襄樊市基金销售中心"的品牌形象,2007 年累计代销基金 37.6 亿元,占全市四家国有商业银行销售总量的 50%,代理基金收入对中间业务收入的贡献度达到 59%,成为全行首个收入过千万的中间业务产品。

1993 年 2 月为加快业务发展,襄樊工行将证券业务从信托投资公司划出,成立独立核算的证券业务部,至是年年末,共代理发行企业债券 1 000 万元,挖掘债券存量资金 137 万元。1994 年 3 月成立华夏证券有限公司襄樊证券交易营业部,至年底证券交易量达 3 亿元。1999 年 6 月,市工行与华夏证券襄樊营业部、申银万国证券襄樊营业部合作,开办银证转账业务,实现股民证券账户与银行存款账户资金的对转。到年底开通银证转账的账户达 2.7 万户,累计转账金额 1.6 亿元。2000 年又扩大到国泰君安证券公司。至 2001 年银证转账日交易额上升到 30 万元。2003 年 7 月与银河证券公司合作,成功开发实时银证转账系统。

⑥代客理财业务:代客理财业务是商业银行将客户关系管理、资金管理和投资组合管理等业务融合在一起,向公司、个人客户提供综合性的定制化金融产品和服务。与传统业务相比,理财业务涉及

信托、基金、证券、保险等领域,需要综合运用境内外货币市场及资本市场金融工具,是一项技术含量高的综合性金融服务。随着社会收入分配结构的调整,居民收入水平的提高,市场投资需求多元化的增加,银行代客理财越来越受到客户的重视和青睐。近年来,各银行理财产品不断创新,业务规模不断扩大,成为商业银行门吸引高端客户和增加非利息收入的利润增长点。

襄樊建行从 2003 年尝试代客理财服务,当年分别组建了襄城、樊东两个理财中心,开辟了一批以孙莹理财、思俐理财为代表的个人理财窗口,发展总、省行级 VIP 客户 86 个,目标客户 5000 个,吸收存款 3.5 亿元。2005 年,着力加强投资理财客户经理队伍建设,创新理财产品,先后成功推出了“乐当家”理财卡、集团理财等新业务,有力提升了市场营销的核心竞争力。同时,强化对中高端客户金融理财服务引导,开展“理财进社区、理财进军营、理财进厂矿”等系列营销活动 20 多次,受众 1 300 多人次,举办各类“建行理财讲堂”100 余场次,受益客户 6 000 余人次,还在襄广交通台发布了 2 期 4 个月的连续产品推广宣传。同时,加大客户经理队伍尤其是核心人才的充实和培养,全行拥有注册金融理财师 18 名,其中,国际认证的注册金融理财师 3 名,全国认证的理财师 15 名,居当地同业之首。

襄樊工行以财务顾问作为市场切入点和突破口,开始尝试发展投资银行业务。2005 年投资银行业务收入达到 442 万元,同比增幅达 175%。

(3)咨询审价业务

咨询服务业务是接受客户委托,由银行专业咨询人员为客户提供投、融资咨询服务及一系列咨询建议或解决方案。服务内容包括代理抵押物价格评估咨询、投资咨询、融资咨询、管理咨询、财务咨询、企业信用等级评定、常年金融与经济信息咨询等。而工程造价咨询业务则是对建设项目的不同阶段的建设工程造价所进行的中介咨询服务,主要包括工程概算、预算、结算、竣工决算的编制与审核;代理工程招标标底、投标报价的编制、代理工程量清单编制与清单计价;提供建设项目各阶段工程造价控制服务;提供工程造价信息咨询服务及工程造价业务有关的其他业务。

造价咨询业务是建行的一项传统业务,它是伴随着建行财政职能的强化而逐步发展起来的。在 20 世纪 50 年代,主要负责工程预算的审查,60 年代中期审查范围扩大到工程概算。1985 年。国家授权建行管理工程预算造价,参与工程定额、材料价格和收费标准管理。1994 年随着财政职能的移交,这项业务开始走向市场,成为建行中间业务的一个重要增收产品。70 年代以前,建行在管理固定资产投资过程中的一项重要任务就是负责抓好基本建设工程预概算。工程预概算就是反映工程造价的重要文件,是监督工程价款结算的直接依据,是考核工程成本节约与浪费的主要标准,所以编好工程预算,提高工程预算质量,审查落实工程预算的准确性是建行监督建设单位降低成本的重要途径。70 年代末,基本建设投资由建设单位为主转为以承包方式为主之后,建行审计重点也转移到施工企业方面,主要审计施工企业的承包工程预算决算和财务决算,继续履行为国家守计划把口子的任务。1978 年 8 月,建行组织开展了全行性的工程造价详细调查,针对发现的问题,主动配合计委、建委等有关部门,整顿地方建筑材料的生产和管理,整顿预算定额,材料预算价格和收费标准,要求对工程预算重点进行审查,促进加强施工管理,降低消耗,提高劳动效益,把工程价格迅速降到历史最高水平。此后,建行对审查工程预概算作了多次安排,1980 年针对降低工程造价问题,提出了扩大工程预决算的审查范围,核实工程造价,审查非标准设备的价格,制止高估冒算。1981 年提出逐步创造条件,扩大审查范围,积极参与工程预算编制依据的制定和管理,引导审查工作向深度和广度发展。1984 年 9 月,国务院颁发了《关于改革建筑业和基本建设管理体制若干问题暂行规定》,要求大力推行工程招投标承包制,鼓励竞争,防止垄断,规定招标工程的标底,在批准的概算和修正概算以内由招标单位确定。评标、定标由招标单位邀请项目主管部门,基建经营部门和建行参加审查。据此要求,建行积极参与审查招标工程的标底,从 1985 年起,工作迅速开展,审查面不断扩大,审查金额不断增加。1987 年财政部发出《关于进一步加强建设银行审查工程预算工作的通知》，指出审查工程预、决算是国家财政授予建行的一项重要职能，在当前建筑市场逐步开放的条件下，要进一步加强审查工程预决算工作，合理确立标底造价，积极参与工程预算定额，材料预算价格和收费标准的编制、修订工作。建行根据工程预决算工作面临的新形势，于1988年召开了审查工程预决算工作会议，要求转变观念，增强认识，健全机构，稳定充实培训人才，审查工作要从土建向安装、从民用工程向工业专业工程，从一般装修向高级装修，从单一向全面发展。在加强审查工作的同时，以多种形式开展咨询业务。随后，建行制发了《关于审查工程预算管理暂行办法》，对其职责范围、具体审查事项、工作制度和考核等作了具体规定。1989年6月与建设部联合发出了《关于改进建筑安装工程费用项目划分的若干规定》，规范了工程造价中若干内容，便利了审查工程预算和标底工作的进行。从1979年到1985年底，襄樊市建行共审查工程预决算1 600多份，工程价值39 957.32万元，定案37 017.46万元，核减2 109.27万元，核增68.01万元，增减相抵净核减不合理工程款2011.26万元。同时审查招标标底1316.47万元，核减170.81万元。1994年，建行结束了兼负财政、银行双重职能的国家专业银行的任务，把代行的财政职能交回了财政部，建行不再以财政管理的手段代行审查工程预决算业务，开始以中介服务的形式，将造价咨询纳入中间业务管理范围，将原工程审价的职能管理机构转变为面向社会服务的咨询机构，尝试面向社会客户开展造价咨询服务。1999年，襄樊市建行对全行系统造价咨询业务实行统一集中管理，专门成立了造价咨询部，抽调人员，集中经营，联动营销，把传统造价咨询业务转化成该行中间业务的一项优势产品。2005年，襄樊市建行进一步加大对造价咨询业务的管理，将造价咨询部更名为造价咨询中心，充实人员，强化重点项目营销，当年实现造价咨询收入109万元，首次突破了百万元大关。近年来，该行为了加快工程造价咨询业务的发展，把造价咨询业务打造成为中间业务特色产品目标，进一步扩大造价咨询业务范围，延伸触角和领域，加强与社会中介机构合作，积极拓展工程招投标代理、监理、资产评估、抵押物估价等新业务；依托建行信贷资源和客户优势，开展上下游客户的联动营销，争取了一批重点客户、重点项目的工程造价咨询编审权。同时，优化服务流程，扩充业务内涵，由传统的编审三算向为客户提供全过程造价服务、全过程投资控制、投资监理及项目管理等全方位咨询服务转变，建立完善造价咨询新产品体系，充分显现了建行工程造价咨询资质的品牌效应，取得了造价咨询业务收入的逐年增长。

(4)信托投资业务

改革开放以来，襄樊各金融机构在全方位开办金融业务的发展中，同银行信用密切相关的信托、委托和各种投资业务也逐步兴办和发展起来。从1981年信托业务开始起步，到20世纪90年代中期，襄樊金融信托业务经历了三个发展阶段，即从1981年开始直接经办信托存贷款业务阶段；各金融机构经办信托存贷业务与之所属信托投资公司业务并重发展阶段；到后来演变形成信托业务与银行业务分业管理，由各金融机构所属信托投资公司单独经办信托业务的格局。1982年4月，针对有些地方把企业存在银行的专项基金存款转为地方“信托存款”的问题，国务院发出《关于整顿国内信托投资业务和加强更新改造资金管理的通知》，组织了对信托业务的第一次清理；1984年，国家针对各家银行经办的信托业务用于固定资产投资过多过滥的问题，国务院要求清查信托资金来源，控制信托贷款，并决定暂停信托贷款和投资业务。经过两次清理整顿，1986年，各金融机构在继续办好信托业务的同时，相继成立了专营信托业务的信托投资公司。从1989年9月开始，国家对信托投资公司又一次进行了持续两年的清理整顿，信托业务与银行实行分业经营。1990年，人民银行总行对各金融机构清理信托投资公司工作进行验收，对各金融机构批准保留了一批信托投资公司。各金融机构信托业以此为起点，出现了创办以来发展最为活跃的时期。1995年，《中华人民共和国商业银行法》颁布之后，根据银行业分业经营有关规定要求，各金融机构停办了此项业务。

襄樊市工商银行信托投资公司,是中国工商银行襄樊市中心支行的全资附属企业。1981 年 11 月 19 日经襄樊市人民政府〔1981〕114 号文件批准成立。1984 年 10 月,人工两行分设,公司交工行襄樊市中心支行管理,改名为"中国工商银行襄樊市中心支行金融信托部",实行"单独核算、年终内部并账"的管理办法。当年,在工商银行系统内的 12 个县(市)区支行相应成立了金融信托部。1985 年 9 月贯彻落实工商银行总行〔1985〕300 号文件《关于整顿信托业务的意见》,只保留工商银行襄樊市中心支行金融信托部, 12 个县（市）区支行的信托部全部被撤销。中支金融信托部一直坚持对外营业, 1987 年 9 月 1 日金融信托部迁往樊城人民路 28 号办公。当年 10 月根据中国人民银行〔1986〕银发字第 97 号文件关于重新报批金融信托机构的要求, 1987 年 12 月 17 日人民银行湖北省分行以鄂银发〔1987〕398 号文批准设立了"中国工商银行襄樊市信托投资公司", 并于 1988 年 12 月颁发了金融经营许可证。在工行系统内,八个县(市)支行成立中国工商银行襄樊市信托投资公司县(市)信托代办处。除老河口外,各县市代办处相继成立开业,信托业务开始起步。1988 年 10 月,按照《国务院关于进一步控制货币、稳定金融的决定》《决定》的第七、八条规定,开始对信托投资机构清理整顿,停办信托存、贷款、投资、拆借等业务,历经近两年的清理整顿工作,中国人民银行省、市分行检查验收合格。1990 年 8 月中国人民银行湖北省分行〔1990〕272 号规定地市州信托投资公司并入专业银行省信托投资公司,襄樊信托投资公司改名为"中国工商银行湖北省信托投资公司襄樊市办事处",各县支行不设信托办事处, 其业务并入信贷部门办理。公司从 1988 年至 1991 年累计组织信托存款 1 850 万元,办理金融租赁 40 笔,办理信托固定、流动资金贷款 453 笔,共融资 1.2 亿元,支持冶金、烟草、纺织、航运行业的大中型企业。自 1988 年 6 月以来,信托公司证券部以"公平交易、让利民众"为原则,以证券转让、代发行、代保管、代购代出售等多种形式,代理发行兑付、保管证券 4 500 万元证券成交额为 3 500 万元。几年来,先后与上海、天津、武汉、四川重庆、河南郑州等大中城市证券机构建立了业务信息往来,促进了有价证券的正常发行和流动,活跃了证券市场,维护了证券的信誉。

1992 年 5 月,襄樊市建行依托省建行信托投资公司襄樊办事处,开办信托业务,培训信托人员,组织信托资金,选择投资项目,创新投资方式,开办个人信托,公司信托,实物租赁,债券信托,吸收信托存款,发放信托贷款等多样化的信托业务,到 1992 年底,信托存款达 1 500 万元,信托投资包括证券、参股、抵押贷款、委托流动资金贷款、临时周转贷款共 11 500 万元,支持了市商业总公司、市金龙公司、市烟草公司等 20 多家大中型企业的生产和经营。1995 年 12 月,撤销"中国人民建设银行湖北信托投资公司襄樊市办事处",成立中国人民建设银行樊东支行汉水办事处,该项业务终止。

1992 年 8 月, 中国建设银行湖北省信托投资公司襄樊证券交易营业部正式成立,1993 年向上海证券交易所派出首位交易员,次年向深圳证券交易所也派出交易员,增设了襄城北街、樊城丹江路两个证券交易部,两个股票交易大厅,拥有上海、深圳、武汉三个证券交易席位,开通了连接沪深两地交易所的交易热线,同时进行证券业务代理买卖。证券代理交易从无到有,从小到大,快速发展。其中 1994 年全年代理证券客户成交金额累计 2.8 亿元,实现营业收入 150 多万元。根据《中华人民共和国商业银行法》有关金融分业经营的规定和上级的文件精神,1995 年 11 月,襄樊市建行代管的中国建设银行湖北省信托投资公司襄樊证券交易营业部人、财、物整体划给国泰证券湖北分公司。至此,该项业务终止。

(5)分机构中间业务

农业发展银行襄樊市分行:农发行襄樊市分行中间业务,包括结算业务、保险代理和国际业务,主要是保险代理业务。自 2004 年 1 月银监会批复农发行开办保险代理业务后,市分行所辖 7 行 1 部将发展中间业务作为效益增长点,逐步发展。在办理中间业务上,主要做法、措施和收效是:

①转变观念,全员发动:农发行襄樊市分行筹办中间业务时,发动全行员工转变观念,树立此项

业务是适应改革和发展的要求,作为提升政策性金融服务水平,培育效益新的增长点,建设现代银行的重要举措,必须全行办、全面办和全员办,有效解决了图安逸、不想办,业务生、不会办等问题。在全市农发行率先开办了保险代理业务,并实现首战告捷。2004 年底,共完成保险代理保费收入 35.5 万元,超额完成任务 8.5 万元,完成代理保险手续费收入 2 万元,市分行机关及 7 行 1 部全部超额完成任务。

②代理品种,逐步开动:在代理保险上,市分行引导所辖行部代理品种,逐年增加,循序渐进,逐步发展。在刚起步时,只代理产险业务,2005 年起又代理了寿险业务。代理险种由刚开办的"企业财产险、工程险、货物运输险和责任险",到 2005 年又发展到涵盖"车辆险、财产险和医疗险"7 个险种。从而,加速了代理保险业务的发展。2005 年,全市农发行共完成保险代理保费收入 167 万元,同比增加 131.5 万元,增幅达 377%;实现保险代理手续费收入 53.26 万元,同比增加 51.26 万元,增长 25.6 倍;分别超额省分行下达计划的 29%和 105%。

③健全机构,组织推动:为了做到中间业务层层有机构主管,领导有专人分管,形成上下联动,全员动手的局面。自开办中间业务开始,市分行便明确分行和各支行资金计划部门负责组织管理工作;各级行实行"一把手"挂帅抓,分管业务行长具体抓,各业务部门配合抓,确保全行通力合作,规范运作,健康发展。同时,自 2004 年起每年层层印发《保险代理工作意见》,促进了各行部细化目标任务,完善考核。

④下达任务,全力促动:自 2004 年开办保险代理业务起,市分行每年都将保险代理保费和手续费收入任务以文件形式下达到各支行、营业部和市分行机关。各行、部再分解落实到员工人头。两级行每季公布完成进度,年末考核,兑现奖惩。任务到人头,个个有劲头,全行形成了人人动手,岗岗竞赛,良性发展的态势,中间业务收益每年都有新突破。

⑤挂钩考核,利益驱动:市分行自 2004 年起每年都将中间业务收入纳入全行经营目标责任制考核,实施任务完成与费用分配挂钩,与经营绩效工资挂钩和与先进评比挂钩。

中国工商银行襄樊市分行:襄樊工行自成立起就开展了一定范围的中间业务。但在当时"存款第一"的思想指导下,中间业务的定位是服务于存款业务,作为存款竞争工具,中间业务的拓展创新主要集中委托收款、个人汇款、储蓄通存通兑、旅行支票、银行本票、直达电汇等与存款比较密切的品种。2000 年以后,襄樊工行调整发展战略,确立了以效益为中心的发展观,对中间业务的认识开始由辅助性业务向主营业务转变,业务品种由传统的代收代付向新兴业务、高技术含量、高收益品种转变,呈现出高效快速的发展局面。

①实施结算改革:在中国人民银行、工商银行两行分设之初,结算工作仍由人民银行统一管理,工商银行继续沿用人民银行规定的结算制度。当时结算业务主要有同城结算和异地结算两种方式。同城结算方式包括现金支票、转账支票、委托付款、托收无承付、同城托收承付。异地结算方式包括托收承付、委托收款、汇兑、票汇、限额结算和信用证等。随着经济的发展,商品流通和货币流通的范围日益扩大,旧的结算方式已越来越不适应人们经济生活的需要,为解决这一问题,作为襄樊主要结算银行的市工行,对结算业务进行持续深入的改革。

实行"以车代邮"直达结算。1984 年针对襄樊辖区内公路交通运输比较发达,比较畅通的特点,市工行把邮局传递结算凭证改为市辖联行信件汽运班车传递,长途公共汽车及摩托车传递。一是把襄樊市所辖五县三市支行的各种往来结算凭证由传统的通过邮局传递改为客运班车传递;二是县(市)范围内由银行通讯员传递;三是毗邻县市之间的传递。"以车代邮"的直达结算,改变了过去"相隔几十里,传递好几天"的状况,初步形成了以中心城市为依托、跨地区多层次的凭证传递网络,减少了结算凭证的中转环节,缩短了资金在途时间,提高了资金抵用率,加速了结算资金周转。市辖结算资金平均在途时间由 1984 年以前的 2.91 天缩短到 1.3 天,日均增加可用资金 590 万元。

开办同城保付支票结算。1986 年 5 月为适应商品交易和个体经济户发展的需要，市工行开办了同城保付支票结算业务。同城保付支票结算是付款单位或个人向银行提交结算保证金（保证金不计利息），由银行签发同额保付支票，交单位或个人在同城范围内办理支付款项的结算方式，适用于同城范围内的商品交易、劳务供应和其他应付款项的资金清算。金额起点为一百元，有效期为十天。

开办旅行支票结算。为适应商品交易和旅游事业的发展，减少旅游者和国家工作人员大额携带现金和解决个体经济经济户“腰缠万贯”的问题，1986 年 12 月市工行开办了省内旅行支票业务。旅行支票是由银行签发，交用款人持往省内用款地向银行兑取现金或向企业、个人支付款项的票据。旅行支票实行固定面额，有效期两个月。

开办直达电汇结算业务。1987 年 3 月为疏通邮路，加速企业资金周转，提高社会资金使用效益，市工行开办直达电汇业务。直达电汇是通过工商银行内部装备的电传电报通信设备，直接向异地工商银行拍发和接收电报，为客户承办电报汇划款和托收承付、委托收款等电报划款业务。此项业务与普通电汇委托邮局拍发和接收电报相比减少了环节，缩短了资金在途时间。一般情况下，只需几个小时，对方银行就可以收款入账，充分体现了“快”的特点，大大加速了资金周转。

实行联行清算“四统一”。1988 年 9 月，为加强资金管理，平衡所辖各支行资金需求，市工行专门成立经营部，对全行联行清算实行“四统一”，即取消市区各行在人民银行开立的存贷款账户，改由经营部统一在中国人民银行开户，统一组织同业清算，统一办理现金出入库，统一调整缴存款。

开办储蓄通存通兑业务。随着计算机在营业网点的普及，为促进储蓄存款稳定增长，1997 年 7 月襄樊工行在市区及襄阳县已开通储蓄综合业务网络的储蓄所中开办通存通兑业务。通存通兑业务范围包括：办理活期储蓄存款存折续存和支取业务（不含销户、换折和凭印支取）；办理活期存款的补登存折；按挂失手续办理口头挂失业务；查询存款余额。1999 年随着储蓄业务全市联网工作的完成，是年 10 月全市工行网点全面开办通存通兑业务。在此基础上，2000 年 7 月襄樊工行开通储蓄暨牡丹灵通卡异地通存通兑业务。

率先开办代发工资业务。20 世纪 80 年代中后期，为增强储蓄渗透力，最大限度地吸收闲散资金，市工行开始探索开办代发工资业务，于 1986 年在樊东支行试点开办代发工资业务，代企业事业单位向职工发放工资。随后几年由于电子化水平不高，代发工资业务虽然有了较大发展，但没有得到全面推广。1992 年随着电子化水平的提高，襄樊工行把大力发展代发工资业务是作为储蓄工作的重点之一，代发工资业务由试点转入点面结合，全面展开。至当年年末代发单位已达 779 户，占开户单位总数的 42%，代发工资总额 14802 万元，占同期工资投放总额的 11.5%，转存额 4103 万元，留存率保持在 27%以上。1993 年，襄樊行统一设计、印制《代发工资协议书》，对代发工资加以规范，当年与 1080 个单位签订了协议，代发户数 17.8 万户，代发额 2.62 亿元，资金沉淀额达 5813 万元。此后代发工资作为一项基础性中间业务得到迅速发展，至 2000 年代发户数已近 16 万户，存款沉淀余额 74329 万元。

尝试发展证券业务。20 世纪 80 年代末 90 年代初，是中国资本市场的萌芽期。为适应市场需要，襄樊工行积极发展企业债券代理发行、代购证券、代出售证券、有价证券转让等证券业务。1993 年 2 月为加快业务发展，襄樊工行将证券业务从信托投资公司划出，成立独立核算的证券业务部，至是年年末，共代理发行企业债券 1000 万元，挖掘债券存量资金 137 万元。1994 年 3 月成立华夏证券有限公司襄樊证券交易营业部，至年底证券交易量达 3 亿元。

拓展代收代付业务。市工行早期的代理收付业务主要是代收公用事业费。1994 年以后，出于对大力发展新业务和代理业务的认识，市工行开始大力发展代理收付业务。1994 年 10 月市工行与市供电局市区分局签订计算机联网结算电费及开办电储蓄业务协议，首开代理电费结算之先河。1996 年利用信贷、结算、存款业务以及微机综合网络等优势，全面开展各项规费代收代付工作。到当年年底，共代收水电费、电话费、防汛费、保险费、养路费、环保排污费、住房公积金、财政预算外资金等“六费两金”10亿多元。1997年在严厉制止高息存款的情况下，把聚资的增长点放在代发工资、代发电话费、代理保险费、代收学费、代收工商“两费”（个体摊位费、工商管理费）等代理业务上，至年末，各项代理金额达20多亿元。2000年7月开办代缴移动电话费业务。是年9月代理发行“中华风采”福利彩票。2003年代售隆中旅游年票。

开办银证转账业务。1999年6月，市工行与华夏证券襄樊营业部、申银万国证券襄樊营业部合作，开办银证转账业务，实现股民证券账户与银行存款账户资金的对转。到年底开通银证转账的账户达2.7万户，累计转账金额1.6亿元。2000年又扩大到国泰君安证券公司。至2001年银证转账日交易额上升到30万元。2003年7月与银河证券公司合作，成功开发实时银证转账系统。

开办代理保险。1996年襄樊工行与中保人寿公司签订代理人寿保险业务的协议，开办代理保险业务，当年实现保费收入120万元，盈利2万元。2001年8月又与平安保险公司、太平保险公司分别签订全面合作协议，开办协议存款、代收代付保费业务，代理保险业务得到快速发展，至2004年年代理保险额已达2 464万元。

实施“中间业务推动工程”。2002年，为推动中间业务高效快速发展，加快中间业务由辅助性业务向主营业务的转变，襄樊工行实施了“中间业务推动工程”，强化宣传引导，狠抓员工认识提高；强化组织领导，成立中间业务委员会，狠抓整体联动。2003年，襄樊工行抓住《商业银行服务价格管理办法实施》的时机，将综合理财、银证通、银保通、支票直通车、网上银行结算业务、银行卡、信贷衍生类业务、保函、外汇中间业务、评级评估等作为重点发展品种，实施“拼盘型”“套餐式”营销。通过推行企业财务顾问、代理同业金库寄存、代理发行“旅游套票”、与东汽股份和城市信用社及铁路、烟草等系统重点大户签订各类服务代理协议，至年底实现中间业务收入1 381万元。

组建专门管理机构。2004年，襄樊工行在实行“中间业务推动工程”一把手工作负责制的基础上，明确管理信息部为中间业务主管部门，建立和完善了“行长负责抓，分管行长亲自抓，牵头部门全面抓，归口部门具体抓”的工作机制。2005年将牵头部门由管理信息部调整到公司业务部。

持续调整中间业务品种结构。2005年以后，襄樊工行以“调整结构，强化培训，固本拓新，规范管理”为主线，在全面抓好传统中间业务发展的同时，积极推进中间业务品种结构战略性调整，把发展投资银行、信贷衍生类、代理保险、信息咨询和代收代付、个人结算等七大中间业务品种作为重点，采取抓点带面、点面结合、以点促面的方法，使中间业务成长为创利主渠道。

拓展新型代收代付业务。自2000年推出网上银行业务以后，襄樊工行以此为平台，开始大力发展具有高技术含量的新兴代收代付业务。2004年开办“银保通”“银证通”“银关通”业务。2005年2月，推出“电信网上营业厅”业务，固定电话、小灵通、ADSL宽带用户通过工行网上银行BtoC网上商城可实时缴纳相关电信费用。2006年11月与市有线电视网络中心协作，在城区支行投产广电收视费代收系统。

拓展理财业务。发展代理个人基金业务，2002—2005年先后代销南方现金增利基金等近百只基金；发展银行保险业务，拓展投资银行业务。2003—2004年为了增加业务收入，襄樊工行以财务顾问作为市场切入点和突破口，开始尝试发展投资银行业务。2005年投资银行业务收入达到442万元，同比增幅达175%。

中国农业银行襄樊市分行：农业银行襄樊市分行的中间业务发展，大体上经历了两个阶段。一是起步阶段。概括起来为：起步早（20世纪80年代中期就开办了代发工资业务）、产品单一（到20世纪90年代才逐步开办代收代付、银行卡、代售国债等），操作落后（手工操作、科技含量低）、效能低下（主要是以吸收存款、稳定存款为目的）。二是发展阶段。进入21世纪后，特别是2002年以来，全行中间业务实现了突飞猛进的发展，中间业务的产品开发、科技水平和综合效益也大大提高，中间业务收入已成为整个业务经营的重要来源和组成部分。

从 20 世纪 80 年代中期开始，农行襄樊分行在发展中间业务上，通过逐步探索和采取一系列的工作措施，促进了全行中间业务的快速、健康发展。

2001 年，农业银行襄樊市分行把大力发展科技，作为促进中间业务发展的动力。当年，计算机联网网点达到 198 个，电子化覆盖率和联网率达到 100%，全国电子汇兑网点和省辖电子汇兑网点分别达到 27 个和 75 个，相继开通了电子国际业务结算系统和全国实时汇兑业务，完善推广了电话银行、银证转账及代收移动通信费、代收财政预算外资金、实时电子纳税等多个网络代收代付系统，为中间业务发展提供了强力支撑。银行卡发卡量达 240 725 张，净增 119 519 张，新增卡存款 29 999 万元，累计实现卡消费 2 678 万元，分别完成计划的 428.56%、127.52%，同比增加 17 倍。

2002 年，全市农业银行大力拓展中间业务的创效渠道，把增收创效作为发展中间业务的重点。一是积极发展收费业务和表外业务。紧跟客户资金集约化和结算网络化发展的趋势，在巩固传统结算业务市场的同时，全面开发系统性和行业性代收、代付、代理理财业务，完善收费业务和表外业务体系，拓展创收渠道，扩大收入来源。特别关注银保一体化发展趋势，推行代理业务专业化，突破性发展代理保险业务，扩大代理业务范围，实现银保政策互动、功能互补、产品互连、资源共享。二是坚持本外币一体化经营，加快发展国际业务。抓住入世后经济循环圈扩大，增长质量提高的机遇，坚持本外币一体化经营的发展方向，充分挖掘外汇业务资源，稳定和发展外币客户，通过各种服务，渗透国际结算业务领域，抢抓国际结算，扩大市场份额，提高经营效益。全年办理国际结算 1384 万美元，结售汇 633 万美元，同比分别增加 584 万美元和 203 万美元；银行卡发卡量达 33 万张、卡存款达 7.9 亿元，卡消费达到 4653 万元，分别增长 163%、205%和 173%；消费信贷、代理业务、国际业务、房地产金融、票据业务等中间业务、新业务从无到有、从小到大。2002 年实现中间业务收入 527 万元，比 2001 年增长 102%。

2003 年，全市农业银行加快发展非传统业务，向提高中间业务收入水平要效益。市分行把中间业务纳入经营目标责任制进行考核，并成立由新产品开发部门牵头，相关业务部门参加的中间业务协调小组，具体负责市场趋势调研，制定阶段性发展目标和分步实施规划，指导和督导中间业务的发展。重点抓了代理同业、保险、证券业务和机关事业单位代理业务为主的中间业务；以国际结算、外汇交易为主的外汇业务；以个人综合理财、住房按揭、汽车消费贷款等为主的个人业务，使中间业务有了突破性的进展。到 2003 年底，办理国际结算 5 127 万美元，结售汇 2 784 万美元，分别增加 3.8 倍和 4.4 倍；银行卡发卡量达 47 万张，新增 14 万张，签购额 5 960 万元，增长 29%；代理保险业务收入 5 330 万元，实现手续费收入 164 万元。中间业务收入实现 653 万元，比 2002 年增加 126 万元，完成计划的 103.7%。

2004 年，以优化收入结构为重点，开创性地抓了新业务拓展工作，提高了中间业务的效益贡献水平。第一，加快发展保险代理业务。把保险代理业务作为新业务主打产品，层层落实任务目标，实施系统营销、突出抓好柜面保险代理及法人、个人贷款客户保险资源的深度开发；对非竞争性资产客户实行“双单”作业，先办妥保险，再投放贷款，扩大市场份额。市分行成立了专职保险代理机构；各支行年保费达到 10 万元以上的，经批准可单设专职机构，不够单设条件的在客户部设置专职岗位；分理处配备专兼职保险代理业务专管员；每个员工都转变角色，当好保险代理员。第二，突出抓好银行卡业务和网上银行业务。围绕市场营销、全面收费、专业化经营三项原则开展工作，促进卡业务由数量型向质量效益型转变；整合现有卡产品，实现一卡多账户、一卡多功能、一卡多币种，最终实现本外币一卡通；异地卡在柜面按定标准收费，对旧卡换新卡客户也要照章收费；大力发展准贷记卡。加快发展网上银行业务，保持网银客户和交易额的快速增长；强化网银管理，切实防范网银风险。第三，全面拓展代收代付业务。逐步减少无偿性服务项目，扩大收费性业务，发展代理银行和非银行金融机构业务、证券代理和企事业单位代理业务，重点拓展了以银证通、农村合作医保基金等优质品牌及关联产品，发展以代收水电费、通信费、代发工资为主的代收代付业务和个人汇兑业务。跟踪财政资金转移支付和集中统管趋势，从源头抓起，主动做好财政资金代理工作。城区行主要做好代客理财业务，严格执行业务政策，规范收费管理，按政策规定的项目和标准收到位。第四，大力发展国际业务。健全本外币组合产品体系，加大国际结算、结售汇和贸易融资等传统产品的营销力度，推广西联汇款、个人因私购汇、国际卡等外汇业务新产品，打造"金钥匙出国通""金钥匙融资通"品牌。加快外汇业务普及，按照"维护、抢占、渗透"的六字方针，深度锁定已有客户，加快构建外汇客户群。第五，适应资本市场变化趋势，加强基金、国债代销工作，不断拓宽收入渠道，使中间业务全面提速。到 2004 年底，代理保费收入 9 286 万元，保险手续费收入 303 万元，比 2003 年增加 139 万元。银行卡发卡量增加 1 000 张，签购额 4.2 亿元，比 2003 年增长近 7 倍，实现卡业务收入 1 249 万元，占中间业务收入总额的 66.47%；网银业务交易额 312 亿，居全市系统首位。办理国际结算 7 512 万美元，结售汇 3 439 万美元，分别完成省分行计划的 130%和 172%。代销基金 6 406 万元，代发国债 5 904 万元，代理长江理财产品 6 413 万元，实现中间业务收入 1 879 万元，比 2003 年增加 1 226 万元，增长 187.75%，占总收入的 5.69%，比 2003 年提高 3.14 个百分点。

2005 年，抓以中间业务为重点的非利息收入。把握中间业务进入高成长期的特征，按规定扩大收费范围、执行收费标准，规范收费管理，提高中间业务创收水平。加强资金统一、协调管理，稳步发展票据贴现回购、同业合作、上存资金等业务，促进信贷资金向低风险、高收益的区域和业务品种流动，提高非利息收入占比和资产综合配置效益，优化增收、盈利模式。拓展中间业务收入。各支行坚持依托传统业务优势、客户资源优势和网络技术优势，大力发展开放式基金业务、代缴费业务、债市通业务、网上银行业务、国际结算业务。加快发展产险业务和团寿险业务，推广"银保通"等优势品牌和关联产品，拓展代理保险业务的深度和广度。积极发展银行卡与电子银行业务，提高卡业务质量和经营效益。加快外汇业务普及步伐，加大外汇重点客户营销力度，推广外汇理财业务新产品，使外汇业务市场份额有一个明显提高。使中间业务得到了迅速发展，业务经营基本实现了由"单一"向"多元"转型。银行卡和国际业务发展从小到大，由弱到强，规模效应逐年呈现。银行卡发卡量达到 73.7 万张，5 年发卡量增长 5.5 倍，卡业务收入到达 1779 万元，增长近 200 倍，实现了历史性的突破。年国际结算量和结售汇分别由 2000 年的 510 万美元和 264 万美元发展到 12717 万美元和 4708 万美元，分别增长 25 倍和 17.8 倍。保险代理、债市通、网上银行等新业务从无到有，迅速壮大。2005 年底，保费收入和代理手续费分别达到 15448 万元和 431 万元，名列系统和全市同业前茅。债市通和网银交易量分别达到 731.9 亿元和 243 亿元，连续 3 年居全国同级机构首位。中间业务收入由 2000 年的 58 万元发展到 2561 万元，5 年增长 44 倍，中间业务收入占总收入的比重由 2000 年不足 1%上升到 11.8%。代客理财、基金债券承销、现金管理等其他新型业务在探索中不断发展、多元化经营成果逐年扩大（见表 8—19）。

中国农业银行襄樊市分行中间业务状况

表 8—19　　　　　　　　　　　　　　　　　　　　　　　　　　单位：万元

序号	年度 / 项目	2002	2003	2004	2005
	合计	527	653	1 879	2 561
1	银行卡业务收入	59	160	1 249	1 779
2	代理保险业务收入	5	164	303	—
3	代收代付业务收入	21	4	—	—
4	代理金融机构业务收入	—	—	—	—

续表 单位:万元

序号	年度 项目	2002	2003	2004	2005
5	结算业务收入	93	85	—	85
6	代理基金业务收入	—	8	—	110
7	电子汇划业务收入	3	20	—	20
8	国债手续费收入	—	28	32	22
9	代保管手续费收入	—	11	—	—
10	代客理财手续费收入	—	—	—	—
11	电子银行业务收入	—	—	—	—
12	小额存款收费收入				—
13	托管业务收入	—	—	—	—
	投资银行业务收入	—	—	—	—
	其他中间业务收入	346	173	295	545

中国银行襄樊市分行:中国银行襄樊分行(原称襄樊支行),组建于1982年,82年4月1日正式开业。襄樊分行各项业务从无到有、从小到大、从弱到强,有力地助推了地方经济开放发展的进程。其中间业务也随着传统业务逐渐发展成重要的独立分支,产品种类、服务功能、营销手段和对经营的影响、贡献不断丰富扩展。

第一阶段:探索起步阶段(1982—1986年):襄樊支行开业时,业务局限在利用外资,支持企业技术改造,促进外贸产品收购,增加非贸易外汇收入等方面。最初始的业务,是接手此前由汉口分行承办的12笔本、外币贷款业务。1982年5月,随着省辖联行的开通,结算业务正式起步。由于业务品种、办理权限及人才机构等限制,中间业务主要从存款、信贷业务引申而来。侨汇工作政策性强,联系面广。在解付侨汇中,以"12345"的方式为少量特定客户服务:一坚持(坚持谁款谁收);二上门(上门调查走访);三不烦(问多不烦,耐心做好宣传解释工作);四方便(从时间上给顾客以方便);五解决(解决侨汇疑难问题)。1983年当年解付侨汇5.3万美元,到1986年,这个数字增加至71579美元。咨询业务实际上是信贷、引资业务的一部分,通俗讲就是调查外商资质,为非盈利项目。如某外商自称有十亿美元与政府合资,并要该行担保。但经咨询调查,其在银行存款只有两位数,避免了风险。1984年,利用代理汉口分行办理信托业务的机会,在全省首家试办了合资企业"三环尼龙拉链企业有限公司"和"亚太磁带企业有限公司"。其中,"亚太"是在加工贸易基础上发展而来,这成为后来襄樊发展外向型经济的重要方向。

第二阶段:强化竞争阶段(1987—1991年):随着市场机制的引入,竞争意识的加强,此阶段是襄樊支行机构扩张最快、开办业务品种最多的时期,也是改革对经济社会影响较强烈的时期,特别是银行体制和外贸体制改革对中国银行影响深远。就业务性质讲,襄樊支行长在外汇,弱在人民币,实行"四自"方针后,资金头寸捉襟见肘。在这个时期,襄樊支行相继开办了国际结算业务、长城信用卡业务、出口押汇业务等业务,以手法创新支持企业创业。为应对业务拓展、机构增多和外贸开口自营的实施,提出了"组织资金、灵活多样、紧中求活、科学运用"的融资方针,制定了"一存、二争、三挖、四拆、五贴、六押汇"的措施。其中,创造性地开拓融资新领域,开办了出口押汇业务。1988年共办理出口押汇45笔,184万美元,提前为外贸企业融资684万元。由于资金保障,全市外贸收购和调省任务顺利完成。1987年,外贸收购任务完成5.48亿元,调省任务完成4.72亿元,占全年计划的105%。此外,将国际结算与信贷业务相结合,在襄樊金融业首家推出了信用证关联业务。1989年,发放信用证项下抵押打包放款80万元,帮助企业解决出口信用证项下备料资金不足的困难。通过信托部门积极工作,

1991 年受理三资项目 13 个，协议投资总额 3949 万美元。针对创办三资企业的不确定性，采取多种方式支持企业发展：为企业参与项目调查，争取各方支持等措施，既满足了外商要求，又维护了企业利益。督促企业实行集约管理，如“三环公司”承包后，生产、销售都有转机。证券业务在探索中起步，1988 年现已买入卖出国库券 14.714 万元；同期，侨汇解付达到 15 万美元，较 1987 年的 7 万美元上升 1.14 倍。

第三阶段：理顺管理阶段（1992—1996）：1992 年，襄樊支行升格为襄樊分行。其时，宏观形势“冰火两重天”，一边是新一轮开放大潮，机会在前；一边是外汇、外贸和银行体制改革，挑战毕现。因此，襄樊分行提出“不争做最大的银行，只争做最好的银行”的经营宗旨，大力拓展机构，重点组织存款，寻求一切机会介入新兴领域。本阶段，相对较弱的人民币业务成为制约中间业务“抢机遇”的重要因素，全系业务呈现出“V”字形的发展历程，即国际结算急剧萎缩，至谷底又强势上扬。面对各家银行的强势竞争，采取有力措施巩固和拓宽国际结算的传统优势：首先创新工作流程，将出口信用证项下和托收单据由原来省分行复核转寄改为该行自行议付、审核、对外寄单，使收汇时间加快一倍，其效率和效益备受企业好评。其次，开展信用证项下出口打包放款和押汇、买汇等融资业务，加快结汇速度，缓解资金压力。第三，简化手续，总是选择最佳索汇路线，力争客户早收汇，从未出现过积压、拒收单据，拖延结汇的现象。第四，开展多功能全方位服务，主动送单上门，帮助自营出口企业培训制单人员，咨询有关涉外知识，办理私人汇款查询和无自由兑换货币鉴别等。第五，转换业务重心，实现由外贸收购向有实力的自营出口生产企业和合资企业的转移。1996 年，国际结算业务总笔数 l661 笔，金额 9405.9 万美元；其中累计出口收汇 3506 美元，占全市出口收汇总额 4776 美元的 73.4%，比 1995 年底市场占比 48%增加 25.4 个百分点；累计进口付汇 70 万美元，完成年计划 500 万美元的 l4%，占全市售汇总额 72 万美元的 97%，比 1995 年底市场占比 54%增加 43 个百分点。到 1996 年，国际结算客户由 1 家增加到 40 家，海外业务行也由以前香港地区 13 家增加到 25 个国家（地区）的 60 余家。由此，重新确立了襄樊分行国际结算业务的主渠道地位。1992 年，襄樊分行开办长城信用卡。起初，由于受环境和条件的影响（襄樊市没有 ATM 机和刷卡设备），除少数有出国经历的客户使用，长城卡仅被赋予存取款功能，业务普及面不大。到 1996 年时，使用环境有了一定改善，长城信用卡发卡量达到 2 322 张，长城卡存款余额 995 万元，长城卡特约商户达 102 家，长城卡交易额为 11 743 万元。信托业务坚守“审慎”原则，在资金缺、人员少、任务重、时间紧的困难情况下，按照“清家底、压逾期、严核算、增效益”的工作思路，代理省信托在襄樊的项目管理，取得了较大成绩。1994 年，收回各项资金 410.1 万元，压缩欠差 491 万元，收回利息 254.1 万元，在 51%资金利息倒挂的基础上，实现利润 6.4 万元。

第四阶段：相对扩张阶段（1997—2002）：1996 年，新任领导班子推出了以“四个竭尽全力”构建“七个体系”的战略设想，力求以更加积极的竞争态度、主动的工作方法和灵活的经营策略，实现扭亏为盈，完成“二次创业”。本阶段，中间业务被列入党委“17 件大事”和“3 项巩固完善的重点工作”，明确提出要全力争揽襄樊火电厂 11.4 亿元开行追加贷款代理业务、开通银证联网转账系统、巩固完善路通卡发卡和售后服务并最终一一落实。不仅于此，国际结算在几番竞争中依旧保持主渠道地位，以代收、代付、代发工资为代表的代理业务在全辖逐步推开。可以说，代理开行项目是襄樊分行发展史上的革命性事件，它不仅为扭亏为盈打下了坚实基础，而且开创了中间业务发展的新天地。1997 年，襄樊分行争取到代理国家开发银行 5.65 亿元人民币贷款结算业务，使襄樊分行成为襄樊火电项目本、外币贷款经办行、国家开发银行结算业务代理行、建设资金基本开户行。下半年，经市人民银行批准，又成为襄樊火电厂的主办银行，一举实现了主办银行制度在襄樊零的突破。以此为契机，全辖依靠代理业务快速增长，代收电话费、代理保险、银证联网、代发主户企业和行政事业单位工资、代学校收费等中间业务取得可喜进展。1997 年，仅代理业务吸收的存款就达 15 670 万元，是 1996 年的 1958 倍，除此之外，还保险公司签订了代理协议，秋季代收学费 1 290 万元。路通卡不停车收费系统是继火电项目之后又一新举措，于1998年11月28日开通。该项目经营成效与社会效益结合在一起，显示出中国银行应有的社会责任感。通过发行路通卡，新增开户887户，发卡1 620张，吸收存款103万元。国际结算在进出口形势严峻，同业竞争日益激烈的情况下突出优势，紧盯大户，争取新户和散户，不断拓展客户群，保持了良好的发展态势。到2002年，全行国际结算进出口业务量首次突破亿美元大关，达1.13亿美元，国际结算业务共实现收益280万元人民币，国际结算业务继续保持连续14年无垫款。借助电脑网络的普及，长城卡业务在1997年得到长足发展：6个长城卡柜全部实现了电脑网络化作业，市区各支行完成帐务集中管理，并发行了具有电脑联网即时扣账特点的长城电子借记卡(中国银行向持卡人提供的现代化金融支付工具，属于中国银行长城卡系列品种，具有同城和异地存、取款及消费功能)，到12月底已发卡4100张。外卡代理和长城卡授权业务受理笔数、金额同步递增，风险率控制在总行要求的2%以下。12月，为市区8家长城卡特约商户安装9台EDC设备，为巩固和拓展信用卡特约商户创造了条件。到2002年，开通两台自动提款机，同年实现长城卡直销额543.5万元，代理外卡交易累计180万元。中间业务在本阶段的普及性提升，与竞争形势下的经营改革有密切关联：首先是自1997年起连续实行工效挂钩、费效挂钩、末位淘汰等目标考核，全辖员工按效益、责任及岗位技术含量拿基本工资，剩余工资按个人业绩档案进行绩效考核，调动了各层面的积极性。其次是开展了存款“开门红”“业务营销月”“城区行网点过生死线倒计时”等活动，网点迁址、升格、装修力度不断加大，设施及科技含量不断提高。三是负债、资产业务增长迅速，积累了大批优质客户，为拓展新兴业务奠定了基础。四是营销手段、能力更加丰富，产品宣传、品牌和广告效应日益明显。四是利用现有科技平台，大力发行新的业务品种，中银“外汇宝”业务争取了一批新客户。

第五阶段：战略转型阶段(2003—2005)：本阶段，中国银行开始股份制改革。其间，业务拓展的外向性，方式方法的多样性促成了经营理念、竞争机制和服务方式的相继转型。首先，全辖机构及人力资源逐渐贯通，推行以费用条形管理为核心的绩效考核，将费用、人力及机构与发展指标紧密挂钩，有效激活了员工业务潜力。其次，机构整合速度、力度加大，城区19个分理处完成扁平化改造，实现了人才前移、机构前移、费用前移。第三，客户观念被强力放大，从分设业务发展一、二部到建立客户经理、产品经理等七支队伍，从偏重公司业务客户到公、私客户齐抓，从单纯请客吃送到提供全系金融增值服务，全行在客户服务上更趋系统和规范。2007年后，襄樊分行步入全新发展阶段，观念革命引发的机制创新和全员转型成为两年内最为显著的跨越。其中，“追逐客户、追逐利润、追求领先、追求卓越”被立为全行核心理念，业务发展流程化、网点服务功能化、员工上岗职业化成为新发展模式。2004年，中间业务列入三大核心指标，明确国际业务部为具体管理部门，制定并下发了中间业务收入的管理办法及考核方案。在服务中通过打包贷款、出口押汇和授信开证等多种形式，尽量满足客户的资金需求。与此相适应，新产品、新模式、新客户层出不穷，“进口汇利达”“银券通”、投标保函、信贷担保、出口双保理、出口信用保险和外汇利率调期等产品服务涵盖了客户需求的方方面面。代理业务空间进一步成长，在代收电费、代收保费、银证转账、外汇实盘买卖、开放式基金业务、代发工资及代扣贷款基础上，新开办了代收移动话费业务、百胜“一账清”、网上银行等新品种。相继为华中电力等客户叙作委托贷款业务，与9户企业签订财务顾问协议。借记卡发卡量128092张，比年初新增59369张，发卡量是前六年发卡总量的80%。中银卡发卡量3821张，发卡量是往年度发卡总量的三倍。

中国建设银行襄樊市分行：襄樊市建行开办中间业务有着较早的历史渊源，早在20个世纪50年代，该行就依据国家赋予管理固定资产投资的职能，负责经办基本建设拨款结算业务，管理基本建设预算和财务，随后又陆续开办基建概算和工程预决算、代编代审工程标底、工程咨询及项目评估业务。改革开放后，随着金融体制改革的不断深化，襄樊市建行审时度势，将中间业务纳入到全行战略性业务发展目标，加快盈利结构的转型和经营战略性转变，以提高经济增加值为核心，优化结构，夯实基础，推进营销，中间业务产品由当初仅办理工程价款结算的雏形起步，到开办委托、代理、担保、见证、信托、承诺、信贷证明等中间业务的不断发展，再到公司和个人类结算业务、投资理财业务、银行卡业务、电子银行业务、国际结算业务，以及财务顾问、代理保险、百易安、保理费收入等新兴中间业务产品的战略创新，全行中间业务实现了由量变到质变的全面扩张和飞跃发展。2005 年，全行实现中间业务收入 2186 万元，增长幅度达 44.96%，人均创中间业务收入 1.66 万元，创历史之最。

①实施稳步推进，夯实发展基础：襄樊市建行中间业务经历了一个渐进式的发展演变过程。1979—1993 年底，建行作为国家专业银行，在改革与强化财政职能的同时，不断拓展与完善银行功能，当时的中间业务尚处于萌芽初始阶段，较之负债、资产业务相对发展滞后。从 1994 年建行由国家专业银行向国有商业银行转轨，到 2005 年建行跨越为现代股份制商业银行的 12 年间，全行以效益为中心经营目标的确立，为中间业务的发展提供了扩张的土壤和成长的环境，中间业务呈现出超常规快速发展的良好运营态势。1979 年以前，襄樊市建行中间业务仅局限于基建拨款结算、审查工程预算和决算，业务量相对较小。改革开放后，建行作为国家专业银行，随着银行功能日趋完善，中间业务也得到了一定发展。除继续经办基建拨款结算、工程预决算外，中间业务新的业务种类也有所增加。1979—1985 年，该行共审查工程预决算 1600 多份，工程价值近 4 亿元，核减不合理工程款 2011 万元，同时审查招标标底 1316 万元，核减 170 万元。该行从 1980 年起，按照中国人民银行统一部署的结算改革，陆续推出了一些新的结算方式，1980 年试行了委托收款结算方式，1984 年 3 月开办了汇票结算业务，1989 年 4 月，根据人民银行结算制度改革要求，确立了“三票一卡”为主体的结算制度。1984 年，襄樊市建行开办现金出纳业务，涉足人民币现金结算业务新领域，当年现金出纳业务结算量达 10 万多笔，收入现金 2.5 亿元。1986 年，该行首次代理 6 家单位发行有息有奖专项建设债券，随后又代理襄樊市发行重点建设债券、电力债券和金融债券，以及证券交易、贴现和“三代一保”业务，开辟了中间代理业务的新渠道。1988 年尝试开办国际结算业务，由此带动了外汇存款、结算、咨询等项业务的开展，结束了建行经营币种上一条腿走路的历史。1990 年，该行依托省建行信托投资公司襄樊办事处，开办信托业务，组织信托资金，选择信托项目，创新投资方式，通过既办个人信托，又办公司信托；既办实物租赁，又办债券信托；既吸收信托存款，又发放信托贷款的多样化信托业务，实现了中间业务的重大突破。1992 年，信托存款达 1500 万元，信托投资包括证券、参股、抵押贷款、委托流动资金贷款、临时周转贷款共 11 500 万元，信托投资成为中间业务不可忽视的亮点和效益增长点。1992 年，首次代理卧龙股份有限公司发行股票 500 万元，实现了由债券到股票的突破。1993 年开办信用卡业务，当年实现交易 8 790 笔，交易额 792 万元。同时，信托证券业务开通了与上海证券交易所联网的股市热线，实现股票、债券的及时报价，异地股票委托买卖业务，股票交易大厅日交易量达 20 万元。1994 年，建行以分离政策性业务，移交财政职能为标志，开始向商业银行转轨，中间业务迎来了一个快速增长时期。1999 年，建行出台了《中间业务考核暂行办法》，将中间业务纳入到全行经营管理和考核体系，从制度机制上确立了中间业务的发展框架和基本路径。襄樊市建行紧紧抓住机遇，进一步加大中间业务措施力度，跟进客户营销，利用科技优势，大力开拓以代收、代付、代发为主要内容的多元代理业务，有效带动了全行中间业务呈现出强劲的发展态势。以拓展证券二级市场交易业务为重点，1994 年，先后增设两个股票交易大厅，拥有上海、深圳、武汉三个证券交易席位，开通了连接深沪两市交易热线，股票交易户达到 2 400 户，实现交易 2.8 亿元。2000 年，针对股市发展情况，集中力量营销银证通业务，先后与申银万国、国泰君安、长城、华厦等 4 家证券公司签订代理合作协议，全部开通了银证转账系统，实现了股票运用银行卡和证券卡存取款转账交易，当年新增银证对应户头 14 000 个，吸收股票交易资金 5 600 万元；以网络代理业务为依托，全方位拓展代收代付业务。从 1995 年开始，该行坚持把多元化代理业务作为抓筹资源头的基础性工作，优化服务举措，强化营销手段，拓展业务范围，逐步实现代理业务由单一向多元、由网点向网络的实质性转变。与襄樊市供电局达成电费代收协议，实施网络联网对接，一次性将供电系统所辖的二级单位及 8 县（市）（含随州）电力局的电费代收全部纳入建

行微机处理账户网络。建立铁路资金网络，将铁路沿线35家建行分支机构联为一体，疏通了铁路资金代理的源头，与人寿保险、平安保险等多家保险公司签订了《保险代理业务协议》，开创了银保长期合作共赢的新局面。研制储蓄卡代发工资系统，1994年在原张湾支行运用ATM单机试用成功的基础上，在各网点全面试办工资代发业务。2000年，抓住机关企事业单位由传统的代发模式改为银行代发的时机，依托科技优势，抢占市场份额，取得新增代发工资户头17.7万个，月均代发额过亿元，其中老河口、襄阳支行取得了当地财政系统代发工资的独家代理权，将当地行政事业单位职工工资全部纳入建行代理范围。1995年，财政部与建行签订《委托代理协议书》，该行根据协议代理部分财政业务外，全力抓好开发银行委托贷款业务，争取到银河纺织集团和开行在襄樊市最大投资项目襄樊火电厂贷款的委托代理权，随后又陆续拓展取得职工医疗保险、失业保险基金、体育彩票资金、直属储备粮库预算内基建基金的拨付与管理、国债补助地方项目、中小企业担保基金等重大资金源头的代理权。在巩固结算、工程预决算、代收代付等传统业务的基础上，该行进一步行拓宽中间业务增收渠道，大力发展国际结算、信用保证、个人电子汇兑等新业务，并于2000年4月在襄城尝试建立票据贴现中心，当年市场份额占比达75%，实现利息收入420万元。到2000年底，该行先后与供电、邮电、铁路、交通、交警、城建、教育、卫生等多个行业签订了委托代理协议，开办了包括代发工资、代收养老保险、代办保险、代理国库券、代发预算外资金、通信费、收视费、罚没款等在内委托代理业务，涉及代理行业27个，代收费种类43种，新发展代理业务16万户，年代理业务量31.5亿元，累计代发工资户28.9万户，月均代发额近2亿元。其中应用科技代理项目11个，新开发代理铁路电子售票、代理续保业务等科技代理项目8个。全行中间业务收入突破千万元大关，余额达到1039万元，占全行总收入的2.05%，中间业务收入水平在全省建行系统处于领先地位。2001年以后，该行在总结过去几年抓中间业务经验教训的基础上，提出了突破性发展中间业务的工作思路，树立"大中间业务"经营观念，提出了"收贷、收息、抓存、抓中间业务收入"四位一体的工作措施，确立了公司业务、个人业务、房地产业务和中间业务为全行四大支柱和核心业务，突出了中间业务的战略地位，促使全行中间业务向着更高的目标迈进。在继续巩固发展结算、代收代付、银行卡、个人电子汇兑、工程预决算、国际结算等中间业务产品的基础上，扩大中间业务的覆盖领域，做大票据业务，拓展移动话费代收、公交IC卡独家代理，抢抓股金收集、股份收购代理、国企改制职工补偿金发放、代收学费、代办全市自考网上报名支付业务，开展代客理财、代售基金、代发国债、代销保险等业务，拓展了与人寿、平安、新华人寿、太平洋、泰康等多家保险公司的合作，抓住了"一卡通""速汇通"、E票通、网上B2B支付、短信通、集团结算、网上银行、手机银行、电话银行、银证通、缴款卡、贷记卡等电子银行代理渠道，凸现出中间业务的品牌竞争优势。到2004年底，全行中间业务取得了突破性进展，实现收入1508万元，较2003年同期增加516万元，增速达52%，首次实现了人均创中间业务收入超万元的目标。

②推进产品创新，做大做强中间业务：1979年以前，襄樊市建行的中间业务仅局限在固定资产投资领域的价款结算和工程编审、预算决算审查业务，初显建行中间业务的发展雏形。改革开放后，随着建行国家专业银行地位的确立，在银行财政职能下，襄樊市建的中间业务虽然有了一定发展，但仍处于从属的地位，仅仅作为筹资服务的工具和手段，不管从业务增长或是发展规模上比较都还处于发展初期。1994年转轨商业银行后，襄樊市建行中间业务开始真正步入全面发展的快车道，中间业务产品不断创新，种类不断丰富，结构不断优化，机制体系全面建立，彰显了中间业务"金融超市"的发展魅力。

发展结算业务，增加基础产品收入。1980年9月，按照人民银行结算改革的统一部署，襄樊市建行试行了委托收款结算方式，1984年3月开办了汇票结算业务。1988年底，中国人民银行颁发了《银行结算办法》，确立了以"三票一卡"为主体的结算制度。据此改革要求，襄樊市建行开办银行汇票业务，在结算手段上与各家专业银行同步进行，1989年实行由旧的结算方式向新的结算方式的转轨，全面扩大商业汇票业务范围，改进支付结算方式，放宽开户条件。开立结算账户除过去按政策要求应在建行开户外，又将开户范围扩大到各类承包公司、开发公司、勘察设计单位，以及基建物资供销企业，均应在建行开立拨款、存款、贷款账户并办理结算。随后又扩大到工商企业、部队、机关团体、个体经济等均可在建行开立存款账户并办理结算，由此带来了该行结算业务量的迅猛增加。进入 90 年代以后，随着现代计算机业务发展，科技运用水平的提高，传统的银行结算方式发生了重大变革和转换。该行从 1984 年会计结算柜台试用计算机办理业务，到 1993 年底，全行 18 个会计联行往来柜台全部实现了电算化，1995 年 6 月，襄樊市建行综合业务网络开通，实现了市区网点机构的大联网。1998 年，该行改革会计管理体制，实行大会计管理，取消了市区行的人行账户，由市分行统一开户，同城票据交换，联行清算等全部集中到市分行清算中心集中办理。1999 年，在市区网点联网的基础上，又将 8 个县市支行的业务纳入城市综合网，实现了全行业务数据处理的大集中。到 2000 年以后，以数据集中上移为标志，随着建行系统内部资金适时到账电子汇划系统的开通，人民银行大额支付系统和小额支付系统的切换上线，带来了银行结算体制和结算渠道的划时代革命。2001 年 6 月，该行以数据集中为契机，将城区 62 个行处集中合并为一个会计核算主体，实现了市区分支机构“一本账、一个核算主体”的会计核算体制重建，为省行、总行数据集中提供了基础条件。2002 年 6 月，随着全省数据集中系统的开通(CBS)，该行的账务数据及处理直接上移到省行统一管理，实现了全省数据的大集中，2005 年 2 月 27 日，随着总行 DCC 项目的正式切换上线，实现了业务数据的全国大集中。与此同时，在跨行业务处理和资金清算方面，1993 年开通了省辖联行系统，1996 年，开通了总行资金清算系统，2001 年，省行加入武汉市金卡网，实现了银行卡跨行交易，网上银行自 2001 年开办并成功开发上线系统，经历 3 次重大版本升级，拥有账户管理、转账汇款、缴费支付、投资理财等 8 大类 100 多项服务功能，树立了良好的电子银行“e 路通”品牌服务形象。“速汇通”个人电子汇款产品在 1998 年推出后，经过 2002 年、2004 年两次提速，无论客户的款项汇到全国各地建行的任何通存通兑活期储蓄存折、储蓄卡及信用卡，均可即时到账，并且适合于大额汇款。到 2005 年底，襄樊市建行已由当初单一拨付资金结算发展到包括对公结算业务、个人结算业务、代理其他银行结算业务、非银行金融机构资金清算业务、代保管业务、账户管理业务、银行承兑汇票结算业务、人民币清算业务等结算渠道，形成了科学严密，方便快捷的结算体系。

发挥传统优势，开展造价咨询业务。造价咨询业务是建行的一项传统业务，它是伴随着建行财政职能的强化而逐步发展起来的。在 20 世纪 50 年代，主要负责工程预算的审查，60 年代中期审查范围扩人到工程概算。1985 年。国家授权建行管理工程预算造价，参与工程定额、材料价格和收费标准管理。1994 年随着财政职能的移交，这项业务开始走向市场，成为建行中间业务的一个重要增收产品。70 年代以前，建行在管理固定资产投资过程中的一项重要任务就是负责抓好基本建设工程预概算。工程预概算就是反映工程造价的重要文件，是监督工程价款结算的直接依据，是考核工程成本节约与浪费的主要标准，所以编好工程预算，提高工程预算质量，审查落实工程预算的准确性是建行监督建设单位降低成本的重要途径。70 年代末，基本建设投资由建设单位为主转为以承包方式为主之后，建行审计重点也转移到施工企业方面，主要审计施工企业的承包工程预算决算和财务决算，继续履行为国家守计划把口子的任务。1978 年 8 月，建行组织开展了全行性的工程造价详细调查，针对发现的问题，主动配合计委、建委等有关部门，整顿地方建筑材料的生产和管理，整顿预算定额，材料预算价格和收费标准，要求对工程预算重点进行审查，促进加强施工管理，降低消耗，提高劳动效益，把工程价格迅速降到历史最高水平。此后，建行对审查工程预概算作了多次安排，1980 年针对降低工程造价问题，提出了扩大工程预决算的审查范围，核实工程造价，审查非标准设备的价格，制止高估冒算。1981 年提出逐步创造条件，扩大审查范围，积极参与工程预算编制依据的制定和管理，引导审查工作向深度和广度发展。1984 年 9 月，国务院颁发了《关于改革建筑业和基本建设管理体制若干问题暂行规定》，要求大力推行工程招投标承包制，鼓励竞争，防止垄断，规定招标工程的标底，在批准的概算和修正概算以内由招标单位确定。评标、定标由招标单位邀请项目主管部门，基建经营部门和建行参加审查。据此要求，建行积极参与审查招标工程的标底，从 1985 年起，工作迅速开展，审查面不断扩大，审查金额不断增加。1987 年财政部发出《关于进一步加强建设银行审查工程预算工作的通知》，指出审查工程预、决算是国家财政授予建行的一项重要职能，在当前建筑市场逐步开放的条件下，要进一步加强审查工程预决算工作，合理确立标底造价，积极参与工程预算定额，材料预算价格和收费标准的编制、修订工作。建行根据工程预决算工作面临的新形势，于 1988 年召开了审查工程预决算工作会议，要求转变观念，增强认识，健全机构，稳定充实培训人才，审查工作要从土建向安装、从民用工程向工业专业工程，从一般装修向高级装修，从单一向全面发展。在加强审查工作的同时，以多种形式开展咨询业务。随后，建行制发了《关于审查工程预算管理暂行办法》，对其职责范围、具体审查事项、工作制度和考核等作了具体规定。1989 年 6 月与建设部联合发出了《关于改进建筑安装工程费用项目划分的若干规定》，规范了工程造价中若干内容，便利了审查工程预算和标底工作的进行。从 1979 年到 1985 年底，襄樊市建行共审查工程预决算 1 600 多份，工程价值 39 957.32 万元，定案 37 017.46 万元，核减 2 109.27 万元，核增 68.01 万元，增减相抵净核减不合理工程款 2011.26 万元。同时审查招标标底 1 316.47 万元，核减 170.81 万元。1979 年，审查预决算 244 份，净核减金额 128.46 万元，1980 年审查预决算价值 6 029.87 万元，核减价值 296.35 万元，核增价值 6.5 万元；1981 年审查预决算价值 1 664.26 万元，核减 104.27 万元，核增 1.69 万元；1982 年，审查预决算 2 924.55 万元，核减价值 165.45 万元，核增价值 6.44 万元；1983 年，审查预决算 6 361.90 万元，核减价值 194.20 万元，核增价值 17.68 万元；1984 年，审查预决算 10 482.45 万元，核减价值 496.07 万元，核增价值 5.8 万元；1985 年审查预决算 8 705 万元，核减价值 699 万元，核增价值 29.9 万元。1994 年，建行结束了兼负财政、银行双重职能的国家专业银行的任务，把代行的财政职能交回了财政部，建行不再以财政管理的手段代行审查工程预决算业务，开始以中介服务的形式，将造价咨询纳入中间业务管理范围，将原工程审价的职能管理机构转变为面向社会服务的咨询机构，尝试面向社会客户开展造价咨询服务。1999 年，襄樊市建行对全行系统造价咨询业务实行统一集中管理，专门成立了造价咨询部，抽调人员，集中经营，联动营销，把传统造价咨询业务转化成该行中间业务的一项优势产品。2005 年，襄樊市建行进一步加大对造价咨询业务的管理，将造价咨询部更名为造价咨询中心，充实人员，强化重点项目营销，当年实现造价咨询收入 109 万元，首次突破了百万元大关。近年来，该行为了加快工程造价咨询业务的发展，把造价咨询业务打造成为中间业务特色产品目标，进一步扩大造价咨询业务范围，延伸触角和领域，加强与社会中介机构合作，积极拓展工程招投标代理、监理、资产评估、抵押物估价等新业务；依托建行信贷资源和客户优势，开展上下游客户的联动营销，争取了一批重点客户、重点项目的工程造价咨询编审权。同时，优化服务流程，扩充业务内涵，由传统的编审三算向为客户提供全过程造价服务、全过程投资控制、投资监理及项目管理等全方位咨询服务转变，建立完善造价咨询新产品体系，充分显现了建行工程造价咨询资质的品牌效应，取得了造价咨询业务收入的逐年增长。

创新服务手段，开拓代理业务领域。襄樊市建行开办代理业务始于 20 世纪 80 年代中期，并且伴随着银行电算化的运用而得到迅猛发展。1986 年，该行率先在金融同业发起代理襄樊市自来水公司、襄樊市烟草公司、宜城自来水公司、随州开发公司等 6 家单位发行有奖有息债券 1 000 万元，开创了全行代理企业发行债券筹集资金的新模式。1987 年，代理襄樊市发行重点建设债券、电力债券和建行金融债券 1 116 万元；1991 年又为鄂西化工厂、市热电厂等 21 家企业代理发行债券 6 138 万元；1992 年参与代理各级政府、企业发行固定资产投资债券和短期债券 5 000 万元，成功代理卧龙饭店股份有限公司发行内部股票 500 万元；1993 年 2 月和 4 月，又分别代理襄江商场和襄阳汽车轴承（集团）股份有限公司发行内部股票 500 万元，实现了由债券到股票的突破。在积极拓展代理一级证券市场业务的同时,二级市场业务也有了突破性进展。1987 年,襄樊市建行率先在襄樊地区开办了国库券及有价证券的“三代一保”(代保管、代兑取、代储存、保安全)和贴现业务,并逐步建立了包括自营买卖、委托买卖、抵押付款、咨询服务及证券见证等 13 项业务在内的证券经营体系,代理经营有价证券达 15 种,交易额累计过亿元。1992 年,湖北省建行信托投资公司襄樊办事处成立,该行加入武汉证券交易中心,成为该中心 40 个席位中唯一的一家地(市)银行会员。该行凭借中心席位优势,立足湖北,面向全国,参与证券交易大循环,实现了柜台交易向市场交易的转换,成交额由 1987 年的 2292 万元增加到 11500 万元。同时,依托证券机构平台,增设了襄城北街、樊城丹江路两个证券交易部,两个股票交易大厅,拥有上海、深圳证券交易席位,开通了连接深沪两地交易所的交易热线。进入 90 年代中后期,随着银行电算化的广泛运用,网点实现了联网通存通兑,以代发、代付、代收为主要方式和渠道的代理业务进入了一个快速发展时期,代理业务品种不断增多,代理范围不断扩大,代理业务作为效益的增长点日趋显现。1994 年,该行成功研制推出储蓄卡代发工资系统,并在原建行张湾支行运用 ATM 单机试用取得成功,以此为开端,代发工资业务由点到面在全行整体推进,全面铺开,相继归集到电力、铁路、学校、医院等一大批企事业单位在该行开办了职工代发工资和代发养老金业务。2000 年,全市机关企事业单位工资由传统的发放模式改为银行代发,该行抓住这一机遇,依托科技领先优势,进一步扩大了代发工资的市场份额,争取新增代发工资户头 17.7 万个,月均代发工资额过亿元,其中在老河口、襄阳支行取得了当地财政系统代发工资的独家代理权,将当地行政事业单位职工工资全部纳入了代理范围。1995 年以来,借助电算化优势,以全市 120 多个网点的微机网络所形成的整体竞争合力,先后与供电、邮电、交警、城建、交通、税务等行业签订了代收、代付、代发协议 75 份,代收行业 27 家,代收费(税)种类 41 种,新发展代理业务 16 万户,代理金额 15 亿元,新开发科技项目 11 个,此后又陆续开拓了代理移动、联通话费代收代缴业务,铁路电子售票、代收保险机构存折续保业务、代理工交 IC 卡、代理股份收购、代理门票、代是国企职工买断补偿金、代理职工医保卡、代理缴款卡、代收学费等新业务,全行代理业务呈现出了强劲的发展态势。进入 2000 年以后,随着社会收入分配结构的调整,居民收入水平的提高,市场投资需求多元化的增加,银行代客理财越来越受到客户的重视和青睐。近年来,襄樊市建行以客户专业化理财服务为手段,积极推进高端客户专享服务渠道建设,为顶高端客户提供专业化的财富管理,个性化的会员专属服务,高度私密性的会所式服务以及丰富的非金融增值服务,目前全行已形成“理财室、理财中心、财富中心”三级 VIP 服务架构,拥有注册金融理财师 18 名,其中国际认证的注册金融理财师 3 名,国家认证的理财师 15 名,居金融同业之首。与此同时,抓好保险代理业务的发展,从 1998 年首次与人寿保险和平安保险两家公司签订保险代理协议,到 2004 年与人寿、平安、新华人寿、太平洋、泰康等多家保险公司建立合作关系,保险代理业务取得了长足的发展。

扩大产品覆盖,打造金融百货超市。1999 年,省建行制定《全行中间业务考核暂行办法》,同时将中间业务纳入到全行统一的经营管理和考核体系,中间业务与负债业务、资产业务三大支柱核心业务体系在全行得以确立。襄樊市建行以超常规的措施,突破性的产品覆盖策略,跨越式的发展速度,实现全行中间业务规模和效益的同步增长。以基础性产品为先导,巩固传统增收领地。持续推进代发工资、代收代付业务,调整营销策略,实施以代发为主向代付为主的转移,将代发公务员工资、养老保险基金等作为工作重点,延伸业务领域,扩大客户范围和市场份额占比。加大结算业务收入扩展力度,全面开拓银行承兑汇票、现金支票、转账支票、银行本票、汇兑、委托收款、托收承付、国际信用证等公司业务结算产品,整体涵盖速汇通、储蓄存款异地托收、代发工资、个人存款证明、个人结售汇、外汇汇款、个人外汇买卖等个人业务结算种类,实施两大产品系列一起抓,两个轮子一起转,稳固了传统增收渠道。在全面拓展中间业务创收产品的基础上,把电子银行业务、信用卡业务、国际业务等战略性业务纳入中间业务的重点发展产品,实行优势产品强势推进,进一步扩大中间业务收入的渠道。电子银行业务以网上银行、电话银行、手机银行、短信通等平台为依托，积极开展A级以上公司客户上网银、代发工资上网银等电子银行工具的体验，实现电子交易额67.56亿元，人机替代率提高到55.67%。信用卡业务紧抓目标客户，突出重点产品，大力拓展银联商户，优化用卡环境，实现了信用卡发卡量和消费交易额的稳步攀升，信用卡发卡总量达到5900万张，动卡率达66%。国际业务以理顺管理体制，从人员、机制、政策上倾斜，促进了国际业务较快发展。

③建立完善机制，超常规发展中间业务：自1999年全行中间业务纳入全行统一考核体系后，襄樊市建行积极转变经营观念，强化商业银行效益意识，把中间业务纳入全行战略性业务发展重点，制定下发了中间业务发展指导意见和考核实施办法，拟定了中间业务发展目标、市场定位、营销思路和对策措施，对全行中间业务发展起到了较好的导向推动作用。之后又根据新的形势和要求，结合年度业务发展重点，相继提出了要突破性发展中间业务，树立"大中间业务"思想，实现中间业务"跨越式"发展的战略目标，进一步振奋了全行员工精神，鼓舞了士气，调动了各部门、各条线抓中间业务的积极性，形成了全员参与、整体推进中间业务发展的良好局面。2004年，随着建行股改上市进程加快，全行中间业务面临着一个转折性的历史发展机遇，该行紧紧围绕实现价值最大化目标，把中间业务纳入战略性业务发展重点，提出了"超常规发展中间业务"的目标要求，制定下发了《关于超常规发展中间业务的指导意见》，出台了中间业务产品量化考核办法，把电子银行业务、信用卡业务和国际业务纳入中间业务战略性发展重点，开展了"超常规、求发展、比贡献"中间业务劳动竞赛，落实部门、产品上下整体联动，综合营销，拓源增收，全面提高了市场竞争能力。加大中间业务激励约束措施，倾斜优惠政策，科学、动态配置中间业务资源，突出资源配置的针对性和效率，较好地发挥了资源配置对产品结构调整的作用。强化正负激励手段，突出市场份额和指标考核的比重，并与各行、各经营部门的绩效挂钩，健全完善了中间业务产品奖励系列激励办法，有效调动了全行各层面拓展中间业务的积极性。与此同时，进一步强化联动营销措施，不断提高全行交叉营销、联动营销、组合营销、综合营销和团队营销的能力，有效推动了全行中间业务持续稳定发展。

中国邮政储蓄银行襄樊市分行：邮储的中间业务包括汇兑、保险、理财、国债、基金和其他代收代付类业务。20世纪80—90年代，汇兑和保险构成了邮政中间业务的主体，这一阶段中，业务品种单一，业务办理繁琐。到90年代后期，邮政储汇局不断探索发展中间业务，积极开发新的业务品种：开发了礼仪汇款、入账汇款、国际汇兑，邮政绿卡等业务和多种代收代付类便民服务。大力发展科技，积极开展汇兑电子化建设、绿卡网建设、邮保通工程、中间业务平台等，促进中间业务的发展。进入21世纪后，随着金融现代化的步伐加快，中间业务更是受到了全局的重视，中间业务的发展也呈现了全面、稳定、健康的增长态势。

1999年3月起，湖北省即开始了邮政代理保险业务的前期准备工作，襄樊市各级储汇机构的代理保险也取得初步成果。市储汇局与中国人寿保险公司签订了代理寿险协议，与太保公司达成合作意向。市储汇局与保险公司联合举办了6期培训班，培训人员达70名。同时积极组织人员参加保险代理人资格考试，全市共有22人通过资格考试，及格率列各保险公司及各代理单位之首。市储汇局还拟定了《关于开展代理寿险营销竞赛的通知》和《代理寿险业务管理办法》两个文件，以利代办保险业务的展开。在寿险营销未正式开展之前，抓住6月10日银行存款利率再次大幅度下调之机，抢在保险费率下调之前广泛动员、深入宣传，一举办理人寿保险7余笔，吸收保费12 600余元。为加快邮政代理保险发展步伐，全面实现代理保费4 000万元，争取实现手续费收入200万元的要求，市储汇局又起草了《关于在第四季度开展邮政代理保险营销竞赛的通知》，要求在全市范围内做好代理保险的展业工作。

2000年1月21日，市储汇局就代理太平洋保险公司襄樊支公司财产保险与该公司签订了协议，为代理保险全方位展业奠定了良好的基础。根据保监会规定财险可多家代理，同年3月下旬，又和包括中保在内的其他财保公司进行接洽。各县（市）局也陆续和太保公司签订了兼业代理财产保险协议。市储汇局可代理机动车辆险、企业财产险、雇主责任险、建筑安装安全险、电脑设备险、货物运输险、家财险、长顺安全险、老来福终身险、长健医疗险、家庭人身意外伤害险等险种。2000 年，襄樊市共实现代理保费收入 914.13 万元，完成年计划的 101.57%，排名全省第九位，占同期全省代理保费收入 9002.05 万元的 10.15%，按绝对值排名全省第五。供货代理保险手续费收入 52.1 万元，完成年计划的 115.775，列第 8 位，占同期全省代理保险手续费收入 401.66 万元的 12.97%。

随着国家金融市场的力度进一步加大，金融市场竞争的进一步升级，商业银行凭借其先进的金融电子技术、雄厚的资金运作能力、优惠的价格、宽松的汇兑环境，向社会推出了面向居民个人的电子汇兑业务，商业银行的金融创新对传统的邮政汇兑业务冲击很大。为了巩固邮政汇兑业务，2000 年储汇局相继推广了部省开发的切合广大居民需要的汇兑新业务品种，在全市掀起“入账汇款、礼仪汇款”两项业务竞赛活动，促进邮政汇兑业务有突破性进展。截至 2000 年 12 月 31 日，全市开发礼仪汇款 1293 张，开发金额达 143.15 万元，开发入账汇款 182 户，沉淀金额达 147.53 万元。

2000 年上半年，市邮政储汇局多次与襄樊市养老金社会劳动保险管理处接触，上门宣传邮政储蓄优势，同年 5 月份，襄樊市社会劳动保险处终于与市邮政储汇局达成协议，从同年 7 月 1 日开始，市储汇局开始代发襄重、老河口江山两家企业的养老金，近 3000 余户，代发金额达 140 万元。

2001 年，作为中间业务的重点，代理保险业务获得了进一步发展。开年后，由于受到储蓄业务大发展一定程度上的冲击，邮政代理保险业务一度陷入停滞状态，上年末开发出来本年销售的“盛世开元吉祥卡”、“安居综合险” 两个撕单式险种销售情况也不理想。下半年省局拨出 10 万元专款设立邮政代理保险业务发展短程竞赛奖励资金。此外，下半年代理保险工作重点推广的太保“万能寿险”、平保“千禧红”与人保“国寿鸿泰”三种分红保险，丰富了代理险种，迎合了客户多样化的需求，截至到 2001 年底全市代收保费 901.01 万元，手续费收入 20.99 万元。

2001 年是邮政汇兑业务发生巨大变化的一年，邮政电子汇兑工程竣工，改变了邮政汇兑业务传统的手工操作流程，实现了汇款信息的电子化。本期工程全省投资 1 989 万元，其中襄樊市 200 万元。在襄樊的 7 个县(市)新建汇接节点，与全国汇兑网点四级机构连通。初期组为客户提供现金到现金 24 小时、4 小时和特级电子汇兑业务，逐步开办现金到账户、账户到现金、账户到账户电子汇兑业务及国际电子汇兑业务和电话汇款、网上汇款等业务。2001 年，市邮政储汇局代发工资 69 176 户，代发金额 5 620.52 万元；代发养老金 11 276 户，代发金额 5 407.93 万元，汇费收入 15.56 万元；代收移动话费 1 643 户，手续费收入 9 260.16 元；代收连通话费 268 户；代收固定电话费 15 681 户；代收无线寻呼费 1 260 000 户；代收电费 613 户。2002 年 7 月份中国人寿湖北分公司与省储汇局联合召开邮政代理保险半年工作会议。总结了上半年全省邮政代理保险发展情况，并结合发展形势，指明下半年邮政代理保险业务发展方向。下半年，为使“国寿鸿泰”继续热销，“鸿星少儿”成功推向市场，湖北省与中国人寿保险湖北省分公司联合开展“鸿星闪耀”销售活动，取得了优异成绩。同时，还相继与泰康人寿、新华人寿、人民保险建立了合作关系。截至年底，全市代收保费 1 947.76 万元，手续费收入 61.26 万元，排名全省第八。同年，湖北省邮政汇兑业务在进一步确保电子汇兑系统稳定运行的前提下，开办了 2 小时汇款、回执汇款等多项汇兑新业务。襄樊市国内汇兑网点共计 177 个，联网网点 18 个，开发汇票 40.32 万张，兑付汇票 100.20 万张，收汇款额 35 264.05 万元，兑付款额 114 690.46 万元。汇兑收入 253 万元。

2002 年 6—10 月，武汉、襄樊、宜昌、黄石、十堰五个地区联入银联卡大网。襄樊市绿卡中心于 2002 年 12 月 26 日向省邮政金融中心进行成功割接。使襄樊局实现银联卡全国联网，邮政绿卡与其他银行卡可以跨行使用，并可开办代发工资、养老金等代收代付业务。同年，全局代收移动电话费 215 户，金额达到 193.16 万元，手续费收入 0.79 万元。代收固定电话 1 500 户，代收金额 68.21 万元，手续费收入 1.29 万元。代收工资 8 818 户，累计代收金额 6560.47 万元，累计收入 67.46 万元。代发养老金 12 108 户，累计代收金额 5 354.14 万元，累计收入 5.88 万元。代收电、寻呼费 75 户，累计代发金额 43.27 万元，手续费收入 0.05 万元。邮寄申报纳税统计表，代理户数 4 865 户，代理金额 875.01 万元，手续费收入 7.18 万元。

2003 年，襄樊市代理保险业务排名全省第四。累计投保户数 51 423 户，代收保费 7 554.94 万元，完成进度为 104.93%。手续费收入 247.24 万元。同年 8 月，国家邮政局对汇兑业务资费进行了调整，开始对六个字以上的附言收取超字段附言费，并全面开办了实时汇款、汇款回执业务等多项汇兑增值业务；同时为充分调动超兑省的业务发展积极性，实现汇兑业务收入的合理分配，2003 年 7 月在国家邮政局邮政储汇局统一安排下，开始对省际自行通知汇款汇费收入进行分配。2003 年湖北省加大了联网网点的建设力度，截至 2003 年底，全市电子汇兑联网网点 72 个，联网率达 38.9%。开发汇票 36.21 万张，汇兑收入 216 万元。同年，配合邮政储蓄绿卡的发行，市储汇局组织开发了 14 个绿卡“商厦、街道”，净增活期余额 200 余万元。截至 12 月，绿卡发卡 60 306 张，累计净增 85 586 张，完成年度竞赛计划的 155.61%，排名全省第六。

2004 年，储汇局在实行专业化经营过程中以“增规模，调结构”为第一要务。为进一步壮大邮储规模，提高邮储经营效益，大力发展中间业务。明确牵头机构，将储汇局市场部由管理职能向着开拓职能的方向进行转变，扩充现有中间业务用户的基础上积极筹备，开发新的中间业务种类，加强对原已通过市储汇局代发工资及养老金等中间业务单位的横向联系，做好养老金发放的后继工作，杜绝中间业务客户的流失。大力开发代发工资、代发养老金等代字号中间业务。特别是市事业单位中行政编制人员退休工资的代发工作。同时抓住一些小型个企、事业单位，对于其他单位不注重、不愿意办的小批次业务单位采取各个击破方式纳入储汇局，为其代发在职及离退人员工资。全市代发养老金 14352 户，累计代收金额 11893.13 万元，累计收入 29.27 万元；代理纳税 220 户，累计代理金额 137.71 万元，累计收入 7.93 万元；代发工资 8474 户，累计代收金额 8037.34 万元，累计收入 20.26 万元。

汇兑业务上进行全方位的宣传，内外并举；开展市场调查、有针对性地开展营销宣传，市局成立储汇业务营销专班，指定专人负责汇兑业务的营销，变等客上门为现场营销，针对部队、学校、工地、外来建筑人员、餐饮务工人员、宾馆服务人员、休闲娱乐人员、外出就读学生、来樊生意人员、商务购货人员、开发区及各类批发市场等不同的客户群，进行不同方式的营销，对不同类型人员分别登记，积极开发和培育商用汇款，大力发展高端客户打破汇兑业务无需营销的传统观念；结合中秋节和国庆节两节日的到来，开办礼仪汇款业务，增加襄樊邮政汇兑业务种类。2004 年，全市汇兑联网网点 87 个，联网率达 46.5%。汇兑收入 154 万元，年增幅达 71.3%。

全省继续贯彻“超常规发展代理保险业务”的方针，牢牢抓住发展不放松，邮政代理保险业务一直保持着稳定增长的发展势头。截至年底，全市累计代理保费 14 107.82 万元，完成 13 亿元目标进度的 94.05%，排名全省第五。本年累计投保户数 13 070 户，手续费收入 212.58 万元。

2005 年以来，根据邮储业务发展需求，新业务不断推出，专业化管理的要求越来越高，为了适应邮储改革及业务发展，市储汇局在坚持走专业化经营之路的同时，强化了专业营销，完善了专业经营的奖惩体系，并在全局实行《项目开发招标制》，激发广大职工开发中间业务项目的积极性，取得显著效果。1 月 30 日，正式启动襄樊公交总公司公交 IC 卡充值与售卡业务，公交公司利用邮政储蓄网点实现 IC 卡代售、充值等业务的覆盖范围最大化，邮政储蓄则实现了网点功能的扩展和延伸，为城区广大居民提供了便利，提高了邮政储蓄的社会服务形象，拓宽了邮储服务内容。同襄樊市电力公司签订归集电力归集款业务和实时代收电费业务，截至 2005 年 12 月，实时代收电费系统本年累计代收 12 万笔，办理金额 212 万元；预存代缴签约用户累计 2 088 户，本年累计收入 4 500 元；代收电费款本年累计归集 26 000 万元。同襄樊市移动公司签订了移动营业款归集业务，移动营业款本年累计归集

13 000 万元，本年累计交易笔数 5.7 万笔，累计手续费收入 5.8 万元。《项目开发招标制》制定短短一个月开发 5 个代发工资单位，月代发金额 70 万元，月均沉淀余额 50 余万元。

通过代收电费、归集移动营业款、公交 IC 卡充值等涉及面广、社会影响力大的业务在该局的开办，迅速提升了市邮政储蓄中间业务的品牌形象，为邮政储蓄中间业务的发展提供了更广阔的发展空间。2005 年，全市中间业务收入累计完成 824 万元，占邮政储蓄总收入的 5.73%，占邮政业务总收入的 4.31%。中间业务交易笔数 26 万笔，较 2004 年增加 3.9 万笔，交易金额 7.6 亿元，较 2004 年增加 4.2 亿元。

全市加大了对邮储绿卡优势的宣传，借助邮储绿卡农村市场的网络优势，邮储绿卡在交易笔数、交易金额、发卡量、POS 消费量等卡业务上都呈增长趋势，全市累计发卡 389041 张，卡均余额为 1656 元，卡交易笔数 95 万笔，交易金额 26.8 亿元，较 2004 年度同比增加 23 亿元；POS 消费笔数 25781 笔，消费金额 5161 万元。

2005 年多家保险公司与市储汇局合作开发保险业务：大地财险“大地无忧”家庭财险 1 万多元，泰康人寿“团体年金险”3000 多万元，新华人寿“团体年金险”1200 万元。全市代理保费累计实绩 1.53 亿元，完成省局下达年底 1.72 亿元计划的 88.9%；其中市局现业实现代理保费 4600 万元，占全年计划 4250 万元的 108%；全市累计实现代理保险手续费收入 136 万元。

襄樊市城市商业银行：襄樊市商业银行的支付结算业务始于 1987 年大庆路城市信用合作社时期，但一直发展缓慢，直至 2001 年以后才逐步快速发展起来。2001 年发生结算业务 2 万元，实现结算收入 0.1 万元；2002 年结算额 5.42 万元，实现结算收入 4 万元；2003 年结算额 10.34 万元，实现结算收入 8 万元；2004 年结算额 19.34 万元，实现结算收入 7 万元；2005 年结算额 37.47 万元，实现结算收入 9 万元。同时，自 2004 年起具备了独立签发银行承兑汇票的资格，2004 年自签银行承兑汇票 131 笔，金额 10755 万元，实现收入 5.4 万元。

襄樊市农村信用联社：襄樊市农村信用社中间业务开展较早，但最初基本上不收取任何费用。农村信用社的中间业务开始主要是办理结算业务，包括票据结算和转账结算。票据结算又有支票结算和银行承兑汇票结算；转账结算又有省辖联行、县辖联行、参加人民银行清算中心、参加同城票据交换、自办县辖往来 5 种结算方式，1996 年以后，转账结算业务逐步形成以电子代替手工办理。农村信用社另一项中间业务是代理业务。宜城县联社从 1983 年 5 月起，开展了代理保险业务，到 1984 年 9 月，共代理开办了耕牛、机动车辆、船舶及驾驶员意外伤害等四个险种；1984 年全市有 51 个信用社开展了代理保险业务。这项业务一度停办。自 2002 年开始，各县级联社均逐步开展了代理保险业务。1987 年农村信用社开始代理乡级财政金库，乡级金库撤销后，农村信用社开展了代理县级财政金库集中支付业务。1999 年，全市农业发展银行 50%的收购资金业务由农村信用社代理。2001 年农村信用社开始办理代发工资业务。2005 年，全市涉农粮食直补资金、退耕还林补贴首次由农村信用社代理发放。在抓中间业务方面，襄樊市农村信用联社以发展代理保险业务为突破口，着重抓好其他代理业务，积极培植新的效益增长点，提升农村信用社市场竞争力。近年来，手续费收入逐年增加。2004 年末—2005 年末，全市农村信用社手续费收入分别为 28 万元、60 万元。

（二）保险业务

1.中国人寿保险业务

公司由 1996 年分业经营时的总保费收入 5595.7 万元发展到 2005 年总保费收入 4.62 亿元（其中股份公司保费收入 40166 万元），2005 年在全市寿险市场的份额（含集团公司业务）为 48%。1996—

2005 年，公司累计承保 99.4 万人次，其中，承保长期人身保险 62.9 万人次，承保短期人身保险 36 万人次，累计承担风险保障责任 132.4 亿元。累计各项业务支出 16.43 亿元。其中长期人身保险死亡伤残给付 1.69 亿元，满期给付 6.49 亿元，年金给付 2.27 亿元；各类短期人身保险赔款支出 2.6 亿元。

2.中国平安人寿保险业务

中国平安保险股份有限公司襄樊市支公司 1996 年 12 月 25 日成立，到 1997 年底拥有员工 403 人，管理人员 23 人。经营范围包括财产保险、责任保险、信用保险、人身保险、健康保险、人身意外保险。机构设置为五部一室（营销部、团险部、客服部、管理部、核算部、办公室），3 个联络处，10 个营业部。1997 年，保险业务总收入 3250 万元，其中财产险 350 万元，人寿险 2 900 万元，全年审结赔案 102 件，赔付金额 26 万元。

1997 年，建立健全员工培训体系，有专、兼职讲师 22 人，成立全市第一家寿险精英协会，有初、中级会员 13 人。

1998 年，平安保险股份有限公司襄樊市支公司实现保费收入 4769.01 万元，完成年计划 106%，其中寿险完成 4 290.01 万元，产险完成 479 万元，寿险比 1997 年增长 24%，赔付 3801 件、468.8 万元，向国家缴纳税收 83.9 万元。8 月 31 日，寿险业务推出利差返还、减额缴清、生命尊严等 13 个险种，制定展业禁语十条，推行微笑、鞠躬等礼仪。

1998 年，襄樊市支公司被省人民银行评为全省金融系统“四讲一服务先进单位”，被省消费者委员会评为“第六届消费者满意单位”。

1999 年，襄樊市支公司全年实现保费收入 7 079 万元，比 1998 年增长 56.7%。其中寿险保费总收入 6 279 万元，首期营销保费2 420万元，提前32天完成全年计划，达成率110%；营销续期保费 3 566 万元，提前 20 天完成全年计划，达成率 104.6%，二次综合达成率 89.53%，三次综合达成率为 95.03%，银行转账成功率 45.51%，续期综合考核得分列全省第一，全国第七；团险保费 293 万元，达成率 100%。财产险实现保费收入 800 万元，达成率 100%，增幅 67%。公司累计有客户 6 万人，全年赔付 3 166 件，赔付金额 517.8 万元，满期给付 3.25 万元。公司寿险有从业人员 613 人。

1999 年，襄樊市支公司被分公司授予全省平安系统先进单位。

平安公司自 2000 年起，全面实行电脑网络管理。所有内勤人员按人手一台电脑配置。并设置有业务收入录入系统、后援支持系统、财务管理系统、资产管理系统，人事管理系统等。分公司成立了稽核部门，每年定期对各部门的运作进行监管和督察，

2001 年 10 月 1 日，首家推出《平安世纪理财》险种，系中国大陆第一种既有保障功能又有投资功能的新险种，当年销售 356 万元。2002 年 4 月 1 日，全国第二家，全省第一家寿险行业 VIP 俱乐部在襄樊成立。同年 5 月 1 日，向 38 省、市级劳模赠送每人 1 万元意外伤害保险。2004 年 9 月 26 日，首次在襄樊推出“平安智富人生万能寿险”A、B 两款产品，其特点保费缴纳灵活，金额可调整，资产价值透明，是一种稳健投资功能的保险产品。2005 年 12 月 13 日，铁十一局冯某去青海格尔木途中，不幸发生交通事故身亡。理赔部用 10 天的工作日，将 396 266.30 元赔款送到亡者家属手中，同时为冯家的家人豁免 22 946.55 元保险费，是襄樊地区赔付金额最高的一次赔付案件。

1996 年保费收入 375 万元。1997 年保费收入 2 800 万元，赔案 102 件，赔付 26 万元。截至 2005 年，9 年里公司快速发展，资产加倍增加，业务品种特色，经营理念创新。公司员工增加 848 人，营业面积扩大 4 506 平方米，新增客户 12 万户，保险项目 190 种，2005 年保费收入 1.55 亿元，赔款 613.88 万元。同成立初时的 1997 年相比，增长 454 个百分点

3.中国太平洋人寿保险业务

保费收入。1995 年，总保费收入 1 032 万元，其中一年期业务 768 万元，长期人身险 264 万元；1996 年总保费收入 2 058 万元，其中一年期业务 1 562 万元，长期人身险 841 万元；1997 年总保费收入 3 153 万元，其中一年期业务 1 562 万元，长期人身险 1 591 万元；1998 年总保费收入 3 156 万元，其中一年期业务 1 375 万元，长期人身险 1 781 万元；1999 年总保费收入 1 957 万元，其中一年期业务 624 万元，长期人身险 1 333 万元；2000 年总保费收入 2 219 万元，其中一年期业务 732 万元，长期人身险 1 487 万元；2001 年总保费收入 3 600 多万元；2002 年总保费收入 84 00 多万元；2003 年总保费收入 8 700 多万元；2004 年总保费收入 8 980 多万元；2005 年总保费收入 12 500 万元；赔款支出。1995 年，赔付支出总额 237 万元；1996 年赔付支出总额 865 万元；1997 年赔付支出总额 1 267 万元 1998 年赔付支出总额 985 万元；1999 年赔付支出总额 882 万元，其中一年期 862 万元，长期性险 20 万元；2000 年，赔付支出总额 569 万元；2001 年赔付支出总额 680 多万元；2002 年，赔款支出总额 1 250 多万元；2003年，赔款总额1450多万元；2004年赔款总额1 590多万元；2005年赔款总额1 650多万元；

特色业务。2000 年，襄樊市实行城镇职工基本医疗保险，中国太平洋人寿保险股份有限公司襄樊中心支公司主动配合襄樊市劳动局和社会保障局开发《城镇职工大额医疗费用补助保险》，全市参保单位已达 2 087 家，参保人逾 60 万人，为 6 000 余人提供经济补偿近 7000 万元，让参保职工解除因病致贫的后顾之忧，提高广大参保职工的医疗保障待遇，同时也体现了保险公司履行社会管理的义务职责，充分发挥了保险职能作用，受到人民群众的普遍欢迎。第一笔业务襄樊印刷厂（丹江路）机动车辆保险收保费 4 000 元。第二笔大单业务襄阳县人民医院财产和住院医疗综合保险，总保费 195000 元；第一个企业财产理赔案，1996 年，襄樊印刷厂失火案赔付保险金 196 000 元，第一个汽车险赔付案，1996 年 9 月，3 545 厂职工在河南信阳出差途中因公路打场晒粮致使汽车伤人，保险公司经调查后根据保险合同赔付保险金 184 000 元；第一个大额人身保险理赔案，1998 年胡某因车祸致死赔付保险赔额金 20 万元（险种卡）；2004 年，胡某，在公司投保太平如意卡短期意外险、个人人身意外险，于 2004 年因意外身故，经调查证实后，公司按照保险合同赔付保险金 65 000 元。2005 年，谢某，其单位在公司为职工投保团体职业意外伤害保险（9906），于 2005 年月因意外身故，经调查证实后，公司按照保险合同赔付保险金 120 000 元。2002 年公司培训部、客服部、理赔部、银行保险部等部门经理分别获总公司、省公司“先进个人”荣誉称号；2003 年 3 月，被襄樊市授予巾帼创业先进集体；同年，被总公司授予“百强中心支公司”称号；2003 年老河口、樊城、南漳营销服务部被总公司授予“百强营销服务部”；2004 年，被市工商局评为“守合同重信用单位”。

4.中国人民财产保险公司襄樊市分公司业务

1980—1984 年，保险业在人民银行代管期间，主要经营企业财产保险、机动车辆保险和职工家庭财产险 3 个险种，服务对象主要集中在国有企事业单位，5 年累计保费收入 11 614.20 万元，年均增长 123.4%。1984 年 6 月至 1994 年，独家经营产寿保险业务，保险经营方针及服务领域发生转变，服务触角由城市到农村、由集体到个人，创造一些有鲜明地方特色、在全国有影响的保险业务。1985 年，公司试办了货物运输保险、自行车盗窃险、生猪保险、耕牛保险，当年保险费收入 1 617.4 万元，支付赔款 920.9 万元。1986 年，在南漳东巩、巡检两个乡镇试办农村保险合作社，当年，被中央农村政策研究室肯定，并在政策研究杂志介绍两地基本情况。当年保费收入 2 146.90 万元，支付赔款 1 281.10 万元。1987 年，全市大面积开办农村耕牛保险业务，全年承保耕牛 37.48 万头，被中国人民保险公司列为全国养殖业试点地市。当年保费收入 2 922.80 万元，保险赔款 1 633.20 万元。1988 年 6 月，老河口公司在仁义街试办由保险公司、公安部门和居委会“三方”参与管理的治安家财保险，公安部专题调查并给予肯定，仁义街共有 3 087 户家庭参加保险，保险责任金额 485.1 万元。1989 年，新开办家用电器保险、麦场火灾储金型保险等 11 个规模较小新险种。保费收入 5 232 万元，较 1988 年同比增长 26.9%，涉外保险费收入 23.4 万美元，其中：直接办理进出口货物保险 20 笔，吸收外汇 5000 多美元。当年，3 月 26 日，鄂西化工厂脱硫塔爆炸，公司赔款 161.8 万元。全年共支付赔款 2 367 万元，较 1988 年同比增长 38.7%。1990—1994 年，业务处于高速发展，年均增长 50%。其中，1990 年保费收入 6 607 万元，占年计划 109%；1991 年，保费收入 10 008 万元，比 1990 年增长 51%，支付赔款 4 614 万元，比 1990 年增长 37%，赔付率 46%；1992 年，保费收入 15 339 万元，比 1991 年增长 53%，支付赔款 73 51 万元，比 1991 年增长 59%；1993 年保费收入 18 211 万元，比 1992 年增长 43%；1994 年，保费达到 2.1 亿，比 1993 年增长 19.8%。1995 年，襄樊保险业发生巨变。一是新保险经营机构快速设立。1995 年 2 月，太平洋保险公司在樊设置保险机构；1996 年 7 月，中国人民保险公司襄樊分公司实行产寿险分业经营，按照国家规定人、财、物“七三”比例，组建了中国人民财产保险股份公司襄樊分公司、中国人寿保险股份有限公司襄樊分公司，由中国人民财产保险股份公司襄樊分公司继承原有的中国人民保险公司品牌。到 2005 年底，在樊设点经营保险业务机构 12 家，其中产险公司有 7 家，分别是中国人保财产险、太保产险、平安产险、天安产险、太平产险、大地产险、永安产险 7 家；寿险公司有 5 家，分别是中国人寿、太保人寿、平安人寿、新华人寿、泰康人寿 5 家。二是竞争格局基本形成，人保财险公司市场份额略有下降，年均下降 5%，1995 年市场份额 99.8%，1996 年市场份额 99%，2005 年下降到 73.7%。三是保费年增速上下波动。公司采用了香港会计考核办法，保费收入等关键指标统计、考核以保险期限迄止考核，打破传统年度考核。1996—2005 年，保费收入在 0.5 亿—1.3 亿元区间徘徊，2002 年保费收入 13 869 万元，为 10 年内最高；2005 年保费收入 13 589 万元，其中车险保费收入 10261 万元，非车险保费收入 3 328 万元。当年处理赔案 13 382 起，支付赔款 8 594 万元。为“5·26”东方化工厂爆炸案支付赔款 500 万元。

（三）证券业务

1.申银万国业务范围及委托方式

申银万国证券股份有限公司襄樊人民广场证券营业部业务范围包括发行和代理各种有价证券、代理买卖各种有价证券(A 股、B 股、债券、基金、国债回购、代办股份转让、投资理财产品等)、资产管理、企业重组、收购与兼并、投资咨询、财务顾问以及其他与证券有关的业务。委托方式包括：柜台委托、磁卡委托、红精灵自助委托、24 小时电话委托、网上交易、手机委托等多种委托方式。随着互联网络的高速发展，营业部非现场交易的比重逐步提高，到 2005 年营业部非现场交易占总成交金额比重已接近 70%，并呈现出继续扩大的态势。营业部与农业银行、建设银行、中国银行、工商银行均开通了银证转账业务，方便投资者资金划转，免去带现金往返于证券公司的烦恼。客户只需在就近的银行网点填写银证转账单或直接在网上通过申银万国证券公司的交易系统选择“银证转账”菜单，即可方便地将银行账户和证券账产的资金互转。1998 年 5 月，开始实施银证联网和通买通卖服务项目；1998 年营业部实现营业收入 529.16 万元；1999 年 7 月 1 日，《中华人民共和国证券法》正式实施；1999 年，营业部实现营业收入 776.52 万元；2000 年 3 月 18 日，开展向二级市场投资者按市值配售新股；2000 年 7 月 18 日，正式开通交易网站——“神网”；2000 年，营业部实现营业收入 1 570 万元；2001 年 2 月 19 日，营业部开始办理境内居民 B 股保证金账户开立及 B 股代理委托买卖等业务；2001 年，营业部实现营业收入 1 049.06 万元；2002 年 1 月 1 日，起开始实施客户交易结算资金管理办法，规范证券交易结算资金管理，保护投资者利益。2002 年，营业部实现营业收入 750.38 万元；2003 年，营业部实现营业收入 645.49 万元；2004 年，营业部实现营业收入 747.78 万元；2005 年，营业部实现营业收入 553.05

万元。

2.中国银河证券股份有限公司襄樊营业部及业务

1993年,中国农业银行襄樊市信托投资公司的领导班子,解放思想,因地制宜,大胆使用招聘员工方式,经中国人民银行湖北省分行批准成立,创办了鄂西北第一家证券交易营业部。1993年4月30日,上海证券交易所上证管〔1992〕字第4012号文件,吸收农行襄樊市信托投资公司为交易所会员。1994年1月,被天津证券交易中心批准为会员,并与电信局168信息台协作,为股票信息栏目传送信息,在语音提示中注明本信息由“农行信托证券部”提供,据电信局当年的统计,仅1994年一年播通168台股票栏目的电话就达15万次。同年,与襄樊广播电台开办午间股市行情节目,节目覆盖了鄂西北及河南南阳的广大地区。1995年2月,该部国债期货席位得到批准,当年根据信托公司的安排,利用多种形式对国债进行广泛的宣传,加大对国债买卖力度,截至1995年底,该部证券业务成交额为1.58亿元,国债期货交易额达1.08亿元,收购国库券460万元。1996年,随着行情不断创新高,信托公司开办保管箱业务,并且开通深市股票交易,营业部当年开户总数达到5 272户,成交额达到10亿。1997年4月,由中国长城信托投资公司(原农总行信托投资公司)接转,更名为中国长城信托投资公司襄樊证券交易营业部,隶属于中国长城信托投资公司,同年,该部有了自己的深圳席位,开通了深圳双向卫星系统和上海双向卫星系统,服务功能更加多样化,营业部开户总数突破1万户,成交额达到19.5亿元。1998年该部交易大厅搬迁到湖北省襄樊市樊城区建设路100号,农行21层大楼一二三层,营业面积达3 600平方米,新大屏、新电视墙、新柜台和新刷卡柜,开通了农行银证转账系统,给股民提供了更好的服务,营业部开户总数达11 681户,全年总成交13.7亿元。1999年该部开通了互联网委托交易、远程可视委托交易,开通了建行银证转账,1999年12月在枣阳大西街10号设立了“枣阳证券服务部”。2000年8月,经国务院批准同意,由中国农业银行等全资的中国长城信托投资公司等5家公司所属的证券业务部门及证券营业部合并组建唯一一家国家独资,全国性综合类证券公司,该证券部遂更名为“中国银河证券有限责任公司襄樊证券营业部”。截至2000年底共有客户16 837户,实现沪深交易量共32.67亿元。2001年该部开通B股业务,并与《襄樊晚报》合作推出“券商看市”证券专版正式与全市读者见面,在年底该部顺利开通了“中国银河证券网上交易”业务,正式开通实时代理开户业务。2002年,为适应高速发展的证券行业,压缩固定岗位,撤销了人工委托柜台,全面实行客户自助委托交易,并开通了中国银行银证转账业务。2004年,实现19亿元的成交额,新增开户数452户。2005年,经国务院批准,中央汇金公司出资对该公司进行了重组,并于同年8月8日正式注册成立中国银河金融控股有限责任公司。同年,该部共实现股票、基金及权证交易额14.45亿元,新增开户数612户,在银河证券武汉地区排名第三。

中国证监会是国务院直属的证券监督管理机构,按照国务院授权和依照相关法律法规对证券市场进行集中、统一监管。因此,该部既接受中国银河证券股份有限公司总部的统一管理,所有业务也接受中国证监会监管。营业部的经营范围包括:证券代理买卖;代理还本付息、分红派息;证券代保管、鉴证;代理登记开户。现有员工29人,机构设置为六部,即综合部、计财部、电脑部、交易部、投资研发部、枣阳服务部。

3.中信建投证券襄樊营业部及业务

中信建投证券有限责任公司是中信旗下实力券商,是经中国证监会批准,由中信证券股份有限公司、中国建银投资有限责任公司共同发起设立的综合类证券公司。公司注册于首都北京,注册资本金27亿元。公司有覆盖全国主要经济活力地区的116家证券营业部网点,两千余名富有经验的专业人员、品种齐全的专业客户服务体系和雄厚的技术研发实力。中信建投资证券有限责任公司是我国目前资产状况最好、经营罪规范的证券公司之一。

中信建投证券有限公司襄樊营业部是中信建投证券有限责任公司全资子公司，位于湖北省襄樊市襄城十字街鼓楼巷1号。前身是华夏证券公司襄樊营业部，于1994年成立，营业部于2005年12月更名为中信建投证券襄樊营业部，营业部现有员工20人，营业面积2000平方米，是襄樊市目前营业面积最大、客户量最多、交易量最大的证券营业部。中信建投证券有限责任公司襄樊营业部自成立以来，在总经理胡德雄的领导下，本着“客户利益至上”的宗旨，以“设施一流、服务一流、管理一流、咨询一流”的形象，为广大投资者提供一个“舒适、优雅、满意”的投资环境，成为襄樊市首屈一指的营业部。经过十多年的发展，营业部的业务品种已经形成了以A股为主，包括B股、国债、企业债、可转换债、开放式基金、期货等多个交易品种在内的证券超市。为广大投资者在证券市场投资提供了多种选择。

2005年，中信建投证券有限责任公司襄樊营业部获得由中国证监会颁发的“湖北省十佳营业部”的殊荣，是襄樊市唯一获此殊荣的营业部。襄樊营业部成立十多年来，内部管理规范，业务发展稳健，取得了年年盈利的骄人业绩，连续多年各项经营指标在当地市场排名第一。

卷九 农业

1983年，襄樊市推行以家庭经营为主的联产承包责任制。1987年，全市（含随州市）53.3万公顷耕地，86.6万公顷山林实行大包干，4万公顷水面和1万公顷果、茶、桑、烟、麻等多种经营基地实行专业承包。1995年前后，农村土地第一轮承包陆续到期，党中央、国务院作出在原耕地承包期到期之后再延长30年不变的统一部署。按照明确所有权、稳定经营权、放活使用权这条主线逐步开展二轮延包工作。到2001年底，全市绝大部分地方完成延包工作，全市向农户发放"农村土地经营权证"81.8万份，涉及面积36.46万公顷（不含随州市），分别占总数的92.85%及96.8%。2004年底，按照省委、省政府的统一部署，全市全面开展依法完善农村土地二轮承包工作。

1983年，对农民完成派购任务后的非派购产品，允许农民上市或多种经营。1985年，取消统派统购制度，实行粮食油料合同收购和市场收购并行的双轨制，多数农产品价格彻底放开，实行市场交换，扩大农民合作经济组织的自主权；1986年，实行定购粮田与化肥、柴油、农膜"三挂钩"政策。随着农产品市场逐步放开，三挂钩政策于1992年停止执行。

1983年起，随着土地经营权的改革，襄樊市农村经济收益分配体制由原来（生产大队或生产队）集体统一核算收支，即纯收益中一部分上缴国家，一部分留存集体，一部分给农户留下。改革后由农户交够国家和集体的，剩余都是自己的。1985年底，襄樊市委、市政府作出《关于制止乱摊派减轻农民负担的决定》。为贯彻这个决定，1986年初，全市结合农村财务清理整顿对减轻农民负担落实情况进行了一次全面清理，采取压缩非生产人员调减干部补贴，废除一切不合理摊派。全市取消各类摊派173项。1990年，市委、市政府再次下发《关于切实减轻农民负担的决定》。全面开展清理清查和专项整治工作。即清理负担文件，清理负担项目，清理负担资金使用，专项清理村组财务，清退不合理负担，开展中小学乱收费，清退行政事业单位编外人员和代课老师，取消村级招待费、农村电费、水费、报纸杂志费等专项治理，把减轻农民负担纳入对县、（市）区的目标管理，层层签订责任状，严格进行考评，并且采取农民负担定项、限额、总量控制一定三年不变的稳定负担水平的系列措施，使农民负担得到了有效的控制。2001年，减轻农民负担工作逐步进入治本的阶段，首先在全市开展撤并减工作：即撤总支、合乡镇、并学校、减人员、封小车，各乡镇小车一律封存拍卖；2002年，全市开始推行农村税费改革，调减农业税税率（下降3个百分点），取消烟叶以外的特产税；国家对种粮农民实行粮食直补和水稻良种补贴、退耕还林补贴、农村义务教育补贴、农村新型合作医疗补贴、农机购置补贴，全市用于农民的直接补贴3亿元以上。2005年，农村税收和劳务用工全部免除；规范乡镇机构设置，建立精简效能机制。

推广优质高产高效新品种水稻、小麦、棉花、油菜，优质品种覆盖率65%、85%、80%、95%。猪、牛、羊、禽优质品种覆盖率70%、50%、40%、60%。在种植结构上，油菜、蔬菜、花生、烟茶等高效经济作物的面积大幅度增加，粮食作物与经济作物比例达到56∶44。发展养殖业在种养结构上逐步加大养殖业比重，发展畜牧水产业，养殖业的比重占农业总产值的35%以上。

乡镇企业在20世纪80年代后期和90年代，形成异军突起快速发展态势。2000年前后的分裂重组，一部分进入规模以上企业，一部分关停并转，一部分垮掉了，发展态势减弱。但加工业和服务业创造的国内生产总值和财政收入仍分别占全市经营总量的29%和27%。

从1986年开始，着重抓52万公顷商品粮基地，26万公顷优质小麦基地，2万公顷商品粮基地，5.33万公顷油料基地建设。进入2000年，全市按照“一县一品”的产业布局，调整产业结构，狠抓优势农产品基地建设，一批起点高、品质优、辐射远、效益好的名特优农产品基地形成板块格局。截至2005年，全市初步形成襄、枣、宜结合部优质畜禽示范区、城郊和高山无公害蔬菜区，荆山山区烟茶菌药示范区；鄂北岗地优质中弱筋小麦产业带，汉江流域优质油料产业带，汉江公路沿线优质林果产业带，鄂北岗地和汉江沿岸优质棉花产业带，汉江沿岸和大中型水库灌区优质水稻产业带，襄阳区畜禽养殖小区、枣阳优质桃、宜城优质油料、南漳县食用菌、优质米、保康有机茶、谷城花椒、老河口优质水果、襄城奶业、樊城蔬菜等10万亩以上的板块基地10个。板块经济推动了区域化、产业化、规范化经营水平的发展。在所有制结构上，集体经济所占比重逐步下降，多种所有制经济成分共存，个体经营经济和混合所有制经济已占经济总量的55%以上。

到2000年，全市小城镇吸纳20%以上农村人口。2000年以后，各地把发展劳务经济，促进农民增收作为“三农”工作的新抓手，促进劳务经济大发展。截至2005年底，全市农村劳动力外出务工人员人数近50万人，劳务经济对全市农民增收贡献份额占52%。

全市以提高抗灾能力，实现旱涝保收为目标，坚持平原河谷地带以治渍涝为主，开挖维修农田排灌和改造冷浸田；“三北岗地”以治理“旱包子”为主建设、扩堰修渠加泵站；山区以建设当家地和解决人畜饮水困难为主的指导思想，加强农田水利基本建设。

突出大型项目，积极争取国家支持和世行贷款资金3亿多元。1989年以来，先后兴建了清泉沟泵站、石台寺引唐灌溉工程。完成一批大型水库和汉江大堤的除险加固项目。利用农闲组织农田水利基本建设，每年冬季形成“万名干部上前线百万大军战山河”小型大规模与大型大规模交相辉映的壮观场面，每年完成土石方1亿多立方米，改造中低产田1.33万～2万公顷，增加旱涝保收的面积达0.2万～0.33万公顷，改善山区2万～3万人、1万～2万牲畜饮水困难。

按照农林牧副渔各业并举，山水田林路综合治理实施综合开发和深度开发的指导思想，以治水治土为中心，将植树造林，农田水利田间作业道，水面滩涂开发等内容通盘考虑成片开发。全市从1986—2005年20年累计改造中低产田12万公顷。坚持人工造林、飞播造林、封山育林一起上，实施封山育林、营造速生丰产林、绿色通道建设、鄂北防护林、退耕还林等林业工程建设。每年造林面积2.5万～3万公顷。经过多年努力，全市实现绿化达标和无荒目标，森林覆盖率达到40.2%。

加强农村基础设施建设，把“村村通”工程作为脱贫致富的重点工程来抓。全市通公路的村达95%，通电村93%，广播电视覆盖率90%，推广农村能源技术建沼气池达5.96万户。

从1980年代开始，着重抓以农业推广服务体系为主的八大服务体系建设，先后投资1638万元建成市县两级农村推广服务中心；突出杂交稻、小麦、油菜的良种繁育，耕牛冷冻精液配种，良种母猪，祖代鸡场以及名优特品种的体系以及畜禽疫病体系、水利服务体系、农机服务体系、农村技术服务体系、适用技术的研究体系、适用技术推广体系等。

坚持把农民技术培训作为新技术推广的重要环节，实行农科教结合普教、职教、成教三统筹，举办各类培训班，以会代训，组织大型科技下乡活动等多形式多渠道开展农民培训。80%以上的农民接受过各类培训，从而加速科技转化的进程。

推行良种良法，把科学技术应用到农业生产重大环节中去，推广优良品种、高效种植模式和先进实用技术。如杂交水稻小麦、玉米、油蔬菜、三元杂交猪、安格斯牛、南江黄羊、波尔山羊等等具有杂交优势的高优品种上百个；两段育秧，组织培养、病虫害防治，配方施肥，保温栽培，秸秆氨化等各类技术的大面积应用。2005年已达到60%。

抓基地建设，不断调整农业结构。全市有农业产业化基地面积53.3万公顷，建成连片10万亩以上板块农业基地10个，初步形成粮食、油料、棉花、水果、畜牧、蔬菜、林特七大主导产业。襄阳区100

万头三元猪，枣阳30万亩优质桃，宜城70万亩油料，南漳2000万袋食用菌，谷城10万亩花椒，老河口10万亩优质梨，樊城蔬菜等已具备相当规模。为农业产业化经营奠定了产前基础。

围绕农产品深加工，各类流通组织采取招商引资改组改制、财政扶持、金融支持实施抓大带小，扶优培壮加大龙头企业建设力度。2005年，全市各类农业产业化经营组织发展到620家，龙头企业带动型310个中介组织加入协会，合作经济组织带动型220家，专业市场带动型90家，年销售收入达5000万元的龙头企业20家，亿元以上9家。国家级龙头企业3家，省级龙头企业9家，市级龙头企业23家，获自营进出口权的龙头企业12家，已开展出口创汇业务10家，农产品自营出口创汇1700万元。

发展"订单"农业拉紧产业链条，为了积极引导企业与农户建立利益共享，风险共担，探索出"跟踪服务型""价格保护型""二次分配型""协会网络型"等不同模式的订单农业组织形式，通过"龙头企业+专业协会+基地+农户""专业批发市场+基地+农户"的形式带动订单农业的快速发展，全市订单面积达到53.3万公顷(复种)，网络农户54万户，60%以上的农产品实现了订单销售。有效地规避了市场风险，促进农业增效和农民增收。

2005年，新农村建设试点村160个。坚持把发展生产放在首要位置试点村依据各自自然条件，培植特色产业，如谷城县平川、朱家洲、三岔路、小坦山等试点村依据交通便利，毗邻城镇等区位优势发展汽车零部件、棉纺、建筑材料、运输服务等项目，农民收入大幅度增长，集体经济实力不断壮大。宜城、保康山区发展茶叶专业村、蔬菜专业村。平原地区依托龙头企业和专业合作组织发展高优种植业，无公害、标准化农产品等为新农村建设注入活力和后劲。把基础设施建设作为新农村建设的关键，不断改善生产生活条件。全市开展一建三改(建沼气池，改厨改厕改圈)，饮水工程、四通工程(通公路、通电、通广播电视、通电话)等方面的基础工作。启动社会保障制度，最低生活保障线，五保供养，农村合作医疗，农村教育"两免一补"等制度逐步建立。

全市在巩固"普九"成果的基础上发展职业技术教育，对广大农民实施"阳光工程""雨露工程""绿色证书工程"，"技能就业工程"等培训为载体整合社会办学资源，建成各种培训基地194所，累计培训农村劳动力104 503人。通过培训转移96 070人，转业就业率91%。全市农民适用技术培训达120万人次。坚持党政主导、农民主体和社会各方面共同参与的投资机制。市委、市政府成立新农村建设试点领导小组，建立28个部门参与的工作联席会议制度，把财政、交通、劳动保障农业等各部门力量整合起来，把小康建设、"双联双促"等工作纳入新农村建设的范畴，从市直各部门抽调400多名干部，组建新农村工作队130个，按照一个市直单位带一个企业的思路动员全市92家规模以上企业形成社会主义新农村建设的强大合力，全面启动了社会主义新农村建设。2005—2006年，全市争取和聚集各类资金15亿多元投入新农村建设，160个试点村中有30多个村已经形成特色，具备新农村的雏形。

襄樊市的农产品综合生产能力全面提升，粮食生产跨入全国先进水平，成为全省第一、全国第二"吨粮市"。农业区域布局产业结构趋于优化，农业生产组织程度提高，城镇化进程不断加快，特别是农民收入逐步增长，农民人均纯收入由1986年的428元到2005年的3 191元，增长7.45倍。更为可喜的是农民观念和精神面貌发生根本变化，实现传统农业和封闭落后观念向现代农业市场农业的新理念转变。

一、农业生产条件

(一)土壤及耕地

1.土壤

襄樊地形复杂,成土母质和植被类型多样,受气候及人类长期生产活动的影响,形成多种类型的土壤。全市分为6个土类(黄棕壤、水稻土、潮土、石灰土、紫色土、山地棕壤)、13个亚类、57个土属、226个土种。其中:黄棕壤为境内岗地及低山丘陵区的主要土类,占41.77%;水稻土是在长期种植水稻的条件下,经水耕熟化过程创造的一种特殊土壤,占40.63%;潮土占11.33%;石灰土占5.20%;紫色土占0.99%;山地棕壤占0.08%。

根据1982年的土壤普查资料,全市土壤按土壤肥力和环境因素综合评级,一级土壤占9.7%,二级占58.03%,三级占27.9%,四级占4.37%;酸碱度适中(pH值5.1~8.5)的土壤占99.48%,宜种性广泛。土壤有机质含量,以中量1%~2%最多,约占全市耕地60%左右;全氮含量,以低量0.05%~0.1%最多,约占全市耕地62%;全磷含量,以低量0.05%~0.1%最多,约占全市耕地53.6%;全钾含量,一般在1.7%以上。

2.耕地

位于襄北、枣北、老河口北部的鄂北岗地,占全市耕地面积56%,为棉花、小麦、芝麻、烟草重要产地。1978—1998年的20年间,耕地面积由45.7万公顷下降到41.5万公顷,减少4.2万公顷,年均减少2133公顷。从1999年开始,全市实施土地开发复垦项目,推动土地开发利用由数量型向质量型转变,由分散型向规模型转变。到2004年全市连续6年实现耕地占补平衡(见表9—1)。

1978—2005年全市耕地面积与人口情况

表9—1

年份 \ 数值	耕地面积(万亩)			总人口(万人)	其中:劳动力	人均耕地(亩)
	年末实有	其中水田	旱地	—	—	—
1978	685.99	—	—	429.81	—	1.596
1980	683.05	—	—	440.81	—	1.55
1985	662.64	—	—	463.87	—	1.429
1990	643.5	—	—	468.68	—	1.373
1994	625.07	—	—	540.34	—	1.157
1995	623.46	—	—	549.1	—	1.135
1998	622.02	—	—	571.6	—	1.088
2000	619.44	268.7	350.74	572.56	—	1.081
2004	589.37	—	—	578.77	—	1.018
2005	600.93	—	—	577.22	—	1.041

(二)农业基础设施

1978—1993 年,全市投资 7.6 亿元开展治水改土、科技开发和综合治理。在“七五”期间建起引丹大渠和大岗坡、熊河等泵站 7 个,大中型水库 20 多个,扩大农田灌溉面积 13.33 万公顷,新增蓄引提水能力 4 亿立方米,治理中低产田 10.67 万公顷。全市财政累计投资 11585 万元搞农业综合开发,开发建设项目区 68 个,改造中低产田 6 万公顷,建设龙头项目 30 多个。1978 年 7 月,引丹清泉沟泵站开工,1992 年 12 月竣工。泵站建成后,为灌区补充水源,水稻种植面积从 4 万公顷扩大到 6 万公顷,抗旱灌溉面积从 6 万公顷扩大到 8.67 万公顷以上。1989 年,日本无偿援助我国最大的水利工程——枣阳石台寺泵站提灌工程动工,经过中外建设者 6 年的艰苦奋斗,于 1995 年竣工,一举解决了枣阳、襄阳两县市 1.53 万公顷农田灌溉用水问题。2000 年,全市组织对病险水库进行排查,统计表明全市病险水库共有 307 座,其中大型 4 座,中型 17 座,小型 285 座,占全市水库总量的 36.3%。为了使这些险库迅速脱险,市财政挤出 200 万元专项资金用于对水库加固的补助和奖励。经过全市上下的共同努力,在 2002 年提前完成了水库脱险计划中属地方政府任务的 289 座水库的脱险任务,有效发挥了抵御洪水,增强灌溉能力作用。

随着水利主体工程的形成和完善,襄樊逐渐将农田水利基本建设的重点放在田间灌排设施的配套和面向广大农民群众的小型水利工程建设上。平原作物区,突出抓好末级渠系改造、计量供水等方面的田间工程建设。同时,逐步完善了农田排水系统,做到“旱能灌、涝能排”。山丘区以增加灌溉水量和扩大灌溉面积为目标,大力发展水源工程,提高抗旱能力,灌排设施日益完善。

截至 2005 年 12 月底,全市农机总动力达到 325 万千瓦,拖拉机保有量达到 21.1 万台,联合收割机达到 3707 台,主机与农具的配套比达到 1∶2.09,小麦、水稻两大作物机收水平达到 70%以上。

(三)行政区划变更、人口及劳动力

1978—1987 年,襄樊市辖襄阳县、枣阳市、宜城县、南漳县、谷城县、保康县和 4 个县级区(襄城、樊城、樊西、郊区),代管随州、老河口两个省辖县级市。全市设置 66 个区、454 个乡、118 个镇、3960 个村民委员会。1978 年总人口 598.23 万人。1987 年总人口 606.41 万人。

1990 年,全市设置 50 个乡、119 个镇、12 个街道办事处、6 个国营农林场、4 237 个村(居)民委员会、28 863 个村(居)民小组。总人口 652.6 万人,其中农业人口 527.2 万人,占总人口的 80.78%;非农业人口 125.4 万人,占总人口的 19.22%;人口自然增长率为 12.92‰。

1994 年,随州从襄樊划出,襄樊市乡村机构、总人口、劳动力数量明显减少。全市设置 40 个乡、97 个镇、8 个街道办事处,3013 个村民委员会、226 个居民委员会,19 710 个村民小组。全市总人口 540.34 万人,其中农业人口 407.15 万人,占总人口的 75.35%;非农业人口 133.19 万人,占总人口的 24.65%。乡村户数 94.22 万户,乡村人口 386.95 万人,劳动力 170.45 万人,其中从事农业劳力 133.10 万人,占 78.09%;从事非农行业劳力 13.15 万人,其中外出临时工 6.03 万人。

2000 年,全市总户数 157.38 万户,总人口 572.56 万人,其中农业人口 372.01 万人,占总人口的 64.97%;非农业人口 200.55 万人,占总人口的 35.03%。乡村户数 89.98 万户,乡村劳力 175.66 万人,其中农业劳力 119.13 万人。

2005 年,襄樊市辖枣阳、宜城 2 市,谷城、南漳、保康 3 县,襄阳、襄城、樊城 3 区,代管老河口市,同时设有高新技术产业开发区(2005 年 2 月由原高新技术产业开发区、汽车产业开发区合并组建)和鱼梁洲旅游经济开发区。设置 72 个镇、4 个乡、24 个街道办事处,2310 个村民委员会、334 个居委会。

全市总人口 577.22 万人，人口自然增长率为 3.61‰。乡村户数 91.95 万户，乡村人口 364 万人，占总人口的 63.06%。乡村劳动力 185.59 万人，其中从事农林牧渔业 121.41 万人，占 65.42%。

随着农业机械化程度的提高，农村分工分业步伐加快，劳务输出和务工经济快速发展。截止 2005 年，全市农村劳力外出务工人数 485 509 人，占农村劳力总数的 26.16%，外出从业收入 354 365 万元。全市累计培训农村劳动力 25.97 万人，占农村劳力总数的 13.99%。农民人均工资性收入 882 元，占农民人均纯收入 3 191 元的 27.64%；比 2004 年增加 177 元，同比增长 25.1%。

二、农业区划

根据自然资源区域分布的一致性、行政区划的完整性及农村经济发展水平和农业生产状况，将襄樊市划分为鄂北岗地——粮油棉牧渔烟果产区、东南丘陵——粮林牧渔区、西部山区——林特牧区、城郊农业区。

(一)鄂北岗地粮油棉牧渔果产区

1.基本情况

鄂北岗地俗称"三北岗地"。位于襄樊市北部，北与河南省南阳盆地相连，南以汉水为界，西邻武当山余脉，东与桐柏山、大洪山接壤。有 32 个乡镇(办事处)、2 个农场、1 个开发区，1001 个村民委员会，7049 个村民小组。总户数 62.46 万户，其中农业户 36.50 万户，总人口 220.28 万人，其中农业人口 149.56 万人，总劳力 88.79 万人。总面积为 5248 平方公里，占全市总面积的 26.7%。人口密度为 419.7 人 / 平方公里。

2.农业资源与农业生产条件

鄂北岗地农业区是由于受新构造运动的影响，地面抬升而形成岗垄相间波状起伏的岗地地貌(沿河冲积平原除外)。海拔高度在 85 ~ 145 米之间，相对高差在 10 ~ 30 米，坡度在 10 度以下。耕地连片，地势平缓，土层深厚，旱地 10 亩以上的地块占 71%，水田 2 亩以上的地块占 62%，可机耕面积达 93% 以上。区内共有 5 个土类、11 个亚类、27 个土属、109 个土种，土壤酸碱度适中，含钾丰富。该区农耕地面积为 19.7 万公顷，占全市耕地面积的 49%，人均 1.3 亩，高于全市平均水平。其中旱地 10.7 万公顷，占耕地总面积的 54.4%，水田 9.01 万公顷，占 45.6%；果园地 1.9 万公顷；可养水面 2.66 万公顷；林业用地 6.09 万公顷。

鄂北岗地光热充足，雨量适中，水热同季。年太阳辐射总量 110 千卡 / 平方厘米，年日照时数 2107 小时，年平均气温 15.4℃，10℃以上积温 4800℃，年降雨量为 750 ~ 950 毫米，集中在 4 ~ 10 月。平均无霜期 236 天。种植农作物两季有余，三季不足。地下水储量 109 亿立方米，主要分布在汉水和唐白河沿岸，多属中性淡水，可作生活和农业灌溉用水。汉水和唐白河过境客水 334 亿立方米。

鄂北岗地主要生物资源有 1154 种，其中植物类 1078 种，动物类 76 种。植物资源中农作物有小麦、水稻、玉米、油料、棉花等。是襄樊市粮、棉、油主产区之一，其中芝麻产量占全省产量的 1/3 以上。棉花纤维长度、强度、细度、洁白度都比较高。水果及部分土特产品产量高，品质好，枣阳苹果、老河口市汉水梨，以品质好而具较大的生产优势；襄阳区大头菜全国闻名；枣北黄牛、襄北细毛羊是全省的优良地方品种。农业布局结构逐步优化，由原来的粮、棉、油、烟、果，向粮、棉、油、牧、渔、烟、果、特产等多产业全面发展。

该区农作物种植面积在38.5万~40万公顷左右，以水稻、小麦、玉米种植为主。2005年种植面积25.6万公顷，占全市粮食播种面积的48%，总产量99.24万吨，占全市三大作物总产量的58.7%；棉花产量1.73万吨，占全市总产量的57.3%；油料作物总产量18.86万吨，占全市油料总产量的49.6%；水产品产量91.7万吨，占全市总产量的57%；烟叶产量占全市的37%；特产中的大头菜产量54000吨；花椒产量755吨。果园面积多年保持在1.5%~1.8万公顷左右，年水果产量32万吨，占51%。

该区养殖业在改革开放以来取得了较大的发展，成为全市产业的"龙头"。2005年大牲畜（牛）出栏22.87万头，占全市总量的59%；羊出栏51.87万只，占61%；肉猪出栏181.2万头，占46%；家禽出笼3069万只，占49%。水产品产量7.3万吨，占全市总产量的46%。

该区的古驿、七方、石桥三个乡镇为2005年度全市小麦生产大镇；七方、琚湾为棉花生产大镇；洪山咀、鄾阳为水果生产大镇（办事处），洪山咀（办事处）是全市山药种植大镇，面积667公顷，产量1.01万吨；东津镇为大头菜生产大镇，年产4.2万吨；程河镇为柳编生产大镇，年产量2000万套；古驿、琚湾、是本区的三大养殖大镇，年出栏山羊11.69万只，家禽381万只。

该区有汉丹、襄渝、焦枝三条铁路和315.207国道，汉十高速公路贯通，村村通公路。有民航空运和汉水、唐白河水运之便，构成水陆空立体交通网络。货物集散快，商品信息灵，是区内经济社会发展的重要基础。

全区已建有大型水库4座，中型水库26座，小(I)型水库76座，小(II)型水库217座，总有效库容16.1亿立方米，拦截面积3400平方公里；堰塘1.6万口，打井2246眼。有装机19280千瓦的大岗坡电灌站和输水能力100立方米秒的引丹大渠，蓄、引、提水能力已达28.39亿立方米。有效灌溉面积116千公顷，占本区耕地面积的81%，旱涝保收面积90.21千公顷，占45.6%。

3.阻碍农业发展的自然因素

鄂北岗地气候属于温和少雨多伏旱类型，常受干旱威胁，是全省有名的"旱包子"地区。区内地表水不足，降雨时空分布不均，年际变化较大，年降水变率约为44%~48%，相对变率15%~20%，4—10月间的降雨达680~750毫米，占全年降雨量的79%~85%，水分蒸发快，年蒸发量在1 500~1 700毫米之间，土壤蓄水保水能力差，大旱三年两遇，小旱一年多次，伏旱和伏秋连旱是本区最严重的灾害；土壤质地黏重，有机质含量低。经多年的改造，质地有所改善，但用地与养地的矛盾仍比较突出；本区地处伏牛山与桐柏山对峙的"南阳隘道"，是湖北省与北方相通的唯一低平缺口，北方冷空气由此长驱直入，导致春寒退得迟，秋寒来得早，尤以春季的"黄灰"和夏季的"干热风"对夏收作物中后期生长发育影响较大。"天旱、地瘦、风冷"是制约本区农业发展的主要自然因素。

（二）东南丘陵粮林牧渔区

1.基本情况

东南丘陵农业区位于襄樊市东南部，汉丹铁路和汉水以南，包括枣阳市南部，宜城市全部，南漳、谷城两县的丘岗地区，共24个乡、镇、办事处，2个林场，646个村民委员会，4130个村民小组。总人口158万人，占全市总人口的31%，其中农业人口116万人，农业总劳力38.36万人。总面积6028平方公里，占全市总面积的31%。耕地总面积为12.2万公顷，占全市总耕地面积的31%，其中水田6.8万公顷，占本区耕地总面积的55.7%，旱地5.4万公顷，占44.3%；园地3.7万公顷；林业用地19.3万公顷。人均耕地面积1.2亩，人口密度为262人/平方公里。

2.农业资源

东南丘陵在地质构造上大部分属淮阳山地及大洪山前塌陷区，地貌多姿，境内平原、岗地、丘陵、山地均有之，彼此起伏，形成形态各异的自然景观。地势多在海拔200～400米之间，少数在400米以上，相对高差40～150米。土壤有黄棕壤、石灰土、潮土、紫色土、水稻土等5个土类，11个亚类，38个土属，118个土种。该区农业生物资源有1190个品种，其中植物类910个，动物类280个，农作物有704个；农作物害虫天敌有4纲、10目、42科，156种；树种有45科、154种；家畜家禽品种有39个；水产动物品种25个；特产品种有443种；药材127种。该区是襄樊市商品粮生产基地之一，农业布局以种植业和畜牧、水产养殖业为主。种植业以粮、油、棉、为主，粮食播种面积大，粮食总产较高，是襄樊市的第二粮仓。2005年全区农作物播种面积24.2万公顷，占全市农作物播种面积的30%，其中粮食作物播种面积16.6万公顷，占全市粮食作物播种面积的30%。水稻、小麦、玉米三大作物总产量44.36万吨，占全市粮食总产量的26%。油料总产量13.28万吨，占全市总产量的34%；棉花总产量1.07万吨，占全市总产量的36%；水果产量21万吨，占34%；大牲畜（牛）出栏10.53万头，占全市总量的27%；羊出栏16.9万只，占20%；肥猪出栏137.43万头，占35%；家禽（鸡、鸭）出笼2400万只，占38%；水产品产量5.3万吨，占全市的33.5%。知名农特产品有花椒3290公顷，年产鲜椒800多吨；西瓜28.13千公顷，总产量51.75万吨。

该区的九集、武安、小河三镇的水稻生产名列全市前三名，种植面积2.5万公顷，总产量16.63万吨；九集、武镇、郑集三镇为全市油料生产大镇，种植面积2.7万公顷，产量2.77万吨；流水镇是全市西瓜生产大镇，年产量21万吨，远销外省；畜牧养殖大镇有：新市镇、武安镇、刘猴镇；冷集镇为花椒种植大镇。

该区有汉丹、焦柳铁路和汉白、襄沙、洪保等公路贯通，又有汉水航运之便。水陆交通十分便利用，货物集散快、经济信息灵。区内共建有大型水库5座，中型水库21座，小(I)型水库64座，小(II)型水库289座，总有效库容16.3亿立方米；堰塘3.3万口。泵站864座，机井602口。有效灌溉面积84.74千公顷，占耕地面积69%，旱涝保收面积65.52千公顷，占54%。区内多属低山丘陵，地形起伏，条件各异，冷浸田和中低产田占总面积的20%以上，部分地区水土流失严重；林地木材蓄积量低，亩均0.95立方米；草场质量差，产草量低，亩产量仅300多公斤，造成载畜量低，是本区草食畜牧业发展的制约因素，直接影响到农业的整体效益。

（三）西部山区林特牧区

1.基本情况

该区包括保康县全部及南漳、谷城两县的山地部分。共23个乡、镇、办事处、社区，538个村民委员会，2 324个村民小组。总户数18.36万户，其中农业户15.02万户；总人口64.40万人，其中农业人口56.49万人。总面积7 259平方公里，占全市总面积37%。耕地面积4.9万公顷，占全市耕地面积的12%，占本区土地面积的6.8%，其中水田1.4万公顷，占耕地面积的30%，旱地3.4万公顷，占70%；园地0.86万公顷；林地56.2万公顷。人口密度为88.7人/平方公里。人均耕地面积1.1亩。

2.农业资源和生产条件

该区平均海拔在400米以上，1 000米以上的山峰有403座。山体主要为石灰岩、变质岩、砂岩、片岩等构成。山地面积占80%以上，其中，高山面积占15%，中山面积占46%，低山面积占39%。山地坡度大，切割深，立体分层的地貌类型明显。有5个土类、13个亚类、34个土属、117个土种，土壤有机质含量高于岗地和丘陵农业区，酸碱度适中。林地和草地占70%以上。

该区年太阳辐射总量102.67千卡/平方厘米，平均日照时数1835.4小时，平均气温15.3℃，10℃以上的积温为4 884.3℃，无箱期238—252天，年平均气温以4～10月最高，一般在15.3℃～27.1℃左右，7～8月平均气温27.1℃；年降水量934.9毫米，多集中在4～10月，占全年降水量的83.4%，海拔每升高100米，降水量增加60毫米，气温下降0.5℃～0.64℃，呈现出“高一丈，不一样”的立体气候特点；境内有河流38条，其中承雨面积100平方公里以上的有27条，总长4 668.3公里，径流深299.7～481.3毫米，径流量平均22.73亿立方米，水流落差大，水能资源丰富，理论蕴藏量为44.38万千瓦，可开发量为24.87万千瓦。

该区有品种繁多的生物群落和各具特色的农业。农作物品种有700多种，其中经济作物50余种，蔬菜300多种。木本植物114科350属1 223种，其中有楠木、银杏、紫荆、三尖杉、黄柏、珙桐、铁尖杉、红豆杉等珍稀树种。野生动物有豹、猴、獐、苏门羚、水獭、白猫、锦鸡等20余种稀有动物。土特产有黑木耳、白木耳、香菌、青茶、猕猴桃、山葡萄、野梅、蜜橘、山楂、天麻等，品质优良，具有开发优势。

该区建成中型水库3座，小(I)型水库8座，小(II)型水库64座，总有效库容1.3亿立方米；塘堰11947口，泵站107处、机井77口。有效灌溉面积1.57万公顷，占耕地面积的33%，旱涝保收面积1.3万公顷，占27%。该区粮食作物种植以玉米、小麦为主，面积占78%。2005年全区农作物种植总面积9.9万公顷，占全市农作物播种面积的12%，其中粮食作物播种面积5.5万公顷，占本区农作物播种面积的56%；水稻、玉米、小麦三大作物总产量14.92万吨，占全市粮食总产量的8.8%，其中玉米产量占本区粮食总产量的56.3%；烟叶5.3千公顷，总产量8292吨，占全市总产量的62%；茶叶产量4017吨，占77%；蔬菜(含反季蔬菜)0.89万公顷，总产量12.86万吨。畜牧业生产中，大牲畜出栏3.02万头，占全市总量的8%；羊出栏12.6万只，占15%；猪出栏48.43万头，占12%；家禽出笼450万只，占7%。歇马、马良、两峪三乡镇为全市烟叶生产大镇，种植面积0.3万公顷，产量4380吨，实现产值3716万元；黄堡、店垭、五山为“茶叶生产之乡(镇)”种植面积0.28万公顷，产量1910吨，实现产值11460万元；东巩为食用菌生产大镇。

该区属贫困山区，自然条件差，尤其是耕地土层薄，保水保肥性能差，质量低下，中低产田所占比重大；自然灾害频繁，低温出现的年份达80%以上，冰雹约两年一遇，伏旱约两年发生一次；经济发展基础薄弱，文化技术相对落后。在农村劳动力中，小学文化、文盲或半文盲仍占有相当比例，影响到农业新技术推广应用，制约着农村经济社会的快速发展。

(四)城郊农业区

1.基本情况

城郊农业区位于襄樊市城市周围，汉水两岸，包括襄城区、樊城区、高新技术开发区，共有12个乡、镇、办事处，232个村民委员会，1552个村民小组。总面积1097平方公里，占全市总面积的5.6%。总人口59.46万人，其中农业人口38.62万人，总劳力20.43万人。耕地面积3.1万公顷，占全市耕总面积的8%，其中旱地1.3万公顷，占耕地面积的42.26%，水田1.7万公顷，占耕地面积的57.74%，人均耕地面积0.8亩。人口密度为542人/平方公里。

2.农业资源与生产条件

该区年平均气温15.80℃，日照1987小时，年太阳辐射总量105.9千卡/平方厘米，≥10℃积温5 042℃，无霜期245天，年均降雨量878.4毫米。水资源总量41.15亿立方米，其中过境客水40.6

亿立方米。区内建有中型水库6座，小(一)型水库10座，小(二)型水库52座，总有效库容2.07亿立方米；泵站157座，机井495口，塘堰2105口。蓄引提供水能力9924万立方米；有效灌溉面积1.8万公顷，占耕地面积的61%，其中机电排灌面积9.94千公顷，占32%，旱涝保收面积1.5万公顷，占49%。岗地占30%，平原占70%。土地肥沃，土壤酸碱度适中，有4个土类，11个亚类，24个土属，81个土种。

主要农作物有水稻、小麦、蔬菜。2005年农作物种植面积6.3万公顷，占全市播种面积的8%，其中粮食作物种植面积3.6万公顷，占全市粮食播种面积的6.8%，水稻、玉米、小麦三大主要农作物总产量10.55万吨，占全市三大作物总产量的6.2%；蔬菜6.41千公顷，产量10.3万吨；水产品产量13368吨。出售菜牛2.3万头；羊3.5万只；家禽373万只。

该区牛首镇是全市蔬菜生产大镇之一，种植面积2000公顷，产量3.24万吨，实现产值2752万元，全区蔬菜种植面积在1公顷以上的大户有6户；卧龙镇是该区的家禽养殖大镇，出笼量达201万只；主要农特产品有山药、麦冬，欧庙镇为“麦冬之乡”，种植面积达1333公顷，年产销麦冬1.5万吨。

三、农业产业化

(一)发展历程

1993年，湖北省委、省政府在襄樊召开乡镇企业暨山水资源开发现场会，总结襄樊市产加销、贸工农一体化开发山水资源的做法，拉开农业产业化经营的序幕。1997年，全省第一个农业产业化会议在襄阳县召开，1999年，湖北省委、省政府在襄樊市召开农业产业化现场会，总结推广襄樊市把农业产业化、乡镇企业二次创业和小城镇建设“三大战略”扭在一起抓的做法和经验。从2000年开始，襄樊市提出发展公司制农业，通过农业公司的带动，把资源变成资本，把基地变成车间，把农民变成产业工人。时任省委副书记邓道坤、副省长贾天增等领导、省社科院等部门到襄樊调研，对这一做法给予了充分肯定，称之为“全省农业产业化经营的一个亮点”。经济日报记者前来采访，并刊登了襄樊市“三驾马车”拉动经济发展的经验，公司制农业是其中的重要内容之一。2003年，襄樊市提出发展“一县一品”，在全省及至全国有一定影响，使全市农业产业化工作处于全省领先地位。襄樊市农业产业化经营管理经历了三个阶段。

1.第一阶段：“三大战略”一起抓

1993年襄樊市从市情出发，把农业产业化经营、乡镇企业二次创业和小城镇建设作为发展农业经济的“三大战略”放在一起抓。突出龙头企业建设，推动农业产业化经营向纵深发展。襄樊市确定了20家龙头企业，从政策、资金等方面给予重点扶持。1999年，全市20家重点龙头企业实现经营产值20.26亿元，利润9138万元，上缴税金1.08亿元。其中以襄阳万宝、枣阳金华为代表，全市已崛起年产值5000万元以上的产业化集团10个，成为全市乃至省内同行业的龙头老大。

1999年底，全市集体企业改制面达到80%以上，推进民营化经营达60%以上。在结构调整中，围绕农业产业化经营，发展农副产品加工业。全年全市新增或转产加工企业350家，转移劳力6000人，新增产值1.7亿元，农产品加工企业已达到2823家。通过加强经营管理，乡镇企业速度效益实现同步增长。

坚持把小城镇建设与发展作为培植经济新增因素，加速农业和农村现代化，推进城乡一体化，拉动经济发展。小城镇建设取得一定成效，在全国引起广泛关注，被经济理论界称为中西部地区小城镇发展的“襄樊模式”。全市先后出台《小城镇新发展战略实施方案》等一系列文件，制定有利于推动小城镇发展的政策和措施，在户籍政策、资金筹集等方面进行改革和有益的探索。1999 年，全市建制镇已发展到 102 个，总人口 422 万，其中城镇人口 156 万，人口城市化率达到 37%。全市小城镇自来水普及率达到 80%，水冲式厕所达到 40%，绿化率达到 15%。

2.第二阶段：发展公司制农业

从 2000 年开始，襄樊提出发展制农业。发展公司制农业是市委、市政府作出的重大战略决策。提出积极稳妥地推进土地流转，实现土地资源的优化配置，全市各地采取转包、转让、互换、租赁、拍卖、入股 6 种土地流转形式。据统计，全市参与流转的土地面积达 5.67 万公顷，占总面积的 6.4%，其中耕地 2.32 万公顷，山林 1.25 万公顷，“四荒”地 9220 公顷，水面 6733.3 公顷，多种经营基地 5447 公顷。通过土地有序流转，使农民既可得到地租收入，也可得到劳动收入，还可得到股份分红，达到农业公司与农户“双赢”效益。

各地坚持把发展农业公司作为加快公司制农业发展的关键措施来抓。全市共有 280 名党政干部领办、创办农业公司 64 家，干部个人出资入股在 10217 万元。对 138 家集体企业进行了民营化改造，盘活集体资产 7550 万元。共引进外地资金 2.78 亿元，兴办合资、独资型农业公司 130 家。建立各类专业技术协会、流通协会、商会等各类中介组织 328 个。共有 150 多位工商业主到农村创办农业公司，投入开发资金 1.5 亿元。

全市各地创造了“干部(能人)＋农户”、“庄园主＋农户”、“公司＋基地＋农户”、“专业市场＋农户”、“销售大户＋农户”、“专业协会＋农户”六种模式，明确责、权、利关系，形成利益共同体。建立和完善现代企业制度，建立健全董事会、股东大会、监事会，有自然人入股，股金足额到位；公司是独立的法人实体，实行独立经营、自负盈亏、自我约束、自我发展；引入动态股权制，对企业关键岗位上的关键人实行“按基本劳动、按基本情况和按贡献”三位一体的分配模式。2002 年，在全市申报的 124 个公司制农业项目中，有 94 家基本建立比较规范的现代企业制度，其中 80%以上实施动态股权制。

把财政支农资金捆绑使用，每年拿出 1000 多万元用于支持公司制农业项目。全市共扶持农业公司 32 家，投入市级财政扶持资金 595 万元，县级财政配套资金 525 万元。2002 年，市级财政拿出 900 多万元，扶持公司制农业项目 71 个。截至 2002 年底，全市初具规模、较为规范的农业公司发展到 295 家，总资产 27.62 亿元，其中固定资产 17.82 亿元；股本总额 8.5 亿元，其中自然人入股 3.47 亿元，党政干部入股 10217 万元；公司从业人员 5.26 万人，其中党政干部 2106 人；公司拥有生产基地 4.04 万公顷，带动基地 28.6 万公顷，带动农户 55 万户，占农户总数的 61%；实现总收入 46 亿元，利税 4.36 亿元，农民人均直接或间接依靠公司制农业增收 30 元，占人均增收额的 35.3%。

3.第三阶段：“一县一品”

20 世纪 80 年代至 90 年代，襄樊市农民增收主要途径靠农产品增产。90 年代后农产品逐渐过剩，价格也随着国际国内竞争逐渐下滑。特别是加入 WTO 后，襄樊市农产品受到严峻挑战。为防御市场、自然两大风险，破解“三农”难题。2003 年初，市委、市政府提出用工业化理念谋划农业，实施“一县一品”发展战略。力争通过发展“一县一品”，推进全市农村经济结构战略性调整，把调整的着力点从过去偏重粮棉油、只抓粮棉油转向发展经济作物、追求效益上来，从只抓种植业转向统筹兼顾畜禽养殖业上来，从只抓生产供给转向产加销一起抓上来，从满足样样有、样样不出色转到培养特色、发展优势上来；通过发展“一县一品”，促进农民从优势产业价格优、农产品加工转化增值、产加销一条龙环节上获得更多的收益，实现农民大幅增收；通过发展“一县一品”，推进规模化布局、专业化生产、集约化经营，提高农业生产力水平。为此，市委、市政府出台《关于加快农业“一县一品”发展的意见》，提出“一县一品”发展目标。截至2005年底，全市“一县一品”初显雏形，呈现五个特点：①主导产业趋于明显。全市初步形成以林果、畜牧、油料、蔬菜、茶叶、烟叶、药材、食用菌等各具特色的主导产业和优势产品；②龙头企业争相做大。市级以上龙头企业达到76家，其中国家级龙头企业2家，省级24家，市级龙头企业50家；年实现销售收入70亿元，其中过5亿元的2家，过亿元的20家；③农产品品牌逐步增多。全市114个农产品获得“有机”“绿色”“无公害”标志认证，30多种农副产品打入广州、长沙、武汉、郑州等大中城市超市；④出口创汇实现突破。2005年全市农产品出口创汇1500万美元，涉及有机茶、芝麻、香菇、木耳、食用油、蜂蜜、橡籽、鸡蛋及三元猪、肥牛等畜产品；⑤利益联结机制紧密。全市订单面积达到53.33万公顷（复播），订单农产品产量277万吨，订单金额63亿元，网络农户54万户，60%以上的农产品实现了订单销售。

襄樊市“一县一品”[按县（市）划分]：

襄阳区畜牧业。襄阳区通过加大科技投入、培植典型，初步形成以沿汉十线为主，包含整个襄北范围的优质三元猪养殖示范区，以襄东为主的牛羊养殖示范区，围绕城郊以及汉水、唐白河、滚河沿岸的家禽养殖区域的养殖格局。2006年，全区猪、牛、羊、禽出栏（笼）分别达106.1万头、13.9万头、28.8万只和1554万只，肉类总产量13.4万吨，禽蛋总产量4.4万吨，畜牧业总产值20.6亿元，占农业总产值的42%，畜牧业7大指标均名列全省前茅，其中肉类总产、肉猪出栏、肉牛出栏、肉羊出栏4大指标位居全省第一。

枣阳市优质桃产业。枣阳市按照突出规模抓发展，突出特色抓调整，破除“小而全，百果园”的传统发展模式，实行优质桃集中连片开发的思路，发展优质桃产业。截至2005年末，全市优质桃面积达1.4万公顷，其中白桃8 667公顷，油桃5 333公顷。主要集中在新市、鹿头、南城、环城、吴店、不林、琚湾、兴隆、太平、七方10个镇（办事处），年产鲜桃19万吨，产值1.9亿元。并初步形成四大桃子栽培区，即以千年红、五月火为主栽品种的平林镇油桃栽培区，面积1067公顷；以曙光、早红宝石及金华大白桃、安农水密为主栽品种的“316”国道油桃、白桃栽培区，面积4 000公顷；以金华大白桃、枣选1号、早凤王、北京26为主栽品种的寺沙省道白桃栽培区，面积6 000公顷；以千年红、丽春、超红珠、砂子早生等为主栽品种的城郊栽培区，面积2 933公顷。涌现8个万亩以上产量过万吨的水果大镇（办事处），35个水果专业村。出现枣阳市大地畜特服务有限公司、新市镇李楼水果销售有限公司等23家公司。“汉光”桃和农兴油桃基地“四井岗”牌油桃分别获得中国绿色食品发展中心的“绿色食品”认证。

宜城市油料业。宜城市以油料为主导产业，形成以资源引龙头、以龙头拓市场、以市场带基地的产业化发展之路。截至2005年底，该市油料面积3.33万公顷，总产10.7万吨，产值3.23亿元，占农业生产总值比重为28.8%，带动农民人均增收80元。其中油菜面积2.06万公顷，总产4.81万吨。花生面积1.03万公顷，总产5.5万吨；芝麻2333.3公顷，总产0.25万吨。全市“油”字号龙头企业9家，年产值可达5.6亿元，占市属规模以上工业总产值的50%左右，年加工转化油料7万吨以上，年经销转化油料20万吨以上，网络周边地区20万公顷以上油料基地，已形成以宜城为中心鄂西北最大的油料产业带和集散地。

南漳县林、菌和粮油。南漳县把林、菌和优质粮油作为“一县一品”项目，确立“一长两短”（长抓林果、短抓畜菌）的农村经济发展思路。建设杨树基地3.33万公顷，年生产代料食用菌2 000万袋，优质油菜基地1.33万公顷，优质米基地2.67万公顷。梅园香米、金泉油脂、地利银花等龙头企业显示出勃勃生机，骨干龙头企业带动农户16.5万户，带动农民增收6 000万元以上，户均增收500元左右。

保康县茶叶。保康县把茶叶作为“一县一品”。截至2005年底，全县茶叶基地总面积5 333.3公顷；实现茶叶产量125万公斤，同比增长2%；实现茶叶收入4 000万元，同比增长3.8%。保康有机天然食品公司、归真有机茶公司、荆山锦有机茶公司不断更新设备，提升茶叶加工能力，带动茶叶产业规模扩张。

谷城县花椒。谷城县根据“建设湖北花椒第一县”的发展思路，按照“遵循规律、市场主导、循序渐进、稳步发展”的原则，初步形成花椒产业体系。截至 2005 年底，全县花椒种植面积 6 000 公顷，其中投产面积近 2 000 公顷，收获干椒 300 吨，产值近 1 000 万元，全县 2.2 万户椒农户平增收 400 多元。

老河口市林果业。老河口抓住百里汉江水果走廊被列入全省优势农业（水果）板块基地项目建设机遇，确立把水果产业打造成 3 个“全省第一”的目标：标准化生产全省第一、品牌营造全省第一、龙头企业全省第一。到 2005 年底，砂梨品改面积 1 333.3 公顷，新发展面积 33.3 公顷，全市水果总面积 8 667 公顷，总产量 18 万吨，实现产值 3.3 亿元，为果农年增收 5 000 万元以上，农民从水果产业中人均增收 120 元。“汉水”梨商标被评为湖北省著名商标，“汉水”牌砂梨被湖北省名牌战略推进委员会、湖北省质量技术监督局命名为“湖北名牌”产品称号。

襄城区奶业。襄城区围绕奶业发展“一区一品”。丽波、妙康奶业占据襄樊鲜奶市场。襄樊丽波乳业有限公司作为襄樊地区规模最大、设备最先进的以生产经营液态鲜乳品为主的省级农业产业化龙头企业，集奶牛饲养、乳品加工生产与研发、市场营销于一体，新安装德国韦斯法利全自动挤奶线，全程无菌灌装，最大限度地保证了产品的优质、营养、新鲜。丽波牌鲜牛奶、酸牛奶、乳品饮料 3 大类 10 多个品种常年受市标准局、质检所监督检验，均为合格产品。拥有 268 名销售员直销、526 个冰柜摊点代销、124 个超市自选销售，本地市场占有率达 65%以上，产销率 99%。

樊城区蔬菜业。樊城区按照“政府引导、政策扶持、市场牵引、龙头带动、农民主体、上下联动”的思路，把发展蔬菜产业作为“一区一品”来抓。先后建设兴隆大棚蔬菜示范基地，柿铺比久甘蓝基地，梁坡西葫芦基地，刘古岗大棚西瓜基地，小樊、芦湾山药基地，熊营、大李营大葱基地，全区蔬菜总面积 5000 公顷。以亚杰美公司、聚龙山公司为依托龙头企业实力进一步增强，种植大户发展到 8 个。品牌创建实现历史性突破，共申报认证 38 个绿色蔬菜标志。

（二）板块基地

为适应农业发展新阶段的要求，襄樊市不断优化作物布局，调整农业产业结构，建设板块基地。从 20 世纪 90 年代末期发展“五优工程”、入世后发展“三区五带”“十大特色产品”，全市产业布局不断优化，基地规模迅速扩张，形成各具特色的主导产业和优势产品。全市已初步形成粮食、油料、棉花、水果、畜牧、蔬菜、林特（包括速生林、有机茶、食用菌、烟叶和花椒）7 大主导产业，连片 10 万亩以上的板块基地达到 10 个。

1.五优工程

20 世纪 90 年代末期，襄樊市制定《襄樊市农业五优工程方案》，即优质小麦工程、优质水稻工程、优质油料工程、优质水果工程和优质三元猪工程。截至 2000 年，全市小麦、水稻、油料、三元猪、水果优质率大幅度提高，分别为 50%、22.5%、80%、43.8%和 65%。

2.五带三区、十大特色产品

2001 年，国家制订优势农产品区域布局，襄樊市因优质小麦、双低油菜而被纳入长江流域优质中弱筋小麦和优质油菜产业带。2003 年，湖北省制订优势农产品和特色农产品区域布局规划，襄樊被纳入优质专用小麦、“双低”油菜、蔬菜、速生丰产林、优质棉花五大产业带和家禽、食用菌、茶叶、中药材、蜂产品与蚕茧五大基地。2003 年，按照国家、省优势农产品和特色农产品区域布局，襄樊市提出建设“三大特色示范区”“五大优势产业带”和“十大特色产品”的发展思路。

三大特色示范区：即襄阳、枣阳、宜城结合部优质畜禽水产示范区；城市郊区和高山无公害蔬菜示范区；荆山山区烟、茶、菌、药示范区。

五大优势产业带：即鄂北岗地优质弱筋、中筋小麦产业带；襄江流域优质油料产业带；汉十公路沿线优质林果产业带；鄂北岗地和汉江沿岸优质中、短纤维棉花产业带；汉江沿岸和大中水库灌区优质水稻产业带。

十大特色产品：即大头菜、柳编、西瓜、蜂产品、桑蚕、山野菜、花椒、麦冬、山药、魔芋。

“五带三区”以县（市）区为单位，水稻、小麦、油料面积在 2 万公顷以上，棉花、蔬菜、林果、烟叶、茶叶、中药材面积在 6 667 公顷以上，生猪、牛、羊、禽出栏（笼）分别在 30 万头、10 万头、10 万只、500 万只以上，食用菌规模在 500 万袋以上。“十大特产”以乡镇为单位，基地面积在 1 333 公顷以上。相对集中连片，能够形成优势农产品产业带和示范区，产业带、示范区产值在 10 亿元以上，特色产品基地产值在 1 亿元以上。特别适宜在全市种植或养殖，商品率高，在省内、国内有一定名气，有明显竞争优势的产品及市场需求量大、发展潜力大、出口潜力大的产品。“五带三区、十大特产”商品率在 60%以上，商品量占全市的 60%。

3.七大优势产业

优质粮食产业随着国家重视粮食安全生产，农民享受粮食直补、水稻良种补贴、综合直补、小麦良种补贴、农机购置补贴等惠农政策的实施，农民种粮积极性逐年提升。2005 年，全市粮食种植面积 58.3 万公顷，粮食总产达到 35.8 亿公斤，比上年增产 2.85 亿公斤，占全省增产 3.25 亿公斤的 88%。

优质小麦基地主要分布在鄂北岗地的襄阳、枣阳、老河口三个区（市）的优质中筋、弱筋小麦和宜城、南漳、谷城等平原、丘陵地区的弱筋小麦。2005 年，小麦面积 27 万公顷，总量 13.9 亿公斤。麦面加工重点集中在枣阳，以金华麦面集团为核心，形成金华、三杰、金旭、贤德、天华、久发、老河口梨花湖等小麦加工集群，生产各种专用粉和强化营养面粉，使小麦年加工量达到 60 万吨，挂面年产量达到 10 万吨。

优质水稻基地主要分布在引丹灌区基地，包括襄阳、老河口两区（市）；三道河灌区基地，包括宜城、南漳两县（市）；大岗坡灌区基地，主要是枣阳市；汉江沿岸基地，主要是谷城县。2005 年全市水稻面积 19.53 万公顷，总产达到 15.85 亿公斤。形成以梅园米业为核心，形成梅园、万宝、赛亚、晶琦、盈丰、兴达等稻米加工集群，年加工能力达到 100 万吨。

优质油料产业油料主要品种是油菜、芝麻和花生。全市常年油菜种植面积 8 万公顷左右，产量 340 万担，已基本实现优质化和“双低”化，种植油菜比较效益高。花生常年种植面积达到 4 万公顷。油料基地主要分布在：襄江流域、唐白河、滚河两岸的襄阳、枣阳、宜城、老河口、南漳、谷城六个县（市）区的“双低”油菜基地；宜城、襄阳、枣阳、老河口四个县（市）区的优质花生、芝麻基地。产量最高年份为 2004 年，面积达到 16 万公顷，总产达到 48.25 万吨。2005 年，全市油料面积 10.5 万公顷，总产 30.96 万吨。油料加工企业日趋强劲，已形成万宝粮油公司、天鑫公司、回天油脂、新丰公司、鑫源植物油等大型龙头企业，全市油料加工能力突破 80 万吨。

襄樊市棉花品质具有强力好的优势，适宜发展中、短纤维专用棉花生产，弥补市场短缺，被农业部纳入“南襄盆地优质专用棉花产业带”，是湖北省三大棉区之一。全市常年种植面积 5 万公顷，产量 100 万担，产值 5 亿元，是棉农增收的重要来源。棉花基地主要分布在：鄂北岗地优质棉区，包括襄阳、枣阳、老河口三县（市）区；汉江沿岸优质棉区，包括宜城、南漳两县（市）。2005 年，全市棉花面积调减到 3.19 万公顷，比 2004 年减少 2.18%，总产 68.4 万担，比 2004 年增产 13.62%。全市棉纺加工能力达 120 万锭，需纺织原料 200 万担。襄樊棉纺大型龙头企业湖北金环、银河纺织、三五四二总厂年销售收入达 5 亿元以上，新襄棉、襄阳安华、湖北银纺、枣阳万通、襄樊银基、湖北雪美、襄樊瑞源、襄樊鑫方圆等龙头企业年销售收入达亿元以上。

襄樊是全省重要的猪、牛、羊、禽畜牧生产大市，牛、羊被确定为“鄂北优质牛羊生产示范区”。牛羊存出栏量、肉禽饲养量、生猪饲养量和禽蛋产量分别占全省第一位、第二位、第三位和第三位。畜牧基地主要分布在基础较好的襄阳、枣阳、宜城三区(市)的种草养畜基地；南漳、保康、谷城三个山区县的养羊、养兔基地，襄阳、枣阳、南漳等地的优质三元猪基地；枣阳、宜城、老河口、襄阳、谷城及城区为主的优质肉禽、蛋禽生产基地；襄城为主的奶业基地。2005 年，全市生猪出栏 422.04 万头、牛出栏 39.30 万头、羊出栏 87.50 万只、禽出笼 5 663.46 万只，肉类总产 52.45 万吨，禽蛋产量 15.85 万吨，奶产量 4 782 吨，畜牧业产值 73.3 亿元，同比增长 10.6%，畜牧业产值占大农业总产值的比重达 35%。全市初步形成以襄樊益龙畜禽公司、襄北、襄南猪场及襄樊正大生态养殖示范园为龙头，在襄阳、枣阳、南漳、宜城四县(市)区建设 200 万头优质三元猪基地；以襄樊景桂兔业公司为龙头，在南漳等县(市)建设 500 万只优质肉兔养殖基地；以宜城鑫牛公司、老河口大虎牧业公司为龙头，在宜城、襄阳、枣阳、老河口等地建设 100 万头优质肉牛出口基地；以襄阳峪山黄羊养殖公司为龙头，在襄阳、枣阳、南漳、保康、谷城等地建设 120 万只优质肉羊基地；以老河口汉水禽业公司、宜城楚都鸭业公司为龙头，在老河口、谷城、宜城、襄阳、枣阳、南漳、谷城等地建设 4 000 万只优质肉禽、蛋禽基地；以保康荆山山鸡公司为龙头，在荆山山区建设 100 万只山鸡养殖基地；以襄樊丽波、妙康奶业公司为龙头，在襄城区建设 10000 头优质奶牛养殖基地和奶制品加工龙头企业。

适宜在襄樊栽种的水果品种主要是大仙桃、沙梨和油桃三种，主要集中在老河口、枣阳、襄阳等市。在汉十公路沿线建设优质水果走廊的枣阳、老河口、襄阳三市区优质水果面积 2.33 万公顷。水果产量达到 46.65 万吨。大型水果公司老河口市仙仙果品公司坚持走“公司＋协会＋基地＋农户”的产业化路子，网络果农 1.85 万户，基地面积 5733.3 公顷，年销售鲜果 12 万吨，销售收入 1.09 亿元。

襄樊，蔬菜北上运距短，可迅速占领北方淡季市场，同时经过加工、包装可以出口。全市常年蔬菜播种面积 10.67 万公顷左右，年产量 400 万吨左右。蔬菜基地主要是樊城、襄阳、谷城、宜城的无公害蔬菜和保康高山反季节蔬菜。

襄樊西南山区适宜种植高品质烟叶、高香绿茶、高含皂素黄姜、杜仲、柴胡等中药材以及高品质木耳、香菇等食用菌。截至 2005 年底，全市以保康有机(天然)食品公司、谷城玉皇剑茶叶公司为龙头，茶叶面积达到 2 万公顷，产量 5800 吨，打响了“绿生”“玉皇剑”“水镜”等茶叶品牌；以丰年食品(襄樊)有限公司、襄樊市大山公司、宜城凌飞菌业有限公司为龙头，在南漳、保康、谷城、宜城、襄阳等县(市)区建设 5000 万袋代料香菇、2000 万筒椴木香菌和 500 万平方米草菇基地，全市食用菌生产规模达 4000 万袋，产量达 1.4 万吨，打响了“玉花”“大山”“水镜”牌香菇、“燕”牌木耳、丰年食品等品牌。以宜城宏和中药材公司、谷城唐氏俊银公司、保康天鹏科技扶贫开发公司、保康荆山药业公司为龙头，中药材面积达到 6667 公顷。全市烟叶面积已发展到 8000 公顷，产量 1.6 万吨。

(三)龙头企业

襄樊市坚持不拘一格建龙头企业，采取招商引资、改组改制、财政扶持、金融支持等多种措施，让各种所有制、类型和模式的产业化经营组织竞争发展。抓住重点龙头企业向纺织、酿酒、食品加工、专业市场等行业延伸的机遇，截至 2005 年底，全市市级以上重点龙头企业 86 家，其中国家级 2 家，省级 25 家，市级 59 家。市级以上龙头企业总资产 64.6 亿元，其中固定资产 35.6 亿元，分别比 2004 年增长 10.1% 和 15.2%；实现销售收入 96.8 亿元，个平 1.13 亿元，分别增长 25.8% 和 21.9%；完成利税 6.16 亿元，增长 5.84%；销售收入过 5 亿元、过亿元的龙头企业分别达到 5 家、30 家，分别比 2004 年增加 2

家和10家。全市无公害、有机、绿色食品达到160多个。"章陵"面条、"玉莲"芝麻油、"赛亚"优质米、"汉水"梨、"梅园"米、"绿生"茶等一大批名优农产品知名度提升。30多种农副产品出口东南亚、韩国、日本、新加坡、西欧、美国、法国、德国、南非等国家和地区，打入了北京、上海、广州、香港、武汉等大中城市和沃尔玛、中商、武商等大型超市。龙头企业农产品出口创汇取得新突破，产品涉及有机茶、芝麻、香菇、木耳、食用油、蜂蜜、橡籽、鸡蛋及三元猪、肥牛等畜产品。

1.政策扶持

从2001年开始，襄樊市把农业产业化奖励资金、扶贫资金、乡镇企业培训资金和贷款贴息资金、水产新品种开发资金、鄂西北防护林建设资金、小型农田水利建设资金、农村多种经营发展资金等零散资金，捆绑到一起集中使用，建立市级财政农业发展专项资金，扶持龙头企业发展。在政策导向上，采取"见苗泼水"的办法，对达到一定规模、经营效益好、有发展前景的企业实行"五优先、五鼓励、六奖励、四减免"。

"五优先"即对具备条件的企业，优先列为市级产业化龙头企业，优先推荐申报省和国家级农业产业龙头企业；对绿色食品发展资金优先用于支持大型绿色食品龙头企业，对符合出口退税条件的优先办理享受国家出口退税照顾；注册资金达到一定规模的农产品加工企业，优先办理自营进出口经营权登记。

"五鼓励"即鼓励大型龙头企业向民营化转轨；鼓励民营经济采取并购、租赁、参股等形式参与国有(集体)龙头企业重组；鼓励龙头企业申报绿色食品证书；鼓励龙头企业招商引资；鼓励龙头企业和个人开创知名度高、产销量大、经济效益好的名牌产品。

"六奖励"即对经济和社会效益突出的公司，从其上交的地方财政收入拿出一部分奖励企业(一般县市奖励额为1万~10万元)；对获得"绿证"的龙头企业，市、县政府各奖励其1万元人民币；对大型龙头企业获得的招商引资项目按市政府统一政策进行奖励；对获得市级、省级、国家的名牌产品的龙头企业，分别进行奖励，县(市)奖励1万~3万元。市级财政每年拿出600万~800万元对农产品基地建设、龙头企业招商引资、进超市、创建品牌、出口创汇等进行奖励。

"四减免"即符合条件的市级大型龙头企业享受国家、省级重点龙头企业按政策规定的税收减免照顾；企业在一个纳税年度生产经营中发生的用于研发新产品、新技术、新工艺的各项费用，允许在缴纳企业所得税前扣除；对符合国家产业政策的企业技术改造项目，其技术改造项目的国产设备投资可按有关规定抵免企业所得税；属于国家粮食购销储运企业的范围，凡按照国家统一规定的作价方法经营(包括批发、调拨、加工、零售)政策性粮食的，给予享受免征增值税照顾。

随着各项优惠政策出台，催生了产业化龙头企业发展，龙头企业自我加压，加大投入，加强管理，争相做大做强。2001年以来，市级财政先后投入3 500多万元扶持农业公司和产业化项目。

2.招商引资

全市通过大员招商、定向招商、专班招商、项目招商，参加各种商贸洽谈会，带动农产品加工业的发展，形成一批新的增长亮点。上海大山合集团公司与宜城凌飞菌业公司进行资产整合，新投资2 000多万元，新建襄樊大山现代农业有限公司。谷城县引进重庆四面山花椒开发有限公司，组建谷城骄王花椒生物技术有限公司，开发保鲜花椒、花椒油、花椒酱、芳香油、麻素等系列产品，首期投资3 870万元，目前已经完成了生产车间、组培楼、办公楼等基础设施建设，即将开工投产。老河口市积极出台优惠政策吸引外资进入，目前国泰纺织、金薯食品、中商贝林、广东金叶等一批知名企业落户该市，投资总额4 800万元。

3.营造环境

2005年,市委、市政府下发《关于开展市"四大家"领导和市直有关单位帮扶农业产业化重点龙头企业活动的通知》,确立领导包扶重点企业的工作思路,通过采取召开专题现场办公会、实行"一企一策、特事特办"等办法,帮助龙头企业解决政策、资金、改革、发展环境等方面的困难和问题,帮助争取项目支持,为枣阳金华麦面、宜城襄大农牧、老河口市回天油脂公司3家企业每个企业争取到国家农发项目资金1500万元,使企业规模扩大,活力增强。积极组织企业参展参会,每年组织一大批企业参加中国农业博览会、武汉农业博览会、广交会等大型展览活动,把龙头企业农产品推介出去。积极开展农产品进超市、银企对接等活动。充分发挥南漳九集粮油购销公司的品牌优势和中储粮襄樊直属库的资金优势,实行资源整合,组建湖北梅园米业公司,年生产能力可达40万吨。积极推荐粮油加工企业龙头企业加入全省银企对接行列;通过与农发行、农行等金融部门联系,促成了正大、万宝、金华、赛亚等龙头企业获得农发行优惠贷款;抓住省政府与国家农业发银行签署的农业政策性金融合作协议的机遇,成立襄樊市农业产业化信用担保公司,注册资金3 000万元,首期到位1 222万元。

截至2005年底,全市初步形成以万宝、回天、天鑫、新丰、鑫源等为龙头的油料加工集群,将把襄樊市建成全国最大的芝麻生产、出口创汇基地及交易集散中心和全省最大的油料生产加工基地;以金华、万宝、三杰、金旭、贤德、天华、久发、梨花湖等为龙头的小麦加工集群;以梅园、万宝、赛亚、晶琦、盈丰、兴达等为龙头的稻米加工集群;以湖北金环、银河纺织、际华三五四二、新襄棉、襄阳安华、湖北银纺、枣阳万通、襄樊银基、湖北雪美、襄樊瑞源、襄樊鑫方圆等为龙头的棉花加工集群;以湖北福润、襄大农牧、益龙、丽波、妙康、宏全、光大、方圆等为龙头的畜牧生产加工集群;以宜城开放、襄阳乾兴、襄樊浪潮调味品公司等为龙头的蔬菜生产加工集群;以美国丰年、襄樊大山、宜城凌飞等为龙头的食用菌生产加工集群;以保康有机(天然)食品、谷城玉皇剑茶叶公司等为龙头的茶叶生产加工基地。

(四)双赢机制

襄樊市探索总结出"跟踪服务型""价格保护型""二次分配型""协会网络型"等4种订单农业新模式,有效规避市场风险,推动结构调整,化解农产品卖难,促进企业增效和农民增收。

襄樊正大"跟踪服务型"。襄樊正大农业公司在襄阳区建立优质玉米制种基地,公司实行包良种、包技术、包回收"三包"服务,跟踪指导农民严格按技术规程生产,收获时公司派人派车到有关乡镇、村组按订单全部收购,制种基地亩平收入1000元以上。

枣阳金华"价格保护型"。枣阳金华麦面集团投入百万元资金引进优质小麦新品种,每年秋播与枣阳市14个乡镇签订3.33万公顷优质小麦订单,占该市小麦种植面积的70%;网络14万农户,占农户总数的73.7%。公司按每公斤高于市场价0.04～0.06元向农民敞开收购,通过优质优价和提高单产,每年为农民增收1000万元以上。

梅园米业"二次分配型"。南漳梅园米业公司每年与县内外农户签订2.67万公顷优质稻种植合同,直接将合同卡签发到农户,公司一次收购时高出市场价0.04元/公斤,待加工实现利润后再次对订单农户和农技部门进行补偿,形成了独具特色的"二次分配"体制,年为农民增加收入200多万元。

仙仙果品"协会网络型"。老河口市洪山咀办事处青年农民杨遂胜,依托水果协会创办仙仙果品有限公司,以"协会+公司+农户"形式为果农提供种苗、技术和销售服务,带动基地5333.3公顷,年包销水果12万吨,为果农增收2000多万元,户平增收5000元。目前,全市已组建农民合作经济组织600多个,网络会员30多万人,带动农户60多万户。

四、种植业

襄樊市耕地水旱各半，农作物种类繁多，适宜温带、暖温带及亚热带生长的农作物，在襄樊不同地区的热量条件下均能正常生长。广泛种植的农作物有粮食作物、经济作物、油料作物和园艺作物等。粮食作物主要有小麦、玉米、水稻、粟(谷子)、糜、大麦、豆类(蚕豆、豌豆、绿豆等)、薯类(甘薯、马铃薯)等；经济作物主要有棉花、麻类、烟草、糖类(甘蔗)、药材等；油料作物主要有油菜、花生、芝麻、小麻子、向日葵等；园艺特产主要有果树、蚕桑、茶叶、蔬菜、西瓜、花卉等。

中共十一届三中全会以来，全市农业实现由传统农业向现代农业的转变，自给半自给的农业生产向商品农业的转变，单一的粮食型结构向多种经济结构的转变。随着农村改革的深入，落实联产承包责任制，调动了广大农民的积极性；调整种植业结构，推广杂交稻、地膜覆盖等新品种和新技术，全市粮食生产稳步增长。水稻、小麦历来是襄樊市粮食生产的主要作物，水稻播种面积占全市粮食播种面积的30%以上，产量约占全年粮食总产的50%。小麦在夏粮中则占主要地位，1985年以后，约占全年粮食播种面积的40%，占全年粮食总产的35%。玉米是山区种植的主要粮食作物，每年产量约占秋杂粮产量的一半，占全年粮食播种面积的8%、总产量的6%。1985年，根据省委有关精神，襄樊开始着手抓农业产业结构调整。在稳定粮食生产的同时，通过提高复种指数，发展多熟制，推广农业新品种新技术，发展多种经营。到1990年，粮食播种面积比1985年减少1%，产量增长25%；20世纪90年代中后期，襄樊与全国各地一样，农产品供求关系发生历史性转变，一度出现结构性、区域性“卖难”尴尬境地。2000年，从应对入世的需要，襄樊提出“公司制发展农业、城镇化建设农村、专业化致富农民”的思路，被省委主要领导称为“全省农业产业化经营的一个亮点”。2003年，市委、市政府进一步确立“一县一品”发展战略，提出“终端产品进超市、省内市场占第一，国内市场有地位，国际市场能进入”的发展标准。2005年，市委、市政府作出用工业化的理念、产业化的思路，积极促进农业产业化经营，把其作为农业农村经济工作中的全局性、方向性的工作来抓，从而将襄樊农业结构推进到一个更高的标准和更新的层次。截至2005年底，全市粮食总产329.5万吨，面积538 800公顷。其中夏粮总产117.8万吨，面积249 420公顷，秋粮总产210.55万吨，面积289 670千公顷。棉花总产2.92万吨，面积32 540千公顷。油料总产37.48万吨，面积130 670公顷。其中，油菜总产18.115万吨，面积81 690公顷。农林牧渔业总产值214.3亿元，其中农业总产值123.3亿元，农民人均纯收入3191元，是1978年25.33倍。

(一)粮食作物

1.水稻

水稻是襄樊最重要的粮食作物之一，丘陵、低山及沿汉江流域是全市水稻主产区，主要分布在襄阳区、枣阳市、宜城市、老河口、南漳县等地。1976年起开始推广杂交稻，比常规稻增长1～3成。1984年后，停止种植双季稻(双季早稻从1965年起步，双季晚稻从1966年起步)，水稻主要实行以麦—稻、油—稻和蚕豆—稻为主的两熟耕作制度，其中麦—稻两熟占绝对多数。也有小部分绿肥稻、冬闲稻、冬泡稻等一年一熟制。

水稻种植面积有3次大的起伏。第一次是由1949—1976年，面积由13.8万公顷(全部为中稻)增加到37.3万公顷(其中，早稻9.8万公顷，中稻15.4万公顷，晚稻10.9万公顷)；第二次是从1976年37.3万公顷减少到1993年的22.4万公顷(全部为中稻)；第三次是1994年随州划归省管后，总面积下降到 16.7 万公顷,随后面积一直在 13.3 万公顷波动。1978—2005 年期间,面积最高年份是 1991 年的 25.5 万公顷,面积最少的年份是 2003 年的 13.6 万公顷,到 2005 年面积上升到 19.1 万公顷。1978—2005 年期间,水稻单产最高的年份是 1998 年的 11 820 公斤 / 公顷,单产最低的年份是 1988 年的 6 698 公斤 / 公顷。其他年份均在 9 950 公斤 / 公顷波动。

20 世纪 70 年代引进杂交稻后,水稻品种经历了由常规稻到杂交稻、由常规杂交稻向优质杂交稻的演变历程。1976 年起,开始推广杂交稻,1977 年发展到 1.2 万公顷,1978 年 5.2 万公顷。由于当时推广的南优 2 号抽穗杨花期不耐高温,空壳率高,面积又逐年下滑,1980 年下降到 1.8 万公顷。随着品种更新,逐步由汕优 2 号、汕优 64.威优 64 替代,到 1985 年杂交稻面积增加 11.3 万公顷,占种植面积的 52%。1983 年引进了汕优 63 高产组合,1984 年发展到 2.6 万公顷,1985 年发展到 6.8 万公顷,到 1988 年面积发展到 17.3 万公顷,成为当时的当家组合。汕优 63 是全市种植时间最长,种植面积最大的当家品种。八十年代推广的常规稻品种以 910.929、桂朝 2 号为主。

1999 年实施"五优工程",其中优质水稻工程主要推广了Ⅱ优 501、Ⅱ优 838、Ⅱ优 725、Ⅱ优 63、金优 63 等产量高、品质较优的品种,原来的当家品种汕优 63 由 1998 年的 7.7 万公顷调减到 5.6 万公顷,常规品种主要种植品质优的扬稻 6 号和湘晚籼 3 号。2000 年全市把湘晚籼 9 号、两优培九作为主推品种,并推广湘晚籼 3 号、扬稻 6 号、金优 63.金优 725 等品种。2000 年优质稻种植面积占水稻总面积的 22%,2004 年国标三级以上优质稻种植面积 10.2 万公顷,优质率 56.5%。

1976 年起开始应用推广温室育秧、单株寄插两段育秧技术。1986 年两段秧面积达 8.1 万公顷,1987 年达到 13.0 万公顷,1990 年达到 22.9 万公顷。1987 年在两段育秧、单株寄插的基础上推广"三两"栽培(两段育秧、两苗寄插、两大即大蔸大行)技术,1990 年达到 4.7 万公顷。1992 年两段育秧技术基本普及。

1992 年开始水稻旱育秧技术,制定《襄樊市水稻旱育秧亩产 750 公斤栽培技术规程》。1993 年、1994 年连续扩大示范,面积发展到 0.8 万公顷,随后面积逐年增加,1995 年累计推广 5.1 万公顷,1997 年推广 10.1 万公顷,占当年水稻面积 51.3%。随后一直稳定在 10 万公顷左右。

1997 年试验示范水稻旱育抛秧。1998 年旱育抛秧面积达 2.5 万公顷,1999 年达 5.3 万公顷。

从 2002 年开始,进行小面积试验、示范机械化插秧水稻机械插秧。2003 年,在谷城冷集、南漳城关、枣阳七方等地对红莲优 6 号、武香 988、汕优 63、二优培九、岗优 725 等五个水稻品种进行机械插秧试验、示范,示范面积 6.23 公顷,连片面积达到 2 公顷以上。2004 年,全市除保康外,8 个县(市)区都进行了试验推广,老河口等县(市)形成上百亩连片机械插秧示范点,机械插秧总面积达到 133.33 公顷。2005 年,枣阳形成了上千亩的机插连片示范点,完成机插面积 400 公顷,插秧机械达到 32 台(见表 9—2)。

1978—2005 年襄樊市水稻生产情况

表 9—2

年份	面积(千公顷)	单产(公斤 / 公顷)	总产(吨)
1978 年	304.89	4147	1 264 245
1979 年	270.22	4178	1 129 015
1980 年	264.77	3972	1 051 760
1981 年	219	4713	1 032 055
1982 年	210	4938	1 037 055
1983 年	224.35	6212	1 391 555
1984 年	224.17	7071	1 585 100

续表

年份	面积(千公顷)	单产(公斤/公顷)	总产(吨)
1985 年	273.83	6268	1 716 500
1986 年	212.65	7868	1 672 315
1987 年	221.77	8003	1 774 165
1988 年	221.12	6698	1 480 660
1989 年	235.83	8700	2 052 195
1990 年	250.82	9375	2 350 250
1991 年	255.57	9360	2 391 235
1992 年	243.37	9953	2 422 930
1993 年	224.67	10493	2 356 685
1994 年	167.73	10575	1 772 430
1995 年	171.19	10838	1 855 855
1996 年	190.96	10808	2 063 740
1997 年	198.55	11115	2 207 015
1998 年	183.82	11820	2 173 075
1999 年	187.35	11153	2 089 440
2000 年	146.28	10740	1 571 040
2001 年	159.26	10725	1 708 620
2002 年	158.77	10238	1 625 265
2003 年	136.17	8033	1 094 080
2004 年	182.47	9300	1 696 650
2005 年	191.35	8483	1 623 800

2.小麦

全市所属各县市区均种植小麦。其中襄阳区、枣阳市、宜城市、老河口市、襄城区、樊城区、襄北监狱、襄南监狱属于鄂中丘陵和鄂北岗地麦区,南漳县、谷城县、保康县属于鄂西北山地麦区。1996 年,全市小麦生产区被纳入淮河流域亿亩中高产小麦开发项目区。2003 年,农业部出台《专用小麦优势区域发展规划》,同年,《湖北省优势农产品和特色农产品区域布局规划(2003—2010 年)》出台,襄阳、枣阳、宜城、老河口、谷城、南漳 6 个县(市)区被列入湖北省优质中弱筋小麦产业带生产基地。

襄樊传统小麦的地方品种资源主要有襄阳和尚头。1978 年,市小麦优良品种“7023”“宜宾 1 号”“襄麦 5 号”已经普及。1987 年,全市小麦品种进行第三次更新换代,当家品种为鄂恩 1 号和宜宾 1 号。1997 年,全市小麦品种进行第四次更新换代,当家品种为 89—11(后审定命名为鄂麦 14)、华麦 8 号、81513(后审定命名为鄂麦 12)。2004 年,全市小麦品种进行第五次更新换代,优质专用品种郑麦 9023 面积占到 42%以上,鄂麦 19、鄂麦 18、鄂麦 23 等成为主推品种。

传统小麦的种植模式为:稻区为小麦—稻,棉区为小麦—棉,山区丘陵旱地为小麦—玉米或玉米/小麦、小麦—红薯、小麦—芝麻等。为适应农业增效、农民增收的需求,各种立体高效种植模式应运而生。如小麦与优质杂交中稻连作,小麦与蚕豆、豌豆、蔬菜、马铃薯间作,小麦/蔬菜/棉花/西瓜,小麦/蔬菜/玉米/大豆等。

小麦是襄樊市最重要的粮食作物之一,面积居各作物之首。1978—1998 年,全市小麦面积稳定在粮食播种面积的 48%左右。1987 年夏粮单产进入全国十大夏粮高产区行列,小麦单产 4365 公斤/公顷,到 1990 年,一直稳定在 4350 公斤/公顷左右;1991 年,单产超过 4500 公斤/公顷;1995 年,单产超过 5250 公斤 / 公顷；1997 年，小麦获得历史性大丰收，单产 5730 公斤 / 公顷。1999 年开始，小麦面积在粮食作物中所占比例徘徊调整下滑至 40%左右，单产均在 5250 公斤 / 公顷以下。2000 年，由襄樊市农科所育成的小麦新品种鄂麦 15 通过审定，为湖北省第一个达到国家专用小麦中筋标准的品种。

小麦常规栽培技术主要包括整地、播种、施肥、灌溉排水和其他田间管理措施。1986 年，龚肇洲编制《小麦高产栽培技术规程》；1990 年 9 月，市农牧业局制定《襄樊市小麦高产栽培十项标准》，使全市小麦单产水平分别达到 4500 公斤 / 公顷和 5250 公斤 / 公顷以上。1999 年秋播，历时三个年度的襄樊市优质小麦工程开始实施，同年开始引进试验小麦少(免)耕栽培技术，2004 年秋播至今，播种面积迅速扩大，逐步从一种抗灾救灾措施变为常规高产高效措施。2004 年，襄樊市无公害小麦生产技术规程由襄樊市质量技术监督局发布(见表 9—3)。

1978—2005 年小麦生产情况

表 9—3

年份	面积(千公顷)	单产(公斤 / 公顷)	总产(吨)
1978 年	283.38	2189	620 305
1979 年	318.5	2501	796 470
1980 年	328.74	2323	763 550
1981 年	314.79	2381	749 505
1982 年	353.38	3301	1 166 650
1983 年	362.57	3345	1 212 680
1984 年	357.77	3604	1 289 325
1985 年	346.27	3438	1 190 600
1986 年	341.51	3885	1 327 650
1987 年	341.22	4365	1 490 470
1988 年	330.51	4373	1 445 510
1989 年	335.31	4275	1 435 500
1990 年	338.61	4343	1 471 000
1991 年	339	4575	1 549 805
1992 年	332.78	4800	1 598 485
1993 年	313.76	5108	1 601 715
1994 年	246.27	5160	1 271 485
1995 年	239.65	5325	1 275 920
1996 年	248.76	5415	1 347 865
1997 年	260.13	5730	1 491 300
1998 年	250.17	5678	1 417 785
1999 年	226	4853	1 098 155
2000 年	208.96	4418	923 165
2001 年	194.19	4770	928 125
2002 年	186.98	4478	836 950
2003 年	170.35	4283	729 585
2004 年	183.87	4965	913 200
2005 年	231.7	4778	1 107 210

3.玉米

保康县、南漳县、谷城县等山区县为传统玉米主产区，20 世纪 90 年代玉米由山区向平原岗地扩展，襄阳区、枣阳市面积逐渐扩大，到 2005 年，枣阳市、襄阳区已成为种植面积最大的 2 个县(市)、区。

全市玉米种植品种从 20 世纪 70 年代开始推广杂交玉米，主要品种有郧单 1 号、恩单一号、鄂农 204、豫农 704 等品种，1986—1988 年，种植面积占 60%以上，也是 20 世纪 90 年代的主要栽培品种。1992 年，紧凑型玉米由平原岗地向丘陵、山区扩展，推广面积达 1.6 万公顷，掖单系列品种成为主要栽培品种。2000 年以后，主要推广掖单系列、农大 108、鄂玉 10 号等品种。

在山区主要实行马铃薯—玉米、油菜—玉米为主的两熟制，在丘陵、平原地区以小麦—玉米为主的两熟制。

1978—2005 年，全市玉米平均栽培面积在 4.8 万公顷左右，最大年份是 2005 年的 7.8 万公顷，最少年份是 1997 年 4.1 万公顷。全市玉米单产自 1986 年以来可分为三个阶段：1986—1991 年在 3 750 公斤 / 公顷以下；1992—1994 年单产超过 3 750 公斤 / 公顷；1993—2005 年单产达 4500 公斤 / 公顷以上。总产最高的年份是 2005 年的 412 020 吨，最低的年份是 1988 年的 106 590 吨。

1991 年，全市制定《紧凑型杂交玉米夏播单产 7 500 公斤 / 公顷(亩产 500 公斤)以上栽培模式》。全市普及以“超微膜、紧凑种、配方肥、科学管”等措施为主的地膜玉米高产高效配套技术。1988 年高寒山区推广地膜杂交玉米技术。1994 年引进了玉米超微膜覆盖栽培技术。在 500 米以下的低山丘陵地区种植掖单 6 号，在栽培水平较高的地区种植鲁玉二号及掖单 11.12.13 号，在山区种植抗病较好的郧单 1 号和恩单 2 号。20 世纪 70—80 年代，全市玉米密度一般只有 4.5 万株 / 公顷 3000 株左右。90 年代增加密度，每公顷要求保证在 4.5 万株左右，紧凑型玉米 5.25 万 ~ 6 万株，高产田达到 6.75 万株。从 2000 年起，开展测土配方施肥技术的推广(见表 9—4)。

1978—2005 年玉米生产情况表

表 9—4

年份	玉米		
	面积(千公顷)	单产(公斤 / 公顷)	总产(吨)
1978 年	55.26	2 585	142 855
1979 年	59.38	2 945	174 850
1980 年	56.25	2 273	127 840
1981 年	59.57	2 034	121 155
1982 年	65.75	1 948	128 045
1983 年	61.87	2 840	175 735
1984 年	61.04	3 196	195 095
1985 年	57.61	3 468	199 815
1986 年	62.95	3 233	203 465
1987 年	59.87	3 578	214 125
1988 年	53.77	1 980	106 590
1989 年	50.63	2 850	144 290
1990 年	47.44	3 525	167 150
1991 年	45.53	3 593	163 715
1992 年	42.56	3 923	167 052
1993 年	43.21	3 900	168 535

续表

年份	玉米		
	面积(千公顷)	单产(公斤/公顷)	总产(吨)
1994年	42.63	4 298	183 332
1995年	45.68	4 620	210 900
1996年	44.1	4 778	210 645
1997年	41.25	4 118	169 785
1998年	45.61	5 235	238 770
1999年	47.47	5 310	251 900
2000年	46.37	5 678	263 265
2001年	43.86	5 333	233 555
2002年	48.23	5 483	264 478
2003年	46.35	4 590	212 650
2004年	52.58	5 265	276 685
2005年	78.56	5 243	412 020

4.其他旱粮作物

20世纪80年代中期,全市旱杂粮面积达到7.33万公顷以上,占粮食总面积15.5%左右。随着旱地改水田步伐逐年加快,杂粮面积逐年减少,2005年只有3.26万公顷。

大麦是全市夏收粮食作物之一,常年种植面积8667公顷左右,占夏粮面积的4%左右,品种以鄂大麦7号为主。面积最多的年份是1988年,1.1万公顷;单产最高的年份1998年,达6 278公斤/公顷;总产最高的年份2004年58 650吨。2005年种植面积0.8万公顷,单产5 258公斤/公顷,总产42 445吨,占夏粮面积的3.2%,占总产的3.6%。枣阳市、襄阳区以饲料大麦"鄂大麦7号""华大麦3号""华大麦4号"为主;襄北农场主要以种子繁育为主,为全省提供优质啤酒大麦和饲料大麦种子,啤酒大麦、饲料大麦各占50%,主要品种是"华大麦2号""鄂大麦10号"(见表9—5)。

1978—2005年襄樊市大麦生产情况

表9—5

年份	面积(千公顷)	单产(公斤/公顷)	总产(吨)
1978年	—	—	—
1979年	11.77	1563	18 400
1980年	9.77	1623	15 860
1981年	10.28	1393	14 325
1982年	6.75	1677	11 320
1983年	3.95	1538	6 075
1984年	5.27	2124	11 195
1985年	5.12	1835	9 395
1986年	8.73	1710	14 981
1987年	8.91	2160	19 296
1988年	11.88	2670	31 807
1989年	8.4	2610	21 926

续表

年份	面积(千公顷)	单产(公斤/公顷)	总产(吨)
1990 年	8.37	2805	23 511
1991 年	6.51	3668	23 436
1992 年	5.94	3438	21 843
1993 年	6.56	4140	27 155
1994 年	8.12	4493	36 482
1995 年	7.67	4463	34 228
1996 年	7.33	4853	35 585
1997 年	7.27	5745	41 747
1998 年	5.67	6278	35 573
1999 年	4.73	5895	27 900
2000 年	5.1	4440	22 660
2001 年	6.72	4823	34 712
2002 年	10.78	4013	43 274
2003 年	9.98	5325	53 150
2004 年	9.97	5880	58 650
2005 年	8.07	5258	42 445

历史上种植红薯最大年份是 1961 年，面积达到 7.2 万公顷，到 1985 年下降到 2.5 万公顷，2005 年下降到 0.66 万公顷。主要种植区域在枣阳、襄阳、老河口等县(市)区，2005 年，这 3 个县(市)区种植面积占全市总面积的 68.6%。1978—2005 年，全市种植面积最大的年份是 1986 年的 2.1 万公顷，种植面积最少的年份 1999 年 0.9 万公顷，2005 年的面积是 1.1 万公顷。1986—1989 年，单产在 2250 公斤/千公顷以下，1990 年，达到 2257.5 公斤/千公顷，最高单产是 1998 年的 4560 公斤/公顷，最低单产是 1988 年的 1320 公斤/公顷。20 世纪 80 年代初，主要种植品种是猴子毛、六月爆、1138—3、太兴黑豆、矮脚早等品种，2005 年，种植品种主要有鄂豆 7 号。

马铃薯主产区在保康、南漳、谷城三个山区县，为高山区群众主要口粮之一。种植模式在山区多以冬春的马铃薯与玉米间作套种为主。20 世纪 80 年代种植主要品种为马尔科、米拉、新芋 4 号、新芋 4 号、南中 552 等。1978—2005 年，种植面积最大的年份是 2001 年的 0.6 万公顷，最少的年份是 1988 年的 0.3 万公顷，2005 年，种植面积 0.4 万公顷。1986 ~ 1989 年，单产在 2250 公斤/公顷以下，1995 年达到 3083 公斤/公顷，2003 年达到 4177 公斤/公顷。

粟谷在全市零星分布，单产不稳定，年际变幅较大。1978—2005 年，1988 年，种植面积最多，为 410 公顷。2001 年后没有统计面积。

蚕豆豌豆主产三北岗地，主要以蚕豆—稻、蚕豆—玉米两熟制为主。主要种植品种有启东 1 号、大青豆、中豌 6 号、中豌 7 号。1978—2005 年，种植面积逐年减少，1978 年，种植面积 2.9 万公顷，1986 年，种植面积 1.3 万公顷，到 1993 年降至 0.6 万公顷，2005 年，种植面积 0.4 万公顷，种植面积最低的年份是 1996 年的 0.3 万公顷。蚕豆豌豆单产 1990 年以前在 2250 公斤/公顷以下，1990 年，达到 2355 公斤/公顷，1994 年，达 3175 公斤/公顷，最高单产是 1996 年的 4623 公斤/公顷，2005 年单产为 3960 公斤/公顷。

绿豆零星分布，襄阳区、枣阳市、老河口市面积相对较大。多为种植在三边地、挂坡地，不太注重栽培技术，管理较粗放。种植主要的品种有鄂绿 1 号、鄂绿 3 号、鄂绿 7 号、摘角绿等。1978—2005 年种植面积逐年调减，种植面积最多的年份是 1988 年的 0.9 万公顷，到 2005 年只有 0.1 万公顷。单产最高年份是 1996 年的 4 418 公斤 / 公顷，最低的年份是 1989 年的 1 005 公斤 / 公顷。

(二)经济作物

1.棉花

襄樊棉区属于鄂北棉区，主要分布在襄阳区、枣阳市、宜城市、老河口市、(随州市)。2003 年，《湖北省优势农产品和特色农产品区域布局规划(2003—2010 年)》出台，襄阳区、枣阳市、宜城市被列入优质棉花产业带生产基地。

全市以棉田两熟制为主体。1978 年，小麦茬棉花占 75%，此后有所下降，到 1992 年后一直保持在 60%左右。20 世纪末期，油棉复种制(油后直播棉和油后移栽棉)发展较快。在轮作制度方面，采取夏季棉花连作，冬季麦、豆、油菜换茬和棉田水旱轮作即稻棉轮作，自 1984 年责任田承包到户后逐年减少。20 世纪 80 年代末、90 年代初开始，加大对冬季预留棉行开发力度，发展和推行多熟间套制。以棉花为主，主要推广小麦—西瓜—棉花、花菜—棉花—花生、小麦—芥菜—棉花、小麦—萝卜—棉花、大白菜—辣椒—棉花、花菜—棉花—青皮冬瓜、油菜—花生(玉米)—棉花等。

1978—1996 年，棉花播种面积占农作物总面积的比例由 7%逐步上升并稳定在 9%，1997 年起开始下降、徘徊在 5%～6%之间，2003—2005 年，由 6%逐年下降到 4%。单产在年际间变幅较大，除 1988 年、1989 年、1994 年、1996 年均在 750 公斤 / 公顷以下，其余年份均超过 750 公斤 / 公顷，最高为 2002 年的 1 117.5 公斤 / 公顷。1995 年 9 月，宜城“双百棉”市通过湖北省专家考察、验收，成为襄樊第一个亩产过 200 斤(即 1 500 公斤 / 公顷的县区)。

从 1985 年起，国家和地方共同投资，先后对随州市、枣阳市、襄阳区、宜城市等优质棉基地县、市的棉花原(良)种场进行改造，建立棉花“三圃”生产和良种繁育基地。20 世纪 90 年代初期，襄阳区、枣阳市、随州市等先后建设棉种泡沫酸脱绒加工厂，结合精选、包衣进一步提高棉种的播种品质。

20 世纪 80 年代中后期到 90 年代，鄂荆 1 号、鄂荆 92.鄂棉 18 等逐渐取代鄂沙 28，成为主导品种。90 年代后期开始，杂交棉和抗虫棉取代常规品种和抗病品种，种植面积较大的有中棉所 29、.鄂杂棉系列、鄂抗虫棉 1 号等。1992 年，襄樊市对精加工包衣棉种进行试验、示范，1995 年推广 3.4 万公顷，比常规棉种提高单产 75 公斤 / 公顷以上；1997 年推广 5.8 万公顷，占当年棉田面积的 90%，推广面积的比例名列全省第一。

1988 年开始实施以良种、两膜(薄膜育苗移栽、地膜覆盖直播)、配肥、化调、综防为主的棉花高产、优质、高效配套栽培技术。进入 21 世纪以来，推广和普及优质良种技术、精加工棉种技术、两膜棉栽培技术、全程化调技术、立体高效间作套种技术、配方施肥技术、病虫草害综合防治技术。

棉花主产品为皮棉，副产品包括茎、根、棉籽壳、短绒、棉籽、棉饼、棉籽油和油脚等。在综合利用上，20 世纪 70 年代以来，棉短绒利用发展迅速。襄樊化纤厂，年产化纤 9 000 吨，随州市、宜城市等分别建起了棉浆粕厂。进入 90 年代，由于受市场、资金、技术等因素制约，发展缓慢，没有较大的突破，未能形成规模效应。棉籽壳及棉秆粉碎后均可用来生产食用菌，但规模发展也有限(见表 9—6)。

1978—2005 年襄樊市棉花生产情况

表 9—6

年份	面积（千公顷）	单产（公斤 / 公顷）	总产（吨）
1978 年	—	—	—
1979 年	11.77	1563	18 400
1980 年	9.77	1623	15 860
1981 年	10.28	1393	14 325
1982 年	6.75	1677	11 320
1983 年	3.95	1538	6 075
1984 年	5.27	2124	11 195
1985 年	5.12	1835	9 395
1986 年	8.73	1710	14 981
1987 年	8.91	2160	19 296
1988 年	11.88	2670	31 807
1989 年	8.4	2610	21 926
1990 年	8.37	2805	23 511
1991 年	6.51	3668	23 436
1992 年	5.94	3438	21 843
1993 年	6.56	4140	27 155
1994 年	8.12	4493	36 482
1995 年	7.67	4463	34 228
1996 年	7.33	4853	35 585
1997 年	7.27	5745	41 747
1998 年	5.67	6278	35 573
1999 年	4.73	5895	27 900
2000 年	5.1	4440	22 660
2001 年	6.72	4823	34 712
2002 年	10.78	4013	43 374
2003 年	9.98	5325	53 150
2004 年	9.97	5880	58 650
2005 年	8.07	5258	42 445

2.油料

襄樊市是粮食生产大市，也是油菜生产大市，主要分布在襄阳、枣阳、宜城、老河口、南漳、谷城等县（市）区。1979 年，种植面积 3580 公顷，单产 45.2 公斤 / 亩，总产 4.86 万担；1986 年，种植面积达到 2.3 万公顷，单产是 94 公斤 / 亩，总产 64.97 万担。2003 年达到最高面积 10.25 万公顷，单产 125.5 公斤 / 亩，总产 385.49 万担。2005 年，夏收面积 5.74 万公顷，单产 154 公斤 / 亩，总产 266 万担。冬油菜产区，两熟制，即秋播夏收。一般与水稻、小麦连作。种植方式有移栽、直播两种，其中育苗移栽约占种植面积的 20%。育苗于每年 9 月上旬播种，10 月上旬移栽，第 2 年 5 月上旬成熟。直播于 10 月上旬播种，第2年5月上旬成熟。襄樊市油菜生长季节雨量充沛，日照充足，雨热同步，单产高，病虫害比省内其他地区少，含油量高。20世纪70—80年代全市油菜单产水平只有50公斤左右，面积也只有2万公顷左右，90年代后，随着高产栽培技术和杂交油菜品种的推广普及，平均单产水平达到150公斤左右。1978年以来，全市主要推广了秋冬发高产栽培技术、无公害高产栽培技术、免耕高产栽培技术。其中油菜秋冬发高产栽培技术推广面积累计66.7万公顷，增产油菜籽15000万公斤；无公害高产栽培技术推广面积累计达到33.3万公顷，增产油菜籽5000万公斤；免耕高产栽培技术推广面积累计达到0.2万公顷，增产油菜籽15万公斤。这三项技术的推广，推动了全市油菜生产水平的提高，单产水平由1978年的45.2公斤上升到2005年的154公斤，提高240.7%。1995年以前是以常规"双高"（即高芥酸、高硫甙）品种为主，之后双低优质品种开始占据主导地位，主要推广了华油杂、中油杂两大系列的"双低"（即低芥酸、低硫甙）优质油菜品种，到2002年，全市油菜优质化率达到100%。

襄樊市是全国三大芝麻产区之一，常年种植面积3.3万公顷左右，占湖北省的30%左右，总产占40%以上。20世纪70年代，片面强调"以粮为纲"，芝麻面积缩小，1975年仅种植2.99万公顷，总产26.33担，1978年后调整种植结构，芝麻生产得到恢复，当年播种3.19万公顷，总产53万担，单产55公斤/亩，1979年增至3.7万公顷，总产54.99万担。80年代，芝麻生产引进优良品种，种植面积基本稳定，产量受品种、栽培、气候等条件的影响表现极不稳定。1980年，全市平均年种植面积4.06万公顷，占全市油料面积的64.6%，平均单产38.2公斤/亩，总产46.6万担，占全市油料总产的42.1%。1982年，全市芝麻生产受灾害的影响，单产仅13公斤/亩，而1986年单产高达67.5公斤/亩。加之其他油料作物生产不断地发展，芝麻传统生产地位受到冲击。1990年代至今，襄樊市油料生产格局发生根本变化，特别是优质杂交油菜生产发展迅速，面积单产总产逐年增加，芝麻生产面积逐渐稳定在占油料面积的20%左右，总产占15%以上。2000年在农业结构调整中，芝麻种植面积恢复到了3.17万公顷，平均单产130公斤/亩，总产124.04万担，占全市油料总产的15.5%，面积占湖北省的21.6%，总产占27%。2005年芝麻种植面积1.62万公顷，单产84公斤，总产41.36万担。

芝麻是襄樊市主要的油料作物之一，生产历史悠久，主要种植在襄阳、枣阳、老河口等鄂北岗地。全市芝麻育种在全省领先，芝麻研究力量雄厚，先后成功选育出高产、优质、多抗于一体、居全国领先水平的鄂芝1号、鄂芝2号、鄂芝3号芝麻新品种，并成为襄樊市主要种植品种、栽培技术主要推广了深沟窄厢、双茎栽培、打顶栽培技术。其中深沟窄厢技术已普及。

花生产区主要分布在汉水及唐白河沿岸地区，分春播和夏播两种形式。夏播前茬主要有小麦茬和油菜茬两种。20世纪80年代主要是房前屋后分散种植，面积较小。从90年代开始形成以宜城王集和襄阳张湾为集散地的两大花生产区市场，带动周边花生的规模化种植。2005年，全市花生种植面积3.32万公顷，单产396.8公斤/亩，总产345.87万担。主要推广了春播花生地膜覆盖技术、一播全苗技术、花生施用钼肥技术及化学调控技术等。其中地膜覆盖技术累计推广面积1.47万公顷，亩增30公斤，累计增产66万公斤。花生施用钼肥技术累计推广26.7万公顷，亩增15公斤，累计增产6000万公斤。要推广品种为中花、鲁花、豫花系列。

3.蔬菜

1978—2005年，全市境内蔬菜栽培种类以生物学分类如下：①白菜类：大白菜、小白菜、紫菜苔；②根菜类：萝卜、胡萝卜、大头菜；③茄果类：辣椒、茄子、番茄；④瓜类：黄瓜、丝瓜、苦瓜、西葫芦、葫芦、冬瓜、瓠子、南瓜、荀瓜；⑤豆类：豇豆、四季豆、五季豆（架生菜豆）、扁豆、蛇豆；⑥薯芋类：芋头、马铃薯（土豆）、生姜、山药、豆薯（地瓜）、草石蚕；⑦葱蒜类：大蒜、洋葱、分葱、细香葱、韭菜；⑧绿叶菜类：莴苣、生菜、芹菜、菠菜、竹叶菜、苋菜、茼蒿、芫荽、木耳菜、腊菜（叶用芥菜）；⑨甘蓝类：甘蓝、紫甘蓝、花菜、西蓝花；⑩水生菜类：莲藕、茭白；⑪多年生蔬菜类：竹笋、黄花菜、芦笋、百合、蘘荷。

1978—2005年，蔬菜生产基本实行一年五大播制，即早春播、大春播、夏播、秋播及冬播。为了调节市场淡旺季差，20世纪90年代初提出“二稳、二扩、一保”的发展措施，即稳定大春播、秋播面积，扩大早春播、夏播面积，保冬播面积，使早春播的保护地栽培和夏季遮阳栽培得到了较大发展，并有部分品种实现了周年生产，均衡上市，如黄瓜、番茄、茄子、大白菜、萝卜、生菜、小白菜、芹菜等（见表9—7）。

1986—2005年全市蔬菜生产发展情况

表9—7

内容 年份	常年基地面积(公顷)	一季园面积(公顷)	复播面积(公顷)	总产量(吨)
1978	—	—	3533.3	—
1979	—	—	7520	—
1980	—	—	7973.3	—
1981	—	—	2700	—
1982	—	—	7960	—
1983	—	—	9913.3	—
1984	—	—	11060	—
1985	—	—	31900	—
1986	—	—	22953.3	—
1987	—	—	24666.6	920 170
1988	—	—	28793.3	1 256 389
1989	15326.6	14960	54560	1 739 048
1990	13286.6	17513.3	52206.6	1 595 930
1991	—	—	53100	1 565 775
1992	14520	22240	64666.6	1 797 719
1993	28600	23433.3	77440	2 507 573
1994	—	—	62120	2 413 867
1995	—	—	64260	2 811 000
1996	—	—	65680	3 178 800
1997	—	—	76790	3 727 000
1998	—	—	88120	4 143 600
1999	38586.6	54600	99440	3 853 100
2000	—	—	10919	4 091 000
2001	—	—	12293	4 082 800
2002	40113.3	47540	11916	4 592 000
2003	40243.3	42666.6	117073.3	4 406 248
2004	38380	36650	91233.3	3 753 267
2005	37906.6	34226.3	93433.3	3 360 369

1978—2005年，蔬菜栽培技术得到全面发展和普及，坚持推广深沟高畦栽培，减少平畦或高埂低畦的传统栽培习惯，推广普及率达99%以上。发展保护地栽培，其栽培技术作为重点培训和普及提高。到2005年，发展各种形式的保护地栽培面积已达到9132公顷。开展水培试验即营养液栽培。1997

年由市政府投资20万元，分别在市蔬菜研究所、庞公、王寨、高新区团山镇四处新建水培试验场，面积分别为1.5亩左右，试栽品种为意大利生菜、西芹、草莓等。1998年，获得试验成功。1996年，保康县龙坪镇引进宜昌市火烧坪高山反季节菜生产经验，开始生产高山菜，主要品种为京丰1号甘蓝，在获得成功的基础上，不断扩大生产面积，并带动周边县（市）的谷城官坊、南漳薛坪、三景以及保康后坪镇等都建立了高山反季节菜生产基地。2005年末，全市高山反季节菜生产面积发展到3 333.3公顷，成为解决秋淡的主要商品菜生产基地（见表9—8）。1978—2005年，紧紧围绕市民"菜篮子"稳定、丰满、安全不断创新蔬菜栽培技术，以"四新技术"推广为主线，即新品种、新技术、新材料、新农药的推陈出新，发展新的栽培技术。2000年以前，主推保护地栽培技术，越夏延秋栽培技术，高效模式栽培技术。2000—2005年，在推广上述技术的基础上，重点发展无公害栽培技术。

1988—2005年保护地栽培发展情况

表9—8　　单位：亩

年份＼内容	日光节能型温室	塑料大、中棚	塑料小拱棚	遮阳网	备注
1988	—	245.6	860.4	—	—
1989	—	27.66	208.8	—	—
1990	—	40.5	484.5	—	—
1991	—	134	764	—	—
1992	—	152.6	954.1	—	—
1993	—	165.2	2307.6	—	—
1994	—	—	—	—	—
1995	285	25965	30225	—	—
1996	525	33060	40890	—	—
1997	1 800	40470	44910	—	—
1998	1 980	42645	52260	—	—
1999	1 965	54735	55335	5860	—
2000	1 560	60360	61875	—	—
2001	1 320	61875	63075	—	—
2002	1 140	67215	67005	12228	—
2003	1 763	38430	59150	6597	—
2004	1 415	45700	71100	6505	—
2005	2 445	62590	68800	2785	—

1978—1995年，襄樊市蔬菜基地建设，以市政府从新菜地开发基金中每年拨付200万元左右、用于城市郊区新老菜地建设为主，主要包括水渠、路、电、池、小机井、大型排灌设施等维修与新建，还投入保护地栽培建设，发展喷灌、滴灌设施等，增强抗击自然风险能力。1996—2000年，每年拨付100万～200万元作为"菜篮子"发展基金，部分用于菜地基本建设，主要用于新型的保护地基本建设，大力发展保护地栽培。2000年以后，菜地建设改由菜农自主发展为主，政府扶持为铺，重点培植龙头企业，菜地建设呈现以龙头企业参与规模化、标准化蔬菜基地建设的发展态势。

4.茶叶

襄樊市茶叶从20世纪70年代后开始恢复，到90年代形成一次发展高峰，并建成以南漳、保康、谷城等山区县为主的高香有机名优绿茶区和襄、枣、宜等低山丘陵为主的优质绿茶区等两大茶叶生产基地，所产的各类名优绿茶得到专家和市场的好评，先后在全国农产品博览会等大型会展和各级名优茶鉴评中累计获得金奖和各类优胜奖68个。产品行销到北京、武汉、十堰、河南等省市区，并出口到欧盟、美国等国际市场，逐渐发展成为国内外颇具知名度的名优绿茶区。2005年，襄樊市茶园总面积1.13万公顷，茶叶总产量5 219吨，总产值14 017万元，社会总收入（包括加工、包装、贮藏、销售经营增值）21 000万元以上。全市7个县区有6个县市产茶，国有集体所有茶场2个，个体民营茶场1000多个，产值百万元以上的茶叶龙头企业5个，涉茶人口约8万余人。全市形成了3个大型茶叶专业市场，仅市区散布的大小茶叶专营店或茶楼200余家，吸收了相当的就业人群。

襄樊茶区分为以南漳、保康、谷城等山区县为主的高香有机名优绿茶区和以襄、枣、宜等低山丘陵为主的优质绿茶区等两大茶叶生产基地。茶树品种以20世纪70年代栽培的浙江鸠坑群体种和90年代初发展福鼎大白有性系品种为主，90年代至今，发展福鼎大毫、福鼎大白、乌牛早、龙井43等无性系良种。到2000年前后达到1.8万公顷左右的规模，2003年，栽培面积1.1万公顷。

襄樊有国有、集体所有茶场2个，个体民营茶场1 000多个，产值百万元以上的茶叶龙头企业5个，各类粗、精制加工设备5 000多台（套）。

5.果

全市果园面积稳定在4万公顷，其中桃园1.67万公顷（桃园中油桃面积12万亩），梨园1.4万公顷，已形成汉江沿线优质沙梨带1万公顷、316国道沿线的优质桃基地1万公顷、三北优质油桃基地6 667公顷等优势产业基地，万亩以上的水果大镇（办事处）10个，水果专业村40多个。

襄樊桃的常年产量在20万吨以上。主要分布在襄阳、枣阳、老河口等市（区）。白桃栽培品种主要为沙子早生、金华大白桃、北京25.早凤王等早熟优质品种，油桃主栽品种为曙光、瑞光等系列品种中的优质早熟品种。葡萄在襄樊有零星栽培，主要分布在襄阳、枣阳等地。主栽品种为巨峰、藤稔等老品种。枣在老河口、襄阳、枣阳有小规模种植，栽培品种有梨枣、园林酥等。李全市有少量种植。梨的常年产量在30万吨以上。主要分布在老河口、谷城、宜城等县（市、区）汉江沿线乡镇。梨栽培品种主要有黄花.湘南、华梨1.2号、金水梨、黄金、圆黄、西子绿、丰水梨等。苹果在枣阳20世纪60年代到90年代有较大规模栽培，曾达到8 000公顷，90年代末逐渐消亡，到2000年以后全市仅有零星栽培。

6.桑蚕

全市现有桑园面积3 333.3公顷左右，常年蚕种发种量4万张，蚕茧产量1 800吨左右。桑蚕主要分布在南漳、保康两县。栽培品种有本地黄桑、广东荆桑、鄂桑系列、湖桑系列；家蚕品种有春蕾镇珠、黄鹤朝霞、新华九雪等。

襄樊养蚕历史悠久，可上溯到春秋战国时期，但规模不大，新中国成立后，才有较大规模发展。20世纪80年代襄樊的养蚕规模曾超过6 667公顷，襄阳、襄城、宜城等县市区都有规模生产，90年代后开始衰减至今，养蚕规模稳定在3 333公顷左右。

蚕种生产管理蚕种实行“三证”管理，即生产许可证、经营许可证、蚕种质量合格证管理，“三证”由省农业厅直接办理，市级协助管理。

(三)生产技术

1.良种选育与推广

1978—1995年，种子生产和推广仍处于计划经济时代，以国有种子生产基地和种子公司为主渠道。种子生产包括常规种子和“两杂”种子。1996—2000年，是计划经济到市场经济的过渡期。

常规种子生产实行“三圃”原种生产程序。省控制原原种(种源);地(市)级原种场采用原原种繁殖原种和三圃制生产原种;县(市)级原种场及种子公司基地繁殖良种;乡(镇)级种子站供应良种,各级种子公司作为种子生产渠道。

两杂种子生产程序由省提(提纯)、市繁(亲繁)、县制(制种),由县种子公司统一供种,由乡(镇)种子站经销。2000年,《中华人民共和国种子法》出台后,种子生产进入市场经济时代,市场彻底放开,种子公司相继改制。

1999年,从河南周口地区农科所引进小麦新品种豫麦51,2001年申请参加湖北省区试。2004年,通过湖北省审定,而后在湖北省大面积推广。小麦良种推广鄂恩1号、宜宾1号作为小麦良种主推品种。其次,相继推广的品种有襄麦5号,襄麦8号、7023、鄂麦11、鄂麦12、鄂麦13、鄂麦14、鄂麦15、新品系48359、4062、郑麦9023等。

良种繁育。水稻亲繁:珍汕97A、II—32A;制种:汕优63、II优63、II优501、II优838、II优725、两优培九。玉米亲繁340、亲繁515、360;制种:豫农704、掖单12、掖单13、掖单19、华玉4号。棉花鄂沙28、鄂荆1号、鄂荆92、鄂棉18、鄂棉20、泗棉3号、转基因鄂抗虫棉1号。绿豆鄂绿1号、鄂绿2号、鄂绿3号。芝麻82~408、许优7809、鄂芝1号、鄂芝2号、鄂芝3号。花生海花1号、鲁花11、鄂花3号、鄂花5号、白沙。常规水稻荆糯6号、湘晚籼9号。油菜中油821、中双4号。

1999年后,亲本生产已没有生产计划,地市级原种场种子生产已逐步失去优势,各大种子企业纷纷买断种源,形成了垄断,国有农场种子生产逐渐下滑。

2.肥料使用

土壤肥力监测是在第二次土壤普查以后,于1983年开展的一项新工作,它关系到及时、准确地掌握农田土壤库养分变化状况，以利于制定相应的措施，建立和保持高效能的土壤库，为作物持续高产、稳产提供技术保障。这项工作经历了由少到多、由点到面、由粗到细的发展阶段。到1986年,全市土壤肥力监测点已达17个,其中试验监测点6个,大田监测点11个;市土肥站对监测工作采取了分工协作的方法,即襄樊市土肥站掌握到土属,各县(市)区土肥站掌握到土种,襄樊市土肥站专人负责,专门化验,县(市)站也相应定人,乡(镇)确定监测员,担负取土,调查工作,形成责任明确,上下配合的市、县、乡三级监测网络,保证了土壤肥力监测工作大面积、高质量地开展。到1989年,全市土壤监测点已发展到109个,其中试验监测点6个,大田监测点103个。并实行夏、秋两季各取一次土样化验,改往年年终写一次监测报告为夏、秋各写一次监测报告。由于情况明确,数据准确,分析得力,在专用肥生产、推广、施肥方式等方面,都依据监测结果,作了相应的调整,取得较好的效果。1990年后,由于各县(市)区土肥站经费紧张等原因,土壤肥力长期定位监测多处于停滞状态,但对土壤大田监测没有停止,全市每年化验土壤样品在100个左右。

绿肥曾是全市农业生产中生物氮、有机肥、和饲料的一个重要来源,是维持农业生态系统中氮素循环的一个重要环节,也是改良土壤、培肥地力的有效措施。它与农家肥、化肥并列为全市肥料三大支柱。全市1977年绿肥种植面积达到最高峰16.3万公顷,占耕地面积29.13%,近1/3,并三年轮种一次。1986年,绿肥种植面积只有2.07万公顷,占耕地面积3.7%,比1977年减少87.3%。1987—1991

年，绿肥种植面积分别为2.15万公顷、2.1万公顷、2.01万公顷、2.07万公顷、2.2万公顷，占耕地面积3.5%左右；1992年,绿肥种植面积减少到1.57万公顷;1993—2005年,绿肥种植面积在6667公顷左右。

农家肥增施农家肥是改良土壤、培肥地力、保证农业增产的重要措施。1978—1993年,全市实行领导、劳力、时间的三集中,抓住夏秋之交气温高、空气湿度大、杂草多、肥源广的有利时机,打青蒿、沤麦秸、除四栏、铲四边、广辟肥源。全市亩平积造农家肥最高年份是1987年,为85担/亩,最低年份是1989年,43担/亩。1994年,为了落实农业部"关于开展百日增肥活动的通知",全市通过宣传、定期检查评比等,使全市有机肥的数量、质量有了较大的提高。如枣阳为组织"百日增肥"活动,利用电视台进行半个月的宣传,并印发宣传资料4500份,农业局又成立由24人组成的检查小组,定期检查,发现问题,就地解决。全年全市亩平积造农家肥分别为75担/亩。

20世纪70年代,农民进城扒垃圾,淘粪水,甚至发展到买垃圾、买粪水,运回农村当农家肥。进入80年代,随着经济发展,垃圾成分越来越复杂,垃圾中电池、灯管、塑料的增加,使垃圾堆肥难以利用。另外,随着城市建设的发展,许多厕所改为水冲式,粪水直接排入污水管网,使粪水也难以利用。1995年,实施"沃土计划",组织城肥下乡,效果不理想,农民也已禁止向农村倾倒垃圾。

化肥是农业生产最基础而且是最重要的物质投入,在对农作物增产的总份额中约占40%~60%。1981年,全市化肥使用量38.01万吨。其中氮肥使用量30.63万吨;磷肥使用量6.72万吨;钾肥使用量0.35万吨;复合肥使用量0.31万吨;亩平投肥27.02公斤。以后逐年上升,到2005年,全市化肥使用量431.0万吨,其中氮肥使用量239.3万吨;磷肥使用量106.3万吨;钾肥使用量2.4万吨;复合肥使用量6.2万吨。从近20年的情况看,化肥使用量逐年呈增加趋势,磷、钾复合肥增长较快,化肥正成为农作物的主要肥源(见表9—9)。

襄樊市历年化肥投入统计(1978—2005年)

表9—9　　单位:万吨、公斤

年份	化肥使用量	其中:氮肥	磷肥	钾肥	复合肥
1978	—	—	—	—	—
1979	—	—	—	—	—
1980	—	—	—	—	—
1981	38.01	30.63	6.72	0.35	0.31
1982	45.41	35.58	9.06	0.3	0.47
1983	61.92	46.18	13.53	0.41	1.8
1984	70.04	51.76	16.49	0.47	1.32
1985	76.6	54.16	20.08	0.38	1.96
1986	73.45	50.01	17.39	0.29	1.77
1987	76.15	52.02	21.81	0.25	1.38
1988	81.29	54.34	22.63	0.32	1.18
1989	101.07	65.29	25.01	0.28	1.66
1990	114.45	67.52	32.77	0.63	2.38
1919	107.6	65.3	37.84	0.86	8.23
1992	106.9	65.2	38.29	1.01	3
1993	125.6	72.2	37.04	0.91	3.75
1994	127.3	67.6	46.9	0.6	5.9
1995	159.64	98.3	53	0.7	6
1996	187.5	104.3	53	0.74	7.6

续表

年份	化肥使用量	其中:氮肥	磷肥	钾肥	复合肥
1997	191.1	105.3	74.4	1.1	7.7
1998	180.1	94.1	77	1.2	7.6
1999	261.88	81.1	71.8	1.2	13
2000	233.4	116.4	100.3	1.5	15.2
2001	188.57	94.3	84.9	1.96	7.41
2002	258.02	128.7	116.8	3	9.52
2003	242.6	121.4	107.8	3	10.4
2004	270.1	120.8	134.8	3.3	11.2
2005	247	140.7	88.6	4	13.7

微生物肥料是以微生物的生命活动导致作物得到特定肥料效应的一种制品。1991 年以前,全市施用较少。1991—1993 年,微生物肥料示范推广应用有了新起色,三年累计应用推广面积 28 万公顷。据七县(市)试验平均结果:小麦施用固氮菌,亩增小麦 26.3 公斤,增 9.3%;小麦、水稻、棉花上施用生物钾肥,亩增小麦 30 斤,增 5%;亩增水稻 40 公斤,增 8%;亩增棉花 7.8 公斤,增 10%。1991 年,全市施用微生物肥料 11.39 万公顷。其中小麦施用固氮菌 5.16 万公顷;水稻、小麦、棉花上施用生物钾肥 6.23 万公顷。1992 年,全市施用微生物肥料 13.3 万公顷。其中小麦施用固氮菌 3.45 万公顷;水稻、小麦、棉花上施用生物钾肥 9.88 万公顷。1993 年,全市施用微生物肥料 3.07 万公顷。1993 年以后,因不能完全取代化肥和产品质量不标准等原因,微生物肥料在全市施用的较少。

配方施肥是施肥技术上的重大改革,是普及率最高、综合效益最明显的一项农业增产措施。1978 年,全市推广测土配方施肥面积 6.98 万公顷;到 1986 年,全市推广配方施肥达 34.22 万公顷,占总播种面积的 43.4%。其中小麦 32.2 万公顷;水稻 18 万公顷;棉花 5.37 万公顷;玉米 3.66 万公顷;油料 1.8 万公顷;其他 8 333 公顷。在配方施肥总面积中,以定量为标志的优化配方施肥 4.55 万公顷,占总播种面积 5.8%。其中小麦 3.23 万公顷,水稻 1.47 万公顷,棉花 1.2 万公顷。在多种经济作物和特产上,配方用肥,也打开新的局面,如保康推广黑木耳专用化肥 17 000 包,喷施黑木耳 20 万铺,增产木耳 4 万多斤,增加经济效益 55 万多元,产投比为 20 : 1,获得较高的经济效果。2002 年,全市共推广配方施肥 72 万公顷,占总播种面积的 88.6%。其中小麦 17.8 万公顷,水稻 14 万公顷,棉花 3.3 万公顷;在配方施肥总面积中,优化配方施肥面积达 53.3 万公顷,占总播种面积的 65.7%;测土配方施肥 1.87 万公顷,占总播种面积的 2.3%。2003 年以后,以氮、磷配合的初级配方施肥和以氮、磷、钾配合的优化配方施肥技术,在全市已基本普及,以精准优化配方施肥即测土配方施肥得到了的较快发展。2003 年,共测土样 32 个,在宜城邓林劳教所、宜城王集、市原种繁育场等地举办棉花、花生、小麦等作物的测土配方施肥示范样板 270 公顷,通过辐射带动,全市共推广测土配方施肥 2.4 万公顷。占总播种面积的 3.0%(见表 9—10)。

襄樊市配方施肥统计(1978—2005)

表 9—10　　　　单位:万亩

年份	配方施肥	其中		
		初级配方施肥	优化配方施肥	测土配方施肥
1978	104.7	104.7	—	—
1979	131.4	131.4	—	—
1980	176	176	—	—
1981	215.8	181.3	34.5	—
1982	370.9	337.7	33.2	—
1983	409.4	331.8	77.6	—
1984	471.6	405.3	66.3	—
1985	495.2	416.7	78.5	—
1986	513.3	445	68.3	—
1987	555.4	395	160.4	—
1988	491.4	277.9	213.5	—
1989	501.7	264.1	237.6	—
1990	543.6	258.5	285.1	—
1991	561.6	245.4	316.2	—
1992	615	122	493	—
1993	640	226	414	—
1994	668	243	425	—
1995	667	141	526	—
1996	702	134	568	—
1997	985	235	750	—
1998	991	239	752	2.18
1999	960	230	730	3.5
2000	980	240	740	8.2
2001	1 020	240	780	20
2002	1 080	280	800	28
2003	已普及	—	—	36
2004	已普及	—	—	50
2005	已普及	—	—	365

襄樊市第一次肥料技术革命,即 20 世纪 50 年代开始推广氮素化肥,使原襄阳地区粮食单产几乎翻一番,粮食总产由 1954 年的 8 亿公斤上升到 1973 年的 16 亿公斤;第二次肥料技术革命,即 20 世纪 70 年代中期开始推广磷素化肥,使全市粮食单产几乎又翻一番,粮食总产由 1974 年的 16.25 亿公斤上升到 1990 年的 31.5 亿公斤左右;第三次肥料技术革命,20 世纪 90 年代初期开始推广钾素化肥,使全市农业生产逐步跨入高产高效的行列。

3.病虫害预报及防治

1978 年,襄樊市农作物病虫害发生面积 90.2 万公顷 / 次,草鼠害常年发生面积 120 万公顷 / 次以上,防治面积每年达到近 333.3 万公顷 / 次,年挽回粮食损失 4 亿公斤,占全市粮食总产的 12.5%,年挽回经济损失 10 亿元。襄樊市农作物的主要病虫害近 250 种，其中主要病虫害 210 种，恶性农田杂草和主要鼠害 40 多种。水稻的主要病虫有三化螟、二化螟、大螟、白背飞虱、褐飞虱、稻纵卷叶螟、稻苞虫、蓟马、水稻纹枯病、稻瘟病、白叶枯病、稻曲病；小麦病虫害主要有小麦条锈病、叶锈病、纹枯病、白粉病、赤霉病、黑穗病、麦蜘蛛、蚜虫、黏虫；棉花病虫害主要有蚜虫、叶螨、红铃虫、棉铃虫、苗病和铃病、枯黄萎病、斜纹夜蛾、造桥虫、盲蝽象。油菜病虫害主要有菌核病、病毒病、油菜蚜虫、菜青虫；柑橘红蜘蛛、锈壁虱、潜叶蛾、疮痂病；茶叶病虫害主要有小绿叶蝉、茶毛虫；蚕豆病虫害主要有蚕豆象、豌豆象、米象等。其中常发性的种类主要有水稻螟虫、稻飞虱、稻纵卷叶螟、纹枯病、稻曲病；棉红铃虫、棉蚜、棉黄萎病；小麦纹枯病、小麦白粉病；玉米丝黑穗病、纹枯病等。易爆发流行成灾。

襄樊市农作物病虫害的发生以 20 世纪 70 年代以水稻螟虫、棉花红蜘蛛、棉红铃虫为主。1978 年，水稻螟虫发生面积 19.59 万公顷次，棉花红蜘蛛发生面积 6.12 万公顷次，棉红铃虫发生面积 5.23 万公顷次。80 年代，水稻主要以螟虫、纹枯病发生较重，小麦主要是纹枯病和麦圆蜘蛛，棉花以红铃虫、红蜘蛛、枯黄萎病为主，1982 年，水稻螟虫发生面积 18.19 万公顷次，水稻纹枯病 6.21 万公顷次，棉花红蜘蛛 5.22 万公顷次，棉红铃虫 8.14 万公顷次，枯黄萎病 2147 公顷次。1986 年，二化螟中等偏重发生（4 级），发生面积 10.53 万公顷次；三化螟中等偏重发生（4 级），发生面积 13.37 万公顷次。1987 年，小麦纹枯病全市中等偏重发生（4 级），发生面积 11.28 万公顷次，小麦麦蜘蛛全市中等偏重发生（4 级），发生面积 18.84 万公顷次，稻飞虱中等偏重发生（4 级），发生面积 9.93 万公顷次。1989 年，小麦条锈病全市中等偏重发生（4 级），发生面积 9.33 万公顷次；小麦赤霉病全市中等偏重发生（4 级），发生面积 9.33 万公顷次，二化螟大发生（5 级），发生面积 10.47 万公顷次；稻飞虱中等偏重发生（4 级），发生面积 14 万公顷次。90 年代，襄樊市水稻二化螟的发生为害上升，小麦条锈病的发生为害也显著加重，棉花棉铃虫暴发成灾。1991 年，麦蜘蛛全市中等偏重发生（4 级），发生面积 18.93 万公顷次；黏虫全市中等偏重发生（4 级），发生面积 17.69 万公顷次；稻飞虱大发生（5 级），发生面积 36.69 万公顷次；1997 年，小麦条锈病全市大发生（3 级），发生面积 20.71 万公顷次；二化螟中等偏重发生（4 级），发生面积 13.46 万公顷次；稻飞虱中等发生（3 级），发生面积 11.09 万公顷次；1998 年，二化螟中等偏重发生（4 级），发生面积 13.2 万公顷次；稻飞虱中等偏重发生（4 级），发生面积 22.78 万公顷次；从 1996 年开始，棉铃虫持续大发生，对棉花生产造成重大威胁，2000 年，棉铃虫大发生（5 级），发生面积 10.53 万公顷次。进入 20 世纪，棉花棉铃虫的发生为害下降，但小麦条锈病、水稻稻飞虱的发生为害频率加大，为害程度加重，水稻稻曲病、小麦赤霉病也上升为常发性病害。2001—2005 年，小麦条锈病均为 3 级以上发生，其中 2001 年、2002 年、2004 年为 5 级大发生，2001 年、2002 年发生面积 18.66 万公顷次，2004 年，发生面积 14.66 万公顷次；稻飞虱 2001 年、2002 年中等偏重发生（4 级），发生面积 9.52 万公顷次，2003 年，中等偏重发生（4 级），发生面积 10.54 万公顷次；2005 年，三代稻飞虱中等偏重（4 级），局部大发生（5 级），发生面积 12.24 万公顷次；四代稻飞虱中等局部偏重发生（3 局 4），发生面积 4.86 万公顷次。

襄樊市农作物病虫防治的主要措施是搞好病虫害预测预报工作，为大面积病虫害综合防治工作提供依据。加强技术宣传和培训，把病虫防治知识送到千家万户。利用广播、电视、计算机网络、报刊及印发技术资料、张贴技术宣传标语形式，把病虫防治与科技进村入户有机结合起来，把防治知识送到农户；加强测报人员的技术培训，掌握农作物病虫害的症状、发生为害特点、识别及田间调查方法；在病虫防治关键期召开防治现场会，对农户直接进行田间地头现场培训。推广农作物病虫害综合防治技术。推广抗病品种，采用种子处理技术，防治病毒病、土传病害和大区域流行气传病害；加强栽培管理，科学调整栽培措施，采取轮作换茬减少土传病害的为害；推广生物防治技术，“以虫治虫”、“以菌治虫”“以病毒治虫”等生物防治技术应用于蔬菜生产，常见的苏云金杆菌（如 Bt 制剂）防治鳞翅目害虫，井冈霉素、农用链霉素防治蔬菜害虫，病毒制剂防治蔬菜病毒病；科学实行物理防治措施，采用温汤浸种处理和变温处理种子，杀灭或减少种传病害，促进植株健壮生长，利用害虫的趋性，用频振式杀虫灯、黑光灯、高压汞灯等诱杀害虫成虫，放置黄板诱杀蚜虫、斑潜蝇，利用防虫网阻隔防虫；合理使用化学农药，禁止在蔬菜、瓜果、茶叶、中药材、粮食、油料等农产品生产过程中使用剧毒、高毒、高残留农药；加强农药市场监管，开展高、剧毒农药复配制剂、蔬菜水果茶叶用农药产品质量的抽检和农药标签抽查工作。

4.农田除草

襄樊市小麦、油菜等秋播作物常年种植面积 36 万公顷，水稻、棉花、玉米、花生、芝麻等春夏播作物常年种植面积 43 万公顷。随着耕作制度的变革，间作套种面积的扩大以及免耕田的出现，复种指数的提高，农田杂草发生危害逐年加重，已成为影响农作物产量与品质的主要因素之一。襄樊市原来以人工除草为主，20 世纪 90 年代以来，随着国外高效除草剂的引进，国产低成本除草剂的崛起，化学除草在全国迅速发展。全市近 10 年来化学除草也越来越受到农民的欢迎，全市化除面积由 1995 年的 9.2 万公顷扩大到 2005 年的 57.7 万公顷。

全市常年农田杂草发生面积 43.8 万公顷，一般 1 平方米有杂草 100 ~ 250 株，重者在千株以上，杂草种类涉及 18 科 51 种，可分为秋播作物田杂草、秋田旱地杂草、稻田杂草 3 种杂草群落。秋播作物田杂草以小麦、油菜田杂草为主，年均杂草发生面积 22.4 万公顷。旱地以茜西科的猪殃殃，石竹科的繁缕、牛繁缕，豆科的大巢菜、小巢菜，十字花科的碎米荠、荠菜，玄参科的婆婆纳等阔叶杂草为主；沿河水田以禾本科看麦娘、早熟禾等禾本科杂草为优势种群；前茬为稻茬的田块，单双子叶杂草混生的也占有一定比例；局部山坡地野燕麦较为严重。秋田旱地杂草包括棉花、玉米、蔬菜、花生、芝麻、薯类等秋季作物田，年均杂草发生面积 10 万公顷。主要杂草有禾本科的马唐、牛筋草、狗尾草，占 72.6%，马唐相对多度 58.5，为优势种，牛筋草、狗尾草相对多度在 10 以上，为亚优势种；阔叶杂草以铁苋菜、反枝苋、青葙为主，占 21.5%；莎草科以香附子为主，占 5.9%。稻田杂草年均发生面积 12 万公顷，秧田以稗草、牛毛草、异型莎草为主，占 80%，有时有四叶萍、水苋发生；本田以稗草、一年生碎米莎草及多年生水莎草、阔叶杂草鸭舌草、矮慈姑、眼子菜等为主，占 90%以上。

麦田化除技术：麦棉轮作田多以猪殃殃、牛繁缕、小巢菜等阔叶杂草为主，在小麦 3 ~ 5 叶期使用安全高效的除草剂每亩兑水 40 ~ 50 公斤，均匀喷雾。可选用 36%奔腾可湿性粉剂每亩 5 克或 40%唑草酮干悬浮剂（商品名快灭灵）每亩 4 克或 75%苯磺隆干悬剂（商品名杜邦巨星），每亩 1 ~ 1.5 克或 20%氟草烟乳油 EC（商品名为使它隆）40 ~ 50 毫升或 15%噻吩磺隆 WP（商品名麦草光）10 ~ 12 克或 50%唑嘧磺隆（商品名好事达）WG3 ~ 4克或40%唑草酮（商品名快灭灵），唑嘧磺草胺（商品名麦喜）等。

油菜田化学除草技术：油菜苗床，对以禾本科杂草为主的油菜苗床可在整地后播种前 2 ~ 4 天每亩选用 48%氟乐灵乳油 100 毫升兑水 40 ~ 60 千克喷雾，再耙土 3 ~ 5 厘米。对以禾本科杂草和碎米莎草等莎草混生为主的油菜苗床，可在苗床精细整好播种后出芽前，选用 50%乙草胺 40 ~ 50 毫升兑水 40 ~ 60 千克均匀喷雾。对以禾本科杂草和阔叶草为主的苗床，可在精细整地后播种前 2 ~ 4 天选用 50%异丙隆可湿性粉剂 150 克 / 亩兑水 40 ~ 60 千克均匀喷雾。

棉花、花生、大豆、烟草、蔬菜等阔叶作物田化除技术：土壤处理：播前每亩用 48%氟乐灵 EC100ml 土壤处理，或播后苗前每亩用 50%乙草胺 EC150 ~ 200 毫升土壤处理。

玉米田化除技术：在玉米三至四叶期亩用 72%都尔 100 ~ 150 毫升或 50%乙草胺 150 ~ 200ml 或 48%百草敌 25 ~ 30 毫升或 40%乙阿合剂 150ml 茎叶处理。

水稻田化除技术：秧田化除：播前亩用 60%丁草胺 EC80 ~ 100 毫升或 50%杀草丹 EC200 ~ 250 毫升土壤处理；苗期防除稗草、一年生莎草和阔叶杂草，亩用 25%苯达松水剂 150 毫升加 20%敌稗

EC150ml（或加20%二甲四氯水剂150毫升）茎叶处理。

移栽农田化除技术：移栽后3～4天或分蘖末期亩用60%丁草胺EC80～100毫升或50%杀草丹200～250毫升或10%农得时15～25克或草克星20克或25克除草醚500克加20%二甲四氯100毫升茎叶处理。

5.农田灭鼠

1990年以来，全市农田鼠害问题突出，室内以褐家鼠和黄胸鼠为优势种群，室外以黑线姬鼠和黑线仓鼠为优势种群。因鼠害造成损失一年重于一年，防治害鼠迫在眉睫。据统计，1999年，农田发生面积8万公顷，防治面积8万公顷，挽回损失1190吨，实际损失1010吨；2000年农田鼠害发生面积8.4万公顷，防治面积8.4万公顷次，挽回损失1700吨，实际损失802吨；2001年农田鼠害发生面积9.53万公顷次，防治面积9万公顷次，挽回损失3800吨，实际损失2340吨；2002年农田鼠害发生面积8.3万公顷次，防治面积4万公顷次，挽回损失5400吨，实际损失1495吨；2003年农田鼠害发生面积7.03万公顷次，防治面积5.17万公顷次，挽回损失10250吨，实际损失3240吨；2004年农田鼠害发生面积11.67万公顷次，防治面积10.86万公顷次，挽回损失26402.9吨，实际损失7740.04吨；2005年农田鼠害发生面积11.2万公顷次，防治面积8.68万公顷次，挽回损失28320.4吨，实际损失7320吨。

五、农业科技

1978—2005年，是襄樊农业科技快速发展的重要时期，也是农业科技推广体制改革的重要时期。全市共组织实施农业科技项目1700多项，平均每年60多项。取得市级以上科技成果36项。先后自主选育出小麦新品种鄂麦14.15.19.23四个新品种，芝麻新品种鄂芝1.2.3.4号，水稻新品种粤优997。引进试验示范各类农作物新品种198个。推广先进适用农业新技术新成果160多项。水稻、小麦、玉米、棉花等主要农作物新品种实现了更新换代。全市农作物良种普及率达到98%以上，无公害技术应用面积25.33万公顷。农作物配方施肥面积达到33.3万公顷，农作物病虫草害综合防治率达到90%以上。2005年，科技对农业增长的贡献份额达52%。

（一）体系建设

全市农业科研机构分为4级：襄樊市农业科学院，是全市农业科技机构的龙头；各县（市）区农业科学研究所，襄阳区、枣阳市、宜城市、老河口市、南漳县、谷城县、保康县、襄北农场、襄南监狱建有农科所，有5家民办农业研究所，涉及农作物新品种引进选育、水果生产技术研究、新型肥料的研究开发、食用菌生产开发、蔬菜等领域，有6家省级以上农业龙头企业建有科研室（中心）。全市从事农业科研工作的科技人员有187人，其中副高级以上职称者19人，正高职3人，研究员1人。

（二）推广机构

襄樊市农业技术推广中心，隶属于襄樊市农业局，成立于1995年6月，当时核定为自收自支事业单位，批准行政级别为副县级，内设粮油技术服务站、棉麻技术服务站、特产技术服务站、优质油菜开发站，并将市农业局下属的土肥站、植保站、环保站、农广校、紧凑型玉米开发站、农业科技报编辑部划归中心管理。1998 年 12 月，升格为正县级事业单位。2000 年 8 月，增设办公室、计财科、业务科 3 个职能科室。2002 年 9 月，纳入市财政预算。截至 2005 年底，中心干部职工总数 24 人，其中推广研究员 1 人、高级职称 3 人、中级职称 9 人，高、中级技术人员占总人数的 54.2%。在这些技术人员中，享受国务院特殊津贴专家 2 名，湖北省突出贡献中青年专家 1 名，整体技术力量较好。中心成立以来先后有 7 项成果获国家和省、市奖励，其中《双低油菜优良品种及保优高产栽培技术》获农业部丰收计划一等奖，《细胞质雄性不育三系优质杂交油菜种子生产及配套技术研究与应用》获湖北省科技进步一等奖，《华杂 2 号秋发栽培技术规程》《果树高接换优推广应用》《抗虫杂交棉中棉所 29 推广与应用》《华杂 4 号种子生产与应用》《棉花两无两化栽培技术示范推广》分别获得襄樊市科技成果一、二、三等奖。2001 年，中心被湖北省农业厅授予全省种植业工作先进单位。

县级农业技术推广机构：县（市）农业技术推广中心未成立之前，县（市）农业技术推广工作主要由市、县（市）农业局业务科室负责。1988 年 4 月，襄樊市第一个县级农业技术推广中心在枣阳市成立，之后全市 8 个县（市）区（不包括随州市在内），除郊区外，有 7 个县（市）先后成立了农业技术推广中心，农业技术推广工作由中心承担。随着区划调整，截至 2005 年底，全市 9 个县（市）区有 7 个县（市）区成立了农业技术推广中心，共获得农业部奖励 26 次、省级奖励 45 次、市级奖励 46 次。

乡级农业技术推广机构：1978 年，全市共有 95 个公社农科站，1986 年（含随州市）有 181 个乡镇农技站，2000 年，有 131 个乡镇农技站，截至 2005 年底，全市有 84 个乡镇农技站，并通过乡镇综合配套改革和乡镇事业单位改革，转制为乡镇农业技术服务中心。20 多年以来，襄樊市农业技术推广服务体系建设，经历了政府拨款包办向政府购买服务的转变，特别是乡镇技术推广机构已经由“以钱养人”过渡到“以钱养事”，初步形成了以农业行政主管部门为主导，各级农业推广服务中心为主体，农业科研、教育及各类农民协会组织相结合的农业科技推广服务体系。

（三）科技队伍建设及成果

1978 年，全市共有国家农业技术人员 119 人（不包括随州市在内），其中县级 11 人，乡级 108 人；1986 年，有农业技术推广人员 881 人，其中市级 10 人、县级 80 人、乡级 791 人，市、县、乡的比例为 1：8.0：79.1。2005 年，全市各级农业技术推广机构人员总数达到 1676 人，比 1978 年增长 13.08 倍。其中市级 22 人、县级 479 人、乡级 1175 人，市、县、乡的比例为 1：21.8：53.4。

小麦鄂麦 19 鄂麦 19 是襄樊市农科院选育的高产、稳产、多抗小麦新品种，2002 年 8 月，通过湖北省农作物品种审定委员会审定。该品种农艺性状优良，分蘖力强，成穗率高，穗层整齐，熟相好，属中间偏多穗类型。一般每亩有效穗 30 万左右，每穗 36—40 粒，千粒重 38—42 克。1999—2001 年参加并通过湖北省小麦良种区域试验，该品种品质优良，经农业部谷物监督检验测试中心检测，容重 797 克 / 升，粗蛋白含量 14.47%，湿面筋含量 30.6%，吸水率 63.7%，形成时间和稳定时间均为 2.3min，品质优于 CK（鄂恩 1 号），接近中筋水平。综合抗性强，高抗白粉病、条锈病，中感赤霉病、纹枯病。2005 年“高产多抗小麦新品种鄂麦 19 试验示范”获国家级星火计划项目证书。2005 年，获襄樊市科学技术进步一等奖。鄂麦 15 是襄樊市农科院采用阶梯式聚合杂交选育而成的优质小麦新品种，2000 年 12 月，经湖北省农作物品种审定委员会审定命名。该品种属半冬性，株形紧凑，穗长 12 厘米，每穗 36 ~ 42 粒，长芒、红粒、硬质、千粒重 41 克。高至中抗条锈病、白粉病、中抗纹枯病，对赤霉病轻至中感，抗扩展力强。同时，该品种抗寒性、抗旱性和抗穗发芽能力均较强。经农业部谷物品质监督检验测试中心检验，其籽粒蛋白质含量 14.06%，湿面筋含量 36.2%，沉降值 31.4 毫升，吸水量 60.42%，稳定时间 4.2 分，主要品质指标达国家强筋小麦标准，其他品质指标达中筋标准，是全省第一个达到优质中筋小麦品种品质标准的新品种，填补了湖北省优质专用小麦品种的空白。2004 年 8 月，“优质专用小麦新品种‘鄂麦 15’的选育与应用”荣获湖北省科技进步三等奖；2001 年，“鄂麦 15”获襄樊市科学技术进步一等奖。

水稻粤优 997 粤优 997 是襄樊市农科院选育的优质高产杂交稻新组合，2005 年 3 月通过湖北省农作物品种审定委员会审定。全生育期 150 天左右，株高 120 厘米，分蘖力强，株型紧凑，后期熟相好。亩有效穗 18.5 万左右，每穗总粒 180 粒，穗实粒 150 粒左右，千粒重 26.5 克，单产 750 公斤左右。粒型新月形，米粒透明，垩白小。粤优 997 经农业部食品质量监督检验测试中心 (武汉) 测定，出糙率 80.4%，整精米率 62.4%，垩白粒率 8%，垩白度 0.8%，直链淀粉含量 22.4%，胶稠度 56 毫米，长宽比 3.2，主要理化指标达到国标二级优质稻谷质量标准。2005 年“优质高产杂交稻粤优 997 丰产高效栽培技术示范”获国家级星火计划项目证书。

芝麻鄂芝 1 号鄂芝 1 号是襄樊市农科院采用杂交育种的方法育成的优质高产抗病芝麻新品种，1998 年 2 月通过湖北省农作物品种审定委员会审定命名。单杆型，三花四棱，白花微紫。株高 180 ~ 200 厘米，单株结蒴 150 个，单蒴 65 粒，千粒重 3 克，生育期 90 天。经农业部油料监督检验测试中心检测，粗脂肪含量为 58.82%，粗蛋白质含量为 18.6%，品质指标达国际先进水平，国内领先水平。鄂芝 1 号个体发育优势较强，耐旱，耐渍，抗病性较强，茎点枯、枯萎病平均病株率在 10% 以下，一般亩产 80 ~ 100 公斤，最高可达 150 公斤以上。2004 年“高产、优质、抗病芝麻品种‘鄂芝 1 号’应用与推广”获湖北省重大科学技术成果认定。襄芝 2 号襄芝 2 号襄樊市农科院从地方品种“三叶齐”中系统选育而成的高产稳产、抗性强的芝麻优质品种，1984 年获得湖北省农作物品种审定委员会审定命名。单杆型，一般株高 150 ~ 180 厘米，茎秆粗壮，茎叶有较多茸毛。叶色深绿，叶片肥大。花白，一叶三花。始蒴部位低，蒴果四棱，单株蒴果 80 ~ 100。种子含油量为 56.04%，蛋白质含量为 23.9%。千粒重 3 克左右。种皮白色。生育期 90 天。襄芝 1 号耐渍，抗病，抗倒伏性较强，一般亩产 75 公斤。1986 年 9 月，“芝麻新品种襄芝 2 号”荣获湖北省农牧厅技术改进二等奖；1987 年 9 月，“芝麻新品种襄芝 2 号”获湖北省科学技术进步二等奖。鄂芝 2 号鄂芝 2 号是襄樊市农科院采用辐射育种方法选育而成的新品种，2000 年 12 月，经湖北省农作物品种审定委员会审定命名。该品种属单杆型，三花四棱、白花、花冠较大。株高 180 厘米左右，单株结蒴 120 ~ 150 个，每蒴 65 ~ 70 粒，千粒重 3 克，全生育期 88 天。1999 年经农业部油料监督检测中心测定，含油量 57.38%，粗蛋白含量 20.76%，品质达国内同类品种先进水平，省内领先水平。该品种群体生长整齐，稳产性较好，耐渍、抗病性较强。一般亩产 80 ~ 120 公斤，主要分布在鄂北岗地。2006 年 3 月，“鄂芝 2 号”成果获湖北省重大科学技术成果认定。2006 年，“鄂芝 2 号的选育及应用”获襄樊市科学技术进步一等奖。鄂芝 3 号鄂芝 3 号是襄樊市农科院采用杂交育种的方法培育而成的优质、高产、抗病新品种，2002 年 4 月，通过湖北省农作物品种审定委员会审定命名。该品种属单杆型、三花、四棱、白花、中长蒴，种皮纯白色，根系发达，茎秆粗壮，叶片肥大，叶色深绿，一般株高 180 厘米，单株蒴果 120 ~ 150 个，单蒴 65 ~ 70 粒，千粒重 3 克，全生育期 90 天左右。鄂芝 3 号品质优良，2001 年经农业部油料监督检验测试中心测定，粗脂肪含量 57.23%，粗蛋白含量 20.23%。鄂 2006 年“鄂芝 3 号”获湖北省重大科学技术成果认定。鄂芝 4 号鄂芝 4 号是襄樊市农科院采用杂交育种的方法培育而成的优质、高产、抗病新品种，2005 年 4 月通过湖北省农作物品种审定委员会审定。该品种属单杆型，三花、四棱、白花、蒴果中长，籽粒纯白色，粒大，商品性好，正常年份株高 170 厘米，该品系根系发达、茎秆粗壮，成熟时茎秆和叶片呈绿色，不裂蒴，单株结蒴 87.3 个，单蒴粒数 70 粒左右，千粒重 2.87 克，含油量 56.26%，蛋白质含量 20.75%。2005 年 12 月鄂芝 4 号获湖北省重大科学技术成果认定。

早熟大蒜品种——成都二水早的引进是襄樊市蔬菜所 1981 年从四川引进，经过观察繁殖和品比试验，成都二水早表现出早熟、抗病、产值高的突出优点。成都二水早蒜薹比襄樊红蒜蒜薹可提早上市7～15天，缓和了春季细菜品种严重紧缺的矛盾。1987年9月，“早熟大蒜品种—成都二水早的引进”获襄樊市科技进步三等奖。

（四）科技合作与交流

1992年7月至1994年8月，对刚果进行农业技术援助，襄樊市农业局刘生陆任中国驻刚果农业专家组组长兼总农艺师。

1995—1997年，经世界银行组织批准，襄樊市农科院承担“利用世界银行贷款引丹灌区土壤改良科研培训中心项目”。在隆中广德寺（农科所原址）建造鄂北引丹灌区土壤改良科研培训中心楼，建筑面积1081.26平方米，开展测土配肥科研课题3项。1997年底，项目竣工并交付使用。项目总投资129.01万元人民币，其中世行贷款64.76万元人民币，实际到位45.44万元。

1994—1999年，经世界银行组织批准，市种畜场承担了“利用世行贷款发展种草养牛项目”，实际到位世行资金71.2万元。

1998—2000年，市农业技术推广中心和市种畜场接受世界粮食署紧急援助项目，总金额40万元。

2000年，从新西兰引进优质肉牛“安格斯牛”品种胚胎220枚，成功繁殖纯种安格斯68，建成“湖北省安格斯种牛场”。

合资企业、外商投资及其他类型外资项目：

丰年食品有限公司投资项目是2002年由美商投资300万美元的农业加工类项目。主要从事双孢菇的菌种生产、蘑菇种植、罐头及速冻产品的加工，产品80%出口到欧美市场。年生产罐头1.5万吨，速冻菇1.5万吨位以及菌种50万公斤，销售收入3000万美元，实现税收200万元以上。同时形成500万平方米的种植基地，为10万菇农年人均增收3000元以上。

湖北新丰粮油土特产有限公司投资项目是香港商人黄绍麟独家投资兴建的一家外资企业，公司注册资本238万美元，位于宜城市朱市工业园，占地20000平方米，主要生产芝麻、花生、辣椒系列产品，产品主要销往国外。

襄樊楚台食品有限公司投资项目是2006年台湾商人解名义买断宜城市楚都鸭业有限公司产权，成立襄樊楚台食品有限公司。公司位于宜城市郑集镇金铺四组（207国道），从事皮蛋、咸蛋、板鸭、鸭肉系列制品生产、销售，年设计生产能力皮蛋5000万枚、咸蛋5000万枚，板鸭30万只，咸水鸭20万只，以及鸭附件系列产品等。企业资产总额为1800万元，其中：固定资产为1040万元，公司现有员工147人。产品远销到北京、上海、北京、武汉、广州、深圳、香港、澳门等城市和东南亚地区，产品进入20多个大中型超市。

六、农业环保

（一）环境监测

2000—2005年，全市共检测蔬菜品种60个，抽检样品15000个，农药残留检出率由2000年的21.5%，下降至2%。1999—2006年，全市累计申报无公害农产品绿色食品有机食品标志206个，其中无公害农产品41个，绿色食品137个，有机食品8个；正在有效使用无公害农产品绿色食品有机食品标志149个，其中无公害农产品32个，绿色食品109个，有机食品8个。通过认证的无公害基地面积

21.65 万公顷，畜禽基地 25.3 万头（只），其中无公害农产品基地 13.5 万公顷，绿色食品农产品基地 8.13 万公顷，有机食品基地 184 公顷。同时结合农事季节及时开展开展无公害农产品种植技术培训，推广无公害新技术，向农民传授无公害种植技术，指导农民无公害生产，7 年内共培训农民和企业老总及技术人员 15000 万人次。

（二）生态农业建设

1990—2005 年，通过实施“生态家园富民计划”，采用网络示范、科学规划、现场指导等方式，促进农业、农村经济与生态环境的协调发展。建成以宜城市、老河口市为代表的国家级生态农业示范县；以襄樊市原种场、枣阳市张湾村、白鹤岗村为代表的省级生态农业示范村。全市共建成 2 个国家级生态农业示范县、15 个生态农业示范乡镇和 30 个生态农业示范村，建设区农业总产值 15510 万元，建设区农业人均收入 3500 元。

七、畜牧业

（一）产业概况

全市有天然草场 81.9 万公顷，可放面积 69.75 万公顷，0.1 万～10 万亩的成片草场有 170 片，面积 39.76 万公顷，草场资源虽然丰富，但牧草质量差，粗纤维含量高的草居多。全市种植人工牧草 3 333.3 公顷，改良草场 2 666.6 公顷，围栏草场 166.6 公顷，市东津畜牧场 1985 年，列入全国十大牧草种子生产基地，种植人工牧草 666.6 公顷。

1979 年，全市牲畜存栏牛 66.05 万头，其中菜牛 0.15 万头（第一次出现统计），马骡 0.81 万头，驴 1.65 万头，羊 31.86 万只，生猪存栏 229.04 万头，其中能繁母猪存栏 17.89 万头，生猪出栏 120.74 万头。1980 年后，大力改良草山草坡、发展饲料工业，建立机械化养殖场，养殖业发展步伐加快。1985 年，取消派购，放开价格，猪粮比价合理，家庭畜牧业有了较大的发展，到 1986 年生猪存栏达 254.65 万头，牛、羊、禽存栏分别比最高年份 1985 年增长 6.4%、28.7%、13%，畜牧业产值 3.79 亿元，比 1983 年增长 69.2%，比 1985 年增长 6.8%。当年出口活牛 3 341 头，占全省出口总数的 52.5%，数量、质量居全省第一。优质率 77.3%，居全国第二。1987 年，由于恢复派购，畜牧业成本增加，农民受益减少，农户养猪积极性下降，年末生猪存栏降到 243.3 万头，其中母猪存栏比 1985 年减少 7.12 万头，下降 66%。1988 年 4 月 1 日，市政府与各县（市）、郊区、襄北农场签订畜牧业生产、技术目标责任状，制定优惠政策。各级地方财政以 1987 年为基数，将 50%的生猪屠宰税用于畜禽疫病防治和技术推广，实行“以料、以肥换肉”，调整生猪接收价。1986 年下半年，由于流通渠道不畅，出现农民“卖猪难”现象，因猪价和仔猪价格下跌，以至猪粮比价严重失调，母猪减少，生产下降，市场猪肉供不应求，又出现“买肉难”现象。由于紧缩银根，资金短缺，食品部门缺钱购猪、调猪，又有一些地方山现“卖猪难”，加上饲料价格猛涨，生猪生产受到影响。“卖难”“买难”交替出现，在很大程度上影响了畜牧生产的健康发展。1992 年，全市畜牧生产各项指标明显上升。生猪出栏 245.9 万头，比 1991 年提高 19.7%；牛出栏 7.5 万头，比 1991 年下降 2.5%；羊出栏 42.4 万只，比 1991 年提高 15.4%；禽出笼 1 726.7 万只，比 1991 年提高 49.68%；肉类产量 24.1 万吨。1994 年，全市畜牧工作围绕市委、市政府提出的“人平增收 150 元，畜牧业增收挑重担”的指导思思，调整畜牧业结构和推广科技应用，完善畜牧业社会化服务体系，使畜牧业生产呈现出快速发展的局面。生猪出栏296.92万头、牛出栏17.91万头、羊出栏49.22万只、禽出笼2 448.6万只,分别比1993年增长25.53%、73.5%、36.8%和40.6%;肉类总产量28.6l万吨,禽蛋产量9.58万吨。1995年,畜牧部门加大《家畜家禽防疫条例》《种畜禽管理条例》和《兽药管理条例》等法规的贯彻执行力度,全年检疫肉类30多万吨,活畜400万头,查出有害肉6万多公斤,病畜2100头,确保无新疫病传播。同时,检查兽药经营单位402个,取消不符合经营条件和经营假冒伪劣药品的单位20个,查处假冒伪劣药品和违章经营药品80多种,价值50多万元,取得生猪、牛、羊、家禽出栏(笼)和肉类、禽蛋产量超历史的好成绩。产值24.8亿元。1997年,全市畜牧系统实施“双十百千”畜牧致富工程及“1511”科技示范服务工作。1997年出栏生猪503.12万头,肉牛出栏43.38万头,羊出栏134.92万只,家禽出笼5 044.5万只,均居全省第一。2005年全市生猪出栏397.9万头,比2004年增长5%;牛出栏38.81万头,比2004年增长3%;羊出栏84.96万只,比2004年增长4%;家禽出笼5 292.38万只,比2004年增长6%;肉类总产量达到46万吨,禽蛋产量16万吨,畜牧业产值占农业总产值的比重为34%。在农业减收的情况下,畜牧业仍实现了农民人均增收41元,提前实现了市委、市政府提出的畜牧业在农民增收中挑重担、三分天下有其一的目标(见表9—11)。

1986—2005年襄樊市畜牧业有关数据统计

表9—11　　单位:万头、万只、万羽

年度	猪		牛		羊		禽	
	存栏	出栏	存栏	出栏	存栏	出栏	存笼	出笼
1986	205.95	131.21	54.27	2.05	64.35	19.91	1516	1 016.1
1987	198.06	135.88	55.43	3.26	46.17	25.28	1534	1 099.48
1988	202.05	140.68	55.09	4.51	52.5	33.1	2053.57	1 096.41
1989	204.43	141.49	55.26	4.65	50.37	37.19	1587	1 162.48
1990	264	184.14	76.92	5.46	52.26	37.26	2127.5	1 219.2
1991	215.38	161.58	54.69	7.73	37.96	36.72	1612	1 311.4
1992	238.85	192.27	55.88	10	35.56	42.37	2025	1 756.3
1993	264.92	236.53	63.08	14.29	47.23	50.77	2217	2 378.84
1994	311.34	296.92	76.51	17.91	60.73	49.22	2648	2 448.65
1995	319.37	373.49	93.28	27.07	90.3	83.23	3819.1	3 500
1996	336.72	444.73	105.4	34.44	105.25	110.67	4028	4 272.6
1997	347.87	503.12	113.12	43.37	111.59	134.91	4730	5 044.5
1998	178.42	250.74	162.65	41.46	31.07	31.06	4504.01	4 697.91
1999	238.61	289.12	98.35	39.57	33.17	32.71	3724.02	3 873.44
2000	252.38	321.07	96.89	42.99	47.53	36.36	2728.13	4 066.9
2001	247.66	345.53	93.57	39.57	40.64	46.46	4143.76	4 662.47
2002	272.63	366.45	91.99	39.56	72.56	71.18	4967	4 947
2003	863.62	370.02	89.83	37.72	69.31	78.19	3918.42	4 961.33
2004	263.81	377.18	84.78	37.49	70.93	81.02	4055.3	4 979.41
2005	272.13	397.9	84	38.8	71.47	84.95	4061.05	5 292.38

(二)畜牧生产

1.猪、牛、羊生产

1979年,全市取消生猪派购制度,肥猪收购价格提高29.7%,群众养猪积极性进一步提高,养猪专业户大量出现。1985年,生猪存栏245.63万头,比1977年增长14%,户均2.1头,人均0.5头;出栏152.73万头,比1977年增长49%,每头平均重上升到80公斤左右。1982年,省政府将宜城,枣阳、随州三县(市)纳入生猪"四化"(公猪外来良种化、母猪地方良种化、肥猪一代杂交化、配种人工授精化)试点县。品种改良工作步伐加快。1989年7月,南漳,老河口、保康三县市纳入省第三批生猪"四化"县建设,省财政投资60万元,至此,生猪"四化"在全市全面开展。由于努力巩固完善生猪良种繁育体系,生猪"四化"各项经济技术指标取得较好成绩。全市核心群315万头,繁殖群4811头,生产群13.9万头,占54.9%;人工授精配种站92个,饲养大约、长白、杜洛克等良种公猪506头,人工授精配种9.4万头次,受胎率达97.9%;出栏杂交肥猪60万头,与建设生猪"四化"前相比,出栏肥猪净增29.42万头,年增加社会经济效益6000多万元。截至1992年底,全市已有宜城、枣阳、随州、襄阳、谷城、南漳6个县(市)达标,通过省级验收。6县共建人工授精站123个,饲养种公猪549头,良种繁殖母猪4948头,开展人工授精配种13.24万头,受胎率达93.2%,出生杂交猪211.85万头,出栏率达98.86%,获经济效益7.6亿元,完成税收2118.5万元。1993年3月,保康、老河口两县(市)生猪"四化"通过省级验收。至此,全市五县三市生猪"四化"全部通过省级达标验收,共建人工授精站152个,核心群、繁殖群、生产群母猪分别为506头、5961头和176426头,种公猪966头,开展人工授精19.74万头次,受胎率达91%,出栏杂交肉猪257.61万头,占全市肉猪出栏总数的83.3%,经济效益11.85亿元,完成税收4173.48万元。1998年,生猪三优工程(优化良种、优化饲料、优化管理)在全市展开,4月上旬,全省验收第二批生猪三优工程示范县(市),襄阳、枣阳两县(市)分别被评为优秀、良好等级。1999年,开始启动实施优质三元猪工程。市委、市政府决定用3年时间,在全市实施优质三元猪工程,在规模养殖场推广"外三元"杂交模式,在农户推广"两外一内"杂交组合,以提高生猪品质,全市三元杂交猪占有率由1999年的35%提高到2002年的60%,农民人均增收90元。

2000年,全市1~10月出栏优质三元猪145万头,占出栏商品猪的47%,至年底,全市三元猪的比例达48%以上,用于生产优质三元猪的母猪8.8万头,占能繁母猪的50%,规模化养殖的出栏量占出栏总量的20%左右,饲养一头优质三元猪,纯利润达50元以上。2002年,全市畜禽品种进一步优化,优质三元猪出栏223.53万头。约占生猪出栏总量的61%,2004年,畜产品产量增加,主要畜禽和畜产品价格上扬。农民养一头商品猪获毛利200元,规模化、集约化养猪企业每头毛利100元以上,均比2003年同期提高50元以上。襄樊市牲畜良种场种猪场是襄樊市重要的大型种猪生产基地,在上级主管部门及领导的关心支持下,种猪场快速地发展着。1985年种猪场年出栏生猪3 000多头,主要用于外贸出口,主要品种有约克夏、巴克夏、杜洛克。随着市场经济的发展,在市场的影响下,种猪场的发展一度萎缩。1997年,在省市领导的高度关心,支持下,襄樊市牲畜良种场投巨资兴建标准化猪舍10栋,其中母猪舍6栋,保育舍1栋,育肥舍3栋。同时于湖北省畜牧良种总场引进优质英系大约克种母猪30头,种公猪3头。2003年,引进新加系大约克种公猪2头,长白种公猪2头。2005年种猪场的生产得到可持续发展,被襄樊市农业局授予"先进单位"荣誉称号。2005年,种猪场存栏纯种大约克种母猪180头,种公猪6头,长白种母猪20头,种公猪5头。生产特点为:平均窝产仔12头以上,初生重达1.2千克以上,28日龄体重可达7.5千克, 双月龄体重65斤以上,170日龄体重可达100千克以上。襄樊市牲畜良种场种猪场以培育二元母猪为主,年向社会提供优质长大二元母猪1 000头以上,其特点为：四肢粗壮、体型长、脊背宽、后臀大、生长快、产仔多，推动着襄樊地区养猪业的发展，以及品种的改良。

种牛繁育 2000 年 6 月和 11 月，新西兰胚胎移植专家尼尔·桑德森分两批分别将 222 枚胚胎移植到本地母牛子宫内，其中第一次（2000 年 5 月 29 日至 6 月 2 日）共移植 75 枚，第二次（2000 年 11 月 15 日至 11 月 18 日）共移植 147 枚。2001 年 2 月 15 日至 3 月 8 日，共繁育出第一批安格斯原种牛犊 24 头，成活 19 头，其中原种公牛 11 头，原种母牛 8 头。2001 年 8 月 6 日至 8 月 26 日，共繁育出第二批安格斯原种牛犊 55 头，成活 45 头，其中公牛 24 头，母牛 21 头。2003 年 12 月至 2004 年 5 月共繁育出 10 头一代纯种安格斯牛，其中公牛 4 头，母牛 6 头；繁育出 2 头安格斯杂交一代牛，其中公牛 1 头，母牛 1 头。2005 年 2 月至 2005 年 9 月共繁育出 11 头二代纯种安格斯牛，其中公牛 6 头，母牛 5 头；繁育出 2 头安格斯杂交一代牛，其中公牛 1 头，母牛 1 头。2003 年，襄樊市利用安格斯种牛对外开展杂交改良工作。共改良地方品种 366 头；2004 年，共改良地方品种 382 头；2005 年共改良地方品种 416 头。

襄北细毛羊由襄北农场用本地大尾绵羊作母本，先后与“新疆细毛羊”“高加索细毛羊”和“美利奴细毛羊”反复杂交培育而成，具有个体大，毛密长，肉质好，耐粗饲和适应性强等优点，遗传性比较稳定。种公羊平均体重 80.22 公斤，年剪毛量为 8 公斤；母羊平均体重 50.3 公斤，年剪毛量 7 公斤。“襄北细毛羊”育种 1979 年获湖北省科技成果奖。襄北细毛羊是从 1962 年正式立项，经过几代畜牧专家几十年勤奋工作，到 1975 年该品种杂交优良性状才固定下来，并得到权威部门和相关专家认定，定名为襄北细毛羊。1981 年，该品种作为全省农牧业 11 项重点科研成果之一，在全省示范推广。1996 年该品种又入选《世界优秀专利技术精选（中国卷）》。襄北细毛羊是适应中南部地区养殖的绵羊品种，品质优异，适应地方气候，耐高温高湿，耐粗饲料。20 世纪 80 年代纺织部依托襄樊细毛羊建一个细毛基地直接推动襄樊纺织业的前进发展。

80 年代初期，襄樊市牲畜良种场，年存栏达到 1 万多只襄北细毛羊，年产毛 80 吨，毛长平均 8～15 厘米呈乳白色，细度 64 支纱，年产羔羊 5000 只，双羔占 40%，年出栏销售种羊 5000 只，销至陕西、河南、辽宁、山东等地，发展养殖襄北细毛羊成为襄樊市牲畜良种场经济支柱产业。80 年代末期因国内化纤产品急速扩张，给发展养羊业带来毁灭性打击，羊毛制品卖不动不值钱，农户和养殖场积极性快速下降。襄北细毛羊数量急速下滑，加上农工到处开荒种地，80%的草山草坡被开垦，羊无路可走无处可放牧。羊毛无处销售，种羊无人来买，造成全场种羊大幅度以很低价格被卖掉，留下 400 只核心群种羊。1995 年，为保留种群，在羊毛价不断下落时，优先发展襄北细毛羊肉用价值。由省专家引进新疆细毛羊回来杂交，因羊运回后不适应本地区气候，加上在各项管理上存在差距，造成种羊死亡，改良没有成功。随后又在宜昌引进细毛种公羊，维持到 2000 年底。

2001 年，襄北细毛羊剩下 200 只种羊因农工把草山开完，羊无处可放牧又卖掉 100 多只。2005 年，剩下 10 只种羊下放到农户喂养至今。细毛羊星火计划 1988 年，襄樊市东津、襄北、车河、新街、王集等国营农牧草场（农场）根据湖北省发展细毛羊的星火计划，从新疆、内蒙古等地引进细毛羊 1500 只。这些羊适应性强，生长、繁殖性好，羊毛品质优良。毛长一般达 8 厘米以上，净毛率达 50%以上。还从郧西引进马头山羊 1260 只，改良、种植人工牧草 567 公顷。市种畜场、车河农场已全部实现了羊人工授精化，襄北农场、枣阳塔湾园艺场和南漳的九集等地正（也）逐步进行了推广。全市采用引进的澳美公羊冻精和中国美利奴公羊改良本地羊 5000 只，其中用澳美公羊冻精配种 500 只，情期受胎率为 36%～62%，达到国内先进水平。出生的杂交一代羊，毛长提高 1 厘米左右，净毛率提高 8%，其他品质也有所提高。1988 年全市细毛羊存栏 27806 只，占全省的 74%以上，羊毛产量 89 吨，占全省的 80%。襄北农场、东津种畜场生产的细特、细一改良羊毛，于 1988 年 10 月和 1989 年 9 月，分别参加纺织工业部、农业部在南京和北京举办的羊毛拍卖赛展会，受到行家好评。多种渠道，筹集资金，把开发羊毛生产纳入“国家星火计划”项目，责成市农行帮助贷到国际农业银行低息贷款 270 万元，主要用于修建羊栏。安排市农行发放贷款 100 万元，由市羊毛开发站贴息 2/3，县（市）财政贴息 1/3，无息贷款给农户，专款购买种羊。还组织纺织工业部门投放开发奖金 24 万元，争取省科委投放贴息科技贷款 20 万元，用于发展养羊生产。先后从新疆、内蒙古等地引进中国美利奴公羊 89 只和澳美公羊冻精 9 600 粒，用于杂交改良，累计生产杂交改良羊 5 400 多只。通过杂交改良，羊毛长度由过去平均 6.27 厘米，增加到 7.67 厘米，净毛率由过去的 37%上升到 46%，1989 年 2 月上旬，全省召开畜牧工作会议，推广了襄樊市发展细毛羊的经验。

绵羊刚刚步入正常发展轨道的细毛羊生产，1990 年出现了滑坡，绵羊存栏由 1989 年 31 416 只，降到 17 099 只，下降 45.5%；羊毛产量由 74 吨降到 66 吨，下降 10.8%，据养羊场和专业户反映，绵羊生产剧降的主要原因是：绵羊毛价格暴跌，每公斤绵羊毛价格由上年的 13 元跌落到 6 元，降价 53.8%，个别乡镇降到每公斤 2 元以上。挫伤了养羊农户的生产积极性，宰杀绵羊外销绵羊现象再度出现，绵羊存栏数量减少，羊毛产量大幅度降低。需要有关部门尽快采取保护措施，确保“北羊南移”计划顺利实施。

1998 年 3 月 10 日至 11 日，全省第二期山羊人工授精培训班在老河口举办，参加培训的有襄樊及随州 40 余名畜牧兽医技术骨干，中国农科院畜牧兽医研究所研究员张坚中为培训班讲课。山羊人工授精技术是全省重点推广的畜牧实用技术，即利用国内外良种山羊与本地山羊配种，改良本地山羊，提高山羊产肉性能。

2001 年，为加快襄樊本地羊的品种改良，全市多渠道筹集资金，从澳大利亚引进世界最优秀的山羊品种——波尔山羊，利用该品种体型大、长势快、产羔率高、适应性强、肉质鲜嫩、品质优良等优势，与本地山羊杂交，在全市推广养殖。

1993 年，全市有畜禽专业户 5 953 户，比上年增加 2.49 倍，其中：养猪 788 户；养牛 1 010 户；养羊 1 515 户，养鸡 1 130 户，养鸭 925 户，养鹅 28 户，养兔 8 户，养蜂 450 户，孵化 99 户，累计畜产品商品收入 4 419.91 万元，户平 7 425 元。这些专业户家庭主要劳力和部分劳力从事畜牧业生产或经营活动时间在 60%以上；牧业收入比重占家庭总收入的 60%以上；畜产品商品率达 80%以上；人均收入比当地平均水平高一倍以上。

2. 马、骡、驴生产

1979—2005 年襄樊市畜牧业有关数据统计

表 9—12 单位：万匹、万头

年度	马骡存栏	—	驴存栏	—	—
1979	0.81	—	1.65	—	—
1980	0.68	—	32.2	—	—
1981	0.45	—	1.05	—	—
1982	0.24	—	0.81	—	—
1983	0.15	—	0.79	—	—
1984	0.15	—	0.7	—	—
1985	0.15	—	0.67	—	—

续表

年度	马存栏	骡存栏	驴存栏	兔出笼	蜂蜜产量
1986	1381	224	6711	16774	1459
1987	1578	298	6494	20248	1983
1988	1512	299	6033	23595	1902
1989	1609	313	5535	45000	1621
1990	1630	289	4983	60052	1705
1991	1620	280	4535	58223	1768
1992	1625	314	4483	64521	1771
1993	2503	1543	5662	89457	2103
1994	2028	408	4423	102163	2524.8
1995	1350	339	3879	120716	2211
1996	1524	275	3310	210433	4133.5
1997	1414	415	3514	266425	4596.8
1998	1165	266	2662	311261	4792.8
1999	986	213	2203	300750	5018.8
2000	493	208	1068	114533	5111.8
2001	421	171	1403	79005	2870
2002	356	150	824	297736	2909.5
2003	349	40	589	248088	2117.9
2004	304	34	561	225231	2504.9
2005	245	21	389	163862	2230.1

3.家禽养殖

1988 年，全市家禽存笼 2 053.57 万只，其中鸡存笼 1 918.9 万只，禽蛋产量 59 964 吨，禽肉产量 13 396.15 吨。全市专业养禽场 16 个，其中父母代种鸡场 11 个，种鸭场 1 个，商品禽场 4 个，有优良鸡种 9 个，鸭种 2 个，现有父母代蛋用和鸡 31 200 只，可提供种蛋 579 万多枚；父母代肉用种鸡 18 500 只，可提供肉用种蛋 212 万多枚；商品蛋鸡 7 万多只，可提供鲜蛋 80 万公斤。全市成立了由 10 个鸡场组成的市养禽研究会，开展咨询服务，1988 年通过了“最佳肉鸡配方实验”的中试鉴定，“高效料精替代鱼粉”的小试鉴定，推广良种鸡 414 万多只，占全市家禽总饲养量的 20%以上，良种覆盖率高出全国平均数的 10%以上。养禽技术服务 1989 年省助樊兴建福(祖)代鸡场，帮助 7 个厂家引进罗斯、伊莎等良种蛋 18 万枚，肉鸡苗 4.5 万多只，调剂市内种蛋 2 万枚，鸡苗 6 万多只，并在南漳县特产局兴办孵化饲养场，孵化种蛋 2 万多枚，饲养良种鸡 1.2 万多只，填补了山区空白。全市现有专业禽场 15 个(其中鸡场 13 个，鸭场 2 个)，各县市还有饲养百只以上家禽的专业户、重点户 1 000 多户，良种家禽有 98 万只，占存笼 6%，同时发展肉用种禽 0.64 万只，增加了市场肉食品种。

1978 年，全市养鸡数量直线上升，收购鲜蛋 1 280 万公斤。随着饲料工业的发展，1980 年后，出现一批养鸡专业户和机械化、半机械化养鸡场。良种鸡有“白洛克”“罗斯”“北京白”“新汉”“红育”“郑州红”“579”“新杂 288”“火鸡”等。鸡种结构的改变，鲜蛋收购量大增，1985 年，收购鲜蛋 5 190 万公斤。1992 年 11 月，市畜牧局组织科技人员对辖区的父母代种鸡场进行检查验收，对合格的种鸡场颁发生产许可证，通过验收的有：襄樊市种鸡场，襄北养鸡场、老河口市科协种鸡场、襄阳县粮食局养鸡场、枣阳市粮食局种鸡场、随州市气象局种鸡场、襄樊市养鸡场、襄阳农校畜禽试验场、襄樊市涂巷种鸡场、襄樊市家禽良种场，这 10 个种鸡场共饲养父母代种鸡 34 073 只，其中蛋用种鸡 20 373 只，饲养品种有罗曼、罗斯、京白、伊莎褐等；肉用鸡品种有艾维菌、AA、明星、罗斯306等，共13 700只。1993年全市基本形成鸡祖代、父母代、商品代和地方鸡杂交改良的良种繁育体系。拥有祖代鸡场1个，存笼D系母鸡2 000多只；父母代鸡场15个。全市畜牧系统有父母代鸡场8个，其中：蛋用父母代鸡场6个，年末存笼2万只，年内提供商品代种蛋208.5万枚，商品代母雏96.9万只；肉用父母代鸡场2个，年末存笼种鸡4 670只，年内提供商品代种蛋57.5万枚，商品代雏鸡41.8万只；商品代鸡场42个，存笼蛋鸡33.1万只；商品代肉鸡场112个，年出笼肉鸡104.3万只；商品代蛋鸡和肉鸡专业户分别为351户和677户，蛋鸡存笼和肉鸡出笼分别为10.24万只和86.82万只；地方鸡杂交制种点211个，制种农户8 820户，年末社会杂交鸡存笼708.9万只；孵化场431个，年孵化雏鸡3 034.1万只。全市鸡存笼和出笼达2 812.62万只和2 378.8万只。

宜城等水田地区养鸭较多，其余地方饲养量不多。20世纪50年代后期，国营农牧场和集体单位开始发展养鸭。1981年后，国营和集体鸭群承包或作价给个人，在水面宽、稻田多地区，养鸭专业户大量出现，饲养量上升很快，1985年末存笼185.96万只。

鹌鹑历为野生，无家养习惯。1983年3月，市区退休干部胡哲买回52只日本黄城系鹌鹑和种蛋3 000多枚。1984年春节又从北京莲花池引进种蛋4 000多枚，在家饲养孵化。成为全市第一家养鹌鹑户。同年，宜城食品公司养鹌鹑3 000多只，随州均川棕床厂养鹌鹑1 000多只。1985年4月，胡哲兴办樊西区鹌鹑养殖场。年底引进法国肉鹑。截至1985年末，市内养日本黄城系和韩国龙城系蛋鹑以及法国肉鹑1.5万余只。

银黑狐是襄樊市牲畜良种场1994年8月从安徽引进的一个狐属品种，种数14只。1995年繁殖幼狐44只，1996年繁殖幼狐124只，在两年的饲养过程中，繁殖良好，各种特征正常。由于气候原因，底绒略空。1997年从辽宁引进蓝狐60只，当年繁殖幼狐400多只，1998年引进芬兰原种6只，运用了先进的人工授精技术，通过多年的品种改良，效益显著，1998年底又从山东引进彩狐10只。到2002年培育了十多个彩色品系，由于市场行情限制2003年全部淘汰。2004年引进乌苏里貉，繁殖率和成活率都较高。

（三）畜禽饲料

1.资源利用

利用秸秆养畜全市推广饲料青贮、秸秆氨化技术。自1990年起步，当年氨化秸秆167.5万公斤，青贮4.35万公斤，育肥牛601头。至1993年，全市氨化秸秆1 529.9万公斤（其中：玉米秸秆250.5万公斤，麦秸4 061万公斤，稻草6 325.5万公斤），青贮料1012万公斤，育肥牛9.5万头，分别比1990年增长61.8倍、231.6倍和157.1倍。主要措施：①外地取经，学习借鉴河南周口地区氨化青贮饲料养牛、经销牛的经验和做法。②培植典型，先后培育襄阳法龙、东津、随州洪山、老河口红树木沟等一批秸秆养畜典型，随州、襄阳两县（市）还被国家列入秸秆养牛示范县。③增加投入，全市共投入专项资金874.6万元，购铡草机213台，尿素3 588.5吨，建永久性氨化池3.4万个，容积1 063 251.5立方米。④广泛宣传、培训，全年全市印发技术手册58 650份，市、县两级办培训班48期达10 483人次，县以下办培训班79期，达38 150人次。

国家秸秆养牛示范县。1995年，枣阳被农业部和国家农业综合开发办公室列为国家秸秆养牛示范县，成为全省继随州、襄阳之后第三个获得国家秸秆养牛示范项目的县（市）。该项目建设期3年，项目建成后，每年可出栏牛12万头，头平产肉150公斤，年增加综合效益18 580万元，农民人平养牛纯收入114元，投入产出比为1:28。同时，通过青贮氨化，每年可节约粮食8.73万吨，增加优质有机肥 118 万吨，相当于 17 350 标吨化肥的肥效。枣阳是全国商品粮、棉、牛生产大市，又是“枣北黄牛”的原产地，年产农作物秸秆近百万吨，自 1979 年被列为全国商品牛生产基地县以后，在秸秆饲料开发、服务体系建设、商品牛生产、品种改良、屠宰加工、出口创汇等方面取得很大成就，累计引进西门塔尔牛、秦川牛等国内外优良品种 8 个，生产杂交牛 20 万头，年活牛销港 5 000 头以上，连续 12 年被农业部评为“全国商品牛生产先进单位”。

秸秆养牛。枣阳、老河口、南漳为襄樊首批秸秆养牛示范县(市)通过省级专家组验收。3 县自 1995 年开始实施秸秆养牛示范项目，落实项目配套资金 135 万元，并组织企业、群众自筹资金 806 万元。1996 年 3 个项目县(市)养牛 68.59 万头，其中出栏黄牛 18.65 万头，出栏率达 27%以上，存栏牛 49.94 万头，其中有繁殖能力的母牛占 60%左右，牛肉产量 23 732 吨，头本牛肉产量由项目前的 100 公斤提高到 120 ~ 125 公斤。1998 年 11 月 23—25 日，宜城、谷城、保康 3 全省级第二批秸秆养牛示范县项目通过省畜牧局、省财政厅联合验收。1998 年 3 县(市)牛存栏 27.01 万头，牛出栏 7.33 万头，牛肉产量 1.12 万吨，户均养牛 1.3 头，秸秆处理利用率 15%均养牛收入 60 元以上，该项目实施三年，增加财政收入 643 万元，氨化秸秆养牛节约粮食 9.3 万吨，同时利用秸秆养牛过腹还田，增加土壤有机质，减少焚烧秸秆对环境的污染。青贮、氨化、微贮作物秸秆 36 万吨，秸秆处理利用率达 25%(比全省平均水平高出 17 个百分点)，按每公斤秸秆节约 1 公斤粮食计算，节约粮食 9 万公斤，每公斤粮食按 1.2 元计算，节约资金 10 800 万元。新增出栏牛 13 万头，按每头牛收屠宰税 25 元计算，新增加税收 325 万元。同时，养牛业的兴起带动屠宰、加工、制革、制药及第三产业的发展，转移农村剩余劳动力，资金投入产出比达 1 : 22 以上。

发展草食畜牧。1980 年，农牧渔业部草原处在东津畜牧场、吴山种菜牛场、流水种畜场建牧草种子基地，繁殖推广红三叶、白三叶、黑麦草万余亩。使饲草品种结构得到改善。2002 年，种草养畜在全市推开。市委、市政府将襄阳、枣阳、宜城和老河口 4 地的结合部列为鄂西北优质牛羊示范区，以带动全市草食畜牧业的发展，全市种植优质牧草 3 666.67 公顷，其中襄阳 800 公顷，枣阳 1 666.67 公顷，宜城 333.33 公顷，南漳 66.67 公顷，谷城 133.33 公顷，城区 80 公顷。

2.饲料加工

1985 年，襄樊市饲料工业还处于起步阶段。当时，仅有襄樊市粮食局下属的襄樊市饲料公司一家企业，经营饲料品种也十分单一，还是利用计划经济的优势，把粮食系统的边脚废料麸皮、三七糠简单地粉碎，由饲料公司统一经营，销往食品公司的养殖场和邻近农村地区，年生产能力在 200 ~ 300 吨之间，年产值不过 5 万元。1987 年，襄樊市粮食局在襄樊市饲料公司经营粮食系统的边脚废料取得初步效益的基础上，投资 66 万美元，兴建年生产能力 10 000 吨的岘山饲料厂，拉开全市饲料生产由手工作坊式的生产向现代化集约式生产的序幕，并实现当年建设当年投产，饲料品种由单一混合料向全价配合料转变，有猪、鸡、水产三大系列 10 多个品种，年生产能力达 8 000 吨，年产值达 960 万元，不仅部分满足全市养殖业发展的需要，还销往湖南、江西、河南、安徽等地。1996 年，随着投资规模 3 000 万元，年生产能力 20 万吨的襄樊正大有限公司和投资规模 1 000 万元，年生产能力 12 万吨的希望饲料两大集团入驻襄樊，外资企业先进的管理经验和营销模式，为襄樊市饲料工业的发展拓展了更为广阔发展空间。先后有宜城襄大、枣阳宏伟、襄樊大自然、襄阳中大、宜城天佐等民营企业相继投入饲料行业，同时，还有国有企业华中药业转产生产药物饲料添加剂，四川龙莽集团、铁骑力士集团和希望集团分别成功收购南漳氢化钠厂、襄樊市原种厂饲料厂和保康乾泰公司，生产饲料添加剂和全价配合料，襄樊市饲料工业真正实现了质的飞跃。2005 年，全市饲料工业企业达 15 家，在全国性畜禽产品价格持续低迷不振之后，全市饲料工业经受住了需求萎缩、原料涨价的双重考验，饲料总产量 28.65 万吨，比 1985 年增长 955 倍，总产值 7.99 亿元，增长 1.59 万倍，其中配合饲料、浓缩饲料 18.44 万吨，添加剂和添加剂预混料 10.21 万吨，不仅支撑了襄樊市畜牧养殖业的持续稳定健康发展，饲料添加剂还出口到日本、韩国、东南亚和欧盟市场。

3.牧草种植

1988 年，全市天然草场 81.91 万公顷，可放面积 69.35 万公顷，0.1 万 ~ 10 万亩成片草场 170 片，面积 39.76 万公顷，草场资源虽然丰富，但牧草质量差，粗纤维含量高的草居多。1979 年以来，中央、省、市投资 50 多万元，改良草山草坡，引种豆科、禾本科等牧草 20 余种，全市种植人工牧草 3 333.3 公顷，改良草场 2 666.6 公顷，围栏草场 167 公顷，市东津畜牧场 1985 年列入全国十大牧草种子生产基地，种植人工牧草 666.7 公顷，累计收草种 27.5 万公斤，白三叶亩产鲜草 5 488 公斤，苜蓿 3 250 公斤，苇状羊茅 6 526.5 公斤。1988 年，由于大旱，全市人工牧草受灾严重，但牧草种子地受损较小。

4.青饲料栽培

襄樊市牲畜良种场位于襄阳区东津镇鹿门山下，总面积近 2 666.6 公顷，其中草山草坡面积 2 200 公顷。属于丘陵岗地，海拔在 200 米左右，气候温和，土质较黏重 ph 值 6.4 ~ 7.2，年平均降雨量 900 ~ 1200 毫米，无霜期 230—240 天，四季分明，具有南北兼优的气候特点。各种牧草在全场种植都表现较好，不仅鲜草产量高，而且种子质量好。该场在农牧渔业部及省市农牧部门的关怀和支持下，于 20 世纪 80 年代开始进行牧草种子生产，1983 年，被农牧渔业部定为全国十一个牧草种子生产基地之一。到 1989 年累计种植面积为 474 公顷，共收获牧草种子 244 509.5 公斤。品种有红三叶、白三叶、黑麦草、苇状羊茅、鸭茅、聚合草、鲁梅克斯等十多个品种，其中巴东红三叶平均亩产 26.6 公斤，最高亩产可达 62.5 公斤，在全国处于领先地位。成为中南六省最大的牧草种子生产基地。1997 年，被湖北省定为白三叶草种基地，1999 年，被农业部定为湖北省草种基地，2 000 年，被定为国家级红三叶牧草种子基地。常年种植面积 66.6 公顷以上，年生产草种 50 吨，牧草种子销售国内 22 个省市和地区。2002 年以后，由于销售渠道不畅，牧草产业链不够成熟，种植面积比原来大大减少。

（四）畜禽疫病防治

从 1976 年起，襄樊市农村普遍建立畜牧兽医合作医疗制度，境内常见的畜禽传染病、寄生虫病已被基本控制。20 世纪 80 年代，全市畜禽疫病防治方法是由防疫人员免疫后，打耳号为动物免疫标志，但是不能详细识别防疫种类和时间。到 1998 年开始，正式实行免疫标志，耳标详细标明动物免疫的地点、来源，同时免疫证明记载免疫种类、时间、确保免疫在有效期内。动物免疫时间开始为每年实行春防、秋防，也就是疾病高发期。两次防疫，每月一次补防。实行免疫申报、仔畜、仔禽出生后到一定时间或购买仔畜申请兽防人员进行免疫，做到应免尽免，保证了免疫密度和免疫效果。1985 年，国家《家畜家禽防疫条例》的颁布和实施，全市动物疫病预防控制实行“预防为主”方针，狠抓动物疫病的预防、控制、发病率、死亡率的控制。1986 年，全市对锥虫病疫区的 3 个镇，99 个乡，923 个村普查，大家畜十万余头，阳性率达 8.58%，经过检查，治疗到 1998 年下降到 3.7%。同年，省兽防站每年通过市兽防站向全市各县（市、区）兽防站免费拨付猪瘟、鸡新城疫Ⅰ系、Ⅱ系、口蹄疫疫苗（1986—1995 年）折款 36 万元。并在全市动物防疫实行“五包三陪一到户”的防疫体制，即包片兽医与农户以承包合同的形式对畜禽实行包药物、包防疫、包治疗、包阉割、包技术指导；畜禽防疫死亡赔、兽医服务不到位畜禽发生死亡赔、阉割死亡赔。

1987 年，老河口、枣阳、襄阳的“三北”地区发生猪旋毛虫病，猪感染率为 4.87%，其中老河口高达

10.89%(老河口市袁冲区高达44.4%)。全市当年对畜禽疫病、疫情进行普查,抽样普查八个县(市)(包括原随州市),共采集血、粪等样品12 892份,试验室化验样品30 699份,检查出阳性反应畜禽2 567头(只、次),平均阳性率19.91%。共诊断出传染病31种,其中猪的传染病五种,羊4种,牛的7种鸡的13种,兔的2种。1988年,全市开展猪瘟、鸡新城疫(简称"两瘟")防控工作。1989年,襄樊市建立疫情报告制度,市及各县(市)设定疫情报告员,按季度上报疫情报表,做到发生紧急疫情及时上报,并规定了紧急疫情上报时间,同时在全市根据山区、丘陵、平原,城镇、河边设立多个疫情调查点,为分析疫情动向,提出措施,扑灭传染病奠定基础。1992年通过省专家组鉴定,襄樊成为全省第一个开展猪瘟、鸡新城疫(简称"两瘟")防控达标的市。猪瘟、鸡新城疫都是由病毒引起的烈性传染病,具有高度传染性,不易治疗、高死亡率的特点。严重威胁生猪养殖业和养鸡业。对"两瘟",全市严格坚持"预防为主",对生猪确保猪瘟防疫密度在98%以上。母猪则保持一年两次注射。鸡新城疫对雏鸡用Ⅳ苗,全市还推广使用新城疫Ⅰ系苗喷雾免疫技术,提高免疫率。达标后全市猪、鸡死亡率分别控制在5%、10%以下,据不完全统计,1993年生猪少发病24万头,少死猪、鸡32万头、只,减少经济损失470万元。1994年,全市实行收费服务防疫体制,按省、市物价部门收费标准,由各级兽医组织按标准对农户收费,按要求对畜禽进行防疫。1996年,省每年助樊疫苗拨付折款52万元,同时,市兽防站向各县(市、区)兽医站收取50%疫苗款上交省站。2004年后,口蹄疫、猪瘟、羊痘、高致病性禽流感、鸡新城疫五种疫病的疫苗经费由中央、省、市、县四级财政分级负担,1997年《中华人民共和国动物防疫法》颁布实施后,对口蹄疫、猪瘟、禽流感、鸡新城疫实施强制免疫,养殖数量少,规模小的由兽防人员直接免疫,对集约化养殖者由兽防人员监督实施免疫,疫苗由动物防疫监督机构统一提供,保证了免疫质量。1998年开始,正式实行免疫标志,耳标详细标明动物免疫的地点、来源,同时免疫证明记载免疫种类、时间、确保免疫在有效期内。

2001年10月至2002年5月,保康县马桥镇、枣阳市鹿头镇等乡镇发生生猪附红细胞体病,感染猪、牛、羊、犬等温血动物,全市12个县(市)区40个乡镇出现疫情,共发病75 000头,死亡1 450,其中猪发病74 800,死亡1 430头,牛发病130头,死亡5头,犬发病70条,死亡15条。主要症状:病畜不食,发热,高于正常体温0.5%~1℃,贫血,精神沉郁,鼻部发干,继发其他疾病,出现相应的临床症状,病畜死亡多由继发感染导致。主要治疗药物为土霉素、四环素、贝尼尔、磺胺类等。

2004—2005年,基层动物防疫员实行全员聘用制,实行有限免费防疫和免疫耳标制。对口蹄疫、猪瘟、羊痘、禽流感、鸡新城疫实行免费强制免疫。免疫畜禽建立免疫档案、发放免疫证明、猪牛羊左耳佩带免疫耳标。其他疫病如:仔猪副伤寒、乙脑、禽霍乱等实行养殖户自愿接受的免疫方式。2004—2005年每年五种疫病疫苗折款238.14万元。

1.传染病防治

全市猪病主要有猪瘟、口蹄疫、链球菌、附红细胞体病、圆环病毒病、弓形虫病、丹毒病、猪巴氏杆菌病、乙型脑炎、猪水肿、伤寒、传染性胃肠炎、猪肺热、肺疫、气喘病、仔猪副伤寒、仔猪白痢、黄痢、布氏杆菌等。部分猪病,从1953年开始预防注射,有所控制,1973年在随县首次发现牲畜五号病,后各县相继发现。1973年各县建立扑灭猪水泡病领导机构,使用鼠化疫苗和鸡胚疫苗进行预防,到1976年基本控制。1979年又有发现,各地兽医部门统一组织注射,控制了流行蔓延。其中对猪瘟、口蹄疫采取免费强制免疫措施。伤寒、乙脑等实行计划免疫。猪旋毛虫病在1980年后迅速传播蔓延,襄阳、枣阳、老河口市北部地区为重疫区,经及时采取防范措施,疫情开始下降。1985年开展旋毛虫病镜检,查出率为4.4%。1999年4月~5月全市爆发猪口蹄疫病,发病生猪78头,扑杀328头,口蹄疫是一种人畜共患的传染病,主要症状在蹄冠部出现水泡,发热。各县市防五指挥部启动消毒、隔离、封锁、扑杀。建立免疫带等措施。随后,长年进行春秋两次强制免疫,每年7.8.9月三个月份集中在道路沿线、疫源地、饲养场地、校舍、人口密集区开展夏季高温消毒灭源工作。1998 年 4 月 1 日起，进屠宰场生猪须凭产地检疫证明，无证、证物不符的生猪一律重检，并严格车辆消毒；对宰后生猪检疫合格者加盖验讫印章，发放检疫证明后准予出场，做到一头一证，依法处理病害肉，1998 年市区屠宰检疫生猪 184 500 头，检出处理病害肉 245 头，达到生猪屠宰受检率 100%。

牛炭疽病在 20 世纪 50 年代发病较广，以襄阳、枣阳两县最重。1951 年，开始注射牛炭疽疫苗，到 1958 年已基本控制。1951 年开始应用气肿疽疫苗预防牛气肿，1975 年此病基本扑灭。1959 年开始用牛出败菌苗预防牛出血败血症，1980 年后基本消灭此病。此外，牛肺疫、流行性感冒、口蹄疫、恶性卡他热、传染性肠炎、传染性胸膜炎等亦基本控制或呈零星发生。全市牛的主要疾病有：口蹄疫、流感、牛出败、魏氏梭菌病、结核病、炭疽上、锥虫病、焦虫病等病，口蹄疫采取免费强制免疫措施。牛出败、牛炭疽、布氏杆菌病、牛魏氏梭菌病实行计划免疫。耕牛血吸虫病主要分布在谷城县庙滩、茨河，襄阳县欧庙、泥咀，南漳县龙门、九集、沐浴和清河农场等地。1956 ~ 1958 年，谷城、南漳、襄阳三县开展耕牛血防普查普治，调查耕牛 89 772 头，查出病牛 1179 头，感染率为 1.3%。经治疗，至 1982 年，三县均无病牛。耕牛焦虫病(尿血病)曾广泛流行。1962 年在襄阳县首次确诊，并治疗痊愈，今有零星发生。牛羊脑包虫病曾被视为“不治之症”，1964 年 5 月，襄阳、随县采用取虫卵疗法成功，病畜死亡减少，1970 年后基本被消灭。牛伊氏锥虫病 1967 年首次确诊，因未及时防治，病畜逐年增多，1973 年，仅宜城县就病死大牲畜 3007 头。次年在宜城县开展查治，到 1979 年基本消灭。1980 年后，牛伊氏锥虫病在襄阳、枣阳、老河口市呈零星发生。1991 年夏秋季，老河口市、襄阳县、枣阳市、随州市大批耕牛发生了牛流行热病，以襄阳县发生最为严重。据统计，截至 8 月 7 日，襄阳县有 28 个乡镇 521 个村 3 238 个组 39 289 头耕牛发病，占全县耕牛的 31%，急性死亡耕牛 14 头；老河口市孟楼镇、竹林桥、秦集镇、张家集、薛集镇发病率高达 60% ~ 80%。全市除保康以外，其余 8 个县、市均发生了牛流行热，发病乡镇 140 个 3 029 个村，发病牛 114 240 头，占全市耕牛存栏的 16.32%，死亡 36 头。牛流行热是由牛流行热病毒引起的，由库蠓传播的一种急性、热性传染病，可造成牛的流产、役力降低、产奶量下降和死亡，危害极大。主要症状是突然高热稽留；眼结膜充血、流泪，浆液性鼻漏，泡沫性口涎；呼吸迫促，肺气肿或水肿；精神浓郁，有的伴有膨体无力跛行。帮农民俗称“软脚瘟”。从 50 年代以来，有多次的流行和大流行，其流行间隔年代有明显的缩短趋势，1992—1996 年，全市发生牛猝死症，死亡较多，主要症状表现为不吃草、不反刍、精神不振、四肢僵硬、步态蹒跚、肌肉震颤、眼直射、惊恐发狂、抽搐、嚎叫等，农民称之为“蹦蹦病”。后经诊断，造成牛死亡的主要原因是魏氏梭菌肠毒素中毒所致。该病发病急，死亡快，从 1995 年 3—5 月，仅襄阳县牛首镇因猝死症死亡 206 头牛，直接经济损失 20 多万元。襄樊市兽防站组织实施耕牛“一血三检”项目获得 1998 年度省政府星火计划二等奖。耕牛“一血三检”是应用酶联法，对牛进行一次采血取样，再与事先吸附有抗原的碳酸纤维膜反应，依据颜色的变化判断化验结果，联合诊断牛血吸虫病、肝片吸虫病、锥虫病。经专家组评审，它具有敏感性高，特异性强，检出率准确，操作简便，省工省时，且成本低，不需要特殊设备，适合大面积推广应用等特点。

全市羊的主要疾病有口蹄疫、羊痘、羊口疮、羊螨、羔羊痢疾、羊肠毒血症、传染性胸膜肺炎、蓝舌病、羊快疫、羊猝疽等，其中羊痘、口蹄疫采取免费强制免疫措施，羔羊痢疾、羊肠毒血症、羊快疫、羊猝疽实行计划免疫制度。绵羊蓝舌病是由蓝舌病毒经库蠓传播而引起的一种病毒性传染病，对绵羊生产危害很大。自 1984 年襄阳县赵冲发病确诊后，1989 年在全市各大种羊场暴发流行，共发病羊 2 576 只，死亡 801 只，死亡率达 31%，造成直接经济损失 34 万元。1990 年 3 月 1 日，在有关部门的帮助下，云南省兽医研究所研制成蓝舌病毒羟胺灭能苗，1990 年经小区试验，防治效果达 95%。1991 年于 1993 年进行扩大试验，在襄北农场、东津种畜场共对 2 859 只羊注射疫苗，经过流行期的观察，免疫保护率达 97%，创造经济效益 28 万元。

全市禽病主要有禽流感、高致病性禽流感、鸡新城疫、禽霍乱、马立克、法氏囊、禽痘、传染性支气管炎、鸡白痢等疾病等。对高致病性禽流感和鸡新城疫实行免费强制免疫措施,其他疾病计划免疫。从1958年开始使用禽出败、鸡瘟疫苗注射,已无大面积流行。2003年2月,襄城区欧庙镇王树岗村发生禽流感疫情,由于各级防治重大动物疫病指挥部立即采取隔离、封锁、消毒、扑杀、免疫等综合措施,基本控制了疫情。但是,到了2004年1月23日,襄城欧庙镇王树岗村2组养大户王有江家中鸭子出现拒食、精神不振的症状。当月25日,鸭子出现死亡。当月28日,区农业局向市政府汇报。当月29日下午,市委布置襄城组建疫情、扑杀、监测封锁和免疫接种四个专班,并成立襄城区重大动物疫病防治前线联合指挥部,当月30日上午,市畜牧兽医站采血样进行血清学琼脂检验,得出100%为阳性的结果,确诊为疑似禽流感。襄城区立即启动《高致病性禽流感预案》,确定欧庙镇王树岗村2组王有江养鸭为疫点,周围3公里范围的王树岗、千弓、聂营、康咀、涂沟、黄龙观、柳林7个村和黄龙观良种场为疫区,疫区外5公里范围的庞岗、卞岗、卸甲山、邹湾、文堎、曾堎、郭河、刘口、曹湾9个村为受威胁区。下午,襄城区组织300多名干部、25名干警、15名工商干部、9辆交通车、14辆运输车、1辆挖掘机,连夜扑杀疫区所有家禽。到3月3日,全区扑杀家禽60 011只,其中鸡28 099只、鸭30 990只、鹅820只、鸽102只。同时进行焚烧、深埋的无害化处理。全区防疫100个村、445个组、22 919户、558 301只家禽,其中鸡470 001只、鸭77 929只、鹅9 373只、鸽989只。疫区消毒面积113.9万平方米。受威胁区消毒面积173.1平方米。检疫全区19个农贸市场、7个活畜禽交易市场、5个交通要道的家禽,禁止未经检疫的家禽上市或进入辖区。此次扑灭禽流感,投入100万元(见表9—13)。

综合防治。2001年,宜城决定牛、羊同生猪一样实行集中检疫,防止病害肉、注水肉流入市场。2002年,全市生猪饲养量447万头,总发病数22.5万头,发病率5%,死亡22 346头,总死亡率0.5%;家禽饲养量5 469万羽,发病155万羽,发病率28%,死亡61万羽,总死亡率1.1%;牛饲养量53万头,发病数1.2万头,发病率2.3%,死亡2 110头,死亡率0.4%。为防疫"两瘟",全市层层签订防疫目标责任状,采取春秋季一次普防,隔月补针的方法,保证防疫质量。全年普注鸡新城疫苗4 380万羽,猪瘟437.4万头,此外,注射猪丹毒36万头份,仔猪副伤寒110万头份,禽出败2 218万羽份,Ⅱ系760万羽,牛出败42万头份,牛炭21万头,猪瘟防疫密度94%,鸡瘟防疫密度81.8%,牛防疫密度79%。2002年动物疫情发生的主要特点:①猪、鸡发展、死亡率偏高,许多农户猪发病后,自己购药打针、治疗的盲目性较大;②鸡病死亡量较大,主要原因是对畜禽管理不善,禽流感疫情的暴发流行;③个别疫病,仔猪副伤寒、猪大肠杆菌、丹毒、霍乱、链球菌、附红体等危害依然存在。

1986—2005年检疫统计

表9—13　　　　单位:万公斤、万头、万只

年份	检疫肉类	其中			检疫活畜	其中	检疫活禽	其中
		猪肉	牛羊肉	检出有害肉类		检出病畜		检出病禽
1986	2 140.84	2065.6	42	33.24	171	1.6	282.5	3
1987	2 670	2412.62	182.26	75.11	86.29	0.464	418.7	2.88
1988	2 528.56	2304.63	179.5	44.43	55	1.42	287.2	2.5
1989	2 629.24	2174	405.31	49.93	88.5	2.31	247.3	3.52
1990	3 259.02	2990.65	232.96	35.41	200.02	8.26	311.5	2.76
1991	3 217.7	2887.5	303.2	27	201.8	3.46	307.1	3.24
1992	3 685.98	3167.34	506.3	12.34	258.29	3.74	319.9	21.85
1993	3 861.1	3393	457.4	10.7	341.87	3.79	978.1	2.67
1994	4 486.09	3990.8	477.88	17.41	296.83	1.18	893.5	3.12
1995	3 193.9	2987.5	203.4	3	201.3	0.92	401.1	0.64
1996	4 354.42	3235.72	1113.1	5.6	359.04	3.39	508	1.13

续表

年份	检疫肉类	其中			检疫活畜	其中	检疫活禽	其中
		猪肉	牛羊肉	检出有害肉类		检出病畜		检出病禽
1997	5154.43	3704.89	1442.5	7.04	557.47	3.25	532.5	1.08
1998	5209.19	4489.74	710.72	8.73	776.74	4.8	576.5	1.15
1999	4742.54	3516.78	1219.24	6.52	605.2	3.38	405.1	0.43
2000	8110.9	7022.8	1071.97	16.13	319.68	1.5	535.4	2.81
2001	5209.7	4158	1042	9.7	288	1.04	220.5	0.9
2002	5214.9	4171	1039	4.9	166.5	0.8	286.5	2.7
2003	5902.31	4235	1665	2.31	145.3	0.71	281.5	2.93
2004	6101.8	4355	1745	1.8	121.7	0.4	280.3	12.1
2005	8011.8	5735	2275	1.8	43.2	0.335	240	1.1
合计	89684.42	72997.57	16313.7	371.3	5283.73	46.414	8073	71.41

2.寄生虫病防治

襄樊市地处鄂西北岗地，汉水穿越4个县(市)区，20世纪80年代由于家畜放养，寄生虫病较多，主要有牛的锥虫病、焦虫病、猪旋毛虫病、囊虫病及日本血吸虫病。

1986年，全市耕牛锥虫普查85 399头，查出阳性病牛8 664头，治疗9 282头，因锥虫病死亡425头。粪检耕牛20 338头，查出有虫牛13 634头。1987年，普查襄阳、南漳、谷城三个县耕牛血吸虫病1 206头，查出阳性病牛68头。在全市普查锥虫病103 602头大家畜，查出阳性病牛8 887头，治疗14 283头，预防30 930头，因锥虫病死亡203头。以后由各县市自行普查。

襄樊市襄阳、谷城、南漳三县(区)有“血防”任务，20世纪80年代，每年对耕牛进行检查，受检率在90%以上，对新购耕牛全部进行检查。同时在各疫区进行消灭钉螺活动，以切断传播。还运用一血检三虫(耕牛锥虫病、肝片吸虫病、血吸虫病)的检测方法对耕牛进行寄生虫检查。1986年，襄阳、谷城和南漳三个县先后通过省血防办组织的验收，达到基本消灭标准；到1997年已连续10年保持血防清洁区。受1998年长江特大洪涝灾害的影响，汉水水位上涨，加之石门水库泄洪，河滩湿地面积扩大，为钉螺的滋生提供了温床，使疫区大有“死灰复燃”之态势。为此全市先后下拨了动物血防网点监测费用94 150元，在血吸虫病疫区的九个乡镇建立了18个监测点。分别是襄阳县的欧庙、法龙、泥咀、王河、东津；南漳的龙门、清河、武镇、涌泉、花庄、城关、九集；谷城的茨河、庙滩、盛康、黄畈、冷集、和石花镇。由于经费拨付及时，监测点的监测工作及时开展，保证了监测工作的全面开展，较好地阻断了疫情发生。据统计，2000—2003年全市采用“一血三检”方法共监测耕牛11 472头，查出血吸虫病阳性牛163头，阳性率为1.42%；锥虫病牛885头，阳性率为7.71%；肝片吸虫病682头，阳性率为5.94%；混合感染病牛742头。对所检查出的阳性病牛全部进行治疗，并扩大化疗350头，使全市耕牛血吸虫病得到了有效的控制。还监测羊7 765头，犬4 405头，未发现阳性病羊和犬。

襄樊市是锥虫病老疫区，1986年，襄城、谷城、南漳三个县，99个乡，923个村存栏耕牛进行普查，共普查38 500头，阳性率达8.58%，经过检查、治疗后，1998年下降到3.7%。

老河口、枣阳、襄阳的“三北”地区是猪旋毛虫病的高发地区。1987年，全市生猪感染率为4.87%，其中老河口高达10.89%(老河口市袁冲区高达44.4%)兽防部门通过药物治疗，禁止带虫生猪出售，改善饲养条件，变放养为圈养，缩短饲养周期等措施，到2006年检出率在0.5‰以下。

3.兽药生产

1986—2005 年,全市有 3 家兽药生产企业。襄樊市太平兽药厂位于樊城太平镇,隶属于太平畜牧兽医站,2003 年太平镇原属襄阳县时,名称叫襄阳太平兽药厂;襄樊市兽药厂隶属于原湖北制药厂,位于樊城城区;宜城兽药厂隶属于宜城市畜牧局,位于宜城市城郊。生产的兽药有片剂和散剂两类十多个品种,年产值约 50 万元。2000 年起,农业部对兽药生产厂家实行 GMP 认证制度,全市没有一家生产企业申请认证,按农业部规定,截至 2005 年 12 月 31 日,所有没有取得兽药 GMP 认证的生产厂家撤销其生产许可证。

八、多种经营

(一)机构设置

1989 年 10 月,市委、市政府决定成立襄樊市多种经营办公室,为正县级单位,归口市政府办管理,负责全市农村多种经营生产,是城市“菜篮子工程”建设的职能部门。1991 年 7 月 31 日,市委决定将市多办由政府口划归农口管理。2002 年 4 月 22 日,市委印发《市委市政府农村工作领导小组办公室职能、内设机构人员编制方案》的通知,市多办归口农办管理(属正县级),设主任 1 名,副主任 2 名。

(二)多种经营基地

按照“岗地麦棉薯、沿河果菜瓜、丘陵油麻杂、山区桑药茶、城郊菜加花”的总体思路,推行数乡一品、几镇一业,建立大基地,逐步形成专业化生产、区域化布局、规模化经营的格局。蔬菜主要分布在市、县城郊,以鲜活时令蔬菜为主,汉水两岸以冬春蔬菜为主,建设 10 万公顷商品蔬菜生产基地和 1 万公顷设施蔬菜生产基地。保康县龙坪镇 3333.3 公顷高寒反季节无公害,蔬菜生产基地在满足本地市场供应的同时,部分产品销往北京、上海、广州、武汉等地。2.水果主要以枣阳市和老河口市为主。食用菌以保康、南漳、谷城、宜城山区为主。西瓜主要以宜城流水镇的“流水牌”和枣阳七方、襄城为主。茶叶主要以南漳、保康、谷城、宜城、枣阳为主,重点在三个山区县。烟叶以保康、南漳为主的 6 666.6 公顷优质烟叶生产基地。桑蚕主要以南漳县峡口、巡检、宜城南营为主的桑蚕基地。

(三)多种经营生产

全市蔬菜生产围绕“稳定面积,调整结构,提高效益,搞活流通”的指导思想,郊区蔬菜产供销全面发展。1991,年蔬菜总产量 1.35 亿公斤,上市量 1.25 亿公斤;花色品种 170 多个;蔬菜亩产平均比上年提高 10% ~ 15%,菜农收入增加幅度在 10%以上。1992 年,扩大保护面积 178.5 公顷,扩大夏播面积 122.6 公顷,扩大细俏菜面积 80 公顷,扩大易贮运、适销对路的外向型品种面积;发展花菜村、芹菜村等区域化种植,发展以园艺场、菜科所为阵地,保护地规模经营为内容的专业化生产。

全市水果生产发展迅速。1991 年,全面增产丰收,种植面积和水果产量均创历史最高纪录。果树总面积达到 3.16 万公顷,比 1990 年增加 833.3 公顷。1991 年投产果园面积 1.33 万公顷,占果树总面积的 42.2%，水果总产量 7.87 万吨、比 1990 年增加 2.31 万吨，增长 41.6%，实现产值 6 932.2 万元。水果生产中，苹果比重最大，面积为 8 466.6 公顷，占水果总面积的 26.78%，其中投产园面积 5 600 公顷，苹果产量 2.23 万吨，比 1990 年增加 0.77 万吨，增长 31.3%，苹果产量占水果产量 41.04%；柑橘产量 9 840 吨，占水果产量的 12.45%；桃产量 5 540 吨，占比重为 6.99%。1992 年，由于罕见的冻害天气，柑橘的产量大幅度跌落。但其他水果生产仍然获得丰收，水果总产量 7.75 万吨，比 1991 年下降 1.6%，实现产值 7 182.8 万元，比 1991 年增长 3.6%。其中苹果产量 3.83 万吨，梨产量 2.29 万吨，桃产量 9 429.2 吨，柑橘产量只有 1 852.8 吨，比 1991 年减 7987 吨，减幅达 81%。2005 年，全市多种经营生产实现了持续快速健康发展，主要产品产量稳定增长。全市水果总产量 48 万吨，蔬菜产量 448 万吨，茶叶产量 0.51 万吨，分别比"九五"末分别增产 10.6 万吨，减产 56.98 万吨和 0.06 万吨，干果、药材、桑蚕、食用菌等经济作物产量都有一定的增长。畜牧业持续发展，全市生猪出栏达 400 万头，羊出栏 90 万只，禽出笼 5 200 万只，比"九五"末分别增长 24.58%、147.5%、27.8%，牛出栏 39.3 万头，同比下降 12.6%，全市肉类总产量达 51 万吨，同比增产 14.93 万吨，增长 41.4%，禽蛋总产量达 16 万吨，同比增产 4.37 万吨，增长 37.1%。水产品产量达 15.5 万吨，同比增产 1.6 万吨，增长 11.5%。

九、农村经济体制改革

（一）经营体制

1.农村家庭联产承包责任制

1979 年以来，襄樊市进行农村经济体制改革，推行家庭联产承包责任制。经历了小段包工、定额计酬到联产到组、到劳动力、到户，比例奖赔到全奖全赔，大田承包到林、牧、副、渔全方位承包的发展过程。1980 年，全市有 8 445 个生产队实行联产到组，330 个生产队联产到劳到户，分别占生产队总数的 32%和 1.2%，其余大多实行小段包工。1981 年，实行联产到劳动力的有 20 599 个生产队，占 82.5%；包干到户的 3 474 个生产队，占 14%。1982 年下半年，有 25 668 个生产队、54 万公顷耕地实行包干到户，占 97.2%。1983 年，承包由大田生产向林、牧、副渔等各业扩展。1984 年实行政、社分开，公社改为区，管理区改为乡，大队改为村民委员会。生产队成为独立的经济实体，自主权得到保证。1985 年，全市 86.67 万公顷山林，4.66 万公顷水面，10 万公顷果、茶、烟、麻多种经营基地普遍实行专业联产承包。与 1978 年相比，粮食复种面积由 79.37 万公顷调整到 70.79 万公顷，下降 10.8%，总产却达到 329 853 万公斤，增长 45.1%，经济作物产值由 22 442 万元上升到 44 699 万元，翻了一番；林、牧、副、渔产值（含村级和家庭工业产值）由 5.26 亿元增加到 9.78 亿元，增长 86%，占农业总产值的比例由 26.3%上升到 35.8%。农业生产向专业化发展，涌现出各种商品生产专业户 14 398 个，年收入 11363.6 万元。农民在完成集体承包任务后，兼营他业。由大田生产转移劳力 40 万个（约占农村总劳力的 19%），组织 1 172 个经济联合体，年收入 2 242.5 万元。乡（镇）村企业发展到 1 447 个，从业 46.14 万人，总产值 11 亿元，创税利 1.76 亿元。农村社会总产值由 16.5 亿元增加到 40.5 亿元，年均增长 13.7%。其中农业总产值由 13.82 亿元增加到 27.06 亿元，增长 95.7%，年递增 8.19%。农民人均纯收入 394 元，比 1978 年的 128 元增加 266 元；人均年末储蓄额 78.17 元，增长 8.24 倍；人均年生活消费支出由 116.52 元增加到 303.52 元；约有 40%的农户盖起了砖瓦结构的新房；平均百户农民拥有自行车 72.88 辆，缝纫机 34.75 架，收音机 53.63 部，手表 97 只。电话机、收录机、电风扇、电冰箱等家用电器开始进入农民家庭。

20世纪80年代中后期,农村土地出现7种承包方式。全市2956个村,89.22万农户,总耕地面积39.67万公顷,其中按人劳平均承包的2421个村、60.22万户、25.44万公顷,分别占总村数、总户数和总耕地面积的81.9%、69.5%和64.12%;实行"两田制"承包的497个村、18.45万户、8.67万公顷,分别占总数的16.8%、20.68%和21.86%,在"两田制"中口粮田2.54万公顷、责任田或指标田6.13万公顷,分别占总面积的6.4%和15.46%;实行招标承包的村100个、2.96万户、1.5万公顷,招标面积6673公顷,分别占总的3.3%、3.3%、3.8%和1.68%;实行租赁抵押承包的村128个、3.77万户、面积1.68万公顷,分别占总数的4.33%、4.23%和4.23%,租赁面积1.13万公顷、抵押面积5466.6公顷,分别占总数的2.86%和1.38%;实行股份合作的3.86万户、1.79万公顷,分别占总数的4.33%和4.52%;留机动地的村966个、面积5826.6公顷,分别占总数的32.68%和1.47%;其他形式承包村120个、3.05万户、1.52万公顷,分别占总数的4.06%、3.42%和3.83%,除耕地之外;全市山林、水面和各种经营基地共120万公顷(山林101.86万公顷、水面4.06万公顷、果桑茶等多种经营基地14.06万公顷),这部分土地资源大部分采用平均承包的办法,也有的实行集体统一经营、租赁、抵押、拍卖使用权、股份合作经营等。

2.延长土地承包期

进入20世纪90年代以后,随着农村土地第一轮承包陆续到期,按照党中央、国务院关于"在原定的耕地承包期到期之后再延长30年不变"的要求,各地相继开展延长土地承包期工作(即二轮延包)。各级党委、政府按照全市的统一安排部署,围绕"明确所有权、稳定经营权、放活使用权"这个主线开展工作。从1995年6月开始,按照专题调研、试点先行、典型引路、总结推广的工作思路,逐步推开二轮延包工作,1996年,全市共举办二轮延包试点160个,到1997年8月底,全市已有2287个村、72万农户完成了土地承包期工作,分别占总村数、总户数的78%和83%,已延长承包期的耕地面积31.98万公顷,占总耕地面积的82.4%,有62.7万农户领取了"农村土地承包经营权证",占农户总数的72%。

3.农村土地二轮延包

从1995年开展二轮延包到2001年底,全市绝大多数地方完成延包工作,向农户发放"农村土地承包经营权证"81.8万份,涉及面积36.46万公顷,分别占总数的92.85%和96.18%。单从二轮延包形式看,延包工作基本到位,但按延长30年的政策要求还存在很多问题,全市二轮延包真正按政策要求延长30年的村,仅占72.3%,还有近30%的村未按要求延长30年,少数村组承包期为3~5年,有的甚至一年一变动。当时的襄阳县621个村中,延长30年的村只有25个,仅占总数的4%,其余的都在30年以下。

从2004年9月开始,按照省委、省政府统一部署,全市开展依法完善农村土地二轮延包工作。2004年9—11月,市委、市政府在襄阳区伙牌镇举办依法完善农村土地二轮包工作试点,各县(市)区也举办相应试点,2005年2月19日以后,全市完善二轮延包工作由点到面逐步推开。通过开展依法完善农村土地二轮延包工作,农村土地承包关系得到进一步理顺和规范,通过签订各种类型的规范承包合同,发放土地承包经营权证,进一步理顺、规范和明晰了土地承包关系,减少了矛盾和纠纷的隐患;无地户的种地问题得到了有效解决。通过完善二轮延包,全市各地共解决无地农户种地问题45 461户、165 676人,给无地户分得承包地1.79万公顷;农村社会进一步稳定,干群关系进一步融洽。在整个完善二轮延包工作期间,各地共受理土地承包纠纷34 594件,调处终结33 865件,占总数的97.9%;农民群众的生产积极性进一步提高。

(二)分配体制

随着农村家庭联产承包责任制的全面推行和双层经营体制的逐步完善，农村经济收益分配体制也发生重大变革。原来由集体统一核算收支,然后将纯收益上缴国家一部分、集体留下一部分、分给农户一部分,分配的执行者是生产大队或生产队。实行双层经营体制后,农村经济收益分配实际上包含了两个层次,一个层次是集体统一经营收益分配,仍然是原来的分配模式;一个层次是农户家庭经营收益分配,农户经营所得交够国家和集体的,剩下多少都是自己的,分配的执行者由生产大队或生产队变成了农户。根据襄樊市 1990—2005 年农村经济统计年报资料,在这两个层次中,主要是农户家庭经营收益分配占主导地位。主要表现在 3 个方面。从收入构成看(见表 9—14),农村经济总收入按经营形式划分主要包括乡镇办企业收入、村组集体经营收入、农民家庭经营收入、其他经营收入,其中农户家庭经营收入在农村经济总收入中占主要部分。相应地,在农民所得总额中,农民家庭经营所得也占主要部分;从收益分配构成看(见表 9—15),国家、集体和农户在农村可分配收益总额中的分配关系,农户所得占主要部分。特别是 2002 年农村税费改革后,农民承担税费大幅度减少直到农业税全部取消,农民所得在收益分配总额中的份额更大;村组集体经营层次的收益在相当多的村呈萎缩趋势(见表 9—16)。据襄樊市农委 1986 年工作总结材料,当时全市 3997 个村中(含随州市),村级经济实力强,村组企业收入占全村总收入 50%以上,其经营、管理、服务、协调“四大职能”发挥得比较好的村占 10%;村组企业收入占全村总收入 30%~50%,四大职能有一定程度发挥的村约占 40%;四大职能发挥得一般的村占 45%;村组经济薄弱,仅担负部分管理职能的村约占 10%。但随着许多地方村组企业运转陷入困境,农村集体经济实力逐步削弱,特别是 2002 年农村税费改革后,相当多的村仅靠国家财政转移支付勉强维持运转,村组集体经济实力进一步削弱。襄樊市农村经营管理局采取随机问卷调查形式就 2005 年度集体收支情况在全市调查了 86 个村。调查结果,收大于支的村 16 个,占调查村数 19%;收支平衡 12 个村,占 14%;收入小于支出 58 个村,占 67%。缺口在 1 万元以下村 20 个,在 5 万元以上 7 个,在 1 万~5 万元之间 31 个,大部分村缺口在 2 万元左右。在这种情况下,农村收益分配也主要成了农户家庭经营层次的收益分配(见表 9—14、9—15、9—16)。

1990—2005 年全市农村经济收入构成

表 9—14

	农村经济总收入(万元)			农民所得额(万元)			农民人均纯收入(元)
	总额	家庭经营收入		总额	家庭经营所得		
		金额	占总收入%		金额	占农民所得总额%	
1990 年	572 197	430840	75.3	254263	233707	91.9	663
1991 年	631 872	463841	73.4	265768	241991	91.1	693
1992 年	789 537	524566	66.4	289160	265828	91.9	773
1993 年	960 562	610049	63.5	337183	299603	88.9	881
1994 年	2 213 202	1239039	56	456443	401452	88	1229
1995 年	3 513 410	1845327	52.5	559075	476681	85.3	1536
1996 年	4 594 151	2273390	49.5	691953	604216	87.3	1912
1997 年	5 437 871	2647765	48.7	763994	695581	91	2176
1998 年	6 307 420	3169736	50.3	858193	757172	88.2	2452
1999 年	6 176 712	3291609	53.3	871940	745533	85.5	2486
2000 年	5 861 294	3192177	54.5	866610	776575	89.6	2519

续表

	农村经济总收入(万元)			农民所得额(万元)			农民人均纯收入(元)
	总额	家庭经营收入		总额	家庭经营所得		
		金额	占总收入%		金额	占农民所得总额%	
2001年	5 958 170	3339080	56	891032	804985	90.3	2581
2002年	5 445 130	3288622	60.4	905923	806419	89	2615
2003年	4 906 346	3048569	62.1	941060	818102	86.9	2713
2004年	4 354 663	3161555	72.6	1095504	888408	81.1	3139
2005年	4 317 658	3093319	71.6	1156335	—	—	3285

本表统计数据不含随州市;本表数据均为当年不变价;本表数据依据农经统计年报

1990—2005年全市农村经济收益分配构成

表9—15

	收益分配总额(万元)	上缴国家税金(万元)		乡村集体统筹提留(万元)		有关部门、企业、个人所得(万元)		农民所得(万元)	
		金额	占%	金额	占%	金额	占%	金额	占%
1990年	289 736	11003	3.8	17469	6	7001	2.4	254263	87.8
1991年	306 480	9950	3.2	22212	7.2	8550	2.8	265768	86.8
1992年	352 833	18025	5.1	35184	10	10464	3	289160	81.9
1993年	400 620	23684	5.9	11653	2.9	28100	7	337183	84.2
1994年	646 231	37622	5.8	14242	2.2	137924	21.3	456443	70.7
1995年	781 413	52018	6.7	18093	2.3	152227	19.5	559075	81.5
1996年	975 591	46805	4.8	56673	5.8	180160	18.5	691953	70.9
1997年	1 161 196	76871	6.6	50715	4.4	269616	23.2	763994	65.8
1998年	1 307 156	112900	8.6	82439	6.3	253624	19.4	858193	65.7
1999	1 281 481	95187	7.4	74837	5.8	239517	18.7	871940	68.1
2000年	1 264 804	95515	7.6	85720	6.8	216959	17.2	866610	68.4
2001年	1 269 353	104312	8.2	86889	6.8	187120	14.7	891032	70.3
2002年	1 218 269	68880	5.7	33646	2.8	209820	17.2	905923	74.3
2003年	1 224 706	66257	5.4	27965	2.3	189424	15.5	941060	76.8
2004年	1 230 031	23381	1.9	18979	1.5	92167	7.5	1095504	89.1
2005年	1 328 259	37821	2.8	12342	0.9	121761	9.2	1156335	87.1

本表统计数据不含随州市;本表数据均为当年不变价;本表数据依据农经统计年报,农民所得纯收入与统计部门数据略有出入

1997—2005年全市农村集体经济收益情况统计

表9—16

	总村数	无收益的村数	有收益的村数	有集体经营收益的村数	其中		
					收益5万元以下的村数	收益5万～10万元的村数	收益10万元以上的村数
1997年	2 944	266	2678	2365	814	860	691
1998年	2 947	343	2604	2271	766	816	689
1999年	2 935	394	2541	2119	1077	437	605
2000年	2 931	436	2495	2069	1074	426	569
2001年	2 924	421	2503	2105	1106	453	546
2002年	2 472	787	1685	1458	830	279	349
2003年	2 403	863	1540	1172	755	216	201
2004年	2 403	998	1405	969	686	143	140
2005年	2 430	1116	1314	989	715	179	95

（三）农民负担监督管理

1.农民负担问题成因和初步治理

进入20世纪80年代中后期，农民负担重日益成为影响农村发展、改革和稳定的突出问题。为贯彻落实中央和省委关于减轻农民负担的有关规定，1985年，市委、市政府出台《关于制止乱摊滥派减轻农民负担的决定》。随后市委、市人大、市政府和市政协30多名负责同志带队，组织了50多人的工作组，分别到各县（市）区，对《决定》的贯彻情况进行检查、督促和验收。各县（市）区和各区（镇）党委，办点665个，并抽调4 700多名干部，组成近2 000个工作组，到村组帮助落实减轻负担的措施，把农民的合理负担和应减轻的不合理负担数额落实到户。1985年，全市实际负担总额9 136.5万元，占当年农民人均纯收入的4.51%，是1984年纯收入的5.47%，人均18.2元，比年初计划21.2元减少3元，减14.2%，比1984年人平负担24.5元减少6.3元，减25.7%。其中三项集体提留6 138.7万元，占67.2%，人均12.2元；统筹费2997.8万元，占32.8%，人均6元。1985年农民实际劳务负担，劳平20.9个工日，比年初计划减少2个，比1984年减少2.9个。

1985年底至1986年初，各县（市）区结合清理整顿农村财务和签订1986年的合同，对减轻农民负担的落实情况进行一次全面检查。1986年，农民负担总额7 862.9万元，是上年农民纯收入的3.88%，其中集体提留4 962.7万元，统筹费2 900.2万元，农民人均负担总额15.6元，比1985年减少2.6元。各地采取多种形式减轻农民负担。压缩非生产人员，合理调减干部补贴。全市减少定补干部和非生产人员12 000多人，同时降低了干部补贴标准；废除一切不合理摊派。全市取消各类摊派173项、1 800多万元；将部分有偿服务改为无偿服务或降低收费标准。全市有93个项目减收或免收服务费；从实际出发，少办、缓办或停办一些公益事业。过去由群众负担补贴的公益事业，如人畜合作医疗、放电影等文化活动，实行合同承包，取消或大幅度减少补贴金额。如保康县有660个“赤脚医生”和344个兽医人员，由吃“大锅饭”改为“承包到人，自负盈亏，适当补助”，农民摊派补助款从24.77万元减少到1.22万元，减95.1%；把减轻农民负担同清理整顿农村财务紧密地结合起来，到1986年2月底，全市已有56%的村清理结束，落实村组两级债权22 297万元，债务8 677万元，查出有各类经济问题的35 575人，金额达1 443.67万元，已清收欠款1 900万元，有经济问题的人退赔510万元。

虽然各级各部门采取许多措施，但农民负担仍然呈大幅上升趋势。1990 年 4 月，各县（市）农委组织对 1989 年农民负担问题进行一个月的调查研究，对全市重点调查的 722 个村的农民负担情况进行汇总分析。1989 年，722 个村农民的各类负担共 51 项，11 225.29 万元，比 1985 年增长 120.9%，人均 99.37 元，户平 411.33 元，亩平 57.3 元。其中：农民负担的集体提留和地方统筹费（含乱摊派滥罚款）5 302.66 万元，比 1985 年增长 106.2%，人均 46.94 元，占 1984 年农民人均纯收入的 8.9%，比国务院规定的（5%）高出 3.9 个百分点。51 项负担来自县以上文件规定 26 项，来自乡镇规定 17 项，来自管理区规定 6 项，来自村组规定 2 项。综合为：

基本属于国务院 12 号文件规定的项目，项目是合理的，但提取额度偏高的，共 11 项，5 929.78 万元，比 1985 年增长 70.2%，占 722 个村农民负担总额的 52.8%，人均 52.49 元。

乱摊滥派和罚款，属于不合理的负担项目，共 27 项，1 499.4 万元，比 1985 年增长 224.9%，占 722 个村农民负担总额的 13.4%，人均 13.27 元。

各种罚款（不含超计划生育罚款），属于不合理的负担项目，共 2 大项 34.52 万元，比 1985 年增长 6.3 倍，占 722 个村农民负担总额的 0.3%，人均 0.31 元。

摊收共同生产费，属于正常的生产投入，但由于有的摊派方法不妥，使用不当，引起农民反感。摊收的共同生产费主要用于统一购买种子、化肥、农药、农膜及支付机耕费、水电费等，金额 1158.13 万元，比 1985 年增长 90.2%，占 722 个村农民负担总额的 10.3%，人均 10.25 元，实际用于生产开支 900.35 万元，挪作他用 257.78 万元，人均 2.28 元。

社会服务性负担，也属于正常的生产和生活开支，但有的收费偏高，有的只收费不服务，农民有意见。共 6 项，571.24 万元，比 1985 年增长 204.4%，占 722 个村农民负担总额的 5.1%，人均 5.06 元。

以钱抵交各项定购任务，其中大部分不合理，如芝麻因灾严重减产，也不减任务，强行要农民交钱顶任务。共 3 项，682.44 万元（1985 年没有这类项目），占 722 个村农民负担总额的 6.1%，人均 6.04 元。

劳动积累工，属于正常生产投入，由于多数采取以钱夺工的办法，增加了农民负担。722 个村劳动积累工 674.78 个，折款 1 349.78 万元，比 1985 年增长 3 倍，劳平 13 个工，人均 11.95 元。

1989 年，全市农民负担的农业税、地方统筹、集体提留和其他摊派的负担 25 007 万元，人均 50.13 元，比 1988 年增加 7.94 元，如再加上劳务负担和一些未计入年报的项目，农民实际负担比上报数字还要大。

针对农民负担日益增重问题，1990 年，市委、市政府下发《关于切实减轻农民负担的决定》，各地对照文件，进行清退核减，全市共清退核减 1990 年不合理负担 3 964 万元，清退核减合同内负担 902.9 万元，清退合同外乱摊派、乱集资共 10 项、3 061.3 万元。同年，全市农民负担国家税收、提留统筹及合同外摊派计 21 029 万元，比 1989 年减少 3 544 万元，减少 14.4%，比 1985 年增加 3 699 万元，增长 21.3%。

2.农民负担问题全面治理

1991 年 12 月 7 日，国务院颁发《农民承担费用和劳务管理条例》，农民负担监督管理工作进入全面依法治理阶段。国务院《条例》颁发后，市政府出台《农民承担费用和劳务管理实施细则》。市委、市政府于 1992 年 1 月率先在枣阳市罗岗镇卫庄村举办试点，对照国务院、省、市有关政策规定，现场清退该村不合理负担 41 844.57 元，人均 40.07 元，户平 158.50 元。并把该村 22 户农民 1991 年出售粮食、棉花的白条欠款 2 313.26 元，当场兑付给农民。全市 9 个试点村共向农民清退不合理负担 93 项、28.10 万元，人均 18.30 元，户平 73.40 元。同时还向农民清退返还其他政策应落实的款物计 15.8 万元，共计向农民清退 43.93 万元，人均 28.6 元，户平 114.7 元，最多的户退回 810 元，最少的也退回 30

多元。清退项目包括：1991 年合同内超标准提取的村提留、乡（镇）统筹费，平摊的农林特产税、生猪屠宰税，合同外的乱集资、摊派、乱收费、乱罚款，经营加工农副产品的有关部门采用压级压价短斤少两等手段克扣的农民的款物，超编的非生产人员。同时，还为农民清退了没有落实的与粮棉油定购任务挂钩的物资，没有兑现的粮棉油收购款，没有落实到户因灾减免的农业税等款项。

1993 年，市委办公室下发《关于废止和修改与国务院〈农民承担费用和劳务管理条例〉不相符合的有关文件的通知》，组织专门班子，对市委和市委办公室 1984 年以来发出的 1 297 份文件进行全面清理和认真审查，废止文件规定 3 个，修改文件规定 5 个。市政府下发《关于公布清理与〈农民承担费用和劳务管理条例〉不相符合的文件结果的通知》，对 1984 年以来所发文件进行清理，废止文件 4 份，修改文件 4 份；市政府办公室废止文件 5 份，修改文件 2 份。1993 年中共中央办公厅、国务院办公厅下发《关于涉及农民负担项目审核处理意见的通知》后，市委办、市政府办及时下发《关于认真贯彻落实中办发〔1993〕10 号文件，切实管住管好农民负担的通知》。市委、市政府于 1993 年 7 月 15 日第一批取消市级国家机关有关部门的涉及农民负担的达标升级活动和集资收费 4 个项目；第二批取消和调整 12 个方面 93 个收费项目和标准：其中教育系统 17 项、建委系统项 11 项、文化系统 7 项、邮电系统 11 项、劳动系统 5 项、工商系统 14 项、土地系统 3 项、人事系统 8 项、卫生系统 6 项、交通系统 3 项、公安系统 3 项、其他收费 5 项。市物价、市财政局也取消了 36 个行政事业性收费项目，并向社会公布。1993 年 8 月 30 日，市委、市政府派出 4 个检查组，开展减轻农民负担"千里行"大检查，重点检查中央"两办"《关于切实减轻农民负担的紧急通知》和《关于涉及农民负担项目审核处理意见的通知》的具体落实情况。各县（市）区党委和人民政府，结合秋季农产品收购和年终合同结算，全面开展一次贯彻《通知》精神，减轻农民负担的检查。同时，各地进一步加强农民负担监督管理，长期坚持实行一个领导分管农民负担工作、一份文件出台农民负担政策、一条渠道（农经部门）管理农民负担资金、一本《负担手册》公开农民负担和"一票否决"落实责任制的"五个一"管理办法，进一步强化行政监督、审计监督、人大政协监督、新闻舆论监督和群众民主监督，建立健全农民负担监督约束机制。

根据国务院关于减负工作的"约法三章"和上级有关文件精神，1996 年，市政府发布《关于落实农民负担政策减轻农民负担的通告》。同年 1—2 月，市委、市政府组织工作组，由分管农村工作的领导带队，到古驿镇大营村举办清理清退 1995 年农民不合理负担试点，为在全市开展清理清退工作摸索经验。随后全市共向农民清退不合理负担 2 800 多万元，宣布取消废止不合理负担 72 项，清退非生产人员 798 人。在清退不合理负担的同时，各级各部门对 1993 年以来出台的负担文件、项目进行了清理，共清理出涉农负担文件 819 份，宣布废止、暂停或修改执行的文件 169 份，清理出农民负担项目 333 个，宣布取消 145 个。1996 年全市农民承担各项费用 57 337.25 万元，人均 157.32 元。其中国家税金 24 743.61 万元，人均 67.98 元；提留统筹 26 748 元，人均 73.48 元，占 1995 年人均纯收入的 4.78%；各种集资摊派和罚款 5 845.64 万元，人均 16.06 元，占 1995 年人均纯收入的 1.05%。另外，共同生产费 3 235.95 万元，人均 8.9 元，占 1995 年人均纯收入的 0.58%；有偿服务收费 3 859 元，人平 10.60 元，占上年人均纯收入的 0.69%。农民承担的义务工和劳动积累工 4 752 万个，劳平 29 个。除集资摊派和罚款外，"三提五统"基本上执行了定项限额，大多控制在上年人均纯收入 5%以内。

1996 年底，中共中央、国务院下发了《关于切实做好减轻农民负担工作的决定》。市委成立落实中央《决定》领导小组，制定下发《实施方案》，连续召开电视电话会和农村工作会议。各县（市）各部门按照市委统一部署，层层成立领导小组和工作专班，制定减负工作目标。1997 年春节前，市委、市政府首先在襄阳、谷城举办试点，抓点带面，摸索经验，带动全局。春节后，各地又集中一个月时间，组织 4000 多名干部，深入乡镇村组，采取多种形式传达贯彻中央《决定》，突出重点、难点，全面开展清理负担文件、清理负担项目、清理负担资金使用去向、清理村组财务、清退不合理负担和制定 1997 年负担方案的"四清一退一定"工作。全市共清理负担文件 418 份，修改、废止文件 132 份，清理涉农负担项目 365

个，取消不合理负担项目263个，开展财务清理的村有2067个，占总村数的70.3%，清理出违纪金额1055万元，已追回820万元，占违纪总额的77.7%。在清理的基础上，向农民清退不合理负担1224.6万元。各地还改革"提留统筹"计提办法，由原来的以乡镇为单位改为以村为单位计提农民负担，制定1997年的农民负担预算方案。有的按前三年农民人均纯收入计提农民负担；有的实行农民负担"零增长"；有的实行农民负担一定三年不变等等。1997年全市"三提五统"预算方案为28327.2万元，人均78.27元，占1996年农民人均纯收入的4.09%，比政策规定少0.91个百分点；与1996年相比，"三提五统"的增长幅度仅为2.96%。

1998年，襄樊各地在坚持国家税金、提留统筹、教育集资以及农民承担劳务"四个稳定不变"的基础上进行"两改"：将"三提五统"提取比例以乡（镇）为单位计提改为以村为单位计提；结合实际改变农民负担计提依据。谷城县、老河口市以前3年人均纯收入的平均数为计提依据，南漳县实行上跨一年即以1996年的农民人均纯收入为1998年农民负担的计提依据。襄阳、枣阳、宜城、保康等县（市）农民负担从1997年开始一定3年不变。1998年，全市提留统筹费总额为30193万元，人均85.99元，占1997年人均纯收的3.95%，比政策规定的少1.05个百分点，劳务负担4529万个，劳平28.67个。为了开展专项治理，市委、市政府一方面召集市直43个涉农部门和有关监督管理部门负责人会议，学习文件精神，统一思想认识，另一方面要求市直17个重点涉农部门，结合本部门实际，拿出具体整改方案，并以市委、市政府两办名义下发《关于转发市农委等单位〈关于农民负担问题专项治理意见〉的通知》。市教委为解决学校乱收费问题，同市财政局、物价局一起下发文件，对义务教育阶段的学校实行学期一次性收费制度，对中小学收费实行一票否决权制度，对农村中小学收费提出"十禁止""十清理""十不准"等具体规定和制度，强化管理。市财政局实行"四到户，两到位"，即政策宣传到户、税源掌握到户、税收落实到户、政策执行到户、征管方法到位、职责落实到位，积极探索解决农业特产税平摊问题。市财保公司对农村保险实行"四上门，三转变"，即宣传上门、承包上门、收费上门、理赔上门，由依赖政府向通过市场经济手段转变，由过去集中开展业务向分散开展业务转变，由过去官商作风向服务上门转变，努力解决强制保险问题。

1998年，市委、市政府还专门成立减负领导小组。市委目标考核办公室从1998年起把减轻农民负担工作列入对各县（市）区综合目标实绩考核的重要内容，最终权重占考核总分的15分。全市9个县（市）区都与各乡（镇）和涉农部门签订了工作责任状，有5个县（市）区对农民负担实行"一票否决"制度。枣阳市坚持层层签订农民负担责任状，并进行严格考评，对乡镇达标得分在前5名的单位，由市委、市政府授予"减轻农民负担先进单位"，并颁发1000～5000元奖金；经考核未完成责任目标的，一律实行农民负担"一票否决"，被否决单位的党政一把手不得调离，不得提拔。老河口市实行"四大家"领导包片，组织有关部门深入基层，抓减负促稳定。该市当年9月8日召开保稳定紧急会议，宣布暂停竹林桥、张集、袁冲等3个群众上访问题严重且未认真解决的乡（镇）党委书记的工作，要求这些乡（镇）集中精力抓减负促稳定，问题不彻底解决，不恢复党委书记工作职权。同时，各级开展大规模的督办检查活动。同年2月底，市政协先后对襄阳、宜城、枣阳等地的"两公开"和农民负担分解到户的执行情况进行了考察，提出了《关于加强全市农村村务公开民主管理，切实减轻农民负担的议案》。同年3月中旬，市人大常委会常委会组织市、县、乡三级人大代表，深入到村组户，对减负工作进行专题视察，并向市委、市政府通报了视察情况。同年4月中旬，市减负部门在专题调查中发现一些部门和地方大量挪用农民负担资金，市人大主任伍荣显、市政府市长闫增福十分重视，分别作了重要批示，要求对农民负担资金管理使用情况进行一次全面清查，坚决纠正农民负担资金不归口农经部门统一管理，以及挪用农民负担资金等错误做法。襄阳县立即以县委、县政府名义下发了关于彻底纠正农民负担资金不实行归口管理的传真通知，要求全部实行归口管理。同年9月上旬，市委、市政府从市直9个部门抽调21名干部，组织7个组，对全市9个县（市）区、18个乡（镇、办事处）、36个村、360个农户进行了检查。同时，对5个乡（镇）进行了重点解剖，对各县（市）区财政、地税、保险和畜牧（畜特或特畜）等4个涉农部门开展专项治理情况进行了检查。检查结束后，市委办向各县（市）区和市直涉农部门下发限期整改问题清单。

中共中央《关于农业和农村工作若干重大问题的决定》和省委办公厅、省政府办公厅《关于认真贯彻落实农民合理负担一定三年不变政策的通知》下发后，市委办公室、市政府办公室及时下发《关于全市实行农民负担定项限额一定三年不变的实施方案》的通知。同年2月下旬，市农委、市经管局组织力量分别在襄阳县泥咀镇和谷城县大峪桥镇举办农民负担一定三年不变试点，市委、市政府召开现场会全面上推广。各县（市）区以点带面，全面铺开，实行"五定"，严格报批1999年农民负担方案，即定基数、定项目、定额度、定管理办法、定领导责任制。村提留乡（镇）统筹提取额可以村级前三年农民人均纯收入平均数，或以1996年村级农民人均纯收入的5%作为计提依据，但不得超过1997年负担水平。在确定负担基数基础上，对农民负担实行定项限额，一定三年不变。襄阳、枣阳、宜城、保康四县（市）早在1997年就已经开始实行一定三年不变办法，按照政策继续执行，其他县市一律从1999年开始。1999年全市农民负担总额81 664.55万元，其中国家税金34 924.06万元，提留统筹29 924.16万元，集资摊派6 707.53万元，劳务负担4 625.7万个工日，其中以资代劳378.4万元，其他收费973.04万元。

2000年，根据市委的部署，市政协组织7个视察组，由市政协正、副主席带队深入7个县（市）14个乡镇28个村，专题视察治理农村"三乱"工作情况，而后召开市政协十届九次常委会议，通报视察情况，通过了《市政协关于全市治理农村"三乱"的建议报告》。根据市政协的建议，市委、市政府召开高规格的治理农村"三乱"工作会议，通报"三乱"问题，安排自查自纠和全面整改工作，并决定全市合并乡镇，取消办事处（总支）一级，合并农村中小学校，精减民师代课师，清退行政事业单位编外人员，裁减村组干部和非生产人员，取消村组一级招待费。同时，对农村中小学收费、农村电费、报纸杂志征订以及农村共同生产费、水费、建房收费等进行专项治理。2000年根据市政协治理"三乱"视察情况，市纪委监察局专门召开县（市）纪委书记会议，对"三乱"问题较为严重的13个乡镇进行重点查处，对严重违背政策法规的18个人给予党纪政纪处分，召开新闻发布会，公开处理。

市委、市政府在谷城县大峪桥镇、老河口仙人渡镇举办落实农民负担政策试点，重点落实人均减负15元目标，市委、市政府召开现场会，总结试点经验，推广谷城县大峪桥镇抓发展促减负的做法。

2000年9月，市委、市政府又在襄阳县黄集镇、枣阳市吴店镇、宜城市雷河镇举办减负试点，贯彻落实全省农村政策会议精神，为全市减负治乱、化解债务、精简机构和人员，解决当前农村突出问题探索成功经验。结合农村"三讲""三个代表"重要思想学习教育活动，开展农村双向教育，要求基层干部严格执行农民负担政策，转变工作作风，改进工作方法，教育农民正确处理国家、集体、个人三者利益，自觉履行应尽义务，积极交纳税费。为此，市县专门成立农村双向教育工作队。撤总支并乡镇全市除三个山区县个别偏远乡镇暂时保留部分总支（办事处），其余县（市）、区在2000年9月底以前全部被撤消。撤销人员实行三回，即行政人员回机关，借用人员回单位，聘用人员回原籍。全市共有总支405个，撤销总支342个，占总数84.4%，清退人员2 812人，其中回政府机关1 465人，回单位429人，回原籍918人，每年可减少费用524万元。在此基础上，全市裁减58个乡镇（办），占原有乡镇总数的37.2%，由原来的156个乡镇办减少到98个，为从根本减轻农民负担创造了先决条件。合并学校根据学校规模，统筹规划，合理布局。全市共合并学校216所，其中中学26所，小学190所，每年可减少费用1 416.2万元。精简人员重点精简乡（镇）行政事业单位编处人员，包括聘用借用人员；清退民师、代课师；精简村组干部及非生产人员。2000年，全市精简人员21 726人，每年可减少费用9 158万元，其中精简乡镇行政事业单位人员4 266人，减少费用1 028万元；清退民师、代课师7 345人，减少费用1 997万元；精简村组干部及非生产人员91 97人，减少费用1 720万元。襄阳、枣阳、宜城、襄城等县(市)区作出统一规定,除公、检、法等部门外,县(市)部办委局以及乡镇只允许保留一辆办公用车,乡镇直部门一律不准购买小汽车,已经购买和多余的小汽车一律上交,由物价部门公开拍卖。全市封存小车100多辆,年可节约费用200多万元。襄阳县交警大队对全县公用车辆统一清理,符合规定的,县清车办公室放专用通行证,不符合规定的,统一收缴,对收缴的40多辆小车由县物价局进行公开拍卖,全部上缴县财政,用于企业解困和解决下岗职工生活保障等,每年可减少费用117万元。按照人均负担减少20~30元的目标,对照农民负担有关政策法规,该取消的取消,该清退的清退,该调减的调减,重新核定农民负担,2000年全市调减农民负担7 468.5万元,人均20.56元,2001年在2000年基础上,又调减负担5 942.7万元,人均减17.13元。

2001年7月23日,省委、省政府下发《关于切实做好当前减轻农民负担工作的紧急通知》。市委下发《关于切实做好当前减轻农民负担工作的紧急通知》。同年8月17日,市委、市政府召开农民负担专项治理工作会议,同市直11个牵头单位签订《农民负担专项治理目标考核责任状》,主要从组织领导、治理措施、治理目标三大指标13个具体工作指标进行百分考核。同年11月24日,市委、市政府在枣阳市召开农民负担专题会议,与各县(市)签订农民负担总量控制责任状、化解农村债务责任状。县、乡、村要层层签订农民负担目标考核责任状,各涉农部门不仅要与同级党委、政府签订农民负担专项治理责任状,同时分战线、分部门,层层签订农民负担专项治理责任状,形成整体联动,综合治理的良好格局。农民负担考核实行一票否决,凡综合考核不及格的单位,取消单位和班子成员评先表模资格,主要领导和分管领导在一年内不得提拔调动,同时纳入年度综合目标考核,纳入部门行风评议范畴,作为县、乡两级班子调整、人事变动时由同级和上级农民负担监督管理部门提出具体评议意见的重要依据。按照省委要求,农民负担总额包括农业税、基本水费、农业特产税、屠宰税以及其他税金;提留统筹;经批准的集资;统一征收的有偿服务费等,以市为单位,全市农民人均不得超过150元,具体分解到县(市)区,襄阳不超过150元,枣阳、宜城不超过160元,南漳不超过150元,保康不超过94元,谷城不超过120元,老河口不超过140元,襄城、樊城、高新、二汽不超过100元。实行定项限额,总量控制,凡超过限额,农民负担各项同比例调减,不准搞所谓的"税费大包干""税费合一"和甩"死砣子",已收负担超过当地最高限额的,如数清退给农民;教育集资额最高不超过集资单位2000年人均纯收入的1%;报纸杂志不允许向乡镇、村组和农户摊订,村组公费订报纸杂志费用最高不超过人均1元;共同生产费虽然不在总量之内,但仍然要严格控制,确需提取共同生产费,报县(市)区人民政府审批,亩平不超过20元,并实行据实结算,张榜公布。全市2001年度调减后的农民负担总额为50 399.98万元,其中农业税12 676.80万元,基本水费63.48万元,特产税6 933.70万元,屠宰税1 207.44万元,其他税金235.38万元,村提留15798.86万元、乡统筹11 559万元,教育集资997.9万元,统一收取的有偿服务费927.35万元,人均144.41元,亩平86.14元。比2000年同口径65 401.73万元调减15 001.95万元,调减比例为22.9%,人均调减43元,亩平调减25.64元。总量控制以外的全市共同生产费9 187.72万元,计量水费8 868.04万元,合计18055.76万元,亩平为30.86元。

(四)农村财务管理体制

1983年秋到1984年秋,襄樊市在随州、老河口、谷城等县(市)进行农经服务工作试点,层层组建农经服务公司(后改为农经服务站),随后全面铺开,到1986年底,全市农经服务工作进入稳定发展阶段。推行农经服务的一个重要内容是实行会计专业化制度,设立专业会计(联队会计),取代之前一组一个会计的做法,专业会计作为村农经服务站的工作人员,由区、乡(镇)农经服务站聘用和管理,从而形成县、区、乡(镇)、村(组)农村财务管理新体系。到1986年底,全市共有农经服务组织4300个,其中县(区)级39个,乡级511个,占乡总数的93%;村级3 750个,占村总数的93.8%;从业人员共计13 532人,其中专业会计10 294人。

全市新的农村财务管理体系基本形成以后,从1985年到1990年,全市先后开展两次全面的农村财务清理整顿。第一次是从1985年夏开始,共组织1 858个清理工作专班,计24 753人,其中国家干部1 938人,聘请社会财会人和其他部门人员13 670人,在办好试点的基础上,采取集中领导,集中时间,集中内容的办法,分批分期对村组财务进行了清理整顿。到1986年9月底,全市应清理3 997个村,已清理结束3700个村,占应清理的92.1%;乡村企业应清理的7 291个,已清理结束的3 891个,占53.4%,正在清理的896个。通过清理和整顿,不仅澄清了集体家底,而且清出一批有各种经济问题的人73 337人,金额达1 818万元,其中贪占集体财物的计8 730人、209.79万元;应退款1 398万元,已退赔854万元,占应退款的60.8%。第二次是从1989年春开始,全市组建3 165个工作专班,专班人员23 331人,其中国家干部2 236人,在全市所属9个县(市)、区先后开展清理整顿农村财务工作。截至1990年9月底,清理整顿工作全部结束,全市共清出各种经济问题2.57亿元,涉及73.2万人(户);退赔清收1.89亿元,占应退应收总额2.09亿元的90.4%;受党纪政纪及刑事处分的计207人。农村财务清理整顿工作作为农村财务管理的一条行之有效的措施在之后多次开展。

1988年,《襄樊市人民政府办公室批转市农委、市审计局建立健全农村合作经济内部审计机构意见的通知》文件下发,市农村合作经济经营管理指导站(市农委经管科)随后制定《襄樊市农村合作经济内部审计实施办法》。全市开始在农村全面开展审计工作。经过3年的实践,到1991年,全市在县(市)、乡镇两级基本完成了组建审计机构,配备审计人员的任务。全市共有审计人员642人,每个乡镇审计站平均3.5人。审计站以财务审计为重点,结合开展财经法纪审计、经济效益审计和干部离任审计。在财务审计方面,主要采取两种形式:先审计后入账。当时实行这种办法的有159个乡镇,占86.8%;按月或季进行账后审计。有19个乡镇,占10.4%。农村审计工作与过去的财务清理相比,比较及时而有效地监督了会计业务。1991年,全市通过农村审计减少不合理开支1938万元,其中吃喝招待费由1990年的1 463万元下降到600万元。

1990年后,各地积极探索农村财务管理新路子。南漳县九集镇和涌泉镇农村经营管理站分别于1987年11月和1988年初在全镇范围内推行村会计集中办公制度,其基本做法是按照统一时间、统一地点、统一程序、统一考核、统一建档“五统一”的办法,将村会计集中起来统一办公。集中办公把处理账务与财务审计结合起来,对所有收支单据先审计再入账,进一步加强和完善了农村财务管理工作。襄樊市农委于1991年4月转发这两个镇的经验做法。到1995年,在全市范围内普遍推行农村会计定期集中办公制度。

1999年4月湖北省纪委、省监察厅在宜城市开展从源头上预防和治理腐败工程试点。2000年,中共襄樊市委、襄樊市人民政府以转发《市纪委市监察局关于推广宜城市源头治理腐败工程经验的实施意见》,其中在农村的源头治腐工程就是推广宜城市率先实行的村账站审工作经验。村账站审是在坚持村合作经济组织性质不变和村级资金所有权、使用权、收益权、债权债务归属权、自主经营权不变的前提下,进一步完善和规范村民委员会管钱不管账,乡镇经管站管账不管钱的账、钱分离的农村财务管理体制。2000年3月,襄樊市农村经营管理局制定《襄樊市推行和规范村账站审工作实施方案》;同年3月下旬,在枣阳市环城办事处举办村账站审规范化工作试点,同年6月份召开现场会,在全市推广试点工作经验;同年9月,襄樊市农经局制定《襄樊市村账站审规章制度》,进一步规范村账站审工作。到2000底,全市100%的乡镇都在经管站成立了村账站审办公室,97%的村实行了村账站审管理办法,其中有些乡镇在村级资金“五不变”的前提下实行了经管站既管账又管钱的“双代管”的管理模式。通过村账站审,2000年全市共审计农村集体资金13亿多元,审出不合理开支1 763万元,查处违反财经法纪案件359起, 为村组集体挽回损失3 279万元; 精减村组财会人员5 047人, 可节支

3086万元。

2002年8月，襄樊市政府出台襄樊市村账站审工作管理暂行办法，同年9月，市农经局与市监察局联合下发《关于在农村税费改革中进一步强化村账站审工作的通知》。到2003年底，全市已有78个镇、2026个村建立了专户，杜绝了挤占挪用村组专项资金的行为。全市已有2347个村，实行这种方法。全市及时总结推广襄城区欧庙镇、宜城市郑集镇、南漳县肖堰镇的做法，改革和完善农村财务管理体制，在乡镇建立农村财会服务中心，用中心取代过去的村账站审办公室，将村组财务、资金纳入中心统一代管。农村财会服务中心成为继村账站审之后一种新的农村财务管理模式。到2005年底，全市组建84个农村财会服务中心，对村级财务、资金实行统一管理，占全市涉农乡镇的89.4%。

（五）农村合作基金会

农村合作基金会，是农村经济联合社等合作经济组织在保障原单位资金所有权不变的前提下，按照自愿互利原则组织起来的合作性的农村内部资金融通组织。襄樊市农村合作基金会的发展大致经过开办试点、规模发展和清盘关闭三个阶段。

1.开办试点阶段

1987年5月，南漳县九集镇经管站组织人员在金钟办事处办起襄樊市第一个农村合作基金会，随后，及时总结经验，积极创造各件，于1989年3月分别在丁集、吴集、邓集三个办事处相继组建合作基金会。由此，全市农村合作基金会的组建工作，由点到面，逐步推开。

2.规模发展阶段

全市农村合作基金会，由点到面，到1995年以后得到迅速发展，聚资规模逐年扩大，据统计当时全市共组建基金会352个，其中县级1个，乡镇级129个，村级222个。共有从业人员1274人，其中专职人员979人，共聚集可融资金97596万元，约占全省聚集总额的1/4，其投放资金余额为76364万元，其中投放农户47641万元，投放企业10028万元。基金会的聚资投放，对加强农村集体资金管理，增加农业生产的资金投入，缓解农民生产、生活资金短缺的困难，支持农业第二产业、第三产业的发展都起到了重大作用。

3.清盘关闭阶段

到20世纪90年代后期，基金会由于内部管理不规范、缺乏必要的监督约束机制，行政干预过多过滥和从业人员素质偏低等原因，导致基金会存在着非常严重的问题。逾期借款数额大，比例高，回收难度大，有的已经成呆滞呆账放款；支付能力比较弱，潜伏着支付危机，有的可能发生挤兑风波；基金会经营效益差，部分基金会亏损严重，有的甚至资不抵债。1998年，全市基金会亏损1920万元，有184个基金会出现亏损。

为了化解风险，保护广大股民利益。根据国务院办公厅《清理整顿农村合作基金会工作方案》，省委办公厅、省政府办公厅《关于印发湖北省清理整顿农村合作基金会工作实施方案的通知》精神，1999年7月14日，市委、市政府出台《襄樊市清理整顿农村合作基金会工作实施细则》的通知。从1999年7月24日起，全市基金会清盘关闭，进行清理整顿。经过清理，全市10个县（市）区，共有399个基金会，其中乡镇级132个、村级249个，总支级17个，企业自办1个，共吸纳股会92 760万元，投放借款81 830万元，经过4年多的清理整顿，到2003年底，通过清收借款和3次向省委、省政府申请专项贷款 55 000 万元，已累计兑付股金 89 288.39 万元，兑付率达 96.3%，农民个人手中的股金基本兑清，基金会兑付风险基本化解。

（六）农村集体债务

1990 年代，农村集体债务问题日益成为影响农村经济发展和社会稳定的重大问题。1999 年，中央提出要把乡村两级不良债务的清理作为 1999 年农业和农村工作的一项重要内容。同年 5 月，国务院办公厅下发《关于彻底清理乡村两级不良债务的通知》，同年 7 月，湖北省办公厅下发《关于贯彻落实国务院部署认真清理乡村两级不良债务的通知》，同年 8 月，市政府办下发《襄樊市清理化解乡村两级不良债务实施方案》，层层安排部署清理化解乡村两级不良债务工作。襄樊市农经局组成工作专班，在枣阳市清潭镇及其双湾村、蒋畈村举办清理工作试点。同年 8 月 21 日，全市召开清理化解动员会，全面开展清理工作。9 月底，基本摸清了全市乡村债权债务状况。截至 1998 年底，全市乡村两级债权总额 14.3 亿元，其中乡级 2.8 亿元，村级 11.5 亿元；两级债务总额 22.4 亿元，其中乡级 4.6 亿元，村级 17.8 亿元。

2000 年，市政协就化解农村集体不良债务问题在市电视台录制了一期《政协论坛》，在社会上引起了很大反响。市委、市政府多次开会、发文安排部署化解债务工作。2001 年 11 月 24 日，市委、市政府在枣阳市召开会议，与各县（市）签订化解农村债务责任状，并提出了力争 3 ~ 5 年完成化解农村集体债务工作的目标，使全市乡村集体债务不断增长的势头得到一定的遏制。但由于多方面的原因，农村集体债务特别是村组集体债务仍然处于不断增长的态势。

2002 年，实施农村税费改革以后，乡村集体不良债务问题再次引起各级关注。根据国务院和省有关政策精神，市委、市政府在《关于推进农村税费改革工作情况的报告》中明确“乡镇、村组必须锁定已形成的债务，再逐步化解，逐步减少，严禁出现新的乡村不良债务，税费改革后，对农村债务要认真组织清理，并严格置于群众监督之下”。2003 年 3 月，市委、市政府在谷城县举办农村税费改革及配套改革综合试点，把化解村级债务列为重要内容之一，由市农经局具体负责，在谷城县冷集镇隋州村办了化解村级债务试点，探索出降低高息、债权抵债、债务转移、盘活资源、拍卖集体资产、狠抓清欠和科学有序还款等化解村级债务的有效途径。参照随州村化解村级债务的经验，2003 年 7 月，全市全面启动化解村级债务工作，全市层层成立化债领导小组，拟定化债方案，组建化债专班，举办化债试点，形成比较健全的化债工作组织体系。当年，全市各地组织化债工作专班 2 230 个，9 450 人，组建化债工作督办组 304 个，969 人。2003 年全，市清理锁定村级债权总额为 184 788 万元，村平 75.89 万元，债务总额 297 438 万元，村平 122.15 万元，村级净债务为 112 650 万元，村平 46.26 万元。

在清理核实的同时，各地按照“制止新债，摸清底数，明确责任，分类处理，逐年化解”的化债原则，精心组织，周密部署，积极稳妥地开展化债工作，并探索出削减高息减债、清收债权还债、债权抵债、划转债务降债、盘活资产还债、协议化债、落实政策免债、发展经济还债等多种化解债务的途径。截至 2005 年底，全市村级债务总额减为 257 114 万元，累计化解 40 324 万元。

（七）农村税费改革

2002 年 5 月以来，襄樊市把农村税费改革作为农村工作的一件大事来抓，以切实减轻农民负担为核心，以规范农民负担监管体系、推进综合配套改革为重点，确保农民负担明显减轻，确保农村义务教育、乡镇机构和村级组织的正常运转。

2002 年，全市农村税费改革启动，2003 年，巩固完善，到 2004 年，农民承担的税费逐年有所减轻，2005 年，减幅更大。2002 年实行农村税费改革后，全市农民负担 4.29 亿元，比改革前农民实际负担 7.14 亿元减少 2.85 亿元，减幅达 42%，亩平减少 49 元，人均减少 78 元。2004 年农业税率下调三个百分点，同时取消除烟叶以外的特产税后，全市农民实际负担农业税 2.33 亿元，亩平 40.43 元，人均 65.53 元，比改革前总额减少近 5 亿元，减幅达 69.4%，亩平减少 86.75 元，人均减少 140.62 元。湖北省 2005 年开始免征农业税，全市减轻负担 4.3 亿元，农民人均负担比改革前减少 186 元以上，亩均减少 119 元以上。

市委、市政府与各涉农收费部门签订责任状以后，全市各地逐步落实“三个取消”和“公示制”政策，面向农民和农村集体经济组织的行政事业性收费、集资得到有效遏制，各种涉农收费规定逐步具体明确，农民有了“护身符”，农村“三乱”行为得到有效遏制。各地农民建房大多只收取 5～20 元的工本费，每户比以往少收千元以上。农村电价实现城乡同网同价，农民用水费也规定了最高限价。

全市全面启动化债试点工作，村级债务全部清理锁定。各村都实行村级资金、账务委托乡镇“双代管”，落实民主理财制度，初步探索和建立防止增债的新机制，使农村债务恶性膨胀的趋势得到遏制，部分债务得到有效化解。

（八）乡镇综合改革

2001 年，围绕“减人减事减支”的要求，开展并乡镇、并村组、并学校的工作，调整农村中小学布局。各地先后撤销乡镇下设的管理区和乡镇教育组，精减超编人员，辞退临时聘用人员和代课教师。全市共撤并乡镇 63 个、农村中小学校 606 所、行政村 559 个、村民小组 3 954 个；清退临时聘用人员、民办教师、代课教师、村组干部共 2.37 万人。

从 2003 年起，全市涉农 85 个乡镇设立党委、人大、政府，取消政协机构，政协工作明确一名党委成员兼管。乡镇内设机构精简到 255 个，镇平 3 个，即每个乡镇规范设置党政综合办公室（加挂社会治安综合治理委员会办公室牌子）、经济发展办公室（加挂防汛抗旱指挥部牌子）、社会事务办公室（加挂计划生育办公室牌子）；全额拨款事业单位只设立一个财政所。改革前，全市财政所、经管站共 170 个、3 343 人。

每个乡镇办党委都只设 9 名委员，其中党委书记兼乡镇长（办事处主任）1 名；党委副书记 2 名（1 名担任人大主席，1 名兼任纪委书记）；6 名委员中，3 名兼任副乡镇长（办事处副主任），3 名分别担任组织委员和统战委员、宣传委员、人武部长。乡镇办事处一级不再设政协联络处，明确一名党委副书记兼管政协有关工作。每乡镇非领导职务控制在 6 名以内。改革后领导班子实行交叉任职，人员由改革前的 1 327 人精减到 743 人，减幅 44%，镇平 8 人左右，其中改任非领导职务 371 人，镇平 4 人左右。

对乡镇（办事处）机关行政人员管理，严格按大、中、小型乡镇 45 人、40 人、35 人的标准核定行政编制，实行“一人一编一卡”。改革后机关人员由改革前的 7 221 人精减到 3 141 人，减幅 57%。对富余人员，采取自主择业、辞去公职、离岗退养、提前退休等多种分流途径，已妥善分流乡镇富余人员 4 080 人。

（九）建立“以钱养事”新机制

“以钱养事”新机制是针对“以钱养人”老机制而言提出来的一个新名词，是湖北省在全面推进乡镇综合配套改革，特别是在乡镇事业单位改革中，为确保农村公益性服务发展，全市各地在单位转变性质，人员转变身份的同时，加大财政投入力度，实行“政府采购，花钱买服务”，即建立“以钱养事”新机制。从2003年起，省委、省政府先后为“以钱养事”出台一系列文件及相关配套文件。

全市除财政所、农村中小学、卫生院外，各县（市）区编制部门按程序共注销708个乡镇转制单位机构编制。由县（市）区编制或人事部门下发转制单位9 679名人员退出事业编制管理的文件。对自愿置换身份的6人依法依规办理相关手续，并按要求发放了一次性补偿金3.52万元。除此之外，原在编在册9 673人全部实行了人事代理，档案统一移交到各县（市）区人才交流服务中心代管。

全市实行养老保险财政兜底的办法，确保乡镇事业单位改革的成功。各县（市）区转制单位应保人员10 888人，除978人书面申请放弃外，共有9 910人参加养老保险，参保率100%。补缴1995～2005年保费7 595.851 8万元，占应补缴保费的99.33%，其中单位应缴4 310.825 5万元，个人应缴3 336.226 3万元。应发职工养老保险手册9 910人，已发9 857人，发放率为99.46%。

本着“政府出钱，购买服务，合同管理，农民认可，考核兑现”的原则，全市建立农村公益性服务“以钱养事”新机制。通过合同管理、增加财政预算、实行公益性服务人员资格准入和严格的考核制度，确保“以钱养事”新机制向纵深发展。

十、农业机械

1979—2005年，全市农业机械发展很快。据1986年统计，农民自己拥有拖拉机占90%；当年，全市拥有拖拉机3.3万台，46万千瓦，比79年家庭承包责任制前1.5万台，27万千瓦增长50%。1987年、1988年两年，中型拖拉机神牛—25、泰山—25一度出现脱销、断货现象，农民自带现金直接到厂家购买，交钱后还要等几个月。1995年、1997年两年农村又出现购买小手扶热，一年在全市要增加销售2万多台。农民购买农机具给予补贴，一般农机具一台要补15%～30%，插秧机补50%。

（一）农业运输机械

拖拉机是牵引各种农机具的主要动力，分为链轨式和轮式两种，轮式又分为四轮和手扶式拖拉机，马力小至2.5千瓦，大到118千瓦。1979年，全市拥有拖拉机14 568台，274 933千瓦。其中洛阳拖拉机厂生产的东方红—75型链轨式拖拉机等主要分布在全市襄北、枣北及农场，主要用于农田作业、农田基本建设、平整土地和筑坝。轮式拖拉机如襄樊拖拉机厂生产的襄江—50型，襄江—40型轮式拖拉机，上海拖拉机厂生产的丰收—35型轮式拖拉机等大多分布在襄阳、枣阳、老河口及农场，小型分布在丘陵和山区县，轮式拖拉机主要用于农田作业、农田基本建设、农村运输、抗旱、脱粒等。

2005年全市拥有拖拉机211 091台3 250 319千瓦，其中大型拖拉机14 219台354 301千瓦；大型拖拉机和中轮式拖拉机13 235台284 107千瓦；小型拖拉机196 872台1 346 712千瓦，小型拖拉机、中小四轮拖拉机6 070台65 995千瓦。20年间新增新型号拖拉机40多种，主要有：湖南—10型手扶拖拉机，南宁—8型手扶拖拉机，地灵—81型手扶拖拉机等(见表9—17)。

1979—2005 年农业机械发展情况

表 9—17

年度	合计		大中型		大中型	
	台	千瓦	台	千瓦	台	千瓦
1979	14 568	274933	6117	102521	8451	172412
1980	16 798	328978	7187	127257	9611	201721
1981	17 704	343536	8003	132315	9701	216221
1982	19 399	38006	9175	14834	10224	23172
1983	23 290	189968	10073	161356	13217	28612
1984	28 241	528175	10921	285043	17320	243132
1985	32 146	595989	11384	346602	20762	249387
1986	33 563	459266	12014	269118	21549	190148
1987	24 792	472972	12260	275734	22532	197238
1988	44 411	591138	15780	339392	28631	251746
1989	44 872	585983	15749	332286	29123	253697
1990	49 220	612623	16210	336011	33010	276612
1991	53 046	643800	17046	352100	36000	291700
1992	52 726	631185	16699	342550	36027	288635
1993	52 828	614325	15978	322888	36850	291437
1994	50 565	568503	14687	292117	35878	276386
1995	39 621	445236	10844	219111	28777	226125
1996	43 634	455653	10031	205643	33603	250010
1997	54 527	481618	9386	190368	45141	291250
1998	62 482	555188	9147	185259	53335	369929
1999	75 603	663201	9151	186611	66452	476590
2000	80 505	651886	9080	181906	71425	469980
2001	82 098	667858	8802	175395	73296	492463
2002	87 719	696689	8891	178248	78828	518441
2003	92 089	740329	9217	183813	82872	556516
2004	98 778	797819	9798	205610	88980	592209
2005	211 091	1701013	14219	354301	196872	1346712

农业运输由肩挑、背驮，发展到板车、机动运输船、拖拉机配套拖车、三轮机动车和农用汽车。截至 2005 年，三轮机动车和农用汽车已取代其他农业运输机械，农业运输汽车农忙服务于农业、农闲跑长途运输、农村贸易运输，既搞活了经济，又增加了农民收入。

1.机动运输船

1979 年，全市拥有机动运输船 122 艘 1598 千瓦，谷城、河口、襄阳、宜城部分农村靠机动运输船进行水上运输，以减轻劳动强度，随着铁路、公路运输能力增强，水上运输量大幅度减少，继而机动运输船数量锐减，到 2005 年机动运输船只有 83 艘 3353 千瓦，比 1986 年减少 39 艘（减少原因主要是被拖拉机和农用汽车所代替）。

2.拖拉机拖车

1979年,全市拥有大、中、小型拖车28725辆,其中大型9414辆、小型19311辆。拖车分为自卸和不自卸两种,有两轮拖车和四轮拖车。载重量有1吨、1.5吨、2吨、2.5吨、3吨、3.5吨、4吨、5吨。1979年~1995年期间,拖拉机配套拖车是农村的主要运输工具。1995年以后,三轮机动车、农用汽车发展起来,拖车逐渐下降减少。2005年全市有大中小型拖车11908辆(不含随州市),比1979年31942辆减少20299辆。

3.农用三轮车、农用汽车

1979年,全市拥有农用汽车118台9118千瓦。1979年以来,随着农村交通条件的改善,农民不断富裕,农用汽车(三轮车)增长迅速。到2005年,农全市拥有量较大的有时风、金蛙两种品牌,以时风为主。

(二)收获机械

1.割晒机

1979年,全市拥有割晒机94台89千瓦。主要型号有鄂—120型割晒机,与工农—12型手扶拖拉机配套,割幅1.2米;鄂—100型割晒机、鄂100—3型割晒机、太白峰4SG—100型稻麦割晒机等。割晒机价格便宜,体积小,重量轻,操作简便,使用于山区、丘陵小块地作业。

2.背负式稻麦收割机

背负式收割机起步晚、淘汰快。主要型号有华银—4L1.0型,与25马力拖拉机配套,割幅1.65米,湖北谷城华银机械有限公司生产;桂林—2型、桂联4L—1.0型收割机,广西桂林收割机厂生产。背负式收割机一机两用,节省动力,减少成本。稻麦收割季节后,拖拉机可用于其他作用。缺点是上下装卸不方便,故障较多,后被自走式联合收割机逐渐取代。

3.自走式稻麦收割机

1979年,在全市只有8台自走式稻麦联合收割机。1995年后,是联合收割机发展的顶峰期,到2005年已基本饱和,联合收割机达到3707台126548千瓦。每年还组织200多台收割机到外地跨区作业。联合收割机型号有10多种,在全市主要有新疆—2号联合收割机,割幅2.1米,作业效率每小时8~10亩,新疆联合机械(集团)有限公司生产;柳林—160型联合收割机,割幅1.6米,作业效率每小时3~6亩,浙江台州柳林联合收割机厂生产;台州—130型联合收割机,割幅1.3米,作业效率每小时2~3.5亩,浙江台州柳林联合收割机有限公司生产;福田谷神履带式联合收割机,割幅2米,作业效率每小时8~12亩,山东福田重工股份有限公司制造。

4.脱粒机

1979年,全市拥有脱粒机20500台,20世纪80年代是农村稻麦脱粒的主要工具。其型号有TJ—6型、TB—56型、TB—100型、TB—60型、鄂城生产1100型、安陆生产的110型风选脱粒机、山东肥城生产的70型、100型、125型风选脱粒机、陕西汉中生产的STSS50型脱粒机。

5.扬场机

1979 年,全市拥有扬场机 220 台。扬场机是单纯地将脱粒后的谷物通过扬场进行分离,将粮食与杂物分离开来,扬场机结构简单、重量轻、移动方便,比人工扬场提高工效 10 倍以上,但因作业时需要较广阔场地,故近年来较少使用。

(三)插秧机械

1979 年,全市有插秧机 12 台,其中机动插秧机 8 台 24 千瓦。到 2005 年,自动插秧机达到 22 台 69 千瓦。人力插秧机主要是依靠人的推力或拉力将机械带动进行插秧,劳动强度大,成本高,伤秧、钩秧、漂秧、漏插等问题而淘汰。20 世纪 90 年代后期,随着机械技术的改进和农民认识的提高,机械插秧在农村逐渐被农民接受。在全市推广的 Fe455S 型、ARP—4UM 型手扶式插秧机、PG6 型乘坐式插秧机,性能较好、故障少。2005 年,全市发展到 22 台。

(四)排灌机械

1.水泵

1979 年,全市有水泵 14115 台,到 2005 年,已达到 41856 台。水泵是农村用来抗旱和排涝的主要工具。

2.潜水泵

1979 年,全市有潜水泵 178 台 582 千瓦。潜水泵主要有 TQ、NQ、QV 型。工作时整个水泵被潜入水中,而得名潜水泵,潜水泵的电机与水泵制成一体,密封性能较高。

图 9—1　清泵沟泵站

3.喷灌机

1979 年,全市有喷灌机 275 台,2005 年,已达到 1285 台。主要有水泵、水管、喷头及配套动力组成,水泵抽水经水管至喷头,由喷头形成雾状而进行灌溉;射程因型号不同有 20—50 米不等。每小时可喷灌 3 ~ 4 亩,作业方式有固定式、半固定式或移动式三种,多用于果园、蔬菜等经济作物的灌溉。

(五)农副产品加工机械

1.碾米机

1979 年,全市拥有碾米机 18 313 台,至 2005 年,减少到 15 738 台(不含随州市)。碾米机又称打米机,配套动力柴油机和电动机,碾米机在农村已普及,由于结构简单,县(市)农机站、农机修造厂都可以生产。全市使用较多的机型有 120 型、72 型、457 型、632 型、NF400—A 型、100 型等,后又发展到 200 型、400 型、三分离型、四分离型碾米机。20 世纪 90 年代初喷风式碾米机使用较多,该机与旧式米机相比,效率高、碎米率低、耗电少,可一次性完成稻谷的去石、碾米、糠米分离、抛光等多道工序,直接将稻谷加工成米。

2.磨面机

1979年,全市有磨面机12518台,到2005年已发展到22382台。磨面机是将小麦或杂粮磨成粉状的一种粮食加工机械。按结构分为对辊式和磨片式两种;按磨头分为圆片磨头和圆锥磨头。常用的机型有:MF—65型、MF—100型、MF—190型、MF—260型、6FYZ型、6FTS型,其结构由漏斗、面箱、磨头、传动部分组成。早期磨面机要多次加工,劳动强度大,卫生条件差,面粉质量低。进入90年代后,逐渐被全自动上料磨面机代替。

3.饲料粉碎机

1979年,全市有饲料粉碎机5858台,到2005年已发展到8526台。饲料粉碎机主要用于谷物及壳、茎、杆等作物的粉碎,为牲口和家禽作饲料。常用粉碎机有齿爪式、锤片式两种,后来逐渐引用对辊式粉碎机。锤片式饲料粉碎机应用最广,其机械效率高,适应性广,粉碎粒度好,并能粉碎含纤维较多、湿度较大的饲料。锤片式按进料方式又可分为切向喂料、径向喂料、轴向喂料三种。主要配套动力是电动机、柴油机和拖拉机动力配套。

4.榨油机

1979年,全市有榨油机2188台,到2005年已发展到5640台。榨油机是利用机械力或液压力将各种作物籽粒挤榨出油的机械。在全市使用的主要机型有:立式90吨、100吨、卧式m180—螺旋95.6V160—C、6VC68—A、CY2—5.175型。出油率一般在40%左右,榨出的油需要过滤和沉淀。随着农村对榨油机使用性能要求的提高,榨油机功能在不断增强。

5.轧花机

1979年,全市有4580台。毛刷式锯齿轧花机是一种轧花质量较好、生产率较高的轧花机械,由喂花、轧花、集棉三个主要部分组成,其结构复杂、体积大,操作调整要求技术高。

(六)农机配套机械

1.耕整机具

(1)机引犁:1979年,全市拥有大、中、小型机引犁12158部。机引犁可与大、中、小型拖拉机配套。根据拖拉机的大小功率,可选择二铧犁、三铧犁、四铧犁、五铧犁、六铧犁等。早期大功率拖拉机配套五铧犁、六铧犁较多。现在小型拖拉机进入千家万户,一铧犁、二铧犁用得较多。早期犁是拖拉式,由人工调节耕地深浅、起落。20世纪90年代后逐步改为液压悬挂式,通过液压调节耕地深浅及起落,由驾驶员在驾驶室用操作手柄进行调节。主要型号有L—5—35型牵引五铧犁,与东方红—75型、54型链轨拖拉机配套;ILY—5—35型液压五铧犁,与东方红—75型、54型拖拉机配套;92—6—27A型牵引六铧犁;ILX—3—20型悬挂,与中型拖拉机配套;LXG—2—20型双铧犁等。机械犁耕地与畜力犁相比,引力大,速度快,效率高,耕深可根据需要进行调节,大中型拖拉机日耕地可达到60亩以上,小型拖拉机一天也可作业20亩以上,耕深可达到25~30厘米。襄北、枣北、河口及农场均使用大中型拖拉机配套的四、六铧犁,丘陵、山区一般使用中小型拖拉机配套的一、二铧犁。到2005年全市机引犁发展到193974部。

(2)机引耙:1979年,全市有机引耙2809部。机引耙主要用于耕地后破碎松土,或在耕地前灭茬。机引耙的主要型号有:FQ2—2.5型24片重型缺口耙,与东方红—75.74型拖拉机配套;PQ2—1.4型14片悬挂缺口耙,与铁牛—55型拖拉机配套;PXD—1.4型悬挂旱地耙等。机引耙碎土靠圆盘刀或梅花型刀将土地切碎。按挂接方式分有牵引耙和悬挂耙两种,牵引耙主要与大型链轨拖拉机配套。悬挂耙主要与中型拖拉机配套;按耕片分为14片、28片、36片、40片耙等。40片旱地圆盘耙,工作幅宽达3.4米,耕深12厘米,每小时可耕地20余亩。现在使用较多是中型拖拉机配套的中小型耙,每天可整地30~50亩。到2005年全市已拥有机引耙163 023部。

(3)旋耕机:1979年,全市有旋耕机6980台。旋耕机是靠拖拉机动力输出轴驱动的耕作机具。主要型号有1GL—100型、1GQN—160型、1GQN—200型,与中小型拖拉机配套。目前在丘陵地区与手扶拖拉机配套较多。旋耕深度在12~20厘米,工作幅宽在60~200厘米。旋耕机其碎土能力强,既能用与旱田,也能用于水田作业,旋耕后表土平整,兼有耕、耙、覆盖多种作用,使用效果好,应用广泛。旋耕机采用后置式悬挂的连接方式,挂接简单牢靠,地头转变灵活,运输方便,很受农民欢迎,到2005年全市已拥有旋耕机43 912部。

2.种植及植保机具

(1)播种机:1979年,全市有播种机69台。根据配套动力大小有12行、15行、24行、48行等多种型号。襄北、枣北及农场均使用48行播种机。与东方红—75型、54型拖拉机配套;其他地区使用24行以下的播种机,与中型拖拉机配套。按挂接方式分为拖拉式和悬挂式两种。20世纪90年代复合多功能播种机上市,它具备了施肥、旋耕、播种、灭茬一次性完成的功能,在襄北、枣北、农场使用广泛。到2005年全市拥有机引播种机392部。

(2)机动喷雾器:1979年,全市有机动喷雾器1 889部3 180千瓦。农村大部分使用的是手动式喷雾器,全市有手动喷雾器达30多万部。到2005年,全市已有机动喷雾器7 809部11 286千瓦。

(七)其他动力机械

1.柴油机

1979年,全市有柴油机15 890台14 885千瓦。农村使用柴油机除用于拖拉机作动力外,主要用于抽水、农副产品加工、脱粒等固定作业,与其他机械配套完成农业作业项目。2005年,全市拥有柴油机13 979台146 019千瓦(不含随州市),比1986年下降5 161台50 421千瓦。

2.电动机

1979年,全市有电动机27 987台287 507千瓦。电动机在农村主要用于排灌、农副产品加工及场上固定作业等。2005年全市有电动机468995台250077千瓦。

(八)农机作业

1979年,全市机耕面积189 180公顷。2005年,机耕面积30 156公顷,增加79 490千公顷。1979年,小麦机播面积4 900公顷,2005年,机播面积87 970公顷,增加83 970公顷;1979年,玉米机播面积186公顷,2005年,玉米机播面积5 660公顷,增加5 400公顷;1979年,水稻机播面积18公顷,2005年,水稻机播面积360公顷,增加340公顷;1979年,水稻机插面积470公顷,2005年,水稻机插面积980公顷,增加480公顷;1979年,机收面积15 870公顷,2005年,机收面积244 380公顷,增加236 510公顷(其中:1979年小麦机收面积11 812公顷,2005年,小麦机收面积138 700公顷,增加12 690公顷;1979年,水稻机收面积3 180公顷,2005年,水稻机收面积105 680公顷,增加102 500公顷);1979年,机械植保面积238 410公顷,2005年,机械植保面积324 950公顷,增加86540公顷;1979年机械脱粒318万吨,2005年,机械脱粒325万吨,增长7万吨。

十一、农垦

(一)农场基本情况

1979—1996年5月,襄樊市农垦农工商联合公司(1983年以前为襄阳地区农垦局)直属4个国营农场。清河农场位于南漳县境内;车河、随阳农场位于枣阳市境内;万福店农场位于随州市境内。代管两个农场(即张集农场,位于老河口市境内;王集农场,位于宜城市境内)。1996年6月28日,湖北省委常委《关于国营农场管理体制问题的讨论纪要》第三条明示:“根据属地管理原则,万福店农场由随州市管理。”自此,襄樊市农垦系统减为5个国有农场。国有农场间断性基本情况列表如下(万福店农场统计资料截至1994年底,1995年起上报随州市统计部门)(见表9—18)。

1980年度

表9—18

场别	总户数	年末总人口	土地总面积	耕地面积	粮(豆)总产量	工农业总产值(1980年不变价)
单位	户	人	亩	亩	吨	万元
合计	25647	127638	1016826	299942	56329.05	2424.83
王集	—	—	425228	96913	20135.95	656.35
张集	—	—	257850	113947	15219	442.4
车河	—	—	142172	24154	5198.15	134.62
万福店	—	—	110437	30175	7581.55	623.26
清河	—	—	57860	23503	6403.8	409.75
随阳	—	—	23279	11250	1790.6	158.45

1983 年度

场别	总户数	年末总人口	土地总面积	耕地面积	粮(豆)总产量	工农业总产值(1980 年不变价)
单位	户	人	亩	亩	吨	万元
合计	27436	131952	1016826	299285	87892.6	5983.72
王集	10122	50005	425228	94354	30993.05	2034.94
张集	8619	42242	257850	118573	25405	1367.58
车河	1903	8653	142172	24154	7445.2	410.14
万福店	3635	16316	110437	30175	11728.5	1020.94
清河	2093	9904	57860	23503	9427.4	857.76
随阳	1064	4832	23279	11226	2893.45	292.36

1986 年度

场别	总户数	年末总人口	土地总面积	耕地面积	粮(豆)总产量	工农业总产值(1980 年不变价)
单位	户	人	亩	亩	吨	万元
合计	26064	118355	723430	249006	85473	11390.54
王集	7823	36816	131832	454655	14904	2166
张集	8620	41205	257850	116022	33379	4772.12
车河	2057	8708	142172	24024	8838	743
万福店	3991	16829	110437	29220	13417	1714.7
清河	2383	10030	57860	22504	11164	1380
随阳	1190	4767	23279	10781	3771	614.72

1989 年度

场别	总户数	年末总人口	土地总面积	耕地面积	粮(豆)总产量	社会总产值	工农业总产值(1980 年不变价)
单位	户	人	亩	亩	吨	万元	万元
合计	28864	122233	72340	246965	99063	20562	14139
王集	8575	38639	131832	46405	14299	3572	2204
张集	9205	40652	257850	115504	44608	8856	7048
车河	2369	8505	142172	23295	7993	1328	782
万福店	4688	18515	110437	29110	14924	3161	1883
清河	2569	10230	57860	22441	12900	2528	1492
随阳	1458	5692	23279	10210	4339	1117	730

1990 年度

场别	总户数	年末总人口	土地总面积	耕地面积	粮(豆)总产量	棉花总产量	油料总产量	社会总产值	工农业总产值	农民人平纯收入
单位	户	人	亩	亩	吨	吨	吨	万元	万元	元
合计	28761	122413	723430	239596	104737	2580	6334	24129	21635	616
王集	8381	38043	131832	46405	12882	723	3977	4611	4288	
张集	9006	40421	257850	115504	50437	702	1510	9643	8467	
车河	2297	8542	142172	16067	7129	25	136	1743	1453	
万福店	4850	18686	110437	29110	15509	723	335	3767	3495	
清河	2697	10562	57860	22317	14212	255	190	2929	2647	
随阳	1530	6159	23279	10193	4568	1525	186	1436	1285	

1994 年度

场别	总户数	年末总人口	土地总面积	耕地面积	粮(豆)总产量	棉花总产量	油料总产量	社会总产值(1990年不变价)	工农业总产值(1990年不变价)	农民人均纯收入
单位	户	人	亩	亩	吨	吨	吨	万元	万元	元
合计	29100	126844	48228	15637	115653	3891	14382	94379	76137	1435
王集	8279	37452	8789	3093	20587	1414	9589	20651	17913	886
张集	9009	42065	17190	7460	48656	1157	3101	55660	43480	925
车河	2427	9222	9478	1071	9711	160	491	2691	1841	893
万福店	5121	20733	7362	1941	17072	775	537	8417	7019	1072
清河	2724	10866	3857	1394	14330	225	337	3965	3217	986
随阳	1540	6506	1552	678	5297	160	327	2995	2649	984

1995 年度

场别	总户数	年末总人口	土地总面积	耕地面积	粮(豆)总产量	棉花总产量	油料总产量	社会总产值(1990年不变价)	工农业总产值(1990年不变价)	农民人均纯收入
单位	户	人	亩	亩	吨	吨	吨	万元	万元	元
合计	25240	108633	40860	13696	99470	3299	19170	138045	111199	1744
王集	8088	36693	8789	3093	18029	1593	13648	32896	26579	1680
张集	1322	44100	17190	7460	52195	1000	4009	93488	74969	1718
车河	2459	10321	9478	1071	8916	181	667	3009	2234	2203
清河	2795	10950	3857	1394	14764	325	401	4625	3850	1666
随阳	1540	6569	1552	678	5566	200	445	4027	3567	1716

2004 年度

场别	总户数	年末总人口	土地总面积	耕地面积	粮(豆)总产量	棉花总产量	油料总产量	国民生产总值	农民人均纯收入
单位	户	人	公顷	公顷	吨	吨	吨	万元	元
合计	28352	117138	40866	13683	89856	1795	35289	65898	3040
王集	10097	40673	8789	3093	5021	411	27421	15221	2795
张集	10395	46922	17190	7617	56116	1136	5294	39281	3205
车河	2687	10448	9478	1071	11345	131	1292	4034	3166
清河	3200	12133	3857	1226	12218	7	634	4324	3084
随阳	1973	6962	1552	676	5156	110	648	2760	3100

(二)特色经济

1.清河农场生猪生产

建场以来,该场集体和农户均有养猪习惯,逐步形成以畜牧场为龙头带动职工养猪的格局。1975 年,该场的畜牧场被省外贸部门列入生猪外贸中转出口基地;1985 年 10 月,该场投资 30 万元扩建第二猪场;1991 年,生猪外贸出口由中转改为直发(深圳);1994 年 4 月,该农场对畜牧场施行股份制改革,更名为清河农场畜禽有限责任公司;1996 年 10 月,该场投资 64 万元扩建第三猪场;1997 年 10 月,投资 188 万元扩建第四猪场,同年,被市委、市政府批准为全市生猪产业化重点龙头企业;2001 年 3 月,市委、市政府对该公司进行动态股权制试点改革,组建襄樊益龙畜禽有限责任公司,同年,被省农业产业化经营领导小组批准为全省农业产业化龙头企业。到 2005 年,襄樊益龙畜禽有限责任公司核心企业拥有资产 1459.6 万元,有核心群种母猪 1740 头、种公猪 60 头,主要生产"杜长大"系列三元杂交优质商品猪,年养殖 3 万头、出口 2 万头,带动农场职工和周边乡镇农户发展生猪产业。

2.车河农场种子生产

该场面积 9478 公顷,其中耕地 1070 公顷,丘陵地形,山川分明,区域种植隔离性好,有利种子生产。1985 年前,该场农民陆续从事杂交水稻制种、杂交油菜制种(简称"两杂"制种)生产;1990 年,该场成立种子站;1992 年,该场被农业部列为国家级"两杂"制种生产基地;1997 年,加入陕西"秦丰种业集团";1999 年,油菜制种面积达到 267 公顷,有华杂 4 号、中油杂 1 号、中油杂 4 号等品种,杂交水稻制种面积达到 333.3 公顷,有 II 优 725.金优 63.II 优 838.岗优 725 等 10 多个组合,年产"两杂"种子 500 吨左右,种子销往安徽、河南、湖南等地。种子站有两栋种子仓库,仓储面积 1200 平方米,储种量 2000 吨,拥有种子晒场 6000 余平方米,精选设备 4 套,各种检测设备齐全,在全场种子生产中发挥了较好的龙头作用。

3.张集农场夏粮生产

该场地处鄂、豫交界的南阳盆地外沿,面积 17190 公顷,其中耕地面积 7972 公顷。引丹大渠和三干渠交叉横贯场境,境内有中小型水库 7 座,总库容 5600 万立方米,配套建设 4 个大型泵站、72 个小型泵站,总装机 4800 千瓦,修建干、支渠 86 条、129 公里,有效灌溉面积 5067 公顷。全场常年种植夏粮面积 4000 ~ 4667 公顷,常年夏粮(小麦)产量 1700 吨左右,素有鄂西北粮仓之称。2000 年,该场先后实施“贩运”增值、“加工”增值、“过腹”增值改革,链条式发展加工业和养殖业。2001 年,该场被农业部批准为全国“十五”计划第一批国家级商品粮生产基地(见表 9—19)。

1980—2005 年张集农场夏粮生产情况统计

表 9—19

年份	面积(亩)	小麦品种	单产(公斤)	总产(吨)	产值(万元)	加工转化量(吨)
1980	75873	红麦	90.5	6861.5	230.55	3500
1983	82743	南大二四	166.5	14000	470.44	5000
1986	70896	宜宾一号	279	17980	604.128	7910
1987	66000	宜宾一号	327	21580	725.088	8632
1988	66000	宜宾一号	348	22970	771.792	9187
1989	66000	宜宾一号	372	24580	824.88	9820
1990	60000	Jan—89	370	22200	745.92	8880
1991	60000	Jan—89	375	22500	756	9000
1992	60000	Jan—89	415	24900	1892.4	9960
1993	60000	Jan—89	409	24540	1865.04	9816
1994	50000	Jan—89	410	20500	1640	8240
1995	55000	鄂麦 15	413	22755	1820.4	9100
1996	59000	鄂麦 15	410	24190	3628.5	9676
1997	63000	鄂麦 15	414	26080	3907.5	10282
1998	62000	鄂麦 18	402	24925	3738.75	9995
1999	55000	郑麦 9023	380	20900	2340.8	8360
2000	50000	郑麦 9023	390	19500	1443	7800
2001	30000	郑麦 9023	365	10950	919.8	4380
2002	40000	郑麦 9023	370	14750	1243.2	5920
2003	43430	郑麦 9023	350	15200	1216	6080
2004	40000	郑麦 9023	380	15200	1884.8	6080
2005	60800	郑麦 9023	351	21360	2737.8	7924

4.王集农场油料生产

20 世纪 80 年代末以来，王集农场油料常年生产量达 2500 吨以上，占襄樊垦区年油料总产的 70%以上。夏油以油菜、芝麻为主,秋油以花生为主。1991 年,该场油料总产达到 3926 吨,创历史新高,被评为湖北省百强油脂乡、镇(场)第四名、襄樊市第一名。1993 年,该场全面推行油菜叶面喷施硼肥新技术。1997 年,推行油料作物多元施肥新技术。1999 年,该场被省政府评为“油料生产第一大镇(场)”。2001 年以来,油料生产规模及油脂加工量稳定增长。到 2005 年,全场油料种植面积达到 5345 公顷,油料总产达到 27 000 吨以上,食用油脂加工量达到 4100 吨,销售油脂 3280 吨,初步建成湖北省境内第一大油料经营油脂销售集散市场(见表 9—20)。

王集农场油料种植及销售情况统计

表 9—20

项目			1980 年	1988 年	2001 年	2002 年	2003 年	2004 年	2005 年
油料种植		种植面积（公顷）	708	1399	5471	5594	5333	5333	5345
		产量（吨）	257.35	2042	20464	19374	27417	27421	27538
其中	花生	种植面积（公顷）	—	—	3333	3500	3066	3059	3067
		产量（吨）	—	—	13709	13236	21440	21042	21117
	油菜	种植面积（公顷）	56.6	407.1	1895	1894	1934	1941	1945
		产量（吨）	18.5	506	6391	5660	5624	6022	6046
	芝麻	种植面积（公顷）	589.5	516.3	243	200	333	333	333
		产量（吨）	158.8	518	364	451	353	357	375
食用油加工及销售		产量（吨）	—	—	4400	4449	4460	4442	4100
		销售收入（万元）	—	—	2728	2807	2943	3287	3280

5.随阳农场水果生产

随阳农场位于枣阳市东南丘陵地带，处于亚热带季风性湿润地区，适应各种水果生产。该场面积1552公顷，其中耕地667公顷。1958年春，枣阳县下放300余名干部来农场开荒建果园121.2公顷，到2005年发展到187公顷，主要品种为桃、柑橘和梨。产量3500吨，产值357万元，水果产值占农业总产值的28%(见表9—21）。

随阳农场 1979—2005 年水果面积产量产值

表 9—21

年度	面积	产量	产值	年度	面积	产量	产值
	(亩)	(吨)	(万元)		(亩)	(吨)	(万元)
1980	800	2.5	0.25	1983	590	250	25
1986	800	2001	200	1987	800	2338	240
1988	1000	1810	180	1989	1105	1429	145
1990	1170	1502	150	1991	1523	1750	170
1992	1890	1740	170	1993	2280	2085	220
1994	2280	2103	251	1995	2280	2510	350
1996	2550	3190	632	1997	2550	3890	558
1998	2790	4860	625	1999	2790	4500	627
2000	2805	4350	510	2001	2475	2415	251
2002	2820	5517	577	2003	3000	3250	340
2004	3000	3250	321	2005	2800	3500	357

（三）体制改革

1.市级农垦管理体制

1979 年以前，市级农垦工作机构设在襄阳地区农业局，属于农业局的一个科室。1980 年 7 月，成立襄阳地区农垦局，内设政工、生产、计财、业务 4 个科。1983 年底，撤销地市合并前的襄阳地区农垦局，成立襄樊市农垦农工商联合公司（简称市农垦公司），下设政工、生产、计财、业务 4 个科。1999 年 8 月，成立襄樊市农场管理局，与市农垦公司并设。2002 年 1 月，将市农垦公司改为经济实体，与市农场管理局脱钩。局机关内设办公室、经济发展科、财务审计科、人事科 4 个科室，纪检（监察）机构按有关规定设置。

2.国营农场管理体制

1979 年以前，清河、万福店、随阳、车河 4 个国营农场的人事、财务、物资归属襄阳地区农业局管理。1980 年 7 月起，清河、万福店、随阳、车河 4 个国营农场的人事、财务、业务、物资归属襄阳地区农垦局管理。1983 年，襄樊垦区万福店、清河、随阳、车河、张集、王集 6 个农场均实行属地管理。1984 年 4 月，根据中共中央〔1983〕35 号文件和襄发〔1984〕75 号文件精神，在清河、万福店、随阳、车河 4 个国营农场设立区（镇），实行场、区（镇）合一，一个机构两块牌子，其组织、行政关系隶属于所在县（市）管理，其生产计划、财务计划、物资隶属于襄樊市农垦农工商联合公司管理。

1985 年 10 月，根据政企分设精神，除张集、王集两个新农场外，清河、万福、随阳、车河四个老场只挂国营农场一块牌子，不再挂区（镇）的牌子。至此，4 个农场取消了区（镇）牌子。1989 年底，市政府下发《关于进一步理顺国营农场管理体制的通知》，对 6 个农场实行两种管理体制。万福店、清河、随阳、车河 4 个农场收归襄樊市直接管理，实行条块结合双重领导，以市农垦公司直接管理为主的体制，人、财、物、计划等以市农垦主管部门为主并注意征求所在县（市）意见。对王集、张集农场仍实行以县（市）管理为主，条块结合的管理体制，人、财、物、计划等均由县（市）负责，主要干部的任免由县（市）推荐、考核，并注意征求市农垦公司主管部门的意见，由所在县（市）任命。同时要求市计委、农委、教委、多办、编委、物价局、供销、财政、税务、农行、供电、粮食、石油、人事、劳动、卫生、计划生育、公安等有关部门根据这一体制的原则，与有关县（市）和农垦主管部门研究落实实施办法。1990 年 3 月，市政府召开由随州市、枣阳市、南漳县政府负责同志和市直有关部门负责同志参加的工作会议，形成会议纪要。纪要对万福店、清河、随阳、车河 4 个农场的计划管理、劳动工资管理问题、财政税收信贷管理、粮棉油收购问题、生产资料供应问题、文教卫及公检法武装和农场各项统计报表等问题提出要求，由市直有关部门对口管理。1995 年 3 月，市农垦公司就万福店、清河、随阳、车河 4 个国有农场恢复副县级待遇问题向市编委提出书面请示，经市委研究同意这 4 个农场恢复副县级待遇。1996 年 10 月，省委常委会议决定，根据属地管理原则，万福店农场由随州市管理。1999 年 8 月，设立清河、随阳、车河 3 个管理区，隶属襄樊市委、市政府领导，享受县（市）区政策待遇，级别为副县级，与农场实行两块牌子、一套班子，同时在各管理区建立一级财政。同年 11 月，市政府为进一步理顺国营农场管理体制，对农场的财税业务，公、检、法、司和社会治安综合治理、计划生育、教育事业、土地、环保、城建，粮棉定购任务、加工、销售，国民经济发展计划和社会发展计划，交通、电力、邮电、保险业务，技术监督、种子、农机、矿产、畜特、水利、文化、卫生业务等项工作的管理体制做了进一步明确。2000 年 1 月，市政府办公室转发市财政局关于在 3 个农场设立一级财政的意见。2004 年 2 月，市委、市政府关于推进国有农场改革和发展的实施意见，又一次将农场放下去。该意见明示：市属清河、车河、随阳 3

个农场(管理区),按照属地关系,分别由南漳县人民政府、枣阳市人民政府管理。

3.几项具体改革

从 1989 年到 2004 年,襄樊市农垦系统国营农场管理体制经历了一收一放的大循环。1989—2000 年,是农场收归襄樊市管理并壮大发展阶段。2001—2004 年,为农场放下去到所在县(市)管理阶段。

1999 年,在清河、车河、随阳 3 个农场设立管理区,建立一级财政。管理区与农场实行政企分开,人员实行分类管理。2002 年,将清河、车河、随阳 3 个农场非农职工养老保险金纳入襄樊市大循环。2003 年,将 5 个农场(另加农场加张集、王集两个农场)农工纳入基本养老保险范畴。2004 年底,这项改革基本完善。2005 年,达到省规定标准。

2000 年,进行企业改革,对局直属 3 家企业(农垦商业公司、农垦工程处、可控硅附件厂)和 39 家场属企业实行改制。其中破产7家、拍卖11家、租赁承包15家、股份制改造2家、转产2家,注销2家。通过改制,化解企业债务5 500多万元,国有资产与职工身份"双退出",农垦企业基本实现民营化。

社会职能剥离。2004 年 9 月,清河、车河、随阳 3 个农场的 3 所中学、7 所小学移交给所在县(市)教育局管理。学校资产实行整体无偿划拨,教育经费纳入当地县(市)财政预算。在册的教职工(不含退休),按照"整编、定编"要求,通过竞争上岗定员后移交当地教育部门,与所在县(市)教师同待遇、同管理、同身份。

派出所、法庭属地管理。清河农场的派出所移交南漳县公安局管理;将车河、随阳两个农场派出所被撤销,其公安工作由临近乡镇派出所代管,人员、业务、经费由枣阳市公安局统筹安排。随阳农场法庭业务由兴隆法庭代管;清河、车河两个农场法庭移交所在县(市)对口管理。

"七站八所"职能剥离。3 个农场的卫生、防疫、计生、妇幼、土管所、城建所、农机站等业务归属所在县(市)对口部门管理。除直属财政所(经管站)全额拨款外,其余事业单位一律转制为企业,对其所承担的社会管理职能,实行经费定补,养事不养人。

2003 年 6 月,撤销分场机构,建立行政村。改总场、分场、生产三级管理为总场、行政村两级管理。每个农场只保留一室(党政办公室)、两科(经济发展科、人事与社会事务管理科)。实行定编、竞争上岗、"一人一编一卡"。

2002 年进行税费改革,比照各农场周边乡镇情况,按照税改政策,农场实行税费改革。2005 年全部取消农业税。

十二、农村能源

襄樊市农村能源建设,主要为传统能源革新,常规能源节约,新能源开发利用 3 大内容。包括沼气、秸秆薪柴等生物质能、太阳能、风能等自然能源的开发利用、农村生产生活节能技术推广等。

1979 年 9 月,襄阳地区行署成立农村沼气建设领导小组办公室。1983 年 8 月,撤销襄阳地区,实行市管县体制,撤销襄阳地区行政公署农村沼气建设领导小组办公室,成立襄樊市农村能源办公室,归属襄樊市农业委员会领导。办公地点设襄樊市农业委员会,人员编制和领导职数纳入市农办机关行政编制序列。市农村能源领导小组成员,组长由分管农业局和农村工作的副市长担任。

1993 年 12 月,在农业部、国家计委联合召开的全国省柴节煤工作表彰大会上,襄樊市受表彰的有先进集体 3 个,先进工作者有 13 人。其中襄阳县能源办公室;随州市能源办公室;枣阳市吉河乡人民政府获得先进集体称号。

1996年12月，在全省农村能源工作表彰会议上，襄樊市被授予“八五”农村能源建设先进市称号。同时，由省农业厅、省计委、省人事厅联合评出全省“八五”期间农村能源建设50名先进工作者，襄樊市受表彰的有5名。

1985—2005年，全市农村户用沼气池保有量5.96万户；年产气1788万立方米。推广省柴节煤炉灶74.81万户，年节柴量达149.6万吨；开展以沼气为纽带综合利用户达4万户，占农村沼气使用户73%，每户年可增收4 800元。其中利用沼液浸种面积5 520公顷，年增产粮食0.28万吨；沼液喂猪7.58万头，节约饲料1 091.8万吨；沼液养鱼344万顷，增加鲜鱼产量129吨；沼渣种菇减少损失1.22吨，产量97.6吨；沼气储粮660吨，减少粮食损失9.7吨。形成“猪—沼—果(菜、茶)”、“猪—沼—鱼”等以沼气为纽带的生态农业模式。改建炒茶灶5 200个，年加工茶叶17 495吨，节能量折标煤10 497吨。改建节能烤烟房2 268栋，年烤干烟叶318万公斤，年节能折标煤318万吨。安装小型风力发电机80台，装机12千瓦，年发电10 800千瓦时；太阳热水器热利用面积13 415台，采热利用面积6 708平方米。

(一)农村沼气

1.农村沼气推广

1982年，全市农村沼气推广工作开始有序展开。1983年，全市农村沼气建设改传统技术毛石尖建池为混凝土预制块新技术建池。1984年，发展到运用钢模、砖模、混凝土整体现浇等建池新技术。1985年5月，市农村能源办公室研制成GRC复合材料沼气池。沼气建池技术实现工厂化生产和安装，这些技术的推广加速农村沼气建设的发展。这种沼气池是应用硫铝酸盐低碱早强水泥匹配抗碱玻璃纤维的新型复合材料，密封性能好，耐腐蚀性较强，整体性好，不受季节限制，可现场安装。工艺简便，省工省时，可提高产气量20%~25%。该技术从1985年开始工厂化生产，到1988年全市已生产5 000套，在谷城、南漳、襄阳、宜城等地推广使用。截至1988年底，全市共推广农村沼气池39 000户。其中GRC复合材料沼气池5 000户，占总量的12%。

1987年，襄阳县被列入全国农村沼气推广重点县。经过三年的努力，共新建农村沼气池3024户，实施沼气池、厕所、猪圈三结合农户2 794户，每口沼气池年产沼气273立方米，达到国家验收标准。1989年11月，通过国家验收，并颁发合格证书。

1990年，为完成国家“八五”期间全国农村家用沼气池更新换代的任务，农业部和省农村能源办公室，安排湖北省九县(市)为全国和省小型高效沼气池推广项目试点县。老河口、谷城被列入全省试点县。其技术指标是池容4~6立方米，年产沼气量360~400立方米。该项目在1991年经过专家评审后，老河口能源办公室承担的自流循环侧壁出料式小型高效沼气池获科研试验一等奖；谷城县能源办公室承担的溢流式小型高效沼气池获科研试验二等奖。

1996年，农业部环能司安排一批农村能源科技扶贫项目。保康县被列为湖北省7个山区科技扶贫县之一。用3年时间，将全县生活用能燃烧结构更新改造，推广高效节能炉或省柴灶6万户，累计达7万户，配套节能灶膛热水器4万支，推广高效节煤器3 000台，推广节能炒茶灶300座；推广烤烟炉5 000座；引进推广真空管太阳能热水器10 000平方米；综合效益可达到年节能58 300吨标煤，相当于节柴8.3万吨，即每年将在生产生活用能方面减少5.53万公顷山林年生长量的消耗。

1987—2000年，襄樊市先后有3个被列为国家级农村能源综合建设县项目，1个被列为省级农村能源综合建设县项目。其中宜城市、枣阳市、老河口市分别被列入国家级农村能源综合建设县；谷城县被列为省级农村能源综合建设县。并分别通过了国家和省级检查验收。

2001—2002 年，湖北省连续两年实施农村小型公益设施建设补助资金农村能源项目。保康县过渡湾镇倒座庙村的生态家园建设列入示范建设之列。全村推广沼气池 152 户，改建猪圈 187 间、厕所 132 间，改房 160 余户。

2.农村沼气综合利用

农村建沼气池不仅具有能源效益，而且通过沼气、沼液、沼渣“三沼”的综合利用，经济效益增加。襄樊市“三沼”综合利用于 1981 年开始起步，到 1993 年基本推开，综合利用户达 23 651 户。其中沼气贮粮 115 万公斤；沼液浸稻种 98 万公斤；沼液拌料喂猪 12 625 头，节省饲料 12.6 万公斤；用沼液养鱼 160 公顷，增产 4.8 万公斤；用沼渣培育食用菌 2.3 万公斤；沼渣拌土作棉花营养钵 257 公顷。形成“猪—沼—粮”“猪—沼—果（菜）”“猪—沼—鱼”“秸秆—沼—食用菌”等多种高效综合利用模式，为农民增收节资达 320 多万元，促进了农民增收。通过这些年来的实践，全市已形成以下几种农村沼气综合利用模式：猪（鸡、牛）—沼气—作物；猪（鸡、牛）—沼气—蔬菜；猪（鸡、牛）—沼气—水果；猪（鸡、牛、鸭）—沼气—鱼池；猪（鸡、牛）—沼气—作物储藏。截至 2005 年底，全市开展农村沼气综合利用户达 4 万户，占农村沼气使用户 73%，每年共可增收 4 800 万元。

（二）农村节能技术

1.农村家用省柴节煤灶

襄樊市老式灶热效率只有 10%左右，改建的省柴灶热效率在 20%～25%左右。推广省柴灶，每户一年可节省烧柴 1 000～2 000 公斤，而且清洁卫生，室内空气质量明显改善。1983 年 3 月，国家计委、农牧渔业部在北京召开全国改灶节柴试点县工作会议。襄阳县被列为改灶节柴试点县，并于 1985 年通过国家验收。1991 年、1995 年，南漳县、保康县分别被列为试点县，并通过了国家验收。1995 年，保康县被列为全国改灶节柴试点县，并于 1997 年 12 月通过国家验收。截至 2005 年，全市累计推广省柴节煤炉灶 74.81 万户，年可节柴 149.6 万吨。

2.节能炒茶灶

截至 2005 年底，全市累计推广节能炒茶灶 5 200 个，年加工茶叶 17 495 吨，节能量折标煤 10 497 吨。

3.节能烤烟房

截至 2005 年底，全市累计推广节能烤烟房 2 268 栋，年烤干烟叶 318 万公斤，年节能折标煤 318 万吨。

（三）可再生能源

1.风能资源开发利用

襄樊市有可开发利用的风带两条，第一条是荆山与大洪山的宜钟夹道，第二条是大洪山与桐柏山之间的随枣走廊及发源于桐柏山的陨水两岸。一般有效风能密度均在 52～150 瓦/平方米，有效风速年出现时数为 3 147～5 009 小时。1987 年，市农村能源办公室在枣阳七房马武泵站试安装全市首台

150瓦风力发电机,该站在电网停电后,职工晚上有电照明,同时能够看电视。1988年,全市风力发电机发展到33台。随后在随州、枣阳等县(市)办试点。1992年后,随着大电网的架设和村村通工程实施和风力资源自然波动的局限性,小型风力发电机就逐步停止推广。截至2005年底,全市已安装小型风力发电机80台,装机12千瓦。年发电量10 800千瓦小时,解决了100户照明及家用电器用电。

2.太阳能资源开发利用

1994年,襄樊市能源办公室在全省率先开展推广太阳能热水器试验。襄樊市处于中纬度热带,光能资源较丰富,年日照时数为1 800～2 100小时,日平均气温稳定通过0℃持续日数335～352天。优越的地理位置为开展太阳能资源的利用创造了有利条件。当年推广40台太阳能热水器。

1999年,按照省能源办的业务工作要求,全市农村能源系统实施"阳光工程",推广以太阳能热水器为主体的太阳能热利用。各县(市)能源办引进清华大学太阳能热利用技术,推广北京"天普、环普牌"、湖北"日行牌"、江苏"扬州华阳牌"、浙江"美达牌"、山东"雪莲牌"等地太阳能热水器,当年推广太阳能热水器2 800台。截至2005年底,全市已推广真空管太阳热水器13 415台,采热利用面积6 708平方米。太阳能热水器已在全市普遍安装。

3.秸秆生物质能气化技术

1999年,市农村能源办和市科委联合,在枣阳市兴隆镇随阳店办事处,开展秸秆生物质能气化技术引进示范工程建设,并建成全省首家秸秆气化集中供气示范工程。该工程于1999年3月3日破土动工,同年3月25日竣工,并一次性点火成功。总投资60万元,占地面积2 000平方米,秸秆气化机组每小时可燃烧秸秆150公斤,气化效率可达75%,贮气柜一次贮存燃气500立方米,供气规模可达400户。同年3月28日,时任中共湖北省委书记贾志杰和省长蒋祝平率领全省推进农业农村现代化建设工作会议的500名代表和参加湖北省小城镇建设现场会的400名代表同时参观该示范工程,与会代表充分肯定和评价。该工程于2000年荣获襄樊市政府颁发的"科技进步推广贡献二等奖"。

(四)生态家园建设

2000年,国家开始实施生态家园富民计划。同年12月,农业部在全国安排76个示范村,保康县过渡湾镇倒座庙村生态家园建设被列入此次示范建设之列。2001年,农业部批复湖北省10个县(市)承担小型公益项目,保康县被列入其中。2002年办理竣工验收。2002年10月,中央电视台《焦点访谈》栏目到保康县进行生态家园建设专题采访,在中央电视台《焦点访谈》栏目作了"小沼气、大文章"专题报道。2003年,农业部、国家发展和改革委员会共下达2003年襄樊农村沼气国债项目资金计划,项目规模23 900户,总投资7 810万元,其中中央投资1 912万元,地方配套781万元,农民自筹4918万元。全市利用国债资金开展农村户用沼气建设的有南漳县、保康县、谷城县、枣阳市4个县(市),项目规模8 500户,总投资2 550万元,其中:中央财政投资680万元,地方配套资金340万元,农民自筹1 530万元。2004年,南漳县、保康县、谷城县有3个县新增农村沼气国债建设项目4 800户,总投资1 867.2万元,其中:中央财政投资384万元,地方配套192万元,农民自筹1 291.2万元。2005年,保康县继续扩大农村沼气国债建设项目,襄阳区新增农村沼气国债建设项目,保康、襄阳共有项目规模3 110户,总投资1 191.13万元,其中:中央国债投资248.8万元,地方配套49.76万元,农民自筹592.57万元。

在实施的过程中,全市形成5种初具特色的生态家园(校园)模式:以沼气为纽带,将养殖业与种植业有机结合“猪—沼—X(种植业)”生态农业模式,发展农业循环经济;多能互补模式,在建设沼气的同时,综合开发利用太阳能、风能等可再生能源;以沼气为主的“一建三改”与房屋改造、乡村道路建设、饮水工程相结合的文明新村模式,促进乡村文明进步和生态旅游的开发建设;沼气建设与三格式卫生厕所紧密结合的疫区血防综合治理模式,阻断血吸虫的传播途径;以污水净化沼气池工程为主体、可再生能源利用的生态校园模式,改善中小学的办学条件和环境卫生状况。

图 9—2 新农村美景

通过实施生态家园富民工程,襄樊市项目村 70%以上的农户实施了“一建三改”,安装了电话;80%的农户开展庭院改造;90%的农户开通了闭路电视;95%的农户吃上了安全卫生的自来水;95%的农民参加了农村新型合作医疗;100%的村通上了水泥路,用上了网电;适龄青少年入学率达 100%。

2005 年全市农业产业化市级以上重点龙头企业基本情况表

表 9—22

序号	企业名称	主营产品	销售收入(万元)	增长(%)	固定资产(万元)	增长(%)	总资产(万元)	净利润(万元)	上缴税金(万元)	创汇(万美元)	实际加工原料量(万吨)	基地面积或养殖量(万亩万头)	带动农户(万户)
国家级													
1	湖北金华麦面集团有限公司	面粉、面条	59982	2.8	17300	1.8	21300	893	1089	0	36.5	60	16
2	襄樊万宝粮油有限公司	菜油面粉面条大米	59982	3.7	11755	12	22215	680	350	0	15.8	30	8
			119964	6.5	29055	13.8	43515	1573	1439	0	52.3	90	24
省级													
1	宜城市襄大农牧有限公司	饲料、鸡苗	41510	21	10606	20	17891	1001	535	0	30	5	3
2	湖北梅园米业有限公司	梅园香米	30000	70	8878	5.6	18950	580	85	0	12	18	6.8
3	枣阳金旭面粉公司	面粉、面条	19027	3.7	4716	7.2	5580	170	204	0	11	11	1.3
4	襄樊正大农业开发有限公司	玉米、油菜籽	18017	9.2	6716.6	7.1	18275	1159	213	0	2.3	5.8	1.2

续表 1

序号	企业名称	主营产品	销售收入(万元)	增长(%)	固定资产(万元)	增长(%)	总资产(万元)	净利润(万元)	上缴税金(万元)	创汇(万美元)	实际加工原料量(万吨)	基地面积或养殖量(万亩万头)	带动农户(万户)
5	宜城兴达粮油加工有限责任公司	大米、面粉	17500	0.9	2417	38.1	5698	815	269	0	9.7	5	3
6	宜城市鑫源植物油有限责任公司	大米、菜油	17126	7.8	2537	4.5	6580	556	51	0	3.7	6	1.8
7	宜城盈丰粮油有限责任公司	大米、面粉	15988	11.3	2405	10	7258	748	646	0	13	5	1.4
8	湖北双北粮油加工厂	食用植物油	15690	82.7	3900	38.3	5600	270	125	0	5.9	18	4.2
9	襄樊大山现代农业有限公司	食用菌	12009	20	3591	12	5631	760	304	1012	0.4	0	1
10	湖北新丰粮油公司土特产品有限公司	芝麻系列	12000	25	3700	19	7000	55	450	600	1.2	15	10
11	襄樊赛亚米业有限公司	大米	10580	120.6	2410	0	4350	177	0	0	1.3	3.5	0.9
12	老河口市仙仙果品公司	梨、桃	10300	5.8	6100	47.7	8298	1267	98	0	0	6	2
13	老河口市回天油脂有限公司	食用油、饼粕	9867	10.8	3171.1	14.8	6259	970	470	0	3.6	6.8	2
14	襄樊市晶琦米业厂	大米、小杂粮	9360	29	2750	30	4013	162	306	0	2.6	3	1.2
15	美国丰年食品(襄樊)有限公司	蘑菇罐头	8094	37.7	3609	4.3	6872	420	44	989	0.8	380 平方米	0.2

续表 2

序号	企业名称	主营产品	销售收入(万元)	增长(%)	固定资产(万元)	增长(%)	总资产(万元)	净利润(万元)	上缴税金(万元)	创汇(万美元)	实际加工原料量(万吨)	基地面积或养殖量(万亩万头)	带动农户(万户)
16	南漳地利银花麻业有限公司	精干麻、麻条	8076	17.5	3172	18	5156	319	201	0	0.5	2	1.6
17	湖北梨花湖食品有限公司	挂面、面粉	6083	5	2792	1.6	5328	505	381	0	2.3	6.3	2.9
18	襄樊市丽波乳业有限公司	奶制品	5905.6	10	2316	2	4310	640	200	0	1.5	0	0.2
19	老河口市银康水产养殖公司	银鱼	5679.6	4.4	2116	4.7	4238	405	105	0	0	5	1.2
20	襄樊益龙畜禽有限责任公司	三元猪	5287	2	2530	1.5	5429	24.3	20.2	171.7	0	0	1.6
21	保康有机天然食品有限公司	有机茶	5200	3.8	2100	0	4700	810	280	0	1	7.1	2.8
22	谷城县五山玉皇剑茶业有限责任公司	茶叶	5000	11.1	1380	6.1	2904	300	210	0	0.1	3	0.4
23	襄樊鑫实食品有限公司	花菇、黑木耳	4200	-61.8	2052	0	3476	53	18	156	0.1	0	0.5
			292499.2	447.3	85964.7	292.5	163796	12166.3	5215.2	2928.7	103	131.5	51.2
24	襄樊(燕京)啤酒有限公司	未报材料	-	-	-	-	-	-	-	-	-	-	—
						市级							
1	襄樊洪沟水果经营有限公司	水果	25 800	416	2826	33	3260	0	0	0	0	0	1.6

续表 3

序号	企业名称	主营产品	销售收入(万元)	增长(%)	固定资产(万元)	增长(%)	总资产(万元)	净利润(万元)	上缴税金(万元)	创汇(万美元)	实际加工原料量(万吨)	基地面积或养殖量(万亩、万头)	带动农户(万户)
2	枣阳市三杰面粉公司	面粉、面条	24 670.2	8.2	1923.6	14.5	3206	367	159	0	11.2	3.5	1.5
3	枣阳市贤德面粉有限公司	面粉、面条	19 200	80	1700	61.9	2563	305	245	0	6.8	20	5
4	枣阳市天华麦面有限公司	面粉、面条	15 960	12	2548	6	3875	310	160	0	11	27	1.8
5	湖北襄樊三九酿酒厂	白酒	13 840	32	5548	0	13294	504	599	0	3.3	0	0
6	枣阳市宏伟饲料科技有限公司	饲料	11 785	9	2160	1	3465	185	80	0	5.3	6.5	1.5
7	宜城市李方忠食品有限公司	皮蛋、板鸭	9 895	9.1	396	0	2788	871	486	0	10000万枚	0	0.6
8	襄樊市正荣粮油有限公司	粮油	9 600	20	1380	15	2300	80	7	0	2	0	1
9	湖北石花酿酒股份有限公司	白酒	8500	54.5	1500	8.9	3000	210	190	0	0.3	4	2
10	枣阳市向阳食品有限公司	小磨油、坯布	6800	13.3	1800	12.5	2400	280	120	0	4/180万米	10	5.6
11	襄樊市襄阳民达粮油工贸有限公司	食用油、饼粕	6500	0	1200	0	2000	180	53	0	2.5	0	4
12	枣阳市宏光农产品产销公司	优质米、水果	6300	5	1200	9.1	1800	250	100	0	3.8	4.5	0.8
13	襄阳朱集亮辉面粉加工厂	面粉	6235	2.6	655	5.7	1192	235	56	0	1	2	2.5

续表 4

序号	企业名称	主营产品	销售收入(万元)	增长(%)	固定资产(万元)	增长(%)	总资产(万元)	净利润(万元)	上缴税金(万元)	创汇(万美元)	实际加工原料量(万吨)	基地面积或养殖量(万亩、万头)	带动农户(万户)
14	襄樊久发食品有限公司	面粉、大米	6217	21	2527	28	3673	112	38	0	4	8	12
15	老河口市鄂光种业有限公司	种子	5321	0.8	2820	0	4692	729	129	0	0	0	8.2
16	襄樊市妙康食品有限公司	奶制品	5300	5	1200	0	1600	400	120	0	1.2	0	0.2
17	枣阳市大华蜂产品加工厂	蜂产品系列	5100	2	2310	2.7	2310	120	50	10	1.5	0.2	0.3
18	襄樊市襄阳区仁杰粮油有限责任公司	食用油	5100	5.9	1050	10.5	1500	120	44	0	1.9	2.5	3.5
19	襄樊妞妞食品有限公司	食品加工	4500	0	790	0	850	300	280	0	0.8	0	0
20	襄樊市金粒粮油有限公司	粮油	3690	2	518	0	1168	31	12	0	2.8	3.5	0.6
21	南漳县金泉油脂有限公司	菜籽油	3500	–45	1218	0	3250	306	53	0	0.3	2.6	3.8
22	南漳县峡口柑橘有限责任公司	柑橘	3500	40	3198	0	3342	53.1	10.8	0	2	1.6	0.3
23	宜城市宏全牧业有限公司	二元种猪	3328	19	1020	0	2450	350	10	0	2	1	0.5
24	襄阳三珍食品有限公司	麻油、橡籽粉	3000	0	500	0	1000	450	80	350	0.4	0	3
25	老河口市仙人酒业有限公司	白酒	2970	11.1	904	8.6	1326	829	425	0	0.8	1.5	0.8

续表 5

序号	企业名称	主营产品	销售收入(万元)	增长(%)	固定资产(万元)	增长(%)	总资产(万元)	净利润(万元)	上缴税金(万元)	创汇(万美元)	实际加工原料量(万吨)	基地面积或养殖量(万亩、万头)	带动农户(万户)
26	谷城县圣光种业有限责任公司	杂交油菜种子	2850	-29.6	1250	0	2550	566	350	0	0	1.5	0.6
27	谷城县银兴油脂有限责任公司	食用油	2633	0	735	0	1103	358	97	0	0.5	4	2
28	谷城骄王花椒生物技术有限责任公司	花椒	2500	4.1	1500	0	3000	258	8	0	0.1	6	2.2
29	襄樊永进绿色食品有限公司	橡籽仁(粉)	2300	4.5	541	0	1308	188	出口退税	100	0.1	1.5	0.5
30	襄樊聚龙山蔬菜开发有限公司	蔬菜	2300	9.5	790	16.1	1800	97	0	0	0.8	0.1	0.2
31	南漳县帮农菌业发展中心	食用菌	2180	46	1358	0	1495	124.6	17.1	0	0.4	0	1.2
32	保康楚翁泉酒业公司	白酒	1900	13.1	564	0	3100	150	130	0	0.4	0	0.6
33	宜城市光大种猪繁育有限公司	种猪、商品猪	1897	11.7	1084	0	1593	120	10	0	0	0	0.5
34	襄樊景桂兔业有限公司	肉兔	1800	50	380	-59	580	200	60	1	0	0	1
35	襄樊市浪潮调味品有限公司	孔明菜	1500	120.5	330	0	550	210	28	1	0.2	2.5	3
36	襄樊市绿泽源农业发展有限责任公司	种子、种苗、种禽蛋	1492	10.2	916	2.6	2126	11.3	0	0	0.5	6	2.6

续表 6

序号	企业名称	主营产品	销售收入(万元)	增长(%)	固定资产(万元)	增长(%)	总资产(万元)	净利润(万元)	上缴税金(万元)	创汇(万美元)	实际加工原料量(万吨)	基地面积或养殖量(万亩、万头)	带动农户(万户)
37	保康县大山绿色产品有限公司	蔬菜	1270	15.4	688	1.1	2580	27	5	0	1.2	2	0.6
38	枣阳市丰悦种业公司	农作物种子	1090	11	443	2	530	120	0	0	6	1	0.6
39	襄樊市襄阳区宏海粮油有限责任公司	系列优质米	1000	-501.5	500	-34.2	800	100	12	0	0.4	1	0.5
40	湖北非凡工艺品有限公司	柳滕草工艺品、家具	400	-13	261.1	-18.4	300	86	46	39.5	0.2	2.5	2
41	保康龙兴蔬菜开发有限公司	蔬菜	216	-46	112	-42.8	160	10	6	0	0.7	2	0.3
42	保康荆元种业有限公司	农作物种子	200	-86.6	540	0	800	8	3	0	0	0	1.6
棉纺企业(市级)													
1	湖北金环股份有限公司	粘胶长丝、玻璃纸、浆粕	58646	25.3	35553	18.3	121693	0	3195	962	10	0	0
2	湖北银河纺织股份有限公司	棉纱、布	52355	-11.3	35759	-0.5	42578	131	4698	0	2.1	0	0
3	襄樊三五四二纺织总厂	棉纱、棉布	50367	11	47869	10	48980	1076	4098	306	0	25.9	8.6
4	襄樊新襄棉纺织有限公司	坯布、纱	32371	11	13082	-4	37007	405	2698	147	0	0	0
5	湖北襄阳安华纺织有限责任公司	棉花、棉纱	20504	8	7647	9.2	14850	1656	616	0	1	12.4	6

续表 7

序号	企业名称	主营产品	销售收入（万元）	增长（%）	固定资产（万元）	增长（%）	总资产（万元）	净利润（万元）	上缴税金（万元）	创汇（万美元）	实际加工原料量（万吨）	基地面积或养殖量（万亩、万头）	带动农户（万户）
6	湖北银城纺织股份有限公司	棉纱	17800	25	8416	2	10200	623	1249	0	1.1	1.5	0.6
7	襄樊银基棉业有限公司	棉花及副产品	14190	7.9	1386	3.4	2486	116.6	23	0	2	6	3.5
8	湖北雪美实业股份有限公司	纺织品	13000	12	8000	135.2	12100	130	480	100	0.4	0	0.1
9	襄樊瑞源纺织有限责任公司	棉纱、坯布	12000	9.5	7995	89.5	9900	800	650	0	0.4	0	0
10	襄樊市鑫方圆有限公司	棉纱、棉布	11800	7	7400	6	14000	584	242	300	0.7	2	0.7
11	国泰华（襄樊）纺织企业有限公司	棉纱	8456	4.6	3015	0.8	6235	305	205	0	0.5	0	0.4
12	老河口市锦星纺织有限公司	棉纱	5640	4.9	1960	5	3650	278	185	0	0.3	0	0.4
13	枣阳市瑞丰棉业纺织有限公司	棉花、棉纱	4200	9	1380	0	2402	182	56	0	0.5	8	1.8
14	宜城市良种棉加工厂	皮棉	3500	2.9	2200	0	4500	350	20	0	0.8	5	2.7
15	老河口市和顺布业有限公司	棉砂、坯布	3210	12.6	925	10.8	1450	210	175	0	0.1	0.5	0.1

续表 8

序号	企业名称	主营产品	销售收入(万元)	增长(%)	固定资产(万元)	增长(%)	总资产(万元)	净利润(万元)	上缴税金(万元)	创汇(万美元)	实际加工原料量(万吨)	基地面积或养殖量(万亩、万头)	带动农户(万户)
16	襄樊万利来特种布实业有限公司	纺织品	2982	25	1193	10	3298	320	360	0	0.2	0	1
17	湖北省棉花总公司襄樊中转储备库	棉花	2980	8.4	1206	0	4601	130	40	0	0.2	6	1.3
18	南漳县漳盛棉业有限责任公司	棉花	2200	-30	1145	0	2014	300	110	0	0.2	4	4.4
	汇总		1383066.6		469909		851231	44986.2	30033.1	8173.9	252.08	638.6	258.5

注：1.全市市级以上龙头企业 86 家，表中少 1 家（宜城燕京啤酒）；2.湖北金环股份有限公司为上市公司，用 2005 年数据

十三、管理组织机构

（一）"农办"

1979 年 6 月，地辖襄樊市贫下中农协会改为省辖襄樊市贫下中农协会。1981 年 10 月，襄樊市召开第一次农民代表大会，将襄樊市贫下中农协会改为襄樊市农会委员会。1983 年 12 月，襄阳地区建制撤销，湖北省农会襄阳地区工作委员会与襄樊市农会委员会合并，重新组建襄樊市农会委员会。1985 年年 10 月，中共襄樊市委发文批复各农会组织撤销。1989 年，成立襄樊多种经营办公室，由市政府直管，定编 10 人。核定襄樊市委农工委党校事业编制 2 名。增设离退休老干部科，内设科室增加到 9 个，并直管市农村能源办、市农业区划办和贫困地区经济开发办。1990 年，增设监察科。1991 年，核定襄樊市农村科技开发中心事业编制 4 名。同时新增企业管理科，达到 10 个科室。1992 年 6 月，市农委作为市直机关机构改革试点单位，将原来的科室调整为办公室、政教科、经营管理科、纪检监察科 4 个科室。1993 年 4–6 月，机关在编人员由 56 人精简到 35 人，机构改革基本完成。1993 年底，增设企业科。1994 年，恢复生产科。此时，市农委共有科室 6 个，经济实体 3 个，行政编制 39 人。市委农村工作委员会与市农业委员会是两块牌子，一套班子。2002 年 1 月，根据《中共襄樊市委、市政府关于印发〈襄樊市市级机构改革实施意见〉的通知》和市委常委会议纪要精神，不再保留襄樊市农业委员会，成

立中共襄樊市委、襄樊市人民政府农村工作领导小组办公室（简称“市农办”）(见表 9–23）。机关内设机构：综合科、人事科、农村改革与发展战略科、农村政策科、农村基层组织建设科（市小康建设办公室）、市农业产业化办公室、市农村能源办公室等 10 个职能科室。行政编制 47 人，实有人数 47 人。

“农办”副县级以上领导干部情况（1979.1–2005.12）

表 9–23

机构名称（起止年月）	姓名	职务	任职时间
襄阳地区第一届贫下中农协会委员会（1976.10–1982.5）	陈选恭	主任	1976.10–1982.5
	高成章	副主任	1976.10–1982.5
	、雪梅（女）	副主任	1976.10–1982.5
	罗福善	副主任	1976.10–1982.5
	刘运芝（女）	副主任	1976.10–1982.5
湖北省农会襄阳地区工作委员会（1982.5–1983.12）	陈选恭	主任	1982.5–1983.12
	王文德	副主任	1982.5–1983.12
	张雪梅（女）	副主任	1982.5–1983.12
襄樊市农会委员会（1983.12–1985.10）	陈选恭	主席	1983.12–1985.10
	王文德	副主席	1984.1–1985.10
	王文海	副主席	1984.1–1985.10
襄樊市委农村工作委员会、襄樊市农业委员会（1987.11–2001.12）	杜德耀	书记	1987.11–1989.8
	魏可懋	副书记	1987.11–1989.8
		主任	1987.11–1994.6
		书记	1989.8–1994.6
	苏家德	书记	1994.6–1999.3
		主任	1994.6–1999.1
	方先春	副书记	1987.11–1988.12
		副主任	1987.11–1988.12
	张仕春	副主任	1988.3–
		副书记	1989.8–1999.5
		主任	1999.2–2001.12
		书记	1999.12–2001.12
	吴士明	纪委书记	1987.11–1989.8
		副书记	1989.8–1994.6
	陈振	副主任	1989.10–1999.5
		副书记	1994.6–1999.5
	涂弼显	副主任	1987.11–1989.8
	彭森初	副主任	1987.11–1994.6
	王文海	副主任	1987.11–1988.12
	宋士威	副主任	1987.11–1989.8
	陈金怀	副主任	1988.12–1989.10 1994.6–2001.12
	丁国书	副主任	1989.10–1994.6
	刘立勇	副主任	1992.1–1998.9
	朱伯荣	副主任	1994.6–1997.4

续表

机构名称(起止年月)	姓名	职务	任职时间
	杨会议	工会主席	1991.1–1999.5
		副主任	1994.6–2001.12
	张永远	副主任	1994.6–2001.12
		副书记	1999.5–2001.12
	耿新志	纪委书记	1990.8–1997.4
		副主任	1997.4–1999.5
	孔凡才	纪委书记	1998.12–1999.5
	沈盛章	纪委书记	1999.5–2001.2
	彭占银	副主任	1995.1–1995.5
	蒋远国	副主任	1997.4–1999.5
	查瑛(女)	副主任	1998.6–2001.12
	李国胜	副主任	1998.12–2001.12
	姚继宇	副主任	1994.6–2001.12
	谢春修	工会主任	1999.5–2001.12
市委、市政府农村工作领导小组办公室(2002.1–2005.12)	吴长华	主任	2002.1–2005.12
	张永远	副主任	2002.1–2005.12
	陈金怀	副主任	2002.1–2004.12
	杨会议	副主任	2002.1–2005.12
	查瑛(女)	副主任	2002.1–2005.12
	李国胜	副主任	2002.1–2005.12
	姚继宇	副主任	2002.1–2005.12
	谢春修	副主任	2002.1–2005.3

(二)襄樊市农业局

1.机构沿革

1976年10月,襄樊市农业局内设办公室、政工、计财、农技、畜特5个科室,配备干部28名。同时,设立中共襄樊市农业局党组,局机关党员21人。1979年4月18日,原襄樊市农业局建立中共襄樊市农业局党委。1983年12月,襄阳地区农业局和原襄樊市农业局合并为襄樊市农牧业局,内设办公室、政工、特产、粮油、棉麻、计划、财务、农业科技顾问等8个科室、组和农业广播分校办公室、环保监测办公室,工作人员60名。并建立中共襄樊市农牧业局党组。1985年12月16日,建立襄樊市农牧业局党业局党委会。1989年,襄樊市农牧业局党委会,改为襄樊市农牧业局党组。内设二级单位20个,其中副县级单位6个。1994年底,襄樊市农牧业局党组辖党委3个(农牧局、原种场、畜牧场),党总支4个(畜牧局、种子公司、农科所、园艺场),党支部27个,党小组51个,有党员447人。1996年,襄樊市农牧业局更名为襄樊市农业局,为市政府组成部门。下设3室7科,即办公室、政工科、计划财务科、科教科、政策法规科、粮油科、棉麻科、特产科、蔬菜办公室、饲料工业办公室。同时,设市监察局派驻市农业局监察室、市审计局驻市农业局审计科、市农业局离退休干部科。机关编制人数50人,实有人数42人。1999年12月底,市农业局党组设8个党委(局直属机关党委、市畜牧局党委、市种子总公司党委、市原种场党委、市农科所党委、市畜牧场党委、市蔬菜公司党委、市农技推广中心党委),1

个党总支(市园艺场党总支),44个党支部。共有党员633人,占职工总数的24%。2001年12月,撤销襄樊市农业局党组,成立中共襄樊市农业局委员会。局机关下设2个党支部:机关党支部和离退休干部党支部,在职党员30人,占职工总数77%。2001年12月,撤销襄樊市农业局党组,成立中共襄樊市农业局委员会。局机关下设2个党支部:机关党支部和离退休干部党支部,在职党员30人,占职工总数77%。2002年,全市机构改革,设置襄樊市农业局,为市政府组成部门,主管全市农业和农村经济工作。市农业局内设科室13个:办公室、人事科、发展计划与财务科、科技教育科、产业政策与法规科(行政审批科)、市场信息科、对外合作科、种植业科、经济作物科、蔬菜办公室、饲料工作办公室、监察室。另设机关离退休人员工作科,人员编制3名。下属13个二级单位:市畜牧局、市农业技术推广中心、市农业科学院、市种子管理站、市种子总公司、市原种繁殖场、市牲畜良种场、市土壤肥料站、市植物保护站、市动物防疫监督站、市园艺场、湖北省襄樊市农业广播电视学校、市农业生态环境保护站、市农业信息中心。机关行政编制38名,其中:局长1名,副局长3名,纪委书记1名,总农艺师1名,蔬菜办主任1名;正科级领导职数11名,副科级领导职数6名。2004年,襄樊市农业局为市政府组成部门,主管全市农业和农村经济。机关内设机构:办公室、人事科、发展计划与财务科、科技教育科、产业政策与法规科、市场信息科、对外合作科、种植业科、经济作物科、蔬菜办公室、饲料工作办公室、监察室等机构。行政编制38名,实有38人。

历任党、政领导班子成员

表9-24

机构名称(起止年月)	姓 名	职 务	任职时间
1976年10月-1983年12月	孔宪常	局 长	1976.10-1978.09
	兰学汉	局 长	1978.09-1983.12
	曾照道	副局长	1978.01-1980.07
	李泽琨	副局长	1976.10-1983.12
	王万义	副局长	1977.04-1978.04
	王仁合	副局长	1978.09-1983.12
	芦庆东	副局长	1978.04-1980.07
	李本道	副局长	1979.07-1983.12
	范定国	副局长	1979.07-1983.12
	唐银昌	副局长	1982.09-1983.12
	孔宪常	书记	1976.10-1980.07
	兰学汉	书记	1980.09-1983.12
	兰学汉	副书记	1976.10-1980.09
	曾照道	副局长	1978.01-1980.07
	李本道	副局长	1981.02-1983.12
改省辖市后的襄樊市农业局(1979年06月前为科级局,后为县级局)	翁宗林	局长	1979.06-1983.12
	徐天荣	副局长	1979.06-1982.09
	叶天才	副局长	1979.06-1983.12
	周永树	副局长	1981.12-1983.12
	翁宗林	书记	1979.06-1983.12
	徐天荣	副书记	1979.06-1982.09
	叶立宗	局长	1983.12-1987.11
	范定国	副局长	1983.12-1987.02
	王仁合	副局长	1983.12-1987.11

续表1

机构名称(起止年月)	姓 名	职 务	任职时间
1983年12月-1987年11月	邱济生	副局长	1983.12-1987.11
	叶天才	副局长	1983.12-1987.11
	潘元杰	副局长	1985.12-1987.11
	余国成	副局长	1987.03-1987.11
	叶立宗	书记	1983.12-1987.11
	范定国	副书记	1985.12-1987.02
	王仁合	副书记	1987.05-1987.11
	孙涛	纪检组长	1983.12-1985.12
	龙光志	纪委书记	1985.12-1987.11
1987年11月-1994年12月	叶立宗	局长	续,1987.11-1992.05
	张仕春	局长	1992.07-1994.12
	范定国	副局长	续,1987.11-1987.12
	王仁合	副局长	续,1987.11-1994.06
	邱济生	副局长	续,1987.11-1989.12
	潘元杰	副局长	续,1987.11-1994.06
	余国成	副局长	续,1987.11-1994.06
	陈先训	副局长	1989.08-1994.12
	蒋远国	副局长	1994.06-1994.12
	刘生陆	副局长	1994.06-1994.12
	张世平	副局长	1994.06-1994.12
	叶立宗	书记	1987.11-1992.05
	张仕春	书记	1992.07-1994.12
	王仁合	副书记	1989.11-1994.06
	蒋远国	副书记	1994.06-1994.12
	龙光志	纪检书组长	1986.01-1990.02
			1992.12-1994.06
	龚国安	纪检书组长	1990.02-1992.04
	龚定国	工会主席	1988.11-1991.12
	潘元杰	工会主席	1994.06-1994.12
1995年01月-1999年12月	张仕春	局长	1995.01-1999.02
	许小遂	副局长	1999.02-12
	蒋远国	副局长	1995.01-1997.04
	陈先训	副局长	1995.01-1999.05
	刘生陆	副局长	1995.01-1999.12
	张世平	副局长	1995.01-1999.12
	彭光华	副局长	1996.03-1998.12
	龚国安	副局长	1997.04-1999.12
	黄郝福	副局长	1997.04-1999.12
	新耀清	副局长	1999.05-12
	郝福新	总农师	1997.06-1999.05
	潘元杰	工会主任	1995.01-1997.04
	龚国安	工会主任	1997.04-1998.06

续表 2

机构名称(起止年月)	姓　名	职　务	任职时间
	季光海	工会主任	1998.06-1999.05
	张晓丹	工会主任	1999.05-12
	张仕春	党组书记	1995.01-1998.12
	许小遂	党组书记	1998.12-1999.12
	蒋远国	副书记	1995.01-1997.04
	张世平	副书记	1997.04-1999.12
	龚国安	纪检组长	1995.01-1998.06
	汪兴运	纪检组长	1998.06-1999.12
1999 年 12 月 -2004 年 12 月	许小遂	局长	1999.12-2003.12
	邹洪成	局长	2003.12-2004.12
	刘生陆	副局长	1999.12-2004.12
	张世平	副局长	1999.12-2000.06
	龚国安	副局长	1999.12-2004.12
	黄耀清	副局长	1999.12-2004.12
	郝福新	副局长	1999.12-2004.12
	张琼(女)	副局长	2002.02-2004.12
	朱安灿	总农艺师	1999.12-2004.12
	许小遂	书记	1999.12-2003.12
	刘生陆	书记	2003.12-2004.12
	张世平	副书记	1999.12-2000.06
	刘生陆	副书记	1999.12-2003.12
	邹洪成	副书记	2003.12-2004.12
	张晓丹	副书记	2004.02-12
	汪兴运	纪检组长	1999.12-2001.12
	张晓丹	纪检组长	兼，2002.02-2004.12
	张晓丹	工会主任	兼，1999.12-2004.12
2004 年 12 月 2005 年 12 月	邹洪成	局长	2004.12-2005.12
	刘生陆	副局长	2004.12-2005.12
	黄耀清	副局长	2004.12-2005.12
	郝福新	副局长	2004.12-2005.12
	张琼(女)	副局长	，2004.12-2005.12
	朱安灿	总农艺师	2004.12-2005.12
	刘生陆	书记	2004.12-2005.12
	张晓丹	副书记	2004.2—2005.12
	张晓丹	纪检组长	兼，2004.12-2005.12

2.主要工作

贯彻执行党中央、国务院和省、市党委、政府关于发展农业和农村经济的方针、政策；研究拟定全市农业和农村经济发展规划，拟定全市农业开发规划，并负责组织实施。引导农业产业结构的合理调整、农业资源的有效配置和农产品品质的改善；提出有关农产品及农业生产资料价格、大宗农产品流通、农村信贷、税收及农业财政补贴的政策建议；组织起草种植业、畜牧业等农业产业规范性文件；监督有关农业法规的执行情况。研究制定全市大宗农产品市场体系建设与发展规划并组织实施，指导农业社会化服务体系建设，促进农业产前、产中、产后一体化；组织协调菜篮子工程和农业生产资料市场体系建设；预测并发布农业各产业产品及农业生产资料供求情况等农村经济信息；负责农业产业项目的立项、申报、审批工作并组织实施。组织农业资源开发与利用工作和生态农业与农业可持续发展工作；指导农用地、草场、宜农滩涂、宜农湿地、农村能源的开发利用以及农业生物物种资源的保护和管理；负责保护农业生态环境；负责农业商品基地的建设和管理。制定农业科研、教育、技术推广及其队伍建设的发展规划和有关政策，组织实施科教兴农战略；组织重大科研和技术推广项目的遴选及实施；指导农业成人教育和农业职能技能开发。监督实施农业各产业技术标准；负责农业各产业产品、绿色食品及农村生产生活节能产品的质量监督、认证和农业植物新品种的保护工作；负责农作物种子（种苗）、种畜、种禽、饲料、农药、兽药等农业投入品质量的检测、鉴定和执法监督工作；负责市内生产、引进农作物种子（种苗）、种畜、种禽、饲料、农药、兽药等产品的登记。负责兽医医政、兽药、农药的药政药检工作；组织、监督对市内动植物的防疫、检疫工作，开展疫情监测及组织扑灭。根据有关法律法规，对涉及种植业、养殖业有关审批事项进行审批、核准、审核、备案。管理全市农业涉外事务，承办有关国际经济、技术交流与合作事项。管理市畜牧局。完成上级交办的其他工作任务。

卷十 林业

襄樊市总面积为197.24万公顷，其中耕地87.7万公顷，占44.5%；林业用地84.5万公顷，占42.8%；其他25.04万公顷，占12.7%。据1999年全市森林资源二类调查，全市森林面积60.18万公顷，占总面积的30.55%，其中天然林面积43.81万公顷，人工林面积16.37万公顷。活立木总蓄积1 459.32万立方米，其中人工林蓄积520.29万立方米，占总蓄积的35.65%，天然林蓄积868.15万立方米，占总蓄积的59.49%，散生木蓄积70.88万立方米，占4.86%。与上一次（1985年）二类调查相比，森林覆盖率由37%提高到40.02%，有林地面积由57.5万公顷增加到60.18万公顷，活立木蓄积由957万立方米增加到1 459.32万立方米。襄樊市维管束植物有201科852属2 119种，其中蕨类植物27科50属93种；种子植物174科802属2 026种（其中木本植物114科350属1 223种）。国家重点保护野生植物80种，（其中国家一、二级保护植物37种，）国家级的珍贵树种61种，古树名木60种1340株。陆生野生动物268种：其中鸟类151种，兽类60种，爬行类34种，两栖类23种；国家重点保护动物60种，省重点保护野生动物90多种，有益的、有重要经济价值、有科学研究价值的国家"三有"保护动物100多种。中国濒危动物红皮书记载种有50种，《濒危野生动植物国际贸易公约》（简称CITES）种53种。林木病害有119种，其中苗木病害11种，叶部病害88种，枝干病害19种，根部病害1种；林木虫害6目68科317种；虫害天敌，昆虫21种，菌类1种，鸟类29种；资源昆虫有五倍子蚜、白蜡虫、柞蚕及桑蚕等。襄樊市有汉水、南河等849条河流、845座水库和8.85万口堰塘，市区内有鱼梁洲、崔家营、贾家洲等湿地，内陆水域总面积有92 969公顷。

襄樊市各县（市）区林业各具特色，三个山区县在全省有"金南漳""银谷城""宝保康"之称。南漳有丰富的林产品，木梓、核桃产量曾居全省首位，生产红薄皮马尾松和盛产天麻、牛黄、麝香等名贵药材；谷城县曾是全国重点产漆县和全省油桐基地县之一，在护林防火、"绿化荒山""长防林"、杉木林建设等林业生产方面创造多个襄樊第一；保康县"燕牌"木耳、香菇久负盛名，出口多个国家或地区，其丰富的树种资源，在全省乃至全国享有盛誉；老河口"红旗牌"栲胶和T—50（烷基磺酸苯脂）林化产品畅销国内外，枣阳油桃、老河口的砂梨以及襄阳、枣阳、宜城的国外松林是全市乃至全省平原丘陵地区的典范。

1956年，全区开始新建国营林场，到2005年国营林场发展到22个，经营面积达4.97万公顷，森林覆盖率达90.5%。从1958年全区开始建立社队林场，到90年代初，全市集体林场发展到巅峰，共有2 499个，经营面积11.2万公顷。全区从1970年开始引种国外松（湿地松、火炬松），20世纪80年代开始在襄、枣、宜3县（市）结合部大量推广，推广面积居全省第一位。全区从1976年开始引进意杨，先后引进50多个无性系，经试验筛选出63、69、72、214、沙兰杨等，引种推广面积位居全省地市前列。1979—2005年，全市造林面积55万公顷，"四旁"植树5亿多株。一批重点林业工程为全市生态建设和经济社会发展做出了积极贡献。鄂北岗地防护林建设后，受其防护的农田风速降低36.5%，土壤湿度提高3.01%，蒸发量降低12.4%，并阻隔减缓了南阳盆地冬季的冷空气进入江汉平原；襄樊"长防林"完成营造林面积9.25万公顷，1999年与1989年比较，项目区森林蓄积净增60万立方米，森林覆盖率上升9个百分点。1989年，全市水土流失面积4 424平方公里，2000年，水土流失面积3 105平方公里，减少水土流失面积1 319平方公里；1989年，全市土壤侵蚀模数3 782吨/年平方公里，2000年，土壤侵蚀模数 2 335 吨 / 年平方公里，减少 1 447 吨 / 年平方公里；1989 年，全市土壤侵蚀量 1673 万吨 / 年，2000 年，土壤侵蚀量 725 万吨 / 年，降低 1 948 万吨 / 年。1989 年，全市粮食产量 109.8 万吨，2000 年，粮食产量达 123.3 万吨，增加产量 13.5 万吨，林业发展在其中发挥了重要作用。林业在襄樊市许多镇、村已成为支柱产业，并在推动农村剩余劳动力的转移、增加农民收入、壮大集体经济、促进相关产业的发展，加速农村脱贫致富和新农村建设步伐等方面效益显著。

1983 年，全市开展划定自留山、责任山、确定林业生产责任制的“三定”工作。据统计，全市共有 97.7%的生产队稳权发证，88.4%的生产队建立了林业生产责任制，90%的山区农户划分了自留山。1985 年，由于木材市场的放开，给林木保护和管理造成许多困难，乱砍滥伐林木的案件增多。1987 年，全市开始建立森林公安局、森林派出所、林政稽查队、木材检查站等机构，并实行全国统一的林木采伐许可制度，加强森林资源管理。进入 20 世纪 90 年代，林木采伐实行全额管理，实行木材“采伐证”“运输证”“准销证”“经营加工许可证”“使用林地许可证”五证制度，开展林业严打整治，森林资源管理力度进一步加大。全市严厉打击非法捕杀、收购、倒卖、走私野生动植物，鼓励对野生动物进行驯养、繁殖；积极救护迷途、伤残、患病的野生动物，并加强对野生动物的传染病的监控、防治等措施；对珍贵野生植物进行“挂牌”“迁地”、繁殖、“建档”保护。2004 年，全市被划定国家生态公益林 10.63 万公顷，申报省级公益林 21 万公顷。截至 2005 年，共建立自然保护区（小区）28 个，其中省级自然保护小区 15 个，市级自然保护区 11 个，县级 2 个，保护森林面积 12.23 万公顷。

全市贯彻落实“预防为主，积极消灭”的森林防火方针。1980 年，共恢复和重建了森林防火机构 1 545 个，其中县（市）级 9 个，区乡级 403 个，村级 1 033 个。1997 年新建林火卫星通信终端地面站一个，利用卫星监测森林火灾，科学指挥灭火工作。在全省林业工作会上，襄樊市被授予“1999—2000 年度落实森林防火责任制先进地市州”；进入 21 世纪，市政府把森林防火工作目标纳入各县（市、区）年度目标管理，对森林防火实行“一票否决”。1979—2005 年，全市无重、特大森林火灾发生，森林火灾受害率控制在 0.03‰以下。

森林病虫害的危害被群众称为“不冒烟的火灾”。襄樊在 20 世纪 50—60 年代大量营造的马尾松纯林，从 70 年代起，年年发生松毛虫，经虫吃过的松林像火烧过的一样。90 年代初，对重灾区连续三年开展飞机防治，实施综合治理工程，取得显著成效，使松毛虫害这一林业上最大虫害得到有效控制。襄樊属于南方集体林区，全市集体山林，在林业“三定”以前，由乡镇村组集体经营管理和其办的林场经营管理。林业“三定”以后，逐步形成集体管理、农户承包经营、股份合作以及私有等多种形式并存的经营管理形式。尤其是 20 世纪 90 年代后期以来，全市集体山林参与了“拍卖、租赁、股份合作、联合经营、承包经营”等形式的林地流转，大部分集体山林和资产为化解乡、村、组债务而出售并转由农户或债权人经营管理。

襄樊市林产品主要有锯材、纤维板、家具、刨花板、胶合板、细木工板、木片。林特产品有木耳、香菇、茶叶等。保康的“燕牌”木耳和“燕牌”香菇，南漳的“纸壳”核桃，襄阳冬桃和柳编，枣阳的苹果、桃梨，老河口的“甫洲梨”、大仙桃，“鱼梁洲”牌银杏茶，“鹿门牌”袋料香菇，“森宝”牌天然色素，“玉皇剑”绿生茶、“泰山牌”纤维板等都是省、市名优、畅销产品。1952 年，成立襄阳木材公司，开始国家经营木材。1985 年，国家取消集体林区木材统购统销计划，开放木材市场，木材实行议购议销。从 20 世纪 90 年代中期开始，襄樊国有森工企业由于机制不活，难以适应市场经济的发展，大多数单位亏损严重，截至 2003 年，全部实行民营化改制或破产。襄樊市木材市场以销售地产材为主，间伐的小径级松、杂原木多销往福建、山东、河南等地作为纸浆和坑木用材。同时，襄樊市每年从云、贵、川等地调材 5 万～10 万立方米的大径材以补充本地的木材市场。1979—2005 年，全市生产木材 699 万立方米；1986—2005 年，主要 15 种林产品产量 35 783 吨，年均 1 789.2 吨；生产茶叶 64 168 吨，年均 3 208.4 吨；8 种主要水果产量 428.7 万吨；林业直接经济产值 72.13 亿元。

截至2005年，襄樊市从事林业的单位有市、县（市）区绿化委员会10个，护林防火指挥部10个，林业局10个，森林公安分局8个，林业派出所15个，林科所5个，国有林场22个，森防站7个，林业勘察设计单位8个，林业技术推广站7个，木材检查站13个，林政稽查队5个，乡镇林业站82个，中心骨干苗圃30个。林业系统的干部职工共7280人，其中具有高级职称有121人，中级职称519人。林业肩负着维护生态安全、优化生态环境和促进经济发展的双重使命，集第一产定、第二产业、第三产业和社会公益事业为一体，生产布局分散，点多、面广、线长。襄樊市林业在发展中也存在着许多急待解决的问题。1.造林成活率、保存率低，主要是重造轻管，粗放经营。2是由于采伐后更新不及时和更新造林失败，1985年与1999年比较，襄樊市杂灌林面积增加了5.56万公顷。3是木材综合利用率低，采伐剩余物、造材剩余物、加工剩余物，“三剩物”的利用率不到30%。

一、造林绿化

1949年，中华人民共和国成立，在毛泽东主席“植树造林，绿化祖国”“实行大地园林化”的号召下，襄阳地委、行署组织开展了“学广东、赶随县”的林业竞赛和“营林十好县”运动，实行自采种、自育苗、自造林，自管理。1956年，全区开始新建国营林场，1958年，全区开始建立社队林场。1979—2005年，全市累计育苗2.3万公顷；造林55.06万公顷；“四旁”植树5亿多株。每年参加义务植树的人平均在200万人左右，年均植树1 000万株；每年平均抚育中幼林2万多公顷。

图10—1 整地造林图（赵华礼摄于1983年）

图10—2 全民植树（赵华礼摄于1986年）

图10—3 市委书记章治文在植树（赵华礼摄于1991年2月）

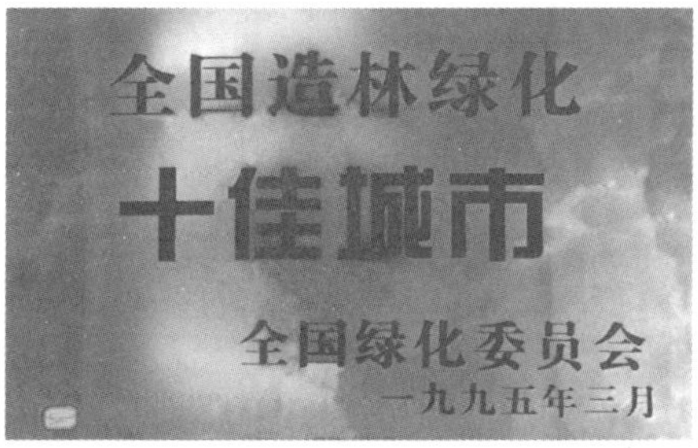

图10—4 襄樊市获全国造林绿化“十佳城市”（1995年）

图10—5 市区绿色工程 阳春门公园一角（2003年8月28日）

图10—6 春季造林电话会议（2005年2月）

(一)林木种苗

1.采种

襄樊市采种树种主要有马尾松、杉木、华山松、侧柏、柏木、板栗、茅栗、麻栎、栓皮栎、青冈栎、油桐、核桃、乌桕、漆树、杜仲、茶树、银杏、樟树、枫杨、女贞、臭椿、梓树、紫穗槐、皂荚、香椿、楸树等。采集和引进林木种子先由襄樊市林业局根据下一、二年育苗造林所需的种子，安排计划，将计划逐级分解到各县市林业局、林业站、林场，本着“按时足额、统筹使用、不误季节”的原则实施。据不完全统计(1979 年以来有统计数据的 19 年总采种量为 44.77 万公斤)，每年的采种数量 2.35 万公斤左右，以采集栎类、马尾松、杉木种子为主。

图 10—7 南漳香椿种子林(赵华礼摄于 1990 年 5 月)

图 10—8 南漳板栗(1983 年摄)

图 10—9 襄樊引种的楠竹(赵华礼摄于 1991 年 4 月)

图 10—10 南漳县林科所的湿地松苗圃(赵华礼摄于 1982 年 2 月)

襄樊市人工引进树种 25 科 45 属 144 种。引进的用材树种主要有杉木、水杉、池杉、柳杉、黑松、油松、湿地松、火炬松、日本落叶松、黄山松、长叶松、檫木、川柏、美国白杨、加拿大杨、大观杨、欧美杨、侧柏、楠竹等；引进的园林绿化树种主要有广玉兰、白玉兰、罗汉松、雪松、红花继木、花石榴、黄杨、龙柏等；引进的经济林树种主要有：油茶、油橄榄、文冠果、白腊树、糖槭树、三年桐、千年桐、福灵大毫茶叶等；引种驯化成功并用于成片造林的用材树种有湿地松、火炬松、日本落叶松、欧美杨系列的“63 杨、69 杨、72 杨、107 杨、天演杨、中潜杨、辽河杨”等无性系杨树。1970 年，全区开始引进湿地松、火炬松等优良树种，70 年代末开始兴建母树林。由于片面借鉴“广济栽杉”经验，且栽后管理不到位，同期在丘陵岗地建杉木基地 1 万多公顷，保存率仅 15%左右；在丘陵山区建油茶基地 1.33 万公顷，由于管理粗放，平均亩产茶油 1 ~ 2 公斤，后大面积伐除。南漳、保康从浙江引进的大叶桑，在高山安不了家；从湖南、四川等地引进的红橘，同样不适应高山生长。80—90 年代，襄阳县引进的苍溪雪梨、宜城市引进的富森苹果等因气候不适宜，均遭受重大损失，逐步被淘汰。1980年，全市对140公顷的水杉、池杉以及73.3公顷的湿地松、火炬松母树林进行了耕抚、施肥管理。当年，有 2 公顷的国外松母树林试花挂果。1983 年，襄阳、枣阳、保康等县开始建立林木种子公司，开展林木种子的收购、贮藏、检验工作，形成种子采收、经营、供应体系。

2.育苗

20 世纪 70 年代末 80 年代中期，全市育苗主要是为“两林”基地和襄枣宜结合部速生丰产基地培育杉木、油茶、油橄榄、马尾松、国外松、杨树等苗木。据统计，1979—2005 年，全市累计育苗面积 23001 公顷，平均年育苗面积 884.7 公顷。

1988 年，襄樊市大旱，人、畜饮水困难，林木落花落果，苗圃干裂，大田育苗损失严重。为此，全市首次开展秋季塑料大棚容器育苗，共培育湿地松苗100多万株。当年3月，襄樊市编委批准成立“襄樊市林业种苗站”。

1991年，全市容器育苗达到最高水平，春秋两季共育容器苗4200万袋。同时，首次使用ABT生根粉育苗500多万株。引进试验的杨树新品种22个，培育杨树、杉木、核桃、板栗等30个苗木新品系。

图10—11 百花山林场绿化苗圃(老河口市林业局 2001年3月摄)

图10—12 官山林场苗木管理(林业局1990年摄)

图10—13 谷城油茶育苗 襄樊市林业局照片(赵华礼摄于1990年2月)

图10—14 政策好 苗俏销(2005年3月摄)

1995—1996年，襄樊市各地因连降大雨，苗圃被淹、长期受渍，苗木受损严重。各地采用“保住一块，新增一块、调剂一块”和“能保一亩就保一亩，能保一株就保一株”的特别办法，对大田苗木加强田间管理，对受灾苗木组织专班抢救，对品种不对路或数量有缺口的地方，及早进行余缺调剂。两年共完成育苗1300.8公顷，生产合格苗8000万株；容器育苗909万袋。由于苗圃受灾，苗木质量较往年差。

1999年底，襄樊市高新技术开发区团山镇政府将租赁给市农发办用于农业综合开发的该镇施坡林场转租给市林业局，建立苗圃基地，总面积113.33公顷，租期20年（含农发办租用的2年）。2001年9月13日，市编委批准成立湖北省林业局襄樊示范苗圃，定编10人，为自收自支的事业单位。

2002年，襄樊市调整育苗品种结构，种苗花卉发展取得新突破。全年完成育苗1020公顷，其中留床苗147.6公顷，新育苗859公顷。首次规模化生产花卉，种植面积368公顷，包括鲜切花、盆花、盆景、草坪、绿化苗木、特色花卉等。

2003年6月13日，市林木种苗协会成立，选举产生种苗协会的理事长和理事。

2004年3月，樊城区林业技术推广中心，采用快繁技术，繁殖矮化紫薇，成活率达100%。

（二）造林技术与主要造林树种

新中国成立后，襄樊市造林技术基本采用林业部提出的“造林六项基本措施”，开展造林绿化。1983年，襄樊市首次利用飞机播种造林。1989年，由于容器育苗技术的推广，开始变春季一季造林为春夏秋冬“四季”造林，成活率提高到95%以上。进入20世纪90年代，襄樊市造林实行先调查论证，再规则设计，按规划设计施工，按工程标准进行管理，因地制宜，集中连片，适地适树。1994年，全市通过垦复、抚育，复壮以及更换品种等措施改造现有低产、低效的油茶、油桐，乌桕等经济林1万公顷；通过对野生板栗嫁接良种建板栗基地和通过砍除非目的树种，除萌留壮及垦复林地等措施培育耳菇林基地。

襄樊市“四旁”绿化树种主要有杨树、柳树、枫杨、笔柏、法桐、樟树、雪松、水杉、桂花等；用材林树种主要有马尾松、湿地松、火炬松、杨树、栎树、泡桐、杉木、水杉、竹子等；经济林树种主要有：桑树、茶叶、桃、梨、柑橘、枣、板栗、核桃、柿树、乌桕、油茶、杜仲、银杏、花椒等；防护林树种主要有：杨树、马尾松、栎类、软阔类树种等；薪炭林树种主要有：麻栎、栓皮栎、刺槐、紫穗槐等；襄樊市“市树”为女贞，“市花”为紫薇。

（三）义务植树

襄樊市每年在3月12日“植树节”期间开展义务植树。1982—1986年，全市共投入1448.9万人次参加义务植树，完成义务植树6466.1万株（含片林折算5486公顷的株数），平均每人每年植树4.5株。

图10—15 营造“三八林”2005年3月摄

1989—1998年，襄樊市利用义务植树推动灭荒、绿化达标，共有1829.7万人履行植树义务，占应履行义务植树人数的91.2%，共植树1.21亿株，人均6.6株。兴建义务植树基地3000多个。

1999—2005年，襄樊市将义务植树同林业重点工程建设结合起来，在机关、企、事业单位、学校开展“植绿、护绿、爱绿、兴绿”活动。1999年，参加人数228.3万人，植树1169.3万株，尽责率为89.2%；2000年参加人数222万人，植树1131万株，尽责率为88%；2001年参加人数253万人，植树1527.5万株，尽责率为74%；2002年参加人数222万人，植树1206万株，尽责率为76.8%；2003年参加人数200万人，植树869万株，尽责率为85%；2004年，参加人数230万人，植树964万株；2005年参加人数270万人，植树1115万株，尽责率达90.45%。全市共建义务植树基地5773公顷。

图10—16 义务植树十周年 1989年摄

（四）造林林种与“四旁”植树

1.用材林

1979—1985年，襄樊营造以杉木、泡桐、国外松、杨树为主的用材林9.6万公顷，其中以杉木为主的基地造林1.6万公顷。1986—1989年，围绕“三大片一条线”（即襄枣宜结合部、鄂北岗地、南保谷老林区、汉江沿岸）开展用材林建设。截至1989年，襄、枣、宜结合部以湿地松、火炬松、马尾松为主要树种的速生丰产用材林基地已发展到1.53万公顷；南、保、谷3县老林区飞播造林1.47万公顷；汉江沿岸速生丰产林造林3047公顷。4年间，用材林在各林种造林中的造林比重依次为：81%、65%、54%、54%。1990—1994年，结合“灭荒”，重点建设3个商品材基地。继续在襄、枣、宜结合部建设以国外松为主速生丰产林基地，新造林1.48万公顷，使该区域的有林地面积达8.87万公顷；在汉江沿岸建设以意杨为主的速生丰产林，造林1.43万公顷，使活立木蓄积达108万立方米；在南、保、谷老林区，普遍实行造、封、管综合营林措施，使森林资源得到了一定的恢复，在高山、中山地区继续营造松、杉等优质速生树种，使西南山区达到6667公顷杉木用材林基地。1995—1999年，发展短周期工业原料林，即以意杨、湿地松、火炬松等为主的人造板、纸浆用材林。到1999年，襄、枣、宜结合部用材林基地，已营造国外松、马尾松、杉木为主的用材林6.33万公顷；南、保、谷老林区用材林基地，已完成造林5.33万公顷，其中人工造林3.33万公顷，迹地更新1万公顷，低产林改造1万公顷；汉江沿岸以意杨为主的速生丰产林基地，已完成1.67万公顷，活立木蓄积量达118万立方米。2000—2005年，利用汉江两岸和鄂北岗地资源，投资2260万元，建成4.67万公顷的速生杨产业带，其中宜城、樊城、老河口、谷城、襄阳区各0.67万公顷，枣阳1.33万公顷。1979—2005年襄樊市共造用材林27.54万公顷，平均每年1.02万公顷。截至2005年，全市用材林优势树种保存总面积25.94万公顷，其中马尾松13.96万公顷，栎类7.78万公顷，阔针类3.22万公顷，杉木6862公顷，柏木1500公顷。

2.防护林

1984年，襄樊市开始鄂北岗地防护林建设。国家把谷城县列入"长江中上游防护林工程"建设试点县，1989年开始实施。1990年，在汉江沿岸进行治沙造林；2000年，在保康开始实施天然林保护工程；2001年，开始在全市实施退耕还林工程。2002年，开始绿色通道工程建设。2005年，共区划上报国家重点公益林面积17.77万公顷。经中南调查规划设计院核查，确定襄樊市的国家重点公益林面积为15.33万公顷。省林业局确定襄樊市第一批正式启动国家重点公益林面积为10.63万公顷，其中襄阳区1048.8公顷，枣阳市5746.5公顷，宜城市6084.7公顷，南漳县6.15万公顷，谷城县2.8万公顷，老河口市1084.7公顷，襄城区2135.1公顷，樊城区589.3公顷。并已签订国家重点生态公益林管护合同面积10.59万公顷，其中国有单位23个，面积1.54万公顷；集体单位239个，面积7.88万公顷；个人1.18万公顷，农户11939户。1979—2005年，襄樊市共营造防护林面积7.17万公顷，年均2648公顷。截至2005年，襄樊市防护林保存总面积23.58万公顷。主要树种有栎类12.32万公顷，马尾松5.3万公顷，软阔2.06万公顷，针阔混交林1.78万公顷，阔叶混交林9401公顷。

3.经济林

80年代初、中期襄樊市开始调整林种结构，增加经济林的比重。1994—2000年，全市经济林营造比重占造林总面积的比重分别为58%、66%、58%、59%、51%、45%、50%。1994年，襄樊市营造经济林1.68万公顷，占造林总面积的58%，开始居各林种造林面积之首；1997年，贯彻实施省委、省政府关于建设林业"绿色致富工程"的决定，襄樊市重点在南、保、谷3个山区县建设经济林基地。截至2000年，该地区3万亩以上经济林乡镇32个，占乡镇总数的57%；5万亩以上的菇耳林乡镇13个，万亩以上的板栗乡镇8个，3000亩以上的茶叶乡镇19个，基本实现山区县人均一亩经济林。4个丘陵县（市）经济林面积在3万亩以上的有26个乡镇，占乡镇总数的32%。1979—2005年，共营造经济林17.01万公顷，年均营造经济林6301.7公顷。截至2005年，全市经济林优势树种总面积6.99万公顷，其中油料林1152公顷（油茶662.9公顷；油桐474.1公顷，乌桕14.7公顷）；特种用途林1831公顷（漆树47.2公顷，棕榈17.6公顷，栓皮栎151.6公顷，银杏660.7公顷，杜仲944.7公顷，厚朴9.2公顷）；果树林3.19万公顷（柑橘类3353.8公顷，苹果1003.6公顷，梨桃李1.51万公顷，枣324公顷，柿135.6公顷，板栗1.16万公顷，核桃75.3公顷，山楂4.5公顷，葡萄、猕猴桃353.3公顷）；其他经济林3.5万公顷（茶叶1.14万公顷，花椒347.3公顷，肉桂6.8公顷，桂花0.2公顷，菇耳林2.27万公顷，桑蚕563.8公顷，其他1.5公顷）。

4.薪炭林

襄樊市除山区外，普遍缺柴，尤以鄂北岗地最为严重。1987年8月4日，国家经委、财政部，中行、农行下发《关于下达1987年农村能源国营企业技术改造贴息贷款项目计划的通知》，下达襄樊市洪山头等九个国营林场"10万亩薪炭林基地"建设任务，总投资416万元，其中国家贴息贷款300万元，自筹 116 万元，贴息期限 5 年，工程起止年限 1987—1989 年。接通知后，市经委、财政局、农行、林业局将 1987 年的 1667 公顷薪炭林技改和 100 万元的贷款指标分解到县，即襄阳县 14 万元，造林 233.3 公顷；枣阳市 58 万元，造林 966.7 公顷；宜城县 28 万元，造林 466.7 公顷，12 月 8 日正式下达到三个县市。此后，项目区各县（市）逐步完成了薪炭林建设任务。1991 年，枣阳市被林业部列为“八五”薪炭林试点县（市）。枣阳市在 6 个乡镇，32 个村，25210 个农户，共建立良种、壮苗采育基地 28 公顷，采种 104.9 万公斤，容器育苗 358.8 万袋，完成试点造林 718 公顷，其中麻栎 508 公顷，刺槐 153.4 公顷，紫穗槐 56.6 公顷。累计筹措资金 36.5 万元，其中林业部拨款 5 万元，省配套 5 万元，该市财政 10 万元，银行贷款 4 万元，村组自筹 12.6 万元，群众投入 27.5 万个工日。1979—2005 年，全市共造薪炭林 1.8 万公顷，平均年造薪炭林 668.6 公顷。

5. 特用林

襄樊市特用林主要是风景林、特用林、母树林和军队营地建设的国防林。主要的风景林、母树林有襄樊烈士陵园，古隆中风景区等；主要的母树林有原地区林科所、襄阳县洪山头林场、寨子山林场营造的湿地松、火炬松母树林、市林科所建设的隆中植物园等。1979—2005 年，共营造特用林 7474 公顷。1999 年二类调查，襄樊市特用林保存面积为 6444 公顷。

6.“四旁”植树

在宅旁、村旁、路旁、水旁植树称为“四旁”植树。市委、市政府每年把“四旁”植树纳入襄樊市林业生产任务内容，以文件下发各县(市)实施。新世纪到来后，襄樊市在乡村围绕新农村建设、在城镇围绕庭院绿化、美化、在襄樊市区内围绕“绿色襄樊”建设、在路旁围绕“绿色通道工程”建设、在江河岸边围绕“治沙造林工程”建设，大力开展“四旁植树”，建设生态村、生态家园、园林城市。1979—2005 年，襄樊市“四旁”植树 5 亿多株。1979—2005 年全市分年度人工造林面积（见表 10—1）。

图 10—18 花园工厂——襄樊市自来水厂（赵华礼、王学梅摄于 1997 年 5 月）

图 10—17 诸葛亮广场一角（赵华礼、王学梅摄于 2001 年）

图 10—19 国家园林城市新华游乐园一角（赵华礼摄于 2001 年 10 月 25 日）

图 10—20 薤山森林公园的湖光山色（王学梅摄于 1996 年 7 月 14 日）

1979—2005 年襄樊市分年度人工造林面积汇总

表 10—1　　　　单位：公顷

年份	当年造林面积合计（公顷）					
	小计	用材林	经济林	防护林	薪炭林	特种用途林
1979	14 827	7360	5760	1220	193	294
1980	14 113	7200	5167	1587	147	12
1981	12 320	7280	3493	1353	173	21
1982	12 627	7240	3787	1273	200	127
1983	18 247	10227	6007	1527	80	406
1984	19 173	12873	3920	1687	113	580
1985	22 460	18247	2067	1293	113	740
1986	10 933	8953	1140	467	40	333
1987	22 667	14807	3687	1020	253	2900
1988	8 599	4647	1733	493	333	1393
1989	9 333	5060	1100	2293	647	233
1990	18 961	11680	2367	4367	467	80
1991	35 921	24660	3687	6087	1487	—
1992	34 150	21860	4280	6370	1640	—
1993	24 978	15920	4631	2861	1566	—
1994	29 001	6141	16778	4500	1549	33
1995	25 669	5344	16942	2488	893	2
1996	23 553	6560	13696	2295	1002	—
1997	25 778	8034	15150	1670	924	—
1998	24 780	10619	12588	1176	394	3
1999	25 190	9571	11385	3860	358	16
2000	16 937	4320	8481	2826	1309	1
2001	14 691	3712	5351	4056	1552	20
2002	19 323	8426	4933	4996	740	228
2003	28 358	13837	6790	7104	591	36
2004	18 244	10254	2784	5206	—	—
2005	19 771	10555	2441	5472	1287	16
合计	550 604	275387	170145	79547	18051	7474

（五）林业重点工程

1.“两林”基地

襄樊市营造的用材林和经济林基地，简称“两林”基地。1973—1985 年，襄樊市“两林”基地造林共 3.32 万公顷，其中以杉木为主的用材林 2.26 万公顷，以油茶（34 片，1 万公顷）、油橄榄（31 片 36.2 万株）为主的经济林 1.06 万公顷。1981 年以后，因杉木在岗地上生长不良而被放弃岗地栽杉，杉木造林主要在山区开展；1986 年以后，由于油茶、油橄榄产量与预期产量相差较大而逐渐被淘汰。1985 年二类调查，全市杉木造林保存面积 8832 公顷，蓄积 26.2 万立方米；油茶造林保存面积为 2066.6 公顷。

1999年二类调查:全市杉木造林保存面积为6 935公顷,蓄积25.5万立方米;油茶保存面积662.9公顷。

2.老林区恢复与迹地更新

老林区包括李庙、东巩、大水、官九四大林区(森林总面积94 351公顷)和谷城的粟谷、赵湾、五山、石花、紫金、薤山、承恩寺林场7个区、场(森林面积3 714公顷),森林总面积9.8万公顷。李庙林区包括南漳长坪的标湖、白峪村和李庙的磨坪、罗坪、马鹿、下湾、堰沟、瓦庙、南沟、北沟、阳坡村共11个村;东巩林区包括南漳东巩的陆坪、灯塔、全益、全丰、全胜、青年、高灯、杨店、双河、旗星、苍坪、高峰、大道、东红、金红、联合、立新、中心(18个村)以及肖堰的肖堰等12个村,共41个村;大水林区包括保康大水的申坪、朱砂、温坪、长岭、川山、杨家河、莲花、冯家湾、龙坪、十字冲、大阳坡、香龙山、仁合、茨菇垴和大水林场15个村场;官九林区包括保康歇马的施家沟、马鹿岩、许家阴坡、王家垴、简槽、杨家岭、白水河、王家大坪、九路寨和欧店的横河、千家坪、卢家湾、油山、长岭、国有官山林场以及马桥的桃坪河村共计16个村、场。从20世纪50年代后期到80年代中期,累计为国家提供木材183万立方米,年消耗蓄积量超过年生长量的21%,同时还提供大量的林副产品。1973—1985年,完成迹地更新面积1.34万公顷,改造低产林1.87万公顷,年封山育林1.47万公顷,中、幼林抚育0.333万公顷。

森林采伐后的林地称为采伐迹地,森林火灾毁林后的林地称为火烧迹地。对采伐迹地和火烧迹地采取人工造林和封山育林措施恢复森林的过程称为迹地更新。

1986年,襄樊市贯彻执行林业部发布施行的《森林采伐更新办法》,实行限额采伐。本市的南漳、保康、谷城山区县实行"砍一立方米木材,造半亩林"的迹地更新地方性政策,全年全市迹地更新面积320公顷。

1987年10月,为确保采伐迹地得到及时更新,襄樊市林业局下发《关于对采伐林地更新情况组织清查的通知》。各地按照市林业局的要求,建立林木采伐和迹地更新台账,实行全程追踪管理,确保采伐迹地按质按量完成更新,全市全年共完成迹地更新面积1 633公顷。谷城县林业局实行"上年度没有完成采伐更新的不批采伐证"措施在襄樊市得以推广。

1988年,襄樊市的一些县(市)为保证更新造林成功,在伐前先征收迹地更新造林保证金,每亩50~120元不等,伐后完成同等采伐面积的造林并验收合格后,把征收的"迹地更新造林保证金"返还给经营者。

1990年,谷城把迹地更新纳入"长江中上游防护林"建设项目,完成迹地更新667公顷。

1991年,在南、保、谷老林区,实行造、封、管综合营林措施,大力建设林业基地。南漳县通过点橡子、容器育苗造林、低产林改造,完成迹地更新333公顷。

1992—1993年,襄樊市迹地更新造林与"灭荒"造林相结合,2年迹地更新造林面积1 233公顷。

1994—1995年,市委、市政府要求所有采伐迹地当年或次年内更新还林,安排南、保、谷3个山区县开展以工代赈造林。三县在采伐迹地上改造茅栗嫁接良种板栗建基地1 330公顷。到1998年,全市迹地更新造林2 953公顷。

1999—2002年,襄樊市在西南山区以封山育林和退耕还林为重点开展迹地更新造林,共完成造林6894公顷,其中迹地造林1 00公顷。

1986—2005年,全市累计迹地更新造林1.5万公顷,其中2005年迹地更新造林379公顷。

3.襄枣宜结合部速生丰产林基地

襄(阳)、枣(阳)、宜(城)三县(市)结合部,地处汉水之东,属于三县的边远地区和革命老区。该地区包括襄阳县的黄龙、东津、峪山、张家集、鹿门寺林场,枣阳县的熊集、耿集、平林、车河、清潭及青峰岭林场;宜城县的流水、讴乐、板桥、新街、王集、南营、长北山林场、黑石沟林场、寨子山实验林场等。

共有 9 个区、5 个国营林场、5 个农(园艺、畜牧)场、37 个乡、260 个大队、19699 个生产队、80085 户,41 万余人,劳力 220825 个。结合部总面积 31.83 万公顷,其中有林地面积 6.94 万公顷,宜林荒山 2.53 万公顷,森林覆盖率 21.8%,境内以低山丘陵为主。

1976 年,经省林业厅批准,襄枣宜结合部正式纳入用材林基地项目建设。1976—1983 年,"基地"造林保存面积 2.21 万公顷,其中马尾松 9434.46 公顷,杉木 2963 公顷,湿地松、火炬松 2798 公顷,经济林 2284.7 公顷,其他 4649.6 公顷。

1984 年,林业厅投资 345 万元(不含地方配套和自筹)在襄枣宜结合部建设以国外松为主的用材林,建设面积 4600 公顷,建设年限 1984—1993 年。1993 年底,经省林业厅检查验收,完成投资 345.5 万元,完成基地造林 4600 公顷。造林面积核实率 95 %,保存率 98.2%,生长达标率 94.5%,达到了设计要求和部、省颁布速生用材林的标准。1989 年,市林业局提出在"基地"内再建设 10 万亩以国外松为主的速生丰产林基地。至 1995 年,在"基地"内共营造国外松林面积 28135 公顷。襄阳县黄龙区李岗乡林场 1975 年造国外松 13.3 公顷,1986 年调查:平均高 9.5 米,平均胸径 17.7 厘米,亩平蓄积 7.08 立方米;国有黑石沟林场栽植湿地松、火炬松林 150 公顷,其中 1976 年栽植的湿地松 70 公顷,平均高 11.5 米,平均胸径 28 厘米,年采脂 200 吨左右。截至 2005 年,襄枣宜结合部营造以国外松、马尾松、杉木为主的用材林 6.33 万公顷。

4.飞播造林

飞机播种造林是一种高度机械化、不受地形、地貌限制、模拟天然下种的造林作业方法。1983 年,襄樊市首次在南漳刘集开展飞机播种造林,播种面积 0.16 万公顷,飞播种子为马尾松、刺槐、川柏种子。1983—1993 年, 全市飞播造林面积分别为 1984 年 0.4 万公顷,1985 年 0.96 万公顷,1986 年 1.34 万公顷,1987 年 1.27 万公顷,1990 年 0.67 万公顷,1991 年 1.36 万公顷,1992 年 0.81 万公顷,1993 年 0.41 万公顷。1994 年,襄樊市"灭荒"造林结束后,飞播造林也随之结束。

图 10-21　保康县飞机播种造林(照片来源于《襄樊日报》,1991 年摄)

全市飞播造林总投资 338.68 万元 (投资和支出部分含随州),按投资渠道分:中央投资 125.57 万元,省投资 109.17 万元,地县投资 77.94 万元,乡村投资 26 万元;按县市分:随州 158.23 万元,南漳县 94 万元,保康县71.88 万元,谷城县 13.14 万元,老河口市 1.43 万元。总支出 338.68 万元,其中规划设计费 5.51 万元,种子费 210.78 万元,飞行费 26.39 万元,林地处置费 18.21 万元,管护费 64.26 万元,运输费 5.44 万元,购置费 8.09 万元。在飞播造林的 11 年中,除 1988 年和 1989 年两年没有飞播造林外, 其余 9 个年份共飞 12 个播区, 累计飞播 274 架次,253.1 小时。播区总面积 8.38 万公顷,其中有效面积 4.1 万公顷,南漳重播面积 1.38 万公顷,飞播效果最好的是保康县,平均每公顷投资 77.9 元。据 1994 年飞播清查, 襄樊市播区有林面积 1.321 万公顷, 保存面积为 1.004 万公顷, 其中南漳 720 公顷; 保康 9 233.3 公顷; 谷城 86.6 公顷。老河口市 1984 年飞播 800 公顷,(由于播后连续干旱)全部失败。保存的优势树种为:马尾松5 048公顷;柏木84公顷;油松123公顷;栎类 3 320 公顷;黑松 339 公顷; 黄山松 93 公顷; 其他 1 033 公顷。

图 10—22 南漳县飞机播种造林(赵华礼摄于 1983 年)

5.汉江沿岸杨树速生丰产林

汉水进入襄樊市至宜城市岛口村，流经老河口市、谷城、襄阳、宜城4县(市)区及襄樊城区，境内全长195公里，沿岸有宜林沙滩、洲地1.33万公顷。土壤多为沙壤土、沙土和夹沙土，适宜乡土树种枫杨和引进树种意杨等林木的生长。1975年，市林业局从省林科所引进9个意杨无性系品种开展试验和驯化。1980年，开始在谷城的冷集、庙滩和襄阳的东津等地对69杨、72杨、63杨、214杨、沙兰杨5个无性系进行推广造林。1980—1983年，省林业厅共拨汉江沿岸速生丰产林扶助款80.7万元，应完成造林任务2 793.3公顷，沿岸县市原上报完成3 252.6公顷，实际保存面积2 291公顷。襄樊市在推广应用杨树“三大一深”(大苗、大窝、大株行距、深栽)的实践中，还试验摸索出了“栽前浸泡”办法，即苗木在栽前放在清水中浸泡1～3天。吸足水分的苗木生命力特强，使造林平均成活率由过去的70%提高到95%，而且生长旺盛。1991—1995年，襄樊市在汉江流域发展杨树速生丰产林2万公顷。由于杨树生长快，一般10年左右便被采伐利用。据调查，到2005年全市汉江沿岸的杨树造林保存面积1.42万公顷。

6.鄂北防护林

(1)鄂北岗地防护林一期工程

鄂北岗地地处南阳盆地的南缘，坐落在桐柏山与伏牛山对峙的“南襄隘道”，是湖北通向北方的唯一低平缺口。由于过去没有形成有效的森林屏障，北方冷空气由此长驱直入，顺汉江直达洞庭湖畔，南北气流频繁交错，在该地形成了春季的“黄灰”(当地群众的俗称，实际上是“沙尘、浮尘”)和夏初的“干热风”以及夏季的“冰雹”，导致春寒退得迟，秋旱来得早，自然灾害频繁发生，尤其是旱灾可谓三年一大旱，年年有小旱，伏旱连秋旱，百日不下雨也是常事。因此这里是全省有名的“风口子”、“旱包子”、“雹窝子”。由于“水”、“旱”、“风”三个主要因子的障碍，制约了该地经济和社会的发展。鄂北岗地包括襄阳和枣阳的北部，老河口的全部以及随州市的部分乡镇，总面积73.29万公顷，其中耕地面积37.39万公顷；林地总面积14.24万公顷，其中有林地面积10.24万公顷，宜林荒山面积4万公顷，森林覆盖率8.8%。1984年，襄樊市林业局组织专班，在实地调查研究、勘察设计的基础上制定了《鄂北岗地防护林体系工程建设总体规划》，写出《关于建设鄂北岗地防护林体系工程》的专题报告。本着讲究实效，因地制宜，因害设防，节约耕地的原则，充分利用现有路、渠、堤设置林带；利用成片荒山发展片林；利用村宅建设湾子林；利用农田建设林网。规划建设东西走向的主林带8条，长631公里，南北走向的副林带14条，长515公里，同时绿化道路3582公里，渠道1356公里，堤防河岸540公里，村庄闲散地1.17万公顷，建立农田林网13.4万公顷，营造片林5.29万公顷，共需栽植各类树木3亿株。市林业局1987年9月调查统计，鄂北岗地防护林第一期工程完成情况如下：

①主林带完成情况：第1条主林带完成了34.25公里，植树8行8.5万株。第2条主林带，比原设计增加4公里长。老河口市境内植树8行，襄阳县境内植树10行，共植树18.2万株。第3条主林带植树10行，18万株。第4条主林带，比原设计增加了5公里，植树10行，襄阳、枣阳两县共植树59.95万株。第5条主林带，比原设计增加长度15.25公里，植树10行，共植树55.25万株。第6条主林带，比原设计增加长度21公里，植树10行，52.25万株。第7条主林带，比原设计增加长度2.7公里，植树10行，16.7万株。第8条主林带，比原设计减少长度42.1公里，植树41.2万株。此外还增加了5条2级主林带，全在枣阳县境内，总长76.7公里，植树24.48万株。主林带共植树750公里，294.5万株。

②副林带植树完成情况：第1条至第4条副林带位于老河口市内，总长68.5公里，植树4～6行，共植树16.8万株。第5条至第9条副林带，位于襄阳县境内，除第7条38公里未施工外，其余4条长146.6公里，植树32.37万株。第10条至第14条副林带位于枣阳县境内，长117.9公里，植树35.4万株。各县(市)增设的2级副林带是：老河口增设4条，长85.5公里，植树20.8万株。襄阳县增设32

条，长 387.4 公里，植树 122.62 万株。枣阳增设 10 条，长 123.4 公里，植树 40.5 万株。副林带共植树 929.3 公里，268.49 万株。

③农田林网：在鄂北岗地 53 个区镇有 27 个区镇营造东西走向的网带 624 条，长 143.2 公里，植树 165.49 万株；营造南北走向的网带 631 条，长 35.41 公里，植树 143.37 万株；共建网格 2 471 个，林网面积 8.12 万公顷，共植树 313.36 万株。

护路林带：每路两侧植树 2～4 行，已完成 826 条路段，长 3 012.06 公里，植树 459.6 万株。

护渠林带：造护渠林带 179 条，长 1 060.1 公里，植树 245.92 万株。

护堤林带：营造护堤林带 32 条，长 459.1 公里，植树 136.06 万株。

环卫村林带：完成 0.76 万公顷，植树 1 166.35 万株。

④片林：完成片林造林 1.4 万公顷，植树 3 647.44 万株。

⑤工程投资投劳核算：防护林第 1 期工程共植树 6 531.72 万株，有意杨、栎类、湿地松、刺槐、马尾松、紫穗槐、柑橘、苹果、桃、枫杨、泡桐等。工程总投劳 776.54 万个，总投资 2 519.23 万元。其中老河口市 205.01 万元，襄阳县 1 381.25 万元，枣阳县 787.34 万元，随州市 145.63 万元。

投资渠道：省林业厅下达的基地造林资金 88.7 万元、各县（市）财政 8.86 万元、区镇财政 13.71 万元、乡镇企业集资 30.21 万元、集体集资 832.46 万元，其余为个人集资和投劳折资。

资金使用情况：种苗费 866.61 万元；整地费 467.53 万元；造林费 322.77 万元；病虫防治费 24.46 万元；护林员工资 249.48 万元；抚育管理经费 588.38 万元。

工程建设成果：湖北省科学技术委员会组织对《鄂北岗地防护林营造技术及其效益的研究》成果进行了鉴定。鉴定认为：利用生物工程的综合技术措施，从根本上改善了本地区的生态环境。该课题规划设计方案，依据因地制宜，因害设防。尽量利用路、堤、渠、空地、荒山，少占耕地的原则，实行点、带、面、网、圈全面规划，采用乔灌草结合，针阔叶混交，落叶与常绿相间，防护效益与用材、经济、绿肥、饲料等生产效益相结合，多林种、多树种、多层次的立体结构，建立一个生态经济立体林业模式，在全国防护林建设中颇具特色。创造和推广了意杨栽前"泡苗"和秋季带叶造林技术，风口地段深栽防倒技术，意杨与刺槐混交造林技术。同时在主、副林带株行距的设计中，改宽行窄株为宽行宽株，既发挥了优势又少占了耕地。该课题在四年的实施工作中，按规划设计和营造技术，已完成主林带 13 条，750 公里，副林带 63 条，943.3 公里，并营造了大面积的护路林、护堤林、护渠林、农田林网、片林和环卫村林，共植树 6000 余万株。森林覆盖率由原来的 8.8%提高到 12.3%；林网内平均风速比旷野风速降低 36.5%；冬季可增温或夏季可降 0.5℃～1.3℃；土壤湿度提高 3.01%；蒸发量降低 12.4%。明显地改善了生态环境。鉴定结论：该课题的研究成果，在规划设计、营造技术和生态、经济与社会效益方面，在本省都是领先的，并达到国内同类研究的先进水平。

（2）鄂北岗地防护林二期工程

1998 年 12 月，湖北省林业勘察设计院在鄂北岗地防护林一期工程建设的基础上进行了第二次规划设计，编制了《湖北省鄂北防护林工程项目总体规划》。项目建设内容和规模：新建防护林工程、农田林网工程、国道与省道绿化工程、固沙护岸林工程和水土保持林工程，造林总规模 6.67 万公顷，其中防风林带造林 7 318 公顷、农田林网造林 1.33 万公顷、国省道绿化造林 1414 公顷、固沙护岸造林 2.02 万公顷、水土保持林造林 2.45 万公顷。项目建设期为 5 年，即 1999—2003 年。其中前 3 年实施造林，后 2 年实施抚育。项目投资30 000万元。其中拟国家投资15 000万元，地方配套6 000万元，项目区群众投资折劳9 000万元。将项目区划为鄂北岗地、汉江沿岸、平原和鄂北丘陵（丘岗）三大立地区域。

鄂北岗地包括枣阳市北部、襄阳县北部、老河口市全部，位于项目区北部，面积 50.5 万公顷，占项目区总面积的 53%。其中：枣北 22.29 万公顷，襄北及襄西铁路沿线以北，面积 22.11 万公顷；老北面积 6.09 万公顷。

汉江沿岸平原包括老河口市南部、襄阳县南部、宜城市西北部，位于项目区南部汉江沿岸，面积 18 万公顷，占项目区总面积的 19%。其中：老（河口）南沿岸面积 2.03 万公顷；襄（阳）南沿岸面积 7.06 万公顷；宜（城）西北面积 8.9 万公顷。

鄂北丘陵（丘岗）包括随西北、襄南、老西北，位于项目区东部、西部和中南部，面积 27.05 万公顷，占项目区总面积的 28%。其中：随西北面积 16.77 万公顷；襄南丘陵面积 7.91 万公顷；老西北面积 2.36 万公顷。

图 10—23 鄂北防护林之农田林网（襄樊市林业局摄于 1988 年）

1999 年，省委、省政府将鄂北防护林工程确定为全省十大林业重点工程之一。市委、市政府作出《关于大力建设鄂北防护林工程的决定》，成立鄂北防护林工程建设领导小组，市委副书记杨祥义任组长，市政府副市长王芳玉任副组长，领导小组下设办公室，市委副秘书长丁国书任办公室主任，市政府副秘书长彭占银、市林业局局长彭显明任副主任，市农委、林业、交通、铁路、水利、农业、财政、农垦、农发办、城建等部门主要负责人为小组成员。各项目县（市）区、开发区成立相应的组织机构。为了确保工程的顺利实施，市政府与项目县（市）区签订 1999—2003 年目标责任状。

截至 2005 年，鄂北防护林已建成主林带 1003.5 公里，副林带 624.7 公里，固沙护岸林 2.29 万公顷，水土保持林 1.93 万公顷，农田林网植树 1558 万株，建设湾子林 1 万公顷，片林 5.33 万公顷，共植树 1.5 亿株。

7.长江中上游防护林

长江中上游防护林工程是国家十大重点生态工程之一。1987 年 8 月，林业部下达《关于确定长江中上游防护林建设总体规划第一期工程重点县的函》，确定湖北省谷城县等 14 个县（市）区列入第一期工程。并把谷城县定为开展“长防林”工程建设总体设计试点县。1988 年，谷城县完成《长江中上游防护林体系谷城县工程建设》总体设计，设计总面积 15.91 万公顷，其中人工造林 3.17 万公顷，封山育林、封山管护、低产林改造 12.74 万公顷。总投资概算为 5 807.54 万元。1989 年，谷城县正式启动长江中上游防护林体系建设工程，1990 年开始全面建设。当年，谷城全县投入劳力 11 万个，完成工程造林 3 133 公顷，其中防护林 1 567 公顷，经济林 380 公顷，用材林 907 公顷，薪炭林 273 公顷，封山育林 5 467 公顷，治理面积 8 667 公顷。同年 4 月 21 日，林业部在襄樊召开“长江中上游防护林体系”建设会议，与会的代表到谷城县参观防护林工程建设基地。林业部部长高德占称赞：“谷城长防工程这个头开得好，基地建设搞得扎实。”1992 年 9 月，《人民日报》《中国林业报》《环境报》等北京 8 家新闻单位来襄樊市采访谷城“长防林”，发表有关新闻稿件 12 篇，并拉开“绿色长城万里行”的宣传帷幕。1993 年，南漳县作为长防林工程辐射县也被纳入长防林工程建设之列。1995 年，谷城、南漳长防林完成人工造林 2 747 公顷，封育 3 453 公顷，封改 2813 公顷，谷城县当年通过“长防林”建设第一阶段竣工验收。1996 年，保康县自我启动“长防林”工程。截至 1996 年，3 个县的“长防林”工程建设总投资为 235 万元，其中谷城 110 万元，南漳县 75 万元，保康县 50 万元。国家投资 173 万元，其中谷城 48 万元，南漳 75 万元，保康 50 万元。1998 年，襄樊市所有县（市）区均列入长防林工程建设项目。1999 年，襄樊市“长防林”建设第一期工程完成。1989—1999 年 10 年期间，襄樊市“长防林”工程建设投入为国家计划投资 822 万元（其中，完成林业基建投资 309 万元，农发资金 274 万元，债券 200 万元），地方配套计划投资 627.7 万元，完成 603.7 万元；部门投资 633.3 万元；群众投资 1 817.6 万元，投工 3 292.7 个。完成营造林面积 9.25 万公顷，项目区净增林地面积 5.67 万公顷，森林蓄积净增 60 万立方米，森林覆盖率上升9个百分点。长防林工程实施前，全市水土流失严重的局面得到有效改善（见综述）。2000年，全市长防林第二期工程开始启动，除保康县外，其他各县（市）都被纳入了第二期工程建设范围。2001年襄樊市“长防林”工程造林2 093公顷；2002年，全市“长防林”工程完成造林3 333公顷，封山育林867公顷；2005年，长防林完成造林3 333公顷。

8.灭荒与绿化达标

1989年，省委、省政府作出《关于十年绿化湖北的决定》，发出“两年准备，五年大干，三年扫尾，十年绿化湖北”的号召以后，市政府与各县（市），县（市）与各乡（镇）逐级签订造林绿化责任状，并在林业重点县（市）增设林业副县（市）长和在林业比重大的乡镇增设林业副乡镇长。市林业局在各县市造林绿化规划的基础上进行分析论证，编制1989—2000年《襄樊市造林绿化规划》。确定十年造林15.59万公顷，“四旁”植树1.5亿株，迹地更新10.67万公顷，绿化全部荒山、荒滩、荒岗的奋斗目标。

1990年1月，市委、市政府要求认真贯彻落实省委、省政府“十年绿化湖北的决定”的精神。同年2月22日，市委书记章治文发表广播电视讲话，号召全体党员、团员、青年、干部和广大群众“立即行动起来，十年绿化襄樊”。为了增加林业的投入，市政府决定除保证国家扶持的林业专项资金切实到位、专款专用外，每年从地方财政用于扶持农业的资金中拿出20%用于发展林业生产。采取“银行贷一点，财政拿一点，部门扶一点，乡镇挤一点，职工集一点，农户投一点，国家给一点”的办法共筹集资金1 345.97万元用于“灭荒”造林。市林业局组织开展荒山（滩）普查。全市荒山面积在万亩以的23个乡镇（襄阳县5个，太平店、方集、东津、欧庙、泥嘴；枣阳1个，鹿头；老河口2个，仙人渡、付家寨；宜城3个，讴乐、南营、板桥；南漳5个，胡营、城关、刘集、九集、龙门；谷城3个，茨河、盛慷、栗谷；保康4个，寺坪、过渡湾、马桥、城关），都开展了大规模的整地活动，这些乡镇普遍采取指挥部建在山上，营盘扎在山上，集中统一开发。当年，全市共上劳力97.12万人，投工450万个，开挖土石方1 260万立方米。

1991年，全市投入义务工3 100个，筹集资金2 010.3万元。“灭荒”造林掀起三个高潮：夏秋整地高潮；冬季回填高潮；春季造林高潮。全市乡镇以上的领导1 259人办“灭荒”造林示范点734个，其中县以上领导干部有138人，办点97个，点上造林2.1万公顷。当年，全市造林面积达3.6万公顷。

1992年10月16日，省委、省政府向全省人民发出《进一步动员起来，为如期实现绿化湖北的宏伟目标而努力》的公开信，市委、市政府提出，将襄樊市广大干部群众的思想落实到《公开信》的精神上来。入冬后，襄樊市每天上劳力50万人次，完成容器育苗1 739万袋，整地2.9万公顷，造林3.4万公顷。当年，谷城县成为全市第一个造林灭荒县。

1993年，全市8个县（市）全部配齐了林业副县(市长)，143个乡镇林业副乡镇长全部到位，山区村还配备了林业副主任，形成市、县、乡、村4级灭荒绿化的领导体系。老河口市拿出20万元对14个有灭荒任务的乡镇实施限期灭荒，以奖代补；襄阳县冻结灭荒乡镇主要负责人的调动，并强化重点突破，猛攻难点、死角，在“骨头山”埋刺槐根等；宜城县采取“抓好界边、管好路边，绿化里边，促进全面”的灭荒措施。同时，全市各县（市）广开门路，多渠道筹集资金，全年共筹集资金3 087.2万元、积累工和义务工2 498万个投入到灭荒造林之中，完成人工造林2.5万公顷。

1994年，市委、市政府要求，按照社会主义市场经济的要求抓好林业，坚持“生态效益、经济效益、社会效益”三统一，保护、发展、利用三兼顾，打好灭荒造林的攻坚战。经过襄樊市广大干部群众6年的艰苦努力，各县（市）都实现基本消灭宜林荒山的奋斗目标。并在当年10月份顺利通过国家、省级灭荒验收，检查结果为基本达到消灭宜林荒山的标准。

1995年，全市共筹集绿化资金2 393万元，实施“四旁”植树打总体战，补植造林打麻雀战，山区丘陵抓漏山，汉江沿岸抓漏滩，平原乡镇抓“四边”以及“栽到顶、栽到边、栽足株”的全方位植树造林方法。保康县提出“宜林地半亩不闲，路沟渠一条不空，庭园一个不缺”的绿化达标目标。各地围绕市委、市政府提出的“三个八十万”（八十万亩干果；八十万亩水果；八十万亩桑茶药）经济林发展规划，坚持“文章在山上做，潜力在山上挖，银行在山上建，小康在山上奔”，高标准、高质量，采用优良新品种，发展经济林，加速绿化达标。1989—1995 年，全市“灭荒与绿化达标”共造林 17.8 万公顷。1995 年，襄樊市被全国绿化委员会授予全国造林绿化十佳城市；谷城县、老河口市率先实现“灭荒与绿化达标”，谷城县被全国绿化委员会授予全国造林绿化百佳县；老河口市白鹤岗村、襄阳县杨山村、枣阳市姚湾村、宜城市新华村等 11 个村被全国绿化委员会授予全国造林绿化百佳村。湖北省委、省政府《关于表彰全省造林灭荒（绿化）先进单位、劳动模范、先进领导者的决定》（鄂文〔1995〕4 号），襄樊市受表彰的先进组织领导者为市委书记杨斌庆；先进单位为襄樊市林业局、襄阳县人民政府、枣阳市人民政府、宜城市人民政府、谷城县人民政府、保康县人民政府；劳动模范为刘金元、李远继、许国富、徐正柱、程仁发、刘德政、徐建初、田明玉、鲍惠良。湖北省绿化委员会、湖北省委组织部、湖北省人事厅、湖北省林业厅表彰：保康县歇马镇、南漳县九集镇、南漳县林业局、谷城县石花镇、谷城县紫金镇、襄阳县新集镇、枣阳市耿集镇、枣阳市林业局、宜城市讴乐乡、老河口市林业局、老河口市仙人渡镇、襄樊市林业局营林科、襄樊市财政局农财科为全省造林绿化先进单位；先进个人为黄先知、陈铭如、罗平等 26 名同志。

1997 年 8 月，襄樊市绿化委员会向湖北省绿化委员会呈报绿化达标验收申请。同年 11 月，襄阳、枣阳、宜城、南漳、保康 5 个县（市）通过湖北省绿化委员会的绿化达标验收。至此，襄樊市全部实现绿化达标。

1998 年，全国绿化委员会第十七次全体会议决定，老河口市为全国造林绿化百佳县，襄阳县新集乡金桥村、南漳县闫坪乡富坪村、谷城县城关镇朱家洲村获全国造林绿化千佳村，襄樊市公路总段、襄樊市铁路分局襄北车辆段获全国部门造林绿化 400 佳荣誉称号。湖北省绿化委员会、湖北省林业厅授予襄樊市为湖北省绿化达标先进市。

9.治沙造林

襄樊市境内大小河流 683 条，均属长江水系，其中流域面积大于 100 平方公里的河流有 66 条，汉水、沮河、漳河直贯长江。汉水是长江的最大支流，流经襄樊市 195 公里，控制面积 17357 平方公里，占襄樊市总面积的 88%。在襄樊市沿江、沿河（汉江支流）两岸形成沙化土地 5.89 万公顷，含沙化性的土壤耕地有 1.69 万公顷，固定沙地 0.68 万公顷，半固定沙地 2.42 万公顷，流动沙丘 1.1 万公顷。其中汉水沿岸形成沙荒地 3.6 万公顷，涉及襄阳、宜城、谷城、老河口 4 县（市）30 个乡镇。从 20 世纪 70 年代开始，襄樊市先后引进杨树优良无性系，通过选育试验，选出 63 杨、69 杨和 72 杨为河滩、洲地及“四旁”树的最佳品系。80 年代，襄樊市开始了大规模的防沙治沙活动，有计划地在汉江沿岸的沙滩洲地上营造以杨树为主的速生丰产林，造林 7 467 公顷。从 1990 年开始，襄樊市治沙造林被列入国家投资计划，并相继启动了治沙造林工程项目和长防林工程项目。改革沙化土地产权制度，采取“联责、联利、联心”办法，推出了“荒滩拍卖、股份合作开发、划分到户、招标承包、租赁经营”等一系列治沙新举措。当年拍卖沙化土地 0.5 万公顷，股份合作 0.54 万公顷，划分到户 0.51 万公顷，招标治理 0.47 万公顷，租赁经营 0.55 万公顷。

1991 年，谷城县、老河口市等汉江沿岸地区乡镇本着适地适树、宜林则林、宜果则果的原则，把防沙治沙和造林绿化有机地结合起来。谷城县在沈湾、冷集两镇，营造主副林带 71 条，长度 10 万米的林网防护林，林网面积 1 533.3 公顷。在沙粒较粗、尚有一定养分的地方营造片林；在沙粒较细的地块，进行农林间作，固沙固土，防止继续沙化；在飞沙地和易遭洪水淹没区种植芭茅、种草等，发挥防冲洗和固沙淤泥作用。

1993年林业部投资50万元,以营林措施治理老河口、谷城、襄阳县、宜城沿汉江两岸的沙滩。

1994年,襄樊市各县(市)都相继成立了治沙领导小组,组织技术人员开展治沙普查工作。1995年各县(市)完成了沙化土壤普查,并完成了汉江沿岸治沙造林工程总体规划,规划面积2万公顷。老河口、宜城、谷城3县市先后于1994年、1995年启动新一轮的治沙造林,共完成治沙造林面积3 667公顷,通过省林业厅年度检查验收。据不完全统计,1991~1995年襄樊市共投资1 007.1万元,其中国家扶持490万元,省市配套302万元,地方自筹215.1万元。治理汉江沙荒2.55万公顷,其中发展杨树速生丰产林基地2万公顷,经济林2 866.7公顷,其他2 666.7公顷。

1995—1998年,全市推广新技术新成果,兴办治沙示范点,引进36个林木良种在沙化土地上推广种植,使良种推广覆盖面积达65%以上,兴办治沙示范点56个,示范面积3 200公顷。

2003年,老河口市被列为全国防沙治沙示范县(市)。

截至2005年,全市完成治沙造林面积3.89万公顷,占沙化总面积的66%,其中发展杨树速生丰产林基地1.93万公顷,经济林基地1.53万公顷,其他4 200公顷。当年8月21日,中共中央总书记、国家主席胡锦涛视察老河口市治沙造林的梨桃基地,详细地询问梨桃种植、销售收入情况。当得知老河口市是国家林业局防沙治沙的综合示范县,通过治沙造林发展梨桃基地8 000公顷,2004年,沙区农民实现人均纯收入3 177元时,总书记非常满意,在赞赏中提出新的希望:"很好,既治沙治水、绿化美化,又让农民致富,这是一举几得呀! 这为老百姓办了一件好事,这样的好事要为老百姓多做。"

10.外资造林

襄樊市"外资造林"项目主要有世界银行贷款造林和日元贷款造林两个方面。

(1)世行贷款造林

襄樊市参与的世行贷款造林项目有:森林资源发展和保护项目,水利综合治理开发项目林业子项目,贫困地区林业发展项目。1995年,襄樊市林业局成立襄樊市利用世行贷款林业项目办公室,副局长陈铭如兼任办公室主任。

①森林资源发展和保护项目:1993年7月6日,中国政府与世行签约,同年12月获世行批准。该项目资金约定:世行贷款占60%,省配套12%,县配套8%,造林单位自筹占20%(其中劳务折资不超过5%)。贷款期限25年,宽限期10年,信贷资金转贷年利率2.5%。南漳、保康列入此项目,全部安排营造多功能防护林。建设总规模为1.27万公顷,总投资2 223.31万元人民币,其中南漳投资1 755.26万元,项目建设1万公顷;保康投资468.05万元,项目建设2 667公顷。按照省林业厅要求,各县建设规模中,新造林面积占53%,封山育林占47%。经济林不能突破总规模的18%。项目建设期为6年,前4年完成工程造林,后2年完成新造幼林抚育。造林进度是:第一年完成20%,第二年完成30%,第三年完成35%,第四年完成15%,造林后连续抚育2—年。项目必须用良种和Ⅰ、Ⅱ级苗。1995—1998年,保康县共完成3 048.61公顷,其中造林1791公顷,封山育林1 257.61公顷;南漳县完成10 066公顷,其中人工造林5 469公顷,封山育林面积4 597公顷。两县共使用世行信贷资金960.57万元人民币。

②水利综合治理开发项目(即"两湖"项目)林业子项目:1994年9月8日通过世行评估,1995年4月25日获世行批准,同年11月16日正式生效。资金约定:世行贷款50%,省配套20%(省计委8%,省财政12%),县配套15%,建设单位15%,项目贷款期为20年,宽限期5年,世行贷款转贷年利率为4%。襄樊市总投资为2 514万元,其中襄阳县914万元,枣阳市850万元,老河口市750万元。造林总规模为4 560公顷,其中多功能防护林1 500公顷,速生丰产林1 400公顷,名特优经济林1 660公顷。分县安排造林面积为:襄阳1 410公顷,枣阳1 850公顷,老河口1 300公顷,襄阳县建林业技术

推广站 800 平方米。项目建设期为 5 年，前 3 年造林，后 2 年抚育管理。除防护林可用 20%的Ⅱ级苗外，均应用Ⅰ级苗。1995 年设计造林面积为 1 315 公顷。经检查，实际完成造林面积 1 255 公顷，其中经济林 565 公顷，防护林 350 公顷，用材林 340 公顷，尚未完成 60 公顷。造林面积的核实率为 100%，造林成活率 90.6%，一级苗的使用率 93.4%，综合达标率 94.7%，3 县(市)均达到了报帐的标准。1996 年老河口完成世行造林 500 公顷；枣阳市完成造林 680 公顷；襄阳县完成造林 550 公顷。1997 年老河口市完成世行造林 600 公顷；襄阳县完成造林 400 公顷；枣阳市完成 655 公顷。襄阳县在新县城建林业科技培训楼一座。

③贫困地区林业发展项目：1998 年，省林业厅、省财政厅要求抓好世行贷款“贫困地区林业发展项目”。谷城、保康两县参加该项目。1999 开始实施，到 2005 年，保康县完成造林面积 1752.2 公顷，报账资金 53.15 万元，世行到账资金 31.89 万元；谷城县完成造林 2 737.3 公顷，世行到帐资金 336.35 万元，该县实际投资 1 457.27 万元。2002 年，襄樊市关于新增世行贷款“贫困地区林业发展项目”造林规模的承诺报告获批准。该项目新增造林2 500 公顷，其中襄阳区 1 000 公顷，襄城区 500 公顷，宜城市 1 000 公顷，新增造林主要是营造意杨速生丰产林，2003—2004 年，实施完成。投资规模为 915 万元，其中利用世行贷款支付 549 万元，项目建设单位自筹 366 万元。其中襄阳区 146.4 万元，襄城区 73.2 万元，宜城市 146.4 万元。

(2)“日贷”造林

“日本政府贷款造林项目”是日本协力银行(JBIC)即日本国政府执行“官方发展援助”(ODA)的一种政策性的银行，为中国林业领域提供的“特别日元贷款”，主要发展长江、黄河流域的森林资源。“日贷”年利息为 0.75%，还款期限为 40 年，其中宽限期为 10 年，大部分是以现金支付。项目建设的内容为人工造林、封山育林、低效林改造，项目建设期为 5 年(2004—2008 年)。2003 年襄樊市有 8 个县(市、区)即老河口、枣阳市、谷城、襄阳、南漳、宜城、襄城、樊城及市直部分林业单位被列入“日贷”造林项目。主要建设内容为人工造林和封山育林，工程总面积 4.84 万公顷，其中人工造林 1.89 万公顷，封山育林 2.95 万公顷，项目总投资 11 581.9 万人民币，其中利用日本政府贷款 7 915.71 万元，地方配套 3 679.43 万元。2004 年，市林业局成立襄樊市日本政府贷款湖北造林项目领导小组，并就“日贷造林项目”向襄樊市财政局提供反担保，承担还款责任。同年 12 月 16 日，襄樊市正式启动实施“日本政府贷款湖北造林项目”。截至 2005 年，全市上报完成人工造林面积 9 191.9 公顷，封山育林 29 500 公顷。日贷资金拨入市 1 775 万元。

11.绿色致富工程

1996 年 11 月，省委、省政府作出关于实施林业“绿色致富工程”的决定，号召“举全省之力，组织实施林业绿色致富工程，加强两高一优林业建设步伐，最大限度地发挥林业的生态、经济和社会效益”。1997 年 1 月 10 日，市委、市政府作出《关于大力建设林业“绿色致富工程”的决定》。同年 2 月 26 日，市政府同各县(市)区签订林业“绿色致富工程”建设目标责任状。并下发《林业绿色致富工程建设检查验收办法》。全市各地春夏秋冬连续作战，投入劳力 136.7 万人，投工 1 463.3 万个，完成人工造林 2.57 万公顷。1998 年 7 月 13 日，市政府发出《关于开展襄樊市林业“绿色致富工程”验收的通知》，市林业局对 1997 年度全市林业“绿色致富工程”基地建设情况进行检查验收。全市全年完成新造林 2.47 万公顷，占责任状 2.56 万公顷的 96.4 %；完成培育改造 5.65 万公顷，占责任状 5.79 万公顷的 97.5%。检查验收结束，市政府办于同年 9 月 30 日针对存在的问题进行通报：即少数地方，对绿色致富工程实施不力，理解片面，存在着规划不落实、实施不科学的情况，表现为盲目跟风，顾此失彼，特别是砍用材林造经济林，老林子毁掉了，新林子建败了，导致“返荒”现象，更有甚者，有的地方借发展绿色致富工程之名，搞乱砍滥伐，毁林开荒，破坏森林资源。2000年1月15日，按照《1998年度襄樊市林业绿色致富工程基地建设市长、县(市)区长责任状》目标要求，市政府对全市“林业绿色致富工程”基地建设目标责任状考核情况再进行通报。襄樊市“绿色致富工程”建设，以建立特色林业基地为切入点，以促进兴林致富为目的，相继出现意杨乡镇、外松乡镇、银杏乡镇、杜仲乡镇、茶叶乡镇、柑橘乡镇、苹果乡镇、砂梨乡镇、大枣乡镇、板栗乡镇、菇耳林乡镇以及葡萄村、樱桃村、蜜桃村、杉木村等。南漳县90%的乡镇形成自己的林业特色。

12.退耕还林

图10—24 保康退耕还林(香椿林)(柳虎摄于2005年6月)

1998年，长江、嫩江、松花江特大洪涝灾害发生后，党和国家做出封山植树退耕还林重大决策。同年9月5日，省政府发出《关于开展封山植树退耕还林，大力保护和发展森林资源的通知》。市政府发出《关于认真保护森林资源，大力开展封山植树退耕还林的通知》。市林业局组织40个退耕还林工作专班，由领导带队，深入到村组、农户和山头地块全面调查退耕还林基本情况，并完成《襄樊市退耕还林总体规划设计说明书》。据调查，襄樊市大于25度的陆地面积6.1533万公顷，其中坡耕地4.2633万公顷，梯田1.89万公顷；15～25度的陆地面积13.07万公顷，其中坡耕地9.92万公顷，梯田3.15万公顷；15度以下的陆地面积33.33万公顷，其中坡耕地12.21万公顷，其他21.13万公顷。

2000年8月，保康县被纳入国家长江上游地区退耕还林(草)工程项目，列为全省第二批退耕还林(草)启动县竞标单位。同年12月份，保康县退耕还林总体规划设计通过省级专家评审。2001年，市政府成立襄樊市退耕还林工程领导小组，副市长王芳玉为组长，市政府副秘书长郭光福、市计委副主任冯泽学、市林业局局长彭显明为副组长，市财政局、农业局、水利局、粮食局、农发行、扶贫办等单位领导为成员，退耕还林领导小组办公室设市林业局。同年2月份，市政府组织由林业、土地、粮食等部门专业技术人员180余人，对保康县坡耕地及宜林荒山荒地的地块进行调查，按照总体规划要求，编制出了《保康县2001年退耕还林年度作业设计》，并组织专家进行评审，被省评定为优秀等次。当年，保康县在全市率先实行退耕还林2 000公顷，包括坡耕地还林1 333.33公顷，荒山造林666.66公顷。2002年各县(市、区)均被纳入国家退耕还林项目区。2月，襄樊市政府副市长、退耕还林工程领导小组组长王芳玉与各县(市)分管退耕还林的县(市)区长、林业局局长签订《襄樊市2002年退耕还林工程建设目标责任状》。当年10月15日，市委、市政府在老河口市召开退耕还林粮食兑现现场会，全面落实国家政策，严格按照国家退耕还林的补助政策兑现。即农户退耕还林每亩耕地每年补助粮食的标准，长江中上游地区为150公斤原粮，每公斤粮食按1.4元折算，由中央财政承担，以省为单位统一算账；现金补助标准：按每年每亩20元补助退耕农户；种苗补助标准：每亩一次性补助种苗费50元。粮食和现金的补助年限：经济林补助5年，生态林补助8年。襄樊市全年完成退耕还林1.6万公顷，其中坡耕地还林7 333.33公顷，荒山造林8 000公顷。

2003年4月8日，副市长王芳玉召集林业、粮食、农发行、财政等部门负责人专题研究退耕还林政策兑现检查工作，决定从林业、财政、粮食、农发行抽调12人组成3个组，对全市2002年度退耕还林政策兑现情况进行检查。同年5月8日，副市长王芳玉主持召开专题会，听取各检查组的情况汇报。年底，在省林业局的抽查复查中，襄樊市退耕还林工程面积核实率和合格率均为100%，工程合格率为99%，位居全省第一位。市政府拿出8万元对退耕还林先进个人实行奖励。同年10月20日，全省退耕还林会在谷城县召开，省委副书记邓道坤主持会议，副省长刘友凡做主题报告，对退耕还林工作进行安排部署。谷城县委、县政府在会上交流了退耕还林工作经验。同年 11 月 26 日，国家林业局退耕办在谷城县调研退耕还林情况。2003 年，全市全面完成省下达襄樊退耕还林 2.93 万公顷的任务（含保康县 2001 年 0.2 万公顷），其中坡耕地造林 1.5 万公顷，荒山造林 1.43 万公顷。2004 年，针对襄樊市退耕还林中存在的一些问题，襄樊市人民政府市长李德炳强调退耕还林严格执行“退得下、稳得住、能致富、不反弹”政策。当年，全市完成退耕还林 1 万公顷，其中退耕还林 666.66 公顷，荒山造林 9 333.33 公顷。2005 年，全市完成退耕还林 1.3 万公顷。

襄樊市退耕还林工作从 1998 年调查准备，1999 年宣传发动，2000 年在保康县开始试点，2001 年正式实施，2002 年全面铺开。2001—2005 年，全市累计完成退耕还林工程造林 6.87 万公顷，其中坡耕地造林 2.76 万公顷，荒山造林 4.11 万公顷。在已退耕的 2.76 万公顷坡耕地造林中，16 ~ 25 度的面积为 1.91 万公顷，占 69.1%；25 度以上的面积为 8518 公顷，占 30.9%；退耕生态林 2.66 万公顷，占 96.2%；经济林 1 040 公顷，占 3.8%。退耕还林项目覆盖襄樊市 9 个县（市、区）、75 乡镇、734 个村、35978 个农户。截至 2005 年，国家退耕还林投资襄樊市 3.37亿元，退耕农户退耕以前家庭年均收入 10 369 元，退耕后，2005 年家庭年均收入 11 569 元，退耕农民户均增收 1 200 元，人均增收 370 元。

13.绿色通道工程

为贯彻落实 1998 年全国绿化委员会、林业部、交通部、铁道部《关于在全国范围内大力开展绿色通道工程建设的通知》的精神，年底，市委、市政府出台《关于大力开展绿色通道工程建设的通知》文件。1999 年，全市开始启动绿色通道工程。2000 年，把 316 国道和 207 国道、襄荆高速公路作为绿色通道建设的重点，推广谷城、枣阳的绿色通道建设经验，确保一次定植，一次成形。并开始建设襄荆高速公路襄樊市段（宜城、襄阳、襄城 56.9 公里，）的绿色通道。全市全年共完成绿色通道工程建设 632 公里，植树 77 万株。2001 年，全市绿色通道工程以公路、铁路为依托，按照一路两旁 4 行树和乔、灌、花、草相结合的标准，规划绿化公路、铁路等绿色通道工程 3 400 公里，规划建设期限为 10 年，前 5 年实现全面绿化，后 5 年完善提高。已绿化 1 230 公里，其中 2001 年绿化公路、铁路等 775 公里。2002 年，襄樊市委、市政府责成市绿化委员会加大对襄樊市境内的襄十、襄荆 2 条高速公路，2 条国道，15 条省道及铁路实施定线督办力度，签订沿线单位绿化责任制，要求每个责任单位包一条路。襄城区将 303 省道、305 省道绿色通道造林经营权转让给个体造林大户杜建盛，有效地解决了绿化难问题。南漳县为提高 305 省道路段新栽杨树的管护效益，由县交通局与沿途各乡镇签订管护合同，镇与各村签合同，村与护林员签订合同，实行“树随田走、谁栽谁有、村栽户管、谁管谁受益”的管护机制。襄阳区实行未栽先卖，随栽随卖，全区买断经营的路段达 100 多公里。当年在公路、铁路、汉江两侧植树，完成绿色通道建设 800 公里，植树 500 万株。2003 年 2 月 16—26 日，市委、市政府先后召开襄十、襄荆高速公路绿色通道建设动员会和襄十、襄荆高速公路绿色通道建设现场会。市政府与高速公路沿线的襄阳、襄城、樊城、谷城、宜城、老河口市等县（市）区政府签订绿色通道工程建设责任状。要求林业部门负责公路、铁路绿化以外的主干林带建设及通道沿线荒山、荒地的绿化美化；交通部门负责国、省道沿线的绿化，并筹集公路沿线两侧主干林带的苗木费用；水利部门负责河渠绿化工作；铁路部门负责铁路沿线的线路绿化工作。高速公路每侧绿化要达到 20 米以上，国道、省道每侧要达到 10 米以上，每边至少 5 行树，实行林田路分家。同年 10 月份，市绿化委员会组织市林业局、市交通局及市高速公路建设协调指挥部，对襄樊市 2 条国道、15 条省道、2 条高速公路（襄十、襄荆）绿色通道建设情况进行全面检查。襄樊市段绿化里程 977.38 公

图 10—25　绿色通道（襄樊林业局照片，2001 年摄）

里，上报完成绿色通道建设总里程 948.1 公里，实际完成绿色通道建设总里程 859.03 公里，其中合格里程 667.4 公里；长度核实率、完成率、合格率分别为 90.6%、87.9%和 77.69%；造林成活株数 204.5 万株，平均成活率 80.89%，苗木合格率 80.2%。通过综合考评，成绩居前三名的分别是襄阳区、枣阳市和南漳县。316 国道枣阳段被全国绿化委员会评为全国绿色通道建设示范段。2004 年，完成绿色通道工程建设 1419.1 公里，植树 964.55 万株。2005 年，襄樊市以孝襄、襄十、襄荆高速公路及 2 条国道、15 条省道的补植、补造为重点，启动魏樊高速公路绿化。从 1999 年到 2005 年，全市共完成绿色通道工程植树 6 194 公里，3 210 万株，其中 2 条国道、15 省道、4 条高速公路为骨架的绿色通道重点工程全部完成。

14.天然林保护工程

图 10—26 保康县天然林管护——官山林场管护责任牌（柳虎摄于 2005 年）

1999 年，国家把地处长江中上游、三峡库区以东、紧临神农架林区的保康县纳入国家天然林保护工程项目县（市）。2000 年 10 月，保康县委、县政府成立保康县天保工程建设领导小组，县长吴方军任组长，县委副书记王代全任副组长，县委办、政府办、计委、农委、财政局、扶贫办、粮食局、水电局、土地局、经管局、统计局、农行、发行、环保局、林业局等相关单位负责人为成员。各乡镇、场也成立相应的机构。该县建立 1 个天然林资源管护总站、14 个分站（所）、48 个管护片、261 管护点，形成 4 级管护网格，垂直管理，层层负责，建立相应的责任约束机制，县、乡各级政府都签订“天保”责任状，“天保”管护总站与各乡镇管护站，管护站与 269 名专职护林员和 276 名兼职护林员签订天然林管护责任制。2001 年，市政府成立襄樊市天然林保护及退耕还林工程领导小组，组长由副市长王芳玉兼任，副组长由各相关部门领导兼任。领导小组下设办公室，办公地点设在市林业局。保康县依照天然林保护工程的要求出台《封山育林设计说明书》，设计封育期限为 5 年。封育项目涉及保康 11 个乡镇、3 个国有林场和 1 个药材场。同时，省政府与市政府签订《2001 年天然林保护工程建设目标责任状》，即保康县全面停止天然林采伐，管护面积 16.0667 万公顷，建设对口苗圃 7 公顷，关闭全部消耗森林资源的森工企业，安置森工企业富余人员 668 名。截至 2005 年 12 月底，国家累计下达保康县天保工程资金 5 313.456 万元，其中天保财政资金 3 475.256 万元，天保国债资金 1838.2 万元（中央 1 480.2 万元，地方配套资金 358 万元）。上述天保资金已全部拨付到县财政。保康县对 16.07 万公顷天然林资源实施了常年管护，开展封山护林 1.39 万公顷，完成天保人工造林 133 公顷，飞改封 467 公顷，飞播造林 2 333 公顷，建成一个 33 公顷的中心苗圃，完成了 500 公顷栎类采种基地的建设任务，一次性安置森工企业下岗职工 351 人。

（六）林场建设

1.国有林场

1909 年，襄阳开始创办农林试验场隆中苗圃，即隆中林场；1956 年，建立张公祠、鹿门寺、白竹园寺、官山、长北山、七里山 6 个国有林场；1958 年，建立金牛山、黑石沟、神龙山、青峰岭、承恩寺、共青 6 个国有林场；1959 年，建立石河畈国有林场；1960 年，建立百花山、跃进 2 个国有林场；1961 年，建立庙儿岗国有林场；1962 年建立薤山、大阜山、洪山头（国合林场）3 个国有林场；1963 年建立共青林场；1965 年，建立沿江国有林场；1966 年，建立林茂山国有林场；1984 年，建立国有襄樊市寨子山实验林场；1991 年，建立国有凤凰山林场；1999 年，新建市试验林场（与襄樊市林科所合署办公）、大水、汉江、王甫洲 4 个国有林场。

1979 年，襄阳地区 20 个国有林场，经营面积 5.23 万公顷，蓄积 73.8 万立方米，多种经营收入 118.8 万元。1980 年 8 月，召开襄阳地区国有林场会议，贯彻执行“以林为主，多种经营，长短结合，以短养长”的方针。1987 年，襄樊市国有林场探索内部改革，各场相继成立专业采伐队，育苗专业队、造林专业队、茶叶队、食用菌组、养殖组等，生产上按件计资。全年造林 617.2 公顷，迹地更新完成 85.8 公顷，育苗 79.3 公顷，幼林抚育 2 076.7 公顷；林副业总收入 747 万元，上缴税金 26.5 万元，纯收入 178.35 万元；修建林区公路 22.4 公里，林道 44 公里，防火线 150.5 公里；建房 5 266 平方米。1988 年，全市国有林场建多种经营工副业生产项目 228 个，安排职工 1 000 多人，其中收入比较稳定、年利润万元以上的骨干项目 58 个。

1991 年，襄樊市国有林场大力发展种、养、加、工、商、服务业等多种经营项目，茶叶、鲜果、食用菌生产加工形成了一定规模。全年共产茶叶 3.25 万公斤，鲜果 29.9 万公斤，干果 5 100 公斤，药材 320 公斤，水产品 2 000 公斤，食用菌 1.2 万公斤，粮食 30 万公斤，油料 7.5 万公斤，采矿、砂石 20.1 万吨。育苗 87.9 公顷，造林 1 241.6 公顷，其中荒山造林 633.8 公顷，低改 48.4 公顷，幼林抚育 2 435 公顷，采伐木材 411.6 公顷，产材 1.24 万立方米。

1992 年 4 月，林业部批复建设鹿门寺森林公园（建设面积 1 866.67 公顷，同年 7 月批准建设为鹿门寺国家森林公园）、张公祠森林公园（建设面积1 733.33公顷）、七里山森林公园（建设面积 1 733.33 公顷）、百花山森林公园（建设面积 140 公顷）；同年 5 月，林业部批复建设薤山森林公园（建设面积 4 533.33 公顷）；同年 11 月，批复建设官山（建设面积 1 485.47 公顷）、承恩寺森林公园（建设面积 95.2 公顷）。

1993 年，襄樊市国有林场宜林荒山实现全部绿化。省林业厅批准建设白竹园寺森林公园，建设面积 2 933.33 公顷。批复张公祠森林公园、七里山森林公园、百花山森林公园 3 个森林公园进行总体规划设计，部分景点、设施开始建设。1993 年 1 月 1 日，鹿门寺国家森林公园开园。

1994 年，林业部批复建设薤山国家森林公园，建设面积 4 533.33 公顷。

1995 年，市林业局根据国有林场的现状提出国有林场要第二次创业。

1998 年，全市国有林场全年造林1 100公顷，育苗80公顷，新修公路24公里，实现销售收入 5 000 万元，利税 800 万元。

2001 年，各国有林场按照“一场一策”的开发思路，立足资源，因地制宜，确定自己开发的重点和方向。白竹园寺、七里山、百花山林场等普遍实行分流承包，定员上岗，促进职工走向市场。市张公祠林场进行水电管理和住房改革，一年节省支出 10 余万元；8 个森林公园和隆中植物园、野花谷自然风景区全部开园迎客。当年 6 月，省林业局批准张公祠森林公园更名为岘山森林公园。至此，襄樊市森林公园达到 8 个，其中，国家森林公园 2 个，面积 6 400 公顷；省级森林公园 6 个，面积 8 120.66 公顷。

2003 年，积极响应省政府关于国有林场“二次创业”的指示精神，襄樊市国有林场鼓励职工大力发展自营经济，宜城市金牛山林场发展职工自营经济的经验在全省推广。鼓励职工兴办家庭林场，发展苗木花卉、高效经济林和速生丰产用材林。

2005 年，全市国有林场总收入 3 756 万元，其中集体收入 1 774 万元，职工自营收入 1982 万元，利税 350 万元，造林 1 933.3 公顷，采伐木材 1.34 万立方米。森林公园完成投资 1 122 万元，其中自筹资金 292 万元，吸引社会投资 530 万元，利用国债资金 300 万元，全年实现旅游收入 400 万元，接待游客 34 万人次。从 1956 年到 2005 年，全市先后建立 28 个国营林场，保留 22 个，其中共青林场转交谷城畜牧场管理、石河畈、洪山头、林茂山林场因体制改革交由地方乡、镇管理；寨子山林场与长北山林场合并，1989 年沿江林场交由老河口市园林局管理。截至 2005 年，全市国有林场有干部职工 1 673

人，其中离退休人员 618 人，在职职工 1 055 人，经营总面积 4.97 万公顷，有林地面积 4.49 万公顷，活立木蓄积量 200 万立方米，森林覆盖率 90.5%。森林旅游累计投资 6 445 万元，床位总数 1 030 个，餐位总数 3 030 个，程控电话 299 部，游道 100 公里，导游 13 名，吸纳社会从业人员 400 名。

2.集体林场

集体林场是襄樊市农村经营林业的专业组织，实行计划管理、劳动管理、和技术管理，担负育苗、造林，管理，护林防火、采伐木材等林业生产任务。1958 年，谷城县在冷集区双桥乡建立了襄樊市第一个集体林场——磨盘山公社林场。

1979 年，襄阳地区社队林场 2 842 个，固定劳力 32 464 人，总经营面积 11.8 万公顷。20 世纪 80 年代初，全区社队林场发展到 6 668 个，其中社办 126 个，大队办 2 60 个，生产队办 37 82 个。

1987 年，全市共有集体林场 2073 个，其中区镇林场 34 个，乡镇林场 45 个，村办林场 1615 个，组办林场 119 个，户(包括联办)办林场 260 个，共有劳力 12 555 人。集体林场经营总面积 7.83 万公顷(包括有林地面积 6.73 万公顷，宜林荒山荒地 7 333.3 公顷，其他 3 667 公顷)，总蓄积 81.7 万立方米。集体林场经营方式有：场长承包 414 个场，面积 1.88 万公顷，邀伙承包 27 个场，面积 3142 公顷；联户承包 528 个，1.28 万公顷；单户承包 528 个，面积 1.15 万公顷；其他形式 315 个，面积 1.06 万公顷；维持 1982 年前“场长负责，统一派工”场 50 个，经营面积 1 602 公顷，这种经营形式的场主要分布在枣阳市。

1988 年，全市集体林场由 1987 年的 2 073 个减少到 1 570 个，经营面积减至 6.27 万公顷，场员 7190 人。宜城市沙河村将 80 公顷分不下去的、无人承包的边远荒山建成村办林场，为解决高山、远山、责任制不好落实的成片荒山提供了村办集体林场的样板。

1989 年，全市办有集体林场 1986 个，经营面积 8.22 万公顷。1990 年，全市开展五年消灭荒山活动，集体林场增至 2 499 个，固定场员 20 999 人。

1991 年，襄樊市集体林场发展到 2 908 个，经营面积 11.2 万公顷，场员 31 262 人，分别比 1988 年增加了 46%、36.25%、48.87%。

1992 年，市林业局总结推广南漳等地由林业基层单位出技术、资金，村组出山场、劳力联办林场，实行收益按比例分成，联合办林场 40 个，2 333.3 公顷的经验，号召每个山区林业站都与村联办一场。市委、市政府要求，集体经济“空壳村”，结合绿化荒山、植树造林工作，发展以集体林场为主的绿色企业，全市共兴办绿色企业 850 个，面积 2.67 万公顷，使襄樊市的绿色企业总数达 3.6 万个，经营面积 30 万公顷。

1994 年，襄樊市集体林场 1 604 个，经营总面积 7.78 万公顷，场员 14 880 人。按经营形式分：乡办 108 个，村办 1 280 个，组办 43 个，联办 58 个，户办 115 个；按经营状况分，自给有余 345 个，基本自给 733 个，不能自给526 个。当年集体林场共造林 5 300 公顷，育苗面积 330 公顷(含留床苗)，中幼林抚育 1.54 万公顷，采伐木材 5.42 万立方米。

襄樊市 1994 年造林灭荒达标后，没有兴建新的集体林场。1995—2005 年，襄樊市集体林场参与“拍卖、租赁、股份合作、联合经营、承包经营”等形式的林地流转，大部分集体林场的山林和资产为化解乡、村、组债务而出售，一部分转由农户经营，到 2005 年，原有集体林场体制基本不复存在。

3.个体林场

1983 年，全市林业“三定”，为个体林场提供发展机遇。1984 年，全市有林业专业户 206 家，从事林业的劳动力 389 人，全年收入 87.9 万元，但大部分以育苗为主。从 1995 年开始，襄樊市个体造林和私有林的发展逐步加快。1999 年，市林业局对全市个体造林情况进行调查，个体造林 2.58 万公顷，个体林场经营面积均低于133公顷，经营年限都在10年以上。1983—2000年，全市个体林场造林保存面积按林种分：经济林1.91万公顷，用材林0.34万公顷，防护林0.3万公顷，其他0.03万公顷；按经营方式分：承包1.25万公顷，租赁0.55万公顷，买断0.42万公顷，其他0.36万公顷。全市个体造林累计投入资金35 652.5万元，其中自筹12 356.2万元，贷款2 540万元，政府扶持483万元，其他投资20 273.3万元。2003年，中共中央、国务院做出《关于加快林业发展的决定》后，个体造林比例占全市造林总面积的80%以上。个体造林大户杜建盛成立杨森林业开发公司，从2001年开始，在汉江沿岸荒沙、荒滩绿化造林。2002年投入资金500万元，建设苗圃33.3公顷，营造杨树林1 000公顷；到2005年共投资1 500万元，营造以杨树为主的速生丰产林1 530公顷。

（七）抚育管理

1981年，中共中央、国务院《关于保护森林发展林业若干问题的决定》明确提出“森林抚育要纳入各级林业计划，逐年增加投资，加快抚育进度”“国营林场在抚育期间，收入不上交，以林养林”。市委、市政府在总结历史经验教训的基础上，要求各地采用“开一片山，造一片林，建几间房，留一班人，办一个场”的措施加强对人工林的抚育管理。实行幼林套种、林粮间作、修枝、中龄林间伐利用等措施加强森林抚育管理。1986—2005年，襄樊市幼林抚育面积40.1万公顷，成林抚育46.5万公顷。但是，由于对中、幼林抚育的重要性认识不足以及经济条件的限制，襄樊市大面积的中幼林得不到抚育，重造轻管现象比较严重，林木生长缓慢，林分质量差，其中相当一部分成林不成材。襄樊市用材林每公顷蓄积量为32.31（每亩合2.15立方米）立方米，低于全国公顷蓄积85.88立方米的平均水平；经济林60%没有达到全国全省平均产量。在林区，对中、幼林的抚育间伐设计应为“砍劣留优，砍小留大”，但许多地方从追求眼前经济效益出发，实际采伐的林木是大的、好的，即老百姓讲的“拔大毛”采伐，而留下的林木是小的、差的、病的，形成了较大面积的低产林、“小老头林”，甚至疏残林、灌木林。

（八）封山育林

封山育林是襄樊市林业生产的传统习惯，经过若干年的封禁管护，培育成森林。20世纪80年代，全市累计封山育林面积达7.87万公顷，其中全封3.47万公顷，半封2.4万公顷，轮封2万公顷。南漳、保康、谷城老林区由于过量采伐，成熟林资源濒于枯竭，为加速老林区恢复，采取有计划地封山育林。据1996年调查，襄樊市每年消耗薪柴15亿公斤，户平年消耗量1580公斤，占农村能源消耗总量的48%，加之部分地方有冬季伐木烧炭的习惯，资源消耗量更大。如果不加快替代能源建设步伐，封山育林难度很大，加之大部分乡镇没有牧场，导致一些林地变成牧场，影响封山育林质量。1998年，市林业局组织编制《襄樊市1998—2002年封山育林工程规划》，规划襄樊市封山育林面积18.7万公顷(亩平计划投资50元)，其中襄阳6667公顷，枣阳1.67万公顷，宜城1.87万公顷，南漳5.33万公顷，保康4.67万公顷，谷城3.33万公顷，老河口6667公顷，市郊4667公顷。建设防火线980公里，瞭望台19座，管护棚2800个，设置封山育林标牌2800个，配备专职护林员2800人，同时开展病虫害防治、补植补播以及改燃节柴灶等工作。连续封禁5年，然后再实行全封、半封、轮封。各县根据《襄樊市1998—2002年封山育林工程规划》也先后编制封山育林规划。

1995年，枣阳市被国家确定为封山育林试点示范县。在王城、资山、清潭、平林、耿集、吴店等乡镇启动10万亩封山育林示范基地。

保康寺坪的简家、钥湾、庹家、台口等村，在20世纪60年代中期开展封山育林，到80年代，天然马尾松林更新面积2973公顷，每公顷平均2250株，每公顷平均蓄积94.5立方米。该地由于封山育林，共增蓄积28万立方米。

谷城县把封山育林工程列为林业发展、农业增收的重要工作来抓。20世纪80年代末期，该县以绿化荒山荒滩为主战场，实行“灭荒”造林和“封山育林”相结合，10年封山育林5.6万公顷。全县107条大小河流，绿水潺潺，沿岸森林茂密。1998年7月，县政府组织编印《封山育林手册》3 000份和《封山育林公约》《封山育林制度》《护林员责任制》《封山育林奖惩制度》等，县林业局在盛康镇姜家梁子办1 467公顷的封山育林示范基地。全县平原丘陵地区80%的农户已由烧柴改为烧煤、烧气等；山区70%的农户基本实行改灶节柴，烧柴也基本做到定点定时砍伐；山区发展食用菌所需材料全部纳入限额采伐计划，确保资源永续利用。1999年，全省封山育林现场会在谷城召开，推广谷城县封山育林的经验。谷城县封山育林3.33万公顷，经省林业厅检查验收，荣获全省封山育林第一县称号。

二、林政管理

全市林业主管部门认真贯彻落实党和国家关于发展林业的方针、政策，依照法律、法规和规章，切实加强林地、林木及野生动植物等森林资源的管理，不断深化林业改革，加强林权管理，依法打击乱砍滥伐林木，乱征滥占林地，乱捕滥猎野生动物，乱采滥挖野生植物的违法行为，为确保林权所有者、经营者合法权益，确保森林资源得到科学、合理的开发利用做出了应有贡献。

（一）森林资源

襄樊市森林资源比较丰富。据1999年全市森林资源二类调查，全市林业用地84.5万公顷，其中森林面积60.18万公顷。全市森林覆盖率为40.02%。其中有林地覆盖率29.59%，灌木林地覆盖率8.23%，四旁及林网覆盖率1.24%，农林间作林地覆盖率0.96%。森林覆盖率1985年为34.49%，1999年为40.02%，增加了5.53个百分点。1999年各县（市）森林覆盖率分别是：谷城县67.52%，南漳县64.5%，保康县59.67%，宜城市28.49%，枣阳市23.79%，市区17.07%，老河口市9.48%，襄阳县6.93%。

全市林业用地84.5万公顷中，按地类分：森林面积（即有林地面积）60.18万公顷，疏林地4 153公顷，灌木林16.2万公顷，无立木林地7.6万公顷，苗圃面积436公顷，园林绿化面积173公顷。按林地所有权权属分：国有林用地面积43 131公顷，余为集体林用地面积。按县（市）分：南漳林地面积25.4万公顷，占30. 08%，保康25.3万公顷，占29.94%，谷城县17.3万公顷，占20.5%，枣阳市7.2万公顷，占8.53%，宜城市5.92万公顷，占7.0%，襄阳县1.83万公顷，占2.16%，老河口市9 213公顷，占1.09%，市区5 927公顷，占0.7%。森林面积按林分起源分：天然林面积43.8万公顷，人工林面积16.4万公顷；按森林类型分：针叶林面积211 652公顷，阔叶林面积332 370公顷，针阔混交林面积37 719公顷，竹林面积1 280公顷；按林种分：用材林面积259 350公顷，经济林面积69 937.9公顷，防护林面积542 657公顷，薪炭林面积41 107公顷，特种用途林面积6 444公顷。1985年全市森林面积为57.5万公顷，1999年森林面积为60.18万公顷，净增加了2.7万公顷。

襄樊市活立木总蓄积1 459.3万立方米。按县（市）分：南漳县397.82万立方米，保康县327.13万立方米，谷城县251.76万立方米，宜城市165.42万立方米，枣阳市143.84万立方米，襄阳县103.57万立方米，老河口市30.66万立方米，市区39.11万立方米；按权属分：国有148.2万立方米，集体1191

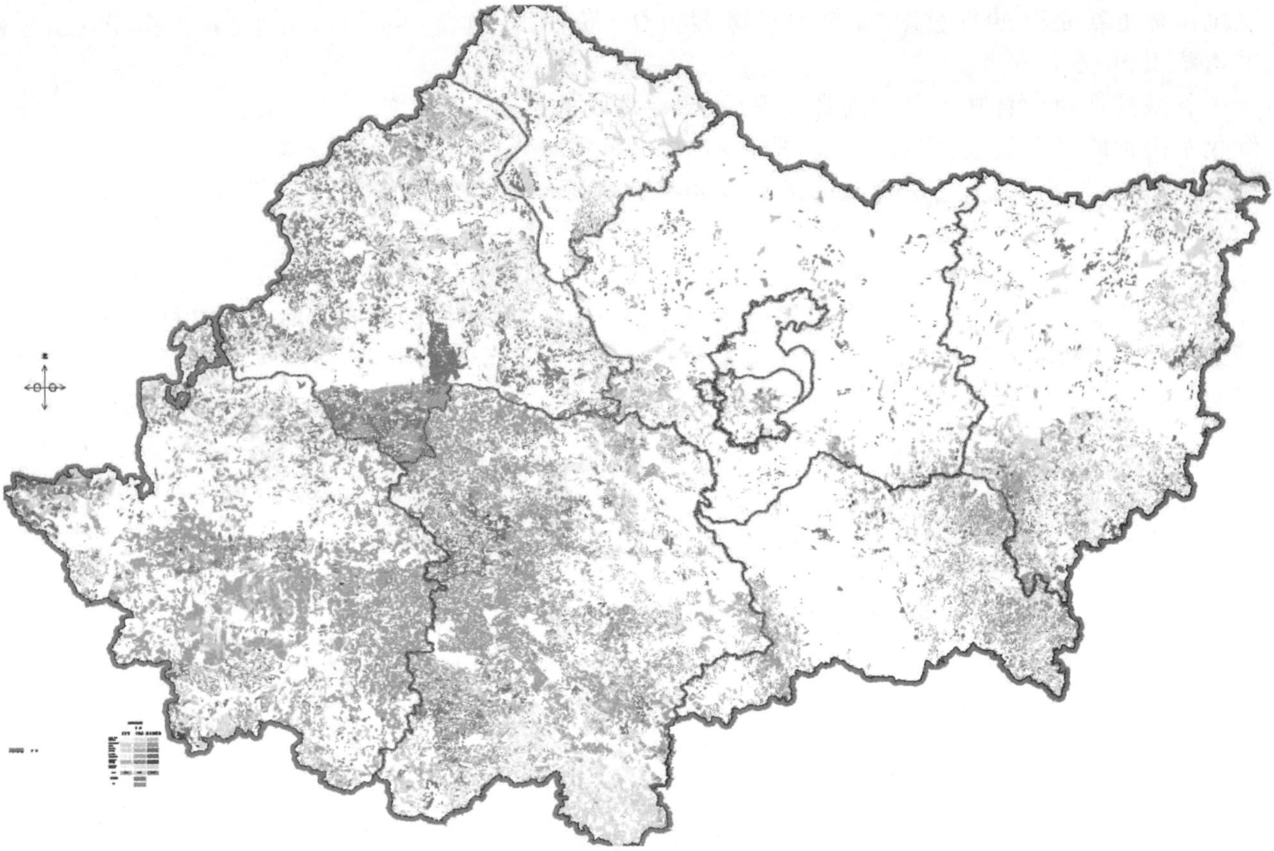

图 10—27 襄樊市森林资源分布图(市林业工程勘察设计所 2002 年绘制)

图 10—28 保康腊梅(王俊楚摄于 2005 年 1 月 5 日)

图 10—29 国家一级珍贵树种——红豆杉(赵华礼摄于 1997 年)

图 10—30 国家一级珍贵树种——珙桐

图 10—31 保康紫薇(保康林业局摄于 2001 年)

图 10—32 保康野生牡丹(保康林业局 摄于 2003 年)

图 10—33 紫斑牡丹(保康林业局摄于 2003 年)

万立方米，个体117万立方米，合营3.1万立方米；按林地类别分：森林蓄积1 388.4万立方米，“四旁”树蓄积63.3万立方米，其他蓄积（疏林地蓄积3.7万立方米，散生木蓄积3.84万立方米）7.6万立方米。森林蓄积按林分起源分：天然林蓄积868.1万立方米，人工林蓄积520.3万立方米；按林型类别分：针叶林783.6万立方米，阔叶林498.8万立方米，针阔混交林105.1万立方米，农林间作林0.85万立方米；按林种分蓄积：防护林461.39万立方米，特用林32.35万立方米，用材林838.1万立方米，薪炭林56.62万立方米。襄樊市森林蓄积每公顷36.09立方米，高于全省每公顷32.145立方米，低于全国每公顷蓄积85.88立方米。襄樊市活立木总蓄积1985年为1 081.33万立方米，1999年为1 459.32万立方米，增加了377.99万立方米，活立木蓄积平均每年增加27万立方米。1985年调查襄樊市森林蓄积和疏林蓄积为981.0万立方米，1999年为1 392.2万立方米，14年净增411.2万立方米，平均每年净增29.4万立方米，净生长率为2.53%。

图 10-34　古桩紫薇（保康林业局照片 摄于2002年）

图 10—35　珍稀濒危植物崖柏（保康林业局照片 摄于2003年）

襄樊市维管束植物有201科852属2 119种，其中蕨类植物27科50属93种；种子植物174科802属2 026种（其中木本植物114科350属1 223种）。国家重点保护野生植物80种（其中国家一、二级保护植物37种），国家级的珍贵树种61种，其中国家一级珍贵树种有红豆杉、南方红豆杉、珙桐、光叶珙桐、古银杏、钟萼木、苏铁等；国家二级珍贵树种有秦岭冷杉、大果青扦、篦子三尖杉、秃杉、香果树、厚朴、鹅掌楸、香樟、杜仲等；省级珍贵树种有三尖杉、粗榧、蜡梅、黄檀、银鹊树、楸树、紫班牡丹、南紫薇等36种。古树名木60种1 340株，其中树龄200年以上、胸径1米以上且登记造册的有284株，以保康、南漳居多。国家作物种质资源考察队在海拔1360多米的谷城县赵湾乡万里山发现鄂西北山区独有的

图 10—36　保康金猴（赵华礼摄于1992年3月）

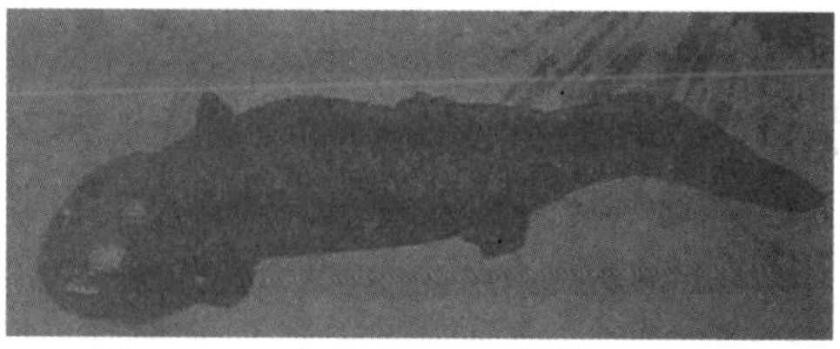
图 10-37　生长在汉江襄樊段的国家二级保护野生动物大鲵（娃娃鱼）（赵华礼、王学梅摄于1995年7月1日）

图 10-38 红嘴相思鸟　（黄维军摄于2005年）

图 10-39　生存在汉江襄樊段缅甸龟（赵华礼、王学梅摄于1996年）

柯楠(当地人称水漆树),树龄约 1 600 多年,高 45.8 米,胸径 301 厘米,冠幅直径 43 米,树冠覆盖面达 625 平方米。它是我国特有树种,属于珍贵稀有资源,有较高的经济价值和科学研究价值。为襄樊大树之最。

襄樊市陆生脊椎野生动物 268 种:其中鸟类 151 种,兽类 60 种,爬行类 34 种,两栖类 23 种;国家重点保护动物 60 种,省重点保护野生动物 90 多种,有益的、有重要经济、有科学研究价值的国家"三有"保护动物 100 多种,中国濒危动物红皮书记载种有 50 种,《濒危野生动植物国际贸易公约》(简称 CITES)种 53 种。

据八十年代初全市普查,襄樊市有林木虫害 317 种,分属 6 目 68 科;林木病害 119 种,其中苗木病害 11 种,叶部病害 88 种,枝干病害 19 种,根部病害 1 种。主要病害有松疱锈病、杉木炭疽病、杨树溃疡病、泡桐丛枝病、核桃细菌性黑斑病、板栗疫病、幼苗立枯病等 20 种,主要虫害有马尾松毛虫、栎毛虫、星天牛、杨小舟蛾、银杏大蚕蛾、茶尺蠖、梨木虱等 32 种。虫害天敌有昆虫 21 种,菌类 1 种,鸟类 29 种。资源昆虫有五倍子蚜、白蜡虫、柞蚕及桑蚕。

(二)依法治林

新中国成立后,国家颁布了《中华人民共和国刑法》《中华人民共和国森林法》等许多有关林业的法律法规,1979 年全国人大常委会颁布《中华人民共和国森林法(试行)》、1982 年 10 月,国务院发出《关于制止乱砍滥伐森林的紧急指示》。1984 年,林业部出台了《森林法实施细则》。1986 年 8 月,林业部、公安部联合发布《关于森林案件管辖范围及森林刑事案件立案标准的暂行规定》。同时,湖北省委、省人大、省政府以及襄樊市委、市人大、市政府先后出台了贯彻落实国家有关保护森林,发展林业的法规和政策。全市各县(市)区先后成立了林政科、林业公安科、森林公安局,兴建基层林区派出所 8 个,新增林业管理站 10 个,新增护林员 3403 人,达到 11376 人,立护林宣传碑牌 1.8 万块,保护森林,有法可依,执法有人,大规模的毁森事件得到制止,偷盗林木的现象大为减少。

1981 年 3 月,襄阳地委发文,贯彻执行中共中央、国务院《关于保护森林发展林业若干问题的决定》(以下简称决定)。襄阳行署批准当年 3 月下旬召开林业局长会议。当年 4 月,地区林业局召开木材公司经理会。全区翻印《决定》6 万份,派出工作组 52 个 466 人深入下去。关闭木材自由市场 80 个,清理冻结木材 6456 立方米,处理乱砍滥砍滥伐案件 20 起,整顿社队木材加工厂 44 个,新建林检站 58 个,增加林检人员 180 人。木材生产任务由 80 年的 5 万立方米调减到 81 年的 4 万立方米。强调由林业部门统一经营。1982 年 10 月 20 日,国务院发出《关于制止乱砍滥伐森林的紧急指示》,襄阳地委、行署召开各县市电话会议,传达部署落实具体措施。全区共派出工作组 492 个,1587 人。查清毁林案件 3908 起,6478 人,破坏山林面积 20133 亩,损失木材 8756 立方米。处理案件 3797 件,5482 人,其中判刑 15 人,拘留 82 人,纪律处分 63 人,收回木材 5989 立方米,罚款 27.57 万元。同时,林业系统对销往外省、外地的木竹及其制成品、半成品、柴、炭、栓皮、橡碗等进行认真审核,抓好木、竹统一经营和木材生产计划"一本账"工作。

1984 年全国人大常委会颁布《中华人民共和国森林法》,于 1985 年 1 月施行。同年 12 月,襄樊市政府批准市林业局成立林政科,专门从事依法治林的管理工作。

1986 年 5 月 12 日,市政府转发市林业局《关于进一步制止乱砍滥伐,加强林政管理的报告》,要求全市各地贯彻实施《中华人民共和国森林法实施细则》,采取 2 条关键措施对林木实行限额采伐制度:在各县(市)林业局成立林政股(科),配备林政工作人员 30 人,区、乡、镇林业站配备林政员 207 人。同时,重新调整、组建 13 个木材检查站,配备 104 人。据统计,13 个木材检查站全年共检查车辆

8170车次,其中违章运输912次。襄樊市工商管理局、税务局、林业局联合发文《关于加强襄樊市市区内木材市场管理的通知》,对木材市场的经营管理作以下几条规定:第一,林业、物资部门发挥国营企业经营木材的主渠道作用。第二,除林业、物资、供销部门外,现有其他经营木材的单位和个人都必须在经营的所在地重新提出申请,由县以上的林业、工商行政管理部门共同审核,凡不具备经营木材条件(如贮木场、运输工具、检尺技术等)的,一律不准经营木材。第三,不准倒卖木材合同、发票,不准把统配材当议价材出售。凡进入市场交易的木材都要有证明。第四,襄樊市木材检查站、各区工商、税务要加强木材市场的管理。

1987年,全市贯彻执行中共中央国务院《关于加强南方集体林区森林资源管理,坚决制止乱砍滥伐的指示》精神,市委、市政府下发关于贯彻上述文件精神的意见,召开政法、工商、林业等部门参加的局长会议,进行贯彻部署。同年2月,市林业局根据市委书记张怀念的指示,对木材采伐、流通进行重点调查,市委将调查报告转发各县(市)。4月,市政府发布《关于保护森林树木,加强林政管理的布告》;4月下旬,省政府发《关于坚决制止乱砍滥伐林木歪风的紧急通知》;5月,市政府下发《关于贯彻省政府紧急通知的通知》;8月25日,国务院批准、林业部发布施行《森林采伐更新管理办法》。11月9日,市政府办公室下发《关于清理整顿木材市场的通知》,采取3条措施:市政府成立了严厉打击毁林犯罪专项行动领导小组,由副市长杨斌庆负责,加强专项行动的领导,集中查处1985年以来的毁林案件;市政府发布《关于严厉打击毁林犯罪专项行动有关问题的通知》,要求各县(市)向市政府写出书面报告;从政法、林业、工商等部门抽调人员,组成工作组,分片巡视、检查督促。全市组织1003个工作组(含区、乡)计3396人,清查244个乡镇913个村存在的问题,查出毁林案件481起,砍树17.43万株,参与作案的有1106人,没收木材300立方米,取缔无照经营401户,吊销营业执照123户,关闭木材加工厂273个,罚款2.9万元,赔偿损失1.2万元。同时,市林业局组织了7个工作组,在各县市之间围绕"限额采伐、木材市场管理、木材运输管理"3大管理开展互查,检查了21个区镇,9个木材市场,14个检查站。

1988年,市委、市政府强调把《中华人民共和国森林法》列入普法教育的重要内容,并把国务院发布施行《森林防火条例》同时列入学习内容。市林业局采取办训练班、知识竞赛、幻灯、墙报等多种形式组织市县林业部门学习宣传贯彻执行《中华人民共和国森林法》。全市办班99期2269人,开动员会2898场,放幻灯50场,有200多万人接受《中华人民共和国森林法》教育。据统计,各地派出327个工作组,1068人,深入乡村督办,使一度有所抬头的乱砍滥伐之风得到有效控制。全年查处毁林案件491起,损失树木13.44万株,折蓄积2689立方米,处理违法人员1171人,罚款12.38万元,挽回经济损失57.86万元,补栽树苗2.26万株。同时,市林业局在采伐管理上采取3条措施:制订《林木采伐限额执行情况》报表制度,一季一报,发现问题及时解决问题;加强监督检查,先自查,后抽查,结果列入各级领导林业工作目标责任状;增加管理人员,使产材乡镇都配备林政管理员。

1989年,全市贯彻落实林业部《关于切实加强年森林采伐限额管理的通知》,实行全国统一的"林木采伐许可证",并从当年10月1日起,实行统一的"木材运输证"。同时,全市认真学习同年3月1日施行的《中华人民共和国野生动物保护法》、5月1日起施行的《中华人民共和国种子管理条例》和12月18日国务院发布施行的《森林病虫害防治条例》,并认真贯彻落实林业部《林业行政处罚暂行办法》。

1990年,全市贯彻执行林业部同年11月1日发布的《木材运输检查监督办法》和12月26日林业部发布的《林业行政处罚程序规定》,抓林业工作站、木材检查站建设。建立林业站167个,专职林政管理人员516人;木材检查站14个,执勤点31个,有检查人员177人。在整治"三乱"(乱设卡、乱收费、乱罚款)中,全市明令撤销无法律依据的检查站325个,取消乱收费项目;依法取缔木材经营单位172家,查出违章运输1420起。

1991 年，全市森林采伐实行全额管理。市政府发布《关于强化林政管理，切实保护森林资源的布告》，市林业局制定《襄樊市〈森林采伐全额管理办法(试行)》，实行采伐管理与计划管理相结合，从指标分解、采伐申请、采伐证核发、采伐监督、采伐证回收、到检查验收等工序均作比较明确规定。会同谷城县林业局在谷城紫金镇办采伐全额管理试点。

1992 年，全市贯彻落实林业部《关于按照法律、法规规定收取征占用林地四项费用(林地补偿费、林木补偿费、植被恢复费、安置补助费)有关问题的通知》文件精神，市林业局按征收依据，征收范围，征收标准对占用林地的“四项费用”进行规范。同时，襄樊市木材生产在执行“总量和商品材、农民自用材、培植业用材、生活烧材和其他用材五个部分”的年森林采伐限额上，强调总量指标不能突破，五个分项指标既不能突破，也不能互相挤占、挪用，做到采伐限额管理与计划管理相统一。全市全年商品材、自用材管理较好，培植材管理有新的突破，烧材管理也已起步。当年底，省政府批准襄樊市设置木材检查站 16 个，其中保持原有的 14 个，新建 2 个。全市查处违章运输 1 492 车次，违章木材 2 572 立方米。

1993 年，全市宣传贯彻林业部《林地管理暂行办法》和省政府《湖北省森林防火管理办法》《湖北省木材采伐、运输、经营管理办法》等法规。当年，本市一些以木材为原料的乡镇企业，以乡、镇政府名义向村下达交材任务，造成无证采伐；香菇、木耳价格一直看好，襄樊市有 40%村的培植业用材未纳入采伐管理；木材违章运输也明显上升，违章运输车次、数量较 1992 年增加 66.5%和 192%。同 5 月 31 日，市政府发布《关于加强森林资源保护管理，制止乱砍滥伐乱捕乱猎的布告》，以乡镇为单位实行采伐、销售、运输“三总量”控制，严格木材流通管理，以山下管严促山上管住。

1994 年，全市以采伐管理为中心，强化源头控制，抓好森林采伐限额全额管理。所有国营、集体单位生产的木材和农民自留山、责任山的木材，必须凭采伐许可证到林业主管部门换取“准销证”后方能出售。任何单位和个人都不得购销无证木材。商品材申请办理运输证的必须持有木材准销证。香菇、木耳等消耗森林资源的，其生产计划要同采伐限额管理相衔接，所消耗林木不得超过培植业用材限额指标。全年全市木材检查站检查木材 45 361 车次，查出违章运输 2 446 车次，违章木材 10 359 立方米；各级林政机构共办理行政案件 3 211 起，结案3 026 起，没收违法所得 50 995 元，罚款 65 453 元，补栽树木 54160 株，补交林业两金两费 64 054 元；组织“编限”工作组 30 多人，编制《“九五”森林限额采伐实施方案》报省；全市新增林政稽查队 3 个，林政股增加 4 人，木材检查站增加 33 人，林业工作站增加 41 人。全市为从事林业行政执法的 309 人办理行政执法证，乡、镇、村、组共配备专兼职护林员 8253 人。

1995 年，根据采伐管理的难点是培植业用材和烧材的特点，市林业局在产材县南、保、谷推广1994年进行的培殖业用材和烧材试点的经验，将培植材全部纳入采伐限额。并要求南、谷、宜在培植材上推行“四统一”，即统一办证、统一采伐、统一加工、统一结账的管理办法。保康对工副业烧材试行烧材许可制度，率先在城关镇和几个大的集镇推行，南漳在烧柴上试行烧柴许可制度，遏制超限额采伐的势头。据统计，当年全市出境的木材比 1994 年下降 25%。同时，全市完成对从事木材经营加工的清理整顿，重新颁发“木材经营加工许可证”，办证率 90%。撤除未经省政府批准的木材检查站执勤点8个，林业站、国营林场在县、乡道路上从事木材检查的哨卡 16 个，办理林业行政案件 3 073起，查处结案3 036 起，处罚 3 125 人，没收违法所得 8.23 万元，罚款 14.35 万元；共检查木材 6.24 万车次，查获违章运输 2 015 车次，查获违章木材 8 631 立方米，没收无证木材 642 立方米；查处野生动物案件15起，1 300只条。据统计，未经林业部门审查同意，一些单位共征、占、用林地达 1 355 公顷。根据这一情况，襄樊市政府下发《关于进一步加强林地管理工作实施意见报告》的通知，向各县(市)予以通报。

1996 年，全市宣传《湖北省森林采伐管理办法》，印发宣传材料 12 000 多份，各种新闻媒体用稿

380 多篇。对采伐商品材实行“三总量”控制。全年消耗木材 24.87 万立方米。同 9 月，市林业局与市政府签订《行政执法责任书》，与市工商局联合下发《关于加强野生动物市场管理工作的通知》，与市公安局密切配合，先后在农贸市场、隆中风景区、民航站、汽车站等地，开展检查和打击贩卖野生动物的违法活动。经省政府批准，省公安厅批复本市新建（张公祠、东巩）两个林业派出所，编制 14 人。

1997 年，市人大常委会作出推行《执法责任制和执法违法追究》制度，市林业局成立以局长为组长的执法“两制”领导小组，整理、汇编 28 个林业法律、法规、行政规章和规范性文件。市政府与林业局，林业局与有关科室、站、所签订执法责任状，把“谁经办谁负责”的原则落实到具体执法单位和个人。市林业局成立襄樊市林政管理稽查队。全年全市查获野生动物活体 800 多只，全部放生，查处蛇、蛙 1750 公斤。

1998 年，全市各级林业、公、检、法、监察等部门联合开展保卫绿色的专项治理活动，开展清理毁林开垦、乱占林地，对无证五采（采石、采土、采沙、采种、采脂）依法进行查处。从 1998 年 1 月 1 日起，全市林木采伐许可证实行交旧换新制度。

1999 年，市政府转发市林业局《加强封山育林区管理严厉打击破坏森林资源违法犯罪活动的通知》。查处大案要案，对涉案 66.7 公顷的林地面积进行恢复处理。全市严打工作受到国家“三厅两院”五部委的通报表彰。

2000 年，全市建立健全 6 种管理制度，搞好“5 证”管理，依法治林。查处了 1997 年以来襄樊市林政执法违法人员 37 人，有警告、记过、撤职、开除、调离工作岗位等，处理各类森林案件 969 起，查处 948 起，处理违法犯罪人员 1128 人，收缴木材 1088.9 立方米、国家重点保护动物 36 只头、省级重点保护野生动物 1.87 万只头共4700 公斤、青蛙 4600 公斤；清理乱占林地 6.12 公顷，挽回直接经济损失 89 万元。当年 12 月，枣阳市平林镇 12 个村、24 个村民小组和 1 个茶场，在仅办理 2444 立方米的林木采伐证的情况下，实际采伐林木 5115.6 立方米，超伐 2671.6 立方米。经群众举报后，国务院总理朱镕基、副总理温家宝、政法委书记罗干做出批示查处。襄樊市林业局与枣阳市纪委、政法委、公安局、林业局等部门组成了 15 人的联合调查组，分为案件侦破、纪检监察两个专班进驻平林镇进行调查处理。截至 2001 年 3 月 4 日查清此案，对超伐林木的直接责任人罗 X（枣阳平林镇林业站副站长，主持工作）、卢 X（林业站职工）及承包砍伐山林的 8 人依法逮捕，同时开除罗 XX 党籍撤销其林业站副站长职务，6 名基层干部受到党纪、政纪处分。同年，襄樊市首次实行“森林资源年消耗”监督员制度，襄阳中兴木业有限公司和宜城郑集纤维板厂两家企业成为首批“森林资源年消耗”监督员单位。

2001 年，全市先后开展“天保行动”“襄樊市林业严打专项行动”“林业严打一号行动”“追逃行动”“天保区域专项整治行动”及“猎鹰行动”6 次林业严打斗争，共破获各类森林案件 1104 起，处理违法犯罪人员 1412 人，其中刑事拘留，逮捕 84 人，判刑 31 人，收缴获木材 1347 立方米，野生动物 8910 公斤，为国家直接挽回经济损失 116 万元。同时，加大林木采伐的管理力度，加强采前、采中、采后全程监督管理。全市全年采伐林木 15.57 万立方米，占限额采伐计划的 36%。

2002 年，全市开展以严厉打击破坏森林和野生动植物违法犯罪为主要内容的林业严打专项行动（即林业严打 2 号行动）。同 9 月中旬，市政府下发紧急通知，严禁在乡镇机构改革中乱砍滥伐林木。通知要求各地采取五项措施有效保护襄樊市森林资源，确保在乡镇机构改革和村、组撤并过程中不引起乱砍滥伐行为的发生。全市全年有木材经营单位 1103 个，取缔和关闭违法设立的木材经营加工单位 160 个，没收木材 1400 立方米。保康县因天保工程全部取缔木材交易市场。

2003 年，根据国家、省林业局的统一部署，4 月 10 日零点至 4 月 19 日 24 时，在全市范围内开展严厉打击破坏野生动物资源违法犯罪专项行动（春雷行动）。查处野生动物案件 130 起，清理宾馆、饭店、酒楼、餐馆 310 家，清理市场 62 个，抓获违法人员 170 人，刑拘 3 人，收缴野生动物 1.03 万只，罚款 3.28 万元。

2004 年,市林业局根据相关法律法规,对林业行政许可审批项目进行全面清理和精减,保留 18 个。对保留的行政审批项目制定《办理指南》,全部纳入襄樊市行政服务中心办理,市林业局固定专人,购置设备,在市行政服务中心设林业窗口,开展服务工作。

2005 年,全市乡镇林业站实行体制配套改革,即确定乡镇林业站为林业局派出机构,山区县的每个乡镇设 1 个林业站,丘陵和平原乡镇实行区域性建站。省编委安排襄樊市共设林业工作站 82 个,定编职工 738 人,但少部分职工财编没有落实。

(三)山林权属

襄樊市林地所有权为国有、集体所有两种形式;林地使用权、林木所有权为国有、集体所有、私有、国合共有 4 种形式,1983 年以前以集体所有为主要形式。1981—1983 年,全市开展林业"三定"(划定自留山、责任山、落实林业生产责任制)工作,为农户划定自留山面积 14 万公顷(含随州,区分不开,下同)占集体山林总面积的 11.8%,同时给农户划定了责任山;1985 年,全市实行自留山与责任山合一,称为家庭经营山,有 59.4 万(含随州)农户分得集体山林,到户山林面积达 72.5 万公顷,占农户总数的 55.3%,各级人民政府相应地颁发"家庭经营山使用证"。

1986 年,全市集体山林经营的主要形式有:集体林场经营、邀伙承包办场、联户承包办场、单户承包林场、家庭经营山、专业户承包经营等。当年,少数地方对放宽林业政策理解片面,认为只要把山林分到户就是由农户自行处理,造成部分集体林场解体,有的导致乱伐山林;有的地方经营山划得较远,户主无法经营,出现撂置不管的现象;有的合同不能兑现,影响承包者积极性。为此,市委、市政府批转市林业局《关于进一步完善林业生产责任制意见的报告》。

1987 年,全市山林总面积 85.95 万公顷(不含随州,下同),蓄积 1 145.57 万立方米,其中国有山林面积 3.12 万公顷,蓄积 89.8 万立方米;集体山林面积 82.83 万公顷,蓄积 1 055.77 万立方米。集体山林按责任制形式分为:集体经营面积 12.95 万公顷,占集体山林总面积的 15.6%;邀伙承包 5 200 公顷,占 0.63%;自留山面积 3.63 万公顷,占 4.4%;责任山面积 14.1 万公顷,占 17%;家庭经营山面积 49 万公顷,占 59.2%;其他 2.63 万公顷,占 3.2%。根据集体山林到户调查(调查表统计),当年,已分到户的山林面积 71.72 万公顷,蓄积 974.44 万立方米,已分林的总户数 59.9 万户,占总户数 83.6 万户的 71.71%。集体山林分到农户后,荒山分而不治的现象比较普遍。谷城县盛康镇江家梁村 7 组共有杉木 2.97 万株,其中 43 户砍树 1.8 万株。宜城县流水乡黄岗村有山林面积 433.3 公顷,其中荒山 166.7 公顷,1984 年将山林全部划分到户,限期 1987 年绿化荒山,村免费供应树苗,结果成材树砍了近一半,而栽的树很少,仅原村支部书记周国英的 0.53 公顷荒山基本绿化。保康、南漳、老河口等地有些村已将责任山、家庭经营山收归集体管理。保康县寺坪镇柳家湾村 3 组收回山林 100 公顷;2 组随之仿效,收回山林 66.7 公顷。襄樊市没有分到户的集体山林,其管理形式主要为集体林场管理、专职护林员管理、集体派工管理 3 种。

1988 年 3 月,林业部、国家土地管理局下发《关于加强林地保护和管理的通知》。通知规定:今后凡国家建设、乡(镇)村建设占用国有和征用集体所有林地的,土地管理部门接到建设单位用地申请后,须征得林业主管部门的书面意见,经依法审查后,按法定审批权限报人民政府批准。农村居民建住宅占用《中华人民共和国土地管理法》第 38 条规定的其他土地中的林地,须经林业主管部门或其委托单位签署意见。

1989 年,市政府成立国有山林稳权发证工作领导小组,由市政府副市长张振华任组长,各县(市)政府相应成立国有山林稳权发证领导小组。1990 年,襄樊市基本完成国有林山林发证工作,共发证

325 份，面积 5.12 万公顷，连同林业“三定”时 6 个国有林场发的证，累计发证面积 5.89 万公顷，占国有山林面积的 96.4%。其中对非林业部门经营的国有山林发证面积 8 392 公顷，占其山林面积的 87.7%。由于多种原因，尚有襄北邓林农场、市公路总段等单位，计 1 181 公顷还未发证。

1992 年，襄樊市积极探索“国营林场投资，村组投山”，“人随山走，场村合一”等形式，发展国合林场。

1993 年 8 月 30 日，林业部发布《林地管理暂行办法》，市林业局组织襄樊市林业系统对《办法》进行了宣传、贯彻，并对征占林地情况开展了全面调查，上报市政府。1984—1993 年，仅襄樊市区内由于各项工程建设、开矿采石、毁林垦种以及乱占滥用等原因，林地面积减少 347.73 公顷，平均每年减少 34.8 公顷，在征用占用林地的面积中，未按规定办理审批手续和交纳补偿费的分别占 49.8%和 52%。

1994 年，襄樊市委市政府为推进农村第二步改革、实现农业经济第二次飞跃，召开襄樊市山水资源股份合作开发会议。市林业局印发《关于贯彻落实襄樊市山水资源股份合作开发现场会精神的意见》，安排部署全面启动征用、占用林地和管理工作，把“凡需征用占用林地的必须按规定事先报经林业行政主管部门审查同意和办理补偿手续”这两条涉及山权林权的工作落到实处。

1995 年，襄樊市拍卖荒山使用权造林 1.19 万公顷；通过租赁、联营形式办林果茶基地 3.33 万公顷，股份合作 3.33 万公顷。同时，市政府转发市林业局《关于进一步加强林地管理工作实施意见报告》，市林业局对各地未经林业部门审查同意而征、占用林地达 1 355.3 公顷的事件进行调查，并由市政府向各县(市)予以通报，要求纠正。

1996 年，全市贯彻落实林业部《林木林地权属争议处理办法》，市林业局制订并逐步推行《使用林地许可证制度》。9 月份，市林业局转发林业部《关于进一步加强森林、林木和林地权属管理工作的通知》，使襄樊林地管理工作进一步规范完善。当年查处的大案有：襄北监狱七大队非法使用林地 3.71 公顷，襄樊市铁路分局襄阳采石厂非法使用林地 1.9 公顷等。

1997 年，对市张公祠林场林地被多家采石单位无偿占用和宏伟机械厂占用林地建宿舍楼等进行了清理，符合条件的补办了使用林地许可证；在保康县以清理开采磷矿石占用林地为重点，组织专班深入到矿点，核定占用林地面积，依法补办手续，开展治理工作。

1998 年 8 月 5 日，国务院发出《关于保护森林资源、制止毁林开垦和乱占山林的紧急通知》，同年 9 月 5 日，省人民政府发出《关于开展封山植树、退耕还林、大力保护和发展森林资源的通知》，市政府下发《关于认真保护森林资源大力开展封山植树、退耕还林的通知》。市林业局对近几年来襄樊市发生非法征占用林地案进行清理，共清理案件 55 156 起，侵蚀林地 1.42 万公顷，损失林木 9.06 万立方米。市政府决定从 1998 年 8 月 5 日至 1999 年 8 月 5 日，冻结征、占用林地一年。

2000 年，根据国家林业局关于《林木和林地权属登记管理办法》的指示，襄樊市推广南漳县“明确所有权，稳定承包权，放活使用权”和“依法、自愿、有偿”的原则，对林地和林木大力推行有偿转让、拍卖、承包、租赁、股份制等有效形式，流转林地 3.33 万公顷、年创产值 4 300 万元的做法。全市全年采取以上形式管护新造林地 4.33 万公顷。老河口秦集镇对省界防护林实行集体购苗造林，将管理权进行公开招标，集体与承包人标的权益由 3 : 7 提高到 6 : 4 的比例，共签订承包合同 126 份，373 户，管理树木 35 万株。

2001 年，全市贯彻执行国家林业局《占用征用林地审核审批管理办法》和省林业局《关于推进林地使用权合理流转的意见》，市林业局把“临时使用 10 公顷以下林地审批和森林、林木、林地林权证审批”两个项目作为 2001 年襄樊市林业 8 个审批项目的第一批进入市行政服务中心办理。全年全市林地流转面积 8 643.4 公顷，其中拍卖 5 369.4 公顷，租赁 2 807.3 公顷，股份合作 466.7 公顷。市林业局为汉十高速公路及汉十、襄荆高速公路连接线 134.5 公顷林地依法办理占用林地手续。

2002 年，襄樊市开展新一轮的林权登记发证工作。市政府在谷城县召开襄樊市林权登记发证工作会议，通报谷城县、老河口市、南漳县、保康县、襄阳区政府已印发《林权登记发证实施方案》、政府已成立领导小组、已组建了工作专班、已确定试点的乡镇等情况；要求对林地、林木的所有权和使用权都必须颁发林权证书，建立林权登记发证定期报告和定期通报制度，定期发布襄樊市林权登记发证情况。市林业局将“森林资源资产产权变更审批”作为第二批行政审批项目进入市行政服务中心办理。全市通过买断、租赁、承包、股份合作、反租倒包、公司托管等多种形式流转林地13.67万公顷。

2003年，根据《湖北省林权登记换发林权证书工作实施方案》的要求，全市筹措资金75万元，抽调技术人员400多人，设专班130多个，对涉及9个县(市)区159个乡镇，3 195个行政村，60万个农户，应发证面积61万公顷进行了摸底调查。全市受理林权登记申请25.76万宗，面积18.6万公顷，占应发证面积61万公顷的30.47%；进行外业勘测23.38万宗，面积17.2万公顷，其中输机填证22.5万宗，面积14.3万公顷，占23.4%；经政府审批发证2.39万宗，面积3.2万公顷，发放林权证书1 543本。

2004年，全市开展森林分类经营工作，通过调查、区划，向省林业局申报国家重点生态公益林公顷面积17.77万公顷。经中南林业调查规划设计院核查，确定襄樊市的国家重点公益林面积为15.33万公顷。

2005年，全市继续开展登记换发林权证书工作。市林业局下发《关于进一步加强森林资源流转管理的通知》，组织各县(市)区对林地林木资源流转进行规范，确保森林资源合理流转，对林权发证工作进行检查验收。截至2005年，全市已实施林地流转面积13.8万公顷，已进行林权变更8.667万公顷，占63.2%。完成林权登记发证宗地数39.74万宗，发证面积46.3万公顷，其中林地发证面积44.23万公顷，占应发证面积的73.6%。退耕还林发证面积2.067万公顷，占应发证面积的89.9%。同年6月1日，国家正式启动非天保区国家重点公益林补偿工作。同期，省政府相应启动省级公益林补偿项目，全市共有21万公顷林地纳入项目管理。

三、森林保护

襄樊市积极贯彻执行国务院“保护森林，发展林业”和“预防为主，积极消灭”的护林防火方针，建立健全护林防火组织和队伍，宣传贯彻执行《森林防火条例》等政策法规，推行护林防火责任制，签订护林防火责任状，制定和颁布《护林防火布告》、乡规民约，制订护林防火预防机制，与周边省地市进行护林防火联防联治，在各县市区建立通信网、瞭望台、开辟防火线等，使森林火灾得到有效控制。全市每年利用“爱鸟周”“世界环境日”“宣传月”等广泛宣传保护野生动、植物重要性，打击非法捕杀、收购、倒卖、走私野生动植物，鼓励对野生动物进行驯养、繁殖，积极救护迷途、伤残、患病的野生动物，加强对野生动物的传染病的监控、防治等措施；对珍贵野生植物进行“挂牌”“迁地”、繁殖、“建档”保护等措施。进入新世纪，襄樊市建立了28个自然保护区(小区)，加强了野生动植物保护，维护了生态平衡。

图10—40 森林与白鹭(赵华礼摄于南漳1999年)

(一)护林防火

1979—2005 年,全市共发生森林火灾火警 514 起,森林受害面积 3 308.5 公顷。现全市共建立专业森林消防队 30 支 618 人;半专业森林消防队 61 支 1 300 多人;义务森林扑火队 2 612 支 12.3 万多人。

1986 年,襄樊市恢复成立护林防火指挥部,下设办公室,副市长韩南鹏任指挥长,市公安局副局长杜正福和市林业局副局长徐建初(主持林业局工作)任副指挥长,成员有公安、检察、法院、林业、武装部、司法、交通、邮电等部门的负责人组成。各县(市、区)相继成立护林防火指挥部,各级护林防火指挥部指挥长由分管林业的行政首长担任。全市恢复和重建森林防火机构 1 545 个,其中县市级 9 个,区乡级 403 个。当年,全市发生森林火灾事故 96 起,查处 53 起,依法处理 13 人,逮捕 1 人。森林受害面积 1 679.4 公顷,其中有林地面积 993.3 公顷,有 3.5 万人参加扑救森林火灾。

1987 年,全市宣传贯彻国务院《关于大兴安岭特大森林火灾事故的处理决定》和省政府《关于切实抓好护林防火工作的紧急通知》,建立或调整乡(镇)的防火领导机构,召开联防会,制定《护林防火工作暂行条例》。枣阳、宜城参加大洪山和桐柏山片的区域联防工作;谷城、南漳、襄阳、宜城等县(市)还自行协商组织召开县、区际的联防工作,涉及 18 个区(包括枣阳、宜城同荆州地区钟祥县的张集、丰乐两个区),6 个国营林场。襄樊市护林防火指挥部下发《关于森林火灾报告和统计有关事项的通知》。通知规定 7 种森林火灾必须在接到火情报告后 1 小时内上报。7 月 28 日市委、市政府召开了隆中风景区护林防火联席会议,决定成立了“隆中风景区护林防火联系指挥部”,9 月 15 日,襄樊市人民政府发布了《关于隆中风景区护林防火的通告》。据统计,全年全市发生森林火灾 3 起,火警 14 起,森林受害面积 104 公顷,其中有林地面积 26.4 公顷。

1988 年,全市贯彻落实国务院《森林防火条例》,100 多万人接受《森林防火条例》的宣传教育。设立护林防火专用电台,累计建防火道 1 318 公里,防火线 887 公里,瞭望台 291 座,购防火汽车 2 辆,风力灭火机 6 台,对讲机 18 部,固定护林员 7 000 多人。当年,开始实施豫鄂两省 8 县护林防火联防。

1989 年 2 月 10 日,襄樊市护林防火指挥部下发《襄樊市处理森林火灾预案》,要求全市各地凡发生森林火灾,都应按行政区域管辖,由当地护林防火指挥机构负责组织处理,跨越辖区行政界线的,由上一级护林防火指挥部组织处理。并要求主要产材县市和其他县市的主要产材乡(镇),每个村建立一个 50 人左右的以民兵为主的扑火队;每个乡(镇)建立 150 人的机动扑火队;国营林场要组织职工成立专业扑火队;每个县市要建立一定人数的机动扑火队和 10 台以上风力灭火机专业队。乡(镇)武装部长和村民兵连长分别兼任乡、村扑火队队长。扑火队按 50 人落实一部运输车辆。乡(镇)护林防火指挥部对以民兵为骨干的扑火队伍要登记造册,县、市护林防火指挥部对全县(市)专业护林防火队伍要登记、造册、建档。据统计,各县市、乡镇配备扑火人员 1 110 人;村级配备扑火人员 6 814 人。宜城市建立了组级护林防火领导小组 204 个 688 人。市直(含市林场、林科所、烈士陵园、隆中风景区等)建立一支风力灭火机专业队,进行灭火训练。当年,襄樊市印发护林防火宣传布告 1 万多份,写标语 2.7 万多条,竖宣传碑(牌)2 735 块,办专栏 410 多期,广播讲座 12 次,宣传稿件 320 篇,影视宣传 220 多场次。174 个村办了漫画宣传。订立各种乡规民约近 10 万份,有 3 000 多个乡村发动群众修订了以“十不准”为主要内容的护林防火公约,并组织区域联防 7 处。枣阳的部分集体和个人在豫鄂两省八县联防中被评为先进集体和个人。新修防火线 900 多公里,防火道 100 多公里,购置风力灭火机 30 部,对讲机 12 部,进一步加强了护林防火基础设施建设。

1992 年,全市共有县(市)级护林防火指挥部 11 个,成员 146 人,乡镇级指挥部 158 个 1 030 人,村级防火小组 2 540 个 1.19 万人；专业性扑火队 28 支 541 人，群众性义务扑火队 2 563 支 9.93 万人。建有瞭望台 116 座，配备各类防火车 18 辆，风力灭火机 114 台，安装无线电短波电台 15 台，无线电超短波电台 15 台，手持机 47 对，防火基础设施大有加强。

1993 年，枣阳市在当年荣获全国连续三年无森林火灾单位称号。同年 9 月，谷城县护林防火指挥部会议通过了谷城县森林防火预案。同时，南漳、保康、谷城分别建成护林防火无线电通信网并投入使用。

1995 年，枣阳、宜城、南漳、保康、谷城 5 县(市)完成生物防火林带工程建设规划。全市在林区用火开始实行林区生产用火许可制度。森林防火期内，襄樊市首次实行各级护林防火办公室坚持 24 小时值班制度和领导带班制度，发现火警火灾后及时调度，迅速组织扑火队伍扑灭山火。当年，襄樊市发生森林火灾 3 起，火警 16 起，森林受害面积 14.9 公顷，火灾受害率 0.02‰。同年 3 月 20 日，南漳县东巩镇团山寺村 4 组山林发生火灾，过火面积 1 公顷，发现火情后村组干部迅速组织村民上山扑火，村民李功成在扑火中英勇牺牲。

1996 年 10 月，襄樊市被林业部列入卫星林火监测信息网的一个网点，配套通信终端设备一套价值 5 万元。该监测网点旨在通过卫星遥感及计算机联网技术，有效监测森林火灾发生地点、面积、火灾蔓延速度、燃烧方向及火灾损失等情况，为及时发现并迅速组织扑救提供技术保障。

1997 年，县(市)人民政府授权乡镇林业站发放林区生产用火许可证，用火办证率达 92%。同年 2 月 20 日，宜城市与襄阳县交界的霸王山南坡发生森林火灾，威胁鹿门寺森林公园安全。市林业局副局长范正诠，迅速赶赴火场指挥，襄阳县委副书记任光智、副县长张志顺、政法委书记杨家雄，宜城市副市长黄平用及两县市林业局、公安局负责人，毗邻两乡镇党委书记、镇长带领 1 500 余名干部群众(其中襄阳县 1 000 人、宜城市 500 人)上山扑救。襄樊市防火办从市张公祠林场调集 4 台风力灭火机会同襄阳、宜城组织的 12 台灭火机供参与扑火的队伍使用，经过 5 小时奋战，扑灭了山火。全年全市发生森林火灾 8 起，火警 4 起，森林受害面积 31.3 公顷，森林火灾受害率 0.05‰。

1998 年，全市贯彻落实《湖北省县(市)森林防火工作百分制考核标准》，要求每年的 11 月份进行自查，12 月份市护林防火指挥部将逐县(市)复查，并将检查结果排名通报襄樊市，形成制度。市护林防火指挥部办公室根据襄樊市森林资源分布情况、各县(市)、区火险等级区划和森林防火管理难易程度制定《襄樊市护林防火办业务建设达标实施方案》，将襄樊市区及各县(市)、区防火办业务建设标准分为一、二、三类。其中按一类防火办标准建设的单位有：襄樊市区、南漳县、保康县；二类包括谷城县、枣阳市、宜城市；三类包括老河口市、襄阳县、襄城区。

1999 年 2 月，襄樊市处于干旱、大风等森林高火险天气，森林防火形势十分严峻。2 月 25 日，市政府下发《关于认真贯彻落实省政府鄂政电〔1999〕2 号文件切实抓好森林防火的通知》，市长签发《襄樊市人民政府森林防火戒严令》，对襄樊市国有山林和集体山林实行森林防火戒严，严禁一切火种进山入林。同 8 月，谷城县、枣阳市被省护林防火指挥部、省林业厅授予全省森林防火先进县（市）。全年全市发生森林火警 19 起，火灾 33 起，过火森林面积 105 公顷，森林火灾受害率 0.17‰。

2000 年，全年全市发生森林火警 23 起，森林受害面积 26.7 公顷，森林受害率 0.04‰。同年 12 月 19 日，在全省林业工作会上，襄樊市被授予 1999—2000 年度落实森林防火责任制先进地市州，由副省长贾天增颁发奖牌和奖金。

图 10—41 护林防火检查点(柳虎拍摄于保康 2005 年)

2002 年，襄樊市森林防火指挥中心在市林业局建成，初步实现“预测预报和分级备战系统；火灾监控系统；报警、处警监听录制系统；指挥决策系统；高度指挥系统等 5 种功能。

2004 年 12 月 9 日，襄樊市护林防火指挥部办公室组织成立襄樊市森林消防队。消防队依托市国有张公祠林场聘用的 15 名林场职工为扑火队员，其主要任务是扑救襄城、樊城两城区和高新、汽车、鱼梁州 3 个开发区境内发生的森林火灾，在重点防火区内加强演练，随时待命。

2005 年，市委副书记张家林、常务副市长欧阳万坤、副市长刘德政对全市森林防火多次作出指示。2 月份，刘德政到市森林防火中心检查，提出“确保不发生重大森林火灾，确保不发生因火灾造成的人员伤亡事故”的目标。当年，襄樊市发生森林火灾火警 85 起，过火面积 115.7 公顷，受害森林面积 38.9 公顷，森林受害率 0.05‰。

（二）森林病虫害防治

图 10—42 襄、枣、宜结合部百万亩被马尾松毛虫危害的用材林基地（赵华礼摄于 1987 年）

图 10—43 南漳县飞机防治松毛虫（赵华礼摄于 1990 年 8 月）

襄樊市有马尾松林面积 19.6 万公顷，占全市森林总面积 32.6%。1990 年是襄樊市马尾松毛虫危害最为严重的年份之一，松毛虫受害面积为 3.4 万公顷，虫口密度达 250 条 / 株以上，有虫率为 100%，经虫吃过的松林像火烧一样。市政府成立“襄樊市飞机防治松毛虫指挥部”，由副市长张振华任指挥长，有关县、市及部门领导任副指挥长。从 4 月 9 日至 5 月 3 日，实施飞防治虫。动用运五型飞机 3 架，飞行 256 架次，224.36 小时，喷洒“白僵菌高孢粉、ES87 助剂、敌杀死”混合剂，防治襄阳、枣阳、宜城 3 县（市）和市直张公祠林场马尾松毛虫面积 2.56 万公顷。投资 33.64 万元，每公顷平均花费 13.1 元。2004 年，宜城市、南漳县萧氏松茎象为害面积 0.39 万公顷，同年 6 月 22 日，市森防站同市森林公安分局联合出击，收缴有害生物加拿大一枝黄花 1500 多枝，并及时进行销毁。

2005 年，在宜城、南漳等地开展萧氏松茎象国家级的工程治理。截至 2005 年，全市先后建立森防站 8 个，国家级的森林测报点 2 个，固定中心测报员 20 人，兼职测报员 127 人；专职检疫员由原来的 30 人，发展到 83 人。

（三）野生动植物保护

襄樊市已发现国家重点保护野生动物 60 种，省级保护野生动物 90 种。其中国家一级保护野生动物有：金雕、林麝、云豹、金钱豹、白鹳、黑鹳、白肩雕、中华秋沙鸭、梅花鹿、大鸨 10 种；国家二级保护野生动物有：黑冠鹃隼、苍鹰、赤腹鹰、凤头鹰、棕尾鵟、大鵟、普通鵟、白尾鹞、鹊鹞、白头鹞、灰脸鵟鹰、白腹鹞、雀鹰、凤头蜂鹰、秃鹫、鸢、栗鸢、红脚隼、红隼、褐冠鹃隼、红腹角雉、勺鸡、白冠长尾雉、红腹锦鸡、褐翅鸦鹃、草鸮、班头鸺鹠、长耳鸮、红角鸮、雕鸮、毛腿渔鸮、灰林鸮、短耳鸮、猕猴、豺、黑熊、鸳鸯、小天鹅、穿山甲、拉步甲、中华虎凤蝶、黄喉貂、水獭、大灵猫、小灵猫、金猫、獐（河麂）、鬣羚、班羚、虎纹蛙 50 种。国家“三有”(即有益的、有重要经济价值的、有科学研究价值的)保护的野生动物和湖北省重点保护的野生动物有 100 多种。

襄樊市国家重点保护野生植物 80 种(含国家一、二级保护植物 37 种),其中,国家珍贵树种 61 种,省级珍贵及保护树种 36 种,古、大、奇树 60 种 1340 株。属于《国家重点保护野生植物名录(第一批)》中的有 21 种,其中国家Ⅰ级保护植物 3 种,它们是银杏、红豆杉、南方红豆杉;国家Ⅱ级保护植物 18 种,它们是篦子三尖杉、大果青扦、金荞麦、连香树、野大豆、紫杉、鹅掌楸、厚朴、凹叶厚朴、香果树、榉树、喜树、樟树、闽楠、红椿、桢楠、巴山榧树和黄皮树。属于《中国珍稀濒危保护植物名录(第一册)》国家珍稀涉危保护植物 29 种,二级有 9 种,它们是银杏、篦子三尖杉、连香树、杜仲、山白树、鹅掌楸、香果树、夏蜡梅和独花兰;三级 20 种,它们是穗花杉、大果青扦、金钱槭、八角莲、华榛、野大豆、紫杉、厚朴、凹叶厚朴、黄连、银鹊树、白辛树、领春木、青檀、闽楠、红椿、桢楠、紫茎、油杉和天麻。属于《国家珍贵树种名录(第一批)》中的有 15 种,其中一级有 3 种,它们是银杏、南方红豆杉和香果树;二级有 12 种,它们是大果青扦、篦子三尖杉、连香树、杜仲、红豆树、鹅掌楸、厚朴、凹叶厚朴、红椿、桢楠、榉树和闽楠。

1984 年,襄樊市成立襄樊市野生动物保护协会,选举并通过协会会长、副会长、常务理事名单,制定《野生动物保护章程》。名誉会长:王根长,市委副书记,市人大常委会主任。会长:韩南鹏(副市长)。副会长:兰学汉(市林业局长);王应槐(市科委副主任);杨云胜(襄樊日报社社长);古胜水(市广播事业局副局长);涂世平(市水产局局长)。

1987 年 2 月 15 日,襄樊市人民政府发布《关于严格保护珍稀野生动植物的布告》。1989 年,市林业局在对现有猎枪、气枪销售点进行清理整顿的基础上,重新确定 6 处猎、气枪销售点,向林业部申报江华机械厂为猎枪生产企业。其中襄樊市文化用品批发公司友谊商场为襄樊市直猎枪、气枪销售点。

1990 年,保康县政府批准建立五道峡和鹫峰 2 个自然保护区。

1991 年,襄樊市贯彻林业部发布《国家重点保护野生动物驯养繁殖许可证管理办法》,对驯养繁殖珍稀野生动物的,必须领取“驯养繁殖许可证”,在规定的种类、数量范围内进行。

1993 年 8 月,市林业局成立由副局长李军担任组长的检查组,在市环保局、公安局、工商局、水利局、电视台等单位的配合下,对襄樊市区三七零集贸市场和隆中风景区市场买卖野生动物或市区部分餐馆烹饪野生动物进行治理整顿。查获野生动物 10 种 52 只,其中有国家一级保护动物中华秋沙鸭。

1994 年,市林业局要求各县(市)林业局争取各级党委、政府批准,在乡(镇)林业工作站增挂野生动物保护站的牌子,刻制章子,配备班子,明确专、兼职人员,强化林业站保护管理野生动物的职能。谷城县率先在各乡镇设立了野生动物保护站。当年,全市查处非法贩运野生动物案件 7 起计 132 只,其中有国家二级保护动物黑熊,地方重点保护野生动物 130 只。

1995 年,市政府下发《关于加强野生动物保护管理工作的通知》,要求全市各地认真贯彻《中华人民共和国野生动物保护法》和《湖北省实施〈中华人民共和国野生动物保护法〉办法》,把宣传贯彻《中华人民共和国野生动物保护法》和《办法》及其配套法规作为重要内容列入各地区、各部门的法制教育和精神文明建设中去;组织林业、渔政、农牧、公安、工商等部门,对从事猎捕、驯养、繁殖、出售、收购、加工、运输和进出口野生动物或其产品等活动的单位和个人进行一次彻底清理,坚决制止和严厉打击乱捕滥猎、非法经营大鲵、锦鸡、环颈雉、花面狸、青蛙、蛇类等野生动物行为;对从事出售、加工、运输和驯养繁殖国家、省重点保护动物或其产品的,要严格履行审批手续,按照规定向县级以上野生动物行政主管部门提出申请,对符合条件的,按照审批权限依法核发“特许猎捕证”“狩猎证”“驯养繁殖许可证”“经营许可证”,凭证开展猎捕、驯养繁殖、经营等活动。同年 10 月,林业部组织专家组和省林业厅有关人员对江华机械厂猎枪定点生产情况进行考察。

1996年,襄樊市对古树名木进行挂牌保护,建立健全古树名木档案,制定和完善管理制度,落实管护责任。对襄樊市县级以上林业行政主管部门从事陆生野生动物保护执法人员,配备全国统一的服装和标志。

1997年,根据省林业局《关于在全省开展陆生野生动物资源的调查与监测工作的通知》,全市调查工作按行政区域组织实施,即以县(市)为调查单元。调查对象:国家1、2级和湖北省重点保护野生动物;《濒危野生动植物种国际贸易公约》及其他公约或协定中所列物种;有重要经济价值的物种;有重要科研价值的物种;环境指示种和生态关键种。调查时间为1997年11月至1998年10月。采取冬春调查鸟类、兽类,夏季调查两栖类、爬行类的办法。襄樊市共布设调查样带355条。经调查,襄樊市境内陆生野生动物共有4纲,25目,55科,149种。

1998年,《中华人民共和国野生动物保护法》颁布实施10周年。襄樊市、县(市)林业行政主管部门落实了负责野生动植物保护工作的专、兼职机构和管理人员,建立乡镇、场野生动植物保护站60个、13个木材检查站、13个林业派出所、8个林政稽查队负有监管职责,公安、工商等协同监管。全市有125人取得省林业厅颁发的"湖北省保护野生动物检查员证"。全市救护重点野生动物20多只,其中有国家1级保护动物白鹳,2级有灰鹤、鹰类、大鲵等,经举报查获野生动物案件200多起。共建野生动物养殖场34个,其中,动物园1个,养狐场2个,养蛇场25个,七彩山鸡养殖场1个,其他5个,主要饲养动物有31种,国家1级有5种,2级4种,省重点16种,非重点6种。保康县对红豆杉、野生蜡梅和野生牡丹3大珍稀植物采取县人大立法和县政府制定行政规章,划定自然保护区、母树林、保护园,千亩以上的设保护站和检查站,限制和禁止出县境等一系列措施进行保护。

1999年9月,市林业局建立了《野生动物保护管理执法公示制度》。

2000年,襄樊市参加国家林业局组织开展的"野生动植物保护法律法规执行年活动""保护森林资源三号行动""中国湿地保护行动计划"和省政府部署的"神农架一号行动",查处"野保"案件120起。市林业局成立了"襄樊市野生植物调查领导小组",局长彭显明任组长,副局长罗平任副组长。组织南漳、保康、谷城、老河口四个县(市)林业局开展调查。据调查统计,襄樊市有野生植物900余种,按用途分:纤维类100余种;淀粉及糖类150余种;油脂类150余种;鞣料类100余种;芳香类100种;药用类300余种。树种资源:有木本植物114科350属1223种,其中原生归化种92科227属881种,其中原生珍稀树种27科43属42种,其他为引进的科、属、种。在被调查的珍稀树木中,以人工栽培杜仲、银杏最多,杜仲栽培面积2667公顷;银杏面积2000公顷。襄樊市林科所自八十年代中期开始建设隆中植物园。该园设计有珍稀植物园、红豆杉园、银杏园、梅花园、牡丹园等16个专类园,引种73科

图10—44　经强制免疫、消毒后放生果子狸(市林业局摄于2004年)

图10—45　查处非法猎杀食用国家保护野生动物案件(市林业局摄于2001年)

323 种，有国家 1 级保护植物红豆杉、水杉、银杏、珙桐 4 种，2 级保护的有秃杉、香果树、大果青扦、鹅掌楸、连香树等 21 种。

2001 年，市林业局转发国家林业局《关于加强野生动物外来物种管理的通知》文件，要求各县（市）区林业局对凡需引进外来物种进行繁殖活动的，在当年 11 月 10 日前向市林业局提出申请，审核同意汇总后上报省林业局，经国家林业局批准后方可实施。禁止开展外来物种的野外放生活动。

2002 年，省政府批准襄樊市建立岘山、鹿门寺、薤山、官山、欧店、刺滩沟、白竹园寺、青峰岭、七里山共 9 个省级自然保护小区，总面积 8 173 公顷。同年 11 月，市政府批准成立襄樊市林业局野生动植物保护科，各县（市）林业局也相应成立野生动植物保护科（股）。

2003 年，"非典"灾难影响全国。5 月 23 日，有关科学家锁定"非典"病源是通过果子狸传染和蔓延。5 月 24 日，市林业局接省林业局紧急电话通知后，在 5 月 25 日对市区 4 家果子狸养殖户养殖的 50 多只果子狸就地封存隔离，进行消毒防疫，严禁买卖。当年，省政府批准襄樊市建立龙坪、七里扁、九路寨、长北山、梨花湖、县厂共 6 个省级自然保护小区，总面积 4 880 公顷。市政府批准薤山自然保护区，面积 3 557 公顷；批准香水河、七里山、金牛洞 3 个自然保护区，面积共 18 807 公顷；批准宜城长北山自然保护区，面积 12 560 公顷；批准梨花湖自然保护区，面积 4 200 公顷；批准五道峡、刺滩沟、鹫峰、红豆杉自然保护区，面积共 11 131 公顷。枣阳市人民政府批准建立枣阳市兰科植物自然保护区和枣阳市熊河湿地自然保护区，面积分别为 1.67 万公顷和 2.33 万公顷。

2004 年，襄樊市贯彻落实国家、省林业局《防止珍稀濒危鸟类感染高致病性禽流感疫病紧急通知》的实施意见，市林业局要求各县（市）区林业局加强领导，搞好宣传，林政稽查、森林公安人员对所属辖区养殖场、动物园、鸟类观赏园、交易市场、宾馆酒楼等公共场所采取全面清查和监控，强制免疫，彻底消毒，严格控制鸟类调运，减少禽流感传播的机会。

当年，市政府批准襄樊市漳河源市级自然保护区，面积 39 800 公顷。

2005 年，根据省林业局等五厅局的文件，襄樊市处理果子狸 2 235 只，对适宜放生的 950 只进行放生，对其他果子狸进行捕杀焚烧掩埋，省财政对 16 家养殖户一次性补偿现金 111.9 万元，收回养殖、经营等相关证件。市林业局与市动检站协调建立联动机制，对动物园、养殖户、花鸟市场等成规模的鸟类进行了 100%的接种禽流感疫苗，共接种 3 500 多只并及时处理鸟类死亡病例。为消除野猪种群扩大，按省政府的安排，公安部门对山区农村增加一定数量的猎枪，并下放野猪猎捕审批权到县审批，尝试减少南、保、谷 3 县野猪 6 000 多头。当年，全市救护受伤、患病、迷途野生动物 163 只；驯养的梅花鹿、马梅存栏 116 头，比 2004 年增加 36 头，产值达 140 万元；有 5 户利用良种野猪和家猪杂交生产优质肉猪，当年出栏 620 头，产值 80 万元；繁殖孔雀、画眉各 2 000 只，蛇 6 000 公斤，产值 95 万元。保康县林业局繁育红豆杉苗木 100 万株，刺滩沟林场嫁接蜡梅 2500 多株，紫薇盆景 1 500 多盆，培育兰花 20 万株。市林业局会同《襄樊日报》《襄樊晚报》、电视台、广播电台等新闻媒体，在中、小学校、襄阳动物园举办"爱鸟周"活动，小学生代表以"从我做起，珍爱鸟类"集体宣誓；在襄樊市晚报上，由小学生参加以"鸟与人类和谐发展"为主题的书法绘画比赛，并向 15 名获奖学生颁发了 1 800 元奖金和奖品；与市烹饪协会联合行动，发动 21 位"绿色厨艺大使"和 100 名自愿者，向 2 600 余家酒店、餐馆发放"爱护鸟类，拒烹珍稀野生动、植物"倡议书 3 500 份。截至 2005 年，襄樊市共建立自然保护区 28 个，其中，省级自然保护小区 15 个，市级自然保护区 11 个，县级自然保护区 2 个，面积 12.23 万公顷（各自然保护区概况见卷末表 10—6、表 10—7）。

四、林业经营

襄樊市林业经营项目主要有木材、林副产品等。1952年，襄阳地区成立木材公司，开始国家经营木材。1951—1979年，全区（含随州）国营森工企业累计收购木材179.57万立方米，调进木材80.62万立方米，地销木材151.65万立方米。20世纪80年代至90年代中期，全市国有森工企业经营的木材、木制农具、家具、纤维板、胶合板、栲胶生产等项目，基本上满足了社会对木材等林产品的需要，并为国家上缴大量税费。全市林业产业化建设以林业基地建设为载体，建设短周期工业原料林基地、茶叶基地、花椒基地三大基地；建成速生杨产业带、水果产业带、森林生态旅游3个产业带，重点抓好"木材、干果、木本药材、精制茶、食用菌、水果、种苗花卉、森林旅游"8条龙建设并形成支柱产业。全市有20个产品获得省以上名牌产品称号。

（一）森工企业经营管理

襄樊市国有森工企业主要生产经营木材、木制农具、家具、纤维板、胶合板、栲胶等。保康的纤维板、包装纸，枣阳的增塑剂，宜城的松香，南漳的木片，老河口的增白剂、分散剂、没食子酸、汽车配件，市直的家具、天然色素等在市场均享有一定的声誉。

1981年，全区木竹统一经营由南、枣、宜三县开始。1982年，增加保、谷两县，共77个公社开展这项工作。全区共建立大小网点402个，配备经营人员817人，完成收购694.2万元，销售额1 099.5万元，利润64.2万元，税金61.9万元。收购生产、生活资料396.4万件，其中小农具227.6万件。

1983年12月，市政府决定由计委、建委、林业局、物资局在光化县联合召开木材工作座谈会，与会人员有45人。会上联合起草《关于推广杭州市经验，提高木材利用率的意见》。

1984年，全市成立10个林工商联合公司，建立经营网点459个，比1983年429个增长7%；经营品种由1983年的200多种增加到现在的400多种；完成收购1 549.9万元，比1983年增长37.2%，销售额3 349.6万元，比1983年3 261.3万元增长2.7%。税金122.7万元，比1983年的89.5万元增长37%；利润195.3万元，比1983年的150.8万元户增长22.9%。

1986年，全市林业系统县以上森工企业42个，职工3 896人，技术人员95人。其中林产工业企业29个，875人，技术人员23人，固定资产1 159.29万元，生产厂房65 894平方米，生产设备455台（套）。12个木材加工厂，年加工木材近2万立方米；11个家具生产车间，年生产家具2 000余套；已投产的2个纤维板厂，年产纤维板4 500立方米；林化产品，年生产栲胶1 400吨；"813"稀释剂700吨，分散剂50吨；软木厂3个，年产软木砖7 678立方米；食用菌厂2个，年产干菇1万公斤。

1988年，南漳县木材加工厂经过改造，建成年产一亿双出口卫生筷子厂，老河口市林化总厂红旗橡椀栲胶被评为省优产品。

1989—1990年，市林业局本着兼顾国家、企业、个人三者之间的利益关系与所属企业签订经济目标责任状，顺利地完成企业第二轮承包方案。1989年，完成产值2 470.8万元，销售收入8 884.3万元，利303.1万元，税381.9万元；1990年完成产值2 420.4万元，销售收入8 443.2万元，利税253万元。

1991—1992年，国家取消了基建拨款和技术改造拨款，贴息贷款和周转金也逐年减少，襄樊市森工企业经营全靠银行贷款。市林业运销公司色素厂1991年5月建成投产，该厂生产的"森宝"牌天然食用棕色素荣获1992年全国高新技术金奖。襄阳家具公司利用边角废料试制成功模压家具，生产模压桌子2000多套。1991年襄樊市林业企业销售木材6.86万立方米，生产纤维板1.3万立方米，栲胶983.8吨，实现产值3 844万元，销售收入10 172万元，税241万元，利18.8万元。1992年实现产值3

192 万元，销售收入 15 223 万元，利 16.1 万元。

1993 年，由于资金紧缺、原材料涨价，森工企业经营全面下降。根据襄樊市国营森工企业的经营形势，经上级批准，市林业局成立森工企业改制筹委会。市林化产品工业公司为改制试点单位，把襄樊市林化产品公司改制为襄樊市林化产品有限公司。该公司是全市森工系统第一家改制企业。

1994 年，襄樊市 53 家森工企业中有 28 家亏损，亏损额达 690 万元。仅市直 4 个公司总贷款额达 3 118 万元，平均利率 15%，每年支付利息 460 万元。4 个公司贷款总额中有 39%形成固定资产或其他非经营支出，只有 61%的资金形成流动资产，再扣除长期货物、产品积压和应处理的呆账部分，平均可用资金不到贷款的 50%。

1996 年，襄樊市森工企业生产经营状况不断恶化，资产负债率大幅度上升。市直森工企业除林化公司外，其余 3 个公司均为资不抵债。按照市委、市政府关于小企业改革面 1996 年达到 50%的要求，市林业局成立市直林业系统小企业改革领导小组。同年 12 月 2 日，工作组正式进驻市木材公司等改制企业开展工作。

2001 年，襄樊市林业物资公司、襄樊市林产工业公司严重亏损、资不抵债、持续亏损且扭亏无望，向市破产办、市中级人民法院申请破产。2001 年 3 月 1 日，裁定市林业物资公司破产。该企业总资产 576 万元，总负债 1 184.7 万元，资产负债率 206%。职工 178 人，其中离退休 61 人，内退 11 人，在职 106 人。2001 年 3 月 5 日，裁定市林产工业公司破产。该企业总资产 1 541 万元，总负债 2 238 万元，资产负债率 145.28%。职工 280 人，其中退休 60 人，在职 220 人。

2003 年，市林业局确定市直林业企业采用 3 种改制形式：即市林业物资公司和市林产工业公司已依法破产；市林化公司和市第一羊毛衫厂实行买断双退出，依法“清算注销”；市木材公司改制为民营企业。至此，市木材公司作为市区最后一家国有经营木材及制品的公司实行民营化，由市林业局副局长、市木材公司总经理张先宏买断所有权，改制为民营企业——宏枫实业有限公司。

（二）木材生产

20 世纪 80 年代以前，襄樊市主要采伐天然林，以主伐为主，采伐方式多为皆伐。到 80 年代，多采用抚育采伐，伴有更新采伐和低产林改造。采伐树种以马尾松、栎类、杉木为主。采伐的木材长度 2 米以上，小头直径 8 厘米以上，伐根高度在 10 厘米左右。1975—1980 年，保康县共生产木材 14.67 万立方米，其中等外材 2.5 万立方米，损失木材达 17%。80 年代以后，总结保康县教训，推行“长材不短造，大材不小造，优材不劣造”和“先打号，后砍树，先量树，后计算，先画线，后断筒”“就长不就短、就直不就弯、就优不就劣，截弯取直”和“巩固一等材，提高二等材，减少三等材，消灭人为等外材”的木材生产方法。

1984 年，全市执行木材生产计划“一本账”制度，即在搞清现有的森林资源、生长量和消耗量的基础上，计算出合理的森林消耗量，不准超计划采伐森林，不准搞木材留成，林区和毗邻地区不开放木、竹自由市场，不搞议购议销。

1986 年，襄樊市改过去按计划采伐木材，实行限额采伐木材。当年，省林业厅下达襄樊市采伐限额指标为 15.45 万立方米（含国营林场 1 万立方米），分解到县、区、场 14.46 万立方米，占 93.59%。

1987 年，南漳、保康、谷城 3 个产材县采取缩小商品材和自用材的办法，把六杆（黑白木耳杆、香菇杆、天麻杆、杂木杆、烟杆）五把（锄把、挖锄把、木锨把、锹把、镐把）三枋（门窗枋、耙枋、床枋）两担（千担、扁担）一厅（秒厅）统一纳入限额采伐指标。

1988 年 5—6 月，经省林业厅批准市林业局在长北山等国营林场开展了森林经营采伐试点工作，为国营林场合理利用森林资源和社队林场采伐木材提供了示范。

1989 年,全市全年采伐木材 7 万立方米,为历年木材采伐量最小的一年。

1991 年,市林业局根据“七五”期间采伐管理经验和上级有关规定,制定下发了《襄樊市森林采伐全额管理办法(试行)》。全额管理内容包括商品材、自用材、培值业用材、烧材、其他用材五个方面,改变过去注重商品材、自用材、培值业用材的管理,忽视烧材和其他用材的管理。

1992—1995 年,全市采伐木材 384.1 万立方米,年平均采伐木材 96 万立方米,其中 1995 年采伐木材 124.14 万立方米,为历史采伐量最高年。

2000 年,宣传贯彻《湖北省森林采伐管理操作规则》,关于“采伐木材要在当地人民政府、乡镇村进行公示;采伐木材要进行伐区规划设计;采伐木材由县级以上人民政府林业主管部门批准,并发给采伐许可证”的要求。襄樊市全年采伐木材 17.93 万立方米,占省下达采伐限额 45 万立方米的 40%。

2005 年, 由襄樊市林业调查规划设计院完成的《保康县人工商品林采伐作业设计》和《保康县 2005 年人工商品林采伐试点方案》,上报省局批复。保康县作为全省天保工程区人工商品林采伐试点县, 人工商品林采伐试点共涉及 5 个乡镇,2 个国有林场及其公路林木更新采伐, 共采伐林木 4 300 立方米。为加强对保康县人工商品林采伐试点的监督和管理,同年 12 月上旬,市林业局配合国家林业局驻武汉专员办完成对保康县的采伐管理工作的检查验收。1979—2005 年, 襄樊市共生产木材 699.42 万立方米(按 65%的平均出材率推算,消耗活立木蓄积为 1 076 万立方米),年平均生产木材 25.9 万立方米(1979—2005 年全市分年度木材采伐量见表 10—2)。

1979—2005 年襄樊市分年度木材采伐量

表 10—2　　　　单位:立方米

年份	木材采伐量	年份	木材采伐量
1979	90 318	1993	827994
1980	109 632	1994	1157938
1981	93 954	1995	1241434
1982	71 984	1996	248721
1983	78 987	1997	260400
1984	104 087	1998	249534
1985	103 699	1999	190278
1986	102 267	2000	179290
1987	104 624	2001	155675
1988	80 286	2002	153052
1989	70 084	2003	158473
1990	88 289	2004	160348
1991	132 120	2005	167005
1992	613 705		

(三)木材市场

1979 年,襄樊木材每立方米的林价为 12 元,固定价每立方米 22.94 元,收购价 35.7 元,调拨价 95 元,销售价 133 元。自由市场的木材价格则高出 1 ~ 2 倍,开始形成市场价和国家定价的木材价格双轨制。1981 年,国营林场间伐的规格材的价格按省定出厂价格加价 30%。除此之外,不准再加任何费用。为与此项政策配套,襄樊林价调至 23 元,固定价调至 48 元,收购价调至 48 元,调拨价调至 99 元,销售价调至 135 元。同时,自由市场的木材价格每立方米在 500~600 元,而国营木材经营单位从外调入的协作材(大材),平均进价为 300 元左右,销售价在 380~460 元。依照地区计委制定的价格,胶合板价格为:吉林产椴木三胶板(183×915×3)每块销售价为 5.25 元,吉林产椴木六胶板(183×122×6)每块 15.56 元;上海产柳安三胶板 240×122×3,每块价 12.81 元。省政府〔1983〕84 号文件规定:“各地自行组织的木材,由各地、市物价部门根据打紧费用、保本经营的原则制定供应价格。”1984 年,根据国家有关文件精神,全市取消木材统配计划,木材经营价格一律执行市场贸易价格。当年,全区木材价格每立方米一般在 360 元左右。1979—1985 年,全区共收购木材 52.59 万立方米,调进木材 27.81 万立方米,上交省木材 11.84 万立方米,地销木材 69.62 万立方米。1985 年,根据上级文件精神,全市开放木材市场。1986 年,襄樊市共有木材集贸市场 105 个,其中:南漳 15 个,保康县 11 个,谷城县 13 个,襄阳县 17 个,枣阳市 21 个,宜城 16 个,老河口市 12 个。另有无照经营户 412 个,其中,国营 2 个,集体 208 个,个体 202 个。据调查:林业系统以外的木材来源为:本地有 1.03 万立方米,其他地区 8658 立方米,木材去向:本地用材 1.38 万立方米,外地用材 5 140 立方米;市林业系统收购木材 3 万立方米,外协调材 5.93 万立方米,库存量 4 600 立方米,上市木材量 9.39 万立方米。襄樊市当年实际销售木材 5.51 万立方米,其中国营经销 4.17 万立方米,占 75.65%(林业系统经销 3.76 万立方米);集体经销木材 1.29 万立方米,占 23.39%;个体经销木材 528 立方米,占 0.96%。

1987 年,市委、市政府明确规定:产材县(市)的区乡不设木材市场,销区县(市)设立木材市场要从严掌握,经县以上林业主管部门批准,工商行政管理部门发照后方可经营。并组织工作组对木材市场进行检查调整,关闭木材产区的全部木材集贸市场。调整后,襄樊市有经营木材单位和个体户 206 个(其中:林业部门 109 个,非林业部门 21 个,集体 53 个,个体 23 个),木材集贸市场 29 个。1988 年 2 月,襄樊市林业局与市工商局联合清理整顿襄樊市区内的木材市场。在襄樊市区内经营木材的单位有 30 个,其中襄樊市 14 家,外地 16 个。允许市木材公司、神农架林区林工商公司襄樊市分公司等 11 个单位经营木材。当年,全市除保康、谷城 2 县无木材集贸市场外,其他各县共有集贸市场 34 个,其中 23 个市场由林业、工商共同管理,11 个市场由工商管理。集贸市场上市木材以乡土材、旧料为主,兼有少量外地材。市区全年销售木材 6 万立方米,其中国营经销木材 2.4 万立方米(与常年经销木材 4 万立方米左右差距较大),其他单位或个人经销木材 3.6 万立方米。1989 年,因国家实行宏观调控,压缩基建规模,抽紧银根等因素,木材、家具滞销,价格下跌,销售疲软,库存增加,木材市场进入低谷。襄樊市全年购进木材 10.74 万立方米,加上采伐的 7 万立方米,木材上市量为 17.74 万立方米。据统计,襄樊市区销售木材 5 万立方米,其中市直林业单位销售 1 万立方米。

1990 年,襄樊市对木材经营实行许可制度。全市全年共办证 228 家,依法取缔非法木材经营单位 172家。其中襄樊市区有 16 家不符合政策规定的木材经营单位全部被取缔。同年 9 月,林业部下达《关于进一步加强非统配木材经营管理的若干意见》,规定木材产区必须把非统配木材销售给直接使用单位或木材经营单位,严禁把非统配木材销售给非法经营单位和个体工商户,逐步构成新的木材市场体系。1992 年,襄樊市有木材经营单位 474 个,经营木材 15.3 万立方米;木材加工单位 485 个,年消耗木材 3.14 万立方米;木材集贸市场 22 个,场地面积 3.3 万平方米,交易金额 310 万元。

1993 年,襄樊市木材市场出现一些新情况、新问题,直接收购木材的单位、个人增多,主要是以木材为原料的乡镇企业、建筑公司、行政事业单位办的“实体”、当地的重点工程建设单位,以当地政府的名义直接收购木材,使木材销区的木材经营者激增,达到520余家,比1991年增加110%。1994—1995年,社会用材量猛增,襄樊市木材市场经营木材在200万立方米左右(其中1994年采伐木材115.7万立方米,1995年采伐木材124.1万立方米,共239.9万立方米。不含调进、调出材。),为历史之最。

1996—1998 年,全市林业系统共销售木材 22.79 万立方米,其中 1996 年销售木材 8.22 万立方米;1997 年销售木材 6.97 万立方米;1998 年销售木材 7.59 万立方米。

2001 年,襄樊市有木材加工企业 385 家,凭证加工率为 95%,机械设备 1268 台套,从业人员 2907 人,年消耗木材达 6.77 万立方米,生产木芯板、装饰板、家俱消耗木材量占 70%,传统的"三板"(即刨花板、胶合板、纤维板)企业仅存宜城郑集镇一家。全市木材加工行业年产值 2900 万元,年利税 290 余万元。2002 年,襄樊市有木材经营单位 1103 个,木材交易市场有 92 个,其中市区 7 个,南漳县 14 个,谷城县 20 个,襄阳区 10 个,枣阳市 17 个,宜城市 18 个,老河口市 6 个。截止 2005 年,全市国有、集体木材经营单位全部退出木材市场,木材市场全部由私营企业经营。

(四)林业产业化建设

1994 年,市委、市政府提出"建成多种经营生产大市"的要求,并下发《关于扶持山区经济发展的若干政策措施》,安排市财政拿出 30 万元专款和 200 万周转金,市农行增加山区农业贷款 400 万元,林业贷款 300 万元,多种经营贷款 400 万元。市林业局拟定《襄樊市 1994—2000 年山区高效经济林发展规划》,在襄阳、枣阳、老河口建设以苹果、梨、桃及具有地方特色的水果基地;在保康、南漳、谷城建设以茶叶、板栗、核桃、蚕桑和木本药材为主的基地;在宜城和市郊区建设以李、梅、葡萄、枣为主的小杂果为主的基地;在南、保、谷等山区乡镇培育以香菇、木耳等为主的食用菌基地;大力发展庭园林果经济,以户为单位建设小林园,小果园、小茶园、小药园、小桑园。同时把低产果茶林,通过换种、垦复、整形,防治病虫害等措施改造成高产高效林,把立地条件适宜的疏残林、次生林、杂灌林,如茅栗林、次生栎类通过嫁接、复壮、抚育等措施改造成板栗丰产林、优质耳菇林。1994 年,全市经济林造林比重首次超过用材林,达到 1.68 万公顷。

1995 年,全市林业产业建设一手抓新基地开发,一手抓低产林改造。市林业局要求林业系统的林场、林业站等场站贯彻执行"山上建基地,山下搞加工,山外抓市场,科技创高效"的方针,把林业产业引上种、养、加结合,林工商一体化的路子。1996 年,按照"区域化布局、专业化生产、社会化服务、企业化管理、形成产、加、销一条龙,林工商、经科教一体化经营的运行机制",和富民、富财政、活部门的目的,规划全市重点抓好 8 条龙:第一,以襄樊市木材公司、市林业物资公司、福襄木业有限公司、保康神工林产工业股份有限公司、南漳兴林木片厂,宜城福森化工厂为主体,在市区建立木材大市场和人造板大市场,形成木材、木片和松脂的生产、加工、销售一条龙。第二,以谷城黄畈乡、保康过渡湾镇、南漳长坪镇等板栗基地和南漳西北山区核桃基地以及南漳刘集大枣基地为主体,以南漳县、谷城县林业局为龙头,积极开展贮藏保鲜和食品加工,形成干果产、加、销一条龙。配套建设干果基地 6.67 万公顷(板栗 4.67 万公顷、核桃 6667 公顷、枣子 6667 公顷、柿子 6667 公顷。)其中新建 3.33 万公顷;培育改造 3.33 万公顷。第三,以南漳双坪、阎坪、保康马良、龙坪的银杏和保康寺坪、大湾、南漳雷坪、薛坪、谷城五山、北河的杜仲等为主体,以襄樊市林产工业公司为龙头,开发生产天然食用色素和银杏药用及营养系列产品,建设木本药材产加销一条龙。基地面积达 3.33 万公顷(银杏 2 万公顷、杜仲 6667 公顷,其它木本中药材 6667 公顷)其中新建 2.47 万公顷,培育 8667 公顷。第四,以南、保、谷 3 县重点茶叶产区为主体,以谷城五山镇和市林科所为龙头,建设精制茶系列产品的生产加工包装销售一条龙,茶叶基地达到 1.67 万公顷,其中新建 3333 公顷,培育改造 1.33 万公顷。第五,以襄樊市张公祠林场、保康官山林场及南、保、谷 3 县香菇、木耳重点产区和市外贸公司为主体,建设食用菌产加销一条龙,重点发展袋料香菇栽培,年产 200 万袋以上,抚育改造发展高效菇耳林基地达到 6.67 万公顷。第六,以鄂北岗地的苹果、桃、梨等水果基地为主体,以襄樊市水果大市场、枣阳市水果批发市场、老河口王甫洲果品批发市场为龙头，建设优质水果产加销一条龙。水果基地发展到 6.67 万公顷，其中新建名优特水果 2.33 万公顷，培育改造 4.33 万公顷。第七，以市及各县市中心苗圃为主体的优质种苗、花卉生产销售一条龙，林业部门建设直属种苗基地 167 公顷，网络苗圃 500 公顷以上，为林业基地和绿化工程提供优质壮苗，为市场提供时令花卉和盆景。第八，以谷城薤山和襄阳鹿门寺国家森林公园为龙头，大力发展张公祠、白竹园寺、百花山、七里山、承恩寺、官山等 8 个森林公园，建设森林旅游一条龙。

1997 年，市林业局拟定《襄樊市林业产业化经营实施方案》，把推进产业化进程同国土绿化、建设绿色致富工程结合起来，立足市情、山情、林情发展林业产业化。根据襄樊市人平林业用地 3 亩，山区人平林业用地 6.5 亩的林业产业化的条件、优势、潜力，市林业局把东津和冷集的意杨、黄龙和耿集的湿地松、枣北的苹果、王甫洲砂梨、五山茶叶、黄畈板栗、寺坪杜仲、阎坪银杏、刘集大枣、峡口柑桔等具有特色的林产品作为产业化发展重点，进一步实施建设 8 大龙头产业。山区 80%以上的乡镇形成自已的林业特色。

1999 年，全市林业生产基地规模不断扩大，林业产业化基地面积 23.33 万公顷，其中速生丰产林基地 10 万公顷，高效经济林基地 13.33 万公顷。千亩以上的连片基地 460 个，初步形成一镇一业、数乡一品、结构较为合理的林业格局。1998 年，全市林业产值达 4.57 亿元，比 1996 年增加 1.11 亿元，增长 32%。以薤山、鹿门寺两个国家级的森林公园，百花山、官山、承恩寺、白竹寺 6 个省级森林公园以及保康野花谷、五道峡、温泉和谷城南河等为依托的森林旅游业正逐步发展，襄樊市森林公园年接待游客 32.1 万人，收入 200 多万元。共建 1.3 公顷以上的苗圃基地 104 个，面积 257 公顷，年出圃苗木 2000 万株。花卉产业从无到有并逐步壮大，以蛇、七彩山鸡、鹿、狐狸、驼鸟等为主的野生动物养殖业的出现，为林业产业化建设增添了一道亮丽的风景线。

2000 年，全市围绕“建立一个市场，带活一个产业，搞活一地经济，富裕一方群众”的目的，着眼于培植“群众参与面大，资源支撑面广，群众受益面宽，产品市场竞争力强，科技含量高”的龙头企业。如襄阳柳制品总公司，襄阳双鹿银杏开发有限公司，襄阳龙王雪梨爽有限公司，枣阳市姚岗果酒厂，保康绿生茶叶有限公司，谷城玉皇剑茶叶有限公司，谷城大峪桥千王家俱厂，保康神龙木制品有限公司，南漳水镜茶叶有限公司等一批骨干林业企业茁壮成长。老河口市通过开发“汉水”牌甫洲梨、“仙仙”牌大仙桃等精品名牌，闯出了市场；谷城五山玉皇剑茶叶集团生产的茶叶，在香港国际博览会上荣获金奖。该镇仅茶叶一项，每年为当地农民增收 1 000 元以上；襄阳程河的柳编制品，产品远销海内外，年产值达 8 000 多万元；市木材公司采用产销结合的办法，兴建中南板材大市场，年成交额达 2 亿元。襄樊市、枣阳、王甫洲水果批发市场带动了水果产业的发展；风华路花鸟市场建立，为襄樊市花鸟产业发展起到催化剂的作用。据统计，全市林业产业化经营中共有 20 个产品获得省以上名牌产品称号。

2003 年，市林业局规划建设 3 大基地（花椒基地、短周期工业原料林基地、茶叶基地、）、形成 3 个优势产业带（速生杨产业带、水果产业带、森林生态旅游产业带），发展木材、干果、水果、茶叶、木本药材、食用菌、林木种苗、森林旅游等 8 大林业支柱产业。2004 年全市林业产值 12.3 亿元，山区农民收入有 30%以上来自林业产业。

2005 年，市林业局按照省林业局提出的“生态攻坚、产业提速”和市委、市政府提出的“一县一品”的发展战略要求，引导农民实行山场与市场对接，不断探索林业资源资产化，资源配置市场化，投资产权多元化，经营方式民营化，利益分配契约化，生产经营产业化的林业发展路子。2005 年襄樊市完成林业总产值 27.52 亿元，是上一年的 2.24 倍。

襄樊市林业产业化发展存在的主要问题：产业集约经营水平不高，珍、稀、特品种的林业基地少，投入低，管理粗放；林产品的精品、名牌少，多为原料型初级产品，封闭式的内销产品多，开发型的外销产品少；产业龙头还没有扬起来，主要是停留在产业基地建设上，而林产品的加工滞后，分散生产经营多,大规模一体化经营的少,龙头企业不强不多。

(五)林特产品

襄樊市森林资源丰富,利用价值较高的林副特产品有:桐油、生漆、核桃、板栗、木耳、香菇、茶叶、苹果、桃、梨、柿子、枣、花椒、白果、松脂、天麻、黄连、竹笋、栓皮、橡子、猕猴桃等。保康“燕牌”木耳、南漳“纸壳”核桃、谷城的桐油、襄阳冬桃和柳编、枣阳的苹果和南漳“纸壳”核桃、谷城的桐油、襄阳冬桃和柳编、枣阳的苹果和油桃、老河口的“大仙桃”“汉水梨”、宜城的山楂等都是名优、畅销产品。香菇、生漆、核桃、板栗等 15 种林产品产量 35 783 吨,年均 1789.2 吨;茶叶 64168 吨,年均 3208.4 吨;水果产量 424.44 万吨,年均 21.2 万吨。

图 10—46 梨花节(老河口林业局照片,摄于 1991 年 4 月)

图 10—47 南漳县食用菌生产(赵华礼摄于 1989 年 2 月)

图 10—48 采摘茶叶(1990 年 8 月 18 日,赵华礼摄)

图 10—49 大仙桃花盛开(老河口林业局摄于 2000 年 3 月)

图 10—50 丰水梨(老河口市林业局摄于 2005 年 9 月)

图 10—51 黄冠梨(老河口林业局摄于 2004 年 9 月)

1.黑木耳

黑木耳是襄樊市主要的林特产品,主产于保康、南漳、谷城 3 县。以保康黑木耳产量最大质量最好。保康木耳概以“燕牌”命名,按等级分为“红燕”“黄燕”“青燕”三种,以“红燕”为优,每百克黑木耳含蛋白质 11 克,高于辽宁的 7.8 克和房县的 9.8 克,为全国第一,享有“木耳之乡”。现保康、南漳、谷城被列为全省五个黑木耳基地县。1979—2005 年,全市生产黑木耳 9 303.86 吨。

2.香菇(香菌)

襄樊市山区乡镇均产香菇。1984 年,全市国营林场生产香菇 8 万筒,每筒产干香菇平均 1 两。

1985 年，香菇涨价，其中保康“燕牌”一级花菇每公斤售价 74 元。20 世纪末，宜城流水(讴乐)、枣阳平林、车河等丘陵乡镇发展香菇，成为农民增收的重要经济来源。1992—2000 年，全市生产香菇 23 551.93 吨，年均 2 943.88 吨。

3.茶叶

襄樊市栽培茶叶树有千年历史，大量栽培是在新中国成立以后，特别是在绿色致富工程和产业化基地建设中，出现茶叶乡镇，茶叶村组，茶叶专业户。1975 年，全区茶园面积 3 324 公顷，其中谷城 942 公顷，南漳 750 公顷。1987 年，茶园面积 4 269 公顷，其中谷城 1 301 公顷，保康县 1 030 公顷，枣阳 807 公顷，南漳 757 公顷，茶叶产量 857 吨。1999 年，茶叶面积 11 377.5 公顷，其中产前面积 2 562.9 公顷，初产面积 3 504.2 公顷，盛产面积 4 872.5 公顷，衰产面积 437.9 公顷，当年茶叶产量 6 080 吨。1979—2005 年，全市共产茶 6.52 万吨。其中 2005 年产茶 5 184 吨。

4.核桃

核桃是襄樊市重要的油料树种，主要分布在 3 个山区县，多以散生状态分布。南漳县是全国核桃重点产区，其产量曾居全省县(市)首位。主产区为薛坪、李庙、肖堰、葛公、板桥、长坪，主栽品种有纸壳、夹壳、晋龙、中林、辽核、新疆核桃等，1978 年该县最高年产量 82 万公斤。1975 年，襄樊市核桃面积 160 公顷，散生株数为 49.9 万株，其中以南漳县分布最多，达 39.33 万株。1999 年，襄樊市核桃面积 75.3 公顷，面积比 1975 年减少 84.6 公顷。2000—2004 年襄樊市核桃发展基本处于停滞状态，仅山区局部有少量栽植，2005 年保康县开始大力发展核桃成片造林。1979—2005 年，襄樊市核桃总产量 43 745 吨。其中 2005 年核桃产量 348 吨。

5.油桐

桐油是重要的工业原料，也是襄樊市传统的大宗林特产品，山区多数农户用桐油点灯、漆家具、卖钱，桐饼作肥料。1975 年，全区油桐面积 3 346 公顷，散生株数 159.62 万株，其中以南漳面积最大，达到 66.19 万株，谷城、保康 2 县的油桐株数分别是 52.25 万株、35.79 万株；1987 年，全市油桐面积 2 467 公顷，其中以谷城面积最大，达 1 000 公顷，其次是宜城和保康，面积分别为 533 公顷、400 公顷；1999 年，全市油桐面积 474.1 公顷，其中 281.9 公顷产油。从八十年代中期开始，由于桐籽价格下滑(1986 年收购价 0.4 元)，销路不畅，油桐保存数量逐渐萎缩。1979—2005 年，全市油桐籽总产量 42 513.1 吨，可产油 8 502.62 吨。

6.枣

枣树在襄樊市分布较广，因其耐干旱，被老百姓称之为“铁杆庄稼”。襄樊市主栽的枣树品种有：随县大枣、牛奶枣等。2000 年，市示范苗圃引种的中华大梨枣，嫁接 50 万株销售到襄樊市各地。1975 年，襄樊市有枣树成片面积 56.5 公顷，散生株数 57.6 万株，主要分布在枣阳、谷城、襄阳。到 1999 年，襄樊市保存枣树面积 324 公顷，比 1975 年增加 267 公顷。襄樊枣子以鲜食为主，部分晒制红枣，随州唐县镇有加工蜜枣的传统。1979—2005 年，襄樊市红枣产量达 12.19 万吨。其中 2005 年红枣产量达 6 155 吨。

7.苹果

新中国成立后，襄樊市各地陆续从外地引进多个苹果改良品种，逐渐取代襄阳花红而成为襄樊市的主栽水果品种，先后引进的品种有国光、金冠、元帅、红星、香蕉等品种。1987 年，全市苹果面积 5

000 公顷，主要分布在枣阳、襄阳，其中枣阳 3 667 公顷，襄阳 533 公顷；1999 年，全市苹果面积 1 000 公顷。由于襄樊市苹果与北方苹果品质差距较大，市场销售不畅，其面积进一步减少。1979—2005 年，襄樊市苹果产量达 36.1 万吨。其中 2005 年苹果产量 4 425 吨。

8.桃

桃是襄樊市产销量最大的水果之一，襄樊市各地均有栽培，成片栽植面积以襄阳、枣阳、老河口等县（市）为主。襄阳冬桃历史上在鄂西北以品味好而著称。九十年代老河口选育的“大仙桃”以个大形美好吃畅销市场，2000 年 7 月 16 日，老河口市果树研究所承担的“大仙桃”试验示范研究项目通过省级专家鉴定。从 20 世纪 60年代以来，襄樊市各地陆续引进一些桃树品种，主要有大红袍、四月白、五月鲜、早白桃、碧桃、大毛桃、寿星桃等品种，进入 20 世纪 90 年代，襄阳、枣阳等地陆续从外地引种美国油桃，主栽品种有曙光、瑞光、艳光系列。南漳县园艺场的桃树，其高产单株产量达到 65 公斤。1999 年全市桃树面积为 1.6 万公顷。1986—2005 年，襄樊市桃子产量达 155.29 万吨。其中 2005 年桃产量达 24.73 万吨。

9.板栗

襄樊市丘陵、山区均有板栗分布，以谷城、南漳、保康分布最多，种植的主要品种有：红毛早、大毛栗、浅刺大板栗、早栗、中迟栗、羊毛栗、桂花香、九家种、光顶油栗等。1975 年，全市板栗面积为 437 公顷，散生株数为 25.82 万株。1999 年，全市板栗面积为 1.16 万公顷，已投入生产面积 8 133 公顷。全市板栗单株产量一般 10 ~ 15 公斤，最高单株产量可达 50 公斤。2000 年以后，丘陵地区引进优良新品种栽培，山区利用野板栗嫁接改造板栗园。1979—2005 年，全市板栗总产量 3.69 万吨。其中 1999 年产量 5 567 吨，2005 年，产量 2 127 吨。

10.梨

襄樊市主栽的梨树品种有：湘南、黄花、华梨 1 号、金二十世纪、日本“三水”梨等。襄阳县引种的苍溪雪梨因不适当地气候土壤，造成较大损失。1987 年，全市梨树成片面积 2 334 公顷，其中枣阳 1 400 公顷、襄阳 467 公顷，宜城 267 公顷，南漳 200 公顷。20 世纪 90 年代，老河口砂梨面积达到 2 269 公顷。老河口市政府每年举办梨花节。1979—2005 年，全市梨总产量 140.53 万吨。

11.银杏（白果）

银杏种子是清心利肺的重要药材，也可适量食用。襄樊市银杏树在 20 世纪 80 年代以前为散生栽植为主，最常见的配植方式是寺庙前左右对植的银杏树，机关、学校、企业、庭园均有栽植。1999 年，全市银杏面积 660.7 公顷。南漳的李庙、薛坪是襄樊市的主产区，主要栽植品种有 15 个，以大核白果为良种，一般年产白果在 7.5 万公斤左右，1981 年，产白果达 12.18 万公斤，产量居全省首位。1979—2005 年，全市银杏种子总产量 5204.8 吨，年平均产量 192.8 吨。

12.漆树

木漆是襄樊市传统林特产品，主产于保康、南漳、谷城的大山区。其中谷城县曾被列为全国 12 个重点产漆县之一。1975 年，全市漆树面积有 123.6 公顷，散生株数有 49.9 万株，其中保康有成片面积 123.6 公顷，散生株数 22.61 万株；南漳、谷城散生株数分别为 21.56 万株、5.68 万株。1987 年，全市漆树面积 333 公顷，主要分布在谷城、南漳两县。由于生漆价格低，销售困难，漆树面积逐渐减少。1999 年，全市漆树面积 47.2 公顷，比 1975 年减少 76.4 公顷，比 1987 年减少 286.1 公顷。1979—2005 年全市生漆产量 94.1 吨，年均产漆 3.5 吨，2003 年为最高产年份，全年产漆 6.4 吨。

13.花椒

20 世纪 80 年代以前，襄樊市没有规模成片的花椒造林，花椒多以散生状态存在，进入 90 年代以后，老河口、谷城、襄阳等地开始成片造林，先后从四川、山西等地引进的花椒品种有大红袍、九叶青、大花椒等。1999 年，全市花椒成片面积达到 347.3 公顷。由于引种青椒系列品种，2003 年、2004 年连续遭受冻害，致使花椒发展受到毁灭性打击。

14.程河柳编

襄阳区程河镇有 16 个村，6 000 多户，2.7 万人，耕地面积 3333 公顷，柳条种植面积 1300 多公顷。程河柳编已有 300 多年的历史，当地流传有"家种一亩柳，吃穿不用愁；会编小花篮，生活很舒坦；编工手儿快，包你发大财"的顺口溜，当地农民从事柳编的从业人员有 1.3 万人。产品有家庭日用品、装饰工艺品，包装用品等 10 大类 400 多个系列 3 000 多个花色品种。产品远销美、英、德、意、日、韩等 24 个国家和我国香港地区，1995—2005 年，连续 10 年实现产值 5 000 万元左右，人均收入 1 300 多元，为农村致富、林业创汇作出了贡献。湖北省委原书记关广富、贾志杰先后称赞程河镇为"柳编之乡""不愧为柳编之乡"。2000 年 11 月 2 日，襄阳县程河柳编行业商会的柳条种植及加工技术推广项目，入围世界银行公布的中国发展市场项目。

五、林业科技

新中国成立后，襄樊林业科技工作得到重视和发展。1960 年 6 月，建立襄阳专区林业科学研究所。1965 年 5 月，成立襄阳专员公署林业技术推广站。1980 年 7 月成立襄樊市林学会，到 1982 年各县（市）都成立了林学会。截至 2005 年，全市有市、县（市）林科所 5 个，林业技术推广站 7 个，林业勘察设计单位 8 个，森林病虫防治检疫站 7 个，乡镇林业工作站 82 个。市、县（市）林业局和这些机构是全市开展林业科研及林业科技推广的主要机构，科技兴林作为推进全市林业又好又快发展的一项重要战略举措，取得了显著的生态效益、经济效益和社会效益。

1.林业科研

襄阳地区林业局从 1970 年开始引种国外松（湿地松、火炬松）。最先是在襄阳县鹿门寺林场试种，随后又在枣阳青峰岭林场、宜城黑石沟林场试种。经过近十年引种、观测，于 20 世纪 80 年代初开始在全市低丘和岗地大量推广，推广面积居全省第一位。引进国外松解决了襄樊长期以来在低丘死黄土岗地找不到合适的速生丰产树种问题。全市从 1976 年开始引进意杨，先后引进 50 多个无性系，经试验筛选出 63、69、72、214、沙兰杨等优良品种，20 世纪 80 年代开始大量推广，引种推广面积位居全省地、市、州前列，基本上解决了襄樊汉江流域沙滩洲地速生丰产造林树种选择问题。

1982 年，根据中国林科院要求，在 1978 年泡桐资源调查的基础上，于当年 4 ~ 5 月在南漳、保康进行泡桐选优工作，在南漳选出山明桐、兰考桐优树 7 株，在保康选出毛泡桐优树 1 株，初选标本与有关资料报送中国林科院。由湖北省林科所、襄阳地区林科所、宜城县林业局联合在宜城县讴乐公社林场和流水公社林场，开展丘陵地区混交林栽培试验研究。混交造林树种有杉木、马尾松、刺槐、枫香、川柏等，开展行间混交、带状混交多种配置，面积 660 公顷，优选混交造林模式，该项目 1999 年获省林业厅科技进步三等奖。当年，"杨树在襄阳地区引种与推广"获 1982 年湖北省林业厅科技进步二等奖;“襄阳地区泡桐品种资源调查”获1982年湖北省林业厅科技进步三等奖。

1982年,地区林科所开展湿地松针叶束水培育苗试验,当年水培针叶6万束,生根29 015束,生根率48.4%。

1983年,市林科所开展火炬松种源试验,对美国19个种源火炬松和广东台山湿地松、本地马尾松(对照)进行苗期试验,1984年定植,进行造林试验。该项目1990年荣获襄樊市科技进步一等奖;1992年包括该项目在内的全国国外松种源研究课题荣获林业部科技进步二等奖。襄樊选出4个优质火炬松种源。

1984年市林业局组织襄阳县洪山头林场在已建立的2.33公顷13年生火炬松母树林中进行促进开花、结实、施肥、矮化、人工授粉等项试验;组织鹿门寺林场在原有1.33公顷实生母树林的基础上,引进优良无性系接穗进行嫁接,建立无性系种子园1.33公顷,探讨营造母树林、种子园技术措施;指导鹿门寺林场对国外松枝梢害虫开展生活史的观测研究,探索防治国外松病虫害的技术;在襄阳县黄龙公社李岗林场对9年生湿地松用材林进行强、中、弱3种不同间伐强度的对比试验,研究国外松林最适宜的间伐强度。1984年—1989年,结合鄂北岗地防护林体系建设,市林业局组织开展了鄂北岗地农田防护林体系、营造技术及效益的研究,开展定点观测分析研究。该项目获省政府科技进步二等奖。

1985年,全市林业研究工作取得阶段性成果的有:813稀释剂研制成功;火炬松梢螟、松梢小卷叶蛾研究;引种枣皮(山茱萸)获得成功;用于飞播、飞防化学发烟剂的研制;中华猕猴桃优良品种选育;针叶束育苗试验;周岁桐引种等。1988年,813稀释剂获林业部科技成果三等奖。当年,市林科所筹建隆中树木园,规划针叶、阔叶、观赏、稀贵特4大区,32个园。组织专班15人,到保康官九林区,随州大洪山林场引进稀有珍贵树种30科56种,主要有香果树、珙桐、银鹊树、银杏、黑壳楠、青榨楠、七叶树、山羊角、青檀、台湾松、大果青扦、红茴香、古桩腊梅、紫珠、桂树、杜英、钓樟、铁杉、香圆、五裂槭、水石栎、英莲、粗榧、忍冬、毛叶连香等;从省林科所引进美国绿干柏、美国大果柏、地中海柏、银色美国花柏、金色美国花柏、垂枝蓝色花柏、塔形花柏、樱桃核桧、厚皮桧、红桧、铅笔柏、巨杉、紫杉、墨杉等树种开展驯化试验。

1988年开始,全市林业科研单位开展多树种容器育苗试验,除湿地松、火炬松外,先后又成功培育出杉木、刺槐、川柏、栎类等多个树种容器苗。

1991年,市林科所、市林业科技推广站、老河口市林业局等单位共引进22个杨树新品系开展选育试验工作。引进杉木无性系,在市林科所、谷城、南漳建立采穗圃1.33公顷,并在谷城保康建设杉木良种试验林6.7公顷。谷城县林业局引进“青毛早”“红毛早”板栗品种建立板栗基地533.3公顷。南漳县林业局从新疆等地引进薄壳、新疆隔年、鸡爪绵3个核桃优良品种,在海拔500米的山区进行栽植试验。南漳县林科所,开展银杏子砧冬季室内嫁接育苗2000多株,建立早实丰产试验林6.7公顷。市林业技术推广站会同保康县林业局,在大水林场和官山林场大阳坡建立2个试验示范区,营造日本落叶松各6.7公顷。

图10—52 保康县林业局高级工程师戴振伦在大水林场从事牡丹杂交育种(保康县林业局1995年摄)

1997年,全市共引进国外松、杉木、杜仲等林木良种2 500多斤,占全市工程造林育苗用种的95%以上;引进南方型黑杨杂交优良无性系18个,半常绿杨品种2个,板栗、银杏、枣子、茶叶及桃、李、梨、葡萄等良种20个;谷城县林业局选育出本地优良品种特早熟板栗“早枣红”。从1996年起,全市在已推广1~5号ABT生根粉的基础上,又从中科院引进了6、7、8号3种型号的ABT生根粉进行中试。

1998年和1999年,市林业局组织宜城、老河口、襄阳等市、县在沙洲开展杨树截根插干造林试验，获得成功后在全市大力推广，使杨树造林效率成倍提高，成活率和生长率也明显提高。

2003年，市林科所的研究项目《秃杉区域性引种驯化栽培试验》获市政府科技进步三等奖。

2004年，市林科所完成《濒危树种秃杉种质资源保存及利用》项目，获2004年湖北省人民政府科技进步二等奖，市林业科技推广站从河南周口地区引种楸树新无性系5个，开展楸树造林试验；市林科所、推广站、示范苗圃先后引进金枝国槐、乐昌含笑、大叶樟、马褂木等10余个新品种5万多株，种子300多斤，开展繁育选优工作。

2.林业科技推广

1979—1990年，全市围绕林业重点工程，狠抓了湿地松、火炬松、意杨优良品种等育苗及造林技术推广，湿地松、火炬松在全市低丘地区取代了马尾松，成为速生丰产林基地的主要造林树种。意杨优良品种成为平原和沙洲地区主要造林树种，轮伐期（生长至采伐利用周期）由一般树种15年以上缩短为8～10年，成为广大林农的致富树。在此期间，还组织推广了ABT生根粉应用技术、全光照喷雾扦插育苗技术、白僵菌防治松毛虫技术等。

1985年，市林业局充分发挥市林学会作用，积极开展技术服务活动。共举办专题讲座3次，送技术上门115次，为45个专业户和49个乡镇村林场解决了林业技术难题。当年，为防治森林害虫，全市派出12名工程技术人员到安徽学习灰喜鹊人工饲养技术；派出8名工程师到南京林学院参加知识更新学习班；请华中师范大学班继德教授和华中农业大学陈志远教授到襄樊考察和传授新理论、新技术；举办各类培训班15期，培训人员464人。

1987年，襄樊市林业局会同市科干局、市科协以及各县（市）林业局先后举办林业各类应用技术培训班27次，林业会计，统计培训班2次，木材检验培训班1次，培训1200多人。在全市建立了5个科普联系点，为基层开展咨询服务36次，林业科技人员深入实际解决技术难题73次

1988年，襄阳地区泡桐资源普查获省林业厅科技成果二等奖；杨树优良品种的引种及推广获省林业厅科技成果二等奖；襄樊市湿地松、火炬松引种与推广获省林业厅科技成果三等奖；谷城县应用白僵菌防治松毛虫获省林业厅科技成果三等奖；化学发烟剂研究获省林业厅科技成果三等奖；火炬松松梢螟、小卷叶蛾研究成果获省林业厅科技成果三等奖。由市林科所参加的湖北省马尾松地理种源试验，获1988年湖北省林业厅科技进步一等奖。

1989年，市林业局结合林业工作实际，在襄阳、宜城、谷城和市林科所、市林业技术推广站组织开展容器育苗技术推广，培育国外松容器苗木120多万株，秋冬造林733.3公顷。此后，容器育苗树种逐步扩大到杉木、刺槐、栎树等多个树种。该项技术的推广显著地提高了造林成活率，使传统的一季造林成为四季造林。

1991年，全市举办林业技术培训班283期，受训人员4.4万人次；印发各类技术资料30多万份，被媒体采用科普文章50余篇。开辟科技兴林专栏76处。各县市成立科技兴林领导小组，制定科技兴林规划及实施方案。全市全年容器育苗4000多万株，用容器苗造林1.33万公顷。保康县为配合0.67万公顷的菇耳林基地建设，培育420万株的橡子容器苗。在襄、枣、宜3县连续三年用白僵菌高孢粉、溴氢菊酯和ES—87助剂混配防治马尾松毛虫3.2万公顷，收到连续十年无大发生的好效果。市林业科技推广站推广应用ABT生根粉对40多个树种开展了扦插育苗800万株，其中30多个树种生根率和成苗率显著提高，谷城县应用ABT生根粉1000克，扦插育苗300万株，用于浆根造林666.7公顷，其林木当年高生长和地径生长分别比对照增加72%和68%；利用ABT生根粉对苗木进和叶面喷洒，使苗木高生长增加40%。老河口市在基地建设中推广“山顶防护林戴帽，中间经济林缠腰，山脚苹果梨桃”的以果养林，以林促果的栽培模式。全市全年兴办各类科技示范点56个，面积3042公顷，参与

人员 137 人。市林科所为加速科技成果转化，在谷城官坊乡建立所外科研基地，建秃杉实验林，开展野生板栗嫁接等工作。

1992 年，全市重点推广实用的林业新成果和新品种，主要有：进一步推广林木容器育苗技术；推广杨树优良无性系；推广杉木优良无性系；推广 ABT 生根粉及植物生长调节剂；推广森林病虫害综合防治技术；推广经济林新品种及早实丰产技术；推广混交林营造技术；推广高山优良造林树种。开展科技兴林示范区建设，开展林业实用技术培训等。市林业局组织和动员广大科技人员深入到生产第一线，创办各类科技兴林联系点，要求每个科技人员联系 1 ~ 2 个示范户，推广 1 ~ 2 项先进适用的林业科技成果。当年，市林科所的湿地松、火炬松地理种源试验获 1992 年林业部科技进步二等奖。

1994 年，全市有 378 人上山、下乡、进林，推广新品种 38 个、办科技示范乡镇 18 个、示范村 27 个、示范户 76 个，服务面积 5 万公顷。市林科所引进国家保护树种秃杉等，繁育秃杉苗木 5 000 多株，面积 1.3 公顷；市林业技术推广站在保康官山林场扩大栽种 266.6 公顷的日本落叶松；南漳县通过引种、驯化、培育等技术措施，推广果大、壳薄、稳产的优良品种薄壳香核桃，造林 820 公顷；谷城县从京山等地引进青毛早、红毛早等板栗苗木 10万株；襄阳县从省果茶所引种金水梨栽种 400 公顷；宜城县引种 4 个枣树新品种，建枣园 133.3 公顷；老河口市选育出优良品种大仙桃，并进行推广；庙岗林场、枣阳林科所、张公祠林场建立全光照喷雾扦插育苗示范基地，产苗 4 批，100 多万株；市林业局与襄阳县林业局在市高新技术开发区联合兴建藤稔葡萄育苗和栽种示范园 2.6 公顷，引进母树 20 株，推广温床扦插、嫁接育苗；南漳、老河口等林业局建立优良品种育苗示范区。全市共举办林业技术培训班 70 余期，培训人员 6 500 人次，印发技术资料 7 200 余册。为配合全市百万亩干果和百万亩茶、桑、药基地建设，市林业局对南保谷 3 县分管林业的乡镇领导及国有林场场长 60 多人进行为期一周的专业培训。保康县对全县农村党员干部进行实用板栗、枣皮栽培技术培训，让“领头雁”插上“金翅膀”。南漳县筹资 2.3 万元，举办林果技术培训班。老河口市组织成立有 28 人的林果技术服务大队，对该市树木嫁接、修剪。开展巡回服务。当年服务 1 000 公顷，80 多万株。

1995 年，市林业局高级工程师吴松莉、南漳林科所副所长颜宽昌因在“科教兴市”活动中被襄樊市委、市政府评为先进个人。1996 年，市林科所被省林业厅授予科教兴林先进单位称号，市林业技术推广站站长、高级工程师刘有功、保康县林业局副局长、工程师邢红喜、宜城市林业局生产管理科长、助理工程师谢传明被省林业厅授予科教兴林先进个人。

1997 年，先后在全市建起 1.2 万亩的杉木丰产模式示范林，0.1 万公顷的湿地松丰产模式示范林；666.6 公顷的杨树短周期工业原料林丰产模式示范林及 12 个封山育林示范标准地。市林业局对全市有世行造林任务的 50 个重点乡镇的主管领导、项目所在地的村组干部进行包括造林管理、检查验收等内容的培训。枣阳市实行以会代训的形式，对各乡镇分管农业的书记、镇长以及林业站站长等 110 人进行林业技术普及和提高；老河口市林业局在百花山林场办林果技术培训学校，以林场为实习基地，常年开展林果技术培训，办班 90 多期，3 500 多人受训，并组建 43 个林果技术服务队，服务面积 0.33 万公顷。南漳保康组建科技宣讲团，深入到村组户讲解林业科技知识。

1998 年，全市新建杨树截根造林示范基地 66.6 公顷，成活率 100%；运用 ABT 生根粉浸种、植树 20 万株，育苗 300 万株，成活率 90 以上，且苗齐苗壮。办培训班 50 期，培训林业技术骨干 4 500 人，印发资料 6 000 份。

1999 年 3 月，襄樊市林业局局长彭显明组织全市 40 名林业专家参加市农委、科委举办的襄阳欧庙、南漳九集“99 襄樊市农村科技大集”活动。林业专家现场讲解示范，答疑解难 100 多人次；13 块林业科技展版，展示了近几年引种推广的林木新品种、新技术；印发《银杏丰产栽培管理技术》《大梨枣丰产栽培技术》《三倍体毛白杨丰产栽培技术》《猕猴桃丰产栽培技术》《甜柿丰产栽培技术》《美国油桃丰产栽培技术》《ABT 生根粉应用技术》《杨树病虫害防治技术》等林业技术资料 6000 多份。

2000 年至 2003 年市示范苗圃大力推广中华大梨枣、107、108 树新品系，市林业科技推广站推广天演杨等达 50 多万株。

2001 年，襄樊市林科所工程师刘宗恒；襄樊市林业技术推广站高级工程师刘有功在全省农业科技大会上被表彰为全省农业科技先进工作者。湖北省林业局授予襄樊市林业技术推广站为林业技术推广合格站。

2004 年至 2005 年，市、县林业部门围绕"一县一品"的经济发展目标，努力推进科技兴林，共举办林业技术培训班 35 期，培训人员 1.6 万人次。每年春季，组织开展送林业科技下乡活动，为广大农民送政策，送技术，送良种壮苗，深受农民欢迎。2000 年，市林科所兴建的隆中植物园初具规模，面积近千亩，有珍稀树木 300 余种，开始开展森林旅游活动，实行科研、推广、科普、旅游的有机结合。

六、林业机构

1979—2005 年，全市林业主管部门虽然经历了几次较大的机构改革，内设科室和人员不断精简，林业工作职能多次调整，但林业机构保持了稳定，党委、政府不断加强对林业的领导，林业工作职能不断强化，林业事业不断拓展，林业干部队伍不断扩大。这期间，增加和强化的林业工作职能有林政管理、义务植树管理、野生动植物保护、湿地保护、林业重点工程管理和森林保护等。与此相适应，市林业局内设机构先后增加并保持了绿化委员会办公室、护林防火办公室、林政管理科（后更名为森林资源管理科）、科教科（后拓展更名为科教与对外合作科）、林业公安科、野生动植物保护科等，2002 年又加挂了行政审批科和政策法规科牌子。市林业局增加的事业单位有森林病虫害防治检疫站（以后又加挂野生动植物保护站牌子）、林业技术推广站（恢复）、林木种苗管理站、林政管理稽查队、天然林保护中心、国有林场工作站等。林业公安从无到有，不断强化，2002 年由林业局内设科室发展为森林公安分局。这一期间，全市林业主管部门取消的职能主要有木材生产和供应、木材市场建设、森林工业企业管理、国有林业企业管理等。林业机构的改革和职能调整，为林业适应社会主义市场经济体制的建立，为实现林业以经济效益为主向生态效益为主，生态、经济、社会三大效益相统一的转变，提供了强有力的组织保证。

（一）机构沿革

1.襄阳地区林业局

1951 年 9 月 3 日，设立湖北省襄阳行政区专员公署农林科；1952 年 11 月，襄阳、郧阳合并，保留农林科，成立湖北省森林工业局襄阳分局和湖北省木材公司襄阳分公司；1953 年，设立襄阳专区专员公署林业股；1954 年 8 月 20 日，成立湖北省人民政府襄阳专区专员公署林业分局。1956 年 1 月 26 日，设立襄阳专员公署林业科和湖北省木材公司襄阳采运站；1957 年，襄阳木材采运站和襄阳专员公署林业科设立 1 个党支部；1958 年 4 月 6 日，成立湖北省襄阳专员公署林业局。1965 年，复置郧阳地区，所属林业局分设；1967 年 1 月 19 日，成立襄阳地区林业局革命领导小组；1969 年 1 月 16 日，成立襄阳地区革命委员会生产指挥组农林水临时业务小组；1970 年 5 月 24 日，成立襄阳地区革命委员会农林局。1971 年 9 月 29 日，成立襄阳地区革命委员会林业特产局；1972 年 10 月 28 日，更名为襄阳地区革命委员会林业局；1979 年 1 月 7 日，更名为襄阳地区林业局，同年 7 月设立襄阳地区林业局党组；1980 年 10 月，更名为襄阳地区行政公署林业局，内设人秘、营林、林场、计财、森工 5 个科和林勘队工作人员34名。

2.地、市合并后襄樊市林业局

1983年9月,地、市合并,建立以市带县新体制。同年10月31日,襄阳地区行政公署林业局与原襄樊市林业局合并成立襄樊市林业局,属市政府的职能部门。内设办公室、政工、森工、计财、营林、国营林场管理6个科室,工作人员49名。同时,成立中共襄樊市林业局党组。1984年2月28日,襄樊市林业局内部机构设置政工科、秘书科、营林科、森工科、计财科、林场科共6个科。1985年10月19日,成立中国共产党襄樊市林业局党委会。

1987年,市林业局首次建立林业工会;1989年,市林业局增设纪检监察科,局内设10科1室2办。1990年,中共襄樊市委员会,组建襄樊市林业局党组,纪检组为市纪委派驻机构。局党组下辖2个党委、2个党总支、17个党支部、21个党小组,共有党员374名。局机关职工56人,其中党员43人。市林业局设立4科1室2办:造林经营科、计划财务科、林政科、林业公安科、办公室、绿化办、防火办(“两办”分别加挂在造林经营科和林业公安科),局内行政编制25人,事业编制10人,合计35人。

1994年12月,襄樊市林业局新成立中国共产党襄樊市林业局直属机关委员会。党委书记徐建初(兼),党委副书记计光治(兼)。同年,市林业局内设机构调整为10科1室:办公室、政工科、造林绿化科(加挂市绿化委员会办公室牌子)、林产林场管理科、林政管理科、科教科、林业公安科(加挂市护林防火指挥部办公室牌子)、计划财务科、纪检监察科、审计科、离退休干部管理科,行政编制38名。

2002年,市林业局内设办公室(行政审批科)、人事科、发展计划与资金管理科、植树造林科(市绿化委员会办公室)、森林资源管理科(政策法规科)、野生动植物保护科、科技教育与对外合作科,另按有关规定设立纪检监察室和机关离退休人员工作科。机关行政编制25人,离退休人员工作科专项编制3人,共28人。2005年,林业局党组下辖1个党委,1个党总支、10个党支部,共有党员230人。

襄樊市林业局党委(组)主要领导、林业局行政领导、工会领导人员、职务及任职时间分别见表10—3、10—4、10—5。

3.襄樊市林业局下属二级单位

1984年7月10日,襄樊市林业局在原有地区林业局直属企业的基础上重新组建4个企业:即襄樊市林业局汽车队、襄樊市木材公司、襄樊市林工商联合公司、襄樊市林化产品工业公司,属市林业局二级单位。1984年7月17日,襄樊市林业局在原有事业单位的基础上重新组建5个事业单位:襄樊市林业局林业勘察设计队、襄樊市国营林场、襄樊市木竹检查站、襄樊市林业科学研究所、襄樊市实验林场。

2000年,襄樊市国有企业破产工作领导小组同意襄樊市林化产品工业公司破产。2003年11月27日,该公司最终被批准“清算注销”,有效资产出让72万元,加上市政府拨付28万元,共100万元用于安置职工及清算注销费用。

2001年3月5日,襄樊市中级人民法院裁定襄樊市林产工业公司破产。襄樊市中级人民法院裁定襄樊市林业物资总公司破产。2003年7月14日,襄樊市国企改革领导小组下发《关于襄樊市木材公司改制方案的批复》,由原襄樊市木材公司法定代表人张先宏承债式购买企业经营性资产,至此该公司实现民有民营。

2002年全市机构改革,襄樊市机构编制委员会同意成立襄樊市天然林保护工程管理中心,为市林业局正科级事业单位,核定人员编制5名,其中主任1名,副主任1名;市林业局原林场管理科更名为市国有林场工作站,从局机关划出,改为市林业局正科级直属事业单位,核定市国有林场工作站事业编制3名,其中站长1名;将市林业局林业公安科更名为市林业局森林公安科(市护林防火指挥部办公室),核定事业编制10名(含市护林防火指挥部办公室3名编制),其中科长(主任)1名,副科长(副主任)1名,从局机关划出,改为市林业局直属机构,列入公安序列,接受市公安局的业务指导。同年,将市林业局森林公安科更名为襄樊市森林警察支队。2003年2月,襄樊市森林警察支队更名为襄樊市森林公安分局,加挂襄樊市公安局森林警察支队牌子,保留襄樊市护林防火指挥部办公室牌子,仍实行林业局、公安局双重领导,机构列入公安序列,以林业局领导为主。

截至2005年底,襄樊市林业局下设襄樊市森林公安分局、襄樊市林业调查规划设计院、襄樊市林业科学研究所(加挂襄樊市试验林场牌子)、襄樊市林业技术推广站(加挂襄樊市林木种苗管理站牌子)、襄樊市森林病虫防治检疫站(加挂襄樊市野生动、植物保护站牌子)、襄樊市国有林场工作站、襄樊市天然林保护中心、襄樊市林政稽查队、襄樊市国有林场、襄樊市林业局机关后勤服务中心、襄樊市林业示范苗圃等事业单位。

(二)主要职责

襄樊市林业局在2002年以前是襄樊市人民政府组成部门,2002—2005年为襄樊市人民政府工作部门。主要职责是:宣传党和国家的方针政策,重点是贯彻执行林业发展和森林生态环境建设的方针、政策、法律、和行政规章,拟定全市林业发展规划和计划并组织实施。指导全市植树造林、国土绿化和防护林、用材林、经济林、薪炭林、特种用途林等各类林业基地及工程项目的建设。对全市国营林场、国有苗圃、森林公园、森林景观景点、集体林场、林业工作站进行宏观管理。负责全市森林资源调查、统计和动态监测工作。编制并监督执行全市森林采伐限额,核准、监督木材凭证采伐、运输、经营加工管理,负责全市林业行政处罚等林政管理工作。依法管理林地、林权,监督林地开发利用,指导全市森林资源资产管理工作。负责管理全市森林和野生动、植物类型自然保护区,主管全市陆生野生动物资源、植物资源、湿地资源的保护管理和合理开发利用工作。负责全市濒危物种进出口管理以及国家保护的野生动物、珍稀树种、珍稀野生植物及其产品出口管理工作。负责野生动物、植物和湿地资源管理有关国际公约的履约工作。指导全市森林公安工作和森林公安队伍建设,指导监督查处破坏森林资源和野生动物、植物资源案件。监督和协调全市森林防火工作及森林病虫害防治检疫工作。负责全市林业基本建设和技术改造项目的预审和申报,负责全市林业基本建设,组织实施全市封山育林工程、退耕还林工程等林业重点工程。负责全市植树、种草等生物措施防治水土流失和防沙治沙工作,负责全市防治荒漠化有关国际公约的履约工作。指导全市木材生产、木竹加工、林产化工、木浆造纸、森林旅游、木本药材、木本花卉、林区多种经营工作。指导监督全市林业资金管理工作。筹集、管理市级各项林业基金,监督林业资金的使用。指导全市林业科技工作和林业科技队伍建设,组织重大科研项目攻关和科技成果的推广应用;管理全市林业外事和对外经济合作与交流工作。承办襄樊市绿化委员会、襄樊市护林防火指挥部办公室日常工作;承办天然林保护工程及退耕还林工程领导小组办公室日常工作。完成上级交办的其他工作任务。

中共襄樊市（襄阳地区）林业局党委（组）主要领导

表 10—3

机构名称（起止年月）	姓 名	职 务	任职时间
襄阳地区林业局党组 1979 年 7 月—1983 年 10 月	赵祖汉	书 记	1979.7—1983.10
	郭俊杰	副书记	1979.7—1983.10
	赵华礼	副书记	1980.2—1983.10
1979 年 4 月—1983 年 10 月 [1979 年 4 月 18 日，地市合并前的中共原襄樊市林业局（1979 年 6 月前为科级，后为县级）从农林水党委分出，单独建立林业局党委	贾信海	书 记	1979.6—1983.10
	张文亮	副书记	1979.6—1981.3
襄樊市林业局党组 1983 年 10 月—1985 年 10 月	兰学汉	书 记	1983.12—1985.10
	贾信海	副书记	1983.12—1985.10
	徐建初	副书记	1985.10—1987.2 主持工作
	芦庆东	副书记	1985.10—1987.2
	解光华	纪委书记	1985.10—1987.2
襄樊市林业局党委 1985 年 10 月—1989 年 12 月	徐建初	书 记	1987.2—1989.12
	芦庆东	副书记	1987.2—1988.12
	解光华	纪委书记	1987.2—1988.12
襄樊市林业局党组 1990 年 1 月—1994 年 12 月	徐建初	书 记	1990.1—1994.12
	陈铭如(女)	副书记	1990.2—1994.12
	刘培仁	副书记	1990.4—1994.5
	计光治	副书记	1994.1—1994.12
	郑希林	纪委书记	1989.7—1992.7
	刘培仁	纪委书记	1994.6—1994.12
襄樊市林业局党组 1995 年 1 月—1999 年 12 月	徐建初	书记	1995.1—1997.4
	彭显明	书记	1997.4—1999.12
	陈铭如(女)	副书记	1995.1—1999.5
	计光治	副书记	1995.1—1999.5
	张先宏	副书记	1999.5—12
	刘培仁	纪检组长	1995.1—1999.5
	李家国	纪检组长	1999.5—12
襄樊市林业局党组 1999 年 12 月—2004 年 12 月	彭显明	书记	1999.12—2004.12
	张先宏	副书记	1999.12—2004.12
	李家国	纪检组长	1999.12—2004.12
2005 年 1 月—2005 年 12 月	彭显明	书记	2005.1—2005.12
	张先宏	副书记	2005.1—2005.12
	李家国	纪检组长	2005.1—2005.12

市林业局行政领导

表 10—4

机构名称(起止年月)	姓 名	职 务	任职时间
襄阳地区林业局 1976 年 10 月—1983 年 12 月	任佩兴	局 长	1976.10—1977.10
	张烈彩	局 长	1977.10—1978.9
	赵祖汉	局 长	1978.9—1983.12
	郭俊杰	副局长	1976.10—1983.12
	张敬礼	副局长	1976.10—1983.12
	赵华礼	副局长	1976.10—1983.12
	解光华	副局长	1976.10—1983.12
	韩南鹏	副局长	1980.10—1983.10
地市合并前的原襄樊市林业局(1979 年 6 月前为科级，后为县级)	贾信海	局 长	1979.6—1983.12
	张文亮	副局长	1979.6—1983.12
襄樊市林业局 1983 年 12 月—1987 年 11 月.	兰学汉	局 长	1983.12 —1985.10
	贾信海	副局长	1983.12—1985.10
	芦庆东	副局长	1983.12—1987.11
	解光华	副局长	1983.12—1985.10
	陈铭如(女)	副局长	1983.12 —1987.11
	徐建初	副局长	1985.10—1987.11 主持工作
	计光治	副局长	1985.10 —1987.11
	黄能强	副局长	1987.3—1987.11
襄樊市林业局 1987 年 11 月—1994 年 12 月	徐建初	局 长	1987.11—1994.12
	芦庆东	副局长	1987.11—1988.12
	计光治	副局长	1987.11—1989.6
	陈铭如(女)	副局长	1987.11—1994.12
	黄能强	副局长	1987.11—1991.2
	范正诠	副局长	1989.07—1994.12
	程年乐	副局长	1990.11—1994.12
	解光华	副局长	1992.1—1994.12
	李 军	副局长	1990.12—1994.6
	张先宏	副局长	1994.6—1994.12
	李 军	总工程师	1994.6—1994.12
襄樊市林业局 1995 年 1 月—1999 年 12 月	徐建初	局 长	1995.1—1997.4
	彭显明	局 长	1997.4—1999.12
	陈铭如(女)	副局长	1995.1—1999.5
	范正诠	副局长	1995.1—1999.5
	张先宏	副局长	1995.1—1999.12
	程年乐	副局长	1995.1—1999.5
	解光华	副局长	1995.1—1997.4
	刘先启	副局长	1997.4—1999.12
	皮传琼	副局长	1997.12—1999.10
	罗 平	副局长	1999.05—1999.12

续表

机构名称(起止年月)	姓 名	职 务	任职时间
	李 军	总工程师	1995.1—1999.5
襄樊市林业局 1999 年 12 月—2004 年 12 月	彭显明	局 长	1999.12—2004.12
	张先宏	副局长	1999.12—2004.12
	刘先启	副局长	1999.12—2004.12
	罗 平	副局长	1999.12—2004.12
	黄景智	副局长	2000.4—2004.12
	杨明智	副局长	2000.7—2001.11
	陈 凡	副局长	2001.6—2004.12
	李德明	副局长	2004.6—2004.12
	罗 平	总工程师	兼 2002.2—2004.12
襄樊市林业局 2005 年 1 月—2005 年 12 月	彭显明	局 长	2005.1—2005.12
	张先宏	副局长	2005.1—2005.12
	刘先启	副局长	2005.1—2005.12
	罗 平	副局长	2005.1—2005.12
	黄景智	副局长	2005.1—2005.12
	陈 凡	副局长	2005.1—2005.12
	李德明	副局长	2005.1—2005.12
	罗 平	总工程师	兼 2005.1—2005.12

襄樊市林业局工会领导

表 10—5

起止年月	姓 名	职 务
1987.7—1989.7	郑希林	工会主席
1989.7—1994.12	孙培江	工会主席
1995.1—1997.4	孙培江	工会主任
1997.12—1999.5	范正诠	工会主任
1999.5—2005.12	毕远文	工会主任

襄樊市 15 个省级自然保护小区

表 10—6

序号	县市区	保护小区名称	面积(公顷)	类 型	主要保护对象	主管部门	批准文号
1	襄樊市	岘山自然保护小区	1000	风景林	人文景观 历史遗迹	市林业局	鄂政办函〔2002〕17 号
2	襄阳县	鹿门寺自然保护小区	1000	风景林	人文景观 历史遗迹	县林业局	鄂政办函〔2002〕17 号

续表

3	谷城县	薤山自然保护小区	1000	动物栖息繁殖地	斑羚、小麂、大杜鹃等	县林业局	鄂政办函〔2002〕17 号
4	枣阳市	白竹园寺自然保护小区	1000	动植物栖息繁殖地	勺鸡、狍和青檀、鹅掌楸等野生动植物	市林业局	鄂政办函〔2002〕17 号
5	枣阳市	青峰岭自然保护小区	1000	动植物栖息繁殖地	小麂、杜鹃、兰科植物青檀、鹅掌楸等	市林业局	鄂政办函〔2002〕17 号
6	南漳县	七里山自然保护小区	807	动植物栖息繁殖地	林麝、水獭、大鲵、杜鹃、青檀、鹅掌楸等	县林业局	鄂政办函〔2002〕17 号
7	保康县	官山自然保护小区	400	动植物栖息繁殖地	林麝水獭黑熊大鲵小麂杜鹃黄连鹅掌楸楠木等	县林业局	鄂政办函〔2002〕17 号
8	保康县	刺滩沟野生蜡梅自然保护小区	1066	植物原生地	野生蜡梅	县林业局	鄂政办函〔2002〕17 号
9	保康县	欧店自然保护小区	900	植物原生地	红豆杉、野生蜡梅、野生牡丹	县林业局	鄂政办函〔2002〕17 号
10	保康县	龙坪自然保护小区	905	野生动植物	红豆杉、野生牡丹、黑熊等野生动植物	县林业局	鄂政办函〔2003〕70 号
11	保康县	七里扁自然保护小区	567	野生动植物	以野生腊梅为主的野生动植物	县林业局	鄂政办函〔2003〕70 号
12	保康县	九路寨自然保护小区	408	野生动植物	林麝、黑熊及珙桐水青树、大果青扦、香果树	县林业局	鄂政办函〔2003〕70 号
13	宜城市	长北山自然保护小区	1000	野生动植物	珍稀野生动植物	市林业局	鄂政办函〔2003〕70 号
14	谷城县	县厂自然保护小区	1000	野生动植物	林麝、穿山甲、红腹锦鸡、珙桐、银杏、楠木、三尖杉	县林业局	鄂政办函〔2003〕70 号
15	老河口市	梨花湖自然保护小区	1000	湿地生态系统	湿地水禽及其栖息地	市林业局	鄂政办函〔2003〕70 号

襄樊市 13 个市、县(市)级自然保护区

表 10—7

序号	自然保护区名称	级别	类型	经纬度	上级主管部门	行政区域	主要保护对象	总面积（hm2）	批建时间	批建文号
1	枣阳市兰科自然保护区	县级	野生植物	E112° 44′—48′ N31° 45′—86′	枣阳市林业局	新市熊集鹿头刘升等 7 乡镇 4 个林农场	野生兰科植物	16650	2003 年 9 月	枣政发〔2003〕19 号
2	枣阳市熊河湿地自然保护区	县级	湿地生态	E112° 36′—57′ N31° 42′—58′	枣阳市林业局	熊集、王城等闲个乡镇 2 个林场	水源珍稀野生动植物及水生动物	23333	2003 年 9 月	枣政发〔2003〕19 号

续表

序号	自然保护区名称	级别	类型	经纬度	上级主管部门	行政区域	主要保护对象	总面积（hm2）	批建时间	批建文号
3	宜城市长北山自然保护区	市级	森林生态	E111° 57′ —112° 27′ N31° 27′ —54′	宜城市林业局	长北山林场、板桥镇	森林植被、野生动植物	12560	2003 年 9 月	襄政办函〔2003〕38 号
4	南漳县香水河自然保护区	市级	湿地生态	E111° 45′ ——47′ N31° 43′ ——44′	薛坪镇政府	薛坪镇	珍稀动植物人文景观	11000	2003 年 9 月	襄政办函〔2003〕37 号
5	南漳县七里山自然保护区	市级	森林生态	E111° 47′ ——55′ N31° 53′ ——58′	南漳县林业局	七里山林场	珍稀动植物人文景观	807	2003 年 9 月	襄政办函〔2003〕37 号
6	南漳县金牛洞自然保护区	市级	湿地生态	E111° 51′ ——54′ N31° 43′ ——44′	板桥镇政府	板桥镇	珍稀动植物、水源	7000	2003 年 9 月	襄政办函〔2003〕37 号
7	保康县五道峡自然保护区	市级	森林生态	E111° 1′ —1′ 34′ ′ N31° 42′ ——44′	保康县林业局	后坪镇官山林场	生态系统生物多样性	6197	2003 年 9 月	襄政办函〔2003〕40 号
8	保康县刺滩沟自然保护区	市级	野生植物	E110° 45′ —111° 33′ N31° 21′ ——32′	保康县林业局	刺滩沟	野生腊梅	800	2003 年 9 月	襄政办函〔2003〕40 号
9	保康县鹫峰自然保护区	市级	森林生态	E111° 1′ —134′ N31° 42′ ——44′	保康县林业局	马良镇鹫峰村	天然古马尾松群落	134	2003 年 9 月	襄政办函〔2003〕40 号
10	保康县红豆杉自然保护区	市级	野生植物	E111° 03′ —30′ N31° 37′ ——46′	保康县林业局	大水林场龙坪马良	野生腊梅	4000	2003 年 9 月	襄政办函〔2003〕40 号
11	谷城县薤山自然保护区	市级	森林生态	E111° 02′ —27′ N32° 05′ ——08′	谷城县林业局	薤山林场	珍稀野生动植物	3557	2003 年 9 月	襄政办函〔2003〕36 号
12	老河口市梨花湖自然保护区	市级	湿地生态	E111° 32′ —33′ N32° 14′ —158′	老河口林业局	老河口市城郊	水源、珍稀野生动植物	4200	2003 年 9 月	襄政办函〔2003〕39 号
13	襄樊市漳河源市级自然保护区	市级	森林生态		南漳县林业局	板桥、肖堰、板桥和巡检镇	森林植被、野生动植物及自然景观	39800	2004 年 11 月	襄樊市政函〔2004〕66 号

卷十一　水利

水利是采取各种人工措施，对水资源进行控制、调节、治导、开发、管理与保护，以减轻或免除水旱灾害，并利用水资源发展社会生产满足社会需要的水事活动。1979—2005年，在改革开放的大环境下，襄樊水利进入一个新的历史发展时期。全市已建成以堤防为主的防洪工程体系，防御江河洪水能力进一步提高，其中襄樊城区堤防能够防御汉江百年一遇标准洪水，洪水风险和洪灾损失日渐减少；依据水资源及其特点，已建成蓄、引、提水相结合的灌溉工程体系，科学制定适合市情的供水、用水、节水计划与措施，增强水供给能力，优先保证粮食生产，尽力满足社会各方面水需求；加强水资源开发与新的水利工程建设，并对已建工程进行续建配套，除险加固及更新改造，努力巩固建设成果，发挥工程效益；加强水能资源开发，统筹规划，优选方案，加大境内主要江河干流水电梯级开发，全力兴建小水电，最大限度发展清洁能源；坚持经济、生态、社会效益相统一，预防监督与综合治理并重，以小流域为单元实行水土流失综合治理，促进生态环境修复，再现青山绿水；按照“城乡供水一体化，农村供水城市化”发展方向，采用合理化布局、标准化建设、专业化管理的农村饮水新模式，加快农村饮水安全建设步伐；加强防汛抗旱指挥组织机构建设，建成全市防汛抗旱自动化信息系统，实时反映水情、雨情、汛情、旱情变化，编制防洪预案、抗旱预案，提高抗洪抢险、抗旱减灾应急决策能力；加强水政水资源管理，加大执法力度，抓好水利规费征收，监测水质防止水污染，开展节水型社会建设；水产养殖快速发展，水产品养殖面积增加，品种增多，单产提高，总量提升，产值大幅度增长，使城乡居民餐桌食谱日益丰富多彩。水利工程已成为全市国民经济的重要基础设施，为全市经济社会可持续发展正在提供强有力的支撑与保障。

一、管理机构

（一）机构沿革

襄阳地区水利局：1979年1月，襄阳地区水利电力局所属机构实行水、电分设，成立水利局。局内设办公室、政工、财器、农电、灌溉、水产、工程7个科室，配备干部63名。7月，水利局党委改称为水利局党组，局机关有党员41人。

原襄樊市水利局：1979年5月建立市水电局党委，6月以前为科级，6月以后为县级，11月，市水电局分设为水利局、水产局，仍合署办公，一个党委。1983年3月，水利局、水产局分开办公，一个党委。

地、市合并后的襄樊市水利局：1983年10月，襄阳地区水利局与襄樊市水利水产局合并，成立襄樊市水利水产局。内部设办公室、政工、农电、财务器材、工程管理、水产、农村水利水土保持等7个科室以及渔政监督管理中心站，有工作人员71名。同时，建立襄樊市水利水产局党组，1985年10月改为党委。1987 年,为了强化农村水利水土保持工作,襄樊市水利水产局增设“农村水利水土保持科”,将原“工程建设管理科”改为“工程管理科”。1988 年,成立襄樊市抗旱防汛指挥部办公室(后更名为襄樊市防汛抗旱指挥部办公室),为常设机构(正县级),办公室配工作人员 10 名,与襄樊市水利水产局合署办公。1989 年,襄樊市水利水产局设立水情科、通讯科、审计科、水政科、监察科,将原政工科改为人事科。1990 年 2 月,撤销襄樊市水利水产局党委,恢复襄樊市水利水产局党组。当年,人事科被撤销,成立政工科、科教科。1993 年 6 月,根据转变政府职能、精兵简政的精神,将局内 15 个科室归并为 5 个科室。在职人员由 73 人减少到 40 人(含防办 10 人),其中党员 35 人。1994 年 9 月,襄樊市水利水产局增设综合经营科。局内共设科室 6 个,干部 40 人,其中党员 36 人。直辖单位 12 个,职工 1418 人。1996 年 5 月,经市编委批准,设置党组纪检组,内设监察科。12 月,襄樊市水利水产局更名为襄樊市水利局,为市政府组成部门。内设 9 个科室,分别是办公室、水政水资源科、计划财务科、政工科、建设科、农村水利科、水土保持科、水库管理科、地方水电科。同时,中共襄樊市水利水产局党组更名为中共襄樊市水利局党组。归口市委农工委领导,下辖 5 个党委、40 个党支部、45 个党小组,共有 653 名党员。1997 年 5 月,襄樊市水利局增设离退休干部科。并增设水情科和通讯科,既是水利局内设机构,也是防汛抗旱办公室的工作机构。行政编制 40 名。当年,水利局直辖单位 17 个,干部 677 人,职工 1962 人。1999 年 3 月,增设审计科。设置襄樊市水利局党组纪检组。机关内设机构:办公室、水政水资源科、计划财务科、建设科、水库科、水土保持科、人事科等 10 个科室。行政编制 28 人,实有 28 人。2002 年 2 月,撤销中共襄樊市水利局党组,成立中共襄樊市水利局委员会。2003 年 6 月,成立襄樊市南水北调工程建设管理局,为常设机构(县级),与襄樊市水利局合署办公,并成立中共襄樊市南水北调工程建设管理局党组。

(二)工作性质与职能

襄樊市水利局为政府组成部门,主管全市水利、水电工作。主要职责是:贯彻执行《中华人民共和国水法》《中华人民共和国水土保持法》《中华人民共和国防洪法》《中华人民共和国河道管理条例》《中华人民共和国渔业法》等法律、法规,拟订并组织实施全市水利、水产的发展规划及实施办法;管理全市城乡水资源(含空中水、地表水、地下水),拟订全市水长期供求计划、水量分配方案并监督实施;负责辖区内有关国家总体规划、城市规划及重大建设项目的水资源和防洪论证工作,组织实施取水许可和水资源费征收,发布全市水资源公报;编制全市节约用水规划,制定节约用水管理制度和有关标准,指导和监督全市节约用水工作;拟订全市水资源保护规划和水能资源发展规划,组织水功能区的划分和向饮水区等水域排污的控制,监测江河、水库的水量、水质,审定水域纳污能力,负责限制排污总量的工作;负责全市水政监察和水行政执法工作,调解和仲裁市区部门之间和县(市)、区之间的水事纠纷;拟订全市水利行业的经济调节措施,对水利资金的使用进行宏观调节和监督管理;指导水利行业的供水、水电及多种经营工作;研究制定全市有关水利的价格、税收、规费、信贷、财务等经济调节意见;编制全市水利建设规划、水利中长期发展计划、水利建设年度计划,综合管理全市水利建设项目和水利行业技术标准,指导水利科技、教育和技术推广工作;主管全市河道、水库、分洪区、蓄洪区,负责全市水利设施、水域及其岸线的管理与保持工作,指导江、河、库、堰的治理和开发工作;承担全市具有控制性的或跨县(市)、区的重要水利工程的建设和管理工作;负责全市水利行业的质量管理工作;监管全市水库、水电站大坝的安全工作;履行全市四级以上堤防和重点堤防建设的项目法人单位的职责。

1979—2005 年襄樊市水利局历任党、政领导班子成员变动情况,详见表 11—1。

1979—2005年襄樊市水利局党、政领导班子成员变动情况统计

表11—1

机构名称(起止年月)	姓 名	职 务	任职时间
襄阳地区水利局(1979年1月—1983年10月)	段连生	局 长	1975.03—1983.10
	陈美洋	副局长	1976.10—1979.05
	秦 威	副局长	1976.10—1980.08
	李积书	副局长	1976.10—1983.10
	孙维武	副局长	1976.10—1983.10
	谷峻山	副局长	1976.10—1983.10
	孙绍先	副局长	1978.01—1983.10
	方德安	副局长	1979.01—1980.10
	汤中华	副局长	1979.01—1983.10
	黄鼎铭	副局长	1979.03—1983.10
	程兆兰	副局长	1979.03—1983.10
	黄明朝	副局长	1979.06—1982.09
	赵世清	副局长	1981.01—1983.10
	涂世平	副局长	1981.01—1983.10
	段连生	书 记	1976.10—1983.10
	陈美洋	副书记	1976.10—1979.05
	孙绍先	副书记	1979.07—1983.10
	谷峻山	副书记	1979.07—1983.10
	秦 威	副书记	1979.07—1983.10
原襄樊市水利局(1979年6月前为科级,6月后为县级)(1979年6月—1983年10月)	吴世廉	局 长	1979.06—1983.10
	王福元	副局长	1979.06—1981.12
	徐天荣	副局长	1982.01—1982.09
	吴世廉	书 记	1979.06—1983.10
	王福元	副书记	1979.06—1981.12
	徐天荣	副书记	982.03—1983.10
襄樊市水利水产局(1983年10月—1985年10月)	曾庆福	局 长	1983.10—1987.11
	赵世清	副局长	1983.10—1985.10
	孙维武	副局长	1983.10—1985.10
	黄明朝	副局长	1983.10—1987.11
	李积书	副局长	1983.10—1987.11
	吴定谟	副局长	1985.03—1987.11
	曾庆福	书 记	1983.11—1985.10
	兰学汉	书 记	1985.10—1987.11
	赵世清	副书记	1983.11—1985.10
	曾庆福	副书记	1985.10—1987.11
	汤中华	纪委书记	1983.12—1987.1
	兰学汉	书 记	1987.11—1994.01
	徐道明	书 记	1994.01—1994.12
	曾庆福	副书记	1987.11—1994.12

续表 1

机构名称(起止年月)	姓 名	职 务	任职时间
襄樊市水利水产局(1987 年 11 月—1994 年 12 月)	张永远	副书记	1988.11—1994.06
	曾庆福	局 长	1987.11—1988.04
	兰学汉	局 长	1988.04—1994.01
	徐道明	局 长	1994.01—1994.12
	黄明朝	副局长	1987.11—1988.11
	李积书	副局长	1987.11—1992.02
	吴定谟	副局长	1987.11—1994.12
	张永远	副局长	1988.11—1994.06
	曾庆福	副局长	1988.11—1994.12
	王安明	副局长	1994.06—1994.12
	郑书国	副局长	1994.06—1994.12
	胡生国	副局长	1994.06—1994.12
	汤中华	纪检组长	1987.11—1994.06
	王本忠	纪检组长	1994.06—1994.12
	徐天荣	工会主席	1987.11—1994.12
	孙维武	总工程师	1987.11—1989.03
	李辅义	总工程师	1989.03—1994.12
襄樊市防汛抗旱指挥部办公室(1988 年 11 月—1994 年 12 月)	黄明朝	主 任	1988.11—1992.02
	李积书	主 任	1992.02—1994.06
	吴定谟	主 任	1994.06—1994.12
	郑德庆	副主任	1988.11—1994.12
	涂益民	副主任	1988.11—1994.12
	汪金章	副主任	1994.12—1994.12
	胡先银	副主任	1994.12—1994.12
襄樊市水利局(1996 年 12 月前名为襄樊市水利水产局)(1995 年 1 月—1999 年 12 月)	徐明道	局 长	1995.01—1997.04
	乾俊礼	局 长	1997.04—1999.12
	曾庆福	副局长	1995.01—1997.04
	吴定谟	副局长	1995.01—1997.04
	王安明	副局长	1995.01—1999.12
	郑书国	副局长	1995.01—1999.12
	胡生国	副局长	1995.01—1999.12
	黄有华	副局长	1996.08—1999.12
	王本忠	副局长	1997.04—1999.12
	马正华	副局长	1997.04—1999.05
	董世云	副局长	1997.11—1999.05
	许朝明	副局长	1999.07—12
	徐明道	书 记	1995.01—1997.04
	乾俊礼	书 记	1997.04—1999.12
	曾庆福	副书记	1995.01—1997.04

续表 2

机构名称(起止年月)	姓 名	职 务	任职时间
	王安明	副局长	1999.02—12
	王本忠	纪检组长	1995.01—1997.04
	汪金章	纪检组长	1997.04—1999.12
	李辅义	总工程师	1995.01—1997.04
	陈家联	总工程师	1999.05—12
	徐天荣	工会主任	1995.01—1997.04
	王本忠	工会主任	1997.04—1999.05
	马正华	工会主任	1999.05—12
襄樊市防汛抗旱指挥部办公室(1995 年 1 月—1999 年 12 月)	吴定谟	主 任	1995.01—1997.04
	乾俊礼	主 任	1997.04—1999.12
	涂益民	副主任	1995.01—1999.12
	郑德庆	副主任	1995.01—1997.04
	汪金章	副主任	1995.01—1997.04
	胡先银	副主任	1995.01—1999.12
	李德亮	副主任	1997.04—1999.12
	郑立君	副主任、总工程师	1998.06—1999.12
	董世云	副主任	1999.05—12
襄樊市水利局(1999 年 12 月—2005 年 12 月)	乾俊礼	局 长	1999.12—2001.12
	张克启	局 长	2001.12—2005.12
	王安明	副局长	1999.12—2002.02
	郑书国	副局长	1999.12—2004.03
	胡生国	副局长	1999.12—2005.12
	黄有华	副局长	1999.12—2005.12
	王本忠	副局长	1999.12—2004.12
	许朝明	副局长	1999.12—2002.02 2004.12—2005.12
	黄茂松	副局长	2004.12—2005.12
	杨 锋	副局长	2004.12—2005.12
	乾俊礼	书 记	1999.12—2002.12
	张克启	书 记	2002.12—2005.12
	王安明	副书记	1999.12—2004.12
	黄有华	副局长	2004.12—2005.12
	汪金章	纪检组长	1999.12—2002.02
	李绵奎	纪委书记	2002.02—2005.12
	马正华	工会主席	1999.12—2002.02
	乾俊礼	主 任	1999.12—2001.12
	张克启	主 任	2001.12—2005.12
	涂益民	副主任	1999.12—2004.12
	胡先银	副主任	1999.12—2005.12
	李德亮	副主任	1999.12—2004.12

续表 3

机构名称(起止年月)	姓　名	职　务	任职时间
襄樊市防汛抗旱指挥部办公室(1999 年 12 月—2005 年 12 月)	董世云	副主任	1999.12—2004.12
	郑立君	副主任、总工程师	1999.12—2001.12
		总工程师	2001.12—2004.8
	黄茂松	副主任	2004.12—2005.12
	程　俊	副主任	2004.12—2005.12
襄樊市南水北调工程建设管理局(2003 年 6 月—2005 年 12 月)	张克启	局长	2004.12—2005.12
	黄有华	书记	2004.12—2005.12
	陈炜波	副局长、党组成员	2004.12—2005.12

二、防洪工程体系

堤防、护岸、涵闸(管)、水库(在灌溉工程中专述)、水电站(在水电工程中专述)、分蓄洪区、护堤林等共同构建了全市防洪工程体系，是全市防洪保安的重要屏障。

(一) 堤防

堤防是整个防洪工程体系的基础，全市地处汉江中游，是汉江流域易受洪水威胁的地区之一。新中国成立以来，党和政府组织人民群众不断地修筑堤防，治理江河，与水抗争，防御洪害。堤防建设大体经历 4 个阶段，在本届志书年代断限内为两个阶段。

1.达标升级阶段(1970—1995 年)

达标升级阶段先后经历过“75·8 型”和“83·10 型”大洪水，灾害涉及范围广、损失重，同时堤防抗洪能力亦受到严峻考验，堤防工程存在的质量问题、薄弱环节得以充分暴露。1975 年 8 月大水之后，境内按照省、市统一规划要求：汉江按防 1964 年型洪水，唐河、白河按防御 7 000 立方米每秒洪水流量标准进行堤防建设，逐年加高培厚汉江、唐白河(含唐河、白河)堤防，完成堤防长 340 千米，土方量 2 200 万立方米、混凝土及石方 75 万立方米，兴修护岸工程长 70 多千米，兴修防洪排涝闸 46 座，沿堤植防护林长 250 千米，成林树木 60 万株，成为治河筑堤的黄金年代。1985 年 8 月 14 日，襄阳地区革委会发布《关于加强堤防管理的布告》，从五个方面要求加强堤防管理，提高防洪能力。至 1995 年底止，全市已建立市级河道堤防管理处 1 个，襄阳、老河口、谷城、宜城、襄城、樊城以及南漳、保康、随州等先后建立县级河道堤防管理处(所)9 个，欧庙等建立乡镇河道堤防管理所 23 个，专管人员达到 360 人，襄樊城区 100 人，为全市河道堤防事业健康发展奠定了基础。新建立的各级堤防管理机构，本着“冬春修、夏秋防，常年管”的堤防建管指导思想，在 1989—1992 年期间，集中力量积极开展全市河道堤防建设管理达标活动，讨论制订《襄樊市河道堤防建设管理达标实施方案》，一年一次开展考核评比，分县(市)区进行检查验收，截至 1992 年，全市被省级验收合格堤段 5 处长 43 千米，市级验收合格堤段 8 处长 120 千米，县级验收合格堤段长 285 千米。持续 4 年的达标升级活动，成效明显。第一，提高了堤防抗洪能力。全市加固堤身、填塘固基完成土方 361 万立方米，堤面铺填砂石料 1.64 万立方米，新修、加固堤、路平交道路 84 处，使大部分在管堤防堤身高度、堤身坡度、堤顶高度基本达标。第二，堤防确权划界有了突破性进展。全市先后拆除堤防禁脚内违章建房 167 间，乱葬坟墓 430 多处，收回被占禁脚地面积 1 240 公顷。第三，清除了大量堤身隐患。全市清除堤身杂树 9 600 多株、芭茅 8 000 多蔸。四是扩大 了防护林建设规模。全市新造防护林长 90.33 千米，新植林木 23 万株。

襄樊城区，根据堤防工程建设、维护、管理需要，于 1972 年 11 月将堤防管理所与路灯管理所合并组建堤防路灯管理所，隶属市城建局。1974 年 7 月又将堤防管理所与路灯管理所分设，成立襄樊市(县级市)堤防管理所，隶属市水利局。1981 年 12 月更名为襄樊市(县级市)堤防管理处。1983 年地、市合并后，与襄阳地区汉江修防处合并组建襄樊市汉江修防处，并在樊东、樊西、襄城及郊区设立 4 个堤防管理所。1986 年 2 月市长办公会议决定将襄樊城区长 69.406 千米(其中汉江堤防长 35.126 千米)堤防的防汛、岁修、管理等划归市城建局，原市堤防管理处从市汉江修防处划出重设，隶属市城建局。1999 年 4 月 6 日，市政府决定再次调整隶属关系，将襄樊城区堤防处划归市水利局管理，至此，襄樊城区防洪、河道堤防管理关系等进一步理顺，形成统一规划，统一建设，统一调度新体制。1980 年 5 月至 1995 年，整修樊城片贾家洼—韩家营—万户庵—火星观—迎旭门—清河口这一区间的汉江大堤，全长 17.68 千米。并建成石砌护岸长 13.9 千米。20 世纪 70 年代末期至 80 年代初，由于洲滩的演变，河泓南移洪流直射襄阳老龙堤，造成堤脚空虚。省建设厅、市政府于 1986 年拨款 23 万元，1986—1995 年组织襄城区内厂矿企业义务运送石料 6 044 立方米，对襄阳老龙堤全长 4.5 千米堤岸临水面全部修建条石驳岸，初步达到防遇百年一遇洪水标准。1977—1995 年，整治襄城庞公堤西起夫人城，北经长门、闸口、庞公祠，折转东经刘家河、孙家巷，再折转南经杨家河、十家庙抵观音阁大堤，全长 14.3 千米。

1975 年 8 月唐白河特大洪水后，堤防建设再兴高潮。这一阶段，在汉江堤防建设中，襄阳县东津、欧庙两区带头争先，成为全县学习榜样。从 1976 年到 1988 年全县连续奋战 13 年，使县内长 70.1 千米汉江堤防基本达标，防洪林带形成，除太平、竹条部分堤段外，其余经省、市联合验收合格。

汉江堤防之太平堤，1967—1995 年，自姚家河沟口起，向东经龚家洲、黑鱼沟、太平店、胡家嘴、曾家河、小樊洲、石河畈沟、龙爬沟至陈家湾大堤修建而成，全长 13.2 千米，堤高 3.5 米，并修石河畈沟堤长 5.8 千米。

竹条堤，1970—1995 年，自新集起，东经许岑、牛首、饶台、竹条、兴隆、白湾、柿铺接襄樊城区贾洼堤修建成堤，全长 17.8 千米，堤高 3 米，另建黄龙沟堤长 1.4 千米，白龙沟堤长 6 千米，累计用工 60.2 万个，完成土方 120.4 万立方米。此外，竹条区间汉江右岸中洲因清咸丰六年(1856)河泓北移淤积成洲，后有百姓垦种定居，为了防止洪水崩岸，于 1971—1995 年，自赵家湾起，经姜家巷、薛家梁子、王家营、泥嘴、草湖至李家岗嘴修筑成大堤，全长 15.8 千米，堤高 3.3 米，累计用工 40 万个，完成土方 79.65 万立方米。

张湾堤，1987—1995 年，自清河口起，经老西湾、魏湾、张湾至唐白河口修筑成堤，全长 4 千米，堤高 3.3 米，累计用工 18.6 万个，完成土方 37.3 万立方米。

东津堤，1976—1995 年，自陈坡起，向东南经东津街头、东大沟闸、汪家洼、老营、三洲至王寨修成大堤，全长 15.4 千米，堤高 5 米，并修东大沟堤长 2.2 千米，堤高 2.5 米，累计用工 80 万个，完成土方 163.05 万立方米。

欧庙堤，1976—1995 年，自水洼起，南经刘集、新街、散家洲，至李家店接王家山根沟修成大堤，全长 17.8 千米，堤高 5.5 米，并修王家山根沟堤长 8.2 千米，堤高 3.5 米，累计用工 95 万个，完成土方 189.6 万立方米。

唐河堤防之万安堤，1975—1995 年，自王庄起，西南经石台寺、鄢家埠口、王集、冯楼折而东经石羊集至东刘庄修成堤防，全长20.4千米，堤高7.5米，可抗7000立方米每秒洪水，累计用工150万个，完成土方303万立方米。

程赵堤，1975—1995年，自白河村起，西南经程河、崔营、胡家庙折而东北，沿黑清河右岸经赵营、孙岗至方岗修建成堤，全长20.4千米，高7米，可抗6000立方米每秒洪水，累计用工288万个，完成土方1 759万立方米。

刘台堤，1975—1995年，环绕双沟镇街，修建堤长2.3千米，堤高5米，累计用工7.3万个，完成土方14.6万立方米；兴安堤，1975—1995年，北接河南新野县九女城，南经杨雷庄、郭楼、上湾、崔庄至尚寨，修筑堤长11.5千米，堤高5米，可抗6 000立方米每秒洪水，累计用工60万个，完成土方120万立方米。

共和堤，1972—1995年，自寇集起，南经宋王营至柳林，修筑堤长5.4千米，堤高3.8米，可抗6000立方米每秒洪水，累计用工20万个，完成土方40. 5万立方米。

新安堤，1985—1995年，自任庄起，沿太湖渠右岸至吕庄，南经金营至杨泗庙，修筑堤长10千米，可抗6000立方米每秒洪水，累计用工43万个，完成土方86.35万立方米。

白河堤防之永安堤，1989—1995年，自翟湾起，南经王集、桐树店、朱集、崔营、潘湾、三合镇至刘湾，修建堤长17.9千米，堤高3米，可防5 500立方米每秒洪水，累计用工36万个，完成土方72万立方米；双河堤，经过历年培修，至1995年底止，自刘湾起，南经王营、郑张营、黄营至相公庄，培修堤长8.2千米，堤高3.5米，可防5 000立方米每秒洪水，累计用工16万个，完成土方32万立方米。

唐巷堤，1984—1995年，自乔吕起，经唐巷至小翟营，修建堤长4千米，堤高2.5米，累计用工10.1万个，完成土方20.2万立方米。

唐白河堤防之刘集堤，1972—1995年，自张巷起，经马营、段李营、肖王营、刘集、朱营、赵集、卜营至武坡，修建堤长15千米，堤高2.2米，另修港沟支堤长6.2千米，堤高1米，可抗5 000立方米每秒洪水，累计用工14万个，完成土方28.5万立方米。

潘台堤，1975—1995年，自潘台抽水机站台渠起，西经张湾接汉江大是，修建堤长2千米，堤高4米，累计用工7.15万个，完成土方14.33万立方米。

六两河堤，1970—1995年，自洪山头铁路桥起，经杜家台、柳洪湾，范家台，六两河至黄山垴，修建堤长5.8千米，堤高3.5米，累计用工7万个，完成土方14万立方米。

清河堤防之云湾堤，1984—1995年，自下蔚家起，经云湾、肖台、郑家、汪家河口至清河口，修建堤长5.2千米，堤高3米，累计用工16.4万个，完成土方32.8万立方米；台子湾堤，经过历年培修，至1995年底止，自陈庄起，经李家楼、台子湾、洪家沟至大水桥，培修堤长10.9千米，堤高3米，累计用工9.8万个，完成土方19.6立方米。

桐树店堤，经过历年培修，至1995年底止，自李家楼至桐树店，培修堤长3.3千米，堤高2.5米，累计用工1.8万个，完成土方3.6万立方米。

淳河堤，经过历年培修，至1995年底止，自陈湾起，经胡岗、崔岗、覃湾至王寨接汉江大堤，修建堤长11.5千米，堤高3米，累计用工5.2万个，完成土方10.4万立方米。

光化县(今老河口)于1970年新修望江楼段块石护坡长0.2千米，1976年，新修县城望江楼至新沟口段土堤长1.5千米；罗汉寺至芦家营土堤长1.089千米。1977年，重修大码头至望江楼浆砌块石驳岸长0.65千米，新修望江楼以上块石护坡长0.8千米，整修太平街码头至水厂泵房段石砌驳岸长0.08千米。1981年对城区驳岸进行重点抛石护脚。1982年整修望江楼以上块石护坡长0.76千米。1983年重修水西门至汉江桥头石砌驳岸长0.26千米，新修新沟口至洪山嘴段土堤，长4.016千米，堤顶高程92米。1984年加固新沟口以上堤段长1.2千米，完成土方7万立方米，并对新沟口以上新筑土堤进行块石护坡长4.2千米，垂直高度1.5米，完成浆砌石方200立方米，干砌石方2 500立方米，新修公路桥至化工厂浆砌石墙长 0.2 千米。1985 年对双石桥以上土堤块石护坡长 0.68 千米。1986 年，老河口市政府为了加强汉江河道堤防安全管理，制定《老河口市汉江河道堤防管理条例》；该年对朝佛街码头段石笼护脚长 57 米。1987 年，对新沟口至望江楼段土堤块石护坡长 1.526 千米、新沟口至汉丹铁路段土堤块石护坡长 0.2 千米。1990 年，续修新沟口至汉丹铁路段土堤块石护坡长 0.418 千米，新修护岸挡土墙长 0.35 千米、水西门至大街段抛石护脚长 0.14 千米。此外，1987 年 12 月新修仙人渡镇下游约 6 千米处张文康段混凝土护坡长 0.52 千米，垂直高度 5 米，1988 年 4 月修复五条沟口上段水毁护坡长 0.2 千米，1989 年 11 月再对该段进行水下抛石护脚；为了保护汉丹铁路及汉丹公路行车安全，于 1975 年 12 月新修付家寨冯营段块石护坡长 0.62 千米，1976 年 12 月新修付家寨码头段块石护坡长 0.32 千米，1988 年 3 月，接修冯营以上块石护坡长 0.21 千米。至 1995 年底止，该市修筑境内汉江堤防长 10.21 千米，护岸长 9.36 千米。

谷城这一时期堤防建设呈现出明显的阶段性。20 世纪 70 年代初期，随着“农业学大寨”运动兴起，提出“大河一条线，小河靠边站”，“向荒山河滩要粮”，从而大搞治河改道，筑堤造田；1975 年暴发特大洪水，1982 年 7 月山洪再次暴发，堤防工程受到损毁破坏，灾后按照“护脚固基，加高培厚，逐年积累，控制河势”指导思想，提高防洪标准和抗洪能力；90 年代初期，围绕达标升级活动，连续进行三次较大的汉江、南河、北河堤防整修加固活动，三年累计投工 29.2 万个，投资 196.7 万元，完成工程量 17.5 万立方米，整修堤防总长 5.54 千米。谷城汉江堤防，1975 年特大洪水后，除当年秋冬修复溃口，1 975—1990 年新修二道沟、庙滩、冷集草庙、龚家河、榆树湾区段长 16.03 千米。南河堤防，1976—1977 年连续两年修复左岸环城 (县城) 堤段长 6.75 千米。1979 年整修韩家卡子至铁路桥段长 1.6 千米，延修白鹤观混凝土护坡长 0.3 千米。1981 年冬—1982 年春，组织城关、北河两镇劳力改线新修公路桥头至县航管站段长 0.73 千米，顶宽 6 米，堤顶高程 89.2 米，可抗 12 450 立方米 / 秒流量洪水。1983 年新修航管站至县卫生纸厂段护坡长 0.82 千米。1987 年新修铁路桥以上护岸长 0.5 千米及中码头护坡。1990 年新修环城堤护岸长 0.6 千米。1993 年 7 月组织劳力 1.35 万人，加高培厚六二零铁桥至公路桥头段长 2.55 千米，投工 11.2 万个，投资 100 余万元，完成工程量 10.5 万立方米。北河堤防，1979 年新修邱家楼护坡长 0.4 千米。1981 年整修加固赵家、胡家岗堤段及护坡长 0.42 千米。1982 年 7 月大水后，当年冬新筑红卫桥至堵口坝堤段，后移 30 米，并护坡长 2.13 千米。1983 年 10 月石花镇组织劳力 5 000 余人新修北河支流西河石花堤长 2.13 千米，并全部采取块石和混凝土护坡至顶，配建排水建筑物 5 处，投工 34 万个，完成工程量 12.6 万立方米，解除了洪水对石花镇的威胁。同年谢湾镇组织劳力 4 200 余人，新修北河支流谢湾河谢湾段两岸堤长 5.65 千米，投工 12.5 万个，投资 100 万元，完成工程量 36 万立方米。1985 年北河镇组织劳力 3 000 人，整修加固红卫桥至邱家楼护岸长 0.34 千米，五山区新修北河支流文畈河堤长 0.7 千米。1987 年续修左岸红卫桥段护坡长 0.4 千米。1989 年新修红石亮子护岸长 0.4 千米。1990 年整修改道口段护岸长 0.2 千米，安家岗、邱家楼两段护岸长 0.65 千米。1991 年续修邱家楼护岸长 0.25 千米。至 1995 年底止，谷城境内修筑汉江堤防长 18.8 千米，南河堤防长 12.67 千米，其中左岸长 8.72 千米、右岸长 3.95 千米，北河堤防长 6.36 千米，其中左岸长 2.3 千米、右岸长 4 千米。

宜城于 1974 年培修汉江堤防官庄大园子至庙田段。1976 年加高培厚野鸡城、茅草至韩旗营、刘家洲至岛口段长近 10 千米，完成土方 75 万立方米。1980—1988 年该市加固汉江堤防长 64.8 千米，完成土方 402.3 万立方米，新修官庄粮站至清水浆段长 0.8 千米，完成土方 32.6 万立方米，新修南营清水浆至南洲山根段长 3.1 千米，完成土方 19.8 万立方米。1989—1992 年，按照省水利厅《河道堤防管理十条标准》、襄樊市汉江修防处《襄樊市河道堤防达标实施方案》及《宜城县堤防达标实施办法》，确定境内汉江堤防按防御“1964 年型”洪水标准，即堤顶超过该年洪水位 2 米、顶宽 6 米，堤内外坡比 1：2.5~1：3，堤顶中心高于堤肩 20 厘米、堤禁脚区为堤外 10 米堤内 5 米，禁脚内栽植防护林进行达标建设，经过3个冬春努力，建成达标堤防长71.9千米，占总长93%，其中通过省、市验收合格堤段长49.8千米，内含城关段长2.8千米、龙头段长9.2千米、南营段长9.6千米、璞河段长10.1千米，完成土方66.5万立方米，拆除禁脚区内违章建房14户70余间，新植防护林木7万余株。1992年之后分别加固谭堖南河段长5.2千米、南营南洲段长3.8千米、璞河护洲段长4.2千米、郭安路至郭岗段长2.1千米。至1995年底止，境内汉江堤防全部达标，防洪能力明显提高。蛮河堤防，1972年整险加固胡家台段，1989—1992年，按照防御"1983年型"洪水标准，建成达标堤防长22.6千米，占总长80%，其中石桥头至潘河段长1.8千米被评为襄樊市堤防达标优质工程。1994年加固孔湾龚堖段长3千米，完成土方20万立方米。1995年加固孔湾石桥头段长2.3千米，完成土方1万立方米。

南漳于1970年对蛮河城关段河道进行大规模治理，裁弯取直，缩窄河床，上自三道河水库泄流隧洞出口下至胡营舒向湾村，左岸堤防整体改线由北南移新筑，全长15千米，宽60米，块石护堤。由于片面强调取直改田，河床被缩窄百米左右，致使汛期泄量严重不足，仅为800立方米每秒。1975年8月10日三道河水库下泄洪量825立方米每秒，洪水宣泄不及，泛滥成灾，冲溃堤岸，冲坏大片农田。缩窄空出的城(县城)南老河道20世纪70年代相继修建了一批厂房及民房，成为阻洪建筑物，加重了汛期行洪阻力，不得不从1985年开始被市、县防汛抗旱指挥部明令强制拆除。并结合"血防"工程建设，对蛮河支流清凉河龙门、舞旗河段进行治理，裁弯取直，新修块石护堤长10.5千米。

保康20世纪70年代前期，在"农业学大寨"运动中，为了在全县作出"战天斗地的革命样板"，决定将清溪河城关段河床由宽140米缩窄到40米。1975年8月8日山洪暴发，洪灾罕见，清溪河城关段最大洪峰流量1 340立方米/秒，由于洪水流量大，河床被人为缩窄，两岸堤防全部溃毁。1975年冬灾后重建，将河床扩宽至60米，最大行洪能力可达1 405立方米/秒。沿堤建有泵站1处、排泄涵洞1处、排灌闸5处、排灌渠2条长11 250米，植防护林带宽3米，长3 000米。1982年6月1日，成立县城关大堤管理站，负责城关堤防维护管理。1988年决定修复左岸堤防，确定防洪标准为20年一遇洪水，1989年经襄樊市水利局审批同意兴建三溪沟口至县黄磷厂堤段，堤长3 290米，底宽2.9米，顶宽1.5米，堤高5.5米，河道扩宽至120米。1989年11月成立城关河西大堤指挥部，副县长徐荣昌任指挥长，工程由县水利水电勘测设计院设计，设计主堤全长3 533.5米，工程分3期进行，县水电基建工程队施工。1989年12月25日一期工程动工兴建，1992年5月15日竣工，建成堤长2 993.3米，其中主堤长2 502米，支堤长491.3米，投资193.98万元，完成土石方量16.58万立方米。境内沮河沿岸河堤多为20世纪六七十年代兴修的干垒石堤，经过多年运行，出现多处溃口，1986年11月10日动工修复歇马河东堤防，12月12日竣工，建成水泥拌和石灰混砌石堤长405米，底宽2.5米，顶宽1.1米，堤高4米，投资55 413元，投工8 150个，完成土石方3 629.5立方米。

2.全面提升阶段(1996—2005年)

这一阶段正是又一个千年之交世纪陵替的重要时段。从总体上讲，境内堤防建设经过20世纪90年代初期达标升级，汉江干流堤防防洪能力有了较大程度提升，但是干堤险工险段仍然不少，部分河段崩岸依然严重，支、民堤及其他河流堤防修建标准不高、防洪能力偏低等问题比较突出。1996年，全市汉江及其他主要河流设防堤防(不包括南漳、保康、枣阳)总长494.2千米，尚有险工险段31段长119.51千米，其中汉江13段长36.14千米，河道崩岸严重的19段长29.8千米，已修护岸毁坏严重的24段长23.9千米，其中汉江19段长22.15千米，病险涵闸23处等。这些河道堤防问题，与全市社会、经济快速发展不相适应，亟待解决。1996年10月，襄樊市、河南南阳市为使唐白河防洪治理纳入国家投资计划，两市水利局经协商共同委托长江委勘测规划设计研究院编制《唐白河干流防洪规划报告》。同年，宜城加固蛮河堤防孔湾杜岗段长1.65千米，完成土方18万立方米；新修市原种场潘河段堤长2.4千米，完成土方12万立方米；郑集余营段堤长0.38千米，完成土方1.14万立方米；璞河牛角尖段堤长0.6千米,完成土方4.5万立方米。保康于1996年11月20日开工继续兴建清溪河城关段左岸二期工程,至1997年4月竣工,投资131.74万元,建成堤长685米,完成土石方量7.6万立方米。三期工程(一桥桥头段)堤长346.5米,因居民搬迁任务大,投资较多而搁置未实行。

1997年冬至1998年春,全市整修各类堤防126条长295千米,其中整修加固长96.3千米,整修护岸长1.53千米,完成土石方355.2万立方米,拆迁违章建房97处面积13800平方米,营造护堤林长71.1千米,植树23.9万株。其中宜城新修蛮河龚河段堤长0.6千米,完成土方3万立方米。

1998年5月,长江委组织审查《唐白河干流防洪规划报告》,与会领导、专家一致同意《报告》中确定的工程规模与整治工程分期实施方案。会后,长江委对该报告作出批复,拟定一期工程总投资3.3亿元,其中湖北襄樊1.07亿元。8月14日,按照省防汛指挥部《关于做好汉江防大汛准备工作的紧急通知》精神,市委、市政府召开全市汉江防大汛紧急会议,襄阳县对沿汉江太平店、牛首、张湾、东津、泥嘴、欧庙等6个乡镇进一步细化任务,责任到人。自8月20日起,出动劳力4.8万人,奋战6天,整修汉江堤防长70千米,封堵穿堤明口25处,加固处理堤平、斜交道67条,回填雨淋沟64条,清理堤身杂草面积202万平方米、杂树12646株,拆除违章建房120间,清除沿堤堆积渣土470处,开挖堤基禁脚界沟长120千米,处理险工险段10处,如欧庙堤段被襄樊火电厂基建施工开挖缺口长120米,东津上洲村一组堤段出现长100米裂缝及内坡脱坡,泥嘴东大闸闸门启闭不灵等,均及时加以处理。1998年长江特大洪水之后,全市上下灾后反思,达成共识,连不少市民都写信、打电话给市长要求加快整治汉江堤防和兴修水利防洪工程,各地紧紧抓住灾后重建有利时机,大力实施汉江堤防全面整治加固工程。市委书记孙楚寅、市长罗辉两次徒步检查汉江堤防整治,市委副书记杨祥义住守汉江堤防整治工地坐镇指挥,副市长王芳玉直接参与汉江崩岸设计、施工,协调处理工程棘手问题。襄阳、宜城、谷城、老河口4县(市)通过一冬一春奋战,一共整治汉江堤防长165千米,完成土方590万立方米、石方1.5万立方米,硬化防汛路面长3千米,新修护岸长0.2千米,整个防洪闸6处,拆除违章建筑物132处,营造防护林植树56万株,累计投资3440万元,是继1964年汉江大水之后,30多年里堤防建设声势最大,领导、劳力最集中,完成工程量最多,建设质量最好的一年。其中襄阳抢修汉江牛首新集段崩岸,水下抛枕1000多个,完成块石护砌长350米、土方6000立方米、浆砌块石2000多立方米,控制险情的进一步发展。老河口组织沿汉江仙人渡、李楼、酂阳、中山、光化、洪山嘴、付家寨等7个乡、镇、办事处出动劳力2万余人,从市到乡镇到村组,层层分解任务,整险加固新沟口至洪山嘴段土堤长6.5千米,1998年11月21日开工,奋战10天,基本完工,完成土方68.4万立方米,完成国债投资302350元,1999年2月在襄樊市堤防整治达标评比中名列第一。

谷城投资120万元进行堤防除险整治,先后整治堤岸23处长43.2千米,并由北河镇完成环城大堤红石亮至二道沟闸段长8.65千米的界沟开挖、15处斜交道整治、北河邱家楼段长150米抛枕固基及浆砌块石护坡、红卫桥以下堤段堤顶硬化等,城关镇完成北河县磷肥厂至二道沟闸段长6.5千米的界沟开挖、填塘固基、堤顶铺垫,拆除堤脚建房84间等,庙滩镇完成汉江汪蒋堤段长3.1千米的界沟开挖、堤顶铺垫,拆除堤脚建房17间等。宜城续修蛮河龚河段堤长0.35千米,完成土方1.75万立方米。省政府及省水利厅对襄樊市整治汉江堤防作法分别予以通报表彰,1998年12月上旬省委副书记王生铁考察襄阳整治现场,并对襄樊市总体努力多次予以鼓励与肯定。此外,市政府抓住国家"利用日本协力基金组织提供贷款筹措防洪建设基金"机遇,申请将襄樊市城区防洪工程建设资金列入其中,于1998年12月完成襄樊市城区防洪项目建议书编制,经省计委、水利厅评审后上报国家计委、水利部,再经国家计委筛选后被列入第四批日本协力基金贷款项目,为襄樊市城区防洪工程尤其是堤防工程建设拓宽了投资渠道。1999年3月11日副省长贾天增带领省政府检查组检查宜城汉江堤防整治、沽河口防洪排涝闸修建及蛮河孔湾段堤防加固工程,表示满意。4月1日,市政府决定"将市堤防处从市城市建设局划归市水利局。同时,将城市防洪、河道堤防行政管理一并从市建设系统移交给市水利局”，至此，襄樊城区防洪、河道堤防管理等关系进一步理顺。

1999 年冬至 2000 年春，除老河口外，市、县两级在财力十分困难的情况下，仍然想方设法投入资金 310 万元，加高加厚堤防总长 131.15 千米，其中汉江堤防长 6.5 千米，蛮河及其他河流堤防长 124.65 千米。清河磨盘洲段过去一直没有垒土筑堤，对襄阳新县城和市汽车产业开发区防洪构成很大威胁，但事涉两家，堤防修建责任不明，市政府加强领导搞好协调，先后投入资金 90 万元，通过各方努力，新修堤防长 0.8 千米，新建涵闸 2 座，关住了襄阳新县城防洪北大门，完善了襄阳新县城防洪体系，保障了汽车产业开发区防洪安全。同时，市政府安排财政资金 50 万元，对汉江襄阳夫人城堤段作了抛石护岸；襄阳县彻底整治了汉江牛首兴隆段河道崩岸长 200 米，整修了唐白河埠口、张湾武营堤段，两段共长 1 千米，改建了唐河程河段涵闸 2 处；老河口抓住王甫洲水利枢纽工程下闸蓄水有利时机，积极努力，做好协调，争取资金 4 000 万元，计划全面改造建设城区化工厂矶头至洪山嘴长 16. 32 千米堤段，其中化工厂矶头至老渡口段长 1.1 千米，历史上没有垒土筑堤，此次已按新的防洪标准建成大堤，完成土石方 4 万立方米；谷城于 1999 年 2 月兴修汉江王甫洲水利枢纽工程谷城段土石坝，全长 6 203.8 米，其中汉江光化大桥下段坝长 2 079.5 米，为黏土心墙砂石坝，坝顶宽 6 米，坝顶高程 90.6 米，内坡为混凝土护坡、坡比 1 ∶ 2.75，外坡比 1 ∶ 2.5，坝顶建防浪墙，墙顶高程 91.9 米；光化大桥上段坝长 2 763.5 米，为钢筋混凝土挡水墙，墙顶高程 91.9 米，墙外铺设土工膜，覆盖砂砾石，顶宽 3 米，坡度 1 ∶ 2.5。土石坝总投资 2 200 万元，于 2001 年年底完工。同时投资 140.87 万元，于 1999 年 9 月硬化南河公路桥头至县水利局段堤顶道路长 570 米，完成工程量 3 259 立方米，1999 年冬兴修右岸县磷肥厂堤段长 0.47 千米，2000 年 4 月完工，完成工程量 9218 立方米，整修涵闸 4 处；整治北河邱家楼、安家岗两段崩岸长 650 米，其中块石护砌长 200 米。2000 年 4 月，长江委勘测规划设计研究院编制完成《唐白河干流防洪治理一期工程项目建议书》，经长江委审定一期工程投资 4.65 亿元，其中湖北襄樊 1.48 亿元，工期 3 年。长江委以长计〔2000〕264 号文上报水利部，经部长办公会讨论确定唐白河干流防洪治理工程项目为“中央参与投资建设的地方性项目”。同年宜城加大对蛮河堤防的整治力度，新修孔湾段护岸长 200 米，搬迁居民 13 户，续修璞河牛角尖堤段，改建胡台闸、七里桥闸，加固郑集堤段长 5 千米，完成土方 2.8 万立方米。至此，境内蛮河堤防加固及新修任务基本完成。

2000 年冬至 2001 年春，全市堤防又有新的进展。全市筹集资金 2 544.8 万元，开工 10 处，重点整治汉江襄樊城区堤防险工险段，同时加大城区排涝排渍排污沟渠的整治力度。一共加高堤防长 35.5 千米，其中汉江长 10 千米、其他河流长 25.5 千米，整治河道崩岸长 10.2 千米，疏浚河道长 3.6 千米。襄樊城区结合城市形象工程建设，改建汉江樊城二桥至一桥堤段长 350 米，打通防洪通道长 500 米，依次整修沿江上腮有口、火星观、下腮明口、千福、大码头、龙子口、中州、公馆门、林家巷等 9 座码头（矶头），新修依岸悬空半月形观水平台 37 处；采用钢筋石笼抛护襄城夫人城堤段堤脚长 180 米，护砌石坦长约 300 米，整修汉江二桥至观象台区间堤防长约 250 米，打通防洪通道长 1 200 米，依次整修檀溪、罗家、小北门、官厅、铁桩等 5 座码头，新修依岸悬空半月形或矩形观水平台 35 处，修建沿岸上下人行阶梯 7 道。此外，6 月中旬市政府组织水利、防汛、堤防部门外出考察荆门、孝感河道治理作法，决定采取“治理一片，开发一片，发挥效益一片”滚动开发治理模式，分阶段开发治理南渠，当年新修南渠跨渠桥梁 1 座，改建 3 座，衬砌渠堤长 980 米，清除渠道淤泥杂物 12 370 立方米。谷城整修南河韩家卡子堤段长 480 米，完成土石方 0.847 万立方米。宜城汉江左岸沽河口段大堤于 1998 年改建后，由于进排水节制闸未建，因而多方筹资 463 万元，全力兴建沽河口防洪闸。

2001 年冬至 2002 年春，全市筹集资金 2 845 万元整治堤防，开工 11 处，襄樊城区汉江堤防险工险段仍是整治重点，共加高加固堤防长 71.95 千米。《唐白河干流防洪治理一期重点工程可行性研究报告》于 2001 年 10 月被长江委审查通过，投资估算为 1.846 8 亿元。襄樊城区继续结合城市形象工程建设，投资 1 800 万元，先后抛石加固汉江襄城小北门堤防长 450 米，拆迁房屋面积 1. 6 万平方米，打通防洪通道长 2 500 米；投资 200 万元，整修汉江庞公十家庙段护岸长 350 米，完成石方 0. 16 万立方米。投资 155 万元，整修清河曾营段崩岸长 300 米，完成土方 2.85 万立方米、石方 0.29 万立方米。襄阳投资 200 万元，整修汉江牛首兴隆、东津老营段崩岸长 400 米；投资 210 万元，整修唐白河邹湾、金营、武营 3 段崩岸长 300 米，完成土方 3.45 万立方米、石方 1.12 万立方米。谷城投资 65 万元，新修南河城关段堤顶道路长 2 000 米。宜城汉江沽河口段堤防，自 1998 年改建后，汛期一遇持续大雨排泄不畅，外江水位抬升，引发江水倒灌，容易形成外洪内涝，因此在沽河口防洪闸建成后，继续投资 45 万元，整修堤防长 250 米，完成土方 4 万立方米，使该市汉江以东地区防洪难题得以解决，8 万亩农田、8 万余人的生命财产安全得到保障。至 2002 年 7 月，按照国家基本建设程序，《唐白河干流防洪一期重点工程可行性研究报告》《唐白河干流防洪治理一期工程环境影响报告表》《唐白河干流防洪治理一期工程水土保持方案报告书》等先后得到长江委、水利部、国家环保总局批复。同年 7 月，水利部《唐白河干流防洪治理一期重点工程可行性研究报告审查意见的函》函告国家计委。同年 12 月，国家计委农经司同意湖北、河南两省计委按水利部文批复各自立项，湖北省计委随之批复襄樊立项，核定工程投资为 6 217 万元，其中中央财政预算内水利基本建设投资 1 865 万元，其余数额由襄樊市、襄阳区政府解决。

2002 年冬至 2003 年春，全市筹集资金 101.48 万元整修堤防，完成工程量 5.47 万立方米。襄阳区投入资金 77.48 万元，完成工程量 4.77 万立方米。

2003 年冬至 2004 年春，全市筹集资金 215.79 万元整修堤防，完成工程量 4.89 万立方米。谷城投入资金 30 万元，完成工程量 0.65 万立方米。2003 年 9 月 2 日汉江发生较大流量洪水，县内王马套、江家洲堤防多处出现散浸、脱坡，当时紧急调集武警官兵 600 余人、民兵 1 500 人、民工 15 000 人、抢险机械 600 多台(套)等投入抗洪抢险，奋战 10 余日，使用砂石料 2 000 多立方米，抢筑脱坡坝及护脚坝长 400 米，宽 5 米，高 1.6 米。此外，2003 年 6 月 16 日，利用日本协力基金贷款襄樊城区防洪工程项目正式启动，主要是整险加固城区汉江干流堤防总长 25.1 千米。项目总投资 1.34 亿元，资金来源有两部分组成，一是日元贷款，二是襄樊市政府配套拨款，实际可利用的日元贷款总额折合人民币约 6 406 万元。工程具体包括：1.整修加固堤防长 14.5 千米，其中左岸贾洼至火星观段长 5.5 千米，右岸万山至夫人城段长 4.5 千米，闸口至庞四段长 4.5 千米。2.加固培厚堤防长 10.6 千米，其中左岸白家湾至贾洼段长 5 千米，右岸庞四至观音阁段长 5.6 千米。3.修建堤顶防汛公路长 4.5 千米，为右岸万山至夫人城段。4.堤基抛石及石笼护脚长 12 千米。5.新建左岸第五水厂，右岸涂家巷、孙家巷、十家庙等 11 处土堤穿堤明口。主要土石方工程量达 200.26 万立方米，其中填土方 164.53 万立方米，浇筑混凝土 6 万立方米，浆砌块石 4.74 万立方米，抛投石笼 1.62 万立方米，抛石护脚 23.37 万立方米，并修筑泥结石路面长 21.1 千米。2003 年 10 月，长江委勘测规划设计研究院根据湖北省计委 1486 号文批复，完成《唐白河干流防洪治理一期重点工程初步设计报告》，12 月长江委组织专家评审通过。

2004 年冬至 2005 年春，全市筹集资金 440 万元整修堤防，完成工程量 11.44 万立方米。襄阳投资 171 万元，完成工程量 3.02 万立方米。此外，长江委于 2004 年以《关于唐白河干流防洪治理一期工程初步设计报告（湖北段）审查意见的函》函告湖北省水利厅，确定一期重点治理工程（湖北段）总投资 6217 万元，省发改委随后以鄂发改重点〔2004〕134 号文下发《关于唐白河干流防洪治理一期重点工程（湖北段）初步设计批复》，7 月，国家发改委、水利部以发改投资〔2004〕1495 号文下达《2004 年江河治理项目中央预算内专用资金（国债）投资计划的通知》，安排唐白河干流防洪治理一期重点工程（湖北段）投资 3 000 万元，其中中央（国债）投资 1 000 万元、地方配套 2 000 万元。由此，襄樊市与河南南阳市联合进行唐白河防洪治理一期工程正式启动，12 月 8 日开工，市长李德炳、副市长刘德政出席开工仪式，至 2005 年完成，境内投资 6 731 万元，主要是加高加厚堤防长 4.661 千米，加固堤防长 15.187 千米，混凝土护岸长 0.6 千米，改建涵闸 5 座等，使唐白河部分堤段防洪标准提高到 20 年一遇洪水。

作为一条跨省界河流，唐白河一期防洪治理工程建成，成为湖北襄樊与河南南阳两市解决水事纠纷，联合治水的成功范例。

谷城投资135万元，完成工程量5.48万立方米，其中汉江龚家河王马套堤段整修加固工程完成。

2005年，全市整修新修堤防长58千米。襄樊城区对南渠中上游渠段作了应急整治。同年8月，市政府决定启动大李沟防洪治理工程，分三期进行综合治理，最终实现“小水归槽、洪水漫滩、两岸绿化、堤顶休闲”。老河口抓紧整险加固汉江城区柳树林堤段，投资100万元，于2005年5月5日开工，月底完工，完成土石方13230万立方米。谷城重点抓好汉江龚家河堤防险除加固及谢湾、五山两乡镇支、民堤，庙滩“血防”工程堤防等24处水毁恢复，其中投资60万元，整治汉江龚家河段崩岸长200米，2005年11月1日开工，次年4月20日完工。保康整修新修堤防长13.2千米。

新中国建立以来，在旧有堤防的基础上，通过50多年的不懈努力，至2005年底止，全市(不含枣阳、南漳、保康)共建成江河堤防总长518.09千米。按河流分类，汉江干堤长216.11千米，其中左岸15段长112.83千米，右岸13段长103.28千米；唐白河(含唐河、白河)长143.41千米；清河长20.98千米；南河长12.68千米；北河长6.36千米；蛮河长29.84千米；淳河长11.6千米；南渠长23.59千米；大李沟长23.72千米；汉江支沟长29.8千米。按行政区划分类，襄樊城区(不含襄阳)堤防长179千米，其中汉江堤防12段长91.11千米；襄阳区堤防长187.41千米，其中汉江2段长22.2千米；老河口堤防长11.4千米，共6段，均为汉江堤防；谷城堤防长37.84千米，其中汉江4段长18.8千米；宜城堤防长102.44千米，其中汉江4段长72.6千米。全市堤防保护着襄樊城区、老河口、谷城、襄阳、宜城城关等政治经济文化中心，保护着襄樊、老河口机场，汉丹、焦柳、襄渝铁路，汉十、襄荆、樊魏高速公路及207、316国道等重要交通设施的运行安全，保护着耕地面积83.7万亩，保护着201.2万人的生命财产安全。此外，保康境内至2005年年底止建成清溪河及沮河堤防总长203千米，其中清溪河城关堤长15千米。

在襄樊城区堤防中，按照行政管理权限，又可分为市级水利部门直管、襄城区、樊城区分管3类。市级水利部门直管堤防长85.89千米，其中汉江堤防8段长34.87千米，主要有左岸樊城片胡杨家至火星观段、火星观至丹江码头段、丹江码头至清河铁路桥段、右岸襄城片万山至夫人城段(即老龙堤)、夫人城至闸口段、闸口至庞四段、庞四至观音阁段、余家湖至赵庄段，清河堤防长16.58千米，南渠渠堤长20.02千米，大李沟沟堤长14.42千米；襄城区分管堤防长47.85千米，其中汉江堤防长28.28千米、南渠渠堤长3.57千米、汉江支沟堤长16千米；樊城区分管堤防长45.26千米，其中汉江堤防长27.96千米、大李沟沟堤长9.3千米、汉江支沟堤长8千米。通过实施襄樊城区防洪工程项目，城区汉江堤防防洪能力得到很大提升，达到防御百年一遇洪水标准。两岸堤防总体面貌焕然一新，樊城石堤依形就势，曲折蜿蜒，堤岸修建的园林小景象颗颗明珠熠熠生辉，襄阳老龙堤似长龙卧波，安稳如山，堤身镶嵌的块块诗画碑刻无声诉说着长堤历史变迁，江南江北依堤而建的贾家洼、韩家嘴、火星观、迎旭门、黑龙庙、普陀庵、宋家嘴、灰包嘴、沙湾、九龙太子庙、夫人城、周家埂等矶头，突兀江中，迎流顶冲，卫护堤岸，由于兴建崔家营航电枢纽工程所壅起的襄樊城区河段人工湖湖面开阔，碧波荡漾。唐代大诗人李白咏叹的“汉江横襄阳，花开大堤暖”繁华景象进一步显现，千百年来人们企盼的江水伏波安澜的愿望成为现实：堤外江水奔流，鸥鹭翔集，汽笛声声，航船来往如梭；堤内高楼幢幢，街巷交错，车轮滚滚，车辆纵横穿行。堤防与城区的绿化、亮化、美化工程融为一体，成为城区一道令人赏心悦目的新景观。

（二）护岸

护岸是保护河岸免受波浪冲刷的水工建筑物，多以石块或混凝土筑成。它对河道走向、堤防运用具有重要作用。境内汉江处于上、中游过渡河段，汉江及唐白河等支流同属蜿蜒性河流，因而河道弯多、滩多，宋人欧阳修《汉水行》诗曰："襄阳下来滩复滩，七十二回相见湾。南风乍停北风起，愁杀行船牵水人"。诚是为汉江襄阳河道弯曲，洲滩纵横有感而发。汉江及唐白河等河岸多为沙砾石、黏土构成，黏土层在上，结构较紧密，沙砾层在下，结构较松散，常被河水波浪冲刷，容易形成崩岸。河道年内流量、洪水涨落及河水水位变幅较大。汉江主泓亦经常摆动，有"三十年河东、四十年河西"之说，摆动幅度一般超过300米，最大达1500米，因而河床展宽较快，其中太平店至襄樊城区段，1960年至1968年8年间展宽约80米，每年多达10米。由于河岸崩塌严重，河床摆动大，上述河段左岸从1950—1980年太平店以上向后(北)崩退约300米，牛首以上崩退500—1 000米，白家湾以下崩退2 000米，鱼梁洲右汊冲开成主河道，左汊却严重衰塞，东津街河岸每年崩退一般在50米左右，最大达150米。唐白河崩岸亦很严重，仅次于汉江，年均崩退在3米左右。如2000年以来，襄阳张湾镇白河武营段崩岸日益发展，至2003年崩岸长度已达3000米，武营村4组一带长400米已崩至堤脚，部分堤段堤顶崩掉1—2米，最为严重的一段长150米堤身已崩毁，堤内17户村民被迫全部搬迁。崩岸不断发生，不容丝毫懈怠，护岸必须年复一年坚持修筑。境内护岸修筑形式有两种：堤岸结合，即先护岸后筑堤或先筑堤后护岸；单独护岸。

至2005年年底止，全市(不含枣阳、南漳、保康)修筑江河护岸总长160.65千米，按河流分类，汉江长132.22千米，唐白河(含唐河、白河)长14.78千米，清河长0.38千米，南河长7.31千米，北河长4.28千米，蛮河长1.68千米。按行政区划分类，襄樊城区(不含襄阳) 20段长59.64千米，均为汉江护岸，襄阳长25.76千米，其中汉江7段长10.6千米，老河口13段长13.69千米，均为汉江护岸，谷城长28.12千米，其中汉江7段长16.53千米，宜城长33.44千米，其中汉江17段长31.76千米。

（三）涵闸(管)

涵闸是境内堤防的主要穿堤建筑物。其功能大致有二：农田灌溉输水或低洼地区农田排涝通道；所在地城镇建成区雨洪积水或生产、生活污水排泄通道。设计流量在1立方米每秒以下的为涵管，1~10立方米每秒的为小(二)型涵闸，10—100立方米每秒的为小(一)型涵闸，100~1000立方米每秒的为中型涵闸，1000立方米每秒以上的为大型涵闸。境内涵闸(管)多为小(一)型、小(二)型涵闸及涵管，中型仅有1座，没有大型。

截至2005年年底，全市(不含枣阳、南漳、保康)共有中小型涵闸(管)267处，其中中型1处、小(一)型41处、小(二)型108处、涵管117处。按其功能分类，其中农田灌溉涵闸(管)41处，排洪排涝排污涵闸(管)226处，设计排涝总面积45.59万亩；按河流堤防分类，其中汉江91处，唐白河(含唐河、白河)67处，清河11处，南河16处，北河7处，蛮河40处，淳河20处，汉江支沟15处；按行政区划分类，襄樊城区(不含襄阳)59处，襄阳113处，老河口1处，谷城29处，宜城65处。

境内较重要的涵闸有宜城汉江右岸鄢城办事处野鸡城涵闸，1979年建成，为境内唯一的中型涵闸，设计流量133立方米每秒，排涝面积2万亩，对排除宜城城关地区的内涝渍害有着十分重要的作用。宜城汉江右岸郑集郭海闸，1978年建成，设计流量50立方米每秒，排涝面积2.5万亩。宜城汉江左岸南营办事处沽河沟闸，2001年建成，设计流量43.83立方米每秒，排涝面积8万亩。

樊城汉江左岸牛首白龙沟闸，1966年建成，设计流量70.2立方米每秒，排涝面积1.8万亩。

樊城大李沟右岸洪家沟闸，1962 年建成，设计流量 75.6 立方米每秒，主要排泄城区生产生活污水及内涝积水。

襄阳汉江左岸东津东大沟闸，1966 年建成，设计流量 70.2 立方米每秒，排涝面积 1.5 万亩。唐河左岸程河三岔口闸，1985 年建成，设计流量 51.5 立方米每秒，排涝面积 1.2 万亩。

（四）分蓄洪区

利用低洼地区分蓄超过河道安全泄量的超额洪水的地区，叫做分蓄洪区。建立分蓄洪区，是牺牲局部利益，保证重点城市、重点地区安全的一项非常措施。国务院及省政府规定，全省汉江分蓄洪区为 14 个，境内宜城襄东民垸、襄西民垸(下称襄东、襄西分蓄洪区)列为其中。1986 年 5 月 24 日湖北省防汛指挥部在《汉江中下游洪水调度方案》(鄂汛字〔1986〕30 号文)中，明确规定宜城境内汉江左岸南营办事处铁链村以下为襄东分蓄洪区，右岸鄢城办事处太平村以下为襄西分蓄洪区。

襄东分蓄洪区位于汉江宜城段左岸，主要在宜城南营办事处辖区，包括 15 个村、2 个居委会，2005 年国民生产总值 3.74 亿元，年末人口 4.02 万人、耕地面积 51.7 万亩、固定资产总值 2.68 亿元。该分蓄洪区上起铁链村，下至南洲村，南北长 22.5 千米，东西宽 2.8—7.6 千米，北部最高点高程 62.5 米(吴淞高程，下同)，南部最低点高程 55.6 米，沿江干堤长 33.8 千米，堤首堤顶高程 65 米，堤尾堤顶高程 60.9 米，总面积 91.6 平方千米，蓄洪面积 79.8 平方千米，设计分蓄洪水位 59.9 米，分蓄洪水量 1.24 亿立方米。分蓄进洪口设在龚坳排涝闸以上，位于汉江干堤桩号 18+600—18+800 处，进洪口宽 200 米，进洪口堤顶高程 62.1 米，堤内脚高程 58 米，最大分洪流量 1440 立方米每秒，吐洪口设在南洲村，位于汉江干堤桩号 31+600—31+800 处，吐洪口宽 200 米，堤顶高程 60.7 米，最大退洪流量 2000 立方米每秒。

襄西分蓄洪区主要在宜城城区鄢城办事处、郑集镇辖区，包括 15 个社区居委会、39 个村，2005 年国民生产总值 18.79 亿元，年末人口 20.3 万人、耕地面积 11.65 万亩、固定资产总值 20.4 亿元。区内为宜城党政军机关驻地，重要设施有 207 国道及随保省道公路，宜城汉江大桥等，并有一批事关宜城国计民生企事业单位。该分蓄洪区上起鄢城办事处太平村阮家坡(洪山头)，下至郑集镇王岗村(岛口)，南北长 31.2 千米，东西宽 2—6.4 千米，北部最高点高程 57.8 米，南部最低点高程 51.2 米，沿江干堤长 38.51 千米，堤首堤顶高程 63.7 米，堤尾堤顶高程 58.2 米，沿堤建有防洪排涝闸 7 座，南端连接蛮河堤防，蛮河西起郑集镇余营村，东至郑集镇王岗村(岛口)，西部最高点高程 54.6 米，东部最低点高程 51.2 米，沿河堤长 17.5 千米，沿堤建有防洪排涝闸 10 座，汉江宜城段右岸堤防与蛮河宜城段左岸堤防在郑集镇王岗村(岛口)尾尾相接，连成一体，形成襄西分蓄洪区，总面积 154 平方千米，蓄洪面积 120.9 平方千米，设计分蓄洪水位 57.55 米，分蓄洪水量 2.79 亿立方米。分蓄进洪口设在郑集镇石孙村，位于汉江干堤桩号 26+800—27+100 处，进洪口宽 300 米，进洪口堤顶高程 59.9 米，堤内脚高程 53.5 米，最大分洪流量 3230 立方米每秒，吐洪口设在郑集镇王岗村（岛口），位于汉江干堤桩号 38+100—38+350 处，吐洪口宽 250 米，堤顶高程 58.03 米，最大退洪流量 5000 立方米每秒。两个分蓄洪区可分洪总量 4.03 亿立方米。

襄东、襄西分蓄洪区实行破堤分洪有着十分严格的规定。在紧急防洪状态下，必须上报省政府批准同意后才能实行分洪。境内两个分蓄洪区划定 20 年来，一直没有运用过。

(五)护堤林

护堤林具有护堤护岸、防浪防冲、缓流落淤、美化景观的重要作用,是防洪工程体系中不可缺少的组成部分。境内群众向有在堤外洲滩种植林木,栽种芦苇、芭茅用以防护堤岸的习惯。新中国成立以来,对护堤林建设较为重视。

自1971年起,沿汉江襄阳、光化(今老河口)、谷城、宜城和襄樊市(县级)专门的河道堤防管理机构相继建立,护堤林建设作为防汛抗洪、应急抢险以及多种经营的重要建设项目,越来越受到重视,纳入统一规划,逐年在汉江、唐白河、蛮河堤防内外开展植树造林,护堤林建设实现了经常化、制度化。

20世纪80年代末至90年代初的堤防达标升级活动,进一步促进护堤林建设。全市确权划界,收回堤防禁脚地面积82.7公顷,清除堤身杂树9600多株、芭茅8000多蔸,新造防护林长90.33千米,新植树木23万株。同时明确护堤林种管责任制,堤内植树实行堤地连责,树随堤栽,间伐审批,赢利分成,堤外公开竞争,招标承包,种管一体,责任到人,包死上交基数,一定多年不变,因而调动了河道堤防专管机构、沿堤农户植树护林的积极性。1997年冬至1998年春,全市营造护堤林长71.1千米,植树23.9万株。1998年,襄阳、宜城、谷城、老河口4县(市)整治汉江堤防长165千米,营造防护林植树56万株。

至2005年底止,全市护堤林长度261.07千米,占堤防总长度的50.4%,保有林木36.5万株,其中堤外21.2万株,堤内15.3万株。主要品种为意杨、水杉等。宜城护堤林建设较好,护堤林长度50千米,保有林木11.2万株,占境内总数的30.7%。

三、灌溉工程体系

灌溉工程是指为灌溉农田,提高农业抗旱能力而兴修的水利工程。灌溉工程体系一般是由蓄水工程、引水工程、提水工程、井灌工程、节水灌溉工程等组成的农田供水工程体系。截至2005年年底,全市灌溉工程体系已经形成相对独立的6大灌区。分别为蛮河灌区、莺河灌区、滚河灌区、唐(唐白河)东灌区、引丹工程灌区(唐西灌区)、南北河灌区。

(一)蓄水工程

蓄水工程主要包括拦蓄河水或地面径流而修建的水库及堰塘挡坝等。

1.水库

水库是十分重要的蓄水工程,具有灌溉、防洪、发电、养殖、供水、航运、旅游等综合效能。

旧中国,襄樊境内没有修建过一座水库(亦有少数堰塘蓄水超过10万立方米)。新中国成立后,水库建设快速发展。截至1985年,全市(含随州)共建成大、中、小型水库1 345座,其中大(一)型15座、中型70座(含谷城南河水电站,下同)、小(一)型水库207座、小(二)型水库1 053座。20世纪80年代后期,全市新建、扩建水库进入收尾阶段。1994年11月6日,由于行政区划变动,随州市划出单设,由襄樊市代管改为湖北省直管,全市水库数量发生了较大变化。至2005年底止,全市已建成大、中、小型水库845座[除南河(胡家渡)水力发电厂外,不包括其他水电站水库,共拦截承雨面积15 454平方千米,总库容37.2亿立方米,其中兴利库容22亿立方米,防洪库容13.3亿立方米,保护库区下游人口

281万人,耕地面积412万亩,控制农田灌溉面积478.6万亩,占全市耕地总面积77.4%。按照行政区划,全市水库分布状况为:襄阳160座,其中大(二)型2座、中型7座、小(一)型29座、小(二)型122座;襄城48座,其中中型2座、小(一)型4座、小(二)型42座;樊城18座,其中中型4座、小(一)型4座、小(二)型10座;枣阳269座,其中大(二)型2座、中型20座、小(一)型54座、小(二)型193座;宜城75座,其中大(二)型1座、中型10座、小(一)型15座、小(二)型49座;南漳127座,其中大(二)型3座、中型1座、小(一)型15座、小(二)型108座;谷城80座,其中中型6座、小(一)型12座、小(二)型62座;保康8座,其中小(一)型2座、小(二)型6座;老河口57座。

(1)大型水库

全市共有大型水库9座,拦截流域面积2 553平方千米,总库容13.7亿立方米,其中有效库容8.7亿立方米,设计灌溉面积159.9万亩,其中有效灌溉面积128.4万亩,发电装机33台,容量16740千瓦,可养殖水面9.23万亩。2005年,襄樊市大型水库主要经济技术指标见表11—2。

各大型水库主要情况分述如下。

西排子河水库:位于襄阳区石桥镇宏道村,东南距襄樊城区55千米,拦截清河支流西排子河。1957—1958年由襄阳县水利局勘测、规划、设计,1959年10组织施工,1966年6月建成。整个工程挖填土方1 437万立方米,浆砌块石1.16万立方米,干砌块石0.14万立方米,浇筑混凝土4.72万立方米,耗用钢材3 004吨、木材8 970立方米、水泥26 293吨,投工1 833万个,投资1 160.1万元。该库由大坝、溢洪道,输水管、输水干渠、电站等设施组成。并建有大坝观测井1处,库区雨量、流量站点4处,安装遥控遥测设备各1套,防汛有线、无线通信设备各1套,并与襄樊市水库水雨情遥测系统联网,实现监测、通信、预警一体化。

该库管理机构为西排子河水库管理处,隶属襄阳区水利局,机构健全,管理规范。2005年年末共有干部、职工199人,其中在岗职工168人、退休及内退31人。一直实行自收自支、自负盈亏的企业化经营管理模式。

红水河水库:位于襄阳区龙王镇唐湾村,距离襄樊城区49千米,拦截清河支流黑水河。始建时以河流命名为黑水河水库,“文化大革命”中因忌讳“黑”字,故改称红水河水库至今。1957年开始勘察规划。1966年由襄阳专署水利局徐潜修主持设计,秋后成立工程指挥部,组织民工1.8万人修筑大坝,1968年完成枢纽工程。1970年完成渠道土方工程,1972年完成建筑物施工。1976年冬计划扩建成大(二)型,工程指挥部由程兆兰任指挥长,襄阳地区革委会水利电力局负责设计及施工技术,抽调龙王、石桥、薛集、伙牌、太平、竹条等6个公社民工2万余人施工,至1977年完成枢纽工程建设,并延修西干渠长7千米至张湾。至此,整个工程累计完成土方583万立方米,石方1.5万立方米,混凝土37 871立方米,浆砌块石4 130立方米,干砌块石370立方米,耗用钢材1 680吨、水泥12 620吨、木材4 548立方米,投工750万个,投资978.7万元。该库由大坝、溢洪道、输水管及电站等设施组成,并建有大坝观测井1处,库区雨量、流量站2处,安装遥控遥测设备1套,防汛有线、无线通信设备各1套,并与襄樊市水库水雨情遥测系统联网,实现监测、通信、预警一体化。

该库管理机构为红水河水库管理处,隶属襄阳区水利局。2005年年底共有干部职工162人,其中在岗145人、退休17人。一直实行自收自支、自负盈亏的企业化经营管理模式。

华阳河水库:位于枣阳市兴隆镇兴隆村王家陡坡,长山、乌龟山之间,西距枣阳城区23千米,拦截滚河支流华阳河。该库初建规划为中型,1954年枣阳县委县政府决定修建华阳河水库。1956年1月省水利厅派出测量队进行全面勘测。1958年1月由省水利设计院完成初步设计,枣阳县负责施工。1958年8月正式施工,调集民工1.2万人,1959年5月枢纽工程基本完成。1959年冬开挖输水渠道,修建渠系建筑物。其中西干渠花儿山隧洞,长860米,内径1.6米,设计输水流量3立方米每秒,为当

2005 年襄樊市大型水库主要经济技术指标统计

表 11—2

水库名称	承雨面积(平方千米)	所在地点	兴建年月	竣工年月	坝顶高程(米)	最大坝高(米)	溢洪道最大泄量(立方米/秒)	洪水位(米)			库容(亿立方米)		灌溉面积(万亩)		发电装机容量(千瓦)	可养殖水面(万亩)
								设计	校核	正常	总库容	有效库容	设计	有效		
全市合计	2 553.3	—	—	—	—	—	—	—	—	—	14.31	8.74	164.9	128.4	16 740	9.23
西排子河	412	襄阳石桥镇	1959.1	1966.6	117	30.1	834	113.9	115.2	111.8	2.22	1.22	31.2	28	1 760	2.23
红水河	190	襄阳龙王镇	1966.7	1977.1	124.5	29.5	1428	118.9	122.2	117	1.61	0.59	18	8.4	250	1.6
华阳河	138.5	枣阳兴隆镇	1958.8	1966.4	149.5	33.5	620.0 1227.0	148.1	149.5	146	1.23	0.72	7.5	7		0.76
熊　河	314.5	枣阳熊集镇	1953.12	1966.6	130.90 132.30	32.1	1818	127.4	130.8	125	2.54	1.16	35	25.7		1.4
莺河一库	147.5	宜城板桥镇	1958.1	1971.1	137.2 138.45	31	360	136.2	136.7	132.7	1.19	0.76	7.3	5	250	0.88
三道河	780	南漳城镇关	1959.9	1966.7	158.5	46.5	3261	155.9	156.9	154	1.5	1.27	30.3	27.5	8 150	0.6
云台山	236.5	南漳武安镇	1959.1	1966.5	171.30 172.50	52.6	1550	168.2	170.4	164.5	1.34	0.89	12.2	8	2 230	0.41
石门集	252.3	南漳九集镇	1966.4	1970.9	201.5 202.60	56	751.0 510.0	199.2	200.1	195	1.54	1.15	16.2	13	2 560	0.51
孟桥川	82	老河口袁冲乡	1959.1	1980.1	146.17	33.6	272	142.5	144	140	1.13	0.97	7.2	5.8	1 540	0.85

注：1.坝顶高程中有两个数据者，分别为大坝高程、防浪墙高程。
2.溢洪道最大泄量栏内有两个数据者，分别为正常溢洪道、非常溢洪道泄量。

时枣阳修建最早最长的隧洞。1960 年 8 月建成隧洞，投资 28 万元。该库枢纽遗留工程与渠系建设一直持续到 1963 年，至此达到中型水库标准，完成土石方量 72.12 万立方米，投工 141.25 万个，投资 109.74 万元。建成后大坝坝高 30.5 米，总库容 7 200 万立方米。1965 年扩建工程正式开工，调集民工 1.2 万人，至 1966 年 4 月扩建任务完成。1976 年冬新开非常溢洪道，宽 125 米。1989 年改造输水闸门，改斜拉闸门为竖井闸门，电动启闭，并安装水位自测仪。1992—1994 年，改大坝内坡块石护坡为现浇混凝土护坡，长 522 米，宽 14 米，厚 0.08 米，改大坝坝顶砂土坝面为现浇混凝土坝面，长 522 米，宽 6 米，厚 0.2 米，改建防浪墙，裁弯取直。该库累计完成土方 849.1 万立方米，石方 19.7 万立方米，混凝土 0.92 万立方米，耗用钢材 312 吨，水泥 7 048 吨，木材 2196 立方米，投工 1100 万个，投资 599.1 万元。该库由大坝、正常溢洪道、非常溢洪道、输水隧洞等设施组成。该库未建大坝观测设施，建有雨量站 1 处，装有防汛有线、无线通信设备各 1 套。该库管理机构为华阳河水库管理处，隶属枣阳市水利局，下辖西河中型水库、吴家湾小(一)型水库、兴隆自来水厂。2005 年年底共有干部职工 116 人。实行自收自支、自负盈亏的企业化经营管理模式。

熊河水库：位于枣阳市熊集镇熊河村，东北距枣阳城区 25 千米。拦截滚河支流熊河。该库初建规划为中型，是枣阳县也是襄阳地区修建的第一座中型水库。1953 年，枣阳县委、县政府决定修建熊河水库。同年 9 月，由省水利厅勘测设计院踏勘、测量，同年 11 月，完成勘测、设计任务。1954 年 2 月 7 日正式开工，于 6 月 20 日完工。1965 年，襄阳地委、专署决定扩建熊河水库，扩建工程由专署水利局主持设计、施工。1965 年 9 月扩建动工，襄阳、枣阳两县出动民工 3 万人，1966 年 6 月枢纽工程扩建任务完成。接着，进行输水渠系建设，兴建东、西干渠。其中东干渠系灌溉枣阳，干渠长 27 千米，支渠 4 条长 60 千米，配套建筑物 662 处，其中渡槽 9 处。经过 4 年多时间的持续施工，渡槽建成，于 1970 年 5 月 8 日在楼子庄举行通水典礼。1970 年，经过复勘重测，确定西干渠建设方案，并成立西干渠工程指挥部，襄阳地区、襄阳县两级水利部门负责技术指导。1970 年 9 月开工，1974 年夏，建成通水。在 1976 年 4 月—1978 年，对西干渠再作除险加固，将大坝加高 0.3 米并建浆砌块石防浪墙等，防浪墙长 1446 米，正常溢洪道宽由 80 米扩至 140 米，非常溢洪道宽由 60 米扩至 120 米，底高程降低 1 米，并作一道子埂作为自溃坝，至 1978 年夏建成。1981—1985 年期间主要完成的项目有：正常溢洪道衬砌，完成工程量 10.5 万立方米，投工 20 万个，投资 147 万元；修建进库防汛公路，完成工程量 30.25 万立方米，投工 110.75 万个，投资 36.2 万元；西干渠渠首至古桥段长 6 千米防渗处理及西、东两干渠配套支渠开挖等，完成工程量 128.69 万立方米，投工 231.2 万个，投资 360.57 万元；建成西输水洞口电站，投工 11.65 万个，投资 62.81 万元。1997 年对大坝内坡桩号 0+800 米至 1+200 米、高程 123 米以上坡面进行块石翻修勾缝，外坡新建排水沟及压肩石。1999 年 3 月 28 日—5 月 28 日，进行溢洪道水毁修复及加固，投资 18 万元。2004 年 7 月 21 日 15 时，大坝背水坡右侧桩号 0+426 米至 0+434.3 米处发生裂缝，已形成明显滑弧，并出现滑动征兆。19 时 30 分，襄樊市防汛抗旱指挥部下达《关于熊河水库开通输水管泄洪的命令》。与此同时，该库采取了其他应急处理措施。2004 年 8 月 3 日，中共中央政治局委员、国务院副总理、国家防汛抗旱总指挥部总指挥回良玉在中共中央政治局委员、湖北省委书记俞正声陪同下亲临该库检查防汛时指示“改革要坚

图 11—1 熊河水库

持，水库要除险，多种经营要发展”。在各级领导关心下，该库加紧做好全面除险加固前期工作。2004年8月委托武汉大学水利水电学院进行大坝安全鉴定，初步鉴定为三类坝，并于2005年1月经国家南京大坝安全鉴定中心确认。2005年2月18日，有关除险加固申报文件及材料上报国家水利部。2月21日至23日，委托省水利水电勘测设计院完成的《熊河水库大坝除险加固工程初设方案》通过长江委、省水利厅等有关部门专家评审。11月8日，国家发改委、水利部联合批复发文，将该库正式列入全国2005年第二批病险水库除险加固工程中央预算专项资金投资计划，总投资8 615万元，工期26个月，主要加固项目为大坝坝体防渗、上下游护坡、副坝加培、溢洪道及输水洞加固等。该库由主坝、副坝、溢洪道、输水隧洞、电站、鱼池等建筑物组成，并建有大坝观测井1处，库区雨量、流量站点4处，安装遥控遥测设备1套，防汛有线、无线通信设备各1套，并与襄樊市水库水雨情遥测系统联网，实现了监测、通信、预警一体化。该库1956年设立熊河水库管理所，隶属枣阳县水利局，1978年更名“襄阳地区熊河水库管理处”，隶属襄阳地区水利局。1983年年底更名“襄樊市熊河水库管理处”，隶属襄樊市水利局，为全民所有制副县级事业单位。下辖平洪渔业有限责任公司、渔场两个二级单位。2005年年底共有干部职工130人，其中工程管理97人、综合经营15人、水产养殖5人、退休13人。一直实行自收自支、自负盈亏的企业化经营管理模式，并不断推进单位内部经营管理制度改革，实行定人、定岗、定责，效果较好。1991年11月荣获水利部“全国水利系统综合经营先进单位”、1996年3月荣获省政府“全省水产先进单位”、1997年4月荣获襄樊市政府“‘八五’期间水产先进单位”、1997年12月荣获省水利厅“全省水库管理先进集体”、2004年12月荣获襄樊市委、市政府“2002—2003年全市最佳文明单位”等称号。1999年4月，该水库被辟为熊河水利风景区。

莺河一库：位于宜城市板桥店镇田集村，东距宜城城区45千米，拦截汉江支流莺河。始称田集水库，后因下游又修建一中型水库，故改称莺河一库。该库初建规划为中型。1957年冬，宜城组建县水利建设总指挥部，决定梯级开发莺河，在莺河上游、中游分别建设莺河一库、莺河二库两座中型水库。1958年5月—1964年5月，莺河一库（中型水库）建设结束。1970年9月计划扩建为大（二）型，10月，出动民工2万人，主要建设项目为：1.将大坝加高10米，即由坝高21米加高到31米；2.将低剅输水管加长30米，并在新老管身相接处加修钢筋混凝土竖井及工作桥各1处，闸门启闭改建于坝后；3.修建大坝右端一副坝、左端二副坝，新建输水管道1道及竖井、工作桥等；4.在一副坝右侧开挖永久性溢洪道。1971年1月建成大（二）型水库。整个工程累计完成土方317.48万立方米，石方237.34万立方米，混凝土2.1万立方米，耗用钢材432吨、水泥1.25万吨、木材3 182立方米，投工825.3万个，投资522.51万元。该库由主坝、副坝、溢洪道、输水管、电站等建筑物组成，并建有大坝观测井2处，库区雨量、流量站点3处，安装遥控遥测设备1套，防汛有线、无线通信设备各1套，并与襄樊市水库水雨情遥测系统联网，实现了监测、通信、预警一体化。该库管理机构1961—1970年期间为莺河一库管理所，1970—1997年8月更名为莺河一库管理处，1997年8月至2005年年底更名为莺河一库工程管理局，隶属宜城市水务局。2005年年底共有干部职工56人，其中工程管理16人、综合经营22人、水产8人、退休10人。

三道河水库：位于南漳县城西2千米处，拦截汉江支流蛮河。由于该库库址自南漳县城三过蛮河而到达，故名“三道河水库”。1956年，襄阳地委、专署计划在蛮河上游兴建水库。5月，由专署水利局组织开展勘测、坝址初选等前期工作，由省水利厅勘测设计院负责设计。1958年7月上马开工，10月底，上级通知“南水北调”工程经过三道河，并因经费不足，导流洞打通后，工程暂停。1959年，襄阳地委决定继续兴建三道河水库，随即召集南漳、宜城两县有关负责人会议，研究组织领导、劳力分配和施工等事宜，并组建工程指挥部，南漳、宜城两县有关领导任副总指挥长。1959年9月正式开工，11月全面动工，两县出动民工3万人，其中南漳1万人、宜城2万人（官堰公社1万人、璞河公社1万人），此外，县级襄樊市出动以街道青年为主的100多人组成的民工团，全部民工以师、团、营、连的军事序列统一编制施工。1959年冬，省长张体学到南漳检查水利工作时，对工地民工生活较为关注，回省后向工地调拨粮食50万公斤，襄阳地区也从宜城调拨粮食5万公斤，一度缓解了工地生活困难。1960年1月4日，围堰截流一次成功。1960年秋—1961年夏，省水利厅勘测设计院根据开工一年多来调查掌握的资料，重新修改设计，将坝高由56米降至43米，以减少工程量，缩短工期，确保施工质量。1961年冬—1962年春，完成第二副坝和主坝加高任务，并打通发电隧洞。1962年冬—1963年底期间，主要是开挖永久性溢洪道。1964年，继续开挖溢洪道，衬砌发电隧洞，7月水库下闸蓄水，冬，续修北干渠，新建主洞口电站，加高大坝。1965年冬竣工，其过坝明槽的巨幅照片曾在1965年4月《人民画报》上刊登；主洞口电站由武汉水利电力学院主持设计，1967年建成运行；大坝坝高由43米加高到46.5米，加高3.5米。1965年冬、1966年春再起施工高潮，修建第一、第二副坝，封堵临时溢洪道，局部衬砌永久性溢洪道，安装泄洪闸门，并进行大电站施工。至1966年7月，工程全部竣工。累计完成土方量396.3万立方米、石方252.4万立方米、混凝土5.1万立方米，耗用钢材1 184.5吨、水泥1 198.3吨、木材8 036.5立方米，投工640.58万个(均不包括渠系工程)，投资2 586.9万元。三道河建成运行后，较好地发挥了防洪保安，兴利减灾功能，但也存在着较为严重质量问题，一直限制水位运行。2003年7月经水利部大坝安全管理中心鉴定为三类坝。2005年8月，委托省水利水电勘测设计院完成除险加固工程初步设计报告，并上报省发改委、水利厅。2005年10月除险加固工程计划通过省发改委批复，总投资9 861.89万元，主要加固项目为：1.4号副坝坝顶及2号副坝防渗体加高，主、副坝坝肩及坝基防渗处理，主、副坝心墙局部缺陷处理，主、副坝上下游护坡和排水系统完善，坝顶防浪墙加高；2.溢洪道闸室段改、扩建，泄槽扩建，新建溢洪道消能防冲实施，溢洪道下游整治；3.灌溉发电输水隧洞、调压塔加固及进水渠整治，灌溉发电支洞加固，低输水隧洞加固。该库由主坝、副坝、溢洪道、灌溉发电输水隧洞、电站等建筑物组成，并建有大坝观测井3处，库区雨量、流量站点11处，安装遥控遥测设备1套，防汛有线、无线通信设备各1套，并与襄樊市水库水雨情遥测系统联网，实现了监测、通信、预警一体化，管水、调水、供水水平较高。该库管理机构为襄樊市三道河水电工程管理局，隶属襄樊市水利局，为全民所有制副县级事业单位，直接管理鲤鱼桥中型水库1座，邬家冲、武坮湖、胡岗等小(一)型水库3座。管理局下设长渠管理处、水库管理处、水力发电站、楚盛水利水电公司、兴发渔业开发公司、碧波旅游开发公司等6个二级单位，2005年年底共有干部职工579人，其中工程管理202人、综合经营50人、水产25人、其他185人、退休117人。建库以来，先后获得“全国水利系统水利管理先进单位”“部一级管理单位”“湖北省水库一级甲等管理单位”等称号。1997年11月将库区旅游纳入国家风景名胜区“隆中风景区”管理，作为其三级景区，2000年8月被省水利厅批准为省级水利旅游度假区，2005年8月31日被水利部水利风景区评审委员会批准为“国家水利风景区”。

图11—2　三道河水库

云台山水库：位于南漳县武安镇云台山与吴家岩之间的报信坡，西北距南漳县城45千米，拦截蛮河支流黑河。该库与三道河水库一样，同为蛮河流域治本工程。1958年，襄阳专署批准南漳县在黑河中游修建云台山水库，由县水利局负责勘测设计，南漳县委、县政府组建工程指挥部。1959年10月下旬开工，1966年5月，工程竣工，并蓄水投入运行。该工程完成土方182.4万立方米、石方110.7万立方米、混凝土 9 100 立方米，耗用钢材 178 吨、水泥 3 329 吨、木材 4 307 立方米，投工 315 万个，投资 638 万元。之后，又经过 10 个冬春艰苦奋战，进行干、支渠等渠系配套建设。1981 年修筑大坝坝顶混凝土防浪墙，高 1.3 米，2002 年加高至 1.5 米。该库建成后由于存在较为严重质量问题，被列为三类水库，一直限制水位运行。1990 年 10 月下旬，水利部在南漳召开有省内外 46 位专家参加的“湖北省云台山水库整险加固工程设计论证会”。1992 年水利部水管〔1992〕5 号文批准将该库列入第二批全国重点病险水库加固工程项目计划。1992 年 7 月通过省水科所设计室主持完成的除险加固工程可行性研究报告。1995 年长江委长汛 365 号文批准除险加固工程初步设计及概算。1998 年进行概算调整修编，工程总投资由 4 388.92 万元增加到 8 328 万元。2000 年 9 月 3 日长江委长汛〔2000〕396 号文批复审定总投资为 6 286.53 万元。工期三年，分两期实施。其中一期工程于 1999 年 12 月 15 日破土动工，2000 年 8 月底完工；二期工程于 2000 年 12 月 28 日动工，2001 年年底主要工程基本完工。两期工程完成主要项目有：大坝内外坡整治，大坝右岸山体滑坡治理及地表排水沟建设，溢洪道土建、弧形闸门金属结构及启闭机设备制作安装，工管局办公用房迁建，防汛公路路基扩挖等。两期工程完成工程量 53.28 万立方米，其中土石方 49.98 万立方米、浆砌块石 0.43 万立方米、干砌块石 0.89 万立方米、混凝土 1.98 万立方米，耗用钢材 600 余吨、水泥 500 余吨，到位资金 4 965 万元，占工程总投资 79%。两期工程质量较好，其中一期工程 9 个分部工程 76 个单元工程，合格率 100%，优良率 88.8%，二期工程 23 个分部工程 294 个单元工程，合格率 100%，优良率 78.3%。除险加固工程完成后，该库防洪标准达到部颁 100 年一遇洪水设计，2000 年一遇洪水校核标准，年增加有效蓄水 1 964 万立方米，可灌溉农田 4 万亩，年增加发电量 250 万千瓦时，单位经济效益 60 余万元，社会效益 600 多万元。该库由大坝、溢洪道、输水隧洞、电站等建筑物组成，并建有大坝观测井 1 处，库区雨量、流量站点 5 处，安装遥控遥测设备 1 套，防汛有线、无线通信设备各 1 套，并与襄樊市水库水雨情遥测系统联网，实现了监测、通信、预警一体化。该库管理机构为云台山水库工程管理局，隶属南漳县水务局。管理局下设北干渠、中干渠、南干渠管理所，养殖场，旅游开发公司等 5 个二级单位。2005 年年底共有干部职工 159 人，其中工程管理 60 人、综合经营 64 人、退休 19 人、其他 16 人。

石门集水库：位于南漳县九集镇石门集村，东南距南漳县城 25 千米，拦截蛮河支流清凉河。1957 年 10 月 14 日，南漳县在清凉河上拦河筑坝，修建九集大渠，长 59.7 千米，号称百里长渠，1958 年 5 月 1 日通水，引水上九集岗，但遭遇干旱，由于引水量不大，不能满足农田灌溉需要。为了增加水源，经襄阳专署批准，决定在渠道上游石门集动工修建石门集水库。1966 年组建石门集水库工程指挥部，1966 年4月动工，1970年9月完工。该工程共完成土方1 228万立方米、石方2 210万立方米、混凝土8 890 立方米，耗用钢材 283.3 吨、水泥 4 270 吨、木材 2 660 立方米，投工 5 650 万个，投资 1 320 万元。限于修建时经济、技术条件，该库建成后一直限制水位带“病”运行。2000 年 8 月，省水利厅主持召集 18 名有关专家对该库大坝进行安全鉴定，并经水利部大坝安全管理中心核定为三类坝。2001 年 8 月中旬，长江委对《石门集水库除险加固工程初步设计》审查通过，以〔2001〕376 号文批复列入国家大型水库除险加固计划，批准工程总投资 5 359.7 万元，工期 20 个月，该库除险加固工程完成后，

图 11—3　石门集水库

防洪标准可达部颁100年一遇洪水设计,2000年一遇洪水校核标准, 年增加有效蓄水1 500万立方米、农田灌溉面积3万亩、发电180万瓦时、单位经济效益40多万元、社会经济效益450万元。该库由主坝、副坝、溢洪道、溢洪洞、放空洞、灌溉发电输水洞、电站等建筑物组成,并建有大坝观测井1处,库区雨量、流量站点5处,安装遥控遥测设备1套,防汛有线、无线通信设备各1套,并与襄樊市水库水雨情遥测系统联网,实现了监测、通信、预警一体化。该库管理机构为石门集水库工程管理局,隶属南漳县水务局。管理局下设渠道管理所、大坝管理所、龙泉供水公司等3个二级单位。2005年年底共有职工147人,其中工程管理71人、综合经营29人、其他26人、退休21人。

孟桥川水库:位于老河口市袁冲乡孟桥川村,南距老河口城区10千米,拦截汉江小支流孟桥川、黑龙沟。该库初建规划为中型,经过初建、续建、扩建三个阶段,最终建成大型水库。初建始于1958年7月,由光化县农林水产局勘测设计。1959年秋,省水利厅正式批准开工兴建,1960年5月完成初建。此后直至1973年,该库续建达6次,前后持续时间14年,完成土方194.76万立方米、混凝土1.49万立方米,耗用水泥3 009吨、钢材154吨、木材629立方米,投工296万个,投资69.68万元。到此,该库达到中型水库设计标准,总库容2923万立方米。1974年引丹工程建成通水,该库有了新的补充水源。为了加大调蓄能力,扩大灌溉面积,光化县决定将该库扩建成大型水库。1977年6月,县水利局主持勘测设计,9月中旬制定“增加库容,吞蓄洪水,减少泄洪,扩大效益”扩建方案,完成《丹江渠道孟桥川水库扩建工程设计说明书》及设计图纸,上报省水利厅审查批准,11月5日,扩建工程正式开工。1980年春,该库扩建工程基本完工,完成土方460万立方米、石方5.72万立方米、混凝土2.18万立方米,耗用水泥4 844吨、钢材111吨、木材408立方米,投工740万个,投资476万元。1981—1990年,该库沿渠修建梯级电站9座,装机17台,容量2 780千瓦。1989年3月23日—1995年7月8日,该库大坝相继7次发生滑坡,被列为全国重点监测的病险水库,一直限制水位运行。1992年6月18日水利部将该库列为全国第二批重点危险水库除险加固项目。1994年4月,长江委〔1994〕204号文审查批准《湖北省孟桥川水库除险加固初步设计报告》。1999年,长江委对该库除险加固项目概算进行修编、调整。2000年,长江委长汛〔2000〕393号文批复《湖北省孟桥川水库除险加固工程初步设计修编调整报告》,确定工程总投资8 249.87万元。2000年1月3日,举行开工典礼。至2002年基本完成除险加固任务。该库工程由主坝、副坝、溢洪道、输水管、引水闸、库尾泵站等建筑物组成,并建有大坝观测井1处,库区雨量、流量站点1处,安装遥控遥测设备1套,防汛有线、无线通信设备各1套,并与襄樊市水库水雨情遥测系统联网,实现了监测、通信、预警一体化。该库管理机构为孟桥川水库管理处,隶属老河口市水利局。管理处下设孟川建安公司二级单位1个。2005年年底共有职工181人,其中工程管理44人,综合经营71人、水产33人、退休33人。建库以来多次获得襄樊市、老河口市文明单位等光荣称号。

(2)中型水库

至1985年底,全市中型水库为70座(含随州16座),1985年后新增3座,减去随州,现为57座。新增3座(宜城黄冲,该库始建于1959年10月,为小(一)型,1986年11月经省水利厅批准扩建为中型,1988年5月建成;宜城郝家冲,该库始建于1957年,为小(一)型,1990年11月扩建为中型,1992年6月建成;南漳花庄,1959年10月中旬开工建设,1971年12月建成,总库容为910万立方米,属小(一)型)。1986年2月,南漳县政府对水库工程进行整修扩建,总库容扩大 到1 120万立方米,1989年5月29日经省水利厅市水利局联合复核组审查验收后,正式升格为中型。全市中型水库分布状况是:襄阳区7座,为马张河、柳堰集、樊庄、官沟、罗岗、秦嘴、黑清河;襄城区2座,为渭水、回龙河;樊城区4座,为冢子湾、姚河、石河畈、肖家爬;枣阳市20座,为西河、吉河、沙河、大黄河、石梯、马鞍山、东郊、北郊、邢川、烈士陵、姚棚、周桥、小黄河、罗桥、刘桥、高庵、徐嘴、清潭、资山、油坊湾;宜城市10

座，为莺河二库、黑石沟、郝家冲、黄冲、陡沟、朝阳寺、谭湾、小南河、湾河、鲤鱼桥；南漳县 1 座，为花庄；谷城县 6 座，为潭口、前进、狮子岩、团湖、龙潭、南河[又名南河(胡家渡)水力发电厂]；老河口市 7 座，为马冲、黑虎山、古城、滕庄、武家营、冯营、唐沟。其中枣阳市中型水库数量 20 座为襄樊市最多，在全省县(市)区中也是拔得头筹，雄踞第一。

全市中型水库归属管辖情况是：鲤鱼桥归属襄樊市水利局直属二级单位三道河水电工程管理局管辖，南河归属中国国电集团管辖，其余 55 座归属所在县(市)区水利(水务)局直接管辖。全市中型水库拦控流域面积共为 9 497.85 平方千米，总库容 14.884 7 亿立方米，多以农田灌溉为主，设计灌溉面积 195.65 万亩，有效灌溉面积 150.34 万亩，部分还利用水力发电，发电装机容量 6 545 千瓦(未加南河)，可养殖水面 13.76 万亩。2005 年襄樊市中型水库主要经济技术指标见表 11—3。

襄樊市中型水库主要经济技术指标统计

表 11—3

水库名称	承雨面积(平方千米)	所在地点	兴建年月	竣工年月	坝顶高程(米)	最大坝高(米)	溢洪道最大泄量(方/秒)	洪水位(米)				库容(万立方米)		灌溉面积(万亩)			发电装机容量(千瓦)	可养殖水面(万亩)
								设计	校核	正常	汛限	总库容	有效库容	设计	有效	实达最大		
马张河	116.5	襄阳黄集镇	1958.11	1962.5	110.5	17.5	325.9 504.8	109.29	109.94	106.5	106	2418	786	2	2	0.6	—	0.35
柳堰集	26.4	襄阳石桥镇	1957	1966	127.4	19.4	133	125.28	126.06	124	123	1652	875	2.2	2.2	0.99	—	0.225
樊庄	19	襄阳古驿镇	1957	1976	123.5	16.8	103	121.7	122	121.1	—	1868	1382	2.2	2	1.8	—	0.36
官沟	115	襄阳张家集镇	1957.1	1958.5	91.6	15.5	84 437	89.84	90.31	87.9	—	5360	2540	4	4.4	4.4	—	0.6
罗岗	80	襄阳黄龙镇	1957.1	1963.3	112.9	15	1032	111.76	112.75	109.5	109	2229	1067	2.5	2.4	2.4	—	0.24
秦嘴	—	襄阳东津镇	1957.1	1980.5	83.7	16.4	543	80.94	81.99	79	78.5	4072	2046	2.8	0.89	0.89	—	0.55
黑清河	141	襄阳程河镇	1959.7	1962	85.2	11.8	1097	83.28	84.15	81.5	80.5	2647	733	1.5	1.5	1.3	—	0.248
渭水	167	襄城欧庙镇	1959.9	1964.4	78.2	14.9	744 1184	76.33	77.03	74.3	—	1867	900	2.5	4.2	4.2	—	0.27
回龙河	64.3	襄城卧龙镇	1958.1	1966.12	117	27	262.4 318	114.89	115.54	112.5	—	3050	2011	4.4	2.8	2.25	300	0.3
冢子湾	29	樊城太平店镇	1957.1	1976.3	111.3	20.7	—	109.43	110.3	108	107	3057	2040	4	3	1.5	—	0.33
姚河	29.2	樊城太平店镇	1957.1	1964	118.7	16	75	116.58	117.68	114.3	113.5	1038	558	1.5	1.2	1	—	
石河畈	43	樊城太平店镇	1955.12	1956.5	102.1	18	440.2	99.84	100.7	98.1	—	1470	923	2.5	2.3	1.5	—	0.19
肖家爬	5.4	樊城太平店镇	1958.12	1979.1	123.6	18.1	3	121.46	121.78	121	119	1730	1518	1.7	0.7	0.23	—	
西河	25	枣阳兴隆镇	1959.1	1960.4	141	19	165	137.85	138.77	136.3	—	1271	533	1.2	1.2	0.8	—	0.135

续表1

水库名称	承雨面积(平方千米)	所在地点	兴建年月	竣工年月	坝顶高程(米)	最大坝高(米)	溢洪道最大泄量(方/秒)	洪水位(米)				库容(万立方米)		灌溉面积(万亩)			发电装机容量(千瓦)	可养殖水面(万亩)
								设计	校核	正常	汛限	总库容	有效库容	设计	有效	实达最大		
吉河	105	枣阳鹿头镇	1973.1	1977.5	148.5	16	1510/1768	146.29	147.29	145	—	4782	2726	10	7	6.5	—	0.445
沙河	125	枣阳鹿头镇	1958.1	1959.5	173/175	20	1883	173.32	174.44	171.3	170	8206	5059	16.8	16.8	18.75	—	0.48
大黄河	66	枣阳新市镇	1967.1	1968.4	176.2	18.5	545	174.33	175.16	172.9	171	3762	2389	—	—	—	—	0.31
石梯	76	枣阳鹿头镇	1966.7	1967.4	203	30	949	200.37	200.95	199	—	5913	4783	1.7	1.2	1.2	300	0.36
马鞍山	36	枣阳鹿头镇	1956.12	1957.5	160.2	21	375	158.18	159.08	156.2	155.7	1730	1084	3.15	3	4.5	—	0.15
东郊	76	枣阳环城办事处	1959.1	1960.4	139/140	24	242	136.73	137.49	135.2	134	4998	3020	5.5	3.2	3.2	—	0.44
北郊	16	枣阳环城办事处	1973.11	1974.4	138	18	—	136.23	136.94	135	134	1979	1324	3.5	2.15	1.9	—	
邢川	23	枣阳新市镇	1965.8	1966.5	208	22	428	206.32	206.87	205	204	1394	1045	4.4	2.2	2.2	—	0.17
烈士陵	17	枣阳新市镇	1974.1	1976.2	211	24.5	365	208.23	208.69	207	—	1178	961	—	—	—	—	0.12
姚棚	37	枣阳新市镇	1957.1	1958.2	181.5/183	23.65	489	179.39	180.06	177.9	177	1696	1085	4	2.1	3	—	0.143
周桥	61.7	枣阳杨垱镇	1965.1	1966.2	127	20.3	593	125.23	125.8	124	123	3072	2040	5	1.33	1.3	—	1.09
小黄河	58	枣阳杨垱镇	1959	1977	108.5	17	320	106.24	106.67	105.2	104	2938	1850	4	2.67	2.6	—	
罗桥	114.3	枣阳七方镇	1959.1	1960.12	122	20	546	116.14	117.05	114.3	—	4417	2126	9.5	7	7	—	0.5
刘桥	76	枣阳环城办事处	1970.1	1971.5	124	20	366	120.16	121	118.5	—	3322	1660	4	3	3	—	0.45
高庵	26	枣阳琚湾镇	1959.1	1961.4	108.2	16	138	150.98	106.73	104.6	—	1749	994	3.7	2	2	—	0.25
徐嘴	20	枣阳平林镇	1969.7	1970.5	195.7	23.5	425	194.04	194.43	193	192	1167	930	3	2	2	—	0.13
清潭	25	枣阳吴店镇	1978.9	1980.7	159	22	427	155.18	155.65	154	—	1179	840	3.5	2	2.5	150	0.167

续表 2

水库名称	承雨面积(平方千米)	所在地点	兴建年月	竣工年月	坝顶高程(米)	最大坝高(米)	溢洪道最大泄量(方/秒)	洪水位(米)				库容(万立方米)		灌溉面积(万亩)			发电装机容量(千瓦)	可养殖水面(万亩)
								设计	校核	正常	汛限	总库容	有效库容	设计	有效	实达最大		
资山	16	枣阳王城镇	1978.9	1980	156.5	26.2	194	154.74	155.29	153.5	153	1506	1049	2.1	1.92		—	0.169
油坊湾	25	枣阳王城镇	1966.9	1967.7	142.5	15.5	98	140.62	141.18	139.5	139	1851	1092	2.66	1.5	1.22	—	0.32
莺河二库	255	流水镇	1970.8	1977.6	94 95.2	31	1227 3682	92.17	93.17	89	—	7777	4370	5	3.5	4	700	0.48
小南河	44.5	刘猴镇	1965.7	1967.9	176 177.2	43.2	621	175.48	175.48	173	172	3236	2586	3.8	3	2.5	250	0.15
谭湾	10	小河镇	1958.1	1975.4	98	15	102	95.55	95.85	95	—	1292	1063	3.5	3.5	2.6	—	0.225
湾河	20	李垱乡	1977.1	1978.4	124.5	17.5	167	122.29	122.98	121	—	1385	790	1.2	0.5	1	—	0.229
陡沟	37	讴乐乡	1977.9	1978.3	144.5 145.5	32	310 218	143.15	143.99	141	—	2268	1490	2.5	1.3	0.5	225	0.14
黑石沟	26.3	南营乡	1957.9	1976.3	85	21.6	159	82.42	83.68	80	79	1489	834	1.2	1.2	1	—	0.112
黄冲	52.1	流水镇	1986.1	1988.5	100	30	438	97.54	98.68	95.5	94.5	2636	1455	3	1.5	1.01	—	0.225
郝家冲	26.9	王集镇	1990.11	1992.6	78.8	16.8	228	76.82	77.5	75.4	74	1445	996	3	2.4	0.4	—	0.206
朝阳寺	12	讴乐乡	1965.8	1968.9	200	34.4	153	197.98	198.96	196	192	1152	870	1.5	1.5	1	—	0.075
花庄	66.5	花庄镇	1970.11	1971.12	191.1 192.2	31.1	854	189.02	190.58	185.2	—	1049	584	2.5	0.54	0.54	—	0.05
潭口	608	石花镇	1958.1	1964.6	148 150.25	40.2	2767 1499	143.86	146.77	139	—	4662	2705	4.5	4.5	3.6	2070	0.21
团湖	43	冷集镇	1957.9	1958.3	148.5 149.57	29.3	467	147.04	148.02	145.5	—	1982	1490	2.4	2	2	125	0.154
前进	48	黄畈乡	1966.1	1970.3	192	50.09	798	189.06	190.42	186	—	1642	1302	3.5	2	1.41	625	0.074
龙潭	19	沈湾乡	1970.9	1972.5	201.4	46.4	266	198.4	199.54	196.57	—	1660	1310	2.06	0.7	0.7		0.087
狮子岩	38	茨河镇	1974.9	1976.6	212 213	45	543	208.81	209.58	207.5	—	1296	1071	1.58	1.5	0.6	450	0.087
南河	6096	南河镇	1958.1	1980.12	154	50	12610 568	151.5	154.17	151.5	—	8300	2300	6	6	2.5	—	
古城	59.5	孟楼镇	1959.11	1966.12	155.5 156.5	21.5	50 107	153.92	154.94	152.5	151.6	3064	1726	7.5	6.3	7.5	—	0.2
黑虎山	17.4	赵岗乡	1958.11	1965.4	180.21 81.25	22.5	50 144	179	179.72	177.5	176.7	1040	687	1.1	1.1	1.1	—	0.8
滕庄	3	薛集镇	1973.1	1977.4	138	12	3	136.22	136.37	136	135	1262	1125	6.9	6.5	6.5	—	0.26
马冲	2.15	仙人渡镇	1974.1	1977.3	133	33	7	130.23	130.37	130	129	1847	1724	2.9	2.9	2.9	500	0.14

续表 3

水库名称	承雨面积(平方千米)	所在地点	兴建年月	竣工年月	坝顶高程(米)	最大坝高(米)	溢洪道最大泄量(方/秒)	洪水位(米)				库容(万立方米)		灌溉面积(万亩)			发电装机容量(千瓦)	可养殖水面(万亩)
								设计	校核	正常	汛限	总库容	有效库容	设计	有效	实达最大		
唐沟	7.5	李楼办事处	1975.11	1978.2	128	27	38	125.85	126.33	125	124	1388	1102	2	2	1.5	450	0.14
武家营	31.5	张集农场	1958.1	1977.2	143	20	1447	141.1	141.54	140	139	2151	1486	1.5	1.5	1.5	—	0.1
冯营	3	竹林桥镇	1976.1	1978.4	142	20	6.5	140.29	140.47	140	134	1134	1001	2.5	2	2	400	0.12
鲤鱼桥	45	宜城城关镇	1957.1	1958.5	66	10.5	226	64.3	65.01	62.9	62	2073	1064	—	—	—	—	—

(3)小型水库

小(一)型水库:全市小(一)型水库1985年年底为207座(含随州47座),1985年后扩建升级成中型3座。全市小(一)型水库拦控流域面积共为1364.04平方千米,总库容5.66亿立方米,多以农田灌溉为主,有效灌溉面积68.5万亩,实际灌溉面积49.4万亩。2005年襄樊市小(一)型水库主要经济技术指标见表11—4。

2005年襄樊市小(一)型水库主要经济技术指标统计表

表11—4

序号	水库名称	所在县(市)区	集水面积(平方千米)	竣工年月	总库容(万立方米)	兴利库容(万立方米)	主坝坝型	有效灌溉面积(亩)	最大实际灌溉面积(亩)
1	陈家岗	襄阳	0.36	1976年6月	103	78	均质土坝	2300	300
2	文湾	襄阳	0.74	1976年4月	178	113	均质土坝	6000	300
3	陈棚	襄阳	3.56	1976年4月	345	212	均质土坝	7000	200
4	易坡	襄阳	4.14	1976年12月	237	185	均质土坝	7000	3000
5	杨庄	襄阳	7	1976年2月	500	355	均质土坝	1400	120
6	孙赵湾	襄阳	4	1976年3月	496	432	均质土坝	1150	150
7	武岗	襄阳	2.67	1976年4月	329	269	均质土坝	800	170
8	叶庄	襄阳	7.38	1970年3月	173	90	均质土坝	3000	2000
9	王坡	襄阳	6.14	1966年8月	388	226	均质土坝	3000	3000
10	邓湖	襄阳	4.64	1966年10月	264	148	均质土坝	1500	1500
11	王湖冲	襄阳	9.56	1966年12月	620	318	均质土坝	3500	3500
12	刘洼	襄阳	7	1971年8月	500	337	均质土坝	3500	3500
13	三董	襄阳	13.88	1971年8月	610	402	均质土坝	4000	500
14	联山	襄阳	21	1958年6月	325	130	均质土坝	2500	3000
15	夏营	襄阳	5	1976年8月	153	103	均质土坝	5000	180
16	代湾	襄阳	2.74	1975年4月	296	216	均质土坝	2400	500
17	柳陈岗	襄阳	6.58	1974年4月	294	118	均质土坝	4000	3000

续表 1

序号	水库名称	所在县(市)区	集水面积(平方千米)	竣工年月	总库容(万立方米)	兴利库容(万立方米)	主坝坝型	有效灌溉面积(亩)	最大实际灌溉面积(亩)
18	中明湾	襄阳	4.5	1974 年 4 月	175	44	均质土坝	3000	1500
19	七里冲	襄阳	5	1978 年 4 月	153	130	均质土坝	6000	—
20	老虎垱	襄阳	21	1960 年 6 月	753	450	均质土坝	10000	4000
21	米湾	襄阳	2.75	1974 年 4 月	108	31	均质土坝	9500	8000
22	杨湾	襄阳	1.74	1974 年 4 月	72	49	均质土坝	1500	1200
23	胡沟	襄阳	13.75	1963 年 1 月	165	66	均质土坝	3000	4600
24	兴隆坝	襄阳	22.4	1962 年 5 月	892	571	均质土坝	10000	10000
25	戎岗	襄阳	4.5	1977 年 12 月	925	701	均质土坝	13000	200
26	肖坡	襄阳	10.5	1958 年 11 月	142	77	均质土坝	6000	6000
27	耿坡	襄阳	5.08	1978 年 12 月	162	118	均质土坝	2000	100
28	张坡	襄阳	10.9	1979 年 4 月	485	352	均质土坝	2000	2000
29	六股冲	襄阳	3.5	1980 年 4 月	168	135	均质土坝	8100	8100
30	赵冲	襄城	5.2	1958 年 3 月	192	91	均质土坝	3000	2300
31	余湾	襄城	5.5	1958 年 9 月	170	77	均质土坝	5000	3500
32	千弓	襄城	32	1960 年 1 月	920	820	均质土坝	12000	2500
33	三八	襄城	53	1958 年 8 月	306	111	均质土坝	7000	5000
34	白龙堰	樊城	13.5	1967 年 4 月	965	629	均质土坝	7800	12000
35	黑龙堰	樊城	15	1955 年 8 月	794	440	均质土坝	8000	7800
36	黄龙堰	樊城	11.1	1957 年 10 月	540	301	均质土坝	4200	7000
37	普陀堰	樊城	16	1958 年 12 月	706	358	均质土坝	3000	13400
38	林湾	枣阳	5	1975 年 5 月	173	125	均质土坝	4800	3000
39	腰盆井	枣阳	4.25	1975 年 5 月	497	362	黏土心墙	5000	4000
40	浩巴堰	枣阳	4.8	1967 年 2 月	196	129	均质土坝	3000	2000
41	石板堰	枣阳	1.17	1977 年 1 月	120	65	均质土坝	700	550
42	余家畈	枣阳	34	1953 年 2 月	228	40	均质土坝	7500	6500
43	刘垱沟	枣阳	9	1969 年 3 月	264	105	均质土坝	3500	3000
44	张洼	枣阳	4	1969 年 5 月	110	66	均质土坝	6000	5000
45	宋坡	枣阳	6	1968 年 2 月	373	219	均质土坝	850	600
46	竹林	枣阳	3.5	1969 年 2 月	112	80	均质土坝	2000	2000
47	张家垱	枣阳	8.1	1977 年 2 月	402	284	均质土坝	4800	4800
48	响水垱	枣阳	2	1973 年 3 月	117	80	均质土坝	6000	6000
49	吴家湾	枣阳	5.5	1977 年 5 月	112	52	均质土坝	1000	800
50	莲子山	枣阳	2.8	1978 年 11 月	209	149	均质土坝	3000	2500
51	五里桥	枣阳	7	1967 年 5 月	224	135	均质土坝	2000	1800
52	周家湾	枣阳	3.35	1974 年 3 月	132	74	均质土坝	3900	3100
53	刘老庄	枣阳	3.33	1974 年 5 月	163	100	均质土坝	3000	2500
54	白合山	枣阳	1.5	1968 年 5 月	115	82	均质土坝	1500	1200
55	三道河	枣阳	9.3	1957 年 4 月	605	388	黏土心墙	3000	2800
56	金峡	枣阳	8	1972 年 5 月	248	157	均质土坝	4000	3300
57	八房湾	枣阳	9.5	1967 年 3 月	772	632	均质土坝	10000	8600

续表 2

序号	水库名称	所在县(市)区	集水面积(平方千米)	竣工年月	总库容(万立方米)	兴利库容(万立方米)	主坝坝型	有效灌溉面积(亩)	最大实际灌溉面积(亩)
58	友谊	枣阳	3.4	1976 年 5 月	141	95	均质土坝	800	500
59	闫岗	枣阳	14	1956 年 9 月	840	384	均质土坝	9000	6500
60	张湾	枣阳	5	1968 年 4 月	136	74	均质土坝	2000	2000
61	仁合寨	枣阳	14	1965 年 10 月	911	606	均质土坝	10000	7000
62	甘家冲	枣阳	3	1977 年 7 月	154	100	均质土坝	1500	1000
63	伍河	枣阳	64	1960 年 5 月	406	160	均质土坝	4000	3000
64	三里桥	枣阳	4	1975 年 5 月	280	183	均质土坝	6500	5800
65	胡垱	枣阳	13.5	1967 年 6 月	940	677	黏土心墙	3000	1300
66	张湾	枣阳	2.5	1977 年 5 月	126	74	黏土心墙	2000	1300
67	六十亩地	枣阳	3.75	1979 年 5 月	330	228	黏土心墙	6000	6000
68	黄沟	枣阳	5.5	1969 年 5 月	324	263	均质土坝	4200	3800
69	响水潭	枣阳	8	1960 年 4 月	270	186	均质土坝	4000	3000
70	吕冲	枣阳	3.75	1978 年 5 月	224	142	均质土坝	3000	2400
71	郑庄	枣阳	1.5	1977 年 5 月	291	215	均质土坝	1800	1000
72	丁庄	枣阳	2.3	1972 年 5 月	119	90	均质土坝	3000	2200
73	龙断桥	枣阳	2	1972 年 12 月	158	110	均质土坝	2000	1300
74	莘庄	枣阳	8	1972 年 12 月	392	151	均质土坝	3000	2000
75	打石场	枣阳	3.7	1964 年 5 月	192	119	均质土坝	1500	1100
76	东沟	枣阳	2.8	1970 年 10 月	159	84	均质土坝	2000	1600
77	双河	枣阳	2.5	1977 年 1 月	150	100	均质土坝	3000	2000
78	杨庄	枣阳	9	1971 年 2 月	281	164	均质土坝	6400	6400
79	工联坝	枣阳	8.1	1971 年 11 月	92	40	均质土坝	5000	4000
80	石头河	枣阳	4.2	1974 年 5 月	171	66	均质土坝	2000	1000
81	莲花堰	枣阳	1	—	110	90	均质土坝	8000	8000
82	唐梓山	枣阳	7.5	1978 年 1 月	572	454	均质土坝	18000	15000
83	马庄	枣阳	5.3	1979 年 12 月	255	123	均质土坝	4000	3000
84	小吉河	枣阳	2	1978 年 5 月	238	224	均质土坝	10000	10000
85	西郊	枣阳	14	1958 年 4 月	590	342	均质土坝	15000	12000
86	洪寨	枣阳	6.16	1978 年 10 月	317	232	均质土坝	6000	5500
87	贾岗	枣阳	1	1978 年 2 月	142	113	均质土坝	6000	5900
88	王坡	枣阳	1.45	1972 年 5 月	192	158	均质土坝	1000	1000
89	杨岗	枣阳	1	1968 年 2 月	209	178	均质土坝	8500	8500
90	赵桥	枣阳	24	1977 年 5 月	146	73	均质土坝	4000	3000
91	三里岗	枣阳	2.61	1973 年 2 月	160	128	均质土坝	2000	1500
92	朱家垱	宜城	15	1976 年 4 月	552	401	黏土心墙	500	3500
93	小龙潭	宜城	9.2	1976 年 5 月	420	237	均质土坝	4000	3100
94	瓮子桥	宜城	1.7	1978 年 3 月	273	213	均质土坝	3800	3000
95	王岗	宜城	6.1	1979 年 2 月	216	106	均质土坝	2600	2600
96	石门	宜城	12	1967 年 3 月	700	548	均质土坝	10000	8500
97	沙河	宜城	8.8	1967 年 4 月	486	375	均质土坝	5500	5000

续表 3

序号	水库名称	所在县(市)区	集水面积(平方千米)	竣工年月	总库容(万立方米)	兴利库容(万立方米)	主坝坝型	有效灌溉面积(亩)	最大实际灌溉面积(亩)
98	泉水头	宜城	10.2	1979 年 4 月	112	46	均质土坝	1000	1000
99	清水垱	宜城	4.9	1976 年 5 月	174	55	均质土坝	4000	700
100	冷泉	宜城	2.5	1976 年 3 月	217	166	均质土坝	6000	3000
101	飞虎峡	宜城	57	1960 年 4 月	923	313	均质土坝	6000	1800
102	朱家沟	宜城	15.8	1975 年 12 月	775	279	均质土坝	3000	700
103	大龙潭	宜城	21.3	1963 年 5 月	430	259	均质土坝	7300	500
104	邬家冲	宜城	5.3	1957 年 5 月	260	165	均质土坝	5000	5000
105	武垱湖	宜城	6	1958 年 1 月	205	113	均质土坝	5000	5000
106	胡岗	宜城	2.8	1960 年 5 月	552	403	均质土坝	5500	5500
107	董家河	南漳	12.6	1971 年 10 月	630	463	黏土心墙	12000	5000
108	新生	南漳	7.5	1971 年 11 月	530	307	均质土坝	3500	1100
109	辉煌	南漳	3.9	1974 年 5 月	251	161	均质土坝	2500	1500
110	梅子园	南漳	53	1962 年 12 月	115	21	均质土坝	2800	1500
111	李湾	南漳	2	1966 年 4 月	204	172	均质土坝	7000	7000
112	鲢鱼潭	南漳	9.3	1975 年 12 月	901	713	黏土斜墙	12000	5000
113	盘龙	南漳	1.8	1975 年 5 月	157	124	均质土坝	1200	1200
114	群力	南漳	2.3	1974 年 12 月	115	82	均质土坝	600	600
115	沙河	南漳	11.3	1960 年 12 月	151	46	均质土坝	2000	1300
116	倒座庙	南漳	24.1	1976 年 5 月	244	138	黏土心墙	3000	150
117	观沟	南漳	5.8	1976 年 5 月	133	68	黏土心墙	1200	380
118	黄连树嘴	南漳	3.4	1975 年 5 月	110	77	黏土心墙	2500	2000
119	便河	南漳	13	1958 年 5 月	476	209	均质土坝	1300	300
120	四新	南漳	3.8	1968 年 12 月	193	136	均质土坝	1850	850
121	解放	南漳	7	1963 年 5 月	300	213	均质土坝	3500	3500
124	石龙沟	谷城	9	1905 年 5 月	232	157	黏土心墙	4190	2400
125	大发沟	谷城	3.2	1905 年 5 月	188	154	黏土心墙	3000	2500
126	青龙嘴	谷城	11	1905 年 5 月	328	201	黏土心墙	6000	2500
127	砚瓦石	谷城	8	1905 年 5 月	240	104	黏土心墙	3000	2000
128	刘 营	谷城	5.7	1905 年 5 月	457	367	黏土心墙	6700	4800
129	蛤蟆口	谷城	7.9	1905 年 5 月	227.1	151.5	黏土心墙	3800	2100
130	大 冲	谷城	0.59	1905 年 5 月	122.14	111.51	黏土心墙	3400	1500
131	狮子头	谷城	3	1905 年 5 月	190	142	黏土心墙	3000	1100
132	黄龙潭	谷城	11	1905 年 5 月	529	407	黏土心墙	8000	3800
133	赵子沟	谷城	4.1	1905 年 5 月	295	234.8	黏土心墙	7000	1700
134	打磨沟	谷城	3.1	1905 年 5 月	234	187	黏土心墙	4180	2000
135	独树垭	谷城	4.1	1905 年 5 月	287	152	均质土坝	3600	1500
122	大畈	保康	5	1976 年 1 月	208	172	混合型土坝	3500	3000
123	长坡	保康	10.7	1975 年 5 月	678	519	黏土心墙	6000	5000
136	杨山二库	老河口	0.8	1976 年 12 月	350	177	均质土坝	6000	5000
137	新黑龙沟	老河口	0.8	1977 年 12 月	402	363	均质土坝	1000	1000

续表 4

序号	水库名称	所在县(市)区	集水面积(平方千米)	竣工年月	总库容(万立方米)	兴利库容(万立方米)	主坝坝型	有效灌溉面积(亩)	最大实际灌溉面积(亩)
138	黑营	老河口	6.5	1958 年 12 月	348	129	均质土坝	2500	2500
139	代湾	老河口	5.6	1974 年 10 月	174	35	均质土坝	3500	3000
140	申家洼	老河口	20	1976 年 1 月	466	169	均质土坝	120	
141	袁山	老河口	10.5	1968 年 5 月	288	195	均质土坝	4000	3000
142	龟山	老河口	8.5	1976 年 12 月	282	165	均质土坝	2000	2000
143	林茂山	老河口	11	1967 年 4 月	338	189	均质土坝	4000	3500
144	小刘营	老河口	2.1	1976 年 5 月	125	90	均质土坝	1000	1000
145	杨山一库	老河口	9	1958 年 4 月	416	219	均质土坝	2000	2000
146	龚家桥	老河口	14.7	1974 年 11 月	174	35	均质土坝	3500	3000
147	贺湾	老河口	5.3	1976 年 6 月	252	133	均质土坝	2000	2000
148	北张堰	老河口	9.5	1976 年 5 月	638	399	均质土坝	6000	5000
149	小桥河	老河口	18.5	1974 年 1 月	1412	800	均质土坝	6000	5000
150	李家冲	老河口	2	1976 年 4 月	199	169	均质土坝	1200	1000
151	黑龙沟	老河口	11	1976 年 4 月	666	440	均质土坝	3200	3000
152	凉水泉	老河口	25	1959 年 4 月	294	97	均质土坝	12000	1200
153	齐岗	老河口	0.5	1975 年 3 月	246	229	均质土坝	1500	1500
154	牛车沟	老河口	14.6	1958 年 3 月	342	148	—	2000	1500
155	店子坡	高新区	2.52	1971 年 4 月	117	65	均质土坝	800	800
156	谢洼	高新区	6	1957 年 2 月	145	100	均质土坝	2000	1500

注：部分水库有关资料缺失。

小(二)型水库：全市小(二)型水库 1985 年底为 1053 座(含随州 438 座)。全市小(二)型水库拦控流域面积共为 1 759.76 平方千米，总库容 2.94 亿立方米，多以农田灌溉为主，有效灌溉面积 54.5 万亩，实际灌溉面积 35 万亩。2005 年襄樊市小(二)型水库主要经济技术指标见表 11—5。

2005 年襄樊市小(二)型水库主要经济技术指标统计

表 11—5

序号	水库名称	所在县(市)区	集水面积(平方千米)	建成年月	总库容(万立方米)	兴利库容(万立方米)	有效灌溉面积(亩)	最大实际灌溉面积(亩)
1	姚山	襄阳	3	1975 年 4 月	240	171	1600	500
2	大冲	襄阳	1.1	1975 年 6 月	111	85	500	200
3	艾庄	襄阳	0.8	1975 年 4 月	49	35	400	150
4	齐湾	襄阳	0.36	1975 年 4 月	24	15	450	200
5	小冲	襄阳	0.85	1975 年 2 月	104	86	500	300
6	彭冲	襄阳	3.3	1975 年 2 月	232	148	1300	300
7	邓畈	襄阳	1.14	1959 年 12 月	56	36	1500	450
8	李湾	襄阳	4	1959 年 12 月	204	115	1000	200
9	五户	襄阳	2.46	1966 年 8 月	78	36	800	250
10	肖刘	襄阳	3.01	1958 年 5 月	150	44	1000	450

续表 1

序号	水库名称	所在县(市)区	集水面积(平方千米)	建成年月	总库容(万立方米)	兴利库容(万立方米)	有效灌溉面积(亩)	最大实际灌溉面积(亩)
11	姚岗	襄阳	3.5	1974 年 12 月	78	19	780	150
12	马冲	襄阳	7.2	1959 年 4 月	153	78	1000	380
13	刘官	襄阳	2.93	1958 年 5 月	61	20	500	300
14	闫营	襄阳	3.82	1974 年 4 月	347	244	4000	3700
15	吴岗	襄阳	4	1958 年 3 月	288	179	1000	400
16	谭山	襄阳	0.95	1979 年 5 月	99	35	800	500
17	吴马沟	襄阳	3.71	1958 年 4 月	111	40	5000	5000
18	东楼	襄阳	2.65	1965 年 4 月	50	14	660	600
19	前营	襄阳	0.34	1966 年 3 月	21	12	400	110
20	西河	襄阳	6.45	1958 年 4 月	108	28	750	220
21	吴集	襄阳	5.25	1977 年 5 月	43	6	530	300
22	张营	襄阳	1.13	1975 年 5 月	57	39	1000	650
23	前常	襄阳	2.94	1974 年 12 月	45	16	3600	600
24	南宋家	襄阳	5.69	1962 年 12 月	117	5	470	70
25	胡岗	襄阳	3.18	1958 年 12 月	119	58	3000	250
26	黄泥巴沟	襄阳	1.4	1958 年 4 月	28	10	600	100
27	许王	襄阳	0.97	1958 年 3 月	41	19	1000	500
28	陈庄	襄阳	0.87	1957 年 4 月	27	8	800	320
29	泗沟坝	襄阳	3.14	1958 年 12 月	101	38	1000	650
30	闫庄	襄阳	1.13	1959 年 2 月	32	10	900	270
31	王马洼	襄阳	4.86	1958 年 4 月	179	56	1000	600
32	杨崖	襄阳	1.77	1958 年 4 月	70	10	1200	220
33	张湾	襄阳	1.4	1957 年 4 月	172	130	1000	800
34	周岗	襄阳	1.2	1976 年 1 月	76	35	800	400
35	闫许	襄阳	2.4	1959 年 4 月	163	104	800	200
36	何冲	襄阳	2.2	1957 年 8 月	64	20	900	500
37	高家	襄阳	1.4	1959 年 4 月	211	61	700	300
38	小王庄	襄阳	2	1975 年 2 月	175	102	700	500
39	杨冲	襄阳	2.5	1975 年 1 月	493	380	800	400
40	陈园	襄阳	2.9	1975 年 2 月	62	14	500	300
41	高庄	襄阳	1.86	1974 年 5 月	100	54	850	260
42	聂庄	襄阳	2.1	1973 年 8 月	79	19	300	50
43	五房	襄阳	2.68	1966 年 5 月	121	73	1200	800
44	余沟	襄阳	3.35	1958 年 4 月	155	73	700	300
45	王庄	襄阳	1.2	1975 年 3 月	28	12	150	40
46	孙洼	襄阳	2.65	1965 年 10 月	32	11	700	200
47	后刘	襄阳	5.15	1965 年 4 月	114	44	6000	4000
48	猫子营	襄阳	2.82	1958 年 5 月	80	29	400	100
49	柳爬	襄阳	0.18	1959 年 5 月	22	11	600	100
50	西马	襄阳	1.87	1957 年 5 月	47	13	500	150
51	小营	襄阳	0.82	1966 年 5 月	18	6	1000	1000

续表2

序号	水库名称	所在县(市)区	集水面积(平方千米)	建成年月	总库容(万立方米)	兴利库容(万立方米)	有效灌溉面积(亩)	最大实际灌溉面积(亩)
52	张洼	襄阳	2.16	1958年12月	74	34	1000	300
53	朝阳	襄阳	28.74	1968年4月	210	38	15000	500
54	幸福堰	襄阳	0.3	1957年1月	22	15	2000	1500
55	梅花垱	襄阳	2.25	1958年12月	61	31	2000	2000
56	莲花垱	襄阳	2	1958年12月	50	21	4000	3500
57	简家垱	襄阳	1.75	1957年12月	20	6	1500	1200
58	王岗	襄阳	0.3	1957年12月	15	8	500	250
59	客棚	襄阳	1.5	1962年12月	25	10	500	300
60	双东	襄阳	0.43	—	11	7	700	500
61	双南	襄阳	0.3	1959年2月	12	6	800	640
62	廖冲	襄阳	5.5	1958年1月	43	6	600	400
63	张冲	襄阳	1	1958年5月	15	3	600	450
64	建设	襄阳	2.25	1959年10月	31	6	3000	2800
65	岔子沟	襄阳	4.38	1959年2月	37	6	2500	2200
66	双寨	襄阳	0.3	1959年1月	14	9	600	400
67	美满	襄阳	2.75	1966年11月	30	8	3000	2500
68	陈家垱	襄阳	2.75	1955年12月	33	17	1600	1400
69	小李家寨	襄阳	2.63	1967年3月	26	9	600	400
70	谭山	襄阳	2.55	1974年1月	61	38	400	320
71	孙家垱	襄阳	3.3	1956年3月	53	17	3000	2500
72	李家垱	襄阳	1.25	1973年1月	37	19	1100	900
73	瑶垱	襄阳	0.69	1976年6月	20	11	1100	600
74	龙头桥	襄阳	3.7	1958年12月	89	16	1000	580
75	兰湾垱	襄阳	1.3	1985年3月	36	16	700	450
76	鲍家坳	襄阳	2.8	1987年3月	80	41	5000	1500
77	林扒垱	襄阳	1	1958年10月	32	18	700	500
78	老鸦垱	襄阳	2	1964年11月	73	40	600	300
79	东邵家垱	襄阳	1.5	1957年12月	37	13	400	300
80	柳树垱	襄阳	0.69	1985年12月	21	10	500	300
81	兰家垱	襄阳	2.3	1960年4月	97	35	1000	960
82	钟湾垱	襄阳	5	1957年10月	94	22	800	500
83	单家垱	襄阳	4.5	1962年5月	92	36	2500	1800
84	黄龙坝	襄阳	16	1966年4月	113	15	1800	1500
85	黄沟坝	襄阳	8.75	1954年3月	105	7	1000	460
86	西邵家垱	襄阳	2	1958年12月	46	19	500	200
87	杨家洼	襄阳	0.5	1978年12月	50	39	3500	2000
88	石眼冲	襄阳	1.5	1976年8月	59	38	1500	1000
89	洪山根	襄阳	2.3	1977年11月	36	15	1000	500
90	梁家冲	襄阳	0.33	1976年12月	30	22	500	350
91	油坊垱	襄阳	1.3	1977年4月	48	24	600	400
92	宋冲	襄阳	1	1976年9月	36	14	700	380

续表3

序号	水库名称	所在县(市)区	集水面积(平方千米)	建成年月	总库容(万立方米)	兴利库容(万立方米)	有效灌溉面积(亩)	最大实际灌溉面积(亩)
93	吴家冲	襄阳	2	1977 年 9 月	90	54	5000	2000
94	窑潭	襄阳	4.65	1958 年 6 月	105	34	1500	600
95	狮子潭	襄阳	4.13	1958 年 6 月	64	16	1500	500
96	泉眼	襄阳	2.4	1976 年 2 月	204	134	1000	300
97	余桥	襄阳	0.3	1974 年 11 月	49	42	1000	900
98	王咀	襄阳	1.3	1958 年 6 月	32	11	1000	500
99	罐子窑	襄阳	1.3	1976 年 8 月	33	16	2000	1000
100	郭水湾	襄阳	11.63	1976 年 9 月	69	8	800	500
101	王桥	襄阳	11	1975 年 10 月	62	10	2000	1500
102	徐林	襄阳	0.25	1975 年 12 月	45	38	1500	1000
103	高垅	襄阳	1.5	1975 年 9 月	25	7	1200	800
104	韩湾	襄阳	2.5	1975 年 12 月	34	6	1000	200
105	工农坝	襄阳	0.63	1974 年 9 月	20	9	1500	1000
106	杨洼	襄阳	3	1958 年 10 月	62	20	4000	2700
107	胡湾	襄阳	2.5	1957 年 4 月	52	20	500	300
108	白马垱	襄阳	3.1	1960 年 8 月	41	12	2000	1000
109	刘湾坝	襄阳	8.75	1960 年 9 月	90	12	1000	700
110	竹园垱	襄阳	12.5	1959 年 5 月	129	18	1300	1000
111	肖垱	襄阳	6.25	1974 年 12 月	62	5	700	700
112	红石岩	襄阳	2.9	1970 年 9 月	81	37	1000	120
113	宋台坝	襄阳	4.13	1966 年 10 月	40	13	600	150
114	瑶山	襄阳	3.25	1958 年 10 月	74	28	800	500
115	张垸	襄阳	0.9	1959 年 10 月	20	7	300	150
116	兰垱	襄阳	5.4	1958 年 9 月	71	10	1000	400
117	胜利坝	襄阳	0.75	1973 年 10 月	62	44	2000	1200
118	肖岗	襄阳	1.33	1958 年 7 月	53	27	2500	1200
119	东枣林	襄阳	4.63	1958 年 7 月	78	30	1500	500
120	上寨	襄阳	0.56	1960 年 9 月	15	7	400	300
121	安子岗	襄阳	0.9	1962 年 8 月	32	19	1500	1000
122	张岗坝	襄阳	1.2	1975 年 9 月	57	38	1500	800
123	大冲	襄城	0.7	—	17	7	800	600
124	吴冲	襄城	1.2	—	25	13	450	300
125	肖冲	襄城	0.85	—	17	8	500	300
126	黄莲树	襄城	0.8	—	38	23	1200	1000
127	宋包	襄城	0.73	—	23	11	700	600
128	张冲	襄城	1.7	—	79	49	5000	2000
129	泉水	襄城	0.6	—	38	18	800	560
130	乔冲	襄城	1.1	—	20	10	800	600
131	龙王垱	襄城	0.95	—	25	6	500	400
132	敦湾	襄城	0.98	—	34	20	400	380
133	王坟	襄城	0.7	—	58	31	280	260

续表4

序号	水库名称	所在县(市)区	集水面积(平方千米)	建成年月	总库容(万立方米)	兴利库容(万立方米)	有效灌溉面积(亩)	最大实际灌溉面积(亩)
134	喻家堰	襄城	0.8	—	27	21	350	350
135	丁沟	襄城	2.9	—	52	21	500	400
136	巴岗	襄城	53.9	—	169	71	2000	1800
137	龙岗	襄城	1.25	—	30	10	1000	300
138	千亩堰	襄城	3.18	—	78	—	3000	2500
139	解湾	襄城	3.48	—	30	—	1500	1000
140	襄南	襄城	0.85	—	37	16	1500	1300
141	罗维垱	襄城	4.6	—	9	61	3000	2500
142	邓岗	襄城	0.68	—	24	6	500	450
143	三桐	襄城	8.95	—	35	17	1200	700
144	中朝堰	襄城	0.95	—	41	28	600	500
145	联合	襄城	1.2	—	29	11	600	500
146	彭沟	襄城	1.18	—	60	33	2000	1500
147	周家堰	襄城	0.53	—	43	22	1000	700
148	大井	襄城	0.9	—	50	28	500	460
149	月桥	襄城	3.35	—	31	9	500	400
150	新堰	襄城	1.73	—	38	11	450	400
151	陈侯	襄城	2.45	—	43	17	500	500
152	陡坡	襄城	0.93	—	59	40	300	300
153	幸福堰	襄城	18	—	84	64	500	400
154	关山	襄城	0.8	—	20	10	500	450
155	黄冲	襄城	0.9	—	63	48	1000	800
156	三八	襄城	1.45	—	56	37	450	400
157	龙潭	襄城	12.08	—	67	16	500	500
158	化冲	襄城	0.85	—	22	10	400	360
159	财神庙	襄城	1.48	—	26	8	600	500
160	东西朝堰	襄城	1.85	—	92	50	600	450
161	马冲	襄城	0.9	—	75	52	450	200
162	万家堰	襄城	1.15	—	35	21	500	450
163	观音	襄城	2.41	—	51	23	500	450
164	双石滚	襄城	34.3	—	6	—	900	800
165	半头山	樊城	2.5	1959 年 1 月	27	16	600	500
166	大琚湾	樊城	2	1959 年 1 月	81	42	1500	750
167	乔沟	樊城	2	1964 年 1 月	53	20	800	600
168	二道沟	樊城	2	1958 年 1 月	136	41	700	500
169	任湾	樊城	1.5	1956 年 5 月	17	5	300	150
170	郭家粉房	樊城	2	1958 年 1 月	214	164	250	200
171	黄庄	樊城	1.2	1967 年 1 月	43	15	800	600
172	青龙堰	樊城	2.5	1958 年 12 月	93	33	300	150
173	三里冲	樊城	3.5	1956 年 10 月	164	98	1700	1500
174	老虎坝	樊城	5.5	1958 年 1 月	120	48	600	500

续表5

序号	水库名称	所在县(市)区	集水面积(平方千米)	建成年月	总库容(万立方米)	兴利库容(万立方米)	有效灌溉面积(亩)	最大实际灌溉面积(亩)
175	侯家大堰	枣阳	1.13	1977 年 1 月	74	62	1600	1000
176	杜家垱	枣阳	1.1	1979 年 5 月	52	39	500	500
177	柳垱	枣阳	1.1	1973 年 4 月	73	54	700	700
178	董家湾	枣阳	1.1	1958 年 2 月	68	35	400	300
179	南阳沟	枣阳	1.08	1979 年 2 月	38	25	750	700
180	圣龙峡	枣阳	1.07	1975 年 3 月	38	23	600	580
181	保丰	枣阳	20.4	1956 年 4 月	109	36	800	500
182	九龙泉	枣阳	20	1977 年 3 月	34	13	5000	4000
183	迎水湾	枣阳	15	1978 年 4 月	59	45	2000	1000
184	陡沟	枣阳	11.1	1978 年 3 月	52	13	500	400
185	文垱	枣阳	10.5	1977 年 5 月	59	35	2000	1500
186	马峰堰	枣阳	8.9	1958 年 12 月	66	42	1200	1200
187	五里桥	枣阳	8.81	1973 年 4 月	108	45	2000	1300
188	北高庄	枣阳	8.5	1983 年 5 月	99	33	200	100
189	小高庄	枣阳	7.76	1978 年 11 月	26	16	500	300
190	老母沟	枣阳	7.4	1978 年 5 月	31	16	1000	600
191	井盘高	枣阳	7.15	1962 年 3 月	45	34	400	230
192	前进	枣阳	7	1976 年 2 月	46	29	300	250
193	鸭子河	枣阳	5.4	1978 年 5 月	43	19	400	400
194	吴庄	枣阳	5.35	1968 年 4 月	53	38	500	400
195	五口堰	枣阳	5.28	1960 年 4 月	130	51	600	450
196	胡庄	枣阳	5.17	1977 年 4 月	17	13	1000	800
197	小北郊	枣阳	5	1978 年 5 月	26	18	500	400
198	过水丘	枣阳	4.71	1975 年 2 月	137	54	1100	1100
199	烈士陵	枣阳	4.6	1964 年 3 月	67	49	300	210
200	小南郊	枣阳	4.3	1973 年 3 月	90	63	500	400
201	六三	枣阳	4.2	1959 年 2 月	59	29	350	350
202	西陈岗	枣阳	4.1	1973 年 4 月	25	15	300	200
203	闫家洼	枣阳	3.97	1958 年 12 月	124	98	8000	7300
204	舒庙	枣阳	3.9	1978 年 3 月	69	28	1000	850
205	金银冲	枣阳	3.9	1974 年 4 月	75	52	500	400
206	黑冲	枣阳	3.78	1961 年 6 月	55	41	500	300
207	余咀	枣阳	3.46	1956 年 3 月	26	14	600	550
208	胡家垱	枣阳	3.45	1956 年 2 月	62	40	800	800
209	南山沟	枣阳	3.24	1979 年 4 月	54	39	2000	1000
210	甘冲	枣阳	3.13	1966 年 4 月	78	43	700	600
211	上甘冲	枣阳	3	1971 年 5 月	54	38	200	100
212	石板垱	枣阳	2.81	1958 年 11 月	88	41	600	600
213	望庄	枣阳	2.63	1962 年 2 月	20	15	250	210
214	关垱	枣阳	2.5	1965 年 1 月	67	35	1000	1000
215	阮咀	枣阳	2.5	1976 年 2 月	64	43	830	830

续表6

序号	水库名称	所在县(市)区	集水面积(平方千米)	建成年月	总库容(万立方米)	兴利库容(万立方米)	有效灌溉面积(亩)	最大实际灌溉面积(亩)
215	阮咀	枣阳	2.5	1976年2月	64	43	830	830
216	杉树林	枣阳	2.4	1987年12月	43	32	400	400
217	白果树	枣阳	2.36	1968年3月	25	16	600	300
218	过路堰	枣阳	2.3	1958年5月	30	11	1200	1000
219	黄家湾	枣阳	2.3	1965年2月	23	9	500	500
220	三八堰	枣阳	2.29	1976年12月	57	38	1500	1000
221	梁家老湾	枣阳	2.28	1977年5月	88	57	2000	1500
222	杨集	枣阳	2.23	1960年2月	31	25	400	200
223	共青	枣阳	2.2	1957年12月	63	40	700	700
224	青建	枣阳	2.17	1959年3月	42	18	1000	800
225	大林子	枣阳	2.17	1978年12月	47	24	800	800
226	杨堰	枣阳	2	1965年2月	56	46	360	360
227	铜铃岗	枣阳	1.98	1958年4月	41	13	1500	1200
228	小松坡	枣阳	1.95	1956年5月	46	34	800	500
229	松坡洼	枣阳	1.88	1976年7月	41	26	600	550
230	十八亩冲	枣阳	1.88	1955年3月	35	19	800	600
231	胡叉子	枣阳	1.87	1964年12月	32	25	300	300
232	白银坝	枣阳	1.85	1966年5月	28	20	150	150
233	高老庄	枣阳	1.85	1959年1月	104	62	800	650
234	何湾	枣阳	1.84	1977年2月	118	82	2000	600
235	钻子沟	枣阳	1.7	1959年2月	24	17	500	400
236	刺林湾	枣阳	1.7	1979年2月	10	6	260	230
237	刘咀	枣阳	1.67	1971年3月	105	89	1000	800
238	磨石堰	枣阳	1.66	1977年2月	35	19	1500	1500
239	钟湾	枣阳	1.64	1958年5月	88	58	1200	800
240	朝王庙	枣阳	1.62	1975年5月	25	16	500	400
241	陈家岗	枣阳	1.61	1965年4月	54	38	700	500
242	祠堂洼子	枣阳	1.61	1968年12月	29	7	230	230
243	赵家湾	枣阳	1.54	1978年12月	23	4	2100	2000
244	苏家湾	枣阳	1.53	1976年3月	40	16	700	500
245	罗堰	枣阳	1.53	1965年4月	112	95	2000	1100
246	刺林湾	枣阳	1.52	1977年12月	32	11	500	300
247	石堰	枣阳	1.5	1979年5月	62	38	700	700
248	红河	枣阳	1.5	1974年5月	31	13	500	300
249	陡沟	枣阳	1.5	1959年2月	22	16	650	650
250	破堰冲	枣阳	1.47	1978年11月	23	9	300	300
251	东冲	枣阳	1.42	1979年1月	20	14	200	200
252	唐湾	枣阳	1.4	1961年3月	43	30	500	500
253	张庄	枣阳	1.4	1977年5月	71	57	1000	700
254	藕堰	枣阳	1.38	1967年2月	90	70	1100	940
255	东湖	枣阳	1.37	1957年3月	22	9	250	250

续表7

序号	水库名称	所在县(市)区	集水面积(平方千米)	建成年月	总库容(万立方米)	兴利库容(万立方米)	有效灌溉面积(亩)	最大实际灌溉面积(亩)
256	姚岗	枣阳	1.33	1958 年 3 月	22	17	400	300
257	陡堰	枣阳	1.3	1976 年 5 月	67	49	500	200
258	裤裆堰	枣阳	1.27	1972 年 5 月	72	47	700	700
259	新庄	枣阳	1.26	1973 年 3 月	29	19	300	200
260	猫子堰	枣阳	1.26	1966 年 4 月	74	32	500	500
261	同心垱	枣阳	1.24	1960 年 5 月	21	7	700	500
262	白水寺	枣阳	1.2	1980 年 2 月	35	19	300	300
263	楼子冲	枣阳	1.2	1959 年 2 月	43	23	650	650
264	金鱼	枣阳	1.2	1975 年 1 月	61	44	500	300
265	小官堰	枣阳	0	1978 年 12 月	27	25	800	800
266	老虎垱	枣阳	1.05	1963 年 12 月	26	20	300	300
267	金银	枣阳	1.05	1985 年 10 月	24	20	340	200
268	碾盘垱	枣阳	1.03	1960 年 3 月	43	28	500	400
269	芦家垱	枣阳	1	1961 年 3 月	47	29	640	600
270	柳堰	枣阳	1	1960 年 2 月	25	20	300	300
271	杜湾	枣阳	0.99	1965 年 4 月	61	54	450	350
272	陡垱	枣阳	0.97	1960 年 10 月	58	42	450	450
273	土楼子湾	枣阳	0.96	1976 年 3 月	32	16	500	400
274	五棵树	枣阳	0.96	1958 年 2 月	46	30	700	650
275	明星	枣阳	0.95	1964 年 2 月	20	17	240	180
276	雷家大堰	枣阳	0.95	1977 年 12 月	30	11	1000	800
277	碾子湾	枣阳	0.94	1987 年 1 月	75	63	2000	1200
278	牯牛口	枣阳	0.92	1973 年 4 月	44	33	610	610
279	下河	枣阳	0.914	1986 年 5 月	24	19	500	200
280	陈家湾	枣阳	0.91	1960 年 12 月	69	51	200	170
281	朱家湾	枣阳	0.91	1968 年 4 月	34	22	240	240
282	灯塔	枣阳	0.85	1969 年 4 月	26	17	300	300
283	谢家湾	枣阳	0.84	1976 年 2 月	27	17	350	350
284	小贾家湾	枣阳	0.83	1978 年 3 月	37	29	2000	800
285	王家湾	枣阳	0.81	1975 年 2 月	50	33	1000	1000
286	徐家湾	枣阳	0.74	1984 年 2 月	23	19	500	500
287	炳墙湾	枣阳	0.74	1954 年 4 月	44	33	500	400
288	麻杆堰	枣阳	0.73	1987 年 3 月	17	13	400	200
289	汪家湾	枣阳	0.71	1967 年 3 月	14	10	800	500
290	庙儿山	枣阳	0.7	1961 年 2 月	20	13	500	300
291	孙家大洼	枣阳	0.7	1975 年 3 月	16	12	500	500
292	姚沟	枣阳	0.7	1975 年 2 月	68	52	1000	1000
293	薛庄	枣阳	0.69	1965 年 1 月	21	17	2400	2000
294	大寺沟	枣阳	0.68	1958 年 4 月	37	26	950	950
295	郑家湾	枣阳	0.67	1966 年 2 月	20	12	200	
296	刁家湾	枣阳	0.66	1964 年 2 月	20	17	200	130

续表8

序号	水库名称	所在县(市)区	集水面积(平方千米)	建成年月	总库容(万立方米)	兴利库容(万立方米)	有效灌溉面积(亩)	最大实际灌溉面积(亩)
297	垱坝堰	枣阳	0.65	1978年2月	18	8	1000	1000
298	林庄	枣阳	0.62	1967年3月	24	14	600	400
299	杜垱	枣阳	0.61	1977年5月	56	16	400	300
300	杨沟	枣阳	0.61	1957年3月	15	11	200	150
301	竹园	枣阳	0.6	1977年3月	23	16	700	350
302	段沟	枣阳	0.6	1964年5月	13	7	300	200
303	小坝山	枣阳	0.59	1974年5月	47	36	1000	900
304	下桥	枣阳	0.57	1979年1月	142	127	1600	1600
305	灵庙	枣阳	0.55	1982年4月	33	24	600	600
306	玉泉寺	枣阳	0.54	1977年1月	83	65	1000	800
307	简庄	枣阳	0.54	1977年4月	17	14	500	500
308	小垭	枣阳	0.53	1978年4月	27	19	1500	1300
309	花沟	枣阳	0.53	1973年5月	17	12	600	500
310	小刘沟	枣阳	0.51	1958年3月	24	16	2000	800
311	白庙一库	枣阳	0.5	1970年3月	42	38	800	500
312	胡庄	枣阳	0.5	1973年1月	26	19	600	500
313	魏庄	枣阳	0.49	1975年9月	14	8	300	250
314	吉庄	枣阳	0.48	1966年4月	21	12	500	300
315	叫花子沟	枣阳	0.46	1965年1月	29	18	200	200
316	西沟	枣阳	0.46	1971年2月	23	16	500	500
317	刘沟	枣阳	0.45	1964年3月	18	12	500	300
318	千沟	枣阳	0.45	1958年5月	16	10	300	200
319	尚湾	枣阳	0.44	1965年12月	18	11	500	300
320	十里沟	枣阳	0.43	1973年2月	27	20	400	400
321	老龙峡	枣阳	0.43	1976年1月	17	14	150	140
322	油黄河	枣阳	0.42	1966年3月	16	11	300	300
323	张寺	枣阳	0.42	1958年5月	14	8	400	300
324	西河坝	枣阳	0.42	1970年5月	20	11	300	200
325	上桥	枣阳	0.41	1953年12月	12	9	300	300
326	上刘沟	枣阳	0.41	1977年3月	26	20	600	550
327	潭湾	枣阳	0.4	1965年3月	24	18	400	300
328	六一	枣阳	0.4	1976年4月	38	28	600	500
329	叶湾	枣阳	0.37	1972年2月	49	23	800	600
330	高家湾	枣阳	0.37	1979年4月	19	12	300	300
331	段营	枣阳	0.35	1976年5月	17	12	500	400
332	青峰(一)	枣阳	0.35	1975年2月	39	23	500	500
333	石堰	枣阳	0.35	1977年2月	30	24	500	400
334	同心	枣阳	0.33	1970年2月	11	8	300	200
335	粉房大堰	枣阳	0.33	1961年3月	38	28	200	100
336	七岭寨	枣阳	0.32	1977年4月	16	11	500	400
337	五坊	枣阳	0.32	1976年12月	24	18	350	350

续表9

序号	水库名称	所在县(市)区	集水面积(平方千米)	建成年月	总库容(万立方米)	兴利库容(万立方米)	有效灌溉面积(亩)	最大实际灌溉面积(亩)
338	杨田	枣阳	0.31	1979 年 5 月	18	11	300	280
339	张桥	枣阳	0.3	1972 年 3 月	14	13	290	290
340	向阳	枣阳	0.3	1976 年 6 月	18	14	500	300
341	木桥	枣阳	0.28	1966 年 3 月	17	8	800	500
342	冯冲	枣阳	0.28	1976 年 12 月	24	15	800	600
343	高潮	枣阳	0.26	1965 年 3 月	36	29	300	300
344	关冲	枣阳	0.24	1966 年 2 月	15	11	300	300
345	刘坡	枣阳	0.24	1959 年 10 月	14	6	600	500
346	敖坡	枣阳	0.23	1971 年 2 月	13	7	300	300
347	曹营	枣阳	0.22	1974 年 5 月	11	9	500	500
348	张冲	枣阳	0.21	1967 年 1 月	28	21	200	130
349	方寨东	枣阳	0.2	1976 年 4 月	28	22	600	400
350	方寨北	枣阳	0.2	1972 年 2 月	14	11	600	470
351	园林	枣阳	0.19	1978 年 5 月	11	7	1000	900
352	张庄	枣阳	0.19	1965 年 1 月	14	8	500	300
353	王岗	枣阳	0.17	1973 年 4 月	13	8	740	500
354	万庄	枣阳	0.15	1984 年 3 月	21	17	500	400
355	官庄	枣阳	0.15	1974 年 2 月	24	20	1000	1000
356	段冲	枣阳	0.15	1978 年 2 月	21	19	400	370
357	西冲	枣阳	0.15	1975 年 2 月	14	12	400	300
358	坎子垱	枣阳	0.14	1966 年 3 月	20	17	300	300
359	加工垱	枣阳	0.12	1977 年 5 月	13	11	200	200
360	鸦雀坡	枣阳	0.1	1976 年 12 月	69	46	280	250
361	大泉眼	枣阳	0.1	1965 年 5 月	27	23	400	300
362	徐岗	枣阳	0	1975 年 3 月	12	9	1200	1200
363	垱堰	枣阳	0	1965 年 2 月	16	14	500	500
364	犁包黄	枣阳	0	1975 年 5 月	18	15	1000	1000
365	大官堰	枣阳	0	1975 年 3 月	24	19	400	400
366	簸箕堰	枣阳	0	1975 年 3 月	19	16	1000	1000
367	九龙洼	枣阳	0	1965 年 2 月	12	11	1000	1000
368	牛捞	宜城	27.5	1957 年 10 月	27	14	3800	1500
369	肖家冲	宜城	4	1957 年 11 月	24	20	2000	2000
370	陈冲	宜城	1.7	1980 年 4 月	14	8	1000	135
371	红石岩	宜城	2.8	1975 年 5 月	77	43	2400	400
372	黄家湾	宜城	4.4	1958 年 7 月	23	8	300	200
373	王家洼	宜城	0.3	1982 年 4 月	24	14	500	200
374	黄家台	宜城	1.28	1957 年 5 月	46	26	600	300
375	团山	宜城	4.3	1973 年 5 月	30	10	500	350
376	狼洞	宜城	1.6	1958 年 5 月	26	11	200	200
377	陈湾	宜城	23.7	1974 年 3 月	16	5	4000	1800
378	魏家冲	宜城	3.2	1959 年 10 月	60	32	400	300

续表10

序号	水库名称	所在县(市)区	集水面积(平方千米)	建成年月	总库容(万立方米)	兴利库容(万立方米)	有效灌溉面积(亩)	最大实际灌溉面积(亩)
379	卜船山	宜城	2.1	1986 年 4 月	46	27	2100	300
380	毛家洼	宜城	40	1957 年 10 月	35	8	400	300
381	弥陀寺	宜城	0.21	1977 年 1 月	27	17	350	200
382	宋家冲	宜城	3.6	1957 年 10 月	52	32	1200	600
383	龙王冲	宜城	1.5	1974 年 4 月	20	12	1500	1500
384	梨树坡	宜城	4	1972 年 5 月	62	18	1600	1200
385	吴家冲	宜城	3	1963 年 5 月	88	50	2000	2000
386	寨沟	宜城	2.7	1972 年 5 月	28	19	700	150
387	山根	宜城	11.1	1957 年 5 月	31	5	250	250
388	狮子头	宜城	2.4	1972 年 5 月	80	55	1500	400
389	马头泉	宜城	4.13	1988 年 2 月	16	9	400	300
390	千弓垱	宜城	1.3	1974 年 5 月	34	26	2000	1500
391	十亩槽	宜城	2.4	1958 年 2 月	13	9	400	200
392	杏仁山	宜城	5.4	1975 年 5 月	85	37	120	120
393	黑冲	宜城	2	1973 年 5 月	26	17	200	150
394	小沙河	宜城	2.6	1987 年 3 月	14	5	700	580
395	松林寺	宜城	4	1973 年 4 月	74	53	2000	2000
396	马家冲	宜城	1.1	1986 年 1 月	49	29	300	180
397	古井湾	宜城	2.3	1987 年 5 月	25	12	200	120
398	斋公河	宜城	4.3	1973 年 5 月	22	14	500	500
399	胡木冲	宜城	1.3	1977 年 3 月	13	7	200	100
400	林子沟	宜城	7	1987 年 1 月	69	26	2000	800
401	槐子湾	宜城	57	1988 年 4 月	75	46	400	180
402	马家嘴	宜城	2.35	1954 年 6 月	18	6	150	120
403	黄楝栎	宜城	0.5	1980 年 1 月	45	24	1200	800
404	尾子山	宜城	2.83	1988 年 2 月	12	5	1200	700
405	黄金	宜城	0.87	1973 年 5 月	12	5	4400	370
406	楼子冲	宜城	1.35	1957 年 5 月	34	19	680	660
407	三里	宜城	1.45	1974 年 5 月	27	13	1000	730
408	丹天观	宜城	1.2	1957 年 5 月	22	10	500	400
409	上湾	宜城	1.7	1973 年 5 月	16	8	1800	900
410	福利冲	宜城	1.1	1981 年 4 月	10	3	700	200
411	钱湾	宜城	2.3	1977 年 7 月	17	10	1750	700
412	羊驮沟	宜城	4.9	1957 年 5 月	35	17	2900	690
413	刘家冲	宜城	4	1957 年 5 月	35	24	1600	200
414	鹞子山	宜城	2.3	1987 年 4 月	40	22	1500	200
415	严家嘴	宜城	4.18	—	36	35	1000	200
416	红石岩	宜城	2.8	—	77	42.94	1500	200
417	桃园口	南漳	0.1	1977 年 3 月	10.47	7.2	176	30
418	郑家湾	南漳	0.5	1976 年 3 月	31.9	17.7	600	350
419	袁家冲	南漳	0.3	1977 年 3 月	19.32	14.3	750	550

续表11

序号	水库名称	所在县(市)区	集水面积(平方千米)	建成年月	总库容(万立方米)	兴利库容(万立方米)	有效灌溉面积(亩)	最大实际灌溉面积(亩)
420	施家冲	南漳	0.7	1975年3月	13.34	9	320	200
421	南瓜洼	南漳	2	1975年3月	74.11	50.5	1240	500
422	楼子屋	南漳	1.8	1975年10月	40.89	12.1	528	378
423	古楼寺	南漳	1.3	1964年6月	68.93	55.6	1000	440
424	郭家冲	南漳	0.4	1974年5月	36.65	27	1000	800
425	洪家老屋	南漳	0.1	1975年5月	23.1	19.2	600	410
426	老鸦冲	南漳	0.6	1978年2月	27.42	10.8	550	350
427	潘家冲	南漳	0.5	1978年10月	10.47	4.2	280	150
428	潘家湾	南漳	0.6	1967年10月	12.59	5.4	650	460
429	炮石垭	南漳	0.7	1976年3月	15.4	7	800	400
430	安乐堰	南漳	72.5	1958年10月	59.28	5.2	2094	1074
431	柏家大堰	南漳	0.3	1975年3月	10	4.4	1000	120
432	草庙	南漳	0.3	1962年10月	12.03	3.5	475	230
433	东湖	南漳	0.2	1969年11月	17.32	14.9	350	300
434	木马山	南漳	0.8	1974年4月	43.9	29	2400	1890
435	烂泥湖冲	南漳	0.3	1980年3月	18.34	10.8	2000	2000
436	韩家嘴	南漳	1	1974年4月	20.86	13.3	1000	500
437	瓦屋岗	南漳	0.3	1975年2月	11.5	6.8	1500	700
438	窑洼	南漳	0.3	1979年4月	10.26	5.04	500	500
439	小字冲	南漳	0.8	1960年3月	13.45	9.55	100	80
440	油房沟	南漳	0.3	1969年4月	15.74	11.55	300	250
441	杨家沟	南漳	1.1	1971年10月	18.5	12.1	450	380
442	青年	南漳	1.3	1966年3月	19.87	6	400	400
443	南背	南漳	4.5	1957年4月	40.8	26.2	500	450
444	马山沟	南漳	1.6	1978年3月	25.2	12.38	300	220
445	马家嘴	南漳	0.3	1959年10月	10	3.55	300	200
446	两河口	南漳	1.2	1966年5月	23.4	14.6	500	400
447	莲花堰	南漳	1.8	1964年3月	20.17	6.6	600	500
448	观山	南漳	0.2	1965年3月	36.74	25.4	800	800
449	陈家挡	南漳	0.8	1965年11月	12.83	—	400	300
450	白龙滩	南漳	0.6	1959年6月	14.19	1.8	—	—
451	泉头岩	南漳	0.7	1973年6月	10	5.6	—	—
452	黑沟	南漳	0.6	1974年6月	16.04	—	200	100
453	龙王河	南漳	3	1975年6月	40.21	—	500	300
454	张家沟	南漳	1.3	1976年3月	33.54	—	200	100
455	南沟	南漳	9.8	1973年6月	18.93	—	200	100
456	西流坪	南漳	0.1	1974年6月	10.5	—	100	50
457	北泉庙	南漳	2.1	1968年6月	30.63	—	800	500
458	马家沟	南漳	1.5	1976年4月	60.24	41.8	1660	470
459	猪儿湾	南漳	0.3	1973年6月	11.64	7.8	100	60
460	紫山坪	南漳	13.3	1973年4月	17	8.2	500	390

续表12

序号	水库名称	所在县(市)区	集水面积(平方千米)	建成年月	总库容(万立方米)	兴利库容(万立方米)	有效灌溉面积(亩)	最大实际灌溉面积(亩)
461	五进冲	南漳	0.1	1973 年 6 月	11.7	8.9	150	120
462	田家冲	南漳	2.1	1974 年 4 月	21.84	13	400	380
463	石板沟	南漳	3.3	1972 年 8 月	12.26	8	250	150
464	马家沟	南漳	2.7	1958 年 7 月	15.8	10	260	210
465	螺丝沟	南漳	8	1972 年 4 月	11.99	7.5	200	200
466	龙王滩	南漳	4	1978 年 5 月	10.29	5.9	400	100
467	花鱼沟	南漳	2	1987 年 6 月	29.65	7.65	570	300
468	龙王冲	南漳	1.5	1970 年 6 月	27.26	18	550	450
469	柳树滩	南漳	14	1982 年 4 月	26.25	13	1000	330
470	刘家院子	南漳	1.7	1975 年 4 月	47.33	38	1000	910
471	老山沟	南漳	0.3	1975 年 4 月	10.8	3.6	170	100
472	郭家沟	南漳	0.1	1963 年 6 月	13.6	6.9	100	50
473	郜子垭	南漳	3.2	1959 年 4 月	15.61	10.02	800	300
474	祠堂沟	南漳	0.6	1976 年 4 月	12.28	8.8	200	200
475	北溪沟	南漳	1.9	1976 年 4 月	15.96	10	300	295
476	但家沟	南漳	5.5	1976 年 2 月	35.3	23.2	200	200
477	郭家棚	南漳	2.9	1974 年 10 月	—	11.3	200	200
478	胡家沟	南漳	1.7	1974 年 4 月	10.86	6.2	300	300
479	黄家庄	南漳	2.3	1974 年 8 月	14	3.1	150	130
480	老湾	南漳	3.5	1970 年 3 月	11.47	5.9	200	200
481	李家湾	南漳	0.4	1974 年 1 月	35.43	14.6	150	150
482	楼子沟	南漳	6.5	1975 年 3 月	13.63	5.1	200	200
483	庙沟	南漳	0.5	1973 年 4 月	40	28.9	180	180
484	彭洼	南漳	2.3	1975 年 11 月	14.28	7.2	150	150
485	土家沟	南漳	0.5	1973 年 3 月	11.24	7.9	200	200
486	垭岭	南漳	2.6	1975 年 10 月	10	4.6	150	150
487	奄沟	南漳	0.5	1979 年 11 月	25.3	14	300	200
488	石炭沟	南漳	0.3	1979 年 10 月	28.43	16.26	85	50
489	杨店	南漳	0.6	1971 年 12 月	13.26	9.5	300	300
490	杨儿沟	南漳	1.7	1974 年 10 月	18.61	9.8	630	140
491	张家湾	南漳	0.8	1974 年 3 月	12.7	7.2	100	40
492	黄泥巴洼	南漳	0.1	1978 年 6 月	34.6	10.8	1200	1000
493	付家冲	南漳	0.3	1965 年 6 月	17.6	13.7	1500	800
494	王家垱	南漳	7.5	1961 年 6 月	18.6	—	600	300
495	王花园	南漳	37	1960 年 7 月	57.4	—	200	250
496	铁塔	南漳	0.1	1976 年 8 月	12.51	9.3	750	880
497	汤家嘴	南漳	0.17	1956 年 5 月	11.6	—	300	300
498	群兴	南漳	0.1	1971 年 6 月	18.3	13.5	800	1000
499	曲石沟	南漳	0.5	1974 年 5 月	16.3	—	300	50
500	毛草大埝	南漳	0.4	1954 年 5 月	11.8	—	200	200
501	邓集	南漳	0.8	1981 年 7 月	32.7	—	2500	3200

续表13

序号	水库名称	所在县(市)区	集水面积(平方千米)	建成年月	总库容(万立方米)	兴利库容(万立方米)	有效灌溉面积(亩)	最大实际灌溉面积(亩)
502	杜家冲	南漳	0.4	1960年6月	16.4	—	200	92
503	革家湾	南漳	0.1	1974年6月	20.5	15.4	600	400
504	格头湾	南漳	7.3	1965年6月	18.5	—	800	800
505	官庄	南漳	0.1	1980年6月	37.21	14.9	1200	1000
506	黑沟	南漳	0.8	1975年6月	11.9	—	800	200
507	黄家冲	南漳	0.4	1960年6月	10.4	—	150	140
508	金家湾	南漳	4	1961年6月	14.8	—	270	170
509	金山	南漳	0.3	1975年9月	17.21	12.9	350	200
510	井洼	南漳	0.6	1984年7月	17.6	—	900	800
511	雷家湾	南漳	2.7	1962年6月	12.63	5.3	500	700
512	虾扒沟	南漳	4	1960年6月	32.5	—	1000	1000
513	徐家冲	南漳	0.4	1960年6月	26.7	—	150	140
514	永安	南漳	0.8	1954年5月	18.1	—	400	300
515	肖家畈	南漳	1.1	1959年8月	27.23	11.1	350	200
516	吴家大沟	南漳	31.4	1964年9月	80.8	—	2500	2500
517	吴家冲	南漳	0.8	1958年5月	11.59	7	180	150
518	王家湾	南漳	0.7	1981年6月	45.5	—	300	300
519	八泉	南漳	4.3	1956年6月	31.4	—	700	700
520	柏腊堰	南漳	1.2	1957年6月	11.8	—	150	100
521	柏树挡	南漳	5.7	1958年6月	20.51	—	300	450
522	碑亭湾	南漳	1.4	1963年6月	46.93	2.5	230	350
523	碑亭子	南漳	1.7	1957年6月	14.1	—	1200	1000
524	陈家冲	南漳	0.9	1955年5月	12.4	—	250	200
525	马台	谷城	2.8	1956年4月	40.5	—	400	300
526	马家大冲	谷城	0.74	1956年4月	21.4	—	350	250
527	芦家包子	谷城	1.56	1958年2月	44.8	—	400	310
528	瓦庙	谷城	1.17	1991年5月	28	—	420	300
529	葫芦系	谷城	4.9	1960年4月	38.7	—	600	500
530	二虎山	谷城	2.5	1958年4月	24	—	400	300
531	余家湾	谷城	1.7	1992年4月	13	—	450	210
532	打磨沟	谷城	1	1992年4月	48	—	370	300
533	胡家棚	谷城	1.13	1960年5月	28	—	300	250
534	窑场沟	谷城	1.5	1958年8月	104	—	320	200
535	大山沟	谷城	1.1	1957年3月	19.4	—	300	250
536	大陌山	谷城	0.5	1956年4月	18.6	—	300	200
537	胡家坡	谷城	1.33	1958年4月	37	—	300	250
538	风洞	谷城	0.49	1964年4月	17	—	410	300
539	裴桥	谷城	0.513	1991年4月	23	—	300	210
540	丰收	谷城	1.2	1991年4月	18.8	—	420	250
541	莲花堰	谷城	1.53	1957年5月	17	—	400	200
542	小窑沟	谷城	0.4	1967年4月	16.9	—	300	200

续表14

序号	水库名称	所在县(市)区	集水面积(平方千米)	建成年月	总库容(万立方米)	兴利库容(万立方米)	有效灌溉面积(亩)	最大实际灌溉面积(亩)
543	板桥沟	谷城	1.58	1965 年 1 月	20	—	410	340
544	红土沟	谷城	0.23	1967 年 3 月	15.5	—	300	210
545	牛角冲	谷城	0.75	1992 年 5 月	10.13	—	300	220
546	杨家沟	谷城	3.28	1963 年 4 月	10.5	—	500	400
547	掉石沟	谷城	4.2	1983 年 3 月	85.5	—	800	750
548	黑沟	谷城	0.69	1991 年 5 月	12.6	—	370	200
549	乔子沟	谷城	0.75	1987 年 6 月	11.2	—	300	260
550	雷打石	谷城	0.38	1966 年 4 月	11.4	—	300	220
551	芭茅地	谷城	1.15	1961 年 3 月	14	—	320	210
552	翠花沟	谷城	0.72	1968 年 3 月	21	—	410	320
553	万玉堂	谷城	0.42	1956 年 11 月	17	—	300	280
554	美满	谷城	2.18	1957 年 5 月	10.4	—	600	450
555	毕家湖	谷城	2.25	1989 年 6 月	14.5	—	480	250
556	倒座庙	谷城	1.25	1990 年 5 月	24	—	320	200
557	幸福	谷城	1.2	1956 年 5 月	35	—	500	350
558	徐家湾	谷城	0.67	1990 年 5 月	12	—	400	300
559	闷山沟	谷城	0.85	1989 年 4 月	11	—	360	220
560	水沟	谷城	2.7	1993 年 5 月	11	—	500	300
561	东风	谷城	0.58	1966 年 2 月	22.1	—	500	400
562	桐子沟	谷城	2.3	1986 年 5 月	27.4	—	600	500
563	西沟	谷城	0.3	1958 年 3 月	12.5	—	300	280
564	冯冲	谷城	0.36	1991 年 5 月	12.6	—	350	250
565	丁家冲	谷城	0.78	1992 年 5 月	13	—	400	300
566	阮家冲	谷城	0.48	1985 年 4 月	16	—	300	280
567	胡湾	谷城	0.63	1960 年 3 月	14.2	—	400	280
568	长岭	谷城	0.5	1990 年 4 月	18	—	400	300
569	代林扒	谷城	3.73	1958 年 3 月	31	—	500	350
570	杨泗庙	谷城	3.5	1958 年 1 月	69.5	—	500	360
571	梅子沟	谷城	2.7	1960 年 5 月	28	—	450	310
572	水竹扒	谷城	0.5	1959 年 3 月	10.1	—	380	200
573	潭子沟	谷城	0.92	1990 年 5 月	10.3	—	340	180
574	象鼻沟	谷城	0.48	1974 年 3 月	22.8	—	300	210
575	姚沟	谷城	0.48	1989 年 4 月	18.7	—	300	180
576	禹王庙	谷城	3.97	1957 年 4 月	54.5	—	800	650
577	寨沟	谷城	1.2	1956 年 3 月	34.4	—	400	300
578	马家沟	谷城	2.63	1982 年 12 月	20	—	500	400
579	代家湾	谷城	0.98	1983 年 4 月	10.4	—	500	400
580	吴家口	谷城	0.2	1958 年 3 月	39.5	—	300	250
581	五一	谷城	1	1956 年 3 月	47.2	—	500	400
582	苏盘	谷城	3.24	1960 年 5 月	34.5	—	600	500
583	安全	谷城	0.5	1956 年 7 月	20.8	—	400	300

续表15

序号	水库名称	所在县(市)区	集水面积(平方千米)	建成年月	总库容(万立方米)	兴利库容(万立方米)	有效灌溉面积(亩)	最大实际灌溉面积(亩)
584	蒋冲	谷城	1.06	1957 年 5 月	22.6	—	500	400
585	陡坡	谷城	1.3	1991 年 5 月	32	—	400	300
586	乌龟山	谷城	1.74	1986 年 3 月	22.5	—	400	300
587	水田畈	保康	0.5	1974 年 1 月	52.5	41.5	6000	2500
588	西峪	保康	0.3	1979 年 12 月	15	12.6	5000	1000
589	大龙潭	保康	5	1960 年 6 月	60	24	5000	3000
590	茨沟	保康	2.045	1993 年 1 月	14	8.4	6000	1200
591	老贺沟	保康	0.4	1992 年 4 月	14.1	10.25	3000	300
592	云溪沟	保康	11.2	1996 年 1 月	30	12.5	2000	—
593	土地岭	老河口	1.1	1960 年 2 月	92	77	2500	2000
594	西张湾	老河口	0.8	1959 年 3 月	10	—	200	200
595	胡家洼	老河口	0.6	1956 年 5 月	19	14	2000	1500
596	龙王冲	老河口	0.9	1960 年 4 月	16	13	100	100
597	小张沟	老河口	1.9	1958 年 3 月	41	26	600	400
598	七一	老河口	1.8	1958 年 12 月	12	3	100	100
599	宋家湾	老河口	1.6	1959 年 3 月	75	38	500	400
600	彭家湾	老河口	0.2	1974 年 12 月	25	20	100	50
601	杜家湾	老河口	2.4	1958 年 1 月	27	15	100	100
602	连山坡	老河口	11.8	1976 年 4 月	25	22	100	60
603	张洼	老河口	6.6	1960 年 4 月	70	6	100	60
604	小南冲	老河口	0.72	1977 年 12 月	12	7	100	50
605	松树扒	老河口	0.5	1975 年 1 月	16	9	500	370
606	李家沣	老河口	0.34	1978 年 5 月	18	12	200	100
607	程家岗	老河口	0.63	1978 年 4 月	18	4	500	200
608	尹湾	老河口	0.27	1979 年 11 月	10	6	200	70
609	白虎山	老河口	10	1960 年 5 月	81	46	100	—
610	艾家沟	老河口	4	1960 年 12 月	11	6	200	200
611	布袋沟	老河口	5.7	1961 年 10 月	76	48	500	400
612	纪会沟	老河口	2	1958 年 4 月	16	10	200	200
613	付家湾	老河口	23.8	1959 年 12 月	57	18	800	700
614	张庄	老河口	19.9	1960 年 5 月	27	11	200	200
615	廖庄	老河口	3.9	1958 年 3 月	58	32	100	100
616	王湾	老河口	7.5	1960 年 3 月	67	42	500	400
617	肖泉	老河口	5	1976 年 12 月	90	58	1000	1000
618	白龙泉	老河口	1.9	1958 年 3 月	35	24	300	200
619	白果树沟	老河口	1.55	1958 年 12 月	62	45	300	—
620	贾沟	老河口	1.7	1979 年 2 月	67	43	100	100
621	任冲	老河口	0.3	1979 年 3 月	14	7	300	—
622	徐眼	老河口	0.4	1979 年 3 月	23	15	300	—

注：部分水库有关资料缺失。

2.堰塘挡坝

1949年年末，境内堰塘挡坝有196 439处（含随县），有效蓄水量3.5亿立方米。1985年年末有197262处（含随州），有效蓄水量6.4亿立方米。20世纪80年代以后，全市堰塘建设一度削弱。遭遇1999年特大干旱之后，全市上下通过反思，把扩堰增容作为治理“旱包子”的有效途径，10月市委市政府明确提出“全市总动员，大战20天，劳力上10万，改造扩挖堰塘15 500口”，并将任务分解到各县（市）区，要求限期完成。枣阳闻风而动，进一步提出整治稍冲地上的“锅底堰”，大冲田里的“盘子堰”，岗坡顶上的“碟子堰”和装不住水的“箅子堰”，广泛开展“多挖一方土，多蓄一方水，多浇一亩田，多收一担粮”的活动，至11月初，该市投入劳力25万人次，机械1万多台（套），整修堰塘2 300多处，新修堰塘150多处，完成工程量1 500多万立方米，新增蓄水能力1 800多万立方米，11月8日，襄樊市在枣阳召开扩堰增容现场会，推广枣阳经验，有力推动各县（市）区堰塘建设。11月15日，在全省堰塘改造随州现场会上，襄樊市作了“大旱之年大反思，千军万马兴水利”大搞扩堰增容的典型发言。

截至2005年年底，全市共有堰塘88 461处，有效蓄水4.58亿立方米，有效灌溉面积34.95万亩，实际灌溉面积12.26万亩。其中襄阳区9 883处，有效蓄水0.415 3亿立方米；襄城区1 772处，有效蓄水0.175 5亿立方米；樊城区813处，有效蓄水0.058 1亿立方米；枣阳市32 626处，有效蓄水2.098 7亿立方米；宜城市17 638处，有效蓄水0.2305亿立方米；南漳县11 252处，有效蓄水0.852 9亿立方米；谷城县8 575处，有效蓄水0.474亿立方米； 保康县1 309处，有效蓄水0.022 7亿立方米；老河口市4 429处，有效蓄水0.2006亿立方米；高新区及市直农场164处，有效蓄水0.051 7亿立方米。

（二）引水工程

引水工程是将水位高于田面的水源引入渠道，或水源水位低于田面时修建一定的工程设施使水位高于田面而实现自流灌溉，包括渠首设施、渠道及其附属设施等，它是全市农田灌溉的主要形式之一，分为拦河筑坝引水和涵闸引水两种形式。1985年末，全市有引水工程9处（含随州），其中引流量在10立方米每秒以上、灌溉农田20万亩以上的2处，引流量3立方米每秒、灌溉农田3万亩以上的2处，引流量0.5立方米每秒以上、灌溉农田0.5万亩以上的5处，设计总引流量164.91立方米每秒，实际达到158.7立方米每秒，设计灌溉农田231.4万亩，1985年实际灌溉154.33万亩。截至2005年年底，全市引水工程共有7处，其中引流量在10立方米每秒以上、灌溉农田20万亩以上的2处，为长渠工程、引丹工程；引流量3立方米每秒、灌溉农田3万亩以上的1处，为襄阳滚河 引水工程；引流量0.5立方米每秒以上、灌溉农田0.5万亩以上的4处，为南漳永丰，保康马桥、大畈、简家坪引水工程。修建最早的是长渠工程，灌溉面积最大的是引丹工程。

主要引水工程情况分述如下。

1.长渠（含木渠）

长渠，亦称“百里长渠”，又名“白起渠”，位于宜城与南漳境内，起初用于战争攻城，秦昭襄王二十八年（公元前279），秦国大将白起攻打楚国鄢城（今宜城郑集镇楚皇城），以水代兵，在今南漳武安镇镇西蛮河中垒石筑坝，坝下开渠引水灌鄢，城破。秦封白起为武安君，武安镇由此得名。所开之渠，后被用作灌溉农田，是我国古代著名的农田灌溉工程，1988年9月，中国水利电力出版社编辑出版的《中国水利之最》称其为全国最早的灌溉渠。

木渠，早期称为木里沟，先秦时期为楚国修建，最初“出于中庐（今南漳县境）之西山，拥鄢水（今蛮河）走东南四十五里，经宜城之东北而入于沔（今汉江）”。东汉时期，南郡太守王宠重修木里沟，将夷水(今蛮河)与木里沟汇合,因而使灌溉面积大增。

东汉以后,长渠与木渠逐渐演变成一个大的灌溉体系。长渠、木渠皆是引西山夷水,同为灌溉汉江与蛮河之间的平原地带,灌溉的尾水同样入于汉江,因而二渠相互沟通,形成一个不可分割的整体,至迟在南北朝(420—589)时期,长渠、木渠已成为同一个灌溉系统。正因为如此,后世文献记述中,长渠、木渠每每互指,有时则通称为长木渠。

20 世纪 50 年代末至 60 年代初,长渠主要以增加灌区蓄水设施,“长藤结瓜”,扩大灌溉面积为重点;70 年代主要以完善渠系配套工程设施,增强工程输水能力为重点;80 年代后期 90 年代末主要以治理工程老损,保障灌区用水需要为重点,进入 21 世纪后,主要以节水改造与续建配套工程建设为重点,保障工程正常运转,灌溉效益不断提高。1983 年冬,清除行洪障碍,砍伐上下游主河槽及两岸林木面积 9.27 万平方米;在拦河坝上游主河道右岸采取浆砌块石护坡,下游采取混凝土护坡长 340 米,左岸采取混凝土护坡长 200 米,加高加固第一道防洪堤长 717 米,第二道防洪堤长 560 米,新建机行桥、人行桥各 1 座。1986 年兴建进水闸右岸挡土墙长 55 米。1999 年春,加固谢家台村围垸堤长 880 米,加高培厚防洪堤长 560 米,修复蛮河右岸混凝土护坡长 200 米,兴建谢家台村围垸内排涝泵站 1 座等,投资 29.5 万元。2001 年 2 月,重建渠道启闭机工作房,更新 7 台启闭机与 7 孔闸门等,投资 70 万元。至 2005 年年底,渠首主要工程为:主坝 1 座,为溢流式混凝土重力坝,坝高 3.4 米,顶长 120 米,坝顶高程 72.9 米;副坝 2 座,一副坝为溢流式浆砌石坝,坝顶长 87 米,高程 72.8 米,二副坝为混凝土溢流式实用堰重力坝,坝顶长 120 米,高程 73.5 米;右岸防洪堤长 560 米,堤顶高程 76 米,左岸防洪堤长 350 米,堤顶高程 75 米;引(进)水闸 5 孔,孔高 2.9 米,其中两孔各宽 2.5 米,两孔各宽 3 米,闸底高程均为 70 米,采用平面钢板闸门控制;冲沙闸 2 孔,孔高 3.42 米,闸底高程 69.5 米,采用平面钢板闸门控制。

干渠工程在 1958 年冬加工渠道拦河坝的同时,相应扩大渠首至大沟的过水断面,渠道底宽由 5.5 米扩至 7 米,引水流量增至 24 立方米每秒。1963 年将石头沟、郭家祠堂两处闸拆除,合并新建杨岗节制闸。1964 年冬组织宜城官堰、璞河两区 12 个公社劳力 2 000 余人扩宽大沟至二沟渠段长 6620 米,渠底宽由 5 米扩至 10 米,完成土方量 55 万立方米。1970 年在三道河水库建成后,对干渠全线裁弯取直并扩宽,其中渠首至大沟段长 19340 米,由 7 米扩宽至 10 米,二段至三段渠段长 13 340 米,由 5 米扩宽至 8 米,三段以下至黄家屋场渠段长 5 800 米,由 2.5 米扩宽至 5 米,至此干渠输水能力达 40 立方米每秒。1971 年将高坑、雷家营两处节制闸拆除,合并新建黄集节制闸,并将叉湖垱闸拆除,归并官沟节制闸控制。1974 年冬至 1975 年春,新建望岗尾水闸,改建尾水渠,对高觉寺至郭海支渠长 3 723 米渠道裁弯取直,渠底宽达 5.5 米,延修干渠,延长郭海支渠进水闸至望岗跌水闸渠道长 4 416 米。1986 年 11 月 8 日至 1987 年 1 月 11 日,组织宜城 6 个乡镇民工 84 00 余人(高峰时 9 200 余人)施工,采取浆砌石混凝土预制件加固渠首武安镇卡子口段挡土墙长 4 000 米,护砌之后,渠道过水流量达 43 立方米每秒。1989 年 12 月 5 日开工对 4 处滑坡严重与基础软弱渠段进行整治,护砌长 2 000 米,至 1990 年 3 月完工,投资 127 万元。1998 年冬,调集宜城朱市镇劳力对干渠杨河段衬砌加固长 200 米。1999 年以后,长渠干渠整治纳入三道河水库灌区节水改造与续建配套工程项目。其中于 1999 年,对 5 处渠段进行加固整治长 2 512 米,投资 810.66 万元;2001 年 8 月开工,衬砌加固渠段长 2 415 米,修建渠顶泥结石路面长 3 500 米,至 12 月完工,投资 818.61 万元。经多次扩建,至 2005 年年底,干渠径行自谢家台起,经武安镇、红瓦屋、郭家坑子,王家墩、鲍家营、八卦庙、黎家岗、段旗营、槐树井、陈家岗、赤湖岗、罗家岗、王子岗、望家岗、尾水于岛口入汉江,全长 49.25 千米。桩号 0+000—26+416 段输水能力 43 立方米每秒,26+416—39+300 段输水能力 25 立方米每秒,39+300 以下渠段输水能力 10 立方米每秒。

支渠建设大体经过两个阶段。20 世纪 50 年代以前,以新建、增建灌溉渠为重点;60 年代以后至

2005 年以改建、扩建为重点。至 2005 年底，共有支渠 34 条。道裁弯取直，渠底宽达 5.5 米，延修干渠，延长郭海支渠进水闸至望岗跌水闸渠道长 4 416 米。1986 年 11 月 8 日至 1987 年 1 月 11 日，组织宜城 6 个乡镇民工 8 400 余人（高峰时 9 200 余人）施工，采取浆砌石混凝土预制件加固渠首武安镇卡子口段挡土墙长 4 000 米，护砌之后，渠道过水流量达 43 立方米每秒。1989 年 12 月 5 日开工对 4 处滑坡严重与基础软弱渠段进行整治，护砌长 2 000 米，至 1990 年 3 月完工，投资 127 万元。1998 年冬，调集宜城朱市镇劳力对干渠杨河段衬砌加固长 200 米。1999 年以后，长渠干渠整治纳入三道河水库灌区节水改造与续建配套工程项目。其中于 1999 年，对 5 处渠段进行加固整治长 2 512 米，投资 810.66 万元；2001 年 8 月开工，衬砌加固渠段长 2 415 米，修建渠顶泥结石路面长 3 500 米，至 12 月完工，投资 818.61 万元。经多次扩建，至 2005 年年底，干渠径行自谢家台起，经武安镇、红瓦屋、郭家坑子，王家墩、鲍家营、八卦庙、黎家岗、段旗营、槐树井、陈家岗、赤湖岗、罗家岗、王子岗、望家岗、尾水于岛口入汉江，全长 49.25 千米。桩号 0+000—26+416 段输水能力 43 立方米每秒，26+416—39+300 段输水能力 25 立方米每秒，39+300 以下渠段输水能力 10 立方米每秒。

支渠建设大体经过两个阶段。20 世纪 50 年代以前，以新建、增建灌溉渠为重点；60 年代以后至 2005 年以改建、扩建为重点。至 2005 年年底，共有支渠 34 条。

渠系建筑物，1953 年长渠修复完工时，有干渠建筑物 126 处，除 4 处为钢筋混凝土结构，1 处为半钢筋混凝土外，其余以及支渠建筑物均为土质结构。至 2005 年底，干、支渠建筑物有 267 处，均为钢筋混凝土结构。主要有桥梁 53 座，渡槽 22 处，闸门 29 处，涵管 9 处，斗门 67 处。

新建水源工程 1 处，即修建三道河水库。自 1966 年 7 月该库竣工后，至 2002 年，长渠每年引入三道河水库水量为 24 078 万立方米，年均灌溉供水 24 266 万立方米，比未建库前年均增加用水 8 660 万立方米，增幅 54.1%。

此外，长渠修复完工后，运用古长渠“陂渠串联”灌溉方式，受益地区建成中型水库 1 座，小（一）型水库 3 座，小（二）型水库 6 座，改造、扩建堰塘 2 161 口等一批“结瓜”蓄水工程，并且自 1957 年起，沿长渠两岸先后修建机、电提水泵站，至 2005 年年底，已建成机、电提水泵站 66 处，其中左岸 35 处、右岸 31 处。于 1953 年 5 月 20 日设立管理机构，名为“襄阳专员公署长渠灌溉管理处”，隶属襄阳专署水利局。1959 年 9 月，为了加强领导，改属襄阳专员公署直接领导，名为“襄阳专员公署长渠管理处”。1968 年 1 月，经襄阳军分区批准，成立“襄阳地区长渠管理处革命委员会”，于 1972 年 12 月被撤销。1973 年 3 月，改属襄樊市三道河水电工程局直接领导，名为“襄阳地区行政公署三道河水电工程局长渠管理处”。1983 年 10 月，更名为“襄樊市三道河水电工程管理局长渠管理处”。至 2005 年年底，管理处下设渠道管理所，第一（大沟）、第二（黄集）、第三（官沟）管理段，长渠灌溉试验段，鲤鱼桥、胡岗水库管理所等 7 个二级单位。1953 年有干部职工 36 人。2005 年，有干部职工 167 人，在岗 100 人，内退 36 人，离退休 31 人。一直实行自收自支，自负盈亏的企业化经营管理模式。

2.引丹工程

该工程是汉江丹江口水利枢纽灌溉工程的重要组成部分，是境内开发“三北”（襄北、枣北及老河口大部）的骨干水利工程，引丹工程灌区西北毗邻丹江口水库，北接河南南阳盆地，东以唐白河为界，南临汉江，覆盖老河口、枣阳、襄阳、樊城等 4 个市（区）及襄北农场，共有 35 个乡镇（办事处）、51 个居委会、531 个村、3867 个村民小组，总面积 2 980 平方千米，其中耕地面积 275 万亩。引丹工程设计灌溉面积 210 万亩，其中有效灌溉面积 156 万亩。

该工程于 1974 年 7 月建成通水后，由于引水受丹江口水库水位所限，不能充分发挥灌溉效益，经水电部、湖北省政府批准，决定兴建清泉沟提水泵站。1978 年 2 月 15 日成立襄阳地区丹渠泵站工程指挥部。3 月 4 日，来自襄阳（1.5 万人）、枣阳（0.4 万人）、随县（0.3 万人）、宜城（0.3 万人）、南漳（0.3

万人)、光化(0.4 万人)、谷城(0.3 万人)等共计 3.5 万民工正式开工。1980 年 11 月 26 日因国民经济调整等原因停建。1988 年襄阳遭遇特大干旱,在水电部、湖北省委、省政府支持下,12 月 24 日省计委发文同意清泉沟泵站恢复建设。1989 年水利部〔1989〕55 号文批准清泉沟泵站复建,装机 12 台,单机容量 1250 千瓦。水利部〔1990〕76 号文批准工程概算投资 6980 万元,由湖北、河南两省联建共用。按照水利部〔1990〕35 号文确定的投资分摊比例,水利部投资 1164 万元,湖北投资 2100 万元,河南投资 1629 万元,华中电网局投资 2087 万元。建成后机组分配按 4∶3 比例运用,即湖北 7 台,河南 5 台。复建工作自 1988 年 11 月开始,1989 年 12 月 16 日正式复工。土建工程由省水利工程三处施工,机电设备由省水利工程一处安装。复建期间,因资金不能全部到位,湖北、河南两省协商确定,土建工程按原计划施工,机电设备暂按 8 台安装(湖北、河南各 4 台)。输变电工程由原设计自丹江口水电站开关站出线架设 110 千伏输电线路长 26 千米,主变压器 2 台 12500 千伏安改为 35 千伏临时送电,两省分设。湖北由老河口洪山嘴变电站出线,改造 35 千伏线路长 20 千米,新架线路长 4 千米。1992 年 5 月 30 日下午 5 时 29 分,2 号机组顺利出水,至 6 月 1 日 10 时 50 分,4 台机组出水量全部达到设计要求。6 月 3 日,举行通水典礼,水利部代表高敏智,湖北省副省长张怀念,省水利厅副厅长曾凡荣,襄樊市委书记杨斌庆、市人大常委会主任伍荣显、副主任刘代启、市委秘书长姚祥栋、市政协主席胡久明、副市长张振华、河南南阳地区副专员黄玉钧等出席。1995 年,市政府提出要求,并经省里同意安排投资 120 万元,续建机组 1 台 1250 千瓦,至 1996 年建成。

该工程由渠首共引渠,清泉沟隧洞,引丹总干渠及排子河渡槽、马张河渡槽,6 条干渠,清泉沟泵站等组成。其中渠首共引渠位于丹江口水库库内南库壁珠连山(河南淅川县香花镇南王营村)开口,长 6.4 千米,引水流量 120 立方米每秒,湖北襄樊、河南南阳两市共用。清泉沟隧洞长 6775 米(隧洞长 5890.4 米、延长明拱长 884.6 米),进水口连渠首泵站,出水口接总干渠,拱形断面,高、宽各 7 米,部分断面衬砌长 2139.9 米,进口底高程 143 米,出口底高程 139.65 米,过水深 5.5 米,引水流量 100 立方米每秒。进口设有塔式进水闸,塔顶高程 175 米,塔身高 32 米,内径 9.2 米,塔内装置两扇钢质闸门,一为工作门,一为检修门,采用两台电动卷扬机启闭。引丹总干渠由清泉沟隧洞出口黄庄至襄阳常王集,流经老河口袁冲、竹林桥、张集,襄阳石桥、黄集等,其中两段有排子河、马张河渡槽连接,全长 68 千米,渠底高程 143 米,渠道断面底宽 8 米—11 米,过水深 3.4 米—5.5 米,输水能力 35 立方米每秒—100 立方米/秒,沿渠建有节制闸 5 处,分水闸 7 处,泄洪闸 7 处,斗门 108 处。排子河渡槽,位于襄阳石桥,总干渠下段,是总干渠上最大过水建筑物,长 4 320 米,182 跨,其中跨度 25 米的有 159 跨,跨度 15 米的有 23 跨,183 个槽墩,平均墩高 24 米,最大墩高 49 米。建筑物等级二级,设计抗 10 级大

图 11—4　长渠渠首

图 11—5　长渠渠道

风，过水流量 35 立方米 / 秒。综合规模为亚洲之最。1973 年 2 月 26 日开工，1974 年 7 月 15 日完工。1974 年 8 月 31 日，地区革委会副主任董华生主持渡槽通水典礼，水电部来电祝贺，湖北省委副书记姜一、省革委会副主任朱业奎率领在保康召开的全省农业学大寨会议的地、县委书记参加典礼。《人民日报》、中央人民广播电台、《湖北日报》、湖北人民广播电台等多家新闻媒体曾对排子河渡槽作过专题报道。该工程创造性的设计与施工，不仅节省建设物资与投资，而且工期提前两年，为全国渡槽建设史上所罕见，曾获 1978 年全国科技大会"全优奖"。马张河渡槽，位于总干渠下段，长 840 米。1973 年 11 月开工，1974 年 7 月完工，设计过水流量 35 立方米每秒。干渠 6 条，总长 254.2 千米。其中一干渠从孟桥川水库至水牛车沟，长 41.4 千米，设计灌溉面积 65 万亩；二干渠从小桥河至秦集，长 36 千米，设计灌溉面积 13.7 万亩，三干渠从三幢碑至陈家岗，长 42.6 千米，设计灌溉面积 36.2 万亩；四干渠从西排子河水库至刘集，长 68 千米，设计灌溉面积 31.2 万亩；五干渠从常王集至姚山水库，长 36.2 千米，设计灌溉面积 23.9 万亩；六干渠从常王集至西尹，长 30 千米，设计灌溉面积 21 万亩。6 条干渠再分出支渠 716 条，长 2 044 千米。清泉沟泵站位于渠道共引渠末端至清泉沟隧洞进水口，装机 12 台，容量 15 000 千瓦，设计扬程 8.8 米，提水能力 86 立方米每秒。引丹灌区内建有水库 176 座。有效蓄水能力 6 亿立方米，堰塘 9 800 余口，蓄水能力 0.242 亿立方米，提水泵站 1 262 处，其中在 1973 年至 1978 年间，先后建成老河口朱排岗、朱岗、襄阳太山庙等 18 座中型泵站，提水能力 140 立方米 / 秒，年提水能力 5.8 亿立方米。建有机电井 1 091 口。

该工程在 1972 年 6 月至 1975 年 7 月期间，经地区革委会批准，设立"襄阳地区引丹工程管理处"，县级，隶属地区水利局；1975 年 7 月至 1978 年 12 月间，经地区革委会批准，改名"襄阳地区引丹工程管理局"，县级，隶属襄阳地委农村政治部、地区农业办公室；1978 年 12 月至 1983 年 12 月间，经襄阳专署批准，改为二级局，副县级，隶属地区水利局；1983 年 12 月至 2005 年年底，改名为"襄樊市引丹工程管理局"，副县级，隶属襄樊市水利局。至 1985 年年底，共有干部职工 192 人，其中行管干部 33 人、专业技术干部 8 人、职工 143 人、临时工 8 人。至 2005 年年底，共有干部职工 540 人，其中行管干部 53 人，专业技术干部 74 人（内含既是行管又是专业技术的 25 人），职工 438 人；在岗 358 人，内退 101 人，离退休 81 人。一直实行自收自支，自负盈亏的企业化经营管理模式。

图 11—6 引丹工程西排子河渡槽

图 11—7 引丹工程西排子河渡槽远眺

(三)提水工程

图 11—8 引丹工程清泉沟泵站

提水工程是指以江河、湖泊、水库、堰垱为固定水源,以机电为动力,带动提水机具抽水灌溉农田,供应生产、生活用水的水利工程。新中国成立初期,境内发展灌溉以自流灌溉为主,由于电力事业发展,机电提水泵站建设逐渐被纳入建设日程,逐步由小到大,由少到多发展起来,成为农田灌溉的重要组成部分。1985 年,全市建有机电排灌站 1 646 处(含随州),其中固定机械排灌站 587 处,装机 655 台,容量 29 474 马力,固定电力排灌站 1059 处,装机 1421 台,容量 98 401 千瓦,提水总能力 7.27 亿立方米,有效灌溉面积 157 万亩。到 2005 年年底,全市固定泵站已发展到 2 544 处,装机 3 024 台(套),总容量 16.32 万千瓦,灌溉农田面积 328.75 万亩,其中国有大中型提水泵站 17 座,装机 109 台(套),容量 5.29 万千瓦,占全市装机总容量 32.4%,有效灌溉面积 101.44 万亩。

除了前面已经介绍的引丹工程清泉沟泵站外,境内重要大型泵站情况如下。

1.枣阳大岗坡泵站

该泵站是一座大型电力提水泵站,位于枣阳市西北部,提取唐河河水,两级建站,两级提水,装机 24 台,总容量 15120 千瓦,提水总扬程 63 米,设计提水流量 15.6 立方米每秒,提水通过主干渠在襄阳境内流走 15 千米至枣阳,设计灌溉面积 42.5 万亩,其中灌溉枣阳 39.39 万亩,襄阳 3.11 万亩,有效灌溉面积 30 万亩,主要灌溉枣阳七方、琚湾、环城等镇(办事处)及襄阳双沟镇。

该泵站由襄阳地区水利局与枣阳县水利局联合设计,枣阳县引唐灌溉工程指挥部组织施工。1970 年 9 月动工兴建。至 1971 年春,输水干渠挖成,完成土石方 912 万立方米,投入标 1047 万个,国家投资 122.2 万元。1971 年冬建成两级泵站泵房及水工建筑物,建成 110 千伏变电站 1 处,安装 15000 千伏安变压器 1 台,架设长 30 千米 110 千伏,长 15 千米 35 千伏输电线路各 1 条。1972 年 8 月 4 日有 4 台机组开始运行提水,部分农田灌溉受益。1975 年 12 月,两级泵站 24 台机组全部安装完毕,一级、二级干渠及二级干渠以下的南、北干渠全部通水,泵站主体工程基本完成。1978 年冬至 1979 年春,改建一级泵站出口池,使水池位置前移 15 米。1980 年冬至 1981 年春,因一级站输水管路脱坡,滑弧面积 1 200 平方米,对 12 根管道全部拆除,重新治坡,重新安装。1980 年冬至 1982 年春,为防止渠道塌方,新修一级干渠邓岗拱涵长 1 020 米。1982 年冬至 1983 年春,修建王坡涵洞长 270 米,输水流量 9 立方米每秒,汪庄涵洞长 420 米,输水流量 4.5 立方米每秒,以浆砌块石衬砌 2 级站引水渠,长 2 000 米,改造王家花园节制闸,安装五扇钢质平板闸门,闸门尺寸 3.3 米 × 2.5 米,采用 5 台机启闭,建成王家花园隧洞长 645 米。1988 年 11 月至 1989 年春,完成一级二级站部分改造,更新机组 3 台,衬砌延长邓岗渠段 360 米,衬砌刘桥水库坝顶输水槽长 1 050 米。1989 年 11 月至 1990 年春,更新一级二级站机组 3 台,维修一级站泵房,延修刘桥水库坝顶输水槽长 400 米。1991 年 2 月至 10 月,整修两级泵站机房。2001 年 11 月至 2002 年 5 月，建成大岗坡一级站水源复位橡胶坝工程，主要解决大旱之年泵站进水水位过低问题。该坝位于襄阳双沟镇唐河、白河交汇处，共有 5 跨和一条行船道，坝高 3.5 米，长 355 米，是湖北省最长的橡胶坝。

该泵站工程由一级站、二级站，输水干渠等组成。其中一级站建在襄阳区双沟镇大岗坡村唐河左岸，装机 12 台，单机容量 630 千瓦，总容量 7 560 千瓦，提水扬程 31.5 米，提水流量 15.6 立方米每秒。架设长 30 千米 110 千伏输电线路 1 条，建有专用变电站 1 座，1.5 万千伏安变压器 1 台。二级站建在枣阳市七方镇大店村，装机台数，单机容量，总容量，提水扬程，提水流量均与一级站相同。从一级站至二级站架设长 15 千米输电线路 1 条，建有专用变电站 1 座，安装 1 万千伏安变压器 1 台。输水干渠从一级站出水池至二级站为一级干渠，长 15 千米，设计输水流量 15.6 立方米每秒，从二级站出水池至王家花园分制闸为二级干渠，长 19 千米，设计输水流量 15.6 立方米每秒。二级干渠以下开挖南、北干渠 2 条。其中南干渠从马武店至两杨庄，长 7.5 千米，输水流量 6 立方米每秒，北干渠由马武店向北穿越 316 国道公路，经刘桥水库大坝输水槽至罗桥水库，长 11 千米，输水流量 9 立方米每秒。支渠 15 条，共长 127 千米。沿渠建筑物 200 余处，较大的有邓岗渠道拱涵、王家花园隧洞，王家花园分水节制闸、王坡暗涵、汪庄暗涵、刘桥水库渡槽等。该泵站灌区内建有高庵等中型水库 4 座，闫岗等小型水库 6 座，已建成以提水为主，拦蓄结合的“长藤结瓜式”灌溉体系。

该泵站于 1972 年 10 月成立枣阳县引唐灌溉管理处，隶属枣阳县水利局，1988 年更名为枣阳市大岗坡引唐灌溉管理处，隶属枣阳市水利局。2005 年年底，共有干部职工 178 人，其中在岗 17 人、下岗分流 133 人、退休 28 人。一直实行自收自支，自负盈亏的企业化经营管理模式。

2.枣阳石台寺泵站

该泵站是一座大型电力提水泵站，是以农业灌溉为主兼顾人畜饮水及城镇供水的大型水利工程，是湖北省治理鄂北岗坡地“旱包子”的一项重点水利工程。该泵站位于枣阳市西北部，与襄阳及河南唐河、新野等县（市）区的交界处，提取唐河河水，四级五站，四级提水，装机 23 台（套），总容量 10840 千瓦，提水总扬程 107 米，设计提水流量 10.4 立方米每秒，设计灌溉面积 23 万亩，其中灌溉枣阳 21.17 万亩、襄阳 1.83 万亩，主要灌溉枣阳杨垱、及襄阳程河镇的 109 个村、607 个组、31 021 户的农田 23 万亩，并与大岗坡泵站渠系相连，年均向枣阳城区工业、生活调节供水 3 000 万立方米，同时解决枣阳北部一带高氟水病区 10 万人及牲畜饮用水问题。该泵站由日本政府无偿提供 13 台套机电设备，总容量 7 000 千瓦，以及与之相配套辅助设备等，价值 16.35 亿日元，是中日两国友好合作的见证与结晶，因此又称中日友好石台寺泵站。

图 11—9 枣阳大岗坡泵站

该泵站于 1986 年被国家科委批准，列入中日技术合作项目。1987 年 7 月 14 日，枣阳县成立接待小组，组长韩瑞光，负责接待日本国际协力事业团专家，中方也成立工作代表团，团长吴定谟参与这一工作。1987 年 7 月 23 日至 12 月 20 日，两国专家联合进行实地考察、论证，并调查、收集、整理相关资料,办公室设在襄樊市科委。同年12月21日,日方人员离开襄樊回国。1988年3月,日方在武汉向中方提交《中华人民共和国湖北省北部农业水利开发实施调查报告书(石台寺泵站草案)》。同年5月2日,襄樊市计委、科委、水利局联合行文向省计委、科委、水利厅呈报《关于兴建枣阳石台寺提水泵站工程的立项报告》。同年7月14日至17日,省水利厅受省计委委托,在枣阳主持召开《石台寺提灌工程可行性研究报告》审查会,与会有省计委、长办等方面专家约70人,该报告获得通过,省水利厅批转这一会议纪要。同年8月,签订协议书,由襄樊市水利局委托省水利水电科研所负责石台寺提灌工程初步设计。同年9月,省委书记关文富等领导考察枣阳旱情时亲临石台寺现场,明确指示石台寺渠线选址北线是最优方案。同年11月18日,夏世厚(中顾委委员、原湖北省副省长)听取工程设计汇报时,主张石台寺提水进入枣阳灌区应有10至12个流量,要抢提洪水灌库,发挥综合利用和储水备旱作用。同年12月,开始进行“三通一平”的施工准备。相继于1989年1月至3月间,完成枣阳城区至杨垱的110千伏输变电工程初设,并在3月底架通长29.7千米的输电线路;4月至8月,新修扩建施工道路长16.8千米,架通杨垱至石台寺一级站35千伏输电线路长13.4千米,并架设通往施工用地线路长3千米;同年9月至10月,进行唐梓山石场及一级站管理单位房屋建设。1989年7月26日,省计委、水利厅联合呈报“关于枣阳石台寺泵站建设问题的再请示”,7月27日,省长郭振乾批示“同意计委、水利厅意见,设计部门论证后,尽快开工”。同年8月17日,副省长张怀念在枣阳召开石台寺工程现场办公会,决定最大提水流量13个,引水口至二级站为第一期建设项目。同年8月20日,襄樊市水利局编制完成《枣阳石台寺提灌工程一、二级泵站设计任务书》。同年8月22日,襄樊市计委、水利局联合行文,向省计委、水利厅呈报设计任务书。同年9月13日,省计委批复。同年9月27日,襄樊市委书记章治文,副书记伍荣显、市政协主席胡久明带领市直有关部门负责人,会同枣阳、襄阳两县(市)领导在枣阳召开石台寺提灌工程现场办公会,会议决定成立襄樊市枣阳石台寺提灌工程领导小组,胡久明任组长。同时决定枣阳成立石台寺提灌工程施工指挥部,其组成人员由枣阳市委、市政府决定。会议还研究解决了工程建设的相关具体问题。同年10月31日,襄樊市政府向省政府呈报“关于要求枣阳石台寺提灌工程一、二级泵站开工的报告”。同年11月17日,省计委以鄂计农字[1989]第756号文批复开工报告。同年11月20日上午,施工指挥部召开“石台寺提灌工程开工动员大会”,调集枣阳太平、杨垱、徐寨、罗岗等乡镇民工1.4万人组成4个民兵团参加施工。在施工过程中,省委、省政府主要领导关广富、夏世厚、郭振乾、郭树言、贾志杰、回良玉、蒋祝平、焦德秀、李大强、王汉章、张怀念、韩南鹏、韩宏树、王生铁等以及省直有关部门负责人多次到工地检查指导,并多次召开办公会议,印发会议纪要,解决有关重大问题。襄樊市委、市政府除成立工程建设领导小组外,多次听取有关工程建设的专题汇报,协调解决资金等重要问题。枣阳市委、市政府投入相当大的力量组成工程施工指挥部,还利用农闲时节,组织数十万民工支援工程建设,为工程建成做出重要贡献。1991年7月1日,日本向中国提供5个无偿援助项目换文签字仪式在北京举行,经贸部副部长沈觉人与日本驻华大使馆临时代办荒义尚分别代表本国政府签字,5个项目总金额147亿日元,其中石台寺款额16.35亿日元。自1992年10起,日本援助的设备分5批从日本运达现场,总运输量约有1000吨。日方陆续派出技术人员到石台寺工程现场进行安装、调试,最多时有14人。日方人员的工作态度、吃苦精神非常好,积极克服困难,圆满完成安装任务。至1993年7月,石台寺工程一、二、三级泵站通过验收,并于同年7月15日在石台寺工程指挥部隆重举行“中日友好石台寺泵站援助设备交接仪式”,日本驻华大使馆一等秘书佐藤、日本农村水产省水利课长冈本芳郎等,湖北省副省长李大强、韩南鹏,省政协副主席张怀念,襄樊市委书记杨斌庆、副书记张振华,市人大常委会主任伍荣显,市政协主席胡久明等参加交接仪式。四级站和四—1级站设备安装至1994年5月完成,通过调试与验收,于1994年8月24日举行技术交接仪式。至1994年12月26日,历时5年有余,除4条分干渠158处建筑物配套和主干渠内坡衬砌尚有长3000多米正在施工外,石台寺泵站已基本建成并发挥效益。整个工程完成土石方332.8万立方米，混凝土9.34万立方米，浆砌块石6.2万立方米，投工380万个，国内总投资1.31亿元，日本无偿援助16.35亿日元。该工程建成后，由于四级提水，供水成本高，自2002年起，已闲置未用。

该工程由四级五站，主干渠渠道建筑物、输变电工程组成。其中泵站装机23台，总容量10840千瓦[日本无偿援助13台(套)，容量7000千瓦]。一级泵站位于襄阳程河镇石台寺村，在唐河左岸建闸，通过箱涵，引水入前池，装机7台(套)，其中日方援助3台(套)，扬程25.7米，经过长500多米的压力管道，水从直径10米的出水塔流进长6.2千米的四铺渡槽，过长1.8千米混凝土护砌的官厅明渠，穿钢筋混凝土暗涵，入二级站前池；二级泵站位于枣阳杨垱镇店子村，装机5台(套)，其中日方援助3台(套)，扬程22.1米，通过长2.7千米的小杨庄渡槽，向三级站前池及小黄河水库输水；三级泵站位于枣阳周桥水库东，装机5台(套)，其中日方援助3台(套)，扬程15.3米，提水一部分补充周桥水库，另一部分向小黄河及周桥水库灌区高地及四级站前池供水；四级泵站位于太平镇高楼门村，装机4台(套)，其中日方援助3台(套)，扬程22.08米，四级提水后，通过三条支干渠展开，水北上寺庄，南下南岗，东至姜岗；四—1级泵站建在周桥水库上游的太平镇老高庄，装机2台(套)，其中日本援助1台(套)，扬程20.5米，灌溉被称之为“旱包子”中的“旱尖子”寺庄湖河一带岗地。主干渠3条，总长28千米，支渠5条，总长50千米。渠道建筑物423处，主要有引水暗涵长860米，四铺渡槽长6200米，小杨庄渡槽长2700米，小杨庄箱涵长1500米，杜庄暗涵长300米。输变电工程有枣阳城区至杨垱输电线路长30千米，杨垱110千伏安变压电站1处，容量2×10000千伏安，杨垱变压站至二、三、四级泵站35千伏输电线路长30千米，杨垱变电站至四—1级泵站10千伏输电线路长10千米。

该工程于1990年5月成立枣阳石台寺提灌工程管理处，隶属枣阳市水利局。2005年年底，共有干部职工104人，其中在岗97人、退休7人。一直实行自收自支，自负盈亏的企业化经营管理模式。

(四)井灌工程

井灌工程是指在地面水源不足的地区打井抽取地下水的机电井设施等。截至1985年年底，全市有机电井5009处(含随州)，其中配套3791处，灌溉面积12.4万亩。在配套的3791处中，机配井994处，装机994台，容量14209马力，电配井2797处，装机2797台，容量22334千瓦。2000年1月，枣阳、老河口两市被国家防办列为全国机电井建设试点县（市），两市分别编制机电井建设可行性报告，并制订实施方案，推动机电井建设发展。枣阳从水文、地质条件出发，按照相对集中连片开发的原则，合理规划打井数量、位置、距离、型号、深度等，控制地下水开采总量、开采层位等，防止过量开采。2000—2004年，该市先后打机井205口，并按照市场化原则实行承包、租赁、买断等方式经营管理，提高单井出水率、建成井使用年限与使用效率，走在襄樊前列。截至2005年年底，襄樊全市农业灌溉机电井数量

图11—10　枣阳石台寺泵站二级站出水塔

3189 眼，灌溉面积为 35.35 万亩，占全市灌溉总面积 13%。

(五)节水灌溉工程

节水灌溉工程是一种综合性的灌溉工程，包括渠道防渗灌溉、喷灌、滴灌、低压管道输水灌溉设施等。境内主要有渠道防渗灌溉、喷灌和低压管道输水灌溉三类设施。1985 年年底，全市共有喷灌机具 482 套，喷灌面积 4.29 万亩，主要灌溉蔬菜及其他经济作物。1996 年境内南漳、保康分别被列入全国 300 个节水增产重点县。老河口王湖、鳝鱼湖，襄城尤岗等也完成节水项目建设。2002 年年末，全市节水灌溉工程灌溉面积达到 54.2 万亩，占有效灌溉面积 15.7%，其中渠道衬砌防渗长 1 000 多千米，灌溉面积 49.82 万亩，喷灌面积 3.39 万亩，低压管道灌溉面积 0.98 万亩。截至 2005 年年底，全市共建成节水灌溉示范区 7 个，喷灌面积 0.56 万亩，低压管灌 7 处，灌溉面积 0.59 万亩。节水灌溉工程典型情况介绍如下。

1.南漳节水增产重点县建设工程

1996 年，南漳被国务院以国办通〔1996〕12 号文正式批准列入“九五”期间全国 300 个节水增产重点县建设。南漳从 1996 年 10 月起正式实施，至 2001 年年底止，全县共衬砌防渗渠道 19 条长 118.3 千米，整修防渗渠道 6 条长 24 千米，配套各类渠系建筑物 1 111 处，完成总工程量 125.54 万立方米，完成总投资 2 096.6 万元，其中银行贷款 1 010 万元、地方自筹 178.49 万元、投劳折资 908.11 万元，新增节水面积 12.93 万亩，灌区内水利用系数由 0.29 提高到 0.62，全断面全程建成的渠道防渗工程，渠道水的利用系数由 0.44 提高到 0.83，在小型渠系灌区内，渠系水利用系数从 0.52 提高到 0.76，灌溉高峰期用水矛盾得到缓解，争水抢水等水事纠纷减少，农民放水等水时间缩短，年节水量 3500 多万立方米。其中石门灌区邓集支渠，从渠首至渠尾输水原来需要 36 个小时，衬砌后减少至 4 小时，输水速度提高 9 倍。1999 年、2000 年南漳县遭遇干旱，但节水灌溉项目区粮食仍然获得丰收。2000 年 8 月，南漳节水示范通过达标验收，该县探索出的“渠道防渗衬砌”和田间“浅、湿、晒”节水灌溉方式，被水利部誉为“节水灌溉工程南方模式”。

2.老河口鳝鱼湖节水工程

该工程于 2002 年根据根据省计委、省水利厅文件精神进行建设。计划总投资 191 万元，其中国家投资 90 万元、地方配套 101 万元。建成灌溉面积 3 520 亩，其中以机井抽取地下水作为灌溉水源，建成蔬菜大棚微、滴灌面积 55 亩；以机 0 井为灌溉水源，建成经济作物固定式喷灌面积 110 亩；建成低压管道灌溉面积 55 亩； 硬化渠道总长 10 千米灌溉面积 3 300 亩。至 2002 年年底全部按计划完成。2005 年，根据省水利厅要求，鳝鱼湖项目区继续进行节水示范建设，建成节水示范面积 5 820 亩，于 2005 年 11 月完成。

四、水电工程

襄樊市地处汉江、沮漳河两大水系，有大小河流 649 条，特别是西南山区保康、南漳、谷城等地，重峦叠嶂，河溪纵横，地势落差大，水力资源较为丰富，具有建设中小电站发展水电事业的有利条件。全市水力理论蕴藏量 100.86 万千瓦，其中可开发量 87.25 万千瓦，位居全省第四。按流域划分，其中汉江干流理论蕴藏量 47 万千瓦，可开发 46.4 万千瓦，南、北河流域理论蕴藏量 28.56 万千瓦，可开发量 22.88 万千瓦，沮漳河流域理论蕴藏量 12.53 万千瓦，可开发量 7.74 万千瓦，其他河流及引丹工程渠道沿线理论蕴藏量 12.77 万千瓦，可开发量 10.23 万千瓦。

1958—1965 年，试办起步阶段。1966—1979 年，快速发展阶段，全市一些地方试办水电站成功后，示范作用明显，各县兴建水电站的积极性被激发出来，不再局限于小打小闹，而是积极推进快速发展。1977 年，襄阳地区水利局组织专业队伍，大规模开展水力资源普查，勘察河流，丈量峡谷，测算水力理论蕴藏量、可开发量，规划水电站建站站址、建站数量，认真整理各类数据，积极摸清各自家底，为境内水电合理布局全面开发奠定基础，提供科学依据。普查结果表明：境内有较为丰富的水电资源，汉江干流河段可建站 4 处、装机容量 46.4 万千瓦，其中光化王甫洲 10.9 万千瓦、襄阳新集 18 万千瓦、襄阳崔家营 8.5 万千瓦、宜城雅口 9 万千瓦。按照全省统一分类排队，各县可开发量分为 1 万千瓦以下、1 万千瓦以上、2 万千瓦以上……以至 10 万千瓦以上共 11 个类别，除了汉江干流、南河干流外，境内各县分别为南漳、保康各 10 万千瓦以上，谷城 9 万千瓦以上，随县 6 万千瓦以上，襄阳、枣阳、宜城各 1 万千瓦以上，光化 1 万千瓦以下。1978 年、1979 年境内办电形成高潮，两年新建水电站 142 处，装机容量 14113 千瓦，新增装机容量相当于 1958 年至 1977 年 20 年总装机容量的 1.5 倍。至 1979 年年底，全市建成水电站 283 处，装机 413 台，容量 40735 千瓦。

1980—1995 年为重点建设阶段。1980 年以后，全市水电工程建设重点逐步转移到以开发单机容量 500 千瓦以上为主的骨干水电工程上来，并积极做好 2.5 万千瓦以上的水电工程项目前期可行性报告和农村水电电气化县建设申报，汉江及南河干流水电开发建设已被纳入全市水电总体建设计划，汉江王甫洲水利枢纽工程、崔家营航电枢纽工程及南河白水峪、过渡湾、寺坪水电枢纽工程或建成或在建或正在进行申报立项中。襄阳这一阶段重点兴建小水电 4 处，装机容量均在 500 千瓦以上。西排子河(欢颜寺)水电站位于西排子河水库中剅出口处，1980 年 1 月开工兴建，投资 51 万元，投工 32 万个，1981 年 5 月建成，为坝后式，设计水头 10 米、流量 7 立方米每秒，装机 2 台，容量 500 千瓦；1990 年 10 月又在西排子河水库西剅出口处兴建 1 处，投资 300 万元，1992 年 10 月建成，亦为坝后式，装机 2 台，容量 1 260 千瓦，设计年发电量 700 万千瓦时，成为县内最大水电站。1984 年 10 月兴建龙王黄茅山水电站，投资 262 万元，1988 年 1 月建成，为引水式，引流清河河水，装机 3 台，容量 1 160 千瓦，设计年利用 5 000 小时、年发电量 580 万千瓦时。

1986 年 10 月兴建清河伙牌胡湾水电站，投工 23 万个，1987 年 12 月建成，装机 4 台，容量 500 千瓦，设计水头 5.5 米、流量 14 立方米每秒、年利用 5 200 小时、年发电量 260 万千瓦时。

枣阳限于水源条件，水力资源较为贫乏，水电站建设一直受到制约，1983 年以后再没有新建项目。至 1985 年全县建成小水电站 16 处，装机 28 台，容量 1 623.5 千瓦，比 1979 年稍有一定幅度增长，但自汉—丹电网电力输入县内后，除同心、石梯、熊河、清潭、罗桥、沙河等 6 处水电站并入汉—丹电网外，其余大都停止运行。

宜城县内虽然水源条件较好，但地势开阔，耕地连片，阡陌纵横，兴建干流电站水库淹没损失大，水电开发受到限制。这一阶段，仅在 1981 年以前兴建刘猴长乐等 3 处水电站，1981 年以后县内水电建设停止，以前所建，仅有鲤鱼桥、莺河一库低剅、莺河二库低剅及高剅 4 处正常运行外，其他均停机不用。南漳县内水力资源理论蕴藏量为 14.3 万千瓦（2004 年修正为 15.5 万千瓦），其中可开发量 12.8 万千瓦，是这一阶段境内水电建设重点县之一。1980 年 11 月该县建成石门水电站，为坝后式，设计水头 30 米、流量 13 立方米每秒，装机 4 台，容量 2 650 千瓦。1986 年 8 月建成漳河扶莲塔水电站，为引水式，设计水头 38 米，流量 9.7 立方米每秒，装机 3 台，容量 2 630 千瓦。1988 年 5 月动工兴建东巩观音岩水电站，属县内“七五”期间重点骨干工程，1990 年 1 月建成，为引水式，引流漳河支流茅坪河水，设计水头 10.6 米、流量 6.4 立方米每秒、年利用 4 300 小时、年发电量 216 万千瓦时，装机 2 台，容量

500 千瓦。至 1995 年年底县内建成保有水电站 25 处,装机 65 台,容量 20080 千瓦,容量比 1979 年增长 24%,在建成保有水电站中,属于国有经营 8 处,股份经营 5 处,个体经营 12 处。

谷城县内水力资源理论蕴藏量为 14.5 万千瓦,其中可开发量 12.57 万千瓦,以南河为最,北河次之。该县南河(胡家渡)水电站建设自 1970 年 8 月复工续建, 1980 年 8 月 19 日电站水库下闸蓄水,12 月 17 日最后一台机组并网发电,装机 3 台,容量 2.25 万千瓦,成为当时襄樊地区建成的装机容量最大的一座水电站。金盆沟水电站 1985 年 8 月开工,经过 7 年努力建成,装机 4 台,容量 5 700 千瓦,为县内第二座骨干水电站。1992 年 11 月 27 日县内南河白水峪水电站前期辅助工程开工,1994 年 7 月 6 日主体工程动工兴建,计划装机 3 台,容量 4.5 万千瓦,被列为襄樊市"八五"期间重点建设工程之一。

保康县内河溪纵横,河床落差大,地质结构简单,岩体完整坚硬,具有发展水电得天独厚的优越条件。全县水力资源理论蕴藏量 18.97 万千瓦, 其中可开发量 13.1 万千瓦。自马桥二级水电站建成后,县内电网建设速度加快,至 1982 年逐步形成以马桥电站为中枢,连接城关及保南各水电站的自发自供地方电网。1983 年水电部农电司文件通知湖北所属保康等 7 县被列为全国第一批农村水电初级电气化试点县。从 1983 年至 1989 年年底,历时 6 年,全县"九牛爬坡",奋力向上,先后建成或开工建设清溪河二级(罗家坪)、马桥三级、竹林口、孙家湾等装机容量在 500 千瓦以上的骨干水电站,新增装机容量 7 755 千瓦,至 1989 年年底,全县建成保有水电站 82 处,装机总容量 17 261 千瓦,建成 35 千伏变电站 4 处,增加变电容量 5 700 千伏安,建成 110 千伏变电站 2 处,增加变电容量 50 000 千伏安,架设高低压输电线路长 6 080.3 千米,为 1982 年 3.5 倍。1990 年 1 月由省水利厅牵头,会同省计委、财政厅、电力局共同组织对保康等 4 县农村电气化(初级阶段)建设进行达标验收,认为保康等达到原国家水利电力部 1986 年 2 月颁发的全国《100 个农村电气化试点县初级阶段验收条例》(SD178—86)规定的各项指标,同年 2 月 12 日省政府批准保康等为农村水电初级电气化县,至此保康率先进入全国农村初级电气化县先进行列。电气化建设带动了全县工农业生产发展,用电量大的磷化工等工业生产快速增长,工、农业产值比重由 1982 年的 19.6∶80.4 转变为 50∶50,首次平分天下,各占半壁江山,并向着"水电强县"新目标迈进。继续抓好电源建设,增建新电站。达标后的 6 年时间里,先后新增装机容量 7 650 千瓦,其中马桥一级 2 台 3 200 千瓦机组于 1993 年 5 月 1 日投产发电,孙家湾水电站装机 2 台,容量 750 千瓦,于 1991 年 11 月建成。计划兴建装机容量 2.55 万千瓦的南河过渡湾水电站也于 1992 年 11 月 28 日破土动工;装机容量 6 万千瓦的南河寺坪电站前期准备工作基本完成。加快电网建设,提高供电质量。先后改建高低压输电线路长 256.9 千米。并于 1990 年 10 月动工改造马桥 11 万伏升压站,1993 年 4 月 16 日竣工,变电容量 2.6 万千伏安。截止 1995 年底,全县建成保有水电站 91 座,装机总容量 24 911 千瓦,建成 35 伏变电站 4 处,110 千伏变电站 2 处,架设高低压输电路线长 6 190 千米。1984 年,该县实行水利、电力两家合并,成立县水利电力局,下设电力公司,乡镇成立水电管理站,属水利电力局派出机构,实行水电建管统一,全面推进电气化工作。同时,多种形式办电也有可喜进展。1980 年马桥黄湾村农民陈开才积极响应县委、县政府关于小水电建设"谁建、谁有、谁管、谁受益"号召,敢为人先,个人投资 1 200 元,投工 560 个,建成装机容量 3 千瓦微型水电站 1 处,办起粮食加工厂,并解决了周边 12 户村民照明用电。马桥鹞子河村地处海拔 1 200 米高山,农户居住稀疏分散,1981 年村"两委会"组织村民,自筹资金 5 万元,投工 1.6 万个,历时两年,建成各装机容量 40 千瓦水电站 2 处,全村 129 户全部实现以电照明,结束"桐油灯盏木油蜡,桦皮松明加火把"的照明历史。马桥中坪村自筹资金于 1990 年 4 月动工兴建低茨河水电站,装机 2 台,容量 500 千瓦,苦干两年八个月,至 1992 年 12 月建成,成为村级骨干企业。

老河口(1983 年 8 月 19 日撤销光化县,改设老河口市)水电资源相对贫乏。这一阶段境内水利系统办电继续保持较好的发展势头,相继建成孟桥川二级、三级、四级及凉水泉、朱排岗、黑龙沟、马冲等 7 处水电站;李楼、张集、竹林桥、袁冲、光化、仙人渡等乡镇(办事处)也积极行动,先后建成唐沟、武家营、冯营、槐树湾、宋营等水电站；襄樊市引丹工程管理局1995年在引丹干渠襄阳石桥渠段建成竹园电站，分别架设35千伏输电路线2条，进入老河口张集变电站并网运行。至1995年年底，该市建成水电站17处，装机31台，容量4 805千瓦，引丹工程管理局建成3处，装机6台，容量7 500千瓦，两项合计，境内一共建成20处，装机37台，容量12 305千瓦。

1996—2005年，迈入梯级开发阶段。1998年3月19日，省电力局公告保康等11家县级水电公司首批获得供电营业许可证。2000年4月水利部决定在全国建设400个水电农村电气化县，全市初选保康、南漳、谷城等县上报水利部。2001年11月经水利部批准，保康列入全国水电农村电气化县建设计划，南漳、谷城等县定为建设替补县。同时南漳沮河峡口水电工程建设项目被列入省内首批利用外资计划。2002年3月，利用世界银行贷款湖北贫困地区水电发展项目正式启动，省内南漳沮河峡口水电工程等4个子项目陆续开工建设，4个子项目总装机容量22.6万千瓦，总投资18.8亿元。同年5月，利用日本国际协力银行贷款湖北小水电建设项目亦有进展，首批启动的子项目3个，总装机容量12.6万千瓦，总投资概算11.91亿元，其中利用日元贷款91.52亿元，保康寺坪水电工程建设为3个子项目之一。2003年年初，南漳、保康、谷城3县以县为单位编制完成"小水电代燃料生态保持工程"规划，规划项目建设期完成投资132 694.6万元，重点开发沮漳河与南河流域水电资源，确定南漳东巩、保康黄堡、谷城五山3镇为试点项目区。截至2005年9月底，襄樊市成为全省第一个完成全国水电农村电气化县建设任务的市(州)。2005年，保康全县用电量为1.7664亿千瓦时，其中城乡居民生活用电3 864.64万千瓦时，户均生活用电411千瓦时，丰水期小水电代燃料户为28 625户，代燃料率达28.68%。

全市主要河流干流水电工程梯级开发分述如下(为了便于介绍开发全貌，少数水电工程开工与建成时间同这一阶段上下时限不尽一致)。

(一)汉江干流梯级开发及重点水电工程

境内汉江干流河段总长195千米，根据1993年至1994年期间长江委、省水利厅制定的开发规划，全市河段可建梯级水电工程4处，装机容量46.4万千瓦，其中王甫洲已于2000年建成发电，崔家营已于2005年开工建设，两处装机容量19.9万千瓦，新集、雅口也已完成前期准备工作。

1.王甫洲水利枢纽工程

(1)工程概况

该工程位于汉江干流老河口市城区河段下游3千米处的王甫洲，上距汉江丹江口水利枢纽工程30千米，是省内汉江干流9级水电梯级开发规划的第三级，是襄樊地区汉江干流第一个梯级开发工程，也是目前境内建成的最大水利枢纽工程。以发电为主，为低水头径流式水电站，结合航运，兼有灌溉、养殖、旅游等综合功能。

该工程由位于主河道的泄水闸、土石坝、右岸谷城土石坝与老河道的电站厂房、混凝土重力坝、船闸及两岸围堤(土石坝)等建筑物组成，为二等工程，永久性主要建筑物为3级，次要建筑物为4级，采用50年一遇洪水标准设计，相应流量为1.81万立方米/秒，150年一遇洪水标准校核，相应流量为2.2万立方米/秒，设计正常蓄水位86.23米(黄海高程，下同)，相应库容1.495亿立方米，校核洪水位89.3米，总库容3.095亿立方米。工程布置形式特殊，即利用废旧河道修筑围堤长12千米，形成一个口袋形电站水库，这样既可提高水库调节能力，又可增高2米水头，增加发电能力，还可开发成优良的水上游览场所，属国内少见。

其中电站厂房采用河床式厂房，布置在王甫洲下端的汉江老河道上，距离王甫洲上端的主河床土石坝及泄水闸约7千米。厂房坝段全长132.65米，其中2个机组坝段长83.20米，机组坝段左侧安装场2个坝段长49.45米。电站引水渠长约7千米，宽约1.4千米，利用老河道平整而成，兼作船闸上航道。尾水渠底高程72米，宽215米，兼作船闸下航道。

泄水闸为平底型闸，由上游防冲板、闸室，下游护坦、海漫及上、下游导墙等构成，位于主河道左岸滩地，左接门库坝段，右接主河床土石坝，轴线长413米，其中门库坝段轴线长20.2米，共计23孔，每孔净宽14.5米，闸墩厚3米，两端边墩厚2米，闸底板高程76.23米，闸室长度35.4米，设计下泄流量1.81万立方米每秒。

船闸为一级单级船闸，布置在电站右侧，闸室有效尺寸为120米×12米×2.5米，采用分散式底板长廊道明沟消能的输水系统，可通过二驳一顶的300吨级船队，左侧采用重力混凝土坝与电站相接。

拦河土石坝由3部分组成，即主河床土石坝、右岸谷城土石坝及老河道两岸围堤(土石坝)，总长17 580.15米，其中主河床土石坝长1 251.51米(含非常溢洪道长449.2米)，为下部高喷防渗，上部黏土心墙防渗的砂砾石坝，坝顶高程89.53米，顶宽7米，最大坝高12米，上下游坝坡均为1∶3，83米高程以下为水中抛填施工，83米以上为填筑施工，下游坝址设堆石戗堤，83米高程上、下游设马道，该高程以上的上、下游坝坡均用混凝土护坡；右岸谷城土石坝长3 701米，为上游土工织物斜墙防渗的砂砾石坝，坝顶高程89.53米，最大坝高4米，上、下游坝坡分别为1∶2.75和1∶2.5，上游用混凝土护坡，下游用草皮护坡，坝址设排水沟；老河道两岸围堤(土石坝)左岸长6 184.84米、右岸长6 442.8米，两者共长12627.64米，为土工织物斜墙及水平铺盖的砂砾石坝，坝顶高程89.53米，顶宽6米，最大堤高8米，上、下游坝坡分别为1∶2.75和1∶2.5，下游坝址设排水沟，采用土工织物反滤，上游坝坡用混凝土护坡，下游坝坡用草皮护坡。

混凝土重力坝位于电站厂房与船闸之间，最大坝高33.9米，挡水前沿坝长64.4米，由4个坝段组成，靠近厂房的一段长16.4米，其他3段各长16米。坝顶高程90.23米，顶宽6米，上建1.5米高防浪墙，下游段坡比1∶0.7，最大坝高33.9米，坝底建有2.5米×3米帷幕灌浆排水廊道。

机电及金属结构主要有：发电机组4台，采用奥地利产D1=7.2米灯泡贯流式发电机组，单机容量2.725万千瓦，单机最大过流量420立方米每秒，装机高程69.23米，总装机容量10.9万千瓦，为湖北境内首次选用灯泡贯流式机组，由此带动了全省低水头大流量水电站建设，也是全国当前建成投产运行的发电量最大的低水头贯流式水轮发电机组电站。同时建有110千伏开关站1处，装有2台主升压变压器及输电系统，泄水闸弧形闸门，船闸上下闸门及启闭系统设施等。

安全监测设施主要布置在电站厂房、土石坝、重力坝、船闸、泄水闸、主河床土石坝及老河道两岸围堤等33个监测断面。其中变形监测、渗流监测及应力应变装置土石坝埋设134套，重力坝埋设14套。

该工程主要工程量包括开挖土石方672.97万立方米，填筑土石方1 213.57万立方米，砌石19.74万立方米，浇筑混凝土65.14万立方米，铺设土工膜141.46万平方米，修建混凝土防渗墙1.85万平方米，帷幕灌浆1.42万米，使用钢筋20 736.63吨、钢材8 735.53吨。

(2)建设过程

1977年，长江流域规划办公室(以下简称“长办”)依据水力资源普查成果《汉江流域规划要点报告》(该报告规划汉江干流中下游河段建设7处梯级水电工程，其中襄樊地区河段4处，王甫洲为中下游河段第二级、襄樊河段第一级)开始进行王甫洲水利枢纽工程初步设计，至1978年8月完成《初步设计报告》。1985 年 5 月提交《初步设计补充报告》, 8 月由省计委组织审查通过,王甫洲水利枢纽工程由此被正式列入建设计划。1987 年 11 月,国家华能国际电力开发公司与湖北省政府签订合资兴建王甫洲工程协议。1988 年 2 月,湖北省计委与华能公司分别行文上报国家计委,并抄送水利电力部,要求立项建设,水利电力部即于 3 月致函国家计委表示支持这一工程建设,4 月华能公司与省计委共同委托中国国际咨询公司对长江水利委员会("长办"变更,简称"长江委")编制的初步设计和补充设计报告进行评估,5 月评估报告上报国家计委,7 月国家计委批复《关于王甫洲水电站项目建议书的复函》,原则同意王甫洲项目建议书,10 月湖北省环保局评审并批准《王甫洲水利枢纽环境影响报告书》。1990 年 7 月华能公司退出合资兴建王甫洲工程,但水利部(水利电力部变更)与省政府仍给予有力支持。1991 年 5 月长江委开始编制《汉江王甫洲水利枢纽可行性研究报告》,至 9 月完成。1993 年 3 月 22 日国家计委下文批准王甫洲水利枢纽工程可行性研究报告。6 月 12 日水利部与湖北省政府达成共同投资兴建与经营管理王甫洲工程原则协议。9 月 17 日王甫洲水利枢纽工程领导小组第一次会议在老河口召开,会议由水利部副部长张春园、湖北省副省长韩南鹏主持,会议决定组建汉江王甫洲水利水电总公司,负责该工程建设与经营管理,公司实行董事会领导下的总经理负责制,并就工程开工时间、本年度资金到位、初步设计优化、确定施工队伍等达成一致意见。10 月开始进行"四通一平"等各项工程前期准备工作。12 月,水利部以水规字〔1993〕609 号文批准王甫洲水利枢纽工程初设报告,核定工程总投资为 12.4 亿元人民币(其中引进设备由奥地利政府专项贷款 5.9694 亿奥地利先令,约合人民币 2.86 亿元),12 月 19 日全面完成电站施工场地"四通一平",30 日开始围堰,经过 5 昼夜奋战于 1994 年 1 月 3 日电站厂房上、下游土砂石围堰合龙, 上、下游围堰分别长 540 米、480 米,宽 19.5 米,高 2 米。1994 年 1 月在外经贸部支持下,王甫洲总公司在武汉与中国建设银行签订外资转贷合同,从奥地利引进灯泡贯流式发电机组第一批地埋件于 10 月运抵老河口,其间有关引进机组的技术联络会在奥举行两次,重大技术问题也已达成协议。8 月下旬王甫洲工程船闸及厂房基础沙砾石层围井防渗及旋灌喷浆试验获得成功,这一困扰工程设计、施工的技术难题被长江岩土工程公司丹江口分公司技术人员攻克,为工程顺利进展提供了可靠的技术参数。9 月 19 日经国务院批准,国家计委将王甫洲工程项目正式列入当年新开工计划。当年年底水利部、湖北省政府分两次下拨工程建设资金 2.25 亿元, 解决了工程正式开工所需资金, 王甫洲总公司迅即组织电站厂房和泄洪闸基础开挖及两岸围堤填筑工程发包。1995 年 2 月王甫洲枢纽主体工程正式开工,9 月 20 日开始混凝土浇筑,首先浇筑电站厂房及船闸。1996 年 3 月 8 日王甫洲工程专题办公会在北京召开,由水利部副部长严克强和湖北省副省长张洪祥主持,会议讨论了王甫洲工程建设、资金筹措、上网电价及电量等问题,决定由王甫洲总公司按项目法人制要求筹集缺口资金,部、省给予大力帮助。湖北省承诺包销电量,上网电价按国家《电力法》有关规定由相关单位审定,湖北省继续在征地移民、减免相关税费等方面提供优惠政策,负责做好地方协调工作,为工程建设和管理创造良好外部环境。1997 年 4 月水利部向国家计委报送该工程调整概算, 国家计委批复总投资为 20 亿元, 其中引进设备的奥地利政府专项贷款 5.969 4 亿奥地利先令不变。1998 年 12 月 26 日王甫洲工程顺利实现大江截流。2000 年 11 月 11 日王甫洲工程最后一台机组(3 号)正式并网发电,工程建设全部完工。2003 年 1 月,受水利部委托,长江委主持该工程的单位工程验收,确认 8 个单位工程全部合格,其中 5 个优良,至此,王甫洲工程建设终于画上句号圆满结束。

(3)征地及移民安置

1998 年 5 月按照省政府有关会议纪要精神,由襄樊市土地局牵头,与老河口、谷城土地局,王甫洲总公司共同组成调查组,对工程建设用地面积、地类进行实地勘测、复核,确认占用土地面积29 533.77 亩,涉及老河口、谷城 6 个乡镇(办事处)、23 个行政村、98 个村民小组,其中老河口 17 515.9 亩、谷城

12 017.87 亩,拆迁房屋面积 77 89.93 平方米,其中民房 2 094.91 平方米,动迁安置移民 96 人,其中老河口 55 人,谷城 41 人。此外,还涉及两县(市)工矿企业 10 个,事业单位 1 个,村组企业 28 个。征地及移民安置等总投资 14 168.24 万元,其中耕地占用税支出 3 536.7 万元。

(4)工程效益

该工程由水利部与湖北省政府联合投资、建设与管理,初期核定总投资 12.4 亿元,1997 年调整到 20 亿元,实际完成总投资 20 多亿元。电站装机 4 台,容量 10.9 万千瓦。设计年发电量 5.81 亿千瓦时,发电产值 2.21 亿元。

2.崔家营水电枢纽工程

(1)工程概况

图 11—11　汉江王甫洲水利枢纽工程泄洪闸

该工程位于襄樊城区(襄城)余家湖办事处崔家营,上距王甫洲水利枢纽工程 104 千米,是省内汉江干流 9 级水电梯级开发规划的第五级,是襄樊地区汉江干流第三个梯级开发工程。以航运为主,兼有发电、灌溉、供水、养殖、旅游等综合功能,为低水头径流式电站。

整个枢纽工程由泄水闸、土石坝、船闸、鱼道、电站厂房等组成,为二等工程。坝址以上控制流域面积 130624 平方千米,多年平均径流量 448.1 亿立方米、流量 1420 立方米每秒。按 50 年一遇洪水标准设计,洪水位 63.15 米;按 300 年一遇洪水标准校核,校核洪水位 64.25 米。正常蓄水位 62.73 米,总库容 2.45 亿立方米,调节库容 0.4 亿立方米。工程总体布置采用一线式方案,自右岸至左岸,依次布置船闸、泄水闸、电站、鱼道、土石坝,坝轴线总长 2166.6 米。泄水闸位于河道中部,采用宽顶堰平底闸形式,闸顶高程 71.5 米,堰顶高程 48.23 米,共 20 孔,每孔 20 米 × 14 米,安装弧形闸门,设计泄洪能力为 25380 立方米每秒。土石坝建在江心洲、左河汊和左岸 1 级阶地及漫滩上,为塑性混凝土防渗墙砂砾石坝,坝长 1437.3 米,顶宽 6.5 米,坝顶高程 66.0 米—67.2 米。船闸位于主河道右侧,坞式结构;闸室尺寸 180 米 × 23 米 × 3.5 米,左侧以混凝土墩板式隔水墙与外河分开,按通过 1000 吨级一顶四驳分节驳船标准建设,年设计通过能力 768 万吨。鱼道长 495 米,宽 2 米。电站厂房为河床式,布置在主河道左侧,安装 6 台灯泡贯流式发电机组,单机容量 1.5 万千瓦,总装机容量 9 万千瓦。

(2)建设过程

该工程是交通部与湖北省"十一五"期间重点建设项目。1984—1988 年,中国、德国两国政府合作完成《汉江航运建设预可行性研究报告》。1993 年,长江委完成《汉江夹河以下干流河段综合利用规划报告》,该报告提出汉江 16 级梯级渠化方案,并且已经通过石泉、安康、丹江口、王甫洲等水电枢纽工程的建设得以逐步实施。1993 年,省、市相关部门启动崔家营航电枢纽工程可行性研究,并于当年完成。1994 年,省计委、交通厅联合对该项研究进行审查,并向国家计委上报项目建议书。1995 年完成该工程可行性研究报告。1997年重新对该工程可行性研究报告进行编制。1998年重新完成预可行性研究报告编制。2002年,省交通厅决定对1998年预可行性研究报告进行修编,并上报项目建议书。2003年11月,省发改委、交通厅组织评审并通过该工程项目可行性研究,并向国家发改委上报项目建议书。2004年6月,中国国际工程咨询公司对该工程项目作出评估,并向国家发改委提交项目建议书评估报告,同年12月,国家发改委批复同意该工程项目建议书。2005年4月,国土资源部通过该项目建设用地预审。2005年7月26日、9月28日,国家发改委、交通部对崔家营航电枢纽工程可行性报告、工程初步设计作出批复,正式同意建设该工程,工程总投资20.614 1亿元人民币,其中世行贷款1亿美元,交通部4.2亿元,湖北省水利厅1.8亿元,襄樊市政府0.5亿元,襄樊市发电有限公司1.5亿元,差额部分由湖北省交通厅筹措解决。与此同时,该工程被国家发改委、财政部正式列入世界银行贷款项目。自2004年2月至2005年1月期间,世界银行有关专家已完成该贷款项目鉴定、项目准备、项目预评估、项目评估等,财政部于2005年8月28日与世界银行签订贷款协议,同意该项目贷款1亿美元。至2005年10月初,崔家营工程国内各项报批程序基本完成。同年11月22日,该工程正式开工,工程分两期进行。

(3)征地及移民安置

该工程征地及移民安置涉及襄樊城区4个区(襄阳、襄城、樊城、鱼梁洲)9个镇(办事处)44个村(居委会)。由于征地范围较广,受影响群众较多,库区复建工程量较大,因而采取费用包干的补偿模式,由相关地方政府全面负责办理。该工程预可研简要报告概算土地补偿费及其他相关费用最大为11128.8万元。

(4)工程效益

该工程电站装机6台,容量9万千瓦,设计年利用4311小时,年均发电量3.89亿千瓦时。

(二)南河干流梯级开发及重点水电工程

南河是汉江干流中游右岸的一大支流。境内南河干流属中、下游河段,两度流经保康后,再入谷城,两县流长141.5千米,坡陡流急,河床落差大,蕴藏着较为丰富的水力资源,具备梯级开发利用的有利条件。新中国成立后,"长办"于1951年组织专业技术人员,对南河流域开发利用进行勘测评价。1958年由武汉水电设计院完成南河流域水力资源普查,编制出《湖北省汉江水系南河勘查报告》,提出南河梯级开发的初步意见。同年为了筹建汉江丹江口水利枢纽工程建设电源,省水利水电勘测设计院编制完成《南河流域开发规划报告》。20世纪80年代中期,省水利厅重新启动南河流域开发前期工作,委托省水利水电勘测设计院再度编制完成《南河流域规划报告》,提出并初步拟定多级开发、综合利用方案。1990年5月17日省水利厅在《关于南河流域规划报告的批复》中,规划南河流域的开发利用以发电为主,兼顾防洪、灌溉、供水、水产等,其中中、下游河段为12个梯级开发,可装机容量23.77万千瓦。除去神农架林区及十堰市房县两级,襄樊境内为10级开发,以后调整为11级,其中保康6级、谷城5级,可装机容量在20万千瓦以上。截至2005年年底,已开发建成9级,装机容量20.01万千瓦,尚有保康境内的第五级寺坪二级(花果山)电站正在进行前期准备工作,谷城境内的第十一级青山电站前期准备工作基本结束,意向性计划建于距离县城4千米处的猴儿崖,电站水库总库容8760万立方米,装机容量2.25万千瓦,投资2.3亿元。

已开发建成的9级电站介绍如下。

1.马桥一级水电站工程

(1)工程概况

该工程位于保康县马桥镇笔架村,是襄樊地区南河干流梯级开发规划的"龙头"电站,也是襄樊地区"八五"期间重点基本建设项目之一。以发电为主,为坝后式电站,兼有防洪、灌溉、养殖等综合功能。

整个工程主要由挡水建筑物(拦河大坝)、引水建筑物、电站厂房、输变电系统等4部分组成。坝址以上控制流域面积1 410平方千米,多年平均降水量1 000毫米、流量21.6立方米/秒。大坝为混凝土重力坝,是在原马桥二级水电站拦河坝上加高扩建而成,坝顶长146.5米、顶宽5米,最大坝高46米,最大坝底宽39米。电站水库总库容2 500万立方米,其中调节库容1 000万立方米。电站水库一级调节三级受益,每年可使下游两级电站增发电量0.043亿千瓦时。

(2)建设过程

1983年襄樊市计委、水利局联合向省计委、水利厅上报《保康县马桥一级水电站计划任务书》。1984—1987年,在省政府及有关部门的关心支持下,经多次协商,于同年12月2日与神农架林区正式签订《淹没问题协议》,淹没问题得以解决。1988年9月,保康县政府委托省水利水电勘测设计院进行勘测设计,提交《保康县马桥一级水电站枢纽工程初步设计报告》及《工程地质报告》。省计委批准马桥一级水电站工程立项。省水利厅下达《关于对马桥一级水电站大坝申请开工报告的批复》,同年12月19日马桥一级电站工程指挥部成立,随即开始施工前"三通一平"工作。1989年1月,工程正式开工建设,由葛洲坝水电建设公司承建。1989年5月3日,省水利厅下达《关于保康县马桥一级水电站初步设计审查意见》,同意工程初步设计。1993年4月19日、5月8日,2号、1号机分别投产发电。1996年马桥一级水电站被评为全省十大中小水电建设样板工程之一。1997年6月28日3号机组投产发电。2003年7月,保康招商引资,将该电站卖给浙江之俊公司。2005年,被保康尧治河义林水电开发有限责任公司收购。

(3)征地及移民安置

该工程回水长度11.3千米,库区水域面积1.36平方千米,淹没区涉及保康马桥镇3个村和神农架林区阳日镇4个村及镇林业站、供销社。其中保康境内淹没耕地面积2.43公顷、房屋6间,动迁2户9人,支付土地补偿费及移民安置费12.3万元;神农架林区淹没房屋113间,动迁25户120人,支付土地补偿费及移民安置费40万元。

(4)工程效益

该工程概算总投资2615万元,实际完成5 544万元。电站装机3台,容量0.8万千瓦,其中两台各为0.32万千瓦,1台为0.16万千瓦,设计保证出力0.146万千瓦、年利用4 900小时,多年平均发电量3 500万千瓦时。2005年,发电量为3 369万千瓦时,售电收入703万元。该水电站建成后,大大缓解了保康县电力供应的紧张局面,增强了地方电网调峰能力。

2.马桥二级水电站工程

(1)工程概况

该工程位于保康县马桥镇对岸古佛寺,与马桥街隔河相望,是马桥3个相邻梯级开发中最早开发的一级,是保康境内最早兴建的第一个骨干电站,又是襄樊地区南河干流梯级开发规划的第二级。原名马桥水电站,后因建成马桥一级,遂改称马桥二级。以发电为主,为引水式电站,兼有灌溉、供水等综合功能。

整个工程由大坝、引水渠道、电站、输变电设施等 4 部分组成。大坝坝址建在神农架林区与保康交界处的雷公滩,坝体属混凝土重力坝,顶长 65 米,底长 55 米,底宽 29.5 米,高 12 米。坝体左侧设闸门 2 处,一为冲砂闸,最大泄流量 53 立方米 / 秒,一为进水闸,引水进入渠首长 110 米的过水涵洞。坝址以上承雨面积 1 410 平方千米,多年平均降水量 1 000 毫米、流量 21.6 立方米每秒。引水渠道总长 8 650 米,其中土渠长 5 500 米、石渠长 3 150 米。渠系各类建筑物 64 处,其中渡槽 4 处、泄水闸 13 处、涵洞 13 处、人行桥及机行桥 15 处、公路桥 3 处。电站包括压力前池、压力隧洞、主副厂房等。压力前池长 196 米,最宽处 50 米,蓄水量 2.6 万立方米。压力隧洞长 192 米,内径 4 米,设计水头 34 米,有效水头 28.5 米,进入厂房分为支管分别通向 3 个机组,1 号机组进水管内径 1.75 米,2、3 号机组内径均为 1.5 米。主副厂房长 51.42 米,宽 19.07 米,最大高度 21.58 米。输变电设施为变电站 1 处,内装 4 000 千伏安、2 500 千伏安和 630 千伏安变压器各 1 台,输变线路为两回,一回往县城入 110 千伏变电站至谷城官坊,长 63.5 千米,一回往马良入 35 千伏变电站,长 47 千米。

(2)建设过程

1977 年在省、地两级领导及有关部门支持下,保康县委、县政府决定“先上马后备鞍”,打一场办电的人民战争。同年 4 月 20 日成立“马桥电站工程指挥部”,县委书记王佐任指挥长。5 月,省水利水电勘测设计院设计施工建设方案,同年 9 月 3 日正式开工兴建,全县 1 万多人经过两个多月的苦干,至 11 月 15 日大坝围堰开始截流,同年 16 日 1 时围堰合龙,截流成功。又经过半个月时间苦战,提前 35 天完成清基任务,于同年 11 月 30 日全部清理出大坝基岩,开始混凝土浇筑。前后完成土石方近 20 万立方米,投入标工近 50 万个,并修建施工道路长 1 千米。1978 年 1 月大坝主体工程浇筑完毕。同年 4 月,长 900 米的渠道开挖结束,进入厂房建设、机组安装调试阶段。1979 年 10 月试机发电成功。1979 年 7 月至 1980 年 4 月完成架设马桥至马良 35 千伏高压输电线路,1980 年 5 月至 1981 年 5 月完成架设马桥至谷城官坊 110 千伏高压输电线路。至此工程全线告捷。省水利厅曾致电祝贺:“南河马桥二级电站的建成是南河小水电开发史上的奇迹。”1999 年该工程进行改造扩容,其中 1 台机组由 3 000 千瓦改为 4 000 千瓦,使总装机容量由 5 500 千瓦扩容至 6 500 千瓦。2003 年 7 月,保康招商引资,将该电站卖给浙江之俊公司。2005 年,被保康尧治河义林水电开发有限责任公司收购。

(3)工程效益

该工程是保康经济力量薄弱,开工当年县财政仅能拿出 5 万元资金、10 吨炸药用于工程建设。在艰难困苦条件下,全县上下团结一心,苦干实干,先后投工 325 万个,投资 1 158.5 万元,完成土石方 143 万立方米,终于建成这一工程。电站装机 3 台,容量 6 500 千瓦。设计年利用 5 000 小时、发电量 2 750 万千瓦时。2005 年,发电量为 2 695 万千瓦时,售电收入 545 万元。

3.马桥三级水电站工程

(1)工程概况

该工程位于保康县马桥镇鳌头山村 3 组,是襄樊地区南河干流梯级开发规划的第三级。以发电为主,为引水式电站,兼有灌溉功能。整个工程由引水渠道、电站厂房、升压站等 3 部分组成。承雨面积 1 410 平方千米,多年平均流量 21.6 立方米每秒。引流马桥二级尾水发电,无电站水库。引水渠道长5290米,纵坡比降0.33‰,其中开凿隧洞18个长3290米。明渠采用梯形、矩形两种断面,其梯形断面上口宽8米,底宽4米,矩形断面高5米,宽4米。隧洞断面高6米,宽4.6米。引水水头18.5米、流量23立方米每秒。尾水渠长160米,宽4米,高2.5米。电站厂房位于距马桥镇街10千米处深溪滩,为满足防洪需要,采用半封闭式,长33米,宽11米,高25米。电站装机3台,容量3000千瓦。主要工程量包括完成土石方44万立方米,浆砌块石7.3万立方米。

(2)建设过程

1983年保康被列入全国第一批农村水电初级电气化试点县建设后,为了加快办电步伐,达到试点县建设标准,县委、县政府决定建设马桥三级水电站,县政府作为建设单位委托省水利水电勘测设计院进行勘测设计,并编制工程设计任务书。1984年12月20日市计委下达《关于保康县马桥三级电站设计任务书批复的通知》,同年12月25日电站开工,由县水电工程队施工建设,历时4年,至1989年1月19日试运行发电。但由于引水渠道多次垮塌,被迫中断运行,再予整修至9月22日正式投产发电。

(3)工程效益

该工程概算总投资656万元,实际投资1045万元,投工120万个。电站装机3台,容量3000千瓦,设计保证出力1 015千瓦、年利用4 552小时,多年平均发电量1 365万千瓦时。该工程建成后,保康于1990年1月通过全国农村水电初级电气化试点县达标验收,2月被批准为全国农村水电初级电气化县。2005年,发电量为1 183万千瓦时。

4.寺坪水电枢纽工程

(1)工程概况

该工程位于保康县寺坪镇大畈村,距离寺坪镇5千米、县城38千米,是襄樊地区南河干流梯级开发规划的第四级,是保康境内装机容量最大的一座水电站。以发电为主,兼有防洪、灌溉、养殖、旅游及改善生态环境等综合功能。整个工程主要由大坝、溢洪道、引水隧洞、电站厂房、输变电系统等5部分组成。坝址以上控制流域面积2 150平方千米,多年平均径流量9.94亿立方米、流量31.5立方米每秒。按500年一遇洪水标准设计,5 000年一遇洪水标准校核。电站水库正常蓄水位315米,总库容2.69亿立方米,为目前襄樊地区最大,调节库容1.45亿立方米,具有年调节能力。大坝为混凝土面板砂砾石堆石坝,坝顶高程318米,坝高90.5米,顶长376米。溢洪道为4孔,每孔安装宽14米高16米鼻坎消能弧形闸门,设计泄流量5 587立方米每秒,校核泄流量7 020立方米每秒。引水隧洞长476米,内径6米。电站厂房长29米,宽26.5米,高21.53米,装机2台,容量各3万千瓦立式发电机组,设计水头81.6米,引水流量95.2立方米每秒。升压站配置7.5万千伏安主变压器1台,将电能升压至110千伏,经24千米长的输电线路上网。主要工程量包括开挖土石方243.02万立方米,填筑土石方348.62万立方米。浇筑混凝土及钢筋混凝土12.83万立方米,帷幕灌浆1.3万米,钻孔灌浆1.56万米,使用钢筋1万吨,金属结构安装2 265.5吨。

(2)建设过程

该工程是保康县"十五"期间重点建设项目。1985年开始进行工程前期工作。1987年襄樊市计委、水利局联合向省计委、水利厅上报《关于保康县寺坪水电站项目建议书》,省计委批复同意寺坪水电站项目建议书。1998年10月省水利水电勘测设计院编制完成《保康县寺坪水利水电枢纽工程可行性研究报告》。1999 年,市计委、水利局分别上报省计委、水利厅请求审查《可行性研究报告》,同年 4 月,省计委、水利厅在武汉联合主持召开该报告评审会,并分别发文批复同意。7 月寺评项目初步设计工作招标,长江勘测规划设计研究院中标承担初步设计。此后,寺坪项目业主组成,由葛洲坝集团股份公司、香港力昌国际控股公司、保康大禹水电开发公司等 3 家公司共同投资组建湖北寺坪水电开发有限公司,3 家公司分别占 60%、25%、15%股份。2003 年 9 月 29 日该工程正式开工,2004 年 11 月大坝截流成功,2005 年 11 月完成大坝浇筑。

(3)征地及移民安置

该工程回水长度 25.58 千米, 库区水域面积 8.22 平方千米。淹没区涉及保康寺坪镇 7 个村和房县 5 个村 1 个柑橘场。保康境内淹没面积 397.86 公顷,其中耕地 190.04 公顷、园地 7.11 公顷、林地 200.71 公顷,动迁 493 户 1198 人,支付各类补偿费 8264.02 万元;房县境内规划淹设面积 269.73 公顷,其中耕地 125.87 公顷、园地 18.72 公顷、林地 125.14 公顷,支付各类补偿费 6105.47 万元,包干使用。

(4)工程效益

该工程概算总投资 5.7 亿元。电站装机 2 台, 容量 6 万千瓦, 电站梯级联合运行, 设计年利用 2841 小时、年发电量 1.765 亿千瓦时,年发电收入 6500 万元,税收 1150 万元,水库养鱼年产量 50 万公斤以上。

5.过渡湾水电枢纽工程

(1)工程概况

该工程位于保康县过渡湾镇过渡湾村,距离县城 17.5 千米,是襄樊地区南河干流梯级开发规划的第六级。以发电为主,为径流式电站,兼有防洪、养殖、旅游等功能。

图 11—12 过渡湾水电枢纽工程

整个工程系中型水电工程,由大坝、泄洪建筑物、电站厂房、变电站等组成。坝址以上控制流域面积 5 232 平方千米。按 50 年一遇洪水标准设计,500 年一遇洪水标准校核。电站水库正常蓄水位 218.5 米,校核洪水位 227.2 米,总库容 2 700 万立方米,调节库容 802 万立方米。大坝为混凝土重力坝,坝顶高程 228.2 米,坝顶长 225 米宽 10 米,坝底长 172 米宽 38 米。河床以上坝高 25 米,最大坝高 43.7 米。泄洪建筑物堰顶高程 206 米,泄水闸门为弧形门,7 孔,设计泄洪量 8 660 立方米 / 秒,校核泄洪量 14 500 立方米每秒。电站厂房装机 3 台,容量 2.55 万千瓦,设计水头 19.7 米,流量 156 立方米 / 秒。变电站配置变压器 2 台容量 3.75 万千伏安。电站电气设备二次设备及运行装置按综合自动化设计安装,实现微机监控、保护。110 千伏上网线路 T 接于紫金—保康 34 号、35 号杆之间。

(2)建设过程

该工程于1992年9月经省计委、水利厅批准兴建,省水利水电勘测设计院设计,省水利工程三团承建。葛洲坝集团股份公司、保康水电开发建设有限公司共同出资于1997年2月正式组建“湖北南河水电开发有限公司”,负责建设与运行管理,是保康县合资开发建设的第一个水电站项目,注册资本6 000万元,葛方占51%,保方占49%股份。1992年开始进行前期工作。1993年10月动工。1998年9月首台机组发电,12月另外2台机组发电。1999年3月3台机组全部投入商业运行。2003年7月开始改建305省道公路清溪河大桥、222省道公路开峰峪大桥及两桥之间道路长500米,至2004年9月完成。

(3)征地及移民安置

该工程回水长度11千米,库区水域面积1.35平方千米,淹没区涉及寺坪、过渡湾两镇8个村,淹没总面积72.42公顷,其中耕地32.64公顷,房屋159间,动迁农户33户、集体户6户,共计146人,支付各类补偿费518.59万元。

(4)工程效益

该工程完成总投资2.4亿元。电站装机3台,容量2.55万千瓦,电站梯级联合运行,设计单独运行年利用2 761小时、保证出力3 000千瓦、年发电量7 054万千瓦时;梯级联合运行年利用3 060小时、保证出力4 500千瓦、年发电量7 805万千瓦时。2005年发电量为9 125万千瓦时。

6.白水峪水电枢纽工程

(1)工程概况

该工程位于谷城县南河镇东坪村赤家峪,距离县城55.2千米,距离下游南河(胡家渡)发电厂21千米,是襄樊地区南河干流梯级开发规划的第七级。以发电为主,兼有防洪、航运、养殖、旅游及扶贫开发多种功能。

图11—13　白水峪水电枢纽工程

整个工程为由拦河大坝、泄水建筑物、引水渠道、电站厂房、开关站等组成。坝址以上控制流域面积6 000平方千米,多年平均径流量23.4亿立方米、流量74.2立方米每秒,按百年一遇洪水标准设计,千年一遇洪水标准校核。电站水库正常蓄水位198米(吴淞高程,下同),总库容1.48亿立方米,调节库容0.4亿立方米。大坝为混凝土重力坝,坝顶高程204.5米,最大坝高63.5米,顶长218米。泄水建筑物由7个泄流表孔和1个泄流拉砂底孔组成,水位在198米时,泄流表孔单孔泄流量1 800立方米每秒,泄流拉砂底孔泄流量1 078.6立方米每秒。电站厂房装机4台,容量5万千瓦(其中3台各1.5万千瓦,自备电站1台0.5万千瓦)。

主要工程量包括开挖土石方53万立方米,使用水泥9.6万吨、钢材9 810吨、木材1 500余立方米。

(2)建设过程

该工程是襄樊地区“八五”期间重点建设项目之一。1984年11月7日，经省政府批准，省计委发文筹建。1986年，谷城县水利局正式委托省水利水电勘测设计院完成《谷城县白水峪电站项目建议书》。1986年4月，省计委要求对白水峪电站进行可行性研究。1987年，中南勘测设计研究院完成《湖北省南河白水峪电站可行性研究报告》，建议装机容量3万千瓦，并提请有关部门进行评估。1988年，省工程咨询公司组织通过对白水峪电站可行性审查。1991年，中南勘测设计研究院调整优化方案后，建议装机容量4.5万千瓦，同年省计委委托省工程咨询公司，特邀长江委、省水利水电勘测设计院等有关单位专家对调整后方案进行全面评估。1992年4月，中旬省计委会同中国水利水电规划设计总院在谷城召开初步审查会议，与会的有能源部、国家能源投资公司、长江委及省、市相关部门人员100余人，同意该工程立项兴建。同年4月下旬，省计委批复同意白水峪电站工程可行性研究报告，批准工程概算为静态投资1.74亿元，动态投资2.1189亿元，电站为县办工程，并上报国家计委、能源部及能源投资公司。同年10月，国家计委批复同意可行性报告，批准工程总投资为2.12亿元，同意由国家能源投资公司定额投资3 150万元。其余由湖北省筹集，其中省能源交通基金筹措7 800万元，省电力局投资2 000万元，襄樊市筹资2 500万元，谷城县筹资1 950万元，按投融资比例拥有产权，分电分利。同时，国投中水公司、省电力开发公司、省投资公司、襄樊市供电局、谷城县水电开发公司等5家股东组成的谷城银隆电业股份有限公司，在谷城县宾馆与中国水电工程三局签订工程建设合同。同年12月21日，该工程举行开工奠基仪式，副省长张怀念、市委副书记姚向栋及谷城县委、县政府领导刘有庆、朱有学出席。1998年12月，工程基本完工。其中自备电站装机容量0.5万千瓦于1999年8月5日，正式并网发电。

(3)征地及移民安置

该工程回水长度26.5千米，库区水域面积5.5平方千米。淹没区涉及保康、谷城两县3个乡镇10个村，淹没土地面积1567亩、3级公路长1.27千米、乡村道路长29.29千米、汽车轮渡码头1处，拆迁房屋面积713 045平方米，动迁移民2 887人。

(4)工程效益

该工程投资总概算为6.1亿元，实行股份制投资兴建，其中国投中水公司股份20%，省投资公司4.53%，省电力局及开发公司25.94%，市电力局11.79%，谷城水电开发公司37.74%。电站装机4台，容量5万千瓦，设计年利用3 900小时、年发电量2亿千瓦时，年均实际发电量1.75亿千瓦时。2005年，发电设备利用4 166.58小时，售电收入7 232.13万元。

7.南河(胡家渡)水电站(水力发电厂)工程

(1)工程概况

该工程位于谷城县南河镇胡家渡，距离县城23千米、上游白水峪水电枢纽工程21千米，是襄樊地区南河干流梯级开发规划的第八级，也是南河干流最早建成的一座规划较大的水电站。以发电为主，为引水式电站，兼有防洪、灌溉、航运、养殖、旅游等综合功能。整个工程由拦河大坝、引水隧道、电站厂房、灌溉渠道、渠首小电站、库内码头等组成。坝址以上控制流域面积6 096平方千米，多年平均径流量23.7亿立方米、流量75.3立方米每秒。按50年一遇洪水标准设计，下泄流量9 680立方米每秒，500年一遇洪水标准校核，最大下泄流量13 200立方米每秒。电站水库正常蓄水位151.5米，校核洪水位153.8米，总库容8 300万立方米，调节库容1250万立方米。大坝为混凝土宽缝重力坝及实体重力坝，坝顶高程 154 米，最大坝高 50 米，顶长 266.24 米。引水隧洞为 1 条主洞、3 条支洞，总长 191.237 米，其中主洞长 87.757 米，衬砌后的主洞内径为 5.5 米，支洞为 3.4 米。电站主厂房长 53 米，宽 15.5 米，装机 3 台，容量 2.25 万千瓦。大坝左右岸各建低灌渠取水口 1 个，宽、高各 1.4 米，底高程 136.8 米，各建高灌渠取水口 1 个，底高程 143.2 米。渠首小电站建在两条低灌渠取水口渠首，为坝后式电站，左岸装机 2 台，容量 1 260 千瓦，右岸装机 1 台，容量 630 千瓦，多年平均发电量 800 万千瓦。库内码头 1 处，建在大坝左岸上游距坝轴线 1 千米处。主要工程从 1958 年 7 月开工至 1961 年 5 月停工，完成土石方开挖约 10 万立方米，混凝土浇筑约 5 万立方米，坝基固结灌浆 2 715 立方米。1961 年 5 月停工后，为解决农田灌溉问题，兴建临时灌溉渠道及滚水小坝等，浇筑混凝土约 1 万立方米。1970 年 11 月复工至 1980 年蓄水发电，完成土石方开挖 36.58 万立方米，混凝土浇筑 18.6 万立方米，浆砌块石 2.23 万立方米，坝基帷幕灌浆 8 670 立方米，坝基和引水隧洞固结灌浆 8 323 立方米，坝体浆砌块石和引水隧洞回填灌浆 6 589 立方米，金属结构及机电设备安装 3 606 吨。

(2)建设过程

省水利厅早在 1951 年就组织进行南河流域水力资源勘测工作，又于 1953 年和 1954 年进行河道测量和水库勘察规划。1958 年 2 月省水利水电勘测设计院完成《湖北省谷城南河胡家渡水库工程设计任务书》，1959 年至 1961 年完成初步设计。1959 年 3 月 6 日，大坝主体工程开始混凝土浇筑。1960 年 2 月，省委决定放慢施工进度。1966 年 9 月，省水利水电勘测设计院再次编制上报《胡家渡水电站设计任务书》和《南河水电站工程扩大初步设计说明书》，拟订的方案经省委批准，作为续建方案。1972 年春省委在“三线建设会议”上提出压缩基本建设，集中劳力搞农业，南河工程再次放慢施工进度。1973 年 6 月，水电部基建设备成套司审查通过南河工程《初步设计报告》和《设备清单》，并要求填写订货卡。1977 年 1 月 18 日，襄阳地委副书记沈汉民专程来到工地，宣布将南河工程交给谷城建设。同年 4 月 29 日，省电力局下达南河工程投资 400 万元。该工程被正式列入国家基建计划，水电部先后安排资金 1 000 万元。1978 年 1 月，工程建设初具规模。1979 年，完成电站主副厂房、大坝闸门制作及其他金属结构安装等建设任务。1980 年 4 月 18 日，工程指挥部向省建委、电力局递交《关于组织力量对南河水电站工程进行验收的请示》，5 月 17 日省电力局成立南河水电站工程验收委员会，进行了 3 次主体工程的部分验收与鉴定。8 月 19 日电站水库下闸蓄水，3 台机组分别于 9 月 4 日、9 月 28 日和 12 月 17 日先后并网发电。1981 年 3 月，电力部在南昌召开全国重点水电厂及在建水电工程防汛会议，专题研究南河电站防汛问题，电力部部长李鹏严厉批评说“有些水电站违背了基建程序，搞‘三边’，边勘测，边设计，边施工，湖北南河水电厂还搞‘倒三边’，先施工，后设计，再勘测，发现坝区有断层，承压水位高，影响大坝稳定，至今不能蓄水”。此后，又经过 10 余年时间的补强加固，工程渐趋完善。20 世纪 80 年代末，在左岸兴建保安机组 1 台，装机容量 1 600 千瓦。“九五”期间在右岸兴建调能机组 1 台，装机容量 1 600 千瓦，同时对原有 3 台机组进行扩容改造，每台由 7 500 千瓦扩容至 9 000 千瓦，增加容量 4 500 千瓦。

(3)征地及移民安置

该工程开工建设之时未办征地手续，1980—1981 年，曾召开专题会议解决这一问题，决定按照当时国家有关政策重新补办征地手续，一次性了结此事。这一期间，考虑到电站库区已被迁移他处的群众生产、生活实际困难，决定每人给一块地的田园建设费，参照当时山区造田每亩需工 300 个至 500 个及其他费用等，每亩予以补助 150 元。

(4)工程效益

该工程从开工至停工,国家投资 2 030 万元;从复工到蓄水发电,国家及电力系统投资 6 431 万元,其中电力系统投资 1 300 万元。电站装机 5 台,容量 3.02 万千瓦,1980—2005 年,年均发电量 1.05 亿千瓦时。

(5)其他附属水电站

本级开发除前面介绍的渠首小水电站外,尚建有陈垭电站(原名工农电站),位于大峪桥周家湾村,利用南河电站西干渠灌溉用水发电,装机 2 台,容量 460 千瓦;笋家峪电站,位于石花镇笋家峪村,利用南河电站西干渠灌溉余水发电,装机 2 台,容量 460 千瓦;兴隆电站,位于南河镇兴隆村,利用南河电站东干渠灌溉余水发电,装机 1 台,容量 200 千瓦,2003 年 12 月建成。

8.庙子头水电站工程

(1)工程概况

该工程位于谷城县盛壕镇庙子头村,上距南河(胡家渡)发电厂 5.5 千米,下距县城 20 千米,是南河干流梯级开发规划的第九级。以发电为主,为闸坝式河床径流电站,兼有航运、灌溉、养殖等综合功能。整个工程由右岸拦水坝、泄水闸、电站厂房及左岸防护堤等组成。坝址以上流域面积 6134 平方千米,多年平均径流量23.7亿立方米、流量75.3立方米/秒。按50年一遇洪水标准设计,下泄流量 9 680 立方米每秒,500 年一遇洪水标准校核,下泄流量 13 200 立方米每秒。电站水库正常蓄水位 119.5 米,校核洪水位 122.62 米,总库容 1211 立方米,无调节库容。拦水坝为闸坝型式,坝顶高程 123.5 米,最大坝高 19.8 米,顶长 231 米。泄水闸 15 孔,每孔宽 12 米,高 9.5 米。电站主厂房长 45 米,宽 13.9 米,高 37.2 米,装机 3 台,容量 1.02 万千瓦。防护堤堤顶高程 123.5 米—125.5 米,顶长 1 588.82 米,最大堤高 12 米。

(2)建设过程

1978 年,省水利厅组织有关部门先后对南河干流开发进行勘测、设计。1979 年,省水利水电勘测设计院重新对南河流域水力资源及其开发利用进行较为详细的勘测与规划。1987 年 2 月 6 日至 8 日,襄樊市委书记张怀念带领市直有关部门负责人在谷城召开现场办公会,要求各部门支持谷城开发建设庙子头电站,力争 1987 年建成。1988 年,省水利厅向省计委报送《关于谷城县庙子头电站工程项目建设书的初审意见》。1999 年 1 月 8 日至 9 日,经过协商,参与建设各方达成合资兴建协议,股东由中国水利水电第三工程局、襄樊电力集团公司、谷城电力局、谷城水电开发公司、谷城物资中心等 5 家组成,依次占有 45%、10%、5%、30%、10%股份,建成后按股分红。同时正式挂牌成立“谷城联虹电业有限公司”,实行董事会领导下的总经理负责制,负责电站兴建及建成后的运行管理。同年 9 月 10 日,该工程开工。2002 年 7 月,第一台机组投产发电,第二台、第三台机组相继于 2003 年投产发电,至 2003 年 12 月,工程全部完工。

(3)征地及移民安置

该工程回水长度 5.5 千米,土地补偿及移民安置补偿费概算为 400.571 万元。

(4)工程效益

该工程建设总投资 1.032 亿元。电站装机 3 台,容量 1.02 万千瓦,设计年利用 3 360 小时、年发电量 3430 万千瓦时。

9.金盆沟水电站工程

(1)工程概况

该工程位于谷城县大峪桥周家湾村杨家大坡，东距县城 10 千米，上距庙子头电站 5.3 千米，是襄樊地区南河干流梯级开发规划的第十级。以灌溉为主，发电为辅，为坝式截流引水电站。主要工程由拦河大坝、引水渠道、电站厂房、升压站等组成。拦河大坝为溢流滚水坝，长 287 米，宽 40 米，顶宽 2 米，均高 3.5 米。引水渠道将南河水引至北河右岸碾盘沟进行灌溉与发电，主要是通过长 1 880 米的金盆沟无压隧洞，隧洞为三心圆拱直墙式，宽 5.6 米，高 5.4 米，混凝土衬砌厚度 0.6 米—0.8 米，中间设计施工斜井 2 处，1 号斜井长 145 米，距进洞口 501 米，2 号斜井长 127 米，距 1 号井 513 米、出洞口 537 米，设计引水流量 68 立方米每秒，其中 8 立方米每秒用于农田灌溉，60 立方米每秒用于发电，隧洞引水口为开敞式闸室，闸室底高程 101.3 米，装单扇 10 米 × 3.5 米弧形闸门控制引水流量，门上作胸墙挡水，出水口连接电站前池。电站前池长 213 米，底宽 6 米，最大口宽 61.55 米，底高程 94.4 米，顶高程 104 米，容水量 3.82 万立方米，迎水边沿装 4 扇自动快速平板钢闸门，断面 5 米 × 3.5 米，闸后连接 4 条斜坡钢筋混凝土压力管，管高 2.5 米，宽 4 米—4.6 米，分别通向 4 台发电机组，右侧设溢流堰和冲砂孔，左侧设灌溉闸。电站厂房位于前池下沿，装机 4 台，容量 5 700 千瓦。升压站安装变压器 3 台 7 685 千伏安，架设 35 千伏输电线路长 10 千米至县城变电站联网。尾水渠长 70 米，底宽 18 米，水入北河。

主要工程量包括土石方 39.41 万立方米，投入标工 316 万个，使用水泥 1.25 万吨、钢材 840 吨、木材 3 200 立方米、炸药 216 吨。

(2)建设过程

该工程为谷城县办工程，由县委、县政府组建工程指挥部实施。其中引水隧洞由县水利局主持设计施工，电站部分由襄樊市水利局主持设计，县水利局负责施工，机电安装由省水利工程一团承担。第一期工程于 1977 年 12 月开工，1984 年 3 月 9 日，两台容量各为 1 250 千瓦机组并网发电。1985 年 8 月 8 日，2 台各为 1 600 千瓦机组并网发电。一期工程建成后，由于无坝拦截干流提高水位，因而引流水量小，电站发电保证率甚低，经济效益差，因此决定兴建二期工程，加筑拦河大坝。二期工程于 1985 年 11 月开工，1986 年 6 月竣工，完成工程量 22.91 万立方米。大坝建成后，引水流量由 38 立方米每秒提高到 68 立方米每秒，引水发电保证率由 22%提高到 32%，发电效益明显提升。在两期工程建设过程中，先后死亡 15 人，伤残 47 人。1986 年 8 月底，二期工程建成验收，工程建设指挥部撤销，日常管理归口县水利局。1987 年县政府决定对金盆沟电站实行收支两条线，管理权收归县政府办公室。此后，又相继改属县水电开发办公室、县能源开发公司管理。1989 年 11 月至 1990 年 1 月，大坝因上游存在沙洲，南端偏低、冲砂闸清基不到底形成空洞等原因，又再次清基，重新浇筑。1994 年春经县委县政府研究决定，将该电站变卖出让，改为股份制企业，由谷城宏泰水电开发公司经营管理。“九五”期间，进行扩容改造，增加容量 1 000 千瓦。

(3)工程效益

该工程总投资 1 382.85 万元，其中国家投资 329 万元，银行贷款 626 万元，借用省财政厅、水利厅周转金 258 万元，县水利局投入 17 万元，其他借款 19 万元，发电收入转投 86 万元，其他投入 38.5 万元。电站装机 4 台，容量 6 700 千瓦，设计水头 14 米、保证出力 5 000 千瓦，投产运行 8 年时间，至

1993 年尚未还清银行贷款。该电站建成后，对于改善城关附近数十个村的农田灌溉、群众生活用水和县化肥厂、砖瓦厂、八零一桥梁厂，谷城火车站等生产、生活用水起到一定作用。

（三）沮河干流梯级开发及重点水电工程

沮河源于保康，流经南漳出境，历宜昌远安、当阳，至荆州江陵注入长江。境内两县均为干流上游河段，南漳峡口以上两岸高山夹持，河谷深切，年均径流量较为丰富。由于两岸平畈滩地少，可耕地面积小，限制了灌溉兴利，但失之东隅，收之桑榆，水电梯级开发建站办电却大有作为。境内干流河段总长 94 千米，水能理论蕴藏量 6.58 万千瓦，其中可开发量 4.7 万千瓦。2005 年，保康境内干流建成水电站 2 处，装机 6 台，容量 1 800 千瓦。南漳境内干流建成峡口水电工程，为沮河干流开发规模最大的水电工程。

1.竹林口水电站工程

（1）工程概况

该工程位于保康马良镇双坪村四组，是沮河干流梯级开发的一座径流式电站。整个工程由拦河坝、引流渠道、电站厂房、输变电工程等组成。坝址以上承雨面积 442 平方千米，多年平均降雨量 851.2 毫米，多年平均流量 6.14 立方米每秒。拦河坝位于歇马镇庙坪盘龙村，坝体为混凝土重力坝，坝长 45 米，坝顶高程 371.4 米，坝底宽 3 米，顶宽 0.8 米，与河道成 45 度夹角，坝体左侧设置一冲砂闸和一进水闸。引流渠道总长 4 460 米，采用明渠和隧洞两种形式，其中混凝土及浆砌明渠长 450 米，花岗岩隧洞长 4 010 米。渠道平均过水断面 2.6 米 × 2.2 米，设计过水流量 4.5 立方米 / 秒，纵坡比降 0.556‰，沿渠建有山洪渡槽 1 处，拱涵 1 处。压力前池设在引水隧洞内，有效蓄水量 450 立方米，右侧设溢流堰，压力管道采用 10 毫米钢板卷压焊接而成，管长 80 米，内径 1.3 米，设计水头 40.1 米，最大水头 41.1 米，最小水头 37.6 米，单机引水流量 1.3 立方米 / 秒。电站厂房长 22 米，宽 11.5 米，高 10.5 米，采用半封闭式，装机 3 台，总容量 1 200 千瓦。尾水渠长 30 米，矩形断面，紧靠厂房为八字开口，上用盖板封闭。输变电工程安装 1 600 千伏安主变压器 1 台，低压侧 400 伏，高压侧 10 千伏，电能经长 4 千米的 10 千伏输电线路至马良 35 千伏变电站上网。

（2）建设过程

该工程根据襄樊市水利局《关于“保康县竹林口水电站设计任务书”的批复》建设。1986 年 2 月，湖北省水利厅批准兴建。同年 12 月，来自 7 个省（市）的 23 个施工队伍 2 500 余人进入现场，从大坝到厂房近 5 000 米长的战线全面展开施工。经过 700 多个日夜施工，工程于 1989 年 1 月 10 日试机一次成功，随后进入调试和试运行阶段，同年 5 月 9 日交付使用。该工程建设期两年，完成土石方 16.279 万立方米，其中土方 0.436 万立方米、石方 14.99 万立方米、浆砌块石 0.43 万立方米、混凝土 0.423 万立方米，投工 31.8 万个，投资 321.85 万元，每千瓦投资 0.268 万元。

（3）工程效益

该工程建成投产，缓解了保康南部电力紧张矛盾，扩大了用电面，提高了用电质量，带动了当地经济发展，改善了当地农业生产条件，增加了农业灌溉面积。设计年利用 5 100 小时，保证出力 391 千瓦，发电量612万千瓦时。2005年，发电设备利用3 983小时，发电量478万千瓦时，售电收入94万元。

2.峡口水电枢纽工程

(1)工程概况

该工程位于南漳县峡口镇西约2千米处,距离南漳县城95千米,下距远安县城50千米,是沮河干流上游开发控制性水电枢纽工程。以发电为主,兼具防洪、灌溉、扶贫等综合功能,2000年,被列入世界银行贷款湖北贫困地区水电发展项目。整个枢纽工程由大坝、泄洪建筑物、发电输水隧洞、导流隧洞、电站厂房、变电站等组成。坝址以上控制流域面积1 458平方千米。工程按百年一遇洪水标准设计,相应洪峰流量3 780立方米每秒,千年一遇洪水标准校核,相应洪峰流量6 070立方米每秒。电站水库正常蓄水位264. 13米(黄海高程,下同),总库容1.36亿立方米,调节库容0.103 6亿立方米。大坝为混凝土双曲拱坝,坝顶高程267.8米,最大坝高84.8米,坝顶长191.8米,顶宽5米,坝底宽16米。泄洪建筑物设在坝身,为3表孔2中孔,表孔每孔断面宽13米,高11米,泄洪量为1 261.5立方米/秒;中孔每孔断面宽6.2米,高6.5米,泄洪量为972.18立方米/秒,总计最大泄洪量5 729立方米/秒。发电输水隧洞位于大坝右岸,长357.036米,直径4.5米,进口底高程235米,最大引水流量58.8立方米/秒。导流隧洞位于右岸山脚,底孔形式为城门洞型,断面6米×8米,进口底高程196米,出口底高程194.5米,洞长433.5米,最大泄水量1 671立方米/秒。电站厂房距大坝250米,由主厂房、副厂房、安装车间和升压站组成,装机3台,容量3.16万千瓦,其中2台各1.5万千瓦,1台0.16万千瓦。升压站布置110千伏主变压器1台,架设110千伏输电线路长66千米至花庄变电站并网运行。

(2)建设过程

该工程规划、设计起步于20世纪50年代末。1960年,湖北省水利水电勘测设计院编制完成《峡口水电工程初步设计报告》。1993年3月,湖北省水利水电勘测设计院完成可行性研究报告。1999年4月,根据南漳县政府要求,完成可行性研究补充报告,并于同年6月通过评审。2000年5月,湖北省水利水电勘测设计院完成《湖北省南漳峡口水利水电枢纽工程初步设计报告》。同年6月,省水利厅批准同意该初设报告。同年11月,省计委对该初设报告批复同意。同年11月8日,由湖北省电力公司、襄樊电力集团公司、襄电集团南漳全昌电力有限公司、南漳县国有资产经营公司共同出资4 450万元,出资比例依次为44.9%、4.5%、4.5%、46.1%,组建南漳峡口电业有限公司,进行工程建设与建成后管理。该工程于2002年8月18日动工,同年11月18日实现截流。2003年4月13日,大坝回填。2005年5月,第一台机组发电。2005年10月29日至11月3日,国家电力监管委员会大坝安全监察中心完成工程蓄水前的安全鉴定。整个工程完成土方3.39万立方米,石方23.9万立方米,砂卵石方4.18万立方米,钢筋混凝土19.26万立方米,固结灌浆8 817立方米,接触灌浆3010平方米,接缝灌浆6 064平方米,回填灌浆2 777平方米,岩石支护喷混凝土5 052平方米,帷幕灌浆9 429米,排水孔6 381米,耗用钢材921吨、水泥5.78万吨。

(3)征地及移民安置

该工程淹没区涉及南漳巡检镇3个村8个村民小组,243户955人。淹没耕地面积72公顷,工程占用土地面积2公顷。淹没村级道路长10千米,10千伏输电线路长5千米,报废小水电站1座,装机容量655千瓦,拆迁房屋面积56 148.4平方米,支付补偿及移民安置费3 983.5万元,包干使用。

(4)工程效益

该工程总投资2.88亿元,其中世界银行贷款1600万美元。电站装机3台,容量3.16万千瓦,设计年利用2 763小时、年发电量8 288万千瓦时。

(四)漳河干流梯级开发及重点水电工程

漳河是南漳县内第二大河流,源于南漳县薛坪镇三景庄,流经板桥、巡检、肖堰、东巩,于东巩镇付家畈出县境,南漳县内干流流长 91 千米,接纳河溪多,并有潜流、洞泉汇入,河床落差大,河源三景庄海拔 1 220.5 米,出境处付家畈海拔 118 米,两者落差达 1 102.5 米,蕴藏着较丰富的水力资源,南漳境内理论蕴藏量 6.58 万千瓦。截至 2005 年年底,漳河流域已开发建成电站 12 处,装机 26 台,总容量 4 611 千瓦。

1.扶莲塔水电站工程

(1)工程概况

该工程位于南漳县西南东巩镇扶莲塔村,漳河中游,扶莲塔山主峰脚下,距南漳县城 120 千米,为径流引水式电站,设计引水流量 9.7 立方米每秒,水头 38 米,以发电为主,兼有防洪等综合功能。整个工程由溢流连拱坝、引水渠(隧洞)、压力前池、压力管道、电站厂房、防洪墙、尾水部分、升压站等组成。坝址以上拦截流域面积 763.4 平方千米,多年平均流量 12.16 立方米每秒,多年平均径流量 3.839 亿立方米。溢流坝位于漳河干流与其支流白岔河汇合处以下 148 米处,昌记以上过江石处河床高程 190.00 米,基础设计高程 188.85 米,坝顶高程 201.85 米,最大坝高 13 米。溢流坝总长 125 米,溢流段直线长 100 米,共设计五孔,每孔净跨 16.8 米,全跨度 20 米,拱中心角 130 度,中心圆弧长 22.39 米,拱圈设计顶厚 1.2 米,底厚 1.6 米。采用薄臂堰流,且为自由堰流消能。坝左端为非溢流坝段,长 25 米,设有进水闸和冲砂闸。引水渠从昌记进水闸出口至压力前池进口,长 5533 米,其中隧洞 16 处长 4 176 米,已衬砌 1 435 米,涵洞长 267 米,明渠长 924 米,全部采用混凝土和浆砌块石衬砌,渡槽 3 处长 166 米,其中西沟渡槽为四跨双悬臂钢筋混凝土结构,每跨 24 米,最高排架 23 米。渠道设计流量 6.5 立方米每秒,加大设计流量 9.5 立方米每秒。压力前池设计长 63.4 米,平均宽度 13.6 米,蓄水深 6.6 米(高程 198.60 米—192.00 米),考虑波浪爬高及安全超高 0.5 米,设计挡水墙顶部高程为 199.10 米,宽度 1.0 米,墙临水面为垂直,背水面坡度比 1∶0.25。压力管道采用正向联合供水的布置方式,三台机组共用一根总水管供水,然后用分叉管将水引至各机组,主管道长 146 米,内径 2.0 米,支管道共长 51 米,内径为 1.2 米。电站厂房长 38.9 米,宽 11 米,安装发电机组 3 台。防洪墙首次采用混凝土与浆砌条石连拱式,全长 276 米,按 20 年一遇洪水标准设计,50 年一遇洪水标准校核,主段为混凝土与浆砌条石混合连拱结构,长 80 米,共 13 孔,墩最高 15.84 米,另一段为黏土与浆砌石护砌,长 196 米。尾水部分由尾水道、尾水平台、尾水池、尾水渠等组成,其中尾水平台按等距拱形结构布置,设有移动式尾水闸门,尾水渠长 140 米,采用 4.5 米×4.5 米矩形圆顶双涵洞结构,出口设有拦砂墙,长 115 米。升压站占地面积为 675 平方米,安装容量 4 100 千伏安主变压器 2 台,升压至 35 千伏,与东巩变电站线路联网,并设有 3 支 30 米高的避雷针。

(2)建设过程

该工程由南漳县水利局设计,并组织施工。1983 年 11 月开工兴建,至 1987 年 1 月并网发电。整个工程完成工程量 59 万立方米,投入标工 160.7 万个,投资 1 186.5 万元。

(3)工程效益

该工程装机3台,容量2 630千瓦时。设计年发电量1 450万度,年利用小时5 513小时,年发电收入101.5万元。

2.杨家峡水电工程

(1)工程概况

该工程位于南漳西南巡检镇,距离县城65千米,是漳河干流开发规划的第三个梯级工程。以发电为主,兼有防洪、灌溉、养殖等综合功能。整个工程由大坝、溢洪道、引水隧洞、电站厂房、输变电系统等组成。坝址以上承雨面积529平方千米。电站水库总库容9 969万立方米,调节库容6 169万立方米。大坝为混凝土面板堆石坝,坝长192米,最大坝高71.3米,电站厂房装机2台,容量12.6万千瓦。设计年发电量3 265万千瓦时。项目静态投资1.117亿元,动态投资1.165亿元,工期2年。

(2)建设过程

该工程1990年立项。1992年完成"可行性研究""初步设计",并上报省计委、水利厅评审通过,并下达批复文件。襄樊市计委据此下达项目建设计划通知。1994年开工建设,但由于建设资金不落实,银行贷款不到位,被迫停建。2003年,南漳成立杨家峡水电开发公司,与陕工集团合作共同投资开发,并于2004年6月全线贯通临时工程导流洞。后因南漳公司资本金未落实,主体工程至今不能开工。

截至2005年年底,襄樊境内已建成各类水电工程269处,装机475台,容量31.98万千瓦,年发电能力14亿千瓦时,其中装机容量在1 000千瓦以上的有24处,装机80台,容量28.47万千瓦。按流域划分,汉江干流及其小支流54处,装机110台,容量12.4万千瓦,占可开发量26.72%,南、北河流域126处,装机192台,容量15.97万千瓦,占可开发量69.80%,沮、漳河流域50处,装机93台,容量1.08万千瓦,占可开发量13.95%,其他河流及引丹工程渠道沿线39处,装机80台,容量2.53万千瓦,占可开发量24.73%。按行政区域划分,襄阳(襄城、樊城、市直)18处,装机42台,容量2.17万千瓦;枣阳10处,装机20台,容量0.14万千瓦;宜城5处,装机14台,容量0.17万千瓦;南漳40处,装机87台,容量1.38万千瓦;谷城78处,装机107台,容量10.45万千瓦;保康100处,装机170台,容量6.29万千瓦;老河口18处,装机35台,容量11.38万千瓦。按所有制形式划分,属于国有51处,装机131台,容量7.28万千瓦;集体192处,装机276台,容量3.68万千瓦;股份合作11处,装机33台,容量20.69万千瓦;民营私有15处,装机35台,容量0.33万千瓦。按管理形式划分,属于县(市)区乡镇的196处,装机287台,容量3.97万千瓦;属于电力系统的10处,装机29台,容量10.1万千瓦;属于水利系统的51处,装机129台,容量15.16万千瓦;其他管理形式的12处,装机30台,容量2.75万千瓦。全市在建水电站13处,装机容量9.7万千瓦。

五、水土保持治理

(一)水土流失类型

襄樊地处我国地势第二阶梯向第三阶梯过渡地带,总地势自西北向东南倾斜,呈"凹"字形,大体上是西、东部高,中间低,地貌由西部山地、东部丘陵、中部岗地平原三个地理单元构成。其中西部山地分布于南漳、谷城、保康3县，面积约8 000平方千米，占全市总面积40.6%，农业生产受到较大程度制约。域内峰峦重叠，地势高阜，山陡谷深，海拔高程平均400米，有千米以上山峰403座，保康关山为荆山山脉主峰，海拔高程2 000米，是市境最高山峰。该区由于岩石风化层较薄，夏季降雨集中，多暴雨，径流量大，径流系数40—50，加之不合理垦殖与采矿，植被受到较大程度破坏，因而水土流失严重。东部丘陵分布在枣阳、宜城东部，面积3 000平方千米，占全市总面积15.2%，是全市粮棉油重要产区。域内大部分为海拔1 000米以下的低山丘陵，由北部桐柏山系、南部大洪山系组成，北部属断褶岩浆岩变质岩类低中山，南部属紧密褶皱碳酸岩类低中山，海拔高程200米—400米，相对高差40米~150米，丘顶浑圆低矮，沟谷较为开阔，水系发育呈羽状与树枝状，浅—中切割深度。内陆沉积的碎屑岩类胶结程度差，抗风化剥蚀能力弱，地形破碎，植被稀少，侵蚀严重。介于西部山地与东部平原之间的中间岗地平原，面积约8 700平方千米，占全市总面积44.2%，是全市粮棉油菜主要产区。其中北部岗地为全省闻名的鄂北岗地，俗称“三北”（老河口全部、襄阳、枣阳北部）岗地，域内第四纪黄褐土沉积层受地表水切割，浸溶形成岗垅相间波状起伏的岗地地貌。海拔高程85米—140米，相对高差10米~30米，岗坡一般在10度左右。植被稀少，水土易流失。南部冲积平原主要分布在汉江、唐白河两岸，平均海拔90米以下，宜城八角庙海拔高程44米，为市境最低点。域内呈现出明显的汉江中、上游地貌特征，由一级、二级阶地形成，北部较狭窄，南部较宽阔，地势平坦，是全市农作物高产区域。

由于境内特定的地理条件以及长期形成的水土资源开发利用方式，因而容易产生水土流失，水土流失类型多。按照全国水土流失区域7大类型划分，襄樊水土流失属于“长江上游及西南诸河区”，其中长江上游区包括湖北在内的9个省（自治区、直辖市），水土流失面积43.83万平方千米，占9省（自治区、直辖市）总面积43.6%。按照湖北省水土流失“八大片”类型划分，襄樊属于“汉江中游区”。该区域包括襄樊、荆门两市辖境，总面积32 086平方千米，已被列入全省水土流失重点治理区之一。进一步细分，境内水土流失类型呈多样性：既有水力侵蚀，又有风力侵蚀，既有单一侵蚀，又有混合侵蚀，既有自然水土流失，又有人力水土流失，值得重视的是，单一的土壤侵蚀只在局部地域、特定时空发生，一般均为混合侵蚀，治理难度大。其中西部山地侵蚀类型为：南漳西南部石灰岩分布区的坡面水力侵蚀与沟蚀；南河、蛮河、沮河、漳河流域农业生产区的坡面水力侵蚀；矿山、交通等开发建设项目区的人为水土流失。年侵蚀模数每平方千米1 000—5 000吨。东部丘陵侵蚀类型主要为：面蚀、沟蚀都很活跃，许多地方还有切沟侵蚀，沟道密度每平方千米长2千米至4千米，且网纹层以上沟道下切相当迅速。年侵蚀模数每平方千米2 000—5 000吨。中部地带的北部岗地由于干旱、风害、地瘦、土质黏重、植被长势差、土地利用率低等障碍因子，因而水力侵蚀、风力侵蚀普遍存在，坡蚀、沟蚀、细沟蚀以及溯源侵蚀高度发生。中间地带的南部平原为境内经济发达地区，市镇密布，除了水力侵蚀，风力侵蚀外，且因大规模的基础建设所造成的人为水土流失特别剧烈，重力侵蚀比较严重，是混合侵蚀发育最为完全地带。

（二）水土流失分布

1956年，境内（含随县）水土流失面积8 204平方千米，占总面积（含随县）30.7%，1985年，境内（含随州）有待治理水土流失面积5 830平方千米，占总面积（含随州）21.8%，其中南漳、谷城、保康3县有待治理面积749.9平方千米。1988年，根据湖北省土壤侵蚀图计算，境内（含随州）土壤侵蚀状况为12 108.68平方千米，占全市（含随州）总面积45.3%，其中轻度侵蚀面积4 885.5平方千米、中度侵蚀面积4 924.88平方千米、强度侵蚀面积1 624.62平方千米、极强度侵蚀面积673.68平方千米。2000年，襄樊被省政府划定为全省水土流失重点监督区，以南漳、谷城、保康、老河口4县（市）为重，土壤侵蚀面积平均达到45%以上，其中谷城、保康两县更甚，轻度以上土壤侵蚀面积达到54%，分别超过各县总面积一半以上。2002年，湖北省水利厅与中国地质大学联合发布卫星遥感水土流失资料，境内土壤侵蚀总面积为7 266.05平方千米，占全市总面积36.8%，其中轻度侵蚀面积3 980.4平方千米，占20.2%，中度侵蚀面积2 821.67平方千米，占14.3%，强度与极强度侵蚀面积463.98平方千米，占2.4%。根据监测，2004年全市水土流失面积7 476.53平方千米，土壤流失量390.32万吨，比2002年卫星监测数据进一步扩大。分县（市）区为：襄阳流失面积199.11平方千米，流失量2.8万吨；枣阳流失面积355.1平方千米，流失量24.4万吨；宜城流失面积925.1平方千米，流失量1.72万吨；老河口流失面积359.4平方千米，流失量75万吨；南漳流失面积1753平方千米，流失量18万吨；保康流失面积1 727.82平方千米，流失量10.8万吨；谷城流失面积1284平方千米，流失量250万吨；襄城流失面积720平方千米，流失量6万吨；樊城流失面积153平方千米，流失量1.6万吨。

（三）水土流失原因及其危害

1.原因

主要为自然因素与人为因素。自然因素包括不利的地形、地貌、岩层、土壤、水文、气象等，容易产生水土流失。人为因素是指人们在社会生产活动中，未采取有效的水土保持措施，滥采滥挖，滥砍滥伐，滥垦滥牧，大面积破坏植被，大量砍伐树木，过量载畜放牧，不计后果毁草毁林开荒，采取陡坡开荒、顺坡种植等不适当的耕作方式，以及开矿山，建工厂，修道路等开发性建设，由此所产生的一系列人为扰动加剧，因而造成水土流失。境内有5次不同时期人为造成水土流失严重发生。第一次为土地改革与农业合作化初期。由于山权林权权属不明，山林管理法规及制度缺失，各地毁林砍树不少。第二次为1957—1959年。由于大搞毁林开荒，大办钢铁，有组织地大规模砍伐树木炼铁炼钢。第三次为“文化大革命”时期。由于山林所有权几经变动，加之开展“农业学大寨”，以粮为纲，单一抓粮食生产，大量毁林改地造田。第四次是1982年前后。在建立农村联产承包制过程中，林业生产责任制没有及时建立、配套、完善，树木与林地承包到户后，遭到砍伐毁坏。第五次是1994年前后，由于不少地方头脑发热，不切实际地提出全市要建立一百万亩水果基地、一百万亩干果基地，因而不少山林被毁，山冈被“剃光头”，结果是干果果树没有长起来，水果果子难销售，却形成新的水土流失。如南漳与保康交界的长坪一带，要造万亩板栗园，至今板栗树也是稀稀落落，成活不多。

2.危害

（1）冲刷地层表土，降低耕地质量，造成农作物减产

水土流失地区，有限的表层活土难以抵挡年复一年水力侵蚀的沟蚀剥挖，耕层熟土被冲刷，土壤养分被溶解带走，耕地被进一步沙砾化、石质化，保水保墒保肥能力差，耐旱程度低，因而农作物单产不高，总产减少。如地处西部山地的保康，每平方千米侵蚀模数每年平均为610吨，表层土每年损失厚度0.5厘米—2厘米，店垭、马良、后坪、龙坪等石灰岩地区已出现成片的“光石板”地。位于东部丘陵的枣阳，年均流失总量408.65万吨，相当于该市每年被剥蚀0.7毫米厚土层，带走有机质约18 760吨、纯氮1 690吨、磷3 565吨、钾81 658吨，氮磷钾折合相当于损失化肥113 083吨。据有关专家测算，全市弱侵蚀地区每年农作物减产10%—30%，中等侵蚀地区减产30%—50%，强侵蚀地区减产50%~70%。

(2)毁坏林草植被,阻滞水流能力差,加剧洪、旱、泥石流等灾害危害

全市第三纪砂砾岩的丘岗地区不少地方已是基岩裸露,草木难生,森林覆盖率低,涵养水源,阻滞雨洪水流能力差,洪灾、旱灾、泥石流灾害等发生频率高,危害程度重。如"1975·8"型洪水,南漳、保康、谷城等地被泥沙淤积压埋农田面积达187.1万亩;枣阳新市公社杨庄大队遭遇1975年8月暴雨洪水,被冲毁农作物面积350亩,沙压农田250亩,直接经济损失3万多元。又如1982年7月27日至30日谷城遭遇暴雨袭击,降雨总量756毫米,最大日降雨量495.1毫米,盛康公社小沟办事处的7个生产大队灾情惨重,被冲毁耕地3366亩,占总面积60.8%,倒塌房屋1 034间,冲走耕牛19头、生猪170只、山羊107只,损失粮食24.95万斤,死亡38人,伤残12人,直接经济损失300余万元。其中小沟大队山坡崩塌,田舍无存,有一西沟长3250米,有大小山头41座,其中29座发生剧烈泥石流,崩垮45处,泥石流总量54.78万立方米,淤积量17.7万立方米,淤积浅则2米,深则7米。洪水过后,看山是石疤,看地是石架,看沟是石堆,水流不见面,道路是狼牙,遍地是石碴,山地冲成光石板,农田淤成乱石滩,一幅令人痛心惨景。

(3)抬高河床,淤塞水利设施,降低工程使用寿命与使用效益

水土流失将大量泥沙冲进河道,抬升河床,流入库坝堰垱,毁损水利设施,影响水利工程运行,使工程使用年限缩短,效益衰减。境内汉江老河口城区段、襄樊城区段,南河谷城韩家入汉江河口段,清溪河保康城关段,沙河枣阳城关段等由于泥沙淤积,河道需要清淤长度长26千米,工程量达871.8万立方米。枣阳新市镇杨庄村在1975—1983年间,流经村内的小沙河杨庄以上长3千米河床被淤高抬升1米~1.5米,行洪能力降低,一遇暴雨,沿岸1500多亩稻田经常被淹,占全村稻田总面积40%。据统计, 全市有近20万处各类水利设施淤积严重,20世纪80年代末全市输水干渠总长2671千米,实际灌溉农田494.4万亩,至2000年,干渠总长度缩短326千米,有效灌溉面积减少118万亩。枣阳小(一)型响水潭水库,盘山渠道由于水土流失淤积严重,输水能力不到设计流量一半,且有部分渠段阻塞,放水时跑水漏水严重;中型马鞍山水库,输水干渠长50多千米,由于水土流失淤积阻塞,长时间只有20千米通水,且因渠道断面缩小,输水能力减少1/3。襄阳中型马张河水库,1962年5月建成,设计库底高程93米,通过近40年运行,至2001年年库底高程已淤积至94.5米,淤深1.5米。谷城潭口水库,1964年6月建成,设计灌溉面积4万亩,经过40多年的运行,至2005年,灌溉面积已萎缩到1.6万亩,有长12千米的尾部干渠因多年淤积,已基本与周边土地高度持平,因而被废弃。保康马桥两河口水库建于20世纪70年代,库容15万立方米,是集灌溉、发电、水产养殖于一体的综合性小(二)型水库,灌溉农田830亩,80年代因修筑公路未采取防治措施,水库运行不到10年就被砂石淤满报废,直接经济损失近千万元。

(4)引发次生灾害,恶化生态环境,影响可持续发展

由于水土流失,次生灾害随之发生,影响生产发展社会稳定。枣阳因河床抬高,多年来渍水害田有增无减,至2005年,尚有渍水害田16.3万亩,种植农作物生长不良,经济效益低。西部山地岩溶地区,水土流失导致地下水得不到有效补充,地下水位一再降低,泉眼枯竭,人畜饮水困难呈扩大趋势。水土流失还加剧山区贫困,制约经济发展。南漳县在1958—1960年,因大办钢铁,农村实行人民公社化后大办食堂等,导致大片成材的山林被砍光,损失林木量68.2万立方米。20世纪60年代至70年代,大量毁林开荒,乱砍滥伐,毁掉林木量24万立方米。县内20世纪50年代林区年降雨量为1 100毫米~1 300毫米,80年代降至900毫米—1 000毫米,常年水土流失面积达108 850亩。

（四）水土流失治理

1.治理过程

境内早就有治理水土流失的历史传统。新中国成立后，1955年10月国务院在北京召开全国第一次水土保持工作会议，同年12月，湖北省成立水土保持委员会，按照国务院和省人委（政府）要求，襄阳专署随之于1956年成立襄阳专署水土保持委员会，由一名副专员任主任委员，计委、农业局、林业局、水利局、交通局、长办襄阳水文站等部门与单位领导任委员，下设办公室，办公室为常设办事机构，设在水利局内，配备专职干部5人。所属各县成立相应机构，配备专职人员，其中山区县定为5人，平原丘陵县定为3人，但实际配备山区县2人—3人，平原丘陵县1人—2人，并先后成立枣阳新市、谷城冷集水土保持技术推广站，每个站编制5人—7人。全区共配备专职干部45人（含随县及郧阳6县在内）。1959年，襄阳专区及各县水土保持机构被撤销，仅保留谷城冷集水土保持技术推广站。1963年，襄阳地委、专署鉴于严重的水土流失给农业生产特别是山区生产建设带来的严重后果，下发《关于加强山区水土保持工作的意见》，决定恢复成立水土保持委员会，并调整领导成员，设立办事机构，配备专职干部。1965年5—6月上旬，省长张体学在光化县（今老河口）主持召开西部山区7县县委书记座谈会，制定《发展山区生产要点》，要求山区要因地制宜开展群众性的治山、治土、治水的“三治”运动，改善生产条件。治山方面，高山、二高山要封山育林，低山平坝以造林为主，造林蓄林并举；治土方面，主要抓旱改水，坡改梯，拦沟扎垱，建设旱涝保收基本农田，为了保持水土，特别强调要大力开展坡地改梯地建设；治水方面，要以小型为主，当年受益为主，队办为主，逢沟筑垱，逢河建坝，大塘小库，引、蓄、提、保（水土保持）并举，以引水为主。同年6月23日，张体学要求各地大搞坡地改梯地，植树造林，防止水土流失。1966年，“文化大革命”开始，境内水土保持机构瘫痪，工作中断时间十年。其间开展的“农业学大寨”运动尽管改土造田成绩较大，但缺乏相应的水土保持措施，导致水土流失面积增加。如谷城至1979年，水土流失面积增加到1 358平方千米，比1956年净增235平方千米。1979年6月，省水利局发出通知，要求按照水利部《关于加强水土保持工作的通知》精神，把水土流失治理工作转移到以小流域为单元，以库区为重点的治理上来……并选择1处 2处小流域作为治理样板，以便推广运用。1982年6月，国务院颁布《水土保持工作条例》。襄阳地区在1983年成立水土保持协调小组，仍在水利局内办公。1981—1983年，境内经省水利局（厅）同意并立项，保康在城关区小沟，黄化区龙王沟，马桥区枣树沟及城关镇官山东沟举办小流域治理试点；谷城选择丘陵岗地的柏杨沟，变质岩山区的紫金河，石灰质岩的黄土河等3个小流域作为防治试点；枣阳在新市小沙河流域举办试点。境内在农村改革开放初期，由于生产经营责任制的变革，对山区坡改梯工作影响较大，不少县（市）这一工作几乎中断。1984年，谷城柏杨沟小流域工程治理指挥部被国务院水土保持工作协调小组评为“全国水土保持工作先进单位”，颁发锦旗与证书。1984年以后，随着水保机构的恢复与加强境内坡改梯工作逐渐恢复。特别是在省委省政府作出关于《加强山区建设与扶贫工作的决定》后，境内认真开展“一冬一春，一户一分”基本农田建设，加快山区坡改梯建设速度，从1979年起至1995年止，境内累计建成坡改梯面积24.54万亩。1996年，省水利厅以鄂水字〔1996〕58号发文确定境内谷城县为全省第一批水土保持监督执法试点县。该年襄樊市水利局内设水保科。1997年，编制完成《湖北省襄樊市水土保持规划（1998—2010）》。该年谷城县水保站申报的《柏杨沟小流域水土保持综合治理》试验项目，获湖北省水利厅1997年度科技进步三等奖。2001年，境内谷城紫金河被命名为全国水土保持示范小流域。2002年，全市共筹措资金1 320万元，治理水土流失面积160平方千米。其中建设基本农田1.68万亩，建水保林8.4万亩，经济林3.6万亩，种草0.48万亩，其他措施治理9.84万亩。全市征收水保“两费”126.5万元，比2001年增加237%。2003年1月6日，襄樊市水利局下设水土保持监测管理站。2004 年,境内选择南漳、保康、谷城、枣阳等不同水土流失类型区 12 条小流域进行综合治理,全市治理水土流失面积 282 675 亩。其中建成基本农田 15 885 亩、水保林 66 675 亩、经济林 56 280 亩,种草 10 305 亩,封禁治理 110 235 亩,其他治理 23 295 亩,建成淤地坝 23 处,其中小型水保工程 362 处,完成土石方 625.3 万立方米,新实施生态修复面积 179 160 亩,落实治理成果管护面积 150 825 亩。

2.治理方式

境内在多年治理水土流失实践中,逐步转变治理理念,实现由单纯治理向预防、保护优先转变,由防护型治理向兼顾经济效益、生态效益转变,由人工治理向人工治理与自然修复转变,由部门单一治理向社会多元化治理转变,采取生物措施与工程措施双管齐下,综合运用,提高治理水平,注重治理效益。

(1)生物措施治理

主要是植树造林,退耕还林,营造防护林等。

营造鄂北岗地防护林。1983 年,湖北省第四次党代会作出治理鄂北岗地的决定,襄樊市委市政府随即成立襄樊市开发利用鄂北岗地领导小组,抽调人员,组成 16 个专业组,于 1984 年 2 月至 7 月对鄂北岗地进行实地考察,形成《鄂北岗地综合开发利用考察报告》,开发利用措施之一就是建设鄂北岗地防护林体系。自 1984 年起,五年之内营造东起枣阳新市,西至老河口赵岗的主林带 8 条,长 625.9 千米,南北走向副林带 27 条,长 843.2 千米,河岸、堤防、渠道、道路等防护林长 5 019.3 千米,农田林网面积 201 万亩,共计植树 3 791.72 万株,成活率 85%,使鄂北岗地森林覆盖率由 8.8%上升到 13.4%,风沙危害减小,水分蒸腾降低,空气湿度增加,形成有利于农作物生长的小气候。

营造“长防林”。1989 年,国务院启动实施“长治”工程,境内谷城、南漳先后被确定为全国长江上中游防护林工程建设县,水土流失治理再上新台阶。其中南漳至 1999 年年底共建成“长防林”面积 720 844 亩,四旁植树 2 708 万株。通过长防林建设,该县有林面积由 276.3 万亩增加到 301.5 万亩,森林覆盖率由 54.1%提高到 64.5%,减少水土流失面积 500 平方千米。

退耕还林。1998 年长江特大洪水后,国家实行退耕还林,境内各地认真落实。其中谷城明确提出:从 1998 年冬开始,全县一次封山育林 50 万亩,连续全封 5 年,5 年以后实行轮封和半封,用 3 年时间把在 25 度以上的全部退耕还林,25 度以下的坡耕地配套进行坡改梯。至 1999 年年底,全市完成封山育林面积 288.8 万亩,占全省下达任务的 103.1%。

(2)工程措施治理

主要是平整土地、坡改梯、农业综合开发及土地整理等。

平整土地。新中国建立以后,境内通过持续不断的奋战,至 1985 年年底,完成平整土地、建立园田化农田面积 462 万亩(含随州)。其中山区县保康,丘陵平岗县(市)枣阳、随州皆为全省不同类型地区治理重点县的典型。枣阳 1977 年冬季组织 15 万劳力施工,重点对鹿头、姚岗、太平、环城、新市、城关等 6 个区(镇)进行平田改地与园田化建设,治理面积 24 万余亩,植树 190 万株,建成园田化规格农田 8.82 万亩。1990 年,枣阳继续整治耕地 119 100 亩。该市农田水利建设于 1993 年受到省政府通报表彰,1994 年、1995 年被省政府授予“全省水利建设先进集体”称号。襄阳县(今襄阳区)在 1971—1982 年,治理面积为 94.86 万亩。宜城县(今宜城市)在 1972—1977 年,完成改土治田与园田化建设面积 50 余万亩,占该县耕地总面积 74%。

坡改梯。1984 年以后,特别是在湖北省委省政府作出《关于加强山区建设与扶贫工作的决定》,要求开展“一冬一春，一户一分”基本农田建设以后，境内坡改梯建设速度加快。境内在1979—1995年间，累计建成梯田梯地面积24.54万亩（含随州）。保康提出“草护坎，砌石岸；水平线，盘山转；长条形，两米宽；活土层，深尺半；纳雨水，耐天旱”建设标准，至2005年，累计完成坡改梯15.86万亩，同时改造冷浸田2.4万亩。

农业综合开发。20世纪80年代后期，国家实施农业综合开发。境内襄阳县（今襄阳区）被列为鄂北岗地农业综合开发重点县，1989年9月28日得到省开发办正式批复，3年开发总投资2 150万元。该县于1989年组织22个乡镇动用劳力22万人，完成土方200万立方米，混凝土1.9万立方米，改造渍害田0.6万亩，旱改水5.65万亩，新增灌溉面积13.13万亩，改善灌溉面积4.36万亩。1990年组织12个乡镇完成投资740万元，开发治理农田面积8.2万亩。

（3）小流域治理

1979年6月，省水利局发出通知，要求按照国家水利部《关于加强水土保持工作的通知》精神，把水土流失治理工作转移到以小流域为单元，以库区为重点的治理上来……并选择1处—2处小流域作为治理样板，以便推广运用。自此，境内水利部门通过编制规划，重点投入，典型示范，加强对小流域的综合治理。通过省、市专业验收的谷城柏杨沟、紫金河，保康龙王沟小流域治理，至2005年，治理程度达到72%—83%，森林覆盖率达到30%以上，林草郁闭度在72%—83%之间，治理区内人均旱涝保收农田在1亩以上，防洪抗旱标准由5—10年一遇提高到10—20年一遇，削洪减沙效益在30%—70%之间。

重点小流域治理典型介绍如下。

谷城冷集柏杨沟小流域治理。谷城冷集柏杨沟为汉江支流，位于谷城北部丘岗地区。主沟长11.5千米，海拔高程在78米—314米之间，发源于冷集林场破寨子山，流经小陌山、吴家沟、彭家河、柏杨沟、胡家湾，于马台入汇汉江，沟道平均比降20.5‰，沟壑密度每平方千米长3.1千米，平均宽度1.13千米。整个流域面积21.25平方千米。通过10年治理，柏杨沟面貌改观。至1991年年底，森林覆盖率由19.9%上升到37.5%，年侵蚀模数每平方千米由3 525吨下降到1 049吨，域内人均耕地面积由1.1亩增加到1.3亩，粮食单产710.5公斤，是治理前的2.17倍，粮食总产由363万公斤提高到766.25万公斤，农民人均纯收入由87.3元上升到536.6元。1991年8月5日暴雨，柏杨沟雨量站实测日降雨量137毫米，全流域无一处堤、堰、滚水坝被冲垮，无一农田被冲毁，无一间房屋倒塌。柏杨沟流域工程治理指挥部曾于1984年被国务院水土保持工作协调小组评为“全国水土保持先进单位”。

谷城紫金河小流域治理。紫金河为北河支流，位于谷城西南山区，中型潭口水库上游，整个流域由8条小支流、89条毛沟组成，流域面积124.4平方千米。主沟发源于紫金天沟山与摩天岭，海拔高程分别为1 102米、1 227.3米，出口高程117米，相对高差1 110米，主河道全长约50千米，河道纵坡比降2%。1983年，该流域中度以上水土流失面积67.66平方千米，占总面积54.4%。至2000年年底，已建成2.2万亩绿色饮料生产基地，年产绿茶1 000吨、银杏100吨，年产食用菌150吨、干果200吨，各类经济收入2 530万元，实现利税210万元。域内陡坡地全部退耕，荒山全部绿化，耕地旱涝保收，农户粮食自给有余，农民年人均纯收入由153元增加到1530元。村村达到“三通六有”，即通车、通电、通电话，有彩电、有冰箱、有楼房、有自来水、有林茶果菌生产基地与加工厂。2001年，经过水利部组织的专家组严格按照国家颁布的相关标准，采取听取汇报，现场踏勘，实地验证等方式验收合格，并经水利部、财政部批准，紫金河被命名为全国水土保持示范小流域。

保康黄堡龙王沟小流域治理。保康黄堡龙王沟为黄堡河支流，位于保康东部山区，整个流域由1条主沟、3条支沟、25条毛沟形成，流域面积11.4平方千米。1993年，域内有4个村，23个组，704户，293人，耕地面积4810亩。龙王沟小流域山大沟深，岩石破碎，土壤结构松散，水陡流急，水土流失严重。1957 年至 1982 年,龙王沟入汇黄堡河以下 3 千米河床淤积深 2 米,一遇暴雨,山洪倾泻,经常发生泥石流。其中 1975 年至 1982 年,域内有 15 户房屋被水冲沙围,4 户已被冲走,毁坏河堤 322 处长 7 024 米,3 000 多亩农田经常遭遇水害,已有 600 多亩积沙成洲,沦为河滩,540 亩旱涝保收农田因河床抬高,水位上升,变成冷浸田或绝收田。水土流失面积 7.8 平方千米,每平方千米年侵蚀模数 6 780 吨。至 1993 年年底,先后投工 54.6 万个,投资 66.05 万元,筑河堤长 6.77 千米、拦沙堤长 45 米、拦沙坝 78 座,修堰塘 10 口、蓄水池 11 口、引水渠 9 条长 18.5 千米,治理水土流失面积 5.6 平方千米。其中植树造林 7 980 亩,封山育林 9 500 亩,退耕还林 560 亩,建茶园 40 亩,建板栗园 300 亩,坡改梯 580 亩,旱改水 55 亩,改造冷浸田 200 亩。域内基本上没有再发生水毁农田灾害,龙王沟以下黄堡河大量积沙河段河床下降 1.2 米,600 亩水毁农田得到垦复耕种,500 余亩冷浸田或绝收田也因水位下降地温上升,恢复成为旱涝保收田,平均单产由过去 150 多公斤提高到 600 公斤。域内龙王沟村 1992 年粮食总产 25.03 万公斤。10 年累计增产粮食 21.83 万公斤,增加收入 32.14 万元。全村农民人均纯收入 412 元,比 1982 年净增 360 元。

枣阳新市小沙河小流域治理。新市小沙河为沙河支流,位于枣阳东北部,东临随州,北接河南唐河,是老一辈无产阶级革命家黄火青家乡。流域面积 25.3 平方千米,域内有魏庄等 4 个村及白沙岗园艺场。截至 1984 年,域内年侵蚀模数每平方千米 3 600 吨,相当于每年侵蚀地层表土厚 4.2 毫米,造成山上不长草,地里不长粮,晴雨都成灾,年年灾不断。1970 年大旱,粮食严重减产,其中魏庄村有 8 个月时间靠吃国家救济粮过日子。1975 年暴雨,魏庄村被冲毁堰堤 2 处,桥梁 2 座,道路 20 多处,杨庄村被砂压农田 250 亩,冲毁农作物 350 亩。1975—1983 年,杨庄以上长 3 千米河道已淤高 1 米—1.5 米。1983 年,水利部副部长、长江流域规划办公室(简称“长办”)主任黄幼若回新市家乡探望,亲眼目睹小沙河流域水土流失严重状况。在他的关心与支持下,1984 年,省计委、水利厅先后安排资金 96 万元,对小沙河流域水土流失进行治理。先后投入标工 79.2 万个,完成土石方 66 万立方米,截流小沙河河道 2 处,治理河道长 7.5 千米,兴建小(二)型水库 2 座、滚水坝 3 处、挡坝 20 处、泵站 6 处、护堤 1 处,整修堰塘 20 口,新开渠道长 5 000 米,整修渠道长 7 500 米,打机井 1 口,新增蓄引提水能力 50 万立方米,植树 3 500 亩,兴建果园 1 100 亩,坡改梯 1 500 亩,旱改水 1 300 亩,增加旱涝保收面积 6 100 亩,年水土流失总量由治理前的 7.57 万吨减少到 2.6 万吨。1990 年,域内 4 个村实现农业总产值 339.36 万元,为 1983 年 325.2%;粮食总产 410.73 万公斤,为 1983 年 133.1%;水果单产 500 公斤,为 1983 年 333.3%;耕牛 987 头,为 1983 年 160.0%;羊 3 000 只,为 1983 年 416.7%,生猪 4 400 头,为 1983 年 258.8%;农民人均纯收入 785 元,为 1983 年 369.0%。

(4)开发建设项目治理

1991 年,《中华人民共和国水土保持法》颁布施行,明确规定依法建立水土保持监督机制和生态补偿机制。境内市、县(市)区两级水利(水务)部门依法加强对开发建设项目水土保持监管,督促编制水土保持方案,开展水土保持业务监测。截至 2005 年年底,全市在省级及以上发改委备案或立项的基础设施建设与开发建设项目水土保持方案编制率达到 85%,在市发改委备案或立项的达到 60%。保康磷矿资源丰富,至 2005 年,已有磷矿开采企业 29 家,年开采能力 150 万吨。该县水务局于 2004 年将磷矿矿山水土流失治理纳入工作日程,于 2005 年 3 月编制完成《保康县矿山水土流失治理规划》,并付诸施行。该规划将全县矿山划为 15 个小流域流失区,计划分 5 年实行综合治理,投资额 3770.4 万元,治理总面积 150.84 平方千米。

六、农村饮水

千百年来，择地而栖、逐水而居是农村百姓对自然环境的首要选择。在旧中国，境内各地农村饮水山区大都饮溪水、泉水、山沟水，平原河畈大都吃河水、井水、堰塘水。

（一）缺水状况

1.缺水地区

境内缺水地区主要分布在南漳、保康、谷城3个山区县大部，襄阳、宜城结合部的长山地区，老河口大部、襄阳北部、枣阳北部的“三北”地区，其中襄阳唐白河沿岸一带水污染严重、枣阳北部水含氟量高，缺水情况更复杂问题更严重。

2缺水类型

（1）资源型缺水

南漳、保康、谷城3县缺水地区群众大都居住在高山半高山地区，海拔高程都在800米—1 500米之间，少数地方在1 500米以上。有的地方高亢，岩石裸露，不易涵养水源，有的石灰质岩层，岩溶、裂隙发育，地上坑穴多，地上盛不住水，地下蓄不了水，民谣称“山空石头多，出门就爬坡，下雨进天坑，雨停缺水喝”，有的毁林开荒，破坏植被，水土流失严重，降水滞留时间短促，留不住水。“三北”地区年降雨量少，仅为全市平均数的2/3左右，是全省年降雨量最少的地区，如老河口年降雨最小年仅473.8毫米，且地下水储量小，埋藏深，开采难，因而水源奇缺。

（2）工程型缺水

长山地区地势高阜，岗岭交错，降雨存不下来，且地下水埋藏深达160米以上，在区内修建水利工程困难，从区外调水不易，因而年年闹水荒，天旱无水吃，下雨喝“黄汤”。

（3）水质(污染)型缺水

白河襄阳翟湾以下，唐白河襄阳双沟以下，蛮河上游南漳造纸厂至宜城雷河，南河谷城茶庵以下，北河谷城石花以下，滚河枣阳吴店以下等河段，一度水质超过劣Ⅴ类，人畜不能饮用。枣阳北部杨垱、太平一带水中氟含量严重超标，常年有十多万名群众饮用高氟水，氟斑牙及氟骨症发病率高，严重影响身体健康。

3.缺水县区

南漳县1978年按照当时确定的“取水单程不出两华里，垂直高差不超过150米，枯水季节人畜平均各蓄6方水，百日大旱不背远水”初步标准普查，全县有8个山区公社、4个岗丘公社及1个镇局部地区，共44个管理区345个生产大队1 982个生产队49 095户257 280人及245 500头牲畜吃水非常困难，占全县人、畜总数的一半。保康县在新中国成立之初，据统计有90%以上人口为吃水发愁，其中16.1万人、15万头牲畜常年饮水困难。1982年全县因饮水问题摔伤40多人次，死伤耕牛60多头，发生火灾无水扑灭的有 10 多起。至 1985 年,全县仍有 10.4 万人、10.4 万头牲畜饮水困难。

谷城县历史上常年有 13.26 万人、8.73 万头牲畜饮水困难。1976 年普查统计,全县正常年景下仍有 1 238 个生产队 28 865 户 112 750 人及 67 000 头牲畜饮水困难,缺水人口占全县总人口 20%。宜城长山丘岗地区、襄阳黄龙镇等地遇旱人畜饮水困难。襄樊境内“三北”(指襄北、枣北、光北)地区素有全市“旱包子”之称,人畜饮水历来困难,有“宁给一个馍,不舍一碗水”之说。

(二)农村饮水工程建设

新中国成立以来,境内农村饮水工程建设主要是随着水利事业的不断发展而逐步推进的,总体可分为 4 个阶段。

1.零星分散建设阶段(1949—1976 年)

这一阶段,境内农村水利建设在“先治坡后治窝”,先生产后生活的指导思想影响下,主要是兴建发展农业生产,增加粮食产量项目,加上国家财力、物力有限,不可能拿出资金安排专款去大面积大范围解决农村人畜饮水。农村人畜饮水工程建设只能处于从属地位,不能摆上议事日程,作为一项独立的工作开展。其间有计划有目的兴建农村人畜饮水项目甚少,当然也有一些结合农村水利建设,客观上解决部分地区人畜饮水困难的工程。但由于整个工作不连续,不系统,并且缺乏统一规划,缺少强力推动,总体建设速度缓慢。

2.“以工代赈”建设阶段(1977—1995 年)

1978 年,省水电局组织专班,对全省各地农村人畜饮水问题进行调查摸底,查明全省共有 54 个县(市)农村人畜饮水困难,其中超过 10 万人以上有南漳等 14 个县(市)。从这年起,省财政每年立项,从农田水利事业费中拿出 300 万元,作为专项资金,并安排一部分水泥指标,用于解决各地农村饮水项目建设;各地、县(市)也从地方财政中相应拿出一定资金解决农村饮水项目建设补助问题。1979 年,全国水利会议确定“小型农田水利建设费,应首先用于解决人畜饮水”,为人畜饮水建设拓宽了资金渠道。1980 年 4 月国家水利部在山西阳城县召开全国第一次人畜饮水工作会议,8 月,国家农委批转水利部《关于农村人畜饮水工作的暂行规定》(草案)。1985 年,国家启动人畜饮水“以工代赈”建设计划,采取“粮、棉、布以工代赈”“中低档工业品以工代赈”和“工业品以工代赈”,在全国大规模开展人畜饮水工程建设。实行“以工代赈”解决人畜饮水困难后,南漳、保康、谷城 3 县更是紧紧抓住这一政策机遇,艰苦努力,因地制宜,分期分批开展人畜饮水工程建设,收到明显成效。至 1995 年,全市已解决 43.51 万人及 34.74 万头牲畜饮水困难,分别占缺水人数 65.4%,缺水畜数 67.1%。

南漳按照国务院办公厅关于实行以工代赈兴建农村人畜饮水工程精神,迅即行动,成立“南漳县以工代赈解决人畜饮水领导协调小组”,再次组织力量对缺水乡镇实地调查,按照国家水利部统一确定的困难标准,进行全县第二次人畜饮水困难普查,认定全县缺水人数为 284 780 人,比 1978 年普查新增 27 500 人,其中取水点垂直高度改 150 米为 100 米标准后新增 17 500 人,1979—1984 年,人口自然增长 10 000 人,缺水牲畜为 245 500 头。该县利用国家“以工代赈”和被列为“国家八七扶贫攻坚计划”贫困县的机遇,提出“以引为主,引蓄结合;以提为主,提蓄结合;以蓄为主,大小结合”的“三为主三结合”建设方式,因地制宜,积极开展人畜饮水工程建设。至 1995 年年底,全县共投入建设资金 317.714 万元,其中国家“粮、棉、布”和工业品以工代赈款 204.454 万元,省、市、县配套资金 113.26 万元,先后建成库、堰、池、窖、井等蓄水工程 24 359 处,建成引水工程 112 处,埋设管道长 1 007.6 千米,建成提水泵站27处，装机容量439千瓦，建成自来水工程11处，铺设主管道长13 000米，累计解决240 200人（其中本期解决79 977人）及200 800头牲畜饮水困难，分别占第二次普查应解困人数84.3%、畜数81.8%。1992年3月27日水利部在陕西西安召开全国人畜饮水工作交流会，该县水利局应邀参加，在会上作典型发言，介绍经验，并获得水利部对全国100个“农村供水工程先进单位”和“人畜饮水先进单位”嘉奖，捧回奖牌与证书。该县这一期间人畜饮水工程建设作为湖北省“重点地区解决饮水情况”典型，载入《湖北水利志》。

1977年，保康全县有14万人饮水困难。为此，该县、公社、管理区3级相继成立“人畜饮水工作领导小组”，并固定专人负责，按照“先急后缓，先远后近，先易后难”原则，制订解决人畜饮水的总体规划和分年实施计划。1977—1985年，一共筹集资金145.2万元，其中国家补贴83.5万元，集体、群众在经济力量十分薄弱的情况下自筹61.7万元，用于人畜饮水工程建设。至1985年年底，全县共建成人畜饮水工程1 810处，其中水井、水池1 643口，水窖、水塘120处，提水工程2处，自来水工程45处，解决1万农户4.73万人及4.12万头牲畜饮水困难。从1985年年底开始，该县利用国家以工代赈解决人畜饮水政策的强大推力，上下联动，人畜饮水工程建设又有新进展。1986—1990年，国家连续3年以“粮、棉、布以工代赈”扶助保康人畜饮水工程建设，拨给粮食190万公斤、棉花3.55万公斤、布匹20万米，折合人民币106.78万元，该县组织群众投工47.6万个，完成工程量31.6万立方米，埋设管道长84.7万米，建成饮水工程1 527处，其中集中型75处、院落型1 452处，解决8 533户3.98万人及2.91万头牲畜饮水困难。1991—1992年，国家以“中低档工业品以工代赈”等扶助保康资金60万元，其中工业券31万元、小农水事业费14万元、水利基建投资15万元，加上市财政补助6万元，群众自筹4万元，该县共计投入资金70万元，投工5.7万个，完成工程量6.1万立方米，埋设管道长125.53万米，建成饮水工程201处，其中集中型18处，院落型180处，解决2 820户1.55万人及1.79万头牲畜饮水难。1994—1995年，国家以“粮食以工代赈”扶助保康资金184.5万元，该县将其与农水事业费及市财政、县财政补助资金59万元，村组自筹资金159.1万元一起捆绑使用，一共投资402.6万元，每年重点解决一两个乡镇，先后建成饮水工程1 313处，解决1.95万人及2.18万头牲畜饮水困难。

谷城于1979年6月转发襄阳地区农田水利建设指挥部《关于解决山区人民吃水难的报告》，县政府制订“统一规划，因地制宜，分批治理，三年解决”实施方案，确定解困标准为：在正常年景下，每人应储备3方水，保证20天内无雨有水吃。在全县范围内开展打水井、修石盆、掏泉眼、开山渠、扎河垱、挖堰塘、建水塔、埋水管等，至1982年年底，全县投资60余万元，其中国家扶助36.1万元，建成各类饮水工程3 000余处，解决4万余人及2万头牲畜饮水困难。1984年，全县有15个乡镇138个村1 238个村民小组22 865户112 758人及67 000头大牲畜饮水困难，困难人口占全县总人口1/4以上。1984—1990年，该县累计投资216.1万元，其中国家扶助187.32万元(主要为以工代赈)，集体、群众自筹28.778万元，投工71.3万个，完成工程量64.3万立方米，铺设自来水管道长2万余米，建成各类饮水工程5 886处，一共解决66 358人及31 000头牲畜饮水困难，分别占缺水人数58.8%、畜数46.3%。1992—1994年，该县继续得到国家“工业品以工代赈”扶助，3年共扶助款、物210余万元，建成饮水工程200余处，其中小集镇集中供水工程3处，解决2.1万人及2 480头大牲畜饮水困难。

襄阳在20世纪80年代至90年代初，先后新修整修中小水库100多处，改造堰塘3 000多口，新建维修中小泵站200多处，并在襄北黑龙集、黄集等岗地打深井10多口，襄东方集，襄南新集等丘陵山区改造土井700多口，增加蓄、提水能力5 000多万立方米，解决水利死角地区10多万亩农田灌溉，并解决5万多人及3万多头牲畜饮水困难。1990年，全县仍有92个村395个组21468户84 444人及20 749头大牲畜饮水困难。自引丹工程建成并完善配套后，襄北地区人畜饮水困难大大缓解，1977年又建成大岗坡泵站，除了解决境内唐河以东滚河以北1.3万公顷农田灌溉外，且解决36个村219个村民小组10多万人及牲畜饮水困难，1998年建成太山庙泵站，抽提引丹渠水，灌溉农田5万亩,并解决襄北水利死角地区人畜饮水困难。

图 11—14 农村饮水安全工程襄阳双沟水厂

枣阳在 20 世纪 70 年代、80 年代间新建、配套北郊、烈士陵、高庵、清潭、资山等一批中型水库,并建成大岗坡泵站,全县蓄、提水能力达到 7.4 亿立方米,增强了农田灌溉能力,缓解了受益区内人畜饮水困难。但枣北太平等地如遇旱灾,人畜饮水依然十分困难,且常年饮用浅层地下水,含氟量超标,致病率高。1990 年太平镇作出扩挖、新挖堰塘决定,并解决岗上用水奇缺的李石村饮水困难。11 月上旬出动劳力 1 万多人,扩挖高楼门、荣光、李石村等 3 口老堰,并新挖 1 口大堰,分别取名庆丰堰、迎丰堰、大丰堰、农丰堰,称之为“四丰堰”,历时 50 多天,完成土石方 20 万立方米,12 月底挖成,4 口堰正常蓄水量 54 万立方米,可灌田 1 800 亩。太平镇石矿厂村 4 组位于鄂豫两省交界桐柏山余脉,人畜饮水困难。枣阳市计委、水利局帮助该组制订“修建龚冲泵站,提水上山,灌溉农田,解决人畜饮水困难”建设方案,1990 年枣阳市计委协助申报“以工代赈”项目获批,1993 年 10 月省拨实物及资金到位,11 月动工兴建,1994 年 5 月 25 日泵站建成,泵站扬程 11.5 米,装机容量 11 千瓦,可灌溉本组及郑庄、染坊两组耕地共 200 多亩,群众从此也不再为饮水犯愁。1991 年、1994 年石台寺泵站一、二期工程全部建成通水,太平、杨垱一带 10 多万人一度吃上唐河水,饮用水质有了改善,缓解了高氟水危害,但由于该工程为四级五站,多级提水,供水成本高,2000 年以后基本停止运行,群众饮用高氟水问题仍未得到根本解决。

宜城在 20 世纪 70 年代末农村改水工作进入高潮。1978 年县城建成自来水厂,1979 年县自来水厂打深井两口,日供水量 0.1 万吨,饮用人数约 0.4 万人,占县城人口 20%,1982 年打深井 4 口,铺设水管长 8 100 米,并向县城周边延伸,日供水量 0.5 万吨,饮用人数 1 万人,占当地总人口 30%,至 1984 年,深井扩打到 6 口,日供水量 1 万吨,饮用人数 2 万人,占当地总人口 75%。但给水工艺落后,未进行消毒处理,水质检验不合格,且不能向高层建筑物供水。在县城改水的同时,全县农村改水同步进行。至 1983 年,全县建成各类水塔 315 座,5.5 万人饮用,打压水井 2003 眼,2.8 万人饮用,掏水泉 82 处,0.5 万人饮用,挖土水井 1 344 口,20 万人饮用,全县总计饮用地下水人数为 28.8 万人,占农村人口 75%,其余 25%饮用地面水,有的地区饮水仍很困难。1985 年,该县建成水塔 505 座,打压水井 3 230 眼,饮用人数达到 31.53 万人,占全县农村人口 79.5%,尚有 20.5%人畜饮水困难。1985 年之后,该市先后投资 55 万元,打深井 12 口,建成水塔 12 处,使新街罗屋、王台、新街等村 5 000 余人用上自来水,并可灌溉农田近万亩。据统计,截至 1990 年年底,宜城先后投资 624 万元用于农村改水,使境内 316 059 人用上卫生水,占农村人口 73.86%。

老河口这一阶段解决人畜饮水困难问题受益于引丹工程。引丹工程总干渠及一、二、三干渠建成后,境内水源问题基本得到解决,农村人畜饮水困难随之缓解。

3.饮水解困建设阶段(1996—2004 年)

1995 年之后,国家以工代赈解决人畜饮水困难政策不再延续,代之而继的是由中央财政安排专项资金用于农村饮水解困工程建设。1999 年,全市人畜饮水解困工程建设重点仍然放在南漳、保康、谷城 3 县上,按照全省第二次人畜饮水困难普查结果,全市尚有 23 万人及 17 万头牲畜饮水困难,其中南漳、保康、谷城3县仍有9.6万人常年饮水困难。该年襄樊市委市政府制定冬春农田水利建设“六个一”的任务目标，其中之一就是“解决山区1万人饮水困难”。2000年初，国家正式启动国债专项资金补助人饮工程建设，按照确定的“居民点到取水点的水平距离大于1—2千米或垂直高差超过100米，正常年份连续缺水70—100天；水源型氟病区饮用水含氟量超过1.1毫克/升”的困难标准实行解困，决定用3年时间解决全国农村饮水困难问题。被称之为“饮水解困工程”，人均建设投资在354元左右，其中国家补助150元。为全面完成解困任务，省委、省政府提出从2001年起，用3年时间解决全省200万人饮水困难，境内有14.78万人被列入解困计划，省财政每年安排1000万元配套资金用于人饮工程建设，分别从农水事业费、水利基建资金两项目下各列支500万元。2002年，省政府发出《关于抓紧实施农村饮水解困工程的通知》，指出“解决农村饮水困难问题是各级政府的重要职责，务必加强领导、强化责任”。“省政府决定，成立全省农村饮水解困工作办公室(设在省水利厅)，负责组织协调全省农村饮水解困工程建设工作”。襄樊市委、市政府紧紧围绕国务院、省委、省政府关于人畜饮水“3年解困”总体部署，作出庄严承诺，决心用3年时间全力攻坚，力争早日完成按照国家解困新标准确定的全市14.78万人饮水解困任务。2002年3月6日至8日，全省市州水利局长会在襄樊召开，市水利局局长张克启代表襄樊市与省水利厅签订《农村饮水工程建设项目责任书》，立下军令状，分两期完成全市被列入计划14.78万人解困任务，第一期解决最为困难的7.865万人，第二期解决剩余6.915万人。2002年4月，市委、市政府在保康召开全市农村饮水解困现场会，要求各地“强化项目建设，加强资金管理，坚持制度创新，落实领导责任”，确保全市解困任务如期完成。

全市第一期解困工程建设任务省政府分3批下达，第一批于2001年12月下达，解困1.305万人，第二批于2002年1月下达，解困5.01万人，第三批于2002年4月下达，解困1.55万人。截至2002年年底，按时完成第一期解困任务，实际解困80 470人。第二期建设任务省政府也分3批下达，第一批于2003年5月下达，解困3.7万人，第二批于2003年9月下达，解困0.95万人，第三批于2004年9月下达，解困2.265万人。至2004年年底，全市两期解困工程建设任务全面完成，共计解决14.96万人饮水困难，占下达任务102%。建设项目涉及全市8个县(市)区62个乡镇727个村37 507户，累计投入资金4 407万元，其中国家国债专项资金补助1610万元、地方自筹(含群众投劳折款)2 797万元，建成各类饮水工程10 094处，其中单户工程9 593处、集中工程501处，详见表11—6。

襄樊市农村人畜饮水解困情况统计(2001—2004年)

表11—6

县(市)区	解困情况											
	乡镇(个)	村(个)	农户(户)	人数(万人)		牲畜(头)	投入资金(万元)			建设工程(处)		
				计划	实际		小计	国家	地方自筹	小计	单户	集中
全市合计	62	727	37507	14.78	14.96	86000	4407	1610	2797	10094	9593	501
襄阳	7	25	1899	0.84	0.84	6720	271	91	180	424	360	64
襄城	2	4	920	0.2	0.2	1200	892	22	870	4		4
枣阳	11	65	5800	1.63	1.81	6000	492	178	314	806	745	61
宜城	7	42	2714	1.14	1.14	4230	321	121	200	2714	2714	
南漳	5	91	7150	2.86	2.86	27000	539	316	223	1098	1031	67
保康	11	190	9150	3.66	3.66	36000	928	388	540	1300	1220	80
谷城	10	99	6399	3.06	3.06	1000	571	341	230	960	843	117
老河口	9	211	3475	1.39	1.39	3850	393	153	240	2788	2680	108

4.饮水安全建设阶段(2005 年—至今)

2004 年,中共中央 1 号文件对农村饮水安全工作提出明确的要求,并将“农村饮水解困工程”改称“农村饮水安全工程”。国家发改委、水利部、卫生部等 3 部委遵照党中央国务院指示精神,联合编制完成《2004—2005 年农村饮水安全应急工程建设规划》,规划应急解决全国 2120 万人的饮水安全问题。2004 年正式实施农村饮水安全工程建设规划,并对工程建设中人均概算投资指标作出明确规定:2005 年定为每人 360 元,其中国家补助 148 元,省级补助 63 元;且随着时间推移,逐步加以提高。襄樊市水利、卫生、环保等部门自 2004 年 8 月开始抽调人员,组织专班,采取拉网式方法,逐镇逐村对全市农村饮水状况调查摸底,摸清农村饮水不安全人数及分布范围,饮水不安全类型、成因、危害,至 2005 年 3 月形成《襄樊市农村饮水安全现状调查评估报告》上报省水利厅,经省水利厅核定,确认在全市 441.07 万农村人口中, 各类饮水不安全人数为 280.07 万人, 占总数 64.18%, 其中饮用高氟水 20.94 万人、苦咸水 46.84 万人、未经处理的 IV 类及超 V 类地表水 17.3 万人、细菌严重超标地表水 27.96 万人、污染水 50.06 万人、其他水问题 55.25 万人(含血吸虫疫区 6.08 万人)、局部缺水 64.73 万人。在此基础上,编制完成《襄樊市饮水安全“十一五”规划》并第一个获得省水利厅评审通过。2005 年市政府决定成立襄樊市农村饮水安全规划和建设领导小组,副市长刘德政任组长,市水利局局长张克启、发改委副主任冯泽学任副组长,市财政局、卫生局、环保局、国土局、科技局、水利局分管领导为成员,领导小组下设办公室。办公室设在水利局,具体负责日常工作,为常设机构,同年市编委以襄机编〔2005〕11 号文正式批准成立襄樊市农村饮水办公室。各县(市)区也先后成立相应机构。自 2004 年算起,至 2005 年底止,全市已完成 6.1 万人农村饮水安全建设任务。

七、防汛抗旱与抗洪抢险

(一)汛期与防洪标准

1.汛期

按照《湖北省实施〈中华人民共和国防洪法〉办法》规定,襄樊市汛期为每年 5 月 1 日至 10 月 15 日。特殊情况下,市、县(市)区两级防汛抗洪指挥机构可以宣布提前或者延长本行政区域汛期,报省防汛抗旱指挥机构备案。

2.防洪标准

(1)主要江河防洪水位

截至 2005 年年底,襄樊市主要江河防洪水位详见表 11—7。

襄樊市主要江河防洪水位统计

表 11—7 单位：米

河 流	水文(水位)站(尺)	设防水位	警戒水位	保证水位
汉 江	老河口水位站	85.5	87	89.6
汉 江	谷城王马套水位尺	82	83.5	86.4
汉 江	襄阳水文站	65.5	67	70
汉 江	宜城水位站	56.5	57.5	59.3
北 河	北河谷城堤管所水位尺	82.5	84	86
南 河	谷城水文站	87	88.5	90.7
蛮 河	朱市水位站	59	60	62
唐 河	石台寺泵站水位尺	80	81.4	83.5
唐 河	上湾泵站水位尺	77.5	78.7	80.6
唐 河	程河堤管所水位尺	76.5	77.8	79.8
唐 河	双沟桥水位尺	70.6	72	74
白 河	翟湾泵站水位尺	78.6	79.2	80.4
白 河	朱集街头水位尺	76.4	77	78.2
唐白河	董坡水位站	70.6	71.7	73.1
唐白河	刘集管理区机关水位尺	69.7	70.8	72.2

（2）主要大中型水库防洪水位

截至 2005 年年年底，全市 9 座大型水库除红水河、华阳河、莺河一库正常运用外，其余 6 座每年汛期限制水位运用，其限制运用情况及与襄樊城区防汛抗洪密切相关的 4 座中型水库有关情况详见表 11—8。

襄樊市主要大中型水库汛期控制运用情况统计

表 11—8

<table>
<tr><th colspan="2">水 库</th><th rowspan="3">所在县(市)区</th><th colspan="6">正常运用基本情况</th><th colspan="3">汛期控制运用情况</th><th rowspan="3">汛期控制运用主要原因</th></tr>
<tr><th rowspan="2">名称</th><th rowspan="2">类型</th><th rowspan="2">坝顶高程(米)</th><th rowspan="2">坝高(米)</th><th colspan="2">校 核</th><th colspan="2">正 常</th><th colspan="2">汛 限</th><th rowspan="2">起止时间</th></tr>
<tr><th>水位(米)</th><th>总库容(亿立方米)</th><th>水位(米)</th><th>库容(亿立方米)</th><th>水位(米)</th><th>库容(亿立方米)</th></tr>
<tr><td>西排子河</td><td>大(二)</td><td>襄阳</td><td>117</td><td>30.1</td><td>115.2</td><td>2.22</td><td>111.8</td><td>1.245</td><td>111</td><td>0.1064</td><td>6.1—8.31</td><td>国家重点病险库，主体工程除险加固已完成，但未竣工验收</td></tr>
<tr><td rowspan="2">石门集</td><td rowspan="2">大(二)</td><td rowspan="2">南漳</td><td rowspan="2">201.5</td><td rowspan="2">56</td><td rowspan="2">200.1</td><td rowspan="2">1.54</td><td rowspan="2">195</td><td rowspan="2">1.1654</td><td>190</td><td>0.8804</td><td>6.1—8.31</td><td rowspan="2">国家重点病险库，防洪标准不够，主坝左岸存在严重的岩溶渗漏，右坝肩有绕坝渗流，心墙欠高，除险加固工程正在实施</td></tr>
<tr><td>192</td><td>0.99</td><td>5.1—5.31
9.1—9.30</td></tr>
</table>

续表

水库名称	水库类型	所在县(市)区	正常运用基本情况：坝顶高程（米）	坝高（米）	校核：水位（米）	校核：总库容(亿立方米)	正常：水位（米）	正常：库容（亿立方米）	汛期控制运用情况：汛限水位（米）	汛限库容（亿立方米）	起止时间	汛期控制运用主要原因
云台山		南漳	171.3	52.6	170.4	1.34	164.5	0.9368	163	0.8673	6.1—8.31	国家重点病险库，主体工程除险加固已完成，但未竣工验收
孟桥川		老河口	146.17	33.6	144	1.13	140	1.0007	138	0.5064	6.1—8.31	国家重点病险库，主体工程除险加固已完成，但溢洪道二、三级消能设施未做，仍未脱险
三道河		南漳	158.5	46.5	156.9	1.5	154	1.2744	154	1.2744	5.1—5.31	主、副坝防浪墙多年沉陷，扭曲变形，有二十多条裂缝。二副坝心墙欠高，主、副坝坝基岩石破碎，渗漏严重
									152	1.1309	6.1—8.31	
									153	1.2014	9.1—9.30	
熊河		枣阳	130.9	32.1	130.8	2.54	125	1.259	124	1.213	6.1—8.31	主坝下游平台以上出现1处裂缝，9处散浸，仅做应急处理；坝顶有572米长防浪墙未建，上游护坡块石风化严重。溢洪道进口段边墙出现裂缝，出口两侧未衬护，溢洪道及引水涵管机电设备老化陈旧。坝下输水涵管管身多处漏水，东、西引水洞(管)工作闸、检修闸门锈蚀严重，止水不严
马张河	中	襄阳	110.5	17.5	109.94	0.2418	106.5	0.0846	106	0.0709	6.1—8.31	重点病险水库，除险加固工程正在实施，防浪墙欠高，非常溢洪道局部欠宽超高，坝脚积水
柳堰集	中	襄阳	127.4	19.4	126.06	0.1652	124	0.1091	123	0.0884	6.1—8.31	正常溢洪道局部超高，坝脚渗水
姚河	中	樊城	118.7	16	117.68	0.1038	114.3	0.0577	113.5	0.0485	6.1—8.31	主坝坝顶欠高，溢洪道欠宽
肖家爬	中	樊城	123.6	18.1	121.78	0.173	121	0.1545	119	0.1114	6.1—8.31	主坝内坡未护坡，有浪坎，坝身有白蚁。无专管机构

(二)防汛抗旱组织机构

1.襄樊市防汛抗旱组织机构

(1)襄樊市防汛抗旱指挥部

防汛抗旱工作实行各级政府行政首长负责制,统一指挥、分级分部门负责。按照这一原则,襄樊市、县(市)区两级政府分别设立由政府有关部门,军分区、人民武装部等负责人组成的防汛抗旱指挥机构。

2005年,襄樊市防汛抗旱指挥部领导成员名单:

政　委:田承忠,市委书记,负责全面指挥;

指挥长:李德炳,市委副书记、市长,负责全面指挥;

副指挥长(常务):张家林,市委副书记,协助全面指挥;

副指挥长:王天华,市委常委、襄樊军分区司令员,协助全面指挥,负责部队、民兵调动;

副指挥长:刘立勇,副市长,协助全面指挥,负责城区防汛协调工作;

副指挥长(常务):刘德政,副市长,协助全面指挥;

副指挥长:张克启,市水利局局长,负责防汛抗旱日常工作,协助具体指挥。

(2)襄樊市防汛抗旱指挥部办公室

各级防汛抗旱指挥部办事机构设在同级水行政主管部门。襄樊市于1988年10月设立市防汛抗旱指挥部办公室,为常设机构,与市水利水产局合署办公,黄明朝任办公室主任,郑德庆任办公室副主任兼市水利水产局办公室主任,涂益民任副主任兼市汉江修防处处长。2005年市防汛抗旱指挥部办公室主任为张克启(市水利局局长兼),副主任为黄茂松(市水利局副局长兼)、胡先银、程俊、彭大新(2005年8月增补)。

(3)襄樊市防汛抗旱指挥部成员单位防汛职责

2005年,按照市防汛抗旱指挥部统一部署,市防汛抗旱指挥部成员单位和驻市武警部队、陆军预备役炮兵旅各自防汛抗旱主要职责如下。

市农办负责指导全市农村防汛抗旱工作,协助襄阳区防汛抗旱工作。

市发改委负责指导全市防汛抗旱规划工作,负责防汛抗旱设施、重点工程除险加固建设项目计划的协调安排和上报工作,协助宜城市防汛抗旱工作。

市经委负责防汛抗旱物资和电力调配,协助襄樊市城区防汛抗旱工作。

市建委负责组织、协调、监督、指导襄樊市城区防汛抢险、抗旱、排涝工作,协助完成城区防洪、抗旱应急预案编制工作,协助鱼梁洲开发区防汛抗旱工作。

市财政局负责防汛抗旱资金筹集、落实工作。

市民政局负责组织、协调全市水旱灾害救灾工作,指导开展生产自救,组织核查灾情,统一发布灾情及救灾工作情况报告,及时向市防汛抗旱指挥部提供灾情信息,负责配合市政府组织、协调灾区救灾和受灾群众的生活救助,管理分配省、市救灾款物并监督检查其使用情况,组织、指导和开展救灾捐赠等工作。

市国土资源局负责组织对山体滑坡、崩塌、地面塌陷,泥石流等地质灾害进行勘察、监测、预报、预警和防治。

市交通局做好公路、水运交通设施防洪安全，负责防汛抗旱物资运输、交通保障，协助保康县防汛抗旱工作。

市公安局负责维护社会治安秩序，依法打击造谣惑众、盗窃哄抢防汛抗旱物资、破坏防洪抗旱设施的违法犯罪活动，协助有关部门妥善处置因防汛抗旱引发的群体性治安事件，协助组织群众从危险地区安全撤离或转移，根据防汛抗旱工作需要，对救灾现场及相关通道实行交通管制，开设防汛抗旱“绿色通道”，保障防汛抗旱工作顺利开展。

市气象局负责天气监测，并从气象角度对影响汛情、旱情的天气形势作出分析和预测，汛期及时对重要天气形势和灾害性天气作出滚动预报，并向市委、市政府、市防汛抗旱指挥部及相关成员单位提供气象信息。

市农业局负责收集、整理和反映农业旱、涝等灾情信息，指导农业防汛抗旱和灾后救助、生产恢复，负责种子（种畜禽、水产苗种）、饲草、兽药等救灾物资的储备、调剂，协助市高新技术产业开发区防汛抗旱工作。

市卫生局负责水旱灾区疾病预防控制和医疗救护工作，并及时向市防汛抗旱指挥部提供疫情与防治情况，组织医疗卫生人员奔赴灾区开展防病治病，预防和控制疫病的发生和流行。

市供销社负责组织防汛抗旱物资，协助南漳县防汛抗旱工作。

市农机化办公室负责调配防汛抗旱农机（具），协助市高新技术产业开发区防汛抗旱工作。

襄樊供电公司负责防汛抗旱供电调度，协助襄樊城区防汛抗旱工作。

市商贸行业协会负责防汛抗旱物资供应，协助枣阳市防汛抗旱工作。

市物资行业协会负责防汛抗旱物资供应，协助老河口市防汛抗旱工作。

市城管局负责襄樊城区防汛抢险、抗旱、排涝工作。

市环保局负责组织对城乡供水水质进行监测、预报、预警和水体污染防治。

市石油公司负责防汛抗旱燃料供应，协助谷城县防汛抗旱工作。

长江水利委员会襄阳水文水资源勘测队负责汉江、唐白河流域水雨情监测、预测、预报工作。

市水文水资源勘测局负责水雨情监测、预测、预报工作。

省电信公司襄樊分公司负责保障水雨情电报传递和防汛抗旱讯息畅通。

市邮政局负责保障防汛抗旱邮政畅通。

省移动通讯公司襄樊分公司负责防汛抗旱移动通讯工作。

中国联通襄樊分公司负责防汛抗旱移动通讯工作。

武警襄樊市支队负责调动、组织、指挥驻襄樊武警部队参加抗洪抢险救灾，协助公安部门维护防汛抢险救灾秩序和灾区社会治安，协助地方政府转移危险地区群众。

襄樊陆军预备役炮兵旅负责调动、组织、指挥所属部队参加抗洪抢险救灾行动，协助地方政府转移危险地区群众。

2.各县（市）区防汛抗旱组织机构

（1）各县（市）区防汛抗旱指挥部

2005 年，各县(市)区防汛抗旱指挥部政委、指挥长名单如下。

枣阳市：政委，常全华，枣阳市委书记；指挥长，岳兴平，枣阳市长。

宜城市：政委，曾玉平，宜城市委书记；指挥长，陈万波，宜城市长。

老河口市：政委，李跃华，老河口市委书记；指挥长，施李国，老河口市长。

南漳县：政委，高全明，南漳县委书记；指挥长，程宝清，南漳县长。

谷城县:政委,周霁,谷城县委书记;指挥长,李传寨,谷城县长。

保康县:政委,谢豪斌,保康县委书记;指挥长,陈丰林,保康县长。

襄城区:政委,费仁平,襄城区委书记;指挥长,丁曼珞,襄城区长。

樊城区:政委,吴方军,樊城区委书记;指挥长,杨述明,樊城区长。

襄阳区:政委,王代全,襄阳区委书记;指挥长,卓越,襄阳区长。

鱼梁洲旅游经济开发区:指挥长,林发明,开发区党工委书记、管委会主任。

(2)各县(市)区防汛抗旱指挥部办公室

各县(市)区防汛抗旱指挥部分别设立防汛抗旱指挥部办公室,除鱼梁洲旅游经济开发区设在开发区国土资源局外,其他均为常设机构,与同级水行政主管部门合署办公。2005年,各县(市)区防汛抗旱指挥部办公室主任、副主任名单如下:

枣阳市:主任,王鄂林(枣阳市水利局副局长兼)。

宜城市:主任,张万顺(宜城市水务局局长兼);副主任,黄亮。

老河口市:主任,李赤红(老河口市水利局局副局长兼);副主任,左久平。

南漳县:主任,刘耀中(县水务局局长兼);副主任,冯军建(县水务局副局长兼)。

保康县:主任,陈元杰(县水务局副局长兼);副主任,邓德林。

谷城县:主任,刘德传(县水利局局长兼);副主任,文志新。

襄阳区:主任,田水中(区水利局局长兼);副主任,李超(区水利局副局长兼)、郑列豪、孟群武。

襄城区:主任,方帮军(区水利局局长兼);副主任,崔聚才。

樊城区:主任,孙天贵(区水利局局长兼);副主任,李炳群(区水利局党委副书记、纪检组长兼)。

鱼梁洲旅游经济开发区:主任,魏信学(区国土资源分局、水利局局长兼);副主任,刘朝晖(区国土资源分局副局长兼)、段林海(区国土资源分局副局长兼)。

(三)防汛抗旱信息自动化建设

1976年,建成全市无线通讯网,由1个市级中心站,8个县级分站组成。市级中心站设在市水利局,8个分站分别设在襄阳、枣阳、宜城、南漳、谷城以及市引丹工程管理局、三道河水电工程管理局、熊河水库管理处。它通过无线电台收发信息,成为全市防汛抗洪的主要通讯手段,持续运用20年之久。

1996年,建成全市防汛通信微波网,形成以市微波台(站)为主导,以江河堤防、水库、泵站与水文站为网点的多级防汛通信网络。从而使全市防汛通信质量、效率、能力有明显提升。在境内1998年抗洪斗争中发挥重要作用。

2002年,建成襄樊市防汛指挥调度系统,采用集成电路,先进、实用、方便、安全、易于操作,实现信息处理自动化、反映时效快速化。并在省水利厅信息中心支持下,通过汉江微波通讯干线,以2M宽带电路与省水利网站联网的方式上互联网。由于采用宽带方式接入,图文信息传输稳定、清晰、速度快。

2003年,建成襄樊市水利网站。建立计算机网络,计算机端点分散,覆盖面广,便于向社会公众发布有关防汛抗洪的水情、雨情、工情、汛情等信息,实现防汛信息资源的快速传递与全面共享,并搭建了社会各界了解水利行业平台。

2005年,3月启动襄樊市防汛抗旱指挥调度系统软件开发,到6月底投入运用。该软件采用地图、报表、曲线、文字等方式展示汛情动态信息，初步实现全市水、雨、工、险、灾情信息的网络采集、分析与处理，为防汛抗旱指挥调度提供及时、准确、全面依据。该年建成襄樊市与省水利厅联网的防汛视频会议系统。采用宽带传输等现代 IT 技术传输防汛信息，由省防办总控，通过切换，实现省水利厅与各市（州）远距离沟通、交流、研讨、磋商等，替代现场会议，提高工作效率。并对市水利网站进行改版，增设功能模块，主要包括防汛值班日志，数据采集、查询与处理，会商系统，网站管理等。全市已建成防汛信息自动化系统，为洪水预报，防汛指挥调度，抢险救灾决策提供有力支持。

（四）防洪抗旱预案

1.防洪预案

1999 年 3 月，国家防办根据《防洪法》和有关规定下发文件，要求凡有防洪任务的城市必须编制城市防洪预案。襄樊市按照要求，统一部署，至 2000 年 9 月 22 日，先后编制完成襄樊城区及所辖枣阳、谷城、老河口、襄阳、保康、南漳、宜城等 7 个县（市）区城区，鱼梁洲旅游经济开发区防洪预案，并通过专业评审。率先在全省完成编制任务，受到省防办通报表彰。2004 年 2 月，为了进一步发挥防洪预案在防洪减灾中的重要作用，对已编制的防洪预案作了修订，对简略之处加以充实，疏漏之处加以完善，错讹之处加以订正，并统一体例，统一格式，统一版本，统一刊印。

（1）襄樊市城区防洪预案

该预案制定出标准内洪水防洪预案，对防汛任务分配，汛前准备，设防水位，警戒水位，保证水位下的应对措施作出明确规定；制定出超标准洪水防御预案，除了按照标准内洪水的防御要求外，并规定 7 条应对措施。

（2）各县(市)区城区及鱼梁洲防洪预案

各县(市)区及鱼梁洲根据洪水对城区的影响，分别制定出 50 年一遇、百年一遇和超标准洪水防洪预案。

（3）重点水电站防洪预案

鉴于境内水电开发强度不断加大，梯级电站建设密度持续增加，传统的防汛方法和防汛形势已不适应新的防汛形势，潜伏的安全隐患已经显现出来，防洪问题增多，并造成一定经济损失的现实，市防汛抗旱指挥部组织调查组，先后对沮河、漳河、南河、汉江干流等 10 座水电站防汛情况作了专项调查，把编制水电站的防洪预案纳入议事日程，至 2004 年 7 月 30 日，先后编制完成南漳沮河峡口，保康南河过渡湾、寺坪，谷城南河白水峪，南河（胡家渡），庙子头，汉江王甫洲等水电站防洪预案，使全市水电站防汛工作走上规范化、科学化、法制化轨道，进而推动全市防汛抗洪工作平衡发展。这一做法，被省防办《防汛抗旱情况》转发。

2.抗旱预案

依据国家防办《抗旱预案编制大纲》及省防办《关于加快抗旱预案编制工作进程的通知》要求，襄樊市及仙桃市被确定为全省两个抗旱预案编制试点，襄樊市防办于 2000 年启动抗旱预案编制工作。至 2001 年 9 月率先在全省初步编制出《襄樊市抗旱预案》。之后，经过不断修订、补充、完善，于 2005 年正式完成。

(1)襄樊市抗旱预案

该预案将全市划为2个地理单元，其中襄樊城区为一个独立单元，各县(市)区为一个独立单元。综合考虑地形、气候、行政区划等因素，尽可能保持水资源成果运用的一致性、独立性，进而将各县(市)区单元划分为7个分区，即唐东滚河区、襄北引丹区、莺(河)敖(河)区、蛮河区、南北河区、沮漳河区、西南山区，制定抗旱预案。预案明确了全市抗旱减灾指挥体系构成与职责，旱情预防及预警，一级、二级、三级、四级等应急响应，制订了应急资金、物资、水源、队伍、技术、宣传、培训等保障措施，进而实现抗旱减灾。

(2)各县(市)区抗旱预案

至2005年年底，襄阳、枣阳、宜城、老河口、谷城、保康等县(市)区抗旱预案已编制完成，南漳、襄城、樊城等县区正在编制中。

(五)防汛抗旱减灾典型年纪实

1. 防汛抗灾典型年纪实

(1)1983年

该年汉江流域气候异常，降雨量之多，干流来水量之大，洪峰流量之高，汛期结束之晚，均为新中国成立以来之最。5月—10月，汉江先后出现6次洪峰，8月1日丹江口水库入库流量33 600立方米/秒，上游陕西省安康县城被淹。10月6日第六次洪峰，丹江口水库入库流量34 300立方米/秒，7日库水位上升到160.07米，为建库以来最高水位，超汛限水位11.2米，水库下泄流量1.96万立方米每秒，7日襄阳站水位68.86米，洪峰流量21 200立方米每秒。且境内其他各中小河流相继涨水，库满堰溢，有41座大中小型水库溢洪，56座超汛限水位。与此同时，保康、随州部分地区遭受山洪袭击。同年10月4日下午，市委接到省防汛指挥部防汛电报及洪水预报，5日即向各县(市)区发出搞好防汛抢险，战胜洪水的紧急电报。5日晚，市委书记张怀念、副书记伍荣显等，亲临市防汛办公室坐镇指挥，部署防汛。6日上午，市委召开市防汛指挥部紧急会议，要求各级领导坚守岗位，严阵以待，随时掌握水情雨情汛情，并采纳原地区水利局长段连生建议，决定凡超过汛限水位的水库一律开闸泄洪，与江河洪水错峰；对干、支堤防要全面防守，加强重点，水涨堤高，严防死守；对防汛器材，通讯照明设备要认真检查落实到位；对沿江沿河堆放的物资及洲滩地上的人员、牲畜要迅速转移，农作物要立即抢收等。为了加强领导，会后市委、市政府主要领导张怀念、王根长、章治文、郑少波、鄂万友、胡久明、李正洪、杨斌庆、焦泽浩等连夜分赴谷城、老河口、襄阳、宜城及襄樊城区第一线，具体组织指挥抗洪抢险。7日21时30分，继省委召开防汛紧急电话会议后，市委又进一步部署沿汉江各县(市)及襄樊城区防汛，要求按“1964·10”型汉江秋季洪水设防，保证不溃堤、不倒坝。全市共有2 756名干部，16.1万多名群众投入抗洪斗争，先后耗用防汛草袋48.4万条，铁丝及圆钉52吨，照明电线长15.46万米，灯泡4.15万个，竹筐及扁担4.15万副，草绳5 000公斤，楠竹320吨，汽油及柴油528吨，油毡500卷，块石1 400立方米，棉被套176床等，一共抢险堵险169处，堵复明口296处，加固险工险段9处，长14 404米，处理堤坡雨淋沟15 000多条、堤防跌坑陷窝5 200多个，封堵涵闸、涵管及漏洞128处，抢筑新堤长860米，转移被水围困群众3.78万多人、牲畜1.2万多头、粮食380万多公斤。经过全上下奋力抗洪抢险，且由于上游丹江口水库调控削减了洪峰流量，下游杜家台、邓家湖、小江湖相继扒口分洪，使全市洪灾损失减少，抗洪斗争取得胜利。

(2)2004 年

该年全市局部地区数次洪涝成灾,尤以8月上旬洪灾最为严重。同年8月4日、5日境内大范围发生降雨,降雨中心位于襄樊城区,襄城、襄阳、老河口、谷城、南漳、宜城、保康等7个县(市)区受灾。襄樊城区4日9时开始瓢泼大雨持续不停,6小时降雨量117.2毫米，接近或超过百年一遇暴雨强度。造成多处严重积水,交通受阻,1万多户6万多群众受灾,数百间房屋倒塌、损坏,多处路段严重积水,1 800余户居民家中进水,不少住户被迫转移安置,6 000多人遭受停电之苦,直接经济损失1.4亿多元。其中襄城区内涝积水严重,市委书记阮成发冒雨在齐腰深的积水中视察灾情。南渠出现多处漫溢,六化建渠段附近4处家属院围墙被冲垮,11栋居民楼被洪水围困,一楼全部被淹,二楼部分进水,160多名老人、妇女、儿童被困,上午10时,环山路一带积水深达1.5米以上,10时30分,增援抢险的武警官员泅过深2米的洪水,进入六化建家属院内,将被困群众全部转移到安全地带。12时10分,南渠铁四局家属院渠段发生溃决,缺口长数十米,市委书记阮成发、市长付明珠、襄城区长丁曼珞紧急赶赴现场,组织数百名武警官兵抢险,经过6小时奋战,打桩120余根,填筑砂石300余立方米,加固渠堤长80余米。下午15时15分,市卫东机械厂厂区内孙家冲一蓄水6万立方米堰塘漫溢垮坡,坝顶及坝下部分房屋被冲毁,不少房屋进水,灾情紧急,参战的武警官兵不顾疲劳与饥饿,紧急增援抢险,至19时共搬运土石方2 100多立方米,压堵管涌,加固加高堰坝长150米。5日,庞公办事处一农妇卖菜趟水过胜利街口触电身亡。襄城区对720户3 000多人受灾居民,采取多种措施,做了妥善安置,分别安排在市民政局、市检察院招待所,区内各企业、单位的厂房、库房、会议室等,并鼓励投亲靠友,向受灾群众提供方便面等食品,确保有住所、有饭吃。

(3)2005 年

该年全市多次发生洪水灾害,受灾人口270.78万人,死亡9人,受淹城市2座(老河口城区、谷城城关),直接经济损失15.95亿元。其中以10月汉江洪灾最重,10月4日襄阳站洪水水位67.25米,洪峰流量14900立方米每秒,洪水在高水位运行持续9天,为1983年以来最大洪水,受灾涉及老河口、谷城、樊城、襄城、襄阳、宜城等6个沿江县(市)区、22个乡镇、42.3万人。市委、市政府高度重视,全面动员,全力迎战10月汉江洪水。10月2日市防汛指挥部发出通知,要求沿江各县(市)区加强值班,将到位,兵上岗,迅速行动,组织强有力工作专班,安排洲滩群众转移,确保不漏一人,对汉江堤防险工险段,与关键部位实行24小时定人巡查值守,迅速封堵明口,关闭排水闸,启动排涝泵站,尽快做好防汛物资和人员准备,满足防大汛抢大险需要,并要高度重视水库防汛。10月2日上午,副市长刘德政在市防办召开会商会议,要求沿江各县(市)区立即转移洲滩群众,确保不漏一人不死一人。2日下午7时,市长李德炳主持召开市防汛指挥部成员单位会议,要求各成员单位要明确职责,高度警惕,按照警戒水位落实防汛措施,市农业局负责谷城、老河口,民政局负责襄城、宜城,鱼梁州管委会负责鱼梁州,建委负责襄樊城区,交通局负责人员转移船只,卫生局负责疫病防治,国土局负责山体滑坡、泥石流等防治,商贸、物资部门负责防汛物资储备,襄樊军分区负责驻樊部队、武警等组织动员,其他各部门要各负其责,迅速进入临战状态,共同做好防汛,确保实现“四无”,即无人员伤亡、无堤防溃口、无交通中断、无疫病发生。会议决定派出3个督察组,连夜出发,重点督查洲滩群众转移,险工险段值守和防汛人员、物资准备情况。10月3日,市、县两级防汛指挥部在参加省委、省政府召开的汉江防汛紧急电视电话会议后,再作动员,要求全市上下全面投入到抗洪斗争中。市防办先后发出“关于进一步做好秋季防汛工作的紧急通知”“关于第一时间上报险情的紧急通知”“关于加强近期水库防汛工作的通知”等文,对全市防工作作出具体安排。10月4日李德炳亲临襄城,查看老龙堤,指导防汛。襄城卧龙镇黄河村受到洪水威胁,襄樊预备役炮兵旅出动冲锋舟1艘,帮助转移村民600余人。据统计,全市先后转移洲滩人员10 896人。省委、省政府对襄樊汉江防汛非常关心,省长罗清泉3次电话指示，要把工作做细，要坚决做到零伤亡。副省长刘支凡对襄樊汉江几处险段度汛方案提出明确要求。省防汛指挥部派出以省水利厅副厅长吴克刚为组长的督导组，于10月2日亲临襄樊现场指导。10月5日，国家防总、长江委汉江防汛工作组一行亲临襄樊察看、指导防汛救灾。10月6日8时，汉江杜家台分洪工程开启30孔闸门分洪，最大分洪流量1 500立方米每秒，8日8时，下游汉川水位开始回落，并且由于丹江口水库调洪错峰，襄樊此次抗洪斗争取得阶段性胜利。

2.抗旱减灾典型年纪实

(1)1988年

该年境内遭遇春夏(伏)特大干旱，冬旱连春旱，春旱连夏旱，1—7月平均降雨425.7毫米，与上年同期减少174毫米，比多年平均减少124.3毫米。5月下旬至7月15日56天时间里，大部分地方雨日只有2—3天，降雨量仅10毫米—15毫米，为常年同期1/10。由于气温高，干热风多，蒸发量大，蓄水锐减，旱情日趋严重。旱在在田作物生长和大秋作物安种捉苗的关键时刻，想种种不上，种了出不了苗，出了苗难成活。全市(含随州)800多万亩秋季作物，严重受旱的有575万亩，干死239万亩，50万人、28万头牲畜饮水严重困难。面对特大旱灾，市委、市政府高度重视，全面动员。市、县两级一共抽调干部15 172名，组成工作组1996个，由各级领导带队，深入基层，组织抗旱减灾。市委、市政府、市人大、市政协15名领导干部分赴各县(市)指导抗灾。各县(市)及乡镇领导按水系，按灌区，划片定人，落实抗旱岗位责任制。全市受旱高峰期投入抗旱劳力123.6万人，投入抗旱资金2.07亿元，临时架设泵站4 167处，开启柴油抽水机33 667台29.2万马力，电动抽水机10 620台14.48万千瓦，启用机电井4000眼，拦河扎埚5 510处，掏挖水坑140个，疏浚开挖引水渠长3274千米等，一共放水、引水、提水23.5亿立方米，抗旱浇灌农作物面积420万亩，其中水稻抗旱插秧94万亩，抗旱保苗200万亩，抗旱浇棉花80万亩，其他作物46万亩。通过抗旱减灾，挽回粮食损失11亿公斤。

(2)1999年

该年境内遭遇特大干旱。从上年8月下旬至当年9月中旬，境内气候异常，长达13个月一直干旱少雨，平均降雨量仅为537毫米，比常年同期减少45%。据分析，全市平均干旱重现期达百年一遇，其中枣阳达五百年一遇，襄阳达二百年一遇，保康达百年一遇，宜城、老河口、南漳、谷城分别达八十、五十、三十、二十年一遇，是历史上罕见特大旱灾。特别是入夏以后，气温升高，蒸发量加大，旱情发展迅猛，旱灾日甚一日，到8月底止，全市649条河流有500多条断流，845座大中小型水库有429座干涸，8.8万口堰塘有近6万口干涸见底，库堰垱坝蓄水快速下降，蓄水量降至6.62亿立方米，同比减少13.84亿立方米，3 300多眼机井有80%抽不出水来。旱魔肆虐之处，热浪滚滚，尘土飞扬，热气逼人，稻田龟裂，果树落果，作物枯死。全市夏秋两季农作物累计受旱面积达890万亩，占全年复播面积85%，其中绝收114万亩，全年减产粮食6.25亿公斤、棉花29.1万担、油料8 829万公斤，有128个乡(镇、办事处)、2 036个村、258.54万人受灾，其中30.4万人、39万头大牲畜饮水出现严重困难，直接经济损失26.22亿元。

全市先后投入抗旱资金10 355万元，劳力100多万人，机械4.4万多台(套)，用电3 661万千瓦时，用油1 525吨，提水浇灌农田面积249万亩，解决49.1万人、42.6万头大牲畜饮水困难。全市水利部门强化对水资源、水利工程的统一管理，统一调度，坚持计划用水，科学用水，能放则放，能引则引，能抽则抽，能提则提，能抗一亩是一亩，能保一分是一分。全年共向社会供水19.8亿立方米，创历史最高纪录。旱区各地组织生产自救：抓田间管理。切实做好秋粮、棉花、烟叶等秋季主要农作物的田间管理，靠管理增产增收。抓毁种改种。对已干死的农作物，对绝收的田块，当机立断，毁茬整地，一旦下雨有墒，及时改种晚秋菜或为秋播生产打好基础。抓劳务输出。有组织、有计划组织农村剩余劳动力外出务工，增加现金收入。抓企业增收。盘活乡镇企业，开足马力多生产，做到农业损失企业补，田间损失车间补。抓社会救助。动员全社会力量，关心灾区，支援灾区，救助灾民，帮助他们克服困难，渡过难关。

八、水政水资源管理

（一）职能演变

1988年7月1日，《中华人民共和国水法》实施以前，襄樊市对水资源实行条块分割式管理，城市地下、地表水资源由市建委负责管理，农村地下、地表水资源由市水利水产局负责管理，市节约用水办公室设在市自来水公司，负责管理城市节约用水工作，导致部门职责不清，多头管理问题突出。1991年6月，省水利厅将襄樊市作为全省统一管理水资源试点单位，襄樊市委、市政府随之成立襄樊市水利执法体系建设和水资源统一管理保护领导小组，副市长张振华任组长，批转《襄樊市水利水产局关于在全市开展水利执法体系建设和水资源统一管理试点工作方案》，同年10月9日，市政府颁布《襄樊市水资源管理暂行办法》。并规定由水行政主管部门颁发取水许可证，全面实行取水许可制度。1996年上半年襄樊市城区行政区划变更，同年6月20日，市政府批转《市水利水产局关于加强襄樊市城区水资源管理工作意见的报告的通知》，明确襄樊市城区水资源由市水利水产局统一管理，原市郊区管辖的所有取水单位水资源管理工作全部移交市水利水产局。2002年2月1日，市政府办公室在《关于印发襄樊市水利局职能配置、内设机构和人员编制规定的通知》中，将市节约用水办公室设在市水利局，进一步明确襄樊市水利局负责管理全市城乡水资源（含空中水、地表水、地下水），组织实施取水许可和水资源费征收等工作。

（二）水法规普及教育

1988年7月1日，《中华人民共和国水法》颁布施行后，水利部将每年7月1—7日定为“中国水周”。1993年1月18日，第四十七届联合国大会根据中国建议，将每年3月22日定为“世界水日”。从1994年开始，“中国水周”改为每年3月22—28日。市水行政主管部门利用每年“世界水日”“中国水周”，通过广播、电视、网络、报纸、印发专题材料等形式，广泛开展《中华人民共和国水法》《中华人民共和国防洪法》《中华人民共和国水土保持法》《中华人民共和国河道管理条例》等水法规宣传活动，全面提高全社会水法制观念。2002年8月29日，九届全国人大常委会第二十九次会议审议通过新修订的《中华人民共和国水法》，同年10月中旬，市水利局在熊河水库举办新水法培训班，培训局属各科室、直属二级单位负责人，各县市区水利局长。2003年7月7日，市水利局举行新水法知识学习竞赛活动颁奖仪式，共颁一等奖1名、二等奖5名、三等奖30名、纪念奖100名，评出组织奖3名、特别奖5名。2005年3月22日，在市人民广场举办以“保障饮水安全，维护生命健康”为主题的水法宣传活动，并在“中国水周”宣传期间，聘请市环保协会专家到襄城檀溪小学、盛丰小学开展“保护母亲河，爱护水资源”宣传活动。

（三）水政执法

1988 年，《水法》颁布实施后，襄樊市各级水行政主管部门加强水政监察机构和队伍建设，调解水事纠纷，依法查处水事违法案件，从而推动依法治水，依法管水，依法保护水工作。

1.队伍建设

1991 年，襄樊市市级及所辖 5 县 3 市 1 区水行政主管部门全部建立水政监察科（股），全市配备专职水政监察工作人员 29 人，任命主任、副主任水政监察员 22 人，水政监察员 226 人。1997 年 8 月 11 日，省政府发出《关于加强水利执法队伍建设的通知》，要求省、地（市、州）、县（市、区）水行政主管部门要分别成立水政监察和水土保持监督执法队伍，并确定各级水政监察和水保监察执法机构为全民所有制事业单位。1998 年 5 月 8 日，正式成立襄樊市水政监察支队，至 1999 年年底，各县（市）区及相关单位也先后成立水政监察大队 8 个，配备专职水政监察员 153 人。襄樊市水利局举办首届《襄樊市水行政执法培训班》，县（市）、区也相继组织各类培训活动。2001 年，按照国家水利部及省水利厅有关要求，襄樊市水利局下发《关于开展水政监察规范化建设和规费机构规范化达标建设验收的通知》，该年枣阳、保康、老河口、襄阳、南漳 5 县（市）区先后通过达标验收。2002 年，襄樊市水政执法档案达到省"一级"标准，枣阳市水利局获全国水政工作先进单位。2003 年，市水利局下发《襄樊市水利规费工作考核自评标准文本》，并制定水政监察"十二不准"。2004 年，按照《市政府办公室转发市财政局市监察局市纠风办关于做好整顿统一着装工作实施方案的通知》要求，对市直 6 家及 7 个县（市）区共 212 名水政执法人员 2002 式服装及其标志收回封存。这一做法，获得省水利厅肯定。同年省水利厅在襄樊召开全省水政监察规范化建设现场会，推广襄樊的做法和经验。2005 年，按照省水利厅水政监察总队要求，襄樊市水利局先后开展"水政监察和规费机构规范化建设"，"加强四项建设，争创一流队伍"等创建活动，并通过省级达标验收。

2.水政执法

1988—1997 年，全市共查处水事违法案件 831 起，没收作案器具 450 余件，责令赔偿 1.252 万元，没收非法所得 3.624 万元，罚款 2.5 万元，警告处罚 638 人，提请司法机关给予刑事处罚 3 人，挽回经济损失 164.83 万元，保护了水资源、水域、水工程安全，维护了全市水事活动的正常秩序。具中市水利水产局在 1995 年制定《征收水资源费通知书》《限期缴纳水资源费通知书》《拒不申请取水许可证行政处罚决定书》等三类七种水资源管理执法规范性文书，推动了全市水政执法规范化建设。1998 年，全市两级水政执法机构建立后，水政执法水平进一步得到提高，先后对襄樊市自来水总公司，南漳、枣阳自来水公司拒交水资源费案件进行查处，并依法作出处罚决定。2000 年，全市共查处各类水事违法案件 506 起，挽回直接经济损失 200 余万元。2001 年，根据市委、市政府《关于印发襄樊市市级政府部门审批制度改革实施意见的通知》要求，市水行政主管部门对行政审批事项进行清理，同时按照"职能服从于服务、程序让位于效率"原则，遵循"低门槛、零障碍、高效率"要求，对各类水政审批、审核及备案等进行优化，对清理出来的 42 项审批事项，予以保留 34 项，合并 4 项，暂缓搁置 4 项。2003 年，依法查处老河口城区滥采地下水行为，关闭 17 家取水单位违法取水设施，责令 48 家取水单位停止使用违法取水设施。6 月，修订《襄樊市河道采砂规划方案》，全市划定河道禁采区 5 处，桥梁禁采区 20 处。规定采砂上岸点 35 处，年采砂总量控制在 130 万吨以内，其中各县（市）区采砂上岸点数与年采砂量分别为：老河口 8 处、35 万吨，谷城 4 处、22 万吨，襄樊中心城区 11 处、30 万吨，樊城 5 处、14 万吨，襄城 1 处、2 万吨，襄阳 2 处、14 万吨，宜城 4 处、13 万吨。由此扭转境内汉江河道无序采砂、淘金混乱局面。2004 年 8 月，先后 4 次组织人员对老河口城区违规开采地下水及整改情况进行督办检查，至 8 月 20 日依法该市对 87 家单位及个人的 101 口动力取水井做了封闭。2005 年，依法查处各类水事案件 323 起。其中水工程案件 23 起，河道案件 26 起，水利规费案件 251 起，水利资源及其他案件 23 起。其中 7 月、8 月两月集中对城市自来水供水管网覆盖范围内擅自取用地下水安装地温水空调及水产品批发市私自打井的行为进行查处，并给予严肃处理。

（四）水资源管理

1.取水许可

1992 年 3 月 2 日，水利部选定 10 个省、自治区的 29 个县（市）进行第二批实施取水许可证制度基础工作试点，境内宜城、谷城被正式列入。3 月 25 日，省政府办公厅向宜城等 4 个县（市）政府发出《关于抓好实施取水许可证制度基础工作试点的通知》。两县（市）水行政主管部门按照上级要求，根据境内的取用水单位年度用水计划，认真核发取水许可证，并收取水资源费，收到良好效果，并在 1993 年通过长江水利委员会水政水资源局及省水利厅组织的联合检查验收。该年全市共有 3600 多个取用水单位依法履行取水登记手续，申请领取取水许可证 2 300 多套。1995 年，全市两级水行政主管部门全面开展取排水口水文资料审定、监测工作，对取水口的取水地点、水量、水质等有关技术资料建档立卷，填补了全市取水口技术资料的空白。1996 年，襄樊全市统一刻制“襄樊市水利局取水许可证年度审验专用章”“襄樊市水文水资源勘测局取水排水水质监测专用章”，印制“取水计划申请表”“取水许可年审表”，并于 1997 年完成首次取水许可证年审工作，全市一共发放各种表格 5700 余份，审验取水许可证 952 本，核定年度用水计划 27 567.5 万吨，其中工业用水 14 907.1 万吨、生活用水 12 660.4 万吨。1998 年，全市积极安装取水计量设施，实行用水计量收费，成效明显，同年 11 月，省水利厅在襄阳县召开现场会，总结、推广襄阳县经验与作法。2000 年 7 月，组织编制襄樊市工业与城市生活用水定额，规范取水许可管理，全市共发放取水许可证 2 217 套，年度审验用水量 23.04 亿立方米。2001 年 8 月，对全市纺织、汽车、机械等 8 个行业 300 多家单位以及居民生活用水情况作了全面普查和典型调查，编制出全市行业用水定额，指导全市工业和城市生活用水管理，促进节约用水。2002 年 5 月 20 日，在长江委四川成都长江流域及澜沧江以西区域水资源管理工作会议上，襄樊市水利局荣获“长江流域取水许可监督管理工作先进单位”称号。2003 年，全市共审验取水许可证 1 461 套，年许可用水量 103.694 亿立方米。其中地表水 363 套，用水量 100.72 亿立方米；地下水 1 098 套，用水量 2.974 亿立方米。该年吊销取水许可证 144 套，削减许可水量 0.1 亿立方米。2005 年 1 月至 2 月间，完成取水许可年审与换证工作，全市共发放取水许可证 1611 套，其中地表水 517 套，地下水 1 094 套。按用途划分，其中工业用水 313 套，农业用水 782 套，水力发电用水 52 套，生活用水 464 套。

2.水质监测

自 1992 年起，全市持续开展水资源监测工作。对全市 66 座大中型水库实施水质监测，监测项目 6 个，按月编发《襄樊市水库水质状况》报告。对全市 21 个主要工业、生活取用水户的 36 个退水口实施水质监测，监测项目 6 个。对襄樊城区 7 个主要供水水源地进行水质监测，在新闻媒体上发布汉江襄樊城区段供水水源地水质旬报，让社会公众及时了解饮用水状况，喝放心水、明白水。对大规模水面开展经常性的专项水质监测，防止、打击投肥养殖，污染水体行为。2001 年，市水利局组织专班完成全市入河排污口调查，对境内汉江河段及其 7 条主要支流排污口进行实地查勘，形成《襄樊市入河排污口调查报告》，提出排污控制方案与规划水平年污染物削减分配方案，这是全市第一个涉水保护规划。同年6月,开始对襄樊市供水总公司位于汉江的5个取水口进行水质监测。2002年7月,开始在《人民长江报》上发布汉江襄樊供水水源地水质监测旬报。2003年4月21—26日,市水利局、市环保局、市环保协会共同发起"保护母亲河——徒步汉江行"活动,组织20名志愿者沿着境内195千米长的汉江两岸查看水质状况以及入河排污情况。全年一共发布汉江供水水源地水质监测旬报36期,监测情况表明,汉江水质良好,基本为Ⅱ类,达到饮用水源地水质标准。2004年4月6日,安排部署全市入河排污口普查登记,至9月底全部完成,登记排污口76个,主要集中在境内汉江干流及其他5条主要支流。同时,市环保协会组织志愿者徒步考察唐白河水污染状况,途经湖北、河南两省相关地区,湖北省电视台全程跟踪报道,并致信河南省委,引起湖北、河南两省对唐白河这一跨省界河流污染的高度重视。该年对境内汉江供水水源地7个取水口发布水质监测旬报,并从9月开始对南漳三道河水库、宜城雷河镇、汉江襄城闸口、汉江襄城余家湖、宜城江河供水公司等饮用水水源地与重点水功能区进行监测,发布水质月报。2005年5月9日,按照市人大要求,市水利局与环保局共同完成《襄樊市水污染及防治情况调查》。6月6日,省人大环境与资源委员会主任阎增福一行考察三道河水库水质情况,对三道河工程管理局采取多种形式保护水质免受污染的环保措施给予充分肯定。6月28日,省、市人大组织的"2005环保世纪行"活动对境内蛮河、清河、白河、大李沟、南渠水污染及防治情况进行实地采访。10月,对全市大中小型水库水产养殖,排污口设置,取水情况,水质状况等进行调查,发现有少数中小型水库水质富营养化。11月,市水利局、环保局联合下发《关于贯彻落实入河排污口监督管理办法的意见》,加强对入河排污口管理与水环境保护。

3.地下水管理

按照1999年《襄樊市水资源开发利用规划》,加强全市取用地下水管理。全市共划定地下水超采区10处,其中枣阳太平、梁集,襄阳东津,老河口薛集等4处为轻度超采区,枣阳七方、襄阳张家集、襄城南部、樊城樊西工业区、谷城城关、宜城城关等6处为严重超采区,在这类地区实行严格的取用地下水制度。

从2001年起,加强襄樊城区取用地下水许可管理,执行建设项目水资源论证制度,严格审批程序,在地下水禁采区、超采区,禁止新建、改建、扩建取用地下水资源建设项目。截至2005年年底,全市有机电井4 092口、民用水井124 862口,年开采地下水总量稳定在1.676亿立方米左右,取水主要集中在南襄盆地、汉江一级阶地。其中大型水源地1处,为襄樊城区樊城一级阶地,年开采量0.216 2亿立方米,占开采总量12.9%;中型水源地5处,年开采量0.293 3亿立方米,占开采总量17.5%;小型水源地22处,年开采量0.112 3亿立方米,占开采总量6.7%。

(五)水利规费征收

主要是征收水资源费、防汛费、水土保持"两费"(水土保持设施补偿费、水土流失防治费)、河道堤防建设维护费、水利基金等。1991年11月7日,襄樊市水利水产局会同物价局、财政局制定并发布《关于确定襄樊市水资源费收费标准的通知(试行)》,确定在全市范围内试行征收水资源费,在全省率先制定并公布襄樊市水资源费征收试行标准,开始试点征收水资源费工作。规定"凡在本市管辖区内直接从江河、湖泊取(引)水或者地下取水的企业、事业单位、机关、团体、部队、集体和个体工商户,均应缴纳水资源费",征收类型6种,减免类型2种。征收的水资源费由同级财政部门纳入预算外资金管理。1992年,市及县(市)区征收水资源费120万元。老河口市政府曾于1984年6月15日颁发《关于水资源管理的暂行规定》,该文件规定由城建部门征收水资源费。至1994年5月20日,老河口市政府颁发《关于水资源有关问题的通知》,规定“今后,全市城乡水资源由市水利局统一规划,统一调配,统一发放取水许可证,统一征收水资源费,统一管理水量和水质”。“此文从发布之日起生效,过去有关与此文相抵触的文件同时作废”。同年12月31日,省政府制定下发《湖北省征收水资源费试点办法》,襄樊市制定的征收标准也自行废止,全面执行省政府试点办法中规定的征收标准,其征收类型3种,减免类型5种。所征水资源费管理按《湖北省预算外资金管理办法》执行。1995年4月6日,省政府以鄂政发〔1995〕45号文颁发《湖北省防汛费征收管理办法》,并公布执行。1997年1月7日,省政府取消试点办法,以省政府第113号令下发《湖北省水资源费征收管理办法》,规定“在本省行政区域内凡利用水工程或者机械提水设施开发利用江河、湖泊(含水库)和地下取水的单位和个人,均应缴纳水资源费”。征收标准是:工业取用地表水每立方米0.04元,地下水每立方米0.05元;生活取用地表水每立方米0.02元,地下水每立方米0.03元;水、火力发电取用地表水每千瓦时0.003元,地下水每立方米0.007元。规定下列取水免征收水资源费:农业灌溉取水和向农户家庭的供水;城乡单个家庭生活、畜禽饮用取水;残疾人工商企业自备取水设施取水;国家机关、人民团体、学校、幼儿园等单位自备取水设施取水用于生活的;中央直属水电厂的发电用水和火电厂的循环冷却水;国家规定的其他免征水资源费的项目。规定水资源费纳入财政专户储存和管理。境内市及县(市)区自此执行新的水资源费征收标准。2002年10月1日,新修订的《中华人民共和国水法》颁布实施,省政府又根据实施中出现的新情况新变化,对湖北省水资源征收管理办法再作修订。襄樊市再作变更,认真执行省政府新修订办法,截至2005年年底,全市累计征收水资源费3900万元。

1991年7月2日,国务院第86号令发布《中华人民共和国防汛条例》,规定“在汛期,有防汛任务的地区的单位和个人应当承担一定的防汛抢险的劳务和费用”。1995年4月6日,省政府布施行《湖北省防汛费征收管理办法》,规定“本省境内非农业人口为防汛费纳费义务人即有劳动能力的18周岁至60周岁的男性公民、18周岁至55周岁的女性公民”,“防汛费的征收标准为每个纳费义务人每年25元(按每年投工5个,每个工以1994年底标准核定折资5元计算)”,“征收时间为每年3月1日至4月20日(1995年征收时间延至5月31日)”,“当年征收的防汛费,于每年4月30日前汇交给有征收管辖权的防汛部门的同级财政在银行开设的专户”,“由县防汛部门征收的防汛费,70%留用,20%上解地(市、州)防汛部门,10%上解省防汛部门;由地(市、州)防汛部门征收的防汛费(不含县上解部分),80%留用,20%上解省防汛部门”。自1995年开征防汛费以来,截至2005年年底,全市累计征收防汛费6 380万元。

(六)节水型社会建设

襄樊市位于汉江丹江口水库下游,是国家南水北调中线工程的水源区,作为试点城市,进行节水型社会建设,对推进南水北调受水区建设资源节约型、环境友好型社会具有重要示范作用。

2003年7月5日至8日,全国节约用水办公室秘书长陈明、湖北省水利厅水资源处处长佘希臣一行6人莅临襄樊,就襄樊市水资源管理和国家南水北调工程实施后的节水情况进行调研。

2004年11月,襄樊市被水利部确定为全国第二批节水型社会建设试点。随后,又被确定为全国十个节水型建设试点城市之一。

2005年5月16日,襄樊市政府下发《关于成立非常设机构(或调整组成人员)的通知》,成立以市长李德炳为组长,常务副市长欧阳万坤,副市长刘立勇、刘德政为副组长,以发改委、经委、建委、财政、农业、林业、水利、环保、国土、科技、物价、质监、统计等相关职能部门领导为成员的襄樊市节水型社会试点建设领导小组,决定将建设节水型社会纳入全市“十一五”规划,并通过市人大审议。同年5

月 17 日，水利部水资源司节水处、水利部发展研究中心有关领导与专家对襄樊市节水型社会建设试点前期工作进行调研。同年 9 月 29 日，市政府组织召开《襄樊市节水型社会建设试点规划》初次审查会，与会发改委、建委、财政、农业、环保等部门对规划提出了很好的修改意见。同年 11 月 9 日，省水利厅组织有关部门对《襄樊市节水型社会建设试点规划》作进一步审查，并提出指导性的修改意见。先后经过 5 次修改而成的《襄樊市节水型社会建设试点规划》获水利部一次性评审通过。该规划规定"以 2004 年为基准年，以 2008 年为试点共同水平年，2020 年为远期水平年"。规划主要内容就是进行节水型社会的体制机制建设。具体内容是：建立健全比较完整的水资源管理制度体系（包括深化水资源管理体制改革，健全节水机构，加强节约用水，建立健全科学的水价制度，建立与完善全过程和全面的用水管理制度，建立节水型社会建设协同合作机制与公众参与机制，建立健全饮水安全保障制度）、构建与水资源承载能力相适应的经济结构体系（包括科学制定城市总体规划，国民经济及社会发展规划，合理规划产业布局，进行农村产业结构的战略性调整，推广农业节水技术，加快工业结构调整与产业升级，推广工业节水技术，加快第三产业发展，发展节水型服务业等）。试点规划范围为襄樊市所辖襄阳、襄城、樊城 3 区，枣阳、宜城、老河口 3 市，南漳、谷城、保康 3 县，高新技术产业、鱼梁洲旅游经济 2 个开发区。试点建设期为 2005 年至 2008 年。通过试点建设，近期达到目标是：①综合考核目标。全市总用水量控制数 31.83 亿立方米（P=75%），排污量控制数 7.8 亿立方米，万元产值用水量由 488 立方米降至 350 立方米。②第一产业指标。农业灌溉渠系水利用系数由 0.4 提高到 0.45；亩均灌溉用水量（P=75%）分别为：水田 556 立方米，旱地 166 立方米，菜地 347 立方米，果园 132 立方米；节水灌溉面积占总灌溉面积 50%以上。③第二产业指标。万元工业增加值用水量 240 立方米；工业用水重复利用率：火电工业 88%，一般工业 59%；工业污水处理率 70%。④第三产业指标。城镇生活取水每人每天 126.7 升，城镇公共设施取水每人每天平均 51 升；农村生活取水每人每天平均 57.6 升，牲畜饮水每头每天平均 60 升；供水管网漏失率降低到 16%；城镇节水器具普及率 20%；生活污水集中处理率 70%；生活垃圾无害化处理率 95%以上；解决饮水不安全人口 95 万人。⑤水环境目标。集中式饮用水和水源地水质达标 100%；全市境内 886 千米评价河长中水质状况应基本保持或优于现状水质，消除水质劣 V 类水域；水功能区水质达标 80%；城区水环境水质保持在Ⅲ类标准。

自 2005 年起，襄樊市节水型社会建设已顺利推进。

（七）水资源开发利用

新中国成立后，全市水资源开发利用效果显著，已经形成以防为主，堤防、水库相配合的防洪安全工程体系和以蓄为主，蓄、引、提水相结合的灌溉工程体系。截至 2005 年年底，全市已修筑江河堤防（不含枣阳、南漳、保康）长 518.09 千米，保护人口 201.2 万人、耕地面积 5.58 万公顷；建成水库 845 座，总库容 37.2 亿立方米，其中兴利库容 22 亿立方米；堰塘垱坝 88 461 处，有效蓄水 4.58 亿立方米；引水工程 7 处，其中灌溉农田 20 万亩以上的 2 处；提水工程 2 544 处，装机总容量 16.32 万千瓦；中小水电工程 269 处，装机总容量 31.98 万千瓦。全市蓄引提水总能力 44.94 亿立方米，比新中国成立初期增加 11.7 倍，其中蓄水 26.95 亿立方米，引水 7.73 亿立方米，提水 10.26 亿立方米，常年为农业供水 20 亿立方米左右。全市有效灌溉面积 26.73 万公顷，占总耕地面积 65.5%，其中旱涝保收面积 19.62 万公顷，占总耕地面积 48.07%。

2005 年，全市总供水量 29.737 2 亿立方米，其中地表水供水量 27.694 8 亿立方米，地下水供水量 2.042 4 亿立方米。在总供水量中，蓄水工程供水 11.299 2 亿立方米，占 38%，引水工程供水 3.903 6 亿立方米，占 13.1%，提水工程供水 12.492 0 亿立方米，占 42%，地下水工程供水 2.042 4 亿立方米，占6.9%。蓄、引、提工程供水主要用于农业灌溉，其中提水工程供水对工业生产、城乡居民生活也有着重要作用。2005年襄樊市行政分区供水量详见表11—9。

2005年襄樊市行政分区供水量

表11—9　　单位：亿立方米

县(市)区	地表水供水量				地下水供水量	总供水量
	蓄水	引水	提水	小计		
全市总计	11.2992	3.9036	12.492	27.6948	2.0424	29.7372
襄樊城区	2.5833	0.5325	10.7741	13.8899	1.3698	15.2597
枣阳	3.1521	0	0.2118	3.3639	0.2218	3.5857
宜城	1.6498	1.6801	0.2851	3.615	0.2076	3.8226
南漳	2.5263	0.1071	0.2198	2.8532	0.0176	2.8708
谷城	1.0245	0.1774	0.3609	1.5628	0.1206	1.6834
保康	0.1522	0.4342		0.5864	0.0322	0.6186
老河口	0.211	0.9723	0.6403	1.8236	0.0728	1.8964

注：襄樊城区包括襄阳、襄城、樊城。

2005年，全市总用水量29.737 2亿立方米，比上年增加2.507 9亿立方米。其中农业用水13.989 2亿立方米，占47%，工业用水11.599 9亿立方米，占39%，生活用水1.827 9亿立方米，占6.2%，公共环境用水0.249 4亿立方米，占0.8%，林牧渔用水2.070 8亿立方米，占7%；用水量较大的是襄樊城区、宜城市、枣阳市，分别占总用水量51.3%、12.9%、12.1%，用水量最少的是保康县，占总用水量2.1%。在总用水量中，行政分区用水详见表11—10。

2005年襄樊市行政分区用水量

表11—10　　单位：亿立方米

县(市)区	农田灌溉用水量	林牧渔用水量	工业用水量	城镇公共用水量	居民生活用水量	生态环境用水量	总用水量	其中：地下水量
全市总计	13.9892	2.0708	11.5999	0.2445	1.8279	0.0049	29.7372	2.0424
襄樊城区	3.7099	0.776	9.7968	0.1526	0.8213	0.0031	15.2597	1.3698
枣阳	2.3529	0.5193	0.3969	0.0241	0.292	0.0005	3.5857	0.2218
宜城	3.1526	0.2064	0.2968	0.0132	0.1534	0.0002	3.8226	0.2076
南漳	2.4381	0.0987	0.1707	0.0116	0.1515	0.0002	2.8708	0.0176
谷城	0.9	0.2229	0.3968	0.0132	0.1502	0.0003	1.6834	0.1206
保康	0.4257	0.0509	0.0659	0.0046	0.0714	0.0001	0.6186	0.0322
老河口	1.01	0.1966	0.476	0.0252	0.1881	0.0005	1.8964	0.0728

注：襄樊城区包括襄阳、襄城、樊城。

2005年，全市人均用水量511立方米，城镇人均生活用水量173升每天，农村人均生活用水量50升每天，农田灌溉亩均用水量586立方米，万元GDP(当年价)用水量494立方米，万元工业增加值用水量353立方米。

九、水产与渔政

襄樊市位于湖北省西北部，汉江中游，属北亚热带气候，适宜多种水生动植物生长，渔业资源丰富。1979 年，境内[含随县(州)、县级襄樊市水域面积为 21.57 万公顷，占版图面积 8.07%。可养殖水面 4.98 万公顷，其中水库 29 173 公顷、鱼池 1 047 公顷、堰塘 19 587 公顷，温泉多处。渔业主要由国营、集体、个人生产经营。全年放养面积 27 647 公顷，可养水面利用率 66.18%。水产品产量 5 086 吨，其中养殖产量 4 520 吨，平均单产 163.5 公斤 / 公顷，捕捞产量 566 吨，劳均捕鱼 679 公斤。通过改革开放二十多年的发展，至 2005 年，全市水域面积为 17.14 万公顷，占版图面积 8.7%。可养殖水面 4.78 万公顷，其中水库 23 243 公顷、鱼池 10 853 公顷、堰塘 13 203 公顷，其他水面 566 公顷。水域中有鱼类 200 余种，现已查明 98 种，其中主要经济鱼类有 20 余种，且有其他水生经济动物 20 余种和丰富的饵料生物资源。全市水产品产量 159 384 吨，其中放养面积 46 395 公顷，养殖产量 143 706 吨，名特优产量占 46.36%，捕捞产量 15 678 吨。共有水产技术推广站(简称水产站)9 个，国有水库渔场 70 个，国有(苗种)渔场 9 个，乡村集体渔场 313 个，个体养殖户大幅度增加。有集体渔业捕捞队 13 个，渔民 266 户，在汉江等非养殖水域捕鱼。渔政管理得到加强，管理机构逐步完善，专用设备配置齐全，日常管理走向经常化、专业化、法制化。

(一)水产资源

1.水域资源

据 1982 年全国第二次土壤普查统计，襄阳地区(含随县)水域面积为 215 667 公顷，占版图面积 8.07%。其中江河水域 82 780 公顷，水库水域 51 340 公顷，堰塘水域 40 327 公顷，苇地 887 公顷，鱼池 1 153 公顷，沟渠堤坝 39 180 公顷。在水域面积中，可养殖水面 49 807 公顷，其中水库 29 173 公顷、精养鱼池 1 047 公顷、堰塘 19 587 公顷。1998 年，全市水域面积 167 127 公顷，占版图面积 8.47%，其中江河水域约 100 000 公顷、水库水域 28 000 公顷、精养鱼池 12 360 公顷、堰塘 23 133 公顷，沟渠等水域 3 634 公顷。该年12月26日，汉江王甫洲水利枢纽工程建成蓄水，在其上游江段形成水域面积 4 267 公顷。2005 年，全市水域面积为 171 400 公顷，占版图面积 8.7%，其中可养殖水面 47 865 公顷。在可养殖水面中，水库 23 243 公顷，堰塘 13 203 公顷，精养鱼池 10 853 公顷，河沟 566 公顷。

2.地热资源

境内现有记载水量较大的温泉有：

(1)上湾温泉

位于宜城市板桥店镇上湾村，出水口常年水温 28℃—32℃，水量 968.45 吨日，酸碱度 7.4，总硬度 22.4 德国度，氯化物 9 毫克 / 升，氟化物 0.6 毫克 / 升。

(2)落花潭温泉

位于宜城市流水镇董家坪村，出水口常年水温 44℃，水量 1 123.2 吨日。

(3)温坪月亮温泉

位于谷城县南河镇月亮畈村,出水口常年水温38℃,水量1 000吨日。

(4)六股泉温泉

位于老河口市洪山嘴办事处六股泉村,出水口常年水温19℃,水量864吨日。

(5)汤池峡温泉

亦名陈家河温泉,位于保康县城关镇陈家河村,出水口常年水温39.5℃,水量2 500吨日。

3.鱼类资源

境内有鱼类200余种,现已查明的有98种,隶属于11目20科。其中鲤科鱼类58种,鮠科鱼类9种,其他种类甚少。在汉江襄樊段水域有鱼类73种,常见的有鲢鱼(白鲢)、鳙鱼(花鲢)、草鱼(草鲩)、青鱼(青鲩)(俗称"四大家鱼",下同)、鲤鱼、鲫鱼(喜头鱼)、鲹条、华鳊、三角鳊、团头鲂(武昌鱼)、南方马口鱼、乐山棒花鱼、细鳞斜颌鲴、黄尾密鲴、圆吻鲴、鳡鱼、翘嘴红鲌、蒙古红鲌、鲶鱼、鳜鱼等鱼类。其中三角鳊,又名槎头缩项鳊,为襄阳特产,岘山以下汉江河段水域所产最佳,头小,体扁,呈菱形,背部青灰色,腹部银白色,味鲜美。除常见的鱼类外,且有国家一、二级保护的中华鲟、长江鲟、胭脂鱼。

1979年后,境内陆续从外地引进许多优良鱼种,主要有良种鲤(荷源鲤、建鲤、兴国红鲤、散鳞镜鲤等)、异育银鲫、白鲫、莫桑比克罗非鱼、伽利略罗非鱼、尼罗罗非鱼、塘虱鱼(革胡子鲶)、美国鮰鱼(含斑点叉尾鮰、云斑鮰、褐首鲶)、鲮鱼、鲟鱼、大银鱼、南方大口鲶、大口胭脂鱼、加州鲈鱼、湘云鲤、湘云鲫、观赏鱼等,其中多数鱼类已在本市繁衍后代,丰富了鱼类资源。全市鱼类资源及分类详见表11—11。

襄樊市鱼类资源及分类

表11—11

目	科	鱼类名称
鲤形目	胭脂鱼科	胭脂鱼
	鲤科	赤眼鳟、鯮鱼、鳡鱼、鳍鱼、青鱼、草鱼、大鳞鱲、南方马口鱼、刺鲃、中华倒刺鲃、多鳞铲颌鱼、突吻鱼、重唇鱼、花鱼骨鱼、银飘鱼、寡鳞飘鱼、红鳍鲌、青梢红鲌、伍氏华鳊、华鳊、蒙古红鲌、拟尖头红鲌、翘嘴红鲌、布氏鲹条、油鲹、鲹条、三角鳊、团头鲂、长春鳊、花鲢、斑条刺鳑鲏、白鲢、鲤鱼、鲫鱼、黄尾密鲴、银鲴、大鳍刺鳑鲏、逆鱼、细鳞斜颌鲴、黑鳍鳈、华鳈、长条铜鱼、中华细鲫鱼、似鳊、圆口铜鱼、蛇鮈、圆吻鲴、银色颌须鮈、似鮈、宜昌鳅鮀、麦穗鱼、棒花鱼、吻鮈、圆筒吻鮈、细尾蛇鮈、乐山棒花鱼、嘉定棒花鱼、赛鳍鱲
	鳅科	泥鳅、花斑副杀鳅、花鳅、犁头鳅、紫薄鳅、黄沙鳅
鲈形目	鮨科	斑鳜、大眼鳜、鳜鱼
	塘鳢科	塘鳢、黄蚴鱼
	鰕虎鱼科	吻鰕虎鱼、克氏吻鰕虎鱼
	攀鲈科	园尾斗鱼
	鲷鱼科	尼罗罗非鱼、莫桑比克罗非鱼、伽利略罗非鱼
	鳢科	乌鱼
鳗鲡目	鳗鲡科	鳗鲡

续表

目	科	鱼 类 名 称
合鳃目	合鳃科	黄鳝
鲀形目	鲀科	暗色东方鲀
颚鱵目	鱵鱼科	鱵鱼
刺鳅目	刺鳅科	刺鳅
鲟形目	鲟科	中华鲟、长江鲟
鲑形目	银鱼科	长江银鱼、太湖短吻银鱼
鲱形科	鳀科	短颌鲚
鲶形目	鲶科	鲶鱼
	鮠科	黄颡鱼、长吻鮠、粗唇鮠、白边鮠、鮠、大鳍鳠、长江黄颡鱼、光泽黄颡鱼、切尾鮠
	鮡科	中华纹胸鮡

4.其他水生动物资源

境内其他水生动物有：两栖纲，包括大鲵（娃娃鱼）、青蛙、大蟾蜍、雨蛙、牛蛙（外地引进）等。其中大鲵鸣如婴儿啼哭，形似婴儿胚胎，肉食性，性凶猛，多栖清澈山溪、潭深水流处，昼隐夜出，一般个体长在1米以下，大者体长可达2米，体重50公斤，具有较高的药用价值，为国家二类保护动物。主要分布在保康、南漳、谷城等山区。爬行纲，包括鳖（甲鱼）、草龟、黄绿闭壳龟、水蛇等。甲壳纲，包括克氏原螯虾、小长臂虾、中华新米虾、青虾、河虾、锯齿溪蟹、相手蟹等。腹足纲，包括田螺等。瓣鳃纲，包括三角帆蚌、褶纹冠蚌、猪耳丽蚌、无齿蚌等。鸟纲，包括鸬鹚（鱼鹰）、苍鹭、白鹭、野鸭、绿头鸭、鸳鸯等。哺乳纲，包括水獭、水貂等。

5.水生植物资源

境内水生植物主要有：挺水植物，包括藕、荸荠、稗、喜旱莲子草（即水花生）、芦苇、席草等。其中人工种植普遍的是藕，其次是荸荠。浮水植物，包括家菱（角）、野菱（角）、芡实（俗名鸡头包）等。漂浮植物，包括芜萍、小浮萍、紫背浮萍、满江红（红萍）、槐叶萍、凤眼莲（水葫芦）、水浮莲等。沉水植物，包括苦草、轮叶黑藻、小茨藻、大茨藻、马来眼子菜、菹草（虾草）、金鱼藻、聚草（蓐草）等。

6.饵料生物资源

鱼类饵料生物包括浮游植物、浮游动物、底栖动物、软体动物、水生昆虫等。其数量和种类随水体类型不同存在差异。

（1）汉江（襄樊段）饵料生物

其中浮游植物种类有针杆藻、脆杆藻、小环藻、卵形藻、水绵颤藻、刚毛藻、盘星藻、鼓藻、微囊藻、鱼腥藻、角藻、黄丝藻等，夏季平均数量为46.4万个／升，秋季为63.25万个／升，冬季为6.484万个／升。浮游动物种类有原生动物类，如砂壳虫、棘壳虫、表壳虫、周毛虫、果枝虫等；轮虫类有臂尾轮虫、龟甲轮虫、腔轮虫、多肢轮虫、浣轮虫、晶囊轮虫等；枝角类有水蚤、象鼻蚤、基合蚤、秀体蚤等；桡足类有剑水蚤、华哲水蚤、异足猛水蚤等。浮游动物数量，夏秋两季为0.13万个／立方米—1.55万个／立方米，冬季为0.238万个／立方米。底栖动物种类主要有寡毛类的颤蚓科。软体动物种类有淡水壳菜、黄蚬、方格短沟蜷、环棱螺、萝卜螺、扁旋螺、河蚌、青壳蚌、杜氏蚌等。水生昆虫种类有摇尾科幼虫，蠓科目幼虫及蜗钩虾、水蜘蛛等。随着水利工程建设的进行，汉江水量减少，单位水体的饵料生物含量正在逐步增加，并有继续增加趋势。

（2）水库饵料生物

其中浮游植物种类有金藻门、绿藻门、硅藻门、甲藻门、蓝藻门和裸藻门等，平均个体数 25.47 万个—434.72 万个／升。浮游动物种类有原生动物类、轮虫类、枝角类、桡足类，平均个体数 0.138 万个—0.953 万个／升，生物量 0.338—2.37025 毫克／升。底栖动物主要有寡毛类和水生昆虫类，平均数量 0.0093 万个 ~0.4407 万个／平方米，平均重量为 0.378—5.854 克／平方米。

（3）小水体饵料生物

鱼池、堰塘、小水库等小水体，是天然与人工相结合的生态系统，其饵料生物的种类、数量据随州市水产局定点测定的结果为：浮游植物数量为 73 万个—315 万个／升，常见种类有纺锤矽藻、舟形矽藻、裸甲藻、兰隐藻、盘星藻、空球藻、栅列藻、新月鼓藻、鱼腥藻等。浮游动物数量为 0.35 万个—1.3 万个／升。常见的种类有沙壳虫、草履虫、瓜形虫、焰毛虫、晶囊轮虫、臂尾轮虫、龟甲轮虫、象鼻蚤、美女蚤、秀体蚤等。底栖动物数量 0.133 万个／平方米，种类有寡毛纲的水蚯蚓等。软体动物有田螺、无齿蚌等。水生昆虫有蜻蜓幼虫、摇蚊幼虫等。

（二）水产生产

1.鱼苗繁殖

1979 年，境内鱼苗孵化繁殖有 65 处，生产鱼苗 9.83 亿尾，其中人工繁殖鱼苗 9.77 亿尾，从长江采购鱼苗 0.06 亿尾。1985 年，全市国营渔场实行“定人员、定设施、定支出、定产量、定上交（利润），超欠产量按比例奖赔”的生产责任制，人工繁殖鱼苗 17.86 亿尾，比 1984 年增产 5.99 亿尾，增长 50.46%。1989 年，全市结束从长江采购鱼苗历史。1991 年 4 月，襄樊市水产局水产工程师冯荣甫、陈发富在襄阳县法龙镇人工繁殖建鲤鱼苗在本市首获成功。1996 年 2 月，枣阳市小黄河、罗桥水库和襄阳县官沟水库渔场，人工繁殖小银鱼在本市首获成功。同年 12 月，老河口市西排子河水库人工繁殖大银鱼在襄樊市首获成功。1997 年，市水产局水产高级工程师吕克正在熊河水库渔场人工繁殖鳜鱼鱼苗，水产工程师冯荣甫、陈发富在襄阳县法龙镇渔场人工繁殖高背鲫鱼苗，首获成功；枣阳市吉河水库西郊良种场人工繁殖黄颡鱼鱼苗获得成功。2003—2004 年，襄樊市水产局依法对全市鱼苗生产布局进行宏观调整，保留县（市）、区鱼种场和部分大、中型水库渔场的鱼苗生产、经营资格。2005 年，全市人工繁殖鱼苗 19.03 亿尾，除满足襄樊市生产需要外，还远销河南、陕西等省及神农架、房县等地。1979—2005 年全市鱼苗生产数量详见表 11—12。

1979—2005 年襄樊市鱼苗生产数量统计

表 11—12　　单位：亿尾

年份	生产鱼苗数量	其中人工繁殖数量
1979	9.83	9.77
1980	10.82	10.78
1981	10.41	10.07
1982	10.82	10.68
1983	9.53	9.48
1984	11.87	11.87

续表

年份	生产鱼苗数量	其中人工繁殖数量
1985	17.86	17.86
1986	20.11	20.09
1987	20.42	19.6
1988	19.39	18.91
1989	18.87	18.87
1990	16.97	16.97
1991	14.91	14.91
1992	17.39	17.39
1993	20.06	20.06
1996	16.71	16.71
1995	17.37	17.37
1996	19.56	19.56
1997	19.53	19.53
1998	18.41	18.41
1999	17.98	17.98
2000	17	17
2001	17.6	17.6
2002	17.4	17.4
2003	18.7	18.7
2004	19.05	19.05
2005	19.03	19.03

2.鱼种培育

20 世纪 70 年代前期，境内鱼种多为小规格鱼种，并在小鱼池培育。70 年代末期，开始培育个体长 3 寸以上的大规格鱼种。鱼种培育方法分为育苗(水花　夏花)、育种(夏花—冬片)两个阶段进行。育苗：在鱼苗入池前 15 天，用生石灰、漂白粉等药物(选其一种)对池塘进行消毒除野，施足粪肥、大草等基肥，培育浮游生物，供鱼苗摄食，俗称“肥水下塘”；鱼池进水深 0.5 米左右，并经严格过滤；每亩鱼池放鲢鱼、鳙鱼鱼苗 10 万—15 万尾或放青鱼、草鱼鱼苗 8 万—12 万尾不等，并辅以豆浆、饲料和蒿草堆肥培育。育种：待鱼苗长到 3 厘米以上时，适时拉网锻炼、分池、加水、巡池，实行“三消、四定”(饲料、工具、食场消毒，定时、定位、定量、定质投喂)饲养方法，并辅助投施粪肥、化肥、蒿草等培肥水质，养至 3 寸(10 厘米)以上的大规格鱼种后进行成鱼养殖。分阶段培育鱼种方法沿用至今。

1979 年，全市鱼种池面积 303 公顷，占成鱼养殖面积 27 647 公顷的 1.1%；生产鱼种 29 277 万尾，其中个体长 3 寸以上的鱼种 3 050 万尾，占鱼种产量的 10.47%。因鱼种池面积与成鱼养殖面积不配套等因素影响，大规格鱼种产量徘徊多年，每年需从荆州、武汉等地外购部分鱼种弥补不足。1984 年，鱼种池实行小改大，浅(水)改深(水)，鱼种生产试行联产计酬责任制，至 1985 年，联产计酬责任制鱼池面积达 1 651 公顷，生产鱼种 46 542 万尾。1988 年，在传统鱼种计量方法中把鱼种体长由市寸改为厘米，并首次增加重量单位，全市生产鱼种 53 839 万尾，重 3 932 吨，其中个体长在 15 厘米以上的鱼种 5 130 万尾，重 2 340 吨。1990 年，育种规格向 15 厘米以上努力，因多数生产单位缺乏科学养殖技术等原因，造成鱼种产量下降。1991 年，枣阳采取及时分养、科学施肥、稀养速成的“鱼池四级育种”技术，改变过去一年一季育种的状况，鱼池利用率提高，鱼种产量增加。1993 年，全市鱼种向 15 厘米以上发展；育成品种由青鱼、草鱼、鲢鱼、鳙鱼、鲤鱼、鲫鱼、鲴鱼、鮰鱼、塘虱鱼、黄颡鱼、大口鲶、乌鱼、鳊鱼、鲂鱼等鱼类向名、特、优鱼类发展。2005 年，全市生产鱼种 21788 吨，外购鱼种 2696 吨。1979—2005 年全市鱼种产量详见表 11—13。

1979—2005 年襄樊市鱼种产量统计

表 11—13　　单位：万尾、吨

项目 年份	合计		其中 10 厘米以上		其中 15 厘米以上	
	数量	重量	数量	重量	数量	重量
1979	29277	—	3050	—	—	—
1980	26678	—	3234	—	—	—
1981	23101	—	2743	—	—	—
1982	23890	—	3910	—	—	—
1983	25133	—	4823	—	—	—
1984	40470	—	7219	—	1139	—
1985	46542	—	13437	—	2241	—
1986	43926	—	16325	—	3084	—
1987	46639	—	16186	—	4479	—
1988	53839	3932	—	—	5130	2340
1989	67600	5430	—	—	5582	2381
1990	60387	5371	—	—	4036	2052
1991	51219	4825	—	—	4240	2189
1992	61452	6279	—	—	3954	2008
1993	—	7139	—	—	—	3106
1994	—	6614	—	—	—	3406
1995	—	9255	—	—	—	4951
1996	—	12427	—	—	—	6803
1997	—	11669	—	—	—	7434
1998	—	15907	—	—	—	9564
1999	—	20701	—	—	—	12663
2000	—	18908	—	—	—	12795
2001	—	19945	—	—	—	14276
2002	—	18465	—	—	—	12175
2003	—	20162	—	—	—	—
2004	—	20873	—	—	—	—
2005	—	21788	—	—	—	—

3.成鱼养殖

20 世纪 70 年代，境内成鱼养殖是把鱼（苗）种投放到水体中，通过喂养管理，养至食用商品鱼的生产过程。其中包括水库养鱼、池塘养鱼、河沟养鱼、稻田养鱼、网箱养鱼等养殖方式。养殖鱼类品种以鲢鱼、鳙鱼为主，搭配草鱼、鲤鱼、鳊鱼、鲂鱼、鲫鱼等。投放鱼种个体规格多为“寸片”（1 市寸左右）鱼种，少量为 2—3 寸鱼种，其成活率低。在养殖技术上，虽然沿用传统的“水”（水源、水质）、“种”(优质鱼种)、"饵"(投饲施肥)、"密"(合理密度)、"混"(多种混养)、"轮"(轮捕轮放)、"防"(防病防害)、"管"(饲养管理)"八字精养法"养殖,但从业者普遍缺乏养鱼基本知识,投放鱼种个体规格小,又不作量记,不喂饲料,所投鱼苗仅靠摄食水体中的天然饵料生存,俗称"人放天养",因此成鱼养殖单产多年低产徘徊。

1979 年,境内渔业实行以国营渔场为骨干,以水产技术推广站为支撑,以集体渔场为基础的生产体制。该年,在遭受严重旱灾情况下,全市放养面积 27 647 公顷,成鱼养殖产量 4 520 吨,占全市水产品产量 88.9%(其余 11.1%为天然捕捞产量),平均养殖单产 163.5 公斤 / 公顷。其中国营放养面积 12 360 公顷,成鱼养殖产量 1076 吨,向国家交售派购鲜鱼 296.1 吨;集体放养面积 15 287 公顷,成鱼养殖产量 3 444 吨。该年,境内借用省级渔业周转金 62 万元,借款时限分别为 1—5 年,主要用于国营渔业生产单位生产周转。此外,省计划委员会与省水产部门投入境内渔业基本建设资金 16.5 万元。随后历年借款数额不等,有借有还,扶持生产。

1982 年,境内小水面养鱼实行联产计酬或专业(专项)承包等形式的生产责任制,养鱼者从中得到一定的经济实惠,出现了养殖专业户。

1984 年,在坚持养殖水面所有权不变的前提下,对小型养殖水面经营权公开招租承包,废止水产品派购政策,成鱼销售实行自由贸易。渔业生产责任制打破了"大锅饭",端掉了"铁饭碗"。是年,境内放养面积 39 327 公顷,投放鱼种 34 168 万尾,1 573 吨,成鱼养殖产量 16797 吨。其中国营放养 17827 公顷, 养殖产量 2 167 吨; 集体放养 10 721 公顷, 养殖产量 5 020 吨;个体养鱼 28626 户,放养面积 9 326 公顷,养殖产量 7 190 吨;社员家庭养鱼 88 560 户,放养面积 1 453 公顷,养殖产量 2420 吨。初步形成国营、集体、个体,千家万户一起开发水面养殖的生产格局。

1985 年,推行以青(青草)代精(粮食)、池塘辅施化肥等养鱼技术。

1990 年 2 月,市政府在《关于加速发展水产业的通知》中指出"渔业是节地型、节粮型、节能型产业, 是调整农村产业结构, 吸纳农村剩余劳力, 增加市场供给, 增加农民收入的有效措施和重要途径",要求各级政府做到"要像重视耕地一样重视水面,像抓粮棉油生产一样抓渔业生产,像抓农田基本建设一样抓渔业基本建设",并制定了许多惠渔政策。其中关于"市、县(市)每年从地方财政安排用于农田水利基本建设投资中,拿出 10%用于水产基建、科技推广和大水面渔业开发"的规定,加快了科技兴渔步伐,使化肥养鱼、种青养鱼等小水面养殖技术加速向大水面推广,开始改变大水面"人放天养"的状况。

1992 年冬季,各地把改造鱼池、改造堰塘、改造小水库,兴建精养鱼池的渔业"三改一建"工程,纳入农田基本建设工程统一规划、实施。全市一共改造养殖水面 2 950 公顷,新建精养鱼池 3 213 公顷。

1993年,全市放养面积51 800公顷,投放鱼种6 871吨,养殖产量47 398吨。其中鲢鳙鱼产量33 115吨,占 69.87%;名优鱼产量 14 236 吨,占 30.04%;虾 47 吨,占 0.09%。休闲渔业开始起步,全市养殖垂钓面积 430 公顷,产量 77 吨。

1994 年,全市借用省级水产周转金 23 万元。随后改为由省直接向县(市)发放渔业周转金。

1995 年,全市渔业生产以精养高效为中心,以科技兴渔为动力,以大水面开发为突破口,以名特优养殖为重点,坚持调整养殖品种结构,主攻单产。全市放养面积 39 720 公顷,投放鱼种 9 986 吨,成鱼养殖产量 67 260 吨,分别是 1993 年的 1.05 倍、1.45 倍和 2.17 倍。在养殖产量中,鲢鳙鱼产量 52 276 吨,占 77.72%;名优鱼产量 14 344 吨,占 21.33%;特种水产品产量 640 吨,占 0.95%。

1996 年 3 月 30 日,市熊河水库管理处、襄阳县法龙乡、宜城市国有渔场、南漳县九集镇水产开发公司、谷城县国有渔场荣获省政府表彰的"八五"时期水产先进集体荣誉称号;周合高(市水产局)、杨立政(枣阳市吉河水库管理处)、董俊峰(襄阳县水利局)、李富华(老河口市水产局)荣获省水产局、省人事厅表彰的"八五"时期水产先进工作者荣誉称号;李贵锁(市郊区水利水产局)、张万宝(枣阳市王城镇油房湾水库)、李金发(襄阳县黄渠河乡下涂村)、程世国(谷城县石花镇凉水井村)荣获省水产局表彰的"八五"时期水产科技致富带头户荣誉称号。

2000年,全市放养面积44207公顷,投放鱼种20710吨,成鱼养殖产量117728吨。其中鲢鳙鱼产量73062吨,占62.06%;名优鱼产量44277吨,占37.61%;虾、蟹、鳖、蛙、大鲵等特种水产品产量389吨,占0.33%。养殖品种达30余种。水生观赏动物由金鱼、锦鲤扩大到热带鱼、龟、鳖、蛙等种类。

2001年3月,市政府襄印发《襄樊市市级财政农业发展专项资金管理暂行办法》,把"小农水建设资金"(含渔业10%)"捆绑"到市级农业发展专项资金中,集中用于农业(龙头)公司制企业,渔业投入甚微。

2002年,全市推行无公害水产养殖技术。即养殖水质符合《无公害食品淡水养殖用水水质》(NY5051)的水质改良要求,土质符合《无公害水产品产地环境》要求,同时使用适宜水体空间,掌握好放养密度及病害防治的科学方法。在养殖生产中禁用孔雀石绿等一批渔药,部分水面限制投施化肥养鱼。传统的养殖方式开始向健康的生态养殖方式和无害养殖方式转变。

2003年,全市水库养鱼禁止使用化肥,并向环保型方向发展。

2004年,全市建成一批集餐饮、住宿、垂钓、娱乐为一体的休闲渔业基地,年产值达1500余万元。

2005年,全市放养面积46395公顷,投放鱼种24484吨,养殖产量143706吨。

1979—2005年全市成鱼养殖情况详见表11—14。

1979—2005年全市成鱼养殖情况

表11—14　　面积:重量(产量):吨;数量:万尾

年份	放养面积(公顷)	投放鱼种数量	投放鱼种重量	养殖产量
1979	27647	25902	—	4520
1980	32936	20967	—	6759
1981	34827	19059	—	7121
1982	33760	15835	—	8837
1983	35327	23027	1489	10670
1984	39327	34168	1573	16797
1985	44493	28604	2448	25952
1986	41973	26201	2230	23423
1987	43127	26972	2417	28488
1988	42940	24432	3751	23014
1989	45647	32617	4032	24677
1990	45680	36165	6574	23147
1991	38720	33194	5409	27925
1992	39247	33761	5936	32753
1993	51800	—	6871	47398
1994	36633	—	6266	56318
1995	39720	—	9986	67260
1996	40900	—	12093	79212
1997	41240	—	13876	95295
1998	42507	—	15514	107557
1999	43922	—	20331	110018

续表

年份	放养面积（公顷）	投放鱼种数量	投放鱼种重量	养殖产量
2000	44207	—	20710	117728
2001	44534	—	21475	118537
2002	45327	—	21837	135192
2003	46093	—	22707	·136101
2004	46376	—	23691	139197
2005	46395	—	24484	143706

（三）养殖方式

1979—2005年，境内水产养殖方式主要有水库养殖、池塘养殖、河沟养殖、网箱养殖、稻田养殖等。

1. 水库养殖

境内水库养殖始于 20 世纪 50 年代。水库养殖是随着水利工程建设而兴起的一种大水面养殖方式。

1979 年，水库养殖实行“谁管理（所有），谁放养，谁受益”的生产体制，境内 1 453 处水库可养殖水面 27 753 公顷，占可养殖水面的 66.44%；放养面积 17 540 公顷，占放养总面积的 63.44%；成鱼养殖产量 1 496 吨，占成鱼养殖总产量的 33.10%；平均养殖单产 85.3 公斤 / 公顷，比各类水面平均养殖单产低 78.2 公斤 / 公顷。其中国有水库平均养殖单产 84 公斤 / 公顷，集体（社队）水库平均养殖单产 88 公斤 / 公顷。由于鱼池面积与水库养殖面积不配套，投放鱼种个体规格多为 3—5 厘米，易被“敌害”鱼类捕食，成活率低。为增加鱼种投放量、增大鱼种个体规格等生产投入，每年借用省、地渔业生产周转金 50 万元—90 万元不等，同时向上争取兴建水库拦鱼设备、鱼池改造等基本建设项目投资。该年 12 月，地区熊河水库东涵管在境内率先建成永久性的混凝土多孔预制板拦鱼设备。

1980 年，水库经营实行水、电、渔并举。同年 4 月 1 日，西排子河水库水面交由襄阳地区水产公司管理。

1984 年，全市取消水产品国家计划派购政策，放开鲜鱼销售价格、销售方式，水库养殖推行分组承包，联产计酬。其中国有水库养鱼推行分项目“六定”（定领导、人员、设施、费用、产值产量、利润）、“五统一”（统一领导、管理、调配、收支、核算）、“一奖赔”（超欠利润按比例奖赔）责任制。集体水库养鱼多为一人牵头，专班承包，定额（定产）上交，自负盈亏。该年，全市水库放养面积 24 567 公顷，成鱼养殖产量 3 844 吨。西排子河水库、红水河水库等跨界水库（水面）成立渔业管理机构，加强鱼类资源保护利用。

1985 年，随州市白果河水库利用施肥增加鱼类生物饵料的原理，进行水库施肥养鱼实验。实验面积 166.3 公顷，投放鲢、鳙鱼种 11.85 吨，施用化肥 87.79 吨，投入艾蒿、酒糟 204 吨，成鱼养殖产量由前 3 年年均 35.01 吨增至 83.95 吨。

1986 年，全市水库放养面积 25 473 公顷，其中化肥养鱼 1 133 公顷，占水库放养面积 4.4%。为开发跨界水库水面资源，襄樊市副市长韩南鹏自荐兼任西排子河水库渔业管理委会员(简称管委会)主任，成立由襄阳县、老河口市政府分管领导为副主任，市、县（市）水利水产部门、库区乡村及水库负责人为成员的管委会，下设管理专班（渔场），先后由 2 名副主任按年度轮换主持管委会工作。

1987 年，市熊河水库等水库大水面增放团头鲂、青鱼等鱼种，并采取长年捕捞鳡鱼、鲌鱼等凶猛性敌害鱼类的办法提高投库鱼种成活率。

1988 年，宜城县水利水产部门对直属水库的鱼种投放、成鱼产量等生产指标实行目标量化管理办法，该县国营水库投放鱼种 47.21 吨，成鱼产量 200.5 吨，同比分别增加 3.82 吨和 91.9 吨。随后，此法在襄樊境内全面推广。

1989 年，全市国营水库投放鱼种 654 吨，成鱼养殖产量 2 748 吨，同比分别增加 88 吨和 465 吨。12 月，西排子河水库水面及其渔场交由市引丹工程管理局管理。

1990 年，全市水库建成鱼池 298 公顷，库汊 128 公顷，网箱 0.83 公顷，孵化设备 81 处，拦鱼设备 144 处（输水管 105 处，溢洪道 39 处），拥有定置张网 57 部，其它网具 21.6 万米，木船 580 只，机动船 88 艘（747 千瓦），并有汽车、拖拉机、抽水机、增氧机等设备。是年，全市水库放养面积 26 960 公顷，养殖产量 8 260 吨，平均单产 306.4 公斤 / 公顷。

1991 年，全市水库水面经营推行承包责任制。襄阳县水利局承担的“水库群渔业开发”化肥养鱼项目，于 1992 年通过省级鉴定，产量和效益分别达当时国内领先水平。市熊河水库实行大水面化肥养鱼，采取“赶、拦、刺、张”联合渔法，一网捕鱼 170 吨。

1994 年 1 月，市三道河水库渔场与华中农业大学联合，历时 6 年开展的“水库渔业增产技术研究”项目，获得湖北省政府科技进步三等奖。

1995 年，全市水库股份制养殖企业达到 135 个，占全市水库总数 16.3%，水面 12 533 公顷，占水库养殖面积 55.3%，筹集股金 702 万元。省水库渔业周转金直接向部分大、中型水库（渔业项目）发放，老河口、枣阳开始向部分水库水面投放银鱼养殖，试捕产量 13 吨。

1998 年，襄阳县白龙堰水库在全市率先养殖中华绒螯蟹，生产成蟹 190 公斤。

1999 年，全市水库垂钓养殖水面达 2 400 公顷，占水库放养面积 11.5%；垂钓产量 1 595 吨，占水库养殖产量 12.6%。

2000 年，市熊河水库 933 公顷水面由该库管理处杜平洪等 59 名职工承包经营，承包期 5 年，费用自理。第一年交承租费 40 万元，以后每年递增 5%。

2002 年，全市禁止向作为饮用水源的水库投施化肥养鱼。同年 4 月，宜城市邹家冲水库 36 公顷水面由浙江金华王爱国承租养殖珍珠，吊蚌 63 万只，经过 36 个月养殖，产珍珠 1 818 公斤。

2003 年，全市水库放养面积 21 675 公顷，其中化肥养殖面积 14 956 公顷，占水库放养面积 69%；养殖产量 17 151 吨，平均单产 791.3 公斤 / 公顷。该年，全市限制水库投施化肥养鱼。

2005 年，全市水库放养面积 21 675 公顷，养殖产量 19 435 吨。同年 7 月，谷城县国营渔场（潭口水库）和老河口市银康水产养殖公司所属水面，为襄樊首批被省农业厅认定为无公害水产品产地。

1979—2005 年全市水库养殖情况详见表 11—15。

1979—2005 年襄樊市水库养殖情况表

表 11—15　　单位：公顷、吨

年 份	放养面积	养殖产量
1979	17540	1496
1980	21267	1968
1981	22362	1928
1982	24253	2143
1983	24633	2451

续表

年 份	放养面积	养殖产量
1984	24567	3844
1985	26873	5130
1986	25473	4907
1987	25720	6007
1988	26447	5421
1989	26200	6888
1990	26960	8260
1991	23107	9616
1992	23320	10800
1993	23163	10170
1994	19516	7556
1995	21488	14282
1996	21761	16940
1997	21323	15993
1998	21308	12293
1999	20932	12636
2000	20841	13307
2001	21131	14611
2002	21074	16017
2003	21675	17151
2004	21675	17693
2005	21675	19435

2.池塘养殖

池塘养殖包括精养鱼池、堰塘养殖两种方式。其中精养鱼池是以养殖为目的，人工建成集中连片，水、电、路等养殖条件适宜人工精养的小型水体；堰塘多以蓄水灌溉为目的，人工修筑或自然形成的小型水体。池塘养殖对象包括鱼苗、鱼种、成鱼以及其他水生动物。境内精养鱼池养殖始于 1979 年县级襄樊市王寨公社。

1979 年，境内池塘放养面积 9 807 公顷，占池塘可养面积 71.8%；成鱼养殖产量 3 024 吨，平均单产 308.4 公斤 / 公顷。其中县级襄樊市王寨公社精养鱼池 27 公顷，成鱼养殖产量 38 吨，平均单产 1 407.4 公斤 / 公顷；堰塘放养 9 780 公顷，成鱼养殖产量 2 986 吨，平均单产 305.3 公斤 / 公顷。池塘养殖品种有鲢鱼、鳙鱼、草鱼、青鱼、鲤鱼、鳊鱼、鲂鱼、鲫鱼等。

1980 年，境内池塘养殖推行承包责任制。

1982 年 12 月，池塘养殖承包方式有以下 3 种：精养鱼池和养殖条件优越的堰塘仍由集体经营，固定专班（专人）管理，实行“定面积、定人员、定开支、定产量、定报酬、超欠产量分别奖赔”；养殖条件一般和不便管理的池塘实行塘随（灌溉）农田，由其中一户或联户承包，收益分成；不易管理、养殖条件差的荒芜池塘划给社员放养，自养自得。县级襄樊市王寨公社一口鱼塘，采取轮捕轮放和追施化肥等技术措施，养殖单产达 6 710 公斤 / 公顷。

1984 年冬季，枣阳、谷城、襄樊市郊区分别新建精养鱼池 400 公顷、273 公顷、200 公顷，平均单产 1 106.2 公斤 / 公顷。

1986—1990 年,全市池塘养殖面积、产量处于徘徊阶段。1987 年,市水产技术推广站引进美国鮰鱼、革胡子鲶、牛蛙,南漳县水产站引进鲮鱼等养殖新品种。1990 年,襄阳县法龙乡在市、县水利水产部门指导下,建成精养鱼池 6.4 公顷,组建“法龙乡千亩堰渔场”,当年成鱼养殖单产 3 750 公斤 / 公顷。次年,该场初步形成“饲料养猪、猪粪种草、青草养鱼”的生态养殖模式,带动该乡及全市池塘养殖生产发展。

1991 年,在省、市资金扶助下,全市结合冬季农田基本建设工程开展渔业“三改一建”工作。

1993 年,全市改造鱼池、堰塘、小水库 7 460 公顷(含随州),占可养面积 38.4%; 建成精养鱼池 4 360 公顷,实施鱼猪结合、鱼草结合、鱼禽结合等类型的“生态”养殖渔场达 273 处。其中宜城龙头乡腊树村建成“千亩连片”精养鱼池 95 口,由 85 户承包养殖,定额上交承包费。该年,襄樊市水产局承担的国家农牧渔业部渔业“丰收计划”的“池塘鱼虾高产优质高效综合养殖技术”项目,于 1994 年 12 月如期完成。参与项目实施的襄阳、宜城、谷城池塘面积分别为 200 公顷、133 公顷、67 公顷,共生产成鱼 3 072 吨,平均单产 7 680 公斤 / 公顷。

1995 年,全市池塘养甲鱼发展到 456 户,面积 78 公顷,产量 116 吨。谷城县渔场利用温坪月亮温泉鱼池进行甲鱼和罗非鱼混合养殖、越冬保种。全市养殖牛蛙发展到 145 户,面积 21 公顷,次年成蛙产量 47 吨。

1996 年,谷城黄畈乡张庄村万礼英,在本市率先驯养大鲵成功。

1999 年,襄阳太平店镇上茶庵村池塘养蟹首获成功,0.4 公顷堰塘产蟹 325 公斤。

2000 年春季,市水产技术推广站(南泉基地)、老河口薛集镇薛集村分别引进罗氏沼虾养殖成功,宜城大堰镇吕岗村村民杜长青等引进鳄龟养殖成功。

2001 年,市水产技术推广站在全市率先引进南美白对虾养殖成功;应用池塘 80 : 20(摄食人工颗粒饲料的主养鱼产量占 80%,搭配鱼产量占 20%)养殖技术,随后在全市推广。

2003 年,由于渔业比较效益下降,生产成本增加,出现“退渔还田”情况。如枣阳精养鱼池放养面积比上年减少 66 公顷。

2004 年,樊城区精养鱼池放养面积比上年减少 169 公顷。

2005 年,全市池塘放养面积 24 151 公顷,养殖产量 123 425 吨。其中精养鱼池 12 361 公顷,养殖产量 85 533 吨;堰塘放养面积 11 790 公顷,养殖产量 37892 吨。

1979—2005 年全市池塘养殖情况详见表 11—16。

1979—2005 年襄樊市池塘养殖情况

表 11—16　　单位:公顷、吨

年份	可养面积	放养面积	养殖产量	其中精养鱼池			其中堰塘		
				可养面积	放养面积	养殖产量	可养面积	放养面积	养殖产量
1979	13653	9807	3024	27	27	38	13626	9780	2986
1980	14507	11667	4792	27	27	54	14480	11640	4738
1981	15740	12093	5193	100	93	173	15640	12000	5020
1982	13833	9060	6693	233	120	270	13600	8940	6423
1983	15727	10680	8227	313	240	414	15414	10440	7813
1984	17100	14760	12952	87	87	110	17013	14673	12842
1985	19427	17620	20646	960	960	2216	18467	16660	18430
1986	20634	16500	18516	1047	1047	1374	19587	15453	17142
1987	18987	17407	22481	567	567	1585	18420	16840	20896

续表

年份	可养面积	放养面积	养殖产量	其中精养鱼池			其中堰塘		
				可养面积	放养面积	养殖产量	可养面积	放养面积	养殖产量
1988	19113	16493	17593	720	713	1851	18393	15780	15742
1989	21873	19447	17789	660	647	1373	21213	18800	16416
1990	21167	18720	17887	893	873	2288	20274	17847	15599
1991	20347	15580	18249	867	820	2439	19480	14760	15810
1992	20613	15867	21902	1180	1147	3836	19433	14720	18066
1993	23791	20447	36790	4382	4360	13795	19409	16087	22995
1994	18695	16569	43396	6624	6609	27209	12071	9960	16187
1995	19343	17813	51687	7720	7720	32480	11623	10093	19207
1996	19827	18694	60938	8020	8009	38817	11807	10685	22121
1997	20386	19271	78260	8395	8363	46902	11991	10908	31358
1998	21739	20368	96210	8581	8511	54883	13158	11857	41327
1999	23298	22447	96712	10037	9982	58880	13261	12465	37832
2000	24015	22837	103699	10441	10330	62212	13574	12507	41487
2001	24056	22843	103253	10853	10809	65799	13203	12034	37454
2002	24656	23980	118469	11824	11824	77924	12832	12156	40545
2003	25290	23937	118107	12173	12173	82452	13117	11764	35655
2004	—	24132	120684	—	12285	83421		11847	37263
2005	—	24151	123425	—	12361	85533		11790	37892

3.河沟养殖

河沟养殖是指利用江河、沟渠等天然水面养殖水生动物的养殖方式。境内河沟(渠道)养殖始于1991年襄阳石桥镇。该镇渔(农)民利用引丹渠道及其支渠灌溉形成的可养水面养鱼,放养33公顷,养殖产量60吨。

1993年,全市河沟养殖452公顷,养殖产量425吨。1996年,圈养、拦汊养殖方式进一步扩展,全市河沟养殖458公顷,养殖产量1 396吨,平均单产3 048公斤/公顷。

1999年,襄阳太平店镇组织社会力量,在其汉江江段浅水缓流区域水面设置网箱12只(5米×5米×2米/只),投喂商品饲料养殖草鱼、鲤鱼、鲂鱼等,养殖产量6吨。

2000年,全市河沟养殖537公顷,养殖产量730吨。谷城县冷集镇尖角村黄群连等,首次在汉江王甫洲水利枢纽工程库区,用聚乙烯网围栏水面13.3公顷,投放鱼种5.2吨,经一年管养,产鱼21.7吨。

2003年,谷城县沿江农民在汉江王甫洲水利枢纽工程库区累计围栏水面333公顷,养殖产量388吨。9月,洪水冲毁该县围栏水面100余公顷和襄阳太平店镇在汉江的网箱养鱼设施等。

2005年,全市河沟养殖水面1 033公顷,养殖产量1 826吨。其中按县(市)区统计,枣阳553公顷,养殖产量650吨;老河口200公顷,养殖产量350吨;谷城233公顷,养殖产量644吨;保康8公顷(含河道网箱养殖),养殖产量17吨;襄城39公顷,养殖产量165吨。其中河沟养殖528公顷,产量785吨;围栏及其他水面养殖505公顷,产量1 041吨。

1991—2005年全市河沟养殖情况详见表11—17。

1991—2005 年襄樊市河沟养殖情况

表 11—17　　　　　　　　　　　　　　　　　　　　　　　　　　　　单位:公顷、吨

项目 年份	全市		襄阳		枣阳		宜城		郊区		老河口		南漳		襄城		保康		谷城		城区	
	面积	产量	面积	产量	面积	产量	面积	产量	面积	产量	面积	产量	面积	产量	面积	产量	面积	产量	面积	产量	面积	产量
1991	33	60	33	60	—	—	—	—	—	—	—	—	—	—	—	—	—	—	—	—	—	—
1992	60	51	60	51	—	—	—	—	—	—	—	—	—	—	—	—	—	—	—	—	—	—
1993	452	425	61	109	391	316	—	—	—	—	—	—	—	—	—	—	—	—	—	—	—	—
1994	547	630	121	180	417	420	9	30	—	—	—	—	—	—	—	—	—	—	—	—	—	—
1995	418	1265	124	960	287	275	—	—	7	30	—	—	—	—	—	—	—	—	—	—	—	—
1996	458	1396	148	960	267	316	—	—	—	—	3	20	—	—	40	100	—	—	—	—	—	—
1997	738	1263	293	585	336	523	—	—	—	—	3	20	—	—	40	60	—	—	66	75	—	—
1998	652	1166	223	428	353	622	—	—	—	—	3	21	7	20	—	—	—	—	66	75	—	—
1999	555	683	225	105	264	492	—	—	—	—	3	21	7	11	—	—	—	—	53	40	3	14
2000	537	730	225	260	244	378	—	—	—	—	3	22	9	20	—	—	—	—	53	40	3	10
2001	582	718	225	268	313	371	—	—	—	—	—	—	9	22	—	—	2	20	33	37	—	—
2002	453	796	—	—	331	407	—	—	—	—	—	—	9	29	—	—	8	80	66	80	39	200
2003	799	1206	—	—	416	498	—	—	—	—	3	5	—	—	—	—	8	100	333	388	39	215
2004	915	1335	—	—	502	535	—	—	—	—	200	300	—	—	—	—	8	90	166	250	39	160
2005	1033	1826	—	—	553	650	—	—	—	—	200	350	—	—	—	—	8	17	233	644	39	165

注:1996 年后数据含圈养、拦养及其他水面养殖;保康、老河口数据含网箱养殖。

4.网箱养殖

网箱养殖原称“笼养”,是把水生动物放入水体中用网线编制的“笼式”箱体内进行高密度、集约式的养殖方式。境内网箱养殖始于 1977 年随县白果河水库网箱育种。为推广此项技术,1979 年 2 月 3 日,襄阳地区财政局、中国人民银行襄阳地区支行、襄阳地区水利局联合转发省财政厅《关于下达一九七九年网箱养鱼任务和资金安排的通知》,下达境内“网箱养鱼任务 53 亩,扶持基金 26.5 万元。其中财政无息借款 21.5 万元,银行贷款 5 万元”,推动网箱养鱼发展。该年,境内下水网箱面积 18 529 平方米,其中成鱼网箱 10 618 平方米,投放鲢、鳙鱼种 37.8 万尾,当年收获 84 平方米,起捕成鱼 1.6 吨;鱼种网箱 7 911 平方米,生产个体长 10 厘米以上的鲢、鳙鱼种 204 万尾。

1980 年,全市网箱养鱼面积 38 346 平方米。市熊河水库等开始使用高压水泵冲洗网箱和日光暴晒箱体方法清除网箱附着物,提高了功效。

1984 年,市三道河水库、熊河水库等在网箱内增放少量的细鳞斜颌鲴或罗非鱼、鲤鱼等,利用其食性清除箱体附着藻类,减少洗箱次数。

1988 年,南漳便河水库渔场成鱼网箱面积 410 平方米,在全市率先使用自动投饵机投喂颗粒饲料,产鱼 5 486 公斤。谷城县水利局、县国营渔场王家星、肖安金等开展的《罗非鱼温泉越冬育种及水库网箱养殖配套技术研究》试验项目,于 11 月 5 日由市科委组织省、市专家验收,其中网箱面积 196 平方米经过 163 天投饲养殖,产鱼 8 007.5 公斤。

1989 年 2 月 13 日,《人民日报》以《谷城县水库网箱养殖罗非鱼及温泉越冬育种配套技术成熟》为题进行了报道,称该配套技术属首次在国内研究成功。

1990 年,谷城县水利局、县国营渔场在南河发电厂水库水域开展“网箱养殖罗非鱼高产技术项

目”试验，网箱面积 1 067 平方米，投放鱼种 14 吨，成鱼产量 70 吨，平均单产 65.6 公斤 / 平方米，于 1991 年 3 月获湖北省政府科技进步三等奖。

1996 年，宜城鄢城办事处腊树村龚氏兄弟，在 1.3 公顷鱼塘中设置网箱面积 800 平方米，投放鳝鱼 4 吨，产成鳝 9.5 吨。由于收购时缺乏鳝种体检等技术，养殖成活率未达一半，经济效益微薄，于 1997 年 10 月结束养鳝。

2000 年，全市成鱼网箱面积 6 667 平方米，投放鱼种 18 吨，养殖产量 106 吨；鱼种网箱 667 平方米，生产鱼种 3 吨。

2005 年，全市成鱼网箱面积 10 000 平方米，由于受市场鱼价下跌等因素影响，起捕成鱼 11 吨。其中枣阳网箱面积 2 000 平方米，起捕成鱼 2 吨，保康网箱面积 8 000 平方米，起捕成鱼 9 吨。

1979—2005 年全市网箱养殖情况详见表 11—18。

1979—2005 年襄樊市网箱养殖情况

表 11—18

项目 年份	成鱼网箱			鱼种网箱	
	面积（平方米）	投放鱼种（万尾 / 吨）	成鱼产量（吨）	面积（平方米）	鱼种产量（吨）
1979	10618	—	1.6	7911	—
1980	15141	—	9.9	23205	—
1981	5667	—	10.7	8474	—
1982	767	—	4	13701	—
1983	—	—	—	19634	—
1984	—	—	—	20667	—
1985	—	—	—	18174	—
1986	1687	—	15.1	15288	—
1987	3012	—	45.2	12767	—
1988	2267	18.7/7.9	47.5	15867	—
1989	3333	56/26	142	11334	—
1990	2100	46/26	159	8671	—
1991	1100	19/15	78	5400	71/18
1992	1727	33/19	105	7674	189/34
1993	2667	—	96	13333	—
1994	591	—	75	203	—
1995	916	—	90	667	—
1996	1333	—	117	667	—
1997	1389	—	64	819	—
1998	667	—	20	667	—
1999	3668	—	46	—	—
2000	6667	—	106	667	—
2001	12320	—	175	480	—
2002	7346	—	145	494	—
2003	5000	—	105	—	—
2004	8100	—	95	—	—
2005	10000	—	11	—	—

图 11—15 南漳石门水库网箱养殖

图 11—16 宜城网箱养殖

5.稻田养殖

稻田养殖是指在同一稻田中,利用种稻与养殖水生动物(鱼、虾、蟹、蛙等)之间共生互利的原理而紧密结合的一种养殖方式。境内稻田养殖最早始于 1982 年 6 月初,随县万店镇谌家寨村在面积 4.7 公顷稻田里,投放个体长 1.7 厘米的草鱼苗 9.8 万尾,管养到 9 月下旬,在水稻单产不低于同类稻田的同时,收获个体长为 10 厘米—12 厘米的鱼种 11 676 尾,产量 233.5 公斤。后襄樊市在随县召开现场会推广其经验。

1983 年, 境内稻田养鱼面积 118.6 公顷, 产量 73.95 吨。其中成鱼养殖面积 3.1 公顷, 产量 0.55 吨。

1984 年,境内养殖条件较好的部分地区,结合土地联产承包推广稻田养鱼。

1986 年, 全市稻田成鱼养殖面积 239.1 公顷, 产量 64.45 吨; 育种面积 281.7 公顷, 鱼种产量 44 吨。

1990 年,全市稻田养殖面积 7.99 公顷,产量 3 吨。其中成鱼养殖 1.33 公顷,产量 1 吨;育种面积 6.66 公顷,鱼种产量 2 吨。

1999 年,全市稻田养殖面积 10 公顷,成鱼产量 8 吨。其中襄阳县太平店镇梁庄村村民王随发等,利用 0.27 公顷稻田养殖中华绒螯蟹,在全市稻田养蟹首获成功,捕捞成蟹 185 公斤。

2000 年,全市稻田养殖面积 60 公顷,产量 34 吨。其中襄阳太平店镇稻田养蟹面积 25 公顷,成蟹产量 4.5 吨,产值 39 万元;南漳九集镇泉水堰村村民尤德华,在市水产站技术员指导下,面积 0.37 公顷稻田养殖罗氏沼虾 143 公斤。

2001 年,全市稻田养殖面积 2 公顷,养殖产量 2 吨。

由于稻田养殖在开挖鱼沟、鱼溜及管养过程中劳动强度较大等原因,全市稻田养殖减少,从 2002 年至 2005 年再无记载。

(四)水产捕捞

1.专业捕捞

(1)捕捞渔民

1979 年,境内在江河等非养殖水域从事捕捞的专业渔民多为 1 户 1 船,以船为家,居无定所,其中多户渔民组合成集体核算的企业,被称为渔业捕捞队(组)。捕捞队(组)为属地管理,即公安部门分管户籍,粮食部门分管粮油供应计划,工商、税务部门分管水产品收购、税款收缴、计划物质回供,水利水产部门分管业务指导等工作。该年,境内有渔业捕捞队 13 个,渔民 266 户 1 475 人,专业劳力 403 人,兼业(辅助劳力)劳力 10 人。其中襄阳县有 5 个队,渔民 65 户 350 人,专业劳力 120 人;宜城县有 5 个队,渔民 116 户 633 人,专业劳力 85 人,兼业劳力 10 人;谷城有 1 个队,渔民 41 户 262 人,专业劳力 98 人;老河口有 1 个队,渔民 15 户 92 人,专业劳力 33 人;县级襄樊市有 1 个队,渔民 29 户 138 人,专业劳力 67 人。境内全年渔民劳均捕鱼 679 公斤,其中 70%由食品公司收购。

1981 年,襄阳地区行政公署号召渔民落户定居、改捕(鱼)为养(鱼),但工作进展缓慢,直到 1982 年才有个别渔民在城镇租(购)房屋定居,仍以捕鱼为主,渔民队伍稳定,渔民人口除自然增减外基本无变化。

1985 年,全市废除水产品低价收(派)购政策,改革渔业经营管理体制,渔民自愿结合成队,以队为单位进行核算,渔业队对渔民实行定船网、定产量、多劳多得、欠产受罚的管理办法,全年渔民劳均捕鱼 1083 公斤。

1990 年,全市对渔民实行全员承包责任制。捕捞队把船网作价分配到户(人)或租赁到人,渔民自愿组合,在境内自行游捕。其中持县级以上渔政部门颁发的渔业捕捞许可证可到外地水域捕捞,并接受当地渔政部门管理,缴纳税费。同时出现个别渔民违法使用电打鱼设备捕鱼等情况。

1993 年,境内江河沿岸部分群众自备船网渔具,自行改业从渔,自由组合捕捞,人员无序增加。虽然渔政部门加大宣传、管理工作力度,并采取依法发放渔业捕捞许可证的办法进行控制,但成效甚微。据不完全统计,该年全市专业捕捞人员达 1 042 人。

2005 年,全市专业捕捞人员有 3 082 人,其中老河口 968 人、襄阳 950 人、枣阳 120 人、宜城 241 人、南漳 140 人、谷城 528 人、保康 5 人。

(2)捕捞渔船

捕捞渔船是专业渔民捕鱼的主要设备。1979 年,境内捕捞渔船属集体所有,共有 266 艘。其中机动渔船 6 艘,45 千瓦,载重 25 吨;木制(人工动力)渔船(简称木船)260 艘,载重 438 吨。在捕捞渔船中,襄阳捕捞队有木船 65 艘,载重 105 吨;宜城捕捞队有机动渔船 2 艘,13.5 千瓦,载重 6 吨,木船 114 艘,载重 199 吨;谷城捕捞队有机动渔船 1 艘,8.7 千瓦,载重 5 吨,木船 40 艘,载重 65 吨;老河口捕捞队有机动渔船 1 艘,5.9 千瓦,载重 3 吨,木船 14 艘,载重 21 吨;县级襄樊市捕捞队有机动渔船 2 艘,16.9 千瓦,载重 11 吨,木船 27 艘,载重 48 吨。

1982 年,境内机动捕捞渔船有 29 艘,151 千瓦,载重 82 吨;木船 292 艘,载重 528 吨。其中襄阳捕捞队有机动渔船 8 艘,22 千瓦,载重 25 吨,木船 82 艘,载重 153 吨;宜城捕捞队有机动渔船 2 艘,18 千瓦,载重 8 吨,木船 114 艘,载重 210 吨;谷城捕捞队有机动渔船 15 艘,45 千瓦,载重 24 吨,木船 61 艘,载重 103 吨;老河口捕捞队有机动渔船 1 艘,15 千瓦,载重 7 吨,木船 12 艘,载重 23 吨;县级襄樊

市捕捞队 机动渔船 3 艘，51 千瓦，载重 18 吨，木船 23 艘，载重 39 吨。

1987 年 2 月，襄樊市以樊东区捕捞队为贯彻《渔业法》试点，对渔船核发“渔业船舶检验证书”和“渔业船舶登记证”，随后在全市逐步推行。

1993 年，境内部分渔民自行将木船改为钢板船，并加装机械动力，江河沿岸部分群众也自备船网捕鱼。

1995 年，全市有机动捕捞渔船 511 艘，2 460 千瓦，载重 915 吨，非机动渔船 616 艘，载重 703 吨。

2005 年，全市有机动捕捞渔船 477 艘，3 640 千瓦，载重 1 082 吨，非机动渔船 688 艘，载重 986 吨。其中襄阳捕捞队有机动渔船 12 艘，245 千瓦，载重 25 吨，非机动渔船 235 艘，载重 291 吨；枣阳捕捞队有机动渔船 9 艘，103 千瓦，载重 22 吨，非机动渔船 158 艘，载重 237 吨；宜城捕捞队有机动渔船 74 艘，350 千瓦，载重 160 吨，非机动渔船 86 艘，载重 110 吨；南漳捕捞队有机动渔船 13 艘，90 千瓦，载重 30 吨，非机动渔船 2 艘，载重 4 吨；谷城捕捞队有机动渔船 299 艘，2 514 千瓦，载重 768 吨，非机动渔船 111 艘，载重 196 吨；老河口捕捞队有机动渔船 20 艘，178 千瓦，载重 50 吨，非机动渔船 98 艘，载重 148 吨；樊城区捕捞队，机动渔船 20 艘，160 千瓦，载重 27 吨。

2.兼业捕捞

境内兼业捕捞方式多种多样，捕捞数量多少不等，捕捞人员逐渐增加，并向专业捕捞过度。至 2005 年，由于全市兼业捕捞人员数量较多，居住分散，难以统计，均为无证捕捞，管理难度大。虽然国家明令禁止违法捕捞，水产部门也做了大量工作，但毒鱼、炸鱼、电捕鱼、密眼网与迷魂阵捕鱼等违法、违规捕捞屡禁不止，鱼类资源遭受破坏。

图 11—17　襄阳罗岗水库成鱼捕捞

图 11—18　南漳九集休闲渔业

（1）业余捕捞

境内居住在江河沿岸、水库周围和其他水域附近的群众，自古以来就有业余捕捞习惯。1979—1981 年间，枣阳平林公社、清潭公社分别从社员中抽调人员组建集体渔业捕捞队。其队员农忙时务农，农闲时修船补网，秋、冬季协助水库或到江河捕捞成鱼，从中分成获利。

（2）自养自捕

境内水库、池塘养鱼多为自养自捕。成鱼捕捞时间一般集中在秋末至春节前，称为季节性捕捞，多年周而复始。其养殖生产设备兼作捕捞设备。1979 年，境内渔业养殖、捕捞兼用机动船有 91 艘，604 千瓦，载重 292.5 吨；非机动渔船 389 艘，载重 581 吨。1995 年，市熊河水库、宜城鲤鱼桥水库、南漳便河水库等率先改季节捕捞为常年捕捞。池塘养鱼推广轮捕(成鱼)轮放(鱼种)方式,既能增加产量,又能均衡上市。2005年,全市有养殖、捕捞兼用机动船189艘,1 370千瓦,载重424吨,非机动渔船216艘,载重285吨。

3.渔具渔法

(1)网具及渔法

1979—2005年,境内捕捞成鱼网具主要有刺网、围网、大拉网、张网、罾网、跳网、撒网等。其网衣(片)均由聚乙烯线或尼龙线等材料制成。捕鱼方法也在生产实践中不断改进,并逐步形成一套科学的捕捞方法。

其中刺网捕鱼方法是将网敷设在鱼类经常栖息或洄游活动的道路上,或通过驱赶、惊吓,使鱼类缠挂在网眼内被捕获。1982年,随县吴山水库引进脉冲电赶鱼器和交流电扫描赶鱼技术,把刺网改为高脚沉刺网和撒脚浮刺网,并与引网结合,采取"拦(网)、引(网),沉(网)、浮(网)"快速赶鱼法,一网次捕鱼62.5吨。围网网具有大小之分。其捕捞方法多为双船作业。即:网具的两端分别由两船分载,见鱼群后迎头下网,两船分离,各驶成半圆形,在驶进中同时放网,网衣在沉降力的作用下,在水中很快垂直展开,形成围壁,包围鱼群,两船合拢后起网收鱼。小型围网在池塘捕捞成鱼中使用。拉网网具小者长300米,大者长1 000米以上。其捕鱼方法有两种。一是单船捕捞。即将网纲的一端留在岸上,用船装载网具驶离岸边下网,形成一个圆圈,包围鱼群;船靠岸后,将另一曳纲交给岸上人员,然后两端同时拉捕。但池塘捕鱼一般不用船只作业。二是双船捕捞。即全部网具由2船分载,分别下网,包围鱼群,船靠岸后进行拉捕。张网是一种定置网具。其捕鱼方法是把网口对着水流方向敷设或拦截鱼类通道敷设,捕获被水流冲下或随水流下游的鱼类。罾网有"大罾"手罾""船罾"之分。其捕鱼方法是把进入网内的鱼托出水面。鱼兜借助子钢上的吊绳可以起落。如果网中有鱼,放松吊绳则鱼兜下坠,使鱼入内,等集聚到一定数量时起网,打开兜底倒鱼。拦网多用于水库鱼类防逃和联合渔法中的拦鱼。网高依作业区水的深浅而定,一般以超过水位1—2米为宜。网宽(即长度)以设置地点和装载方便而定,一般为100—150米。撒网其大小依使用场所及捕获对象而异,由一人操作捕鱼。联合渔法是使用多种渔具,联合作业的捕捞方法。境内从1969年9月引进,在水库成鱼捕捞中常用,采取"赶、拦、刺、围""赶、拦、刺、拉"或"赶、拦、刺、张"等作业方式。市熊河水库于1997年12月在该库大水面采取"赶、拦、刺、张"联合渔法,一网次捕鱼235吨。此法在大中型水库成鱼捕捞中广泛应用。

(2)钓具及渔法

境内常用的主要钓具是在绳线末端系结钓钩的捕鱼工具。其结构由干绳、支线、钓钩、浮子、沉子等组成。分为小钩渔法、大钩渔法、卡子渔法等。

(3)杂渔具及渔法

境内常用的杂渔具有花篮、抄网等。其他杂鱼具还有旋箔、挑船(鹰船)、苗种捕捞专用渔具等,捕捞方法有鸬鹚(鱼鹰)捕鱼、投饵诱捕、灯光诱捕等,用者甚少。花篮捕鱼方法是敷设在有水草的缓流水域,捕获误入其内的鱼类。境内所称的"地笼"渔具,即是由多个"花篮"连通一体,并经改进制成。抄网也称手网,其捕鱼方法网鱼人选择浑水急流处,站在岸边,将网口深入水中顺流往返,捕获逆水急上的鱼类,是汉江中业余捕捞的常用网具。

4.捕捞产量

(1)捕捞产量

1979—1999 年,境内捕捞产量除个别年份减产外,其他年份均保持稳定增长。其中 1979 年捕捞产量 566 吨,分别占全市养殖产量、水产品产量的 12.52%、11.13%;1999 年全市捕捞产量 23 629 吨,分别占全市养殖产量、水产品产量的 21.48%、17.68%。2000 年全市捕捞产量 21 555 吨, 比上年减少 2 074 吨,表明江河等非养殖水域的水产资源存量开始退减。2002 年全市捕捞产量 9 902 吨,比 2000 年减少 11 653 吨。全市水利水产、渔政等部门及时采取水产资源保护措施。2003 年全市捕捞产量恢复到 12 671 吨。2005 年全市捕捞产量 15678 吨,分别占全市养殖产量、水产品产量的 10.91%、9.84%。

1979—2005 年全市捕捞产量统计详见表 11—19。

1979—2005 年襄樊市捕捞产量统计

表 11—19

项目 / 年份	捕捞			养殖产量	水产品产量
	产量	占养殖产量(%)	占水产品产量(%)		
1979	566	12.52	11.13	4520	5086
1980	468	6.92	6.48	6759	7227
1981	928	13.03	11.53	7121	8049
1982	608	6.88	6.44	8837	9445
1983	900	8.43	7.77	10679	11579
1984	1477	8.79	8.08	16797	18274
1985	1232	4.75	4.53	25952	27184
1986	2578	11.01	9.92	23423	26001
1987	3590	12.6	11.19	28488	32078
1988	3486	15.15	13.15	23014	26500
1989	4874	19.75	16.49	24677	29551
1990	3950	15.11	13.14	26147	30057
1991	5657	20.26	16.85	27925	33582
1992	7467	22.8	18.57	32753	40220
1993	8145	17.18	14.66	47398	55543
1994	3119	5.54	5.25	56318	59437
1995	12175	18.1	15.33	67260	79435
1996	19538	24.67	19.79	79212	98750
1997	17926	18.81	15.83	95295	113221
1998	17275	16.06	13.84	107557	124832
1999	23629	21.48	17.68	110018	133647
2000	21555	18.31	15.48	117728	139283
2001	23616	19.92	16.61	118537	142153
2002	9902	7.32	6.82	135192	145094
2003	12671	9.31	8.52	136101	148772
2004	13011	9.35	8.55	139197	152208
2005	15678	10.91	9.84	143706	159384

(2)产量分类

1979年,境内捕捞产量由鱼、虾、蟹、甲鱼、龟、蛙、螺、蚌等种类产量组成。其中鱼类产量475吨,占境内捕捞产量83.92%,以捕捞产量为序,有草鱼、鲤鱼、鲫鱼、鳙鱼、团头鲂、三角鲂、鲢鱼、青鱼、餐条、鳡鱼、鲶鱼、翘嘴红鲌、蒙古红鲌、蜜鲴、鳜鱼、黄颡鱼、乌鱼等;其他种类产量91吨,占捕捞产量16.08%。该年以后,境内养殖陆续引进良种鲤鱼、良种鲫鱼、鮰鱼、大银鱼等品种,并且在投放后通过泄洪等途径到达非养殖水域,因而增加了捕捞鱼类品种。1982年6月,境内捕捞首次在宜城郑集乡、襄阳太平店镇汉江通江溪口水域发现克氏原螯虾。1986年,全市捕捞产量中鱼类为2 239吨,占全市捕捞产量86.85%;其他种类产量为339吨,占全市捕捞产量13.15%。1990年,全市捕捞产量中鱼类为3 701吨,占全市捕捞产量93.70%;其他产量为249吨,占全市捕捞产量6.30%。1995年,全市捕捞产量中鱼类为9 631吨,占全市捕捞产量79.11%;甲鱼34吨,虾蟹及其他产量为2 510吨,分别占全市捕捞产量0.28%和20.61%。1998年,全市捕捞产量中鱼类为15 803吨,占全市捕捞产量91.48%;甲鱼97吨,虾蟹及其他产量为1 375吨,分别占全市捕捞产量0.56%和7.96%。2000年,全市捕捞产量中鱼类为20 788吨,占全市捕捞产量96.44%;甲鱼63吨,虾蟹等其他产量为704吨,分别占全市捕捞产量0.29%和3.27%。2005年,全市捕捞产量中鱼类为14 318吨,占全市捕捞产量91.33%;甲鱼19吨,虾蟹等其他产量为1 341吨,分别占全市捕捞产量0.12%和8.55%。

(五)渔业场(站)

1.渔场

(1)渔场情况

20世纪50年代,境内陆续建成9个国营渔场。各渔场以生产经营鱼苗、鱼种为主,兼养成鱼,并提供技术服务,因此也称鱼种场。其中于1953年建成随县国营渔场,1954年建成县级襄樊市国营渔场、枣阳县国营渔场,1956年建成襄阳县国营渔场、宜城县国营渔场,1958年建成南漳县国营渔场、谷城县国营渔场、光化县国营渔场,1971年建成保康县国营渔场。除保康县国营渔场为自收自支外,其他均为财政预算企业。各国营渔场隶属水利水产部门和财政部门领导,实行"年初呈报财务预算,年终审核财务决算;利润留场使用,亏损财政弥补;苗种自行销售,成鱼购7(国家调购)留3"的管理办法,生产发展获得预算内国营渔场生产周转金(财政借款)和更新改造专款扶持,按照生产计划组织生产,职工分组作业,定期按级发放工资。

1979年,境内9个国营渔场有在职职工347人,养殖水面863.8公顷(水库及护城河水面816.3公顷,鱼池面积47.5公顷),固定资产总值110.76万元,其中小型拖拉机10台,汽车4辆载重12吨,机动渔船10艘96.3千瓦,木船34艘;年生产鱼苗15054万尾、鱼种3755万尾、成鱼184.7吨;鱼类品种主要为"四大家鱼",鳊鱼等;年职工工资总额19.32万元;盈利渔场7个,利润2.98万元,亏损渔场2个,亏损0.51万元。

1980年,襄阳县水利局将肖家爬水库水面34.7公顷交由县国营渔场经营养殖,谷城县国营渔场迁址到该县石花镇潭口水库,增加水库养殖水面140公顷。该年底,境内国营渔场养殖水面为1 035公顷。全年财政部门向境内国营渔场划拨利润包干补贴9.8万元、鱼池改造款3万元、流动资金7万元、基本建设款5万元、其他补助1.69万元,合计款额为26.49万元。其中枣阳2.2万元,宜城6.2万元,南漳2.5万元,谷城4.5万元,随县1.7万元,光化2万元,县级襄樊市渔场7.39万元。各国营渔场年生产鱼苗21 147万尾、鱼种4 354万尾、成鱼186.5吨,盈利渔场5个,利润3.27万元,亏损渔场

4 个,亏损 2.87 万元。

1981 年,财政部门拨给境内国营渔场专款 34.5 万元,其中鱼池改造 7 万元,生产补助 5 万元,周转金 16 万元。由于国营渔场吃着财政供养的“大锅饭”,职工端着渔场的“铁饭碗”,渔场面貌依旧,职工情绪低落。该年,境内国营渔场鱼苗、鱼种、成鱼产量比上年分别减少 1 317 万尾、1 540 万尾、32.5 吨,经营亏损额 9.54 万元。

1982 年,境内国营渔场试行“统一核算,分组(生产项目)承包,工资浮动,联产计酬”生产责任制,生产鱼苗、鱼种、成鱼分别为 22 225 万尾、3 277 万尾、150 吨,实现利润 1.22 万元。其中盈利渔场 5 个,利润 5.3 万元;亏损渔场 4 个,亏损 4.08 万元。

1983 年,境内部分国营渔场试行“定人员、定设施、定产量、定费用、定利润(上交)、超产奖、欠产惩”的“五定奖惩”责任制,各项生产指标超历史,实现利润 9.76 万元。

1984 年,全市国营渔场进一步完善和推广“五定奖惩”责任制,同时在放开水产品价格,取消成鱼派购计划,养殖水面减少到 901 公顷的情况下,渔场扭亏为盈,实现利润 26.58 万元。

1985 年,全市国营渔场实现利润 37.64 万元。襄樊市国营渔场周合高等开展的《利用城市污水进行高产养鱼》项目,获得省政府青年“五小”成果三等奖。

1986 年,根据省水产局鄂渔计〔1986〕31 号、省财政厅〔1986〕鄂财农字第 413 号文通知,全市预算内国营渔场开始每年上交备荒金 3.3 万元。备荒金由财政部门管理,其中 60%留县(市)使用,30%上交省、市。该年因旱灾,全市实交备荒金 1.85 万元。同时,财政拨付渔场利润包干额补贴款 11.33 万元。全市各渔场分别利用此款或周转金广辟经营途径,枣阳县国营渔场兴办水泥预制场;襄樊市国营渔场兴办水上餐厅,即在古襄阳护城河水面船上设置餐厅,开展餐饮、旅游、养殖、垂钓、住宿等服务项目,当年接待 6 个国家和地区游客 3 万多人次,全省城郊渔业综合经营座谈会在该场召开,推广其经验。

1990 年,全市国营渔场累计借用财政周转金 114.7 万元。

1991 年,襄樊市政府办公室于 8 月 2 日以襄政办函〔1991〕56 号文通知,将襄樊市渔场成建制移交市园林部门管理。市、县两级财政部门核实和调整各渔场利润包干定额补贴金额,并开始收回周转金借款。12 月 28 日,市水利水产局、市财政局以文件通知国营水产企业在“八五”期间年交风险基金 9.42 万元。当年全市水产企业实际上交风险基金 4.25 万元,财政向水产企业弥补亏损额 3.62 万元、发放周转金 24.7 万元。

1992 年,全市国营渔场享受的“利润包干定额补贴”政策取消,实行自主经营,自负盈亏。

1994 年,随州市渔场随同行政区域变更划出。

1997 年,襄阳县官沟渔场、石河畈渔场因经营连年亏损,分别与官沟水库管理处、石河畈水库管理处联合经营;枣阳市渔场交由该市科学技术协会管理,虽经两年努力仍未扭转经营亏损局面,又再度交回该市水利局管理。

1998 年,全市有国有渔场 8 个,职工 354 人,养殖水面 810 公顷,主要设备有抽水机 19 台 144.5 千瓦,电动机 24 台 149 千瓦,汽车 2 辆载重 2.5 吨,增氧机 12 台,机动渔船 10 艘 123 千瓦载重 16.5 吨,非机动船 29 艘载重 50 吨,孵化设备 11 套。

1999 年,襄阳县、谷城县水利局分别将官沟水库、石河畈水库,潭口水库水面经营权从两县国有渔场划出,另行承包。

2000 年,全市有国有渔场 8 个,职工 324 人,经营水面 330 公顷,孵化鱼苗 40 200 万尾,生产鱼种 182 吨、成鱼 431 吨,亏损额 20.1 万元。其中盈利渔场 2 个,利润 1.1 万元;亏损渔场 6 个,亏损 21.2 万元。该年,全市国营渔场分别将固定资产作价,变卖或租赁给个人经营,职工“买断”工龄,自主经营。

(2)水库渔场

国营水库渔场为水利部门水库管理机构所属渔场。1979 年,境内有国营水库渔场 70 处,放养水面 16 120 公顷(含鱼种池 240 公顷),分别占境内水库总数 4.82%、水库水面 58.08%,共有职工 925 人,年工资总额 49.92 万元。养殖品种主要有鲢鱼、鳙鱼、草鱼,以及鳊鱼、鲫鱼、青鱼等,平均养殖单产 58 公斤 / 公顷,比全市平均养殖单产低 105.5 公斤。单产低的原因有渔业政策束缚因素,加之经济结构单一,对职工任务、奖惩不明确;投库鱼种规格小,不喂食,不施肥,“人放天养”,鱼种成活率低;养鱼设施不配套,鱼种池不足,拦鱼设备不健全,鱼种投放量不足,且投苗后外逃严重等。

1980 年,国营水库渔场进行改革。实行“水、电、渔”并举经营。水库管理处与渔场签订合同,目标量化,年终考核,兑现奖惩。举办技术培训班,提高职工技能。增建鱼池,扩大库汊水面,增设拦鱼设备,添置渔船、网具。组建水库渔业巡逻队,维护生产秩序。

1981—1983 年,境内国营水库渔场由试行分组承包,联产计酬,发展到实行“五定奖惩”责任制,打破职工吃企业“大锅饭”局面。1983 年,市政府于 12 月批复将西排子河水库渔业管理公司交由市引丹工程管理局管理,改为“襄樊市引丹工程管理局西排子河水库渔场”。

1984 年,全市放开水产品销售价格,取消成鱼派购计划,调动了水产企业生产经营积极性,促进了渔业生产发展。1985 年,随州白果河水库渔场在襄樊市率先进行“水库大水面增放鱼种,投施化肥养鱼”实验,第二年成鱼单产 630 公斤 / 公顷,是化肥养鱼前 3 年平均单产的 3 倍。1986 年,全市国营水库渔场细化生产经营责任制,将生产指标及奖惩落实到人,并开始推广化肥养鱼技术。1989 年,全市实施科技兴渔战略,各国有水库渔场增加鱼种投放量,推广化肥养鱼,主攻成鱼单产。各国有水库渔场放养水面总计19 407公顷,其中化肥养鱼8730公顷,占44.78%,成鱼产量2748吨,平均单产142公斤/公顷。1990年,全市国有水库渔场增加草鱼、鳊鱼、鲂鱼、良种鲤、鲫鱼等优质鱼种投放比例。

1991 年,全市国有水库渔场全部实行承包(经营)责任制,职工工资浮动,年底兑现奖惩。1992 年,国有水库渔场试行水面所有权与经营权分离承包。1994 年,市引丹工程管理局西排子河水库渔场、襄阳红水河水库渔场、宜城潭湾水库渔场、随州白果河水库渔场分别实行股份制经营,年产成鱼为改制前的 1.7—2.5 倍。1995 年,全市部分国有水库输水管道建成混凝土多孔预制板拦鱼设备,共有 26 处。

2002 年,全市有国有水库渔场 78 个,放养面积 14 438 公顷,成鱼产量 6909 吨。该年,全市推行水产健康养殖,禁止水库投施化肥养鱼。

1979—2002 年全市国有水库渔场基本情况详见表 11—20。

1979—2002 年襄樊市国营水库渔场基本情况统计

表 11—20

项目/年份	渔场(个)	放养面积(公顷)		生产情况					孵化设施(处)	机动渔船(艘/千瓦)	非机动渔船(艘/吨)	职工人数(人)	工资总额(万元)
		小计	其中鱼池	成鱼(吨)	交售成鱼(吨)	鱼苗(万尾)	鱼种(万尾/吨)	投放鱼种(万尾/吨)					
1979	70	16120	240	937	296	45559	10852/—	5576/—	60	55/495	204/305	925	49.92
1980	71	16795	251	1115	225	46873	9999/—	5701/—	69	60/525	238/352	932	50.77
1985	75	17964	322	2242	—	76324	10840/389	2240/378	64	53/440	281/422	1001	64.98
1986	81	19091	256	2042	—	96756	9540/371	3275/363	73	62/544	315/473	1392	108.32
1989	107	19407	267	2748	—	68037	7582/596	3816/654	62	94/738	352/682	1460	138.09
1990	109	18953	280	3024	—	55213	10326/832	4685/874	59	81/658	366/501	1419	153.22

续表

项目/年份	渔场（个）	放养面积（公顷）		生产情况					孵化设施（处）	机动渔船（艘/千瓦）	非机动渔船（艘/吨）	职工人数（人）	工资总额（万元）
		小计	其中鱼池	成鱼(吨)	交售成鱼（吨）	鱼苗（万尾）	鱼种（万尾/吨）	投放鱼种（万尾/吨）					
1995	72	14013	185	2788	—	30100	—/886	—/726	32	56/449	223/367	1220	304.8
1996	78	14208	215	3933	—	55600	—/851	—/759	33	61/469	185/308	1107	—
1999	78	14518	316	5522	—	64500	—/1014	—/929	32	78/768	196/287	996	—
2000	78	14662	331	5799	—	68600	—/1055	—/978	35	83/670	190/294	1028	—
2002	78	13438	331	6909	—	7100	—/1181	—/1029	35	86/730	195/283	—	—

注：表中鱼种及投放鱼种栏内数据斜线前的为鱼种数量，斜线后为鱼种重量，有的因缺乏数据用“—”表示。

（3）集体渔场

在计划经济时期，境内小水库、堰塘水面属人民公社、生产大队、生产队集体所有，由集体组织养殖生产。其中养殖条件较好的水面由集体固定人员，投放鱼种，养殖成鱼，称为公社（乡镇）、生产大队（村）、生产队（组）渔场，统称集体渔场。1979 年，境内有集体渔场 313 个，专业劳力 1 672 人，养殖水面 5 711 公顷，成鱼年产量 452 吨，平均单产 79 公斤 / 公顷。1980 年，境内集体渔场试行“定人员，定面积（鱼池）、定开支、定生产、定报酬、超产奖、减产惩”的“五定奖惩”责任制。

1982—1983 年，由于干旱少雨，境内小水库、堰塘承担着农田灌溉任务，渔、农争水矛盾凸显，部分地方弃渔保农，因而渔业生产一度下滑。为解决渔、农争水矛盾，各地采取划定保渔水位的做法，把水产损失降到最低程度。

1984 年，全市集体渔场出现“单池承包，超产归己”和“个人承包，联合经营”的承包方式。1985 年，为了贯彻中共中央、国务院《关于放宽政策，加速发展水产业的指示》，市政府要求“各级政府要像重视耕地一样，重视水面的开发利用”，全市集体渔场生产开始出现“五个转化”，即养殖方法由粗放薄收向人工精养方向转化，养殖品种由单一鲢、鳙鱼向优质、多品种转化，渔用饲料由单一品种向多种饲料结合转化，养殖方式由自食型向商品型转化，经营形式由独家经营向多种承包方式转化。该年，全市有集体渔场 226 个，放养水面 4 238 公顷，养殖产量 2 104 吨，平均单产 497 公斤 / 公顷，同比增长 75%。1988 年，全市遭遇大旱，集体渔场养殖水面减少到 1 586 公顷，但平均单产仍达 805 公斤 / 公顷。1995 年，全市各地把集体渔场作为乡(镇)村(组)企业经营，完善承包制，推行股份制，出现“公司 + 基地 + 农户”经营形式，带动了集体渔业生产发展。2000 年，全市部分集体渔场将水面分包到户，养鱼专业户增加，集体渔场减少到 610 个，从业劳力 5 225 人，养殖水面 5 658 公顷，养殖产量 9 207 吨。2002 年，全市有集体渔场 474 个，养殖水面 5 176 公顷，养殖产量 8 170 吨。

1979—2002 年全市集体渔场情况详见表 11—21。

1979—2002 年襄樊市集体渔场情况统计

表 11—21

年份	数量(个)	劳力(人)	养殖面积(公顷)	养殖产量(吨)	平均单产(公斤/公顷)
1979	313	1672	5711	452	79
1980	483	2560	5567	1320	237
1981	261	2242	3816	1149	301
1982	462	2626	5933	1287	217
1983	183	1704	3986	746	187
1984	245	1861	3524	1000	284
1985	226	1697	4238	2104	497
1986	288	1948	4350	2702	621
1987	275	1698	2986	2276	762
1988	177	1211	1586	1276	805
1989	229	1687	2381	2078	873
1990	214	1519	2305	2990	1297
1991	245	1740	2549	3578	1404
1992	533	2633	4275	5358	1253
1993	829	4463	6302	9834	1560
1994	624	4492	5097	11292	2215
1995	724	5686	5915	19093	3228
1996	693	5364	5943	20340	3423
1997	607	4657	3549	9049	2550
1998	607	5304	5628	9231	1640
1999	759	5307	5638	7498	1330
2000	610	5225	5658	9207	1627
2001	614	—	5821	9575	1645
2002	474	—	5176	8170	1578

2.水产技术推广站

(1)机构与人员

境内水产技术推广站(以下简称水产站)是推广与管理水产养殖技术的财政预算事业单位。1979年,境内有水产站9个。其中于1959年11月设立随县水产站,于1962年10月设立襄阳地区水产站,与地区水利局水产科合署办公,于1979年设立宜城县水产站,1979年5—12月设立襄阳、枣阳、南漳、光化、谷城县水产站。多数水产站与同级水产局、水产所、渔场合署办公。县级襄樊市水产科学研究所于1979年11月设立,从县级襄樊市国营渔场划拨实验水面1公顷。1983年,襄阳地区水产站于5月从地区农业学校划拨陵园路旁土地3.53公顷(53亩)兴建实验基地,并在基地办公。10月,地区水产站与市水科所合并为襄樊市水产站,仍保留2个单位牌子。1984年,市水产站、市水科所、市国营渔场于12月合并成为市水产资源开发技术服务中心(简称市水产开发中心)。1987年,全省实行财政切块包干后,境内谷城等县水产站事业经费被取消,挂靠有关单位管理。4月,宜城县水产站从该县鱼种场分出,并将九军碑4.7公顷鱼池划归该站作为养殖基地。1989年,南漳县于10月对7个渔业重点乡(镇)各配一名渔业技术员,隶属县水产站管理。2000年,市水产站于4月承租南漳九集镇泉水堰村荒废土地,兴建“南泉”水产养殖繁育基地,建成鱼池面积4.7公顷及配套设施,随后将位于襄阳城西基地出让。2003年,襄樊市编委于1月28日批复成立市水产动植物检疫所,与市水产站合署办公。该年,南漳将乡(镇)渔业技术员纳入乡(镇)机构改革,实行“以钱养事”,业务归口县水产部门管理。市、县(市、区)各水产站机构与人员基本保持稳定,但由于事业经费严重紧缺,正常工作难以开展。

(2)技术推广

自1980年开始,各级水产部门紧抓机遇,围绕渔业增产,渔(农)民增收的目标,每年采取举办技术培训班、印发技术资料、派员巡回指导、兴办科技示范点、召开现场会、组织考察学习等无偿服务方式,开展各种技术推广活动。

1979年之后,境内引进、繁育、推广的水产养殖种类从鱼类逐步扩大到鱼、虾、蟹、鳖、龟、蛙、贝、大鲵、田螺、野鸭等,其中养殖鱼类品种由鲢、鳙鱼“当家”变成与名特优鱼类“平分天下”,品种达25个以上。池塘养鱼开始使用增氧机增加氧气,随后使用双氧水“药物”增加氧气。1983年推广池塘化肥养鱼技术、种青养鱼技术。1985年推广颗粒饲料养鱼、商品饲料养鱼技术。1989年推广鱼猪结合、鱼禽结合、鱼草结合、鱼牧结合等养殖技术。据1995年统计,全市5.6万渔业劳力中已有4.76万人掌握基本养鱼技术。该年,全市养殖成鱼平均单产1 693.4公斤/公顷,分别是1979年、1986年的10.4倍、3倍。

1996年,境内因科技经费严重紧缺,水产站人员工资难以足额发放,部分水产站因而在承包水面经营的同时开展技术有偿服务,水产技术推广工作力度减弱。

2002年,因使用化肥养鱼影响水质、鱼产品质量,全市化肥养鱼受到限制,开始推广无公害等环保型养殖技术。

2005年,全市养殖成鱼平均单产3 097.5公斤/公顷,分别是1979年、1996年的18.9倍、1.6倍,其中名特优鱼类平均单产1 436公斤/公顷,为养殖成鱼平均单产46.36%。8月,宜城水产站在该市首次用0.38公顷鱼池进行克氏原螯虾与鲢、鳙鱼种混养试验,投放亲虾25公斤、幼虾125公斤、鱼种8 000尾。次年5月30日抽样检查,鱼虾生长良好,亲虾可以自繁,成虾平均个体重25克,0.38公顷鱼池折合年产虾1 150公斤、产鱼种755公斤,混养试验获得成功。至此,全市水产技术推广工作正在向健康型、优质型、娱乐型方向发展。但存在的问题是科技经费紧缺,正常工作难以开展;乡(镇)没有配备渔业技术人员,技术推广工作力度小,科技成果转化速度慢;水产品加工未起步。

(六)渔政

1.机构沿革

1979—1985年,境内渔政管理由地区(市)、县(市)水利水产部门主管,部分县(市)及大中型水库管理处设公安水利渔业派出所兼管。1986年,省公安厅于3月14日批准成立宜城公安局鲤鱼桥水库派出所,定编6人。12月3日,随州渔政管理站成立,定编3人。12月30日,襄樊市编委批复成立襄樊市渔政监督管理中心站,隶属市水利水产局,核定事业编制3人。1987年,谷城渔政站于5月成立,定编3人。7月,全市专职渔政人员开始穿着全国统一的渔政执法服装,佩戴“中国渔政”胸徽、大檐帽、肩章。1988年4月,市三道河水库、熊河水库、西排子河水库、国营渔场、宜城县分别于组建渔政站,每站定编3人;枣阳清潭水库、国营渔场等单位组建渔政分站,隶属枣阳市水利局。12月,市、县(市)有渔政机构8个,人员58人。1989年,枣阳市政府成立渔政管理委员会。4月,老河口市渔政站成立，定编 8 人；襄阳县、宜城县、南漳县、谷城县及 12 座大中型水库公安渔业派出所成立；云台山等 14 座水库建立治安民警室。全市一共配备渔业公安干警 83 人。10 月，南漳县渔政站成立，定编 5 人。该年底全市共有市、县（市）渔政站 10 个，乡（镇）渔政分站 3 个，水库渔政分站 23 个，配备渔政检察员 349 人（其中专职检查员 200 人），水库渔业巡逻队 109 个，484 人。

1990 年 4 月，枣阳、襄阳渔政站成立，分别定编 11 人、22 人（含水库渔政员）。至此，全市渔政管理初步形成渔政、公安专管与干部群众监管相结合的管理体系。

1999 年 1 月 24 日，市编委批复成立襄樊市汉江渔政管理站（简称市汉江渔政站），与市渔政处合署办公，实行一个机构、两块牌子的管理体制，人员编制及经费渠道不变。2001 年 7 月 2 日，市人事局批复，将市渔政处列为参照国家公务员管理的事业单位。2002 年 1 月 16 日，市编委批复将市渔政船检港监管理处、汉江渔政管理站与市水产局合署办公，实行一个机构、一套班子、三块牌子的管理体制。核定事业编制 25 名、工勤编制 3 名。2005 年，市、县(市)区两级有渔政机构 10 个，人员 58 人。

1986——2005 年全市渔政机构有关情况详见表 11—22。

1986—2005 年襄樊市渔政机构有关情况统计

表 11—22

机构名称	成立时间	机构规格	定编人数	批准机构	2005 年实有人数
襄樊市渔政处	1986.12	科级	3	襄樊市编委	8
随州市渔政站	1986.12	股级	3	随州市编委	因行政区划变动划出
襄樊市熊河水库渔政站	1988.4	股级	3	襄樊市编委	3
襄樊市三道河水库渔政站	1988.4	股级	3	襄樊市编委	3
襄樊市西排子河水库渔政站	1988.4	股级	3	襄樊市编委	0
襄樊市国营渔场渔政站	1988.4	股级	3	襄樊市编委	0
襄阳县渔政站	1990.4	股级	22	襄阳县编委	4
枣阳市渔政站	1990.4	股级	11	枣阳市编委	10
宜城县渔政站	1988.4	股级	3	宜城县编委	8
老河口市渔政站	1989.4	股级	8	老河口市编委	8
南漳县渔政站	1989.1	股级	5	南漳县编委	5
谷城县渔政站	1987.5	股级	3	谷城县编委	9
襄樊市汉江渔政站	1999.1	科级		襄樊市编委	
合计					58

2.专用设备

1988 年以前，全市渔政管理无专用设备。1988 年 6 月，由国家农牧渔业部下达指标，市水利水产局从安徽合肥市购回一辆 HF—130 型渔政车。1989 年，全市配备有渔政船 7 艘 125 千瓦。1993 年，市渔政处配备 64 式电击器 3 只，手电式电击器 1 只。1994 年，市渔政处购置航标船 1 艘。该年年底，全市渔政船 5 艘、181 千瓦。其中市渔政处 1 艘 60 千瓦、襄阳县 1 艘 55 千瓦，宜城市 3 艘 66 千瓦。1995 年，全市仅有市渔政处、宜城渔政站利用渔政船开展渔政管理。1996 年，谷城渔政站购置渔政船 1 艘 32 千瓦，市渔政处购置声控录音机、理光 R—10 型照相机各 1 部。1997 年，市渔政处配备对讲机 1 对。1998 年，市渔政处从熊河水库调换巡逻快艇 1 艘 35.3 千瓦。2001 年，全市有渔政船 33 艘 228.75 千瓦，摩托车 37 辆，小汽车 2 辆，电台 3 部。2002 年，全市购置渔政船 5 艘 108 千瓦。至 2005 年年底，全市渔政管理专用设备基本未变。

3.渔政管理

(1)培训渔政人员

1979年12月,襄阳地区水利局组织全区水利部门分管水产的副局长、水产科(股)长、水产站站长、国营渔场场长等人员,学习国务院颁布的《水产资源繁殖保护条例》和《关于保护水库安全和水产资源的通令》,通过法制学习教育活动提高依法行政水平。1989年5月下旬,市水利水产局及市三道河水库渔场、市熊河水库渔场,分别派员参加省水利厅举办的全省首期水库渔政人员培训班培训。同年10月,本市整顿渔政队伍,组织渔政检察员学习渔业法规,印发《违反渔业法规行为和处罚对照表》,通过考核考试,对成绩合格者颁发结业证;对9名较差者进行工作调整,对11名不合格者调出渔政队伍,同时增补优秀人员充实渔政队伍。从这年开始,每年召开一次全市渔政工作会议,总结、交流经验,以会代训。1991年1月,全市有11人参加全省水库渔政人员培训班培训,均取得良好成绩。至1995年12月,全市有5个渔政站、7名渔政员或公安干警,分别被国家农业部、省水利厅、省水产局表彰。1996年10月20日,市渔政处印发《执法违法责任追究制度》《行政执法责任保证措施》等文件,规范渔政人员执法行为。1997年4月,市渔政处在枣阳市举办全市渔政环保执法培训班,学习渔业水域污染事故的调查程序和方法、鱼类急性中毒死亡的诊断技术和损失计算方法等业务知识。1998年10月,市水产局举办全市渔政干部培训班,特邀省水产局(渔政局)、省水产科学技术研究所的4位专家授课,分别讲授执法文书写作、渔政处罚、渔政应诉、渔船检验、渔港监督、渔业环境保护等业务知识。2000年10月31日,组织全市渔政检察人员学习新修订《渔业法》。2001年,全市举办渔政培训班7期、演讲会63场,培训136人次。2001年10月,市水产局组织襄阳、老河口、宜城、南漳渔政站7名渔政员参加全省法律知识竞赛活动,获得集体第三名。12月,组织全市渔政人员在市三道河水库宾馆参加全省渔业执法换证培训,省水产管理办公室、渔政局分管领导现场授课,监督考试,全员考试成绩合格,换发了"渔业行政执法证"。

(2)宣传渔业法规

1979年12月,境内为了贯彻省水利局《关于切实贯彻执行国务院〈关于保护水库安全和水产资源的通令〉的通知》精神,召开全区水利会议进行安排部署。针对水库炸鱼成风,水库安全受到严重威胁,水产资源遭到严重破坏的情况,要求加大国务院通令的宣传力度,严禁任何单位和个人在水库、湖泊、江河等一切水域炸鱼、毒鱼、电鱼。会后,在通过报刊、广播电台等媒体进行典型案例宣传的同时,组织宣传队21个,到库区宣传192场次,张贴国务院通令2万张,印发《水产保护条例》0.5万份。1986年,本市为宣传、贯彻《渔业法》、《渔业法实施细则》等法规,先后召开会议8次,制订《襄樊市〈渔业法〉实施方案》和《〈渔业法〉通告》,张贴1.9万张,发放宣传册0.8万份,悬挂大型横幅标语765处。从1987年开始,每年结合科技下乡、普法教育等活动,利用电视、广播、报纸等媒体宣传渔业法规。其中采取以案讲法的方式宣传效果比较明显。2000年12月1日,修订后的《渔业法》开始施行,全市渔政人员分赴农村乡镇、大中型水库库区等及时宣传。据2001年统计,全市印发宣传资料1.1万份,开展法律咨询活动31场次,解答咨询问题650人次,组织宣讲会60余场。2002年3月,境内汉江试行春季禁渔制度,渔政人员深入沿江乡镇农(渔)户和渔船、码头宣传,印发宣传资料4000份,张贴《禁渔通告》2000余份。7月1日,《湖北省实施〈中华人民共和国渔业法〉办法》实施后,各地把宣传、贯彻实施办法与汉江春季禁渔工作有机结合,渔政部门主动与公安、财政、工商、农业、民政、水利(水产)等部门联合,采取召开会议、印发通告、组织座谈、走访渔民、媒体宣传等办法,争取群众的理解和支持,为境内汉江实施禁渔制度奠定了基础。2004年,全市印发渔政宣传资料1.5万余份,通过媒体宣传11次。2005年,襄樊电视台、市广播电台、《襄樊日报》、《襄樊晚报》、《楚天都市报》等媒体,先后

102 次宣传报道全市渔政情况，有效提高社会公众对渔业法规的知晓程度。

（3）实行渔业许可制度

1979 年 12 月，境内分别对水库养殖生产渔船和江河捕捞渔船进行调查登记，对不同的作业水域分别限制捕捞对象及个体规格，禁捕幼体。1987 年，襄樊市在随州均川镇进行“养殖证”“捕捞证”两证核发工作试点。1989 年，“两证”核发推广到老河口、谷城、宜城、樊东、市郊等县（市）区，全市核发养殖证水面 2 239 公顷、专业捕捞证 73 本、兼业捕捞证 252 本。1990 年，全市核发养殖证水面 8 587 公顷，核发捕捞证 573 本，其中专业捕捞证 266 本，兼业捕捞证 307 本。1992 年，再次以樊东渔业社为试点推进“两证”核发工作。2004 年，全市累计核发汉江捕捞证 275 本，累计核发养殖证 470 本。2005 年，全市核发水产苗种许可证 11 本，捕捞证 148 本。

（4）保护水生珍稀动物

境内有国家一、二级重点保护的中华鲟、达氏鲟、匙吻鲟及大鲵等，省级重点保护的青蛙（黑斑蛙）等水生珍稀动物，禁止捕猎。1987 年，全市查处非法贩运大鲵案 4 件，放生大鲵重 285 公斤 573 尾。1988 年，全市查处非法贩运大鲵案 10 件，放生大鲵重 356 公斤。1989—1995 年，全市查处非法贩运大鲵案 32 件，缴获大鲵重 1 306 公斤。1996 年 6 月 3 日，襄阳县渔政站、公安渔业派出所联合在 316 国道寺湾公路收费站查获该县王河乡 2 村民贩运青蛙案，收缴（放生）青蛙重 310 公斤 5 000 余只。1997—1999 年，全市查处非法利用中华鲟案 1 件，非法贩运大鲵案 19 件，非法猎捕贩卖青蛙案 35 件。2000 年 6 月 1 日—11 月 27 日，经湖北省渔政局授权，市渔政处先后审核批准襄阳鲟鱼养殖总公司、石桥镇鲟鱼养殖场、宜城莺河二库管理处（欧建明）限时依法驯养、销售俄罗斯鲟、艾氏鲟、匙吻鲟、杂交鲟的子二代产品。2001 年 2 月 26 日，市渔政处核准市引丹工程管理局渡槽管理处于当年驯养、销售俄罗斯鲟、艾氏鲟、匙吻鲟的子二代产品。2002 年 9 月 26 日，核准市广益量贩店（本年度）临时销售俄罗斯鲟的子二代产品。2003 年，全市先后查处王朝大酒店非法利用鲟鱼案 1 件，高新技术产业开发区锦绣园非法展演海豹案 1 件，非法捕猎、销售青蛙案 24 件。2004 年，全市查处非法销售青蛙案 13 件，放生青蛙重 225 公斤，查处非法利用俄罗斯鲟案 1 件。2005 年，全市查处非法销售青蛙案 20 件，查获青蛙全部放生。

（5）监管渔业水上安全

1989 年 7 月，市政府批转《市水利水产局关于加强渔政管理工作的意见》的通知。1992 年，市水利水产局在樊东渔业社进行渔船登记、安全生产试点工作，向受检合格的渔船颁发证书、牌照，对救生、消防等安全设施不全的渔船限期整改配齐，对破旧、不宜继续使用的渔船作报废处理。1994 年 12 月 26 日，市水利水产局印发《襄樊市汉江渔政船检港监管理暂行办法》。从 1999 年开始，市水利局与各县（市）区渔政主管部门每年签订渔业安全生产目标责任状。1999 年 3—5 月，全市安检渔船 523 艘，其中年审 430 艘，拆卸“三无”（无渔船登记证、无船舶检验证、无捕捞证）渔船 1 艘，限期维修 92 艘。2000 年，全市登记、检验渔船 530 艘。2001 年，全市审核捕捞证 380 本。2003 年 9 月 19 日，市水利局印发《深化渔船安全管理专项整治实施方案的通知》，组织全市渔政人员在做好宣传教育工作的基础上，对全市渔业船舶进行全面清理整治，在汉江水域检验渔船 771 艘，其中合格 617 艘，占 80%，限期维修 112 艘，占 14.5%，停业、拆卸 42 艘，占 5.5%。2004 年 5 月 28 日，市水利局成立渔业安全工作领导小组，副局长王本忠为组长，印发《襄樊市渔业水上安全事故处理预案》通知，进一步明确安全责任，细化安全措施。2005 年 3 月 28 日，市水利局下发《关于调整局安全生产委员会组成人员的通知》，局长张克启为主任。6 月 1 日，市交通局、水利局、国防科工办、食品药品监督管理局等部门联合，检查落实《襄樊市低质量船舶专项治理活动实施方案》,对全市违法违规造船厂进行整治,核审渔业捕捞证 148 本,取缔“三无”渔船 10 艘,强制报废水库捕捞渔船 21 艘,渔业水上安全监管工作初步形成长效管理制度。

(6)查处渔业污染事故

1991 年 12 月, 襄樊市将全市渔业水域污染事故的调查处理权由市环境保护局移交到市水利水产局(渔政处)。1996 年 4 月,群众举报襄阳石桥镇、黄集镇等 4 家造纸厂排放工业废水,造成襄阳陈宗礼等 5 人承包的 10 公顷水库水面和二汽产业开发区米庄镇田志春的 1.2 公顷水面、367.8 平方米网箱养殖的鱼类大量死亡。通过调查,认定污染水域死亡成鱼 2.69 万公斤及部分鱼种,直接经济损失 21.07 万元。经多次协调,为渔户挽回经济损失 18.5 万元。1998 年,全市先后查处 3 起渔业违法案件,依法为渔户挽回经济损失 86 万余元。其中谷城县南河水库死鱼事件,由市政府组织水利(渔政)、环保、卫生等部门联合调查,查明保康康达公司、磷酸盐厂等企业超标向南河水域排放工业污水,造成南河水库 400 公顷水面及库汊、鱼池被污染,鱼类中毒死亡 5.5 万公斤,库区村民及牲畜出现多起中毒事件,污水殃及 20 个村、1.5 万村民、3 万头牲畜的饮水安全,市政府发出通知,责令上述企业停产治理。1999—2005 年,全市每年都发生 3—6 起超标排污事件,受污染水面一般在 200 公顷左右,经济损失额五六十万元。2005 年 12 月 14 日,市水利局向各县(市)区水利(渔业)主管部门、市直相关单位印发《襄樊市渔业环境污染突发事件应急预案》,进一步明确各级政府渔业行政主管部门查处渔业环境污染突发事件的职责、任务和应急措施等。

(7)查处违禁捕捞

1979 年 12 月,境内贯彻国务院《水产保护条例》等法规,部分大中型水库组织渔业巡逻队,采取不定时巡逻或重点设防等办法防止炸鱼、毒鱼、电打鱼、偷抢鱼及禁用渔具捕捞等违规捕捞,但成效不大。尤其是跨行政区域的水库水面,渔业秩序混乱局面并未得到遏制,全市有 1 万多公顷水库可养殖水面基本处于荒芜或半荒芜状态,水库可放养水面利用率(放养面积占可养殖面积比例)为 66.1%。1983 年 8 月,境内贯彻省水产局、公安厅《关于加强渔区治安,维护渔业生产秩序的通知》,各水库渔业生产单位与公安部门密切配合,坚持宣传教育为主与重点打击相结合的原则,制定“乡规民约”,依靠库区干部群众管理,有效地遏制违规捕捞。1984 年,全市水库渔业生产秩序有所好转,水库可养殖水面利用率达 85.92%。1986 年,全市渔政部门在公安、工商等部门的协助下查处违法捕捞案 324 件,其中教育或处罚 1 318 人次,拘留 313 人,判处有期徒刑 4 人,罚款 15 540 元,赔偿经济损失 29 512 元,收缴违法渔具 1884 件与渔获物重 4 487 公斤。1987 年,全市查处违法捕捞案 720 件,其中处罚 305 人次,行政拘留 44 人次,罚款 8 300 元,赔偿渔业资源损失费 17 200 元,收缴违法渔具 3 740 件与渔获物重 5 451 公斤。1988 年,全市查处违法捕捞案 1 383 件,其中处罚 779 人次,行政拘留 46 人次,判处有期徒刑 1 人,罚款 26 500 元,赔偿经济损失 78 800 元,收缴违法渔具 3 321 件与渔获物重 16 950 公斤。南漳城关镇剪子沟村一村民自制炸药,在三道河水库内炸死鱼苗(鱼种)重 153.5 公斤,依法赔偿直接经济损失 1 049 元,并判处其有期徒刑 1 年 6 个月。1989 年,全市查处违法捕捞案件 1 311 件,其中行政拘留 31 人次,判处有期徒刑 2 人,罚款 12 700 元,收缴违法渔具 4 709 件与渔获物重 11 359 公斤。1990 年,全市查处违法捕捞案件 1406 件,其中处罚 215 人次,行政拘留 36 人次,罚款 15 300 元,赔偿经济损失 94 400 元,收缴违法渔具 21 649 件与渔获物 8 850 公斤。1993 年 7 月 4 日,襄阳张湾镇红星村村民江国全承包的水库养殖水面,因干旱水位下降,鱼类被哄抢捕捞,经市渔政处参与查处认定损失成鱼 10 465 公斤、鱼种 15 万尾,依法为其挽回经济损失 71 790 元。1997 年,全市查处违法捕捞案 249 件,其中行政拘留 17 人,收缴违法渔具 234 件,电捕鱼器 501 台(套),滚钩 20 万张,取缔捕鱼鹰船及鱼鹰 30 只。1998 年，全市查处违法捕捞案件 353 件，其中行政拘留 12 人次，批捕 1 人，收缴迷魂阵、密眼网、拦河大壕等禁用网具 450 部与电捕鱼器 627 台(套)。2002 年，全市查处违法捕捞案 213 件，其中炸鱼案 4 件，收缴(销毁)迷魂阵等禁用网具 2 200 米与渔获物重 1 300 余公斤。2003 年，全市查处违法捕捞案 197 件，其中处罚 15 人次，拘留 3 人，批捕 1 人，收缴违法网具 65 部与电捕鱼器 37 台(套)。2004 年，全市查处违法捕捞人员 46 人次，扣留违法渔船 35 艘，收缴违法网具 32 部与电捕鱼器 32 台(套)等。2005 年，全市据不完全统计查处违法捕捞案 23 件，其中处罚 26 人次，刑事拘留 6 人，罚款 5 320 元，收缴违法网具长 5 000 米、迷魂阵 14 部、地笼 48 部与电捕鱼器 19 台(套)。

(8)实行禁渔期制度

境内自有人工养鱼开始，就有(早)春投苗种，秋、冬捕成鱼的习惯，尤其是大中型水库的成鱼捕捞多集中在秋、冬进行，其他季节为养殖管理期。1989 年，全市贯彻执行《全省大水面蓄禁增殖保护水产资源的通知》，把每年 4 月 1 日至 6 月 5 日定为水库养殖禁渔期，各大中型水库分别在其水面设置禁渔区标志，在禁渔期内禁止到禁渔区捕捞作业，有效地保护了水库渔业资源。随后成为水库养殖的一种技术措施。1999 年，襄樊市在汉江老河口梨花湖、谷城冷集镇尖角村、宜城南营乡龚塆村等水域划定鱼类产卵、索饵保护区，在鱼类繁殖与鱼苗生长期间(4—6 月)，保护区内禁止一切捕捞作业。老河口水产局(渔政站)在加强管理的同时，分别于当年 6 月向梨花湖保护区水域投放“四大家鱼”寸片鱼种 5 500 万尾，当年冬季投放银鱼受精卵 1 亿尾。2002 年，为了贯彻执行农业部《关于在长江流域试行春季禁渔制度的通知》精神，市水利局成立禁渔工作领导小组，领导小组下设办公室，挂靠市渔政处，具体经办禁渔工作。同时印发《襄樊市汉江春季禁渔实施方案的通知》。禁渔范围为汉江襄樊江段水域，禁渔时间为 4 月 1 日 12 时至 6 月 30 日 12 时。3 月 27 日，市水利局召开全市汉江试行春季禁渔制度动员大会，部署汉江禁渔工作，并与沿江县(市)区水利(水产)局签订禁渔工作责任书。在广泛宣传，争取群众理解支持的基础上，渔政、公安、工商等部门联合巡查，实现了禁渔期内“江中无渔船，水中无渔具，市场无江鱼”的禁渔目标。2003 年，全市正式实行汉江春季禁渔制度。市政府成立汉江春季禁渔工作领导小组，副市长王芳玉为组长，市公安、财政、民政、工商、农业、水利(水产)部门负责同志为成员。领导小组办公室设在水利局(渔政处)，负责经办日常工作。同年 3 月 21 日，印发《2003 年襄樊市汉江实行禁渔期制度实施方案》。3 月 24 日，市政府下发《关于汉江襄樊段施行禁渔期制度的通知》。同年 3 月 25 日，市政府召开全市汉江禁渔工作动员会，部署禁渔工作。市公安局指派樊城公安分局水上派出所全程配合工作，查处违法捕捞 19 人次，其中行政拘留 3 人、批捕 1 人。市民政部门为 50 余户专业渔民发放低保金每人每月 150 元。2004 年，全市汉江禁渔的范围扩大到通江(支流)水域，采取措施与上年基本相同。该年，省农业厅在《关于表彰 2002—2004 年长江汉江禁渔工作先进集体和先进个人的决定》中，授予襄樊市渔政处颜海斌、樊城公安分局水上派出所毛清河、老河口水产局秦新建、襄樊电视台汪洋等“长江汉江禁渔工作先进个人”荣誉称号。2005 年，市汉江春季禁渔工作领导小组由副市长刘德政任组长。同年 3 月 20 日，市政府召开全市汉江禁渔工作会议部署禁渔工作，副市长刘德政代表市政府与沿江县(市)区政府签订了禁渔工作目标责任状，下发《关于加强汉江襄樊段禁渔工作的通知》《2005 年襄樊市汉江禁渔工作实施方案》等文件，把加强管理、妥善安置渔民生产生活、及时查处举报问题等作为禁渔工作重点。该年市财政部门拨付禁渔工作专项经费 2 万元，民政部门拨付渔民禁渔生活补助款 17 万元，渔政部门组织引导部分专业渔民转产，为禁渔工作创造了有利条件。但是，沿江违法捕捞仍屡禁不止，甚至发生暴力抗拒管理事件。同年 5 月 13 日，在老河口与谷城冷集镇尖角村汉江江段，多名违法捕捞者阻止管理，打伤渔政执法人员，抢走管理船只。此事受到有关领导高度重视，省水产部门派出调查组专项督办，襄樊市委常委、政法委书记兼公安局局长余新民同志批示查处，将以蒋某某为首的 6 名违法嫌疑人刑事拘留，分别判处有期徒刑 1—3 年。

(9)命名渔业港口

1999年1月29日，市政府批复命名襄樊市熊河水库渔港、襄樊市三道河水库渔港。2004年2月23日，市政府批复将汉江襄樊城区段(上自万山，下至汉江一桥丁字坝，全长7千米)命名为襄樊汉江北门渔港。

(七)水产养殖

1.养殖品种规模、效益

20世纪80年代以来，襄樊市可养殖水面为3.33万公顷，水产量约为13.3万吨。水产养殖常规品种包括鲢、鳙、草、青、鲤、鲫、鳊、鲂、鲴等，其中鲢、鳙、草为多年来水库、池塘主养品种，2005年产量近10.3万吨，占全市养殖产量71.9%，鲤、鲫为水库、池塘主要套养品种，2005年产量近3万吨，占全市养殖产量20.9%，鲤鱼品种包括本地鲤、镜鲤、丰鲤、红鲤和建鲤，其中镜鲤、丰鲤为80年代至90年代初引进品种，建鲤为90年代中后期引进品种，2005鲤鱼主养品种主要有本地鲤和建鲤；鲫鱼品种包括银鲫、异育银鲫、高背鲫、彭泽鲫、湘云鲫几种，其中银鲫为80年代初引进品种，异育银鲫为80年代末引进品种，高背鲫、彭泽鲫为90年代中期引进品种，湘云鲫则为近几年引进品种。2005鲫鱼主养品种为高背鲫、彭泽鲫和湘云鲫；青鱼养殖规模较小，有少量水库、池塘套养，2005年产量不足1000吨，鳊、鲂也为主要套养品种，2005年产量2万吨左右，鲴类主要有黄尾密鲴和细鳞斜颌鲴，80年代以后引进的水库套养品种，2005年产量近900吨。

襄樊市名特优养殖品种主要包括黄颡鱼、乌鳢、鳜鱼、鮰鱼、加州鲈、大口鲶、罗非鱼、淡水白鲳、银鱼、河蟹、黄鳝、泥鳅、虾蟹类以及龟鳖蛙类。2005年产量分别为黄颡500吨、乌鳢500吨、鳜鱼10吨、泥鳅200吨、黄鳝350吨、鲶鱼100吨。鱼回鱼为20世纪80年代后期引进品种，2005年主要以斑点叉尾鱼回为主，年产量700吨左右。罗非鱼和淡水白鲳分别为20世纪80年代和90年代后期引进，2005年仅有少量养殖。虾类主要有罗氏沼虾、青虾、克氏原螯虾、南美白对虾，2005年克氏原螯虾发展规模较快，年养殖产量达到300吨。银鱼主要有大银鱼和小银鱼两种，其中大银鱼为1995年引进，全市银鱼养殖面积8000公顷，年产量近500吨。河蟹从90年代末开始引进养殖，养殖面积近2万亩，2005年产量70吨。

2.水产饲料

全市饲料年使用量19万吨左右，主要有襄樊正大、湖北海大及希望、通威等品牌饲料。枣阳市现有水产饲料生产企业2家，一个是湖北宏伟饲料公司，年产鱼饲料1.5万吨；一个是湖北神力饲料公司，年产鱼饲料1万吨。两个企业一个成立于90年代末，一个是2003年成立的。

3.养殖模式、产量

水库施肥养殖。2005年养殖面积1.73万公顷，产量1.56万吨，产值6500万元。

80∶20池塘养殖模式。2005养殖面积1200公顷，产量0.8万吨，产值5000万元

“三网”养殖。2005围栏养殖面积464公顷，产量980吨，产值600万元；网箱养殖面积10千平方米，产量500吨，产值1200万元。

生态立体养殖。2005年养殖面积1.33万公顷，亩均增产55公斤，亩均增加产值220元。

种青养鱼。2005年种青面积4 133.3公顷，种青年产量24.5万吨，养殖面积13万亩，亩平单产500公斤以上，亩平产值3 500元。

4.水产品市场

襄樊市区内有一个水产品批发市场—大世界水产品批发市场。市场面积 1 500 方米，年经销水产品 12 000 吨。枣阳市水产品市场从 20 世纪 90 年代开始起步，光武大市场一角初步形成了一个水产品专业批零经营市场，2005 年光武市场水产批零市场有水产专业经营门面近 30 家，市场面积 1 500 平方米，年经销水产品量约为 15 000 吨。

5.水产品加工

襄樊市暂无一家水产品加工企业，只有少量从事水产品初级加工（冷藏和干腌制加工）的个体生产经营者和养殖附带水产品加工。

襄樊市志

1979–2005

（中）

襄阳市地方志编纂委员会　编

方志出版社
Publishing House of Local Records

目 录

卷十二 工业

卷十三 国内贸易

卷十四 对外经贸和港澳台贸易

卷十五 旅游业

卷十六 财政税务

卷十七 经济综合管理

卷十八 中国共产党襄樊地方组织

卷十九 襄樊市人民代表大会

卷二十 襄樊市人民政府

卷二十一 襄樊市人民政协

卷二十二 民主党派

卷二十三 人民团体

卷二十四 军事

Catalogue

Volume Twelve Industry

Volume Thirteen Domestic Trade

Volume Fourteen Foreign Trade and Trade with Hongkong, Taiwan, and Macao

Volume Fifteen Tourism

Volume Sixteen Tax

VOLUME SEVENTEEN COMPREHENSIVE ECONOMIC MANAGEMENT

VOLUME EIGHTEEN XIANGFAN LOCAL ORGANIZATIONS OF THE COMMUNIST PARTY OF CHINA

Volume Nineteen Xiangfan Municipal People's Congress

Volume Twenty Xingfan Municipal People's Government

VOLUME TWENTY - ONE XiIANGFAN MUNICIPAL PEOPLE'S POLITICAL CONSULTIVE CONFERENCE

VOLUME TWENTY - TWO NON - COMMUNIST PARTIES

VOLUME TWENTY – THREE PEOPLE'S ORGANIZATIONS

VOLUME TWENTY - FOUR MILITARY AFFAIRS

卷十二 工业

1978 年，中国共产党第十一届三中全会以后，襄樊工业按照中央“调整、改革、整顿、提高”的方针，积极扩大企业自主权，引进国外先进技术和设备，调整产业结构，发展轻纺工业。其间，有 4 批 29 个国有骨干企业实行扩大自主权，襄樊市五一棉纺厂等企业先后实施扩能改造，襄樊市印染厂等一批轻工企业相继创立。彩电、电容器、磁带等一批从国外引进的先进生产线和设备陆续装备企业，军工企业也开始面向市场生产民品，主要工业产品的品种、产量和质量大幅度提高。1983 年，全市工业总产值 238 745 万元，比 1978 年 108 339 万元增长 120.4%，年均递增 17%，其中市区工业总产值 132 110 万元，比 1978 年增长 123.2%，年均递增 17.4%。轻重工业比重为 69 : 31，有企业 2 037 个，固定资产原值 23.1 亿元。1983 年后，全市发挥资源优势，陆续开办了一批县(市)地方国营企业和街道、乡镇集体企业。1985 年，全市有轻工、纺织、机械、冶金、化工、电子、建材、食品等 60 多个工业门类，有企业 3 113 个(其中国营企业 585 个、集体企业 2 528 个，轻工业企业 1 816 个、重工业企业 1 297 个)，职工 314 078 人，固定资产原值 31.5 亿元。主要产品有棉布、棉纱、化纤、毛呢、卷烟、酒、化肥、水泥、电视机、自行车、缝纫机、集成电路、录像磁带等 125 种。全市创优质产品 340 个，其中 11 种获国家金、银质奖，52 种获部优质产品称号，74 种获省优质产品称号。全市工业总产值 426 544 万元(其中中央、省属工业总产值 40 454 万元，市区工业总产值 169 816 万元)，轻纺工业产值占工业总产值的 62%，比 1983 年增长 50.14%，年递增 22.53%；比 1965 年增加 27.34 倍，年递增 18.20%；比 1949 年增加 211.63 倍，年递增 16.05%。税利 57 217 万元(其中国营工业 46 718 万元，集体工业 10 499 万元)，相当 1965 年全区工业总产值的 3.8 倍。

自 1986 年始，全市工业按照中央经济体制改革的要求，开展以承包经营责任制为重点的企业改革和横向经济、技术联合与交流。同时，大规模实施技改和引进，发展轻纺、电子、轻工、机械等传统产业，依托第二汽车制造厂(以下简称“二汽”)发展汽车工业。1988 年，全市已拥有工业企业 3 234 个，大中型企业 63 个；职工 315 897 人，比 1983 年增加 10 万人。全口径工业总产值完成 739 595 万元，比 1983 年增长了 1.76 倍，年均递增 22.5%。其中纺织工业产值由 1983 年的全省第三位上升到第二位，利润跃居全省第一位，襄樊由此被列为全国主要纺织工业城市。电子、冶金、一轻、机械、建材、二轻工业的产值分别比 1983 年增长 9.4 倍、4.6 倍、2 倍、1.6 倍、1.4 倍、1.3 倍。医药工业由于兵器工业部 295 工厂转迁到市区，省属湖北制药厂、鄂北六六厂下放到襄樊市，规模迅速壮大，1988 年其产值在 1985 年基础上翻了一番，利税在 1986 年基础上翻了一翻。全市预算内工业企业实现利税 61 364 万元，其中利润 24 226 万元，分别比 1983 年增长 116%和 118%。资金利税率和销售利税率分别达到 27.13%和 19.44%。重点企业万元产值耗标煤年均下降 7.33%，万元产值耗电年均下降 5.93%，度电创产值由 1983 年的 2.76 元上升到 1988 年的 3.75 元，年均增长 6.33%，襄樊被评为全省综合经济效益先进城市。1988 年，全市形成了以轻纺工业为主体，兼有机械、化工、电子、建材、医药、冶金等 60 多个门类，171 个行业的工业结构体系。主要工业产品 396 种，轴承、快速可控硅、调速电柜、催化剂、自动拨号多信道移动通讯系统、铜版纸等 6 种产品的产量或产能居全国之首。全市获“三优”产品 387 个(含复评)，其中国优(金银牌)13 个、部优 97 个、省优 277 个。1986 年度获省优产品 85 个(是获省优最多的一年)，1988 年度获部优产品 35 个(是获部优最多的一年)。

1989 年始,国家开展经济环境“治理整顿”,工业经济发展趋缓。1989 年、1990 年、1991 年,全口径工业总产值分别只比上年增长 8.2%、5.56%、10.86%,远远低于地市合并后 5 年平均 22.5%的增长速度。这一时期,汽车工业发展较快。“七五”时期全市共完成基建、技改投入 18.50 亿元,其中汽车工业完成投资 5.6 亿元。二汽铸造三厂、柴油发动机厂、第二动力厂、汽车试验厂以及专用铁路运输线等骨干项目相继竣工投产,二汽襄樊基地初步建成。1990 年,全市汽车工业实现产值 6 亿多元,占全市机械工业产值的 50%以上,占全市工业产值的 9%,居全省同行业第二位。汽车及零部件企业 95 家,其中与二汽配套供货的 45 家;职工近 5 万人,固定资产原值 6 亿元,净值 4 亿元。初步形成了东风系列产品配套、配件、协作的生产格局。

1992 年始,全市工业普遍开展以股份制为重点的企业改革。同时、加快结构调整和技术改造,汽车产业获得快速发展。1993 年,汽车工业产值首次超过纺织工业,成为襄樊工业第一支柱产业。其间,轻工、纺织、机械、冶金、化工、医药、电子、建材等传统行业的产业结构和企业所有制结构出现重大调整和分化。传统的国有、集体企业先后被改制、兼并、重组或处于停产、半停产状态。生产要素向优势行业,重点企业集中。一大批股份制或民营企业(风神襄樊汽车有限公司、湖北金环股份有限公司、湖北银河纺织股份有限公司、襄樊车桥股份有限公司、襄阳汽车轴承股份公司、湖北骆驼蓄电池股份有限公司、襄樊大力工业控制股份有限公司等)相继创立,并获得快速发展。一批重大基建、技改和引进项目在骨干企业竣工投产或部分投产。“八五”期间,全市共完成技改、引进项目 1216 个,完成投资 29.36 亿元,比“七五”增长 2.04 倍,年均递增 32.1%,建成重点项目 566 个。“九五”时期全市工业完成各类项目投入 103.64 亿元。1995 年,全市有工业企业 2 664 个,其中,县(市)属重点企业 550 户。全口径工业总产值 413.24 亿元,其中,乡以上工业总产值 233.68 亿元,中央省属三线军工企业产值完成 23.5 亿元,比 1990 年增长 4.1 倍,年均递增 38.39%。乡镇工业在全市工业经济中的比重由 23.8%上升到 60.9%, 轻重工业比例由 1990 年的 60.7 : 39.3 调整为 53.6 : 46.4。2000 年汽车工业产值突破 100 亿元大关,占全市规模以上工业企业总产值的 1/3 以上。2002 年,全市规模以上工业企业完成产值 313.29 亿元,工业增加值 97.81 亿元,利税 40.48 亿元。轻重工业比例为 32.88 : 67.12,产业类型实现由劳动密集型向技术密集型转化。主要产品产量:卷烟 36.66 万箱,白酒 2.82 万吨,铜版纸 1.2 万吨,机制纸 2.31 万吨,磷酸氢钙 7 万吨,金兰首饰 3 633 千克,汽车配件 235 030 万元,车桥 10.48 万件,轴承 1 247.3 万套,可控硅 12.51 万件,电动机 4.23 万千瓦,纱(市直)3.02 万吨,布(市直)9 989 万米,印染布 5 273 万米,涤纶短纤 1.2 万吨,粘胶人造丝 1.2 万吨,服装(市直)328.5 万件,油漆 5 103 吨。

2003 年始,市直工业根据《中共襄樊市委襄樊市人民政府关于加快市直国有企业改革的若干意见》,通过兼并、收购、重组、破产等多种形式,对 126 户企业开展了以国有产权基本退出企业,解除国有企业职工身份为重点的企业改革。2005 年,市直经委口 126 家企业,有 51 家企业的改制方案获国企办批准,其中改制已到位或基本到位的 40 家。有 71 家企业破产方案已获批准,其中结案或基本结案的 45 家,已进入破产程序的 20 家,尚未进入破产程序的 6 家,占 8.4%。在推进国企改革的同时,民间资本开始大规模介入纺织、机械、燃化、建材等传统行业。2005 年,全市有工业企业 2 000 多家,其中,规模以上企业 454 户,产值过亿元的企业 63 户,高新技术企业 166 家。职工 18.08 万人,资产总额 497.24 亿元。工业总产值 712.45 亿元,其中,规模以上企业工业总产值 538.28 万元,同比增长 26%,汽车工业完成产值 314 亿元,占全市规模以上企业工业产值的 56%。工业增加值 161.91 亿元,同比增长 26.66%,高于全省平均水平 7.29 个百分点,销售收入 373.01 亿元,同比增长 7.75%;利税总额 41.5 亿元,同比增长 4.26%。全市工业形成了以汽车产业为龙头,以高新技术产业为支撑,以纺织、电力、烟草、食品、国防工业为骨干,兼有轻工、机械、冶金、化工、电子、建材、医药等门类的工业体系(见表 12—1、12—2、12—3、12—4、12—5、12—6、12—7、12—8)。

1979—2005 年襄樊市工业总产值(当年价)

表 12—1　　单位:万元

年份	全部工业生产总值(万元)	规模以上工业总产值	轻工业	重工业	按经济类型分			按企业规模分		
					国有及国有控股经济	集体经济	其他经济	大型企业	中型企业	小型企业
1979	147 853	136 273	86 730	49 543	109 385	26 888	—	—	—	—
1980	177 855	168 643	112 311	56 332	133 047	32 921	—	—	—	—
1981	192 539	187 970	135 828	52 142	147 721	40 249	—	—	—	—
1982	210 854	202 087	142 133	58 804	149 452	52 635	—	—	—	—
1983	238 749	232 745	160 546	72 199	171 789	60 956	—	—	—	—
1984	280 071	269 786	179 634	90 152	192 630	77 156	—	—	—	—
1985	367 244	331 605	214 861	116 744	228 299	103 292	—	—	—	—
1986	408 722	383 885	250 714	133 171	254 122	128 735	—	—	—	—
1987	527 877	465 168	300 595	164 573	304 783	158 978	—	—	—	—
1988	632 485	574 166	368 308	205 958	368 490	205 676	—	—	—	—
1989	708 285	608 294	152 074	456 221	382 760	225 534	—	—	—	—
1990	697 051	631 361	157 840	473 521	386 655	244 706	—	—	—	—
1991	801 609	980 385	245 096	735 289	654 240	326 145	—	—	—	—
1992	1 059 727	1 148 984	287 246	861 738	754 056	394 928	—	—	—	—
1993	1 457 125	1 436 991	359 248	1 077 743	811 553	625 438	—	—	—	—
1994	1 611 580	2 078 920	1 117 645	961 275	1 001 941	808 615	—	—	—	—
1995	2 336 791	2 409 554	1 252 176	1 157 378	1 069 716	1 058 767	—	—	—	—
1996	2 674 424	3 226 944	1 750 938	1 476 006	1 218 851	1 595 276	—	—	—	—
1997	3 101 684	3 924 903	2 145 038	1 779 865	1 376 156	1 992 441	—	—	—	—
1998	3 473 886	2 523 789	1 251 542	1 272 247	858 088	1 665 701	—	—	—	—
1999	3 317 561	2 782 735	1 392 052	1 390 683	914 468	778 883	1 089 384	1 060 717	470 719	1 251 299
2000	3 649 317	2 670 373	1 283 785	1 386 588	780 065	557 333	1 332 975	1 105 562	480 105	1 084 706
2001	3 642 018	2 664 730	1 058 962	1 605 768	779 581	198 218	1 686 931	1 537 506	480 891	646 333
2002	4 028 072	3 132 987	1 030 133	2 102 854	621 709	210 735	2 300 543	1 741 480	713 346	678 161
2003	4 370 458	3 252 700	957 100	2 295 600	749 500	142 600	2 360 600	1 194 200	1 154 900	903 600
2004	5 156 537	4 043 238	1 109 584	2 933 654	830 573	138 172	3 074 493	1 617 305	1 617 285	808 648
2005	7 124 455	5 382 812	1 345 703	4 037 109	696 471	103 552	4 582 789	3 478 664	841 887	1 062 261

2000—2005年襄樊市规模以上企业工业增加值(当年价)

表12—2 单位:亿元

年份	全部工业			按经济类型分			按企业规模分		
	总产值	轻工业	重工业	国有及国有控股经济	集体经济	其他经济	大型企业	中型企业	小型企业
2000	105.78	42.65	63.13	23.89	18.29	63.6	59.38	14.38	32.02
2001	99.47	36.46	63.01	29.25	7.7	62.52	59.77	15.24	24.46
2002	97.81	38.58	59.23	25.18	7.73	64.91	49.09	21.88	26.84
2003	126.43	20.25	106.18	33.71	5.42	87.3	27.96	47.49	50.98
2004	127.83	31.38	96.45	94.17	0.73	32.93	38.24	52.26	27.89
2005	161.91	40.48	121.43	124.12	1.75	36.04	104.36	25.26	32.29

1995—2005年襄樊市工业主要经济指标(一)

表12—3 单位:亿元

年份	企业数(个)	工业总产值(亿元)	工业销售产值(亿元)	出口交货值(亿元)	工业增加值(亿元)	资产合计(亿元)
1995	2 678	204.96	—	—	—	—
2000	450	267.03	261.64	13.78	105.78	372.23
2001	419	260.52	259.68	—	99.47	—
2002	339	313.3	308.25	10.6	97.81	400.26
2003	371	317.04	320.7	9.66	126.43	463.72
2004	380	404.32	397.47	8.61	127.84	474.76
2005	454	538.28	547.97	11.69	189.28	497.24

2000—2005年襄樊市工业主要经济指标(二)

表12—4 单位:亿元

年份	负债合计(亿元)	主营业务收入(亿元)	主营业务成本(亿元)	利润总额(亿元)	利税总额(亿元)	全部从业人员年平均人数(万人)
2000	255.35	229.38	183.53	8.78	25.47	24.34
2001	225.25	5.78	23.54	21.27	—	—
2002	267.06	279.81	225.39	14.23	34.48	19.26
2003	302.21	304.31	246.9	16.82	38.84	19.69
2004	295.62	346.19	283.62	22.35	46.22	17.83
2005	314.93	373.01	312.47	17.82	41.5	18.08

2000—2005年襄樊市规模以上工业企业主要经济效益指标

表12—5

年份	企业亏损面(%)	工业增加值率(%)	总资产贡献率(%)	资产负债率(%)	流动资产周转率(次/年)	成本费用利润率(%)	全员劳动生产率(元/人·年)	产品销售率(%)
2000	25.11	39.61	8.18	68.6	1.51	2.01	43 467.00	97.98
2001	—	—	—	—	—	—	—	—

续表

年份	企业亏损面(%)	工业增加值率(%)	总资产贡献率(%)	资产负债率(%)	流动资产周转率(次/年)	成本费用利润率(%)	全员劳动生产率(元/人·年)	产品销售率(%)
2002	30.33	31.22	4	66.71	1.67	5.5	50 780.00	98.39
2003	33.15	38.87	9.63	65.17	1.53	5.95	64 200.00	98.6
2004	31.57	31.62	10.82	62.27	0.73	7.01	71 690.00	98.31
2005	34.36	35.16	9.33	63.34	1.1	5.11	104 658.00	101.8

襄樊市市工业主要产品产量(一)

表 12—6

产品名称	计量单位	1952 年	1978 年	1990 年	1995 年	2000 年	2005 年
原煤	吨	0.02	13.47	—	—	—	72 560.00
原盐	吨	—	—	—	—	—	130 811
发电量	万千瓦小时	14.2	2 009.01	37 975	68 201	—	700 672.60
水电	万千瓦小时	—	—	—	—	—	129 380.60
精制食用植物油	吨	—	9 600	—	—	—	54 737.00
配混合饲料	吨	0	0	—	—	—	361 552.00
卷烟	万支	0.81 万箱	28.09 万箱	—	—	—	2 395 904.00
化学纤维	吨	—	3 909	—	—	—	33 530.00
布	吨	—	13 329	45 261	76 300	—	145 725.88
棉布	万米	—	5 999	20 016	39 203	—	34 686.08
棉混纺布(混纺交)	万米	—	5 926	—	—	—	14 973.78
织布	万米	—	—	—	—	—	19 712.30
绒线(毛线)	吨	—	28.09	1 124	1 197	—	-
毛机织物(呢绒)	万米	—	16	121.58	72.74	—	-
丝	吨	—	97	—	—	—	68
服装	万件	0	0	—	—	—	913.9
人造板	立方米	0	0	—	—	—	11 170.6
硫酸(折 100%)	吨	—	44 359	216 490	262 900	—	236 761.00
浓硝酸(折 100%)	吨	—	—	—	—	—	44 780.00
合成氨	吨	—	37 520	—	—	—	347 950.80

注:卷烟 2005 年前计量单位为:万箱。

襄樊市工业主要产品产量(二)

表 12—7

产品名称	计量单位	1952 年	1978 年	1990 年	1995 年	2000 年	2005 年
农用氮、磷、钾化学肥料总计(折纯)	吨	—	—	—	—	—	222 321.77
氮肥(折含N100%)	吨	—	10.87	12.77	13.67	—	184 337.77
磷肥(折合P205100%)	吨	—	9.41	9.83	24.39	—	37 984
化学农药原药(折有效成分 100%)	吨	—	153	—	—	—	524.99
化学药品原药(化学原料药)	吨	—	485	—	—	—	392.4
水泥	吨	—	281 800	1 379 400	2 228 700	—	1 714 438.4
生铁	吨	87	—	—	—	—	1 866
粗钢	吨	—	—	—	—	—	27 386
钢材	吨	—	—	—	—	—	36 736
内燃机	千瓦	—	48 617	—	—	—	22 251 000
金属切削机床	台	—	—	—	—	—	98
汽车	辆	—	—	—	—	—	163 411
载货汽车	辆	—	—	—	—	—	69 498
轿车	辆	—	—	—	—	—	76 893

注：内燃机 1990 年前计量单位为：万马力。

襄樊市高新技术企业(2005 年)

表 12—8

次序	企业名称	主管部门	认定时间	认定登记号
1	航宇救生装备有限公司	襄樊高新区	1993.12	XFQ—93001
2	襄樊航天化学动力总公司	襄樊高新区	1993.12	XFQ—93002
3	襄樊大力工业控制股份有限公司	襄樊高新区	1993.12	XFQ—93003
4	湖北汽车蓄电池厂高新电源厂	襄樊高新区	1994.12	XFQ—94009
5	鄂西北工程勘察总公司	襄樊高新区	1994.12	XFQ—94010
6	湖北江山机械厂变速箱分厂	襄樊高新区	1995.02	XFQ—94012
7	湖北通力高新技术发展股份有限公司	襄樊高新区	1995.05	XFQ—94014
8	湖北华光新材料有限公司	襄樊高新区	1995.05	XFQ—94015
9	襄樊市信诚电气有限责任公司	襄樊高新区	1996.01	XFQ—94016
10	襄樊市华科电子公司	襄樊高新区	1996.01	XFQ—94018
11	湖北回天胶业股份有限公司	襄樊高新区	1997.05	XFQ—97021
12	襄樊市化工设计研究所	襄樊高新区	1997.05	XFQ—97022
13	襄樊精信汇明化工有限责任公司	襄樊高新区	1997.06	XFQ—97024

续表 1

次序	企业名称	主管部门	认定时间	认定登记号
14	湖北泰和电气有限公司	襄樊高新区	1998.03	XFQ—98026
15	襄樊国网合成绝缘子股份有限公司	襄樊高新区	1998.03	XFQ—98027
16	襄樊天工机电技术有限公司	襄樊高新区	1999.08	QX—99029
17	襄樊珠峰净化设备有限公司	襄樊高新区	1999.08	QX—99030
18	襄樊万特电气有限公司	襄樊高新区	1999.08	QX—99033
19	襄樊市科安防静电材料制品厂	襄樊高新区	1999.08	QX—99034
20	枣阳四海化工有限公司	襄樊市科技局	1999.08	QW—99038
21	东风汽车股份有限公司	襄樊高新区	1999.11	QX—99036
22	湖北金洋冶金股份有限公司	襄樊市科技局	2000.01	QW—00053
23	襄樊化通化工有限责任公司	襄樊高新区	2000.09	QX—0009037
24	湖北追日电气设备有限公司	襄樊高新区	2000.09	QX—0009038
25	湖北科兴医药化工股份有限公司	襄樊高新区	2000.09	QX—0009040
26	襄樊凡科电子有限公司	襄樊高新区	2000.09	QX—0009041
27	襄樊中科电气有限公司	襄樊高新区	2000.09	QX—0009044
28	襄樊市先泰电子有限公司	襄樊高新区	2000.09	QX—0009045
\29	湖北新华光信息材料股份有限公司	襄樊高新区	2000.12	QX—0012046
30	湖北中航精机科技股份有限公司	襄樊高新区	2001.07	0142005A0001
31	襄樊航达航空科技发展有限公司	襄樊高新区	2001.07	0142005A0006
32	湖北骆驼蓄电池股份有限公司	襄樊市科技局	2001.07	0142005B0007
33	襄樊新四方电气工程有限公司	襄樊高新区	2001.08	0142005A0011
34	襄樊爱方达电脑软件有限公司	襄樊高新区	2001.08	0142005A0012
35	襄樊星火轴承有限公司	襄樊高新区	2001.08	0142005A0013
36	襄樊堰飞科技实业有限公司	襄樊高新区	2001.08	0142005A0014
37	襄樊华中数控系统有限公司	襄樊高新区	2001.08	0142005A0015
38	襄樊中铁机车车辆配件有限公司	襄樊高新区	2001.08	0142005A0016
39	襄樊万洲电气集团有限公司	襄樊高新区	2001.08	0142005A0017
40	襄樊市现代农业科技开发有限公司	襄樊高新区	2001.08	0142005A0018
41	襄樊市锦绣园农业科技开发有限公司	襄樊高新区	2001.08	0142005A0019
42	襄樊恒英化工有限公司	襄樊高新区	2001.08	0142005A0020
43	湖北义和建材股份有限公司	襄樊高新区	2001.08	0142005A0021
44	襄樊晨鸣铜版纸有限责任公司	襄樊高新区	2001.08	0142005A0022
45	襄樊乐奇电器制造有限公司	襄樊高新区	2001.08	0142005A0024
46	襄樊市精信催化剂有限责任公司	襄樊高新区	2001.08	0142005A0025
47	湖北华中药业有限公司	襄樊高新区	2001.08	0142005A0026
48	襄樊华明光学元件有限责任公司	襄樊高新区	2001.08	0142005A0027
49	湖北三环车桥有限公司	襄樊市科技局	2001.08	0142005B0033
50	襄樊正大农业开发有限公司	襄樊市科技局	2001.08	0142005B0034
51	中铁十一局集团有限公司	襄樊高新区	2001.12	0142005A0051
52	老河口光华组合机床(集团)股份有限公司	襄樊市科技局	2001.12	0142005B0054
53	老河口光华组合机床(集团)股份有限公司	襄樊高新区	2001.12	0142005A0055
54	中国南车集团襄樊牵引电机有限公司	襄樊高新区	2001.12	0142005A0057

续表 2

次序	企业名称	主管部门	认定时间	认定登记号
55	襄樊五二五泵业有限公司	襄樊高新区	2001.12	0142005A0058
56	湖北拓新科技股份有限公司	襄樊高新区	2001.12	0142005A0059
57	襄樊鑫泉化工有限公司	襄樊高新区	2001.12	0142005A0060
58	国营长城油料器材机械厂襄樊分厂	襄樊高新区	2001.12	0142005A0061
59	湖北天药药业股份有限公司	襄樊高新区	2002.04	0242005A0005
60	襄樊裕泰铜铅合金钢带制造有限责任公司	襄樊高新区	2002.04	0242005A0007
61	中铁电气化局集团第二工程有限公司	襄樊高新区	2002.04	0242005A0012
62	襄樊宏伟航空器有限责任公司	襄樊高新区	2002.04	0242005A0013
63	襄樊欧安电气有限公司	襄樊高新区	2002.04	0242005A0014
64	先迪电气通讯(襄樊)有限公司	襄樊高新区	2002.04	0242005A0045
65	襄樊南车专用汽车股份公司	襄樊高新区	2002.04	0242005A0016
66	襄樊市博亚机械有限公司	襄樊高新区	2002.04	0242005A0018
67	襄樊正信航空技术有限公司	襄樊高新区	2002.04	0242005A0019
68	襄樊宽带网络有限公司	襄樊高新区	2002.04	0242005A0020
69	襄樊航生石化环保设备有限公司	襄樊高新区	2002.04	0242005A0021
70	襄樊福顺特种汽车配件制造有限公司	襄樊高新区	2002.06	0242005A0026
71	襄樊凯瑞电力科技有限公司	襄樊高新区	2002.06	0242005A0027
72	襄樊冠华防伪技术有限公司	襄樊高新区	2002.06	0242005A0028
73	襄樊王行航空附件维修工程有限公司	襄樊高新区	2002.06	0242005A0029
74	湖北唐氏俊银医药化工有限责任公司	襄樊市科技局	2002.08	0242005B0039
75	襄樊航鹰航空科技有限责任公司	襄樊高新区	2002.11	0242005A0055
76	襄樊市石开网络科技有限公司	襄樊高新区	2002.11	0242005A0056
77	襄樊市富门子电气有限公司	襄樊高新区	2002.11	0242005A0057
78	襄樊市襄西化学工业有限公司	襄樊市科技局	2002.11	0242005B0058
79	襄樊科创实业有限公司	襄樊高新区	2002.11	0242005A0059
80	东风车桥有限公司	襄樊高新区	2002.12	0242005A0076
81	中铁十一局集团电务工程有限公司	襄樊高新区	2002.12	0242005A0078
82	襄樊惠邦化工有限公司	襄樊高新区	2002.12	0242005A0079
83	襄樊市港华玻璃钢有限公司	襄樊高新区	2002.12	0242005A0080
84	襄樊启扬电脑软件服务有限公司	襄樊高新区	2002.12	0242005A0081
85	襄樊市科胜密封材料有限公司	襄樊高新区	2002.12	0242005A0083
86	襄樊五二五化工机械有限公司	襄樊高新区	2002.12	0242005A0085
87	襄樊德立信新型防水材料有限公司	襄樊高新区	2002.12	0242005A0086
88	襄樊新华九暖通设备工程有限公司	襄樊高新区	2002.12	0242005A0087
89	东风襄樊仪表系统有限公司	襄樊高新区	2003.01	0342005A0001
90	襄樊华天元件有限公司	襄樊高新区	2003.04	0342005A0007
91	湖北圣龙厢式汽车改装总厂	襄樊市科技局	2003.04	0342005B0008
92	枣阳兴亚摩擦材料有限公司	襄樊市科技局	2003.04	0342005B0009
93	襄樊协利成机车车辆工程设备有限公司	襄樊高新区	2003.04	0342005A0010
94	襄樊天阳电器有限公司	襄樊高新区	2003.04	0342005A0011
95	东风康明斯发动机有限公司	襄樊高新区	2003.07	0342005A0030

续表 3

次序	企业名称	主管部门	认定时间	认定登记号
96	襄樊市恒尔实业有限责任公司	襄樊市科技局	2003.07	0342005B0031
97	襄樊东达汽车零件有限责任公司	襄樊高新区	2003.07	0342005A0032
98	襄樊黑旋风模具有限责任公司	襄樊高新区	2003.07	0342005A0033
99	襄阳精鑫电子设备制造有限公司	襄樊市科技局	2003.07	0342005B0034
100	东风汽车工程研究院襄樊汽车零部件厂	襄樊高新区	2003.07	0342005A0035
101	襄樊大力开关设备有限责任公司	襄樊高新区	2003.07	0342005A0036
102	襄樊航力机电技术发展有限公司	襄樊高新区	2003.07	0342005A0037
103	襄樊市乐泰汽车配件镀业有限公司	襄樊高新区	2003.07	0342005A0038
104	襄樊海威路桥物资有限责任公司	襄樊高新区	2003.07	0342005A0039
105	襄樊市万联化工有限公司	襄樊高新区	2003.07	0342005A0040
106	枣阳市鑫鑫化工有限公司	襄樊市科技局	2003.09	0342005B0073
107	枣阳福星摩擦材料有限公司	襄樊市科技局	2003.09	0342005B0074
108	襄樊泰和航天科技有限公司	襄樊高新区	2003.12	0342005A0092
109	襄樊东风汽车电气有限责任公司	襄樊高新区	2003.12	0342005A0093
110	襄樊航华航空技术应用有限公司	襄樊高新区	2003.12	0342005A0094
111	襄樊凡科网络软件科技有限公司	襄樊高新区	2003.12	0342005A0095
112	襄樊嘉胜网络系统工程有限公司	襄樊高新区	2003.12	0342005A0096
113	襄樊创奇网络科技有限公司	襄樊高新区	2003.12	0342005A0097
114	东风襄樊旅行车有限公司	襄樊高新区	2003.12	0342005A0098
115	襄樊海诚电子科技有限公司	襄樊高新区	2003.12	0342005A0099
116	襄樊隆福超细粉体有限公司	襄樊高新区	2003.12	0342005A0100
117	襄樊中铁宏吉预应力设备有限公司	襄樊高新区	2003.12	0342005A0101
118	中天路桥有限公司	襄樊高新区	2003.12	0342005A0102
119	襄樊亿莱特软件系统工程有限公司	襄樊高新区	2003.12	0342005A0103
120	襄樊聚能光电科技有限责任公司	襄樊高新区	2003.12	0342005A0104
121	襄阳固特力有限责任公司	襄樊市科技局	2003.12	0342005B0105
122	襄樊市海通硬质合金有限公司	襄樊市科技局	2003.12	0342005B0106
123	风神襄樊汽车有限公司	襄樊高新区	2004.04	0442005A0010
124	谷城圣光种业有限责任公司	襄樊市科技局	2004.04	0442005B0012
125	襄樊海纳电气有限公司	襄樊市科技局	2004.04	0442005B0014
126	襄樊市新兴联机械有限公司	襄樊市科技局	2004.04	0442005B0016
127	襄樊特种电机有限公司	襄樊市科技局	2004.07	0442005B0028
128	襄樊汇尔杰玻璃纤维有限责任公司	襄樊市科技局	2004.07	0442005B0029
129	湖北天鹅涂料化工股份有限公司	襄樊市科技局	2004.07	0442005B0030
130	襄樊奔腾众合科技有限责任公司	襄樊高新区	2004.07	0442005A0031
131	湖北化纤集团襄樊凯阳有限公司	襄樊高新区	2004.07	0442005A0032
132	襄樊市长和实业有限公司	襄樊高新区	2004.07	0442005A0033
133	襄樊东捷精密机械有限公司	襄樊高新区	2004.12	0442005A0050
134	襄樊航宇机电液压应用技术有限公司	襄樊高新区	2004.12	0442005A0051
135	湖北江山重工有限责任公司	襄樊高新区	2004.12	0442005A0052
136	襄樊台基半导体有限公司	襄樊高新区	2004.12	0442005A0053

续表 4

次序	企业名称	主管部门	认定时间	认定登记号
137	襄樊市网科实业有限公司	襄樊高新区	2004.12	0442005A0054
138	襄樊科威电气有限公司	襄樊高新区	2004.12	0442005A0055
139	湖北旭通送电设备有限公司	襄樊高新区	2004.12	0442005A0056
140	襄樊市杰鑫电子信息材料有限公司	襄樊高新区	2004.12	0442005A0057
141	襄樊天阳实用建材科技有限公司	襄樊高新区	2004.12	0442005A0058
142	襄樊文锋塑料五金工艺有限公司	襄樊高新区	2004.12	0442005A0059
143	湖北众力机车车辆配件有限公司	襄樊高新区	2004.12	0442005A0060
144	襄樊新科特控制技术有限公司	襄樊高新区	2004.12	0442005A0061
145	襄樊市博铭维智能科技有限公司	襄樊高新区	2004.12	0442005A0062
146	襄樊天基网络科技有限公司	襄樊高新区	2004.12	0442005A0063
147	襄樊恒立铸造有限公司	襄樊市科技局	2004.12	0442005B0064
148	襄樊金恒电气有限公司	襄樊高新区	2005.07	0542005A0029
149	襄樊市网科德通信息工程有限公司	襄樊高新区	2005.07	0542005A0030
150	湖北汉丹机电有限公司	襄樊高新区	2005.07	0542005A0031
151	湖北三环锻造有限公司	襄樊市科技局	2005.07	0542005B0032
152	湖北石花纺织股份有限公司	襄樊市科技局	2005.07	0542005B0033
153	老河口华松化工有限责任公司	襄樊市科技局	2005.11	0542005B0062
154	苏州仁和(老河口)汽车有限公司	襄樊市科技局	2005.11	0542005B0063
155	东风襄樊旋压件有限公司	襄樊高新区	2005.12	0542005A0096
156	襄樊东康能强机电有限公司	襄樊高新区	2005.12	0542005A0097
157	襄樊冠通机械有限公司	襄樊高新区	2005.12	0542005A0098
158	襄樊天盾科技实业有限公司	襄樊高新区	2005.12	0542005A0099
159	湖北世祥电气科技有限公司	襄樊高新区	2005.12	0542005A0100
161	襄樊红杏电子科技有限公司	襄樊高新区	2005.12	0542005A0101
162	襄樊惠葡生化科技工程有限公司	襄樊高新区	2005.12	0542005A0102
163	襄樊新网联网络科技有限公司	襄樊高新区	2005.12	0542005A0103
164	湖北全景奥德网络科技有限公司	襄樊高新区	2005.12	0542005A0104
165	襄樊康晨格莱特电力工程有限公司	襄樊高新区	2005.12	0542005A0105

一、汽车工业

1979 年，为第二汽车制造厂(以下简称“二汽”)配套的襄阳轴承厂、二汽仪表厂、汽车灯具厂、湖北钢丝厂、湖北齿轮厂、湖北石棉厂、湖北化学纤维厂、湖北汽车蓄电池厂等一批企业在襄樊相继创立。20 世纪 80 年代初，“二汽”筹划在襄樊北郊油坊岗一带建厂，开辟第二基地。1982 年，市委、市政府提出“依托二汽、大力发展汽车工业”的要求。1983 年 8 月 21 日，“二汽”第三铸造厂在襄樊动工建设。1984 年 10 月 5 日，“二汽”襄樊基地奠基。1985 年，全市从事改装车及汽车配件企业 51 家。

1986 年始，汽车工业开始出现大规模投资建设，“七五”时期完成投资 5.6 亿元，建成的主要项目有：铸造三厂(一期工程，年产 3 万吨铸件生产线)、柴油发动机厂(总投资 2.5 亿元，年产 6 万辆 8 吨柴油车发动机)、第二动力厂(热电站、煤气站、电信站、污水处理站和水厂等)、汽车试验厂(第一期工程,国内规模最大、设计标准最高、试车功能最全、符合国际技术要求的综合试验场)以及专用铁路运输线、基建材料站、设备仓库、消防等配套设施。襄樊基地建设初具规模,成为全市汽车工业的核心和龙头,带动了地方汽车工业的发展。1990 年,全市汽车及零部件企业 95 家,其中与二汽配套供货的 45 家,职工近 5 万人,其中工程技术人员 2 800 人,固定资产原值 6 亿元,净值 4 亿元,初步形成了东风系列产品配套、配件、协作的生产格局。全市汽车工业实现产值 6 亿多元,占全市机械工业产值的 50%以上,占全市工业产值的 9%,居全省同行业第二位。

1990 年 12 月 20 日,“二汽” 与法国雪铁龙公司正式签署 30 万辆轿车合资项目,1992 年 5 月 18 日,成立“神龙汽车有限公司”(合资公司),轿车总装厂建在武汉,机加工厂(发动机、变速箱、车桥等)建在襄樊。1993 年 10 月 4 日,东风汽车公司(1992 年 9 月 1 日“二汽”更名为“东风汽车公司”,以下简称东风公司)轻型车厂在襄樊基地奠基。东风轻型车设计总纲领为年产 1—3 吨级汽车 10 万辆,其中 3 吨级 3 万辆为一期工程,投资总额 12.43 亿元。1993 年,全市汽车工业实现产值 36.8 亿元,首次超过纺织工业,成为襄樊工业第一支柱产业。1995 年,全市生产整车和配套件、协作件的企业 175 家,分布于 16 个行业,其中有 48 家为东风集团成员厂,职工约 5 万人,其中专业技术人员 5 000 多人,固定资产净值 10 多亿元,各类机械设备 3 万多台(套),完成汽车工业产值 50 亿元,占全市乡及乡以上工业产值的 22%,实现利税 6 亿多元。1999 年 7 月 15 日,“东风汽车股份有限公司”在襄樊创立(由东风轻型车厂、柴油发动机厂、铸造三厂的资产独立发起,同年 7 月 27 日在上海证券交易所挂牌交易)。2000 年,全市汽车工业产值首次突破百亿大关,达 112 亿元,占全市工业总产值的 39.5%,其中东风公司襄樊基地完成 70 亿元,中央及省属军工企业完成 16.5 亿元,市属企业完成 25.5 亿元。

2002 年 9 月 19 日,东风公司与日本日产自动车株式会社正式签署在中国建立长期全面合作伙伴关系的协议(2003 年 6 月成立合资公司——东风汽车有限公司),同年 10 月 25 日,与法国 PSA 标致雪铁龙集团签署扩大合作的合资合同。襄樊成为东风合资公司轻型商用车、中高档轿车和发动机、车桥、电气、仪表等关键总成的重要生产基地,是东风集团内商用车、乘用车兼有、发动机、零部件皆备的事业基地。2004 年,全市规模以上汽车工业产值突破 200 亿元,达 210 亿元。2005 年突破 300 亿元,达 314 亿元,占全市规模以上工业产值的 56%,汽车产业出口 3 919 万美元,占全市出口额的 27.3%。2005 年,全市从事汽车及零部件生产加工的企业发展到 214 家,其中规模以上企业 95 家,资产总额 260 多亿元。年产值过亿元企业 18 家,过 10 亿元 3 家,过 50 亿元 1 家,风神襄樊汽车有限公司实现产值 123 亿元(见表 12—9、12—10、12—11)。直接从事汽车及零部件生产的职工超过 5 万人,围绕汽车产业就业人数发展到 13 万多人。

汽车工业产值

表 12—9　　单位:亿元

年份	工业产值	占全市工业产值的比重
1990	6	9.50%
1993	36.8	25.60%
1995	50	20.75%
2000	112	41.95%
2004	210	51.94%
2005	314	58.30%

2005 年汽车及零部件产值过亿元企业

表 12—10　　单位:亿元

企业名称	产值
风神襄樊汽车有限公司	123.16
东风汽车股份有限公司	72
神龙汽车有限公司襄樊工厂	35.38
东风德纳车桥有限公司	25.9
东风创普专用汽车有限公司	11.59
湖北骆驼蓄电池股份有限公司	6.46
湖北三环车桥有限公司	4.18
襄阳汽车轴承股份有限公司	3.8
襄樊东风汽车电气有限责任公司	2.53
东风汽车公司襄樊管理部	1.71
枣阳福田专用汽车有限公司	1.7
东风襄樊仪表系统有限公司	1.66
湖北中航精机科技股份有限公司	1.4
三六一一机械厂襄樊分厂	1.4
湖北三环锻造有限公司	1.35
航宇救生装备有限公司汽车零部件公司	1.3
襄樊星火汽车零部件制造有限公司	1.2
襄樊长源东谷实业有限公司	1.05

2005 年汽车及零部件主要产品产量

表 12—11

名称	数量	名称	数量
天籁轿车	61 819 辆	载重车变速箱	14 000 台
风神蓝鸟轿车	12 634 辆	蓄电池	196 万千伏安
载货汽车	68 802 辆	轴承	1 537 万套
轻型客车	17 020 辆	仪表	24.8 万套
改装车	14 024 辆	启动机	45.3 万台
东风康明斯发动机	83 808 台	发电机	21.4 万台
神龙轿车发动机	141 554 台	汽车座椅	929 454 件
神龙轿车变速箱	110 206 台	座椅调角器	80 万辆份
神龙轿车车桥	141 554 套	汽车门锁	551 万件
载重车车桥	388 332 根	汽车灯具	164 万支

(一)汽车整车制造

1986 年,境内生产改装车企业 5 家、挂车企业 13 家。1990 年 12 月,“二汽”汽车装配试制厂在襄樊基地动工建设(该厂系二汽与法国雪铁龙公司合资 30 万辆轿车项目投产前的先导工程,先由法国政府为二汽提供 13.4 亿法郎的出口信贷,从法国引进散件和设备,组装 3.5 万辆轿车投放国内市场,以后改为轿车试制和变形车生产厂)。1992 年 9 月 4 日,第一辆“富康”轿车在东风襄樊基地汽车装配试制厂下线,当年组装生产富康轿车 1 000 辆。1993 年,全市有改装车企业 11 家,年改装能力 2 万辆,生产 30 多个品种的改装车以及农用车,年产 1.8 万辆,年产值 11 亿多元。1995 年 7 月 18 日,第一辆 3 吨轻型车在襄樊基地下线,结束了东风公司没有轻型车的历史。1997 年 6 月 28 日,第一辆 1.5 吨东风轻卡下线。1998 年,生产轻卡 18 202 辆,改装车 2 100 辆,整车类(含改装车)产值 23 亿元,占汽车工业总产值的 28.8%。1999 年 2 月,东风汽车装配试制厂更名为“东风汽车轻型客车厂”。2000 年 4 月 26 日,2.0 升级风神轿车在襄樊基地的东风轻型客车厂正式投产,10 月 18 日, 东风襄樊旅行车公司挂牌成立,主要生产 EQ6480 轻型客车系列产品。2003 年 8 月 22 日,第 10 万辆“风神—蓝鸟”轿车下线。2004 年 7 月 16 日,第 25 万辆东风轻型车下线,9 月 29 日,东风—日产合资后的第一款具有国际水平的高档轿车——3.5 升排气量的天籁高档轿车在东风日产乘用车公司襄樊新厂下线,年生产能力10万辆,当年生产天籁轿车11 818辆。2005年,全市汽车整车企业共生产各类整车157 279辆(见表13—11),汽车(含改装车)类产值 174 亿元,占汽车工业产值的 55.41%,出口轻型车 3 818 辆。汽车产品主要包括乘用车、轻型载货车、旅行车以及多种改装车。其中乘用车产品有中高档天籁轿车、蓝鸟轿车,轻型载货车主要产品有“东风小霸王”系列、“东风锐霸”系列、“东风之星”系列、“东风多利卡”中档轻卡系列、“康霸”系列、“朝威”系列和“东风金刚”系列,东风轻型卡车产销量位居全国同行业第二。旅行车系列产品包括“莲花”“东方快车”等,襄樊已成为中国最大的轻型商用车生产基地。

东风汽车股份有限公司:该公司是经国家证监会批准,由东风汽车公司独家发起,采取公开募集方式于 1999 年 7 月 15 日创立。1999 年 7 月 27 日“东风汽车”股票在上海证券交易所上市交易,公司总股本 20 亿股。主要事业板块有:汽车分公司、铸造分公司、皮卡事业部、工程车事业部、海外事业部,东风康明斯发动机有限公司、郑州日产汽车有限公司、东风裕隆汽车销售有限公司、东风襄樊旅行车有限公司等。公司主营业务是设计、制造和销售东风系列轻型商用车、东风康明斯发动机及相关零部件。产品包括东风小霸王、东风金霸、东风多利卡、东风之星、东风金刚、东风皮卡、东方快车等多系列上千个品种。覆盖轻型卡车、轻客、客车底盘、皮卡、SUV 等车型,是中国最大的轻型商用车生产基地。公司持有 50%股份的东风康明斯发动机有限公司,产品覆盖 B、C 和 L 系列 4 到 9 升机械式和全电控柴油机,功率范围 100—370 马力,能够满足欧洲 III 号和 IV 号汽车排放标准以及欧美非公路用机动设备第二阶段和第三阶段排放标准,技术上与欧美市场同步,是中国目前最大的中重型动力生产基地。公司持有 51%股份的东风裕隆汽车销售有限公司为中国第一家汽车行销领域的合资公司。公司持有 51%股份的郑州日产汽车有限公司为目前中国最大的高端皮卡生产基地。公司通过了 GB/T2 4001 环境管理体系和 GB/T 28001 职业健康安全管理体系第三方认证; 公司先后被评为科学技术部认定为国家火炬计划重点高新技术企业;被中国机械工业企业管理协会评为“机械工业企业管理先进示范企业”;被中国科学院评为“全国百家最有竞争力的企业”之一;被美国《财富》杂志旗下的贝恩公司评为中国持续盈利增长型的 8 家上市公司之一;被评为“中国十大诚信企业”。2005 年,有职工 7 675 人,固定资产 176 839.92 万元,工业总产值 719 904.71 万元,销售收入 880 105.79 万元。

图 12—1 东风汽车股份有限公司

图 12—2 东风汽车

风神襄樊汽车有限公司：公司前身为东风汽车公司汽车装配试制厂，于 1990 年 12 月 26 日动工，1991 年 10 月 23 日成立。1992 年 9 月 4 日，第一辆“富康”车在汽车装配试制厂下线。1996 年，开始逐步转入 EQ6840 系列轻型客车的生产。1997 年 1 月，东风公司第一款 11 座商用车 EQ6480 下线，随后生产 9 座商用车 EQ6472。1999 年 2 月 1 日，汽车装配试制厂正式更名为“轻型客车厂”。同年 4 月，根据东风公司的统一规划，轻型客车厂开始导入风神项目，在边生产轻型客车的同时，边进行风神轿车生产准备。2000 年 4 月 26 日，东风公司的第一款中高档轿车 EQ7200—Ⅰ下线，2001 年 5 月 12 日，EQ7200—Ⅱ下线，轻型客车厂转入风神 EQ7200—Ⅱ生产。2001 年 8 月 15 日，风神轿车国产化率 40% 核定会在湖北襄樊召开，同年 12 月 6 日，风神第 2 万辆车在襄樊工厂下线。2002 年 2 月 3 日，轻型客车厂更名为“风神襄樊汽车有限公司”，同年 10 月 15 日，EQ7200—Ⅲ下线。2003 年 6 月 16 日，风神襄樊汽车有限公司成为东风汽车有限公司乘用车公司正式员，同年 9 月 27 日，风神襄樊汽车有限公司投资 8 亿元，完成对东风汽车股份有限公司轻型车厂部分资产的收购，成立新的“风神襄樊汽车有限公司”，总资产从 7 600 万元变更为 82 600 万元。2004 年 8 月 2 日，EQ7200—Ⅳ投入生产，9 月 29 日，“天籁”轿车在风神襄樊汽车有限公司下线。2005 年 5 月 10 日，第 10 万辆风神（EQ7200）&NISSAN 系列轿车下线。公司占地面积 29.2 万平方米，建筑面积 17.0 万平方米，拥有冲压、焊接、涂装、总装四条生产线和一条整车检测线，设备 1 089 台（套），其中进口设备 167 台（套）。2005 年，有员工 2 278 人，固定资产 143 070 万元，工业总产值 1 194 060 万元，销售收入 110 847 万元。上缴税金 11 亿元，整车生产能力 10 万辆，是襄樊市首家产值过百亿元、税收过 10 亿元的工业企业。

图 12—3 天籁停车场

东风创普专用汽车有限公司：2003 年 12 月 6 日创立。是东风汽车有限公司的全资子公司，主要产品有牵引车、半挂车、自卸车系列、专用车底盘系列等。形成半挂车 3 000 辆 / 年、专用车底盘 5 000 辆 / 年、改装车 2 000 辆 / 年的生产能力。2005 年，有职工 419 人，资产总额 28 394 万元，工业总产值 110 000 万元，

图 12—4 天籁之歌

图 12—5 整装待发的天籁轿车

销售收入 108 000 万元。设备 70 台套，占地面积 47 069 平方米。

湖北福田专用汽车有限公司（原湖北光武汽车工业总公司）：1994 年成立。2001 年加入北汽福田公司。公司主营汽车车架、专用车制造和汽车贸易三大业务。车架产品形成 4 大系列 200 多个品种，年生产能力 8 万架，省内排名第二。专用汽车品种已形成 13 个系列，110 多个品种，年生产能力 2 万辆。建立了以北京欧曼为依托，全国 80 个服务网点为支撑的完善的服务网络体系，是中国 500 家最大交通运输设备制造企业。2005 年，占地面积 23.2 万平方米，主要设备 580 台（套），有职工 1 025 人，资产总额 15 854 万元，工业总产值 23 248 万元，销售收入 22 372 万元，车架产量 40 608 架，销量 39 654 架，专用车产量 1 374 辆，销量 1 429 辆。

（二）汽车零部件生产

20 世纪 60 年代末 70 年代初，境内一批与“二汽”定点配套的工厂（如二汽仪表厂、襄阳轴承厂、湖北蓄电池厂、湖北汽车工具厂、湖北第二汽车电器厂等）先后建成。20 世纪 80 年代，随着二汽襄樊基地的建设和发展，地方一批从事机械加工、农机制造维修的工厂调整产品结构，开始从事汽车配件生产（如襄樊拖拉机厂更名襄樊车桥厂，南漳机械厂改名为湖北刹车装置厂，枣阳农机修造厂改名为湖北汽车车架厂等），市区、老河口、随州、枣阳、谷城等县（市）发展了一批汽车配件企业。1986 年，境内有汽车配件企业 30 多家。1989 年 7 月，“二汽”柴油发动机厂在襄樊建成投产（该厂是引进美国康明斯公司 B 系列柴油发动机的产品和技术而建设的专业生产厂，具有年产 6 万台发动机生产能力，可满足轻、中、重型载货车的动力需要）。1993 年 2 月，东风汽车公司在襄樊基地举行神龙公司机加工厂奠基仪式，同年 10 月 11 日，发动机车间动工。1993 年，全市汽车零部件企业 133 家，年产值 15 亿多元。

“七五”和“八五”时期，襄樊汽车零部件企业先后从日本、美国、德国、比利时、意大利等国家和中国香港地区，引进冲焊车桥、阳极泳漆、中空注塑、蓄电池封装、齿轮加工及热处理、活塞环加工、轴承套圈热处理等具有国际 20 世纪 80 年代先进水平的工艺技术和关键设备。研制和完善了汽车灯具、轴承、车桥、油漆、座椅、蓄电池、变速箱、车厢铅板加工等设计技术和制造工艺，提升了襄樊汽车零部件产品档次和水平（如襄樊车桥厂引进日本技术生产的 EQ153 重型车前后桥总成填补了国内焊接桥壳的空白，成为襄樊汽车工业支柱型产品之一）。生产的产品包括发动机系统、车身系统、车架及底盘系统、变速箱系统、车桥系统、制动系统等6个系列，600多个品种。其中与东风公司配套率100%的产品有EQ153汽车前后桥总成、座椅总成、发动机摇臂总成、化油器轴、飞轮壳、车用泡沫和EQ140汽车专用弹簧、汽车整流元件、气泵环等10多个品种，全年配套产值4.75亿元。配套率50%以上的产品有15家企业的数10种产品，全年配套产值6.2亿元。1996年4月，神龙公司襄樊工厂发动机装配线开通并调试装机，结束从法国进口发动机整机的历史。同年6月28日，总投资7 800万美元的中美合资企业东风康明斯发动机有限公司在襄樊成立。1998年，富康轿车变速箱生产线（投资7亿元，设计生产能力年产15万台）建成投产，当年生产6 000台。

20世纪80、90年代，境内江华机械厂、江汉公司（610研究所）、青山机械厂（东风电气）、江山公司、宏伟机械厂、卫东机械厂、汉丹电器厂、红旗机制厂、东方化学工业公司等10多家三线军工企业及科研单位实施"军转民"战略，依托区位、市场优势，进军汽车零部件业。发挥技术、设备优势，开（研）发生产了汽车门锁、发动机摇臂、启动机、发电机、汽车座椅、汽车座椅调角器、变速箱、气缸盖、机油泵、水泵燃油箱、消声器、制动毂、燃油箱、消声器、制动毂、轿车系列座靠垫等总成和零部件产品。如江华机械厂生产的发动机摇臂为神龙汽车公司轿车配套供货，江汉公司研发生产的座椅调角器为一汽奥迪、捷达和神龙富康等轿车配套供货，进一步提升了襄樊汽车零部件产业的整体发展水平。1998年，汽车零部件类产品实现产值57亿元，占全市汽车工业产值的71.2%。共生产康明斯柴油发动机34 819台，富康轿车发动机37 057台、变速箱5 013台、前后桥36 218辆份，载重车变速箱15 000台，汽车发电机20万只、启动机18万只，汽车轴承2 500万套，灯具65万只，蓄电池40万只，门锁18万套，摩擦材料5 000吨。

2001年6月11日，第30万台东风康明斯B系列柴油发动机在东风汽车股份有限公司柴油发动机分公司下线，同年11月6日，第一台东风康明斯C系列发动机在新厂房装配下线，标志着东风康明斯发动机有限公司全面建成投产。2003年1月8日，东风车桥有限公司在襄樊宣告成立（新公司由原东风车桥股份有限公司车桥分公司、襄樊东风重型车桥股份有限公司、东风车桥轮毂厂进行资产战略重组和业务流程再造，按法人治理结构建立）。同年4月11日，由东风汽车股份有限公司柴油发动机分公司、康明斯有限公司（襄樊）机加工有限公司以及康明斯C系列柴油机合资生产厂重组成立的"东风康明斯发动机有限公司"在襄樊基地成立。年生产能力13万台，生产康明斯B、C和L系列4到9升机械式和电控柴油机，当年生产柴油发动机92 771台，襄樊成为中国最大的中、重型动力生产基地。2005年6月28日，东风汽车有限公司与美国德纳公司车桥项目合资合同正式签约，成立东风德纳车桥有限公司（东风车桥有限公司与美国德纳公司合资组建）。公司产品覆盖重、中、轻、微全系列商用车桥，是国内产品型谱最齐全的车桥公司，具有年产车桥总成90万根，主从动齿轮80万套的能力。2005年，全市汽车零部件类产值（不含整车）达140亿元，占汽车工业产值的44.6%。汽车零部件产品达6 000多种，其中总成或分总成产品、部件产品达到400多种。主要有发动机总成（东风康明斯柴油发动机，神龙轿车发动机）、车身（含驾驶室）总成、车桥（东风德纳公司的驱动桥总成、非驱动桥总成）总成、变速器总成、车架总成、电气和仪表系统总成轴承、座椅、灯具、蓄电池、调角器、车门锁、发电机、电动机、启动机、摩擦材料、油品化工等产品总成系列。襄樊地区为东风公司配套的供应商发展到150多家。汽车零部件产品除为东风公司配套外，还有部分产品为一汽、上汽、北汽福田、南汽、天汽、柳汽、陕汽、中国重汽、重庆红岩、北方奔驰、华晨、奇瑞、吉利、玉柴等国内40多家整车、主机厂配套。东风德纳车桥有限公司是亚洲最大的中重型商用车桥生产企业，东风康明斯发动机是中国最具影响力的发动机品牌之一，东风仪表是全国最大的汽车仪表和传感器生产企业之一，中航精机是全国最大的座椅调角器生产企业，骆驼蓄电池公司是全国第二大汽车蓄电池生产企业，襄阳汽车轴承股份公司是全国最大的汽车轴承生产企业之一。

东风康明斯发动机有限公司(原东风公司柴油发动机厂):1996 年 6 月成立,是东风汽车公司和美国康明斯公司以 50 : 50 的股权比例合资兴建的中重型柴油发动机机制造公司。注册资本逾 1 亿美元,总占地面积 26.23 公顷,是中国最具影响力的发动机品牌企业之一。主要产品有康明斯 B、C、L 系列机械式和 B、QSB、ISDe、ISLe 系列全电控柴油机,B、C、L 系列天然气发动机。年生产能力 18 万台。1986 年,企业获得康明斯中马力 B 系列机械式发动机生产许可证。1996 年 6 月 26 日,东风汽车公司与美国康明斯公司合资组建东风康明斯发动机有限公司。1997 年 1 月, 东风康明斯开始 SKD 生产。1999 年 7 月 30 日,新厂房开始施工,同年 8 月 12 日,东风康明斯成功地装配、实验出第一台 CKD 发动机,同年 12 月,东风汽车公司持有股份转移给东风汽车股份有限公司。2000 年,东风康明斯新工厂落成,随后二期工程开始施工,年底,ATPU 第一台发动机下线。2001 年 6 月 11 日,第 30 万台东风康明斯 B 系列柴油发动机在东风汽车股份有限公司柴油发动机分公司下线。6 月 5 日,东风康明斯通过 ISO/TS 16949 质量体系第三方认证并取得证书。2003 年 2 月 22 日,东风汽车股份有限公司与美国康明斯公司在北京人民大会堂签定合作协议,对东风康明斯发动机有限公司实施增资扩股[由东风汽车股份有限公司柴油发动机分公司、康明斯有限公司(襄樊)机加工有限公司以及康明斯 C 系列柴油机合资生产厂重组成立新的“东风康明斯发动机有限公司”],同年 4 月 11 日,扩大的东风康明斯发动机有限公司正式揭牌。2004 年 4 月 27 日,东风康明斯发动机有限公司与康明斯—西港公司就天然气发动机项目达成合作意向。同年 5 月 18 日,莱茵技术有限(上海)公司对东风康明斯发动机有限公司进行了 ISO/TS 16949:2002 汽车行业质量管理体系、ISO14001:2004 环境管理体系以及 OHSAS 18001 : 1999 职业健康安全管理体系的三个体系扩证审核。同年 6 月,ERP 系统、QAD 项目全面完成整合并进行运行,至此东风康明斯发动机有限公司资源管理系统全面建立。同年 10 月 1 日,东风康明斯发动机有限公司全面完成产品从欧Ⅰ到欧Ⅱ排放达标的生产准备与技术转换工作,顺利实现转产。同年 10 月 11 日,东风康明斯发动机有限公司第五次联合规划会议在襄樊召开,会议进一步确定了东风康明斯发动机有限公司导入的电控发动机机型平台,该机型是美国康明斯最新研制开发的发动机。同年 12 月 2 日,康明斯东亚地区技术中心成立,同年 12 月 3 日,“第 70 万台发动机下线暨 C 系列年产 8 万台产能扩张”在西区 ATPU 举行。2004 年,公司获得湖北省外商投资“十佳企业”称号,东风公司“最佳文明”单位,东风有限“最佳单位”、武汉海关与襄樊国税“A 级企业”称号。2005 年 1 月 21 日,东风康明斯发动机有限公司“降低发电机赔偿率”六西格玛项目被康明斯授予“2004 年度主席质量奖”。同年 5 月底,东风康明斯发动机有限公司的 B 系列、C 系列发动机一次性通过中国汽车产品认证中心的初始工厂审查。同年 7 月 26 日,东业发动机技术中心在武汉经济技术开发区正式奠基,是外资发动机企业在华设立的第一家技术研发中心。同年 8 月 21 日下午 3 时 48 分,中共中央总书记、国家主席胡锦涛在中共中央政治局委员、湖北省委书记俞正声、中共中央办公厅主任王刚等一行人陪同下到东风康明斯发动机有限公司考察。同年 10 月 12 日,东风公司与康明斯公司合作开发新一代 13 升重型卡车发动机项目在襄樊正式签字。2005 年, 公司占地面积 26.23 公顷,产值 35.85 亿元, 销售收入 33.57 亿元,职工 1 890 人,固定资产 6.24 亿元,零部件出口突破 426 万美元。

图 12—6　东风康明斯发动机有限公司

神龙汽车公司襄樊工厂:1995 年 1 月 1 日创立,是神龙公司的重要机加零部件生产工厂,占地面积 54.4 万平方米,总投资 46.9 亿元。主要生产发动机、变速箱、车桥三大总成及零部件。主要工艺设备从法国等国家引进,广泛采用数控技术。2003 年,发动机产量突破 10 万辆,2005 年,发动机量产量

141 554 台，变速箱 110 260 台。工业总产值 353 800 万元，职工人数 844 人，固定资产 7 183 万元。2005 年已形成了 30 万台发动机、20 万台变速箱、25 万台车桥的生产能力。

图 12—7　神龙公司

图 12—8　神龙公司襄樊工厂生产线

图 12—9　车桥产品

襄樊市长源东谷实业有限公司：民营企业，成立于 2001 年。主要产品：柴油发动机缸体、缸盖、连杆、飞机壳及主轴承盖。现已建成康明斯 B、C、L 系列发动机汽车零件生产线 12 条。生产的产品主要供东风汽车有限公司、东风康明斯发动机公司、一汽柴油机厂等国内发动机厂装机用。拥有立式加工中心 124 台，数控车床 8 台，数控钻床 8 台，其他加工设备 85 台。有从美国进口的三坐标测量仪 3 台，机油泵，减振器磨合试验设备 4 台。2002 年获得“QS9000 质量体系认证证书”。2005 年，有职工 425 人，资产总额 18 327 万元，工业总产值 15 207 万元，销售收入 13 852 万元。

东风襄樊仪表系统有限公司（原第二汽车制造厂仪表厂）：1969 年创立，1993 年 4 月，企业更名为东风汽车公司仪表公司。1994 年 12 月，与地方合资，成立襄樊东风仪表金属元件公司。1995 年 4 月，东风汽车公司仪表公司又更名为襄樊东风汽车仪表有限责任公司。同年 9 月 18 日，与美国合资，在上海浦东成立“东风莫尔斯控制索有限责任公司”。同年 12 月，与意大利合资，成立上海东风马瑞利汽车零部件有限公司。1997 年 4 月，经原机械部和国家经济体改委批准，东风汽车公司作为独家发起人，对其下属东风汽车仪表有限责任公司进行股份制上市改造，成立东风汽车电子仪表股份有限公司（简称东风电仪），成为东风汽车公司第一家股份上市并注册于上海的子公司。原东风汽车仪表有限责任公司成为其下属子公司，更名为东风汽车电子仪表股份有限公司襄樊分公司，成为在襄樊的生产实体进行自主经营。东风汽车电子仪表股份有限公司后更名为东风电子科技股份有限公司。东风电子科技股份有限公司在襄樊的业务部分经历多次经营体制的变迁，襄樊公司2000年8月，更名为东风电子科技股份有限公司仪表分公司。2003年12月，更名为东风襄樊仪表系统有限公司，成为东风科技旗下具有独立法人资格的子公司。

公司是全国最大的汽车仪表和传感器生产企业之一。主要产品有：商用车仪表、传感器及汽车电子产品。年产各类汽车仪表40万套，各类传感器400万只。产品覆盖18个系列230余个品种的组合仪表总成，12个大系列、66个小系列160余个品种的单表总成，13个系列200余个品种的传感器总成。同时，公司还从事汽车仪表专业设备、模夹具、工位器具设计制造、动力管网设计、制造和安装。拥有："东风"及"东风科技"著名品牌。2000年以来，引进了FDM800型快速成型机、ww2—GV超声波摩擦焊机、QT200数控车床DH330—1450塑料注射成型机、JM368MKIII—G型塑料注射成型机、SIM-PLEX—S型丝网印刷机、步进电机系列仪表校验设备、步进电机系列仪表装配设备等。拥有温、湿、热、振动试验台，电子分色版万能印刷系统等先进设备。公司设有省级汽车仪表质量监督检验所，可进行包括台架实验、温度冲击、振动、电磁干扰等在内的各项性能试验。公司主要技术是90年代从德国VDO阿道夫.欣德林公司引进的全套汽车仪表和传感器的生产设备、制造技术和加工工艺。主要设计软件：PRO/E2001 、CATIA V5、AUTOCAD、PROTEL2004、ABAQUS、ANSYS设计验证设备，FDM快速成型、三维坐标测量仪、快速模具制造等。公司现有生产设备1 300余台，其中进口设备40余台，仪表装配校验设备285台，塑料注塑成型机28余台，标牌加工设备20余台，流水线11条。1986年，取得国家颁发的制造计量器具许可证。1987年，取得二级计量合格证。1990年，取得一级计量合格证。1997年，通过ISO 9001质量体系第三方认证。1999年，通过ISO 9002国际质量体系认证。2000年，通过QS 9000质量体系第三方认证。2001年，获得国家计量局颁发的一级计量单位合格证及国家签发的制定计量器具许可证，湖北省质量管理奖。2003年12月，通过ISO/TS 16949质量管理第三方认证。2004年，通过了TS 16949质量体系和OHSAS 18001与ISO 14001职业安全健康与环境管理体系第三方认证。2005年，有职工908人，固定资产11 269万元，企业产值16 672万元，销售收入15 580万元。

湖北骆驼蓄电池股份有限公司（原谷城蓄电池厂）：1994年，企业实施股份制改造后更名为湖北骆驼蓄电池股份有限公司。2001年，完成民营化改制。是全国第二大汽车蓄电池生产企业，东风汽车公司等著名汽车厂家定点配套单位，湖北省认定的高新技术企业，中国电工器材行业协会蓄电池专业协会副理事长单位。主要产品有2V 、6V、12V系列汽车用、摩托车用、电动车用、船舶用及工业用阀控式密闭型等"骆驼牌"铅酸蓄电池，共100多个规格型号，年产各类蓄电池250万只（有资料为350万只）。主要设备：先后从美国、德国、意大利等国家和中国台湾地区引进具有国际先进水平的主要生产设备48台（套）以及先进的生产技术工艺。产品覆盖全国各省市地区，在华北、西北、中南、华东、东北等地区的各大城市均有销售服务机构，产品市场占有率全国第二位。出口业务已涵盖东欧、美国、东南亚及非洲等国家或地区。经中国进出口商品质量评审中心评审，已获ISO 9002质量体系认证、EAQF/QS 9000质量认证、ISO/TS 16949质量体系认证。公司先后被湖北省人民政府授予"湖北省精品名牌"及"消费者满意产品"。并连续四年被东风汽车公司等著名汽车生产厂家授予"优秀供应商"称号。"骆驼"商标在2000年度被湖北省工商局评为

图12—10　骆驼牌蓄电池股份有限公司

湖北省“著名商标”(2006年,被评为“中国驰名商标”)。2005年,有职工1 300人,资产总额26 000万元,工业总产值82 724万元,销售收入65 000万元。

东风德纳车桥有限公司:亚洲最大的中重型商用车桥生产企业。2005年6月28日,东风汽车有限公司与美国德纳公司车桥项目合资合同正式签约,正式成立东风德纳车桥有限公司。公司地跨襄樊、十堰两市,下辖十堰工厂、襄樊工厂、车桥部件厂。产品覆盖重、中、轻、微全系列商用车桥,包括转向桥、单驱动桥、贯通式驱动桥、转向驱动桥、支承桥等5大类40多个系列1 700余种,是国内产品型谱最齐全的车桥公司。盘式制动器、电涡流缓速器、自动调整臂、ABS等先进技术在产品上得到广泛应用。产品主要为东风商用车有限公司及郑州宇通、厦门金龙、重庆安凯、广州骏威、上海申沃等客车公司配套。年生产能力为车桥总成90万根、主从动齿轮80万套,2005年,有职工7 279人,资产总额212 463万元,工业总产值262 237万元,销售收入260 880万元。

襄阳汽车轴承股份公司(原襄阳轴承厂):1968年,机械工业部确定在襄樊市筹建襄阳轴承厂,为“二汽”生产配套轴承。1987年,接收襄樊市缝纫机厂资产划转。1988年12月,牵头网络省内22家轴承生产企业成立襄阳汽车轴承企业集团。1991年2月,兼并市标准件厂。1993年,完成股份制改造后更名为襄阳汽车轴承股份公司。1996年,公司股票“襄阳轴承”在深交所上市。公司是国内最大的汽车轴承专业生产厂家,全国轴承出口五大基地之一。可生产0、2、3、4、5、6、7、8、N、U、QJ、K等12类型2 000多个品种的公制轴承和英制圆锥轴承,年生产能力超过3 000万套。拥有主要设备2 000多台(套)。建有全国唯一的专门从事汽车轴承研究、设计、开发的汽车轴承研究所和国家级汽车轴承技术中心。轴承产品设计采用计算机辅助设计程序系统,建立了CAD工作站,组建了检测功能齐全、检测手段先进的汽车零部件检测中心,主要设备全部采用微电子技术。在轴承行业率先研制开发了“离合器轴承模拟试验机”、“转向机轴承模拟试验机”及“驱动轴试验机”。公司技术中心被认定为国家级企业技术中心,共完成科研和技改项目706项,其中12项成果分别获国家、部、省级科研成果二等奖或三等奖。质量标准:1996年11月,率先在轴承行业通过ISO 9001质量评审,获得了ISO 9001质量标准认证证书。1997年,获得了美国FMRC公司的ISO 9001产品质量认证。2005年3月,通过瑞士国际认证机构对TS 16949质量管理体系的审核,获得ISO/TS 16949证书。公司致力于精品名牌战略,1997年,“ZXY”轴承被原机械工业部评为名牌产品,“ZXY”系列产品先后荣获是“中国驰名商标”“湖北名牌”“湖北省著名商标”称号。公司生产的“ZXY”轴承除整车供应东风、解放、江淮、北京、南京、长安和“五十铃”N系列车型和其他各类汽车、拖拉机及机械配套维修外,还为用户设计制造特殊用途的轴承及零件,现已形成重型、中型、轻型、微型、轿车等各种车型配套轴承的体系。在全国设立了28个销售分支机构,建有14个配送中心,销售和服务网络遍及全国的大中城市,产品远销欧美和东南亚。先后被评为全国机械工业“质量信得过明星企业”、东汽公司军车产品指定供应商和“全国百家最佳汽车零部件供应商”。2005年,有职工2 004人,资产总额64 729万元,工业总产值26 836万元,销售收入27 146万元。

图12—11 襄阳汽车轴承股份公司

湖北三环集团谷城车桥股份有限公司(原谷城县汽车配件厂):1994年,更名为谷城车桥股份有限公司。1997 年 10 月，优良资产和核心业务重组后进入三环集团公司，公司更名为湖北三环集团谷城车桥股份有限公司。主要产品：1986 年，有前轴辊铸、水泵、机加工、后方铸造、前桥总装 8 个车间，生产前轴、前桥总成、水泵、前后制动鼓四类产品，其成型辊铸工艺和提高成型辊铸前轴质量的研究获首届国家专利技术博览会优秀奖。1992 年，列入湖北省“小型巨人”企业发展计划。1994 年，形成年产前轴 15 万件和年装配总成 1.5 万台的生产能力。1997 年 10 月，公司进入湖北三环集团后，融得前轴和前桥总成技改项目资金 5 000 万元，续建辊锻四线工程，填平补齐辊锻四线全部设备。拥有 1 条前轴辊锻生产线、7 条前轴机加工线、5 条热处理线、1 条前桥总装线和 1 条后桥总装线，可年产前轴 60 万件，车桥 20 万件。产品有重、中、轻、客、农五个系列。2005 年，有职工 1 718 万元，资产总额 45 267 万元，工业总产值 52 306 万元，销售收入 50 000 万元。

湖北三环锻造有限公司：是生产汽车零部件和钢质模锻件的专业化企业，国内最大的中重型汽车转向节生产厂家，东风汽车公司定点配套厂。主要产品：汽车转向节、汽车吊耳、转向节臂、曲轴、垫板、突缘、齿轮等系列产品。转向节年生产能力达 60 万件，锻件年生产能力 3.5 万吨。拥有各类机械设备 500 余台(套)，形成了以世界最先进的德国进口的 6 300 吨电动压力机为主体的 7 条锻造生产线。以数控连续式推杆炉为主体的 7 条热处理生产线，以数控车床、组合机床为主体的 9 条机加生产线。以数控线切割，数控铣床、数控镗床、电脉冲机床为主体的 3 条模具加工生产线。化学分析、金相、硬度、探伤、拉伸试验、三坐标等检测手完备。产品已通过 ISO 9001：2000 和 ISO/TS 16949 质量体系认证。主要与东风汽车、东风德纳车桥、三环车桥、东风柳汽、汉德车桥、江淮汽车、重庆重汽、北方奔驰、厦门金龙等汽车厂商配套。连续三年被东风商用车公司和东风车桥公司授予“最佳供应商”“优秀供应商”等荣誉称号。2005 年，有职工 860 人，资产总额 32 000 万元，工业总产值 17 476 万元，销售收入 15 000 万元。

(三)汽车工业管理

20 世纪 80 年代初，第二汽车制造厂(简称二汽)筹划在襄樊北郊油坊岗一带建厂，开辟第二基地。1983 年 8 月 21 日，二汽第三铸造厂在襄樊正式破土建设。1984 年 10 月 5 日，二汽襄樊基地奠基。之后，襄樊市汽车工业逐步形成了围绕“二汽”，以产品、技术、资本为纽带，配套生产汽车零部件的汽车工业体系。整个汽车产业尚未出现统一的行业管理部门，各汽车制造企业分别隶属于汽车产业开发区，机械行业管理部门、二汽襄樊基地等政府、部门管理。1991 年，襄樊市汽车工业办公室成立，挂靠市经委。1993 年 1 月 9 日，市政府批复成立襄樊市汽车工业总公司(与市机械局合署办公，一套班子，两块牌子)，1998 年 10 月 27 日，对市汽车工业办公室体制进行调整(由原副县级调整为正县级机构)设在经贸委。负责全市汽车工业的规划、服务、指导和管理职能。2001 年 3 月 24 日，中共襄樊市委决定，成立襄樊市汽车工业办公室党组(见表 12—12)。

1991—2005 年襄樊市汽车工业办公室领导班子成员

表 12—12

机构名称	姓名	职务	任职时间
襄樊市汽车工业办公室(副县级)	文永全	主任	1991.11—1998.09
襄樊市汽车工业办公室(正县级)	蔡明权	主任	1998.10—2002.01
	蔡明权	党组书记	2001.03—2002.01
	陈洪基	主任	2002.01—2005.12

续表

机构名称	姓名	职务	任职时间
襄樊市汽车工业办公室(正县级)	陈洪基	党组书记	2002.01—2005.12
	徐春林	副主任	2005.12—

二、纺织工业

1980年,纺织工业总产值60 179万元,利润9 195万元。生产棉纱2.11万吨,棉布11 211万米,床单、丝织品等主要产品均创历史最好水平。1981年始,纺织产品市场由卖方市场逐步转化为买方市场。受市场、原料、产品结构和企业经营机制等综合因素的影响,纺织工业效益大幅度下滑,行业利润由1980年的9 195万元下降到1984年的5 800万元。1985年,全市有纺织企业133家,其中市直企业21家,职工67 392万人,固定资产原值4.7亿元。工业总产值10亿元,利税12 996万元。主要设备有棉纺锭21万枚,布机6 902台,棉麻混纺锭4 800枚,麻纺锭12 680枚,麻织机194台,毛纺锭10 480枚,毛纺机79台,其他类织机2 741台,印染线13条。有纺织印染、针复制、毛纺织、化学纤维、麻纺织、丝织、纺机、纺织电器等门类。产品涉及棉纺织、麻纺织、毛纺织、针织、化纤、纺机、纺电等1 300多个品种,其中5个产品获国家银质奖,11个产品获部优,34个产品获省优,产品畅销40多个国家和地区。

1986年始,纺织工业按照国务院提出的大纺织战略要求,调整产业和产品结构,实施技改、引进,开展横向经济联合,发展外向型经济。"七五"时期,共投入资技改资金1.42亿元,先后从美国、英国、德国、日本等国家和地区引进一批具有20世纪90年代水平的生产设备(大圆机、清钢联、气流纺、无梭织机、圆网印花机、自动裁减机等)200多台(套)。一批重点项目:襄樊市合成纤维厂涤纶短纤生产线,湖北化纤厂粘胶长丝扩建工程等相继竣工投产,提升了纺织工业的装备水平和竞争能力。1988年,全国纺织品市场出现热销,年底,实现工业总产值16亿元,利税2.1亿元,利润1.45亿元。实现出口收购值41 000多万元,创汇近1亿美元,产品出口50多个国家地区,经济效益位居全省同行业之首。全市纺织工业被列为全国39个重点纺织城市之一,主要经济指标列入纺织部39个重点纺织城市信息库。全行业累计获"三优"产品83个,其中国优5个、部优24个、省优54个。1989年始,国家开展经济环境的"治理整顿",纺织产成品出现严重积压,纺织工业发展速度开始回落。但效益仍保持了全省同行业的先进水平,1988—1990年,实现利润连续3年居全省同行业首位。1990年,完成工业产值11.44亿元,同比下降5.5%。出口交货值41 090万元,利润2 896万元。有企业163家,其中市直企业18家,职工人数10.9万人,固定资产原值10.3亿元。主要设备有棉纺锭41万枚,汽流纺9 096头,布机10 519台,印染线15条。

1991始,根据国务院"限产压锭"的基本要求和市委、市政府提出纺织工业"攻服装、创名牌、促纺织、上台阶"的发展方针。实施压锭改造,发展服装工业。"八五"时期,市直企业完成技改项目46项,完成投资35 258万元。重点项目有襄棉四万锭和一棉万锭压锭改造项目,银河纺织(集团)公司40台平缝机和清钢联引进项目,市棉织厂24台剑杆织机,市床单厂膨胶棉项目,湖北化纤总公司浸胶生产线改造项目等。其间,通过股份制和公司化改革。湖北金环股份有限公司、湖北银河纺织股份有公司、第一纺织(集团)公司、襄樊金鹏纺织(集团)股份有限公司、襄樊金方圆纺织股份有限公司、襄樊惠普印染实业总公司、襄樊"三王"时装公司、襄樊亚奇针织股份有限公司等一批股份制公司相继创立。1994年,纺织工业完成产值33.5亿元,居全省第一位。实现利税18 717万元,在全国39个纺织重点城市的20个盈利城市中居第四位。服装工业的发展速度居全省同行业第一位,产值首次突破亿元大关。1995年,全市有纺织企业125家,职工人数81 495人,固定资产原值21.49亿元。主要设备:棉纺锭51.11万枚,气流纺4 360头,布机11 397台,印染线17条,毛纺锭2.2万枚,麻纺锭2.2万枚,浆粕10 000吨,人造丝6 200吨,涤纶短纤20 000吨。"八五"期间,全市纺织工业累计完成工业总产值146亿元,年均递增16%,高于"七五"6.0%的递增幅度。出口交货值年均递增25.65%,高于"七五"年均8.5%的递增幅度。销售收入年均递增17.4%,利税年均递增16%,利润年均递增12%。65家服装企业累计完成产量4 000万件,产值20亿元,出口10亿元,利税3 000万元,服装工业占纺织工业总产值的比重不断上升(1997年,全市纺织服装工业完成工业总产值56亿元,完成出口交货值14.1亿元,纺织服装工业块头和出口位居全省两个第一)。

1996年始,受市场、出口、企业体制等因素的影响,纺织工业步入困难时期。1997—1998年,连续两年出现行业性亏损。在经济效益严重下滑的情况下,1997年,国务院提出优化资本结构的试点政策,10户企业按照国家优化资本结构试点政策,核销滞贷资金8 000万元,冲销行息7 226万元。1998年,国家针对纺织工业市场过剩问题,提出了压缩落后纺锭的基本要求。1999年始,按照国家提出的压锭、调整、扭亏三年规划的总体要求,省政府决定全市纺织工业两年压缩5.9万锭。随后,一棉集团1.5万锭压锭改造项目,市合成纤维厂1.5万吨涤纶短纤填平补齐项目,湖北化纤集团年产1 800吨粘胶长丝增量技改项目,襄棉宽幅府绸生产线改造项目等相继竣工或部分投产,纺织工业开始出现恢复性增长。2000年,完成工业总产值33.6亿元,工业增加值7.12亿元,出口创汇1 976万美元,销售收入23.44亿元,税收1.3亿元,分别比上年增长0.6%、12.2%、11%、8%和16%。

2001年始,纺织工业根据《中共襄樊市委襄樊市人民政府关于加快市直国有企业改革的若干意见》,对24户市直国有集体纺织企业,实施了以国有产权基本退出企业,解出国有企业职工身份为重点的企业改革。市床单厂、市提花织物厂等一批资不抵债的企业依法破产,退出市场。1992年以后改制的一批股份制企业(湖北银河纺织股份有限公司、襄樊新襄棉纺织有限公司、襄樊鑫方圆纺织有限公司、襄樊双佳印染有限公司、襄樊亚奇针织股份公司等)国有产权全部退出,完成民营化改造。这一时期,社会民间资本大规模进入纺织工业,一大批股份制或民营企业相继创立。2005年,全行业规模以上纺织企业有115户,职工54 982人,资产总额865 219万元,工业总产值799 077万元,销售收入724 801万元。市直纺织企业24户,工业总产值21亿元,工业增加值5亿元,利税总额1.2亿元。出口创汇1 300万美元。形成了以棉纺织、化学纤维为主、兼有印染、服装、毛纺、针织、麻纺、纺织机械、纺织电器、热电等门类齐全的纺织工业体系(见表12—13)。

1978—2005年纺织工业主要经济指标

表12—13　　　　单位:万元

年份	企业个数	职工人数	产值	工业增加值	销售	出口交货值	固定资产原值	利润	利税
1978	—	—	27 751	—	—	—	19 856	—	—
1979	—	—	—	—	—	—	—	—	—
1980	—	—	60 179	—	—	—	25 781	9 195	—
1981	—	—	75 057	—	—	—	32 420	—	—
1982	—	—	71 042	—	—	—	41 160	—	—
1983	—	—	82 805	—	—	—	45 799	—	—
1985	133	67 392	100 476	—	—	—	47 000	—	12 996
1986	—	—	—	—	—	—	—	—	—

续表

年份	企业个数	职工人数	产值	工业增加值	销售	出口交货值	固定资产原值	利润	利税
1987	—	—	—	—	—	—	—	—	—
1988	200	100 000	160 000	—	130 000	4 200	—	14 500	—
1989	195	108 000	166 000	—	150 000	49 000	65 000	13 000	—
1990	163	109 000	114 431	—	—	41 090	103 000	2 869	—
1991	167	78 894	162 582	—	113 824	41 339	110 000	1 444	5 177
1992	167	78 894	191 600	—	132 000	51 600	110 000	—	5 042
1993	149	73 750	227 718	—	175 660	—	120 994	—	7 887
1994	—	—	335 737	—	249 702	86 992	—	8 537	18 717
1995	125	81 495	453 311	—	322 690	12 828	214 900	856	16 971
1996	165	150 000	496 953	—	288 593	116 657	—	3 406	7 119
1997	—	—	560 000	—	332 910	140 900	—	—2 189	11 460
1998	—	—	466 067	84 677	242 764	109 516	—	—4 243	7 094
1999	98	58 061	334 000	72 335	23 700	89 944	315 000	3 441	9 597
2000	—	—	336 000	71 200	234 400	1 976	—	349	13 000
2001	55	48 000	305 000	60 000	258 400	44 000	—	—2 370	9 644
2002	24	—	170 000	38 700	292 000	1 900	—	1 415	8 653
2003	24	—	168 579	40 955	325 952	—	—	—	13 649
2004	24	—	193 695	4 300	354 000	—	—	—	7 700
2005	24	—	210 000	50 000	207 000	1 300	—	—	12 000

注：①产值统计指表口径：1979—1985 年为全民和集体企业口径统计，1988—1993 年为县以上企业口径统计，1994—1998 年年为乡以上企业统计口径，1999—2001 年县以上企业口径统计，2002—2005 年为市直企业口径。②销售、利润、利税、出口交货值统计指表口径：1988 年为县以上 92 户企业，1989—1991 年为县以上 82 户企业，1992 年为县以上 50 户企业，1993 年为县以上 55 户企业，1994—1995 年为县以上 65 户企业，1996—1997 年为县以上 60 户企业，2000—2001 年为县以上 55 户企业；2002—2005 年为市直 24 户企业。③出口交货值指标：1986—1999 年为出口交货值，2000 年为出口创汇美元，2001 为出口交货值，2002—2005 年为出口创汇美元。④2005 年纺织工业全口径完成工业总产值 68 亿元，工业增加值 13.6 亿元，销售收入 63 亿元，出口创汇 4 700 万美元，利税 2.23 亿元，利润 3 000 万元。

（一）棉纺织

1978 年，襄樊市化纤纺纱厂与襄樊市五一棉纺厂合并，兴建新厂，扩建 3 万锭。1980 年，扩建工程投产，形成 6 万锭生产能力。1981 年，棉纺织行业形成了以襄樊市棉纺织印染厂、襄樊市五一棉纺厂、随州棉纺织厂、老河口棉纺织厂等 30 多家骨干企业为主体的行业发展规模。1985 年，棉纺织工业实现产值 6 446 万元，占纺织工业总产值的 64.15%。1986 年，全市棉纺织企业 44 家，其中市直有襄樊市棉纺织印染厂、襄樊市棉织厂、襄樊市五一棉纺厂、襄樊市东风布厂等 6 家棉纺企业。各县（市）区棉纺织企业 38 家，即：襄城区 2 家，樊西区 1 家，樊东区 1 家，随州市 6 家，老河口市 7 家，枣阳县 4 家，南漳县2家，谷城县6家，襄阳县5家，宜城县3家，保康县1家。主要设备：棉纺锭21万枚，棉麻混纺锭4 800锭，布机6 902台。年产棉纱48 061吨，棉布1.5亿米。主要品种有普梳、精梳棉纱、40s×40s纱夫绸、家纺、装饰用布，高支高密高档次服装面料等，完成工业总产值76 600万元。1987年，纺织军工企业三五四二纺织总厂落户襄樊，加大了棉纺织工业实力。棉纺织业总产值占纺织工业总产值的80%以上，拥有国优13个、部优18个、省优17个。20世纪80年代中后期，棉纺织工业产量、产值大幅度上升，经济效益居全省同行业首位。襄樊市棉纺织印染厂，襄樊市一棉纺厂被省外经贸委定为出口专厂。纺织工业出口创汇占全市出口比重达到70%，成为湖北省纺织产品出口基地之一。20世纪90年代，由于欧美等纺织品主要消费国家对我国实行经济制裁，纺织产品出口受阻。加上国内纺织品生产过剩，绝大部分企业处于停产或半停产状态，产品滞销，经济效益走向低谷。1993年，全市有棉纺织企业90家，主要设备：棉纺锭51.11万枚，气流纺4 360头，布机11 397台。1997年，襄樊市金鹏纺织股份有限公司、襄樊市银河纺织股份有限公司、襄樊市金方圆纺织股份有限公司强强联合成立襄棉集团。联合后，集团拥有纱锭21万枚，气流纺2 600头，布机3 008台，印染生产线7条，针织大圆机34台，服装生产线2条。当年实现产值77 290万元，销售收入88 038万元，实现利税4 572万元。1999年，襄樊市金鹏纺织股份有限公司、襄樊市银河纺织股份有限公司完成国家压锭任务5.4万锭。世纪之交，襄樊棉纺织行业进行了大规模的技术改造和产品结构调整。襄樊市金鹏纺织股份有限公司用于生产高档服装面料的96台喷气布机项目，襄樊市银河纺织股份有限公司用于生产优质棉纱和高档面料及装饰布的120台(套)精梳、自动络筒机和150台喷气织布机项目等一批重点技改项目相继竣工或投产。2003年始，外资、民间资本大量进入棉纺织业，原有的部分国有企业经过重组改制实行了民营化。全市棉纺织业形成了以际华三五四二纺织有限公司、湖北银河纺织有限公司、新襄棉纺织有限公司、湖北银城纺织股份有限公司、湖北石花纺织股份有限公司、襄阳孝棉等一批大型企业为龙头，中小企业为依托的棉纺织产业集群。2005年全市规模以上棉纺织企业80家，其中：产值过亿元企业15家。职工36 754人，资产总额37.45亿元，工业总产值50.1亿元，销售收入47.63亿元。

襄樊新襄棉纺织有限公司(原襄樊市棉纺织印染厂)：2004年，由原企业(湖北襄棉集团有限责任公司)改制后创立，是大型棉纺织企业。主要产品：棉纱、坯布。2005年拥有11万纺纱锭，1 600头气流纺，12 107台布机，年生产棉纱18 000吨，坯布7 000万米。“隆中牌”夫绸系列产品是湖北省地产最畅销产品，“隆中牌”商标是湖北省著名商标。公司是省级企业技术中心和自营出口企业，襄樊市区排名第14名的纳税突出贡献企业。产品通过ISO 9002质量体系认证，2005年，有职工3 822人，资产总额34 964万元，实现工业总产值3.8亿元，实现销售收入3.5亿元，实缴税金1 458万元。生产棉纱16 000吨，棉布6 800万米。

湖北银河纺织股份有限公司(原襄樊市五一棉纺厂)：1993年，由原企业改制后创立，是全国商品纱最大生产销售厂家之一。主要产品：棉纱、坯布。2005年，公司研发棉纱、棉布新品种45个，其中，开发以绿色环保新原料竹纤维，莫代尔纤维为重点的新型竹节纱、布和全棉、涤棉、精梳、普梳混纺花灰纱系列及氨纶包芯纱、赛络纺新品种37个。现拥有18.8万纱锭，年产优质棉纱32 000吨,年产高档面料及装饰布1 200万米的生产能力。精梳能力占总产量的50%以上，无结头纱的生产能力达100%。产品通过ISO 9001质量体系认证。主要设备有：进口瑞士清钢联2套、国产清钢联1套、日本丰田粗纱机8台、德国锡来福气流纺纱机4台、进口自动络筒机54台，进口日本丰田、津田驹喷气织机150台、进口浆纱机2套及国产高速整经机2台。“芙蓉”牌棉纱荣获国家银质奖，“九天”牌精梳涤棉混纺本色纱线荣获湖北省名牌产品，“九天”牌商标荣获湖北省著名商标。全国棉纺织企业50强，曾荣获全国五一劳动奖状，全国首批守合同、重信用企业，全国设备管理先进单位，湖北省特级信用优良企业，湖北省纳税信用A级纳税人，湖北省综合管理示范企业，湖北棉纺行业排头兵企业，经营连续30年保持盈利。1999年5月，江泽民、吴邦国、曾庆红等党和国家领导人及20多位省部级领导亲临公司视察。2005 年，有职工 3 057 人，资产总额 43 267 万元，实现工业总产值 5.36 亿元，完成销售收入 5.24 亿元，实现利润 602.77 万元。生产棉纱 31 536 吨，棉布 988.7 万米。

襄樊鑫方圆纺织有限公司（原襄樊市棉织厂）：2000 年，由原企业改制后创立，是集纺纱、织布、印染为一体的综合型纺织企业。拥有年加工皮棉 2 500 吨，纺纱 1.5 万吨，织布 3 000 万米，印染布 6 720 万米的生产能力。纺纱、坯布、印染布等主导产品 80%以上远销到欧美、日本、东南亚等 20 多个国家和中国港澳地区。拥有三万锭纺纱及配套设备、ZA216E—190—2N—P7 型喷气织机 48 台、GA615—180 型织机 544 台、56″织机 448 台、GA1611—200 型剑杆织机 135 台、GA1613 型高速剑杆织机 110 台、GA308 型和 GA335 型浆纱机 2 台、自动结经机 1 台、TYPE—G1201 型高档整经机 4 台、SGA911 型高温高压调浆桶 4 台（套）、多功能 MH/H553—180 型宽幅印染生产线 2 条、卷机 24 台、日产高档平缝机 100 台。企业研发的色织青年布、灯芯绒、玉米粒、蜂巢布等新产品，曾获部优及湖北省新产品开发奖。公司连年被金融部门评为“AAA”级资信企业。多次被评为“重合同、守信用”企业。2002 年，取得“进出口资格证”，并获得 ISO 9001 质量认证。2005 年，有职工 1 048 人，资产总额 10 169 万元，工业总产值 12 308 万元，销售收入 11 954 万元。

老河口市润发棉纺织企业有限公司（原老河口棉纺织厂）：1999 年 7 月成立，主导产品：棉纱，生产规模 7 500 枚纱锭，年生产能力 16 000 吨。产品销往全国各地，出口到东南亚、欧美等市场。2005 年，有职工 1 530 人，资产总额 12 456 万元，工业总产值 15 000 万元，销售收入 15 000 万元。

老河口市君益纺织有限公司：成立于 2003 年 9 月，是以襄樊博佳实业有限责任公司为主体，收购原老河口明鑫纺织有限公司后注册成立的公司，由襄樊博佳实业有限责任公司控股。主要产品：棉纱、坯布等，有棉纺纱锭 4 万锭，年产各类棉纱 8 000 吨。进口气流纺设备 1 台。2005 年，有职工 850 人，资产总额 4 826 万元，工业总产值 12 500 万元，销售收入 11 000 万元。

湖北雪美实业股份有限公司：1997 年创立，主要产品：棉纱、坯布，具有年纺纱 1.2 万吨，织布 3 000 万米的生产能力。现有纺纱设备 4 万锭，有梭、无梭等规格织机 900 台（套）。2005 年，有职工 1 500 人，资产总额 8 750 万元，工业总产值 16 560 万元，销售收入 15 500 万元。

湖北银城纺织股份有限公司（原谷城棉纺厂）：始建于 1989 年。主要产品：棉纱，主导产品为“银谷牌”“银纺牌”高精纱，生产规模 7 万锭。产品荣获“中国十大品牌”“中国名优产品”和“湖北省著名品牌”称号。除畅销国内 10 多个省市 30 多个厂家外，间接出口到东南亚、欧美国家和中国港、澳、台等地区。公司通过 ISO 9001:2000 国家质量体系认证。是中国企业形象 AAA 级企业、中国质量信誉保证企业、中国最佳诚信企业、中国名牌企业、全国自营进出口企业、全国首批管理创新示范企业、全国纺织工业双文明建设优秀企业、全国纺织工业经济效益排头兵企业，连续 10 年位居全国纺织行业人均利税 50 强 。董事长、总经理、党委书记、高级经济师王泽时先后被授予全国纺织工业劳动模范、全国纺织工业五一劳动奖章、中国优秀企业家等光荣称号，并享受省政府专项津贴。2005 年，有职工 930 人，资产总额 9 811 万元，工业总产值 17 511 万元，销售收入 16 800 万元。

湖北石花纺织股份有限公司：创建于 1981 年，主要产品：坯布，年生产各种家纺面料 4 000 万米。主导产品覆盖服装、床上用品、装饰三大类 68 个系列 1 000 多个品种，主要品种系列有高档弹力布、提花织物、缎纹布、防雨布、府绸、纱卡等。公司生产的高档面料被省政府认定为“湖北省名牌产品”和“消费者满意商品”称号。高档面料荣列全国前十强，“仙石”商标被评定为“湖北省著名商标”。产品外销日本、韩国、美国、欧盟等国家和中国港澳地区。配有整套无梭织造生产线。拥有日本丰田 JAT710 型电子多臂喷气织机和比利时毕佳乐 OMNIPLUS 喷气织机 208 台，德国祖克 S432 型高产浆纱机 2 台，瑞士史陶比尔结经机 3 台，比利时阿特拉斯空压机 5 台，CGGA114B 型高速整经机 5 台，GA615F 型 75″宽幅国产织机 700 台。先后荣获中国优秀民营科技企业、中国 500 家成长型中小企业、外贸信用体系 AAA 示范单位、湖北省高新技术企业、湖北省守合同重信用企业、银行信用等级“AAA”企业等称号。2005年,有职工780人,资产总额13 450万元,工业总产值16 500万元,销售收入15 000万元。

南漳县新华纺织有限公司:主要产品:纱布,2005年,有职工880人,资产总额1 644万元,工业总产值10 000万元,销售收入9 865万元。

襄阳安华纺织集团有限公司:2004年9月创立,系湖北孝棉纺织集团买断原国有襄阳麻棉纺织总公司和原襄阳富国纺织有限公司的所有破产资产,并在此基础上组建成立的民营纺织企业。主要从事棉花收购、加工、纺纱、织造、印染,具有完整产业链。主要产品:棉纱。主要品种:C32S、C21S、T/C20S、tC20S、医40S等纱线。现有棉纺锭6.25万锭,其中90年代以后生产的新型纺纱设备3.5万锭,气流纺336头,年产各类纱线12 000吨。拥有英国清钢联、意大利精梳机、德国自动络筒机等成套设备。2005年,有职工835人,资产总额15 324万元,工业总产值13 243万元,销售收入12 666万元。

襄阳九天纺织有限公司:2000年以后创立,由湖北银河纺织集团有限公司投资兴建。注册资本1 200万元。厂区面积96 280平方米,拥有6万纱锭的生产规模。主要设备:瑞士立达公司生产的清梳联合机1套,日本丰田公司生产的高速粗纱机3台,日本村田公司生产的全自动络筒机20台,国内一流水平的FA212梳棉机42台,FA411、FA458粗纱机12台,FA506、DTM129细纱机65台。精梳能力占总产量的50%以上,无结头纱的生产能力达100%。试纺棉纱新品种45个,其中,开发以绿色环保新原料竹纤维,莫代尔纤维为重点的新型竹节纱和全棉、涤棉、精梳、普梳混纺花灰纱系列及氨纶包芯纱、赛络纺新品种37个。"九天"牌精梳涤棉混纺本色纱线被授予湖北省名牌产品,"九天"商标被认定"湖北省著名商标",产品主要销售广东、福建等地,襄阳区纳税突出贡献企业。2005年,有员工668名,资产总额2 810.77万元,固定资产原值2 390.87万元,固定资产净值2 229.44万元。工业总产值10 414.5万元,销售收入2 162.13万元。

襄樊永发纺织有限公司:1999年10月创立。主要产品:棉纱,生产规模4万锭,年产各种支别的涤棉纱、纯棉纱、无接头纱7 000余吨。2005年,有职工524人,资产总额5 216万元,工业产值13 130万元,销售收入12 000万元,固定资产3 250万元。

襄樊瑞源纺织有限公司:2000年创立。主要生产棉纱、坯布。拥有精梳生产线和浆纱设备,56"、75"以及喷气织机1 000多台,纱锭55 000枚。先后多次荣获省级文明单位、"AAA"级信用企业、十星级企业、省级"守合同、重信用"企业、省级清洁无害工厂、花园式工厂、百强工业企业、市民营经济50强和区级纳税大户、就业先进单位等荣誉称号。2005年,有职工930人,资产总额11 258万元,工业产值11 900万元,销售收入12 000万元。

枣阳市万通棉纺实业有限公司:2002年创立。主要产品:棉纱,生产规模12万纱锭(其中精梳4万纱锭),年生产棉纱2万吨,2005年,有职工851人,资产总额13 048万元,工业总产值14 600万元,销售收入14 156万元。

宜城市万众纱业有限责任公司:2000年创立。主要产品:棉纱,包括纯棉、纯绦、TC、CVC、AB纱五大系列,生产规模5.2万锭,年产量1万吨。2005年,有职工645人,固定资产2 502万元,资产总额7 943万元,工业产值13 842万元,销售收入13 230万元。

(二)化纤

1978年,始建于20世纪60年代中期的湖北化纤厂四条生产线全部投产。1980年,实现产值10 033万元,利润2 344.5万元。生产二硫化碳3 036吨,化纤浆粕11 625吨,强力丝7 438吨,帘子布7 281吨。1985年9月,扩建的2 000吨粘胶长丝分厂正式投产,填补了襄樊人造丝的空白。同年,襄樊市合成纤维厂建成投产,主要生产涤纶短纤。1985年,化纤工业有企业2家,产值13 606万元,占纺织工业总产值的13.51%。1986年,全市有化纤企业3家:湖北化学纤维厂、襄樊市合成纤维厂、宜城浆粕厂。拥有主要设备:人造纤维纺丝机179台8 796锭,合成纤维纺丝机2台24头,帘子布织机44台。年产化学纤维12 067.6吨,其中强力人造丝10 839.6吨,涤纶短纤1 228吨,化学用浆粕14 000吨,强力丝帘子布8 482.97吨,完成工业总产值14 394万元。20世纪90年代,襄樊化学纤维产业主要有湖北化纤厂支撑。1993年,湖北化纤厂推行现代企业制度更名为湖北化纤集团公司,资产总额近7亿元,成为国家大型一档企业。1995年,年产人造丝6 200吨,涤纶短纤2 000吨,浆粕10 000吨。1996年10月16日,集团控股的湖北金环股份有限公司在深交所挂牌上市。2004年,泰跃集团所属中泰信用担保公司出资2.2亿元承债式收购湖北化纤集团有限公司。同年,湖北化纤集团与福建经纬集团联合组建"湖北经纬集团",新建3万吨粘胶短纤维项目。2005年,世界化纤产业巨头印度博拉经纬集团收购湖北经纬化纤公司,进一步增强了全市化纤工业实力。2005年,全市规模以上的化纤企业4家,职工5 045人,资产总额22.47亿元,工业总产值11.86亿元,销售收入8.24亿元。化纤生产能力8万吨,占全国产能的5.6%,其中:粘胶长丝生产能力1.5万吨,占全国比例为7%,粘胶短纤5.8万吨,占全国比例4.8%,玻璃纸生产5 000吨。

湖北化纤集团有限公司(原湖北化学纤维厂):1993年,由原企业改制后创立,是全国大型化纤企业之一。拥有8个全子、控股公司,由集团公司控股的湖北金环股份公司是鄂西北地区首家上市公司。主要产品:合成纤维、涤纶纤维、涤纶工业丝、涤纶帘子布、丙纶高强工业丝、粘胶纤维、粘胶短纤维、粘胶长丝、浆粕、玻璃纸、棉浆粕。公司拥有年产1.6万吨粘胶长丝、1.8万吨粘胶短纤、5 000吨玻璃纸、6万吨化纤浆粕、5 000吨帘帆布生产能力和6 000吨浸胶帘帆布加工能力及日供水20万吨,发电2.4万千瓦时,每小时供汽325吨的自备水场、发电等公用工程。2005年,有职工4 428人,资产总额186 442万元,工业总产值67 367万元,销售收入65 000万元。

湖北金环股份有限公司(湖北化纤集团控股公司):1993年创建,1996年10月16日,在深交所挂牌上市。主要产品:"金环"牌、"银环"牌粘胶长丝、粘胶短纤、玻璃纸、化纤浆粕、粘胶强力丝、浸胶帘子布、帆布等。产品曾获省科技进步二等奖,"银环"牌粘胶长丝是湖北省名牌产品。产品畅销全国各地及韩国、印度、巴基斯坦、越南、土耳其等国。有年产1.6万吨粘胶长丝、1.8万吨粘胶短纤、5 000吨玻璃纸、6万吨化纤浆粕、5 000吨帘帆布生产能力和6 000吨浸胶帘帆布加工能力。有日供水20万吨、发电2.4万千瓦时、每小时供汽325吨的自备水场、发电等公用工程。20世纪90年代中期,投资引进年产6 000吨涤纶浸胶帘帆布加工设备,2004年,从法国、德国、瑞士、比利时引进了国际一流的直捻机、倍捻机、喷气织机、并丝机和剑杆织机。通过对引进技术和美国UTICA公司浸胶工艺的消化吸收和创新,技术及产品质量一直保持国内领先水平。近三年来,公司每年上缴税金5 000万元以上,2006年,实现销售收入9.33亿元、净利润1 925万元。

湖北博拉经纬纤维有限公司:2005年筹建,是由印度博拉集团并购湖北经纬化纤有限公司成立的合资公司。主要产品:粘胶差别化短纤维。计划总投资20亿元人民币,建设年产8万吨粘胶差别化短纤维项目,2005年10月,第一条3万吨生产线正式投产(第二条5万吨生产线计划于2008年10月投产)。生产流程全部采用先进的计算机(PCS)自控系统,拥有国际先进水平的纤维切断机、KKF粘胶过滤机和能生产超粗、超细、高白度、竹纤维、防静电、阻燃、远红外等品种的技术设备。2005年,有职工300人,资产总额26 875万元,工业总产值33 721万元,销售收入33 200万元。

(三)印染

1978年,襄樊棉纺织印染厂投资1 785万元续建的印染分厂正式投产,建成5条印染生产线,年产印染布 7 000 万米。1979 年，襄樊市印染厂从襄樊市棉织厂印染车间分离发展成为一个专业印染厂家，正式开启襄樊印染行业的发展历史。1985 年，印染工业实现产值 17 021 万元，占纺织工业总产值的 16.95%。1986 年，襄樊市印染厂，襄樊市第二印染厂，襄樊棉纺织印染厂的印染生产线构成了襄樊市整个印染行业。拥有主要设备：印花机 8 台、丝光机 12 台、热定型机 13 台、连续蒸煮漂联合机 10 台。印染布总量 1.46 亿米，完成工业总产值 1.7 亿元。“七五”鼎盛时期，纯棉、棉混纺（中长）印染布产量年超过了 3 亿米。20 世纪 90 年代后，印染行业发展开始出现萎缩，主要产品年产值一直在 8 000 万元左右徘徊。20 世纪 90 年代末期，襄棉集团印染厂设备全部转卖，与印染相关的一些企业襄樊市丝绸厂、襄樊市床单厂等都已停产，印染行业步入低谷。2000 年始，印染企业加大改制整合力度，行业产能开始回升。总后“3545 厂”经改制后成立“新四五印染有限责任公司”。主要设备有：两条连续轧染生产线，2 台国产 12 套色圆网印花机，10 台高温高压溢流染色机，3 台定型机，年生产能力约 5 000 万米。原襄樊印染厂几经改制更名为“双佳印染实业总公司”，在原设备的基础上，投资建设 3 条特宽幅印染生产线。2002 年，兴建鄂港合资企业，湖北宜城雅新家纺有限公司在有两套平网印花生产线的基础上拟在新增一条圆网印花生产线。2005 年，全市规模以上印染企业 3 家，职工 1 958 人，资产总额 2.95 亿元，总产值 3.56 亿元，销售收入 3.39 亿元。主要印染设备：连续轧染线 10 条，平网印花机 4 台；圆网印花机 4 台，高温高压溢流染色机 10 台，常温溢流染色机（含绳状匹染、卷染机）36 台，热定型机 16 台，年产能 2.5 亿米。

襄樊市双佳印染有限公司（原襄樊市印染厂）：2005 年，收购襄樊市惠普印染实业公司（1993 年由襄樊市印染厂改制而成）后创立。是湖北省大型印染企业，有 26 年的印染布生产历史。主要产品：纯棉 7 × 7—21 × 21 粗厚织物染色、印花布，133 × 110 高支高密织物染色、印花布及磨毛、抓绒、轧光、涂层、阻燃、防水、防油、防污等特殊后整理产品。产品行销全国及欧美、日本、东南亚等 20 多个国家和地区。拥有 6 条印染生产线，能加工生产 63″ 及以下幅宽的涤棉、纯棉类梭织产品，年生产能力 4 000 万米。拥有自营进出口权，基础设施完备，印染废水实行清污分流，污水通过专用管道由市污水处理厂净化处理，达到国家排放标准。蒸汽（60 吨 / 小时）、水（200 吨 / 小时）、电（3 000 千伏安）有专线供应，能满足年产 1 亿米的生产能力。2005 年，有职工 450 人，资产总额 13 209 万元，总产值 6 530 万元，销售收入 5 000 万元。

（四）针织

1979 年，全市针复制工业已形成产品系列化。1981—1985 年，襄樊市第二、四针织厂相继建成投产。1985 年，针复制工业有企业 46 家，产值 7 800 万元，占纺织工业总产值 7.75%。大部分骨干企业集中在市区，有襄樊市第一、二、四针织厂，提花织物厂，床单厂，毛巾厂，织袜厂等，县（市）均有针复制制造企业。市直企业主要设备有：针织机 124 台，棉毛针织机 244 台，经编机 26 台，电动袜机 400 台。市直、县区企业有纬编大圆机（30s 及以上）65 台，织弹力杉晴纶衫横机 200 台，还有相当数量的辅助设备等。主要产品有针织涤纶衬衫，床单、毛巾等，部分产品多次获“国优”“部优”“省优”称号，出口到世界多个国家和地区。1986 年，实现工业总产值 7 974 万元。1990 年始，针织行业发展日趋萎缩。2000 年前后，襄樊市第一针织厂、床单厂改制为民营企业，襄樊市第二针织厂、第四针织厂、织袜厂、提花织物厂等企业相继宣布破产，针织行业仅有少数企业部分设备维持生产。其间，随着国企改革的深入，民间资本开始陆续介入针织行业，襄樊鹤祥实业股份有限公司、襄樊亚奇针织股份有限公司、襄樊鹏程纺织有限公司、湖北省宜城雅新家纺有限公司、宜城富亿织造有限公司、襄樊鹏程纺织有限公司、南漳县金汇祥纺织有限公司一批针复制民营企业相继创立。2005 年，针织行业规模以上的企业有

9 家,职工 2 725 人,资产总额 28 062 万元,工业总产值 22 661 万元,销售收入 21 848 万元。

襄樊亚奇针织股份有限公司(原襄樊市第一针织厂):1993 年,由襄樊市第一针织厂改制后创立。主要产品有:针织单、双面服装及面料,主要品种有 T 恤、睡衣套、迷彩文化衫、丝类针织品等。具有年产成衣 400 万件和面料 200 吨的能力,拥有织造、染整、印花、缝纫配套设备 800 多台(套)(其中进口设备 22 台)。“雁”牌真丝针织时装获 96 湖北工业名牌消费品展销会精品奖,“雁”牌环保拔染印花长袖 T 恤衫系列获 99 湖北名优新特产品展销会金奖,“雁” 牌 18tex 棉毛衫裤获国家质量银质奖和纺织工业部优质产品奖,“雁” 牌厚绒衫裤获纺织工业部优质产品奖,“雁” 牌腈纶运动衫裤、和 “雁”牌 28tex 睡衣套获湖北省优质产品奖。2005 年,有职工 256 人,资产总额 4 322 万元,产值 889 万元,销售 876 万元。

老河口大进针织有限公司:创建于 1994 年(中韩合资企业)。主导产品:针织礼仪手套和注胶劳保手套两大类近 100 个品种。针织礼仪手套年生产量 4 000 万双,注胶劳保手套年产 1 000 万双。产品主要出口韩国市场,年出口创汇 500 万美元。设备 1 200 台(套),2005 年,有职工 635 人,资产总额 4 030 万元,产值 3 300 万元,销售 3 200 万元。

枣阳大器龙针织有限公司:始建于 1978 年。主要产品:内衣,包括文化衫、T 恤衫、针织内衣、针织童装、针织运动服装等系列产品,月产成衣 30 万件。产品远销欧美、日本等发达国家和地区,以及国内三十多个大中城市的大型超市。占地面积 25 000 平方米,拥有生产设备 400 多台(套)。2005 年,有职工 74 人,资产总额 1 084 万元,产值 1 142 万元,销售 510 万元。

襄樊鹤祥实业股份有限公司(原襄樊市床单厂):1994 年创立。可生产 150—300 幅宽的各种规格的纯棉、涤棉、麻棉床单、室内装饰系列产品及服装面料。年织坯能力 300 万米,印染能力 700 万米。产品商标为“鹤”牌。公司拥有梭织机、无梭织机和一条宽幅印染大整理生产线。主要设备包括:瑞士 SULZER 梭织机、瑞士 BUSER 平网印花机、德国 MBK 圆网印花机、日本梭式绣花机等。2005 年,有职工 280 人,资产总额 7 766 万元,产值 1 072 万元,销售 800 万元。

湖北省宜城雅新家纺有限公司(鄂港合资企业):2002年5月成立。主要产品:床单,年产床单1 000 万件(套),毛巾 300 万条。是一家生产床单和室内装饰、床上用品、家居用品等系列产品的专业生产厂家,产品全部出口,远销亚、非、欧、美、东南亚等地。产品“金鹊”牌商标被评为“湖北省著名商标”,并通过 ISO 9000 质量管理体系认证。拥有床上用品生产设备 320 台(套),2005 年,有职工 540 人,固定资产 2 115 万元,资产总额 5 010 万元,企业产值 8 080 万元,销售收入 8 276 万元。

(五)毛纺

1979 年以后,全市毛纺织工业发展较快。1981 年,襄樊市毛纺织总厂成立,下设毛条分厂、绒线分厂、粗毛呢分厂、针织绒车间、动力车间。1982 年,市政府决定将毛条分厂改为襄樊市第一毛纺织厂,针织绒车间改为襄樊市第二毛纺织厂,绒线分厂改为襄樊市第三毛纺织厂,粗毛呢分厂改为襄樊市第四毛纺织厂。1984 年,为增强企业活力,中共襄樊市委决定撤销毛纺织总厂,把第一、二毛纺织厂合并,更名为襄樊市毛纺织厂,第三毛纺织厂更名为襄樊市绒线厂,第四毛纺织厂更名为襄樊市毛呢厂。1985 年,全市有毛纺企业 8 家,产值 4 304 万元,占纺织工业总产值 4.78%。毛纺锭 10 880 枚,毛织机 239 台。市直 3 家毛纺企业实现工业总产值 3 954 万元,利税 1 154 万元。生产绒线 1 166 吨,呢绒 63 万米。1986 年以后,毛纺工业发展缓慢并日趋萎缩,2000 年前后,襄樊市毛纺厂、毛呢厂、绒线厂等企业相继宣布破产,毛纺行业基本消亡。

(六)服装

1979年,市二轻工业局设立服装鞋帽公司,统一管理服装鞋帽行业。1985年,服装行业有企业29个,其中市直企业有襄樊市服装厂,襄樊市烈军属服装厂。拥有缝纫机3 339台、裁剪机62台、绣花机102台、锁眼机74台、钉扣机38台、吹风整熨工作台62台。1985年始,服装工业获得较快发展,1986年,全市服装鞋帽企业共69家,全年工业总产值10 050万元。1987年,纺织口统计全市服装企业39家,完成工业总产值9 524万元。20世纪90年代,服装工业在市委、市政府提出的"攻服装、创名牌、促纺织、上台阶"发展方针的推动下,获得快速发展。1994年,服装企业完成工业总产值30 885万元,产量818万件,完成出口额21 716万元,县以上的9户服装企业实现利税676万元,利润425万元,全市服装工业的发展速度居全省同行业第一位。服装出口首次突破亿元大关。老河口市天马服装厂的"爵王"牌西服在全国66座大中城市,17个县市的消费者中获"中国公认名牌产品"。1995年,全市65家服装企业拥有平缝机10 000多台,全年完成产量1 500万件,工业总产值达7.2亿元,出口4亿元,实现利税1 800万元。主要产品有西服、衬衫、夹克衫、牛仔服、童装、真丝服装等。1997年,按照市委、市政府提出"攻服装、创名牌、促纺织、上台阶"的方针,襄樊市纺织工业公司牵头组建了襄樊市帅而美服饰集团,并开发出帅而美服饰系列产品4大类16个品牌38个花色,1999年,生产服装7 500件/套,产值600多万元。产品曾荣获中国社会调查所颁发的"消费者信得过产品",湖北省人民政府颁发的"金奖产品"称号。2000年始,大部分国有、集体服装企业先后改制或退出市场,一批股份制或民营企业相继创立。2005年,全市规模以上服装企业有16家,其中:产值过亿元企业1家。职工4 081人,资产总额21 016万元,工业总产值53 698万元,销售收入43 764万元。

襄阳紫晶服装有限公司(原襄阳服装总公司):2000年创立,主要产品:服装,时装系列300多个花色品种,产品行销欧、美、东南亚等二十多个国家和地区。拥有专用设备650台(套)。公司先后被授予全国外商投资"双优"企业、湖北省"十佳"三资企业、湖北省纺织行业五十强、襄樊市十强企业等荣誉称号,并连续六年被授予襄阳县出口创汇第一名企业。2005年,有职工840人,资产总额5 012万元,产值22 174万元,销售20 174万元。

(七)纺机器材

襄樊市纺织机械和器材生产行业在整个纺织工业规模中起步晚比重小。1986年,襄樊市有纺织机械和纺织器材4家,其中市直有襄樊纺织机械厂和襄樊纺织电器厂,县区有枣阳纺织机械厂和宜城针织器材厂,固定资产1 270.6万元,工业总产值1 418万元。主要生产整经机退浆机件、容布箱、印花滚筒、轧车、手动冲床以及布机纱机印染机械配件。1997年,生产纺织配件237.13吨,生产针织用针1 415万枚,生产纺织电器控制屏1 616台。多年来襄樊纺机纺器一直没有大的发展,2005年,襄樊市纺织机械厂和襄樊市纺织电器厂相继改制转产,其他县区纺机纺器企业也已消亡。

(八)纺织园区

1.樊城区纺织工业园区

襄樊市樊城区人口80万人,面积67平方千米。是纺织产业密集地,被中国纺织工业协会授予"中国织造名城"称号。辖区内有纺织企业120多家(民营企业117家),其中规模以上企业40家,占1/3,织布企业83家,占47%,其他还有服装、化纤、毛巾、床单、印染及制线企业。主导产品为纺纱、化纤、棉布和服装。其中纺纱产量达9万吨，棉布生产能力达2.5亿米，化纤抽丝能力7万吨，服装2 000万件。培育了“虎头”牌坯布、“博拉经纬”牌化纤、“天王”牌服装等一批知名产品，其中“福龙”牌高支高密纯棉坯布获“中国名牌”荣誉称号。2005年，辖区注册纺织企业（含市直企业）已达120多家，资产总额达55亿元，实现工业总产值52亿元，占全市工业总产值69%。实现销售收入50亿元，实现利润总额5 000万元，利税总额2.8亿元，完成出口创汇4 800万美元，出口交货值达20亿元。纺织企业职工总人数达5.2万人，职工年均工资约为10 000元，技术管理人员2 500人，占职工总数的4.8%。在全市10个县（市）区中名列第一。全行业通过ISO 9002、CE认证企业达到58家，2家企业认定为全省农业产业化龙头企业。

2.化纤纺织工业园区

2005年3月，市委、市政府决定在樊城经济开发区内建设化纤纺织工业园，集中发展化纤产品下游产业和纺织产业。园区位于襄樊市樊城区太平店镇，规划面积5.28平方千米。是襄樊市依托化纤纺织工业优势，加快新型工业化进程，振兴化纤纺织产业的重要载体。也是襄樊市汽车、化纤纺织、能源“三足鼎立”工业发展格局中的重要一足。园区内已累计投入基础设施建设资金1.4亿元，投资强度每公顷448万元，开发面积和建成面积达163公顷，占总规划面积的30%，区内投入产出比达到80%。区内入驻企业51家，其中规模以上企业23家、化纤纺织企业13家，年产58 000吨粘胶短纤、14 000吨粘胶长丝、35 000吨化纤棉浆粕、1 500吨玻璃纸、2 000吨涤纶工业丝、2 000吨丙纶工业丝、6 000吨浸胶帘子布、30 000吨棉纱、2 000万米布匹及多种纺织成品。年生产总值达到6.2亿元，其中工业增加值4.1亿元，年财政收入1 600万元，年出口创汇180万美元。

（九）行业管理

1.管理体制

1979年，纺织工业由湖北省襄阳地区轻工局管理。1981年，成立湖北省襄阳地区纺织工业局。1983年，地市合并后，原襄阳地区纺织工业局和襄樊市纺织工业局合并成立襄樊市纺织工业公司，承担纺织行业管理职责。1986年，襄樊市纺织工业公司机关定编80人，实际聘用74人，设置一室八科，即办公室、政工科、生产计划科、科技科、财务科、劳资科、技术改造科、企业管理科。所属企业133家，其中直属管理企业21家，纳入行业管理的县（市）、区纺织企业112家。同年，国务院提出大纺织战略，决定把服装和丝绸工业归口纺织部管理，市区服装工业3家企业归口纺织工业公司管理。1986—1988年，纺织工业公司率先在全市工业战线实行目标管理责任制，对领导班子三年任期，实行目标责任考核。1990年，市委、市政府为发展化纤工业，将化学纤维工业从纺织工业中分离，同年6月，成立襄樊市化学纤维工业公司，纺织、化纤行业管理实行分设。共有7家市直企业和26家县（市）属企业划归化纤工业公司管理，人员从纺织工业公司在编人员中划出35人到化纤工业公司，其他财产、交通工具、档案等根据有关协议合理划分。1993年，市机构编制委员会以襄机编〔1993〕8号文批复，纺织工业公司机关科室由原来的16个精减合并为三科一室，即政工科、生产技术科、经营管理科、办公室。定编人员由原来的51人，精减到23人，分流28人。1994年6月，市委、市政府决定将襄樊市纺织工业公司和襄樊市化学纤维工业公司两家行政主管公司合并成立襄樊市纺织工业公司。合并后，纺织工业公司有直属企业25家，二级单位13家，公司机关定编38人，下设办公室、政工科、生产计划科、企管科、劳资科、科技科、财务科。2002年，根据《襄樊市市级机构改革实施意见》，纺织工业公司改为纺织行业协会。性质为事业单位，原级别不变，归口市经贸委管理，负责全市纺织行业协调管理工作。市纺织行业协会内设3个科室：综合科、行业管理科、人事科，纪检（监察）与人事科合署办公。事业编制15名，其中主任1名、副主任3名、纪检组长1名、正科级领导职数3名、副科级领导职数1名。设立机关离退休人员工作科，人员编制3名，其中科长1名、副科长1名、机关工勤人员事业编制2名。

2.企业改革

1979年始，纺织行业先后进行了扩大企业经营自主权，推行厂长负责制、承包经营责任制、三项（劳动、分配、人事）制度、租赁承包、公有民营、股份制、现代企业制度、兼并、破产、重组等一系列形式的企业改革。2003—2005年，根据《中共襄樊市委襄樊市人民政府关于加快市直国有企业改革的若干意见》，在市直国有集体纺织企业开展了以国有产权基本退出企业，解出国有企业职工身份为重点的企业改革。2005年，市直26家纺织企业有14家改制或破产。已置换国有（集体）职工身份36 084人，占职工总数的76.7%。盘活经营性资产30多亿元，占经营性资产总额的76%。具体企业改制情况是：

襄樊棉纺织印染厂：1966年筹建，容装8万纱锭，2 000台布机，1970年投产。1973年，企业投资1 785万元续建印染分厂，年产印染布7 000万米，1978年，印染分厂投产。1983年，由省属企业下放到襄樊市管理。1985年，实现工业总产值17 381万元，占全市纺织工业总产值的16%，棉纱产量12 589吨，占全市总产量33%，棉布产量5 503万米，印染布7 175万米，分别占全市总产量的41%。1988年，28／28（21×21）中平布、40× 40纱府绸和21×21纱哔叽获部优产品称号。同年，获“国家一级计量合格证书”和“国家计量先进企业”称号。1989年，晋升为国家二级企业。同年，40×40杂色府绸获国家银质奖，14.6纯棉漂白、杂色府绸、13／13涤棉混白、杂色府绸、27.8／27.8，29.2／29.2纯棉什色平布获部优产品称号，“芙蓉”牌涤棉混纺纱获省优产品称号。1990年，“吉祥”牌27.8tex纯棉普梳纱、29／36精梳T／C纱卡其获部优产品称号。同年，实现产值20 281万元，实现利润2 510万元，居全省同行业首位。1992年，晋升国家大型一档企业。1993年，批准自营出口，同时，实施四万锭压锭改造项目。同年，实施股份制改造后更名为“襄樊金鹏纺织（集团）股份有限公司”。1997年，改制为“湖北襄棉集团有限责任公司”（经市政府决定，集团实行母子公司运行机制，襄棉集团公司作为控股公司分别对一棉集团公司、金鹏有限公司、金方圆集团公司进行资产经营）。联合后，集团拥有纱锭21万枚，气流纺2 600头，布机3 008台。针织大圆机34台，印染生产线7条，服装生产线2条，产值占市直企业工业总产值的85%。同年，被列为优化资本结构试点企业。1997年5月16日，市长办公会议研究决定，组建“襄棉帅而美服饰集团”。同时，引进60台喷气织机及印染特殊整理生产纯棉免烫面料项目纳入国家中西部开发的项目。1998年，投资300万元实施宽幅府绸生产线改造，高档府绸系列面料项目、免烫高档面料项目完成国家级立项。同年，经市委、市政府批准，由原襄棉、一棉、金方圆三家企业共同组建以资本营运为纽带的襄棉集团（实际性质为松散型），成为全国最大的服装面料生产基地。2001年，投资3 400多万元实施购置96台喷气布机，生产高档服装面料技改项目。2003年2月（市直国有企业改制时），有职工10 473人，其中在职职工6 728人，资产总额55 782万元，负债总额45 644万元，资产负债率81.83%。2004年3月，湖北襄棉集团有限责任公司根据襄樊市国企改革精神，经三届四次职工代表大会通过，襄棉集团以1.345亿元价值承债式转让给辽宁省海城市中新印染有限公司。改制后，企业解除职工身份9 803人，其中买断工龄4 654人、内退1 385人、离退休3 739人。2004年注册成立襄樊新襄棉纺织有限公司。

襄樊市五一棉纺厂：1974年筹建。1975年，从前纺到细纱部分设备投产，1977年，形成3万锭生产规模。1980年，形成6万纱锭生产能力，国家中型一档企业。1988年，兼并市东风布厂。同年，18STCX纯棉精梳纱获部优产品称号。1989年，晋升为国家二级企业。1990年“芙蓉”牌13tex、29.4tex T／C精梳纱，18tex纯棉普梳针织用纱、96tex纯棉普梳针织起绒纱获部优产品称号。同年，“芙蓉”牌96tex纯棉普梳针织起绒纱通过国家银质奖复评。1993年，实施万锭改造项目，同年，由全资国有企业改制为股份制企业，更名为“湖北银河纺织股份有限公司”。1994 年，40 台平缝机项目竣工投产，引进清钢联项目改造设备到位。1996 年，企业获省纺织行业排头兵称号。1997 年，投资 1 000 万元实施西万锭压锭改造项目，同时，引进 6 台自动络筒机。同年，企业星河织布厂托管第二印染厂织造车间。1988 年，2 万锭两机改造项目完成国家级立项。1999 年 5 月，时任中共中央总书记、国家主席、中央军委主席江泽民同志视察了一棉集团公司。2000 年，推行“双卖清”改革。2001 年，投资 4 100 万元实施技术改造［购置清花梳棉并条、粗纱气流纺引进精梳、自动络筒机等 120 台（套），年产优质棉纱 32 000 吨，进口日本丰田、津田驹喷气织机 150 台，具有年产高档面料及装饰布 1 200 万米的生产能力］，成为全国商品纱最大生产销售厂家之一。2002 年，投资 3 000 万元实施关键设备更新项目改造。同年，实施动态股权制，将国家股中的 1 779.2 万元作为解除国有企业职工身份的安置费，改制后全员职工解除国有身份。2003 年 2 月（市直国有企业改制时），有职工 4 276 人，其中在职职工 3 645 人，资产总额 34 969 万元，负债总额 25 349 万元，资产负债率 72.49%。2004 年 1 月，根据市国企改革领导小组《关于湖北银河纺织股份有限公司改革方案的批复》，将企业剩余的 490 万国家股以 1 048.6 万元转让给银河纺织法定代表人，退出国有资本。同年，企业引进河南项城纺织公司和香港百利达实业有限公司共 600 万元资金在伙牌镇兴建纺纱厂，引进的 150 台日产喷汽织机项目竣工投产。

襄樊星河纺织厂（原襄樊市东风布厂）：属集体所有制企业。1992 年以后更名为“襄樊星河纺织股份有限公司”。2001 年，投资 300 万元实施技术改造。2003 年 9 月，根据国企改革领导小组《关于襄樊市星河纺织厂改制方案的批复》（襄企改［2003］33 号），襄樊星河纺织厂 1 386.76 万元净资产以 1 300.25 万元转让，债权债务由买受人承担。改制时，企业有：有梭织布机 616 台，年产坯布 1 400 万米，总资产 2 971 万元，总负债 2 095 万元，改制后一次性安置买断工龄 515 人，其中退休 109 人。2004 年，企业新织机项目投入生产。

襄樊市棉织厂：1952 年开办。1993 年，推行公司制改造，1994 年，改为股份公司后更名为“金方圆纺织股份有限公司”（国家股 611.98 万元，法人股 2 66.47 万元，职工股 221.55 万元）。同年，24 台剑杆织机项目竣工投产。1997 年，被列为优化资本结构试点企业。2001 年，投资 150 万元实施技术改造。2003 年 2 月（市直国有企业改制时），有职工 2 474 人，其中在职职工 2 027 人，资产总额 5 148 万元，负债总额 6 138 万元，资产负债率 119.23%。2003 年 10 月，根据市国企改革领导小组《关于襄樊金方圆纺织股份有限公司改革方案的批复》（襄企改［2003］32 号），由襄樊鑫方圆纺织有限公司（2000 年建立的民营企业）收购重组。收购时企业总资产 6 261.6 万元，负债 7 063.6 万元，职工 2 469 人，其中退休 930 人，改制后一次性安置买断工龄 1 539 人。2004 年，新织机项目投入生产。

襄樊市印染厂：1979 年，由市棉织厂印染车间扩建后组建。1985 年，印染生产能力 8 000 万米，产值 15 950 万元，国家大型二档企业。主要产品：漂白布、染色布、印花布。1988 年，获全省纺织工业系统“双文明企业”称号。1989 年，13／13 涤棉漂白府绸、29.2／29.2 纯棉什色平布获部优产品称号。1992 年，推行厂长组阁制。1993 年，改为股份制公司后更名为“襄樊市惠普印染实业总公司”，同年，获得自营出口权。1997 年，被列为优化资本结构试点企业。2000 年，推行动态股权制改革。2003 年 2 月（市直国有企业改制时），有职工 1 879 人，其中在职职工 1549 人，资产总额 12 928 万元，负债总额 17 309 万元，资产负债率 133.88%。2005 年 1 月，根据市国企改革领导小组《关于襄樊市惠普印染实业公司改制方案的批复》，襄樊市惠普印染实业公司由襄樊市双佳印染公司以 2 727 万元收购。经评估总资产 15 948 万元，总负债 17 408 万元。改制后一次性安置职工 1 894 人，其中买断职工身份 1 247 人。

湖北化学纤维厂：1966 年 12 月 23 日，由国家计委批准筹建，1973 年，基本建成投产。年设计生产能力“金环”牌粘胶强力丝帘子布 1 万吨（可供制作载重车轮胎 150 万套）。1980 年，总投资 5 400 万元，年产 2 000 吨粘胶长丝分厂动工兴建，1985 年建成投产。年底，企业固定资产原值 1.6 亿元，工业总产值1.24亿元。1988年,投资500万元,年增产200多吨粘胶长丝扩建工程项目竣工投产。1993年,更名为"湖北化纤集团公司",同年,以原长丝分厂为主体改制组建"湖北金环股份有限公司"。1994年,浸胶生产线项目改造设备到位,同年,被国家列为100家现代企业制度试点单位。1995年7月20日,经湖北省人民政府批准,成为授权管理国有资产经营试点企业,资产总额达91 940万元。1996年10月16日,湖北金环股份有限公司"金环股份"在深圳证券交易所挂牌上市。1997年,1 200吨/年粘胶长丝增量、2.5万千瓦发电上网、万吨短纤增量项目纳入国家中西部开发计划。总投资2 990万元,被列入国家"双加"项目:年产1 800吨粘胶长丝增量技改项目动工兴建(1998年5月1日该项目1 200吨生产能力已投产)。1998年,被列入国家出口技改专项:粘胶长丝800吨/年增量技改项目、生物复合肥工程项目完成立项。同年,利用金环上市外壳配股筹集资金3 620万元,用于发展年产1万吨粘胶长丝扩产项目。2001年,投资7 660多万元,实施粘胶长丝等项目改造。2001年7月,将所持有的湖北金环股份有限公司部分国有法人股转让给湖北泰跃(投资)集团有限公司,让出控股权,改制后国有资本全部退出。2002年,投入3 200多万元用于长丝生产线填平补齐等4个项目改造。2003年2月(市直国有企业改制时),有职工9 115人,其中在职员工7 530人,资产总额188 939万元,负债总额112 069万元,资产负债率59.3%。3月,财政部批复(财企[2003]100号),同意湖北化纤集团有限公司持有的湖北金环股份公司国有法人股中的49 923 465股转让给湖北泰跃投资集团有限公司,每股转让价3.97元,总价178 346 156元,使湖北泰跃成为湖北金环上市公司的第一大股东,占股本29%。2004年,800吨连续纺和1500吨帘子布设备竣工投产。同时,与福建经纬集团联合组建湖北经纬集团,新建3万吨粘胶短纤维项目。同年,泰跃集团所属中泰信用担保公司出资2.2亿元承债式收购湖北化纤集团有限公司,经评估确认后的净资产22 187.31万元。2004年5月,公司职工代表大会审议通过《湖北化纤集团有限公司改革预案》,5月27日,襄樊市国企改革办公室批准了《湖北化纤集团有限公司改革方案》,6月,公司与5872人签订了《解除劳动关系协议书》,为659名员工办理完相关手续离开企业自谋职业。

襄樊市合成纤维厂:1985年建成投产。1988年,总投资3 377万元,"七·五"期间重点项目之一,年产7 500吨涤纶短纤项目竣工投产。1997年,总投资900万元,1.5万吨涤纶短纤填平补齐项目竣工投产,同时,实施两台10吨重压锅炉和750千瓦发电机组改造。同年,被列为优化资本结构试点企业。1999年,实施动态股权改革,采取"先股后租"的办法,由部分职工人股,组建"襄樊市三维合成纤维有限公司",租赁合成纤维厂涤纶短纤生产线。2004年,企业被荣安达化纤有限公司以1 800万元收购。

襄樊市无纺布厂:1996年12月29日,市经济委员会襄经字〔1996〕54号文批复:市第二针织厂剥离部分资产债务成立"襄樊市无梭纺布厂"。1997年,被列为优化资本结构试点企业。2003年2月(市直国有企业改制时),企业处于半停产状态,有职工89人,其中在职职工39人。2003年10月,根据国企改革领导小组《关于襄樊市无纺布厂改制方案的批复》(襄企改〔2003〕51号),无纺布厂以189.7万元由原企业法人收购,承担无纺布厂全部债权债务。经评估资产404.6万元,负债915.7万元,职工依法办理身份转换和原企业解除劳动关系,改制后一次性买断工龄安置职工88人,其中退休51人。

襄樊市第一针织厂:1958年成立。1985年,有织机132台,年产量837万件,产值1 949万元。1990年,"雁"牌18tex棉毛衫裤、原绒衫裤、原绒衫裤获部优产品称号。同年,"雁"牌32sv领棉毛套装通过国家银质奖复评。1993年,实行股份制改造,更名为"襄樊亚奇针织股份有限公司"。总资本1 021.3万元,其中国有股306万元,法人股450万元,个人股265万元,主要生产针织内衣运动衣等。2003年2月(市直国有企业改制时),企业处于半停产状态,有职工1 179人,其中在职职工814人,资产总额3 574万元,负债总额4 336万元,资产负债率144.53%。2005年10月,根据市国企改革领导小组《关于市亚奇针织股份有限公司改革方案的批复》,市亚奇针织股份公司以367.3万元转给原企业法人代表,经评估资产4 264万元,负债6 627万元,改制后解除国有职工身份1 448人,其中,一次性买断工龄安置职工 766 人。

襄樊市第二针织厂：1985 年以前组建。1988 年，被襄樊市床单厂兼并，1994 年 11 月，重获法人地位。1996 年 12 月 29 日，市经济委员会襄经字〔1996〕54 号文批复，市第二针织厂剥离部分资产债务成立“襄樊市无梭纺布厂”。1997 年，襄樊市二针织厂被通力公司租赁。2002 年 8 月破产安置职工。

襄樊市第四针织厂：1981 年 10 月成立。主要生产化纤针织面料以及化纤产品染色等。1988 年，菠萝花针织面料获部优产品称号。1993 年，漂染分厂通过股份制改制。2005 年 8 月，襄樊天际来纺织有限公司以 126.9 万元收购第四针织厂。经评估资产 986.58 万元，负债 2 680.68 万元，解除职工身份 298 人，其中一次性买断工龄安置 210 人。

襄樊市毛巾厂：1952 年成立。1985 年，产值近 1 000 万元。主要生产毛巾、浴巾、毛巾被等。产品 80%以上外销，曾是湖北省毛巾类出口重点厂。1988 年，843 系列提花浴巾获部优产品称号。1997 年，被列为优化资本结构试点企业。2003 年 2 月（市直国有企业改制时），企业处于停产状态，有职工 1 115 人，其中在职职工 889 人，资产总额 3 849 万元，负债总额 4 881 万元，资产负债率 126.81%。2006 年 6 月，经市中级人民法院裁定破产。经评估资产 2 400 万元，负债 5 601.2 万元，破产后安置职工 1 169 人，其中退休 431 人，一次性安置职工买断工龄 738 人。

襄樊市床单厂：1975 年，从市毛巾厂分出后组建。1985 年，有织机 160 台，年产床单 171 万米。1988 年，兼并市第二针织厂。1989 年，晋升为国家二级企业，同年，“鹤”牌六尺丝光印花床单获省优产品称号。1990 年，“鹤” 牌 14／2×14／2、28／28 全棉六尺丝光印花床单获部优产品称号。1992 年，“松鹤”牌床单获天马金奖。1993 年，改为股份制公司。1994 年，更名为“襄樊市鹤祥实业股份有限公司”（总股本 1 045.6 万元，其中，国家股 463.1 万元，法人股 550 万元，同年，膨胶棉项目设备安装完毕。1997 年，被列为市直特困企业，同年，被列为优化资本结构试点企业。2003 年 2 月（市直国有企业改制时），企业处于半停产状态，有职工 1 515 人，其中在职职工 1 255 人，资产总额 7 325 万元，负债总额 9 817 万元，资产负债率 134%。

襄樊市提花织物厂：1952 年成立，属国有大型二档企业。主要生产提花织物坯布和床上用品，室内装饰等系列产品。1996 年，批准为自营出口企业。1997 年，投资 1 400 万元，实施引进津田驹宽幅 40 台喷气织机以及相配套的整经高浆等设备项目。同年，由集体企业转为国有企业，被列为优化资本结构试点企业。2003 年 2 月（市直国有企业改制时），企业处于半停产状态，有职工 1 661 人，其中在职职工 1 423 人，资产总额 9 046 万元，负债总额 8 341 万元，资产负债率 111.59%。

襄樊市毛纺织厂：1984 年成立，占地 47 217.3 平方米。1997 年，转为国有企业，同年，被列为优化资本结构试点企业。2003 年 2 月（市直国有企业改制时），企业处于半停产状态，有职工 1 743 人，其中在职职工 1 596 人，资产总额 10 686 万元，负债总额 10 049 万元，资产负债率 94.04%。2005 年 10 月，根据市国企改革领导小组《关于襄樊市毛纺织厂改革方案的批复》（襄企改〔2003〕73 号）文件，企业实行改制。经评估资产 5 204.3 万元，负债 9 892 万元，改制后一次性安置职工 1 669 人，其中一次性买断工龄安置职工 1 366 人。

襄樊市毛呢厂：建于 1980 年，1984 年，由市毛纺织总厂分出，属中二型企业。主要生产粗纺呢绒、毛毯、毛呢服装等，占地 75 亩。2003 年 2 月（市直国有企业改制时），企业有职工 1 160 人，其中在职职工 1 038 人，资产总额 5 846 万元，负债总额 8 225 万元，资产负债率 240.78%。

襄樊市绒线厂：1984 年成立，1997 年企业将绒纺车间从母体中分离，成立金百利实业公司。

襄樊市丝织厂：1976 年以后开办，集体所有制企业。2003 年 2 月（市直国有企业改制时），企业有职工 753 人，其中在职职工 606 人，资产总额 1 850 万元，负债总额 3 170 万元，资产负债率 171.4%。2004 年 11 月，经市中级人民法院裁定破产，有职工 675 人，其中离退休职工 179 人，在职职工 496 人。生产厂区占地 42 亩，拥有 200 台丝织机及前后配套的整、浆、染、捻丝等设备 100 多台（套）。资产总额

2 530 万元，负债总额 3 381 万元，资产负债率 134%。企业破产后，设备实行整体拍卖，土地由工业用地变为商住用地后整体拍卖开发。2005年12月，企业破产结案。经过一年破产清算，共变现资金 2 110 万元，按 2 倍标准解除职工身份，共安置正式职工 670 人，合同工 160 人，职工养老保险，医疗保险交至 2005 年 10 月，12 月清算工作基本完成，清算组向市中级人民法院申请结案。

襄樊市织袜厂：1966 年成立，以生产各种袜子为主。1988 年，弹力锦纶三色袜获部优产品称号。1996 年，市织袜厂与宏业边境贸易公司合并。2003 年 2 月（市直国有企业改制时），企业有职工 556 人，其中在职职工 346 人，资产总额 825 万元，负债总额 1 871 万元，资产负债率 251.4%。2005 年 11 月，经市中级人民法院裁定破产。经评估资产总额 1 431.78 万元，负债 2 672 万元，破产后安置职工 549 人，其中退休 273 人，一次性安置职工买断工龄 276 人。

襄樊市三王制衣总公司：1993 年，实行公司制改革，1995 年，经市政府（襄发〔1995〕95 号）文件批准，以资产抵押方式收购破产企业襄樊市服装厂。1997 年，被列为优化资本结构试点企业。

襄樊市服装厂：1988 年，全毛中山装获部优产品称号，同年，获得全省纺织工业系统“双文明企业”称号。1989 年，牛仔服获部优产品称号。1994 年 9 月 1 日，襄樊市服装厂依法破产，成为襄樊市纺织服装行业中第一家破产的企业。企业破产后被襄樊市三王制衣总公司收购。

襄樊市纺织机械厂：1966 年筹建，1968 年建成投产。1973 年工厂开始扩建。1985 年，生产纺织配件 1 191 吨，产值 460 万元，利润 63 万元。属国有中二型企业，厂房占地面积 34 703.5 平方米，以生产纺织机械及配件为主。1997 年，利用闲置资产兴办汽车配件市场。2003 年 2 月（市直国有企业改制时），企业处于停产状态，有职工 988 人，其中在职职工 716 人，账面资产总额 5 824 万元，实际资产 3 561 万元，负债总额 4 544 万元，资产负债率 127.6%。2004 年 10 月，根据市国企改革领导小组《关于襄樊市纺织机械厂改制预案的批复》（襄企改〔2003〕115 号）文件，湖北瑞德置业有限公司以 2 316.87 万元的价格收购襄樊纺织机械厂。经市企改办委托襄樊市华炬会计师事务有限公司和市地价事务所评估确认，襄樊纺织机械厂有资产总额 3 744.08 万元；负债 5 672 万元；净资产—928 万元，改制后的企业承接纺织机械厂全部债权债务。有 967 名职工退出国有身份，其中，一次性买断工龄安置 455 人。

襄樊市纺织电器厂（原襄樊市纺织机械电器控制设备厂）：1956 年成立。由修配厂、木工专用机械厂、塑料机械厂发展为纺织机械电器控制设备的专业厂。1981 年，更名为“襄樊市纺织电器厂”。1985 年，实现产值 346 万元，利润 57 万元。1997 年，被列为市直特困企业。2005 年 7 月，根据市国企改革领导小组《关于襄樊市纺织电器厂改制方案批复》和《关于襄樊市纺织电器厂产权转让的批复》文件精神，2005 年 7 月 3 日，委托襄樊维信产权拍卖有限公司公开拍卖，买受人襄樊金华泰房地产开发公司以 2 130 万元成交。经评估总资产 2 050 万元，负债 2 599 万元，改制后安置企业职工 435 人，其中退休职工 138 人，内退 96 人，一次性买断工龄安置 99 人。

襄樊市纺织工业纱布管理调拨站：属省纺织纱布调拨站和市纺织工业公司双重领导，主要负责计划经济时期襄樊地区计划内“两纱两布”调拨，事业单位性质，法人实体。1987 年，成立省纺织工业襄樊经销公司，经营纺织品，与省纱布站对口两块牌子、一套班子，计划经济消失后，纱布站开始自谋生路，自主经营，自负盈亏。

襄樊市纺织工业供销公司：1986 年，纺织工业公司实行目标责任制，精减机关人员，将纺织工业经销公司与纺织器材公司合并后成立纺织工业供销公司，承担原纺织工业公司供应科经营性职能，主要负责纺织行业原材料的经营。1997 年，纺织工业公司为盘活国有资产，成立纺织城筹建处，开发纺织供销公司前进路 16 000 平方米经营场地，2001 年，撤销纺织城筹建处，成立锦信源有限公司，开发场所转营家具，市场名称世纪家具城。2005 年，纺织工业供销公司改制，退出国有资本，职工买断工龄安置。企业资产 1 248.763 万元万元，负债 3 369.75 万元，由襄樊市金鹿源实业公司全部买断，改名世纪金源。解除国有职工身份安置职工 79 人。

襄樊市服装鞋帽公司：1986 年，国家推行广大纺织战略，将服装鞋帽、丝绸工业划归纺织口管理，襄樊市按照国务院部署，将服装鞋帽公司、市服装厂、烈军属服装厂划归纺织工业公司管理，服装鞋帽公司主要行使部分管理职能，1988 年后自主经营，自负盈亏，由负责服装生产加工管理，转为经营服装生产原料、配件器材。

襄樊市化纤供销公司：1990 年，市委、市政府为加快化纤工业发展，成立化学纤维工业公司，将纺织工业中的化纤工业分出，由化学纤维工业公司负责行政管理。化学纤维工业分出后，为适应市场经济发展需要，成立化纤供销公司，属化学纤维工业公司二级单位，主要负责化纤原材料供应，1994 年，纺织工业公司与化学纤维工业公司合并后，保留化纤供销公司实体，由其自主经营，自负盈亏。

襄樊市纺织机械器材公司：1996 年，由纺织配件器材供应部延伸，作为独立经济实体自主经营，自负盈亏。2004 年改制退出国有资本转入民营，职工买断工龄安置。

襄樊市帅而美服饰集团公司：1997 年 5 月，经市长办公会议研究决定组建"襄樊帅而美服饰集团公司"（由襄棉、一棉、亚奇、印染等 7 家企业共同出资），主攻襄樊市服装品牌。从上海、江浙聘请名师开发生产 100 支双股纱、高支高密面料衬衫、高档西服等。经过半年攻关，开发出帅而美系列产品 4 大类 16 个品种，产品获中国消费者信得过产品称号。2000 年，推行动态股权制改革。

3.项目投入

1986—1995 年，纺织工业项目投入约 5.22 亿元。"七五"时期，共引进项目 27 个，技术改造重点项目 8 个。化学纤维工业引进和改造项目 10 个，毛麻丝工业引进和改造项目 9 个，总投资 1.42 亿元。"八五"时期，前四年技改投入 3.8 亿元。重点项目有：1988 年，襄樊市合成纤维厂实施年产 7500 吨涤纶短纤项目、湖北化纤厂年产 200 多吨粘胶长丝扩建工程项目竣工投产。1990 年，襄樊市第一针织厂引进蒸呢机和转筒烘干机项目。1993 年，襄棉四万锭、一棉万锭压锭改造项目，第一棉纺厂全套引进清纲联设备改造纺锭，床单厂引进片梭织机和缝编机设备，第一针织厂引进大园机生产线，市印染厂印染生产线改造项目。1994 年，银河纺织集团公司清纲联改造 40 台平缝机、棉织厂 24 台剑杆织机、床单厂膨胶棉项目、湖北化纤公司浸胶生产线改造项目。各纺织企业从美国、英国、德国、日本等 10 多个国家和地区引进生产设备 200 多台（套）（瑞士清钢联 3 套，日本产自动络筒机 7 套，意大利剑杆织机 8 台，瑞士片梭织机 24 台，西德园网印花机 4 台，意大利超级予缩机 1 台，英国针织大圆机 11 台，西德电子提花人造毛皮织机 8 台和人造毛皮定型整理生产线 1 条，比利时提花地毯剑杆织机 4 台，意大利兔毛纺纱机 1 台，波兰精毛纱 5 000 锭，英国罐蒸机、起剪联合机、洗缩联合机、花色捻线机、间隔染色机各1台，日本自动绣花机2台，日本产平缝机 350 台以及与其配套的缝整专用设备等）。

1996—2005 年，纺织工业项目投入近 20 亿元。重点项目有：1997 年，襄樊市合成纤维厂 1.5 万吨涤纶短纤填平补齐项目，一棉集团 2 万锭压锭改造项目和引进 6 台自动络筒机，湖北化纤集团年产 1 800 吨粘胶长丝增量技改项目，市提花织物厂引进 40 台喷气织机项目，市棉织厂织机扩大规模项目。1993—1997 年，各企业引进了清纲联、自动络筒机、气流纺、剑杆织机、服装平缝机等 950 台（套）。1998 年，襄棉宽幅府绸生产线改造项目、高档府绸系列面料及免烫整理项目。2001 年，湖北化纤总公司的粘胶长丝项目，襄棉集团公司新上宽幅无梭织机 96 台以及增添免烫后整理设备项目。2002 年，襄樊一棉的关键设备更新项目，市热电厂 6 号锅炉安装项目。2004 年，银河纺织引进的 150 台日产喷汽织机项目，湖北湖北化纤集团 800 吨连续纺和 1 500 吨帘子布设备项目，鑫方圆纺织公司和星河纺织公司的布机改造项目，经纬化纤集团的 3 万吨差别化粘胶短纤维项目。2005 年，湖北金环集团公司的帘子布、玻璃纸、连续纺项目，新襄棉的细纱由座锭改吊锭项目、吹吸风改进、牵伸项目的改造，银河公司的辅助设备改造，中孚投资公司的拉矫项目等。

4.名优产品

1983—1988 年，有 83 个产品获省以上奖，其中有 5 个产品获国家银质奖，24 个产品获纺织工业部优质产品，54 个产品获湖北省优质产品。其中：1988 年，11 个产品获部优产品称号。这些产品是：五一棉纺厂的 18STCX 纯棉精梳纱，随州棉纺厂的 58TCX 纯棉气流纺纱、21／2×10 细帆和 83.3TCX 纯棉汽流纺纱，襄樊棉纺织印染厂的 28／28(21×21)中平布、40×40 纱府绸和 21×21 纱哔叽，第四针织厂菠萝花针织面料，市织袜厂弹力锦纶三吃袜，市毛巾厂的 843 系列提花浴巾，襄樊市服装厂的全毛中山装。另有 8 个纺织产品获省优称号。1989 年，襄樊棉纺织印染厂生产的 40×40 杂色府绸获国家银质奖。1989 年，6 个纺织产品获纺织工业部优质产品称号。这些产品是：襄樊棉纺织印染厂生产的 14.6 纯棉漂白、杂色府绸、13／13 涤棉混白、杂色府绸、27.8／27.8，29.2／29.2 纯棉什色平布，襄樊市印染厂生产的 13／13 涤棉漂白府绸；29.2／29.2 纯棉什色平布，襄樊市服装厂生产的牛仔服。10 个品获省优产品称号。这些产品是：南漳县棉麻纺织总厂生产的银光牌汽流混纺纱，随州棉纺织厂生产的编钟牌汽流纺棉维混纱，枣阳市第一针织厂生产的波音牌棉毛衫裤，南漳县缫丝厂生产的玉玺牌桑棉球，随州时装厂生产的喜贺牌毛呢男大衣，襄樊棉纺织厂生产的芙蓉牌涤棉混纺纱，襄樊市床单厂生产的鹤牌六尺丝光印花床单，南漳县棉纺织总厂生产的银花 02 苧麻条，随州市丝织总厂生产的双莲牌线梯被面。1990 年，9 个产品荣获部优称号。这些产品是：襄樊市第一棉纺厂“芙蓉牌”13tex、29,4texT／C 精梳纱、18tex 纯棉普梳针织用纱、96tex 纯棉普梳针织起绒纱，襄樊棉纺织印染厂“吉祥”27.8tex 纯棉普梳纱、29／36 精梳 T／C 纱卡其，襄樊市第一针织厂“雁牌”18tex 棉毛衫裤、原绒衫裤、原绒衫裤，襄樊市床单厂“鹤”牌 14／2×14／2、28／28 全棉六尺丝光印花床单，襄樊市工业用布厂“拓新”牌新型胶鞋衬里布。同年，襄樊市第一棉纺厂的“芙蓉”牌 96tex 纯棉普梳针织起绒纱和襄樊市第一针织厂的“雁”牌 32sv 领棉毛套装顺利通过国家银质奖复评。1994 年，老河口天马服装厂爵王西服获“中国公认名牌产品”称号。1997 年，“帅而美”系列产品 4 大类 16 个品种 38 个花色，在 11 月举办的全省工业精品展销会上，获湖北省人民政府颁发的金质奖牌，获得湖北省技术监督局质量认证证书。获得中国保护消费者基金会认定的消费者信得过产品荣誉(见表 12—14)。

1986—1991 年襄樊市纺织工业名优产品

表 12—14

类别	产品名称	商 标	生产单位	评优时间
国优	六尺大提花床单	秀丽	市提花织物厂	1986 年
省优	16S 棉纱	君子兰	老河口棉纺厂	1986 年
省优	T50/C50 30S 涤棉纱	芙蓉	一棉	1986 年
省优	JT/C13×13 涤细	隆中	襄棉	1986 年
省优	T/C45×45 漂白纱夫	吉祥	襄棉	1986 年
省优	印花滚筒		纺机厂	1986 年
省优	粘棉大提花床罩	秀丽	提花织物厂	1986 年
省优	腈纶运动衫袜	雁牌	市一针	1986 年
省优	色织涤细	玉蝶	棉织厂	1986 年
省优	T/C45×45 漂纱夫	蜂蝶	棉织厂	1986 年
省优	粘棉大提花床单	金雀	提花织物厂	1986 年
省优	纯棉大提花床单	秀丽	提花织物厂	1986 年
省优	六尺丝光印花床单	鹤牌	床单厂	1986 年
省优	45×45 涤细	吉祥	襄棉	1986 年

续表 1

类别	产品名称	商 标	生产单位	评优时间
省优	21/2 × 10 棉细帆布	铁树	随棉	1986 年
省优	提花毛巾被	鹭牌	毛巾厂	1986 年
部优	青年布	玉蝶	棉织厂	1987 年
部优	20 × 20 纯棉大花装饰布	菱花	印染厂	1987 年
部优	21 × 21 涤棉印花皱纹呢	吉祥	襄棉	1987 年
部优	40 × —6 纯棉细径粗纬基呢	吉祥	襄棉	1987 年
部优	20 × 20 纯棉印花双面绒	吉祥	襄棉	1987 年
部优	21 × 21 纯棉印花哔叽	吉祥	襄棉	1987 年
部优	精梳涤棉纱卡	吉祥	襄棉	1987 年
部优	华琦呢	华琦	随州色织厂	1987 年
部优	21s 纯棉单纱衫裤	雁牌	市一针	1987 年
部优	锦花弹力袜	哈雪	织袜厂	1987 年
部优	86—15 印花面巾	浩然亭	市二毛巾厂	1987 年
国优	21s/2 × 10s 纯棉细帆布	铁树	随棉	1988 年
部优	21s × 21s 纱哔叽	吉祥	襄棉	1988 年
部优	21s × 21 60 × 58 平布	隆中	襄棉	1988 年
部优	32 s 纯棉精梳纱	芙蓉	市一棉	1988 年
部优	843 系列提花浴巾	鹭牌	市毛巾厂	1988 年
部优	弹力锦纶三吃袜	哈雷	市袜厂	1988 年
部优	菠萝花针织面料	思疑	市四针	1988 年
部优	全毛中山服	雅兰	市服装厂	1988 年
部优	83.3TLX 纯棉气纺纱	编钟	随棉	1988 年
部优	58TLX 纯棉气纺纱	编钟	随棉	1988 年
省优	21 s × 21 s 60 × 58 × 97.2 工艺布	隆中	襄棉	1988 年
省优	40s × 40s 纱夫绸	吉祥	襄棉	1988 年
省优	20s × 20s 染色平布(纯棉)	古乐	市印染厂	1988 年
省优	新型胶鞋衬里布	拓新	市工业用布	1988 年
省优	灯芯绒坯布	玉蝶	棉织厂	1988 年
省优	织针 LD60174	宜钦	宜城针织器材厂	1988 年
省优	时装女西服套裙	雅兰	市服装厂	1988 年
省优	男夹克衫	英鹏	市二服装厂	1988 年
国优	14.6 t × 14.6 纯棉漂白什色夫绸	隆中	襄棉	1989 年
部优	13 t × 13 t 涤棉漂白什色布	隆中	襄棉	1989 年
部优	27.8 t × 27.8 纯棉什色平布	隆中	襄棉	1989 年
部优	13 t × 13 涤棉漂白什色平布	峰蝶	印染厂	1989 年
部优	29.2 × 29.2 纯棉什色平布	古乐	印染厂	1989 年
省优	纯棉杂色平布	古乐	印染厂	1989 年
省优	27.8 t × 27.86 尺丝光印花床单	鹤牌	床单厂	1989 年
省优	32 s 棉毛衫裤	—	枣阳一针	1989 年
省优	(南漳缫丝厂)白厂丝	—	南漳缫丝厂	1989 年
省优	25N 纯苎麻纱	—	南漳麻棉纺织厂	1989 年
省优	02 苎麻条	—	南漳麻棉纺织厂	1989 年

续表 2

类别	产品名称	商 标	生产单位	评优时间
国优	96 纯棉普梳针织起绒纱	—	市一棉	1990 年
国优	32V 棉毛套衫	—	市一针	1990 年
国优	13 29.4T/C 精梳纱	芙蓉	市一棉	1990 年
国优	18 纯棉普梳针织纱	芙蓉	市一棉	1990 年
国优	27.8 纯棉普梳纱	吉祥	襄棉	1990 年
国优	29/36 精梳 T/C 精梳纱	吉祥	襄棉	1990 年
国优	18 棉毛衫裤	雁牌	市一针	1990 年
国优	厚绒衫裤	雁牌	市一针	1990 年
国优	新型胶鞋衬里布	拓新	工业用布厂	1990 年
国优	14/2 × 14/2 全纯六尺里光印花床单	鹤牌	市床单厂	1990 年
省优	腈纶礼品衫	茶梅	市二羊毛衫	1990 年
省优	T/C 印花细布	隆中	襄棉	1990 年
省优	T/C 印花细布	菱花	市印染厂	1990 年
省优	纯棉印花细布	菱花	市印染厂	1990 年
省优	夹克衫	雅兰	市服装厂	1990 年
部优	19.5/16 花平布	菱花	市印染厂	1991 年
部优	13/13 T/C 印花细布	菱花	市印染厂	1991 年
部优	27.8/27.8 花哔叽	隆中	襄棉	1991 年
部优	13/13 T/C 花布	隆中	襄棉	1991 年
部优	28/28 色织青年布	玉蝶	棉织厂	1991 年

5.出口创汇

1986 年始，纺织工业抓住国家纺织产品出口优惠政策机遇，积极发展外向型经济。襄樊棉纺织印染厂、五一棉纺厂、第一针织厂、提花织物厂等 7 家企业成为出口专厂。出口的产品主要有棉纺、坯布、毛巾、床单、印染布、服装等。1988—1990 年，纺织工业出口创汇占全市出口的比重分别达到 70%、67%，成为全市出口创汇的重点行业和湖北省纺织产品出口基地之一。1989—1993 年，全市纺织工业以本省、市外贸口岸为主，建立多口岸，全方位出口，年出口值达 24 亿元。其中主口岸出口 18.3 亿元，其他口岸出口 56 233 万元，自营出口 6 900 万美元。

6.科研开发

1986 年始，全市纺织工业广泛引进吸收人才，分别从北京、西安、河北、天津等老工业城市引进吸收 30 多名专业技术人才，主要解决印染工业色差、丝织行业工艺等问题，开发宽幅印染产品。在引进人才的同时，广泛与北京、天津、武汉、上海等大专院校和科研单位开展横向联合，解决生产设备、产品工艺落后的技术难题，开发技术含量高的纺织产品。床单厂与上海阳光床单厂联合开发高支高密仿美国大炮床单，第四针织厂与天津纺织工学院联合开发涤盖棉产品中的涤纶丝与纯棉产品染色染差问题，市印染厂通过与浙江上海等地科研单位联合开发圆网印染产品，市丝织厂通过引进人才开发人造丝产品，帅而美服饰公司从上海浙江聘任技术专家解决高支高密衬衣生产的工艺难题，开发 40s 以上高档纯棉衬衣。通过引进人才，与院校科研单位联合，全市纺织工业每年开发新产品 1 500 多个。

襄樊市纺织工业局领导干部情况

表 12—15

机构名称	姓名	职务	任职时间
纺织工业局。1972年12月成立襄樊市纺织工业局,1973年1月成立襄樊市纺织工业局党(1973.1—1983.12)	熊炳德	局长	1980.04—1981.05
		书记	1978.04—1983.03
	田成志	局长	1976.10—1979.06
		副书记	1976.10—1979.05
	赵永夫	局长、副书记	1981.05—1983.12
	徐重珍(女)	副局长、副书记	1977.08—1983.12
	吴翔云(女)	副书记	1977.09—1983.12
	兰富春	副局长、副书记	1977.12—1983.12
	周顺时	副书记	1978.09—1980.11
	陈顺龙	副局长	1976.10—1979.06
	张兴华	副局长	1977.08—1982.09
		副书记	1978.05—1983.01
	李书勤(女)	副局长	1977.08—1979.06
	白景武(回)	副局长	1977.06—1979.06
	黄烈惠	副局长	1978.04—1983.11
	熊华光	副局长、副书记	1979.10—1980.10
	余华甫	副局长、副书记	1980.02—1983.12
	陈文龙	副局长	1979.06—1980.05
	刘德发	副局长	1980.02—1983.12
	肖均	副局长	1980.10—1982.09
	许镜平	副局长	1981.05—1983.12
纺织工业公司。1983年10月,地市纺织工业局合并,襄樊市纺织工业局改为襄樊市纺织工业公司,内设办公室、政工、生产计划、财务供销、劳资、科技、技术改造、企业管理9个科室,工作人员81名。1983年12月建立襄樊市纺织工业公司党委(1983年12月至1990年6月)	陈声桂	书记	1983.12—1985.10
	余大宽	书记	1985.10—1990.06
	赵永夫	经理、副书记	1983.12—1985.10
	朱敦建	经理、副书记	1985.10—1990.06
	兰富春	副经理	1983.12—1985.04
	汪烈	副经理	1983.12—1989.06
	许镜平	副经理	1983.12—1987.11
			1989.07—1990.06
	朱敦建	副经理	1985.04—1985.10
	李福敬	副经理	1988.03—1990.06
	王怀敬	副经理	1989.06—1990.06
		副书记	1985.10—1990.06
	张兴华	副经理	1989.06—1990.06
	田洪发	副书记	1985.04—1985.10
	韩素华(女)	副书记	1989.06—1990.06
	吴翔云(女)	纪委书记	1983.12—1990.06
	徐重珍(女)	工会主席	1987.11—1990.02
	许镜平	总工程师	1989.07—1990.06

续表 1

机构名称	姓名	职务	任职时间
1990 年 6 月，市委、市政府决定，纺织工业公司一分为二，成立化纤工业公司和纺织工业公司，其中纺织工业公司在编工作人员 39 人。1992 年 6 月，根据转变职能、精简机构精神，纺织工业公司将科室归并为 4 个，在编工作人员 23 名	1990.6—1994.6(纺织化纤分设)纺织公司		
	王汝秋	书记	1990.06—1994.06
	朱敦建	副书记	1990.06—1994.06
	高桂英(女)	副书记	1990.06—1994.06
	马正道	纪委书记	1990.08—1994.06
	马兆启	工会主席	1991.11—1994.06
	朱敦建	经理	1990.06—1994.06
	喻摇旗	副经理	1990.07—1994.06
	郑鄂军	副经理	1990.07—1994.06
	张兴华	副经理	1990.07—1994.06
	许镜平	副经理	1990.07—1994.06
1990 年 6 月，市委、市政府决定，纺织工业公司一分为二，成立化纤工业公司和纺织工业公司，其中化纤工业公司在编工作人员 24 人。1992 年 6 月，根据转变职能、精简机构精神，化纤工业公司将科室归并为 3 个，在编工作人员 15 名	1990.7—1994.6(纺织化纤分设)化纤公司		
	余大宽	书记	1990.07—1994.06
	韩素华(女)	副书记	1990.07—1991.04
	李书文	纪委书记	1990.07—1994.06
	余大宽	经理	1990.07—1994.06
	李福敬	副经理	1990.07—1994.06
	王怀敬	副经理	1990.07—1994.06
	李建森	副经理	1990.07—1994.06
	倪大方(女)	副经理	1992.02—1994.06
	喻奎	副经理	1991.10—1994.06
1994 年 7 月，市委、市政府决定将纺织工业公司、化纤工业公司合并为市纺织工业公司，按照精简、统一、效能的原则，公司机关设 6 科一室，即办公室、正工科、生产计划科、劳资科、财务审计科、企业管理科，在编工作人员 38 名	1994.6—2002.2(纺织化纤公司合并)		
	朱敦建	书记	1994.06—1997.04
	张华	书记	1997.04—2001.12
	张华	副书记	1994.06—1997.04
	李福敬	副经理	1994.06—2002.02
	郑鄂军	副经理	1994.06—1999.05
	马正道	副书记	1997.04—2002.02
	喻摇旗	副经理	1994.06—2002.02
	李建森	副经理	1994.06—2002.02
	倪大方(女)	副经理	1994.06—1997.08
	李其顺	副经理	1995.01—2002.02
	张卫华(女)	副经理	1997.12—1999.05
	杜安启	副经理	1998.12—2002.02
	李耿章	副经理	1998.12—2002.02
	马正道	纪委书记	1994.06—1997.04
	杜安启	纪委书记	1997.04—1998.12
	张立桂(女)	纪委书记	1998.12—2002.02
	李书文	工会主席	1994.06—2002.02
	许镜平	总工程师	1994.06—1997.04

续表 2

机构名称	姓名	职务	任职时间
襄樊市纺织行业协会。2002年12月，根据省委、省政府关于印发《襄樊市机构改革方案》的通知，鄂文〔2001〕52号和市委、市政府《襄樊市市级机构改革实施意见的通知》襄发〔2001〕22号精神，设置襄樊市纺织行业协会为正县级事业单位，由市经济贸易委员会管理，负责全市纺织行业协调管理工作。机关内设机构：综合科、行业管理科、人事科、离退休干部管理科，机关事业编制20名	2002.2—2005.12(纺织协会)		
	黄本朝	书记	2001.12—2005.12
	黄本朝	主任	2010.12—2005.12
	喻摇旗	副主任	2002.02—2003.12
	杜安启	副主任	2002.02—2005.12
	李耿章	副主任	2002.02—2005.12
	张立桂(女)	纪检组长	2002.04—2005.12
	张立桂(女)	工会主席	2003.05—2005.12

三、电力工业

自1979年始，电力工业发展较快。1985年，襄樊电网拥有220千伏变电站2座，主变压器2台，主变容量21万千伏安，输电线路5条777.4千米。110千伏变电站23座，主变压器29台，主变容量46.6万千伏安，输电线路33条781.57千米。35千伏变电站64座，主变压器101台，主变容量24.576万千伏安，输电线路82条1 230.6千米。配电变压器8 992台，容量81.63万千伏安，配电线路13 299千米，低压线路3 215千米。小水电装机7.68万千瓦。供电企业供电量17.28亿千瓦时，为襄樊经济建设、工农业生产及人民生活提供了电能保障。是年，襄樊市全社会用电量16亿千瓦时，其中农业用电2.4亿千瓦时，工农业生产总值66亿元。

20世纪80年代，襄樊电网主网电压等级由110千伏上升至220千伏。1984年前，襄樊电网110千伏襄丹1、2回(94千米)、丹黄新南(148.4千米)3条线路受电丹江水电厂，构成110千伏襄樊电网主网骨架。主网电源单一，输电距离远(至枣阳1 86千米)，受枯水期制约，供电缺口大，供电质量差，拉闸限电频繁。丹江水电厂—武汉有220千伏4条输电线路途径襄樊未入襄樊电网，襄电人负维护之责襄樊却不受益。1984年12月，220千伏乔营变电站投产(该项目历7年争取)，结束了16年来丹汉线穿境而过却不入的历史，揭开了襄樊220千伏电网建设的序幕。“七五”期间，在国家集资办电政策的指导下，筹资2 948万元兴建220千伏顺安变电站，筹资1 283万元建220千伏韩岗变电站。1991年，形成220千伏丹江—顺安—胡集，丹江—韩岗—随州供电网络，襄樊电网主网电压等级由110千伏上升至220千伏。筹资3 400余万元，兴建了9个110千伏输变电工程。110千伏谷城变电站、泥咀变电站投产，110千伏黄畈、新集变电站退出运行，完成偏离负荷中心的丹黄新南输变电工程改造任务。110千伏竹条变电站、杨庄变电站、董台变电站、钱营变电站投产，主网、城网相应完善，襄樊市区取消35千伏电压等级，由110千伏及220千伏变电站出线10千伏直接供电，提高了负荷中心的供电可靠性。1990年年底，主网拥有220千伏变电站4座，主变容量66万千伏安，输电线路7条(818千米)。110千伏变电站30座，主变容量87万千伏安，输电线路34条(930千米)。35千伏变电站74座，主变容量30.73万千伏安，配电线路1 566公里，10千伏配电变压器容量111万千伏安。襄樊市区以220千伏乔营变电站、顺安变电站为枢纽，构成110千伏乔营—樊城—庞公—钱营—顺安—乔营、乔营—董台—油坊—乔营供电环网，所属各县（市）110千伏电压等级亦深入负荷中心。1990年，供电企业供电量25.56亿千瓦时，襄樊市全社会用电量26.9亿千瓦时，其中农业用电量2.8亿千瓦时。

20世纪90年代，120万千瓦襄樊火电厂建设，为襄樊电业发展带来了新的机遇。襄樊地区原无大型电源厂（站），随着供电网络的不断扩大，供电负荷不断增长，1990年，最高负荷36.22万千瓦，1992年，突破40万千瓦，1995年，51.5万千瓦。作为襄樊电网主供电源的丹江水电站出力不足，枯水期出力波动值高达50万千瓦，无电外送。襄樊电网仅靠220千伏顺安—胡集、乔营—胡集线倒送负荷，两线最大输送功率各15万千瓦，枯水期实际输送功率均超过20万千瓦，严重威胁着襄樊电网的安全运行，并影响湖北主网的稳定。襄樊电网缺电，主网卡口的严重局势引起电方部门、各级地方政府的高度重视，积极争取120万千瓦襄樊火电厂早日开工，但因资金、设备等原因，至1996年才列入国家基建项目计划，并于同年开工建设。与火电厂建设配套，计划"八五""九五"期间新建220千伏宜城、油坊、东津、谷城4个输变电工程项目，由于火电厂建设项目迟迟不能开工，也未争取到配套项目提前上马。"八五"期间，220千伏电网建设项目出现空白，致使乔胡线、顺胡线严重超载威胁主网安全而频繁拉闸限电。1995年，累计拉闸限电8 156条次，其中省中调拉大闸355条次。为扭转这一被动局面，电力部门和地方政府积极筹措资金8 700万元，提前抢建220千伏双河—顺安输电工程。其间，水电建设随改革而兴，股份投资兴建白水峪、过渡湾、王甫洲、庙子头等水电站，新增装机容量19万千瓦。使襄樊电网获得了新的电源，缓解了主网卡口。"八五"期间，110千伏主网建设与改造投资10 990万元，新建、扩建17个输变电工程项目。城网经过增容改造，110千伏枢纽变电站全部实现了双主变、双电源，结束了襄樊市区（包括襄阳县城区）各变电站主变检修、试验时全站停电的历史。1995年，110千伏郑家山变电站投产，扩大了市区供电环网。各县（市）110千伏网络亦相应扩大、完善。同年，110千伏孙岗变电站、汉晟变电站投产，枣阳市以220千伏韩岗变电站为枢纽，构成110千伏韩岗—孙岗、韩岗—枣阳、韩岗—汉晟供电网络。另由韩岗出线110千伏至随州唐镇，为随、枣联网奠定了基础。随州以220千伏随州变电站为中心，构成110千伏随州—殷店、随州—蒋岗—安居供电网络。1995年，长州火电厂投产，电力经蒋岗变电站并入随州电网。宜城受电于顺安变电站，构成110千伏顺安—白庙—金牛山—顺安供电环网。南漳县以顺安变电站为主供电源，构成110千伏顺安—花庄—南漳—顺安供电环网。1993年，110千伏紫金变电站投产，构成110千伏谷城—紫金—白水峪、紫金—保康供电网络。另由丹江—谷城线"T"接至石花，构成石花—鞍子垭—岱湾供电网络。1995年，110千伏老河口西关变电站投产，老河口市具有3条电源（徐西线、襄丹一回、襄丹二回）。农电以标准变电站、标准线路、标准配电台区建设为重点，致力于农村电气化建设。全局农电标准化变电站46座，达标输电线路68条1 200千米，配电线路451条5 360千米，达标配电台区4 317个。随州、宜城、谷城3县（市）被评为"三标"先进单位。襄樊电网配电系统供电可靠率达99.61%，达到了国家二级企业的考核标准。1995年，农网拥有110千伏变电站19座，35千伏变电站80座，高压输电线路（1 0千伏及以上）22 024千米。农网用电设备容量140万千瓦，用电量19亿千瓦·时。

"八五"期间，襄樊供电局多方筹集资金，多层次、多渠道、多方式广辟电源。积极组织电权电量、集资电量、认购电量、挖潜电量、专用电量、加工电量、外汇电量、煤油电量，采取优惠政策，鼓励扶持地方小水（火）电多发满发，参与调峰。1993年4月，成立襄樊电力开发总公司，负责电量的组织、分配与销售，加强用电管理。计划用电坚持"确保重点，兼顾一般"的原则，以行政、经济、技术手段，精心调度，科学调峰。发挥无线电负荷控制系统功能，可监控市区80%的负荷，力争限电到户，不拉大闸。推广节能新技术新材料的运用，大力开展社会节电。"八五"期间，累计组织各类指导性电量52.419亿千瓦时，社会节电3.64亿千瓦?时。1995年供电企业完成供电量35.07亿千瓦时，售电量32.34亿千瓦时。分别比“七五”末净增 9.5 亿千瓦时、8.7 亿千瓦时，年平均递增 7.43%。襄樊市全社会用电量 38 亿千瓦?时，其中农业用电 3.7 亿千瓦时。襄樊市国内生产总值现行价 337.99 亿元。

20 世纪 90 年代末，襄樊电力工业发展迅速，建成 220 千伏双环供电网络。1998 年 9 月 1 日，襄樊火电厂 1 号机组投产，1999 年 10 月，4 台机组全部并网发电，成为鄂西北重要的电源支撑点，襄樊电网由此结束了受制丹江水电的历史。配合襄樊火电厂电力外送，1999 年 8 月 11 日，220 千伏余岭变电站投产，1999 年 8 月 13 日，220 千伏东津变电站投产，2000 年 1 月 11 日，220 千伏米庄变电站并网运行，2000 年 12 月 4 曰，220 千伏汾阳变电站投入运行。新建 220 千伏输电线路 9 条(450.796 千米)，在襄樊市区周围构成 220 千伏襄樊电厂—顺安—乔营—米庄—东津—襄樊电厂双环供电网络，可汇集、输送负荷 100 万千瓦。“九五”末期，襄樊 220 千伏电网加快建设速度，创造了全省乃至全国地区性电网建设的先进水平。襄樊从此彻底扭转了长期缺乏大型电源支撑和网络结构薄弱、可靠性低、主网卡口的被动局面，极大地提高了供电可靠性和电能质量。该网络在生产运行中，全环段单一线路再加上任一环段任一回线路同时停运，该网络中的任一电源点均具备不间断连续供电的能力。具备极强的抵御复合性故障和突发事件的能力，切实做到电网调度灵活、供电可靠，真正成为“受得进，送得出”的网络体系。“九五”期间，新建、扩建、增容改造 110 千伏输变电工程项目 20 个。襄樊市区新增 110 千伏郑家山、广场、高新 3 座变电站，襄樊市区及周边区域累计有 16 座 110 千伏变电站(包括用户站)。以 220 千伏乔营、顺安、东津、米庄变电站为主供电源，形成 110 千伏乔营—樊城—广场—郑家山—庞公—钱营—顺安—乔营、乔营—董台—油坊—高新—乔营、东津—杨庄—油坊—潘台—东津、米庄—杨庄供电环网。所属老河口市、谷城县、南漳县、宜城市基本形成环网供电。2000 年，供电量 40.60 亿千瓦时，售电量 37.57 亿千瓦时。是年，全市用电量 46.96 亿千瓦时，国内生产总值 41.5 亿元。

世纪之交，“两网”改造促进襄樊城市电网、农村电网再上新台阶。世纪之交及“十五”期间，襄樊电力工业建设以城网、农网改造为重点。1999—2003 年，襄樊完成大规模城网、农网改造工程。城网累计投资 18 亿元。新增 110 千伏变电站 1 座，改造 220 千伏变电站 2 座、110 千伏变电站 11 座，新增 110 千伏主变容量 23 万千伏安，新建、改造 110／10 千伏线路近 700 千米，110／35／10 千伏断路器重合器计 367 台，配电变压器 446 台，新增变压器容量 9.5 万千伏安。220 千伏网络已成双环供电格局，110 千伏线路可用系数达 99.95%，主变压器可用系数 99.966%。10 千伏网络形成“手拉手”环网供电，互联率达 72%。供电可靠率 99.9813%，线损率 3.5%。城区电压合格率 98.07%。农网改造投资 11.44 亿元，着重解决供电设备陈旧、供电不足、综合线损高等问题。在投资项目安排上，优先安排灾区和移民建镇的配套电力项目；增供扩销潜力大、经济效益明显的项目；10 千伏配网、农村低压网络改造和降损明显的项目；影响电网结构的项目。通过农网改造，高压线损降至 10%以下，低压线损不超过 12%。2003 年，农网改造工程通过验收，新建 110 千伏变电站 2 座，35 千伏变电站 17 座，改造 110 千伏变电站 14 座，改造 35 千伏变电站 43 座，改造 35—110 千伏线路近 800 千米，新增主变容量 29.4 万千伏安。新建低压台区 2 490 个，改造低压台区 8 960 个，改造、新建 10 千伏线路计 1 万余千米，改造低压配线 4.2 万余千米。

2005 年，襄樊市周边已建成 220 千伏双环网络。城区实现 110 千伏为主体，35—10 千伏为配网的供电体系，电网结构在全国同类城市中居领先水平。供电电压合格率 98.2%，供电系统用户供电可靠率 99.981 3%，全市最高用电负荷 88 万千瓦。随着市场经济的发展，用电分类指标亦随之调整。全社会用电量 58.3 亿千瓦时，其中第一产业用电 11 803 万千瓦时，第二产业用电 426 762 万千瓦时，第三产业用电 60 571 万千瓦时，城乡居民生活用电 84 119 万千瓦时。网供电量 50.1 亿千瓦时，售电量 46.5 亿千瓦时。

与电网发展相适应，襄樊电力企业管理坚持稳定、改革、发展方针，逐步向社会主义市场经济转变。“七五”期间，实行局(厂)长负责制，襄樊供电局进入“省级文明单位”行列。“八五”期间，引入竞争机制，改革劳动人事工资制度，开展“双达标”活动，加大电力多经企业股份制改造力度。1995 年，电力工业部授予电力安全文明生产达标企业。由国家大型二类企业跨入大型一类企业行列。1996 年 3 月 1 日，成立襄樊供电局多种经营管理局，同年，由实业公司、物资公司、通力公司（设备厂）、襄樊供电局工会（职工持股会）为发起人，组建襄樊电力集团有限公司，注册资本 1 000 万元。1998 年，襄樊供电局在所属各单位电力多经企业自行改制的基础上，以集团公司为母体，构建具有核心层、紧密层、半紧密层、松散层多层结构模式的集团公司。整体改制后集团公司拥有 3 个分公司、8 个子公司、14 个参股公司，安置就业职工 3 330 人。“九五”期间，开展电力市场整顿和优质服务活动，企业竞争意识、服务意识、效率效益观念明显增强，行风备受好评。“十五”期间，以“创一流供电企业”为目标，推动企业达到国家一流供电企标准。1999 年，襄樊市农电体制改革，撤销乡（镇）电管站，改县级供电企业直管。2002 年，共撤销乡镇电管站 129 个，成立基层供电营业所 79 个，实现城乡“同网同价”。同年，根据行政区划和湖北省电力公司整体布局，随州市供电局划出襄樊电力系统。2003 年，根据国家电力体制改革“厂网分离”原则，南河水力发电划出襄樊供电系统。同年 11 月，襄樊供电局更名为“襄樊供电公司”，进入公司化运作轨道，荣获“全国创建文明行业工作先进单位”称号。

（一）发电

1.火力发电

1980 年，本市兴建襄樊市热电厂，总投资 3 000 万元，容量为 3 台 65T/H 锅炉，2 台 6 000 千瓦背压式汽轮发电机。年供汽 100.8 吨，发电 8 400 万千瓦时。主要为附近 8 家纺织企业和 3 家轻工企业联片供热。1983 年 7 月开始试生产。1985 年，襄樊地区只有襄樊市热电厂（2 × 600 千瓦）一家火力发电厂，另有少数大型企业自备发电机组，以应电网拉闸限电，停电检修之急。1986 年，老河口市热电厂（1 × 1 500 千瓦）投产。1995 年，随州市长州热电厂（2 × 27 500 千瓦）投产。1998 年，襄樊电厂（4 × 30 万千瓦）建成投产，襄樊电网始有大型火电支撑。2005 年，襄樊火力发电设备容量 129.6 万千瓦，年发电量 55 亿千瓦时。

襄樊火电厂（以下简称襄樊电厂）：位于襄阳城南余家湖，东临汉水，西靠焦枝铁路和 207 国道，是鄂西北电源支撑点，也是三峡水电工程的预备调峰电厂。占地面积 160 万平方米，设计年发电量 72 亿千瓦时，留有 2 × 60 万千瓦机组扩建余地。20 世纪 80 年代中期，襄樊电厂开始建设论证，最终确定设计规模为 4 × 30 万千瓦。动态总投资 73.99 亿元，其中发电工程动态总投资 64.12 亿元。由华中电力集团公司、湖北省电力开发公司、襄樊电力开发总公司合资（出资比例分别为 65%、17.5%、17.5%）组建“湖北襄樊发电有限责任公司”，负责电厂建设、经营管理和债务偿还。1992 年 8 月 22 日，国家计委批准立项，襄樊电厂进入前期准备工作。1993 年 12 月 1 5 日，通过电力部电力规划总院初审。1996 年 3 月 13 日，国务院总理李鹏、副总理朱镕基、邹家华、吴邦国分别签字同意襄樊电厂工程列入国家利用国家外汇贷款购买国内设备建电站试点。同年 10 月 17 日，国务院批准该工程列入 1996 年度国家基建大中型新开工项目计划。1996 年 11 月 29 日，襄樊电厂工程举行开工典礼。襄樊电厂工程原施工方案参照国内惯用模式，分两期工程按 1、2、3、4 号机组顺序组织施工，总工期 52 个月。黄毅诚部长襄樊考查时提出，襄樊电厂是与三峡工程配套的火电项目，且华中地区属严重缺电的省份，第一期工程应 4 台机组一气呵成。经论证确定两台机组同时施工的新方案，优化后的施工方案将总工期由 52 个月缩短至 38 个月。施工过程中，根据资金、设备到位情况和施工进度，两次优化施工方案，总工期由 38 个月提前到 34 个月。1 号机组 1998 年 9 月 28 日投产，2 号机组同年 11 月 28 日投产，3、4 号机组 1999 年 7—9 月投产。1998 年 1 月 8 日，1 号锅炉大件吊装完毕，4 月 2 5 日水压试验一次成功，4 月 2 3 日，1 号汽轮机成功扣盖，6 月 15 日，厂用电受电，进入分部试运，8 月 1 日，1 号锅炉一次点火成功，9 月 1 6 日，1 号机组整套启动，9 月 1 9 日，提前 9 天并网发电。2 号机组于 1998 年 12 月 16 日整套启动，20 日并网发电，经 168 小时带负荷试运，各项技术经济指标良好。襄樊电厂属国家“4 个试点”项目工程（优化工程、限额设计、利用国内外汇贷款、1—8—1 付款方式试点）。工程建设与国际基建管理模式接轨，采用项目法人制、招投标制、资本金制、监理制和合同制。将工程建设全面推向市场，通过市场竞争，选择力量强、价格适中的施工单位和质高、价低的设备厂家。三大主机分别选用上海锅炉厂、东方汽轮厂和东方电机厂产品。湖北电建二公司、河南火电工程公司。分别承担 A 标（1、4 号机组）、B 标（2、3 号机组）建设任务，实现了“高速、优质、低价”目标。1、2、3、4 号机组分别提前 4、9、10、18 个月建成投产，按年利用 4 000 小时计算，提前发电量达 38 亿千瓦时，可减少投资 5 亿元。2005 年，实现产值 20 亿元，销售收入 20 亿元，职工人数 450 人，固定资产 55 亿元。

襄樊市热电厂：是 1980 年国家物价总局安排的 5 个节能试点项目之一。第一期工程总投资 3 000 万元。1981 年 7 月动工，1983 年 7 月试生产，主设备有 3 台 65T / H 锅炉，2 台 6 000 千瓦背压式发汽轮发电机，设计年发电量 8 400 万千瓦?时，年供热 100.8 万吨。第二期工程投资 3 371 万元，扩建 2 台 65T / H 锅炉，1 台 12 000 千瓦单抽式汽轮机组，工程于 1988 年 6 月 15 日动工，3 年建成。市热电厂主要效益：（1）热效益高，年供汽 80 余万吨，比分散供热效率要高 20%—25%；（2）煤耗低，联片供热比分散小锅炉供热年节煤 2 万余吨；（3）年发电量 6 600 余万千瓦时；（4）环境保护得以改善，取代了供热用户 25 台工业锅炉，改变了“家家生火、处处冒烟”的状况，减少了城市污染。

图 12—12　襄樊火电厂

老河口市热电厂：1986 年 12 月并网发电，主设备为 1 台 1 500 千瓦背压式汽轮机，1 台 1 500 千瓦凝汽式汽轮发电机和 1 台 24 T / H 锅炉。设计年发电量 7 200 万千瓦时，年供汽 17 万余吨。

图 12—13　襄樊市热电厂

长州热电厂：位于随州市北郊，占地 134 亩，总投资 3 亿元，由中国长江动力（集团）公司、香港耀荣集团、香港新鸿基证券有限公司、随州市政府合资兴建。电厂设计装机容量 2 ×27 500 千瓦，年发电量 3.2 亿千瓦时。1993 年，湖北计委鄂计能源字〔1993〕164 号文批准立项，同年 4 月破土动工，1995 年 12 月第一台机组并网发电，1996 年 4 月 2 号机组投产。新建 110 千伏线路 2 回，分别经蒋岗变、擂鼓墩变并入随州电网，构成随州变—蒋岗变—擂鼓墩变—电厂四角环网。

2.水力发电

襄樊境内有知名河流817条,多为山区性河流。汉水为境内最大水系,境内流长216千米。南河为汉水最大支流,境内流长141千米。汉水、南河水力资源丰富,有利水电梯级开发。另有府河、沮漳河、淮河亦具水电开发价值。据测算,水电可开发潜力达65万千瓦。

1980年,南河水库下闸蓄水,三台机组并网试发电。1985年,全市计有273座(其中随州67座)小水电站。装机1 000千瓦以上小水电站有南漳三道河、云台山、石门,保康马桥、竹林口,随州大洪山、封江口,谷城金盆沟计10座。装机1万千瓦以上的水电站只有南河水力发电厂,装机22 500千瓦。是年底,全市水电装机容量76 885千瓦(其中随州12 566千瓦),年发电量2亿千瓦·时。"七五"期间,襄樊水电开发仍在"小"字上徘徊,先后有保康三级(3 000千瓦)、一级(6 000千瓦),竹林口(1 200千瓦)并入襄樊电网。1990年,全市水电装机仍未突破10万千瓦。1990年以后,襄樊水电开发出现由小到大的特点,电站建设规模均超过1万千瓦。1997年,白水峪水力发电厂(45 000千瓦)投产,同时,兴建110千伏紫金输变电工程,白水峪水电并入襄樊电网。1998年,过渡湾水电站(25 500千瓦)竣工并网。2000年,王甫洲水电站(109 000千瓦)并网运行,此为襄樊境内最大水力发电站。继后,庙子头水电站(10 200千瓦)、引丹水电站(7 500千瓦)、寺坪水电站(30 000千瓦)、峡口水电站(15 000千瓦)先后投产。2005年,全市水电装机容量突破30万千瓦,发电量突破10亿千瓦时。

马桥水电站:位于保康县西部马桥镇境内,距保康县城110千米,按三级电站配置。先投产的马桥二级水电站是拦河取水的一座引水式电站。1981年3月18日,正式并入电网运行。发电装机容量1×3 000千瓦+2×1 250千瓦,年利用小时5 000小时,年发电量3 140万千瓦时。电站工程由大坝、渠道、厂房和输变电设施组成。坝体为混凝土溢流重力坝,坝顶长65米,底宽29.5米,坝高12米。大坝左侧设两处闸门,一处为冲沙闸门,最大泄水量53立方米/秒。一处为进水闸门,引水经过110米隧洞进入引水渠道。引水渠长8 650米(至寺岭村古佛寺发电厂房),其中石渠3 150米、土渠5 500米,渠深3米,设计过水流量25立方米/秒。发电主、副厂房长51.72米,宽19.07米,高21.58米。压力前池长196米,宽50米,蓄水2.6万立方米,右侧设有溢洪堰、冲沙闸。压力隧洞长192米,内径4米,设计水头34米,进入厂房处分为3个支管,分别至3个发电机组。1号机组进水管内径1.72米,2、3号机组进水管内径1.50米。尾水渠长500米,将尾水导入三级电站引水渠。升压变电站装主变1×16 000千伏安,后增装1台10 000千伏安。出线110千伏至谷城官坊,35千伏出线4回,分别至歇马、马良、店垭;神农架林区阳日湾水电站;马桥三级水电站;马桥一级水电站。马桥三级水电站位于双牛尖脚下,1984年12月25日动工,1989年1月19日竣工试运,装机3×1 000千瓦,年利用小时数4 550小时,年发电量1 365万千瓦时。厂房以上承雨面积1 712平方千米,年均流量21.585立方米/秒。引水渠道总长5 290米,毛水头19.5米。马桥一级水电站位于雷公滩,是南河上游第一个梯级水电工程,坝址以上承雨面积1 410平方千米,多年平均降雨量1 000毫米。电站工程于1989年3月动工,1992年8月1日第1台机组发电,同年10月1日第2台机组投产。大坝为混凝土溢流重力坝,最大坝高46米,坝顶长146.5米,底宽39米,顶宽5米,设有8×12平方米弧形钢质闸门5扇,坝左岸设有进水拦污栅、进水闸、引水管及坝后式发电厂房,发电装机2×3 200千瓦,后增容1×1 600千瓦组。发电水头24.4米,引水流量38.81立方米/秒,单机流量分别为15.8立方米/秒、7.61立方米/秒,多年平均发电量3 500万千瓦时。

竹林口水力发电站:该站为径流引水式发电站,位于保康县马良镇双坪村四组。1986年12月破土动工,1989年1月试水,5月9日投产。该站总投资165万元。装机容量3×400千瓦,年利用小时5 100小时,年设计发电量612万千瓦时。由拦水坝、渠道、厂房、输变电4部分组成。大坝长36米,宽2.4米,高2.5米,底部高程为367.78米,坝体左侧设置一冲沙闸一进水闸。坝址以上承雨面积为457平方千米,多年平均流量6.14立方米/秒。引水渠总长4 450米,明渠350米,隧洞4 100米,设计过流量 4.45 立方米 / 秒。压力前池在隧洞内,长 30 米,宽 10 米,深 5 米,可蓄水 1 500 立方米。前池右边底部设直径为 300 毫米冲沙孔,左侧开凿溢流堰,压力管道长 80 米,内径为 130 厘米。设计水头 41.1 米,最大水头 42.3 米,有效水头 40.13 米。厂房全长 24.5 米,宽 12 米,高 10 米。尾水渠长 30 米,呈矩形断面。装一台主变 1 600 千伏安,10 千伏出线 4 千米至马良变电站上网。

白水峪水力发电厂位于湖北省谷城县境内汉江支流南河中游,距谷城县城关 55 千米(陆路),距下游南河水电站 20 千米(水路)。1986 年 3 月,湖北省水利勘测设计院提出白水峪水电站《项目建议书》,同年,湖北省计委批准进行可行性研究,电力工业部中南勘测设计(研究)院承担工程设计任务,于 1987 年 10 月提出《可行性研究报告》,经湖北省水利厅、湖北省工程咨询公司评估后,于 1991 年 12 月提出《初步设计报告》。1992 年 5 月,省计委批准《初步设计报告》,并上报国家计委、能源部。国家计委批复后,省计委批准白水峪水电站工程列入 1992 年新开工项目计划。同年 12 月 21 日,白水峪水电站工程指挥部在坝址举行奠基仪式,进入施工准备阶段。1994 年 7 月 6 日主体工程开工,1995 年 1 月 30 日开始大坝混凝土浇筑,同年 11 月 16 日实现截流,1997 年第一台机组并网发电。白水峪水电厂总装机容量 3 × 1.5 万千瓦,设计年利用小时 3 900 小时,年发电量 1.75 亿千瓦时。电站枢纽总体布置为右岸引水式地面厂房,主体工程有拦河大坝、引水道、发电厂主副厂房、尾水渠和开关站。大坝为混凝土重力坝,坝顶长 248 米,最大坝高 63.5 米,坝顶高程 204.5 米,共 13 个坝段。主河道布置 7 个表孔,单孔净宽 12 米,设弧形工作门,7 个表孔设 12 × 19.3 米检修叠梁门一扇。表孔与进水口之间(6 号坝段)设泄洪拉沙孔 1 个,孔口尺寸为 6 × 8 米。厂房布置在坝下右岸赤家峪沟口,主厂房长 58.5 米,宽 17 米,高 43.5 米,内装 3 台水轮发电机组。上游副厂房分为 4 层,布置电缆、盘柜,项层布置 2 台主变。右副厂房地上 3 层、地下 1 层,与上游厂房及主厂房相通,设有中央控制室、计算机室、继电保护室、载波室及会议室。开关站位于副厂房右侧,长 50 米,宽 28.5 米。发电引水建筑按一管三机式布置,包括右岸坝式进水口,埋藏式压力钢管和钢岔道,全长 230.20 米,其中主管内径 6.8 米。进水口设在 4 号坝段,建有拦污栅和检修闸门。电站主体工程共开挖土石方 48.5 万立方米,砼浇筑 34.3 万立方米,帷幕灌浆 9 000 米,固体灌浆 14 630 米,钢筋制作安装 5 650 吨,金属结构安装 3 400 吨,机组及附属设备安装 3 台(套)。附属工程项目有厂外赤家峪排水隧洞,坝区永久公路和对外交通专用公路。电力外送工程有 110 千伏升压站,装主变 1 × 20 000 + 1 × 40 000 千伏安,110 千伏输电线路 2 回计 61 千米,分别至 110 千伏紫金变电站、谷城熊营变电站接入襄樊电网。白水峪水库水域面积 5.51 平方千米,回水短期计划 6.5 千米。坝址无实测水文资料,据开峰峪、谷城水文资料推测,坝址处多年平均流量 74.2 平方米 / 秒。年均来水量 23.4 亿立方米,4—10 月占年径流量 80% 以上,多水年与少水年平均流量比为 4 : 3。11 月至次年 3 月为枯水季节,水量占来水量的 10%,枯水期最小日流量 6.5 立方米 / 秒,最小旬平均流量 8.21 立方米 / 秒,最小月平均流量 8.84 立方米 / 秒。水库正常水位 198 米(高程),相应库容 1.08 亿立方米;校核洪水位 204.5 米,相应库容 1.48 亿立方米,调度库容 0.4 亿立方米;设计发电死水位 184 米,初期发电最低水位 182 米。白水峪水库高度原则是,当入库流量 ≤ 500 年一遇时,控制下泄流量不超过 13 200 立方米 / 秒,可使下游南河水电站防洪标准由 218 年一遇提高到 500 年一遇;当入库流量超过 500 年一遇时,自由淌泄,但不允许下泄流量超过入库洪峰流量。

过渡湾水电站:位于保康县境内过渡湾镇,与谷城县交界,距保康县城 17.5 千米,是南河流域水电梯级开发规划的第七级水电枢纽工程。湖北省水利勘测设计院负责工程设计,保康县人民政府主办,国家农业银行、水利部、省水利厅等单位联合投资,省水电工程三团承建。1992 年 11 月 28 日动工,1998 年竣工投产。过渡湾水电枢纽工程由挡水坝、直接挡水厂房和 110 千伏升压站组成。大坝为砼重力坝,按 50 年一遇洪水设计,500 年一遇洪水校核。坝顶高程 228.2 米,最大坝高 43.7 米,坝顶长 225 米、宽 10 米,坝底长 172 米(含挡水厂房 36 米)、宽 38 米。在大坝主河槽设有 12 米 × 13 米钢质平面闸门 7 扇,下泄设计洪水流量 8 660 立方米 / 秒,校核洪水流量 14 500 立方米 / 秒。在大坝左侧设有3米×3米冲砂底孔，左岸厂房全长36米，宽37米，由进水口、主厂房、副厂房及安装车间组成，安装水轮发电机组3×8 500千瓦。设计水头19.7米，额定单机流量52立方米/秒。坝上流域面积5 253平方米千米，水库正常蓄水水位218米，校核洪水位227.2米，回水线尾端距大坝11千米，水库面积1.35平方千米，总库容2 700万立方米，调节库容802万立方米。工程静态投资8 894万元，动态投资11 196万元。电站单独运行，平均年发电量7 045万千瓦时，保证出力3 000千瓦，年利用2 761小时。梯级联合运行，平均年发电量7 805万千瓦时，保证出力4 500千瓦，年利用小时3 060小时。年创产值1 600万元，年利税967万元。水库养鱼可达15万公斤/年，创产值100万元。过渡湾水电站电力外送工程由襄电集团公司承建，总包费562万元，工程包括110千伏升压变电站和110千伏500米上网线路及配套设施。升压站电气一次部分按设计一次上齐，装两线圈主变压器两台，设备型号为SFZ8—12500和SFZ8—25000千伏安。110千伏采用单母线接线，110千伏开关4个(2进2出)，开关型号SW6—110型，配CY 3—III型液压式操动机构。电流互感器4组(12台)，110千伏PT间隔1个，电压互感器型号JDCF—110型。全站隔离开关9组，型号为GW4—110型，6.3千伏室外母线桥总长80米。电气二次设备及远动装置按综合自动化标准设计、安装，实现微机监控、保护。110千伏上网线路T接于紫金—保康33、34杆之间，全线立杆塔4基，采用LGJ—150型导线。

王甫洲水电站：位于丹江口水电站下游30千米的老河口市近郊，是汉江中下游梯级开发规划中的第一级水利枢纽工程，以发电为主，兼有航运、灌溉、养殖、旅游等综合效益。该工程由电站厂房、船闸、泄水闸、重力坝和土石坝(围堤)组成。安装4×2.725万千瓦灯泡贯流式水轮发电机组(奥地利伊林公司制造)，设计年利用小时5 330小时，年均发电量5.81亿千瓦时。水库正常蓄水位86.23米，库容1.49亿立方米。坝高12米，两岸围堤15.4千米，最大堤高8米，在老河口市西汉江水面形成36平方千米的人工湖，为此，征地27 567亩(其中耕地13 000亩)迁移人口74人。船闸为300吨级(同丹江口的过船能力)，自行式斜面升船机承箱长32米，宽10.7米。泄水闸为23孔平底闸，平板弧形闸门总长576米，设计下泄流量16 870立方米/秒。电站引水明渠长6千米，出水渠长1.2千米，宽235米，设计水头10米。1996年，长江流域规划办公室完成王甫洲水电工程设计。1993年12月，水利部、湖北省共同组建“汉江王甫洲水电总公司”，共同出资(概算总投资20.05亿元)负责工程建设和经营管理，同年10月进入前期准备。1995年2月，主体工程开工。2000年4月28日，第一台机组并网发电。2004年7月28日，由汉江水利水电(集团)有限责任公司、湖北省电力开发公司、襄樊市老河口国有资产经营有限公司分别按63.8%、23.0%、13.2%的出资比例对原汉江王甫洲水利水电总公司进行改造，组建“湖北汉江王甫洲水力发电有限责任公司”，注册资本金4.7亿元。2005年度发电量70 354.97万千瓦时，上网电量69 457.05万千瓦时。

(二)供电

1.220千伏供电网络

1984年12月，220千伏乔营输变电工程投产，襄樊电网始有220千伏电压等级，亦多了一条主网受电线路。乔营变电站投产，将220千伏丹胡2回断开引入，称为丹江—乔营—胡集(钟祥)线。乔营出线110千伏至樊城变、七里店变、董台变、油坊变、二汽变、竹条变，成为本市电网枢纽。220千伏随州变电站是丹汉枢纽工程之一，与襄樊尚未联网。

“七五”期间，丹江水电不能满足襄樊经济发展所需，需将黄龙滩水电、十堰二汽自备电厂多余电力引入并东送武汉。华中网局、省局决定在汉江南建1座220千伏变电站。1989年，220千伏顺安输变电工程投产，将丹胡1回兀接入该站，新建220千伏输电线路114千米与十堰联网，构成丹江—顺安—胡集，丹江—顺安—十堰供电网络。顺安站分别出线 110 千伏至钱营变、七里店变（通过七里店与乔营联网）、泥嘴变、花庄变、金牛山变电站，为本市汉江南供电枢纽。

“八五”期间，襄樊经济发展较快，用电量以年均 8%以上的速度递增，而丹江水电受水情影响，冬夏出力波动值达 50 万千瓦，襄樊电网只能由胡集倒送负荷。为缓解襄樊乃至鄂西北电网日趋严重的缺电、卡口形势，湖北省电力工业局在襄樊火电厂配套资金尚未落实的情况下，提前审批 220 千伏双河—顺安输电工程，由襄樊供电局筹资 8 700 万元，提前抢建双顺线。1997 年 2 月，双顺线投产，开辟了襄樊乃至鄂西北第 3 条 220 千伏通道，可输送负荷 15 万千瓦。鉴于枣阳处襄樊电网西电东送末端，且只有油坊变电站出线 110 千伏至枣阳变电站，电源单一，电网脆弱，遂呈报省计委、省局批准，在枣阳韩岗建 220 千伏变电站。1991 年，220 千伏韩岗输变电工程投产，将丹随 1 回 n 接入该站，构成 220 千伏丹江—韩岗—随州供电网络。韩岗变电站分别出线 110 千伏至孙岗变、枣阳变，经枣阳变、杨庄变、油坊变与 220 千伏乔营变联网。

“九五”期间，120 万千瓦襄樊火电厂电力外送推动襄樊乃至鄂西北 220 千伏电网建设快速发展。1999 年 8 月—2000 年 12 月，襄樊东津、米庄、宜城余岭、谷城汾阳 220 千伏输变电工程投产，构成 220 千伏双环供电网络，根除了襄樊主网卡口，供电质量和可靠性大幅提高。

220 千乔营变电站：坐落在襄樊市樊城西郊乔营村，由湖北省电力设计院设计，1984 年 12 月 13 日投产。站内安装有载调压主变 1 台 120 000 千伏安，220 千伏线路 2 回，110 千伏线 3 回，10 千伏线路 7 回，完成投资 850 万元。乔营变电站投产后，扭转了襄樊市尤其是汉江北 110 千伏输电线路负荷大、线路半径小、电压低、线损高的状况，取得了明显的经济效益，1985 年线损率由 1984 年的 9.69%降至 8.65%。1986 年，二汽三铸造厂、自备电厂及其他分厂急需乔营变出线为其主供电源，而乔营 1 号主变已趋满载，襄樊供电局即以襄电生字〔1986〕02 号文呈报省局，要求将乔营二期工程列入 1987 年重点技措项目。同年，省局以鄂电生字〔1986〕19 号文批复同意，安装有载调压主变 1 台 120 000 千伏安，110 千伏出线 2 回。二期工程由襄樊供电局设计安装，于 1987 年 12 月动工，1988 年 6 月投产送电。1991 年 5 月 21 日，4 万千乏无功补偿工程投产。二期工程后，乔营变电站拥有设备单元 63 个，主变 2 台，220 千伏线 2 回（丹乔线、乔胡线），110 千伏出线 6 回，10 千伏出线 8 回，供电负荷曰平均在 12 至 13 万千瓦，约占襄樊市日平均总负荷的一半。

220 千伏顺安变电站：位于襄樊市汉江南岸 110 千伏七里店变电站西侧，占地 59.4 亩。顺安站一期工程（包括土建）由省电力勘测设计院设计，土建施工由湖北省工业建筑总公司承担，电气安装、调试由襄樊供电局承担。二期工程的设计、土建、电气安装、调试由襄樊供电局负责。一期工程于 1987 年 7 月动工，1989 年 12 月竣工。1984 年底，襄樊供电局以襄电〔1984〕40 号文向省局呈报 1985 年生产计划，称乔营 220 千伏变电站投产“扭转了我区丹 22、丹 24（即襄丹 I、II 回）线路负荷大、线径细、损耗大的状况”，取得了明显的经济效益。以此推论，“只有在汉江南建一座 220 千伏或 500 千伏变电站才能扭转汉江南电网的被动局面”。经华中网局和省局多次调查核实，支持本市在汉江南地区建一座 220 千伏变电站。继后，因十堰地区、尤其是二汽汽车工业用电负荷的增长，在丰水期黄龙滩水电站（25 万千瓦）满发，加上二汽自备热电厂（10 万千瓦）的发电能力，有 15 万千瓦的多余电力需与襄樊联网送出（西电东送）；枯水期缺电，则需从电网受电（南电北调）。至此，襄樊至十堰 220 千伏输变电工程建设的时机和条件已经成熟，并使顺安变具备了跨地区供电的条件。1986 年，省局以鄂电计字〔1986〕87 号文转发省计委鄂计重字〔1986〕912 号文，同意襄樊至十堰 220 千伏输变电工程进行施工前期准备工作。同年，水利电力部以水电计字〔1986〕95 号文下达工程设计任务，华中网局即以华中电计字〔1986〕14 号（急件）文“报送十堰至七里店 220 千伏输变电工程设计任务书”。设计规模为 2 ×12 万千伏安主变，本期建 1 台；220 千伏出线 6 回，本期 3 回；开断丹胡 1 回（即丹汉 1 回）接进七里店变，线路长度 2×25 千米，采用 LGJQ—400 导线，构成丹江—七里店—胡集线，架设七里店至十堰 220

千伏输电线路160千米,110千伏出线10回,本期5回(金牛山、花庄、新集、樊城、庞公)。工程定点后,襄樊市委、市政府给予大力支持,在征用土地和上交税费上给予了适当优惠(因社会集资和自筹资金所占比重较大),为工程按期施工创造了条件。工程竣工时,经省局、省中调所、中试所、省电力设计院联合验收,合格率为100%,优良率达90%。1992年12月,顺安二期扩建工程投产,增装主变1台120 000千伏安,10千伏出线8回,基本解决了襄樊市汉江南片的供电卡口,为正在筹建的襄樊火力发电厂提供了上网条件,为襄樊和十堰两地区以220千伏联网筑起了桥梁。该站与江北的乔营变构成本市供电枢纽,形成丹—乔—胡、丹—顺—胡220千伏电网骨架。

220千伏韩岗变电站:位于枣阳市东郊韩岗村,占地42.2亩,一期工程投资1 283万元。装有载调压主变1台,90 000千伏安,220千伏进出线3.5千米,110千伏出线3回,10千伏出线5回。1989年7月动工,1991年1月底经湖北省电力工业局验收,2月10日一次送电成功,并网运行。"六五"期间,枣阳用电量年递增率18.7%,而枣阳电网仅靠1座110千伏变电站支撑,电源由油坊(后改为杨庄)出线1回供电,电源单一,电网薄弱,供电卡口严重,限电高峰月拉闸350条次。襄樊供电局、襄樊市计委、枣阳市政府以专文呈报省计委、省电力局,申请在枣阳新建220千伏输变电工程。1987年,省电力局委托省电力勘测设计院完成可行性研究,并以文件呈报华中网局,网局转报水利电力部,水利电力部批复同意建站方案。襄樊供电局为工程承建单位,于1988年9月与枣阳市人民政府共同下文成立工程指挥部。同年10月,湖北省电力勘测设计院完成设计任务,设计终期规模为2×90 000千伏安有载调压变压器,一期建1台;220千伏出线4回,二期2回,由丹随1回Π接(3.5千米)为该站电源;110千伏出线8回,一期3回,分别至110千伏枣阳、唐镇、汉晟变电站:10千伏出线12回,一期5回;110千伏枣阳变电站出线10千伏,(2千米)为该站备用电源。电气主接线220千伏、110千伏均为双母旁路接线,10千伏采用分裂电抗器分段单母接线。220千伏配电装置采用悬挂式铝锰合金管母布置,断路器采用SW7型,母线间隔开关为CWl2型。线路侧隔离开关选用CW7型。110千伏配电装置为半高型布置,断路器采用SW7型,隔离开关CW4型,母线为LQJ铝绞线。10千伏配电装置采用CC—lA(F)成套开关柜双列靠墙布置,防误操作装置采用襄樊供电局研制的WYF—51微机防误设备。继电保护为双高频保护。设DCF—5型远动分站,信息传送襄樊地调、省局中调。120万千瓦襄樊火电厂建设,将韩岗站纳入电力外送配套工程,电力工业部下达"韩岗二期工程设计任务"。二期工程投资5 200万元,1998年6月23日开工,同年11月27日竣工投产。装有载调压主变1台150 000千伏安,高压断路器6台,隔离刀闸24组(台),电流互感器18台,电容器2套,电抗器4台。高压柜15面,各类保护12套,无功补偿电容器4组计4万千乏,新建220千伏出线1回至襄樊火电厂,新增110千伏出线2回向枣阳西城供电。

220千伏余岭变电站:位于襄樊宜城余岭镇,占地面积2.23公顷,总建筑面积2 400平方米,是襄樊电厂外送配套工程之一。该工程是襄樊地区第一个实行全过程监理的工程,也是第一个《按输变电工程达标投产考核评定标准》施工的工程。1998年8月28日开工,1999年8月11日竣工,总投资4 813万元。工程设计规模为2×15万千伏安三线圈有载调压变压器,本期1×15万千伏安;220千伏出线4回,本期2回;10千伏出线8回,本期4回。220千伏、110千伏采用双母线带旁路接线,为屋外支柱式管母中型分相布置,10千伏采用单母线分段接线,为屋内成套开关布置;主控楼、通信楼为一体化结构设计,主控楼三层,主控室及保护室在三楼布置,220千伏及110千伏构架按终期规模一次建成;220千伏、110千伏断路器均为SW6型少油断路器,10千伏为XGN2型开关柜,内配ZN28型真空断路器,主变压保护采用WBZ—03型微机保护装置(在襄樊地区220千伏系统中首次使用,调试、校验灵活方便),220千伏、110千伏母差保护采用中阻抗式母差保护装置;通信采用微波、载波两种方式,远动装置采用BDJ—1 A增强采样RTU,远动信息分别送往中调和地调。

220千伏东津变电站:位于襄樊襄阳区东津镇陈坡村,占地3.09公顷,为襄樊电厂外送配套项目。湖北省电力勘察设计院设计，湖北省鄂电监理公司监理，湖北省输变电工程公司承担建筑施工、电器安装及调试任务。1998 年 8 月 8 日开工，1999 年 8 月 15 日竣工投产，工程概算 7 594.6 万元。总建筑面积 2 456 平方米，包括建筑面积 824 平方米的主控制楼及通信楼，10 千伏配电室，综合楼及门房、泵房；屋外配电装置占地面积 15 839 平方米，包括 220 千伏区、主变区及南、北 110 千伏区；其他建(构)筑物有事故集油池、微波塔、站内马路等。该工程设计规模为 2 × 18 万千伏安主变器，本期 1 台；220 千伏出线 8 回，本期 5 回；110 千伏出线 10 回，本期 6 回；10 千伏出线 10 回，本期 5 回。220 千伏、110 千伏电器主接线均采用双母线带旁路母线接线，220 千伏设专用母联及旁路开关；110 千伏设 2 个专用旁路，1 个专用母联开关；10 千伏采用单母线接线。系统保护实现微机化。微波通信采用 SAT 设备。

220 千伏米庄变电站：位于襄樊市汽车产业开发区，由湖北省电力勘察设计院设计，湖北省鄂电监理公司监理，湖北省输变电工程公司承担建筑施工、电器安装及调试任务。2000 年 1 月 11 日竣工投产，工程总概算 1.5 亿元。该站占地面积 4 公顷，建有主控楼、通信楼、配电室、综合楼及门房、泵房，屋外有 220 千伏设备区、主变设备区、110 千伏设备区，其他建筑物有事故集油池、微波塔、电缆沟等。装有 2 台沈阳变压器厂生产的 SFPSZ9—18 万千伏安，配备 WXB—B 微机变压器保护；220 千伏系统采用 3 / 2 接线方式，可提高供电可靠性，110 千伏系统采用双母线带旁路接线，10 千伏系统采用单母线分段接线方式； 系统保护微机化，220 千伏线路配置 LFP—902A 及 11 系列双微机保护， 断路器配置 LFP—921 保护，每台断路器配 1 套独立重合闸保护、失灵保护，110 千伏线路配置四方公司生产的 CSL—161B 微机保护设备；220 千伏配平顶山开关厂生产的 LW68252 千伏 SF6 型断路器，110 千伏配 ABB 公司生产的 LTB1451Dl / 型 SF6 断路器，10 千伏配长征电器控制设备厂生产的 ZN28—10 千伏真空断路器。

220 千伏汾阳变电站：220 千伏汾阳变电站投资 6 940 万元，由襄樊电力勘测设计院设计，鄂电建设监理有限公司监理，襄樊供电局变电分局按“精品工程”“样板工程”标准承建。1999 年 9 月 28 日动工，2000 年 12 月 10 日投产送电，工程合格率 100%，优良率 93.6%。该站位于谷城县城西郊，占地 2.4 公顷，建筑面积 1 645 平方米，终期建设规模为主变 2 × 15 万千伏安。一期 1 台三线圈有载调压变压器；220 千伏出线 4 回，一期 3 回，开断 220 千伏丹顺线兀进汾阳站。一回从丹顺线 102—103 号杆之间断开引入，一回从 120—121 号杆之间开断引入，形成丹江—汾阳、汾阳—顺安。新建汾阳—武当线，110 千伏出线 10 回，一期 6 回分别至城关(2 回)、南河、白水峪、紫金、石花；10 千伏出线 10 回，本期 5 回至电力用户。220 千伏采用双母线带旁路接线，布置方式采用屋外悬挂式管母中型分相布置。110 千伏采用双母线带旁路接线，布置方式采用屋外支柱式管母中型分相布置。10 千伏采用分母线分段接线，布置方式为屋内成套开关柜布置。220 千伏、110 千伏断路器均为 SF6 型断路器。10 千伏采用湖北开关厂生产的 XGN—10 型开关柜，内配 ZN28 型真空断路器。系统保护为北京四方 GXJ101A+ 南瑞 902 保护。220 千伏母差保护为 JCMZ—102 型阻抗式母差保护。主变、110 千伏母差、110 千伏、10 千伏线路均采用微机保护。通信及自动化为微机、载波两种方式，远动装置采用 FDK 1 33 1 增强型交流采样 RTU，完成各级调度所需远动信息。

220 千伏双顺线：220 千伏双顺输电工程，是襄樊火力发电厂配套外送工程。该工程投资 8 700 万元，由 500 千伏钟祥市双河变电站出线一回 220 千伏至宜城—火电厂—顺安变电站。襄樊供电局为该工程代理建设单位，省电力勘测设计院设计，省输变电工程公司、襄樊供电局输电分局承包施工，1996 年 4 月 24 日正式开工，1997 年 1 月 28 日竣工，4 月全线验收合格，5 月 2 1 日并网运行。

220 千伏双余线：220 千伏“双河—余岭”线原为“双河—顺安”线，1997 年 5 月 2 日投运。1998 年开断引入襄樊电厂，称“双—襄”线。建 220 千伏余岭站时再次开断兀接，称“双—余”线。由湖北省电力勘测设计院设计，湖北省输变电工程公司三处施工，1999 年 8 月 11 日送电投运。该线全长 52.328

千米，导线型号为 LG—400／35，避雷线型号为 GJ—50，导线防震锤为 FD—5，共有杆塔 140 基，其中直线塔 123 基，耐张塔 17 基。#1—#11 区域为 3 级污秽区，导线悬垂串和跳线串为全防污型，即 13—*XWP—7 型绝缘子串。#11—#52 和 #115—#140 为二级区，采用半防污型绝缘子串。全线架设双避雷线，分别在 #52，#95 开断，在 #29，#68，#115 接地，避雷线不与变电站构架接地装置相连，并将龙门架侧绝缘子间隙取消。

220 千伏余襄线：220 千伏“余岭—襄樊电厂”，原线为“双河—襄樊电厂”线，建余岭站时开断 n 接称“余襄”线，由湖北省电力勘测设计院设计，襄樊供电局施工，1999 年 8 月 11 日送电投运。线路全长 28.277 千米，导线型号为 LGJ—400／35，避雷线型号为 GJ—50，导线防震锤为 FD—5。杆塔 75 基，其中直线塔 6 1 基，耐张塔 14 基。#66—#75 塔为三级污秽区，导线悬垂串和跳线串采用全防污型绝缘子串。#1—#66。为二级区，采用半防污型绝缘子串。所有耐张串均采用 XDP6—7C 型绝缘子。全线架设双根避雷线，避雷线不与变电站构架接地装置相连，并将龙门架侧绝缘子间隙取消。

220 千伏襄东一、二回线：襄东一回线全长 17.554 千米，襄东二回线全长 17.611 千米，其中汉江大跨越耐张段长 1.632 千米，除耐张段转角塔 #6 及电厂附近（#1—#3）为单回路塔以外，其余全部为双回路塔架设。采用 2*LGJX—300／25 型钢芯稀土铝绞线，每相为双分裂，地线采用 LHBGJ—70／40GONG 钢芯铝合金绞线，中间采用 GJ—50 型镀锌绞线。汉江跨越段（#3—#6）导线采用 JHBGJ—155／265 铝包钢绞线，每相为双分裂，与之配合的避雷线为 GJ—l52 镀锌钢绞线。全线杆塔 43 基，其中现浇阶梯基础 39 基，钻孔桩基础 4 基。杆塔形式共有 8 种，即 G2、SJ1、SJ2、SJ3、JG2、JK、JGK、SZK，其中 SJ1、SJ2、SJ3 双回路转角耐张塔共 7 基，G2 为双回路直线塔共 30 基，JG2 和 JK 为单回路耐张塔共 2 基，JGK 和 SZK 分别为跨越段的耐张塔和直线塔共 4 基。全线架设双根避雷线，在 #21 塔上将其断丌分成两段，#2 和 #3 号塔上采用中间一点直接接地，取消线路两端龙门架上避雷线绝缘子间隙。塔接地装置根据土壤电阻率分别选用 T1、T2、T4 型接地装置，跨越段采用特殊的接地方式使用降阻剂改善接地电阻。一般线路导线悬垂串采用 FXB1—220／100 型合成绝缘子，导线跳线串采用 XWP—70 型瓷绝缘子，跨越段直线悬垂串采用 XWP—210 型绝缘子，耐张串采用 XP—210 型绝缘子。防震措施采用 FD—5 型防震锤防振。避雷线采用 FG—50、FD—3 型防震锤防震。跨越段采用交叉阻尼线防震跨越段江中间道、地线均采用防舞动装置。该线路由湖北省电力勘测设计院设计，湖北省输变电工程公司施工。襄东一回于 1999 年 1 月 26 日投入运行，襄东一回同年 8 月 12 日投入运行。

220 千伏东米一、二回线：220 千伏东米一、二回输电线路起于 220 千伏东津变电站出线构架，以单回路出线，钻越 500 千伏余姚双线后一、二回合并为双回路，止于 220 千伏米庄变构架。线路采用双分裂导线 2*LGJX—300／25。地线型号：#1—#9 为 LHBGJ—70／40，#9—#43 为 6J—50，#29—#43 为 LHBGJ—70／40。一回线路全长 16 千米，二回线路全长 15.999 千米，共 43 基杆塔。全线悬垂串采用 FXBl—220／100 型合成绝缘子，耐张串采用普通瓷绝缘子 XP—10。线路所使用的杆型有：M2，C2，拉 V，SKG，KJ，JB，JG，SJ 1，SJ3，SJ3B。

220 千伏米随线：220 千伏米随线是原 220 千伏丹随二回Π进 220 千伏米庄变时新架 #1—#50+丹随二回后段 #231—# 600 组成，422 基杆塔，该线由湖北电力工业局勘测设计院设计，省电力三处施工，2000 年 1 月 12 日投入运行。该线路导线型号为：#001—#050 为 LGJQ—300／30，#050—#422 为 LGJQ—300，地线型号为：#001—#050 为 GJ—50／19，#050—#392 为 GL—50，#392—#422 为 GJ—50。#001—#050 悬垂直线串采用 FXB1—220／100 型合成绝缘子，导线跳线串选用 XWP—7 型绝缘子，导线耐张串采用 XP—7 型绝缘子，#051—#422 悬垂瓷瓶为 X—4.5 型。

220 千伏丹米线：220 千伏丹米线是原 220 千伏丹随线 #1—#227Π进 220 千伏米庄变，新架 47 基杆塔。丹米线共有铁塔 274 基，线路全长 97.5 千米，由湖北省电力局勘测设计院设计，省电力三处施工，2000 年 1 月 12 日投入运行。该线路导线型号为：#1—#228 为 LGJ—300，#228—#274 为 LHJ—

240／30，地线型号为：#001—#032 和 #069—#228 为 LG—50，#032—#069 为 GJ—50，#228—#274 为 GJ—50、19。绝缘子：#1—#227 悬垂瓷瓶是 X—4.5 型，耐张瓷瓶单串为 X—7 型，双串为 X—4.5 型。架空地线绝缘瓷瓶为 XDP—7C 型。#228—#274 悬垂直线串采用 FXl31—220／110 型合成绝缘子，导线跳线串采用 XWP—7 型绝缘子，导线耐张串采用 XP—7 型绝缘子。

220 千伏东韩线：220 千伏东韩线全长 54.931 千米，途中跨越 110 千伏杨枣线、220 千伏丹随线、316 国道、500 千伏姚双线。导线米用 LGJO—400／35 型钢心—H—" 铝绞线，地线为 GJ—50 型镀锌铝绞线，东津变出口段(#1—#6)地线为 LHBGJ—70／40 型良导体铝合金。使用的塔型有 8 种：GJI 型 15 基、GJ2 型 4 基、GJD 型 1 基、M2 型 24 基、Z2 型 1 基、ZV 型 1 基，共 149 基，其中直线塔 128 基、耐张塔 21 基。全线架设双根避雷线，在 #53 塔、#101 塔将避雷线分开为 3 段，并在 #30、#7 3、#123 塔处直接接地，取消线路两端龙门架上避雷线绝缘子间隙。塔接地装置根据土壤电阻率，分别先用 T1、T2、T3 型接地装置，在两端进出线段，接地装置按加大一级选用，导线悬垂串采用 FXl3 1—220／110 型合成绝缘子，导线跳线串采用 XWP—70 型瓷绝缘子，导线耐张串采用 XP—70 型瓷绝缘子，避雷线均采用 XDP—70C 型绝缘子。

2.110／35 千伏供电网络

“七五”期间，鉴于大批大型工厂企业移址襄樊，定点市区周围，遂将市区 1—10 千伏环网建设与改造作为重点，取消 35 千伏电压等级，以 110／10 千伏向用户供电，提高负负荷中心何供电质量。先后兴建 110 千伏安居、白庙、钱营、庞公、董台、泥嘴、杨庄、南漳输变电工程，35 千伏竹条变升压为 110 千伏，形成以 220 千伏乔营、顺安变为枢纽的 110 千伏市区供电环网。此外，将原 110 千伏七花线、七金线改由 220 千伏顺安变分别出线至七罩店、花庄，由顺花线 T 接至南漳，由顺金线 T 接至白庙，110 千伏电压等级进入南漳、宜城城关。110 千伏谷城变电站、泥嘴变电站投产，“靠山隐蔽”的丹黄新南工程退出历史舞台。35 千伏在各县(市)处分流地位，向乡镇农村扩张，1990 年全市 35 千伏变电站 74 座。

“八五”期间，以优化主网、扩大农网为重点，110 千伏靠近负荷中心。完成 12 座 110 千伏变电站无载改有载增容改造。网内 40 座 110 千伏变电站，有 22 座完成双主变改造。新建 110 千伏枣阳孙岗、汉晟、随州唐镇、河口西关、市区郑家山、二汽等输变电工程，主网供电能力增强。开展农网改造与农村电气化建设，将 19 座 110 千伏变电站划入农网，提高农网电压等级和供电可靠性。搬迁改造 35 千伏变电站 18 座，就地改造 24 座，新增主变 16 台，4.4 万千伏安。新建 35 千伏线路 136 千米，35 千伏靠近农村负荷中心。1995 年 35 千伏变电站 80 座。

“九五”期间，改造 110 千伏主网，力争环网联结，开环运行。新建 110 千伏市区广场、高新、襄阳潘台、太平，随州擂鼓墩，枣阳春阳输变电工程，增容扩建董台、泥嘴、西关、南漳 4 座 110 千伏变电站，主网、城网、农网相应加强和完善。加大 35 千伏农网建设与改造力度，缩短供电半径，降低线损，提高供电质量。2000 年，襄樊电网拥有 35 千伏变电站 95 座。

“十五”期间，大规模主网、城网、农网建设与改造工程增强了供电能力和抵御突发事件的能力，提高了维修运行水平。新建 110 千伏变电站 7 座，扩建改造 12 座，绝大多数变电站具有双电源。各县(市)城网逐步取消 35 千伏电压等级，采用 110／10 千伏直供用户。农网 110 千伏逐步实现以 220 千伏为依托，35 千伏变电站深入乡镇负荷中心，增大输电能力，扩大覆盖面积，实现户户通电。

110 千伏南漳变电站：位于南漳县城关东，占地 20 亩，总投资 270 万元，由襄樊供电局设计施工，为 110 千伏末端枢纽变电站，于 1986 年 7 月 6 日投入运行。装主变 1 台 16 000 千伏安，110 千伏新集—花庄钱 T 接 7.79 千米至该站，新集变电站退出运行后，改由顺安变电站向其供电，另以 35 千伏受电三道河水电站。35 千伏出线 3 回，分别至 35 千伏武镇、九集变电站、110 千伏七里店变电站，构成

35 千伏区域性坏网，担负南漳城关、武镇、刘集、九集、安集、龙门等城乡供电任务。10 千伏出线 5 回(后增至 8 回)直供用户用电。

110 千伏白庙变电站：位于宜城市龙头乡白庙村，由原 35 千伏城关变电站升压改造而成。1985 年底动工，1986 年 12 月 30 日一期工程竣工投产，占地面积 9 364 平方米(其中生产区面积 6 310 平方米)此工程分三期完成：一期工程投资 230 万元，装 16 000 千伏安主变 1 台，110 千伏电源由金牛山变电站(金 05—白 05)引进，35 千伏出线 5 回，10 千伏出线 12 回；二期工程于 1988 年初开工，1998 年 8 月完工，工程投资 80 余万元，增 31 500 千伏安主变 1 台，10 千伏出线 4 回；三期工程于 1991 年 3 月开工，同年 11 年 20 日竣工，架设 110 千伏电源线路 1 回(顺 27—白 07)，工程投资 310 万元。该站为宜城枢纽变电站，担负着市直机关、城关镇、雷河镇、郑集镇、小河镇、朱市镇、孔湾镇、璞河镇、龙头乡农业生产及人民日常生活供电任务。

110 千孙岗变电站：位于枣阳市西北与河南省唐河县交界的杨垱镇。占地面积 12 242.70 平方米，是枣阳一个重要的枢纽变电站。由襄樊供电局设计，枣阳市供电局施工。1987 年 12 月 29 日建成，以 35 千伏电压投运，装主变 2×2 500 千伏安。电源由七方 35 千伏变电站七 38 开关供给。为了解决鄂西北“旱包子”题，1987 年，省委省政府将中日友好石台寺提水泵站工程列为重点水利开发项目，工程投资有国内投资 1.14 亿元，日本国政府无偿援助 16.35 亿日元，1989 年 11 月 20 日破土动工，1993 年 6 月全部竣工。水源取自唐河，采用四级提水 5 个泵站运行，总干渠长 32 千米，其中渡槽 10 千米，称亚洲第一大渡槽。总装机 23 台，10 840 千瓦，提水流量 10.4 立方米/秒，解决枣阳、襄阳 23 万亩农罔灌溉用水和 10 万人居住高氟病区的人畜饮用水问题，每年还可向枣阳城区调节供水 3 千万立方米。为保泵站用电，1991 年 6 月将该站升压为 110 千伏，装主变 1 台 10 000 千伏安。1994 年二期工程上马，1995 年 5 月 29 日竣工投运，增装有载调压主变 1 台 16 000 千伏安。电源由 220 千伏韩岗变电站韩 14 开关供给，110 千伏线路 32 千米，现有设备单元 37 个，35 千伏出线 4 回，3 回送往石台寺泵站，1 回与七方变电站联网；10 千伏出线 10 回，8 回供杨蛸、徐寨罗岗三个乡镇工农业生产及人民生活用电，2 回备用。

110 千伏钱营变电站：该站原为 35 千伏电压等级，曾是本市江南片枢纽变电站之一。80 年代，本市用电量日增，35 千伏电压等级已不堪重负，襄樊供电局决定在汉江南片兴建七里店、钱营、庞公 110 千伏变电站，以构成汉江南 110 千伏环网。钱营变电站原计划 1986 年建成，因移址征地，落实资金，购置设备，至 1988 年 4 月才建成投产。钱营变电站由襄樊供电局设计、施工，占地 25 亩，现有主变 1 台 15 000 千伏安，110 千伏出线 2 回，35 千伏出线 3 回，10 千伏出线 7 回，共有设备单元 22 个，站内仍留有扩建间隔余地。

110 千伏竹条变电站：该站位于襄阳县竹条镇，占地 22 亩，投资 400 万元，由襄樊供电局设计施工，1988 年 6 月 7 日投入运行。装主变 1×15 000+1×10 000 千伏安，110 千伏开关 5 台，35 伏开关 6 台，10 千伏开关柜 19 台。110 千伏进线 2 回，受电于丹江水电站和乔营变电站。35 千伏出线 3 回，向 35 千伏龙王、太平、陆寨变电站供电，后增 1 汽源线。10 千伏出线 6 回，供竹条、牛首、梁坡、二汽、水厂用电。1993 年 9 月，1 号主变(10 000 千伏安)更新为 16 000 千伏安。全站采用集中控制、微机监测技术，可自动打印供电负荷及有关技术参数、资料。

110 千伏董台变电站：该站位于樊城市董台村，占地 13 亩，是襄樊市“七五”城网改造重点项目之一。1990 年 4 月 27 日投产，装主变 2×20 000 千伏安，受电于 220 千伏乔营变电站，出线 110 千伏 6.327 千米至油坊变电站，10 千伏出线 1 2 回，供二汽基地，钢厂、铁路分局、红星化工机械厂、磷化厂、二化等大宗工业用户及樊东城区部分市民生活用电。1997 年按无人值班标准改造，新增烟台东方电子 FDK13ll 综合远动装置。

110 千伏泥咀变电站：110 千伏泥咀变电站位于襄阳县泥咀镇，占地 15.7 亩，由襄樊供电局设计室设计施工，1990 年 12 月 12 日投产。该站装主变 1 台 15 000 千伏安，受电于顺安变电站。10 千伏出线 11 回，主供水泥厂（4 家）、襄阳轴承厂、驻军和乡镇工农业生产及人民生活用电。

110 千伏西关变电站：西关变电站位于老河口市西北郊 1.5 千米处，占地 20 亩。该站始由老河口市供电局与丹江水利枢纽管理局汉江流域综合开发公司签约（年输入电量 1 亿千瓦时供电合同），自筹资金 2 500 万元，自行设计、施工，于 1992 年 9 月 5 日动工。是年，该工程项目尚未纳入襄樊电网建设与改造计划，属网外输变电工程。1994 年 7 月，襄樊供电局对其设计重新审计、评估，并责成襄樊电力勘测设计院完善设计，遂加快施工进度，于 1995 年 6 月 2 日竣工投产，总投资 2 010 万元，装有载调压主变 2×16 000 千伏安，兴建丹江徐家沟变电站至西关 110 千伏输电线路 23.43 千米为其主供电源，出线 35 千伏与洪山嘴变电站联络，10 千伏线 8 回供用户用电，装 10 千伏无功补偿电容器 2 组 2 400 千伏。

110 千伏神龙变电站：110 千伏神龙变电站系神龙汽车有限公司襄樊机加工厂降压站，位于厂区负荷中心，占地 2.28 亩。神龙公司投资 1 641.5 万元（另付贴费 710 万元用于网络改造），由襄樊供电局设计施工，1994 年 4 月 25 日动工，1995 年 5 月 23 日竣工。设计规模：2×20 000 千伏安双线圈有载调压油浸式节能型主变压器，一期装主变 1 台；110 千伏线路 2 回，一期建 1 回，由乔营变电站出线 17.5 千米为该站电源，另 1 回后期备用线由拟建的油坊 220 千伏变电站引入；10 千伏出线 25 回，直供机加工厂用电。全站采用最新技术设备，110 千伏系统为组合电器，10 千伏系统为全封闭式母线，全套设备实行微机控制。该二期工程于 1997 年 4 月竣工。

110 千伏郑家山变电站：该站为襄城中心变电站，占地 9.447 亩，投资 2 000 万元，由襄樊供电局设计施工。1994 年 4 月 27 日动工，1995 年 8 月 28 日投产送电。主厂房二层建筑，一楼为主控室、10 千伏配电装置室、载波室、接待室；二楼为 110 千伏配电装置、吊装平台。装有载调压节能型主变 2 × 20 000 千伏安。110 千伏配电装置为内桥接线，进线 2 回，分别“T”接于顺—钱线、樊—庞线，设 5 个间隔，其中电源进线间隔 2 个，保护兼主变进线间隔 2 个，桥间隔 1 个，采用六氟化硫手车开关，电压互感器采用 JCC6—110 型设备，在桥间隔两侧设保护间隔手车，采用氧化锌避雷器，套管式电流互感器 4 组，分别装在进线侧和主变侧，母线采用铝镁合金管。10 千伏配电装置采用单母线分段结线方式，馈线 12 回（电缆），真空开关柜为 GG—1A（F）型。电气二次部分按变电站综合自动化标准，由 3 面控制柜、2 面保护柜组成，另有 2 面脉冲电度表柜，所有断路器均在主控室集中控制。计算机动态显示电流、电压、功率等数据，具有定期打印、事故打印、台唤打印等功能。主变与 10 千伏线路微机保护，主变误差动、瓦斯、复合电压闭锁过流、零序电流、电压及过负荷等保护；10 千伏线路设电流、速断、过电流、小电流接地监测和自动重合闸等保护。站用变压器 2×100 千伏安，40AH 镉镍电池直流电源为控制信号操作及事故照明电源。设两根 30 米独立避雷针，主厂房楼顶设避雷网，主变中性点和各级电压各段母线设氧化锌避雷器，接地装置采用复合地网。该站设计新，布局精巧，技术先进，节约占地面积，且与周围仿古建筑相协调，被湖北电力工业局授予优秀设计奖，获襄樊市“优良工程证书”。1997 年襄樊供电局按无人值班站标准进行改造，新增南京自动化设备厂 WBX—121 型监控系统，1997 年 7 月底运行，成为襄樊第一座 110 千伏无人值班站。

110 千伏汉晟变电站：110 千伏汉晟变电站位于枣阳以南 16 千米的吴店镇。由襄樊电力勘测设计室设计，枣阳供电局施工，1993 年 9 月 20 日动工，1995 年 11 月 8 日建成投运。工程总投资 1 300 万元，占地面积 16 865 平方米，其中生产区 8 450 平方米，建筑总面积 4 350 平方米。由韩岗变电站引入 110 千伏电源，线路全长 14 千米。站内 110 千伏、35 千伏、10 千伏母线均采用单母线接线方式。装主变 1 台，容量 16 000 千伏安。35 千伏出线 3 回，1 回至唐店变电站，1 回与丁桥变电站联网，1 回作备用。10 千伏线路 8 回，总长 170 千米，担负吴店、清潭、平林、车河、兴隆、王城、资山、随阳、刘升等 9 个乡镇农场供电任务。1995 年该站最大负荷为 12 000 千瓦，年供电量 1 585.64 万千瓦时。

110 千伏潘台变电站：110 千伏潘台变电站为襄阳新县城城关供电枢纽，投资 1 200 万元，1995 年 6 月 26 日动工，同年 12 月 25 日竣工，1996 年 1 月 13 日投入运行。设计规模为双线圈主变 2×20 000 千伏安，一期装主变 1 台。110 千伏线路 2 回，由油坊变引入为该站电源，出线至邓林变电站。10 千伏出线（电缆）14 回供用户用电。

110 千伏谷城城西变电站：110 千伏谷城城西变电站系白水峪水电站电力外送工程，由襄电集团公司承建，总包费 2 905 万元，1998 年 1 月开工，同年 11 月 10 日竣工。变电站占地面积 18 亩，建筑面积 500 平方米，安装 SFSZ8—3150／35／10 主变压器 1 台；SW6—110 型少油断路器 6 台，配 CY 3 型液压操作装置；LB6—110 型电流互感器 6 组 1 8 台，JDCF—110 型电压互感器 1 台，Y10W100 型氧化避雷装置一套。装 S7—50／35／0.4 配电变压器 1 台。35 千伏开关间隔 6 个，110 千伏出线 3 回，分别至白水峪升压站、谷城变电站、南河变电站。10 千伏出线 13 回供用户用电。城西至升压站为新建线路，全长 37.5 千米，导线型号为 LGJ—150／25（其中 2.34 千米履冰区导线为 LGJ—150／35 加强型），全线立杆塔 113 基。

110 千伏春阳变电站：110 千伏春阳变电站位于枣阳西城，占地 23 亩，投资 2 460 万元，由襄樊电力勘测设计院按综合自动化、无人值班标准设计。1996 年 7 月 13 日动工，1998 年底竣工。装有载调压变压器 1×31 500 千伏安，110 千伏配电装置采用内桥式接线，主要设备为六氟化硫断路器和 GW4—110D 型隔离开关。220 千伏韩岗站出线两回为该站电源，线路全长 7.9 千米，采用 LGJ—240 型导线和 LGJ—50 型地线。10 千伏出线（电缆）1 3 回供用户用电，全部采用 IN28—10 型真空开关。

110 千伏樊城人民广场变：110 千伏樊城人民广场变位于樊城人民广场北部中段，北临大庆路，处于樊城负荷中心，属于襄樊市“民心工程”。该站按无人值班标准采用最新技术设计建造，主变 2×31 500 千伏安，110 千伏出线两回，分别“T”接于 110 千伏乔顺连线和襄庞线。110 千伏设备为上海华通六氟化硫 CIS 组合电器，二次设备为南京自动化研究院 BJ—3 型综合自动化产品和 TSA—3 型微机保护系统，1998 年 3 月 8 日投运。

110 千伏乔油线：乔油线（乔营变—油坊变）全长 12.506 千米，杆塔 50 基，均为铁塔。1#—4# 与乔董线共杆，左侧圆形标心—A= 是乔油线。1985 年 1 月因新建乔营变电站将原襄丹二回李油分支前段 1#—28# 拆除，新架 1#—20# 由乔营变出线接原 29# 为乔油。1987 年 12 月，为保证油坊变可靠供电，将原樊油 06、乔营 08 开关对调，原樊油线 71#—73# 换为乔油 49#—51#。1991 年 1 月，焦枝铁路复线施工，导线距铁路轨顶距离不够，将原 34#—40# 改造升高。乔油线导线型号为 LGJ—240。其两条分支线华光分支 T 接于 18#、桐树店分支 T 接于 26#。

110 千伏丹竹、乔竹线：1988 年 5 月，新建 110 千伏竹条变电站，将原襄丹二回从 274# 处廾断，另建 1.7 千米线路引入竹条站，形成丹竹线，全长 85.4 千米，杆塔 201 基，均为铁塔，导线型号为 LOJ—240、LGJ—185。丹竹线有 5 条分支线分至徐家沟、洪山嘴、老河口、化纤厂、太平店。乔竹线（乔营变—竹条变）为原襄丹二回末段，全长 8.56 千米，杆塔 33 基，导线型号为 LOJ—185、LGJ—240。

110 千伏乔樊、乔顺线：乔樊线（乔营变—樊城变）全长 2.536 千米，杆塔 14 基，导线型号为 LGJ—185，1985 年 2 月投运，1994 年 8 月进行改造。乔樊线与乔顺线部分杆塔进行调整，既乔樊线 1#—12# 为原乔顺线 1#—12#，13# 为新架，14# 为原襄丹—回 475#。

乔顺线（乔营变—顺安变）：全长 16.291 千米，杆塔 76 基，其中铁塔 59 基，水泥杆 17 基。1#—32# 为原乔樊线，33#—76# 为原樊七线。樊城分支线 T 接于 32#，广场分支线 T 接于 42#—43# 间，热电厂分支线 T 接于 28#。

110 千伏乔董、董油线：乔董线（乔营变—董台变）全长 5.517 千米，杆塔 28 基，均为铁塔，其中 1#—4# 与乔油线共杆，导线型号为 LG.I—240，于 1988 年 8 月投运。董油线（董台变—油坊变）全长 6.026 千米，杆塔 32 基，其中铁塔 30 基、水泥杆 2 基，导线型号为 LGJ—240，于 1988 年 8 月投运。

110 千伏樊庞、庞钱线:樊庞线(樊城变—庞公变)全长 8.645 千米,杆塔 48 基,均为铁塔,其中 0#—2# 为新施工,3#—18# 为原樊襄线,19#—27# 经过改造,28#—47# 为共杆部分。导线型号为 LGJ—150、LGJ—185。樊庞线有两条分支线:广场分支 T 接于 12#,郑家山分支 T 接于 28#。庞钱线(庞公变—钱营变)全长 7.829 千米,杆塔 35 基,均为铁塔,其中 1#—4# 与樊庞线 47#—44# 共杆,6#—34# 与顺钱线 49#—77# 共杆,导线型号为 LGJ—185。于 1988 年 4 月投入运行。

110 千伏顺钱、顺泥、顺白线:顺钱线(顺安变—钱营变)全长 15.546 千米,杆塔 77 基,均为铁塔,其中 32#—46# 与樊庞线 28#—42# 共杆、49#—77# 与庞钱线 6#—34# 共杆,于 1988 年 4 月投入运行。郑家山分支线 T 接于 32#。顺泥线(顺安变—泥嘴变)全长 9.473 千米,杆塔 39 基,铁塔 19 基、水泥杆 20 基。1#—2# 为共杆,共杆左侧目前空置,导线型号为 LGJ—240,于 1990 年 12 月投运。顺白线(顺安变—白庙变)全长 38.6 千米,杆塔 133 基,均为铁塔,导线型号 LGJ—240,该线由襄樊供电局电力勘测设计院设计,宜城供电局施工,工程总投资 310 万元。1991 年 11 月竣工投运。

110 千伏油桐、油杨、杨枣线:油桐线(油坊变—桐树店电铁变)全长 5.107 千米,杆塔 23 基,其中铁塔 18 基,水泥杆 5 基,于 1980 年 5 月投运。1990 年 12 月铁路分局在线路走廊内建生活区,线路改道,将原 4#+203 米处至 19#—200 米处开断拆除,新架 3 千米、11 基杆塔接通,改道范围内 S 砼杆换为 P 型单杆。导线型号为 LGJ—120。油杨线(油坊变—杨庄变)全长 4.338 千米,杆塔 23 基,铁塔 13 基、水泥杆 10 基。1#—4# 与油大线共杆,右侧方形标志为油杨线,油杨线为 1973 年 12 月投运的原油枣线前段,1989 年 9 月进杨庄变电站,改称油杨线,导线型号为 LGJ—150。杨枣线(杨庄变—枣阳变)全长 51.879 千米,杆塔 263 基,其中铁塔 35 基、水泥杆 228 基。杨枣线为油枣线后段,1989 年 9 月进杨庄变电站,改称杨枣线,导线型号为 LGJ—95。

110 千伏丹谷、谷泥线:丹谷线为丹六二回谷城分支线,起点 T 接地丹六二回 29#,终点止于谷城变,全长 29.101 千米,杆塔 95 基,均为铁塔,导线型号为 LGJ—240。1986 年由十堰供电局移交襄樊供电局管理维护。谷泥线(谷城变—泥咀变)全长 56.997 千米,杆塔 201 基,铁塔 180 基,水泥杆 21 基,导线型号为 LGJ—240,1#—170# 由原丹黄后段及黄新复线改造建成,170#—201# 由襄樊供电局设计室设计,线路工区施工,于 1990 年 12 月投入运行。

110 千伏丹老线:丹江徐家沟变电站至老河口市西关变电站 110 千伏输电线路,全长 23.43 千米,由襄樊电力勘测设计院设计,老河口市供电局施工。全线铁塔 99 基,其中,X5 型直线塔 74 座,T1 型直线塔 6 基,J4 型转角塔 16 基,徐家沟变电站出线卜 3 号塔与原线路共杆,采用 LGJ—150 导线、LGJ—35 架空地线。1993 年线路竣工时,接入 35 千伏洪山嘴—河口北郊线降压运行。1995 年接入河口西关变电站为其主供电源线。

110 千伏米杨线:110 千伏米杨线起于 220 千伏米庄变,止于 110 千伏杨庄变,导线采用 LGJ—240/40 型钢芯铝绞线,地线型号为 GJ—50 镀锌钢绞线。有铁塔 25 基。线路由襄樊电力勘测设计院设计,襄樊供电局输电分局施工,1999 年 12 月 29 日投入运行。

(三)用电

1985 年,襄樊用电设备装机容量 124.8 万千瓦,用电量 16 亿千瓦时,网售电量 15.79 亿千瓦时。拉闸限电 6 034 条次,累计限电 30 968 小时,电力供需矛盾突出。

“七五”期间,市政府“三电”办公室制订《襄樊市区计划用电承包经济责任制暂行管理办法》,推动“计划用电、节约用电、安全用电”工作。试行峰谷分时电价、超计划用电加价政策,改善社会节电意识差、电力不足、电量浪费的矛盾。在“集资办电”政策指导下,采取“认购”“自组”电量举措,逐渐形成国家统配电量与指导性电量并存,统配电价与指导性电价并举的局面。“集资办电”缓解了供电缺口。1990 年,全市用电装机容量 153 万千瓦,用电量 26.9 亿千瓦时。

“八五”期间,襄樊开发东风汽车产业经济技术区,建年产 30 万辆富康、神龙小轿车发动机基地,8 万吨载重汽车基地和汽车配件生产基地。汽车产业成为襄樊工业的“龙头”,开发区按市场经济运作,没有国家统配电量指标,用电量除自备电厂外,靠市场调节“自筹”解决。与其相适应,襄樊供电局组建开发区供电公司,在市政府的支持下,对其实行“特区特电特价”政策,享受“特区”优惠,建双回电源保“特电”供应,物价部门测算“特价”,确保“龙头”企业电力供应。此改革举措被电力部认可并向国务院批准的 30 个特区推广。“八五”期间,襄樊供电局累计组织指导性电量 52.4 亿千瓦时。1995 年,全市用电设备容量 180.8 万千瓦,用电量突破 38 亿千瓦时。

“九五”期间,襄樊市电力市场格局发生重大变化,电力市场由卖方转向买方市场,电力需求由高速增长转为平稳增长,用电水平呈低水平饱和状态。工业企业向市场经济转化,受市场竞争的冲击,用电量下滑,由占社会用电总量的 72.5%下降到 67.7%。电力企业实行“两改一同价”,整顿电力市场,扩大农村电网,实现村村通电,城乡居民生活用电以 10%以上的速度增长。2000 年全市用电量 46.96 亿千瓦时。

“十五”期间,电力生产能力扩大,电力供应能力显著提高。襄樊地区工业企业大面积改制,电力市场疲软,连续几年电力供应增长率都在 3%左右徘徊。直到“十五”后期,企业改制和招商引资取得一定成效,用电市场出现转机。2004 年,襄樊供电公司年售电量突破 40 亿千瓦时。2005 年年底,全市电力用户 115 838 户,最高用电负荷 88 万千瓦,用电量 58.3 亿千瓦时。

1.工业用电

1985 年,襄樊已经建立了轻工、纺织、机械、化工、电子、建材、食品、电力、汽车等 60 多个工业门类,形成了比较完善的工业体系,全市工业用电 11.827 8 亿千瓦时。

1985 年以后,工业企业普遍实行多种形式的经营承包责任制,企业通过内部改革,潜力得到发挥,生产规模进一步扩大,工业用电也以前所未有的速度增长。1990 年工业用电达到 20 亿千瓦·时,比 1985 年增 8 亿多千瓦时。

“八五”期间,襄樊工业发展机遇多、劲头足,骨干企业上质量、上规模、上档次、上包装。工业经济呈现出“市区经济抬起龙头,县域经济龙争虎斗,汽车工业迅速崛起,纺织工业重振雄风,三线军工异军突起,乡镇企业翻番发展”的欣欣向荣景象,1995 年,工业用电又猛增至 27.65 亿千瓦时。

“九五”期间,国企三年改革脱困,一批骨干企业进一步壮大。全国最大的轻型车厂、全省最大的火电厂建成投产,汽车、纺织等支柱产业进一步巩固,20 个产品被列为国家级新产品,工业用电增速较快。2000 年,工业用电 32.88 亿千瓦时。

“十五”期间,国企改革不断深入,以“双退出”为主要内容的新一轮国有企业改制面达 80%以上,工业经济实力增强,全市工业增加值年均增长 10.4%,占生产总值的比重由 40%提高到 42.2%,工业结构趋向合理,逐步形成了以汽车产业为龙头,电子、纺织和高新技术产业为骨干的工业经济体系。2005 年,工业用电量达到 42.35 亿千瓦时。

2.农林牧渔水利业用电

20 世纪 80 年代,农村发生巨大的变化。改革促进了农业生产的发展,解放了大批农村劳动力转入商品经济的各个行业,加速了农副产品加工业和农村工业的发展进而成为乡镇经济的重要支柱,成为农村用电大户。1986 年,用电户 5 367 个,用电装机 216 364 千瓦,年用电量 20 410 万千瓦时。1995 年,农村用电户数增至 16 029 个,用电装机容量 459 265 千瓦,年用电量 37 715 万千瓦时。

“九五”期间，农村经济面对自然风险和市场风险的双重压力，农业增加值仍递增3.5%。万宝粮油、金华麦面等20家产业化龙头企业的带动力增强，订单农业达338万亩。乡镇企业“二次创业”，年均递增6%，小城镇化建设成效显著，开发式扶贫成效初显，农业基本建设和综合开发力度加大。“十五”期间，农业和农村经济全面发展，农业结构调整成效明显，年销售收入5 000万元以上的产业化龙头企业达30家。农民生产生活条件得到改善，基本实现公路、电网、电视、电信村级覆盖。随着农业结构不断调整变化，供电部门对农村用电结构、用电分类做了相应的调整。2005年，农林牧渔业用电户数20 943个，用电装机容量367 855千瓦，用电量11 803万千瓦时。

3.居民生活用电

改革开放的大潮促进了城镇居民物质文化生活水平的提高，居民生活用电不再单纯用于照明。“七五”期间收录机、电视机、洗衣机等家用电器逐步进入城乡居民家庭，用电量随之增长。1990年，居民生活用电突破1亿千瓦时。“八五”期间，电视机、洗衣机的普及程度提高，电冰箱、空调等高耗能电器进入家庭，生活用电明显增多。1995年，居民生活用电达到33 787万千瓦时。“九五”期间，襄阳、枣阳、宜城3县(市)及79个乡镇基本实现小康，2000年，农民人均收入2 385元，城镇居民人均可支配收入5 663元。农村电网改造使村村通电，有力促进了电能消费。同年，居民生活用电50 836万千瓦时。“十五”期间，城乡居民生活总体上达到小康水准，城镇居民人均可支配收入和农民人均纯收入分别由2000年的5 663元和2 385元，增加到2005年的8 150元和3 191元，年均分别增长7.6%和6%，电冰箱、空调、电饭煲、微波炉等高耗能家电正在成为家庭生活必需品，居民生活用电84 119万千瓦时。

4.交通运输、邮电通信业用电

交通运输、邮电通信业用电包括铁路、公路、航空、航运、管道运输、邮政、邮电、电讯管理和业务营运用电。80年代，交通运输、邮电通信业发展较快，襄渝电器化铁路通车后不断扩大运力运量，每年增加电量1 500万千瓦时左右。1985年交通运输、邮电通信业用电量4 814万千瓦时，1990年用电量9 326万千瓦时，接近翻番。“八五”时期，邮电通信业建成“六网”(移动电话、无线寻呼、数据通信、分组交换、彩色电视会议、全市扩大的本地电话)“四化”(长途交换程控化、市话交换程控化、长途传输数字化、农话交换自动化)。城市电话总容量18.4万门，比“七五”末期增加10倍；长途交换机总容量达6 000路(端)，是“七五”末期的15倍；农话总容量7.7万门，是“七五”末期的3.3倍。交通运输发展较快，公路总里程达到10 481千米，新建米庄、仙人渡、黄龙、枣阳太平、宜城东郊等汽车场；航运里程539.5千米，新建汉江余家湖等港口、码头；电器化铁路运输用电稳定；航空运力运量增加，每周班次增加至17班，年运送旅客90 000多人次，运输货物500多吨。管道运输连续12年超额完成输油计划，1995年输油250多万吨。1995年，交通运输、邮电通信业用电量12 539万千瓦时，比1990年增长35%。“九五”期间，交通运输公路里程达6 175.7千米，投资完成老河口、宜城、襄阳等场站建设，运输企业产权制度改革逐步走向规范，襄荆、汉十、魏襄高速公路着手建设；铁路运输提升运力，电力机车增加，同时全面启动襄输电器化铁路扩能改造工程和襄樊车站站场扩建改造工程；邮政、电信、移动实现专业化管理和经营，通信业竞争力加剧。2000年，交通运输、邮电通信业用电量20 556万千瓦·时，比1995年增加8 017万千瓦时。“十五”期间，襄荆、汉十、魏襄高速公路全面施工建设，相继通车，成为用电新的增长点；襄渝电器化铁路扩能改造工程完成，铁路实现第四、第五次大提速；中国电信、湖北移动通信、中国联通在襄樊市场激烈角逐，投资加大，商业网点密布。2005年，交通运输、邮电通信业用电量21 962万千瓦时。

5.商业饮食物资供销仓储业

市场经济的发展，为襄樊商业饮食物资供销仓储业的繁荣带来机遇，20 年间，用电逐年攀升。“九五”期间，商业物资供销行业改革进一步深化，商业企业广泛进行改组改制，市场进一步繁荣，商家必争之地的襄樊仓储物流业迅速崛起。1986 年，用电户 2 317 户，用电量 2 341 万千瓦时。1990 年，用电户 1 862 户，用电量 4 937 万千瓦时。1995 年，用电户 3 699 户，用电量 7 876 万千瓦时。2000 年，用电户 5 124 户，用电量 9 690 万千瓦时。2005 年，用电户 14 396 户，用电量 15 092 万千瓦时。

6.其他事业用电

地市合并后，公共事业发展较快，用电量随之增长，1990 年，用电量 9 383 万千瓦时。“八五”期间，“其他事业”用电相对稳定，年度用电量在 9 000 万千瓦时和 12 000 万千瓦时之间波动，占年度全社会用电量的 2%—3%；“九五”“十五”期间，襄樊投资环境进一步改善，亮化工程使襄樊更具魅力，“其他事业”年均用电量达 17 000 万千瓦时左右。

7.地质普查、勘探业用电

地质普查、勘探业用电量不大。“七五”末期 60 万千瓦时，“八五”末期 400 万千瓦时，“九五”末期 149 万千瓦时。由于用电量较少，“十五”期间不再对该行业进行专门的用电统计，并入公共事业及管理组织中进行统计。

8.建筑业用电

建筑业用电受建设规模影响年用电量波动幅度比较大，但总体趋势是不断增加，每个五年计划术期的用电量分别是：1990 年用电量 2 612 万千瓦时，1995 年用电量 3 235 万千瓦时，2000 年用电量 3 794 万千瓦时，2005 年用电量 3 247 万千瓦时。

襄樊市电力工业局领导干部情况

表 12—16

机构名称（起止年月）	姓名	籍贯	职务	任职时间（年月）
襄阳地区电力局（1979.1—1984.1）	时维正	山东聊城	局长	1979.01—1984.01
	靖汝衡	山东临沭	书记	1976.04—1984.01
	刘秀华	湖北老河口	副局长	1978.01—1984.01
	韩　彬	陕西武川	副局长	1978.05—1984.01
	刘兴汉	山西霍县	副局长	1978.05—1984.01
	李志俊	湖北襄樊	副局长	1978.12—1984.01
	杜仲侠	山东临清	副局长	1982.07—1984.01
	乔国振	河南偃师	副局长	1982.10—1984.01
	韩清玉	河北内邱	副书记	1976.04—1983.12
	郭顺发	湖北襄樊	副书记	1981.11—1984.09
	乔国振	河南偃师	局长	1984.01—1985.03
	李莫川	湖北鄂州	局长	1985.03—1991.01
	余祥国	湖北孝感	局长	1991.05—1996.12
	童唯一	湖北黄冈	局长	1997.01—2001.04
	刘旭东	湖北十堰	局长	2001.04—2002.03
	刘世琦	湖北房县	局长	2002.03—2003.11

续表 1

机构名称(起止年月)	姓名	籍贯	职务	任职时间(年月)
襄樊供电局(1984.1—2003.11)	靖汝衡	山东临沭	书记	1984.01—1985.03
	梁振乐	河南镇平	书记	1985.03—2001.04
	密志洁	河北衡水	书记	2001.04—2003.11
	李奠川	湖北鄂州	副局长	1984.01—1985.03
	沈松明	湖北孝感	副局长	1984.01—1985.03
	李志俊	湖北襄樊	副局长	1984.01—1999.06
			副书记	1985.03—1989.01
	陈邦达	湖南攸县	副局长	1986.05—1994.09
	郭顺发	湖北襄樊	副局长	1986.05—1997.08
			副书记	1984.01—1985.03
	汤成斌	湖北随州	副局长	1989.04—1992.01
	陈绍泰	河南陕县	副局长	1995.08—2003.11
	密志洁	河北衡水	副局长	1995.08—1997.01
			副书记	1997.01—1999.06
	刘世琦	湖北房县	副局长	1997.01—2001.09
	李泽军	河南南乐	副局长	1997.01—2003.11
			副书记	1993.05—1997.01
	余　雷	河南淅川	副局长	1999.06—2003.11
	李纪学	湖北宜城	副局长	1999.06—2003.11
	李　斌	湖北枣阳	副书记	1999.06—2001.04
	李泽军	河南南乐	纪委副书记	1985.01—1986.01
			纪委书记	1986.01—1993.04
	罗春荣	湖北谷城	纪委书记	1996.01—2001.04
	李　斌	湖北枣阳	纪委书记	2001.04—2003.11
	何明智	湖北襄樊	工会主席	1986.06—1997.01
	贾荣明	湖北襄樊	工会主席	1997.01—2003.11
	乔国振	河南偃师	总工程师	1985.03—1997.01
	鲍茂荣	湖北宜城	总工程师	1997.01—1999.06
	陈绍泰	河南陕县	总工程师	2001.04—2003.11
	严蓓琨	湖南株洲	总会计师	1997.01—1998.06
	李志俊	湖北襄樊	总经济师	1999.06—2001.06
襄樊供电公司(2003.11—2005.12)	刘世琦	湖北房县	总经理	2003.11—2005.05
	王乐炎	湖北宜昌	总经理	2005.05—2005.12
	彭建国	湖北钟祥	总经理	2005.12—2005.12
	密志洁	河北衡水	书记	2003.11—2005.12
	余　雷	河南淅川	副总经理	2003.11—2005.12
	邹宇兵	湖北郧西	副总经理	2003.11—2005.12
	李培乐	湖北襄阳	副总经理	2003.11—2005.12
	侯学东	湖北宜都	副总经理	2003.11—2005.12
	熊贻盛	湖北公安	副总经理	2005.12—2005.12
	李　斌	湖北枣阳	纪委书记	2003.11—2005.12

续表 2

机构名称(起止年月)	姓名	籍贯	职务	任职时间(年月)
	李纪学	湖北宜城	工会主席	2003.11—2005.12
	贺从华	湖北随州	总工程师	2003.11—2005.12
	罗治平	湖南长沙	总会计师	2005.12—2005.12
	彭前目	湖北仙桃	总经理助理	2005.07—2005.12

四、机械工业

自 1979 年始，全市机械工业发展较快，1982 年，按照市委、市政府提出的“依托二汽、大力发展汽车工业”的要求，部分企业产品开始为“二汽”配套。1985 年，有企业 67 家，职工 30 326 人；固定资产原值 3.3 亿元，工业总产值 9.5 亿元，利税 3 809 万元，各种机械设备 6 582 台(套)。拥有通用机械、金属加工机床、电机、电工器材、通用部件、仪器仪表、汽车制造、农用机械、机械修理、输配电及控制设备制造业等 10 个行业，生产近百类机械产品。

1986 年始，机械工业实施技改引进，围绕汽车工业，调整产业和产品结构。“七五”时期，累计进行技改和引进项目 34 项，完成投资 1.55 亿元，比“六五”时期增长 1.99 倍。其间、日本热处理生产线、美国集成电路生产线、德国西门子公司直流主轴驱动装置国产化改造项目、EQ153 汽车前后桥技改项目等一批重大项目相继竣工投产，机械工业装配水平和产品质量明显提高。1988 年，有企业 69 个，职工 39 175 人，固定资产原值 47 452 万元，净值 30 777 万元，工业总产值 5.4 亿元，比 1983 年增长 1.6 倍，年均递增 22%，销售收入 5.12 亿元，利税 6 063.4 万元。全系统累计获三优产品 48 个，其中国优 1 个、部优 14 个、省优 33 个。“七五”时期，机械工业总产值年均递增 13.13%，利税年均递增 14.5%。1992 年，全市机械工业有企业 70 家，职工 23 568 人，固定资产原值 5.95 亿元，设备 13 088 台(套)，其中高精特和进口设备 191 台(套)，工业总产值 9.04 亿元，销售收入 8 亿元，发展速度创历史最高水平。完成技改投资 3 616 万元，专用派生电机、防燃爆高效冷却器，特种耐酸钢泵阀生产线等 8 个新项目开工兴建。扩大 140 变速箱一轴生产能力，153 排气制动阀及摇臂轴支座，汽车车轿、轻型客车生产线等一批项目竣工或部分投产。全系统主要产品有汽车配件、电工仪表、轴承、集成电路、电子器件、计算机外部设备、农机器具、机床等 12 大类 350 余种。

1993 年始，机械工业普遍开展了以股份制改造为重点的企业改革。同时，继续围绕汽车产业实施结构调整，汽车、机电一体化等优势产业的集聚度日趋明显，机电、机床、仪器仪表、通用机械等传统产业，伴随着国有企业改制和民营资本的介入，催生了一批创新型、科技型骨干企业。襄樊车桥股份公司、谷城车桥股份公司、襄阳汽车轴承股份公司、襄樊金鹰轨道车辆有限责任公司、襄樊市博亚机械有限公司、襄樊仪元电力电子股份有限公司、襄樊万洲电气集团有限公司、襄樊大力工业控制股份有限公司、湖北追日电气设备有限公司、襄樊国网合成绝缘子股份有限公司、湖北襄樊康晨机电工程有限公司、老河口光华组合机床(集团)股份有限公司、老河口光华变压器股份有限公司、湖北骆驼蓄电池有限公司等一批实力雄厚的股份制或民营企业相继创立。一批重大技改和引进项目(汽车车轿、摇臂总成、变速箱、齿轮、冲压件、燃油箱、消声器、专用派生电机、防燃爆高效冷却器，特种耐酸钢泵阀、轻型客车生产线等)先后竣工投产或部分投产。“八五”和“九五”时期，机械行业累计完成各类项目投入近 4 亿元。1996 年，江华机械厂、汉丹电器、电机厂、卫东机械厂、红旗机械厂等一批企业得到与二汽轻型车配套 122 种零部件生产合同，生产要素投入逐步向优势产业和骨干企业集中。2002 年，襄樊东风重型车桥股份有限公司、市仪表元件厂、湖北骆驼蓄电池股份有限公司、东银汽配制造公司、湖北谷城车桥股份有限公司、枣阳厢式车厂、襄阳轴承股份有限公司、国营卫东机械厂、枣阳光武汽车车架厂、国营汉丹电器厂10家年产值5 000万元以上的企业，完成工业总产值32.6亿元，占全行业的86.25%。2002年，全系统有企业33家，其中市直企业13家(不含汽车产业开发区、高新技术开发区)，职工25 061人，资产总额26.93亿元。完成工业总产值307 888万元，比1993年增长1.17倍；实现销售收入278 921万元，比1993年增长91.3%；实现利税57 381万元，比1993年增长13.7倍；全员劳动生产率达到17.25万元/人·年，比1993年增长3.5倍(见表12—17)。

2003年始，机械工业根据《中共襄樊市委襄樊市人民政府关于加快市直国有企业改革的若干意见》，对16户市直国有、集体企业，实施了以国有产权基本退出企业，解出国有企业职工身份为重点的企业改革。襄樊市汉水车辆空调设备总厂、襄樊神驰齿轮有限公司、襄樊市红旗机制厂、襄樊市长虹数控集体公司、襄樊市轴承厂、襄樊市力特电机总公司等6家企业相继依法破产。襄樊市仪元电力电子股份有限公司、国营卫东机械厂、襄樊市内配厂、国营汉丹电器厂、襄阳轴承股份有限公司、襄轴实业公司、江华机械厂等7家企业被承债式转让。在推进国企改革的同时。民营资本大规模进入机械行业，汽车零配件、通用机械、通用部件、电机制造、机电一体化等行业获得快速发展。2005年，全市规模以上机械企业有63家(含部分军工和汽车及零部件制造企业)，职工17 143人，资产总额325 257万元，工业总产值369 699万元，销售收入313 922万元。机械工业形成了汽车、机电产品、仪器仪表、电工电器，机床农机，通用机械、基础件等较为完备的工业体系。产品主要有：汽车零配件、金属切削机床及配件、调速节能电机、汽油发电机组、空压机、变压器、工业电器控制装置、大功率晶闸管及其模块、农机配件、军品、民爆产品等。

机械工业主要经济指标

表12—17　　单位：万元

年份	企业个数	职工人数	资产	工业总产值	工业增加值	销售收入	利税
1986	—	—	—	32 600	—	—	—
1987	—	—	—	42 600	—	—	—
1988	69	39 172	47 452	541 127	—	51 186	6 064
1989	—	—	—	60 296	—	60 148	7 156
1990	79	41 161	54 000	75 913	—	—	6 870
1991	—	—	—	65 200	—	52 798	3 913
1992	70	35 686	59 552	90 418	—	80 079	6 580
1993	70	37 283	71 269	141 654	—	145 770	—
1994	73	37 966	86 101	145 870	—	115 752	6 744
1995	60	31 935	93 731	136 553	—	94 433	6 147
1996	60	32 000	93 732	123 316	—	91 242	5 174
1997	53	29 022	—	126 000	30 600	93 000	—
1998	53	128 376	213 799	146 441	35 892	107 600	—
1999	50	25 694	211 376	142 200	32 200	101 800	7 221
2000	40	22 500	218 900	156 600	38 500	109 600	12 700
2001	40	17 654	191 975	262 918	56 485	188 626	22 857
2002	33	25 061	294 834	307 888	103 488	302 695	49 157
2003	—	—	—	5.97	1.9	—	—
2004	—	—	—	5.74	1.68	—	—
2005	—	—	—	6.66	1.9	—	—

注：①1986—1998 年的统计指标为机械系统企业的统计口径。②1999—2002 年的统计指标不含汽车产业开发区和高新技术开发区。③2003—2005 年的指标仅为市直企业统计口径。1998 年出现全行业亏损，亏损—110 万元。④1986—1997 年为固定资产原值；1998—2002 年为资产总额。

(一)通用机械制造

1979 年以后，全市通用机械制造业发展较快。1985 年前，先后生产过离心水泵、水锤泵，空气压缩机、压力容器、鼓风机、引水压力机、搅拌机、乙炔发生器、吊车、千斤顶、集装角件、轧辊、建筑机械、工程机械、粮食机械、化工机械、钢带产品、电捕焦油器、各类除尘器、化工搅拌器、表面冷却器、硫酸分布器、系列耐磨耐腐蚀泵、系列耐腐蚀阀、过滤轮、大型搅碎机螺旋、汽油机、冷冻机组等产品。

1986 年，湖北空压机厂可生产 V—6／8—1、4P—20／8、W—9／7、ZI6/7 等八种型号的空压机。有职工 680 名，主要设备 138 台，生产空压机 449 台，工业总产值 802.79 万元。2002 年，生产空压机 18 台，实现工业总产值 181 万元。同年，企业资不抵债依法破产。1989 年，汉水车辆空调设备总厂成立。主要生产冷冻机组和车用空调等产品，由于技术、资金等原因，生产规模一直较小，2002 年停产。襄樊重型机械厂，是建材机械的专业生产厂家，主要生产立式磨、立式干燥器、陶瓷机、陶瓷墙地砖模具、墙地砖生产线输送器等产品，1998 年停产。湖北汽车工具厂，1969 年建厂，是全国唯一生产全套汽车随车工具的专业厂。主要产品有液压千斤顶、机械千斤顶、随车工具、黄油枪、备胎升降器、刹车制动操纵、举升油缸等七大系列 70 多个品种 200 多个规格，年生产能力 50 万(套)，2000 年停产。

1993 年始，全市通用机械行业发展较快，通过企业改制和发展，襄樊金鹰轨道车辆有限责任公司、襄樊内燃机车厂、襄樊福瑞特机械制造有限公司、湖北三帆工程机械有限责任公司、湖北华建机械制造有限公司、湖北工程机械有限公司、襄樊市粮食机械有限责任公司、襄樊昌丰粮机有限公司、枣阳市巨鑫机械有限公司、襄樊市源盛实业有限公司、襄樊市冠通机械有限公司、襄樊新华九暖通设备工程有限公司、湖北先开环保设备有限公司、襄樊市净天环保设备有限公司、襄樊九鼎昊天环保设备有限公司、襄樊中孚机械有限公司、襄樊恒重集团有限公司、襄樊襄化工机械设备有限公司、襄樊五二五泵业有限公司等一批股份制或民营企业相继创立。2005 年，全市通用机械制造企业 24 家，其中规模以上通用机械制造企业 16 家，职工 3 392 人，资产总额 42 202 万元，工业总产值 65 484 万元，销售收入 62 712 万元。产品涉及环保、建筑、建材、化工、矿山、铁路、塑料、食品加工机械等门类。

襄樊金鹰轨道车辆有限责任公司：由原襄樊轨道车辆工厂于 2001 年 5 月整体改制而成，为武汉铁路局控股公司。主要产品：重型轨道车辆(国内市场占有率 80%)、电气化铁路维修、检测成套设备(国内市场占有率 78%)、城市地铁维修车辆(国内市场占有率 85%)、大中型养路机械(国内市场占有率 27%)等四大系列产品，共 150 多个品种。产品享有全部自主知识产权，已获得各种专利技术 16 项。成为国内同行业的领头军，主导国内市场。2005 年，有职工 602 人，资产总额 26 194.60 万元，工业总产值 33 352.60 万元，销售收入 33 352.60 万元，销售各类轨道车辆和铁路工程机械 560 多辆。

襄樊内燃机车厂：隶属中国南方机车车辆工业集团公司，是中南地区具有铁路大型内燃机车修理和公路专用车辆改制的综合型企业。工厂前身为中国人民解放军“6618 厂”，为配合襄渝铁路建设于 1969 年建厂，1982 年，与第二汽车制造厂等联营改装“铁龙”牌专用汽车，1984 年，随铁道兵并入铁道部。1986 年，经国家计委批准，实施国家“七五”重点改扩建项目：铁路内燃机车大修项目。2000 年 8 月，由中国铁道建筑总公司划归中国南方机车车辆工业集团公司管理。主要产品：具有年修理东风 4 系列、东风 8B、东风 5 和东风 7C 型内燃机车 200 台的能力，具备年制造各型专用汽车 2 000 多辆(可大批量改装“铁龙”品牌各型自卸汽车、厢式货车、集装箱运输车、液体槽罐运输车)，各类液压油缸 3

000 套和年生产内燃机车缸套近万组的能力。拥有各种生产设备 3 000 余台，其中高精尖设备占 10%以上。先后被评为全国环境保护先进单位、湖北省重合同守信用企业、湖北省最佳文明单位、AAA 资信等级企业。2000 年，通过 ISO9002 质量体系认证，2005 年，通过 ISO14000 环保体系和 OHSMS 18000 职业健康安全管理体系认证。2005 年，有职工 3 017 人，占地面积 111 万平方米，各类生产设备 2 231 台（套），资产总额 38 640 万元，工业总产值 19 934 万元，主营销售收入 21 573 万元。

（二）金属加工机床制造

1979 年始，全市金属加工机床制造业初具规模，骨干企业有老河口市组合机床厂、襄阳机床厂、襄樊市精密机床配件厂等。1980 年，襄阳机床厂牛头刨床获部优产品。1982 年，襄樊市第一机床厂并入襄樊电视机厂。1985 年，随州通用机械厂生产的“编钟”牌台式钻床，销售到马来西亚、印度尼西亚等国家，Z5115 型台钻获省优质产品称号。1985 年底，全市从事金属加工机床制造企业 7 家，职工 1 500 人，工业总产值 1 200 万元。可生产车床、铣床、动力头、组合机床、牛头刨床、台式钻床和镗杆、钻杆、活塞杆、刃具、合金刀片、砂轮等机床附件和工具等。主要产品产量：机床、动力头 2 200 台。其中，襄阳机床厂生产牛头刨床产量 650 台，年产值达到 380 万元，随州通用机械厂生产 Z512、Z515 等 7 种型号的台钻 12 000 台，襄樊市刃具厂刃具产量 8 760 件，襄樊市粉末冶金厂硬质合金刀片产量 110 吨，襄樊市砂轮厂磨床砂轮产量 320 吨，襄樊市精密机床配件厂镗杆、钻杆产量 800 件，其他机床配件 1 300 件。

1986 年始，随州通用机械厂、襄阳机床厂生产的台钻、牛头刨床等主要产品产量比较稳定，襄樊市刃具厂（后改名为合力实业公司）、襄樊市砂轮厂等机床配件企业产量开始萎缩。1991 年 6 月，襄樊市精密机床配件厂镗床主轴组件、机床检验棒等被列入《中国当代名特优产品大辞典》。1994 年，随州通用机械厂从襄樊划出。1995 年，襄樊市刃具厂和襄樊市砂轮厂刃具、砂轮产量分别降到 3 000 件和 320 吨。1998 年，襄樊刚玉砂轮有限公司成立。同年，襄樊华中数控系统有限公司成立，主要从事金属切削机床的数控系统生产和改造。襄樊市精密机床配件厂是定点生产镗床、钻床主轴组件的专业厂。主要产品为精密主轴配件，包括国产、进口镗床、钻床系列主轴组件；大中型化工企业各类大型往复式压缩机活塞杆、气缸套、柱塞等；轻工行业塑料注塑机、挤出机关键螺杆、抖筒等。2001 年 5 月，经市委、市政府批准，按照《公司法》由自然人发起组建了“襄樊市中汉精密机床配件有限公司”。2003 年 10 月，襄樊市精密机床配件厂因资不抵债依法破产。2005 年，全市规模以上金属加工机床制造的企业有老河口光华组合机床股份有限公司、襄樊市中汉精密机床配件有限公司、襄阳机床厂等 4 家，职工 883 人，资产总额 10 812 万元，工业总产值达到 8 141 万元，销售收入 4 420 万元。

老河口光华组合机床股份有限公司（原光化县农具厂）：1954 年开办，1966 年，更名为“光化县动力头厂”。1980 年，更名为“光化县组合机床厂”。1984 年，更名为“老河口市光华组合机床总厂”。1993 年完成股份制改造，更名为“老河口光华组合机床股份有限公司”。公司是机械电子工业部最早定点生产组合机床及通用部件的专业厂家，中南地区最大的组合机床生产制造基地。湖北省高新技术企业，高科技产品价值占总销售收入的 70%。主要产品有 TX、1TX、SFEZ 系列铣削头；TA、1TA 系列镗削头；1TC 系列镗车头；TZ、1TZ 系列钻削头；HJ、1HJ、SEME 系列机械滑台；HY、1HY 系列液压滑台；1XG 系列铣削工作台；ZHYG、ZH1X、ZH1Xb 系列组合机床；数控组合机床。组合机床年产能力 500 台（含通用组合机床），通用部件年产能力 3 600 台（套），汽车变速箱壳体加工件 5 万件。产品符合国家“GB3668.1—13—86”组合机床通用部件标准，主要技术指标达到“ZHB032—1”精度标准，其精度和性能接近世界先进水平。产品遍及全国汽车、煤矿、柴油机、纺织、冶金、电力、船舶等多个行业。部分产品出口新加坡、马来西亚等国家。公司通过 ISO 9000 国际质量认证。拥有各类机器设备 300 台(套)。2005 年,有职工 576 人,资产总额 8 310 万元,工业总产值 4 200 万元,销售收入 3 200 万元。

襄樊市中汉精密机床配件有限公司(原襄樊市精密机床配件厂):1972 年开办,1991 年 6 月,镗床主轴组件、机床检验棒等被列入《中国当代名特优产品大辞典》。2001 年 5 月,经市委、市政府批准,依据《公司法》由自然人发起组建"襄樊市中汉精密机床配件有限公司"(2003 年 10 月,原襄樊市精密机床配件厂因资不抵债依法破产)。公司是定点生产镗床、钻床主轴组件的专业厂。主要产品包括国产、进口镗床、钻床系列主轴组件;大中型化工企业各类大型往复式压缩机活塞杆、气缸套、柱塞等;轻工行业塑料注塑机、挤出机关键螺杆、抖筒等。2005 年,有职工 210 人,资产总额 927 万元,工业总产值 1 616 万元,销售收入 1 470 万元。

(三)电机制造

自 1979 年,襄樊市电机厂与华中工学院实施技术合作,1981 年,试制成功 Y 系列节能电机。年底,电机制造行业有企业 4 家,产量 3 203 台,1985 年,襄樊市电机厂试制成功 YGT 电磁调速电机,Y 系列电机产量 19 万千瓦。同年,全市有青山电工厂、襄樊市电机厂 2 家企业生产电机,约 30 万千瓦,工业总产值 1 950 万元。主要产品有异步电动机、电磁调速电动机、节能电机等。

1986 年,青山电工厂除生产航空电机外,还研发和生产洗衣机电机和汽车发电机,并逐步转向为"二汽"配套服务。后被"二汽"兼并,更名为"东风电气公司"。襄樊市电机厂,后更名为"襄樊力特电机总公司"。主要生产 Y 系列三相异步电动机、YCT 系列电磁调速三相异步电动机、YEJ 系列电磁制动电动机、变频电动机、风力发动机、智能电动机及油田专用电机。2005 年 12 月 6 日,襄樊力特电机总公司依法破产。

2000 年,全市电机制造行业发展较快,中国南车集团(襄樊)牵引电机有限公司、襄樊特种电机总公司、湖北襄樊康晨机电工程有限公司、康晨成泰动力科技有限公司、襄樊世阳电机有限公司、东风襄樊市福利机件加工厂等股份制或民营企业相继创立。主要产品有:内燃机车电机和电力机车电机、高压电机、电动汽车电机、Y 系列三相异步电动机、YCT 系列电磁调速三相异步电动机、YEJ 系列电磁制动电动机、变频电动机、风力发动机、智能电动机及油田等用的 YTS、YD、YH、YCHD 电机。航空电机、特种发电机、特种电动机、电源电机、无刷直流发电机、内装风扇整体式交流发电机、减速式汽车起动机、Y、YCY、YEJ、YH、YD、YDT、YF、YW、YT、YTS、YCH、YCHD、YCY 等型号电动机和发电机组等。2005 年,电机制造企业 10 家,其中:规模以上电机制造企业有 7 家,职工 2 515 人,资产总额 40 149 万元,工业总产值 40 831 万元,销售收入 40 138 万元。

中国南车集团(襄樊)牵引电机有限公司:中国南车集团下属的控股公司。主要产品包括铁路机车电机(内燃机车电机和电力机车电机)制造与修理、民用电机(高压电机和电动汽车电机)、桥梁部件(锚具和桥梁支座)和客车系列风扇等四大板块,同时向各路局和机车厂家提供各种电机配件。412 电机和 405B 电机已批量出口委内瑞拉、马达加斯加、蒙古、伊朗、朝鲜、哈萨克斯坦和利比亚等国家。1997 年,通过 ISO 9002 质量体系认证, 2001 年。被湖北省科技厅认定为"高新技术企业",2003 年 8 月,通过 ISO 9001:2000 标准质量体系换版审核。先后获得湖北省"诚信单位"和"先进单位"称号;2005 年,有职工 763 人,资产总额 13 243 万元,工业总产值 6 018 万元,销售收入 6 620 万元。

湖北襄樊康晨机电工程有限公司:2002 年创立。拥有 5 个子公司(康晨成泰动力科技有限公司、湖北三业康晨特种泵业有限公司、康豪机电工程有限公司、康晨格莱特电力工程有限公司、康晨宇立机械配件有限公司)。是研制、开发、生产、销售动力设备为主的高新技术企业。主要产品:发电机组。

包括发电动力机、特种泵机组、工程机械用动力机及相关控制系统等,具备年生产 3 000—5 000 台发电机组的能力。公司通过 ISO9001:2000 质量管理体系认证,获国家矿用产品安全标志证书。2005 年,有职工 83 人, 固定资产 1 431 万元, 资产总额 1 431 万元, 企业产值 1 416 万元, 销售收入 1 000 万元。

(四)电工器材

1979 年,全市电工器材生产企业有襄樊市漆包线厂(1985 年更名为襄樊市低压开关厂)、襄阳县电线厂(1984 年更名为襄樊电线厂)、襄樊市互感器厂等 4 家企业。1980 年,红旗机制厂成立,1985 年,全市电工器材制造业企业有 5 家,主要生产电线、互感器、避雷器、电度表、蓄电池等产品。

1986 年,襄樊市低压开关厂主要生产漆包线、低压开关柜、配电箱等,2000 年,被襄樊大力工业控制股份有限公司兼并。襄樊电线厂主要生产 ZX16/0.15 胶质线、铝芯聚氯乙烯电线、铜芯铝胶线等产品。产品有 11 种类型,100 种规格。“八五”期间,企业完成技术改造投资 428 万元,完成土建 1 923 平方米,新增设备 99 台,形成年产各种低压电线 600 万千米能力。完成低压电线、圣诞节彩灯线技改项目,总投资 390 万元,形成圣诞彩灯线 3 万千米,低压电线 3.5 万千米的能力。1997 年,完成工业总产值 2 502 万元,生产低压电线 24 467 千米。襄樊市互感器厂,1986 年,由电工器材生产转向配电控制设备生产,即有配套元件厂转型向主机生产厂发展。产品由低压系列两个品种互感器,逐步扩展到高低压系列及特殊控制、计量组合专用系列互感器达 37 个品种。1999 年,实现工业总产值 52.3 万元,销售收入 41.9 万元。主要产品有互感器、开关柜六大类近 50 个品种,年生产能力达 5 万台(套),产品远销 17 个省、市、自治区。2000 年,全面停产。2005 年 10 月,因资不抵债,由市中级人民法院宣告依法破产还债。

1993 年后,湖北骆驼蓄电池有限公司、海峡兄弟公司、老河口富王蓄电池有限公司等股份制或民营企业相继创立。2005 年,全市规模以上电工器材制造业有企业 3 家。职工 1 476 人,资产总额 26 412 万元,工业总产值 84 294 万元,销售收入 56 460 万元。产品主要有漆包线、高低压开关柜、配电箱、电线、蓄电池等。

襄樊海峡兄弟蓄电池有限公司:台湾海峡兄弟集团控股企业之一,主要生产“兄弟”牌汽车起动型、摩托车型、高能免维护密封型全系列蓄电池、电动自行车电池及各种类型极板、汽车配件、工程塑料等相关产品。公司引进日本及中国台湾地区等国际先进技术,严格按 ISO 9000 标准组织生产。2005 年,有职工 74 人,资产总额 120 万元,工业总产值 890 万元,销售收入 860 万元。

(五)输配电及控制设备制造

1979 年,输配电及控制设备制造行业,有襄樊市机床电气传动设备厂、老河口市变压器厂等几家企业,主要生产变压器、配电屏、发电机、可控硅调速电柜等产品,1985 年,工业产值 1 800 万元。

1985 年, 老河口市变压器厂生产 8 个系列 55 个品种变压器和两个系列发电机, 产值 560.13 万元,利税 86 万元,固定资产 239 万元,设备 117 台(套)。襄樊市漆包线厂(后改名为襄樊市低压开关厂)生产漆包线、高低压开关柜、配电箱等产品,2000 年,完成工业总产值 68 万元,生产低压开关柜 75 面,2000 年 12 月,襄樊市大力股份有限公司整体收购襄樊市低压开关厂。1986 年,襄樊市机床电气传动设备厂生产 70 个品种 200 个规格的可控硅调速电柜,当年生产 308 面,实现工业总产值 661.21 万元,利税 93.96 万元。1992 年,襄樊市机床电气传动设备厂与市机电研究所、市电子设备厂联合组建

“长虹数控集团公司”。有职工 670 人,固定资产 1 200 万元。主要生产长虹数控系统、交直流主轴与伺服驱动装置、各种机床专用成套电控装置等 12 大系列 100 多个品种及 200 种规格,产品性能达到国际 20 世纪 80 年代初、中期水平。1992 年,完成工业总产值 2 500 万元,实现利税 600 万元,创历史最高水平。2002 年,完成工业总产值 180 万元,生产机床调速电柜 50 面。 2003 年 9 月,经市中级人民法院裁定破产。

1993 年,全市输配电及控制设备制造行业得到快速发展,通过企业改制和发展,襄樊万洲电气集团有限公司、襄樊欧安电气有限公司、襄樊海纳电气有限公司、襄樊九鼎电气有限公司、湖北鄂电大全电气设备公司、襄樊国网合成绝缘子股份有限公司、襄樊大力工业控制股份有限公司、湖北追日电气设备有限公司、襄樊天工机电技术有限公司、襄樊天阳电器有限公司、老河口光华变压器股份有限公司等一批股份制和民营企业相继创立。“软启动”(机电一体化产品)产业迅速裂变,形成产业集群,成为我国最大的“软启动”产品生产基地。2005 年,全市电气控制生产企业 19 家,其中:规模以上电气控制企业 11 家,职工 1 356 人,资产总额 41 807 万元,工业总产值 58 622 万元,销售收入 50 422 万元。主要生产变压器、高低压成套开关设备及电机起动、调速、补偿的电器控制设备和中频电源等产品。

襄樊国网合成绝缘子股份有限公司:1997 年创立。由中网电网建设有限公司等七家单位和团体在通力集团合成绝缘子厂基础上进行共同发起改造成立的全国同行业第一家股份制企业。属电力部合成绝缘子定点生产企业和骨干企业。公司集复合绝缘子产品研发、生产、销售和服务于一体,是世界上规模最大的复合绝缘子生产基地。具备年产 100 万支标准复合绝缘子生产能力。“通力”牌产品连续多次被评定为湖北省名牌产品,500 千伏产品被评为国家级新产品,1 000 千伏产品被评为国家级重点新产品。产品自 1989 年上市以来,累计挂网超过 500 万支,无一例内绝缘击穿和芯棒脆断事故。产品在葛洲坝、三峡工程、大区联网、特高压示范工程和欧美等发达国家得到广泛的应用。畅销国内 31 个省、市、自治区,并出口到 20 个国家。公司是中国最早研制、开发、生产复合绝缘子的大型企业,中国国家和电力行业绝缘子标准化技术委员会委员单位, 中国国家电网公司特高压复合绝缘子重要供应商, 拥有 14 项专利技术。在中国复合绝缘子行业中第一家通过 ISO 9001 质量管理体系认证、ISO 14001 环境管理体系认证和 OHSAS 18001 职业健康安全管理体系认证。2005 年,资产总值 11 500 万元,销售收入 1.3 亿元,实现利润总额 1 528 万元。

老河口光华变压器股份有限公司(原湖北省老河口市变压器厂):1966 年,光化县农具厂分建一个新厂,定名为“光化县电机修造厂”,1967 年,试制成功电机和变压器,企业更名为“光化县变压器厂”,后更名“老河口市变压器厂”。1979 年,生产变压器 1 512 台、电机 318 台。1985 年,有职工 510 人,资产 239 万元,产值 560 万元,生产变压器 8 个系列 55 个品种,电机 2 个系列 4 个品种。1993 年,企业改制更名为“老河口光华变压器股份有限公司”。公司是国家定点生产各类电力变压器等电气产品的重点企业,也是湖北省重点生产电力变压器的骨干企业之一。主要生产各种变压器、铁芯电抗器、空芯电抗器等 8 大类,38 个系列、358 个品种、近 1 000 个规格产品。变压器年生产能力 120 万千伏安。主导产品:电压等级 110 千伏及以下电压等级、额定容量 31 500 千伏安及以下低损耗 S9 系列电力变压器、S11 系列电力变压器、全密封变压器、卷铁芯变压器、非晶合金变压器、特种变压器、矿用变压器、干式变压器、组合式变压器、接地变压器及消弧线圈、路灯变压器、焊接变压器等电器产品。同时,还开发和生产高、低压开关柜、高压计量柜等其他满足市场需求的各类电工产品。鼠笼电机起动器、WDJ 系列电机节电器、WPS 系列变频恒压给水设备。公司拥有 TCY—800—0.025 型 800 千伏冲击电压发生器、双线高压脉冲示波器、精密声级计、介损测定仪、泄漏电流测试仪、工频谐波分析仪、感应调压器、中频试验机组、变压器油化试验仪器等各类用于电力变压器等电工产品试验和检测设备。在工艺装备方面,拥有各种精良设备 214 台(套),其中包括铁芯片数控剪切设备、大型变压器器身干燥设备、变压器油真空处理设备、大型绝缘件热压机、铁芯迭装台、箔式绕线机、CAD—计算机辅助设计系统等先进设备。在现有产品中,一个系列段的产品创部优,两个系列段的产品获省优。同时还有两种产品获省优秀新产品“金鹤奖”和襄樊市产品创新“飞龙”一等奖。产品被国家经贸委列入全国第一批城乡电网建设与改造所需设备产品及生产企业推荐目录。2005 年。有职工 366 人,资产总额 3 331 万元,工业总产值 3 000 万元,销售收入 2 200 万元。

襄樊万洲电气集团有限公司(原襄樊市万洲电气制造有限公司):2000 年 3 月创立襄樊万州电气制造有限公司,2002 年 12 月 31 日,在珠海投资创办“珠海市万州光电科技有限公司”。2004 年 9 月 7,更名为“襄樊万洲电气集团有限公司”。公司下属珠海万州光电科技有限公司、襄樊万洲环保科技有限公司、襄樊万洲节能工程有限公司、襄樊万洲机电技术有限公司、襄樊万洲机箱结构有限公司、襄樊万洲工业电气成套设备有限公司等 6 家子公司。公司是从事工业控制电气设备、机电一体化成套设备、智能测控仪表及传感器的开发、设计、制造与推广应用的电气制造公司,国家级高新技术企业,大部分产品拥有独立知识产权。2000 年,开始研发电气控制产品,先后开发出静止式进相器、固态软起动器、变负载进相器、微机综合保护装置、液体电阻调速器、高压笼型电机起动器、电机节电器等等六大类 23 个系列、50 多个品种。年产静止式进相器 600 台套、液体电阻调速器 400 台、高压笼型电机起动器 800 台、固态软起动器 1 000 台、变负载进相器 600 台套、电机节电器 1 000 台套。其中静止式进相器市场占有率达到 80%以上,是全国静止式进相器产销量最大的专业生产厂家。产品销售遍布全国每个省、市、自治区,部分产品远销东南亚。静止式进相器、数控型起动器、自动跟踪型补偿器、新型笼型起动器、着水机等 7 种产品获国家专利;WP 系列静止式进相器被国家经贸委认定为 2001 年国家级重点新产品;WZ 型着水机被列入湖北省 2003 年度科技攻关计划;WZJ 智能电机节电器被评为湖北省 2003 年度重点新产品;WDJ 多功能节电器被列入湖北省 2003 年度火炬计划;WD 多功能节电装置被湖北省经贸委列为 2003 年度湖北省重大新产品;WP 系列静止式进相器、WYQ 系列液体电阻调速器、WYQ 系列鼠笼电机起动器等四项产品被中国水泥协会在全国进行了重点推荐,形成了极具市场竞争力和影响力的“万洲品牌”产品体系。2001年,通过ISO 9001 质量体系认证。2005 年,有职工 141 人,固定资产 501 万元,资产总额 5 890 万元,企业产值 14 060 万元,销售收入 12 284 万元。

图 12—14　襄樊万洲电器集团有限公司

襄樊大力工业控制股份有限公司(大力集团):始创于 1993 年,是国家火炬计划重点高新技术企业、湖北省博士后产业基地、湖北省企业技术中心。1993 年 1 月 1 日,从机电研究所集体辞职的 13 人组建了襄樊大力传感测控技术研究所。主要从事电机控制“软起动”的开发生产和销售。1996 年 2 月。由传感测控技术研究所改制为襄樊大力传感测控技术有限公司。1999 年 3 月。更名为“襄樊大力工业控制有限责任公司”。2000 年 8 月,购并襄樊市低压开关厂,并成立分公司“襄樊大力开关设备有限公司”。2001 年,成立分公司“襄樊大力空调设备有限公司”。2002 年,成立子公司“襄樊创新源电气有限公司”。2003 年 11 月,改制为“襄樊大力工业控制股份有限公司”。2004 年,成立子公司“襄樊大力特种电机有限公司”,同年,成立分公司“襄樊大力机电技术有限公司”。2005 年,成立子公司“北京大力浩然工业控制技术有限公司”,公司销售机构转至北京。公司是一家电机控制领域的专业制造企业。集团公司以襄樊大力工业控制股份有限公司为核心发展而成,专业从事“软起动”、调速、电能质量优化、电气成套工程、节能电机等的研发、生产、销售及技术服务。主要产品：HTR 系列高压电动机热变电阻起动器装置、DLHVF 系列高压变频调速装置、磨机专用新型高性能异步电动机。产品创多个全国第一：第一台液体电阻起动器，第一台热变电阻高压软起动器，第一台智能化静止进相机。多项产品被列为国家重点火炬计划项目、国家创新基金支持项目、科技攻关项目、重点新产品项目，多项产品获国家、省、市科技奖励。1994 年，成为湖北省首批认定的高新技术企业，先后被评为"AAA"级银行信用等级企业，省级"重信用守合同"企业和"湖北省著名企业"。产品通过 ISO 9001：2000 质量保证体系认证。2005 年，被评为国家级火炬计划高新技术企业，已成为以襄樊为生产制造基地、以北京为营销服务中心、以武汉为技术研发中心的现代化企业，产品出口俄罗斯、土耳其、伊朗、东南亚、非洲、澳大利亚等三十多个国家和地区。2005 年底，有职工 139 人，企业产值 16 566 万元，固定资产 3 856 万元，资产总额 8 693 万元，工业总产值 7 860 万元，销售收入 12 178 万元。

湖北追日电气设备有限公司：1997 年成立，2000 年被评为"湖北省高新技术企业"，2004 年 5 月，成立"上海追日电气有限公司"，同年，获国家重点大学博士后产业基地，2005 年，成立"湖北追日电气公司"。公司致力于高压大功率电动机液态智能"软起动"控制。专业提供电动机起动控制设备、电能质量优化与电力系统经济、安全运行技术与设备及电气系统控制工程总承包服务。主要产品：电机起动与控制、电能质量优化及成套系统九个系列 100 多个产品型号（包括 1999 年研发的 GZYQ 大功率高压交流电动机的最佳软起动和控制液态智能软起动装置，年产 800 台套，市场占有率 50% 。2002 年研发的 MSCC 集电动机拖动系统的起动、保护与节能运行功能于一体的装置，年产 700 台套，市场占有率 10% 。2003 年研发的 JCBL 产品为基于基波磁通补偿的串联有源电力滤波装置。2005 年研发的 ZAPF 电网的输出端或关键负载的输入端采用并联电压源型有源电力滤波发生器。国际上首台高压交流电动机液态"软起动"装置等。）。产品广泛适用于冶金、石化、电力、水利、采矿、轻工、机械、汽车、造船、军工、制药、市政、建材、通讯网络与信息系统等领域。并出口到东南亚、中东、非洲、南美等十几个国家和地区。国内额定功率在 10 000 千瓦以上的超大功率电动机所配套的"软起动"设备，90%以上由公司提供。公司有多项产品被评选为"国家重点新产品"，列入"重点国家级火炬计划"，并获得国家科技创新基金、国家自然科学基金的支持和省市级科技进步奖。电力网电能质量优化技术领域取得了多项国内领先的科研成果。2005 年，有职工 307 人，企业产值 11 492 万元，固定资产 1 900 万元，资产总额 5 657 万元，工业总产值 12 079 万元，销售收入 10 447 万元。

（六）通用部件制造

1979 年，全市通用部件制造企业主要生产轴承、齿轮、标准紧固件等产品。1985 年，有企业 8 家，其中襄阳轴承厂、襄樊市轴承厂、襄阳县轴承厂、光化县轴承厂 4 家企业生产轴承，轴承产量 895.41 万套，工业总产值 6 130 万元。湖北齿轮厂、襄樊市齿轮厂 2 家企业生产齿轮，产量 75.93 万套，襄樊市标准件厂等 2 家企业生产标准紧固件，标准紧固件产量 3 亿多件。

1986 年始，通过企业改制和发展，企业所有制结构发生较大变化。襄樊市轴承厂、襄阳县轴承厂、襄樊市标准件厂、襄樊市齿轮厂等企业因资不抵债相继破产。襄阳汽车轴承有限公司、襄阳汽车轴承实业有限公司、襄樊新兴联机械有限公司、襄樊市星火汽车零部件制造公司、襄樊大鹰车用轴承有限公司、襄樊鹰牌荣华轴承有限公司、襄樊东盛轴承有限公司、襄樊博亚机械有限公司、襄樊市合力实业有限公司、谷城双飞机械有限公司、湖北神誉机械有限公司等一批股份制或民营企业先后创立。2005 年，有企业 18 家，其中规模以上企业有 17 家，职工 5 493 人，资产总额 118 251 万元，工业总产值 74 181 万元，销售收入 67 921 万元。主要产品有轴承、轮毂轴承单元、非标轴承产品、齿轮、球笼等速万向联轴器、板材矫直设备及辊系零部件。螺栓、螺母、螺钉、铆钉等。

襄樊市新兴联机械有限公司：公司是生产汽车配件的专业厂家。主要产品有：球笼等速万向联轴器、非标轴承产品、板材矫直设备及辊系零部件。产品远销欧美、俄罗斯等国家和地区。公司有较强的科技研发能力，与国家大型科研院所建立长期技术合作关系，联合设计、开发高精尖产品和进口替代产品。在球笼等速万向联轴器、进口替代轴承、高精尖轴承等产品领域的研究开发上取得了较大的突破，在同行业内处于领先地位。2004 年。被评为“湖北省高新技术企业”，“湖北省重点扶持 100 家科技型中小企业”。2005 年，自主研制出拉弯矫直机单元整套设备。同年，成功申报国家专利 6 项，其中“中重型载重转向驱动桥用球笼式等速万向节”获湖北省重大科技成果奖、襄樊市科技进步二等奖。连续多年被湖北省、襄樊市评为“重合同、守信用”企业。2005 年，有职工 67 人，固定资产 300 万元，资产总额 1 263 万元，工业总产值 2 520 万元，销售收入 2 467 万元。

襄樊恒星活塞环有限公司（原襄樊市柴油机厂）：始建于 1956 年（原襄樊市机械修理厂），1974 年，更名为“襄樊市柴油机厂”，同年，更名为“襄樊市内燃机配件厂”。1989 年，兼并市计算机外部设备厂。2003 年 12 月 24 日，市政府批准市内燃机配件厂《产权转让协议书》（原企业法人买断后更名“襄樊恒星活塞环有限公司”）。主要产品：活塞环、凸轮轴等，年产活塞环 1 600 万片，凸轮轴 10 万根。拥有设备 322 台（套），生产线 12 条，有从美国、瑞士、日本、德国等国家引进的高精度多功能加工设备和检测设备，拥有全封口活塞环专利技术，总体技术装备水平达到 20 世纪末的国际水平。公司通过 ISO 9001：2000 质量管理体系认证。产品覆盖全国 30 多个省市区中心城市，出口欧洲、韩国和东南亚。2005 年，有职工 525 人，资产总额 2 547 万元，工业总产值 2 923 万元，销售收入 1 798 万元。

图 12—15　恒星活塞环生产车间

襄樊新火炬汽车部件有限公司（原襄樊星火轴承有限公司）：成立于 1988 年，湖北省高新技术企业，中外合资企业。主要产品：研发和生产汽车轮毂轴承和轿车轮毂轴承单元。生产和经营 UUU 牌和 NTP 牌汽车轮毂轴承，轿车轮毂轴承单元。具备年产汽车轮毂轴承 800 万套，年产轿车轮毂轴承单元 400 万套的生产能力。产品供给 5 家世界 500 强企业。为世界上最大的轴承公司 SKF 贴牌生产，是中国唯一一家以自己的品牌 NTP 进入美国前两大汽配连锁超市的企业。公司的 NTP 品牌在美国、加拿大、德国等国家注册。在美国纽约设有销售分公司，在德国杜塞尔多夫设有西欧办事处。在上海、北京、广州、成都、济南、武汉等地设有产品配送中心。公司拥有专用设备 400 余台，建有省级技术研发中心。是中国汽配行业率先获得 ISO 9001：2000、QS 9000、ISO/TS 16949：2002 国际质量体系认证，获得 ISO 14001：2004 环境认证和 OHSAS

图 12—16 襄樊新火炬集团公司

18001：1999 职业健康安全体系认证的企业。公司获得 3 项国家级重点新产品，2 项国家火炬计划重点项目，3 项湖北省重点新产品。拥有 2 项国际专利，36 项中国专利。2005 年，有职工 530 人，固定资产 11 437 万元，资产总额 16 358 万元，工业总产值 11 830 万元，销售收入 9 890 万元。

襄樊市博亚机械有限公司：1999 年成立，主要从事球笼式等速万向联轴器、非标准轴承及轴承组元、细长工作辊等轴类零件、拉弯矫直机和多辊矫直机配套辊系及精密剪切机成套设备等机械产品的研发、设计、生产和销售。产品广泛用于冶金、有色金属、石油化工、运输机械、工程机械、矿山、造纸、船舶、铁路机车、纺织（化纤）等。远销欧美、日本、韩国、东南亚、中东等地区。拥有各类设备 200 余台（套），通过 ISO 9001：2000 质量体系认证。2002 年，被评选为湖北省高新技术企业。2005 年，有职工 356 人，企业产值 4 722.3 万元，固定资产 574 万元，资产总额 2 586 万元，工业总产值 4 725 万元，销售收入 4 722.3 万元。

（七）仪器仪表制造

1979 年，襄樊市仪表厂、襄樊市机床电气传动设备厂等企业生产仪器仪表产品，主要有油压表、电流表、电压表、可控硅调速电柜等。1985 年，襄樊市仪表厂生产半导体元器件、晶闸管、集成电路、汽车整流元件、特大功率晶闸管等 100 多种产品。其中 KK200A—500A 快速可控硅获省、部优产品，汽车整流元件等 3 种产品获省产品。襄樊市机电研究所主要生产高灵敏度井温仪、井下温度传感器、袖珍式温度计等三种产品，产量达到 236 套。1992 年，完成产值 262 万元，实现销售收入 214 万元。1993年，企业改组，与市机床电气传动设备厂、市电子设备厂联合组建为长虹数控集团公司。襄樊市计算机外部设备厂，1987 年生产汉字打印机 140 台，创产值 92.89 万元，1988 年，因产品销路不好，生产困难，被市红旗机制厂承包一年，后因红旗机制厂自身也陷入困境，无力带活该厂，1990 年 1 月，市计算机外部设备厂被襄樊市内燃机配件厂兼并，原产品停产。

20 世纪 90 年代后期，襄樊凡科电子有限公司、襄樊浩正实业有限公司、湖北泰和电气公司、东风襄樊仪表系统有限公司，襄樊台基半导体有限公司等股份制或民营企业相继创立。2005 年，仪器仪表行业企业有 6 家，其中规模以上企业 5 家，职工 2 031 人，资产总额 45 615 万元，工业总产值 38 143 万元，销售收入 31 849 万元。主要生产：晶闸管、电力半导体模块、不间断电源、液压表、石油仪器仪表等产品。

襄樊台基半导体有限公司（原襄樊市仪表元件厂）：1966 年兴建（襄樊市半导体元件厂），1975 年，更名为“襄樊市仪表元件厂”。1993 年，完成公司制和股份制改造后更名为“襄樊仪元电力电子股份有限公司”。2003 年，整体改制重组（台商合资公司），更名为“襄樊台基半导体有限公司”。公司是中国半导体器件主要制造商之一。主营“岘峰”牌和“TECHSEM”牌晶闸管及其模块的研发、制造和销售。晶闸管年产能力达 50 万只，模块年产能力达到 3 万只，在全国同行业中排名首位。产品广泛应用于金属熔炼、工业加热、电解电镀、电机调速、软启动、发配电及电力机车等领域，并部分出口欧美、日本、韩国、东南亚和销售台湾地区。是湖北省高新技术企业，建有省级企业技术中心，分别与华中科技大学和浙江大学组建了国家级电力电子技术研究所，致力于国家急需的高端器件的研制及其应用开发。拥有 4 英寸晶片生产技术，产品多次荣获国家、省、市科技创新奖，其中功率半导体模块获国家火炬计划项目。KK2500A/2500V 快速晶闸管获科技部中小企业创新基金项目和湖北省科技进步二等奖。2005 年，企业被授予“湖北省科技中小企业创新奖”。公司是湖北省著名商标企业，晶闸管和模块在国内连续保持年销售额前三位，在感压加热应用领域的市场占有率一直保持第一。主导产品晶闸管和模块的产销量从 1985 年的 2.6 万只上升到 2005 年的 55.6 万只，在全国同行业中排名首位。2005 年，有职工

460 人,资产总额 14 362 万元,工业总产值 16 216 万元,销售收入 11 345 万元。

(八)农业机械制造

自 1979 年始,全市农业机械制造业发展较快。1986 年,本市农机行业已经具有生产拖拉机、柴油机、普通农机具、农副产品加工机械等四大类农机产品的能力。20 世纪 80 年代中后期,谷城县、南漳县、保康县、随县等地的农机厂先后转产汽车配件,枣阳县柴油机厂、机械厂转产自行车和卷烟。1985 年,专业生产农机产品的企业只有 3 家。1986 年,原襄阳地区拖拉机厂共生产襄江—50 型拖拉机 1 620 台。1990 年,襄樊市车辆总厂开始农用运输车生产。1995 年,湖北光武汽车工业总公司开始生产"光武"牌农用运输车,1997 年,工业产值 507 万元,生产农用运输车 78 辆。1994 年 5 月,江华汽车公司研发出农用运输车,1996 年,生产农用运输车 41 辆。1994—1998 年,3 家企业共生产农用运输车 3 527 辆。1999 年后,3 家企业相继退出农用运输车市场。

湖北省油泵油嘴厂:1986 年,有职工 2 306 人,固定资产 2 085 万元,产品有高压油泵总成、芯套、出油阀、喷油嘴等 5 类,23 个品种,产值 104 493 万元。1994 年,有职工 2 356 人,固定资产原值 5 871 万元,全年生产油泵油嘴配件 92 万件。1995 年,随州市划归湖北省直辖。

襄樊恒星活塞环有限公司:主要生产设备 307 台(套),生产流水线 8 条,有从美国、日本、瑞士、德国引进的高精度多功能机加工设备和检测设备, 总体技术装备水平达到了 20 世纪末的国际水平,拥有全封口活塞环的专利技术。能生产 100 多种规格品种活塞环,产品涵盖汽车、摩托车、农机、气泵、通用汽油机等多种行业,远俏俄罗斯、韩国、东南亚等国家和地区。2005 年,有职工 450 人,总资产 5 300 万元,完成产值 2 320 万元,销售收入 2 099 万元,利润 93 万元。

襄樊车桥股份公司(原襄阳地区通用机械厂后改名襄阳地区拖拉机厂):1986 年,共生产襄江—50 型拖拉机 1 620 台,有职工 1 540 人,工业产值 1 346.53 万元,利润 99.95 万元。自 1987 年开始,转产汽车配件、汽车车桥总成。1994 年,更名"襄樊车桥股份有限公司"。

襄樊市车辆总厂(原市力车厂):1986 年,主要设备有 150 台(套),专用生产线 11 条,职工人数 670 人,年产力车 3 707 万轮,工业总产值 622.69 万元。1997 年,完成工业产值 1 308 万元,生产力车 0.8 万轮。因市场需求减少,1998 年,完成工业产值 396 万元,力车产量下降到 0.2 万轮。1990 年后,开始农用运输车生产。1994 年,生产"力神"牌农用运输车 441 辆,机动三轮车后桥总成 2 500 架。1996 年,生产农用运输车 1 204 辆,完成工业总产值 2 664 万元。1998 年,全国农用运输车市场竞争加剧,产品销售下滑,加之该厂资金困难,投入不足,当年生产农用运输车 85 辆,完成工业总产值 396 万元。1999 年,有职工 1 058 人,企业资产总额 2 621 万元,负债总额 9 313 万元,由于亏损严重,1999 年 10 月 26 日依法破产。

(九)行业管理

1.管理体制

1979 年,全市机械工业由地、市两级工业局管理和协调。1983 年,地、市合并,成立襄樊市机械工业局,负责机械工业统一管理和协调。1993 年 1 月 9 日,市政府襄政函〔1993〕1 号文批复成立襄樊市汽车工业总公司(与市机械局合署办公,一套班子,两块牌子),2002 年,襄樊市机械工业局更名为襄樊市机械工业协会,由行政单位改为事业单位。归口市经贸委管理。

2.企业改革

1979年始,机械行业先后进行了扩大企业自主权、承包经营责任制、劳动、人事、分配制度、公有民营、股份制、现代企业制度、兼并、破产、重组等一系列的企业改革。1996年,全系统80%的企业实行改制和改组,其中9家企业改制为国有独资公司,16家企业改制为股份制公司,10多家企业通过外引内联建立合资型有限公司。99%的企业与职工签订劳动合同。2000年,市直机械系统有7家企业实施产权制度改革,5家企业实施动态股权制,1家企业买断。2003年,根据《中共襄樊市委襄樊市人民政府关于加快市直国有企业改革的若干意见》(襄发〔2003〕10号),在市直国有集体企业,开展了以国有产权基本退出企业,解出国有企业职工身份为重点的企业改革。具体企业改制情况是:

襄樊市拖拉机厂:1953年,襄阳专署将原鄂北农具厂改为直属国营企业,主要生产农用机械。1956年,开始生产饲料粉碎机,1958年,更名为"襄阳地区通用机械厂",主要生产农用柴油机。1963年,试制成功磨粉机。1972年,机械工业部定点在襄阳地区通用机械厂生产50马力拖拉机,更名为"襄阳地区拖拉机厂"。1984年,更名"襄樊市拖拉机厂",1988年。更名为"襄樊市车桥厂"。1990年,EQ153前后桥技改项目累计投资3 916万元,形成了年产3 000辆份的生产能力,并填补了国内焊接桥壳技术的空白。1992年,EQ153重型车前后桥总成项目通过国家鉴定验收。当年生产2 500辆份,创产值3 950万元,利税400多万元,成为襄樊市汽车工业支柱型产品之一。1993年,实现产值1.3亿元,销售收入1.5亿元,创利税1 214万元。1994年,完成公司制和股份制改造,更名为"湖北东力公司暨襄樊车桥股份有限公司"。1994年6月,经湖北省体改委批准,由湖北东力工业公司以其车桥运营主体作为出资,联合襄阳汽车轴承股份有限公司、襄樊神驰齿轮有限公司、南召汽车配件厂、东风机械厂五家共同发起,以定向募集方式成立"襄樊车桥股份有限公司"。总股本3 600万股,每股面值人民币1元,其中,法人股3 520万股,占总股本的97.8%,内部职工股80万股,占总股本的2.2%。1994年6月28日,湖北省工商局向襄樊车桥股份有限公司核发了《企业法人营业执照》。同年,被省机械厅评为质量先进单位。当年,完成工业总产值22 793万元,实现销售收入20 460万元,创利税2 260万元。EQ153车桥产量20 580件,跻身全国交通运输设备制造500家企业行列,成为全国最大的冲焊车桥专业生产企业。1996年12月,经省体改委批准,进行增资扩股和规范化登记,东力公司出资占总股本的68.67%,内部职工股占总股本的20%,其他法人股占11.33%。同年,被授予湖北省"现场管理样板企业"称号。1997年,总投入9 538万元的"九五"国家"双加"项目(年新增2万辆份重型车桥技术改造项目),下达3 500万元用款计划。1998年,实施动态股权激励运作模式改革,1999年6月,改制更名为"湖北东力工业有限责任公司"。形成以湖北东力工业有限责任公司为母公司,以襄樊车桥股份有限公司、东环实业有限公司、湖北东力襄樊实业公司、襄樊东力房地产开发有限公司、襄阳轧辊有限公司等为子公司的公司关系体系。当年,完成工业总产值40 897万元,上缴利税3 207万元。当年,年新增2万辆份重型车桥技术改造项目中的铸造分厂建成投产,年产铸件5 000吨,新改造重型车桥总装线完成主要设备调试并试生产。同年,与华中理工大学联合创立CAD计算机辅助设计中心。2000年,"九五"二期"双加"项目(年新增两万辆份重型车桥技术改造项目)竣工,并通过湖北省汽车管理办公室主持的专家评审和验收,生产能力由年产2万辆份车桥增加到4万辆份。同时,通过ISO 9000质量体系认证。2000年2月,企业国家债券专项,总投资1.2亿元,大型客车车桥技术改造项目获有关部门批准。2000年7月,襄樊车桥股份公司加入东风公司,更名为"襄樊东风重型车桥股份有限公司"(由襄樊车桥股份公司与东风汽车公司实施联合,组建为我国最大的重型车桥股份公司,成为东风汽车公司的控股子公司)。2001年,投资5 000万元,实施重型桥扩建项目,年生产能力由3万元辆份达到5万辆份。同时,与匈牙利公司签订127万美元的技术转让合同,引进具有国际先进水平的低地板客车桥制造技术。当年,实现产值129 958万元,销售收入124 192万元,利润总额13 669万元。2002年,襄樊东风重型车桥股份有限公司划归东风汽车公司,原襄樊市政府持有该公司的股份无偿送给东风汽车公司。2003 年 2 月 28 日，有职工 3 888 人，总资产 95 161 万元，总负债 55 963 万元，资产负债率 60%。年底，实现产值 262 237 万元。2005 年 6 月 28 日，东风汽车有限公司与美国德纳公司车桥项目合资合同正式签约，成立东风德纳车桥有限公司(东风车桥有限公司与美国德纳公司合资组建)。

国营江华机械厂：1965 年建厂。1983 年 11 月，更名为国营江华机械厂。1985 年，开始生产摇臂总成等汽车部件。1987 年 1 月，下放襄樊市管辖，同年 4 月，兼并襄樊市电视机配件厂，同年 12 月，工厂搬迁市区的基建工作破土动工。同年 11 月，晋升为省级先进企业。1989 年 7 月，省机械工业厅同意工厂开发生产 EQ153 八吨平头柴油载重车排气制动阀总成和康明斯 B 系列柴油机摇臂总成等产品的技术改造项目，同年 8 月 15 日，襄樊市政府研究同意工厂生产轻型旅行车和冷藏车系列产品。同年 9 月 15 日，“通力”牌两种轻型旅行车在“二汽”集团展评会上夺得“双庆杯”和“优胜奖”。1991 年，工厂主体搬迁市区。1993 年，完成公司制和股份制改造。同年 1 月 19 日，更名为“江华汽车公司”(襄政函〔1993〕1 号)，将江华机械厂、襄樊市公用客车厂、汉水车辆空调设备厂合并组建为江华汽车公司，同年，“格力”牌豪华轻型客车通过省级鉴定。1994 年 5 月，原汉水、客车两厂从公司分离出去，江华机械厂继续沿用江华汽车公司名称。5 月 20 日，继轻型客车产品开发之后，通过了湖北省机械工业厅对工厂农用运输车的产品鉴定。1996 年，与神龙汽车公司签订富康轿车发动机配套富康摇臂总成 40 万套的供货协议。同年 6 月 15 日，召开中美合资农用车项目可行性论证会，与美国天时公司签订协议书；同年 9 月 1 日，与美国天时公司、市车辆厂参股合资，成立中美合资湖北江华汽车有限公司。由于外方投入迟迟不能到位，1997 年 10 月 7 日经公司董事会讨论决定，对合资公司进行清算，并解散合资公司。同年，投入 1 500 万元从德国进口一台双曲球面磨床和国内生产的一条最先进的摇臂总成生产线，生产的摇臂总成送神龙公司台架试验一次性成功，年底，神龙公司从法国撤销进口摇臂总成的订单，实现国产化。1998 年，神龙富康摇臂轴总成形成年产 10 万套的生产能力。1999 年 7 月 8 日，“富康”摇臂产品参加 1999 中国(湖北)国际汽车工业展览会获得银奖，10 月，荣获湖北名优新特产品(南京)展销订货会金奖。2000 年，取得 ISO 9001、ISO 9002 军品和民品质量体系认证证书。2001 年，建成与上海柴油机股份公司配套的摇臂生产线。民品产值占公司工业总产值的比例上升到 87%。同年，企业研制生产水下步枪项目，2002 年 10 月 14 日，项目通过评审。同年，建成与康明斯 C 系列发动机配套的推杆生产线。2003 年 2 月 28 日，有职工 2 844 人，总资产 23 996 万元，总负债 18 332 万元，资产负债率 77.3%。2005 年，签订江华机械厂《产权转让协议书》，由自然人出资 4 040.72 万元收购，企业更名为“江华机械有限公司”。有职工 1 062 人，资产总额 20 590 万元，工业总产值 5 570，销售收入 5 542 万元。主要民品：汽车摇臂总成、排气制动阀总成、轻型旅行车和冷藏车系列产品。

襄樊市汉水车辆空调设备总厂：1987 年前成立，1988 年，研制成功 LD035 冷冻机组和 CK240—DD 客车空调装置，由于技术、资金等原因，生产规模一直较小。1993 年，根据襄政函〔1993〕1 号文件，由江华机械厂、襄樊市公用客车厂、襄樊汉水空调设备厂合并组建江华汽车有限公司。1994 年 5 月，从江华汽车公司分离，重获法人地位。2002 年，通过 ISO 9000 质量体系认证。2003 年 2 月 28 日，企业处于停产状态，有职工 449 人，总资产 920 万元，总负债 1 140 万元，资产负债率 123.9%。同年 9 月，经襄樊市中级人民法院裁定依法破产。2004 年，企业被中汉精密配件公司、芜湖恒开机床有限公司联合出资 1 099.5 万元收购。

襄樊市电机厂：1969 年开办，1979 年，与华中工学院实施技术合作，1981 年，试制成功 Y 系列节能电机，1985 年，试制成功 YGT 电磁调速电机，Y 系列电机产量 19 万千瓦，产值 902 万元。1993 年，完成公司制和股份制改造，1994 年 8 月，更名为“襄樊力特电机总公司”。1997 年。企业与东风公司传动轴厂总投入 2 000 万元的合资生产传动轴项目协议签字。2002 年，通过 ISO 9001 质量管理体系标准认证。2003 年 2 月 28 日，有职工 1 227 人，总资产 8 105 万元，总负债 7 983 万元，资产负债率 98.5%。

2005年12月6日,经襄樊市中级人民法院裁定依法破产,破产后由自然人发起创办了“襄樊特种电机有限公司”。

国营卫东机械厂:始建于1964年,1968年与国营湖北9614厂合并,1984年,下放到襄樊市。1993年,完成公司制改造,1994年,与郧阳通达集团签订合资生产轻型车油箱、消声器协议。1995年,与湖北通达汽车零部件集团合资建立“东达汽车零部件有限公司”。1997年,完成燃油箱和消声器项目投入1 000多万元。1998年3月,企业进行了主体部分股份制改造工作,2000年推行动态股权试点工作,已终止;同年,通过了ISO 9001:2000质量管理体系标准认证。2003年2月28日,有职工2 291人,总资产12 700万元,总负债6 405万元,资产负债率50%。2003年9月推行产权制度改革,实行国有产权和职工身份“双退出”,2003年10月28日,市政府批准国营卫东机械厂《产权转让协议书》,由自然人出资2 184万元收购,企业更名为湖北卫东机械化工有限公司。主导产品有4大类,其中,民用爆破器材类:工业导火索、工业火雷管、电雷管(含瞬发、秒、毫秒延期)、导爆管雷管(含瞬发、秒、毫秒延期)、煤矿许用瞬发及毫秒延期电雷管、塑料导爆管等,“青峰牌”民爆系列产品多次荣获“省优、部优”荣誉称号。汽车零件类:轻型车燃油箱、消声器、制动毂、轿车座椅调角器、鞍座、左右摆臂等汽车零件及汽车生产专用杆状刀具等。其他产品类:木加工制品、塑料制品及溶解乙炔气等。2005年,有职工1 131人,资产总额20 428万元,工业总产值6 818万元,销售收入7 045万元。

襄阳轴承厂:1968年,机械工业部确定在襄樊市筹建襄阳轴承厂,为第二汽车制造厂生产配套轴承。年设计规模为1 200万套汽车轴承。1973年开工兴建,1975年,形成小批量生产,1981年,累计完成投资1.17亿元,占计划投资99%,同年,基建工程通过省级验收,形成年产800万套生产能力。1982年,7815E轴承获国家银质奖,同年,7206E、7209E、7509E轴承获部优产品,7511E获省优产品。1983年,成立“襄阳汽车轴承研究所”,1985年,有职工6 529人,资产1.2亿元,产值5 815万元,利润795万元,资产1.2亿元,设备2 389台(套),产量814万套,共8个系列385个品种。累计开发新产品93个,完成科研项目706项,其中12个项目分别获国家、部、省级科研二等奖和三等奖。1987年,接收襄樊市缝纫机厂资产划转,1988年12月,牵头网络省内22家轴承生产企业成立襄阳汽车轴承企业集团,同年,实行公开招聘厂长试点尝试,1988年年底,生产8个类型346个品种轴承和英制轴承22个品种,累计轴承产量8 299万套,产值5.1亿元。产品出口到美国、菲律宾、泰国、巴基斯坦、澳大利亚等45个国家和地区。1990年,被省人民政府授予湖北省先进企业称号。1991年2月,兼并市标准件厂定名为襄阳轴承厂标准件分厂。1993年,完成股份制改造后更名为“襄阳汽车轴承股份有限公司”。1996年,公司股票“襄阳轴承”在深交所上市。2002年,襄阳轴承股份有限公司由湖北省属企业划归市属企业。2003年2月30日企业处于半停产状态,有职工8 416人,总资产80 989万元,总负债42 238万元,资产负债率55.15%。同年,襄阳汽车轴承有限公司由格林柯尔公司出资1.1亿元资金收购,国有资本退出,2004年4月11日,扬州格林柯尔投资创业有限公司重组襄阳轴承股份有限公司。

襄樊市内燃机配件厂(原襄樊市机械修理厂):始建于1956年,1970年,开始生产农用柴油机,同年,更名为“襄樊市柴油机厂”。后因产品销售不好,1974年,转产内燃机配件(活塞环),同年,更名为“襄樊市内燃机配件厂”。1985年,有职工659人,资产837万元,工业产值700万元。主要产品:活塞环、摩托车缸体等,其中部分品种获省、部优产品称号。1988年,试行厂长招聘制。1989年,兼并市计算机外部设备厂,同年,被省人民政府授予湖北省先进企业称号。1990年,晋升为国家二级企业。1994年,被省机械厅评为质量先进单位,同年,与湖北汽车附件厂签订合资生产轻型车线束总成协议。1995年,与湖北汽车附件厂合资建立“三联汽车配件有限公司”。2001年,推行动态股权试点工作。2002年,通过ISO 9000质量体系认证。2003年,有职工1 168人,总资产7 089万元,总负债6 651万元,资产负债率94%。12月24日,市政府批准市内燃机配件厂实施整体改制《产权转让协议书》,由全民所有制改为民营企业;改制后更名为“襄樊恒星活塞环有限公司”。2005年,有职工550人,实现产值3 100

万元，销售收入 2 800 万元，资产总额 7 089 万元。

国营红旗机制厂：1985 年 3 月，下放襄樊市管理。1987 年，与外部设备厂组成经济联合体，占总股的 15%（2002 年 9 月 8 日全部股权转让对方）。1981—1990 年 10 年间，先后开发过分马力电机、吊扇、排风扇、自行车三通、轴承套圈等民品产品，但都未形成主导产品，企业亏损年年增加。1991 年，被列入“八五”三线调迁单位。由南漳搬到襄樊市区（截至 2002 年年底，工厂累计到位资金 3 086 万元，其中国家拨款 1 041 万元，自筹 1 245 万元，基本上完成了脱险调迁任务）1994 年，开始开发东汽公司轻型车冲压件产品，1995 年，形成年产 10 万辆份的生产能力。2002 年，开发“汽车干燥器”，形成小批量生产能力，2002 年，与湖北中航救生科技股份有限责任公司签订了共同研制开发专利产品—轿车座椅调角器产品，2002 年 8 月，具备小批量生产能力。同年，通过 ISO 9000 质量体系认证。2003 年 2 月 28 日，有职工 1 091 人，总资产 2 478 万元，总负债 3 438 万元，资产负债率 139%。2003 年，经襄樊市中级人民法院裁定依法破产，企业注销。

襄樊市轴承厂：1958 年开办，1974 年，重建襄樊市轴承厂，1985 年，生产轴承 37 万套，产值 186 万元。2002 年，实施土地置换，将厂区搬迁到万山工业区（由自然人组建襄樊东盛轴承有限公司）。同年，通过 ISO 9001 质量管理体系标准认证。2003 年 2 月 28 日，有职工 495 人，总资产 2 152 万元，总负债 1 935 万元，资产负债率 93.8%。2003 年，经襄樊市中级人民法院裁定依法破产，2004 年，企业被东盛轴承有限责任公司出资 1 107.7 万元收购。

襄樊市机床电气传动设备厂：1977 年开办，主要生产可控硅调速电柜。1978 年，3 种型号产品获全国科学大会奖。1983 年，引进西德西门子公司技术，开发了 V5 系列产品。1985 年，有职工 445 人，资产 339 万元，设备 128 台，产值 661 万元，可生产 70 个品种的可控硅调速电柜。1990 年，投资 481.4 万元改造引进技术，使引进的西德西门子公司直流主轴驱动装置国产化率达到 90%，产品获国家机床博览会银奖，市场覆盖率占全国重点机床市场的 80%。1993 年，与市机电研究所、市电子设备厂联合组建为长虹数控集团公司。1994 年，与香港三立公司合资组建“三虹电子工程有限公司”，同年，JP1 全数字化交流主轴和 BPl 数字模拟式交流伺服调速系统完成试制。1995 年，“八五”数控机床国产化专项技改项目竣工并通过机械部验收。形成年产驱动装置 4000 台生产能力，产品技术达到国际 20 世纪 80 年代中后期水平。1996 年，JPl 全数字化交流主轴驱的装置投入批量生产。1999 年，与武汉华中数控公司和襄樊市机械工程学会共同人股组建襄樊华中数控有限公司。2000 年，推行动态股权试点工作，2002 年，通过 ISO 9000 质量体系认证。2003 年 2 月 28 日，有职工 1 111 人，总资产 8 727 万元，总负债 11 117 万元，资产负债率 127%。2003 年 9 月，经襄樊市中级人民法院裁定依法破产，企业注销。

襄樊市齿轮厂（原襄阳地区齿轮厂）：1971 年建成，主要生产农机齿轮，后更名为“襄樊市齿轮厂”。1980 年后转产汽车齿轮，1985 年，产量达 8 000 件。1993 年，DJ 系列齿轮项目建成投产。1994 年 4 月 18 日，经市体改委批准，由襄樊市齿轮厂、襄樊市齿轮厂劳动服务公司、襄樊市机械工业供销公司共同创立机械系统首家股份制企业——襄樊神驰齿轮有限公司。总股本 421 万元，其中国家股 248 万元、法人股 133 万元、个人股 40 万元。2002 年，企业通过 ISO 9000 质量体系认证。2003 年 2 月 30 日（市直国有企业改制时），有职工 437 人，总资产 1 692 万元，总负债 1 700 万元，资产负债率 130%。2003 年 11 月，经襄樊市中级人民法院裁定依法破产。2004 年，被自然人以 1 000 万元收购，后组建“湖北神誉机械有限公司”。

国营汉丹电器厂：1965 年筹建。1993 年，完成公司制和股份制改造。1996 年，与美国天时太平洋公司合资组建了“襄樊联合机械制造公司”，生产东风轻型车配套件。1997 年，总投入 2 500 万元的冲压件项目完成投资近千万元，1998 年，项目竣工投产。同年，通过 ISO 9000 质量体系认证。2003 年 2 月 30 日，有职工 2 329 人，总资产 9 474 万元，总负债 9 616 万元，资产负债率 102%。2004 年 2 月 20 日，市政府批准汉丹电器厂《产权转让协议书》，由全民所有制改为民营企业。企业更名为“湖北汉丹机电有限公司”。民品:汽油机、助力车、EQ140 气泵、轻型车冲压件。拥有各类设备 1 000 多台套,具有机械加工、冲压、塑料、压铸、锻造、铸造、表处、装配、工模具制造、设备修造等综合加工制造能力。曾获国家级科技成果 4 项,省部级科技成果 8 项,发明专利 16 项。公司已通过 GJB9001A—2001 转换认证工作。2005 年,有职工 748 人,资产总额 12 918 万元,工业总产值 6 209 万元,销售收入 6 308 万元。

襄樊市仪表元件厂(原襄樊市半导体元件厂):1966 年兴建,生产二极管,1975 年,更名为“襄樊市仪表元件厂”。1979 年,投资兴建全国第一个百万级标准化厂房,同时、引进技术人才和先进设备,提升企业能力。1985 年,有职工 724 人,产值 1 423 万元,利税 179 万元,产值 1 181 万元。主要生产导体元件、集成电路、晶闸管、特大功率晶体管等 100 种产品。KK200A—500A 快速可控硅获省、部优产品,汽车整流元件等 3 钟产品获省产品。1990 年,引进美国集成电路生产线竣工投产,具备年产 250 万块线宽 5 微米的机电仪专用集成电路生产能力。1993 年,完成公司制改造。1998 年,实施股份制改造,更名为“湖北仪元(集团)电力电子股份有限公司”。1999 年,实施动态股权改革,同年,与华中理工大学联合组建仪华研究所,开发大功率晶闸管。2000 年,通过 ISO 9000 质量体系认证。2003 年 2 月 28 日,有职工 1 040 人,总资产 6 680 万元,总负债 4 200 万元,资产负债率 63%。同年,企业整体改制重组,由台湾惠勇实业有限公司和其他自然人联合出资 2 131 万元收购,更名为“襄樊台基半导体有限公司”。2004 年,投资 600 万元,新建月产 2.5 万只焊接式模块生产线,实施晶闸管后工序改造,扩充产能,研发陕速晶闸管、5 000 伏高压元件、2 500—3 000 伏高压模块等系列新产品,推进产品升级换代,提升产品核心竞争力。2005 年,有职工 460 人,资产总额 14 362 万元,工业总产值 16 216 万元,销售收入 11 345 万元。

襄樊市车辆总厂(原市力车厂):1960 年开办。1985 年,有职工 670 人,设备 150 台(套)专用生产线 11 条,产值 923 万元,力车产量 3 707 万轮,是中南地区最大的力车厂。1988 年,被授予省先进企业称号。1993 年“力神”牌农用运输车通过省级鉴定。1994 年, FD2815、FD2815D、FY2815C、FY2815CD 系列农用运输车通过部级鉴定并投产。当年,生产 441 台,创产值 882 万元。1999 年 10 月 26 日,经襄樊市中级人民法院裁定依法破产。2003 年 2 月 28 日,企业处于停产状态,破产尚未结束。有职工 1 287 人,总资产 2 934 万元,总负债 9 647 万元,资产负债率 329%。

襄樊市低压开关厂(原襄樊市漆包线厂):1969 年建成,1979 年,更名“襄樊市低压开关厂”。1985 年,生产漆包线 219 吨,1995 年,改制为“双鹏成套电控设备有限责任公司”。2000 年,被襄樊大力工业控制股份有限公司兼并。兼并时企业有固定资产 452.3 万元,职工 246 人。

襄樊市互感器厂(原襄樊市望江油漆社):1976 年开办,1981 年,由街办企业转为市直集体企业,交由原襄樊市机械工业局主管。1985 年,累计生产互感器 18 万只,累计产值 1 018 万元。1997 年,互感器厂转为国有企业。2000 年,全面停产。2005 年 10 月,企业因资不抵债,向市中级人民法院申请破产还债。

襄樊市标准件厂:1970 年开办,1985 年,有职工 62 人,生产 4 大类 800 的品种 3 亿多件,产值 650 万元,其中 1 个产品获部优,1991 被襄阳轴承厂兼并。

3.项目投入

“七五”期间,各类项目 34 个,完成总投资 1.55 亿元,比“六五”时期增长 1.99 倍,建成投产项目 22 个。重点项目:襄樊市仪表元件厂的集成电路生产线,襄樊市传动设备厂直流主轴驱动装置国产化项目;襄樊车桥厂 EQ153 前后桥技改项目等。“八五”期间,各类项目 42 个,完成投资 2.1 亿元。重点项目:专用派生电机、防燃爆高效冷却器,特种耐酸钢泵阀生产线等一批新项目开工建设。扩大 140 变速箱一轴生产能力,153 排气制动阀及摇臂轴支座,汽车车轿、轻型客车生产线、EQ153 前后桥总成、前轴总成、DJ 系列齿轮、轴承套圈等一批重点项目竣工和部分投产。总投资 3 620 万元的襄樊东达汽车零部件有限公司破土动工。“九五”时期,完成各类项目投入1.82亿元,重点项目:东力工业公司总投资9 760万元的载重车桥项目(铸造分厂建成正式投产,新改造重型车桥总装线完成主要设备调试并试生产);汉丹厂总投入2 500万元冲压件项目、卫东厂总投入2 980万元的燃油箱和消声器项目竣工投产;谷城车桥厂投入资金2 600万元启动停建的汽车前轴辊锻生产线及CAD/CAP项目;江华厂的摇臂总成生产项目投入1 500万元从德国进口一台双曲球面磨床和摇臂总成生产线,生产的摇臂总成送神龙公司台架试验一次性成功。市电机厂与东风公司传动轴厂总投入2 000万元合资生产传动轴项目签订协议。襄樊车桥股份有限公司“九五”二期“双加”项目《年新增两万辆份重型车桥技术改造项目》竣工。湖北东力工业公司总投资1.2亿元国家债券专项《大型客车车桥技术改造项目》获有关部门批准。“十五”时期:完成各类项目投入2.7亿元,重点项目:襄樊东风重型车桥公司投资5 000万元实施15吨重型贯通桥扩建项目;台基半导体公司投资600万元新建月产2.5万只焊接式模块生产线等。

4.名优产品

1988年,机械系统累计创省优产品33个,部优产品14个、国优产品1个。其中:1988年度获三优产品16个:其中7611E轴承、V—6/8空压机,Y100电机、活塞环、EQ—140车架总成、CA—141双腔制动阀、S9—30—550/10变压器、SZ—4T挂车齿条式单体泵总成等9种产品获省优质产品称号,Z—0.02/7微型空压机,纲柔组合爆破筒、攻防通用发火件等6种产品获部优质产品称号,7815E轴承恢复国优称号。1989年,获三优产品10个,其中:Z—0.025/0.7型微型空压机获国家优质产品称号。KS系列调速装置,EQ140前桥总成,EQ140汽车刮水器总成,TCBH—ZT农用挂车,Y132电动机,KK200A:500A快速晶闸管、ZBlST喷油嘴偶件,SLQG—0.5型汽车挂车,神牛25拖拉机齿轮等九种产品获省优质产品称号。1990年,获三优产品14个,其中Sa系列变压器、4吨半挂车、5吨挂车3个产品获部优称号。42307EK轴承、铅酸蓄电池、磨粉机磨辊等11个产品获省优称号。1996年,全市19个产品获得省机械厅授予的“用户信得过产品”称号。

5.新产品开发

“七五”时期,机械行业共开发新产品100多个,主要产品有:XY340自卸汽车,轻型旅行车、冷藏车、专用通讯车、保安运钞车、罗拉轴承、高速精密轴承、专用电机、专用变压器、WKC—SA型数控装置,拉床电控系统、可编程控制器。冷冻机组,多功能温度巡检控温仪、中速晶闸管、打字机针头等。其中,1988年,襄樊市汉水车辆空调设备总厂研制成功LD035冷冻机组和CK240—DD客车空调装置,两种产品均填补了国内空白。襄轴设计制造的7815E轴承达到国内同类轴承的最高水平。江华机械厂试制的“通力”牌XQ630型和XQ631型轻型旅行车在二汽集团“双庆”产品展览会上夺得“双庆杯”和“优胜奖”。“八五”时期,机械系统开发新产品200多种,新产品年平均产值率35%左右。主要品种:车桥总成,轻型客车、专用改装车、农用运输车、专用轴承、非标轴承、发电机组、移动式和微型空压机、可控硅直流调速装置、感应加热用可控硅中频电源、JPl全数字化交流主轴调速系统和BPl数字模拟式交流伺服调速系统等。其中JPI全数字化交流主轴驱动装置、15吨汽车贯通桥、25吨汽车半挂车桥、稀土永磁单向同步发电机组、密封铅酸蓄电池、新仿考斯特轻型车、轻型车传动轴、摩托车活塞环等16种新产品达到国际国内先进水平。一批新产品相继通过国家或省、部级鉴定,1992年,襄樊车桥厂生产的主导产品EQ153重型车前后桥总成通过国家鉴定验收。1993年,江华汽车公司生产的EXQ6700型轻型客车、襄樊市车辆总厂试制生产的力神牌1505、1507W农用运输车及相关企业生产的日光灯VDMOS管及镇流器、厢式改装车等11项新产品通过省市级鉴定。1994年,襄樊市车辆总厂研制开发的FD2815、FD2815D、FY2815C、FY2815CD等系列农用运输车通过省级和部级鉴定,枣阳厢式汽车改装厂开发的ZXG5100QW、ZXG5100QWD型轻泡货物运输车、ZXG5140XLDD型厢式零担运输车、ZXG9130、ZXG9150型半挂车等5种新产品通过省级鉴定。1995年，市机床电气传动设备厂"八五"数控机床国产化专项技改项目通过机械部验收。"九五"时期，开发新产品200多个，其中15吨汽车贯通桥，JPl全数字化交流主轴驱的装置等一批新产品投入批量生产。2000年，全市机械工业产品更新换代率达20%，新产品贡献率达25%，开发新产品中达到国内领先水平或进入国际先进水平的占50%。

6.质量管理

"七五"时期，机械系统考核的33种主要产品，产品合格率保持100%；质量稳定提高率达92%—100%；优质品产值率25%以上。"八五"时期，机械系统重点考核产品抽查合格率与质量稳定提高率保持在100%，优质产品产值率在25%以上。"九五"时期，重点考核的30种主要产品抽查合格率和质量最稳定提高率保持在100%，2000年，先后有湖北东力工业公司、市仪表元件厂、国有卫东机械厂、国有汉丹电器厂、江华汽车公司五家企业通过了ISO 9000质量体系认证。2002年，先后有力特电机总公司、内燃机配件厂、市轴承厂、汉水车辆空调设备总厂、国营红旗机制厂、神驰齿轮有限责任公司、长虹数控(集团)公司下属企业传动设备公司7家企业通过ISO 9000质量体系认证。

7.重点企业

1993年，襄樊车桥厂、谷城汽车配件厂2家企业产值销售过亿元。1994年，湖北东力工业公司、江华汽车公司、谷城车桥股份有限公司、湖北光武汽车工业总公司4家企业产值过5 000万元。同年，湖北东力工业公司产值和销售突破2亿元，利税2 000万元大关，跻身全国交通运输设备制造500家企业行列，成为全国最大的冲焊车桥专业生产企业。1997年，东力工业公司、襄樊市仪表元件厂、江华机械厂、襄阳第二轴承厂、谷城车桥股份有限公司、谷城蓄电池股份有限公司、枣阳厢式汽车改装厂7家企业产值过5 000万元。1999年，产值5 000万元以上的企业有东力工业公司、市仪表元件份有限公司、蓄电池股份有限公司4家。2000年，产值5 000万元以上企业有湖北东力工业公司、市仪表元件厂、湖北骆驼蓄电池股份有限公司、东银汽配制造公司、谷城车桥股份有限公司、枣阳厢式车厂共6家企业，完成工业总产值11.34亿元，占全行业的72.41%。2002年，产值超过5 000万元以上的企业有襄樊东风重型车桥股份有限公司、市仪表元件厂、湖北骆驼蓄电池股份有限公司、东银汽配制造公司、湖北谷城车桥股份有限公司、枣阳厢式车厂、襄阳轴承股份有限公司、国营卫东机械厂、枣阳光武汽车车架厂、国营汉丹电器厂10家，完成工业总产值32.6亿元，占全行业的86.25%。

8.先进称号

1988年，江华机械厂、襄樊市力车厂、湖北齿轮厂，汉丹电器厂，湖北油泵油嘴厂、湖北气刹装置总厂六家企业被省人民政府授予湖北省先进企业称号的单位。1989年，襄樊市内燃机配件厂、随州市挂车总厂、随州市汽车改装总厂、谷城县蓄电池厂4家企业被省人民政府授予湖北省先进企业称号。1990年，襄樊市内燃机配件厂、随州挂车总厂2家企业成为国家二级企业，襄阳轴承厂、谷城汽车配件厂、老河口市车身厂3家企业被省人民政府授予湖北省先进企业称号。1994年，湖北东力工业公司、襄樊内燃机配件厂、谷城车桥股份有限公司被省机械厅评为质量先进单位，17名个人被省厅授予"质量管理先进工作者"称号。1996年湖北东力工业公司被授予"湖北省现场管理样板企业"称号。

襄樊市机械工业协会领导干部情况

表 12—18

机构名称	姓名	职务	任职时间
襄阳地区工业局(1979.1—1983.10)(1979 年 7 月,襄阳地区工业局改党委为党组)	田映霞	书记局长	1977.04—1982.04
	李华	局长、书记	1982.04—1983.11
	赵治军	副局长	1976.10—1983.10
	刘树芳	副局长	1976.10—1983.11
	陈声桂	副局长	1978.01—1981.06
	刘俊杰	副局长	1981.03—1983.11
襄樊市工业机械局(1976 年 6 月建立市工业机械局党委)	马友德	书记	1979.06—1983.11
	赵永夫	副书记	1979.06—1981.05
	郭炳生	局长	1981.10—1983.01
	郭炳生	副局长	1979.06—1980.09
	陈道学	副局长	1979.06—1983.11
	徐重珍	副局长	1979.06—1980
	陈达元	副局长	1979.06—1983.11
	李修君	副局长	1979.06—1982.09
	张靖国	副局长	1979.06—1980.09
	杨事嘉	副局长	1981.10—1983.11
	王安威	副局长	1981.10—1983.11
地市合并后的襄樊市机械工业局(1983.11—2001.11)1983 年 11 月建立党组,1986 年改党组为党委	李华	书记	1983.11—1989.06
	赵成霖	书记	1989.06—1992.01
	余恒波	书记、局长	1993.01—1995.04
	郑忠华	书记、局长	1996.09—2001.12
	郭炳生	副书记、副局长	1983.11—1986.11
	刘树芳	副书记	1990.05—1994.06
	唐树金	副局长	1983.11—1995.05
	张庆国	副局长	1988.10—1990.05
	王华民	副局长	1983.11—1994.06
	吕家才	副局长	1990.06—1998.06
	郑长友	副局长	1994.06—2001.12
	蔡明权	副局长	1994.06—1998.12
	周霁	副局长	1997.04—2001.12
	丁远强	副书记	1995.01—1997.12
	汪清华	副书记	1995.05—1996.09
	刘建敏	副书记	1997.04—2001.12
	陈达元	纪检组长	1983.12—1985.12
	刘建敏	纪检组长	1995.01—1996.11
	徐明兰	纪检组长	1996.11—2001.12

续表

机构名称	姓名	职务	任职时间
	王帮义	纪委书记	1985.12—1990.5
	范玉莉	纪委书记	1990.5—1994.6
	刘建敏	纪委书记	1994.6—
	高元义	工会主席	1987.11—1992.08
	朱新政	工会主席	1992.08—1993.11
	刘树芳	工会主席	1994.06—1997.04
	黄宏英	工会主席	1997.04—2001.12
	吕家才	总工程师	1988.07—1989.05
	陈佰祥	总工程师	1990.06—1994.06
	徐明兰	总工程师	1997.04—1999.05
	唐开庆	总工程师	1999.05—2001.12
	郑长友	书记、主任	2001.12—2007.03
襄樊市机械行业协会(2001.12—2010.4)2001年12月建立襄樊市机械行业协会党组。2001年11月撤销襄樊市机械工业局，成立襄樊市机械行业协会，内设综合科、人事科、行业管理科及离退休人员工作科4个科室，工作人员73名。	杜建华	书记、主任	1990.02—1994.06
	谢远海	书记、主任	2008.05—2010.04
	刘建敏	副书记	2001.12—2008.08
	郑长友	副主任、副书记	2002.02—2004.11
	唐开庆	副主任	2002.02—2005.12
	周霁	副主任	2002.02—2002.08
	王文峰	副主任	2009.03—2010.04
	黄宏英	工会主席	2001.12—2005.12

五、轻工业

自1979年始，全市轻工行业获得快速发展，1985年，有企业636个，职工70 926人，产值11.01亿元。拥有食品、酿酒、卷烟、造纸、印刷、日用机械、日用硅酸盐、日用化工、服装鞋帽、皮革及革制品、家具制造、塑料加工业、家用电器、金属制品、工业美术、日用杂品等32个行业。主要产品生产能力：卷烟70万箱、饮料酒5万吨、啤酒2.5万吨、果露酒1万吨、铜版纸1.2万吨、机制纸及板纸3万吨，自行车36万辆、缝纫机57万架、日用搪瓷1 500万吨、陶器500万件，火柴54万件、电池4 500万只，灯泡500万支、罐头3 500吨，三聚磷酸钠6 000吨、日用玻璃2.5万吨，服装520万件、布鞋312万双，皮鞋50万双、重革39吨，轻革1 018平方米，人造革箱及皮箱5.6万只，家具30万件、电扇7.27万台。产品获部优4个，其中：国家银质奖1个，省优29个。

自1986年始，轻工行业普遍开展了以承包经营责任制为重点的企业改革和经济、技术联合与交流。同时，实施技改引进，调整产品结构。1985—1992年八年间，共完成基建、技改、引进项目170多项，实现固定资产投资约3.6亿元。自行车液化气焊生产线及油漆和电镀关键设备、德国啤酒灌装线、捷克肋头汽水灌装线、PU革生产线、比利时S—10制瓶机、计算机激光照排、电子分色技术设备、日本1800高速涂布机、国产1880、1760长网纸机、水平带式洗浆机、6 000克电脑注塑机、电脑多针绣花机、尼龙拉链生产设备、瓦楞纸板设备、铝型材氧化着色设备等一批重点项目和设备相继竣工投产，提升了轻工行业的装备水平和产品质量。1992 年，有企业 529 个，职工 63 688 人，工业总产值 19.24 亿元，出口产品交货值 1.13 亿元，实现销售收入 9.03 亿元，利税 0.74 亿元，固定资产原值 6.86 亿元。分别比地市合并时 1983 年底增长了 3.3 倍、4.47 倍、2.39 倍、3.27 倍和 1.7 倍。全系统共创国家级优质产品 1 个，部优产品 25 个，省优产品 82 个，优质产品产值率为 19%。主要产品有纸浆、机制纸及纸板、铜版纸、自行车、搪瓷、玻璃、灯泡、洗衣粉、肥皂、火柴、罐头、饮料、酒精、干电池、白酒、啤酒、葡萄酒、柠檬酸、酶制剂、皮革制品、皮服装、皮鞋、家具、铝制品、塑料制品、元钉、铁丝、锁、拉链、铁锅、伞、首饰、铝型材、布鞋、台案秤等。

自 1993 年始，随着市场的变化和以股份制改造为重点的企业改革深入，轻工行业的产业结构和企业所有制结构发生重大变化。酿酒、粮油加工，卷烟、造纸、印刷、金银首饰等少数行业的产业集中度日趋明显。襄樊飞环印务有限公司、襄樊晨鸣铜版纸有限责任公司、湖北金兰首饰集团有限公司、襄樊亚光照明电器有限公司、湖北蓝带啤酒高利有限公司、燕京啤酒(襄樊)有限公司、襄樊三九酿酒厂等一批股份制或民营企业相继创立，一批技改项目：磷酸氢钙生产线、酒精生产线、铝型材生产线、高档皮鞋生产线、新型塑料反映注射机组、海德堡胶印机、啤酒灌装生产线、5 000 吨酒精生产线、制浆生产线；5 000 吨磷酸二氢钾生产线；硬质聚氯乙烯芯层发泡管材；PBT 光纤通讯材料；铝合金建筑型材电泳镀膜等，在重点企业投产，增强了骨干企业的发展实力。同时，传统的其他食品(除酒类、粮食、油料加工外)、日用机械、日用硅酸盐、日用化工、皮革及革制品、家具制造、塑料加工业、家用电器、金属制品、工业美术、日用杂品等轻工行业发展开始萎缩。大部分国有、集体轻工企业被兼并、收购，重组或处于停产、转产、破产的境地。1995 年，全行业有企业 259 个，工业总产值 294 867 万元，出口交货值 10 367 万元，固定资产原值 134 518 万元。到“九五”期末，全市能够正常生产的轻工企业仅有 13 家。2000 年，有企业 162 家，比 1985 年的 636 家减少 510 家。工业总产值 25.98 亿元。2001 年，中共襄樊市委员会襄发〔2001〕22 号文件决定：市一轻工业局、市第二轻工业局合并，成立襄樊市轻工行业协会，实行轻工业一体化管理。2002 年，全系统有企业 43 家。其中：国有企业 12 家，集体企业 16 家，民营企业 6 家。合资和外资企业 9 家，职工 1.1 万人。全年完成工业总产值 57 469 万元，完成销售收入 42 000 万元。主要产品产量：机制纸及纸版 23 002 吨，铜版纸 11 986 吨，三聚磷酸钠 7 810 吨，磷酸氢钙 63 953 吨，酒精 18 874 吨，饮料酒 7 204 吨。

2003 年始，轻工行业按照市委、市政府对全市经济实施战略性调整的基本要求，根据《中共襄樊市委襄樊市人民政府关于加快市直国有企业改革的若干意见》，对 31 户市直国有、集体轻工企业，实施了以国有产权基本退出企业，解出国有企业职工身份为重点的企业改革。2004 年，轻工行业改制或破产企业达 31 家。其间，随着国企改革的推进，民间资本开始进入轻工行业，酿酒、粮油加工、印刷、金银首饰等行业获得较快发展，新型其他食品加工、工业美术、塑料加工业、照明器具业等有了恢复性增长。2005 年，轻工行业规模以上企业有 92 家，职工 18 241 人，资产总额 245 155 万元，工业总产值 349 758 万元，销售收入 314 488。其中：产值过千万的企业有 19 家。实现利税 8 644 万元，同比增长 4.74 倍，轻工行业呈现了以粮油加工和酿酒制造业为主体的产业发展格局。市直轻工主要产品产量：白酒 7 690 吨，磷酸氢钙 16 883 吨，五钠 18 401 吨，机制纸 13 077 吨，铜版纸 15 697 吨，印刷品 9 360 吨，纸箱 2 164 吨(详见表 12—19、表 12—20、表 12—21、表 12—22)。

襄樊市轻工业(每隔五年)经济指标情况

表 12—19

行业名称		计量单位	2000 年	1995 年	1990 年	1985 年	1980 年
1.企业数		个	162	259	606	471	285
其中	一轻工业	个	44	44	180	102	75
	二轻工业	个	118	215	426	369	210
2.工业总产值		万元	259 809	294 867	135 618	87 702	27 082
其中	一轻工业	万元	78 276	103 041	64 725	54 604	12 348
	二轻工业	万元	181 533	191 826	70 893	33 098	14 734
3.出口交货值		万元	1 728	10 367	7 228	3 232	716
其中	一轻工业	万元	66	8 076	4 326	225	—
	二轻工业	万元	1 662	2 291	2 868	3 007	716
4.固定资产原值		万元	146 640	134 518	67 102	29 517	13 895
其中	一轻工业	万元	73 083	72 527	38 057	16 676	8 110
	二轻工业	万元	73 557	61 991	29 045	12 841	5 785
5.利税		万元	7 752	33 160	6 383	4 726	1 499
其中	一轻工业	万元	7 192	5 461	3 927	3 494	719
	二轻工业	万元	560	27 699	2 456	1 232	780

襄樊市轻工业(每隔五年)工业总产值

表 12—20

行业名称	计量单位	2000 年	1995 年	1990 年	1985 年	1980 年
合计	万元	78 276	103 041	64 725	54 604	12 348
一、纸浆造纸工业	万元	18 424	11 534	15 257	4 817	2 014
二、食品饮料工业	万元	28 792	33 905	13 656	11 287	4 894
三、日用化学制品工业	万元	18 877	20 660	13 422	4 094	2 037
四、日用机械工业	万元	256	9 510	11 801	4 109	1 363
五、日用硅酸盐工业	万元	210	8 167	3 016	1 508	716
六、照明器具工业	万元	3 365	3 015	1 195	203	91
七、制盐工业	万元	2 050	1 801	517	—	—
八、其他	万元	6 302	14 449	5 861	28 586	1 233

襄樊市二轻工业(每隔五年)工业产值

表 12—21

行业名称	计量单位	2000 年	1995 年	1990 年	1985 年	1980 年
合计	万元	181 533	191 826	70 893	33 098	14 734
一、皮毛、毛皮制品工业	万元	2 732	2 089	2 629	1 830	588
二、家具制造工业	万元	2 164	2 660	3 230	1 787	470
三、工艺美术品工业	万元	33 422	2 116	3 125	1 395	448

续表

行业名称	计量单位	2000 年	1995 年	1990 年	1985 年	1980 年
四、塑料制品工业	万元	14 017	22 907	13 046	3 982	2 047
五、金属制品工业	万元	24 352	24 923	10 118	5 680	1 429
六、家用电器制造工业	万元	—	—	1 774		
七、日用杂件	万元	3 831	2 273	3 210	—	—
八、轻工机械制造	万元	3 550	14 780	2 870	—	—
九、日用化学制品	万元	—	2 273	2 048	—	—
十、食品饮料工业	万元	—	—	2 192	—	—
十一、服装鞋帽工业	万元	—	—	—	7 218	252
十二、其他	万元	97 465	98 805	26 651	11 206	7 231

襄樊市一、二轻工业(每隔五年)主要产品产量完成情况

表 12—22

产品名称	计量单位	主要产品产量				
		2000 年	1995 年	1990 年	1985 年	1980 年
纸浆	吨	23 070	18 670	34 673	19 321	8 862
机制纸及纸板	吨	22 777	15 336	40 589	16 911	8 176
铜版纸	吨	16 214	6 800	12 000	10 501	2 734
日用搪瓷制品	吨	183	5 410	1 052	1 097	863
日用搪瓷制品	万件	—	4.8	121	271	251
日用玻璃制品	吨	—	11 816	19 334	23 996	7 229
罐头	吨	—	682	245	1 106	35
饮料酒	吨	69 542	107 451	112 984	60 000	23 318
其中:白酒	吨	34 795	69 238	79 525	40 000	21 501
啤酒	吨	34 302	38 074	33 459	15 000	—
葡萄酒	吨	445	139	1 351	3 261	1 320
肥皂	吨	2 253	5 423	6 931	3 084	3 020
自行车	辆	723	428 301	55 万	22.58 万	573
骨胶	吨	—	—	461	672	370
火柴	万件	—	8.4	46	35	11
五钠	吨	11 459	16 680	10 755	5 286	2 256
干电池	万支	—	—	2 062	1 892	1 472
灯泡	万支	5 016	3 002	165	395	205
酒精	吨	10 101	9 816	5 600	6 607	3 882
缝纫机	架	—	—	—	52 337	90 171
糖果	吨	—	—	—	511	697
糕点	吨	—	—	—	2 034	2 269
合成洗衣粉	吨	6 439	17 138	4 173	—	—
柠檬酸	吨	—	1 800	847	360	120
原盐	吨	65 100	51 586	17 252	—	—

续表

产品名称	计量单位	主要产品产量				
		2000 年	1995 年	1990 年	1985 年	1980 年
酶制剂	吨	—	2 500	3 800	—	—
鞣制皮革	万张	0.086 4	3.28	6.04	8.28	3.44
皮鞋	万双	4.59	16.52	46	44	6.6
家具	万件	4.97	20.21	170	93.92	2.9
塑料制品	吨	1 754	11 332	11 334	8 730	2 666
精铝制品	吨	—	45.37	358	206	178
首饰	万元 / 千克	33 358/3 336	20 068/2 007	383/38	32/59	—

(一)制浆造纸及印刷

1. 造纸

1979 年,全市除保康县外,其他县都建有造纸厂,市区有襄樊市造纸厂、襄樊市铜版纸、襄樊市卫生纸厂 3 家骨干企业。1984 年 6 月,襄樊市造纸厂和襄樊市铜版纸厂合并,成立襄樊市造纸总厂。合并后的造纸总厂有职工 1 853 人,固定资产 2 464 万元,拥有各类设备 100 多台(套),年生产能力 3 万吨。1985 年,全市有造纸企业 47 个,职工 5 367 人,固定资产 4 717 万元,工业总产值 5 748 万元,利税 1 000 万元。机制纸浆年生产能力 2.86 万吨。主要产品产量:纸浆 25 777 吨,机制纸及纸板 33 961 吨(包括书写纸、打字纸、有光纸、纸袋纸、卫生纸、铜版纸等),产品中获国优 1 个,省优 3 个。

1986 年始,全市造纸行业先后引进了高速涂布机、高光泽纸机、长网纸机、圆网纸机等先进设备,提升了行业的装备水平和产品质量。1992 年底,全市有造纸企业 37 个[其中市县(区)直属 11 个],工业总产值 8474 万元,比 1986 年增长 42.6%,机制纸及纸板年生产能力达到 7 万吨,比 1986 年增长 75%,实际产量为 3.2 万吨,比 1986 年增长 57%,铜版纸年生产能力达到 2.5 万吨,实际生产量为 7500 吨。主要产品有铜版纸、书写纸、单面胶印纸、糖果包装纸、铜版原纸、卫生纸等,铜版纸产品打入国际市场。同年,襄樊市造纸总厂(全市最大的造纸企业),有职工 1 996 人,固定资产原值 6 840 万元,净值 4 863 万元。拥有铜版纸机 4 台(国产 3 台、进口 1 台),机制纸机 4 台(1 575 毫米机 1 台、1 880 毫米机 1 台、1 760 毫米机 2 台)、高光泽纸机 1 台及国产碱回收装置系统等,形成了年产铜版纸 2.5 万吨的能力、机制纸年产 2.3 万吨的能力、高光泽年产 1 000 吨的能力。1992 年始,襄樊市造纸总厂、南漳县造纸厂、襄樊市卫生纸厂,谷城县造纸厂等企业相继改制或破产,行业发展趋于萎缩。2000 年,市、县(市)直属管理的造纸企业有襄樊市造纸厂、襄樊晨鸣铜版纸有限责任公司、南漳县华海纸业公司、谷城县新光纸业公司(原县造纸厂)4 家企业,当年,工业总产值 18 434 万元,销售收入 17 261 万元,固定资产 5 226 万元,利税 1 802 万元,职工总数 1 926 人(技术人员 119 人)。纸浆年生产能力 4 万吨,实际产量 2.3 万吨。机制纸及纸板年生产能力 5.7 万吨,实际产量 2.28 万吨。铜版纸年生产能力 2.5 万吨,实际产量 1.62 万吨。主要产品有晨鸣牌铜版纸、书写纸、文化用纸、胶印书刊纸、有光纸、打字纸、卫生纸等。2001 年始,造纸行业有了恢复性发展,2005 年,全市造纸工业企业有 9 家(其中:市区 2 家、宜城 3 家、谷城 2 家、南漳 1 家、襄阳区 1 家),其中规模以上企业 8 家,职工 1 968 人,资产总额 21 168 万元,工业总产值 29 577 万元,销售收入 26 483 万元。纸年生产能力约为 16 万吨(其中铜版纸加工能力 2.5 万吨),主要产品有铜版纸、文化用纸、瓦楞纸、黄板纸、书写纸、包装纸、卫生纸、糖果纸、胶印书刊纸等。

襄樊晨鸣铜版纸有限公司：1998 年 12 月，由襄樊白兰集团有限公司(原襄樊市铜版纸厂)以襄樊市原铜版纸厂资产出资，占合资公司 30%的股份，与山东晨鸣集团、武汉晨鸣公司、汉阳造纸厂等 4 家企业共同创立的合资公司。主要生产单双面平板及卷筒铜版纸，主要产品：“晨鸣”牌 70—300 克 / 平方米单、双面高中档美术铜版纸、画报纸、涂布白板纸，年产量 2 万吨。主要设备：日本 IHI 公司 1 800 涂布生产线（含涂料制备系统和涂布机），具有三刮刀双面一次涂布的先进技术，并配备美国 NDC。拥有水分定量测控仪和先进的分切复卷机，研制并成功开发高档单面铜版纸及防水铜版纸。2001 年 8 月，通过 ISO 9002 质量体系认证，2003 年 9 月，通过 ISO 9001：2000 质量体系认证。2005 年，有职工 194 人，固定资产 3 237 万元，资产总额 5 280 万元，企业产值 3 069 万元，销售收入 3 757 万元。

襄樊大枫纸业有限公司：2003 年 5 月，由武汉大枫公司收购襄樊百灵纸业有限公司(原襄樊市造纸厂)和襄樊市造纸厂剩余资产后创立的股份有限公司。主要产品：机制纸，包括各类书写纸、双胶纸、静电复印纸等文化用纸，年产达 4 万余吨。拥有有 5 条生产线，3 台长网多缸纸机(1 760 毫米机 2 台、1 880 毫米机 1 台)和 2 台 1 575 双网双缸纸机，同时，引进德国恩格拜环保公司生物培增技术，投入中段放废水处理项目，使污水处理实现达标排放。2005 年，有职工 732 人，固定资产 4 380 万元，资产总额 6 486 万元，企业产值 12 736 万元，销售收入 12 024 万元。

南漳县华海纸业有限公司(原南漳县造纸厂)：全市最大的文化用纸生产企业。主要生产文化用纸。包括书写纸、单面胶版纸、薄型纸(18 克 / 平方米)、文化用纸等。1987 年，企业引进国产 1 575 毫米双网双缸造纸机投入生产。1988 年，展开对蒸切、漂洗、制浆等工序进行改造。1990 年，引进国产 1 880 毫米长网纸机投入生产。同年，企业研制的 1# 全草浆单面胶版印刷纸在全国星火计划科技成果会上获金奖和轻工部优秀产品称号，同年，被湖北省企业升级领导小组授予“省级先进企业”称号。1992 年，拥有造纸机 3 台(1 880 毫米纸机、1 575 毫米纸机、1 092 毫米纸机)，年生产能力达 1.5 万吨，当年实际产量 6 863 万吨。2000 年，采取产权卖断方式将 2 713 万元的有效资产从总资产中剥离出来，匹配 2 679.5 万元的债务，以其 15.7 万元资产净值卖断给厂领导班子成员，并整体接收 830 名在册职工，重新组建“南漳县华海纸业有限责任公司。从而，企业退出国有序列，实现民营化。2005 年，投资 800 万元对终端废水进行治理，2005 年，拥有固定资产 6 191 万元，纸机 6 台(1 760 毫米长网机 2 台，1 575 毫米圆网 3 台、1 880 毫米长网 1 台)，纸年生产能力达 3 万吨，当年实现工业总产值 6 800 万元，销售收入 6 100 万元，职工人数 467 人。

谷城县宏宇纸业有限公司(原谷城第二造纸厂)：2005 年，拥有固定资产 959 万元，纸机 3 台(1 575 毫米圆网 2 台、1 092 毫米圆网 1 台)，主要生产产品为瓦楞纸。纸年生产能力 3 万吨左右，当年实现工业产值 3 100 万元，销售收入 3 050 万元，职工人数 92 人。

宜城市长风纸业有限公司(原大雁工业公司纸浆厂)：2000 年 12 月成立，主要产品：为黄板纸、卫生纸。2005 年，拥有固定资产 430 万元，生产区占地 3 万平方米，麦草浆板年生产能力 1 万吨，纸年生产能力 4 万吨(黄板纸 2 万吨、卫生纸 2 万吨)，纸机有 5 台(1 760 毫米长网纸机 4 台、2 440 毫米纸机 1 台)。当年，实现企业产值 1 673 万元，销售收入 875 万元，利税 17 万元，职工人数 98 人。

2.印刷

1979 年始，印刷工业发展迅速，设备有过去的铅印发展到胶印、彩印、塑印、生产方式由机械化逐步过渡到半自动化和自动化。市区有襄樊市印刷厂和文字六〇三厂 2 家骨干企业。1985 年，全市有印刷企业 45 个，职工 6 053 人，固定资产原值 3 959 万元，工业总产值 6 184 万元。

1986 年始，襄樊印刷工业企业将胶印、彩印、塑印、凸印等产品产能的扩大及技术装备的提升作为发展重点，发展快的印刷企业，已将 05 胶印机、08 胶印机、四色印刷胶印机、凸印机、照相制版、烫金机、覆膜机、热风烘干纸机等先进的印刷技术装备相继运用于企业生产。1987 年，襄阳县印刷厂更名为“襄阳县第一印刷厂”。1988 年，襄樊市印刷厂引进日本计算机照排制版工艺和电子分色技术装备投入生产，枣阳县印刷厂更名为”枣阳市印刷厂”，同时，购置了 80 年代国内先进的彩印设备和胶印设备安装投入生产。1990 年，保康县印刷厂更名为“保康县新华印务公司”。1991 年，枣阳市印刷厂购置激光照排制版系统设备替代传统铅字排版。此技术设备在后几年中，逐渐在其它他（市）直属印刷企业运用。1992 年，南漳县印刷厂并入南漳县造纸印刷包装总公司。同年 12 月 25 日，襄樊市印刷厂与香港协发印务有限公司共同出资 264 万美元，其中外商投资 30%（79.2 万美元），以带入的高速多彩胶印机注资，组建“襄樊市飞环印务有限公司”。1992 年年底，全市印刷包装工业产值达 8 788 万元，印刷工业已具备承印制做各类印刷制版、烟标、酒标、食品包装装潢、高档包装礼品盒、精美手提袋、精制挂历及年历、画册、书刊、各种报表账册等产品的生产能力和包装装潢的设计。1992 年始，枣阳市印刷包装有限公司、谷城县利丰印务公司、襄阳县第一印刷厂等企业相继破产或停产。2000 年，全市仅有襄樊市飞环印务有限公司，老河口市印刷厂、南漳县飞鹰印务公司（原印刷厂）、保康县新华印务有限公司等 4 家企业生产。工业总产值 3 283 万元，销售收入 2 101 万元，利税—174 万元，固定资产 6 410 万元，职工 1 035 人。2005 年，全市规模以上印刷企业有：襄樊飞日彩印有限公司、文字六〇三厂、襄樊市政府机关印刷厂、襄樊日报印刷厂、枣阳永兴彩印有限公司等 6 家企业，职工 1 478 人，资产总额 23 949 万元，工业总产值 14 187 万元，销售收入 13 845 万元。主要产品为印刷品。

图 12—17　中印南方印刷有限公司

襄樊飞日彩印有限公司：1992 年 12 月 25 日，由襄樊市印刷厂与香港协发印务有限公司共同出资 264 万美元创建的鄂港合资公司，当时的企业名称为襄樊市飞环印务有限公司。2000 年，襄樊市飞环印务有限公司与香港贵联集团公司共同投资 980 万元，组建“襄樊金飞环彩色包装有限公司”，引进彩色书刊生产线，对开高速四色机，凹印生产线等设备投产，使书刊类产品生产能力达 5 亿印。2004 年，襄樊市飞环印务有限公司更名为“襄樊飞日彩印有限公司”，在全市印刷工业中，拥有制版、胶印、凸印、彩印、塑印等技术最强和设备生产规模最大的综合性产品加工势力。2005 年，工业总产值 2 300 万元，销售收入 1 772 万元，利税—207.4 万元，固定资产 5 687 万元，职工人数 539 人。

（二）日用机械

20 世纪 70 年代，本市日用机械行业开始兴起。1975 年，襄樊市第三机床厂、光化县锻压机械厂转产缝纫机，分别生产“海鸥”“红梅” 牌缝纫机，枣阳柴油机厂转产自行车配件。1979 年，随县筹建手表厂，1983 年，该厂转产家用电器。1985 年，有企业 4 家，职工 2 059 人，固定资产原值 2 194 万元，产值 4 342 万元，利税 458 万元。自行车产能 36 万辆，实际产量 28.1 万辆。缝纫机产能 57 万架，实际产量（1982 年最高产量 26.21 万架）。1986 年始，缝纫机生产急转之下，1987 年，襄樊市缝纫机厂划转襄阳轴承厂。1990 年,老河口缝纫机厂全面停产,后转产汽车配件的生产。1993 年,枣阳市自行车厂发展到鼎盛时期,当年,实现工业总产值 14 653 万元,自行车产量 71.63 万辆(其中出口 15 万辆),销售收入 19 026 万元,利税 1 071 万元,1994 年 8 月,枣阳市自行车厂改制更名为"湖北野马自行车工业总公司"。此后,公司逐渐走向衰落,1999 年,仅生产自行车 472 辆,基本处于停产状态。2000 年 7 月,企业被依法宣告破产,本市日用机械行业基本消亡。

1.自行车

枣阳市自行车厂(原枣阳柴油机厂):1979 年,转产自行车配件,1980 年更名自行车配件厂,当年,组装"飞龙"牌自行车 1 270 辆。1982 年,更名"枣阳市自行车厂",当年生产自行车 33 825 辆。1983 年,通过引进和技改,产量突破 10 万辆。1985 年,产量 28.1 万辆,共 4 个系列 17 个品种,产值 3 439 万元,利税 442 万元,固定资产原值 988 万元。拥有各类设备 336 台(套),已具备了自行车油漆、电镀、冲压、焊接、轧钢、热处理六大生产工艺,建成生产线 25 条,微机自动控制已进入电镀生产。1986 年 7 月 1 日,获轻工业部颁发全国工业产品生产许可证。1989 年,"野马"牌各类自行车 75.1 万辆,占全省总产量的 47%,销售 72 万辆,实现产值 9 248 万元,利税 500 万元,出口 55 000 辆。1990 年,出口自行车 185 811 辆,创外汇 540 万美元。1991 年,在湖北省 200 家最大工业企业中排名第 101 位,名列全省 100 家纳税工业企业大户。同年,被列为全国 12 家自行车企业进出口大户之一。1992 年,被经济贸易部批准为"进出口业务自营企业"。"野马"商标被省工商局评为省著名商标。当年,企业实现利税跨入"中国最大 500 家机械工业生产企业" 行列, 名列第 410 位。自行车出口量达到 21.16 万辆。1986—1992 年,先后投资 2200 万元完成纵剪、油漆、退火、配电、气体焊接、钢材轧制,50 万辆出口(总装、无接头车架焊接、多彩油漆喷涂)技改等工序项目。1992 年,形成年产 100 万辆(其中:出口 50 万辆)自行车的生产能力。产品形成了以 28 型加重车、26 型、24 型轻便车、20 型学生车、多花色女式车、变速车、山地车、越野车、折叠式疗养车等 10 大系列,50 多个品种,1 000 多个花色的自行车系列产品。其中部分产品(品种)获部优、省优产品称号(1986 年 QN41—20 学生车获省政府授予省优质产品称号,1987 年,W808 友士德疗养车获国家轻工部优秀产品,ZA51 型车获省政府授予省优质产品称号,BMX—20 学生车被中国轻工进出口总公司授予优秀出口产品。1990 年,YM78 型 510mmBMX 小姐车获轻工部科技发展司授予的全国轻工产品优秀工业设计金龙腾飞入选奖,ZA51 型自行车及 BMX510mm 运动车分别获省政府授予省优质产品称号。有的产品在北京第一届、第二届国际博览会上获金银奖)。1993 年,发展到鼎盛时期,当年,实现工业总产值 14 653 万元,自行车产量 71.63 万辆(其中出口 15 万辆),销售收入 19 026 万元,利税 1 071 万元,占地总面积 12 万平方米,固定资产原值 4 176 万元,职工 1 029 人(其中工程技术人员 36 人)。1994 年 8 月,改制更名为"湖北野马自行车工业总公司",此后,公司逐渐走向衰落。1999 年,仅生产自行车 472 辆,基本处于停产状态。2000 年 7 月,依法宣告破产。破产时,企业占地面积 12 万平方米,职工 971 人(其中工程技术人员 16 人),自行车生产能力年产 100 万辆(其中出口车辆能力 50 万辆),固定资产原值 5 206 万元。

2.家用缝纫机

1979 年,襄樊市缝纫机厂和老河口市缝纫机厂分别生产"海鸥""红梅"牌缝纫机,1982 年,最高产量 26.21 万架,1985 年,两厂分别生产"申工"和"美狮"牌缝纫机。1986 年,产量 11.53 万架。1987 年,襄樊市缝纫机厂划转襄阳轴承厂,当时,企业占地面积 5.75 万平方米,缝纫机生产能力 16.5 万架,固定资产净值 814 万元,职工 678 人。同年,老河口市缝纫机厂生产缝纫机 8.45 万架。全市的家用缝纫机年生产能力由 1985 年的 57 万架降至 30 万架。1988—1989 年,老河口市缝纫机厂在国内缝纫机销售市场极度萎缩,库存积压的情况下,面向国外市场,以生产出口缝纫机为主,两年分别生产缝纫机

7.81 万架和 3.3 万架，实现了缝纫机产品出口的突破。1990 年以后，老河口缝纫机厂缝纫机的生产处于全面停产，而后转产汽车配件的生产。

（三）日用硅酸盐

1979 年始，搪瓷、玻璃、灯泡等日用硅酸盐行业获得较快发展。1985 年，有企业 11 个，职工 2 611 人，固定资产原值 1 348 万元，产值 1 694 万元，利税 189 万元。

1.搪瓷制品

搪瓷制品发展起步于 20 世纪 70 年代。1979 以前，襄阳搪瓷厂生产 12 个品种 36 种规格的搪瓷制品。主要品种：口杯、面盆、钵子、茶盘、痰盂、煤油炉等。1983 年，搪瓷挂屏获湖北省优秀新产品奖。1985 年，年产能力 1 500 吨，1985 年 6 月，襄阳搪瓷厂更名"襄樊搪瓷厂"。1986 年，"中原"牌 36cm 红双喜搪瓷面盆被省政府授予省优质产品称号。1987 年，在轻工部 8 位搪瓷专家的指导下，投资约 300 万元，对制坯、制粉、搪烧、喷花等主要车间及重点工序进行了规模性的技术改造。1988 年，新建了一条酸洗悬挂式自动生产线。还引进了生产搪瓷浴盆产品生产工艺，并在襄阳县张湾镇新建搪瓷分厂。同年，系列洗手碗及 18cm 花汤盘分别获省政府优质产品和轻工部优质产品称号，并在轻工部举办的出口商品展览会上获铜质奖。1989 年，实现工业总产值超千万元，工业总产值、产量、固定资产原值、利税等四项指标分别为 1 081 万元、1 792 吨、565.5 万元和 226.4 万元，达到建厂以来的最好水平，比 1985 年增长 1.95 倍、0.63 倍、1.56 倍、5.82 倍，年生产能力由 1985 年的 1 500 吨提高到 2 500 吨。产品远销美国、英国、德国等国家和中国香港、澳门地区，成为襄樊轻工重点出口企业之一。1988—1989 年，被省企业升级领导小组和省节约能源领导小组授予"省级先进企业"和"省级节约能源先进企业"称号。1990 年，"中原"牌系列搪瓷浴盆及"中原"牌 36cm 双喜花面盆获省政府授予的省优质产品称号，研制开发的搪瓷电热膜烧锅获省经委新产品奖。1993 年，组建"湖北中原搪瓷股份有限公司"，搪瓷产品的年生产能力逐年扩大，企业规模壮大。1996 年，组建"湖北中原搪瓷电线（集团）有限公司"，搪瓷产品的年生产能力扩大到 6 500 吨，是 1989 年的 2.6 倍，固定资产原值达 2 672 万元，是 1989 年的 4.73 倍，工业总产值 8 527 万元、产量 6 316 吨、利税 246 万元，分别是 1989 年的 7.89 倍、3.52 倍、1.09 倍。1997 年始，由于历史债务的矛盾日渐突出和其他因素的制约，产品生产逐年下滑，2000 年 7 月，鄂西北唯一的襄樊搪瓷生产企业依法宣告破产，当年，有固定资产原值 2 672 万元，职工 600 人。

2.玻璃制品

1979 年，襄樊有 3 家玻璃制品生产企业，1985 年，全行业有职工 1 174 人，固定资产原值 661 万元，年生产能力 20 777 吨，工业总产值 951.1 万元。主要生产酒瓶、花瓶、鱼缸、灯罩等玻璃制品。1986 年，襄樊日用玻璃制品生产企业仅有襄樊市玻璃厂和谷城县玻璃厂。次年，全市的玻璃制品生产量创历史最高水平达 3.04 万吨，年生产能力为 3.6 万吨。1997 年，谷城、襄樊两家玻璃生产企业的生产能力合计约 2 万吨，实际生产量仅为 0.76 万吨。2000 年，襄樊市玻璃厂依法宣布破产。2005 年，谷城玻璃厂租赁个人经营。2005 年，全市规模以上玻璃制品企业 3 家，即：谷城盛昌玻璃有限公司、老河口市鑫泰光反材料有限公司、襄樊浩强玻璃钢有限公司。职工 243 人，资产总额 1 182 万元，工业总产值 1 526 万元，销售收入 1 570 万元。主要生产品种有：玻璃钢制品、玻璃微珠、铅晶质玻璃、啤酒瓶，酒瓶（含异型瓶）、果酒瓶、罐头瓶等玻璃瓶罐产品。

3.陶瓷制品

1979年始，全市陶瓷生产工艺有了较大的改进，拥有方窑、圆窑、隧道窑、电烤花窑等生产设备。1985年，陶瓷工业总产值177万元。1986年，有企业5家，主要以襄阳县陶瓷厂、谷城县陶瓷厂、随州市国营工艺陶瓷厂等3家为主。由于随州陶瓷厂的项目投产和襄阳陶瓷厂、谷城县陶瓷厂对窑炉进行了改造，全市的陶瓷年生产能力达到800万件，比1985年的365万件增加1.19倍，当年，实际产量162万件。产品各有特点：襄阳县以生产瓷碗、建筑釉面砖、工业用高压电力瓷瓶等产品为主。谷城县以生产陶瓷碗、罐、缸等产品为主。随州以生产工艺品陶瓷和陶瓷酒瓶等产品为主。1987年，随州陶瓷厂的编钟琉璃壶获省优质产品称号。1988年，全市陶瓷生产量创历史最高水平，达到292万件，是1986年的1.8倍。此后，陶瓷行业连续亏损，直到20世纪90年代中后期，除随州划出襄樊管理外，襄阳陶瓷厂长期处于停产，并于1996年宣布破产。谷城陶瓷厂每年维持不足10万件的生产量，1999年，全面停产。

（四）日用化工

1979年，本市日用化学行业初具规模，1985年，有企业12个，其中：肥皂厂3个，火柴厂2个，日化厂2个，电池厂2个，无机盐厂1个和栲胶厂等。职工3 584人，固定资产原值2 237万元，利税335.3万元（不含老河口市栲胶厂）。1985年始，日用化工工业获得一定的发展，20世纪90年代后，行业发展日趋萎缩。1994年始，襄樊市电池厂、襄樊市火柴厂、襄樊市轻工化学助剂厂（原襄樊市肥皂厂）、襄樊市化工厂、襄樊市日用化工总厂、湖北七巧板油脂化学股份有限公司、光化县栲胶厂等大部分企业相继转产，破产或改制。日用化工行业基本消亡。

1.金属清洗剂

1979年，襄樊市日用化工厂主要生产糨糊、蜡烛、雪花膏等产品，1982年，新建年产1 000吨清洗剂生产线，生产HX—814常温金属清洗剂，1985年，有职工149人，固定资产原值70.04万元，工业总产值300万元，产量309吨。1987年，在生产“奥丽”牌HX—814常温金属清洗剂的基础上，开发了清洗剂系列产品“隆中”牌F851列车清洗剂产品，主要用于列车、汽车、卷闸门、墙面砖、地板砖等范畴物体的污垢清洗。1990年，“隆中”牌F851列车清洗剂获省政府授予的省优质产品称号。次年，开发生产清洗之王9288系列金属清洗剂。各类清洗剂综合年生产能力达3 000吨。1996年10月，襄樊市日用化工厂兼并重组原襄樊市罐头厂，成立襄樊市日用化工总厂。生产的产品主要以清洗之王9288系列金属清洗剂和F851列车清洗剂为主，年综合生产能力达3 000吨，实际产量每年在500吨以内。1998年，销售萎缩，生产快速下滑，年产量只在不足百吨范围内波动，直到2001年停产。2003年9月26日，企业依法宣布破产。破产时，有职工451人（其中高级职称6人，中级和技术人员57人），固定资产净值1 110万元，拥有国有土地使用权108亩。

2.干电池

1982年，襄樊电池厂研制生产“白马”牌新电池，产品分大号、2号、5号三个规格铁壳碱性电池，在国内外享有声誉，每年批量出口，产品远销欧美、中东、东南亚等国家和地区。1985年，电池产量1 358万只，工业总产值377万元。1986年，有职工人数495人，固定资产原值160万元。当年，引进香港嘉罗公司R20型纸板电池装配机组生产线，将产品生产能力提高到4 000万支，当年，实际生产电池2 520万支，同年“白马”牌电池获省同行业评比第一名，R20型电池被省政府授予省优质产品称号。

1987年，开发批量生产锌锰铁壳、纸板电池产品。1989年，干电池年生产能力为5 200万支，实际年产量2 825万支。1990年，干电池的年生产能力达6 300万支，实际2 062万支。同年，在北京首届轻工业博览会上，"白马"牌干电池获银奖。1991年，北京国际博览会上，"白马"牌R20干电池获铜奖。1992年，高能镍氢化合物电池试制成功，1993年，年产100万支高能镍氢化合物电池项目开工。1994年12月27日，因资不抵债，由市中级人民法院裁定依法破产。破产时，干电池年生产能力为6 300万支，固定资产原值400万元，职工人数540人，拥有碱性电池、锌锰电池、镍氢电池等各种型号铁壳、纸壳电池的生产纸线7条及相关设备。1996年，企业资产被襄樊烟厂并购，职工在全市各企业分流。

3.火柴

1979年，全市有2家火柴厂，1985年，两家企业火柴生产能力44万件，实际产量37万件，工业总产值695万元，职工739人。1986年，有襄樊市火柴厂、老河口市居隆特种工艺火柴有限公司、老河口市仙人渡火柴厂等3家生产火柴产品企业。年生产能力54万件，实际产量34.4万件，其中襄樊市火柴厂的产量占90%以上。1988年，火柴产品市场逐步回升，襄樊市火柴厂印刷磷面湟冠火柴和壁炉长支火柴两个产品连续三年远销国外。1990年，国内火柴产品供不应求，襄樊市火柴厂当年火柴产量生产达45万件，创历史最高水平。其中，"飞帆"牌系列安全火柴获轻工部优质产品称号，印刷磷面火柴在全国星火计划科技成果会上获优秀奖。1991年，"飞帆"牌日用安全火柴被省政府授予省级优质产品称号。1992年始，火柴销售不景气，当年我市襄樊市火柴厂和老河口市居隆特种工艺火柴有限公司两家火柴生产企业年生产能力为45万件（其中壁炉火柴年生产能力15万打），实际产量37万件。1999年，襄樊市火柴厂停止火柴生产，将设备处理，转办创建长虹装饰大市场。2005年，全市只有老河口市居隆特种工艺火柴有限公司1家企业生产壁炉火柴。以外销为主，年生产能力30万打，实际产量20万打，工业总产值300万元，出口创汇约30万美元。

4.栲胶、骨胶、三聚磷酸钠

老河口市栲胶厂（原光华县栲胶厂）：是栲胶产品独家生产企业，主要分橡碗栲胶、红根栲胶、混合栲胶等3种产品，产品年生产能力达3 000吨。1986—1995年，除1991年生产1 185吨外，其余时间长期处于停产，1989年，有少量的产品出口，此后，企业破产转产。

襄樊市乾泰磷化工有限公司：2003年，由原襄樊市化工厂改制后创立的股份有限公司，主要生产五钠和磷酸氢钙产品。改制后，投资180万元对五钠生产线实施扩产改造。2005年，产值11 757万元，销售收入6 093万元，利税24万元，固定资产1 396万元，职工人数331人，五钠年生产能力2万吨，实际产量6 033吨。磷酸氢钙产品年生产能力7万吨，当年产量4.4万吨，成为企业的主导产品及出口产品。产品广泛运用于各种饲料的添加剂。

5.肥皂

1979年，本市有两家生产企业，1986年，襄樊市轻化学助剂厂（原襄樊市肥皂厂）和湖北七巧板油脂化学股份有限公司（原襄阳县油脂化工总厂），肥皂总生产能力为9 000吨，主要生产襄樊牌和襄阳牌肥皂。1987—1988年，同被轻工部确定为全国固（液）体洗涤用品定点生产企业。

襄樊市轻工化学助剂厂：1986年，在襄樊市轻工研究所的帮助下，研发出"夫人"牌系列香皂产品。1988年，"夫人"牌香皂产品形成年产1 000吨能力的生产规模。1990年，肥皂（含香皂）年生产能力为5 000吨，实际产量3 355吨（含香皂）。同年，被省政府授予"省级先进企业"称号。1992年，形成年产4 000吨肥皂、1 000吨香皂、1 000吨各类液体洗涤剂、2 000沥青乳化剂、5 000吨脂肪胺等产品的生产能力。1998年，依法宣布破产。

湖北七巧板油脂化学股份有限公司：1987 年，以“襄阳”牌肥皂为基础，研发生产“七巧板”牌系列肥皂，“襄阳”牌肥皂连续两年被省一轻局评为“省优良产品”。1990 年，两品牌肥皂产量达 3 576 吨，年生产能力为 5 000 吨。1994 年，形成拥有洗涤用品（肥皂、洗衣粉、洗发精、餐洗精）和各类油脂加工两大类产品，总计 5 万吨年生产能力。2000 年 8 月，依法宣布破产。破产时，有职工 850 人，各类专业技术人员 88 人，生产经营占地面积 4.8 万平方米，当年，生产肥皂 2 253 吨。2005 年，由襄阳百洋汽车配件有限公司以 1 000 万元买断，转产生产汽车配件。

6.洗衣粉

1986 年，全市有 4 家企业展开小批量规模化洗衣粉产品生产。襄樊市化工厂、襄樊市日用化工厂、襄樊市轻工研究所等 3 家生产混合粉末状洗衣粉。湖北七巧板油脂化学股份有限公司（原襄阳县油脂化工总厂）生产“七巧板”30 型皂基洗衣粉，定为我市洗衣粉产品规模化生产发展的重点培植企业。

湖北七巧板油脂化学股份有限公司：1986 年，“七巧板”30 型皂基洗衣粉获湖北省政府授予的“省优质产品”称号。1987 年，在皂基洗衣粉的基础上，研制开发生产“洁力”牌浓缩洗衣粉，当年，形成年产 1 000 吨的生产能力，实际完成产品生产 316 吨。产品经中国洗涤协会北京检测站检测，洗涤效果比美国“威威”洗衣粉高出 2%，被列入了襄樊市发展的 21 个拳头产品之一。1988 年，改造制粉设备，提升浓缩洗衣粉年生产能力为 5 000 吨，当年，实际产量完成 3 600 吨。同年，被轻工部确定为全国固（液）体洗涤用品定点生产企业。1990 年，万吨合成洗衣粉喷粉塔改造竣工试车成功。1991 年，“七巧板”牌合成洗衣粉获湖北省优质产品称号，同年，七巧板商标被省工商行政管理局评为“省著名商标”。1993 年，再次改造合成洗衣粉生产设备，完善配套，将生产能力提高到 3 万吨，当年，生产洗衣粉 13 221 吨。1997 年 2 月至 7 月，“七巧板”牌洗衣粉被省政府和省市场信息咨询协会分别授予“1996 年湖北市场畅销商品”和“全省同行业最畅销商品”。2000 年 8 月，依法宣布破产，当年，生产洗衣粉 6 439 吨，工业总产值 3 424 万元，固定资产原值 3 607 万元，利税 98 万元。企业除生产合成洗涤剂外，还兼生产肥皂、精甘油、泡花碱、洗发精、餐洗精、包装箱、塑料袋拉丝液及各类油脂加工和浸出油等 20 多个产品。2005 年，由襄阳县百洋汽车配件有限公司以 1 000 万元的价格买断。

（五）照明器具

1979 年，全市有两家企业生产灯泡、灯管，1985 年，两厂有职工 450 人，工业总产值 200 万元，灯泡年生产能力 500 万支，实际产量 386 万支，灯管年生产能力 25 万支，实际产量 9 万支。1986 年始，襄阳县灯泡厂以生产 15—500W 灯泡及各种彩色灯泡为主，老河口市荧光灯厂以生产日光灯管为主，当年，两企业完成产量 442 万只（灯管 12 万只），年生产能力 525 万只（灯管 25 万只），固定资产原值 224 万元（荧光灯厂 41 万元）。1996 年，老河口市荧光灯厂基本全面停产，而后破产。2005 年，全市有襄阳华强照明电器有限公司、襄樊海华照明有限公司两家照明器具企业，职工人数 1 436 人，资产总额 3 488 万元，工业总产值 16 618 万元，销售收入 14 257 万元。主要产品为各种型号普通灯泡及节能灯泡，年生产能力约 2 亿只。

襄阳华强照明电器有限公司（原襄阳县灯泡厂）：1986—1988 年，先后投资 220 万元，新建 250 立方米的煤气柜及池炉车间，改人工吹泡为机械吹泡、改手工制泡为机械制泡，购联动线绕丝机、发电机组等关键设备、扩大玻壳能力等一系列工程项目。1988 年 5 月，项目工程全部竣工投产，同年，生产的磨砂泡和烛型泡首次打入国际市场，产品走销澳大利亚、墨西哥、中东等国家和中国香港地区。其间，开发的汽车前大灯配套产品玻屏玻锥、高压钠灯分别形成年产30万套和10万只生产能力，并同获得省优产品证书。1989年，引进一条年产300万只磨砂泡设备，当年，完成工业总产值700万元，产量1 392万只，创利税83万元，出口灯泡140万只，为国家创汇20万美元。1990年，被国家经贸部门批准为湖北省唯一的省内灯泡出口厂家。1991—1993年，分别与澳门国际商务有限公司合资兴建年产1亿只圣诞节灯生产线；与香港富山照明机械厂合资兴建汽车灯泡400万只、特种灯泡600万只生产线，形成年产1 000万只生产能力。同时，成立“襄樊亚光照明电器有限公司”（中外合资）。完成高效节能卤钨白炽灯和年产3 000万只普泡水煤气站的配套改造工程。产品涉及普泡、彩泡、高压钠灯、圣诞节彩灯、汽车灯泡、磨砂灯泡、高效节能卤钨白炽灯等10大类50多个规格。1997年，年产灯泡8 011万只，工业产值9 068万元，年生产能力达1亿只。2000年8月，依法宣布破产，当年，企业完成产值3 365万元，生产量5 016万只，利税5万元，固定资产原值2 630万元，年生产能力约9 000万只。2005年1月，襄阳县灯泡厂被广东顺德华强照明电器有限公司以1 900万元买断，组建“襄阳华强照明电器有限公司”，形成年产约1亿只灯泡的生产能力。2005年，有职工1 035人，资产总额1 808万元，工业总产值6 611万元，销售收入5 457万元。

襄樊海华照明有限公司：1997年创立。是一家专门从事各种电光源产品制造的自营出口民营企业。主要产品有普通照明灯泡、节能灯、局部照明灯泡、特种光源系列等，现年产能力达到1.2亿只，产品70%以上出口。拥有12条白炽灯生产线、4条节能灯生产线和一座节能环保日产40吨的先进的玻璃窑炉。所有生产线均采用全自动化生产设备，并配备有先进的质量检测仪器。已通过ISO 9001：2000质量管理体系，ISO 14001：2004环境管理体系和CNCA—01C—022：2001认证。先后被湖北省评为“市场质量信得过企业”、“消费者信得过产品”和“中国市场知名品牌”等荣誉称号。“华烨”“如日”两大注册商标，获得中国普通灯泡产业“十大知名品牌”荣誉称号，产品畅销全国20多个省市、自治区，并长期出口到非洲、中东及欧美等10多个国家和地区。2005年，有职工401人，固定资产1 680万元，企业产值10 007万元，销售收入8 800万元。

（六）制盐

中盐枣阳盐化有限公司：是襄樊地区唯一一家国家定点的制盐采掘加工企业。1986年，枣阳县经上级有关部门批准，开采兴隆矿区地下盐硝，组建枣阳县盐硝厂。1988年7月，由兴隆镇划归轻工业局管辖。当年，盐硝厂竣工投产，形成了年产精制盐3万吨，芒硝2 000吨的生产能力。1990年3月，通过国家轻工业部验收（次年获生产许可证）。当年，枣阳市盐硝厂（原枣阳县盐硝厂）占地面积52 800平方米，建筑面积22 000平方米，拥有静止设备13台（套）、传动设备56台（套），装机总容量1 780千瓦，固定资产净值941万元，工业总产值627万元，产盐3.6万吨，销售收入1 013万元，实现利税185万元，职工213人。1992年，对热法提硝设备实施更新，增上20吨背压式发电锅炉，对汽电联产工程、乳化浮选盐硝分离技改工程实行扩建改，并在当年竣工。达到年产精制盐5万吨、芒硝6 000吨，自发电量800万千瓦时的生产能力。1994—1996年，再次改造提硝设备，实施制盐蒸发罐技术改造，扩大加热室面积等项技术改造，精制盐年产能力增加到8万吨。1996年11月，被国家补定为食盐定点生产企业，调拨计划从1991年第一次被定点时的1.3万吨增加到2.1万吨。1998年7月，新上“DMC”项目，10月投入生产，将精制盐能力提高到10万吨。同年11月，中国盐业管理办公室、中国盐业总公司再次确认枣阳市盐硝厂为国家食盐定点生产企业，继续获得生产许可证。同时，乳化浮选盐硝分离技术获湖北省人民政府星火计划四等奖。2000年，形成年产精制盐10万吨、芒硝3 000吨，自发电量900万千瓦时的生产规模。占地面积7.09万平方米，固定资产原值2 590万元，盐产量65 100

吨,工业总产值 2 050 万元,职工 277 人,利税 405 万元,吨盐纳税 47.62 元,为湖北省同行业中吨盐纳税最高的制盐企业。2004 年 12 月,被中国盐业总公司兼并,改为由中国盐业总公司控股的“中盐枣阳盐化有限公司”。2005 年,实现工业总产值 4 578 万元,盐产量 13.08 万吨,固定资产原值 2 281 万元,利税 975 万元,职工人数 328 人,精制盐年生产能力达 15 万吨。

(七)食品

1.酿酒

1978 年,全市酿酒工业产量首次突破 1 万吨,1979 年始,酿酒工业获得快速发展。在大力发展白酒生产的同时,积极发展啤酒和果露酒生产。1985 年,有企业 28 个,其中:白酒厂 21 个(其中有 7 个厂生产果露酒),啤酒厂 7 个,职工 5 156 人,固定资产原值 4 228 万元,产值 11 411 万元。生产能力:白酒 5 万吨,啤酒 5 万吨、果露酒 1 万吨。实际产量白酒 4.81 万吨,啤酒 2.02 万吨、果露酒 0.89 万吨。其中襄樊特曲酒、茅庐酒、石花大曲酒、保康翁泉酒、中华猕猴桃酒、枣阳山葡萄酒等 6 个产品获省优。1986 年以后,酿酒工业加大技改和引进力度,大力发展优质酒品种。1990 年,白酒年产能力约 8 万吨,当年实际产量 7.5 万吨,能力和产量分别比 1985 年增长 45%和 88%,优质酒比例逐步提升到 60%以上。啤酒年生产能力 8 万吨左右,实际产量为 4 万吨左右。1991 以后,酿酒制造企业通过收购、兼并、破产、重组等措施开展企业整合。2005 年,全市规模以上酿酒制造企业 9 家,其中:白酒企业有7 家,啤酒企业 2 家,职工 3 040 人。产能 26.5 万吨,其中,白酒 5.5 万吨,啤酒 21 万吨。实际产量18.72 万吨, 其中白酒 1.57 万吨、 啤酒 17.15 万吨。固定资产 5.37 亿元,产值 4.44 亿元,销售收入4.13 亿元。主要品种有:楚瓶贡酒、襄阳人家、汉光御酒、演义酒、汉光粮液、光化特曲、珍珠液、石花酒、楚翁泉酒、石花霸王醉、燕京啤酒、蓝带啤酒、蓝力啤酒等,果露酒生产基本消亡,酒精生产能力在万吨之内。

(1)啤酒

自 1979 年始,全市陆续开办啤酒生产企业,1985 年,有企业 7 个,襄樊市啤酒厂、襄樊市食品厂,随州、宜城、枣阳、南漳、老河口啤酒厂(枣阳啤酒厂在建)。啤酒年生产能力 5 万吨,实际产量 2 万吨。1986 年,襄樊市有枣阳市啤酒厂、宜城市啤酒厂、襄樊市啤酒厂、随州市啤酒厂、襄樊市食品厂、南漳县啤酒厂、襄北农场啤酒厂等 7 家生产啤酒的企业,年啤酒生产能力约 6 万吨,实际生产量 3.2 万吨。当年,枣阳市啤酒厂第一期工程竣工,啤酒年生产能力为 1 万吨(设计年生产能力为啤酒 2 万吨和麦芽发酵 3 000 吨),引进罗马尼亚啤酒灌装设备,当年生产啤酒 3 334 吨。啤酒产品质量在湖北省质量评比中获“新秀产品”称号。同年,宜城市啤酒厂生产的 10 度、12 度汉江啤酒获省、市同类产品第一名,并被授予湖北省“优质产品”称号。1987 年,宜城市啤酒厂引进德国全自动灌装生产线,建酿造车间、制冷空压机站等工程项目完成,年生产能力由 1 万吨提升到 2 万吨。1988 年,枣阳市啤酒厂第二期工程引进西德赛茨啤酒灌装生产线,兴建麦芽年生产能力为 3 000 吨麦芽车间及 10 吨锅炉车间等一系列项目完成,使啤酒年生产能力由 1 万吨提升到 2 万吨。1989 年,枣阳市啤酒厂生产的 10 度核桃牌啤酒和宜城市啤酒厂生产的 10 度汉江牌啤酒获湖北省优质产品称号。其他啤酒生产企业在 1987—1990 年都相继进行啤酒产能的扩大,逐步提高到万吨。1992 年,全市除随州市啤酒厂外的其他 6 家啤酒企业啤酒年生产能力在 8 万吨左右,当年的实际产量为 4.29 万吨。1995 年,枣阳市啤酒厂实施的年产 3.5 万吨啤酒改造项目竣工,当年生产啤酒 19 238 吨。1998 年 1 月,枣阳市啤酒厂与广东肇庆蓝带啤酒高利有限公司合资,组建“湖北蓝带啤酒高利有限公司”,注册资本 2 927 万元,形成年产啤酒 5 万吨生产能力。主要生产蓝带、蓝力瓶装及易拉罐听装啤酒。同年 3 月,宜城市啤酒厂进行股份制改革,组建“湖北宜城汉江啤酒有限公司”。1999 年 12 月,湖北宜城汉江啤酒有限公司与北京燕京啤酒集团合资,组建“燕京啤酒(襄樊)有限公司”,注册资本 8 070 万元,形成年产啤酒 15 万吨生产能力,主要生产燕京啤酒。2000 年,全市仅有湖北蓝带啤酒高利有限公司和燕京啤酒(襄樊)公司两家啤酒企业正常批量生产,年啤酒生产能力 10 万吨,实际产量 3.4 万吨,工业总产值 4 148 万元,利税 1 340 万元,固定资产 14 456 万元,职工 1 016 人。其他啤酒生产企业大都依法破产或转停产。2001 年,湖北金龙泉啤酒有限公司租赁南漳县啤酒厂,组建“金龙泉啤酒公司(南漳)分公司”,生产金龙泉啤酒,年啤酒生产能力为 1 万吨。2003 年,燕京啤酒(襄樊)有限公司投资 1.5 亿元,形成年产 15 万吨啤酒项目试车投产。2005 年,全市湖北蓝带啤酒高利有限公司和燕京啤酒(襄樊)有限公司两家公司生产啤酒,合计年生产能力约 21 万吨,当年实际产量 17.15 万吨(枣阳 2.65 万吨),工业总产值 2.39 亿元(枣阳 5 261 万元),销售收入 2.196 亿元(枣阳 5 256 万元),利税 5 210 万元(枣阳—136 万元),固定资产净值 21 351 万元(枣阳 5 791 万元),职工 1 112 人(枣阳 462 人)。主要啤酒产品有燕京啤酒、蓝带啤酒、蓝力啤酒。

湖北蓝带啤酒高利有限公司(枣阳市啤酒厂):1986 年,第一期工程竣工,啤酒年生产能力为 1 万吨(设计年生产能力为啤酒 2 万吨和麦芽发酵 3 000 吨),引进罗马尼亚啤酒灌装设备,当年,生产啤酒 3 334 吨。啤酒产品质量在湖北省质量评比中获“新秀产品”称号。1988 年,第二期工程引进西德赛茨啤酒灌装生产线,兴建麦芽年生产能力为 3 000 吨麦芽车间及 10 吨锅炉车间等一系列项目完成,使啤酒年生产能力由 1 万吨提升到 2 万吨。1989 年,10 度核桃牌啤酒获湖北省优质产品称号。1995 年,年产 3.5 万吨啤酒改造项目竣工,当年,生产啤酒 19 238 吨。1997 年 11 月 8 日,与广东蓝带集团达成协议,由广东蓝带集团出资 1 600 万元控股枣阳啤酒厂,组建“广东蓝带集团枣阳分公司”。1998 年 1 月,与广东肇庆蓝带啤酒高利有限公司合资,组建“湖北蓝带啤酒高利有限公司”,注册资本 2 927 万元,形成年产啤酒 5 万吨生产能力。主要生产蓝带、蓝力瓶装及易拉罐听装啤酒。2005 年有职工 429 人,资产总额 10 062 万元,工业总产值 3 165 万元,销售收入 3 200 万元。

燕京啤酒(襄樊)有限公司(原名宜城市啤酒厂):是生产啤酒的专业厂家。1986 年,10 度、12 度汉江啤酒获省、市同类产品第一名,并被授予湖北省“优质产品”称号。1987 年,引进德国全自动灌装生产线,建设酿造车间、制冷空压机站等工程项目,年生产能力由 1 万吨提升到 2 万吨。1989 年,10 度汉江牌啤酒获湖北省优质产品称号。1998 年 3 月,进行股份制改革,组建“湖北宜城汉江啤酒有限公司”。1999 年 12 月,湖北宜城汉江啤酒有限公司与北京燕京啤酒集团合资,组建“燕京啤酒(襄樊)有限公司”,2003 年,燕京啤酒(襄樊)有限公司投资 1.5 亿元,建成年产 15 万吨啤酒生产线。产品有 9 大系列 50 个品种,拥有设备 1095 台(套)。2005 年,有职工 740 人,固定资产 16 008 万元,资产总额 33 989 万元,企业产值 18 560 万元,销售收入 16 695 万元。

(2)白酒

1979 年,全市白酒产量首次突破 1 万吨,1980 年始,生产发展较快,1981 年,在全省饮料酒评比中,有 4 种酒获同类型第一名。1985 年,有企业 21 个,产能 5 万吨,实际产量 4.81 万吨。主要有:襄樊特曲、茅庐酒、石花大曲、编钟乐特曲、珍珠液酒、贡酒、承恩大曲酒等 7 个品种。1986—1990 年,全市白酒酿造工业加大技改力度,大力发展名优白酒和普通优质白酒。1986 年,南漳县东方明珠酒有限公司新建年产 1 000 吨优质珍珠液酒生产能力的厂;1987 年,湖北楚都酒业有限公司新增、改造发酵池及增添相应配套设施,形成年产 1 000 吨优质贡酒的生产能力;1986—1989 年,襄樊三九酿酒厂开挖发酵窖池数百个,完善相应配套,新建年产 5 000 吨襄樊特曲优质酒生产能力的厂;1988 年,湖北省石花酿酒股份有限公司在老厂区扩建优质酒仓库、窖池,增加酒缸等,新增年产 1 000 吨优质石花大曲酒;次年,该厂投资购买旭东机械厂的3个厂区,利用旭东旧房扩建改造,建成年产3 500吨优质曲酒生产基地。1990年,全市白酒年产能力约8万吨,当年实际产量7.5万吨,能力和产量分别比1985年增长45%和88%,优质酒比例逐步提升到60%以上。“七五”时期,全市有编钟乐特曲、石花大曲酒、珍珠液酒、石花特曲、承恩大曲酒、茅庐酒、青梅煮酒、光华特曲酒、杜康台酒、南凤酒、贡酒、翁泉酒等酒类先后20余次(含复评)被湖北省政府授予省优质产品称号。1990年,39度石花大曲酒和58度、38度编钟乐特曲获轻工部优秀产品称号。

1991年始,襄樊白酒酿造业展开企业整合。通过收购、兼并、破产、重组等措施,襄樊市酒厂、宜城县酿酒总厂,南漳县酒厂、南漳县珍珠液酒厂、老河口市酒厂、谷城县石花酒厂、枣阳市酒厂等企业相继完成股份制或民营化改造。2005年,全市规模以上白酒工业企业有7家(市区1家、宜城1家、南漳2家、枣阳1家、河口市1家、谷城1家),当年工业总产值2.05亿元,总产量1.57万吨,年生产能力5.5万吨,固定资产3.23亿元,销售收入1.93亿元,职工1 928人。主要白酒品牌有楚瓶贡酒、襄阳人家、汉光御酒、演义酒、汉光粮液、光化特曲、珍珠液、石花酒、楚翁泉酒、石花霸王醉等。

襄樊三九酿酒厂:1997年5月26日,三九集团兼并原襄樊市酒厂、将企业改制为襄樊三九酿酒厂。主要产品:白酒,包括襄江酒、演义酒和诸葛酿演义酒三大系列五十多个品种,年生产优质白酒能力5万吨。企业建有中原地区最大的6 000吨容量的酒库,拥有现代化的检测中心和研究所。产品在20世纪80年代被省白酒协会评为湖北省八大名酒之一,曾荣获中国首届食品博览会金奖、首届香港国际名酒博览会特别金奖、省首届白酒质量大赛“金钟奖”、第五届全国白酒评比第四名,产品多次获省优质产品称号。而且远销河南、陕西、河北、甘肃、广东等十几个城市和地区。2000年,通过了ISO 9002国际质量体系认证,2003年,通过ISO 9001 : 2000转版认证,同年,被授予国家级“重合同、受信誉”企业。2005年,有职工496人,固定资产5 566万元,企业产值12 282万元,销售收入8 547万元。

湖北省石花酿酒股份有限公司:2003年,由原谷城县石花酒厂改制后创立的股份有限公司,是百年老字号白酒生产企业。主要产品:白酒,2003年,以百年技术底蕴,上好原酒、二十年窖藏、原汁灌装三大特殊工艺,推出“石花霸王醉”系列白酒。2005年6月,产品获第三届中国(厦门)国际食品博览会“金奖”。2005年,有职工289人,资产总额4 475万元,工业总产值3 200万元,销售收入8 000万元。

南漳县珍珠液酿造有限公司(原南漳县酒厂):始建于1952年。2001年,南漳县酒厂依法宣布破产,重组为“南漳县珍珠液酒业有限责任公司”,2003年,完成民营化改制,企业更名为“南漳县珍珠液酒酿造有限责任公司”。主要产品有珍珠王酒、珍珠液系列酒、珍珠保健酒。拥有大曲酱香型酒、兼香型酒、滋补型珍珠保健酒3条生产线,年产优质酒8 000余吨。产品先后20多次获得省、部级以上质量大奖,“珍珠液”商标连续四届被评为“湖北省著名商标”,连续两届被评为“湖北省优质产品”。1997年,珍珠保健酒经卫生部批准为保健食品(卫食健字〔1997〕537号)。2002年6月,被湖北省工商局授予“守合同重信用”企业。2003年6月,通过ISO 9001 : 2000质量管理体系认证。2005年,有职工270人,资产总额5 306万元,工业总产值1 893万元,销售收入2 500万元。

湖北楚都酒业有限公司(原宜城市王旗营酒厂):1991年,宜城县将县直属王旗营酒厂与县酒厂合并为“宜城县酿酒总厂”,拥有固定资产800多万元,职工404人,年酿造能力2000吨。1992年,生产贡酒556吨。两年后改制成股份制企业,更名为“湖北省贡酒股份有限公司”。2000年,公司被湖北省富豪集团公司以658万元买断全部产权,成立了“湖北富豪贡酒有限公司”。2005年,被湖北稻花香集团收购重组,更名为“湖北楚都酒业有限公司”。主要产品为白酒,2005年,有职工53人,固定资产2 278万元,资产总额3 713万元,企业产值1 323万元,销售收入437万元。

(3)果露酒

自1979年始,全市果露酒发展较快。1985年,有7个白酒厂生产果露酒,产量近1万吨。主要有山葡萄酒、中华猕猴桃酒、全家乐酒、天麻灵芝酒等 4 个品种。1986 年，襄樊市罐头厂研制生产的“中华猕猴桃”牌半干酒和南漳县酿酒厂研制的“天麻灵芝”牌酒同获湖北省经委授予的新产品金鹤奖。枣阳市生产的“玉贵”(沙河桥)牌山葡萄酒和宜城县酿酒厂生产的“杜康台”牌全家乐酒同获省政府授予的优质产品称号。中华猕猴桃酒被北京人民大会堂定为指定销售产品。1987 年，枣阳市酒厂投资 652 万元的万吨果酒扩能兴建葡萄酒酿造及灌装车间工程完工投产，并建设与其配套的千亩葡萄种植基地。同期，自行研制的“玉贵”牌白葡萄酒投产，还与轻工业部食品发酵研究所联合开发出干红、桃红、半干白葡萄酒，成为湖北省同类首创的新产品，“汉光”牌红葡萄酒被国家轻工部授予优质产品的称号。同年，襄樊市罐头厂生产的“中华猕猴桃”酒获湖北省政府授予的省优质产品称号。1988 年，枣阳市酒厂生产的“玉贵”牌山葡萄酒获湖北省政府授予省优质产品称号。1989 年，枣阳市酒厂研发“玉贵”牌发酵果酒投产，并获湖北省政府授予的省优质产品称号，为万吨葡萄酒生产配套的葡萄基地发展到约 4 000 亩。1990 年，枣阳市酒厂的“汉光”牌干白、干红、桃红葡萄酒获湖北省科学技术进步二等奖，其中，“汉光”牌干红葡萄酒获轻工部授予的全国轻工业优秀产品称号。当年，葡萄年生产能力 1 万吨，实际生产葡萄酒 1 351 吨，与 1985 年历史最高水平的 3 261 吨下降 58.8%，但还占全省同类产品产量的前位。1991 年，宜城县酿酒厂与宜城县王旗营酒厂合并组建“宜城县酿酒总厂”，“杜康台”牌全家乐酒产品停止生产。1993 年，南漳县酒厂“天麻灵芝”酒在国际名酒香港博览会上荣获金奖，产品年生产能力 1 000 吨。1996 年，襄樊市罐头厂依法宣布破产，中华猕猴桃酒产品停止生产。同年，南漳县的天麻灵芝酒在湖北省工业精品名牌消费品展销会上，被省政府授予银奖。次年，天麻灵芝酒荣获卫生部食健字〔1997〕408 号批文。2001 年，枣阳市酒厂被依法宣告破产，重组“枣阳市汉光酒厂”。2002 年，枣阳市汉光酒业有限公司(原汉光酒厂)卖断产权，当年，葡萄酒的生产产量 93 吨，生产能力 1 万吨，工业总产值 3 721 万元，销售收入 4 366 万元，职工人数 481 人。此外，还兼生产白酒、饮料等产品。

(4)酒精

1979 年，襄樊市酒精厂和部分酒厂生产酒精，1986 年，襄樊有酒精产品生产企业 6 家，年生产能力在 2.5 万吨左右。襄樊市酒精厂是轻工部在樊定点生产酒精的专业性企业，设计年生产能力 1 万吨。其余襄阳县酒厂、枣阳市酒厂、南漳县酒厂、谷城县酒厂、谷城县石化酒厂等 5 家企业配有酒精生产车间，作为自用配酒转化需用酒精的生产，设计年生产能力在 2 000—5 000 吨不等。这五家企业中，枣阳市酒厂经过二次改造扩建，1992 年将产量提升到年产 1 万吨，2000 年将产量提升到年产 1.5 万吨。2005 年，全市酒精生产基本处于全面停产，大部分生产设备相继拆除，剩余部分总计年生产能力在万吨之内。

襄樊市酒精厂：1974 年创立，1985 年，有职工 258 人，固定资产 475 万元，酒精产量 5 811 吨。工业总产值 611 万元。1986 年，对锅炉进行改造，并增加酒精储罐，完善配套相关设备为年产万吨酒精添平补齐。当年完成酒精产量 4 052 吨，固定资产 551 万元，企业占地面积 23 345 平方米。1995 年，被湖北省政府确定为中(二)型企业。2000 年，再次进行技改，酒精生产能力达 1.5 万吨，当年，实际产量 1 万吨，工业总产值 3 571 万吨，固定资产 1 010 万元，职工 354 人。2004 年，依法宣布破产，破产时，固定资产净值 988 万元，职工人数 340 人。

2.食品加工

(1)粮食、油料加工

自 1979 年始，全市粮食、油料加工发展较快。1985 年，有粮油工业企业有 72 个，其中独立核算企业 53 个,固定资产原值 4 419 万元,工业总产值 15 314 万元。1986 年始,粮食、油料加工获得进一步发展,尤其 20 世纪 90 年代后,伴随着民间资本的介入,一批股份制或民营加工企业相继创立,全市粮食、油料加工业获得快速发展。2005 年,全市规模以上粮食、油料加工企业 32 家,职工 5 538 人,资产总额 69 188 万元,工业总产值 149 816 万元,销售收入 136 500 万元。

襄樊万宝粮油有限公司:始建于 1952 年。2004 年,改制为个人独资民营企业,是集收购、储藏、加工、销售为一体的综合性粮油企业,农业产业化国家重点龙头企业。主要生产"万宝"牌植物油、面粉、大米、面条等四大系列产品。年加工粮油 37 万吨。其中:油脂 14 万吨,面粉 10 万吨,面条 3 万吨,大米 10 万吨。产品通过食品安全认证,在国家、省级技术监督部门的历次抽样检查中合格率均为 100%,被中国绿色食品发展中心审定为绿色食品 A 级产品。拥有省级研发中心和 3 条油脂生产线,其中面粉生产线、1 条面条生产线 1 条、大米生产线 1 条。"军供食用油"定点供应单位。建有储油罐 38 个,储油量达 4.5 万吨。建有粮食储存仓 15 座,可储存粮食 11 万吨以上。公司通过 ISO 9001:2000 国际质量管理体系、ISO 22000:2005 食品安全管理体系、ISO 14001:2004 环境管理体系、GB/T 28001:2001 职业健康安全管理体系 4 个管理体系认证。2005 年,有职工 233 人,资产总额 9 736 万元,工业总产值 26 760 万元,销售收入 21 630 万元。

湖北金华麦面集团有限公司:大型粮食民营加工企业。下辖枣阳市金华汽车运输有限公司、枣阳市金华麦面销售有限公司、枣阳市金华物业管理有限公司和湖北咸宁章陵粉业有限公司、河南武陟章陵面粉公司 5 个二级法人企业。主要产品有"章陵"牌、"金不换"牌面粉和各种大米、面条、方便面系列 40 多个花色品种,年粮食加工能力 35 万吨。产品畅销鄂、湘、粤、川、豫、陕等省。拥有面粉、面条生产线各 4 条:大米、方便面、饲料生产线各一条。公司通过 ISO 9002 质量体系认证,产品被中国绿色食品发展中心审核认定为"绿色食品","章陵"商标被省工商局授予"湖北省著名商标";"章陵"小麦粉被中国质量检验检疫总局授予"产品质量国家免检"荣誉称号;2004 年 5 月,被农业部评为全国重点农业产业化龙头企业。2005 年,有职工 229 人,资产总额 5 175 万元,工业总产值 4 108 万元,销售收入 4 105 万元。

老河口市回天油脂有限公司:2003 年创立。大型油脂加工企业之一,农业产业化省级骨干企业,国家油菜工程技术研究中心首批决定的双低油菜生产成果转化基地。辐射 5 个乡镇 15 万农户,双低油菜种植基地 30 万亩。主要产品:"回天"牌优质卡诺啦菜籽食用油和饼粕及副产品(菜籽脱毒浓缩蛋白和生物柴油)。年生产加工各种食用油 1 万于吨,各种饼粕 3 万吨,产品被中国中轻质量保障中心评为"信誉过硬,质量放心产品";并通 ISO 9001:2000 质量体系认证。2005 年,有职工 72 人,资产总额 4 700 万元,工业总产值 7 000 万元,销售收入 7 000 万元。

南漳县金泉油脂有限公司:主要产品:食用油,2005 年,有职工 70 人,资产总额 1 688 万元,工业总产值 8 682 万元,销售收入 82 00 万元。

湖北梅圆米业有限公司:主要产品:大米,2005 年,有职工 16 人,资产总额 1 222 万元,工业总产值 6 645 万元,销售收入 6 400 万元。

襄阳民达粮油工贸有限公司:2004 年创立,主要产品:植物油、大米、面粉和饲料用饼粕,食用油,拥有稻谷、油料、小麦 3 条生产线,年加工能力 12 万吨。2005 年,有职工 120 人,资产总额 1 618 万元,工业总产值 5 066 万元,销售收入 5 129 万元。

湖北双北粮油集团:主要产品:食用植物油,2005 年,有职工 429 人,资产总额 8 846 万元,工业总产值 25 579 万元,销售收入 24 795 万元。

襄樊晶琦米业有限公司:主要产品有"晶琦"牌系列大米、面粉、杂粮、小磨油等 20 多个品种。拥有日产 75 吨大米、50 吨面粉加工设备,配套日本进口色选机、抛光机、精选机,真空包装机等。2005 年,有职工 70 人,固定资产 8 868 万元,企业产值 6 564 万元,销售收入 6 303 万元。

枣阳金旭面粉公司：1984 年建立，主要产品：面粉，拥有两条日处理小麦 200 吨面粉生产线、1 条日处理稻谷 100 吨大米生产线和 2 条日产 30 吨挂面生产线；“洋荡”牌面粉获全国“放心面”称号；“楚天雪”牌面条连续被评为湖北省“放心面条”称号；企业获得湖北省粮食行业定量包装商品计量免检“C 标志”证书。2005 年，有职工 124 人，资产总额 1 546 万元，工业总产值 6 804 万元，销售收入 5 800 万元。

枣阳三杰麦面公司：2002 年创立，是一家以小麦为主要原料生产加工各种系列面粉的民营股份制企业，在湖北枣阳、河南正阳设有两家企业。主导产品有“久哥”“双赢”“三杰”牌各种系列通用面粉和食品专用粉，产品先后荣获省、国家粮食局授予的“放心面粉”“放心面”称号，2004 年 10 月在湖北武汉召开的国际食品博览会上又荣获“金奖”。公司通过ISO 9001：2000国际质量体系认证，有2条年加工能力10.5万吨的面粉生产线和具有国内先进水平的电子粉质仪、电子拉伸仪等质量检测仪器28台(套)。2005年，有职工138人，资产总额1 300万元，工业总产值 5 011 万元，销售收入 4 600 万元。

宜城市鑫源植物油有限责任公司：2002 年创立。主要产品：食用油、大米。年加工菜籽 6 万吨、大米 5 万吨、油酸、脂肪酸 5 000 吨。仓储能力 3 万吨，罐储能力 2 000 吨。“楚谷香”牌大米获得第二届中国武汉农业博览会金奖。2005 年，有职工 64 人，固定资产 1 068 万元，资产总额 6 058 万元，企业产值 6 500 万元，销售收入 6 820 万元。

宜城市兴达粮油加工有限责任公司：2002 年创立，主要产品：大米、面粉，年可加工大米 5 万吨，面粉 5 万吨。“楚颖”牌系列大米、面粉产品获国家粮食行业协会授予“放心大米”、“放心面粉”荣誉称号，并通过国家绿色食品发展中心认证，授予“绿色食品”称号。公司已通过 ISO 9001 国际质量体系认证。2005 年，有职工 100 人，固定资产 410 万元，资产总额 4 275 万元，企业产值 4 507 万元，销售收入 4 275 万元。

(2)其他食品加工

1978 年始，其他食品行业(除酒类、粮食、油料加工外)积极发展新型的食品发酵工业，1979 年，老河口柠檬酸厂建成投产。1985 年，老河口酶制剂厂投产。同年，市政府成立食品工业办公室，统一食品行业的管理。1985 年年底，其他食品行业有企业 92 户，其中：糕点糖果 42 户，罐头 8 户，调味品 10 户，新型食品发酵 2 户，其他 30 户。职工 3 127 人，固定资产原值 2 131.2 万元。利税 113 万元。获部优产品 2 个，省优产品 2 个。主要产品有腌菜、酱菜、调味品、豆制品、糕点糖果、粉丝、罐头、新型发酵食品(柠檬酸、酶制剂)等。

1986 年始，其他食品加工获得较快发展，1986 年，襄樊市味精厂新厂区正式投入生产，味精年生产能力提升到 500 吨。南漳县食品厂新建中华猕猴桃软糖生产厂房及生产设备投入运行，产能力扩大到 2 500 吨。襄樊市罐头厂为了扩大出口，对部分设备进行改造配套，购置马口铁制罐机及焊接、封口机等生产设备，年生产能力达 4 000 吨。同时，引进西德安德贝克软塑料制瓶机及灌装设备生产线两条，年产 2 500 吨果汁软包装饮料投入生产。1987 年，襄樊市食品厂引进捷克 60 头汽水灌装生产线及洗瓶机，形成年产 2 000 吨汽水能力，枣阳食品厂新厂区投产，果脯年生产能力 500 吨。此外还生产罐头、饮料产品。1989 年，老河口市柠檬酸厂惊两次对生产工序及设备进行更新改造，生产能力提高到 5 000 吨。老河口市酶制剂厂企业对酶制剂的生产工序及设备进行改造，将产能提高到 4 500 吨。1990 年，襄樊市食品厂该厂研发的花生蛋白奶和中华血神口服液产品批量投入市场。中华血神口服液并获省科技成果奖。1993 年，襄樊市食品厂与香港华林国际贸易公司共同投资 120 万美元(其中外方 36 万美元)，组建“中华血神股份公司”，经营中华血神口服液品的生产加工。1992 年，考核产品中，罐头年生产能力 5 000 吨，实际产量 2 046 吨，比 1985 年增长 85%；柠檬酸年生产能力 5 000 吨，实际产量 2 169 吨，比 1985 年增长 5 倍；酶制剂年生产能力 4 500 吨，实际产量 1 709 吨。有 5 个产品获部优产品(池阳大头菜、糖番茄、腐竹、粉丝、中华猕猴桃软糖),有3个产品获省优(池阳大头菜、糖番茄、黑曲糖化酶)。食品出口加工产品有粉丝、罐头(橘子、肉、鱼、蘑菇、甜玉米、芦笋)、柠檬酸、味精等4个产品。

1993—2000年,行业发展逐步萎缩,襄樊市味精厂、襄樊市罐头厂、襄樊市食品厂、枣阳市食品厂等县属以上其他食品加工企业相继转产、停产或破产状态,传统行业基本消亡。

2001年始,随着民间资本的介入,襄樊妞妞食品有限公司、襄樊丽波乳业有限公司、襄樊市妙康食品有限公司、襄樊市浪潮调味品有限责任公司、襄樊大山现代农业有限公司、襄阳福泰和酱品厂、枣阳市大华蜂产品加工厂、宜城市火风车食品有限责任公司、宜城市楚凤园食品有限公司等一批民营企业相继创立,其他食品加工企业出现较快发展,2005年,全市规模其他食品加工企业9家,有职工1 301人,资产总额9 801万元,工业总产值18 372万元,销售收入13 351万元。主要品种有:面包、蛋糕、西点、月饼、香粽、牛奶、孔明菜、香菇、调味品、蜂产品、水果馅料、冬瓜糖、月饼馅、饮料、果冻等。

襄樊妞妞食品有限公司:1992年创立,1996年注册“妞妞”商标。主要生产、加工、销售三大类:一类面包、蛋糕、西点、生日蛋糕、月饼;二类中餐、西餐、酒吧;三类香粽的九大系列共500多个品种。公司是中华全国工商联烘焙公会首批会员单位。2002年,被评为全国十佳饼店,同年“妞妞”商标被评为湖北省著名商标。2005年,有职工710人,固定资产680万元,企业产值5 398万元,销售收入3 400万元。

(八)塑料制品

自1979年始,塑料工业发展较快,市区有襄樊市五七一〇厂、襄樊市塑料二、三、四厂等骨干企业。1985年,全市塑料加工企业22个,职工1 541人,设备415台(套),固定资产1 776.48万元,工业总产值3 510.78万元。主要产品有塑料纽扣、凉鞋、生产工程塑料配件、农用塑料薄膜等。

1986年,襄樊市塑料二厂与香港七海贸易公司合资,以补偿贸易方式引进意大利友联产U—TT/zp型全自动制鞋机五台,年生产300万双双色Pu底运动鞋。襄樊市塑料四厂和中国银行及香港上海国际贸易公司等三方合资,组建“中国湖北三环尼龙拉链有限公司”,引进年产1 000万码尼龙拉链设备,产品70%以上返销。谷城县塑料三厂引进薄容器产品设备项目投产,每年增产塑料件520吨。襄樊市五七一〇厂购进6 000克注塑机,年产1 250吨塑料制品项目投产。同年,襄樊市塑料三厂生产的玫瑰牌聚丙烯捆扎绳产品获省政府授予的省优质产品称号。1987年,襄樊市塑料二厂生产的翠鸟牌PE低发泡片材,分别获轻工部授予的部优质产品称号和省政府授予的省优质产品称号。老河口市塑料制品厂生产的威马牌多层复合瓶获省经委授予的省优秀包装产品称号。1988年,襄樊市五七一〇厂和襄樊市塑料二厂被省政府企业升级领导小组授予省级先进企业。襄樊市五七一〇厂的提高杂物箱产品质量小组被省二轻授予省优秀QC小组。1989年,襄樊市塑料二厂,年产2 000吨PE高发泡项目投产。1990年,谷城县塑料三厂生产的聚丙烯薄壳容器产品获省政府授予的省优质产品称号。1991年,襄樊市塑料二厂生产的翠鸟牌PE低发泡板材,获省政府授予的省优质产品称号。1992年,老河口市塑料制品厂生产的威马牌多层复合瓶和南漳县塑料厂生产的水镜庄牌聚酯瓶在湖北省包装产品评比中,获优秀包装产品。1992年,全市的塑料工业总产值为16 228万元,是1985年的4.62倍,年塑料制品生产能力为2.24万吨,实际产量13 245吨,拉链产量700万米。主要产品有塑料汽车配件、塑料板材和管材、农用薄膜、塑料拉丝及编织袋、食品塑料包装(瓶、袋、盒)、民用生活塑品(鞋、尼龙拉链、箱、桶、盆)等产品。而且,塑料拖鞋产品在1986—1989年间连续多年出口。

1995年,全市塑料工业企业开始批量生产PVC塑料异型材,塑钢门窗、塑料装饰扣板、各种包装袋缝合裂膜线等产品。宜城市塑料制品总厂是全市第一家生产塑料异型材、塑钢门窗系列产品的生产企业,塑料异型材年生产能力 500 吨、塑钢门窗组装年生产能力 2 万平方米。1996 年,襄樊市五七一〇厂与省、市投资公司联合组建“万鑫塑料有限公司”,总投资 1 700 万元(省、市投资公司 460 万元),五七一〇厂以实物资产出资。同年,襄樊市铜版纸厂与香港膨江有限公司共同出资 428 万元(外方出资 120 万元)合资组建“襄樊白兰强力包装有限公司”,生产中封纸塑强力复合包装袋,年生产能力 3 000 万条。1997 年,襄樊市五七一〇厂投资 100 万元的 14 000 克注射机安装投产。2000 年,全市塑料加工工业总产值 14 017 万元(其中产值在 1 000 万元以上的企业有 5 家,合计产值 10 382 万元),年生产能力为 1 万吨,实际产量 1 754 吨。此外,襄樊市塑料二厂、湖北三环尼龙拉链公司、宜城塑料总厂等企业相继依法宣布破产,襄樊市塑料三厂转办中南塑料大市场、襄樊市塑料公司被湖北化纤厂兼并。

2001 年,以襄樊建山塑料有限公司、襄樊正彤塑钢有限公司、谷城县骆驼塑胶制品有限公司、枣阳市楚星塑料化工有限公司、枣阳市华星塑料化工有限公司、宜城市彩佳印刷包装有限公司、宜城市天工塑业有限公司、老河口吉鹏塑料制品有限公司等为代表的一批民营经济公司步入快速发展,成为塑料工业的支柱。2005 年,襄樊市五七一〇厂、襄樊市塑料四厂已相继依法宣布破产。全市规模以上塑料加工工业企业有 8 家(枣阳市 2 家、宜城市 2 家、老河口市 1 家、谷城县 1 家、襄樊市区 2 家),职工人数 517 人,资产总额 11 942 万元,工业总产值 13 479 万元,销售收入 12 953 万元。主要产品塑钢、编织袋、塑胶制品、塑料包装箱、塑料板材等。

(九)皮革、毛皮制品

自 1979 年始,皮革及革制品行业的生产设备和工艺有了较大改进。1985 年,有企业 16 家,职工 1 670 人,产值 1 097 万元,其中:市区有制革、皮革、皮件 3 家企业。同时,制革设备和工艺有了较大的改进。全市产重革 39 吨,轻革 1 018 平方米。1986 年,通过技改和引进,皮革及革制品行业发展较快。1992 年,全市鞣制皮革生产能力达 51 万张,实际产量 13.74 万张,重革产量 123 吨、轻革产量 38 万平方米,皮鞋产量150万双。革皮箱和革皮手套产量分别为48.18万只和130.83万付。1993年始,皮革及革制品行业日趋萎缩,襄樊市制革总厂、皮鞋厂、皮件厂等企业相继转产或破产,行业基本消亡。

1.制革

自 1979 年始,制革设备和工艺有了较大的改进。1985 年,全市产重革 39 吨,轻革 1 018 平方米。1986 年,我市制革工业加工品种有工业用革、军工用革、鞋用革、服装革、车马挽具革、箱包革、球革、乐器革、整形用革等,其中以鞋用革、箱包革及少量裘皮革为主。主要原料采用牛、羊、猪等动物皮。产革的重点在襄樊市区、随州、枣阳、谷城、河口等地区的制革企业为主。同年,襄樊市制革厂生产的猪修鞋面革获湖北省二轻工业优秀产品奖。1987 年,襄樊市 PU 革厂引进年产 400 万平方米 pu 合成革生产线投入试车生产。襄樊市合成革厂生产的合成内包头产品获湖北省二轻工业优秀产品奖。1987—1990 年,制革业着重发展了合成革、PU革两大类产品,尤其像服装革、沙发革等品种,并积极开展制革深加工,先后开发了熨金革、修革面、彩色修革面、棕色革、磨砂革等新革品种。1990 年,全市生产的狗皮服装革、水牛彩色修面革、狗毛裘皮短大衣等产品获湖北省二轻工业创新产品奖。同年,襄樊市制革总厂为满足羊皮服装革的需求,引进关键设备,形成年产 100 万张山羊革的生产能力。1991 年,襄樊市 PU革厂更名为“襄樊市合成材料开发公司”。1992 年,全市制革生产主要品种接近历史最好水平,鞣制皮革生产能力达 51 万张,实际产量 13.74 万张,比 1985 年增长 89%,重革产量 123 吨、轻革产量 38 万平方米,分别比 1985 年增长 2.15 倍和 379 倍。并且,猪皮革、革毛皮制品等产品出口。1993

年以后，制革工业生产经营逐渐下滑。1995 年，襄樊市合成材料开发公司，以其公司为主体，与襄樊市钉丝厂、合成革厂、皮件厂等企业组建“襄樊市合力集团有限公司”。同年，襄樊市制革总厂经湖北省审批为中二型工业企业。1998 年，襄樊市制革总厂与韩国客商合资组建“襄樊太亚皮革有限公司”，总投资 650 万元（其中外商 200 万元），外商以原材料入资，产品返销。2000 年，全市制革工业的鞣制皮革生产能力达 30 万张，实际生产量仅有 864 张。重点企业有枣阳市皮革厂，襄樊市制革总厂。2003 年，襄樊市制革总厂依法宣布破产。

2.皮鞋

1979 年，全市开始生产粘胶皮鞋、模压皮鞋，1985 年，年产皮鞋 47.7 万双，工业总产值 994.2 万元。1986—1993 年，全市皮鞋加工业多采用机械化剪裁、胶粘、模压成型工艺生产方式，原料皮以牛皮、猪皮、人造革皮为主，生产主要产品品种包括皮鞋、皮凉鞋、皮靴、皮棉鞋、皮拖鞋等，每年产各类皮鞋产量在 40 万双左右，年生产能力 60 万双。襄樊市皮鞋厂成为全市皮鞋加工业的重点企业。1994 年，襄樊市皮鞋厂与香港派力实业有限公司合资组建的“湖北金虹鞋业有限公司”，年产 30 万双中、高档皮鞋生产能力的项目投产，使得全市的皮鞋生产量当年创历史最高水平，达到 150 万双。此后几年，由于个体、私营制鞋加工从事生产经营快速兴起，使全市皮鞋加工企业产量逐年下滑，2000 年，全市皮鞋实际产量仅有 4.59 万双，年生产能力 20 万双。具有一定规模皮鞋专业性加工生产企业襄樊市皮鞋厂同年依法宣布破产，主业转向蔬菜大市场的经营管理。

3.皮箱、皮包及皮件

1982 年，襄樊市制革厂将皮件厂划出建成襄樊市皮件厂，1985 年，有职工 255 人，全市生产各种人造革箱及皮箱 55 611 只。20 世纪 80 年代中后期，全市的皮箱、皮包及皮件加工业主要产品包括皮手套、革皮箱、皮包、护膝、皮帽等产品，皮箱多为人造革箱、皮包以革和真皮为主。并有小批量生产皮制夹克、服装及大衣。1988 年，襄樊市皮件厂的缝制帽和帆布包在全国轻工业优秀出口产品评比中获铜质奖。同年，褪色染色兔皮大衣在湖北省二轻工业科技会上获优秀产品奖。20 世纪 90 年代，皮件加工在原皮件产品的基础上，重点发展夹克、服装及大衣产品，原料主要采用羊皮、猪皮、人造革、PU 革等皮。1990 年，鹿鹤牌竹胎模压衣箱产品在全国轻工博览会上获得银牌奖。1992 年，全市的革皮箱实际产量为 25.39 万只，比 1985 年增长 3.56 倍。皮件产品连续 6 年出口。重点出口企业有随州皮件厂、襄樊市皮件厂、谷城康达皮件股份公司、谷城县裘衣厂。1994 年，全市生产的革皮箱和革皮手套产品创历史最高水平，分别为 48.18 万只和 130.83 万付。革皮箱的产量是 1985 年的 8.66 倍。1995 年，襄樊市皮件厂并入襄樊市合力集团。随州市皮件厂划出襄樊管辖。2000 年，皮件加工生产企业处于停产和转产状态。

（十）家具

自 1979 年始，家具发展比较稳定，1985 年，全市有家具企业 30 个，职工 2 536 人，年产量 30.09 万件，工业总产值 1 661.23 万元。1986 年，全市家具加工业生产的品种仍以木制家具和少量的钢木混合家具生产为主。制作家具所需原木料木材全靠自采，省调拨进口三夹板、五夹板、七夹板等板材已很少，主要以靠市场自采。家具年生产能力在 100 万件左右。装饰板板材加工主要有宜城县装饰板厂生产，年生产能力 10 万张。1987 年，襄樊市家具厂生产的“隆中”牌 87—18 型普级套装家具和谷城县工艺家具厂生产的“根艺”牌树（藤）根工艺家具分别获湖北省优质产品称号。1988 年，宜城县装饰板厂生产 EPAT—KR—PE 装饰板获湖北省二轻科技产品优秀产品奖。襄樊市家具厂被湖北省二轻局授予产品创新先进集体。1989 年，枣阳市家具一厂生产的 KD—32 拆装式自装配家具获湖北省二轻工业优秀产品奖。1990 年，襄樊市家具厂生产的板式拆装组合家具、枣阳市家具厂生产的仿明代家具、谷城县工艺家具厂生产的飞天壁挂等产品分别获湖北省二轻工业优秀产品奖。同年，枣阳市家具一厂生产的 KN—32 系列拆装式自装配家具参加在北京举办的首届轻工博览会上获得铜奖。1991 年，宜城县装饰板厂对热压机进行扩宽改造，将热压机幅面由 915 毫米 × 1 830 毫米，扩宽到 1 220 毫米 × 2 440 毫米，可新增 11 个品种近 40 个花色。次年，引进模压桌、椅生产设备。1986—1992 年，全市家具加工企业重点发展板式固定和拆装组合家具、钢木混合家具、藤木混合家具、仿红木家具以及铝合金木混合家具等家具产品。沙发制作在布艺木制沙发和钢木沙发的基础上，开发生产了藤、合成革皮、真皮等品种的沙发制作。家具板材已发展生产装饰板、刨花板、模压板等 3 个品种。1992 年，全市家具工业总产值 3 709 万元，是 1985 年产值的 2.1 倍，实际产量 120 万件，年生产能力达 160 万件。

1994 年，宜城市装饰板厂进行股份制改造，更名为“宜城市人造板工业有限责任公司”，1997 年，具备有年产刨花板 15 万张、木蕊板年产 3 000 立方米、仿瓷餐具年产 100 万件及模压桌椅系列产品生产等产品生产能力。2000 年后依法宣布破产，生产设备被私营企业主购买。1996 年，全市最大的家具生产企业襄樊市家具厂将主业逐步转型为建立南方家具大市场的开发建设，1998 年，终止家具产品制作生产。2000 年，全市家具加工工业总产值 2 164 万元，家具实际产量 5 万件，年生产能力 11 万件。主要生产企业有保康神艺家具公司。2001 年始，全市家具加工业主要由个体和民营业主从事生产经营，以及一些外地品牌产品家具定点在当地加工经营。2005 年，全市家具加工业规模以上工业企业有：南漳县襄南民族木制品加工厂、襄樊金森板材有限公司、枣阳市太平镇寺庄压板厂、宜城市胜森木业有限公司、宜城市闽龙木业有限公司、宜城市金陵木业有限公司等 6 家企业，职工人数 639 人，总资产额 2 933 万元、工业总产值 4 959 万元，销售收入 4 582 万元。主要生产产品有木蕊板、胶合板、压板、板材、木制家具等。

（十一）金属制品

1.金银首饰品

湖北金兰首饰集团有限公司（原枣阳市金银首饰厂）：是一家大型金银首饰品生产经营企业集团。1985 年，经湖北省计划委员会以〔1985〕877 号文件批准，枣阳县首饰项链引进工程建设指挥部，历时两年完成枣阳工艺美术制品厂建设，厂址兴建 1745 平方米厂房、引进意大利设备 32 台(套)、并进行安装调试等项工作，1987 年 4 月，成立枣阳县金银首饰厂。1988 年，更名为“枣阳市金银首饰厂”，1990 年，中国人民银行总行批准，开办内销黄金饰品生产、批发业务，享有黄金生产经营权。1992 年，企业所有制性质由集体改为全民。同年，与台湾森团金银珠宝股份有限公司合资，组建“中森珠宝首饰有限公司”。当年，金银首饰厂工业总产值 4 008 万元，产量 400 千克，销售收入 2 568 万元，固定资产 449 万元，利税 16 万元。年生产能力为项链 40 万条、戒指及耳环 40 万件，主要产品项链、戒指、耳环。1994 年 6 月，划归枣阳市轻工业局管辖。同年，金银首饰厂与香港景泽国际有限公司合资，组建“湖北景泽珠宝首饰有限公司”。1994—2000 年，先后从日本、意大利、瑞士、美国、英国、新加坡等国家和中国香港地区，引进铸造、变形链、球棒链、电铸、真空离心铸造等各类设备 72 台(套)，并兴建金兰工业园区及现代化生产大楼。生产的金银饰品有 4 大类，16 000 多个花色品种。主要产品有 24K 金戒指、耳环、项链、吊坠、手镯、18K 金饰品、22K 金饰品、花丝摆件产品等花色品种达 264 个。1995 年 8 月，成立湖北金兰集团，由湖北金兰首饰集团有限公司(原枣阳市金银首饰厂)、金兰制药有限公司及两个合资公司等企业共同组建,1999 年 12 月,湖北金兰集团完成民营化改造,由个人出资购买。2000 年,工业总产值 33 358 万元,产量 3 336 千元,销售收入 11 272 万元,利税 208 万元,职工 187 人固定资产原值 3 011 万元,金银首饰品生产能力为 5 000 千克 / 年,主要生产设备 251 台(套)。产品多次获奖:1999 年,“金兰”商标被省著名商标认定委员会认定为“湖北省著名商标”。2002 年,“金兰”品牌被中国宝石协会授予“中国珠宝首饰驰名品牌”。2003 年 3 月,硬金首饰项目获省政府科技进步三等奖。“金兰”牌金属镀金层流行饰品被国家质量监督检验局授予“中国名牌产品”称号。金饰品和 ZJ 足金饰品多次被湖北省人民政府授予金奖和湖北名牌产品。曾获得湖北省最大 100 家企业和重合同守信用企业。2005 年,有职工 185 人,其中工程技术人员 22 人。工业总产值 18 241 万元,销售收入 6 218 万元,利税总额 72 万元,固定资产原值 3 891 万元。饰品产量 1 453 千克,金银首饰生产能力为 5 000 千克 / 年。

宜城市银辉金属有限公司:2003 年创立,主要产品:银饰品,2005 年,有职工 21 人,固定资产 1 万元,资产总额 634 万元,企业产值 11 986 万元,销售收入 11 533 万元。

2.铝制品

1986 年,襄樊市有色金属加工厂(原襄樊市铝材加工厂)和襄樊市铝制品厂是全市铝制品加工业专业性支柱企业,产品加工分类为生活日用精铝制品加工和各种铝型材制品加工。精铝制品及铝杂件产品连续多年出口。襄樊市铝制品厂以生产日用精铝制品为主,主要产品有铝锅、铝壶、铝锅盖及铝杂件等,20 世纪 90 年代,开发生产铝合金扶梯产品。1992 年,精铝制品年生产能力为 1 400 吨,当年产量 836 吨,创历史最好的生产水平。曾被省政府授予省级先进企业(1988 年)。1995 年始,长期处于停产,2005 年,企业进行改制。改制时,企业固定资产 218 万元,职工 189 人。襄樊市有色金属加工厂以生产各种铝型材制品加工为主,主要产品有铝板、铝管、铝棒、铝合金异型材制品等。1986—1988 年,先后有先进的铝材制造设备和铝型材氧化着色生产线项目投入生产。1992 年,铝型材年生产加工能力 1.2 万吨,年产值突破千万元,达到 1 400 万元。1993 年,购置的 2 000 吨大型挤压机投入生产,重点发展商业柜台、家具和建筑门窗等铝合金型材制品。2000 年,有固定资产 754 万元,工业总产值 2 112 万元,建筑金属制品产量 314 吨,利税—101 万元,职工人数 288 人。2001 年始,生产处于停产。此后,生产设备出租及转办市场。2005 年,全市规模以上铝制品加工工业企业仅有湖北美亚达新型建材有限公司。资产总额 3 860 万元,工业产值 5 700 万元,销售收入 5 600 万元,职工人数 228 人,主要产品铝型材。

湖北美亚达新型建材有限公司:1999 年, 由武汉迁移落户谷城县经济开发区, 是一家集建筑装饰、铝型材生产、钢结构、门窗幕墙设计、制作、安装为一体的专业企业。主要产品:“美箭”铝型材、钢结构、门窗幕墙。年可加工生产铝合金门窗幕墙 20 万平方米,中空玻璃产品 25 万平方米,铝合金型材 2 万吨,加工制作钢构件 2 万吨,制作安装钢结构工程 20 多万平方米。拥有铝合金型材、中空玻璃节能门窗和建筑钢结构制作安装三条生产线。产品已通过 ISO 9001 : 2000 质量管理体系认证和产品质量认证,被评为“中国著名品牌”、“湖北市场红榜产品”、“消费者满意产品”等称号。2003 年,被科学技术部火炬高技术产业开发中心列为“国家火炬计划谷城节能与环保产业基地”重点企业。2005 年,有职工 228 人,资产总额 3 860 万元,工业总产值 5 862 万元,销售收入 5 800 万元。

3.铁制品

自 20 世纪 70 年代始,铁制品业逐步转入五金机械行业,有的成为轻工机械业;有的成为五金工具业,生产设备有了很大改进。1986 年,襄樊市动力机械厂(原襄樊市锁厂)利用计算机进行热管茶炉,E 锅炉的辅助设计项目获省二轻工业产品创新设计计算机应用成果三等奖。次年,热管茶水炉获国家轻工部科技进步三等奖。1987 年,老河口市五金机械厂生产的“钻石”牌 250 毫米水泵钳和枣阳市电器设备厂生产的“五州”牌 BX2—160 型斜铁式电焊机分别获省政府授予的省优质产品称号。1989 年,襄樊市动力机械厂生产的微机控制自动供水设备被省二轻评为优秀产品。1990 年,在北京国际博览会上,襄樊市钉丝厂的电镀低碳钢丝、园钢钉产品和老河口市五金机械厂的双柄管子钳产品分别获得铜奖。在北京举办的首届轻工博览会上,WKS 型微机控制全自动给水备、BX—160 型斜铁节能焊机、停水自闭水嘴、Hs 自动恒压给水设备等铁制品产品分别获铜奖。1991 年,谷城县水暖器材厂自主研制的“停水自闭水嘴”被列入国家星火项目,并获省二轻工业产品创新优秀新产品金鹤奖。枣阳市电器设备厂生产的“五洲”牌交流弧焊机获省优质产品称号。1992 年,襄樊市钉丝厂与香港中盈实业有限公司合资,以补偿贸易方式引进台湾全自动钢丝压花剪裁机,产品 100%返销作为补偿。同年,宜城市铸造有限公司正式实行机械化铸铁锅的生产,结束手工铸锅的历史,月产量比手工提高 2 倍,产品合格率达 90%以上。谷城县锅厂投资 500 万元的熔炉包边锅项目投产,每年产包边锅 3 万口。1986—1992 年,全市生产铁制品产品主要品种有铁丝、圆钉、金属网、钢锹、钢板网、锁、台案秤、大型专用衡器、铸铁锅、玛钢另件、手工工具(锤、钳)、建筑门窗、热管茶炉、E 级锅炉等,其中有铁丝、圆钉、金属网、锁、手工工具、金属丝绳等,产品曾多年批量出口。1992 年,铁制品考核产品品种实际产量分别为:铁丝 3 874 吨、圆钉 1 063 吨、铸铁锅 88 万口、玛钢零件 211 吨、钢锹 106 万把、手工工具 14.5 万把、锁 4.07 万把。重点生产企业有:襄樊市衡器厂、襄樊市钉丝厂、襄樊市动力机械厂、老河口市五金机械厂、枣阳市电器设备厂、枣阳市五金工具厂等。此外,枣阳五金工具厂还被省政府企业升级领导小组授予省级先进企业称号(1988 年)。

1995 年,襄樊市钉丝厂与襄樊市合成材料开发公司、襄樊市合成革厂、襄樊市皮件厂等 4 家企业实施优势资源互补,组建“襄樊市合力集团有限公司”。同年,枣阳市五金工具厂被省政府审批为中二型工业企业。1996 年,襄樊市动力机械厂因热管茶水炉及锁等类产品的生产终止而转产。2000 年,襄樊市衡器厂被襄樊三五四二纺织厂兼并。2000 年底,全市铁制品主要品种仅有手工工具、钢钉、钢丝绳等 3 种,当年,实际产量分别为 2.56 万把、410 吨、329 吨。重点生产企业有襄樊市合力集团和五金机械厂两家企业。2003 年,襄樊市合力集团依法宣布破产。

(十二)家用电器制造

1979 年,家用电器制造开始起步。1985 年,有企业 5 家,职工 540 人,工业产值 1 028.7 万元。主要生产电扇、电熨斗、电热毯等产品。1986 年,有随州市家用电器工业公司及襄阳县家用电器厂(又称襄阳电镀制剂厂)等两家骨干企业,是湖北省定点生产家用电器工业企业。1992 年,全市家电电器工业产值 2 095 万元,电扇年生产能力 40 万台,实际产量 15.43 万台,电熨斗产量 1.5 万个。其中:随州市家用电器工业公司主要生产吊扇、落地扇、台扇、厨房抽油烟机等 10 多个产品,该厂生产的“鹿鹤”牌 KSZ—120 型豪华吊扇在 1990 年北京首届轻工博览会上获得铜奖。1994 年,随州从襄樊市划出时,当年,随州市家用电器工业公司生产电扇 11.7 万台。襄阳县家用电器厂主要生产电熨斗、电热毯(控温)等家电产品,除此之外还生产电镀镍添加剂产品。1986 年,生产的“古隆中”牌电镀镍铁合金光亮剂获省优质产品称号。次年,研制的 ABSN 电镀镍添加剂产品获国家轻工部科技进步三等奖。1989 年,与武汉大学系联合开发了具有国内先进水平的 ABSN8510、8510A、ABSN881 等电镀镍添加剂产品。1994年,襄阳县家用电器厂电熨斗产品仅生产 1 500 个,电器产品基本处于停产状态,转产重点生产电镀镍添加剂产品。

(十三)工艺美术制品

1979 年,全市工艺美术制品除内销外,逐步开始出口。1985 年,全市有企业 15 个,职工 1233 人,工业总产值 481 万元。1987 年,谷城县工艺家具厂生产的“根艺”牌树(藤)根工艺家具、老河口市木雕厂生产的显致木雕、随州玩具厂生产的玩具模蕊、襄樊市制镜厂生产的大型磨花玻镜壁画等产品同获湖北省二轻工业优秀新产品奖。1988 年,襄樊市刺绣厂被国家轻工部授予全国轻工业出口创汇先进企业。同时,在全国轻工业优秀出口产品评比中,老河口市玉雕厂生产的玉雕和襄樊市刺绣厂生产的涤卡男套童装等产品同获铜质奖。同年,老河口市玉雕厂的精雕车间 QC 小组被湖北省二轻局授予二轻工业优秀 QC 小组。1989 年,在省工艺美术创新评比中,襄樊市刺绣厂设计的男童套肩袖夹克套衫和谷城县工艺家具厂设计的官庭桌、和合椅、花台等产品获优秀创作奖。1990 年,在北京举办首届轻工博览会上,襄樊市制镜厂生产的“长明”牌磨花书画镜品和老河口市玉雕厂生产的“玉翠”牌绿松石雕产品同获得铜奖。同年,在北京国际博览会上,襄樊刺绣厂生产的童棉背心套装获得铜牌奖。1986—1994 年,是全市工艺美术制品业较为辉煌时期,工业产值在 2 100 万元—3 400 万元之间波动,1988—1989 年,是工艺美术制品业发展最好的年份,产值分别达 3 148 万元和 3 327 万元,是 1985 年产值的 2.3 倍左右。主要产品有雕塑(木、玉)工艺品、玩具、刺绣工艺品、编织工艺品、工艺镜壁画、花画、工艺品、藤编工艺品、地毯、国画、书法、羽毛画、棉绒画等。其中:玉雕、刺绣工艺品、藤编工艺品、花画工艺品等,产品曾连续多年出口。主要出口产品生产企业有老河口市玉雕厂、老河口市木雕厂、襄樊市刺绣厂、随州玩具厂、南漳城关绣品厂、谷城美术厂等。1995 年,全市工艺美术制品业迅速下滑,产值仅有 1 048 万元。1996 年,枣阳市地毯厂生产的“康乐”牌提花地毯在湖北省工业精品名牌消费品展销会上获得金奖。2000 年,全市工艺美术制品产值仅 64 万元,整个生产企业处于破产、转产、停产或改制成民营经济实体的状态。2004 年,襄樊市刺绣厂和襄樊市工艺美术厂依法宣布破产。2005 年,全市工艺美术制品业规模以工业企业有:程河工艺品有限公司、襄阳明定工艺有限公司、湖北非凡装饰工艺品有限公司、枣阳市万里水晶工艺品厂、宜城市大平水晶工艺品有限公司、宜城市回圣工艺品加工有限公司等 6 家企业。职工 1 844 人,总资产 8 831 万元、工业总产值 9 720 万元,销售收入 7 643 万元。主要产品有各种水晶玻璃工艺品和纪念品、柳编、藤编工艺品等。

(十四)日用杂品

1986 年以前,全市猪鬃产品加工业仅有随州市猪鬃厂一家企业。1987 年,宜城市锅厂猪鬃车间从厂中独立出来,新组建县猪鬃一厂。同年,南漳县猪鬃厂也在起步发展。猪鬃工艺产品分为水洗猪鬃和水煮猪鬃两大类。3 家企业生产的主要产品有猪鬃、鬃刷。雨伞加工企业以培植发展襄樊市襄城晴雨伞厂为重点,推动县区部分雨伞加工企业发展。1986—1992 年,猪鬃、鬃刷、伞等 3 个产品每年都有批量出口,特别是鬃刷和伞产品。1992 年,全市猪鬃实际产量 1 552 箱,基本与 1985 年产量持平,鬃刷实际产量 208 万把,是 1985 年产量的 3.35 倍,伞实际产量 81.3 万把,是 1985 年产量的 3.1 倍。

1994 年,随州市猪鬃厂划出襄樊管辖。1996 年,宜城市猪鬃一厂投产扩大水煮猪鬃规模,年新增水煮猪鬃 3 000 箱。1997 年,宜城市猪鬃一厂全体职工买断企业净资产,组建“市新欣鬃业有限公司”。2000 年,宜城市新欣鬃业有限公司依法宣布破产,襄城晴雨伞厂当年伞的实际产量仅有 3 万把,工业产值 2 301 万元,固定资产 402 万元,利税 36 万元,职工人数 164 人,主要产品已转成其他。

（十五）行业管理

1.管理体制

1979年，襄樊市轻工行业管理分别由襄樊市一轻工业局和襄樊市二轻工业局（襄樊市二轻集体企业联社与二轻局合署办公，一套班子、两块牌子）两单位负责管理。1992年10月，襄樊市二轻集体企业联社更名为“襄樊市城镇集体工业联社”。1994年8月，襄樊市政府批准成立“襄樊市人民政府城镇集体工业办公室”挂靠市二轻工业局办公。局、社和城镇集体工业办公室实行三块牌子、一套班子。2001年11月，系由原襄樊市一轻工业局、襄樊市二轻工业局两单位合并组成襄樊市轻工行业协会（市城镇集体工业合作联社与协会合署办公，一套班子、两块牌子），属正县级事业单位。负责襄樊市轻工行业协调管理工作。

2.企业改革

1979年，轻工行业在企业开展了扩大企业自主权、承包经营责任制为重点的企业改革。1993年始，开展了股份制和产权制度改革为核心的企业改革，2000年以前，在县（市）轻工直属企业中，实施股份制改造的有16家，组建股份制集团或集团公司的有5家，挂靠大集团公司的有1家，实施退二进三转办专业市的有6家、兼并重组的有7家，租赁或私营的有3家，破产的有25家。2003年以后，市直轻工企业按照《中共襄樊市委、市政府关于加快市直国有企业改革的若干意见》，通过兼并、收购、重组、破产等多种形式，对市直企业开展了以国有产权基本退出企业，解出国有企业职工身份为重点的企业改革。市直企业具体改制情况是：

襄樊市造纸总厂：1984年，由襄樊市造纸厂和襄樊市铜板纸厂合并成立。是全市最大的造纸加工企业，1986年始，先后引进的日本产1 800mm气、刮刀两用高速涂布机、国产高光泽纸机、1 880mm长网纸机、1 760mm长网纸机，并对造纸工序中的三段漂、切草、蒸切、草渣炉等车间进行规模性改造。1990年，研制的新产品—转移印花纸投入批量生产。2#糖果包装原纸和1#铜版原纸分别在1988年和1989年被省评为同类产品第一名，白兰牌特号100g/m^{2}单面铜版纸曾于1986年和1990年获湖北省优质产品称号。1992年7月，晋升为国家大型二档企业，同年，有职工1 996人，占地面积19万平方米，建筑面积11.5万平方米，固定资产原值6 840万元，净值4 863万元。拥有铜版纸机4台（国产3台、进口1台），机制纸机4台（1 575mm机1台、1 880mm机1台、1 760mm机2台）、高光泽纸机1台及国产碱回收装置系统等，形成了年产铜版纸2.5万吨的能力、机制纸年产2.3万吨的能力、高光泽年产1 000吨的能力。1993年，襄樊市造纸总厂根据襄政办函〔1993〕69号《市人民政府办公室关于调整市造纸总厂内部管理体制的批复》进行分离改制，恢复襄樊市造纸厂和襄樊市铜版纸厂的法人资格，造纸总厂被撤销。

襄樊市造纸厂：始建于1958年，1960年，安装第一台1092造纸机，结束了襄樊木制造纸机的历史。1979年，试制成功蒽醌法制浆技术，1982年，1 700毫米长网纸机投产，形成7 000吨生产能力。1984年，并入襄樊市造纸总厂。1989年，襄樊市造纸厂制浆造纸科研所，获省经委、省财政厅授予的湖北省企业技术开发机构条件证书。1993年，从襄樊市造纸总厂分离重获法人地位。1995年，开发的扑克牌专用面纸通过5个部委签发的国家级新产品证书，并获省科技进步二等奖，填补了湖北省造纸工业的一个空白。1996年，投资150万元，对5号、7号长网造纸机、板纸机、8 000吨制浆生产线进行技术改造，1999年，研制出防伪防避视书簿纸，有缓解用眼疲劳，预防近视等优点，被湖北省校办产监管理办公室确定为全省唯一一家生产“防近视练习簿”专用纸张的定点生产企业。2001年，改制成立“襄樊百灵纸业股份有限责任公司”,同时,实行动态股权激励机制。改制后原市造纸厂实施依法破产,破产后新老工人均由新组建的公司接纳,资产由新公司整体收购。同年,投资380万元实施环保污染项目改造,2001年,机制纸年生产能力3.2万吨,麦草浆的年生产能力2万吨,2003年5月8日,武汉大枫股份有限公司收购襄樊百灵纸业有限公司和襄樊市造纸厂剩余资产。由武汉大枫股份有限公司承担襄樊百灵纸业有限公司的债权债务,负责安置职工。并投入3 000万元建设污水治理项目,企业生产能力由2万吨扩大到5万吨。当年2月,有职工808人,固定资产5 760万元。2005年,襄樊大枫纸业公司投资1 080万元对长网纸机和圆网纸机提速改造。同时,投资1 600万元进行水循环利用处理,使排放的废水达到国家规定标准。

襄樊市铜版纸厂:始建于1969年,1972年,改建为襄樊市铜版纸厂,1973—1979年,经三次技术改造,形成3 000吨铜版纸生产能力,成为全国铜版纸四大厂家之一。1979年,研制成功“白兰”牌特号铜版纸。特号100g/㎡单面铜版纸,1981年获省、部优产品,1982年获国家银质奖。1984年,并入襄樊市造纸总厂。1985年,试制成功淀粉代替干酪技术。同年,“白兰”牌特号80g/㎡和100g/㎡单面铜版纸连续三年和五年获省第一名和优质产品称号。1993年,从襄樊市造纸总厂分离重获法人法人地位,1996年,与香港膨江有限公司共同出资428万元(外方出资120万元)合资组建“襄樊白兰强力包装有限公司”,1997年以铜版纸公司为主体,网络内部4个分公司,组建了“襄樊白兰集团有限公司”。1998年12月,襄樊白兰集团有限公司以原铜版纸厂资产出资,占合资公司30%的股份,与山东晨鸣集团、武汉晨鸣公司、汉阳造纸厂等4家企业共同合资,成立“襄樊晨鸣铜版纸有限责任公司”,注册资本3 226万元。合资公司成立后,襄樊白兰牌铜版纸终止生产,由晨鸣铜版纸品牌取代。2000年7月14日,晨鸣公司在原涂布机的基础上,投资100多万元,增加组合式刮刀涂布器1台,三辊上料背涂装置1套,将原单刮刀(或气、刮刀联合涂布方式)改为双刮刀涂布,并一次试车成功。2003年2月,有职工843人,固定资产10 756万元。

襄樊市卫生纸厂:1971年创办,1982—1985年,“襄阳”“花王” 牌卫生纸先后获省优产品,1985年,卫生纸产量2 300吨,成为湖北省卫生纸重点厂家之一。1986—1988年,引进国产的1 575mm圆网纸机、餐巾纸机、面巾纸机、压花纸机等设备调试安装投入批量生产,并对制浆系统及其他相关设施进行改造,形成年产4 000吨的卫生纸生产能力。主要产品:“花王”牌及“襄阳”牌卫生纸、餐巾纸、面巾纸。 1986年,“襄阳”牌4号卫生纸获湖北省优质产品称号,1990年,全棉卫生纸在全国星火科技成果会上获优秀奖。1996年,襄樊市卫生纸厂依法宣布破产。

襄樊市印刷厂:始建于1956年,20世纪60年代末生产方式形成机械化,1980—1985年,有31个产品获湖北省甲级产品,5个产品获省优。1985年,引进彩印制版生产线,1985年底,有职工507人,产值561万元,固定资产原值6 204万元。拥有胶印、彩印、塑印、铅印、制版和电化铅制造等先进的生产设备。1988年,引进日本计算机照牌制版工艺和电子分色技术装备投入生产,强化企业制版能力。1989年,“云南风光”挂历获部行业优秀奖,“美的旋律”画获国家新闻出版署优秀奖,“魁峰茶叶盒”获省优。1992年12月25日,与香港协发印务有限公司共同出资264万美元,其中外商投资30%(79.2万美元),以带入的高速多彩胶印机注资,组建“襄樊市飞环印务有限公司”。1993年,利用外资引进具有国际先进水平的五色胶印机及M656电子分色机,年印刷能力由原来3亿印提高到7.5亿印。1996年,市飞环印务有限公司投资800万元,引进具有当代世界一流水平的印刷设备海德堡速霸74胶印机,12月初投入生产。1997年, 市飞环印务有限公司与市烟厂签订股权联合协议, 将飞环印务公司70%的股权馈赠给市烟厂35%,港方将30%的股份赠5%给烟厂,由襄樊卷烟厂对飞环印务有限公司实行控股经营。2000年,襄樊市飞环印务有限公司与香港贵联集团公司共同组建“襄樊金飞环彩色包装有限公司”。2001年,完善凹印生产线配套。 2003年。企业与政府签订产权转让协议,襄樊市印刷厂由原单位法人代表成立的民营公司, 接受原企业资产, 承担原企业债务和职工安置任务。2004

年,襄樊飞环印务有限公司改制更名为襄樊飞日彩印有限公司。2005 年,投资 75 万元实施彩印扩产改造。2005 年,产值 1 084 万元,销售收入 845 万元,职工有 97 人,固定资产 994 万元。

襄樊市玻璃厂:始建于 1954 年,1956 年,更名为襄樊市玻璃厂,1986 年,引进比利时 S—10 旋转式制瓶机正式投入生产,并采用了微机在玻璃窑炉控制工艺,保证了啤酒瓶一级品率稳定的提高及产量的增加。拥有 3 台窑炉,综合年生产能力达到 2.8 万吨。次年,改革酒瓶制品配料工艺,开发生产出高白料酒瓶。同年,啤酒瓶获省政府授予的省优质产品称号。1992 年,研制生产的 DB 牌 640 毫升啤酒瓶获湖北省经委包装评比优秀产品奖。1994 年,蒙砂玻璃瓶在湖北省首届工业精品展销会上获省政府授予银奖,当年蒙砂玻璃瓶年生产能力达 40 万个。1997 年 12 月 8 日,被三九集团兼并,更名为“襄樊市三九玻璃厂”。1998 年,企业全面停产,年生产能力为 1.5 万吨。1999 年 12 月 28 日,(湖北)三九长江集团公司与市政府签订合同兼并市玻璃厂,并将其纳入三九长江公司的三级公司襄樊三九酿酒厂管理,2000 年 12 月 22 日,襄樊市玻璃厂依法宣布破产。

襄樊电池厂:1960 年成立,1982 年,研制生产“白马”牌新电池,产品分大号、2 号、5 号三个规格铁壳碱性电池,在国内外享有声誉,每年批量出口,产品远销欧美、中东、东南亚等国家和地区。1985 年,电池产量 1 358 万只,工业总产值 377 万元。1986 年,有职工人数 495 人,固定资产原值 160 万元。当年,引进香港嘉罗公司 R20 型纸板电池装配机组生产线,将产品生产能力提高到 4 000 万支。当年,实际生产电池 2 520 万支,同年“白马”牌电池获省同行业评比第一名,R20 型电池被省政府授予省优质产品称号。1987 年,开发批量生产锌锰铁壳、纸板电池产品。1989 年,干电池年生产能力为 5 200 万支,实际年产量 2 825 万支。1990 年,干电池的年生产能力达 6 300 万支,实际 2 062 万支。同年,在北京首届轻工业博览会上,“白马”牌干电池获银奖。1991 年,北京国际博览会上,“白马”牌 R20 干电池获铜奖。1992 年,高能镍氢化合物电池试制成功,1993 年,年产 100 万支高能镍氢化合物电池项目开工。1994 年 12 月 27 日,因资不抵债,由市中级人民法院裁定依法破产。破产时,干电池的年生产能力为 6 300 万支,固定资产原值 400 万元,职工人数 540 人,拥有碱性电池、锌锰电池、镍氢电池等各种型号铁壳、纸壳电池的生产纸线 7 条及相关设备。1996 年,资产被襄樊烟厂并购,职工在全市各企业分流。

襄樊市日用化工总厂(原襄樊市日用化工厂):始建于 1965 年。1979 年,襄樊市日用化工厂主要生产糨糊、蜡烛、雪花膏等产品。1982 年,新建年产 1 000 吨清洗剂生产线,生产 HX—814 常温金属清洗剂。1983 年,产品获国家经委颁发的新产品“金龙奖”。1984 年,获省优。1985 年,有职工 149 人,固定资产原值 70.04 万元,工业总产值 300 万元,主要产量:清洗剂 309 吨,化妆品 50 吨,蜡烛 1.82 万箱。1987 年,在生产“奥丽”牌 HX—814 常温金属清洗剂的基础上,开发了清洗剂系列产品“隆中”牌 F851 列车清洗剂产品,主要用于列车、汽车、卷闸门、墙面砖、地板砖等范畴物体的污垢清洗。1989 年,与全国有名的慕尔丝宝化妆品公司合作,生产加工慕尔丝宝霜类化妆品。1990 年,“隆中”牌 F851 列车清洗剂获省政府授予的省优质产品称号。1991 年,开发生产清洗之王 9288 系列金属清洗剂。各类清洗剂综合年生产能力达 3 000 吨。1993 年,与新加坡客商合资,成立“襄樊奥协化妆品有限公司”,注册资本 40 万美元。主要生产伊兰珍露、洗发水、护肤霜等产品。1994 年,与新加坡客商合资,组建“湖北祥荣置业有限公司”,出资注册 100 万美元,经营房地产开发。1996 年 10 月,出资 500 万元兼并重组原襄樊市罐头厂,成立“襄樊市日用化工总厂”。1997 年,与新加坡客商合资,组建“襄樊市新丽化工有限公司”,注册资本 120 万元,主营百里香牌洗衣粉产品。1998 年,销售萎缩,生产快速下滑,年产量只在不足百吨范围内波动,2001 年停产,2003 年 9 月 26 日,依法宣布破产。破产时,有职工 451 人(其中高级职称 6 人,中级和技术人员 57 人),固定资产净值 1 110 万元,拥有国有土地使用权 108 亩。

襄樊市火柴厂:始建于 1961 年。1979 年前连续 13 年亏损,1983 年,开发成功蜡梗火柴,1984 年扭亏为盈。1987 年,将火柴生产工序改造成火柴风送装置全自动联续生产线,生产能力提高到 10 万件。1989 年始，研发生产印刷磷面火柴和壁炉长支火柴连续三年远销国外,1990 年，火柴产量生产达 45 万件,创历史最高水平。同年“飞帆”牌系列安全火柴获轻工部优质产品称号,印刷磷面火柴在全国星火计划科技成果会上获优秀奖。1991 年,“飞帆”牌日用安全火柴又被省政府授予省级优质产品称号。1992 年始,火柴销售不景气,企业连续亏损,1997 年以后,企业将设备处理,主业专办长虹装饰材料大市场,1999 年,停止火柴生产。当年,固定资产净值 1 730 万元,职工 639 人。2003 年,市火柴厂对外公开转让,由时代百货有限责任公司整体收购。2005 年,企业改制,长虹装饰大市场被私营企业整体收购,进行房产开发。

襄樊市化工厂:1953 年建成，主要生产骨粉骨油,1958 年，新增骨胶,1975 年，新增五钠产品。1979 年,主要生产骨胶、三聚磷酸钠(简称五钠)两大产品。骨胶产品:1986—1993 年,每年实际产量都在 400—600 吨之间波动,年生产能力为 1 000 吨,产品连续三年出口(1986 年、1988 年、1989 年),同期出口产品还有骨粒、骨粉。1990 年,“汉江”牌骨胶获省优质产品称号。1994 年,进行产品调整时,将骨胶停产,并拆除生产设备。五钠产品:1986 年以前五钠的生产采用的是湿法生产工艺。1987 年,新建热法五钠工艺生产线,实行湿法、热法工艺互补,将产品生产能力由 1 万吨提升到 2 万吨。1989—1990 年，又对五钠生产工艺进行改造，将产品生产能力由 2 万吨提升到 3 万吨。产品连续多年出口,“汉江”牌五钠多次获部优和省优产品称号。1993 年,五钠产量达 1.64 万吨,是 1985 年产量 3.1 倍。1995 年,新上年产 15 000 吨磷酸氢钙生产线。1997 年,投资 400 多万元新上一条年产 15 000 吨的磷酸氢钙生产线,磷酸氢钙生产能力达到 3 万吨。当年,生产磷酸氢钙 20 273 吨,完成工业总产值 1.13 亿元,实现销售收入 1.06 亿元。1998 年,开发生产的磷酸二氢钙,在全国率先形成 1 万吨的生产能力。1999 年 11 月,建成年产 5 000 吨磷酸二氢钾生产线。2000 年,工业总产值 15 210 万元,固定资产 6 325 万元,利税 38.5 万吨,职工人数 896 人(其中技术人员 78 人)。五钠年生产能力为 3 万吨,实际产量 1.15 万吨。同时,生产磷酸氢钙产品(1997 年,湖北省政府授予湖北精品名牌),年生产能力在 3 万吨,2001 年,投资 550 万元新上第三条氢钙生产线,使氢钙生产能力扩大 2.5 万吨。2002 年,完成磷酸取糟项目,2003 年,依法破产。后经重组更名为“襄樊市乾泰磷化工有限公司”(民营性质)。2005 年,襄樊市乾泰磷化公司投资 180 万元五钠生产线实施扩产改造。

襄樊市轻工化学助剂厂(原襄樊市肥皂厂):1970 年开办,1981 年前一直亏损。1982 年,与科研单位挂钩,新建一条年产 50 吨“阳离子表面活性剂”生产线,1985 年,该产品获省优。1986 年,在襄樊市轻工研究所的帮助下,研发出“夫人”牌系列香皂产品。1988 年,“夫人”牌香皂产品形成年产 1 000 吨能力的生产规模。1990 年,肥皂(含香皂)年生产能力为 5 000 吨,实际产量 3 355 吨(含香皂)。同年,被省政府授予“省级先进企业”称号。1992 年,形成了年 4 000 吨肥皂、1 000 吨香皂、1 000 吨各类液体洗涤剂、2 000 沥青乳化剂、5 000 吨脂肪胺等产品的生产能力。1998 年,依法宣布破产。

襄樊市酒厂:始建于 20 世纪 50 年代。1986—1989 年,开挖发酵窖池数百个,完善相应配套,新建年产 5 000 吨襄樊特曲优质酒生产能力。1990 年,销售收入突破 3 000 万元,1995 年,“演义”系列酒、“襄江”系列酒获湖北省首届工业精品博览会金奖和中国轻工总会、供销总社颁发的“受市场消费者欢迎的最佳产品”奖。当年,生产白酒 5 832 吨,完成工业总产值 4 230 万元,实现销售收入 2 742 万元,实现利税 340 万元。1996 年,投资 150 万元,将原老厂闲置的部分酒精生产设备,改造成一条年产 5 000 吨的酒精生产线。1997 年 5 月 26 日,三九集团兼并市酒厂、将企业改制为“襄樊三九酿酒厂”。当年,完成工业总产值 4 652 万元,实现销售收入 4 208 万元,上缴税收 495 万元,实现利润 139 万元。1998 年,先后开发出演义系列“39 度 999 粮液”,“45 度 999 粮液”。“999 醇”和“新一代襄江红”等新产品,并获湖北精品金奖。2005 年,投资 220 万元对窖池和灌装生产线改造。

襄樊市食品厂:1960 年开办。1987 年,引进捷克 60 头汽水灌装生产线及洗瓶机,形成年 2 000 吨汽水能力。1992 年,研制出“华血神口服液”并通过专家鉴定,开始兴建一期 300 吨生产线。1993 年,与香港华林国际贸易公司共同投资 120 万美元(其中外方 36 万美元),组建“中华血神股份公司”,经营中华血神口服液品的生产加工。1996 年,将主业转办成襄樊市东风食品大市场,1998 年,终止食品加工产品的生产。 2001 年 8 月 22 日,经市中级人民法院(襄中破字〔2001〕26—1 号)《民事裁定书》裁定宣告破产。

襄樊市轻工研究所:1975 年 8 月成立。原定为事业单位编制,1985 年,经费改为自收自支,研究所实行企业化管理。2000 年 3 月 7 日,经市编委批准、市工商局注册,市轻工研究所改为企业性质,2000 年 7 月 28 日,由市中级人民法院宣告破产,离退休人员待遇转入市养老保险处,在职人员实行一次性买断工龄。

襄樊市塑料二厂:始建于 20 世纪 70 年代,主要生产塑料凉鞋。1986 年,与香港七海贸易公司合资,以补偿贸易方式引进意大利友联产 U—TT/zp 型全自动制鞋机 5 台,年生产 300 万双双色 PU 底运动鞋。1987 年,“翠鸟”牌 PE 低发泡片材,分别获轻工部授予的部优质产品称号和省政府授予的省优质产品称号。1988 年,被省政府企业授予省级先进企业。1989 年,年产 2 000 吨 PE 高发泡项目投产。1991 年,“翠鸟”牌 PE 低发泡板材,获省政府授予的省优质产品称号。2000 年,申请依法破产,2001 年,依法进入破产程序。

襄樊市塑料四厂:始建于 20 世纪 70 年代。1986 年,与中国银行及香港上海国际贸易公司等三方合资,组建“中国湖北三环尼龙拉链有限公司”。同年,引进年产 1 000 万码尼龙拉链设备,产品 70%以上返销。2000 年 10 月 31 日,(襄中破字第 22—2—1 号)批准破产,三环尼龙拉链有限公司依法破产。破产时,总资产 700 万元,总负债 2 600 万元,资产负债率 371.4%,职工 398 人,其中离退 29 人,在岗 23 人,下岗 346 人。破产后,企业职工归并到市塑料四厂。2005 年,市塑料四厂依法破产。

襄樊市五七一〇厂:始建于 20 世纪 70 年代。1986 年,购进 6 000 克注塑机,年产 1 250 吨塑料制品项目投产。1988 年,被省政府企业授予省级先进企业。1993 年 2 月,兼并市机械工具厂。1995 年,引进新型塑料反映注射机组等一批重点设备。同年,经市工商局批准,由市五七一〇厂发起,联合市塑料二厂、市铝制品厂等 7 家企业组成的“襄樊塑料集团”。同年 9 月,反映注射成型机组项目由省计委批准,获得国际商业银行贷款 155 万美元。1996 年,与省、市投资公司联合组建“万鑫塑料有限公司”,总投资 1 700 万元(省、市投资公司 460 万元),五七一〇厂以实物资产出资。1997 年,投资 100 万元的 14 000 克注射机安装投产。1999 年,实施硬质聚氯乙烯芯层发泡管材技改项目,同年,利用闲置场地实施 5 000 平方米的房地产项目。2000 年,实施动态股权改制,2001 年,进入东力车轿配套体系。2005 年,依法破产。

襄樊市塑料三厂: 始建于 20 世纪 70 年代, 1986 年,“玫瑰” 牌聚丙烯盘状捆扎绳获省 “优质产品”称号,1988 年,获轻工部“优质产品”称号。1998 年 12 月 10 日,创办 “中南塑料制品大市场”,2000 年,申请依法破产,2001 年进入破产程序,主业转办中南塑料大市场。

襄樊市制革总厂:1991 年,襄樊市制革厂、襄樊市皮件厂、襄樊市合成革厂合并成立“襄樊市制革总厂”。同年,引进关键设备,形成年产 100 万张山羊革的生产能力。1995 年,改制组建“襄樊宏鹏皮件有限责任公司”。同年,经湖北省审批为中二型工业企业。1998 年,与韩国客商合资组建“襄樊太亚皮革有限公司”,总投资 650 万元(其中外商 200 万元),外商以原材料入资,产品返销。1999 年,利用闲置场地实施 900 平方米的房地产项目。 2003 年,依法宣布破产。

襄樊市 PU 革厂:1987 年, 引进年产 400 万平方米 PU 合成革生产线投入试车生产。 1991 年,更名为“襄樊市合成材料开发公司”,1992 年,兼并襄樊市钉丝厂、布鞋厂。1995 年,以襄樊市合成材料开发公司为主体,由襄樊市钉丝厂、襄樊市皮件厂、襄樊市合成革厂等企业组建“襄樊市合力集团有限公司”。1997 年 11 月,投入 480 万元开发的医药化工产品—皂素项目一期工程竣工投产。1999 年,引进兰州大学获得国家专利的PBT产品（光纤光缆专用材料）生产技术，年底成功试制出合格产品。2000年，实施动态股权改制，2003年，襄樊市合力集团依法宣布破产。

襄樊市皮鞋厂：1992年，并入襄樊市合成材料开发公司。1993年，厂与香港派力实业有限公司合资组建的湖北金虹鞋业有限公司。同年，年产30万双中档高档皮鞋生产线正式投产。1998年7月8日，创办“金虹农贸市场”，2000年，申请依法破产，2001年，进入破产程序。主业转向蔬菜大市场的经营管理。

襄樊市家具厂：1987年，“隆中”牌87—18型普级套装家具获湖北省优质产品称号。1988年，“隆中”牌写字桌获轻工部“优质产品”称号，同年，被湖北省二轻局授予产品创新先进集体。1990年，板式拆装组合家具获湖北省二轻工业优秀产品奖。1994年，创建“南方家具大市场”。1996年，将主业逐步转型为建立南方家具大市场的开发建设，1997年，投入45万元，改造展厅27间，新建展厅9间，从而使南方家具大市场展厅总面积达10 000平方米，全年市场营销收入6 000多万元。1998年，终止家具产品制作生产。2000年，投资500余万元翻新改造南方家具大市场竣工开业。2003年，与政府签订产权转让协议，由原单位法人代表成立的民营公司，接受原企业资产，承担原企业债务和职工安置任务。

襄樊市有色金属加工厂（原襄樊市铝材加工厂）：以生产各种铝型材制品加工为主，主要产品有铝板、铝管、铝棒、铝合金异型材制品等。1986—1988年，先后有铝材制造设备和铝型材氧化着色生产线项目投入生产。1992年，铝型材年生产加工能力达1.2万吨，年产值突破千万元，达到1 400万元。1993年12月，总投资480万元，全省最大的铝型材生产线建成投产，每年可生产各类铝型材3 000吨。1995年，改制组建“襄樊飞亚铝业有限责任公司”。1996年，投资400万元对两条生产线实施配套技改，使年产铝型材能力达5 000吨。当年完成工业总产值6 589万元，销售收入4 488万元。实现利税总额371.6万元。1997年8月，投资230万元，利用空闲场地创办面积6 000平方米的“中原布匹批发市场”。1999年，实施铝合金建筑型材电泳镀膜技改项目，同年，利用闲置场地创办“电子元件批发市场”并实施4 000平方米的房地产项目。2000年，职工人数288人，固定资产754万元，工业总产值2 112万元，建筑金属制品产量314吨。2001年始，生产处于停产状态。此后，生产设备出租及转办市场。2003年，与政府签订产权转让协议，由原单位法人代表成立的民营公司，接受原企业资产，承担原企业债务和职工安置任务。

襄樊市铝制品厂：1986年，以生产日用精铝制品为主，主要产品有铝锅、铝壶、铝锅盖及铝杂件等，1988年，被省政府授予省级先进企业，进入20世纪90年代，开发生产铝合金扶梯产品。1992年，精铝制品年生产能力为1 400吨，当年产量836吨，创历史最好的生产水平。1995年始，处于长期停产，2005年，企业进行改制。改制时，固定资产218万元，职工189人。

襄樊市刺绣厂：1988年，完成工业总产值674万元，比1983年增长3.37倍，出口服装37.9万件，出口产值为560.98万元，男童套装获轻工部优秀出口产品铜被轻工部授予“出口创汇先进单位”。1998年，由百余名自愿离厂职工以认购原厂债务220万元方式买断该厂价值约192万元的综合楼在建工程，组建“永和服饰有限责任公司”。2000年，实施动态股权改制，2003年，依法宣布破产。

襄樊市室内装饰成套用品公司：1991年，由原市家具办公用品供应站与台板厂合并后组建。2003年，襄樊市台板厂依法破产。

襄樊市制箱厂：2000年，推进动态股权制改革。2003年，与政府签订产权转让协议，由原单位法人代表成立的民营公司，接受原企业资产，承担原企业债务和职工安置任务。

襄樊市衡器厂：主要生产台案秤产品，2000年6月被3542厂兼并，被兼并时企业已连续停产6年，有职工150余人，其中退休职工50余人，总资产24万元，总负债170余万元。

襄樊市二轻物资公司：2000年9月28日，批准破产。破产时，企业总资产163万元，总负债1 469

万元，资产负债率 901.22%，职工 41 人，其中离退休 4 人、可提前退休 5 人、在岗 12 人、下岗 20 人。11 月，破产清算结案。

襄樊市二轻科研所：1998 年 5 月 8 日，经市小企业改革领导小组批准，由市二轻科研所全体职工出资 32.5 万元，一次性买断该所净资产，成立襄樊二轻科贸有限责任公司。由国有事业单位改制为民营企业，改制时，有职工 45 人。总资产 460 万元，总负债 485 万元。

3.项目投入

“七五”时期，轻工行业共完成技改投入近 2 亿元；建成项目 200 多个。重点项目有：襄樊市造纸总厂（1986—1990 年），先后引进的日本产 1 800 毫米气、刮刀两用高速涂布机、国产高光泽纸机、1 880 毫米长网纸机、1 760 毫米长网纸机。并对造纸工艺进行规模性技术改造。使年生产铜版纸能力达到 2.5 万吨，机制纸 2.3 万吨，高光纸 1 000 吨。南漳县造纸厂（1987—1990 年），先后引进 1 575 毫米圆网纸机、1 575 毫米双网双缸造纸机并对工艺进行改造，使产品年生产能力达到 1.5 万吨。襄樊市卫生纸厂（1986—1988 年），将引进国产的 1 575 毫米圆网纸机、餐巾纸机、面巾纸机、压花纸机等设备调试安装投入批量生产，并对制浆系统及其他相关设施进行改造，形成年产 4 000 吨的卫生纸生产能力。谷城县造纸厂，1988 年，引进国产 1 575 毫米圆网纸机投入生产，通过改造相关配套设施，形成年产 2 500 吨的生产能力。襄樊市印刷厂，1988 年，引进日本计算机照牌制版工艺和电子分色技术装备投入生产，强化企业制版能力。枣阳市自行车，1986 年以后，投资 2 200 万元完成纵剪、油漆、退火、配电、气体焊接、钢材轧制、50 万辆出口的（总装、无接头车架焊接、多彩油漆喷涂）技改等工序项目。襄樊搪瓷厂，1987 年，对制坯、制粉、搪瓷等重点工序进行规模性技术改造，1988 年，引进搪瓷酸洗悬挂式自动生产线，搪瓷浴盆生产工艺并新建搪瓷分厂。年生产能力达到 2 500 吨。襄樊市玻璃厂，1986 年，引进的比利时 S—10 旋转式制瓶机，并采用微机控制工艺，使年生产能力达到 2.8 万吨。谷城县玻璃厂，1986 年，投资新建一座 24 平方米玻璃池炉和新购一台六组行列式制瓶机。襄樊电池厂，1986 年，引进香港嘉罗公司 R20 型纸板电池装配机组生产线，将产品生产能力提高到 2 000 万支。襄樊市火柴厂，1987 年，将火柴生产工序改造成火柴风送装置全自动联续生产线，将火柴生产能力提高到 10 万件。襄樊市乾泰磷化工有限公司，1987 年，新建热法五钠工艺生产线，实行湿法、热法工艺互补，将产品生产能力由 1 万吨提升到 2 万吨，（1989—1990 年）对生产工艺进行改造，将产品生产能力由 2 万吨提升到 3 万吨。湖北七巧板油脂化学股份有限公司（1986—1990 年），对洗衣粉生产设备实施改造。使产品年生产能力提高到 3 万吨。襄阳县灯泡厂（1986—1990 年），新建 250 立方米的煤气柜及池炉车间，改人工吹泡为机械吹泡、改手工制泡为机械制泡，购联动线绕丝机、发电机组等关键设备、扩大玻壳能力等一系列工程项目。引进年产 300 万只磨砂泡设备，年综合生产能力达到 2 000 万支。中盐枣阳盐化有限公司，1988 年，盐硝厂竣工投产，形成了年产精制盐 3 万吨，芒硝 2 000 吨的生产能力。枣阳市啤酒厂（1986—1988 年），实施啤酒厂第一期工程改造，并引进罗马尼亚啤酒灌装设备和西德赛茨啤酒灌装生产线等工程项目。使啤酒生产能力提高到 2 万吨。1996 年，枣阳啤酒厂投资 120 万元，改造罗马灌装线，3 月 18 日竣工投产，使原班产啤酒 40 吨提高到 60 吨，全年企业生产帝王啤酒、火锅啤酒 18 774 吨。宜城市啤酒厂，1987 年，引进德国全自动灌装生产线，建酿造车间等工程项目，使啤酒生产能力提高到 2 万吨。南漳县珍珠液酒厂，1986 年，新建年产 1 000 吨优质珍珠液酒厂。湖北楚都酒业有限公司，1987 年，新增、改造发酵池及增添相应配套设施，形成年产 1 000 吨优质贡酒的生产能力。襄樊三九酿酒厂（1986—1989 年）开挖发酵窖池数百个，完善相应配套，新建年产 5 000 吨襄樊特曲优质酒生产能力的厂。湖北省石花酿酒股份有限公司，1988 年，在老厂区扩建优质酒仓库、窖池，增加酒缸等，新增年产 1 000 吨优质石花大曲酒，1989—1990 年，由投资购买旭东机械厂的三个厂区，利用旭东旧房扩建改造，建成年产 3 500 吨优质曲酒生产基地。枣阳市酒厂，1987 年，兴建葡萄酒酿造及灌装车间工程，并建设与其配套的千亩葡萄种植基地。1989 年新上的年产 4 000 吨饮料原液项目。襄樊市酒精厂，1986 年，对锅炉进行改造，并增加酒精储罐，完善配套相关设备为年产万吨酒精添平补齐。老河口市柠檬酸厂（1986—1989 年），两次对生产工序及设备进行更新改造，将生产能力提高到 2 000 吨后再次提高到 5 000 吨。1989 年，对酶制剂的生产工序及设备进行改造，将产能由年产 3 000 吨提高到 4 500 吨左右。襄樊市罐头厂，1986 年，引进西德安德贝克软塑料制瓶机及灌装设备生产线 2 条，年产 2 500 吨果汁软包装饮料投入生产。同时，为扩大出口，对部分设备进行改造配套，购置马口铁制罐机及焊接、封口机等生产设备，形成年生产 1 000 吨出口罐头能力。襄樊市食品厂，1987 年，引进捷克 60 头汽水灌装生产线及洗瓶机，年生产 2 000 吨汽水能力。襄樊市营养食品厂，1986 年，引进国外年产 1 000 吨膨化食品生产线投入生产。宜城县食品厂，1986 年，引进罗马尼亚年产 1 000 吨面包生产线。襄阳县综合食品厂，1986 年，引进美国迪马科公司年产 1 800 吨通心粉生产线投入生产。襄樊市塑料二厂，1986 年，与香港七海贸易公司合资，以补偿贸易方式引进意大利友联产 U—TT/zp 型全自动制鞋机五台，年生产 300 万双双色 Pu 底运动鞋。襄樊市塑料四厂，1986 年，引进年产 1 000 万码尼龙拉链设备。谷城县塑料三厂，1986 年，引进薄容器产品设备项目投产，每年增产塑料件 520 吨。襄樊市五七一〇厂，1986 年，购进 6 000 克注塑机，年产 1 250 吨塑料制品项目投产。襄樊市塑料二厂，1989 年，年产 2 000 吨 PE 高发泡项目投产。襄樊市制革厂，1987，年引进年产 400 万平方米 PU 合成革生产线投入试车生产。襄樊市制革总厂，1990 年，为满足羊皮服装革的需求，引进关键设备，形成年产 100 万张山羊革的生产能力。湖北金兰首饰集团有限公司，1986 年，引进意大利设备 32 台（套）、并进行安装调试等项工作。襄樊市有色金属加工厂（1986—1988 年），先后有先进的铝材制造设备和铝型材氧化着色生产线项目投入生产。

“八五”时期，完成投入 1 亿元左右。重点项目有：襄樊市印刷厂，1993 年，引进五色胶印机及 M656 电子分色机，印刷能力由原来的 3 亿印提高到 7.5 亿印。枣阳盐硝厂（1991—1995 年），多次对生产设备和工艺进行改造，使精制盐年生产能力提高到 8 万吨。市化工厂，1995 年，新上年产 15 000 吨磷酸氢钙生产线。石花酒厂，1995 年，对原年产 1 500 吨酒精生产线进行改造。襄樊市有色金属加工厂，1993 年，建成全省最大的铝型材生产线。襄樊市皮鞋厂，1993 年，引进年产 30 万双中高档皮鞋生产线。襄樊市五七一〇厂，1995 年，引进新型塑料反映注射机组等一批重点设备。其中：二轻行业五年完成投入 1.6 亿元，实施技改项目 91 个。

“九五”期间，完成技改项目 127 个；总投入 3.1 亿元，重点技改项目是：襄樊市飞环印务有限公司，1996 年，投资 800 万元引进世界一流水平的印刷设备海德堡速霸 74 胶印机。枣阳啤酒厂，1996 年，投资 120 万元改造罗马啤酒灌装生产线。市酒厂，1996 年，投资 150 万元改造一条 5 000 吨酒精生产线。市造纸厂，1996 年，投资 150 万元改造制浆生产线。襄樊市有色金属加工厂，1996 年，投资 400 万元改造两条生产线，使年产铝型材能力达到 5 000 吨。1999 年，完成铝合金建筑型材电泳镀膜技改。襄樊市合力集团，1997 年，皂素项目一期工程竣工投产。1999 年，完成 PBT 光纤通讯材料技改。枣阳盐硝厂，1997 年，投资 200 万元对制盐生产线进行改造。市化工厂，1997 年，投资 400 万元新上年产 15 000 吨的磷酸氢钙生产线，1999 年 11 月，建成年产 5 000 吨磷酸二氢钾生产线。襄樊市五七一〇厂，1999 年，完成硬质聚氯乙烯芯层发泡管材技改。

“十五”时期，全行业完成技改投入 1.5 亿元左右。重点技改项目是：襄樊市化工厂，2001 年，投资 500 万元新上第三条氢钙生产线，使氢钙生产能力扩大到 2.5 万吨。2002 年，完成磷酸取糟项目。市造纸厂，2001 年，投资 380 万元改造环保设备和一台 1 575 纸机。襄樊百灵纸业公司，2002 年，完成碱回收环保项目。襄樊大枫纸业公司，2003 年，投入 3 000 万元建设污水治理项目。2005 年，投资 1 080 万元对长网和圆网纸机改造；投资 1 600 万元实施污水治理项目。襄樊乾泰磷化工公司，2005 年，投资 300 万元对天然气应用和五钠扩产进行改造。市飞环印务有限公司，2001 年，完善凹印生产线配套。市飞日公司，2005 年，投资 75 万元实施彩印扩产改造。襄樊三九酿酒厂，2005 年，投资 220 万元对窖池和灌装生产线改造。襄樊市酒精厂，2002 年，完成酒精糟治理项目。南漳珍珠液酒公司，2005 年，投资 100 万元新上一条瓶酒包装生产线。南漳华海纸业公司，投资 800 万元实施污水治理项目。

4.优质产品

1986 年，轻工行业有 19 种产品被省政府授予省优质产品称号。它们是：襄阳福泰和酱品厂生产的“池阳”牌大头菜，枣阳县酒厂“玉贵”牌中华猕猴桃酒和白葡萄酒，湖北野马自行车工业总公司的 ZA51 型自行车，襄樊市电池厂“白马”牌 R20 型干电池，襄樊搪瓷工业总公司 36cm“中原”牌红双喜面盆，襄樊市化工厂“汉江”牌三聚磷酸钠，湖北七巧板油脂化学有限公司“七巧板”牌 30 型皂基洗衣粉，襄樊市卫生纸厂“襄阳”牌 4 号卫生纸，襄樊市铜版纸厂“白兰”牌特号 100g/m^2 单面铜版纸，随州市编钟乐酒厂“白云山”牌编钟乐特曲，湖北石花酿酒股份公司石花大曲酒，南漳县酿酒厂珍珠液酒，宜城县酿酒厂“杜康台”牌全家乐酒，枣阳县果脯蜜饯厂糖番茄，宜城县啤酒厂“汉江”牌啤酒，襄樊市塑料三厂“玫瑰”牌聚丙烯捆扎绳，襄樊市服装厂“雅兰”牌男西服套装，宜城县变色眼镜厂“楚天舒”变色眼镜，襄阳县家用电器厂“古隆中”牌电镀镍铁合金光亮剂。

1987 年，轻工行业有 5 种产品被轻工部授予优质产品称号。它们是：襄阳福泰和酱品厂“池阳”牌大头菜，南漳县食品厂中华猕猴桃软糖，枣阳市酒厂“汉光”牌红葡萄酒，襄樊市塑料二厂“翠鸟”牌 PE 低发泡板片材，湖北野马自行车工业总公司 W808 友士德疗养车。有 13 种产品被省政府授予省优质产品称号。它们是：襄樊市玻璃厂啤酒瓶，湖北野马自行车工业总公司 QN41—20 型学生车，湖北石花酿酒股份有限公司 39 度石花大曲酒，谷城县酿酒厂承恩大曲酒，襄樊市罐头厂中华猕猴桃酒，襄樊市酒厂茅庐酒，谷城县工艺家具厂“根艺”牌树藤根工艺家具，襄樊市家具厂“隆中”牌 87—18 型普级套装家具，枣阳市电器设备厂“五洲”牌 BXZ—160 型斜铁式电焊机，随州国营工艺陶瓷厂编钟琉璃壶，老河口市五金工具厂“钻石”牌 250mm 水泵钳，襄樊市塑料二厂“翠鸟”牌 PE 低发泡片材，谷城县酿酒厂青梅煮酒。

1988 年，轻工行业有 2 种产品被国家轻工部授予部优产品称号。它们是：枣阳市食品厂糖番茄，襄樊搪瓷厂 18 厘米花汤盘。被省政府授予省优质产品称号是：枣阳市酒厂“玉贵”牌山葡萄酒。同时，在全省首届白酒金银钟大奖赛上，襄樊特曲酒、石花大曲高度酒和低度酒等 3 个产品获省政府授予金钟奖，珍珠液酒、编钟乐酒、承恩大曲酒、贡酒等 4 个产品获省政府授予的银钟奖。

1989 年，轻工行业有 3 钟产品被省政府授予省优质产品称号。它们是：枣阳市酒厂“玉贵”牌发酵果酒，枣阳市啤酒厂“核桃泉”牌 10 度啤酒，老河口市酒厂“百花山”牌 53 度光化大曲酒。

1990 年，轻工行业有 9 种产品被国家轻工部授予部优产品称号。它们是：襄樊市火柴厂“飞帆”牌系列安全火柴，枣阳市酒厂“汉光”牌干红干白葡萄酒，湖北石花酿酒股份有限公司 39 度石花大曲酒，随州编钟乐酒厂 58 度、38 度编钟乐特曲，老河口市腐竹厂“红庙”牌腐竹，南漳县粉丝厂“水晶”牌粉丝，襄阳县福泰和酱品厂“池阳”牌五香大头菜，襄樊市化工厂“汉江”牌五钠，南漳县造纸厂 100% 麦草浆 1# 单面胶版纸。有 8 钟产品被省政府授予省优质产品称号。它们是：谷城县塑料三厂聚丙烯溥壳容器，湖北野马自行车工业总公司 ZA51 型自行车，BMX510mnu 运动车和 BMX 越野车，老河口市酶制剂厂“航空”牌 AS3409 黑曲糖化酶，襄樊市铜版纸厂“白兰”牌特号 100g/m^2 单面铜版纸，襄樊搪瓷工业总公司“中原”牌系列搪瓷浴盆及中原牌 36cm 双喜花面盆，襄樊市化工厂“汉江”牌三聚磷酸钠及汉江牌骨胶，襄樊市日化总厂“隆中”牌 F851 列车清洗剂。

1991 年，轻工行业有 1 种产品被轻工部授予部优产品称号：枣阳市食品厂糖番茄。有 13 钟产品被省政府授予省优质产品称号。它们是：湖北七巧板油脂化学股份公司“七巧板”牌合成洗衣粉，襄樊市肥皂厂“襄江”牌洗发香波，襄樊市火柴厂“飞帆”牌日用安全火柴，襄阳县灯泡厂“汉江”牌高压钠灯泡，襄樊市三九酿酒厂“襄江”牌襄江大曲53度和38度酒，老河口市酒厂“光化”牌光化特曲酒，宜城市酿酒厂“杜康台”牌38度杜康台酒，随州市编钟乐酒厂“编钟乐”牌编钟乐特曲(58度、38度)酒，湖北石花酿酒股份公司“石花”牌石花大曲(55度、39度)酒及特曲50度酒，南漳县酿酒厂“珍珠”牌珍珠液酒(53度、45度、38度)，襄樊市塑料二厂“翠鸟”牌PE低发泡板片材，枣阳市电器设备厂“五洲”牌交流弧焊机，谷城县酿酒厂南凤酒。

1994年，湖北省首届工业精品展销会上，襄樊市三九酿酒厂的襄江特曲酒；襄樊市玻璃厂的蒙砂玻璃瓶，分别被省政府授予金奖和银奖。

1996年，湖北省第二届工业精品名牌消费品展销会上，襄樊轻工有6种产品中获省政府授予的金奖：枣阳市金兰首饰集团的“金兰”牌金饰品、湖北野马威得豪斯行车公司的威得豪斯26#MTB车及山地系列车、湖北襄樊市三九酿酒厂“演义”牌演义系列酒、湖北中原搪瓷股份有限公司“中原”牌系列餐具、湖北石花酒厂“石花”牌石花系列酒，枣阳市地毯厂“康乐”牌提花地毯。有1产品获省政府授予的银奖：南漳县天麻灵芝保健饮品有限公司天麻灵芝酒。

1997年，湖北金兰首饰集团有限公司ZJ足金饰品，被湖北省政府授予湖北名牌产品称号。襄樊市化工厂磷酸氢钙产品，被省政府授予湖北精品名牌产品称号。

1999年，湖北金兰首饰集团有限公司的“金兰”牌商标，被省著名商标认定委员会认定为“湖北省著名商标”。

2002年，湖北金兰首饰集团有限公司的“金兰”品牌，被中国珠宝石协会授予“中国珠宝首饰驰名品牌”称号。

2005年，湖北金兰集团“金兰牌”金属镀金层流行饰品被国家质量监督检验总局授予“中国名牌产品”称号。

5.新产品开发

据不完全统计(1986—1996年)，全市轻工企业共研制开发新产品1 000多个，其中75项科技成果获国家、轻工部和省科技进步奖，优秀新产品奖。创部优15个(含复评)，省优质产品66个(含复评)。“四新”产品产值率和优质产品值率逐年提高，最高年份分别达到15%和25%左右。1989年，共有27家企业建立了厂办科研所。有7个厂办科研所获得“湖北省技术开发机构合格证”。其中1989年获得合格证书的行6家：市电池厂科研所、市酿酒厂科研所、市造纸厂科研所、襄樊搪瓷厂科研所、枣阳市门行车厂科研所，南漳造纸厂科研所。

6.重点企业

1985年，全市轻工企业约有471家，其中产值在3 000万元以上的企业有襄樊市造纸总厂、枣阳市自行车厂等2家，产值在1 000万元—3 000万元之间的有襄樊市服装厂、枣阳市酒厂、襄樊市化工厂、襄樊市酿酒厂等4家企业。1990年，全市轻工企业约有606家，产值在5 000万元以上的有枣阳市自行车厂和襄樊市造纸总厂等2家企业，产值在1 000万元—3 000万元之间的有谷城县石花酒厂、襄阳县油脂化工厂、襄樊市酒厂、谷城县蓄电池厂、随州皮件厂、襄樊市五七一〇厂、随州电扇厂、枣阳市北街办厂、谷城县城关三棉厂、襄樊市火柴厂、襄樊市印刷厂、襄樊市化工厂、枣阳市酒厂、襄樊市电池厂、南漳县酒厂、南漳县造纸厂、宜城县酒厂、老河口市酒厂、老河口市柠檬酸厂、枣阳市南街办厂、襄樊市制革总厂等21家企业。

1995年，全市轻工约有259家，产值在2亿元的有枣阳市金兰集团1家企业，产值在1.3亿元—1.5亿元之间的有枣阳市北街办厂1家企业，产值在9 000万元—1.3亿元之间的有枣阳自行车工业总公司、湖北七巧板油脂股份公司等2家企业，产值在7 000万元—9 000万元之间的有中原搪瓷股份公司、襄樊市化工厂、襄阳县综合食品厂等 3 家企业，产值在 5 000 万元—7 000 万元之间的有枣阳厢式汽车厂、枣阳南街办厂、谷城县三棉厂等 3 家企业，产值在 3 000 万元—5 000 万元之间的有襄樊市造纸厂、襄樊市铜版纸厂、襄樊市飞环印务公司、枣阳市啤酒厂、谷城县石花酒厂、襄阳县灯泡厂、襄樊市酒厂、襄樊市酒精厂、谷城县有色金属冶炼厂、谷城县双雄服装厂、枣阳市工业设备公司、枣阳市节能材料厂、随州市皮件厂、襄樊市五七〇厂等 14 家企业，产值在 1 000 万元—3 000 万元之间的有南漳县造纸厂、枣阳市印刷包装股份公司、老河口市精美印务公司、襄樊市玻璃厂、襄樊市火柴厂、枣阳市盐硝厂、枣阳市酒厂、老河口市酒厂、南漳县酒厂、宜城贡酒股份公司、宜城啤酒厂、老河口市冰晶生化公司、老河口市酶制剂厂、谷城县骆驼蓄电池厂、随州皮革制品厂、襄樊市合力集团、随州塑料六厂、随州橡塑制品厂、谷城县泡沫塑料厂、南漳县塑料厂、襄樊市有色金属加工厂、南漳县金属材料厂、随州电扇厂、随州一街综合厂、老河口市黎明公司、枣阳市电器设备厂、谷城县二机厂、谷城县机械厂、谷城县精密铸造厂、襄樊市晴雨伞厂、襄樊市三环拉链厂、襄樊市刺绣厂、随州家电广告业、枣阳市龙口化工厂、枣阳市光武化工厂、枣阳市一色织布厂、谷城县高强瓦楞纸厂、谷城县软木砖厂等 38 家企业。

2000 年，全年轻工企业约有 162 个，完成产值 259 809 万元。产值在 3.3 亿元以上的有枣阳市金兰集团 1 家企业，产值在 1.1 亿元—1.6 亿元之间的有襄樊市化工厂、枣阳市电器设备厂等 2 家企业，产值在 7 000 万元—9 000 万元之间的有襄樊市晨鸣铜版纸公司、襄樊三九酿酒厂等 2 家企业，产值在 5 000 万元—7 000 万元之间的有襄樊造纸厂、枣阳市酒厂、枣阳市厢式汽车厂等 3 家企业，产值在 3 000 万元—5 000 万元之间的有南漳县华海纸业公司、襄阳油脂化工厂、襄樊市酒精厂、襄阳县灯泡厂、枣阳南城塑料厂、枣阳北城塑料厂、枣阳市卷烟材料厂等 7 家企业，产值在 1 000 万元—3 000 万元之间的有枣阳市盐硝厂、老河口市酒厂、燕京啤酒（襄樊）公司、枣阳市啤酒厂、襄樊市飞环印务公司、襄阳县衬衫厂、枣阳市皮革厂、保康神艺家具公司、襄樊市五七一 0 厂、谷城塑化厂、襄樊市合力集团、襄樊市有色金属加工厂、保康百盛门窗有限公司、谷城县机械厂、襄樊市刺绣厂、襄樊市晴雨伞厂、枣阳小车修配厂、枣阳市一砖厂等 18 家企业。

2005 年，全市轻工企业产值过千万的有 19 家企业（据不完全统计）、产值在 1.8 亿元以上的有燕京啤酒（襄樊）公司、湖北金兰集团有限公司等 2 家企业，产值有 1.1 亿元—1.28 亿元之间的有襄樊三九酿酒厂、襄樊乾泰磷化公司、襄樊大枫纸业公司等 3 家企业，产值在 5 000 万元—7 500 万元间的有南漳县华海纸业公司、襄阳县华强照明电器有限公司、湖北蓝带啤酒高利有限公司、襄樊金飞环彩印公司等 4 家企业，产值在 3 000 万元—5 000 万元之间有湖北石花酿酒股份有限公司、中盐枣阳盐化有限公司、襄樊晨鸣铜版纸公司等 3 家企业，产值在 1 000 ~ 3 000 万元之间的有宜城楚都酒业有限公司，宜城长风纸业有限公司、宜城太平水晶工艺品有限公司、南漳县珍珠液酿造有限公司、南漳县东方明珠酒业有限公司、襄樊飞日彩印公司、襄樊金太纸业公司等 7 家企业。

7.外贸出口

1985 年，襄樊轻工产品出口交货值为 3 232 万元。1990 年，产品出口交货值为 7 228 万元，比 1985 年交货值增长 1.24 倍。1995 年，产品出口交货值为 10 367 万元，比 1990 年交货值增长 43.4%。2000 年，产品出口交货值为 1 728 万元。

1986—2005 年，主要生产出口产品的企业及出口产品如下：出口企业总计约有 35 家。他们是：襄樊市刺绣厂、襄樊市电池厂、老河口市玉雕厂、襄樊市化工厂、襄樊市皮件厂、襄樊市味精厂、襄樊市罐头厂、襄樊市卫生纸厂、老河口市五金机械厂、老河口市柠檬酸厂、老河口市栲胶厂、随州市编钟乐酒厂、随州市日化公司油化厂、南漳县造纸厂、南漳县城关粉丝厂、宜城王旗营酒厂、枣阳自行车厂、襄樊搪瓷厂、襄阳县灯泡厂、襄樊市制革总厂、宜城猪棕柒刷出口专厂、襄阳县衬衫厂、枣阳厢式车厂、谷城美术厂、南漳城关绣品厂、南漳县猪棕厂、谷城县康达皮件股份公司、谷城县医用材料厂、谷城县裘皮厂、谷城县西南橡胶厂、谷城县皮革制品厂、谷城县民族帽厂、襄樊市合力集团、老河口市缝纫机厂等。主要出口产品约有49个。它们是:卫生纸、自行车、缝纫机、搪瓷制品、灯泡、电池、罐头、柠檬酸、服装、猪皮革、皮件、毛皮服装、工艺美术品、手工工具、铁丝、元钉、棕刷、五钠、日用杂品、羊皮手套、家具、金属网、伞、白酒、骨粉、骨粒、疗养车、粉丝、塑料拖鞋、玉雕、抽纱刺绣工艺品、花画工艺品、手提箱、日用精铝制品、书写纸、味精、骨胶、栲胶、编织袋、国画、玩具、格衣布箱、港包、布鞋、尼龙草球、地毯、藤编工艺品、火柴、锁等。

8.先进称号

1986—1992年，全市轻工系统有1家企业被授予国家二级先进企业，有2家企业被授予国家二级节能先进企业,有17家企业被授予省级先进企业,有9家企业被授予省级节能先进企业。

襄樊市轻工行业局、协会领导干部情况

表12—23

单位名称	姓名	职务	任职时间
一轻工业局 1983.12—2001.12	芦明祥	局长	1983.09—1985.12
	梁修长	书记、局长	1985.12—1994.12
	朱有学	书记、局长	1995.01—1999.04
	丁远强	书记、局长	1999.05—2001.12
	蔺桂英(女)	副局长	1983.09—1988.05
		副书记	1985.12—1987.10
	胡万昌	副局长	1983.09—1989.08
		副书记	1987.11—1988.10
	郭光福	副局长	1983.09—1989.08
	王静安	副局长	1983.09—1987.12
	杨孝轩	副局长	1988.10—1994.06
		副书记	1988.10—1989.01
			1990.05—1994.06
	黄振栋	副局长	1988.10—1992.06
			1994.06—1997.09
	李玉芳	副局长	1989.08—1994.06
		副书记	1989.01—1990.05
			1992.06—1994.06
	刘建敏(女)	副书记	1989.11—1990.05
	鲁桂枝(女)	副书记	1994.06—1994.12
	赵克忠	副局长	1991.06—1994.06
			1999.05—1997
	喻 奎	副局长	1994.06—1999.04
		副书记	1994.06—1999.04
	芦一平	副局长	1998—2001.12
		副书记	1998.07—2001.12
	鲁桂枝(女)	副书记	1995.01—2001.12

续表 1

单位名称	姓名	职务	任职时间
	张风安	副局长	1997—2001.12
	王正梁	副局长	1997—2001.12
	梁贵南(朝鲜族)	纪委书记	1985.12—1989.08
	刘建敏	纪委副书记	1986.07—1987.10
	刘建敏(女)	纪委书记(组长)	1990.02—1992.03
	朱自强	纪委书记(组长)	1992.06—1994.06
	鲁桂枝(女)	纪委书记(组长)	1994.06—1994.12
	赵承恩(女)	纪检组长	1995.01—1999.04
	肖　保	纪检组长	1999.05—2001.12
	朱自强	工会主席	1989.08—1992.06
	赵克忠	工会主席	1992.06—1994.12
	芦一平	工会主任	1995.01—1998
	肖　保	工会主任	1998.06—1999.05
	樊德新	工会主任	1999.05—2001.12
	陆正元	总工程师	1983.09—1987.12
	黄振栋	总工程师	1992.06—1994.06
二轻工业局 1985.12—1987.10	徐孝经	书记	1985.12—1989.06
		局长	1983.09—1989.06
	陆志天	书记、局长	1989.06—1994.06
	郑忠华	书记、局长	1994.06—1996.09
	涂小山	书记、局长	1996.09—1996.12
	万为斌	书记、局长	1997.04—2001.12
	朱　林	副书记	1986.03—1989.06
		副局长	1985.12—1989.06
	韩顺钧	副局长	1985.12—1990.12
	陈则庆	副局长	1985.12—1989.07
	刘作清	副局长	1985.12—1989.06
	李培巩	副局长	1985.12—1992.07
	汪清华	副书记	1989.06—1995.12
		副局长	1991.09—1995.12
	李昌美	副局长	1989.06—1992.06
	万为斌	副局长	1990.12—1997.04
	吴东泉	副局长	1994.10—2001.12
		副书记	1998.07—1999.12
	唐树金	副书记、副局长	1995.05—1997.12
	郑鄂军	副书记	1999.05—2001.12
		副局长	1999.05—1999.12
	王文峰	副局长	1999.05—2001.12
	郑鄂军	主任	1999.12—2001.12
	吴东泉	副主任	1999.12—2001.12
	范玉莉(女)	纪委书记	1985.12—1989.07
	陈则庆	纪委书记	1989.07—1992.06

续表 2

单位名称	姓名	职务	任职时间
	刘作清	纪检组长	1992.06—1994.07
	毕永贵	纪检组长	1994.07—1997.12
	徐学庆	纪检组长	1998.12—2001.12
	李昌美	工会主席	1985.12—1989.06
	刘作清	工会主席	1989.06—1992.06
			1994.07—1994.12
	赵艾群	工会主任	1995.01—2001.12
	宋克卿	总工程师	1985.12—1992.12
轻工行业协会 2002.01—2005.12	万为斌	书记	2002.01—2004.12
	叶传辉	书记	2005.01—2005.12
		主任	2004.09—2005.12
	丁远强	主任、副书记	2002.01—2002.05
	蔡宗监	主任	2002.12—2004.08
	郑鄂军	主任	2002.01—2004.12
	郑鄂军	副主任、副书记	2002.01—2004.12
	芦一平	副主任、副书记	2002.01—2005.12
	吴东泉	副主任	2002.01—2005.12
	王文峰	副主任	2002.01—2005.12
	张显国	副主任	2002.04—2005.12
	鲁桂枝	副书记	2002.01—2004.12
	叶传辉	副书记	2004.09—2004.12
	肖　保	纪检组长	2002.01—2005.12
	樊德新	工会主席	2002.01—2004.12

六、建材工业

1979 年始，襄樊市直建材工业获得基建投资 5 772.9 万元，襄樊市第一水泥厂、第二水泥厂、第三水泥厂、建筑陶瓷厂、建陶装饰材料厂等先后进行改造和扩建，1981 年，光化水泥厂竣工投产。1985 年，全市建材工业有企事业单位 981 个，职工 6.7 万人，工业总产值 32 117 万元，占全市工业总产值 8.33%。获部优产品 3 个，省优 5 个。“六五”期间，完成科研项目 100 个，其中，5 个被列入国家重点项目，1 项获国家科技二等奖，2 项获省科技二等奖。可生产水泥及其制品，建筑陶瓷及装饰材料、汽车工业配套、耐火保温材料等 7 个系列 114 种产品。

1986 年始，建材工业围绕市场调整产业和产品结构，实施技改引进，大力发展水泥、建筑陶瓷、建筑机械等行业。“七五”期间，实施技改，基建项目共 28 项。累计完成投资 9 924.55 万元。光化水泥厂水泥扩建工、国营漳河机械厂引进 RM 立式磨，RB—4 立式干燥器设计制造技术生产线等一批重点项目相继竣工投产。1990 年，工业总产值 18 744 万元，“七五”期间产值年均递增 15.98%。到 1991 年，有企业 43 家，职工 21 835 人，固定资产净值 33 654 万元。工业总产值 37 536 万元，销售收入 30 917 万元，利税 3 459 万元、利润 1 345 万元。拥有七大类行业 135 种产品，主要产品产量：水泥 124.31 万吨，釉面砖 101.6 万平方米，墙地砖 65 万平方米，石棉制品 4 044 吨。

1992 年始，建材工业企业普遍开展了以股份制改造为重点的企业改革。同时，加大重点行业技术改造，水泥、建筑陶瓷、石棉制品（主要是汽车摩擦材料）、玻璃纤维制品等产业发展较快。1995 年，有企业 31 家，资产总额 155 049.21 万元，固定资产净值 66 393.01 万元，工业总产值 69 127.5 万元，居全省第二位。"八五"时期，完成技改、基建项目 120 个，投入 5.21 亿元，比"七五"时期增长 4.26 倍。工业总产值年均递增 17.85%。比"七五"时期快 1.87 个百分点。主要产品产量：水泥 114.57 万吨、墙地砖 112.18 万平方米、釉面砖 180.54 万平方米、石棉制品 6 321 吨、玻纤布 534 万米。1996 年始，建材工业发展出现结构性分化。水泥、石棉制品、玻璃纤维制品稳步发展，建筑陶瓷、机械等行业逐步萎缩。同时，国有、集体企业效益出现大幅度下滑。1995—2002 年，连续 8 年发生行业性亏损，2002 年。市直 13 家企业有 3 家处于半停产状态，6 家企业已依法破产。其间，伴随着国企改革的深入，民间资本陆续介入建材领域，一批股份制或民营企业（襄樊三利达建材集团有限责任公司、湖北襄樊三全特种建材总公司、襄樊新三利水泥有限公司、湖北宝石水泥集团有限公司、湖北飞龙摩擦材料股份有限公司等）相继创立。2002 年，全市建材工业有企业有 35 家，工业总产值 10.08 亿元，销售收入 7.1 亿元。

2003—2005 年，市直建材工业，通过兼并、收购、重组、破产等多种形式，开展以国有产权基本退出企业，解出国有企业，职工身份为重点的企业改革。在推进国企改革的同时，民间资本开始大规模介入建材行业，湖北华新水泥（襄樊）有限公司、襄樊市广林水泥有限公司、襄樊汇尔杰玻璃纤维有限公司等一批股份制或民营企业相继创立。水泥、混凝土、新型墙体材料、玻纤制品、汽车摩擦密封材料等产业获得快速发展，其中枣阳市汽车摩擦材料已形成产业集群。2005 年，全市规模以上建材企业有 29 家，职工 8 825 人，资产总额 127 677 万元，工业总产值 81 436 万元，销售收入 74 062 万元。形成了水泥及水泥制品，玻璃纤维及玻璃纤维制品，建筑机械及设备，汽车摩擦密封材料，墙体屋面材料，新型装饰材料，陶瓷产品，耐火保温材料，新型墙体材料等工业门类。主要产品产量：水泥 484 万吨，石棉制品 9 890 吨，玻纤纱 907 吨，玻纤布 1 002 万米(见表 12—24、表 12—25）。

襄樊市建材工业主要经济指标

表 12—24　　单位：万元

年份	企业个数	工业总产值	销售收入	利税	利润
1986	—	—	—	—	—
1987	—	—	—	—	—
1988	56	14 127	—	3 332	—
1989	—	16 577.62	—	3 402	—
1990	43	18 774	26 230	2 382	688
1991	43	37 536	3 092	3 459	1 345
1992	43	41 918	39 907	5 064	741
1993	41	53 568	58 806	7 522.18	3 544
1994	34	62 789.2	56 054	4 155.6	497.01
1995	31	69 127.5	—	3 885.22	—309.37
1996	35	73 586	51 676.20	2 142.05	—1 470.18
1997	35	76 328	49 212	2 796	—944
1998	34	79 186	50 392	1 958	—2 056
1999	34	—	—	—	—3 525.86
2000	28	69 500	38 500	—	—1 076.47
2001	—	61 025	30 240.65	—	—3 897.43

续表

年份	企业个数	工业总产值	销售收入	利税	利润
2002	35	100 791	70 986.54	—	—1 652
2003	—	53 525	55 847	3 554	219
2004	—	76 204	64 719	4 462	632
2005	—	33 978	30 639	896	—821

襄樊市建材工业主要产品产量

表 12—25

年份	水泥(万吨)	墙地砖(万平方米)	釉面砖(万平方米)	玻纤布(万米)	石棉制品(吨)	玻纤纱(吨)
1985	94.5	—	—	—	—	—
1986	124.31	65	101.6	—	—	—
1987	—	—	—	—	—	—
1988	111.1	33.6	73.6	—	3 708	—
1989	106	46.01	59.82	171	4 181	419
1990	114.57	53.18	74.36	250	4 343	—
1991	—	—	—	—	—	—
1992	137.11	100.92	115.52	—	4 808	—
1993	145.83	135.21	130.89	528	6 371	—
1994	141.88	112.68	180.54	534	6 321	—
1995	—	—	—	—	—	—
1996	139.18	207.9	33.45	641	4 534	2 506
1997	160.04	143.49	18.76	508	4 124	2 070
1998	199.91	121.7	—	414	5 010	1 009
1999	—	—	—	—	—	—
2000	194.98	—	—	898	4 174	1 340
2001	177.49	—	—	486	5 701	714
2002	134.8	—	—	478	7 976	389
2003	136	—	—	—	—	—
2004	—	—	—	—	—	—
2005	484	—	—	1 002	9 890	907

注:1986—1990 年,工业总产值按 80 不变价统计;1993 年全口径工业产值 227 590 万元;1997 年开始统计工业增加值;2002 年为冶金建材合并后的数据;2003—2005 年,为冶金建材合并后市直数据;"七五"期间工业总产值年平均递增速度为 15.98%。

(一)水泥工业

1979 年始,水泥行业实施全面技术改造,引进先进的工艺和设备,开发新产品,获得较快发展。1981 年,设计生产能力 26 万吨的湖北光化水泥厂竣工投产。1985 年,全市有水泥企业 36 家,拥有捷克回转窑 2 套、普通和机械立窑 44 座、水泥磨机 70 台,水泥产量 100 万吨,工业总产值 2 252 万元。

1986 年,全市有水泥行业从业人员 5 266 人,水泥产量为 94.5 万吨,完成工业总产值 2 702 万元,占建材工业总值的45%。1988年始,进入立窑发展为主的快速增长期,新型干法水泥工艺技术在我市起步。水利、交通、人防等系统单位自办水泥厂,全市有水泥企业12家、立窑14台。1990年,水泥市场疲软,水泥滞销严重,部分企业处于半停产状态,年产量仅有137.94万吨。1992年始,水泥行业大力发展新型干法水泥,襄樊市第一水泥日产600吨熟料五级旋风预热器窑新型干法水泥生产线,邓林水泥厂、老河口水泥厂两家企业日产300吨熟料五级旋风预热器窑生产线等一批重大项目相继竣工投产。2003年,全市水泥生产136万吨,其中新型干法水泥比重达到18%。其间,通过企业改制,襄樊市第一水泥厂、襄樊市第二水泥厂、湖北光化水泥厂等一批企业先后被改制、重组、收购或破产。襄樊新三利水泥有限公司、襄樊新隆中水泥有限公司、襄樊市广林水泥有限公司、襄樊汉江水泥有限公司、襄樊浦华建材有限公司、湖北襄樊特种水泥有限公司、湖北宝石水泥集团有限公司、老河口兰河水泥有限公司、老河口鹏程水泥粉磨有限公司:老河口鑫昌回天水泥厂、湖北华新水泥(襄樊)有限公司、湖北水镜水泥股份有限公司、湖北枣阳真龙水泥有限公司、枣阳葛州坝水泥有限公司、谷城县征天水泥制造有限公司、保康荆山水泥有限公司、湖北邓林农场山马水泥厂等一批股份制或民营企业相继创立。2005年,全市有水泥企业20家(生产线31条),其中规模以上企业17家,职工6 494人,资产总额104 548万元,工业总产值65 729万元,销售收入58 981万元。水泥产量484万吨,其中:干法生产水泥产能达到35%。

湖北宝石水泥集团有限公司(原湖北省光化水泥厂):1969年,建材部计划投资2 600万元建设的光化水泥厂动工兴建,年设计生产能力26万吨,1981年,竣工投产(实际投资5 042万元)。1985年,425# 水泥获省优产品称号。同年,产量31万吨,由省下放到老河口市管理。同年,由国家建材局和湖北省共同投资投资4 100万元扩建年产熟料19.3万吨、水泥23万吨的3.5m×145m新型窑生产线(该项目1987年竣工,1988年投产,1989年通过国家验收)。1993年,进入湖北省建材行业50强企业。1995年11月,投资9 000多万元,列入国家建材局"八五"节能技术改造示范工程的全国第一条干湿混合法水泥生产线竣工投产。1997年3月7日,项目通过国家建材局验收。项目投产后企业一跃成为鄂西北地区生产规模最大、技术水平最高的旋窑水泥骨干企业。1999年9月,国家经贸委推荐湖北宝石水泥集团有限公司作为债转股试点企业。2000年7月,5家债权人与公司签订债转股协议。共同投资1.5亿元,组建湖北宝石集团光化水泥有限责任公司,并将湖北宝石水泥集团有限公司在工行、建行、农行的贷款本息余额6 023万元和中央级、省级"拨改贷"本息余额3 986万元,分别转为债权人对该公司的股权。按协议湖北宝石水泥集团公司的债务利息停止支付,成为全省建材行业扭亏脱困先进企业。同年11月,列为全国第二批债转股企业;12月,新组建的湖北宝石集团光化水泥有限责任公司正式成立;同年,被认定为湖北省企业技术中心,"宝石牌"水泥及产品通过ISO 9001:2000版质量管理体系和产品质量双认证,取得国家产品质量"椭圆"认证标志。2003年,企业租赁给福建客商——老河口市吉港宝石水泥公司经营。2005年3月,投资8 083万元实施"600吨/日的湿法窑改为1 800吨/日的新型干法窑熟料生产线项目改造"。产品广泛用于汉十高速公路、襄荆高速公路、许樊高速公路、西合铁路、汉丹铁路复线、襄渝铁路复线、陡岭子水电站等国家重点工程,2005年,有职工798人,资产总额11 162万元,工业总产值16 000万元,销售收入15 000万元。

湖北华新水泥(襄樊)有限公司:2005年,湖北华新水泥(襄樊)有限公司兴建。2005年3月30日,华新水泥一期投资4亿元在襄樊南漳兴建日产4 000吨熟料水泥生产线。2005年,有职工260人,资产总额41 422万元,工业总产值9 922万元,销售收入9 850万元。

襄樊新三利水泥有限公司(原三利达建材集团的水泥公司):2002年4月,租赁湖北三利达水泥股份有限公司的资产后成立襄樊新三利水泥有限公司。主要产品:水泥。2005年,有职工642人,资产总额8 027万元,工业总产值7 547万元,销售收入5 200万元。

(二)摩擦材料

1981 年,湖北石棉制品厂建成投产,主要生产汽车刹车片等石棉制动制品,为“二汽”配套。1985 年,全市石棉制品业固定资产 1 992 万元,职工 1 438 人,实现工业总产值 1 780.63 万元,实现产品销售收入 1 739.69 万元,销售税金 91.66 万元,实现利润 290.15 万元。

1986 年, 实现工业总产值 1 956.09 万元, 实现产品销售收入 1 676.02 万元, 销售税金 84.58 万元,实现利润 232.41 万元。1993 年始,全市石棉制品业围绕汽车产业大力发展汽车摩擦材料。湖北飞龙摩擦材料股份有限公司、枣阳市兴亚摩擦材料有限公司、枣阳市福星摩擦材料有限公司、枣阳市华龙摩擦材料有限公司、枣阳神虎摩擦材料有限责任公司、枣阳市群益摩擦材料有限公司、枣阳神龙摩擦材料有限公司、枣阳金环摩擦材料有限公司:枣阳聚巨龙摩擦材料有限公司、枣阳正华摩擦材料有限公司、枣阳中天摩擦片有限公司等一批骨干企业迅速崛起。产品门类由单一的刹车片发展到制动蹄总成、离合器等系列产品,摩擦材料产业集群在枣阳市逐步形成。2005 年,全市摩擦材料企业有 34家,其中枣阳市区内有摩擦材料企业 23 家。资产总额 4 亿元左右,从业人员 7 000 多人,销售 84 000万元,利润 7 300 万元。年生产能力 10 万吨以上,主要产品产量:刹车片 9 万吨,离合片 1 500 吨。

湖北飞龙摩擦材料股份有限公司(原名湖北石棉制品厂):1970 年兴建,1981 年建成投产。主要生产汽车刹车片等石棉制、动制品,为“二汽”配套。1990 年后,更名为湖北摩擦密封材料总厂。1998 年,由湖北摩擦密封材料总厂改制为“湖北飞龙摩擦材料股份有限公司”,是生产和销售摩擦材料的专业企业。主要产品:汽车用制动器衬片、离合器面片、轿车前盘及后鼓制动器衬片等共 800 多个品种,产品设计能力 1.5 万吨 / 年。

1988 年,湖北石棉制品厂研制的 EGB 型玻纤布汽缸垫、制动摩擦法双层热压拉焊模产品获湖北省科技进步二等奖。140 型汽车垫片产品获省优。1989 年,湖北石棉制品厂产品有 2 项获部级科技奖、2 项获省科技进步奖、7 种产品获省优秀新产品“金鹤奖”和省建材新产品“双鹤奖”,2 种产品获全国发明奖。1990 年 5 月,与意大利博法集团 ALA 公司达成合资生产轿车盘式刹车片项目,经湖北省经委批准立项。1991 年 5 月 27 日,双方在襄樊签订了合资协议,项目总投资 341 万美元,生产规模为年产轿车前盘 60 万套。产品使用意大利商标,返销 50%,返销期 5 年。1992 年,与意大利博法集团 ALA 公司达成合资生产轿车盘式刹车片协议。同年,无石棉海泡石摩擦材料获湖北省建材行业新产品双鹤。1992 年, 开发成功 EQ—145 型 6 吨平头柴油载重车用摩擦片, 顺利通过了美 DOT 规范道路试验,其技术性能达到世界先进水平,1992 年 1 月 16 日,湖北摩擦密封材料总厂和湖北非金属地质公司联合招标承担的省重点科技攻关项目——无石棉海泡石摩擦材料的应用研究,在武汉通过了省科委主持的技术成果鉴定。项目获国家专利,并被列入国家“八五”火炬计划。1993 年, 从美国引进 1 台 D—1500 型轿车、轻型车摩擦材料试验台。同年,“引进鼓式刹车片生产技术与装备”通过省级验收。“无石棉海泡石摩擦材料”项目,经鄂科技〔1993〕013 号文批准, 进入国家级火炬计划。1994 年,“HW—Z 制动衬片”“GZ 型复合板材气

图 12—18　湖北飞龙摩擦材料生产车间

缸垫”“缠绕离合器摩擦片”通过省级鉴定。1995 年，自行研究开发国家级新产品 HW—Z 制动衬片投入规模生产。1995 年 6 月，据国家经贸委（国经贸技 E〔1995〕3231 号）文件批准：产品列入 1995 年度国家级新产品试产计划。同年，引进轿车前盘后鼓无石棉刹车片、离合器面片生产线进入国家“双加”工程项目笼子。项目总投资 12 124 万元，1996 年 12 月，破土动工。2001 年 4 月，盘式片生产线投入批量生产，形成 30 万套 / 年的生产能力，产品品种达 30 多种。1998 年，据国家经贸委《关于下达 1998 年国家级重点新产品试产计划的通知》，JZ 型复合板材汽缸垫批准为 1998 年度国家级重点新产品试产计划。1999 年 8 月，HQ—3 制动衬片被国家经贸委专家评审认定为 1999 年度国家级新产品。1999 年 12 月 8 日，企业技术中心被湖北省经贸委确认为第二批省级企业技术中心，先后取得 40 多项科研成果。产品曾先后被有关部门授予“中国畅销品牌”“全国质量信得过产品”“湖北名牌产品”等荣誉称号。“隆中”牌系列摩擦材料产品成为湖北省精品名牌。产品畅销全国 30 多个省（市），并出口新加坡、中东、美国、加拿大等国家和地区。1997 年，通过 ISO 9001 标准质量体系认证。2001 年，通过 QS 9000 认证。2005 年，有职工 700 人，资产总额 9 995 万元，工业总产值 6 915 万元，销售收入 7 000 万元。

（三）建筑陶瓷

1979 年，市一砖瓦厂陶瓷车间试制成功“低温快烧成硅灰石质釉面砖”。1980 年，投入批量生产。同年，在市一砖瓦厂陶瓷车间基础上组建“襄樊市建筑陶瓷厂”，在襄樊市第二砖瓦厂基础上组建“襄樊市建陶装饰材料厂”，部分县也先后开办了一批建筑陶瓷厂。1984 年，襄樊市建筑陶瓷厂釉烧隧道窑建成投产。同年，投资 580 万元，年产 50 万平方米的“低温快烧成硅灰石质釉面砖”生产线建成。襄樊市建陶装饰材料厂炻质彩釉墙地砖形成 10 万平方米生产能力。1985 年，全市建筑陶瓷工业：固定资产 1064.7 万元，釉面砖产量 55.24 万平方米，产值 441.67 万元，销售收入 647.80 万元，利税 133.25 万元。建筑装饰陶瓷行业：有企业 12 家，职工 2 700 人，产值 1 280 万元。同年，襄樊市建陶装饰材料厂从意大利引进年产 30 万平方米墙地砖生产线关键设备（800 吨自动压砖机）。1986 年，竣工投产，形成年产 40 万平方米的生产规模。1986 年始，国家经委、国家建材局先后投资 1 073 万元，为襄樊市建筑陶瓷厂引进意大利的双层辊道窑、自动压砖机等具有八十年代的先进的设备和技术，使该厂釉面砖年生产能力达到 150 万平方米。同年，谷城县建筑陶瓷厂从县砖瓦厂分离成专业生产建筑陶瓷企业，（该厂 1987 年引进意大利唯高公司 800 吨压力机，自带立式干燥器，一期工程于 1988 年 7 月建成投产，二期工程在 1999 年完成，初步形成年产 60 万平方米的彩釉墙地砖的生产规模。1994 年 8 月意大利唯高公司 1 500 万元兴建的无釉胴体砖生产线投产，达到年产 50 万平方米“无釉胴体砖”的能力）。1991 年，襄樊市建陶装饰材料厂投资 1 331 万元的年产 60 万平方米彩釉墙地砖生产线开工建设（1995 年 2 月竣工投产，1996 年通过省级验收，形成年产 80 万平方米的生产规模）。1994 年，企业更名为“襄樊市金龙陶瓷厂”。1995 年，全市建筑陶瓷产能达到 400 万平方米。1996 年始，建筑陶瓷相继停产或改制，建筑陶瓷日趋萎缩，2000 年，随着民间资本的介入，建筑陶瓷开始恢复性增长。2005 年，全市规模以上的陶瓷生产企业 3 家，即襄樊威斯特陶瓷公司、谷城南沣瓷业公司和谷城锦昌建筑陶瓷有限公司，从业人员共 3 260 人，三家企业各有一条陶瓷生产线，产能总计 700 万平方米，当年实际生产产品 600 万平方米，产品规格 500mm × 500mm 地板砖，实现工业总产值 6 000 万元。

（四）玻璃纤维及制品

1970 年，襄樊市玻纤厂成立，两年后建成一条玻纤制品生产线。主要生产玻纤纱及相关制品。

1985 年,与北京建材研究院共同研发成功抗碱玻璃纤维并通过部级鉴定。产能 300 吨。年底,有职工 317 人,产值 171 万元。1986 年,全市玻纤及制品生产行业有企业 5 家,玻纤企业 2 家(市区襄樊市玻纤厂和老河口市玻纤厂),玻璃钢制品生产企业 3 家,主要分布在襄樊市区及老河口市,基本都是手工操作,工艺简单的小规模作坊。年生产玻纤纱 125 吨、玻纤布 90.7 吨、玻璃钢制品 99.6 吨,工业产值 228 万元,职工 650 人。1992 年始,通过企业改制和发展,襄樊市玻纤厂、老河口市玻纤厂等企业先后重组或破产,襄樊市杰帮玻纤有限公司、老河口德信玻纤有限公司等股份制或民营企业相继创立。2005 年,全市玻纤及制品生产企业 21 家,其中玻纤企业 2 家、玻璃钢制品企 19 家。资产总额 5 000 万元,从业人员 1 500 名,工业产值 6 500 万元,工业增加值 3 000 万元,实现利税 2 000 万元,出口创汇 740 万元,年生产玻纤布 1 500 万米、玻纤纱 1 200 吨、玻璃钢制品 500 吨。

襄樊汇尔杰玻璃纤维有限公司:原襄樊市杰帮玻纤有限公司(2002 年,收购原襄樊市玻璃纤维厂的基础上组建)。主要产品:特种玻璃纤维(耐碱玻纤),主要产品产量:玻纤布 1 100 万平方米,玻纤纱 1 200 吨,耐碱玻纤产能量 3 000 吨 / 年,生产规模在全省排名第一。产品出口占全省同行业的 80%以上。主要设备有:铂金锅 50 台、拉丝设备 50 台套、配绕捻线机 7 台套、电脑纺织机 50 台套、剑材织布机 20 台套。2005 年,有职工 430 人,资产总额 1 989 万元,工业总产值 5 060 万元,销售收入 4 800 万元。

(五)新型墙体材料与建筑节能

1979 年始,襄樊只有传统的建筑材料生产企业,还没有新型墙体材料与建筑节能产业。1994 年,市万襄新型建材有限公司投资 1 400 万元开发出自重轻、承载能力大、隔热防水等良好性能还可节约使用面积 13%的第五代“万创板”——钢丝网架聚苯乙烯夹芯板,属国家专利产品,被应用于襄樊供电调度大楼、武汉广场等大型工程项目,并远销安徽、上海等地。1996 年,从襄樊市建材工业总公司抽出专人筹备墙体材料革新工作。当年,新型墙体材料生产企业 17 家,年产能 1.4 亿块。1997 年 2 月,成立了襄樊市墙体材料革新领导小组,设立襄樊市墙体材料革新办公室。

2000 年 10 月,襄樊发电有限责任公司引进两台 FXⅢ—25 型分选设备在天健实业有限责任公司投入运行,年产粉煤灰 60 多万吨,同时配有 6×100 吨 / 小时汽车散装设备和 2×400 吨 / 小时火车散装设备,保证每天 5 000 吨的灌装能力。高质量粉煤灰应用于三峡大坝、龙滩大坝、水布垭大坝等特大工程。

2002 年,襄樊市国辉新型建材有限公司投资 800 多万元,兴建蒸压粉煤灰标砖和砌块生产线各一条,年产量达 10 万立方米,是鄂西北地区首家生产蒸压粉煤灰砖(砌块)企业。

2004 年,新型墙体材料生产厂家增加到 89 家,年产新型墙体砖达 10.5 亿块,应用率由 1997 年的 2.8%上升到 25%,新型墙材品种扩展到粉煤灰砖、免烧承重砖、钢丝网架复合夹芯板、硅镁轻重条板等 10 多个。关闭了小砖厂 102 余家,黏土砖产量减少到 26 亿块。

2005 年,全市新墙材企业发展到 221 家,实际产能 16.11 亿块,仅市区(含襄阳区)砖机设备达 87 台(套)。黏土砖产量压减到 15.89 亿块,实心黏土砖逐步退出市场。2005 年 3 月,襄樊市墙体材料革新办公室机构职能和人财物整体划转归口市建委管理。

襄樊天健实业有限责任公司:2006 年组建,隶属于襄樊发电有限责任公司。主要从事粉煤灰生产和综合利用。2000 年 10 月,引进两台 FXⅢ—25 型分选设备投入运行,年产灰量 60 多万吨,同时,配有 6×100 吨 / 小时汽车散装设备和 2×400 吨 / 小时火车散装设备,保证每天 5 000 吨的灌装能力。高质量粉煤灰应用于三峡大坝、龙滩大坝、水布垭大坝等特大工程。2005 年,有职工 60 人,资产总额

4 567 万元，工业总产值 1 172 万元，销售收入 1 120 万元。

（六）其他建材工业产品

1.建材机械

1986 年始，全市有湖北襄重工业集团、襄樊辊道窑设备厂、襄樊日辉工业窑炉有限责任公司等企业生产建材机械，主要产品有立式磨、立式干燥器、陶瓷墙地砖模具、辊道输道器、退火炉等。2005 年，湖北襄重工业集团、襄樊辊道窑设备厂等企业先后破产，襄樊恒重集团有限公司等民营企业相继创立。2005 年年底，全市建材机械生产企业 4 家，固定资金 2.4 万元，产值 2.5 亿元 / 年，职工人数 3 000 人。

襄樊恒重集团有限公司：2005 年，在原湖北襄重工业集团依法破产的基础上由自然人组建的民营企业。主要产品：水泥机械（立式磨、立式干燥器）、陶瓷机械（陶瓷墙地砖模具、墙地砖生产线输送器）、塑料制品（塑料打火机）、五金水暖器材、民用液化气等。2005 年年底，拥有机械加工设备 528 台，有职工 1 374 人，资产总额 21 375 万元，工业总产值 2 278 万元，销售收入 2 050 万元。

2.水泥制品

1979 年，水泥制品产品有桥梁及水泥枕件、电杆、排水管、楼板等产品，1985 年，有企业 6 家，职工 4 838 人，产值 3 298 万元。1986 年，境内水泥制品企业 6 家，铁道部大桥工程局谷城桥梁厂主要生产铁路桥梁及水泥枕件，市区及各县、市规模以上的水泥制品企业有 5 家（全民所有制企业 3 家、集体所有制企业 2 家），主要产品为各类预制板、屋面板、离心水泥管、水泥电杆及各种规格的建筑预制构件。职工 1 180 人固定资产 556 万元，水泥制品产量 14 016 万立方米，水泥电杆 2.4 万根，水泥管 ф145 千米，工业产值 964 万元。2005 年，水泥制品企业约 30 家，其中规模以上企业 8 家、小型水泥制品企业 22 家，资产总额 3 800 万元，年生产产值 1.2 亿元，从业人员 850 人。

3.石灰

1979 年始，石灰行业发展很快。1985 年，有企业 140 个，职工万余人，资产 6 300 万元，设备 1 800 台（套）产值 1 900 万元。1986 年，市区的市石灰厂，襄北石灰厂（属省劳改局）市青山石灰厂（后改为青山化工厂）等不断改造扩产，石灰产品供不应求，襄阳县石灰厂新建一座立窑，境内各地先后新上简易土窑 16 座，满足城乡建设的需求。1990 年始，石灰行业发展出现萎缩。1992 年，襄樊市石灰厂并入襄樊三利达集团公司。1995 年，全市石灰生产企业 24 家，机立窑生产 8 家，简易土窑企业 16 家，固定资产约 1 200 万元，从业人员 3 000 人，石灰产量 22 万吨 / 年。襄北石灰厂，市青山石灰厂对石灰产品再次深加工，开发研制出化工产品辅助材料。2000 年，省市政府为保护襄城南部山体，停止矿山开采，市区 5 家石灰厂先后停产或转产，市青山石化工厂于 2002 年破产，市石灰厂于 2005 年随三利达集团公司依法破产。2005 年，全市石灰生产企业 16 家（其中规模以 6 家）资产总额 1 800 万元，石灰产量 30 万吨，从业人员 1 200 人。

4.砖瓦制造

1979 年始，砖瓦制造推行“一次码烧工艺”，1980 年，市一砖瓦厂购买省一建公司关闭的砖瓦厂，扩建组建为“襄樊市第二砖瓦厂”。1985 年，襄樊市公安局劳改砖瓦厂更名为“襄樊市第三砖瓦厂”。1985 年，有企业 18 个、轮窑 32 座、隧道窑 2 座，共 774 门。资产 2 914 万元，产值 3 442 万元，主要生产红砖、红瓦。1986 年始，襄樊市合成建材厂（原市一砖瓦厂）、襄樊市第二砖瓦厂、襄樊市第三砖瓦厂，枣阳市、襄阳县、南漳、保康、谷城、老河口砖瓦厂经扩产改造，产量大幅度提高。1990 年，全市共有砖瓦生产企业约 50 家，其中年产 2 000 万块以上砖瓦生产企业 12 家、小型企业 38 家，年生产黏土砖瓦 5 亿块，从业人员 3 000 人。

"八五"期间，市直及县属砖瓦企业，由单一的砖瓦生产，逐步发展到陶瓷，墙地砖、水摩石、釉面砖、仿古瓦、马赛克等装饰产品。市建材总厂将陶瓷车间单独分离，成立"市建筑陶瓷厂"，市第二砖瓦厂更名为"市建陶装饰材料厂"，1996 年，更名为"市金龙陶瓷厂"。谷城砖瓦厂 1986 年将陶瓷车间分离，组建"谷城县建筑陶瓷厂"，枣阳市砖瓦厂"厂内外办厂、多元化经营"，得到滚动发展。

1997 年，市政府"关于禁止使用实心黏土砖的通知"，各个砖瓦企业逐步停止黏土砖瓦的生产，调整产品结构生产适应市场对路的陶瓷和其他产品，先后共有 20 家砖瓦企业被关停。2005 年，全市黏土砖瓦企业有 30 家，其中年产 2 000 万块以上有 5 家，年生产黏土砖瓦 2.5 亿块，产值 1.5 亿元，从业人员 2 000 人。

5.耐火、防水、保温材料

（1）耐火材料

1979 年，境内有耐火材料企业 2 家，生产耐火粉和耐火砖。1985 年，有企业 3 家，即市耐火材料厂、市第二耐火材料厂（属襄城区）和谷城县耐火材料厂。市耐火材料厂是全省建材耐火材料行业生产规模最大，生产能力最强的企业，与中国建材研究院共同开发的致密型高致密型锆英石耐火砖属国内首创，填补我国耐火材料的一项空白，该产品通过部级鉴定，获国家科技进步二等奖，湖北省新产品创新一等奖，优秀产品"金鹤奖"。市第二耐火材料厂和谷城耐火材料厂主导产已为高铝耐火材料，2000 年，襄樊市耐火材料厂申请依法破产。

（2）防水材料

1979 年，境内有防水材料企业 3 家。1985 年，有企业 6 家。生产油毡 13.9 万卷、版纸 2 587 吨、防水油膏 100 吨。1986 年始，全市仅有 2 家版纸油毡厂，主要生产建筑屋面的防水材料，1995 年始，从山东等外地引进油膏防水卷材生产工艺技术，其油膏和玻纤布混合使用防水工程上，防水卷材通过油膏粘连在屋面上。2000 年，开发引进一种 SBS 防水材料，通过热力将防水材料粘连在屋面，完成堵漏等工序，且能减轻劳动强度，减少环境污染。2005 年，境内防水材料生产企业有 12 家，均是个体民营生产产品挂靠山东寿光防水材料生产厂家，年生产防水材料 200 吨，从业人员达 260 人。

（3）保温材料

1979 年，有企业 2 家。1985 年，有企业 5 家。生产膨胀珍珠岩粉、珍珠岩水泥制品、硅酸盐耐火纤维等产品，1986 年，建筑专业保温材料生产企业有 2 家（襄阳县保温材料厂、谷城石花保温材料厂），市石棉厂生产保温隔热泡沫石棉制品，市耐火材料厂生产漂珠隔热保温砖。

6.建筑玻璃

1978 年，襄樊胺瓶厂定点转产，建成一条压花玻璃生产线，更名为襄樊市第二玻璃厂。1984 年，更名襄樊市平板玻璃厂。同年，生产压花玻璃 15.27 万标箱、平板玻璃 36.28 万标箱，累计产值 848 万元。1985 年始，由于生产不景气，1987 年，该厂被湖北石棉制品厂兼并，后更名襄樊市东神摩擦密封材料有限公司，生产汽车摩擦材料配套产品。

（七）行业管理

1.管理体制

1979年，襄阳地区基本建设委员会设立建材科。1980年，襄樊市革命委员会建筑材料局更名为襄樊市建筑材料局，1980年，襄阳地区建筑材料工业局成立，1983年，地、市合并后，市建材局更名为襄樊市建材工业公司。1984年，更名襄樊市建材工业总公司。1986年，襄樊市建材工业有襄樊市建材工业总公司统一管理和协调。2001年11月1日，《襄樊市市级机构改革实施意见》中将建筑材料工业总公司、冶金工业公司合并，改为市建材冶金行业协会。2002年1月16日，批准《襄樊市建材冶金行业协会职能配置、内设机构和人员编制方案》。协会为正县级事业单位，由市经济贸易委员会管理，负责全市建材冶金行业协调管理。

2.企业改革

1979年，建材行业先后进行了扩大企业自主权、承包经营责任制、三项（劳动、分配、人事）制度、公有民营、股份制、现代企业制度、兼并、破产、重组等一系列的企业改革。2003—2005年，根据《中共襄樊市委襄樊市人民政府关于加快市直国有企业改革的若干意见》，在市直国有集体建材企业，开展了以国有产权基本退出企业，解出国有企业职工身份为重点的企业改革。具体企业改制情况是：

襄樊市第一水泥厂（原襄阳县水泥厂）：1958年兴建，年设计生产能力3.2万吨。1960年，建成投产。1964年5月，更名为襄樊市地方国营水泥厂。1972年，产量达到设计能力，1985年，职工821人，生产规模形成了17.6万吨的年产量，当年，实际生产水泥15.2万吨，工业总产值1 136.9万元，实现利税总额80.2万元。1988年，生料磨外加烘干仓获省科技进步二等奖。1989年，更名为“襄樊市第一水泥厂”。1990年，“隆中”牌4254矿渣硅酸盐水泥创省优产品。1992年，投资3 840万元兴建日产600吨熟料五级旋风预热器窑技改项目（1994年5月10日竣工投产，1995年，通过专家验收，生产规模达到年产45万吨）。同年，以襄樊市第一水泥厂为核心层企业，兼并襄樊市散装水泥中转库，襄樊市散装水泥车队，襄樊市石棉厂、襄樊市石灰厂组成企业集团。1994年6月8日，成立“襄樊三利达建材（集团）公司”，同年，晋升为国家大型二档企业。1995年，通过ISO 9000质量体系认证。1996年，改制更名为“襄樊三利达建材集团有限责任公司”，并将原集团所属单位改制为具备独立法人地位的（股份）有限公司。相继成立了湖北三利达水泥股份有限公司，襄樊三利达复合绝热材料厂，襄樊三利达集团石灰厂，襄樊三利达襄南宾馆有限公司，襄樊三利达储运有限公司，襄樊三利达包装制品有限公司，襄樊三利达实业开发有限公司等七家分公司。其中：湖北三利达水泥股份有限公司在湖北省工商局注册成立。1997年，日产600吨熟料五级旋风预热器窑技术项目获湖北省科技进步三等奖。1998年，“隆中”牌425#矿渣水泥获准国家质量认证，同年，完成生料系统和旋窑窑体技术改造项目。2001年，投资40万元完成水泥生产线项目改造。2002年，完成磨机减速机、破碎机、1号窑项目改造。2002年4月，湖北三利达水泥股份有限公司租赁给广东省高要市禄步飞鹿水泥厂经营。2003年2月（市直国有企业改制时），有职工1 261人，资产总额15 581万元，负债10 847万元，资产负债率69.4%。2004年5月，湖北三利达水泥股份有限依法破产重组，组建“襄樊新三利水泥股份有限公司”。其他几家分公司（襄樊三利达公司石灰厂、襄樊三利达建材集团有限责任公司、襄樊三利达复合绝热材料厂也先后依法破产）。2005年，与市土地储备中心签订土地资产收储合同。

襄樊市第二水泥厂（原庞公水泥厂）：1971年兴建，1972年，更名为襄樊市人防水泥厂，年设计生产能力1万吨。1980年，试制成功以化工生产排放磷石膏为原料的硫铝酸水泥，1982年，通过专家鉴定后投入批量生产。1983 年,产品获市科技进步一等奖。1984 年,获省科技成果二等奖。同年,更名为襄樊市第二水泥厂。1985 年,生产能力 4.4 万吨。1986 年,有职工 350 人,生产水泥 5 万吨,工业产值 270 万元。1988 年,投入 200 万元对水泥生产线进行工艺改造,使年产能达到 6.8 万吨。1988 年 7 月,经市政府批准兼并市玻璃纤维厂,1989 年, 研制利用磷石膏作为水泥复合矿化剂获湖北省科技进步三等奖。1990 年,“岘山”牌 4254 矿渣碱酸盐水泥获省优产品称号。1992 年,更名为“襄樊市建筑复合材料总厂”。1993 年,实施公司制改造,1994 年,更名为“襄樊三全特种建材总公司”,属省中型一档企业。同年,兼并市新型建筑材料制品厂,同时,升格为国家大型二档企业。1997 年,由集体所有制改制为国有企业。1998 年,与上海洋泾水泥厂合资的年产 5 万吨特种水泥生产线和多孔轻质隔墙板生产线、玻纤窑炉技术改造项目相继竣工投产,同年,“岘山”牌 425# 矿渣水泥获准国家质量认证。2001年,投资 70 万元完成水泥生产线改造。2002 年,襄樊市玻璃纤维厂从襄樊三全特种建材总公司分离,成为独立法人企业。2003 年,三全特种建材总公司水泥生产线租赁给广东业主经营,成立“襄樊市广林水泥有限公司”。同时,对租赁生产线实施改造。2003 年 2 月(市直国有企业改制时),处于半停产状态。有职工 1 138 人,资产总额 6 367 万元,负债 9 512 万元,资产负债率 149.4%。2005 年 6 月,襄樊三全特种建材总公司依法破产。2005 年,与市土地储备中心签订土地资产收储合同。

襄樊市第三水泥厂(原襄樊市矿渣硅酸盐水泥厂):1975 年兴建,年设计生产能力 4.4 万吨。1984 年,更名为市第三水泥厂,后更名为国营隆中水泥厂。1985 年,投资 287 万元,对生产线进行技术改造,年生产能力达到 8.8 万吨。1986 年,生产水泥 6.5 万吨,实现工业总产值 292 万元。1989 年 12 月,被确定为全国首批 22 家机立窑综合节能技术改造示范线。1990 年,投资为 206 万元(其中国家能源投资公司节能专项贷款 100 万元、企业自筹 106 万元) 机立窑综合节能技术改造示范线开工兴建(1992 年竣工,1992 年 7 月 9 日通过国家验收)。1992 年,“三顾堂”牌 425# 矿渣硅酸盐水泥被评为省优产品。1993 年,成为湖北省分行业 50 强企业。1994 年,机立窑综合节能技术获湖北省科技进步三等奖。1998 年,“三顾堂”牌 425# 普通水泥获准国家质量认证。2000 年,租赁给外商经营。2003 年 2 月(市直国有企业改制时),有职工 921 人,资产总额 4 434 万元,负债 3 782 万元,资产负债率 85.29%。2004 年 3 月,市国企改革领导小组批复同意该企业破产预案。2005 年 9 月,依法宣告破产。2005 年,与市土地储备中心签订土地资产收储合同。

襄樊陶瓷(集团)公司:1992 年 11 月 25 日,经襄樊市人民政府批复,襄樊陶瓷(集团)公司正式成立(由原陶瓷厂、建材总厂、金龙陶瓷厂为核心层企业,辊道窑厂、劈离砖厂、建筑材料厂为松散型企业组建),集团成立后运行不到半年,几家松散型企业相继分离独立,集团公司实际仅有陶瓷厂、建材总厂两家企业。同年,金属瓷质砖项目进入湖北省重点科技攻关计划;低温高乳浊釉料中间试验通过省级鉴定;“万山”牌釉面砖被评为全省用户满意产品;企业晋升为国家大(二)型企业。1994 年,低温高乳浊釉料中间试验获湖北省科技进步三等奖。1997 年,全面停产。1999 年 7 月,襄樊陶瓷(集团)公司依法破产。2003 年 2 月(市直国有企业改制时),企业破产尚未结案。有职工 1 773 人,账面资产总额 7 554 万元,实际资产总额 1 779 万元,负债 13 291 万元,资产负债率 176%。2005 年,与市土地储备中心签订土地资产收储合同。

襄樊市建筑陶瓷厂:1979 年, 市一砖瓦厂陶瓷车间试制成功低温快烧成硅灰石质釉面砖,1980 年,投入批量生产。同年,在陶瓷车间基础上组建襄樊市建筑陶瓷厂。1984 年,釉烧隧道窑建成投产,同年,投资 580 万元、年产 50 万平方米的低温快烧成硅灰石质釉面砖生产建成。1985 年始,国家先后投资 1 073 万元,为该厂引进了意大利的双层辊道窑、自动压砖机等设备和技术,使釉面砖年生产能力达到 150 万平方米,产品由单一的釉面砖发展到 9 大类、20 个品种。1986 年“大桥”牌和“万山”牌硅灰石质釉面砖评为“省优质产品”,1988 年,低温快烧硅灰石釉面砖中间试验获湖北省科技进步三等奖。白色释面砖获部“优秀奖”,唐三彩、陶瓷壁画等工艺装饰陶瓷制品多次获省、市新产品“双鹤奖”

“百花奖”“飞龙奖”。1989 年,“大桥”牌白色釉面砖开始应用于北京亚运会工程。1993 年,成为襄樊陶瓷(集团)公司核心层企业后即被注销法人资格。

襄樊市金龙陶瓷厂（原襄樊市第二砖瓦厂）:1980 年建成。1981 年，研制炻质彩釉墙地砖,1983 年,通过部级鉴定。同年,炻质彩釉墙地砖获部级“金龙奖”,1984 年,形成 10 万平方米生产能力,同年,更名为襄樊市建陶装饰材料厂。1985 年,从意大利引进年产 30 万平方米墙地砖生产线关键设备(800 吨自动压砖机),1986 年,竣工投产,形成年产 40 万平方米的生产规模。1988 年,园林瓷荣获省建材工业总公司新产品“双鹤奖”,“火石”牌彩釉墙地砖获“A 级”产品称号。炻质彩釉墙地砖评为部优产品。1991 年,投资 1 331 万元,年产 60 万平方米彩釉墙地砖生产线开工建设(1995 年 2 月竣工投产,1996 年通过省级验收,形成年产 80 万平方米的生产规模)。1994 年,更名为“襄樊市金龙陶瓷厂”。1995 年,晋升国家大型二档企业。1998 年,墙地砖生产线改造项目竣工投产。同年 7 月,企业停产。2001 年,投入 330 万元改造陶粒、墙地砖生产线。2002 年,租赁金龙陶瓷厂墙地砖生产线的公司,对租赁墙地砖生产线进行改造。2003 年 2 月（市直国有企业改制时），有职工 715 人，账面资产总额 6 419 万元,实际资产总额 5 257 万元,负债 6 383 万元,资产负债率 99%。2003 年 12 月,依法宣告破产。破产后由自然人组建“襄樊鑫银泰有限股份公司”。2005 年,与市土地储备中心签订土地资产收储合同。

襄樊劈离砖厂:1990 年建立。1993 年,引进德国年产 50 万平方米劈离砖生产线设备通过考核验收,劈离砖新产品通过省级鉴定。各项性能指标达到国家 3C457—92 行业标准,符合德国 DINl8166 标准,产品填补省内空白。1995 年,陶瓷劈离砖获湖北省科技进步三等奖。1995 年 8 月停产, 2000 年 6 月 12 日,市中级人民法院以〔2000〕襄中破字第 4 号民事裁定书,宣告襄樊劈离砖厂破产还债。2003 年 2 月(市直国有企业改制时),企业破产尚未结案。有职工 217 人,资产总额 712 万元,负债 8 469 万元,资产负债率 1 189.2%。2004 年 12 月,破产清算终结。

襄樊市玻璃纤维厂:1970 年兴建。两年后建成一条玻纤制品生产线，主要生产玻纤纱及相关制品。1985 年,与北京建材研究院共同研发成功抗碱玻璃纤维,并通过部级鉴定,生产能力 300 吨,产品获国家科技进步三等奖和湖北省科技进步二等奖。1985 年,有职工 317 人,产值 171 万元。1988 年 7 月,经市政府批准,被襄樊市第二水泥厂兼并,同年,抗碱纤维获湖北省科技进步二等奖,1992 年,襄樊市玻纤厂实行股份制改制,组建“襄樊玻纤制品有限公司”(为市三全特种建材总公司的子公司),同年,焊接用玻璃纤维衬垫材料获湖北省建材行业新产品双鹤奖。1995 年,玻璃纤维增强橡胶基布通过专家鉴定,产品填补了省内空白。1996 年 8 月 27 日,国家经贸委将企业研发的玻璃纤维增强橡胶基布列入国家级重点新产品试产计划，并颁发国家级新产品证书。1997，焊接用玻璃纤维衬垫材料(1992 年开发)入选中国“八五”科学技术成果选。玻璃纤维增强橡胶基布获国家级新产品和湖北省科技进步三等奖、襄樊市科技进步二等奖。2001 年,投资 200 万元改造耐碱玻纤生产线,2002 年,于“六五”时期开始研制的抗碱玻璃纤维被列入国家技术创新项目,产品性能接近国际水平。同年,襄樊市玻璃纤维厂从襄樊三全特种建材总公司分离,成为独立法人企业。2002 年 11 月,依法破产,破产后资产依法拍卖出售,被民营企业“襄樊市杰帮玻纤有限公司”收购,后更名为“襄樊汇尔杰玻璃纤维有限公司”。2003 年 2 月(市直国有企业改制时),企业破产尚未结案。有职工 333 人,账面资产总额 2 600 万元,实际资产总额 1 731 万元,负债 2 566 万元,资产负债率 104%。

襄樊市通用玻璃钢公司:1996 年，襄樊市玻纤厂把玻璃钢车间单独划出成立襄樊市通用玻璃钢公司,属市三全特公司的分公司。1999 年,分离成独立法人企业。2003 年 12 月,公司宣告依法破产。

湖北襄重工业集团(原名国营漳河机械厂):是生产建材机械的专业厂家。主要产品:水泥机械(立式磨、立式干燥器)、陶瓷机械(陶瓷墙地砖模具、墙地砖生产线输送器、塑料制品(塑料打火机)、五金水暖器材、民用液化气等。1965 年建厂。1985 年(有资料反映为 1984 年)下放到襄樊市,并由军品转为民品生产,归口市机械工业局管理。1988 年,引进 RM 立式磨,RB—4 立式干燥器设计制造技术生产线破土动工(1991 年 7 月 1 日投入试生产,1991 年 11 月 21 日正式投产。形成年产 30 台立式磨、20 台立式干燥器的生产能力)。1989 年 9 月,陶瓷墙地砖模具被国家计委列入国家级重大新产品试产计划(1990 年产品定型,1992 年 3 月 24 日通过专家鉴定),1989 年 12 月 7 日,襄樊市人民政府以"襄政函〔1989〕58 号文"批复:同意将国营漳河机械厂移交市建材工业总公司管理。1992 年,瓷砖模具、墙地砖生产线输送器获全省建材"双鹤奖",同年,引进意大利技术制造的国家"七五"重点科技项目,一次烧成彩釉墙地砖国产化示范线辊道输送器、装卸载系统工艺装备通过国家级单项技术验收。1993 年,更名为"襄樊重型机械厂",同年 4 月 15 日,经湖北省经济委员会批复,成立湖北襄重工业集团。同年,与香港三力工业器材有限公司合资成立"襄樊三力塑料制品有限公司",兴建年产 2500 万只简易塑料打火机生产线;与香港德鸿公司合资成立"襄樊鸿发模具有限公司",兴建年产 500 套模具总成生产线; 框架式 1 500 吨全自动油压机项目进入湖北省重大新产品开发专项计划;HRM 系列立式磨通过省级鉴定;新产品"PRMl7 立式磨"填补国内空白,墙地砖模具获"国讯杯"金奖、湖北省科学技术进步三等奖。同时,引进德国鲍尔休斯技术研制的全国第一台水泥生料加工设备——PRMl7 立式磨。1994 年,与香港三力工业器材有限公司联合开发的 PVC 型材和门窗被批准为国家级火炬计划,水泥生料立式磨获"中国第六届新产品新技术博览会"金奖。1996 年,从南漳搬迁到襄樊市高新技术产业开发区(1988 年企业开始执行国家三线调迁政策)。2001 年,投资 221 万元改造模具、打火机生产线。2002 年,通过了 ISO 9001 : 2000 质量管理体系标准认证。2003 年 2 月(市直国有企业改制时),处于半停产状态,有职工 2 225 人,资产总额 20 396 万元,负债 20 385 万元,资产负债率 90%,2003 年 12 月,宣告依法破产,2005 年,与市土地储备中心签订土地资产收储合同。企业破产后有自然人组建襄樊恒重集团有限公司。

襄樊辊道窑设备厂:1988 年,研发出 ZYQ 系列自动电液起动器(1989 年获得国家专利)。1992 年,ZYQ 系列自动电液起动器在中国首届专利科技成果展览会上获银奖。1993 年,节能辊道窑通过市级鉴定。1994 年,FRW—200 型节能陶瓷辊道窑被列入国家级重点新产品试产计划, 同年,FRW—2000 型节能陶瓷面砖辊道窑翻版制造获湖北省科技进步二等奖。2003 年 2 月(市直国有企业改制时),处于半停产状态,有职工 219 人,账面资产总额 1 150 万元,实际资产总额 455 万元,负债 1 414 万元,资产负债率 310%。2003 年 11 月宣告依法破产。2005 年,与市土地储备中心签订土地资产收储合同。

襄樊市耐火材料厂(原名襄樊市国营煤渣砖厂):1971 年,转产耐火材料,更名为襄樊市耐火材料厂。1985 年,有职工 210 人,资产 141 万元。同年,与中国建材研究院共同开发的致密型高致密型锆英石耐火砖试制成功,属国内首创,填补我国耐火材料的一项空白。产品通过部级鉴定,并先后获国家科技进步二等奖,湖北省新产品创新一等奖,优秀产品"金鹤奖"。当时,企业是全省建材耐火材料行业生产规模最大、生产能力最强的企业。2000 年 11 月,市中级人民法院以〔2000〕襄中破字第 27 号民事裁定书宣告查封、冻结、扣押破产申请人襄樊市耐火材料厂全部财产。同年 12 月 8 日,市中级人民法院依法受理该厂申请破产还债一案。2003 年 2 月(市直国有企业改制时),企业破产基本结束,有职工 187 人,资产总额 154 万元,负债 119 万元,资产负债率 77.3%。2004 年 4 月,破产清算终结。破产后有自然人发起重组为"襄樊虹建耐火材料有限公司"。

襄樊市合成建筑材料厂(原襄樊市第一砖瓦厂):1956 年开办。1961 年,更名襄樊市第一砖瓦厂。1980 年始,先后有一个车间和一个分厂从企业分离出去成为独立的法人[1980 年市第一砖瓦厂将陶瓷车间单独分离,成立市建筑陶瓷厂,1993 年,该企业成为襄樊陶瓷(集团)公司核心层企业后即被注销法人资格;1980 年后,市第一砖瓦厂收购省一建关闭的砖瓦厂后扩建更名为第二砖瓦厂。1984 年,第二砖瓦厂更名为襄樊市建陶装饰材料厂,1994 年,更名为襄樊市金龙陶瓷厂]。1985 年,更名为襄樊市合成建筑材料厂。有职工 1 200 人,资产 590 万元,产量 9687 万块,产值 433 万元,后更名为襄樊市建材总厂，1993年，加入襄樊陶瓷（集团）公司。1999年7月，随襄樊陶瓷（集团）公司依法破产。2003年2月（市直国有企业改制时），企业破产基本结束，有职工418人，账面资产总额2 078万元，实际资产总额1 469万元，负债652万元，资产负债率85%。2003年9月企业退出国有序列，职工退出国有身份，实行“双退”改制。

3.项目投入

1986—2005年，建材工业完成各类项目225个，完成投入10.06亿元。其中：“七五”期间：技改，基建项目共28个。已投产15项，累计完成投资9 924.55万元。“八五”期间：完成各类项目113个，完成投资5.77亿元。“九五”时期，完成各类项目72个，完成投资2.97亿元。2001年完成各类项目12个，完成投资3 340万元（2002年以后因建材冶金行业机构合并，没有分行业投资数据）。

重大技改项目：湖北省宝石水泥集团有限公司水泥扩建工程项目：总投资4 100万元，年产水泥23万吨，熟料19.3万吨。1985年项目开工，1987年竣工，1988年投产，1989年，水泥厂扩建工程通过国家验收。干湿混合法水泥生产线项目：投资9 000多万元。1995年，竣工投产。1997年，通过国家建材局验收。湖北摩擦密封材料总厂 中意合资生产轿车前盘60万套刹车片项目：总投资12 124万元。1991年，中国、意大利双方签署合资协议。1993年，中意双方成立合资公司，合资引进年产60万套轿车前盘生产线。1995年，该项目中引进轿车前盘后鼓无石棉刹车片、离合器面片生产线项目纳入国家“双加”工程。1996年，引进轿车前盘后鼓无石棉刹车片、离合器片生产线项目在武汉破土动工。1996年3月，企业“双加”项目的武汉部分同英国T+N集团菲罗多公司合资成立“华中菲罗多摩擦材料有限公司”。当年。英方资金到位1 750万元人民币。1998年5月6日，引进轿车摩擦材料生产线合资项目在武汉全线投产。2001年，投入60万元改造轿车钢背生产线。同年，湖北飞龙摩擦材料股份有限公司汽车盘式刹车片生产线投产，形成30万套／年的生产能力，品种达30多种。盘式片生产线建成投产后，公司形成中、重、轻、轿、微全系列刹车片产品。襄樊重型机械厂，1988年，引进RM立式磨，RB—4立式干燥器设计制造技术生产线破土动工，1991年7月1日投入试生产。1991年11月21日正式投产。形成年产30台立式磨、20台立式干燥器的生产能力。1993年与香港三力工业器材有限公司合资兴建年产2 500万只简易塑料打火机生产线；与香港德鸿公司合资兴建年产500套模具总成生产线。2001年，投资221万元改造模具、打火机生产线。国营隆中水泥厂，1990年，总投资206万元的机立窑综合节能技术改造示范线项目开工，1992年竣工。1992年7月9日通过国家验收。市金龙陶瓷厂，1990年，总投资1 330.9万元的年产60万平方米彩釉墙地砖生产线立项，1991年，开工建设，1995年2月，竣工投产，1996年，通过省级验收。1998年，墙地砖生产线改造项日竣工投产。2001年，投入330万元，改造陶粒、墙地砖生产线。2002年，租赁金龙陶瓷厂墙地砖生产线的公司对租赁墙地砖生产线进行改造。襄樊三全特种建材总公司，1998年，与上海洋泾水泥厂合资的年产5万吨特种水泥生产线竣工投产。同时，多孔轻质隔墙板生产线、玻纤窑炉技术改造项目竣工投产。2001年，投资70万元改造水泥生产线。2002年，租赁三全特种建材总公司水泥公司水泥生产线的企业对租赁生产线改造。襄樊市墙体材料革新办公室，1998年，年产10万平方米GRC轻质墙板生产线和年产2 500万块粉煤灰质高强烧结砖生产线项目竣工投产。2002年，对年产2 000万块多排孔混凝土砌块生产线实施改造。襄樊三利达建材（集团）公司，1990年，投资3 465.69万元，日产600吨熟料五级旋风预热器窑技改项目立项，1992年1月开工，1994年5月10日，竣工投产，1995年，通过专家验收。1998年，生料系统和旋窑窑体技术改造完工，2001年，襄樊三利达水泥有限公司投资40万元改造水泥生产线。2002年，对磨机减速机、破碎机、1号窑实施改造。谷城县建筑陶瓷厂，1993年，与意大利唯高工业有限公司合资兴建年产50万平方米无釉瓷质胴体砖生产线。老河口市玻纤厂，1993年，与美国拉马斯公司合资兴建年产2 000吨800孔坩埚拉丝无碱玻璃纤维生产线。襄阳县金屋建材有限公司，1997

年,扩产 15 万吨水泥生产线项目竣工投产,枣阳真龙水泥有限公司,1997 年,年产 1 500 万条强力复合包装袋生产线项目竣工投产。襄樊杰邦玻璃纤维制品有限公司,2001 年,投资 200 万元改造耐碱玻纤生产线。南漳水泥厂,2001 年,投资 380 万元改造磨机设备。葛洲坝水泥有限责任公司枣阳粉磨站,2001 年,投入 1 529 万元改造水泥生产线。保康粉磨站,2001 年,投入 500 万元实施 20 万吨粉磨站一期工程。市晶鑫耐火材料公司,2002 年,实施搬迁改造项目。华新水泥集团南漳公司,2004 年 11 月,投资 4 亿元,动工兴建 4 000 吨 / 日新型干法水泥熟料产线。

4.名优产品

“七五”时期,截至 1988 年,3 种产品创部优,10 种产品获省优。其中 1988 年,南漳县和宜城县水泥厂的 325 # 水泥。河口市华光水泥厂 425 # 水泥、湖北石棉制品厂 140 汽车垫片、随州市水泥制品厂水泥电杆、襄阳县水泥制品厂压力管等 6 种产品获省优。老河口市玻璃纤维厂中碱无捻玻璃纤维纱和襄阳县水泥厂“鼓楼”牌 325# 矿渣硅酸盐水泥被评为全省建材工业优秀产品。“八五”时期,1992 年,湖北石棉制品厂无石棉海泡石磨擦材料,枣阳市密封材料厂优质石棉胶乳板,襄樊重型机械厂瓷砖模具、墙地砖生产线输送器,襄樊市玻璃纤维制品厂焊接用玻璃纤维衬垫材料 5 种产品获全省建材双鹤奖。1993 年,湖北襄樊水泥厂 425# 水泥、襄樊陶瓷(集团)公司“万山”牌釉面砖、光化水泥厂普硅 425#、525# 水泥榜被评为全省用户满意产品。2001 年,湖北飞龙摩擦材料股份有限公司公司“隆中”牌系列摩擦材料产品成为湖北省精品名牌。

5.科研开发

科研机构:1989 年,市直建材湖北石棉制品厂、襄樊市建陶装饰材料厂、襄樊市建筑材料总厂、襄樊市建筑陶瓷厂、襄樊市石棉制品厂和襄樊市第一水泥厂 6 个企业建立健全了技术开发机构。1999 年 12 月 8 日,湖北摩擦密封材料总厂技术中心被湖北省经贸委确认为第二批省级企业技术中心。企业先后取得 40 多项科研成果,其中 2 项获全国发明奖,新研制的无石棉摩擦材料获国家专利。2000 年 12 月,湖北省经济贸易委员会、湖北省地方税务局、湖北省财政厅、武汉海关联合确认湖北宝石水泥集团有限公司技术中心为“湖北省企业技术中心”。

新产品开发:1986—2005 年,累计开发新产品 209 个。其中“七五”期间 63 个(技术水平达到国际水平的 4 项、达到国内领先或先进水平的 20 项)。“八五”时期 73 个,“九五”时期 65 个,2001 年 8 个。主要新产品有:襄樊重型机械厂,1989 年 9 月,引进消化吸收国产化陶瓷墙地砖模具被国家计委列入国家级重大新产品试产计划,1990 年, 产品定型,1992 年 3 月 24 日通过专家鉴定。1993 年,“框架式 1 500 吨全自动油压机” 项目进入湖北省重大新产品开发专项计划。同年,PRMl7 立式磨填补国内空白。1993 年,HRM 系列立式磨通过省级鉴定。1994 年,与香港三力工业器材有限公司联合开发的“PVC 型材和门窗”被批准为国家级火炬计划。湖北摩擦密封材料总厂,1992 年 1 月 16 日,湖北石棉制品厂获国家专利,并被列入国家“八五”火炬计划新产品——无石棉海泡石摩擦材料应用研究通过鉴定。1993 年,无石棉海泡石摩擦材料项目进入国家级火炬计划。1994 年,“HW—Z 制动衬片”“GZ 型复合板材气缸垫”“缠绕离合器摩擦片”3 个新产品通过省级鉴定。1995 年,HW—Z 制动衬片被列入《一九九五年度国家级新产品试产计划》。1998 年,JZ 型复合板材汽缸垫列入国家级重点新产品试产计划。1996 年,该成果通过湖北省建材工业总公司组织的专家鉴定。1999 年 8 月,HQ—3 制动衬片被认定为国家级新产品。襄樊陶瓷(集团)公司,1993 年“金属瓷质砖”项目进入湖北省重点科技攻关计划。同年,低温高乳浊釉料中间试验通过省级鉴定,形成年产 4 500 吨熔块的生产能力。襄樊辊道窑设备厂,ZYQ 系列自动电液起动器,1988 年研制设计,1989 年,获得国家专利。1993 年,节能辊道窑通过市级鉴定。1994 年,FRW—200 型节能陶瓷辊道窑新产品被列入国家级重点新产品试产计划。襄樊日辉工业窑炉有限责任公司，1997 年，设计制造的 RJT 新型快速等温退火炉通过国家机械工业部组织的会议鉴定。湖北夸父集团襄樊追日电器设备有限责任公司，1997 年，研制的 ZDBK 自动电液起动补偿控制柜通过湖北省建材工业总公司组织的会议鉴定。1998 年，ZDBK 型电动机自动电液起动补偿控制器列入国家级重点新产品试产计划。襄樊劈离砖厂，1993 年，劈离砖新产品通过省级鉴定。引进德国“年产 50 万平方米劈离砖生产线”设备通过考核验收。襄樊市玻璃纤维厂，1995 年，研制的玻璃纤维增强橡胶基布补省内空白。1996 年，研发的玻璃纤维增强橡胶基布列入国家级重点新产品试产计划，并颁发国家级新产品证书。2002 年，“六五”时期开始研制的抗碱玻璃纤维被列入国家技术创新项目，该产品性能接近国际水平。

科研成果获奖：“七五”时期，到 1988 年，有 10 项科研成果分别获省、市科技进步奖；6 项新产品获襄樊市新产品创新“飞龙奖”；5 项产品获襄樊市产品新花色“百花奖”。“八五”时期，1992 年，襄樊辊道窑设备厂 ZYQ 系列自动电液起动器在中国首届专利科技成果展览会上获银奖。1993 年，襄樊重型机械厂墙地砖模具获“国讯杯”金奖、湖北省科学技术进步三等奖。1994 年，襄樊锟道窑设备厂 FRW—2 000 型节能陶瓷面砖辊道窑翻版制造获湖北省科技进步二等奖。襄樊陶瓷（集团）公司低温高乳浊釉料中间试验获湖北省科技进步三等奖。襄樊市国营隆中水泥厂机立窑综合节能技术获湖北省科技进步三等奖。襄重工业（集团）公司生产的水泥生料立式磨获中国第六届新产品新技术博览会金奖。1995 年，襄樊劈离砖厂陶瓷劈离砖研制项目获湖北省科技进步三等奖。1997 年，襄樊市玻璃纤维制品厂的玻璃纤维增强橡胶基布获湖北省科技进步三等奖、襄樊市科技进步二等奖；1997 年，市玻璃纤维制品厂 1992 年开发的“焊接用玻璃纤维衬垫材料”入选《中国“八五”科学技术成果选》。1997 年，襄樊三利达建材（集团）公司日产 600 吨熟料五级旋风预热器窑技术项目获湖北省科技进步三等奖。

6.产品质量

1997 年，湖北摩擦密封材料总厂通过 ISO 9001 标准质量体系认证。1998 年，光化水泥厂“宝石”牌 525# 硅酸盐水泥、525# 普通水泥、425# 矿渣水泥；襄樊三利达建材（集团）公司“隆中”牌 425# 矿渣水泥；襄樊市国营隆中水泥厂“三顾堂”牌 425# 普通水泥；襄樊三全特种建材总公司“岘山”牌 425# 矿渣水泥。获准国家质量认证。2000 年 7 月 6 日，湖北宝石水泥集团有限公司取得由中国建材质量体系认证中心颁发的 ISO 9002 质量体系认证证书。2001 年，湖北飞龙摩擦材料股份有限公司通过 QS 9000 质量体系认证。

7.先进称号

“七五”时期，湖北石棉制品厂获省质量管理奖。“八五 ”时期，1993 年，湖北摩擦密封材料总厂、湖北襄樊水泥厂两家企业步人中国 500 家最大建材工业企业行列，湖北省光化水泥厂、湖北摩擦密封材料、湖北襄樊水泥、襄樊陶瓷（集团）公司、襄樊市国营隆中水泥 5 家企业步入湖北省分行业 50 强，襄樊陶瓷（集团）公司晋升为国家大二型企业。1993 年，湖北摩擦密封材料总厂被省、市环保机构联合评为市直建材首家清洁无害工厂。1994 年，湖北摩擦密封材料总厂、襄樊三利达建材（集团）公司晋升为国家大型二档企业。“九五”时期，1996 年，湖北省建材工业总公司对全省建材“八五”期间技术进步工作业绩突出的 46 个单位和 79 名先进个人进行表彰，湖北摩擦密封材料总厂、市三利达建材（集团）公司、市隆中水泥厂、襄樊辊道窑设备厂、市玻璃纤维制品厂、枣阳玉龙集团、谷城建筑陶瓷厂、宜城金桥特种水泥公司 8 家企业获先进单位。1996 年，湖北省建材工业总公司和湖北省人事厅授予 19 个单位为“八五”“全省建材行业先进体体”称号，1998 年，市建材工业总公司被评为全省推进墙体材料革新工作先进单位。

襄樊市建材冶金行业协会领导干部情况

表 12—26

机构名称	职务	姓名	任职时间
市建筑材料工业局党委	书记	杨立夫	1974.12—1977.06
	书记	王正刚	1977.06—1983.10
	副书记	王正刚	1975.05—1977.06
	副书记	徐乃荣	1978.01—1983.10
市建筑材料工业局先后由城市建设管理局、基本建设科组建，隶属基本建设委员会管理。1974 年 12 月单设机构，成立建筑材料工业局	局长	王正刚	1974.12—1983.10
	副局长	朱玉祥	1976.10—1979.06
	副局长	李正才	1976.10—1979.06
	副局长	孙明先(女)	1976.10—1979.06
	副局长	贾德清	1976.10—1977.06
	副局长	王凤岭	1978.01—1979.06
	副局长	徐乃荣	1978.01—1979.06
地区建筑材料工业局，1980 年 8 月建立，局机关有党员 14 人	书记	田吉鸿	1980.08—1983.10
	副书记	张作斌	1981.12—1983.10
市建材工业总公司党委(1983 年 10 月地市合并)	书记	王正刚	1983.12—1985.12
	书记	张作斌	1985.12—1988.11
	书记	王延康	1988.11—1989.08
	书记	陈学考	1991.03—1993.03
	书记	潘印生	1994.06—1997.04
	书记	余修富	1997.04—2000.09
	书记	曾庆友	2001.01—2002.01
	副书记	张作斌	1983.12—1985.12
	副书记	陈学考	1985.12—1991.03
	副书记	潘印生	1993.05—1994.06
	副书记	朱伟	1994.10—1997.12
	副书记	张冬生	1997.04—2002.01
	副书记	刘奇丰	1998.07—2002.01
	副书记	曾庆友	1999.05—2001.01
	纪检组长	徐乃荣	1983.12—1985.12
	纪委书记	陈绍武	1985.12—1987.11
市建筑材料工业总公司（1983 年 10 月地市建筑材料工业局合并，12 月改为建筑材料工业总公司，内设办公室、政工、生产、计划、劳资安全、供销、财务、科技、企业管理、散装水泥办公室 9 个科室，有工作人员 65 名）	经理	张作斌	1983.12—1985.12
	经理	陈学考	1985.12—1991.03
	经理	潘印生	1991.03—1997.04
	经理	余修富	1997.04—1999.05
	经理	曾庆友	1999.05—2002.01
	副经理	刘长春	1983.12—1991.03
	副经理	王凤岭	1983.12—1985.12
	副经理	金宗仁	1985.12—1991.10
	副经理	潘印生	1989.11—1993.05
	副经理	金宏政	1991.04—1995.01
	副经理	杨大义	1991.03—1995.01

续表 1

机 构 名 称	职务	姓名	任职时间
市建筑材料工业总公司（1983 年 10 月地市建筑材料工业局合并，12 月改为建筑材料工业总公司，内设办公室、政工、生产、计划、劳资安全、供销、财务、科技、企业管理、散装水泥办公室 9 个科室，有工作人员 65 名）	副经理	张冬生	1992.04—2002.01
	副经理	朱伟	1993.06—1994.10
	副经理	金宏政	1995.01—1997.04
	副经理	杨大义	1995.01—1997.04
	副经理	陈绍武	1995.01—2002.01
	副经理	朱善根	1997.04—1998.11
	副经理	余鄂洪	1997.04—2002.01
	副经理	陈恩法	1998.07—2002.01
	副经理	靳义明	1999.05—2002.01
	副经理	唐登明	1995.01—2002.01
冶金工业局党委 1976.1 成立襄樊市冶金局，同时建立党委	书记	徐国勋	1976.01—1977.09
	副书记	张启斗	1976.01—1979.06
	副书记	吕玉龙	1978.01—1979.06
襄樊市冶金工业局(1976.1—1976.10)	局长	张启斗	1976.01—1976.10
	副局长	杨世喜	1976.01—1976.10
机械工业局党委(1979.6 建立，含冶金工业局，两块牌子、一套人马)	书记	马友德	1979.06—1983.11
	副书记	赵永夫	1979.06—1981.05
	副书记	郭炳生	1979.06—1983.11
冶金工业公司党委.纪委(1983.12—2001.12)	书记	王汝秋	1984.09—1989.08
	书记	吴世廉	1989.06—1994.01
	书记	曹治国	1997.04—1999.05
	书记	刘静林	1999.05—2001.10
	副书记	乔双定	1983.12—1984.10
		曹治国	1994.06—1997.04
		黄治洪	1997.04—1997.12
	纪委书记	周学敏	1990.08—1997.12
		王秀莲	1998.07—2002.01
冶金工业公司(1983.12—2001.12)	经理	乔双定	1983.12—1984.10
		王汝秋	1985.12—1989.08
		曹治国	1994.06—1999.05
		刘静林	1999.05—2001.10
	副经理	张丛贞	1983.12—1985.12
		黄烈惠	1983.12—1985.12
		曹治国	1985.12—1994.06
		潘印生	1985.12—1989.12
		吴世廉	1988.01—1989.11
		陈幼曾	1989.12—1993.12
		刘关瑞	1995.05—2002.01
		王德强	1999.11—2002.01
	工会主席	黄治洪	1988.05—1997.03
		王秀莲	1998.07—1998.12

续表 2

机构名称	职务	姓名	任职时间
		李 萍	1998.12—2002.01
	总工程师	曾庆仁	1994.10—1997.08
		余世相	1999.05—2002.01
建材冶金行业协会党组(2002.1—2005.12)	书记	曾庆友	2002.01—2005.12
	副书记	靳义明	2002.02—2005.12
	副书记	张冬生	2002.02—2004.11
	副书记	刘奇丰	2002.02—2005.12
	纪检组长	刘奇丰	2002.02—2005.12
建材冶金行业协会(2002.1—2005.12) 根据市委、市政府机关机构改革的整体部署，将冶金工业公司和建材工业总公司合并成立建材冶金行业协会	主任	曾庆友	2002.01—2005.12
	副主任	靳义明	2002.02—2005.12
	副主任	张冬生	2002.02—2004.11
	副主任	陈恩法	2002.02—2005.12

七、冶金工业

1979 年始，冶金工业工业发展较快。1985 年，全市冶金工业有企业 14 家，其中黑色金属企业 6 家（市钢铁厂、市轧钢厂、市金属制品厂、老河口市铁合金一厂、老河口市铁合金二厂、谷城申谷铁合金厂），有色金属企业 8 家（枣阳金红石矿、市铝材压延厂、宜城铝矿、谷城铜矿、谷城有色金属冶炼厂、老河口市有色金属冶炼厂、老河口市铅厂、钴厂），职工 3 728 人，固定资产原值 2 091 万元，设备 960 台（套），其中，轧钢提炼生产线 6 条，炼钢电炉 2 座，铁合金电炉 3 座，炼铁、炼铅、炼锌炉 7 座。工业总产值 2 489 万元，利税 454.8 万元，主要产品：生产钢锭 15 024 吨，钢材 15 256 吨，善压管 3 611 吨，再生铁 8 610 吨，金红石 253 吨，耐火料土矿 5 950 吨，铁合金 1 016.5 吨。

1986 年始，冶金工业加大技改力度，调整产品结构，获得快速发展。“七五”时期完成项目投入 4 000 多万元。精铅生产线、黄金、白银生产线、结晶硅、碳化硅生产线、轧钢设备技改等一批项目先后竣工投产。全行业新增有色金属企业 7 家，其中黑色金属企业 3 家，有色金属企业 4 家。新增企业中有 5 家属老河口市。1990 年。冶金工业有企业 21 家，总产值 10 330 万元，销售收入 14 842 万元，利税 1 733 万元，“七五”期间，产值、销售、利税年平均递增 30%左右，主要产品产量：钢材 74 123 吨，钢锭 32 182 吨，生铁 12 901 吨，金红石 373 吨，铅 8 321 吨，钢坯 55 976 吨。

1991 年始，冶金行业加大企业改制整合力度，围绕骨干企业加快技改引进，“八五”、“九五”期间，完成项目投入近 2 亿元，炼钢电炉、连铸工程、制氧站工程、精铅生产线、电解铅生产线、无污染再生铅生产线、银回收生产线、环保配套设施等一批重大技改项目相继竣工投产。扩大了优质钢、钢材、再生铅、电解铅、铅合金、高纯铅蓄电池等产品的生产能力。2000 年，冶金行业工业总产值 35 200 万元，销售收入 61 300 万元，钢产量 12.5 万吨，钢材 12.4 万吨，铅产量 7.79 万吨。

2001 年始，冶金工业通过改制和调整，获得恢复性发展。2005 年，全市冶金工业有企业 8 家，其中钢铁企业 3 家，炼钢能力 70 万吨，轧材能力 40 万吨。有色铅冶炼企业 5 家，另外谷城、老河口有 7 家规模较小乡镇个体铅冶炼企业。冶金行业工业总产值 6.43 亿元，工业增加值 2.40 亿元，钢产量 5.5万吨，钢材 6.78 万吨，铅产量 4.85 万吨。主要产品：热轧带肋钢筋、圆坯、粗铅、电解铅、铅合金、高纯铅蓄电池等。主要设备：45 吨超市功率电炉和 LF 精练炉各一座，两机两流方（圆）坯连铸机 1 套，30吨偏心炉底电炉 4 座，30 吨钢包精练炉 1 套，1 800 立方米 / 小时制氧机 1 台，1 500 立方米 / 小时制氧机 2 台，罗可普三机三流 R6 米连铸机 2 套，400 × 2/300 × 6 半连续差动调速轧机 2 套，液处理分选设备 1 套，10 平方米燃油反射炉 10 台套，精练锅 20 台，短窖转炉 3 台。

（一）钢铁企业及产品

自 1979 年始，襄樊钢铁产品有再生铁、普压管、铸铁管、钢锭、轧材等。1985 年，全市系统内钢铁企业 2 家：襄樊市钢铁厂、襄樊市轧钢厂，1992 年 6 月，经市委、市政府批准，襄樊市钢铁厂与襄樊市轧钢厂合并，组建“襄樊钢铁公司”。当时，有职工 3 523 人，固定资产 8 499 万元。具有年产钢锭 20 万吨，钢坯 15 万吨，钢材 16 万吨，再生铁 13 000 吨，普压管 10 000 吨的生产能力。当年，完成产值 1.55 亿元，销售收入 2.2 亿元，利税 2 038 万元。1998 年始，襄樊钢铁集团公司的主体部分被武钢兼并。2005 年，全市规模以上钢铁企业 3 家（武钢集团襄樊钢铁长材公司、枣阳立晋冶金有限公司和襄樊鑫富强钢铁有限公司），职工 1 297 人，资产总额 71 848 万元，工业总产值 39 081 万元，销售收入 54 364 万元，炼钢能力 70 万吨，轧材能力 40 万吨。主要产品产量：钢产量 5.5 万吨，钢材 6.78 万吨。

武钢集团襄樊钢铁长材公司：1998 年 10 月，武钢兼并襄樊钢铁集团公司的主体部分一襄樊钢铁集团公司一公司，成立武钢集团襄樊钢铁有限公司（1998 年 10 月 7 日，武汉钢铁集团公司兼并襄樊钢铁公司的签字仪式在武汉举行，同年 10 月 14 日，武钢集团襄樊钢铁有限责任公司正式挂牌运行）。同年 11 月，对炼钢厂电炉冶炼电耗进行富氧冶炼工艺降电耗项目改造，年节约资金 495 万元。1999年 9 月 8 日，武钢集团襄樊钢铁有限公司更名为武钢集团襄樊钢铁长材公。2000 年 1 月，武钢出资 7 400 万元买断襄樊钢铁集团公司一公司产权，成立武钢集团襄樊钢铁长材公司。襄钢长材公司正式成为武钢的全资子公司。注册资金 1.49 亿元，职工 1 350 人，主要设备有 20 吨炼钢电弧炉 2 座，三机三洗连铸机 1 套，1 500 立方米 / 小时制氧机设备 1 套，六连轧轧机 1 套。具有年产钢 14 万吨，材 20 万吨的生产能力。同年，取得螺纹钢生产许可证，通过 ISO 9001 ∶ 2000 质量管理体系认证。1999—2001 年，为降低生产成本，实现环保达标，先后投资 600 多万元对相关设备实施技术改造。2003 年，投资 1 410 万元，对炼钢 EBT 电炉、LF 精炼、炼钢除尘和氧气厂分子筛等四个项目进行技术改造，年新增炼钢能力 2 万吨，除尘能力 53 万立方米。2004 年，投资 8 400 万元新建一座 45 吨高频电炉炼钢和 1 500 立方米制氧站项目。项目建成后年新增炼钢能力 20 万吨。2005 年，有职工 926 人，资产总额 59 757 万元，工业总产值 19 351 万元，销售收入 36 063 万元。

枣阳市立晋冶金公司：1998 年创立。2002 年，自筹资金 1.2 亿元，新建 75 吨超高功率偏心炉底电弧炉 2 台（套），80 吨 LF 钢包精炼炉 1 台（套），R9 米 5 机 5 流连铸机 1 台（套），Φ500 × 3、Φ420 × 4 连轧机组、粗轧机组 7 台（套），19 360 中轧机组 4 台（套），320 精轧机组 6 台（套），39 000 × 4 000 蛔加热炉 1 座及其配套设备，2 000 立方米 / 小时制氧站 1 座，空气供应站 1 座，净水处理和污水处理设施各一套，环保除尘设备 2 台（套），110 千伏变电站 1 座。主要产品有 Φ10—Φ40mm 的热轧带肋钢筋和 Φ10—Φ20 热轧光圆钢筋。产品通过 ISO 9000 系统认证，并获得螺纹钢生产许可证书。2005 年，有职工 306 人，资产总额 11 956 万元，工业总产值 18 805 万元，销售收入 17 459 万元。

（二）有色金属企业及产品

自 1979 年始，有色金属行业生产的产品有金红石、铜制品、电解铅、黄金、白银等。1985 年，全市系统内主要有色金属工业企业 5 家（老河口市铅厂、老河口市有色冶炼厂、老河口市汉江冶炼厂、枣阳金红石矿、谷城石花有色金属冶炼厂)。拥有职工人数 371 人,固定资产原值 202.3 万元,设备 135 台(套)。主要产品有金红石、还原铅和电解铅,产量:金红石 258 吨,“95”还原铅 4 898 吨,电解铅 81 吨。1986 年始,枣阳金红石矿、老河口市铅厂等先后破产,2005 年,全市规模以上有色金属工业企业 2 家(谷城金洋公司、老河口市金源公司)职工 277 人,资产总额 10 455 万元,工业总产值 43 100 万元,销售收入 37 700 万元。

枣阳金红石矿(原枣阳长岭矿):1972 年,由冶金部和省冶金局拨款筹建。主要从事金红石矿的开采和生产。1980 年,省局拨款 50 万元实施技改扩建,形成 250 吨生产能力。1985 年,更名枣阳金红石矿。1972—1985 年,省冶金局和地方财政共投资 276.7 万元,形成固定资产原值 151 万元,生产金红石 1 323 吨(其中 1985 年生产 258 吨),职工 170 人,设备 87 台(套)。1986 年,委托长沙有色冶金设计院承担编制《新建日处理原矿石 1 000 吨 / 日的可行性论证报告》。1988 年,与大冶有色金属公司联营共同开采金红石矿。1992 年,与武汉工业大学联系,共同进行提高金红石选矿回收率的研究实验工作,并取得了较大进展,使金红石回收率由初期的 20%左右,提高到 50%以上。1985—1994 年,累计生产天然金红石粉 5 000 余吨,并在 1986 年和 1989 年两度荣获省优产品称号。1994 年 4 月 28 日,枣阳金红石矿依法宣告破产。破产前,有职工 350 人,工程技术人员 18 人,生产厂房 5 500 平方米,设备 260 台(套),固定资产 889 万元,年处理原矿石 10 万吨。

老河口市有色金属冶炼厂:1979 年,生产蓄电池。1981 年,开始生产“95”还原铅,1984 年,生产电解铅。1985 年,有职工 201 人,资产 51.3 万元,还原铅和电解铅生产能力 1 800 吨。1988 年,投资 50 万元,建成了一套火法粗炼、电解精炼的黄金、白银生产线。同年,在电解铅冶炼的附属产品中提炼黄金 10 公斤、白银 180 公斤,创利税 26 万元。1990 年,电解铅被评为省优产品。1991—1992 年,投资 10 万元,改造精粗炼炉后,铅年产能力由 1 500 吨提高到 5 000 吨,1995 年,老河口市有色金属冶炼厂电解铅生产线并入老河口市汉江冶炼厂。

老河口市铅厂:1989 年,经湖北省经委和省冶金工业总公司批准,老河口市政府投资 380 万元(其中自筹 80 万元)成立老河口市铅厂。年设计生产能力:粗铅 5 000 吨、黄金 78 公斤、白银 2 500 公斤。当年,生产粗铅 135 吨,产值 450 万元,利税 4 万元。1996 年,从青海锡铁山矿务局引进资金 370 万元,进行烧结锅和精炼炉的改造,使原生产能力扩大 50%(即年生产能力为 5 000 吨),回收率上升 3%。1998 年,对熔炼和烧结设备实施改造,2001 年始,青海锡铁山公司在青海又建了电解铅生产线,加之铅矿面供应紧张,其产品产量逐年下降(2003 年停产),2001 年 9 月 5 日,老河口市铅厂宣告破产。

老河口市汉江冶炼厂:1993 年,老河口市政府和青海锡铁山矿务局联合投资 1 900 万元,在老河口市建成一条年产 3 万吨电解铅生产线,合资成立“老河口市汉江冶炼厂”。1995 年,老河口市有色金属冶炼厂电解铅生产线并入老河口市汉江冶炼厂。1997 年,投资 1 256 万元,对金银回收车间进行改造,当年投资 862 万元,9 月底投入试生产。1999 年,更名为“汉江有色金属有限责任公司”。2000 年,电解铅产品产能达到 5 121 吨,创历史最高纪录。其产品远销日本、韩国、新加坡等国家和地区,其 1# 电解铅在英国伦敦国际金属交易所注册,并被湖北省命名为第三批“精品名牌”产品。2001 年,公司股权被西部矿业收购。

湖北金洋冶金股份有限公司(原谷城石花有色金属冶炼厂):1989 年,投资 65 万元,引进昆明学院年产 2 000 吨精铅“真空火法精炼”专利技术,建成一条精铅生产线。1990 年,产铅 1 289 吨,实现产值 309 万元,同年,合金铅锭被评为省优产品。1991 年,投资 560 万元建成新厂,同年,被评为“省级先进企业”。1992 年 2 月,免维护蓄电池板栅合金材料被列为国家科委“八五”科技攻关项目。1993 年,投入 80 万元扩建的电解铅车间投产,新增电解铅能力 2 000 吨,出口电解铅 486 吨,销售收入 182.2 万元,弥补全市有色金属产品出口空白。1994 年 3 月,与中南工业大学联合制定的《免维护蓄电池板栅低锑多元合金铅锭》和《免维护铅钙铅锡合金铅》标准，被中国有色金属总公司标准计量所定为国际先进标准。免维护铅蓄电池板栅系列合金被省人民政府授予科技进步三等奖。1994年6月21日，经湖北省体改委批准，以谷城石花有色金属冶炼厂为核心，联合襄樊市建俊实业公司、襄樊恒立铸造有限公司、第二汽车制造厂石花石莫砂厂、谷城电池电源厂等企业共同组建"湖北金洋冶金股份有限公司"，总股本1 020万元，其中石花冶炼厂为640万元，8月21日，公司正式挂牌。同年，联合北京有色金属研究所，东北大学等大专院校、科研院所共同开发的"无污染再生铅技术"被国家科委列为科技攻关项目。同时，投资1 000万元，兴建具有20世纪80年代先进水平的年处理2.5万吨废铅生产线，1995年12月8日，正式投产，年产再生铅1.5万吨，综合回收率由原75%提高到90%以上。1999年，购置反射炉1套、50吨精炼锅1台套、30吨精炼锅2台(套)，扩大废铅粗炼和精炼能力，同时，对小反射炉合金车间及回转短窑的收尘系统进行改造，收尘系统开台率100%，环境治理达标。公司是国内再生铅骨干企业，国家科技攻关项目"无污染再生铅技术"科技示范厂，国家环保局批准的第七类进口废物利用定点企业，国家循环经济试点单位，湖北省循环经济试点单位，湖北省高新技术企业。年处理废铅蓄电池10万吨，年产再生铅6万吨，铅及铅合金12万吨的生产能力。2005年，有职工175人，资产总额9 000万元，工业总产值39 600万元，销售收入35 000万元。

老河口市金源工贸公司：1999年创立。主要从事粗铅冶炼、黄金、白银、矿石贸易、建筑材料、石英制品、化工产品的生产经营，是湖北省最大的粗铅冶炼企业之一。2005年，有职工102人，资产总额1 455万元，工业总产值3 500万元，销售收入2 700万元。

(三)行业管理

1.管理体制

1981年3月9日，襄樊市革命委员会冶金工业局改为襄樊市冶金工业局。同年9月，市冶金工业局与市机械工业局合署办公，对外两个机构，对内一套班子。1983年地、市合并后，成立襄樊市冶金工业总公司。1985年，全市冶金工业有襄樊市冶金公司总公司统一调度和管理，2002年，建材工业总公司、冶金工业公司合并，组建建材冶金行业协会，对建材冶金工业实行统一调度和管理。

2.企业改革

襄樊市钢铁厂(原襄阳地区钢铁厂)：1973年开办，先后生产过制钢生铁、普压管、铸铁管等产品。1975年，襄阳地区钢铁厂筹建炼钢车间，1979年后，因产品能耗高、质量差、无销路而停产，1982年，恢复生产。1983年，生产钢锭6 052吨，工业总产值181.5万元。1984年，更名为"襄樊市钢铁厂"。1985年，有职工976人，固定资产原值452万元，主要设备269台(套)。生产钢锭15 024吨，钢锭合格率97.9%。工业总产值804.05万元，利税227.9万元。年设计生产能力钢锭3.5万吨，钢坯15万吨，再生铁8 000吨。主要产品有6—8寸普通钢锭和低合金钢锭，50—90平方毫米钢坯、生铁、普压管、铸铁管等50多个品种规格。1989年，完成变电站增容改造项目，输电压由原来的35千伏提高到110千伏，容量由原来的10 700千伏安扩大到31 500千伏安。同年，铸管产品获省优产品称号。企业获"省级先进企业"称号。同年，生产的100—500MM系列连续铸铁管性能和质量符合国家标准。12月20日，省人民政府授予"省优质产品"称号。1992年6月，经市委、市政府批准，襄樊市钢铁厂与襄樊市轧钢厂合并，组建"襄樊钢铁公司"。

襄樊市轧钢厂(原襄樊市制氧厂)：1966年开办，1973年开始生产中碳钢铸件，1974年试轧成功元钢，年底轧钢500吨。1976年，更名襄樊市钢厂。1979年，产值354万元。1982年轧钢1.2万吨，1984

年，更名为襄樊市轧钢厂。1985 年，对轧钢“三大设备”进行综合性技术改造。当年，有职工 921 人，其中工程技术人员 53 人，固定资产原值 827 万元，房屋建筑面积 30 410 平方米，各种设备 156 台(套)，有线材、轧钢、铸造 3 条生产线。产品有圆钢、螺纹钢、异型材 3 类 13 个品种规格。全年工业总产值 1 012.8 万元，全员劳动生产年 16 388 元 / 人·年，钢材 15 256 吨，钢材成材率和合格率分别 90.4% 和 92.75%，利税 264 万元，吨钢耗标煤 156 公斤，耗电 146 千瓦时。1988 年，OMnS1Φ12—Φ22 热轧 II 级螺纹钢获省标准局“湖北省工业产品采用国际标准验收合格证书”，同年，获湖北省人民政府“1988 年优质产品证书”。1989 年，投资开发了 Φ6.5mm 的线材产品，填补了我市空白。1990 年 9 月 22 日，市轧钢厂新建异型材车间试车投产，年底，共产 3 角钢 1 400 吨。全年开发新产品 10 种，其中新开发的异型材、汽车水泵等产品形成批量生产。1992 年 6 月，经市委、市政府批准，襄樊市轧钢厂与襄樊市钢铁厂合并，组建“襄樊钢铁公司”。

襄樊钢铁公司：1992 年 6 月，市委、市政府将襄樊市钢铁厂和市轧钢厂合并，组建襄樊钢铁公司。创立时，有职工 3 523 人，固定资产 8 499 万元。具有年产钢锭 20 万吨，钢坯 15 万吨，钢材 16 万吨，再生铁 13 000 吨，普压管 10 000 吨的生产能力。当年，完成产值 1.55 亿元，销售收入 2.2 亿元，利税 2 038 万元。1991—1992 年；累计完成投资 2 800 万元，新建 20 吨电炉 1 座，3 吨电炉增容和第二制氧站工程建成投产，使全市年产炼钢能力提高到 20 万吨。1994 年，9X75 单面双槽弹簧扁钢牌 55simnvB 产品指标达到 GB1222—84 国家标准。同年，加热炉采用水膜除尘工艺对烟尘进行治理，烟气排放达到国家 GB9078—88 的烟气排放标准。同年 12 月，经市政府批准，襄樊钢铁股份有限公司改制为“襄樊钢铁集团公司”。1995 年，对轧钢工艺实施改造，使产品由 4 种规格增加到 7 种。1996 年，开发出 63、90、50 弹簧钢，弹簧钢产品形成 20 多个系列品种。同年，投资 3 505 万元的连铸工程试车成功，初轧厂轧辊堆焊设备正式投入使用，三轧厂完成加热炉改造为无水冷加热炉项目。1997 年，投入 150 万元，对二轧厂加热炉改造，将原链式炉改为往复式加热炉，生产能力提高 40%。1998 年 2 月，襄樊钢铁集团公司改制为襄樊钢铁集团公司一公司(包括主要生产车间等)和襄樊钢铁集团公司二公司(包括后勤和辅助车间等)；1998 年 10 月，武钢兼并了襄樊钢铁集团公司的主体部分——襄樊钢铁集团公司一公司，成立“武钢集团襄樊钢铁有限公司”。1999 年 3 月，襄樊钢铁集团公司二公司更名为“襄樊金瑞钢铁公司”。同年 9 月 10 日，襄樊市中级人民法院公告宣布襄樊金瑞钢铁公司破产。4 280 名职工先后妥善安置。2000 年 1 月，武钢出资 7 400 万元买断襄樊钢铁集团公司一公司产权，成立武钢集团襄樊钢铁长材公司，襄钢长材公司正式成为武钢的全资子公司。

3.项目投入

1984—1990 年，冶金行业完成项目投入 5 000 万元。重点项目有：1985 年，市轧钢厂对轧钢“三大设备”进行综合性技术改造项目。1988 年，老河口市钴厂建成了一套年产 120 吨草酸钴生产线，填补了湖北省草酸钴生产的空白。老河口市有色金属冶炼厂投资 50 万元，建成了一套火法粗炼、电解精炼的黄金、白银生产线。1989 年。市钢铁厂变电站完成增容改造项目，输入电压由 35 千伏升至 110 千伏，容量由原来的 10 700 千伏安扩大到 31 500 千伏安，老河口市铅厂、铁合金二厂有色压铸件、钼铁合金等车间建成投产。老河口市铅厂建成投产。谷城申谷铁合金厂投资 280 万元建立了结晶硅和碳化硅两条生产线，碳化硅项目建成投产后，填补了湖北省碳化硅生产的空白。谷城石花有色冶炼厂先后投资 65 万元，引进昆明工学院年产 2 000 吨精铅“真空火法精炼”专利技术，建成一条精铅生产线。1990 年，市轧钢厂新建异型材车间试车投产，谷城县有色金属冶炼厂投资 64 万元，新建和扩建合金铅、电解铅、铅烟尘治理和黄金、白银综合回收车间共四个项目。

“八五”时期，完成项目投资 1 亿元。重点项目有：1991—1992 年，市钢铁公司完成投资 2 800 万元，新建 20 吨电炉 1 座，3 吨电炉增容和第二制氧站工程建成投产。老河口市有色金属冶炼厂投资 10

万元改造精粗炼炉。1991 年,谷城县有色金属冶炼厂投资 560 万元建成新厂,1992 年,开发的免维护蓄电池板栅合金材料被列为国家科委"八五"科技攻关项目。1993 年,市钢铁公司投资 1 300 万元的 1 500 立方米/小时制氧机建成投产,投资 300 万元新建容量 5 吨(3#)电炉投产,投入 600 万元增建二炼钢 20 吨电炉一座投产,投资 50 万元对线材分厂进行环保设施改造。谷城有色冶炼厂投入 80 万元扩建的电解铅车间投产。老河口市有色金属冶炼厂投入 10 万元改造的电解铅车间投产。1994 年,湖北金洋冶金股份有限公司投资 1 000 万元的新建无污染再生铅生产线项目。老河口市汉江冶炼厂投资 1 900 万元的 3 万吨电解铅生产线建成投产。

"九五"时期,重点项目有:1996 年,老河口铅厂投资 270 多万元炉容扩大改造项目,襄樊钢铁公司投资 3 505 万元的连铸工程投产试车成功,谷城铜矿实施 212 水泵生产工艺改造项目,汽车刹件制动蹄试制成功并投入批量生产。1997 年,老河口汉江冶炼厂投资 1 256 万元新建金银回收项目;襄钢二轧厂投入 150 万元实施加热炉改造项目。1999 年,武钢集团襄樊钢铁长材公司投资 35.5 万元综合改造炼钢厂二号炉炉体改炉型、对棒材厂 400 轧机紧固、冷却水、拨钢机等工艺设备综合改造。湖北金洋冶金股份有限公司先后新建燃油连续反射炉 1 套,50 吨精炼锅 1 台(套),30 吨精炼锅 2 台(套),扩大废铅粗炼和精炼能力。2000 年武钢集团襄樊长材公司投资 24 万元对线材轧机进行改造,投入资金 200 万元,改造炼钢厂两座 20 吨电炉除尘工程。

"十五"时期,重点项目有:2001 年,武钢集团襄樊长材公司投资 30 万元改造 1# 电炉;投入 25 万元新建 1 台加热炉水膜除尘系统;同时,为二制氧厂新建一套气灌装系统。2003 年,武钢集团襄樊钢铁长材公司投资 1 410 万元,对炼钢 EBT 电炉、LF 精炼、炼钢除尘和氧气厂分子筛等 4 个项目进行技术改造,投资 8 400 万元新建 1 座 45 吨高频电炉炼钢和 1 500 立方米制氧站项目。枣阳市立晋冶金公司总投资 1.2 亿元的 40 吨电炉炼钢项目动工兴建。

4.优质产品

1988 年,市轧钢厂生产的 Φ12—25mm 普炭元钢获省优质产品。1989 年,有 5 个产品创省优质品(金红石、24 厘米酒精铜火锅属复评)。1989 年,市钢铁厂生产的 100—500mm 连续铸铁管获省优质产品称号;老河口市第二铁合金厂生产的 75# 硅铁获省优质产品。1990 年,老河口市和谷城县有色金属冶炼厂生产的电解铅和合金铅锭被省人民政府命名为省优质产品。1991 年,老河口市有色金属冶炼厂生产的 1 号电解铅获部优产品称号。1992 年,谷城县有色金属冶炼厂生产的 1 号电解铅和铅锑合金铅分别于 1991 年和 1992 荣获部优和省优质产品称号。

八、燃化工业

自 1979 年始,燃化工业发展较快。1985 年,全市燃化工业有企业 58 个,职工 21 341 人,固定资产原值 28 675 万元,工业总产值 25 700 万元,利税 2 326.1 万元。拥有煤炭、化学矿山、化肥、农药、酸碱、有机化工原料、无机化工产品、橡胶制品及其橡胶骨架材料、催化剂、化学试剂、助剂、化工机械制造等 13 个工业门类,百余种产品。主要产品 65 种,其中基本化工原料 18 种、中间体 18 种、最终产品 18 种,15 个产品获国家、部、省优产品。

1986—2000 年,完成重点基建技改项目达 67 个,预算投资 17.4 亿元。南漳红星磷矿、保康白竹矿区,管驿沟硫铁矿等 3 个矿山改造项目、枣阳 4 万吨尿素,市无机化工总厂、襄阳县磷肥厂、老河口化磷肥厂等 3 条磷铵生产装置,鄂西化工厂 2.5 万吨煤造气工程,湖北钢丝厂 3 500 吨钢帘线、市制漆总厂阳极电泳漆等一批重大基建、技改项目相继建成投产，新增固定资产13.7亿元。产品结构发生重大变化：化学矿产品由原矿开采，向矿化结合、深度加工发展。相继开发了黄磷、工业磷酸、食品磷酸、日用磷化工原料等系列产品。化肥工业由氮、磷等单元素肥料，向多品种、多元素、多用途、系列化方向发展。先后开发生产出尿素、硝氨、碳氨、普钙、钙镁磷肥、磷酸乙胺、复合肥料、生物化肥等系列产品。有机合成工业由小装置、粗加工、小批量、单一化向大装置，精细化、多品种、系列化发展。制药用医药中间体、汽车用橡胶制品、工业与民用涂料、纺织用化学助剂，以及石油化学品，有机合成材料等一大批新产品在这一时期投入批量生产，精细化工产品的比重，由20世纪80年代初的11%提高到33.4%。其间，通过企业改制和发展，一批股份制或民营企业相继创立。2000年，有企业58家，其中大、中型企业19家。全市纳入省市统计的重点燃料化工产品263个，工业总产值(全口径、现价)332 464.8万元，销售额312 426.4万元，固定资产原值206 952.4万元，固定资产净值平均余额124 478.6万元。

2001—2005年，全市燃化企业步入民营化、市场化轨道。2005年，规模以上燃化工业企业68家，其中外商独资企业1家、股份制企业54家、民营(个人投资)企业13家。资产总额381 499万元，工业总产值420 294万元，销售收入394 269万元，工业附加值达153 486万元，从业人员17 560人。燃化工业已形成煤炭开采、化学矿山、化学肥料、有机化工、无机化工、精细化学品、信息化学品、工业与民用涂料、橡胶制品及橡胶骨架材料以及化工机械装备制造等门类比较齐全的燃料化学工业体系。主要产品产量：煤炭90万吨、硫铁矿3.5万吨、磷矿石133万吨、尿素13万吨、硝酸铵17万吨、磷酸乙胺15万吨、硫酸60万吨、浓硝酸10万吨、两钠(硝酸钠、亚硝酸钠)1.8万吨。

(一)煤炭开采

1979年，南漳东巩煤矿停办转产。1985—1991年，除保康县公溪沟煤矿每年约有2万吨的采煤量外，本区煤炭产业基本处于停滞状态。1992年始，由于工、农业生产对煤炭产品的需求急剧增加，南漳、保康、谷城等县煤炭开采业开始复苏。1998年，全市煤炭企业达76家，其间，为整治私挖乱采行为，规范煤炭生产经营秩序，省、市、县三级政府连续进行了多次专项治理，明令取缔一批非法小煤窑的开采资格，封闭一批毫无安全保障的“黑煤窑”。2005年，经市、县两级政府批准，全市保留煤炭开采经营资格企业25家，其中南漳县24家，保康县1家。25家煤炭企业设计开采能力为80万吨，最高年开采量可达90万吨(见表12—27)，拥有资产总值13 267万元，主营业务收入16 296万元，从业人员1 200人。

襄樊市煤炭行业生产能力一览

表12—27　　单位(万吨)

序号	企业名称	企业类型	投产时间	原设计能力/年	最高产量/年	备注
1	保康公溪沟煤矿	私营	1971年5月	4	3.2	
2	南漳夹子沟1#矿	股份制	1996年	3	4	
3	南漳夹子沟2#矿	股份制	1995年	4	4	
4	南漳夹子沟4#矿	股份制	1996年	3	3	
5	南漳夹子沟5#矿	股份制	1997年	3	4	
6	南漳龙泉观煤矿	股份制	1996年	3	4	
7	南漳陈家台煤矿	股份制	1995年	3	6	

续表

序号	企业名称	企业类型	投产时间	原设计能力/年	最高产量/年	备注
8	南漳猴子岩煤矿	股份制	1997 年	3	4	
9	南漳梅子垭煤矿	股份制	1994 年	3	4	
10	南漳东祥煤矿	股份制	1995 年	3	4	
11	南漳店予河煤矿	股份制	1996 年	3	4	
12	南漳代家棚煤矿	股份制	1996 年	3	4	
13	南漳聂湾煤矿	股份制	1995 年	3	3	
14	南漳巨鑫煤矿	股份制	1997 年	3	6	
15	南漳县四块田煤矿	股份制	1994 年	3	3	
16	南漳县渔儿湾煤矿	股份制	1996 年	3	3	
17	南漳县方湾煤矿	股份制	1997 年	3	3	
18	南漳县皮家湾煤矿	私营	1994 年	3	3	
19	南漳县东立煤矿	股份制	1995 年	3	3	
20	南漳县大沙淌煤矿	股份制	1997 年	3	3	
21	南漳县胡家沟煤矿	股份制	1993 年	3	3	
22	南漳县石炭沟煤矿	股份制	1996 年	3	3	
23	南漳县永盛煤矿	股份制	1996 年	3	3	
24	南漳县星源煤矿	股份制	1997 年	3	3	
25	南漳金红煤矿	股份制	1992 年	3	4	
26	襄樊市东巩煤矿	股份制	1967 年 10 月	10	2.5	已转产

（二）化学矿产开采

境内具有商品利用价值和工业开采价值的化学矿产资源有磷矿石、硫铁矿、重晶石、磷块岩、生碘、岩盐等，尤以磷矿石和重晶石储量较大，品位较高。

1.硫铁矿开采

区内宜城县喜山、南漳县肖堰、东巩、保康县管驿沟、谷城县南部山区、襄阳隆中一带相继发现有硫铁矿资源，但储量较小，用途单一，无法进行工业化开采。1979 年始，硫铁矿开采企业仅保康县管驿沟硫铁矿一家，1985 年，共开采硫铁矿 3 271 吨，年开采能力为 5 000 吨。1988 年 9 月，保康县管驿沟5万吨硫铁矿改扩建项目，通过竞标被纳入国家化学矿山专项改造资金计划笼子，获专项资金 1 200万元（其中地方配套资金 400 万元），进行第二次大的改造和扩建。1991 年 10 月，通过国家验收并投入运营，硫铁矿年开采量达 35 000 吨。

2.磷矿石开采

境内保康、南漳、宜城、谷城、枣阳等地均有磷矿石分布，其中保康县作为全国八大磷矿之一，磷矿资源在白竹矿区较为集中，远景储量约在 2 亿吨以上，且矿体厚，品质优、有效磷含量（五氧化二磷）平均品位 25.8%，有的高达 30%以上。具有较高的工业开采价值。

1979—1985 年，境内已建成宜城县腰子山磷矿、南漳县邓家岩红星磷矿、保康县观音崖、九里川、白竹磷矿等5个较大的磷矿和一批社队小磷矿。年开采能力达30万吨，其中，保康县观音崖、九里川、白竹矿区为露天开采。

1986年始，境内磷矿石开采业在市场需求的拉动下发展较快。1988年，宜城大雁工业公司自筹资金，对腰子山磷矿进行扩产改造，使产矿能力由原来的5万吨提高到15万吨。同年9月，市红星磷矿15万吨采矿工程、保康白竹矿区20万吨采矿工程被列入国家化学矿山改造专项计划(3个项目1991年相继通过国家验收并投入运营)，获得国家专项资金3 300万元，加上省、地配套资金1 750万元，投资总额达5 000万元以上。同时，保康县九里川、马桥、朱家坡、观音崖等矿区相继投入磷矿石开发，一批境外企业和外资企业也通过合资参股和矿产开采权出让方式，获得磷矿石资源开采和经营权。1992年，经原国家计委批准，保康县年产200万吨大磷矿项目前期工作开始实施。2005年，按全口径统计，全市从事磷矿石开采、运输和经销的企业达16家，年开采能力达133万吨，用于采矿、运输业的资金投入达31 754.9万元，按现价计算的工业总产值达46 573万元。销售收入达49 046万元，工业附加值达1.7亿元，吸纳社会从业人员3 160余人。

3.重晶石开采

境内的重晶石资源主要分布在枣阳市清潭，谷城县茨河、盛栜，南漳县九集一带，储量约1 000万吨以上，硫酸钡(BAS04)平均含量在70.98%之间。

1979—1985年，上述地区均有小规模的重晶石开采，谷城县年开采能力约3.5万吨。1986年后，谷城开办起了重晶石粉加工厂、市青山化工厂、襄阳县磷肥厂相继建立了硫酸钡、碳酸钡生产车间，开始使用重晶石矿。据2000年统计资料反映，全市重晶石开采量约13万吨，销售量约10万吨。2001年始，受市场需求和开采成本影响，一些企业处于停产、半停产状态。

(三)化学肥料、农药

1.化学肥料

化学肥料是襄樊燃化工业的支柱产业。1985年，全市有9个磷肥厂、1个中型氮肥厂、8个小型氮肥厂。除保康县仅有一个小磷肥厂外，市区及各县(市)都有氮肥和磷肥厂。

1986—1995年，通过改造和扩建，化肥工业发展较快。其间，市无机化工总厂的3万吨磷铵，老河口市光化磷肥年产1万吨磷酸一铵，枣阳化肥厂4万吨尿素，鄂西化工厂2.5万吨合成氨等一批重点项目相继竣工或投产。1995年，全市有化肥企业12家，主要产品产量：合成氨15.2万吨，化肥53.3万吨(其中尿素4.85万吨、碳铵48.28万吨)，普钙37万吨、钙镁磷肥15.2万吨、合成复合肥3.05万吨。

1996—2005年，通过企业改制和发展，襄樊市无机化工总厂、襄樊市氮肥厂、枣阳化学工业公司、宜城化肥厂、襄阳化肥厂、南漳化肥厂、谷城县化肥厂等企业先后破产、重组或被收购。湖北金源化工股份有限公司、湖北天九化工有限责任公司、湖北丽明化工股份有限公司等一批民营企业相继创立。2005年年底，全市规模以上的化肥企业有21家，职工5 835人，资产总额87 104万元，工业总产值126 690万元，销售收入123 627万元。主要品种产量：尿素13万吨、硝酸胺17万吨、磷酸乙胺15万吨。

(1)磷肥

1979年，全市磷肥产量17 916吨，1980年，磷肥产量24.36万吨。骨干企业有襄樊市磷肥厂和光化县磷肥厂。1982年，随州4万吨钙镁磷肥厂投产，1983年，谷城扩建的3万吨钙镁磷肥厂投产。1985

年，全市有磷肥企业 9 家，为磷肥生产配套的企业 5 个，职工 3 299 人，固定资产 2 602 万元，年生产能力 37 万吨（普钙 30 万吨、钙镁磷肥 7 万吨），总产量 28 万吨，工业总产值 3 480 万元。利税 199.4 万元。

1986—1997 年，磷肥行业获得快速发展。全市磷肥企业以推广应用硫酸“两转两吸”新工艺和磷肥“风扫磨”新技术为核心，开展技术改造和设备扩能，开发新产品、建设新项目，12 年累计投资达 4 亿元以上。1988 年 9 月，市无机化工总厂年产 3 万吨磷酸乙胺车间开始筹建，1989 年，老河口市光化磷肥年产 1 万吨磷酸乙胺项目动工，两个项目于 1990 年相继投入批量生产。1988—1997 年，襄樊市氮肥厂年产 2 万吨硝酸磷肥项目，宜城大雁公司钙镁磷肥厂、磷肥厂年产 8 万吨和 10 万吨生产装置改造，市无机化工总厂的 5 万吨多用途复混肥项目，襄阳县磷肥厂的 3 万吨复混肥项目和 3 万吨磷酸一铵项目先后建成投产。1997 年，全市 11 家磷肥企业普钙生产能力达 48 万吨；磷酸乙胺由一条生产线发展到 3 条生产线，总产量由 3 万吨扩大到 10 万吨；钙镁磷肥生产装置由 1985 年前的 3 套增加到 6 套，总产量达 43 万吨；多元素复合肥和林果、水产专用肥生产能力 27 万吨。全市以五氧化二磷为主要元素的化肥总产量 130 万吨以上。

1998 年始，磷肥行业发展开始下滑，逐步萎缩。襄阳腾飞化工集团公司（原襄阳县磷肥厂）陷入半停产状态，2000 年基本停产（只有工业硫酸在生产）。同年，老河口市光化磷肥厂进入破产清算程序，企业全面停产。2003 年，襄樊丽明化工公司的普钙生产线全面停产，企业集中财力改造扩建磷酸乙胺生产线。至此，三家主要磷肥生产企业，普钙生产装置全部停产。其间，市矿山公司龙门磷肥厂宣告破产，谷城县磷肥厂通过改制实行民营，宜城、南漳原县属磷肥企业，也通过改制、或停产、或转产。2005 年，县以上磷肥企业基本停止生产普通磷酸钙（普钙）和钙镁磷肥。枣阳、宜城、南漳、保康、谷城等市县仍有部分小磷肥企业在继续生产普钙，年产量约在 20 万吨左右。

湖北丽明化工股份有限公司：2000 年，由原襄樊市无机化工总厂改制后创立。是生产化肥、基本化工原料和有机、无机化工产品的综合型化工企业。主导产品有硫酸、磷铵、钛白粉、磷肥、硫酸亚铁、云母钛珠光颜料等品种，拥有年产 24 万吨硫酸、7 万吨磷铵、7 000 吨钛白粉生产能力。2003 年通过 ISO 9000 质量体系认证。2005 年，产值 27 655 万元，销售收入 26 451 万元，职工人数 782 人，固定资产 6 377 万元。

（2）氮肥

1978 年始，襄樊市氮肥厂、随州、枣阳、襄阳、南漳化肥厂等 5 家企业实施 5 000 吨改 1 万吨技术改造，1980 年，完成技改。1981 年以后，随州、南漳、枣阳化肥厂和襄樊市氮肥厂由 1 万吨改 1.5 万吨，光化、宜城化肥厂由 5 千吨改 1 万吨。1984 年，随州、枣阳、襄阳、南漳化肥厂由改造扩建为 2 万吨合成氨厂，1985 年，全市建有氮肥企业 9 家，除保康县外，辖区各县（市）均开办有小氮肥厂，年产合成氨 11 万吨。

1986 年，市氮肥厂与南京化工研究院联合开发，将计算机运用于合成循环气中氢氮比的控制，使氮、氢比合格率由原来的 40%提高到 95%以上。通过合成、变换、铜洗三大工段技术改造，形成了“第二热网”，提高了热 能利用率，使合成氨年产量由 5 000 吨扩大到了 2 万吨。这两项技术先后在襄阳、宜城、南漳、谷城等县化肥厂推广应用，取得了较好的经济效益。其间，全市 8 家化肥在巩固“六五”技改成果的基础上，枣阳、襄阳、南漳、三家化肥厂相继实现年产 15 000 吨合成氨能力。1988 年，全市合成氨产量达到 23.5 万吨，碳酸氢氨（实物量）突破了 60 万吨，成为全省化肥生产大市。

1988 年，国家拿出 65 亿元资金用于化肥专项建设。经过全国性竞标，鄂西化工厂 2.5 万吨合成氨，无机化工总厂的 3 万吨磷铵，枣阳化肥厂 4 万吨尿素项目，市氮肥厂、南漳县化肥厂合成氨生产蒸汽自给，襄阳县化肥厂、宜城市化肥厂的“ 两水”闭路循环，襄阳腾飞化工公司的 3 万吨磷铵项目先后被列入国家化肥建设项目。1992 年,全市用于化肥改造资金达 2.1 亿元,其中国家化肥专项扶持资金 1.35 亿元。在国家专项资金的扶持和推动下,全市化肥企业以推广应用 40 项节能技术为中心,普遍进行“两煤改一煤”“两水闭路循环”“粉煤改棒煤”等技术改造。1992 年,鄂西化工厂 2.5 万吨合成氨改扩建、枣阳化肥厂新建 4 万吨尿素项目,先后通过国家验收并投入生产,1993 年,其他列入国家计划的改造项目,也相继通过国家验收并投入运行。1993 年年底,全市化肥行业合成氨总产量达到 33.1 万吨。碳铵(实物量)达 81.6 万吨。其间,全市化肥企业还利用自身优势,开发了工艺相近、设备相通、热能共用的其他化工产品。1992 年,鄂西化工厂开发建设的工业甲醇、甲醛、硝酸钠、亚硝酸钠和医药用中间产品肝泰乐生产装置相继投入生产。市氮肥厂筹资兴建的工业甲醇、甲醛、硝酸钠、亚硝酸钠、硝酸磷肥、稀土微肥等一批新产品也先后投入批量生产。两家企业以硝酸为龙头的下游产品达 10 多种,其中工业用甲醇年产量达 18 000 吨,甲醛 36 000 吨、乌洛托品 3 000 吨。附属化工产品年产值达 17 000 万元,销售收入达 23 000 万元。2005 年,枣阳尿素由原设计能力的 4 万吨,扩大到 13 万吨/年,湖北金源化工的硝酸铵产量达 17 万吨。

襄樊天九化工股份有限公司:2001 年,由原襄樊市氮肥厂改制后创立,是生产化肥和有机、无机、精细化工产品的综合型化工企业。拥有年产 6 万吨合成氨、6 万吨硝酸钠亚硝酸钠、3 万吨甲醛、2 万吨精甲醇、13 万吨碳酸氢铵的生产能力。2005 年,有员工 607 人,资产总额 2 928 万元,工业总产值 20 234 万元,销售收入 15 981 万元。

2.化学农药

1979 年前后, 省燃化局先后投资 400 万元, 在光化化肥厂兴建二甲基甲酰胺和邻甲苯胺两条农药生产线,1985 年,全市有化学农药企业 2 家。其中,襄阳农药加工厂,以生产粉剂性农药为主,主要品种有 8 个,年产能力为 1 万吨,是当时全省同行业中生产规模最大的企业之一。后因国家调整农药产品生产结构、该厂主导产品六六六粉被明令禁止生产,企业转产磷肥,2001 年宣告破产。光化县化工厂:主要生产农药原料(二甲基甲酰胺、邻甲苯胺)和成品农药(杀虫脒)达 1 500 吨。1987 年,更名为老河口市富灵化工公司,在维持农药和农药原料生产的同时,开发建设一批其他化工产品。后因经营不善,长期亏损,于 2001 年宣告破产。主要生产车间实行分析拍卖,相继被外地企业和本市民营企业收购,并组建了 4 家民营公司,其主导产品仍在继续生产。1999 年,枣阳市天燕化工公司投资建设缩节胺和杀虫硫磷两套农药生产装置,年产成药近 2 000 件,约 50 吨,年销售额达 2 000 万元。2001 年 10 月, 老河口市个体经营者杨九林出资收购了原老河口市富灵化工公司农药和农药原料生产线,注册成立老河口市富灵农药有限责任公司,生产杀虫双农药产品,年产量达 5 000 吨。

老河口市富灵农药有限责任公司(原老河口市化工总厂):1998 年,转制为民营企业,直接控股子公司 4 个,是国家主要农药定点生产企业。主要产品:杀虫双、戊二醛。拥有年产量 5 000 吨杀虫双水剂、300 吨杀虫单原药、2 000 吨综合复配(加工)农药生产线和年产 5 000 吨乙烯基醚类系列产品、5 000 吨戊二醛、3 000 吨丙烯醛、3 000 吨甲基硝基苯(甲基苯胺)的化工生产线,年产 2 000 吨钙塑包装箱生产线及 96 000 瓶乙炔气等产品的生产装置。1999 年,开发的戊二醛和乙烯基醚类系列产品,填补了国内空白。乙烯基系列和戊二醛产品的产能位居亚洲首位。2005 年,有职工 80 人,资产总额 2 000 万元,产值 3 500 万元,销售 3 500 万元。

(四)基本化工原料

硫酸、硝酸、盐酸、烧碱、纯碱(俗称三酸两碱)是基本化工原料。1979 年始,初具生产规模,1985

年，全市生产能力：硫酸 12 万吨、硝酸 3 000 吨、盐酸 8 000 吨、烧碱 7 000 吨，20 世纪 90 年代达到相当生产规模。

1.硫酸

自 1979 年始，襄樊、光华两家磷肥厂生产硫酸，1985 年底，全市有硫酸厂 4 家，年产工业硫酸 7.6 万吨。

1986 年，南京化工研究院附属硫酸厂制酸专家申屠华德先生，应聘来到襄樊，在原襄樊市磷肥厂帮助改造硫酸生产工艺和制酸设备，通过应用“两转两吸”（两次转化、两次吸收）新工艺和触媒填充新技术，使该企业硫酸生产能力由 3 万吨提高到 8 万吨 / 年。这两项技术在全市小硫酸企业推广应用后，工业硫酸年产量翻了一番，总产量达 17.6 万吨。

“七五”和“八五”期间，国内硫铁矿开采量取得突破性增长，为硫酸企业的发展提供了充足的硫矿资源。其间，襄樊硫化工企业通过改造和扩建，硫酸生产规模不断扩大。1994 年，老河口市引进台商资本，在孟楼镇兴建年产 4 万吨硫酸生产装置。随后又新建、扩建了磷酸乙胺和过磷酸钙两条生产线，组建成立“湖北襄樊金湘磷化有限公司”。老河口市光化磷肥厂破产后，地处孟楼镇的襄樊金湘磷化公司恰好填补了区域内的市场空白，其硫酸、磷肥两大系列产品获得了较大的发展空间。原宜城大雁公司磷肥厂 1989 年投资建设年产 4 万吨硫酸生产车间，经过多次改造和扩建，到 2001 年形成年产硫酸 10 万吨规模，企业通过改制，重新注册为“宜城市龙祥磷化有限公司”。湖北襄樊丽明化工股份有限公司（原襄樊市磷肥厂）是襄樊最早的硫酸生产企业之一，经过近 20 年的改造和扩建，硫酸年生产能力达 24 万吨，是全市产量最大、技术装备最高的硫酸生产龙头企业。此外，南漳、保康等县，也在这一期间建设规模不等的小硫酸厂，产品主要在本地区销售。2005 年，全市建成规模在 4 万吨 / 年以上的硫酸生产装置 8 套，年生产能力达 60 万吨以上。

2.硝酸

鄂西化工厂是硝酸骨干生产企业，1985 年，境内现建有硝酸生产装置 2 套，年生产浓硝酸能力可达 10 万吨。湖北天九化工股分公司（原襄樊市氮肥厂）的硝酸装置主要联产碳酸氢铵，甲醇、甲醛、硝酸钠、亚硫酸钠等化工产品，基本没有商品硝酸出售。湖北金源化工公司（原鄂西化工厂）装置规模较大，除联产硝铵、甲醛、硝酸钠等化工产品外，年产商品浓硝酸可达 5 万吨。

3.烧碱

1979 年，襄樊市第二化工厂建成投产，设计烧碱（固体碱）生产能力 3 000 吨。1984 年，产量3 033 吨。1985 年，襄樊市第二化工厂和老河口市化工厂生产烧碱。烧碱生产装置 2 套，烧碱（固体碱）年产量达 8 000 吨。1986 年以后，两家烧碱生产企业先后实施了二次扩能改造，一次是“五改万”（5 000 吨改 10 000 吨），第二次是“一改二”（1 万吨改 2 万吨），1990 年，两宗企业相继完成了“一改二”工程，当年生产固体烧碱 33 000 吨，这是全市地产烧碱最高生产年份。

4.盐酸

襄樊盐酸产品开发与烧碱工业紧密相连，襄樊市第二化工厂、老河口市化工厂在生产烧碱的同时，利用氯化氢气体附产工业盐酸，最高年产量达 18 000 吨，附产商品液氯 15 000 吨。1992 年后始，由于烧碱生产工艺落后，能耗较高，环境治理成本过大，两家企业相继陷入停产、半停产状态。2000 年，老河口市化工厂解体，境内企业和本市一些社会资本进入该企业，利用原烧碱车间的厂房和设备，转产氯化石蜡等产品。2003 年，襄樊市第二化工厂进入破产清算程序。至此，全市烧碱、盐酸产品停止生产。

(五)化工产品

1.有机化工产品

1979 年,全市有机化工产品初具规模,1985 年,有企业 7 家,均系集体企业,资产 839 万元产值占总产值的 7.7%。1986 年,全市有机化工产品生产有襄樊市红卫化工厂、襄樊市汉江化工厂等 4 家企业。主要产品有盐酸羟胺、醋酸乙酯、醋酸丁旨等品种。1987 年始发展较快,2005 年,全市规模以上有机化工产品生产企业发展到 18 家,职工 3 628 人,资产总额 62 990 万元,工业总产值 88 833 万元,销售收入 83 253 万元。产品已形成医药中间体,农药中间体、涂料中间体、橡胶促进剂、皮革助剂、紫外线吸收剂、建筑材料用黏接剂、日用清洁剂、合成溶剂等 12 个大类,近 40 余种主要产品。

湖北科兴医药化工股份有限公司:2000 年,由原襄樊市红卫化工厂改制后创立。是生产医药中间体及精细化工产品的专业厂家,全国最大的二苯甲酮生产基地。主导产品:二苯甲酮系列、盐酸羟胺、氰化苄、笨乙酰胺、甲醛树脂、NOBS 促进剂、醋酸铅等,能批量生产二苯甲酮、合成溶剂、合成树脂、饲料添加剂等四个大类 50 余种精细化工产品。产品 80%出口国外。2000 年,氨基酮、硝基氨酮分别获"湖北省科技进步二、三等奖"。2001 年,研发的四羟基—二苯甲酮新产品获湖北省科技进步三等奖和襄樊市科技进步二等奖。2000—2003 年,分别通过 ISO 9002 和 ISO 9000 质量体系认证。省级高新技术企业,拥有自营进出口权。2005 年,有职工 120 人,资产总额 2 280 万元,工业总产值 1 500 万元,销售收入 1 000 万元。

湖北回天胶业股份有限(集团)公司(原襄樊市胶粘技术研究所):1997 年创立。2001 年,深圳大鹏创业风险投资公司作为战略投资者投资回天 1 500 万元成为回天的股东。集团公司下辖湖北回天胶业股份有限公司、上海回天化工新材料有限公司和广州回天精细化工有限公司 3 家分公司,控股上海豪曼汽车用品有限公司和中美合资企业卡勒特纳米材料(上海)有限公司,并与复旦大学合资创立上海复旦回天聚合物工程研发中心(公司)。

公司是中国胶粘剂行业的知名企业,国内胶粘剂龙头企业,专业从事胶粘剂和化学品的研发、生产和销售。主要产品:回天厌氧胶、高分子密封胶、硅酮胶、环氧胶、聚氨酯胶、丙烯酸酯胶、汽车制动液、耐高无机胶等 8 大类 40 多个系列 400 多种规格的产品。产品广泛用于汽车、机械、建筑、电子、航天、冶金等行业。是中国汽车制造业、工程、建筑、电子用胶粘剂最大供应商之一。汽车维修用胶领域已占有 50%以上的市场份额。"回天"品牌是国内胶粘剂行业第一品牌。2000 年,通过 ISO 9001 国际质量体系认证,2003 年,获中国船级社认证和美国 UL 认证。拥有各类制胶设备和科研、生产、检测设备共 325 台(套)。

先后研发出近六十多项科研成果, 其中 3 项获国家科技进步奖,4 项获原化工部科技二等奖,有 6 项产品填补国内空白。其中汽车系列胶被列入国家级火炬计划项目。先后获得"国家火炬计划重点高新技术企业""中国优秀民营高科技企业""中国最具竞争力高新技术企业 100 强""中国胶粘剂市场产品质量用户满意第一品牌"等多项荣誉。是中国胶粘剂工业协会理事单位,承担国内胶粘剂行业的权威学术刊物《粘接》杂志的编辑出版工作,发行 18 个国家和地区。2005 年,有员工 308 人,其中科研人员占员工总数 60%,博士、硕士以上学历员工占员工总数 20%。资产总额 13 613 万元,工业总产值 10 115 万元,销售收入 10 136 万元(见表 12—28)。

襄樊市有机化工产品生产能力一览

表 12—28　　单位：吨

生产企业	产品名称	投产时间	原设计规模	最高年产量	备注
湖北科兴医化公司	盐酸羟胺	1972 年	30	110	
	氰化苄	1979 年	200	800	
	苯乙酰胺	1980 年	300	800	
	促进剂 M	1984 年	100	150	
	氨基酮	1987 年	300	500	
	硝基氨基酮	1988 年	100	50	
	甲基氨基酮	1988 年	300	380	
	异噁唑	1990 年	300	380	
	4 羟基二苯甲酮	1998 年	100	70	
	4 甲基二苯甲酮	1999 年	100	80	
	苯氧乙醇酸	1999 年	300	60	
	4 氯二苯甲酮	1995 年	200	20	
	4 苯基二苯甲酮	1995 年	100	30	
	2 氯二苯甲酮	1997 年	100	30	
	3 氯二苯甲酮	1997 年	100	450	
襄樊市汉江化工厂	醋酸乙酯	1973 年	300	500	
	醋酸丁酯	1974 年	300	200	
	二丁酯	1981 年	100	150	
	二辛酯	1984 年	200	180	
	香蕉水	1976 年	400	600	
	增塑剂	1989 年	1 000	800	
老河口市富灵化工公司	电石	1986 年	3 000	4 500	
老河口市化工集团公司	基磺酸苯酯	1976 年	2 000	1 800	
	15 烷基磺酸氯	1978 年	2 000	2 000	
	皮革加酯剂	1986 年	300	450	
	皮革柔软剂	1987 年	150	300	
	工业乙醚	1978 年	100	250	
保康县康盛化工厂	糠醛	1989 年	200	286	
湖北金源化工公司	乌洛托品	1996 年	3 000	3 000	
襄樊市裕昌化工公司	紫外线吸收剂	2000 年	1 500	1 500	
襄樊市化工设计研究所	造纸润滑剂	2001 年	—	300	
	造纸分散剂	2005 年	—	168	
	造纸抗水剂	2001 年	—	200	
	造纸渗透剂	1996 年	—	400	
	钻井助剂	2005 年	—	50	
新东方化工公司	对硝基甲苯	2001 年	—	20 000	
湖北天九化工公司	溴氧酸	1998 年	—	1 000	
	紫外线吸收剂	1999 年	—	800	

2.无机化工产品

1979—1985年,全市除化肥、酸、碱工业外,专业从事无机化工产品生产的有襄樊市青山化工厂、襄樊市钛白粉厂、保康县化工厂、老河口市化工厂等8家企业。主要生产钡盐类立德粉、钛白粉等10余种产品。当时由于工艺落后,设备简陋、生产能力较低,市场占有份额不大。1986—2005年,在化学肥料、酸、碱工业的带动下,无机化工产业发生重大变化。产品开发能力、工业技术水平和生产装置规模均有很大提高,无机化工产品的结构、生产规模、市场占有率有了较大发展。2005年,全市规模以上无机化工产品企业6家,职工455人,资产总额7 688万元,工业总产值12 572万元,销售收入11496万元。

襄樊市青山化工厂:湖北省规模较大的钡盐类产品专业生产厂家之一,前身是襄城公社石灰厂。1974年3月,经原襄樊市人民政府批准,作为市属集体所有制企业,归口市化学工业局管理。1979年,在市财政扶持下,企业筹资近30万元,引进长沙化工研究院的工艺技术,开始立德粉项目建设,次年形成年产立德粉1 500吨生产能力。1984年始,先后两次进行改造和扩建,1988年,立德粉年产量达5 000吨以上。其间,利用本地资源条件,以重晶石为原料,相继开发建成年产3 000吨碳酸钡生产线和年产1 500吨硫酸钡生产装置,使钡、盐产品初步形成系列。2003年8月,因资不抵债,依法进入破产程序,2005年前,企业完成职工身份转换和社会化安置。

襄樊市钛白粉厂:境内最早研制开发钛白粉系列产品的专业生产企业,湖北省生产B101锐钛型钛白粉的唯一厂家。前身是襄樊市电池厂的一个车间,1975年,从电池厂划出分立,开发生产电焊条用钛白粉,次年形成年产300吨生产能力。1978年,引进湖南株洲钛白粉生产技术,投资建设B101锐钛型钛白粉项目,初期为年产1 000吨装置规模,1980年,基本达到设计能力。1981年,被国家列为专业厂家之一。20世纪80年代末、90年代初,经过多次改造扩建,使钛白粉的装置能力达年产5 000吨。1994年始,受市场变化影响,企业长期处于停产、半停产状态,1999年6月,因严重资不抵债,无法清偿到期债务,依法进入破产程序。

襄樊市无机化工总厂:1987年,利用自产硫酸资源优势,投资建设年产2 000吨钛白粉生产车间,经多次改造扩建,到20世纪90年代末,钛白粉实际产量达5 000吨。1999年,襄樊市钛白粉厂宣告破产后,无机化工总厂租赁了该企业钛白粉生产设备,实行两套装置同时交叉生产,综合产量达8 000吨以上。2000年,襄樊市无机化工总厂通过改制注册成立了"湖北丽明化工股份有限公司"。2000年,通过先租后买,整体收购了原襄樊市钛白粉厂的B101钛白粉生产线,2002年,该生产线整体拆迁,与本公司的钛白粉生产车间合二为一,组成丽明公司钛白粉分厂。两套生产装置通过整合改造,2005年,形成10 000吨锐钛型钛白粉生产能力,年产值达1.5亿元。2005年,产值27 655万元,销售收入26 451万元,职工人数782人,固定资产6 377万元。

枣阳市金牛化工厂:1988年,枣阳市南城办事处部分农民集资成立枣阳市金牛化工厂,筹建年产10 000吨液体氰化钠项目,氰化钠属国家专控产品,该项目被批准在枣阳市立项,填补了湖北省一项空白。其间,经多次改造扩建,1998年,年产氰化钠达20 000万吨。1999年,武汉有机化工厂与枣阳市金牛化工厂组成联合经营体,以氰化钠为基础原料,开发生产氰系列化产品,注册成立"枣阳市金鹿化工有限公司"。

南漳举国化工有限公司:1996年,在湖北省石油化学工业厅支持下,南漳县自筹资金办起了液体氰化钠生产项目,设计能力为年产液体氰化钠9 000吨。由于种种原因,项目建成后运行不够正常,未能达到设计能力。2003年,枣阳市个体经营者出资收购了南漳氰化钠项目,注册成立了"南漳举国化工有限公司",拟通过与天津化工研究院合作,对氰化钠项目进行深度开发。

襄樊市氮肥厂;1988年,原襄樊市氮肥厂通过废气回收综合治理,开发出硝酸钠、亚硝酸钠2个新产品,初期生产装置为年产"两钠"3 000吨,后经改造、扩建、最高年产量达6 500吨。

鄂西化工厂:1992 年,鄂西化工厂"两钠"生产装置建成投产,新增硝酸钠、亚硝酸钠产量 12 000 吨。至此,作为化肥企业的副产品,全市每年生产"两钠"产品达 18 000 吨以上,成为无机产业门类中一个新的主导产品。

襄樊市无机化工产品生产能力一览

表 12—29 单位吨

生产企业	产品名称	投产时间	原没计规模	最高年产量	备注
襄樊市青山化工厂	碳酸氢钠	1973 年	3 000	4 500	
	碳酸钡	1978 年	2 000	2 500	
	立德粉	1983 年	3 000	5 000	
湖北金源化工公司	硝酸钠	1989 年	10 000	10 000	
	亚硝酸钠	1989 年	3 000	3 000	
	甲醇钠	1993 年	3 000	3 000	
	甲醛	1990 年	10 000	40 000	
襄樊市丽明化工公司	钛白粉	1990 年	2 000	13 000	
	氟砖酸钠	1980 年	300	500	
	硫酸亚铁	1990 年	8000	32 000	
襄樊市钛白粉厂	锐钛型钛白粉	1977 年	800	1 500	
襄樊市第二化工厂	液氯	1982 年	—	5 000	
	三氯氧磷	1986 年	300	150	
	二氯化磷	1987 年	300	220	
襄阳腾飞化工厂	硫酸钡	1982 年	500	800	
襄樊市天九化工公司	硝酸钠	1987 年	3 000	3 500	
	亚硝酸钠	1980 年	3 000	3 000	
	甲醛	1989 年	10 000	20 000	
保康县康盛化工厂	磷酸三钠	1991 年	300	1 500	
老河口富灵化工公司	三氯化磷	1986 年	300	450	
老河口楚凯塑胶公司	电解铝	1981 年	—	—	
枣阿口市金鹿化工公司	三聚氮氢	1988 年	10 000	20 000	
襄樊市丽明化工公司	液休氰化钠	1996 年	9 000	9 000	
保康楚源化工公司	六偏磷酸钠	2005 年	20 000	20 000	
谷城县新和化工公司	硫酸钡	1999 年	15 000	20 000	

3.磷化工产业

磷化工业是指以五氧化二磷为基本元素的化学肥料之外的化学品生产行业。它是在充分利用本地区丰富的磷矿石资源,实施矿化结合,深度加工产业发展战略基础上,成长起来的一个新兴的产业门类。在全市化工产品总体生产规模中,占有相当的比重,并且具有较大的发展前景。

1987 年 6 月,保康县金珠工业公司 1# 黄磷炉点火生产,标志着境内磷化工产业开始起步。1989 年,2# 磷炉投入生产,形成年产 3 400 吨黄磷的生产能力。在随后的 3 年时间里,该企业先后投资建成 15 000 吨工业磷酸,20 000 吨磷酸五钠两套生产装置,使磷化产品形成了系列化。1997 年,广州市远大化工公司整体租赁了重组后的保康县宏源工业公司(其前身为保康金珠公司),并在设备更新、技术改造、产品开发方面对企业做了整合。

1988 年 9 月，保康县康达化工厂在清溪河化工开发区破土动工，1994 年，相继建成 2 套黄磷炉，形成年产 3 700 吨黄磷生产能力。1995 年，3# 黄磷炉开工建设，1997 年 7 月，康达化工 3 套黄磷生产装置通过验收，当年，生产黄磷 7 500 吨。1996 年 6 月，保康县政府决定，将康达化工公司的饲料级磷酸氢钙分离出来，成立保康县康盛化工厂。同时，筹建 20 000 吨饲料磷酸、8 000 吨食品磷酸生产线。1999 年 1 月，台商（金亚公司）整体收购康盛化工厂，注册成立襄樊金亚磷化有限公司，其主导产品工业与食品磷酸产品继续生产，产能进一步扩大。其间，南漳县政府自筹资金，在城关镇便河路东侧建设两套黄磷炉，成立南漳县磷化工厂。该企业依托工业黄磷实施深度加工，先后开发出工业磷酸和食品磷酸两大系列产品。2003 年，南漳县磷化工厂整体改制，实行民有民营，重新注册成立襄樊高隆磷化工有限公司，原企业主导产品继续保留，生产能力有所扩大。2002 年始，国内外资本开始涉足襄樊磷化工产业。2002 年，四川龙蟒集团在南漳县投资建设 15 万吨规模的磷化工项目，注册成立南漳龙蟒磷制品有限公司。一期工程年产 2 万吨工业磷酸和 7 万吨饲料磷酸，两条生产线已竣工投产。2004 年，中外合资企业中德磷业有限公司在南漳县注册成立，年产 7 500 吨黄磷生产线开始筹建。此外，襄樊市第二化工厂、老河口市富灵化工公司先后开发出三氯化磷、三氯氧磷、次氯氢钙等精细磷化工产品，填补了省内空白。

2005 年，全市拥有磷化工专业生产企业 13 个，固定资产原值 46 300 万元，固定资产平均余额 27 164 万元，从业人员 7 680 人，其中工程类科技人员 246 人。能批量生产黄磷、工业磷酸、饲料磷酸、食品磷酸、日用磷化产品等五大类，20 余种磷化工产品。年销售额近 4 亿元。年创税收 5 300 余万元，出口创汇 8 600 余万元。在全市化工产品出口贸易中名列榜首。同期，湖北兴化集团也在保康境内的马桥一带，投资建设矿化结合项目，实施磷资源的深度开发。

（六）涂料行业

1975 年，为解决“二汽”生产用涂料，国家投资 774.4 万元，将襄樊市制漆厂扩建为年产 8 000 吨的涂料生产企业，1981 年，扩建工程竣工投产。1985 年，襄樊市制漆厂实现产值 2 545 万元，年产油漆能力 5 000 吨，能批量生产油脂漆，天然漆、树脂漆、水溶漆、过氯乙烯漆等 11 个大类，300 余种不同档次，不同规格，不同花色的油漆品种。1986 年，与市汉江化工厂，美满树脂厂、襄北涂料厂结成为联合经营体，企业更名为襄樊市制漆总厂。1987 年，市制漆总厂申请获得原国家计委 50 万美元的外汇援助，引进何兰阿克苏公司 D2035 阳极电泳漆生产工艺和关键设备，为机械制造业、汽车业配套生产构件底漆和整车面漆。

1987 年，枣阳市南城办事处部分农民集资办油漆厂，开发生产民用油漆。1990 年，进行改造扩建，成立“枣阳市大洋化工公司”，开发生产工业用涂料。1993 年，逐步形成年产成品油漆 5 000 吨生产能力。其间，襄樊制漆厂将部分油漆生产的原料和民用涂料扩散到县区乡镇企业，在谷城县城关镇，当铺乡分别成立谷城县汉江化工厂、谷城县油漆化工厂、襄阳县黄集化工厂、襄樊市化学助剂厂等联营企业。1998 年 9 月，经湖北省体改委批准，发起设立“湖北天鹅涂料化工股份有限公司”。

2005 年，全市拥有涂料和涂料配套生产企业 13 家，从业人员 1 680 人，其中工程类专业技术人员 216 人，占职工总数的 13%。能批量生产 D2035 阳极电泳漆、TE300 阴极电泳漆、高性价比聚丁二烯阳极电泳漆、聚氨酯汽车面漆、高装饰汽车面漆。汽车底盘漆、非标件耐酸蚀渍浸漆、汽车修补漆等 15个大类，320 余种高、中档涂料产品。年产工业与民用涂料达 27 000 吨，工业总产值达 23 600 万元，工业附加值 8 000 万元。产品行销全国 25 个省、市、自治区。H11—65 高泳透力电泳漆，红氨基烘漆、C04—2 绿醇酸磁漆等 30 余种产品获省、部级优质产品、TE300 阴极电泳漆、高装饰汽车面漆、聚丁二烯阳极电泳漆等 17 项科技攻关项目获市以上科技进步奖和科技成果奖。其中,湖北天鹅涂料公司注册的“天鹅”牌商标为湖北省知名商标。

湖北天鹅涂料化工股份有限公司:是全国涂料行业重点、骨干企业之一,主要生产天鹅牌油漆、合成树脂及飞车牌水溶性电泳漆共计 16 大类,近千个花色品种。供东汽、柳汽、北汽福田等汽车厂家及其他工业用户使用。“天鹅”牌商标被评为襄樊市“知名商标”,湖北省“著名商标”,湖北省、襄樊市“重合同守信用”。2000 年,通过了 ISO 9001 国际质量体系认证。2003 年,被授予“东风商用车优秀供应商”称号。2004 年,被认定为湖北省高新技术企业。改制时,公司有员工 326 人,其中科研、生产、管理等专业技术人员 135 人,高级工程师 16 人,工程师 45 人。公司有 12 个产品荣获 21 项部、省优,34 个新产品共获 17 项省、市科技进步奖、科技成果奖。2005 年,公司有职工 280 人,资产总额 11 100 万元,工业总产值 5 500 万元,销售收入 5 100 万元。公司原厂址位于湖北省襄樊市长征路 77 号。

(七)催化剂、化学试剂、助剂、添加剂

1.催化剂

襄樊市精信催化剂有限责任公司(原襄樊市催化剂厂):1987 年,免费承担原化工部科技局科研项目 VR、VM 的中间试验任务。在较短时间内打通工业化生产的操作路线, 取得科学合理的工艺配方,使 VR、VM 两个催化剂新品种通过国家鉴定,被命名为宽温 S109—1、S109—2。企业因此获得这两个新产品的首家生产经营权。1988 年,新产品生产车间建成投产,逐步形成 150 吨生产能力。同年,企业引进南京化学工业公司研究院工艺技术,开发建设低温变换钒催化剂 S108 产品生产线项目全部达产,形成年产 300 吨生产能力。同时,通过工艺改革和设备改造扩建,原老产品 S101 型中温钒催化剂年产量由原设计的 100 吨扩大到 500 吨,钒催化剂产品形成系列化。

1989 年,通过引进南京化工研究院的科技成果,开发建设 B102 型中温变换催化剂生产线。1990 年,年产 300 吨联醇催化剂项目被批准立项,投入建设。1995 年,已建成硫酸、中温变换、联醇三大催化剂产品系列,产品在国内市场占有率达 40%以上,成为国内催化剂行业的骨干企业之一。同年,企业改制更名为“襄樊市精信催化剂有限责任公司”,2003 年,完成民营化改造。其间,先后开发出新型二氧化硫加钯催化剂等一批催化剂新产品,2005 年,拥有钒催化剂系列年产量 3 000 吨,联醇系列催化剂 2 000 吨的生产能力。钒催化剂、联醇催化剂获湖北省名牌产品,公司被授予湖北省高新技术企业,在全国硫酸、磷肥、氮肥三大产业建立了网络服务体系,获得了良好的商业信誉。

2.化学试剂

襄樊市化学试剂厂(原襄樊市望江公社氨瓶厂):1983 年,归口原襄樊市化学工业局管理,更名为襄樊市化学试剂厂。1985 年前,由于技术人才缺乏,资金投入不足等原因,企业仅能维护简单生产。生产的主要产品为瓶装氨系列试剂。1986—2005 年,通过引进人才和技改,先后开发出硫酸、盐酸、硝酸、饲料添加剂等 5 大类、20 余种试剂产品,最高年产量达 3 000 标准件。产品服务范围扩大到工业、农业、医疗、教育、科研机构等领域。2003 年,实施改制重组和资产置换,民营资本注入企业,化学试剂项目继续保留,试剂品种作为企业的主营业务仍在继续生产,在襄樊市境内及毗邻地区占有较大的市场份额。

3.化学助剂

1987 年 9 月,老河河口市石油化工厂皮革化工车间建成投产,逐步形成年产 300 吨皮革柔软剂、

表面光洗剂、皮革增强剂三个系列皮革助剂产品。1999年,武汉染料厂、武汉有机化工总厂的部分退休技术人员利用老河口市化工总厂的部分闲置设备,开发建设纺织助剂项目,先后注册成立了“老河口市新景染料有限公司”和“老河口市富灵农药有限公司”,其主导产品戊二醛年生产能力可达5 000砘。2005年,全市建有专业从事化学助剂产品生产企业5家(含襄樊市化工设计研究所),能批量生产纺织助刘、皮革助剂、日化助剂三大系列、10余种不同用途的助剂产品。但生产能力较小,产业比重不大。

4.化学添加剂

襄樊市内化学添加剂的开发研究和工业化生产起步较晚,但起点较高,能够批量生产矿物质和化学合成两大类添加剂产品。主要用于食品加工和饲料生产两大产业领域,在国内外市场占有较大的销售份额。1993年,保康县康兴化工厂年产2 000吨食品磷酸项目建成投产,标志着区内矿物质类食品添加剂工业化生产的起步。2005年,全市已建成食品级磷酸生产线4套,年生产能力达20 000吨。

1992年,区内第一套年产5 000吨饲料级磷酸生产装置在保康县清溪河化工区动工,第二年投入试生产。1998年5月,采用湿法磷酸生产工艺生产饲料级磷酸二氢钙取得突破,从而为辖区内发展饲料级磷酸产品开辟了广阔前景。2003年,南漳龙蟒磷制品公司引进四川蟒龙集团工艺技术,建成一套年产7万吨饲料级磷酸氢钙,成为中南地区最大的矿物质饲料添加剂生产厂家之一。2005年,区内已建成以磷为元素的矿物质添加剂生产装置7套,年生产量在15万吨以上。

1988年,华中药业有限公司维生素Bl项目投入运行。维生素Bl的衍生产品呋喃硫胺、丙硫硫胺可广泛用于水产饲料添加剂,酚酞酸硫胺素、茶胺—1—5二硫硫胺等,作为食品添加剂、被面粉、面包、营养米、味精等食品及保健品生产行业广泛使用,市场前景较好。尤其是饲料添加剂类产品在国际市场占有较大份额,公司与世界饲料业排名第三的法国ADISSEO公司建立了战略合作关系,同时,在西欧、北美、东南亚地区也建立有经营网络体系,年购货量在50吨以上的大宗贸易客户已超过10家,在全市化工产品贸易中占有较大比重。

(八)橡胶加工制品及橡胶骨架材料

1979年,全市有湖北钢丝厂、襄樊市橡胶一厂、二厂等骨干企业生产橡胶加工制品及橡胶骨架材料产品。1985年,全市橡胶加工业有职工1 200人,固定资产660万元,工业总产值1 238万元,利税201万元橡胶加工制品11大类120多个品种。2005年,全市从事橡胶加工制品和橡胶骨架材料生产的企业8家(其中外商独资企业1家),从业人员2 300余人,拥有固定资产净值2.7亿元,年生产总值3.86亿元,工业附加值1.03亿元。初步发展为一个具有专业加工特色和一定规模的产业门类。

1.橡胶加工制品

1986年,襄樊市橡胶一厂形成了导电胶版1 000吨、导电胶溶100吨、导电胶鞋15万双生产能力。其防静电胶鞋获国家重大新产品金龙奖。1986年前后,市橡胶二厂开始研究开发与汽车制造相配套的橡胶制品系列产品,1989年,首期扩建工程竣工投产,4条主要生产装置陆续投入使用,主导产品由橡胶杂件发展到橡胶密封件、化工装备防腐衬里、工业与民用胶粘剂、工业胶版、工业胶版、纯胶版、纯胶管、橡塑鞋等7个大类,2 400余种不同规格、不同花色的橡胶制品。1992年,市橡胶一厂与橡胶二厂合并,组成襄樊市橡胶总厂。同年,投资800万元建设年产3 000万件橡胶杂件项目,高强度橡胶管、汽车用刹车胶管、雨刮条、石油钻探用钢丝内衬橡胶管等一批新产品相继投入批量生产,成为东汽集团紧密型配套企业之一。2003 年,市橡胶总厂通过民营化改制,注册成立湖北襄橡化工股份有限公司,其主营产业和产销规模仍维持在改制前的水平。

湖北襄橡化工股份有限公司:1999 年,由襄樊市橡胶总厂改制后创立,是生产汽车橡胶杂件的专业厂家。主导产品有橡胶杂件、胶版、胶管等。其橡胶密封件和柴油发动机橡胶配件在市场占有一定份额。2000 年 11 月 17 日通过 ISO 9002 国家级质量体系认证。2003 年,通过 ISO9000 质量体系认证。2005 年,有职工 180 人,资产 3 350 万元,工业总产值 2 300 万元,销售收入 2 100 万元。

2.橡胶骨架材料

1969 年 12 月,经原国家计委批准,湖北钢丝厂在十堰市茅箭区破土动工。1975 年,迁至襄樊市东郊实施扩建。它是为全国橡胶行业提供金属骨架材料的大型一类企业,首期工程占地 55.3 公顷,设计能力为年产各类橡胶制品用钢丝骨架材料 12 000 吨。1982 年 10 月,胶管钢丝、胎圈钢丝生产线相继建成投产,并形成年产 800 吨胶管钢丝和 2 400 吨胎圈钢丝的生产能力。1986 年 5 月,经原国家计委批准,年产 3 500 吨子午胎钢丝帘线项目开始筹建,次年,与意大利 GCR 公司正式签订了工艺技术和生产设备引进协议。1994 年 12 月,钢帘线项目通过国家竣工验收并投入运营。

1986—2000 年的 15 年间,湖北钢丝厂坚持"边建设、边生产、边开发"的企业经营战略,先后建成子午线轮胎用钢丝帘线、轮胎胎圈钢丝、高压编织胶管钢丝、矿山输送带钢丝绳等 5 条主要生产装置和两套辅助生产装置。能批量生产胎圈钢丝、胶管钢丝、镀锌钢帘线、预应力钢丝等五大系列、40 余种不同规格的橡胶骨架产品。同时,还为通讯电缆、石油开采、日用生活品。制造等方面开发生产了光纤电缆钢丝、钻探高压胶管钢丝、夹丝玻璃低碳钢丝、汽车和摩托车闸线钢丝、沙发弹簧钢丝、伞具骨架钢丝、轴条钢丝等新品种。产品行销全国 27 个省、市、自治区。

2000 年始,由于历史包袱较重,流动资金严重短缺,湖北钢丝厂产经营陷入困境,连续多年负债经营。2003 年 9 月,经市政府同意,实施破厂重组。原企业生产经营性资产由新加坡佳通集团整体收购,在保留原企业产品结构基础上,注册成立了外商独资"湖北佳通钢帘线有限公司"。重组后的佳通公司仍然把子午胎钢帘线和胎圈钢丝作为主导产品,当年投资 3 600 万元,对钢帘线产品实施了"三改五"工程,使年产量由 3 000 吨扩大到 5 000 吨。2004 年,又投资 1 亿元资金,计划将子午胎钢丝帘线生产能力由 5 000 吨扩大到 15 000 吨,将胎圈钢丝生产能力由 10 000 吨扩大到 30 000 吨。改造项目竣工后,公司橡胶骨架材料综合生产能力可达 60 000 吨。

湖北佳通钢帘线有限公司:2004 年,在原湖北钢丝厂生产区创立。是橡胶骨架材料专业厂家。拥有子午线轮胎用钢丝帘线、轮胎胎圈钢丝、高压编织胶管钢丝、矿山输送带钢丝绳等五条主要生产装置和两套辅助生产装置。能批量生产胎圈钢丝、胶管钢丝、镀锌钢帘线、预应力钢丝等五大系列、40 余种不同规格的橡胶骨架产品。橡胶骨架材料综合生产能力 6 万吨,其中主导产品子午线轮胎用钢丝帘线 1.5 万吨,轮胎胎圈钢丝 3 万吨。产品行销全国 27 个省、市、自治区。2005 年,有职工 401 人,资产总额 10 713 万元,工业总产值 10 117 万元,销售收入 9 500 万元。

(九)其他化工产品

1.磁记录材料

襄樊磁带总厂(原襄樊市磁带厂):1980 年 5 月成立,1983 年,更名为襄樊市磁带总厂。1985 年,由襄樊磁带总厂、中国银行汉口分行信托咨询公司、香港大荣进出口贸易公司合资兴办"湖北襄樊亚太磁带有限公司"。投资总额为 100 万美元,合资期限为 10 年,年产量 600 万盒。主要产品有晨曲 II

型盒式录音带、3.18 高速复录带及清洗带等 3 个系列 14 个品种。1987 年,引进日本工艺配方生产的晨曲 II 型磁带产品获湖北省优质产品证书。产品除销往全国 20 多个省、市、自治区外,还通过香港转口到美国、西欧等。1995 年,与亚太磁带公司合作经营协议到期,鉴于磁带市场的变化和银行对外投资行为受限,中行汉口分行和香港投资方经清盘后退出。襄樊磁带总厂仍恢复内资独资经营模式,企业一度陷入困境。2003 年 9 月,依法进入破产程序。根据襄樊市人民政关于国企改革的相关政策规定,原企业经营者与部分职工联合出资,收购了企业的生产经营性资产,2003 年 10 月,注册成立"阿尔法磁带有限责任公司",实行民营化经营模式。改制后,在限量生产教学用盒式录音带的同时,开发生产各类磁卡用磁带条,设计能力为年产 13 亿平方米,年销售额达 7 000 万元。

2.稀有金属材料

老河口市光化磷肥厂:利用硫酸生产过程中产生的硫铁矿废渣,开发生产出硫酸钴、草酸钴系列产品。该系列产品作为稀有金属材料,广泛运用于航空、航天材料制作和医用产品生产,具有较好的市场空间和利用价值,填补了省内相关产品的空白。

(十)化工机械制造

襄樊襄化机械设备有限公司(原襄樊市燃料化学工业机械厂):1971 年,原襄阳地区燃化局自筹资金,利用原襄阳农校仓库场地,组建成立了襄樊市燃料化学工业机械厂。主要为化肥企业配套生产碳化煤球机、冷凝器、蒸汽机等专用设备。1986 年,襄樊市人民政府下文将该企业更名为襄樊市化学工业机械厂,并在襄城陵园路进行改造和扩建。1987 年,获得国家颁发的压力容器一、二类设计、制造资质证书。1998 年,获得三类压力容器设计制造资质证书。期间,企业相继承揽了湖北、河南、河北、山东、青海等全国各地的化肥企业的造气、变换、合成、脱碳、脱硫等工段的主要设备的设计、制造、安装工作。工艺制造水平和商业服务质量在用户中赢得良好的信誉。2003 年,通过 ISO 9001 国际质量体系认证。同年,通过整体改制,国有资本从企业退出,社会资本参与企业经营,重新注册登记成立了"襄樊襄化机械设备有限公司"。2004 年,与加拿大 Enterglobt 合作,先后开发生产出高科技含量的气—汽型热管余热锅炉、气—液型热管节能器(省煤器)、气—气型热管空气预热器等余热回收产品。产品提高了传热效率,在很大程度上降低燃料消耗,利用热管充分吸收工艺系统和废气中的热能,达到高效、环保、节能的目的。热管传热技术受热介质可以用于烘干坯件、炉腔助热、生产蒸汽、加热水温等各个领域。开发、设计、制作、生产及推广的高压静电除焦(尘)器系列产品、脉冲袋式收尘器、恒流高压电源系列产品和高压发生器被原国家化工部定为高压静电捕焦油器研制开发系列产品的基地。拥有塔体同心圆式、蜂窝式、湿式、列管式四大类新产品。公司有四十年生产压力容器、电捕焦(尘)器的历史,是鄂西北规模最大的压力容器、电捕焦(尘)器、热管余热锅炉、制冷辅机的生产企业。中国压力容器行业三十强。产品销售遍布全国各省、市、自治区、港澳地区,并进入国际市场。广泛用于石油、化工、医药、食品、建材、冶金、制冷、啤酒、碳素、焙烧、玻璃、核动力、国防科研及国民经济的各个领域。拥有生产、检验设备 198 台(套)。2005 年,有职工 86 人,资产总额 1 000 万元,工业总产值 1 650 万元,营业收入 1 300 万元。2008 年,为了企业的进一步的发展,襄化机公司搬迁到襄樊市襄城经济开发区。

(十一)行业管理

1.管理体制

1979年,全市燃化工业由襄阳地区市燃料化学工业局统一管理和调度,1983年,襄阳地区市燃料化学工业局和襄樊市化学工业局合并成立襄樊市燃料化学工业局。之后,全市燃化工业由市燃化局统一管理和调度。1998年1月25日,市政府批复,市燃化局改为襄樊化工资产经营有限责任公司。同年7月8日,公司正式成立运行。该公司以市燃化局直属企业内国家各种形式的投资和投资效益形成的全部国有资产为基础,组建具有独立法人资格的国有独资公司,由市政府授权对市直燃化系统国有资产的经营管理、产权交易、信息咨询、代理和中介服务,以及集体资产进行管理。公司注册资本1.2亿元。主要行使资产收益、重大决策、选择管理者等权利,并承担国有资产保值增值责任。1999年11月5日,省企业改革领导小组同意,对襄樊首家由产业局——燃化局改制成的襄樊化工资产经营有限责任公司进行规范,更名为襄樊光阳燃化资产经营有限公司,明确公司的国有独资性质。2001年11月1日,中共襄樊市委文件明确将市燃化局改为燃化医药行业协会,并将原医药总公司承担的医药工业的行业管理职能并入燃化医药行业协会。移交的医药行业管理职能包括:制定全市医药行业发展战略,长远规划职能。对全市医药行业经济运行的调度调控职能;负责全市医药行业的统计、安全、环保、信息、技术改造职能。药品、药械储备及灾情、疫情、军需、战备药品、药械的紧急调度职能。市直医药国有工商企业的管理职能。移交的医药工商企业有湖北制药厂、隆中制药厂、市第一制药厂、市医药公司、中药材公司、市中西药公司、市新特药公司、襄樊医药站、襄樊中药材站。至此,全市燃化医药工业由襄樊市燃化医药行业协会统一管理和调度。1986—2005,年市燃化局(市燃化医药行业协会)在燃化工业管理上主要采取了加强生产调度,扶持重点企业,实施技术改造,推行品牌战略,深化企业改革、强化企业管理,积极发展外向型经济等一系列办法和措施促进燃化工业发展。

2.企业改革

自1979年始,燃化行业先后进行了扩大企业自主权、承包经营责任制、三项(劳动、分配、人事)制度、公有民营、股份制、现代企业制度、兼并、破产、重组等一系列的企业改革。2003—2005年,根据《中共襄樊市委襄樊市人民政府关于加快市直国有企业改革的若干意见》,在市直国有集体燃化企业,开展了以国有产权基本退出企业,解出国有企业职工身份为重点的企业改革。具体企业改制情况是:

襄樊市无机化工总厂(原襄樊市磷肥厂):1958年筹建,1959年建成投产。主要生产普钙,1967年,开始生产硫酸产品。1980年,年产300吨氟硅酸钠生产线建成投产。1981—1984年,“丽明”牌普钙连续四年在全省同行业中获质量第一名,“襄江”牌氟硅酸钠获省优产品。1985年,更名为襄樊市无机化工总厂。1986年,硫酸年生产能力由3万吨提高到8万吨。1987年,投资建设年产2 000吨钛白粉生产车间(1990年建成投产)。1988年,3万吨磷铵项目被列入国家化肥专项建设项目(1990年,投入批量生产)。1989年,获省级先进企业称号,同年,“工业硫酸”获省优产品称号。1991年,被命名为国家二级企业。1992年8月,1 500千瓦硫酸余热发电工程项目竣工并通过专家验收(该项目1989年建成并网发电)。1994年8月,与湖北工学院合作研制的云母钛珠光颜料投入批量生产。同年,完成废水治理环保治理项目,同年12月,升为国家大型二档企业。1995年,普钙干法改湿法工程项目投入运行。1997年12月28日,以承担债务的方式兼并市氮肥厂协议书签字(后未实际运行)。2000年,改制更名为“湖北丽明化工股份有限公司”,同年,定向收购破产企业市钛白粉厂。同年3月,金红石型云母钛珠光颜料技改项目被科技部列入国家级星火项目计划。2001 年 3 月 15 日,由湖北丽明化工股份有限公司投资控股的襄樊天九化工有限责任公司与湖北楚恒股份有限公司签订 5 年期的租赁合同,对其有效资产实行租赁,并于同年 4 月 18 日举行挂牌仪式,开始运行。2003 年,改制为民营企业,改制时（2003 年 2 月）,有职工 1 412 人,资产总额 11 068 万元,负债总额 7 992 万元,资产负债率 78.8%。同年,普钙生产线全面停产,集中财力改造扩建磷酸一铵生产线。同时,企业通过 ISO 9000 质量体系认证。2004 年,投资 2 000 万元实施 13 万吨硫酸改扩到 24 万吨项目和 7 万吨磷铵改扩到 14 万吨项目。2005 年,实施钛白粉生产线由 3 000 吨改扩到 7 000 吨搬迁改造项目。形成 24 万吨硫酸、14 万吨磷铵、7 000 吨钛白粉生产能力。2005 年,产值 27 655 万元,销售收入 26 451 万元,职工人数 782 人,固定资产 6 377 万元。

襄樊市氮肥厂:1966 年开办,设计生产能力为年产合成氨 5 000 吨,硝酸铵 1 万吨。1980 年,年产 3 000 吨亚硝酸钠生产线建成投产,1981 年后,改万吨为 1.5 万吨型。1986 年,与南京化工研究院联合开发运用计算机控制合成循环气氢氮比项目,通过合成、变换、铜洗三大工段技术改造,提高了热能利用率,使合成氨年产量由 5 000 吨扩大到了 2 万吨。1987 年,年产 3 000 吨硝酸钠生产线建成投产。1988 年,合成氨生产蒸汽自给项目被列入国家化肥建设项目。1989 年,年产 1 万吨甲醛生产线建成投产,同年,安装 10 吨沸腾炉节能装置。1990 年获省级先进企业。1992 年,筹资兴建的工业甲醇、甲醛、硝酸钠、亚硝酸钠、硝酸磷肥、稀土微肥等一批新产品生产线先后投入批量生产。1994 年,完成吹风气回收环保治理项目。1996 年完成合成氨二改三工程项目。1997 年。年产 2 万吨硝酸磷肥项目建成投产,同年 12 月 28 日,被襄樊市无机化工总厂兼并(未实际运行),后企业更名为“湖北楚恒股份有限公司”。1998 年,溴氧酸生产线建成投产。1999 年,投资 400 万元,实施“两钠”项目改造,将“两钠”生产设计能力由 5 000t / a 提高到 20 000t / a。2001 年,更名为襄樊天九化工有限公司。2001 年 3 月 15 日,由湖北丽明化工股份有限公司投资控股的襄樊天九化工有限责任公司与湖北楚恒股份有限公司签订 5 年期的租赁合同,对其有效资产实行租赁,并于 4 月 18 日举行挂牌仪式,开始运行。2003 年,改制为民营企业。改制时(2003 年 2 月底),企业有职工 1 103 人,资产总额 11 055 万元,负债总额 8 389 万元,资产负债率 75.69%。2005 年,有年产 6 万吨合成氨、6 万吨硝酸钠亚硝酸钠、3 万吨甲醛、2 万吨精甲醇、13 万吨碳酸氢铵的生产能力。有员工 607 人,资产总额 2 928 万元,工业总产值 20 234 万元,销售收入 15 981 万元。

襄樊市红卫化工厂:1972 年兴建,同年,年产 30 吨盐酸羟胺建成投产。1979 年,年产 200 吨氰化苄建成投产。1980 年,年产 300 吨苯乙酰胺建成投产。1984 年,年产 100 吨促进剂 M 生产线建成投产。1987 年,年产 300 氨基酮建成投产。1988 年,年产 100 吨硝基氨基酮和年产 300 吨甲基氨基酮建成投产。1989 年,开发出新产品:4—苯基、氨基酮。1990 年,年产 300 吨异噁唑建成投产。1992 年 10 月 8 日,由市红卫化工厂、广州丛化实业公司、香港亿豪实业有限公司联合创建的“亿联医药化工有限公司”在广州市丛化成立,同时,3—5 个精细化工产品的生产装置投入生产。该公司总投资 480 万元人民币。同年,研制生产的医药中间体——氨基酮、硝基氨基酮、2—甲基氨基酮系列产品行销南美和欧共体市场,成为市化工行业出口大户。1993 年 1 月,改制成为“红卫医药化工股份有限公司”。1994 年,完成氨基酮生产工艺全封闭改造环保治理项目。1995 年,年产 200 吨 4 氯二苯甲酮和年产 100 吨 4 苯基二苯甲酮建成投产。1997 年,年产 100 吨 2 氯二苯甲酮和年产 100 吨 4 氯二苯甲酮建成投产。1998 年,年产 100 吨 4 羟基二苯甲酮建成投产。1999 年,年产 100 吨 4 甲基二苯甲酮和年产 300 吨苯氧乙醇酸建成投产。同年 12 月 13 日,研发的工业四一苯基、二苯甲酮技术通过省级鉴定,填补了国内空白。2000 年,氨基酮、硝基氨基酮分别获“湖北省科技进步二、三等奖”。二苯甲酮系列产品达 22 个,成为全国最大二苯甲酮生产基地。同年 5 月 17 日,四一苯基二苯甲酮被列入国家级新产品试产计划;高纯度哌啶醇合成项目被列入湖北省重点科技发展项目。同年 9 月,与中国地质大学联合研制的高纯度高白度哌啶醇合成技术通过专家鉴定。质量指标达到国际先进水平，填补国内该类化合物生产的空白。同年 11 月，获省级高新技术企业资格。同年 12 月 27 日，通过 ISO 9002 国家级质量体系认证。2001 年 6 月 20 日，市中级人民法院以襄中破字〔2001〕6—2 号文正式同意对红卫医药化工股份有限公司实施破产。破产后由新组建的襄樊红卫医药化工有限责任公司定向收购。2001 年 12 月 18 日，市中级人民法院以〔2000〕襄中破字第 6—3 号民事裁定书裁定襄樊红卫医药化工股份有限公司破产清算终结。破产后重新组建湖北科兴医药化工股份有限公司（民营企业）。同年 11 月，二苯乙醇酸和三氰基乙基、二苯甲酮通过省级新产品技术鉴定，填补国内空白。同时，4 一苯基二苯甲酮新产品项目获湖北省科技进步三等奖和襄樊市科技进步二等奖。2003 年，通过 ISO 9000 质量体系认证；2003 年 2 月，有职工 473 人，资产总额 2 151 万元，负债总额 645 万元，资产负债率 30%。2005 年，开发 KSA、KSB 新产品并逐步进入国际市场；公司具有自营进出口权，产品 80%出口国外。2005 年有职工 120 人，资产总额 2 280 万元，工业总产值 1 500 万元，销售收入 1 000 万元。

襄樊市制漆总厂（原名襄樊市制漆厂）：是生产汽车专用、防腐、建筑、节能等多种涂料的专业生产厂家，中国 500 家最大化工企业之一，东风汽车集团成员单位。1975 年 1 月，为满足二汽生产配套用漆，扩大再生产能力，经湖北省政府批准扩建襄樊市制漆厂，扩建规模由原年产民用漆 1 000 吨，扩大到年产汽车用漆和民用漆 8 000 吨（汽车用漆和民用漆各 4 000 吨）。总投资 1 005 万元（其中国家投资 774 万元，贷款 105 万元，自筹资金 125.6 万元）；土地征购面积为 166.5 亩（生产用 142.5 亩、生活用 24 亩），安装大型设备 230（台）件。1975 年，扩建工程开始，1981 年竣工投产。1976—1981 年，最高年产量达 5 561 吨、产值 2 000 万元。主要产品有：油脂、天然、醇酸、氨基、过氯乙烯等 11 个大类，118 个品种，300 余个花色，职工 632 人。1986 年，由襄樊市制漆厂与市汉江化工厂、美满树脂厂、襄北涂料厂结成为联合经营体，企业更名为襄樊市制漆总厂。1998 年 9 月。经湖北省体改委批准，以襄樊市制漆总厂为核心企业，发起设立湖北天鹅涂料化工股份有限公司（由襄樊市制漆总厂、襄樊市天鹅印铁制罐有限责任公司、谷城油漆化工厂、谷城汉江化工厂、樊城化学助剂厂共同发起，以襄樊市制漆总厂为核心，组建湖北天鹅涂料化工股份有限公司。股本总额 2 000 万元，其中国家股 1 751 万元、法人股 49 万元、个人股 200 万元）。厂区位于湖北省襄樊市长征路 77 号，占地面积 166.5 亩。在册职工 1004 人。2000 年 10 月 24 日，通过 ISO 9002 国家级质量体系认证。“天鹅”牌商标为湖北省知名商标。2002 年 3 月，以零资产收购谷城和平化工公司，同年 4 月，兼并襄樊市化工职业技术学校。2003 年，完成民营化改造。改制时（2003 年 2 月），有职工 913 人，资产总额 7 830 万元，负债总额 5 797 万元，资产负债率 74%。2005 年，有职工 280 人，资产总额 11 100 万元，工业总产值 5 500 万元，销售收入 5 100 万元。

湖北钢丝厂：是橡胶骨架材料专业厂家。1969 年 12 月，经原国家计委批准，湖北钢丝厂一在十堰市茅箭区破土动工。1975 年，迁至襄樊市东郊实施扩建。是为全国橡胶行业提供金属骨架材料的大型一类企业，首期工程占地 55.3 公顷，设计能力为年产各类橡胶制品用钢丝骨架材料 12 000 吨。1982 年 10 月，胶管钢丝、胎圈钢丝生产线相继建成投产，并形成年产 800 吨胶管钢丝和 2 400 吨胎圈钢丝的生产能力。1986 年 5 月，经原国家计委批准，年产 3 500 吨子午胎钢丝帘线项目开始筹建（项目是国家“七五”重点工程之一，从意大利引进全套生产设备和技术软件），1987 年，与意大利 GCR 公司正式签订了工艺技术和生产设备引进协议。1989 年，开发出新产品：电镀锌钢丝绳（胶管）、光面钢丝系列产品。同年，胶管钢丝获省优产品称号。1992 年，3 500 吨子午胎钢丝帘线项生产装置投入批量生产。同年，3+9+5 × 0.175+0.15 型结构钢帘线被评定为国家级新产品。1993—1994 年，研制成功了京九铁路轨枕预应力钢丝，并投资近 300 万元建成一条年产 3 000 吨预应力钢丝生产线，批量生产两种规格的预应力钢丝产品。1995 年，与航空航天部群建机械厂在引进意大利设 DTA7、DTAl5 的基础上，联合研制的生产复杂钢帘线的关键设备 SGN—255—7、SGN—255—15 双捻成绳机，科技成果通过航空航天部组织的技术鉴定。被列入国家级火炬计划产品。1996 年,完成 5 500 吨钢帘线扩建和 10 000 吨回火改造两个项目前期准备工作。2000 年,先后建成子午线轮胎用钢丝帘线、轮胎胎圈钢丝、高压编织胶管钢丝、矿山输送带钢丝绳等五条主要生产装置和两套辅助生产装置。能批量生产胎圈钢丝、胶管钢丝、镀锌钢帘线、预应力钢丝等五大系列、40 余种不同规格的橡胶骨架产品。同时,还为通讯电缆、石油开采、日用生活。悄制造等方面开发生产了光纤电缆钢丝、钻探高压胶管钢丝、爽丝玻璃低碳钢丝、汽车和摩托车闸线钢丝、沙发弹簧钢丝、伞具骨架钢丝、轴条钢丝等新品种。产品行销全国 27 个省、市、自治区。2001 年 11 月 7 日,省人民政府以《关于调整省属在襄樊部分企业管理体制有关问题的通知》(鄂政函〔2001〕269 号文)决定,从 2001 年 11 月起,将湖北钢丝厂下放给襄樊市管理,市政府同意由市燃化医药协会负责该厂的行业指导和归口管理。2003 年,投资 3 600 万元,对钢帘线产品实施了“三改五”工程,年产量由 3 000 吨扩大到 5 000 吨。2003 年 9 月,经市政府同意,实施破产重组。改制时(2003 年 2 月),处于半停产状态,有职工 2 400 人,资产总额 23 027 万元,负债总额 28 228 万元,资产负债率 122.8%。2004 年 4 月,新加坡佳通集团以 4 000 万元收购湖北钢丝厂的经营性资产。更名为“湖北佳通钢帘线有限公司”。同年 10 月,投资 2 000 多万元,启动钢丝帘线的生产,并对回火钢丝厂房和设备进行全面改造提升。2005 年,投资 6 000 万元实施“设备全面维修改造项目”,主导产品钢丝帘线年产达 5000 吨,直径 1.65 毫米胎圈钢丝的生产能力达 1.6 万吨。2005 年,有职工 401 人,资产总额 10 713 万元,工业总产值 10 117 万元,销售收入 9500 万元。

襄樊市催化剂厂(原襄樊触媒厂后更名为襄樊市精信催化剂有限责任公司):1976 年筹建,1980 年建成投产。主要生产钒触媒,1982 年,改单一品种为多品种催化剂,生产 S108 中温触媒和 S109—1 型宽温区钒触媒。1985 年,被化工部列为全国催化剂重点厂家之一。有职工 402 人,产值 1 369 万元。1987 年,完成了原化工部科技局科研项目 VR、VM 两个新产品的中间试验任务,并通过国家鉴定,产品被命名为宽温 S109—1、S109—2。1988 年,宽温 S109—1 和 S109—2 两个新产品生产线建成投产,形成 150 吨生产能力。同年,企业(1982 年)引进南京化学工业公司研究院工艺技术,建设的低温变换钒催化剂 S108 产品生产线项目全部达产,形成年产 300 吨生产能力。同时,通过工艺改革和设备改造扩建,原老产品 S101 型中温钒催化剂年产量由原设计的 100 吨扩大到 500 吨,钒催化剂产品形成系列化。1989 年,引进南京化工研究院的科技成果,建成 B102 型催化剂生产线,同时,建成年产 300 吨环型催化剂生产装置。1990 年,年产 300 吨联醇催化剂项目被批准立项,投入建设。同年,获省级先进企业称号。1993 年 12 月 20 日,与南京化工研究院联合研究开发的新产品 B119 高温变换催化剂通过部级鉴定。1995 年,已形成硫酸、中温变换、联醇三大催化剂产品系列,产品在国内市场占有率达 40% 以上,成为国内催化剂行业的骨干企业之一。1995 年,改制更名为“襄樊市精信催化剂有限责任公司”,2003 年,完成民营化改制。改制时(2003 年 2 月),有职工 363 人,资产总额 1 967 万元,负债总额 1 577 万元,资产负债率 80%。其间,公司先后开发出新型二氧化硫加钯催化剂等一批催化剂新产品,其中:钒催化剂、联醇催化剂获“湖北省名牌产品”,公司在全国硫酸、磷肥、氮肥三大产业建立了网络服务体系。2003 年,通过 ISO 9000 质量体系认证,同年,被评为湖北省高新技术企业。2005 年,拥有钒催化剂系列年产量 3 000 吨、联醇系列催化剂 2 000 吨的生产能力。2005 年,有职工 190 人,资产总额 2 600 万元,实现工业总产值 4 580 万元,销售收入 4 350 万元。

襄樊市橡胶总厂:是生产汽车橡胶杂件的专业厂家。主导产品有橡胶杂件、胶版、胶管等。1992 年成立(由襄樊市橡胶一厂和襄樊市橡胶二厂合并成立),同年,投资 800 万元建设年产 3 000 万件橡胶杂件项目(1996 年,项目竣工投产)。1994 年,实施硫化工段改造环保治理项目。1995 年 12 月 16 日,成立合资公司襄樊天宝橡胶有限公司,同时,兴建年产 2 000 吨橡胶拼丝生产线。1996 年,完成多楔带技改项目。1999 年 6 月 2 日,湖北省体改委以鄂体改〔1999〕61 号文正式同意,成立湖北襄橡化工股份有限公司(该公司以襄樊化工资产经营公司所属企业市橡胶总厂为主体,由襄樊化工资产经营有限责任公司、十堰市阀门厂、汉中焊接工具厂、十堰市双维汽车零部件有限公司、老河口冲压件厂共同发起设立，公司总股本 1 000 万股。其中襄樊化工资产经营有限责任公司 980.75 万股，占股本的 98.075%）。2001 年 7 月 2 日，襄樊光阳燃化资产经营有限公司根据省政府办公厅《关于深化科研机构体制改革实施意见》同意襄樊市化工设计研究所整体并入湖北襄橡化工股份有限公司（对外保留市化工设计研究所牌子）。2000 年 11 月 17 日，通过 ISO 9002 国家级质量体系认证，2003 年，通过 ISO 9000 质量体系认证。同年，完成民营化改制。2003 年 2 月底改制时，有职工 1 017 人，资产总额 2 092 万元，负债总额 1 515 万元，资产负债率 72.4%。2005 年，有职工 180 人，资产 3 350 万元，工业总产值 2 300 万元，销售收入 2 100 万元。

鄂西化工厂：以生产合成氨为龙头，拥有年产 17 万吨硝铵、5 万吨浓硝酸、2 万吨精甲醇、4 000 吨硝酸钠、4 000 吨亚硝酸钠的生产装置，具有化工系列产品开发能力。1988 年，2.5 万吨合成氨项目被列入国家化肥建设项目（1992 年项目竣工投产）。1989 年，年产 1 万吨硝酸钠生产线和年产 3 000 吨亚硝酸钠生产线建成投产。同年，硝酸铵和浓硝酸获省优产品称号。1990 年，年产 1 万吨甲醛生产线建成投产。1992 年，医药用中间产品肝泰乐生产装置建成投产。1993 年，年产 3 000 吨甲醇钠生产线建成投产。1995 年 6 月，经湖北省人民政府批准，鄂西化工厂加入湖北双环碱业集团公司。1996 年，年产 3 000 吨乌洛托品生产线建成投产。2001 年 11 月 7 日，省人民政府以《关于调整省属在襄樊部分企业管理体制有关问题的通知》决定，从 2001 年 11 月起，将鄂西化工厂下放给襄樊市管理，市政府同意由市燃化医药协会负责对该厂的行业指导和归口管理。2003 年，完成民营化改制。改制时（2003 年 2 月），有职工 3 535 人，资产总额 30 383 万元，负债总额 31 273 万元，资产负债率 103%。改制后，更名为"湖北金源化工股份有限公司"。2005 年，产值 35 125 万元，销售收入 33 902 万元，职工有 1 644 人，固定资产 8 327 万元。

襄樊市第二化工厂：1979 年开办，年设计生产能力年产烧碱 3 000 吨。1982 年，液氯生产线建成投产，1986 年，完成烧碱 5 000 吨改 10 000 吨项目，同年，年产 300 吨三氯氧磷生产线建成投产，1987 年，年产 300 吨二氯化磷生产线建成投产。1990 年，完成烧碱 1 万吨改 2 万吨工程。2003 年，依法破产，破产前（2003 年 2 月底）处于停产状态，有职工 698 人，资产总额 4 735 万元，负债总额 4 195 万元，资产负债率 88.6%。

襄樊市化学工业机械厂（原襄樊市燃料化学工业机械厂）：1985 年，主要为化肥企业配套生产碳化煤球机、冷凝器、蒸汽机等专用设备。1986 年，襄樊市人民政府以襄政办函〔1986〕53 号文件，将企业更名为襄樊市化学工业机械厂，并在襄城陵园路进行改造和扩建。1987 年，一、二类化工压力容器设计制造获国家资格认证。1998 年，获得三类化工压力器具的设计、制造、安装、调试资质证书。2003 年，通过整体改制，国有资本从企业退出，企业重新注册登记成立襄樊化工机械设备有限责任公司，后更名为襄樊襄化工机械设备有限公司。改制时（2003 年 2 月），有职工 160 人，资产总额 909 万元，负债总额 763 万元，资产负债率 83.9%。2004 年，与加拿大某公司联合开发、设计制造热管余热回收工业与民用锅炉、热交换器等环保型、智能化热装置系列产品，目前，企业能批量加工制作制冷行业专用设备、化肥行业通用设备以及医药、轻纺、食品等行业使用的碳钢、不锈钢、铝材等专用设备和非标构件。2005 年，有职工 86 人，资产总额 1 000 万元，工业总产值 1 650 万元，销售收入 1 300 万元。

襄樊磁带总厂（原襄樊市磁带厂）：1980 年 5 月成立，主要生产盘式和盒式录音带。1983 年，更名为襄樊市磁带总厂。1985 年，由襄樊磁带总厂、中国银行汉口分行信托咨询公司、香港大荣进出口贸易公司合资兴办湖北襄樊亚太磁带有限公司。投资总额为 100 万美元。合资期限为 10 年，年产量 600 万盒。主要产品有晨曲 II 型盒式录音带、3.18 高速复录带及清洗带等 3 个系列 14 个品种。1987 年，引进日本工艺配方生产的晨曲 II 型磁带产品获湖北省优质产品证书。产品除销往全国 20 多个省、市、自治区外，还通过香港转口到美国、西欧等。1995 年，与亚太磁带公司合作经营协议到期，鉴于磁带市场的变化和银行对外投资行为受限，中行汉口分行和香港投资方经清盘后退出。襄樊磁带总厂仍恢复内资独资经营模式，企业一度陷入困境。2003 年 9 月，依法进入破产程序。根据襄樊市人民政关于国企改革的相关政策规定，原企业经营者与部分职工联合出资，收购了企业的生产经营性资产，2000 年 12 月，重新注册成立“阿尔法磁带有限责任公司”，实行民营化经营模式。改制时（2003 年 2 月），有职工 223 人，资产总额 3 067 万元，负债总额 6 068 万元，资产负债率 198%。改制后，在限量生产教学用盒式录音带的同时，开发生产各类磁卡用磁带条，设计能力为年产 13 亿平方米，年销售额达 7 000 万元。2005 年，有职工 223 人，固定资产 3 067 万元，企业产值 1 800 万元，销售收入 13 00 万元。

襄樊市化学试剂厂（原襄樊市望江公社氨瓶厂）：1983 年，更名为襄樊市化学试剂厂。1986 年以后，先后开发出硫酸、盐酸、硝酸、饲料添加剂等五大类、20 余种试剂产品，最高年产量达 3 000 标准件。2000 年 6 月 28 日，市燃化局同意，由襄樊光阳燃化资产经营有限公司和市化学试剂厂共同发起组建市仟河化工有限责任公司。公司总股本 390 万股，每股面值 1 元。均为法人股，其中光阳公司以市第二化工厂三车间部分厂房、设备折合 190 万股，占总股本 48.7%，市化学试剂厂以设备、技术等折股 200 万股，占总股本 51.28%。2003 年，实施改制重组和资产置换，民营资本注入企业。改制时（2003 年 2 月），企业有职工 127 人，资产总额 370 万元，负债总额 135 万元，资产负债率 36.5%。2005 年公司有职工 20 人，固定资产 50 万元，企业产值 500 万元，销售收入 500 万元。

襄樊市汉江化工厂：1973 年建立。同年，年产 300 吨醋酸乙酯生产线建成投产。1974 年，年产 300 吨醋酸丁酯生产线建成投产。1976 年，年产 400 吨香蕉水生产线建成投产。1981 年年产 100 吨二丁酯生产线建成投产。1984 年，年产 200 吨二辛酯生产线建成投产。是生产合成脂类化工溶剂的小型化工企业。1998 年 6 月 5 日，市中级人民法院依法宣布该厂破产。同年 9 月 24 日，进行资产转让拍卖，沈阳裕腾集团（民营）以 718 万元全部收购汉江化工厂。同时，负责安置全厂 350 多名职工，新注册的沈阳裕腾集团襄樊溶剂厂正启动生产。1989 年，年产 1 000 吨增塑剂生产线建成投产，后更名为襄樊裕腾化工有限责任公司。

襄樊市钛白粉厂：1975 年建成（襄樊市电池厂一个车间的基础上建成），生产电焊条用钛白粉。1978 年，引进湖南株洲钛白粉生产技术，投资建设年产 1 000 吨 B101 锐钛型钛白粉项目，1980 年。基本达到设计能力。1981 年，被化工部列为全国 17 个生产钛白粉专业厂家之一。1993 年以后年年亏损，资产负债率达 198.68%，无力偿还到期债务。1999 年 7 月 23 日，依法破产。破产后被丽明公司定向收购。2001 年 8 月 21 日，市中级人民法院民事裁定书裁定市钛白粉厂破产清算结束，终结破产程序。

襄樊市青山化工厂（原襄城公社石灰厂）：1973 年，年产 3 000 吨碳酸氢钠生产线建成投产。1974 年 3 月，经原襄樊市人民政府批准，作为市属集体所有制企业，归口市化学工业局管理。1978 年，年产 2 000 吨碳酸钡生产线建成投产。1979 年，引进长沙化工研究院的工艺技术，开始立德粉项目建设，次年形成年产立德粉 1 500 吨生产能力。1983 年，年产 3 000 吨立德粉生产线建成投产。1984 年始，经两次改造和扩建，1988 年，立德粉年产量达 5 000 吨以上。其间，利用本地资源条件，以重晶石为原料，相继开发建成年产 3 000 吨碳酸钡和年产 1 500 吨硫酸钡生产装置，使钡、盐产品初步形成系列。2003 年 2 月，处于半停产状态，有职工 464 人，资产总额 2 210 万元，负债总额 2 850 万元，资产负债率 129%。2005 年，完成职工安置。

襄樊市化学矿山公司：1971 年，经原襄阳地区行政公署批准，成立襄樊市化学矿山公司初期为政企合一组织，主要承担原襄阳地区辖区内化学矿山资源的普查、勘察、开发规划、项目审核申报、矿山管理等行政管理职能。1971 年，组织成立专业车队，开展磷矿自营运输业务，最高年份对外运输矿石量达 8 万余吨。1975 年，自筹资金，投资开发南漳县邓家崖区域磷矿石资源，创建南漳红星磷矿，为直属企业单位。初期设计规模为年产磷矿石 5 万吨，是当时全地区唯一一家实行机械化作业的化学矿山开采企业。1982 年，为实施本地磷矿资源的深度加工，南漳龙门镇投资建设年产 2 万吨钙镁磷肥厂，后经多次发行和扩建，钙镁磷肥主体生产装置达4万吨规模。1988年9月，红星磷矿年产15万吨磷矿改造、扩建项目，通过全国范围内竞标，进入国家化学矿山改造专项计划，获得国家专项改造资金650万元，加上地方政府配套资金，总投资达1 000万元以上。该项目1989年开始实施，1991年，通过国家验收并投入运行。1995年以后，随着矿山管理体制的变革，矿山行业行政管理职能逐步划出，公司成为独立经营、自负盈亏的经济实体。由于公司经营不善，各项经营业务逐年萎缩，2001年年底，公司陷入全面停产状态。当时，有职工461人，资产总额3 813万元，负债总额4 116万元，资产负债率108%。经市政府批准，2003年2月，进入破产程序。2005年，完成了全部职工的社会化安置，被依法注销。

3.项目投入

燃化行业“七五”时期，完成各类项目50多个，投资2亿多元。“八五”时期，完成各类项目171个。投资4.41亿元。“九五”时期完成项目投入1.5亿元。重点项目有：襄樊市无机化工总厂（原襄樊市磷肥厂），1987年，投资建设年产2 000吨钛白粉生产车间（1990年建成投产）；1988年，3万吨磷铵项目被列入国家化肥专项建设项目（1990年投入批量生产）；1989年，1 500千瓦硫酸余热发电工程项目并网发电（1992年8月该项目竣工并通过专家验收）；1994年8月，与湖北工学院合作研制的云母钛珠光颜料投入批量生产。同年，完成废水治理环保治理项目；1995年，普钙干法改湿法工程项目投入运行；2000年3月，金红石型云母钛珠光颜料技改项目被科技部列入国家级星火项目计划；2004年，投资2 000万元实施13万吨硫酸改扩到24万吨项目和7万吨磷铵改扩到14万吨项目；2005年，实施钛白粉生产线由3 000吨改扩到7 000吨搬迁改造项目。襄樊市氮肥厂，1986年，运用计算机控制合成循环气中氢氮比例项目投入运行；1987年，年产3 000吨硝酸钠生产线建成投产；1988年，合成氨生产蒸汽自给项目被列入国家化肥建设项目；1989年，年产1万吨甲醛生产线建成投产；同年，安装10吨沸腾炉节能装置；1992年，工业甲醇、甲醛、硝酸钠、亚硝酸钠、硝酸磷肥、稀土微肥等一批新产品生产线先后投入批量生产；1994年完成吹风气回收环保治理项目，1996年，完成合成氨“二改三”工程项目；1997年，年产2万吨硝酸磷肥项目建成投产；1998年，溴氧酸生产线建成投产；1999年，投资400万元实施两钠项目改造；同年，紫外线吸收剂生产线建成投产。襄樊市红卫化工厂，1987年，年产300吨氨基酮建成投产；1988年，年产100吨硝基氨基酮和年产300吨甲基氨基酮建成投产；1990年，年产300吨异噁唑建成投产。1992年，3—5个精细化工产品的生产装置投入生产；1994年，完成氨基酮生产工艺全封闭改造环保治理项目；1995年，年产200吨4氯二苯甲酮和年产100吨4苯基二苯甲酮建成投产；1997年，年产100吨2氯二苯甲酮和年产100吨3氯二苯甲酮建成投产；1998年，年产100吨4羟基二苯甲酮建成投产；1999年，年产100吨4甲基二苯甲酮和年产300吨苯氧乙醇酸建成投产。襄樊市制漆总厂（原名襄樊市制漆厂），1987年，申请获得原国家计委50万美元的外汇援助，引进荷兰阿克苏公司D2035阳极电泳漆生产装置建成投产；1996年，完成高装饰面漆和阴极电泳漆技改项目。湖北钢丝厂，1986年，筹建年产3 500吨子午胎钢丝帘线项目（1992年投入批量生产）；1993年，投资近300万元兴建年产3 000吨预应力钢丝生产线；1996年，完成5 500吨钢帘线扩建和10 000吨回火改造两个项目前期准备工作；2003年，投资3 600万元，对钢帘线产品实施了“三改五”工程；2005年，投资6 000万元实施主导产品设备全面维修改造项目。襄樊市催化剂厂，1988年，宽温S109—1和S109—2两个新产品生产线建成投产；同年，低温变换钒催化剂S108产品生产线项目全部达产；1989年，建成B102型催化剂生产线；同时，建成年产300吨环型催化剂生产装置；1990年，年产300吨联醇催化剂项目被批准立项，投入建设。襄樊市橡胶总厂，1992年，投资800万元建设年产3 000万件橡胶杂件项目（1996年项目竣工投产）；1994年，完成硫化工段改造环保治理项目；1995年，兴建年产2 000吨橡胶拼丝生产线。鄂西化工厂，1988年，2.5万吨合成氨项目被列入国家化肥建设项目(1992 年项目竣工投产);1989 年,年产 1 万吨硝酸钠生产线和年产 3 000 吨亚硝酸钠生产线建成投产;1990 年,年产 1 万吨甲醛生产线建成投产;1992 年,医药用中间产品肝泰乐生产装置建成投产;1993 年,年产 3 000 吨甲醇钠生产线建成投产;1996 年,年产 3 000 吨乌洛托品生产线建成投产。襄樊市第二化工厂,1986 年,完成烧碱 5 000 吨改 10 000 吨项目;同年,年产 300 吨三氯氧磷生产线建成投产;1987 年,年产 300 吨二氯化磷生产线建成投产;1990 年,完成烧碱 1 万吨改 2 万吨工程。襄樊市汉江化工厂,1999 年,年产 1 000 吨增塑剂生产线建成投产。襄樊市红星磷矿区,1988 年,15 万吨采矿工程被列入国家化学矿山改造专项计划(1991 年 10 月通过国家验收并投入运营)。襄阳县磷肥厂,1988 年,3 万吨磷铵项目被列入国家化肥建设项目 (1993 年投产);1997 年,3 万吨复混肥项目和 3 万吨磷酸一铵项目先后建成投产;1996 年,完成"四六"工程项目前期准备工作。襄阳县化肥厂,1988 年,"两水"闭路循环被列入国家化肥建设项目(1993 年投产)。枣阳化肥厂,1988 年,4 万吨尿素生产装置列入国家化肥项目(1992 年竣工投产);1996 年,完成尿素"6 改 12"项目的前期准备工作。宜城大雁工业公司,1988 年,实施腰子山磷矿扩产改造项目(1991 年 10 月通过国家验收并投入运营);1989 年投资建设年产 4 万吨硫酸生产车间;1997 年,钙镁磷肥、磷肥年产 8 万吨和 10 万吨生产装置改造建成投产。宜城化肥厂,1988 年,"两水"闭路循环被列入国家化肥建设项目(1993 年投产);1996 年,完成对甲苯胺项目。老河口市光化磷肥厂,1988 年,年产 1 万吨磷酸乙胺项目动工兴建(1990 年投入批量生产)。保康县管驿沟矿区,1988 年,5 万吨硫铁矿改扩建项目被纳入国家化学矿山专项改造计划(1991 年项目通过国家验收并投入运营)。保康磷矿白竹矿区,1988 年,20 万吨采矿工程被列入国家化学矿山改造专项计划(1991 年 10 月通过国家验收并投入运营);1995 年,总投资 27 亿元的 200 万吨/年的矿肥、矿化结合大型工程项目被化工部列入"九五"规划。保康县金珠工业公司,1987—1989 年, 建成黄磷炉项目;1990—1992 年,15 000 吨工业磷酸、20 000 吨磷酸五钠两套生产装置建成投产。保康县康达化工厂,1988—1997 年,3 套黄磷炉项目和年产 5 000 吨饲料级磷酸生产装置相继建成投产。保康县康兴化工厂,1993 年,年产 2 000 吨食品磷酸项目建成投产。襄樊金亚磷化有限公司(原保康县康盛化工厂),1996 年 6 月,筹建 20 000 吨饲料磷酸、8 000 吨食品磷酸生产线。南漳县磷化工厂,1991—1997 年,建设 2 套黄磷炉。南漳龙蟒磷制品有限公司,2002 年,年产 2 万吨工业磷酸和 7 万吨饲料磷酸项目竣工投产。南漳县中德磷业有限公司,2004 年,年产 7 500 吨黄磷生产线开始筹建。南漳县化肥厂,1988 年,合成氨生产蒸汽自给被列入国家化肥建设项目(1993 年投产)。谷城化肥厂,1996 年,完成甲酸钠和稀土复合肥项目。

4.科研开发

科研产品:1986—2005 年, 全行业共开发出新产品 500 多个, 其中一批新产品相继投入批量生产。重点新产品开发有:襄樊市化工设计研究所,1989 年,共开发科研项目 17 项,完成 20 多项技术论证及设计任务,其中有 4 项科研项目通过省、市级成果鉴定。襄樊市红卫化工厂,1989 年,开发出苯甲基氨基酮;1999 年,工业 4—苯基二苯甲酮技术通过省级鉴定,填补了国内空白;2000 年,4—苯基二苯甲酮被列入国家级新产品试产计划;高纯度高白度哌啶醇合成技术被列入全省重点科技发展项目;2001 年,二苯乙醇酸和三氰基乙基二苯甲酮通过省级鉴定,填补国内空白。湖北钢丝厂,1989 年,开发出电镀锌钢丝绳(胶管)、光面钢丝系列产品;1993 年,研制成功了京九铁路轨枕预应力钢丝;1995 年,研制的 SGN—255—7、SGN—255—15 双捻成绳机科技成果通过部级鉴定,填补了国内空白。市催化剂厂,1989 年,开发出低密度高强度中变催化剂;1993 年,研发的 B119 高温变换催化剂通过部级鉴定,填补了国内空白。市制漆总厂,1992 年,研发的汽车专用漆高装饰氨基汽车面漆和 410 特黑漆投入批量生产。1993 年 6 月 16 日,通过化工部科学技术成果鉴定。市无机化工总厂,1994 年,研制出新型合成颜料——云母钛珠光颜料,2000 年,该项目被科技部列入国家级星火项目计划。市氮肥厂,1989 年,开发硝酸磷肥、稀土微肥、甲醛和民用液体燃料。市钛白粉厂,1993 年,研制出三氧化二钪,工艺属国内首创。

科研成果获奖:1989 年,襄樊市化工设计研究所石棉松解剂获市创新"飞龙"三等奖。1993 年,市制漆总厂木质漆被评为湖北省科技进步三等奖。2000 年,红卫医药化工有限责任公司产品氨基酮、硝基氨酮分别获"湖北省科技进步二、三等奖",2001 年,市红卫医药化工有限责任公司 4—苯基二苯甲酮新产品项目获湖北省科技进步三等奖和襄樊市科技进步二等奖。

5.获奖产品

1989 年,有 11 个化工产品获省、部优产品。获省优产品有:枣阳市化肥厂、随州市化肥厂生产的碳酸氢铵、老河口市光化磷肥厂生产的普通过磷酸钙、市无机化工总厂生产的工业硫酸、市橡胶二厂生产的高压膜片、湖北钢丝厂生产的胶管钢丝、鄂西化工厂生产的硝酸铵和浓硝酸、老河口市石油化工厂生产的碳铵添加剂、老河口市化工总厂生产的四氯乙烯、襄阳县磷肥厂生产的七水硫酸锌。获部优产品的是枣阳市化肥厂生产的碳酸氢铵。

6.质量管理

1986 年始,燃化行业重点产品抽查合格率为 100%,产品质量稳定提高率在 95%以上,优质产品率区间为 17%—50%。2000 年,湖北天鹅涂料化工股份有限公司、湖北襄橡化工股份有限公司、红卫医化有限责任公司 3 家企业通过 ISO 9002 质量体系认证,2003 年,金源化工、丽明化工、科兴公司、精信公司、襄橡公司、襄化机等 6 企业通过 ISO 9000 质量体系认证。

7.企业升级

1989 年, 全系统有 7 家企业实现了全面质量管理达标,8 家企业定为三级计量,1 家企业升为二级计量,通过能源平衡测试 2 家,实现标准化管理体系的企业四级的 2 家,三级的 1 家,档案管理评审省级先进企业 6 家。 同年,襄樊市无机化工总厂、老河口市化工总厂、老河口市化工二厂、老河口市光化磷肥厂、老河口市供水公司,随州市府河化工厂等 6 家企业升为省级先进企业,枣阳市化肥厂升为国家二级企业。1990 年,市氮肥厂、市钛白粉厂、市催化荆厂、保康县黄磷厂、襄阳县磷肥厂 5 家企业被命名为省级先进企业。全系统累计创先进企业 13 家,其中省级先进企业 12 家,枣阳化肥厂获国家二级企业称号。

襄樊市燃化局领导干部情况

表 12—30

机构名称(起止年月)	姓名	职务	任职时间
襄樊市燃料化学工业局 1998.01—2002.02	谢道华	局长、党组书记	1998.01—1999.05
	常全华	局长、党组书记	1999.05—2002.02
	蔡宗鉴	党组副书记、副局长	1998.01—2002.02
	张全生	副局长、党组成员	1998.01—2002.02
	秦银传	副局长、党组成员	1998.01—1998.04
	王剑峰	副局长、党组成员	1998.01—2002.02
	方友仁	纪检组长、党组成员	1998.01—1999.05
	段占惠	纪检组长、党组成员	1999.05—2002.02
	秦银传	总工程师、党组成员	1998.04—2002.02

续表

机构名称(起止年月)	姓名	职务	任职时间
襄樊市燃化医药行业协会 2002.02—2005.12	常全华	主任、党组书记	2002.02—2003.11
	蔡宗鉴	主任、党组书记	2003.11—2005.12
	蔡宗鉴	党组副书记、副主任	2002.02—2002.12
	王剑峰	副主任、党组成员	2002.02—2005.12
	关丕华	纪检组长、党组成员	2002.02—2005.12
	方友仁	工会主任、党组成员	2002.02—2005.12

九、医药工业

1979年,全市有湖北制药厂、国营华中制药厂、老河口制药厂、鄂北六六厂等制药和医疗器械生产企业。1981年,襄樊市中药厂、襄樊市制药厂、随州制药厂、随州楚天制药厂相继兴建。襄樊医药形成独立的工业体系。1985年,全市有医药工贸企业22家,其中,医药生产企业8家,药品批发零售企业14家。从业人员4 500余人。固定资产原值1.1亿元,按全国口径统计,工业总产值达8 200万元,医药商品流转额达1.6亿元,年出口创汇800余万美元。已形成包括化学原料药、化学药品针剂、片剂,中成药加工和医疗器械制造、维修等部门在内的医药工业体系。在国家计划指导下,能批量生产各种原料药和针、片剂制品,其中:己酸孕酮、舒乐安定片2个产品获国优银质奖,获省、部优产品14个。

1986—1995年,医药工业在湖北制药厂、国营华中制药厂等重点企业的带动下、加大技改力度和项目引进,促进了行业的快速发展。10年间,全行业纳入国家、省、市计划的重点医药产品开发项目和基建、技改项目达21项,预算投资总额达3.36亿元。1995年,全市医药工业企业21个,其中大型企业2个、中小型企业19个,主要生产化学药品、中成药、医疗器械、医用材料、医药包装、制药机械、医药中间体等。全年完成工业总产值35 810万元,比上年增长14.6%,其中市直工业完成总产值23 224万元,比上年增长19.7%,全市医药工业实现销售收入31 418万元,比上年同期增长12.4%,产销率为94.69%,外贸出口交货值完成10 926万元,其中市直完成3 933万元。

1996—2005年,襄樊医药工业的管理体制和部分重点医药企业的投资主体、运营体制几经变化。1998年,湖北制药厂被湖北中天集团兼并,改制为“爱百科颗药业有限公司”,属湖北中天集团子公司。2005年,其经营性资产被三峡药业收购,注册为“湖北制药有限公司”。2002年,经市政府批准,全市医药生产、经营型企业归口市燃化医药行业协会管理。

2005年,全市拥有规模以上的医药生产、流通运营企业42个,其中医药生产企业8个、药品流通企业34个。从业人员近3 000人,能批量生产解热镇痛类、抗生素类、激素和避孕药类、驱虫药类、精神药类、心脑血管药类、生化药类等近50个医药品种,120余个品规,其中OTC文号品种达38种。年工业生产总值5.9亿元,产品销售额达4.76亿元,医药商品流转额8.73亿元,全行业拥有资产总额7.656亿元,固定资产平均余额3.43亿元。

(一)化学制药工业

1979年始,全市有湖北制药厂、国营华中制药厂、老河口制药厂、襄樊制药厂、襄樊生化制药厂等化学制药工业企业,1986年,有企业6家(随州楚天制药厂在建),主要生产化学原料药、化学药品制剂两大类产品。2005 年,襄樊化学制药工业有企业 2 家,职工 990 人,资产总额 42 685 万元,完成工业总产值 25 007 万元,销售收入 24 088 万元。生产的主要品种有维生素 B1、林可霉素、氢化可的松、己酸孕酮、黄体酮、碘酸钾、克林霉素、萘普生、芬布芬、阿本达唑、地西泮、非那西丁、利眠宁、劳拉两泮等化学原料药,制剂、针剂、片剂、胶囊剂、散剂、颗粒剂等化学药品制剂(见表 12—31、表 12—32)。

湖北制药有限公司(原湖北制药厂):是生产化学原料药和医药制剂的专业企业。1968 年 8 月 29 日,国家化工部批准在襄樊筹建湖北制药厂。隶属属化工部管理。同年,制剂分厂动工兴建,1969 年,原料药厂动工兴建(1977 年两厂相继竣工投产),1973 年,改为湖北省属企业,1974 年,试制成功氢化可的松。1976 年,建成皂素生产车间。1983 年,洁霉素、维生素 C 两个新产品投产。1985 年 1 月,省属湖北制药厂下放到襄樊市。同年,可生产抗菌类、热镇痛类、抗生素类、激素及避孕药类、驱虫药类、精神药类、心血管药类 7 大类 30 余种原料药,具有片剂 20 亿片、针剂 8 000 万支、胶囊 1 000 万粒 200 余种制剂产品生产能力。1987 年 10 月,以湖北制药厂为龙头,跨湖北,河南两省三个地区的八家企业成立了“鄂药集团公司”。1988 年,左炔诺孕酮(简称左旋十八甲)建设项目破土动工(左旋十八甲是由联合国人口基金资助的避孕原料药生产项目。国家医药局安排湖北制药厂为该项目的执行单位之一,投资规模为联合国资助 191.6 万美元、国内配套 825.8 万元人民币)。同年,在竹溪和谷城建立了激素药的原料基地在南漳和宜城建立了丙硫咪唑原料一氢氨液生产基地,在襄阳县和河南新野建立了抗菌素药原料基地。1989 年,完成强的松霉菌发酵提高投料浓度,黄体酮水解工艺、洁霉素提取工艺,芬布芬水解钠盐工艺等具有国内先进水平的重大攻关项目。同年,产品共创 2 个国优、5 个部优、20 个省优(产品包括舒乐安定片、乙酸孕酮、烟酸肌醇酯、丙硫咪唑干糖浆、氢化可的松原料药、洁霉素原料药,己酸孕酮、醋酸泼尼松等)。优质产品产值率达 60.82%。阿苯达唑质量突破美国药典二十二版第六增补版标准(简称 USPXXⅡ—6),成为国内第一家能生产该版质量标准药品的厂家。左炔诺孕酮产品质量达到了美国药典 23 版、英国药典 93 版、中国药典 95 版标准。1992 年,兼并市味精厂。同年,胶囊车间通过验收并投产,驱虫药丙硫咪唑片被列为国家“中小学生 10 年驱虫规划”的重点用药。1993 年 5 月,左炔诺孕酮项目试车成功并投产。同时,完成年产 25 吨洁霉素、18 一甲车间、萘普生扩产、片剂车间改造。1995 年,开发出新产品碘酸钾,同时,建成年产能力 200 吨碘酸钾生产车间。被国家卫生部批准为全国定点生产碘酸钾的三个厂家之一。碘酸钾工艺技术达到同行业先进水平,年生产能力和年产量居国内第一;硝基安定、食品级亚铁氰化钾为国内独家生产;洁霉素、非那西丁的主要技经指标居全国第一、二名;左旋 18 甲技术指标和工艺水平进入全国领先行列,成为由联合国贷款、国家定点生产的产品;同年 8 月 18 日,国家“八五”科技攻关项目,年产 40 吨萘普生扩建工程竣工投产。1996 年,与北京医科大学共同研制的萘普生缓释片,被国家卫生部新药评审委员会评审为国家级新药,并获得新药证书。同年 8 月 28 日,左炔诺孕酮建设项目顺利通过国家验收。同时,国家专贷项目针剂车间进行设备安装。经中华人民共和国国家工商行政管理局商标局核准印发的公司舒乐安定“SA”商标注册证正式生效。1998 年 1 月 18 日,湖北中天集团公司与湖北制药厂正式签订兼并协议书,由中天集团对湖北制药厂实行承担债务式整体兼并。企业更名为“湖北中天集团爱百颗药业有限公司”。1998 年 4 月,公司针剂车间改造项目竣工投产,生产能力达 2 亿支,成为全省医药行业样板制剂车间。1999 年,帕诺丁被列为国家级省重点新产品试产计划,氯洁霉素磷酸酯原料、左炔诺孕酮紧急避孕片、氯洁霉素磷酸酯针通过省级初审。1999 年 11 月,湖北中天集团爱百颗药业收购鄂西医化总厂部分破产资产(皂素车间,黄体酮车间,水、电、气供用工程)。2003 年,通过 GSP 达标验收。公司拥有自营出口权,产品远销美国、欧洲及东南亚国家和地区,最高年份出口额超过 5 000 万元人民币。出口产品主要是解热镇痛类、激素、避孕药类、精神药类原料药。制剂在我国中南、西南、中原等区域市场具有明显优势。2005 年 12 月 16 日,湖北中天爱百颗药业有限公司与宜昌三峡制药有限公司正式签署资产转让合同书:三峡制药有限公司出资 11 000 万元(其中支付现金 7 503.38 万元、承担经营性债务 3 496.62 万元），收购湖北中天爱百颗药业有限公司（含由湖北中天爱百颗药业有限公司和中天集团襄樊三利公司共同出资组建的湖北制药联合有限公司）的 16 233.55 万元经营性资产及土地，并将湖北中天爱百颗药业有限公司（含湖北制药联合有限公司）的 GMP 证书、产品批准文号、商誉商标等过户到在襄樊市注册成立的新的湖北制药有限公司使用。公司是国家计划生育用药和精神类药品的定点生产企业。能够批量生产解热镇痛类、抗生素类、激素及避孕药类、驱虫药类、精神药类、心血管药类和食盐加碘剂等七大类 30 余个品种；制剂产品有 5 个剂型：片剂、针剂、胶囊剂、散剂、颗粒剂等 113 个品规。其中，OTC 文号品种 31 个（乙类 OTC 品种 9 个）；同时，还生产医疗器械及各种医药中间体、工业溶剂等。2005 年年底，产值 24 165 337.50 元，销售收入 7 642 253.49 元，职工有 4 750 人，固定资产 7 898 017.95 元。

湖北华中药业有限公司：是一家集医药研发、生产与销售于一体的大型医药企业。始建于 1968 年，前身为国营红山化工厂。1987 年，公司整体搬迁至襄樊市区改产医药产品，更名为国营华中制药厂。同年、开始开始维生素 B1、红霉素等药品生产。1992 年，制剂车间投产通过验收并。1993 年，完成了维生素 B1、制剂车间改造等 5 项技改项目。其中按 GMP 标准建设的针剂车间，成为全国医药行业的样板车间，设计能力为片剂 10 亿片，胶囊 2 亿粒，针剂 1 亿支；同年，头孢氨苯九号、六号、脑复康、代血浆等具有全国先进水平的产品报批。1994 年，维生素 B1 产量由 300 吨扩大到 550 吨。1997 年，扩建的 500 吨／年维生素 B1 "双加"项目竣工投产，生产能力达到 880 吨。1998 年 9 月，项目通过验收，该项目累计投资 4 056 万元。1999 年初，与云南楚天药业经贸有限公司，香港黄家医圈有限公司合资组建"湖北华中制药有限公司"。1999 年 11 月，经国家经贸委批准，对年产 880 吨的维生素 B1 项目进行工艺技术改造，配合维生素 B1 生产线工艺技术改造，建设一条 CO 原料生产装置和一条 B 一氨基丙腈为主要原料生产甲酰胺甲基嘧啶的生产线改造，完成由甲酰胺甲基口密啶一步合成维生素 B1 盐酸生产线，新增主要工艺设备 317 台（套），新建工房 1 122 平方米，改造工房 3 024 平方米。项目总投资 2 827 万元，计划两年建成。同年，国家三类新药华意感冒胶囊取得新药证并正式投产。2002 年，注册成立"湖北华中药业有限公司"，直属于中国兵器装备集团公司，属国家级高新技术企业。2003 年。整体通过国家 GMP 认证。拥有年产 1 000 亿片粒的固体制剂生产线，主要生产维生素类、抗生素类、心血管类和解热镇痛类等 60 余种药品。主导产品维生素 B1 原料药，拥有完全自主知识产权。年设计生产能力 3 000 吨，是世界上最大的维生素 B1 生产企业之一。维生素 B1 产品质量符合中国药典2000 年版，英国药典 2005 年版，美国药典 XXV 版标准（2006 年，通过国家 ISO 9001：2000、ISO 20000：2005 质量体系认证，同时，通过了 HACCP、FAMI、QS 质量体系认证，质量符合欧盟标准）。曾获全国"医生推荐用药"称号和湖北省工业精品名牌金奖，在东南亚国家成为免检产品。维生素 B1 出口产品占公司生产量的 70%，国内市场占有率达 60%。同时，还生产维生素 B1 衍生产品呋喃硫胺、丙硫硫胺等，主要用于水产、饲料添加剂。酚酞酸硫胺素、茶胺—1—5 二硫硫胺等产品，作为优良食品添加剂被广泛运用在面粉、面包、营养米、味精等食品及保健品生产中。产品同世界饲料业排名第三的法国 ADISSEO 公司建立了战略合作关系。在欧洲市场、北美市场及东南亚市场都占有相当大的份额，年销售量 50 吨以上的客户已超过 10 家。2005 年，有员工 650 人，资产总额 24 685 万元，工业总产值 21 757 万元，销售收入 21 688 万元。

襄樊市化学原料生产能力一览

表 12—31

序号	生产企业名称	产品名称	原设计规模	最高年产量	备注
1	湖北华中药业有限公司	维生素 Bl	100 吨／年	2 000 吨	
2	湖北华中药业有限公司	林可霉素	200 吨／年	2 001 吨	

续表

序号	生产企业名称	产品名称	原设计规模	最高年产量	备注
3	湖北华中药业有限公司	氢化可的松	10 吨 / 年	5 吨	
4	湖北华中药业有限公司	己酸孕酮	5 吨 / 年	5 吨	
5	湖北华中药业有限公司	黄体酮	10 吨 / 年	10 吨	
6	湖北华中药业有限公司	碘酸钾	100 吨 / 年	150 吨	
7	湖北华中药业有限公司	克林霉素	50 吨 / 年	20 吨	
8	湖北华中药业有限公司	萘普生	—	50 吨	
9	湖北华中药业有限公司	芬布芬	—	40 吨	
10	湖北华中药业有限公司	阿苯达唑	—	410 吨	
11	湖北华中药业有限公司	地两泮	—	150 吨	
12	湖北华中药业有限公司	非拉两丁	—	1 000 吨	
13	湖北华中药业有限公司	利眠宁	—	10 吨	
14	湖北华中药业有限公司	劳拉两泮	—	5 吨	

襄樊市化学药品制剂生产能力一览表

表 12—32　　单位:吨

序号	生产企业名称	产品名称	原设计规模	最高年产量	备注
1	湖北华中药业有限公司	制剂产品	20 亿片、粒 / 年	50 亿片(粒)	
2	湖北制药有限公司	针剂	—	2 亿支	
3	湖北制药有限公司	片剂	—	25 亿片	
4	湖北制药有限公司	胶囊剂	—	1 亿粒	
5	湖北制药有限公司	散剂	—	1 亿包	
6	湖北制药有限公司	颗粒剂	—	1 亿包	

(二)中成药加工业

1980 年,襄阳地区第一家中药厂成立,1984 年,更名襄樊市中药厂。1986 年,襄樊中成药加工有襄樊市中成药厂和随州市制药厂两家企业,主要加工制作糖浆剂、蜜丸、中药片剂、冲剂、擦剂、散剂等中成药制品。1986 年始,原市医药管理公司组织各县、(市)医药商业界的技术力量,对全市中药材资源进行了普查。发现全市有药用价值的各类植物达 1 200 余种,总蕴藏量在 1 亿公斤以上,其中新发现的品种有 250 余种;收集民间单方 2 360 余份。基本摸清了本区中药材资源状况,澄清了部分药材名称,为中药材收购和加工、制作提供了第一手资料。其间,老河口、谷城、宜城等县(市)相继建立了中药材加工厂,多为本地医疗机构自制、自用,尚未形成工业化生产规模。2005 年,区内具有药品生产经营资格和较大生产规模的中成药加工企业仅有襄樊市隆中药业有限公司一家。

襄樊隆中药业有限责任公司(原襄樊市中成药厂):是一家以生产中成药为主的制药企业,始建于 1980 年,1984 年,独活止痛檫剂获湖北科技成果奖。1985 年,有职工 121 人,设备 45 台(套),产值 114 万元。能生产 11 个剂型 35 个品种,同年,投资 500 万元实施扩建。2005 年,占地 1.3 万平方米,下设药品生产基地及药品经营公司,拥有颗粒剂、片剂、丸剂、糖浆剂、胶囊剂等 11 条药品生产线,69 个国家药品批准文号。有国家新药小儿柴桂退热颗粒、妇科消炎药妇乐颗料、国家中药保护品种川贝雪梨膏等主导品种,国内独家产品独活止痛搽剂产业化项目获得湖北省人民政府专项资金支持,小儿柴桂退热颗粒获湖北省重大新产品开发项目奖。2005 年年底,职工 390 人,资产总额 3 400 万元,工业总产值 4 500 万元,销售收入 4250 万元(见表 12—33)。

襄樊市中成药产品生产能力一览

表 12—33

序号	生产企业名称	产品规格	年产量
1	襄樊隆中药业有限责任公司	三黄片(50 片 *30 袋 *30 盒)	3 653.28 袋
2	襄樊隆中药业有限责任公司	妇乐颗粒(6 克 *8 袋 *200 盒)	207 吨
3	襄樊隆中药业有限责任公司	板蓝根颗粒(10 克 *20 袋 *100 盒)	485.68
4	襄樊隆中药业有限责任公司	板蓝根颗粒(10 克 *20 袋 *100 盒)	331.8 吨
5	襄樊隆中药业有限责任公司	川贝清肺糖浆(100ml*120 瓶)	123.456 万瓶
6	襄樊隆中药业有限责任公司	妇乐颗粒(6 克 *20 袋 *150 盒)	53.712 吨
7	襄樊隆中药业有限责任公司	川贝雪梨膏(120 克 *120 瓶)	94.7 吨
8	襄樊隆中药业有限责任公司	小儿柴桂退热颗粒(5 克 *12 袋 *200 盒)	22.62 吨
9	襄樊隆中药业有限责任公司	产妇安颗粒(6 克 *10 袋 *150 盒)	16.812 吨
10	襄樊隆中药业有限责任公司	小儿咳喘灵颗粒(10 克 *6 袋 *100 碗)	49.776 吨
11	襄樊隆中药业有限责任公司	六味地黄丸(200 粒 *300 瓶)	60.96 万瓶
12	襄樊降中药业有限责任公司	大山楂颗粒(15 克 *9 袋 *150 盒)	94.932 吨

(三)医疗器械制造及修配

1979—1985 年,襄樊境内已建成医疗器械制造及修配企业 3 家,从业人员 800 余人,年工业产值及经营额约 2 000 万元。鄂北六六工厂,1966 年,经省计委批准筹建,一期工程设计能力为年生产外科手术器械 40 万套(件),20 世纪 70 年代末期基本达到设计能力。1984 年,原省属企业鄂北六六工厂下放襄樊市管理,归口市医药工业系统。进入 20 世纪 80 年代后,企业开始投资建设二期工程,主要项目有 10—300 毫安系列医用 X 射线机、医用制冷设备以及快速换刀装置、节育生育器械、遥测心电图、微波理疗器、臭氧发生器等医疗器械产品。由于技术条件、资金投入、内部管理等问题,项目建设迟迟未能形成生产能力,企业长时间处于间断性生产状态,20 世纪 90 年代末期全面停产。市电子工业局所属的设备激光厂,1981 年,研制成功 JCQ—B 型 CO_2 激光治疗机,后通过技术鉴定,投入批量生产,主要用于小型手术治疗和理疗。此后又研制成功 NH—3 型氦氖激光纤维治疗仪。由于种种原因,医用激光治疗器械项目未能形成市场。襄樊市医疗器械维修管理站 ,1972 年成立,是集医疗器械修配与管理为一体的专业机构,隶属于襄樊市医药局管理,承担全市医疗卫生单位实验、诊断、检验、治疗、教学、科研、制药等方面的专用器械、设备的管理、修配、技术鉴定、维修人员培训等业务。曾经成为全市及鄂西北地区"医疗器械维修中心""技术培训中心" "制冷技术与医疗器械咨询服务中心"。20 世纪 90 年代后,管理职能逐步消失。医疗器械修配业务逐步走向市场化运作,其主营业务逐步向民用制冷设备方面发展。

（四）医药商品流通企业

1979—1985年，襄樊市境内成建制的县以上医药商业流通企业有14家，其中省属企业2家、市属企业4家、县（市）属企业8家，从业人员达800余人。主要经营化学药品、中成药制品、中草药、医疗器械等。这些企业大都集商业经营与行业管理为一身，经营方式以批发（特殊药品以计划调拨为主）为主，同时兼做零售业务，经营品种达11 000余种，医药商品流转额最高年份达35 000万元以上。

1986年以后，全市医药商品经营方式逐步放开，由计划经营为主向市场化运营过渡。医药商品营销组织机构也经历了数次变革，县以上医药公司原来承担的行业管理职能逐步弱化，直至完全消失。医药商贸企业组织结构通过分化、改组、兼并联合和投资新建，一大批新企业成为襄樊医药商品流通市场的独立商业法人，国有资产从医药商品流通领域逐步退出，医药商品经营企业逐步完成了由国营医药公司向民营公司的转变。2005年，全市销售额在2000万元以上的医药商品流通企业达31家，从业人员2500余人，年经营额达8亿元以上(见表12—34）。

襄樊市区重点医药商贸企业一览

表12—34

序号	医药商贸企业名称	经营范围
1	湖北独活药业有限公司	中西药品、生化制品
2	湖北大地医药有限公司	中西药品、生化制品
3	湖北九洲通医药襄樊公司	中西药品、生化制品
4	时珍国药堂药业公司	中西药品、生化制品
5	湖北百合药业有限公司	中西药品、生化制品
6	湖北百川大药房	中西药品、生化制品
7	襄樊天济大药房	中西药品、生化制品
8	襄樊统一药业有限公司	中西药品、生化制品
9	襄樊欣特药业公司	中西药品、生化制品加新特药
10	襄樊同和大药房连锁公司	中西药品、生化制品
11	普天独活大药房连锁公司	中西药品、生化制品
12	德仁堂医药连锁公司	中西药品、生化制品
13	襄樊老百姓大药房公司	中西药品、生化制品
14	襄樊朴济药业有限公司	中西药品、生化制品
15	襄樊健保大药房业有限公司	中西药品、生化制品
16	襄樊明康药堂	中西药品、生化制品
17	襄樊赛维药业公司	中西药品、生化制品
18	襄樊兴堂药业公司	中西药品、生化制品
19	襄樊好康大药房	中西药品、生化制品
20	襄樊隆兴康大药堂	中西药品、生化制品
21	三九药业襄樊连锁公司	中成药、化学药品、生化制品

（五）行业管理

1980年，襄阳地区医药管理局成立，统一管理全市医药工业和经营，1984年，更名襄樊市医药管理公司。2001 年 11 月 1 日,中共襄樊市委明确将市燃化局改为燃化医药行业协会,并将原医药总公司承担的医药工业的行业管理职能并入燃化医药行业协会。移交的医药行业管理职能包括:制定全市医药行业发展战略,长远规划职能。对全市医药行业经济运行的调度调控职能。负责全市医药行业的统计、安全、环保、信息、技术改造职能。药品、药械储备及灾情、疫情、军需、战备药品、药械的紧急调度职能。市直医药国有工商企业的管理职能。移交的医药工商企业有湖北制药厂、隆中制药厂、市第一制药厂、市医药公司、中药材公司、市中西药公司、市新特药公司、襄樊医药站、襄樊中药材站。至此,全市医药工业由襄樊市燃化医药行业协会统一管理和调度。

十、信息产业

1978 年,全市电子工业投资 1 443 万元,引进了彩电、电容器等 4 条具有国际先进水平的生产线,同时,通过技术转让和新产品开发,促进了电子工业的发展。1985 年,全市有电子企业 18 家,职工(不含国营汉光电工厂)5 461 人,其中:专业技术人员 384 人,固定资产原值 5 640 万元,各类设备 1 878 台(套)。产品涉及通讯产品、广播电视产品,电子元器件产品,激光产品,无线电仪表仪器产品等 11 个门类,180 种产品,产值 0.6 亿元,税利 500 万元。

1986 年始,电子行业通过开发新产品,引进铝电解电容器生产线、移动通信生产线、玻璃釉电位器生产线和大型注塑、喷塑生产线、YJ14 卷烟机整套生产技术和设备,提高产品产量和质量,获得快速发展。1990 年,有企业 17 家(1990 年,汉光电工厂迁出襄樊市。)市直企业 11 家(建昌机器厂、汉光电工厂、电视机厂、无线电厂、电子设备厂、十二电容器厂、激光设备厂、综合仪器厂、二二八电讯器材厂、计算机外部设备厂和电子器材物资公司),归口管理企业 6 家(襄阳县无线电厂、南漳无线电厂、南漳金光电器厂、宜城半导体厂、红光电阻厂、老河口无线厂等),工业总产值 3.1 亿元。主要产品涉及:通讯产品、广播电视产品,电子元器件产品,激光产品,无线电仪表仪器,汽车电器等 6 大类,100 多个品种。形成年生产彩色电视机20万台,黑白电视机25万台,移动通讯机5万台,铝电解电容5 000 万支、激光设备 500 台、各种电位器、电阻 4 000 万支,通讯电源设备 1 000 台,卷烟机 100 套的生产能力。全市电子工业产值占全省电子工业生产总值的 21.8%,仅次于武汉市,列第二位。

20 世纪 90 年代上半期,由于前期基建技改投入的惯性效应,部分企业的产品仍具有一定的市场,行业发展处于增长趋势。1995 年,有企业 16 户,工业总产值 4.01 亿元,比 1991 年增长 25%。20 世纪 90 年代后半期,电子工业早期引进开发的产品逐渐落伍,大部分企业生存难于为继。国营建昌机器厂、襄樊电视机厂、襄樊市无线电厂、襄樊市电容器厂、襄樊市激光设备厂等一批企业相继处于停产或半停产状态,有的被其他企业收购或重组。其间,在传统电子产品制造企业开始衰落的同时,一批以东风襄樊仪表系统有限公司、襄樊东风汽车电气有限责任公司、襄樊大力工业控制股份有限公司、湖北追日电气设备有限公司、襄樊万洲电气制造有限公司等企业为骨干,从事汽车电子和机电一体化产品的新型电子产品制造企业迅速崛起,为"十五"期间信息产业的发展奠定了基础。2000 年,全系统(属电子工业局归口统计口径)有企业 13 家,工业总产值 1.5 亿元,亏损 1 213 万元。

2001 始,全市信息产业按照国家大力发展信息产业的要求,大力发展汽车电子和电机软启动及变频调速产业。其间,通过企业改制和发展,企业所有制结构发生重大变化。大部分国有、集体电子企业逐步退出市场,湖北追日电器设备有限公司、襄樊大力工业控股股份有限公司、襄樊万洲电器集团有限公司、欧安电器有限公司、襄樊台基半导体有限公司、华强照明电器有限公司、襄樊市凡科电子科技有限公司、襄樊康晨机电工程有限公司、襄樊东风汽车电气有限责任公司、东风襄樊仪表系统有限公司、湖北华光新材料有限公司等一批股份制或民营电子企业获得快速发展。2005 年，全市纳入信息产业局统计的企业有 15 家，职工 9 283 人，工业总产值 21 亿元，其中过产值过亿元企业 7 家。销售 16.76 亿元，总资产 10 亿元，利税 1.5 亿元。主要产品有：汽车电子产品、电机软启动及变频调速，基础原材料及元器件，光机电一体化，功率电力电子器件，激光设备，电子节能产品，通讯电源电池等 12 个门类产品。主要产品产量：发电机 25 万套、微电机 10 万套、光学玻璃材料 1 333 吨、启动柜 555 套（台）、SPM 智能化静止进相机 282 套、GZYQ 系列高压交流电动机液态软起动装置 1 286 套、JCBL 系列串联型有源电力滤液装置 797 套、MSCC 系列电动机智能软起动节能控制装置 294 套、免维护蓄电池 836922KVAH、静止式进相器 2 353 台、固态软启动器 2 042 台、液体电阻起动器 1 927 台、发电动力机 2 545 台、发电动力机 211 台、发电动力机 72 台、晶闸管 29 万件、模块 18 万件、组合仪表 25 万套、传感器 193 万只、UPS 电源 1 900 万元(见表 12—35)。

襄樊市信息产业主要经济指标

表 12—35　　单位：万元

年份	企业个数	职工人数	总产值	销售收入	固定资产原值	利润	税金
1985	9	2 729	6 812	4 292	1 572	318	193
1986	8	—	4 638	4 190	—	93	71
1987	11	—	16 500	13 685	2 978	1 266	288
1988	6	—	26 800	19 706	—	—	—
1989	17	—	30 177	20 712	—	1 845	2 278
1990	18	—	30 906	—	—	—	—
1991	18	—	32 092	—	3 502	—	5 673
1992	17	—	26 589	—	—	—	—
1993	16	7 196	35 643	31 142	—	1 187	—
1994	16	7 196	37 421	26 956	13 017	773	886
1995	16	6 834	40 082	18 046	—	—92	618
1996	14	6 685	22 650	11 638	—	—759	—
1997	13	3 791	18 013	9 370	40 768	—684	670
1998	11	6 291	15 197	7 011	—	—897	395
1999	8	4 622	13 920	—	—	—1 523	643
2000	13	2 668	15 224	7 687	21 430	—1 213	786
2001	15	4 209	43 294	26 417	31 493	—288	1 475
2002	13	5 895	64 814	48 428	37 410	—233	1 951
2003	13	2 133	86 311	65 769	78 544	—623	1 699
2004	13	7 104	125 369	105 287	89 920	4 783	9 089
2005	15	9 283	206 838	167 522	103 917	3 689	10 121

（一）电子信息产品制造

1985—1990 年，全市电子信息产品制造业以生产家用电器和半导体元器件为主。主要产品有：彩色电视机、黑白电视机、移动通讯机、铝电解电容、激光设备、各种电位器、电阻、通讯电源设备等。

1991 年始,通过企业改制和发展,襄樊电视机厂、襄樊市无线电厂、襄樊市电容器厂等企业相继停产、破产、或被兼并收购。消费类产品的生产基本停止,产品结构由消费类电子、电器产品向汽车电子和电气控制产品转移。万洲电气集团有限公司、湖北追日电气设备有限公司、襄樊大力工业控制股份有限公司等一批股份制或民营企业相继创立。2005 年,全市规模以上电子信息产品制造企业有 14 家,工业总产值 21 亿元。主要产品有:晶闸管、电力半导体模块、静止式进相器、固态软起动器、变负载进相器、微机综合保护装置、液体电阻调速器、高压笼型电机起动器、电机节电器、高低压开关柜、高低压电容补偿装置、GZYQ、MSCC 软起动装置装置、JCBL 滤波装置。ZAPF 滤波发生器、HTR 系列高压电动机热变电阻起动器装置、DLHVF 系列高压变频调速装置、磨机专用新型高性能异步电动机等。

1.日用电子整机产品

1986 年,襄樊有 3 家企业生产日用电子整机产品。其中:襄樊市电视机厂生产彩色电视机和黑白电视机、襄樊市无线电厂生产移动通信机、襄樊市电子设备厂生产通信电源成套设备。

襄樊市电视机厂:1986 年 4 月,与天津 712 厂生产的 8303 型“北京”牌 47cm 彩色电视机正式投产,当年生产出 12 605 台,1987 年,“襄阳”牌 14 英寸彩色电视机和“襄阳”牌 17 英寸黑白电视机参加全国电视机评分比分获二等奖。1988 年,与天津 712 厂联营生产 864 型黑白电视机在机电部举办的全国联营产品集中测试获优秀成绩奖。1989 年,电视机销售额首次突破 1 亿元实现利润 554 万元、税金 513 万元。同年 8 月,在机电部的上半年情况通报中,襄樊市电视机厂名列机电部电子百家企业第 14 名。1990 年,投资 400 万元技改资金,建成单班日产能 500 台黑白、彩色电视机兼容生产线,线体总产 548.6 米,进一步提高了电视机的产能。当年,生产电视机 209 442 台,产值突破 3 亿元,职工人数达到 1 500 余人。后来,国产彩营生产无法满足彩电生产厂家的需要,成为制约彩电生产发展的瓶颈。1996 年以后,电视机生产举步维艰,2002 年,全线停产,宣告破产。

襄樊市无线电厂:1986 年, 国家投资 130 万元从日本引进一条当时最先进的移动通讯产品生产线,到 1989 年年底,共从英、美等国先后进口了 126 台专用仪器设备,形成了无线通讯机产品,手持机、车载电台、双工转讯台等 30 000 台套和 30 套自动拨号通讯系统的生产能力。在消化引进技术的基础上,工厂以自己的技术力量为主,同时,与北京邮电学院,机电部第七研究所等大专院校科研单位合作, 先后开发了 150M、450M 多功能电台 20 余种,1.2.4 信道模拟信号自动拨号移动通讯系统等产品,并已小批量生产。据机电部统计数据,1988—1989 年,移动电台产量分别完成 17 372 台、11 371 台,连续两年占全国总产量的 1/10 左右。IYDKIT—2 两信道自动拨号系统 1987 年经电子工业部和邮电部〔1987〕部联字 100 号文联合推荐,代表中国通讯产品参加日内瓦电信展览会。该系统 1988 年 3 月通过部级鉴定,同时,还获得襄樊市飞龙奖,湖北省金鹤奖和湖北省科技进步三等奖。4 信道军工自动拨号移动通讯系统于 1989 年月通过部级鉴定。鉴定委员会认为“系统技术水平达到国际 80 年代中期水平”,功能设计在国内具有先进性。企业依靠自身力量先后开发出农村无线传真系统、轮流值守台、双工转换台、异频转接器、城市交通指挥中心、充电机、通讯电源等生产品,并先后通过省级技术鉴定。1987 年,固定资产原值达 433.8 万元,各类测试仪器 237 台,拥有职工 402 人。1992 年,与襄樊市电视机厂合并,统称襄樊通达集团总公司; 1995 年,从襄樊通达集团总公司分离出来;1999 年移动通信机全部停产,随即被列为全市特困企业;2002 年,宣布破产。

2.电子元器件原材料产品

1978 年,襄樊十二电容器厂等企业先后从国外引进先进设备和技术,促进了电子元器件制造业的发展。1986 年,全市电子元器件生产厂家共 5 个,分别是襄樊台基半导体有限公司(原襄樊市仪表元件厂)、襄樊十二电容器厂、襄樊电视机配件厂、襄樊市无线元件厂、宜城半导体厂。电子原材料生产厂家一个,即:湖北新华光信息材料股份有限公司。主要产品有阻容元件、功率电力电子器件、微晶玻璃基板等。2005 年,产值占全市信息产值规模的 15%,其中功率电力电子器件产销居全国第一,微机玻璃基板是国内生产唯一的产品。

襄樊市十二电容器厂:1982 年,与湖北省信托投资公司以合作经营方式,以 27.5 万美元的价值,引进香港超进贸易有限责任公司的铝电解电容器后工序生产线一条。使铝电解电容器达到年产 3 000 万支的生产能力,技术标准达到国际 IEC 标准。1985 年始,第一批获得电子工业部颁发的生产许可证。计量工作获国家二级计量证书。1987 年,与上海天和电容器集团公司合作,建设了一条年产 30 吨赋能箔的铝电解电容器前道生产线,1987 年 12 月竣工投产,生产实现了前后道工序配套,生产水平进入全国同行业的先进行列。1989 年,铝电解电容器实现出口,创汇 6 万美金,成为全省第一家铝电解电容器的出口企业。产品为四川长虹电器厂、武汉无线电厂、武汉电视机厂、河南 760 厂、常州无线电厂等国内知名大企业配套。1989 年,采用补偿贸易的方式,从香港引进一条后工序生产线,1990 年,投产,铝电解电容器生产能力达到 8 000 万—1 亿万只。成为湖北省生产能力最大的铝电解电容器生产企业,1992 年,更名为“襄樊电容器厂”。1994 年后,开始年年亏损,2003 年,依法宣告破产。

襄樊台基半导体有限公司(原襄樊仪表元件厂):始建于 1966 年,1975 年更名为襄樊市仪表元件厂。1993 年,实行公司制和股份制改造,更名为襄樊仪元电力电子股份有限公司。2003 年,整体改制重组为台商合资企业襄樊台基半导体有限公司。

公司是中国功率半导体器件集研发、制造和销售于一体的主要制造商之一,主营“岘峰”牌和“TECHSEM”牌晶闸管及电力半导体模块。晶闸管年产能达 50 万只,模块年产能达 30 万只。产品广泛应用于金属熔炼、工业加热、电解电镀、电机调速、软启动、发配电系统及电力机车等领域。晶闸管和模块在大陆连续保持年销售额前三位,在感应加热应用领域的市场占有率一直保持第一。部分产品销往欧美、日本、韩国、伊朗、越南等东南亚国家、中东国家及中国台湾。公司通过 ISO 9001:2000 质量体系认证,是湖北省著名商标企业,国家电力电子行业协会副理事长单位、湖北省高新技术企业。拥有省级企业技术中心,分别与华中科技大学和浙江大学组建了国家级电力电子技术研究所,拥有 4 英寸晶片生产技术,产品多次荣获国家、省、市科技创新奖,其中功率半导体模块获国家火炬计划项目,KK2500A/2500V 快速晶闸管获科技部中小企业创新基金项目和湖北省科技进步二等奖。2005 年,公司有职工 460 人,资产总额 14 362 万元,工业总产值 16 216 万元,销售收入 11 345 万元。

湖北新华光信息材料股份有限公司(原湖北华光器材厂):2000 年 10 月 18 日,整体改制为湖北华光新材料有限公司(由公司作为主发起人,联合襄樊华天元件有限公司、南阳市卧龙光学有限公司、深圳市同仁和实业有限公司、北方光电工贸有限公司四家发起人共同发起设立的股份公司)。2000 年 8 月 31 日,在湖北省工商行政管理局办理了工商登记手续,注册资本 4 000 万元。2003 年 11 月 6 日,在上海证券交易所上市交易。证券代码 600184。

该公司是我国最大的特种光学材料生产基地之一。原来主要生产用于望远镜、枪瞄镜、普通照相机及一般光学仪器的传统光学玻璃,2000 年始,产品结构逐步由过去传统材料向镧系光学玻璃、环保光学玻璃、低熔点光学玻璃等中高档光学玻璃材料转移。年产传统光学玻璃,1 万吨,特种光学玻璃,年产 4 500 吨。主要产品:光学玻璃、晶质玻璃、微晶玻璃、镧系玻璃、玻璃微粉、玻璃微珠以及用于信息收集、传输和存储的磁盘微晶玻璃基板、光纤无源器件等光电信息产品。产品已通过了 ISO 9001:2000 质量认证体系认证。光学玻璃系列、特种玻璃系列被法国科技质量监督评价委员会推荐为高质量科技产品,获准自由进入欧共体市场;特种光学玻璃填补了国家 6 项高科技领域的空白,并获联合国颁发的“发明创新科技之星”奖;光学玻璃瓷铂连熔新工艺获兵器工业总公司部级科技进步奖特等奖;光学玻璃铂金池炉连熔工艺获国防科工委国家级重大科技成果三等奖;磁盘微晶玻璃基板被国家经贸委授予 1998 年度国家级新产品,填补了国内空白;光学加工磁盘微晶玻璃基板项目,1999 年,被列入年国家级高新技术产业化示范工程项目，2001 年，被科学技术部确定为重点国家级火炬计划项目；高品质光学玻璃项目，2004 年，被科学技术部确定为国家级火炬计划项目。公司为“国家一级企业”、湖北省高新技术企业、国家火炬计划重点高新技术企业，具有自营进出口权，资信等级为 AAA。2005 年，有职工 2 420 人，资产总额 7 074 万元，工业总产值 23 169 万元，销售收入 22 000 万元。

3.汽车电子产品

1986 年以后，东风襄樊仪表系统有限公司、湖北骆驼蓄电池股份有限公司、襄樊东风汽车电气有限责任公司等企业在生产原来汽车电器产品的同时，大力研发生产仪表、传感器、分电器、调节器、缓速器、闪电器、继电器、点火器、蓄电池、晶体调压器、传感器、新一代汽车 CAN 总线数字化仪表汽车电池等汽车电子产品。2005 年，全市规模以上的汽车电子产品制造企业 10 家 ，产值占到了全市信息产业的 65%。

4.软启动装置

软启动装置是应用电子技术改造传统产业的产品，1993 年始，随着襄樊大力工业控制股份有限公司、湖北追日电气设备有限公司、襄樊万洲电气制造有限公司等一批骨干企业的创立和发展，已初步形成电机软启动及变频调速产业集群的发展模式。主要产品有：静止式进相器、固态软起动器、变负载进相器、微机综合保护装置、液体电阻调速器、高压笼型电机起动器、电机节电器、高低压开关柜、高低压电容补偿装置、GZYQ、MSCC 软起动装置装置、JCBL 滤波装置、ZAPF 滤波发生器、HTR 系列高压电动机热变电阻起动器装置、DLHVF 系列高压变频调速装置、磨机专用新型高性能异步电动机等。2005 年，全市规模以上机电一体化控制设备制造行业企业 17 家，创工业总产值 3 亿多元，占全市信息产业工业总产值 16%。

(二)软件业

2005 年，全市纳入统计的软件企业只有两家，分别是襄樊亿莱特软件系统工程有限公司和襄樊亮剑信息安全技术有限公司。主导软件产品为铁路车辆企业信息管理系统、信息安全综合服务平台以及信息安全培训教育服务。两家软件企业的总产值尚不足 200 万元。

襄樊亮剑信息安全技术有限公司：主要产品：智能免疫自适应入侵检测系统。该项目是采用人工智能技术实现的具有“免疫”特性的信息安全管理系统项目。项目突破了三大信息安全难题，即：对基于 OSI 层次的协议报文的完整的自动的解析；对“正常行为”和“异常行为”的定义和筛选；对目标网络的安全管理模式的自动推动建模。项目产品科技含量高，技术创新性强，具有自主知识产权，项目在国际信息安全领域属于原创技术。

襄樊亿莱特软件系统工程有限公司：主要产品：列车状态远程监控管理网络系统。利用 GSM、CDMA、卫星通讯等现有公网通讯技术手段，建立一条覆盖面、实时性、数据量、费用等方面满足快速列车与列车检修基地之间的设备通讯实用通道，构建车对地、地对车的数据通讯平台。在此平台上，可将快速列车电气控制柜技术状态、发电车技术状态，列车集中轴温报警系统、车载 GPS 等数据信息实时传回监控；同时也可实现地面对列车的空调系统控制，大线绝缘测量等快速综合自动检测操作，加强提速列车的技术监控力度和可靠性。

(三)信息化建设

1985 年,襄樊市成立微型计算机推广应用领导小组及其办公室。1996 年,襄樊市成立国民经济信息化领导小组及其办公室。2003 年,襄樊市通过《襄樊市国民经济和社会信息化建设“十五”计划和 2010 年规划(纲要)》,其他配套文件也相应出台。2003 年 11 月,全市确定首批 22 家信息化试点单位。

1.基础网络建设

电信网:1986 年始,襄樊市通信基础设施发展迅速,电信网完成了由人工到自动、模拟到数字、单一业务到综合业务的过渡。2005 年,全市交换机容量达到 280 万门,电话用户数超过 200 万户,其中固定电话用户数超过 100 万户,移动电话用户数超过 100 万户,固定电话主线普及率达 16 部 / 百人,移动电话普及率达 16 部 / 百人;光缆总长度达到 5 300 千米,电话网已遍及到全市,并延伸到所有县(市)区和乡镇,GSM 和 CDMA 网络已经覆盖到南、保、谷边远山区;公用分组数据交换网、公用数字数据网、公用帧中继网等基础数据通信网、计算机互联网和公众多媒体通讯网相继建成,互联网上网注册用户已达 9 万户。

广播电视网:1986 年始,广播电视网发展较快。2005 年,已经建成有线、无线、光缆、微波等多种传播方式相结合的全市广播电视网络。广播电视“村村通”工程使南漳、保康和谷城的 292 个山区乡村被广播电视信号覆盖,使我市广播电视混合覆盖率达 95%以上。有线网络实现了全市各县市和部分乡镇联网,市区内有线电视网络投资 5 800 多万元,完成光纤同轴混合网、同步数字系列专线网和宽带 IP 城域网三大网络平台建设,把襄樊有线电视网改造成广电综合信息网。在开展基本业务的同时,能实现电子政务、电子商务、IP 电话、Internet 接入、视频会议、远程医疗和教育等多种增值业务。目前该网络可转播模拟节目 32 套,数字节目 71 套,用户达 17 万户。

计算机信息网:1986 年始,计算机信息网发展较快,2005 年 中国公用计算机互联网、中国网通互联网、中国联通互联网已完成市内网建设,并面向社会提供相关服务;中国教育科研计算机网已建成连接国家主干网的高速传输平台,襄樊学院、襄樊广播电视大学和部分重点中小学入网;全市教育系统已建成教育城域网,建成校园网和局域网 196 个,1511 所农村中小学接入卫星教学网络;襄樊电子政务宽带专网接通 51 个部办委局。“金桥网”不断发展完善,提高了襄樊市的国内长途通信能力。

2.电子政务

2003 年,襄樊市信息化工作办公室为推进全市电子政务建设,组织相关单位和部分专家,经过广泛调研,结合实际制定《襄樊市电子政务建设规划(纲要)》,并经过专家评审论证通过。2004 年 8 月,市政府印发市信息化办公室起草的《襄樊市电子政务建设规划(纲要)》。规划分为三期工程:一期工程。制定电子政务建设总体规划;完成市区基础网络平台建设,启动信息交换中心建设,满足基本信息交换要求;启动综合业务系统建设,实现公文流转,网上招标,网上审批等功能;同时制定电子政务管理办法以及技术标准和业务规范体系。二期工程。电子政务网延伸到各县(市)、区;完成市直各政务部门局域网建设;推进国家“十二金”工程;基本完成四个基本数据库的建设。三期工程。完成一个平台、两个中心建设,即:基础网络平台,数据交换中心、信息中心;整合所有政务部门信息资源;完善政府门户网站建设;完成综合业务系统建设,最终实现政务信息资源数据化、内部办公过程无纸化、为民服务网络化。

平台建设:2003 年 10 月,由市信息产业局牵头并组织专家组,与市政府采购中心一起对网络运营商进行了招标，襄樊广电网络服务中心中标，承担电子政务的平台建设。近年来，襄樊广电加大了基础网络建设，先后投入 1 000 多万元，敷设光缆，添置设备。2005 年，襄樊广电网络作为襄樊市电子政务基础网络，已在城区建立了 14 个站房，6 个县市也都建有站房，80%的乡镇设置有交换点。宽带网已经接通 130 多个党政机关及事业单位。

（2）门户网站建设：2000 年 7 月 17 日，市政府网站正式建成开通运行，由原计委信息中心管理维护。2004 年，网站由“中国襄樊政府网站”更名为“中国襄樊”，近期又更改为“襄樊市人民政府网站”，由市政务信息管理中心建设和维护，域名为 www.xf.gov.cn。网站设有“襄樊概况、机构简介、政务公开、政府文库、为民服务、采购招标、招商引资、经济发展、襄樊论坛、旅游观光”等 30 多个栏目；网上图文信息 2 000 多 MB；已有 72 个党政机关、220 多个企事业单位与网站进行了链接，绝大部分单位按照市政府要求在网站上进行了部分政务公开，会议通知，会议报名、公文传递也已部分开通。2005 年，全市 11 个县（市）区都建立了自己的门户网站，市直党政机关中有近 76.7%的单位建立了自己的网站。襄樊市人民政府网站，2003 年，在全国 257 个地市级政府网站评比中名列第 12 位。2004 年，在国务院信息办组织的“中国政府门户网站绩效评估”中排名第 17 位。

“十二金”工程：国家主导的金关、金税、金融、金财、金盾、金审等“十二金”工程在全市已具规模，全市四大银行网络已经实现互联互通，基本上实现了业务互动；金盾网络已经延伸到了公安基层派出所；国税系统基本上实行了企业网上电子报税；其他“金”字头工程也在快速发展。

应用系统建设：2005 年，电脑总数量已接近 5 000 台，59.3%的单位建立自己的局域网。76.7%的单位建立了自己的网站。83.7%的单位接入了互联网。其中：襄樊市在城建、国土、税务、金融、公安、环保、交通、气象、质量和社会保障等 20 多个领域相继建立了自己的信息系统。建设领域利用 GIS 技术完成了航测成图 60 平方千米，在城市管理上引进了目前最先进的第三代“呼死你”系统，开发“襄樊市城建档案计算机管理系统”并得到应用。国土领域的“襄樊市城区地籍管理数据库建设与应用研究”项目已通过验收，城镇地籍管理信息系统已推广应用。人民银行和各类商业银行的金融业务信息系统已实现联网并初具规模。税务领域已建成市、县和部分所三级数据专线网络，开发了包括税务管理、网上报税、电话报税等多种应用系统。统计领域已基本具备了承担数据处理和建设统计数据库体系的能力，初步实现了统计信息传输电子化。公安领域已建立了人口基本信息资源库、出入境人员信息资源库、警员基本信息资源库、消防安全重点单位信息资源库、违法犯罪人员信息资源库、在逃人员信息资源库、被盗抢车辆信息资源库、驾驶员车辆信息资源库等八大基础性、共享性信息资源库，完成了人口信息管理系统升级改造，实现网上户口迁移、网上实时数据维护、网上追逃自动比对报警等功能。环保领域建立了环境监控指挥系统，实现了对污染源和空气质量的实时在线监测，首批接入污染企业 20 家，并结合排污收费系统，城市 12369 环境污染投诉系统、地理信息系统（GIS）以及卫星定位系统（GPS）和卫星通讯系统（GPRS），建成了完善的监控指挥中心。水利部门沿汉江走向建成了钟祥—胡集—207 站—襄樊和 207 站—老河口的微波干线。气象部门的地警戒天气雷达项目全面启动，地面气象探测初步实现自动化，枣阳、老河口、谷城、南漳、保康、宜城等县市气象局和市气象台先后建成Ⅱ型地面自动气象站，在全市安装 21 个加密自动雨量站，建成省台至市台可视天气预报会商系统。交通领域已建成襄樊市车船数据库，公路、水运信息管理系统。农业部门开通了襄樊“农信通”电话语音信息咨询系统，襄樊“金农通”移动手机短信业务，据不完全统计，“十五”期间全市农产品网上销售额达 3 亿多元。民政业务的低保、救灾、优抚和婚姻登记管理等系统正在得到有效应用。技术监督信息系统可提供食品生产许可证、工业产品生产许可证和标准数据库查询。劳保部门先后建立劳动力、养老保险和医疗保险信息系统，并在市直各经办机构之间实现了网络互联，实现了养老保险和医疗保险网上查询。市档案馆建成档案数字化生产线和目录数据库，数字化纸质档案 12 万卷，录入档案目录 14 万条，引进科怡档案管理系统，实现了档案收集、整理、保管、统计、检索以及档案的移交和接收等综合管理。

3.企业信息化与电子商务

“十五”期间，襄樊市大力推进信息技术和装备在国民经济中的应用，信息装备普及率大大提高。据统计，襄樊市90%以上的企业拥有计算机，30%的企业建立了MIS或OA系统，有的还建立了决策支持系统和综合管理信息系统，85%的大中型企业建立了内部局域网，其中90%和因特网联通，并且在网上建立了自己的站点。CAD（计算机辅助设计）、CAM（计算机辅助制造）、CAE（计算机辅助工程分析）、CAQC（计算机辅助质量管理和控制）、CAT（计算机辅助测试）、CAPP（计算机辅助工艺规程编制）等系统已广泛应用于企业。MRPⅡ（制造资源计划）、ERP（企业资源计划）、MIMS（现代集成制造系统）和电子商务（EC）正在逐步进行推广。信息技术和装备的广泛应用已成为改造传统产业，降低能源、材料消耗，提高劳动生产率的主要途径，也成为企业提高经营管理水平和竞争力的基础。作为一家地市级的网站，已经进入世界网站排名前8 000名。襄樊商务网、襄樊家教网、襄樊花卉苗木网、襄樊二手网、襄樊信用网、襄樊企业网、邮政183等一大批专业性网站迅速成长起来并运行良好，为进一步发展电子商务打下了很好的基础。中商网、诚信网、国际贸易网、中国国际电子商务网等国内大型商业网站襄樊节点已开通，已有许多企业在网上开展业务，为襄樊企业迈向全国，走向世界提供了快捷的通道。

4.农村信息化

全市农业信息化建设起步于2000年。2001年，开始实施“十五”农村市场信息行动计划。“十五”期间，农业信息化平台建设初建成效，全市农业信息系统有专职和兼职信息人员达500多人，农业系统投入信息化建设资金约150万元，现拥有计算机100多台，其中80%以上上了因特网。市、县级农业部门建立农业网站3个、局域网1个，上网涉农企业达到70多家。市里还专门成立了农业信息中心。市、县都成立市场信息科（股），襄樊农业信息网和襄樊市农村党员干部远程教育网、襄樊星火计划网、《襄樊农业》电视栏目，襄樊“农信通”电话语音信息咨询系统，襄樊“金农通”移动手机短信业务等一批农业综合信息网站、系统等相继创立，“十五”期间全市农产品网上销售额达3亿多元。

（四）行业管理

1.管理体制

1979年，电子工业由襄樊市电子局统一管理。1983年，地市合并时，电子工业局更名为襄樊市电子工业公司。1997年11月12日，襄樊市电子工业公司加挂了襄樊市电子工业局牌子。1994年8月，成立市家电维修行业管理办公室，为市电子工业公司的直属事业单位。2001年12月，根据《中共湖北省委、湖北省人民政府关于印发〈襄樊市机构改革方案〉的通知》和《中共襄樊市委、襄樊市人民政府关于印发〈襄樊市市级机构改革实施意见〉的通知》精神，在原电子工业局的基础上组建成立襄樊市信息产业局，2002年2月6日，正式挂牌，为市经济贸易委员会管理的正县级事业单位。

2.企业改革

1979年始，信息行业先后进行了扩大企业自主权、承包经营责任制、三项（劳动、分配、人事）制度、公有民营、股份制、现代企业制度、兼并、破产、重组等一系列的企业改革。2003—2005年，根据《中共襄樊市委襄樊市人民政府关于加快市直国有企业改革的若干意见》，在市直国有集体电子企业，开展以国有产权基本退出企业,解出国有企业职工身份为重点的企业改革。

襄樊市电视机厂(原襄樊市电子仪器厂):1969年筹建,同年,试制出“争光”牌100W扩大机。1970年10月,试制成功“红旗”牌101—1型14英寸电子管黑白电视机。1973年,更名为襄樊市电视机厂。同年,被国家定为电视机专业生产厂家。1974年,开始研制“襄阳”牌12X3型集成电路黑白电视机(1982年产品定型)。1976年,试制成功晶体管黑白电视机(1983年投入批量生产),1979年,更名为襄樊市电视机总厂。1980年,开始研制“全塑集成电路”,“全频道”黑白电视机(1983年批量生产)。1981年,开始试制14英寸彩色电视机。1984年,引进日本年产15万台彩色电视机生产线,同年,生产出“襄阳”牌14吋彩色电视机。1985年,与天津712厂签订生产“北京”牌18英寸电视机合作协议。1985年底,有职工1 100人,固定资产原值721万元,产值5 430万元,各种设备1 650台(套)及一条电视机自动生产线。具备年产30万台黑白和彩色电视机的生产能力。1986年4月,与天津712厂生产的8303型“北京”牌47cm彩色电视机正式投产,当年,生产出12 605台。1987年,“襄阳”牌14吋彩色电视机和“襄阳”牌17吋黑白电视机参加全国电视机评分比分获二等奖。1988年,与天津712厂联营生产864型黑白电视机在机电部举办的全国联营产品集中测试获优秀成绩奖。1989年,电视机销售额首次突破1个亿,实现利润554万元,税金513万元。同年8月,襄樊市电视机厂名列机电部电子百家企业第14名。1990年,投资400万元技改资金,建成单班日产能500台黑白、彩色电视机兼容生产线,线体总长548.6米,进一步提高了电视机的产能。当年,生产电视机209 442台,产值突破3亿元,职工人数达到1 500余人。1992年,与市无线电厂合并,成立“襄樊市通达集团总公司”。1995年5月,市无线电厂从通达集团中独立出来,恢复其法人地位、市电视机厂法人地位也得以恢复。但厂名一直沿用通达集团总公司。1996年始,电视机生产举步维艰,1998年,被列入特困企业。2003年2月(市直国有企业改制时),处于停产状态,有职工1 442人,资产总额18 019万元,负债18 019万元。资产负债率100%。2003年12月,依法破产。

襄樊市无线电厂:1969年筹建。1970年,试制成功“襄江”牌401型半导体收音机。1980年,研发出“三顾堂”牌中波段便携式收音机,1983年,共生产收音机10万台。1983年以后转产无线电仪器仪表。1984年,单通讯道自动拨号公安专用移动通讯机(1980开始研发)正式投产。1985年,投资450万元,引进日本年产5万台(套)多信道移动通讯机生产线。1987年,固定资产原值达433.8万元,各类测试仪器237台,拥有职工402人。1989年年底,共从英、美等国先后进口了126台专用仪器设备,形成了无线通讯机产品,手持机、车载电台、双工转讯台等30 000台套和30套自动拨号通讯系统的生产能力。在消化引进技术的基础上,与北京邮电学院,机电部第七研究所等大专院校科研单位合作,先后开发了150M、450M多功能电台20余种,1.2.4信道模拟信号自动拨号移动通讯系统等产品,并已小批量生产。据机电部统计数据,1988—1989年,移动电台产量分别完成17 372台、11 371台,连续两年占全国总产量的1/10左右。IYDKIT—2两信道自动拨号系统1987年经电子工业部和邮电部〔1987〕部联字100号文联合推荐,代表中国通讯产品参加日内瓦电信展览会。该系统1988年3月通过部级鉴定,同时,还获得襄樊市飞龙奖,湖北省金鹤奖和湖北省科技进步三等奖。4信道军工自动拨号移动通讯系统于1989年通过部级鉴定。鉴定委员会认为“系统技术水平达到国际20世纪80年代中期水平”,功能设计在国内具有先进性。同时,先后开发出农村无线传真系统、轮流值守台、双工转换台、异频转接器、城市交通指挥中心、充电机、通讯电源等生产品,并先后通过省级技术鉴定。1992年,市电视机厂与市无线电厂合并,成立“襄樊市通达集团总公司”。1995年5月,市无线电厂从通达集团中独立出来,恢复其法人地位。1999年,移动通信机全部停产,被列为特困企业。2003年2月(市直国有企业改制时),处于停产状态,有职工393人,资产总额3 088万元,负债2 938万元。资产负债率95%。2003年12月,依法破产。

襄樊市激光设备厂(原襄樊市半导体二厂):1970年开办,后更名为襄樊市激光设备厂。1982年

10 月，根据襄樊市政府文件（樊政发〔1982〕83 号），市综合仪器厂与激光设备厂合并，厂名为激光设备厂。1988 年，经市政府同意激光设备厂并入建昌机器厂，一年后，建昌机器厂与激光设备厂解除兼并关系。2003 年 2 月（市直国有企业改制时），处于停产状态，有职工 393 人，资产总额 3 088 万元，负债 2 938 万元。资产负债率 95%。2003 年 12 月，依法破产。

襄樊市十二电容器厂：1970 年 9 月由地质队家属创办。同年，试制成功“地球”牌铝电解电容器。1972 年 6 月，试制成功 450 伏 30 微法高压电容器，并逐步形成高压电解电容器系列产品。1974 年，被湖北省列入元器件定点生产厂家。同年，划归市电子局管理。1982 年，与湖北省信托投资公司以合作经营方式，以 27.5 万美元的价值，引进香港超进贸易有限责任公司的铝电解电容器后工序生产线一条。使铝电解电容器达到年产 3 000 万支的生产能力，技术标准达到国际 IEC 标准。1985 年，获电子工业部颁发的生产许可证，计量工作获国家二级计量证书。同年，“地球”牌 CD11 铝电解电容器获省优产品称号。1985 年，有职工 210 人，固定资产原值 180 万元，产值 360 万元，利润 60 万元。1987 年，与上海天和电容器集团公司合作，建设了一条年产 30 吨赋能箔的铝电解电容器前道生产线，同年 12 月竣工投产，生产实现前后道工序配套，生产水平进入全国同行业的先进行列。1989 年，铝电解电容器实现出口，创汇 6 万美金，成为全省第一家铝电解电容器的出口企业。产品为四川长虹电器厂、武汉无线电厂、武汉电视机厂、河南 760 厂、常州无线电厂等国内知名大企业配套。1989 年，采用补偿贸易的方式，又从香港引进一条后工序生产线，1990 年投产，从而使企业的铝电解生产能力达到 8000 万只—1 亿万只，成为湖北省生产能力最大的铝电解电容器生产企业。1992 年，更名为“襄樊电容器厂”。1994 年后，开始年年亏损，1998 年，列入特困企业。2003 年 2 月（市直国有企业改制时），处于半停产状态，有职工 376 人，账面资产总额 1 739 万元，实际资产 460 万元，负债 2 083 万元。资产负债率 452%。2003 年 12 月，依法破产。

国营建昌机器厂：1970 年筹建，1987 年，下放襄樊市管理，直属电子工业公司。1988 年，经市政府同意激光设备厂并入建昌机器厂，一年后，建昌机器厂与激光设备厂解除兼并关系。2000 年，被列入特困企业。2003 年 2 月（市直国有企业改制时），处于半停产状态，有职工 2 756 人，资产 23 647 万元，负债 13 369 万元。资产负债率 56%。2003 年 12 月，依法破产。

襄樊市电子设备厂（原名望江公社电器安装队）：1964 年筹建。1969 年，更名为红旗安装队。同年，试制成功第一台硅整硫器。1971 年更名为硅整硫器厂。1975 年，移交电子局管理。1977 年，更名为襄樊市电子设备厂。1978 年，承担国家研制系列化通讯电源成套设备的任务。1979 年，试制成功通讯电源成套设备。1985 年，产值 175 万元。1992 年，并入襄樊长虹数控集团。

3.项目

详见表 12—36。

1986—2005 年襄樊市信息产业重大项目投入

表 12—36

企业名称	科研与技改名称	总投资	年份
湖北追日电气设备有限公司	电力滤波电能优化装置系列产品技术改造	2 182 万元	—
湖北骆驼蓄电池股份有限公司	新型高能密闭蓄电池技改项目	3 266	2000
	高能密闭免维护蓄电池技改二期工程极板项目	3 178	2003
	高能密闭免维护蓄电池技改二期工程化成项目	3 096	2003
	年产 200 万只轿车免维护蓄电池及 50 万只载重车蓄电池	15 600	2005

续表

企业名称	科研与技改名称	总投资	年份
湖北新华光	系列变色镜片开发	1 000	—
	超薄眼镜生产线	2 000	—
	瓷铂连熔生产线	4 000	—
	磁盘微晶玻璃基板	10 000	—
	TDF 特种超薄生产技术	1 200	—
	电气混合熔炉生产技术	2 500	—
襄樊大力工业控制股份有限公司	大型高压电动机热变电阻软起动装置	2 200	—
	磨机专用新型高性能异步电动机	4 100	—
	DLHVF 系列高压变频调速装置	7 200	—

4.名优产品

详见表 12—37。

1986—2005 年襄樊市信息产业获奖产品

表 12—37

企业名称	产品	获奖年份	获奖称号	授奖部门
湖北追日电气设备有限公司	ZDBK 电动机自动电液变阻起动补偿控制器	1998	评为国家级新产品	国家技术监督局
	GZYQ 高压交流电动机液态软起动装置	2000	获湖北省科技进步三等奖	湖北省科技厅
	GZYQ 高压交流电动机液态软起动装置	2000	评为国家重点新产品	国家科委
	高压交流电动机液态软起动装置	2001	列入国家火炬计划项目	科技部
湖北追日电气设备有限公司	MSCC 电动机智能软起动节能控制装置	2002	评为国家重点新产品	国家科委
	MSCC 电动机智能软起动节能控制装置	2002	评为湖北省重大科技成果	湖北省科技厅
	JCBL 串联有源电力滤波装置	2002	评为湖北省重大科技成果	湖北省科技厅
	高压交流电动机液态智能软起动装置	2002	获科技部科技型中小企业技术创新基金支持	科技部
	JCBL 串联有源电力滤波装置	2003	评为国家重点新产品	国家科委
	MSCC 电动机智能软起动节能控制装置	2003	获湖北省科技进步三等奖	湖北省科技厅
	高压交流电动机液态智能软起动装置	2003	列入重点国家火炬计划项目	国家科技部
	MSCC 电动机智能软起动节能控制装置	—	列入国家火炬计划项目	国家科技部
	MSCC 电动机智能软起动节能控制装置	2006	列入国家火炬计划重点项目	国家科技部
	ZAPF 并联有源电力滤波装置	2006	被列入国家中小企业专项资金项目	国家发展改革委
	电机节能与控制技术开发平台建设	2006	列入国家火炬计划环境建设项目	科技部
襄樊万州电气	WP 静止式进相器	2001	国家级重点新产品	国家经贸委
	WZ 型着水机	2003	科技公关计划	科技部
	WZJ 智能电机节电器	2003	湖北省重点新产品	湖北省经贸委
	WDJ 多功能节电器	2003	湖北省火炬计划	湖北省科技厅
	WD 多功能节电装置	2003	湖北省重大新产品	湖北省委经贸委

续表

企业名称	产品	获奖年份	获奖称号	授奖部门
湖北骆驼蓄电池股份有限公司	铅酸蓄电池	—	国家免检产品	国家质量监督检验检疫总局
湖北新华光	镧系光学玻璃	—	湖北省新产品	湖北省科技厅
	数码产品用新型环保光学玻璃	—	国家火炬计划工程	科技部
	LCD、CRT 用高品质光学玻璃	—	国家火炬计划项目	科技部
襄樊大力工业控制股份有限公司	高压热变电阻器	—	国家级火炬计划项目	科技部
	智能化静止进相机	—	国家级火炬计划项目	科技部
	磨机专用异步电动机	—	“金桥工程”二等奖	湖北省科学技术协会

襄樊市(襄阳地区)信息产业局领导班子成员情况

表 12—38

机构名称	姓 名	职 务	任 职 时 间
襄樊市电子工业局（1979.1—1983.11）	刘端生	局 长	1979.01—1983.11
	平均安	副局长	1979.01—1983.11
	石振清	副局长	1979.01—1983.11
襄樊市电子工业公司（1983.11—1997.01）	马有德	经 理	1983.12—1985.11
	郭炳生	经 理	1985.12—1989.06
	李守仁	经 理	1989.06—1991.10
	陈连米	经 理	1991.10—1994.6
	涂小山	经 理	1994.9—1996.09
	平均安	副经理	1983.12—1985.11
	石振清	副经理	1983.12—1989.7
	江巨锋	纪检书记	1983.12—1990.02
		副经理	1990.02—1993.
	刘爱云	工会主席	1983.12—1994.06
	李承武	副经理	1989.07—1997.03
	杨明忠	总工程师	1990.02—1994.10
	孙惠然	纪检书记	1990.8—1990.12
		纪委书记	1991.01—1992.08
	谷长俊	副经理	1990.12—1996.12
	公崇善	副经理	1994.06—1996.12
	周世钧	工会主席	1994.06—1996.12
	晋长庆	总工程师	1994.10—1996.12
襄樊市电子工业局、襄樊市电子工业公司（1997.01—2002.01）	李承武	局 长（经 理）	1997.04—2001.05
	公崇善	副局长（副经理）	1997.01—2002.01
	谷长俊	副局长（副经理）	1997.01—1997.04
	晋长庆	总工程师	1997.01—1997.04

续表

机构名称	姓 名	职 务	任 职 时 间
襄樊市电子工业局、襄樊市电子工业公司（1997.01—2002.01）	周世钧	工会主席	1997.01—1997.04
	陈世清	副局长(副经理)	1997.04—2002.01
	马建国	副局长	1997.04—2002.01
		（副经理）	
	武常林	纪委书记	1997.04—2002.01
	喻 奎	副局长	1999.05—2001.01
		副经理	
襄樊市信息产业局（2002.02——2005.12）	喻 奎	局 长	2002.02—2005.12
	公崇善	副局长	2002.02—2005.12
	马建国	副局长	2002.02—2005.12
	武常林	纪检组长	2002.02—2005.12
	郑明全	工会主任	2002.02—2005.12

十一、烟草工业

1980 年前后，由于卷烟利税高、效益好，全省计划外小烟厂一哄而起，出现争原料、争市场情况，对此，国家对小烟厂坚决实行了关、停、并、转。1983 年始，全市只有 2 家卷烟厂，即襄樊卷烟厂和枣阳卷烟厂。1985 年，两厂完成卷烟产量 45.37 万箱，产值 25 614 万元，利税 1.3 亿元。部优产品 1 个，省优 4 个，省优秀包装 2 个。1987 年，两厂各项经济指标均达建厂之后最好水平，年产卷烟共计 61.8 万箱，实现产值 4.2 亿元、税金 2.683 4 亿元，比实行烟草专卖管理前的 1983 年分别增长 74.5%、49.5%、38.7%。1988 年始，全国烟叶生产过剩，出现“烟叶大战”，加之计划外小烟厂的产品冲击正常的卷烟生产。1989—1990 年，襄樊卷烟厂连续 3 年亏损。1991 年，省局为解决襄樊卷烟产销萎缩、供求矛盾，组建襄樊市烟草专卖局、襄樊烟草分公司、襄樊卷烟厂“三合一”的烟草管理体制，实行产供销、人财物、内外贸统一领导、高度集中管理。1992 年，襄樊卷烟厂开始减亏，1993 年，实现扭亏增盈，被国家经贸委等六部委认定为国家大型二档企业，卷烟陆续出口到东南亚诸国。1994 年，枣阳卷烟厂与枣阳市烟草专卖局、枣阳烟草公司实行三合一管理体制。两宗卷烟厂均可生产烤烟型、雪茄型、外香型、混合型 4 大类香烟，产品涵盖高中低档，基本淘汰了无嘴低档烟。2001 年 4 月，据国家局“深化改革，走向联合，推动重组，共同发展”的指导思想，枣阳卷烟厂与襄樊卷烟厂合并重组。重组后的襄樊卷烟厂，有职工 2 500 人，年生产能力 49.9 万箱。2003 年，实际生产 38.66 万箱，实现工业总产值（1990 年不变价）11.2 亿元，税金 6.42 亿元。2005 年，全市共生产卷烟 52.45 万箱，销售卷烟 49.79 万箱，实现销售收入（含税）20.10 亿元，实现税金 8.43 亿元，实缴税金 9.16 亿元，实现利润 4.13 万元。

襄樊卷烟厂：1979 年始，襄樊卷烟厂新建一栋生产车间投产，设备增至 117 台，产能达 40 万箱。1984 年，襄樊市贯彻实施《烟草专卖管理条例》，烟草机构组建上划，襄樊卷烟厂由襄樊市轻工业局移交湖北省烟草专卖局管理。其机构设置，人事任免，受湖北省烟草专卖局党组和襄樊市委双重领导，行业管理以湖北省烟草公司为主。当年，被中国烟草总公司确定为全国 12 家重点烟厂之一，为大型卷烟工业企业。1985 年，引进英国摩林 8 型卷烟机一组，美国 PM 公司 100mm 包装机和意大利 3 000 型横包机组。1985 年年底，有职工 2 461 人，固定资产原值 2 172 万元，产能 43.76 万箱，产量 30 万箱，产值 17 829 万元，利税 12 892 万元。主要产品有：“襄阳”牌香烟、“白鹤”牌香烟等。

图 12—19　襄樊卷烟厂

1986 年，卷烟产量 33.82 万箱，工业总产值 2.27 亿元。1987 年，产量达 34.8 万箱，单箱税利 497.56 元，比实行专卖管理前 1983 年的 242.59 元增长 1 倍。1988 年始，全省卷烟产大于销，加之地方小烟厂无计划生产，冲击卷烟市场，襄樊卷烟厂连续两年（1989 年、1990 年）产量下降到 10 万多箱，连年亏损。1990 年，卷烟产量 16.11 万箱，实现工业总产值 2.46 亿元。“七五”时期，襄樊卷烟厂开展了以制丝线为重点的技术改造。1986 年，国家烟草专专卖局批复襄樊卷烟厂“七五”技术改造可行性研究报告，同意贷款 2 200 万元，其中外汇控制在 250 万美元以内，形成两班制年生产能力 40 万箱，其中过滤嘴卷烟 24 万箱的规模。工程总投资 11 400 万元，其中外汇 1 170 万美元。引进法国马来公司 5 000 公斤 / 小时真空回潮机 1 组，英国莱格（LEGG）公司 5 000 公斤 / 小时四打六分卧式打叶机组 1 组，超级回潮和环形烘丝机 1 组，台时 5 000 公斤 / 小时 RC4 切丝机原装和关键件各 2 组，打叶前后、烘丝前后、加香前电子皮带秤各 1 台共 5 台，1 800 公斤纠、时白肋烟处理线 1 条，西德豪尼公司 1 500 公斤 / 小时烟梗处理线 1 条及其辅连设备的关键件，并配置电子皮带秤 3 台，英国摩林斯（MOLION）公司 5 000 支 / 分 MK—9 卷接枫组 1 组，意大利 GD 公司 400 包 / 分软包装机组 GDXl1 组、意大利萨西布（SASIB）公司 300 包 / 分 6 000 型横包机组及关键件组装各 1 套。项目 1987 年 6 月动工，1989 年年底，制丝车间完成国内外设备安装。1990 年 10 月正式投产。1991 年底，达到设计生产能力。形成具有国际 20 世纪 80 年代水平的 5 000 公斤 / 小时制丝线。1991 年，省烟草专卖局为解决襄樊卷烟产销萎缩，供求不平衡的矛盾，组建襄樊烟草“三合一”（襄樊市烟草专卖局、襄樊烟草分公司、襄樊卷烟厂）管理体制。1992 年，襄樊卷烟厂开始减亏。1993 年，实现扭亏增盈，是年，有干部职工 2 600 人，其中各类专业技术人员占 5%，占地面积 20 万平方米，拥有专用生产设备 260 台（套），固定资产近 2 亿元，年产卷烟 30.76 万箱，实现工业产值 6.62 亿元。烤烟型、混合型、外香型 3 个大类 5 种规格 42个品种的卷烟畅销京、沪、鄂、豫、陕等 18 个省、市。“马牌”卷烟出口走俏东南亚，成为全国烟草行业33 家国有大型企业之一。1995 年，从美国、日本引进先进的质量检测仪器，进行全过程的生产质量控制，使新、老产品质量达到国内一流水平。总公司检测站和省二级检测站市场质量抽查，产品质量合格率均达 100%，位居全省同行业榜首。是年，生产卷烟 31.15 万箱，实现销售收入 8.63 亿元，实现利润 231 万元，税收入库 22 856 万元。在全国 500 家最大工业企业利税排序中，位居第 231 位，全国烟草行业第 42 位，襄樊市工业百强企业第一名。“八五”时期，襄樊卷烟厂共投资 13 138 万元，其中外汇400 万美元，进行技术改造。先后引进英国摩林斯公司 5 000 支 / 分超九卷接机组 1 套，德国斯慕门公司 8 000 支 / 分软横包机组 B1 8 000 型 1 套，意大利 GD 公司 400 包 / 分的 GDX1，软盒包装机组盒 GDX2：硬盒包装机组各 1 套，4 000 支 / 分有英国摩林斯的 PM5N 嘴棒成型机组 1 套和上海烟机厂 KDF 嘴棒成型机组 2 套。购进国产化设备有：建昌机器厂 5 000 支 / 分长城卷接机组 3 套，平水机械厂 300 包 / 分 6 000 型横包机组 4 套，常德七一电光机械厂和天津第二轻机厂 150 包 / 分 3 000 型横包机组 5 套、2 套，吉林化工公司 90 公斤 / 小时 GCl3 烟丝膨胀设备 1 套，浙江绍兴烟机厂 90 公斤小时烟草薄片线 1 条，黄石起重机械厂（12 个机组）轨道送丝线 1 条。这些设备的配置，使卷接、包装机组的能力和水平大幅度提高；膨胀烟丝、烟草薄片进入叶组配方，对降焦减害、降低原料消耗、提高产品质量和企业经济效益发挥了巨大作用。1996 年，襄樊卷烟厂年产卷烟 29.49 万箱，实现工业总产值 7.46 万元。1998 年，职工增至 3

000 名,其中具有中高级以上技术职称的人员占 20%。企业占地面积 24 万平方米,专业生产设备 484 台(套)。年产卷烟能力达 50 万箱,当年,实际生产 29.18 万箱。产品销售网络覆盖全国 20 个省市 300 多个地县,“马牌”“皇冠” “金驼”牌卷烟出口形成规模。2000 年 3 月,三合一体制分立,当年,卷烟产量 29.21 万箱,卷烟销量 29.2 万箱,销售收入 11.36 亿元,上缴税金 4.12 亿元,利润总额 2 200 万元。“九五” 时期, 襄樊卷烟厂围绕提高卷接包装能力, 适当完善改造制丝线, 实施技术改造。投资 14 856.51 万元,其中外汇 22 182 万马克,先后完成了改造制丝线,引进卷接、包装机组,改造空调制冷设备,改造两个卷接包车间吊顶和除尘系统,升级改造烟草薄片线等五大技改项目。2001 年,襄樊卷烟厂和枣阳卷烟厂合并组建为新的襄樊卷烟厂。干部职工 2 429 人,年卷烟生产计划 47.66 万箱。当年,企业分两次共投资 6 500 万元进行技改工程。首次投资 6 050 万元, 建制丝车间的 SQ317 切丝机,卷接包装车间的 ZJ17、ZJ19 卷接机组、ZB45 包装机组和薄片车间的生产线进行技术改造。并购进卷接机组 3 台(套)其中 ZJ17 卷接机组 2 台(套),ZJ19 卷接机组 1 台(套),完善了卷接包装配套生产。针对“七五”技改后,制丝生产线经 10 多年运行,设备已不适应现行工艺要求。6 月,投资 450 万元,对制丝线进行改造,更新了切丝、切梗设备。2001 年,实际生产卷烟 43.27 万箱,主导产品为“金鳄”“襄阳”“诸葛亮”“金蝶”“红宝花”品牌系列卷烟,实际销售 41.43 万箱,销售收入 15.06 亿元,上缴税金 6.05 亿元。企业管理获北京新世纪和英国国家质量保证有限公司颁发的双证书,产品质量实现国家烟草专卖局、省公司市场抽检合格率 100%。2002 年,投资 1 300 万元,对制丝车间的储叶柜、储丝柜、自动加香、核子秤,卷接车间的除尘、供气系统,丝束车间空调系统,以及动力车间的低压配电柜、压缩空气输送管道、高温冷却塔、800 千伏安变电器等 24 个项目进行改造。同时, 搬迁生产二部设备 49 台(套),其中卷接、包装设备 6 台(套),薄片生产线 1 条,去湿机 2 台和配套设备 10 台(套),以及其他辅助设备 30 台(套)。年生产能力达到 45 万箱。当年,实际生产卷烟 35.71 万箱,销售 37.59 万箱。2003 年,投资 1 993.2 万元,购进垂直分切机 1 台,YF12 烟支输送系统 3 套,滚筒式片烟回潮机 1 台,储叶柜 3 台,ZJ17 卷烟机 1 台(套),ZB25 包装机组 1 台(套)。至此,襄樊卷烟厂拥有先进设备 97 台(套),其中 5 000 公斤制丝线及配套设备 10 台(套),卷接机组 25 台(套),包装机组 22 台(套),嘴棒成型机组 10 台(套),薄片生产线 2 条,公共辅助设备 22 台(套),具备年生产卷烟 50 万箱的能力。2003 年年底,有干部职工 2 429 人,固定资产 5.34 亿元(原价 8.82 亿元)。占地面积 26.33 万平方米,厂房面积 3.5 万平方米,专业生产设备 81 台(套),年产卷烟 38.66 万箱,实现工业总产值 111 707 万元,上缴税金 6.42 亿元。产品远销 18 个省、市、自治区。2005 年,企业厂区占地面积近 26.33 万平方米,在岗职工 1 629 人,其中主业在岗职工 1 184 人,卷烟生产专用设备共 101 台(套),先后引进了帕西姆、PROTOS、GDX2 等具有先进水平的包装、卷接设备和先进的卷烟检验理化分析设备。2005 年,共生产卷烟 52.45 万箱,同比增加 7.95 万箱,增长 17.86%;销售卷烟 49.79 万箱,同比增加 5.04 万箱,增长 11.26%;实现销售收入(含税)20.10 亿元,同比增加 1.97 亿元,增长 10.85%;实现税金 8.43 亿元,同比增加 3 561 万元,增长 4.41%;实缴税金 9.16 亿元,同比增加 1.82 亿元,增长 16.7%;实现利润 4.13 万元,同比下降 99.94%;总资产 17.15 亿元;资产负债率 78.69(见表 12—39)。

襄樊市卷烟厂产量产值统计

表 12—39

年份	产量(箱)	产值(万元)
1985	302 762	17 829
1986	338 189	22 667
1987	370 486	25 523
1988	354 116	28 276

续表

年份	产量(箱)	产值(万元)
1989	179 561	14 499
1990	161 082	24 579
1991	229 996	38 224
1992	304 000	57 204
1993	307 609	66 219
1994	304 479	68 891
1995	311 597	70 387
1996	294 921	74 629
1997	291 440	80 419
1998	291 800	80 826
1999	269 200	74 947
2000	292 100	82 435
2001	432 700	120 818
2002	366 600	103 986
2003	386 600	111 707

附:襄樊市卷烟厂名优产品:

"白甜"牌卷烟:乙一级烤烟型。创牌于1971年。产品以优质烟叶为原料,配以专用香精,采用先进的工艺和现代化的加工手段,生产过程有严格的质量控制和检测保证。具有烟丝颜色橙黄,香气浓郁,吸味醇和,劲头适中,余味干净、舒适等特点。生产20多年来,原料配套,质量稳定。经过不断探索,逐步形成系列产品,畅销全国11个省市。至2003年,总产量达83.7万箱,为生产时间最长的骨干产品之一。1978年9月、1979年5月,分别在轻工业部上海、杭州卷烟产品评优会议上评定为优质产品;1979年11月,被轻工业部命名为优质产品并颁发证书。1983年8月,中国烟草总公司张家口会议再次评为优质产品;1987年1月,被中国烟草总公司评为1986年优质产品,授予"全国畅销产品"称号。1984—1988年,一直被湖北省政府命名为省优质产品。1992年11月,被评为襄樊市知名商标。

"襄阳"牌卷烟:甲级烤烟型。1971年开发。烟叶经过发酵、醇化后人工挑选,配以考究的香料,科学配方精制而成,品质优良,香气充足、协调,入喉和顺,余味舒适。生产过程严格按企业"内控标准"操作,各项指标均达到国家标准。随着市场要求不断改进和探索,形成一至三类共享的系列产品。至2003年,总产量达100.1万箱,为生产时间最长,产量最多的骨干产品之一。1980年,在全国、全省评吸鉴定为一类产品。1982年,被省轻工局评为优良产品。1984年11月,被省轻工局再次评为优良产品。1985年12月,被评为省优质产品和省"十佳产品"之一。1987年,再次评为省优产品。1988年12月,获首届中国食品博览会银奖。1996年,被评为湖北省知名商标。1998年,被湖北省政府评为1997年度湖北名牌产品。1999年12月,被国家烟草专卖局评为卷烟优等品。2000年1月,被评为湖北省著名商标。2001年,被湖北省人民政府评为2000年度湖北省名牌产品。

"金蝶牌"卷烟:甲级烤烟型。1975年开发。选用优质烟叶为原料,经100%发酵、醇化。原料采用人工选叶。采用先进工艺加工,制作精细,品质精良,梗丝经过膨胀等特殊工艺处理,内在质量达到国家标准,质量稳定,在消费者中享有很高的信誉。至2003年,总产量达13.3万箱。1988—1992年,连续三届获湖北省消费者满意杯金奖,评为省优质产品,湖北省著名商标。1995年,获湖北省第四届湖北省消费者满意杯金奖。1996年,被评为湖北省畅销商品,省著名商标,被国家烟草专卖评为优等品。1998年11月,获福州湖北名优新特产品展销会金奖。1999年1月,获第六届"湖北省消费者满意商品”称号，5 月，被评为 1998 年湖北名牌产品，列为全省名优卷烟。2000 年，列为中国保护消费者基金会 2001 年“3·15”行业名优产品联合承诺跟踪监督产品。

“金鳄”牌香烟：甲级烤烟型。1996 年，与新加坡鳄鱼服饰公司联合开发，并形成系列产品，至 2003 年，总产量达 3.4 万箱。1998 年 11 月，获福州湖北名优新特产品展销会金奖，并被湖北省烟草公司定为湖北名优产品。1999 年，获世界包装技术组织“世界之星”设计大奖，保持省一等品称号。2000 年 12 月，为中国保护消费者基金会 2001 年“3·15”行业名优产品联合承诺跟踪监督产品。2001 年 1 月，获湖北省消费者委员会“2000 度年消费者满意商品”称号，被湖北省人民政府评定为 2000 年度湖北名牌产品。

附：其他主要产品简介：

“丹江”牌卷烟：丙二级烤烟型。1958 年开发。是襄樊卷烟厂打破单一类型、单一等级的开篇之作。产品以湖北省烟叶为主，辅以 3—4 个省地烟叶配方，采用丙级香精、香料配制。利用当时工艺、设备精心制作，烟丝色泽褐黄，香气较谐调，吸味较和顺，余味较舒适，略有刺激性和杂气。在 20 世纪 60 年代为湖北省畅销产品，誉为“优质丹江”。1982 年，开发为过滤嘴卷烟。1983 年、1984 年，分别被评为省一轻局优良产品和省优产品。产品行销全国 10 个省市，长达 29 年之久，总产销量 53.3 万箱，为 20 世纪 60 年代至 80 年代骨干产品之一。

“万山”牌卷烟：丁级烤烟型。1972 年开发。产品以襄阳本地下等烟叶为主，辅以湖北、河南各地 2—3 个地区的低等级烟叶配方，采用丁级香精香料配制而成。虽是低档产品，在工艺上精心制作，烟丝色泽呈褐黄，劲头适中，余味尚可，有刺激性和杂气。受到广大农村消费者喜爱，行销湖北、湖南、四川等 10 余个省。产销 10 年，总量达 41.8 万箱。

“鸿雁”牌卷烟：丙一级烤烟型。1973 年开发。产品以湖北、河南的中低档烟叶为主精心配方，采用丙级香精香料。为广大城乡消费者十分青睐的价廉物美产品，产销 30 年，总量达 63.8 万箱。

“骆牌”卷烟：丁级雪茄烟。1979 年创牌。1991 年，改造成高档甲级卷烟。产品选用优质烟叶，经人工挑选，醇化发酵，采用科学的配方，先进生产工艺，辅以进口香料精制而成。产品吸味醇净，劲头适中，余味干净舒适，风格独特。产品适应大中城市消费水平不断增长的需要，是喜庆场合的佳品。

“七里香”牌卷烟：丙一级烤烟型。1983 年开发。产品以鄂、豫、云、贵、鲁、黑等地烟叶为主，合理配方，辅以相应香精香料，各项指标达到或好于国家标准。产品有无嘴烟和过滤嘴烟两种规格。产销 10 年，行销 9 个省的小城镇和广大农村，总销量达 34 万箱，为 20 世纪 80 年代骨干产品之一。

“金方拾”牌卷烟：乙级烤烟型。是襄樊卷烟厂和市中医院于 1985 年联合研制开发的药物疗效型卷烟，配方中加有中草药浸膏，对治疗支气管炎和慢性咽炎有一定疗效。

枣阳卷烟厂：前身为枣阳县收割机厂。1980 年，改为枣阳卷烟厂，隶属于县轻工局，主要设备 20 台，产量 8890 箱，主要生产“状元桥”“金花”“银花”“兰香”“春天”“元宝”等品种。1984 年 5 月，枣阳卷烟厂被正式纳入国家计划，成为湖北省卷烟生产定点厂家之一。同年 12 月，枣阳卷烟厂划归襄樊市烟草专卖局、湖北省烟草公司襄樊分公司管理。1985 年，有职工 1 592 人，固定资产原值 2 289 万元，产能 24 万箱，产量 15 万箱，产值 7 785.4 万元，利税 68.6 万箱。1987 年，年产卷烟 27 万箱，完成产值 1.7 亿元，实现税金 7 500 万元，全员劳动生产率 8.3 万元，产量、产值、税金、生产率分别比 1986 年增 8.4%、31.13%、37.04%、10.5%。当年 12 月，该厂划归湖北省烟草公司直接管理，并被定为中(二)型企业。1988 年始，先后投资 9 782 万元引进中速卷接、包装机组，扩建生产车间，并对集中供压缩空气、集中除尘等系统进行技术改造。同时，运用全面质量管理、全员设备管理、计算机辅助生产管理等现代化管理方式和手段，促使企业逐步实现生产自动化、行为规范化、管理标准化。1991 年，有职工 1 300 多人，其中业务技术人员 100 多人，厂区占地 30 余万平方米，厂房面积 20 余万平方米，各种专用设备 130 多台(套)，当年，完成工业产值 34 516 万元，销售收入 32 081 万元，实现税金 17 737 万元。

"君子"系列产品被誉为湖北省烟草行业拳头产品,"汉光武""华龙""红宝花"等牌号卷烟畅销全国20多个省(市)自治区。1989—1993年,连续5年跨入全国500家、湖北省200家最大工业企业行列。1994年1月,枣阳卷烟厂与枣阳市烟草专卖局、枣阳烟草公司实行"三合一"管理体制,2000年,干部职工增至1 800余人,其中专业技术人员230人;厂区占地面积达50万平方米,专用设备增加到150台(套),固定资产达1.4亿元,年产量、产值均以30%以上的速度递增,实现税金上升到1.85亿元。2001年2月,枣阳卷烟厂与枣阳市烟草专卖局、枣阳烟草公司"三合一"的管理体制分离。4月,与襄樊卷烟厂合并,其所属企业的国有资产划归襄樊卷烟厂,实行资产重组,由襄樊卷烟厂依法制定合并重组方案,一套机构,一个法人。

襄樊市烟草专卖局领导干部情况

表12—40

机构名称	姓 名	籍 贯	职 务	任职时间
襄樊市烟草专卖局湖北省烟草公司襄樊市公司(2000.01.01—2005.12.31)	杨 树	湖北十堰	局长、经理、 党组书记	2000.03—2001.03 2002.03—2005.05
	朱开汉	湖北监利	局长、经理、 党组书记	2001.03—2002.03
	唐启楹	湖北南漳	局长、经理、 党组书记	2005.05—2010.05
	莘安华	湖北枣阳	副局长、副经理、 党组成员	2000.01—2005.12
			其中2000.01—2001.02兼任枣阳市烟草专卖局(公司)党组书记、局长、经理	
	臧有刚	湖北襄樊	副局长、副经理、 党组成员、纪检组长	2000.03—2001.05
	沈秋洲	湖北随州	副局长、副经理、 党组成员	2000.03—2005.12
	叔厚周	湖北襄樊	副局长、副经理、 党组成员	2000.03—2005.12
	李金春	湖北沙市	副局长、副经理、 党组副书记	2001.05—2001.10
	袁伟玲(女)	湖北咸宁	副局长、副经理、 党组成员	2001.08—2005.12
	田保森	湖北襄樊	副局长、副经理、 党组成员	2001.08—2005.12
	李 华	湖北随州	副局长、副经理、 党组成员	2001.12—2005.12
			其中2002.1—2003.3兼任枣阳市烟草专卖局(公司)党组书记、局长、经理	

十二、军工企业

1980年始,国防工业按照国家军民结合、调迁改造的政策要求,实施企业布局、产业结构、产品结构、经济关系和经济政策等方面的战略性调整。1984年,地、市合并后,市委、市政府成立专门机构负责军工企业调整改造工作,在资金、税收、土地和项目安排等方面予以大力支持,促进了军工企业的发展。1985年,全市有军工企业24家,其中生产和科工一体化企业22家。非生产性军工单位2家。1986年始,军工企业开始大规模调迁改造工作,"七五""八五"时期,先后有华中制药厂、建昌机械厂、航天42所、江山变速箱厂、华光器材厂、东方化工厂襄樊分厂、漳河机械厂、红旗机制厂、江华机械厂、5713厂襄樊分厂、总后3611厂、3607厂、3545厂和第七医院等14家军工企业从山沟迁入市区。"十五"时期,离市区较近的宏伟、卫东机械厂也进入三线调迁"笼子"。其间,军工企业充分利用国家调迁改造的政策机遇,积极发挥人才、技术、资金等方面的优势,在发展军品的同时,面向市场大规模开发民品,获得了快速发展。2007年,全市有军工生产和科工一体化企业18家。职工29 892人,资产总额100.25万元,完成工业总产值53.38万元,销售收入54.14万元,上缴利税19 881万元,实现利税27 829万元。驻襄樊军工企业涉及空军、航空、航天、兵器工业、兵器装备、后勤保障、地方军工等7大部类,产品涉及航空航天、光学材料、汽车、纺织、服装、机械、建材、医药、化工等产业领域。

(一)中国航天科技集团公司第四研究院第42研究所

拥有180多项系列民用产品。现已发展成为在含能材料、高分子材料、精细化工、机电一体化等领域具有较强的研究、设计、合成、加工、测试和批量生产能力的综合性研究所。

1956年10月8日,国防部第五研究院宣告成立,其中第十研究室为固体推进剂研究室,担负开发研究新型复合固体推进剂的任务。1958年7月,点燃了标志我国第一个复合固体推进剂研究成果的聚硫推进剂药条。1960—1962年,相继完成了若干发动机装药及地面热试车等重要的标志性试验。1962年7月1日,固体发动机研究所在四川泸州宣告成立,其中第三研究室是固体推进剂研究室。1965年3月10日,在该研究室的基础上组建推进剂研究所(代号"42所"),主要承担研制复合固体推进剂,为大型固体火箭发动机装药提供推进剂配方及有关技术。1965年,与四院总部机关及所属单位一起由泸州迁往内蒙古呼和浩特市南地。其间,不仅掌握了研制复合固体推进剂全过程的各项工艺技术,完成了我国第一代复合固体推进剂的研制工作,并使之应用于多种战术导弹型号发动机,而且多途径探索研究了我国第二代复合固体推进剂的配方路线,为下一阶段的研究、试制工作打下了坚实的基础。1966年9月,用于某型号试验发动机首次地面热试车成功,11月,直径1400毫米发动机装药、试车成功。1968年11月,上述型号发动机通过立式旋转地面热试车,首次全程获成功。1969年9月,上述型号发动机参加长征一号全箭试车获得成功,周恩来总理为此发来贺电。1970年4月24日,载有我国第一颗人造地球卫星"东方红一号"的长征一号运载火箭发射成功。四院研制的上述型号发动机工作正常,将"东方红一号"卫星顺利送入轨道。该发动机装药采用42所研制的第一代复合固体推进剂配方。5月1日,毛泽东主席、周恩来总理等党和国家领导人在天安门城楼上接见了四院参加卫星发射的人员代表。10月,"42所"搬迁至湖北谷城山区。1971年2月,中国科学院大连化物所二部200余人调入"42所",随后,该所完成了我国第二代复合固体推进剂配方的研制,并应用到多种战术武器中。进行了第三代复合固体推进剂的多途径探索。1978年,6项研究成果荣获全国科学大会奖。

1985—1991 年，某新材料等 3 个项目分别荣获国家发明奖。1983 年 6 月 2 日，航天部发文决定“42 所”为固体推进剂中心研究所，国内等 7 家厂所为该专业的成员单位。1986 年 7 月 28 日，国务院学位委员会批准航天“42 所”为推进剂专业硕士学位授予单位，成为航天系统首批获得推进剂专业硕士研究生培养和授予权的单位。1986 年始，先后培养硕士研究生 59 名。1988 年，“42 所”成为航空航天部固体推进剂发展战略研究组挂靠单位。同时，根据国务院三线调迁政策搬迁襄樊市。1991 年始，成功研制出某重点战术导弹新型固体推进剂，新一代复合固体推进剂配方，出色地完成了“神舟”号飞船逃逸系统发动机推进剂配方的研制以及飞船密封材料的研制生产任务，为首次载人飞行试验做出了重要贡献。经过多年的发展，成功研制了几十个固体推进剂配方，使我国跻身于世界该领域的先进行列，为我国航天事业的发展做出了突出贡献。

在发展军品生产的同时，该所充分利用军品技术、人才的优势面向市场开发民品，先后成功研制了 180 多项民用产品，形成了以特种橡胶制品、化学气源产品、精细化工及高分子材料、机电一体化专用机械设备为方向的主导民用产品系列。“瑞司达”牌保护膜系列产品的生产已初具规模，被列为国家重点火炬计划。高新技术产品立式混合机，主要性能指标达到了德国等发达国家水平。固体氧气发生器和汽车安全气囊气体发生器等新技术和新产品，具有广阔的市场前景。

1992 年 9 月，通过了航空航天部“创三新”达标验收，成为航天系统首家“创三新”达标单位和全系统‘七五’时期三线调迁先进单位”。同年，通过军工产品质量保证体系考核。1997 年，军品研制部分通过中国新时代质量体系认证中心进行的 GJB / Z 9001 质量体系认证。1999 年，民品研制部分通过了中国新时代质量体系认证中心进行的 GB / T 19001 质量体系认证；2003 年，军民品质量体系通过了转换审查。2004 年 3 月 23 日，通过国家军工保密资格认证委员会的现场审查，并获一级保密资格单位证书；2004 年 6 月 21 日，获得国家国防科技工业局颁发的武器装备科研生产许可证。

1995 年 10 月至 2003 年 2 月，连续四届被中共湖北省委、省人民政府授予省级“文明单位”荣誉称号。先后被授予航空航天部“有重大贡献的企事业单位”“首届文明院区”，湖北省“技术开发先进单位”“社会治安综合治理红旗单位”“中国建设银行湖北分行信誉 AAA 级企业”，总装备部“型号武器研制先进单位”“预先研究先进集体”。先后被人事部、总装备部、国防科工委、航天科技集团、湖北省人民政府授予“载人航天工程突出贡献集体”“载人航天先进集体”“参与载人航天工程有功单位”“思想政治工作先进单位”“学习型企业”“湖北省五一劳动奖状”等荣誉称号。2003 年 12 月，被人事部、国防科工委和中共湖北省委、省人民政府分别授予“载人航天工程有突出贡献单位”称号。2004 年，首次跨入“湖北省最佳文明单位”行列，精神文明建设取得新进步。2005 年，荣获省、部级以上科技成果奖 200 项，其中，全国科学大会奖 6 项，国家发明奖 3 项，国家科技进步奖 2 项，国防科工委重大科技成果奖 24 项，国防科学技术一等奖、部科技进步一等奖共 12 项。有 9 人被评为省、部级以上突出贡献专家，25 人享受政府特殊津贴、12 人获航天奖、10 人分别进入“新世纪百千万人才工程”、国防科技“511 人才工程”、航天科技“2518 核心人才工程”人选。获得“全国十佳职业道德标兵”、全国技术能手、省、部级劳动模范、国资委“优秀共产党员”等各类省、部级以上先进个人表彰 10 余人次。在职职工 840 人，专业技术人员 391 人，博士研究生 4 人，硕士研究生 58 人，研究员 20 人。总资产 3.2 亿，在用仪器设备 1 840 台(套)，科研占地面积 740 多亩。

(二)航宇救生装备有限公司

是我国系统研制生产航空航天生命保障系统装备的大型高科技产业集团。2003 年创立，主要控股(参股)企业有：中航精机科技股份有限公司(上市公司)、成都海蓉特纺材料有限公司、航生石化环保设备有限公司、上海航楚航空科技发展有限公司、宏伟航空器有限公司、湖北航宇埃威尔商用飞机座椅有限公司；宏航实业有限公司；嘉泰飞机生活设备分公司；汽车座椅分公司；汽车门锁分公司；汽车单向器分公司；旅游制品分公司；石油设备分公司；汽车缸盖分公司；技术中心；供氧制造子公司(安徽合肥)；工艺装备及机修制造分公司等机构组成。

民用产品：涉及汽车零部件、民用航空、石化环保三大行业，持有注册商标 8 个，能系统开发、研制、批量生产汽车门锁、汽车座椅、汽车座椅调角器及滑轨、汽车单向器、汽车发动机缸盖、变速箱拨叉、民用飞机座椅、民航救生衣、热气球及滑翔伞、油气混输泵、电动自行车传感器等产品。其中汽车零部件产品已形成五大系列 400 余个品种。在民品生产方面，是中国唯一的商用飞机座椅研发制造商。具有年产 8 000 个商用飞机座椅、产品已获得中国民航总局 CCAR—TSOA 认证及相关产品生产、维修许可证。国内第一家轿车座椅调角器国产化生产企业，拥有年产 150 万辆份调角器的生产能力。其系列化的中高档调角器占据着我国轿车领域 50%以上的市场份额。单向器产品拥有五项国家专利，在大功率启动机单向器的研制技术上处于国内领先水平，摩擦片式和棘齿式单向器在全国同行业独占鳌头。“汉江”牌链轮力矩传感器拥有自主知识产权，获得国家专利，是助力电动自行车的核心部件，具有行业世界先进水平。中国第一个热气球制造企业；其生产的 RO7—3 型热气球获得中国民航总局颁发的型号合格证和生产许可证，是目前中国唯一取得适航证书的热气球类产品。航空运动产品国内市场占有率达 90%以上。依据 ISO 9001：2000 标准建立的质量体系已通过中国新时代质量体系认证中心的认证，汽车座椅调角器、汽车门锁、汽车座椅等汽车零部件系列产品已通 ISO/TS 16949：2002 质量管理体系认证，商用飞机座椅、热气球、民航救生衣等民用航空系列产品已通过 CCAR—TSOA 质量控制系统认证。

图 12—20 航空航天密封圈

是中国科协授予的院士(专家)工作站，由国家五部委认定的国家级企业技术中心。拥有各类专业技术人员 1 000 余人，其中高级职称员工 300 余人，享受国务院特殊津贴的员工 42 人。先后有 53 项科技成果获得国家、省、部级科技进步奖，其中国家科技进步奖 4 项；主持和参与编制了 48 项国家及行业标准，获得有效专利65项，在同行业中处于领先地位。2005年，有职工5 704人，资产总额 192 634 万元，工业总产值 84 823 万元，销售收入 92 200 万元。

湖北中航精机科技股份有限公司：属航宇救生装备有限公司控股(参股)企业。1995 年 5 月，中国航空救生研究所军、民品分线，成立“中国航空救生研究所嘉利分厂”。主要从事精密冲压件产品、汽车座椅、石化工产品的研究与制造。2000 年 12 月，以中国航空救生研究所作为主发起人对嘉利分厂进行股制改造，成立“湖北中航救生科技股份有限公司”。主要从事汽车座椅调节装置、精冲件及精冲模具的研究与制造。2004 年 5 月，更名为“湖北中航精机科技股份有限公司”，7 月 5 日，正式挂牌上市。

具备 300 万辆份轿车座椅调角器、80 万辆份滑轨、40 万辆份变速箱拨叉以及 2 000 万件精冲件生产能力。通过了 ISO 9001、VDA6.1、QS 9000 及ISO/TS 16949 质量体系认证，以及环境和质量健康安全[ISO 14001 及 OHSAS 18001 体系的认证。2005 年 10 月，被湖北省发改委步二等奖，2 项产品列入国家级新产品，1 项被五部委确定为国家重点新产品，3 项产品列入国家级火炬计划。(2010 年 5 月，已获得 22 项专利，其中，包含 1 项日本实用新型专利、2 项美国发明专利和 1 项德国发明专利)。先后获得湖北省科技型中小企业创新奖，湖北省五一劳动奖状，以及湖北省精神文明单位等荣誉称号，2005年年底，在职职工626人，其中管理人员132人，占职工总数的21.09%；大专以上学历的科技人员251人（研究生以上学历12人、本科学历150人、大专学历89人），占职工总数的40%。直接从事研究开发的人员中：专门从事调节机构研发及精冲技术研究的工程师有126人，占职工总数的20.13%。研发队伍中有研究员3人，中级职称75人，高级职称19人，中高级比重占40.08%。占地面积120亩，厂房、办公等建筑面积37 000平方米[2009年，有资产70 493.53万元，其中固定资产净值18 720.24万元。各种加工设备668台（套），其中主要设备196台（套），进口高精、高效加工设备49台（套），其中精冲机最大吨位880吨，建成了国内最先进的精冲模具及精冲件的开发制造中心]。

（三）六〇九研究所襄樊管理部

1962年，在河南洛阳建所，1965年，撤销建制，1967年，国家恢复六院三所的建制，选址襄樊。1968年，国防科工委颁布研究所的正式番号为“中国人民解放军第609研究所”，主要承担航空机载机电系统及附件的研究和生产。现已发展成军民结合，科研、设计、生产、经营一体化多专业的综合研究所。主要民品：20世纪70年代末期开始组织民品生产，先后开发出了油田气轻烃回收装置、PZ系列撬装式涡轮膨胀机组、FF系列电液伺服阀、系列机场加油设备、系列热交换器、低温箱、伺服加载设备和矿用制冷机等系列产品。同时，开展了民用飞机系列机电产品维修和一、二类压力容器设计、制造等业务。油田石油气回收装置被列为国家科技成果重点推广项目，并在“全国军转民高技术出Fl展交会”上获得金奖。研制和生产的电液伺服阀荣获全国科学大会奖、全国新产品金龙奖和航空工业部、湖北省科技成果奖。拥有各类先进的加工及试验设备1 600多台，检测计量器具17 000多台件。取得各级科技成果550项，其中取得省、部级以上科技成果奖147项，包括国家级21项（有3项获得国家科技进步特等奖）、部级117项、省级9项。被国务院学位委员会批准授予学位授予权，招生专业为人机与环境工程。2002年，有职工1 800余名，其中研究员30余人，高级工程师200余人，工程师及助理工程师500余人。拥有高级技术工人近400余人。获得享受国务院政府特殊津贴的专家30余人。完成工业总产值2.4亿元，实现销售收入2.23亿元，2002年以后，总部迁址南京。2005年，有职工1 318人，资产总额33 465万元，工业总产值1 890万元，销售收入1 500万元。

襄樊航华航空技术应用有限公司：以制冷设备及各种非标设备研制为主业，换热设备为主导产品。主要民品有：各种大型综合性试验台；油田气轻烃回收装置；油源冷却设备；空气制冷低温箱；矿用模块高压空冷器；系列板翅式换热器；汽车中冷器；硬质合金系列产品；Ⅰ、Ⅱ类压力容器；多通道煤粉燃烧器；活动舞台系列产品等。拥有钣金、焊接、机械加工等工种齐全的生产加工车间，各种加工及试验设备200多台。严格按照ISO 9001：2000质量管理体系的要求进行管理。2005年，有职工159人，资产总额2 469万元，工业总产值2 690万元，销售收入2 580万元。

襄樊航鹰航空科技有限责任公司：是以航空科技为基础，集科研、设计、生产、技术服务于一体的高科技公司。主要依托南京航空机电液压工程研究中心的专业技术，以机械零部件加工和非标设备的设计、安装、服务等业务为主，并对外提供相关技术与产品服务。拥有多专业的科研能力，先进的生产加工设备，多种通用和专用的试验设备以及完备的计量检测手段。2003年，通过了ISO 9001：2000质量体系认证。2005年，有职工110人，资产总额720万元，工业总产值1 279万元，销售收入1 246万元。

襄樊航力机电技术发展有限公司：是由中国航空工业第609研究所（以下简称六〇九所）控股的一家高新技术有限责任公司。主营业务：通用航空产品、特种发电机和电动机、特种加固机箱等的研发、制造和技术服务等。研发和生产的电源电机为国内独家生产，为我国特种电源填补一项空白。2005

年，有职工 88 人，资产总额 694 万元、工业总产值 2 670 万元，销售收入 2 612 万元。

（四）襄樊东风汽车电气有限责任公司

隶属东风汽车有限公司。前身是航空部万里中级技术学校。始建于 1965 年，1969 年，由校改厂，成立“航空部飞机电源设备制造厂”。第二厂名国营青山机械厂。主要承担航空电器产品的研制和生产。1981 年，组织民品生产，将航空机械电源产品 WZF—3 无刷直流发电机应用到汽车（民品）用发电机上，并开始小批量生产。1987 年 9 月，经国家计委、国家经贸委批准，整建制的划转并入东风汽车集团（原第二汽车制造厂）。1988 年 10 月，汽车电机生产装配线竣工并通过国家验收，年生产能力汽车电机达到 20 万台，其中无刷发电机是国内第一条大批量生产的自动线。1992 年，实施公司化改造。1995 年 4 月，成立“东风汽车电气有限责任公司”（东风公司全资了公司）。1997 年 4 月，成立“东风汽车工程研究院电气电子研究所”。1999 年 4 月 25 日，获得湖北省汽车行业生产许可证。2002 年，民品 200 余项。2003 年，随东风公司与日产汽车合资，成为合资企业“东风汽车有限公司”下属的子公司。公司是东风汽车有限公司电气产品的开发、生产基地。主要开发、生产、经营汽车电机电器和电子产品。在国内率先开发生产无刷发电机，内装风扇整体式交流发电机；减速式和直接传动式汽车启动机；汽车行驶记录仪、电涡流缓速器等。拥有国内第一条无刷电机大批量生产线。已形成五大系列 70 余个品种，其中汽车启动机年产量 50 万台套，汽车发电机年产量 30 万台套，市场占有率居同类产品前列。产品覆盖东风系列的有车型，并扩展到为东风康明斯、中国重汽、玉柴、朝柴、上柴等国内主要发动机厂配套。先后通过了 ISO 9000 和 TS 16949 的质量体系第三方认证，实施并通过了环境 / 职业健康安全管理体系的第三方审核。先后荣获国家计量局“一级计量合格单位”证书；湖北省“先进纳税大户”、“清洁无害工厂”；东风公司“质量管理奖”“安全特级工厂”“双文明单位”“花园式工厂”“经营管理优秀单位”“党建思想政治工作优秀单位”，柴油发动机厂“优秀供应商”、朝阳柴油机厂“质量优秀免检供方”“东风有限最佳单位”等荣誉称号。2005 年，有职工 1 227 人，资产总额 22 406 万元，工业总产值 24 666 万元，销售收入 23 850 万元。

（五）湖北江山重工有限责任公司

由原兵器工业部所属江山机械厂与旭东机器厂于 1984 年 1 月合并建立的。江山机械厂始建于 1969 年 7 月 1 日，位于老河口市；旭东机器厂始建于 1970 年，位于谷城县石花镇，因 1982 年 7 月遭受特大洪水袭击损失较重，不宜原地重建。1984 年 1 月 27 日，国家计委、国防科工委联合下发〔1984〕计字第 199 号文，批复旭东机器厂与江山机械厂合并，合并后将原旭东机器厂整体从谷城县境搬迁到老河口市江山机械厂厂址。1987 年，成立襄樊江山汽车变速箱厂。1992 年 9 月 29 日，创立葛店经济技术开发部。2001 年 8 月 22 日，完成公司改制，湖北江山机械厂更名为湖北江山工业有限责任公司，形成了老河口总厂军品基地、襄樊汽车变速箱基地和葛店塑料包装材料基地的发展格局。2002 年，企业资产总额 40 075 万元，固定资产原值 27 478 万元，固定资产净值 8 870 万元。在职职工近 6 000 人，其中工程技术人员 663 人，大专以上学历 456 人，高级工程师 49 人，享受国家政府特殊津贴 7 人。企业通过了 ISO 9001 质量体系标准认证，拥有各类生产设备 3 000 多台（套），先后获得部级以上科技成果奖 40 多项，其中获国家级科技进步一等奖 3 项，国家金质奖 1 项，国家级新产品有 3 个。先后获全国五一劳动奖状、兵器工业文明单位等各种荣誉 420 多项，有 1 000 多人立功受奖。2003 年，企业改制更名为“湖北江山重工有限责任公司”，同时，组建以生产民品为主的控股公司“湖北江山机械有限责任公司”。主要军品:火箭炮装备和外贸产品的研制任务。主要民品:汽车变速箱、改装车、工程油缸、耐磨合金管、停车机、高锰弯管、联轴器、多层共挤流延膜等。产品先后荣获全国五一劳动奖状、全国环境保护先进企业、全国思想政治工作研究会工作奖、全国模范职工之家、兵器工业系统先进单位、湖北省“五一”劳动奖状等荣誉称号、湖北省先进企业等 270 多项荣誉,有 1 000 多人立功受奖。中共中央总书记、国家主席胡锦涛和中央政治局常委、国务院总理温家宝先后到公司考察。2005 年,有职工 2 123 人,资产总额 89 034 万元,工业总产值 65 493 万元,销售收入 56 005 万元。

湖北江山工业有限责任公司(原襄樊江山汽车变速箱厂):湖北江山重工有限责任公司的控股公司。1986 年 10 月 28 日,与襄樊市达成《关于为第二汽车制造厂定点配套生产 EQ153 八吨、EQ150 六吨半柴油汽车变速箱的协议》,1987 年 2 月 13 日,国家计委批准项目立项。成立“襄樊江山汽车变速箱厂”。生产纲领:年生产八吨柴油汽车变速箱 1 万台。总投资 5 496 万元。新增设备 186 台。新增建筑面积 35 600 平方米。1988 年 10 月,项目破土动工,1991 年 5 月 19 日,进行试生产。1992 年 10 月 11 日,通过兵器总公司组成验收组验收,1999 年,工厂投资 350 万元,对生产线进行了改造,形成年生产能力 1.8 万台。2001 年 6 月,技改项目建成并通过竣工验收。同时,启动年产 3 万台 JS6—650 变速箱技改项目,2002 年,拥有各类设备 500 多台(套),能生产 5 大系列 30 多个品种的变速箱总成,其中:JS5—750 变速箱获 1995 年湖北省工业精品金奖;JS6—650 变速箱获 1996 年国家级新产品称号;2002 年,变速箱年产达 19 247 台份,销售收入 12 722 万元,利润达到 1 157 万元。2003 年,襄樊江山汽车变速箱厂变更为“湖北江山工业有限责任公司”。

葛店经济技术开发部:湖北江山重工有限责任公司下属企业。1992 年 9 月 29 日创立,1996 年,与美国裕通公司、鄂州市葛店经济技术开发总公司合资建成了一条现代化的多层共挤流延膜生产线,总投资 3 000 多万元,全套引进美国 90 年代先进设备。主要生产 CPZ / CPP 膜、蒸煮膜、PA / ZVDH 阻隔膜、缠绕膜、浅盘膜、镀铝膜 / 软包装复合膜基材等品种。产品符合国际标准,具有良好的密封性、耐腐性和印刷性,可广泛用于食品、饮料、医药、电子及化工产品的包装。2005 年,年产新型塑料包装材料达 2 000 多吨。

(六)湖北华光新材料有限公司

1969 年筹建,1970 年 4 月,在宜城兴建。1978 年,初步建成了浇注法单坩埚铂金熔炼生产线、石英光学玻璃熔炼生产线、小型科研试制生产线和理化检测、机械加工等辅助生产设施,陶瓷熔炼生产线有关的工房。1979 年,工厂停缓建。1980 年,砍掉部分生产线,只保留了铂金熔炼和石英玻璃两条生产线,年生产能力为 42 吨。同年,建成压花玻璃生产线(1981 年,该生产线停产)。1980 年 1 月,在建成压花玻璃生产线的同时,着手光致变色玻璃眼镜片的研制工作。安年,生产的主要产品有光学玻璃、石英玻璃、镧系玻璃、红外材料、光致变色眼镜片及成镜等。获重大科技成果 10 余项,有 6 项填补国家空白。同年,接收原 59 所嘉兴分部,成立“嘉兴华光器材厂”。1991 年,获国家一级企业,1993 年,开始搬迁市区。1996 年,

图 12—21　湖北新华光材料有限公司产品

通过了ISO 9000质量体系认证。2000年10月,整体改制为"湖北华光新材料有限公司"。2001年,公司下设浙江华东光电仪器有限公司、嘉兴华光器材厂、湖北新华光信息材料股份有限公司、嘉兴市莱神光学有限公司、襄樊华明光学有限责任公司、襄樊华天元件有限公司、鄂州冠华器材有限责任公司等18家全资、控股、参股企业,基本建立起适应现代企业制度要求的母子公司体制。2002年,员工2 530人,其中工程技术管理人员760人。2005年有设备2 806台,其中计算机134台、生产设备2 345台、车工专用设备168台。主要产品:有光学玻璃、望远镜、武器观瞄系统、红外材料、眼镜片、医疗仪器等。年产各类光学玻璃材料10 000吨、眼镜片毛坯2 000万副、军用望远镜10 000具、民用望远镜30 000具的综合生产能力,产品出口20多个国家和地区。2003年11月6日,公司股票(600184)在申交所上市。主要产品有光学玻璃、工艺品玻璃、军用望远镜、太阳能电池组件等。2005年,有职工2 420人,资产总额7 074万元,工业总产值23 169万元,销售收入22 000万元。

(七)襄樊新东方化工有限责任公司公司

始建于1966年。1979年始,组织民品生产,1980年,建成氧化铁红生产线,1986年,建成了年产1250台耐磷酸泵生产线,1989年,建成一硝基甲苯分离生产线,1990年,建成高氯酸铵生产线,1992年,建成压力容器生产线和聚氨酯模塑生产线,1990年,建成高氯酸铵生产线。1995年,被列为全国500家最大化学工业企业之一。1998年,兼并甘肃"805厂",1999年,实施公司化改制。更名为"湖北东方化学工业公司"。2000年,被国防科工委列为重点保军企业。2002年,将所属7条民品生产线改制注册为子公司(包括襄樊五二五泵业有限公司、湖北东方精细化工有限公司、湖北襄樊内饰件有限公司、压力容器储运公司等),形成母子公司结构运行框架。2003年,实施股份制改造,更名为"襄樊新东方化工有限责任公司"。2005年,原湖北东方化学工业公司享受国家政策实施关闭破产,重组成立了襄樊新东方化工有限责任公司。大型化学工业企业,主要产品有:一硝基甲苯、氧化铁红、耐腐蚀泵阀、压力容器、高氯酸铵、聚氨酯模塑、汽车内饰件等。产品涉及化工、机械、医药、汽车等多个领域。企业通过了ISO 9002质量体系认证,2005年,有职工2 400人,资产总额30 424万元,工业总产值43 270万元,销售收入40 699万元。

襄樊五二五泵业有限公司:襄樊新东方化工有限责任公司的控股公司,2000年创立。湖北省高新技术企业,湖北省制造业信息化工程重点示范企业,湖北省著名企业。通过ISO 9001质量体系认证企业,中国通用机械泵行业协会会员,全国机泵网理事单位、中国磷肥硫酸工业协会会员。在引进技术的基础上,适应市场需求,自主开发了多种泵型。可生产30多个系列500余种规格的耐腐蚀、耐磨蚀泵产品和耐磨蚀特种钢材质的铸件产品。主要产品有化工搅拌器、表面冷却器、硫酸分布器、系列耐磨耐腐蚀泵、系列耐腐蚀阀、过滤轮、大型搅碎机螺旋等。拥有设备300余台套,整机泵年生产能力12 000台,生产最大泵口径为1.5米,铸件为年生产能力7 500吨。取得各类专利8项,申报专利10项(正在受理之中),成功研制国内最大功率的185千瓦磁力泵。

(八)湖北华中药业有限公司

是一家集医药研发、生产与销售于一体的大型医药企业,国家级高新技术企业,世界上最大的维生素B1生产企业之一。始建于1968年,前身为"国营红山化工厂"。1979年,投资328万元,建成年设计能力3 000吨的沉淀BāSO生产线,1980年,建成投产(1993年该生产线委托谷城县政府管理)。1987年,由谷城县整体搬迁至襄樊市区,更名为"国营华中制药厂",开始维生素B1和制剂等药品生产。1999年年初，华中制药厂与云南楚天药业经贸有限公司、香港黄家医圈有限公司合资，组建“湖北华中制药有限公司”。2000年，实施公司制改造。2001年，企业技术中心被湖北省政府命名为省级技术中心，同年，国家经贸委〔2001〕131号文批复债转股方案，9月，中国兵器集团公司以〔2001〕433号文批复改制重组方案。2002年，注册成立“湖北华中药业有限公司”。2003年，产品整体通过国家GMP认证。拥有通过CMP认证的维生素B1原料药（合成药）和医药制剂两条生产线。维生素B1原料药年生产能力3 000吨。制剂产品生产能力年产1 000亿片粒（主要生产维生素类、抗生素类、心血管类和解热镇痛类等60余种药品）。2005年，有员工650人，资产总额24 685万元，工业总产值21 757万元，销售收入21 688万元。

图12—22　华中制药

主导产品：维生素B1。1987年、国家机械委批复了企业开发生产VB1项目建议书。1988年，建成100吨/年能力的VB1生产（1990年生产出合格产品）。1989年始，投资5 000万元，对维生素B1生产线进行了4次技改，1994年，维生素B1产量由原来的100吨扩大到550吨。1997年，投资4056万元扩建的500吨/年维生素B1“双加”项目竣工投产，生产能力达到880吨。1998年9月，项目通过验收。1999年11月，经国家经贸委批准，对年产880吨维生素B1项目进行工艺技术改造。2001年，VB1新工艺路线纳入国家项目进行工艺改造。2002年，投入3 700万元完成VB1新工艺路线改造完成。配合维生素B1生产线工艺技术改造，新建一条CO原料生产装置。同时，对甲酰胺甲基嘧啶生产线实施改造，完成了由甲酰胺甲基口密啶一步合成维生素B1盐酸生产线工艺。维生素B1产品质量符合中国药典2000年版，英国药典2005年版，美国药典XXV版标准，曾获全国“医生推荐用药”称号和湖北省工业精品名牌金奖，在东南亚国家成为免检产品。该产品拥有自主知识产权和自营出口权，产品出口欧美20余个国家和地区，产品出口占公司生产量的70%，国内市场占有率达60%。另有维生素B1衍生产品呋喃硫胺、丙硫硫胺等，主要用于水产：饲料添加剂。酚酞酸硫胺素、茶胺—1—5二硫硫胺等产品，作为优良食品添加剂被广泛运用在面粉、面包、营养米、味精等食品及保健品生产中。目前公司同世界饲料业排名第三的法国ADISSEO公司建立了战略合作关系。在欧洲市场、北美市场及东南亚市场都占有相当大的份额（2006年，通过国家ISO 9001：2000、ISO 2000：2005质量体系认证，同时，通过了HACCP、FAMI．QS质量体系认证，质量符合欧盟标准）。制剂产品。1992年，建成了符合GMP标准的年产20亿片/粒生产能力的自己生产线，生产抗生素、维生素、镇痛类药品50多个品种，后经多次技改将制剂生产线由年产20亿片/粒能力改造到50亿片/粒能力，1993年公司按GMP标准建设的针剂车间，成为全国医药行业的样板车间，设计能力为片剂10亿片，胶囊2亿粒，针剂1亿支；同年，公司的头孢氨苯九号、六号、脑复康、代血浆等具有全国先进水平的产品报批。1999年建成胶囊生产线，生产华意感冒胶囊、维生素E烟酸酯、头孢羟氨苄胶囊。其中：国家三类新药华意感冒胶囊取得新药证书并正式投产。

（九）中国人民解放军第5713工厂

1969年6月创立，第二厂名：襄樊航泰动力机器厂。工厂拥有各类生产、试验、检测设备近千台，

2005 年,有职工 1 350 人,资产总额 49 514 万元,工业总产值 25 858 万元,销售收入 23 500 万元。

(十)襄樊际华三五四二纺织有限公司

现隶属中国新兴铸管集团有限公司。始建于 1988 年,1990 年,建成投产。1995 年始,先后投资 1.3 亿元用于技术改造,更新设备 735 台(套),1999 年,企业开始扭亏为盈(之后,连年盈利超千万元),同年,通过 ISO 9002 质量体系认证,2000 年,移交地方。2002 年,在全国纺织行业利税排名第 27 位,2002 年年底,有职工 4 000 多人,固定资产 3.2 亿元,总资产 5 亿元,纱锭 10 万枚,布机 1251 台,服装生产线 10 条。主要产品:棉纱、布、针织品、床上用品、服装等。年生产棉纱 5 万吨,坯布 10 000 万米。拥有棉纺锭 20 万锭,布机 1 000 台,其中,宽幅喷气织机 475 台。“福龙”牌纱布品牌被评为湖北省著名商标;产品被评为“2003 年度中国市场畅销产品”;平纹防羽布在 2004 年度全国印染、棉纺织、色织产品开发年会上荣获“优秀创新”奖;高支高密家纺产品被全球最大家纺公司美国 SPRINGS 授予 2005 年度“最优秀质量”奖。湖北省纺织行业利税大户。先后荣获湖北省管理示范企业,湖北省优秀企业(金牛奖),全国第五、六届设备管理优秀单位、湖北省最佳文明单位、国家级重合同、守信用单位等荣誉称号。全国纺织行业 20 强,荣获全国纺织行业最优成长企业奖。2005 年,有职工 2 620 人,资产总额 49 069 万元,工业总产值 45 800 万元,销售收入 47 500 万元。

图 12—23 襄樊际华三五四二纺织有限公司

(十一)襄樊新四五印染有限责任公司

始建于 1969 年。现隶属于国务院国资委下辖的大型企业集团新兴铸管集团有限公司,是一家集研发、生产、销售为一体的专业印染企业。年产各类色布、印花布。产品行销国内 20 多个省市,部分产品远销韩国、日本及欧美等国家和中国港澳地区。拥有 2 条 180 平幅染色生产线、两条 180 圆网印花生产线和一条细旦涤纶仿真印染生产线。拥有先进的后整理技术手段,产品检测手段和新产品开发能力。能够对产品进行抗菌、阻燃、拒油、防水、防污、防静电、抗紫外、防皱免烫、防红外夜视侦破迷彩(色布)伪装等多功能整理以及磨毛和涂层整理。对产品的各项理化指标如色牢度、耐磨性、抗撕裂、阻燃性和布面品质等内外质量进行检测。2002 年,通过了 ISO 9002:1994 标准质量体系认证,2003 年,通过 ISO 9001:2000 标准质量体系的换版认证,2003 年 8 月在全国印染行业率先通过了 ISO 14001 环境管理体系认证和 OHSAS 18001 职业安全健康管理体系认证,2004 年 3 月,迷彩、印花系列产品被中国名牌与市场战略促进委员会授予“质量、信誉双保障用户满意十佳品牌”称号。2005 年,有职工 460 人,资产总额 5 385 万元,工业总产值 16 000 万元,销售收入 16 600 万元。

(十二)湖北3611机械厂

1968年6月,开始在丹江口市建厂,1970年投产。1989年,在襄樊建设新厂,1992年投产。1998年,通过ISO 9002质量管理体系认证。1999年获省级企业技术中心称号。2001年10月,3611工厂从军队移交中央。同年,通过质量管理体系换证复评审核。发动机类零件快速测量建模及面向制造设计获湖北省科技进步一等奖。2002年,通过ISO 14001环境管理体系认证、ISO 28001职业安全管理体系认证。六管加油挂车获中华人民共和国科学技术进步二等奖。2002年,有职工1 263人,资产总额为18 000万元,净资产8 753万元。实现销售收入过亿元,实现利润1 468万元。2003年,与华中科技大学联合进行的发动机类零件快速测量建模及面向制造的设计获中华人民共和国科学技术进步二等奖。同年,开始推行ISO / TS 16949质量管理标准。拥有各类设备650余台。主要产品:油料器材装备、汽车零部件、液压千斤顶等3大系列200多个品种。滑油注入器、25型加油枪、38型加油枪、法兰直通式球阀、插入式法兰球阀、插入式软管接头、76型软管接头等7种产品曾分别荣获部、全军后勤重大科技成果奖一等奖2项、湖北省科学技术进步奖一等奖1项。国家二级计量单位,企业连续28年获得盈利。2005年,有职工1 225人,资产总额16 622万元,净资产9 978万元。实现营业收入12 189万元,实现利润1 037万元。

(十三)江华机械有限公司

隶属市机械行业协会。1965年建厂,1983年11月,更名为“国营江华机械”。1985年,开始生产摇臂总成等汽车零部件,1987年1月,下放襄樊市管辖。同年4月,兼并襄樊市电视机配件厂,同年12月,工厂搬迁市区的基建工作破土动工。1988年11月,晋升为省级先进企业。1989年7月,省机械工业厅批准EQ153八吨平头柴油载重车排气制动阀总成和康明斯B系列柴油机摇臂总成等产品的技术改造项目,8月15日,襄樊市政府研究同意工厂生产轻型旅行车和冷藏车系列产品,1989年9月15日,“通力牌”两种轻型旅行车在二汽集团展评会上夺得“双庆杯”和“优胜奖”。1991年,工厂主体搬迁市区。1993年,完成公司制和股份制改造,同年1月19日,更名为江华汽车公司,将江华机械厂、襄樊市公用客车厂、汉水车辆空调设备厂合并组建为江华汽车公司)1994年5月,原汉水、客车两厂从公司分离出去,江华机械厂继续沿用江华汽车公司名称。同年5月20日,继轻型客车产品开发之后,通过了湖北省机械工业厅对工厂农用运输车的产品鉴定。1996年6月15日,召开中美合资农用车项目可行性论证会,与美国天时公司签订协议书。9月1日,与美国天时公司、市车辆厂参股合资,成立中美合资湖北江华汽车有限公司。由于外方投入迟迟不能到位,1997年10月7日,经公司董事会讨论决定,对合资公司进行清算,并解散合资公司。1998年,神龙富康摇臂轴总成形成年产10万套的生产能力,1999年7月8日,“富康”摇臂产品参加1999中国(湖北)国际汽车工业展览会获得银奖,10月,荣获湖北名优新特产品(南京)展销订货会金奖。2000年,取得ISO 9001、ISO 9002军品和民品质量体系认证证书。2001年,建成与上海柴油机股份公司配套的摇臂生产线。民品产值占公司工业总产值的比例上升到87%。同年,研制生产水下步枪项目,2002年10月14日,项目通过评审。同年,建成与康明斯C系列发动机配套的推杆生产线。2003年2月28日,有职工2 844人,总资产23 996万元,总负债18 332万元,资产负债率77.3%。2005年,签订江华机械厂《产权转让协议书》,由自然人出资4040.72万元收购,更名为“江华机械有限公司”。民品:汽车摇臂总成、排气制动阀总成、轻型旅行车和冷藏车系列产品。拥有军品、汽配、汽车三条生产线,各类生产设备1200台(套)。2005年,有职工1 062人,资产总额20 590万元,工业总产值5 570,销售收入5 542万元。

（十四）湖北汉丹机电有限公司

隶属市机械行业协会。1965年筹建。第二厂名：国营汉丹电器厂。1993年，完成公司制和股份制改造。1996年，与美国天时太平洋公司合资组建了“襄樊联合机械制造公司”，生产东风轻型车配套件。2003年2月30日，有职工2 329人，总资产9 474万元，总负债9 616万元，资产负债率102%。2004年2月28日，市政府批准汉丹电器厂《产权转让协议书》，由全民所有制改为民营企业。更名为“湖北汉丹机电有限公司”。民品：汽油机、助力车、EQ140气泵、轻型车冲压件。拥有各类设备1 000多台（套），曾获国家级科技成果4项，省部级科技成果8项，发明专利16项。已通过GJB9001A—2001转换认证工作。2005年，有职工748人，资产总额12 918万元，工业总产值6 209万元，销售收入6 308万元。

（十五）湖北卫东机械化工有限公司

隶属市机械行业协会。始建于1964年。1984年，工厂下放到襄樊市。1993年，完成公司制改造。1995年，与湖北通达汽车零部件集团合资建立“东达汽车零部件有限公司”。1998年3月，进行主体部分股份制改造工作，2000年，推行动态股权试点工作。2003年2月28日。有职工2 291人，总资产12 700万元，总负债6 405万元，资产负债率50%。2003年9月，推行产权制度改革，实行国有产权和职工身份“双退出”，10月28日市政府批准国营卫东机械厂《产权转让协议书》，由自然人出资2184万元收购，更名为“湖北卫东机械化工有限公司”。

主导产品有民用爆破器材类：包括工业导火索、工业火雷管、电雷管（含瞬发、秒、毫秒延期）、导爆管雷管（含瞬发、秒、毫秒延期）、煤矿许用瞬发及毫秒延期电雷管、塑料导爆管等。“青峰”牌民爆系列产品多次荣获“省优、部优”荣誉称号。汽车零件类：包括轻型车燃油箱、消声器、制动毂、轿车座椅调角器、鞍座、左右摆臂等汽车零件及汽车生产专用杆状刀具等。其他产品类：包括木加工制品、塑料制品及溶解乙炔气等。产品通过ISO 9001：2000质量管理体系标准认证。2005年，有职工1 131人，资产总额20 428万元，工业总产值6 818万元，销售收入7 045万元。

十三、管理

（一）管理体制

1979年始，襄樊工业由襄阳行署工交办公室和原襄樊市经济委员会负责管理。1983年8月，地、市合并后，襄阳行署工交办公室和原襄樊市经济委员会合并成立襄樊市经济委员会。1985年12月，成立襄樊市经委工会工作委员会。1985年，襄樊市经济委员会归口管理襄樊市冶金工业公司、第一轻工业局、供电局、燃料化学工业局、交通局、烟草专卖局、机械工业局、乡镇企业管理服务公司、纺织局、计量管理局、邮电局、医药管理公司、二轻工业局、标准局、建筑材料工业总公司、电子工业总公司等16个工业主管部门和襄樊市工业干校、新技术推广站两个事业单位。1986年始，襄樊工业由襄樊市经委统一管理协调。1997年7月，根据省委、省政府《关于襄樊市党政机构改革方案的通知》精神，市经委更名为“襄樊市经济贸易委员会”，为市政府组成部门，中共襄樊市委工交工作委员会更名为

“中共襄樊市经济贸易工作委员会”，为市委派出机构，与市经贸委合署办公，实行“两块牌子，一套班子”。2001年12月，根据《中共湖北省委、湖北省政府关于印发〈襄樊市机构改革方案〉的通知》和《中共襄樊市委、襄樊市政府关于印发〈襄樊市市级机构改革实施意见〉的通知》精神，原襄樊市贸委与原襄樊市财委合并，组建襄樊市经济贸易委员会。2002年1月正式运转，有直属单位7个：机关后勤服务中心、省稀土推广中心、节能监测站、工业技术创新中心、工业干部学校、市场中心、包装办公室、食品工业办公室。归口单位14个：机械、建材冶金、燃化医药、纺织、轻工、物资、商贸、饮食服务8个行业协会和信息产业局、口岸办公室、中央省属企业办公室、食品医药工业办公室、汽车工业办公室、市政府驻北海办事处。联系垂直单位10个：供电局、电信公司、邮政局、移动通信公司、联通通信公司、质量技术监督局、药品监督管理局、石油公司、烟草专卖局、卷烟厂。有直属企业139户，职工总数13.3万人，其中在职10.3万人、离退休3万人。在职职工中，在岗6.4万人，内退1万人，下岗2.9万人。市直139户企业，按行业管理区分：其中机械协会16户，纺织协会24户，轻工协会25户，燃化医药协会25户，建材冶金协会13户，物资协会11户，商贸协会13户，饮食服务协会7户，信息产业局5户。按所有制性质区分：其中国有及国有控股企业99户，职工6万人；集体企业24户，职工0.85万人；民营企业16户，职工0.85万人。按生产企业与流通企业区分：其中生产企业104户，职工12万人；流通企业35户，职工1.3万人。2002年3月26日，市政府组建市安全生产监督管理局，该局为经贸委管理的副县级行政机构，负责综合管理全市安全生产工作，履行国家安全生产监督管理职能。2004年12月，根据《中共湖北省委、湖北省政府关于印发〈襄樊市政府机构改革方案〉的通知》、《中共襄樊市委、襄樊市政府关于印发〈襄樊市市级人民政府机构改革实施意见〉的通知》精神，不再保留襄樊市经贸委，组建“襄樊市经济委员会”。2005年7月，根据襄樊市机构编制委员会《关于市经委与市中小企业发展局职能整合的方案》精神，将市中小企业发展局承担的全部职能整合到市经委，同时，市经委承担指导全市县域经济发展的职能。在市经委加挂襄樊市中小企业发展局的牌子。成立两个由市经委管理的副县级机构：襄樊市县域经济管理办公室、襄樊市民营经济管理办公室。襄樊市经委机关编制78名，2005年有工作人员66人，离退休干部70人，离岗退养5人。

（二）企业改革

中共十一届三中全会后，全市工业按照中央“调整、改革、整顿、提高”的方针和市委提出的“解放思想、放宽政策、积极改革、搞活经济”的要求，开始在国营企业进行扩大企业自主权的试点工作。先后有4批29个企业实行了扩权，同时、开展各种形式的横向经济联合。1982年始，对工业企业全面开展整顿，推动企业“转轨、变型”，将企业由生产型转变为生产经营型，使企业的一切工作转移到以提高经济效益为中心的轨道上来。

1983年，地、市合并后，按照中央《关于经济体制改革的决定》和襄樊市城市经济体制综合改革试点方案，工业企业改革全面展开。核心是扩大企业生产经营权、全面推行企业承包经营责任制。1984年，在前期扩大企业自主权的基础上，市委、市政府根据国务院《关于进一步扩大工业企业自主权的暂行规定》即“扩权十条”的精神，制订了31条具体改革措施。市政府和计划、物价、人事、劳动、财政、税务等部门陆续制订了300多条放权措施，使“扩权十条”在企业得到了较好落实。同时，市政府将原市属的80个小工业企业下放给企业所在县（市）区管理。在此基础上，围绕打破“两个大锅饭”（职工吃企业大锅饭，企业吃国家大锅饭），普遍推行了以承包经营责任制为重点的企业改革。由点到面推行了企业对主管局、车间对企业、班组个人对车间的三级承包经营责任制。1986年，市委、市政府对市直9个工业局（公司）实行5项经济目标责任制，对5个服务局（公司）和4个城区实行工作服务质量承包和以上交税金为重点的目标承包,建立了主管局对市的承包责任制,从而形成了主管部门的目标承包、厂长(经理)的经营承包、生产者的岗位承包,相互配套,3个层次,4级承包的"包"、"保"体系。同时,还先后进行了推行厂长(经理)负责制,划小核算单位,改革劳动、人事、分配制度等配套改革。1988年,全市188户预算内工业企业全部实行了承包经营;70%的集体企业签订了承包合同;35%县(市)属以上独立核算企业实行了厂长招标选聘;71.5%的企业实行了厂长负责制;90%的企业实行了计件或浮动工资制;90%以上的预算内工业企业实行了"厂内银行"制度;4户企业进行了工效挂钩试点。104户县(市)属以上企业和600多户乡镇企业实行了全员风险抵押承包。其间,按照国务院《关于进一步推动横向经济联合若干问题的规定》和襄樊市委、市政府《关于敞开城门,城乡通开。大力发展横向经济联合的规定》,广泛开展了经济技术交流和横向经济联合活动。到1987年,全市各类经济、技术联合体334个,网络企业1 525家,其中市内企业721个、跨市联合企业804个,横向联合企业的工业产值、实现利润分别占全市工业总产值的29%和43%。

1989—1991年,根据中央关于治理经济环境、整顿经济秩序、全面深化改革的决定,由于集中力量进行治理整顿,工业企业改革步伐相对放慢。重点是继续稳定和完善企业承包经营责任制;加大企业分配、人事、劳动三项制度改革;推进企业改组联合。

1989年,全市82%的全民所有制工业企业实行了工资总额同经济效益挂钩浮动;111个企业实行了中层干部竞争上岗;104个企业实行了全员劳动风险抵押。

1990年,全市大部分工业企业第一轮承包到期,市政府和市经委组织了企业二轮承包工作。为了稳定人心,消除顾虑,调动企业承包积极性,在二轮承包工作展开之前,市经委对承包政策进行了反复宣传,组织了两次企业承包工作"回头看"活动。随后,对企业第一轮承包情况逐个进行调查、摸底、测算,丰富了企业二轮承包的基础数据,摸准了在生产经营严峻形势下企业经营者的基本心理,在此基础上,据实确定了新一轮承包的基数、承包形式、承包期限和承包指数,并且根据第一轮承包以及当时的实际情况进行了完善和发展。与第一轮承包相比,第二轮承包更好地兼顾了国家、企业、职工三者利益,保证了国有资产有效地依靠技术进步增值。由于工作扎实,措施得力,方法对路,统筹兼顾,从3月开始的企业二轮承包工作,到10月底即基本结束。同时,鉴于外部环境变化、企业生产经营不景气、内部承包经济责任制在部分企业难以落实的状况,市经委继续抓了企业内部承包的落实,将内部承包扩展运用到企业销售、产品开发、质量、安全、行管人员考核等环节,促进了生产的发展和经济效益的改善。

1990年年底,对50户企业进行了改组联合,其中33户企业被29户优势企业兼并,4户企业被3户优势企业承包、租赁,6户企业与其他企业合并,7户企业划转了隶属关系。1991年,全市又优化组合企业17户,其中合并16户,划转1户(不含随州、老河口市),共安排人员2 412人,盘活沉淀资金3 168万元。

1991年,根据全国经济责任制座谈会精神和转换企业经营机制的要求,襄樊工业企业迈出了三项制度改革的步伐,部分企业开始"破三铁"。当年,在347户县属以上工业企业中,79.5%的职工实行了收入与经济指标挂钩;153个企业开展了优化劳动组合;参加组合的职工达到71 985人;

1992—1996年,按照邓小平视察南方重要讲话精神和党的十四大及十四届三中全会通过的《关于建立社会主义市场经济体制若干问题的决定》,全市工业企业改革挣脱了计划与市场,姓"社"与姓"资"的思想困惑,明确了国有企业的改革方向,改革快速向纵深推进。重点是转换企业经营机制,建立现代企业制度。主要措施是:

1.深化三项制度改革

1992年底,在县属以上工业企业中,有350户企业进行了人事制度改革,有400户企业开展了劳动制度改革，有600户企业进行了分配制度改革，分别占县属以上工业企业的54%、62%和90%。1993年，全市有242户企业继续进行了三项制度改革。

2.实施股份制改造

党的十四大后，工业企业股份制改革开始起步，1993年，全市工交战线共建立股份制企业58家。到1994年年底，已累计改建股份制企业149个，总股本达11.57亿元，其中国家股5.03亿元、法人股5.18亿元，个人股1.07亿元，分别占45.81%、44.77%和9.2%。

3.建立现代企业制度试点

1994年年初，市委、市政府在湖北化纤总公司举办现代企业制度培训班。并决定推荐湖北化纤总公司参加全国百户现代企业制度试点，推荐金鹏、车桥、襄钢、襄重等企业参加全省40户现代企业制度试点，在全市选择19户企业进行市现代企业制度试点。襄樊工业企业向建立现代企业制度迈出了重要一步。1996年，湖北化纤总公司和省第一批试点襄轴、鄂西、襄棉、襄钢、野马等企业实施方案已经国家经贸委和省政府正式批复。东力、金方圆、湖药、三利达、一汽运、河化集团、光化水泥厂等企业进入全省第二批试点。湖北金环股份有限公司和襄阳汽车轴承股份有限公司两家企业股票在深圳成功上市。

4.按照"抓大放小"的改革思路，壮大优势企业，放活中小企业

"抓大"方面重点是组建企业集团，1996年，全市共组建企业集团50个。湖北化纤集团公司、襄棉集团、襄阳汽车轴承股份有限公司、华光器材厂4个企业挤进全国重点扶持的1 000个优势企业，其中湖北化纤集团公司和襄阳汽车轴承股份有限公司2户企业进入了国家首先启动的300个企业。"放小"方面重点是实施产权制度改革。1993—1994年，主要是在部分小企业内部进行"公有民营"改革，有186户中小企业对内部270个二级单位通过租赁实行了"公有民营"。1995年年初，市委、市政府在老河口市召开现场会，总结推广老河口市以产权转让为重点的小企业改革的作法，拉开了全市中小企业大规模产权制度改革的帷幕。1995年，全市共有327个中小企业进行了股份制改造，近200个小企业加入企业集团，92个县属以上工业企业的出售了产权，租赁资产11 000万元，对2个企业实行了托管，10个企业依法实施了破产。

1997—2002年，按照党的十五大和十五届四中全会《中共中央关于国有企业改革和发展若干重大问题的决定》精神，工业企业改革继续推进。重点是实施企业制度创新和困难企业脱困。党的十四大后，围绕建立社会主义市场经济体制，襄樊工业企业以转换企业经营机制和建立现代制度为重点的企业改革，虽然增强了企业的自我发展、自主经营能力，提高了企业的市场竞争力。但激烈的市场竞争也使得相当一部分工业企业因管理经营不善而亏损严重，陷于困境。1993年始，全市工业整体经济效益已出现较为严重的滑坡局面，183户预算内工业企业实现利润比上年下降了21.42%，1995年，550户县属以上工业企业亏损总额达9 547万元，1997年，纺织、建材、一轻行业整体出现亏损，550户县(市)属以上的工业企业有90户亏损，亏损额1.39亿元，其中：市直企业亏损面达到50%，亏损额1.12亿元。面对这一严峻的形势，如何使国有企业摆脱困境成为这一时期工业改革与发展的主题。

1998年，中央提出用3年左右的时间，通过改革、改组、改造和加强管理，使大多数国有大中型亏损企业摆脱困境，力争到20世纪末使大多数国有大中型骨干企业初步建立现代企业制度。为此，襄樊市委、市政府印发了《关于支持搞活国有大中型企业和实现三年脱困目标的意见》。按照中央的指示精神和市委、市政府的要求，襄樊工业围绕这一主题推出了一系列改革举措：通过改组、改制、兼并、联合、破产、重组等多种形式搞活大中型企业，促使困难企业脱困。2001年，先后引导和支持20家优势企业加入国内大企业集团，其中：车桥股份有限公司加入东风汽车公司，宜城啤酒加入燕京啤酒集团，独活药业公司加入山东鲁抗集团，枣阳啤酒厂加入蓝带集团，谷城车桥厂加入三环集团，市酒厂加入三九集团，北京泰跃集团参股湖北化纤集团公司。中天集团兼并湖北制药厂，武钢收购破产后的襄钢，组建了襄樊长材公司，18 户严重资不抵债的市直工业企业进入破产程。继续推进建立现代企业制度。1997—1999 年，全市又有两批 27 户企业列入了省现代企业制度试点。1998 年，将市燃化局改制为国有资产经营公司，对湖北化纤、襄棉集团、东力工业公司实行国有资产授权经营，授权经营的国有资产达 8.3 亿元。推行动态股权激励机制改革。［企业以管理、经营、技术、销售关键岗位上的关键人为主要对象，按岗配股、购股，根据业绩把企业当年新增（或减少）净资产的一部分以股权的形式对责任人进行奖励（或惩扣），建立起按劳、按资、按贡献三位一体的分配机制和竞争上岗的用工机制］。1998 年下半年，按照市委、市政府的要求，工业企业推行了动态股权激励机制改革，首先在东力工业公司、仪元公司、雪美公司、飞环印务公司等企业试行。1999 年下半年扩大到 7 家市直企业和 4 家县（市）属企业。2000 年底，全市实行动态股权制的企业达到 100 多家。进行优化资本结构试点。1997 年，按照襄樊市被批准列入全国优化资本结构试点城市要求，积极申报把企业资本中国家"拨改贷"本息余额和经营性基建基金转为国家资本金，减轻企业债务包袱。当年，全市共核销呆账 615 万元，32 户企业减员 7 487 人，银行减免利息 12 585 万元。1998—1999 年，又争取到了国家近 2.6 亿元的呆坏账核销计划。2000 年，抓住国家为刺激经济增长，先后出台的实施债权转股权、降低企业负债率；处理企业不良债务，增加企业贷款等政策机遇，将 4 户企业列入了国家债转股名单，确认剥离有效资产 4.32 亿元，19 户企业列入全省流动资金重点扶持企业，14 户企业享受省利用"三废"税费减负政策，一批企业尤其是一些高能耗企业享受到优惠电价政策。有效地降低了生产成本，提高了企业盈利能力。这一时期，襄樊工业以改革促脱困的各项措施对延缓企业效益下滑的势头虽然起到了一定的抑制作用，但工业效益整体下滑的趋势仍在继续。

2003—2005 年，伴随着国企改革的深化，襄樊工业改革和发展中的各种深层次矛盾和问题也日益显现。严重制约着工业经济的发展。突出的表现在：企业亏损严重，债台高筑，整体效益低下；部分企业长期处于停产半停产状态，职工生活困难，职工队伍稳定问题日益突出。2002 年，市直工业企业平均资产负债率为 90%，90%的国有及国有控股企业亏损，资不抵债企业达 50%以上。面对这一严重的局面，市委、市政府决定全力推动以产权制度、劳动用工制度改革为核心的新一轮国企改革。争取用两年左右的时间，基本完成全市国有经济布局和结构的战略性调整。2003 年 4 月 16 日，市委、市政府召开了全市国有企业改革动员大会，并制订了《中共襄樊市委襄樊市人民政府关于加快市直国有企业改革的若干意见》（襄发〔003〕10 号），明确提出：这场改革主要是两大任务：一是市属国有企业的产权基本退出，尽可能全部退出。二是国有企业职工身份实行转换，由"单位人"转为"社会人"，解除国有职工身份。改革预计支付改制成本 25.5 亿元，涉及职工 15 万人。按照市委、市政府的指示精神，市直国有工业企业开始了新一轮的企业改革。2005 年，市直 100 多家工业企业，通过改制、重组或破产等形式，90%以上完成了改制工作，基本完成全市国有经济布局和结构的战略性调整。

（三）生产与管理

1986—2005 年，襄樊市经委为促进生产发展、强化企业管理推出了一系列的活动。1987 年在工业战线开展"双增双节"活动；1989 年，实施了"新产品开发年"活动；1990 年，开展质量年活动；1990 年，组织发展经济"一条龙"的活动；1991 年，开展了"质量、品种、效益年"和"强化企业管理年"活动，1992 年，开展"技术进步效益年"活动；1993 年，实施了 "五上一提高"（上规模、上档次、上质量、上包装、上广告,全面提高企业素质)活动;1994年,开展了“转机制、抓管理、练内功、增效益”活动。在开展系列活动的同时,采取加强生产调度,扶持重点企业,实施技术改造,推行品牌战略,强化企业管理,积极发展外向型经济等一系列办法和措施促进工业生产发展和管理水平的提高。具体办法是:

1.技术改造

依据国家的产业政策和市场需求实施技改投入。1986—2005年,全市工业完成各类项目投入大约为304.1亿元。其中:1984—1990年(七年间),完成各类项投资10.51亿元;“八五”时期,完成各类项目投资29.36亿元;“九五”时期完成各类项目投入103.64亿元;“十五”时期完成各类项目投入161亿元。

2.品牌战略

大力开展产品创优活动。1979—1992年在国家开展工业产品创优活动期间,全市工业产品共获三优产品(含复评)749个,其中1979—1988年全市获三优产品387个。[国有(金银牌)13个、部优97个、省优277个]。1989—1992年,全市获三优产品362个,其中国优6个、部优70个、省优286个。1997—2001年在全省开展的精品名牌产品评选活动中,全市有32个产品被省政府命名为省级精品名牌产品。

3.质量管理

鼓励企业争创国际和国内先进的生产、技术、环境等标准,1985—1988年,全市采用国际标准与国外先进标准共136项,采标率达到74%;达到国家一级计量企业4家,二级计量企业28家,三级计量企业162家,验收合格计量企业59家,共有251家企业计量达标。1989年,全市采用国家标准和国际标准14项,达到国家二级计量企业的10家,三级计量企业的52家,验收合格计量企业37家,99家企业计量达标。1990—1995年,工业重点产品质量稳定提高率在85%以上;优质品率25%以上,产品合格率为95%以上。1995年以后,有一大批企业通过了国际质量体系、环境体系、职工健康体系的认证。

4.技术创新

支持兴办科研机构,研发新产品。1989年,全市建立厂办开发机构189个,占县市属以上工业企业的37.7%;建立开发基金1 886.16万元。1999年,湖北化纤厂、东力工业公司、汉江航空救生装备工业公司、通力高新技术发展股份有限公司、宏伟机械厂、湖北摩擦材料总厂、“3611厂”7家企业被省经贸委、省财政厅、省地方税务局、武汉海关批准为省级企业技术中心。2000年,湖北华光器材厂、汉江机械厂、湖北楚虹化工股份公司、湖北金鹏纺织股份有限公司、湖北宝石水泥集团有限公司被省经贸委、省财政厅、省地方税务局、武汉海关批准为省级企业技术中心。2001年:襄樊卷烟厂、华中制药厂、湖北骆驼蓄电池股份公司和仪表元件厂4家技术中心通过省经贸委的专家考评验收。2001年年底,全市工业企业建立省级技术中心15个。1984—1990年,全市共开发新产品2 715个。其中:239项达到国际国内先进水平。发展新品种、新款式、新花色19 000个。1991—1996年,共开发新产品2 951个,其中100多项达到国际国内先进水平,发展新品种、新款式、新花色19 098个,1997始,有一批产品(大功率晶闸管、静止式进相器、液体电阻起调速器、新型气阀杆油封、防伪防近视书薄纸、高纯度高白度四甲其呱喧醇、高压交流电动机液态轻起动装置、高抗碱性耐碱纤维、维生素B1、盐酸萘法唑酮、二苯乙醇新工艺等)被列入国家、省级新产品计划和技术创新项目。其中二苯甲酮、变速箱、高速列车座椅、航空座椅等产品被列为国家级新产品。

5.节能降耗

对能源实行合理安排,对重点能耗企业实施跟踪监测,改造淘汰高耗能设备,积极推广节能新工艺、新技术,较好的控制了各种能源消耗和浪费。1986—1989年,有87家企业完成节能定级任务。其中:定国家二级节能企业13家,省级节能企业57家,省级预备一级企业17家。1986—2005年,全市重点企业能耗指标:万元产值耗标煤区间为3.1—3.8吨,万元产值耗电区间为3 664—2 845千瓦时。度电创产值区间为3.15—5.55元。

6.综合管理

积极推动企业晋档升级,1987年始,襄樊棉纺织印染厂、华光器材厂、湖北石棉制品厂、市第一棉纺厂、市床单厂、枣阳化肥厂、随州棉纺厂等一批企业晋升为国家二级企业,1992年,襄樊市(含驻襄樊的中央、省属企业)有21户企业进入全国大型工业企业行列,其中大型一档5户,湖北江山机械厂、湖北化学纤维厂、襄樊棉纺织印染厂、湖北钢丝厂、襄阳轴承厂。大型二档16户:湖北东方化工厂、湖北华光器材厂、华中制药厂、湖北省襄樊市床单厂、湖北省襄樊毛纺织厂、襄樊市印染厂、宏伟机械厂、江汉航空救生装备工业公司、国营建昌机器厂、湖北油泵油嘴厂、光化水泥厂、襄樊市寓来水公司、襄樊供电局、湖北省襄樊市造纸总厂、湖北制药厂、三五四二工厂。有69户企业进入全省第一批中型工业企业行列,其中中型一档17户:国营卫东机械厂、国营江华机械厂、湖北汽车改装厂、湖北齿轮厂、襄樊市车桥厂、襄樊市电视机厂、襄樊市无机化工总厂、老河口市化工总厂、湖北石棉制品厂、襄樊市建筑陶瓷、襄樊市建筑材料总厂、襄樊市第一水泥厂、湖北省襄樊市酿酒厂、枣阳市自行车厂、襄樊市第一棉纺厂、襄樊棉织厂、襄樊市化工厂。中型二档52户:湖北汽车灯具厂、国营汉丹电器厂、襄阳第二轴承厂、襄樊市电机厂、襄樊市仪表元件厂、湖北汽车电器厂、谷城汽车配件厂、湖北汽车蓄电池厂、湖北汽率工具厂、随州市挂车总、湖北随州汽车改装总厂、襄樊市无线电厂、随州客车厂、枣阳市化肥厂、襄樊市橡胶总厂、老河口市石油化工总厂、襄阳化工总厂、宜城县大雁工业公司、襄樊市第二化工厂、老河日市光化磷肥厂、襄樊市氮肥厂、枣阳砖瓦厂、襄樊市钢铁厂、襄樊市重型机械厂、襄樊市建陶装饰材料厂、襄樊市第三水泥厂、谷城县建筑陶瓷厂、襄樊油厂、襄樊市印刷厂、宜城长岗粮食加工厂、宜城县米厂、襄樊市制革总厂(集体)、襄樊市合成材料开发公司(集体)、省纺实验工厂、随州第二棉纺厂、襄阳苧麻纺织厂、襄樊市合成纤维厂、襄樊毛巾厂、襄樊纺织机械厂、枣阳麻纺厂、襄樊一针织厂、随州棉纺织厂、老河口棉纺厂、襄樊市提花织物厂(集体)、襄樊市绒线厂(集体)、襄樊市毛呢厂(集体)、襄樊市人造毛皮厂(集体)、南漳棉麻纺织总厂(集体)、襄樊市服装厂(集体)、襄樊市建筑复合材料总厂(集体)、枣阳五金工具厂(集体)、襄樊内燃机配件厂。

7.培植骨干企业

推动生产要素向重点企业集聚。2002年,全市产值或销售收入过亿元的企业53家:东风汽车股份有限公司、东风车桥有限公司、神龙公司襄樊工厂、襄樊卷烟厂、东风康明斯发动机公司、湖北化纤集团、华光信息材料股份有限公司、一棉集团、襄樊正大有限公司、中天爱百颗药业有限公司、枣阳金兰首饰集团、三环集团谷城车桥公司、襄阳轴承股份有限公司、襄棉集团、襄阳万宝粮油股份有限公司、骆驼蓄电池股份有限公司、东风电气有限公司、武钢集团襄樊长材公司、江山工业有限责任公司、老河口润发纺织股份有限公司、三五四二厂、市化工厂、金鹰轨道车辆厂、鄂西化工厂、东风康明斯机加工公司、惠普印染有限公司、内燃机车工厂、五七一三厂、东风创普汽车改装厂、六零九研究所、东方化学工业总公司、华中制药厂、宏伟机械厂、丽明化工股份有限公司、三环集团谷城锻造公司、老河口汉江有色金属公司、市仪表元件厂、湖北雪美实业股份有限公司、谷城石纺、三五四五厂、东风襄樊实业公司、老河口大进针织公司、正大农业开发公司、湖北圣龙厢式汽车改装厂、燕京啤酒襄樊有限公司、谷城银纺、湖北汽车灯具厂、天九化工股份有限公司、襄樊瑞源纺织集团、金方圆股份有限公司、江汉公司、市热电厂、襄樊发电有限责任公司。到2005年,产值前十名的企业:风神襄樊汽车有限公司、东风汽车股份有限公司、神龙公司襄樊工厂、东风车桥有限公司、襄樊发电有限责任公司、襄樊卷烟厂、东风创普汽车改装厂、航宇救生装备有限公司、湖北化纤集团、江山工业有限责任公司。利税前十名企业:风神襄樊汽车有限公司、神龙公司襄樊工厂、襄樊发电有限责任公司、襄樊卷烟厂、襄樊烟草公司、金鹰轨道车辆厂、3542纺织总厂、湖北金环股份有限公司、湖北银河纺织股份有限公司、康奈可汽车科技公司襄樊分公司。

襄樊市经贸委领导班子情况

表12—41

机构名称	姓名	职务	任职时间
工交办公室(1979.1—1983.11)	冯忠祺	主任	1977.11—1981.03
	杨德禄	主任	1981.03—1983.11
	旋兰清	副主任	1976.10—1981.03
	乔书华		1976.10—1983.11
	范学运		1980.04—1983.11
	郭尚志		1980.04—1982.03
	韩忠明		1980.04—1983.11
	张建才		1976.10—1983.11
	杨德禄		1977.11—1979.06
1979年6月建立市工交办公室党组,1980年10月工交办公室改为市经济委员会	冯忠祺	书记	1979.06—1981.03
	杨德录		1981.03—1983.11
	旋兰清	副书记	1979.06—1981.03
	乔书华		1979.06—1980.10
	杨德禄		1979.06—1980.10
	范学运		1981.12—1983.11
襄樊市经济委员会(1983.10—1987.11)1983年10月,原地区工业交通办公室与市经济委员会合并,称襄樊市经济委员会。1983年11月建党组,1985年改为党委	杨德禄	主任	1983.11—1987.11
	范学运	副主任	1983.11—1987.11
	乔书华		1983.11—1987.11
	陆吉堃		1983.11—1987.11
	曾庆宗		1983.11—1987.11
	张则荣		1983.11—1985.03
	孙读声		1985.10—1987.11
	冷启铸		1987.03—1987.11
	韩忠明	顾问	1983.11—1985.10
	徐守玺		1983.11—1985.06
	杨德禄	书记	1983.11—1987.11
	范学运	副书记	1983.12—1987.11
	马树忠	纪检书记	1983.11—1985.10
	赵永夫	纪委书记	1985.12—1987.11
	朱伟	纪委副书记	1986.02—1987.11

续表 1

机构名称	姓名	职务	任职时间
襄樊市经济委员会(1987.11—1994.12)1990年5月撤销市经委党委，成立市委工业交通工作委员会	杨德禄	主任	1987.11—1991.09
	陆吉堃		1991.09—1994.06
	马兴林		1994.06—1994.12
	范学运	副主任	1987.11—1991.09
	乔书华		1987.11—1993.02
	孙读声		1987.11—1990.05
	陆吉堃		1987.11—1989.6
	冷启铸		1987.11—1991.11
	李定贵		1990.02—1994.06
	张庆国		1991.10—1994.12
	余恒波		1991.10—1993.01
	曾庆宗		1992.06—1994.12
	王国良		1993.02—1994.12
	余大宽		1994.06—1994.12
	何国文		1994.06—1994.12
	赵永夫	纪委书记	1987.11—1991.11
	陈学考	纪委书记	1993.04—1994.12
	王兆雄	总工程师	1987.11—1994.12
	曾庆友	总经济师	1989.08—1992.06
	文庆归	工会主任	1993.02—1991.06
	何国文	工会主任	1991.06—1994.06
	曾庆友	工会主任	1994.10—1994.12
	杨德禄	书记	1987.11—1992.11
	乔书华		1993.02—1994.06
	孙读声		1994.06—1994.12
	范学运	副书记	1987.11—1991.09
	乔书华		1990.05—1993.02
	孙读声		1990.05—1994.06
	张庆国		1990.05—1991.10
	陆吉堃		1991.09—1994.06
	马兴林		1994.06—1994.12
	陈学考		1994.06—1994.12
市经济贸易委员会(1995.01—2001.12)	马兴林	主任	1995.01—2001.12
	张庆国	副主任	1995.01—2002.02
	何国文		1995.01—2002.02
	王国良		1995.01—2002.02
	曾庆宗		1995.01—1999.05
	余大宽		1995.01—1997.04
	朱有学		1995.04—1999.05
	梁修长		1995.07—1999.05
	潘印生		1997.04—2002.02
	余云先(女)		1999.12—2002.02

续表 2

机构名称	姓名	职务	任职时间
市经济贸易委员会(1995.01—2001.12)	丁远强		1997.04—1999.12
	蔡明权		1998.12—2001.12
	刘强		1998.10—1999.12
	赵何伟		1999.05—2002.02
	杜建华		1999.05—2002.12
	贺晓东		1999.05—2002.02
	王兆雄	总工程师	1995.01—1996.05
	赵何伟		1996.10—2002.2
	曾庆友	工会主席	1995.01—1999.05
	梁修长		1999.05—2002.02
	中央省属企业办公室		
	张庆国(兼)	主任	1995.01—2002.02
	王显明	副主任	1995.01—2002.02
	杜建华		1997.12—1999.05
	陈和平		1999.05—2002.02
	孙读声	书记	1995.01—1997.04
	马兴林		1997.04—2001.12
	马兴林	副书记	1995.01—1997.04
	陈学考		1995.01—1999.05
	张庆国		1998.12—2002.02
	何国文		1998.12—2001.02
	陈学考	纪委书记	1995.01—1997.04
	刘爱萍(女)		1997.04—2002.02
襄樊市经济贸易委员会(2001.12—2005.03)	马升云	主任	2001.12—2004.03
	张庆国	副主任	2002.02—2004.02
	李厚涛		2002.02—2002.04
	何国文		2002.02—2004.02
	陈洪基		2002.02—2005.03
	黄本朝		2002.02—2005.03
	林捷		2002.02—2005.03
	周清宇		2002.02—2005.03
	钱兴超		2002.02—2005.03
	赵何伟		2002.02—2005.03
	杜建华		2002.02—2005.03
	贺晓东		2002.02—2005.03
	侯礼春	工会主任	2002.02—2002.12
	中央省属企业办公室		
	张庆国(兼)	主任	2002.02—2004.12
	王显明	副主任	2002.02—2005.03
	陈和平		2002.02—2005.03
	(食品医药工业办公室)		
	周清宇(兼)	主任	2002.02—2005.03

续表 3

机构名称	姓名	职务	任职时间
	沈德伟	副主任	2002.02—2005.03
	梁娅丽(女)		2002.02—2005.03
襄樊市经济贸易委员会(2001.12—2005.03)	马兴林	书记	2001.12—2002.12
	马升云		2002.12—2004.03
	张庆国	副书记	2002.02—2004.02
	李厚涛		2002.02—2002.04
	何国文		2002.02—2004.02
	林捷	委员	2002.02—2005.03
	钱兴超		2002.02—2005.03
	赵何伟		2002.02—2005.03
	贺晓东		2002.02—2005.03
	刘爱萍(女)		2002.02—2005.03
	侯礼春		2002.02—2005.03
	涂耀国		2002.02—2005.03
	刘本有		2002.02—2005.03
	刘爱萍(女)		2002.02—2005.03
	李德璋	主任	2004.07—2005.12
襄樊市经济委员会(2005.03—2005.12)	陈洪基	副主任	2005.03—2005.12
	黄本朝		2005.03—2005.12
	林捷		2005.03—2005.12
	钱兴超		2005.03—2005.12
	赵何伟		2005.03—2005.12
	杜建华		2005.03—2005.12
	贺晓东		2005.03—2005.12
	叶传辉		2004.09—2005.12
	市国防科技工业办公室		
	王显明	副主任	2005.03—2005.12
	陈和平		2005.03—2005.12
	市县域经济管理办公室		
	涂耀国	主任	2005.07—2005.12
	夏律学	副主任	2005.10—2005.12
	市民营经济管理办公室		
	刘本有	主任	2005.07—2005.12
	沈华	副主任	2005.10—2005.12
	市汽车工业办公室		
	陈洪基(兼)	党组书记、主	2005.03—2005.12
	李德璋	书记	2004.07—2005.12
	林捷	委员	2005.03—2005.12
	钱兴超		2005.03—2005.12
	赵何伟		2005.03—2005.12
	贺晓东		2005.03—2005.12
	刘爱萍(女)		2005.03—2005.12

续表 4

机构名称	姓名	职务	任职时间
	叶传辉		2004.09—2005.03
	涂耀国		2005.07—2005.12
	刘本有		2005.07—2005.12
	刘爱萍(女)	纪委书记	2005.03—2005.12

襄樊市财委领导干部情况

表 12—42

机构名称	姓名	职务	任职时间
财贸办公室(1979.01—1983.12)	李鸿波	主任	1977.06—1981.02
	魏吉安	主任	1981.11—1983.12
	班益民	副主任	1976.10—1983.12
	梁宗浩	副主任	1976.10—1983.12
	魏吉安	副主任	1976.10—1981.11
	邓兰发	副主任	1976.10—1983.12
	崔家玺(女)	副主任	1976.10—1983.12
	李万珍(女)	副主任	1976.10—1981.02
	刘其祥	副主任	1977.10—1983.12
	宋文亮	副主任	1980.04—1983.12
	戴志刚	副主任	1980.04—1983.12
	阎邦华	副主任	1981.11—1983.12
	李鸿波	书记	1976.06—1981.03
	魏吉安	书记	1981.12—1983.12
	刘其祥	副书记	1979.06—1983.12
财贸办公室(1983.10—1987.11)	郑庆春	主任	1983.12—1987.11
	刘其祥	副主任	1983.12—1987.11
	刘传信	副书记	1983.12—1987.11
	阎邦华	副书记	1983.12—1987.11
	冯黎觉	副书记	1983.12—1985.02
	樊建国	副书记	1986.01—1985.02
	魏吉安	顾问	1983.12—1985.12
	梁宗浩	顾问	1983.12—1985.08
	魏吉安	巡视员	1985.12—1987.11
	王居安	巡视员	1985.12—1987.11
	郑庆春	书记	1983.12—1987.11
	刘其祥	副书记	1983.12—1987.11
	朱敬平	纪委副书记	1987.04—1987.11
	郑庆春	主任	1987.11—1991.09
	方常安	主任	1991.09—1994.12
	刘其祥	副主任	1987.11—1991.08
	刘传信	副主任	1987.11—1994.12
	闫帮华	副主任	1987.11—1994.06

续表 1

机构名称	姓名	职务	任职时间
财贸工作委员会(1987.11—1994.12)	樊建国	副主任	1987.11—1990.02
	刘大兴	副主任	1988.01—1994.12
	王芳玉	副主任	1990.09—1992.07
	熊汉祥	副主任	1994.06—1994.12
	黄东升	副主任	1991.02—1994.09
	李厚涛	副主任	1994.06—1994.12
	夏帮禹(省委下派干部)	副主任	
	侯建中	总经济师	1992.06—1993.03
	李忠义	总经济师	1994.06—1994.12
	魏吉安	巡视员	1987.11—1989.09
	王居安	巡视员	1987.11—1992.11
	周奉先	巡视员	1994.06—1994.12
	郑庆春	书记	1987.11—1992.11
	方常安	书记	1994.06—1994.12
	刘其祥	副书记	1987.11—1991.08
	刘传信	副书记	1990.03—1994.12
	方常安	副书记	1991.09—1994.06
	刘大兴	副书记	1994.06—1994.12
市财贸工作委员会(1995.1—1999.12)	方常安	主任	1995.01—1999.04
	彭祥胜	主任	1999.05—2001.12
	刘大兴	副主任	1995.01—1999.12
	李厚涛	副主任	1995.01—2002.02
	刘传信	副主任	1995.01—1997.05
	朱敬平	副主任	1995.10—1999.04
	伍一谦	副主任	1995.04—1999.12
	杨才举	副主任	1997.05—1999.04
	刘咸正	副主任	1999.05—2002.02
	吴运章	副主任	1999.05—2002.02
	谢世坤	副主任	1997.05—1999.12
	黄本朝	副主任	1997.05—2002.02
	陈洪基	副主任	1997.05—2002.02
	林捷	副主任	1999.05—2002.02
	周清宇	副主任	1997.06—2002.02
	李忠义	副主任	1999.05—2002.2
	唐玉德	副主任	1999.05—2002.2
	李忠义	总经济师	1995.01—2002.2
	周清宇	工会主任	1995.01—1997.5
	徐岘峰	工会主任	1997.07—1999.4
	侯礼春	工会主任	1999.05—2002.2
	市食品饲料工业办公室		
	李厚涛	主任	1995.01—1997.4
	黄本朝	主任	1997.05—1998.5

续表 2

机构名称	姓名	职务	任职时间
	郑福瑞	副主任	1995.01—1997.6
	徐岘峰	副主任	1995.01—1997.6
	市商办工业管理办公室		
	黄本朝	主任	1998.06—2002.02
	沈德伟	副主任	1999.05—2002.02
	梁亚丽	副主任	1999.05—2002.02
	王兴春	总工程师	1999.01—2002.02
	方常安	书记	1995.01—1999.04
	彭祥胜	书记	1999.05—2001.12
	刘大兴	副书记	1995.01—1999.04
	刘传信	副书记	1995.01—1997.05
	李厚涛	副书记	1999.05—2002.02
	刘咸正	副书记	1995.05—2002.02
	朱敬平	纪委书记	1995.01—1995.10
	钱兴超	纪委书记	1995.10—2002.02

卷十三　国内贸易

1979—2005 年，襄樊商贸流通领域经过“计划经济为主、市场调节为辅”“有计划的商品经济”“社会主义市场经济”的体制改革，管理体制、市场结构、流通方式等方面发生深刻变化和快速发展，在经济社会发展中发挥了连接生产、扩大消费、促进经济结构调整和经济增长方式转变的重要作用。

1979—1985 年，全市商贸企业开始实施经营机制和所有制改革，在企业内部推行经营责任制；实行上缴利润包干、亏损包干、“三保一挂”、“目标利润包干”等形式的责任制。1979 年，在随州工农兵商场试点，次年扩展到全市 99 个公司级企业。到 1984 年，全市 1242 个商业网点，已有 1222 个实行了经营承包，占 98.4%。1985 年，全市大中型商贸企业实行内部分级核算、分商品管理的经营承包责任制；同时，对小型商贸企业实行“改、转、租、卖”转体；供销社由“官办”变“民办”，实现农民入股、经营服务范围、劳动制度、按劳分配、价格管理 5 个方面的突破。全市集体商业网点(不含供销合作社和农村代销点)发展到 3051 个。个体商户由 1980 年的 171 户发展到 36 235 户。商品流通改革把放开部分农副产品市场和对原国有商贸企业进行扩权让利为改革重点。调整和改革部分农副产品、日用工业品和生产资料流通体制和价格体系，改变国有独家经商和渠道单一的状况，初步形成多种经济成分、多条流通渠道、多种经营方式并存的局面。恢复和发展农村集市贸易，开放城市农副产品市场。1982 年，开始“试办和发展社队集体商业。1983 年，对农民完成统派任务后的产品（包括粮食、不包括棉花）和非统购产品，允许多渠道经营。1984 年，有营业执照的商贩可以下乡采购、贩运农副产品，放宽了农副产品的购销政策，同时将商业部管理的一、二类农副产品和日用工业品商品种类分别由 46 种减至 12 种和 135 种减至 26 种。购销形式上全面实行统购统销、计划收购、订购、选购 4 种购销形式并存的购销体制。改革了商品批发体制，将 5 个省级二级站与市属 6 家批发公司合并，按经济合理的原则组织商品流通，打破各种不合理的限制，减掉一切不必要的环节。同时，全市积极学习重庆贸易中心经营经验，在辖区内建立信托贸易机构 35 个，先后与全国 600 家商贸公司建立了购销业务，经营品种达 5100 多种。加快了生产资料流通体制改革，调整物资部门部分商品的供应。实行定量定点供应、配套承包供应、凭票供应等多种供应形式；扩大市场调节商品范围。到 1985 年，全市商贸机构达到 50 587 个，其中国营商业 2830 个，集体商业 11 522 个，个体商业 36 235 个，零售网点 46 458 个 2582 个，全市商贸从业人员 146 506 人。全社会商品零售总额达到 214 412 万元。整个市场开始呈现稳定发展和活跃的景象。

1986—1991 年，根据“有计划的商品经济”的有关政策法规，全市继续推进商贸流通体制改革。在商贸管理体制改革中率先进行商贸企业行政管理体制改革，实施政企分开，简政放权，逐步扩大企业的经营、计划、财务、物价、人事、工资、奖罚等权利。在商贸企业内部，全面推行经营承包责任制。承包的形式主要有：“上缴利税基数包干”、“递增包干、超收分成”、“两保一挂（保上缴税利，保企业发展后劲，工资总额和经济效益挂钩）”、小型商业企业实行“改、转、租、卖”等。1986 年，全市商贸系统全面实行目标管理，推行“双线双承包”，市商业局与市政府、各县市商业局与市局、各专业公司与主管局、专业科室与公司签订经营责任状，实行百分考核。同时，在全系统 112 户大中型企业中选择 95 户实行了“上缴利润递增包干”“上缴利润定额包干”“两包一挂”(包利润、包还款、效酬挂钩)等形式的承包经营责任制改革.企业内部推行层层承包、分级考核、工资浮动等改革。1988 年，以建立现代企业制度为目标推行企业兼并和股份制改造，当年市区有 5 家企业实行了兼并，襄江商场、临江商场进行了股份制改造试点，采用职工内部持股和定向法人持股的方式，加速以公有制为主体的多种所有制并存的商业所有制改革；对小型商贸企业中继续实施“改、转、租、卖”和国有民营化改革。1986 年，在商品流通体制改革中进一步改革农副产品购销政策，粮食、棉花由统购制度改为合同定购制度，生猪由派购改为自由买卖。商品管理体制改革以扩大市场调节范围为重点，到 1991 年除成品石油仍实行计划供应外，其他工业品全部敞开供应。国家统一分配的生产资料由 256 种减少到 30 种，分配物资由政府管理转为物资经营企业经营，形成多种经济成分、多条流通渠道、多种经营方式和减少流转环节的“三多一少”的开放式经营的新的运行机制。截至 1991 年，全市社会商品零售总额达到 294 632 万元。

1992—2000 年，全市以建立社会主义市场经济体制改革为目标，商贸经营主体呈现出多元化和商品流通渠道的多样化，商贸企业经营管理制度日益现代化、科学化，产品价格逐步市场化。这一时期出现超级市场、便利店、货仓式超市、专卖店、邮购、网上商店等新型商业业态。社会主义的商品市场体系初建框架基本建立。1992 年，全市商贸企业实施第二轮承包制，把培育和发展商品市场体系作为商品流通体制改革的中心，商品市场发展迅速。年初，市局下发了《关于进一步深化改革、转变职能、促进企业尽快转换机制的决定》《关于进一步转变职能、放活企业和基层办法》，把经营、定价、机构设置、人事管理、劳动用工、内部分配、资金支配、投资决策等权力放还于企业，在全市商贸企业推行“四放开”（即经营、价格、用工、分配放开）。1997 年，按照“三个有利于”标准，大力推行商贸企业资产经营责任制和三项制度改革，按照转换职能、理顺关系和“精减、统一、效能”的原则，从管理部门到经营机构确定职能配置、内设机构和人员编制，实行竞争上岗和聘任制，全市企业中层干部由 1004 人减为 714 人，为企业发展创造了良好的外部环境.1998 年，进一步推进产权制度改革，加快了企业改制步伐，采取整体或分块改制办法，共组建有限责任公司 23 家。2000 年，根据市委、市政府确定的 60%国有商贸企业和资产退出国有序列的目标，加大改革力度，当年，市直企业退出国有资产 62 793 万元，占市直贸易系统总资产的 51.36%，企业退出国有的占 77%.各县市按照县域经济民营化的要求，大部分企业实现了民营化。截至 2000 年年底，全市商贸企业实行民营化，改制面达到 91. 5%；并通过现金补偿、资产量化、股份算断等多种形式，安置下岗职工，其中 60%的职工重新上岗，30%的职工走上市场自主创业或到新的企业实现了再就业。截至 2000 年，全市在国有商业企业的基础上已组建股份制企业 44 家。全市社会商品零售总额达到 1 424 086 万元。城乡市场建设加快，呈现出布局合理、各类市场比较健全的发展态势，市场机制在价格形成中的主导地位基本确立。

2001—2005 年，进一步深化商贸流通体制改革，全市商贸业形成国有、集体、个人及私营、外资等多种所有制结构。2001 年，市委、市政府提出商贸企业“100%的国有企业及资产要逐步退出国有序列和发展产权主体多元化、资产经营人格化、制度安排现代化、经营体制民营化的混合所有制经济”的目标。全市商贸系统按照职能分别建立行业协会，负责行业内发展战略、产业政策、行业规划、行业标准的制定和组织实施工作，信息的引导和应急调控，实施行业指导、监督、管理。2003 年以后，进一步加大国有商贸企业改革力度，采取招标转让、协议转让等方式完成了市直 9 家国有企业改制工作。2004 年，全市商贸以招商引资为突破口，调整经营结构，大力推进内外贸一体化进程。同时，规范发展农业生产资料市场。组织实施了以发展农村现代流通网络为主要内容的“万村千乡市场工程”。2005 年，全市建立和完善了生活必需品、重要生产资料、重点流通企业和特殊内贸行业管理等 4 个直报监测系统，并在此基础上创立了市场动态分析、市场专题分析、市场综合分析、商品供求分析、市场预警分析和宏观经济运行分析 6 大信息工程，及时向社会公布市场供求信息，引导生产和消费。截至 2005 年，全市社会商品零售总额 2 412 092 万元。

一、商贸体制改革

至2005年，襄樊商贸体制在改革开放过程中所有制结构、机构设置和经营管理方式发生重大变化，由国营商业、集体商业、私营商业逐步改为股份制、股份合作制、承包和租赁、个体私营等多种经济成分的商贸体制，初步建立起社会主义市场经济的商贸经营体制。

（一）国营商业体制改革

1.机构改革

1979年，境内国营商业机构1044个，其中行政机构10个、企业管理机构80个、企业经营机构890个，从业人员9362人。主要经营百货、纺织品、五金化工、交电、副食品、食品、文化用品，医药等产品。1982年，市医药公司移交市医药局管理。1983年，组建成立襄樊市商业局，局直属单位有百货、文化用品、照相钟表器材、五金化工、交电、纺织品、副食品、食品、糖业，储运等专业公司和工业品贸易中心，襄江商场、鼓楼商场。石油公司从商业系统划出由省石油公司直接领导，蔬菜公司移交郊区人民政府领导。1984年6月，根据中共湖北省委决定，将襄樊市区的5个省属日用工业品二级站全部下放到市属，与原来6个市属公司合并为7个批发公司，实行一套机构、两块牌子。既担负原二级按经济区划的商品调批任务，又承担境内的三级批发任务。打破了纵向分配批发体制，建立从城市为依托，多成分、开放式、高效的批发新体制。同时组建58个不同类型的贸易中心，发展多种经济形式，开辟多条流通渠道。同时，对全市60人以下，年利润在10万元以下的275个零售商品的批零兼营的单位划为小型企业，实行单独核算，自主经营，照章纳税，自负盈亏。1985年，全市商业机构2830个，经营机构2479个，管理机构292个，从业人员42 790人，国营商业机构和人员分别占商贸总数的5.59%和29.12%。1987年，全市323户小型企业实行租赁经营，其中110个食品所一次性全部改制为租赁经营。1988年11月，襄江商场、副食临江商场实行股份制改革试点。1991年，襄江商场兼并襄江饮料厂和晶华服装厂。1992年，襄江商场与香港润海行合资兴办襄樊富华服饰有限公司。同年12月，襄樊市文化用品公司改制为襄樊商场有限公司。全市有714家小型门店和154个承包体全部进行资产承包改革。1993年，襄樊鼓楼商场、襄樊襄江商场通过改制正式成立股份有限公司。1997年，根据襄樊市人民政府办公室襄政办〔1997〕31号文件通知，襄樊市商业局更名为襄樊市贸易局。是年，对市直35户小企业进行体制改革，其中买断经营28户、租赁经营7户。1998年，市鼓商集团李宁服饰专卖有限公司和餐饮娱乐有限公司、市食品总公司广益食品有限公司和西雅房地产开发有限公司、市交电批发公司金马摩托有限公司、市新星贸易总公司仓储中转有限公司等由单体租赁企业资产改制成立；市食品总公司职工全员入股买断企业产权，改制为市恒生药业有限公司。2002年，根据襄樊市编制委员会襄机编〔2002〕11号文件通知，襄樊市贸易局更名为襄樊市商贸行业协会。襄樊市商贸航业协会历任领导见表13—1。

襄樊市商贸行业协会任领导名录

表 13-1

职 务	姓 名	籍 贯	任 职 时 间
局 长(主任)	宫润盛	山东	1979.1—1983.12
	孔庆云	湖北谷城	1983.12—1989.9
	方长安	湖北宜城	1989.9—1991.9
	刘咸正	湖北随州	1991.9—1992.4
			1994.6—1999.3
	杨才举	湖北南漳	1999.3—2005.12
副局长(副主任)	王仙洲	河北	1979.1—1982.12
	舒祖宜	湖南	1979.1—1983.12
	叶树生	湖北陨阳	1979.1—1989.9
	刘兴汉	河北	1979.1—1981.11
	刘志强	湖北襄樊	1980.2—1986.5
	卜秀山	湖北襄阳	1981.1—1985.12
	黄文炳	湖北襄樊	1983.12—1989.9
	张家文	湖北襄阳	1983.12—1985.
	方长安	湖北宜城	1985.12—1989.9
	刘咸正	湖北随州	1987.3—1990.4
	钱克强	湖北随州	1988.7—1994.6
	黄能帮	湖北襄阳	1990.2—2002.2
	王文海	湖北襄阳	1990.5—1996.12
	龙光明	湖北谷城	1991.2—2002.2
	文泽生	湖北枣阳	1991.7—1991.9
	向菊生	湖北红安	1994.7—1999.6
	黄建国	湖北谷城	1996.6—1997.2
	杨光华	湖北安陆	1985.5—1989.9
	唐玉发	湖北枣阳	1997.4—1999.3
	武爱华	湖北老河口	1997.4—2002.2
	何勇	湖北随州	1999.5—2002.2
	谭平杰	山东	2000.5—2002.2
	周圣忠	湖北枣阳	2002.2—2005.12
	陈长江	湖北随州	2002.2—2005.12
	刘朴纯	湖北随州	2002.2—2005.12

2.经营体制改革

1979—1984 年,调整和改革日用工业品购销体制,调整了购销日用工业品种类,日用工业品二级批发站对 135 种管理和计划商品减少到 26 种,改革日用工业品的购销形式。1981 年,改革单一的指令性计划管理形式,对辖区各级商业局、专业公司经营的商品进行归类。实行指令性计划管理,其中农产品 4 种(粮食、棉花、食油、紧压茶);工业品 6 种(食粮、铁丝、元钉、化肥、农药、废钢铁),实行指导性计划管理 13 种,其中农产品 5 种(生猪、棉短绒、黄红麻、绵羊毛);工业品(棉布、絲棉布、中长纤维布、呢绒、名酒、洗衣粉、胶鞋、铁锅)。1983 年,国营商业批发企业打破城乡分割的商品流通封闭局面，采取疏通渠道改革大一统的经营模式为专业批发划细、特色经营、以全取胜经营、松散联营。全区下伸批发网点 44 个，增设小额批发网点 109 个。1984 年，改革日用工业品批发体制：改革供应点设置和管理，撤销多余站点，按经济合理的原则组织商品流通，减掉不必要的环节，将商业内部层次倒扣作价办法改为以批发牌价作基础，按批量作价或协商作价，逐步改革国营商业批发企业“三固定”（固定供应对象、固定货源、固定价格）的批发模式和封闭式经营，取消了日用工业品流通领域的指令性计划管理的商品和国家管理的价格，推引“四放开”增加国有批发企业自主权，形成了多种经济成分，多条流通渠道，多种经营方式和减少流转环节的“三多一少”的开放式经营的运行机制。为进一步加扩大经营规模，促进商品内外交流，全区相继建立信托贸易机构 35 个（工业品 31 个、食品 4 个）；建立工商联营、农商联营、商商联营业务网点 141 个。

1985 年，全市商业企业与 150 多个地市、830 多家企业建立了比较稳固的购销关系，其形式有工商联营、商供联营、商贸联营、商运联营 6 种类型 23 种形式。全系统直接与厂家、产地、沿海口岸建立稳定的进货渠道 2418 条，购进外地产品 8426 种，金额达 4.27 亿元，同比增长 72.5%，占总购进的 83.4%。系统外购进是系统内调入的 1.73 倍。1986 年，全市商业企业的横向经济联合稳步发展。其中襄阳县从江浙、两广、上海、深圳等省市购进毛料、服装等适销商品 3920 万元，占购进总额的 45%。该年列入市场检查的 26 种主要商品中，销售上升的有 15 种。1987 年，横向经济联合进一步向广度、深度延伸。在联合的要求上，由单一的商品购销联合发展到了生产、技术、商品、信息、人才、资金等多种要素的联合，该年，襄樊市商业企业与全国 30 多个地市、1000 多家企业建立了比较稳固的市场行情、商品供求、物价动态等信息联系。在联合的地域上，由市内联合发展到毗邻地市、跨省区的联合。该年，组织工业品公司参加了鄂豫川陕毗邻地区经济协作区和焦柳、襄渝、成渝铁路沿线 17 城市经济协作区，市直企业还参加由宜昌市发起成立的焦柳沿线 10 城市经济协作区。仅在 3 个协作区的首次交易会上，就成交 4720 万元。同时，由襄樊市商业企业发起的鄂豫川陕毗邻地区百货经营集团、鄂豫川陕毗邻地区纺织品工商经营集团、长城电扇襄樊联合经销公司、荆襄宜五交化经营集团等新型的企业群体也相继成立，网络工商企业 220 家，成交金额 2000 余万元。在联合的形式上，紧密型联合体得到巩固发展，松散型经济联系与日俱增。南漳县 3 个工商联合体该年 6 次召开产品展销会，与 17 省市 350 多家单位建立了业务关系，新增网点 160 多个，销售 3 个工厂的产品 820 多万元，约占两个商业公司销售总额的 30%。各县市商业企业还采取投料返销、合同定销、代购代销、特约经销和总代理商等形式，与省市内外 11 000 多家工商企业建立了比较稳固的购销关系，购进和销售商品约占购销总额的 70%。

1988 年，市商业局提出加快商品购销两个基地建设、促进横向经济联合向更高层次发展的目标。各企业做到了横向纵向一起抓、内地沿海一起抓、城乡市场一起抓、大小客户一起抓，面向全国大市场，开展全方位竞争，共与全国 817 家工业企业、818 家商业企业、924 家农业单位、97 家其他经济组织建立了产、供、销经济协作关系。在横向经济联合方面，突破了紧俏商品不好联、平销商品不好联的局面，在已创建的鄂豫川陕毗邻地区百货经营集团和毛纺织品联营公司两个经营集团的基础上，又新组建了长城电扇联营公司、襄樊电视机联营公司、燕舞家电产销集团、上海手表经销集团、奥林饮料联营经销处、34 城市五交化产销联合体、华北地区中型商场联合会等 8 个经济联合体。年来购销额达 11 021 万元。市交电公司通过主动上门，多次协商，与襄樊电视机厂组建联营公司，同年 4 月至 8 月分别购、销电视机 14 000 台、13 487 台，分别同比增长 30.92%和 58.52%。

1989—1990 年，全市商业系统成立信息专班 82 个，建立城镇信息点 493 个，农村信息点 484 个，配备专、兼职信息员 641 人，聘请社会信息员 164 人；发展以总经销、总代理为主要形式的横向经济联合体制，注重研究和利用商品战略，发挥部分企业稳固的货源基地和部分名优商品的区域性经营优势。市工贸、文化、五化、交电、副食等批发公司先后与工厂建立了多形式的挂牌联合经营体，开辟一批名优新特商品货源基地。部分企业开始走上以总经销、总代理为主要形式的联合经营之路，取得了部分商品的区域性经营主动权。市直11家工业品企业与全国180多家大型工厂建立了系列产品总经销关系，发展了一批工商联合体，成为上菱冰箱、鸭鸭羽绒服、长城彩电、熊猫彩电等一大批骨干商品厂家的代理商。当年，市百货批发公司从有总经销关系的50多家工厂购进商品占公司系统外购进的67%。同时，有部分企业开始注重商品战略研究，突出骨干商品经营，取得了成功。襄阳县副食品公司牢牢抓住食糖、酒、罐头、健力宝4个骨干商品不放松，有效地促进了经营规模的扩大和经济效益的增长，1990年实现销售3730万元，其中4个骨干商品销售额占70%。

1991年，市局提出"百家工厂总代理、千种商品总经销"的目标。到1992年底，全系统已与全国306家工厂、2261种商品建立了"两总"业务关系，如神功元气袋、春都火腿肠、张弓酒、上菱冰箱等，一直畅销不衰。1994年，襄樊艺达商场首家连锁店开业。至1997年，全系统连锁店发展到16家，实现销售2423万元。其中，市交电公司摩托城在襄城、武汉新发展连锁店2家，全市摩托连锁店发展到5家，年实现销售600万元。到1998年，连锁店已达17家，全年销售额达1858万元。市鼓商集团坚持走连锁经营之路，连锁经营稳步发展，当年新开设襄阳黄集、双沟、市区华泰3个连锁店，使其连锁店达10家，年销售额达809余万元。1995年，全年品牌经营销售额达8亿元，其中市直6.5亿元，占市直销售总额的42%。市直销售过100万元的品牌达223个，500万元以上的品牌27个，1000万元以上的品牌8个。市工贸中心将品牌经营开发同年度承包方案结合起来落实，编制"品牌经营检查表"，对品牌经营跟踪考核，160个品牌实现销售2.2亿元，占公司销售总额的82%。市副食品公司开设7个直销公司，12个品牌实现销售9400万元，其中食糖、健力宝等3个品牌销售过1000万元。市百货批发公司宝洁系列商品实行代理制后，销售额突破5000万元。1998年，发展精品店和专卖店。市直专卖店发展到10家，全年实现销售3970万元，工贸中心海尔、金利来两个专卖店190平方米的营业面积，年实现销售2750万元。市百货公司4个化妆品专卖店投入8万元，并配了1台专车配送商品，30名职工全年实现销售700多万元，创毛利100余万元。

1999年，全系统改、扩建和新发展超市、量贩店10家，均取得销售、效益同步上升的好成绩，2月市百货批发公司兴建的全市第一家大型综合超市—百货站量贩店正式开业，营业面积4800平方米。全年发展专卖厅、店36个，实现销售4000万元；发展连锁店6家，年实现销售7000万元。

2000年，市直贸易企业调整发展连锁店、超市、专卖店等新型业态7个，增加营业面积7000平方米，年增销近亿元。

2001年，市鼓楼商场引进世界知名品牌麦当劳；市食品的新广益量贩店9月份正式开业；襄江商场大型综合超市年底开业。

2002年，市直鼓楼、襄江、广益公司先后筹资对经营布局进行调整，其中仅鼓楼一户企业就引进国内外知名品牌464个，扩大针纺服装面积3000多平方米，此外，襄樊商城于9月份成功引进民营企业华洋堂百货公司进驻。

2003年，对各自的品牌进行调整充实，引进国内外知名品牌50多个。2005年，调整营销策略。利用"假日经济"促销。春节期间，市直百货、鼓楼、工贸、襄江4大零售商场累计实现销售3250万元，同比增长25%，其中市百货最高日销售达156万元。品牌联营促销。市富盛工贸积极与武汉鲁巷购物广场接洽，成功引进2000万元资金进行品牌家电联营，较好地缓解公司资金短缺的矛盾，工贸中心的家电经营已占当时全市家电经营额的1/3。特殊时期用特殊方法促销。开展电话购物、送货上门业务。通过办展办节促销。针对市场需求不足，竞争日趋激烈的现状，全市贸易企业主动出击，经常举办"春节商品大联展""夏令商品大展销""金秋贸易节""中秋月饼节"等活动，不断掀起促销高潮。在省政府组织的"湖北市场畅销商品展销月"活动中，市贸易局连续5年获组织奖。狠抓市外销售，积极开辟第二市场。

3.管理体制改革

1979 年,经济承包责任制开始在随州工农兵商场进行试点。到 1980 年,全市实施经济承包责任制公司企业达到 99 个。1981 年,原襄樊市商业局按照商业部关于“着手抓好以划小核算单位、利润包干、利改税、固定工资加提成工资为主要内容的经营责任制改革试点工作”的通知精神,局党委成立 6 人领导小组,各公司成立 35 人的工作专班,先后在 5 个不同行业的零售商店开展不同形式的改革试点工作。至年底,全系统试行责任制的单位有 56 个 880 人,其中国营店 45 个,占总数 84 个的 54.7%;合作商店 10 个,占 23 个合作商店的 41.67%;大集体商店 1 个,占 25%。

1983 年,国营商业部门经营管理主要是扩大国营商业企业在购销业务、作价办法、财务管理、资金分配、劳动人力等方面自主权,在企业内部推行经济责任制,贯彻责权结合和按劳分配原则。1984 年,国营商业企业重点推行经理任期目标责任制、资产经营责任制、股份制和建立现代企业制度以及“改、转、租”的民营化为重点的管理体制改革。把 60 人以下、年利润在 10 万元以下的零店和批零兼营的单位划为小型企业,实行单独核算、自主经营、照章纳税、自负盈亏,使企业不吃国家的大锅饭。截止同年 10 月底,全市 370 个小单位中已有 275 个划为小企业,实行八级超额累进税。小型企业实行自主经营后,生意普遍做大,效益普遍提高,国家、企业、职工的收入同时增加,在企业内部实行多种形式的经营承包责任制,按劳取酬,多劳多得,使职工不吃企业“大锅饭”,职工之间不吃平均饭。全市 1242 个商业网点,已有 1222 个实行经营承包,占 98.4%。其中,实行联销联利计酬、工资浮动的有 494 个;实行定额上交、超利分成的有 486 个,实行利润包干、全奖全赔的有 179 个;实行亏损包干、超留欠惩的有 45 个;实行留职停薪、离店承包的有 34 人。这些形式的承包制,把职工的收入同企业的经济效益和贡献大小、服务质量紧紧捆在一起,奖勤罚懒,奖优罚劣,有效地调动了干部职工的积极性。老河口市五金商店,当年 6 月实行发包承包,当月销售 5800 元,当年 7 月销售 17 000 元,当年 8 月猛增到 34 000 元。随州市东关交电门市部 5 名职工 1 年承包任务为年销 28.5 万元且毛利率在 10%以上。他们为完成承包任务,就把销售任务分为每人 5.7 万元,按百元销售提取 1.035 元作为工资,至年底超销售计划 1 倍多,超过上年两倍多。

1985 年,全市大中型商业企业普遍实行内部分级核算,分商品管理的经营承包责任制,放权给门店部柜。襄樊百货批发公司实行分科核算,联利计酬、按档计奖后,各科室分别与工厂建立联营联销、特约经销服务,并增派采购人员,多方面抓货源,全年实现销售 5441 万元,比上年增长 13.4%;实现利润 152 万元,同比增长 11.76 倍。全年襄樊市区商业系统 483 经营单位已有 266 个改革了管理体制,1242 个门店实行责、权、利相结合的经营责任制

1986 年,全市全系统全面实行目标管理,推行“双线双承包”责任制,市商业局与市政府、各县市商业局与市局、各公司与主管局、专业科与公司 4 层都签订了经营责任状,对经济效益和社会效益实行双线双承包、双百分考核,年终结账,超奖欠惩。至年底,9 个县市商业局(包括襄北农场)和 14 个市属公司中有 16 个单位因超额完成任务而获奖。

1987 年,全市 489 户小型企业有 232 户实行租赁经营,占 47.44%,其中 110 个食品所全部实行租赁经营,租赁面居全省商业厅系统第二位。实行自主经营、自负盈亏后,小型企业经营状况明显好转。其中食品所实行租赁经营后,经营发生显著变化,有 2 个县实现了盈利,6 个县市实现了扭亏,扭亏额达 146 万元。全系统 112 户大中型企业中,有 95 户实行了“上缴利润递增包干”“上缴利润定额包干”“两包一挂”(即包利润、包还款、效酬挂钩)等形式的承包经营责任制,承包面占 83%,居全省商业厅系统第一。实行承包经营后,95 户企业实现销售和利润分别比上年增长 22.26%和 59.26%,上缴利税比同期增长 17.47%,其中有 23 个企业提前两个月完成年度利润计划。

企业内部的配套改革主要有:改革领导体制。有 28 户企业采取民主选举或自我推荐、上级考核批准的方法,试行经理责任制或经理任期目标责任制,初步建立集体研究、经理决断的指挥系统。普遍

实行分层承包、分层核算、分层管以及百元销售工资含量、百元利润工资含量等多种形式的经营责任制，初步改革了内部分配制度。全市有75家企业实行部分和全部工资浮动，把经济责任、经营权利、经济利益直接落实到每个环节。市糖业批发公司实行分科核算、工资浮动、“四定”考核，联利分档计酬，其中食杂科30人创利30万元，酒科利润同比增长95%。全年该公司销售同比增长20.48%，利润增长1.7倍，有问题商品下降61%，资金周转加快1.55次。

1988年，全市各企业以招标承包为主要内容。全市商业企业共有67家企业实行面向社会公开招标，占企业总数的59.8%。上半年实行招标的44家企业销售同比增长37.6%，实现利润同比增长82.4%。24家企业通过实行优化组合，增强了职工的劳动纪律性。108名被组合掉的职工经过培训，大部分重新上岗。全市有107家公司级企业实行浮动工资制，其中工资全浮的有54家，部分浮动的有53家。有5家企业实行企业兼并。11月，在襄江商场、副食临江商场开展股份制试点。

1989年，全市80家招标、承包企业中，有62家经营者获奖，10个受惩。同时，推行全员风险抵押和优化劳动组合，以签订合同形式，把经营者利益和职工利益联系在一起；依据责任大小，分档交纳风险抵押金，全市共收风险抵押金122万元。

1990年，抓好第2轮承包工作，提出改进意见。至当年9月，市直13家大中型企业全部签订了为期3年的第2轮承包合同，并改经营者个人承包为企业领导班子集体承包。1991年，是第2轮承包的第一年。市商业局在总结第1轮承包经验的基础上，制发《关于进一步完善和深化商业企业改革的意见》，实施企业领导集体承包，全市有13家实行领导集体承包，完成商品销售额7.72亿元，实现利润867万元，上缴所得税416万元，占年度承包任务的193%。襄江商场兼并襄江饮料厂和晶华服装厂。襄江商场与香港润海行合资兴办了“襄樊富华服饰有限公司”，枣阳商场与港商合资兴办了“可口食品有限公司”，引进外资400万元。原襄樊市文化用品公司改制为襄樊商城有限公司，首期1500万元股票公开发行。鼓楼商场、襄江商场改制为股份有限公司。

1992年，市局印发《关于进一步深化改革、转变职能、促进企业尽快转换机制的决定》《关于进一步转变职能、放活企业和基层的办法》等文件，将经营、定价、机构设置、人事管理、劳动用工、内部分配、资金支配、投资决策8大权力放还于企业，清理废止“治理整顿”时期制定的与当时改革开放形势和简政放权精神不符的8个文件。全市商业107家企业先后推行经营、价格、用工、分配改革。全市新组建12家实体企业，新增设了46个开拓性经营机构，新增建材、生资、车辆、机电、城市客运、农副产品等10多个门类的经营业务，初步形成了多元化、全方位开放型的经营格局。仅市直I 3家企业累计经营品种达13.9万个，比放开前增加1.75万个，新增商品销售6316万元。价格放开：建立灵活作价，活价促销的价格体制。按照“国家放权，企业管严，放而有序，活而不乱”的原则，各级商业主管部门下放原管理的全部商品价格管理权限，由企业统一管理，分级作价，建立企业、商品部、柜组三级物价管理体系，价格的弹性系数明显增大。老河口商场按照价值规律和市场供求状况，分别实行批零差价、季节差价、花色差价、质量差价，增强企业的竞争能力。分配放开：完善企业内部激励机 1985年，大中型企业普遍实行了内部分级核算，分商品管理的经营承包责任制，放权给部柜，充分发挥他们的积极性，有力地推动购销业务的开展。

襄樊百货批发公司实行分科核算，联利计酬、按档计奖后，各科室分别与工厂建立联营联销、特约经销服务，并增派采购人员，多方面抓货源，全年实现销售5441万元，比上年增长13.4%；实现利润152万元，同比上升11.76倍。到1984年6月襄樊市区商业系统483售单位已有266个改革了管理体制，1242个门店实行了责、权、利相结合的经营责任制制。按照“三低于”和按劳分配的原则，打破“铁工资”，把职工的工资、奖金同企业的经济效益以及个人贡献紧密挂起钩来，在企业内部实行了多种形式的分配办法。零售企业普遍推行了百元销售工资含量分档计酬法，批发企业实行了联销联利计酬法，商办工业企业实行了计件工资和百元产值工资含量分档计酬法，储运企业实行了单车承包、风险抵押、超利全留、欠利自补的承包分配办法。市直60%的企业提前两个月完成了全年利润任务，部分企业创造了超历史、超同期的记录。用工放开：初步形成了公开平等，竞争上岗的用工机制。各企业打破干部职工身份界限、按照平等竞争的原则，推行"三制""三岗"，在干部制度改革和企业用工制度改革方面迈出了较大步伐。据统计，全市共聘用中层干部1644名，原任干部中有109人落聘；138名职工通过竞争走上中层干部岗位；优化组合下岗职工434人；精简行管科室91个，压缩行管人员360人，转体人员全年创收100多万元。同时在小型企业推行资产承包经营。对"边、小、微、亏"的小型商店，引进个体经营机制，实行资产承包经营。全市有714个小型门店、154个承包体进行了资产承包，迅速扭转了长期亏损的被动局面。据统计，714个小型门店1991年亏损17.4万元，承包后年上交承包费82.3万元，同时抽回资金71.52万元。市副食品公司对部分小型门店实行资金自筹、税费自理、自负盈亏、定额上交后，销售比上年同期增长24.8%，过去一直亏损的襄城5个零售店一举摘掉了亏损帽子。

1997年，全市企业中层干部由1004人减为714人，精简幅度为26.9%，其中市直由245人减为186人，精简23.1%。企业管理科室由426个减为343个，精简了19.5%，其中市直由118个减为92个，精简22.1%。机关人员由1 610人减为1 110人，精简31%，其中市直由1 137人减为779人，精简了31.5%。企业将行政、仓储运输、食堂、医务室、招待所、广告、收发、打字等机构推向市场，有偿服务、自负盈亏，对脏、乱、差、苦、累岗位清退临时工，面向干部职工实行竞争上岗、报酬从优。1997年市直35户小企业全部进行了改革，其中买断经营的28家，租赁经营的7家，一举扭转了经营亏损、职工工资无着落的被动局面。其中人民商场、金隆公司国货商场改革前年销售额1700万元，亏损86万元，改革后年收取资产占用费150万元，抽回商品资金110万元。同时对重点企业抓规范、抓配套、抓完善，开展增资扩股，鼓楼商场、襄江商场、襄樊商城3家企业总股本达13 201万股，比扩股前增加5578万股，共募集资金2 000万元。1998年，全市贸易企业学习推广谷城商场的成功经验，因企制宜，逐步完善，实现由单一商品经营向资产经营转变，有效地遏止了企业经营性亏损，从根本上控制了有问题商品、有问题资金的损失。全市贸易系统共有资产承包体1 596个，参与资产租赁承包职工人数达5 448人，其中市直13家企业中有12家整体或部分采用了此种改革形式，资产承包体395个，参与资产租赁承包人数2 322人，年可收取承包费2 000万元左右。县市资产承包体1201个，参与资产租赁承包职工人数3 116人。

1998年，全市贸易企业共组建8家有限责任公司、有限责任公司23家。采取此种改革形式的有市鼓商集团的李宁服装专卖有限公司和餐饮娱乐有限公司、市食品总公司的广益食品有限公司和西雅房地产廾发有限公司、市交电批发公司的金马摩托车有限公司、市新星贸易总公司的招待所和仓储中转有限公司。改制后的企业狠抓机制转换和市场开拓工作，大都取得了良好业绩。市食品总公司肉食分公司改制为市广益食品有限公司后，35人的企业全年实现销售1700万元，利润24万元，分别比同期增长9.5%和20%，职工人均月增收入200元。另一种形式是职工全员入股买断企业产权，整体改制为股份合作制企业。采取此种形式的是市食品总公司原生化制药厂。全厂74名职工募股60万元，全员买断原药厂净资产22.9万元，改制为市恒生药业有限公司，同时承担原企业债权债务。全年实现利润43.01万元，比同期扭亏增盈65.1万元。

1999年，组合承包体1 800个，组合职工6 000余人，年收取资产占用费4 500万元左右。各单位继续实行减员增效，下岗分流，大幅度精减行管后勤机构及人员，充实业务一线。操作上实行个人报名、公开考试、个人述职、民主测评、党委聘任的公开竞争办法和多种灵活的分配办法。

2000年，市委、市政府确定60%的国有商贸企业和资产退出国有序列的目标，并就此与市局签订目标责任状。党组按照"双60%"的要求，将企业改革列为工作的重中之重，成立了改革领导小组，与市直各企业签订了目标责任状，将企业改革纳入目标考核体系，实行局领导分片包点，长驻企业，对包点专班实行"五定"（定任务、定时间、定领导、定责任、定奖惩）工作法。至当年年底，市直13户企业中,已参与改革的有10户,占市直贸易企业的77%。截至2000年年底,退出的国有资产62 793万元,占市直贸易系统总资产的51.36%。同时,各县市也按照县域经济民营化的要求,加快改革步伐,大部分企业基本上实现民营化。

2001年,市委、市政府提出了商贸企业"100%的国有企业及资产要逐步退出国有序列和发展产权主体多元化、资产经营人格化、制度安排现代化、经营体制民营化的混合所有制经济"的目标。围绕这一目标,按照"进而有为、退而有序、因企制宜、分类指导、整体推进、重点突破"的原则,继续将企业改革列为重中之重,继续实行"三不""五定"工作法;继续坚持"五大制度";强化了对改革的指导、督办工作,重新调整了人员分工,加强了领导力量。各企业在规范改制、动态股权、依法破产、兼并重组、资产经营上狠下工夫。到2002年年底,市直13户企业中,4户企业已初步实现按动态股权制运作,商城成功实现了对外招商引资。

2003年后,根据市委、市政府的统一部署,市商贸行业协会高度重视国企改革工作。市直9户改制企业均按10号文件精神,分别采取招标转让、协议转让的方式,基本实现国有资产和职工身份的"双退"目标.市鼓商集团、襄江商场根据10号文件,结合自身实际,制定了改革方案。经市国企改革领导小组批复同意并委托协会以公开招标方式转让国有股权。协会按照"精心组织、严格程序、依法操作"的原则,认真起草了招标文件,发出了招标邀请函和招标文件,认真组织了答疑,对投标人资质进行了审查,为开标做了大量准备工作。由于潜在投标人当中,除两企业原关键人以自然人身份投标的资质符合招标文件要求外,其他收购方的资质均不符合《中华人民共和国公司法》规定的关于投标的资质要求,协会经慎重研究,决定终止此次招标活动。虽然此次招标活动未能取得成功,但通过招标工作的开展,促使两家企业领导班子和广大干部职工进一步解放了思想,转变了观念,坚定了实现"双退"、建立现代企业制度的信心和决心,为下一步企业的靠大联强奠定了坚实基础。市直百货、工贸、食品、酱品厂、樊城肉联厂5户企业根据市国企办批复的改革方案,其产权均实行协议转让。协会组织人员,精心起草了产权转让协议并报市国企办批准,与上述5户企业签订了产权转让协议书。同时为企业职工安置、缴纳离退休人员医疗费和发放内退人员生活费等做了大量的协调工作。

市食品总公司是一家有几十年历史的国有企业,截至2003年7月31日,公司资产总额1825.67万元,负债2640.28万元,净资产为负814.61万元。经市国企改革领导小组以襄企改〔2003〕105号文件批复,公司净资产以916.8万元整体转让给市广益食品有限公司,市食品总公司依法注销,由市广益食品有限公司承担公司债权债务。双方于2003年12月19日签订了产权转让协议,并经市公证处依法公证。

市樊城肉联厂是1958年由国家投资建设投产的以经营肉类加工与冷藏为主的国有企业。截至2003年5月25日,企业资产总额1 492.80万元,负债总额1 116.18万元,净资产为376.62万元。经市国企改革领导小组批复,同意樊城肉联厂改制为襄樊广汇食品工业有限公司,樊城肉联厂国有净资产以376.6万元的价格由广汇食品工业有限公司收购,改制后企业承接樊城肉联厂全部债权债务,樊城肉联厂依法注销,双方于2003年12月31日签订产权转让协议并经市公证处依法公证。

市酱品厂是一家荣获中华老字号称号的国有企业,曾于2000年进行过动态股权制改革,改制为襄樊隆顺味品有限公司,其改革方案已经市动态股权改制领导小组办公室文件批复同意。但由于种种原因,改革尚未完全到位,经市国企改革领导小组批复,同意市酱品厂改制为襄樊隆顺味品有限公司,市酱品厂经营性净资产经政策剥离后的剩余部分104.8万元和财政周转金占用费16万元配置的岗位股以84.56万元转让给隆顺公司,隆顺公司承接酱品厂全部债权债务。双方于2004年3月18日签订产权转让协议书并经市公证处依法公证。

襄樊工业品贸易中心成立于1984年,是以经营家用电器为主的国有企业,截至2003年5月31日,该公司资产总额2338.77万元,负债总额7047.34万元,净资产为负4708.57万元。经市国企改革领导小组以襄企改〔2003〕82 号文件批复，工贸中心国有经营性净资产以 1052 万元价格转让给襄樊富盛工贸有限公司，富盛工贸有限公司承接工贸中心债权债务，工贸中心依法注销。双方于 2004 年 3 月 26 日签订产权转让协议，并经市公证处依法公证。

市百货批发公司是以经营日用百货为主的国有企业，曾于 2000 年实施动态股权改制为襄樊市佳用百货有限公司，其改革方案已经市国资委批复同意。市佳用百货有限公司已在工商部门注册登记，但仍有部分国有资产转让价款未到位。经市国企改革领导小组批复，同意将市百货批发公司的 86.03 万元的国有净资产以 60.2 万元的价格协议转让给桂永生等自然人，同意按《关于〈襄樊市百货批发公司关于动态股权制实施方案的报告〉的批复》以国有资产解决 2338.5 万元的企业改制成本，企业改制后非经营性资产委托改制后的企业管理。双方于 2004 年 4 月 26 日签订产权转让协议，并经市公证处依法公证。

2003 年后，市直先后有金隆、副食、纺织、新星、五金、交电、襄阳食品厂 7 户企业经法院裁定后进入破产清算的法律程序。7 户破产企业清算组围绕结案目标，加快资产变现和职工安置步伐，至 2005 年年底，市直交电、金隆、新星、五金、副食 5 户破产企业的资产已基本变现（其中新星公司仅剩余皇宫乐园 50%经营权，副食公司剩余乔洼土地资产）。随着变现资金的逐步到位，各清算组依法依规依政策进行了职工安置。至 2005 年年底，4 户企业的职工安置已基本结束，正在进行遗留问题处理及社会职能移交属地管理工作。市纺织品公司清算组已与市土地储备中心签订了土地储备协议（见表 13-2）。

襄樊市市直破产企业统计一览

表 13-2

企业名称	破产形式	破产时间
市金隆糖酒副食集团公司	破产	2000 年 10 月
市纺织品总公司	破产	2001 年 6 月
市新星贸易总公司	破产	2001 年 6 月
市交电批发公司	破产	2001 年 6 月
市糖酒副食品总公司	破产	2000 年 12 月
市五金化工集团公司	破产	2001 年 6 月
市襄阳食品厂	破产	2001 年 6 月

坚持靠大联强，把改革与招商引资结合起来。市佳用百货有限公司与武商集团达成协议，由武商整体租赁原公司量贩店，随后，武商投资 1200 万元对原量贩店进行了改造和重新装修，焕然一新的武商解放路量贩店于 2003 年 10 月开业异常火爆。同时，佳用百货的原襄城量贩店被浙江民营企业康乐福整体租用后改为康乐福大型超市。市交电公司清算组成功引进浙江著名企业罗蒙集团收购交电公司破产财产。

襄阳肉类联合加工厂是以经营肉类加工、食品冷藏为主的国有企业。雨润集团是全国工业 500 强之一和国家农业产业化龙头企业。双方从 2003 年 5 月开始接触，历时 1 年半后终于达成了协议。2004 年 12 月 6 日，江苏雨润集团重组襄阳肉联厂签约仪式在南湖宾馆隆重举行，市委书记田承忠，市委常委、常务副市长欧阳万坤、副市长周富贵、刘德政等领导出席签字仪式。协议的主要内容是：襄阳肉联厂经营性资产以 395 万元价格转让给雨润集团，雨润集团将在 3 年内投入 1.5 亿元用于厂房设施的改建、改造和设备添置，在生猪猪源确保的前提下，3 年内达到年屠宰生猪 100 万—120 万头的规模，年销售收入 10 亿元左右，年利税 5000 万元。该项目的引进将对全市的养殖、饲料、包装、物流等行业产生积极而深远的影响。

为了进一步盘活资产，增加效益，市鼓商集团主动出击，积极与国内家电连锁龙头国美电器公司联系。双方于 2005 年 11 月签订了合作协议，12 月 3 日，国美电器襄樊鼓楼店隆重开业，开业 3 天便实现销售 1420 万元。

2005 年，经市教育局批准，市商业服务学校更名为市电子科技学校。学校更名后，新开设了电子商务、计算机科学与技术、土木工程、机电一体化等市场紧俏、就业形势好的专业，学校实现了从人文学科为主向理工科为主的转变。新学年开学后，该校学生人数达 800 多人。

市商科所、商业第一幼儿园、商业第二幼儿园 3 家事业单位严格按照全市事业单位改革的总体部署，在建立竞争激励机制、全面推行聘用制和企业化管理模式。

2003—2005 年企业改制（破产）产权转让（交易）情况统计一览

表 13-3 单位：万元、平方米

序号	企业名称	产权交易总额（成交价格）	其中			转让形式			土地面积	房屋面积	成交时间	受让方（单位全称）	备注
			房产	土地	设备	拍卖	招标	协议					
1	市食品总公司	916.8	890.79	787.3	—	—	—	√	11097.14	—	2003.12.19	市广益食品有限公司	
2	市樊城肉联厂	376.6	—	1010	—		—	√	36989.6	—	2003.12.31	市广汇食品工业有限公司	
3	市酱品厂	84.56	—	617.6	—	—	-	√	22792.9	—	2004.03.18	市隆顺味品有限公司	标的为国有资产剩余部分
4	襄樊工业品贸易中心	1052	—	1310.64	—	—	-	√	20071	—	2004.03.26	市富盛工业品贸易中心有限公司	
5	市百货批发公司	60.2	—	2338	—	—	—	√	33768	—	2004.04.26	桂永生等自然人	标的为国有资产扣除政策性剥离后剩余部分
6	市襄阳肉联厂	395	580.35	1342.9	65.22			√	60364.7	21361.69	2004.12.06	江苏雨润食品产业集团有限公司	市政府招商引资项目
7	破产企业	—	—	—	—	—	—	—	—	—	—	—	
8	市新星贸易总公司	800	408	392	—	√	—	—	3919.1	10500	2002.09.17	姚岚军	

续表

序号	企业名称	产权交易总额（成交价格）	其中			转让形式			土地面积	房屋面积	成交时间	受让方(单位全称)	备注
			房产	土地	设备	拍卖	招标	协议					
9	市交电批发总公司	2100	1000	1100	—	√	—	—	14508.98	9050.75	2003.12.10以来	宁波罗蒙制衣有限公司等	
10	市糖酒副食品总公司	117	117	—		√	—	—	—	—	2003.03.16	杨洪斌、赵金国等	
11	市纺织品总公司	198	—		—	√	—	—	901.3	2888.78	2004.08	王东升摄影公司	
12	市纺织品总公司	46.95	—	—	—	√	—	—	46.95	248.27	2003.06	个人	
13	市五交家化集团公司	2693	958	1735	—	√	—	—	27442	23442	2005.03.31	市住宅经营公司	
14	市金糖酒副食集团公司	5194.58	—	—	—	√	—	—	8232.71	8785	2001.08.28以来	洪沟房地产开发公司等	
15	市金糖酒副食集团公司	25.5	—	—	—	√	—	—	—	约34	2001.08.28	邹老板	

（二） 物资流通体制改革

1.机构改革

1979年，襄樊市物资局与襄阳地区行政公署物资局分设，境内有襄阳地区物资局、襄樊市物资局、襄阳县物资局、枣阳县物资局、宜城县物资局、南漳县物资局、保康县物资局、光化县物资局、老河口市物资局、随县物资局、随州市物资局等13家物资管理行政机构。下属物资经营企业38家，其中地区物资局所属有金属材料公司、机电设备公司、化工建材公司、煤炭公司、生产资料服务公司、金属回收管理公司；襄樊市物资局所属的有金属材料公司，机电设备公司、化工建材公司、煤炭公司、生产资料服务公司、金属回收公司、运销公司；其他县（市）物资局所属经营企业有23家（襄阳4家、枣阳县5家、随县4家、宜城县2家、光化县2家、谷城县2家、保康县2家、随州市1家、老河口市1家）。

1983年，襄樊市物资局与襄阳地区行政公署物资局合并为襄樊市物资局。境内共有物资管理行政机构9家，即襄樊市物资局及襄阳物资局、枣阳县物资局，随州市物资局（随县与随州合并）、南漳县物资局、老河口市物资局（光化县与老河口市合并）、谷城县物资局、保康县物资局、宜城县物资局。下属物资经营企业47家，其中襄樊市物资局所属企业有金属材料公司、机电设备公司、化工建材公司、燃料总公司、金属回收管理公司、生产资料服务公司、运销公司；县（市）物资局所属物资经营企业有襄阳县7家、枣阳县5家、随州市8家，宜城县4家、老河口市4家、谷城县6家、保康县2家、南漳县4家。另下设物资供应网点47个，其中城市网点24个，农村网点23个。原襄阳地区金属材料公司与原襄樊市金属材料公司合并组建，原襄阳地区机电设备公司与原襄樊机电设备公司合并组建；原襄阳地区化工建材公司与原襄樊市化工建材公司合并组建；原襄阳地区煤炭公司与原襄樊市煤炭公司合并组建；原襄阳地区金属回收管理公司与原襄樊市金属回收公司合并组建；原襄阳地区生产资料服务公司与原襄樊市生产资料服务公司合并组建。

1986年，襄樊市生产资料服务公司名称暂停使用，部分人员进入市物资贸易中心，部分人员与襄樊市物资局汽车队共同组建襄樊市物资运销公司。1988年，经国务院第2批批准设立襄樊钢材市场，市金属材料公司分设出襄樊钢材市场，1991年襄樊钢材市场停业经营，次年市金属材料公司一分为二，组建襄樊市金属材料公司和襄樊市有色金属材料公司。1989年，对物资经销公司进行清理整顿，撤销襄樊市物资运销公司和襄樊市生产资料服务公司。

1992年，襄樊市机电设备公司一公为二，襄樊市机电设备公司和襄樊市汽车货运公司。襄樊市化工建材公司一分为二，组建襄樊市化工轻工公司和襄樊市建筑材料公司，至1994年3月两家公司合并，恢复市化工建材公司。1993年，恢复组建襄樊市生产资料服务公司。1994年9月，组建襄樊市物贸集团有限公司，与市物资局实行一套班子、两块牌子。

1997年，襄樊市金属材料与襄樊市有色金属材料公司共同出资组建襄樊物资集团金属材料有限公司，次年襄樊物资集团金属材料有限公司分立襄樊物资集团顺发金属材料有限公司。襄樊市化工建材公司在清河口库区分设襄樊化工市场。同年7月，襄樊市物资贸易中心一分为二，组建襄樊市物资集团摩托车销售有限公司。1999年，襄樊市燃料总公司分设汽车队，另一部分人员组建襄樊物质集团天一物资贸易有限公司。

2000年10月，襄樊市物资贸易中心和襄樊市汽车贸易公司公别破产还债。同年12月，襄樊市化工建材公司破产还债。2001年，襄樊市物资局更改为襄樊市物资行业协会，负责全市物资行业协调和管理工作。襄樊市物资行业协会历任负责人见表13–4。

襄樊市物资行业协会历任领导名

表13–4

职务	姓名	籍贯	任职时间
局长、总经理、主任	武继修	河北	1979.1—1980.9
	章治文	襄阳	1979.1—1983.10
	徐国勋	河南	1979.6—1983.12

续表

职 务	姓 名	籍 贯	任 职 时 间
局长、总经理、主任	朱林	老河口	1981.5—1983.12
	李希学	襄阳	1983.12—2000.5
	付中义	枣阳	2000.5—2005.12
副局长副总经理副主任	王登顺	河北	1979.1—1982.11
	刘从新	襄阳	1979.1—1983.11
	章治文	襄阳	1979.1—1980.9
	李希学	襄阳	1980.9—1983.11
	蔡明涛	黄陂	1981.10—1983.11
	朱林	老河口	1979.1—1986.3
	刘寿贞	枣阳	1979.1—1983.12
	王凤岭	河北	1979.1—1981.1
	马兆启	枣阳	1979.6—1986.3
	杨秀英(女)	襄樊	1979.1—1989.2
	王永堂	辽宁	1979.6—1983.12
	肖均	阳新	1979.6—1980.10
			1982.9—1983.12
	徐皇甫	河南	1981.5—1983.12
	李信亮	河南	1981.5—1983.12
	朱友德	孝感	1986.3—1999.9
	刘永盛	枣阳	1986.3—1992.5
	宋涛	陕西	1986.3—1995.1
	杨正德	襄阳	1986.3—1989.2
	沈喜道	襄阳	1990.5—1992.5
	闻永全	襄阳	1994.1—2000.8
	毕守清	襄阳	1989.2—1992.5
			1997.4—2001.12
	付中义	枣阳	1991.3—2003.12
	李小平	河北	1991.12—1999.5
	毕安乐	谷城	1994.6—1999.9
	潘太平	武汉	1996.6—1999.5
	密志华	河北	1999.5—2000.8
	吴华富	随州	2000.8—2005.12
	田华(女)	山东	1997.8—2000.5
	毛拓宇	麻城	2002.2—2005.12
	王德强	宜城	2002.2—2003.5

2001 年 4 月，襄樊生产资料服务公司和襄樊物资集团金属材料有限公司携襄樊市金属材料公司、襄樊市有色金属材料公司、襄樊市顺发金属材料有限公司共同破产还债。同年 3 月，襄樊物贸集团摩托车销售有限公司破产还债。2003 年，经襄樊市国有企业改革领导小组批准，襄樊市燃料总公司

整体改制,由襄樊丰恒置业有限公司整体收购。同年 9 月,襄樊物贸易集团天一物资有限公司由原企业法人整体收购。

物资企业产权制度改革情况如下:

(1)破产改制企业

襄樊物资贸易中心:该中心是一家经营汽车、机电产品、金属材料、化工原料等综合性物资企业。2000 年,该中心因拖欠建行达 1052 万元,建行通过法律诉讼追索债权,拟拍卖该中心位于市长征东路 37 号临街综合楼一楼营业厅,该中心于 2000 年 8 月向襄樊市中级法院申请破产,市中级法院于同年 10 月 8 日依法裁定该中心进入破产还债程序,同时,安排清算组接管企业。经清算组委托中介机构对该企业资产现状评估、变现,偿还债务,安置职工。该企业于 2002 年 10 月由法院裁定破产终结。

襄樊物资贸易集团摩托车销售有限公司:该企业是一家经营摩托车、空调等专业经营公司。2001 年由于拖欠银行债务及摩托车销售不畅,导致企业亏损严重,无法生存,于 2001 年 3 月向市中级法院申请破产,市中级法院于 2001 年 4 月依法裁定该企业进入破产还债程序,同时委托清算组接管企业。经清算组委托中介机构对该企业资产进行审计、评估、变现,由于该企业破产财产变现不足以支付清算费用,市中级法院于 2001 年 7 月裁定提前终结清算程序。该企业职工由市物资局调剂资金予以安置。

襄樊市生产资料服务公司:该企业是一家以调剂经营余缺物资为主的经营企业。2001 年由于缺乏经营资金,经营亏损,企业资不抵债,于 2001 年 2 月向市中级人民法院申请破产,市中级法院于 2001 年 3 月依法裁定该企业破产还债,同时委托清算组接管企业。经清算组委托中介机构对该企业资产评估、变现,安置企业职工后,该企业于 2002 年 4 月由法院裁定清算终结。

襄樊物资贸易集团金属材料有限公司:该企业是一家以经营有色金属、黑色金属材料为主的物资经营企业。2000 年以后由于市场萎缩,经营不善,负债严重,债权银行拟拍卖公司办公场地偿还债务,该企业于 2001 年 3 月向市中级人民法院申请破产。因该企业为原襄樊市金属材料公司和襄樊市有色金属材料公司共同出资组建,组建后该公司又出资组建了襄物集团顺发金属材料有限公司,经济利益关系较为复杂,产权不明晰,市中级法院于 2001 年 4 月依法裁定该企业先进入破产整顿程序,并指派整顿工作组接管企业。经过破产整顿,市中级法院于 2001 年 7 月依法裁定该企业及市金属材料公司、市金属有色金属公司和襄物集团顺发金属材料公司一并进入破产还债程序,同时委派清算组接管企业。经清算组委托中介机构对该企业资产进行审计、评估、变现,清算组按相关政策安置企业职工后,市中级法院于 2003 年 7 月裁定该企业破产清算终结。

市化工建材公司:该企业是一家经营有机、无机化工原料和建材产品的物资经营企业。2000 年,因经营资金缺乏,企业债务沉重,资不抵债,供货单位纷纷要求支付供货款,并通过法律诉讼要求追索货款,致使企业无法正常经营。因此,该企业于 2000 年 12 月向市中级法院申请破产,市中级法院于 2000 年 12 月 12 日依法裁定该企业进入破产还债程序,同时委派清算组接管企业。经清算组委托中介机构对公司资产审计、评估、拍卖变现,偿还债务,安置企业职工后,市中级法院于 2003 年 4 月依法裁定该企业破产清算终结。该企业原经营的化工产品,投资组建襄樊市万泰民爆器材中心由该公司负责人出资收购,整体改制为民营企业,改制后的企业名称为襄樊市民爆器材销售公司,仍然从事民用爆破产品的经营。

市汽车贸易公司:该企业是一家经营汽车及机电产品的物资企业。于 1992 年 4 月由原市机电设备公司分立出来,主营汽车销售。至 2000 年,由于该公司经营不善,亏损严重,企业已无法生存。同时,因债权银行申请法院追讨债权。该企业于 2000 年 9 月向市中级法院申请企业破产还债,市中级法院于 2000 年 10 月依法裁定该企业进入破产还债程序,同时委派清算组接管企业。经清算组委托中介机构对该企业资产审计、评估、变现和安置职工，该企业破产清算工作已经结束，待市中级法院裁定破产终结。

市机电设备公司：该企业是一家经营汽车及二、三类机电产品、工程机械的专业物资企业。2000年以来，由于市场萎缩，资金短缺，企业人员和债务负担沉重，企业经营陷入十分困难的局面。2003年襄樊市国有企业改革中，根据该企业当时的经营状况，属资不抵债，应予破产改制，为此，企业向物资协会及市国有企业改革领导小组办公室上报了企业破产方案，市国企办于2003年9月15日以市国企办〔2003〕44号文批复同意该公司破产预案。经该企业申请，市中级法院于2003年10月14日依法裁定该企业进入破产还债程序，同时委派清算组接管企业。经清算组委托中介机构对该企业资产审计、评估、拍卖变现、清偿债务、安置职工后，该企业破产清算工作已基本结束，待市中级法院裁定破产终结。

（2）整体改制企业

襄樊物产集团天一旧机动车交易中心：该企业是一家专营旧机动车交易市场经营的物资企业。2003年按照襄樊市直国有企业改革的总体要求，以2003年6月30日为企业改制评估基准日，由市国企办指派的审计评估机构对企业资产审计、评估后，市国企办于2003年9月批复同意该企业整体改制方案。后经市国企办批准该企业整体转让协议书，批准该企业全部净资产512.29万元，按一次性付款优惠20%后，以410万元价格对原企业法人整体转让，其转让资金上交市国企改革专户60万元，其余350万元全部用于安置企业职工。2003年12月底，该企业正式实施改制方案。由于该企业从事二手车交易为政策性支持行业，按照市国企改革领导小组印发的《国有金股管理暂行办法》的要求，市物资行业协会对改制后的企业设立1元钱金股（暂定3年），并按规定行使金股的权利和义务。该企业整体改制后，仍然使用襄樊天一旧机动车交易中心名称，从事二手车交易市场经营活动，接受市商务局、市物资行业协会的行业管理。

襄樊市金属回收管理公司：该企业是一家专门从事废旧金属回收及报废汽车回收拆解的专业物资企业。按照襄樊市国有企业改革的总体要求，以2003年6月30日为企业改制评估基准日，由市国企办指派审计、评估机构对企业资产进行审计、评估后，市国企办于2003年9月26日批复同意企业改制方案，将企业全部净资产对原企业法人自然人整体转让。由于原企业内有几组人员同时参与转让，后经物资协会委托中介机构在企业内部实行竞拍转让，由原企业职工沈猷水等人联合襄樊兆美实业公司出资1070万元价格竞拍成功，取得收购权。2003年12月26日市国企办批复该企业的转让协议，并同时批准按《国有金股管理办法》规定，由市物资行业协会在该企业设置1元钱的国有金股（暂定3年），并按规定行使金股的权利和义务。该企业于2004年11月底改制完毕，改制后的企业名称为襄樊汇富金属回收公司，仍然从事报废汽车回收拆解及废旧金属回收经营，在业务工作上接受市商务局、市物资行业协会的管理。

襄樊市燃料总公司：该企业是一家专门从事煤炭、沥青和焦炭等经营的专业物资企业。按照襄樊市直国有企业改革的总体要求，该企业属于有净资产，应以净资产转让，整体改制的范围，为此，该企业以2003年6月30日为企业改制评估基准日，由市国企办指派的审计、评估机构对企业资产审计、评估后，该企业于2003年9月向市物资行业协会和市国企改革领导小组办公室申报企业改制方案。市国企办于2003年9月26日批复同意该企业整体改制方案。后经多次协商，襄樊丰恒置业有限公司钱师纪先生愿以2371.58万元整体收购该企业的全部净资产，市国企办于2004年12月30日批准该企业整体转让协议。转让资金除去原企业职工按照政策性安置费1827.2万元后，其余544.38万元转让资金如数上交市国企改革财政专户。后在办理企业产权过户过程中，市国企改办批复燃料公司资产过户及有关问题处理意见，将该公司对襄樊东驰金属元件有限公司投资的股本406万元无偿转让给襄樊国益国有资产经营公司持有。该企业于2005年4月8日实施整体改制方案,改制后的企业名称为襄樊丰恒燃料有限公司,原企业债权债务由改制后的企业承担,人员安置基本到位。

市物资宾馆：该企业是一家从事住宿餐饮业的物资企业，按照襄樊市直国有企业改革的总体要求,2003年6月30日为企业改制评估基准日,市国企办于2003年9月2日批复批准该企业的改制方案。经市物资行业协会委托中介机构拍卖,由襄樊金厦房地产开发公司以230万元价格整体收购。由于拍卖资金不足以安置该企业职工及偿还职工欠债，市物资行业协会将原市燃料公司与该企业相邻的部分资产(未在燃料公司评估范围内)以50万元价格随同该企业资产一同拍卖成交,拍卖资金用于安置该企业职工。

2.经营体制改革

襄樊市物资流通企业原为国有物资企业,随着物资流通体制的改革,由计划经济逐步转向市场经济,物资经营体制随之发生重大变化.

(1)经营机构改制

1979年,原襄阳地区物资局及襄阳县物资局、枣阳县物资局、随县物资局、宜城县物资局、南漳县物资局、光化县物资局、谷城县物资局、保康县物资局、襄樊市物资局、随州市物资局、老河口市物资局共有物资经营企业38家。其中:地区物资局所属有金属材料公司、机电设备公司、化工建材公司,煤炭公司、生产资料服务公司、金属回收管理公司;襄樊市物资局所属的有金属材料公司、机电设备公司、化工建材公司、煤炭公司、生产资料服务公司、金属回收公司和运销公司(汽车队);其他县(市)物资局所属经营企业有襄阳县4家、枣阳县5家、随县4家、宜城县2家、南漳县2家、光化县2家、谷城县2家,保康县2家,随州市和老河口市各1家。

1984年,襄阳地区与襄樊市合并后,襄樊市物资局(地市合并后统称)及襄阳县物资局、枣阳县物资局、随州市物资局(随县与随州市合并后),南漳县物资局、老河口市物资局(光化县与老河口市合并后),谷城县物资局、保康县物资局共有经营企业43家,其中襄樊市物资局所属有金属材料公司、机电设备公司、化工建材公司、燃料总公司(煤炭公司更名)、金属回收管理公司、生产资料服务公司、运销公司(汽车队);县(市)物资局所属有襄阳县7家,枣阳县5家,随州市8家,宜城县4家,老河口市4家,谷城县6家,保康县2家。

1994年,是襄樊市国有物资经营企业数量最多的时期,也是企业发展的鼎盛期,襄樊市物资局及所属县(市)物资经营企业共有68家,其中襄樊市物资局所属的有市金属材料公司、市有色金属材料公司、市机电设备公司、市汽车贸易公司、市化工轻工公司、市建筑材料公司、市燃料总公司,市金属回收管理公司、市物资开发公司(驻京办)、市物资贸易中心、市生产资料服务公司,县(市)物资局所属的有襄阳县6家、枣阳县8家、随州市11家、宜城县6家、南漳县6家、老河口市8家,谷城县6家、保康县6家。

2000年,襄樊市物资局所属国有企业11家,即:襄物集团金属材料有限公司、市机电设备公司、市化工建材公司、市燃料总公司、市物资贸易中心、市汽车贸易公司、市生产资料服务公司、襄樊物产集团天一物资贸易公司、襄物集团摩托车销售有限公司、市金属回收管理公司和市物资宾馆,其变化情况如下:

襄樊市金属材料公司:1984年，初经原襄阳地区金属材料公司与原襄樊市金属材料公司合并组建;1988年经国务院批准第2批设立钢材市场,市金属材料公司分设出襄樊钢材市场,为该企业内设法人,至1991年襄樊钢材市场名称自然消亡;1992年4月,市金属材料公司一分为二,组建襄樊市金属材料公司和襄樊市有色金属材料公司;1997年金属材料公司与有色金属公司共同出资组建襄樊物产集团金属材料有限公司；1998 年襄物集团金属有限公司分立襄物集团顺发金属材料有限公司；2001 年 4 月襄物集团金属材料有限公司携襄樊市金属材料公司、襄樊市有色金属材料公司、襄物集团顺发金属材料有限公司共同破产还债。

襄樊市机电设备公司：1984 年初由原襄阳地区机电设备公司与襄樊市机电设备公司合并组建；1992 年 4 月襄樊市机电设备公司一分为二，组建襄樊市机电设备公司和襄樊市汽车贸易公司；2003 年 10 月襄樊市机电设备公司破产还债。

襄樊市汽车贸易公司：1992 年 4 月由襄樊市机电设备公司分立组建；2000 年 10 月破产还债。

襄樊市化工建材公司：1984 年年初，由原襄阳地区化工建材公司与原襄樊市化工建材公司合并组建；1992 年 4 月从该公司分别组建市化工轻工公司和市建筑材料公司，至 1994 年 3 月两家公司合并恢复市化工建材公司；1997 年襄樊市化建公司在清河口库区分设襄樊化工市场，为企业内设法人，1999 年撤销；2000 年 12 月襄樊市化工建材公司破产还债。

襄樊市燃料总公司：1984 年年初，由原襄阳地区煤炭公司与原襄樊市煤炭公司合并组建；1999 年年初由该公司分立出汽车队，另外组建襄物集团天一物资贸易有限公司；2003 年 9 月，经襄樊市国企改革领导小组批准，襄樊市燃料总公司整体改制，由襄樊丰恒置业有限公司整体收购。

襄樊物资贸易中心：1984 年 12 月组建，1997 年 7 月从该中心分离出摩托车销售业务，另外组建襄物集团摩托车销售有限公司；2000 年 10 月，襄樊物资贸易中心破产还债。

襄物集团摩托车销售有限公司：1997 年 7 月由襄樊物资贸易中心分立组建，2001 年 3 月破产还债。

襄物集团天一物资贸易有限公司（旧机动车交易中心）：1999 年初由襄樊市燃料总公司汽车队分立组建，2003 年 9 月经市国企改革领导小组批准整体改制，由原企业法人自然人整体收购。

襄樊市金属回收管理公司：1984 年年初由原襄阳地区金属回收管理公司与原襄樊市金属回收公司合并组建；2003年9月，由襄樊市国企改革领导小组批准整体改制，由原企业法人自然人整体收购。

襄樊市生产资料服务公司：1984 年年初，由原襄阳地区生产资料服务公司与原襄樊市生产资料服务公司合并组建；1986 年 8 月，部分业务人员进入物资贸易中心，部分人员与地市合并后的襄樊市物资局汽车队共同组建襄樊市物资运销公司，生产资料服务公司名称暂停使用；1989 年清理整顿公司中先后撤销了襄樊市物资运销公司和襄樊市生产资料服务公司；1993 年 9 月恢复组建襄樊市生产资料服务公司；2001 年 4 月，襄樊市生产资料服务公司破产还债。

襄樊市物资宾馆：1984 年合并后，原襄阳地区化建公司、煤炭公司办公地点搬迁，腾出办公楼后，开办了襄樊市物资宾馆；至 2003 年 9 月，由襄樊市国企改革领导小组批准整体改制，后以净资产整体出售。

2000 年以来，襄樊市国有物资经营企业相继实施产权制度改革，破产、改制，至 2005 年年底，全市原物资经营企业相继退出国有序列。

（2）物资经营网点

1981 年年底，全市物资经营企业已建立物资供应网点 47 个，其中城市网点 24 个、农村网点 23 个。物资供应网点的销售额已占整个销售额的 18.2%。1990 年，全市物资供应网点已发展至 158 个，其中城市网点 141 个、农村网点 17 个；按类划分有金属 16 个、机电 26 个、燃料 37 个、化建 18 个、回收 14 个、储运 6 个、生资 3 个、物贸 11 个、综合 6 个、其他 21 个；按层级划分市直 32 个、县（市）126 个。1996 年 9 月，全市物资供应网点已发展到 332 个，其中市直 107 个、县（市）225 个。1999 年年底，全市物资经营网点365个，其中市直56个、县（市）309个；按形式划分自营网点356个，联营网点9个。

3.管理体制改革

1979年,物资企业的人、财、物全部集中在原襄阳地区物资局集中统一管理,企业干部由地委组织部和计划委员会党委任免,企业用工及报酬由局报劳动局统一调配和审批,企业经营物资按计划分配供应、企业经营物资价格按国家或物价主管部门有关规定统一定价、企业财务会计核算由物资局按规定组织实施、企业购置办公用品、基建维修全部由企业主管部门和财政主管部门批准,“统得过死,管得过严”,企业无自主经营权。

1980—1983年,这一阶段的改革主要是按照“整顿、调整、提高”的要求,加强企业管理建立健全企业内部的各项规章制度,努力提高企业的经济效益展开。物资局对所属企业试行经济责任制、指标到科室,主要有两种形式,一是采取“指标到科(组),责任到人,百分计奖,有奖有惩”。二是采取定销售任务、费用水平、盈利指标、超利分成,完不成任务惩扣工资的形式。

1984—1986年,市物资局印发《关于物资企业试行经济责任制的若干意见》,改变局对公司财务统收统支,物资统一分配,人事统一管理,管得过多过死的现象,对企业扩大部分权利。主要有:局对公司按销售额提取管理费2‰—4‰,公司按国家政策上缴税利后的企业留利由局提取10%—20%作为企业发展基金,在市直企业间调剂使用,其余由企业自行安排。计划内统配物资由市计委分配调拨,计划外一类物资原则上由公司安排供应,市物资局在一定范围内保留调度权,其他计划外物资由公司自主安排。在人事管理上,企业有权根据需要设置机构,企业书记、经理由市物资局党组任命,副职由经理提名,市物资局党组考核任命,中层干部由企业任免。在奖金发放上,克服平均主义、奖勤罚懒,奖优罚劣,实行经济承包责任制。

1987—1991年,这一阶段企业改革主要是进一步完善企业承包经营和经理承包经营责任制。局对公司下达物资计划执行、物资销售额、资金周转率,经营费用水平和利润等考核指标,同时收取公司经理一定数额的风险金,年底统一考核算账,确定奖惩比例兑现。企业内部侧重科室核算,承包经营,奖惩兑现上。

1992—1994年,这一阶段企业改革主要集中在推行企业劳动用工、干部人事、收入分配3项改革上。在企业用工上,打破干部职工的身份界限,实行全员劳动合同制。在干部人事管理上,市物资局党组只对公司书记、经理进行管理和任免,公司副职及中层干部均由经理提名,公司党委(支部)讨论,公司任命,自行确定员工调进调出,报局审核办理手续。企业职工可自愿双向选择,竞聘上岗,也可下岗分流,自谋出路,留职停薪或只领取生活费或在企业内退。在分配制度上,业务科室全面推行“五费合一”核算办法,后勤人员报酬与前勤挂钩,按比例领取工资。员工可自愿下岗,留职停薪,自谋出路,企业减员增效。

1995—2000年,这一阶段企业改革主要集中在贯彻落实《公司法》的要求,理顺企业产权关系上。体现在:按照襄政发〔1994〕151号文要求,1994年年底由市直10家物资企业(金属、有色、化建、机电、汽贸、燃料、物资、开发、生资、宾馆)以各自的注册资本出资2530万元,共同组建襄樊物产集团有限公司,与襄樊市物资局实行两块牌子、一套班子模式运作,集团公司可统一调度使用市直各物资企业的固定资产,并以集团公司名义对外开展业务;1997年年初,组建襄物集团摩托车销售有限公司,专营春兰摩托车及空调器材的销售;1995年5月,组建襄物集团清河口库区管委会,统一管理清河口库区的营运,库区房产、土地转至集团公司名下;1997年,由金属材料公司、有色金属材料公司合并组建襄物集团金属有限公司;1998年由襄物集团金属有限公司与部分员工共同出资组建襄物集团顺发金属材料有限公司;1999年,集团公司将燃料公司汽车队剥离出来,组建襄物集团天一旧机动车交易中心。

4.物价改革

(1)物资作价原则

1979—1981 年,襄樊地区物资部门执行的作价原则是"以收抵支,收支平衡",即国家或地方政府制定的出厂价加收规定的费用。1982—1992 年,物资部门执行的作价原则是"合理计费,合理盈利",在此期间计划内外价格并存,其中计划外价格允许加收规定的利息率 1%和一定的(1%—3%)利润率。当时物资部门的价格主要有计划价、指导价、保本价和生活用煤价等。1993—2005 年,物资部门的作价原则是"随行就市,逐步放开",国家赋予企业定价权,使物资价格不断趋于市场化。

(2)物资价格形式

供应价与调拨价。二者属指令性计划内物资价格。从销售对象上看,对用户(最终消费者)实行供应价;对物资系统内部实行调拨价,一般调拨价只收取 1/3 经营管理费。对于大批量需"直达供应"的,并由供需双方直接结算,物资部门不收管理费用。对于物资部门入库"中转供应"的,其作价办法一般是:供应价 = 出厂价 + 经营管理费 + 进货运杂费。其中管理费由国家或地方政府部门规定,进货运杂费(含资金占用利息和仓储费用等)由同级政府物价部门和物资主管部门共同审定。

浮动价与指导价。二者属指导性计划内物资价格。浮动价格是指国家在出厂价的基础上规定一定的浮动幅度的价格,比如国家对钢材部分规格产品制定上下浮动 20%的政策,另外国家对废钢回收和废旧汽车拆零等也规定了不同程序的浮动幅度。指导价是根据国家下达的指导性计划制定的价格,比指令性计划价格高,但比市场价格低,主要是钢材、煤炭、水泥等物资执行这种价格。其指导(浮动)价格没有严格的作价办法,通常一般作价为:出厂价 ×(1+ 上下浮动幅度)+ 规定的综合费用。

保本价与限价。二者区别于计划价格,其作价办法稍比计划价格灵活松动,按照"不赔不赚,保本经营"的原则经审核后报批执行。保本价一般为一次性批量作价,即物资部门根据本地需要通过组织计划外或调剂串换的物资,经物资主管部门审核后报同级物价主管部门审批执行,其价格有效期为同批量物资销完为止。类似于保本价的还有高进高出价、均价、随行就市价等。限价是国家或地方政府主管部门为平抑物价水平对部分产品制定的一种限制价格,一般指最高限价。保本价和限价主要用于钢材、煤炭、化工、建材、汽车等物资。

煤炭平价。通常指城镇生活计划用煤价格。国家曾先后多次调高工业用煤价格,但为保证城镇居民生活不受影响,对生活用煤不作调整,实行计划定量供应,其价格仍执行原计划内平价,由此经营亏损由国家财政审核定额弥补,襄樊市全年生活用煤财政补贴 200 万元左右,其中市直 88 万元。1993 年生活用煤价格放开后,价格补贴即行取消。

零售价格。它是指用于市区或城镇供应网点的零星物资销售价格。主要销售城镇居民生活用煤、小型钢材、化工原料、水泥、油毡、轴承、机电产品配件等物资。其作价办法是在供应(批发)价基础上加收规定的(12%左右)供(批)零差率。

"四代一调"价格。计划以外的价格主要靠用于代购、代销、代加工、代运输和调剂余缺,其作价办法是收取手续费。

市场价格。1992 年国家基本取消物资计划分配,物资计划价格相继取消,物资价格逐步放开,物资作价趋于市场化。

(三)粮食流通体制改革

1.机构改革

1979 年，境内设有襄阳地区行政公署粮食局和襄樊市粮食局，襄阳地区粮食局负责随州市、随县、枣阳县、襄阳县、南漳县、保康县、谷城县、光化县、老河口市等 10 个县(市)的粮油食品的经营管理工作。1983 年,地、市合并后组建襄樊市粮食局,市局直属企业有粮油供应公司,粮油工业公司,油脂公司、饲料公司、粮油贸易中心、粮油物资供应站,粮油科研所、粮食职工中专学校。下辖一、二、三和郊区粮所,一、二、三和八一仓库,襄城中转储备库,一、二米厂,一、二粮机厂,啤酒厂,面粉厂、淀粉厂,食品厂等。1992 年,根据市委办公室、市政府办公室文件批复,同年 9 月组建襄樊市粮没经济发展(集团)总公司,与襄樊市粮食局实施一套班子、两块牌子。同年 10 月,组建市远达贸易公司、市昌大粮油食品开发公司、市宏达建筑装饰设计公司。同年 12 月,襄樊市粮油机一厂进行股份制改革,组建襄樊粮食机股份有限公司。1993 年,根据市编制办批复,成立湖北粮食局批发市场襄樊分市场。1997 年,襄樊市面粉厂兼并岘山面粉厂,组建成立襄樊面粉集团公司,成为全市首批“优化资本机构方式试点企业”。1998 年,由粮食局 10 个联销经营核心层门店、8 个松散网点、1 个配送中心以股份制形式联合组建成立襄樊市为民粮油联销经营有限责任公司,国有资本占 58%。1999 年,襄樊市粮食系统行政管理机构进行改革,市、县(市)两级粮食局工作人员由原来 423 人调整为 283 个,减幅达 33.1%。2001 年,襄樊市行政区划进行调整,市区分别成立襄城区粮食局和樊城区粮食局。2003 年,上海邦成投资管理有限公司,上海良友(集团)有限公司与襄樊粮油经济发展(集团)总公司联合成立襄樊九香食品有限公司。

2004 年,襄城国家储备粮库上交给中国储备粮管理总公司湖北分公司管理。附襄樊市粮食局历任领导名录(见表 13-5)。

襄樊市(襄阳地区)粮食局领导干部情况

表 13-5

机构名称(起止年月)	姓名	职务	任职时间(年月)
襄阳地区粮食局(1976.10—1983.12)备注:1973 年 2 月成立党总支,1979 年 7 月成立粮食局党组	李润斋	局长	1976.10—1983.08
		书记	1976.10—1983.08
	吴宣明	副局长	1976.10—1983.08
		书记	1983.08—1983.12
	谢世坤	副局长	1976.10—1983.12
	吴运章	副局长	1976.10—1983.12
	徐蓬	副局长	1979.12—1983.08
	袁良栋	副局长	1982.03—1983.08
	邢天华	副局长	1983.08—1984.01
	吴宣明	副书记	1976.10—1983.08
	邓兰发	局长(兼)	1979.06—1983.12
		书记	1979.12—1983.12
	李秀珍(女)	副局长	1979.06—1983.12
	罗伯延	副局长	1979.06—1983.12
	徐修喜	副局长	1979.06—1983.12
		副书记	1979.12—1983.12

续表 1

机构名称(起止年月)	姓名	职务	任职时间(年月)
襄樊市粮食局 (1979.06—1983.12) 备注:1979 年 6 月建立党总支,12 月改建党委	文明英(女)	副局长	1979.06—1983.12
		副书记	1979.12—1983.12
	贾松声	副局长	1979.06—1983.12
		副书记	1979.12—1983.12
	张利秀	副局长	1982.10—1983.02
襄樊市粮食局 (1983.10—2004.12) 备注:1983 年 12 月建党组,1985 年 12 月改为党委	吴宣明	局长	1983.12—1992.07
		书记	1983.12—1985.12
			1990.03—1994.06
	冯黎觉	书记	1985.12—1990.03
	吴运章	局长	1992.08—1994.06
		书记	1994.06—1999.05
	谢世坤	局长	1994.06—1997.04
	钱克强	局长	1997.04—1998.12
	杨光礼	局长	1998.12—2003.12
		副书记	1998.12—1999.05
		书记	1999.05—2003.12
	汪帮国	局长、书记	2003.12—2005.12
	谢世坤	副局长	1983.12—1994.06
		副书记	1983.12—1997.04
	徐修喜	副局长	1983.12—1994.06
	吴运章	副局长	1983.12—1988.11
		副书记	1992.07—1994.06
	邢天华	副局长	1983.08—1984.01
	倪全鸿	副局长	1983.12—1997.04
襄樊市粮食局 (1983.10—2004.12) 备注见上	李忠文	副局长	1990.11—1994.06
	钱克强	副局长	1994.06—1997.04
		副书记	1994.06—1998.12
	文建兵	副局长	1994.06—2005.10
	申建中(女)	副局长	1997.04—2000.01
		副书记	1990.12—2000.01
	周圣忠	副局长、副书记	1998.12—2002.02
	熊建敏(女)	副局长	1997.04—2002.02
		副书记	2002.02—2004.12
		纪检组长	1997.04—2004.12
	龚锡强	副局长	1997.04—2005.12
	刘全书	副局长	1997.12—2004.10
		副书记	2002.02—2004.10
	贾松声	纪检组长	1983.12—1985.12
	张利秀	纪委书记	1985.12-1987.05
	周万年	纪检组长	1987.05-1994.06

续表 2

机构名称(起止年月)	姓名	职务	任职时间(年月)
	申建中(女)	纪检组长(兼)	1994.06—1997.04
	吴祥正	工会主任	1985.12—1994.06
	李忠文	工会主任	1994.06—1999.05
	刘擘	工会主任	1999.05—2005.12

截至 2005 年,境内粮食系统采用“单退”、“双退”(由政系性业务的收储企业,仍保留国有企业性质,职工全部退出国有身份;不承担政系性业务的加工、贸易企业全部退出国有序列,职工全部退出国有身份)的办法,实施人员重组、自谋职业,提前退休和内部退养等多种形式进行人员分流;对解除劳动关系的职工按政策规定给予经济补偿和买断工龄安置补偿。全市共有 274 家企业退出国有序列,37 730 人退出国有身份,其中市区物资公司、八一库、郊区粮管所、工业公司、一粮机厂、二粮机厂资产整体出售,退出国有,转为民营,企业与职工解除劳动关系,全员买断工龄;食品厂注销;鄂西北粮贸公司,饲料公司,面粉集团、啤酒厂、淀粉厂、一米厂、二米厂、油厂和粮食公司依法破产。

襄樊市粮食系统企业改革统计一览

表 13-6

项目 / 单位	企业人员情况													1999年年底以来人员增减情况				
	1997年		2005年年初		报告期								2000年省定目标	减少总数	其中			
						其中：					离退休人员							
						在册			聘用									
	职工总数	离退休人数	职工总数	离退休人数	职工总数	在岗	内退	其他	返聘	其他	人数	纳入统筹			买断	交社保托管	离退休	其他
计量单位	人	人	人	人	人	人	人	人	人	人	人	人	人	人	人	人	人	人
序号	13	14	15	16	17	18	19	20	21	22	23	24	25	26	27	28	29	30
合计	21643	2592	6053	2981	3430	0	0	0	3430	0	2998	2998	7120	17807	16128	648	1022	9
襄阳区	4808	488	1852	573	887	—	—	—	887	-	579	579	2220	3830	3830	—	—	—
枣阳市	4408	632	1101	679	1101	—	—	—	1101	-	679	679	1880	3260	3075	138	47	—
宜城市	2101	174	322	229	322	—	—	—	322	-	229	229	1100	1724	1692	—	32	—
南漳县	1390	235	364	240	364	—	—	—	364	-	240	240	630	1021	1021	—	—	—
谷城县	2414	521	1736	607	210	—	—	—	210	-	607	607	500	2118	1119	392	607	—
保康县	508	86	71	85	63	—	—	—	63	-	85	85	120	446	418	—	19	9
河口市	1587	231	217	267	217	—	—	—	217	-	270	270	350	1331	1100	—	231	—
襄城区	660	81	175	92	96	—	—	—	96	-	95	95	—	550	460	76	14	—
樊城区	543	59	107	94	62	—	—	—	62	-	99	99	—	441	327	42	72	—
市直	3224	85	108	115	108	—	—	—	108	-	115	115	320	3086	3086	—	—	—

2.经营体制改革

(1)统一收购到多元主体收购的转变

1985年,中共中央、国务院发布《关于进一步活跃农村经济的十项政策》,对粮食流通体制开始进行改革。在粮油购销体制改革中推出取消粮食统购制度,粮食收购实行合同定购和市场收购,(称"双轨制")。合同定购粮食按统购价的"倒三七"比例计价,合同定购油脂油料按统购价的"倒四六"比例计价,市场收购的粮食和油脂油料按议价收购。合同定购的粮食品种限于玉米、小麦和稻谷3个品种,由国有粮食系统的基层粮站定点收购,发挥主渠道收购作用,国家掌握充足粮源。对合同定购以外的粮食和完成定购任务后的粮食,允许多条渠道经营和市场收购。

1990—1998年,"双轨制"并轨,实行国家定购和订单收购,执行保护价收购。国家实行惠农富民政策,多次上调粮食收购价,推行最低收购价保护粮农利益。要求按保护价敞开收购农民余粮、粮食收储企业实行顺价销售、粮食收购资金封闭运行。

1999—2000年,玉米和小麦先后退出定购。

2002年,稻谷退出定购。粮食价格和市场收购全面放开,粮食收购主体由粮食企业独家收购,发展到所有合法经营者多家收购。襄樊粮食经营工作呈现出多元主体经营、平等自由竞争、市场购销两旺的新格局。

(2)计划供应到自由选购的变革

粮食统销时期,襄樊市城镇居民口粮实行定量计划供应,凭(购粮)证、凭(粮油)票、定(供应)点计划供应。军队和工商行业用粮按计划供应。牲畜饲料用粮分类定量供应。20世纪80年代,国家对粮食购销采取"稳购、压销、调价、包干"等政策。1986年前后,工业企业和饮食行业用粮先后退出统销政策的计划供应,实行市场议价粮油自由购销。1993年,全面放开粮食价格和经营,实行近40年的城镇居民口粮计划供应、凭票购粮的统销政策最终取消,粮油票证停止流通。在统销政策计划供应时期,市场供应的米、面、油"老三样"多为初级加工产品,定点供应的散装粮油让消费者感到诸多不便。随着粮油加工企业向深加工、精加工方面发展,粮油销售主体由单一的国有粮食企业变为多个合法销售主体,市场、摊贩、店铺和超市,粮油商品货源充足,品质优良,包装精美,有了更多的自由选购的空间。

(3)国家统一定价到市场形成价格的变革

1979—1985年,粮食购销执行国家统一制定的统购统销价。明确规定合同定购的粮油品种由国家定价,定购以外的粮油品种,分别实行国家指导价或市场调节价,进一步明确分管权限,使价格的统一性与灵活性更好地结合。1985—1992年,收购粮食执行定购价、保护价和议购价。合同定购粮食按统购价的"倒三七"比例计价结算,即30%按原统购价计价,70%按超购加价计价结算。合同定购油脂油料按统购价的"倒四六"比例计价结算,即40%按原统购价计价、60%按超购加价计价结算。1993年起,粮食收购执行定购价、保护价,政府不再出台议购价。粮食部门的政策性业务,严格执行国家价格政策,敞开收购;定购以外的粮食经营,随行就市,发挥主渠道作用。1996年国家再次大幅度提高定购粮食价格,本市提价幅度达到47%。2002年,稻谷退出粮食定购以后,国家实施强农富民政策,粮食收购执行最低收购价,保护农民利益。

销售粮食执行统销价、平价口粮价、购销同价和议销价。国家指令性调销计划粮油商品和非农业人口、城镇居民口粮口油的计划供应执行统销价。对非农业人口、城镇居民计划供应的米、面、油销价低于购价。

1991 年、1992 年，国家连续两年提高统销价，减小购销倒挂差价，减轻了财政负担。1993 年粮食销售价格放开以后，粮食销售执行市场价，市场粮油商品销售价格一度陡涨。政府为平抑市场粮油价格，临时实施销售限价，公开挂牌限价抛售粮油商品，国有粮食企业发挥主渠道货源充足的优势，保质保量，供应及时，稳定了粮价，稳定了社会。2004 年开始，国家在粮食主产区对小麦、稻谷等主要粮食品种实行最低收购价政策.

3.管理体制改革

(1)行政部门职能转变

1986 年，市粮食部门推行“经济、服务双目标承包制”，运用经济手段为社会、为基层服务，制定了服务生产、服务消费、服务基层、执行政策、机关作风、部门协调 6 大服务目标，实行年度考核，推进粮食工作由管理型转向服务型。全市推广水稻“籼优 63 号”等良种 40 余千克，发展地膜覆盖作物 23 万亩。市粮食部门贴款近 12 万元，从武汉引进“四喜粘”优质稻种，试种 9400 多亩，平均亩产 612 千克，最高达 974 千克。当年，种植农户每亩增加收入近 40 元。

1987 年，在有酒厂的县市，引导农民建立啤酒大麦和高粱生产基地，为酒厂提供市场原料。在贫困山区恢复油茶生产，解决农民吃油问题。搞好粮油加工兑换，丰富农民生活。安排粮油加工企业积极搞好代农加工和兑换业务，开展“零存整取”业务，方便群众兑换和存取。在边远山区建立代购、代销、代换“三代店”，服务农民。大力发展饲料生产，为农村发展养殖业服务。推广配合饲料的生产和使用，实现饲料配方标准化、饲料产品系列化、饲养方法科学化，与农民签订养殖合同，为他们提供良种、饲料、防疫、销售等系列化服务。深入开展农村粮油收购优质服务活动，增设收购网点，增加收购人员，增加收购器材，增设便民措施，实行昼夜服务。对卖粮大户，实行登门收购，给予优先验质、优先过磅、优先结算、优先付款的鼓励。

1995 年，国务院实施“米袋子”工程行政首长负责制。市政府与市粮食局签订工作目标责任状。同年，市、县(区)两级粮食局也签订工作目标责任状。

1998 年，国务院出台《关于进一步推进粮食流通体制改革的决定》。市粮食局认真贯彻落实“政企分开”的原则，与所属企业在人财物上彻底脱钩，不参与粮食经营，不直接干预粮食企业的经营活动。严格按照“精简、统一、效能”的原则，定岗定员，建立新的管理机制。推进按保护价敞开收购农民粮食，国有粮食收储企业顺价销售，收购资金封闭运行“三项改革”，确保国有粮食收储企业不再发生新的亏损。建立健全粮食风险基金，落实各级储备粮油，加快粮食市场体系建设。

2004 年 11 月，省、市政府成立粮食工作行政首长负责制考核工作领导小组，实行工作责任制考核制度。发改委、审计局、劳动和社会保障局、国土资源局、农业局、统计局、工商局、粮食局、农发行等部门参加考核工作专班。发展粮食生产，提高粮食综合生产能力情况、对农民直接补贴机制情况、粮食总量平衡情况、地方粮食储备情况、粮食市场秩序情况、国有粮食购销企业改革情况等六项综合考核指标列入考核内容，明确自查、互查、抽查的考核方式和考核时间，确定合格、基本合格、不合格三个考核等级。

(2)推行经济责任制

1986 年，市粮食部门建立和完善企业经营责任制的内容和考核办法，在粮食企业推行厂长(经理)负责制和厂长(经理)任期责任制，实行厂长(经理)任期届满审计制度。把企业的购、产、销、质量、安全、利润等方面的内容都纳入了企业经济责任制范畴，一年一考核，一年一兑现，一年一奖罚。1987 年，市啤酒厂实行吨酒工资含量计酬制，把产品质量与干部职工的切身利益挂钩，奖优罚劣，一举扭转产品质量问题和经营被动局面,“襄樊”牌11度啤酒从全省排位第24名,一跃成为全省第3名。1993年,粮食企业推行经营承包责任制。对生产一线实行目标任务承包责任制,按月考核,按月结算,按月兑现。对承包部门总收入实行上不封顶,下不保底的激励措施,调动生产人员工作积极性。1998年,粮食企业推行资产承包经营责任制。企业实施租赁承包、全员承包、集体承包等各种形式的资产承包经营。加工企业把车间、分厂实行租赁承包,由承租人定额交纳风险抵押金和租赁金,安置分流企业人员,承担社会责任。市饲料公司将岘山饲料厂租赁给江西明星饲料有限公司,安置了70名分流人员;襄樊油厂将预榨油车间租赁给企业职工承包经营,分流了10多名油厂职工。2003年,九香食品公司租赁经营襄樊油厂,安置了襄樊油厂90%的职工。襄樊粮油运贸公司和市粮油物资购销公司把营运的货车,租赁给驾驶人员承包经营,由驾驶人员交纳风险抵押金和租赁金,降低企业管理成本。商贸企业把粮店、门面房租赁给职工承包经营,定额交纳风险抵押金和租赁金,由承租人自组人员、自筹资金、自主经营、自定分配、自负盈亏。

(3)扩大经营自主权

1986—1992年,粮食市场交易日趋活跃,议购议销交易量大幅增长,加工企业和收储企业有了经营自主权,企业的“人、财、物、产、供、销”都由企业自己做主,国有企业经营机制得到了进一步转换。企业引进风险机制、竞争机制、激励机制、约束机制,实现自我发展,基层粮食企业逐步由封闭式单纯生产型向开放式生产经营型转变,进入快速发展时期。1992年,国家取消了指令性生产计划,全面放开企业的生产、经营自主权。企业的投资建设、技术改造、立项开工、购销定价、内部管理等均由企业自主决策。1993年,国家取消城镇居民计划供应,商贸企业开始实施经营自主权,扩大经营范围,粮食企业成为自主经营、自负盈亏、自我约束、自我发展的市场主体。

(4)引入激励机制

1992年,粮食企业推行劳动、人事、分配制度改革,企业内部普遍实行全员劳动合同制,全员竞争上岗和以岗位工资为主的工资制度,建立干部能上能下、职工能进能出、工资能升能降的新机制。1995年,粮食企业推行绩效工资制度,职工收入与企业效益直接挂钩。绩效工资结构内含:基本工资(保证职工基本生活需要)、工龄补贴(保护老职工利益)、岗位津贴(职责不同,补助有别)、绩效工资(考核任务指标完成情况而浮动)。企业工资制度改革提高了职工工作积极性和责任感,培育了职工参与竞争、谋求发展的思想意识和心理素质,使企业呈现出生机勃勃的生产景象。2002年,企业实行领导岗位竞争聘任制和健全法人治理结构。企业中层干部通过竞争由职工选举产生,实行聘任制。企业用工实行全员劳动合同制,竞争上岗,择优录用。领导竞聘上岗和职工应聘上岗交纳责任保证金。

1999年10月,市粮油设备公司面向社会招聘企业法人代表,成为市直粮食部门首家招聘企业法人的单位。2005年6月,樊东国家粮食储备库、环城粮油管理所和粮油物资购销公司3家市直粮食企业,面向社会公开招聘企业法人代表。经过报名审核、面试打分、民意测评和组织考核等程序,2005年7月,这三家购销企业法人全部到位。

(5)资产重组改造

主附营业务分离,实行“三减一完善”(减灶、减官、减员,完善企业经营管理机制)。

设置收储企业:按照国务院和省政府文件规定,收储企业按照经济区划和收储量对现有收储企业进行合理调整,因地制宜地组建粮食收储公司。收储公司可在收储量大的一个乡镇单独设置,也可在收储量小的几个乡镇设置一个。粮食局所属独立核算粮库,可作为独立的收储企业。边远山区、贫困地区的粮管所,虽然收储业务量比较少,为保留购销网点,应付灾荒和不可预见的自然灾害及突发事件，确保农村生活安排和粮食供应不出问题，粮管所由县级财政负责不少于3人的费用。

定岗定责定员：收储企业按粮食收储量和收益补偿的原则定岗定员，按前3年平均原粮收储量加上上浮10%的原则进行测算，确定收储企业人员。收储人员人均收购量按原粮计算：主产区不低于25万千克，丘陵和一般产区不低于20万千克，山区和粮食少的地区不低于10万千克。保管防化人员人均保管量按原粮计算：大型粮库不低于200万千克，中型粮库不低于120万千克，产区粮管所收纳库、露天堆不低于60万千克，丘陵地区不低于50万千克，山区不低于40万千克。收储企业管理及后勤人员一般控制在定编职工总数的10%以内，企业职工人数在150以上的不高于8%。

1998—2005年，粮食购销企业实行“三减”改革，即“减官”“减灶”“减员”；附营企业实行“双退”改革，即职工退出国有身份、企业退出国有性质。领导职数：1998年590人，2006年201人，减少389人，减幅65.93%；购销企业：企业个数，1998年157个，2005年77个，减少80个，减幅50.96%；职工人数，1998年21 643人，2005年3536人，减少18 107人，减幅83.66%。附营企业：企业个数，1998年208个，2005年3个，减少205个，减幅98.56%；职工人数，1998年16 087人，2005年1504人，减少14 583人，减幅90.65%。2005年，购销企业实行产权制度改革，改革的形式主要是国有独资、国有民营、股份有限公司、参股、租赁。

安置分流人员：附营企业包括粮油工业、多种经营企业等，同收储企业分离后，没有改变隶属关系的，粮食局积极妥善地搞好人员分流。全面清退临时用工；整体划转或新组建附营企业；充实到工业和多种经营企业；够退休的办理退休手续；在职工自愿的前提下，买断工龄自谋生路。原来在收储企业退休和分流办理退休手续的均为收储企业退休人员。确实安排不了的下岗待业，统一纳入地方政府再就业工程，享受有关优惠政策，多渠道安置下岗分流人员，最大限度地减少社会震动，确保稳定。

建立新机制：收储企业按照现代企业制度的要求，实行新的企业经营机制，建立民主、竞争上岗、能上能下的用人机制；择优录用、奖勤罚懒、能进能出的用工机制；效益优先、多劳多得、能高能低的分配机制。在用人上打破干部与工人的界限，对企业经理和中层干部定岗定职，拟定条件，本人自荐，考试考核，竞争上岗，任期3年。推行干部聘任制，收储企业领导职数严格按1正1副、最多1正1副配备，聘任面达100%。在用工上一律实行合同制，考试竞争上岗，期限3年，违反合同的按合同规定处理。在分配上实行岗位效益工资制，凡亏损的只发给生活费。

附营企业改制：推行“二改一减”（企业改制、职工改姓、减员销号）的改革形式。总的原则是以民营化为主要方向，稳一块、破一块、活一块，做到“进而有为，退而有序，抓大要强，放小要活”。对骨干附营企业，通过实施动态股权、国家控股的方式进行改制，建成1—2个主业突出、管理水平高、竞争能力强的大型粮油加工集团或基地；对严重资不抵债的企业，坚决进行破产改制；对一些资产较少、负担较小的附营企业，通过租、转、卖等方式，退公转民，让其活起来。1992年12月，襄樊市粮机一厂率先进行改组为股份有限公司，成立襄樊粮食机械股份有限公司。1999年年底，市直21家粮油工贸企业中，襄樊粮食机械股份有限公司、昌源粮机有限公司、为民粮油连锁有限公司等3家企业进行股份制改造。3家企业的股本总额为552.7万元，占21家企业资产总额66 374万元的0.8%，3家股份制企业募集资金144.7万元，占企业股本总额的26.2%。1997年10月，襄樊市面粉厂顺利兼并岘山面粉厂，组建襄樊面粉集团公司，成为全市首批12家“优化资本机构方式试点企业”之一，也是全省唯一纳入兼并计划，享受有关优惠政策的粮食企业。1998年6月，二粮管所组建了由10个连锁经营核心层门店、8个松散型网点、1个配送中心构成的股份制形式的“襄樊市为民粮油连锁经营有限责任公司”，国有资本约占58%。2003年7月，上海邦成投资管理有限公司、上海良友（集团）有限公司和襄樊粮油经济发展（集团）总公司联合投资800万元，成立襄樊九香食品有限公司。

“国退民进”改革：根据国家深化粮食流通体制改革的要求和安排部署，国有粮食企业改革坚持因企制宜、一企一策的原则。通过股份制、股份合作制、出售、兼并、破产等各种形式，全面放开企业所有权和经营权,使国有资本退出主导地位,实行民营转制。对资不抵债、包袱沉重、扭亏无望、符合破产条件的企业,按照法定程序进行破产。对企业职工全部改变国有身份,通过民营转制和企业破产等方式,使企业与职工解除劳动关系。对职工买断工龄、置换身份,给予一次性经济补偿或安置补偿。截至2005年年底,全市粮食部门共有274家企业退出国有序列,企业与职工全部解除劳动关系,共有企业职工37 730人退出国有身份。

"单退""双退"改革:市直粮食企业采取"单退"和"双退"两种改革模式。由政策性业务的收储企业,仍保留国有企业性质,职工全部退出国有身份;不承担政策性业务的加工、贸易企业,企业全部退出国有序列,职工全部退出国有身份。企业采取人员重组、鼓励自谋职业、提前退休和内部退养等多种形式进行人员分流,对解除劳动关系的职工,全部按政策给予经济补偿和买断工龄安置补偿,进行妥善安置。截至2005年年底,市直粮食部门共有21家工贸企业完成"单退"。

4.粮油价格改革

1986年4月,省粮食局发出《关于国家委托代购粮食作价结算问题的通知》,对国家委托代购粮食作价,在比例价的基础上每斤加价二分钱,具体为:每斤小麦、大米加二分,稻谷加一分四厘,玉米加一分五厘。合同定购和国家委托代购部分,按"七三开"计价。同年9月,国家委托代购的粮食,从中稻上市起,大米、玉米在现行超购价的基础上按每斤加价三分收购。即70%按比例价,30%在超购价的基础上每斤加价三分钱。1986年,稻谷定购价按不同品种提高8.1%—26.5%,花生果(油)、棉籽代购价各提高15.4%,粮油议购价也相应上升。襄樊市粮油商品的购销价格,历经不同时期的调整变化。1987—1992年期间,粮食销售执行统销价。1993年,粮油经营和价格全面放开以后,粮油商品销售价格执行市场价。2002年,粮食收购全面退出保护价,执行敞开收购、顺价销售的政策以后,襄樊粮油购销价格全面市场化。

(1)政策价格

统购价:1953年由国务院和有关部委、省政府和有关部门制定、批准执行的粮食收购价格。1985年,粮食收购退出统购政策,统购价不再执行,仅作为粮食定购价的基本价使用。

超购加价:按定购任务结算,对超过定购部分的粮食实行加价奖励,即30%按统购价结算,70%按超购加价结算的价格形式。1958年起实行,经历了加价5%、10%、12%、30%、50%、70%的历次调整。1992年"双轨制"并轨后停止执行。

定购价:1985年,粮食、棉花取消统购,改为合同定购。定购的粮食按"倒三七"比例计价,即30%按统购价计价,70%按超购加价计价;定购的油脂油料按统购价的"倒四六"比例计价,即40%按统购价计价,60%按超购加价计价。1999年定购价并入保护价(见表13–7)。

粮食定购价执行情况一览

表13–7　　单位:元/50千克

品 种	1993年	1994年	1995年	1996年	1997年	1998年	1999年
小 麦	31	51	51	73	73	70	57
中籼稻	26	50	50	72	72	64	54
玉 米	21	46	—	72	61	58	—

注:1999年玉米退出定购。

保护价:政府从宏观经济和全局利益出发,综合价格杠杆和市场机制作用,实施宏观调控手段的价格形式。1993 年起执行,2002 年取消(见表 13–8)。

粮食保护价执行情况一览

表 13–8　　单位:元 /50 千克

品 种	1999 年	2000 年	2001 年	2002 年	2003 年
小 麦	57	57	52	50	43
中籼稻	54	54	52	48	63

最低收购价:由政府批准启动、干预粮食市场收购价格的一种指导性的价格形式。2004 年国家出台最低收购价政策,2005 年正式执行。

统销价:1953 年由国务院和有关部、省制定和批准执行的粮油商品销售价格。1966 年调整后,基本实行全省统一的价格。1993 年取消。

调拨价:产区粮食企业执行上级主管部门下达的指令性粮食调拨计划,完成向销区粮食企业调拨的粮食,按国家统一制定的价格进行结算的价格形式。20 世纪 50 年代起实行,1999 年 5 月,省政府取消定购粮食调拨计划,调拨价终止。

平价口粮价:主要对城镇居民口粮计划供应、凭票购粮的统销价的一种价格形式。1955 年起执行,1993 年取消。

销售限价:1993 年粮食价格放开以后,市场粮油商品销售价格陡涨,政府推出公开挂牌、限价抛售粮油商品的临时价格形式。

购销差价:1979 年实行改革以来,国家曾先后提高粮油收购价格,但没有调整粮油销售价格,致使购销价格由持平转向倒挂。1986 年大米(籼、粳、糯)和 食油(麻、菜、棉、茶)销售价低于收购价的平均差幅分别为 37.37%和 41.55%, 1987 年分别为 44.1%和 44.83%, 分别比上年度增长 6.73%和 3.28%。1991 年国家口粮统销价格仅为定购价格的 49%,口油统销价格仅为定购价格的 37% 。

质量差价:包括品种差价和等级差价。襄樊市粮食购销始终坚持执行"优质优价、按质论价"和"基本合理、简便易行"的原则,保持品种差价和等级差价。稻谷 、小麦、玉米、大豆、大米、面粉执行国家标准,由原来的按 3 项质量(水分、杂质、不完善粒)定等,改为分品种按出糙率、容重、纯粮率、整精米率等几方面验质定等。粮食收购价格和销售价格均按品种、等级不同而购销价格不同,产生价格差价。

季节差价:国家在制定粮食收购价格政策的时候,明确规定各地要根据当地的实际情况,对于推迟交售可以降低水分、提高内在质量的粮食品种,合理安排季节差价,把节约的利息和储存费用的大部分通过拉开季节差价的形式让利给农民,以减轻财政负担,降低流通成本,增加农民种粮收入。

地区差价:国家在制定粮食收购价格政策的时候,充分考虑地区之间的差价问题,要求建立毗邻产区粮食价格衔接制度。要求产区各省级政府夏粮和秋粮收购之前,及时沟通情况,交流信息,加强协调,在确定粮食定购价和保护价时,要注意拉开省与省间及省内产销区之间的地区差价,以利不同地区的粮食购销企业平等竞争,促进粮食有序流通。

(2)市场价格

集市交易价格依质论价,可高可低,协商面议:襄樊市五谷杂粮多,粮食有优质米、糯米、小麦、大麦、蚕豆、豌豆、绿豆等,油料有芝麻、花生、黄豆等。襄樊集市放开较早,摊贩经营零散,市场交易活跃。20 世纪 80 年代,粮食部门设置的粮油交易所对落市粮油的价格,执行随行就市,依质论价,市价低于定购价时,大量收购。

议购议销:对合同以外的粮食,粮食部门积极开展议购议销经营业务,调剂余缺,活跃市场,平抑粮价,补充国家粮源,发挥主渠道作用。议购议销价格随着粮源丰歉、季节不同和供需关系的变化而变化,有高有低,有涨有落。

市场批发:国家要求在城市和粮食商品集散地,建立粮食批发市场。粮食批量经营,都要进场交易。不论是国营、集体、个体,不论是生产者、经营者、消费者,都可以参与交易,相互竞争。市场批发价低于市价,薄利多销,以量取胜。

超市经营:超市经营的粮油商品以零售为主,价格相对较高。由于各商业超市有不同的进货渠道和不同的经营策略,同品质的粮油商品,在不同的超市或不同的时间,销售价格高低有别,时高时低,灵活多变。

(3)价格调整

襄樊粮食购销价格的调整,主要是针对小麦、稻谷和玉米3大品种以及食用油脂油料进行调整,总体上是逐步提高和相对稳定。

1989年,省粮食局、物价局调整部分粮油收购价格,即每50千克:普通籼稻三级由17.09元调整到22.10元,晚籼、晚杂、中杂"691"等按普通籼稻提高1元,优质稻由20元调整到32元,粳糯稻三级由20.8元调整到33元,籼糯稻三级由21.9元调整到35元;花麦三级由23.1元调整到24.6元,红麦低于1%,白麦高于2%;玉米二等由17.2元调整到18.5元;二级菜籽油定购价由148.4元调整到158.4元,二级花生油定购价由172.5元调整到183.9元,一级菜籽油和花生油定购价分别按二级加价4%,大槽麻油由180元调整到192.1元,小磨麻油按大槽麻油提价幅度调整,净棉油由126元调整到158.4元,毛棉油按净棉油提价幅度调整,茶籽油由177元调整到188.9元,油菜籽、花生果(仁)、芝麻、油茶籽、棉籽定购价按油脂定购价提高幅度相应提价。

1991年5月,国家提高粮油统销价格。1992年4月1日,国务院提高粮食定购价格,全国平均3种原粮每50千克提高4元,其中小麦提高6元、粳稻提高5元、玉米提高3元。1996年4月,国家大幅度提高粮食购销价格,中籼稻72元/50千克,小麦73元/50千克,玉米72元/50千克。1999—2002年,玉米、小麦和稻谷先后退出定购,粮食购销价格全面放开,完全由市场自动调节。

5.财务体制改革

(1)财务管理

1982年,粮食财务管理体制下放到县(级)财政管理,随着粮食流通体制、财政体制的变化,粮食财务管理模式不断变化调整。1985年国家对粮食收购实行合同定购,合同定购粮食的收购价格实行收购比例价,即粮食实行"倒三七"比例价,食油实行"倒四六"比例价。1987—1989年,国家实行"议转平"政策,对"议转平"粮食按合同定购粮食给予一定加价款补贴外,再给予百斤六分四差价补贴,不计入盈亏由国家给予补贴。1989年实行保护价收购粮食政策,粮食企业由此增加的价差亏损作为政策性财务挂账上报。1990年按照《国务院关于建立专项粮食储备制度的决定》要求,襄樊市开始建立专项(中央)储备粮食,其储备粮食利息费用由中央财政拨付,拨付方式由中央财政对省财政,省财政对省粮食局,再由省粮食系统内部层层下拨。此种管理方式一直延续到1998年才开始实行省对县垂直管理。1991年、1992年国家连续两年提高粮食定购价和粮食统销价,并逐步实现购销同价,粮食销售提价补贴逐步取消。粮食市场放开后,提出了粮食部门实行政策性经营和商业性经营"两线运行"机制。政策性业务和商业性经营分开,财务分开、核算分开,单独反映盈亏实绩。1994年10月份,湖北省恢复粮食定购制度,解决粮食供求矛盾。1996 年国家大幅度提高定购粮食价格,湖北省提价幅度达到 47%,粮食产量出现新一轮大丰收,粮食市场粮价急剧下降,定购价与市场价严重“倒挂”,粮食企业库存猛增,经营形成巨额亏损。全市粮食企业亏损 11 986 万元。1997 年全市粮食企业净亏损 49 846 万元,比 1996 年增加亏损 37 860 万元,上升 3.16 倍,比历史上亏损最多的年份 1991 年增加亏损 30 753 万元,上升 1.61 倍。1998 年,国有粮食收储企业统一在农业发展银行开户,实行库、贷挂钩和收购多少粮油供应多少贷款、调销多少粮油收回多少本息的收支两条线,对用于粮油收购资金进行封闭运行和监控管理。2002 年,襄樊市粮食局按照湖北省财政厅、湖北省粮食局颁布的《湖北省粮食购销企业财务管理办法》和《湖北省粮食购销企业会计核算办法》的要求,对辖区内粮食系统财务进行整顿并实施。

(2)粮食财务挂账处理

根据国务院《关于解决财政欠拨退和企业挂账问题的通知》和批转财政部等部门《关于粮食政策性财务挂账停息报告》的通知精神,全市分 3 个时间段对粮食挂账进行清理和处理。1992 年 3 月底前粮食财务挂账。1992 年 3 月底前粮食财务挂账,俗称老财务挂账,也称第一次清理挂账,包括 1991 年粮食年度末的政策性财务挂账和经营性财务挂账,政策性财务挂账在 1992 年 4 月至 1994 年 12 月的 33 个月中产生的利息(简称利息挂账)(见表 13-9)。

老粮食财务挂账清理。1994 年,省挂账办认定襄樊市 1992 年 3 月底前粮食财务挂账总额为 49807 万元。其中政策性 43985 万元、企业性 5822 万元。

襄樊市粮食财务挂账清理统计一览

表 13-9 单位:万元

项目＼年份	1989 年	1990 年	1991 年	1992 年	1992 年
	余额	新增	新增	新增	余额
财务挂账总额	23109.26	18554.54	26227.75	12289.61	80181.16
一.政策性因素形成的挂账	13620.56	12712.88	20480.05	8648.94	55462.43
1.保护价政策造成的挂账	2542.32	5199	8594.3	2735.98	19071.6
2.“议转平”差价不足”	2277.75	889.65	740.34	347.06	4254.8
3.平价粮减购增销支出	1847.9	433.1	323.19	324.03	2928.22
4.建仓建货位造成挂账	3594.35	3769.42	7194.24	1456.46	16014.47
5.其他	3358.24	2421.71	3627.98	3785.41	13193.34
二.财政应补未补形成的挂账	5436.74	4289.12	3832.06	1371.85	14929.77
1.亏损补贴	3976.08	2941.15	2593.08	424.66	9934.97
2.价差补贴	748.05	941.79	1332.05	0	3021.89
3.价外补贴	6	60.87	80.46	50.55	197.88
4.其他	706.61	345.31	-173.53	896.64	1775.03

续表

项目 \ 年份	1989 年 余额	1990 年 新增	1991 年 新增	1992 年 新增	1992 年 余额
三.企业行为造成的挂账	3785.03	1417.43	1766.62	2254.51	9223.59
1.企业经营性亏损	1284.45	534.22	758.2	1318.82	3895.69
2.呆账损失	692.21	430.42	354.07	156.41	1633.11
3.专用基金超支	613.08	220.05	353.8	251.91	1438.84
4.其他	1195.29	232.74	300.55	527.37	2255.95
四.银行不符合政策的加罚息	266.93	135.11	149.02	14.31	565.37

老粮食财务挂账处理。1995 年,处理消化数 13 017.10 万元,其中:处理政策性挂账 9 490.00 万元,处理企业性挂账 2082.70 万元,处理 1992 年至 1994 年政策性挂账利息 1 444.40 万元。1996 年,处理消化数 13 092.75 万元,其中:处理政策性挂账 9 595.05 万元,处理企业性挂账 1 995.70 万元,处理政策性挂账利息 1 502 万元。1997 年,处理消化数万元,其中处理政策性挂账及利息 16 343.45 万元。处理企业性挂帐 1 744.30 万元。企业性挂账全部处理消化完毕。

处理老粮食财务挂账奖励。按省政府鄂政发〔1994〕11 号文件和鄂处〔1994〕03 号文件,经省处挂办组织验收,对完成当年处理粮食财务挂账任务县市区给予奖励。1998 年,根据《襄樊市人民政府处理粮食财务挂账领导小组关于对完成 1997 年处理粮食财务挂账的单位实行奖励的通知》,对完成全部处挂任务的给予一次性奖励:枣阳 85 万元、保康 30 万元、市直 66 万元。

新增粮食财务挂账,又称第二次清挂,粮食企业在 1992 年 4 月 1 日至 1998 年 5 月 31 日期间自身无法弥补的没有形成资产的各项支出占用的农业发展银行贷款。其他不合理占用贷款是上述期间粮食附营业务、生产性固定资产、无法收回账款和其他不合理占用农业发展银行贷款(见表 13-10)。

新增粮食财务挂账和其他不合理占用贷款清理。1998 年 5 月 20 日,全市核实 1992 年 4 月至 1998 年 3 月新增财务挂账额 223 348.30 万元。其中政策性 167 187.17 万元,经营性 56 161.13 万元。

襄樊市新增粮食财务挂账和其他不合理占用贷款明细

表 13-10 单位:万元

项　　目	行次	金额
一、新增粮食财务挂账和其他不合理占用贷款	1	182873.2
1.新增粮食财务挂账	2	109687.14
2.其他不合理占用贷款	3	70268.99
3.建仓建罐占用贷款	4	2917.07
二、纳入中央财政和地方政府贴息范围的新增粮食财务挂账和其他不合理占用贷款	5	128418
1.人力不可抗拒原因造成的财产损失	6	987.32
其中:固定资产损失	7	187.9
流动资产损失	8	799.42
2.尚未摊入损益的费用开支占用贷款	9	11822.14
3.经营性亏损	10	79977.12
4.政策性补贴未补挂账	11	3282.29

续表

项　　目	行次	金额
5.老政策性挂账停息前正常利息开支	12	5992.2
6.生产性固定资产占用贷款	13	25610.06
7.前述6项挂账在1998年6月的利息开支	14	746.87
三、中央财政不予贴息的新增粮食财务挂账和其他不合理占用贷款	15	55202.07
1.违反财经法规造成的损失	16	3437.96
2.人为原因造成的损失	17	1249.3
其中:固定资产损失	18	23.1
流动资产损失	19	1226.2
3.老经营性挂账和其他挂账正常利息开支	20	2525.14
4.其他部门挤占挪用增支利息	21	503.67
5.按规定未列入损益的无法收回应收账款	22	2738.5
6.粮食企业自行挤占挪用占用贷款	23	12877.39
7.其他部门挤占挪用占用贷款	24	6634.65
8.建仓建罐占用贷款	25	2917.07
9.附营业务占用贷款	26	22408.39

2000年1月，全市1992年4月1日至1998年5月31日新增粮食财务挂账和其他不合理占用贷款182 873.20万元。经核定,纳入中央财政和地方政府贴息范围的新增粮食财务挂账和其他不合理占用贷款128 418.00万元,中央财政不予贴息的新增粮食财务挂账和其他不合理占用贷款55 202.07万元。

对新增粮食财务挂账和其他不合理占用贷款的政策规定。1999年7月,财政部、国家审计署、国家计委、人行、国家粮食局、农发行《关于调整新增粮食财务挂账和其他不合理占用贷款处理政策的通知》(财经字〔1999〕484号),明确新增粮食财务挂账和其他不合理占用贷款处理政策。

新增粮食财务挂账和其他不合理占用贷款本金国务院决定给地方政府和粮食企业一个过渡期,过渡期为1999—2003年,在过渡期内,新增粮食财务挂账和其他不合理占用贷款本金,不统一要求消化,实行本金挂账。

对清理的人力不可抗拒原因造成的财产损失、尚未摊入损益的费用支出、经营性亏损、政策性补贴未补挂账、老政策性挂账停息前正常利息开支、生产性固定资产占用贷款、上述六项挂账在1998年6月的利息支出7项内容,纳入中央财政和地方财政共同贴息。其后人民银行又对附营业务占用农发行贷款给予停息。

将新增粮食财务挂账和其他不合理占用贷款分解落实到每个企业,在农发行设立“新增粮食财务挂账和其他不合理占用贷款”专户,单独核算其本金消化情况。划入专户的实行中央财政和地方政府贴息的新增粮食财务挂账和其他不合理占用贷款,企业开户银行停收利息,直接向财政部门结算。

2004年8月底财务挂账。第三次清理粮食企业财务挂账,核实国有粮食购销企业1998年6月至2004年8月底粮食财务挂账占用农业发展银行贷款余额，查实1992年3月31日前粮食企业老财务挂账和1992年4月至1998年5月底新增粮食财务挂账和其他不合理占用农业发展银行贷款余额,又称第三次清理。

2004年8月底财务挂账清理。2005年9月,省审计厅指派孝感市审计局对襄樊市国有粮食购销企业2004年8月底财务挂账进行了审计。

襄樊市粮食财务挂账统计一览

表 13-11 单位:万元

单位	合计	项目						
		已剥离的政策性财务挂账占用借款			停息的附营业务挂账占用借款	不停息的经营性挂账占用借款		
		第二轮	第三轮	合计	第二轮	第二轮	第三轮	合计
合计	342088	126838	140639	267477	20443	26470	27698	54168
襄阳	78923	28789	30625	59414	1802	10027	7680	17707
枣阳	55806	22436	17385	39821	5306	4177	6502	10679
宜城	58883	21951	22113	44064	6419	1134	7266	8400
南漳	42104	9608	22744	32352	3963	4160	1629	5789
保康	4271	2414	948	3362	252	511	146	657
谷城	40956	9901	25348	35249	0	3094	2613	5707
河口	30681	16737	9000	25737	1908	2330	706	3036
襄城	13988	5501	6860	12361	287	970	370	1340
樊城	7873	2974	4129	7103	506	67	197	264
市直	8603	6527	1487	8014	0	0	589	589
樊城	1624	1135	489	1624	—	—	—	—
环城	3597	3245	352	3597	—	—	—	—
物贸	2355	2009	346	2355	—	—	—	—
油脂	438	138	300	438	—	—	—	—

政策性粮食财务挂账处理。 按湖北省财政厅、省审计厅、省粮食局、省农业发展银行《关于做好国有粮食购销企业政策性粮食财务挂账从企业剥离工作的通知》，襄樊市于 2005 年 12 月 31 日前将政策性粮食财务挂账 265 615 万元,从国有粮食企业剥离到县市区粮食主管部门集中管理。

新增粮食财务挂账由中央财政及地方财政负担利息,中央财政负担 50%,省财政负担 25%,市县(市、区)财政负担 25%。1998 年 6 月 1 日至 2004 年 8 月 31 日发生的政策性粮食财务挂账利息从县(市、区)粮食风险基金中支付。

根据《湖北省人民政府处理粮食财务挂账领导小组关于用 3 年时间处理完老粮食财务挂账工作的通知》,要求宜城市 2002 年全部完成老挂帐处理任务、老河口市 2003 年全部完成老挂账处理任务(见表 13-12)。

老粮食财务挂账余额及分年处理情况一览

表 13-12 单位: 万元

单位	老挂账			分年处理		
	挂账总额	2001 年年底已处理	挂账余额	2002 年	2003 年	2004 年
襄樊市	30784	22587	8197	4055	2672	1470
襄阳区	16750	12080	4670	1600	1600	1470
宜城市	6943	5488	1455	1455	0	0
老河口市	7091	5019	2070	1000	1072	0

（四）供销商业体制改革

1.机构改革

1979 年，根据中共湖北省委文件通知，襄樊市设置为省辖市，随之成立襄樊市供销社；襄阳地区供销社所辖襄阳、枣阳、宜城、南漳、保康、谷城、光化、随县 8 个县供销社和老河口、随州两个县级市供销社,全系统共有 120 个基层供销合作社。

1983 年，襄樊市供销社与襄阳地区供销社合并，统称襄樊市供销合作社联合社。辖襄阳、枣阳、宜城、南漳、保康、谷城 6 个县供销社和郊区供销社。同时，光化县与老河口市合并和随县随州市合并，成立老河口市供销社和随州市供销社，并由襄樊市供销社代管。全市供销社系统共有行政管理机构10个，县级以上专业公司 65 个，基层供销社 120 个，分销店 578 个，门市部 2860 个，棉花站 81 个，有职工 32 132 人.其中市供销社直属单位有土产、农业生产资料、生活资料、曰用杂品、废品回收、果品干菜、烟麻茶、棉花、供销易中心、储运、棉花中转储备库等 11 个专业公司及供销中专学校、供销幼儿园 2 个服务单位.

1984 年，全市供销社系统体制进行改革，改“官办”为“民办”，恢复供销合作社的集体所有制性质。3 月召开全市第一次社员代表大会，选举产生了襄樊市供销合作社理事会和监事会。

1989 年，全市供销社系统召开第二次社员代表大会。

1991 年，随州市设置为省辖市，随州市供销社随之由省供销社直管。

2000 年 6 月，购物中心宣告破产。同年 8 月，废品回收公司宣告破产。2001 年，由原企业部分职工重组成立利洁再生资源有限责任公司。同年 9 月，土产公司宣告破产。

2001 年 2 月，农业生产资料公司宣告破产。2004 年，部分原职工重组为襄樊新金桥农资有限责任公司。同年 2 月，中心商场宣告破产。同年 10 月，供销储运公司，宣告破产。2002 年 5 月，农村生活资料公司宣告破产。2003 年，果品干菜公司改制，由民营企业收购。2003 年，茶麻公司改制，由民营企业收购。2004 年，日用杂品公司改制，由原公司人员集体改制成立襄樊景星日用杂品公司。5 月，棉花中心购销站改制为私营企业。学校、幼儿园、棉花公司、棉花中转库因属于事业单位暂未改制。

襄樊市供销合作社历任领导名录

表 13-13

机构名称	姓名	职务	任职时间
襄阳地区供销合作社（1976.10–1983.12）	邓海波	主任	1976.10—1977.08
	冯月梅	主任	1978.10—1983.12
	海鹏云（女、回族）	副主任	1976.10—1983.12
	王天义	副主任	1976.10—1983.12
	周述智	副主任	1976.10—1983.12
	刘传信	副主任	1976.10—1977.09
	卜秀山	副主任	1977.09—1981.10
	李鹏飞	副主任	1979.06—1983.12
	许兴才	副主任	1981.02—1983.12
襄樊市供销社（1979.06–1983.12）	崔家玺（女）	主任（兼）	1979.06—1983.12
	汪维常	副主任	1979.06—1983.12
	曾世瑞	副主任	1979.06—1983.12
	张中柱	副主任	1980.04—1983.12
	李克昌	副主任	1981.12—1983.12

续表

机构名称	姓名	职务	任职时间
襄樊市供销合作社联合社理事会（1983.12–1989.01）	黄政云	主任	1983.12—1985.04
	鲜于景中	主任	1986.01—1990.03
	海鹏云（女、回族）	副主任	1983.12—1986.01
	许兴才	副主任	1983.12—1986.01
	汪维常	副主任	1983.12—1989.05
	谢明义	副主任	1983.12—1985.12
	鲜于景中	副主任	1985.04—1986.01
	龙光明	副主任	1986.01—1989.01
	范仁其	副主任	1986.01—1989.01
襄樊市供销合作社联合社监事会（1983.12–1989.01）	胡久明	主任（兼）	1983.12—1984.01
	崔家玺（女）	副主任	1983.12—1989.07
	李鹏飞	副主任	1983.12—1989.07
	周述智	副主任	1983.12—1989.01
	陈选恭	副主任（兼）	1983.12—1986.01
襄樊市供销合作社联合社社务管理委员会（1989.01–2004.12）	海鹏云（女、回族）	主任	1989.01—1994.06
	黄本朝	主任	1994.06—1997.04
	张思洪	主任	1999.05—2004.12
	鲜于景中	副主任	1990.03—1994.06
	范仁其	副主任	1989.01—1999.04
	唐玉发	副主任	1989.01—1997.04
			1999.12—2001.07
	龙光明	副主任	1989.01—1990.02
	董德生	副主任	1989.01—1999.04
	白志林（回族）	副主任	1990.03—2004.12
	刘万江	副主任	1989.08—1990.12
	黄本朝	副主任	1990.11—1994.06
	李小平	副主任	1991.01—1992.01
	文泽建	副主任	1994.06—2004.12
	苏生勤	副主任	1996.05—2004.12
	于兴义	副主任	1998.04—2002.03
	李保贵	副主任	1999.12—2004.12

2.经营体制改革

1980年,以家庭为主体的联产承包责任制在农村普遍推行,根据农户分散生产、自主经营信息不灵等实际情况，在供销社探索和组建商品生产服务体系，发挥点多面广和贴近农民，联系城乡的优势,利用人力、物力、资金、技术、设备和信息网络等有利条件,配合专业公司,建立起化肥、农药经营为龙头,把供应、咨询、植保等连接起来的农资商品服务体系。基层社实行农资商品连锁经营,建立各类服务队伍,为农户提供技术、信息、销售等一系列服务。由市社组织市、县、乡（镇）3级农资经营系统职工进行培训,提高服务技能;印发农业技术资料和农资产品资料,为农民学习和掌握 农业科技知识提供方便;办“庄稼医院”,结合商品销售科学施肥,开方供药;开展咨询服务,解答农民在生产中提出的技术难题;配方供肥,科学用药,现场指导、实验、示范,推广新品种。

1985 年,根据供销社系统在市区没有工业品批发市场,工业品下乡难,基层供销社进货无渠道的实际问题,市供销社在市区兴建一座大型工业品批发市场。为解决资金和场地问题,市供销社利用联合的优势,在供销贸易中心的基础上,将原市农业生产资料公司和棉花中心站的部分土地资产实行重组整合,在丹江北路投资 600 万元筹建一座大型工业品批发市场,主要经销五金、家电、副食、百货、服装、鞋帽、日杂、家具、建材和农副产品等。市果品公司利用沉淀资产投资 180 万元在三元路兴建一个占地面积 1.9 万平方米果菜批发市场和 1000 吨新鲜水果标准冷冻库。

1986 年,为进一步搞好为农服务,市、县(区)供销社把发展专业合作社作为加强基层社建设的重要组成部分。采取扶资金、供物资,帮技术等措施,与农民联合办基地,组织专业化生产。根据国家取消实行多年的棉花统购政策,实行合同定购。为稳定棉农种植棉花的积极性,市供销社在枣阳棉花主产区罗岗镇开办棉花合作社试点,并在全市推广,当年全市重点产棉区共设立棉花合作社 11 个,增强了棉农种植棉花的积极性,遏制了棉花种植面积下滑的局面。

1989 年,市农业生产资料公司抓开拓经营,将地处丹江北路闹市区的办公楼推倒兴建一座集商场、住宿、娱乐、办公为一体的七层综合大楼。大楼建成后,除安置从农资主业分流的职工外,还为社会创造 50 多个就业岗位,企业年创利 60 多万元。

1990 年,位于樊城西部的工业区分布着纺织、印染、服装、化工、电力等工业企业 20 多家,居民近 10 万人。国合商业在此均没有大型购物场所,居民购物十分不便。市供销社充分利用联合的优势,在资金十分紧缺的情况下,筹措资金 8000 万元,在位于人民路和汉江路交会路口利用所属企业供销商场的闲置土地兴建一座建筑面积 1.6 万平方米的大型综合商场——襄樊购物中心。

1991 年,实施开放引进发展战略,引进资金,引进大户,引进品牌商品,引进先进的体制、机制和管理方法,市中心商场和购物中心先后从上海、广东、浙江、江苏、四川、黑龙江、江西等省引进生产厂家、大型企业和经销商入市经营,如光明、白兰家具,飞跃、金星电视机等著名品牌进入襄樊市场。市果品批发市场从广东、山东、广西、海南、四川等引进优质水果经销 商进场经营。满足了襄樊市场不同层次消费者的需求,取得了很好的经济效益和社会效益.

1993 年 ,为适应市场变化,各基层社树立竞争观念,增强应变能力,在坚持为农服务宗旨不动摇的大前提下,想方设法扩大销售。加大改革步伐,拓展经营领域,由单纯的购销活动向综合服务转变,充实经营力量,努力扩大批发和转批业务。有计划地组织与城市贸易中心,贸易货栈,贸易公司和批发市场的经济联合,为农副产品进城和工业下乡开拓新路。同时供销社系统贯彻国家“一主多辅”的粮食流通政策,参与粮食购销活动,采取收购农民余粮,供应农民化肥等方法为农民排忧解难。

1995 年,市供销社在全市基层社实施“抓大放小,推行经营承包责任制”改革。按照“抓住大的,抓住抓紧不抓死;放活小的,放活放手不放走”的经营原则,对农业生产资料、大宗农副产品、有效益的商场、分销店和社办工业等骨干店实行集体经营责任制;对边、小、微、亏的小型企业和门店、柜组实行资产保值增值和资金税费为主要考核内容的资产承包责任制。主要改革办法:承包方自筹资金,自负盈亏,独立承担民事责任;人员自由组织,自愿组成承包体,承包一个门店或柜组;自理税费;公开指标,集体考核确定承包基数和承包人。推行资产承包后,各基层门店竞争意识增强,业务经营活跃,经济效益明显提高,实现了国家增税,企业增利,职工增收的改革目标。

2004 年,市供销社实施“两社一会”“两连一代”发展战略,用 3 年时间全市兴办 153 个专业合作社,入社农户达 8000 户,建立农产品基地 2000 公顷;建立 650 个综合服务社;建立各类农产品行业协会 6 个。

2005 年,全市供销社已建立专业合作社 22 个,综合服务社 199 个,成立专业协会 2 个。商品销售 11.5 亿元,比上年增长 8.2%;实现利润 65 万元,比上年增长 54.8%。

3.管理体制改革

1983年,根据财政部、商业部文件精神,按照集体所有制的原则,对供销社的财务制度实行相应的改革。将县以上企业全部实行利改税。市、县(区)供销社的财务计划自主编制,理事会审核批准,报同级财政备案。各级供销社自主经营,自负盈亏,除防洪等特殊商品外,不再承担政策性亏损。对由于执行国家和当地政府指令性任务发生的政策性亏损,按财政体制予以补贴。之后,市供销社相继将计划制定权、业务经营权、物价管理权、机构设置权、小型基本建设权、干部任免权(公司中层以下)、职工调配权、工资奖金分配权和零售企业自主权等下放给企业。同时将中级以下专业技术干部的评、聘管理权下放到企事业单位自行管理。

1984年3月,市供销合作社系统恢复集体所有制性质,按照"立足城市、面向农村、城乡结合、协调发展"的要求,在全市供销社系统开展由全民向集体所有制方面的改革,将所属公司的所有制形式由国营相应改为集体企业,成为市供销社联合体的经营机构。并于当年3月19日召开第一次社员代表大会。选举产生襄樊市供销合作社联合社理事会和监事会,建立襄樊市供销合作社章程。从而恢复了组织上的群众性,管理上的民性和经营上的灵活性。并在全市供销社系统开展清股、核股和老社员分红,调动了农民入股的积极性。至1985年底,股金总额达到975.7万元,比1979年增加2.93倍,占自有流动资金的比重由1979年的4.67%上升到22.59%。同时,市供销社开始在所属企业中试行联销联利计酬、百分考核计奖、计件工资和班组核算等分配制度改革。把基本工资与奖金捆在一起,按企业效益和个人贡献大小上下浮动。并对所属企业工资标准进行改革,职工调动其工资均按调入单位的现行工资标准执行,不再执行"就高不就低"的有关规定。又按照"国家宏观调控,企业自主用工,各种形式并存,全员劳动合同"的要求,实行全员劳动合同制,干部聘任制,内部待业制和企业内部退休,停薪留职等多种形式的用工制度。企业和职工之间实行"双向选择",职工可以辞职自谋职业,企业有权按规定辞退职工。按照这种改革思路,到1995年年末,市直供销社系统已全部实现"双向选择、竞争上岗、合同管理"的企业用工制度。

1988年,市供销社在市直企业实行工资总额与企业经济效益挂钩浮动。在确立国家与企业分配关系的前提下,由点到面,逐步在企业内部推行6种分配方式:经营承包。即与经济效益等经营指标封钩,年终严格考核,奖、罚兑现。风险抵押承包。即核定抵押金基数,实行纳税自负,风险自担,超收自得。"抽资"经营承包,即由单位向职工提供一定的活动资金或等量的商品,然后由"抽资"者自主经营,自理税费,自负盈亏。资产租赁经营。即由企业将经营场所租赁给部门或职工,实行"交足税、提足费,多的自主来分配"的承包经营形式。实行浮动工资制。即实行工效挂钩,核定工资基数,企业与经济效益挂钩,职工与技术贡献、劳动纪律等挂钩,上下浮动,上不封顶,下不保底。企业科室人员的分配与本单位综合经济效益和目标、岗位责任制挂钩,严格考核动态管理。

1995年,市供销社贯彻中共中央、国务院《关于深化供销合作社改革的决定》,按照民主的原则,理顺内部管理体制,各级供销社实行社员代表会议制度,重大决策民主协商,经营管理实行民主监督,日常工作实行社务管理委员会主任负责制。按照联合的原则,自下而上结成经济联合体,内部实行联合社为成员社服务,各级联合社为基层社服务的原则,形成自下而上的经营联合和自上而下的服务体系,按照政企分开的原则,市、县(区)供销社承担政府委托的任务,行使政府授权的某些职能,列席政府的有关会议。理顺供销社与所属企业的关系。各级供销社理事会是本社集体财产的所有权代表和管理者,拥有对所属企业重大经营、投资、财产转让的审批权及经营管理的监督检查权和财产受益权。

1999年1月,国务院《关于解决当前供销合作社几个突出问题的通知》下发。根据文件精神,市供销社进一步理顺全市供销社的组织管理体制。各级供销社在经济上独立承担责任,不再对县(区)供销社下达经营任务。县(区)供销社对其成员社进行业务指导,协调与政府部门、社会组织的关系。行使本级社有资产出资人的代表职能，监督社有资产保值增值，并按出资额依法享有所有者的资产受益权。

（五）个体私营商贸体制改革

1.个体私营体制

1979 年，将 1970 年下放农村私方商业人员迁回城市，重新摆摊经商，年底全市登记发证的个体商业经营户 1061 户，其中市区 298 户。1980 年，全市个体商业经营户增加到 2522 户，营业额 335 万元。其中市区 620 户，营业额 37 万元。1984 年，全市和各县市设立 13 个个体劳动者协会，配合工商、税务部门对个体有证商贩进行“三自”（自我管理、自我教育、自我服务）的教育、遵纪守法和职业道德教育，并取缔无证商贩，打击违法行为，保护正当经营，促进了个体商业和个体饮食服务业的正常发展。到 1985 年，全市个体有证商户 51 617 户，其中市区 3790 户；从业人员 79 854 人，其中市区 6844 人。营业额 25 640 万元，其中市区 2428 万元，比 1980 年增加 72.62 倍，其中市区增加 55 倍。个体户占全市商业、饮食服务零售总额比重由 1980 年 0.37%上升到 14.52%，其中市区由 0.23%上升到 7.66%。

1986 年，根据国家工商局《关于认真加强对农村个体工商业户的管理工作的通知》，全市对农村个体企业认定为农村个体商业户的做法予以纠正，要求严格个体企业界定，加强对农村个体工商业户管理。全市登记注册个体工商户 76 233 户，从业人员 12.9192 万人，金额 11 523 万元。

1987 年 8 月，国务院颁布《城乡个体工商户管理暂行条例》，对个体工商户的管理体制、民事责任以及帮手学徒的合法权益等，在法律上予以明确。全市登记注册个体工商户 84 819 户，从业人员 143 042 人，金额 11 589 万元，总产值 24 751 万元，营业额 36 170 万元，其中零售额 30 638 万元。1988 年，根据湖北省工商局《关于个体工商户登记发展的有关规定》，引导和鼓励有条件的人员从事个体经营。全市登记个体工商户 85 771 户，从业人员 142 023 人，金额 11 704 万元。1989 年，为适当控制商业、鼓励和支持发展社会急需的短缺行业，根据《城乡个体工商户管理暂行条例》规定，按照程序审核，坚持条件登记、发照。全市有个体工商户 52 769 户，从业人员 93 910 人。1990 年，根据国务院和湖北省政府文件精神，支持和帮助部分企业停工待工人员从事个体经营。全市有个体工商户 58 424 户，从业人员 95 859 人。同时根据《中华人民共和国私营企业暂行条例实施办法》，积极鼓励和扶持发展私营企业，加强登记和建档工作。全市登记私营企业 65 户。1991 年，全市有个体工商户 59 293 户，从业人员 95 936 人，资金数额 10 155 万元。参加贴花验照的个体工商户 55 214 户，验照率 93.1%，验照合格率 95.4%。当年新发展个体工商户 15 179 户，从业人员 27 062 人。全市个体经营总数分别达到 65 947 户、10 万人。有私营企业 61 户，从业人员 933 人，注册资金 672 万元。

1992 年，全市新发展私营企业 42 户，其中有限责任公司 7 户，实现了零的突破。私营企业总数达到 103 户，从业人员 1496 人，注册资金 1111 万元。1993 年，全市有个体工商户 82 992 户，从业人员 136 135 人。全市有私营企业 217 户，从业人员 2948 人，注册资金 3747 万元。1994 年，全市有个体私营经济 178 015 户、368 093 人，比上年分别增长 107%，139%。有证私营企业 855 户，从业人员 10 002 人，分别比上年增长 119.2%，112.5%，个体私营和私营企业均荣居全省榜首。1995 年，全市有个体工商户 181 000 户，从业人员 382 000 人。有私营企业 1732 户，从业人员 21 000 人，注册资本 42 000 万元。同时首批对其中 367 户企业进行产权制度改革试点，其中县属以上企业 92 家。理顺产权关系并完成改制的 107 家；被个人或合伙出资买断产权的小型企业 35 户，变更登记，成为私营企业。

1996 年，贯彻执行《湖北省个体经营户和私营企业条例》和《省政府关于进一步发展个体私营经济的通知》，允许个体经营户先上车、后买票，先发展、后规范，规定简化登记程序，凭身份证就可办理营业执照。全市有个体工商户 131 869 户,从业人员 242 541 人,注册资金 68 318 万元。并根据《湖北省个体经营户和私营企业条例》对辖区内的私营企业进行调查和年检,全市有私营企业 2342 户,从业人员 25 630 人,年检合格的 1491 户,歇业未办理注销手续的 32 户,查无下落的 33 户,注销 36 户。

1997 年,支持个体私营经济发展,在全市各类市场优先给下岗职工办理证照、优先安排摊位,优先培训和减免登记费和管理费。全市有个体工商户 150 239 户, 从业人员 302 665 人, 注册资金 115 669 万元。有私营企业 2202 户,从业人员 23 217 人,注册资金 69 633 万元,累计发展户数在全省位列第三位。

1998 年,注册资金 172 686 万元。有个体工商户 205 670 户,从业人员 491 279 人。有私营企业 4401 户,从业人员 55 607 人,注册资本 168 923 万元。1999 年,全市个体工商户达到 15 万户,私营企业 5322 户,从业人员 6.9 万人,注册资本 21.7 亿元。2000 年,实施"帮扶工程",帮扶 11 520 名下岗职工从事个私经济。全市有个体工商户 127 398 户,从业人员 290 516 人,注册资金 150 224 万元。有私营企业 4933 户,从业人员 72 767 人,注册资本 212 793 万元。其中有 420 家国有集体企业通过改制实施民有民营和混合所有制经营。其中国有企业 143 家,集体企业 277 家;破产拍卖 60 家,股份合作 102 家,动态股权 8 家,买断 169 家,租赁和其他方式 81 家。改制为有限公司的 354 户,个人独资企业 63 户,合伙企业 3 户。

2001 年,全市有个体工商户 128 926 户,从业人员 293 694 人,注册资金 169 997 万元。有私营企业 4819 户,从业人员 73 048 人,注册资本 241 402 万元。2002 年,全市有个体工商户 123 638 户,从业人员 289 603 人,注册资金 160 306 万元。有私营企业 5335 户,从业人员 82 253 人,注册资本 306 679 万元。其中,参加企业年检的 4819 户,合格的 3900 户,检存率 93%;查处违章违法企业 483 户,责令改正 132 户,行政处罚 81 户。有 413 家国有集体企业改制,其中国有企业 139 家、集体企业 274 家。破产拍卖的 59 家,买断经营的 164 家,改制为有限公司的 342 家,个体独资企业 61 家,合伙企业 10 家。2003 年,全市有个体工商户 114 536 户,从业人员 244 718 人,注册资金 160 281 万元。有私营企业 6141 户,从业人员 154 028 人,注册资本 392 494 万元。2004 年,扶持下岗失业人员再就业,并为下岗人员办理《营业执照》11 972 人。全市有个体工商户 110 027 户,从业人员 237 987 人,注册资金 140 518 万元。有私营企业 7718 户,从业人员 155 474 人,注册资本 529 745 万元。2005 年,对个体经营登记工作实行"一审一核"制。全市有个体工商户 86 731 户,从业人员 188 086 人,注册资金 115 593 万元;持"优惠证"从事个体经营达 16 529 户。

2.个体私营管理

1987 年,由市政府牵头,卫生、工商、城建等部门成立联合整顿班子,对全市 6981 户饮食经营户进行检查。对 627 户无证或缺证经营户登记造册,限期整改;对 121 户不具备经营饮食品条件、有碍市容、有碍交通的经营户进行了取缔。同时,根据湖北省工商局转发《北京市商业服务业企业出租柜台管理暂行办法》,对承租柜台企业进行登记核准,发给"租赁柜台营业许可证"。同年 12 月,根据《湖北省个体工商户登记档案管理办法(试行)的通知》,开始建立个体工商户登记档案,并对档案的内容、形式、管理制度进行了规定.

1988 年 7 月在樊西工商分局开展个体户登记档案试点工作取得经验的基础上,结合换照,对全市个体户原有档案进行清理,做到专人、专室、专柜管理,建立档案占应建份数的 72%。同月,为促进个体工商户服务态度和服务质量改观,全市开展评比挂红、黄牌活动。樊东、襄城、枣阳、随州、襄阳、河口等地,挂红、黄牌 432 户。8 月,对市区 475 户个体工商户进行了检查,查处违章违法的 80 户,占清查户的 18.5%,取缔非法经营户 20 余户。

1989 年 4 月,对全市个体工商户营业执照重新换发。换发(核发)个体、个人合伙营业执照 47 670

户,清查个体工商户的经营范围,建立个体管理档案。9 月对个体工商户进行清理整顿,整顿的重点是:商业批发户,个体印刷、书刊经营户,个体旅馆、酒吧、营业性舞厅,个体运输户。查处违章违法经营户 1200 户,取缔无照经营 2700 户。

1990 年,对全市 52 413 户个体工商户进行贴花验照,同时对个体工商户无照经营进行清理,对不符合办照条件的予以取缔。全市查处无照经营户 2769 户,对符合办照条件的 2740 户补办了手续。

1991 年,查处违章违法经营户 711 户,警告 289 户,责令停业 55 户,吊销营业执照 4 户,对 606 户无照经营者补办了营业执照。4 月,对市区个体饮食业进行了清理整顿,清理个体饮食摊点 844 户,毁掉沿街沿路支锅立灶 387 个,拆除乱搭乱建篷架 33 个,取缔无照经营户 178 户,对符合登记的 32 户补办了营业执照。

1992 年上半年,对无照经营进行检查和处理,查出无照经营 1760 户,对其中符合条件的 1254 户补办登记手续,对 506 户不符合条件的予以取缔。

1993 年 11 月,市政府印发《襄樊市残疾人优惠暂行办法的通知》,鼓励和支持残疾人个体开业,对申请从事个体经营并符合经营条件,持有襄樊市残联颁发的"残疾人证"的残疾人,优先核发营业执照,减免残疾人经营的食杂、服务业的工商行政管理费。

1994 年,为减轻个体私营经济负担,下发《关于加快发展个体私营经济的若干意见》。全市批准执行的收费罚款项目由原来的 39 个单位、136 个项目、294 个标准分别下降到 21 个单位、57 个项目、84 项标准。

1995 年,变更经营 396 家,办理个体登记 630 家,查处无照经营 2521 户,补办营业执照 1722 户,取缔无照经营 103 户.参加个体贴花验照的 138 840 户,验照率 78%,对违章违经营的 687 户进行了处罚,对 62 户进行了吊销,对 750 户无照经营户补办了营业执照。

1996 年,对名存实亡的 1334 户办理了注销手续,查处无证经营 487 户。为明确企业和经营者的财产所有权和经济责任,根据《湖北省个体经营户和私营企业条例》和《关于对"假国有""假集体"企业重新登记的通知》规定,对"两假"企业于 5 月至 10 月底重新进行登记。清理"假集体"2043 户,其中属于个体经营的 1322 户,属于私营企业的 721 户,对 956 户进行了变更登记。6 月,并对领取正式营业执照的个体经营户全部换发新版营业执照。

1997 年 6 月,开展为期 1 个月的无照经营和个体工商户持照违法查处工作,检查各类市场 430 个,门面房 35 400 多间,检查个体经营户 128 547 户,查处无照经营 4546 户,转借执照 357 户,出卖执照 146 户,出租执照 398 户,未换照 755 户。清理期间办埋登记和变更 2973 户。

1998 年 7 月,对集贸市场、商场出租柜台无照经营进行清理整顿。清理出个体无照经营 10 300 户,补办执照 8300 户,对不符合条件的予以取缔。

1999 年,贯彻落实《租赁柜台经营活动管理办法》。全年核准柜台出租方办理变更登记或设立物业管理分支机构 324 家;监督柜台承租方到所在地工商部门办理营业执照 2629 家。

2000 年 6 月,对全市个体工商户字号名称进行集中清查,依法对 12 000 多户不符合名称管理规定的,要求限期更名;对 890 家未经登记,擅自使用名称的,给予警告限期补办;对 130 多家具有不健康内容的个体字号,进行责令改正或取缔;对 17 家冒用公司名称的,进行立案查处。9 月,对重点区域饮食业地段的 115 户个体饮食户进行检查。对卫生和经营条件差的进行了整改,对无照经营和无"卫生许可证"的 50 名经营户责令限期补办手续。

2001 年,个体贴花 128 718 户,清理前置审批过期失效文件 522 份,清理无照经营 2992 户,检查和整顿重点行业 778 户。9—10 月,开展无照经营专项整治。全市清理无照经营的 4253 户,其中以个体户名义无照经营的 3513 户,以公司名义无照经营的 17 户,其他无照经营的 723 户;补办执照 3701 户,查办案件 3471 件。

2003年,贯彻落实下岗失业人员从事个体经营优惠政策。全市有2219户下岗职工持优惠证在工商部门办理营业执照,减免各种费用108.99万元。贯彻落实《无照经营查处取缔办法》。全市出动执法人员5 000多人次,抽查个体经营户35 000户,取缔无照经营的4780户,立案查处无照经营案件201起,即时处罚521户,检查前置手续不全的1 650户,罚款50多万元,补办营业执照2 780户。

2004年,开展无照经营整治活动。全市查处无照经营户8 931户,其中无前置许可户2 836户,期限过期户788户,无照饮食户700户,下岗户2 460户;处理无照经营户5 295户,其中取缔588户,补照4 883户,责令改正4 489户,立案查处1 751户,处罚1 521户,罚款100.69万元。

(六)行风建设

1.职业教育

根据商业部颁发的《商业企业职工业务技术标准》和国务院《关于加强职工教育工作的决定》,市商业局针对系统内行业多、工种繁、人员分散等具体情况,在加强在职培训和文化学习的同时,把岗位培训、岗位练兵和短期培训结合起来,从1979年开始,每年举办各类岗位技术和职业道德培训班。通过各种演讲会、报告会、交流会、讨论会,开展"假如我是消费者"的换位思考,普遍对职工进行职业道德规范化和文明经商优质化的教育。1979年,培训干部职工769人,占职工总数的72.8%。1980年,全系统培训门市部主任、柜组长133人,新学员276人,举办业务员培训班18期、扫盲班6期。1981年,成立业务技术职称考评委员会。委员由9人组成,负责技术职称考评审定工作。1984年,市商业局被市政府授予"职工教育先进单位"。1985年,省商业厅组织的全省职业道德教育统考,襄樊市获第一名。参考人数9176人,占应考人数的95.4%。襄樊市商业职工思想政治工作研究会成立。1986年,商业部轻工局在天津举行了由20多个省市自治区57名代表参加的理论考试和实际操作比赛,市纺织品批发公司的陈慧敏以总评98分的好成绩夺得第一名。1989年,全市35人参加全省金牌营业员统考,有17人考取,在全省名列第一。1991年,市鼓楼商场获得"全国职工教育先进单位"称号。通过坚持不懈的职业道德培训和业务技术岗位培训,全市涌现出了以包扎、捆扎、一口清、一称准、一掂准"五项全能"的业务能手韩开群,3次参加省技术表演的剖肉能手李大江,自学成才的安装快手王光荣,青年岗位能手曹志勇、余文平,服务明星曹玉梅、徐京萍、吴小菊为代表的一代商业新人。至1996年年底,全市商业系统共有经营师35人、金牌营业员45人、高级营业员408人、中级营业员2580人。

2.优质服务

1980年,市商业局根据《关于进一步开展优质服务竞赛的意见》,在全系统内开展以建立优质服务程序、明确优质服务标准为内容的群众性优质服务活动。以创"优质商品、优质服务、优质环境"活动为主题,开展"开门评店"和优质服务竞赛,建立青年优质服务柜。市工业品贸易中心在创"三优"服务中,成立"黄马夹义务服务队",推出了多项便民措施,他们的活动情况被中央电视台报道;市鼓楼商场、南漳商业大厦被评为省级"创三优"达标竞赛先进单位;市鼓楼商场被列为全省商业系统"实行服务规范化"试点单位、"全国青年文明服务示范单位";襄樊商城、鼓楼商场被评为"全国优质服务企业";襄江商场、工业品贸易中心被评为省"优质服务先进单位"。

3.文明经商

1992年,在全国颇有影响的"中国质量万里行活动"来到襄樊。市商业局组织系统内商业企业自查举报假冒伪劣商品,共清查出证件不全、霉烂变质、过期、劣质商品价值近10万元。制定《文明经商管理条例》,实行目标管理,推行服务承诺制和商品质量先行负责制,打击假冒伪劣商品,狠抓“清柜台”工作,查出的有问题商品全部作下柜处理。鼓楼商场被国家内贸局、国家质量技术监督局评为“清柜台”先进企业。1995 年,鼓楼商场、襄江商场、襄樊商城参加了由中共中央宣传部、商业部等四部、局联合开展的“全国百城万店无假货”活动,聘请社会监督员 300 余人次,设立商品质量保证金 45 万余元。在活动中鼓楼商场、襄江商场、工业品贸易中心被授予“全国商业信誉企业”“省级文明单位”;鼓楼商场、襄江商场、襄樊商城被评为“全省商品质量信得过企业”;市商业储运公、五金化工批发公司、百货批发公司、副食品批发公司、工业品贸易中心、纺织品公司、文化用品公司、保康县酒厂被评为省级先进企业、市商品质量信得过单位。襄樊市商业系统连续 7 年被省商业厅授予“全省商业经济效益先进单位”。

4.规范化管理

1979 年市商业局在系统内开展企业诊断活动,要求各企业加强经济核算,按照经济规律办好商业,建立各项管理制度,加强企业经营管理,使企业的经营管理逐步走向制度化、规范化。

1986 年,市商业局根据国家商业部提出的《关于在大中型商业企业实行规范化管理的意见》,先后分两批在襄江商场、鼓楼商场、南漳商场、随州圣宫饭店等 22 个零售企业进行了“全人员、全过程、全因素”规范管理试点。以商品质量、环境质量和服务质量为主要内容,狠抓了营业现场的规范化管理。1988 年年初,市局提出零售试点抓提高,批发试点抓突破的指导思想,采取层层办点、分类指导的方法,推动全面质量管理试点工作的开展。特别是在批发企业推行质量管理工作中,大胆进行探索,在市糖业公司试点取得初步经验后,在全系统进行了推广,试点单位总数达 54 个。这一办法受到省财办和省商业厅的肯定。通过推行质量管理,使试点企业的管理由传统经验型转向了科学管理型。

1990 年,全市百货行业 10 家企业进行“商品流通三表五制管理法”推行试点,以“三表”为工具,优化库存结构和资金结构,这套科学管理办法被省经委评为省科学管理研究成果二等奖,市科技进步一等奖。通过推行规范化管理,商业企业的科学管理水平有了较大提高。市工业品贸易中心晋升为国家二级企业;市鼓楼商场被评为大型二档企业,并获商业部质量管理奖;市百货批发公司被商业部授予全国百货纺织品商业经营管理先进企业;市襄江商场、百货批发公司、五金化工批发公司、副食品批发公司、工业品贸易中心、纺织品批发公司、文化用品批发公司被评为商品质量信得过单位;市商科所被评为全省科学技术管理先进单位。

1979—2005 年襄樊商贸销售营业额汇总一览

表 13-14　　单位:万元

项目 年份	商业	供销	粮食	饮服	物资	烟草	盐务	市场中心	中石化
1979	62 352	52 633	36083.9	520	12933	—	—	—	—
1980	51 729	53 933	31643.83	583	15409	—	—	—	—
1981	53 818	64 503	38430.06	593	15921	—	—	—	—
1982	42 835	66 949	46051.47	600	21008		—	—	—
1983	61 833.6	71 456	53165.16	737	23867	—	—	—	—
1984	72 500	77 454	62581.56	827	25928	—			—
1985	65 812.1	76 875	81973.55	1057	36041	—	—	—	—
1986	70 470.5	86 016	98480.31	1279	40027	—	—	—	—
1987	81 660.2	96 137	123702.29	1753	28451	—	1750.83	—	—
1988	134860	112375	154435.67	2248	105019	-	2175.81		-

续表

年份＼项目	商业	供销	粮食	饮服	物资	烟草	盐务	市场中心	中石化
1989	129287	121776	212933.49	2591	96757	—	2230.58	—	—
1990	130073.3	133328	182355.92	2491	81915	—	2277.11	—	—
1991	139646.7	175463	195118.3	2855	98874	—	1789.73	—	—
1992	146678.3	168714	187094.55	3079	135376	—	1960.18	10600	—
1993	191716	161598	240839.91	3373	221266	—	2299.28	45000	—
1994	158145	161588	254804.75	3304	122535	—	1194.35	57500	—
1995	183874	214521	309522.29	3394	115014	—	2270.18	60000	—
1996	258729.1	245908	307526.73	3313	98527	—	3208.38	66000	—
1997	272314	222502	253190.83	3360	94644	—	3338.64	69000	—
1998	257019	238911	228417.84	3069	63521	—	3696	72500	—
1999	265020	208874	151632.29	2293	60199	—	4051.06	80000	—
2000	260568.8	237639	196404.9	1494	企业相继改革改制没有统计年报	64593	4697.64	85000	—
2001	95000	128240	147535.2	1442		95159	4774	95000	69547
2002	73000	83678	164629.63	1343		97610	4813.97	108000	68741
2003	70000	105129	144947.45	—		103258	7885.64	108000	72368
2004	80800	106278	125599.73	—		115222	9021.48	108000	98001
2005	10100	116551	145608.93	—	1513232	128751	9861.96	139000	129468

1979—2005年襄樊商贸销售利润汇总一览

表 13-15

单位：万元

项目(年)＼单位(万元)	商业	供销	粮食	饮服	物资	烟草	盐务	市场中心	中石化
1979	1999	1159	-1114.17	49	105	—	—	—	—
1980	1331	1232	-49.41	50	247	—	—	—	—
1981	1448	1602	-2615.48	55	274	—	—	—	—
1982	1274	1610	-1441.41	56	496	—		—	—
1983	1634.8	1755	-1888.13	96	628	—		—	—
1984	-514	1496	-3011.9	98	707		—	—	—
1985	492.08	1042	-1905.66	107	939	—	—	—	—
1986	120. 61	664	-3762.75	119	1051	—	—	—	—
1987	380.89	887	-1920	147	462	—	137.12		—
1988	2582	1143	-2891.17	224	1757		194.24	—	—
1989	1076	976	-2507.81	214	1385		223.9	—	—
1990	557	508	-14234.1	215	703		183.68	—	—
1991	563	475	-21850.73	245	806		90.47	—	—
1992	621.45	543	-9236.43	263	1162		150.02	212	—
1993	658.76	-608	145.42	163	229		265.73	900	—
1994	681.47	-997	632.64	55	-1455		201.38	1150	—
1995	139	-91	1315	65	-732		318.85	1200	—
1996	-895.72	-3521	-11310.83	40	-1517		321.87	1320	—

续表

单位(万元) 项目(年)	商业	供销	粮食	饮服	物资	烟草	盐务	市场中心	中石化
1997	-1331	-9078	-49165.39	6	-2473		336.14	1380	—
1998	-1228	-14662	-48665.52	-80	-1797	—	272	1450	—
1999	-1585	-14762	-6949	-316	-1067	—	291.94	1600	—
2000	-1236.42	21	-1535.34	-661	企业相继改革改制没有统计年报	224	174.11	1700	—
2001	669	37	-1682.82	-898		786	68	1900	-779
2002	405	41	-2181.86	-990		5190	77.78	2100	-6410
2003	—	17	-40808	—		5207	162.27	2160	956
2004	—	42	-29699.57	—		7343	154.58	2166	-237
2005	—	65	-7197.28	—		5968	62.09	2785	-2857
合计	—	-28404	—	—	1910	24718	3686.17	22023	-1174.19

二、城乡市场

(一)樊城、襄城

1978 年,襄樊市区商业零售网点为 87 个,与全市人口比例为 0.03 %,商业从业人员 2031 人,占全市人口比例的 0.77%。1979 年,城乡经济随着全党工作重心的转移和“调整、改革、整顿、提高”方针的贯彻执行,在继续发挥国合商业主渠道作用的同时,大力发展集体、个体商业,开放城乡集贸市场,逐步形成多种经济形式,多条流通渠道,多种经营方式的新格局。樊城中山前街商贸市场逐渐衰退,形成以中山后街、解放路、襄江商场为主体的商业区。

1981 年 12 月,鼓楼商场的开业,营业面积 6817 平方米,襄城十字街成为襄城的商业中心。同时,随着襄渝铁路、焦柳铁路先后在襄樊与汉丹铁路交会全线通车,襄樊成为了中原、西南、中南出入货物的集散地,促进了襄樊商贸流通的快速发展。

1984 年以来,襄樊商贸流通行业加快了改革开放的步伐,实施商贸市场建设和改造,鼓励国营、集体、个体开办商业网点等优惠政策,各类商贸市场得到快速发展,商品供应状况明显改善,商贸从业人员迅速增加。到 1985 年,全市商业机构发展到 50 587 个,从业人员 146 506 人,其分布为:国营商业 2830 个,从业人员 47 790 人;集体商业 11 522 个,从业人员 50 485 人;个体商业 36 235 个,从业人员 53 231 人。全市零售网点达到 46 458 个,社会商品零售总额 214 412 万元。在襄樊市区,商业网点发展到 2742 个,饮食业网点 899 个,服务业网点 1141 个。其中,市区国营商业机构 264 个,从业人员 7727 人,商品零售额 22 999 万元,占社会商品零售额 63 209 万元的 36.39%。与此同时,市区的集市也日益繁荣活跃,成为城乡商品流通的一条重要渠道,集贸市场市区网点达 29 个,比 1980 年增加 15 个,成交额 3870.1 万元,比 1980 年 1755 万元,增长 120.5%。外地来樊经商的户数也大量增加,形成国营、集体、个人一起发展,多种经营成分并存、多种经营渠道竞争的合理配置、协调发展的新局面,商品供应紧张状况得到了缓解,整个市场呈现出稳定和活跃的景象。

1986 年,全市完成市场建设 24 500 平方米,集贸市场成交额 66 344.77 万元。8 月 12 日,市区中原路工业品市场开业,建筑面积 4400 平方米。9 月 28 日,市区新华路农贸市场开业,建筑面积 3000

平方米。

1987年，为加快市场建设步伐，市政府在枣阳召开由各县(市、区)长参加的全市市场建设管会，制定了集贸市场建设“大家办、大发展”方针。随后，市政府下发办公会议纪要文件，对市场建设场地、资金、搬迁作规定：各县(市)财政拨款；税务场建设；城建部门每年从城市商业网点配套费中提取5%用于市场建设；银行拿出一定贷款用于市场建设；采取社会集资入股办法建设市场；工商部门每年的市场管理费主要用于市场建设。全年全市投入市场建设资金500多万元，市场建设面积25.8万平方米。其中新建市场28个，12.8万平方米；改扩建市场15个，4万平方米；在建市场14个，9万平方米。全市集贸网点670个，集市贸易成交额达8.04亿元。其中市区在市长征路和大庆路之间建成的面积4116平方米的长庆市场开业，摊位300个，经营范围包括服装、鞋帽、针织、日用小百货等。

1988年，全市共投资252.11万元，用于新建市场15个，改造市场17个，全年集市成交额9.49亿元。

1990年，经过5年的努力，国营商业根据社会商贸活跃市场的特点，扩大了对集体、个体的小额批发，销售额达到19 147万元，比1989年上升8.1%，其中对个体商业销售额增长16%。同时，国营商业工业品市场下伸工业品网点74个，154个食品所中有92个经营工业品，工业品经营开始逐步向农村市场渗透。形成了一批以大型商场为龙头的商业群体。樊城以中山后街、解放路、襄江商场为主体的商业区逐步向长征路扩展，襄江商场、襄樊商城、襄樊工业品贸易中心成为形成了大市场；襄城以鼓楼商场为中心的十字街闹市商业区向北街延伸，形成了江南、江北两大商业中心区。市区40个市场网点列入市区城市建设规划。商品流通市场主体呈多元化的发展。全年全市采取多渠道投资376.89万元，新建市场12个，新增市场面积35 543平方米，改扩建市场17个，扩大市场面积31 860平方米。截至年底，全市共有集贸市场460个，总面积96.51万平方米，初步形成了大中小相结合，批发与零售相结合，综合与专业相结合的市场网络。全市集市贸易年成交额12.44亿元。

1991年，市政府印发《关于加强市区农贸市场建设和管理的通知》，鼓励和支持多渠道、多途径、多方面筹集资金，建设市场。全年市场建设投资956.86万元，累计市场建设投资达3739.88万元，其中市场管理费投入2072.55万元、财政拨付421.39万元、社会集资561.49万元、其他类投资684.45万元。新增市场面积28 500平方米，总面积达105.5万平方米，其中室内市场面积57 074平方米。全市有集贸市场481个，其中综合市场400个、工业品专业市场71个、农副产品专业市场7个、废旧品市场1个、其他专业市场2个，集贸市场成交总额13.786亿元，占社会商品零售总额27.32%。市区前进小商品开业，面积2000平方米，摊位243个，从业人员500余人，经营品种有30多个大类，5000多个品种。市区首家旧货交易市场成立，以寄卖的方式为旧货买卖双方提供了场地和方便，到1997年城区旧货市场已达到5家.

1992年，市政府印发《关于进一步加快市场建设的决定》。全市市场发展到512个，累计投资金额1.25亿元，其中集贸市场505个，投资金额1.1亿元，生产资料市场7个，投资金额1555万元。集市贸易成交额15.6亿元，集贸市场零售额占社会商品零售总额的32.96%，其中综合集贸市场为11.6亿元，农副产品专业市场0.46亿元，工业品专业市场3.45亿元，废旧品专业市场0.08亿元。市区新华市场投资1800万元，于1992年11月22日开业，占地面积0.867万平方米，五层建筑面积2.25万平方米，是集工业品、游乐等为一体的综合市场。

1993年，市委、市政府召开有各县(市、区)长、财委主任、工商局长、市直有关部门领导参加的全市市场建设工作会议，进一步推动全市市场发展。全市新建、扩建、改建市场27个，新增市场面积37 187平方米，面积达到135万平方米，其中室内市场面积16.63万平方米。全市市场建设投资累计达到1.49亿元，其中市场管理费投入4639.93万元、财政拨付540.39万元、社会集资4903.32万元、其他类投资4826.47万元。全市集贸市场总数529个，其中综合集贸市场418个、工业品专业市场79个、农副产品专业市场20个、废旧品专业市场3个、其他专业市场9个,集贸市场总成交额19.88亿元。市区由施营村新华实业公司投资350万元兴建的棚室合一的农贸市场——大世界市场开业,建筑面积3000平方米,主营农副产品。6月,市委、市政府组织力量将原长庆市场经营户转入新华市场经营。

1994年,新建、改建、扩建各类市场31个,新增市场面积2.3万平方米,各类市场总数达541个,总面积199万平方米,总投资规模达到1.5亿元,市场成交额29.88亿元。市区新华市场经营户达到2500户、6000多人,年成交额达到5亿元。商业系统首家货仓式销售模式——“襄客隆”和首家商业连锁店艺达商场开业。

1995年,新建、改建、扩建各类市场24个,新增市场面积12万平方米,全市市场成交额33亿元。市区投资400多万元对新华、中原、前进等14个市场进行改扩建。筹集资金300多万元,对新华市场实施二期扩建,增加市场面积700平方米,摊位近400个,从业个体户达到3000多户,人员6000多人,日流量3万多人,年成交额8亿元。中原市场、东风路副食一条街年成交额达1亿元以上。

1996年,新建、改建、扩建各类市场15个,新增市场面积5万平方米,总面积167万平方米,全市市场年成交额39.5亿元,其中市区13.5亿元。投资1500万元兴建的新华市场东大楼基本完工,面积12 000平方米;投资20万元改建的新华停车场,面积4700平方米;投资1000万元兴建的新华西大楼,面积10 000平方米。新华市场年成交额为10亿元,中原、东风路市场年成交额为2亿元。同时,为促进工商市场的繁荣和发展,6月成立“襄樊市市场开发服务中心”,负责市场建设、开发和物业管理,规划市场内布局,组织招租招商,维护完善市场设施、消防安全、环境卫生、供水供电等市场管理和服务,并将新华、前进、中原、长庆4个市场的债权债务及管理全部移交市场中心管理。2001年12月市场开发服务中心由市工商行政管理局移交市经贸委管理。2005年3月,根据襄发〔2004〕17号《中共襄樊市委　襄樊市人民政府关于印发〈襄樊市市级人民政府机构改革实施意见〉的通知》,市场开发服务中心升格为副县级单位,由市经贸委管理划归市商务局管理。

1997年,实施“市场帮困工程”,帮扶市土产公司、市火柴厂、市保温材料厂、市日杂公司等困难企业建设和搞活市场4个。1月8日,白鹤市场投入使用,占地4918平方米,建筑面积14 200平方米,摊位1300多个,以经营小百货为主。投资350万元兴建的光明农贸市场投入使用,占地5000平方米,建筑面积3778平方米,可容纳经营户312户。同时襄城区襄阳农贸大市场建成并投入使用。市区10个市场年成交额过亿元。但由于部分市场选址不当、重复布点、盲目建设、后续工作差,造成市场不活,生意不景气而关闭。截至1997年年底,全市共有各类商品交易市场459个,其中消费品市场455个(含消费品综合市场225个、农副产品市场144个、工业消费品市场86个),生产资料市场4个(生产资料综合市场2个、工业生产资料市场2个)。全市各类商品市场年成交额485 913万元,其中消费品市场年成交额476 077万元、生产资料市场年成交额9836万元。

1998年,全市新发展市场36个,市场总数495个;新增市场面积35万平方米,面积总数210万平方米;市场年成交额54.6亿元,比上年增长12.35%。其中,市区新发展市场17个,总数为70个;新增市场面积13万平方米,总数为51万平方米;市场年成交额21.5亿元,比上年增长10.8%。

1999年,为帮助困难企业,新建了钢材市场、电脑市场、竹木市场、粮食市场、家具市场等10个,面积3万平方米,累计帮助45家困难企业建设市场48个,盘活闲置资产4亿元。襄樊百货量贩店建成,它是全省除武汉市外最大的量贩店。

2000年,帮助困难企业利用闲散场地兴建大桥口农贸市场、襄城旧机动车交易市场等10个。全市消费品市场总数415个,年成交额为720 697万元,其中消费品综合市场156个,年成交额165 375万元;农副产品市场142个,年成交额278 949万元;工业消费品市场100个,年成交额271 916万元。生产资料市场总数25个,年成交额26 293万元,其中生产资料综合市场6个,年成交额13 935万元;工业生产资料市场12个,年成交额12 358万元;农业生产资料市场7个。新华市场年成交额达到

11.15 亿元。市商业连锁超市发展迅速，面积在 300 平方米以上的达到 16 家，其中市区 9 家，年销售额 16 亿元。这个时期，国营商业也开始突破旧条条框框的束缚，经营向新行业、新商品扩展延伸，开辟了汽车交易、物资建材、农贸加工、装潢维修、歌舞娱乐等新业务，填补了传统商贸市场的经营空白。

2001 年，国有商业企业经过股份制改造、资产重组、产权拍卖等形式退公转民的体制改革，所有制形式及营销方式发生了重大变化，新的民营机制在市商贸系统基本建立，市直有 13 家企业实行了退公转民，资产租赁承包得到进一步巩固。专业店、精品店迅速发展，各种形式的超市、专卖店成为商贸流通形式的主体，当年，鼓楼商场引进了国际知名品牌麦当劳。次年，襄樊商城通过对外合作，引进北京民营企业华洋堂开业。截至年底，全市消费品市场总数 409 个，其中消费品综合市场 146 个、农副产品市场 145 个、工业消费品市场 101 个、其他 17 个；消费品市场年成交额 674 454 万元，其中消费品综合市场 187 831 万元、农副产品市场 276 100 万元、工业消费品市场 202 308 万元、其他 8 215 万元。生产资料市场总数 24 个，其中生产资料综合市场 5 个、工业生产资料市场 13 个、农业生产资料市场 6 个，生产资料市场年成交额 29 979 万元，其中生产资料综合市场 16 821 万元、工业生产资料市场 13 158 万元。

2002 年，全市消费品市场总数 321 个，其中消费品综合市场 98 个、农副产品市场 133 个、工业消费品市场 80 个、其他 10 个；消费品市场年成交额 789 652 万元，其中消费品综合市场 182 251 万元、农副产品市场 298 970 万元、工业消费品市场 302 157 万元、其他 6274 万元。生产资料市场总数 23 个，其中生产资料综合市场 5 个、工业生产资料市场 11 个、农业生产资料市场 7 个；生产资料市场年成交额 35 100 万元，其中生产资料综合市场 19 300 万元、工业生产资料市场 15 800 万元。消费品市场减少的主要原因是：工矿及国营商业企业改制，大批职工下岗，社会购买力下降，导致消费品市场交易不景气。

2005 年，知名民营连锁企业国美电器公司进驻鼓楼商场；此外，拍卖、旧货交易等均取得较好的发展。同时，襄樊市商贸行业协会成立，进一步促进了襄樊商贸市场的快速发展。

鼓楼商场股份有限公司：襄樊鼓楼商场股份有限公司位于市区襄城十字街，营业面积 3 万平方米的两座营业大楼，集购物、娱乐、餐饮、美容、健身、休闲于一体的多元化、综合型国家级大型二档商贸企业。员工 1300 余人，年销售额 3 亿元，是鄂西北地区最大的商业贸易公司。公司前身为襄樊鼓楼商场，1979 年 9 月 13 日开始兴建，于 1981 年 12 月竣工。初定名为襄阳商场，因建于原钟鼓楼旧址，故改命名为鼓楼商场，初开业时营业面积 6817 平方米，总投资 329.6 万元，经营百货、纺织、针织、鞋帽、服装、交通、副食、家具、五金交电等，襄樊市当时最大的综合性商业零售企业。1981 年 12 月 18 日，鼓楼商场开业，开业当天，接待顾客逾 10 万人次，销售 12 万元，创襄樊市接待顾客日销售之最。次年销售额达 1876 万元。鼓楼商场作为襄樊重要的对外展示窗口，先后接待了国务院副总理姚依林、中央统战部、财政部、商业部等领导，接待了洪都拉斯共产党中央总书记、秘鲁共产党中央副书记及联合国卫生考察团、罗马尼亚、英国、日本、法国、俄罗斯等国客人参观考察。1993 年 4 月，经省体改委批准，鼓楼商场改制为股份制企业，成为湖北省首批股份制企业及襄樊市首批股份制试点企业。1994 年 5 月 18 日，公司东营业大楼（原名襄阳大厦）开业，新增营业面积 2 万平方米，年销售额 1.6 亿元，成为湖北省十大零售商场之一。2000 年以来，公司不断发扬和倡导“一切为了顾客”的宗旨，坚持高举改革与发展、继承与创新、品牌经营三面大旗；强化以商品质量、服务质量和环境质量为核心内容的三大质量管理体系；全面启动“三五工程”：即打好五张王牌：商圈牌、诚信牌、实惠牌、本土牌、文化牌；践行五心服务：质量放心、价格称心、环境舒心、服务暖心、购物开心；构建五大和谐：和谐干群关系、和谐供销关系、和谐消费关系、和谐外部关系、和谐商圈关系，开创了企业发展的新局面。企业先后获得“全国青年优质服务示范单位”“全国执行物价计量政策法规最佳单位”“全国文明经营先进单位”、“全国商业信誉企业”、“全国职工教育先进单位”、“全国诚信维权单位”、“全国奥运承诺践诺先进单位”等多项国家级和省、市级荣誉称号。

襄江商场股份有限公司：襄樊襄江商场股份有限公司位于市区樊城长征路12号，经营面积 25 000 平方米，职工 1160 人，年销售额 1.3 亿元。公司由襄江商场改制而成，商场始建于 1968 年，1970 年 4 月建成，1973 年元旦正式开业。商场初名为广百商店，1973 年 6 月更名为襄江商场，当时是襄樊市最大的国营商业零售企业。营业面积 2200 平方米，经营品种有百货、文化、副食、针棉织、纺织、服装、五金、交电、医药等，商场开业当年实现销售 473 万元。1988 年 11 月，兼并市纺织品公司鹿角门商店、市副食品公司鹿角门和长处路售货亭。1989 年 2 月成立了大桥分场，1990 年 4 月，与市人防办共同投资的平战结合的襄江商场地城分场开业，1991 年 1 月开办儿童用品商店，6 月兼并原市晶华服装厂，10 月兼并市襄江饮料厂，并在此基础上先后成立了襄樊市富华服装有限公司和襄江饮品公司。1993 年 2 月，经省体改委批准，改制为股份有限公司。1995 年，公司投资 6000 多万元购买原市体育馆并加以改造投入营业。2001 年年底，公司收回地城商场投资 250 万元，投资 300 多万元兴建襄江商场超市。20 世纪 80 年代初，商场被襄樊市政府确定为扩大企业自主权试点单位，实行经理负责制，实行“利润包干、超利润提成”经济责任制。80 年代中后期，随着国家对企业经理（厂长）放权，商场在全国率先推行“百元销售工资率”管理。1996 年初，公司实行资产有偿使用经营。公司开业 30 多年来，在不断开拓创业中，先后被授予“省级先进企业”“全省经济效益先进单位”“省级文明单位”“省级消费者满意商场”“省重合同守信用先进企业”“特级信用企业”以及“全国商业信誉企业”等荣誉称号。

新华市场：襄樊市新华市场是市委、市政府于 1991 年初作为名城建设十大工程之一，由襄樊市工商局投资 2 500 万元动工兴建的大型集贸市场，被列为全市十大民心工程之一，于 1992 年 12 月建成开业，总占地面积 15 亩，市场主体建筑为一栋五层商业用楼，长 79.8 米，宽 69.9 米，高 22 米，层高 4.2—4.8 米，总建筑面积 23 770 平方米，摊位 3 000 个，从业人员 8 000 多人，其中 1—3 楼经营服装，4 楼经营小商品、小百货，5 楼经营鞋帽。市场自开业以来，在襄樊市委、市政府的关心和重视下，市场进入良性发展阶段，商品辐射 5 个省、20 多个地区、70 多个县（市），开辟途经浙江、福建、河北、河南及省内交通运输线路 20 多条，市场年成交额近 10 亿元，1992 年至 2005 年上缴各种税费 2 亿多元。新华市场曾四次荣获省级文明市场，两次荣获国家级文明市场，1999 年被国家经贸委列为全国一百强市场（商场）之一。

中原市场：中原布匹批发市场位于中原路与云集路之间，1987 年 11 月由市工商局投资 365 万元（自筹 212 万元、集资 153 万元）兴建，属钢架大棚市场，市场占地面积 14 000 平方米，市场有门面房 297 间，货架 260 个，1996 年市场开发服务中心又投资 151 万元兴建铁皮房 178 间，2003 年年底至 2004 年初，因消防改造，拆除部分摊位。市场主要经营布匹和百货，从业人员 2 000 余人，日人流量 1.5 万人次，年成交额 1.5 亿元，年上缴各种税费 500 多万元。市场辐射 5 省、10 个地区、20 个县（市），是鄂西北最大的布匹交易中心。1988 年、1990 年、1992 年、1995 年被评为市级文明市场，1993—1996 年被评为省级文明市场，1994 年被市工商局评为个体私营经济规范化达标单位，1997 年被市场开展服务中心评为先进单位。中原市场自建成以来共为国家创造税费 5 000 多万元，为襄樊的经济发展做出了突出的贡献。2003 年 8 月，中原市场与浙江来樊投资的丰恒置业有限公司达成租赁中原布匹市场的协议，后因故，于 2004 年年底双方解除租赁合同，中心收回管理权。

长庆市场：襄樊市长庆摩托车配件市场位于长征路与大庆路之间的明晶巷，1998 年 11 月开业，开业之初经营服装，后服装经营人员转迁至新华市场，市场转营摩托车配件，是鄂西北最大的摩托车配件市场，占地 5900 平方米，拥有 270 个摊位，能容纳 600 人进场经营，主要经营摩托车配件、农机配件，市场年成交额在 3000 万元以上，每年为国家创造税费 100 万元以上。在活跃地方经济，方便群众生活，解决下岗工人再就业等方面都做出了较大的贡献。

光明市场：襄樊市光明市场位于大庆东路、红光路交叉路口，地处襄樊东大门，市场造型美观、设施先进、功能齐全、卫生清洁,是襄樊市投资较大、经营活跃的大型农贸市场之一,光明市场于1996年建成,占地面积5000多平方米,属大棚顶式农贸市场,市场内有摊位470多个、门面房49间,从业人员1000多人,主要经营蔬菜、水产、干鲜等农副土特产品7大类、150多个品种,年成交额5000多万元,日人流量1万多人,是襄樊市第一个实行"净菜上市、桶装垃圾、购假先赔"三位一体管理模式的农贸市场。1997年先后被襄樊市和湖北省授予市级、省级文明集贸市场的荣誉称号。

襄阳大市场:襄阳大市场是1992年以襄城区政府投资为主,市工商局、市中房公司三家联合投资为辅兴建的一个大型室内集贸市场。其中中房公司以购买襄阳大市场二至四楼产权出资830万元加入。整个工程分两期建成,第一期工程中襄城区政府、中房公司共同出资1653万元。第二期工程由工商局负责融资,市场建成后由市工商局负责管理。1997年10月市场建成开业,2002年6月,经襄樊市仲裁委裁定,襄阳大市场归三方单位按投资份额比例划分为:市工商局(中心)39.978%,市中房公司38.462%,区政府21.559%,同时,裁定"襄阳大市场建设工程中的一切债务均由大市场负责清偿"。2003年8月,市中房、市场开发服务中心、襄城区政府联合成立襄阳大市场有限责任公司,中房代表任董事长,襄城区政府代表任副总经理和监事,市场开发服务中心代表任总经理,公司工作人员全部保留市场开发服务中心人员36名。2003年11月,市场整体租赁给湖北雅斯连锁商业有限公司,作为超市经营。

华中光彩大市场:是襄樊百盟投资有限公司投资7.5亿元建设,占地1 023亩,总建筑面积75万平方米。2004年4月12日开工,市场位于襄樊邓城大道二汽与市区交叉路口北侧,集批发零售、连锁经营、物流配送、电子商务、信息服务、仓储会展为一体的超大型、多功能综合商贸批发基地。市场由建材家居城、汽配城、五金机电城、陶瓷洁具城、板材城、钢材城几大城区组合。经营产品涵盖:轻、重、小型汽车配件;五金工具、电动工具、电工电料、家用电器;家居、家具、木地板、油漆涂料;陶瓷、洁具;钢材、板材等。配套服务有:中之捷物流公司、光彩长途客运站、"光彩号"公交专线、光彩货运公司、电信公司、移动公司、中国农业银行、光彩大酒店,休闲娱乐等也一应俱全。华中光彩大市场首期1900个铺位相继开业,市场年交易额达30多亿元,成为襄阳区纳税大户,并缓解了社会就业问题。为了拉动襄樊经济的快速发展,为了激活流通市场的繁荣,华中光彩大市场营销服务中心已实行实效营销、整合营销、全员营销策略,以此奠定华中光彩大市场在华中地区的品牌优势。

天润汽车城:由湖北天润投资有限公司投资开发的项目,位于春园东路特1号,占地800亩,总投资4.8亿元。2004年8月开工建设,2005年7月2日开业,该市场聚整车销售、配件经营、物流商贸、会展中心、汽车维修、汽车文化等多种业态于一城,提供"一站式"服务功能,可直接提供汽车用品市场的客户资源,实现整车交易和汽车售后市场服务的现场对接。年交易额达10亿元以上,上缴税收1000万元。

襄阳新世纪建材市场:由青岛宏泰经贸有限公司投资兴建,位于邓城大道与春园东路交叉处。项目占地326亩,总投资1亿元,拥有展销厅28 000平方米,仓库、堆场48 000平方米,停车场6 800平方米,吸纳2000户商家在市场内经营,2001年4月28日开工建设,2002年8月28日开业,主要经营陶瓷、卫生洁具、石材、钢材、木制品、油漆、家具、金属制品、涂料、灯具、五金、水暖等国内外新型建筑材料和家庭装饰材料。年销售额10亿元。

(二)老河口市

1979—2005年,老河口市商贸流通服务业发展迅速,市场规模、基础设施建设、经营管理水平得到了显著提高,对繁荣市场、满足消费需求,发挥了重要作用,已成为老河口市国民经济的重要组成部分。主要表现在流通服务业快速增长。截至2005年,全市商业网点达1 650个,其中商业980个,食品加工企业95个,宾馆、旅店和餐饮业560个,其他服务业115个,总营业面积5万平方米,市场容量和消费需求相适应。城乡居民收入稳步增长。2005年,城镇居民人均可支配收入7 132元,比上年增长9.2%;农民人均纯收入3 968元,比上年增长9.3%。各类市场发展迅速形成规模。全市商品交易市场约60个,全年交易额约10亿元。城区拥有各类商品市场16个,营业面积约11万平方米。其中,农贸市场10个(其中有形市场4个,即中山大市场、玉皇阁大市场、北京路市场、花园路水果批发市场),生产资料市场6个。多种所有制并存,民营经济占据流通服务业经营主导地位。老河口市流通服务业所有制结构调整进一步加快,有条件的国有商业企业的国有资本正在有序退出;个体、私营商业发展较快,实现的社会消费品零售总额占全市社会消费品零售总额的85%以上。新型业态异军突起迅猛发展。商业经营方式和业态发生变革,传统的日用百货、食品业网点有所减少,超市、专卖店、专业店、便利店等新型经营业态大量出现,到2005年全市餐饮服务业达560个,从业人员约6 000余人,年餐饮服务销售额约2亿元。

中山大市场:位于市区繁华的中山路北段,建成于1989年10月,系市为市民办理的当年十件好事之一。占地面积3 000平方米,投资额200万元,建筑结构为楼层式。市场内有经营摊位170余个,经营户160家。主要经营有:蔬菜、果品、水产、肉、蛋、禽、百货、家具等,年交易额3000万元。是老河口市规模最大的综合性市场,1989年12月分别被省、襄樊市命名为"文明市场"。

玉皇阁大市场:位于市区大公路中段,建成于1996年5月,系市委、市政府确定重点建设工程之一。占地面积5092平方米,投资390万元,建筑结构为楼层式。现有经营摊位70个,经营户90个。主要经营品种有蔬菜、果品、水产、肉、蛋、禽等,年交易额为2500万元。市场中心正在进一步对玉皇阁市场进行建设,针对市场场地小,布局不合理的状况,在市场综合楼主体工程完成后,根据规划建设方案,在市场西段新建经营用房12间,新建大棚1座,使新扩建市场面积达到600平方米。

北京路市场:位于市北京路北段,是于1990年12月建成并投入使用的。占地面积2582.5平方米,内设摊位70个,经营用房30间。市场建成至今未服务居民生活需要和为农副产品进城交易提供了十分便利的场所。

汉孟大市场:建成于1988年4月,位于鄂豫两省结合部的湖北省老河口市孟楼镇中心地段,系市委、市政府确定的"口子镇"重点工程之一,属农贸市场。占地面积3643平方米,投资额为28万元,建筑结构为棚顶式。有经营摊位100个,经营户150家。主要经营品种有:蔬菜、瓜果、副食、肉蛋禽、农资产品等,年交易额1800万元,1989年被省、襄樊市评为"文明市场"。该市场是为沟通鄂豫两省农副产品的重要渠道,不断地促进两地经济的发展。

花园路水果批发市场:建于1994年4月,位于老河口市花园路,是市区四大农贸市场之一,市外地蔬菜进入老河口市和本地广大果农水果批发销售的中转站。自建成以来为方便市民生活、改善城郊农副产品的销售和组织外地水果进入河口发挥了巨大的作用。占地面积2000平方米,现有经营摊位200个。主要从事农副、农资产品的批发和零售,经营品种有瓜果、副食、禽蛋、农资等。市场交易活跃,年交易额达8000万元左右。花园路水果批发市场作为全市市区目前唯一的专业批发市场之一,由于市场地处交通要道,一直以来是老河口市及周边县市水果集散地,是水果外销、外地水果进入市区的唯一通道。

机场路农贸市场:位于机场路原一建公司车队原址。占地面积1800平方米,其中一层市场部分为1100平方米,可提供约100个摊位,满足周边居民的生活购物需要,有效的解决流动摊位占道经营,影响市容、阻碍交通的现象。

航空路农贸市场:位于市航空路、秋风路交叉口西北侧,占道面积约3400平方米,可吸收容纳约120户个体经营者入住,极大地满足周边居民生活购物需求,有效地解决马路市场和占道经营现象,并对城区所有的门面、商业网点逐一摸底、登记、分类、造册，给领导决策提供了重要的依据。

(三)谷城城关镇、石花镇

1979—2005 年，谷城县以商业贸易流通体制改革为主线，紧紧围绕“1334”的工作目标，以搞活企业为中心，推进实施 3 个转变。即由计划经营型向市场经营转变；由单一经营型向多元化经营转变；企业职工向民营化转变。大力引进用人机制。打破“三铁”，即打破铁饭碗，废除终身制；打破铁工资，做到能者多劳；打破铁交椅，做到能者上庸者下。坚持“四个开放”。即开放经营品种，放开用工制度，放开分配形式和放开商品价格。全县商贸企业呈现出欣欣向荣的可喜局面。截至 2005 年，全县社会消费零售总额 11.26 亿元，比 1979 年的 0.9511 亿元上升 10.8 倍。截至 2005 年，全县企业登记为 4813 个，从业人数达 11.38 万人，其中商贸零售经营企业 2872 个。个体商户 5242 个。商用占地面积 79.5 万平方米,使用面积 41.7 万平方米,仓库面积 32.3 万平方米。

1979—1983 年，全面推进了承包经营责任制，对经营企业实行“五定”，即定利润、定销售、定品种、定库存、定服务质量，同时，试行租赁经营，这个五年间，社会消费零售总额累计为 4.1902 亿元,外经贸出口额累计为 2661 万元。

1984—1988 年，完善承包经营责任制,细化考核制度,推行第二轮承包,对商贸企业零售商店实行“包死基数,确保上交,超利全留”为主要内容的改革,促进商品流通快速发展，五年间，实现社会消费零售额 7.5257 亿元，外贸出口额 5415 万元，分别比前五年增长 79.6%和 1.02 倍。

1989—1993 年，在这五年里，为进一步搞活商贸企业，积极推进商贸企业“四开放”(经营、分配、价格、用工)，结合实际，实行“五定”到店(人员、购销额、毛利率、费用率、定库存)，“两率”到人(毛利、费用)，考核百元销货工资含量，百元利润工资含量，进一步调动了职工的积极性。五年累计实现社会消费零售总额 9.69 亿元，外贸出口额 6878 万元，分别比前五年增长 28.7%和 27%.

1994—1998 年，在商贸企业中推行“国有民营”，实施“自筹资金、自主经营，自理纳税，自定分配、自负盈亏、确保上交”和资产租赁承包。同时对大中型商贸企业试行股份制改革，将国有经营改为股份制经营，改变了企业所有制结构。5 年累计实现社会消费零售总额 23.1 亿元,外贸出口额 1371.9 万美元,消费零售总额比上个 5 年增长 1.38 倍。

1999—2005 年，随着商贸企业体制不断改革和完善，国有商贸企业逐步退出国有序列，民营企业、个体商户发展迅速，成为社会消费经营主体，这 7 年里，累计实现社会消费零售总额突破 60 亿元，外贸出口达 3082 万美元。

谷城城关镇：1979 年，全镇商贸经营企业 946 个，批发部 4 个，国有商业职工 2244 人，个体工商户 1051 个，实现销售总额 4427 万元。1980—1984 年，进一步放开搞活市场，从事服装、餐饮、日杂主要市场集中在顺城街，5 年累计实现销售总额 2.21 亿元。1985—1999 年,商贸市场进一步放开搞活,经营品种多样化全镇 5 年累计实现销售额 3.166 亿元.

1991 年 5 月,建成谷伯商城大市场,占地面积 2 万平方米以经营林、土特产品和餐饮服务为主,当年全镇实现销售总额 7075 万元。1992 年,对城区老街顺城街进行改造和扩建，建成仿古商业一条街，入住商业个体经营户达 1200 家，当年实现销售总额 8015 万元。1993 年建成双雄路步行商业一条街，建筑面积 17 085 平方米,长 437 米,营业面积 5695 平方米,营业门市 187 间,主要经营鞋帽、服装、美容美发、婚纱摄影等门类比较齐全。在城区，先后有齐胜超市、康乐福超市、腾辉家电、汇科家电、保真鞋业、云港超市、天济大药房等 23 家民营商贸企业进入市场经营。1998 年，全镇商品实现销售总额 2.23 亿元。1999—2003 年，国有、集体商贸企业民营化后，个体商户成为商贸经营主体，全镇的商业中心逐渐转移到县府路、粉水路、县府西路，个体商户达1859家。2003年实现销售额4.02亿元。2004—2005年，全镇商业服务功能日益完善，先后投资改建几个主要商业路段——泰山路汽车修理一条街、车站路日杂用品一条街、鸭子坑汽车加工配件一条街、肖家营社区内的纺织工业园。截止到2005年，全镇建成商贸市场18个，各类商业企业7460家，其中：餐饮业568家，大型超市批发商137家，百货商店608家，五交化商店120家，衣帽服装商店508家，药店37家，美容美发113家，照相馆22家，浴池35家，个体商户达到5370个，从业人员2万余人，年实现销售额6亿元。

石花镇：石花是上通房县、保康、竹溪、十堰等地，下达老河口、襄樊的交通枢纽，历来是鄂西北地区小商品集散地，素有“小汉口”之誉。1979年，镇辖区内商贸市场交易主要由粮管所、供销社、食品所经营。其中供销合作社辖大型门市部12个，供销部及小卖部47个，服务网点58个，合作商业门市部5个，饭店3个，理发店2个；粮管所辖粮站7个；食品所设食品供应站8个。商品粮、油、肉、布按国家制定的地区供应标准，凭商品粮户口本或票证供应。工商行政管理登记的个体工商户135个，其中商业货摊93户，饮食服务30户，小手工业12户，外来流寓商783人。上市物品（议价，此计划物品略贵）有粮、油、蔬菜、肉类、蛋类、牲畜、柴炭、竹木、药材、手工制品等数百种，日入市5000余人，成交额万元左右。1987年，市场竞争机制引入石花镇后，形成了自由交易市场，石花供销社开始放开商品价格，将手表、缝纫机、自行车、电风扇等3000多种工业口的零售价的定价权放给门店，可讨价还价购买商品。1993年，全面废除票证制后，市民、农民市场交易日益活跃，农村开始形成“三村一市、五村一集”，从事粮食、蔬菜、木材、牲畜、服装交易人达8900多人，每天成交额达20万元以上。1994年，石花镇实施商贸活镇战略，着力培植大市场和经销大户，先后建成服装鞋帽市场、农产品市场、建材市场等。吸引5省12县116户客商入驻石花经商，全镇商户达2000多家。1996年，镇财政投资360万元兴建起可容纳万人的农产品交易大市场。截至2005年，全镇建成1000平方米以上的超市有6家（齐胜、来福门等），镇区街道形成“一街一品”商城市场。全镇商户达3000余户。石花镇1994年新建成服装集贸市场，当年实现销售总额3200万元，1995年实现销售总额3550万元，1996年实现销售总额3900万元，1997年实现销售总额4200万元，1998年实现销售总额4700万元，1999年实现销售总额5100万元，2000年实现销售总额5600万元，2001年实现销售总额6070万元，2002年实现销售总额6740万元，2003年实现销售总额7490万元，2004年实现销售总额8320万元，2005年实现销售总额9250万元。1996年新建成了农产品交易大市场，当年实现销售总额2350万元，1997年实现销售总额2400万元，1998年实现销售总额2570万元，1999年实现销售总额2850万元，2000年实现销售总额3200万元，2001年实现销售总额3520万元，2002年实现销售总额3870万元，2003年实现销售总额4250万元，2004年实现销售总额4670万元，2005年实现销售总额5139万元。2000年新建了武当路建材市场，当年实现销售总额3710万元，2001年实现销售总额4120万元，2002年实现销售总额4500万元，2003年实现销售总额5050万元，2004年实现销售总额5600万元，2005年实现销售总额6167万元。

（四）保康城关镇、马良镇

20世纪90年代前，保康商业、粮食、供销、外贸、物资等国营、集体商贸企业是城乡贸易流通的主渠道，肩负着全县人民生活资料、生产资料供应、农副土特产品收购和出口供货工作。2005年，全县社会商品零售总额达68 730万元，比1979年的3573万元，净增65 157万元；批发销售为44 208万元，比1979年的3123万元净增41 085万元；饮食服务为13 800万元，比1979年的360万元净增13 440万元。

1979—1985年，全县商贸流通以商业、粮食、供销、外贸、物资等国营、集体企业为主。为进一步搞活经营,以商业企业、供销社企业、基层供销社为主的全面推行了承包经营责任制,对经营企业实行"五定"管理,即定利润、定销售、定品种、定库存、定服务;并试行租赁经营。商业下设纺织、百货、五金、商贸、食品、饮食、医药、副食品等8家公司,下设8个食品所,承担全县工业品货源和肉食品供应;供销社下设7家公司和11个基层供销社、72个分销店、135个农村代购代销店,承担全县人民的生活资料、生产资料供应和农产品收购工作。1985年,全县销售农业生产资料为541万元,其中:氮肥9480吨,磷肥339吨,农药1384吨,中小农具83 600件;销售生活资料7372万元;收购黑木耳88 300公斤,香菌15 350公斤;收购粮食750万公斤,销售总量为1312万公斤;全县社会商品零售总额68 730万元。

1986—1990年,商业、供销在全面推行承包责任制的基础上,推行二轮承包,对百货、纺织五金、医药副食、商贸中心、食品、饮食、土产、药材、生资、生活公司及11个基层供销社的零售商店实行"包死基数、自主经营、自理税费、自定分配、自负盈亏"经营改革,推行了"四放开"(经营、分配、价格、用工)改革工作,促进了商贸发展。1990年全县社会商品零售总额达到10 466万元,比1985年增长31%,批发9210万元,比1985年增长47.9%,饮食服务总额为377万元。

1991—1996年,按照抓大放小、因企制宜、多法并举、整体推进的原则,在商贸企业中重点推行了产权制度、集体承包、国有民营、剥离经营等改革形式。1995年,根据《保康县全员劳动合同制暂行规定》,全县商贸企业从7月1日开始全面推行全员劳动合同制,商业、粮食、供销等商贸部门对企业内的干部、固定工、大集体、长期临时、合同制职工全部转换为全民合同制职工。在抓改革的同时,全县商贸以突出搞活流通为重点,实施"三大战略",即实施规模经营战略、实施外向扩张战略、实施实业推进战略。在规模经营战略上,立足组建大集团、培植大企业、开展大联合、发展连锁。配套茶叶"51524"工程,组建了茶叶集团公司;开发药材资源,组建了康裕公司;以土产、农资、副食、商贸、百货、生活药材、纺织、石油、烟草等企业为"龙头",培植过亿元的行业,过3 000万元、2 000万元、1 000万元的"1321"企业工作目标。1995年10家骨干企业商品销售达11 065万元,占全县商品销售总额的53%;发展总代理、总经销业务100多家,发展各种连锁店26家,引进商品资金1000多万元。在实施外向扩张上,利用保康农特产品优势,走出山门,开拓大市场,发展大市场,积极开展内购外销,深购远销和外购外销经营业务,扩大外向型经营比重。1995年外向经营业务和外贸出口供货总额突破1亿元人民币,外贸收购达到3 680万元,出口供货6 500万元。在实业发展上,立足主业求生存,跳出主业求发展,立足主业,立体开发,多种经营、综合发展之路,大力发展商办工业。1995年,全县发展50头以上的规模养殖场6个,种植业基地2 860亩,发展"十小"(小茶场、小酒厂、小加工厂等)企业209个,实现商办工业产值6 000多万元。1995年,全县农副产品收购达到6 345万元,比"七五"末增长3.09倍,商品销售总额27 466万元,比"七五"末增长3.17倍,个体私营经济累计发展到2 323户,比"七五"末增长4.13倍,集贸市场成交额达到1.04亿元,比"七五"末增长4.1倍。1995年,社会商品零售总额为24 833万元,比1990年增长137.3%。

1997年后,以改制为突破口,推行股份合作制试点,先后在五金公司、金桥公司、康裕公司、食用菌开发公司4家企业进行改制试点,采取先转换内部经营机制后改制的办法,促进了企业产权改革和资本营运。先后有598个企业、门店通过改革实施买断经营,占经营网点的70.2%。供销系统买断经营网点333个,占经营网点总数的74%,实行买断经营的企业全部实现扭亏增盈。粮食企业除政策性经营网点外,对纯经营性网点实行买断经营,1997年已有99个纯经营性门店买断经营,占网点总数的47%。1997年充分利用商贸企业闲置土地和设施,兴建和配套宏达城中城、商贸就业一条街、五金家电城、金桥娱乐城等一批商贸市场。到1998年年底,新发展个体工商户2397户、私营企业46家,个体工商户累计达到8986户,实现产值(营业额)4.08亿元;集贸市场成交额达到2.09亿元,实现出口供货6993.4万元,商办工业产值达6615.2万元。

2000年后，全县商贸企业推行以“企业转换机制、职工转换身份”为主要形式的民营化改革工作。对所有在职职工实行买断工龄，由国有、集体企业合同制职工转变为社会自然人。到2005年年底，全县46家企业除马良、歇马供销社和饮食服务公司没有改制外，有34家实行了民营化改革，有9家企业破产重组，占93%；转换职工身份2145人，占95%（见表13-16）。

1979—2005年保康县社会商品零售总额批发销售饮食服务营业额统计一览

表13-16　　单位：万元

时　间	社会消费品零售总额	批发销售	饮食服务
1979年	3 537	3 123	45
1980年	4 062	3 559	78
1981年	4 032	3 472	92
1982年	4 076	3 363	91
1983年	4 987	3 761	134
1984年	5707	4039	146
1985年	7987	6226	360
1986年	9100	6989	317
1987年	9441	7211	282
1988年	12215	9713	382
1989年	11147	9063	334
1990年	10466	9210	377
1991年	12291	9619	376
1992年	14353	10370	531
1993年	16971	11935	1305
1994年	18212	9008	1624
1995年	24833	12775	2108
1996年	31613	16999	2924
1997年	37630	16894	5028
1998年	40152	31	—
1999年	42830	30576	2090
2000年	46750	31789	5849
2001年	51054	32582	9473
2002年	56533	33509	11016
2003年	56066	34632	11065
2004年	62690	40104	12839
2005年	68730	44208	13800

保康县石油公司：成立于1978年8月，其前身为保康县商业局五金公司油库，1979—1980年，全县只有城关窑湾一座小型加油站及油库对外批发汽、煤、柴油，年销量不足千吨，1981年，将城关加油站扩大规模（即现中心加油站）。1985年公司从商业局划出；1991年11月公司自筹资金，新建过渡湾加油站；1992年5月至7月分别新建马桥、马良加油站；1993年4月新建寺坪加油站；1994年公司改制为股份有限公司；1995年县公司被湖北省石油总公司上收，成立“湖北省石油总公司保康县公司”。2000年2月，公司统一被中国石化集团上收并重组上市，更名为中国石油化工股份有限公司湖北襄

樊保康石油分公司。同年由中石化投资577万元，收购改造店垭、欧店、康陵、枫桥、城南加油站，关闭过渡湾、寺坪加油站。2001年，销量达10335吨，2004年1月，租赁歇马供销社庙坪加油站；2005年1月，租赁城关供销社牌坊湾加油站，全公司在境内拥有11座在营加油站，网点基本覆盖各乡镇。2005年，全公司销售成品油总量21375吨，销售额8581万余元。

保康县烟草专卖局：1979年8月，保康县商业局成立烟酒专卖管理局，与县副食品公司合署办公；1984年7月保康县烟草专卖公司成立，隶属商业局管理；1985年1月，保康县烟草专卖局（公司）独立，实行政企合一，为局级管理单位；2003年11月，根据市烟草专卖局（分公司）机构改革精神，保康县烟草专卖局（公司）与烟叶生产机构分设，成立保康县烟草专卖局、保康烟叶经理部。到2003年年底，全县种植面积达到5.2万亩，收购烟叶2963吨，总收入2475万元，实现税收1285.8万元，保康“金峰”品牌荣获省优质烤烟。全县共有卷烟经营户964户，当年销售卷烟8595箱。

20世纪80年代初期，全县11个乡镇都没有农贸市场和工业品市场，仅有土门、油坊街、欧店、重阳、百峰、官斗、黎店、金斗、大湾、万寿、二堂等16处设农副产品成交所，1985年成交品种185个，成交额1693万元。自80年代中期，随着商品生产的发展，市场建设加大了力度，农贸市场、工业品市场逐步建立。

城关镇：1985年10月，城关中心农贸市场建成投入使用，占地面积2 000平方米，注册资金40万元，经营面积1 800平方米，摊位44个，门面房27间。2002年1月，根据国务院文件要求，实行管办分离，中心农贸市场从工商局分离出来后，组建市场服务中心。2006年，市场中心对中心市场进行改造，市场摊位57个，门面27间，从业人员110人，年交易额3 000万元。1993年初利用原食品厂、商贸空闲厂房动工兴建康富市场，1994年建成长128米的康富一条街，商铺60间。1997年10月，二期工程动工。原食品厂全部纳入劳动街、腊梅街、芙蓉街、紫薇街、交通街，并扩建清溪路、光千路临街门面，建成商铺170间。市场内有旅店、仓库、停车场、歌厅、澡堂等；商铺经营有服装、布匹、鞋帽、副食、百货、日化、土特产品等，总投资1 100万元，是县城最大综合性工业品交易市场。1994年，兴建楚天农贸市场，该市场位于县城中心（新街7号），占地面积8 000平方米，经营面积7 000平方米，摊位300个，从业人员700人，年交易额5 000万元。1999年1月初利用原布匹、纺织、针织、服装仓库改建纺织商城，商城面积1 750平方米，商铺51间，投资350万元。后经改扩建与保康商场综合批发大楼连为一体，保康商场二楼与市场连通，西、南有3个通道与光千路、迎宾路相通，主要经营服装、针纺织品、百货、鞋帽、家具等，年销售约250万元。2004年1月，兴建寺坪镇农贸市场，经营面积1 500平方米，摊位48个，从业人员20人，年交易额550万元。

歇马镇农贸市场占地550平方米，经营面积350平方米，摊位20个，年交易额350万元。

2004年12月，新建马桥镇农贸市场，经营面积1341平方米，摊位60个，从业人员40人，年交易额600万元。

1989年11月，新建马良镇农贸市场，经营面积1430平方米，从业人员45人，年交易额700万元。

（五）南漳城关镇、武镇

1.商品销售

1989年，全县商业系统与15个省、市500多家工厂建立稳固的业务关系，购进商品2500万元，开展金秋展销月，展销40天，扩大销售645万元；组织大篷车12辆，送货下乡180人次、金额80万元，商业大厦50天巡回串乡15个乡镇，扩销30万元全系统共为地方工业组织原材料30多个品种，价值400多万元，销售地产品600余万元，全系统累计经营品种达35 000个，比上年增加25 000个。

1990年，举办迎春展销，迎亚运、迎国庆展销，迎新年、庆丰收展销，以及趣味有奖展销，酬宾展销和工商、商商联合展销活动，组织展销人员400多人，投放商品5 000多种，扩销金额1 500多万元。实行店外销售，商业大厦设立了店外销售单项奖，全年完成店外销售300万元，占总销售额30%，渗透农村市场，医药公司下伸网点4个，扩销60万元；组织大篷车下乡展销500多次，扩销360万元，扩大县外市场，定期召开选货会，吸收襄阳、宜城、荆门等地50多个供销和集体商店到各公司进货，开辟外销渠道，已与10个省、市、县250多个工商企业建立了稳固的业务关系；开展串销调剂和易货贸易业务，仅商品串销扩大销售877.4万元；同时为了开拓销售市场，搞活购销业务，扩大地产品经营，商业系统共成立地产品经销部2个，地产品专柜7个，经营地产品种类300多个，如百货公司与县纸厂成立联合经销部，工商优势互补，外销54个省、市、县单位，销售地产纸1 000吨；推销地产酒，将珍珠液打入省副食站全国名酒样品专柜，全年全系统共推销地产品1 300万元；购销并举，扩大食品经营，共收购生猪24 500头，上调15 200头，地销9 700头；实行多业并举，食品经营完成销售950万元，4个食品所实现了盈利，12个食品所实现了减亏，与省内外25家工商企业建立了稳固的业务关系，完成商品调出777.4万元；面向产区，扩大商品货源市场，建立了稳固的大宗骨干商品基地120多个，全年共购进商品4916.3万元，商品适销率达90%以上；

1991年，调整商品结构，增加市场有效供给，全系统共增加名优新特商品2600多种，扩大销售750多万元。调整经营策略，开展商品自选，以批代零、以零代批等新的经营形式，新开办的5个服装厅和副食商品自选厅(行)，任意选购，批零一体，自愿成交，打破多年来国营商业固定价格、柜台成交的惯例，全系统完成商品销售2908.4万元，比上年增加4.5个百分点，其中店外销售700万元，比上年增加200万元。同时开拓地产品销售市场，经营地产品种126个，完成地产品销售1229.4万元。县直公司串乡展销，组织大篷车下乡96车次，展销金额达260万元；搞活食品购销市场，疏通6条外销渠道，开辟肉食市场，扩大生猪地销；组成140人的地销队伍，增设摊点70个，扩大地销4198头，全年共收购生猪10 177头，完成商品销售619.3万元。

1993年，全商业系统全面推行批发零售一体化经营。开拓了建材、生资、机电、粮油、煤炭、文化娱乐、汽车维修等12个大类500多个品种，扩大销售额500多万元。

1994年，百货公司、五金公司分别进行批零一体化改革，将批发专业科与零售部合并，成立专业经营部，分部核算，分部承包，百货公司批零合并成立6个经营部，减少库存占用30多万元，商品周转速度加快，商品适销率由原来的60%提高到80%。推行商品商品串销，移库联销、用地产书写纸换纸制品，用地产卫生纸换百货商品，用地产茶叶换针织服装，全年商品串换扩销200多万元。

1995年，调整经营结构，发展特色经营，形成自行车商行、摩托车商行、服装自选专营店、家电商场等专业性商店。农村市场，通过召开小型供货会、商品联销、大篷车送货下乡等形式开展节假日展销、上门服务、批零一体销、优惠让利销、引导销促销，全年实现销售461.89万元，与1994年相比，上升3.6%，但利润呈现大幅减亏，全年利润亏损2.99万元，同比减亏3.05万元。同时大力发展连锁经营，金城购物中心与襄樊鼓商集团由部分商品连锁，发展到商场整体连锁，全系统连锁经营发展到5家企业40个柜，经营品种近万个，销售额达850万元。

1996年，继续发展连锁经营，南漳大酒店与洁云大酒店实行横向连锁，年扩销62万元；商业大厦和百货公司分别在肖堰、东巩供销社开办自己的连锁店，全系统连锁引进商品资金450万元，经营额1400万元，占总销的13.7%；大厦、亚美、百货、金城等4家公司分别加入市百货、鼓商集团，实行承兑汇票结算，引进商品资金280万元。

1997年，金城与鼓商集团连锁，实行统一着装、统一价格、统一配货，年实现连锁经营额791万元，同比增长41.3%；次年，实行挂靠引联，扩大经营规模，金城借名店信誉，引厂进店，开设了洗衣机、冰箱、空调等6个品牌专柜，年品牌销售额280万元；食品企业引客上门，销售生猪9.5万头，其中外销 6.5 万头，年增收 28 万元。

2000 年，金城购物中心利用区位优势，引进浙江客商，将一楼近 600 平方米的经营场地实行整体承包，开办副食百货超市，形成规模经营。

2001 年 5 月，商业局引进浙江客商在商业大厦开办家家乐超市。

2003 年，家家乐超市买断商业大厦二、三楼经营权，与一楼超市为一体，投资 500 万元，增加营业面积 1000 平方米，新增服装和鞋类商品 15 000 种；

2004 年，家家乐超市投入 22 万元，对一至三楼设备、设施全新改造，投入 28 万元对大厦四楼装修改造、扩建超市，壮大经营规模，增加营业面积 780 平方米，新增鞋类、服装 1000 多种商品，投资 75.9 万元安装电梯，进一步改善营业环境(见表 13-17)。

1986—2001 年南漳县全系统主要经济指标一览

表 13-17 单位：万元

项目 年度	销售总额	比上年增幅（%）	上缴税金	比上年增幅（%）	利润	比上年增幅（%）	商办产值	比上年增幅（%）
1986	4 729.9	4.8	15	-	32.86	—	282.3	—
1987	6 037.4	27.6	24.12	60.8	64.87	6.1	308.33	26.9
1988	6 771.4	12.2	117.69	387.94	107.01	206.9	431.37	20.4
1989	6 424.2	-5.1	121.78	3.4	66.86	-37.5	130.56	-69.8
1990	5 611.5	-12.7	117.54	-3.5	12.86	-80.8	—	—
1991	5 499.3	-5.9	116.41	-1	-23.75	不可比	—	—
1992	5 720.7	4	110.81	-4.8	-98.85	316.2	—	—
1993	5 766.1	0.2	27.5	-75.2	-194	96.2	—	—
1994	6 664.5	15.6	22.1	-19.7	-79.3	-59.1	—	—
1995	8 553.8	28.3	23.5	6.3	-42.9	-45.9	—	—
1996	10 206.3	19.3	29.3	24.7	-39.9	-7	—	—
1997	12 299.9	20.5	171.12	484	-81.94	105.3	—	—
1998	13 390	8.9	24	-86	-42	-48.7	—	—
1999	14 265.5	6.5	13	-46	-23	-45.2	—	—
2000	13 684.5	-4.1	14	7.7	-14	-39.1	—	—
2001	12 104.9	11.5	90	542.9	-6	57.1	—	—

注明：2002 年后的经济指标不再统计。

2.网点建设

1990—1997 年，全县改扩建和下伸、外连网点共 82 个。1990 年，共 17 个，其中扩建网点 2 个、新增网点 2 个、医药公司下伸网点 4 个、成立地产品经营部 2 个、地产品专柜 7 个，经营地产品种达 300 多个。1991 年，启动城镇零售市场，调整网点布局，投资改扩建零售商场 3 个，新增零售网点 4 个，增加营业面积 2000 平方米，扩大经营品种 5000 余个，净增销售 400 万元，县直公司下伸网点 7 个，增加经营面积 1000 平方米，扩大销售 250 万元。1993 年，筹措资金 160 万元，新建南漳大酒店，总建筑面积 4500 平方米，集吃、住、玩、乐、购于一体；金城购物中心商场投资 180 万元进行扩建，面积由过去的 400 平方米，增加到 2500 平方米；医药、纺织、百货等公司下伸农村网点 15 个，商品销售额达 350 万元。1994 年，金城购物中心引商筹资装修三楼，增加营业面积 1100 平方米；医药公司在中国十大药市之一的安徽亳州建立货源基地，组织回质优价廉的中药材 50 多万元，成功地占领了市场；1995 年，全县16个食品所开办商店18个，设立农副土特产品经营部5个，医药公司下伸农村网点2个；1997年亚美公司先后在保康、十堰等地设立联销点10个，销售摩托车540台，销售总额达200万元，金城购物中心开设李宁牌服装、稻花香酒品牌经营，全系统销售100万元以上的品牌4个，50万元以上的8个，实现销售额1350万元，占销售总额的11%，全系统共扩建网点8个，扩大营业面积1300平方米，年销售额600万元。

3.经营管理

1988年，全县商贸理顺批发秩序，制止倒买倒卖，控制社会集团购买力，停购国家规定的29种专控商品，对国家实行统一经营和专营的物资，如粮食、蚕丝等不得套购经营，高档紧俏商品和生活必需品不得参与抢购、套购。县商业局与县农行联手，同时加强食品所信贷资金管理，按照“快收、快调、快还”的原则，新增50万元流动资金，保证农副产品收购。同年11月，商业系统恢复主要商品价格的申报和审批制度，恢复物价三级管理（商业局、公司、门市部）制度，对国家定价的商品严格执行国家定价，对指导价格的商品，如：电视、冰箱、自行车、食糖等，严格执行规定的浮动幅度和正常差价，对放开商品和人民生活必需品猪肉、洗衣粉等严格执行规定价格；

1989年，实行经营效益型向经营管理型转变，加强费用管理，实行定额包干，全系统进行财务清理整顿，清收外欠货款和沉淀资金800万元、财务实行资金、费用、利税、财产由县商业局、县公司统一管理，加强监督。同时加强基层食品企业管理，业务统一计划，灵活经营，生猪、鲜蛋收购上调，地销经营上实行“四统一”（统一计划、统一价格、统一调拨、统一标准）。

1990年，加强物价管理，共组织物价检查134人次，累计检查商品价格15.6万个，纠正错价89个，检查计量衡器573件。同时加强企业内部核算管理，完善内部核算机制，吊销银行户头13个，收回财务印章20枚，全年共清收外欠资金800万元，拆借资金500万元，处理有问题商品110万元，有5家企业恢复了内部银行。

1991年，制止杀价竞销，涨利增利，检查商品价格7.5万个，纠正错价55个，销毁过期变质商品2万多元，商业批发物价指数为1.21，低于县政府下达的物价控制指数。

1993年，多种措施清欠，共收回外欠款489笔，金额396万元，占应清收的81%，全系统职工集资、筹资102万元，抽回资金86万元；1994年，盘活流动资产存量，处理老库存240万元，收回历史陈账87笔，金额136万元，遏制增资势头，全系统共减少行管科室人员170人，减少人头费用支出50万元。

1995年，发挥企业内部银行调控机制，多渠道筹资，争取银行临时性贷款150万元，通过商品代销、货款承兑，滚动结算，连锁经营等形式，引进商品资金450万元；发动职工集资近120万元，缓解资金紧张矛盾。压缩结算资金清收货款，共收回历史陈账86笔，金额达120万元；压缩行管费用支出，全系统共减少行管科室人员70人补充一线，减少人头费用支出50万元。

1996年，按照“定点屠宰、集中检疫、统一纳税、分散经营”的原则实施生猪定点屠宰，全县设10个定点屠宰点。对肉禽类进行检疫检验和管理(见表13-18)。

1997年12月，经省贸易厅授权南漳县为第二批负责化学危险物品规范管理县，并设立化学危险物品管理办公室，对辖区内经营化学危险物品单位和个体实施经营许可证制度，并进行执法监督检查，取缔无证经营和违法经营者，当年共核发许可证167家；1999年，实发、核发化危经营许可证共127个；2004年1月，设县安全生产监督管理局。

1998年8月，成立南漳县酒类专卖管理局，与县商业局为一套班子、两块牌子，对酒类实施专卖并实施经营许可证制度，当年核发酒类经营许可证855个。同年9月，共审核发放酒类批发证9家，查处违规经营13起，价值11万元，核发验换酒类零售许可证480个。

2000 年，强化经营管理，坚持完善执行财务总监会审会签，资产投入、变卖申报审批和公开墙制度，有效遏制费用乱开支、资产乱处理问题；加大承包费清收力度，确保资产效益不流失。

2001 年，办理酒类经营许可证 613 个，立案查处违法经营案件 15 起。

1999—2005 年南漳县生猪定点屠宰统计一览

表 13-18

项目 年度	市直		乡镇	
	屠宰量(头)	比上年±%	屠宰量(头)	比上年±%
合计	123 744	—	46 844	—
1999	23000	—	—	—
2000	24000	4.4	—	—
2001	11268	-53.1	9732	—
2002	12069	7.1	6000	-38.4
2003	12069	持平	5431	-9.5
2004	8581	-29	5967	9.9
2005	9840	14.7	6688	12.1

4.市场建设

城关镇：建有水镜农贸大市场、小西门农贸市场、花石桥农贸市场 3 个。水镜农贸大市场是城关镇最大的市场，始建于 1986 年，占地面积 8 920 平方米，房屋产权面积 6 900 平方米，有固定摊位 300 个，临时摊位 100 个，市场内设有肉禽蛋类、土畜产品、水产类、蔬菜类、野味类、豆制品类、熟食品类、调味干鲜类、冷冻海鲜类等，是南漳县门类最全、规模最大、环境(卫生)最好的一家农贸产品经销大市场。2003 年，投资 150 万元，对市场的房屋、大棚、摊位、道路、水电设施进行了改造扩建，将部分露天临时摊位改造成封闭式固定摊位，从业人员达 600 人，带动就业人员在 2 000 人以上，带动农户蔬菜种植 500 户以上，依托市场发展农副产品个体工商户 200 家以上，市场货物来源本县各乡镇、周边县市及河南四川湖南等地，市场年交易额可达 20 000 万元，是一家集农副产品批发零售的大型农贸市场。

武安镇：原有一个占地 1 200 平方米的河边菜市场，从武镇车站到大桥长达 1 千米的街道天天就成了马路市场。2005 年 10 月，引进武汉客商到武镇成立白起农贸大市场有限公司，投资 1 820 万元购买了原物资供应站、武镇家具厂和武镇轻机厂的土地和厂房，建成建筑面积 37 600 平方米的武镇白起农贸大市场。年交易额 3 亿元，从业人员 2 000 多人。大市场内分为时令蔬菜和畜禽肉类交易区，面积 3 690 平方米，摊位 1 400 个。农产品贮藏区，共建农产品贮藏室 120 间，建筑面积 2 100 平方米及制冷设施。安全通道及基础设施分设 4 条安全通道，建筑面积 6 000 平方米，东西向两条占地面积 3 470 平方米；南北向两条占地面积 2 530 平方米；停车场占地面积 1 100 平方米，食宿办公区建筑面积 4 180 平方米。

(六)枣阳城关镇

1979 年，枣阳国营商业机构 13 个，其中经营机构 11 个，职工 1 949 人，年销售额 7 736 万元，实现利税 322 万元。1979 年后，国营商业逐步改革经营管理和商品流通体制，扩大经营自主权。1980 年，全县批发和零售企业开始到外地选购、推销商品。1981年,零售企业能直接到外地二级站进货。1983年12月起,居民凭布票购买纺、针织品的历史宣告结束。1984年,按照国务院《批转商业部关于当前城市商业体制改革若干问题的报告的通知》要求,商业部门在业务、财务、劳动、工资等方面松绑放权,独立核算的单位由30个增加到94个,成为相对独立的经济实体。1985年,商业系统进一步完善经营责任制,有14个单位的91个小型企业全部实行改、转、租。1988—1990年,市商业局对枣阳商场、饮食服务公司、工业品贸易中心、副食品公司、五金公司、糕点厂、纺织品公司等企业以"包死基数、确保上交、超收多留、歉收自补"为主要内容的承包经营责任制普遍推行,这是商业企业"第一轮承包"。1991年起,国营商业加快改革步伐,企业进行"第二轮承包",这也是第一轮承包的延续。1993年,完全取消计划商品,进入市场调节,长达44年之久的计划商品从此消失。1996年12月,市商业局改建为"商业贸易总公司"。由此,商业行政部门由吃"皇粮"的行政单位,变为"自负盈亏"的经济实体。2000年后,符合社会主义市场经济体制要求的流通体制基本形成,集体、私营经济发展加快,国有商业网点在减少,销售下降,效益下滑。糖酒副食品公司、烟酒蔬菜有限公司、医药公司、商业大厦、调味酱品工业公司等企业相继破产;针纺服装公司、五金公司、工业品贸易中心等企业实行改制。2002年6月,在商业贸易总公司设立商业贸易行业协会,协会为事业单位,实行一套班子、两块牌子。2005年,市商业贸易行业协会下辖独立核算单位4个:百货公司、食品公司、服务公司、商业城;这些企业以整体资产经营为主,收取资产租赁费。

枣阳属全国重点产棉大县之一。棉花面积约占全县农作物总面积的1/4。1979年,全县棉花面积稳定在38万亩左右。1985年,棉花总购进16 058吨,收购金额4444万元;1992年棉花购进15 528吨,收购金额8432万元。1993年,棉花公司从供销社划出。

1978年,全县集中精力发展烤烟生产,被列为省管烤烟生产商品基地。1985年,烟叶实行专卖之前,烟叶的生产、收购、销售一直由供销社负责,由基层供销社收购门市部收购后交县土产公司负责精选、整装、储存、调销。1979—1981年,县土产公司投资48.5万元,从河南许昌、山东等地引进"气流上升烟管式"和"悬式机械"烤烟炉7台,并复制320台,分别在环城、熊集、七方等公社的所属生产队进行烘烤试验,尔后在全县推广使用,提高了烤烟产量和质量。1981年种植2413公顷,收购6481吨。1985年种植面积5673公顷,产量7842吨,收购6501吨。

1979年,全县茶叶种植面积1381公顷,产量337.8吨。茶场主要分布在新市、鹿头、刘升、兴隆、资山、吴店、清潭、平林、王城、熊集、耿集、环城等12个公社及车河农场。当时有44个茶场,拥有制茶机60台,普遍推行机械制茶,也有部分手工茶。1985年全县茶园面积933公顷,产量148.2吨。虽然茶场面积和产量都不同程度的减少,但在这一时期先后生产出了资山的圣龙茶、吴店的白云雾茶、易仓茶、平林的黑虎山茶、刘升的旗杆山茶、鹿头的星光茶等知名优质茶叶。

1979年,县土产公司根据当地茶叶资源优势,在市区南岗兴建茉莉花茶厂,拥有固定资产56万元,流动资金27万元,有加工茶叶机械22台(套)。从建厂到1986年,该厂共加工精制茶叶480吨,其中绿茶430吨、精制花茶50吨,上缴税金67.5万元,实现利润24.5万元。1985年荣获襄樊市政府"商办工业特级茉莉花茶优质产品"证书;1986年荣获湖北省茶叶公司奖匾两块、奖金1340元、奖自行车3部。同年,该厂精制花茶还打入国际市场,出口500吨。1986年后,由于茶场直接对外销售,供销社收购基本上停止。

1978年,全县果树面积3700公顷,水果总产8232吨。水果的主要品种有苹果、梨、桃、柑橘等,主要分布在新市、鹿头、姚岗、环城、资山、吴店、清潭等乡镇。1985年,果树面积4573公顷,水果总产10 483吨;2001年果树面积20 538公顷,总产量172 965吨;2005年,果园面积15 552公顷,水果总产235 440吨。

供销社从1975年开始由果品公司经营水果。公司安排人员驻水果种植基地,协调水果生产、收购、调运，年购销量一般在1000吨左右。1987年，公司根据业务发展的需要，投资198万元在市区南岗兴建水果冷藏库，库藏容量500吨，机电制冷设备按库容1500吨设计配套，1991年3月竣工投入使用。除解决本公司水果购销冷藏需要外，还对外代储商品1000余吨，冷库年创利税20万元，既为农民缓解了水果储存难、销售难的问题，也为群众一年四季提供了优质干鲜水果。

枣阳中药材资源丰富，供销社设立有中药材公司，专门负责中药材的收购、批发、销售。基层供销社收购门市部负责收购、整装，然后上调县公司。枣阳中药材品种达334种，隶属103科、170属。其中：植物类76科、306种；动物类20科、23种；矿物及其他类3科5种。大宗药材品种有：生地、麦冬、山楂、柴胡、夏枯球、马鞭草、野菊花、苦参、半枝莲、女贞籽、冬菊籽、茵呈、蒲公英、连翘、苍耳籽、旱莲草、丹参、桔梗、红栀籽、金银花、南沙参、益母草、荆芥、苍术、射干、白藓皮、地肤子、柴苏、木瓜、黄精、蜈蚣、乌梅等56种。1981年左右,全县在新市、耿集、清潭、鹿头、吉河、刘升、兴隆等乡镇建立中药材种植基地，主要种植的品种有桔梗、生地、麦冬等药材。2000年以后，由于中药材市场放开，供销社收购基本停止。

废旧物资是一种可以利用的再生资源。其主要品种有废钢铁、废铝、杂铜、废橡胶、废纸、破布、废棉、废塑料、杂骨等。1985年以前，国家对废旧物资收购管理十分严格，县供销社经公安部门批准、工商部门确定，并办理特种行业经营许可证，废旧物资收购由县供销社所属土产公司、基层供销社土产收购门市部以及农村代购代销店负责收购经营。对废旧金属只能收购家庭个人出售的生活器皿、废旧工具和农具，对个人出售拣拾的金属器材凭证明到供销社所属收购点登记收购；对城乡居民中的废旧物资,采取固定与流动相结合的办法,走街串乡收购；对中小企业、机关团体、学校采取分片包干，预约定点进行收购。1979年，收购废铝15吨、废钢铁823吨、杂铜25吨、废橡胶50吨、废除棉、布207吨、废纸590吨、杂骨160吨。1984年，国务院批准对废旧物资加工企业实行减税政策等照顾（按批零10%的差率减5%），规定废旧物资加工企业，固定资产折旧90%留给企业，10%上交有关部门。同年，国家对废旧物资允许自由购销，价格全部放开，废旧物资收购市场出现多头经营的现象。1985年，根据商业部、公安部、工商行政管理总局下发的《关于城乡个体工商业户经营废旧物资的暂行规定》，对收购废旧物资的个体工商业户进行登记审批，使废旧物资市场逐步走上正轨。同年，财政部规定，对县以上供销社和基层供销社批发调拨废旧物资的收入免征批发环节营业税。1990年3月，按照有利于行业管理、专业化经营的需要，废旧物资收购从土产公司分离出来，成立“枣阳市废旧物资回收公司”，并于1995年成立塑化厂，加工转化废旧塑料，从谷城县聘请3名技术员，投资65万元购置塑料加工机械设备，实行收购、加工、销售一条龙。用废旧塑料就地加工成塑料半成品外销给塑料厂或经销商。当年，加工生产塑料颗粒178吨，产值113.9万元。1994年，企业收购、经营均实行增值税，根据从事废旧物资经营的增值税一般纳税人收购废旧物资不能取得增值税专用发票的实际，国务院决定，对一般纳税人支付运输费用和收购废旧物资准予按10%的扣除率计算进项税额扣除。1995年，为解决废旧物资收购经营企业在新旧税制转换过程中的实际困难，国务院批准对从事废旧物资经营的增值税一般纳税人，按现行规定计算缴纳增值税后，实行增值税先征后返，由企业提供纳税凭证，经审核批准按已入库增值税税额的70%返还企业。2000年以后，供销社推行产权制度改革，有19个基层供销社宣布破产改制，全市仅保留废旧物资回收公司和吴店、七方、清潭3个基层供销社继续从事废旧物资回收业务。2003年11月，枣阳市政府下文，取消特种行业许可证的审批和年审。

1981年,全县供销社有副食品加工厂17个,棉花加工厂11个,固定资产净值262.12万元,从业人员484人。1983年，供销社根据中央经济体制改革的精神，贯彻“立足农村，面向市场，因地制宜，讲究效益，开发利用当地资源，实行多层次加工增值，就地消化各种农产品，促使农民增产增收的指导思想”，积极发展供销社加工工业。1984年，供销社成立工业生产股。1985年，除棉花加工外，对17个供销社加工厂的35个项目进行了更新改造和兴建。到2001年，有工业企业19个，从业人员830人，拥有厂房168间、机械设备210台(套),资产总值1706万元,年实现工业产值3778万元,产品销售收入2336万元,实现利润22万元,上缴利税25万元。

枣阳石油公司经营的成品油分为汽油、煤油、柴油、润滑油(脂)四大类。1979—2005年,成品油市场经历了由双轨制经济和市场经济的演变。成品油的经营与管理伴随着经济体制和市场形势的变化而不断变化。1979—1991年,石油实行计划管理,把国家分配的计划成品油和自采高价油(包括抗旱油、粮食征购奖售油),按季分配到户,实行凭证、凭指标供油。1992年,石油市场放开,枣阳市内社会个体先后建立加油站、点182个。而市石油公司只有15家加油站,1993年,市石油公司成品油销售29 790吨,1994—1995年分别降到20 403吨和20 768吨,与1993年比分别下降9387吨和9022吨。1995年,公司改变经营策略,努力开拓市场,增加加油站点,改变站容站貌,1996年公司成品油销售又上升到29 188吨。1999年销售各类油品32 100吨,商品销售收入6070万元,实现税利132万元。1982年11月,枣阳县石油公司城关加油站(即现桥头加油站)建成投入使用,时为枣阳第一座加油站。1988年6月,光武加油站(人民路与316国道交汇处)建成开业。1991年7月,西城加油站建成投入使用。1992年11月,石油公司投资兴建北郊、火车站、霍庄、北园4个加油站并开业。至1993年年底,先后在吴店、兴隆、七方、太平、王城、平林宋集、梁集、琚湾、鹿头、杨当、七方大店、随阳等乡镇(场)建成12座加油站。1994年,增建东北加油站并投入使用。1997年5月,位于316国道的新世纪加油城建成投入使用,并于1999年4月按照中石化集团公司统一形象进行改造。1999年6月,按中石化集团公司改革重组精神,中南谷城公司枣阳公司与枣阳石油公司合并(其位于枣阳市区人民路加油站和前进路加油站及10名正式职工),纳入枣阳石油公司统一管理。2000年4月,按中石化集团统一部署,为统一石油市场扩大销售,枣阳石油公司投资1005万元收购位于市区内的汇金、双林、鄂北、红日、火车站、枣荆、新华路、郊东等8个加油站。同时投资80多万元对收购的加油站统一改造,统一标识后投入营业。至此,枣阳石油公司加油站达到31座。2001年3月,枣阳石油公司投资5万元建成100平方米的润滑油超市投入正式营业。2004年4月,湖北省石油公司投资150万元在孝(感)襄(樊)高速公路枣阳入口处(吴店镇姚岗村四组),兴建枣阳石油公司九连墩加油站,该站占地面积2100平方米,于当年9月建成投入使用。

商业大厦:商业大厦地处市城区中心大南街、襄阳路及光武路交会口,占地面积0.516公顷,建筑面积10 300平方米,营业面积6000平方米,是一座集购物、娱乐、住宿为一体的多功能综合性国有商业企业,是枣阳人民皆知的商业旗舰,是城市中轴线上的地标性建筑,也是湖北省中型综合性商场之一。1985年,枣阳县计委根据县人民政府城市建设整体规划,批准兴建枣阳县综合商场,1986年动工。1988年3月,综合商场竣工,市政府办公室批准成立枣阳市商业大楼,同年5月更名为枣阳市商业大厦,与市百货公司合并经营,实行一套班子、两块牌子,隶属市商业局领导。于当年7月1日正式营业。市商业大厦共建11层,楼高42.3米,首层经营精品高档化妆品、金银珠宝、皮具饰品、文化百货、五金交电类;二层为男装特区及运动系列;三楼为经典女装及童装、内衣系列、鞋帽类;四楼至九楼为九龙宾馆客房;五楼平台处设有屋顶花园;十楼为儿童游艺园地;十一楼为音乐茶座、豪华歌舞厅。1988年,商业大厦拥有固定资产1100万元。1991年5月,商业大厦与百货公司分设,单独经营。主要经营家用电器、文化用品、副食百货、劳保用品、五金交电、通讯器材、电讯器材、化妆品、家具、针纺织品、服装鞋帽、黄金饰品、电脑及配件、摩托车及配件等1万多个品种,以及住宿、饮食、娱乐等。1997年6月,枣阳市机构编制委员会确认商业大厦为副局级单位。截至2005年,商业大厦累计实现销售收入近6亿元,创利税600万元。先后被授予"枣阳市窗口行业最佳服务示范单位""财贸战线十星级文明企业";襄樊市"文明单位""卫生先进单位";湖北省"消费者满意商场""重合同、守信用企业""零售商场销售百强企业","执行物价计量先进单位""商品质量信得过单位"等多种荣誉称号。2000—2004年,商业大厦采取风险承包经营改革,累计收取风险承包费1369.22万元。2005年,枣阳市人民法院宣告枣阳市商业大厦依法破产。

中心商场：中心商场（又称工业品贸易中心），成立于1984年6月，位于县城大南街南门口，坐西朝东，是一个独立核算具有法人资格的单位，隶属县商业局。主要经营家电、百货、五金、副食、针纺、服装等商品，包括2个批发部、5个零售部。1984年7月，根据湖北省商业厅《关于改革日用品批发作价办法的若干暂行规定》，中心商场批发工业品价格由分层次固定倒扣，改为在国家规定批发牌价的基础上，按批量作价、协商作价为主要形式，试行合理的质量差价、花色差价、季节差价等各种差价。1987年12至1990年2月，商业局批准中心商场实行经理负责制。1992年3月，市政府批准将原属劳动局管理的光武路青春商场（后更名为南方商场）交给商业局管理，与中心商场合署办公，实行两块牌子、一套班子。南方商场设有药品经营部、装潢装饰业务部。1993—1997年，中心商场实行承包经营责任制，以综合效益目标值考核为主，管理目标反扣分为辅。1995年，中心商场首次实现年销售410.8万元，年创利润10多万元的好成绩。1998年，中心商场实行以买断商品为主的资产承包经营改革。商场所属15个部（柜）全部实行了资产承包经营，一次性收取商品买断资金、资产占用费等150多万元。2002年，公司实有干部职工122人，其中退休职工18人，根据深化改革，企业持续发展的需要，中心商场将一楼门面和二楼大厅，公开向社会租赁经营。引进襄樊仟吉超市，开办仟吉超市枣阳店。2005年6月，中心商场实行全员买断改制形式。

枣阳商场：枣阳商场始建于1972年，时称枣阳百货大楼，位于城区大北街11号，由百货公司负责管理。1983年2月更名为枣阳商场，隶属商业局领导。枣阳商场是一座中型全民所有制综合性零售商业大楼，也是枣阳有史以来第一座初具规模的商业大楼，分上下三层，一、二楼为营业场地，营业面积1800平方米，三楼为商场办公及部分职工宿舍。商场设有8个经营部、32个柜组，主要经营副食、百货、文化用品、家用电器、交通工具、服装鞋帽、劳保用品、日用化妆、洗涤用品等14大类商品，品种达13 000多个。1983年至1985年，商场累计购进总额1306.2万元，实现商品销售总额1572.4万元。1986年，枣阳商场在经营管理方面，推行经济责任制，对各部、柜、组实行简易核算；1988年实行经理负责制；1990年，为适应市场变化，增设营业网点、扩大商品销售，分别在市区南阳路、内观台设立两个批发部，扩大营业面积360平方米，经营劳保、文化用品、生活用品等商品的批发业务。商场年商品销售总额达到1060.12万元。1991年，枣阳商场开展招商引资业务，由台湾商人和枣阳商场共同投资20万元，商场以经营场地入股，台商提供资金和生产技术，在商场后院建立食品厂，以生产肉丸为主，年销售收入32万元。1993年至1995年，枣阳商场建立内部竞争机制，改革经营模式，建立营销机制，扩大经营品种，与全国20多个省市的54家企业建立总经销、总代理业务，直接由厂家供货品种达8000多个；同时开展名优商品展销会活动、优惠促销、场外推销等多种经销策略，扩大商品销售。1997年，随着改革的不断深入，商场实行以柜、组负责人为主的承包经营责任制，下放经营权，规定各承包柜组不得随意调整商品经营品种，并按上缴利润金额比例缴纳承包风险金。枣阳商场从1983年至1998年，累计商品购进总额13 210.3万元，商品销售总额13 204.3万元。其中，1995年商场经营业务达到高峰，商品购进1552万元，商品销售1328.6万元。为枣阳的经济发展做出了应有贡献，先后被市委、市政府授予“重合同、守信用”先进单位；被襄樊市政府授予“文明单位”；被省商业厅授予“优质服务先进单位”等多项荣誉称号。1999年，枣阳商场经营维艰，全年商品销售仅有102.12万元。2000年1月，枣阳商场由于严重资不抵债，扭亏无望，依法申请破产，同年7月，枣阳市人民法院宣告枣阳商场破产。对企业资产进行了公开拍卖，对企业职工按年职工平均工资的3倍发放安置费。

大商园：1985年开业。占地面积22 000平方米，建筑面积6876平方米，营业面积5700平方米，隶属市供销社，是当时鄂西北县级规模最大的商业批发零售企业。位于枣阳市光武路57号，坐东朝西，居316国道、寺沙省道及市区光武路交会处。湖北石棉制品厂、钢板弹簧厂、麻纺厂与之紧邻，商园大型农贸市场仅一路之隔。该区域人口密集，也是枣南各乡镇进城必经之地。该商园呈倒“目”字形仿古建筑，雕梁画栋、飞檐琉璃红瓦，是一所极富古代商业气息的得天独厚的时尚购物场所，她融古典园林建筑与现代商业设施于一体，以美轮美奂的卖场设计、多方位系统服务工程布局为群众提供超值的服务和享受；迎街门面35间，其中南北各12间一层，中间11间为两层，设南北中3个大门，南北大门各占用1间门面，中大门占用3间门面；进入3个大门又有南北中三院，院内建有凉亭花园，一年四季草绿花香；坐北朝南四排营业厅各13间，中间两排正中设有通向南北院大门，前后左右融会贯通，后排设南北两个大门与大商园职工家属院相通。职工人数最多时达到268人。

商业城：位于市区南阳路和襄阳路交会口，是市区交通枢纽，商业繁华地段。1996年，商业局投资600余万元兴建枣阳规模较大的商业购物中心。商业城占地面积10 000平方米，营业面积4000平方米，仓储面积200平方米。全部以资产经营形式，组织国营、集体、个体工商企业进行交易和开展自营及配套服务的有关业务，面向全国所有持合法证件的经营者开放。商业城内主要经营的有：摩托、家电、日用百货、针纺织品、服装鞋帽、五金交化、文化用品、工艺装潢、烟酒副食、药品器械、家具日杂、茶叶干鲜果品、童车玩具、渔具等10 000多种商品，集批发、零售、自销、自选为一体。有各类商户82户，全年商品销售额达到3000万元，年创利税百余万元。1997年6月18日，金古旧货市场开业，占地面积500平方米，开展购进、销售、寄卖等11大类的旧货交易业务，为市民处理旧货、买卖旧货提供便利的交易场所。1999年，随州双桥家具公司和摩托专营大户进驻填补了经营门类的空白。2002年，商业城内先后办起了规模较大、影响较广、效益较好的百家福超市，金马摩托行，华厦家电城。2003年11月，投资10余万元，扩建门面20间，增加营业面积300多平方米，年增加收入10余万元。2004年4月，商业城与江西景德镇厂商联系，在商业城停车场成功举办了景德镇瓷器展销活动。参展摊位百余个，参展瓷器有仿古瓷、陈设瓷、日用瓷、工艺美术瓷、名人字画瓷等数千件，引得市民纷纷前来观赏、购买，增加了经济收入，活跃了文化生活氛围，提高了市民对瓷器的欣赏水平和商业城的知名度。

红太阳家电城：红太阳家电城位于枣阳汽车站东转盘处，成立于1993年，是枣阳起步较早的私营企业。2005年，有职工50多人，高级技师3名，技师6名及20多名专业维修、安装技术人员。公司下设新红太阳家电数码城、摩托城、售后中心3个分部，主要经营各种品牌的彩电、空调、冰箱、洗衣机等家电、系列小家电和摩托车，年销售额过千万元。曾荣获湖北省优质服务企业、湖北省四星级维修单位、襄樊市诚信单位、AAA级信用企业、枣阳市青年创业示范基地、湖北省再就业明星等荣誉。先后多次被美的、长虹、康佳、创维等国内知名厂家评为全国优秀经销商，与厂方联合建立20多个品牌枣阳地区特约维修站。

正大家电商场：成立于1996年，位于市区大南街56号，是一家民营企业，法人徐建明。该公司从事家用电器销售及维修服务，经营品种从各种小家电到国内外知名品牌彩电、空调、冰箱、洗衣机、冰柜、热水器、DVD等60多个大类，上千种型号，产品全部通过国家强制3C电器质量认证，为用户提供放心满意的商品及无忧的售后服务。公司组建以来，累计纳税160多万元，共安置下岗失业人员300多人，捐助福利事业共10多万元。1999年被市政府评为“十佳民营企业”；2002年，被市技术监督局评为“质量信得过单位”；2005年，被市消费者协会评为“消费者满意单位”；售后服务曾获得湖北省“五星级信用服务单位”称号。2005年10月，通过股东重组增加注册资金更名为枣阳市恒信正大电子有限公司。

光武宾馆：1986年10月开业，位于市区光武路101号，隶属于市供销社。该宾馆有床位220个，客房设施有空调、彩电、席梦思床、电话等，可24小时供应热水。有大、中、小会议室3个，其中大会议室可容纳400人；有大、中餐厅各1个，豪华小餐厅套间12个，可同时接待600人就餐；有一、二级厨师10余名，既有南北大菜，又有各地名吃，外学内创，先后开发了“腰果虾仁、布袋豆腐、八宝茶、茄子宝、红宝石、重庆火锅、北京烤鸭、涮羊肉、千层饼、香麻软枣、稀米奶露”等新项目，菜肴独具特色，服务热情周到。还开设有快餐、零餐业务，副食、百货经营、包裹寄存等业务。设有豪华歌舞厅、卡拉OK

餐厅、豪华 KTV 包房。宾馆同时还有相应的配套服务设施，建有 1 个大型停车场、1 个豪华休闲娱乐中心，是一个集吃、住、休闲、娱乐为一体的服务中心，曾多次荣获省、市有关部门的表彰和奖励。2005 年 1 月，光武宾馆因资不抵债，经依法申请，枣阳市人民法院宣告破产，对职工按照有关规定进行了妥善安置。

枣阳宾馆：始建于 1958 年。1990 年 12 月，成立枣阳宾馆，与第一招待所合署办公，隶属于市政府办公室。枣阳宾馆位于市区小北街 19 号繁华地段，交通方便、购物便利，是一家集会议、食宿、娱乐服务为一体的综合性服务单位。拥有高、中、低不同档次房间 100 间，床位 300 张，豪华高档餐厅 28 间，席位达到 40 张。庭院绿化、路面硬化率，分别达到 40%、100%。枣阳宾馆连续几届被襄樊市委、市政府评为“文明单位”，被襄樊、枣阳两级卫生部门授予“客房卫生、食品卫生先进单位”，襄樊市爱国卫生运动委员会授予“卫生先进单位”、被湖北省酒家酒店领导小组评审为“一级饭店”，国家旅游局评审为“二星级”宾馆等荣誉称号。

浕水宾馆：始建于 1988 年，占地 28 800 平方米，建筑 18 000 平方米，是湖北省涉外旅游饭店定点单位。院内草坪 5000 平方米，硬化路面 12 000 平方米，建有可供 500 台大小车辆停放的大型停车场和与外商合资创办的具有一流规模的保龄球馆和桑拿保健中心。床位 280 张。可容纳 600 人的大礼堂豪华庄重，80 至 150 人不同形式的会议室 6 处。餐饮部拥有豪华大、中型餐厅、雅座厅，设有空调、镭射影碟、卡拉 OK、等先进的设备，一次可同时容纳 380 人就餐。膳食部名师荟萃，烹饪技艺精湛，川粤大菜、南北风味，各种小吃一应俱全，服务质量热情周到，优质高雅。同时还提供美容、健身等服务项目。2003 年 10 月，尽水宾馆成功改制为民营企业，更名为福隆大酒店，并按国家三星级酒店标准改造装修，重新开业。

政府招待所：始建于 1968 年 8 月，占地 23 622 平方米，位于市区中心繁华地段大西街，隶属市人民政府，为副局级单位。市政府招待所设有客房部、膳食部、财务部、后勤部、办公室。招待所设有一流的豪华套间、标准间、三人间客房，有不同类型款式的会议室 12 个，有容纳 1200 人以上大会堂和高雅豪华的歌舞厅，有别具一格的豪华雅座和容纳 400 人同时就餐的宴会大厅和灯光球场，大型停车场。1999 年，获襄樊市级“文明单位”，食品卫生、客房卫生信得过单位，爱国卫生运动先进单位，优质服务十佳单位等荣誉称号。被湖北省酒店酒家领导小组评审为“一级饭店”。

财培宾馆：成立于 1997 年 7 月 10 日，为隶属于市财政局的副科（局）级事业单位。位于市区人民路南端，南接 316 国道，北连市区，交通便利，具有承接会议、停车住宿、招待宴请、休闲娱乐等多种功能。主要职责是负责全市财政干部的业务知识和政治理论培训工作以及财政人员的岗前培训工作，承担全市财务、会计人员的岗前培训工作。内设机构有办公室、培训科、财务科，编制 20 人。市财培宾馆始终坚持“您的满意是我们追求的最大目标”的经营宗旨、“真诚、朴实、亲切、热情”的服务风格，先后为社会各界培训知识型人才 1000 多人，先后多次承接了省级、襄樊市级、枣阳市级等各种类型的会议、培训、签字仪式。市财培宾馆先后荣获湖北省“‘百佳’食品卫生先进单位”、“襄樊市爱国卫生先进单位”、襄樊市级“青年文明号”等多项荣誉。

金谷饭店：1989 年 5 月，枣阳市粮食局成立枣阳市奎星楼饭店，下设客房部、膳食部、商场经营部、人保科和财务科。1991 年 1 月，增设粮油议价科，1992 年增设设备科和保卫室 。同年 10 月，粮食公司食品厂划归奎星楼饭店，成立奎星楼食品加工厂。1994 年 3 月，增设通讯科和综合办公室。1995 年 2 月更名为金谷饭店。1996 年 5 月所属环节改为部，具体有客房部、膳食部、政工部、财务部、设备部、通讯部、保安部、公关部及 1 个商场、1 个舞厅和 1 个食品厂。同年 4 月，金谷饭店被批准为国家二星级饭店。1999 年，以金谷饭店为核心企业组建枣阳金谷餐饮服务集团，下辖粉丝厂、金谷风味城、金谷食品厂、金谷水电安装队。金谷集团下设办公室、财务部、人事部、膳食部、保安部，共有职工 270 人，当年完成营业额 680 万元。金谷饭店于 2000 年 9 月依法宣布破产。

煤炭大市场：枣阳市煤炭大市场位于市区新华路北段，占地面积50亩，总投资500万元，于1999年8月建成开业。市场内设施及服务功能齐全，建有门面经营楼一栋，3层12套单元楼一栋，20间单间住宅楼一栋，总建筑面积2800多平方米；修有6条9米宽的环形水泥路面，可容纳100余辆运输货车同时停放；建有30吨电子磅2台；配套有旅店、餐馆等诸多服务设施，可容纳80多家煤炭经销、加工大户经营，安排200多人就业。市场吸纳各地煤炭经销大户40多家，煤球加工大户3家，日销煤炭1000多吨，主要经营的品种有：有烟煤、无烟煤、焦炭及煤球等各类系列生活、生产用煤。货源主要来自陕西和河南平顶山煤矿。销售网络覆盖随州、宜昌、武汉、襄樊、枣阳等地，形成了一个集煤炭交易、中转、货储、代购代销、煤球加工销售等诸多服务功能为一体的煤炭交易中转中心，也是襄樊地区最大的煤炭交易市场之一，年销售煤炭200万吨左右。

鄂西北水果大市场：枣阳市鄂西北水果大市场是经市政府批准建立的唯一免费市场。地处316国道与寺沙路省道交汇处，位于市区新华路北段，占地面积6.5亩，总投资2500多万元，建有集加工、食宿、经营为一体的综合门面楼21栋，经营门面300多间，经营面积3.5万平方米。市场内设有6条10米多宽的环形水泥路，可同时停放货车100多辆，容纳万余人，是鄂西北地区规模最大、档次最高、基础设施完备、服务功能齐全的综合性水果批发大市场。该市场除经销本市30万亩地产水果外，还有来自陕西、山西、河北、新疆、广东、云南等八个省市的水果、干鲜果在市场内交易，主要经营的品种有：苹果、香蕉、葡萄、橘子、梨子、桃子等，日吞吐量最高达21万公斤，日经营额达13万元。水果远销北京、广东、武汉等10多个省、市。

建材大市场：枣阳建材大市场位于市区北关口，东大门与寺沙路相通，南大门与民族路相接，西大门与新华路相连，并与鄂西北水果大市场、煤炭大市场、牲畜大市场相毗邻。市场占地面积100亩，建筑面积6万平方米，经营面积2万平方米，于2001年由北城办事处总投资2 500万元建成开业。该市场以商品类别划分的钢材、石材和装饰材料三大经营区，年创经营额达1亿多元，利税2 000多万元，每年可为集体增加收入80多万元。市场主要经销广东、湖南、四川、河南等省、市的建筑材料、装饰材料，除满足本市的建筑工程，装饰、装修工程需求以外，还远销新野、唐河、襄樊、随州、宜城等20多个周边县(市)，具有南货北上，北货南下的中转作用。

牲畜交易大市场：枣阳牲畜交易大市场位于市区新华路北段，与鄂西北水果大市场、煤炭大市场相邻。市场总投入1000多万元，占地面积45亩，经营面积3万平方米，年经营额可达2个亿元，利税100万元。市场内服务设施齐全，水电到位，迎公路是四层30间门面综合楼1栋，四周为砖混结构围墙，并用钢网隔成24个牛行，中间配套牲畜屠宰、冷储、肉类食品批发，货源来自本市各镇和钟祥、保康、南漳等周边县(市)。牲畜除满足本地农用食用需求外，还大量运往河南省叶县、广东省深圳市等大型肉类食品加工基地，具有较强的辐射功能和中转能力，是鄂西北地区规模最大、档次最高、设施最全的牲畜专业市场。

茶棚家具大市场：茶棚家具大市场位于西城经济技术开发区茶棚村(316国道南侧)。2001年4月，由随州双桥家具有限责任公司投资兴建，总投资1400万元，占地面积80多亩。家具展销分为东西大厅，其中东大厅营业面积达6800多平方米，西大厅3000多平方米，有常年经销商40多户。市场内主要经营商品有：高、中档席梦思床、各类高档老板桌椅、中档办公桌椅、西餐桌椅、茶几、各类各式组合柜、沙发等500多个品种，其中大部分从广东、浙江、辽宁、武汉等10多个省市采购的高档家具。家具大市场组织有20多辆送货专用车，免费为用户送货到各乡镇甚至农村，解决200余人就业，年营业额达2000万元，创利税180万元。为便利客户，大市场展销厅前建有休闲娱乐广场，面积4000平方米，并设有停车场、保安部、信息部。该市场规模为鄂西北地区之最。

盛康日杂大市场：盛康日杂大市场位于西城经济技术开发区境内，枣阳汽车站西50米，占地面积1万平方米，建筑面积5000平方米，于2002年3月竣工开业，有市场门面房屋40多间，主要经营各种生活用品,年营业额可达2000万元,解决就业人员200余人,是枣阳专业经营日杂用品的大型批发中心市场。

夜市:从1996年起,枣阳市区渐渐兴起夜市。起初,主要集中在两个地段,一是自沙河一桥北至大十字街;另一地段是自建设路市图书馆以西至316国道梁集路口处,从事夜市经营的摊点不下200户。每年的农历4月至9月,为最繁荣时期,每天从晚上6点至12点,有的甚至通宵达旦。由于大南街地段地处市区中心,夜市经营产生的油烟对环境产生影响,同时有碍交通,市民反响比较强烈。为此,市政府批示由工商部门牵头,市城管局与北城办事处共同投资,在劳动街建设"星光美食城"工程,美食城为晴雨棚屋式建筑,共设近百个摊位,于2005年正式投入使用,为市民提供了一处环境优雅、装饰亮丽、晴雨均可营业的新型现代夜市。

(七)宜城市城关镇

1986—1994年,宜城县商业局所属二级单位15个(宜城县五交化公司、宜城县百货公司、宜城县副食品公司、宜城县纺织品公司、宜城商场、宜城县人民商场、宜城县汉江商场、宜城县医药公司、宜城县雷河火车站综合商店、宜城县食品公司、宜城县饮食服务公司、宜城县蔬菜公司、宜城县食品厂、宜城县储运公司、宜城县商业学校),乡镇食品所15个(雷河食品所、南营食品所、小河食品所、郑集食品所、孔湾食品所、刘猴食品所、流水食品所、王集食品所、板桥食品所、讴乐食品所、新街食品所、李当食品所、上大堰食品所、璞河食品所、朱市食品所)。

1994年8月,宜城撤县设市,宜城县商业局更名为宜城市商业局,原职能、级别不变,内设办公室、政工科、业务科、行业管理科、财审科5个职能科室。所属二级单位也分别更名为宜城市五交化公司、宜城市百货公司、宜城市副食品公司、宜城市纺织品公司、宜城市人民商场、宜城市汉江商场、宜城市医药公司、宜城市雷河火车站综合商店、宜城市食品公司、宜城市饮食服务公司、宜城市蔬菜公司、宜城市食品厂、宜城市储运公司、宜城市宜城商场、宜城市商业学校。

1998年3月16日,由于机关职能的变化和增加,市编委批复同意设置政工科、财务审计科、计统物价科、行业管理科、科技工业科、安全保卫科、办公室。1999年2月,经市编委批准成立市酒类专卖管理局,与商业局实行两块牌子、一套班子,驻地位于沿堤街北段124号。1999年8月,宜城市委、市政府出台《关于进一步深化企业改革,重点推进产权制度改革卖断的意见》,根据市委、市政府和企改办精神,所属企业相继进入破产或卖断程序。

截至1999年年底企业改制前,事、企业单位依然维持原状未变,全系统职工总数为2122人。2000年5月18日,市商校划归市司法局管理并成立市司法培训中心。2000年7月14日,市畜牧局成建制地接管市食品总公司和乡镇(办事处)食品所。2002年3月19日,将宜城市商业局改为宜城市商贸行业协会(挂酒类专卖管理局牌子),改为事业单位,原级别不变,归口经贸局管理。

1.商贸企业改革

宜城县五交化公司:位于城关西街21号,1986年共有职工136人,主要经营五金、交电、化工商品,营业面积2457平方米,年销货1000万元,利润14.7万元。1994年8月更名为宜城市五交化公司。至1999年年底企业改制前,公司共有职工235人。2000年7月,由于资不抵债,进行破产还债。

宜城县百货公司:位于城关西街19号,1986年共有职工147人,主要经营百货、文化、鞋帽,营业面积1833平方米,年销货770万元,利润11.6万元。1994年8月更名为宜城市百货公司。至1999年rh底企业改制前,公司共有职工253人。2000年6月,由于资不抵债,进行破产还债。

宜城县副食品公司:位于城关西街 14 号,1986 年共有职工 122 人,主要经营糖酒副食品,营业面积 3890 平方米,年销货额 800 万元,利润 9.5 万元。1994 年 8 月更名为宜城市糖酒副食品公司。至 1999 年年底企业改制前共有职工 200 人。2001 年 4 月,由于资不抵债,进行破产还债。

宜城县纺织品公司:位于襄沙路 43 号,1986 年共有职工 137 人,主要经营服装、匹头、针纺织品,营业面积 2363 平方米,年销货额 800 万元,利润 8 万元。1994 年 8 月更名为宜城市纺织品公司。至 1999 年年底企业改制前共有职工 150 人。2001 年 4 月,由于资不抵债,进行破产还债。

宜城县人民商场:位于襄沙路 14 号,1986 年共有职工 58 人,主要经营纺织、百货、副食、五金、建材,营业面积 1250 平方米,年销货额 200 万元,利润 0.1 万元。1994 年 8 月更名为宜城市商贸公司。至 1999 年,企业改制前共有职工 51 人。2000 年 6 月,由于资不抵债,进行破产还债。

宜城县宜城商场:该企业成立于 1987 年 10 月,企业为正股级,位于交通路 5 号,1988 年有职工 95 人,主要经营百货、纺织、五金、副食、日杂,营业面积 1565 平方米,年销货额 320 万元,利润 1 万元。1994 年 8 月更名为宜城市宜城商场。至 1999 年企业改制前共有职工 180 人。2001 年 3 月,由于资不抵债,进行破产还债。

宜城县汉江商场:位于北街 2 号,1986 年有职工 108 人,主要经营百货、纺织、副食、五金、家电,营业面积 1050 平方米,年销货额 320 万元,利润 6.5 万元。1994 年 8 月更名为宜城市汉江商场。1993 年,宜城县汉江商场作为股份制改造试点单位,在全商业系统率先实行股份制改造,宜城县汉江商场更名为宜城市汉江商场股份有限公司。至 1999 年企业改制前共有职工 154 人。2001 年 4 月,由于资不抵债,进行破产还债。

宜城县医药公司:位于襄樊路 22 号,1986 年共有职工 76 人,主要经营医疗器械、中成药,营业面积 2500 平方米,年销货额 290 万元,利润 6.6 万元。1994 年 8 月更名为宜城市医药公司。至 1999 年企业改制前共有职工 94 人。2002 年 2 月,由于资不抵债,实行产权卖断改制形式。

宜城县雷河火车站综合商店:位于雷河火车站,1986 年有职工 24 人,主要经营旅社、工业品,营业面积 1220 平方米,年销售额 50 万元,利润 0.05 万元。1994 年 8 月更名为宜城市雷河火车站综合服务公司。至 1999 年,企业改制前共有职工 25 人。2000 年 1 月,由于资不抵债,进行破产还债。

宜城县食品公司:位于新建街 1 号,下辖 15 个乡镇食品所,1986 年共有职工 347 人,主要经营生猪、鲜蛋,营业面积 1500 平方米,年销货额 1000 万元,利润 15 万元。1994 年 8 月更名为宜城市食品公司。1997 年 11 月更名为宜城市食品总公司,级别升格为副局级。1999 年企业改制前共有职工 340 人。2000 年 7 月,成建制地移交给畜牧局。

宜城县饮食服务公司:位于人民路 9 号,1986 年共有职工 172 人,主要经营旅社、餐馆、照相、理发,营业面积 6100 平方米,营业收入 140 万元,利润 0.2 万元。1994 年 8 月更名为宜城市饮食服务公司。至 1999 年企业改制前共有职工 200 人。2000 年 9 月,由于资不抵债,实行产权卖断改制形式。

宜城县蔬菜公司:位于菜市街 12 号,1986 年共有职工 75 人,主要经营干鲜类、酱制品,营业面积 7313 平方米,年销货额 170 万元,利润 0.25 万元。1994 年 8 月更名为宜城市蔬菜公司。至 1999 年企业改制前共有职工 70 人。2001 年 4 月,由于资不抵债,实行产权卖断改制形式。

宜城市商业食品厂:位于城关南坏路 55 号,1986 年共有职工 115 人,经营品种 42 个,生产面积 5530 平方米,产值 230 万元,利润 5.5 万元。1994 年 8 月更名为宜城市商业食品厂。至 1999 年企业改制前共有职工 168 人。2001 年 4 月,由于资不抵债,进行破产还债。

宜城县商业储运公司:位于襄沙路 4 号,1986 年共有职工 64 人,主要经营汽车修配、汽运、仓储,营业面积 5200 平方米,营业收入 45 万元,利润 0.5 万元。1994 年 8 月更名为宜城市商业储运公司。至 1999 年企业改制前共有职工 71 人。2000 年 1 月,由于资不抵债,实行产权卖断改制形式

宜城县商业学校:位于汉江东路 22 号,专业设置:会计、统计、物价培训,待业青年职业道德培

训，初中、高中文化补习，中专、大专函授。1993年，学校地址转至西街。1994年8月，更名为宜城市商业学校。2000年5月，划给司法局作为法律培训基地。

宜城市商贸企业改制一览

表 13-19

企业名称	改制形式	改制时间	终结时间
宜城商场	破产	2001.3.30	2004.6.28
汉江商场	破产	2001.4.3	2001.12.1
饮食服务公司	买断	2000.9.27	2004.8.18
纺织品公司	破产	2001.4.3	2002.7.6
商业储运公司	买断	2000.1	2004.12.27
医药公司	买断	2002.12.10	2004.5.19
商业贸易公司	破产	2000.6	2000.11
五交化公司	破产	2000.7.9	2004.12
百货公司	破产	2000.6.20	2004.6.28
糖酒副食品公司	破产	2001.4.3	2002.7.10
蔬菜公司	破产	2000.4.3	2002.7.6
雷河火车站综合服务公司	买断	2000.1	2002.3
食品厂	破产	2001.4.3	2007.4

药品生产经营行业管理办公室：《宜城市人民政府办公室关于印发药品生产经营行业管理暂行办法的通知》明确规定，药品生产经营行业的主管部门是市商业局，全面行使药品生产经营行业管理职能，市商业局按照其职能，加挂宜城市药品生产经营行业管理办公室牌子。2001年12月，市药品办经市编委批复成立药品食品监督管理局，划归市卫生局管理。

酒类专卖管理局：宜城市酒类专卖管理局的前身是宜城市酒类专卖中心，该中心成立于1998年9月8日，系根据省政府《湖北省酒类管理办法》和省贸易厅、省酒类专卖局《湖北省酒类管理办法》实施细则的通知精神和襄樊市酒类市场实际成立的。1999年2月，市编委批准成立市酒类专卖管理局，与商业局实行两块牌子、一套班子，驻地位于沿堤街北段124号。截至2001年，全市共办理酒类经营许可证2500份，其中酒类批发许可证28份、零售许可证2472份，批发许可证中酒厂8家，从事批发业务的经销商20户，零售许可证小窑酒厂380户，零售经销户、酒店、餐馆及其他经销户2092户；同时联合国税、地税、工商、技术监督、卫生、公安等部门成立“饮料市场整顿专班”，对全市酒类经营户进行拉网式清查，以净化市场环境，规范市场秩序，保护消费者的合法权益，检查共查处违规违法经营户8家，查封白酒5种72瓶、啤酒8户15吨。

生猪定点屠宰管理办公室：1996年4月20日，全市范围内全面推行生猪“定点屠宰、集中检疫、统一纳税、分散经营”的管理办法。全市28个定点屠宰场（点）全部投入正常运营.1998年3月19日，市政府《市人民政府关于进一步加强生猪定点屠宰管理工作的通知》明确作出：市商业局是生猪定点屠宰管理的行政执法主体，统一管理全市生猪屠宰活动，全面负责定点屠宰厂（场）的设置规划、发证和管理，依法取缔私屠滥宰，切实搞好肉品市场流通的监督管理。2000年7月14日，市政府《市人民政府关于切实加强生猪定点屠宰管理工作的通知》，市畜牧局成建制地接管市食品总公司和乡镇（办事处）食品所，并负责生猪定点屠宰日常管理，做好生猪产业化的规划实施。自此，市屠管办的日常事务由畜牧管理。

2.城乡市场

宜城市城乡市场设施齐全、规模较大、经营规范和辐射面广的集贸市场为宜城中心农贸城。中心农贸城是在原来宜城城区大菜场的基础上扩改建而成,位于宜城市区繁华地带,交通便捷,集农副产品批发零售、其他商品购买及饮食、休闲为一体,日平均惠顾市场人数达 2 万人次,所经营的农副产品等可辐射鄂西北等地区。项目开发单位为湖北宏发农产品经营有限公司,占地面积 24 165 平方米,总投资 5 640 万元,主要经营范围为农副产品批发零售(不含粮、棉)。中心农贸城于 2003 年 9 月开始投资改建,2005 年 6 月完工投入营运,年交易额 2.94 亿元,从业人员 300 余人。

仟吉百货商贸有限公司:2002 年 8 月,襄樊仟吉以 160 万元的价格整体买断原宜城商场,组建仟吉百货商贸有限公司,后又投资 700 万元对宜城商场进行全方位装修改造,2003 年 3 月份,又追加投资 150 万元,调整经营布局,扩大超市规模,不仅增加了日用工业品品种,而且还新增鸡、鸭、肉、鱼、瓜、菜、米等鲜货,深受消费者欢迎。

美联超市:2001 年 6 月,温州老板郭作诚以 468 万元的价格买断原汉江商场和纺织品公司方升园,后襄樊美联超市进驻方升商园,美联超市在原方升商园的基础上投资近 400 万元进行装修改造后,以其 5000 平方米的营业面积、气势宏伟的外观设计、合理的经营结构、丰富的商品类别、先进的空调、收银系统、一流的购物环境等优势引领宜城市超市风骚。

三、行业贸易

(一)粮食、油脂

1.粮油收购

(1)合同定购

1979 年,全面恢复集贸市场,国营粮食部门参与议购议销,全市设立粮油交易所 25 个,收购落市粮 4240 吨。1984 年收购 74 525 吨。1985 年 4 月 1 日起,粮食取消统购。襄樊实行粮油合同定购制,品种为稻谷、小麦、玉米、芝麻油、菜籽油和棉籽油。合同定购以外的粮油实行市场调节(见表 13-20、表 13-21)。

全市粮食定购任务一览

表 13-20　　单位:原粮、万千克

年度	合计	其　中		
		小麦	大米	玉米
1986	60 389	50355	10034	—
1987	55 157	35150	20007	—
1988	39 115	27034	11977	98
1989	42 607	28107	14605	17
1990	42 773	22549	20019	205

（2）国家定购

从1990年秋粮开始实行国家定购制。1992年，食油购销价格放开。襄樊1993年4月1日开始放开粮食价格和经营，对国家原计划内粮食收购仍实行保护价。1994年，国家粮食定购任务由各级政府负责，向农户分户发放国家粮食定购任务通知书。

1994年全市粮食定购任务分解

表13-21 单位：万千克

单位	定购任务	其中	
		小麦	大米
合计	40555	26500	14055
襄阳	11400	7795	3605
枣阳	12700	8200	4500
宜城	7300	4450	2850
南漳	3865	2315	1550
谷城	2190	1475	715
保康	450	400	50
老河口	2250	1500	750
市供销社	235	200	35
物贸	165	165	—

1995年，粮食工作统一由中央领导，实行分级负责制。襄樊将国家定购任务纳入全市计划和目标管理，对定购粮实行价外补贴，每公斤稻谷补贴0.08元，小麦、玉米补贴0.04元。1998年，国务院提出“三项政策一项改革”，即敞开收购、顺价销售、收购资金封闭运行和加快国有粮食企业改革。襄樊市将此纳入政府一级目标管理。1999年，粮食定购价和保护价并轨，玉米退出定购和保护价范围。2000年，小麦和早籼稻退出保护价范围，保护价收购仅有中晚籼稻两个品种(见表13-22)。

全市粮食定购任务一览

表13-22 单位：万千克

年度	合计	其 中		
		小麦	大米	玉米
1991	42155	28926	13076	153
1992	26347	17932	8145	270
1993	40995	26660	14410	25
1994	40555	26500	14055	—
1995	40310	25877	14409	24
1996	40940	26058	14872	14
1997	42070	26917	15153	—
1998	31449	20749	10700	—
1999	31940	20649	11291	—
2000	20199	58	20141	—
2001	12373	—	—	—

(3)市场化收购

2002年，粮食市场全面放开，全市粮食企业收购粮食13.18亿千克，同比多购0.27亿千克，增幅4%。其中购销企业收购粮食8.17亿千克(贸易粮)，是省年计划4.775亿千克的171%，名列全省第一。2004年收购粮食11.7亿千克，完成年初政府工作目标6.5亿千克的180%，名列全省第一。2005年收购粮食12.97亿千克，超额完成省下达的指标任务。

2.粮油销售

(1)计划供应

1992年以前，襄樊市粮油实行计划供应，包括城镇居民和农村缺粮农民的口粮供应、军用粮及救灾供应、工商业用粮供应。1993年以后，除军粮、救灾等政策性用粮外，其他用粮全部放开。襄樊市城镇居民口粮定量标准分为儿童、孤儿和成人三个层次，其中成人按工种定量，儿童、孤儿按年龄定量。食油每人每月定量0.5市斤(见表13-23、表13-24)。

工种定量一览

表13-23　　单位:公斤

工种		定量	工种	定量
居民		12—24	电梯维修工	20.5
大中专生、高中生	男	17.5	邮电机务员	15
	女	15.5		
初中生	男	17.5	话务员	15
	女	15.5		
教员		14		
专业体育教师		17.5	报务员	15
幼儿保教员		14.5	市内投递员	18
医生		14.5	农村投递员	20
外科手术医生		15.5	营业员	15
中药剂员		15	手工道渡口	20.5
邮电分拣员		15	刑事民警	20
养路工		20.5	交通民警	20
机械道渡工		19.5	户籍民警	17
西药剂员		14.5	国家收养孤儿(10岁以下)	13
化验检验员		14.5	10—13岁三岁	15
医疗技师		14.5	13岁以上	17
专线线路工		22.5	国营水产养殖工	21.5
国营水产捕捞工		21.5	农村电影放映员	21.5
农村气象员		15	高山站气象员	18.5
气象报务员		15	国家干部	13.5

儿童定量

表 13-24 单位:公斤

年龄	定量	年龄	定量	年龄	定量
一岁以下	4.5	五岁以下	8.5	九岁以下	12.5
二岁以下	5.5	六岁以下	9.5	十岁以下	12.5
三岁以下	6.5	七岁以下	10.5	十岁以上	12.5
四岁以下	7.5	八岁以下	12.5	—	—

(2)农村救灾及退耕还林

农村救灾:1991 年,全市受灾群众 28.30 万人,粮食部门按政策供应救灾口粮 3450 万千克。1996 年,洪涝灾害严重,全市春季有 24.99 万人缺口粮,冬季 46.43 万人缺口粮。粮食部门共安排救灾口粮 4596 万千克。1998 年,襄樊市遭遇百年不遇特大旱灾,粮油大幅减产,全市有 187.21 万人缺口粮。省粮食局增拨救灾粮食指标 600 万千克,市粮食局供应农村缺粮指标 1680 万千克。

退耕还林:2002 年省下达襄樊市退耕还林任务 12.8 万亩,根据实际验收面积,按 150 千克 / 亩标准补助原粮 4644 万千克。其中:小麦 92.4 万千克,稻谷 3291 万千克,玉米 429 万千克。

(3)顺销压库

针对 1996 年以来由于粮食购销价格倒挂导致仓容爆满、企业潜在亏损风险加大的实际问题,市政府先后出台两个奖励促销政策:其一是《关于对国有粮食购销企业 1998 年度末库存粮食实行顺价销售补贴奖励的暂行办法》,规定每销售 1 千克小麦,市财政奖励 3 分钱,县(市)财政奖励 7 分;每销售 1 千克稻谷,市财政奖励 5 分钱,县(市)财政奖励 5 分钱。其二是《关于实行顺价销售奖励的补充通知》,将销售补贴奖励的期限从 1999 年 12 月 31 日延长至 2000 年 5 月 31 日。对同时具备粮食风险基金地方配套部分足额到位、库存在 1998 年基数上压减 50%以上两个条件的县(市),市政府从粮食风险基金中对每销售 1 斤稻谷奖励 4 分钱,小麦奖励 2.5 分钱。各县(市)在留足储存利费后,原则上稻谷每斤奖励 7 分钱,小麦每斤奖励 5 分钱,以此达到顺价。

1999 年 7—12 月,月均售粮 9953.5 万千克。2000 年销售 16.59 亿千克,年底库存 8.55 亿千克。2003 年,全市粮食购销企业售粮 13.2 亿千克,商品粮库存 4.97 亿千克。2004 年,全市粮食企业销售 10.29 亿千克,居全省第一。2005 年,全市粮食企业销售 12.5 亿千克,库存最低价粮 4.5 亿千克,地方商品粮库存 2.37 亿千克,超额完成省下达指标。

(4)军粮供应

1993 年以前,襄樊军粮供应实行县(市)两级管理,供应任务由县(市)粮油供应公司承担。1996 年,襄樊市开始建立市区及县(市、区)军粮供应站。1999 年全市均建立军粮供应站(除保康外)。2003 年,全国军粮供应工作座谈会在襄樊召开。这是新中国成立以来第一次在省会以下城市召开的全国军粮供应座谈会。2004 年,襄樊市军粮供应中心正式成立,专职负责全市军粮供应管理工作。2005 年市粮食局被总后勤部、财政部、国家粮食局授予"军粮供应管理先进单位",市军粮供应站被授予"全国十佳军粮供应站"。

(5)陈化粮销售处理

1999 年 8 月 17 日,市政府《关于认真做好陈化粮处理工作通知》,确定对陈化粮处理差价亏损实行补贴。1999 年, 全市销售陈化粮 10 587 万千克;2000 年, 销售 32 751.25 万千克;2001 年销售

2216.73万千克;2002年,销售3114.73万千克。截至2004年7月底,粮食部门将陈化粮48 669.84万千克全部处理完毕。其中小麦16 194万千克、中晚籼稻31 087.84万千克、玉米317万千克(见表13-25、表13-26、表13-27)。

全市粮食产、购、销、存一览

表13-25 单位:万亩、万千克

年份	种植面积	总产	总购进	总销售	库存	备注
1986	1264.86	340382.5	118654	118806	48824	含原县级随州市
1987	1058.37	367501.5	155231	136743	63503	
1988	817.6	245061	112290	125149	42194	随州市划出
1989	824.16	294084	135843	106495	54133	
1990	838.02	321800	138886	105726	113123	
1991	838.86	336011	131183	120063	108631	
1992	904.16	333811	122537	110704	106634	
1993	760.54	327557	127823	134134	92934	
1994	756.04	345054	156927	139925	72293	
1995	748.93	356677	139400	138498	92533	
1996	775	379543	138139	129698	104905	
1997	792.43	402116	186479	142081	136935	
1998	769.21	406774	117279	81849	136424	
1999	745.39	370531	136133	122329	145519	
2000	663.12	309532	144467	165863	128425	
2001	674.64	319887	126351	116391	163352	
2002	671.53	300858	131785	140180	144067	
2003	609.91	229832	92708	155109	81111	
2004	648.56	283970	116953	102940	84707	
2005	758.07	317485	129698	125042	93480	

1986—1992年油脂油料购销、调存情况一览

表13-26 单位:万千克

年份	购进			销售			调拨	库存
	合计	其中		合计	其中			
		平价	议价		平价	议价		
1986	1436.7	2408.1	1728.6	2515.4	1344.5	1170.9	79.75	
1987	3319.3	1175.4	2143.9	2649.5	839.1	1630.4	1076.5	
1988	4710.61	1309.57	3401.04	2541.58	1342.34	1199.24	4295.61	
1989	4626.73	1553.35	3073.38	1947.44	1009.26	938.18	3594.11	
1990	9900.2	3811.09	6089.11	1564.94	571.4	993.54	9876.02	
1991	6562.39	2238.04	4324.35	1728.53	680.37	1048.16	3710.11	
1992	2155.28	98.5	2056.78	1064.48	178.53	885.95	3664.14	

1993—2005 年油脂油料购、调存情况

表 13-27　　单位:万千克

年 份	购 进	销 售	调 拨	库 存
1993	2069.69	510.62	3310.91	
1994	5679.25	1292.26	3674.14	
1995	6429.13	1174.73	4948.95	
1996	1975.97	7376.68	1833.83	
1997	720.3	391.79	403.99	
1998	800.88	267.67	469.36	
1999	54.04	226.78	108.3	
2000	667.2	404.3		
2001	1042.9	578		
2002	834.6	767.9		
2003	457.8	467.7		
2004	643.7	433.4		
2005	521.4	438		

3.粮油市场

(1)市场经营

1985 年,国家逐年调减指令性收购任务和品种,粮油市场化进程加快。1986—1993 年,襄樊市粮油经营实行定点、凭证(购粮本)、凭票(粮油票)供应。1993 年以后,国有粮店由单一经营转向多种经营。1999 年 12 月 18 日,襄樊市粮食批发市场成立,全市粮食系统名优产品展示会在此举行,近百家企业的 100 多种名、优、特、精品参展。之后,各县(市)区级批发市场相继建立。2005 年底,襄樊市共有粮油经营单位 490 家,其中购销经营单位 90 家、加工经营单位 290 家。年经营量 13 亿千克。

(2)市场管理

襄樊粮食场先后经历了稳购放销,管住批发,放活零售,放油(脂)管粮(食),放价管量的过程,随后开放市场,鼓励多种经济成分的经营者依法经营。1987 年,粮食由国家指定收购部门和单位组织收购。经营粮油经工商行政管理部门审批。对收购市场管理实行"关夏放秋,关秋放夏"的分季分品种关放管理政策。1988 年秋季开始,襄樊市由粮食部门统一收购大米,各县(市、区)在完成粮食合同定购任务后,农民可以进入集贸市场出售余粮。1994 年,由具备国家粮食收购任务和规定资格的粮食批发企业采购粮食,销区粮食批发企业和用粮单位必须到县以上粮食批发市场购买。1998 年,襄樊市执行粮食收购许可证制度和粮食批发经营资格准入制度。1999 年 1 月起,襄樊市进一步加强规范购销活动的监督管理,规定销售粮食时一律使用七联增值税专用发票。1999 年 4 月,襄樊实行粮食工作行政首长负责制。1999 年 5 月,国家调整缩小粮食保护价收购范围,撤销各地粮食市场稽查队,允许和鼓励经批准的用粮企业直接到农村收购。2002 年,襄樊粮食收购全部退出保护价收购范围,凡经工商管理部门签发证注册的合法经营者均可依法购销粮食。

4.粮油加工

(1)企业

1986年,全市国有粮油加工企业82个,职工人数6425人。1987年,全市国有粮油加工企业90个,职工人数6816人。1989年,全市国有粮油加工企业94个,职工人数7000人。1997年,全市国有粮油加工企业208个,职工人数16 087人。1998年以后,粮食加工企业实行"双退"改革,即职工退出国有身份、企业退出国有性质。

(2)龙头企业

粮油加工龙头企业的发展,初期主要是采取工商联营的方式。联营方式包括相互参股、委托加工、租赁经营、工商一体等。工商联营搞得比较好的企业有南漳九集粮油购销公司、谷城县茨河粮油购销公司。2005年,全市规模以上粮油加工企业84家,其中大米加工企业75家、面粉加工企业6家、油脂加工企业3家。全市粮油加工企业年生产能力180万吨,其中大米149万吨,面粉16万吨,油脂15万吨。全年主要产品产量43.1万吨,其中大米37.3万吨、面粉4万吨、食用油1.8万吨。粮油工业总产值74 159万元,销售收入75 113万元。全市粮油加工企业中有22家市级以上产业化龙头企业,其中国家级龙头企业2家、省级龙头企业12家。2003—2005年,全市共有25个项目列入全省粮油精深加工技改贴息项目,争取贴息资金3366万元。

(3)生产经营

1986年前,主要是价拨加工、自营加工、代加工。1986年后在全市基本推行米面价拨加工,油料加工有代加工和自营加工。1980年以前,由于粮食紧张,限制生产精米、精面,除特殊批供给空军和产妇以外,一般不予供应。常年精米、精面生产量不到总产量的10%,大米以生产五号米、标三米为主;面粉以统粉、90粉、标准粉为主,1980年以后逐步放开质量标准、大米以生产标一类、标二类为主,还有特制米、水磨米;面粉以生产上白粉为主,还有特制粉、精制粉。食油生产,由土榨油发展为生产二级油、浸出油,还有精炼油。随着人民生活水平的提高,粮油市场的全面放开,粮油产品质量以适应市场需求为主,大米生产按GB1354—86以生产特等米 标一米为主;面粉生产按GB1355—86以生产特一粉、特二粉为主,还根据食品生产需要生产专用粉等;食油以生产一级、二级油为主。

碾米:1986年年底,全市有45个碾米厂,到2005年发展为98个厂(车间)。工厂布局从县城发展到各乡镇。设备从单机加工发展到连续生产的成套设备。生产规模有30吨/日、80吨/日、120吨/日、200吨/日等。主要生产设备普遍采用多机轻碾、砂铁组合、白米抛光的先进工艺进行生产。2005年10月,南漳梅园米业被省委省政府确定为省唯一扶持的粮油加工产业化龙头企业,经过技术改造,梅园米业达到年产30万吨精米生产规模,成为全省最大的大米加工企业。

制粉:1986年,全市有10个小型面粉厂,到2005年年底,全市已有26个厂(车间)。厂房从旧平房发展到4—6层楼房;设备从小型钢磨发展到65型、600—1000毫米双边磨粉;规模从1—2台型发展到4—10台型;生产设备发展到成套设备,配备了去石机、打麦机、润麦着水、平筛、高方筛、清粉机、刷麸机、打麸机、自动打包机等先进设备;生产操作实现全部电气化;产品包括专用粉等多个品种。全市面粉年生产能力在1991年1 456 937吨的基础上,发展到2005年的2 424 742吨。1997年10月8日,由襄樊市面粉厂兼并岘山面粉厂组建的襄樊市面粉(集团)公司正式挂牌成立,成为全市首批12家"优化资本结构试点企业"之一,也是全省唯一一家纳入兼并计划,享受有关优惠政策的粮食企业,可连续5年享受免息370万元的优惠政策。

油料加工:全市油脂加工厂多数是20世纪50年代末期开始兴办的,从土榨加工发展到机械榨油，从人力操作发展到机械生产。以后基本上淘汰了压榨、撞榨、锤榨等土榨，而使用螺旋榨、95 型榨机、200 型榨机，浸出油。1986 年后我市粮食部门的粮油食品生产逐步由城区粮店推向乡镇粮店，从前店后厂转向正规化的工厂，由手工操作发展到机械化生产，产品由单一品种发展到多样化，生产的品种有面粉制品（各种面条、馒头、面包等）、米制品（年糕、汤圆粉、各种米粉）等。面条是全市粮油食品生产的主要骨干产品。1999 年 12 月，襄樊油厂生产的“九香源”香麻油通过国家绿色食品委员会鉴定，获准使用“绿色食品”标志，是全市第一个获准使用该标志的企业，同时也填补了全国食用油行业的空白。

粮油机械：主要有两家企业，即襄樊市粮食局粮机一厂、襄樊市粮食局粮机二厂。两个厂主要生产气压砻谷机、组合米机、平转筛、关风器、成套面条设备生产线、打麦机等，产品行销省内外，还有少部分出口。1987 年，市粮食局粮机一厂生产的“飞来钟”牌六角米筛获国家银质奖章。2003 年，这两家企业改制转民。

饲料生产：20 世纪 80 年代末 90 年代初，还停留在低层次的水平上，重数量轻质量的倾向普遍存在，在原料来源不足的情况下，饲料工业积极开展代农加工、代农兑换业务。1988 年年底，全市饲料生产总量近 20 万吨。截止到 1997 年，全市粮办工业总产值 20.69 亿元，实现利润 1222.7 万元，产品产量、销售收入都保持了良好的增长速度，各项考核指标均列在全省同行业前茅。

（4）品牌建设

从 1986 年起，全市粮油工业在抓生产经营的同时，注重产品创优工作，从原料进厂，产品生产过程，产品销售，都严把质量关，健全企业的质量管理体系，配备专兼职质检人员，添置检测设备，为产品质量稳定提供可靠保证，赢得了市场，受到用户好评。2002 年，襄樊市大米开始进入北方市场，“绿林山”牌大米成为打入北京的第一个大米品牌。截至 2005 年，襄樊市粮油企业共有湖北名牌 4 个，中国粮食行业协会“放心粮油”21 个。

5.多种经营

粮食企业在主营业务之外开展多种经营，其范围、形式、规模适应粮食经济形势和市民生活需求而变化发展。1985 年以后，粮油食品生产、经营量不断扩大，经营的品种有：面制品、米制品、糕点饮料等 100 多个，1986 年经营量达 2262.3 万千克，实现利税 99.62 万元，比大搞粮食转化发展粮油食品生产的1984年分别增长34%和22.43%，1987年仅1—9月，经营量就达1899.5万斤，实现利税83万元。

襄樊市粮食企业抓住季节性，不断变换生产品种，发展大众化食品生产，坚持以市区为先导，县（市、区）为主体，乡镇为基础，“着眼盘中餐，服务三顿饭”，分阶段，分层次的发展大众化食品，开发出羊角面包、高桩馍等适销对路的好产品。饼干、面条、面包的需求量大，坚持长年生产。进入夏季，生产冷饮食品，端午、中秋、春节时，集中时间赶制节令食品，每逢节日前，各县市都集中力量，组织时令品种的生产，投放市场，如绿豆糕、月饼、喜饼、寿饼、汤圆等，仅月饼每年生产就在 15 万公斤以上。截止.5 到 1990 年年底，全市有前店后厂、作坊 347 个，食品经营网点 593 个，食品机械设备 730 台（套），年生产能力 25 000 多吨，设备利用率 87%以上，经营品种有 12 大类、200 多个品种。

全市城镇以上的粮店大部分改变了过去的“米、面、油”老三样的状况，在搞好城镇粮油供应的同时，增加了波纹面、筒子面、豆制品、调味品、熟食品等项目的经营。

市属粮油工业企业推行粮油产品精加工、小包装、开发食品新产品，生产出多种小包装的精米、精面上市销售。同时腾出部分临街的厂房，开办餐厅、旅社、副食店等。粮食仓储企业对外开展代储、代运、代接、代转的经营服务业务。主要做法是：农民把口粮存入加工厂，由工厂负责保管，不收手续费，不计保管损耗，手里拿着存粮折，随时可以取到所需要的成品粮油；与专业户建立稳固的联系，委托兑换，互惠互利；多种兑换，既可以以一个品种的粮油换其他品种的粮油，也可以以粮油品种互换。这样，不仅方便了群众生活，提高了社会效益，而且增加了企业收入。

1999 年，种经营完成产值 6.89 亿元，利润 2500 余万元，枣阳、保康、南漳、谷城不仅完成了利润计划，还分别比同期增长 9.74%、10.74%、1.69%和 2.8%，创历史最高水平。此后，多种经营产值和利润分别保持在 6 亿元和 2000 万元水平。

2001 年，市属粮食企业进一步强化多种经营的主业地位，延伸多种经营的触角，向新型的种植业、养殖业、加工领域发展，扩大多种经营的深度和广度，全市小康粮站达到 378 个，覆盖面达到 70%。

2003 年，襄樊市粮食部门提出院里有花，地里有菜，圈里有猪，塘里有鱼，栏里有鸡，做到不荒一寸地、不空一间房、不闲一个人的发展目标，多种经营有了新的发展。

（二）棉花

1979 年，为了调动棉农生产积极性，对生产队采取核定棉花定购基数，超基数交售部分加价 30%。1980 年，农村实行联产承包责任制，棉花由对收购转办对农户直接收购。1983 年，棉花收购改为按售棉户交售总鼓 70%加价 30%。12 月，取消棉花票敞开供应。1985 年，取消棉花统购，实行合同定购。定购基数以内的部分按原来比例收购，定购以外部分允许自由出售。1986 年，随着农村产业政策的调整，为方便棉农售棉，全市在重点产棉区设立设立棉花合作社 11 个，增设棉花采购站 22 个，当年实现纯购棉花 49 780 吨，销棉花 56 122 吨，其中供应纱厂 54 048 吨，供应城镇居民生活用棉 1440吨，军用棉 308 吨。1990 年，取消棉花合同定购计划，棉花购销完全进入市场自由交易。由此，私营、个体大量参与棉花经营，逐步代替了棉花购销企企。全市棉花购销系统销售棉花 38 113 吨，比 1986 年下降 32%。1999 年，全市棉花经营系统棉花购销进一步萎缩，系统内共收购棉花 5180 吨，销售 4650吨。2000 年后，由于资金等因素的影响，全市棉花经营企业举步维艰，企业靠出租门面房屋维持生计。

（三）生产资料

1.农用生产资料

境内农业生产资料主要有化学肥料、化学农药、农药械、农用塑料薄膜和中小农具 5 大类商品。1986 年，由于联产承包责任制落实到户，农民种粮的积极性空前高涨，农资商品的需求增加，供需矛盾突出，在这种情况下，一方面政府采取措施，在有条件的县（市）建小氮肥厂和小磷肥厂，生产碳酸氢铵和磷肥供应本地市场，提高自给水平。另一方面要求农业生产资料经营部门加大外采力度，从境外采购农业生产所需商品满足本地市场需求。

（1）化学肥料

主要经营品种有尿素、硝酸铵、碳酸氢铵、磷肥、钾肥、复合肥。1986 年，国内纯购进 457 278 标准吨，比上年增长 60.1%；国内纯销售 729 942 标准吨，比上年增长 41.2%。其中尿素国内纯购进 3715 自然吨，比上年增长 121.3%，境外调入 96 122 自然吨，比上年增长 12.3%；国内纯销售 105 393 自然吨，比上年增长 44.2%。到 1988 年全市农业生产资料系统化学肥料购销均达到历史最高水平，当年全市国内纯购进实现 638 881 标准吨，比 1986 年增长 39.7%，境外调入 281 592 标准吨，比 1986 年增长 24.1%。国内纯销售完成 836 122 标准吨，比 1986 年增长 14.5%。其中尿素国内纯购进 4549 自然吨，比 1986 年增长 22.4%，境外调入 97 144 自然吨，比 1986 年增长 1.1%。国内纯销售 93 716 自然吨，比 1986 年下降 11.5%。1988 年以后，由于国家化肥工业发展和地方小化肥厂增产，化肥市场出现供大于求的局面，经营秩序混乱，生产厂家、个体经济开始进入化肥市场。在这种情况下，国家为了稳定农业生产资料市场的经营秩序，维护农民的根本利益，采取了一系列措施。

1989 年，湖北省人民政府根据国务院文件精神，专门制定《湖北省化肥、农药、农用塑料薄膜专营实施办法》，明确规定各级供销合作社及其所属的农业生产资料公司是化肥、农药、农膜的专营单位。并对优质化肥特别是尿素的销售实行与粮食、棉花、食用油料的收购挂钩的“三挂钩”奖售政策。价格上实行“双轨制”，即计划内销售实行国家定价（平价）销售，计划外销售根据市场行情（议价）销售。这种政策在当时起到积极的作用，即稳定了农资市场秩序，又保护了农民的利益，同时还满足了市场的需求。到 1990 年，全市农业生产资料系统共购进化肥 877 623 标准吨，比 1988 年下降 4.7%，销售 856 738 标准吨，比 1988 年增长 2.5%。1990 年以后，化肥（除尿素外）购销市场基本放开，尿素继续按省政府分配的“三挂钩”奖售指标进行销售，其他化肥要根据市场需求由各级农资公司自行采购。1992 年，农资公司加快改革步伐，全面推行经营范围放开、商品价格放开、工资分配放开和劳动用工放开的“四放开”改革政策。从而彻底打破了化肥由农资公司统购统销的经营模式。1995 年，全市农资公司销售化肥 494 490 标准吨，比 1990 年下降 42.3%。1995 年以后，市直农资公司逐步放弃了化肥的经营，各县（市）农资公司为了稳定化肥市场继续经营，到 1999 年，全市共销售化肥 567 398 自然吨。2000 年以后，各级农资公司相继进入破产程序，化肥购销活动完全进入市场自由交易。

（2）化学农药

主要经营品种有杀虫剂、杀菌剂、除草剂等三大类。1986 年，全市共购进化学农药 3462 吨，其中：杀虫剂 2175 吨，杀菌剂 117 吨，除草剂 1170 吨。销售 4452 吨，其中杀虫剂 2890 吨、杀菌剂 120 吨、除草剂 1141 吨。1986 年后，随着国家对环境保护的重视和人们环保意识的增强，传统的低效高残毒化学农药如：六六六粉、4049、敌敌畏、1059、敌百虫等逐渐淡出市场，1990 年代后这些农药国家明令禁止使用。1990 年，全市购进高效低残毒农药 5545 吨，其中杀虫剂 3060 吨、杀菌剂 1100 吨、除草剂 1200 吨。销售 4724 吨，其中杀虫剂 2670 吨、杀菌剂 820 吨、除草剂 1176 吨。1990 年后，农药市场逐步放开，个体经济参与竞争，1995 年，全市农资系统购进农药 4193 吨，其中杀虫剂 2236 吨、杀菌剂 227 吨、除草剂 727 吨。销售农药 3524 吨，其中杀虫剂 1888 吨、杀菌剂 230 吨、除草剂 444 吨。到 1999 年，襄樊市农资公司退出农药市场，各县（市）农资公司和部分基层供销社继续经营化学农药，但占市场的比重越来越小。当年全市共购进农药 2070 吨，其中杀虫剂 1629 吨、杀菌剂 191 吨、除草剂 157 吨。销售农药 2263 吨，其中杀虫剂 1431 吨、杀菌剂 252 吨、除草剂 318 吨。2000 年以后，供销社所属农资公司相继破产，化学农药购销进入市场自由交易。襄樊金桥农资股份有限公司于 2002 年宣告破产，于 2004 年重组为襄樊新金桥农资有限责任公司(见表 13-28、表 13-29）。

襄樊市供销社系统主要商品购销资料统计一览

表 13-28

年度	化肥购进（吨）	化肥销售（吨）	年度	农药购进（吨）	农药销售（吨）
1987	452031	621300	1987	1776	4083
1990	452152	680828	1990	2129	3378
1991	541310	720894	1991	2757	4146
1992	392419	575024	1992	1976	2575
1993	331640	540689	1993	1550	2497

续表

年度	化肥购进(吨)	化肥销售(吨)	年度	农药购进(吨)	农药销售(吨)
1994	313458	499538	1994	1771	4160
1995	514719	726113	1995	4513	5684
1996	674704	860000	1996	4038	5777
1997	652929	867696	1997	3774	5549
1998	565718	674949	1998	2370	3768
1999	443443	507603	1999	2082	2988
2000	745688	744366	2000	5193	5384
2001	391256	386551	2001	4781	3175
2002	415459	376135	2002	2011	1840
2003	519656	660513	2003	2975	3223
2004	453543	442209	2004	2667	1796
2005	350828	352792	2005	4093	2555

襄樊市供销社系统农膜购销一览

表 13-29　　单位:吨

年度	购进	销售
1979	892	919
1980	958	939
1981	995	878
1982	1523	976
1983	768	575
1984	679	1011
1985	519	933
1986	918	1264
1987	1161	1366
1988	832	1216
1989	935	1078
1990	1296	1699
1991	1456	2127
1992	1599	2160
1993	967	1215
1994	570	1088
1995	2304	2656
1996	2757	2604
1997	1260	1318
1998	940	942
1999	473	803
2000	2499	4000
2001	1058	1966
2002	646	555
2003	918	803

续表

年度	购进	销售
2004	1130	1796
2005	1173	953

（3）农业机械

1979—2005 年，全市农业机械得到较快发展，农村家庭承包责任制后，农民个人购机的能力增强。据 1986 年统计，全市拥有拖拉机 3.3 万台，46 万千瓦，比 1979 年家庭承包责任制前 1.5 万台，27 万千瓦增长 50%。1987—1988 年，中型拖拉机神牛 -25、泰山 -25 一度出现脱销、断货现象，农民自带现金直接到厂家购买，交钱后还要等几个月。1996—1997 年，农村出现购买小手扶热潮，全市新增 2 万多台。其主要原因是：小手扶拖拉机便宜，操作简单，保养方便，既可田间作业又可进行农村运输。同时国家实行购机补贴和燃油补贴政策，农民购买农机具给予补贴，一般农机具一台补 15%—30%，插秧机补 50%。而且对农民减税，增强了农民购机热情，促进了农业机械化的发展。

拖拉机：1979 年，全市拥有拖拉机 14 568 台，274 933 千瓦。其中洛阳拖拉机厂生产的东方红 -75 型链轨式拖拉机等主要分布在全市襄北、枣北及农场，主要用于农田作业、农田基本建设、平整土地和筑坝。轮式拖拉机如襄樊拖拉机厂生产的襄江 -50 型，襄江 -40 型轮式拖拉机，上海拖拉机厂生产的丰收 -35 型轮式拖拉机等大多分布在襄阳、枣阳、老河口及农场，小型分布在丘陵和山区县，轮式拖拉机主要用于农田作业、农田基本建设、农村运输、抗旱、脱粒等。2005 年，全市拥有拖拉机 211 091 台 3 250 319 千瓦，其中：大型拖拉机 14 219 台 354 301 千瓦；大型拖拉机和中轮式拖拉机 13 235 台 284 107 千瓦；小型拖拉机 196 872 台 1 346 712 千瓦；小型拖拉机、中小四轮拖拉机 6070 台 65 995 千瓦（见表 13-30）。

拖拉机发展情况统计一览

表 13-30

年度	合计		大中型		大中型	
	台	千瓦	台	千瓦	台	千瓦
1979	14568	274933	6117	102521	8451	172412
1980	16798	328978	7187	127257	9611	201721
1981	17704	343536	8003	132315	9701	216221
1982	19399	38006	9175	14834	10224	23172
1983	23290	189968	10073	161356	13217	28612
1984	28241	528175	10921	285043	17320	243132
1985	32146	595989	11384	346602	20762	249387
1986	33563	459266	12014	269118	21549	190148
1987	24792	472972	12260	275734	22532	197238
1988	44411	591138	15780	339392	28631	251746
1989	44872	585983	15749	332286	29123	253697
1990	49220	612623	16210	336011	33010	276612
1991	53046	643800	17046	352100	36000	291700
1992	52726	631185	16699	342550	36027	288635
1993	52828	614325	15978	322888	36850	291437

续表

年度	合计		大中型		大中型	
	台	千瓦	台	千瓦	台	千瓦
1994	50565	568503	14687	292117	35878	276386
1995	39621	445236	10844	219111	28777	226125
1996	43634	455653	10031	205643	33603	250010
1997	54527	481618	9386	190368	45141	291250
1998	62482	555188	9147	185259	53335	369929
1999	75603	663201	9151	186611	66452	476590
2000	80505	651886	9080	181906	71425	469980
2001	82098	667858	8802	175395	73296	492463
2002	87719	696689	8891	178248	78828	518441
2003	92089	740329	9217	183813	82872	556516
2004	98778	797819	9798	205610	88980	592209
2005	211091	1701013	14219	354301	196872	1346712

农业运输机械:机动运输船。1979 年,全市拥有机动运输船 122 艘 1598 千瓦,谷城、河口、襄阳、宜城部分农村靠机动运输船进行水上运输,以减轻劳动强度,随着铁路、公路运输能力增强,水上运输量大幅度减少,继而机动运输船数量锐减,到 2005 年机动运输船只有 83 艘 3353 千瓦,比 1986 年减少 39 艘(减少原因主要是被拖拉机和农用汽车所代替)。拖拉机拖车。1979 年,全市拥有大、中、小型拖车 28 725 辆,其中大型 9414 辆、小型 19 311 辆。拖车分为自卸和不自卸两种,有两轮拖车和四轮拖车。载重量有 1 吨、1.5 吨、2 吨、2.5 吨、3 吨、3.5 吨、4 吨、5 吨。1979—1995 年期间,拖拉机配套拖车是农村的主要运输工具。1995 年以后,三轮机动车、农用汽车发展起来,拖车逐渐下降减少。到 2005 年全市有大中小型拖车 11 908 辆(不含随州市),比 1979 年 31 942 辆减少 20 299 辆。农用三轮车、农用汽车。1979 年,全市拥有农用汽车 118 台 9118 千瓦。随着农村交通条件的改善,农民不断富裕,农用汽车(三轮车)增长迅速,到 2005 年农用运输车达到 4829 辆 138 660 千瓦;农用机动三轮车达到 35 920 辆 349 573 千瓦。农用汽车主要型号有:华川、王牌、南骏、福田、五征;农用三轮车主要型号有:时风、金蛙、富田、真马、巨力、五征、长葛、飞毛腿、奔马、民燕、世杰、葛天、飞彩、三峡、北京等 20 多种。

收获机械:割晒机。1979 年、全市拥有割晒机 94 台 89 千瓦。主要型号有:鄂 –120 型割晒机,与工农 –12 型手扶拖拉机配套,割幅 1.2 米;鄂 –100 型割晒机、鄂 100–3 型割晒机、太白峰 4SG–100 型稻麦割晒机等。割晒机价格便宜,体积小,重量轻,操作简便,使用于山区、丘陵小块地作业。割晒机缺点:只能完成稻麦收割程序,还需人工捆扎、运输、脱粒。与联合收割机相比效率低、功能单一,因此割晒机逐步淘汰。背负式稻麦两用收割机。背负式收割机起步晚、淘汰快。主要型号有:华银 –4L1.0 型,与 25 马力拖拉机配套,割幅 1.65 米,湖北谷城华银机械有限公司生产;桂林 –2 型、桂联 4L–1.0 型收割机,广西桂林收割机厂生产。背负式收割机一机两用,节省动力,减少成本。稻麦收割季节后,拖拉机可用于其他作用。缺点是上下装卸不方便,故障较多,后被自走式联合收割机逐渐取代。自走式稻麦两用联合收割机。1979 年、全市只有 8 台联合收割机,到 2005 年联合收割机达到 3707 台 126 548 千瓦。每年还组织 200 多台收割机到外地跨区作业。联合收割机型号有 10 多种,在全市主要有:新疆 –2 号联合收割机,割幅 2.1 米,作业效率每小时 8—10 亩,新疆联合机械(集团)有限公司生产;柳林 –160 型联合收割机,割幅 1.6 米,作业效率每小时 3—6 亩,浙江台州柳林联合收割机厂生产;台州 –130 型联合收割机,割幅 1.3 米,作业效率每小时 2—3.5 亩,浙江台州柳林联合收割机有限公司生产;福田谷神履带式联合收割机,割幅 2 米,作业效率每小时 8—12 亩,山东福田重工股份有限公司制造,等等联合收割机工作效率高,一次性完成收割、脱粒等程序,抢时间、抢季节、不误农时、割茬可以调节,清洁度达到 98%以上,损失率低于 3%,破碎率低于 2%,收割稻麦效果都很好,深受农民欢迎。脱粒机。1979 年,全市拥有脱粒机 20 500 台。其型号有:TJ-6 型、TB-56 型、TB-100 型、TB-60 型、鄂城生产 1100 型、安陆生产的 110 型风选脱粒机、山东肥城生产的 70 型、100 型、125 型风选脱粒机、陕西汉中生产的 STSS50 型脱粒机。由于结构简单,各县(市)许多农机厂均可生产,主要由机壳、辊筒、机筛、支架、皮带等组成,工作原理简单,利用柴油机或电机带动辊筒高速旋转,将稻麦作物分离出来。由于需要人工扬场分离杂质,清选粮食工作量较大,后逐步淘汰。扬场机。1979 年,全市拥有扬场机 220 台。扬场机有单式扬场机和脱粒扬场机,脱粒扬场机一次性完成脱粒、风选净粮过程。扬场机是单纯地将脱粒后的谷物通过扬场进行分离,将粮食与杂物分离开来,扬场机结构简单、重量轻、移动方便,比人工扬场提高工效 10 倍以上,但因作业时需要较广阔场地,故近年来较少使用。

插秧机:1979 年,全市有插秧机 12 台,其中机动插秧机 8 台 24 千瓦,到 2005 年自动插秧机达到 22 台 69 千瓦。目前在全市推广的:Fe455S 型、ARP-4UM 型手扶式插秧机、PG6 型乘坐式插秧机。

排灌机械:水泵。1979 年,全市有水泵 14115 台,到 2005 年已达到 41 856 台。主要有 B 型水泵、BA 型水泵、SH 型水泵。B 型水泵属中小型水泵,体积小、重量轻,适用于山区、丘陵高扬程、小流量提水。BA 型水泵以中小型动力带动、规格较多,扬程、流量适中,是本市农村运用较广泛的提水泵。SH 型水泵属大型水泵,用于大型动力带动,主要用于大型固定排灌站,流量大,扬程高,适合大面积农田灌溉。潜水泵。1979 年,全市有潜水泵 178 台 582 千瓦。潜水泵主要有 TQ、NQ、QV 型。主要用于深井、浅井或较深的潭水提水,居民生活用水、灌溉菜园、农田或浅水排渍。多用于水量不大,而扬程较高的地方,由于流量小、不宜大面积灌溉。喷灌机。1979 年,全市有喷灌机 275 台,2005 年已达到 1285 台。

农副产品加工机械:碾米机。1979 年,全市拥有碾米机 18 313 台,到 2005 年减少到 15 738 台(不含随州市)。主要机型有 120 型、72 型、457 型、632 型、NF400-A 型、100 型等,后又发展到 200 型、400 型、三分离型、四分离型碾米机。磨面机。1979 年,全市有磨面机 12 518 台,到 2005 年已发展到 22 382 台。常用的机型有:MF-65 型、MF-100 型、MF-190 型、MF-260 型、6FYZ 型、6FTS 型。饲料粉碎机。1979 年,全市有饲料粉碎机 5858 台,到 2005 年已发展到 8526 台。常用粉碎机有齿爪式、锤片式两种,后来逐渐引用对辊式粉碎机。榨油机。1979 年,全市有榨油机 2188 台,到 2005 年已发展到 5640 台。在全市使用的主要机型有:立式 90 吨、100 吨、卧式 m180- 螺旋 95、6V160-C、6VC68-A、CY2-6、175 型,出油率一般在 40%左右。轧花机。1979 年,全市有 4580 台。毛刷式锯齿轧花机是一种轧花质量较好、生产率较高的轧花机械,由喂花、轧花、集棉 3 个主要部分组成,其结构复杂、体积大,操作调整要求技术高。早期的轧花机由于加工出的皮棉绒短、品质差,因而农村逐步变为直接销售籽棉,集中收购,用品质高、效率高的机械来完成棉花脱籽。

农机配套机械:耕整机具。机引犁:机引犁是由拖拉机牵引进行耕地的农机具。1979 年,全市拥有大、中、小型机引犁 12 158 部。机引犁可与大、中、小型拖拉机配套。根据拖拉机的大小功率,可选择二铧犁、三铧犁、四铧犁、五铧犁、六铧。1990 年代后逐步改为液压悬挂式,通过液压调节耕地深浅及起落,由驾驶员在驾驶室用操作手柄进行调节。主要型号有:L-5-35 型牵引五铧犁,与东方红 -75 型、54 型链轨拖拉机配套;ILY-5-35 型液压五铧犁,与东方红 -75 型、54 型拖拉机配套;92-6-27A 型牵引六铧犁;ILX-3-20 型悬挂, 与中型拖拉机配套;LXG-2-20 型双铧犁等。到 2005 年全市机引犁发展到 193 974 部。

机引耙:1979 年,全市有机引耙 2809 部。机引耙主要用于耕地后破碎松土,或在耕地前灭茬。机引耙的主要型号有:FQ2-2.5 型 24 片重型缺口耙, 与东方红 -75、74 型拖拉机配套;PQ2-1.4 型 14 片悬挂缺口耙, 与铁牛 -55 型拖拉机配套;PXD-1.4 型悬挂旱地耙等。到 2005 年, 全市已拥有机引耙

163 023 部。

旋耕机:1979 年,全市有旋耕机 6980 台。旋耕机是靠拖拉机动力输出轴驱动的耕作机具。它是利用刀轴上的刀片旋转动力和拖拉机前进的复合运动,对已犁过的地或未耕作的地进行碎土作业。主要型号有:1GL-100 型、1GQN-160 型、1GQN-200 型。到 2005 年,全市已拥有旋耕机 43 912 部。

种植及植保机具:播种机。1979 年,全市有播种机 69 台。到 2005 年,全市拥有机引播种机 392 部。机动喷雾器。1979 年全市有机动喷雾器 1889 部 3180 千瓦。到 2005 年,全市已有机动喷雾器 7809 部 11 286 千瓦。

其他动力机械:柴油机。1979 年,全市有柴油机 15 890 台 14 885 千瓦。全市柴油机型号小至 3 千瓦,大至 100 多千瓦,分单缸或多缸式柴油机,有立式和卧式之分。2005 年全市拥有柴油机 13 979 台 146 019 千瓦(不含随州市),比 1986 年下降 5161 台 50 421 千瓦。电动机。1979 年,全市有电动机 27 987 台 287 507 千瓦。全市农村使用电机型号主要有三种:J 型系列, 属防护型鼠笼式转子异步电动机, 电动机容量等级从 0.6 千瓦到 125 千瓦;JO 系列电动机, 属封闭扇冷鼠笼式转子异步电动机。2005 年,全市有电动机 468 995 台 250 077 千瓦。

农机作业:1979 年,全市机耕面积 189.18 千公顷;2005 年,机耕面积 301.56 千公顷,增加 79.49 千公顷。1979 年小麦机播面积 4.9 千公顷,2005 年机播面积 87.97 千公顷,增加 83.97 千公顷;1979 年玉米机播面积 0.186 千公顷,2005 年玉米机播面积 5.66 千公顷, 增加 5.40 千公顷;1979 年水稻机播面积 0.018 千公顷,2005 年水稻机播面积 0.36 千公顷, 增加 0.34 千公顷;1979 年水稻机插面积 0.47 千公顷,2005 年水稻机插面积 0.98 千公顷,增加 0.48 千公顷;1979 年机收面积 15.87 千公顷,2005 年机收面积 244.38 千公顷, 增加 236.51 千公顷 (其中:1979 年小麦机收面积 11.812 千公顷,2005 年小麦机收面积 138.7 千公顷,增加 126.9 千公顷;1979 年水稻机收面积 3.18 千公顷,2005 年水稻机收面积 105.68 千公顷, 增加 102.5 千公顷);1979 年机械植保面积 238.41 千公顷,2005 年机械植保面积 324.95 千公顷, 增加 86.54 千公顷;1979 年机械脱粒 318 万吨,2005 年机械脱粒 325 万吨, 增长 7 万吨。通过以上农业机械作业量来看,除机械脱粒外,都呈上升趋势,尤其是机械收获作业量增长很快。

2.工业生产资料

工业生产资料经历了由计划分配,计划分配为主、市场调节为辅,计划资源与市场资源并重,计划资源减少、市场资源为主和全部市场资源的转变过程,经营的品种主要有钢材、生铁、硫酸、烧碱、纯碱、水泥、汽车、煤炭等。

(1)工业生产资料来源

1979 年,工业生产物资主要以计划分配为主,物资企业按照省下达襄樊市的分配计划指标参加全国及省分配订货会议,与相关供货企业签订计划供应合同,按计划执行到货。1980—1985 年,工业生产物资以计划分配为主,争取增拨计划为辅,这一时期物资企业经营物资的来源大部分还是靠计划分配订货取得的,其次是千方百计地做工作争取增拨计划和调度计划的物资资源,如生产建设增拨物资计划、救灾物资、专项物资,调度物资、协作串换分配物资等。

1986—1990 年,工业生产物资以计划资源与市场资源并重,随着市场要求量增加,计划分配物资资源减少,物资企业在争取计划内分配物资分到订到,订到拿到的同时,开始注重建立计划外物资的来源渠道,开展了多种形式的调剂串换,协作加工、集资返材等项业务,建立资源基地。如 1987 年,全市以市金属公司为龙头,汇聚各县市金属公司在武钢集资 4000 万元,从 1987—1997 年,共取得武钢集资返供市场比较俏销的板材 11.84 万吨。市金属公司参加省金属公司对首钢集资 530 万元,从 1989—1990 年,两年返材 4077 吨。市燃料公司参加省组织的自拉煤、集资煤、上站煤和磷矿石协作煤，粮食协作煤。市化建公司积极参加全国类联合，调剂串换物资，开展易货贸易，争取计划外资源。市机电设备公司积极承担市政府自1985—1995年与二汽每年200辆汽车的协作任务等。组织大量的计划外物资，为保生产建设，人民生活需要做出了积极贡献。

1991—1993年，工业生产物资计划资源减少，以市场资源为主，这一时期，计划分配物资资源逐渐减少为零，市场资源逐步取代计划资源，物资企业经营物资来源主要依靠市场资源调进，因此，物资企业在原有资源基地的基础上与生产企业建立稳固的联营销售关系。以市场为中心，盯住大户保供应立足本地市场。发展联合代理销售，形成合力抢市场。双向销售，串换加工争市场。捕捉信息，外供促销挤市场。主副互补，增加品种扩市场。搞好服务，赢得用户保市场。

1994—2005年，工业生产物资完全市场资源，物资企业经营物资无计划分配资源，全部由企业自行组织。市直及县(市)物资企业广泛开展投资联营，集资参股，代理业务和多种经营业务。市机电公司1994年与一汽汽车集团组建襄樊一汽机电有限公司，1995年5月与上汽汽车企业组建襄樊销售有限公司。市汽贸公司1994年2月与东风汽车公司组建襄樊汽车联合销售公司，1994年10月与天津汽车销售总公司组建天津汽车工业销售武汉有限公司，1996年7月与武汉神龙公司联合组建广州富康汽车贸易有限公司。老河口市物资局1993年9月与东风汽车销售公司组建东风汽车老河口联合销售公司。谷城县物资局1993年底与中南石化谷城油库联合建加油站。市金属公司、有色公司参与武钢第二轮集资。市化建公司1994年5月与湖北双环化工集团公司投资参股，取得每年2万吨的销售权。市金属、有色公市金属回收公司与柳钢、鄂钢、链源钢厂、邯郸钢厂、大冶钢厂建立联合经销处。市机电、市汽贸、物贸中心，分别与庆铃汽车、东风汽车、柳州汽车、田野汽车、双环汽车、牡丹汽车建立代理销售处。市燃料公司与河南犁园煤矿、义马煤矿、陕西铜川煤矿等建立联销公司等。同时，开展了多种经营和利用资产创收活动，如拓展汽车配件、摩托车、液化气、汽车出租业务。市物贸中心开办“吉星利出租车公司”，市机电开办“市机电出租车公司”，市汽贸开办“利通出租车公司”，谷城、南漳物资局也开办了出租车公司等。

(2)工业生产资料供应(销售)

1979—1985年，按分配计划组织分配订货供应。物资企业按照参加省及全国订货会议所签订的计划分配资源和市计委下达的分配计划组织市直生产企业和县(市)物资企业召开分配订货会议签订供货合同，对大宗生产建设用材和大型建设项目用原材料实行分签直达，就站直拨供应，小批量、多品种物资采取中转供应。这一阶段的供应特点是，强调保计划供应，考核计划供应执行率。

1986—1990年，按计划分配供应为主、市场调节供应为辅。物资企业在按计划分配数量组织订货供应的同时，争取增拨计划分配资源，专项物资资源和计划外物资资源对生产企业和各县(市)供应、市场调节资源供应主要以中转供应为主。

1991—1993年，市场调节资源销售为主、计划分配供应为辅。这一阶段物资企业销售主要是保重点生产建设，重点建设项目和人民生活需要的物资供应，以计划外资源供应为主，计划分配供应逐渐取消。

1994—2005年，按市场需求销售，本阶段物资企业销售是以市场为导向组织供货资源，发展代理，配送物资供应，开展多种经营，资产创收活动，维持企业生存。这一阶段的特点是：物资经营企业既要注重资源基地建设，获取大量市场要求资源来源，又要注重市场销售渠道建立，强调“大市场、大买卖、大流通”和“两头在外”的经营模式，挤占销售市场，扩大销售范围，求得企业的生存和发展。到1998年底，市直物资企业在武汉、广州设立销售公司2家，在北京燕化、甘肃兰州、宜昌三峡、河南郑州、云南昆明、安徽蒙州、成都等地设立外销20个窗口(详见表13-31、表13-32、表13-33、表13-34、表13-35)。

1979—1983 年主要物资销售情况一览

表 13-31

项目 类别	数量单位	1979 年	1980 年	1981 年	1982 年	1983 年
煤炭	吨	342800	904200	1050500	1095200	1260400
钢材	吨	26200	72700	74400	97700	128600
汽车	辆	81	96	169	183	296
烧碱	吨	9500	16500	15700	18200	22100
纯碱	吨	2381	4265	5381	6472	7832
轮胎	套	1086	3786	6639	8234	9681
橡胶	吨	659	823	921	759	686
硫酸	吨	90200	108200	121600	126200	146700
水泥	吨	87800	72900	183500	287600	347200

1984—1988 年主要物资销售情况

表 13-32

项目 类别	数量单位	1984 年	1985 年	1986 年	1987 年	1988 年
煤炭	吨	1434200	1610000	1279449	1438214	1664154
钢材	吨	157600	194000	83276	112761	144744
汽车	辆	589	1129	1892	4440	8717
烧碱	吨	24500	24000	8158	10518	12373
纯碱	吨	8236	9879	10035	17257	10591
轮胎	套	16523	19896	22858	26898	29890
橡胶	吨	739	863	689	1031	1656
硫酸	吨	147600	100300	9077	10034	11182
水泥	吨	412800	443400	150986	145391	194358

1989—1993 年主要物资销售情况一览

表 13-33

项目 类别	数量单位	1989 年	1990 年	1991 年	1992 年	1993 年
煤炭	吨	1436893	1216529	1172150	1021967	826582
钢材	吨	167926	156832	131342	163249	192800
汽车	辆	6893	7281	5430	8643	9365
烧碱	吨	9843	6759	5240	4968	3875
纯碱	吨	12369	16752	18009	16928	14575
轮胎	套	28626	26323	22202	25479	27180
橡胶	吨	1328	1263	1107	1198	1252
硫酸	吨	12838	11659	10163	11238	9159
水泥	吨	186234	132859	116114	126836	105234

1994—1998年主要物资销售情况表一览

表 13-34

项目类别	数量单位	合 计	1994年	1995年	1996年	1997年	1998年
煤 炭	吨	2048016	566249	538630	462985	244728	235424
钢 材	吨	325952	101210	76411	58914	42706	46711
汽 车	辆	38753	7370	10098	9682	6851	4752
烧 碱	吨	21320	6121	5994	1836	1345	6024
纯 碱	吨	61741	13694	17585	11651	12486	6325
轮 胎	套	128304	23143	26955	32837	27992	17377
橡 胶	吨	6826	1327	1209	1540	1400	1350
硫 酸	吨	81969	10940	13391	8480	23860	25298
水 泥	吨	138634	41359	54687	22942	10929	8717

1979—2005年襄樊物资行业商品销售及实现利润情况一览

表 13-35 单位:万元

项目 年度	商品销售	实现利润	备 注
1979	12933	105	含地直、原襄樊市、8县2市,下同
1980	15409	247	—
1981	15921	274	—
1982	21008	496	—
1983	23867	628	—
1984	25928	707	襄阳地区与襄樊市合并,下同
1985	36041	939	—
1986	40027	1051	—
1987	28451	462	—
1988	105019	1757	—
1989	96757	1385	—
1990	81915	703	—
1991	98874	806	—
1992	135376	1162	—
1993	221266	229	—
1994	122535	-1455	—
1995	115014	-732	随州市划出,下同
1996	98527	-1517	—
1997	94644	-2473	—
1998	63521	-1797	—
1999	60199	-1067	—
2000	—	—	企业相继改革改制没有统计年报
2001	—	—	—
2002	—	—	—

续表

项目 年度	商品销售	实现利润	备　注
2003	—	—	—
2004	—	—	—
2005	—	—	—
合 计	1513232	1910	—

（四）生活资料

1.百货

（1）体制

1979年，襄樊市百货公司业务隶属湖北省百货公司领导。1983年，原湖北省百货公司襄樊批发公司改称襄樊市百货批发公司。原襄樊市百货公司改称襄樊市文化用品和照相器材钟表批发公司。1985年，全市百货系统有二级批发机构5个、三级批发机构8个，零售网点912个，职工5924人。

（2）购销业务

百货业主要是经营日用百货和文化用品两大类。百货业的前身，先是杂货铺、广货业、洋杂货业。形成百货行业，迄今百余年。1985年，全市商业百货业购进总值14 329.7万元，销售总额15 132.4万元。1995年，全市商业百货系统购进总值1967.9万元，销售总额2459.7万元，年末库存8762.3万元。2000年，全市贸易局系统日用品类商品批发6411.1万元，零售1330.2万元；化妆品类商品批发5494.6万元万元，零售7245.7万元。

地产品收购：襄樊百货批发站成立时，仅有一些手工作坊，主要物资靠中南区省百货调运。1963年后，地方工业得到发展，为促进生产安排市场，百货商业部门对地产火柴、肥皂、电池、布鞋、机制纸等26种商品实行包销；对铁包锁、民用剪刀、拉链、木梳、日记本等19种商品在包销基础上工厂可以自销。1977年，收购地产品增至93种。1978年，地产品收购总值1740万元。1979年，实行“以销促购，以购促生”的方针。1985年，全市百货系统国内纯购进达6676.7万元。襄樊地产品发展时间较短。许多产品与省内外主产地相比，成本高，费用大。为扶持生产，须给予一定限度和期限的价格补贴。还有一部分小商品，百货部门在确定销售价格时，不能根据正常的情况加合理的进销差率，以至出现进销倒挂、费用亏损的现象。1973—1982年，补贴金额达696.78万元。价格补贴于1983年取消。

主要商品销售：鞋类(胶鞋、皮鞋、布鞋、全塑料鞋)。1979年以前，鞋类中有3种鞋的原料(橡胶、皮革、棉花)是天然产品，资源有限。三年经济困难时期，胶鞋是百货商品率先实行限量供应的品种之一。1980年后，猪革增加，棉布充裕，消费结构发生变化，皮鞋、布鞋、塑料鞋销量上升，胶鞋下降。1985年，全市百货系统胶鞋系统外销售353.65万双，皮鞋44.86万双，橡胶塑料凉鞋9.11万双，布鞋158.58万双，全塑料鞋130.24万双，胶鞋所占比例下降至50%左右。1995年，全市百货系统购进各种鞋402万双，销售431万双。2000年，全市贸易局系统鞋帽类商品批发总额340.8万元，零售总额10102.7万元。洗涤用品类(肥皂、香皂、洗衣粉)。1979年以前，肥皂销量很小，香皂被视为高贵用品。1980年，洗涤用品供应状况根本好转。1985年，全市百货商业系统外销售肥皂85 951箱，香皂457.72块，洗衣粉3968吨。1995年，全市商业系统洗衣粉购进4754吨，销售4607吨。2000年，全市贸易局系统洗涤用品类批发额 2589.8 万元，零售额 3911.3 万元。取火照明类(火柴、手电筒、手电池)。火柴：1985 年，全市百货商业系统系统外销售 95 547 件。1993 年，全市百货商业系统系统外购进火柴 51 129 件，对商业外销售 14 560 件，对商业内销售 43 726 件(以后年份未纳入统计范围)。手电筒：1985年全市百货商业系统系统外销售 48 528 个。手电池：1985 年，全市商业百货系统系统外销售 1053.95万个。1994 年，全市百货商业系统系统外购进手电池 912.63 万个，对商业外销售 515.47 万个，对商业内销售 462.89 万个(以后年份未纳入统计范围)。

钟表和缝纫机：钟表。1979 年以前销售量不大。1979 年后，销售量明显上升。1985 年，全市百货商业系统系统外销售手表 269 085 只，其中国产手表 256 147 只，占 98.59%。1995 年，全市百货商业系统购进手表 43 563 只，销售 62 735 只。1997 年全市百货商业系统购进手表 26 849 只，对商业外销售 37 106 只，对商业内销售 11 132 只(以后年份未纳入统计范围)。缝纫机：1982 年前，一直是紧俏商品。1981 年全区百货商业系统外销售 25 404 架。1985 年，全区百货商业系统外销售 17 844 架。1997 年，全区百货商业系统外销售 548 架，对商业销售 10 042 架(以后年份未纳入统计范围)。

2.纺织品

1980 年系统外销售 11 463.7 万元，襄樊国内纯购进 222 083 万元，实现自给有余。1985 年全市纺织品系统销售为 10 764 万元，调出省外 7834.2 万元，年末库存 10 598.5 万元。全市衣着类社会商品零售总额 39 324 万元，占消费品零售总额的 22%，其中市区为 7208 万元。全市纺织品商店零售机构 526 个 2650 人。1995 年全市商业纺织品系统总销售 7384.1 万元，库存 3093.3 万元。2000 年襄樊市贸易局系统纺织品类批发 21.1 万元，零售 1119.4 万元。批发各种布 3.17 万米，零售 17.18 万米，库存 4.33 万米。

棉纱、棉布：1978 年，全区棉布零售 4510 万米。1982 年对硫化棉布、本光棉布和 1981 年前库存的纯棉卡其、华达一律免票出售。1983 年 12 月对棉布取消凭票供应的办法。全区销售棉布 2694.7 万米，人平 46.35 米。1985 年国营商业共购进棉布 68 253.2 万米，其中国内纯购进 6602.46 万米，占 96.37%；销售棉布 4811.75 万米，其中国内纯销售 2005.86 万米。1995 年，全市商业系统购进各种布 93 万米，销售 151 万米，库存 222 万米。2000 年，襄樊市贸易局系统批发棉布 0.1 万米，零售棉布 7.86 万米，库存 1.47 万米。

呢绒绸缎：1978 年全区社会销售呢绒绸缎 182 万米，人均 0.33 米。1980 年销售 189.8 万米，1983 年销售 108.9 万米。1985 年商业纺织系统系统外购进呢绒 13.59 万米，绸缎 263.71 万米，国内纯销售 316.1 万米，人均 0.53 米。2000 年，襄樊市贸易局系统批发呢绒 100 米，零售呢绒 6500 米，库存 14 000 米。批发绸缎 1900 米，零售 4.37 万米，库存 0.7 万米。

化纤布：1979 年前化纤布本市生产数量少，基本靠外地调入。1979 年调入化纤布 6941.2 万米，销售 594.5 万米。80 年代后，地方化纤工业等到大发展。1983 年 1，月国家调整了纺织品的价格，把化纤布中的涤棉布和中长纤维布价格降低，提高了纯棉布的销售价格。1985 年商业纺织系统系统外购进化纤布 173.94 万米。全市国营和供销合作商业销售 3125.5 万米，人均 5.33 米。

成衣、服装：1985 年，全市商业纺织系统系统外购进服装 264.04 万件，社会零售 447.94 万件，人均 6.8 件。1995 年，全市商业系统购进各种服装 113 万件，销售 136 万件，年末库存 77 万件。2000 年，全市贸易局系统批发各种服装 2.58 万件，零售 565.29 万件，年末库存 8.87 万件。

3.五金、交电、化工

五金交电化工商业，是经营五金机械、交通电工器材、家用电器、化工原料商品四大行业的总称。1978 年后，形成以家用电器和交通器材为主的生活资料。

1978 年，购进总值 3581.3 万元，销售总值 3832.6 万元。

1985 年，购进总值 19 073 万元，销售总值 18 790 万元。

1995 年，全市五交化系统总销售 28 259.8 万元，库存 6010 万元。

（1）五金

经营范围：到 1985 年，基本形成了建筑五金、水暖器材、扳钳工具、切削碾磨工具、机械配件、架线工具、消防器材、马铁工具、橡胶工具、三动工具、装潢五金、杂品等 12 大类。1978 年除圆钉、铁丝外，其余商品都长放开，实行自由选购、多家经营。1978 年，五金商品购进总值 1423.4 万元，销售总值 155.7 万元。1985 年，五金商品购进总值 3655.5 万元，销售总值 3807 万元。

（2）交电

交电是交通电工器材的简称，主要是自行车、电工仪表、电料器材三大类；家电商品是家用电器商品的简称，分家用电子器具、家用电器具两大类。1978 年购进总值 1283 万元，销售总值 1350.4 万元。1985 年购进总值 12 644.6 万元，销售总值 11 805.4 万元。2000 年五金电工器具类批发总额 2 万元，零售 642.3 万元。

自行车：1978 年除永久、飞鸽、凤凰三大名牌车紧张外，其他品牌均可满足需要。1985 年，全市共购进自行车 130 909 辆，销售 131 916 辆。1988 年系统外购进 9.01 万辆，系统外销售 13.8 万辆。1995 年全市商业系统购进自行车 152 366 辆，销售 176 989 辆，库存 43 485 辆。2000 年襄樊市贸易局系统批发自行车 970 辆，零售 18 283 辆。

电视机：1978—1985 年，全市共组织回电视机 154 912 台，销售 139 497 台。1995 年，全市商业系统购进电视机 61 885 台，销售 7 3196 台，库存 20 150 台。2000 年襄樊市贸易局系统黑白电视机批发 90 台，零售 215 台；彩色电视机批发 137 台，零售 31 370 台。

电冰箱 ：20 世纪 80 年代后期，电冰箱开始步入百姓生活。1995 年，全市商业系统购进电冰箱 31 051 台，销售 32544 台。2000 年，全市贸易局系统批发电冰箱 3468 台，零售 14 349 台 。

空调器：1995 年，全市商业系统购进空调器 4008 台，销售 4645 台。2000 年，全市贸易局系统销售空调器 7365 台 。

洗衣机：1995 年，全市商业系统购进洗衣机 23 983 台，销售 30 098 台。2000 年，全市贸易局系统销售双缸洗衣机 9 224 台，全自动洗衣机 11 011 台。

电脑：1996 年，全市贸易局系统开始经营家用电脑。1997 年，全市全市贸易局系统系统外购进 273 台，销售 394 台。由于商业并非电脑经营的主要流通渠道，电脑经营不断萎缩。1999 年，全市贸易局系统系统外购进 22 台，销售 15 台。

（3）化工原料

主要有化工原料、染料、油漆三大类。1985 年购进总值 2 773 万元，销售总值 3178 万元。2000 年襄樊市贸易局系统统计报表中，化工类商品经营额为零。

4. 日用杂品

20 世纪 80 年代，人民生活水平有了明显的改善，对日用杂品的需求发生较大的变化，品种由原来近百个发展到上千个。传统的粗瓷碗开始滞销，中、高档瓷器开始进入普通百姓家中。木桶、木盆淡出市场，取而代之的是花色品种繁多的陶瓷、塑料制品。人们已使用近千年的斗笠、油伞从视线中消失，各种雨衣、青布伞、尼龙伞、自动伞、旅行伞十分畅销。1986 年，全市铁锅国内纯销售 56.9 万只（其中市区 5.7 万只），瓷碗国内纯销售 1017.4 万个（其中市区 107.7 万个），草席国内纯销售 14.5 万条（其中市区 5.6 万条），草帽国内纯销售 52 万顶（其中市区 11.9 万顶），土纸国内纯销售 3593 吨（其中市区 92 吨），机制卫生纸国内纯销售 742.6 万刀（其中市区 205 万刀）。1990 年，全市日用杂品的国内纯销售进入稳中有降的阶段，当年国内纯销售铁锅 60 万只，比 1986 年增长 5.4%，瓷碗 917 万个，比 1986 年下降 9.9%；草席 10.3 万条，比 1986 年下降 29.0%；草帽 58.6 万顶，比 1986 年上升 12.7%；土纸 3068 吨，比 1986 年下降 14.6%；机制卫生纸 755.6 万刀，比 1986 年上升 1.8%。1990 年，日用杂品市场进一步放开，单一的市场经营体制被打破，大市场、大流通的格局基本形成。一放百业兴，经营日用杂品的个体工商户遍布城乡，到 1999 年，市直两家主要经营日用杂品的公司年销售额 828 万元，仅占 1991 年 1854 万元的 44.7%(见表 13-36)，两家公司处于严重亏损状态。2000 年，随着市场经济体制不断发展和完善，计划经济体制下建立起来的流通体系已不适应市场经济的发展。供销社所属的日用杂品经营公司在运行了 45 年之后相继进入破产、改制程序，市直生活资料公司于 2001 年宣告破产，日用杂品公司于 2003 年 11 月实行了由国有经济向民营经济转变的改制，2004 年 4 月由原公司人员集体改制成立襄樊景星日用杂品公司。

襄樊市历年日用杂品购销统计一览

表 13-36　　单位：百口、百个

年度	百口	铁锅购进	铁锅销售	年度	百个	瓷碗购进	瓷碗销售
1987	—	3804	4813	1987	—	88502	75548
1990	—	4792	4818	1990	—	73679	64050
1991	—	4967	4072	1991	—	91136	51709
1992	—	4836	3851	1992	—	74840	47510
1993	—	4936	2948	1993	—	127031	128508
1994	—	2491	3249	1994	—	47811	89057
1995	—	1885	2419	1995	—	44997	63721
1996	—	959	1865	1996		34926	36427
1997	—	1252	2369	1997	—	—	—
1998	—	804	1664	1998	—		—
1999		775	1789	1999		—	—

注：1997 年统计制度取消瓷碗统计；2000 年统计制度取消铁锅统计。

5.土特产品

襄樊地区主要土特产品有黄红麻、苎麻、生漆、棕片、茶叶、桐籽、木梓、蜂蜜、红枣、核桃、板栗、苹果、梨子、黑木耳、黄花菜、香菇，榨菜等优质土特产品。很多产品除满足本地市场外，还畅销国内市场和出口到国外，如蜂蜜 1986 年至 1990 年 5 年共向外贸部门提供出口蜂蜜 905 吨。

1986—1990 年，由于二、三类农副土特产品的购销政策放开不久，市场购销体系还不完善，供销系统土特产品公司仍处于主渠道地位，土特产品的购销仍是公司的主要业务（见表 13-37）。1990 年后，由于市场经济体系趋于完善，农贸市场的普及、私营经济和个体工商户逐步承担了农副土特产品的购销活动，供销社所属各级土产公司逐步退出了经营。1999 年，市直 3 个土特产经营公司销售额 51 万元，仅占 1991 年的 835 万元的 6.10%。2000 年，襄樊市土产公司正式宣告破产。果品干菜公司、茶麻公司也分别于 2003 年、2005 年改制成由民营企业控股、供销社参股的股份制企业(见表 13-39）。

襄樊市供销社系统主要商品购销资料统计一览

表 13-37

年度	茶叶购进(吨)	茶叶销售(吨)	年度	黑木耳购进(吨)	黑木耳销售(吨)
1987	5180	725	1987	876	150
1990	309	415	1990	469	159
1991	558	484	1991	522	583
1992	180	284	1992	304	59
1993	277	288	1993	192	172
1994	693	283	1994	209	376
1995	79	247	1995	227	279
1996	86	251	1996	293	427
1997	190	336	1997	177	248
1998	110	191	1998	255	208
1999	143	204	1999	352	375
2000	311	434	2000	380	363
2001	299	399	2001	362	386
2002	268	298	2002	126	136
2003	268	298	2003	128	139
2004	315	984	2004	160	392

表 13-38

年度	香菌购进(吨)	香菌销售(吨)
1987	138	62
1990	255	144
1991	373	246
1992	368	155
1993	228	211
1994	383	402
1995	160	163
1996	197	392
1997	307	372
1998	466	314
1999	531	355
2000	477	481
2001	406	464
2002	225	378
2003	245	249
2004	708	887
2005	339	474

部分主要土特产品国内纯购纯销一览

表 13-39　　单位:吨

品名	1986 年		1990 年	
	国内纯购进	国内纯销售	国内纯购进	国内纯销售
桐油	851	837	791	1061
皮木梓油	1472	1093	1643	2043
茶叶	661	950	351	475
香菇	121	62	329	164
蜂蜜	1048	162	1441	465
红枣	267	145	45	104
核桃	377	117	28	172
黑木耳	555	193	472	164
黄花菜	341	149	268	164

6.废品回收

1986 年,襄樊市废品回收体系比较完善,回收网点延伸到双代店,形成村村都有回收点,收购品种有废金属、废橡胶、废塑料、废棉布(花)、杂骨、玻璃和废麻、废纸等可再利用的所有废旧物资。当年,全市废品回收实现 1538.1 万元,收购废钢铁 845.8 吨、废铜 33 吨、废铝 14.4 吨、废橡胶 92.8 吨、废布 427.2 吨、废麻 154.9 吨、废塑料 424.5 吨、杂骨 83.9 吨。1990 年,废品回收达到高峰,当年全市废品国内纯购进额达到 4339.9 万元,收购废钢铁 3263.5 吨、废铜 143.2 吨、废铝 57.8 吨、废橡胶 201.5 吨、破布 408.2 吨、废麻 147.3 吨、废塑料 166.8 吨。20 世纪 90 年代,市场经济发展较快,个体经营户参与废品回收业务,涌现出一批个体经营大户。带有一大批专门从事废品收购的专业人员,他们一个板车一杆秤走街串户收购废旧物资,他们的收购价格灵活,上门收购方便顾客,深受城乡居民的欢迎。至使废旧物资回收公司的购销业务不断萎缩,到 1999 年市废旧物资回收公司 10 个网点实现收购额 10 万元,公司靠出租门面房维持运转,2000 年 8 月宣告破产。2001 年由部分职工重组利洁资源有限责任公司(见表 13-40)。

市物资行业废金属回收情况一览

表 13-40　　单位:吨

年 份	数 量	年 份	数 量	年 份	数 量
1979	5667	1988	20826	1997	3093
1980	7263	1989	25656	1998	4099
1981	8858	1990	14731	1999	4900
1982	9382	1991	3805	2000	2336
1983	16098	1992	4049	2001	418
1984	22815	1993	4292	2002	1510
1985	24159	1994	7274	2003	—
1986	15084	1995	10256	2004	—
1987	20654	1996	6886	2005	—

7.食品

(1)生猪购销

①体制改革:1985 年以前,全市有县级食品公司 8 个;农村食品所(站)等购销组 400 个,其中:购销站 290 个,肉类联合加工厂 2 个,蛋仓库 9 个,冷冻为 2 座(容量 300 吨),还有脏器生化制药厂 1 个。职工 6377 人,流动资金 199.84 万元,固定资金 2407.81 万元。1985 年,生猪经营放开,取消生猪派购,活鲜猪肉实行自由交易,各种经济成分和从业人员相继涌入屠宰经营行业,改变了过去计划经济体制下国营食品公司"一把刀"主宰天下的局面。1989 年,理顺食品企业内部关系,扭转以包代管、以租代管的局面。首先调整襄樊市食品公司内部体制,变单纯管理型为生产经营管理型。成立了食品总公司,下设 6 个经济实体,实行购进、销售、核算一条龙管理。同时,食品总公司对经济实体实行"统一管理、分级承包、定额上交、减亏全留、超利分成"的承包经营责任制,从而形成了内部包保体系。其次理顺上下关系,强化对基层食品所的管理,明确了县食品公司对食品所的五个关系,即:固定资产支配与使用权关系;企业管理发包权与承包经营权的关系;业务管理的指导与被指导的关系;财务上的监督与被监督的关系;人事上考核管理与被考核管理的关系。通过理顺,把宏观管理与微观管理结合起来。对全市食品所实行了扎断算账,重新承包。基层食品所实行按计划定员,联销联利计酬,风险抵押承包,切实把个人利益与所的效益挂钩。对基层食品所开展"四清三整二收一建"的清理整顿工作,即:清查账务,清理奖金、清收公款公物,清理积压商品;整肃职工队伍、整顿劳动纪律,整顿管理;收人收心;建立健全内部各项管理制度。加强业务管理,实行"五小并举",扩大食品经营业务。为解决收购资金困难,市局与农行联合行文,对食品所的经营流动资金进行重新核定,双线下达,专户管理,保证了食品所经营业务的开展。基层食品所大力兴办"小餐馆、小旅社、小加工、小收购、小养殖"等业务,扩大了经营门路。同时,市政府在宜城召开现场会,推广市商业局整顿肉食市场的经验,要求各地对生猪实行"定点屠宰、集中检疫、统一纳税、分散经营"。1996 年,市政府专门成立襄樊市生猪定点屠宰管理工作领导小组,领导小组下设办公室(简称市屠管办),具体负责全市生猪屠宰管理的组织、协调、督办和指导工作。襄樊市屠管办设在襄樊市商贸行业协会,各县、市也相应成立了领导小组和办公室,负责当地的生猪屠宰管理工作。2003 年 8 月,襄樊市屠管办组织成立了襄樊市肉类行业协会。2004 年 10 月,襄樊市召开牛羊定点屠宰管理工作现场会,推广枣阳市的管理经验和做法,实行回、汉屠宰车间分离,将牛羊肉纳入了"放心肉"工程管理范围,牛羊定点屠宰管理工作全面启动。2005 年,襄樊市政府办公室下发《关于进一步加强市区生猪定点屠宰管理工作的通知》规定:襄樊市屠管办负责全市生猪定点屠宰管理的组织、协调、指导、督办和检查工作,负责襄樊市城区生猪定点屠宰的统一管理工作,各县(市)屠管办负责本辖区的生猪屠宰管理工作。

②生猪经营:1985 年年末,全市生猪存栏 245.63 万头。2000 年,襄樊市贸易局系统购进猪及猪肉 594.99 万千克,批发 280.68 万千克,零售 738.51 万千克。收购方式方法。1979 年,生猪收购仍沿用 1957 年的政策,即按湖北省 1957 年 11 月"市场管理暂行办法"的规定,将肥猪列入二类物资,实行统一收购。并规定:除国营商业和供销社外,任何其他单位和个人均不得插手经营。襄樊市生猪收购采用两种形式,一种是自购(适用于平原县),即由食品公司"一条鞭经营";另一种是委托供销社代购(适用于山区县),由食品公司给付一定的手续费,此法称为"一条鞭加个稍"。1985 年 1 月 17 日,省委根据中央"关于进一步活跃农村经济的十项政策"精神,决定从 1985 年 3 月 1 日起,在全省范围内取消活猪派购,一律实行自由上市,自由交易,随行就市,依质论价,多渠道经营。我市生猪收购方法随之改变。生猪奖励政策。1982 年,对完成派购任务后超卖的肥猪,实行斤猪斤粮的奖售政策,其奖售饲料粮,按统购价供应。1984 年 5 月,省委省政府规定"除原奖售标准不变外,每头猪由国家增加奖售中价粮 50 千克"。1985 年 3 月,该政策被停止执行。猪肉消费。1985 年,全市肥猪消费量 114.1 万头,人均

消费 19.2 斤，其中城市人均消费 31.2 斤。1995 年，全市商业系统购进猪肉 8434 吨，销售 7567 吨，年末库存 76 吨。猪肉销售价格。1979 年，为每担 98.78 元，1985 年，为每担 127.32 元。

③经营管理：1985 年，生猪经营放开后，生猪多渠道流通，一些个体屠宰户逃避检疫，偷税漏税，利用不法手段降低成本，私屠滥宰现象逐渐泛滥。为确保规范整顿猪肉市场经济秩序工作的顺利进行，市政府组织多个调查小组，对各屠宰场点和猪肉市场进行了调查摸底，并结合本地实际，制定了《襄樊市区生猪定点屠宰管理工作实施办法》，利用媒体，宣传开展生猪定点屠宰工作的目的、意义及相关政策、法规，做好各非定点场（户）的拆、迁、转、并工作。1996 年，根据国务院《生猪屠宰管理条例》，市政府按照“统一规划、合理布局、有利流通、方便群众、便于检疫和管理”的原则，制定了《襄樊市区生猪定点屠宰管理暂行办法》《定点屠宰场内部管理规定》《定点屠宰场检疫检验管理规定》《定点屠宰场环境卫生管理规定》《定点屠宰场屠宰经营者管理规定》，将定点屠宰工作纳入城市形象工程建设，要求定点屠宰场环境卫生必须达到“一清八无”（即清洁、无污物、无猪毛、无猪血、无碎肉、无蹄壳、无蛆、无蚊、无蝇），并逐步实现机械化屠宰。同时按照规定取缔了 100 多家非法屠宰场（点）。1998 年，成立襄樊市生猪定点屠宰管理和监督机构，组建稽查队，加强对私屠滥宰的稽查和取缔。2000 年，七里河屠宰场率先，通过组建股份制企业，引进资金和技术，筹集资金 150 多万元，实行机械化生产屠宰，日屠宰生猪 1000 头以上，降低成本 50%。2001 年，市屠管办按照国务院“统一规划、合理布局、有利流通、方便群众、便于检疫和管理”的原则和省屠管办的要求，对 8 个定点屠宰场实行重组归并。为避免重复投资建设和发挥国有存量资产的作用，采用股份制的形式，由企业自筹资金，政府扶持，按标准设计建设机械化屠宰场，并保留了襄阳肉联厂(班宰 600 头)机械化屠宰线、樊城肉联厂(拥有班宰 800 头和班宰 500 头两条生产线)、七里河屠宰场(已实行机械化屠宰，班宰 1000 头以上)。全市共批准设立生猪定点屠宰场 149 个，市县城区生猪定点屠宰率达到 100%，乡镇达到 85%。2002 年，对定点屠宰场进行重新审核登记，实施规范化管理，实行“四个统一”：统一管理制度、统一检查标准、统一税费水平、接受统一管理；强化了 6 个管理：强化定点屠宰场的管理、化肉食市场检查监督的管理、强化宾馆饭店集体食堂的管理、强化冷藏猪肉库的管理。建立规范生猪购销台账，落实完善肉品质量溯源制，从生猪进场、屠宰加工、肉品检验到市场销售等环节，实行全程质量安全监管与控制，对上市交易的肉品必须加盖“两章一票一证”（即定点屠宰场印章、市政府指定的动检验讫印章、税费发票、畜禽产品检疫证明），宾馆、饭店和各单位食堂严禁购买未加盖市区“两章一票一证”的猪肉。上述措施有效地遏制了“私宰肉”和“白条肉”。2003 年，张湾屠宰场投入 170 万购置了机械化屠宰设备，至此市区全部实现机械化屠宰，县市实现半机械化屠宰。同时对活猪交易市场和白条肉批发市场，形成“活猪交易——屠宰加工——白条肉批发”一条龙服务；对全冷冻（冷鲜）肉进行专项清理整顿，推行肉食品市场准入制，建立“放心肉”品牌销售网络，与大型超市、连锁店联手设立品牌肉专卖店。规范管理生猪产品的中转储存环节。着手筹办鲜肉批发配送点，在襄城片建立鲜肉批发点 8 个，樊城片建立鲜肉批发点 10 个，对外埠猪肉流通情况进行了专项检查，规范了外埠猪肉流通行为，使上市肉制品合格率达到 100%。2005 年，全市各定点屠宰场共宰杀生猪近 400 万头，检出病害猪 4500 余头，并按规定全部进行了无害化处理(见表 13-41)。

1996—2005 全市生猪屠宰情况一览

表 13-41

年份	屠宰量(头)	检出病害猪肉(头)
1996	100898	136
1997	304000	503
1998	360845	398
1999	400311	387
2000	392900	306
2001	365944	279
2002	435750	396
2003	429650	1116
2004	405400	318
2005	392400	603
合计	3588098	4442

(2)牛羊购销

1985 年,牛存栏 70.16 万头,羊存栏 36.5 万头。由于全市牛羊货源短缺,长期供不应求,牛羊肉供应采取保证重点、照顾一般的原则。首先保证军需、特需和城市回民供应。回民每月定量供应牛羊肉 2 斤,节日另加指标。1983 年 4 月 1 日起,菜牛、菜羊改为三类物资,实行议购议销。对回民实行平价供应,不足部分由财政补贴。我市牛羊肉购销价格严重倒挂。在 1985 年取消派购,实行议购议销后,这种倒挂有了显著改善。

2000 年,襄樊市贸易局系统购进牛及牛肉 18.60 万公斤,批发 2.27 万公斤,零售 12.26 万千克。

(3)鲜蛋购销

1961 年,鲜蛋为第二类物资,实行派购,1963 年改为计划收购和派购并存,1984 年国务院国发文件规定放开为三类物资,鲜蛋经营退出派购,取消奖售,自由购销,全市于当年 9 月全部放开。

①鲜蛋收购:采取直接收购、委托当地基层供销社代购、生产队指定小卖部代购、组织有营业执照的商贩代购四种方法。1983 年,襄阳县收购鲜蛋 138 万千克,被中商部授予二等奖状县。鲜蛋供应:市区基本上根据供求状况组织供应。各县市在保证市食品总公司下达上调任务的前提下,自行安排当地供应。市区一般在旺季和蛋源比较充足时,实行敞开供应;在淡季和蛋源不足时,根据“保证重点、照顾一般”的原则,保证军需、特需和国家规定的几个大节日,对居民实行凭票定量供应。鲜蛋的收购价格:1984 年平均价格为每百斤 90 元。

②鲜蛋消费:1987 年,鲜蛋系统外购进 4464 吨,系统外销售 601 吨。1995 年,全市商业系统购进鲜蛋 545 吨,销售 582 吨,年末库存 40 吨。2000 年襄樊市贸易局系统购进鲜蛋 0.36 万千克,批发 0.41 万千克。

8.副食品

1985 年经营专业划细,分别成立市副食品批发公司、市糖业批发公司、市烟草专卖公司。

食糖:1978 年,全区销售食糖 2806.5 万斤,人均 5.1 斤。1979 年,对食糖实行敞开供应。1985 年,全商业系统外销售食糖 4723.44 万斤,年末库存 780.64 万斤。

1986 年国内纯购进 4010 吨，国内纯销售 18517 吨。系统外购进 701 吨，系统外销售 24512 吨。2000 年,襄樊市贸易局系统购进食糖 1634.9 万千克,价值 526.4 万元;批发食糖 136.54 万千克,价值 462.4 万元;零售食糖 593.53 万千克,价值 2430.7 万元;库存 6.49 万千克。1995 年,全市商业系统购进食糖 37 357 吨,销售 35 977 吨,库存 1351 吨。2000 年襄樊市贸易局系统购进食糖 1634.9 万千克,价值 526.4 万元;批发食糖 136.54 万千克,价值 462.4 万元;零售食糖 593.53 万千克,价值 2430.7 万元;库存 6.49 万千克。

9.中、西药

(1)基本情况

襄樊医药商业企业最早设立于 1952 年,由湖北省医药公司在襄樊设立二级批发站,即:湖北省医药公司襄樊采购供应站。1955—1958 年,设立二级批发站湖北襄樊中药材采购批发站和三级批发站襄樊市医药公司。相继,8 县(市)也分别对应二级批发站,设立三级批发站,即:县(市)级医药采购供应站和中药材采购批发站。1979 年,全市共有医药商业企业 19 家,其中省属企业 2 家、市属企业 1 家、县(市)属企业 16 家,从业人员 500 余人。医药经营实行"三级"批发模式,省医药公司襄樊采购供应站和湖北襄樊中药材采购批发站,只从事批发业务,不兼营零售,分别从上级省公司进货,对各三级医药采购供应站和中药材采购批发站进行批发销售,再由后三级公司批发给各医院、卫生院、诊所等医疗机构。各三级公司开设有 2—3 个店面,兼营零售业务。经营品种包括化学药品、中成药制品、中草药、医疗器械等,1979 年商品流转额约 8 000 万元。1979—2005 年,襄樊医药商业经历了一个企业由少到多,规模由小到大,经营从国有计划经济到民营市场经济转变,经营主体、模式、行业主管等各方面均发生了很大的变化。

20 世纪 80 年代,随着地、市合并,医药行业主管、经营主体频繁变化,业务总量在 1 亿元左右徘徊。在此期间,医药行业主管实现了由多头分散管理到单一集中管理的转变,新设了市级新药特药公司、中药材公司。

1990—1995 年国有医药商业达到巅峰,在计划经济条件下,企业进货、销售顺畅,效益普遍较好,经营规模、职工队伍迅速壮大。市级公司销售额均在 3000 万元至 5000 万元，经营人员在 200—300 人。

1996—1999 年,随着市场经济体制逐步确立,零售店面的大量增加,承包经营的普遍开展,企业原有的经营、管理模式一时难以适应,出现大面积亏损,国有经营主体开始退出市场。

2000 年后,随着经济体制改革的逐步深化,药品经营逐步放开,襄樊医药商业迎来了快速发展期,民营公司、个体药店迅猛增加。到 2005 年,全市共有医药批发(连锁)企业 23 家,其中连锁企业 5 家,零售、连锁药店 800 余家,遍布市、县(市)、乡(镇),从业人员 3000 余人,批发零售额达 8 亿元,产品涉及中成药、中草药、中药饮片、西药、医疗器械、医疗保健品、化学药制剂、抗生素、生化药品、疫苗等万余个品种。

2002 年后,襄樊药品经营执行《药品经营质量管理规范》,湖北独活药业股份有限公司、襄樊统一药业有限公司率先分别于 2002 年、2003 年通过国家 GSP 认证，其他批发企业于 2004 年全部通过认证,药品零售企业 GSP 认证工作从 2004 年正式启动。

(2)行业管理

1979 年,襄樊市升格为省辖市后,组建市医药管理局。但直到 1983 年地、市合并前,"两站"资产分别归属省公司所有,业务受省公司领导;党组织关系及人事等方面,医药采购供应站由地区商业局主管,中药材采购批发站由地区供销社主管;市医药公司由市医药局主管。地、市合并后,市医药管理局对医药生产经营实行行业管理,1985 年医药管理局改为市医药管理公司作为行业主管部门。

1998 年,改为襄樊医药有限公司.

2001 年,为加强对食品药品生产经营监督管理,根据国家统一要求,在原市医药局基础上组建襄樊市药品监督管理局,按照《中华人民共和国药品管理法》《中华人民共和国药品管理法实施条例》《医疗器械监督管理条》《药品经营质量管理规范》等政策法规实行医药市场监管,行业管理归口襄樊市燃化医药行业协会。2002 年,襄樊市医药有限公司进行改制,实行民营,组建襄樊统一药业有限公司。

(3)主要企业变更情况:

襄樊市医药公司:1998 年,由襄樊市医药公司改为襄樊医药有限公司。2002 年进行改制,实行民营,组建襄樊统一药业有限公司。

湖北省医药公司襄樊采购供应站:成立于 1952 年,1999 年 9 月改制组建湖北医药集团襄樊华佗医药有限公司,2005 年 6 月参照襄樊国企改革政策,进行民营改制组建湖北大地医药有限公司。

湖北省中药材公司襄樊采购批发站:成立于 1955 年 6 月,2001 年 12 月按照省公司的安排,实行内部改制,成立湖北襄樊中药材有限公司,由省公司控股。

襄樊中西药公司:1988 年,在襄樊市医药商行、医药公司襄城批发部的基础上合并成立,1996 年 6 月吸纳山东鲁抗等法人股后组建湖北独活药业股份有限公司,继续从事医药批发业务。随后于 2001 年 7 月注册成立襄樊普天独活大药房连锁有限公司,开展医药连锁销售,当年设立门店 18 个,并迅速发展,到 2005 年连锁门店达到 48 个,从业人员达到 190 人,年零售额达到 3600 万元。

市中药材公司:1984 年,从医药管理公司、市医药公司、医药站、中药材站抽调人员,组建市医药贸易中心,1985 年改组为襄樊市中药材公司,2003 年 11 月依法破产,2004 年利用其药品经营资质,组建襄樊百合药业有限责任公司,实现民营。

襄樊新药特药公司:1984 年,在医药站新药特药批发部基础上组建市新药特药公司,后更名为新特药公司,2003 年 12 月依法破产,次年利用其药品经营资质组建襄樊欣特药业公司,实现民营。

襄樊天济大药房连锁有限责任公司:成立于 2003 年 1 月,是襄樊首家民营医药零售连锁企业。公司实行集中采购、统一配送、信息化管理,业务发展迅速,到 2005 年连锁门店达到 34 个,从业人员 200 人,执业药师等技术人员 50 多人,年销售额达到 1680 万元。

(五)拍卖业

1997 年,《中华人民共和国拍卖法》颁布实施。根据《拍卖法》和国务院的有关规定,内贸部对全国拍卖企业实行归口管理,襄樊市贸易局为全市《拍卖法》的执法单位,负责对全市拍卖市场进行监督管理,并对拍卖协会进行归口管理。实行执法主体的管理与拍卖企业的经营分离的管理体制。

1998 年,市局根据《拍卖法》对全市 6 家拍卖企业进行了清理整顿,淘汰了一批不具备条件的拍卖企业;同时经省贸易厅批准,向首批获得拍卖企业资格的企业颁发了合格证。建立了拍卖企业季报制度,以《拍卖企业监督管理办法》和《关于加强拍卖师监督管理的若干规定》为依据,加强了对拍卖企业和拍卖师的监督管理。2001 年,按照省贸易物资行业管理办公室的要求,依法对市区 3 家合法拍卖企业的拍卖业务活动情况、拍卖师执法活动情况及经营业绩情况逐一进行了初审,核发了新的"拍卖企业经营许可证"。全市拍卖企业由 2000 年的 3 家发展到 2005 年的 13 家(不含分支机构),拍卖从业人员由15人增加到133人,其中大专以上的从业人员98人,国家注册拍卖师由最初的5人增加到15人。至2005年底,未出现拍卖师缺位、越位现象,未出现一起因拍卖师失误而导致的诉讼。

2000年,针对市区一些拍卖活动不规范的问题,襄樊市贸易局研究制定了加强拍卖业管理的实施意见,市政府发出《市政府关于进一步加强拍卖业管理的通知》,规范拍卖业的经营活动:加强对拍卖企业资格的审查。所有拍卖企业(包括外地拍卖企业和拍卖企业的分支机构),凡在襄樊市举办的拍卖活动都必须事先向当地贸易(商业)主管部门提出申请,并携带“拍卖企业经营资格证”“拍卖师执业资格证”“特种行业许可证”、《工商营业执照》等有关证件接受审查后,方可从事拍卖活动;加强拍卖公告的监督检查。经资格审查符合条件的,新闻单位才能发布拍卖公告;加强公物及土地使用权的拍卖管理;加强对拍卖企业的办证、年检管理。

2004年,各拍卖企业在继续巩固开展原有的公物拍卖、房地产拍卖、罚没充公物品的拍卖外,重点加强了破产企业资产拍卖业务,积极拓展了公有企业产权改革中企业产权流转的拍卖业务,进一步推进国企改革.

2005年,襄樊市拍卖行业协会正式成立。至年底,协会已发展会员单位13个,个人会员68名。拍卖服务已涉及商业、物资、邮电、房地产、商标等20多个领域,拍卖标的范围也由当初的一般生活消费品、生产资料扩大到不动产、破产企业财产、邮品、市场摊位等。拍卖成交额呈逐年上升的趋势(见表13-42)。

1999—2005年襄樊市拍卖业发展状况一览

表13-42

年份	拍卖企业数	执业人数	注册拍卖师	拍卖场次	成交额(亿元)
1999	3	10	4	24	0.29
2000	3	17	7	44	1.77
2001	4	20	12	39	2.1
2002	6	25	14	155	2.6
2003	9	87	11	151	2.86
2004	12	98	14	253	6
2005	13	133	15	211	5.58

四、专卖经营

(一)烟草

1.体制改革

(1)襄樊市烟草专卖局、襄樊市烟草公司

1979—1983年,襄樊市烟草经营附属行政多头管理,烟叶购销由供销社管理经营,卷烟购销由国营商业管理经营。1983年9月,国务院颁布《烟草专卖条例》,烟草列入了专卖范围,实行烟草专卖管理,有计划地组织烟草专卖品的经营。卷烟、雪茄烟的国内市场由烟草总公司统一安排。其收购、分配调拨由烟草公司统一经营。

1984 年 1 月，国务院批准成立国家烟草专卖局，对烟实行集中统一管理。1984 年年初，襄樊市烟草专卖局（公司）成立，并开始对全市烟草产、供、销业务实施专卖管理.

1985 年 3 月，襄樊市烟草专卖局（公司）完成人、财、物上划工作后，分别受湖北省烟草专卖局、中国烟草总公司湖北省公司和襄樊市人民政府领导，以省烟草专卖局（公司）为主。业务关系归口襄樊市经济委员会。随后陆续组建的 8 县两市烟草专卖局（公司）（宜城、南漳、谷城、保康、襄阳、枣阳、老河口、随州）、枣阳卷烟厂及襄樊市区内四个烟草批发部（襄城、樊东、樊西、郊区）进行了上划，其工作分别受当地政府和襄樊市烟草专卖局（公司）领导。

1991 年 3 月 26 曰，为加强专卖管理和生产经营，湖北省烟草专卖局与襄樊市委协商，颁发《关于襄樊市烟草专卖局（公司）和襄樊卷烟厂合并的决定》，襄樊市烟草专卖局（公司）和襄樊卷烟厂合为一体，三块牌子、一套班子，统一领导襄樊地区烟草专卖管理和生产经营，实行人财物、内外贸、产供销于一体的管理体制

2000 年，国家局为打破地方封锁和地方保护，加快烟草行业体制改革，提出解散烟草行业“三合一”体制。3 月 25 日，襄樊烟草专卖局（公司）、襄樊卷烟厂“三合一”体制正式分离，襄樊烟草专卖局（公司）恢复“三合一”前机构模式、工作职能和业务范围，下辖襄阳、南漳、宜城、谷城、老河口、保康、樊城、襄城 8 个县（市、区）局（公司）。

2001 年 2 月 28 日，枣阳市局（公司）并入襄樊市局（分公司）。同年 3—4 月，市局（公司）在全系统进行以财务核算体制改革为中心的生产经营管理体制改革，取消县级公司的独立核算资格，由分公司统一经营、统一核算、统一管理。建立“一级核算、三级分配、分线管理、责任到人”的报账制核算体系；建立适合本地区实际的经营管理模式，卷烟经营形成全系统统一经营、统一核算、统一管理格局，烟叶产购销实行统一机构、统一销售、分开核算、分开兑现；专卖管理以中队为基本管理单位，实行划片管理、分片负责、联管计酬、工效挂钩；建立科学、完善的分配制度。按照“联销、联产、联管”计酬原则实行分公司对县（市、区）公司、县（市、区）公司对烟草站（批发部）、烟草站（批发部）对职工“三次分配”，拉开分配档次；优化企业内部组织结构，建立新型的人事管理体系和激励机制。对分公司、各县（市）公司实行统一内部机构设置，统一定编、定员、定岗，统一干部职数、统一岗位工资标准。实行竞争上岗，双向选择。烟草行业管理体制逐步理顺。

2002 年 10 月，襄樊市烟草专卖局（公司）撤销襄阳、襄城、樊城三个区烟草公司，组建“城区访销配送中心”。

2003 年，为进一步理顺财务核算体制改革后的机构设置，适应取消县级公司法人资格后卷烟经营管理，将县（市）“两烟”经营分离，宜城、保康、谷城、南漳、老河口等 6 个县级烟草公司更名“营销部”，组建襄阳、保康、南漳 3 个烟叶经理部.

2005 年，市烟草专卖局（公司）内设办公室、人事劳资科、纪检监察科、审计科、财务科、整顿办、信息中心、安保科、专卖办、党建办、卷烟营销部、行政服务中心、烟叶生产科、质检科、烟叶销售科等 15 个科室（部门）；下辖 9 个县（市、区）烟草专卖局（营销部）、3 个经理部，计有干部职工 2243 人（含 348 名退离休职工）。

襄樊市烟草专卖局、烟草公司领导名录

表 13-43

职 务	姓 名	籍 贯	任职时间
局长	杨 树	十堰	2000.3—2001.3
			2002.3—2005.5
	朱开汉	监利	2001.3—2002.3
	唐启楹	南漳	2005.5—2010.5
副局长	莘安华	枣阳	2000.1—2005.12
	臧有刚	襄樊	2000.3—2001.5
	沈秋洲	随州	2000.3—2005.12
	赵厚周	襄樊	2000.3—2005.12
	李金春	沙市	2001.5—2001.10
	袁伟玲(女)	咸宁	2001.8—2005.12
	田保森	襄樊	2001.8—2005.12
	李 华	随州	2001.12—2005.12

(2)县(市、区)烟草专卖局(营销部)

①襄阳区烟草专卖局：原为襄阳县烟草专卖局、湖北省烟草公司襄阳县公司。1984 年 2 月成立襄阳县烟草专卖局，同年 5 月成立湖北省烟草公司襄阳县公司。2001 年 12 月，襄阳县撤县设区，襄阳县烟草专卖局(公司)更名襄阳区烟草专卖局(公司)。次年 10 月，襄阳区烟草公司被撤销，成立襄阳区烟叶经理部。2003 年 1 月，襄阳区烟叶经理部被撤销，业务并入襄阳区烟草专卖局，实行统一领导、统一管理。同年 11 月，分公司成立湖北省烟草公司襄樊分公司襄阳烟叶经理部，襄阳区局烟叶业务划归经理部统一经营和管理。

②宜城市烟草专卖局(营销部)：宜城市烟草专卖局(营销部)原为宜城县烟草专卖局、湖北省烟草公司宜城县公司。1984 年 11 月 1 日成立。1994 年，宜城县撤县设市，县局(公司)更名宜城市烟草专卖局、湖北省烟草公司宜城市公司。2003 年 11 月，宜城市烟草公司更名湖北省烟草公司襄樊分公司宜城卷烟经理部，12 月改经理部为营销部。

③南漳县烟草专卖局(营销部)：南漳县烟草专卖局(营销部)原为南漳县烟草专卖局、湖北省烟草公司南漳县公司。1984 年 7 月成立。1992 年，县局(公司)进行机构改革，改烟叶股为烟叶经销部。2003 年 10 月，烟叶经销科与局(公司)分离，改建为南漳县烟叶经理部。同年 11 月，南漳县烟草公司更名襄樊烟草分公司南漳营销部。

④谷城县烟草专卖局(营销部)：谷城县烟草专卖局(营销部)原为谷城县烟草专卖局、湖北省烟草公司谷城县公司。1985 年 1 月成立。2003 年 11 月，谷城烟草公司更名谷城县专卖局、襄樊烟草分公司谷城营销部。

⑤保康县烟草专卖局(营销部)：保康县烟草专卖局(营销部)原为保康县烟草专卖局、湖北省烟草公司保康县公司。1985 年 1 月成立。2002 年 10 月，烟叶中心仓库改建为湖北省烟叶公司襄樊分公司保康烟叶挑选加工厂，实行二级法人报账管理。2003 年 11 月，保康县烟草公司被撤销，分别成立襄樊烟草分公司保康营销部、保康县烟叶经理部，烟叶业务划归烟叶经理部。

⑥老河口市烟草专卖局(营销部)：老河口市烟草专卖局(营销部)原为老河口市烟草专卖局、湖北省烟草公司老河口市公司。1984 年 9 月 1 日成立。2003 年 11 月，老河口市烟草公司更名襄樊烟草分公司老河口营销部，烟叶业务并入襄阳烟叶经理部。

⑦枣阳市烟草专卖局(营销部)：枣阳市烟草专卖局(营销部)原为枣阳县烟草专卖局、湖北省烟

草公司枣阳县公司。1984 年 6 月 1 日成立。1988 年 1 月，枣阳县撤县设市，枣阳县烟草专卖局（公司）更名枣阳市烟草专卖局（公司）。1994 年 1 月，枣阳市烟草专卖局、枣阳市烟草公司、枣阳卷烟厂实行“三合一”，直属湖北省烟草专卖局（公司）管理。2001 年 2 月，“三合一”体制分离，枣阳市烟草专卖局（公司）归属襄樊市烟草专卖局（公司）。2003 年 11 月，更名枣阳市烟草专卖局、襄樊烟草分公司枣阳市营销部。

⑧襄城烟草专卖局、樊城烟草专卖局：襄城区烟草专卖局的前身即原襄城烟草批发部。1986 年 12 月，市局（分公司）将原郊区烟草批发部部分人员划入襄城烟草卷烟批发部，改建为襄城烟草批发站。1988 年 9 月，市局（分公司）于市区内分设 10 个卷烟批发部，撤销襄城烟草批发站。1990 年 12 月，恢复襄城烟草批发站。1992 年 3 月，襄樊烟草系统机构改革过程中，襄城烟草批发站与樊城烟草批发站合并组建为襄樊市城区烟草专卖局（公司）。1996 年 10 月，城区烟草专卖局（公司）在机构改革中一分为二，成立襄城烟草专卖局（公司）、樊城烟草专卖局（公司），分别接受市局（分公司）和所在区人民政府双重领导。2002 年 9 月，襄城烟草专卖局（公司）卷烟经营业务划归襄樊市城区访销配送中心，撤销襄城烟草公司。樊城烟草专卖局（公司）负责樊城区、汽车产业开发区、高新技术开发区、鱼梁洲旅游开发区的烟草市场管理和卷烟购进、调拨、批发、零售业务指导和服务。2003 年 11 月，卷烟经营业务归并襄樊市城区访销配送中心。

⑨襄樊铁路烟草专卖分局：1992 年 7 月，湖北省人民政府为切实加强铁路运输环节的烟草专卖管理，责令湖北省烟草专卖局与襄樊铁路分局协商建立襄樊铁路烟草专卖机构。经郑州铁路局批准组建襄樊铁路烟草专卖分局。襄樊铁路烟草专卖分局作为湖北省烟草专卖局派驻襄樊铁路分局依法实施烟草专卖管理的执法分支机构，同时属襄樊铁路分局的直属职能部门，同年 10 月正式开展工作。局内设机构有办公室、专卖管理科、案件处理科、卷烟批发经理部。

（3）分配制度改革

1983 年，干部职工工资普遍实行单一的等级工资制。1991 年起，引进激励机制，把企业承包的浮动升级与工效挂钩和企业内部分配联系起来，使浮动工资随企业经济效益和职工劳动贡献浮动。1993 年，改进过去实行的单一等级工资制，变单一等级工资为岗位效益工资，根据职工的技能、劳动强度、劳动责任、劳动条件和实际贡献决定工资、奖金分配标准。

2000 年 3 月，改此前曾实行岗位效益工资制和岗位技能工资制，为统一实行岗位工资制。即将原岗位工资标准“一岗多薪”统一为“一岗一薪”，以岗定薪，易岗易薪，改过去以工龄、资历和岗位要素确定岗位工资，突出以岗位要素确定岗位工资，分公司全体干部职工均实行工效挂钩。机关科室按科室所定县（市）公司挂钩考核指标数作为计算基数计算月收入，实行目标责任百分制考核，工作作风占 30%，工作任务占 70%；两个专卖稽查大队分别与樊城、襄城公司销售总额挂钩，分片专卖市场净化率达不到 80%，按其比例扣减工资；专卖管理办公室与两个稽查大队挂钩；分公司领导以挂点县（市）公司任务完成情况考核后的指数作为计算基数计算月收入，实行目标责任百分制考核，其中分管的工作占 70%，与挂点县（市）公司经营情况占 30%。各县市局（公司）干部职工收入与专卖、经营等工作挂钩，逐月考核兑现，实行浮动工资制。初步建立了适应社会主义市场经济要求的工资制度和运行机制。2005 年年底，襄樊市烟草商业系统在岗人员 1895 人，各类专业技术人员 342 人。

2.烟草经营

(1)烟叶购销

①收购:烟草公司组建后,烟叶收购工作由市县两级烟草公司负责。襄樊市烟草公司将湖北省人民政府和湖北省烟草公司下达的收购计划,分解到各产烟叶县(市)。各县(市)人民政府和县级烟草公司根据下达的计划,落实种植面积,并按亩产量编制收购计划,下达到各烟草站。各烟草站将各产烟叶乡(镇)收购计划再分解到村、组。烟草站以合同制落实计划,每年大田移栽后,逐村组逐地块实际丈量植烟面积,以户为单位登记造册,与烟农签订产销合同书。收购前,由各县(市)局(公司)按照收购计划做好资金、物资、设施准备和收购人员培训工作。在烟叶收购中,襄樊市烟草公司根据行业要求和上级精神,加强烟叶收购管理。2001 年,全市贯彻执行国家烟叶收购工作方针政策和烤烟四十二级国家标准。烟叶收购继续严格按合同本收购,实行村组干部带队分时期、分部位、定数量轮流售烟。2005 年,市烟草公司转发了国家烟草局烟叶收购工作“七条要求”“五条纪律”,要求各烟叶部门严格执行国家烟叶收购价格政策,坚持按合同收购,杜绝无合同、超合同收购行为。

②调拨供应:1984 年起,烟叶经营严格坚持计划收购、计划调拨的原则,不搞计划外调拨供应。省内烟叶调拨实行“计划管理、直接调拨”。调拨计划由省烟草公司下达,省与省之间的调拨计划由中国烟草总公司下到达各省,再由省级烟草公司分解下达到本市各县(市、区)。襄樊市烟草公司自组建以来,先后承担省内武汉、襄樊、枣阳、广水、红安、当阳、山峡、来凤、利川、建始、江陵、咸宁、恩施、咸丰、巴东、长阳、大悟、郧阳等近 20 家卷烟厂的烟叶调拨供应;省外长沙烟厂、南昌烟厂、湛江烟厂、廉江烟厂、绥化烟厂、乌兰浩特烟厂、南宁烟厂、长春烟厂、哈尔滨烟厂、柳州烟厂等厂家的调拨供应。

③经营管理:1984 年起,烟叶购销实行宏观调控、计划控制、自主经营的购销政策。1985 年以后,襄樊市烟草公司连年组织专班开展烟叶样价政策执行情况大检查,检查收购站点的实行标样、收购衡器、政策宣传、烟叶打包与存放、收购中出现争议的原因及处理、工商交接等情况。1995 年,烟叶购销坚持把好验收关、数量关、价格关。从收购到中心库开展以杜绝浪费为主要内容的管理竞赛活动。到 1999 年,全市烟叶收购秩序稳定,省与省、县与县、乡与乡之间没有发生矛盾纠纷,收购、加工、调拨等级质量标准都有了提高,基本制止了掺杂使假,烟叶收购等级合格率达到 70%以上。2000 年,襄樊烟草“三合一”体制分立之后,襄樊市烟草公司制定实施《襄樊市烟叶生产与经营目标责任制》,各烟区逐年按照省、市公司下达的烟叶生产计划组织烟叶生产,严格按产购合同每年定期进行检查与考核。2003 年,进一步完善全市烟叶收购二次接收及加工挑选质量管理办法,烟叶销售“立足省内、拓展省外”的策略,实现了零库存的良好态势。2005 年,全市烟叶基地化比例达到 43.8%,基地总规模 5.6 万亩,烟叶调拨平均合格率达到 68%,维护了襄樊烟叶的品牌形象,为不断开拓新的市场打下了基础。

(2)卷烟购销

①经营体制:1984 年起贯彻实施国务院颁布的《烟草专卖条例》,卷烟调拨及批发业务全部由两级烟草公司集中统一经营。国营、集体、个体经销商一律凭烟草专卖局发放的烟草专卖零售许可证,在指定地点经营零售业务。20 世纪 90 年代初,全国卷烟市场产大于销、供过于求的矛盾日益突出,襄樊烟草提出卷烟经营以市场为中心的指导思想,逐步形成保襄樊市区内市场占有率、渗透省内区外市场,开拓省外、国际市场的卷烟销售格局。2000 年,“三合一”体制分立后,襄樊市烟草公司负责辖区内卷烟购销和管理,全市实行“统一调拨、统一结算、直达送货、现款现货”管理模式,取消县市公司独立进货权。2002 年 10 月,襄阳、襄城、樊城三个区公司合并为城区访配中心,其他各县(市)公司在县城设立卷烟配送中心,实行访销分离。2003 年,烟草公司对零售经营户批发销售,实行送货上门。2005 年,通过卷烟销售流程全面再造,实行集中访销、集中配送,达到了网建标准。年末全市零售经营户

17 685 户,年销售卷烟 16.44 万箱。

②经营方式:批发。1984 年后,卷烟调拨及批发业务由襄樊烟草分公司及各县(市)烟草公司直接经营。市、县两级烟草公司直接设立卷烟批发站、点,或委托国营商业、供销合作社代办批发业务。1990 年,各县(市)烟草公司依靠当地政府,与供销合作社联手,在无烟草批发网点的农村下伸管理网点,部分农村市场卷烟批发由烟草公司与供销社网点共同经营。20 世纪 90 年代中期,各县(市)烟草公司取缔无证批发,新建批发站(点),调整批发网点布局,基本形成以烟草公司为主,扩大自批,辐射全区的垄断经营格局。2000 年后,市局(分公司)逐步统一全市卷烟销售网络模式,推行送货上门和户籍化管理等方式服务零售经营户。零售。1984 年,襄樊市贯彻实施《烟草专卖条例》,襄樊市烟草公司组建后对全市卷烟零售经营户进行调查摸底,审核发放零售许可证,在当地烟草公司或省烟草专卖局指定的烟草公司进货,每年年检一次。是年,全市卷烟零售经营户 1.3 万家,其中国营商业企业 8000 家、集体商业企业 3000 家、个体零售户 2000 家。2001 年,根据“合理布局、控减总量”的原则,通过许可证年检对经营户进行核减。2002 年,制定了制定“合理布局卷烟零售经营户实施方案”,进一步明确合理布局卷烟零售点的要求,城区卷烟零售点一般间隔在 50 米以上,城郊集镇卷烟零售点一般间隔在 70 米以上, 农村按每 400 人设一卷烟零售点布置;200 户以上的综合批发市场设卷烟零售点不超过 5 个,200 户以下的综合批发市场设卷烟零售点不超过 3 个,各类车站候车厅内卷烟零售点不超过 2 个,学校大门两旁 50 米内不设卷烟零售点。2004 年,全市市县两级烟草公司召开了零售户合理布局听证会,根据本地人口、经济状况、消费水平等实际情况,制定了合理布局的具体规定。2005 年,全市有卷烟零售户 17685 户,其中、城市零售点 3471 个、农村零售点 14214 个;按零售点所在行政区域分:樊城区 3272 个,襄城区 1466 个,襄阳区 2303 个,老河口市 1507 个,宜城市 1460 个,枣阳市 3210 个,南漳县 1679 个,保康县 1177 个,谷城县 1611 个。卷烟零售点布局趋向合理。

③网络建设:襄樊市烟草公司组建之初,以占领市场、扩大经营为目的,在乡(镇)设立烟草专卖管理所、在城区设置卷烟批发站,全面开展卷烟委批工作。1996 年,市烟草公司加强卷烟批发网点的建设和管理,推行网点达标制度。全市投资 250 多万元,设置批发网点 112 个,其中农村网点 77 个;设置的网点中自建 96 个,委批的 16 个。基本形成“以我为主、扩大自批、辐射全区”的经营格局。2000 年,襄樊烟草加快网点硬件建设,先后投入网络建设资金 883 万元,新增批发网点 10 个,添置机动送货车辆 43 台,全面推行二级配送制。2001 年,按照合理布局、统筹兼顾的原则,合理调整网点布局,每 12 万—15 万人设一个城区(城关)批发网点,每 8 万—10 万人设一个农村批发网点,添加送货车辆,确保每个网点都有一台机动送货车。随后儿年,襄樊市烟草公司进一步整合访销、配送线路,提高访送效率,大力推进山区县级城市及周边集镇电话访销、集中配送工作。2005 年年底,实现了 100%县(市、区)级营销部零库存、100%以市公司为主体的集中电话访销、100%以市公司为主体的集中分拣配送到户的较完成的卷烟销售网络体。

④销量与效益:1979—1983 年,年平均增长速度为 7.8%。人均消费水平由 4.8 条上升到 1983 年的 6.2 条。甲、乙级烟,嘴烟的比重均有提高。1984 年,襄樊市烟草行业完成机构组建,卷烟生产、销售实行专卖管理,卷烟销售进入新的发展时期。销售量稳步增长,档次不断提高,平均每年以 2.6%的速度递增 1985 年全市销售卷烟 18.98 万箱,人均 6.22 条。1987 年,销售卷烟 21.22 万箱,人均消费 8.75 条。到 1993 年销售量上升到 16.44 万箱,人均消费上升到 7.3 条。1994—1999 年,卷烟市扬处于不正常状态,销售下降,有的年份下降幅度较大。主要由于企业经营行为不规范,低价倾销、卖大户;非正常渠道、无计划、超计划从省外调入卷烟;一些地方自由批发市场死灰夏燃;委批中断,农村批发网点不足,使农村市场萎缩;1994 年销售比上年下降 16%,1995 年又比 1994 年下降 15%。1996—1999 年这三年销售墨处于稳定状态,销量均在 14 万箱左右。1999 年,按照国家局“一要规范、二要改革”的工作方针,省局提出了工业“三限”(限产、限价、限牌号)、商业“三保”(保价、保销量、保名优烟)的工作思

路，并全面开展了销售网络建设。1999 年卷烟销售开始回升，全年销售卷烟 13.33 万箱，人均消费 5.84 条。比 1995 年上升 9%。2000—2005 年，全市卷烟销售回升，卷烟市场稳步向质量型、效益型方向发展，卷烟档次结构提高很快，一批中高档、高价位卷烟推向市场，名优烟市场份额不断扩大。6 年间销售量均在 18 万箱左右，人均消费达到 8 条以上(见表 13-44)。

1985—2005 年襄樊烟草商业系统主要经济指标一览

表 13-44　　单位:万元

年份	销售收入	实现利润	年份	销售收入	实现利润
1985	11081	247	1996	135966	591
1986	46460	338	1997	192295	804
1987	48798	417	1998	171853	994
1988	66883	708	1999	197124	1228
1989	60513	916	2000	64593	224
1990	34161	295	2001	95159	786
1991	37790	488	2002	97610	5190
1992	40512	583	2003	103258	5207
1993	56126	975	2004	115222	7343
1994	48391	138	2005	128751	5968
1995	52278	235			

3.专卖管理

(1)专卖法规

1979 年 4 月，国务院文件规定："卷烟属于计划内的产品，商业部门一定要按计划收购。"同年，卷烟属国家计划商品，继续由商业部门统购包销。1983 年 9 月，国务院颁布了《烟草专卖条例》，烟草列入了专卖范围，实行烟草专卖管理，有计划地组织烟草专卖品的生产和经营。1984—2005 年，襄樊市烟草专卖局认真贯彻执行了国务院、国家烟草专卖局、国家经贸委及公安部等相继发布的《烟草专卖条例》(1983 年)、《烟草专卖实施细则》(1984 年)、《烟草准运证使用管理办法》(1991 年)、《烟草专卖法》(1991 年)、《烟草专卖行政处罚规定》(1992 年)、《烟草专卖法实施条例》(1997 年)、《烟草专卖品准运证管理办法》(1997 年修订)等主要法规。为广泛深入宣传贯彻国家法律法规，襄樊市烟草专卖局多措并举，通过与本地新闻媒体协商宣传、出动宣传册、发放宣传单、开展真假烟识别活动等方式，进一步规范襄樊烟草经营管理秩序。

市政府高度重视襄樊市烟草专卖管理工作，多次协调工商、技术监督、公安等部门召开专题会议，学习贯彻相关法律法规，并对全市专卖管理工作进行部署。近二十年间，襄樊市政府先后下发《襄樊市人民政府关于加强烟草市场管理的布告》《襄樊市人民政府办公室关于在全市开展依法行政工作检查的通知》《关于进一步开展烟草打假联合行动的通知》《关于加强行政执行机关与公安机关、人民检察院工作联系意见的通知》等一系列文件，变部门行政执法为政府行政执法，襄樊市烟草市场整顿工作成为以烟草部门为主，相关职能部门协同合作的社会整体联动工程。

襄樊市烟草专卖局还制定下发《关于加强专卖人员管理的暂行规定》《关于进一步细化专卖人员办案操作程序、通讯配备等通知》《关于专卖工作目标打假整顿市场方案等通知》《关于规范卷烟零售市场管理的通知》《关于专卖管理规范办案的补充规定》《关于进一步整顿卷烟市场秩序加强卷烟销售工作的通知》等文件，从专卖机构工作职责到专卖人员工作纪律、从市场监管到打假破网，都有明确规定。

（2）证件管理

①经营许可证：从1984年起，襄樊市烟草专卖局根据《烟草专卖条例》和《烟草专卖条例施行细则》，对烟草专卖品及烟草专卖管理品的生产、流通环节，实行烟草专卖许可证管理制度。规定凡从事烟草专卖品生产、经营活动的企业、单位和个人都必须向烟草专卖管理部门逐级申请领取烟草专卖许可证。烟草专卖许可证分烟草专卖生产许可证、收购许可证（含委托代购和临时收购）、调拨许可证、批发许可证（含委托代批和特种批发）、零售许可证（含国营、集体、个体及特种零售、临时零售）。各种许可证有效期为5年，每5年换发一次。准购证每年换发一次。各种证件换发时，旧证收回备查，另发新证。2001年后，烟草专卖零售许可证年检工作坚持四个结合：年检与宣传法规相结合；年检与完善户籍化管理相结合；年检与签订购销协议和专卖管理合同相结合；年检与控减经营户总量相结合（见表13-45）。

襄樊市部分年份烟草专卖许可证发放情况一览

表13-45　　单位：份

年份 种类	1988	1993	1998	2001
生产许可证	2	3	4	3
收购许可证	141	121	55	38
调拨许可证	2	2	2	1
批发许可证	—	—	87	1200
零售许可证	—	11409	5241	19420

②准运证：从1984年9月起，襄樊市烟草专卖局执行国家烟草专卖局发布的《烟草专卖条例施行细则》，实行烟类品运输、调拨准运证制度。签发准运证时需严格审查，审查内容包括申办人应持有国家烟草局直属的业务主管部门及中国卷烟批发市场开具的调拨单或经上述单位监章的购销合同，如无调拨单或购销合同，应有调入方省级烟草部门签发的准运证。2001年1月1日起，卷烟运输准运证实行计算机网络系统管理，襄樊市烟草专卖局受省烟草局委托代签跨省运输的卷烟准运证，对省内运输直接开具准运证。

③检查证：从1984年9月起，根据《烟草专卖条例施行细则》要求，全市烟草专卖管理人员在市场检查中，持省烟草专卖局发放的烟草专卖"检查证"开展活动。之后，1993年、1996年、2001年分别换发检查证。为加强对检查证的管理，市烟草局严格办证等级制度，原发放检查证全部收回上交，领证时以旧换新，持证人调离专卖岗位或离退休时，交证销号；证件遗失或损坏者，需登报声明作废。2003年，全国烟草专卖系统启用新版烟草专卖执法检查证，全市共有357名专卖执法人员领取新证。

（3）市场管理

整顿和规范烟草市场作为烟草专卖执法工作的第一要务，襄樊市烟草专卖局始终把烟草市场管理摆在头等位置，始终坚持国家利益和消费者利益至上，抓好市场整顿、缉私打假和大要案的查处，有效地维护了襄樊烟草市场的正常秩序。

①市场整顿：自襄樊烟草组建以来，专卖执法人员就坚持常规检查和日常监控的常抓不懈，深入

开展烟草市场整顿行动，全市烟草市场净化率持续攀升。1985 年，79 名烟草专卖执法人员，与交通、工商、物价、税务等部门密切配合，对辖区卷烟市场进行检查，全市卷烟批发由 452 家减少到 246 家，所辖县（市）6 家计划外小烟厂关闭转产。1990 年全市组织检查人员 1023 人，先后检查市场 233 次，检查单位（含个体户）15487 家，查处违法单位 1558 个，处罚违法户 1028 户，"三乱"现象得到有效治理，农村市场销售地产烟占县（市）销售总量的 80%，县（市）公司实现利润比 1989 年增长 27.5%。1996 年，市政府成立卷烟市场治理整顿领导小组，从烟草、工商、公安、检察院、法院、报社、电视台等单位抽调人员组成专班，至 1998 年，全市先后出动执法人员 4 000 多人次、车辆 1500 余台次，开展了 50 多次大规模的清理整顿活动。2002 年起，根据全国整顿规范市场经济秩序要求，市场检查形成制度，用制度保证整顿工作落实到位。城区每月至少开展两次集中市场大整治，县（市）每月至少开展一次市场大整顿，境内烟草市场净化率稳定在 90%以上。

②缉私打假：20 世纪 80 年代初，省外假冒襄樊烟较为严重。为查找根源，1984 年实行烟草专卖管理之后，襄樊市烟草局在襄樊市政府和湖北省烟草局支持下，与公安、工商等部门联合组织调查组深入实地调查，开展了声势浩大的打击生产经营假冒卷烟的行动；1986 年 2 月，襄樊市委市政府在樊城人民广场首次当众焚烧了 4000 余条假冒卷烟，号召全市人民发现假冒卷烟立即举报，在切实有力的打私打假行动威慑下，造假、贩假者开始由公开转为隐蔽。1987 年至 1991 年，在开展缉私打假行动中，共收缴假冒、走私和非正常渠道流入的卷烟近千件。1992—1995 年 3 年间，全市烟草部门缉私打假实行以县（市）区为单位，分片包干，责任到人，采取"管市场、查道路、端窝点、堵源头"的办法，先后查缴假冒卷烟 6.3 万条，卷烟装潢标识 600 万张，烟用原辅材料 2000 公斤，卷烟机械 9 台（套），端掉制假窝点 30 个，送交司法部门收审人员 40 名，制售假冒卷烟活动得到有效遏制。2001 年，襄樊作为全国打击非法拼装倒卖烟机的重点地区，组建了以市烟草专卖局稽查支队为主的工作专班，与公安部门配合开展烟机打假专项治理。对非法拼装倒卖烟机设备团伙进行摸底排查，搜集线索；对建昌机器厂及所属部门的烟机生产经营活动进行监管；查处非法生产经营烟机零部件的单位和人；发动群众举报，扩大案件线索；对涉案人员进行严密监控。之后，卷烟打假工作逐步转向摧毁地下制假工厂、捣毁窝藏、查处窝点，全市各县（市、区）烟草部门与地方职能部门密切配合，发挥整体优势，共同遏制制售假烟的势头。

③大案要案处理：大量贩运假冒伪劣卷烟案。1999 年 9 月 21 日，市公安巡警支队直属大队掌握市区中原路某单位仓库存放大量假冒卷烟线索后，立即与樊城烟草专卖局取得联系，公安、烟草执法人员联合出动，在举报的地点当场抓获贩假货主，并扣押运烟车 1 辆，查扣假冒卷烟 275 件，标值 11 万元。该货主因涉嫌销售伪劣商品被公安部门刑事拘留，判处拘役 5 个月，并处罚金 3.5 万元。非法经营烟机案。1998 年 11 月，国家烟草专卖局接到群众举报，反映襄樊一铁路职工伙同他人，伪造国家烟草专卖局批文，将陕西省某烟厂 7 组 YJ14-23 卷接机组非法倒卖到福建。国家烟草专卖局 1999 年 1 月派员赴襄樊，并向市公安局通报。市公安局立即派员开展调查，并运用技术手段，于 1 月 16 日夜将隐匿在襄樊某厂家属院的嫌疑人张某抓获。 非法拼装、倒卖烟机团伙案。2001 年 4 月，国家烟草专卖局和公安部在江西南昌召开打击非法拼装、倒卖烟机紧急会议，襄樊籍人员涉嫌非法拼装倒卖烟机。襄樊市委市政府高度重视，成立打击非法拼装、倒卖烟机团伙领导小组，从市公安局、市烟草专卖局抽调 10 人组成联合办案专班开展侦破工作，破获一系列非法拼装、倒卖烟机团伙大案。查处董某、嵇某团伙非法倒卖烟机案。董某、嵇某团伙自 1999 年在随州、襄樊等地组装 YJ-14 型卷烟机，分别倒卖到福建、广东等地。其中，董某非法拼装、倒卖烟机 30 余台，涉案价值 140 余万元；嵇某非法拼装、倒卖 YJ14-23 烟机 2 台，案值 40 余万元。2003 年 3 月，襄樊市樊城区人民法院判处董某有期徒刑四年，并处罚金 200 万元；判处嵇某有期徒刑 2 年，并处罚金 50 万元。查处胡某、姜某团伙非法拼装烟机案。2002 年 4 月，烟草专卖执法人员在襄城区新集乡抓获正在非法拼装烟机后身的胡某、姜某。现场查获

已拼装70%的烟机后身2台和部分烟机图纸及拼装工具，涉案价值10余万元。5月，襄樊市劳动教养委对胡某、姜某分别作出劳动教养1年的处罚。查处许某团伙。福建人许某伙同申某自1997年分别在浙江、陕西、湖北、江西等处购买烟机单机和零部件，拼装成整机后，卖给上海、福建、湖南、河南等地的卷烟制假分子，价值80余万元。2002年5月7日，福建警方根据襄樊警方提供的情况，将许、申逮捕。查处潘某团伙。2000年6月，潘某伙同陈某(另案处理)从福建许某处购买YJ23接嘴机1台，价值3.8万元，潘从中获利2000元。2003年1月14日，襄樊市劳教委对潘作出劳动教养1年6个月的处罚。查处杨某团伙。1999年1月，杨某伙同其弟从李某处购买YJ23整机1台，价值22万元。2000年6月，杨某从浙江购买YJ14后身2台，价值5万元，转手以5.2万元卖往广东，杨获利2000元。2003年1月，襄樊市劳教委对杨作出劳动教养1年6个月的处罚。查处白某团伙。1999年底至2000年3月，白氏兄弟2人共拼装、倒卖YJ14烟机1台、后身1台、YJ22烟机2台，价值50余万元。1999年10月至2000年6月，冶某多次从白某、董某、许某等处购买YJ14、YJ23单机，拼装后倒卖到河南、贵阳等地，价值30余万元。2003年4月25日，樊城区人民法院判处白某有期徒刑5年，并处罚金10万元；判处白某弟有期徒刑4年，并处罚金10万元；判处冶某有期徒刑3年，并处罚金5万元（见表13-46)。

全市部分年份烟草专卖案件查处情况一览

表13-46

年份	查处案件(起)	违法卷烟(件)	违法烟叶(吨)	查处其他专卖品	罚没总额(万元)	捣毁窝点(个)	交司法部门(人)
1993	1778	8352	—	—	123.39	—	—
1996	1307	2368.4	167.31	—	72.05	—	—
1997	1605	3355	15.65	—	79.3	—	—
1998	1437	2620.46	4.5	—	84.68	15	—
1999	2761	4202.5	36.3	—	66.5	44	—
2001	3133	2162.15	1	烟标4吨	145.87	—	8

(二)食盐

1.专卖体制

1979年10月，组建的盐业专业化公司，称为湖北省襄樊盐业公司。1991年，据湖北省机构编制委员会和鄂一轻局精神和贯彻国务院颁发的《盐业管理条例》，加强盐政管理，在不增加行政人员编制，不增加财政负担，在盐业公司基础上成立湖北省襄樊市盐务管理局，与盐业公司合署办公，实行两块牌子、一套班子。公司(局)下辖7个县(市)公司(局)，财、物隶属湖北省盐业公司垂直领导，人事隶属襄樊市第一轻工业局领导，负责全市包括随州(2001年分出成为独立直属分公司)、枣阳、宜城、谷城、老河口、保康、襄阳县7县和襄樊市区原盐运销调拨，兼营市区，襄阳县各商业，供销基层单位食盐批发业务，管理食盐市场和各县食盐批发机构。公司现设7个科室、2个批发部：办公室、财务科、审计科、政工科、盐政科、计划业务科、行保科和襄城批发部、樊城批发部。

1979—2005年，累计上缴国家利税7788.31万元，累计批发各类商品盐140余万吨，其中食用碘盐110余万吨，碘盐市场占有率由1979年的40%上升到100%。合格碘盐的有效供应，为提高全市人口素质、发展地方经济做出了应有贡献。

2.政策、法规

1979年12月21日，国务院颁发《关于批转食盐加碘防治地方性甲状腺肿暂行办法》，以法令形式要甲病流行区必须供应加碘盐。1982年12月18日，轻工业部、商业部联合下发〔1982〕转盐字49号《关于重申盐是一类商品部管统一分配物质，实行指令性计划管理的通知》。1984年，中共中央地方病防治领导小组中颁发〔1984〕8号《关于认真学习宣传贯彻中央领导同志对地方病防治工作的题词和信件的通知》，要求各级政府切实解决盐政机构、人员、经费、物资等问题的落实。1990年3月2日，国务院第51号令颁发《盐业管理条例》，规定食用盐、国家储备盐和国家指令性计划的纯碱、烧碱用盐，由国家实行统一分配调拨。1990年9月12日，为落实贯彻国务院《盐业管理条例》，湖壮省人民政府颁布《关于加强盐业管理的通知》和《湖北省盐政稽查实施办法》，进一步强调对盐的分配、调拨、运销实行计划管理，由省计划委员会、盐业行政主管部门制定分配计划，省盐业公司组织实施，其他任何单位和个人不得自行购销。各级商业行政主管部门和供销合作社，应当按照方便群众生活，便于管理的原则，合理安排食盐零售网点。代购代销店、个体工商户经营食盐零售业务，应向当地盐业主管部门领取"食盐零售许可证"。使用减税工业盐的单位必须经税务机关批准。1994年2月20日，国务院出台《国务院关于进一步依法加强盐业管理问题的批复》，首次批准对食盐实行专营，工业用盐依照《盐业管理条例》实行计划管理，并规定对销售非碘食盐应视同贩卖假药一样依法查处。1996年5月27日，国务院发布第197号令，出台《食盐专营办法》。规定食盐批发企业按照国家计划购进食盐，并按照辖区范围销售食盐；食盐零售单位和受委托代销食盐的单位，要求从当地取得食盐批发许可证的企业购进食盐。同时，对食盐批发实行批发许可证制度，对食盐运输实行准运证制度。

1998年5月21日，湖北省人民政府以第141号令形式，发布《湖北省食盐专营实施办法》，进一步明确本省盐业主管机构为省盐务管理局，其直属机构负责管理省盐业主管机构指定区域内的食盐专营工作。2002年12月18日，省盐务管理局、省盐业总公司联合下发《湖北省盐业计划管理工作制度》，对食盐专营实施计划管理，包括生产计划、分配调拨计划和商品流转计划。本制度自2003年1月1日起执行。2003年4月2日，《湖北省盐业管理条例》出台，6月1日正式实施。2004年11月26日，根据省总公司《关于报送区域食盐配送中心规划方案的通知》文件精神，力争3年的时间，构建襄樊食盐流通现代化的配送网络体系，实现食盐分装集中化、销售网络化、流通配送化、经营连锁化、管理信息化；逐步形成食盐加工、仓储、配送、结算和信息服务一体化的区域性物流配送中心，提高流通效率对完善和巩固食盐专营体制，落实食盐计划，确保合格碘盐普及供应(见表13–47)。

1979—2005年襄樊盐业公司购、销、利情况一览

表13–47

年度	购进(吨)	销售(吨)	销售收入(万元)	利润(万元)
1979	48239.00	47673.00	722.08	97.33
1980	52789.00	52506.00	634.32	118.11
1981	55003.00	53680.00	1356.8	155.53
1982	53000.00	52141.00	1298.25	158.92
1983	57000.00	55900.00	1415.29	169.83
1984	63508.00	60224.00	1632.23	98.01
1985	62389.00	61433.00	1692.13	67.56
1986	63366.20	69012.00	1956.69	63.92
1987	63206.30	65143.00	1750.83	137.12
1988	87014.00	82072.00	2175.81	194.24

续表

年　度	购进(吨)	销售(吨)	销售收入(万元)	利润(万元)
1989	69188.00	72297.00	2230.58	223.9
1990	68531.00	48960.00	2277.11	183.68
1991	39787.00	39405.00	1789.73	90.47
1992	28855.00	45767.00	1960.18	150.02
1993	37620.00	50272.00	2299.28	265.73
1994	31411.00	26199.00	1194.35	201.38
1995	44327.00	35279.00	2270.18	318.85
1996	41999.00	42557.00	3208.38	321.87
1997	44567.00	45621.00	3338.64	336.14
1998	49408.00	48809.00	3696	272
1999	47493.00	53675.00	4051.06	291.94
2000	52246.00	47658.00	4697.64	174.11
2001	38184.00	44020.00	4774	68
2002	42811.00	45021.00	4813.97	77.78
2003	43354.00	45930.00	7885.64	162.27
2004	43747.00	47962.00	9021.48	154.58
2005	53517.00	50912.00	9861.96	62.09
合　计	990631.50	1390128.00	78723.56	4615.38

3.专营管理

盐为高税商品,按法纳税者为“官盐”,不纳税者为“私盐”。1957 年国务院 33 号令将盐列为中央集中管理的 38 种商品之一,1982 年又重申盐是全国 16 个大宗商品之一,实行指令性计划,由轻工业部负责全国性的综合平衡,提出分配、调拨计划草案报全国计划会议确定,国家计划委员会下达执行。

1979 年,盐业按照专业化细分的原则,成立了产销一体、独立经营的专业化公司,实现了盐业管理体制的重大突破。1986 年 3 月 22 日,湖北省人民政府发布《关于加强盐政管理做好碘盐供应工作的布告》,要求加强盐政管理和缉私护税,做好加碘盐的供应工作;重申全省盐的生产、收购、分配、调拨、储存、批发业务,统一由省盐业主管部门归口管理。城乡盐的零售供应,由基层商业、供销单位及经工商部门批准的单位和个人经营;严格执行国家定价,严禁偷税漏税。

1987 年 7 月 9 日,轻工业部盐务总局《关于加强食盐市场管理的通知》中要求各级盐业主管部分进一步加强食盐市场的管理工作,建立正常的食盐市场管理秩序;要严格贯彻执行《食品卫生法》和食盐的国家标准,维护食盐的市场管理。1990 年 3 月 1 日,国务院发布第 51 号令,颁发《盐业管理条例》。《条例》中规定盐业批发业务,由各级盐业公司统一经营,食盐的零售业务,由商业行政主管部门指定商业企业、粮食企业和供销合作社零售单位负责。需要委托个体工商户、代购代销店代销食盐的,由县级商业(含粮食、供销)行政主管部门批准。这是新中国成立后的第一个盐业法规,标志着盐业管理被纳入法制化轨道。

1990 年 7 月 27 日,湖北省人民政府《省人民政府关于加强盐业管理的通知》要求,把加强盐政管理放在重要地位。规定:湖北省一轻工业局是全省盐业行政主管部门;生产、运销、盐政稽查等具体工作委托省盐业公司负责;盐的批发业务由省盐业公司及其分支机构统一开展;食盐零售分别由商业、供销部门及其核定的代销店经营,其他任何单位和个人不得经营盐的批发、零售业务;零售单位和工业用盐单位必须到指定地点进货。

1991 年 6 月 6 日,轻工业部部长曾宪林签发中华人民共和国轻工业部第 2 号令,发布《盐业行政执法办法》,自 1991 年 9 月 1 日起实行。1992 年 1 月 25 日,湖北省人民政府第 29 号令,发布《湖北省盐业管理实施办法》,重新明确由省盐务管理局主管全省盐业工作,各地、市(州)、县盐务管理局主管本地区的盐业工作。几次盐业机构变革中,都置有相应的职能部门,负责盐政管理和缉私护税工作。1994 年 1 月,国家工商行政管理局、轻工总会、国内贸易部、卫生部、技术监督局联合发出《关于加强食盐市场管理坚决杜绝非碘盐进入缺碘地区的通知》,决定对食盐的生产、批发实行许可证制度。3 月 15 日,湖北省人民政府发布《关于整顿盐业市场打击盐业违法活动的通告》,除规定取缔平锅盐处,进一步明确盐的批发业务一律由省盐业总公司及其所属批发单位统一开展, 对零售单位一律实行经营许可证制度。同年 10 月 21 日,湖北省工商行政管理局、一轻工业局、商业厅、供销合作社联合社、卫生厅、标准计量局,根据国家五部委文件精神,结合湖北实际,联合下发《关于加强食盐市场管理杜绝非碘盐进入缺碘地区的通知》,再次规定对食盐的生产、批发和零售实行许可证制度;制盐企业不得向非盐业批发部门和个人销售,非盐业批发部门不得从事盐的批发业务;盐的零售企业和个体工商户必须按照盐业管理部门指定的供应渠道进货。

1995 年 1 月,国务院办公厅发出《关于 1996 年底以前全面面禁止平锅盐的生产》的通知。同年 5 月 17 日,湖北省人民政府下发《关于加强盐运输管理的通知》,要求盐斤运输应严格执行“盐斤准运证制度”,省外运输必须加盖运输专用章和出省专用章。同年 11 月 8 日,经国务院批准,国家计委、国家经贸委联合下发了《关于改进工业盐供销和价格管理办法的通知》,将现行的工业盐计划分配改为在由国家总量计划指导下的合同订货。

1996 年 5 月 27 日,国务院 197 号令发布了《食盐专营办法》。办法中要求对食盐批发经营未取得食盐批发许可证的,不得经营食盐批发业务。

1997 年 6 月 18 日,国家六部委局联合发文《关于开展食盐专营工作检查的通知》,文件中要求必须建立食盐专营工作检查制度,每年定期或不定期对食盐专营工作进行检查,以切实落实《食盐专营办法》的各项规定。

1998 年 11 月 10 日,国家轻工业局盐业管理办公室、中国盐业总公司《关于进一步加强食盐专营工作的函》是为贯彻国务院《关于进一步依法加强盐业管理问题的批复》和《批准实施中国 2000 年消除碘缺乏病规划纲要》的要求,认真落实“对食盐实行专营”,对全民普及碘盐供应,确保我国政府对国际社会承诺在中国消除碘缺乏病。要求各级单位必须认真履行职责,继续与卫生、公安、工商、技术监督及盐政执法的领导,健全盐政管理组织,采取各种有效的手段,实施盐政司法,进一步加大盐政执法的力度,维护正常的食盐市场秩序,为深入贯彻落实食盐专营、普及合格碘盐供应努力工作。

1999 年 9 月 9 日,根据国家轻工业局《关于开展 1999 年全国食盐专营工作大检查的通知》精神。对全市销售食盐的单位和私营业主进行检查整顿。

2001 年 2 月 9 日, 根据《国家经贸委关于开展打击非法加工经营食盐专项行动的紧急通知》精神,全市集中力量开展了打击非法加工经营食盐的专项行动,重点对食盐加工和运销两个环节进行了盐政执法检查。

2001 年 8 月 13 日,根据中盐总公司《关于严格整治食盐产销企业经营秩序的紧急通知》,要求辖区内食盐经销商严格执行国家计划,不准计划外私自调进食盐,未经批准不得擅自压缩库存和减少或降低国家调入计划;必须严格按照国家计划和规定的供应渠道,保质、保量生产、供应合格碘盐,坚决杜绝以次充好的违法经销行为。同时,为规范食盐销售秩序,维护消费者的利益,确保群众吃上合格碘盐,并对已投放食盐市场的加碘盐进行检查,必须达到规定的含碘量,禁止非碘盐和不合格碘盐进入食盐市场；禁止将工业盐等其他种类的盐挪作食品工业盐，或分装成小袋盐销售；对于特殊用途的食品工业盐，用盐单位必须经当地卫生部门和质量技术监督部门同意，并持有文字批准依据，方可供应无碘盐。

2002 年 1 月 8 日，根据《湖北省盐务管理局关于重申加强食盐委托批发点管理的通知》，对辖区内所设委批点进行全面清理整顿，按照“流向合理，方便供应，有利管理，守法经营”的原则，对可设可不设的坚决不设，对于不符合规定及有违规经营行为的一律取消。

4.证件管理

1996 年，根据中盐总公司有关规定，开始对食盐购销实行“三证”管理，坚决取缔无证生产经营食盐。食盐批发许可证。严格执行《食盐批发许可证实施规定》文件规定，加强批发许可证的发放、使用和管理，从严掌握食盐批发企业的审批条件；加强对食盐转（代）批发企业的管理，食盐转（代）批发企业必须持中盐总公司统一制作的批发许可证；实行零售许可证的省、区、市要切实完善管理制度，规范经营行为；未经批准、未取得食盐批发（转、代）证（包括零售许可证）而从事食盐批发（零售）业务的，应予取缔。

食盐准运证。按照《关于食盐运输实行准运证的通知》精神，严格执行食盐准运证的申领、签发、使用、登记、回收等管理措施；提案 规定在经批准的食盐铁路发运站及水路起运港发运食盐；食盐的铁路、水路运输计划由省盐业公司统一归口提报。由省总公司运输部门全程序操作；对计划外盐的运输由省总公司运输部门在做好统一申报计划、落实计划的基础上做好管理和服务工作，均衡组织调运。

食盐定点生产许可证。食盐定点生产企业要按照《食盐定点生产实施规定的补充规定的通知》（中盐专营〔2000〕98 号）文件精神，严格按照国家计委下达的食盐生产指令性计划均衡组织生产，不得无故超产或短产；严禁计划外生产和销售食盐；食盐生产企业必须持证生产食盐，缓发定点证或已停发定点证的企业不得生产食盐；坚决依法取缔无证生产食盐的违法行为。

1979—2005 年，通过开展盐政稽查，共查办涉盐违法案件 5000 余起，查稽私盐 2 万余吨，打掉贩私团伙 36 个、制假窝点 427 个，没收制假热合机 14 台，假盐袋、假商标 254.9 万，保障了全市食盐生产和经营活动的正常开展。

1994—2005 年历届宣传主题：第一届：1994 年 5 月 5 日，主题是“碘盐与健康”。第二届：1995 年 5 月 5 日，主题是“全民食用碘盐”。第三届：1996 年 5 月 5 日，主题是“全民食用合格碘盐”。第四届：1997 年 5 月 5 日，主题是“食用合格碘盐，严禁销售非碘盐”。第五届：1998 年 5 月 15 日，主题是“健康的母亲不能缺碘，缺碘的家庭不会健康”。第六届：1999 年 5 月 5 日，主题是“坚持科学补碘，提高人口素质”。第七届：2000 年 5 月 18 日，主题是“坚持食用合格碘盐，持续消除碘缺乏病”。第八届：2001 年 5 月 15 日，主题是“加强碘盐监督管理，持续消除碘缺乏病”。第九届：2002 年 5 月 15 日，主题是“科学补碘、健康成长”。第十届：2003 年 5 月 15 日，主题是“食用碘盐，保护儿童智力发育”。第十一届：2004 年 5 月 15 日，主题是“科学补碘，预防出生缺陷与智力残疾”。第十二届：2005 年 5 月 15 日，主题是“控制碘缺乏，保护母婴健康”。

（三）石油

成品油是关系到国计民生的战略物资和特殊商品。国家和地方政府对成品油实施严格的管理。襄樊石油分公司原名为襄樊石油站，经过几十年的发展，企业规模不断扩大，企业性质也由传统的国有企业改制为中石化股份有限公司下属的全资子公司。

1.专卖体制

1979年,国家对成品油供应实行计划经济管理模式,实施集中统一管理和统购统配的经营政策,价格由物价部门制定,计划由各级政府计委部门掌握,购销由石油公司经营,隶属市商业局领导。1985年,脱离市商业局管理,成建制地划归湖北省石油公司管理,同时地方归襄樊市财办直接领导。

1984—1994年,国家对成品油经营实行“双轨制”运作模式,除国家指令性分配计划外,炼油企业可以加工一部分自售油品,在国家定价的基础上加价自售。各级石油公司除了销售计划油品外,可以自己采购高价油品弥补当地市场。1994年4月,根据国务院批转国家计委、国家经贸委《关于改革原油、成品油流通体制的改革意见》,各级政府自上而下的对成品油流通体制改革,基本原则是:运用经济手段和法律手段,加强宏观管理,加大调控力度,实现资源统一配置,国家统一定价,减少流通环节,整顿流通秩序,规范市场行为,维护国家、生产者、经营者和消费者利益。同年7月,市政府组织公安、工商、石油、税务等部门参加成立成立成品油市场整顿领导小组,对襄樊地区的成品油流通市场进行全面检查整顿。

1995年,根据国家体制改革要求,将县级石油公司垂直上收到石化总公司管理,襄樊公司将襄阳、枣阳、老河口、宜城、谷城、南漳、保康7个县级石油公司成建制接收管理。

1998年,以石化总公司和天然气总公司为基础,分别组建了中国石油化工集团公司和中国石油天然气集团公司。襄樊石油公司划归中国石油化工集团公司(简称中石化)管理,更名为中国石油化工集团公司湖北石油襄樊分公司。

1999年,中石化按照主业和辅业、优良资产和不良资产、企业职能与社会职能“三分离”和业务、资产、财务、机构、人员“五重组”的原则,积极筹备整体股份制改造。襄樊公司在2000年完成此项改造工作,并按照“两分”要求把优良资产划归股份公司,不良资产剥离下来组成存续公司。同时对企业2864人用工总量实行减员分流和进行身份转换改革,一次性协议解除劳动合同2523人,职工转换身份后返聘使用520人。到2005年年底,公司用工总量为1237人,其中正式职工241人,新招聘476人。

2005年,按照中石化集团公司部署,本着“压扁管理层次,减少管理环节,提高工作效率”的原则,实行市县一体化体制改革,取消县级公司管理机构。对外保留原县级公司称呼,对内取消其办公司、财会、工会、党办、政工、审计、计划、业务、基建、安保等管理股室。班子成员作为襄樊市公司的派出人员,下设综合办公室1人,财会2人,零售2—3人为市公司下设人员。原县级公司机关95%以上的人员都从机关管理岗位下到一线经营管理岗位。

2.经营管理

1984年以前,国家对成品油供应实行计划经营,每月的计划分配由各级政府通过计划部门逐级分配到石油公司,由石油公司再按计划分配到各乡镇供销社、农机供应部门。石油公司以购进和批发业务为主。

1984—1995年,国家对成品油供应实行“双轨制”运作模式,石油公司除了搞好计划油供应工作外,可以在银行贷款搞自采高价油销售,除了在本地市场销售外,还可以在全国范围内进行销售。

1995年,国家逐步对成品油供应实行市场经济运作模式,襄樊石油公司除了省公司安排的调拨油品外,组织转班人员在全国各炼油厂采购一部分油品。

2000年,取消外采业务,油品价格主要是由国家制定指导性价格。为了转变经营观念、扩大市场占有份额,各级石油公司开始在城区、国、省道及乡镇繁华地段大量建设加油站。襄樊公司的经营也由原来的主要以批发业务为主转变到批发兼零售。

2001 年,中石化实行高度集中统一管理模式,省、市公司负责资源调配工作,县级公司以加油站零售为主。为了方便顾客加油,除了在网点建设上加大力度外,在城市繁华地段的加油站开始安装加油卡设备,截至 2005 年,襄樊石油公司的 198 座加油站已有 70%安装了加油卡系统,基本实现了一卡在手、随处加油,3 年后可以达到 100%的加油站刷卡加油。

2005 年,襄樊石油公司按照"外树形象,内强实力"的指导方针,全面开展加油站优质服务活动,不断完善加油站服务设施,不断提高加油站服务功能,深得广大客户的一致好评。

1979—2005 年,襄樊石油公司由 1979 年销售油品不足 10 万吨,发展到 2005 年销售油品 30 万余吨;加油站由不足 10 座发展到 189 座,以每年 20 座的速度不断发展壮大;油库容量也由 3 万余立方米,且分布在 8 县 1 市不便管理,2005 年,只保留 2 座油库,库容量达 12 万多立方米,为保障襄樊地区成品油供应打下了坚实的基础(见表 13–48)。

襄樊石油分公司历年购销统计一览

表 13–48

年份	购进(吨)	销售(吨)
1979	35741	32164
1980	38976	35412
1981	42109	38579
1982	48976	41238
1983	51669	45217
1984	53249	47291
1985	54933	49781
1986	58673	51642
1987	59768	54366
1988	65217	58679
1989	67124	61125
1990	69128	63245
1991	70398	65719
1992	76349	69821
1993	73982	72114
1994	79654	74361
1995	83566	79875
1996	91258	84691
1997	95837	92873
1998	101742	10872
1999	108480	116244
2000	129927	115792
2001	256289	249001
2002	264873	251578
2003	247382	232665
2004	281463	279612
2005	312476	309868

(四)酒类

1.酒类经营

1978 年,全区销售白酒 2219.8 万斤,人均 4.04 斤。1979 年后,全区经营白酒品种由襄樊大曲、石花大曲 2 种发展到襄樊特曲、光化特曲、金狮泉等 10 多个品种,襄樊、宜城、南漳先后建立了啤酒厂。1985 年全市副食品系统共销售各种酒 3 227.47 万斤,其中调出 295.1 万斤,占 9.14%。在总销售中白酒 1 911.9 万斤,啤酒 874.64 万斤,。1986 年,国内纯购进 16 150 吨,价值 2482.6 万元;纯销售 13 799 吨,价值 2 367.4 万元。其中白酒国内纯购进 6 846 吨,纯销售 8 195 吨;啤酒国内纯购进 5 550 吨,纯销售 4 163 吨;1987 年,系统外购进 17 901 吨,系统外销售 19 007 吨。1995 年,全市商业系统购进酒类商品 20 159 吨, 销售 20 704 吨, 年末库存 2 218 吨。2000 年, 襄樊市贸易局系统酒类商品批发 2 363.8 万元,零售 3 372.2 万元。其中白酒批发 155.89 万千克,零售 233.26 万千克;啤酒 22.25 万千克,零售 43.17 万千克。

2.经营管理

1987 年,按襄樊市政府文件批复,襄樊市酒类专卖管理局正式成立,与副食品批发公司为一套班子、两块牌子,归市商业局领导管理。由于种种原因,酒类专卖管理工作没有实质性开展。

1998 年,市政府颁发《襄樊市人民政府关于加强酒类经营管理的通告》,恢复“襄樊市酒类专卖管理局”。同时,根据《湖北省酒类管理办法》,市区及 7 个县市相继成立了酒类专卖管理局.主要职能是以繁荣酒类市场为重点,努力为经营者提供咨询、办证、策划等服务;以规范酒类市场管理、理顺酒类经营秩序为着眼点,全力抓好办证管理工作,积极开展了酒类市场的执法检查和清理整顿,并对全市酒类经营单位逐一进行审核发证。实行两年审核换发一次,每年审验一次。凡从事酒类批发零售的网点实行一点一证,亮证经营。对无酒类批发和零售许可证、擅自从事酒类酿造、批发和零售者、应办理准运证手续而未办理者和涂改、伪造、转借、使用过期的批发零售许可证及准运证者,处以违法所得 1 倍以上 3 倍以下罚款,构成犯罪的依法追究刑事责任。

1999 年,全市累计核发许可证 9 852 家,其中批发许可证 30 多家、委托批发证 50 多家, 准运证 1 000 多份。办证率已达 90%以上。同时,组建酒类市场监督检查队伍,开展酒类商品的检查清理工作。在合市开展“三查一保”(查经营许可证、查准运证、查品牌质量、确保货真价实)活动,依法打击经营假冒伪劣酒的行为。

2000 年,以推动地产酒发展为出发点,开展酒类专卖管理宣传月活动,积极开展地产酒的扩销,扩大市场占有率。同时不断加强技术改造,工艺创新,形成了一批在市场上享有盛誉的知名品牌。并以糖酒副食品公司为载体,建设专业化的酒类经营市场,组建中国(襄樊)名优酒专卖公司,对所经营的商品防伪标识登记建档,保证质量,杜绝假冒伪劣酒流入市场,真正让消费者喝上了放心酒。

五、餐饮服务

(一)体制改革

1.机构改革

20世纪70年代末至80年代初,襄樊市人民政府财贸办公室下设服务局,分管饮食公司、服务公司、襄樊饭店、东风大楼、襄江旅社和机械厂6个二级单位。

1983年11月，原襄阳地区商业局饮食服务科与襄樊市服务局合并，成立襄樊市饮食服务总公司,归口市财办领导,同时撤销市饮食公司和市服务公司。辖饮食、旅店、照相、理发、浴池、洗染六个行业,直管襄樊饭店、东风大楼、襄江旅社、隆中酒楼、襄阳酒楼、照相专业公司、饮食原材料供应公司7个二级单位和襄樊2城的合作饮食行业委员会、合作理发行业委员会。

1984年5月,襄樊市委、市政府下发《发挥市管县优势,促进城乡协调发展的意见》,市饮食服务总公司辖市直二级单位,指导市辖县、市、区饮食服务公司业务。

1986年,襄樊市饮食服务总公司作为行政管理部门,隶属于市政府财贸办公室领导,归口管理市直饮食业、旅店业、照相业、理发业(代管襄城洗染店),辖卧龙饭店(前身为市卧龙综合贸易公司)、襄樊饭店、东风大楼、襄江旅社、隆中酒楼、襄阳服务大楼、照相专业公司、饮食原材料供应公司8个二级单位和襄城、樊城合作饮食行业委员会、合作理发行业委员会,指导市辖各县、市、区饮食服务公司业务。

1991年以后,市饮食服务总公司新组建了烹饪技术培训辅导站、饮食服务装潢公司两个二级单位，相继成立市烹饪协会、市美发美容协会和市人像摄影协会，以市直饮食服务系统骨干企业为基础,吸纳部分具规模、有影响的民办或个体私营企业加入各专业协会,作为市饮食服务总公司的纽带和桥梁,对不同类型的饮食服务企业进行联络和指导,提供咨询和服务工作。市饮食服务总公司通过各专业协会和县、市、区饮食服务公司,在物价、卫生、劳动、公安、工商等部门的支持下,发挥行业管理、经营资格审查、审报定价、教育培训、职称考评等职能作用。

1992年7月，市政府批准组建襄樊大华饭店集团公司，与市饮食服务总公司两块牌子、一套班子。

1994年11月,随州市由省直管,该市饮食服务公司亦从襄樊市划出。

1998年12月,襄樊市美发美容协会成立.

1999年6月,襄樊市贯彻《湖北省饮食服务业管理办法》,职责进一步明确,由市贸易局和市饮食服务总公司负责全市饮食服务业管理工作,其中市饮食服务总公司负责市区(含开发区)饮食服务业管理，各县、市饮食服务业管理工作由当地的贸易（商业）主管部门负责，襄樊市贸易局负责组织协调。

2000年6月,襄樊市人像摄影协会成立。

2001年11月,襄樊市饮食服务总公司更名为市饮食服务行业协会,襄樊大华饭店集团公司自然撤销,其职能转变为直管11家二级单位的经营管理,并对社会饮食服务业进行宏观指导性管理。2002年1月,市饮食服务行业协会归口市经济贸易委员会管理。

2003年,市直国有及国有控股企业相继退出国有序列,实现产权主体多元化、职工身份社会化。2004年5月,市饮食服务行业协会归口市商务局管理。襄樊市饮食服务行业协会历任领导见表13-46。

襄樊市饮食服务行业协会历任领导名录

表 13－49

机构名称	职 务	姓 名	籍 贯	任 职 时 间
襄樊市服务局(1979.1—1983.12)	局长	申文传	枣阳市	1979.1—1983.11
	副局长	李 兰	宾阳县	1979.1—1983.12
		王兴会	枣阳市	1979.1—1983.12
		索光文	郧县	1979.1—1983.12
		彭振国	襄樊市	1979.1—1983.12
		孙玉英	襄樊市	1979.1—1983.12
		石温聚	林县	1979.1—1983.12
		楼秀珍	襄樊市	1979.1—1983.12
		张仁贵	襄樊市	1979.1—1983.12
襄樊市饮食服务总公司(1983.12—2002.2)	经理	杨德朝	襄樊市	1983.12—1985.5
				1990.11—1995.5
		申文传	枣阳市	1985.5—1990.3
		林 捷	老河口市	1995.5—1999.5
		徐岘峰	襄樊市	1999.12—2002.2
	副经理	戴 进	红安县	1983. 12—1991.6
		索光文	郧县	1983.12—1989.6
		盛美武	枣阳市	1983.12—2002.2
		邱惠民	孝感市	1986.9—1992.12
		林 捷	老河口市	1989.7—1995.4
		杨林成	襄樊市	1991.6—1992.12
		刘贵良	襄樊市	1990.11—1997.1
		李梅君	襄樊市	1994.11—2002.2
		陈方金	枣阳市	1994.4—1997.4
		刘其林	襄樊市	1996.9—1997.4
		王兴会	枣阳市	1997.4—1997.11
		郑士喜	宜城市	1997.12—2002.2
		赵建林	谷城县	1998.12—2002.2
襄樊市饮食服务行业协会(2002.2—2005.12)	主任	徐岘峰	襄樊市	2002.2—2002.12
		侯礼春	宜城市	2002.12—2005.12
	副主任	刘其林	襄樊市	2002.2—2005.12
		郑士喜	宜城市	2002.2—2005.12
		赵建林	谷城县	2002.2—2005.11

2.企业改革

(1)饮食业企业改革

1979—1984 年,国营饮食业不断推进企业的内部经营承包责任制。先后对不同的门店实行“利润包干,超额分成,欠利赔补,工资全浮”“利润率包干”“递增幅度包干”“毛利率分成”等多种核算方式。1985 年,国营门店实行“国家所有,集体经营,照章纳税,自负盈亏”的改革方式。

1986年,市饮食业继续推行责权利相结合,以承包为中心的经营责任制,打破分配上的大锅饭,调动干部职工积极性。在产权归属不变的情况下,小型企业放开经营,将经营权和所有权分离,实行"国家所有,集体经营""集体所有,集体经营""租赁经营"和"承包经营"。国有门店实行国家所有、自主经营、独立核算、利润包干、超利分成、欠利赔补的经营承包责任制,门店内部实行浮动工资制,浮动部分为职工标准工资的50%,按当月营业收入减去成本、税收、费用及利润包干基数后,剩余部分分配给职工,完不成任务由职工从工资中赔补。

1991年,市直饮食行业委员会共有职工232人,对23个门店实行经营承包,其中13个门店实行利润承包,6个店包死基数,超额归己。1994年12月,市饮食服务总公司对市直国有饮食企业隆中酒楼进行有限责任公司改制试点,改制后更名为襄樊市隆中美食娱乐有限责任公司。1995年,市直饮食业除集体行业外,其余国营门店全部随其所在企业改制为有限责任公司,从国营转变为国有,从社会组织转变为法人实体和市场主体。2003年,根据市委、市政府《关于加快市直国有企业改革的若干意见》等文件精神,中小企业全面放开搞活,市直饮食业所属的隆中美食娱乐有限责任公司整体拍卖,市烹饪技术培训辅导站协议转让,被商业部授予"中华老字号"的大华酒楼,随其所在企业襄樊饭店有限责任公司依法破产,国有资本全部退出,职工改变国有企业职工身份。改制企业按照法定年龄和有关政策规定,对一部分职工实行内部退养,一部分买断工龄走向社会。市饮食供应公司仍为集体所有制企业,转产后的门店继续实行租赁经营。

(2)旅店业企业改革

1981年,襄樊市旅店业国营旅社实行大固定、小提成的工资改革形式。门店完成利润计划后,先返还标准工资的提成部分,再从超额利润提取一定比例的奖金。1985年,将提成工资与奖金捆在一起进行分配。

1986年以后,襄樊市直旅店业经营承包责任制不断完善,分别实行"国家所有、集体经营"和承包经营。

1992年5月,市直大中型国有企业卧龙饭店改制为卧龙饭店股份有限公司,首期发行普通记名式个人股票500万股(500万元),占股本总额的32.51%,企业的社会定位、管理体制和运行机制发生了重大变化,员工即是职工,又是股东,除正常工资分配外,经济效益好时还能领取一定比例的红利。

1995年,市直襄樊饭店、襄江饭店、襄阳饭店、东风服务大楼,相继改制为襄樊饭店有限责任公司、襄江饭店有限责任公司、襄阳饭店有限责任公司、楚星餐旅有限责任公司,成为"自主经营、自负盈亏、自我发展、自我约束"的市场经济主体。企业推行岗位技能工资制和提成工资制,干部实行聘任制,职工实行全员劳动合同制,并统一按国家规定参加养老、医疗等社会保险。次年,与襄樊饭店合并的国营红卫旅社转让,人员分流。

2002年,襄阳饭店有限责任公司率先进行产权制度改革,由原企业部分股东共同出资,竞价优先收购国有股本,转为民营。

2003年,根据市委、市政府关于加快市直国有企业改革的若干意见,市饮食服务装潢公司企业解体,职工分流;市襄樊饭店有限责任公司破产;市襄江饭店有限责任公司、市楚星餐旅有限责任公司整体转让;国有企业全部退出国有资本,并依法依规对职工进行妥善安置。破产企业全部解除劳动合同。改制企业一部分实行内部退养,一部分买断工龄,成为社会自然人(见表13-50)。

(3)照相业企业改革

1980年,襄樊市照相业所属门店实行利润包干的改革形式。1984年实行经营承包责任制。各门店把月承包计划分解落实到各个工种岗位,具体到个人,按月结算。1986年,襄樊市直照相业所属门店实行“国家所有、集体经营”和租赁经营，主要采取利润包干的分配方式，按效益定分配，服务质量定奖惩。1995年，市照相专业公司改制为襄樊人像摄影有限责任公司，成为市场经济主体和企业法人实体。继续推行承包经营和租赁经营责任制，实行全员劳动合同制、全员竞争上岗和以岗位工资为主要形式的工资分配制度。2003年，市人像摄影有限责任公司按照市委、市政府〔2003〕10号文件精神，全面放开搞活，国有资本退出，改变国有企业职工身份，走向社会。

（4）美发美容企业改革

襄樊市美发美容业所属的国营襄江理发部和两个理发行业（集体所有制）委员会，是市直饮食服务系统较早实行改革的行业之一。1986年以前，实行“拆账分成”的工资分配方式，市直理发业对纯理发、烫发的直接生产费用实行费用承包，对理发工具商店实行租赁经营。理发业代管的襄城洗染店实行“死分活值”加“活分活值”的办法，“死分”“活值”各占一半，上不封顶，下不保底。1988年，市樊城理发行业委员会对建新、长征路、新艺、人民路、新时代等5个理发店，第一批在行业内部公开招标，选聘门店主任，优化劳动组合，实行承包经营。1991年，市理发行业委员会更名为市美发美容公司，当年公司共有职工180人，有17个门店实行承包经营。2003年，根据市委、市政府文件精神，国营襄江理发部参加所在的市襄江饭店有限责任公司的产权制度改革，企业转让国有资产，职工转变国有身份，领取安置费走向社会。市美发美容公司仍为集体所有制企业，继续实行租赁经营。

市直饮食服务系统国有企业产权制度改革情况一览

表13-50

企业名称	企业性质	改制形式	批准时间	产权转让方式	金额(万元)
襄樊市襄樊饭店有限责任公司	国有	依法破产	2003.03	拍卖	1320
襄樊楚星餐旅有限责任公司	国有	整体转让	2003.09.02	拍卖	750
襄樊市襄江饭店有限责任公司	国有	整体转让	2003.07.26	拍卖	1260
襄樊隆中美食娱乐有限责任公司	国有	整体转让	2003.10.29	拍卖	1290
襄樊市摄影有限责任公司	国有	整体转让	2003.10.29	拍卖	335
襄樊市襄阳饭店有限责任公司	国有	整体转让	2002.11.04	定向竞价转让	177.82
襄樊市烹饪技术培训辅导站	事业	整体转让	2003.09.02	协议转让	83
襄樊市饮食服务装潢公司	国有	解体分流	2003.02.29	企业解散人员分流	

3.行业组织

（1）襄樊市饮食服务行业协会

1983年12月，襄樊市服务局改为襄樊市饮食服务总公司，设办公室、政工、业务、基层、财会、卫生共6个科室，工作人员53人。1986年1月变更为秘书科、政工科、业务科、基层科、会统科。其余予以撤销。同年4月，增设卫生科，原秘书科改为办公室。1989年3月，增设审计科、党委办公室，原政工科改为人事监察科。1990年12月，增设离退休干部工人管理科。

1992年7月31日，襄樊市委市政府批准组建襄樊大华饭店集团公司，与襄樊市饮食服务总公司合署办公，内设经理办公室、党务办公室、业务经营办公室、企业管理办公室、行业管理办公室，原科室牌子保留，归口市财委管理。同年12月，中共襄樊市委批准成立中共襄樊大华饭店集团公司委员会。

1999年6月4日，襄樊市人民政府办公室《关于加强饮食服务业管理工作的通知》规定：襄樊市贸易局和襄樊市饮食服务总公司负责全市饮食服务业管理工作，其中：市区（含开发区）饮食服务业管理工作由襄樊市饮食服务总公司负责，各县（市）饮食服务业管理工作由贸易（商业）主管部门负责，襄樊市贸易局负责组织协调。饮食服务业管理的主要职责是：会同有关部门制订本行政区饮食服务业发展规划；审发"饮食服务业经营资格证"；监督落实国家规定的本行业技术标准；会同物价、技术监督部门对饮食服务业进行分等定级工作；会同劳动部门规范本行业技术人员的培训、职业技能鉴定；指导行业协会开展工作；对饮食服务专业技术等级、职称培训机构进行资格审查；对饮食服务企业依法进行监督检查。各级劳动、公安、工商、卫生、物价、环保等部门应根据各自职责，积极配合，共同做好饮食服务业管理工作。

2001年11月1日，中共襄樊市委、襄樊市人民政府《关于印发〈襄樊市市级机构改革实施意见〉通知》决定，将襄樊市饮食服务总公司改为襄樊市饮食服务行业协会，为事业单位，原级别不变。

2002年1月6日，襄樊市机构编制委员会《关于印发襄樊市饮食服务行业协会职能配置、内设机构和人员编制方案的通知》明确襄樊市饮食服务行业协会为正县级事业单位，由市经济贸易委员会管理，负责全市饮食服务行业管理工作。内设综合科、行业管理科、人事科，纪检（监察）与人事科合署办公，编制为20人。襄阳、枣阳、宜城、老河口、南漳、保康、谷城等县（市）的饮食服务公司，归属当地的商业（贸易）主管部门管理，业务接受襄樊市饮食服务总公司（行业协会）的指导和服务。

主要职责是：贯彻执行有关饮食服务业方针、政策、法律、法规，制订全市饮食服务业发展规划。指导全市饮食服务产业和经营结构调整；掌握和分析饮食服务行业经营动态，提出政策建议；负责行业统计，提供信息咨询服务；协调行业内部关系，维护公平竞争，协助有关部门整顿饮食服务市场秩序。协助有关部门组织实施饮食服务行业标准，实行经营资格证制度，协助做好饮食服务业的分等定级工作。制定全市饮食服务业业务技术培训、考核、竞赛办法，指导市级技术交流竞赛活动，指导饮食服务业的技术培训和职业技能鉴定工作。指导市烹饪协会、饭店协会、人像摄影协会、美发美容协会、家庭服务协会、印章行业协会、洗染行业协会等社团组织的业务工作；指导各县（市）区饮食服务业的工作。负责做好原市饮食服务总公司机构撤销和转体的有关工作，指导饮食服务企业改革和解困工作。饮食服务行业协会经费由以前自收自支改为全额财政拨款，纳入市级财政预算管理。

（2）襄樊市烹饪协会

1991年11月28日成立，有团体会员40个、个人会员329人。烹饪协会的主要职责是：贯彻执行党和国家的方针、政策、法规、质量和等级标准，并对如何发展和管理城镇饮食业提出建议；组织和指导本行业经济与技术交流，疏通与协调政企、地区和行业之间的业务关系；对全行业提供信息服务，承办企业经营管理方面的业务与技术咨询；有计划地对从业人员进行业务技术考评，并提出职称建议；组织和代理本会团体会员对外洽谈业务，合资经营店铺，出口劳务，引进新技术和新设备；组织烹饪技术培训和烹饪技术交流，开展烹饪理论研究，编辑出版烹饪刊物；对会员进行职业道德教育，及时反映会员的建议、意见和要求，维护本会会员的合法权益。

（3）襄樊市人像摄影协会

成立于2000年6月30日，有团体会员29个，个人会员76人。其职责是：贯彻执行国家颁布的有关法令、法规和政策，反映本会会员的建议和要求；制订本行业的发展规划，进行行业管理、协调和服务；对多种经济成分的照相馆和从事彩照扩印业务的经营单位和机构进行开业前的资格认定；收集整理本行业的技术资料，办好协会刊物，提供信息服务和业务咨询；开展技术培训，组织技术表演、技术竞赛和行业技术职称的考核认定工作；按照政府及有关部门委托，评定本行业的企业信誉等级；接受市饮食服务总公司业务主管和省人像摄影协会的业务指导。

（4）襄樊市美发美容协会

1998年12月18日成立。有团体会员34个、个人会员48个。该协会的职责范围是：贯彻执行国家的有关法令、法规和政策，反映本会会员的建议和要求；制订本行业发展规划，进行行业管理、协调和服务；办好本会刊物，提供业务咨询和信息服务；开展业务技术培训、竞赛和学术研讨活动；接受行业主管部门的委托，组织行业技术职称考核评定及本行业企业信誉等级评定工作。

4.经营网点

（1）饮食业

1979年以前，襄樊市区饮食业实有网点74个，饮食市场处于"过早难""吃饭难"的状态。20世纪80年代，襄樊市饮食业在改革开放方针政策指引下，社会及个体饮食业网点快速发展，形成国有、社会、民营及个体相互并存，共同发展的新格局。1982年，市区饮食服务网点发展到306个，占城市人口的0.11%，其中服务局系统53个（国营27个、集体26个），与过去比有了较大改善。1985年，襄樊饮食业网点总数达到1031家，从业人员4901人，分别占城市人口的0.24%和1.16%，饮食市场"过早难"、"吃饭难"得到缓解。1992年，襄樊市社会及个体私营饮食业得到突破性发展，富贵酒轩、红宝石、妞妞食品等一批民营企业脱颖而出，小蓝鲸、重庆小天鹅、麦当劳、德克士等大批国内外饮食业抢滩襄樊，酒楼、饭店、小吃店、自助餐厅、咖啡厅、西式快餐、大排档等各类饮食门店遍布大街小巷。1994年，全市个体饮食网点（含随州市）有17 145户，从业34 891人，注册资金5248.00万元，营业收入37 734.90万元。市场繁荣活跃，人民群众生活方便，"过早难""吃饭难"的问题得到根本解决。1998年以后，市直饮食业国企网点逐年减少，经济效益逐年下滑，大部分饮食企业网点经营亏损。与此同时，社办及民营企业大力发展规模经营和涉外经营，全市饮食业网点发展持续走高。2000年，襄樊饮食业个体经营网点有21 862户，从业53 597人，注册资金17 392万元。2002年，全市饮食业在工商部门登记的有22 497户（市区1214户），从业63 189人，平均每千人拥有饮食服务网点约4户，大大超过发达国家每千人拥有1.5个经营网点的数量，且饮食业结构多元化，高中低档兼而有之。2004年，全市饮食业企业法人单位82个，从业4632人，营业额17 577万元，利润总额－499万元，资产总计25 604万元。2005年，全市饮食业国民经济和社会发展总指标为235 036万元，同比增长17.03%（见表13-51）。

1985—2005年襄樊市直饮食业市场网点变化情况一览

表13-51

店名	店址	性质	备注
大华酒楼	樊城定中街	国有	2003年依法破产
卧龙酒楼	襄樊火车站	国有	2003年停业，2006年依法破产
隆中酒楼	樊城解放路	国有	2003年整体转让
襄阳酒楼	襄城东街	国有	2002年转让
东风餐饮部	襄樊火车站	国有	2003年转让
襄江餐饮部	樊城长征路	国有	2003年转让
工业区餐馆	樊城工业区	国有	2003年转让
襄城北街甜酒店	襄城北街	集体	1991年改造拆除

续表

店名	店址	性质	备注
襄城十字街饮食店	襄城十字街	集体	1991 年改造拆除
襄阳鼓楼餐厅	襄城北街	集体	1991 年改造拆除
襄阳城隍庙饮食店	襄阳城隍庙	集体	1994 年房管收回
延中街回民店	襄城延中街	集体	1989 年改造拆除
襄西饮食店	襄城西街	集体	1989 年改造拆除
荆州街饮食店	襄城荆州街	集体	1990 年改造拆除
樊城黄酒店	樊城解放路	集体	1994 年改造拆除
回龙寺饭店	樊城回龙寺	集体	2004 年转产
米酒店	襄樊东方红大道	集体	2003 年改造拆除
清汤店	樊城劳动街	集体	2003 年改造拆除
东风路饭店	樊城东风路	集体	2001 年房管收回
面食店	樊城解放路	集体	1994 年改造拆除
清河口饭店	樊城清河口	集体	1993 年转产
小吃店	大庆东路	集体	1986 年改造拆除
腊味店	樊城劳动街	集体	2003 年改造拆除
轮船饭店	大庆东路	集体	1988 年房管收回
酸辣面馆	人民路	集体	2003 年改造拆除
炸酱面馆	大桥口麻鞋湾	集体	2001 年改造拆除
热干面馆	人民路	集体	2006 年房管收回
饺子馆	火巷口	集体	1999 年转产
县府路饭店	县府路	集体	2003 年改造拆除
邵家巷饭店	邵家巷	集体	2001 年改造拆除
窝子面馆	磁器街	集体	2001 年转产
压面厂	麻鞋湾	集体	2002 年改造拆除
豆粉厂	县府路	集体	2003 年改造拆除

(2)旅店业

1978 年以前,襄樊市旅店业实有网点 20 个,从业 415 人,铺位 4239 个。其中,服务局系统网点 13 个,从业 337 人,铺位 3233 个。1979—1985 年,社会旅店业迅速发展。1979 年,市饮食服务公司新建的新华旅社开业,增加从业人员 35 人,铺位 171 个。同年,襄阳火车站旅社因地点偏僻,业务量小被撤销。在此期间,市服务局系统先后投资 225.11 万元,新建旅店 9 个,建筑面积 28 050 平方米,增加客房 860 间,增加铺位 2464 个。1985 年年底,仅农民经营的旅社、饭店就有 27 个,客房 1659 间,铺位 5054 个,从业 948 人。1986 年,市区旅店业网点 151 户,客房 6379 间,铺位 18 746 个,从业 2813 人。市饮食服务系统所属的立新浴池等 4 个网点和 1981 年开业的定中桥浴池,不再经营浴池,相继改营旅社,直属的浴池业全部转产。1987 年,市直卧龙饭店开业,主楼 15 层,营业面积 18 300 平方米,客房部从业 80 人,客房 268 个,铺位 689 个。连同襄樊、襄江、襄阳和东风服务大楼,市直旅店业共有 5 家大中型饭店旅社,营业面积 37 290 平方米,从业 242 人,客房 845 间,铺位 2316 个。社会办旅店业网点兴起,工厂企业、机关院校、街道及部队办的饭店宾馆对外营业,并纷纷兴建新的网点。1995 年,襄樊市已有设备功能比较完善的饭店宾馆 137 家,其中归口国内贸易部的国有饭店 74 家,“三资”饭店 9 家,集体饭店 13 家,社会其他部门办的 41 家,房间总数 6 460 个,床位 17310 个。1996 年年底达到 162

家，房间总数 13 514 个，床位 44 956 个。1997 年，全市饭店客房平均出租率在 45%以下，有些饭店不到 30%。2000 年，全市旅店业个体网点经工商注册登记的 379 家，从业 1001 人，注册资金 370 万元，营业收入 1762 万元。其中城镇 171 家，从业 420 人，注册资金 189 万元，营业收入 1512 万元。私营企业 40 户，投资者人数 88 人，雇工人数 281 人，注册资金 1478 万元，营业收入 22 189 万元，其中城镇 19 户，投资者人数 55 人，雇工人数 157 人，注册资金 878 万元，营业收入 17 853 万元。2002 年，市区较有名气的樊城宾馆破产，襄阳饭店改制。2003 年，市直卧龙饭店停业，襄樊饭店破产，襄江饭店和楚星餐旅有限责任公司改制，全部整体转让，变为民营企业。2004 年，全市旅店业企业法人单位 83 个，从业 5350 人，营业额 21 761 万元，利润－476 万元，资产总计 74 578 万元。

（3）照相业

1978 年年底，襄樊市直照相业共有 5 个照相馆，从业 94 人。中共十一届三中全会以后，随着人民群众物质文化生活水平的不断提高，市饮食服务公司分别在火车站新建了 1 家照相馆，在长征路新建了彩色扩印中心，在前进路新建了照相器材修理部。社会照相业不断发展，改变了过去由饮食服务公司独家经营的局面。1985 年，市区共有照相业网点 49 个，从业 201 人，其中市饮食服务系统照相业网点 8 个（劳动街、襄江、人民路、火车站、凤凰、襄阳、鄂西北彩扩中心、照相器材修理部），从业人员 114 人。襄江照相馆、襄阳十字街照相馆和鄂西北彩扩中心设备技术实力强，是市直照相业的骨干企业。市区系统外国营网点 3 个，从业 24 人；集体网点 8 个，从业 27 人；个体 30 个，从业 38 人。1991—2002 年，市直襄城北街照相馆、劳动街照相馆和人民路照相馆因市政建设被拆除。在此期间，民办的东升摄影有限责任公司、现代精典有限责任公司、薇薇新娘、法国 CALO 卡罗精致婚纱摄影、丹娘婚纱摄影等大型影楼不断开办，并向连锁店拓展。2003 年，市直照相业所属的襄江、火车站、凤凰、鄂西北彩扩中心、照相器材维修部全部实行产权制度改革，转为民营。襄樊市直照相业市场网点变化情况见表 13-52。

1979—2003 年襄樊市直照相业市场网点变化情况一览

表 13-52

店名	店址	性质	开业时间	备注
劳动街照相馆	樊城劳动街	国有	—	2002 年撤销
公园照相馆	樊城公园	国营	—	1985 年撤销
襄江照相馆	长征路	国有	—	2003 年改制
人民照相馆	人民路	国有	1979 年	2003 年改制
火车站照相馆	前进路	国有	1980 年	2003 年改制
照相器材修理部	长征路	国有	1980 年	2003 年改制
凤凰照相馆	前进路中段	国有	1984 年	2003 年改制
鄂西北彩扩中心	前进路中段	国有	1985 年	2003 年改制
襄城照相馆	延中街	国营	—	1985 年撤销
襄阳照相馆	襄城十字街	国用	—	2003 年改制

（4）美发美容业

1978 年，襄樊市直理发业共有理发网点 23 个，从业 234 人。1979 年，由市财政投资，在樊城前进路、火巷口、县府路、襄城胜利街新建和扩建了 4 个理发网点，增加理发座椅 30 把。同年，市区全面恢复了烫发业务。樊城劳动街理发厅二楼，新星理发厅二楼和襄城十字街理发厅北厅专营烫发业务。传统理发店、新华理发店、县府路理发店、红光理发店、人民路理发店、工业区理发店、襄樊理发部、清河口理发店和襄城中街、东街、荆州街共11家理发店都附营烫发业务。市直理发业东方红、大桥口、梯子口、望江街、炮铺街等5个网点相继撤销。与此同时,社会理发业蓬勃发展。特区美发室、小香港美发室、绝妙发廊、迷你发廊、小小美发店在市区繁华地段鳞次栉比的出现。

1985年,襄樊市区美发美容业有网点67个,从业319人。其中市饮食服务系统美发美容网点18个,从业231人。同年年底,市直樊城洗染店移交市纺织品公司管理,仅剩樊城1家洗染店,由理发行业代管。20世纪90年代,社会办和个体办美发美容店不断发展,美发沙龙、形象设计屋、个体发廊遍布街头巷尾。绝妙、俏佳人、鸿盛、名流等一大批专业美发美容公司和民营私营美发美容网点规模大,档次高,内部环境优雅,设备精良,技术先进,声誉渐起。

2000年,经工商注册登记的个体美发美容网点3739个,从业9957人,注册资金4096.50万元,营业收入19 961万元。私营网点23个,投资者48人,雇工174人,注册资金613万元,营业收入9018万元,其中城镇20个,投资者43人,雇工142人,注册资金499万元,营业收入7000万元。到2003年,国营襄江理发部和新华理发部改制,市直集体理发业16个网点,由于市政建设、经营调整等原因先后被拆除或关、停、并、转。襄樊市直理发业市场网点变化情况见表13-53。

1985—2005年襄樊市直理发业市场网点变化情况一览

表13-53

店名	店址	性质	备注
襄江理发部	长征中路	国有	2003年7月改制
新华理发部	樊城火车站	国有	2003年9月改制
传统理发店	东方红大道	集体	2001年1月改造汉江大道,拆除
鹿门街理发店	鹿门街	集体	1988年3月私房收回
长征路理发店	长征路	集体	1995年4月修建飞环天桥,拆除
劳动街理发店	劳动街	集体	1991年4月经营调整,撤销
清河口理发店	清河口	集体	2001年11月撤销
大庆路理发店	大庆东路	集体	1984年9月撤销
工业区理发店	樊城工业区	集体	2000年6月撤销
老火巷理发店	定中街	集体	1988年3月,私房收回
襄樊理发部	定中街	集体	1989年1月改为紫薇美容厅,2003年3月依法破产
县府路理发店	朝圣门	集体	2001年1月改造汉江大道,拆除
人民路理发店	人民路北	集体	1993年经营调整
新星理发店	火巷口	集体	2000年12月人员分流
襄城中街理发店	襄城中街	集体	1993年北街改造,拆除
襄城美美理发店	襄城东街	集体	1993年8月,移交给人民商场
襄阳中心理发店	襄城十字街	集体	2004年11月出售
荆州街理发店	襄城荆州街	集体	2002年5月,修建街前花园,拆除

（二）业务经营

1.饮食

1986 年，市饮食业在主营业务上，着重抓早点、快餐和夜市供应，早点做到件头小、质量好、品种多、方法活，根据季节变化适当调整和延长营业时间，扩大堂口供应，实行“三定一保”，即：定网点、定品种、定产量，保证供应。酒楼餐厅相继进行装修改造，更新设施设备，安装空调，增设包房雅座。大中型酒楼和风味小吃店逐步实行迎宾入座、送香茶、送香巾、介绍品种、餐间询问、代客结账、礼貌送别等服务程序，增设点师做菜、电话预约、来料加工等服务项目。元旦、春节、“五一”“十一”等节假日酒席增多，经营活跃，品种畅销，风味小吃供不应求。

1991 年，市直饮食业恢复分级划类经营，将 47 户网点分为三个经营等级。一级店 6 户，类型为特色店、名店、酒楼和饭店餐饮部，主要经营较为高档的筵席、菜肴和应时菜点。二级店 18 户，类型为风味炒菜店、风味小吃店和炒菜面食兼营店，主要经营中档菜肴、风味小吃和兼办筵席。三级店 23 户，类型为专业店、冷饮店、甜食店和快餐店，主要经营大众化的地方风味菜点。恢复分级划类经营后，经营品种增加，发扬了经营特色，搞活了饮食市场。大华酒楼、卧龙酒楼、隆中酒楼、襄阳酒楼、襄江饭店餐饮部和襄樊饭店餐饮部等 6 个一级店，以本酒楼名席、名菜、名点为支柱，可根据客人的需要，既组合包席，又拆零供应，提高了饮食业的品位、档次和水平。

1996 年，市饮食服务总公司针对市直饮食业大多数网点设备陈旧、机制不活、效益滑坡、包袱沉重等问题，对饮食业经营结构进行“三个调整”：即由中高档酒席为主向中低档酒席为主调整，由单一的酒席业务为主向酒席、快餐、套餐、小食品种、半成品供应等综合经营模式调整，由公款消费为主的单一效益结构向社会化、大众化、工薪族消费立体组合收入调整，菜点制作以精烹调、高品位、低价格吸引消费。

1999 年，市区饮食业快餐经营呈多元化发展趋势。清汤店、西饼屋、甜酒店等专业店 1031 家，比 1998 年增加 438 家。大华酒店、隆中美食城、卧龙快餐城等快餐店规模扩大，经营面积、品种均比 1998 年翻了一番。朝圣门快餐店、妞妞西饼屋、一丁甜酒等快餐店均发展为连锁店，最多的发展到 8 家。麦当劳、肯德基、德克士等洋快餐开始进入襄樊市场。襄樊饮食业态和服务方式向多样化、精细化方向发展。

2000 年，襄樊饮食市场更加活跃。市直饮食业启动品牌经营战略，以全新的理念抓主业、抓品牌、抓特色，初步认定 1 个冷拼、34 个菜肴、12 个面点为本系统的品牌菜点，利用“五一”“十一”等重大节日，组织特色菜点、大众筵席、节日便餐展销活动，推动饮食业持续发展。2002 年和 2005 年，市饮食服务行业协会联合有关部门，先后举办了襄樊市首届“志强杯”旅游美食月活动和首届中国·襄樊美食文化节活动，以活动为抓手，展示名菜佳肴，弘扬烹饪文化，打造襄樊品牌，引发新的消费时尚和流行趋势。

2.旅店

20 世纪 80 年代初期，襄樊饭店、襄阳饭店、襄江饭店为市直大型饭店，是襄樊市饮食服务系统的骨干企业。襄阳宾馆、樊城宾馆、南湖宾馆直属政府部门，设备档次较高，服务项目齐全。

1987 年卧龙饭店开业，在市区 14 家大型饭店宾馆开展的百日优质服务竞赛活动中，连续 3 次获得优胜单位称号。1988 年，卧龙饭店接待旅客 23.4 万人次，其中接待会议 192 次，全年实现营业收入 1212 万元，人均劳效和人均创利分别为市直同行业的 5 倍、6 倍，成为市饮食服务系统的龙头。1994 年，襄樊铁路大酒店、南湖宾馆、银都宾馆、溪苑宾馆等一批大型饭店宾馆采用国家旅游系统的星级标准，取代原商业部颁发的国家饭店标准，纳入星级管理范围。1995 年，市直旅店业实行配套经营，完善服务功能，抓主业，带副业，发展联营企业 40 多个，年创利 80 多万元。1997 年，襄樊市旅店业在 1992 年的基础上，按照商业部颁发的国家饭店标准，重新启动饭店分等定级工作，共评定 17 家企业等级，其中市区 9 个（一级 5 个、二级 4 个）。1997 年发生了东南亚金融危机，加之旅店业网点过剩，饭店宾馆客房利用率普遍下降。1999 年，市区 25 家大中型饭店宾馆平均上客率 30%，上客率在 50%以上的只有 3 家。同年，市区大小舞厅 203 家，比 1989 年减少 325 家，露天卡拉 OK 经营网点减少，比上年同期下降 35%。2003 年后，市直旅店业全部改制。

3.照相

20 世纪 80 年代，襄樊市照相业网点增多，市场竞争激烈。富士、柯达等彩色胶卷传入襄樊以后，手提式家庭照相机得到普及，传统的黑白照相和新兴的彩色照相业务兴旺。市直照相业调整经营结构，开办彩色照场，出售彩色胶卷和照相器材，适应市场需要。1986 年，襄樊鄂西北彩色扩印中心正式开展业务经营，该中心进口的冲卷机、冲纸机、扩印机和彩色放大机开始发挥效益，结束了在襄樊彩照到重庆冲洗的历史。市直照相业抓机遇，扩大照场业务，增加服务项目，开展彩色照相、彩色扩印和照相器材与维修一条龙服务，使其成为照相业的经营支柱。1988 年，随着人民文化生活水平的提高，婚纱摄影在襄樊兴起。市直照相业各照相馆凭借设备、技术优势，改造照场，更新设备，改进服务，婚纱摄影成为照相业的热门业务。其后，襄樊市社会及个体开办的婚纱影楼应运而生，以其资金雄厚、设备先进、布置新颖、服务灵活，在市场上受到欢迎。与此同时，市区照相业竞争更加激烈，婚纱摄影宣传频繁出现，经营手段不断翻新。各影楼根据不同的地理位置和设备技术，拉开价格上的差距，以适应不同消费者的需要。1999 年，市区照相业网点增多，人员增加，照场装修档次越来越高，平均每平方米投入达到 6000 元，75%的企业使用从发达国家进口的照相器材和原材料。经营方式越来越活，市人像摄影公司组织巡回展，增设活体模特橱窗。东升影楼、超凡影楼、现代精典影楼等大中型影楼在电视台点歌，在市区主干道旁设置宣传橱窗，组织婚纱摄影模特表演、时装模特摄影大赛和婚纱摄影集体婚礼，开展诸如送小礼品等促销活动，带动照相业务经营。照相业经营分工越来越细，根据市场变化，开办了人像摄影艺术摄影室、儿童摄影室和大幅面彩色喷绘打印中心。增设了照相器材专营店和彩扩冲印连锁店。增加了专业制作 VCD、DVD 等服务项目。随着科技的发展，照相业的机具和制作技术不断进步，传统的变焦自动相机逐渐被全数码相机取代，传统的照片制作和先进的数码相机同时兼有，相片的装饰装裱也由单一的相框逐步向过塑、冷裱、水晶裱、制相册等发展变化。

4.美发美容

20 世纪 80 年代，襄樊市美发美容业贯彻“分档经营、适应多种消费需要”的经营方针，恢复和发扬传统经营特色，积极改善经营条件，更新设备，增加新的服务项目，提高行业技术服务水平。

1986 年，市直理发业实行分等定级，18 个理发店分为甲、乙两个等级。其中：甲级理发店 9 个（襄阳、襄江、襄樊、荆州街、新星、劳动街、东街、工业区、县府路）；乙级理发店 9 个（火巷口、传统、长征路、人民路、建新、襄城中街、新华、清河口、友谊）。同一理发店又分为甲、乙、丙三个等级，男、女顾客分别实行不同的收费标准。此时社会理发网点增多，个体理发店发展较快。国营襄江理发部、襄樊理发部和集体企业劳动街理发厅、襄阳中心理发店等改造装修店堂，更新设施设备，增设高档理发雅座，开展美发、美容业务和销售理发用具、出售美容化妆品等连带服务。

1988 年，市理发业派专人到上海等地考察理发设施和美容设备，引进多功能美容机，将襄樊理发部改建为紫薇美容厅，次年 1 月开张营业，开设营养皮肤护理、暗疮皮肤治疗、文眉、文眼线等美容服务项目，多次请专家培训指导，提高美容技术水平。

1990年以后，随着日化工业的发展，化妆品更新换代，理发业重视头发的护理，洗发增加护发素，吹风梳理时使用摩丝、喷发膏，使用焗油护理头发。染发从单纯的白发染黑，发展到染黄色、棕色等彩色。在原有的男女理发、剪发、化烫、水烫、白发染黑、化妆等基础上，增加了焗油护发、彩色焗油、彩色染发、电棒汤、烫眼睫毛、漂白面膜、皮肤病防治、按摩健身等，使美发美容服务项目从单纯的理发、烫发向美发美容、舒适健美方向发展。

1997年，个体理发业向规模较大的连锁店发展。市天韵美容保健公司、市鸿盛美容美发用品公司从美发美容开始，发展成为融销售美发美容仪器用品、护肤化妆品及专业美容院、培训学校咨询服务为一体的综合性专业公司。

1998年，全市理发业从事美发美容及器材、化妆品销售的门店有1600多家，从业3000多人。

2000年，市美发美容协会组织参加湖北省开展的“放心美发美容单位”承诺活动，鸿盛美容美发公司、杨新美容美发公司、名流美发美容有限公司、绝妙美容美发厅、襄阳中心理发店、俏佳人美容院、谷城金帆形象设计中心等7家被评为“湖北省放心美发美容单位”。襄樊市饮食服务协会直属企业销售额、利润统计。见表13-54。

1979—2005年市饮食服务协会直属企业销售额、利润统计一览

表13-54　　单位：万元

年度	销售额	利润	年度	销售额	利润
1979	520	49	1993	3373	163
1980	583	50	1994	3304	55
1981	593	55	1995	3394	65
1992	600	56	1996	3313	40
1983	737	96	1997	3360	6
1984	827	98	1998	3069	-80
1985	1057	107	1999	2293	-316
1986	1279	119	2000	1494	-661
1987	1753	147	2001	1442	-898
1988	2248	224	2002	1343	-990
1989	2591	214	2003		
1990	2491	215	2004		
1991	2855	245	2005		
1992	3079	263			

说明：2003年及以后，国企改制，转为民营，不再向饮食服务行业协会报表。

（三）教育培训

1.饮食业教育培训

20世纪80年代，市饮食服务总公司负责全市饮食服务行业业务技术培训和职称考评，经常性地有计划地培训考核各工种、各层次业务技术人员，颁发相应的商业技术等级证书。1986年、1987年和1988年，省商业厅授予襄樊市饮食业169人专业技术职称，按工种分：烹饪师117人，面点师26人，餐厅服务师26人。按级别分：特级师5人，一级师1人，二级师54人，三级师109人。

1989年，市饮食服务总公司与市劳动局联合成立襄樊市饮食服务业技术职称考评委员会，主要采取总公司办班培训与企业在岗培训相结合的方式，按照商业部、劳动人事部〔1987〕商饮联字第七号文件精神和商业部颁发的《饮食服务业技术等级标准》，经过组织培训，严格考试考核，复议审核，市饮食服务总公司和市劳动局于1989年7月、1990年7月，先后授予张学华等442人专业技术职称，颁发专业技术等级证书。按工种分：烹调师318人，面点师67人，餐厅服务师57人。按级别分：一级师30人，二级师105人，三级师307人。对符合省劳动人事厅、商业厅《关于商业饮食服务业授予专业技术职称的部分人员按改革后新工资标准适当增加工资的通知》精神的，适当调整工资。

1990年，襄樊市饮食服务行业工人技术考评委员会成立。此后，以市烹饪技术培训辅导站和职业技能鉴定站为基地，开展培训考核工作。

1991年8月至1997年8月，市饮食服务业工人技术考评委员会先后七次组织饮食业理论培训考试和实际操作考核，有812人获得市劳动局颁发的技术等级证书，按工种分：烹调师599人，面点师138人，餐厅服务师75人；按级别分：中级工104人，高级工103人，一级师41人，二级师114人，三级师291人，四级师97人，五级师20人。

1999年，襄樊市首次开展工人高级技师考评，饮食业有9人获得省劳动厅颁发的高级技师证书，其中中式烹调7人、中式面点2人。

到2002年，襄樊市饮食业有14人分别被评定为“中国烹饪大师”、“湖北烹饪名师”。

2.服务业教育培训

20世纪80年代，市饮食服务总公司负责旅店业、照相业、理发业等服务性行业职工的培训考核工作，颁发相应的商业技术等级证书。1986—1988年，市饮食服务总公司举办多形式、多工种、多层次的职工教育培训和技术考核，省商业厅授予襄樊市服务业67人专业技术职称，其中：旅店业服务师41人（特级1人、三级师40人），理发业14人（二级师4人、三级师10人），照相业12人（特二级1人、一级师1人、二级师4人、三级师6人）。1989年7月—1991年3月，市饮食服务总公司和市劳动局先后联合授予服务业职工技术职称157人，其中：旅店业客房服务师88人，照相业39人（摄影师26人、暗室师6人、整修师4人、着色师3人），理发业理发师30人。1991年8月—1997年8月，市劳动局先后7次授予服务业技术职称314人，其中：旅店服务师93人，摄影师37人，暗室师34人，着色师3人，整修师4人，美发师132人，美容师11人。1996年10月，市美发美容业有3人分别获得了省贸易厅颁发的特二级、一级、二级理发师职称。1999年，襄樊市服务业有3人被省劳动厅评定为美发、着色、摄影高级技师。2002年，省贸易物资行业管理办公室授予襄樊市美发美容业湖北省美发大师1人，美容大师1人，美发名师7人，美容名师4人。2004年，襄樊市照相业有1人被省人像摄影协会第二届会员代表大会授予“终身成就奖”。襄樊市饮食服务业工人技术职称情况统计，见表13-55。

1984—2000年襄樊市饮食服务业工人技术职称情况统计一览

表13-55　　单位：人

行业＼项目	工种	特级师	一级师	二级师	三级师	四级师	中级工	高级工	技师	高级技师	合计
餐饮	烹调	3	84	247	688	53	66	77	30	7	1255
	面点	2	16	51	99	19	27	15	10	2	241
	餐厅服务		9	18	100	42	11	11	—		191
旅店	服务师	1	5	26	126		52	13	—		223

续表

项目 行业	工种	特级师	一级师	二级师	三级师	四级师	中级工	高级工	技师	高级技师	合计
照相	摄影	1	13	18	22	5	2	13	4	1	79
	暗室	—	2	6	11	13	3	7	—	—	42
	整修	—	5	2	2	—	—	—	—	—	9
	着色	—	3	2	2	—	—	1		1	9
	营业员	—	—	—	—	—	—	—	—	—	—
美发	美发	1	9	21	25	82	9	35		1	183
美容	美容	—	—	—	—	—	—	—	—		—
合计		8	146	391	1070	214	170	172	44	12	2234

说明:(1)中级工、高级工、技师及高级技师职称由劳动部门授予;

(2)特级技师由省商业主管部门授予;(3)其他由行业主管部门联合劳动部门共同授予。

(四)名店、名街、名菜、名点

1.名店

(1)襄樊卧龙饭店股份有限公司

1986年8月,襄樊市人民政府批准成立襄樊市卧龙饭店,为全民所有制(中型二档)企业。卧龙饭店位于襄樊火车站与长途汽车站之间的繁华地段,是一座具有现代风格的翼式建筑,主楼共15层,装有3部自动电梯。饭店下设旅店部、商场部和膳食部,实行旅店、膳食、商品、旅游、娱乐配套经营,营业面积达21 000平方米。卧龙饭店于1987年5月8日正式开业,经营规模宏大,商场部经营品种达1万多个;膳食部可同时接待700名旅客就餐或承包宴席;旅店部拥有套间、单人间、双人间、三人间和四人间5个规格的卧室266个,固定铺位730个。所有房间都配有彩电、自动电话、调光台灯、调光壁灯、彩色地毯、卫生间和空调设备。室内外富丽豪华,环形走廊新颖别致。此外,1—12楼设12个会议室,13楼专门设置音乐茶座,14楼还设有观景台,旅客到此可鸟瞰古城襄樊的绮丽风光。

开业伊始,卧龙饭店以“三个一流”(即企业管理第一流、服务质量第一流、经济效益第一流)为目标,推行规范管理和规范服务,取得较好的经济效益和社会效益,1988年被湖北省企业升级领导小组评定为“省级先进企业”,1989年被全国财贸工会和中商部授予“全国商业先进企业”称号,被省、市评定为“文明单位”“优质服务先进单位”“思想政治工作先进单位”。1990年7月6日,中商部部长胡平考察饭店并题词:“优质服务喜结硕果,情连四海誉满神州”。

1992年5月,卧龙饭店改制为股份有限公司,注册资本1330万股,其中:国有股830万股,个人股500万股,分别占62.41%和37.59%。1998年3月,被湖北省贸易厅授予“湖北风味名店”称号。由于多种原因,20世纪90年代中后期,卧龙饭店经济效益逐年滑坡,积重难返,于2003年8月5日关门停业,2006年11月由卧龙饭店监管组监管,同年12月宣告破产。破产后的卧龙饭店被普鑫置业公司整体收购,实行民有民营。

(2)南湖宾馆

襄樊市南湖宾馆位于襄阳城南门的护城河畔,是规模较大的园林庭院式宾馆,占地21万平方米。

1985年春土建开工时命名为南山宾馆,1987年7月竣工,更名为南湖宾馆,同年9月开业,副县级事业单位,定编160人,经费形式是差额拨款,直属襄樊市委办公室领导。1998年4月被国家旅游局评定为三星级旅游涉外饭店。南湖宾馆由客房、餐饮、会议室等七大建筑群组成,依山傍水,花木掩映,素有"天然氧吧"之称。宾馆服务功能齐备,设施齐全。客房有标间、豪华包间、总统套间,大、中、小各类会议室等一应俱全。餐饮部有大型宴会厅、各类包房30余间(个),饮食特点是采北菜式之香咸,取南菜式之甘甜,汲西菜式之辛辣,纳东菜式之鲜酸,集各地特色于一席,冶众家精华于一炉,能满足各方宾客的不同口味。2002年11月,餐饮部经理张向明被中国商业联合会和中国烹饪协会授予中国烹饪名师称号,其制作的武当猴头和大葱烧甲鱼裙边入选中国名菜名录。青年厨师韩军制作的虫草鸭方被国内贸易部评定为"中国名菜"。

南湖宾馆以"宾客至上,服务第一"为宗旨,先后被省、市授予"十佳宾馆""物价信得过单位""青年文明号""志强杯"和"荣华杯"技能比赛优胜单位等荣誉称号。圆满接待了李先念、江泽民、胡锦涛、乔石等多位党和国家领导人及众多的国内外贵宾。

(3)襄樊铁路大酒店

襄樊铁路大酒店位于襄樊火车站,由襄樊铁路分局创办(后隶属于武汉铁路旅游总公司),1993年开业,当年被省旅游局评定为三星级旅游涉外酒店,是全国铁路系统首家自筹资金、自主经营、独立核算、自负盈亏的商务型酒店。酒店建筑面积25 000平方米,各类客房178间(套),餐厅3个,餐位700个,会议厅2个。餐厅风格各异,有舒适典雅的仿汉宴会厅,有富丽堂皇的豪华包房。大楼顶层的旋转月光西餐厅使客人就餐时尽享襄樊美景。酒店技术力量雄厚,除经常在本店开展技术培训外,还定向派人到武汉等地专业院校和高星级宾馆学习,造就优秀的厨师队伍,有特三级厨师3人,中式烹饪调技师、全国优秀厨师和襄樊市烹饪名师各1人。1995年10月,酒店参加全省第三届鄂菜大赛,获团体赛"一帆风顺"金杯奖,另有2个热菜和1个面点分获金、银牌。1989年,酒店制作的脆花肉、软煎馒鱼片、滋补羊肉煲、爱心黄金饼等13个菜点被襄樊市烹协评定为襄樊名菜,其中的热菜"脆花肉"在2000年6月被国内贸易部评定为中国名菜。酒店围绕市场变化,找准市场定位,打造铁酒品牌。2004年,邀请重庆餐饮美食大师及武汉汤煲大师到酒店同台献艺,一楼风味厅推出大众化重庆火锅,宴会厅推出川、鄂及秋冬季药膳滋补汤为主的巴蜀文化美食节,吸引众多客人,创收69万多元。2005年,随着襄樊餐饮市场竞争加剧和铁路市场的变化,经营难度增加,酒店以变应变,创新经营管理,调整厨师队伍,下调菜品价格,对菜品根据时令变化,按照色、香、味、形、器、质、量、价八要素,先后推出干锅新西兰乳牛、雄鱼头、香大白雕等18款创新菜品。同年8月,参加首届襄樊美食文化节暨烹饪大赛,获得6块金牌和1块银牌,厨师刘红旗被评为襄樊烹饪名师,获襄樊市五一劳动奖章。"襄樊晚报"发表题为《襄樊铁路大酒店成为"首届中国襄樊美食文化节暨烹饪大赛"的最大赢家》的文章予以赞赏。铁路大酒店先后获省贸易厅"湖北风味名店"、郑州铁路局"双文明先进单位"等称号。

(4)满福楼酒店

满福楼酒店地处火车站附近,是以经营中式餐饮为主的私营企业,。1995年创办时,取名为新华酒店,餐厅只有8张小台面,资产总额仅有5 000元。2000年更改为现名,发展成为拥有100多名员工的大型餐饮酒店,营业面积3 000多平方米,可同时容纳1 000人就餐,内设两个宴会大厅,40个功能不同的包厢,可同时容纳30人就餐的"满福厅"堪称全市之最。婚礼宴会厅设有化妆间、衣柜、卫生间一应俱全的新婚房,实行人性化服务,成为人们举办婚宴的最佳场所。根据规模经营、品牌经营的特点,聘请中国烹饪大师江立洪为技术顾问,组织专班专人研制菜肴,在挖掘传统风味名吃的基础上创新发展,其创新菜肴"海带结牛瓦肉"被评为襄樊名菜,"铜锅菊花甲鱼"在湖北省美食大赛中获得金牌，“诸葛财鱼”“襄阳杂烩”“昂公豆腐”“大碗萝卜烧排骨”“诸葛菜烧肉”等菜品被载入《中国鄂菜大全》。酒店遵循诚信为本的经营理念，坚持立足襄樊、面向全省、走向全国的发展战略，逐步形成独特的经营特点和经营风格，并积极参与资助贫困大学生、慰问孤寡老人、助养“四胞胎”等社会公益活动，品牌效应和美誉度进一步得到提升。2005年7月，满福楼酒店被评为“襄樊名店”，同年9月被湖北省人民政府授予“湖北十大风味名店”称号。

（5）一丁甜酒美食广场

襄樊市一丁甜酒有限公司所属的最大一家餐饮企业，位于闹市区襄江天桥旁。明末清初，丁祖英的爷爷丁子文开始以精制小米和糯米为材料，经过30多道工序精心酿造，首创丁氏黄酒，味道香甜，饮而不醉，健骨活血，补身养颜，闻名中原，设在汉水之滨襄阳小北门的丁家黄酒馆门庭若市。解放初期，丁祖英的父亲丁湘江把黄酒馆迁到樊城闹市的大桥口，后又在鹿角门开了一个丁氏黄酒分店。1997年秋天，丁祖英继承父业，在鹿角门打出了“一二三”黄酒的招牌，正式成为丁氏黄酒馆的第三代传人。由于她在丁家第三代里排行老大，食客叫她丁老大，她则把自己看作为普通“一丁”。同年，丁祖英在市长征路开办了总面积达400平方米的“一丁甜酒餐厅”。在丁氏黄酒酿造的基础上，相继开发了米酒、甜酒、黄酒、桂花酒四大系列20多个品种，并且用海马、红花、人参等30多种中草药酿制而成，一时间风靡襄樊二城。2002年，丁祖英以一丁甜酒为品牌，向饮食业全面进军，投资兴建了“一丁甜酒美食广场”，占据老襄江商场三层楼房，一次可容纳上千食客就餐。一楼经营具有浓郁地方风味的名优小吃快餐，二、三楼分别以经营中高档酒席为主。店内经营襄樊名、优、特菜点近百余品种。名菜“楚绣猴头”，主要用鸡片、肚片等10多种原料，经20道工序制作而成，味道清香可口，营养价值很高，曾经打入香港饮食市场。全家福，主要有鸡肉、肚子、腰子等10多种原料，经20道工序制成，味道鲜、咸、香可口，其制作方法，原料配伍、成菜要求与中国名菜“李鸿章杂烩”一脉相承，食后感觉有异曲同工之妙。萝卜炸馍、香酥全鸭、红油蹄筋等菜品被襄樊市烹饪协会评为襄樊名菜名点。同年，62岁的丁祖英将一丁甜酒交给她的儿子李向东管理，支持李向东走上跨行业经营的路子，增开了象仔休闲厅、百凤灯饰、成才潭家鱼头火锅等分店。聘请湖北烹饪名师龚学勤为总顾问，并有烹调、面点技师4人，高级工2人，中级工24人，安排了400余名失业职工就业。

（6）长虹大酒店

襄樊市长虹大酒店位于樊城长虹路，主要经营住宿和餐饮业务，2001年4月开业，由襄樊市供电局创办，有客房87间，床位160个，会议室4个，餐厅及大小包厢15个，承接大中型会议、宴席和零餐。长虹大酒店以“不求最大，唯求更好”为目标，坚持规范化管理和人性化服务，致力于打造长虹品牌。2002年7月被省市旅游主管部门评为三星级涉外酒店。酒店特邀襄樊饮食业的中国烹饪大师江立洪、湖北烹饪名师龚学勤精心设计夹沙肉、酿猴头、缩项鳊等本地传统名菜，开发藕宴、笋宴及以五谷杂粮为主料制作的具有创新理念的绿色健康饮食，辣酒肥牛、秘制烤目鱼、铁板蒜香银雪鱼等特色菜受到顾客好评，厨师王建鹤制作的热菜东坡肉获2002年12月首届“志强杯”旅游美食月暨烹饪大赛传统名菜一等奖。2005年，酒店加盖1栋两层楼房，扩大经营规模，并陆续进行全面装修改造，融时尚与古朴典雅为一体，传统工艺装饰与古文书法名画相结合，凸显文化艺术气息，以独到的经营管理特色，赢得行业及社会良好的口碑，先后被评为襄樊名店、消费者满意单位和价格诚信单位。

（7）真武大酒店

民营大型中式餐饮企业，创办人程良爱。真武大酒店位于襄城东街，按四星级标准兴建，2003年12月开业，为顾客提供餐饮、住宿、会务及休闲娱乐等综合性服务。酒店营业面积6000多平方米，标准间、套间等客房88间(套),每个房间均设有中央空调、纯平彩电、宽带电信终端和先进的卫星电视系统。大小会议室5个,会议中心配备有现代化的投影设备和美国NBK音响设备。设有商务中心、休闲吧、美发美容等配套服务项目,另设电梯2部、大型停车场2个。酒店包厢34个,大小餐厅各1个,餐位900多个,餐厅装修豪华,风格各异,以历代帝王年号命名的包厢及其配置,使顾客感受到浓郁的传统文化氛围。酒店由名师主厨,以中式餐饮为主,包容鄂、湘、粤、杭南北风味,汇集鱼翅海鲜天下美食,菜肴主要代表作有红烧大花鲢、柏林猪手、炝锅鱼等。酒店坚持质量管理、诚信经营、优质服务,营造温馨、舒适、快捷的服务环境,实现经济效益和社会效益同步增长,2005年被评为襄樊名店和价格诚信单位。

(8)王东升婚纱摄影公司

王东升婚纱摄影公司由湖北老河口人王东升创办,是一家集婚纱摄影、个人写真、婚纱出租、新娘化妆为一体的民营企业。1990年3月28日,王东升在位于樊城人民广场的襄江饭店租用9平方米的楼梯间开张摄影业务。10余年来,王东升婚纱摄影在襄樊经久不衰,成为摄影界品牌。2005年1月,公司旗舰店迁址于襄樊市大庆东路3号,营业面积260平方米,一楼为温馨舒适的会客厅、环境优雅的选片区和华丽时尚的化妆区,二楼为全明星定制款新品婚纱礼服区,引领时尚的设计将传统的雅致和现代的热烈融为一体;三楼为皇家顶级VIP至尊区和简约时尚的摄影区,充满艺术氛围,由国内资深摄影大师驻店掌镜主拍。2006年,王东升婚纱摄影耗资260万元重新装修改造。打造全新、豪华的婚纱摄影殿堂,环境、服务得到全面升级。同年2月,王东升婚纱摄影公司丽致店在位于樊城中心商务区的麦当劳4楼开业,营业面积1200平方米。同时,东升摄影公司还独家拥有12 000平方米的"米公祠"外景基地。公司共有创新、学习型团队60人,其中骨干人员20人,是襄樊唯一一家KODAK CLUB认证指定店,多次参加中国人像摄影大赛并获殊荣,跻身中国摄影行业综合实力二十强。先后被评为亚太地区金钻(中国)杰出影楼、全国百佳明星影楼、全国百佳承诺"放心消费"影楼、湖北摄影名店、襄樊最具影响力婚纱摄影品牌,荣获亚太地区最佳风尚影楼金像奖、全省化妆大赛"创意金奖""晚礼妆铜奖"等多个奖项。

(9)郝曙光实业有限公司

襄樊郝曙光实业有限公司(原曙光照相馆)的前身为玉宝斋,襄樊人张辅臣于1894年在荆州街(原县府街)创办。当年有位英国传教士来到襄阳城,经常用"木匣子"照相机给人照相,时常得到张辅臣接济,遂与他结成好友,在离开襄樊时把"木匣子"送给了张辅臣,张便用这个"木匣子"开办了"玉宝斋"照相馆。1896年,张辅臣的侄女婿郝树儒和其儿子郝伯亨又在樊城永丰巷开办"二我"照相馆。1928年,郝伯亨迁回襄城新街开办照相馆,正式更名为曙光照相馆。1935年,襄阳发生特大洪水,"曙光"经营受到重创,郝伯亨先后到钟祥、竹山、老河口等地从事照相业,期间曾为蒋介石照过相。后来,由于"文化大革命"等原因中断营业。1978年以后,郝伯亨和其小儿子郝基全重新开张曙光照相馆。1984年,郝基全继承父业,把曙光照相馆迁址到襄城西街利民巷1号,租下原属于郝家的一间老宅,以后又逐步把几间祖宅全部买下,经过装修改造,扩大经营规模。并于2002年年底在谷城成立谷城郝曙光生态农业发展有限公司,成为谷城县生态农业科技示范基地。2003年,郝基全对公司的人事和管理制度进行一系列改革,加盟国际巴黎春天婚纱摄影集团和台湾宝贝家族儿童摄影机构。2005年,投资数百万元引进最先进的数码摄影设备和数码彩扩机,成为能够独立完成婚纱摄影、儿童摄影、艺术写真、全家福、证件照、大型会议合影等经营项目的综合性公司。董事长、总经理郝基全守法经营,致富不忘报效国家和社会,积极参加各项社会活动,为襄樊的建设献计献策,吸纳下岗职工和贫困毕业学生就业,资助保康县龙坪镇温坪村19名贫困生达数十万元,赢得业界良好口碑,多次被授予省市先进个体工商户、双文明先进工商户、个体纳税先进个人等荣誉称号。现在的郝曙光实业有限公司已由第五代传人郝咏菊接替其父亲郝基全担任总经理,在董事长郝基全的协助下,将公司全面打造升级为超级旗舰店。

(10)襄樊绝妙美容有限公司

始建于1986年,襄阳黄集人王金桃在襄樊市鹿角门附近开设,取名绝妙美发店,寓意用绝伦的修剪技术和奇妙的化妆技艺,为顾客塑造美丽。美发店开设后,由王金桃与其丈夫钱革命共同经营,当时规模在襄樊很大,开张后,以精湛的技艺赢得了顾客,生意红火。1993年,王金桃应邀参加在广州举办的全国美容美发研讨会,加入国际美容美发协会,为该会会员。1996年1月,为扩大经营规模,绝妙美发店由鹿角门迁至解放路240号,更名为绝妙美容文化服务中心。王金桃看到美容美发行业的发展前景与巨大潜力,与丈夫制订了连锁经营的发展战略,于1996年4月开办了绝妙美容美发学校,校址设在樊城劳动街大井台,同年成功举办了大型美容美发化妆演示会,展示绝妙技艺和新的美容美发理念。1997年1月,绝妙美容有限公司成立,王金桃任总经理。1997年5月,王金桃与钱革命组队参加在武汉举办全国发型化妆大赛,王金桃获得化妆组金奖,钱革命获得晚宴组冠军,其他队员也全部获奖。同年,王金桃被劳动部门授予高级美容师技术职称。1997年6月在襄阳鼓楼巷开设了当时襄樊最具规模的大型美容美发名店"绝妙靓丽化妆苑"。1998年3月和8月,又相继在大庆路、泰安路开设了2个分店。2000年1月在解放路创立了绝妙医学美容整形机构,同年3月,绝妙美容美发学校由大井台迁至鱼梁洲绿洲大道4号自建的五层多功能教学大楼,后于2004年被评为湖北省"美容美发示范学校"。2001年5月在樊城职工街开设绝妙C21分店。2001年9月在樊城炮铺街开设概念店"绝妙艺丽景源",其规模、装修、技师配备堪称市内一流,引起社会各界的热切关注。2003年3月,在春园路同时开设绝妙美丽田源店和绝妙浴足堂。2004年12月在立业路开设绝妙根据地店,2006年5月又筹资购买人民广场奔泰阳光城五楼整个楼层,开设湖北省超大规模的特级店"绝妙养生会馆"。此后还在老河口、枣阳、神农架、仙桃设立了连锁加盟店。"绝妙"公司经营面积达到3000平方米,从业人员500多人,获得国内美容美发大赛120多个奖项。事业成功,"绝妙"公司没有忘记回报社会,先后免费培训失业工人300多人次,并为谷城县赵湾乡希望小学和襄樊四中贫困学生捐款22 000元。多次被市委、市政府授予文明单位、先进单位、消费者满意单位等荣誉称号。王金桃也先后当选樊城区政协委员、樊城区美容美发商会会长、襄樊市美发美容协会会长。

2.饮食名街

中原路美食文化街位于襄樊市樊城中原路,东连幸福小区路,南靠卧龙饭店,北与襄樊汽车站相邻,1999年由樊城区中原办事处董台管委会投资1200余万元兴建,全长110多米,宽23米,建筑面积6000平方米。文化街经营用房112间,实有经营户32家,其中餐饮业23家,主要经营川、湘、鄂、粤及襄樊地方风味菜点,集喜庆宴会、居家小酌、民间佳肴、风味小吃为一街。经过几年精心打造,已具规模,全年接待量约30多万人,营业收入1100多万元,外地客人占就餐人数的40%。2001年11月,被推荐为襄樊市创建全国优秀旅游城市餐饮一条街。

3.名菜

(1)梅干菜烧肉

是乡土气息浓厚的传统风味名菜,用梅干菜和猪五花肉烧制而成。梅干菜是以芥菜的苔、叶,经过腌制、晒干、蒸熟,再晒干而成,有一种特殊的草木鲜香味。梅干菜和五花肉合在一起烧制,因梅干菜吸收力强，极易吸收五花肉中的油脂和胶质，五花肉腥荤气味可通过梅干菜特殊香味去冲淡，相得益彰。成菜鲜香、味厚、滑爽，无油腻感。

(2)三镶盘

襄樊传统风味名菜。它是集“炸紫芥（即炸猪肝）”“炸排骨”“炸脑泡”三菜之所长于一馔，三菜各呈一色，各献一味，一菜三吃，故名“三镶盘”。制法是：芝麻油烧制五成熟时，将网油肝片下锅炸 3 分钟，用漏勺捞起放在盘的一角。待原炒锅中油烧至七成熟时，将猪脑髓逐块蘸上蛋糊，下锅炸 1 分钟成金黄色时，捞起放在盘的另一角。再放入排骨块炸 4 分钟捞出盛在盘的另一角。然后将炒锅余油倒尽，放入卤汁烹沸，起锅淋在排骨上，撒上葱花、胡椒粉即成。肝茸与核桃仁制成的网油肝片，软中带有核桃所特有的油香，猪脑嫩中带酥，排骨酥嫩鲜香，滋味各异。食者可根据自己的爱好取食，更为适口。

(3)脆花肉

用猪肥、瘦肉丁和花生米配以红辣椒合炒而成。将净猪肉切成细丁，加湿淀粉、味精、鸡蛋清、酱油、精盐混合拌匀，花生米擀碎，红辣椒去蒂、籽，切成小丁。将炒锅置旺火上，放入芝麻油、熟猪油烧热，下红辣椒、花生米、葱段、姜末煸炒 1 分钟。再将肉丁下锅煸炒 2 分钟，加醋、白糖、味精，颠簸几下，盛入盘中即成。花生米营养丰富，其热量高于牛奶 200%，高于鸡蛋 400%。成菜花生米香脆，嚼时满口生香，后味深长。肉丁鲜嫩，配以红辣椒，开胃口，增食欲，是冬季节令佳肴。

(4)面筋肉茸

此菜为襄樊市的传统名菜。取油面筋泡若干个，用清水浸泡后挤干水分。猪肉洗净，剁茸盛碗，加鸡蛋清、湿淀粉、味精、胡椒粉、葱花、姜末、酱油、精盐拌匀，填入面筋泡里。将填了肉茸馅的面筋放入热油锅内，加入鸡汤、味精、精盐烧 5 分钟，再加菠菜略烹，用湿淀粉调稀勾芡，淋上芝麻油，将锅颠动几下，盛入盘中即成。成菜色泽淡黄，芡汁明亮，点缀以少许菠菜，素雅宜人。面筋外软内韧，含有肉香，味鲜爽口。

(5)糖醋白菜

此菜是襄樊市的创新菜之一。取大白菜芯洗净，切成 8 分长的条。炒锅置旺火上，放入猪油、芝麻油烧热，将白菜心下锅爆炒，加精盐、白糖、醋，待白菜七成熟时，加入黑木耳、味精，用调稀的湿淀粉勾芡，起锅盛盘即成。成菜色洁白，质脆嫩，味酸甜，讲究油温火候恰到好处。

(6)天鹅抱蛋

将宰好的仔鸭洗净，虾米用温水浸泡 5 分钟取出，火腿、海参、玉兰片切成小片，香菇一剖两半，鸡蛋煮熟去壳，猪肉切成小方块并在肉面上剞井字花纹，熟鸡蛋炸至虎皮色时捞出。将鸭盛入汤盘，加精盐、鸭汤、猪肉块、海参片、香菇片、玉兰片、火腿片、虾米、葱节、姜片、胡椒粉，用旺火蒸 90 分钟出笼。在整鸭的两边摆入已炸与未炸的熟鸡蛋，再上笼用旺火蒸 30 分钟即成。为了使“天鹅”的造型和颜色美观，可在鸭身上均匀地涂上一层蛋清泡沫，并在鸭的周围点缀一些装饰花。此菜造型美观，具有鲜、嫩、软、脆的特点，因鸭身两边镶有两色鸡蛋，故名。

(7)两色对子鸡

取两只仔母鸡，分别宰杀洗净，剔去鸡骨，掏去内脏，汤腥味捞出。将猪肉丝、火腿丝、香菇丝、玉兰片丝、干贝丝、冬菜、味精、精盐、胡椒粉、酱油、葱段、姜末下猪油锅煸炒 2 分钟，起锅填入一只鸡腹内，扎住颈口，盛入碗中，与另一只鸡一同置笼屉内，蒸 60 分钟取出。然后将两只鸡合盛在汤盆中，便成红白相映的对子鸡。此菜一鸡先炸后蒸，一鸡只蒸不炸，两鸡红白相映。填腹馅料不一，滋味各异，一只皮脆肉软，鲜酥嫩滑，另一只柔软烂，醇香四溢。

(8)武当猴头

武当猴头蘑涨发后切成薄片，用上汤小火煨扒。顺碗壁将猴头摆成瓦楞式圆形，放入鸡脯、火腿、冬笋，灌上汤蒸 30 分钟。覆碗勾芡，四周放煨好的十字笋点缀。此菜软柔醇香，汤汁清鲜可口。

(9)虫草鸭方

麻鸭宰杀去毛洗净，放冷水锅淖水起待用。珍品虫草 8 只水发，用上汤煨入味。去鸭头、脖、掌、翅后，将鸭身一分为二，修成长方形，再将其每边斩成大小相同的鸭方 4 块，每块正中用餐刀戳一小洞，把虫草植入其中，整齐摆放于条形盘中，间隙放火腿、冬笋，加入高汤，入笼蒸 50 分钟后，上芡亮色，四周饰以西兰花。此菜高档清淡，滑而不腻，营养丰富。

(10)夹沙肉

襄樊传统名菜。将去皮中方肉入沸水锅内烫一分钟放凉，切成 3.5 厘米长、2 厘米宽、0.3 厘米厚的薄片，每两片相连，中间填入豆沙包好，再放入鸡蛋清、麻油、湿淀粉、精粉搅成的蛋泡糊内，拖糊上浆，入七成熟的油锅中氽炸，待肉块两面呈金黄色时，捞出盛盘，撒上白糖、青丝、红丝即成。其特点是：色泽金黄，肥而不腻，香甜爽口。

4.名点

(1)胡辣汤

取面粉加食盐、清水揉成面团，将面团在清水中反复捏洗出面筋，麦淀汾溶于水中，面筋放油锅中炸成枣粒大的面筋泡。锅中倒麻油，放姜末、豆豉，炸出香味后，投入牛肉片翻炒，再倒入煮牛肉的水烧至半熟盛起。大锅置中火上，倒清水，投入短粉条煮沸后，将带汤的牛肉片、山药片、黑木耳、带丝、黄花、食盐、胡椒粉和泡黄花的水倒入锅内，待粉条煮至软绵后，先下麦淀粉，再下糖色，搅匀，煮沸后盛入盆中，撒上面筋泡，均匀装碗即成。其特点是色泽酱红，香醇味浓，是襄樊的地方风味小吃。

(2)窝子面

襄樊的地方风味小吃，面条筋实，味道鲜美。其制作方法是：将含碱面条入水煮沸后捞起，放在筲箕内，淘凉沥水，提面条抖顺叠成窝子面。豆腐煮泡，沥水放凉，切成方丁，锅中倒油放葱、姜炸出香味，再倒入放黄花的水后，将豆腐丁、小瓣木耳、黄花、面酱、食盐、胡椒粉入锅上色入味，制成带汤的豆腐稍子。然后烧开煮黄豆芽的水，放入食盐、胡椒粉煮 5 分钟后，取窝子面一个放在笊篱内，上面放煮过的黄豆芽，插入沸水烫一下，带汤倒入碗内，舀一点稍子盖在上面，再浇一点辣椒油即成。

(3)桂花红薯饼

主料：红薯。配料：豆沙、蜜桂花、蜜橘饼、蜜冬瓜糖等。其制法是将红薯洗净，蒸熟，去皮，擀碎成泥，加入面粉揉匀。蜜橘饼、冬瓜糖剁碎，加蜜桂花、豆沙、白糖混合拌匀成馅。红薯揉搓成丸子，逐个包入豆沙糖馅，再揿成直径 2 寸的红薯饼。炒锅置旺火上，下芝麻油烧至 6 成熟，放入红薯饼炸至金黄色时，捞出盛盘。此饼色泽金黄，油光发亮，质地酥溶，桂花香，沙馅甜，爽口不腻。

（4）馅饼

此饼焦黄起酥，味美而香，是襄樊传统的小吃品种。分别用面粉加酵面制成发面，加开水拌制成汤面，加清水合制成冷水面，其余面粉炒黄后加麻油拌搓成油酥。将猪腿肉抽筋后剁成细粒，加食盐、酱油、五香粉、姜末、葱花、麻油拌匀成馅。把发面、汤面、冷水面合拢揉匀摊开，抹上油酥，卷成长条揪剂，逐剂按扁包馅，收拢按平成圆形饼坯。再将麻油和化猪油入平锅置中火上烧八成熟时，放入饼坏，两面炸黄，推到锅边，呈老黄色时，夹起沥油，切四开装盘即成。

（5）油馍筋

原料：面粉、酵面、麻油、明矾、纯碱、食盐、五香粉。用开水将碱、矾、盐化开倒入盆内，加面粉、清水搅和后，放入酵面、五香粉，再搅合用手捏，顺盆边加温水全提几次，制成软滑不粘的面团。锅置中火上，倒入麻油，烧至八成熟。案上抹油，取面团一块，拉长按平，剁成小条，双手各捏 4 条，提起下锅，炸泡后推翻，呈金黄色时，捞起沥油即成。此油炸品条细色黄，外酥里泡，是襄樊的传统小吃品种之一。

（6）猪肉水饺

原料：面粉、猪腿肉、水发海米、包心白菜茸、葱、生姜、食盐、酱油、麻油、胡椒粉、味精。选上等白菜心掰开放沸水中打滚捞起，再用清水漂凉，沥水后剁碎，包在纱布里挤干。猪腿肉抽筋切块，剁烂后加食盐、酱油、姜末、味精、胡椒粉、小麻油等拌匀，最后将葱花、菜茸、海米碎粒撒入，搅拌成馅。将面粉加清水揉成面团，搓成长条下剂。用小擀杖逐剂擀成边稍薄、中间稍厚的圆饺皮，填馅合拢，用两手的拇指、食指挤压包好。锅置中火上，水沸后下饺，再沸后水饺浮起，注入少量凉水，取碗放入另备的葱花、味精、胡椒粉、酱油和猪筒骨汤，捞起水饺装碗。此饺皮薄边窄，馅重，味道鲜美。

（7）瓦罐汤

樊城长征路民间古法煨汤馆制作的瓦罐汤，是用一种典型的民间传统煨汤方法煨制。以瓦罐为器，精配各种食物，加上多种名贵香料和中药置入一米方圆的大瓦缸内，以硬质木炭作燃料，使大瓦缸六面受热，煨制达 7 小时以上。久煨之下，使原料鲜味及营养成分充分溶解于汤中。由于它密封很好，吃的时候才打开，汤汁货真价实，味道鲜美可口，食后回味无穷。

（8）黄酒

襄樊黄酒亦称应时黄酒，历史悠久。远在 1000 多年以前，唐代诗人刘禹锡在《大堤曲》一诗中就写道："酒旗相望大堤头，堤下连樯堤上楼。"酒旗是黄酒馆的"酒幌子"，旗呈长方形，上书"闻香下马、知味停车"或"某某酒馆"等字样。制作黄酒以纯糯米为原料，工艺独特，酿制周期短。其方法是：取糯米泡于清水中数小时，捞出置甑内蒸 25 分钟左右，将甑搬出用凉水降温。而后用碾碎的黄酒曲与糯米一同拌匀，置缸内按实、抹平，中间掏一小窝，使其发酵。最后将冷开水倒入缸内，继续浸泡 24 小时，另取空缸一口，筲箕置于缸上，将浸泡的酒汁连同酒糟一起倒在筲中，滤出乳白色的酒汁即可饮用。黄酒质量的好坏，一在酒曲，二在操作过程（冬夏温度有所区别），三在兑水多少。酿成的酒，应在日内饮用，时间长了易老化变质。黄酒的酒力介于白酒和啤酒之间，其营养价值优于啤酒和果酒，能益神爽身，消除疲劳。冬天能御风祛寒，夏天能消暑止渴。冲三七或白药可治跌打损伤，冲泡葱、姜、红糖可治伤风感冒，并能活络经血和发奶，老少皆宜，是襄樊人民喜欢饮用的低浓度酒。

卷十四　对外经贸和港澳台贸易

中共十一届三中全会后，襄樊对外经贸和港澳台贸易的发展随着全国改革开放的推进而深化。在规模上，从无到有，从小到大，逐步壮大起来；在范围上，由点到面，不断扩展；在水平上，由初级到高级，不断提高。

一、对外经贸发展

（一）历程

初始发展阶段（1984—1991 年）。对外开放之初，襄樊市从自身现实出发，明确把对外经济贸易工作的重点，主要放在发展提高出口创汇能力上。1984 年 8 月 27 日，襄樊市首家中外合资企业——中国三环尼龙拉链有限公司正式成立，开启襄樊利用外资及港澳台资的先河。1985 年 2 月 14 日，襄樊市新定为对外开放甲类地区，外国人可直接来樊。1988 年 3 月，襄樊市获准可以对外直接经营进出口业务。同年6月，第一家拥有进出口经营权的外贸公司襄樊市国际贸易公司正式成立。1998年3月，襄樊海关开关，襄樊及鄂西北地区进出口货物无需转关出海，就可就近报关、签单、起运和出海。同年 6 月，武汉中运、襄樊铁路分局，全面启动国际集装箱铁海联运。1999 年 6 月，襄樊铁路二类口岸正式开放，结束襄樊无铁路口岸的历史。同时，为改善投资环境，筹集资金开工兴建一批重大基础设施项目。

快速发展阶段（1992—2001 年）。1992 年初，襄樊对外开放实现突破性进展。市委、市政府进一步加强领导，成立市对外开放领导小组。1992 年 1 月，经省人民政府批准，成立襄樊汽车产业经济技术开发区，这是全国唯一一家汽车产业开发区。1992 年 11 月 9 日，经国务院批准，襄樊高新区成立。当时，除武汉东湖高新区外，全省地市级仅此一家国家级高新区。两个开发区的设立，为襄樊市对外开放提供了新的重要载体。在利用外资及港澳台资上，加大招商引资力度，从抓大财团、大项目入手，走出去，请进来，大力实施“巩固港澳台、进军东南亚、开拓欧美日”的招商策略。先后在日本、美国等 10 多个国家和香港地区招商引资。2001年，全市直接利用外资及港澳台资首次突破4 000万美元，达4 210万美元。在扩大出口上，寻求新的对外出口增长点。深化外贸企业改革，增强企业活力。引导自营出口企业和三资企业扩大出口，以构筑三足鼎立、多点支撑的外贸出口格局。坚持以质取胜和开拓多元化市场。不断调整外贸出口商品结构和市场结构。加快发展加工贸易和服务贸易。1992 年 10 月，经省政府、武汉海关批准，全省地、市、州首家保税仓库在襄樊市启用，为出口创汇企业提供仓储、运输、报关等服务，为鄂西北地区转口货物贸易提供保税储存服务。另外，在对外经济合作上，襄樊市还积极探索实施走出去，努力扩大对外工程承包和劳务输出。

加速发展阶段（2002—2005 年）。2002 年 2 月 5 日，襄樊市行政服务中心成立。主要负责行政审批、审核、许可办证、办照以及政府采购、招标事项的组织、协调、管理和监督，为公民、法人和其他组织，提供公开、便捷、高效的行政服务。2002 年 9 月 19 日，东风汽车公司与日产汽车有限公司，建立全面合作关系协议在北京正式签署。2002 年，全市直接利用外资及港澳台资 5526 元美元，首次突破 5000 万美元大关。2003 年 6 月 9 日，新合资东风汽车有限公司在武汉成立，襄樊成为新东风汽车生产基地之一。2004 年 9 月 29 日，东风—日产新型高档轿车“天籁”在襄樊下线。2004 年，省委将襄樊市确定为省域副中心城市。市委、市政府为建设名副其实的省域副中心城市，决定 2004 年为全市“项目建设年”。拟定 30 个重大建设项目，要求把发展落实到项目建设中，以项目建设为中心，建成一批重点项目，引进一批外来项目，激活一批民间资本项目，加速推进襄樊工业化进程。2005 年 2 月，经湖北省委、省政府批准，原高新技术产业开发区与原汽车产业经济技术开发区合并，组建新的国家襄樊高新技术产业开发区。2005 年 12 月，全省第一家公路口岸襄樊公路二类口岸正式对外开放。经襄樊公路运输进出口的集装箱，无需经其他城市开箱查验可直接通关。由政府口岸办、出入境检验检疫局、襄樊海关等部门联合推出的“一站式”报关、报验服务为企业提供了更大便利。襄樊公路口岸进一步完善口岸管理体制，提高口岸通关效率，带动了鄂西北地区外向型经济的发展，奠定了襄樊市外贸货物物流中心的基础。2005 年，全市投资过亿元的项目 65 个，投资总额 386.2 亿元。有 6 家世界 500 强企业在襄樊落户。

（二）成就

1985—2005 年，随着襄樊对外开放的不断推进和深入，全市外向型经济从无到有、由小到大、自弱到强，实现跨越式发展，取得巨大成就。

1.“大外经贸”格局

从 1988 年第一家获得进出口经营权公司，到 2005 年年底，各县（市）、区全部开口自营外贸，全市共发展拥有外经、外贸、国际货运经营权的企业 245 家，加上正在运作的 300 多家三资企业，可直接对外经营的企业 600 多家，与世界上 100 多个国家和地区建立投资贸易关系。至此，襄樊的“大外经贸”主体轮廓初显。外经贸业务范围，也由过去单一进出口贸易，扩展到招商引资、外派劳务、承揽国外工程、境外办企业、国际货物运输等领域。初步形成了外经、外贸、外资及港澳台资“三外”的有机融合，贸、工、农、银等多部门联动的全方位、宽领域、纵深化的对外开放格局。

2.对外贸易及港澳台贸易发展

自 1985 年以来，尤其 1988 年开放口岸以来，对外贸易及港澳台贸易一直保持强劲增长态势。2001 年，进出口总额突破 1 亿美元，2004 年，仅出口总额就突破 1 亿美元，2005 年，出口额 1.4 亿美元，全市自营出口累计 8.5 亿美元。在出口市场不断扩大背景下，全市对外贸易及港澳台贸易着力巩固港、澳、台老客户，同时，大力开拓远洋市场。形成了“襄樊—港澳—远洋”三点一线式国际贸易大通道，香港、东盟、韩国、欧盟和美国五大贸易伙伴。出口商品结构进一步优化，实现由出口初级产品向主要出口工业制品的历史性转变。其中机电产品和高新技术产品出口比重逐年提高。全市出口商品种类已发展到 28 个大类 112 个品种，远销世界六大洲 97 个国家和地区。对外贸易及港澳台贸易经营主体不断壮大，形成生产企业、流通企业、科研院所、国有企业、民营企业、外商投资企业竞相参与的对外贸易及港澳台贸易大合唱局面。同时，涌现一大批过百万甚至过千万美元的出口大户。

3.利用外资及港澳台资水平

利用外资及港澳台资水平的提高，集中表现在：⑴ 利用外资及港澳台资领域拓宽。外资及港澳台资重点投向基础设施、高新技术产业、传统产业改造、现代设施、农业等，并逐步向金融、保险、运输、中介咨询、零售商业等行业发展。全市外资及港澳台资企业已进入 10 大行业，形成了一、二、三次产业竞相发展的强劲势头。外资及港澳台资企业已成襄樊各领域创新发展的重要力量。⑵利用外资及港澳台资规模扩大。1992 年，境外客商实际投资仅为 508 万美元，至 2004 年激增至 8 013 万美元。1984—2005 年，全市累计批准外商及港澳台商投资企业 578 家，协议利用外资及港澳台资 71 797 万美元，实际利用外商及港澳台商投资 41 108 万美元。已有 20 多个国家和地区的客商在襄樊投资。其中，中国香港、台湾地区和美国、加拿大、巴拿马、澳大利亚的协议外资及港澳台资均已超过千万美元。⑶利用外资及港澳台资层级提高。一批海外巨商、大财团、国际知名投资商纷至沓来。例如，美国康明斯、太时投资公司、泰国正大、澳大利亚艾特国际贸易公司、法国雪铁龙、日本日产等。多家跨国公司，在襄樊安家落户生根开花。全市大部分外资及港澳台资企业生产经济效益良好，经济规模不断扩大，经济实力不断增强，已成为襄樊市经济发展的重要支撑。

4.“走出去”战略

全市有 4 家企业实施了对外“走出去”战略，全市先后累计外派劳务人员 1524 人。其中，刚果、扎伊尔、阿尔及利亚等 8 个国家，援外医疗专家、农业专家 159 人，日本、美国、新加坡、科威特等 20 多个国家和中国香港地区劳务人员 1365 人。全市对外经济技术合作，正逐步由体力型向技术管理型转变；由一般劳务输出为主向承包工程转变；由输往落后国家向发达国家转变；由援外建筑工程扩展到农业、轻工、建筑、汽车修理、化工、建材、电子、卫生、纺织、服装、饮食服务等 10 多个行业。多次承接在巴基斯坦、突尼斯等国家和地区承包工程，参与了香港西铁轨道工程建设。并成功在缅甸、阿联酋等国设立了多家非贸易企业。

5.服务机构体系

襄樊不仅设立了商务局口岸管理办公室、海关、出入境检验检疫局、外汇管理局、招商局、行政服务中心、金融、保险、律师事务所等涉外机构，还开通了铁路、公路二类口岸。产品出口实现了就地检验、报关、出口，形成了完善的涉外服务体系。同时，还完善了利用外资及港澳台资优惠政策，制定了出口贴息、出口大户奖励、出口间隙资金等鼓励扶持政策。具备了全面性、完整性、可操作性等政策特点，初步构建了一套有利于对外经济贸易和港澳台贸易的政策体系。

6.投资环境

1986 年 1 月，经国务院、中央军委批准，襄樊市政府自筹资金修建机场，1989 年 12 月 14 日正式通航，成为全国第一家由地方集资新建的民用机场。2003 年 12 月，襄樊市第一条高速公路襄十高速公路全线通车，结束了鄂西北没有高速公路的历史。随后，孝襄、樊魏、襄荆高速公路相继通车。截止 2003 年年底，全市固定电话和手机用户均突破 100 万户。襄樊移动网已经拥有 3 个交换局，系统总容量达 72 万门，基站总数达到 419 个，主要交通干线、重要公共场所、城区及 98% 以上的乡镇都实现了全覆盖。联通、网通公司的业务发展也十分迅猛。襄樊市已经形成了高宽带、高速率、功能比较完善的信息港。2004 年，襄樊荣获“中国优秀旅游城市”称号和“中国魅力城市”称号。2005 年 9 月，美国《福布斯》杂志中文版公布，2005 年中国大陆最佳商业城市排行榜，在其子榜——最适合开设工厂的 20 个城市中，襄樊排名第四。

7.对外经贸和港澳台贸易作用

对外经济贸易的快速发展，有力地带动了各类企业参与国际经济大循环，利用“两个市场”“两种资源”的国际竞争能力较大增强。100 多种襄樊地方产品走向国际市场，利用外资及港澳台资大大弥补了经济建设资金的不足。1984—2005 年，全市累计实际利用外商及港澳台商投资 41 108 万美元；外商及港澳台商投资企业累计安置就业人员超过14万人。一大批外资及港澳台资企业落户襄樊,带来了资金、技术和管理经验,提升了襄樊城市形象,增加了财政收入,促进了全市经济发展。外资及港澳台资企业上缴涉外税收,2002年突破亿元大关,2003年达到2.17亿元,2004年突破5亿元。1984—2005年,累计上缴涉外税收10亿元以上。纵观全市经济,活力最强、职工收益最高、税收增幅最大、发展后劲最足的都姓“外”,最具有看头的也姓“外”。康明斯、日产、神龙、正大、佳通、博拉、沃尔玛、宜城新丰粮油等一批外字号企业正在拉动一个个行业振兴、成为全市经济发展的一个重要“增长极”,在一定程度上提升了城市的知名度和品位。

二、对外贸易和港澳台贸易

1988年是襄樊市开展自营进出口的业务的第一年,当年出口总额为362万美元。1989年出口总额89万美元,1990年出口总额355万美元。1991—1995年,襄樊市进出口总额1.65亿美元。其中进口额0.24亿美元,出口额1.41亿美元。出口国家和地区达43个。工业制成品平均占出口总额的89.2%。1996—2000年,襄樊市进出口总额为3.23亿美元。其中进口额0.7亿美元,出口额2.53亿美元。工业制成品平均占出口总额的92.7%。2001—2005年,襄樊市进出口总额为9.93亿美元。其中进口额5.4亿美元,出口额4.53亿美元。工业制成品平均占出口总额的91.6%。1988—2005年,襄樊市进出口总额14.89亿美元(1988—1997年为业务统计数,1998—2005年为海关统计数)。其中进口额6.34亿美元,出口额8.55亿美元,出口国家和地区97个。襄樊市对外贸易及港澳台贸易实施大外经贸战略,推进出口商品企业结构向多元化方向发展,支持各种不同所有制的企业申报外贸经营权,外经经营权和兴办外商投资及港澳台资企业。到2005年年底,全市共有进出口企业245家,有出口实绩的外商投资及港澳台资企业24家。2005年,襄樊市机电产品出口3919万美元,占全市出口总值的27.3%,成为全市最大的出口商品类别。轻型卡车、医药原料、粘胶长丝、家纺、轴承等成为出口“拳头产品”。以东风汽车股份公司、华中制药厂、湖北化纤集团、宜城雅新家纺公司、襄樊星火轴承公司等为“龙头”的出口企业队伍逐步壮大。

实施“市场多元化”战略效果良好。以“巩固欧美日、港澳台、开拓亚非拉、东欧、俄罗斯”的市场开拓方针,对欧美远洋市场出口持续增长,对港澳市场出口依存度逐步减少,对香港出口在绝对值增加的情况下,占全市出口比重逐年递减(1990年为84.5%,1998年32.2%,2005年为13.8%),出口累计涉及的国家和地区达到97个。对外贸易及港澳台贸易方式趋向一般贸易与加工贸易相结合的良好发展态势。到2005年,襄樊市外贸进出口额占湖北省进出口总值的3%以上;其中,出口额占湖北省出口总值的3.2%。

(一)外贸调整

1.市场多元化

20世纪80年代末90年代初,世界经济全球化加快,各国经济相互渗透、相互依存,经济区域化和集团化趋势不断加强。襄樊市外贸对象主要集中在亚太地区,市场结构状况不尽理想。襄樊市为让对外经贸获取更大的市场空间,分散风险,于1993年开始贯彻实施“市场多元化”战略,出口市场逐年扩展。经过5年努力,对港澳的依赖逐年减少,对发达国家的出口稳步增长,对发展中国家和新兴工业国家出口逐年上升。1998年,襄樊市对外贸易及港澳台贸易出口国别和地区,从1990年的4个发展到 44 个。对港澳出口比重，由 1990 年占全市出口额的 84.5%，下降到 1998 年的 32.2%，2005 年再降至 13.8%。同时，对欧美的出口大幅度上升，从 1993 年占全市出口总额的 22.6%，上升到 2005 年的 36.4%。全市出口市场已由港澳台地区，发展到欧美、亚洲、非洲、大洋洲的 100 多个国家和地区。

1995 年 6 月，市国贸公司在阿联酋迪拜，正式注册设立"阿联酋 SINO 公司襄樊业务部"，业务部成为襄樊市在中东地区设立的首家商贸机构。业务部一方面开展国际贸易直销生意，另一方面积极为襄樊市提供在该地区的各种便利服务。

1996 年，先后有市工艺品对外贸易及港澳台贸易公司、市国际经济技术合作公司、市工业品对外贸易及港澳台贸易公司、市粮油食品进出口公司、市南方对外贸易及港澳台贸易公司、市针棉织对外贸易及港澳台贸易有限公司、市机械对外贸易及港澳台贸易公司等 7 家外贸企业赴阿联酋、日本、孟加拉、柬埔寨、俄罗斯、美国等地进行了考察推销。先后 4 次组织 21 家外贸、工贸企业参加华交会、广交会和湖北省旅游经贸洽谈会。在巩固原有俄罗斯、美国、阿联酋及香港、深圳、厦门、上海办事处外，又在孟加拉、柬埔寨设立了办事处，在缅甸兴办了服装加工厂。到 1996 年底，全市在沿海及国外的办事处已达 10 个，出口国别和地区为 44 个。其中，亚洲 23 个、非洲 2 个、欧洲 10 个、拉丁美洲 4 个、北美洲 2 个、大洋洲个。对港澳出口 2 739 万美元，所占比重由上年的 70%下降到 49%，对远洋 41 个国家出口 2853 万美元，同比增加 1 270 万美元，所占比重为 51%，首次高于港澳市场两个百分点。

1997 年，全市出口国别和地区为 38 个，较上年减少 6 个。其中，亚洲 17 个，非洲 1 个，欧洲 12 个，拉丁美洲 4 个，北美洲 2 个，大洋洲 2 个。对港澳台出口 2212 万美元，所占比重由上年的 49%下降到 39%，对远洋 35 个国家和地区出口 3 449 万美元，较上年增加 596 万美元，所占比重为 61%。较上年增加 10 个百分点。在出口的国别（地区）中，出口额超过 1 000 万美元的有 2 个，即，香港 2112 万美元，韩国 1 383 万美元。对南非、英国、德国、韩国等国的出口同比增幅较大，分别增长 397%、166%、146%和 80%。

1999 年，远洋市场出口额 4617 万美元，较上年增长 21.6%，占出口总额比重由上年 66%升至 75%。对香港出口 1520 万美元，较上年下降 18.4%。对韩国出口首次超过香港，为全市第一出口市场。

2000 年，亚洲市场出口额 3262 万美元，同比增长 9.5%，占全市出口总额的 64.9%；对欧洲出口 606 万美元，同比下降 21.8%，占全市出口总额的 12.1%；对拉丁美洲出口 167 万美元，同比增长 116.7%，占全市出口总额的 3.3%；对北美洲出口 604 万美元，同比增长 47.1%，占全市出口总额的 12%，其中，对美国出口 532 万美元，同比增长 37.2%；对大洋洲出口 72 万美元，同比增长 85.3%，占全市出口总额的 1.4%。襄樊与 6 大洲 64 个国家和地区发生出口业务，较上年增加 6 个。襄樊出口 100 万美元以上的贸易伙伴依次为：韩国 1 229 万美元；香港 923 万美元；美国 532 万美元；日本 247 万美元；印度 193 万美元；孟加拉国 189 万美元；英国 154 万美元；德国 130 万美元；肯尼亚 129 万美元；坦桑尼亚 117 万美元；越南 108 万美元；泰国 107 万美元；墨西哥 102 万美元；与这 13 个贸易伙伴的贸易额 4 160 万美元，占出口总额的 82.8%。

2002 年，全市与世界 6 大洲的 69 个国家和地区发生出口业务，比上年增加 7 个。对亚洲市场出口 4822 万美元，同比增加 76.7%，占全市出口总额的比重 72.7%；非洲出口 308 万美元，同比增长 9.6%，占全市出口总额的比重 4.6%；欧洲出口 793 万美元，同比增长 1.3%，占全市出口总额的 11.9%，其中，欧盟出口 743 万美元，同比增长 1.8%；拉丁美洲出口 153 万美元，同比下降 35.4，占全市出口比重 2.3%；北美洲出口 508 万美元，同比下降 25.3%，占全市出口比重 7.7%,其中,对美国出口 426 万美元,同比下降 30.3%；对大洋洲出口 52 万美元，同比增长 10.6%，占全市出口比重 0.8%。出口额在 100 万美元以上的国家和地区有 13 个，比上年增加 2 个。依次为中国香港 1965 万美元，韩国 1321 万美元，美国 426 万美元，日本 248 万美元，德国 233 万美元，泰国 208 万美元，印度 175 万美元，新加坡 149 万美元，越南 128 万美元，西班牙 125 万美元，土耳其 121 万美元，肯尼亚 110 万美元，沙特101万美元,共5310万美元,占出口总额的80%。除德国、肯尼亚、美国出口下降外,其他国家(地区)的出口均保持在2位数以上的增长幅度。香港作为全市第一大出口市场,全年出口总额1965万美元,比上年增长149.4%,占出口比重29.6%。

2003年,亚洲仍是主要出口市场,出口6930万美元,同比增长43.7%,占全市出口总额的75.5%;非洲出口478万美元,同比增长55.2%,占全市出口总额的5.2%;欧洲出口988万美元,同比增长24.9%,占全市出口总额的10.8%,其中,欧盟出口928万美元,同比增长24.9%;拉丁美洲出口277万美元,同比增长81%,占全市出口比重3%;北美洲出口420万美元,同比下降17.3%,占全市出口比重4.6%;对大洋洲出口88万美元,同比增长69.2%,占全市出口比重1%。共与世界6大洲的80个国家和地区发生了出口业务,较上年增加11个。出口额在100万美元以上的国家和地区17个,比上年增加4个。依次为:香港2553万美元,韩国1390万美元,马来西亚481万美元,日本432万美元,泰国427万美元,新加坡392万美元,美国344万美元,德国337万美元,印度279万美元,土耳其258万美元,法国202万美元,菲律宾149万美元,南非135万美元,荷兰128万美元,巴拉马125万美元,以色列117万美元,台湾104万美元。除对美国出口下降外,对其他国家和地区均保持在两位数以上的增长幅度。

2004年,亚洲主要出口市场,出口6376万美元,同比下降8%,占全市出口总额的61.8;非洲出口569万美元,同比增长19%,占全市出口总额的5.5%;欧洲出口1262万美元,同比增长27.7%,占全市出口总额的12.2%,其中,欧盟出口1090万美元,同比增长17.5%;拉丁美洲出口639万美元,同比增长130.7%,占全市出口比重6.2%;北美洲出口1356万美元,同比增长222.9%,占全市出口比重13.1%;对大洋洲出口116万美元,同比增长31.8%,占全市出口比重1.1%。

2005年,共与97个国家和地区发生了出口业务,较上年增加9个。亚洲主要出口市场地位仍为改变,出口达8363万美元,占出口总额的58.2%,同比增长31.17%;对非洲出口622万美元,同比增长9.3%,占全市出口总额的4.3%;欧洲市场开拓迅猛,出口2556万美元,增幅达102.64%,占全市出口总额的17.9%;拉丁美洲出口1212万美元,同比增长89.7%,占全市出口比重8.4%;北美洲出口1456万美元,同比增长7.4%,占全市出口比重10.1%;对大洋洲出口158万美元,同比增长36.2%,占全市出口比重1.1%。前五位的贸易伙伴,仍为香港、东盟、欧盟、韩国和美国。五大贸易伙伴的出口额达8287万美元,同比增长19.2%。

2.出口产品的升级换代

1985—2005年,全市出口商品品种不断增加,结构不断优化,逐步实现了由劳动密集型和资源密集型向技术密集型和知识密集型的转变,全市形成一批国内外知名出口品牌商品。1988年,全市出口商品16大类。即纺织品、丝绸、服装、粮油食品、土产、畜产、轻工、工艺、化工、医药保健、五矿、机械、烟草、茶叶、电子、设备。出口商品品种245个。其中年外贸收购额在500万元以上的品种有22个。即活牛、绿豆、芝麻、浴巾、涤棉纱、棉布服装、服装用涤棉布、苎麻条、自行车、柴胡、纯麻纱、白果、牛皮、杜仲、黑木耳、饲料、棉花、棉纱、棉布、涤棉布、服装用棉布、轴承等。年收购金额35596万元,占全市外贸收购总额的64.7%。培植一批出口骨干产品,燕牌黑木耳盛产保康、南漳、谷城三县,是襄樊传统骨干出口产品,在国际市场享有声誉,出口量不断增加。1988年,燕牌黑木耳外贸收购达915吨,外贸收购额3518万元,创历史最高水平。"两纱两布"(棉纱、棉坯布、化纤纱、化纤坯布)是襄樊市拳头出口产品,也是国际市场上的热门货,久销不衰。1988年,"两纱两布"外贸收购额达15073万元,占全市纺织品外贸收购额的70%,占全年外贸收购总额的27.3%。

1981年,襄樊市开始服装出口,当时,只有一个出口生产厂家,年出口量仅28万件。外贸部门从资金、技术、设备、面料等方面扶持,出口量逐年大幅度增长。到1988年底止,经省商品检验局和省纺织工业总公司考核验收,发给出口质量许可证的专厂、定点厂、加工点20家,全年出口服装481万件,比上年增长25%,比1983年增长3.6倍,比1981年增长16倍,平均每年递增50%。

襄樊市自行车出口始于1987年。为拓宽自行车销售市场,枣阳市经贸委、自行车厂紧密配合,瞄准国际市场,改造设备,引进技术,了解所需,疏通渠道。当年出口美国、菲律宾、新加坡折式疗养车500部。1988年,根据国际市场变化,又开发BM×510毫米(20英寸)学生车出口。由于花色品种齐全,造型新颖,骑行轻快,质量高,畅销美国、法国市场,出口量达到5万辆,可创汇150万美元。1988年10月,专门邀请美国、法国及中国台湾地区自行车商到厂考察,外商及港澳台商对进一步提高产品质量提出宝贵的意见。年底,枣阳市外经委主任张先富、自行车厂厂长李孝明应邀参加美国洛杉矶世界自行车博览会。

1989年,出口商品品种有所增加。全市出口商品品种发展到253种,比1988年增加8种。其中年供应出口额在500万—1000万元的品种有14种:即活猪、芝麻、活牛、麻纱、麻棉纱、麻棉布、棉服装、浴巾、棉毛衫裤、蚕丝、服装用涤棉布、芝麻饼、苎麻条、自行车等,年供应出口额达10610万元,占全市外贸出口总额的22%。年供应出口额在1000万元以上的品种有7个:即棉纱、涤棉纱、棉布、涤棉布、桑蚕茧、服装用棉布、轴承等,年供应出口额达19605万元,占全市外贸出口总额的40.4%。全市外贸出口总额中,农副产品8950万元,比1988年下降40%,占全市外贸出口总额的18.5%。工矿产品39519万元,比1988年上升23%,占全市外贸出口总额的81.5%。其中:机电产品出口大幅度增长,达到6333万元,比1988年增长45%,创历史最高水平。襄阳轴承厂、襄樊市轴承厂、三有轴承厂、襄阳县轴承厂生产的各种型号的工业用轴承,在国际市场上畅销。1989年,出口量188万套,出口金额1200多万元,产品远销美国、苏联、英国、法国及东南亚地区。

1990年,出口商品结构有新变化。全市外贸出口商品总额中,农副产品出口占总额的比重由上年的18.5%上升到21.1%;工业产品出口占总额的比重由上年的68.5%下降到6.47%,机电产品出口占总额的比重由上年的13%上升到14.2%。出口品种和出口企业比上年减少。1990年虽然大型骨干商品和骨干企业贷款额增加,但出口品种由上年的253个减少到206个,减少47个;出口企业由上年的271家,减少至203家,减少68家。特别是一些传统的小商品,如国画、骨胶、食用小苏打、三聚磷酸钠、紧固件在国际市场上已失去了竞争能力。

1991年,经省经委、外经贸委、商检局、中国银行四家联合评定襄樊棉纱印染厂的40府绸,襄樊第一棉纺厂的30支纱、谷城第三棉织厂的T/C布、随州市时装厂的工装裤、老河口市水泥厂的硅酸盐425号水泥、湖北蓄电池厂的蓄电池、枣阳振动棒厂的振动棒、南漳缫丝厂的桑棉球等8种商品被授予“质量信得过出口商品”称号。

1993年全市自营出口商品达17个大类、105个品种。其中,出口额在50万美元以上的有棉色布、涤漂布、涤棉四件套、棉服装、涤服装、真丝服装、自行车、轴承和黑木耳9种。销往美国、澳大利亚、巴拿马、韩国、日本等33个国家和中国港澳地区。

1994年3月,为完善出口商品配额分配制度,建立平等竞争的机制,国家对部分出口商品配额试行了招标分配。襄樊市国际贸易公司首次参加投标的棉漂布、苎麻纱两种商品中标,获出口配额。

1994年,市土畜产对外贸易及港澳台贸易公司肠衣厂在全国肠衣出口不景气的情况下,将肠衣打入欧共体市场。全年向法国、荷兰及其他欧共体国家出口肠衣594 000根。市土畜产对外贸易及港澳台贸易公司肠衣厂,是全省同行业中的骨干企业之一,年产肠衣600桶,产值350万元,创汇50万美元。1995年3月获准在欧共体国家注册,成为我国首批在国外注册的肠衣出口生产企业之一。

1995年,襄樊商检局多次重点走访具备ISO 9000系列认证条件和有意向申请咨询认证的企业。年底,与星火轴承厂、市棉纺织印染厂、十堰华光电子照明有限公司、金狮轮胎有限公司、谷城骆驼蓄电池厂、十堰毛巾厂等6家企业签订咨询合同,并开展了咨询工作。星火轴承厂顺利通过评审。1995

年，襄樊市粮油食品对外贸易及港澳台贸易公司自营出口芝麻1072吨，创汇117万美元，是全市第一个自营出口创汇突破百万美元的农副产品。

1996年，出口产品已扩大到28个大类，115个品种。其中农产品578万美元，占10.3%；工矿产品4 349万美元，占77.8%；机电产品665万美元，占11.9%。115个品种中出口额在100万美元以上的有14个，具体品种有：棉色布、棉花布、手套、芝麻、硝酸硫胺、棉坯布、塑料制品、棉服装、轴承、棉涤纶花布、集装箱零配件、棉涤纶色布、棉床单、黑木耳。

1996年，在出口生产企业积极推行ISO 9000系列标准，建立质量保证体系，提高企业在国际市场的竞争力。到1996年年底，鄂西北地区湖北襄棉集团总公司和襄樊星火轴承有限公司，通过质量体系评审，并获得认证证书。1996年芝麻自营出口猛增至2950吨，创汇达283万美元，分别为上年的3.35倍和2.64倍。市土畜产外贸公司"牡丹牌"黑木耳对日出口创汇创历史最高纪录，达110吨，实现销售额854万元人民币，创汇103万美元，创纯利35万元人民币，在日本黑木耳市场的占有率达26%，成为该公司传统商品中的拳头商品。1996年，全市出口产品28个大类、115个品种。其中农产品578万美元，占10.3%；工矿产品4349万美元，占77.8%；机电产品665万美元，占11.9%。在出口品类中，纺织品所占比重最大，占56.4%，同比增长27%。全市出口额在100万美元以上的产品达14个，占出口品种的12.2%，出口额为4395万美元，占出口总额的78.6%。排在前3位的依次为棉色布747万美元，棉花布668万美元，手套613万美元。

1996年3月，襄樊星火轴承有限公司，通过ISO 9000系列标准认证，成为襄樊市首家通过认证的企业，也是全省轴承行业第一家，全省外商及港澳台商投资企业第一家，全省乡镇外商及港澳台商投资企业第一家，全省乡镇企业第一家通过此项认证的企业。

1997年，全市出口产品为23个大类，107个品种。其中农产品303万美元，占5.4%；工矿产品4565万美元，占80.6%；机电产品793万美元，占14%。在出口品类中，纺织品所占比重最大，为58.7%，其次为机电产品、医药品。107个品种中，出口额在100万美元以上的有11个，具体品种为：棉花布、手套、棉色布、硝酸硫胺、人造丝、棉服装、集装箱零备件、涤色布、化纤服装、轴承、黑木耳。1997年6月，襄棉集团"隆中"牌40S纯棉府绸系列产品商标在香港注册成功。1997年4月，市化工对外贸易及港澳台贸易公司将首批40公斤绿食用色素出口德国，并被立即投入新型饮料生产。此次栀子绿的出口在国内属首次。1997年8月，东汽襄樊基地首次向埃及、也门共和国出口100台1061T2型3吨轻型卡车。

1998年，全市出口商品有25个大类，124个品种，较上年分别增加2个大类、17个品种。其中，工矿产品的比重为80.6%，与上年持平，机电产品出口923万美元，占出口总额的比重由上年的14%上升到15.9%，农产品出口200万美元，占出口总额的比重由上年的5.4%下降到3.5%。在出口品类中，科技含量较高的医药产品和机电产品增幅较大，分别较上年增长20%和16%；劳动密集型和粗加工产品出口则不同程度地下降，其中，纺织品下降26%，服装下降4%。全市出口额在100万美元以上的商品12个，较上年增加1个，其中过1000万美元的商品1个，为历史首次。过100万美元的出口商品占出口品种总数的9.7%，出口额为4407万美元，占出口额的76.1%。排在前3位的品种依次为：人造丝1010万美元，棉手套769万美元，硝酸硫胺562万美元。湖北襄棉集团有限责任公司的"隆中"牌商标继在韩国和中国香港地区注册后，1998年9月初又在日本注册，有效地扩大了"隆中"牌产品的知名度。

1999年4月，国家商标局核发第1263379号商标注册证，核定市机械进出口(集团)公司出口的车辆用英制轴承、汽车减震弹簧、车辆轴承、发电机、刹车片等商品允许以"XFM"为注册商标，有效期10年。经市华炬会计师事务所评估认定"XFM"商标价值298万元。该公司成为全市首家有注册商标的外贸公司，每年该公司有50%的出口商品用"XFM"商标出口。市土畜产进出口公司，对猪肠衣进行规模加工，销往德国、荷兰等西欧国家，出口 450 桶，创汇 31 万美元，分别较上年增长 87.5%和 63.2%，创历史最高纪录。纺织品仍为全市第一大出口商品，全年出口 2725 万美元，但出口额较上年下降 15%，占出口总额的 43.8%；医药产品出口较上年下降 13%；机电产品出口超过医药产品出口，成为全市第二大出口商品，占出口总额的 17.7%；农产品、服装出口分别较上年增长 106%和 39%。

2000 年，全市第一大出口商品纺织品，出口额 2327 万美元，同比增长 2%，占总额的 46.3%，主要品种有人造丝、棉坯布、棉色布、涤棉坯布等。医药化工出口额 619 万美元，同比增长 11.1%，占总额的 12.3%，主要品种有：硝酸硫胺、维生素 B1、化肥等；机电产品出口 597 万美元，同比下降 21.3%，占总额 11.9%，主要品种有：集装箱角件、手工具、轴承等；服装出口 514 万美元，同比增长 75.4%，占总额 10.2%，主要品种有：衬衣、棉服装等。农副产品出口 395 万美元。同比增长 7.9%，主要品种有：芝麻、芝麻油、黑木耳等。轻工业产品出口 188 万美元，同比下降 21%，占总额 3.7%。2000 年全市出口额过 100 万美元的商品 15 个：芝麻 185 万美元；芝麻油 106 万美元；人造丝 756 万美元；棉坯布 117 万美元；棉色布 164 万美元；棉花布 376 万美元；涤棉坯布 130 万美元；针织服装 151 万美元；手套 292 万美元；硝酸硫胺 382 万美元；化肥 143 万美元；铅锭 170 万美元；集装箱零备件 127 万美元；手工具 375 万美元。

2000 年 12 月 25 日，襄樊星火轴承有限公司的 JRM3939/68XD（CKI—0868）双列圆锥滚项目获外经贸部、科技部、国家税务总局、国家质量技术监督局、国家环保局联合颁发的国家重点新产品证书，此项目已列为襄城区重点产品进入国内外市场。

2000 年 6 月，经农业部核准的全国唯一一家生产玉米种子的外商及港澳台商投资企业，襄樊正大农业开发有限公司与泰国正大种子公司签订 1000 吨玉米种子出口合同。10 月 19 日，外经贸部以戴帽形式特批襄樊正大农业有限公司 1000 吨玉米种子出口许可证，出口创汇 80 万美元。此次玉米种子出口在全省首次，刷新全国纪录（1999 年全国出口粮食作物种子 36 吨）。

2000 年 5 月，对外贸易及港澳台贸易经济合作部、科技部、财政部、国家税务总局、海关总署发布《中国高新技术产品出口目录》。襄樊市 11 项产品列入目录：航天工业部 609 研究所的电液伺服阀；中天爱百颗药业有限公司的盐酸林可霉素；华中制药厂的维生素 B1；老河口惠民达绿色产业公司的阿维菌素；华光器材厂的微晶玻璃；玻璃微粉；高性玻璃微粉；襄樊膜分离研究所的有机分离膜材料；通力公司的 500 千伏及以下悬式合成绝缘子；110 千伏合成绝缘横担；200 千伏合成绝缘支柱。

2002 年，全市第一大出口商品纺织品，出口额 2359 万美元，占全市出口比重的 35.6%，同比增长 34%；服装出口 1412 万美元，占总额的 21.3%，同比增长 50.1%，是全市第二大出口商品；农副产品出口 969 万美元，占总额的 14.6%，同比增长 126.4%；轻工类出口 114 万美元，占总额的 1.71%，同比增长 142.6%；机电产品类出口 797 万美元，占总额的 12%，同比增长 30.9%；医药、化工出口 381 万美元，占总额的 5.72%，同比下降 4.8%；矿产品出口 1 万美元，占总额的 0.02%，同比下降 97.1%。特色农产品为出口增长主力，天然蜂蜜、蘑菇、芝麻及芝麻油等特色农产品出口大幅增长，为全市出口增长主力。其中，蘑菇出口 384 万美元；天然蜂蜜出口 114 万美元；芝麻油出口 182 万美元，3 种产品合计 682 元美元，占全市出口总值的 10.3%。程河柳编向韩日世界杯赛场提供 358 万件柳编花篮。该镇 2001 年 5 月组建以全镇 305 家经销大户为股东的“襄阳程河柳编工艺品有限责任公司”，申办产品出口自营权，为柳编制品申请注册“金河”牌商标，与 3000 多户柳农签订订单，实行种植、编织、销售一条龙服务，实现生产基地与国际市场的直接对接。至年底，全镇从事柳编研究设计的技术人员达 88 人，精编工 9800 多人。产品研究开发由单一的生活类向工艺类拓展，形成 5 大类 400 多个系列 3000 多个花色品种，畅销国内 20 多个省市和新加坡、意大利、韩国等 20 多个国家和地区。保康自营出口的 16 吨红茶销往德国，获 2.7 万美元的外汇收入，这是保康农副产品自营出口的首笔交易。

2003 年，纺织品仍为全市第一大出口商品，出口额 2426 万美元，占全市出口比重的 26.4%，同比增长 2.8%；服装出口 2042 万美元，占总额的 22.2%，同比增长 44.6%，是全市第二大出口商品；农副产品出口 1695 万美元，占总额的 18.5%，同比增长 74.9%；轻工类出口 40 万美元，占总额的 0.4%，同比下降 64.9%；机电产品类出口 1056 万美元，占总额的 11.5%，同比增长 32.5%；医药、化工出口 733 万美元，占总额的 8%，同比增长 92.4%；矿产品出口 108 万美元，占总额的 1.2%，去年同期出口 1 万美元。

2004 年，纺织品出口 2 279 万美元，占全市出口比重 22.1%，同比下降 6%；服装出口 1710 万美元，占总额的 16.6%，同比下降 16%；农副产品出口 1668 万美元，占总额的 16.2%，同比下降 2%；轻工类出口 133 万美元，占总额的 1.3%，同比增长 23.2%；机电产品类出口 2532 万美元，占总额的 24.5%，同比增长 139.7%；医药、化工出口 805 万美元，占总额的 7.8%，同比增长 9.8%。

2005 年，纺织品出口 2563 万美元，同比增长 12.46%，占总额的 17.8%；服装出口 2283 万美元，同比增长 33.51%，占总额的 15.9%；医药化工出口 1071 万美元，同比增长 33.04%，占总额的 7.5%；机电产品出口 3919 万美元，同比增长 54.78%，占总额的 27.3%；轻工类出口 528 万美元，同比增长 296.99%，占总额的 3.7%；农副产品出口 1214 万美元，同比下降 27.22%，占总额的 8.4%。南漳县围绕绿色食品出口建基地、形成水镜牌香菇、山野菜、魔芋、葛粉，云燕牌木耳、银杏、绿豆、野山椒、绿茶等 20 多个出口品牌产品，全年出口绿色食品 120 吨，创汇绿色食品 220 万美元，占该县出口总额的 62%。

3.出口企业结构

20 世纪 80 年代，襄樊市对外贸易及港澳台贸易工作主要由外贸专业公司独家承担。90 年代，襄樊市发展外向型经济，培植新的出口增长点，扩大出口，对外贸出口企业结构进行调整。实行对外贸易及港澳台贸易经营主体的多元化。对具备条件的生产企业、科研院所和商业、物资企业有秩序地扩大授予对外经营权。1988 年，拥有进出口经营权 1 家企业，到 2005 年年底，全市自营进出口企业发展到 245 家，有出口实绩的三资企业累计有 24 家。一批实力雄厚的工业企业的崛起，成为全市对外贸易及港澳台贸易的主力军。襄樊市通过不断调整出口企业结构，出口格局由 80 年代外贸专业企业“一枝独秀”转变为 90 年代末的“三路大军，齐头并进”的格局。同年，全市出口创汇的骨干生产企业已发展到 256 个，年生产出口产品额 500 万元以上的企业 9 家。即枣阳市棉织厂、枣阳市自行车厂、南漳县缫丝厂、南漳县棉麻纺织总厂、襄樊市提花织物厂、襄樊市毛巾厂。年生产出口产品金额 6687 元，占全市生产出口产品总额的 14%。年生产出口产品额 1000 万元以上的企业有 7 家。即襄阳县棉花公司、随州棉纺厂、湖北制药厂、襄樊棉纺织印染厂、襄樊市棉织厂、襄樊市五一棉纺厂、襄樊市印染厂。年生产出口产品金额 11409 万元，占全市生产出口产品总额的 24%。

1989 年，出口产品生产企业不断增加，全市出口产品生产企业已发展到 271 个，比 1988 年增加了 15 个。其中全年供应出口额在 500 万—1000 万元的生产企业有 6 个：即南漳麻纺总厂、枣阳自行车厂、市毛巾厂、枣阳棉织厂、市提花织物厂、宜城毛巾厂等，全年供应出口额达 4653 万元，占全市外贸出口总额的 9.6%，全年供应出口额在 1000 万元以上的生产企业有 7 家，即襄樊棉纺织印染厂、随州棉纺织厂、市第一棉纺厂、市印染厂、南漳缫丝厂、市第一针织厂、市棉织厂等，全年供应出口额达 15770 万元，占全市外贸出口总额的 32.5%。

1994 年，全市自营出口创汇突破 100 万美元的外贸企业由上年的 3 个增加到 12 个，创汇总额达 3964 万美元。其中市海外贸易公司 961 万美元，市纺织品对外贸易及港澳台贸易公司 927 万美元，市化工对外贸易及港澳台贸易公司 409 万美元，市机械对外贸易及港澳台贸易公司 342 万美元，市医保对外贸易及港澳台贸易公司 240 万美元，市工艺品对外贸易及港澳台贸易公司 194 万美元，市对外贸易及港澳台贸易实业公司 176 万美元，市服装对外贸易及港澳台贸易公司 176 万美元，市土畜产对外贸易及港澳台贸易公司 152 万美元，市工业品对外贸易及港澳台贸易公司 151 万美元，市国际经济技术合作公司 133 万美元，市泰德对外贸易及港澳台贸易公司 103 万美元。

1996 年，全市开口生产企业自营出口额达 2584 万美元，较上年增长 65%，在全市出口总额所占比重由上年的 30%上升到 46.2%，创历史最高纪录，首次超过外贸企业，成为全市出口创汇的主力军；“三资”企业出口首次突破 1000 万美元，达 1099 万美元，较上年增长 461%，占全年出口总额的比重由上年的 4%上升到 20%；外贸企业自营出口额为 1909 万美元，较上年下降 45%，占全市出口额的比重由上年的 66%下降到 34%。1996 年，全市自营出口创汇突破 100 万美元的企业达 16 家。其中外贸企业 9 家，开口生产企业 4 家，“三资” 企业 3 家，创汇总额达 4679 万美元，占全市出口总额的 3.67 倍。湖北襄樊棉纺织印染厂累计出口达 1464 万美元，占全市出口总额的 26%，同比增长 89%，成为全市首家出口超千万美元的企业。全市“三资”企业出口创汇 1099 万美元，较上年增长 461%，占全市出口额的比重由上年的 4%上升到 20%。全市出口“三资”企业 9 家，其中出口额达 100 万美元以上企业，有老河口大进针织有限公司 578 万美元，襄阳浩然音像磁电塑胶制品有限公司 245 万美元，襄樊恒立铸造有限公司 136 万美元。

1997 年，全市自营出口创汇突破 100 万美元的企业达 13 家。其中外贸企业 7 家，开口生产企业 4 家，“三资”企业 2 家。这 13 家企业创汇总额达 4882 成美元，占全市出口总额的 86.2%。其中襄樊棉纺织印染厂 1312 万美元，老河口市大进针织有限公司 802 万美元，华中制药厂 578 万美元，市印染厂 95 万美元，市机械进出口(集团)公司 306 万美元，市包装装潢对外贸易及港澳台贸易公司 237 万美元，市纺织品对外贸易及港澳台贸易公司 202 万美元，市土畜产进出口公司 156 万美元，襄樊恒立铸造有限公司 154 万美元，市工艺品对外贸易及港澳台贸易公司 135 万美元，老河口市国际贸易公司 16 万美元，市粮油食品进出口公司 113 万美元。

1998 年，按出口企业类别分，开口生产企业出口创汇 2915 万美元，比上年增长 2.6%；外贸企业出口创汇 1331 万美元，比上年下降 17%。全市有 11 家企业自营出口额突破 100 万美元。其中，专业外贸公司 4 家，自营出口生产企业 4 家，“三资”企业 3 家，创汇总额达 4869 万美元，占全市出口总额的 .4%。湖北化纤集团有限公司 1010 万美元，成为全市年度出口额唯一过千万美元的企业，老河口大进针织有限公司 887 万美元，湖北襄棉集团有限责任公司 818 万美元，国营华中制药厂 646 万美元，老河口市国际贸易公司 490 万美元，襄樊深益毛纺有限公司 279 万美元，襄樊市机械进出口(集团)公司 88 万美元，襄樊市恒立铸造有限公司 176 万美元，襄樊市印染厂 142 万美元，襄樊市包装装潢对外贸易及港澳台贸易公司 124 万美元，襄樊市土畜产进出口公司 109 万美元。

1999 年，专业外贸公司和生产企业出口上升，外商及港澳台商投资企业出口下降。外贸公司出口 898 万美元，较上年增长 42.6%，占全市出口总额比重升至 30.5%。生产企业出口 3065 万美元，较上年增长 4.8%，占全市出口总额的 49.1%。外商及港澳台商投资企业出口 1265 万美元，较上年下降 8.3，占全市出口总额比重由上年的 26.7%降至 20.3%。

2000 年，全市生产企业出口 2785 万美元，比上年增长 3.6%，占全市出口总额的 55.4%。外贸公司企业 1645 万美元，比上年增长 0.3%，占全市出口总额的 32.7%。外商及港澳台商投资企业出口 597 万美元，比上年增长 64.9%，占全市出口总额比重的 11.9%。全市出口额过 100 万美元 13 家；湖北襄棉集团有限公司 870 万美元、湖北化纤集团公司 770 万美元、襄樊市国际贸易公司 433 万美元、襄樊市机械进出口(集团)公司 375 万美元、国有华中制药厂 401 万美元、老河口国际贸易公司 374 万美元、襄樊市粮油食品进出口公司 219 万美元、宜城新丰粮油土特产有限公司 131 万美元、湖北金洋冶金股份有限公司 161 万美元、襄樊亚奇针织股份有限公司 153 万美元、襄樊针棉织品进出口有限公司 23 万美元、襄樊恒立铸造有限公司 103 万美元。这 13 家企业出口额 4319 万美元，占全市出口总额的 5.9%。

2002 年,全市生产企业出口 3641 万美元,比去年同期增长 55.3%,占全市出口额的 54.9%;外贸企业出口 1648 万美元,比去年同期增长 9.9%,占全年出口总额的 24.8%。其中,市直外贸出口 747 万美元,同比下降 29.7%;外商及港澳台商投资企业出口 1347 万美元,同比增长 47.7%,占全市出口总额的 20.3%。一般贸易出口 6281 万美元,同比增长 38.65%,占出口总额的 94.7%;加工贸易出口 35 万美元,同比增长 58.5%,占出口比重的 5.3%。

集体企业、民营企业出口成为新增长点。2002 年,集体企业、民营企业出口 1197 万美元,同比增长 124.63%,占全市出口比重 18%。全市有 71 家企业发生出口业务,比上年增加 14 家。出口额过 50 万美元的企业 3 家,比上年增加 2 家,分别是湖北襄棉集团出口 746 万美元,襄阳区进出口公司出口 524 万美元;出口额过 100 万美元的企业有 16 家,比上年增加 6 家。

2003 年,全市生产企业出口 3639 万美元,占出口总额的 39.7%,同比略降 0.05%;外贸企业出口 3454 万美元,占总额的 37.6%,同比增长 109.6%;外商及港澳台商投资企业出口 2087 万美元,占总额的 22.7%,同比增长 54.9%,占总额的比重提高了 2.4 个百分点,民营企业出口 709 万美元,比 200 年增加 162 万美元,占总额的比重为 8%。全市发生出口业务的企业 96 家,比 2002 年增加 23 家。宜城市国贸公司成为唯一一家出口额超过 1000 万美元的企业,全年出口 1395 万美元;出口额超过 500 万美元的企业 3 个,分别是湖北化纤集团商贸公司 862 万美元,襄阳区进出口公司 773 万美元,华中制药厂 592 万美元;出口超过 100 万美元的企业 20 个,依次是襄樊市国贸公司 488 万美元,宜城雅新家纺公司 378 万美元,老河口大进针织公司 341 万美元,襄樊伟豪打火机制造有限公司 279 万美元,宜城新丰粮油土特产品有限公司 261 万美元,湖北新华光信息材料股份有限公司 229 万美元,襄樊天王服装有限公司 227 万美元,湖北金洋冶金股份有限公司 222 万美元,襄棉集团 213 万美元,襄樊鸿福纺织有限公司 202 万美元,老河口国贸公司 200 万美元,湖北银河纺织集团公司 174 万美元,襄樊市机械进出口公司 171 万美元,襄樊市土畜产进出口公司 162 万美元,南漳县进出口公司 160 万美元,襄樊星火轴承有限公司 141 万美元,襄樊恒立铸造有限公司 136 万美元,湖北中天爱百颗药业有限公司 116 万美元,襄樊市丰荣磷化有限公司 108 万美元,襄樊针纺织厂 101 万美元。以上 24 家企业出口 7931 万美元,占总额的 86.4%。

2004 年,全市生产企业出口 4331 万美元,占出口总额的 42%,同比增长 19%;外贸企业出口 202 万美元,占总额的 20%,同比下降 41%;外商及港澳台商投资企业出口 3945 万美元,占总额的 39%,同比增长 89%。发生出口业务的企业首次突破 100 家,达 108 家,比 2003 年增加 12 家。2004 年出口额超过 500 万美元的企业 5 个,分别是:华中制药厂 776 万美元;东风康明斯发动机有限公司 729 万美元;宜城凌飞菌业有限公司 709 万美元;湖北化纤集团进出口公司 695 万美元;宜城雅新家纺有限公司 637 万美元。出口超过 100 万美元的企业 20 个,依次是:襄樊星火轴承有限公司 438 万美元,宜城国贸 371 万美元,老河口大进针织有限公司 369 万美元,湖北金洋冶金股份有限公司 323 万美元,襄樊六六千服装有限公司 318 万美元,襄樊鑫实食品有限公司 286 万美元,襄樊本易纺织有限公司 27 万美元,湖北华光新材料股份有限公司 260 万美元,湖北新丰粮油土特产品有限公司 252 万美元,枣阳市进出口公司 196 万美元,宜城大册现代农业有限公司 181 万美元,枣阳三珍食品有限公司 179 万美元,襄樊市威尔仕实业有限公司 181 万美元,襄阳三珍食品有限公司 179 万美元,襄樊市威尔仕实业有限公司 178 万美元,襄樊恒立铸造有限公司 155 万美元,襄樊新棉集团有限公司 146 万美元,襄樊伟豪打火机制造有限公司 129 万美元,襄樊恒星活塞有限公司 119 万美元,襄樊鸿福纺织有限公司 108 万美元,以上 25 家企业出口 8641 万美元,占总额的 83.2%。

2005 年,生产企业出口 7158 万美元,占总额的 49.8%,同比增加绝对额 2827 万美元,增幅达 65.27%,对出口增长的贡献率为 69.8%;外贸企业出口 3001 万美元,占总额的 20.9%,同比增长 46.96%;"三资"企业出口发展平稳,出口额达 4209 万美元,占总额的 29.3%,同比增长 6.69%。发生出口业务的企业113家，同比增加5家；出口过100万美元的企业达34家，同比增加9家，合计出口12375万美元，占出口总额86.1%。其中，过1000万美元的企业2家，分别为：东风汽车股份有限公司出口1332万美元，华中制药厂出口1013万美元。出口过500万美元企业7家，分别为：湖北化纤集团进出口公司出口962万美元，宜城雅新家纺有限公司出口822万美元，襄樊金港湾进出口有限公司出口792万美元，襄樊星火轴承有限公司出口668万美元，襄阳县进出口公司出口646万美元，宜城大山现代有限公司出口573万美元，枣阳市进出口公司出口534万美元。

4.出口商品基地

1987年，湖北省人民政府办公厅批准，全省第一批出口商品基地、专厂（专车间）。襄樊市被批准的有9个基地、17个专厂、7个专车间，占全省批准总数的15.14%。菜牛基地：襄阳县、随州市、枣阳市；大米基地：随州市；山羊板皮基地：襄阳县；蚕茧基地：南漳县；棉花基地：襄阳县、枣阳县、随州市。专厂：襄樊市提花织物厂、襄樊市棉织厂、襄樊市床单厂、襄樊市毛巾厂、襄樊市第一针织厂、随州棉纺织厂、老河口染织厂、襄樊市服装厂、随州丝绸厂、南漳缫厂、襄阳县程河柳编厂、老河口鄂光化工厂、老河口五金工具厂、湖北齿轮厂、襄樊市轴承厂、南漳麻纺总厂麻条分厂、随州猪鬃厂。专车间：襄樊五一棉纺厂南厂、襄樊电池厂铁壳电池车间、襄樊棉纺织印染厂织布车间、襄樊标准件厂热处理车间、湖北制药厂氢化可的松、青霉素、氨基酮、非那酊车间、襄樊罐头厂笋罐车间、襄樊磷肥厂钛白粉车间。1988年，这些基地、专厂（专车间）共提供出口货源18092万元，占全市外贸收购总额的32.88%。

1988年10月，市对外经济贸易包装服务公司，采取银行贷款和带资投劳等办法，办起了第一家外贸自属企业——襄樊市远洋服装厂。职工255人，进口设备40台（套），加之部分国内配套设备，共拥有固定资产100万元，形成年生产服装10万件。

1992年后，外贸企业开始自办实业。外贸企业为增强企业经营机制，提出“抓好五个结合”，即：本省口岸与外口岸结合，本地货源与外地货源结合，外贸与内贸结合，经营与生产结合，供货与自营出口结合。

1993年4月26日，襄樊市纺织品外贸公司与襄樊棉纺织印染厂合作，在美国加利福尼亚州注册成立襄樊市首家海外企业——襄樊企业（美国）公司。按美国加州法律，公司除银行、信托或其他同类性质业务外，其他一切合法经营活动。海外公司的建立，标志着襄樊企业走向国际化经营之路，又迈上一个新台阶。

1994年，市纺织品对外贸易及港澳台贸易公司向市金鹏纺织集团投股100万元，市机械对外贸易及港澳台贸易公司向星火轴承有限公司投股48万元。既保住出口货源的稳定性，又加强工贸关系。1992—1995年，市粮油食品对外贸易及港澳台贸易公司累计投资70万元，对出口菜牛场进行改扩建，新增牛舍1500平方米，水塔、氨化池等设施，一次存栏量由100头增加到300头，年循环出栏达4500头，年实现利税120万元左右。

1996年，市直外贸企业走出了一条以租赁形式发展外贸实业的新路子。例如：市工艺品外贸易公司与襄樊电力开发总公司，租赁东方化工厂硅制造分厂，成立襄樊艺明合金制品有限公司。市服装对外贸易及港澳台贸易公司租赁市利民服装厂成立开源服装厂。市南方对外贸易及港澳台贸易有限责任公司租赁老河口第二毛纺厂。截至1997年年底，市直外贸企业兴办各类实业28家，涉及服装加工、农副产品加工、餐饮娱乐、房地产开发、机电、建材、交通等多个领域。实现销售收入695万元，出口创汇达83万美元。

5.外贸出口政策

1999年7月7日，市政府决定，从1999年1月1日起，试行每年对完成全年出口创汇计划，出口创汇在100万美元以上，且出口不亏损的市直企业法人代表实行分档奖励。即，创汇100万—199万美元奖2000元，创汇200万—499万美元奖4000元，创汇500万—699万美元奖6000元，创汇700万—999万美元奖8000元，创汇1000万美元以上奖1万元，奖励资金从企业当年出口新增襄樊市本级税收中支付。年底，湖北化纤(集团)公司法人代表赵双桂荣获奖金1万元人民币，市粮油食品进出口公司法人代表杨国忠、市机械进出口(集团)公司法人代表杨建国、市国际贸易公司各4 000元人民币，市包装装潢对外贸易及港澳台贸易公司法人代表刘清亮、市土畜产进出口公司法人代表贾智明、市汉正公司经理姬清杰、华光器材厂法人代表詹祖盛各2 000元人民币。

1999年，市外经委机关全体职工，以身份、工龄和工资作担保，从市财政局借款200万元外贸发展专项基金，用于市粮油食品进出口公司、市包装装潢对外贸易及港澳台贸易公司、市中贸进出口有限责任公司等企业经营业务，吸纳配套资金400万元，出口创汇141.59万美元，实现利润58.67万元，上缴财政资金占用费7.704万元,增加税收55.78万元。

1999年，4月13日，市政府下发《市直外贸企业出口商品贴息实施办法》，给予市直外贸企业一般现汇贸易出口(含进料出口)收汇，按1美元0.03元人民币予以贴息。全年收汇590万美元，贴息17.7万元人民币。

2000年，襄樊出台5条财政措施支持外资及港澳台资企业出口。出台间隙资金新增300万元；对外贸企业以上年度出口实绩为基数，实行分档贴息奖励；实行所得税优惠，对国有外贸企业上缴的所得税全部返还，用于增加资本金或弥补以前年度亏损；市中小企业担保中心对有订单、有效益、有合同的外贸企业在资金管理上实行倾斜支持；将引资成果与财政经费挂钩。市政府每年安排50万元财政资金作为招商引资和参加交易活动专项经费。

2000年，外经委全体在职人员以个人工资、工龄和身份担保，由市财政提供600万元的财政间隙资金用于支持外贸出口。增加创汇227万美元，折合人民币1877万元。新增创汇占市直外贸新增创汇额的67.9%；带动增加税收226万元(税率平均12%,其中农副产品5%、工业品17%)；按国家政策地方留成25%,即56万元，上缴省75%部分为169.5万元,结算时返还40%,即67.8万元,两项合计属地方财政共124万元；市直外贸企业实现销售经营利润79万元。

2000年，《市外经委、市财政局、市外汇管理局联合出台出口商品贴息实施办法》。贴息范围和条件：凡具有法人资格，经国家批准赋予对外贸易及港澳台贸易经营权的襄樊市区内各类出口企业，均可申请贴息。2000年1月1日—12月31日期间出口报关，并于2000年4月30日前在市外汇管理局办理一般现汇贸易出口收汇核销手续。贴息标准：市直外贸企业以1999年出口核销数为基数，基数内继续执行市财政1美元贴息0.03元人民币的政策,超基数部分1美元贴息0.05元人民币；对于年出口创汇过100万美元的出口大户,以1999年出口核销为基数,超基数部分1美元贴息0.05元人民币。

2001年1月5日，市委、市政府对外经贸工作进行考核。考核对象是：市直有关部门、各县(市)、开发区的党政“一把手”和分管外经贸工作的党政副职以及出口创汇任务过百万美元的企业法定代表人。考核办法：被考核对象每人每年向市政府交纳风险抵押金1000元，年终根据考核情况，分县(市)、区(含3个开发区)和市直单位两个类别，各评出2个优胜单位(得分在100分以上的前两名)和1个被否决单位(得分在100分以下的倒数第一名)，其余为合格单位和不合格单位。对优胜单位奖励风险抵押金的10倍，对合格单位奖励风险抵押金的100%，对不合格单位扣罚风险抵押金的50%，对否决单位扣罚风险抵押金的100%。凡被否决的单位，一年内不得被评为先进集体，不得被授予荣誉称号，不得被评为市级文明单位或申报上级文明单位。被否决单位的党政“一把手”、分管外经贸工作的党政副职，一年内不得被评为先进个人和劳动模范，年度公务员考核不得被评为优秀等次；连续两年被否决的单位，由组织部门对其党政“一把手”、分管外经贸工作的党政副职实行诫勉，取消其晋升资格。

2001 年 8 月 20 日，市长罗辉召集市直有关部门负责人，专题研究进一步支持外贸出口事宜，并形成纪要。明确两条措施：出口退税业务。由出口企业提供全套退税单证，市国税部门出具并认可的退税证明，按应退税款的 80%向市财政局申请使用财政间隙资金，待退税款到位时，连同资金占用费直接划入财政专户。调整贴息标准。市区出口企业，出口 1 美元贴息 0.03 元人民币，超基数部分 1 美元贴息 0.05 元人民币；机电产品、高科技产品出口 1 美元，贴息 0.08 元人民币；加工贸易出口 1 美元，新增财政贴息 0.05 元人民币。

2002 年初，市委、市政府拿出 17 万元，奖励 2001 年度全市外经贸工作先进单位和先进个人。宜城、襄樊高新技术开发区获得县（市）、区责任目标优胜单位，有关领导各获奖金 1 万元人民币；对完成目标任务的襄阳县、谷城县、襄城区、汽车产业技术开发区、鱼梁洲旅游经济开发区 5 家单位有关领导各奖 1 000 元人民币；对获得招商引资特别贡献奖的汽车产业开发区奖励现金 1.5 万元人民币；对市直出口创汇过 100 万美元，且完成全年任务的 2 名企业法人代表及 7 名招商引资中介人分别给予 1500—2.2 万元不等的奖励。同时，对 8 个未完成任务单位，2 个被否决单位分别给予相关责任人扣罚 500—1 000 元的处罚。襄城区委、区政府也拿出 10 万元现金，奖励区 2001 年度招商引资先进单位和个人。

2003 年年初，市委、市政府拿出人民币 51.96 万元，奖励 2002 年度全市外经贸工作先进单位和个人。襄阳、宜城和市外经贸局获优胜单位，各奖人民币 3 万元；市经贸委获出口创汇特别贡献奖，奖励人民币 2 万元；对完成外经贸任务和超额完成任务的县（市）、区奖励人民币 19.27 万元；对市区出口创汇过 100 万美元，且超额完成出口任务的 3 名企业法人代表，奖励人民币 2 000—8 000 元不等；对 18 名招商引资中介人，分别奖励人民币 5 000—50 922 元，同时，对市交通局和汽车产业开发区实行“一票否决”。

2003 年，市外经贸局牵头，与海关、商检、工商、税务、外管等部门，定期召开联席会议，建立涉外经济部门联席会议制度。主要议题：通报各成员单位出台的最新政策、最新业务、最新工作动态。讨论研究全市开放型经济工作新情况、新问题，为市委、市政府出主意当参谋。协调解决全市外经贸工作中遇到的实际问题，如招商政策、外企投诉、出口贴息、出口退税、出口信贷、报关、检验检疫、业务培训、联合年检、外经贸考核等。商讨涉外部门重大联合行动。

2004 年年初，市委、市政府拿出 31 万元，奖励 2003 年度全市外经贸工作先进单位和个人。宜城市和汽车开发区获得优胜单位，分别奖 3 万元；高新开发区获利用外资及港澳台资特别贡献奖 2 万元；对完成外经贸任务的县（市）、区奖励共计 16.2 万元，对超额完成外经贸任务的另奖励共计 2.85 万元，对未完成外经贸任务的县（市）、区分别扣惩风险抵押金 1 000—2 000 元，对市区出口创汇过 100 万美元，且完成出口任务的 11 名企业法人代表，分别奖励 2 000—8 000 元。同时，对市建设局实行“一票否决”。

2005 年，襄樊市制定鼓励外贸企业扩大出口办法。出口大户法人代表奖励政策。对市直年出口创汇在 200 万美元以上的出口企业法人代表实行分档奖励。即，创汇 200—499 万美元奖 4 000 元，创汇 500—699 万美元奖 6 000 元，创汇 700 万—999 万美元奖 8 000 元，创汇 1 000 万美元以上奖 10 000 元。受奖企业拿出对法人代表奖励两倍的资金奖励给企业其他出口创汇有功人员。出口奖励政策。市区出口企业，出口 1 美元奖励 0.03 元人民币，机电产品、高科技产品、加工贸易出口 1 美元奖励 0.05 元人民币。交易会摊位补贴政策。对参加华交会的企业凭省商务厅的摊位分配文件，每个标准摊位补贴 2 000 元；对参加广交会的企业凭省商务厅的摊位分配文件，每个标准摊位补贴 3 000 元。对参加省市组织国外展览的企业凭有效批件，每个标准摊位补贴 20 000 元。超额完成目标任务奖励政策：超额完成年度目标任务的责任单位，每超1美元奖励0.1元人民币；超额完成上年基数的市区外贸公司，每超1美元奖励0.1元人民币。

(二)对外贸易及港澳台贸易体制改革

1985—1987年，襄樊市各外贸专业公司由省公司垂直领导，统一经营，统负盈亏。1987年，根据国家外经贸部关于体制改革的要求，市外经贸企业开始实行承包经营。1988年，根据国务院外贸体制改革的要求，襄樊市对外贸易及港澳台贸易由外贸专业公司承担，其职能是组织出口货源，通过广东、上海、北京、天津、湖北等外贸口岸公司出口。1988年3月，襄樊市获得对外开口权，逐步实现由货源公司向口岸公司的转变，独立开展对外贸易及港澳台贸易业务。

1994年，国家深化外贸体制改革，主要是实行单一汇率；取消外汇留成；外贸出口实行指导性计划；出口企业信贷资金与出口规模挂钩；实行银行结汇制。1994年，襄樊市面对全国迅速发展的外贸改革形势，开始实施“大外经贸”战略。其基本思路：动员全市力量，发展外向型经济；把对外贸易及港澳台贸易、利用外资及港澳台资、对外经济技术合作“三外”结合起来，互相促进，加快发展；实行贸工、贸农、贸技结合，优势互补，共同发展；协调银行、外汇、税务、海关、商检等部门紧密结合，支持发展；加快形成全方位、多层次、宽领域的对外开放格局；全面提高襄樊市经济外向度，推动全市经济与国际经济接轨，实现经济的更快腾飞。

2000年，按照现代企业制度的要求，襄樊市人民政府办公室印发了《襄樊市外经贸企业改革意见》，襄樊市外经贸委印发了《襄樊市外经贸企业改革实施指导意见》。针对襄樊市对外贸易及港澳台贸易企业的现状，围绕企业经营机制，改革人事、分配、用工制度，加强企业管理。推行兼并、破产、股份制改造，尤其是对主要外贸企业的公司制改制，明显增强外贸企业生机与活力。

1.地区外贸体制改革

(1)外贸企业外汇留成

1985年3月29日，国务院颁发《出口商品外汇留成办法》，规定凡经批准经营对外贸易及港澳台贸易出口业务的各类外贸公司(外贸企业)，其经营的出口商品(含代理出口商品和自营出口商品)，在实际出口后外汇实行按比例留成。同时，按照国家外汇留成的政策规定，国家为解决外贸企业在自用后多余的留成外汇额度，专门开设外汇调剂市场，按照市场供求关系决定美元额度的调剂价格。

襄樊市通过实行出口商品外汇留成政策，调动外贸企业出口创汇的积极性。外汇留成政策从执行到停止，襄樊市出口创汇由1988年的362万美元，猛增到1993年的2281万美元，增长5.3倍。实施外汇留成后，形成人民币官方汇率和用汇调剂市场汇率，并存的双重汇率制度。1993年，国务院颁发《关于加快外汇管理体制改革的通知》，同年，中国人民银行发布《中国人民银行关于进一步改革外汇管理体制的公告》，决定从1994年1月1日起，实行汇率并轨。实行以市场供求为基础的、单一的、有管理的浮动汇率制，实行银行结汇、售汇制，取消外汇留成和上缴。

(2)外贸企业自负盈亏

1988年，根据国务院《关于加快和深化对外贸易及港澳台贸易体制改革若干问题的规定》和财政部《关于外贸体制改革有关财政问题的通知》精神，从1988年1月1日起，地方外贸专业公司与中央外贸专业总公司脱钩，即，财务关系下放地方外经贸委管理。此举意味着，国家不再对对外经济贸易部统负盈亏,但国家仍下达出口计划,核定换算成本。同时,国务院发布《关于批转对外经济贸易部一九八八年外贸体制改革方案的通知》,决定1988年在轻工、工艺、服装等几家专业外贸公司实行自负盈亏的试点。

根据国务院、省政府关于加快和深化对外贸易及港澳台贸易体制改革的规定,按照自负盈亏、放开经营、工贸结合、联合对外、推行代理制的精神,襄樊市政府制定了《关于外贸体制改革若干问题的暂行规定》,全面推行对外贸易及港澳台贸易承包经营责任制,实行"双轨承包,双线管理"。市政府委托财政局将市直创汇、收汇、缴汇、补亏四项基数任务分别承包到市直各外贸公司和出口生产供货企业。襄阳、枣阳、宜城、南漳、谷城、保康和四个城区,直接向市政府承包四项基数任务。从1月1日起,市、县(市)外经贸机构、人员编制、劳动工资计划、财务管理相应与省、市脱钩,下放到地方管理。

1990年,国务院颁布《关于进一步改革和完善对外贸易及港澳台贸易体制若干问题的决定》,自1991年1月1日起,国家取消直接对外贸易及港澳台贸易经营,逐步实行统一政策、平等竞争、自主经营、自负盈亏的决定。这是外贸经营体制机制的一项重大转变。

为加快外经贸企业向新的外贸经营机制过渡的步伐,确保外贸出口不滑坡,襄樊市人民政府适时给予新的扶持政策和措施:优先安排出口商品生产的技术改造项目;出口商品生产企业和自营出口企业所需计划分配的原辅材料,按出口供货计划优先供应;是在确定合理价格的基础上,出口商品外销低于内销的差额部分,国营企业视同利润,照提各项基金,集体企业适当减免所得税;继续发展有条件的大中型企业、企业集团开展自营进出口业务;积极鼓励进口和进口销售。市外经贸委也及时提出相应的改革措施:外贸出口工作以质量、品种、效益为中心,实行"两包一挂",既要承包出口创汇、收汇、上缴外汇额度指标,又要承包增盈减亏指标,同时,把这两项指标与企业职工的收入挂起钩来,并坚决兑现。具体工作为调整出口商品结构,改善出口经营格局;加强质量管理,严格生产质量管理和质检制度;进一步加强贸、工、农、技的联合,强化群体竞争优势;努力发展基地企业,增强出口后劲;巩固传统出口市场,积极开拓新市场;充分用好国家和市政府给予的政策,增强外贸企业综合运筹的能力;完善经营承包责任制,加强以控制成本为核心的财务管理。至此,襄樊市外贸企业告别吃"大锅饭"的历史。

(3)改革外贸经营权

1988年3月26日,国家对外经济贸易部批准,襄樊市对外开设口岸,直接经营进出口贸易业务。同年5月7日,成立湖北省襄樊市国际贸易公司。该公司是襄樊市第一家获得进出口权的口岸公司,从7月1日起,正式对国内外开展进出口业务。

1989—1992年,国民经济治理整顿期间,国家暂停省市审批权并进行清理。1990年,根据国务院清理整顿各类外贸公司的精神,省外经贸委通知,保留襄樊市国际贸易公司自营进出口权,撤销襄樊市外贸包装服务公司,纺织品、工业品、机械、化工、土畜产、粮油食品、服装七家进出口支公司改名对外贸易及港澳台贸易公司。为扩大出口创汇,用好用足用活自营进出口权,经各县(市)、区和市直有关企业申报,市政府批准,1993年成立国贸公司分公司30家。

1992年,经外经贸部批准,襄阳汽车轴承企业集团和枣阳市自行车厂,在全市首先获得进出口经营权。当年,枣阳自行车厂自营出口创汇5万美元。1993年,襄樊棉纺织印染厂、襄樊市印染厂、湖北化纤厂、湖北齿轮厂、华中制药厂、枣阳市九龙制衣有限公司和随州市进出口公司等7家企业又获自营进出口权。枣阳市九龙制衣有限公司是全市获权的第一家乡镇企业。1995年9月,对外贸易及港澳台贸易经济合作部正式赋予襄樊市机械对外贸易及港澳台贸易公司进出口经营权,是全省地、市、州专业外贸公司首家获得进出口经营权。1996年4月16日,经国家外经贸部批准,市外运公司获准经营国际货运代理业务。1998年,航天工业总公司第六〇九研究所和航空工业总公司第六一〇研究所2

家科研院所获得自营进出口经营权。1999 年 2 月 13 日,经外经贸部批准,襄樊鼓楼商场股份有限公司获自营进出口经营权,成为本市首家拥有此经营权的商业企业。襄樊辖区 7 县市外贸企业全面自营,私营企业也开始进入外贸领域。随着利用外资及港澳台资的发展,外资及港澳台资企业和生产企业迅速崛起,逐步成为襄樊外贸进出口主力军。

至 2005 年年底,除外商及港澳台商投资企业外,全市有进出口经营权的企业累计 245 家,形成外贸公司、生产企业、外商及港澳台商投资企业、乡镇企业、商业企业、建筑企业、科研院所多元化经营主体、多种所有制形式、多层次、多渠道,共同开拓国际市场的外经贸发展格局。

2.企业外贸体制改革

(1)推行经营承包责任制

1987 年,襄樊市外贸企业推行经营承包责任制。年初把外贸收购、上调、费用、利润等主要经济指标层层分解落实,签订合同,制定奖惩办法。企业内部改业务科(股)为经理部,进一步划小核算单位;坚持开展直接收购,灵活经营,多渠道组织货源,对适销对路产品和紧缺的原材料,实行远购近销,到外地组织货源,扩大生产。增加出口;对省公司出口有限公司和暂不能出口的产品,实行近购远销,到外口岸推销,采取多渠道、灵活经营的措施。

1988 年,国务院就加快和深化对外贸易及港澳台贸易体制的改革作出了新的部署,省政府制定了《关于外贸体制改革的若干问题的暂行规定》,按照"自负盈亏、放开经营、工贸结合、推行代理制"的改革方向,将外贸下放给地方政府承包,与地方财政挂钩。

襄樊市人民政府出台了《关于外贸体制改革的暂行规定》。《暂行规定》主要内容:实行"双轨承包、双线管理"。市政府委托财政局将基数任务分别承包到市直各外贸公司和出口生产供货企业。市直外贸公司承包出口计划、收汇指标、上交外汇和亏损补贴四项基数。出口生产供货企业承包出口计划、创汇、上交外汇三项基数。对市直外贸公司实行自负盈亏,减亏留用,超亏不补。指标下达后,外贸企业要与生产供货企业签订经济合同,共同执行。凡按合同安排生产的出口产品,出口供货企业按量按时供货。外贸企业要保证收购,保证出口创汇。任何一方违反合同规定,应追究经济责任。对年出口收汇额在 300 万美元以上,并具备条件的大中型出口生产企业或企业集团,报请经贸部批准,给予直接对外经营权。在未获准前,将出口计划、创汇、上交、补贴四项基数承包到企业,自负盈亏,由市外贸公司代理出口。对年出口收汇额在两百万美元以上(纺织品五百万美元以上)的大类商品,报请经贸厅批准,成立联营经理部和外贸支公司,给予对外经营权。在未获准前,将出口计划、创汇、上交、补贴四项基数承包以单位,盈亏自负,由市外贸公司代理出口。襄阳、宜城、南漳、谷城、保康县和枣阳市直接向市政府承包出口计划,收汇基数、上交基数、补贴基数任务,自负盈亏。由市外贸公司代理出口。随州市、老河口市因计划单列,直接对省承包基数任务。全面推行对外贸易及港澳台贸易承包经营责任制后,外贸出口计划和各项外贸承包基数都是指令性计划。由市计委会同外经委、财政局及各主管局共同编制,纳入襄樊市国民经济和社会发展计划,经市政府批准下达。市财政局代表市政府分别与外贸企业和出口生产企业签订承包合同。市外经委和主管局要搞好服务协调,加强督促检查。

1988 年,市直外贸全面推行承包经营责任制:市各外经贸企业要把实行经理负责制、经理任期目标责任制与推行承包经营责任制结合起来,由各经贸企业经理与市财政局签订承包经营合同,明确任期内的责任目标,给予相应的经营条件和权利:企业内部应以业务科、经理部为主,实行各种形式的承包责任制,逐级签订承包合同,将任务层层分解到班组和落实到人;改革劳动人事管理办法,实现优化劳动组合。全面实行经理负责制,加强经理在企业经营中的中心地位和作用。实行干部聘任制,优选经营者;改革企业内部分配办法。进一步打破分配上的"大锅饭"和平均主义,要实行部分工资浮动，按承包合同计发奖金等办法，有条件的企业要试行企业效益与工资总额挂钩的办法。市各外经贸企业经理、副经理的奖金，由市外经委根据承包合同的规定，审核批准后发给。

1989年，省外贸体制改革贯彻“治理外贸环境，整顿外贸秩序”的精神，以“调整、理顺、配套、完善”为重点，深化各项改革，对襄樊市继续实行“切块承包、自负盈亏、自主经营”的体制。由市外经委向市政府进行总承包，并按照国家有关财务制度和有关规定统一运筹，对全市外贸出口业务履行全面组织、协调、管理的行政职能，对市政府负责。承包基数为：省下达的外贸出口计划和出口收汇、上交外汇额度、出口人民币补贴以及省分配襄樊市的超基数摊购任务和市新增500万美元出口创汇任务。市政府以此指标对外经委进行考核和奖惩。襄樊市在经营形式上仍要紧紧依托省外贸专业公司，根据不同商品采取不同的经营形式。一是联合经营。省、市把国家计划创汇任务拥在一起，计划内亏损各负担50%，完不成创汇任务由省公司承担，完不成供货任务由市承担。超计划外汇，除按政策提留外，剩余部分对半分成，造成亏损对半负担。二是反承包。三项基数反包给省公司，由省公司负责完成，市按计划供货。超计划供货，所创外汇，由省市按比例分成，亏损按比例分担。三是省、市统一核算。由省公司统一完成创汇任务，统负盈亏。市里按省要求，组织货源调拨。四是参加联营集团。五是自主经营。

1991年，省经贸委对基层外贸企业的财务管理，由原来的两级核算、三级管理，改为由省、地（州市）、县三级核算、三级管理。以县（市）经贸局（委）、市直外贸公司为承包单位，对市外经委承包供本省口岸货源额和利润两项指标。一是凡完成两项承包指标的县（市）经贸局（委）、市直外贸公司，利润留成比例为50%，上交市外经委50%。二是在完成利润指标的前提下，供省口岸和本市自营货源超承包指标33%以上较上年实绩增加1000万元以上的县（市）经贸局（委）、市直外贸公司，利润留成比例为60%，上交市经贸委40%。各单位将承包计划层层分解落实到经理部或经贸站，并按责、权、利统一的原则，将完成承包计划与职工的工资、奖金、福利挂钩，并制订具体的承包方案，切实保证承包任务的完成。

1992年年初，原国际贸易公司（7月改为海外贸易公司）被定为全市转换企业内部经营机制试点单位之一。企业深化人事、劳动、工资三项制度改革，中层行政干部实行聘任制，企业干部实行招聘承包；职工实行全员合同制，优化组合，双向选择；实行利润工资含量，全员风险抵押，调动干部职工积极性。1992年，全公司自营出口创汇完成652万美元，比上年增长62%，实现利润98万元，比上年减亏增盈126万元。

1992年，市直外贸公司普遍推行了承包经营责任制，与外经委签订目标责任状。改固定工制为全员劳动合同制。企业内部打破“铁饭碗”，推行企业同职工签订《劳动合同书》，按合同对职工进行管理，优化劳动组合，实行兵选将，将挑兵，优者上岗，次者试岗，差者待岗。待岗人员组织培训，下岗人员自谋职业，建立职工能进能出的劳动用工机制；改干部任命制为聘用制。在企业内部坚持德才兼备，本着公开、平等、竞争、择优的原则，职工推选经理，经理聘用副经理和中层干部。聘用期间能完成任期目标的可能续聘，成绩突出的提拔。对不称职的可以随时解聘，做到优者上，庸者让，劣者淘。在什么岗位享受什么待遇，解聘、落聘后回原岗位，建立干部能上能下，能工能干的干部使用机制；改死工资为工资浮动制。企业工资总额跟着经济效益走，干部职工收入跟着劳动成果走，上岗靠竞争，收入凭贡献。经营性亏损企业职工一律减发工资，建立收入能高能低的分配机制。市国际贸易公司从总经理到职工，从前勤到后勤，一律实行风险抵押，工资全浮，费用包干，每个人的工资都与公司的经济效益挂钩，极大地调动了干部职工的积极性，企业经济效益显著提高；改“大锅饭”为承包经营责任制。市外经委分别同各县（市）经贸委主任、市直外贸公司经理签订1992年承包合同。在企业内部把供应出口计划、利润计划层层分解到经理部，落实到个人，把各项经济指标与后勤管理科室、个人经济利益挂钩，制定奖惩办法。年底按照经济指标完成情况，进行了奖惩兑现。市土畜产、化工、机械、海外、鹭襄、实业6家外贸公司正职受奖。市纺织品、粮油食品、服装和工业品4家外贸公司正职受惩。市海外贸易公司除承包奖惩兑现外，另对贡献突出、经济效益特好的经理部承包人李兵、车培元、肖有华和刘景辉4人，每人发奖金1万元。

（2）试点改革企业公司制

1993—1998年，按照建立现代企业制度的要求，襄樊市几家主要外贸企业，进行公司制改造试点。

1992年，襄樊市外经贸委直属企业，外部存在僵硬的传统计划体制、国家垄断经营的机制，加之国内外市场的急剧变化；内部存在投入不足、债务沉重、经营机制不活、改革相对滞后等问题。1993年年底，全市24个独立核算外贸企业（不含随州、老河口计划单列市），有9家盈利，实现利润307万元，15家亏损，亏损金额2 406万元。其中，市直9家亏损，亏损额1 442万元，6家县（市）企业亏损额954万元。全市24个独立核算外贸企业盈亏相抵，亏损2 099万元，比1992年增亏1 353万元。亏损的主要原因：承付历史亏损挂账利息248万元；处理坏账和滞压商品损失770万元；归还上年外汇贷款，因外汇额度涨价亏损310万元；固定资产投资过大、经营失误和管理不善等。

1994年，市直经贸战线在企业内部推行“平等竞争、双向选择、五费包干（包括差旅费、招待费、办公费、福利费、工资资金）、工效挂钩”的经营承包责任制。在干部制度上，管帅不管将，只管公司经理，经理聘用副经理，部经理公开招标，职工双向选择，优化劳动组合，做到能者上、庸者让、劣者下。在分配制度上，管总不管分，只规定五费包干的分成比例，即在基数内创利三七分成，经理部30%，公司70%，超基数四六分成，按照多劳多得的原则，分配拉开档次。只发基本生活费。对市直外贸公司领导班子成员，制定了奖惩办法，实行风险抵押，超奖欠惩，当年经营亏损，风险抵押金全部上缴。按照《企业法》，重奖有突出贡献的企业法人代表。制定了市直外贸企业法人代表分档计奖办法，完成外经委下达的各项经济指标，按照任务基数，就近向上靠档计奖，做到以效益论英雄、以实绩比贡献。对一年完不成外经委下达的各项经济指标的企业，给予法人代表警告，连续两年完不成外经委下达的各项经济指标或连续两年亏损的企业，法人代表就地免职。

1996年12月20日，经市政府批准，首家贸工结合型集团襄樊市机械对外贸易及港澳台贸易集团成立。集团以湖北省襄樊市机械对外贸易及港澳台贸易公司为核心层，以湖北省华阳集团杨溪精铸有限责任公司、襄樊星火轴承零件厂为紧密层，以湖北省华银机械有限公司、襄樊星火轴承有限公司、湖北武当精密铸造有限公司为半紧密层，以襄樊市钉丝厂、襄樊市精华轴承厂、湖北省襄樊市轴承厂、襄阳第二轴承厂为松散层，联合组成具有投资、开发、生产、经营、多功能、跨行业、跨所有制、跨地区、跨部门的集团。该集团的成立标志着襄樊市外贸在工贸结合的集团化道路上迈出了实质性的一步。

1997年3月21日，湖北省襄樊市机械对外贸易及港澳台贸易公司更名为湖北省襄樊市进出口（集团）公司。集团公司以襄樊市机械对外贸易及港澳台贸易公司为核心层，以湖北华阳集团杨溪精密铸造有限责任公司等4家企业为紧密层，以湖北武当精密铸造有限公司等6家企业为半紧密层和松散层。集团公司是一个集投资、开发、生产、经营等多功能于一体，跨行业、跨部门、跨地区、跨所有制的企业集团。核心企业注册资金1000万元人民币，集团合并注册资金2862.12万元人民币。同时，市直外经贸系统在兴办国际航空快件业务、出租车、“塑钢型材”等效益型实业的同时，还重点筹办了“玻璃微珠”“橡子淀粉”“柳编”等出口型实业。先后共兴办塑钢型材厂、汽车修理厂、中药材加工厂、出口菜牛育肥场、农副产品加工厂、服装厂、肠衣厂、外贸商行等各类实业23家。保康、枣阳等县市外贸也积极兴办了康裕化工厂、面粉厂等实业。从而加速了全市外贸实业化进程，增强了出口后劲。

1997年年初，市外经贸委将经营管理松懈、效益较差的市裕襄对外贸易及港澳台贸易公司交由粮油食品进出口公司托管，市粮油食品进出口公司委派一名副总经理担任市裕襄对外贸易及港澳台贸易公司总经理。市裕襄对外贸易及港澳台贸易公司成为全市外贸首例托管企业。

1997年,市土畜产、银运两个公司实行资产租赁经营,分公司人员不变,经营场所不变,按总公司核算的标准,向总公司一次性缴纳租赁金,流动资金由分公司自筹。年底,公司费用降低26.5%。同年,市粮油食品进出口公司和市土畜产进出口公司被列为全国优化资本结构、减员增效试点单位。截至12月底,2家公司分别分流富余人员11人和57人,各免息20万元。

1998年9月16日,市中贸进出口有限公司与南方对外贸易及港澳台贸易有限公司合并,合并后的公司名称为襄樊市中贸进出口有限公司,合并后的公司在册职工26人,固定资产693万元,国内建有4个实业项目。

1998年,市土畜产进出口公司全面推行租赁经营方式,将总公司有形资产和无形资产以价格形式核算出来,4个分公司根据业务需要与总公司签订租赁合同。全年共收取租赁费25万元。

(3)转换市属外贸企业机制

1999年5月,为初步建立起"产权清晰、权责明确、政企分开、管理科学"的现代企业制度,让市直外贸企业真正成为自主经营、自负盈亏、自我发展的法人实体和市场竞争主体,襄樊市政府印发《襄樊市外经贸企业改革意见》,襄樊市外经贸委印发《襄樊市外经贸企业改革实施指导意见》,拉开了襄樊市外贸企业新一轮改革的序幕。

改革的主要内容:实施产权制度改革。对机械、粮油、土畜产、针棉织等经营状况较好的企业,实行人才、资产重组,扩大企业经营规模,实行集约经营,以形成出口创汇过500万美元、利税过百万元的出口大户;对有一定经营规模整体改制条件尚不成熟的企业,按有关规定,在不逃避银行债务的前提下,先把企业的有效资产剥离出来,成立有限责任公司。实施中,以包装公司为试点,进行了股份合作制改革;对中贸、惠达2家有限公司,按现代企业制度的要求,实行规范运作;对小型企业采取合并、租赁、承包、国有民营、买断经营等形式放开搞活;对长期亏损、扭亏无望的,依法破产或歇业重组。加快劳动用工制度改革。本着"充实前勤,精减后勤"的原则,建立起能进能出、能上(岗)能下(岗)的用人机制,实现人员的合理流动;企业分流人员应按照规范程序运作;对给企业造成重大经济损失的,又长期不与公司来往的,除追究经济和法律责任外,要坚决予以除名。深化干部人事制度改革。按照"四化"要求,对公司法定代表人采取民主推荐、毛遂自荐、组织考核相结合的办法产生。公司副职由法定代表人聘任,并报外经委备案。业务部经理实行内部招聘,竞争上岗。推进分配制度改革。市外经委对市直外贸公司采用目标管理考核制。具体内容是:外经委对市直外贸公司当年经营利润、出口创汇、保持稳定、上交管理费等四项指标,实行百分考核;业务人员实行工效挂钩。高效益,高收入;低效益,低收入;无效益,原则上无收入;后勤人员工资与公司目标百分考核制挂钩。

1999年5月,市华洋对外贸易及港澳台贸易公司、市惠丰对外贸易及港澳台贸易公司、市惠达对外贸易及港澳台贸易公司、市对外贸易及港澳台贸易实业公司、市裕襄对外贸易及港澳台贸易公司5家市直外贸企业,重组合并为襄樊市华洋对外贸易及港澳台贸易公司。重组合并公司,在册人员72人,设5个业务部、1个办公室。该公司隶属于市外经委,以市国贸公司分公司名义开展进出口业务。同年,对汇银公司实行内部改制。设立襄樊市通和贸易有限责任公司,公司具有法人资格,实行依法经营,独立核算,自负盈亏,自担风险的约束机制。

2000年1月,市外经委下发《关于印发市直外经贸企业深化改革实施方案的通知》。年底,市直18家外贸企业中,先后有中贸、工艺品、针棉织等9家企业实行租赁经营,机械、土畜产公司试行国有民营和民有民营。改制企业占企业总数的66.6%,安置就业人员135人,盘活资金1500万元,出口创汇568万美元,较上年增长54.3%,比市直外贸平均增长幅度高25.6%,增加额占市直外贸增加额的72.2%,争取出口退税540万元,带动生产企业实现税收799万元。

2001年,实行一企一策、因企制宜的原则,分别实行兼并、租赁经营、承包经营、私人经营,买断工龄等形式。市化工对外贸易及港澳台贸易公司兼并市华洋对外贸易及港澳台贸易公司;中贸公司总经理李斌;针棉织品公司总经理刘和林;工艺品公司总经理姬清杰、陈作恒;汇银公司帅启样;土畜产公司副总经理徐兆政等6位决定实行租赁经营。机械公司张立波;化工公司于晓军;粮油公司施耀东、张伟、王忠义;外纺公司毛建华、熊东生;华洋公司徐远忠;服装公司熊国建,工业品公司赵兵,医保公司刘振友等10人决定实行私人经营。包装公司、惠丰公司、外运公司等公司实行各业务部对公司承包经营。粮油公司、机械公司分别有55人、13人实行了一次性买断职工工龄。完成市国际贸易公司四部、六部、八部、九部、鑫纺部、纺织服装部、出口二部的成立和组建工作。市直外贸企业呈现国有、集体、私营、个体多种所有制并存的格局。

2002年年底,市直外贸局属18家企业中粮油、机械、外纺、包装、针棉织、汇银、鹭襄、中贸、工艺品9家企业250个职工,按每个(年)工龄350—800元买断工龄,实现身份社会化。

2003年年底,除远洋服装厂和华襄洋服有限公司之外,18家外贸企业中企改办已批准整体改制1家,法院裁定破产5家,申报破产待批2家;职工已买断工龄、企业改革尚需扫尾的8家;正在积极创造条件进行改制的2家。

2005年年底,市直外贸企业已改制1家(市土畜产进出口公司),破产已结案的企业5家(市国际经济技术合作公司、市惠丰对外贸易及港澳台贸易公司、市国际贸易公司、市化工对外贸易及港澳台贸易公司、市服装对外贸易及港澳台贸易公司),破产未结案的企业5家(市医药保健品对外贸易及港澳台贸易公司、市工业品对外贸易及港澳台贸易公司、市粮油食品外贸公司、市远洋服装厂、市华襄洋服服装有限公司),实行"先走人、后破产"的企业8家(市纺织品对外贸易及港澳台贸易公司、市机械对外贸易及港澳台贸易公司、市汇银对外贸易及港澳台贸易公司、市中贸公司、市包装装潢对外贸易及港澳台贸易公司、市工艺品对外贸易及港澳台贸易公司、市针棉织品对外贸易及港澳台贸易公司、市鹭襄对外贸易及港澳台贸易公司),其他2家企业(市海外贸易公司、市外运公司)均在准备破产之中。

(三)对外经贸及港澳台贸易活动

1989年8月1—25日,南漳县外经委主任蔡崇荣和业务员,随中国出口商品展销团赴大阪,参加日本商品展销会。会上接待日本工商户76人次,签订了5份商品订单,成交桑蚕茧、桑棉球等4个品种。这是襄樊市首家县级外贸赴国外参加展销会。

1990年11月13—22日,襄樊市首次派经济贸易考察团访问日本犬山市。考察团由财委副主任闫帮华、外经委副主任万乐华、商业局长方常安、饮食服务经理杨德朝、土畜产外贸公司经理贾智民和翻译芦茂林组成。

1990年4月,市棉织厂和市纺织品外贸公司,参加湖北省在喀麦隆举办的出口商品展销会。成交大小提花布30万米,宽幅床单等50万美元。

1993年10月,在第74届广州秋季中国出口商品交易会上,襄樊市与英国、美国、法国、西班牙、意大利、澳大利亚、加拿大、黎巴嫩、约旦、挪威等国客户,成交麻棉布、腈纶纱、柠檬酸、服装、三巾、轴承、柳编、日用陶器、大理石等商品216.1万美元,占成交总额的70%。

1994年10月15—30日,在广州第76届中国出口商品交易会上,市国际贸易公司同30多个国家和地区近200位客户,进行洽谈,共成交出口钉丝、轴承、活性炭、衬衣、夹克衫、苎麻纱等30余种商品,金额达408万美元,比上届交易会(298万美元)和秋交会(309万美元)分别增加37%和32%。

1994年5月7—16日，在巴黎举办的波尔多国际博览会上，市国际贸易公司副总经理何映东率五矿机械贸易小组首次参加，以图片资料形式，展示襄樊五矿机械产品，结识客户为襄樊产品进入法国市场打下了基础。

1995年10月15—30日，在广州第78届中国出口商品交易会上，市国际贸易公司同40多个国家和地区的200多位客户进行洽谈，累计成交153.55万美元，实际签单成交62.14万美元，占成交总数的40%，品种有皮康箱，立德粉、锌饼、抓绒布、芝麻、服装、平垫圈、草柳编等。

1995年10月9—19日，应孟加拉康辉超级服装公司邀请，襄樊市外经委副主任陆吉率领市农行国际业务部经理王富全、市工业品对外贸易及港澳台贸易公司总经理张慎等赴孟加拉调研市场，洽谈贸易。出访期间，走访厂商10家，结识新客户15个，签订法兰绒布出口合同成交230万美元。

1996年4月15—30日，在广州举办的第79届中国出口商品交易会上，市国际贸易公司同30多个国家和地区的100位客户进行了洽谈，累计成交220.48万美元，主要品种有轴承、轴承零件、网片、弹簧垫圈、平垫圈、弯管、角件、碳酸钡、土霉素碱、乙氧基喹、睡衣、时装、针织布等。

1996年10月下旬，市外经委党委副书记任克忠率粮油食品外贸公司出国团组，赴日本进行为期10天的经贸活动。走访伊藤忠和住友商社，考察亚洲最大的制油工厂，了解日本制油工业及市场需求，学习油类加工的先进生产技术、工艺流程和精细化管理。该团组在日本期间，与日本客商签订了粮油出口合同50万美元，创汇25万元人民币。

1997年10月15—30日，在广州第82届中国出口商品交易会上，襄樊市先后同31个国家和地区的280多位客户洽谈贸易，累计成交451万美元，主要品种有纺织服装、印染布、轴承、火柴、柳编制品等。

1998年4月15—30日和同年10月15—30日，在广州第83届、84届中国出口商品交易会上，全市先后组织13家外贸企业和生产企业参加，两次交易会分别成交182万美元和204万美元。出口国别、地区有，香港、美国、加拿大、新加坡等16个；出口商品有，文化衫、夹克衫、梭织服装、棉坯布、棉涤纶坯布、棉漂布、色织布、手工具等13个品种。

1998年9月24日至10月8日，应德国PLANAM公司邀请，市外经委副主任、市国贸公司总经理万乐华、市包装装潢公司总经理刘清亮等3人组成的贸易推销小组，对德国进行为期14天的贸易推销和市场考察活动。贸易推销小组实地考察了德国仓库电脑管理、贸易运作环节及工作程序。新签出口订单5份，其中童装连衣裤6000件，女式长袍12000件，全棉工作服3600件，T/C工作服9850件，CVC工作服9785件，合同总金额20万美元。PLANAM公司表示要与国贸公司续签150万美元的贸易合同。

1999年4月15—30日，市粮油食品进出口公司、市纺织品对外贸易及港澳台贸易公司、市汇银对外贸易及港澳台贸易公司、市包装装潢对外贸易及港澳台贸易公司、市工艺品对外贸易及港澳台贸易公司、湖北化纤(集团)公司、襄樊棉纺织集团、襄樊印染有限公司、襄樊亚奇针织有限公司、襄樊华冠实业有限公司、枣阳先飞集团、市汉正公司12家外贸公司和生产企业，参加广州第85届中国出口商品交易会。出口成交290万美元，主要出口产品是：棉布、梭织服装、文件衫、粘胶长丝、芝麻、火柴、珠宝首饰等。

1999年10月15—30日，在广州第86届中国出口商品交易会上，市政府首次组成由副秘书长桂汉良任团长的襄樊交易团参加交易会。交易团有25家企业75人，接待客户516人，出口成交835万美元。主要出口产品是：棉布、涤棉布、粘胶长丝、工作服、芝麻、香菇、黑木耳、金属硅、锌饼、手工具等，出口到香港、韩国、日本、美国等国家和地区。

1999年10月18—27日，省委、省政府在德国汉堡和慕尼黑举办，99湖北省经贸洽谈会，襄樊分团一行6人参加。襄樊热电厂与德国奥依帕技术贸易公司签订总投资5亿元人民币的热电厂三期扩建项目合作意向书，襄樊汽车产业开发区与德国新世纪贸易公司签订总投资283万元的氢氧焰焊割项目的合资协议，市国际贸易公司与德国汉德商务公司签订年供货量20个货柜的肠衣出口协议，华光器材厂与德国新世纪进出口公司达成玻璃内壁工艺品出口协议，江华汽车公司与德国雪铁龙公司达成摇臂总成出口协议，湖北汽车第二电器厂与德国沙基姆公司达成生产电喷轿车四点火线圈和碳罐压力阀关键设备引进协议，东力公司与德国科诺公司达成进口刹车系统意向等。

1999年10月5—10日，首届“高交会”在深圳举办。襄樊有47个项目实现上网交易，19个项目赴深圳参展，参展项目数居全省地方之首。华光器材厂与香港兰筹有限公司签订合资生产双焦镜片合同，港方一期投资60万美元。襄西化学工业总公司与香港进新国际贸易公司签订独家代理协议，由香港进新国际贸易公司在香港、东南亚、欧美等地区代销襄西化学工业总公司的产品—“熊果苷”，第一年的销售额达1000万元以后每年递增50%。

2000年3月5—11日，在上海贸易商城和上海国际展览中心举行的第10届华东交易会，襄樊组织市机械进出口(集团)公司、市粮油食品进出口公司、市国际贸易公司等5家外贸企业以及襄棉集团、湖北化纤厂、亚奇针织有限公司、枣阳呢绒有限公司等12家自营出口生产企业51人参加。这是襄樊参会企业参会人员最多的一次。设摊位4.5个，成交140万美元，占全省总成交额的50.3%。按商品类别分，纺织服装类成交79万美元，机械五矿类成交45万美元，粮油食品类成交2万美元；按企业类型分，外贸企业成交131万美元，生产企业成交9万美元。

2000年4月15—26日，在广州第87届中国出口商品交易会上，襄樊交易会摊位6个，位居全省第一。其中纺织面料洽谈厅摊位1个，纺织馆服装摊位1.8个，轻工馆文体摊位0.7个，珠宝首饰摊位1.5个，骨刻玉雕摊位1个。全市15家企业56人代表参加，参展商品6大类156种，出口成交856万美元。按商品类别分，纺织服装成交550.9万美元，轻工日用品成交179.6万美元，文体用品成交56万美元，工艺品成交44.5万美元，珠宝首饰成交15.4万美元；按企业类别分，市直外贸成交296万美元，市直生产企业成交280万美元，县(市)区280万美元。

2000年10月15—26日，第88届中国出口商品交易会在广州举行。襄樊各类进出口企业41家106人参加广交会。出口成交912.6万美元。其中市直外贸出口成交256万美元，市直生产企业出口成交403万美元，县(市)、区16家出口企业成交253.6万美元。主要出口商品：府绸、纱卡、帆布、涂料迷彩等纺织面料、衬衣、工作服、休闲裤、猎装背心等服装，床单、床罩、毛巾、枕套等日用纺织消费品，芝麻、芝麻粉、芝麻油、香菇、黑木耳等农副产品、火柴、木制品、柳制品、气球等轻工艺品。

2000年10月，第二届中国高新技术成果交易会在深圳举行，襄樊28人参加，推出29个科技含量高的项目。其中10个参展项目，19个上网项目。签订合同、意向协议16份，成交金额4.4亿元人民币，其中签订正式合同4份，合同金额1.9亿元人民币。正式合同中，香港超华投资有限公司与襄樊堰飞科技实业有限公司签订的鄂港合资经营大功率节能荧光灯项目，合同外资及港澳台资金额1000万美元。意向协议12份，协议金额2.5亿元人民币，成交总额居全省各市州第二位。

2000年11月13—28日，襄樊赴欧经贸洽谈10人分团，随省政府代表团参加法国意大利举行的经贸洽谈会和考察。经贸洽谈会主要在法国首都巴黎和工业重镇晨昂市举行。襄樊就煤气管道、氮肥厂燃气回收，环保设施生产、电子、造纸、农副产品加工意大利面条等项目，就棉纱、棉布、棉涤纶纱、服装面料的来料加工业务与法国相关公司进行磋商。达成投资及贸易意向10个，分别涉及高新技术、城市基础设施、工业环保、农副产品加工、纺织品来样加工等内容，同时，获得法国急需进口中国产饲料用大豆和玉米等信息。

2001年3月1—7日，以副市长胡向斌为团长，全市21家生产企业和55个外贸公司的襄樊交易团，参加第十一届上海华东进出口商品交易会。出口成交202万美元，较上年增长44.3%。出口商品主要有坯布、色织布、染色布、迷彩面料、长裤、背心、气球、火柴、等20多个品种。销往美国、欧盟、澳大利亚、中国、东南亚、中东等 15 个国家和香港地区。

2001 年 4 月 15—26 日，在广州举行的第 89 届中国出口商品交易会，襄樊交易团以副市长胡向斌为团长，组织市直有关部门及 9 家企业 31 名外销业务骨干参会，争取摊位 6 个，出口成交 595 万美元。其中，外贸企业出口成交 10 万美元，生产企业出口成交 385 万美元。成交的主要商品有：粘胶长丝、染色布、裤子、衬衣、床单、铸铁管件、气球、医药、化工等四大类 30 多个品种。

2001 年 10 月 15—26 日，全市 21 家企业 86 名代表，参加广州第 90 届中国出口商品秋季交易会，出口成交 838 美元。其中，襄棉集团出口成交 150 万美元。

2001 年 8 月 30 日—9 月 13 日，市外经贸委副主任万乐华一行 2 人出国推销小组，参加在莫桑比克马普托举办的国际博览会，并对该国市场环境、经济结构、供求状况进行系列考察。

2001 年 10 月 12—17 日，第 3 届中国国际高新技术成果交易会在深圳举行。襄樊组织参会企业 10 家，参展企业 1 家。签约项目 5 个，成交金额 8.1 亿元，居全省各市、州（除武汉市外）之首。签约的 5 个项目分别为：襄樊高新技术产业开发区管委会与襄樊纳米村建设项目 5 亿元合资引技协议；襄樊堰飞科技实业有限公司与广东证券投资银行的大功率 IC 电子镇流器及大功率节能灯的 1.5 亿元全资合同；襄樊高新技术产业开发区管委会与美国艾德百利国际有限公司投资 1800 万美元的施坡高尔夫球场合资合同；襄樊科胜密封材料有限公司与清华大学材料系签订 300 万元柔性石墨生产项目的引技合同；湖北华光新材料有限公司与印度光学有限公司签订 100 万美元的光学玻璃熔炼技术及生产线出口外贸合同。其中襄樊纳米村建设项目是湖北展团最大的一项签约项目。

2001 年 9 月 17—23 日，襄樊举办“诸葛亮文化节暨中西部经贸洽谈会”。市外经贸部门组成招商引资贸易洽谈工作专班，编印《襄樊投资指南》《出口货单手册》和《招商引资项目手册》，协助制作 2 个电视光盘，宣传襄樊投资环境，邀请海外客商 453 人。“一节一会”，签订出口成交合同 44 个，成交额 4 505 万美元。其中出口成交 100 万美元以上的合同 15 个。

2002 年，在广州举行的第 92 届中国出口商品交易会，全市 16 家企业的 67 名代表参加交易会。襄樊交易团争取参展摊位 12 个，比第 91 届广交会摊位数增加 1 个。其中纺织布料洽谈厅 5 个，服装摊位 4 个，土畜摊位 0.5 个，化工洽谈厅 0.5 个，轻工工艺礼品摊位 1.5 个，体育休闲摊位 0.5 个。接待新老客户 625 人次，出口成交 896 万美元。

2002 年 9 月 12—17 日，襄樊市举办“2002 中国襄樊国际诸葛亮文件节暨经贸洽谈会”。节会期间，全市签订利用外资及港澳台资合同及协议 38 个，签订出口成交合同 32 个，出口成交额达 2429.6 万美元，涉及 11 个国家和地区。在签订的出口成交合同中，单项出口成交在 100 万美元以上的 8 个。

2003 年 4 月中旬，在广州举行的第 93 届中国出口商品交易会上，襄樊市共争取参展摊位 13 个，比第 92 届广交会摊位数增加一个。全市 9 家企业 41 名代表参加了交易会，共接待新老客户 216 人次，出口成交额 473 万美元。因受“非典”疫情的影响，比第 92 届交易会分别参会企业减少 43.8%，参会客商减少 65.4%，出口成交额下降 51%。

2003 年 10 月，在广州举行的第 94 届中国出口商品交易会上，襄樊市共 11 家企业 60 名代表参加了交易会，共接待新老客户 636 人次，出口成交额达 727 万美元，出口成交额比第 93 届交易会增长 53.7%。

2004 年 10 月中下旬，在广州举行的第 96 届中国出口商品交易会上，襄樊市共争取参展摊位 20 个，有 9 家企业 41 名代表参加，共接待新老客户 586 人次，出口成交额 1096 万美元。

2005 年 4 月 15—30 日，襄樊市有 12 家企业近 60 名代表参加在广州举行的第 97 届中国出口商品交易会，争取参展摊位 21 个。其中纺织面料洽谈厅 4 个，纺织服装摊位 7 个，食品摊位 1 个，日用品摊位 1 个，箱包摊位 1 个，轻工工艺类礼品摊位 1 个，珠宝首饰摊位 2 个，园艺类摊位 3 个。接待新老客户 786 人次，出口成交额达 1123 万美元。其中，国营针纺织厂出口成交染色布 50 万美元；湖北化纤出口成交粘胶长丝200万美元；襄樊鑫实食品有限公司出口成交香菇、木耳50万美元；襄樊新襄棉纺织有限公司成交70万美元；襄樊亚奇公司出口成交人丝文化衫等50万美元；襄樊本易纺织有限公司成交93万美元；襄阳县进出口公司成交服装110万美元；宜城国贸出口成交床单120万美元；宜城雅新公司签订床单出口合同380万美元。

2005年9月1—5日，第十四届中国新疆乌鲁木齐对外经济贸易洽谈会(简称乌洽会)，在新疆国际博览中心举办。襄樊市申请展位1个，并组织了6家企业进行观摩，接触俄罗斯联邦、哈萨克斯坦、乌兹别克斯坦、巴基斯坦客户20多人，出口成交60万美元。

2005年10月15—30日，襄樊市有10家企业近60名代表，参加了在广州举行的第98届中国出口商品交易会。争取参展摊位18个，其中，纺织面料洽谈厅2个，纺织服装摊位5个，家用纺织品摊位3个，食品摊位1个，编织摊位1个，箱包摊位1个，轻工工艺类礼品摊位1个，珠宝首饰摊位2个，园艺类摊位2个。接待新老客户656人次，出口成交1100万美元。其中，宜城市国际贸易公司成交毛巾、尿布50万美元；湖北化纤出口成交粘胶长丝120万美元；襄樊鑫实食品有限公司出口成交香菇、木耳50万美元，襄樊新襄棉纺织有限公司成交130万美元；襄樊本易纺织有限公司成交117万美元；襄阳县进出口公司成交服装80万美元；襄樊谦达进出口公司成交木制工艺品130万美元；宜城雅新公司签订床单出口合同350万美元。

2005年10月19—22日，在南宁举办第二届中国—东盟博览会，襄樊市组织6家企业参加，成交额3600万美元。东风汽车股份有限公司分别与乌克兰、泰国、马来西亚以及中美洲一些国家签订6000辆轻型商用车合同，约3.8亿元人民币，成为本届博览会最大的一批汽车整车出口订单。

(四)外贸进出口和港澳台贸易成果

1.外贸收购

1988年前，襄樊市各专业外贸公司经营业务，主要是收购出口商品，为各口岸公司提供出口货源。襄樊市收购的出口商品80%调拨给湖北省口岸公司经营出口，20%调拨给上海、广东、天津等口岸。

收购有直接收购、委托收购两种方式。直接收购是外贸经营单位直接从生产单位收购。凡属国务院规定的一类物资，由国家逐级下达生产供货(收购)计划，由有关进出口公司与生产单位签订收购合同，再按计划和合同收购。一类物资以外的物资，由各专业进出口公司与供销单位签订收购合同，按合同收购。1983年后，也存在由各专业进出口公司提供原材料制成成品、委托工厂加工等现象。有些零星商品、小商品，如小水产品、鸡鸭毛、各种毛皮等，部分外贸公司设立收购站直接收购。委托收购是未列入国家计划而由外贸部门补充计划的物资收购。每年外贸单位召开计划会议，布置下达收购计划，委托基层公司收购，或由各专业公司委托供销社代理收购。1985年，全市外贸收购23448万元。1986年，全市外贸收购38558万元。1987年，全市外贸收购53854万元。1988年，全市外贸收购额达55020万元，比1983年增长2.58倍，年均递增29.6%，占全市工农总产值的比重，由1983年的3.3%增加到5.66%。外贸收购额在全省(除武汉市外)地、市、州名列第二位。产品远销日本、美国、德国、荷兰等50多个国家和中国香港地区。1989年，全市外贸收购额达52112万元，比1988年下降5.3%。其中，枣阳市、南漳县和市服装、化工、机械等3家进出口公司比1988年增长。调省出口商品额达48469万元，占全年计划的92.7%，比1988年增长2.7%。枣阳市、南漳县、谷城县、老河口市和市纺织品、化工、机械等3家进出口公司完成或超额完成了全年计划。自营出口创汇59万美元，自营进口订货128万美元。1990年，全市完成外贸收购55456万元，比1989年增长8.9%。增长幅度在30%以上的有谷城县和市直粮油食品、土畜产、国际贸易等 3 家公司。完成供应出口商品额 52786 万元，占年计划的 103.1%，比 1989 年增长 8.9%。其中：襄阳县、枣阳县、南漳县、谷城县、老河口市和市直粮油食品、纺织品、工业品、服装、机械、国贸 6 家对外贸易及港澳台贸易公司完成或超额完成了全年计划。各级外贸企业在保证本省口岸供货的前提下，积极开展灵活贸易，多渠道收购，多口岸出口。1990 年已与全国 12 个省（市）有了业务往来，从外地收购出口商品 5500 万元，向 9 个省（市）口岸提供货源 3200 万元。市化工对外贸易及港澳台贸易公司，从外地组织货源占该公司出口供货总额的 50%以上。1991 年，全市出口供货完成 57448 万元，占年计划的 106%，比上年增长 1%。其中调本省口岸公司完成 45373 万元，占省下达计划的 111%。1992 年，随着外贸体制的不断深化改革，省经贸委不再下达出口供货计划，市外经委由过去统计外贸收购和调拨，改为统计外贸系统总购进、总销售。

2.出口贸易

1988 年，经外经贸部批准，襄樊市国际贸易公司，成为鄂西北第一家拥有自营进出口经营权的外贸公司。从此，襄樊市对外贸易及港澳台贸易开始步入自营进出口贸易的历程。在襄樊市外贸发展史上翻开了崭新的一页。1988—2005 年，襄樊市逐步完成从调拨为主到全面开口自营的转变。1989 年华襄洋服有限公司，襄樊亚太磁带企业有限公司两家外商及港澳台商投资企业开始出口，成为襄樊市第一批发生进出口业务的外商及港澳台商投资企业。1992 年枣阳自行车厂实现出口零的突破，标志着生产企业自营进出口迈出了第一步。1988—2005 年，襄樊市累计出口总额 8.54 亿美元。出口国家和地区由 1988 年的 10 个扩展到 97 个。出口商品结构和出口企业结构也都出现了重大变化和新的格局。1990 年，全市唯一有自营出口权的市国际贸易公司，克服了“市场窄、客户少、业务不熟”的困难，采取边学习边摸索，以自营出口为主、代理出口和其他贸易形式为辅，利用多种机会，扩大对外成交，全年出口创汇 318 万美元，占省经贸委下达出口计划的 105.3%，比 1989 年增长 4.3 倍。1991 年，自营出口完成 466 万美元，占省计划的 104%，比上年增长 47%。1992 年，完成 982 万美元，比上年增长 111%。1993 年，全市自营出口创汇完成 2385 万美元，比 1992 年增长 116%。其中外贸企业完成 1443 万美元，占省计划 1200 万美元的 120%，增长 47%。纺织品、土畜产、化工和五矿机械 4 家外贸公司分别增长 184%、473%、189%和 66%。生产企业自营出口完成 117 万美元，增长 22 倍。“三资”企业出口完成 825 万美元，增长 6.11 倍。1994 年，自营出口创汇完成 5024 万美元，占省下达年计划 2800 万美元的 179%，比 1993 年的 2280 万美元增长 120%，在全省名列第三。其中外贸企业完成 4266 万美元，占省下达年计划 1500 万美元的 284%，比 1993 年的 1338 万美元增长 219%，在全省地、市、州外贸企业中名列第二。外贸企业收汇完成 3657 万美元，占省下达年计划 1200 万美元的 305%，比上年的 1211 万美元增长 202%，收汇率为 86%，比 1993 年增长 2%。生产企业自营出口完成 599 万美元，占省下达年计划 480 万美元的 125%，比上年增长 412%。其中，襄棉、印染厂、床单厂和枣阳自行车厂分别完成 328 万美元、81 万美元、36 万美元和 154 万美元。尚未自营出口的工口企业有：襄轴集团、化纤厂和枣阳市呢绒服装总厂。三资企业出口创汇完成 159 万美元，占省下达年计划 820 万美元的 19%，比上年下降 81%。其中，襄樊建业针织有限公司、老河口市大进针织有限公司、老河口市金玛珠宝企业有限公司、老河口市德仓纤花针织有限公司、襄樊市天香织带有限公司分别完成 90 万美元、61 万美元、4 万美元、3 万美元和 1 万美元。1994 年全市自营出口产品达 23 个大类，比上年增加 6 个；品种达 207 个，比上年增加 95 个；外销国家和地区达 42 个，比上年增加 9 个。1995 年，全市自营出口创汇完成 5225 万美元，比上年增长 4%，在全省地、市、州（不含武汉市，下同）中列第三。其中，外贸企业完成 3466 万美元，比上年下降 19%，在全省地、市、州外贸企业中列第二；市直外贸企业自营出口创汇完成 3342 万美元，比上年下降 22%；收汇完成 3306 万美元，比上年下降 10%，收汇率为 99%，比上年增长 13%；县（市）、区外贸企业自营出口创汇首次实现“零”的突破，完成 124 万美元。其中，老河口完成 72

万美元,宜城市 27 万美元,高新技术开发区 20 万美元,枣阳市 5 万美元;开口生产企业自营出口创汇完成 1563 万美元,比上年增长 161%。其中,襄樊棉纺织印染厂、襄樊市印染厂、华中制药厂、枣阳野马自行车厂、襄樊市床单厂、襄阳汽车轴承企业集团公司、湖北化纤总公司、枣阳市呢绒服装总厂分别完成 776 万美元、310 万美元、193 万美元、132 万美元、125 万美元、12 万美元、9 万美元和 6 万美元,"三资"企业自营出口创汇完成 196 万美元,比上年增长 23%。1996 年,全市对外贸全口径自营出口创汇 5592 万美元,同比增长 7%,比全省平均水平高出 11.2 个百分点,列全省地、市、州(不含武汉市,)第 4 位。其中,开口生产企业出口创汇 2584 万美元,同比增长 65%;"三资"企业出口创汇 1099 万美元,同比增长 461%;外贸企业出口创汇 1909 万美元,同比下降 45%。全市出口总额中,一般贸易出口 5555 万美元,占出口总额的 99.3%,同比增长 7%;加工贸易出口 37 万美元,占出口总值的 0.7%,同比增长 54%。1997 年,全市进出口总额 6178 万美元,同比增长 10.2%。其中,出口 5661 万美元,列全省地、市、州(不含武汉市,)第 8 位。按企业类型分,开口生产企业出口创汇 2841 万美元,同比增长同比增长 10%;"三资"企业出口创汇 1213 万美元,同比增长 10%;外贸企业出口创汇 1607 万美元,同比下降 16%;按贸易类型分,一般贸易出口 5447 万美元,占出口总值的 96%,同比下降 2%,加工贸易出口 214 万美元,占出口总值的 4%,同比增长 5 倍。1998 年,全市对外贸易及港澳台贸易进出口总额 6889 万美元,比上年 6178 万美元增长 11.5%,高于全省平均增幅 6.4%的 5.1 个百分点。其中,出口总额 5794 万美元,比上年增长 2.3%。按贸易类型分,一般贸易出口 5445 万美元,与上年持平,占出口总额的 94%,所占比重较上年下降了 2 个百分点,加工贸易出口 349 万美元,比上年增长 63%,占出口总额的 6%,所占比重较上年上升了 2 个百分点。1999 年,全市业务统计口径,自营出口创汇完成 6219 万美元,比上年增长 7.3%;按海关统计口径,全市出口总额 4690 万美元,较上年增长 9%,自营出口在全省的位次由上年的第 9 位前移至第 7 位。全市外贸出口特点,一般贸易出口回升,加工贸易出口下降。一般贸易出口 5997 万美元,较上年增长 10.1%,占出口总额的 96.4%,所占比重较上年上升 2.4 个百分点;加工贸易出口 222 万美元,较上年下降 36%,占出口总额的 3.6%。1999 年老河口自营出口创汇 1471 万美元,较上年增长 2.7%,完成年调控目标的 124.7%,成为全市首家出口过千万美元的县(市)。其中,外贸企业出口 687 万美元,三资企业出口 772 万美元,开口生产企业出口 12 万美元。主要出口产品为针织手套、五金工具、木制品、珠宝首饰等。

2000 年 1 月 1 日起,按照全国统一规定,外贸进出口统计以海关统计数为准,改变原来进出口统计中业务统计数与海关统计数并用状况。全市对外贸易及港澳台贸易进出口总额 8575 万美元,比上年增长 25.4%。其中,出口总额 5027 万美元,比上年增长 7.2%;进口总额 3548 万美元,比上年增长 67.8%。出口总额占全市国内生产总值的比重为 1%,出口企业争取中央税收返还 6300 万人民币,比上年增长 19.3%,出口产品实现税收 6 988 万元人民币,较上年增长 17%。全市一般贸易出口 4680 万美元,加工贸易出口 347 万美元,分别较上年增长 7.3%和 4.8%,占全市出口总额的比重分别为 93.1%和 6.9%, 加工贸易出口的比重比上年提高 3.3 个百分点,主要高品为纺织品和服装。2001 年,全市对外贸易及港澳台贸易进出口总额 11 422 万美元, 比上年 8 575 万美元增长 33.2%。其中, 出口总额 4 757 万美元,比上年下降 5.4%,进口总额 6 665 万美元,比上年增长 87.9%。2002 年,全市出口总额 6 636 万美元,同比增长 39.5%,比全省平均增幅 16.8%高出 22.7 个百分点,居全省第 8 位,增幅列全省第 5 位。2003 年,出口总额 9180 万美元,绝对额增加 2 544 万美元,同比增长 38.3%,比全省平均增幅 26.5%高出 11.8 个百分点,绝对额名列全省第 6 位,增幅名列全省第 3 位。2004 年,全市出口总额首次突破一亿美元大关,达 10 318 万美元,同比增长 12.4%。其中,枣阳 251 万美元,增长 75.5%;宜城 2 203 万美元,增长 4.6%;老河口市 484 万美元,下降 18%;南漳 416 万美元,增长 112%;谷城 500 万美元,增长 31.9;保康 34 万美元,下降 38%;襄阳 665 万美元,下降 32%;襄城 507 万美元,增长 201%,樊城 161 万美元,下降 63%;高新区 1 200 万美元,增长 71.9%;汽车区 729 万美元,实现零突破;市经委 2242 万美元,下降 11.8%。2005 年,全市外贸出口总额 14 368 万美元,绝对额增加 4050 万美元,同比增长 39.25%。

3.进口贸易

1991 年,襄樊市开始自营进口业务。当年,进口额 320 万美元,进口市场 3 个。1993 年,进口到货 1 094 万美元,比 1992 年增长 1.9 倍。其中,“三资”企业进口 1 003 万美元。主要是引进设备、仪表仪器、零配件和原辅材料等。1994 年,全市外贸企业进口到货总值为 204 万美元,比上年增长 124%。“三资”企业进口到货总值为 267 万美元,比上年下降 73%。1995 年,全市进口到货总值为 119 万美元,比上年下降 75%。其中,外贸企业进口到货总值为 117 万美元,下降 43%。“三资”企业进口到货 2 万美元,下降 99%。1996 年,全市进口到货总值为 15 万美元,比上年下降 87%,进口品种 4 个,进口国别 3 个,均为外贸企业进口。1997 年,全市进口到货总值为 517 万美元,比上年增长 33 倍。其中,外贸企业进口 101 万美元,同比增长 573%;生产企业、“三资”企业进口贸易分别为 223 万美元和 193 万美元。进口的国别和地区是香港、日本、韩国、荷兰、美国。进口的品种是棉花、腈纶短纤、新闻纸等。1999 年,全市进口总额 1 705 万美元,较上年 1 095 万美元增长 55.7%。其中一般贸易进口 947 万美元,加工贸易进口 77 万美元,设备进口 674 万美元.进口国别 11 个,较上年增长 4 个。

2000 年, 全市进口总额 3 548 万美元, 同比增长 67.8%。其中, 外商及港澳台商投资企业进口 2 942 万美元, 同比增长 51.7%美元, 占进口总额的 82.9%; 生产企业进口 517 万美元, 同比增长 277.4%,占进口总额的 14.6%;外贸企业进口 89 万美元,同比增长 134.2%,占进口总额的 2.5%,进口商品主要为:机械设备、化工仪器、纺织原料等。2000 年,东风康明斯发动机有限公司进口 2 696 万美元,国有襄樊针纺织厂进口 236 万美元,中国航空工业总公司第六一〇研究所进口 185 万美元,康明期(襄樊)机加工有限公司进口 150 万美元,襄樊市机械进出口(集团)公司进口 64 万美元,5 家企业共进口 3 331 万美元,占全市进口总额的 93.9%。2002 年,全市进口总额 8 606 万美元,比上年增长 29.1%。其中,外商及港澳台商投资企业进口 7 957 万美元,同比增长 22.1%,占进口总额的 92.5%;生产企业进口 611 万美元,同比增长 450.5%,占进口总额的 7.1%;外贸企业进口 38 万美元,同比增长 8.6%,占进口总额的 0.4%。进口商品主要是机械设备及零部件。2003 年,全市进口总额首次突破 1 亿美元大关,达 12 758 万美元,同比增长 48.2%。其中,外商投资企业进口达 10 362 万美元,占进口总额的 81.2%,生产企业进口 2 376 万美元,占总额的 18.6%,外贸企业进口 20 万美元,占总额的 0.2%。进口商品主要是零部件、设备和服装辅料。2004 年,全市进口总额 12 942 万美元,同比增长 1.44%;2005 年,进口 13 035 万美元,同比增长 0.72%,实现贸易顺差 1 333 万美元。“三资”企业仍是进口的主力军,进口达 11 233 万美元,占进口总额的 86.2%,较上年同期下降 2.67%,生产企业进口 1 781 万美元, 占总额的 13.7%, 同比增长 28.3%, 外贸企业进口 21 万美元, 占总额的 0.1%, 同比增长 61.54%。进口商品主要是汽车零部件、设备和服装辅料。进口市场发展到五大洲。

三、利用外资及港澳台资

外商及港澳台商探索投资阶段(1986—1991 年)。全市累积批准外商及港澳台商投资企业 16 家,合同外资及港澳台资额 3615 万美元。外资及港澳台资主要来源于香港、澳门等地。1979 年,国家颁布《中华人民共和国中外合资经营企业法》。1984 年 6 月 15 日,襄樊市成立了第一家外商及港澳台商投资企业——中国三环尼龙拉链有限公司。到 1985 年底,全市共批准设立 4 家外商及港澳台商投资企业,合同外资及港澳台资金额 71 万美元。1986 年 10 月,国务院颁布了《关于鼓励外商及港澳台商投资的规定》,对外商及港澳台商投资举办产品出口企业和先进技术企业,给予更为优惠的待遇,改善了外商及港澳台商投资企业的生产经营条件。1986年襄樊市成立了外资及港澳台资引进工作领导小组,由分管副市长任组长,相关政府职能部门负责人任副组长。下设办公室,办公室设在市对外经济贸易委员会(简称外经委),外经委分管外资及港澳台资工作的副主任兼任办公室主任。1986年,全市对外成交20个项目,利用外资及港澳台资合计金额3 303万美元。其中,直接利用外资及港澳台资项目1个(合作经营企业),合同外资及港澳台资500万美元;现汇进口项目11个,1872万美元;记账贸易项目4个,288万美元;补偿贸易项目1个,349万美元;来料加工装配项目1个,9万美元;世界银行贷款项目2个,285万美元。1987年,全市对外成交合计29个项目,利用外资及港澳台资合计金额3 851.69万美元。其中,直接利用外资及港澳台资项目2个(合资、合作企业各1个),合同外资及港澳台资1 587万美元;现汇进口项目13个,1456.89万美元;记账贸易项目3个,254万美元;补偿贸易项目7个,137.2万美元;世界银行贷款项目4个,154.6万美元。1988年,全市对外成交合计26个项目,利用外资及港澳台资合计金额2 015万美元。其中,直接利用外资及港澳台资项目1个(合资企业),合同外资及港澳台资22.7万美元;现汇进口项目9个,394.58万美元;来料加工装配项目2个,67.52万美元;世界银行贷款项目11个,903.86万美元;外国政府贷款项目2个,395万美元;国际租赁项目1个,214万美元。1989年,全市对外成交合计15个项目,利用外资及港澳台资合计金额1 055.84万美元。其中直接利用外资及港澳台资项目2个(合资企业),合同外资及港澳台资108.3万美元;现汇进口项目10个,364.36万美元;补偿贸易项目1个,1.2万美元;来料加工装配项目1个,1.28万美元;外国政府贷款项目1个,299万美元。1990年,全市对外成交合计8个项目,利用外资及港澳台资合计金额1 235.83万美元。其中,直接利用外资及港澳台资项目3个(合资企业),合同外资及港澳台资190.48万美元;现汇进口项目4个,580.3万美元;补偿贸易项目1个,70.57万美元。1991年,全市利用外资及港澳台资项目15个,合计金额2 095.32万美元。其中,直接利用外资及港澳台资项目11个,合资项目10个,协议投资总额1 527.7万美元,注册资本1142.01万美元,协议外资及港澳台资323.26万美元,占注册资本的28.3%;外商及港澳台商独资企业1个,协议外资及港澳台资95万美元。"三来一补"项目4个,外方投入设备、原材料价款和工缴费收入为472.62万美元。

外商及港澳台商大举投资阶段(1992—1994年)。全市共批准外商及港澳台商投资企业251家,是前8年20家的12.55倍;合同外资及港澳台资金额1.4亿美元,是前8年合同外资及港澳台资3 686万美元的3.8倍;实际使用外资及港澳台资2 970万美元。1993年,全市新批外商及港澳台商投资企业114家,是历年新批外商及港澳台商投资企业最多的一年,投资总额16 280万美元,合同外资及港澳台资6 667万美元,实际使用外资及港澳台资1927万美元。在114家外商及港澳台商投资企业中,合资企业82家,合作企业7家,外资及港澳台资企业25家。投资客商除及美国、意大利、法国、韩国、澳大利亚外,新增日本、新加坡、马来西亚、缅甸和加拿大等国家。其中,1993年6月份的香港洽谈会,利用各种方法宣传襄樊,扩大影响,结识客商,公布项目,招商引资。在香港洽谈会上,共签订合资合同23个,投资总额8 600万美元,协议外资及港澳台资2 981万美元,签订合作意向32个,总投资额24 218万美元,协议外商及港澳台商投资10 393万美元。同年,在"诸葛亮文化节"上,签订合同36个,总投资额4 586万美元,协议外资及港澳台资1 834万美元;签订意向书47个,总投资额8 540万美元,协议外资及港澳台资3843万美元。市外经委的外资及港澳台资干部下工夫、花力气,用两个多月的时间深入企业,摸清了全市外商及港澳台商投资企业中外方资金到位情况、开业情况、盈利情况,做到了心中有数。根据企业不同情况,召开办公会、协调会,帮助企业解决诸如资金、原材料、能源等问题,努力办好现有外商及港澳台商投资企业。当年,开业外商及港澳台商投资企业92家,占总数的40%。已开业企业经济效益较好1/3。其中星火公司、三环公司、中亚公司尤为突出,星火公司荣获国家级机电行业优秀外商及港澳台商投资企业称号。

外商及港澳台商投资下降阶段（1995—1996 年）。襄樊市新批合同外资及港澳台资连续两年大幅下滑，外商及港澳台商投资企业数连续下降。1995 年 6 月，国务院批准发布《指导外商及港澳台商投资方向暂行规定》和《外商及港澳台商投资产业指导目录》，进一步规范了外商及港澳台商投资的领域和方向。同期，襄樊市新批外商及港澳台商投资企业 86 家，合同外资金额 7117 万美元，实际使用外资及港澳台资 2716 万美元。

外商及港澳台商投资回升阶段（1997—2005 年）。全市利用外资及港澳台资呈增长势头，新批外商及港澳台商投资企业 225 家，合同外资及港澳台资金额 47 953 万美元，实际使用外资及港澳台资 35 422 万美元。2000 年，新批外商及港澳台商投资企业 23 家，同比增长 43.8%；合同利用外资及港澳台资 4 491 万美元，同比增长 100.5%；实际利用外资及港澳台资 2 120 万美元，同比增长 10.2%，占市政府考核目标的 100.2%；外商及港澳台商投资企业上缴涉外税收 6 568 万元人民币，同比增长 148.8%，占市政府考核目标的 224%。截止到 2000 年年底，襄樊市累计批准外商及港澳台商投资企业 430 家，除期满、终止、撤销的 153 家外，现有外商及港澳台商投资企业 277 家，开业投产的企业 156 家，外商及港澳台商投资企业累计上缴涉外税收 18 808 万元。外商及港澳台商投资企业已经成为带动全市外向型经济发展的一支重要力量。2001 年，全市新批外商及港澳台商投资企业 37 家，合同外资及港澳台资 4 905 万美元，实到外资及港澳台资 4 210 万美元。2002 年，全市新批外商及港澳台商投资企业 41 家，合同利用外资及港澳台资 9 398 万美元，实际到资 5526 万美元。2003 年，全市新批外商及港澳台商投资企业20家，合同利用外资及港澳台资7 588万美元，实际利用外资及港澳台资6 604 万美元。2004 年，全市新批外商及港澳台商投资企业 37 家，合同利用外资及港澳台资 6 625 万美元，实际利用外资及港澳台资 8 013 万美元。2005 年，全市新批外商及港澳台商投资企业 17 家，较同期减少 20 家，下降 54.1%；合同利用外资及港澳台资金额 5 632 万美元，同比下降 15%；实际使用外资及港澳台资 3 625 万美元，下降 54.8%。

据统计，1986—2005 年，襄樊市累计批准设立外商及港澳台商投资企业 578 家。其中合资企业 401 家、合作企业 41 家、外资及港澳台资企业 136 家，投资总额 15.36 亿美元，合同外资及港澳台资 71 797 万美元。在外商及港澳台商直接投资来源地中，第一，香港 296 家企业，合同港资额达 23 832 万美元，占总额 71 797 万美元的 33.19%；第二，美国 44 家企业，合同外资及港澳台资 13 136 万美元；第三，加拿大 16 家企业，合同外资及港澳台资 7 371 万美元；第四，日本 18 家企业，合同外资及港澳台资额 6 145 万美元；第五，台湾省 100 家企业，合同台资额 4 710 万美元。

（一）利用外资及港澳台资环境建设

1.投资制度环境

1987 年，市政府制订《襄樊市关于鼓励外商及港澳台商投资的若干规定》，修订《襄樊市人民政府关于引进工作若干问题的规定》。1999 年 4 月，市政府制订《襄樊市鼓励外商及港澳台商投资优惠办法》，文件共 8 章 32 条，分别在税收、财政、用地、收费、中介服务等多方面，对外商及港澳台商投资实行优惠政策。2000 年 9 月，襄樊推出 7 项改善外商及港澳台商投资环境的制度：（1）对外招商制度。实行“领导重视、政府牵头、企业为主，高效、精干、专业”的策略。（2）市长与外商及港澳台商对话会制度。市长与外商及港澳台商对话会每季一次，专门听取外商及港澳台商投资企业遇到的困难及改善投资环境的建议。（3）为外商及港澳台商投资企业联合办公制度。把 20 多个相关职能部门集合在一起联合办公，为外商及港澳台商提供从申报到登记注册，从税务财政外汇登记到土地征用、规划建设、政策咨询、受理投诉等全方位服务。（4）外商及港澳台商投资企业挂牌保护制度。对市区 34 家重点外资及港澳台资企业实行挂牌保护。（5）领导挂点联系外商及港澳台商投资企业制度。市区 16 家重点外资及港澳台资企业分别由市“四大家”部分领导挂点联系，在全市形成一种招商、亲商、扶商、安商的氛围。(6)营造投资环境责任制度。进一步明确各级政府、各经济管理部门、执法部门、涉外单位的职责范围，为改善外商及港澳台商投资环境创造良好条件。(7)拟定外商及港澳台商投诉处理暂行办法。拟在市外经委设立外商及港澳台商投诉中心，建立投诉处理网络，负责受理外商及港澳台商投诉的协调，督办工作。

2001年，市委、市政府出台污染经济环境行为一票处罚制。制度规定，凡被否决的单位，当年不得评为先进集体、文明单位，不得授予荣誉称号，并且要向投资商和企业赔偿损失，该单位主要领导、分管领导和直接责任人都要承担相应责任，受到党纪政纪处分。

2.投资社会环境

市政府下硬功夫，以严格措施加大对外商及港澳台商投资企业收费监管。1998年，市政府下发《关于对外商及港澳台商投资企业实行收费申报登记监管制度的通知》。所有到外企收费的单位和部门，必须到外资及港澳台资领导小组办公室办理收费证。对各收费单位和部门严格实行申报监管制度。2001年6月1日，市委、市政府召开全市整顿和规范市场经济秩序再动员大会，出台《关于对污染经济环境行为实行一票处罚制的决定》，公开处理一批污染经济环境、扰乱经济秩序的典型案例，对有关涉外职能部门在为外商及港澳台商办理手续过程中刁难拖延的行为进行了公开批评。市委、市政府拨出专款建成襄樊招商引资联合办公中心，采购配套办公设备，制定出台联合办公中心的制度和办公程序，简化投资手续，方便外商及港澳台商来襄樊市投资办事，服务效率和质量得到很大提高。同时，为解决外商及港澳台商投诉难、投诉无门的问题，市政府成立外商及港澳台商投诉中心，办公地点设在市外经委，具体负责受理、处理、协调全市外商及港澳台商及外企的投诉。市政府要求投诉中心的人员要“敢为外商及港澳台商请命，愿为外商及港澳台商呐喊”，切实为外商及港澳台商办实事，排忧解难，使外商及港澳台商投诉有门，谋事有靠。外商及港澳台商投诉中心2000年下半年成立以来，已受理外商及港澳台商各类投诉32起。其中24起投诉得到妥善解决，投诉人有了满意的答案。

2001年6月14日，在市外经委召开首次“市长与外商及港澳台商对话”，市委副书记夏志斌、政法委书记姚仁安、副市长胡向斌、政协副主席杨丰亭，市直有关部门的领导与老河口大进针织有限公司、宜城新丰粮油土特产品有限公司、襄樊杜立房地产开发有限公司等15家外企代表，就襄樊投资环境展开对话。外企代表提出33条意见和建议，分别涉及招商引资、行政执法、政策法规宣传、税费缴纳及其透明度、办事程序及效率等内容，外商及港澳台商所提问题分别得到当场解决或限期解决。

2002年6月26日，市委、市政府在襄阳宾馆举行市长与外商及港澳台商对话会。市领导及襄阳、襄城、樊城、市直有关部门的负责人，与杜立房地产公司、襄阳正大公司、花满依服饰公司、康明斯公司、新丰粮油公司、金飞环包装公司、襄樊东一实业公司、欧奇餐饮公司、北龙房地产公司、金华泰房地产公司、豪伟打火机公司、星火轴承公司、兴龙食品公司等26家外资及港澳台资企业的代表进行坦诚对话。外资及港澳台资企业代表提出26条意见和建议，分别涉及办事效率、社会治安、基础设施、税收政策、行政指示等内容，外商及港澳台商所提意见和建议分别得到当场解决或限期解决。

2003年，市政府聘请了21名美国、韩国、日本、等国家和中国香港地区的外商及港澳台商、在华投资商及外国公司驻华机构工作人员，作为襄樊市首批代理招商人员，以招商引资牵线搭桥。

2004年3月，市委市政府向92名外商及港澳台商、港澳台侨商及外籍管理人员颁发外商及港澳台商保护绿卡。根据市委、市政府“两办”通知精神，对持有绿卡的外商及港澳台商，各级公安、交通、文化、教育等执法部门，必须依法对持卡人员的人身和财产安全予以重点保护，尊重外商及港澳台商生活习惯，为外商及港澳台商创造良好的外部生活环境。持卡人员确有严重问题需采取强制措施的，必须事先向市委、市政府主管领导报告。持卡人员驾驶车辆若轻微违章，交通警察应以教育为主，不罚款，不扣车、不扣证。持卡人员的子女就学，教育主管部门应优先安排，不受指标和地域限制，一切收费与当地学生享受同等待遇。持卡人员及其家属就医，各医疗单位应优先照顾。每月25日前，任何部门不得到持卡人员所在企业进行检查、收费，特殊情况下需对企业进行检查、收费的，应报市委、市政府审批。2005年年底，共向169名外商及港澳台商、港澳台侨商及外籍管理人员颁发外商及港澳台商保护绿卡。

2005年9月，《福布斯》中文版公布2005年中国大陆最佳商业城市排行榜，在其子榜——最适合开设工厂的20个城市中，襄樊排名第四。该榜单是《福布斯》中文版根据经营成本、劳动力素质和货运便利程度三类指标在对206个候选城市的数据进行计算分析之后评出的。

3.投资行政环境

2001年9月13日，市委、市政府成立襄樊招商引资联合办公协调领导小组，市长罗辉为组长，市外经委、市经贸委等22个单位的负责人为成员。襄樊招商引资联合办公中心同时成立。招商引资联合办公中心职责，为襄樊以外的投资者（包括内资和外资及港澳台资），提供从申报到登记注册，从税务、财政、外汇登记到土地征用、规划建设以及政策咨询、企业年检、投诉受理、统一办证、统一收费等全方面服务。涉及外商及港澳台商投资的职能部门一律进中心办公，实行一个窗口对外、一次性收费、一站式审批、一条龙服务。

（1）明确划分外商及港澳台商投资企业审批权限

根据省政府《关于下放外商及港澳台商投资项目审批权限和简化审批手续的通知》，襄樊市可以自行审批300万美元以下的生产型外商及港澳台商投资项目。襄樊市外商及港澳台商投资企业的审批机关是襄樊市商务局。审批投资总额在3000万美元以下的鼓励类、允许类外商及港澳台商投资项目。襄樊高新技术产业开发区授权审批设立本区域的投资总额在3000万美元以下的鼓励类、允许类外商及港澳台商投资项目。枣阳市、老河口市、宜城市人民政府外资及港澳台资工作部门授权审批本地区投资总额在1000万美元以下的鼓励类、允许类外商及港澳台商投资项目。投资总额在3000万美元以上的项目、涉及国家实行配额、许可证管理的项目和国家限制利用外资及港澳台资的项目，经市商务局审查后上报省商务厅或商务部批准。

（2）简化中外合资（合作）企业审批程序

中外合资（合作）经营企业审批，经过立项审批、可行性研究报告、合同和章程，办批准证书等程序。立项。中外方投资者确定合作意向后，由中方填写中外合资（合作）项目建议书，经中方主管部门同意（特种行业的项目还应经行业管理部门同意），报审批机关批准。审批可行性研究报告、合同和章程。项目建议书批准后，中外投资者就与项目有关的资金配套、土地规划、产品销售、经济效益、外汇平衡以及基础设施配套等事项提出可行性研究报告，签订企业合同和章程，报审批机关审批。颁发批准证书。可行性研究报告、合同和章程批准后，审批机关在两天内颁发批准证书。

（3）简化外资及港澳台资企业审批程序

外资及港澳台资企业审批，经过立项，审批可行性研究报告、章程，颁发批准证书等程序。立项。境外投资者或者委托的代理人持营业执照（注册登记证明）、投资者身份证件或授权委托书填报外资及港澳台资企业申请表，审批机关在收到申请表之日起三天内决定批准或不批准。审批可行性研究报告、章程。申请表批准后，境外投资者或其委托代理人就与项目有关的事项提出可行性研究报告和企业章程，报审批机关审批。审批机关在收到可行性研究报告和章程及有关文件资料之日起十天内决定批准或不批准，下达批复。颁发批准证书。可行性研究报告、企业章程批准后，审批机关在两天内颁发批准证书。

（二）利用外资及港澳台资活动

1991年11月21—30日，襄樊市人民政府代表团一行16人赴香港经贸考察，推出118个对外合资合作项目。香港《文汇报》《大公报》刊发了“襄樊特刊”，《香港商报》《星岛日报》《明报》《英文虎报》、《快报》连续刊发了代表团在港活动的情况及襄樊的投资环境。在港期间，襄樊市政府代表团举行“湖北省襄樊市经济贸易考察团招待酒会”，港澳台及海外工商界、新闻界知名人士150余人出席。市长杨斌庆向来宾们介绍了襄樊丰富的人文资源、自然景观和对外开放的简况，重点推介了1988年开始兴办的襄樊高新技术产业开发区和1991年开始筹建、以30万辆轿车产业项目为依托的襄樊汽车产业开发区。在港期间，市长杨斌庆拜会新华社香港分社、香港中华总商会、香港宜丰公司、集利公司、裕民工业（远东）有限公司、力行科技有限公司等。与香港工商界有关人士就加强经贸合作进行了广泛交流。

1996年9月底，襄樊市组团参加了’96湖北对外经贸旅游洽谈会。洽谈会襄樊市推出了12类158项招商引资项目，精选了8大类600个名、优、特样品参展。有20个项目与外商及港澳台商签订了合同12项、协议6项、意向2项。20个项目投资总额达4533.3万美元，注册资本3547万美元。其中，外方投资1498.6万美元，占注册资本的42.25%。对外贸易及港澳台贸易实际成交、协议成交共887万美元。

1997年5月13—17日，在“’97湖北省（香港）对外贸易及港澳台贸易洽谈会”上，襄樊市与外商及港澳台商签订开发银杏叶提取物冲剂、酿造销售营养酒等2个合同，长虹大桥经营权转让、合作新建汉江三里庙码头、生产中锡铝轴瓦材料等3个协议，循环垃圾处理系统、干白葡萄酒生产、开发商品房等3个意向。投资总额6437万美元，其中外方出资5836万美元，占总投资的90.66%。洽谈会贸易成交额达270万美元。

1997年11月，在武汉召开的“’97中西部地区投资与发展研讨会”上，襄樊市向国外客户展出国有企业嫁接改造、基础设施建设、农业综合开发建设、高新技术等项目48个，签订利用外资及港澳台资合同3个，协议投资总额3031万美元，合同外资及港澳台资额2041万美元。

1997年10月5—6日，以瑞士日内瓦州副州长兼公共工程和能源部长菲利普·焦瓦为团长的代表团一行9人，对襄樊市进行友好访问。市长阎增福与菲利普·焦瓦副州长，就襄樊热电厂三期工程、商品房开发以及汉（口）—老（河口）高速公路襄樊段等建设项目合作事宜进行了磋商。

1999年9月8—12日，襄樊组团参加在厦门举办的第三届中国投资贸易洽谈会。推出138个项目，达成合同、协议、意向项目16个，总投资4048万美元，协议外资及港澳台资2 494万美元。其中合同5项，总投资151.1万美元，合同外资及港澳台资81.85万美元；协议4项，总额358.8万美元；意向7项，总投资3 538.5万美元，协议外资及港澳台资2 111.3万美元。

2000年9月8—12日，第四届中国投资贸易洽谈会在厦门举行，襄樊参加该洽谈会。重点推出50个项目，达成合同、协议、意向项目13项，总投资3593万美元，协议外资及港澳台资1792万美元。其中签订正式合同4项，总投资650万美元，协议外资及港澳台资367万美元；达成协议4项，总投资1420万美元，协议外资及港澳台资563万美元；达成意向5项，总投资1523万美元，协议外资及港澳台资862万美元。工业项目居主导地位，有6项协议利用外资及港澳台资914万美元，占协议外资及港澳台资总额的51%；农林及深加工项目4项，协议利用外资及港澳台资619万美元，占协议外资及港澳台资总额的35%。单项协议外资及港澳台资额达100万美元以的项目有6个，金额1579万美元；

总投资在 100 万美元以上的项目 8 项，金额为 3 323 万美元。美国 Atcor 公司与华光器材厂签订的中美合资经营磁盘微晶玻璃基板项目投资额最高，达 1 200 万美元。

2000 年，参加国内外四大招商活动。同年 5 月，召开的中国中西部经济技术协作区投资贸易洽谈会、同年 9 月，召开的第四届中国投资贸易洽谈会、同年 11 月，召开的第二届中国高新技术成果交易会、同年 11 月的赴法、意对外经贸洽谈活动。签订 39 个利用外资及港澳台资项目。其中中国中西部经济技术协作区投资贸易洽谈会上，共签订投资合同 2 项，合同外资及港澳台资 33 万美元；签订贸易合同、协议、意向 10 项，总金额 1750 万元。厦交会共达成利用外资及港澳台资合同、协议 13 个，总投资 3593 万美元，协议外资及港澳台资 1792 万美元，其中签订正式合同 4 项，总投资 650 万美元。高交会上，共签订利用外资及港澳台资合同、协议和意向 16 项，成交金额 4.4 亿元人民币，其中签订正式合同 4 项，合同金额 1.9 亿元人民币。赴法国、意大利经贸洽谈会上，共达成 10 个利用外资及港澳台资意向，具体就煤气管道、氮肥厂燃气回收、环保设施生产、电子、造纸、农副产品加工、食品工业自动化生产等项目与法国公司进行了洽谈，还与法国公司就棉纱、棉布

2001 年 9 月 8—12 日，在福建省厦门市国际会展中心召开，第五届中国投资贸易洽谈会(厦洽会)，襄樊市组成以外经委为主的 40 人代表团赴会。达成合同、协议、意向项目 9 个，投资总额 3 724 万美元，合同、协议外资及港澳台资 3 007 万美元。其中，正式合同 5 个，投资总额 2 834 万美元，合同外资及港澳台资 2 382 万美元，过 100 万美元的项目占 96%。

2001 年 12 月 3 日，市委、市政府在深圳五洲宾馆举办襄樊市招商引资恳谈会，与 40 余名中外商及港澳台商就襄樊投资环境、投资政策、投资领域及具体合作项目进行坦诚友好会谈。会上，就南湖宾馆经营权转让、自来水厂经营权转让、城市信用社改造成商业银行、汽车子午线轮胎生产、黄家湾风景区开发、纳米材料等项目与客商达成意向 7 个，协议 1 个。同时，签订全面合作意向 1 个。即，市政府与新加坡森林(私人)集团有限公司董事长孙聚得、中国瑞联公司董事长李明签订三方全面合作意向书。

2001 年 9 月 8—12 日，第五届中国投资贸易洽谈会在厦门国际会展中心举行。襄樊交易团与外商及港澳台商达成合同、协议、意向项目9个，投资总额3 724万美元，合同协议外资及港澳台资 3 007 万美元。其中合同 5 个，投资总额 2 834 万美元，合同外资及港澳台资 2 382 万美元。引进内联项目 1 个，即厦门中建实业公司投资保康马桥的磷矿开采、加工项目，首期投资 300 万元人民币，产品全部外销。

2001 年 10 月 13—29 日，以市委副书记曲颖为团长的襄樊赴美、加招商引资工作团，在加拿大蒙特利尔等地经贸洽谈会上，达成投资意向、协议 12 个，涉及汽车、纺织、环保、建材等行业。

2001 年 9 月 17 - 25 日，襄樊举办诸葛亮文化节暨中西部经济协作经贸洽谈会，据统计，参加这次“节会”外商及港澳台商来自 18 个国家和地区的 453 人，大大超过了预期。“节会”期间，签订利用外资及港澳台资项目 58 个，总投资 25 047 万美元，合同协议外资及港澳台资 20 115 万美元。其中正式签订合同项目 48 个，总投资 19 065 万美元，合同外资及港澳台资 15 206 万美元，较 2 000 万美元目标增长 6.6 倍；签订意向项目 10 个，总投资 5 981 万美元，意向外资及港澳台资 4 910 万美元。在正式签订的 48 个合同项目中，总投资在 1 000 万美元以上的项目有 7 个。外资及港澳台资投向进一步合理，在全部 48 个合同项目中，汽车、纺织服装和高科技项目有 18 个，占 37%。

2002 年，在香港深圳举办投资贸易洽谈会，这是襄樊市改革开放后，规格最高、规模最大的一次招商盛会。香港《文汇报》《大公报》、凤凰卫视、《深圳商报》、深圳电视台等各大媒体，分别在显著位置或黄金时间，以“襄樊——充满商机与希望的热土”为题，对招商活动和推介的 36 个新项目作了专题报道，在港澳和深圳刮起了“隆中对”旋风，掀起了新一轮“借东风”高潮。签订 32 个合作项目。其中利用外资及港澳台资项目 27 个，投资总额 26 583 万美元，合同外资及港澳台资金额 14 180 万美元，签

约的 27 个利用外资及港澳台资项目中，有 15 个项目签订了正式合同，投资总额 9 983 万美元，合同外资及港澳台资额 4 591 万美元；内联项目 2 个，总投资和合同资金 5 706 万元。市领导和部分招商人员先后安排走访、拜会80余名港澳、深圳工商界人士，彼此交流情况，互通信息，增进友谊，预留商机。

2002 年，举办的诸葛亮文化节暨中西部经济协作经贸洽谈会，其间，共签订招商引资项目 38 个，投资总额 2.6 亿元，合同及协议外资及港澳台资 17151 万美元。其中正式签订合同项目 28 个，投资总额 16584 万美元，合同外资及港澳台资 9303 万美元。

2002 年，在厦门举办的第六届中国投资贸易洽谈会，襄樊市会前组织 15 人，赴厦门参加台商恳谈会，广泛联络台商及台资企业。签订利用外资及港澳台资合同 1 项，投资总额和合同外资及港澳台资分别为 218 万美元和 182 万美元，签订合作意向 2 项，投资总额和协议利用外资及港澳台资分别为 462 万美元和 299 万美元；签订内联项目意向 4 项，协议引进资金 8 550 万元。

2002 年 5 月 8 日，“2002 年鄂港经济合作洽谈会”在香港会展中心隆重举行。襄樊市现场签约 3 个项目，分别是：襄城区政府与香港华大集团共同投资 3 840 万美元兴建的建材大市场建设项目；由襄城区外经贸局与香港大恒通电线实业公司共同投资 3 840 万美元兴建的襄城黄家湾鹏峰休闲娱乐项目；由襄樊中安达旅游度假有限公司与美国六州大酒店北亚区共同推出的襄樊分时度假村酒店引进管理项目，投资总额 7 680 万美元。

2002 年 5 月 11 日，襄樊市在深圳举行“2002 襄樊招商恳谈会暨签字仪式”。出席仪式的有香港、澳门、深圳等地客商。会上签订 29 个项目。其中，利用外资及港澳台资项目 24 个(合资项目 7 个、合作项目 4 个、独资 13 个)，投资总额 18 953 元美元，协议外资及港澳台资 14 190 万美元，合同 12 个，合同外资及港澳台资 1 748 万美元；协议 9 个，协议外资及港澳台资 7 799 万美元；意向 3 个，外资及港澳台资额为 1 800 万美元；出口合同 3 个，成交金额 218 万美元；利用内资项目 2 个，投资总额和合同资金为人民币 5 706 万元。

2002 年 9 月 8—12 日，第六届中国投资贸易洽谈会在厦门举行。襄樊交易团与外商及港澳台商签订意向、合同项目 3 个，投资总额 680 万美元，合同协议外资及港澳台资 481 万美元，其中合同项目 1 个，投资总额 218 万美元，合同利用外资及港澳台资 182 万美元；签订内联项目意向 4 个，协议引进资金 8 550 万元。

2003 年 8 月 17 日至 9 月 1 日，市长付明珠率市经济代表团 20 人，首次赴韩国、日本进行为期 15 天的招商活动。签订 25 个投资协议和意向，投资总额为7 600万美元，协议外资及港澳台资额为 4 535 万美元，签订出口贸易合同 2 个，合同金额 1 060 万美元。

2003 年 9 月 8—11 日，组织参加第七届中国投资贸易洽谈会，与外商及港澳台商共签订投资项目 11 个，其中利用外资及港澳台资合同 5 个，投资总额 1 068 万美元，合同外资及港澳台资 651 万美元；内联项目协议6个，协议总额1.5亿人民币；达成劳务输出协议1个，将向沿海输出劳务人员200人。

2003 年 9 月 21—26 日，市长付明珠、市委副书记夏志斌率市经济代表团，赴香港参加了湖北省政府举办的鄂港经贸洽谈会。同年 9 月 23 日上午，在香港华润大厦举办“2003 年襄樊(香港)经贸洽谈会暨项目签字仪式”，签订 17 个合同。其中投资合同 9 个，合同外资及港澳台资 8 987 万美元，投资协议 19 个，协议外资及港澳台资 12 242 万美元，总投资 33 776 万美元。签订出口成交合同 8 个，出口金额 2 275.3 万美元。

2003 年 10 月 12—17 日，襄樊市共组织 7 家企业，参加第五届中国国际高新技术成果交易会，签约项目6个，引进外资及港澳台资2.3亿元。签约项目涉及光电子、仪器仪表、机械制造、服装加工等。

2004 年 4 月 8—23 日，市委书记阮成发率市经济代表团，赴韩国、日本进行为期 16 天的招商活动。签订投资合同 6 个，投资总额 4 340 万美元，合同外资及港澳台资 1 890 万美元，签订出口贸易合同 3 个，合同金额 400 万美元。

2004 年 6 月 17—23 日，市长带队赴香港成功举办“2004 襄樊（香港）经贸洽谈会”，并参加省政府举办的鄂港经贸洽谈会，签订投资合同 17 个，投资总额 16 009 万美元，合同外资及港澳台资 15 185 万美元，签订出口成交合同 4 个，出口金额 950 万美元。

2004 年 8 月 8—22 日，市外经贸局赴南昌、温州、台州等地进行学习考察。与南昌市外经委负责人进行了座谈交流，参观南昌高新技术开发区，在温州举办了湖北襄樊温州企业家座谈会，先后拜访考察了浙江大虎打火机、浙江玉峰集团、浙江轻纺集团等 12 家上市公司和知名企业，探索了小分队赴沿海招商的新路子。

2004 年 9 月，在厦门举办第八届中国投资贸易洽谈会上，全市 21 家企业的 45 位代表参加投洽会，接待新老客户 321 人次，签约 10 个投资项目，签约额达 1.02 亿美元。

2004 年 10 月，在深圳举办的第六届中国国际高新技术成果交易会上，副市长胡水华为团长，11 家高新技术企业代表为成员的襄樊代表团参加了“高交会”。会上共接待新老客户 281 人次，签约 9 个项目，签约额达 7.81 亿元人民币，比上届增长近 3.6 倍。签约的项目涉及电子信息，新材料，新能源，节能技术等三大类；突出了科技成果交易和招商引资主题；展示了襄樊市高新技术企业的发展水平和产品实力。

2005 年 5 月 9—13 日，市委书记田承忠、市委副书记万桃元、副市长虞国旗率市经济代表团，赴香港参加省政府举办的 2005 年香港湖北周活动，并成功举办了 2005 年湖北襄樊（香港）经贸洽谈会，共签订投资合同 10 个，投资总额 16 916 万美元，合同外资及港澳台资 13 886 万美元，投资协议 34 个，投资总额 35 449 万美元，协议外资及港澳台资 25 922 万美元。签订出口贸易合同 2 个，出口金额 276 万美元。主要涉及汽车零部件配套、基础设施、机械工业、农业、纺织、医药化工、旅游等近 10 个行业。

2005 年 5 月 29 日，日本国横滨市政府驻上海代表处副所长广木淳先生一行抵樊，参观隆中风景区，拜访市商务局、市高新技术产业开发区，考察东风有限公司总装车间、湖北旭通送电设备有限公司，为增进双方友谊和两个城市间建立友好的经贸交流与合作关系打下基础。

2005 年 6 月 27 日，香港中华总商会会长霍震寰一行，先后参观隆中风景区、天籁生产车间等地。市委书记田承忠、市长李德炳会见霍震寰一行，并介绍了襄樊市经济发展情况。霍震寰表示，今后在汽车等方面加强合作,将介绍给更多香港企业家来樊投资。

2005 年 7 月 18 日，沃尔玛全球副总裁、亚洲区总裁兼首席执行官钟浩威一行到襄樊进行商务考察。沃尔玛位居世界 500 强之首，位于襄樊市长虹路与人民路交叉路口在樊投资项目，是省内二级城市第一家沃尔玛分店,于 2005 年 10 月动工。该项目建成后，将是襄樊市第一家集超市、百货、餐饮、娱乐等多种业态于一体的“一站式”购物中心。

2005 年 8 月 10 日，香港中港印集团主席区可华一行就租赁襄樊港务局现有设备建设年产 1000 万吨煤炭配送中心项目进行实地考察。11 月 4 日，中港印能源集团有限公司主席区可华一行 13 人再次抵达襄樊，就该公司在市余家湖建立配煤中心项目进行考察。该公司计划租赁襄樊港务局生产区及现有设施 50 年，投资 3 000 万美元，建立一个年配煤量为 1 000 万吨的大型配煤中心。

2005 年 8 月 21—22 日，襄樊市招商团在浙江温州举办襄樊（温州）招商引资洽谈会，襄樊百盟投资有限公司、襄樊吉源纺织有限公司、南漳地利银花麻业有限公司、樊城区韩洼村委会分别与温州美亚经济信息投资有限公司、浙江华狮箱包公司、浙江森鸟箱包有限公司、苍南塑料机械厂签订了合作投资协议。温州人民电器集团也与襄樊市招商团签订了初步的投资合作意向。共有 5 个项目签约，协议投资 1.57 亿元。

2005 年 9 月 7—11 日，襄樊市经济代表团一行 38 人在常务副市长欧阳万坤的带领下，赴厦门参加第九届中国国际投资贸易洽谈会。襄樊市推出 74 个招商项目，共签订项目 7 个，投资总额 6 385 万美元，协议外资及港澳台资额 5 734 万美元。其中合同项目 4 个，投资总额和合同外资及港澳台资分别为 2 170 万美元和 1 480 万美元，签订协议项目 3 个，投资总额和协议外资及港澳台资分别为 4 315 万美元和 4 254 万美元。

2005 年 10 月 12—17 日，在深圳举办的第七届中国国际高新技术成果交易会上，副市长胡水华为团长，湖北华中药业有限公司、湖北新华光信息材料股份有限公司、襄樊台基半导体有限公司、襄樊大力控制股份有限公司等 10 家高新技术企业的 21 位代表为成员的襄樊代表团参加了高交会。签订出口贸易合同 2 个，技术合作项目 1 个，招商引资项目 2 个，成交额 35 432 万元人民币，涉及电子信息，新材料，新能源，节能技术等领域，突出产品出口贸易洽谈和招商引资主题，展示了襄樊市高新技术企业的发展水平和产品实力。

2005 年 10 月 23 日，欧洲工业代表团一行 16 人，对襄樊市进行考察访问，参观了法国村、市容市貌、东风试车场、神龙公司等地。同年 10 月 26 日至 11 月 1 日，市长李德炳、副市长胡水华率市经济代表团一行 13 人，赴韩国首都首尔参加省政府举办的“2005 年韩国·湖北省友好周”活动，并在首尔普利玛酒店举办“2005 中国襄樊·韩国首尔投资环境说明会”，30 家韩国企业的 42 位代表参加说明会，还拜会如意股份有限公司、多定集团、三星电子等韩国跨国公司，在京畿道考察了 IT、汽车零部件、农业等产业，襄阳区代表分团、枣阳代表分团、老河口代表分团分别在襄阳郡、大邱市、庆山市举行了一系列经贸洽谈活动。此次招商共洽谈项目 13 个，投资总额 1375 万美元，合同外资及港澳台资 913 万美元。其中签订投资合同 2 个，投资总额 247 万美元，合同外资及港澳台资金额 85 万美元，签订投资协议 3 个，投资总额 238 万美元，协议外资及港澳台资 218 万美元；达成投资意向 5 个，投资总额 890 万美元，协议外资及港澳台资 610 万美元；签订出口合同 4 个，出口金额 720 万美元。

（三）利用外资及港澳台资成果

1.直接利用外资及港澳台资

1986—2005 年，襄樊市累计批准设立外商及港澳台商投资企业 578 家。其中合资企业 401 家，合作企业 41 家，外资及港澳台资企业 136 家。投资总额 15.36 亿美元，合同外资及港澳台资 7.18 亿美元，实际使用外资及港澳台资 41 716 万美元。1988 年，襄樊市利用外资及港澳台资额 1156.38 万美元。1989 年，利用外资及港澳台资项目 5 项，成交额 691 万美元。1990 年，新批准中外合资企业 3 家，总投资 417.46 万美元，其中外商及港澳台商投资 174.9 万美元。1991 年，新批“三资”企业 11 家，协议投资总额 1 352 万美元，其中外方投资 985.8 万美元，相当于过去历年兴办“三资”企业的总和。1992 年，新批“三资”企业 77 家，比上年增长 5.4 倍，协议投资总额 6691 万美元，其中外商及港澳台商投资 2261 万美元，比上年增长 4 倍。到年底止，全市“三资”企业总数(含 1991 年前)为 100 家。1993 年，新批“三资”企业 128 家，同比增长 66%。剔除已撤销企业，全市“三资”企业（含外经贸部审批的 1 家，省外经贸委审批的 2 家）累计达 225 家，已开工投产 92 家，占 40%。1993 年“三资”企业总投资 16280 万美元，协议外商及港澳台商投资金额 6 667 万美元，比 1992 年增长 236%，外资及港澳台资实际到位 1 927 万美元，占协议外资及港澳台资总额的 29%，增长 3.75 倍。新批“三资”企业的主要特点：一是发展速度快。由上年平均 4.7 天审批 1 家，加快到平均 2.8 天。二是独资企业增多。新批独资企业 25 家，比上年增长 3.8 倍；三是外商及港澳台商投资比例提高。由上年的 40%提高到 53.4%。四是大项目和高新技术项目增加。新批 500 万美元以上的大项目 11 个，高新技术项目 10 个，是上年的 5 倍。五是投资领域扩宽。涉及一、二、三产业的各个部门；日本、新加坡、马来西亚、缅甸和加拿大新增投资国。1993 年 3 月，经国务院、国家计委考评组综合评定，襄樊市鄂港合资企业，湖北省新星通讯设备有限公司获“国家机电行业优秀‘三资’企业”称号。1996 年，全市新批外商及港澳台商投资企业 34 家，列全省地、市、州第3位。34家企业协议投资总额5 911.05万美元,同比下降36.8%,注册资本3972.28万美元,合同外资及港澳台资额2 578.52万美元,同比下降33.8%,实际到位外资及港澳台资1600万美元,同比增长15.7% 。引资嫁接改造工业项目19个。到1996年年底,全市累计审批外商及港澳台商投资企业357家,协议投资总额46 930.04万美元,注册资本36 095.74万美元,合同外资及港澳台资额18 986.11万美元,实际到位外资及港澳台资5 686.05万美元,外资及港澳台资到位率为30%。全市357家外商及港澳台商投资企业中,已开工195家,开工率54.6% 。技术型和创汇型外商及港澳台商投资企业共36家,其中技术型27家,创汇型9家。1997年,全市新批外商及港澳台商投资企业19家,较上年减少15家;协议投资总额6 289.53万美元,同比增长6.4%;注册资本4 451.99万美元,同比增长12.1%;合同外资及港澳台资额4 042万美元,同比增长56.8%;实际使用外资及港澳台资金额1 600万美元,与上年持平,外资及港澳台资到位率为40%;涉外税收(不含关税和土地费用)1 600万元,同比增长14.3%。襄樊正大有限公司、襄樊飞环印务有限公司、襄樊星火轴承有限公司、襄阳浩然音像磁电塑胶制品有限公司、襄樊创统金融科技有限公司、襄樊赛蒂克旅行服务有限公司等6家“三资”企业,1997年,被省政府、省外商及港澳台商投资企业协会授予“优秀企业”称号。襄樊飞环印务有限公司、襄樊星火轴承有限公司,1997年,被授予全省外商及港澳台商投资“百强”企业称号。1998年,全市新批外商及港澳台商投资企业15家,比上年下降21%,协议投资总额3 734万美元,同比下降40.6%,注册资金2 114万美元,同比下降52.5%,合同外资及港澳台资金额3 031万美元,同比下降25%,实际使用外资及港澳台资金额1 800万美元,同比增长12.5%,外商及港澳台商投资企业上缴的涉外税收(不含关税和土地费用)2 400万元人民币,同比上升50%。襄樊恒立铸造有限公司、老河口大进针织有限公司、襄樊星火轴承有限公司、襄樊美而福服装有限公司被中国外商及港澳台商投资企业协会授予全国外商及港澳台商投资“双优”企业称号。襄樊创统金融科技有限公司、襄樊飞环印务有限公司、襄樊襄宜公路有限公司、襄樊北龙房地产建设开发有限公司、襄樊星火轴承有限公司、老河口大进针织有限公司、襄樊统阳节能设备有限公司、襄樊正大农业有限公司、襄樊美而福服装有限公司、襄阳富国纺织有限公司,11家外商及港澳台商投资企业,被省外商及港澳台商投资企业协会授予湖北省优秀外商及港澳台商投资企业称号。1999年,全市新批外商及港澳台商投资企业16家,合同外资及港澳台资金额2 240万美元,比上年下降26.1%,实际利用外资及港澳台资金额1924万美元,比上年增长6.9%,全市外商及港澳台商投资企业上缴涉外税收2 640万元人民币,比上年增长10%。全市累计批准外商及港澳台商投资企业407家,合同外资及港澳台资金额34 802万美元,实际使用外资及港澳台资金额累计11 010万元。全市正在运作的外商及港澳台商投资企业283家,开业投产的企业150家,直接从业人员16 000余人。外商及港澳台商累计上缴涉外税收(不含土地费用)12 240万元人民币。襄樊外商及港澳台商投资企业进入国民经济10大行业,有18个国家和地区的外商及港澳台商到襄樊投资。襄樊恒立铸造有限公司、襄樊襄宜公路有限公司、襄樊美而福服装有限公司、老河口大进针织有限公司4家被评为全国“双优”外商及港澳台商投资企业。襄樊飞环印务有限公司、襄樊恒立铸造有限公司、襄樊襄宜公路有限公司、襄樊美而福服装有限公司,老河口大进针织有限公司5家企业被评为全省外商及港澳台商投资百优企业。20家企业被市政府授予优秀外商及港澳台商投资企业称号。

2000年,全市新批准成立外商及港澳台商投资企业23家,比上年增加7家,合同外资及港澳台资金额4 491万美元,比上年增长100.5%,实际利用外资及港澳台资金额2 120万美元,比上年增长10.2%,全市外商及港澳台商投资企业上缴涉外税收6 568万人民币,比上年增长148.8%。全市累计批准外商及港澳台商投资企业430家,实际使用外资及港澳台资金额累计13 130万美元。除期满、终止、撤销的153家外,开业投产的企业156家,直接从业人员2万余人,外商及港澳台商投资企业累计上缴涉外税收(不含土地费用)1.88亿元人民币。襄樊外商及港澳台商投资企业进入国民经济10大行业，有 20 个国家和地区的外商及港澳台商到襄樊投资。襄樊恒立铸造有限公司、襄樊襄宜公路有限公司、枣阳大洋化工有限公司等 3 家外商及港澳台商投资企业被中国外商及港澳台商投资企业协会评为全国外商及港澳台商投资“双优”企业。襄樊恒立铸造有限公司、襄樊汉江热电有限公司、襄樊赛蒂克旅行服务有限公司、襄樊飞环印务有限公司、襄樊正大农业有限公司被湖北省外商及港澳台商投资企业协会、省外经贸厅、省财政局、省国税局、省劳动厅等 14 个部门评为湖北省外商及港澳台商投资“双优”企业。9 家外商及港澳台商投资企业被考核确认为产品出口型企业和先进技术型企业，其中产品出口型企业 5 家：宜城新丰粮油土特产品有限公司、襄樊恒立铸造有限公司、襄樊三珍食品有限公司、襄樊星火轴承有限公司、襄樊多针织有限公司；先进技术型企业 4 家：湖北漳龙塑料制品有限公司、襄樊正大农业开发有限公司、襄樊正大有限公司、襄樊飞环印务有限公司。

2001 年，全市新批成立外商及港澳台商投资企业 37 家，比上年增加 14 家；合同外资及港澳台资金额 4905 万美元，比上年增长 9.2%；直接利用外资及港澳台资金额首次突破 4000 万美元大关，达 4210 万美元，比上年增长 98.6%，在全省的位次由上年的第 8 位跃居第 5 位。全市外商及港澳台商投资企业上缴涉外税收 8551 万人民币，比上年增长 28.6%。全市累计批准外商及港澳台商投资企业 488 家，除期满、中止、撤销的 157 家企业外，正在运作的外商及港澳台商投资企业 331 家，已开业投产的企业 172 家，实际使用外资及港澳台资金额累计 17340 万美元，外商及港澳台商投资企业累计上缴涉外税收（不含土地费用）2.6 亿元人民币，有 20 个国家和地区的外商及港澳台商到襄樊投资。宜城新丰粮油土特产品有限公司、襄樊恒立铸造有限公司、襄樊星火轴承有限公司、襄樊多定针织有限公司，被确认为产品出口型企业。湖北漳塑料制品有限公司、襄樊正大农业开发有限公司、襄樊正大有限公司、襄樊飞环印务有限公司，被确认为先进技术型企业。

2002 年，全市新批成立外商及港澳台商投资企业 41 家，比上年增加 4 家；合同利用外资及港澳台资 9398 万美元，比上年增长 91.6%；直接利用外资及港澳台资首次突破 5000 万美元大关，达 5526 万美元，比上年增长 31.3%，绝对额在全省居第 5 位。全市外商及港澳台商投资企业上缴涉外税收 10298 万元，比上年增长 20.4%。全市累计批准外商及港澳台商投资企业 508 家，除期满、中止、撤销的 259 家外，正在运作的外商及港澳台商投资企业 249 家，已开业投产的企业 116 家，直接利用外资及港澳台资累计 22866 万美元，外商及港澳台商投资企业累计上缴涉外税收（不含土地费用）3 亿多元，有 20 多个国家和地区的外商及港澳台商到襄樊投资。2003 年，全市新批成立外商及港澳台商投资企业 20 家，比上年减少 21 家；合同外资及港澳台资金额 7588 万美元，比上年下降 19.26%；直接利用外资及港澳台资金额首次突破 6000 万美元大关，达 6604 万美元，比上年增长 19.51%，在全省位次由上年的第 5 位跃居第 4 位。全市外商及港澳台商投资企业上缴涉外税收 21666 万元人民币，比上年增长 110.4%。汽车开发区和高新开发区加大外经贸工作力度，利用外资及港澳台资成倍增长，分别达到 2562 万美元和 2582 万美元，分别占年计划的 146%和 178%，两区利用外资及港澳台资总值占全市利用外资及港澳台资总额的 77.9%，开发区成为全市对外开放主力军。

2003 年 6 月 9 日，东风汽车公司与日产汽车公司合资成立的东风汽车有限公司在武汉正式创立，注册资本 167 亿元人民币，是国内首家拥有全系列汽车产品的中外合资企业。根据双方协议，日产公司在新公司中直接投资 85.5 亿元人民币。公司将襄樊设立为轻型商用车和乘用车主要生产运营基地（十堰是商用车主要基地，广州是乘用车主要基地）。襄樊市为“新东风”核心运营基地。2003 年襄樊市第一家、全省第四家外资及港澳台资并购项目——襄樊艺苑房地产开发建筑有限公司批准成立。该公司原为一家民营企业，注册资本为 700 万元，为扩大企业规模，注册资本增至 1000 万元，增加的 300 万元全部由日本商人以美元现汇购买。该公司相应变更为中外合资经营企业，原公司的无形资产仍可得到完整保留。这一项目标志襄樊市在合资、合作、独资利用外资及港澳台资方式上取得重大突破。

2004年,全市新批成立外商及港澳台商投资企业37家,比上年增加17家,合同外资及港澳台资金额6625万美元,比上年下降12.7%;直接利用外资及港澳台资金额首次突破8000万美元大关,达8013万美元,比上年增长21.3%,在全省的位次仍居第4位。全市外商及港澳台商投资企业上缴涉外税收51328万人民币,比上年增长137%。全市累计批准外商及港澳台商投资企业565家,除期满、中止、撤销的382家企业外,正在运作的外商及港澳台商投资企业183家,实际使用外资及港澳台资金额累计37483万美元,外商及港澳台商投资企业累计上缴涉外税收(不含土地费用)111724万人民币,有16个国家和地区的外商及港澳台商到襄樊投资。襄樊星火轴承有限公司、宜城雅新家纺有限公司、中日龙(襄樊)机电技术开发有限公司3家企业被省外经贸厅考核确认为产品出口型企业和先进技术企业。这表明襄樊市在引进外资及港澳台资项目的外向度和技术含量不断提高。10家企业获全国"双优"外商及港澳台商投资企业称号,它们是:湖北新丰粮油土特产品有限公司、宜城雅新家纺有限公司、襄樊恒立铸造有限公司、襄樊星火轴承有限公司、襄樊正大农业开发有限公司、东风康明斯发动机有限公司、老河口大进针织有限公司、老河口永进绿色食品有限公司、国泰华(襄樊)纺织企业有限公司、老河口金玛珠宝有限公司。

2005年,全市新批准成立外商及港澳台商投资企业17家,较同期减少20家,下降54.1%;合同利用外资及港澳台资金额5632万美元,同比下降15%;实际使用外资及港澳台资3625万美元,同比下降54.7%。全市外商及港澳台商投资企业上缴涉外税收137849万人民币,比上年增长134.5%。全市累计批准外商及港澳台商投资企业582家,除期满、中止、撤销的383家企业外,正在运作的外商及港澳台商投资企业199家,合同外资及港澳台资金额累计71868万美元。有24个国家和地区的外商及港澳台商到襄樊投资。2005年6月,东风汽车公司与美国德纳公司合资的东风德纳车桥有限公司,在襄樊挂牌成立。该项目总投资8亿元人民币,双方股比各占50%,采取股权并购方式,德纳公司以现汇5858万美元,购买东风汽车有限公司下属东风车桥有限公司50%的股权。东风、德纳车桥合资项目是世界级的两大车桥公司的一次强强联合,是东风零部件加快推进国际合作的一次重大突破。它标志全国规模最大、技术最先进的商用车桥生产基地正式落户襄樊。全市7家外商及港澳台商投资企业,被确认为产品出口型企业和先进技术企业(简称"两类企业")。其中,湖北新丰粮油土特产品有限公司、襄樊星火轴承有限公司、湖北雅新家纺有限公司、襄樊伟豪打火机制造有限公司4家外商及港澳台商投资企业,被确认为产品出口型企业。襄樊正大有限公司、襄樊正大农业开发有限公司、中日龙(襄樊)机电技术开发有限公司3家外商及港澳台商投资企业,被确认为先进技术型企业。襄樊星火轴承有限公司、东风康明斯发动机有限公司、湖北新丰粮油土特产品有限公司、襄阳三珍食品有限公司、襄樊六六千服装有限公司、宜城雅新家纺有限公司、襄樊恒立铸造有限公司、老河口大进针织有限公司、老河口金玛珠宝企业有限公司等9家企业,荣获"全国外商及港澳台商投资双优企业"的光荣称号(见表14—1、表14—2、表14—3、表14—4、表14—5、表14—6)。

1986—2005年襄樊市实际利用外资及港澳台资统计

表14—1　　　　单位:万美元

年份	项目数	合同外资及港澳台资	实际到资	三资企业实际出口
1986—1990	5	1179	—	—
1991	11	1535	—	—
1992	70	3897	508	135
1993	114	6667	1927	825
1994	67	3449	535	159
1995	51	4539	1116	196

续表

年份	项目数	合同外资及港澳台资	实际到资	三资企业实际出口
1996	35	2578	1600	1099
1997	19	4042	1600	1213
1998	15	3031	1800	1548
1999	16	2240	1924	1267
2000	23	4491	2120	597
2001	37	4905	4210	912
2002	41	9398	5526	1347
2003	20	7588	6604	2087
2004	37	6625	8013	3945
2005	17	5633	3625	4209
合　计	578	71797	41108	19539

1986—2005年全市累计批准外商及港澳台商投资企业分行业汇总

表14—2　　单位：万美元

行业	项目个数	投资总额	合同外资及港澳台资
总计	578	153606	71797
第一产业	12	1396	820
农林牧副渔	12	1396	820
第二产业	416	108741	50242
电力、煤气及水的生产供应	9	7912	5427
采掘业	3	120	109
制造业	394	98872	44016
建筑业	10	1837	690
第三产业	150	43469	20735
交通运输、仓储及邮电通信	7	14856	4121
批发和零售贸易、餐饮业	3	53	74
房地产业	86	21245	11104
社会服务业	52	6871	5098
科学研究和综合技术服务业	1	108	95
水利、环境和公共设施管理业	—	—	—
其他行业	1	336	243

1986—2005全市累计批准外商及港澳台商投资企业分企业类型汇总

表14—3　　单位:万美元

企业类型	项目个数	总投资	合同外资及港澳台资
合计	578	153606	71797
中外合资企业	401	100782	38127
中外合作企业	41	33404	19106
外资及港澳台资企业	136	19420	13933
外商及港澳台商其他投资	—	—	631

1986—2005年全市现有外商及港澳台商投资企业分县(市)区汇总表

表14—4　　单位:万美元

县(市)区	项目数	投资总额	注册资本	合同外资及港澳台资及港澳台资
合计	199	91185	62520	30652
市直	24	14436	8792	5336
城区:	65	18870	12530	7637
襄　城	10	2543	2275	1143
樊　城	33	3861	3239	1927
襄　阳	22	12466	7016	4567
开发区:	50	44758	32996	11675
高新区	44	43660	32041	11194
鱼梁洲	6	1098	955	481
县市:	60	13121	8202	6004
枣　阳	8	943	922	412
老河口	14	1559	1320	946
宜　城	12	2370	1919	1640
南　漳	9	6312	2729	2381
谷　城	12	740	611	377
保　康	5	1197	701	248

1986—2005年全市现有外商及港澳台商投资企业分企业类型汇总表

表14—5　　单位:万美元

企业类型	项目数	总投资	注册资本	合同外资及港澳台资
合计	199	91185	62520	30652
中外合资企业	123	61670	44803	16740
中外合作企业	11	13897	6852	3047
外资及港澳台资企业	65	15618	10865	10865

1986—2005 年全市现有外商及港澳台商投资企业分行业汇总表

表 14—6　　单位：万美元

行业	项目数	投资总额	注册资本	合同外资及港澳台资
总计	199	91185	62520	30652
第一产业	3	149	141	105
农林牧副渔	3	149	141	105
第二产业	128	62276	44239	19908
电力、煤气及水的生产供应	3	2733	1450	975
采掘业	—	—	—	—
制造业	115	58536	41784	18098
纺织业	23	2778	2602	1632
建筑业	10	1007	1005	835
第三产业	68	28760	18140	10639
交通运输、仓储及邮电通信	5	14411	7197	3744
批发和零售贸易、餐饮业	4	117	88	82
房地产业	40	12891	9601	6102
社会服务业	16	900	851	533
科学研究和综合技术服务业	2	141	103	103
水利、环境和公共设施管理业	—	—	—	—
其他行业	1	300	300	75

2.间接利用外资及港澳台资（接受外援利用外贷）

联合国及日本援助：1997 年底，全市累计接受联合国有关机构及日本国无偿援助项目 5 个，总金额 1391 万美元。其中石台寺水利提灌工程机泵设备 16.35 亿日元，湖北制药厂计划生育药物生产设备 202 万美元，市残疾儿童康复中心康复器材 10 万美元，市特教师范学校实验及电教设备 10 万美元，谷城县妇育保健院医疗器材 5 万美元。联合国人口活动基金组织援助项目。湖北制药厂接受联合国人口活动基金组织，资助援建计划生育药物车间项目。主要是解决生产避孕药物的装备、劳动保护及制剂生产方面的落后状况，扩大避孕原药甾体激素 D—18 甲基炔诺酮的生产能力，以适应计划生育工作的需要。此项目每年可满足 2000 万妇女计划生育用药。联合国儿童基金会援助项目。①襄樊市特教师范学校，接受联合国儿童基金会的援助项目，项目资金用于特教师资培训，装备教学器材，1990—1994 年计划援助 10 万美元，1990 年援助 3 万美元的教学器材。②市儿童福利院，接受联合国儿童基金会的援助项目，建立残疾儿童康复中心，通过对残疾儿童特殊教育、职业培训、矫治康复等手段，使残疾儿童最大限度的恢复功能，步入社会。1990—1994 年计划拨 10 万美元的康复器材。③谷城县卫生系统接受联合国儿童基金会援助项目，用于加强基层妇幼卫生设施，装备县级保健所医疗器械 12 台件；乡（区）卫生院配备成人、儿童磅秤器材；乡（片）卫生所配备消毒锅等器材；村极卫生室配备盆骨测量器、血压计等医疗器械和培训乡、镇妇幼医生。1990—1994 年援助价值 5 万美元，1998 年部分援助资金到位。④保康县被卫生部列为儿童营养监测试点县，同时，接受联合国儿童基金会援助，用于装备山区妇幼保健基础设施，购置医疗器械和兴建工作用房，1990—1994 年受援 4 万美元，1990 年 1 万美元，医疗器械 9 台件价值 1.2 万元。⑤襄阳县卫生防疫站，被卫生部列为儿童免疫乙肝试点县，接受联合国儿童基金会援助，用于装备卫生防疫站，实验仪器设备和购进检测试剂等。1990—1994 年受援 3 万美元，1990 年 1 万美元。

日本国际协力事业团无偿援助，枣阳石台寺水利工程项目：该工程项目 1987 年立项，1988 年中日两国政府协商会谈，1989 年 11 月 20 日，作为湖北省治理鄂北岗地重点开发项目之一的枣阳石台寺提灌工程，正式动工。1990 年 5 月 28 日—6 月 4 日，日方派调查团再次对工程项目进行实地考察、会谈。中日双方议定，日方为枣阳石台寺各级泵站提供 14 台（套）机泵设备，价值约 15 亿—20 亿日元左右，1991 年 3 月两国政府交换公文，1992 年日方交货完毕。1994 年 7 月，主体工程全部建成全线通水，年提水能力 1 亿立平方米，扩大改善了灌溉面积共 21.08 万亩；同时，解决了灌区近 10 万人常年饮用高氟水的危害问题。

利用外国政府贷款：1994 年，草签利用外国政府贷款项目 1 项，外贷金额 658 万美元；报省批复立项和外国政府贷款项目 6 项，拟用外贷金额 1508 万美元。1995 年，利用外国政府贷款项目批复立项 2 个，拟用外贷金额 570 万美元；1996 年，全市结合市“九五”计划，根据各国贷款条件及贷款领域，筛选上报了湖北化纤集团公司年产 1 000 吨粘胶长丝生产设备、市一医院心血管数字减影机等 10 个项目，拟用外国贷款金额 2.06 亿美元。1997 年，利用外国政府贷款良好项目。王甫洲水利枢纽工程利用奥地利政府贷款 5.67 亿奥先令（合人民币 4.32 亿元），引进奥地利伊林电气公司生产的 4 台水轮发电机组，已于当年初全部运抵工地；市管道煤气工程利用加拿大政府贷款 660 万美元，从加拿大乔恩工程顾问有限公司引进 3 台水煤气两段炉关键设备，液压阀门、仪表及计算机设备已全部到货；市邮电局利用西班牙政府混合贷款 297 万美元，引进西班牙 S1240 程控交换设备，自 1991 年 8 月 18 日投产以来，创产值 2 040 万元，利税 373.32 万元，为程控电话扩容项目奠定了坚实的基础；襄棉集团利用意大利政府贴息贷款 170 万美元，引进 8 台意大利萨维奥公司产 ES—PERO—M 型自动络筒机，投产一年完成产值 1 500 万元。利用外国政府贷款新报项目。7 个项目拟利用外资及港澳台资金额 1409 万美元。其中襄阳县第二建筑材料公司申请使用瑞典政府贷款 360 万美元，引进年产 15 万立方米粉煤灰加气砼生产线项目。上报国家计委、外经贸部，原则同意列入国家利用瑞典政府贷款项目备选单子。该项目将以襄樊火电厂废煤灰为主要原材料，加工生产建筑用砌块、街道人行道地面砖，达到了废物利用、环境治理和增加经济效益的目的。利用外国政府贷款累计项目。6 个项目利用贷款总额 6741 万美元。具体情况是：①王甫洲水利枢纽工程利用奥地利政府贷款 5.9694 亿奥先令，引进4台水轮发电机组；②市邮电局利用西班牙政府混合贷款297万美元，引进S1240程控电话交换制备；③襄棉集团利用意大利政府贴息贷款170万美元，引进8台自动络筒机；④市管道煤气两段炉关键设备及技术；⑤市陶瓷集团利用日本“黑字还流”贷款314万美元，引进年产50万立平方米劈砖生产线及配套设施；⑥原市服装厂利用日本“黑字还流”贷款100万美元引进服装生产设备500多台套。

1999 年 6 月，根据财政部、外经贸部，《关于利用外国财政贷款业务归口管理的通知》精神，市外经委将利用外国政府贷款业务管理职能移交市财政局。

四、对外投资及援助

20 世纪 90 年代后，襄樊市打破这种简单的对外经济旧格局，充分利用“两个市场”“两种资源”，逐步形成对外经援、对外商及港澳台商品贸易、劳务合作、国际工程承包、境外办企业等多元化市场化走出去的新格局。1993 年，襄樊市国际经济技术合作公司成立，全市对外经济工作获得了良好的发展机遇。对外经济企业队伍不断扩大，到 2005 年发展到 6 家，涉及业务领域扩大到建筑、化工、等行业的劳务输出、勘察设计、施工安装等方面。在对外工程承包方面，已由主要承揽境内国际招标项目向承包海外工程项目方面发展，由承揽简单的土建工程向承包交钥匙工程方面发展。并探索以设计咨询和设备材料等软硬件技术作投入，在海外兴办企业。在技术劳务合作方面，积极推动对外劳务由零星劳务向成建制派出发展，由体力型劳务向智力型劳务发展，由劳动密集型劳务向劳动密集型与技术密集型相结合发展，并快步向工程勘察设计咨询、项目监理等高新科技领域拓展。尤其是境外投资业务的发展，成为襄樊市非贸易创汇的重要渠道，有效开拓国际市场，带动技术、设备、材料和劳务全资输出的战略之举。同时，还成为扩大襄樊国际影响，培养锻炼外向型人才，开辟新的就业门路，增进各国人民了解友谊的最佳途径。

（一）劳务输出

1973 年，首次向阿尔及利亚、刚果，选派一批医疗人员和农业技术人员执行援外任务。1978 年，执行国家对外援助项目 4 个，涉及阿尔及利亚、刚果、埃塞俄比亚、柬埔寨、扎伊尔 5 个国家，派出工人、农民、医务人员、管理人员等 182 人。

1984 年，援外和劳务合作事宜由市外事办移交外经委。当年，按时按质完成了上级分配的选派任务，共选派援外医疗队、农技农艺等技术员 31 人，劳务合作人员 54 人。

1985 年，襄樊市同宜昌市联合首次承包伊拉克电池厂，从襄樊电池厂选派 19 名技术工人赴伊，出色地完成了任务，受到伊拉克当局称赞。至 2005 年，襄樊市先后派往日本、印度、哈萨克斯坦、沙特、阿联酋、约旦、土耳其、德国等 20 多个国家和地区，技术工人和工程技术人员 1524 人。涉及建筑、制造、种植、纺织、服务、医疗等 10 多个行业。1986 年，外援阿尔及利亚医疗队项目，由襄樊市选派，改由省卫生厅直接选派；1989 年，通过省建一公司派往科威特制衣厂和埃及音乐学院基建工程项目的劳务，因科威特被伊拉克侵占，在科威特人员全部撤回。1989 年，选派援外出国人员 2 人，劳务合作人员 5 人，协助有关单位选派劳务出国人员 120 多人。1990 年，全年选派援外和劳务合作人员 11 人。1990 年年底，全市共派出援外、劳务人员 185 人，其中援外派出 60 人、劳务派出 125 人。刚果布拉柴维尔农技组项目是襄樊市承办援外的一个老项目，襄樊市较好完成省下达的选派任务。1991 年，选派援外和劳务出国人员 66 人。1992 年，选派援外和劳务出国人员 79 人。1993 年，全市派往布隆迪援外 1 人，派往埃及、科威特、毛里求斯、新加坡和日本等国劳务 68 人。1994 年，全市共选派援外和劳务人员 76 人。1995 年，全市共向卢旺达、巴基斯坦、阿联酋、缅甸等国家和中国香港地区，选派援外和劳务人员 7 批共 203 人，比上年增长 167%，是历年派出人数最多的一年。1996 年 8 月 1 日，经外经贸部批准，市国际经济技术合作公司获得对外工程承包、派遣劳务人员及在海外兴办各类企业的经营权，全市拥有外经营权的企业由原来的 102 建筑公司 1 家增加到 2 家。1996 年，全市外派劳务合作人员 152 人。其中，派往香港地区 70 人，美国塞班岛 35 人，卢旺达 24 人，阿联酋 13 人。另外，美国、新加坡、日本、马来西亚、科威特各 2 人。1997 年，全市外派劳务合作人员 135 人。其中，派往马来西亚 119 人，缅甸 7 人，巴基斯坦 4 人，新加坡、英国、阿联酋、卢旺达、民主刚果各 1 人。1997 年，襄樊市获国际经济技术合作业务经营权的企业达 3 家。即，中国化学工程第六建设公司、湖北省工业建筑总承包集团公司、襄樊市国际经济技术合作公司。

20 世纪 70 年代初至 1997 年，全市外派援外、劳务人员累计已达 1095 人。其中，派往刚果、扎伊尔、阿尔及利亚、索马里、布基拉法索、布隆迪、赞比亚、埃塞俄比亚等 8 个国家援外医疗专家、农业专家等共计 159 人。先后派往日本、新加坡、马来西亚、缅甸、巴基斯坦、尼泊尔、阿联酋、科威特、伊拉克、卢旺达、毛里求斯、埃及、沙特、俄罗斯、英国、芬兰、美国等 18 个国家和中国香港地区劳务合作人员 936 人。涉及农业、轻工、纺织、服装、建筑、化工、医疗、电子、饮食、汽车修理等 10 多个行业。

1998 年，全市外派劳务合作人员 14 人。其中光化水泥厂通过省建材工贸集团外派 13 名工程技术人员赴卢旺达水泥厂。610 研究所派出 1 名翻译赴博茨瓦拉。1999 年，全市外派劳务合作人员 52 人，是上年外派人数的 3.7 倍。其中，赴阿联酋建筑工人 20 人，中国台湾地区海员 13 人，英国工程师 1 人，刚果翻泽 1 人，卢旺达水泥厂技工 3 人，毛里求斯针织工 4 人，塔吉克斯坦烟机工程师 3 人，朝鲜机械工程师 7 人。

2000 年，全市外派劳务合作人员 68 人，比上年增长 30.8%。其中，湖北宝石集团派往卢旺达水泥厂技师、管理人员 33 人，驻樊中国化学工程第六建设公司派往巴基斯坦拉合尔市污水处理工程项目技术管理人员 11 人，市合作公司派往日本缝纫研修生 12 人，沙特护士 1 人，中国台湾地区海员 7 人，建昌机器厂派往韩国烟机工程师 4 人。2001 年，全市外派劳务合作人员 98 名，发生外派业务的企业共 7 个，比上年增加 3 个，输入国家 6 个，与上年持平。涉及工程建筑、污水处理、医疗服务、服装加工、农业、纺织、海员等多个领域。其中，湖北宝石集团派往卢旺达水泥厂技师、建筑工和管理人员 25 人，化学工业部第六建设公司派往巴基斯坦拉合尔污水处理工程和突尼斯房建项目管理人员 17 人，市国际经济技术合作公司派往沙特的护士、日本的饲养研修生及世界各地的海员计 23 人，谷城外经委通过多家外经贸公司派赴日本、阿联酋等国家劳务人员 18 人，市国际贸易公司美大贸易部派往缅甸服装加工厂管理人员 3 人，市卫生局派往阿尔及利亚援外医生 1 人，襄阳县派往日本、韩国的农业研修生、纺织工 11 人。2002 年，全市外派劳务合作人员 104 人，比上年同期增长 6.1%，年末在外人数 207 人，同比增长 66%。输入 6 个国家，多为工程建筑劳务。其中，市合作公司委托其他企业输出 46 人，同比增长 100%，分别是输往日本和约旦的缝纫工，输往巴基斯坦的项目管理；六化建公司派往巴基斯坦和突尼斯项目管理及建筑 56 人，同比增长 229.6%；铁十一局派往香港项目管理人员 2 人，实现"零"的突破。2003 年，全市外派劳务合作人员 106 人，年末在外人数 350 人，同比增长 69%。其中，市合作公司委托其他企业输出 43 人，涉及护士、技师、研修生；六化建公司派往巴基斯坦和突尼斯项目管理及建筑工 51 人；枣阳四海道普化工有限公司在越南设立独资企业，带动劳务输出 12 人。2004 年，全市外派劳务合作人员 110 人，年末在外人数 153 人，同比增长 3.8%，发生外派劳务业务的企业 2 家，比上年减少 1 家，输入 6 个国家，与上年同期持平，多为工程建筑带动劳务输出。其中，市益宝劳务服务公司输出 90 人，涉及缝纫工、建筑工；六化建公司派往巴基斯坦和突尼斯项目管理及建筑工 20 人。2005 年，全市外派劳务合作人员 398 人，同比增长 261.82%，年末在外人数 423 人。其中六化建公司派往哈萨克斯坦 52 人，市益宝劳务服务公司派往日本 40 人、阿联酋 285 人、沙特阿拉伯 21 人。主要涉及项目管理人员、建筑工、缝纫研修生、食品水产加工研修生、护士。同年 10 月，襄樊市从市农科院、枣阳市农业局、枣阳市农机推广中心和谷城县农业局选派四名农业专家赴尼日利亚，开展为期两年的援外工作。同年，襄樊市中天路桥公司获对外经济经营权。同年，为加强对外派劳务工作的领导，市委、市政府成立襄樊市外派劳务工作领导小组。市委副书记、市长李德炳为组长，商务、财政、卫生等 12 个相关部门的负责人为成员，下设办公室，办公室设在市商务局。同年 8 月 1 日，响应省政府打造"湖北劳务"品牌战略，正式成立湖北省(襄樊)外派劳务综合基地。到年底外经公司输送赴阿联酋建筑工 106 人，带动贫困地区脱贫致富。襄樊市将保康作为挑选外派海员基地，并落实 20 万元担保基金。经外经公司及有关学校统一招录面试，录取普通海员、高级海员 17 人，高职高专 12 人，并启动担保助学贷款工作，担保贷款金额 1.5 万元。

(二)国际工程承包

1985 年，襄樊市同宜昌市首次联合，承包伊拉克电池厂，从襄樊电池厂选派 19 名技术工人赴伊拉克。1994 年，六化建公司进入巴基斯坦建筑市场，当年，公司实现利润 18.77 万美元。1999 年 6 月，六化建公司与巴基斯坦签订承包拉合尔市城市污水管道处理工程合同，合同额 201 万美元，当年底开工，带动产品出口 65 万美元，外派劳务人员 15 人。2000 年，湖北宝石集团受中国建材 CBMC 公司、湖北盛光贸易公司委托，对卢旺达水泥厂进行技术改造、生产管理，完成窑体改造工程。六化建公司在巴基斯坦拉合尔市污水处理承包工程，增派工程项目技术管理人 11 人。铁道部第十一局获对外经济技术合作经营权。2001 年，六化建公司与辽宁国际经济技术合作公司合作在突尼斯签订房建项目，合同额 320 万美元，当年开始实施。同年，六化建公司在巴基斯坦中标水厂新建项目，合同标的 880 万美元。2002 年，全市执行的国际工程承包合同 7 个（包括国际工程项目在国内工程项目）。分别是六化建公司的巴基斯坦铸造管项目、卡拉奇供水改造 L4 项目，突尼斯盖夫技术学院项目、突尼斯盖夫学院宿舍项目；铁十一局 4 个项目，分别是河南郑州高速公路 No.2 标、西安—合肥铁路 W 合同段，香港西部铁路项目和新建铁路赣州—龙岗 18 标项目。2003 年，执行的国际工程承包合同有 4 个，分别是六化建公司的巴基斯坦造粒塔项目、卡拉奇供水改造 L4 项目，突尼斯盖夫技术学院项目、突尼斯盖夫学院宿舍项目。2004 年，执行的国际工程承包合同有 3 个，分别是六化建公司的巴基斯坦造粒塔项目、卡拉奇供水改造 L4 项目、突尼斯盖夫学院宿舍项目。2005 年，全年对外营业额 345 万美元，同比增长 32%。其中，六化建公司完成哈萨克斯坦卡斯金克有限公司 5000N 立方米 / 小时空分成套设备安装工程，营业额 130 万美元。市益宝公司对外营业额 115 万美元，同比增长7 倍。

（三）境外办企业

20 世纪 90 年代，襄樊人在境外投资兴办企业，先后在巴基斯坦、越南、德国等国家，设立生产性企业和贸易性企业。实施境外投资企业有襄樊世初进出口有限公司、枣阳化工工业有限公司、襄樊新火炬汽车部件装备有限公司、湖北荆铁矿业有限公司、枣阳四海道普化工有限公司、襄樊堰飞科技实业公司。合同额 2600 万美元，投资 1600 万美元。1992 年，首次在境外兴办贸易性合资企业，成交 2 项合同金额 52 万美元。1993 年 4 月 26 日，市纺织品外贸公司与襄樊棉纺织印染厂合作在美国加利福尼亚州注册成立襄樊企业（美国）公司。按美国加州法律，公司可从事除银行业、信托业及其他同类性质业务外的一切合法经营活动。这家海外公司的建立，标志着襄樊企业“走出去”之路，又迈上了一个新台阶。1995 年，兴办海外企业 1 个，总投资 70 万元。1996 年 9 月 13 日，市南方对外贸易及港澳台贸易有限公司，在柬埔寨设立伟业发展有限公司，取得营业执照和相关证件开始运营。1996 年年底，全市在境外设立企业 4 家。即，市纺织品对外贸易及港澳台贸易公司在美国加州设立的湖北襄樊（美国）公司、在俄罗斯克拉斯诺达尔市设立的利丰有限责任公司、市汇银对外贸易及港澳台贸易公司在缅甸设立的和平服装厂、市南方对外贸易及港澳台贸易有限公司在柬埔寨设立的伟业发展有限公司。1998 年，南非客商陈达冰为湖北银河纺织（集团）公司、华光器材厂、市卷烟厂等企业在国外寻求合作伙伴。襄轴集团计划在加拿大创办贸易代表处，建轴承厂。市卷烟厂拟到缅甸合资兴办年产 1 万箱的卷烟厂。市建陶集团、钛白粉厂拟同省建材集团合作分别在冈比亚、几内亚兴办年产 3000 万—6000 万块红砖厂和年产 500 吨钛白粉厂。2002 年，中国湖北通力高新技术发展股份有限公司与缅甸克钦邦第一特区在缅甸合资办厂，生产销售实木地板、木壁板、新型木质装饰建筑材料等木制制品。这是襄樊市首次在国外兴办生产牲企业。2003 年 6 月，枣阳四海道普化工有限公司经国家商务部批准，斥资 50 万美元，在越南隆安省和县设立“越南四海工业有限公司”独资企业。主要生产销售各种电泳漆，此项目带动襄樊市数十万美元的设备和原材料出口，近 30 人劳务输出。2004 年 8 月，襄樊市堰飞科技实业有限公司经商务部批准，与孟加拉 PUSPADUM 集团公司达成合资协议，联合投资 150 万美元，设立堰飞孟加拉有限责任公司。主要生产经营电子镇流器、纳米碳加热管、大功率节能灯具系列产品等。孟方以土地和厂房投资控股 51%，中方带料装配，以设备和技术投资控股 49%。期限 15 年，年产灯具 500 万套，产值 30500 万美元，创汇 200 万美元，产品除在孟加拉国销售外，还辐射周边印度、巴基斯坦市场。2005 年，湖北荆铁矿业有限公司在印尼设立生产性企业。拟在一个更高层次和更高水平上拓展公司外经业务。

五、对外行政服务

(一)口　岸

为适应对外经济交往发展需要,1988 年,市委、市政府成立襄樊市人民政府口岸办公室(下称市口岸办)。1989 年,市口岸办开展口岸的规划、建设和管理。1999 年 8 月,襄樊铁路二类口岸经湖北省人民政府批准对外开放,集装箱和散货进出口业务正式运行。2005 年 12 月,襄樊公路二类口岸经湖北省人民政府批准对外开放,公路口岸联检办公大楼同期建成投入使用。

襄樊口岸设襄樊海关、襄樊检验检疫局等机构。襄樊口岸区位优势突出。铁路直通上海、深圳、宁波、天津、青岛等全国其他铁路口岸。公路尤其高速公路十分发达,公路运输是全国重要节点。有中远物流、大通物流、襄管物流、风神物流等大型运输企业,承办经营进出口业务。

1.机构设置

1988 年 8 月,市口岸办成立。行政编制 6 人,主任 1 名、正科 2 名、副科 1 名。内设机构秘书科、口岸运输科。归口市外经委管理。1997 年,市口岸办行政编制 12 名,其中主任 1 名、副主任 2 名;正科 2 名、副科 2 名。内设机构秘书科、口岸运输科。归口市外经委管理。2002 年,市口岸办行政编制 9 名,事业编制 2 名。其中主任 1 名、副主任 1 名;正科 2 名、副科 1 名。内设机构综合科、口岸科。归口市外经委管理。

襄樊市人民政府口岸办公室副县级以上干部

1998 年 8 月至 2005 年 12 月

表 14—7

姓　名	籍　贯	职　务	任职时间
张有益	湖北襄樊	副主任	1988.08—1999.04
李元家	湖北南漳	主任、书记	1999.05—2005.12
周惠银	湖北襄阳	副主任	1996.11—2005.12
孙春武	河南南召	副主任	1997.12—2005.12
李明刚	湖北襄阳	纪检组长	1996.11—2005.12

1995 年 12 月 13 日,建立中共市口岸办机关支部委员会。1996 年 11 月 14 日,成立中共市口岸办党组。

市口岸办主要职能是贯彻执行国家口岸工作的法律、法规、规章和政策,根据襄樊市实际,就口岸管理的重大问题,向市人民政府提出建议,并制定相应的制度和措施。会同有关部门编制全市口岸开放、口岸基础设施建设的中期规划和年度计划,报经批准后,负责组织实施。按照国家关于口岸开放的各项政策和规定,负责一、二类口岸开放或关闭的调查、论证及报批工作,并负责落实有关具体事宜。组织口岸单位对其职工进行涉外政策和法纪教育,在全市各口岸单位开展共建社会主义精神文明活动;完成上级交办的其他事项。

2.口岸开放

(1)铁路口岸开放

1999年8月,湖北省政府正式批准襄樊铁路二类口岸开放。市口岸办拟定《襄樊铁路口岸设施建设方案》,当年,口岸办公设施到位,同年12月,一次通过省口岸办启用验收。2000年1月1日投入使用。铁路口岸多次组织输往南非、越南的东风轻卡出口。常年安排输往香港鲜活农产品、畜牧产品的定期专用车皮。提供干散土特产品、医药、纺织、机电、汽车零部件进出口的优先保障通道。

(2)公路口岸开放

2005年,襄樊市公路二类口岸对外开放。在内陆城市开放公路口岸是全省第一家。随着襄樊市外向型经济快速发展,铁路运输显现出局限性。2003年2月,市口岸办上报开通《公路口岸可行性报告》,同年3月,市政府成立公路口岸申报筹备工作领导小组,市政府各有关部门积极支持。2005年2月,5亩土地200万资金到位。同年9月动工,12月建成2491.2平方米公路联检大楼。2005年12月20日,襄樊公路口岸对外正式开放。当年,通关进出口业务量达11万吨,上缴关税15亿元。

3.口岸建设

(1)口岸制度建设

2000年,市口岸办建立外贸运输月度计划协调会议制度。由于外贸运输涉及货主、运输单位、场站、代理和检验检疫等多个单位,包括揽货、申报、查验、装卸、运输、保障等多个环节,在各单位各环节中有时存在一些矛盾,影响外贸货物的及时运送。市口岸办把协调、处理这些矛盾作为月度计划平衡会的主要内容。同年5月,建立襄樊口岸统计分析制度。凡是经襄樊口岸进出境的货物、运输工具,其种类、数量、增减量等定期收集分析上报,为政府决策提供依据。2001年2月,建立口岸职能单位联席会议制度。组织襄樊海关、襄樊检验检疫局、市外汇管理局、市国税局、襄樊火车站、襄管物流公司等单位定期进行商议协调。从依法把关、简化手续、方便进出、支持监管场所及有利外贸企业出发,要求襄樊海关、襄樊检验检疫局、火车站、襄管物流公司统一进驻口岸办公大楼,实行报验、检验检疫、出证收费、放行一条龙服务。

(2)文明口岸建设

2005年,市口岸办,襄樊海关、检验检疫局、口岸服务中心、襄樊火车站监管区、襄管物流监管区、中远公司襄樊分公司等单位,被评为全省口岸文明建设先进单位,多名人员被评为全省口岸文明先进工作者。市口岸办从"十一五"发展出发,规划襄樊口岸发展总目标。拟建立与省域副中心城市相适应的区域物流中心,建立口岸信息网络,建立符合国际惯例的口岸法规体系和口岸查验办法,建成鄂西北文明和谐的内陆重要口岸。

(3)襄樊海关筹建

1988年,襄樊市口岸办成立后,积极申请成立襄樊海关。1993年,经海关总署批准设立襄樊海关。襄樊海关筹建之初,既无人员,又无办公场所,同时,要求标准高、时间紧,一切设施由当地政府提供。市口岸办历时4年,完成了土地征用面积12092.4平方米、建筑使用面积1687.5平方米的海关大楼及附属设施建设。1998年3月8日,通过验收交付使用。

4.口岸业务

1999 年，襄樊铁路口岸正式开放后第一年，共通过铁路运输进出口货物报关 35 票、金额 922 万美元。2002 年，通过鼓励企业属地报关，提供优质服务，降低通关成本，提高通关效率。运量上升达 10490 吨，集装箱标箱达 1964 个。2003 年，积极引导重点企业就地报关，运量增加达 2.4 万吨，增长 118%，集装箱标箱 3499 个，总金额达 3.17 亿美元。2004 年，湖北化纤集团和东风康明斯发动机公司，进出口数量增长迅猛。口岸总运量达 5.8 万吨，增长 141.7%；集装箱标箱 6262 个，货值 6.28 亿美元；减免关税 1.7 亿元，减轻了企业负担；检验检疫出入境货物 3115 批，货值 2.9 亿美元。2005 年，随着公路口岸开放，货运量继续呈现大幅增长。全年货运量首次超过 10 万吨，实达 11 万吨，增长 90%。集装箱标箱 13147 个，增长 1.11 倍。襄樊海关当年上交关税 15 亿元人民币，位居武汉海关区前两名，是武汉海关总关税的 1/3。

（二）检验检疫

1.机构

（1）武汉商检局襄樊商检处

1977 年 1 月 7 日，经省委批准，武汉商品检验局襄樊商检处成立。该处为武汉商检局派出机构，业务工作受武汉商检局指派，以武汉商检局领导为主，主要负责襄樊、十堰、襄阳地区的进出口商品检验及监督管理。徐斌任负责人。1981 年 11 月至 1984 年 1 月，武汉商检局委派曹益康任负责人。1977 年，人员编制应有 8 名实有 2 名，1978 年增至 3 人，1981 年增至 7 人。

（2）进出口商品检验局

1984 年 1 月 1 日，武汉商检局更名为湖北进出口商品检验局，武汉商检局襄樊商检处，随之更名为湖北商检局襄樊进出口商品检验处。

1986 年 4 月 9 日，国家商检局批准，襄樊商检处更名为中华人民共和国襄樊进出口商品检验局。县（团）级建制，隶属关系和职责任务不变。业务管辖为鄂西北地区（含襄樊市、十堰市、神农架林区）进出口商品检验和监督管理工作。1984—1986 年，业务工作受湖北商检局指派。商检局下设五科一室：办公室、财务科、检务科、第一、二、三检验监管科，人员 29 名。

襄樊市进出口商品检验局领导干部情况

表 14—8

机构名称（起止年月）	姓名	职务	任职时间（年月）
1977 年 1 月 7 日，武汉商品检验局襄樊商检处成立。1986 年 4 月 9 日，湖北商检局襄樊进出口商品检验处更名为“中华人民共和国襄樊进出口商品检验局”。业务管辖为鄂西北地区（含襄樊市、十堰市、神农架林区）进出口商品检验和监督管理工作	何绍权	局长、书记	1986.11—1993.02
	周真学	局长、书记	1994.07—1997.07
		副局长	1992.12—1994.06
	刘中秋	局长、书记	1997.07—1999.11
	乔爱林	副局长	1986.08—1997.07
		副书记	1995.01—1997.07
		纪检组长	1995.06—1997.07
	徐斌	副局长	1986.12—1997.07
	罗捍东	副局长	1997.08—1999.11

(3)襄樊出入境检验检疫局

1999 年 11 月底，根据国务院关于检验检疫机构改革方案，在襄樊商检局的基础上，组建襄樊出入境检验检疫局。负责鄂西北地区(含襄樊市、十堰市、神农架林区)的出入境货物、人员、交通工具的检验检疫和监督管理。根据编制，检验检疫局设办公室、综合业务科、检务科、检验检疫一科、二科、三科和十堰办事处。实有人员 29 人。

襄樊市出入境检验检疫局领导干部情况

表 14—9

机构名称(起止年月)	姓名	职务	任职时间(年月)
1999 年 11 月 30 日，襄樊出入境检验检疫局在原襄樊进出口商品检验局的基础上组建成立。负责鄂西北地区(含襄樊市、十堰市、神农架林区)的出入境货物、人员、交通工具的检验检疫和监督管理	罗捍东	局长、书记	2001.04—2005.12
		副局长、副书记	1999.12—2001.04
	林申	副局长、副书记	1999.12—2005.12
	余步泽	副局长	2006.06—2002.03
	王永双	副局长	2004.09—2005.12
	张兴慧	副局长	2004.09—2005.12

2004 年，湖北检验检疫局撤销原二汽商检办，批准成立襄樊出入境检验检疫局十堰办事处。同年 9 月，人员增至 29 人。同年，根据湖北检验检疫局统一部署，成立湖北检验检疫局机关服务中心襄樊分中心，具法人资格；成立湖北检验检疫局检测中心襄樊分中心，整合实验室资源。2005 年年初，派出人员驻十堰检验检疫，将十堰办事处由虚办实。2005 年，在东风汽车公司襄樊基地设立检验检疫办公室，驻点检验检疫。全局在职人员增至 30 人，退休人员 4 人。

2.检验检疫业务

(1)进出口商品检验

1987 年，共检验进出口商品 1 059 批。其中进口商品 559 批，出口商品 500 批。在进口货物中经检验发现数量、包装、残损和品质等方面问题不符合合同规定，对外出具索赔证书 36 份，为企业挽回经济损失 110 多万元。全年检验出口轴承 160 批 185 万套，机床类 24 批 1 171 台，电机 11 批 900 台，搪瓷 3 批 33 825 打，电池 52 批，纺织品 245 批，危险品包装 5 批。当年对襄樊市、郧阳地区、十堰市、孝感地区 64 家出口服装企业，进行了出口产品质量许可证考核

1988 年，共检验进出口商品 1 373 批。其中进口商品 292 批，出口商品 1 086 批。在进口货物中经检验发现因数量、包装、残损和品质等方面问题不符合合同规定，对外出具索赔证书 25 份，为企业挽回损失 170 多万元。全年共检验进出口商品 12 种。其中机床 35 批 2 000 余台，电机 4 批 1.5 万台，缝纫机 4 批 1 万架，轴承 60 批 130 万套，电池 25 批 50 万打，振动棒 2 批 1 000 支，风动工具 3 批，坯布 62 批，印染布 43 批，床单面布 35 批。跟踪服务湖北钢丝厂引进意大利价值 4 000 万美元的钢丝生产成套设备。

1989 年，共检验进出口商品 1 600 批。其中进口商品 182 批，出口商品 1 426 批。在进口货物中经检验发现因数量、包装、残损和品质等方面问题不符合合同规定，对外出具索赔证书 20 份，为企业挽回损失 25 万元。同年 2 月 21 日，《中华人民共和国进出口商品检验法》(简称商检法）经第七届全国人大常委会第六次会议审议发布。同年 5 月 17 日，召开全市学习贯彻《商检法》大会，市人大、市政

府、市中级人民法院、市经委、市外经委的领导到会并讲话。

1990 年，共检验进出口商品 2 870 批。其中进口商品 35 批，出口商品 2 835 批，出口商品首次突破 2 000 批。在进口货物中经检验发现因数量、包装、残损和品质等方面的问题不符合合同规定，对外出具索赔证书 3 份。襄阳县灯泡厂普通照明白炽灯泡首次实现出口，全年共出口灯泡 21.3 万支。

1991 年，共检验进出口商品 3 383 批。其中出口商品 3 245 批，货值 4.5 亿元，进口商品 138 批，其中出口商品首次突破 3 000 批。在进口货物中经检验发现因数量、包装、残损和品质等方面的问题不符合合同规定，对外出具索赔证书 24 份，索赔金额 180 万元。襄樊商检局纺织实验室通过湖北商检局考核。

1992 年，共检验进出口商品 2 862 批。其中出口商品 2 758 批、进口商品 104 批，进出口商品总货值 5.1 亿元。在进口货物中经检验发现因数量、包装、残损和品质等方面的问题不符合合同规定，对外出具索赔证书 30 份，索赔金额 450 万元。开展预验业务，超前把关服务，采取灵活措施，简化手续，方便出口。举办了 ISO 9000 系列标准培训班，鄂西北地区 44 个大中型出口商品生产经营单位的负责人，共 68 人参加了培训。

1993 年，共检验进出口商品 2 799 批。其中出口商品 2 522 批、进口商品 227 批，进出口商品总货值 11.8 亿元。在进口货物中经检验发现因数量、包装、残损和品质等方面的问题不符合合同规定，对外出具索赔证书 34 份，索赔金额 170 万元。开展资产评估和价值鉴定，对襄樊市忠海彩绘雕刻玻璃装饰有限公司、襄樊市金香食品有限公司引进设备进行了价值鉴定。此做法《湖北日报》作了报道，服务外贸投资效果良好。

1994 年，共检验进出口商品 3 159 批。其中出口商品 2 975 批，货值 6.6 亿元；进口商品 184 批，货值 4 124 万美元。在进口货物中经检验发现因数量、包装、残损和品质等方面的问题不符合合同规定，对外出具索赔证书 20 份，索赔金额 342.4 万元。为国家重点项目荆襄磷矿矿肥结合改造工程办理进口合同 44 份，货值 1.8 亿元，出具索赔证 19 份，为国家挽回损失 40 多万元；为王甫洲水电站和东风公司子午胎生产线的设备进口服务，保证进口设备质量和施工进度。开展委托鉴定工作，接受十堰市中级人民法院委托的美国产彩色 B 超诊断仪的技术鉴定和郧阳地区人民法院委托的总后 3541 工厂生产的标志袋和工装裤产品的质量鉴定。全年新开验水合二氧化硅、金属镁、桐油等 8 种新产品。

1995 年，共检验进出口商品 2 299 批。其中出口商品 2167 批，货值 7 亿元；进口商品 132 批，货值 2.7 亿元。在进口货物中经检验发现因数量、包装、残损和品质等方面的问题不符合合同规定，对外出具索赔证书 29 份，索赔金额近 570 万元。新开验盐酸硫胺、五氧化二钒、钒催化剂、苯酐、硫化锑、油菜籽、漆蜡、降落伞、帘子网线、玻璃纤维布等 10 多种产品。

1996 年，共检验进出口商品 1 832 批。其中出口商品 1 789 批，货值 6.72 亿元；进口商品 43 批，货值 1600 万美元。在进口货物中经检验发现不合格商品 6 批，对外出具索赔证书 6 份，对外提赔 48 万美元。同年 4 月 1 日起，实现计算机制证，加快信息化进程。10 月底，驻王甫洲水电站商检办公室挂牌。经襄樊商检局咨询，星火轴承厂、襄樊棉纺织印染厂获得 ISO 9000 证书。全年共签发原产地证书 189 份，签证金额 869 万美元。

1997 年，共检验进出口商品 1 448 批。其中出口商品 1 431 批，货值 5.68 亿元；进口商品 17 批，货值 1 253 万美元。在进口货物中经检验发现不合格商品 7 批，对外出具索赔证书 7 份，对外提赔 12.8 万美元。根据湖北省商检局业务管理分工，随州、荆襄磷矿从襄樊商检局剥离出去。

1998 年，共检验进出口商品 1 123 批。其中出口商品 1 084 批，货值 2.8 亿元；进口商品 39 批，货值 1.4 亿元。在进口货物中经检验发现不合格商品 9 批，对外出具索赔证书 9 份，对外提赔 34.3 万美元。湖北骆驼蓄电池股份公司、东风金狮轮胎集团，经襄樊检验检疫局咨询，通过 ISO 9000 体系评审认证。对襄樊市电力设备厂、十堰鸿鹄塑料制品公司等 15 家企业进行外商及港澳台商投资财产价值鉴定,鉴定总值 2234 万元。

(2)出入境检验检疫

1999 年 11 月底,共检验检疫出入境货物 1363 批,货值 4.07 亿元。其中出境货物 1315 批,货值 3.43 万元;入境货物 48 批,货值 6357.8 万元。在进口货物中经检验发现不合格商品,对外出具索赔证书 11 份,对外提赔 51 万元。做好国家储备棉花出口和新疆棉花"以出顶进"检验检疫工作。对辖区 10 多家医院的进口仪器设备进行了检验。新开验玻璃纤维、铅精矿、石酸、硫铁矿等 13 种商品。

2000 年,共检验检疫出入境货物 1687 批。其中出境货物 1651 批,货值 3.9 亿元;入境货物 36 批,货值 6085 万元。在进口货物中经检验发现不合格商品,对外出具索赔证书 4 份,对外提赔 464 万元。举办 2 期报检员培训班,辖区 80 多家企业的 100 余名报检员参加了培训。召集 30 多家大中型出口企业领导参加的 WTO、产地证知识讲授。全年共签发原产地证 172 份,签证金额 655 万美元。谷城恒立铸造公司、襄阳县轴承厂、襄樊大力控制有限公司经襄樊检验检疫局咨询,通过 ISO 9000 评审。4 月,联合襄樊市、老河口市工商部门查处一批假冒进口洋酒,涉案货值 160 万元。对襄阳、宜城、枣阳等 4 家供港澳生猪、活牛育肥基地进行了考核,4 家企业供港活牛 105 批 12 000 头。襄樊检验检疫局化学分析实验室获检验检疫注册认证。

2001 年,共检验检疫出入境货物 2 477 批,货值 1.06 亿美元。其中出境货物 1 840 批,货值 4 840 万美元;入境货物 172 批,货值 5 772 万美元。在进口货物中经检验发现不合格商品,对外出具索赔证书 14 份,对外提赔 160 万元。与市质监部门联手,对辖区内肉类冷库进行抽查,对来自疫区非法入境肉类及制品,如法国猪耳、巴西鸡翅等 50 余件货值 1 万余元的肉类进行销毁处理。做好进境波尔多山羊的检疫监管。辖区实施熏蒸与消毒处理的企业达 10 多家。在辖区设立 13 个实蝇监测点,做好外来入侵物种调查,保障农业和生态安全。清理十堰检验检疫机构,在十堰驻点检验检疫。

2002 年,共检验检疫出入境货物 2885 批,货值 1.5 亿美元。其中出境货物 2162 批,货值 6727 万美元;入境货物 263 批,货值 8320 万美元。在进口货物中经检验发现不合格商品,对外出具索赔证书 30 份,对外提赔 30 万美元。农副产品出口品种增多,涉及杜仲叶、绿豆、葡萄干、红枣、柑橘、胡椒粉、辣椒制品、芝麻及制品、橡子仁等 20 余种。从东风公司进口德国设备木质包装中检疫 5 类昆虫。新华社、国家质检总局、《楚天都市报》作了报道。全年共检出十堰金利威汽车装饰材料公司、襄樊车桥公司、东风公司五二厂等进口设备木质包装中有害生物 6 批。在实蝇检疫监测中,共捕获实蝇 3000 余只,首次在湖北地区捕获南瓜实蝇,为国门生态安全提供了保障。检验襄樊市新田园公司供港毛豆等多批蔬菜 500 多吨。宜城新丰公司、襄樊新田园公司、襄樊卷烟厂、南漳水镜庄蔬菜公司、老河口永进公司、襄樊市土畜产进出口公司、宜城楚都鸭业公司等 10 家企业通过食品卫生注册登记。实施"电子报检、电子签证、电子通关"三电工程。电子报检企业 30 余家,电子报检率达 60%,电子签证达 50%。全年签发原产地证 508 份,签证金额 1600 万美元。新增襄樊金飞环印务公司、襄樊玻璃纤维厂、宜城新丰土特产公司获 IS O9000 质量管理体系认证企业。

2003 年,共检验检疫出入境货物 3254 批,货值 2.8 亿美元。其中出境货物 2820 批,货值 9120 万美元;入境货物 434 批,货值 18440 万美元。在进口货物中经检验发现不合格商品,对外出具索赔证书 25 份,对外提赔 450 万美元。组建驻东风公司襄樊基地办公室,方便汽车产业开发区企业进出口贸易。组建中检集团湖北公司襄樊分公司,为辖区出口企业服务。辖区食品生产加工企业获得卫生质量注册登记证的达 25 家,新考核待颁证的 5 家。电子报检和电子转单率达 100%。全年共签发原产地证 563 份, 签证金额 2770 万美元。康明斯公司由墨西哥引进一套旧发动机连杆生产线, 价值 250 万美元,在湖北检验检疫局的支持与帮助下,共同完成湖北省首次装船前检验任务。全年,对违反国家规定的 25 批进口货物包装进行了除害处理。实蝇监测共收集各类实蝇近万只。检验检疫供港活牛 72 批

1433 头，货值 87 万美元。宜城鑫牛公司由于外贸成绩突出，被中央电视台等新闻媒体以《牛气冲天》为题作了专题报道。

2004 年，共检验检疫出入境货物 3115 批，货值 2.96 亿美元。其中出境货物 2534 批，货值 1.14 亿美元；入境货物 581 批，货值 1.82 亿美元。发现不符合要求出具索赔证书 7 份，索赔金额 22 万美元。湖北检验检疫局撤销原二汽商检办，批准成立襄樊出入境检验检疫局十堰办事处。从宜城新丰粮油公司印度进口的 3000 多吨芝麻中检疫出赤拟谷盗、谷蛾等检疫性有害生物，并发现霉变芝麻，及时采取检疫除害处理，并出具索赔证书，供货方赔回含实物折合人民币 70 余万元。襄樊市九香食品有限公司购进的上海三添食品有限公司从印度进口的芝麻中检疫出二类检疫性有害生物假高粱草籽，对近 7 吨含有假高粱草籽的筛下物作了焚毁处理。全年，共检出二类检疫性有害生物菟丝子、假高粱 2 种，其他有害生物鬼针草、地中海野芜青、兵豆等 28 种，霉菌类有害生物桔青霉菌、根霉菌、曲霉菌等 4 种。培训供港活牛育肥场押运员和认可兽医 20 多名。共签发产地证 439 份，签证金额 3418.3 万美元。襄樊检验检疫局获"全国质量监督检验检疫工作先进单位"。

2005 年，共检验检疫出入境货物 3786 批，货值 4.89 亿美元。其中出境货物 2811 批，货值 2 亿美元；入境货物 950 批，货值 2.89 亿美元。发现不符合要求出具索赔证书 18 份，索赔金额 37.4 万美元。全年共检验进口棉花 30 批、3.3 万多包、近 8000 吨，货值 873.4 万余美元。经检验发现不合格 1 批，残损鉴定 3 批，索赔 2.52 万美元。从印度疫区进口的芝麻中，检出检疫性有害生物二类 1 种（次）、潜在危险性杂草 1 种（次）、四类 43 种（次）检疫性有害生物，全部进行了检疫除害处理。共检疫出入境集装箱 546 批、15850 标箱，发现疫情 6 批，其中 6 只蜚蠊、2 只麻雀、2 只蚊类昆虫等以及废旧毛毯、衣物、报纸等生活垃圾，全部进行预防性卫生消毒处理。在襄樊、十堰、丹江口等 10 多个县（市）、区，布控实蝇监测点 45 个，捕获具条实蝇、三点棍腹实蝇等多种有害昆虫 2000 多只。共签发产地证 544 份，签证金额 2179.9 万美元。协助省检验检疫局于同年 3 月上旬，在樊召开"湖北省促进农产品出口现场会暨农产品出口工作协调领导小组会议"。省检验检疫局、武汉海关、省政府农业厅等 10 多个职能部门和武汉、宜昌、荆州、襄樊等地的政府、农业、商务部门的领导及一些农产品出口企业代表和新闻媒体的记者等 150 多人参加了会议。副省长韩忠学作了重要讲话。10 月 20 日，湖北检验检疫局与襄樊市政府签署相互配合，共同促进襄樊市农产品出口工作备忘录。

六、经贸机构

（一）管理机构

1.襄樊市商务局

襄樊市商务局是襄樊市人民政府的职能部门。对外挂襄樊市招商局牌子，承担原襄樊市经济贸易委员会工作。主管全市的商务工作，对内负责内贸及流通领域的管理、整顿和规范市场秩序；对外负责经贸协调，重要工业品、原材料进出口计划和机电产品进出口组织实施的职责。内设职能机构有：办公室、政策法规科、规划财务科、人事教育科、对外贸易及港澳台贸易科、机电产品进出口科（市机电产品进出口办公室）、科技发展和技术贸易科、市场体系建设科（市商品市场建设管理领导小组办公室）、商贸管理科、投资促进科、外国投资管理科（行政审批科）、对外经济管理科等。1983 年 12 月，地市对外贸易及港澳台贸易局合并后，改称襄樊市对外经济贸易局。1985 年 1 月撤销市对外经济贸易局，成立襄樊市对外经济贸易发展公司。同时成立襄樊市对外经济贸易委员会。人员编制 60 名。

内设办公室、政工、外经、外贸、计统、财会、调查研究，审计8个科室。1992年7月，经市政府批准，市国际贸易公司与市对外经济贸易委员会，实行一套班子、两块牌子。1988年5月1日，经市政府批准，襄樊市贸促会成立，与对外经济贸易委员会实行一套班子、两块牌子。1994年7月，襄樊市对外经济贸易委员会实行三位一体，即市对外经济贸易委员会、市国际贸易公司、市贸易促进支会。1997年3月，襄樊市对外经济贸易委员会更名为，襄樊市对外贸易及港澳台贸易经济委员会，为市政府综合管理全市对外贸易及港澳台贸易经济合作的职能部门。1999年12月，襄樊市对外贸易及港澳台贸易经济委员会更名为，襄樊市对外贸易及港澳台贸易经济合作局，主管全市对外贸易及港澳台贸易经济与合作工作。机关核定行政编制30名，实有30名。内设机构：办公室、政策法规科、规划财务科、人事教育科、对外贸易及港澳台贸易科、外资及港澳台资管理科等8个科室。2005年3月，在襄樊市对外贸易及港澳台贸易经济合作局基础上，成立襄樊市商务局。机关核定行政编制40名，实有40名。

襄樊市商务局副县级以上干部任职情况

1983年12月—2005年12月

表14—10

机构名称	姓名	籍贯	职务	任职时间
对外经济贸易局(1983.12—1985.01)	徐广博	河南	局长	1983.12—1985.03
	王荣祖	湖北	副局长	1983.12—1985.03
	陈道喜	湖北	副局长	1983.12—1985.03
	万乐华	湖北	副局长	1983.12—1985.01
	王东明	山东	顾问	1983.12—1985.01
	王忠宾	山东	顾问	1983.12—1985.01
	李宗儒	河北	巡视员	1983.12—1985.03
	潘文信	湖北	巡视员	1983.12—1985.03
对外经济贸易委员会(1985.01—1997.03)	黄贤德	广西	主任	兼1985.03—1985.10
	徐芝华	湖北	主任	1985.10—1991.09
	宋文亮	河南	副主任	1985.03—1994.07
	范学运	河南	主任	1991.09—1997.03
	徐广博	河南	副主任	1985.03—1989.07
	徐广博	河南	副主任	1992.07—1994.07
	王荣祖	湖北	副主任	1985.03—1988.09
	南德化	湖北	副主任	1985.03—1989.10
	陈道喜	湖北	副主任	1985.03—1997.03
	万乐华	湖北	副主任	1985.03—1997.03
	何映东(女)	江苏	副主任	1989.10—1997.03
	左根生	湖北	副主任	1990.11—1997.03
	陆吉堃	浙江	副主任	1994.07—1997.03
	谢光国	湖北	副主任	1994.07—1995.05
	傅开银	湖北	总经济师	1995.05—1997.03
	马定华	湖北	纪委书记	1994.07—1997.03
	李宗儒	河北	巡视员	1985.03—1991.03

续表 1

机构名称	姓 名	籍 贯	职 务	任职时间
	潘文信	湖北	巡视员	1985.03—1991.03
	南德化	湖北	副主任	1989.10—1994.07
	宋文亮	河南	巡视员	1994.07—1997.03
	徐广博	河南	巡视员	1994.07—1996.08
	黄贤德	广西	书 记	兼 1987.11—1990.05
	徐芝华	湖北	书 记	1990.05—1991.09
	范学运	河南	书 记	1991.09—1997.03
	徐芝华	湖北	副书记	1987.11—1990.05
	宋文亮	河南	副书记	1987.11—1989.09
	任克忠	湖北	副书记	1989.11—1997.03
	万乐华	湖北	副书记	1992.07—1997.03
	陆吉堃	浙江	副书记	1994.07—1997.03
对外贸易及港澳台贸易及港澳台贸易经济委员会(1997.03—2002.02)	范学运	河南	书 记	1997.03—1999.05
	陆吉堃	浙江	书 记	1999.05—2001.12
	曾玉平	湖南	书 记	2000.04—2002.02
	万乐华	湖北	副书记	1997.03—1999.12
	任克忠	湖北	副书记	1997.03—1999.12
	陆吉堃	浙江	副书记	1997.03—1999.05
	范学运	河南	主 任	1997.03—1999.03
	陆吉堃	浙江	主 任	1999.03—2000.04
	曾玉平	河南	主 任	2000.04—2002.02
	万乐华	湖北	副主任	1997.03—2002.02
	左根生	湖北	副主任	1997.03—2002.02
	何映东(女)	江苏	副主任	1997.03—2002.02
	黄玉泉	湖北	副主任	1998.12—2002.02
	傅开银	湖北	总经济师	1997.03—1998.12
	陈安举	湖北	工会主任	1997.12—2002.02
	严 勇	湖北	总经济师	1999.05—2001.10
	李奕红(女)	湖北	总经济师	2001.10—2002.02
	马定华	湖北	纪委书记	1997.03—2002.02
	宋文亮	河南	巡视员	1997.03—1999.03
	陈道喜	湖北	外经委员	1997.04—1999.03
	傅开银	湖北	调研员	1998.12—2002.02
	陆吉堃	浙江	调研员	2001.12—2002.02
	曾玉平	湖南	局 长	2002.02—2004.09
	万乐华	湖北	副局长	2002.02—2005.02
	严 勇	湖北	副局长	2002.02—2005.02
	黄玉泉	湖北	副局长	2002.02—2005.02

续表 2

机构名称	姓 名	籍 贯	职 务	任职时间
对外贸易及港澳台贸易经济合作局 (2002.02—2005.02)	李奕红(女)	湖北	总经济师	2002.02—2005.02
	何映东(女)	江苏	纪检组长	2002.02—2004.02
	曾玉平	河南	书 记	2002.02—2004.10
	万乐华	湖北	副书记	2002.02—2005.02
	严 勇	湖北	副书记	2002.02—2005.02
	何映东(女)	江苏	副书记	2002.02—2004.02
	左根生	湖北	调研员	2002.02—2004.07
	陆吉堃	浙江	调研员	2002.02—2005.02
	任克忠	湖北	调研员	2002.03—2004.02
	马定华	湖北	调研员	2002.03—2004.02
	何映东(女)	江苏	调研员	2004.02—2005.02
	陈安举	湖北	助理调研员	2002.02—2005.02
襄樊市商务局 (2005.03—2005.12)	严 勇	湖北	局长	2005.03—2005.12
	万乐华	湖北	副局长	2005.03—2005.12
	周清宇	湖北	副局长	2005.03—2005.12
	黄玉泉	湖北	副局长	2005.03—2005.12
	李奕红(女)	湖北	总经济师	2005.03—2005.12
	李慧俐(女)	河北	纪检组长	2005.03—2005.12
	严 勇	湖北	书 记	2005.03—2005.12
	万乐华	湖北	副书记	2005.03—2005.12
	陆吉堃	浙江	调研员	2005.03—2005.08
	何映东(女)	江苏	调研员	2005.03—2005.12
	陈安举	湖北	助理调研员	2005.03—2005.12
	万家斌	湖北	助理调研员	2005.03—2005.12
	李秉胜	湖北	副县级干部	2005.03—2005.12

2.襄樊市招商局

1994 年 3 月 21 日,襄樊市招商局正式成立。其职能是对招商引资工作,进行服务、协调和管理于一体的专门机构。在全省尚属首家。1996 年,襄樊市招商局被撤销。市招商局所属业务,划回市对外经济贸易委员会。2003 年 4 月 9 日,恢复襄樊市招商局。与市对外经济贸易局合署办公,实行“一套班子、两块牌子”体制。主要职能是:研究拟定市招商引资的具体政策、规章和实施办法;组织编写市投资导向和对外推介,全面负责市境内外引进资金工作;负责大型招商活动的组织筹备、综合服务、协调联络;承担市招商引资项目库和信息库的建设与管理,重大招商项目的协调服务、重要客商的接待;负责外商及港澳台商投资意向、信息的收集、联系、审核、发布、督促及外商及港澳台商投诉事宜;指导县(市)、区,开发区招商引资业务。2005 年 1 月,襄樊市商务局组建,对外挂市招商局牌子。市商务局机构内的市招商局职能为,组织全市重大招商引资活动、负责招商引资的宏观指导等。

3.襄樊海关

1993 年 4 月 22 日,国务院批准设立中华人民共和国襄樊海关,隶属于武汉海关。1998 年 3 月 6

日，经海关总署批准，襄樊海关正式开关。襄樊海关关区范围为襄樊市，包括襄樊市区、老河口市、枣阳市、宜城市、南漳县、谷城县、保康县。襄樊海关主要负责对襄樊市辖区内的加工贸易及保税业务进行监管，对减免税货物进行前期初审、备案和后续管理，办理进出口货物的通关手续，对辖区内企业实施稽查、管理以及办理其他海关业务，负责相关的对外咨询业务服务工作。内设办公室、综合业务科、监管科、稽查科、机关服务中心。

襄樊海关副县级以上干部情况简表

1998 年 3 月—2005 年 12 月

表 14—11

姓 名	籍 贯	职 务	任职时间
孙智新	湖北仙桃	副关长	1998.03 —2000.01
张有益	湖北襄樊	副关长	1998.03—2001.06
王建中	湖北武汉	副关长	2001.03—2002.08
张有益	湖北襄樊	关 长	2001.06—2002.07
吕传金	湖北荆州	关 长	2002.07—2005.12
王 健	湖北襄樊	副关长	2002.08—2005.12

注：襄樊海关 1999—2005 年海关业务量，见《口岸业务》

（二）中介机构

1.襄樊市贸促会

中国国际贸易促进委员会（简称中国贸促会）湖北省分会襄樊市支会（简称襄樊市贸促会）。1988 年 5 月，经襄樊市人民政府、中国贸促会湖北省分会批准，报经中国贸促会备案后正式成立。襄樊市贸促会是中国贸促会的地方支会。是襄樊市人民政府主办，以促进中外经济技术合作为主要任务的公共服务机构。1988 年 10 月，经中国贸促会（中国国际商会）同意，襄樊市贸促会同时使用襄樊国际商会名称。该会以遵循中华人民共和国的法律、法规和政策，参照国际惯例开展促进国际贸易、利用外资及港澳台资、企业国际化经营和经济合作等活动，促进襄樊市与各国、各地区之间经济贸易发展，增进彼此了解与友谊为宗旨。主要职责是：组织同各国、各地区经济贸易界、金融界、企业界、商（协）会和其他经贸团体以及有关国际组织的联络、交流与合作活动；组织、协调和管理全市国外来展和出国展览工作；为国内外企业提供法律咨询、涉外调解、仲裁诉讼代理、签发原产地证明及涉外商及港澳台商业文书证明；为国内外企业提供经贸信息、企业资信调查、专业培训、代理商标注册及专利申请等经济贸易机会和服务；为外商及港澳台商提供商务旅行和会议服务；指导、协调各县（市）、区国际商会工作。

该会成立后，已与美国、加拿大、英国、法国、德国、俄罗斯、斯洛伐克、澳大利亚、日本、韩国、等 20 多个国家和中国香港、台湾地区的商（协）会组织，建立了长期合作关系，并通过不断开展出展出访、来展来访等，各种形式的经贸交流活动，促进了襄樊经济发展。

襄樊市贸促会副县级以上干部

1988年7月—2005年12月

表14—12

姓 名	籍 贯	职 务	任职时间
徐芝华	湖北宜城	会 长	1988.07—1994.07
范学运	河南	会 长	1994.07—1999.05
曾玉平	湖南邵阳	会 长	2001.06—2005.12
宋文亮	河南镇平	副会长	1988.07—1994.07
徐广博	河南	副会长	1988.07—1994.07
南德化	湖北稀水	副会长	1988.07—1994.07
陈道喜	湖北襄阳	副会长	1988.07—1999.03
万乐华	湖北谷城	副会长	1988.07—1999.03
任克忠	湖北谷城	副会长	1990.11—1999.03
储民生	湖北随州	副会长	1990.10—2004.11
左根生	湖北老河口	副会长	1994.07—1999.03
何映东	江苏	副会长	1994.07—1999.03
陆吉堃	浙江	副会长	1994.07—1999.03
詹宪生	湖北谷城	副会长	1999.03—2005.12

2.襄樊市外商及港澳台商投资企业协会

1995年4月28日，为优化投资环境，为外商及港澳台商和外商及港澳台商投资企业提供优质服务，为政府与外商及港澳台商投资企业搭建桥梁和建立纽带，依法登记成立襄樊市外商及港澳台商投资企业协会。协会有会员企业150多家，全部为襄樊市外商及港澳台商投资企业。按照协会章程，协会的业务范围为政策宣传、经验交流、业务培训、协调服务。协会每个季度组织一次市领导与外商及港澳台商座谈会；每年与市直新闻媒体一起对全市外商及港澳台商投资企业进行重点宣传报道，不定期编印协会《通讯》宣传国家政策；每年组织会员企业参加年检及“出口型”“技术先进型”企业的考核；组织重点外商及港澳台商参加国有企业改革情况通报会；重大节日慰问外商及港澳台商并组织联欢活动；积极协调处理外商及港澳台商投诉；共受理协调外商及港澳台商投诉与纠纷50多起，其中省、市督办的重大投诉5起，组织协调会150余次。

3.襄樊投资促进网

2004年3月，襄樊市投资促进网(www.xip.org.cn)开通，在互联网上，建立一个招商引资的平台。该网设置有襄樊简介、投资信息、招商引资、外企风采等栏目。

4.襄樊市商务局网站

2005年6月，襄樊市商务局网站正式建成并开通。申请独立域名www.xfsw.gov.cn，与襄樊政府网站链接。栏目设置有：招商引资、商务信息、商务动态、政策法规、投诉建议等10多个。可及时发布襄樊市商务最新政策法规、招商引资项目，反映襄樊市商务动态。公布相应电子表格，供行政相关人员下载。公开所有办事程序，实现电子政务公开，接受市民监督投诉。商务局网站成为襄樊市对外开放的一个窗口，为招商引资提供了先进手段。

（三）重点企业

1.襄樊市国际贸易公司

1988年3月，国家对外经济贸易部批准，襄樊市国际贸易公司成立。是襄樊市第一家获得进出口权的综合性地方国营口岸公司，隶属于市对外经济贸易委员会。1992年7月，市国际贸易公司与外经委合并，实行一套人马、两块牌子。同时，市国际贸易公司实体部分改为海外贸易公司。1993年，经市政府批准，成立各县（市）、区和市直有关企业国贸分公司30家。公司主要经营粮油、轻工、土畜、纺织品、服装、化工、医药、机械及设备、仪表仪器等商品的出口业务；办理外经贸部批准的钢材、涤纶类化纤等产品的进出口业务；经营机械产品、化工、仪器仪表等商品的进出口业务；承办中外合资经营、合作生产、来料加工、来样加工和来件装配业务；开展补偿贸易和对台贸易业务。公司在厦门、深圳、北海等沿海城市设立贸易“窗口”，在美国、阿联酋、柬埔寨等国家和中国香港地区建立了销售网络。1995年4月，在全省企业评价排序发布会上，市国际贸易公司被评为全省1994年度出口额最大的进出口公司第十名，是全省获此殊荣的唯一地市外贸企业。2005年，依法破产。

2.襄樊市纺织品对外贸易及港澳台贸易公司

襄樊市纺织品对外贸易及港澳台贸易公司，前身为襄樊市纺织品进出口支公司（1980年3月成立）。主要从事纺织、服装货源收购及调拨任务。2000年，被赋予自营进出口经营权，开始直接经营进出口业务。经营范围是：各类服装、针棉织品、棉纱、棉布、棉涤纶纱、棉涤纶布、麻纱、麻布、麻棉纱、麻棉布，种类花色漂染布和色织布。进口纺织品原辅材料，引进纺织技术设备，开展来料加工、合作经营、合资经营、补偿贸易等。

3.襄樊市土畜产对外贸易及港澳台贸易公司

襄樊市土畜产对外贸易及港澳台贸易公司，前身为襄樊市土畜产进出口公司（1980年3月成立）。1997年5月，市土畜产对外贸易及港澳台贸易公司被赋予进出口经营权，可自营和代理除国家统一联合经营的16种出口商品和国家核定公司经营的14种进口商品以外，其他商品及技术的进出口业务。即，经营业务有进料加工、“三来一补”、对销贸易和转口贸易；经营出口商品有鬃毛类、肠衣类、动物性饲料类、皮革及制品类、裘皮及制品类、羽绒及制品类、地（挂）毯、皮鞋类、皮件类，计十大类上百个品种。

4.襄樊市粮油食品对外贸易及港澳台贸易公司

襄樊市粮油食品对外贸易及港澳台贸易公司，前身为1980年3月成立的襄樊市粮油食品进出口支公司。1996年1月，襄樊市粮油对外贸易及港澳台贸易公司，更名为襄樊市粮油食品进出口公司。公司获进出口经营权，直接和代理经营，除国家统一联合经营的16种出口商品和国家核定公司经营的14种进口商品以外，其他商品及技术进出口业务。即，承办中外合资经营、合作生产业务；开展“三来一补”业务。经营品种包括，粮谷饲料类、油脂料类、活畜禽类、肉蛋类、罐头类、水产类、果菜类、糖杂类及加工食品包装。

5.襄樊市工业品对外贸易及港澳台贸易公司

襄樊市工业品对外贸易及港澳台贸易公司前身为1984年2月成立的襄樊市工业品进出口支公

司。经营商品有大小百货、纸张及制品、儿童玩具、文教办公用品、文娱体育用品、日用五金、塑料制品、家用电器、建筑材料、日用工艺、特种工艺、家具、珠宝首饰、抽纱原料、抽纱成品等百余种商品和政策允许的出口转内销商品。

6.襄樊市化工对外贸易及港澳台贸易公司

襄樊市化工对外贸易及港澳台贸易公司，前身为1987年8月成立的襄樊市化工进出口支公司。经营主要商品有无机化工原料、有机化工原料、石油化工产品、合成材料、染料中间体、油漆、油墨、化肥、农药、橡胶制品、化学助剂、化学试剂、食品添加剂等政策允许的出口转内销商品。

7.襄樊市服装对外贸易及港澳台贸易公司

襄樊市服装对外贸易及港澳台贸易公司前身为1987年11月成立的襄樊市服装进出口支公司。经营范围各种棉布、麻布、呢绒、丝绸、化纤布、混纺面料的梭织针织服装商品的进出口业务；各种针织品、棉织品、毛织品及原辅料商品的进出口业务；开展上述品种的来样加工、进料加工、合作生产、补偿贸易、工贸联营、中外合资、投资等业务；接受国内外公司、企业和其他经济组织委托代办的进出口业务。

8.襄樊市机械对外贸易及港澳台贸易公司

襄樊市机械对外贸易及港澳台贸易公司，前身为1988年2月成立的襄樊市机械进出口支公司。经营商品范围金工工具、切削工具、泥木工具、研磨工具、测量工具、测定工具、农具(刀、锄、锹、斧及各种园艺工具)钻床、电钻、仪器仪表、电动机、温度测量仪、显微镜、压缩机、轴承机床、大型成套工业设备等。1995年9月，首家获得全省地、市、州进出口经营权的专业外贸公司。直接自营和代理国家组织统一联合经营的16种出口商品、国家实行核定公司经营的12种进口商品除外的商品及技术的进出口业务；中外合资合作生产和“三来一补”业务。1996年12月20日，经市政府批准，以湖北省襄樊市机械对外贸易及港澳台贸易公司为核心层的贸工结合型集团襄樊市机械对外贸易及港澳台贸易集团成立。集团由湖北省华阳集团杨溪精铸有限责任公司、襄樊星火轴承零件厂为紧密层，湖北省华银机械有限公司、襄樊星火轴承有限公司、湖北武当精密铸造有限公司为半紧密层，襄樊市钉丝厂、襄樊市精华轴承厂、湖北省襄樊市轴承厂、襄阳第二轴承厂为松散层，联合组成跨所有制、跨行业、跨地区、跨部门，具有投资、开发、生产、经营、等多功能的企业集团。1997年3月21日，湖北省襄樊市机械对外贸易及港澳台贸易公司，更名为湖北襄樊市进出口(集团)公司。该集团公司以襄樊市机械对外贸易及港澳台贸易公司为核心层，以湖北华阳集团杨溪精密铸造有限责任公司等4家企业为紧密层，以湖北武当精密铸造有限公司等6家企业为半紧密层或松散层。该公司是一个集投资、开发、生产、经营等多功能于一体，跨行业、跨部门、跨地区、跨所有制的联合企业集团。核心企业注册资金1000万元人民币，集团合并注册资金2862.12万元人民币。

9.襄樊市对外贸易及港澳台贸易运输公司

襄樊市对外贸易及港澳台贸易运输公司前身为1988年10月成立的襄樊市对外贸易及港澳台贸易运输支公司。1996年4月16日，经国家外经贸部批准，襄樊市外运公司获准经营国际货运代理业务。业务范围为承办进出口货物及航空快件的海、陆、空国际运输代理业务。包括：揽货、订舱、仓储、集装箱拼装拆箱、报关、报验、保险、国际多式联运、签单、结汇、相关的短途运输及咨询业务。1996年6月7日，襄樊市外运公司与中外运—敦豪国际航空快件有限公司武汉分公司合作，成立中外运—敦豪襄樊服务中心。经营国际快件业务。

其它对外贸易及港澳台贸易公司有襄樊市鹭襄对外贸易及港澳台贸易公司、襄樊市医药保健品对外贸易及港澳台贸易公司、襄樊市包装装潢对外贸易及港澳台贸易公司、襄樊市工艺品对外贸易及港澳台贸易公司、襄樊市汇银对外贸易及港澳台贸易公司、襄樊市针棉织品对外贸易及港澳台贸易公司、襄樊市南方对外贸易及港澳台贸易公司、襄樊市中贸公司、襄樊市华洋对外贸易及港澳台贸易公司、襄樊市惠丰对外贸易及港澳台贸易公司、襄樊市惠达对外贸易及港澳台贸易公司、襄樊市对外贸易及港澳台贸易实业公司、襄樊市裕襄对外贸易及港澳台贸易公司等。襄阳、枣阳、宜城、老河口、南漳、保康、谷城、襄城、樊城等县(市)、区外贸局,均设有下属外贸公司。1995 年县(市)、区外贸公司,均由供货公司转变为自营公司。

工贸公司是属于行业工贸结合、技贸结合的进出口对外贸易及港澳台贸易公司。襄樊市工贸公司有襄樊鼓楼商场股份有限公司、航天工业总公司第六〇九研究所、航空工业总公司第六一〇研究所等 4 家。

10.中国三环尼龙拉链企业有限公司

1984 年 8 月 27 日,襄樊市第一个合资企业,中国三环尼龙拉链企业有限公司,合同签字仪式在市一招举行。该公司由襄樊塑料四厂、中国银行襄樊支行和香港上海国际贸易分公司三方合资经营的企业。第一期工程引进年产 1000 万码尼龙拉链生产线和年产 3000 吨特多单丝生产设备。后逐步形成一定范围尼龙拉链的生产中心。

11.亚太磁带企业有限公司

1985 年 10 月 27 日, 襄樊市磁带厂、中国银行汉口信托咨询公司和香港大荣进出口贸易公司三方共同投资的“亚太磁带企业有限公司”,在襄樊市磁带厂举行投产剪彩仪式。这是襄樊市第一个正式投产的鄂港合资企业。

12.襄樊华信光学有限公司

1990 年 12 月 7 日,襄樊华信光学有限公司,经国家工商行政管理局注册颁发营业执照。该公司由国营湖北华光器材厂与台湾信义光学有限公司合资,总投资 342.5 万元。该公司是襄樊市首家与台湾合资企业。

13.康明斯(襄樊)机加工有限公司

1999 年 7 月,美国康明斯有限公司在襄樊汽车产业开发区投资,成立康明斯(襄樊)机加工有限公司。该公司由美国康明斯独家投资,注册资本 1600 万美元,实际投资总额 1900 万美元。是 1999 年襄樊市最大的外商及港澳台商独资企业。公司从德国引进 2 条 20 世纪 90 年代国际先进技术水平的发动机缸体、缸盖生产线。加工生产新一代安全环保型发动机缸体、缸盖及零部件。年设计能力 4 万套,经营期限 30 年。该公司投产使襄樊汽车产业开发区,在全国成为高起点、宽系列、广辐射的康明斯柴油发动机产销基地。

14.襄樊艺苑房地产开发建筑有限公司

2003 年,经批准襄樊艺苑房地产开发建筑有限公司成立,该公司是襄樊市第一家外资及港澳台资并购项目。公司原为一家注册资本 700 万元民营企业。企业为扩大规模,增加注册资本至 1000 万元,所增资的 300 万元,由日本商人以美元现汇全部购买,公司转变为中外合资企业。这一项目标志,襄樊市在合资合作独资利用外资及港澳台资方式上,取得重大突破。

15.东风德纳车桥有限公司

2005年6月28日,东风汽车公司与美国德纳公司合资的东风德纳车桥有限公司,在襄樊挂牌成立。该合资项目总投资8亿人民币,采取股权并购方式,双方各持股比50%,德纳公司以现汇5858万美元,购买东风汽车有限公司下属的东风车桥有限公司50%的股权。东风德纳车桥合资项目,是中国和美国两大世界级车桥公司的一次强强联合,是东风零部件加快推进国际合作的一次重大突破。它标志全国规模最大,技术最先进的商用车桥生产基地落户襄樊。

16.襄樊新火炬汽车部件装备有限公司

原名襄樊星火轴承有限公司,成立于1988年,属国家级高新技术企业。公司是中国最大两家轿车轮毂轴承单元生产企业之一。主要生产产品,汽车轮毂轴承和轿车轮毂轴承单元。年生产能力,轮毂轴承800万套,毂轴承单元400万套。公司1988年生产单列圆锥滚子轴承,1994年开始生产双列圆锥滚子轴区承,1995年开始生产双列角接触球轴承,2000年开始生产第一代轮毂轴承单元,2001年开始生产第二代轮毂轴承单元,2002年开始生产第三代轮毂轴承单元,2005年开始研发第四代轮毂轴承单元。公司注册资本6000万元,占地面积100000平方米(150亩)。有员工710多人。其中,大专以上工程技术人员153人,工程师48人,高级工程师12人。

17.东风康明斯发动机有限公司

1996年6月,东风公司与美国康明斯公司合资,成立东风康明斯发动机有限公司。生产大马力的C系列柴油发动机。1999年7月,东风汽车股份有限公司诞生,柴油发动机厂成为其主力工厂。2003年2月,东风与康明斯合资公司在北京又签署了增资扩股的协议。整合"东风汽车"柴油发动机分公司、康明斯有限公司襄樊机加工有限公司,康明斯C系列柴油机合资生产厂的资产和业务。东风康明斯发动机有限公司(简称"东风康明斯")在襄樊运行。东风康明斯注册资本10062万美元,年生产能力,柴油发动机13万台。"B系列柴油机"和"C系列柴油机"的现有厂房、生产设备整合优化后,明显降低了企业生产成本,增强了企业竞争能力。

18.风神襄樊汽车有限公司

1991年10月,汽车装配试制厂成立,生产富康轿车。汽车装配试制厂为风神襄樊汽车有限公司前身。2000年起生产NISSAN系列轿车。2002年2月3日,试制厂更名为风神襄樊汽车有限公司。公司为东风汽车公司、日产公司和台湾裕隆公司三方共同投资的中外合资企业。公司占地面积46.8万平方米,建筑面积28.76万平方米,总资产82600万元人民币。公司一厂区生产"天籁"轿车,年设计生产规模10万辆;二厂区生产"蓝鸟"轿车,年生产能力2.5万辆。

19.湖北佳通钢帘线有限公司

2004年4月,佳通轮胎(中国)投资有限公司(新加坡佳通集团设在中国国内投资公司),收购湖北钢丝厂,正式成立外商及港澳台商独资企业—湖北佳通钢帘线有限公司。公司投资总额1865万美元,注册资本746万美元,现有员工400人。2005年,集团轮胎销售数量达到3300万条,实现销售收入110亿元人民币。连续5年在国内轮胎行业排名第一,进入世界轮胎行业十二强。湖北佳通公司成立后,选择技术含量高,竞争优势强的子午轮胎钢帘线和胎圈钢丝为主导产品。投资1000万元,对湖北钢丝厂的设备全面进行维修改造,投资2676万元,进行年产5000吨钢帘线项目的建设。即在年产2000吨钢帘线设备产能基础上,通过厂房改造和增加新设备等措施,达到年产5000吨钢帘线的生产能力。2005年8月,公司当月实现赢利,已经形成年产5000吨钢帘线和1.5万吨 $\phi 1.65$ 胎圈钢丝的生产能力。2004年底，公司分4期进行年产3万吨胎圈钢丝建设，到2005年12月，年产1.5万吨φ1.65胎圈钢丝项目,一、二期工程如期完成。该项目建成每年实现销售收入近亿元。

20.宜城雅新家纺有限公司

2002年，宜城雅新家纺有限公司成立。公司位于宜城市五条路工业园区，占地面积6.8万平方米。公司从一家作坊式企业,发展成为纺纱、织造、印染一条龙生产加工,研发、设计、销售于一体的出口家纺企业。主要产品,家用床上纺织用品单件、套件系列、婴儿尿布系列、毛浴巾系列、桌布餐巾系列、家居装饰系列等六大系列100多种产品。产品畅销,东南亚、南非、中东及欧美等几大国际市场,年销售过亿元,出口1000万美元。省、地、市人民政府和主管部门对公司连年给予嘉奖。公司为宜城市出口创汇支柱企业之一。

21.湖北新丰粮油土特产品有限公司

1995年，香港骏隆贸易有限公司与宜城市国际贸易公司合资成立新丰粮油土特产品有限公司,注册资本为60万美元。2002年,香港骏隆公司买断宜城国贸公司在新丰的股权,成为港商独资公司。注册资本增至238万美元,生产场地15000平方米,工业产值达2亿元人民币。公司生产产品29种,主要为芝麻、花生和干辣椒的加工产品。还收购加工香菇、木耳、红枣、板栗、莲子、葡萄干、黑豆、绿豆、红小豆等农副土特产品。产品90%以上销往国际市场。销售网络遍及美国、加拿大、澳大利亚、日本、韩国、新加坡、西班牙等国家和中国香港地区。公司不断加强内部管理,努力提高企业形象,先后通过ISO9001国际质量体系认证、出口食品生产企业卫生注册认证,获得三项国家专利。其中,黑芝麻油、黑芝麻营养膏专利已在香港注册,正在美国、韩国申请注册。“玉莲牌”芝麻油、芝麻酱、辣椒酱,在2001年北京国际农业博览会上被评为名牌产品,还被中国商业食品质量监督检验测试中心授予食品质量放心品牌。“玉莲”牌芝麻油已被国家绿色食品发展中心批准为“绿色食品”。公司多次荣获“省市外商及港澳台商投资优秀企业”“湖北省外商及港澳台商投资食品饮料业五十强企业”“湖北省名牌企业”称号,并被武汉海关列为武汉关区31个便捷通关企业之一。

22.襄樊市国际经济技术合作公司

1993年2月,经市政府批准,成立襄樊市国际经济技术合作公司。1996年8月11日,经外经贸部批准,市国际经济技术合作公司获开展国际经济技术合作业务。经营范围是承包境外工程和境内国际招标工程;上述境外工程所需设备、材料出口;对外派遣工程、生产及服务行业的劳务人员(不含海员);按国家规定在海外开办各类企业。1998—2003年,襄樊市国际经济技术合作公司,累计向境外派遣各类劳务人员近60人。2004年1月,市国际经济技术合作公司严重亏损,在市国有企业改制中宣告破产。

23.襄樊益宝劳务服务有限公司

2004年2月,襄樊益宝劳务服务有限公司,由市工商局批准登记注册为有限公司。同年,由商务部批准“襄樊益宝劳务服务有限公司”享有对外劳务合作经营权。2004年后,该公司先后向日本、柬埔寨、新加坡、印度尼西亚、沙特、阿联酋、约旦、毛里求斯等国家和中国澳门地区,派遣各类劳务人员。

24.中国化学工程第六建设有限公司

1965年,中国化学工程第六建设有限公司(下称,六化建公司)成立,隶属于中央国资委所属的中国化学工程集团公司。六化建公司是国内第一家质量三证齐全的综合性石油化工施工企业,是中国建筑业最大规模企业之一。公司有职工3481人。公司总部设在湖北省襄樊市。下设70余个直属单位，分布在北京、上海、重庆、内蒙古、宁夏、新疆、青海、甘肃、吉林、辽宁、山东、山西、陕西、河南、河北、四川、贵州、云南、江西、江苏、浙江、福建、广东、广西、湖南、湖北等省、市、自治区及巴基斯坦、土耳其、突尼斯等国家。六化建公司主要承担各类化工、石油、石油化工引进装置和各类型工业建设项目的建设。业务涉及化工、石油化工、医药、轻工、市政、建材、电力、环保、食品、高层建筑等领域。足迹遍及全国30多个省、市、自治区和香港特区。马来西亚、越南、巴基斯坦、哈萨克斯坦、土耳其、阿尔巴尼亚、突尼斯等国家。承建过由美国、英国、法国、日本、荷兰、意大利、德国等国家引进的装置和国内设计的大中型项目和扩建、技改项目1000多个。1993年，六化建公司从企业发展角度出发，提出“巩固国内市场，开辟海外市场”的发展战略，明确企业要“创效益，出人才”的发展目标，促进企业“多元化，集团化，国际化”建设。1994年，六化建公司首次踏出国门，进入巴基斯坦建筑市场，实现了公司国际工程零的突破，为公司创造利润18.77万美元。六化建公司先后承担了巴基斯坦拉合尔污水处理泵站项目、香港华润新油库工程（CRC项目）、马来西亚马六甲炼油厂二期工程、马来西亚新山油台管道工程、巴基斯坦拉合尔城市排水球墨铸铁管项目、巴基斯坦卡拉奇水厂项目、哈萨克斯坦卡斯金克空分装置项目、突尼斯盖夫大学教学楼和学生宿舍项目、巴基斯坦拉合尔滑膜造粒塔项目、土耳其碱矿加工厂项目、巴基斯坦卡拉奇低温乙烯罐区项目、越南33万吨/年DAP项目、阿尔巴尼亚液化石油气和石油装卸码头设备安装和调试项目、突尼斯磷酸项目等。共实现国外工程合同额4亿余元人民币（6000万美元），派遣劳务人员2000余人次，外派人员没有发生违反外事纪律和当地法律、法规等行为。1995年，通过了IS O9002质量体系认证。1996年，六化建公司获得境外工程承包和劳务合作经营权。取得了“进出口企业资格证书”和“对外承包工程经营资格证书”，2001年，又通过ISO14001环境管理体系认证和“18000”职业安全卫生管理体系认证。2004年，被商务部认定为“对外援助成套项目施工任务实施企业”。

25.襄樊中天路桥有限公司

襄樊中天路桥有限公司由中天建设集团购并襄樊市公路建设有限责任公司等原有路桥施工企业，整合重组集团相关资源组建的有限责任公司。公司资质等级为公路工程施工总承包一级，路基、路面工程施工专业承包一级，桥梁工程施工专业承包二级，养护一类及二类甲级资质。2001年通过ISO 9002质量体系认证。公司注册资本金为1亿元。公司在册从业人员2000余人。各类工程技术、管理人员500余人。其中高级职称人员150人，工程类中级职称人员251人。拥有各类工程机械设备540余台（套），试验检测仪器493台（套）。其中进口大型沥青路面施工成套设备2套、桥梁架设和吊装设备2套，能满足各类等级公路、城市道路、大中桥梁、隧道等工程施工需要。2005年，襄樊市中天路桥公司获外经经营权。

卷十五　旅游业

1985年以前,襄樊市尚未对外开放,旅游业市场没有形成。1985年,襄樊市被列为甲类对外开放城市后,开始有少数海外华侨华人、港澳台同胞回乡探亲访友,部分外国人也开始来樊经商旅游。旅游业具有新型产业的独特优势,襄樊市旅游业发展迅速。1986—2005年,襄樊市旅游业从无到有,逐步成为全市第三产业中的龙头和支柱性行业。2005年,全市共接待海内外旅游者626万多人次,实现年旅游总收入28.7亿元,为襄樊市的国民经济发展和对外文化交流,做出了贡献。

1986—1990年,是襄樊市旅游业的起步阶段。主要是建立旅游行政管理机构;宣传促销,提高社会对旅游业的认识和扩大襄樊对外影响;调查了解全市的旅游资源,为逐步恢复建设旅游景区景点打下基础;建立相关部门的工作联动关系和相关地区的协作关系;建立旅游定点接待单位和改善外部接待设施。到1990年,建立二类旅游社1家、定点接待单位9家。

1991—2000年,是襄樊市旅游业的创业阶段。随着旅游业的优势逐步显现,各级党委和政府加大对旅游业的关注和重视,宣传促销、资源开发、接待硬件和软件设施建设、行业管理等逐步走上轨道,取得显著的成果。随着各地区、各部门对旅游投入的加大,恢复、扩充、完善了古隆中、炎帝神农故里(随州市在1995年前属襄樊市管辖)等一大批原有的景区、景点;开发了南河小三峡、香水河等一大批新的景区、景点,一批星级饭点和旅行社不断建成和运营。到1999年,全市共有接待能力的景区景点32处;旅游定点服务单位22家,其中星级饭店8家、涉外定点饭店8家、旅行社10家。

2001—2005年,是襄樊市旅游业进入迅速发展时期。迈入21世纪后,随着国家改革开放政策的深入,对外交往规模不断扩大,国家产业逐步调整,一些传统产业退出历史舞台,新型旅游产业的优势进一步显现,人民生活水平迅速提高,特别是国家实行每周5天工作制和每年"黄金周"休假制,人均GDP过1000美元后,襄樊市的旅游业有了迅速的发展。"十五"期间,按照市委、市政府的总体部署,实施政府主导战略,依托资源优势,优化旅游发展环境,加速产业扩张,加强行业管理,推动旅游业快速健康发展,增长幅度超过以往时期,襄樊市旅游业在拉动经济增长、扩大对外交流和社会就业方面,发挥了不可替代的重要作用,逐渐成为第三产业的龙头和支柱。

一、管理机构与相关工作

(一)管理机构

1982年,经省旅游局批准,成立中国国际旅行社襄樊支社和襄樊市中国旅行社,两个机构合署办公。作为市政府统一接待外国人和海外华侨华人、港澳同胞食、住、行事务的管理机构,承办政府各单位及群众团体有关对外事务, 办理火车、飞机票务等。在襄樊市尚未建立旅游行政管理机构的情况下,旅行社实际上行使旅游行政管理部门的部分职权和作用。

1986年3月17日,成立襄樊市旅游事业管理局,与市外事办公室合署办公。1988年市旅游事业管理局与市外事办公室分开办公,内设宣传开发科、企业管理科、秘书科。1990年经市编制委员会同意，设置有办公室、宣传开发科、企业管理科。1990年以后，各县、市、区相继成立旅游局。

2002年，根据省、市机构改革方案，将襄樊市旅游事业管理局更名为襄樊市旅游局，为市政府工作部门，主管全市旅游工作，不再保留对旅游外汇、旅游价格的管理以及对旅游定点的审批职能。市旅游局内部设置4个职能科室：办公室、质量规范和管理科、旅游促进与联络科、发展计划与统计科。机关行政编制为15名。成立襄樊市旅游执法大队和襄樊市旅游质量监督管理所，两块牌子、一套班子。受市旅游局委托，负责全市旅游执法监察工作。核定全额拨款事业编制5名。

（二）局属企事业

1994年，根据政企分开的原则，采取不同的途径和措施，市旅游事业管理局逐步与下述企事业脱钩。

1.中国国际旅行社襄樊支社和襄樊市中国旅行社（简称旅行社）

1982年，旅行社成立后，按照市政府的要求，统一接待外宾的食、住、行事务，完成市政府各部门和群众团体的各项外事接待任务；承接国内各种会议的服务；组织市老干部到外地旅游，并积累了一定的利润。在襄樊市旅游业的开创时期，旅行社发挥了无可替代的作用。进入20世纪90年代后，由于经济市场化，旅行社固有的矛盾逐渐显现出来。主要表现在：（1）体制不顺。旅行社应该是企业单位，自主经营，自负盈亏，但实际上是按事业单位来办的，市政府将当时最好的三台进口大轿车无偿划拨给旅行社行使接待任务，并未进行经济核算。（2）先天不足。旅行社成立时没有启动和经营资金，借用樊城宾馆两间房子为经营场所。1990年，市旅游事业管理局从市财政申请到5万元，为旅行社添置了部分设施，达到二类社的标准。但并未从根本上解决问题。（3）缺少合格的经营人才和导游。（4）负责人变更频繁。旅行社实际上处于经营困难的状态。1992年后，中国国际旅行社实行集团化，加入门槛较高，于是注销中国国际旅行社襄樊支社的牌子，保留襄樊市中国旅行社的牌子。1997年7月，市政府将旅行社划归樊城区政府管理。

2.襄阳大酒店

1987年，在对外开发、对内搞活经济的方针指导下，中国国际旅行社襄樊支社与市对外经济贸易发展公司、市第一汽车运输公司、市人民公园为一方，与香港宝乐华发展有限公司经过多轮洽谈，决定成立襄阳大酒店有限公司，合作兴建经营襄阳大酒店，港方一次性投资1500万美元，襄樊方提供土地和劳务，合作经营期为20年，期满后无条件归襄樊方所有。市旅游事业管理局局长李守仁以中国国际旅行社襄樊支社总经理的名义担任襄阳大酒店有限公司董事长，香港宝乐华有限公司危福志先生担任副董事长兼总经理，襄阳大酒店属市旅游事业管理局主管。1988年1月，全部办完国内利用外资的审批手续，并经国家工商行政管理局核准颁发营业执照，成为具有法人资格的受国家法律保护的中外合作企业。1990年，市政府根据二汽襄樊基地发展的需要，决定改变襄阳大酒店的设计方案，作为二汽合资轿车厂的外国专家住宅及服务配套设施。1995年襄阳大酒店基本建成并部分投入营运后，正式划归二汽襄樊基地。

3.中原旅游报

1988年，为了宣传介绍襄樊市旅游资源，扩大襄樊的影响，提高襄樊的形象和知名度，市旅游事业管理局与襄樊市记协创办《中原旅游报》，这是当时湖北省第一家专业旅游报纸。后因两家职责不清，编辑人员不稳，经费不足等原因，一度停刊。1991 年 8 月，市委宣传部决定由市旅游事业管理局独家承办，1993 年，《中原旅游报》成为“中国旅游报刊协会”成员。1996 年，再次因经费困难停刊。《中原旅游报》在出版期间，通过发行报纸和交换刊物，与《人民日报》海外版旅游专刊、《中国旅游报》等国内数十家报刊建立了业务关系，与台湾《桃园旅游》《民生报》等报刊也建立了业务联系，在宣传襄樊、开拓襄樊旅游市场方面，发挥了重要的作用。

4.鱼梁洲旅游开发中心

鱼梁洲是汉江中的一处沙洲，面积 20—30 平方千米，区位优势突出，文化内涵丰富，但长期荒芜。市旅游事业管理局成立后，经过多次申请，1991 年市政府批准市旅游事业管理局独家开发。市机构编制委员会 1991 年文件批复成立襄樊市鱼梁洲旅游开发中心，为市旅游事业管理局下属的事业单位，事业编制 20 名。“中心”建立后，将鱼梁洲开发定位为“以绿色为基调的生态旅游岛、城市中心的大氧吧”，并积极开展工作：大力宣传，多次向国家旅游局和省旅游局汇报，逐步扩大鱼梁洲的知名度；理顺关系，清理洲上临时开荒种粮种菜的附近村民和外地游民，统一公安管辖；从省财政厅申请经费，作为启动资金，并与铁路电气化二处联营，开辟沙滩和水上乐园，1992 年共接待游人 10 多万人次，创收 5 万元。为进一步开发打下良好的基础。1994 年 12 月，“鱼梁洲旅游开发中心”移交市招商局。

5.樊城宾馆

樊城宾馆原为市政府下属的宾馆。市政府于 1990 年 8 月将樊城宾馆划归市旅游事业管理局管理。同年 10 月，为宾馆三号楼改造，市旅游事业管理局从国家旅游局争取到“拨改贷”（额度）50 万元，支持宾馆上星级。樊城宾馆在市旅游事业管理局管理期间，为接待国内外客人、完成各项任务做出了积极的贡献。但由于未能及时进行改制改造，加上设备、人员老化，致使经营处于困难的状态。1997 年 7 月，市政府正式下文将樊城宾馆划归樊城区政府管理。

6.旅游服务总公司

襄樊市旅游服务总公司于 1992 年 9 月 1 日成立，为独立核算、自主经营、自负盈亏的全民所有制企业，下属 19 个子公司，在册职工 55 人，主要经营旅游汽车客运、旅游商品销售、旅游人才培训和幼儿园。由于缺乏科学论证和实事求是的客观估算，经营项目选择不准，管理不严，资金不足等原因，除少数项目外，整体经营逐年出现亏损，无法扭转局面，于 1994 年 12 月申请破产处理。

1986—2005 年襄樊市旅游事业管理机构负责人一览

表 15—1

机构名称	姓 名	职 务	任职时间	备 注
襄樊市旅游事业管理局	李守仁	局 长	1986.09—1989.06	
	乔春喜	副局长	1986.09—1989.06	
襄樊市旅游事业管理局	乔春喜	副局长	1989.07—1992.02	
	何文煊	副局长	1989.08—1994.06	
	刘隆堂	局 长	1990.03—199406	
	王洪昌	副局长	1990.08—1994.06	
	戴能才	副局长	1993.12—1994.06	
	严传刚	局 长	1994.07—1999.06	
	何文煊	副局长	1994.07—1998.12	1997.5 改任调研员

续表

机构名称	姓 名	职 务	任职时间	备 注
襄樊市旅游事业管理局	王洪昌	副局长	1994.07—1999.06	1997.5 改任助理调研员
	戴能才	副局长	1994.07—1994.11	
	孙米贵	副局长	1994.11—1999.06	
襄樊市旅游事业管理局(2002 年更名为襄樊市旅游局)	陈桂岚	局 长	1999.07—2003.11	
	孙米贵	副局长	1999.07—2002.01	
	乔春喜	副局长	1999.07—2002.01	
	王建华	副局长	2001.01—2005.06	
	刘智勇	局 长	2003.12—2005.06	
	徐士彪	副局长	2004.06—2005.06	

(三)旅游规划

旅游业是政府主导型产业。1989 年,襄樊市旅游事业管理局提出《襄樊市域旅游事业整体规划》,总体指导思想是:依托市域丰富的历史文化旅游资源和多姿多彩的自然旅游资源,发展古三国文化寻踪游和薤山避暑山庄、大洪山风景名胜区的休闲度假游,以及白竹园寺、真武山、武当山宗教考察游,加快建设旅游接待配套设施。

1995 年,市旅游事业管理局制定《襄樊市旅游业"九五"期间发展纲要和 2010 年远景目标》。纲要的总体思路是:按照"大力发展国内旅游,积极发展国际旅游"的指导方针,围绕观光旅游、文化旅游,生态度假旅游三大主题,突出地方特色,提高文化品位,完善国线,发展区线,综合配套,协调发展,实施"一二三四五"开发计划。一是充实一区——隆中国家风景名胜区,开发建设 1 处三国文化景区,建设 1 处标志性建筑,开辟七里山度假村和承恩寺气功疗养基地,使隆中景区逐步完善配套。二是恢复建设 2 处古文化文化遗址,即水淹七军古战场遗址和真武庙遗址。海内外汉文化圈内,自古就有"文拜孔子,武拜关公"的习俗。"水淹七军,威震华夏"是关公一生中的光辉顶点。建设"水淹七军古战场遗址公园"是三国文化线和"关公之路"旅游上的重要一环。真武庙在全省"四区四线"旅游布局中,是一处重要的宗教文化旅游景点。三是修缮 3 大名人故里:刘秀故里、庞统故里、孟浩然故里。四是开辟四处旅游度假区:枣阳白竹园寺度假区、襄阳鹿门山度假区、谷城南河——薤山度假区、保康"蜡梅王国"度假区。五是再建设 5 座旅游星级饭店。

2001 年,市政府委托武汉大学编制《襄樊市旅游业发展总体规划》,同年规划通过评审。《规划》提出的战略目标是:把旅游业培育壮大成襄樊市国民经济和社会发展的新的增长点,把旅游业建设成襄樊市第三产业的龙头产业和襄樊市国民经济体系中的重要新兴支柱产业。《规划》根据襄樊市旅游资源分布、旅游开发的综合条件和现状,立足突出特色,合理布局,重点开发,分期实施。以中部襄樊市城区为主体,以西南部南漳、保康、宜城为两翼,划分 3 大旅游区;由市域内旅游主干道作为联结轴线,辐射沿线景点网络,组成 4 条主干旅游线,依托 8 个重点旅游城镇,优化旅游产业结构,形成"一体两翼三区四线八城"的总体发展格局。《规划》提出打造"文化旅游、休闲度假、生态旅游、高科技产业旅游和体育健身"5 大旅游产品系列。将襄樊市旅游总体形象定位为荆楚发源地、三国文化城—中国鄂西北文化旅游中心。

2002 年、2003 年,襄樊市旅游局委托中国地质大学旅游系,编制《湖北省荆山生态旅游发展总体规划》《荆山生态重点景区优先建设可行性研究报告》《荆山生态重点景区优先旅游项目建设建议书》《荆山生态重点景区优先建设项目环评报告》等 4 项专项规划，分别通过省计委、省旅游局主持的专家评审，并被批复使用。襄樊市已依据荆山生态旅游区旅游发展相关文本，向国家申报荆山生态旅游国债资金项目，并被国家计委立项。第一批国债资金 1100 万元于 2003 年 7 月划拨市薤山、水镜庄、古隆中景区。此外，规划区内的襄城区、南漳县、保康县、谷城县分别根据优先项目建议书，通过地方财政投入和招商引资等方式，开发重点景区的建设，都取得显著成绩。

2004—2005 年，根据市政府的统一部署，由市旅游局与湖北大学旅游发展研究院共同编制《襄樊市"十一五"时期旅游发展规划》。《规划》明确襄樊市"十一五"旅游总体发展战略目标：将襄樊市建设成为以三国文化旅游为龙头，以生态观光、休闲度假、康体娱乐为主要发展方向，集观光、度假、商务、会议、康体、科考等旅游形式于一体的，在国内外有较大影响并富有魅力的文化生态型旅游目的地；将襄樊市建设成鄂西北地区最大的旅游集散中心，积极创建最佳旅游城市，使之拥有一批海内外知名旅游景点和旅游热线，成为鄂、渝、陕、豫毗邻地区的区域性旅游目的地和华中旅游、中西部旅游的门户与游客集散地；经过 5 年建设，使旅游业成为襄樊市最具活力的经济增长点、第三产业的龙头产业和国民经济与社会发展中的新型支柱产业，使襄樊市成为省内一流的旅游强市并最终成为华中地区著名的旅游目的地之一。到 2010 年，全市旅游总收入实现超倍增长计划，达到 80 亿元，旅游接待总人数超过 1000 万人次，其中，旅游外汇收入超过 1200 万美元，入境旅游人数突破 50 000 人次；旅游总收入相当于全市 GDP 的 8%左右。《规划》确立以"四区十景"为建设重点。四区：以古隆中为龙头的三国文化旅游区、以襄阳古城为龙头的都市文化休闲旅游区、以九路寨为龙头的大荆山生态旅游区和以鱼梁洲为龙头的汉江风光旅游区；十景：古隆中、襄阳古城、鹿门山、水镜庄、香水河、薤山、南河小三峡、五道峡温泉、九路寨和白水寺十个重点景区。至 2002 年，襄樊市辖各市、县、区全部完成旅游发展总体规划的编制工作，成为全省第 1 个市县两级全部完成旅游总体规划的地区。

（四）宣传促销

市旅游事业管理局利用各种形式、平台、渠道、积极宣传襄樊，介绍襄樊市旅游资源、文化、历史，提高襄樊的地位，扩大襄樊的影响。

1.平面媒体宣传

1988—1995 年，创办《中原旅游报》。1990 年，为配合省社会科学院和随州市政府联合召开"炎帝神农文化暨炎帝神农故里研讨会"，市旅游事业管理局邀请《人民日报》(海外版)、《北京周报》(英文)、《中国旅游报》记者到襄樊宣传炎帝神农文化，报道南漳、谷城、老河口的旅游资源和设施，先后在《人民日报》、《中国建设》(英文)、《北京周报》(英文)、《中国旅游报》发表文章 10 多篇，对宣传炎帝神农故里在随州厉山起了很大的作用。1993 年，参与编纂出版《湖北旅游景观尝析辞典》，襄樊市(包括随州市)的条目与武汉市并列全省第一位。《辞典》的出版，受到外交部和国家旅游局的好评。

1994—1997 年，为《中国开放县市大典》《湖北旅游饮食娱乐大全》《中国旅游资料汇编》等大型辞书征集资料、图片和撰写稿件，共编审和撰写文稿约 5 万余字，图片 60 多幅。在此期间，还先后编写和出版《襄樊旅游画册》《文化名城襄樊》《三国古战场览胜》《襄樊旅游》《襄樊旅游经商办事指南》等 10 多种宣传书籍和图册，出版《中华智慧之星——诸葛亮传奇》《鹿门传说》等专业书籍 10 000 多册；为国内、省内和市内各种报纸、杂志、书籍撰写文稿、论文近百篇。接待和邀请中央、省市平面新闻媒体，进行多方面、多层次的报道和宣传。

2.影视媒体宣传

1989—1990 年,市旅游事业管理局和湖北省电影制片厂合作拍摄《荆州·当阳·古隆中》《鄂西北旅游线》《襄樊》等 3 部影片。1995 年,组织接待香港亚洲电视台到襄樊拍摄《三国风情》电视宣传片,介绍古隆中、襄阳城、马跃檀溪、米公祠、水镜庄等景区景点,以及铁路大酒店、溪苑宾馆等多处旅游企业和设施。1996 年,参与省旅游局共同制作《湖北旅游信息多媒体软件系统》,襄樊市具有代表性的景区景点,旅游饭店设施都上了《系统》。该《系统》发送国内外。1997 年,市旅游事业管理局与襄樊市有线电视台联合拍摄《襄樊旅游景观集锦》风光片,并反复在电视台放映。2002 年,中央电视台来樊,拍摄《烽火襄樊》旅游专题片,先后在 CCTV—1 频道《请您欣赏》栏目、CCTV—4、CCTV—7、CCTV—9、CCTV—11 等频道的《中国文艺》《风景线》《祖国各地》栏目播出。

3.展会促销

1990 年以来,国家旅游局每年举办全国旅游交易会,多次举办国际旅游交易会,省旅游局也多次举办各种旅游展销会。市旅游事业管理局非常重视这些展会,每年带领各市、县、市旅游局,组织各旅游景区景点、旅行社、旅游饭店,各旅游商品生产企业,积极参加展会,与国内外、省内外的旅游同行进行业务洽谈,信息交流、签订协议;推介襄樊市的旅游产品和线路;引进旅游项目和投资,而且规模愈来愈大,成果丰硕,为襄樊市旅游业的发展,起到积极的作用。

4.“大篷车”“大篷船”式促销

1994 年 11 月,为配合电视系列片《三国演义》的放映,副市长邱勇带领市旅游事业管理局,组织全市 8 家旅行社和旅游饭店,专程到宜昌、荆州、武汉与对口单位座谈,深入宣传、推介襄樊市的旅游线路,签订有关协议。2003 年 8 月,市旅游局组织保康、宜城、谷城等 10 个县市区旅游局和旅游企业,参加了由省旅游局组织的“湖北旅游大篷船”赴华东地区促销活动,集中推介“三国文化”和“荆山生态”两大旅游品牌。据不完全统计,“大篷船”活动期间,共参加促销活动 6 次,发放各类宣传品 1.2 万份,受众达 2 万多人次。2004 年 2 月,市旅游局与市委宣传部、市文明办联合开展“看襄樊、爱襄樊、襄樊人游襄樊”文明创建活动。创建举行有奖征文、幸运抽奖、旅游摄影、旅游商品设计和征集大赛等活动。通过活动,增强了广大襄樊市民对襄樊旅游资源的认识、了解,激发了作为襄樊人的自豪感、荣誉感和热爱襄樊、宣传襄樊、建设襄樊的热情。同年 8 月,市旅游局与武汉“纵横天下”旅游联合体签订《襄樊旅游武汉市场推介协议》。协议商定,“纵横天下”旅行社联合体在 2004 年组织 3000 人次以上的游客到襄樊旅游,并确保 1 年内组团 1 万人到处樊旅游。这是襄樊市全面开拓武汉旅游市场、推介襄樊旅游精品的一次重要行动,也是签订组织游客量最大的一次协议。“纵横天下”是由湖北长江海外旅游集团、武汉大学、湖北青年旅游集团、湖北运通、湖北中旅集团、湖北海外旅游集团、湖北神舟旅行社、湖北运大、湖北光大、湖北邮电天禄和湖北华中电力等 11 家在汉的知名旅行社联合发起,具有很强的市场知名度和影响力的旅行社联合体。市旅游局与“纵横天下”旅游联合体携手合作,极大地提高了襄樊旅游的知名度,拓展了武汉的客源市场。

（五）旅游区域协作

市旅游事业管理局积极与周边省区、地区开展协作，建立多种旅游网络。

1.中国古三国旅游协作区

1987年10月，根据国家旅游局多次指导性的意见，湖北襄樊、陕西汉中、宝鸡、四川成都、广元、甘肃天水、武都等8个地市旅游局、旅行社，在汉中召开联谊会议，专题讨论开发利用三国旅游资源问题。1988年12月，成立中国·古三国旅游协作区。1990年12月，在汉中召开第一届古三国旅游协作区年会，受到国家旅游局和陕甘川鄂四省的高度重视。1991年11月，鄂、川、陕、甘、豫5省和成都、襄樊、荆州、宜昌、汉中、安康、天水、洛阳、南阳9市，在襄樊市召开第二届协作区年会，国家旅游局发来贺电，襄樊市委、市政府领导及各省旅游局负责人与会。此后年会轮流在四川、河南、甘肃、重庆、湖北、陕西召开，并逐步完善协作区章程、会徽、会标，制作统一的导游图、录像带、发布统一的宣传口号。协作区的成员逐步扩大，到1996年，协作区的常务理事单位有湖北省、陕西省、四川省、甘肃省、河南省、重庆市等6省、市旅游局。理事单位有襄樊市、宜昌市、荆沙市、成都市、绵阳市、广元市、南充市、江油市、德阳市、万县市、西安市、汉中地区、安康地区、宝鸡市、郑州市、洛阳市、南阳市、许昌市、天水市、陇南地区等20个旅游局。协作区在开发古三国旅游资源，完善古三国旅游景区景点，编排旅游线路，进行宣传促销，丰富古三国旅游产品等方面做了大量工作，成效显著。协作区还把传统旅游产品与三国旅游产品结合起来，开发新的旅游产品，如湖北、重庆、四川的长江三峡与三国文化之旅；河南、陕西的中原古都与三国文化之旅，陕西、甘肃的丝绸之路与三国文化之旅。1998年11月，在河南洛阳第九届年会上，拟定从1999年开始，不再轮流举行年会，而是在每年国内旅游交易会上设置古三国旅游协作区专门展位，编印古三国旅游协作区导游册和导游图，整体推销古三国旅游产品。

2.“关公之路”旅游协作区

1990年8月，襄樊市旅游事业管理局与山西省运城市旅游局、河南省洛阳市旅游局、南阳地区旅游局、湖北省当阳市旅游局，共同发起成立“关公之路”旅游协作区，将“关公之路”旅游线开辟为三国旅游中的专线。关公一生生活、战斗在山西、河南、湖北，“水淹七军”是一生中最光辉的一页，死后葬在湖北当阳和河南洛阳，在国内外广受崇拜。

3.湘鄂边界旅游协作区

在2001年张家界国际森林保护节期间，由湖南省岳阳、常德、益阳、张家界、湘西自治州和湖北省荆州、宜昌、荆门、神农架林区共同发起成立“湘鄂边界旅游协作区”。2002年，在湖北省荆门市召开湘鄂边界旅游协作区首届年会，襄樊市作为第10个会员单位加入。2003年，在湖南省岳阳市召开第二届年会。协作区经过充分探讨，就加强旅游产品开发，开展区域旅游合作达成共识，签订了湘鄂边界旅游协作区合作协议。

（六）旅游行业管理

襄樊市旅游事业管理局始终把保障旅游质量放在重要位置，从旅行社和旅游饭店服务接待质量，旅游市场和景区景点秩序，旅游人才考核培训，旅游安全等方面，不断加大行业管理的力度和措施，使襄樊市旅游业逐步走上规范化、科学化的轨道。

1.旅行社管理

“七五”“八五”期间，襄樊市旅游业处于起步和创业阶段，旅行社不多，而且基础较弱。1993 年，市旅游事业管理局多次组织市有关单位，召开旅行社业务专题会议，共同探讨国家有关旅游业的法规、政策、规定，增长业务，增强信心，并根据国家《旅行社管理暂行条例》对旅行社进行认真的清理整顿。1994 年，重点抓了襄樊市中国旅行社和铁路旅行社的审计验证工作。通过审计验证，这两家旅行社，特别是铁路旅行社在原有基础上，又大大向前跨进了一步，成为襄樊市几家旅行社中的龙头企业；同时，经省旅游局批准，成立了襄樊市青年旅行社和襄樊市交通旅行社，使市区旅行社增至 4 家。

1995 年，国家旅游局决定对旅行社实地质量保证金制度后，加强了对旅行社的年检年审，换证换卡工作。坚持贯彻执行国家旅游局新颁布的《旅行社管理条例》和《细则》，对未足额交纳质量保证金，管理不善，无证、无照、超范围经营和不服从管理的单位，按照省旅游局文件精神，分别不同情况处理，严重的吊销其营业执照。对旅游者的投诉，严肃处理。1999 年，对二汽退休干部 10 人旅游团昆明游，对火车站旅行社的投诉，进行认真调查，经核实后，作了客观、公正、合理的裁决，结果双方满意，赢得了旅行社与旅游者的信任。而对因外在原因遇到暂时困难的旅行社，则及时提供必要的扶持和帮助。2003 年，市旅游局会同市财政局、地税局，认真贯彻落实国家财政部、国家税务总局《关于调整部分行业在“非典”疫情期间税收政策的紧急通知》，对全市旅行社等旅游企业实行了减免税政策，并退还了全市 22 家旅行社的质量保证金 125 万元。

2.旅游饭店管理

襄樊市在 1990 年前只有市政府所属的两家宾馆承担对外接待任务。1991 年，由市旅游事务管理局牵头，会同市公安局、市工商局、市外汇管理局共同制订了《襄樊市旅游涉外定点管理办法和实施细则》，对全市区和各县市宾馆饭店进行检查、评定，按照《办法》和《细则》，评定市区樊城宾馆、襄阳宾馆、风神大厦、烟草宾馆、卧龙饭店和随州烈山宾馆等 6 家为襄樊市首批旅游涉外定点宾馆、饭店。并帮助 4 家单位严格财务、统计、安全等行业管理制度，使服务规范化、标准化，申报星级饭店。1992 年、1993 年，市溪苑宾馆、铁路大酒店先后被批准为二星级和三星级饭店。1998 年，按照省旅游局关于星级饭店进行复核的通知精神，先后对溪苑宾馆、鹿门宾馆、金谷饭店 3 家二星级饭店和铁路大酒店、银都宾馆、南湖宾馆、金城大酒店等 4 家三星级饭店进行复核，进一步推动全市星级饭店硬件标准化、软件规范化、管理科学化。2004 年，根据全国星评委的统一部署，从 7 月 1 日起全省全面实施《旅游饭店星级的划分与评定》(GB/T14308—2003)新标准，按照国家旅游局和省旅游局的要求，对襄樊市 1999 年前评定的星级饭店用新标准复核，达标后更换新标牌；1999 年后评定的星级饭店凭旧标牌更换新标牌。全市共有 34 家星级饭店更换了新标牌。

3.旅游市场监管

对旅游市场的规范、秩序、安全，市旅游事业管理局一直非常重视，认真执行年检制度。1996 年在全市范围内对旅游市场进行了专项治理工作，制定专项治理方案，成立了由市旅游事业管理局、市公安局和市工商局组成领导小组，对旅游市场中的旅游法规、旅游秩序、旅游安全、旅游环境、卫生条件、无证经营、假冒伪劣等进行认真、严肃的清理整顿，及时整改，净化旅游市场环境，提高了襄樊市旅游市场整体形象。

1997 年，市旅游事业管理局及时对全市旅游行业安全工作的检查进行部署和安排，要求各旅游企业本着“没有安全就没有旅游”的思想观念，对内部治安管理、国家安全、综合治理进行自查自纠对事故隐患及时整改，从而保证全市旅游行业的各项设施、设备(包括防火设备)处于完好状态。

2002 年，成立襄樊市旅游执法大队和襄樊市旅游质量监督管理所，负责全市旅游执法监察工作进一步贯彻执行《湖北省旅游管理条例》,强化旅游市场治理整顿的执法力度。

2004 年 5 月,市旅游局、市民族宗教事务局、市建设局、市林业局、市文体局联合下发《2004 年襄樊市旅游景区整顿和规范工作方案》,集中力量开展整治“八乱”、消除“白色污染”、推进“厕所革命”、实现“三线入地”和“搬迁拆违”、“植绿除黄”专项活动。2005 年又进一步提出达到“八无”目标,即:无白色污染,无卫生死角,无违章建筑,无安全隐患,无假冒伪劣商品,无重大刑事案件,无拉客宰客和黄、赌、毒现象,无一起责任投诉。通过治理整顿,进一步美化了景区环境,提高了旅游形象。

2000 年国家实行“黄金周”休假制度后,襄樊市及时成立“黄金周”假日旅游协调领导小组,由主管旅游工作的副市长担任组长,统筹、协调全市的假日旅游各项工作,加强宣传报道,对旅游过程中的吃、住、行、游、购、娱 6 大要素进行全方位的报道,把旅游市场炒红炒火;切实抓好旅游安全,对交通安全、防火安全、社会安全、旅游设施安全、食品卫生安全等进行全方位拉网式的检查,确保游客的生命财产安全;努力提高旅游服务质量,保证旅游投诉电话畅通,及时处理好各类投诉事件。由于全市“黄金周”旅游工作的高度重视、措施得力、工作到位,襄樊市的假日旅游总体是平安的、成功的。

4.旅游人才培训

市旅游事业管理局自 1990 年以来狠抓全市旅游从业人员的培训工作,采取与大专院校联合办班、委托培训,请进来办讲座,走出国门考察学习,举办各种培训班和专项比赛,对各涉外定点宾馆、旅行社、景区景点的部门以上经理、导游人员、服务职工进行轮训,不断提高各类旅游从业人员的职业道德水准,组织管理能力、业务素质、服务技能,树立良好的襄樊市旅游窗口行业的整体形象。

对各单位部门以上经理,1993 年举办 4 期培训班;1995 年,组织部分经理外出参观考察,其中 2 人还送到国外学习;1998 年有 37 人(其中,旅游宾馆总经理 14 人,部门经理 12 人,旅行社总经理 11 人)参加了由省旅游局委托武汉大学、湖北大学、中国地质大学分别举办的培训班;至 2005 年,全市所有星级宾馆、旅行社和部分旅游景区景点部门以上经理都参加过培训。

对导游人员,市旅游事业管理局与湖北大学旅游系从 1991 年起办旅游培训中心,当年培养导游 7 名。1993 年办班 4 期,大专班 1 期。此后每年坚持办培训班。至 2000 年共办班 12 期,参加人员 500 多人次。2002 年为配合创建中国优秀旅游城市活动,市旅游局加大了导游人员的培训力度。全市共组织 148 人参加了全国导游资格统一考试,68 人考试及格,合格率达到 45.8%。同时,对全市导游换发了新版导游证,实行 IC 卡管理。2004 年,对全市需要年审的 80 名导游,在中安达旅游学校举办了 2 期年审培训班。10 月,根据省旅游局授权,全省导游资格考试首次在襄樊市设立考场,全市共 155 人参加考试,72 人合格。同年,为提高导游人员素质,市旅游局还组织全市导游和旅游院校学生积极参加导游比赛。经过市内“襄铁国旅杯”大赛,襄樊市参赛选手在 12 月举行的“三峡杯”第 4 届全省导游大赛中,取得了优异成绩,1 人获得新秀组第 1 名,1 人获得第 4 名,1 人获得景区景点组第 5 名,襄樊市旅游局获得最佳组织奖。2005 年 12 月,湖北省旅游局和襄樊市政府联合举办 2005“襄樊·隆中杯”全省导游精英大赛,共评出 20 名十佳导游员和 20 名优秀导游员,襄樊市有 2 人获得“十佳导游员”称号,3 人获得“湖北省优秀导游员”称号,市旅游局获得“最佳组织奖”和“特别贡献奖”。

对服务员工普遍通过培训班,现场考核、职能大赛、文艺汇演等形式,提高职业道德和服务技能。1993 年,在多次培训、考核的基础上,对全市旅游行业的职工进行集中的职业道德、礼仪知识、外语能力、烹饪技术、客房和总台服务考试、评比。1997 年,根据省旅游局、省劳动厅关于举办全省’97 中国旅游年旅游行业职工服务技能大赛的通知,市旅游事业管理局组织全市旅游宾馆,对中、西餐、调酒、客房、前厅服务等 5 个工种举办 3 期技能和英语培训。通过服务技能活动,促进了各单位在软件建设上档次、上水平,培养和锻炼了一大批旅游服务技能骨干人才,并在多次竞赛活动中取得了优异的成绩。

（七）旅游扶贫工作

襄樊市西部荆山地区是荆楚文化的发祥地。境内奇山异水，风光独特，旅游资源非常丰富。由于交通不便，生产落后，过去人民群众一直处于贫困状态。在国民经济高速发展的大潮中，尽快使这些地区的人民群众脱贫致富，是一项十分重要的工作。1995年，中共襄樊市委、襄樊市人民政府关于印发《关于南河流域扶贫开发的实施方案》的通知指出："南河流域是我市最贫困地区，贫困人数多，自然条件恶劣，并且集中连片，这里不能脱贫，整个襄樊市就不能奔向小康。各地各部门要进一步统一对南河流域扶贫开发的认识，抓住有利时机，精心组织，周密部署，打好扶贫攻坚战，切实加强领导，转变作风，狠抓各项措施的落实，把南河流域扶贫开发提高到一个新的水平。"并指出，将南河流域丰富的旅游资源开发纳入全市"九五"计划，总体规划，分步实施，加快步子，走开放式扶贫的路子。

谷城县南河镇是南河流域的重点地区。境内的胡家渡一带又称粉水。1980年建坝后，形成一道长30多千米的曲折幽静的平湖，景色奇特，人称小三峡。1994年，市旅游事业管理局应南河镇党委、镇政府的邀请，对南河小三峡的旅游资源进行了初步的考察和评估，就旅游开发问题向南河镇党委政府提出了具体的咨询意见。1995年，经市建委牵头，市旅游事业管理局联合市城建局、市园林局、市规划局，再次对南河小三峡一带的旅游资源进行考察、论证，提出了《谷城县南河风景区总体规划编制大纲》。由于县委、县政府的高度重视，镇党委、政府的积极努力，社会各界的大力扶持，南河风景区的旅游开发成果逐步显现。1995年人均纯收入850元，财政总收入1 711 517元。到2005年人均纯收入2196元，财政总收入4 693 743元，旅游总收入1200多万元，旅游业的税收占地方财政收入的32.2%。全镇旅游从业人员已达1100户，4600多人。全镇已有60%户以上的群众因此脱贫致富。

南漳县薛坪镇是贫困的山区。境内的香水河风光优美，景观独特，人称"楚天九寨沟"。县委、县政府、镇委、镇政府强烈要求，尽快开发旅游资源。1996年起经市建委、市旅游事业管理局、市园林局、市规划局从各方面帮扶下，薛坪镇逐步加大了香水河新景区的建设力度。为了早开发、早见效、早脱贫致富，薛坪镇坚持自力更生，发扬楚国先民"筚路蓝缕，以处草莽"的艰苦奋斗精神，采取民工建勤的方式，修通了镇至景区约6千米的主干公路；发动全镇7000多户农民，每户义务打石条2块，新铺景区步行游路1.5千米，完成部分配套设施，实现了边规划、边建设、边见效的目标。2005年，全镇人均收入1 816元，已初步改变了贫穷落后面貌。

（八）旅游商品生产

1991年，省旅游局根据新加坡等国家的经验，对旅游商品使用特殊标志，以提高旅游者的消费信心，决定在全省组织旅游商品标志化管理。1992年，首届湖北省旅游标志商品名录公布，全省共32家，襄樊市独占20家，其中包括老河口玉雕首饰、威马牌多层复合瓶，随州市云雾毛尖茶叶、复制曾侯乙编钟，南漳水晶粉丝，保康毛尖茶叶、蜡梅盆景、香菇、黑木耳，宜城贡酒、云片糕，谷城石花大曲系列、树（藤）根雕工艺家具系列等。同年10月，在郑州举行的首届全国旅游商品展销评比会上，襄樊市旅游事业管理局组织参展的旅游商品中，市床单厂的床单获得天马金奖，这是湖北省获得的唯一金奖。襄阳县卧龙矿泉水也获得天马优秀奖。1993年，市旅游事业管理局对襄樊市已批准的旅游标志商品生产企业进行了检查、复审。同年4月，组织随州编钟工艺品厂，参加国家旅游局在澳门举办的第一届中国旅游商品展销会，在参加展出的旅游标志商品中效果最好，为襄樊市赢得了荣誉。1995年、1997年，市旅游事业管理局又2次对市区20家旅游标志商品进行检查、复核。2000年，根据新的形势和变化，市旅游事业管理局采取新的措施，紧抓全市旅游商品的系列开发、研制和生产工作。2001 年，省旅游局批准襄樊市谷城申欣根雕工艺厂、湖北金兰首饰集团公司、保康野花谷工艺品厂、谷城五山玉皇剑茶叶集团和春又生莱业公司等 5 家企业为旅游商品定点生产企业。2003 年 10 月，市旅游局、市信息产业局、市园林局、市社科联、市展览馆、支点现代网络公司在襄樊市联合举办了“2003 年襄樊市旅游商品展示交易会”。来自武汉、黄冈、鄂州、咸宁、荆州等地市旅游局、旅游商品生产厂家、旅游企业，以及香港、北京、上海、广东、武汉等地客商和省内外有关新闻媒体共 104 家单位参加了交易会。展会期间，襄樊市共评出优秀旅游商品共 24 件(个)，销售商品 4255.58 万元；12 家旅游商品生产企业与北京、香港、武汉等地商家签订了长期供货协议，使襄樊市部分旅游商品首次进入超市，拓宽了销售市场。

2004 年 12 月，市旅游局、市旅游协会共同举办 2004 年襄樊旅游商品展示评选会。襄樊市浪潮调味品有限公司的“孔明菜”获特等奖，襄樊市郭胖子泰味酱板鸭厂的“郭胖子酱板鸭”、保康皇珍工艺发展有限公司的“合欢富贵盆系列”木制品分获一等奖。同年，在参加 2004 年华中旅游博览会上，襄樊市取得丰硕成果：参展项目最多；达成协议最多；获奖项目最多，全市共获 13 个奖项；市旅游局获优秀展台奖和优秀组织奖。在“神农架杯·全省旅游商品纪念品展销大赛”中，湖北金兰手饰集团公司的银浮雕虎座鸟架鼓、隆中风景区的诸葛亮水晶系列获得银奖，隆中风景区的三国人物泥塑获创新奖，市邮政局的三国演义邮册获优秀奖。此外，还获得“武当山杯”“襄樊车城杯”等多项歌舞和摄影大奖。

（九）优秀旅游城市创建

2000 年 9 月 14 日，襄樊市人民政府向国家旅游局创建中国优秀旅游城市指导委员会提出襄樊市创建中国优秀旅游城市申请。2001 年 5 月，市长罗辉率团先后赴郑州、洛阳、开封等地考察、学习创优经验。同年 5 月 2—23 日，市委、市政府召开全市创优再动员大会，成立襄樊市创建中国优秀旅游城市工作委员会，提出“势在必创，志在必得，高分入围，一次成功”的创建目标，与全市 48 个参加创优的责任单位负责人签订了创建中国优秀旅游城市责任状。同年 11 月 2 日，国家旅游局党组成员、纪检组长王军、省旅游局局长杜云生一同到襄樊市检查创优工作。从襄樊市的城市旅游经济发展水平、旅游产业定位与规模、旅游业投入与专项政策支持、旅游业发展的主导机制、旅游业的管理体系、旅游业的精神文明建设、生态自然环境、现代旅游功能、旅游教育和培训、旅游交通、旅游区(点)开发与管理、旅游促销与产品开发、旅游住宿设施、旅行社、旅游餐饮、旅游购物、旅游文化娱乐、旅游厕所、“一日游”及周边旅游管理、旅游安全保险以及景区景点、宾馆饭店、导游员等规范管理等 20 多项创优内容进行了先期检查，认为襄樊市工作扎实，成效显著，决定将襄樊市的验收时间从 2002 年 9 月提前到 5 月。2002 年 5 月，国家旅游局党组成员、纪检组长王军带领国家旅游局有关司室负责人对襄樊市创建中国优秀旅游城市进行检查验收。检查验收依照《中国优秀旅游城市检查标准(试行)》，采取现场检查和查阅资料相结合的方式进行。在检查验收中，检查验收组从旅游经济发展水平、旅游产业定位与规模、旅游业投入与政策支持等 20 个方面，对襄樊市“创优”情况进行检查评估，量化打分。经过检查评估，国家旅游局创优验收工作小组认为襄樊市完全达到中国优秀旅游城市所规定的地级市标准，确定襄樊市入围第三批中国优秀旅游城市。2003 年 12 月，国家旅游局正式发文，批准襄樊市为第三批中国优秀旅游城市。2004 年 1 月 8 日，在河南郑州召开的全国旅游工作会议上，国务院副总理吴仪亲自为襄樊市代表授予“中国优秀旅游城市”牌匾，标志着襄樊市历经 4 年的“举全市之力，创建中国优秀旅游城市”的努力，取得重要成果，实现了“高分入围，一次成功”的创优目标。

（十）旅游协会

2004 年 9 月 24 日，襄樊市旅游协会正式成立，协会包括 100 家会员单位。协会一致推举副市长胡水华为名誉会长，选举市旅游局局长刘智勇为会长，同时还选出 34 名常务理事和 92 名理事。

二、旅游资源开发

襄樊市是中国历史文化名城，旅游资源丰富，文物古迹众多，其中国家级重点文物保护单位 4 处、国家森林公园 3 处。“七五”“八五”期间，主要工作是保护、恢复、扩充、完善原有的景区、景点。1993 年，根据市委、市政府关于开展“识名城、爱襄樊、迎节会”的宣传活动，抓住国家旅游局’93 中国山水风光游和首届襄樊市诸葛亮文化节的契机，市旅游事业管理局举办襄樊市第一次“十佳旅游景观”的评选工作。通过群众投票的方法，评选出古隆中、水镜庄、炎帝神农故里、承恩寺、曾侯乙墓、米公祠、襄阳城、鹿门山、大洪山、蜡海王国等十佳旅游景观。评选活动在社会上引起强烈的反响，激发广大市民认识襄樊、热爱襄樊、建设襄樊的热情和积极性，受到各界的好评。

“九五”“十五”期间，由于各级党委和政府的重视，社会各界积极性的提高，襄樊市旅游资源开发进入一个新的阶段。市政府从 1999 年开始，每年从地方财政中拿出 100 万元作为全市旅游景区景点开发建设的启动资金，推动开发建设的步伐。各县市区都加大了资金投入，加强开发力度。在进一步完善、建设原有景区景点的同时，各地还开发建设一批新的旅游景区景点。截至 2002 年年底，省旅游局命名的“湖北省优秀旅游县区”有 3 个：保康县、谷城县、南漳县；“湖北省旅游明星乡镇”3 个：谷城县南河镇、南漳县薛坪镇、保康县后坪镇；市旅游局命名的“襄樊市旅游明星乡镇”2 个：南漳县板桥镇、枣阳市熊集镇。2004 年，为了树立襄樊市旅游景区景点的品牌形象，市旅游局、市社科联联合开展襄樊“十佳山水”评选活动。经过群众投票、专家评定，古隆中、鹿门山、熊河、香水河、鱼泉河、龙王峡、五道峡、九路寨、薤山、南河被评为襄樊十佳山水景区。

根据国家旅游局关于《旅游景区（点）质量等级评定办法》，经市、县旅游局初评、推荐，省旅游局审核，国家旅游局批准，至 2005 年，襄樊市共拥有 A 级景区 15 家其中，AAAA 级 1 家、AAA 级 4 家、AA 级 7 家、A 级 3 家。

（一）景区景点

1.襄阳城

1986 年，国务院公布襄樊市为全国历史文化名城，襄阳城是其核心内容。据北魏郦道元《水经注》记载：“垒城在县北，城北枕沔水（汉水），即襄阳之故城也。”城墙始筑于汉，一面靠山，三面环水，布局严谨，形势险要，自古誉为“铁打的襄阳”，为历代兵家必争之地。东晋咸和五年（330 年），后赵石勒将城折毁，晋末整修。唐宋时改为砖城，增设垛堞，加建城楼。宋咸淳三年（1267 年）忽必烈派军攻打襄阳，城墙遭到蒙古军“回回炮”的攻击，不少城段被毁。明洪武年间（1368—1398 年）重筑，并在城

图 15—1 襄阳城

的东北角新筑一段城墙，名为新城。新中国成立后，城垣经过多次维修，是全国至今保存比较完好的古城之一。襄阳城全城周长 7.4 千米，墙体高约 10 米，原有城门 6 座：阳春、文昌、西成、临汉、拱宸、震华。现仅存临汉、拱宸、震华 3 座城门。在临汉门上，尚保留一座始建于唐代、重筑于清的重檐歇山式城楼，维修后基本完好。改革开放后，市政府又投入大量资金，对古城内外的文物古迹进行了全面的修复、完善，使襄阳城以全新的面貌展现于世人的面前。

护城河：襄阳护城河平均宽度 180 米，最宽处250米，是全国最宽的护城河，有“华夏第一城池”之称。过去部分河段阻塞，水质污染。20世纪90年代后，逐步疏浚河道，清洁水源，沿河广植花草树木，修建荟园、阳春门公园和西门外亲水平台，成为人们休憩游览的好去处。

图 15—2 护城河

夫人城：襄阳城西北角有段城外城，临汉水，雄伟壮观，上书“夫人城”三个苍劲有力的大字。方志记载，晋孝武帝宁康年间（373—375 年），梁州刺史朱序镇守襄阳。公元 378 年，前秦苻坚率兵攻打襄阳。守将朱序之母韩夫人一日巡城，见城西北角墙体单薄，便率女仆和城中妇女连夜筑墙御敌。后人将这段城墙誉为“夫人城”，以纪念这位巾帼英雄。

图 15—3 夫人城

昭明台：南梁昭明太子萧统生于襄阳，母为襄阳人，其弟萧纲镇守襄阳时曾命庾肩吾等人抄撰典籍，其地曰“高斋”，又称“文选楼”。明代改称“昭明楼”，清代顺治时定名为“昭明台”，原楼屡建屡毁。1993 年，市政府投资复建，为跨街式层楼建筑，现为市博物馆。同时，还连同建筑长达千米的仿古北街，两边为仿明清式的建筑，是我国最长的一条仿古步行街。

图 15— 4 昭明台

仲宣楼：王粲字仲宣，山东高平人，“建安七子”之一。汉献帝初平四年（193 年），因避董卓之乱南下襄阳投靠刘表，至建安十三年(208 年)依附曹操。王粲在襄阳 15 年未被重用，郁郁不得志，一腔愤懑化为《登楼赋》这一千古绝唱。后人在襄阳城东南角建“仲宣楼”以为纪念。明代王世贞曾作《仲宣楼记》。原楼早毁。1993 年,市政府在仿照原魁星楼的基础上,复建“仲宣楼”。

图 15—5 仲宣楼

绿影壁：在襄阳城内东南隅，为明代襄阳王朱瞻善府前照壁,至今 500 多年。壁高 7.1 米,长 25.1 米,厚 1.7 米,用绿矾石为壁,白矾石镶边,故名绿影壁。壁上共雕龙 99 条,气韵生动,精美绝伦,与北京北海九龙壁、山西大同九龙壁,堪称我国照壁三绝。明末闯王李自成攻克襄阳后,曾在此登基称王，离开时一把大火烧掉明王府,只留下照壁未毁。

图 15—6 襄阳王府

图 15—7 绿影壁

马跃檀溪处：位于襄阳城西南1.5千米处的真武山北麓。东汉末年,刘备投靠刘表，但为刘表后妻及妻弟蔡瑁所不容。建安十一年（206 年），蔡瑁等人举办“鸿门宴”，要杀刘备。刘备察觉，逃出西门，为檀溪所阻。危急中，刘备大呼：“的卢，的卢，今日危矣，可努力！”乘马受惊一跃，越过檀溪。现石上留下两个马蹄形深坑，传说此即马跃檀溪处。历代骚人墨客多有咏诵。唐代胡曾诗咏“三月襄阳绿草齐,王孙相引跳檀溪。的卢何处埋龙骨,流水依前绕大堤。”

图 15—8 檀溪

李曾伯纪功铭:又称襄樊铭、大宋碑。位于襄阳城西南 1.5 千米处真武山北麓石壁上,记录大宋淳祐十一年（1251 年）李曾伯受命收复襄樊的业绩。铭文为阴刻楷书,字迹工整,苍劲有力,是历史记录,也是书法艺术珍品。

2.古隆中

古隆中地处襄阳城西 13 千米的隆山之麓，是诸葛亮的栖隐处。1800 多年前，杰出的政治家、军事家诸葛亮在此“躬耕陇亩”，“三顾茅庐”“隆中对策”的故事就发生在这里。诸葛亮（181—234 年）字孔明，琅琊阳都（今山东沂南）人，汉兴平二年（195 年）随叔父诸葛玄投靠荆州牧刘表，随后在隆中躬耕苦读 10 年。在世界汉文化圈内，诸葛亮历来被人们视为“智慧化身”和“为人师表”。他的政治、军事思想和“鞠躬尽瘁，死而后已”的献身精神，一直受到中外人士的尊敬与推崇。自晋永兴中（304—306 年）镇南将军刘弘与参军李兴“至隆中，观亮故宅，立碣表闾”后，历代都有人到此树碑建祠，逐渐形成三顾堂、六角井、躬耕田、老龙洞、抱膝石、半月溪、梁父岩、小虹桥、古柏亭、野云庵等隆中十景。1986 年，国家旅游局拨款 100 万元先后修复隆中书院、诸葛草庐、吟啸山庄等景点。近年来又筹款修建腾龙阁、珍稀植物园，拓宽了道路，整治了周边环境。1993 年被评为襄樊市十佳旅游景观；1994 年，国务院公布古隆中为国家重点风景名胜区，面积扩大到 209 平方公里；1996 年，国务院公布为国家重点文物保护单位；2000 年后，国家旅游局定为置之国家 AAAA 级景区，1996 年评为湖北省十佳旅游景区；2004 年被评为襄樊市十佳山水。

图 15—9　六角井

图 15—10　三顾堂

3.水镜庄—水镜湖

水镜庄位于南漳县城郊玉溪山麓，为汉末名士司马徽栖隐之地。司马徽道号水镜，故名。司马徽（？—208 年）字德操，颍川阳翟（今河南禹县）人，汉末避难荆州（襄阳）20 余年，与襄阳名士庞德公交往甚密。庞德公对诸葛亮、庞统、司马徽三人的评价是：“诸葛孔明为卧龙，庞士元为凤雏，司马德操为水镜。”司马徽一生中最为后人传诵的功绩就是知人善举，向刘备推荐诸葛亮和庞统，引起“三顾茅庐”“隆中对策”的故事。司马徽和水镜庄也因此名声大振，流传千古。水镜庄原有头天门、二天门、水镜祠、白马洞等古迹。庄门外立有一座清代乾隆初年的石碑，上刻“汉水镜先生栖隐处”。

图 15—11　水镜庄

山腰还有一栋乾隆七年（1742 年）的水镜门楼，为两层飞檐楼阁。新中国成立后水镜庄经过多次修缮。1986 年后，又逐步修复荐贤堂、草庐等建筑，打通白马洞后洞，直通“神迷谷”，取名通天门，还新建三公祠、望漳亭等景点，并与水镜湖组成一个大的景区，成为古隆中风景名胜区的组成部分。1993 年被评为襄樊十佳旅游景观，2000 年成为国家 AAA 级景区，2004 年被评为襄樊市十佳山水。

4.广德寺

广德寺与古隆中毗邻，原名云居禅寺，始建于唐贞观年间。明景泰年间(1450—1456 年)重建。明弘治时（1488—1505 年），大云和尚捐金重修，改名广德寺。现存天王殿、藏经楼、多宝佛塔、僧侣房舍和部分碑刻。其中，多宝佛塔尤为珍贵，是全国仅存的 3 座印度式佛塔之一，为全国重点文物保护单位。在多宝佛塔旁边，有一棵数人合抱的古银杏树，已有 1000 多年的树龄，即有名的大将军树。明代嘉靖年间，此树死后 3 年复生，明世宗皇帝为感树之德，封树为“大将军”；清代康熙皇帝再次赐封为“护法尊”。

图 15—12　广德寺多宝佛塔

5.米公祠

米公祠濒临汉水，与夫人城隔江相望，是为纪念我国北宋著名书画家米芾而修建的祠宇。米芾(1051—1107 年)字元章，别号鹿门居士、襄阳漫士，祖籍山西太原，后迁居襄阳，人称米襄阳、米南宫，最后定居润州，又称吴人。米芾书法用笔俊迈，史有“风墙阵马，沉着痛快”之称，与苏轼、黄庭坚、蔡襄合称北宋四大家。清代著名书画家刘墉诗赞：“晋代风流去不回，米颠笔挽一分来。褚虞习气销除尽，桃李丛中见岭梅。”米公祠原名米家庵，始建于元代，历代屡建屡毁。现存米公祠主体部分为清代同治年间兴建的，主要有拜殿、宝晋斋、仰高堂、碑廊、洁亭、九华楼、洗墨池等。光绪元年(1875 年)，文渊阁大学士襄阳人单懋谦为祠宇题写了“米公祠”门额。祠内现有米氏父子书法石刻 39 块，黄庭坚、蔡襄、赵子昂等书法名家石刻 8 块，还收集米芾部分书画原作、论著和法帖，极为珍贵，是国内收藏较为丰富的馆藏。

图 15—13　米公祠

6.习家池

习家池位于襄阳城南 5 千米的凤凰山南麓，是东汉襄阳侯习郁的私家园林。习郁，字文通，曾拜侍中，大鸿卢，并封襄阳侯。东汉建武年间(25—56 年)，习郁依照春秋末越国大夫范蠡养鱼的方法，在凤凰山下筑一长 60 步、宽 40 步的土

图 15—14　习家池

坝,引山上的泉水进池养鱼。林、亭、阁,浑然一体,景色迷人。西晋永嘉年间(307—312 年),镇南将军山简镇守襄阳时,常来此饮酒,醉后自呼“高阳酒徒”,故习家池又名“高阳池”。唐代诗人孟浩然曾感叹:“当昔襄阳雄盛时,山公常醉习家池。”东晋时,习郁后裔、著名史学家习凿齿在此临池读书、著史,留下《汉晋春秋》等名著,远播于世,习家池因此更负盛名。晋以后,习家池一度荒废。此后历代多有修建。1956 年,省政府曾拨款维修。1957 年,襄樊市再次将房舍、碑刻等修葺一新,现存白马泉、养鱼池和水上亭台等景点。

7.真武山

真武山原名龟山,又名九宫山,位于襄阳城西南 1 千米处。宋元以前,山上原建有佛寺建峰寺。明永乐十年(1412 年),明成祖朱棣降谕修建武当山宫观。“管运武当山琉璃诸物”的大小船数以万计,停泊在真武山下的汉江中。“时风涛大作,倾之祥光数见,水天一色,咸谓元帝(真武大帝)显应”,于是在山上修建真武观。明崇祯末年,道观被毁。清顺治年间,又在真武上重建真武殿、娘娘殿、老君殿等百余间,号称鄂西北“小金顶”。在传统习惯中,朝湖北武当山,首先要到真武山给真武大帝上表章。《太岳太和山纪略》记述:“真武观……在襄阳府城西南二里,谒太和(武当山太和宫)者必先奏表于此。”直到 20 世纪中期,真武山香火仍然十分兴旺。“文化大革命”中道观被毁。1994 年,市政府决定恢复真武山道观,真武山道观第一期工程祖师殿、圣公圣母殿、钟楼、鼓楼现已基本建成,常年香客不断。每年农历初一、十五为上合日,三月三日为真武大帝诞辰日,九月九日为真武大帝成道日,朝拜香客多达数万人。

图 15—15　真武山

8.鱼梁洲

鱼梁洲又名玉良洲,传说是炎帝神农氏妹妹玉良的居留地,为襄阳城东汉水中的一座洲岛,面积现约 20 平方千米。洲上水绿沙明,鸟语花香,景色优美,是襄樊市区的一处“世外桃源”。汉唐以来,常有名人、达贵来此隐居、游憩。《水经注》载:“沔水(汉水古名)中有鱼梁洲,庞德公所居。”汉末荆州牧刘表曾在洲上建造了一座气势恢宏的“呼鹰台”。《水经注》记载:“表性好鹰,尝登此台,歌《野鹰来曲》,其声韵似孟达《上堵吟》。”唐代著名诗人孟浩然、张九龄、王维、皮日休、皇甫冉等时常登洲游憩,留下“鱼梁渡头争渡喧”“汉之广矣中有洲,洲如月兮水环流”等优美诗句。鱼梁洲地理位置优越,文化内涵丰富,极具旅游开发价值。1991 年市政府批准建立“襄樊市鱼梁洲旅游开发中心”,负责开发鱼梁洲。

图 15—16　鱼梁洲

9.襄樊汽车试车场

图 15—17　襄樊汽车试车场

试车场全称是“国家汽车质量监督检验中心(襄樊)汽车试验场”,位于襄樊市高新工业区,是目前国内设施最完善,技术手段最先进的汽车试验场,占地面积 1.67 平方千米,建有 30 公里长的试验跑道及完善的配套试验辅助设施,试验道路和设施按照英国汽车工业研究协会(MIRA)提供的技术设计建造,能够满足国内外汽车法规试验、定型试验、研究性试验、产品开发试验的技术要求。2002 年竣工的二期工程提供更加适合乘用车的试验道路和设施。距离襄樊 90 千米处的山区试验路段,全长 48 千米,全程弯道 158 个,途中翻越海拔 613.7 米的黄化岭和海拔 921.7 米的司空山。襄樊汽车试验场气势宏大,环境优美,已开放为有组织的参观旅游,是襄樊市最大的现代工业旅游项目。

10.鹿门山

图 15—18　鹿门山

鹿门山原名苏岭山,在襄阳城东南 15 千米的襄阳县东津镇境内。方志记载:东汉光武帝刘秀与侍中习郁游苏岭山时,同时在梦中遇见苏岭山神。光武帝遂命习郁于建武年间(25—56 年),修建祠宇,刻二鹿夹于道口,百姓称之为鹿门庙,后山以寺名。鹿门寺兴盛时,有佛殿、斋堂 500 余间,传说须“骑马关山门”,可见其壮阔。汉末襄阳名士庞德公不受刘表多次筵请,携家人隐居鹿门山,采药不返。唐代诗人孟浩然官场失意后,幽居鹿门山,吟咏山水。晚唐诗人皮日休因对政治上的污浊不满,亦到鹿门山隐居。时人称诵:“鹿门高士傲帝王”。鹿门寺历代多经损毁,仅存庞公制药洞、暴雨池、龙头池及宋、明、清碑刻百余块。1992 年开始大规模重建,逐步修建牌坊、大殿、三高祠、浩然亭、望江亭等。重建后的鹿门山,重现鹿门山昔日的风采,20 平方千米的山泉古树,无处不景。1993 年被评为襄樊市十佳旅游景观,1994 年已辟为国家森林公园,2000 年定为国家 AAA 级景区,2004 年被评为襄樊市十佳山水。

11.白水寺

图 15—19　白水寺

白水寺在枣阳市南 20 千米的狮子山上,是为纪念东汉光武帝刘秀所建的祠宇,庄重古朴,环境优雅。刘秀出生在山下的白水村,是汉高祖刘邦的第八世孙,在位期间推进改革,恢复民生,是颇有“政绩”的。而且,在作风上刘秀与刘邦也是大不相同的。刘邦衣锦还乡时踌躇满志,尽力炫耀,高唱“大风起兮去飞扬,威加海内兮归故乡,安得猛士兮守四方”。而刘秀登位后回乡时则是修园庙、问农桑，体察民情民意，历代文人墨客对此多有评点。汉末建安才子曹植认为，刘秀是优于刘邦的。清代诗人罗世材的一首七绝对此也有委婉的表达：“群雄扫尽故乡过，丰沛南阳较若何？诸母故人前置酒，不曾学唱大风歌。”白水寺原名白水禅林，历代多有毁建。1990 年后进行大规模的复建，现有刘秀殿、娘娘殿、兵器殿、白水碑廊、花卉园林等景点。复建后的白水寺园林，更加雄伟壮观，古朴典雅，颇具帝王气象。

图 15—20　雕龙碑遗址

12.雕龙碑遗址

1990—1992 年，中国科学院考古研究所在枣阳市鹿头镇北 3 公里武庄村，发掘一处距今约6000 年的原始氏族聚落遗址，出土大批生产生活器物。遗址保存完整，内容丰富，形式独特。不少器物是同时代其他遗址所没有的。特别是几幢类似现代单元套房并配有推拉门的房屋遗址，令人叫绝。其中一幢由 2 个套间、2 个隔间的大型多间式的住房房基，面积达 200 平方米。地是类似现代水泥地面，墙是木骨、黏土烧制结构，门是推拉式的房门。整座房屋设计精巧，布局合理，结构坚固。这在我国是首次发现，在世界上也是绝无仅有的。遗址已被列为国家重点文物保护单位。人们在参观这处远古祖先生息遗址时，不仅可以了解远古先人的生产生活状况，发思古之幽情，而且一种强烈的民族自豪感也会油然而生。

图 15—21　白竹园寺

13.白竹园寺

白竹园寺国家森林公园位于枣阳市新市镇内，方圆 29 平方千米。境内茂林修竹，山奇石险，森林覆盖率高达 88%，景色十分优美，现有两座水库、八大峡谷、竹园禅林、牛心石、贞节井、玉皇顶、观音洞、莲花盆、保安寨等 30 多处景点。白竹园寺又称竹园禅寺，始建于东汉建武年间，距今有 1900 多年历史，虽屡遭损毁，仍留有佛祖大殿、石雕塑像、塔林、碑文、古井、古桥等文物。观音洞内，菩萨端坐莲台，面带微笑，庄严肃穆，形象逼真。1996 年，白竹园寺进行了大规模的旅游开发，修复了原有的大殿、配殿、塔林、山门、整修了道路、周围环境，已成为枣阳市一处重要景区，国家森林公园。

图 15—22　唐梓山

14.唐梓山

唐梓山又名唐城山，位于枣阳市北 5 千米处，面积约 4 平方千米。《后汉书·逸民传》记载，唐梓山为名儒高风曾授业和栖隐处。唐代始成为道教圣地。据史料记载,唐高宗年间(650—683 年)在唐梓山修建祖师殿,为枣阳最早道观,明清两代各重修 4 次。每次修建的规模不一样,供奉的对象也不一样。最早祖师殿供奉北方玄上玉辰天尊,即真武祖师塑像。明代祖师殿分前、中、后三殿,供奉祖师是在唐梓山修行达 12 年之久的明代开国皇帝朱元璋的孙子朱建文。传说建文帝被燕王朱棣逼退后逃到唐梓山修炼,为玄天上帝真武祖师。现残存的明代碑文记载:明永乐十二年(1414 年)孟秋月降龙凤圣旨碑于唐梓山。清代祖师殿规模宏大,有三道寨墙,房屋 500 余间,共有祖师殿、娘娘殿、灵官殿,供奉对象有圣公圣母、道德护法神、关圣帝君、赵公元帅等神灵。唐梓山道教在河南、湖北有广泛的信众,每年阴历三月初七总有 15 万—20 万的香客和游人。

15.熊河

熊河风景区位于枣阳市熊河镇境内,始建于 1997 年,是湖北省第四批省级风景名胜区和襄樊市十佳山水景区,面积约 60 平方千米,包括青龙山景区、花果山景区、婴源山景区、婴水湖景区、野果沟景区。境内湖光山色古朴幽深,自然景观十分迷人。历史人文资源也非常丰富。位于梁家山的婴源店古县城遗址,始建于北魏时期,历史上为商贾云集、人丁兴旺之地。庄园半岛上的霸王殿遗址,是东汉开国元勋舞阳侯岑彭起事之地。岑彭字君然,为光武中兴十二星宿之一,一生随刘秀东征西讨,战功卓著。死后家乡百姓为他建造一座“霸王殿”,以作纪念。抗日战争时期爱国将领张自忠、解放战争时期老一辈革命家李先念、陶铸等曾转战于此。熊河风景名胜区每年接待国内游客达 50 多万人次。

16.楚皇城

楚皇城位于宜城市 7.5 千米的郑集镇皇城村,为春秋时楚国的都城,现为全国重点文物保护单位。皇城东临汉水,西傍蛮河,遗址面积 2.2 平方千米,保存完好。四周现存高大巍峨的土筑城墙和城门,东南转角突显处为烽火台。登临其上,瞭望全城,透过紫禁城、跑马堤、散金坡、白龙池、金银冢等遗迹,仍可想见当年楚都宫殿嵯峨、市井交错的繁华景象。城址内地下文物十分丰富。近年来出土有西周晚期的铜方壶、大型铜车、金币“郢爰”以及陶鬲、陶鼎等,这些精美绝伦的历史文物,既向今人展示楚国先民的聪明智慧,也是研究楚国历史文化的珍贵实物资料。泱泱楚国的沧桑变迁,为历代骚人墨客缅怀、嗟叹,唐代大诗人韩愈的一首绝句颇多感慨:“丘坟满目衣冠尽,城阙连云草树荒。犹有国人怀旧德,一间茅屋祭昭王。”

图 15—23 楚皇城遗址

图 15—24 张自忠将军纪念馆

17.张自忠将军纪念馆

张自忠将军纪念馆简称张馆,坐落在宜城市烈士陵园内,1991 年建成。张自忠字荩忱,山东临清人。1940 年 4 月中旬,日军进犯襄樊地区。张自忠时任国民党第五战区右翼兵团总指挥兼 33 集团军总司令,亲自率军与日寇激战 8 天 8 夜,于 5

月16日殉国于宜城长山，时年49岁。张将军牺牲后，中共领袖毛泽东、周恩来、朱德和国民党上层人物蒋介石、冯玉祥等分别题写挽词，表示哀悼。民政部于1982年4月16日追认张自忠将军为革命烈士。1991年建立张自忠将军纪念馆。纪念馆门楼两侧的花岗岩石上分别镌刻着毛泽东、蒋中正当年题写的挽词“尽忠报国”“英烈千秋”。王任重题写的“张自忠将军纪念馆”的匾额，悬挂在门楼上方。馆内以红色为主调，象征烈士的鲜血染就。两侧碑廊有20座石碑，仿刻着著名人士题写的挽词手迹。

18.李宗仁纪念馆

李宗仁纪念馆坐落在老河口市内北京路上，全称是“李宗仁第五战区司令长官部旧址纪念馆”。李宗仁字德龄，曾任中华民国副总统、代总统，是中国现代历史上的著名人物。抗日战争时期，李宗仁担任国民革命政府军事委员会第五战区司令长官。在指挥著名的台儿庄战役后，于1939年将第五战区司令长官部转迁至老河口。自此，李宗仁将军在老河口指挥鄂、豫、皖三省军民抗御日寇达6年之久，留下大批历史遗迹和珍贵的文史资料。现在，除第五战区司令长官部旧址和李宗仁故居外，还存有不少遗址，如中山堂、德龄厅、抗日将士阵亡纪念碑，李宗仁题书的“中山公园”、白崇禧题书的“清真寺”等。当时，中共一大批革命文艺工作者，如胡绳、张光年、臧克家、姚雪垠等，也都汇聚在老河口。他们以文艺作武器，积极参加抗日战争，留下丰富的历史资料。这些珍贵的文献资料如今也都保存在纪念馆内。

图15—25　李宗仁纪念馆

19.梨花湖

梨花湖风景名胜区位于老河口市区西部，总面积约300平方千米。主要景区有汉水庄园、国防教育基地、孟桥川、汉江观景度假村、王甫洲生态农业观光园、百花山等。梨花湖是由投资20亿元，于2000年建成的汉江王甫洲水利枢纽工程蓄水而形成的，面积达42平方千米，是梨花湖风景名胜区的主体景区。这个月牙形的大平湖西望莽莽青山峻岭，东傍婉约多姿的古城，梨花环绕，梨香弥漫，风光秀丽迷人。老河口市围绕这一湖碧水，已建成了滨江广场、百里水果走廊等城市人文景观，春天，梨花似雪；秋日，梨果飘香，梨花湖风景名胜区已达到人与自然的和谐统一，极大地改善老河口市的生态环境，成为老河口市一道靓丽的自然生态景观。

图15—26　梨花湖

20.承恩寺

承恩寺位于谷城县茨河镇五朵山之阴。这里峰峦环拱，静谧幽深，是全国少有的古老佛寺，被列入《中国佛教百大名寺》，也是隆中风景名胜区的组成部分。该寺始建于隋，初名宝岩禅寺，唐改名广德寺，元末被毁。明永乐十九年（1421 年）重修，明正统八年（1443 年）处于鼎盛时期，清代多次维修。现有大雄宝殿、天王殿、钟楼等庙宇 75 间。1984 年成立文管所，并对现存文物进行全面维修，并已对外开放。寺内除有神奇的泉水、珍贵的文物、独特的风光之外，另有狮峰烟云、龙池丹桂、牛池夜月、玉带神象、钟楼万铜、襄王玉碣、长桥锁风、金山鹤舞等 8 大景点。特别令人惊奇的是钟楼上悬挂着一座高 8 尺、重达 5000 多公斤的铜钟。《谷城县志》记载，此钟为明英宗所赐，至今已有 500 多年的历史。钟身铸有龙纹和梵文，制作十分精美。钟声宏亮，悠扬远播数十里，久久不息。1993 年，承恩寺被评为襄樊市十佳旅游景观。

图 15—27　承恩寺

21.南河小三峡

南河发源于神农架林区。1980 年，在距谷城县城关 23 千米处的南河胡家渡建起水电站，雄伟的大坝，将河谷蓄成平湖，与两岸奇峰秀岭交相辉映，其景色神似举世闻名长江三峡，故人称“南河小三峡”。湖面纵深 20 多千米，主要景点有“粉水澄清”“文龙书院”“五龙山”“黄龙洞”“香炉石”“温泉”等。近年来，又开发了“桃花溪”等新景点。五龙山形似五龙，海拔 1000 多米，奇险壮观。相传真武大帝曾在此修炼。至今在山上天池宫的小金顶扶栏遗迹尚存，留下一幅石刻对联尚能辨认：“无去无来，煌煌玉座临金殿；不生不灭，灿灿霞光照玉轩”。南河温泉常年水温 39℃左右，泉水含硫和硒等多种微量元素，对人体有明显的保健功效。2000 年，南河镇被评为首届“湖北省旅游明星乡镇”，2004 年南河被评为襄樊市十佳山水，2005 年南河小三峡风景区被评为国家 AAA 级景区。

图 15—28　南河小三峡

22.薤山

“大薤峰高竹影孤，青堆螺髻接虚无。凌空不许红尘到，一幅烟岚入画图。”这是清代诗人安庭松赞美薤山的一首七绝，颇为传神。薤山位于谷城县城关 46 千米处，主峰女儿峰海拔 1099.3 米，森林覆盖率达 93%，古木参天，浓荫曳地。谷城县志记载：薤山“雄伟耸秀，直插云霄，峰峦环峙，林壑森郁，四时佳木苍翠”。由于独特的地理位置，高度的森林覆盖率，薤山气候宜人，空气清新，夏季平均气温为 22℃，人称“中国南避暑山庄”。清同治年间（1862—1874 年），英国、挪威等国的传教士纷纷

图 15—29　薤山

到此避暑，建有西式别墅50多幢，现保存完好的尚有10幢。抗日战争时期，国民党第五战区司令长官李宗仁也到此避暑，感受薤山是“别有一番天地”。薤山历史悠久，宋元时期这里有玄女庙、龙圣宫；清代白莲教领袖王聪儿在这里抗击过清军。国内大革命时期，贺龙、柳直荀带领红军在此创建过革命根据地。近几十年来，薤山开辟了万亩杉林、千亩茶园、十里杜鹃。1994年，薤山被批准为国家森林公园，2001年被省政府批准为首家省级旅游度假区，2004年被国家旅游局评为国家AAA级景区，同年被评为襄樊市十佳山水。

23.玉印岩

玉印岩又名抱璞岩、抱玉岩，位于南漳县西南部。《天顺襄郡志·山川》记载：“荆山在县（南漳）西南三百里，即禹贡南条荆山，有石室，相传卞和得玉璞于此。”玉印岩系一天然石质岩溶洞，地处南条荆山之下，悬岩峭壁，松柏环绕。《韩非子·和氏》《史记·廉颇蔺相如列传》记载，春秋时，楚人卞和在荆山中得一璞玉，三献楚王，两次断足，后由楚文王命人剖开，果得宝玉，遂命名为“和氏璧”，成为天下共传之宝。后来“和氏璧”传到赵国，秦始皇以15城池换取此壁，命李斯刻书“受命于天，既寿永昌”八字，作为传国玉玺。近年来，在玉印岩前修建了游龙花墙，在南面巡检镇塑造了卞和献玉雕像，供游人凭吊怀念。

图15—30　玉印岩

24.七里山

七里山森林公园位于南漳县城北部15千米处，是隆中风景名胜区重要景区之一，面积约为26 200亩，森林覆盖率达92%，有“森林浴”、灵观寺、桃花谷、狮子山、五龙寺等五大景区。园内碑刻等古迹众多，天然泉眼密集，奇峰怪石、林木葱茏，是荆山生态旅游重要景区之一。园内还有很多国家保护的动植物。有的参天古木树龄高达100—300年。珍贵的药用植物100余种，其中包括天麻、灵芝、何首乌等。近年来，还开发了听涛亭、万寿谷、神鹰探穴、神龟拜月等10多处新的景区景点。南漳县委县政府把七里山森林公园建设纳入了荆山生态旅游开发的重点地区，先后投入了100多万元，兴建了景区门牌坊和野营休闲屋，改造七里山庄，拓宽通道，完善各种配套设施，使七里山这个“天然氧吧”更加迷人。

25.香水河

香水河风景区位于南漳县薛坪镇境内，面积110平方千米，分为香水河、普陀庵、甘景洞、般若寺、三景庄5大景区。由于地处荆山腹地，这里山体高大峻拔，峡谷曲折幽深，植被浓郁斑斓。香水河峡谷尤具代表性。游人进入峡谷后，仿佛进入一个童话世界。由于落差较大，河谷水流湍急，瀑布飞奔。逆流而上，满目花树掩映，色彩缤纷；耳闻莺啼鸟语，飞瀑流泉，一片世外桃源景象。尤其是上游的七彩瀑，景色绝美。此瀑高约80米，由5股清泉汇集而成。从早上7点40分至下午1点，瀑布喷出的水花在阳光照射下，放出七色光彩，而

图15—31　香水河

且随着时间的推移，色彩不断变换，就像夜空中七彩纷呈的节日礼花。顺流而下，有一线天、三叠瀑、珍珠潭、鳄鱼岛、雄鹰瀑等景点，各具特色，相互映衬。峡谷周围还有天坑、古洞、石林、天生桥等独特的景观。现在，香水河已成为A级景区，2004年被评为襄樊市十佳山水。

26.龙王峡

龙王峡是漳河流经南漳县肖堰镇的一段峡谷，距县城55千米。大峡谷实际上是7000万年前由于地壳运动而形成的裂缝，两岸千峰对峙、原始静谧、景色绝佳。在峭壁和峰顶上，还分布有古庙、古寨、古营盘、古驿道等人文景观和瀑布、溶洞、火山口等自然景观。在8千米的河道中，激流险滩和水平如镜的湖面相互交错，河道时而狭窄，时而开阔，既有伸手可触的浅滩，又有阶梯形的瀑布，是漂流的精彩河段。根据漂流河道的惊险刺激程度，共分6级，从1级到6级惊险程度渐次递增。龙王峡在8公里的河流河段中，落差达到60多米，十多处急流险滩几乎都属于4级漂流河段。乘橡皮艇顺流而下，避巨石、绕暗礁、冲激流，惊险刺激，其乐无穷，被人称为"荆山第一漂"。2004年评为襄樊市十佳山水。

图 15—32 龙王峡

27.鱼泉河

在荆山深处，还有一项独具特色的漂流项目——鱼泉河漂流。鱼泉河流经南漳县城西北19千米的李庙镇，是一处理想的漂流河段。鱼泉河因雷雨时鱼泉洞涌出大批石鱼而得名。2001年以来，先后开发了急流漂流、极限飞降、滑草、彩弹搏击多种项目。漂流自古佛洞顺流而至鱼泉洞，全程6.3千米。坐上橡皮筏，沿着激流而下，沿途秀美山色扑面而来，应接不暇。两岸还有古佛洞、挽鱼沟、黄龙洞瀑布等众多景点。鱼泉河飞降位于月牙谷悬崖上，飞降跨越整个峡谷，垂直高差43米，钢缆长度197米，具有高度紧张、高度刺激、高度惊险的特点，整个飞降过程需30秒左右。欢乐谷滑草场，是省内首家引进国际先进设施，将绿色生态旅游、休闲旅游、极限运动完美结合在一起。游人脚穿草鞋、手持滑草杖、风驰电掣于郁郁葱葱的草坡滑道上，寻找自己童年的快乐。2004年，鱼泉河被评为襄樊市十佳山水。

图 15—33 鱼泉河

28.九路寨

九路寨风景区地处保康县西南边境，地跨歇马、马良两个乡镇，与宜昌市兴山县接壤，平均海拔1200多米，最高海拔1426米，总面积90多平方千米，有9条"一夫当关，万夫莫开"的崎岖险峻小道盘旋入寨，故名九路寨。境内岩溶地貌奇异、原始森林浩瀚、峡谷溪瀑壮观、生态资源丰富，景点达100

多处。其中,特品级资源5处,优良级资源34处,最具代表性的有黄龙洞、霸王河、青龙观、象鼻山、佛祖瀑、钻天洞、将军峰、天马山、锣鼓寨等景区,是十分难得的自然遗产,属华中地区罕见高品位的大型生态旅游区。2004年,九路寨风景区被评为襄樊市十佳山水。

图15—34 九路寨

29.五道峡

五道峡风景区位于保康县城南22千米处,总面积1667公顷,其中原始森林1335公顷,是一处天造奇境。景区大门上的一副对联对峡谷景色作了生动的写照:"崖上寨寨上崖云飞崖上;洞中瀑瀑中洞龙卧洞中"。五道峡全长7千米,谷底碧水中流,两岸群峰高耸,终年云蒸雾绕,变化莫测;最窄处,两边峭壁犹如刀砍斧劈一般,仅露一线云天。而五道峡最为诱人之处则是它的原始、古朴的纯洁美、野性美、朦胧美,峡中到处是密密匝匝的原始森林和次生林,加上飞瀑流泉、怪石幽洞,形成一种混沌初开的奇特、幽险、神秘的氛围。这里由于大气和水源未受污染,空气中细菌含量很少,被称为"空气维生素"的空气负离子的浓度为城市中的千倍以上,所以,一年四季空气清新,恬静自然。游人进入峡谷之后,定会心旷神怡,杂念全消,在不知不觉之中,把整个身心投入到大自然而融为一体,达到一种天人合一、返璞归真的境界。2001年,五道峡风景区被评为国家级AA级景区,2004年,被评为襄樊市十佳山水。

图15—35 五道峡

30.汤池峡温泉

汤池峡温泉位于保康县城南17千米,景区面积6平方千米,峡中群峰拥翠,幽深秀逸,自然环境优美。经国家地质矿产部门勘察测定,汤池峡温泉源自地下深循环温泉河床,日流量3500立方米,常年水温39.5℃,服务期限至少300年以上。水质理化指标优于天然矿泉水国家标准(GB8537—1995),属于天然非硫矿泉水,含有锶、锂、溴等多种有益于人体健康的微量元素,享有"华中第一泉"之美誉。常饮此泉,可促进新陈代谢,通经活络,对治疗心血管、高血压、消化系统、泌尿系统疾病,都有一定功效。常浴此水,对各类风湿性关节炎、皮肤病、肥胖症,都有镇病作用。1992年后,温泉已被开发利用,对外开放,已有比较完善的各种洗浴设施。1994年,还引进先进的自动化设备,生产"得玉泉"矿泉水,曾荣获全国食品博览会优质产品金奖、中国国际食品博览会优质饮品奖。

31.锦绣园

锦绣园位于襄樊市城区邓城大道旁,占地面积250亩,是集现代农业科技、生态旅游观光、农业高新技术的开发与运用、科普教育、休闲娱乐为一体的现代都市园林,2004年被国家旅游局命名为首批全国农业旅游示范点。锦绣园是以高新科技武装的设施化、工厂化农业生产基地。2005年园区有美国大棚、法国大棚和日光联栋大棚共56个,并建有现代农业科学技术展示中心和种子培育研究中心。园区分植物观光区、艺术瓜果区、立体滚动花区等,园区大棚采用电脑自动化控制,准确调整棚内通风、温度及湿度,极利于植物的生长与繁殖。

(二)生态旅游景观

襄樊西部荆山地区紧连神农架,在中生代和新生代的地壳运动中,成为稳定的古陆,对植物区系的保存和演化起了决定性的作用,至今保留着很多古老动植物的孑遗,是我国最富有的植物基因库之一。保康、南漳、谷城一带,珍稀植物最为集中。

1.野生蜡梅

蜡梅本名黄梅,别名素儿,并非梅花。宋代王安国还曾写有咏黄梅的诗。因其花色金黄似蜡,后来诗人苏东坡和黄山谷改黄梅为蜡梅。此后,诗人们在咏蜡梅诗中,常常在“蜡”字上大做文章。“蜜蜂底物是生涯,花作餱粮蜡作家;岁晚略无花可采,却将香蜡吐成花。”蜡梅原产我国中部各省,现在多为人工栽培,野生很少。20 世纪 80 年代,在保康县发现连片野生蜡梅,面积达 4000 多公顷,让世界植物学界为之震惊。仅在距县城 20 千米的野花谷中,野生蜡梅就达 800 多公顷,成片纯林 200 公顷,20 多万株,有馨口、黄白、红心、紫蕊、檀香等珍稀品种,大多数有百年以上的生长历史,具有极高的科研价值和观赏价值。每当花开季节,金黄色的花朵一团团、一簇簇俏立枝头,漫山遍野玉洁冰清,幽香阵阵,一片花的海洋,香的世界。1987 年,国家在保康县成立“保康野生蜡梅自然保护区”,1993 年,国家环保局局长曲格平先生亲笔题名“蜡梅王国”。这是中国也是世界上唯一的一处野生蜡梅自然保护区。1993 年被评为襄樊市十佳旅游景观。

2.野生牡丹

牡丹雍容华贵,“百般颜色百般香”,素称“花王”,在我国已有 1400 多年的栽培历史。牡丹的原产地,过去有人笼统地认为在我国的西北部,而且野生的已基本绝迹。近年来,在保康县野花谷,后坪一带发现有 1335 多公顷的大面积、大群落的野生牡丹。1994 年,国际树木学会副主席奥斯蒂博士、德国学者芮克先生和中国林业科学院洪涛教授专程考察后,一致认为,保康野生牡丹就是洛阳、菏泽等地牡丹的祖先。一些地方志书也互为印证。《保康县志》记载,两晋时期,保康境内的荆山主峰建有石佛寺祖师石像,名闻天下,全国各地信徒前来朝拜,并将保康野生牡丹引栽各地,“遍植牡丹日盛于世”。而洛阳方志记载,洛阳牡丹始于隋代,盛于唐宋。所以,保康一带应该是我国牡丹的重要发源地。

图 15—36 野生牡丹

3.古桩紫薇

保康县的古桩紫薇面积大、种类多、花色全,是我国花卉林木中的一绝。2000 年,保康县将城关东坡一处培育苗木的林场,改建为国内唯一一家大型古桩紫薇园林——中华紫薇林,总面积约 200 亩,坡下还建有紫薇生态广场。园内收集了各类紫薇 5 000 多株,其中树龄达 300 年以上的占 40%,最大的有 1 400 年以上。这里的紫薇不仅数量大,品种也十分齐全,分为五个种属,即紫薇、南紫薇、川黔紫薇、小花紫薇、福建紫薇。紫薇花期很长,“谁道花无百日红,紫薇常开半年花”。每年 5 月初,紫薇便开始吐蕊，到7月火红的季节达到最旺。盛花时节，红色、粉红色、浅红色、紫色、红白相间的各色紫薇争奇斗艳，姹紫嫣红，令人陶醉。一直到10月以后，才慢慢凋谢，花期长达数月。

保康中华紫薇林以古桩紫薇为主，辅之以古桩牡丹、古桩蜡梅、女贞、月季，共分为8个景区，分别为凤来仪、静心塘、花神广场、紫薇雅舍、紫薇花溪、牡丹园、穹顶湖、观瀑台，使整个园林集文化广场、生态博览、园艺欣赏、花卉繁育四大功能于一体。2005年已被评为国家AA级景区。

图 15—37　古桩紫薇

（三）非物质文化

荆山地区是荆楚文化的发祥地，不仅存在无数的文物、古迹等物质文化，还有很多千百年来代代相传的、具有楚风楚韵的音乐、舞蹈、习俗等非物质文化。

1.端公舞

端公舞是春秋战国时期楚国巫舞的一种余绪，又称“扛神”“做枯斋”，由巫师跳神、“以娱诸神”逐步发展而成的，至今流传在南漳、保康、谷城等地区。南漳薛坪镇一带的端公舞保存最为完整，包括迎神 、请神、娱神、送神等内容，简的三五场，繁的十六场，每场参加人数6至10人不等。端公舞的法器颇为讲究，主要有扇鼓、钺斧刀、司刀子、八卦旗、令牌、镇坛木、神棍、牛角号等。这些法器在端公舞师手里，有宣示降妖除邪的强大威力。在乐器方面，主要有长号、锣鼓、手鼓之类，合奏起来音域宽广，甚为悲壮。在服饰方面，以红黑色为主色，束红腰带，主坛人载五佛冠和鬼脸壳子，穿深口布鞋。花坛为大方桌，背景为龙凤图腾和日月星辰火。南漳薛坪镇蒋家村的秦家班已祖传七代，现有成员6人。班子里最年轻的是32岁的秦大武，年龄最大的是其叔父秦大壮，已70多岁了，已面临后继乏人的状况，亟待整理保护。

2.漳沮巫音

楚国的先人们，以其浪漫的气质和奔放的才华，在音乐方面创造了辉煌的成就，不仅涌现伯牙、钟子期等古代的音乐大师，还创造了十二个半音符的音程，说明楚国先民们的音乐成就，在春秋战国的列国中是领先的，也独步于世界。“漳沮巫音”正是楚国华丽音乐的余调。巫音是吹打乐，乐器主要有长号、唢呐、锣鼓钹察等。常见的吹打乐都相当劲爆，而漳沮巫音则不同，声音幽暗而深远，听着似呜咽，却哀而不伤，穿越数千年而不泯灭。现在，每年春节庙会，襄樊市各地的巫音班子齐聚樊城广场，跟打擂台一样相互比较技艺，亮出各家的独门绝活，热闹非凡。楚国先人们的美妙华章，在新的时代又将焕发青春。

3.薅草锣鼓

薅草锣鼓是楚国先民们在劳作中自娱自乐歌唱形式的一种遗风。为了减轻疲劳、协调动作，人们在田间地头，合着劳动的节奏，敲锣打鼓，歌唱助兴，使繁重的体力活变得轻松愉悦、有滋有味。南漳保康一带的薅草锣鼓是一种即兴艺术，除了开头结尾有固定的唱词，中间部分是随意创作，但必须用方言演唱。“天上雾气腾腾，地下宰相衙门；前面扯旗放炮，后面收兵回营。”演唱时“九腔十八调”，形式火爆,诙谐风趣,是劳动中的欢乐,也是对劳动的赞歌。

(四)节庆与民俗庙会

1.诸葛亮文化节

1993 年 10 月,襄樊市举办第一届“中国湖北襄樊诸葛亮文化节”和“1993 中国历史文化名城会襄樊年会”。节会期间,共接待全国各地的与会代表、游人和客商 10 多万人次,达成经贸协议 2 亿多元。2002 年 9 月 13—17 日,襄樊市举办第二届“中国湖北襄樊诸葛亮文化节暨中西部经贸洽谈会旅游交易会”。来自北京、上海、海南、广东、湖南、贵州等 13 个省、市的 40 多家旅行社、景区、饭店负责人以及各地游人和客商,共计 11.35 万人次,实现旅游总收入约 5080 多万元。

2.梨花节

老河口的梨花湖风景区,遍植梨树。每年 3 月,春回大地,梨花湖四周千朵万机梨花开,漫天遍野,一片皆白,景色令人陶醉。从 1999 年起,老河口年年都举办“梨花节”,吸引大量省内外、海内外的游人和客商前来旅游,进行经贸活动,“梨花为媒,经贸唱戏”,收到良好的效果。

3.穿天节

襄阳正月二十一日谓之“穿天节”,源自郑交甫游汉江遇二神女赐珠神话故事。实际上应该是襄樊市的“旅游节”。庄季裕《各地岁时风俗》记载:“交甫解佩之日,郡中移会汉水之滨,倾城自万山泛绿舟而下。妇女于滩中求小白石有孔可穿者,以色线贯之,悬插于首,以为得子之祥。”穿天节这一民俗活动多年不断。

4.真武山庙会

真武山庙会历史很久。每年农历正月初一、十五为上合日,三月初三为真武大帝诞辰日,九月初九为真武大帝成道日,上山香客和游客达数万人,仅门票收入就达 150 多万元。

5.白水寺庙会

枣阳市白水寺庙会每年三月过后,鄂、豫两省的香客和游人相拥而至,盛况空前,人数达 10 多万,时间长达一周至 10 多天,收入 300 多万元。

6.唐梓山庙会

枣阳唐梓山庙会为每年农历三月初七,鄂、豫两省的信众和游人达数万人,收入 20 多万元。

7.春节庙会

襄樊市各县、市、区每年都有春节、端午节等各种庙会。

三、旅游企业与服务

2005 年,襄樊市旅游企业就业人员约为 2 万多人,社会旅游间接从业人员约 15 万多人。全年共接待海内外旅游者 626 万人次，旅游总收入为 28.7 亿元。

（一）旅行社

1986 年，襄樊市只有一家旅行社——中国国际旅行社襄樊支社、襄樊市中国旅行社，两块牌子、一个班子。到 2005 年，襄樊市旅行社达 36 家，其中国际旅行社一家（见表 15—2）。

2005 年襄樊市（县、区）旅行社一览

表 15—2

单 位	类 别	电 话	地 址
铁路国际旅行社	国内	3028288	襄樊市前进路 49 号
火车站旅行社	国内	3025847	襄樊市前进路 38 号
晨阳旅行社	国内	3434722	襄樊市鱼梁洲明珠路一洲花园
职工旅行社	国内	3239021	襄樊市春园路 23 号
航空旅行社	国内	3550305	襄樊市荆州街 73 号
快乐之旅旅行社	国内	3075899	襄樊市长虹路银都宾馆内
中旅假日旅行社	国内	3275800	襄樊市建华路 18 号
京铁旅行社	国内	3811908	襄樊市前进路 54 号
交通神怡旅行社	国内	3230704	襄樊市建华路 1 号
公交畅通旅行社	国内	3210711	襄樊市前进路 103 号
首佳旅行社	国内	3703089	襄樊炮铺街 1 号
交通旅行社	国内	3452595	襄樊市大庆西路 24 号
浪漫之旅旅行社	国内	3013767	襄樊市长征路 118 号
开心假期旅行社	国内	3220889	襄樊市前进路 152 号
汉江风情旅行社	国内	3278033	襄樊市前进路 123 号
车行社	国内	3398971	汽车产业开发区建行六楼
车友旅行社	国内	3456822	汽车产业开发区建行十楼
新财苑旅行社	国内	3461686	襄樊市长征路 110 号
襄阳安达旅行社	国内	2815506	襄樊市航空路 8 号
校园旅行社	国内	3230731	襄樊市建新路 192 号
天舒旅行社	国内	3258111	襄樊市长虹路 43 号
心之旅旅行社	国内	3011113	襄樊市前进路 154 号
金色假期旅行社	国内	3264287	襄樊市长虹路 162 号
龙之旅旅行社	国内	3481464	襄樊市长征路 37 号
阳光之旅旅行社	国内	3483300	襄樊市长征路 76 号
好风日旅行社	国内	3818362	襄樊市长虹路 44 号
华航旅行社	国内	3224757	襄樊市前进路 229 号
青年旅行社	国内	3444955	襄樊市定中街 129 号
天马行旅行社	国内	3611222	襄樊市襄城新街 7 号
谷城阳光旅行社	国内	7230889	谷城县世纪广场
南漳神州旅行社	国内	5243268	南漳县水镜路 308 号
老河口市牵手旅行社	国内	8227072	老河口市委党校学员楼 1008 室

续表

单位	类别	电话	地址
华洋堂旅行社	国内	3442799	襄樊市长征路140号
假日旅行社	国内	3233300	襄樊市宾馆4号楼内
指点江山旅行社	国内	3600448	南湖宾馆4号楼内
保康旅行社	国内	5817201	保康县城关镇清溪路二招

1.铁路国际旅行社

铁路国际旅行社成立于1995年,是襄樊市第一家从事国际和国内旅游业务的旅行社,为股份制有限责任公司。主要经营范围:铁路客运延伸服务、旅游专列归口代理、代售车船票、旅游信息咨询、国内旅游服务和出入境旅游服务。2000年,该社率先组织湖北省第一趟港澳专列,后又陆续开行北京夕阳红、上海、青岛夏令营,成都九寨沟、昆明、厦门、武夷山等专列。社内导游被评为湖北省"十佳普通话导游""十佳英语导游",为本地游、出境游、休闲游、商务会议提供全方位服务,连续多年被评为"湖北省十佳旅行社""全国国内旅游百强旅行社"。

2.襄樊中旅假日旅行社

襄樊中旅假日旅行社为股份制有限责任公司,隶属于湖北省中旅集团,整体实力雄厚,服务功能齐全,并拥有一支业务精通、工作干练的专业组团和接待队伍,全心服务、全情投入,为各界人士提供可靠、周到、规范的全方位旅游服务,2002—2004年曾荣获"守合同重信用"单位。襄樊中旅假日旅行社自成立以来,有着组织职工疗养活动的丰富经验。2002年至今成功组织襄樊电信分公司、襄樊车桥厂、航空610所、襄樊移动通讯公司等十几个单位的职工到云南大理、西双版纳、成都九寨沟、山东半岛、辽宁大连、甘肃新疆丝绸之路、海南、桂林等地疗养活动,服务质量得到了广大疗养职工的高度赞扬。

3.襄樊航空旅行社

襄樊航空旅行社为股份制有限责任公司,以三国文化旅游线路为主体,以道教圣地武当山、原始森林神农架以及长江三峡作为本地旅游接待为主打产品。公司自成立以来,成功开行北京、成都、青岛、厦门、长沙、桂林、凤凰等地旅游专列及昆明、大连、海南等地旅游包机,拥有经验丰富的外联人员及一批训练有素的导游人员,与航空、铁路、宾馆等有关部门建立良好的合作关系,并与全国各地的旅行商建立广泛的联系。

(二)星级饭店

1992年,襄樊市成立第一家二星级饭店,1993年成立第一家三星级酒店。到2005年,全市共有星级饭店42家,共有客房3607间,床位7142张(见表15—3)。

2005 年襄樊市星级饭店一览

表 15—3

星级	店名	电话	地址
★★★★	汉江国际大酒店	3276666	襄樊市建华路 37 号
★★★★	荣华国际大酒店	2822222	襄阳区荣华路 2 号
★★★	铁路大酒店	3220043	襄樊市前进路 46 号
★★★	银都宾馆	3221518	襄樊市长虹路 34 号
★★★	金城大酒店	3220031	襄樊市前进路 352 号
★★★	长虹大酒店	3263814	襄樊市长虹路 112 号
★★★	南湖宾馆	3600006	襄樊市胜利街 2 号
★★★	南山宾馆	3552554	襄樊市檀溪路 93 号
★★★	红宝石大酒店	2829888	襄阳区航空路 98 号
★★★	丽原国际饭店	2829999	襄阳区航空路 87 号
★★★	风神宾馆	3829298	襄樊市前进路 36 号
★★★	谷城县谷城宾馆	7232451	谷城县县府街 45 号
★★★	枣阳福隆大酒店	6222222	枣阳市沿河东路 6 号
★★★	宜城宾馆	4212644	宜城市北街 27 号
★★	邮电宾馆	3212878	襄樊市前进路 111 号
★★	八一宾馆	3804360	襄樊市春园路 10 号
★★	邓城神农园	3344186	襄樊市高新区邓城大道
★★	银苑宾馆	3441121	襄樊市丹江路 28 号
★★	友谊宾馆	3405401	襄樊市大庆东路 30 号
★★	金都大酒店	3552883	襄樊市檀溪路 105 号
★★	米公饭店	3454007	襄樊市建设路 1 号
★★	醉仙居宾馆	3155559	襄樊市人民西路 58 号
★★	五七一三招待所	3224757	襄樊市前进路 229 号
★★	百洋大酒店	3456200	襄樊市长征路 140 号
★★	宜城宜兴大酒店	4212340	宜城市襄沙大道 68 号
★★	枣阳市枣阳宾馆	6223793	枣阳市阳河路 21 号
★★	老河口宾馆	8221163	老河口市胜利路 77 号
★★	谷城银盛大酒店	7232488	谷城县筑阳路 68 号
★★	南漳金桥宾馆	5242300	南漳县花园街 2 号
★★	南漳县南漳宾馆	5232493	南漳县万山街 29 号
★★	南漳洁云大酒店	5233484	南漳县便河北路 44 号
★★	水镜湖度假村酒店	5332640	南漳县水镜路 798—1 号
★★	保康县金城宾馆	5813384	保康县城关镇东沟路 1 号
★★	保康县烟草宾馆	5813572	保康县城关镇清溪路 101 号
★★	保康县保康宾馆	5812365	保康县东街 112 号
★★	保康县银河宾馆	5817788	保康县城关镇光千路 33 号
★★	保康县温泉宾馆	5831010	保康县城关镇陈家河村
★	凤雏大厦	3513768	襄樊市陵园路 1 号
★	谷城汉江游乐宫	7518505	谷城县冷集镇汉江游乐宫
★	谷城县银城宾馆	7234488	谷城县冷集镇县府西街 58 号
★	保康县财培宾馆	5711317	保康县沿河西路 29 号
★	保康县电信宾馆	5710257	保康县东沟路

1.汉江国际大酒店

汉江国际大酒店位于樊城区建华路37号。拥有各类客房,特设有残疾人专用房、无烟楼层、行政楼层、总统套房等。内设宽带网络终端、电子保险箱、卫星及闭路电视、VOD点播等现代化商务设施。酒店提供各种形式的会议服务,配有先进的同声传译系统。中餐宴会厅内粤、鄂、川菜美味佳肴俱全。田园风格的西式餐厅、纯正西食、精致西饼、地道佳酿。14间豪华KTV包房精致典雅、富丽堂皇,尽展现代文明和异域风情。

2.荣华国际大酒店

荣华国际大酒店是华中地区首家日式皇家园林广场花园和集餐饮、客房、会议、商务、休闲、娱乐、购物、旅游观光为一体的"一站式"完全服务型E时代电子商务酒店。酒店有能容纳230人的客房和11栋风格各异的花园式主题别墅;有可容纳400人的宴会大厅和29间豪华包厢;有设备先进的各种不同形式的会议室;有设施俱全的康体娱乐中心。

3.铁路大酒店

铁路大酒店面对火车站、毗邻长途汽车站,地理位置优越,是鄂西北首家三星级涉外饭店。酒店拥有各类客房194间(套),大小不同的会议室和风格各异的餐厅,位于15楼的月光旋转西餐厅,可以在品尝正宗西餐的同时,一览古城风貌。银河歌舞厅、中国城桑拿中心、咖啡厅是宾馆娱乐、休息和商务洽谈的理想场所。襄樊市首家保龄球馆——银河保龄球馆,采用韩国DACOS设备,可为中外宾客提供健康文明的娱乐健康服务。酒店还可提供美容美发、健身、传真、复印、打字、电子商务、预售火车票和飞机票等各种服务。铁路大酒店自1993年4月28日开业至今,以强烈的敬业精神,科学严格的管理,优质的服务占领了市场。连续几年被评为"湖北省十佳旅游饭店",并被省贸易厅授予"湖北省优秀风味名店"的称号。

4.南湖宾馆

南湖宾馆位于襄阳羊祜山麓、护城河边,依山傍水,环境优雅,是襄樊市目前规模最大、环境最美的园林庭院式大型三星级饭店,始建于1985年,占地面积21万平方米,多次接待过党和国家领导人及外国贵宾、友人和许多知名人士,有襄樊的"钓鱼台"之美誉。宾馆拥有1、2、3、4号楼及各种类型的客房、豪华套房、总统套房;各种类型会议室及大型宴会厅、西式宴会厅、日式餐厅,还有各具特色的KTV餐厅;宾馆各种功能及娱乐设施齐全,拥有豪华歌舞厅、网球场、桌球室、乒乓球室、美容美发厅、商场、商务中心、酒吧、咖啡屋、室内游泳馆、高档健身房等,随时提供完善优质的服务。

5.谷城宾馆

谷城宾馆位于县城中心繁华地段,是鄂西北地区较具规模的现代化三星级饭店。建筑面积1万多平方米,拥有标准客房、豪华套房、行政套房共108间。还设有可容纳300人的多功能会议厅、学术报告厅及贵宾接待室,可举办各种规模的会议、学术交流、大型宴会及庆典活动。

6.宜城市宜兴大酒店

宜兴大酒店是一座12层楼的三星级酒店,酒店内有标准客房88套(间),风格各异的会议室和会客厅4个,豪华典雅的宴会厅、KTV酒廊包房6个,功能齐全的康乐宫、夜总会、桑拿浴、美容美发、温州松骨、电球游戏厅。并设有中央空调、程控电话、闭路电视等现代化设施和商务中心、购物中心等配套设施,是一座集食、宿、行、购、娱为一体的三星级酒店。

7.南漳七彩山庄

七彩山庄位于南漳县香水河景区，占地面积18 000平方米，其中，停车场面积3500平方米。山庄依山就势，采用古典园林建筑艺术，具有徽派建筑风格，与香水河景区相得益彰，营造人与自然和谐相处的居住环境，是理想的避暑胜地。山庄共有标准客房55套，其中园林庭院式标准间26套，普通标准间29套；山庄设有大小会议室及餐厅，可一次接待300人就餐。餐厅常年备有山野菜、香熏肉、土鸡、土豆、香菇、木耳等绿色食品供游人品尝。

8.保康县保康宾馆

保康宾馆有中、高档客房76套，床位187个，有大小会议室5个，安装有闭路电视、空调设备等，24小时热水供应。舒适的贵宾厅、大餐厅可供250人同时用膳。

9.老河口市商务宾馆

老河口商务宾馆是老河口市唯一的家集住宿、餐饮、娱乐为一体的星级宾馆，建筑面积达4000多平方米，内有50余间商务客房，装修现代，所有客房配置商务网络一点通，信息便利，服务周到；有装饰典雅精致的餐厅，配备精通中国各大菜系的厨师队伍，精心研制烹调出各层次消费的，具有家常风味的美味佳肴供您品尝；另有格调豪华大气的KTV包厢，“一条龙”服务。

10.枣阳市枣阳宾馆

枣阳宾馆坐落在市区中心的繁华地段，餐饮、住宿、娱乐等各种设备、设备齐全，能够接待500人以上的大型团队，提供鄂、粤菜肴以及各种名优风味小吃和送餐服务；歌舞厅、KTV包房格调优雅，音乐一流；会议中心拥有大、中、小不同规格的会议室，为会务、商务活动提供便捷、周到的服务。

（三）旅游交通

襄樊市由于地处南北要冲，自古交通发达，“七省通衢”。新中国成立后，特别是改革开放以来，交通事业迅速发展，为旅游业的发展提供了可靠的前提和保障。

1.航空

襄樊市有刘集机场和老河口机场2座二级机场，已开通北京、上海、广州、西安、福州、深圳等地的定期航班，可起降波音737等大型客机。

2.铁路

有3条铁路(汉丹铁路、襄渝铁路、焦柳铁路)经过襄樊市。

3.公路

襄樊市有国道2条：207国道、316国道；高速公路3条：汉十高速、襄荆高速、樊魏高速。

有专业运输车队。其中湖北神州运业集团旅游客运公司，是经襄樊市旅游、交通主管部门批准成立的全市首家专业旅游客运公司。公司拥有大、中、小豪华旅游车40辆，可为旅游团队、社会团体、机关、企事业单位提供专用的用车服务。

(四)旅游线路

襄樊市与周边城市和地区都有旅游协作关系。在市区周围主要推行3条旅游精品线路。

1.古三国文化旅游线

古隆中(牌坊、躬耕田、小虹桥、武侯祠、三顾堂、诸葛草庐、老龙洞)——水镜庄——襄阳古城(襄王府、昭明台、北街、夫人城、临汉门、护城河、仲宣楼)——米公祠——鱼梁洲——鹿门山。

2.荆山生态旅游线

水镜庄——水镜湖——香水河——龙王峡——野花谷——五道峡——汤池峡温泉——九路寨——南河小三峡——薤山——古隆中。

3.名城访古线

古隆中——岘山(真武山、习家池)——襄阳古城(夫人城、照明台、襄王府、仲宣楼)——米公祠——邓城遗址——白水寺——雕龙碑古文化聚落遗址——鹿门山——楚皇城遗址。

4.周边旅游景区景点旅游线路

一日游:襄樊——明显陵(钟楼)
襄樊——雕龙碑古文化遗址(枣阳)——炎帝神农故里(随州)
二日游:襄樊——武当山
襄樊——石人山(平顶山)
三日游:襄樊——西安
襄樊——洛阳(少林寺)
襄樊——武当山——汉中
四日游:襄樊——(南漳)(保康)神农架
襄樊——(当阳)(宜昌)三峡
襄樊——张家界

(五)旅游购物

襄樊市旅游购物中心有鼓楼商场、襄江商场、沃尔玛购物广场、武商襄樊购物中心、华洋堂百货、银泰百货等大型购物中心多处。

1.孔明菜

孔明菜俗称咸菜、大头菜是一种芥菜。相传东汉末年,诸葛亮隐居隆中时精心研制的。到了近代,不少地方,尤其是盛产芥菜的襄樊地区,出现许多有名的酱园场(手工作坊),加工制作这种“大头菜”。腌制后的芥菜呈黄褐色,甘咸适中,香而微酸,脆嫩可口,生吃、妙吃均可,切丝与肉丝共炒,其味更美。

2.金刚酥

金刚酥在襄樊一带已有一二百年的历史,著名的陶记金刚酥也有60多年了。金刚酥主要原料是面粉、食糖、麻油及少量食碱。发酵后,掺揉制成马蹄形饼,然后放入特制的大烘炉内闷烤4个小时。其色焦黄、香脆、不沾牙齿,落口后,酥口易化。

3.豆腐乳

襄樊豆腐乳以茨河豆腐乳最为有名。茨河加工豆腐乳历史悠久。此产品利用茨河老街生产的新鲜优质豆腐,经过天然腐化发酵,配以精制食盐、辣椒,采用传统秘方,传统工艺加工而成。茨河豆腐乳不同于以王致和为代表的北方豆腐,也不同于南方的桂林等地的豆腐乳,而是用鄂西北传统工艺制作,含有大量人体所需乳酸蛋白,不含任何色素及防腐剂,可开胃健脾,增进健康。

4.根雕

襄樊根雕资源丰富,其艺术创作以天然美为特色,以天然造型为基础,取材于大山中的树根、树桩、树干,用艺术创作于法制作出高档、优美、典雅大方、造型独特、形态各异、寓意深远具有极高收藏价值的根雕艺术作品,深受海内外游客的喜爱。

5.柳编

襄阳柳编已有300多年的历史。柳编的原材料柳条来自天然,是一种无毒、无害、无化学污染的绿色木本植物,符合当今世界追求回归自然的消费潮流。柳编制品以柳条的色白、质柔、光滑、匀称和精湛的编技享誉海内外。经过精心制作的柳编成品材料纯净、美观别致、格调高雅。目前柳编制品由单一的经济实用型向使用观赏型拓展,已经发展到五大类400多个系列3000多个花色品种,其独特的风格和高雅的品位,赢得国内外客商的青睐,畅销美国、英国、德国、加拿大、日本、韩国、澳大利亚等40多个国家和中国香港地区。

(六)特色餐饮

襄樊市的餐饮业在本地原有的菜系基础上,广泛吸收其他地方菜系的特长,形成颇具襄樊特色的餐饮。

1.特色酒家

华悦酒家:是一家民营企业,餐厅为中庭式,装饰豪华,有大型宴会厅,多功能小包厢52间,可同时容纳1200人进餐。华悦酒家提供正宗粤、川、湘、鄂及本地菜,是襄樊市颇具影响的豪华平价餐厅。

新富贵酒轩:位于襄樊市人民路与大庆西路交汇处的永安广场旁,地理位置优越。这里有地道的鄂西北风味菜,朴实的本邦家常菜,麻辣香鲜的四川菜,清新平和的淮扬菜,还有七滋八味的广东菜,真所谓海纳百川、独树一帜。“精品建业,规模造势,多元菜品,人性服务”的经营宗旨尽显新富贵酒轩无限幻化的神韵和魅力。“诚信、优质、周到、立体”的服务准则,请来这里聚朋汇友、饮酒谈茗、尝鲜品羞的人们尽享到富到贵、至尊至醇的感觉。

好福记大酒店:位于长虹路民发世纪新城,地处市区繁华地带,地理位置优越、交通便利。酒店设施齐全,装饰豪华典雅,融中西现代设计风格为一体。好福记大酒店的菜肴风味具地方特色,已经成为襄樊市餐饮界的一颗璀璨的新明球。

2.特色小吃

盘鳝：宜城盘鳝是将未动刀剖肚的豇鲜鳝鱼放入烧燃的铁锅内让其自蹦身亡，除去粘液后，用清水洗净，再入锅放上麻油，微火反复煎之，待鳝鱼由硬变软成卷曲时，放入盐、花椒、姜、蒜、红辣椒丝及麻辣酱等调料，干煸成焦黄色，熟至香气扑鼻，盛盘食之。吃盘鳝，食有诀：用筷夹着头，顺颈去下口，咬断脊梁筋，撕下肠和头，嘴里龙摆尾，连骨咽下喉。从医学上讲，这种食法滋补性大。

黄酒：襄樊黄酒色似乳汁，香气好，味微酸甜，略带酒味，其酒精浓度因加浆稀释，一般只有2—3度。酿制黄酒的原料是糯米，又继承了古老传统的制造方法。黄酒含有大量的蛋白质、脂肪、硫胺素、核黄素，特别是碳水化合物和尼克酸含量，每百克中分别达到78.9克和2.6克，因而这种酒营养价值很高，很适合老年人饮用。黄酒因含有大量糖、氮浸出物，具有相当高的热量，酒精浓度极低，故而一不伤肝，二不伤胃，而且又可以加速体内血液循环，增强骨骼，还有舒筋活血和增进食欲的功能。在日常生活中，还可以将其作为烹调菜肴的味料和鲜腥剂，以及医药上的辅料和药引子。据说系诸葛亮妻子黄月英所创制的"茅庐春"和樊城机坊街酿制的"一二三"黄酒，最为上乘。

凉面：襄樊人有句名言："冬至包面夏至凉面"。凉面也叫麻汁面，是襄樊人夏季最喜爱的主食。因其制作方便，吃起来清凉爽口，已成为襄樊的大众化食品。凉面的吃法，《清稗类钞》中记载："率为白水所煮，将进面时，即有生疏数小蝶，陈于几，日面马。意为前马之导也，而和以调料而加于面。"所谓面马，也叫菜马。有麻汁、食醋、蒜泥、黄瓜丝、胡萝卜菜末、香椿菜末、盐水等。将煮好的面条用冷水淘凉后，盛入碗中，浇上菜马拌匀即成。可根据各人的口味自浇自拌，十分方便。因为襄樊人喜欢吃生蒜，故蒜泥必不可少，再加以食醋，不仅取其味，又可消毒杀菌，实为受大众欢迎的夏令佳食。

牛油面：牛油面是襄樊人最喜欢的早餐，其特点是一辣二麻三鲜，味道可口，回味悠长，久食不厌。很多襄樊人如三天不吃牛油面，就感到口中无味，食欲大减。牛油面做法简单：水开后将面下入锅内，煮开后捞起，加香油凉拌。吃时，撮一把放入搭勺，伸进沸水中冒热，然后加上熬好的牛油，辣子及其他佐料即可。吃牛油面时，再喝一碗襄樊黄酒，惬意而舒服。

清汤：清汤是襄樊人的传统风味小吃，而且是经济快餐品种之一。清汤制作的主料是精粉、猪肉。其特点是：佐料齐全，制作精细，荤汤点碗，皮菁馅嫩，汤鲜味美。

大虾：宜城大虾是20世纪90年代兴起的风味小吃，具有很强的季节性，从入夏开始，到入秋结束。宜城大虾个大肉多，鲜嫩爽口，吃起来一麻二辣三香。吃法可分卤、炒、煮，最好吃的还是卤虾，就是将洗净的大虾干炒，然后放入胡椒、花椒、酱油等各种佐料，猛火卤煮。2005年8月，在襄樊市人民广场举行的首届"中国·湖北·襄樊美食文化节暨烹饪大赛"上，宜城大虾经过专家与群众评比，在众多菜品中脱颖而出，荣获"襄樊名菜"中的首道名菜。2005年11月，"宜城大虾"商标正式获得国家商标局的批复，成为我国首例专门保护大虾类产品的证明商标。

卷十六　财政税务

中共十一届三中全会以后，襄樊市财税以建立公共财政为取向和符合社会主义市场经济要求的税收制度体系，推动市场经济体制的建设、政府职能的转变和各项经济社会事业的健康发展。1979年以来，襄樊市财税历经一系列改革，在管理形式上，突破过去“高度集中、统收统支”的供给型管理模式，跨越过渡性的财政包干制，形成了市对县(市)、区的分税制财税管理体制；在税收调节上，突破了过去受产品经济的影响，过于单一的税制结构，不断拓宽税收渠道，形成了以增值税为主体、消费税和营业税为补充的新型流转税制度。同时，完善所得税制度；在国有企业管理和利润分配上，突破过去将国有企业作为行政机构附属物进行直接管理的模式，确立企业在市场经济中的主体地位，通过税制改革，逐步理顺了国家、地方、企业和职工的分配关系；在财会制度上，改变过去行业和部门设置财务会计制度的做法，实行新的《企业财务通则》和《会计准则》，推行会计委派制，逐步实现了与国际通行的会计制度接轨；在预算编制上，改革传统的单式预算制度，初步实行了由经常性预算和建设性预算相结合的复式预算制度；在财政资金的使用上，全面落实“收支两条线”管理规定，实施政府采购制度，逐步规范支出程序，加强了资金管理和监督，进一步做到了依法理财。1979—2005年，全市财政收入从2.43亿元增加到18.4亿元，增长6.6倍；全市财政支出从1.29亿元增加到49.2亿元，增长37倍。其中，1994年，全市国税收入63 691万元，2005年，增至399 553万元，增长6.27倍；1994年，全市地税收入28 321万元，2005年，增至115 211万元，增长4.06倍，其间年均增长27.89%。

全市财政用于支持地方技术含量高、经济效益好的企业开展技术改造和结构调整资金，用于支持农业和农村经济发展，促进传统农业向现代农业转变资金，用于支持城市供水、煤气、市政、道路、公共交通等基础设施建设资金，用于支持九年义务教育、确保教师工资发放、改善科研条件、科技转化生产力项目和宣传文化建设、促进两个文明建设协调发展等资金，用于支持建立劳动、养老、再就业、医疗和最低生活保障等社会保障制度资金等等，都有大幅度增加。同时，通过落实中央、省、市的一系列财税优惠政策，启动消费，鼓励出口，吸引外资，引进先进技术，促进全市经济建设和各项事业的发展。

一、财政

(一)组织机构

地市合并前襄阳地区财政机构：1979年1月1日，襄阳地区财政机构名为“襄阳地区革委会财政局”，财政局设党支部，隶属襄阳地区革委会党总支，业务隶属湖北省财政厅。1979年1月7日，襄阳地区革委会财政局改称襄阳地区财政局。襄阳地区财政局管辖当时的襄樊市、襄阳县、枣阳县、宜城县、南漳县、光化县、谷城县、保康县、随县，八县一市财政局。机关驻地襄城新街。1979年7月10日，成立襄阳地区财政党组，下设一个机关党支部。1979年11月6日，以光化县的老河口镇设立老河口市，以随县的城关镇设立随州市（两市为县级市），两市分别成立财政局。此时，襄阳地区财政局管辖襄阳、枣阳、宜城、南漳、光化、谷城、保康、随县、随州市、老河口市八县二市财政局。1980 年 8 月 27 日，襄阳地区财政局改称襄阳地区行政公署财政局。1979 年 7 月 10 日，成立襄阳地区财政局党组，1980 年 8 月 27 日，襄阳地区行政公署财政局党组，仍设局党组。

地市合并前襄樊市财政机构：1979 年 1 月 1 日，襄樊市革委会财政局业务仍隶属襄阳地区革委会财政局管理，设局党委，党组织关系隶属市政府财贸办公室党组，局党委直辖一个机关党支部和四个财税所党支部。1979 年 6 月 21 日，襄樊市升级为省辖市，襄樊市财政机构随之升格为正县级机构，不再隶属襄阳地区革委会财政局。名称为襄樊市革命委员会财政局，业务直属湖北省财政厅管理。1981 年 3 月 9 日，襄樊市革委会财政局改称襄樊市财政局。

地市合并后襄樊市财政机构：1983 年 8 月 19 日，经国务院批准，实行市管县体制，撤销襄阳地区建制，襄阳地区和襄樊市合并为襄樊市，将襄阳地区的六县划归襄樊市管辖；撤销随县，并入随州市；撤销光化县，并入老河口市，两市仍为省辖县级市，由襄樊市代管。1983 年 10 月 31 日，根据中共湖北省委办公厅、湖北省人民政府办公厅《关于批复襄樊市市级党政机构改革方案的通知》精神，襄阳地区行政公署及其所属机构和原襄樊市人民政府及其所属机构合并。相应襄阳地区行署财政局（襄阳地区财政局）与原襄樊市财政局合并称襄樊市财政局。原两局业务办公各司其事到年底。1983 年 12 月 14 日，襄樊市委、市政府决定：襄樊市财政、税务、审计机构分设。分设后襄樊市财政局，下设秘书、政工、预算、综合、工业财务管理、商业财务管理、行政文化财务管理、农业财务管理、教育财务管理 9 个科。市财政局设党组，下设 1 个机关党支部，市财政局党组织关系隶属市政府财贸办公室党组，业务隶属省财政厅。管理湖北财经学院湖北省财政厅襄樊函授分站、襄樊市地方投资公司、襄樊市会计事务管理所 3 个单位，管辖襄阳、枣阳、宜城、南漳、谷城、保康 6 个县财政局和襄城、樊东、樊西、市郊区 4 个区财政科，代管随州、老河口 2 两个市财政局。1986 年 1 月 7 日，市委文件通知，成立市财政局党委，同时，撤销市财政局党组。1987 年 8 月 29 日，财政部驻湖北省财政厅襄樊中央企业财政驻厂员组正式成立。1987 年 5 月 11 日，成立中共湖北省中华会计函授学校襄樊分校总支委员会，同年 8 月 20 日，市编委正式批复成立湖北省中华会计函授学校襄樊分校。1987 年 10 月 20 日，成立襄樊市财政干部培训中心。1988 年 8 月 2 日，成立襄樊市控制社会集团购买力办公室，挂靠市财政局。1988 年 8 月 15 日，市人民政府批准成立襄樊市会计局，隶属市财政局管理。同年 9 月 25 日，批准会计局内设办公室、人事管理科、会计制度管理科、会计事务管理科。撤销市财政局内设会计事务管理科，其工作职能交会计局。市财政局所属的会计师事务所改由市会计局领导。1988 年 8 月 15 日，批准成立襄樊市国有资产管理局，12 月 17 日，市编委批复在市国有资产管理局，内设办公室、综合科、工业交通建筑国有资产管理科、农业文教卫行政国有资产管理科四科一室。1993 年 3 月 8 日，汽车产业开发区财政处更名为襄樊市财政局驻襄樊汽车产业经济技术开发区财政分局。同年 6 月 8 日，又成立市财政局驻襄樊市高新技术产业开发区财政分局。两个分局均为市财政局派驻机构，直属市财政局领导。1994 年 6 月、7 月，高新技术和汽车产业开发区管理体制变更，市财政局撤销原派驻机构，并在原派驻机构的基础上分别成立高新技术产业开发区和汽车产业开发区财政局，分别隶属两个开发区管委会领导。1997 年 6 月 9 日，经市机构编制委员会审核，市人民政府批准，印发《襄樊市财政局职能配置、内设机构和人员编制方案》。方案规定，内设办公室、政工科、预算科、基本建设科、综合科、文教行政科、社会保障科、工业交通科、商贸科、农业科、外经科、世界银行科、农业税征收管理科、法规税政科、市人民政府财政税收财务大检查办公室（副县级，简称“三查办”，1999 年 5 月经市编委批准更名“市人民政府财政监督局”，更名后规格、性质不变）、市人民政府控制社会集团购买力办公室（副县级，简称“控购办”）、直属机关党委等 17 个机构。核定市财政局行政编制 58 名，其中局长 1 名，副局长 5 名，纪检组长（派驻）1 名，总会计师 1 名，总经济师 1 名；市“三查办”主任 1 名，市控购办主任 1 名；科级领导职数28名（正科19名、副科9名）。另核定纪检监察派驻机构人员编制4名，后勤服务中心人员编制25名、离退休干部管理科人员编制4名。1998年4月，成立债务管理科，增加科级职数1名。市财政局下辖国资局（办）、农发办2个正县级单位，会计局、直属分局、预算外资金管理局、中华会计函授学校4个副县级单位，共有9个独立核算的二级单位，在册干部职工465名。局内设机构18个，内设机构中控制社会集团购买力办公室（控购办）、财政监督局（三查办）为副县级机构。2001年11月，襄樊市级机构改革，确立市财政局作为市政府主管财政收支、财税政策，管理国有资本金，实施财政监督，参与全市经济调控的综合经济部门。市国有资产管理委员会办公室与市财政局合署办公，不再保留国有资产管理局。财政直属分局、控购办，其职能并入财政局。农业综合开发办公室核定机关事业编制，并入财政局，对外挂牌。保留会计局、财政监督局、预算外资金管理局、市政府采购中心，设立市财务核算中心、市直财政征管中心，均为市财政局管理的副县级事业单位。市财政局内设：办公室、综合科、法规税政科（行政审批科）、预算科、国库科、行政政法科、教科文科、经济建设科、农业科、农业税征收管理科（对外使用农业税征收管理局名称）、社会保障科、企业科、商贸科、金融科、国际科、统计评价科、财产评估科、政府采购办公室、人事科、机关离退休人员工作科、市监察局派驻市财政局监察室等21个科室。

襄樊市（襄阳地区）财政局领导班子成员情况

表16-1

机构		姓名	职务	任职时间
地市合并前襄阳地区财政机构	襄阳地区财政局（党支部）1979.1—1979.7	李景明	支部书记、局长	1979.1.1—1979.7.10
		黄政云	支部副书记、副局长	1979.1.1—1979.7.10
		张明树	支部副书记、副局长	1979.1.1—1979.7.10
		汪兴益	副局长、支部委员	1979.1.1—1979.7.10
		薛步贤	支部委员	1979.1.1—1979.7.10
		车福先	支部委员	1979.1.1—1979.7.10
	襄阳地区财政局(1980.8.27改称襄阳地区行政公署财政局)（党组）1979.7.10—1983.12.14	李景明	党组书记、局长	1979.7.10—1983.12.14
		黄政云	党组副书记、副局长	1979.7.10—1980.9.4
		张明树	党组副书记、副局长	1981.1.14—1983.12.14
		汪兴益	党组副书记、副局长	1981.1.14—1983.12.14
		张明树	副局长、党组成员	1979.7.10—1981.1.14
		汪兴益	副局长、党组成员	1979.7.10—1981.1.14
		梁正明	党组成员	1980.4.22—1980.12.8
		梁正明	副局长、党组成员	1980.12.8—1983.12.14
		王贤英(女)	党组成员	1981.1.14—1983.12.14
地市合并前襄樊市财政机构	襄樊市革委会财政局（1979.1.1未升格，业务隶属襄阳地区财政局——1979.6.21升格，业务隶属湖北省财政厅——1981.3.9改称为襄樊市财政局——1983.12.14地市合并）（党委）	阎帮华	党委书记、局长	1979.1.1—1983.12.14
		朱　泽	副局长、党委委员	1979.1.1 —1983.12.14
		谢贻甫	副局长、党委委员	1979.1.1—1979.6
		李崇鼎	副局长、党委委员	1979.1.1—1983.12.14
		秦裕钧	党委委员	1979.1.1—1983.12.14
		屠长江	党委委员	1979.1.1—1983.12.14
		徐家群	党委委员	1979.1.1—1983.12.14
		阎生安	党委委员	1979.1.1—1983.12.14
		汪兴益	党组书记、局长	1983.12.14—1986.1.7

续表1

机构	姓名	职务	任职时间
襄樊市财政局(党组)(1983.12.14—1986.1.7)	张运浩	党组副书记、副局长	1985.3.27—1986.1.7
	李崇鼎	副局长、党组成员	1983.12.14—1986.1.7
	周诚华	副局长、党组成员	1983.12.14—1985.4.18
	熊汉祥	副局长、党组成员	1983.12.14—1986.1.7
	张运浩	副局长、党组成员	1984.9.13—1985.3.27
	陈义德	副局长、党组成员	1983.12.14—1986.1.7
	王贤英(女)	纪委书记	1983.12.14—1986.1.7
襄樊市财政局(党委)(1986.1.7—1990.3)	汪兴益	党委书记、局长	1986.1.7—1988.12
	熊汉祥	党委书记、局长	1989.3—1990.3
	熊汉祥	党委副书记、副局长	1986.1.7—1986.8.1
	张运浩	党委副书记、副局长	1986.1.7—1990.3
	罗光华	党委副书记	1986.1.7—1986.8
	罗光华	党委副书记、副局长	1986.8.1—1988.11
	李崇鼎	副局长、党委委员	1986.1.7—1989.12.7
	陈义德	副局长、党委委员	1986.1.7—1990.3
	秦新生	副局长、党委委员	1986.7.4—1989.12
	王万清	党委委员	1989.11.21—1989.12.7
	王万清	副局长、党委委员	1989.12.7—1990.3
	王贤英(女)	纪委书记、党委委员	1986.1.7—1989.8.31
	李崇鼎	纪委书记、党委委员	1989.11.20—1990.3
	邵玉华(女,回族)	工会主席、党委委员	1987.4.22—1989.8.31
	邵玉华(女,回族)	工会工委主任、党委委员	1989.8.31—1990.3
襄樊市财政局 (党组)(1990.3—2001.12)	熊汉祥	党组书记、局长	1990.3—1994.6
	王芳玉	党组书记、局长	1994.6—1998.6.29
		市长助理、局长	1998.6.29—1998.8
	马新南	党组书记、局长	1998.8.13—2001.2
		市长助理、党组书记、局长	2001.2—2001.12
	张运浩	党组副书记、副局长	1990.3—1999.5.16
		副局长、国资局(办)党组书记	1999.5.16—2001.12
	陈义德	党组副书记、副局长	1994.6—1999.5.16
		副局长、农发办党组书记	1995.5.16—2000.9
	王万清	党组副书记、副局长、农发办主任	1999.5.16—2001.6
		副局长、党组成员	1990.3—1991.9
		副局长、纪检组长、党组成员	1991.9—1994.6
	李国强	副局长、党组成员	1990.7—2001.12
	马新南	副局长、党组成员	1991.9—1998.8.13
	曾海水	副局长、党组成员	1994.6—2001.12
	杨利华	副局长、党组成员	1996.12—2001.12
	胡颐新	副局长、党组成员	1999.5—2001.12
		总会计师、党组成员	1996.7—1999.5
	王小平	副局长、党组成员	1999.5—2001.12
	曹家均	纪检组长、党组成员	1994.6—2001.12

续表 2

机构	姓名	职务	任职时间
	邵玉华(女,回族)	工会工委主任、党组成员	1990.3—1999.5
	崔溪洲	工会工委主任、党组成员	1999.5—2001.12
	马琦林	总经济师、党组成员	1997.6—2001.12
	刘润英(女)	总会计师、党组成员	1999.5—2001.12
襄樊市财政局(党委)(2001.12—2005.12)	胡颐新	党委书记、局长、国资办主任	2001.12—2005.12
	李国强	党委副书记、副局长	2002.2—2005.5
		党委副书记、副局长、农发办主任	2005.5—2005.12
	崔溪洲	党委副书记、工会主任	2002.2—2005.1
		党委副书记、纪委书记、工会主任	2005.1—2005.12
	曾海水	副局长、党委委员	2002.2—2005.12
	杨利华	副局长、党委委员	2002.2—2005.11
	王小平	副局长、党委委员	2002.2—2005.12
	马琦林	副局长、总经济师、党委委员	2002.2—2005.12
	曹家均	纪委书记、党委委员	2002.2—2004.11
	刘润英(女)	总会计师、党委委员	2002.2—2002.7

(二)财政体制

1979—2005 年,襄樊市财政体制经历了四个变革阶段。1976—1979 年,实行“定收定支,收支挂钩,总额分成,一定一年”的财政管理体制。1980—1993 年,实行“划分收支,分级包干,一定五年”的财政管理体制,俗称“分灶吃饭”的办法。其中,1986—1991 年,实行“划分税种,核定收支,分级包干,收入超基数比例分成”的财政体制;1992 年、1993 年,实行“上交递增包干”的财政体制。1994 年以来,实行分税制财政体制,按照中央与地方政府的事权划分,合理确定各级财政的支出范围;根据事权与财权相结合的原则,将税种统一划分为中央税、地方税和中央地方共享税;并建立中央税收和地方税收体系,设立中央与地方两套税务机构分别征收管理;逐步实行比较规范的中央财政对地方的税收返还和转移支付制度。

1.湖北省对襄樊市财政体制

(1)1986—1993 年财政体制

1986—1991 年,湖北省对襄樊市实行“划分税种,核定收支,分级包干,定额上交,收入超基数比例分成”的财政体制。

划分收入范围。按利改税第二步后的税种设置,划分各级财政收入。属市级固定收入的有:集体企业所得税、农业税、个人所得税、车船使用税、屠宰税、牲畜交易税、集市交易税、契税、国营企业奖金税、城市维护建设税、税款滞纳金和其他收入;尚待开发的城镇土地使用税、印花税、房地产税、车船牌照使用税;电力部分 30%的产品税、二汽在樊企业(从 1991 年起)20%的增值税(归市直),湖北化纤厂 20%的增值税(归襄阳县)(在实际执行过程中,这三项收入并没有作为地方固定收入,而是随体制参与分成)。省与市共享收入有:地方征收的产品税、营业税、增值税、资源税;国营企业所得税,国营企业奖金税；调节税，包干企业收入，计划亏损补贴；外资合资企业的工商税、所得税。

划分支出范围。基本按行政隶属关系划分。属地方财政负担的支出有：地方企业挖潜改造资金，科技三项费用和简易建筑费；支援农业生产支出，地方农林水利事业费；工业、交通、商业部门事业费、文教科学卫生事业费；城市维护费；抚恤和社会救济费，行政管理费，公、检、法、司支出以及其他支出。

核定收支包干基数。收入基数的核定，以 1983 年决算收入为基数，按照上述划分的范围和利改税第二步改革后的收入转移情况计算确定。支出基数的核定，按照 1983 年决算收入数和体制确定的分成比例（其中，补助地区应加上定额补助数额），以及某些调整因素，计算地方应得财力，并以此作为地方的支出包干基数。

确定分成办法。根据核定的收入基数，固定收入和省与襄樊市共享收入加在一起，同财政支出挂钩，襄樊市收大于支，按差额实行定额上交。对收入超过核定基数的部分实行比例分成，省对襄樊市收入基数实行全市算账，市留 60%，交省 40%。

（2）1994—2005 年财政体制

1994 年，省对襄樊市实行分税制财政体制。其主要内容是：① 原财政体制原则上继续运行，该上交的上交，该补贴的补贴。实行新的分税制财政体制后，襄樊市暂改为递增包干上交的体制未变。② 省对地、市、州实行分税制的收支范围划分。按照财权与事权相统一的要求，省与地、市、州支出划分如下：省财政主要承担省级国家机关正常运转所需经费，调整全省国民经济结构，协调地区发展、实施宏观调控所必需的支出以及由省直接管理的事业发展支出。具体包括：省统筹基建支出，省属企业技改资金，企业简易建筑费，省级科技三项费用，大型防汛、抗旱、水利维修和农业发展支出，省负担的行政、公检法、文化、教育、卫生、科学等各项事业费支出以及其他支出。 地、市、州财政主要承担本地区政权机关运转所需支出以及本地区经济、事业发展所需支出。具体包括：地、市、州安排的企业技术资金、科技三项费用、支农支出、城市维护建设经费，由地、市、州负担的行政、公检法和文化、教育、科技、卫生支出。省级固定收入包括：原省级收入挂钩企业增值税总额的 25%，原中央四个部门下划增值税总额的 25%，在各地新办的省直企业的增值税 25%，全省金融保险企业营业税（不含武汉市），省属企业所得税（利润）和计划亏损补贴，省属外商投资企业和外国企业所得税，固定资产投资方向调节税，省级其他收入等。地、市、州固定收入包括：本级企业增值税的 25%，营业税（银行保险营业税除外），本级企业所得税（利润）和计划亏损补贴，外商投资企业和外国企业所得税、个人所得税、房产税、车船使用税。屠宰税、遗产和赠予税、农业税、农业特产税、契税、土地增值税、国有土地有偿转让收入、其他收入等。省与地、市、州共享收入包括：城镇土地使用税按省 70%，地、市、州 30%分享；耕地占用税按省 45%，地、市、州 55%分享；印花税按省 20%，地、市、州 80%分享；教育费附加收入按省 10%，地、市、州 90%分享；资源税省与地、市、州 50%、50%分享；城市维护建设税按省 10%、地、市、州 90%分享。③ 省对地、市、州税收返还数额是以 1993 年为基期年核定。按照 1993 年地、市、州实际收入以及分税制改革和省与地、市、州收入划分情况，核定 1993 年地、市、州净上划省里的收入数额（即中央上收的消费税 + 中央上收的 75%的增值税 = 省上收下划的收入），1993 年净上划省里的收入，全额返还地、市、州保证各地既得财力，并以此作为以后省对地、市、州税收返还基数。1994 年以后，税收返还额在 1993 年基数上逐年递增，中央按全国增值税和消费税的平均增长率的 1 ∶ 0.3 系数返还省后，省再返还给地、市、州。如果 1994 年以后，地、市、州净上划的收入达不到 1993 年基数的，相应扣减税收返还基数。④ 有关省级专款和结算事项的处理。省里拨给地、市、州的各项专款，该下拨的原则上继续下拨，地、市、州承担的 20%出口退税，以 1993 年为基数以及其他结算上解和补助项目相抵后，确定一个数额，作为一般上解或一般补助处理，以后年度按此定额结算。

2002年,根据中央所得税分享改革方案,省进一步调整和完善现行分税制体制。划分省与地、市、州的收入范围,对企业所得税、个人所得税、个人储蓄利息所得税、25%增值税、营业税,实行中央、省与地、市、州分享。并将七种小税的结算政策予以调整。其他财政收入省与地、市、州划分范围不变。其中:企业所得税和个人所得税2002年中央分享50%,省分享20%,地、市、州分享30%;2003年以后中央分享60%,省分享15%,地、市、州分享25%。增值税中央分享75%,省分享8%,地、市、州分享17%。营业税省分享30%,地、市、州分享70%。

2004年,省改革省管市、市管县财政体制,实行省管市县财政体制。预算管理体制、转移支付及专项资金,财政结算、资金报解及调度、债务偿还等直接到县,但对市本级的财政体制未变。

2.省、市对县(市)、区财政体制

1986—1991年,根据省对襄樊市财政体制改革规定,结合本市实际,市对所属县(市)实行"分划税种、核定收支、分级包干、定额上交或定额补贴、收入超基数比例分成"的财政体制。

划分收入范围。县(市)的固定收入有:集体企业所得税、农业税、个人所得税、车船使用税、屠宰税、牲畜交易税、集市交易税、契税、国营企业奖金税、城市维护建设税、税款滞纳金和其他收入;尚待开发的城镇土地使用税、印花税、房地产税、车船牌照使用税;电力部门30%的产品税、湖北化纤厂20%的增值税(归襄阳县)。(在实际执行过程中,这两项收入并没有作为地方固定收入,而是随体制参与分成。)

省与县(市)的共享收入有:地方征收的产品税、营业税、增值税、资源税;国营企业所得税;国营企业奖金税;调节税,包干企业收入,计划亏损补贴;外资合资企业的工商税、所得税。为了不再缩小各县(市)财力,市与各县(市)之间没有增设新的分享收入,各县(市)均只与省共享。

划分支出范围。基本按行政隶属关系划分。属县(市)财政负担的支出有:地方企业挖潜改造资金,科技三项费用和简易建筑费;支援农业生产支出,城市维护费;地方农林水利事业费,工业、交通、商业部门事业费、文教科学卫生事业费,抚恤和社会救济费,行政管理费,公、检、法、司支出以及其他支出。

核定收支包干基数。收入基数的核定,以1983年决算收入为基数,按照上述划分的范围和利改税第二步改革后的收入转移情况计算确定。支出基数的核定,按照1983年决算收入数和体制确定的分成比例(其中补助地区应加上定额补助数额),以及某些调整因素,计算地方应得财力,并以此作为地方的支出包干基数。

确定分成办法。根据核定的收入基数,各地的固定收入和省与各地共享收入加在一起,同各地财政支出挂钩,收大于支的,按差额实行定额上交,支大于收的,按差额实行定额补贴。对于收入超过核定基数的部分实行比例分成。其中:省核定襄樊市除定额上交外,收入基数实行全市算总账,留60%,交40%;市对各县(市)比照省同类型县(市)的办法,对收大于支的襄阳、枣阳、宜城三个平原县实行定额上交,收入超基数留60%,交40%;对收支基本平衡的南漳县实行自收自支;对于支大于收的谷城、保康实行定额补贴。实行后,两种类型的南漳、谷城、保康三个山区县,收入超基数部分全留,超基数上交省40%的部分由市承担。

1988年,中央确定将1987年借款调减20%后进入基数,并把部分税额较小、税源分散的税种划给地方作为固定收入。结合中央采取的措施,省对各地的财政收支基数进行了调整。调整后襄樊市财政收入基数38 807.3万元,财政支出基数17 040.1万元,收大于支21 767.2万元,以此为定额上交基数,收入超基数分成比例不变。收支基数调整后,襄阳、宜城仍为"定额上交、收入超基数比例分成",分成比例不变;南漳、谷城、保康则由"定额补贴、超收全留"变为"定额上交,超收全留"。

1986—1991年,襄樊市财政体制稳定期间,各县(市)的财政体制出现了一些问题。原有的上交县

(市)包袱逐年加重,入不敷出;谷城县、保康县自 1987 年实行“摘帽”后,一直实行自收自支的财政体制,南漳县从 1985 年就实行定额上交,超收全留,随着财力的增长,要向贡献型财政过渡;几年来出现的企业上下划和搬迁的问题,已对部分县(市)的收支基数产生了较大的影响;各县(市)之间体制类型不一致,容易造成苦乐不均。

鉴于上述原因,1992 年襄樊市财政抓住省对市体制调整的机会,对各县(市)、区的财政体制也作了相应调整。其主要内容是:统一体制,各县(市)、区从 1992 年开始一律实行“递增包干上交”的财政体制。统一基数年,以 1991 年作为体制调整的基数年,确定包干上交基数,对原来实行“超基数比例分成”的襄阳、枣阳、宜城、襄城、樊东、樊西、郊区 7 个县(市)、区,均以 1991 年实际体制上交(定额上交和超基数上交)为包干上交基数,对原来不负担超基数上交的南漳、谷城、保康 3 个山区县,以 1991 年市财政代县超基数上交的 20% 部分加上中央借款进基数的数额为包干上交基数。 对于税源上下划和企业搬迁等影响收支基数的因素。此次调整体制时一并考虑。结合各地实际情况,全市确定了 6% 和 7% 两个递增包干上交的比例。体制外的其他财政结算事项,仍按现行有关规定执行。

1994 年,省对襄樊市实行分税制财政体制,市对县(市)、区的财政体制按照省的口径也做了调整。其主要内容:按照财权与事权相统一的要求,省与县(市)、区支出划分。省财政主要承担省级国家机关正常运转所需经费,调整全省国民经济结构,协调地区发展,实施宏观调控所必需的支出,以及由省直接管理的事业发展支出。具体包括:省统筹基建支出,省属企业技改资金,企业简易建筑费,省级科技三项费用,大型防汛,抗旱、水利维修和农业发展等支出,由省负担的行政、公检法和文化、教育、卫生、科学等各项事业费以及其他支出。

县(市)、区财政主要承担本地区政权机关运转所需支出以及本地区经济、事业发展所需支出。具体包括:地、市、州安排的企业技术资金、科技三项费用、支农支出、城市维护建设经费,以及应由县(市)、区负担的行政、公检法和文化、教育、科技、卫生支出。

省与县(市)、区收入划分如下:

省级固定收入包括:原省级收入挂钩企业增值税总额的 25%,原中央四个部门下划增值税总额的 25%,在各地新办的省直企业的增值税 25%,全省金融保险企业营业税(不含武汉市),省属企业所得税(利润)和计划亏损补贴,省属外商投资企业和外国企业所得税,固定资产投资方向调节税,省级其他收入等。

县(市)、区固定收入包括:本级企业增值税的 25%,营业税(银行保险营业税除外),本级企业所得税(利润)和计划亏损补贴,外商投资企业和外国企业所得税、个人所得税、房产税、车船使用税,屠宰税、遗产和赠予税、农业税、农业特产税、契税、土地增值税、国有土地有偿转让收入、其他收入等。

省与县(市)、区共享收入包括:城镇土地使用税按省 70%,县(市)、区 30% 分享;耕地占用税按省 45%,地、市、州 55% 分享;印花税按省 20%,县(市)、区 80% 分享;教育费附加收入按省 10%,县(市)、区 90% 分享;资源税省与县(市)、区 50%、50% 分享;城市维护建设税按省级 10%,县(市)、区 90% 分享。

市对县(市)、区税收返还。市对县(市)、区的税收返还数额,以 1993 年为基期年核定。按照 1993 年县(市)、区实际收入以及分税制改革和市与县(市)、区收入划分情况,核定 1993 年县(市)、区净上划收入数额(即中央上收的消费税 + 中央上收的 75% 的增值税 = 上收下划的收入),1993 年净上划的收入,全额返还县(市)、区,保证各地既得财力,并以此作为以后市对县(市)、区税收返还基数。1994 年以后,税收返还额在 1993 年基数上逐年递增,中央按全国增值税和消费税的平均增长率的 1 : 0.3 系数返还襄樊市后,市再返还给县(市)、区。如果 1994 年以后,县(市)、区净上划的收入达不到 1993 年基数,相应扣减税收返还基数。

有关省级专款和结算事项的处理。省里拨给县(市)、区的各项专款,全部下拨县(市)、区,县

（市）、区承担的20%出口退税，以1993年为基数以及其他结算的上解和补助项目相抵后，确定一个数额作为一般上解或一般补助处理，以后年度按此定额结算。

2002年，根据中央所得税分享改革方案，省进一步调整和完善现行分税制体制，对企业所得税、个人所得税、个人储蓄利息所得税、25%增值税、营业税，实行中央、省与市县分享，并将七种小税的结算政策予以调整，其他财政收入范围不变。市对县（市）财政体制也比照省做了调整，未出台新的政策。主要内容有：

企业所得税。铁路运输、国家邮政、中国工商银行、中国农业银行、中国银行、中国建设银行、国家开发银行、中国进出口银行、中国农业发展银行以及海上石油天然气企业缴纳的企业所得税继续作为中央收入。

中央核定的跨省经营、集中缴库的中央企业，其缴纳的企业所得税由中央与省级按比例分享。2002年分享比例：中央50%、省50%；2003年分享比例：中央60%、省40%；2003年以后年份，视中央对地方分享比例调整情况相应调整。

其他驻湖北省的各级各类企业缴纳的企业所得税，按属地征收，中央、省和县（市）、区按比例分享。2002年，中央分享50%，省分享20%，县（市）、区分享30%；2003年，中央分享60%，省分享15%，县（市）、区分享25%；2003年以后年份，视中央对地方分享比例调整情况相应调整。

个人所得税。国家税务局按《对储蓄存款利息征收个人所得税的实施办法》征收的个人所得税，由中央与省级按比例分享。2002年，中央分享50%，省分享50%；2003年，中央分享60%，省分享40%；2003年以后年份，视中央对地方分享比例调整情况相应调整。

地方税务局按《中华人民共和国个人所得税法》征收的个人所得税，由中央、省、县（市）、区按比例分享。2002年，中央分享50%，省分享20%，县（市）、区分享30%；2003年，中央分享60%，省分享15%，县（市）、区分享25%；2003年以后年份，视中央对地方分享比例调整情况相应调整。

增值税。将原省级增值税全部下放县（市）、区属地征管，国内增值税全部实行中央、省、县（市）、区按比例分享。具体分享比例为：中央分享75%、省分享8%，县（市）、区分享17%。省同时分享相应的税收返还增量。

营业税。将原省级营业税全部下放各县（市）、区属地征管。铁道部缴纳的铁道营业税、各银行总行和保险总公司缴纳的全部金融保险营业税以及其他金融保险企业按超过原5%税率征收的金融保险营业税，继续作为中央收入，全部上缴中央财政。

其他营业税全部为省与县（市）、区分享收入，按比例分别上缴省和县（市）、区财政。具体分享比例为：省分享30%，县（市）、区分享70%。

七个小税种（城市维护建设税、城镇土地使用税、印花税、资源税、固定资产投资方向调节税、耕地占用税和教育费附加），年递增10%上交省财政的结算政策，从2002年起，改为定额上交省财政（武汉市2001年实际入省库数为基数定额上交省财政）。

基数计算。除企业所得税按中央确定的基期年计算外，其他税种都以2001年为基期年，按改革方案确定的分享范围和比例计算，县（市）、区分享的各税种收入，如果小于县（市）、区实际收入，差额部分由省财政作为基数返还县（市）、区；如果大于县（市）、区实际收入，差额部分由县（市）、区作为基数上解省财政。

2004年，省改革省管市、市管县财政体制，实行省管市县财政体制。预算管理体制、转移支付及专项资金，财政结算、资金报解及调度、债务偿还等直接到县。

3.城区财政体制

1983年，地市合并，实行市带县体制，建立襄城、樊东、樊西、郊区四个城区，同时，城区财政应运而生。由于当时条件所限,城区财政尚不完善,区级财政收入由市里统管,财政支出仅包括:行政管理、文教卫生事业费。实行“支出包干,超支不补,结余留用,一定一年”的单位预算管理办法。

1988 年 2 月,为完善城区一级政权,市将原由市财政直接管理的 165 家各类企业税收,下放给四个城区管理,按行政隶属关系,相应把城区负担的支出一并下放,在基本做到财权与事权相统一的基础上,实行“核定收支、分级包干,收入超基数比例分成,短收分担,结余留用,超支不补,一定两年”的财政管理体制。具体内容如下:

区级收入范围:包括各区区属企业和市下划企业的各项工商税和企业收入;由区征收的农业税、契税,个人所得税、车船使用税、屠宰税,集市交易税,牲畜交易税、房产税、税款滞纳金等。

区级财政支出范围:按隶属关系下划给各区的支援农业生产支出,农林水事业费、教育卫生事业费、行政管理费,公、检、法、司支出以及其他支出。

收支基数。区收入基数一律以 1987 年实际征收入库数为基数;支出基数以 1987 年市对区下达的年初支出预算的基数,同时考虑经编委和财政同意的大中专毕业生分配,军队转业干部及正常调入的新增人员经费计算。

收支挂钩及分成办法。按照上述收支范围划分的原则和收支基数确定办法,核定收支基数后,按收大于支的差额部分实行定额上交,收入超基数部分实行二八分成,即:城区分成 20%。市分成 80%;短收部分二八分成,即区分担 20%,市分担 80%,相应扣减包干支出基数。

1988 年年底,结合市对各县(市)的体制调整和各区 10 个多月的收支执行情况,襄樊市将各区体制调整为“划分税种、核定收支,分级包于,定额上交,收入超基数比例分成”。收支基数不变,收入超基数部分市和区分成,襄城区和樊东区实行上交 60%,留成 40%,樊西区和郊区实行 50%、50%分成。为完善城区财政体制,城区财政代理金库于 1988 年同时建立,其中襄城、樊东、樊西由各区工商银行支行代理金库业务,郊区由农行代理。为便于市财政统一调度资金,城区日常财政收入全额上解,并规定城区代理国库没有退库权。这一财政体制一直延续到 1991 年。

1992 年,市对县(市)、区体制调整和 1994 年实行分税制财政体制后,市对城区与县(市)财政体制是一致的。2001 年,城区区划变更,原襄城、樊东、樊西和郊区四个区与原襄阳县划转的欧庙、泥嘴、牛首、太平四个乡镇合并为襄城区、樊城区两个城区,但财政体制未变,财力划转通过财政结算途径解决。

2002 年,襄樊市进一步完善城区管理体制,对现行城区财政体制进行调整,实行“明确范围、分征分管、比例分成、市区分享”的财政体制。

财政收入范围划分。将市区收入划分为市直固定收入、市与城区共享收入和城区固定收入。具体收入范围如下:① 市直固定收入:纳入市集中管理的重点企业实现的各项财政收入,包括:烟草系统、邮电电信系统、电力系统、供水系统、石油系统、铁路系统、武钢集团襄樊长材有限公司、中国航空工业总公司宏伟机械厂、东风重型车轿股份有限公司、襄阳汽车轴承股份有限公司、湖北银河纺织股份有限公司、湖北化纤集团公司、湖北襄棉集团有限责任公司、解放军三五四二厂、襄樊晨鸣铜版纸有限责任公司、文字六〇三厂、湖北中天爱百颗药业有限公司、国营华中制药厂、湖北襄樊发电有限责任公司、市热电厂;东风公司部分企业(含东风汽车股份有限公司、东风电子科技股份有限公司、神龙轿车有限公司襄樊机加工厂、东风汽车电子有限责任公司)等企业全子公司及其控股的公司。这些企业今后通过对外合资合作、股份经营、兼并重组、资产租赁、拍卖出售等产权变动行为派生的企业而产生的税收以及注册地变更后的税收均属市直收入。市集中征管、不宜分清属地的涉外税收、稽查税收、车船税收。市直财政部门直接征收的本级收入,包括农业税、农业特产税、耕地占用税、契税、市级单位缴纳的罚没收入、行政性收费等其他收入。② 城区固定收入:城区财政部门直接征收的本级收入,包括农业四税(农业税、农业特产税、耕地占用税、契税)、区级单位缴纳的罚没收入、行政性收费等其他收入；除市集中管理收入外其他按属地原则缴纳的教育费附加、消费税。③市与区共享收入：国税部门征收的除市集中管理外其他按属地原则缴纳的增值税；地税部门征收的除教育附加费和市集中管理外其他按属地原则缴纳的各项税收。以上财政收入范围划定后，今后市直和城区新增项目增加税收均实行共享。此外，为鼓励各区招商引资、吸引外资的积极性，新增涉外企业税收按谁引进谁受益的原则处理。

共享收入分成比例：国税部门征收的地方25%增值税，市直与城区分别按48∶52的比例分成（即市直12%，城区13%）；上划中央75%部分收入也按此比例分享，计算税收返还。地税部门征收的各项共享税收，市直与城区均按48∶52的比例共享。

财政结算办法：市固定收入征收后直接缴入市金库，区固定收入征收后缴入区代理金库。市与城区共享收入平时缴入区金库，收入规模反映在城区，属于市应分成的财力，年终通过结算办理。中央分税制确定的上划中央收入税收返还的结算，仍维持原办法不变。市财政直接列支的税务部门征收经费，由市、区财政按收入比例共同负担。中央转移支付补助地方财力部分按政策规定足额落实到各城区。从2002年1月1日起，城区新引进的涉外企业税收牧入，平时由市国税局涉外分局征管，集中缴入市国库，经核实后在年终决算时全额予以返还。原体制规定的其他各项结算事项，仍按原办法执行。以后若遇中央、省重大财政政策调整，相应调整市与城区结算政策。城区功能进一步完善后，市下放城区管理的事务所带来的财力分配问题，按照财权与事权相统一的原则，市与城区据实结算。城区征收的教育费附加按属地管理的原则，由城区统筹安排。本次体制调整涉及汽车产业开发区辖区内的部分企业，由此而影响汽车产业开发区的既得利益。

本次城区财政体制调整原则，仅限于市直和襄城、樊城两城区。襄阳区、三个开发区、三个农场及2002年划入襄城、樊城的欧庙、泥咀、太平、牛首四个镇，不在本次体制调整之列。此次调整涉及面较广，市直和襄城、樊城的收入规模将发生较大变化，为稳步推进调整，此次体制暂定两年。

2005年，襄樊市对城区财政体制进一步完善调整。主要包括：调整市、区财政收入范围。在已下放湖北化纤集团和铁路系统税收的基础上，将襄城的卧龙、欧庙和樊城区的太平、牛首四个镇的财政体制与城区并轨，纳入市对城区实行的“明确范围、分征分管、比例分成、市区共享”的财政体制；调整市、区共享收入分成比例。将市直与城区共享收入留成比例由过去的48∶52调整为40∶60；下放财政部门收入征管权限。除市直单位的罚没收入、基金收入、行政性收费、排污费、国有资产经营收益等收入外，其他收入[包括耕地占用税、契税（含房产及土地交易契税）]的征管权限全部下放给城区，作为城区固定收入，实行属地管理；鼓励城区大力开展招商引资工作。按照谁引进，谁受益的原则，对城区新引进的项目所实现的税收，按国家、省现行体制全部留给城区，市级不参与分成；精兵简政，加大财政收支管理改革力度。城区必须坚持开源与节流并举，主动向内使劲，转变观念，精兵简政，大力推进机构和人事制度改革，降低行政运行成本，减少财政供养人员，积极依靠自身努力，切实减轻财政负担，努力改善财政状况。

4.开发区财政体制

经国务院、省政府批准，襄樊市先后建立汽车产业经济技术开发区和高新技术产业开发区。1992年1月21日．省政府批准成立湖北省襄樊汽车产业经济技术开发区管理委员会，明确管委会由襄樊市政府及有关部门负责人组成，受省政府委托对开发区内各项工作实行统一管理。文件第三条规定“开发区的财政体制，应与市带县的财政体制有所区别，具体办法由襄樊市与省财政厅商定。开发区内企业的流转税，应依法纳税，依率计征。留给开发区的部分作为发展基金，实行有偿使用，滚动开发”。1992年12月15日，襄樊市委、市政府下发了《关于加快开发区建设的试行办法》，进一步明确开发区财政上交本着既考虑发展的需要，又考虑财政承受能力，采取确定基数，增收分成的财政政策。

根据市委、市政府的政策要求，1993 年，市财政局对开发区实行“确定基数，增收分成”的管理办法，确定财政收入以 1992 年实际收入为基数，超收部分开发区分成 30%。财政支出基数为 140 万元，支出范围包括：米庄镇所属行政事业单位、开发区管委会及所属单位。

1992 年 12 月 19 日，国家科委通知湖北省人民政府，同意襄樊市高新技术产业开发区为国家高新技术产业开发区。高新技术开发区成立后，从 1994 年开始，市政府对高新开发区、汽车产业开发区实行了一级财政管理。经过多次调整，目前除东风公司在樊企业、航宇救生装备有限公司等列为市级收入的企业外，其他区内企业税收全部列入区级收入。除上缴中央、省级外，全部留给开发区。区内所有新建项目的税收（含外商投资企业、不含市属以上改制企业），全部列为区级收入。此外，市委、市政府还对高新区制定了扶持政策，政策明确市直科技三项费 50%由高新区安排使用；市直每年 1000 万元的科技创新基金，全部用于高新区；高新区内的土地出让金等土地收益，除按规定上缴中央、省级外，全部返还高新区用于基础设施建设和滚动发展。2005 年，高新开发区与汽车产业开发区合并，合并后市委、市政府对开发区财政体制未作调整。

5. 乡镇财政体制

1984—1986 年，是襄樊市乡镇财政起步阶段。1984 年，全市乡镇政府逐步建立，为乡镇财政建立提供坚实基础。1984 年，市政府批转下发市财政局《关于建立乡级财政的请示》，要求在全市范围建立乡级财政。当时，县对各乡镇实行收入全额上解，支出由县下拨的，“统收统支”财政体制。这一体制在建立初期起到了积极的作用。1985 年 11 月，省财政厅在南漳县召开全省建立乡镇财政工作会议，总结各地乡镇财政建设经验，提出建立健全乡镇财政的政策和措施。

1987—1994 年，是襄樊市乡镇财政巩固完善发展阶段。1987 年，全市搞撤区并乡，给乡镇财政建设提供了良好的改革机遇。同年 10 月，市政府下发《襄樊市乡镇财政管理暂行办法》，使乡镇财政建设实现了制度化、规范化。1987 年，全市 184 个乡镇建立一级财政。县（市）对乡镇的财政管理体制，按照“划分收支、比例分成（或增收分成）、支出包干、结余留用、超支不补”“定收定支、分级包干、定额上交（或定额补贴）、超基数比例分成、结余留用、超支不补、一定二至三年”“递增上交包干、结余留用、超支不补、一定二年至三年”等形式，促进了乡镇抓好财政工作的积极性。1994 年分税制后，县（市）、区对乡镇的财政体制也作相应调整。在财政收支范围划分、支出基数确立、转移支付标准核定等方面都进行了明确规定，因各县（市）情况不尽相同，在具体操作上有所区别。

（三）财政收入

1979—1982 年，财政预算体制规定，国营企业的纯收入以税收、利润形式上缴国家财政。1983 年，国家实行“利改税”政策，企业利润依章交纳所得税，税后利润按规定比例留成和上缴调节税。1986 年，国家对预算收入项目调整为工商税收、国有企业所得税、国有企业调节税、国有企业上缴利润、国有企业计划亏损补贴、农牧业税和耕地占用税、国家能源交通重点建设基金收入、国家预算调节基金、股份制企业所得税、专款收入、其他收入等 14 类。1994 年，按照国家统一规定，预算收入分为地方财政收入和上划中央“两税”收入。其中：地方财政收入分一般预算收入、基金收入；上划中央“两税”收入系增值税的 75%和全部消费税。由于收入留成比例的调整，收入规模相应有较大的变化。1994 年全市地方财政收入完成 49 268 万元，比 1993 年的 84 192 万元下降 41.5%，1995—2001 年财政收入进入正常轨道。2002 年，根据中央所得税分享改革方案，省调整和完善了分税财政体制，对增值税、营业税、企业所得税和个人所得税，实行中央、省、市（县）共享，对地方收入规模造成了影响。2002 年，全市地方财政收入完成 150 970 万元，比 2001 年的 186 494 万元减少 35 524 万元，下降 19%（见表 16-2）。

1979—2005 年襄樊市财政收入情况

表 16-2　　　　单位：万元

年度	襄樊市	市区	本级	襄阳区	老河口市	枣阳市	宜城市	南漳县	谷城县	保康县
1979	24294	—	15490	2998	1136	1315	966	1072	972	345
1980	25318	—	16912	1969	1325	1412	1095	1180	1030	395
1981	27918	—	18666	2198	1509	1878	1072	1107	1051	437
1982	27440	—	16627	2457	1383	2908	1162	1328	1099	476
1983	27850	—	16995	2265	1182	3340	1187	1484	986	411
1984	26264	—	16504	1716	1301	2791	1106	1507	998	341
1985	34074	—	22303	1980	1868	3585	1177	1658	1052	451
1986	39572	24688	24688	2432	2314	4801	1880	1807	1202	448
1987	48239	27633	27633	3087	3061	8009	2077	2149	1655	568
1988	56751	32370	27347	3710	4530	8629	2371	2579	1888	674
1989	55717	29175	22756	3568	4997	9524	2706	2779	2134	834
1990	55702	21542	19135	3799	6041	10503	2731	3019	2561	1208
1991	59246	26600	19449	4135	6152	11022	3005	3342	3167	1823
1992	67187	29782	21682	5668	7017	12044	3406	3459	3705	2106
1993	84192	39066	29841	6975	8078	15068	4294	4088	4269	2354
1994	49268	16945	10596	8461	7310	5758	3499	2553	3109	1633
1995	64662	20005	14105	11871	10584	8070	4821	3182	3862	2267
1996	88872	25637	19211	16688	11426	15378	7508	3902	5283	3050
1997	104375	29516	22427	18778	14073	18281	8989	5266	5862	3610
1998	138458	40266	31130	25252	17959	23786	11680	6908	8053	4554
1999	156655	47851	33723	26523	20262	26824	12954	7739	9011	5491
2000	172055	54898	42837	26904	22103	29472	14112	8708	9582	6276
2001	186494	62976	49290	29096	24188	28980	15093	8784	10507	6870
2002	150970	65041	47663	14829	15631	21461	14089	5455	8496	5968
2003	169090	78487	57211	16460	15305	22696	14230	6098	9466	6348
2004	178502	88673	65396	15247	16575	20829	15186	6635	9284	6073
2005	183957	101176	73996	12632	15800	19103	14235	5249	9748	6014
合 计	2303122	862327	783613	271698	243110	337467	166631	103037	120032	71025

（四）财政支出

1979—1985 年，地方财政支出分为经济建设支出、社会文教科学卫生支出、行政管理费支出和其他支出 4 大类。预算支出项目有基本建设拨款，增拨企业流动资金，企业挖潜改造资金，新产品试制费，地质勘探费，支援农村生产支出，城市维护费，工业、交通、商业、农林、水利、气象、文化、教育、卫生、体育、新闻、出版、民政等部门的事业费，行政经费和其他支出等 22 项。1986 年，国家对预算支出调整为基本建设支出、企业挖潜改造资金、科技三项费用、支农支出、城市维护费、教科文卫事业费、城镇青年就业经费、抚恤和社会福利救济费、民兵事业费、行政管理费、公检法支出、政策性补贴支出、专项支出(包括,排污费支出,教育费附加支出。下同)、其他支出等24项。1994年,按照国家统一规定,预算支出分为一般预算支出和基金支出两大类。一般预算支出包括,基本建设支出、企业挖潜改造资金、科技三项费用、流动资金、支援农村生产支出、文体广播事业费、教育事业费、科学事业费、抚恤和社会福利救济费、行政事业单位离退休经费、行政管理费、公检法司支出、城市维护费、政策性补贴支出、专项支出、其他支出等29项;基金支出包括,土地有偿使用支出、排污费支出、教育费附加支出、其他支出等6项(见表16-3)。

1979—2005年襄樊市财政支出情况

表16-3 单位:万元

年度	襄樊市	市区	本级	襄阳区	老河口市	枣阳市	宜城市	南漳县	谷城县	保康县
1979	12874	—	4216	1674	897	1561	1004	1554	1101	867
1980	14734	—	4419	2300	1192	1663	1106	1687	1322	1045
1981	15811	—	5364	2149	1528	1852	1125	1521	1176	1096
1982	17696	—	5688	2568	1849	2278	1163	1606	1497	1047
1983	18590	—	5923	2406	1901	2562	1343	1738	1513	1204
1984	20138	—	6500	2271	1944	2981	1467	2029	1587	1359
1985	23348	—	7794	2596	2442	3397	1680	2202	1687	1550
1986	30953	11054	11054	3157	2988	4495	2262	2861	2264	1872
1987	33250	12002	12002	3278	3424	5190	2267	2859	2355	1875
1988	41094	14568	13277	4144	4805	6653	2815	3366	2648	2095
1989	46217	16367	14454	4935	5625	7547	2952	3487	3087	2217
1990	50723	17231	14938	5443	6312	8536	3197	3934	3512	2558
1991	50763	17130	14596	5524	6372	7898	3216	4069	3814	2740
1992	56615	18873	16306	6392	6885	8533	3903	4081	4686	3262
1993	67267	23169	19446	7284	7825	10443	4858	4795	5098	3795
1994	83540	29143	24175	10606	10273	11970	6336	5102	5667	4443
1995	98276	31389	26168	13377	15416	14216	7119	5744	6358	4657
1996	124919	36845	31187	18811	17030	21788	9226	7968	7674	5577
1997	144371	43282	36297	21373	19166	25841	10546	9415	8733	6015
1998	176577	55356	47179	27697	21459	31041	13005	10158	10576	7285
1999	212309	67548	57618	30175	26709	35847	16674	12529	13130	9697
2000	244626	82947	71135	33384	28603	39911	19290	14756	14553	11182
2001	284876	93039	78639	39677	33135	46820	23087	17734	18323	13061
2002	282596	104859	83575	29492	26494	42872	25679	17560	20651	14989
2003	324423	127002	100733	33515	27377	47069	27846	20645	23957	17012
2004	363728	147421	118606	37429	31101	50456	28320	24313	27446	17242
2005	491932	210348	176785	50685	36490	66200	41677	33222	31568	21742
合 计	3332246	1159573	1008074	402342	349242	509620	263163	220935	225983	161484

(五)财政管理

1.预算管理

预算管理是财政管理的核心内容,包括预算编制与执行、决算等过程。襄樊市的预算管理改革是在中央、省统一部署下,结合本地具体情况逐步实施推进的。

(1)预算编制执行沿革

相对稳定阶段(1986—1993年)。这一阶段省对襄樊市财政体制,由过去总额分成调整为"划分税种、核定收支、分级包干、定额上交,超基数收入分成"。其间,预算管理制度特点表现为在预算形式上采用单一预算,预算编制原则上贯彻国民经济综合平衡原则,长期沿用基数法编制预算,预算程序采用自上而下、上下结合,逐级汇总的方法,预算管理总体上比较粗放,预算编制透明度不高。

改革探索阶段(1994—2000年)。1994年,中央按照统一税法、公平税负、简化税制和合理分权的原则,在全国实行财政分税制改革。在正确处理中央与地方财力分配的同时,合理划分了中央与地方支出,为地方预算编制改革奠定了基础。1992年1月1日,《国家预算管理条例》实施,1994年3月22日,八届全国人大二次会议通过《中华人民共和国预算法》,1995年11月22日,国务院颁布《中华人民共和国预算法实施条例》。这一系列法律、法规的出台,不仅反映了社会主义市场经济体制的客观需要,而且为预算管理改革提供了法律依据。

部门预算阶段(2001—2005年)。随着财政体制改革的深入,预算管理也在不断向前推进。从2000年起,中央、省相继实行部门预算改革。部门预算就是一个部门一本预算,是反映部门所有收入和支出的预算。部门预算与传统的收入按类别支出,按功能编制预算相比,细化了预算,提高了预算透明度,体现了预算公开、公平、公正。襄樊市部门预算改革,2001年进行试点,2002年、2003年扩大试点范围,2004年在全市范围推开。

(2)决算编审沿革

1986年财政决算规定:对库区群众人均口粮不足400斤的由国家保证供应。供应库区的口粮按100斤1角钱,给予差价补贴,补贴资金来源由省财政解决一半,返还当地的水费、电费解决一半。能源交通重点建设基金结算分成办法,超收部分地方分成70%,省与市县对半开,即市县按超收数额35%分成,如果短收,仍按短收数全额扣款。财政部规定,从1986年起,原来在企业收入中,经国家批准退库的各项政策性价格补贴改列支出,不再在收入退库中反映。从1986年起,政法机关和行政执法机关收入一律全额入同级财政金库,不得自行提成、分成和截留。对因办案增加的费用,由案件主办单位编报用款计划,报财政部门审核批准,专项拨给办案补助费用(办案费用因原按30%退库改列支出影响地方利益,年终与省财政单独结算)。粮食调拨经营费结算,调出粮食增加收入省应集中的部分和调入粮食增加费用应负担的部分,省年终决算时单独结算。

1987年规定:1987年1月1日,由省新华书店统一管理的各市、县新华书店的财务体制,以1986年度财务会计决定的核批数作为下划依据,下放各地,纳入各级财政预算管理。财务体制下放后,暂不调整收入包干基数,年终按确定的下划基数单独结算。1987年棉花企业上交的所得税收入比1986年增收部分,市、县财政分成60%,减收部分由市、县财政负担60%,省财政负担40%。棉花企业的所得税仍按原规定上交省财政,就地交入省金库,年终省财政对县、市按比例单独结算,增收返还,减收抵扣。从1987年开始,承担中央财政向地方借款任务,中央分配湖北省的借款任务34 600万元,湖北省决定按中央压缩支出10%的规定,将任务分配到市州、县。

1988年,中央借款进基数,在各地1987年承担的中央借款数额基础上,确定一个比例都调减20%。中央借款按照20%进支出基数后,襄樊市对实行"定额上交、收入超基数、比例分成"体制的襄阳、枣阳、宜城、市直增加了定额上交基数,实行自收自支的南漳、谷城、保康变成定额上交。全市中央借款进基数为1606.4万元,其中市区598.4万元。同时,1988年,襄樊市建立了 城区一级财政,将原由市财政管理的165户企业下放襄城、樊东、樊西、郊区四个城区管理,相应按行政隶属关系,把由城区负担的支出一并下放,基本上做到了财权与事权相统一,核定了城区收支基数,收支挂钩及分成办法。对超基数收入部分市和区分成,襄城区和樊东区实行上交市60%,区留成40%,樊西区和郊区实行50%、50%分成。

1989年,湖北省新增几项单独结算项目:关于国家预算调节基金预算。湖北省对各县(市)国家预算调节基金,从1989年开始,按实际完成的超收部分,实行中央与地方对半分成;税务经费垂直结算。湖北省规定,从1989年起,税务部门的经费由省税务局垂直管理下拨,不再列入各地财政支出预算。税务部门干部和职工的公费医疗经费,仍由当地财政安排。以各地上报经省厅核定的税务经费作为上划基数,税务经费上划后,实行收支比例挂钩的办法,各地(本级)工商税收比上年增长1%,其税务经费按上年经费支出数增长0.7%,年终结算上交省。

1990年,财政部、审计署联合行文,对地方审计部门审计中央企事业单位违纪资金入库后,中央财政给予地方分成20%。1991年,国务院出台出口产品退税由中央和地方共同负担的政策。同时,对中央部门所属企事业和地方企业共同与外商举办的中外合资合作企业,按规定缴纳所得税,平时全作中央 收入缴库,地方分成的部分,年终按投资比例计算,返还地方财政。

1992年,湖北省决定将襄樊市"超基数比例分成"的财政体制改为"确定基数,上交递增包干"的财政体制,核定襄樊市体制上交基数24895万元,从1992年起,每年按5%递增上交。同时,对二汽在襄樊开发区的收入实行"二八"分成,80%上交省财政,20%留作地方预算收入。与此同时,襄樊市对各县(市)、区的财政体制也统一实行"递增上交"的财政体制。1992年,襄轴上划省直接管理,当年企业所得税入库仍在地方,从1993年起直接上交省库,年终按474万元的基数返还。湖北省财政厅考虑到襄樊市的实际困难,决定从1992年起对东汽轿车装试厂入库增值税上交省80%部分,省财政返还一半给襄樊市,一定三年不变。

1993年,新增两项结算政策。提高商业零售营业税税率的结算。税率由3%提高到5%后,提高税率新增的收入,60%归中央财政,15%归省财政,25%归地方财政; 棉花企业财务体制下放结算。从1993年起,湖北省将棉花企业财务体制下放市县管理,并按1990—1992年三年平均实现的利润作为下划财政收入基数,单独结算上交省财政。

1994年分税制实施第一年,财政结算新旧体制实现了顺利过渡。襄樊市财政决算总的要求是:关于财政体制结算问题。凡涉及原体制调整和分税制税收返还基数的问题,按政策规定办理;关于支出结余结转问题。要求各级财政部门坚持有钱可结转,只能用于平衡预算。实行预算包干的各级行政事业单位的年终"预算包干结余"采取预算结转和下年"返还包干结余"的办法,不列财政决算支出,以免虚增本年财政支出;关于城区收入结算问题。四个城区收入提退结算由市直集中办理,因此影响市直收入,年底通过单独结算。

1995年,为了保证国税、地税系统的业务经费,根据原有税务经费负担情况和国税、地税系统人员分流情况,对税务经费在中央、省和地方三级预算之间划转,年终通过单独结算划转。同时,将七种小税省分成部分通过结算上交省,即城镇土地使用税的70%,耕地占用税的45%,印花税的20%,城市教育费附加的10%,资源税的50%,城市维护建设税的10%。

1996年,湖北省取消襄樊市财政递增包干上交5%部分。襄樊市随之也取消了各县(市)、区财政递增上交部分。当年，湖北省对襄樊实行了均衡性转移支付制度，补助襄樊市632万元，其中：保康县339万元，南漳县293万元。同时，襄樊市对城区明确两项结算政策，即对城区居委会进行补助和将市财政管理的城区民政事业费下划由城区管理。

1997年，湖北省财政厅决定，将投资方向调节税、城镇土地使用税、印花税、城建税、资源税、耕地占用税和教育费附加等七种地方税种，全部下放市州，采取核定基数（1994—1996年3年平均），包干到市州，比例增长（递增10%），超收全留，短收抵扣的办法，年终通过财政决算结账。

1998年，湖北省财政厅对襄樊市提前一年做到，县县市市无赤字进行奖励，通过财政单独结算奖励50万元。襄樊市财政局将计划生育事业费下放城区管理，按城区辖区人口和人均1.45元的标准为基数下划各区，年终单独结算。

1999年，财政决算中出台几项新的政策：中央调整收入分配，实施转移支付政策，对机关事业单位职工工资和离退休人员退休费，实行转移支付补助；湖北省省工商系统实行垂直管理，市县财政预算内工商系统支出经费，以1997年为基数，每年年终通过财政决算上交省财政；湖北省取消老河口市计划单列市，从1999年1月1日起，老河口市的财政预算纳入襄樊市预算管理；湖北省明确，襄樊市火电厂税收划分政策，增值税属省级收入，75%部分入中央库，25%部分入省库，对入省库部分的1/3，年终结算返还襄樊市；所得税按中央、省与襄樊市的投资比例分成，各项地方税及附税（费）属襄樊市本级收入。1999年5月20日，襄樊市决定将城区检察院和法院罚没收入下放城区征管，当年已上缴市财政的收入，经审核后，通过决算全额返还城区。

2000年，湖北省质量技术监督系统实行垂直管理，襄樊市所属县（市）、区负担的经费，从2000年起，每年年终通过财政单独结算上划省财政；2000年，中央决定暂停征收固定资产投资方向调节税，地方财政由此减少的收入，中央财政给予财力补助；襄樊市对市清河、车河、随阳三个农场实行一级财政管理，核定收支基数，一定三年不变，超收全留；襄樊市决定将原市集中征收的耕地占用税、契税等下放城区管理，城区通过财政结算定额上交市财政。

2001年，中央再次调整机关事业单位工作人员工资和增加离退休费的平均标准，对新的增支部分通过转移支付给予一定的补助。同时，财政决算增加对市县农村中小学教师工资转移支付补助收入。

2002年，湖北省进一步调整和完善分税制财政体制，增值税、营业税、企业所得税和个人所得税，实行中央、省、市（县）共享，核定调整财政体制返还补助基数，并将省集中七种税收上交基数一并列入。同时，从2002年起，在全省实行农村税费改革，增加农村税费转移支付结算项目。

2003年，襄樊市对各县（市）、区农村税费改革，给予转移支付补助，安排1100万元用于中央、省转移支付配套。

2004年，湖北省实行省管县财政体制，枣阳市、宜城市、南漳县、谷城县、保康县、老河口市等六县（市）财政决算直接对省，襄阳区、襄城区、樊城区、高新技术开发区、鱼梁洲开发区财政决算仍对襄樊市，但襄阳区比照省管县（市）享受有关政策。根据中央规定，湖北省取消除烟叶以外的农业特产税，农业税率总体降低了3个百分点，由此减少的地方财政收入，中央、省适当给予转移支付补助。襄樊市从2004年起，将城区及开发区公安财务管理上收市直管理，城区及开发区原负担的公安经费通过单独结算上交市财政。

2005年，中央调整了出口退税负担政策，湖北省规定市县负担的5%部分，年终专项上解省财政。湖北省委、省政府决定，从2005年1月1日起，农业税全部免征，由此减少的地方财政收入，省财政给予转移支付补助。同时，中央、省出台缓解县乡财政困难转移支付补助政策。襄樊市加强了社区居委会基础建设，对城区无办公用房的社区居委会给予10万元建房补助，市区两级财政各负担50%。

2.国有企业财政财务管理

1979 年以后，国家对企业收入分配制度改革，大体可划分为企业基金制、利改税、承包制以及规范所得税 4 个阶段。

1986 年，市财政局对全市预算内国营工业企业开展目标成本管理的试验与探索，引起了财政部和省财政厅的重视，并在襄樊召开了推行目标成本管理现场会。同年，全国工交企业财务管理会议在哈尔滨召开，市财政局副局长陈义德代表襄樊市财政局在会上作了“拓宽新领域，开拓新局面”的典型发言，重点介绍了襄樊市扭亏增盈、目标管理、梯级财源建设的措施、办法和成效。

1987 年，市财政局在南漳县开展试点工作。试点工作在市财政局工作组的指导下，南漳县成立了目标利润管理领导小组，县长任领导小组组长，下设办公室，县财政局长任办公室主任，小组成员 37 人。通过制订方案，调查研究，分析测算等工作，很快在全县 19 户国营工业企业中，全面推行了目标利润管理。当年，19 户国营工业企业实现工业总产值、销售收入、税利，分别比 1986 年增长 32.4%、73%和 45.55%。同年，湖北省企业财务工作会议在襄樊召开，来自全省各地市州县财政局长和有关部门的负责人共 300 多人参加了会议。襄樊市财政局以全省唯一的全市国营工业企业无亏损代表，在大会上交流了“立足搞活企业，狠抓扭亏增盈”的经验，并受到省财政厅的表彰。

1988 年，全国工交企业财务工作会议在襄樊召开。财政部副部长迟海滨、湖北省副省长王汉章、省财政厅厅长何福林以及各省市自治区、计划单列市、部分中央企业、中央各部的财务负责同志共 166 人参加了会议。会议的中心议题是总结交流双增双节、完善企业内部经营承包责任制、实现增产增收等方面的经验，研究如何做好工交企业财务工作。襄樊市财政局在会上作了《深化改革，强化管理，不断拓宽企业财务工作领域》的典型发言。

1989 年 4 月，市财政局组织 9 人，分 3 个小组，对纺织行业 11 家企业的消费基金的提取、使用情况进行了全面的调查。针对消费基金管理存在的问题，对企业税后留利重新拟定比例，着重调整生产性与非生产性留成资金比重。通过重新核定比例，使生产性资金比重上升 13%，增加生产性资金近 30000 万元，全市国营工业企业工资、奖金增长幅度明显低于上年水平，降低 9.03%；认真清理涨价收入，保证财政收入增长；制订了加强工资基金管理，严格控制社会集团购买力，制止滥发奖金、实物，严禁公款请客送礼，挥霍浪费等管理意见。完善分配机制，继续做好工效挂钩工作。在具体政策制定上，以处理好三者利益关系为原则，结合全市情况，对企业生产经营效益进行摸底测算，提出挂钩方案，使这项工作达到促进企业建立内部经营机制，提高经济效益的目的。到年底，已实行工效挂钩企业有 184 户，挂钩面达 100%，进一步理顺了国家与企业的分配关系。市财政局根据国务院《关于开展 1989 年度税收、财务、物价大检查的通知》精神，从 9 月份开始，对全市国营工交企业开展了财务大检查。

1989 年，国家税务总局决定在襄樊市开展增值税改革试点工作，改实耗扣税法为购进扣税法。市财政局与市税务局密切配合，积极开展增值税改革试点工作，通过深入细致地调查，上报了《实耗扣税法和购进扣税法利弊谈》的调查报告，得到到省财政厅和财政部的肯定。同年 7 月，财政部副部长刘仲黎到湖北检查工作，确定襄樊市为税利分流试点城市。市财政局按照财政部、国家体改委文件精神，对市区 58 户预算内工业企业，2 户城建企业，1 户物资企业进行了调查摸底和税利分流的测算工作，拿出了初步方案，为进一步完善税利分流工作打下了良好基础。1989 年，全市 184 户预算内国营工交企业，完成工业总产值 25 791 万元，销售收入 309 931 万元，实现税利 40 275 万元，分别比上年同期增长 1.83%、8.91%和 9.2%。

1990 年，襄樊市工业企业第一轮承包合同到期，根据中共中央提出的“坚持和完善承包制”的精神，在全市工业企业中开始了第二轮承包的发包工作。到 1990 年年底，全市 138 户国营预算内工业企业签订了第二轮承包合同，承包面达 100%. 共核定上缴利润基数 4798 万元，比第一轮承包上交基数增长 15.1%。其中,市直 61 户预算内工业企业核定上交基数 3904 万元,比第一轮承包上交基数增长 9.4%。为强化企业财务管理,提高企业经济效益,市财政局着重抓好系列目标管理的实施和推行,使企业内部逐渐形成了较为健全的基础工作体系、目标管理体系、内部分配体系、指标考核体系,增强了企业自我发展能力。1990 年,全市 187 户国营预算内工业企业完成工业总产值 212 278 万元,实现销售收入 241 098 万元,销售税金 11 433 万元,实现利润收入 11 243 万元,上缴利润 3078 万元。

1991 年,市财政局在一体化目标管理的基础上,对市一针织厂进行了以"内部承包,内部核算,内部银行,内部分配"为主要内容的企业财务网络化建设试点。帮助企业建立分级内部核算体系。根据该厂生产工艺过程组织情况,确定对 3 个分厂 5 个车间,实行"独立核算、自负盈亏"的管理核算;对 20 多个管理科(室)实行"独立核算、费用包干"的部门核算。建立了以财务科为主体,各车间、分厂核算人员为基础的内部核算组织机构。建立分层内部承包体系。分层承包体系就是指车间分厂、科(室)对厂部承包,车间分厂、科(室)内实行全员风险承包。建立"单轨制"内部银行体系。单轨制内部银行体系是将内部银行会计核算和原有的专业会计核算融为一体,实行一套账,成为一个完整的会计核算体系,并赋予内部银行结算、调控、监督、分配职能。建立绩效挂钩的内部分配保障体系。为了确保企业内部分配的合理性,市财政局指导企业建立了内部分配目标考核办法。通过一体化目标管理,该厂 1991 年实现产值、上缴利润比 1990 年分别增长 23.12%和 137.5% 。为加强实行工效挂钩办法的企业管理,市财政局组织专班对实行工效挂钩办法的企业进行了调查,发现部分企业工资发放增长过快,大大超过了效益的增长速度。为此,建立了工资基金审批制度。提出了改"总挂总提"为"总挂分提",改"环比"定基数办法为"定比"定基数办法,按季审批企业工资基金,视企业效益情况,确定企业工资发放额。通过这一办法,有效地控制了企业工资和奖金增长速度过快,使企业的工资增长与自身的经济效益紧密挂起钩来,真正发挥了工效挂钩的作用。1991 年,全市 134 户预算内国营工业企业完成工业总产值 325 073 万元,实现销售收入 272 243 万元,实现利润 16 957 万元,分别比 1990 年增长 5.52%、13.09%和下降 3%。

1992 年,市财政局根据国务院《全民所有制工业企业转换经营机制条例》规定,向市政府提出了《关于贯彻落实〈条例〉有关条款的实施意见》,明确了企业财务改革的基本指导思想,提出了具体实施意见,界定了政策界限、执行前提、操作方法和程序。根据转换企业经营机制的要求,提出了财务改革的建议和意见。改企业承包制为利税分流。为避免承包制实施过程中存在的某些弊端,使企业在同一个水平线上公平竞争,激励企业多收多留,促使企业消化包袱,提出了试行税利分流的两个方案,即:统一按 33%的比例税率计征所得税,税后还贷,不再分利;按适用税率计征所得税后还贷,税后分利。经测算,市直 56 户(不含襄轴)工业企业按第一方案,1993 年,可计征所得税 2334 万元;第二方案可征所得税 2 331 万元,上缴税后利润 1510 万元. 计 3841 万元。鉴于第一方案计征所得税较 1992 年实际上交承包利润增长 38. 2%,较结合实际;而第二方案计征税幅度较大。两种方案各有特点,以供市委,市政府领导决策参考。改"两金"比例提取为定额上交。根据用三年时间逐步减免企业"两金"的精神,同时,便于"两金"的征收入库,建议对企业"两金"采取定死基数,分月上交,逐步减免到位的征管办法。既保证了省厅下达任务的完成,也增强了企业更新改造能力的提高。改进事业单位经费拨补办法。事业单位行政经费按预算数全额拨付,实行收支两条线,单位创收和财政拨付经费的 20%转作发展基金,用于替代财源建设。改进工效挂钩。改总挂总提为总挂分提;为避免企业在实现利税小于应交利税情况下,用自有资金补交未提取效益工资的不合理现象,将工资与上缴利税挂钩改为与实现利税挂钩,增加约束指标,坚持实现税利增长高于工资奖金增长,人均劳动生产率高于人均收入增长,完善了挂钩办法。改进流转税减免程序。改流转税在征收之前直接减免为先征收入库,然后依照实际情况审核减免退库。改革企业财务决算审批办法。企业财务报表由会计师事务所审核签字后再报财政部门审批。改革支工周转金投入办法。改变现行借贷投放方式,借鉴入股、参股形式,按投资合同规定的投资报酬率回收投资。同时，为配合《条例》的实施，摸清家底，组织开展了资产清查工作。市财政局会同有关部门组成20个检查组，按照“不留死角，不打埋伏，不重不漏，实事求是”的原则，采取自查和抽查相结合的办法，对全市(不含随州、老河口)138户预算内国营工业企业截至1992年6月底的库存产成品、发出商品、应收销货款、主要原料和潜在亏损五个方面的情况进行了全面清查。通过清查，一方面真实揭示了企业的实际情况，集中反映了近些年来全市工业企业的发展状况，暴露了企业管理中存在的问题，并根据上级有关规定，对亏损作出相应的财务处理；另一方面，促进了会计核算的真实性，增强了财务管理的严肃性和规范化。

1993年，市财政局按照市委、市政府的要求，进一步完善工效挂钩办法。按照转换经营机制的要求，坚持工资收入增长幅度低于劳动生产率增长幅度，并在此基础上，合理确定两个基数和浮动比例。从效益方面增加销售收入这一挂钩指标，并规定从销售收入中提取效益工资的比例占效益工资总额30%，实现利税中提取效益工资的比例占效益工资总额70%；另增加了国有资产保值增值这一否决指标，若国有资产低于上年同期水平，不能提取效益工资。增加激励和风险约束机制，实行工资总额全口径挂钩计提效益工资。工资浮动严格按照上不封顶、下不保底的政策执行，拉开工资收入差距，增加企业风险意识。建立工资基金储备制度。企业要从当年工资总额的新增部分中提取不少于10%的数额作为工资储备基金，由企业自主使用，以丰补歉。1993年，全市182户国营工交企业共完成工业总产值55亿元，比上年同期增长23.81%；实现销售收入56.5亿元，比上年同期增长40%，实现利税36 831万元，比上年同期增长工5.18%。

1994年，经国务院批准财政部制定发布的，《企业财务通则》和《企业会计准则》，分行业的《企业财务制度》和《企业会计制度》，已于1993年7月1日起全面实施。按照《公司法》和“两则”“两制”的精神，市财政局制定下发了《关于促进建立现代企业制度财务规范化管理意见》。1994年，市财政局选定湖北化纤总公司和襄樊车桥厂两个企业为建立现代企业制度的试点。并结合企业实际和各自的特点，提出《关于促进湖北化纤总公司、襄樊车桥厂建立现代企业制度的有关意见》。襄樊车轿厂改制为湖北东力工业公司，对下属各企业实行控股管理模式，按投入的股本收取租金和红利；湖北化纤总公司改制为集团模式，对下属各级法人实行统一管理。通过现代企业制度的建立和完善，理顺了企业内部的财务关系和利益分配关系，做到了改制、改组、改造有机结合，突出企业经营机制的转换，促进企业生产经营的发展。1994年，这两个试点企业完成产值同比增长43.9%，实现销售收入同比增长64.1%，实现利税同比增长57.2%。

1994年，市财政局下发了《关于加强工交企业财务宏观管理的意见》，该意见明确了企业财务管理任务、管理领域、管理内容和管理手段等，并将原国有预算内工交企业、预算外企业、城镇集体所有制企业和股份制企业以及中外合资企业都纳入企业财务管理的范围，并做到了“四个统一”，即统一企业财务管理办法、统一企业会计核算规程、统一企业报表报送制度、统一企业政策待遇，为强化财政宏观调控力度打下坚实的基础。抓好年度企业财务决算的审验和检查工作。对1993年度的企业年终财务决策审核工作，采取委托市会计师事务所、“三查”、燃化、建材等四个会计师事务所进行审验和复核；对事务所审验结果采取行业归口把关审批的办法，把检查与管理结合起来，收到了较好的成效。1994年，全市135户国有工业企业完成工业总产值48亿元，实现销售收入51.3亿元，分别比上年增长11.76%和14.2%；实现利税3.2亿元，比上年增长16.4%；亏损户为39 ，比上年增加11户；亏损额为4078万元，比上年下降10.6%，完成省下达的计划数；上交所得税额3633万元，比上年增长19.5%，超额完成全年计划。

1995年，为了继续深入抓好湖北化纤总公司现代企业制度试点工作，市局多次和企业一道共同研究试点方案。化纤集团公司已建立了内部财务管理公司，完善了组织机构，重设了工作岗位，划分了工作职责，强化了财务管理在企业管理中的地位和职能，形成了财务管理的新格局。1995年，全市

129户国有工业企业全年完成工业总产值52.3亿元,实现销售收入54.5亿元,实现利税总额2.9亿元,其中税金2.49亿元,分别比上年同期增长10%、29.01%、3.57%和30.4%;实现利润总额4041万元,比上年同期下降53.65%;上交所得税3479万元,比上年同期下降10.22%;全年回收财政支工周转金4055万元。

1996年,根据财政部关于对财政周转金挂账、呆账管理暂行规定和省财政厅的要求,市财政局开展了省级周转金的清理和呆账申报工作,对市本级周转金进行全面清理。召开财政周转金借款企业会,讲解有关政策规定,要求各借款企业将资金使用情况和效益情况写成书面材料,做到依据准确充分,符合政策规定。重点对破产企业及资金损失的企业进行全面调查清理和取证工作。破产企业要有法院破产裁决书,资金损失的企业有经委、科委及主管部门的论证签章。按照政策要求,对确系不能周转的资金方可申请挂账停息,对呆账资金申请豁免核销。对确系挂账和呆账、死账的项目资金进行严格审核、汇总和上报。初步审查,申报有问题资金5 910万元,涉及87个企业96个项目。这次清理,搞清了造成资金损失的原因和数额,为加强财政周转金管理提供了依据。1996年,全市128户国有工业企业完成工业总产值514.6亿元,实现销售收入49.9亿元,实现利税总额16 263.7万元,其中税金20 704亿元,分别比上年同期下降0.58%、4.26%、36.76%和2.67%;全年回收财政周转金3 614万元,完成排污费收入2 378万元。

1997年,根据市委、市政府建立市解困企业发展基金和再就业基金的决定,市财政局与劳动局、经委等部门配合,及时足额筹措"两项基金"1 560万元,积极向省厅争取借款2450万元,解决全市国营工业资金不足问题。对筹措的财政支工资金、技改基金、星火基金、汽车开发基金、解困基金和再就业基金捆在一起使用,实行扶优扶强,确保资金高效周转、流动发展。为加强环保资金管理,市财政局对全市环保资金的现有存量,环保治理项目的进展情况以及现有的政策规定执行情况开展调查,先后制定了环保排污收费管理和环保治理基金使用管理两个办法,保证了环保资金的及时回收和高效使用。根据省政府86号令的精神,将原纳入省收费范围的湖北化纤集团公司等几户企业的排污费收入和环保项目治理纳入地方管理,理顺了收费归口管理的关系。1997年,全市环保排污费征收2400万元,占任务120%,市直征收805万元,占任务的112%;优化资本结构核销企业债务完成1.5亿元,占任务的115%;市直征收政府统筹资金174.4万元,占任务的100%。

1998年,按省财政厅的部署和要求,市财政局组织开展了全市国有企业内部财务管理考评验收工作。采取统一要求,分级负责,分步考核的办法,积极与中小企业主管部门配合,统一设置表格、统一填报、统一打分口径、统一报送时间。严格按照企业申请自查、主管部门互查、财政部门抽查的程序,对企业内部财务管理办法实施情况进行考评。此项工作从3月中旬开始,历时两个多月,组织专班检查人员100多人,对全市150户企业进行检查考评,考评合格141户,合格率达到94%。在全省开展的复查工作中,襄樊市直、保康的复查合格率为100%。1998年,全市国有工业企业实现利润7 604万元,比上年同期减亏增盈118万元;全市征收排污费2 589万元,占任务的129.4%,其中市直征收排污费949万元,占任务的126.53%;市直征收预算外政府统筹资金58.1万元,占任务的103.38%;回收周转金2 600万元,占任务的104%,其中市直回收1 500万元,占任务的100%。

1999年,按照国务院和省政府文件精神,市、县质量技术监督局上划到省质量技术监督局管理。为做好上划工作,市财政局与市质量技术监督局配合,深入到各县(市)对上划工作情况进行调查摸底,对在编人员、人员经费、公用医疗费、各项国有资产进行重点审核,认真做好质量技术监督部门各项资产、债权、债务的清理,顺利完成了全市质量技术监督部门财务体制上划工作。1999年,为推进科技三项费用管理,市财政局在调查研究的基础上,制定了《加强科技三项费用管理办法》,改变了过去由科委定项目、财政直接拨款的旧模式。采取担保、贴息方式,粘合社会资金,增加对科技开发投入。项目安排紧紧围绕全市科技开发和技术创新的工作需要,选择科技含量高、经济效益好、有利于产品提档升级的项目单位,择优扶持,增加投入。突破所有制界限,支持各种经济成分发展,不仅支持国有经济,而且对有一定规模和开发能力的民营经济也给予一定的财政支持。1999 年,国有企业增资减债,落实挂账停息额 7654 万元;全年完成排污费征收 3266 万元,占年任务的 108.9%;清理回收财政支工周转金 3081 万元,占年任务的 102.7%。

2000 年,市财政局在企业财务管理中积极推行资产与财务统一管理办法,注重"三个结合":政策环境和财政扶持相结合,形成政府管理的调控机制。在产权出让过程中,允许部分产权转让分期付款,资金转抵押借款,企业周转金转为企业员工承债方式购买企业产权;允许部分企业核定税基,在上交地方财政收入适度增长的前提下,超收部分视同购买股权;允许原企业的未付国有股利、公益金、公积金、应补工资解决企业职工离退休等同题。内部约束和外部监管相结合,形成规范化的财务管理体系。对实行动态股权改制后的企业坚持资产与财务管理并重,做到"两履行三建立",即履行出资人监管,履行财政财务监管权力;建立改制企业的内部约束机制,建立企业法人治理结构,健全企业的董事会、股东会、监事会及工会组织,建立企业内部的各项管理制度。为适应企业动态股权制改革的要求,完善产权与财务挂钩,把好资产评估、财务审计和资产处置审核关,制定了《市财政局关于动态股权制企业若干财务管理规定》。对国有企业试行动态股权制过程中的有关财务处理,风险股用于购买国有资产的财务处理办法和操作程序,改制后企业股权收益分配的有关财务处理规定等方面都作出了具体的制度规定。2000 年 5 月,为规范排污费征收和环保补助资金管理,市财政局与市环保局对辖区 10 个环保机构的排污费和环保补助资金使用、管理情况进行清理调查,找出了管理中存在的四个问题,即排污费征收难;排污费管理体制不顺,管理呈弱化趋势;环保补助资金管理缺乏约束;排污费征收专用票据管理薄弱,购、销、存缺乏核算。针对这些问题,市财政局制定出台了《襄樊市治理污染源贷款项目贴息资金管理办法》,改革创新使用污染源治理基金,引导企业和社会资金加大对企业污染源治理与科技开发,提高产品质量档次,促进社会效益和企业经济效益全面提高,发挥了污染源治理贴息资金的宏观导向和激励作用。

2000 年,市财政局在谷城县开展国有企业财务管理规范化试点,结合企业实际制定出台《谷城县国有工交企业会计基础规范化管理办法》,规范和指导县属工业企业会计基础工作,提高会计核算水平和财务管理质量。同年 7 月 27—28 日,市财政局在谷城县召开全市工交企业财务规范化管理暨财政工交工作会议,总结推广谷城经验。2000 年,全年完成回收支工周转金 600 多万元,落实企业增资减债 4.8 亿元,争取中央财政各项专款 3411 万元,为企业争取上级财政拨付生产调度资金 4100 万元。

2001 年,根据省财政厅的安排与部署,襄樊市被确定为国有资产经营预算试点。市财政局根据省厅要求,按照"积极探索,稳步推进"原则,积极试编市直国有资产经营预算。坚持一个依据,制定实施方案。即依据《中共中央关于建立社会主义市场经济体制若干问题的决定》和《中华人民共和国预算法实施条例》,在广泛调查摸底基础上制定出台了襄樊市国有资产经营预算实施方案,经省财政厅审核批复执行。市财政局先后制定《企业国有资本与财务管理暂行办法》《襄樊市国有资产收益管理办法》《襄樊市企业国有资产产权登记管理办法》和《襄樊市国有资产经营预算会计核算办法》等,以规范企业国有资产的经营行为,确保国有资产安全运行和增值保值。随着现代企业制度的建立,国有工业企业大范围改制,部分企业停产、关闭或破产,资产管理问题尤为突出。市直先后申请破产企业达 16 户,已进入破产程序的达 10 户。在上述企业破产过程中,市财政局一方面积极参与破产企业全部运作全过程,及时了解情况,发现问题,提出对策;另一方面严格资产管理,做好财务报表审核,严把资产的核销损失关,防止国有资产流失。对属于政府财政的债权,积极向法院申请,共申报债权 3 157 万元,其中本金 2 639 万元、占用费 518 万元,有效地维护了国有资本所有者权益。2001 年,按照省厅规定,国有企业、国有独资公司、国有控股的股份公司和有限责任公司,原则上都要实行工效挂钩办法。严格考核企业经济效益挂钩指标,以实现利润、实现税利、上缴税利等价值量指标为主,逐步降低业务量挂钩指标的比率，对国有资产不能保值增值的，不得提取新增效益工资。合理确定挂钩效益基数，适时考虑部分因素。依照“两低于”原则，合理确定企业的工资增长和工资总额水平，严格控制企业工资成本的上升。先后完成对市直近百家企业工资效益挂钩的审核，较好地执行了企业工资总额增长幅度低于经济效益增长幅度，职工实际平均工资增长幅度低于企业劳动生产率增长幅度的原则。2001 年，完成征收排污费 2000 万元，争取中央财政和省财政各项专项资金 2944 万元。

2002 年，按照省财政厅和市委、市政府的要求，市财政局在全市开展清理企业国有资产和国有产(股)权转让情况检查。市财政局依据《襄樊市国有资产收益管理办法》，对市直国有资产收益进行了征收，全年征收国有资产收益 1100 万元，是年初任务的 11 倍。为了进一步规范和加强环保治污基金管理，市财政局按照《湖北省排污费征收管理办法》及《湖北省环境保护补助资金管理办法》的规定，与环保局共同下达 2002 年重点污染源治理项目使用污染源治理专项基金计划，并结合市直实际，对本年度 19 家单位 19 个超标污染源治理项目给予污染治理专项基金贷款及贴息 405 万元，确保了工程项目竣工达标。2002 年，为进一步抓好全市国有资产经营预算试点工作，市财政局根据省财政厅要求从多方面入手，切实抓好此项工作。出台实施方案，明确试编范围和方法，确定编制依据，拟定实施步骤，制定预算收支科目。开展预算试编工作。根据实施方案，组织专班对市直 64 户企业的资产状况和经营情况进行调查，为确定编制预算打好基础。拟定或修订四个办法，即《襄樊市企业国有资本与财务管理暂行办法》《襄樊市国有资产收益管理办法》《襄樊市国有资产产权登记办法》《襄樊市企业国有资产经营预算会计核算和会计报表报告有关问题的通知》，为国有资产经营预算工作的顺利开展奠定了基础。

2002 年，市财政局按照市委、市政府《关于进一步加快民营经济发展的若干意见》的精神，结合省财政厅开展全省国有资产产权转让情况检查的精神，对全市 1999 年 1 月以来出售国有资产部门及企业逐户进行审查、核对；对企业国有资产存量进行清理检查；对改制企业国有资产处置行为进行审查；对实施动态股权制企业的方案设置、批复和实施情况进行检查。通过清理审查，全市 1999 年以来已经出售国有资产的部门及企业 73 户，共出售国有资产 65 312 万元，其中用于安置职工 21389 万元，转让给个人和其他 11 749 万元，保留国有资产 13 990 万元，其他处置资产 17369 万元(含无偿划转 13029 万元)。

2003 年 6 月，市财政局组织了四个工作专班，深入企业对上报的资产损失进行实地审核。6–12 月共对 81 户国有和集体企业上报的资产损失进行了审核，共审核企业上报资产损失 108 379.65 万元，审减资产损失 31 656.73 万元。对改制企业办理产权变更登记、国有股权转让、周转金转增国有资本金手续实行“一站式”服务，为企业提供最大的便利。积极向上争取支持，为 4 家省下放企业争取改制补助资金，减轻襄樊市企业改制资金补贴压力。通过努力，省政府将钢丝厂和襄轴实业公司列入特困企业，进入第一补贴序列，截至 11 月底，到位补助资金 3970 万元。根据省政府有关文件精神和襄樊市国企改革实际，制订《襄樊市产权交易暂行办法》并上报市政府，规范产权交易运作程序。如通过对湖北化纤集团国有资产转让收入 1.07 亿元实行专户共管。市财政局参与市委、市政府对支持东风、发展襄樊市汽车产业有关文件的起草制订；提出对有关汽车产业项目实行贷款贴息、科技三项基金补助等合理建议，并被市委、市政府采纳。与市经贸委、汽车办等相关部门联系，摸清全市企业与东风公司配套产品现状，制订对汽车零部件企业税收返还考核工作流程。拟定《襄樊市汽车产业发展财政奖励办法》和《襄樊市汽车产业发展技术改造、新产品开发项目贴息资金管理办法实施细则》，并上报市政府，推动全市汽车产业的发展。

2004 年，按照财政部和省财政厅的安排与部署，建立和完善规模以上重点财源企业主要财务指标统计制度和经济运行分析制度，做好企业财务信息统计上报工作。市财政局在及时做好 2003 年度企业财务决算、企业口行政事业单位财务决算和外资企业财务决算工作的基础上，积极开展企业财务快报改革试点工作。打破传统的市属国有企业的范畴,将不同行政隶属关系和所有制性质的企业,都纳入企业财务快报的编报范围,在此基础上,按销售收入、实现利润、上缴税金的多少,整理编制市区重点财源企业主要财务指标统计报表,使财务信息资料更具有代表性,更能反映全市企业的生产及经济效益情况。同年,市财政局采取多种措施与办法,加强专项资金管理,提高财政资金的使用效率。取消环保部门存在多年的排污费收入过度户,排污费收费直接入财政专户。对环保部门实行了"定收入、定支出、定争取资金、定治污项目资金、定奖惩"的五定管理方式。通过对每个环保单位的经费收支进行核定,全年市直环保系统支出安排比 2003 年下降 26%,市直排污费收入完成 978 万元,超年初计划 30%。重新修订下发《襄樊市市级科技三项费用管理试行办法》。在资金的安排上,强调了资金的使用效益,强调了对财政收入贡献,加大了工业项目的比重;在资金的拨付上,实行资金直达,减少了中间环节。加强了对国债项目资金的管理。全年回收国债项目技术改造贴息资金 200 万元,回收利息 50 多万元,保证了还款的资金来源,减轻了财政债务风险。

2005 年,市财政局在各项专项资金的管理上,从计划入手实行专项资金运行全过程监控。加强对环保资金的管理。针对排污收费标准和使用管理变化的新情况,市财政局积极与环保局协调,就"收支两条线"政策的落实、环保部门经费安排、排污费收费程序等问题进行研究和磋商,达成一致意见,制定出有效的管理方法,全年市直排污费收入 1113 万元,超年计划 39%。加强科技三项费的管理。针对科技三项费缺乏科学、规范、可以量化操作的方法,存在资金安排不合理、重点不突出、管理措施不到位,以至部分资金被截留挪用等问题,市财政局与科技局共同组织对 2003 年 63 个市科技项目完成和科技补助资金使用情况开展检查,对存在问题的单位进行了通报批评,并对 2005 年市科技项目的申报、审核评定、资金拨付与管理实行改革。在科技公关项目选定上首次全部采取了专家评审制,减少随意性和人为因素,增强了公正性;在资金的安排上,强调了资金的使用效益,强调了对财政收入贡献,加大了工业项目的比重;在资金的拨付上,实行了资金直达,减少了中间环节,并对重大项目实行了分期拨款,对项目实施情况实行跟踪监管。加强对重点外商投资企业年度财务报告审查。市财政局根据省财政厅要求,组织人员对 6 户重点外资企业 2004 年财务报告进行了审查,并通过这项工作收取外商投资企业场地使用费 296 万元。2005 年,按照省财政厅的统一要求,及时完成 2004 年度企业财务决算、企业口行政事业单位财务决算和外资企业财务决算以及 2004 年外商投资企业决算核查工作。同时,按照财政部和省财政厅的安排,进一步扩大了企业财务快报改革试点的范围,并按销售收入、实现利润、上缴税金的多少,整理编制出市区重点财源企业主要财务指标统计报表,为领导决策提供了参考。

3.行政事业财政财务管理

(1)行政政法财政财务管理

行政政法财政管理,主要是对国家行政机关、国家审判机关、国家法律监督机关以及各民主党派和人民团体等单位,在开展工作中所发生经费的领取、拨付、运用等事项进行管理和监督。经费开支主要有行政管理费和公检法司支出。

1979—1990 年,行政管理费主要按"预算包干"体制安排预算。具体采取两种形式:全额预算包干,既包人员经费,也包公用经费;公用经费定额包干,也有只对公用经费中一项或几项实行包干,设备购置费和房屋修缮费作为专项补助,包干结余可结转下年使用,可提取一部分作为集体福利奖励。

1986 年,根据最高人民法院、财政部《关于切实解决人民法院业务经费困难问题的通知》文件精神,市财政局在经费方面给人民法院以支持,改善了人民法院业务经费困难的状况,特别是严厉打击严重刑事犯罪活动方面的办案经费予以保障,保证人民法院的审判工作得以顺利进行。同时,按照

《关于人民法院司法业务费开支范围的规定》所列项目，加强对司法业务费的监督管理，本着勤俭节约、避免浪费的原则，从严掌握，合理使用，保证了人民法院司法业务费的有效使用。

1987 年，为提高襄樊市市直文教行政事业单位预算会计报表的编报质量，市财政局对市直文教行政事业单位预算会计报表的编制情况进行了综合评比。从审核情况看,大多数单位会计报表编制质量是好的或比较好的，能综合反映单位在一定时期内预算收支状况和资金活动情况，发挥了会计报表在加强财务管理工作中的职能作用。

1988 年，根据省委常委会议纪要精神，省财政厅补助给襄樊市 1988 年 34 个基层人民法庭建设补助款 22.8 万元，其中襄阳县 8 个 4.8 万元、枣阳县 11 个 6.6 万元、宜城 3 个 1.8 万元、南漳县 6 个 4.8 万元、谷城县 3 个 2.4 万元、保康 3 个 2.4 万元。1988 年，根据财政部、省财政厅《关于社会文教行政专项资金实行追踪反馈责任制的暂行规定》的通知精神，襄樊市财政局对省拨专项资金或专项补助，继续实行合同制，严格履行合同规定条款。合同到期，用款单位必须向襄樊市财政局报送专项资金支出决算和效益文字报告，经检查验收，对按质按时完成好的，给予一定的奖励；对不执行合同规定、延误工期、超计划投资以及降低工程质量等，追究有关方面的责任，确保了专项资金的使用效益。

1989 年，根据全国财政工作会议，“紧缩财政支出，要过两三年紧日子”的精神，市财政局从两个方面入手，控制襄樊市行政经费增长较快的势头：一方面，从加强预算约束机制入手，实行行政经费包干。根据省财政厅《关于湖北省文教行政单位“预算包干”办法的通知》的精神，紧缩预算，量入为出，并在一般情况下，不追加行政经费，单位超出预算包干的部分，从下年度经费中抵扣，确保省财政厅下达襄樊市的行政经费控制指标不被突破；另一方面，通过提高办事效率，控制机构编制膨胀。根据省委办公厅、省政府办公厅《关于严格控制机构编制膨胀的紧急通知》精神，坚持按编制核拨经费，临时机构和借用人员不核拨经费。通过改进工作方法，精减会议，要求各县(市)、区严格执行省政府办公厅《关于精简会议和改进会风的通知》精神，对越级审批召开的会议，财政不拨给会议费，对先斩后奏和斩而不奏的会议费开支，要相应扣减有关部门的行政经费。通过提高资金使用效益，压缩公用经费开支，要求各县(市)、区结合实际,对办公、邮电、水电、差旅、车辆、燃料、修理等费用开支，制定出具体管理办法，加强廉政建设，严禁用公款请客送礼。通过加强专控商品管理，压缩行政费用支出，年内不准审批购买小汽车和彩电，其他专控商品审批一律从严掌握，全年的集团购买力要在上年基础上压缩 20%。

1990 年，为贯彻紧缩政策，压缩财政支出，强化预算约束，襄樊市财政局与编制、人事部门配合，严格定员定额管理，增人不增经费，减人不减经费，控制单位人员超编；坚持有保有压，保人头经费、保教育经费、压缩公用经费，全市共节减经费 320 万元。为加强会议费等重点支出的管理，襄樊市财政局完善了会议费管理制度，在分项预算包干的基础上，根据会议性质分类归口，区别对待。一般会议财政不拿钱，在各单位包干经费中解决；对“四大家”的会议，按照限额实行审批制度，凡是召开 50 人以上的会议，单位编制会议预算报告，报经市政府批准；经批准同意召开的会议，襄樊市财政局派专人到会，审计会议预算和支出。坚持从简节约的原则，会议住宿费、伙食费，公杂费严格执行标准。通过加强会议费的管理，有效堵塞了会议费支出中的浪费现象，全年全市共节约会议费开支 14 万元。1990 年，襄樊市对行政事业单位进行依次递进管理。襄樊市财政局配合南漳县对县直文教行政事业单位建立了预算分配和财务管理模式及管理办法。采取全额预算过渡为差额预算，对预算资金部分改变投向，经费差额自补；差额预算过渡为自收自支，对预算资金全部或部分转向设备更新、配套、改造等，经费差额从业务收入中解决，实行自收自支。通过改革，南漳县文教行政财务管理工作，由过去单纯的支出管理转向经营服务型管理，由财政统包统揽转向支持事业单位逐步朝经费自立发展，由单纯的拨款给钱转向帮助事业单位寻找生财门路，拓宽收入领域，由按人头吃大锅饭转向与单位工作效益挂钩，使行政事业单位逐步建立起行之有效的内部管理和经营机制，增强了生财聚财意识，完善了管理体系。1990年南漳县行政经费支出按可比口径比上年有所下降，事业单位创造的纯收入比上年增长22.7%。1990年，襄樊市对公费医疗推行“三三制”管理。公费医疗“三三制”是指：在管理形式上实行“三专”(专人、专设账簿、专用处方管理)。成立公费医疗管理办公室，配备公费医疗管理监督员，监督员负责对医疗费开支进行审查监督；设置专用账簿，对公费医疗开支按享受单位记账，每一笔公费医疗支出都由公费医疗监督员进行审查并结算收取自费医疗费，定期向公费医疗办公室编送报表；使用专用处方，对病人就诊一律使用公费医疗专用处方笺，对处方实行“双限制”管理，限制处方金额，限制药品剂量。在公费医疗超支处理上实行“三挂钩”(财政、享受单位，定点医院按比例分摊)，一般按照“四、四、二”比例进行分担。在检查监督上实行“三查”(临时抽查、定期检查、全面会审)，每月由公费医疗办公室对各定点医院的门诊处方、用药情况不定期进行检查；每季末公费医疗办公室组织人员对定点医院的门诊处方，药品进货账簿等项目进行一次定期检查，对查出的问题及时进行纠正处理；定期组织会计人员对所有公费医疗享受单位医疗费开支情况，进行全面的审查。同时，每年还对公费医疗证进行一次以旧换新工作，并组织享受单位、定点医院一起开展调查审检、清理重复领证。1990年11月，襄樊市作为公费医疗管理先进单位，应邀出席在桂林市召开的中南五省协作会，作题为《发挥职能作用，开拓公费医疗管理新局面》的典型发言，介绍襄樊市加强公费医疗管理经验。

1991年，襄樊市财政局在谷城县开展文教行政单位，实行财政拨款和创收收入统一计划管理试点。将谷城县各文教行政单位，按照国家政策规定取得的各项行政性收入，各种经营性、服务性和集资等其他收入，按比例纳入预算内统一管理，单位资金的使用权和所有权不变，存入财政专户，建立事业发展基金。对全额单位实行财政拨款基数包干，比例递增，核定的收入任务纳入预算管理；对差额预算单位实行财政拨款基数不减，改差额补助为定项拨款，核定业务收支计划，结余70%上交，纳入预算管理；对自收自支单位定收入目标、定支出计划，结余部分15%上交，纳入预算管理；对企业化管理单位实行利润承包，比例递增，一定两年或三年。对纳入预算管理的收入，分两种方式管理：一种是单位编制收支计划，收入自收自支，视同财政拨款，编制经费支出月报表，接受财政部门监督审查；另一种是单位将收入上缴财政代管户集中管理，财政部门可统筹安排，集中用于重点项目和支持事业发展。截至年底，该县48个单位组织收入395万元，其中纳入预算内弥补经费支出121万元，占财政预算拨款的28.3%。1991年，为完善支出控管机制，襄樊市推行经费分类分项包干办法。按照量入为出，节约开支的原则，襄樊市财政局先后草拟了增收节支、控制支出两个报告，报市政府批转执行。在公费医疗管理上实行医院包干，制定了“医院总额承包，统一管理，超支不补，结余有奖，享受人员定点医疗，适当自费”的新方法，有效控制了公费医疗增长，全年共节减公费医疗经费19万元。在公务费管理上实行定额包干，对公务费实行“总额控制，包死基数，超支不补，结余留用”，全年公务费下降16.4%。1991年，全市文教行政经费实际支出27 679万元，占预算支出指标的103.11%；剔除省拨专款支出为24 545万元，占年初预算指标的100.64%。

1992年，全市共撤销非常设机构162个，规定今后上级布置的中心任务，均由职能部门牵头承担。从1992年5月初，开始在市直一轻局、二轻局和物资局压缩人员编制，分流机关人员，创办三产业公司，精减机关工作人员60%，并取消财政拨款。截至1992年年底，全市各级行政机关兴办经济实体1038个，分流机关人员2 561人，压减财政支出120多万元。1992年，为全面推行公费医疗由医院管理的模式，在1991年试点的基础上，全市推行了“定点医疗，医院总额承包，核定标准，统一管理，超支分摊，结余有奖”的管理办法。各县(市)参照历年公费医疗经费支出和实际情况，确定包干基数，制定定点医院总额包干方案，并完善了凭证医疗、自费挂号、提高自费比例、专用病历、专用处方、专人专方和公费医疗专科等措施，实现了公费医疗管理与医疗机构管理相结合，减少卫生资源浪费，抑制了公费医疗经费严重超支的势头。1992年，为进一步推行和完善财政拨款与单位创收统一计划管理，全市各级财政部门，分别制订了年度和“八五”时期的创收计划，并与经费统一计划管理，把创收任务抵支收入支出与预算经费同时下达到单位执行，通过以政策促创收，以创收促发展，改进行政事业单位预算管理体制。1992 年市直有 22 个单位 611 人，实现了依靠创收自养，脱钩后调减经费达 136 万元。

1993 年，襄樊市财政局在市直行政事业单位推行预算管理手册制度，正常经费预算指标一年一定，单位凭册拨款，包干使用，超支不补，结余留用。遇到特殊问题及困难，由单位向市政府写出报告，先交襄樊市财政局登记编号，提出参考意见，再由市政府一月一集中研究处理，平时一律不审批。推行预算管理手册制度，强化了财政预算的分配、调控和监督职能，规范了单位用款行为，促进了行政单位工作正常进行及事业的发展。1993 年，为加强对会议费、购置费、小车燃修费等项目行政经费支出的监管，襄樊市财政局采取源泉控制法，即：对会议费实行会前预算，会中派人监控，会后严格决算，专人管理、跟踪服务的办法，使全年会议费没有突破预算指标；对购置费，本着过紧日子，坚决压缩非生产性购置的原则，认真执行国务院有关规定，停止审批非生产性专控商品的购置；对小车燃修费，把车修燃料费按车辆编制和单位级别，分档制定定额，包干到单位管理。同时，实行定点维修、定额控制的办法，有效地制止了车修费存在的严重虚报冒领现象，全市全年车修燃料费支出比上年仅上升 3.2%。1993 年，全市文教行政经费支出 39 214 万元，比上年增长 21.56%；全市财政预算内卫生事业费支出 3369 万元，比上年增长 7.8%；全市计划生育事业费支出 700 万元，比上年增长 14.57%；全市抚恤和社会福利救济事业费支出 2083 万元，比上年增长 17.68%；全市政法事业费支出 2706 万元，比上年增长 10.5%。

1994 年，为确保预算平衡，襄樊市财政局坚持“突出重点，兼顾一般”的原则，采取有效措施，优化文教行政支出管理。一方面，确保工资性支出，压缩公用经费。对行政、政法、教育、计划生育等全额单位的工资性支出，在定员定额的基础上，分类定档，打足预算，不留缺口，压缩会议费，车修燃料费、修缮费和设备购置费。另一方面，确保重点财政供给单位支出，压缩其他单位支出。保证国家机关、公检法司、科教事业单位经费，对那些有收入、经济条件较好的单位采取定项、定额补助和体制过渡的办法，缩小财政供给范围。同时，确保重点支出项目，压缩一般项目支出，因特殊困难需追加经费，由市长办公会研究解决。1994 年，全市文教行政经费支出 55 542.8 万元，比上年增加 11 848.9 万元，增长 27.12%；其中抵顶支出 5292.9 万元，比上年增加 2215.6 万元，增长 72%。

1995 年，襄樊市开展人员编制及经费清理工作，由襄樊市财政局牵头，从编委、组织、人事、劳动等部门抽调 16 人组成专班，集中两个月时间，采取单位自查与重点核实相结合，查单位增加人员审批手续、单位发放工资花名册、工改方案与会计报表，对市直 434 个行政事业单位的编制、人员及经费供给情况进行了彻底清理。通过清理，查出市直行政事业单位超编 2139 人，掌握了一些行业主管局、经营性事业单位（如各类事务所、培训中心等）收入情况。这次清查为实行经费分配改革，推进预算管理体制过渡提供了决策依据。1995 年，全市文教行政经费支出 62 585.8 万元，比上年增加 7043 万元，增长 12.7%。

1996 年，襄樊市财政局选定市农委作为试点单位，其主要做法是：通过建章建制，科学规范财务行为。先后制定和完善了工资、资产、办公费、差旅费等 15 个方面共 65 条管理办法；制订包奖结合措施，总量控制经费支出。对办公费、电话费、水电费、车修燃料费、招待费等五大费用，承包到科室和个人，实行总量控制，包干使用，超支自理，节余奖励；实行集中财权管理，统一账户，统一计划，统一核算，统一标准，统一管理，一切收费收入都纳入市农委财务管理，与财政包干经费一并核算和使用。通过试点工作，市农委财务核算和管理工作，由简单被动的事后记账扩展为对收支活动全过程、全方位的管理，经费支出增长势头得到有效遏制。1996 年，该委水电费、办公费、车修费等热点支出比同期节减 8 万元，下降 32%。试点工作得到了襄樊市委、市政府领导的充分肯定，并在市农委召开了市直机关财务管理现场会，在全市推广了农委加强财务管理的经验。

1997 年，襄樊市财政局对市直行政事业单位实行分类编制支出预算，在预算安排上，按市场经济要求，以“社会公共需要”为标准，结合单位实际，将市直行政事业单位重新划分为五大类，即必保类、基本保证类、一般压缩类、重点压缩类和自给类，各种类型单位实行不同的预算政策和标准。与上年相比，64％的单位预算有了不同程度地增加，其中教育、科学、计生、公检法等得到重点倾斜，36％的单位预算相对削减。同时，推行“分层定位”五大支出模式，即：将财政支出分为总量支出、必保支出、可控支出、发展支出和微观支出五个层次，在每个层次抓住关键环节进行定位管理，形成目标管理、定量管理、源泉管理、分类管理和责任管理五个相对应的管理模式。该模式得到财政部、省委、省政府和省财政厅的充分肯定。副省长李大强批示，省财政厅专门下文要求在全省推广。同年 3 月，为加强行政事业单位综合财政预算管理，襄樊市财政局按照量入为出，自求平衡的原则，严格审核单位收支项目，共落实预算内收入 8 292 万元，预算外收入 10 639 万元，支出预算 18 935 万元。1997 年，全年市直文教行政经费支出 8 296.2 万元。

1998 年，为加强行政事业单位的财务管理工作，襄樊市财政局制定了有关经费的管理办法。制定市直单位电话费管理办法。市直副县以上领导干部公费住宅电话实行“定额补贴、自行结算、超支自负”管理办法；移动电话实行“个人结算、核定总额、限额报销、超支自负”管理办法。制定公务接待费管理办法。规定党政机关接待费必须在单位财务支出账上单独反映，实行总量控制，一支笔审批，全年接待费不得超过本单位 1996 年接待费总额的 80％。完善会议费管理办法。严格会议审批制度，市级各类会议不论开支渠道，一律先由市委、市政府审批后方可召开；严格会议开支标准，各类会议开支要做到会前有预算，会后有决算，严禁超支。1998 年市直党政机关的电话费、接待费、会议费开支比上年下降 15％。1998 年，全年市直文教行政经费支出 9899.4 万元。

1999 年，襄樊市在市直行政单位进行“工资卡”改革试点。襄樊市财政局选定市物价局、司法局等 6 家市直行政单位正式推行以“工资卡”为主要内容的新的工资发放方式。通过实行工资统一发放，全面清理和重新确定试点单位财政供养人员，逐一将“工资卡”发放对象确定到人，并实行了编制人员微机管理。按照现行财政财务制度，对个人工资构成进行了认真清理和认定，净化了工资支出，增强了财政对工资性支出的监督管理。同时，为了加强对市直行政事业单位工资支出监管，襄樊市财政局与市编制、组织、人事等部门配合，对市直 200 多个单位的人员进出、工资增减情况进行了全面清理，对新进人员逐人核对进编凭证，共清出新增非财政供养人员 72 人，节约支出 50 多万元，为即将开展的机构改革和重新核定财政供养人员提供了第一手资料。

2000 年，襄樊市财政局在 1999 年市直行政单位进行“工资卡”改革试点的基础上，制定了工资发放改革的实施方案和实施意见，全面核实和确定工资统发人员及其工资、离退休费，选定了代发工资的受托银行，与电信部门联合设立代发工资查询电话。同年 6 月，市直机关事业单位工资发放改革正式实施，全年共有 130 个行政事业单位的 8732 名干部职工的工资实行了财政直接发放。

2001 年，根据省财政厅文件精神，襄樊市财政局对南漳、谷城、保康三个贫困地区政法机关装备现状开展调查，按照“统筹规划、科学立项、分级负责、严格管理、追踪问效”的原则，对中央政法补助专款实行项目管理，建立市级政法装备项目库。对装备购置专款，根据批准的装备购置项目，统一实行政府采购，以实物形式配发到各项目单位；对设施维修专款，根据项目规划书确定的维修金额和维修项目，及时将资金下达到项目单位，并对执行情况进行不定期检查，确保了中央政法补助专款的合理有效使用。2001 年全市支持政法装备建设投入 200 余万元，有效改善了贫困地区政法机关执法条件。

2002 年，襄樊市市直行政事业单位全面实行零基预算。为了做好此项工作，襄樊市财政局对各单位人员编制、人员结构、工资水平、工作性质、设备配备、所需资金规模、单位收入支出情况等进行了核实清理，共清理非财政供养人员 547 人，节约财政资金 851 万元。并在核实清理基础上，实施零基预算，不仅保证了市直行政事业单位工资的发放，而且将单位原公用经费人均提高了一倍，扭转了市直行政事业单位预算中存在的基数只能增不能减，单位之间苦乐不均等问题。2002年，襄樊市政法系统实行部门预算。为此，襄樊市财政局出台《关于加强政法经费保障工作的意见》，明确提出“从优待警”确保办案支出的原则，对市直公安、检察两家单位全面实行部门预算。主要做法是：以1999年、2000年、2001年三年实际支出平均数为基数，综合各类增减因素，确定各单位的财政预算控制数。2002年市直公安、检察系统人均财政拨款分别为38 000元和37 000元，分别比上年增长90%和77%。同时，通过实施项目库管理，共完成政法建设项目12个，总投资140万元。2002年，全市行政支出5084.3万元，比上年降低3%；政法支出4239.7万元，比上年增长4%。

2003年，襄樊市建立全市财政供养人员工资信息管理系统。工资信息管理系统是将财政供给的行政事业单位人员的基本信息、档案工资、财政实际发放工资等全部录入数据库，横向联通财政、人事、编制、国库四部门，纵向连通省、市、县三级财政，财政部门按月根据同级人事、编制部门核准的工资信息，将工资通过银行直达个人账户。同年4月底，全市财政供养人员工资管理系统全面建成，成为全省第一个完成数据采集的市州；全市共有19.2万人成为这一系统的管理对象，其中市直人员工资管理系统录入单位270个2.4万人。2003年，为贯彻落实《国务院转发财政部关于深化收支两条线改革进一步加强财政管理意见的通知》精神，解决现行公安交警财务体制中行政性收费资金环节多，不便财务监督管理等问题。经省政府同意，自2003年7月1日起，襄樊市公安交警财务体制恢复同级管理。恢复同级管理后，襄樊市公安交警部门所有收支纳入同级财政预算，实行收支两条线管理；襄樊市公安交警部门的行政性收费收入中属于省级收入的部分缴入省级国库，属于地方收入的部分缴入同级国库；公安交警部门的支出纳入公安局部门预算或综合财政预算，由同级财政根据其履行职能的需要，给予科学、合理核定。2003年，全年本级完成预算支出8905万元，比上年下降4%；其中行政支出4196万元，比上年下降21%；政法经费支出4709万元，比上年增长11%。

2004年，市财政局在政法机关预算编制上做到“三优”，即人员经费优先考虑，办案经费优先考虑，基层单位所需正常办公经费优先考虑。对人员经费，凡属国家出台的个人工资及津补贴政策，财政全额打满打足不留缺口；对政法部门维持正常工作所需的公务费和业务费，根据有关文件规定，按照比一般行政单位高一倍的标准落实；对基层政法部门办案所需办案经费，单独立项安排390万元，确保专款专用；在增加经费投入的同时，进一步规范支出管理，完善支出管理体制。根据市委、市政府的安排，对市公安局“110”指挥大楼安排了建设经费1200万元，对政法单位服装费和装备配套费也做了相应的预算安排。预算后襄樊市市直政法部门经费达到了中央、省市有关文件规定的标准。2004年，为进一步深化工资网络化发放工作，襄樊市财政局对信息中心的工资网络发放设备进行了统一更新，对工资数据库进行了重新核对与录入。下发了《关于在全市乡镇干部工资实行县级财政统发的通知》，在管理模式上，实行“编办核编、人事核标、财政核资、银行代发的模式”，有效保证了乡镇行政干部工资按时足额发放，调动了广大干部工作积极性。2004年，全年完成预算支出19 505万元，同比增长119%。

2005年，针对一些单位隐瞒经营收入、国有资产“非转经”收入，而将支出硬缺口留给财政的现象，襄樊市财政局对部门收入的编制，按照综合预算的原则，将单位的全部收入纳入部门预算的编制范围，统一编制、统一管理、统筹使用。对基本支出预算的编制，按照定员定额的原则，统一政策、统一口径；对项目支出的预算编制，按照“统筹规划、科学立项、突出重点、体现效益”的原则，分轻重缓急进行排序，保证重点。在资金申报上，认真测算，逐项核实，属于政府采购管理范围的项目，同时编制政府采购预算。通过以上办法，增强了预算的科学性、规范性和国库集中支付的可操作性。2005年，根据省财政厅规范和清理津补贴工作会议精神，襄樊市财政局成立了以局长胡颐新为组长的津补贴清理工作专班，与人事、编制等部门联合召开了全市清理津补贴会议。清理的范围内容是，各级国家行政机关、参照公务员制度管理的单位和依照国家公务员制度管理的事业单位的在编在职人员、离退休人员；由财政预算拨款或预算外资金安排经费的其他事业单位同步开展清理工作。清理项目包括，地方各级政府或人事、财政部门在国家统一规定的津补贴和奖金项目；各部门和单位在国家和当地政府统一规定的津补贴项目之外，自行出台的工资性津贴和奖金项目。此次清理涉及市直及各县(市)、区共计 17 万人，4 000 多个单位，24 000 多个小项，20 多个大项。通过清理归并，确定合理津补贴项目和标准，建立了规范化的津补贴发放制度，健全了监督制约机制，遏制了津补贴发放混乱的现象。2005 年，根据省委常委会会议纪要精神，省人民警察学校移交襄樊市管理，按照市政府与省公安厅《关于湖北省人民警察学校成建制移交襄樊市的协议书》精神，襄樊市财政局对截止到 2005 年 5 月 31 日清算日，原省人民警察学校的财务进行了清理核实，将单位财务的凭证、账本、报表、印章和相关物品予以接收封存；对原省人民警察学校所有固定资产通过实物清点、核查会计账目、参照省公安厅的清理结果、咨询校方管理人员，对学校的全部固定资产进行了清理核实。认定资产总额为 8 459.5 万元(账面值)。其中流动资金 1 375.2 万元，固定资产账面值 4 493.5 万元，无形资产 2 590.8 万元。2005 年，根据省委、省政府要求，襄樊市财政局对政法部门实行“收缴分离、收支完全脱钩”。为确保政法机关正常运转，省财政厅依照 2003 年，全省各县(市)、区总人口、行政区域面积、可用财力、政法人员编制、工作职能、工作量大小、人员经费标准等因素，共分配襄樊市 3 县 3 市 3 区政法转移支付资金 3 742 万元。具体情况是：公安部门 2 408.5 万元，占总资金的 64.4%；检察院 470 万元，占总资金的 12.6%；法院 637.6 万元，占总资金的 17%；司法局 225.9 万元，占总资金的 6%。专项转移支付资金用于个人部分经费支出 864 万元；占总额的 23.1%；用于公用经费支出 2 878 万元，占总额的 76.9%。同年，为了做好政法部门基本情况统计表及经费保障情况表的填报工作，襄樊市财政局根据省财政厅统一部署，对全市政法部门的人员、机构、经费、装备情况进行了一次全面的调查与核实。经核实，全市现有政法机构 369 个，编制 7 404 人，实有在职 8139 人，离退休 812 人。截至 2005 年，全市政法部门固定资产共计 32 454.5 万元，其中：房屋建筑物 21016.9 万元，车辆 8 065.2 万元。2005 年，全年完成预算支出 23 974 万元，比上年增长 18.7%。

(2)教科文事业财政财务管理

襄樊市财政的教科文事业费包括文化、文物、广播电视、教育、科学、计划生育、体育、档案、地震、出版等部门所主管的各项事业经费。1979—1996 年，襄樊市级财政对教科文事业财务管理形式上，实行的是全额预算管理、差额预算管理、自收自支企业化管理等 3 种财务管理形式。并根据部分事业单位预算外收入逐年增长的实际情况，按照财政部的有关法规，从 1989 年开始，将一些全额管理的事业单位的部分收入作为“抵支收入”纳入预算统一管理。

1986—1996 年，襄樊市事业单位预算管理形式主要分为：全额预算管理。对没有经常稳定业务收入或收入较少的事业单位，实行全额预算管理。对全额预算管理单位，实行多种形式预算包干、结余留用、超支不补的办法。对有一定收入的全额预算管理单位，财政部门会同单位主管部门对其收入规定一定的比例或数额，抵顶事业费预算拨款，促其向差额预算管理过渡。差额预算管理。对有一定数量经常性稳定业务收入，还不足以解决本单位的经常性支出，需要财政补助的事业单位，实行差额预算管理。对差额预算管理单位实行核定收支、定额(或定项)补助、增收节支留用、减收超支不补的办法。对有条件逐步自收自支管理过渡的差额预算管理单位，逐年减少事业费补助，在其主管部门会同财政部门规定的年限内达到经济自立，实行自收自支管理。自收自支管理。有稳定的经常性收入，可以解决本单位的经常性支出，但尚未具备企业管理条件的事业单位，实行自收自支管理。对自收自支管理单位实行核定收支、增收节支留用、减收超支不补的办法。

1986 年，为了贯彻执行中共中央、国务院《关于普及小学教育若干问题的决定》，市财政部门加大对小学教育的投入，与市教育部门配合及时开展“一无两有”（校校无危房，班班有教室，学生人人有课桌凳）的检查，襄樊市小学教育实现了“一无两有”。为了加强对文教周转金的管理，规范周转金的使用，根据省财政厅有关文件精神，市财政局下发了《关于开设文教周转金账户，下拨扶贫、以文补文、勤工俭学周转金的通知》，进一步加强了对文教周转金追踪反馈和监督工作。为了加强对文教事业单位的奖金、文教企业财务和公费医疗费的管理工作，市财政局下发了《关于文教事业奖金实行合同管理，文教企业财务和公费医疗管理规定的通知》，进一步加强对文教事业单位财务监管。

1987 年，为了加快全市勤工俭学发展，实现创产值 5 000 万元、利润 1 100 万元的目标，市财政局扶持重点勤工俭学项目 15 个，多方筹措勤工俭学周转金 275 万元，其中省财政厅下拨周转金 150 万元，自筹周转金 125 万元。为了更好地满足人民群众对文化生活的需要，进一步增强事业单位的自身发展能力，市财政局在全市考察了一批投资小、见效快的有偿服务项目，开展以文补文项目建设。通过向省厅争取以文补文周转金 26 万元，支持了市第二群艺馆、市京剧团、市图书馆、市博物馆等 10 个项目。

1988 年，为推动全市业余教育事业的发展，市财政局积极向省财政厅争取业余教育补助经费 4 万元，其中襄阳县 0.5 万元、枣阳市 0.5 万元、宜城县 0.5 万元、南漳县 0.5 万元、保康县 0.5 万元、谷城县 0.5 万元、市教委 1 万元。为了加快襄樊市职业中学的发展和建设，市财政局下拨职业中学设备补助费 17 万元，主要用于已审定专业的教学仪器和图书资料购置。根据省财政厅文件精神，为解决教育系统房修费，市财政局下拨房修款 19 万元，其中襄阳县 2 万元、谷城县 2 万元、枣阳市 3 万元、南漳县 5 万元、保康县 2 万元、市职大 5 万元。为进一步加强对普通教育专项补助资金的管理，充分发挥专款的使用效益，根据省教育部门文件精神，对 1987 年省拨各项补助专款的投放使用情况进行了全面检查。通过检查，纠正了少数地方管理不善、专款未能专用的现象。

1989 年 1 月，襄樊市科委、襄樊市科协和襄樊市财政局制定下发了《襄樊市市直科学事业费预算包干改革办法（试行）》，将科委事业费、科协事业费全部纳入科学事业费包干范围。对开发性、应用性、基础性、服务性等各类型科研单位，凡是 1988 年列入国家预算计划的单位，一律实行改革后的预算包干办法，正常事业费暂定每年按 8%增长。对粘胶技术研究所、科学器材供应站、科技开发研究中心等经济效益较好，自给能力强的单位，实行企业化管理，自收自支，自负盈亏。1989 年 3 月，襄樊市对各事业单位的财务收支情况进行认真清理和检查。重新确定各单位的预算管理形式，理顺财务管理关系，提高资金使用效率。1989 年 8 月，为了解决山区民办教师工资待遇，根据省教委、省财政厅，关于下达 1989 年山区民办教师补助费的通知精神，襄樊市争取专项教师补助费 58.41 万元，按有关规定，将补助费按标准全部落实到属于补助范围的民办教师个人。其中南漳县 22.45 万元，保康县 9.61 万元，谷城县 26.35 万元。1989 年 10 月，为解决襄樊市文化事业单位房修资金，市财政局积极向省财政厅汇报，争取省财政厅专项补助 20 万元，其中：枣阳市剧场 3 万元，南漳县文化单位房修 4 万元，保康县文化馆设施 2 万元，市直文化单位 8 万元（图书馆 4 万元）。1989 年，计划生育服务站建设要从县（市）延伸到乡（镇）。为加快服务站建设，市财政局下拨 14.5 万元设备补助款（每个服务站补助 0.5 万元）。其中：襄阳县 3.5 万元，谷城县 2.5 万元，保康县 1.5 万元，南漳县 2.5 万元，枣阳市 3 万元，市直 1.5 万元。

1990 年，为科学安排经费，强化预算约束，加强支出管理，本着“压缩支出，过紧日子”的指导思想，市财政部门与编委、人事部门配合，严格定员定额管理，完善分类预算包干办法。按照增人不增经费，减人不减经费的原则，严格控制单位超编现象。全市教育预算安排 7 932 万元，比上年增长 15.93%，科学事业费安排 172 万元，比上年增长 10.8%。为了用活财政资金，促进事业单位创收，财政部门对各项创收资金的投放、回收，建立专管员负责制，严格合同管理。每一笔资金由专管员负责调查，提出建议，在“六定”（定使用期限、定资金用途、定用款进度、定使用效果、定奖惩办法）的基础上，实行倾斜政策，按照优中选优的原则，选择效益好、见效快、有前途的创收项目，给予优先扶持，并建立跟踪问效责任制。全市共投放文教创收周转金650万元。其中勤工俭学388万元，以文补文180万元，科学1 0万元，广播服务20万元，卫生、民政45万元，扶持了136个项目。同时，为了加强创收管理，市财政局制定下发了《襄樊市文化事业单位开展有偿服务和经营活动暂行办法》《襄樊市电视事业单位收入管理暂行办法》等。据统计，全市事业单位创收收入2175万元，比上年增加251万元，上升13.05%；用于事业发展，扩大再生产的资金达1357万元，占总收入的62.4%。

1991年，市财政局在谷城县开展事业单位实行财政拨款和创收收入统一计划管理试点。对各事业单位按照国家政策规定取得的各项收费，各种经营性、服务性和集资等收入按比例纳入预算统一管理。对全额预算单位实行财政拨款基数包干，比例递增核定收入任务，纳入预算管理。实施这一管理办法，较好地解决了创收收入的管理缺乏统筹、使用分散、管理偏松的问题，增加了财政经费有效供给，取得了明显效果。年底，该县46个单位创收收入395万元，其中：纳入预算管理弥补经费支出121万元，占财政预算拨款的28.3%。同年，市财政局根据襄樊市文教事业单位创收现状和发展前景，拟定了襄樊市文教事业单位"八五"替代财源建设规划，并积极组织实施。为保证替代财源建设和事业单位创收有稳定的资金来源，市、县两级都设立文教事业发展专项基金，其来源：本级财政专项安排的基金和周转金；企业化管理单位上缴财政的利润；社会文教行政单位纳入预算管理的创收收入；上级财政扶持社会文教事业发展的周转金；财政对有收入的社会文教事业单位转向使用的事业费；财政间隙资金；其他渠道转入的资金。把这些资金集中起来，统筹安排，通过"五定"责任制(定投资额，定项目、定期限、定效益、定奖惩)，严格资金使用的审批程序和监督检查，当年全市共形成本级周转金86.5万元，投放周转金205.5万元，扶持创收项目63个。全年创纯收入726万元(含省级周转金效益)，比上年增加260.4万元，其中：用于事业发展资金619.3万元，占全年文教行政经费支出的2.2%。1991年，全市文教科学事业费实际支出16 626万元，比上年增长15.97%；全市文教事业创收实现纯收入2388万元，比上年增收213万元，上升10.9%，比年初计划超额188万元，超收8.5%。

1992年，襄樊市财政部门积极改革财政经费分配办法，采取财政拨款与单位创收收入挂钩和"两个过渡"(全额预算管理向差额预算管理过渡，差额预算管理向自收自支管理过渡)的管理措施，扶持文教事业单位利用人才、资金、技术和信息等优势，开展生产经营、有偿服务创收，推进教科文事业发展。通过实施过渡办法，对部分创收条件好、经济基础雄厚的生产经营单位，实行企业化管理；对创收收入稳定，自给能力较强的预算单位，实行自收自支；对创收潜力大，有经常性收入，但不能满足经费开支，创收项目需要维持和发展的全额预算单位，实行预算经费不减，改变资金投向，改全额预算为差额补助；对有创收收入的全额预算单位，定收入任务，定支出计划，实行以收抵支。从而优化了财政支出结构，缓解了地方财政的支出压力。截至年底，全市参与创收挂钩的文教单位近450个，占文教事业单位总数的11%，创纯收入达2 801万元。

1993年，财政部门着力加强文教事业单位的资金扶持，共投放创收周转金630万元，择优扶持重点创收单位97个。在鼓励创收的同时，财政部门积极与有关主管部门配合，对创收单位实施财务管理，对会计业务实行会计科目、记账方法、记账凭证、会计账簿、核算形式、会计报表"六统一"，做到账账、账实、账表三相符。1993年，全市文教事业单位创收13 591万元，其中抵支收入3 052.6万元，分别比上年增长11.6%和29%。1993年5月，根据省政府61号文件精神，认真清兑拖欠教师工资问题，全市各级财政部门积极配合教育部门调查核实情况，分析问题症结，寻找解决途径。对教育经费采取预算直接划扣的办法，保证全市教育经费及时到位。到年底，全市共清欠教师工资4 000多万元。据统计，1993年，全市财政预算内教育事业支出1372万元，比上年增长25.41%，生均教育费用189.6元，比上年增加36.1元，年底在校学生人数达72.4万人，比上年增加1.1万人；全市财政预算内科学事业费支出324万元，比上年增长29.6%，全年共获得市级以上科研成果奖57项，推广、应用科技成果67

项;全市文化、广播、体育事业费支出分别为625万元、588 万元、180万元,比上年分别增长6.29%、2.26%、14.65%;全市计划生育事业费支出达700万元,比上年增长14.57%,乡级计划生育服务站设施得到很大改善,全市计划生育率84.71%,人口出生率12.31‰,一孩上环率78.93%,二孩结扎率87.86%。

1994年,为加快以文补文向产业化发展,市财政部门与文化部门通力协作,发展文化产业。通过制订文化产业规划,推行目标责任制,建立文化产业发展基金,扶持文化产业项目,全市筹集文化产业发展基金378万元。通过制定文化产业管理办法,规范经营及收益分配,确保文化产业收入用于发展文化事业。同时,市直财政采取突出重点,集中资金150万元,扶持市群艺馆、京剧团兴办二十一世纪饭店和艺达公司,推动以文补文向产业化发展。1994年,共筹集文教创收周转金1360万元,全市以文补文实现纯收入228.7万元,其中用于补充文化事业费191.2万元,占同期文化事业费支出的22.86%。

1995年,全市各级财政对文教行政单位推行零基预算,对各文教行政单位所需经费,严格按照定员定额,从零开始编制预算盘子,并包干使用,超支不补,结余留用。推行零基预算,不仅消除了单位为多报预算指标而虚报基数现象,而且压减不合理预算支出项目200多个,节减财政支出648万元。为了加强对文教周转金的管理,全市各级财政部门对近几年全市投放的文教周转金进行了一次全面清理,共回收到期周转金320万元,回收率达84%。同时,按照财政部、省财政厅对周转金管理的要求,加大对周转金的监管力度,从投放、使用、回收到考核,建立了一整套的规范化程序,做到全面规划、统筹安排、认真论证、合理投放,最大限度地提高文教周转金使用效益。全年共投放文教周转金1020万元,无一笔违纪资金。同年,市财政局与市文化局、新闻出版局联合对文教企业财务、财税体制改革后的情况进行了专题调查,摸清了企业现状及发展存在的问题,并根据中央、省有关文件精神,建立了文教企业发展基金,专项支持文教企业的发展。全年全市文教企业上缴各项税费32万元,比上年增长60%。

1996年10月,财政部发布《事业单位财务规则》,并于1997年1月1日起正式实施。为落实兑现文教事业单位的工资,全市普遍建立了工资基金专户,灵活调度资金,确保工资按时兑付。为掌握全市工资兑现情况,建立了工资兑现月报制度,并针对存在的问题,组成专班,深入县(市)、乡镇进行检查,帮助分析成因,研究对策,督促限期兑现。1996年,全市工资兑现率达98%以上。

1997年1月1日,财政部颁布的《事业单位财务规则》正式实施。同年,为贯彻实施《事业单位财务规则》,市财政局在预算安排上,按市场经济要求,以“社会公共需要”为标准,结合预算单位实际,将市直行政事业单位重新划分为五大类,即必保类、基本保证类、一般压缩类、重点压缩类和自给类,各种类型单位实行不同的预算政策和标准。与上年相比,64%的单位预算有了不同程度地增加,其中教育、科学等单位得到重点倾斜。同时,在总结分税制以来,襄樊市财政支出管理经验基础上,1997年全市推行了“分层定位”五大支出模式,即将财政支出分为总量支出,必保支出,可控支出,发展支出和微观支出五个层次,在每个层次抓住关键环节,形成目标管理、定量管理、源泉管理、分类管理和责任管理五个相对应的管理模式。该模式得到财政部、省委、省政府和省财政厅的充分肯定。副省长李大强批示,省财政厅专门下文要求在全省推广。

1998年,全市共举办培训10期,培训1500人次。同时,深入有关单位指导新制度操作,帮助有关单位财会人员设置会计科目、编制会计报表等,确保了全市新旧制度转换工作的平稳过渡。1998年,财政部门进一步调整和完善经费零基预算管理,在单位经费预算安排上,不以单位上年支出为基数,重新核实单位人员、车辆及增支政策特别是对单位人员的进出、工资增减情况,清理核实,按单位不同类型及预算标准,核定单位经费预算。调整了经费支出结构,教育、科学、文化、计生等部门得到重点倾斜。

1999年,市财政局组织开展了教师工资兑现专项检查,重点调查了解部分经济不发达的乡镇,对存在的问题,向市政府写出了专题报告,提出了相关建议,完善了工资兑现报表制度。同时,市财政局与市编制、组织、人事等部门配合,对市直事业单位人员定编执行情况进行全面细致的调查与摸底,掌握了全市事业单位的机构及人员基数,为机构改革和重新核定财政供养人员提供了第一手资料。

2000年,市财政局制定了全市工资发放办法改革的实施方案和意见,筹备召开了动员会,全面核实确定了工资统发人员及其工资、离退休费,选定了代发工资的受托银行。同年6月,市直机关事业单位工资发放办法改革正式实施。同年10月,工资统发的范围扩大到市直教育系统,确保教师工资及时足额兑现。按照建设质量效益财政的要求,坚持有所为、有所不为,有所轻、有所重的原则,市财政对教育、科技、文化等实行政策倾斜、重点保障。对体育场、科技馆、文艺团体等带经营性质事业单位实行定额或定项补助,引导事业单位多渠道筹集资金进行事业发展。通过调整财政对教育投入结构,推进教育布局调整,按照“重点突出,有保有压”的原则,对义务教育的正常经费予以确保,预算到位。对中专、技校、高中等非义务教育类型的学校逐步减少拨款额度,并根据教育事业发展纲要的要求,确定合理的教职人员定额,严格控制非正常增人。全市共合并调减小学250所、初中37所,清退临时教师3700人,解决了中小学规模过小,师生比失衡问题。同时,为加强对文教专项资金的管理,市财政局与相关部门协作,拟定了市直教育、科技、文化等专项资金管理办法,对专项资金实行“核定项目、指定用途、按进度拨款”,确保专款专用。2000年,襄樊市文体广支出1128.2万元,比上年增长9%;教育支出2652.5万元,比上年增长23%;科学支出212.4万元,比上年增长21%。

2001年,襄樊市实行中小学教师工资县级统发。以县为单位,以委托银行代发直达个人帐户的形式,将县(市)、区直和乡镇学校中在编(含离退休)教师的基本工资全部纳入县级财政统一发放。根据省财政厅对中小学教师工资实行专项转移支付等政策,及时做好项目编制、资料收集等基础性工作,争取农村中小学教师转移支付资金3 445万元,缓解了县(市)教师工资发放的资金供给矛盾。从当年4月至11月底,全市各县(市)、区的7.4万名教师工资全部实行了专户管理、统一发放。为推动厂校分离、实现企业子校转制,市财政局积极贯彻市委、市政府关于“激活”城区教育的战略决策,做好厂办学校改制工作,对三十七中、三十九中和四十中改制后的经费,按照有关政策口径,及时测算,并予以落实。同时,积极实施中小学危房改造工程。同年4月,召开有关中小学危房改造专题会议,会同教育、计划、建委等部门,对全市中小学危房进行全面、彻底的排查与核实。按照国家规定的危房标准科学鉴定,出具房屋安全报告,制定危房改造规划,逐级汇总上报。按照“急需、效益”的原则,突出农村中学、教学用房、D级危房三个重点,优先规划,优先改造。全年,财政支持327所中小学危房改造,改造危房面积30.9万平方米,总投资15 763.4万元。为推进襄樊市文化广播事业发展,市财政局拨专款支持市豫剧团大型现代豫剧《小小露水官》冲击国家金奖,该剧在湖北省第六届戏剧新作展演中获得“新剧目奖”等5项奖励。对广德寺、米公祠、夫人城等一批重点保护文物实行投资倾斜。积极落实广播电视覆盖工程市级配套资金,截至2001年年底,全市广播电视综合覆盖率达到95%。同年,市财政部门为认真贯彻落实中共中央、国务院《关于加强人口与计划生育工作稳定低生育水平的决定》,按照省委、省政府的要求,不断加大对人口与计划生育事业的投入力度,加强对人口与计划生育事业费的管理,制定了《襄樊市市级计划生育事业费管理暂行办法》,规定了市级计划生育经费来源,明确了计生事业费的使用范围和管理要求。对正常经费由市财政部门按月平均拨付,对其他事业经费按照“量入为出、突出重点、专款专用、注重效益”的原则,由市级计生管理部门根据事业发展需要,在市政府批准的使用计划范围内提出拨付申请,市财政部门审核后及时拨付。2001年,全市文体广支出1324万元,比上年增长17.3%;教育支出3469.2万元,比上年增长30.8%;科学支出212万元,比上年增长11%。

2002年,根据国家经济贸易委员会、财政部、教育部、卫生部、劳动和社会保障部、建设部《关于进一步推进国有企业分离办社会职能工作的意见》和湖北省人民政府办公厅转发省经贸委等部门《关于进一步推进全省国有企业分离办社会职能工作实施意见的通知》精神，从 2002 年起逐步实施分离企业自办普通中小学校。襄樊市政府高度重视分离企业自办普通中小学工作，及时批转了市教育局、市财政局《关于市直国有企业自办中小学校分离工作的实施意见》，市直国有企业自办中小学，采取整体划转、移交合并、国有民营、资产置换、撤销停办等方式分离，学校教职工以上年底在编在册在职人员为基础，按规定的配编比例和学校现有规模核定划转人员总数。资产划转包括土地、校舍、未出售的教师住房、设施、设备、仪器、图书资料、自有资金、知识产权和其他有形资产、无形资产等全部无偿划归所在地政府所有。办学经费包括人头经费、公用经费和基本建设经费等，采取企业与地方财政共同负担、逐年过渡的办法解决。全市符合分离条件的企业自办中小学校达 33 所。其中，中央企业自办中小学校 5 所，省属企业自办中小学校 6 所，市属企业自办中小学校 12 所，铁路办中小学校 5 所、幼儿园 5 所。同年，为认真贯彻国务院《关于基础教育改革与发展的决定》和国务院办公厅《关于完善农村义务教育管理体制改革的通知》精神，市政府制定下发了《关于基础教育以县为主管理的实施意见》，进一步明确中小学教师工资由县级财政统一发放的体制。从 2002 年 1 月起，各县(市)、区财政根据核定的教职工编制和中央统一规定的工资项目及标准，将教师工资全额纳入财政预算，实行县级财政统一发放。县级财政部门按规定，对教师工资资金实行专户管理，在安排使用上级转移支付资金时，首先保证农村中小学教职工工资，按时将教师工资资金拨付给银行，由受托银行直接汇入教师个人工资账户。通过改革教师工资发放办法，各县(市)、区基本做到了“四个统一”，即统一财政预算、统一发放项目及标准、统一发放时间、统一管理监督。截至 2002 年年底，全市 7.1 万名县乡中小学教师全部领到了县财政统一发放的工资卡。2002 年，针对襄樊市进行中小学调整后，面临的相当一部分学校学习、生活设备短缺状况，市财政一方面积极向财政部及省财政厅争取政策和资金；另一方面在认真调查摸底的基础上，本着“统筹安排、突出重点、集中投入、讲究效益”的原则，按照学校申请、县级把关、市级审核、报省审定的工作程序，认真筛选确定了经济条件较差、布局调整保留的 78 个农村寄宿制中小学校作为立项学校。申报立项的 78 个学校，其中：新项目 29 个，改扩建项目 48 个，规划建设规模 99 826 平方米，计划投资 4 689.51 万元，争取国家第一期改善基础教育办学条件专项资金近 200 万元。解决了襄樊市约 1 万名在校学生的就餐问题，安排近 6 万人在校住宿，解决 2.6 万人教学用房不足的问题。为推进襄樊市广播电视覆盖工程的顺利完工，市财政局与市广电部门密切合作，组织督导专班，对全市广播电视覆盖工程进度，县乡两级配套资金到位情况等进行检查，督促县乡两级落实配套资金 1 400 万元，在 54 个贫困乡镇建成了广播电视站，使全市广电混合覆盖率提高了 8%。2002 年，全市教科文事业支出 7 418.1 万元，比上年增长 48.2%。其中，文体广事业支出 1 457.3 万元，比上年增长 10.1%；教育事业支出 5 721.5 万元，比上年增长 64.9%；科学事业支出 239.3 万元，比上年增长 12.9%。

2003 年，为提高教科文专项资金使用效益，市财政部门从建立健全管理制度入手，制定了《襄樊市教科文事业专项资金管理办法》，规范了专项资金计划申报、审批、拨付和管理程序。对预算内外各种渠道的专项资金，严格按规定纳入管理范围，实行统一预算、统一管理、加强监控。为加大财政对教科文事业的投入力度，确保教科文各项事业投入稳定增长，全市各级财政部门坚持多渠道、多层次、多形式筹措教科文事业发展资金，全年安排教育费附加等教育发展专项资金 1 420 万元，用于支持全市中小学基础设施建设、教师继续教育培训、教育网络建设及贷款贴息等。全年共争取中央、省财政对襄樊市教科文专项资金投入达 2 500 万元；实行捐资助学、国有民办、股份制和贴息贷款等形式，多渠道筹集教育发展资金 26 800 万元。同年，根据省文化厅、省财政厅《关于实施湖北省文化信息资源共享工程的通知》，市财政部门及时向市委、市政府汇报，成立了实施文化信息资源共享工程领导小组，制定了详细的实施方案。以市图书馆为依托的基层文化信息中心投入建设，为传播先进文化、丰富百姓生活发挥了重要作用。为贯彻落实《教育法》《义务教育法》和中共中央国务院《关于深化教育改革全面推进素质教育的决定》精神,为进一步优化教育资源配置,坚持遵循"就近入学和相对集中,资源优化和规模效益,实事求是和因地制宜,统一规划和分步实施,立足当前和着眼长远"等五项基本原则,按照"初小就近办学,高小相对集中,初中形成规模"的总体要求,适当打破行政区划,采取撤、改、联、并等办法调整农村中小学校布局。全年调减中小学校 180 所,其中普通初中 3 所、职业初中 1 所、小学 176 所;投入资金 2 969.05 万元,用于消除现存的 D 级危房(15.86 万平方米),改造 B、C 级危房(其中 B 级危房 0.99 万平方米,C 级危房 7.34 万平方米)。2003 年,全市教科文事业费总支出达 82 900 万元,其中:教育事业费支出 78 000 万元,科学事业费支出 1 100 万元,文体广播事业费支出 3800 万元。

2004 年,市财政部门筹措资金,加大教育经费投入力度,调整优化支出结构,通过开设教师工资专户、中小学危房改造资金专户、中小学公用经费专户,加强对专项资金的管理,确保教育经费专户管理,专款专用。同时,市财政部门不断加大科技及科普经费投入力度,安排专项资金 110 多万元,用于支持科技事业发展,取得了较好的经济效益和社会效益。共引进 10 多个国家 30 多人次外国专家,指导支持襄樊市汽车产业、高新技术等企业发展。安排科普专项资金 34 万元,用于支持科普知识宣传普及、科技馆建设等。科技馆已建有四厅一室(恐龙展厅、声光电展厅、航空航天展厅、汽车模拟驾驶展厅和青少年科学工作室),成为全省首座集展览、培训为一体的综合性科技馆,并被省确定为全省第一家区域性科普展教中心。同时,市财政还拨出专款 27 万元,用于科普大篷车的购置,进一步丰富和完善科技馆设施,社会效益十分显著。为了促进文体事业单位改革与创新,对市直艺术院团实行"以奖代补""优质优奖"等办法,先后投入 92 万元重点支持了市京剧团创作演出大型新编古装京剧《襄阳米颠》,并成功入选 2002—2003 年度湖北省舞台艺术精品工程重点剧目,参加了第四届中国京剧艺术节,并获得"中国京剧艺术节"优秀剧目奖第一名。2004 年,襄樊市政府按照"政府投入,功能完善"的要求,投入财政专项资金 9000 多万元新建了总建筑面积达 2 万平方米的襄樊体育馆;投资 1100 万元改造了体育场三期工程,包括塑胶跑道、内场草坪、水电改造、高空网架油漆、灯具更新、音响更换、电子显示屏安装及主体建筑的内外刷新等改造工程,新建了省运会主会场火炬台;投资 250 万元改建了标准游泳池;投资 200 万元新建了网球场;同时修复了襄樊四中体育馆等场馆设施,进一步增强了城市体育功能和辐射能力。同年 10 月,市政府决定举办襄樊市第一届综合性体育运动会,由市政府主办,市文体局、总工会、教育局、农业局、公安局、残联等单位联合承办。市财政部门积极支持,在财力较为困难的情况下,仍安排财政专项资金 110 万元、体育彩票公益金 100 万元,采取市场化运作方式筹集资金 100 万元,为顺利举办运动会提供了财力保障。2004 年,国务院在全国 5 个省和 10 个地(市)进行农村计划生育奖励扶助制度试点。主要内容是,对每一个符合政策的奖励扶助对象,按人年均 600 元的标准发放奖励扶助金,直至亡故为止。为在襄樊市推行农村部分计划生育家庭奖励扶助工作,市财政局分两期组织县市财政、计生部门参加全省农村部分计划生育家庭奖励扶助培训班,统一思想认识,准确掌握政策,强化工作措施,搞好协调配合,并按要求完成了调查摸底工作任务。据统计,全市符合政策规定的奖励扶助人数为 7753 人,需奖励扶助资金 83 万元,市级财政按 1/3 负担约需 27 万元。2004 年,各县(市)、区根据农村城镇化建设和学龄人口分布的新趋势,结合危房改造工程和农村寄宿制学校建设,继续优化中小学布局,着手调整优化学校配置,调减中小学校 180 所,其中普通初中 3 所,小学 177 所。农村中小学危房改造项目共投入资金项目 3138.9 万元,规划保留的定点学校绝大多数得到了改扩建,办学条件进一步改善,学校办学规模适当扩大,教育教学质量稳步提高。

2005 年,按照《湖北省农村义务教育阶段贫困家庭学生"两免一补"工作管理办法》的要求,襄樊市下发《关于切实做好 2005 年资助义务教育阶段贫困生工作的通知》和《襄樊市义务教育阶段贫困生资助工作管理暂行办法》,进一步明确了任务,分清了责任,规范了程序,强化了管理监督,使"两免一补"工作稳步实施。据统计,全市6.6万名农村贫困家庭学生享受了这一惠民政策。同时,市政府积极采取措施对没有纳入国家、省"两免一补"范围的襄樊市区义务教育阶段贫困学生实行资助,市财政负责筹措"两免"资金,区级财政负责筹措"一补"经费。据统计,全年市财政筹措"两免"资金达354万元,区财政筹措"一补"资金达76万元,资助困难学生11436人次。按照中央、省关于国家助学贷款和生源地助学贷款的有关政策要求,市教育局、市财政局、人民银行襄樊市中心支行、襄樊银监局结合襄樊实际,认真测算分析,反复研究推敲,制定了《襄樊市市属高校贫困学生国家助学贷款工作实施方案》和《襄樊市生源地助学贷款实施细则》。2005年,是国家实施第二期农村中小学危房改造工程的最后一年,市财政部门高度重视,不断加大投入力度,全年共安排危改专项资金2741万元,其中:中央级531万元,省级配套592万元,县(市)财政配套资金923万元,地方其他配套资金695万元,完成建设项目学校93所,消除D级危房67443平方米,新增建设面积66042平方米,圆满完成了D级危房改造任务。为了妥善化解"普九"债务工作,市政府多次召开专题会议,研究"普九"债务化解问题,并作出了明确指示和要求。市财政局积极与市教育部门配合,开展了襄樊市普及九年义务教育债务清理情况的调查,下发市财政局、市教育局《关于进一步做好普及九年义务教育债务化解工作的通知》,采取有效的措施,把"普九"债务化解工作落实好。按照义务教育"以县为主"的管理体制,"普九"债务化解按照县级财政负责、市级财政适当奖励的办法进行。对于债务在5万元以下的586所学校,按照县级财政负担40%、市级财政奖励60%的办法进行化解;对于债务在5万元以上的616所学校,市级财政按化解债务额度的1%进行奖励。同时,要求县(市)、区开设化解"普九"债务资金专户,实行国库集中支付,确保"普九"债务资金由专户直接支付到各债权人。2005年,为全面实施农村部分计划生育奖励扶助政策,襄樊市市政府办批转下发了,市财政局、市人口计生委《关于做好全市农村部分计划生育家庭奖励扶助资金管理和发放工作的意见》,(襄政办发〔2005〕89号)。当年共审核确定符合政策规定的奖励扶助对象6777人,按每人每年600元标准,筹集奖励扶助资金410万元。其中,中央承担204万元,省级承担128万元,市、县级承担78万元。奖励资金采取财政部门委托金融机构实行社会化发放,直达个人账户。

4.农业财政管理

1979年以来,农业财政工作主要包括,支援农村生产支出管理、农林水事业费财务管理、支农周转金和乡镇企业发展资金管理、国有农口企业财务、新菜地开发基金管理等。1987年,财政部在襄樊市召开的全国农业财务管理工作会议。1988年,为优化财政分配结构,确保农业投入适度增长,市财政局通过年度农财工作计划要点,要求各县(市)财政部门,根据本地农业发展的实际需要,在年初安排预算时,市、县级农口事业费和支农专款至少比上年增长10%;市、县级机动财力用于农业部分不低于20%,乡级不低于30%,确保对农业的投入。全年实际执行结果比预算多出5.49个百分点。为加强扶贫资金的管理,市政府印发了《襄樊市扶贫资金管理试行办法》,并在南漳县开展扶贫基金管理试点工作。其具体做法是:由一名县长负责,各有关部门参加,成立扶贫基金管理领导小组。在坚持"性质不变,渠道不变,用途不变"的原则下,对扶贫资金实行"全面规划,统筹安排,归口管理,配套使用,突出重点,讲究实效"的管理办法。同年,市财政局在襄阳县开展"财政支农资金目标效益管理"的试点,通过调查摸底,市、县财政部门针对过去支农资金管理上存在的"投资有人争,效益无人问"的弊端,引入风险责任机制,对财政支农资金实行全方位、全过程、多层次的管理。即在资金扶持项目确定以后,由乡镇政府、财政及农口有关部门责任人员同借款单位负责人签订《财政支农资金目标效益管理议定书》,确定投资项目、投资额度、一定时期内应达到目标效益等,并由各有关方责任人从本人工资中预交相当于2~3个月的基本工资作为风险金,由财政部门代管,到期验收达到目标效益,除退还各方预交风险金外，还给予受援单位责任人相当于预交风险金额度 2 至 3 倍的奖励(此奖可在企业奖励基金或新增效益中列支)。其他综合部门责任人员采取同样的奖励办法，全年综合考评，并结合单位岗位责任制，实行奖惩兑观。1988 年 12 月 21 日，市政府在襄阳县召开了现场会，要求各县(市)创造性地学习襄阳县的经验做法，引入风险机制、责任机制和效益机制，强化支农资金管理。全市 184 个乡镇有 85%推行目标效益管理办法。1989 年，根据国务院《关于建立农业发展基金，增加农业投入的通知》精神，市财政局在深入调查研究，总结南漳县财政部门已建立县级农发基金经验的基础上，本着“量力而行，留有余地”的筹资原则，受市政府委托起草《襄樊市农业发展基金管理暂行办法》，印发各县(市)、区贯彻实施。采取该项措施仅市级筹集农业发展基金 1 235 万元。为促进全市乡镇企业的健康发展，市财政局会同有关部门，对全市在建和准备兴建的乡镇级工业项目进行全面清理，制止乱铺摊子、乱上项目的现象。对那些管理水平落后，产品质量差、经济效益低的亏损企业实行关停并转。同时，进行产业结构调整，对轻纺、建材、食品、化工、机械等有地方特色的支柱产业，实行倾斜性扶持政策。当年，全市 17.86 万个乡镇企业实现产值 34.45 亿元，比上年的 28.89 亿元增长 19%；实现利润 2.33 亿元，比上年的 2.22 亿元增长 5%；向国家实交税金 4 226 万元，比上年增长 6.5%。为支持冬春农田水利基本建设，市财政局挤出 500 万元专款，重点支持全市 135 处小农水项目的配套建设。同时，要求各县(市)从县乡机动财力中拿出近 2 500 万元专款，用于乡村级水利工程项目的配套建设；对省财政追加襄樊市水利专款，严格按计划、按进度下拨到水利建设项目，做到专款专用。据统计，1987—1989 年的三个冬春，新建和加固小(二)型以上水库 1 200 多座，新修、整修堰塘 9.5 万口，新增蓄水量约 1.5 亿立方米，维修渠道 1.5 万多千米，可新增或改善农田灌溉面积 100 万亩。1989 年 3 月，市财政局在宜城县开展水利资金系统化管理试点。经广泛调查和对部分水利管理单位进行解剖，找出了水利资金和水利工程管理中存在的水利资金投入递减、水利资金损失浪费、水利设施不够配套、部分水利工程功能退化、水利管理单位综合经营水平差五个方面问题，分析了产生问题的根源。为此，襄樊市财政局会同县财政局，在反复征求县直有关部门和各乡镇领导意见的基础上，组织起草印发了《宜城县水利资金系统化管理暂行办法》。该办法的实施，使水利资金和水利工程管理工作，初步建立宏观调控的决策体系，跟踪问效的投资体系，分级负责的管理体系，良性循环的经营体系。同年 10 月，市政府在宜城县召开现场会，在全市推广宜城县水利资金系统化管理的经验。

1990 年，市财政局采取“积极调剂，广泛筹集”的办法，多层次、多渠道增加对农业的投入。年初，市财政局发出文件，要求各县(市)财政部门根据本地农业发展实际需要，在安排预算时要确保农口事业费和支农专款比上年预算至少增长 10%，地方机动财力用于农业部分不得低于 20%。全年市、县两级财政预算支农支出达 4 121 万元，比年初预算安排的 3 277.18 万元增长 25.8%，比上年增长 3.42%。各县(市)、乡(镇)从机动财力中拿出 485 万元，支持以旱改水，坡改梯，单改双为主的农田水利基本建设，以此为导向，吸引集体、农民个人资金 4 000 多万元用于改田治地，加大对农业基础设施的投入。据统计，全市共上劳力 2 000 余万人次，投入机械 4.5 万台，完成标工 4 845 万个，土石方 8 650 万立方米，改造各类低产田 35 万亩；新建和加固小(二)型以上水库 450 座，新修、整修堰塘 2.8 万口，新修、维修渠道 7 540 千米，可新增灌溉面积 28.5 万亩，改造灌溉面积 20 万亩，新增蓄水量近 1 亿立方米；1990 年全市实现粮食总产达到 41.35 亿公斤，比上年增产 9.1%，创历史最高水平。为逐步解决支农周转金投放易回收难的问题，市财政局从建立健全投资管理机制入手，加强对支农周转金的监管。对农业周转金的投放严格执行“借款合同制”“使用收费制”“目标效益管理责任制”，引入风险机制，把周转金的投放、管理和回收与各有关使用资金的责任人员利益紧密挂钩；大胆改革资金分配办法，改“行政供应型”为“经营管理型”，逐步完善项目考察、评估论证和最终分配审批制度，为全市建立财政支农周转金运行新秩序奠定了良好的基础。为推动乡镇企业发展，全市先后投放 297 万元专项周转金，重点扶持 22 家农副产品加工型企业，开发新产品和扩大生产规模；对全市 24 个名优产品和创汇产品的企业投放周转金288万元,狠抓技术改造,促进了这些企业经济效益大幅度提高。通过采取多种扶持措施,全市四个层次乡镇企业(乡办、村办、联户、个体)实现产值39.6亿元,利润1.23亿元,税收0.86亿元,比上年分别增长15.1%、2.5%和26.54%。1990年全市预算内支农支出达8 561万元,比上年的7 330万元增长16.79%;投放各项支农周转金3 180万元,比上年增长14.6%;截至年底,全市累计回收支农周转金2 550万元,比上年增长28.3%。1991年,市财政局按照市委、市政府,关于农村经济发展整体布局和全市"八五"财源建设规划,集中财力好农村替代财源建设。同时,重点抓住乡镇"13581"财源工程建设。乡镇"13581"财源工程,即,在"八五"期间,不同水平乡镇的财政收入目标,要分别达到100万元,300万元、500万元、800万元和1 000万元。通过调查论证、层层筛选、政府审定,从全市184个乡镇中选定了54个乡镇作为财源建设重点。市财政局采取挤、压、抽等措施调剂资金,计划三年共拿出1 800万元财政扶持专项资金,并按"433"的投入比例分三年投放。各县(市)、区按襄樊市财政局投资额度拿出20%的匹配资金,与市投放资金捆起来使用,从而提高了资金的综合使用效益。

1991年,省市财政共拔出1060万元专项资金,支持全年重点乡镇财源建设。各县、乡财政部门筹集配套资金1310万元,直接用于164个财源建设项目的更新、改造。谷城、随州、襄阳、保康等县(市)在协调金融部门,增加财源建设项目投入的同时,分别采取了带资进厂、联营办厂、外地拆借、盘活现有资金存量,加大劳务投入等措施,促进一批财源建设项目的顺利实施。当年,全市54个财源建设重点乡镇。实现财政收入11 286万元,占年度收入计划目标的97.63%,比上年增收1925万元,增长20.6%。为了支持农田水利基本建设,市财政局从机动财力中挤出250万元专款,支持全市147处小农水项目的配套与加固,各县(市)从县乡机动财力中拿出500万元配套资金,用于乡村级小型水利建设项目的建设与维修工作。到年底,全市共上劳力300余万人次,投入机械4.9万台次,完成标工5115万个,土石方94 50万立方米,新建和加固小(二)型以上水库40座,新修、整修堰塘3.4万口,新修、维修渠道7 350千米,新增灌溉面积20余万亩,改造灌溉面积30万亩。1991年,为强化财政支农周转金管理,襄樊市财政局针对财政支农周转金数额大、投放广、回收难的实际,从规范投放、使用、回收程序入手,采取"常收常放""按预算级次拨款",狠抓到期周转金的回收,并建立三项管理制度:分级分项管理制度。按照市、县(市)、乡镇三级逐级落实周转基金,采取谁投放谁管理谁回收的办法,进行规范化管理;下一级制度。在拨款中按照预算级次,逐级拨款,最终把资金划到用款单位;收放挂钩制度。谁按要求及时上解和完成回收任务,就给谁及时安排农业生产发展启动周转金和配套资金。同时,在周转金回收工作中,以健全约束机制促进回收。实行日标责任制。首先,市财政局确定当年全巾回收总额目标。然后,分解或确定各县(市)、区当年完成回收数和上解数。实行岗位责任制。采取襄樊市财政局包县,县财政局包所,财政所包点的分片包干办法,层层落实回收人员、回收任务和回收时间。实行奖惩兑现制。根据任务完成情况,奖优罚劣,双向考核,对于完成全年回收任务和上解市财政局任务的,除奖励单位1 000元以外,另按上解市财政局数的3‰对单位实施奖励。全年全市支农周转金到期回收率达到了90%以上。

1992年,市财政局从健全财政支农资金引导机制入手,引导各级财政部门、集体和农民以及信贷资金增加对农业投入,全年全市预算内支农支出8 245万元,比上年增长12%;全市机动财力用于农业投入1 100万元;支农周转金投入3 700万元,引导集体、农户投入达7 300万元;引导信贷资金投入达2 300万元。通过对支农项目实行资金匹配制度,粘合各方面投资,全年54个重点财源建设乡镇粘合各方面投资达2 000多万元。健全财政资金积累机制,全年全市盘活支农周转金达2 100万元;周转金占用费按70%转为基金增加周转基金200多万元;全市国营农口企业上交风险基金和备荒金达100多万元。为帮助产粮大县摆脱"产粮大县财政穷县"的困境,使其逐步形成"以农促工,以工聚财,以财支农"的良性循环,市财政局在省财政厅的支持和指导下,确立以襄阳县为试点,带动枣阳、宜城等县(市)开展了“产粮大县”财源建设工作,重点从强化基地建设,调整农村产业结构,发展“两高一优”,注重粮食系列开发,增加科技含量,提高粮食收益水平。通过建设市场体系,搞活商品流通,强化市场取向,增加财政收入,增强支农实力。为了确保试点工作顺利开展和工作目标的实现,市财政局会同有关县(市)财政局制定实施一系列的措施,并取得了明显效果,得到了省财政厅领导的充分肯定。1992 年 12 月,在襄樊市召开了全省产粮大县财源建设问题研讨会。同年,为积极稳妥地支持农口事业单位开展替代财源建设,市财政局与市农委联合在市直六个具有代表性的农口事业单位开展替代财源建设试点工作。制定《襄樊市农口事业单位替代财源建设试点方案》,要求到“八五”期末,农口事业单位创收能力三分之一达到 30 万元以上,三分之一达到 l0 万元以上,三分之一达 5 万元以上。为抓好试点工作,市财政局分别与主管部门、创收单位签订“责任状”和“议定书”,并推行“双线分档,双挂双奖”责任制,引入风险机制、效益机制和激励机制。全年全市农口事业单位创收 9 985 万元,抵顶事业费支出 742 万元,增强农口事业单位自我发展能力,减轻了财政增支压力。从清理周转金入手,对市、县、乡三级 1981—1991 年支农周转金来源、发放、使用、回收、效益及管理进行一次全面清理检查。清理范围涉及小水电、多种经营、乡镇企业、知青就业、农技服务、三场水库等项目资金。同时,还根据各地实际开展了水利四项资金、林业贴息贷款的专项检查,从而初步摸清全市支农周转金现状。加强支农周转金项目管理。在周转金清理检查的基础上,根据省财政厅文件精神,结合襄樊市实际制定《襄樊市支农周转金使用管理制度》,对周转金的管理机制、来源渠道与使用范围,发放与回收原则,占用费的收取与使用及会计核算与报表等问题作了明确规定,从制度上规范了管理。根据财政部及省财政厅的有关文件精神,重申支农周转金合同管理,并结合实际,对某些项目及某些年份的周转金合同进行了重新更换,履行率达 80%以上。全市农业产值实现 69.4 亿元,比上年增长 5%;粮食总产达 43.35 亿公斤,比上年增长 2%;农民人均纯收入达 763 元,比上年净增 55 元。

1993 年,全市已发展股份合作企业 5639 家,吸收股金 8.7 亿元(其中吸收新股金 4.2 亿元)。利用这些资金新上项目 1 138 个,进行技改项目 1 044 个,开发新产品 400 多个,有力地促进了乡镇企业的高速、健康发展,对整个农村经济的发展和深化农村改革也产生了积极的影响。为了促进全市农业和农村经济发展,市财政局围绕市场取向,引导农民进入大市场大流通。以支持农村产业结构调整为突破口,引导农民进入市场。一方面调整种植结构,支持粮食生产调品种、上优质、攻单产、稳总产,扩大经济作物、高效益作物的比重;重点支持发展畜牧业与渔业,大力支持乡镇企业快速发展。通过调整,襄樊市农村产业结构逐步趋于合理,农业产业与林牧副渔之比调整为 57.2∶42∶8;农村社会总产值中一、二、三产业之比为 41.5∶52.2∶6.3。以支持农业社会化服务体系建设为支撑点,引导农民进入市场。支持农业社会化服务网络体系建设,初步形成了良种引进繁育推广体系、农业技术推广体系、植物保护体系、畜禽疫病防治体系、农业机构服务体系等八大农业社会化服务体系。通过支持“公司 + 农户”“工厂 + 基地”等形式的贸工农一体化、产供销一条龙经济组织的发展,形成市场牵龙头、龙头带基地、基地网农户的经济格局,为农民进入市场架起了桥梁。以支持市场体系建设为牵引力,引导农民进入市场。全市已建成各类专业市场、批发市场、综合贸易市场达 216 个,市场总面积 690 万平方米,年贸易额达 30 亿元以上。当年,全市粮食总产达 434.42 万吨,与 1992 年基本持平;农林牧渔业总产值 81.82 亿元,比 1992 年增长 17.4%;农村社会总产值实现 204.55 亿元,比 1992 年增长 53.1%;全市农民人均纯收入达 891 元,比 1992 年增加 128 元。

1994 年,襄樊市财政局以发展市场农业、现代农业为基本出发点,转换财政支农机制,强化宏观调控与管理,推动了农村经济的发展。到 1994 年年底,全市乡镇企业户数达到 27 万家,比上年增加 4.7 万家;实现产值 280 亿元,比上年增加 57.3%;实现利润 23 亿元,比上年增长 132.79%。乡镇企业的跨越式发展,既保证了“十百千”工程的顺利实施,又推动农村产业结构的调整。l994 年“十百千”工程的第一步目标已圆满实现,6 个实现工农业总产值过 10 亿元的乡镇全部达标, 共计实现工农业总产值61亿元；乡镇企业总产值占农村社会总产值的比重已由上年的67%调整为74.28%。在支持多种经营发展上，实施规模化开发、区域化布局、产业化取向的战略，使多种经营生产呈现加速发展的良好态势。当年全市多种经营产值实现65亿元，比上年增长38.9%；多种经营产值占农业总产值的比重由上年58.16%调整到65.16%。有效推动农村财源建设。开展农村财源建设“十强”竞赛活动，其中30个入选“十强”的乡镇实现财政收入8618万元，比上年增长30%；30个乡镇企业实现产值3亿元，上缴税收3 200万元，分别比上年增长228%和88%；23个农口事业单位实现创收总额4 780万元，向国家提供税收137万元，分别比上年增长45%和37%；30个村实现财政收入1 234万元，比上年增长23%；10个多种经营项目实现产值17 540万元，实现农业特产税1 930万元，分别比上年增长37%和73%。支持科技兴农，促进传统农业向现代农业过渡。继续健全农业科技服务体系，积极发展村一级农业社会化服务组织和科技示范户3.2万多户，科技明白人11万多人。鼓励农口事业单位创办经济实体，开展有偿服务，建设替代财源，当年全市农口事业单位创办经济实体2 311个，全年创收17 940万元，抵顶事业费支出5 380万元。全市预算内支农投入首次突破亿元。在预算内投入上，支农支出总额达10 200万元，比1993年增加2 957万元，增长28.89%，比地方财政总支出的增长幅度高出15个百分点，占地方财政总支出的比重达24.3%，比上年提高11个百分点。其中地方财政安排支农支出7 000万元，比上年增长14.80%。当年，全市粮食总产达到440万吨，比上年增产6万吨，增长1.4%；农民人均纯收入1203元，比上年增加312元，增长35%；乡镇财政收入32 380万元，比上年增加7 083万元，增长28%。

1995年，为进一步加强乡镇财政建设，市财政局根据市委、市政府的指示和上级财政部门的要求，于同年3月组成了42人专班，分赴各县(市)、区，对乡镇财政建设情况进行调查，在农财部门的大力协助配合下，调查组深入到80多个乡镇(调查面达61%)，初步掌握乡镇财政运行的基本情况以及面临的突出问题，在认真分析的基础上，探寻进一步搞好乡镇财政建设的对策；调查结束，市委、市政府专门组织召开全市乡镇财政建设工作经验交流会，并以市政府名义下发《关于加强乡镇财政建设的工作通知》。1995年，全市支农总支出8 268万元，比1994年增加559万元，增长7.3%，其中地方财政安排支农支出5 487万元，比上年增长8.1%，比同期财政经常性收入增长幅度的6%高出2.1个百分点。在机动财力投入上，市、县、乡三级财政共挤出680万元投入农业，比上年增加20万元。在支持农业的专项资金投入上，按照上年财政支出总额的4%，提取建立农业发展基金达150万元；全市建立乡镇财源建设发展资金360万元；市、县、乡各级财政建立了扶贫开发专项资金。到年底，全市建立的支农专项资金达10余项，总额达1000多万元。当年，市财政局在全市范围内开展乡镇财政收入分类晋档上台阶活动，成效显著。全市141个乡镇中，财政收入100万—200万元的乡镇达到64个，200万—300万元的乡镇达到24个，300万—500万元的乡镇达到9个，500万—800万元的乡镇达到7个，800万—1000万元的乡镇达到2个，1 000万元以上的乡镇达到2个。当年，全市粮食总产35.54亿公斤，比上年增产0.85亿公斤；棉花总产139万公斤，增产48万公斤；油料总产542万公手，增产136万公斤，增长52.7%；肉类总产33.3万吨，比上年增产4.7万吨，增长16.4%。农民人均纯收入由上年的1 229元增加到1462元，增长18.95%，乡镇地方预算内财政收入29 826万元，比上年的25 668万元增长16.19%。

1996年，按照市委、市政府确定的农业产业化发展战略，市财政局及县(市)财政局都成立由一把手亲自负责的支持农业产业化发展领导小组，协调相关工作和重大决策事宜。市财政局提出农业产业化“两年打基础、三年迈大步、四年赶先进”的总体目标。选择白玉蜗牛、畜禽、粮油转化、大头菜、水果、茶叶、水产养殖等10多个项目，并围绕这些重点项目，分别制订中期发展规划和年度发展目标。市财政局提出《农业产业化奖励资金使用管理的意见》，每年从市预算安排100万元重点奖励农业产业化建设中的先进企业、基地、单位，包括十佳组织单位、十佳服务单位、十强龙头企业、十强商品基地、十佳科技标兵、十佳企业家、十佳组织明星、十佳服务明星等。通过实施农业产业化，使农业产业化基地格局进一步优化，全市形成了三大区域、十七大农业产业化基地，基地总面积达到600余万亩，其中有的县(市)、区级主导产业商品基地规模在10万亩以上，有的乡镇级在2万亩以上，且特色鲜明、管理科学、产出率高、经济效益好。同年，采取多种形式筹集资金，增加对农业的投入。部分县(市)建立起了“发展农业产业化专项资金”；襄阳、枣阳调剂预算外资金投入农业分别达到1 000万元和2 400万元；以股份合作制的形式吸引社会资金投入，建立股份合作制多种经营基地1 688个，吸纳股金8 000多万元；通过拍卖“四荒”资源和多种经营基地筹集社会资金，如南漳县以此方式筹资4.3亿元投入农业，襄阳县张湾镇农工商公司与泰国正大集团联营，引资1.1亿元。1996年，全市投放支农周转金2 712万元，回收支农周转金1 819万元；乡镇全口经预算内财政收入达到41 790万元，比1995年增长40.11%；全市粮食总产达38.5亿公斤，比1995年增产2.5亿多公斤，增长7%；农民人均纯收入由上年的1 462元增加到1 800元，增长23.1%。

1997年，为支持农业产业化发展，襄樊市财政局在对全市农业产业化发展状况进行全面调研和借鉴山东等农业产业化发达地区成功经验的基础上，下发《关于进一步支持农业产业化发展的实施意见》。为进一步推动乡镇财政收入分类晋档竞赛活动的开展，襄樊市财政局根据《襄樊市乡镇财政收入分类晋档上台阶竞赛办法》，不断推进乡镇财政收入分类晋档上台阶活动的开展，全市乡镇财政收入快速增长。当年，乡镇全口径预算内收入达到50 948万元，比1996年增长21.91%；乡镇收入档次分布趋于合理，100万—200万元的乡镇达29个，200万—300万元的乡镇达34个，300万—500万元的乡镇达40个，500万—800万元的乡镇达15个，800万—1 000万元的乡镇达4个，1 000万元以上的乡镇达6个。在1997年度竞赛考评中，有27个乡镇实现了双向晋档，占乡镇总数的19.7%。其中襄阳县的欧庙镇实现了一年晋两档，财政收入由662万元增加到1 322万元，翻了近一番，成为当年全市乡镇收入增幅的“状元”；枣阳市、宜城市、南漳县分别获得最佳组织奖第一、二、三名，它们的晋档乡镇率分别达到36%、29.41%、28.57%。当年，襄樊市财政局按照上级有关规定和综合财政预算管理内部职责分工及传递程序的要求，定专人对农口单位实施了综合财政预算管理，并按要求编报了1997年度农口单位的综合财政预算，市直有12家农口单位纳入了综合财政预算，纳入专户管理的预算外资金达415万元以上，从而硬化了农口单位的预算外资金收支约束，提高了资金的整体使用效益。1997年，全市预算内支农支出累计达12 049万元，比1996年增加1418万元，增长13.34%，占财政支出的比重达9.3%；投放支农周转金2670万元，回收2508万元。

1998年，为加强农业科技示范区建设，市财政局印发《襄樊市财政部门支持建立农业科技推广示范园区的意见》。全市各级财政部门共建设完成30多个农业科技示范园，先后引进推广实用技术1000多项次，提供农业实时信息万余条；全市农业科技推广示范园实现产出近1亿元。为进一步加强乡镇财政建设，襄樊市政府下发《襄樊市乡镇财政建设新的十条意见》。新的“十条意见”，就明确指导思想、优化财源结构、强化税收征管、加强支出管理、推行综合预算、完善乡镇财政体制、加强农村财务管理、开展三项竞赛活动、加强乡镇自身建设、加强乡镇财政工作领导十个方面进行了阐述，为新一轮乡镇财政建设工作指明了方向。新的“十条意见”，为考核乡镇财政综合实力，设置了62个考核指标，将乡镇财政收入分类晋档竞赛调整档级，由过去“123581”的顺序改为“247115”的顺序，对乡镇财政建设提出了更高的要求。按照省政府令及省政府、财政厅、水利厅等文件精神，襄樊市财政局与市水利局联合召开建立水利建设基金及全市水利基金征集工作会议，进一步落实了全市水利建设基金的征管工作。通过对水利建设基金的征集测算，全市每年可征集水利建设基金2 400万元左右，为襄樊市水利建设开辟了一条新的、比较固定的投资来源渠道。市财政局召开全市清理财政支农周转金会议，同时，成立专班对1997年以前财政支农周转金进行全面清理。本着“实事求是，能收则收”的原则，合理划定呆账损失，严格按要求办理好拟报呆账损失的相关手续，全市支农周转金申请呆账金额

5 786.68 万元。当年，全市预算内支农支出达 13 856 万元，比 l997 年增加 1 807 万元，增长 15%；全市乡镇预算内收入达到 56 381 万元，比 1997 年增加 5 433 万元，增长 10.366%；全市粮食总产 41.15 亿公斤，油料总产 626.2 万担，农业总产值达到 104.4 亿元，农民人均纯收入达到 2 309 元。

1999 年，为发挥项目管理和分类分项管理制度的作用，切实加强支农专项资金的跟踪问效，襄樊市财政局根据市政府文件精神，出台《“五优”工程专项资金使用管理实施办法》《多种经营专项资金使用管理实施办法》《小农水专项资金使用管理实施办法》等。为推动襄樊市农业科技示范园建设，襄樊市财政局选择了老河口市的“新、奇、特”果菜基地，枣阳市的“先飞”高效农业示范园和市直的汇科农业示范园作为试点重点扶持，对 3 个示范园共投入资金 1448 万元。其中财政投入 710 万元，建成科技示范面积 191 亩，科技推广面积 11.5 万亩，先后引进新技术、新品种 80 余项，推广新技术、新品种 17 项，辐射农户 6 万户，产生直接经济效益 3220 万元。1999 年，为加强水利建设基金征管工作，襄樊市成立水利建设基金征管工作领导小组，设立水利建设基金征管办公室(设在襄樊市财政局)。根据省有关文件精神，市财政、审计、水利三家组成专班，对涉及有缴纳任务的部门和单位进行调查摸底和核实，弄清水利基金的具体来源和数额，并催缴上年度应上缴的基金入库，同时与代征单位确定了征收环节及缴纳程序，理顺征纳关系，当年，市级共征收水利建设基金 200 万元。全年全市实际完成支农支出 15 065 万元；回收支农周转金 1603 万元；全市乡镇财政收入实际完成 66 134 万元，比 l998 年增长 17.3%。

2000 年，市财政局选择改制基础较好的枣阳市进行试点。制订枣阳市小型农田水利产权制度改革实施方案，采取“一调查、二组织、三试点、四宣传、五推广”的“五步走”战略。第一步：调查考察，完善实施意见。同年 5 月份，由财政、水利部门组成专家组赴辽宁、山东、安徽等省先进地区考察取经，初步掌握外地的先进经验，同时，对枣阳市小农水设施及管理现状进行了一次全面的调查摸底，结合枣阳市实际就改制的指导思想、原则，范围、形式、步骤、措施，资金、管理及组织领导等方面，提出了具体的可行性实施方案。第二步：成立组织，强化领导。枣阳市、乡镇成立小型水利设施产权制度改革领导小组，为此项工作的顺利实施提供了组织保证。第三步：积极试点，培养典型。在七方、琚湾等乡镇进行试点，摸索经验，坚定信心，以点带面。七方、琚湾等乡镇的试点工作表明，小型农田水利产权制度改革工作。如节约国家、集体投入，减轻农民负担，减少水利设施管理费，避免水资源的浪费，水利设施得到更充分利用等等。第四步：宣传发动，解放思想。针对基层干部和群众存在的“三怕” 思想（干部一怕丢权，二怕难管，三怕受埋怨；群众一怕政策变，二怕不赚钱，三怕管理难），积极宣传政策、分析利弊、消除了干群“三怕”思想。第五步：试点带动，全面推开。通过小农水改制工作在枣阳市全面推行，襄樊市财政局以现场会的形式，在襄樊市范围推开这项工作。此项工作得到了财政部、省财政厅的高度肯定。当年，为在全省推行财政支农资金效益调查统计评估工作，省财政厅确定襄樊市作为财政支农资金效益调查统计评估的试点市之一。为此，襄樊市财政局将此项工作纳入重要议事日程，选择基础较好的南漳县为试点县，从组建专班、建章立制入手，首先，帮助南漳县财政局制订下发《南漳县财政农业专项资金项目责任管理实施方案和实施计划》，使南漳县各农口部门达成共识，为建立和实施财政农业专项资金责任管理营造了良好的外部环境。其次，深入调查研究，广泛听取领导、专家、技术人员、群众代表等各方面的意见，先后制定了《财政农业专项资金项目责任管理办法》《财政农业专项资金报账制核算办法》《财政农业专项资金项目指标考核办法》，使财政、农口部门、乡镇政府、项目承建单位的职责明确化、具体化。通过南漳县全面实施财政农业资金效益指标体系考核和财政农业专项资金项目责任管理的试点。为进一步支持襄樊市“五优”工程建设，根据市委、市政府制订的《襄樊市农业“五优”工程方案》和《襄樊市高效旱作节水农业发展规划》，襄樊市财政局投入专项经费近 120 万元，用于支持优质小麦、优质水稻、优质油料、优质水果和优质“三元”猪的“五优”工程建设。各县(市)分别制订了农业结构调整规划，老河口市规划发展优质稻米、蔬菜及蔬菜种子产业、优质水果产业等八大产业；保康县制订了“带状农业、特色走廊”的农业结构调整思路，重点发展优质烟叶、有机茶叶、反季节蔬菜、中药材等四大特色产业；襄阳县实施多种经济开发工程，着力形成雪梨、家禽、水产品、蔬菜四个规模生产带。到年底，全市优质小麦、优质水稻、优质油料、优质水果的示范面积分别达到16.5万亩、24.6万亩、8.65万亩、1.51万亩，优质“三元”猪的出栏率占到生猪出栏率的50%。当年，为加强襄樊市直农业社会化服务体系建设，市财政局按照农业信息化的要求，与市农业部门配合，投入近90万元建立了襄樊市农业信息网站。网站主页设立了襄樊农业、农业新闻、农业结构调整、农业科技、农业气象、农产品市场行情、农业优良品种、农产品供求信息、名优特产、龙头企业、农业招商、县市之窗、农业政策法规、农业生态旅游等10多个栏目，200多张网页，对襄樊市的农业生产和发展带来深远的影响。当年，全市财政支农支出(七、九两类)18 669万元，比上年增长24%；回收支农周转金500万元。

2001年，市财政局根据市委、市政府确定的农业专项工作，在财政农业专项资金的管理改革方面，针对市级财政专项资金来源渠道多，且分散在各部门使用，财权、事权不统一，“撒胡椒面”现象突出，资金使用效益不高等问题，市财政局起草了《襄樊市市级财政农业专项资金管理暂行办法》及其实施细则，并以市政府文件下发执行，确立了市级财政农业专项资金捆绑投入、集中使用、政府主导、财政监督、部门配合的使用管理原则。同时，为强化财政支农资金管理和监督，市财政局对近五年来，中央和省财政扶持襄樊市的重点工程和重点项目资金使用管理情况，近两年市级财政农业发展专项资金扶持的112家公司的农业项目，进行了检查，对检查审核中发现的问题，及时提出了检查审核意见，并督促其整改，确保了财政支农资金的有效使用。

2002年，市财政局大力支持各类农业科技示范园建设。全市建成科技含量高、示范带动作用强的各类农业科技示范园62个。市直高新技术农业科技示范园项目，进入了省级财政重点项目笼子，全年累计投入532万元，其中，省财政一期投入200万元。该项目成为集高科技农业示范观光、生态农业示范观光、休闲娱乐于一体的三大功能园区。同时，还继续支持农业“五优”工程建设，支持无公害农产品、安格斯种牛、黄山羊等一大批特色农业、高科技农业项目发展。市财政局在市级财政农业发展专项资金的使用上以项目为载体，以公司制农业企业为项目实施单位，采取资本投入、以奖代补、贷款贴息等方式，扶持全市80多个公司制农业企业发展。同时，引导县级财政配套投入860万元，自然人出资3000万元，银行贷款1000万元。在公司制农业项目筛选立项上，突出了项目(农产品生产基地或龙头企业)的资源优势、市场优势、规模优势，以及对当地农民和财税增收的带动和促进作用等特点，探索以公司制农业推动农业产业化发展的新途径。全年扶持的公司制农业项目中，属农产品生产基地的项目29个，面积18万亩，网络农户9万户；属龙头企业的42个，网络农户6万户。同时，为了规范农口企业财务管理工作，市财政局依据《公司法》《会计法》以及国家对农口企业财务管理的有关规定，帮助各公司制农业企业建立了企业内部会计核算体系和财务管理办法，与市公司制农业工作领导小组办公室联合制定印发了《襄樊市市级财政农业发展专项资金项目责任部门及其派出担任公司董事人员奖惩办法》，确定对市级财政以资本投入扶持的公司制农业项目，明确责任部门及其派出董事人员的管理职责和义务，并对其职责和义务行使情况进行考核奖惩。

2003年，按照市委、市政府要求，重点支持“一县一品”“三区五带”发展规划和农业产业化龙头企业建设，襄樊市财政局重点支持襄阳区柳条、老河口市砂梨、枣阳市油桃、谷城县花椒、襄城区麦冬、保康县有机茶等9个“一县一品”项目，宜城市新丰粮油土特产公司等6家农业产业化龙头企业项目；对进入国家、省级农业产业化龙头企业笼子的5家企业，进行了以奖代补扶持，支持其快速发展。全年市财政用于“一县一品”“三区五带”和农业产业化龙头企业的专项资金达600万元，为全市发展“一县一品”经济和产业化龙头企业打下了良好的基础。为了加强和完善“一县一品”和农业产业化龙头企业项目运作管理程序，襄樊市财政局与市农业产业化经营办公室联合下发了《襄樊市“一县一品”和农业产业化龙头企业项目申报、审核、监督、管理办法》。此《办法》规定：拟扶持项目必须实施产业化经营，形成连片 10 万亩以上的专业化、规模化基地。对“一县一品”项目扶持的重点环节是：新品种(种畜、种苗)引进、试验、示范，质量安全标准体系建设及培训，新肥料、新农药的推广应用等关键性环节；对龙头企业项目重点扶持技术改造、新产品开发、品牌打造等关键环节。按照公共财政的要求，财政扶持的方式是：对“一县一品”项目主要采取以奖代补，对龙头企业主要实行贷款贴息；为保证扶持资金及时足额到位，实行国库集中支付和资金直达项目单位的办法，确保了“一县一品”和农业产业化龙头企业项目的有序发展。为加快襄樊市农业发展，增加农民收入，襄樊市财政局围绕农产品质量安全管理、农业信息网络建设和中介服务组织建设三个环节，逐步完善农业社会化服务体系。支持以农产品质量安全管理为重点的农业社会化服务体系建设。全市财政先后投入 600 多万元，支持建立包括种子、植保、土肥、饲料、动检、兽防等各个环节的农产品检验监测与执法体系；支持涉农部门开展农业新品种的改进、试验、示范；支持建立了农产品质量标准体系和农产品质量标准化生产规程。支持以农业信息网络为重点的农产品市场体系建设。各级财政在支持农产品贸易市场建设，支持发展农业精品名牌的同时，先后投入 100 多万元，帮助市农业信息网完善设备、增强功能，使网络向各县(市)、区延伸、向部分乡镇延伸，扩大网络范围，建立起上联中国农网、省农业信息网等骨干网络，下连各县(市)农业信息工作站，为全市农民和农业生产提供了便捷的农产品供求信息服务，开辟了农产品网上营销市场。全年通过网上销售的农产品已占到全市农产品商品量的 8%，网上发布农产品供求信息 10 万余条。支持农民建立的供销、运输、储藏专业协会和经纪人等中介服务组织建设。主要包括枣阳、老河口农民水果专业协会、南漳菌业协会、宜城西瓜专业协会等，通过专业协会带活促进农村经济发展。当年，全市财政预算内农业投入规模达 2.09 亿元，同比增长 1.0%。

2004 年，市财政局下发《襄樊市农业专项资金县级报账制管理实施办法(试行)》，对全市所有适合项目管理的农业专项资金，全面实行县级报账制。实行县级报账制，是由县财政部门统一在银行设立项目资金专户，项目资金直接由县财政项目专户拨付到项目施工单位，这样，控制主管单位挪用财政专项资金的手脚，克服有关部门、乡镇截留挪用项目资金的弊端，保障农业专项资金的专款专用，提高资金使用效益，建立职能清晰、权责明确、程序控制、科学运行的农业专项资金监督管理体系。当年，襄城区、枣阳市相继发现疑似禽流感病，襄樊市财政局根据市委、市政府的指示，及时调拨 50 万元禽流感防治专项经费，用于全市购置禽流感防疫疫苗、消毒药品、器械等；并积极向省财政厅汇报，争取到禽流感扑杀补贴资金 135.4 万元，襄樊市财政局按政策相应配套 8.3 万元，及时发放到因扑杀而受损失的养殖户手中。保证了疫情不扩散，不外传，把疫情控制在最小范围内，确保了社会稳定和人民群众生命安全。襄樊市财政局因此被省委、省政府授予“防治禽流感工作先进单位”。为提高农民种粮积极性，加快水稻新品种、新技术推广应用，提高水稻产量和质量，根据省财政厅、省农业厅、省监察厅文件以及省农业厅、省财政厅文件精神，襄樊市财政局会同市农业局，遵循公平、公正、公开原则，采取层层宣传政策、分户登记造册、田间实地察看、张榜公布公示、逐户签字认可等形式，对全市的良种水稻(全部为中稻)种植面积进行查实核准，做到补贴政策公开、补贴面积公开、补贴标准公开、补贴农户公开，建立起完善水稻良种补贴项目实施方案，并层层建立责任制和责任追究制。当年，省财政厅、省农业厅核定补助襄樊市水稻良种补贴面积 280 万亩，补贴资金 4230.6 万元。

2005 年，为整合财政支农资金，确保重点农业项目和工程建设，襄樊市财政局围绕抗灾救灾、农业基础设施建设、农业科技推广、科技示范基地建设、农业社会化服务体系建设、农业生态工程建设、农村工业化建设、农民工培训、产业化经营等重点项目或工程，搞好项目筛选和论证，以优质项目积极争取中央及省财政的立项扶持。全市全年共上报中央和省财政农业项目 30 个，其中有 12 个得到省和中央财政的立项扶持。全年全市共取得中央、省级立项资金和支农专项资金 1.09 亿元，比上年增加 2200 万元，增幅达到 32.68%。2005 年，为了做好南漳、保康、谷城三个山区县的迁移扶贫工作，市财政局根据市委、市政府的指示精神，与市扶贫办联合对居住在南漳、保康和谷城三个贫困山区县的高寒地区、边远地区和库区缺乏生存能力，脱贫无望，需要搬迁才能解决温饱问题的贫困人口进行了调查核实，确定三县搬迁总户数为 2 074 户、7 893 人。同时，根据市政府迁移扶贫规划和有关规定，市财政局对其中的 1250 户按每户补贴 1000 元的标准，共扶持资金 125 万元。为了提高襄樊市农村劳动力就业技能，加快农村劳动力转移步伐，市财政部门积极组织实施农村劳动力转移培训阳光工程，在坚持“政府推动、统筹计划、部门监管、按需培训、农民受益、注重实效”的原则上，采取多渠道、多层次、多形式地开展阳光工程培训工作。据统计，全市“阳光工程”共投入培训资金 64 万元，截至年底，全市共培训农村劳动力 45 万人，转移 30 万人，其中完成引导性培训 10 万人；示范性培训任务 28 719 人，占全年任务的 96%，已结业人数 24 619 人，转移就业 23 393 人，就业率达 95%。当年，全市取消农业税 2.33 亿元，人均减支 60.3 元，全市农民人均纯收入 3160 元，比上年增加 100 元，增长 3.27%。

5.基本建设财政管理

1994 年，根据国务院批复的“三定”方案，财政部从 1994 年 9 月 1 日起，收回原委托建设银行代行的基本建设财务管理职能。根据财政部、中国人民建设银行《关于财政部收回原委托中国人民建设银行代行的财政职能的通知》(财办字(〔1994〕24 号)湖北省财政厅《关于收回原委托中国人民建设银行湖北省分行代行的财政职能的通知》(鄂财办发[1994]1017 号)精神，襄樊市财政局与中国人民建设银行襄樊市支行，于 1995 年 5 月 23 日，下发了《关于收回原委托中国人民建设银行代行财政职能的通知》(襄财基发〔1995〕78 号)，决定从 1995 年 1 月 1 日起，收回原委托建设银行襄樊市分行代行的财政职能。财政部门收回了管理省级和本级预算内基本建设投资，中央预算补助的基本建设投资，划转预算指标并办理拨款；管理基本建设、国有施工、房地产开发企业财务等职能，办理了交接手续，并与建行、计委、建委等有关部门，建立了正常的工作联系。为了保证移交工作平稳进行，对审查工程预结算，参与审查建设项目概算和工程招投标的有关工作，对建设项目年度财务决算审查，对建设项目的竣工决算审查签署意见等职能，仍继续委托建设银行办理。

1995 年 2 月 28 日，襄樊市机构编制委员会下发《关于市财政局增设基本建设科的批复》。同年 4 月上旬，市财政局基本建设财务管理科正式成立。当年，7 个县(市)成立机构，6 个城区有两个城区成立机构，其他城区也确定专人负责这项工作。 2002 年，根据襄樊市机构改革的精神，襄樊市财政局基本建设科更名为经济建设科。

1995 年，全市共有施工、房地产开发企业 266 户，其中国有企业 56 户。通过调查了解国有施工、房地产开发企业，近年的经营状况和存在的问题，撰写了调查报告，提出了加强企业财务管理的措施与建议。即以健全企业内部管理制度为主，规范内部管理行为，强化财务管理，促进企业技术进步，提高经济效益。同时，对 266 户施工、房地产开发企业实行了财务登记，建立企业档案，并规范了企业财务报表上报制度。市财政局选择襄阳县开展“财政基本建设投资效益管理”试点，重点选择了鹿门宾馆、六两河大桥等 10 户建设单位进行典型调查，剖析建设单位在财务管理上存在的问题，规范了财政管理基建项目的操作方法。为了做好项目跟踪管理，襄樊市财政局对省下达本市 47 个基本建设项目进行了跟踪管理，严格把握事前调研、事中监督、事后检查三个环节，并借助社会中介力量，对市重点防汛应急工程竣工决算进行了审查，共节约资金 15 万元。为了加强水利资金的管理，严格把握资金投放、跟踪问效、监督检查等环节，襄樊市财政局与水利主管部门联合进行调查，制定了《襄樊市水利资金全过程管理办法》，该办法分为总则、立项审批程序与管理、拨款依据、资金管理、竣工验收与奖惩办法等 5 章，共 17 条。该《办法》的实施，增强了财政部门对水利基本建设资金的监管能力。

1996 年，市财政局在基本建设财务管理中，注重抓好制度建设与规范管理，与水利局联合下发《襄樊市水利基本建设资金全过程管理办法》，把责任机制、风险机制和效益机制引入水利资金的决策、投放、工程建设乃至后期管理和竣工验收的全过程；与市计委联合转发《关于加强行政事业单位自筹基本建设资金管理的通知》，对自筹基本建设资金实行财政专户储存，先审后存，先存后批，先批后用，制止了多起“钓鱼”项目和“胡子工程”；制订《襄樊市基本建设项目竣工决算审查管理试行办法》和《襄樊市国有建设单位财务管理若干暂行规定》，进一步明确财政部门是基本建设项目竣工决算审查的主管机关，为规范国有建设单位财务管理提供了法规依据。这一系列规章制度的建立，确立财政部门在基本建设项目管理中的主导地位。1996 年，全市代管自筹基本建设资金达 1000 万元。1996 年，国家为稳定粮食生产，保障商品粮供应，确保“九五”期间我国粮食生产目标的实现，在全国重点产粮省、市选择 20 个大型商品粮基地，襄樊市被列入其中。按国家批复计划，“九五”期间，襄樊市商品粮基地建设共拟定建设项目 1439 个，总投资 10270 万元。其中国家无偿投资 5000 万元，配套资金原则上按 1：1 的比例配套，地方安排配套资金为 5270 万元。其中省级安排 1500 万元，市财政安排 1750 万元，项目所在县（市）、区财政投资 2020 万元。项目建设主要内容为：小型水利基本建设，良种繁育基地建设，中低产田改造，扩大机耕和农机服务范围等方面，以达到改善粮食生产的基础设施条件，提高粮食生产能力，增加农业产出，促进农业综合发展。商品粮基地建设项目涉及计委、财政、审计、水利、农机等部门。财政部门负责项目的资金管理、工程预、决算的编制与审查；计划部门负责项目建设的组织协调；审计部门负责项目审计；农业、水利、农机等部门负责本单位项目的具体实施。为了确保国家商品粮基地建设项目顺利启动，市财政局积极与计委联系，及时掌握年度投资计划，积极与农业等项目主管部门沟通，共同协商加强项目管理及资金调度的有关问题。

1997 年，为规范施工、房地产开发企业财务管理，提高企业经营管理水平，襄樊市财政局采取多种方式帮助企业减亏增盈。通过召开市直施工、房地产开发企业座谈会，组织企业认真学习财政部制定下发的施工、房地产开发企业内部财务管理办法。同时，以市建筑工业总公司为试点，制定内部财务管理办法，并在全市推广。为缓解企业营运资金的紧张情况，市财政局多方筹措调剂资金 130 万元，帮助企业生产发展。1997 年与上年同期相比，全市施工、房地产开发企业减亏率分别达 55.23%和 24.74%。为探索新形势下基建财务管理新路子，市财政局先后组织开展了四项专题调查，即 1996 年度财政基建投资拨款跟踪调查，矿产资源补偿费征收机构情况的调查，关于重复建设、盲目建设投资情况的调查，库区扶贫资金使用及管理情况的调查。这些调查，为领导决策提供了依据。1997 年，全市共争取预算资金 2558 万元，自筹基建资金专户储存 4590 万元，其中市直 850 万元。

1998 年，全市完成商品粮基地建设投资 5000 多万元。针对工程审价市场竞争无序的局面，市财政局从强化职能入手，牢牢把握竣工决算审查管理的主动权，及时转发了财政部《基本建设财务管理若干规定》，要求各建设单位“对于社会中介机构出具的决算审查报告，必须经过财政部门下达审查批复后，才能办理资产交付手续”。对于即将竣工的基建项目，及时下达《决算审查通知书》，做到审查机构、审查方式、审查内容“三公开”，增强了建设单位的协作意识。全年全市共审查竣工决算项目 88 个，审查金额为 7528.4 万元，审减金额 670.5 万元，审减率为 8.9%。为了进一步规范施工、房地产开发企业的财务管理，襄樊市财政局组织专班，对全市 8 户国有施工、房地产开发企业，1997— 1998 年上半年生产经营情况，进行了一次全面调查，对影响企业效益、制约经营发展的有关问题进行了深入探讨。及时转发了财政部《物业管理企业财务管理规定》，帮助指导施工、房地产开发企业制定和完善内部财务管理办法，规范企业自身财务行为，建立健全了施工、房地产开发企业会计报表制度和主要经济指标季度快报制度，夯实了财务管理基础。1998 年，全市共争取基建预算资金 4200 万元，项目 103 个。

1999 年，为切实加强国债专项资金管理，市财政局根据财政部《关于加强国债专项资金财政财务管理与监督的通知》，结合本市实际，积极探索国债专项资金管理新路子。严把“三关”，即：严把项目审核关。先后对水库、水厂、水利、畜牧、防护林和污水处理等 8 个国债建设项目的可行性报告、初步设计、工程规模、资金来源及配套资金落实情况进行审查。如市五水厂在概算中预算投资占工程投资比例过大,从总概算中审减投资额987万元。严把制度建设关。通过建立目标管理责任制、资金管理专户制和严格的报表制度,初步形成专人、专户、专账管理模式。严把资金拨付关。在资金拨付上做到前期论证工作不完善不拨款,配套资金不落实不拨款,资金滞留账上不拨款,财务管理上有严重问题不拨款。全年共拨付转贷资金2.5亿元。同年10月,国家审计署到襄樊市对国债资金进行检查,对在管理国债专项资金上做到"认识到位、管理到位、监督到位"给予高度评价。1999年,为继续做好商品粮基地建设和管理工作,市财政局制定下发了《市财政局关于加强国家大型商品粮生产基地管理工作的通知》,进一步强化项目管理、财务管理和配套资金管理,做到统筹兼顾,突出重点,按项目的效益、效果,合理安排投资,全年共完成商品粮基地建设投资额303.9万元,完成工作量85%。从项目效益情况看,主要有五大效果:农田水利基础设施得到了加强。整修硬化渠道113公里,新建和维修泵站20处,新增和改善灌溉面积28万亩。良种繁育体系建设进一步加强。全市新建种子仓库1万平方米,晒场2万平方米,完善配套良种繁育基地12万亩,提供良种2 350万公斤。改造中低产田13千米。全市农机化水平得到提高。建成1个市级农机科研开发服务中心,7个县级农机服务中心站,7个片区农机服务站;新增大型农用机械190台套,中小型农机和维修配套设备350台套。初步建立气象卫星病虫害测报系统,加强了病虫害的测报工作。1999年全市粮食总产量达82亿斤,提供商品粮44亿斤。为做好行政事业单位自筹基建财务管理工作,市财政局以"规范项目审批为突破口,以严格资金管理为重点,以强化决算审查为手段"开展该项工作。实行责任书制度。通过与项目单位签订《建设单位财务管理责任书》,从基础环节加强管理措施。严格审查财务决算制度。在审查中一看支出项目是否合法,严格划分建设费用和其他费用的界限;二看支出数额是否合理,重点加强对基建支出核算的监督控制,严格控制基建支出,降低工程成本;三看支出手续是否合规,对与工程投资无关,超标准计划的支出一律不得在工程成本中列支。先后对7个项目的工程进行了审查,审减投资230万元,占总投资的10%,剔除不合理开支12笔35万元,共计节省投资265万元。

2000年,市财政局根据财政部《关于加强建设项目工程预(结)算、竣工决算审查管理工作的通知》精神,制定《襄樊市财政局财政性基本建设资金评审管理暂行办法》,规定凡财政性(包括预算内、外)资金安排的建设项目,利用国际金融组织贷款,国债转贷等国内外债务安排的建设项目,以及财政部门接受政府或法人委托审查非财政性资金安排的建设项目,财政部门均可委托审价机构(即财政部门设立的襄樊市建设工程预决算审核所)进行工程预(结)算、竣工决算审查。财政部门以审价机构的审查报告为依据,出具审查结论及处理意见,但不得以审价机构的审查报告代替审查结论,建设单位或施工企业以财政部门审核结论作为依据,办理工程价款结算和交付使用财产手续。全年共审查项目20个,审查总额3090万元,审减310万元,审减率达10%。2000年,市财政局在本级财政十分困难的情况下,拿出300万元作为配套资金用于商品粮基地建设,确保项目的顺利实施。同时,项目所在地的相关县(市),采取贷款、筹资、借贷、以物代资、以劳折资等形式,积极筹集配套资金进行各种项目建设。2000年,全市共筹集各种配套资金5309.8万元,其中:水利配套资金1070万元,商品粮基地配套资金789.8万元,国债项目配套资金3450万元,为项目的顺利建设提供了保障。

2001年,为加强对国债专项投资的管理,切实解决国债专项投资项目配套资金不落实和国债资金被挪用、截留、置换、滞留等问题,保证建设资金及时足额到位,防止出现"胡子工程""钓鱼工程""半拉子工程",提高资金使用效益,襄樊市财政局根据财政部《关于加强基础设施资金管理与监督的通知》《关于加强国债专项资金拨款管理的通知》精神,制定《襄樊市国债专项资金(中央补助)管理办法》,其内容涉及财政职能、管理范围、项目监督检查、处罚措施等,为加强国债资金管理,发挥国债专项投资效益打下了坚实的基础。同时,为加强基建财务监督,市财政局对大型国债建设项目派驻财政专管员,对建设单位的财务活动进行直接管理,通过对工程进度、工程质量、工程招投标、物资采购等全方位的监督管理，确保国债专项投资项目的顺利实施。全年有效管理水利、林业、畜牧、卫生城市基础设施建设等十几个国债项目资金达 4.9 亿元，其中有偿资金 17 780 万元、无偿资金 31 614 万元。全市共审核项目 3 个，审减金额达 707 万元。

2002 年，襄樊市使用的国债转贷资金共有 1.788 亿元，这部分国债资金主要用于公益性项目建设，利息清收难度很大。为此，襄樊市财政局在清收工作中，做到“清收任务与目标管理相结合”“日常清收与现场督办相结合”“严格清收与宣传汇报相结合”，确保利息清收任务的完成。截至年底，共清收国债转贷资金利息 756.5 万元，目标任务完成率达到 100%。为加强财政建设资金监管，进一步规范财政资金拨付程序，防止挤占、挪用、截留建设资金，杜绝各种违法违纪行为，襄樊市财政局采取多项措施完善财务监管工作：出台两个管理办法。在调查研究的基础上，针对本市经济建设项目资金运行的实际，襄樊市财政局制订下发了《关于加强水利建设资金管理有关规定的通知》和《关于加强财政经济建设资金拨付管理的通知》，确保了项目资金的安全运行。实行拨款申报审批制。设计了《襄樊市财政经济建设资金申请审批表》，要求各项目单位和县(市)、区财政部门在申请财政经济建设资金时，必须如实填报《襄樊市财政经济建设资金申请审批表》。继续完善财政专管员制度。在全市推广南漳县云台山水库改造工程委派会计的成功经验，要求各地财政部门，对财政投资 30 万元以上的项目，都必须派驻财政专管员。全面推行财政基建投资报账制。在认真总结保康县基建投资报账制经验作法的基础上，充分利用各地财政财务核算中心这一操作平台，指导、帮助各地财政部门全面推行财政基建投资报账制，提高财政资金效益，掌握了监督管理的主动权。同年，为促进全市经济建设的快速发展，在充分调查论证的基础上，上报退耕还林、人畜饮水、大型水库除险加固等 44 个建设项目，得到了国家批准，争取资金达 6742 万元。

2003 年，根据市委、市政府有关文件精神，市财政局大力支持东汽公司建设，投资 218 万元对青山路进行改造，改善东风汽车电器有限公司的进出口环境，兑现市委、市政府对东汽公司的承诺。为改善东风襄樊基地周边环境，襄樊市财政局分别投资 776 万元和 100 万元，对从义乌市场转盘至清河三桥段的邓城大道和三元路进行了改造。同年，为强化项目监管，提高国债投资效益，襄樊市全面实施国债项目“双业主”制度。在工程招投标、项目检查验收、工程预(结)算审查等重点工作上，财政部门同项目单位一道共同履行“业主”职责，紧扣关键环节，坚持密切参与，实施跟踪监督，收到了良好效果。同时，为了增强责任意识，加强国债本息管理，市财政局积极开展国债资金管理情况调研，严格国债转贷协议管理。按照国债资金管理的有关规定，重新拟定并印制了《国债转贷协议》，要求各县(市)、区政府、财政部门在拨付国债资金之前，必须与市财政局签订协议。2003 年财政厅新下达襄樊市国债专项资金 16 320 万元，其中转贷资金 4 261 万元；共清收、上缴国债本息 714.64 万元，本级任务完成率 100%。2003 年，市财政局积极组织专题调研，以服务促进全市经济发展和国企改革，针对本市城市供水和污水处理管理关系不顺，收费与成本倒挂的问题，帮助企业认真核算成本，积极协调与物价、税务等方面的关系，为企业的可持续发展提供帮助。在城建、交通等系统国有企业资产核销工作中，克服诸多困难，强化服务意识，深入基层，规范操作，共对 16 家国有企业 7 150 万元的报批资产进行了核销。在已经审核完成的 13 家企业中，按政策核销各种不良资产共计 3 109 万元，累计核减各项不符合条件的报损资产 1 483 万元，确保了国企改革工作的顺利进行。

2004 年，按照推进市政公用行业市场化改革，努力建设省域副中心城市，把襄樊建设成为宜居城市的要求，襄樊市财政局积极参与组织实施了多项改革，变“以费养人”为“以费养事”，调整好“养人”与“养事”的关系。实行市区路灯电费包干改革。过去市区路灯电费由政府大包大揽，造成用电浪费严重，城市照明发展缓慢。同年开始实行“一包二管三制约”的承包改革：“一包”，要求市路灯处负责对市区路灯照明电费总量包干；“二管”，由市财政局、市建委两家共同对包干工作实施管理监督；“三制约”，通过对路灯数量、亮灯率和照明时间等三项指标的考核测评，将包干完成情况与单位效益直接挂钩，有效遏制了路灯电费增长过快的问题，减少了损失与浪费，也促进了路灯管理水平的提升和技术改造步伐的加快。实行市政道路维护管理体制改革。过去，市区道路养护工作沿用计划管理模式，责任与利益脱钩，城市道路管理水平低下。从2004年4月起，通过市场化运作，面向社会公开招投标的形式，选定今后一段时间(29个月)市区道路维护管理企业，中标价仅为750万元。当年在道路维护质量大幅度提高，管理范围进一步扩大的前提下，节约支出110万元，降低近30%。实行市区景点管理工作改革。根据景点管理要求，对具体工作内容实行"三核定"(核定经费总额、核定考核范围、核定工作质量)，然后，财政与城管部门作为景点管理的共同业主，面向社会公开招标；明确双方责权利关系，从而彻底打破了景点管理单位与维护承包单位的隶属关系，不仅确保了景点维护工作效果，而且还极大地降低了维护成本。据不完全统计，仅沿江大道、汉江大道等4处景点每年就节约维护经费50万元，节约率达11%以上。为确保邓城大道、襄隆公路等重点项目"高起点规划，高标准建设，高水平管理"目标的顺利实现，在城建预算外资金入库进度滞后、收支矛盾日益加剧的形势下，市财政局切实做到人员、制度、资金"三个保证"，积极调整资金计划，大力推进城管体制改革，努力压缩一切可能节省的支出，全力保证邓城大道等重点工程的建设所需，仅邓城大道到位建设资金就达10224万元，确保了工程建设的顺利进行。当年，全市财政经济建设资金支出2.5亿元，其中：城建资金2.2亿元、国债专项资金4989万元、国债转贷资金200万元、基本建设资金1200万元。

2005年，为了确保收支平衡，支持城市建设发展，襄樊市共计借贷开发银行贷款3.9亿元，当年仅贷款利息就达1300多万元，加之国务院要求政府性缺欠工程款必须在年内清欠完毕，给当年的城建预算带来很大的压力。为此，市财政局主要采取以下措施确保了财政收支平衡：积极出谋划策，科学编制城建资金预算。面对开发银行还贷任务重、农民工工资清欠压力大等困难，通过对当年的财政收支情况进行了反复测算，拟定了多种预算草案。向市政府提出了"分灶吃饭、各司其职"的预算方案，即城投公司负责筹集新建工程投资，城建预算内资金主要用于还款。据此，市财政局及时调整了当年的资金计划，并结合襄樊市的城建工作实际，编制出切实可行的城建资金预算，为全年城建预算的顺利实施奠定了坚实基础。加大征收力度，确保收入按期足额入库。在征收督办方面，针对城建收入涉及面广、征收难度大的特点，积极争取市委、市政府的支持，解决征收难题；并多次组织专题工作会议，呈请市分管领导出面协调各方关系，并形成《会议纪要》，增强了征收督办力度。在组织征收方面，通过深入征收单位，了解征收情况，制定征收措施，相继制定、完善了任务考核制度；同时，将各项收入编制了《入库计划核算表》，实行一月一对账、半月一核算、一周一督办，准确掌握入库情况，及时制定应对措施，为全面完成全年收入任务提供了强有力的组织保证。全年共完成市直城建预算外收入2700万元，占全年收入任务的117%。加强预算管理，严格控制支出增长。在城建资金使用过程中，坚决遵循"强化预算、有保有压"的原则，一方面，在严格执行支出预算的前提下，积极支持市政府重点工作，加大财政资金投入，确保了城市维护、市场化改革、城管执法改革的顺利进行；另一方面，严格控制办公费、购置费等一般性支出，有效抑制了支出增加过快的势头。当年共支出城建资金15300万元，占预算15 000万元的102%，剔除不可比因素后(规划局、大桥处、开行利息、邓城大道等)，比上年实际减少支出1 600万元。为了提升城市管理功能，本着"三分建七分管"的原则，市财政局适时调整支出结构，进一步加大城管资金投入，完善城市功能，提升城市形象。在部门预算管理上，注重处理好"吃饭"与"建设"的矛盾，严格按照部门预算标准，对市园林局等部门的经费预算重新核定，优先保证人员经费、专项运行费，保证了城市维护正常进行和城市功能正常发挥。在基础设施建设上，根据政府"清洁城市、美化家园"要求，为满足城市管理需要，全年累计投入专项资金1 076万元，购买多功能冲洗车2辆、更换窨井盖2 700个、添置果皮箱1 200个、建造垃圾转运箱60座，改善了居住环境，提高了城市品位。同时，为加强城市管理执法，提高城市管理效率，全年共计安排城市管理执法预算855万元，为城管执法提供了可靠保证。为进一步提高城市照明质量，提升城市形象，襄樊市结合市区道路改造工程，统筹规划、周密安排，累计投入路灯建设资金 1 800 多万元，先后对檀溪路、朝阳南路等城市重点主干道的路灯设施进行了全面更新改造，实现了路灯与道路功能配套、相互映衬，使这些新建道路成为景观大道、畅通大道，城市面貌焕然一新。为了加快“民心”工程建设，服务广大市民，尽快实现“把路灯亮到家门口”的目标，全年安排专项资金近 300 万元，架设电缆近 20 千米，在齐月路、卉木林巷等 21 条小街小巷新增路灯 326 盏，为广大市民营造更便利、更安全、更舒适的生活环境。为进一步提高城市照明质量，挖掘节电潜力，市财政局创新工作思路，学习考察了湖南省株洲市节电管理的成功经验，积极倡导安装路灯节电器，推行“技术节电”，被市政府采纳。经过节电试验，公开招标，北京威英智通公司成为节电器供货商，并与市路灯处签订了合作项目合同。由威英公司无偿提供安装路灯节电器及相关设备，双方共同经营和管理，期限 6 年。威英公司从节约下来的电费中按一定比例回收投资成本和利润，节电越多利润越大，合同期满后将整套节电设备无偿转归襄樊市。到年底，市区主干道共安装到位 95 台节电器，每月可节约电费 30 万元以上，全市未来 6 年可节约电费 1000 多万元。同时，可为市路灯设施增加固定资产 500 多万元，做到了节约与效益并举，政府与企业双赢。

6.社会保障财政管理

襄樊市财政社会保障机构自 1995 年成立以来，坚持以增加财政投入、完善财务制度、加强财政管理为中心，经过不懈努力，初步建立较为完善的社会保障体系。本级财政对社会保障的投入占一般预算收入的比重达到 15%。2005 年，中央财政对市区的养老、下岗再就业和低保补助资金达 51 785 万元，比 2000 年 28 168 元增长 83.8%；市、区两级财政预算安排的养老、下岗再就业和低保资金也达到 57 439 万元，比 2000 年的 49 415 万元增长 16.24%。确保了社会保障政策得到全面落实，覆盖率居全省前列。

1995 年，针对社会保障资金管理与社会保障改革形势要求不相适应的现状，全市开展“两项清理”和“两项检查”工作。“两项清理”，即清理民政优抚人员，核减不合理民政对象 180 多人，节约经费 10 多万元；清理公费医疗享受单位和人员，核对财政负担人数，顶住压力，减少享受公费医疗单位 20 多家 1000 多人，核减财政支出 30 多万元。“两项检查”，即劳动“两金”专项检查工作，对全市劳动“两金”的收入、支出、管理情况进行了一次检查。对全市 1995 年度各级救灾款进行一次全面检查，通过检查，发现一些管理中存在的薄弱环节，如资金拨付不及时，有拖欠专款的现象，管理渠道不统一，有手续不规范的现象，政策执行不严，有挤占挪用现象等。针对以上问题，制订了相关措施。同时，为了加强对社会保险基金的管理，襄樊市推行“四统一，五把关”的财务管理办法，即统一预算管理、统一专户储存、统一收款凭证、统一投资增值办法；严把统筹标准核定关、严把基金收缴关、严把基金拨付关、严把管理费提取使用关、严把财务检查关。这一作法得到了财政部和省财政厅的充分肯定，并在全国社保会上作了题为《财政管理社会保险基金的实践与探索》的交流。1995 年，全市社保经费支出 11 326 万元，比上年同期增加 1979 万元，增长 21.2%；社会保险基金收入 18 127 万元，比上年同期增加 4073 万元，增长 29%；基金增值率比上年提高 0.2%。

1996 年，为加强对社会保障各项资金的管理，市财政部门开展了卫生事业费、民政优抚资金等调查工作。与市卫生局联合对“八五”期间卫生事业费利用情况进行了调查。通过调查，找出了存在的问题：农村卫生建设投入不足，事业发展缓慢；城市小型综合医院及农村卫生负担沉重；基层卫生不稳固，防保任务难落实；人力资源配置不尽合理，呈膨胀趋势，且队伍不稳定；管理体制不合理。针对以上问题提出了完善医疗机构补偿机制，理顺管理体制，增加防保事业的投入，优化配置卫生人力资源，加强农村卫生工作五条对策。开展民政优抚对象补助费调查。采取“全面统计，重点抽查”的办法，摸清了情况，找出了问题，提出了改进措施；同时，为理顺国家与优抚单位、国家与优抚对象之间的关系打下了基础。开展民政周转金调查。摸清自 1985 年以来民政周转金的提取、使用及归还情况，针对以前存在的周转金使用效益低,“周而不转”,甚至有的受到损失,难以回收等问题,提出了建设性意见,上报省财政厅,为制订全省民政救灾周转金管理办法提供了依据。1996 年,为进一步规范全市社保财务管理工作,市财政部门制订下发《襄樊市社会保障财务管理综合(量化)考评办法》,对社保机构建立与人员配备、职责划分与业务划转、内部基础管理工作、财务预决算、财务管理制度、财务监督检查、社保调研、创文明科室等十个方面作了全面详尽的规定,采取了考评打分制度,规定了奖惩标准。同时,在全省尚未建立统一的社保事业会计报表体系的情况下,在市直行政单位和部分事业单位建立了社会保障资金会计报表制度和综合考评制度,为进一步推进各级社会保障财务管理机构早日走上正规化、制度化道路奠定了基础。1996 年,全市社保经费支出 15 462 万元,比上年同期增加 4975 万元,增长 47%;社会保险基金收入 21 391 万元,比上年同期增长 4007 万元,增长 23%,基金增值率比上年提高 0.1%。

1997 年 6 月 1 日,襄樊市城市最低生活保障线正式实施,最低生活保障线标准定为人月平 100 元,这既体现了财力的可能,又为困难居民提供了最低生活之需。市财政部门通过核实保障对象,追加预算,安排资金,确保保障金足额发放。截至当年 12 月底,享受最低生活保障居民累计达 9192 户 25 038 人,发放保障金总额 87.9 万元。1997 年,为了完善现行公费医疗管理办法,加大卫生财务管理力度,市财政部门采取措施,推行现金就诊,实行双处方管理,公费医疗专用处方由单联改为双联,适当提高财政拨款标准和个人自费比例。同时,加大卫生财务管理力度,召开了全市卫生财务管理工作会议,深入贯彻落实中央、国务院《关于卫生改革与发展的决定》精神,总结交流经验,讨论通过了《关于加强卫生事业单位财务管理暂行规定》。1997 年,为了进一步规范社保资金管理,市财政部门在全市开展了劳动“两金”检查。各县(市)、区按照省、市要求,请纪委、审计有关职能部门参与,加大检查力度,促进和推动了劳动“两金”管理。同时,为了加强对社保资金的管理,修订完善《襄樊市市直社会保险基金专户管理工作规则》,对基金收入管理、社会保障基金支付、账务核对、报表报送等方面进行了明确规定。同年 3 月,全省社会保险基金财务管理现场会议在襄樊市召开,在全省推广了襄樊市社会保险基金“财政专户储存、收支两条线”管理经验。同年 6 月,财政部、劳动部等六部委联合调查组对襄樊市社会保险基金财政专户管理工作也给予了高度评价。同年,市财政部门开展了全市民政专项资金检查,对 1996—1997 年 7 月底民政专项资金收支情况,进行联合调查,摸清了民政专项资金的底数,制订《襄樊市民政事业费管理实施办法》,为民政专项资金和财政财务管理提供了政策依据。1997 年,全市社会保障基金增值率达到 12%;完成全市下达承购定向国债 360 万元;回收历年社会保险基金借款 100 万元;回收市直历年周转金 10 万元;政府统筹基金完成 56 万元。

1998 年,为认真落实省政府对社会保险基金实行财政专户管理,收支两条线办法,积极安排社会保险经办机构经费预算的精神,到 1998 年年底,襄樊市各项社会保险基金已全部进入财政专户中,基金余额达 3 亿元;全市财政共安排社会保险经办机构经费预算 452 万元,并组织了全市社会保险基金财务大检查,清理回收挤占挪用基金 1 000 多万元。1998 年,为做好国有企业下岗职工基本生活保障和再就业工作,市财政部门对市直工交战线 59 户国有企业下岗职工状况和再就业情况,进行专门调查,会同劳动部门制订《襄樊市关于国有企业下岗职工基本生活保障和再就业工作意见的通知》,明确规定再就业工程实施范围、托管范围、费用标准、基金筹资渠道。同时,出台《市财政局下岗职工基本生活补助费管理内部运转程序》,从归口管理、账户管理、资金归集、拨付等方面作了明确规定,理顺了内外部关系。1998 年底,市直直接筹集社会资金 200 多万元,全市共筹集 1488.4 万元,争取到上级有偿和无偿的下岗职工基本生活费和再就业资金 1554.7 万元;市直共为 14 720 名下岗职工拨付基本生活费 368.3 万元,全市共为 22 031 万名下岗职工发放基本生活费 1000 多万元,有效地维护社会的稳定。1998 年,全市各级财政社保部门努力增加对卫生事业的财政投入,合理调整支出结构,在预算安排上对卫生事业费的投入增长了 20%以上,并适当向预防保健和农村卫生倾斜,提高资金的使用效益。全年全市卫生单位重点建设和设备投入 2 300 万元，卫生事业收入完成 5.9 亿元，比上年增长 13.5%。为抓好农村福利院建设，全市各级财政社保机构积极配合民政部门，采取预拨铺底资金，建成后按标准、按档次给予一定奖励等办法，多渠道筹资 600 万元，加快了农村福利院建设。1998 年全市范围内建立了 40 所规模较大、档次较高、设施齐全、管理规范，服务优质的乡镇福利院，收养人员 1 200 多人，并推行"以院养院"的管理模式。1998 年，全市社会保险基金收入 28 000 万元，比上年增长 3%，全市社会保障基金支出 27 900 万元，比上年增长 16%，社会保险基金增值率达到 6%；征收政府统筹基金 19.3 万元，占任务 100%；全市筹集国有企业下岗职工基本生活保障和再就业基金 4 100 多万元。

1999 年，为进一步规范社会保障基金财政管理工作，市财政部门重点从"清欠、清户、建制"等方面人手，从严管理，确保基金安全增值，加大工作力度，抓紧清收基金借款。成立由市政府常务副市长挂帅，政府分管秘书长牵头，财政、劳动、审计等部门参加的清收专班，采取得力措施，深入各借款单位，逐户进行催缴，全年共清收历年基金借款 1290 万元，占年任务 100%。清理银行账户。全市共撤销一行多户、收入过渡户等不合规账户 18 个，确保了社保基金发放简便、快捷。建章立制，进一步规范完善管理制度。市财政局与市劳动局配合，制订《襄樊市社会保险基金专户财务核算办法》；同时，对财政专户设置会计、出纳、审核岗位，将原由一个人经办的业务分设为三人管理，严格按财会制度办事，加强对专户财务核算的监督。加强社会保险经办机构基金收缴环节的监督，支付户使用情况的监管，机构经费财务的监控，确保社会保险基金管理工作步入科学化、规范化轨道。同年，为搞好国有企业下岗职工基本生活保障和再就业工作，全市财政预算安排下岗职工生活费 1 700 万元。对盈利企业的下岗职工基本生活保障资金采取由企业自行承担，特困企业报经政府批准后，由财政"兜底"。全年筹集社会负担资金达 1 073 万元，占应收资金的 100%，全市共为 45 651 名下岗职工发放基本生活费 4 180 万元。1999 年，市财政部门组织人员对市长虹数控集团、耐火材料厂等 43 家企业下岗职工生活费的筹集、发放、优惠政策的落实及再就业服务中心的运作情况，进行了一次全面检查。从同年 11 月开始，财政等相关部门对市直国有企业进再就业服务中心，并签托管协议的下岗职工、部分享受此项政策的特困集体企业下岗职工的基本生活费，实行由银行和财政部门提供的审核后，下岗职工名单办理"储蓄卡"，一人一户一折，所需资金直接从市财政下岗职工基本生活费专户按月分解到每名下岗职工的"储蓄卡"上，改变了下岗职工基本生活费由原来拨付到企业再就业服务中心，再由企业再就业服务中心发放给个人的做法。1999 年，为建立和完善城乡居民最低生活保障制度，市财政部门积极与有关部门协调、配合，根据本地的经济发展水平和财政承受能力，合理确定保障对象、范围和标准，积极筹措资金，支持和促进这项工作的开展。截至同年 6 月底，各县(市)全部建立了城乡最低生活保障线制度。全市累计共为 80 086 多户 213 264 人次发放最低生活保障金 872 万元。同年，为确保中央和省、市调整社会保障收入分配政策的顺利实施，市财政部门在认真调查测算的基础上，坚持自力更生、量力而行的原则，制定了科学合理的调整收入分配政策，并严格按政策、按标准及时足额地将补助款发放到补助对象手中。全市按中央、省、市要求，于同年 9 月 15 日前全部落实到位，各级财政共拨付调整社会保障收入分配资金 3 781 万元。1999 年，全市社会保障事业支出 24 565 万元，比上年增长 7%；全市社会保险基金收入 32 328 万元，比上年增长 7%；全市保险基金支出 33 944 万元，比上年增长 22%；社会保险基金增值率达到 5%；清收历年基金借款 1 290 万元，占年任务 100%；全市筹集国有企业下岗职工基本生活保障和再就业基金 6 250 万元，比年初预计筹集 5 829 万元超任务 1 121 万元；筹集"两节"解困资金 1 600 多万元。

2000 年，为认真贯彻执行国务院发布的《失业保险条例》和省政府颁发的《失业保险实施办法》，继续深化失业保险制度改革，切实将所有企事业单位及其职工纳入失业保险，扩大失业保险覆盖面，提高缴费率，扩大失业保险基金规模，提高失业保险基金的承受能力，全市完成失业金收入 3057 万元，同比增长30%。同时，调整失业保险基金支出结构，在保证失业救济金和国有企业下岗职工基本生活费支出需要的基础上，加大职业培训支出力度，促进失业人员尽快实现就业。全年全市各级财政部门安排、拨付再就业经费342万元，全市培训下岗职工12 100人，出中心再就业人员达24 160人。同年，为推进城镇职工基本医疗保险制度改革，市财政部门配合医改办，选定华光、氮肥、无机化工、华中制药、一棉、襄棉等6家经济效益好的企业，先行开展城镇职工医疗保险制度改革试点，为市直单位推行医改制度积累经验。同年7月1日，在市直全部事业单位、部分企业实施医改。通过核定基金收缴比例(个人2%，单位6%)、缴费基数，合理选定定点医院、定点药房，及时办理医保基金支出的审核、拨付，确保城镇职工基本医疗保险制度改革的顺利开展。到同年12月底，市直共有289个单位45 627人参加医疗保险制度改革，缴纳医疗保险基金984万元，支出568万元。其中，个人账户471万元，统筹账户19万元，减轻了各单位和财政的支出压力，保障了城镇职工基本医疗的需要。同年，为支持卫生事业的发展，市财政部门与计委、卫生局联合制定《襄樊市区域卫生规划工作方案》，对全市各行各业和各级各类的卫生机构、床位、人员、设备、经费等卫生资源进行统筹规划，合理配置，实行卫生全行业管理。通过召开市直卫生单位财务管理座谈会，对卫生部门目前的财务现状及今后发展的方向进行广泛深入的讨论，提出合理化的建议，促进卫生事业的健康发展。同时，积极支持卫生系统的会计委派工作，根据市直医疗卫生机构财务管理实际，市会计局、卫生局联合对市直16个卫生机构，委派会计21名，加强对财务会计工作的监督管理，促使各医疗卫生机构依法理财。按照省监察厅、财政厅、劳动厅、民政厅《关于对四项社会保障资金管理使用情况开展专项检查的通知》要求，市财政部门精心安排、周密部署，有计划、分步骤地开展了国有企业下岗职工基本生活保障资金、失业保险基金、养老保险基金和城市居民最低生活保障资金专项检查工作，对1998年以来财政专户管理的四项社会保障资金的管理使用情况开展了重点检查，检查面达到100%。从检查情况看，各地各有关部门都能做到专户管理，资金到位，管理规范，足额发放。对个别地方和单位专户管理、账务管理不规范，社保经办机构经费预算不足等问题，积极督促各地各有关部门采取得力措施，认真纠正，限期整改，确保四项社会保障资金得到合理有效的使用。2000年，全市社会保险基金收入35 100万元，比上年同期增长16%；社会保险基金支出43 950万元，比上年增长35%；社保基金社会化发放面达95%以上；全市拨付下岗职工基本生活费7500多万元，最低生活保障资金1 500多万元；筹集“两节”解困资金1 300万元；向上争取社会保障补助资金9500多万元。

2001年，根据襄樊市实际情况及前两年编制社会保障预算的经验，市财政部门重新设计社会保障预算收支表格，并采取一揽子编制方案，即“社会保障基金预算+政府公共预算中安排的社会保障支出+社会筹集资金+社保事业单位合法创收的可支配收入”。同年4月24日，市人大常委会第18次会议，审议通过了《关于市直(本级)2001年社会保障预算(草案)的报告》，并就2001年社会保障预算作出了决议。襄阳、南漳、谷城的社会保障预算也先后经本级人大审议通过。全年全市地税部门征收的社会保险费达到1.02亿。同年，省财政厅选定宜城市作为优抚对象和优抚事业单位普查工作试点。为搞好新中国成立以来全国第二次优抚普查工作，市财政局、市民政局联合召开了全市优抚对象和优抚事业单位普查工作会议，传达贯彻了民政部、财政部《关于开展优抚对象和优抚事业单位普查工作的通知》精神。通过普查，全市共有优抚对象310 278人，占全市总人口的5.5%，其中，重点优抚对象43 763人，分别占总人口和优抚对象总数的0.77%和14.1%。2001年，全市社会保险基金收入完成3.7亿元，比上年增长1.6%；社会保险基金支出4.7亿元，比上年增长17.2%；社会保险基金社会化发放面达到99%；全市共拨付下岗职工基本生活费7 624万元，最低生活保障资金2 600万元；收缴医疗保险基金4 436万元，向上争取社会保障转移支付资金1.2亿元。

2002年，为强化社会保障财务管理，市财政部门按照规范化、制度化要求，对社会保障资金专户和补助户实行“3211”管理模式。“3”即三分开，对市直和县(市)、区社会保障基金专户和财政社会保障补助资金专户分开设置，都放在财政局社保科(股)内，会计与出纳分设，单位公章、会计私章与财务专用章、出纳私章分开保管；“2”即两核算，对五项社会保险基金的收、支、利息做到单独核算，各项财政社会保障补助资金分类、分本、分息单独核算；“11”即一审批、一禁止，严格按文件(鄂财社发〔2002〕12号)规定的模式填写审批单，出纳、会计、科(股)长、分管局长签字之后才能拨付，禁止从五项社会保险基金专户和社保补助资金专户支付现金。2002年，襄樊市继续深化企业医疗保险制度改革，出台《襄樊市城镇职工基本医疗保险暂行办法》；推行了企业补充医疗保险，全市69家2027名职工参加，缴纳补充医保基金30多万元；实行了企业离休干部医疗费统筹办法，585家企业1635名离休人员纳入了统筹，对统筹基金不足部分财政予以了“兜底”；出台了《市直机关医疗制度改革实施意见》，把国家行政机关工作人员和退休人员等纳入医保范围；襄樊市已初步建立起“个人账户管门诊，统筹基金管医院，高额费用进补充，大病住院有救助，困难企业保住院，特殊人员有照顾”的多层次、全方位医疗保险体系。2002年，为强化社会保险基金清理结算，缓解社会保险基金收不抵支压力，全市各级财政部门加大社会保险费费源稽核力度，各地分别选择80—100户企业，从摸清工商登记户、纳税登记户、实际缴费户和审核企业进入成本费用的工资入手，核实企业缴费工资基数。从清理结算情况看，不少地方核实的工资基数偏低，在征收之前就跑冒滴漏了，直接影响了社会保险费收入。对于缴费基数偏低的企业或单位，采取一户一清、一户一结措施，边结算，边开票，边入库，通过清理结算，共清算社会保险费收入2261万元。2002年，全市社会保险费收入完成5.99亿元，同比增长32.6%；社会保险基金支出8.03亿元，同比增长36%；全市累计拨付下岗职工基本生活费6139万元，最低生活保障金58957万元。

2003年4月，为做好“非典”的防治工作，市财政部门特事特办，全市财政社保系统实行全天候值班，按要求设立“非典”专户，资金拨付坚持特款特办、急款快办的原则，确保了畅通无阻，先后拨款1772万元，用于“非典”防治方面的支出。对“非典”疑似病人，实行免费治疗，全市4名疑似病人顺利治愈出院；对防治物资所需资金，财政部门安排资金马上拨付，确保了防治技术和设备需要，全市设备物资支出达2389万元。“非典”过后，财政部门为进一步抓好公共卫生体系建设，大力支持突发公共卫生事件体系建设，筹集资金623.65万元，完成了县级传染病区、乡镇发热门诊建设。2003年，省确定襄樊市谷城、老河口为全省第一批新型农村合作医疗试点县(市)，市财政补助783 824元，两县(市)配套3135296元全部到位，新型农村合作医疗工作顺利开展。同年，为解决企业军转干部工资、养老金、医疗费“三拖欠”问题，市委、市政府先后召开三次常委会，要求在一个月内解决。面对企业多、人员多、资金量大、事情紧迫的压力，财政部门加强与相关职能部门密切配合，解决三拖欠问题取得了阶段性成果。到年底，共解决三拖欠1 139万元，占三拖欠总额的71.49%。其中：工资998万元，养老金68.6万元，医疗费72.5万元。同时，还对市直368名特困企业军转干部全部纳入低保范围，对147名生活困难的军转干部实行了临时救助。2003年，全市社会保险基金收入完成9.11亿元，同比增长52.1%；社会保险基金支出9.03亿元，同比增长12.5%；全市累计拨付最低生活保障金1.05亿元，离退休费2.11亿元，优抚资金1.53亿元，救灾救济1 664万元。

2004年，为有效推动全市社会保险事业发展，市财政部门与劳动保障部门紧密配合，把养老金的扩面征缴作为社保工作的一项重要内容来抓。通过广泛深入的宣传，加大稽核力度，对参保企业进行核查、核实，全市的社保扩面工作取得了较好成效。到年底，市直参加企业养老保险的人数达到186 753人，其中：新扩面67 00人，断保接续28 000人；参加医疗保险的202 048人，其中新扩面23 000人；参加失业保险的人数达到213 946人，其中新扩面6 800人；参加工伤生育保险的人数达到115 911人，其中新扩面4 700人。2004年，为进一步落实再就业优惠政策，襄樊市在地方财力十分紧张的情况下，从预算内拿出1 518万元资金用于本级再就业资金配套，争取上级转移支付3 817万元，加上其他途径筹集，2004年共筹集再就业资金6 115多万元，拨付5 442多万元。在使用过程中，按照中央、省、市再就业工作的有关精神，突出重点，讲求效益，力求用好每笔资金。一年来，共为90户困难职工发放特困生活费5万元，为4 559名下岗职工发放基本生活保障资金5306万元，为5386名下岗失业人员发放失业救济金1 874万元。同年，共拨付再就业培训经费1075万元，举办下岗失业人员免费培训1 081期，全市培训下岗失业人员21 854名，有4 086名下岗失业人员实现了再就业。通过落实小额贷款优惠政策，共发放小额贷款876.6万元，为700名下岗失业人员提供了资金支持；发放再就业优惠证49 728本，落实减免税费2 870万元。为落实低保优抚政策，本着应保尽保的原则，把真正符合低保条件的城镇困难群体尽量全部纳入低保范围，到年底，市区享受低保人数达到88 212人，发放低保金达到5 577万元，月均发放金额达到420万元，人均补差达到72元。在农村特困户、农村"五保"户待遇的落实上，市财政部门积极调度下拨资金，确保农村特困群体的生活有保障，全年共下拨农村特困资金242万元，优抚对象达3万多人；同时，针对农村"五保"户个人生活不便、无人照料的实际，市财政部门与民政部门一道，把落实待遇与"福星工程"结合起来，加快集中供养步伐，全年全市新建改建福利院30座，新增集中供养人员达到11 000多人，占全市"五保"总数的70%。2004年，市直社会保险基金收入48 923.5万元，其中：养老金收入30 051.1万元，失业金收入2 295万元，医疗保险金收入15 585万元，工伤生育保险992.4万元；市直社会保险基金支出61 652.8万元，其中：养老金支出45 419.6万元，失业金支出1163.6万元，医保金支出14 484.2万元，工伤生育金支出585.4万元；市区城市居民最低生活保障资金收入5 970万元，支出5 577万元。

2005年，为推动全市社会保险事业的发展，市财政部门在社会保障投入上做到"三个落实"，即：预算安排落实。市本级安排最低生活保障、再就业资金分别为820万元和1260万元，分别占地方一般预算收入的1.25%和1.9%；下岗职工基本生活费240万元，救灾资金50万元。资金配套落实。按省要求共配套4项资金306.2万元，其中市区医疗救助资金250万元、血防经费6万元、白血病人救治资金0.2万元、艾滋病防治资金50万元。 临时资金落实。安排60万元用于改制遗留问题，将48名二等乙级伤残军人纳入医疗费统筹；安排50万元用于兑现1953年前复员退伍军人生活困难补贴；对离休干部医疗费统筹缺口524.8万元予以补贴。2005年，为加大对低保对象和特殊困难家庭的保障，努力把物价波动带来的影响降到最低，市区低保标准由150元/人·月，提高到170元/人·月；市区纳入城市居民最低生活保障的人数达到15 095人。 同年，为加强城乡医疗救助工作，市财政、民政两部门联合出台了《全市城乡困难群众医疗救助实施方案》，正式启动了农村贫困群众医疗救助制度。全年市区共筹集医疗救助资金233万元，对69名贫困对象实施了重大疾病医疗救助，市区参加医疗保险的人数达到26.49万人。2005年，为加强社保基金和补助资金管理，市财政部门对过去开设的有关账户进行了重新归并；对基金专户的会计出纳实行分设，对支票和印件分开保管，并把定期存单存放在中国银行金库，避免了管理中的漏洞，确保了资金的安全。同时，严格执行基金存储管理办法，对于按规定留足一至两个月的支付资金外，其余按规定存放在国家规定的国有商业银行，并对到期存款及时转存，确保基金利息不受损失和基金的保值增值。坚决杜绝社保经办机构支出户转存基金目标款的行为，坚持做到基金专户管理，收支两条线运行。2005年，市区社会保险基金收入完成8.8亿元，同比增长47%；社会保险基金支出8.4亿元，同比增长30%；拨付最低生活保障金6389万元，下岗职工基本生活保障金2481万元，再就业资金4326万元。

7.会计事务管理

1984年年底到1985年年初，襄樊市所辖五县三市和四个城区全部成立了会计事务管理机构。

(1)全国第一家会计局

1988年3月12日，在湖北省财政厅和襄樊市财政局的指导下，襄樊市财政局在老河口市办点，组建了全国第一家县(市)级会计主管局——老河口市会计局。在试点的基础上,1998 年 8 月,襄樊市人民政府又批准成立了襄樊市会计局,这是全国第一家地市级会计主管局。会计局的管理体制:统一领导,分级管理,市县两级“一条鞭”。市会计局长为副县级,县会计局长为副乡级,市、县会计局分别为同级财政局的二级单位。

(2)会计专业技术职务评聘考试制度

会计专业技术职务评聘制度。1986年,根据人事部的统一部署,会计系列和其他系列一样,改革专业技术职务评定的制度,实行会计专业技术职务评聘制度。1986年4月,中央职称改革工作领导小组转发了财政部拟定的《会计专业职务试行条例》,会计专业职务聘任制度再次迅速在全国范围内施行。

会计专业技术资格考试制度。1992 年 3 月,财政部、人事部联合颁发了《会计专业技术资格考试暂行规定》及其《实施办法》,决定从 1992 年 8 月 1 日起,除高级会计师外,停止实施会计专业职务评定,并于 11 月首次组织会计专业技术资格的全国统一考试,以后,每年组织一次。会计专业技术资格考试制度的实施,标志着会计专业的职称改革进一步深化。

实行会计专业技术资格考试至2005年年底,全市累计报考人员达32 000人次,平均每年报考2 10人,通过考试取得专业技术资格的人数累计为 15 155 人。其中,初级会计专业技术资格(包括以前的会计员、助理会计师资格)为11 403人,中级会计专业技术资格(包括以前的会计师资格)为3 752人。

(3)“会计证”管理

1984 年初,湖北省财政厅经省政府批准,对会计人员实行了“会计证”管理制度。1990 年 3 月,财政部发布了《会计证管理办法(试行)》,襄樊市到 2002 年,共颁发会计证 40171 个。2002 年,根据财政部《会计从业资格管理办法》,襄樊市财政局印发关于“会计证”换发“会计从业资格证书”的通知,要求会计人员持“会计证”,继续教育证明,会计电算化证换发“会计从业资格证书”。截至 2003 年 12 月,全市换发“会计从业资格证书”37114 个。

(4)会计工作达标升级活动

1987 年 2 月,襄樊市会计事务管理部门组织 33 人的专班,在谷城县举办了会计管理工作试点。同年 3 月,财政部在湖北省襄樊市召开会计工作座谈会,提出在全国开展会计工作抓基础、达标准、上等级活动的设想。襄樊市会计管理部门通过在谷城办试点,制订了会计工作抓基础、达标准、上等级的《试行办法》《考核评分标准》,于 1987 年 7 月,报经县政府批准,在全县试行。全县 50%以上的单位进行了抽查验收,评出会计基础工作较好的单位 62 个,占 24.3%;一般的单位 157 个,占 61.5%;差的单位 38 个,占 14.2%。1987 年 8 月,襄樊市人大、市政府在谷城联合召开了全市深入贯彻《会计法》,广泛开展会计工作达标升级活动现场会。同年 11 月,襄樊市人民政府办公室专门下发文件,要求各县市、市直各单位都要认真地抓好此项工作。

襄樊市全市的达标升级活动,以谷城县为突破口,抓了南漳县、宜城县、市水利水产局、商业局、机械工业局等新典型。全市共成立达标升级领导小组 624 个,专班工作人员 1426 人。据统计,截至 1998 年,襄樊市会计基础规范达标单位共计 2135 户。

8.农村税费改革

2002 年 5 月以来,襄樊市把农村税费改革作为农村工作的一件大事来抓,各级党委、政府紧紧围绕中央和省委、省政府的统一部署,坚持以切实减轻农民负担为核心,以规范农民负担监管体系、扎实推进综合配套改革为重点,精心组织,周密部署,强化措施,克难奋进,确保农民负担明显减轻,确保农村义务教育、乡镇机构和村级组织的正常运转。

(1)主要工作

在农村税费改革过程中，襄樊市始终坚持以政策为依据，以减轻农民负担为宗旨，严格执行政策，加强督办检查，维护农民利益，促进城乡协调发展。农村税费改革以来，全市农民负担经过了3次大幅度的下降过程。2002年改“费”为“税”；2004年农业税税率下调3个百分点和取消烟叶外的农业特产税；2005年全部免征农业税。全市严格按照农村税费改革要求，对农民负担方案实行层层预算，农民负担监督管理部门审核，县、乡两级政府逐级审批制度。在方案进村入户中，各地扎实做好基础工作，按照公开、公正、公平的原则，把政策完完全全交给农民。做到了“四到户”“四上墙”“五对口”。“四到户”，即政策到户、任务到户、证卡到户、明细表到户。“四上墙”，即测算标准上墙，财务管理办法上墙，税收任务上墙，改革前后负担对比上墙。“五对口”，即县、镇、村、组、户任务分配落实层层对口，确保执行政策不走样。

市委宣传部专门制订《关于认真做好全市农村税费改革宣传工作的意见》，对全市农村税费改革宣传工作进行总体部署。市税改办在《襄樊日报》开辟“农村税费改革，心系你我他”专栏，全面系统地介绍农村税费改革政策。印制《襄樊市农村税费改革试点资料》和《农村税费改革政策读本》，发放到各级党政干部和有关部门领导手中。让大家掌握政策，统一认识。对每个农户印发了农村税费改革政策“明白袋”和“农户必读”，向农户宣传减负政策。各县(市)、区还通过发放“农村税费改革政策放心牌”“农村税费改革政策宣传牌”“农村税费改革政策宣传年历”等方式进行宣传。全市形成了“沿街有横幅，墙上有标语，乡镇有专栏，广播有声音，电视有图像，路有宣传车，疑难有解答”的立体宣传发动声势，营造了浓厚的改革氛围。

从2004年开始，党中央、国务院出台一系列惠农、扶农政策。襄樊市紧扣“把政策交给农民，把方法交给农民，把监督交给农民”的主题。要求各地做到“四到户、两上墙、两签字”，即农民负担卡、纳税通知书、粮食直补卡和水稻良种补贴卡必须填发到户；农民负担方案必须公布上墙，粮食直补和水稻良种补贴标准、依据、金额必须公布上墙；粮食直补、水稻良种补贴测算数额农户必须签字，农村集体“一事一议”筹资筹劳数额农民必须签字。我们在核实面积、公开公示的基础上，组织县(市)、区和乡镇财政干部进行了“一折通”信息工程培训，要求对涉农补助资金(包括粮食直补、水稻良种补贴、退耕还林补贴、库区口粮差价补贴等)实行“一折通”发放。2004年全市共发放粮食直补资金11 662万元、水稻良种补贴资金4 230万元。2005年发放粮食直补资金11 971万元、水稻良种补贴资金4465万元。

在农业税征管工作中，市政府转发《关于建立农业税收征管体系的意见》，明确财政征收主体地位。各地都建立以财税干部为征收主体，乡村干部履行协税护税的征管体系。由农税征收机关根据征收数额，向村派驻农税员，由农税员直接上门征收，税票填开到户。在有条件的乡镇设立农税纳税大厅，由农民到纳税大厅自觉申报、自觉登记、自觉纳税。全市共建立农税纳税大厅95个，设立征收站822个，设立农税征收点3 434个。为全面实现农税征管“三定”方式转变打下坚实基础。

市政府办下发《关于切实做好村级债务化解工作的紧急通知》，在清理、锁定债务和开展化债试点的基础上，明确全市村级债务化解总目标(即用3—5年时间基本完成村级债务化解工作)。对经济实力强，可开发利用资源多，债务相对较轻的村，争取用1年或2年时间完成化债工作。采取削减高息、清收债权、结对冲抵、划转债务、盘活资产、协议化债等切实有效办法，积极稳妥地化解村级债务，重点化解村组集体欠农民的债务。在偿还债务的过程中，采取“三先三后”的办法，即先群众后干部，先个人后单位，先还本后还息。同时，考虑“三种优先”对象，即自愿只要本不要息的优先；自愿将本息打折的优先；纳税积极者优先。到2005年年底，全市共化解村级债务79 941万元，占债务总额的

27%，债权认定换据率达到84.29%，债务认定换据率达到90.29%，有75个村已全部化债完毕，占总村数的3.08%。

各地行政性收费一律进入乡镇行政服务中心，实行一站式收费，事业性和经营服务性收费，严格按照公开、公平、自愿委托的原则，由经营服务单位直接与农户签订经营服务合同，面向农户直接收取服务费，不允许村组代收代管。各涉农收费单位一律将清理核定的收费项目、收费标准、收费对象和收费依据进行公告公示。对各项涉农收费严格实行责任追究制度。由市委办、市政府办负责，市纠风办、市减负办、市物价局牵头，对涉农收费实行专项治理。按照"谁主管、谁负责，谁违反，查处谁"的要求，市委、市政府与各涉农收费单位签订涉农收费专项治理责任状，实行涉农收费部门领导负责制。对严重违背政策、顶风违纪的坚决查处。襄樊市从2003年年初开始，在宜城市小河镇进行水费改革试点，改革水费收取使用办法，改革村级小型水利设施产权制度，明确水费征收主体，村级成立供水者协会，乡村干部不直接插手水费收取和管理。市委、市政府专门召开了水费改革现场会，并下发了《关于农业水费改革的实施意见》，规定全市水费征收的最高限额。通过改革，全市农业水费由原来的1.1亿元下降为0.7亿元，下降36.36%。

除对少数经济较发达、财政收支规模大、财政收入能够满足自身支出需要的乡镇实行一级政府一级预算的财政管理模式外，对大多数经济欠发达的乡镇，比照县直部门预算的做法，实行"乡财县管乡用"的财政管理模式。在保持乡镇预算管理权、资金所有权和使用权、财务审批权不变的前提下，按照"预算代理、账户统设、资金统调、集中支付"的要求，将乡镇财政收支纳入县级财政预算，由县财政统筹安排。合理界定县、乡政府事权范围，明确县、乡财政支出责任，预算超收仍归乡镇使用，乡镇仍承担原有债权债务。对收不抵支的乡镇，县级财政给予补齐。同时，加大对财政困难乡镇的扶持和奖励力度，尽可能地增加乡镇可用财力，减轻乡镇财政负担。在省下达农村税费改革转移支付资金的基础上，市、县财政拿出2010万元用于弥补改革后，乡镇财力和村级资金缺口。

农村税费改革一开始，市委就组织了9个督办组，常驻各县(市)、区督办检查。各地也层层成立了检查组、工作队，确保每个乡镇都有一名县(市)、区"四大家"领导带队的督办专班，包任务分解，包政策落实，包农村稳定。各乡镇对村派出工作指导组，保证每个村有2名以上经过培训的国家干部驻点帮助工作，在全市形成一个多层次、全方位的督查网络。基本做到了市查不漏乡(镇)，县查不漏村组，乡查不漏农户。市委、市政府要求，各级督查组自带干粮下基层，一律不在基层吃饭；市检查督办组每10天为一个督查周期，召开一次碰头会，对检查出来的问题，该通报的通报，该追究责任的追究责任。县(市)、乡(镇)反复出现的问题，督查组负有连带责任。同时，层层设立举报电话，并在新闻媒体上公布，扎实做好群众来信来访工作。凡是农民举报反映和督办组发现的问题，都要做到问题到人，责任到人，核查到位，限期整改。对因政策操作不当出现的失误，责令限期整改，对严重违背政策，影响比较恶劣的，追究当事人的责任。农村税费改革以来，全市已对70多个出现严重违纪问题的当事人给予了党纪、政纪处分。

市委、市政府把乡镇综合配套改革列为农村工作主要任务之一，2004年上半年，先行在老河口举办试点，积累经验。同年8月17日，全市乡镇综合配套改革会议在老河口市召开，对全市综合配套改革工作进行统一安排部署。

乡镇办事处统一设"三办一所"。"三办"内设机构为，党政综合办公室(加挂综治办牌子)、经济发展办公室、社会事务办公室，其他原内设机构全部被撤销。全额拨款事业单位只设立一个财政所，撤销两个全额拨款事业单位经管站、民政所。同时，明确界定"三办一所"工作职能。

每个乡镇领导职数只设9名。其中党委书记兼乡镇长(办事处主任)1名；党委副书记2名，1名担任人大主席，1名兼任纪委书记；6名委员，3名兼任副乡镇长(办事处副主任)，3名分别担任组织委员和统战委员、宣传委员、人武部部长。乡镇办事处一级不再设政协联络处，明确一名党委副书记兼管政协有关工作。每个乡镇非领导职务控制在6名以内。其中,设非领导职务的正副科级干事1—3名。三年过渡期内,另设非领导职务的正、副科级助理1—3名。改革前后,全市乡镇领导干部由1327人精减到743人,减幅44%,乡镇平均精减8.74人。其中,改任非领导职务371人,乡镇平均改非4.37人。

对乡镇(办事处)机关行政人员实行刚性定编,严格按大、中、小型乡镇,45人、40人、35人的标准核定行政编制,取消工勤编制和民政所事业编制。除乡镇领导班子成员外,其他人员一律按公开竞岗、逐级淘汰原则竞编竞岗。以乡镇为单位统一组织公开考试、民主测评,综合得分列榜公布,按定编人员,由高到底划线,公开择优录用,实行"一人一编一卡",并向社会公示,接受群众监督。改革后乡镇机关干部,由改革前的7221人精减到3141人,减幅57%,上岗人员全部落实了"一人一编一卡"。

对竞岗落聘的硬性分流人员,按省文件规定标准,给予一次性经济补偿,并办理养老社会保险,签订规范的协议书,经司法公证,彻底转换身份,人事档案转交县人才交流中心代理。同时,积极拓展分流渠道,实行再就业优惠政策,打造就业平台。采取自主择业、辞去公职、离岗退养、提前退休等多种分流途径,妥善分流乡镇富余人员4080人。

除财政所、农村中小学、卫生院外,全市708个镇直事业单位、9679人全部整体转为自主经营、自负盈亏的企业或社会中介组织,实行市场化、企业化、社会化运作。同时,对乡镇公益事业和公共服务,包括机关工勤、农技推广、畜禽防疫、农机化建设、农业水利、文体事业、计生服务、城镇建设等事项,采取政府购买方式,确定项目,核定标的,实行定项委托或公开招标,将"以钱养人"改为"以钱养事"。 建立转制事业单位人员全员养老保险制度,各县(市)、区转制单位应保人员10888人(含原乡镇党校人员),除978人书面申请放弃外,共有9910人参加养老保险,参保率100 %,补缴1995—2005年保费7596万元,占应补缴保费的99.33%。2005年,全市708个服务中心9673人中有4330人从事公益服务,其中参与委托服务4042人、定岗招聘181人、县级部门派驻服务107人,有5343人从事经营性服务;全市708个转制单位与各乡镇政府签订了公益服务合同9大类,3723个子项目,资金总额为3511.84万元。各县(市)、区分行业统一了协议文本,统一明确约定了协议双方的责任、权利和义务。包括服务内容、经费标准、时间要求、考核估算、兑现办法等事项。通过建立"以钱养事"新机制,实现了"四个转变"。即:实现了投入方式由"以钱养人"向"以钱养事"转变,推动了农村公益服务的发展;实现了服务主体由政府主导向市场主导转变,农村公益性服务人员的服务意识普遍提高;实现了服务方式由行政手段向综合手段转变,有效地调动了广大群众参与的积极性;实现了约束机制由身份管理向合同管理转变,从根本上解决了农村公益性服务质量不高的问题。

(2)主要成效

农民负担大幅减轻。2002年实行农村税费改革后,全市农民负担4.29亿元,比改革前农民实际负担7.14亿元减少2.85亿元,减幅达42%,亩均减少49元,人均减少78元。2004年农业税率减少3个百分点,同时,取消除烟叶以外的特产税后,全市农民实际负担农业税2.33亿元,亩均40.43元,人均65.53元,比改革前总额减少近5亿元,减幅达69.4%,亩均减少86.75元,人均减少140.62元。加上中央的粮食直补和水稻良种补贴政策的落实,2004年农民政策性的增收因素已占到重要的份额。2005年全省统一免征农业税,全市农民人均负担比改革前减少186元以上,亩均减少119元以上。

涉农收费逐步规范。改革后,随着"三个取消"和"公示制"的逐步落实,尤其是市委、市政府与各涉农收费部门签订责任状以后,面向农民和农村集体经济组织的行政事业性收费、集资得到有效遏制,各种涉农收费规定逐步具体明确,农民有了"护身符",农村"三乱"行为大为减少。各地农民建房大多只收取5元至20元的工本费,每户比以往少收千元以上。农村电价实现了城乡同网同价,农用水费也规定了最高限价。

农村债务化解全面启动。全市全面启动了化债试点工作,村级债务全部清理锁定。各村都实行了村级资金、账务委托乡镇“双代管”,落实了民主理财制度,初步探索和建立防止增债的新机制,农村债务恶性膨胀的趋势得到遏制,部分债务得到有效化解。

配套精简改革稳步推进。围绕“减人减事减支”的要求,各地撤销了乡镇下设的管理区和乡镇教育组,开展了并乡镇、并村组、并学校的工作,调整了农村中小学布局,精简了超编人员,辞退了临时聘用人员和代课教师。改革以来,全市共撤并乡镇 63 个、农村中小学校 606 所、行政村 559 个、村民小组 3954 个;精简行政单位在编干部 4080 人、事业单位在编人员 11976 人、在编教职工 2297 人;清退临时聘用人员、民办教师、代课教师、村组干部共 2.37 万人。

农民生产热情全面高涨。农村税费改革和各项扶农惠农政策的实施,使农民从过去沉重的经济和劳务负担中解脱出来,走出多年以来增产不增收的恶性循环,生产积极性得到全面提高。出现了农民种田热、购买农机具热和调整种养结构热。许多外出经商、务工的农民纷纷返乡种地,一部分偏远农田由原来无人耕种变为现在抢着耕种,土地撂荒现象得以消除。2004 年,全市农民自主投入 7225 万元,购买各类农机具 18000 多台,比改革前的 2001 年多投入资金 2112 万元。人均纯收入达到 3060 元,比改革前的 2479 元增加 581 元,增长 23.44%。

农村干群关系明显改善。农村税费改革以后,农民的情绪理顺了,种田积极性高涨了,党群、干群关系也融洽了。过去乡、村干部一年到头三件事,“催粮、催款、催命”。农村税费改革以后,基层干部工作思路和工作作风有较大的转变,精力更多的集中到社会管理、公共服务和发展经济上来,干群关系明显改善。

基层民主政治建设加强。在农村税费改革中,粮食补贴面积的落实、农村的大事决策等,均交群众“一事一议”讨论、决定。农民的民主要求和参政议事意识大为提高,自我管理和自我决策制度基本建立,村“两委”置于群众监督之下的机制明显加强。同时,推行村干部“海选”,将一批懂政策、工作能力强、处事公正、群众信任的人推上村级领导班子,既精减了村组干部,又提高了基层组织队伍素质,增强了农村基层组织的战斗力。

省委、省政府对襄樊市农村税费改革工作,给予了充分肯定。2002 年全市 11 个县(市)、区一次性通过了考核评估,其中 6 个县(市)、区被评为优秀、5 个被评为合格。2003 年度、2004 年度、2005 年度考核评估,7 个县(市)、区被评为优秀、4 个被评为合格。

二、税务

(一)机构

1.财税机构分设

1983 年 12 月 14 日,襄樊市委、市政府决定,襄樊市财政、税务、审计机构分设,成立襄樊市税务局,成立党组。税务局机构所在地樊城鹿角门,1985 年 1 月,迁移到樊城建华路。1983 年 8 月,光化县、老河口市合并为老河口市,县、市税务局合并为老河口市税务局。1984 年 1 月,襄樊市成立襄城、樊东、樊樊东、樊西、郊区 4 个县级行政区,同年 8 月 25 日,经市委、市政府批准,增设襄樊市税务局襄城、樊东、樊西、郊区分局,业务上直属襄樊市税务局领导。1984 年 2 月,随县、随州市合并为随州市,县、市税务局合并为随州市税务局。1985 年底,襄樊市税务局辖 4 个直属分局和襄阳、枣阳(1988 年 1 月撤县改市,枣阳县税务局更名为枣阳市税务局),宜城、南障、保康、谷城 6 县税务局,代管省辖县级市老河口市、随州市税务局。1986 年,局党组改为党委。1988 年 1 月 25 日,增设襄樊市税务局直属分局。1992 年 3 月,增设襄樊市二汽基地税务分局。1994 年,湖北省政府将随州市改为省辖市,襄樊市税务局不再代管随州市税务局。同年,宜城县撤县改市,宜城县税务局更名为宜城市税务局。

襄樊市税务局领导班子一览表

(1983 年 1 月—1994 年 6 月)

表 16-4

机构名称(起止时间)	姓名	职务	任职时间(年月)
襄樊市税务局 1983.12—1994.06 1983 年 12 月,税收工作从财政局分出,成立税务局。1983 年 12 月建党组,1986 年 1 月改为党委	李景明	局长	1983.12-1989.05
		书记	1983.12-1988.12
	罗华光	局长	1989.05-1922.08(病逝)
		书记	1988.12-1922.08(病逝)
	张明树	局长、书记	1992.09-1994.06
		副局长	1983.12-1992.10
		副书记	1988.12-1992.09
	朱泽	副局长	1983.12-1990.11
	黄东升	副局长	1983.12-1991.02
	罗华光	副局长	1984.09-1986.08
	项其明	副局长	1986.08-1994.06
	卢流德	副局长	1988.11-1994.06
		副书记	1992.09-1994.06
	龚爱华(女)	副局长	1990.11-1994.06
	宋耀萱	副局长	1991.12-1994.06
	汪金昌	副局长	1994.06-1994.06
	吕美焕	纪委副书记	1986.06-1987.09
	左知清	纪检组长	1988.12-1993.08
	崔仁本	纪检组长	1994.06-1994.06
	王立刚	工会主席	1988.12-1993.08
	童银昌	工会主席	1994.06-1994.06

附:襄樊市税务系统机构示意图(见图表 16-5)。

2.管理体制

1983 年 8 月,国务院下发《关于抓紧增收节支 确保今年财政收入基本平衡的紧急通知》,明确提出:省、市、县税务局的机构设置、干部管理、人员编制和经费开支,原则上应由省、市、自治区税务局垂直管理。但一直未能实现。1988 年 12 月 27 日,国务院发布《关于整顿税收秩序 加强税收管理的决定》,规定:为了保证税务机关独立行使职权,全国税务系统实行上级税务机关和同级政府双重领导,以税务机关垂直领导为主。并要求市、县税务局的机构设置、干部管理、人员编制和经费支出,立即由省、自治区、直辖市税务局垂直领导。1989 年 4 月 17 日,湖北省编制委员会、省委组织部、省人事厅、省劳动厅、省税务局发出《关于全省税务系统实行垂直管理的联合通知》,《通知》规定:全省地市州、县税务局的机构设置、干部管理、人员编制和经费开支,由省税务局垂直管理,并提出了八条原则。1989 年 5 月,襄樊市编委、组织部、人事局、劳动局、财政局、税务局六个部门发出了《关于全市税务系统实行垂直管理的联合通知》,襄樊市税务系统正式实行垂直管理。同年 5 月 17 日,襄樊市税务局下发《关于贯彻襄编〔1989〕56号文件有关问题的通知》，安排部署了移交工作，全市税务系统陆续开始交接，逐步实现了“四垂直”管理。

实行垂直管理体制后，全市税务系统由上级税务机关与同级人民政府双重领导，以上级税务机关垂直领导为主。其人员编制、机构设置、干部管理和经费开支等均由省税务局垂直管理。

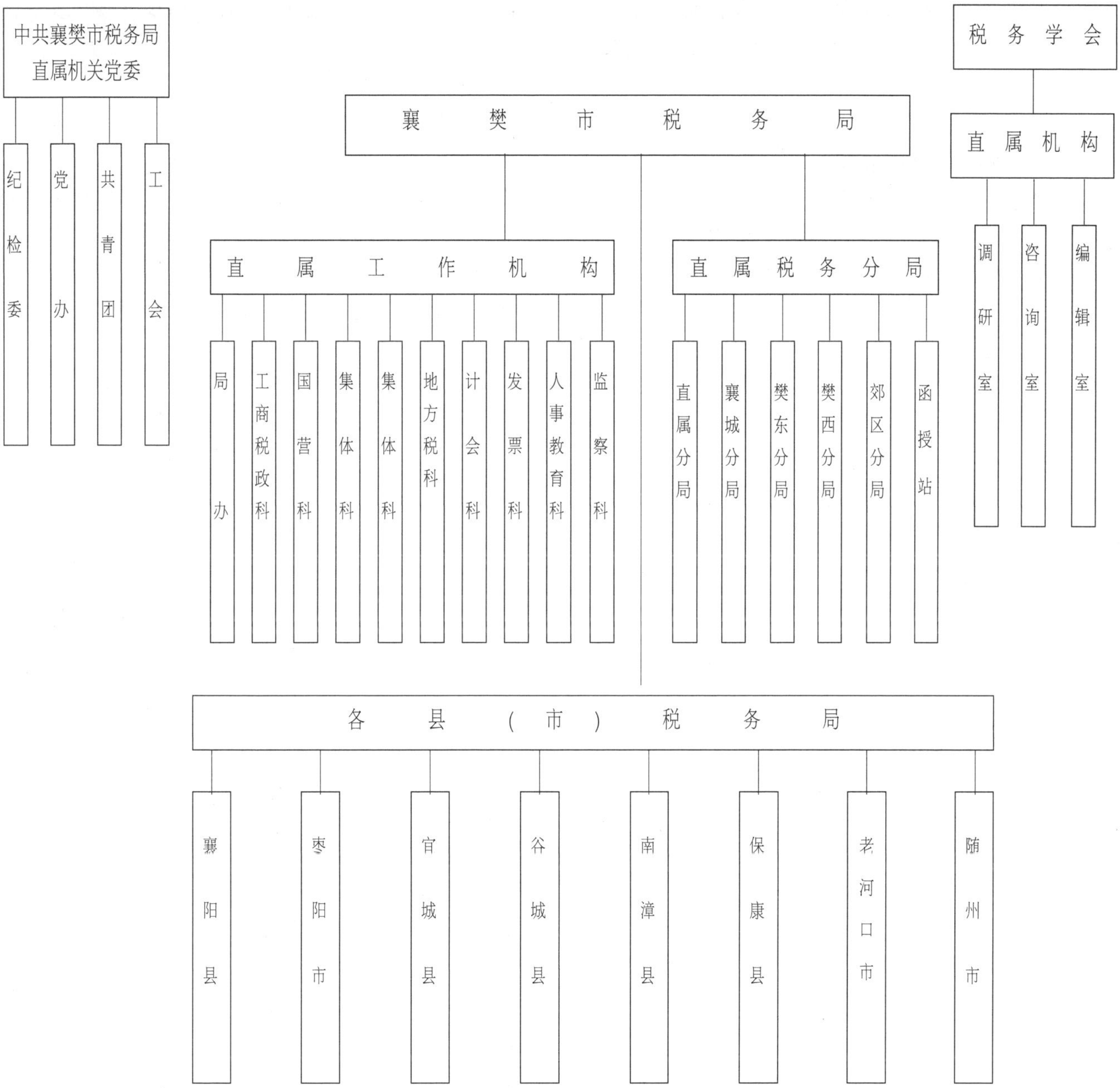

图表16-5　襄樊市税务系统机构示意图

襄樊市税务局是与同级人民政府一级机构平行的正处级机构；县（市）、区税务局与同级人民政府一级机构平行；襄樊市税务局直属征收单位为副处级，税务所为正科级；县（市）局所属分局为副科级，税务所为正股级。

全市税务系统党组织关系仍属地方党委管理。县（市）局以上税务局机关均设立党组和直属机关党委。党组由正副局长和纪检组长组成。党组的设立，正副书记、党组成员和纪检组长任免，由上一级地方税务局党组审批；直属机关党委的设立及其成员的任免，党务工作和党的组织生活，按照党章和当地党委的规定在地方办理。工会、共青团等群团组织的设置按当地统一规定办理。

1994 年 7 月，实行分税制管理体制，省以下税务机关划分为国家税务局和地方税务局。襄樊市各级国税部门的机构设置、干部管理、人员编制和经费开支，由省国税局实行统一领导，分级管理。地方税务系统实行上级税务机关和同级政府双重领导、以上级税务机关垂直领导为主的管理体制。襄樊市地方税务局以及县（市）地方税务局的机构设置、干部管理、人员编制和经费开支，由省地方税务局管理。

3.国税地税机构分设

1993 年，党的十四届三中全会决定：实行“分税制”财税体制改革，同时，组建两套税务机构。1993 年 11 月 16 日，国务院以传真电报形式，下发《关于组建国家税务总局在各地的直属税务机关和地方税务局有关问题的通知》，对组建两套税务机构工作作了全面部署。1993 年 12 月 9 日，国务院办公厅转发《国家税务总局关于组建在各地的直属税务机构和地方税务机构实施意见》，对组建两套税务机构的原则步骤、征收范围、机构设置、领导体制、人员管理、经费开支等问题作出了具体规定。1994 年 6 月 9 日，湖北省税务局召开全省地市州局长会议，安排部署税务机构分设工作。同年 6 月 19 日，全省税务机构分设工作正式展开。同年 6 月 30 日，经襄樊市人民政府批准，襄樊市税务局分设为襄樊市国家税务局、襄樊市地方税务局。

（1）国税机构沿革及职能

1994 年 6 月 30 日，依据襄樊市人民政府批复，襄樊市国家税务局成立。7 月 1 日正式办公，机构所在地樊城区建华路。襄樊市国税局组建之初，市区机构有 9 个。即，襄城分局、樊东分局、樊西分局、郊区分局、直属一分局、直属二分局、二汽基地分局、高新技术产业开发区分局和稽查局(1995 年 6 月组建)。1996 年 5 月 14 日，按照省国税局文件，撤销襄樊市国税局樊东分局、樊西分局、郊区分局，成立襄樊市国税局樊城分局(副处级)、襄樊市国税局襄城分局(副处级)。撤销的三个分局征管范围和人员分别划归樊城分局和襄城分局。1997 年 5 月 12 日，省国税局批复，同意襄樊市国税局关于深化市区征管改革的方案，撤销直属一分局、直属二分局、高新技术开发区分局和原分局所属的 28 个税务所、征收处，按区域设置襄城、樊城、开发区 3 个城区分局和稽查、涉外 2 个专业分局，级别均为副处级。1997 年 5 月 26 日，襄樊市国税局弘扬税务师事务所组建。1998 年 3 月 11 日，根据省国税局文件通知，襄樊市国税局内设行政科室 9 个：办公室、人事科、税政一科、税政二科、征收管理科、计划财务科、政策法规科、监察室、教育科。下设直属机构 3 个：稽查局(副处级)、涉外税收管理分局(涉外税收管理科，副处级)、进出口税收管理分局(进出口税收管理科，正科级)。2000 年 6 月 1 日，为了降低税收成本，市国税局在宜城市和老河口市国税局试行城乡一体化征管模式，县（市）局为最基层征管单位。撤销所有基层分局，由县(市)局科室直接担负征收、管理、稽查等税收职责。2001 年 6 月底，一次性撤销全市乡镇所有 54 个国税分局，全面实行县(市)局集中征收。把基层征管机构定位于县(市)局，把国税执法主体收缩到县(市)局，实现了税款集中征收、硬件集中建设、信息集中处理、人员集中办公。2005 年 3 月 17 日，根据省国税局《关于规范机构设置明确职责分工》的文件要求，襄樊市国税局内设，办公室、政策法规科、流转税管理科、所得税管理科、征收管理科、进出口税收管理科、国际税务管理科、计划统计科、财务管理科、人事教育科（离退休干部管理办公室挂靠人事教育科，副科级）、监察室、机关党委办公室等 12 个科室和信息中心、机关服务中心、票证中心等 3 个事业单位。另外，下设稽查局和直属分局两个直属机构。市区下设全职能局 3 个，即：襄城区国税局（正科级）、樊城区国税局（正科级）、高新技术产业开发区国税局(副处级)。3 个局内设科室均为 8 个，即：办公室、计划统计科、税源管理科、综合业务科、人事教育科、监察室、办税服务厅、信息中心。其中,除高新区国税内设科室为副科级外,其余均为正股级。

襄阳区国税局、枣阳市国税局、宜城市国税局、南漳县国税局、谷城县国税局、老河口市国税局的内设机构为,办公室、计划统计股、征收管理股、税政管理股、政策法规股、人事教育股、监察室等 7 个,并下设稽查局为直属机构、信息中心为事业单位。各县(市)局和襄阳区局按照经济区划下设 3-5 个基层分局,全市共设 25 个基层分局。

全市各级国税的机构设置、干部管理、人员编制和经费开支,由市国税局根据国税总局、省局的有关规定,实行垂直管理的领导体制。

襄樊市国家税务局领导班子一览

(1994 年 7 月—2005 年 12 月)

表 16-6

机构名称(起止年月)	姓名	籍贯	职务	任职时间
襄樊市国家税务局 1994 年 07 月至 1995 年 12 月	张明树	湖北随州	局长、党组书记	1994.07.06—1996.01.22 任局长
				1994.07.06—1997.11.21 任书记
	黄东升	湖北老河口	副局长(正处)、副书记	1994.09.23—1996.01.22
	龚爱华	湖北黄陂	副局长、副书记	1994.07.06—1999.04.13
	宋耀萱	河南南阳	副局长、党组成员	1994.07.06—2003.02.09
	陶正非	湖北老河口	副局长、党组成员	1994.10.08—2000.07.14
	吉午晨	山西平陆	纪检组长、党组成员	1994.10.08—2001.05.24
襄樊市国家税务局 1996 年 01 月至 2001 年 12 月	黄东升	湖北老河口	局长、党组副书记	1996.01.22—2001.12.30 任局长
				1997.11.21—2001.12.30 任书记
	张明树	湖北随州	党组书记	1994.07.06—1996.01.22 任局长
				1994.07.06—1997.11.21 任书记
	龚爱华	湖北黄陂	副局长、副书记	1994.07.06—1999.04.13
	宋耀萱	河南南阳	副局长、党组成员	1994.07.06—2003.02.09
	陶正非	湖北老河口	副局长、党组成员	1994.10.08—2000.07.14
	刘贵明	湖北襄阳	副局长、党组成员	1997.04.24—2005.08.24
	李秀普	湖北宜城	副局长、党组成员	2001.04.03—2001.05.25
	吉午晨	山西平陆	纪检组长、党组成员	1994.10.08—2001.05.24
襄樊市国家税务局 2001 年 12 月至 2002 年 9 月	彭代富	湖北恩施	局长、党组书记	2001.12.30—2002.09.16
	宋耀萱	河南南阳	副局长、党组成员	1994.07.06—2003.02.09
	刘贵明	湖北襄阳	副局长、党组成员	1997.04.24—2005.08.24
	徐永国	湖北襄阳	副局长、党组成员	2002.08.16 至今
	唐家举	湖北枣阳	纪检组组长、党组成员	2002.08.16—2005.12
	郭思亮	湖北南漳	总会计师、党组成员	2001.09.10—2005.12 任总会
				2002.12.09—2005.12 任党组成员
襄樊市国家税务局 2002 年 09 月至 2008 年 3 月	龚爱华	湖北黄陂	局长、党组书记	2002.09.16—2005.12
	宋耀萱	河南南阳	副局长、党组副书记	2003.02.09—2003.11.27
	刘贵明	湖北襄阳	副局长、党组成员	1997.04.24—2005.08.24
	李秀普	湖北宜城	副局长、党组成员	2004.05.13—2005.12.26
			副局长、副书记	2005.12.26——
	李勇	湖北随州	副局长、党组成员	2005.08.24 至今

续表

机构名称（起止年月）	姓名	籍贯	职务	任职时间
	唐家举	湖北枣阳	纪检组组长、党组成员	2002.08.16—2005.12
	崔先洲	湖北老河口	副局长、党组成员	2002.11.23—2005.12
	郭思亮	湖北南漳	总会计师、党组成员	2001.09.10—2005.12 任总会
				2002.12.09—2005.12 党组成员

（2）地税机构沿革

1994 年 6 月 30 日，依据襄樊市人民政府批复，襄樊市地方税务局成立。机构所在地樊城区建华路特 39 号。1994 年 12 月 27 日，襄樊市地方税务局所属各分局和县（市）局的分设组建工作顺利完成。机构分设后，襄樊市地方税务局属湖北省地方税务局垂直管理。湖北省地方税务局批复襄樊市地方税务局机关内设，办公室、流转税管理科、所得税管理科、地方税管理科、征收管理科、计划财务科、人事教育科、监察科、政策法规科、机关党委办公室（思想政治工作办公室）10 个职能科室，发票管理所、干部培训中心 2 个直属正科级事业单位。1995 年 1 月，稽查队更名为稽查分局，中心税务所更名为税务分局。1995 年 3 月 14 日，湖北省地方税务局（鄂地税发〔1995〕075 号）批复，设置襄樊市地方税务局机关服务中心。市区设稽查、直属、高新技术产业开发区、汽车产业开发区 4 个副处级分局和樊东、樊西、襄城、郊区 4 个正科级分局；副处级分局辖正科级税务所 12 个，正科级分局辖副科级税务所 20 个。县（市）地方税务局与同级人民政府所属一级机构平行。设立稽查队、直属分局 2 个直属单位；县（市）以下按经济区划设置副科级中心税务所。8 县（市）地方税务局设置稽查队、发票所各 8 个，分局和中心税务所 114 个，总计 130 个。其中襄阳县 20 个，枣阳市 22 个，宜城市 16 个，南漳县 14 个，保康县 11 个，谷城县 12 个，随州市 22 个，老河口市 13 个。1995 年 5 月，湖北省地方税务局批复，增设 7 个发票管理所和 3 个基层分局。1995 年 10 月 22 日，襄樊市原襄城、樊东、樊西、郊区 4 个县级行政区划调整为襄城、樊城、高新技术开发区 3 个区。1996 年 7 月，税务机构随之调整，撤销原襄樊市地方税务局樊东分局、樊西分局、襄城分局、郊区分局 4 个正科级分局，组建襄樊市地方税务局樊城分局、襄城分局 2 个副处级分局。1997 年，襄樊市地方税务局稽查局更名为襄樊市地方税务局直属稽查分局，襄樊市地方税务局直属分局更名为襄樊市地方税务局直属征收分局，襄樊市地方税务局襄城、樊城、高新技术开发区，汽车产业开发区 4 个分局分别更名襄樊市地方税务局襄城稽查分局、樊城稽查分局、高新技术开发区稽查分局、汽车产业开发区稽查分局。1998 年 4 月 1 日，设立襄樊市地方税务局车辆税收管理分局，属市局正科级直属单位。1998 年 4 月，经省编办、省地方税务局批准设置襄樊市地方税务局信息中心，为局直属正科级事业单位。同年 8 月，所辖各县（市）地方税务局设置正股级信息中心。1998 年 7 月，襄樊市地方税务局直属稽查分局更名为襄樊市直属稽查局；1999 年 6 月，襄樊市地方税务局直属征收分局更名为襄樊市地方税务局征收局；襄樊市地方税务局襄城稽查分局更名为襄樊市地方税务局襄城分局；襄樊市地方税务局樊城稽查分局更名为襄樊市地方税务局樊城分局；襄樊市地方税务局高新技术产业开发区稽查分局更名为襄樊市地方税务局高新技术产业开发区分局；襄樊市地方税务局汽车产业开发区稽查分局更名为襄樊市地方税务局汽车产业开发区分局；所辖县（市）直属稽查分局、直属征收分局、城区稽查分局分别更名为稽查局、征收局和城区分局。2001 年 9 月，根据《湖北省地方税务局关于襄樊市地方税务局职能配置、机构设置和人员规定的通知》，襄樊市地方税务局内设 10 个职能科室：办公室、税政管理科、社保规费管理科、征收管理科、计划统计科、财务装备科、政策法规科、人事科、机关党委办公室（工会、基层工作科）、监察室；2 个直属机构：襄樊市地方税务局稽查局、襄樊市地方税务局直属征收管理局；4 个派出机构：即：襄樊市地方税务局第一分局（原襄城分局）、襄樊市地方税务局第二分局（原樊城分局）、襄樊市地方税务局第三分局（原高新技术开发区分局)、襄樊市地方税务局第四分局(原汽车产业开发区分局),分局内设22个科,下设20个税务所;所辖襄阳、枣阳、宜城、南漳、保康、谷城、老河口7个县(市)地方税务局,下设57个副科级分局(含7个稽查局),其中襄阳县10个,枣阳市10个,宜城市8个,南漳县8个,保康县7个,谷城县8个,老河口市8个。2001年8月31日,襄阳县更名为襄阳区。2002年1月,湖北省地方税务局批复,设立襄樊市襄阳区地方税务局,撤销原襄阳县地方税务局。欧庙、泥咀两个乡镇划归襄樊市税务局第一分局,组建第一分局欧庙税务所;太平店、牛首两个乡镇划归襄樊市税务局第二分局,组建第二分局太平税务所。撤销襄阳县第三、第九分局。2003年5月12日,根据"湖北省机构编制委员会《关于设立省地方税务局税收票证管理中心》的批复",设立襄樊市地方税务局税收票证管理中心,为正科级直属事业单位。同时加挂"税收票证管理科"牌子,对外行使行政管理职能。2004年11月12日,襄樊市地方税务局直属征收管理局更名为襄樊市地方税务局第五分局。全市地税系统行政总编制1506人。其中,机关编制216人,基层编制1290人。

襄樊市地方税务局领导班子一览

(1994年7月—2005年12月)

表16-7

机构名称(起止时间)	姓名	职务	任职时间(年月)
襄樊市地方税务局(1994.06-2004.12)	卢流德	局长	1994.07—2000.03
		书记	1994.07—1996.04
1994年6月,经省税务局批准,原襄樊市税务局分设为襄樊市地方税务局和襄樊市国家税务局	汪金昌	局长	2000.03—2005.12
		书记	2001.11—2004.12
	项其明	副局长	1994.07—1998.07
		副书记	1994.07—1998.07
	汪金昌	副局长	1994.07—1999.12
		副书记	2000.03—2001.11
	孙俊林	副局长	1995.05—1999.12,2000.03—2004.03
		副书记	2000.03—2004.03
	王芳玉	书记	1996.04—1999.09,1999.12—2001.11
	卢流德	副书记	1996.04—2000.03
	朱明建	副局长	2000.03—2004.12
	崔仁本	副局长	2000.09—2001.08
	刘波	副局长	2002.11—2004.12
	崔仁本	纪检组长	1994.07—2000.09
	(未配备)	纪检组长	2000.09—2001.12
	杜新强	纪检组长	2001.12—2003.08
	(未配备)	纪检组长	2003.08—2004.12
	魏德国	纪检组长	2004.02—12
	孙俊林	总会计师	1994.09—1995.05
	朱明建	总会计师	1995.09—1999.12
	王万同	总经济师	1995.03—1999.01
	程国强	总会计师	2002.11—2004.12
	杨万举	工会主席	1995.05—1999.12

(二)税制

1.改革税制

(1)第一步利改税

1978年底,全国税制改革工作会议提出,将工商税按课税对象,改革为产品税、增值税、营业税和盐税4个税种。襄樊市是全国最早增值税改革试点城市。1979年8月,襄樊市在机械行业15户企业进行增值税试点。对15户企业分户核定增值率,以企业上年度实际缴纳税金、实现利润、工资总额、利息支出、费用支出、企业外支出6项之和,除以销售收入计算得出,增值率为15%—25%,一户一率、一定一年。定率不准的在下年核定增值率时,按上年实际增值额给予调整,税款多退少补。1982年7月,根据财政部的统一布置,湖北省对生产缝纫机、自行车、电风扇三项产品的企业试行增值税,缝纫机税率为12%,自行车税率为16%,电风扇税率为25%,三项产品均按"扣税法"计税。生产机器机械、农业机具及其零配件的企业在襄樊仍按原办法继续试点。1983年1月,湖北省生产机器机械和农业机具的县辖镇办企业和县以上企业试行增值税,农业机具及其零配件税率为6%,机器机械及其零配件税率为10%,属于机械行业的铸、锻、热处理、电镀工艺专业厂也试行增值税,暂按6%税率计征。机器机械行业统一实行"扣额法",襄樊市属机械工业企业也改按统一办法试行增值税。

1979年4月,经财政部和湖北省人民政府同意,湖北省税务局在光化县(今老河口市)对15户地方国营企业,进行"以税代利"试点。此试点是全国首批利改税试点之一。改革的主要内容是:将企业原来向国家上缴利润办法,改为纳税办法,征收国营企业所得税。改革的具体办法是:对试点企业利润按五级超额累进税率,征收国营企业所得税,对企业全年利润在10 000元以下的免税;10 000元至50 000元部分税率为50%;50 000元至100 000元部分税率为60%;100 000元至200 000元部分税率为65%;200 000元至500 000元部分税率为70%,500 000元以上部分税率为75%。税款按月预缴、半年结算,年终汇算清缴,多退少补。新办企业投产后免税1~3年,企业实现利润超过计划利润,超额部分减除20%后计算征税。

1981年9月,湖北省委、省政府批准同意,扩大县办国营工交企业试行利改税范围。当年,在南漳县试行《湖北省县市国营企业利改税自负盈亏办法》,县属国营工业、交通、建筑企业,由上缴利润改为缴纳调节税、所得税、资金占用税。企业销售利润率超过10%的,每超过1%的按销售收入的0.6%计征调节税;企业实现利润缴纳调节税后,按光化县试行的五级累进税率征收所得税;从征收所得税后的利润中,按国家拨给的固定资产和流动资金数额每月征收2.1%的资金占用税。企业全年利润不足10 000元的免征调节税、所得税;缴纳调节税、所得税后全年利润不满200 000元的免征资金占用税。实行利改税后,企业承包原在成本中列支的按标准工资10%提取的奖金改在企业税后留利中支付,利改税以前的各项贷款,在税前用新增利润归还,利改税后的贷款在税后留利中归还,税款按月预交,半年结算,年终汇算清缴,多退少补。

1983年,国务院肯定,在处理国家和企业承包分配关系上,实行利改税是改革的方向,决定在全国进行第一步利改税。1983年4月,国务院批转财政部《关于国营企业利改税试行办法》,1983年6月,湖北省制定《湖北省国营企业所得税征收管理暂行办法》,规定:光化县及老河口市所属国营企业继续执行利改税试点办法,取消超额利润减除20%计税规定,按标准工资提取奖金改在税后留利中开支。

其他国营企业全部实行统一的利改税办法征收国营企业所得税。

对国营大中型企业实行税利并存。对国营大中型企业(包括金融、保险组织)实现的利润按55%

的税率征收所得税。企业缴纳所得税后的利润还要在国家和企业间进行合理分配,一部分上缴国家,一部分按照国家核定的留利水平留给企业。由于不同行业企业具体情况的差异,对税后利润采取递增包干、固定比例和缴纳调节税和包干上缴等形式上交办法。

对国营小型企业实行较彻底的利改税。对国营小型企业按原工商所得税使用的八级超额累进税率征收所得税,征收所得税后,由企业自负盈亏,国家不再拨款,但税后利润较多的企业,国家可以收取一定的承包费,或按固定数额上交一部分利润。襄樊市按照《湖北省国营企业所得税征收管理暂行办法》,当年对 469 户国营企业实行利改税。据统计:实行利改税后,这 469 户国营企业全年实现利润 9 005 万元,比 1982 年增长 34.2%。其中,工业企业增长的利润中,国家所得占 62.3%,企业所得占 37.7%;商业企业增长的利润中,国家所得占 69%,企业所得占 31%。全市利改税企业共留利 2 294 万元,比 1982 年增长 17.3%。结果表明,利改税较好地解决了国家和企业的分配关系,达到了国家增收,企业增效的目的。

(2)第二步利改税

为建立一套适合中国国情的社会主义税收制度,在总结第一步利改税经验基础上,进行了第二步利改税。主要内容是:①把现行的工商税按性质划分为产品税、增值税、营业税和盐税 4 个独立税种。同时,把产品税的税目划细,适当调整税率,以发挥税收调节生产和流通的杠杆作用。对一部分重复征税的工业品实行增值税,进一步促进专业化生产。营业税具恢复性质,但对征税范围和征税办法作了重大改进。盐税从工商税中划分出来,单独制定条例,同时,根据价格的变化合理调整税额。②对某些采掘企业开征资源税。以调节由于自然资源和开发条件的差异而形成的级差收入,促进企业加强经济核算,有效地管理和利用国家资源。③恢复和开征房产税、土地使用税、车船使用税和城市维护建设税 4 个地方税。以利于合理节约使用土地、房产,妥善解决城市维护建设的资金来源。④对盈利国营企业征收所得税。国营大中型企业按 55%的比例税率交纳所得税;国营小型企业按新的八级超额累进税率交纳所得税。⑤对国营大中型企业征收调节税。调节税率按企业不同情况分别核定,以换算后 1983 年利润为基数,对基数部分依率计征,对增长部分继续实行减征,减征幅度由原来的 60%改为 70%,计算方法由环比改为定比,时间由三年不变改为一定七年不变。⑥适当放宽国营小型企业的划分标准,使更多符合条件的小型企业能够逐步过渡到国家所有、自主经营、依法纳税、自负盈亏的管理体制。这次新拟定的八级超额累进税率,调整了累进的起点和级距,减轻了小型企业的所得税负担。

1984 年 6 月下旬,全国第二步利改税工作会议召开后,襄樊市立即着手全市第二步利改税的准备工作。参与试点工作。积极参与了湖北省税务局,在老河口市开展的第二步利改税试点工作。总结试点经验。认真总结了 1979 年以来,国家税务总局在襄樊市机械行业开展增值税试点经验,大力培训干部,为第二步利改税做好技术准备。开展调查研究。从 1984 年 7 月开始,税务系统按照新的税种、税率和税目,对全市 968 户国营工商企业,进行了具体的调查测算。对所有集体企业、乡镇企业作了调查落实。并根据利改税实施办法,逐级、逐项、逐户采取了控管措施。关于所得税,以 1983 年底的数据测算,按第二步利改税政策算账,上缴国家比例占 61.51%,企业留利占 38.49%。

1984 年 8 月 10 日,国家财政部向国务院提交《国营企业第二步利改税试行办法》,经第六届全国人大常委会第七次会议审议,授权国务院以草案形式发布试行。9 月 18 日,国务院正式发布产品税、增值税、盐税、营业税、资源税、国营企业所得税 6 个税收条例(草案)和国营企业调节税征收办法,并规定自 1984 年 10 月 1 日起试行。1984 年 10 月 1 日,襄樊市全面实施第二步利改税试行规定。1985 年 1 月,襄樊市开征城市维护建设税。1986 年 9 月,开征房产税和车船使用税。1988 年 10 月,开征土地使用税。据统计,到 1985 年,全市有 5 775 户工商企业实行了第二步利改税。其中实行产品税的有 1 703 户,增值税的有 69 户,营业税的有 4 023 户。按第二步利改税调高税率的税目 27 个,涉及 110

户企业,调低税率的税目19个,涉及170户。

通过两步利改税和1984年工商税制的全面改革，全国税制已从根本上改变了过于简化的格局,形成以流转税、所得税为主体,其他税种相配合的税收体系。同时,进行了相应配套改革,开征了一些新的税种,调整了一些税种的征税范围和税率,改进税收征管措施。适应对外开放和国际经济交流的新形势。1980年、1981年,国务院先后制定了个人所得税、中外合资经营企业所得税和外国企业所得税。1991年4月,将两税合并为外商投资企业和外国企业所得税。合理利用能源,促烧油改烧煤。1982年开征烧油特别税。加强对牲畜交易的管理。1983年全国统一恢复征收牲畜交易税。控制基建规模,提高投资效果,调节投资方向。1983年10月1日开征建筑税,1991年把建筑税改为固定资产投资方向调节税,并对征税范围、税率、办法作了新的调整。控制消费基金增长过快,促进经济社会协调发展。1984年7—9月,襄樊市先后开征国营企业奖金税、国营企业工资调节税、集体企业奖金税、事业单位奖金税。1987年1月开征个人收入调节税。开启能源交通重点建设资金来源。1983年1月,开征国家能源交通重点建设基金。控制预算外资金过快增长。1989年1月,开征国家预算调节基金。发展地方教育事业,扩大经费来源。1986年开征教育费附加。调节供求矛盾,引导消费方向。1989年2月开征特别消费税。引导合理消费,提倡节俭风尚,强化廉政建设,1988年2月开征筵席税。加强凭证和合同的管理。1989年8月恢复印花税。支持集体经济健康发展。在原工商所得税基础上,从1985年4月改征集体企业所得税。调节个体私营经济发展。1986年对个体经济改征城乡个体工商业户所得税,1988年6月开征私营企业所得税。经过改革,襄樊市税务工作在发挥税收职能,执行公平税负,鼓励正当竞争、体现产业政策和税收政策原则下,初步建立了与税制体系相适应的税务管理体系。

(3)1994年税制改革

1994年,工商税制改革是新中国成立以来、范围最广、规模最大、内容最多、影响最深的一次税制改革。

①税制改革的主要内容,包括流转税制、所得税制和大部分地方税种。流转税:以实现规范的增值税为核心,相应设置消费税、营业税,建立新的流转税课税体系。对外资企业停止征收原工商统一税,对内资企业取消了产品税、特别消费税,实行新的流转税制。所得税:对内资企业实行统一的企业所得税，取消原来分别设置的国营企业所得税、国营企业调节税、集体企业所得税和私营企业所得税。同时,国营企业不再执行企业承包上缴所得税的包干制。个人所得税:将过去对外国人征收的个人所得税、对中国人征收的个人收入调节税和城乡个体工商业户所得税合并为统一个人所得税。其他一些税种：如扩大了资源税征收范围；调整了城市维护建设税和城镇土地使用税；开征了土地增值税、证券交易印花税;取消了盐税、集市交易税、牲畜交易税、烧油特别税、奖金税和工资调节税;并将屠宰税、筵席税的管理权限下放到省级人民政府;新设了遗产税、证券交易税(未开征)。1994年1月1日,襄樊市实施的新税制税种结构,由原来的32个税种减少到18个组成。18个税种是:增值税、消费税、营业税、资源税、企业所得税、外商投资企业和外国企业所得税、个人所得税、房产税、城市房地产税、车船使用税、城镇土地使用税、城市维护建设税、印花税、固定资产投资方向调节税、屠宰税、筵席税(未开征)、土地增值税、遗产与赠予税(未开征)。新税制的实施给襄樊市的不同行业、产业和不同性质企业带来不同程度的变化,企业总体税负略有下降,地方税总体保持原负担水平,城建税税基缩小。2005年1月1日,根据湖北省人民政府决定,原由襄樊市财政部门征收的契税和耕地占用税移交襄樊市地税部门征收管理。

②新税制的完善。1994年税制改革出台以后,为保证新税制的顺利实施,国家陆续采取了一系列完善税制和税收政策的措施。完善增值税。主要措施是对一般纳税人的适用税率、进项税额扣除范围和扣除率、小规模纳税人的征收率、出口退税率、税收优惠等作了一些必要的调整,以规范税收管理,

体现税收公平。完善消费税。根据经济发展和环保的需要，按照适当减轻税负的原则，调整了烟类产品、护肤护发品、金银首饰税率和征税环节、汽油税率。从 1994 年 1 月 1 日起，对甲类卷烟暂减按 40%的税率征收消费税(法定税率为 45%)，对香皂暂减按 5%的税率征收消费税(法定税率为 17%)，金银首饰的消费税减按 5%的税率征收(法定税率为 10%)。从 1998 年 7 月 1 日起，再次调整了烟类产品的税率。从 1999 年起，将除香皂以外的其他护肤护发品的消费税税率从 17%降至 8%。从 1995 年 1 月 1 日起，金银首饰的消费税从生产销售环节征收改为零售环节征收。从 1999 年起，在汽油税目之下分设无铅汽油和含铅汽油 2 个子目，前者的税额标准不变，仍为每升 0.2 元；后者的税额标准提高到每升 0.28 元。完善营业税。提高金融保险业的营业税税率，将金融保险业营业税的税率由 5%提高到 8%。四是完善企业所得税。扩宽征管范围，凡经国家有关部门批准成立的事业单位和社会团体取得的生产、经营所得和其他所得，都应当依法征收企业所得税。调整了税率，自 1997 年 1 月 1 日起，金融、保险企业的所得税税率从 55%降至 33%。规范了税收优惠项目，符合国家有关规定的企业和经营单位，可以减征或者免征所得税。针对企业改制、改组、合并、兼并、联营等情况，制定了相对应的所得税政策。五是完善个人所得税。主要是将个人储蓄利息所得纳入个人所得征收个人所得税。1999 年 9 月 30 日，国务院发布了《对储蓄存款利息所得征收个人所得税的实施办法》。自同年 11 月 1 日起，对于从中国境内的储蓄机构取得的人民币、外币储蓄存款利息征收 20%的个人所得税。其次，规范个体工商户个人所得计税。六是实行费改税改革。将一些具有税收特征的收费项目转化为税收。2000 年 10 月 22 日国务院颁布了《车辆购置税暂行条例》，自 2001 年 1 月 1 日起在全国范围内征收车辆购置税，开征的同时，取消了车辆购置附加费。同时，为了切实减轻农民负担，襄樊市从 2002 年开始在农村开展了税费改革，全面取消和停征屠宰税。

2.涉外税制

1980 年 9 月—1982 年 12 月，第五届全国人民代表大会先后通过并公布了《中外合资经营企业所得税》、《外国企业所得税》和《个人所得税》。同时，国务院明确，对中外合资企业、外国企业和外国人继续征收工商统一税及城市房地产税、车船使用牌照税和牲畜交易税等地方税，初步形成了以所得税和流转税为主体的涉外税制。

1991 年 4 月 9 日，第七届全国人民代表大会第四次会议，审议通过了《中华人民共和国外商投资企业和外国企业所得税法》。1991 年 6 月，国务院发布《实施细则》。从而取代了 1981 年、1982 年开始实施的《中华人民共和国中外合资经营企业所得税法》和《中华人民共和国外国企业所得税法》。该法明确规定：外商投资企业和外国企业所得税(简称外资企业所得税)的纳税人是外商投资企业和外国企业。包括中外合资经营企业、中外合作经营企业和外资企业以及在中国境内设立机构、场所、从事生产、经营和虽未设立机构、场所、而有来源于中国境内的外国公司、企业和其他经济组织。

1990 年，襄樊市涉外税收业务，从市第一家涉外企业——襄樊市三环拉链有限责任公司出现开始。随着对外开放的发展，外商投资企业和外国企业所得税统一成为必然。

1996 年 5 月 23 日，襄樊市以原樊西国税分局和市局涉外税收管理科为基础，正式成立涉外税收管理分局。负责全市 75 户外商投资企业和外国企业的涉外税收征收管理。

3.出口退税制

1994 年国家统一税制改革，制定了出口货物退(免)增值税，征、退税率一致的政策。1995—1996 年，由于国家经济形势、财政负担、税收征管水平、防范骗取出口货物退(免)税等原因，大规模降低了出口货物退(免)税税率。1997—1999 年，由于国家经济紧缩政策结束，亚洲金融风暴等影响，又多次普遍或部分提高了出口货物退(免)税税率。2000 年，形成了 17%、15%、13%、6%、5%共五档增值税退税率，消费税出口货物退（免）税税率，随着其征税税率的改变而作相应调整的。2003年年底，国务院发布《关于改革现行出口退税机制的决定》，决定从2004年起，以2003年出口退税实退指标为基数，对超基数部分的应退税额，由中央和地方按75∶25比例共同负担。该政策执行一年后，国务院再次对分担比例作出调整，国务院批准核定的各地出口退税基数不变，超基数部分中央与地方按照92.5∶7.5比例共同负担。

1994年，襄樊市国税局进出口税收管理科成立，全市出口退税也从无到有，逐渐发展。1995年，全市有出口企业十余家，年退（免）税3 000余万元。2004—2005年，襄樊市对外贸发展迅猛形势大好，每年退（免）税成倍递增。1995—2005年襄樊市出口退（免）税见表16-8。

1995—2005年襄樊市出口退（免）税统计表

表16-8　　单位：万元

年份	退（免）税
1995	3133
1996	2760
1997	2184
1998	1097
1999	2386
2000	4626
2001	4801
2002	4400
2003	6530
2004	8862
2005	1212

（三）税种、基金、行政规费

1994年分税制后，税收征收管理分别由国家税务局和地方税务局和海关三个系统负责。国家税务局系统负责中央税、共享税，地方税务局系统负责地方税的征收，海关系统负责关税的征收和进出口税的代征。襄樊市国家税务局和襄樊市地方税务局的税种征管范围各有划分（见表16-9）。根据1994年分税制财政管理体制，税收收入分为中央财政收入、地方财政收入和中央与地方政府共享收入（见表16-10）。

1994年税种征管范围

表16-9

系统	税收征收管理范围
国家税务局	增值税；消费税；铁道部门、各银行总行、各保险总公司集中缴纳的营业税、所得税、城市维护建设税；金融、保险企业缴纳的营业税，按提高3%税率征收的部分；中央企业缴纳的所得税；中央与地方所属企业、事业单位组成的联营企业、股份制企业缴纳的所得税；地方银行、外资银行和非银行金融企业缴纳的所得税；外商投资企业和外国企业所得税；个人所得税中个人储蓄存款利息所得税；车辆购置税；教育费附加（随增值税、消费税、营业税征收部分）

续表

系统	税收征收管理范围
地方税务局	营业税;城市维护建设税(不包括上述由国家税务局系统负责征收管理的部分);金融、保险企业缴纳的营业税,按5%税率征收的部分;地方国有企业、集体企业、私营企业缴纳的所得税;个人所得税;资源税;城镇土地使用税;固定资产投资方向调节税;土地增值税;房产税;城市房地产税;车船使用税;车船使用牌照税;印花税;屠宰税;契税;耕地占用税;教育费附加(随所征营业税征收部分);社会保险费(基本养老保险费、基本医疗保险费、失业保险费、工伤保险费、生育保险费);河道堤防工程修建维护管理费;地方教育发展费;文化事业建设费

1994 年税种划分范围

表 16-10

级次	收入范围
中央政府收入	消费税;海关代征增值税、消费税;中央企业缴纳的所得税;地方银行、外资银行和非 银行金融企业缴纳的所得税;铁道部门、各银行总行、各保险总公司集中缴纳的营业税、企业所得税和城市维护建设税;金融、保险企业缴纳的营业税,按提高 3%税率征收的部分;关税
地方政府收入	营业税和城市维护建设税(不包括上述列入中央收入的部分);金融、保险企业缴纳的营业税,按原 5%税率缴纳的部分;地方企 业缴纳的所得税(不包括上述地方银行、外资银行和非银行金融企业缴纳的部分);个人所得税;城镇土地使用税;耕地占用税;固定资产投资方向调节税;土地增值税;房产税;城市房地产税;车船使用税;车船使 用牌照税;印花税;屠宰税(个人所得税和企业所得税从 2002 年 1 月 1 日起改为共享税,2002 年中央和地方各 50%)
共享收入	增值税(中央政府分享 75%,地方政府分享 25%),资源税(除海洋石油企业缴纳的部分归中央政府,其余归地方)。证券交易的印花税中央政府分享 80%,地方政府分享 20%

1.税种

(1)增值税

1994 年 1 月,襄樊市正式实施新《条例》。其主要内容为:在中华人民共和国境内销售货物或者提供加工、修理修配劳务以及进口货物的单位和个人,为增值税的纳税义务人,并将增值税纳税人划为一般纳税人和小规模纳税人。新《条例》扩大了征税范围,对货物的生产、批发、零售和进口四个环节,以及加工和修理修配行业均要征收增值税;简化了税率,税率设置为两档:基本税率 17%,低税率 13%。另外,对出口货物实行零税率。小规模纳税人提供应税劳务的按 6%,对销售货物的按 4%的征收率征税;改革了计征办法,采取进项税额抵扣法。实行根据增值税专用发票抵扣税金的制度,配合以金税工程,尤其是 1998 年以来,实施了包括推行增值税防伪税控开票、认证、计算机交叉稽核、发票协查四个系统的金税二期工程,使增值税的计算更为便利准确;调整并增加了免税项目,主要体现在鼓励、支持外商投资,引进高新技术设备,引进先进技术,计划生育,学校科研,农业与农业生产有关项目,废物利用,残疾人事业等 15 个大类。在优惠政策上实行先征后退、即征即退、先征后返的办法。对个人销售额未达到规定的起征点的免征增值税。襄樊市执行省局规定:销售货物的起征点为月销售额 600 元;提供应税劳务的起征点为月销售额 200 元;按次纳税的起征点为每次(日)销售额 50 元。1994 年,全市核实登记增值税纳税人 21 664 户,先后出动 1 900 多人次,对所辖 3 825 户增值税一般纳税人进行了专用发票检查,对 850 户有违章行为的纳税人进行处罚,补税 560 万元。1994 年,全市共完成增值税 39 232 万元,比上年同期增长 19.25%。

(2)营业税

1984年9月,国务院、财政部先后公布《中华人民共和国营业税条例(草案)》和《实施细则》,营业税成为独立税种。襄樊市从1984年10月1日起实施,规定营业税的纳税义务人为从事商业、物资供销、交通运输、建筑安装、金融保险、邮政电讯、公用事业、出版社、娱乐业、加工修理业和其他各种服务业的单位和个人;机关、团体、部队、学校和其他企、事业单位经营上述业务的,也应缴纳营业税。税率按照经营业务的不同分别确定,一般为3%,最高的为15%。

1994年,新税制的实施,对营业税进行了重大调整,成为地方税收的主体税种。1993年12月,国务院、财政部先后颁布了《中华人民共和国营业税暂行条例》和《实施细则》,襄樊市从1994年1月1日起实施。营业税规定:在中华人民共和国境内提供应税劳务、转让无形资产或者销售不动产的单位和个人为纳税义务人。营业税的征税范围,调整为提供应税劳务、转让无形资产和销售不动产三个方面。其中,提供应税劳务包括交通运输业、建筑业、金融保险业、邮电通信业、文化体育业、娱乐业、服务业7个税目,加上转让无形资产和销售不动产,改革后的营业税共有9个税目。在税率的设计上,按不同行业和经营业务实行三档比例税率,即3%、5%、20%(金融保险业有特殊规定)。具体为:对服务业、转让无形资产和销售不动产的适用5%税率;对交通运输业、建筑业、邮电通信业和文化体育业等基础产业和鼓励发展的行业适用3%税率;对娱乐业统一适用20%的税率。营业税的计税依据为,纳税人提供应税劳务的营业额、转让无形资产的转让额或者销售不动产的销售额。营业税的起征点幅度为,按期纳税的起征点为月营业额200元,按次纳税的起征点为次(日)营业额50元;1996年1月1日起征点为月营业额400元;2005年1月1日,湖北省规定营业税起征点调整为:省辖市城区为月营业额2 000元,县城为月营业额1 500元,乡镇为月营业额1 000元。纳税人营业额未达到起征点的,免征营业税,达到起征点的应按营业额全额计算应纳税额。营业税的纳税地点,按照在发生地纳税的总原则,凡在辖区内提供应税劳务,在应税劳务发生地;从事运输业务,在其机构所在地;转让土地使用权,在土地所在地;转让其他无形资产,在其机构所在地;销售不动产,在不动产所在地主管税务机关申报纳税。其机构在辖区内的纳税人所承包的工程跨省、自治区、直辖市的,向在辖区内的机构所在地主管税务机关申报纳税。各航空公司在本省的分公司,向在本省的分公司所在地主管税务机关缴纳营业税。扣缴义务人应向其机构所在地的主管税务机关申报缴纳其扣缴的营业税。

1997年2月19日,国务院下发《关于调整金融保险业税收有关问题的通知》,决定从1997年1月1日起,调整金融保险业的税收政策,修订《营业税暂行条例》中有关金融保险业营业税率的规定,金融保险业营业税率由5%提高到8%,地方税务局对金融业按5%的税率征收营业税,国税局负责对新增加3%的部分进行征收。襄樊市国税局当年征收营业税1 184万元。2004年以后该税种改由地方税务局负责征管。

(3)消费税

1993年12月,国务院、财政部先后发布《中华人民共和国消费税暂行条例》和《实施细则》,1994年1月1日起施行。消费税的征收项目共有11个,具体的征税范围包括:烟、酒及酒精、化妆品、护肤护发品、贵重首饰及珠宝玉石、鞭炮、焰火、汽油、柴油、汽车轮胎、摩托车、小汽车。消费税采取从量定额和从价定率两种计征办法。对黄酒、啤酒、汽油、柴油等实行定额税率,依次分别是240元/吨、220元/吨、0.2—0.28元/升,0.1元/升,按照其纳税人销售应税消费品的数量,采用从量定额的办法征收。对烟、酒及酒精(除黄酒、啤酒外)化妆品、护肤护发品、贵重首饰及珠宝玉石、鞭炮、焰火、汽车轮胎、摩托车、小汽车等实行比例税率,税率分别为30%—45%,5%—25%、30%、8%、10%、15%、10%、10%、3%—8%,按纳税人销售应税消费品的销售额,采用从价定率的办法征收。襄樊市境内汽车、烟草、酒类行业为消费税的主要税源。1994年全市入库消费税28 210万元,2005年入库消费税140 650

万元。

(4)企业所得税

1993年12月,国务院发布《中华人民共和国企业所得税暂行条例》,1994年2月,财政部颁布《实施细则》。襄樊市于1994年起,正式征收企业所得税,以取代1984—1985年,开征的国营和集体企业所得税。按《条例》规定:凡取得应税所得,实行独立核算的中华人民共和国境内企业或者组织(外商投资企业和外国企业除外)为企业所得税纳税人,包括国有企业、集体企业、私营企业、联营企业、股份制企业、以及有生产经营所得和其他所得的其他组织。从2000年1月1日起独资、合伙性质的私营企业改按《个人所得税法》征收个人所得税,不再征收企业所得税。企业所得税采用33%的比例税率,但对小型企业实行两档低税率,即对年应纳税所得额在30 000元以下(含30 000元)的企业,按18%的税率征收;对年应纳税所得额在30 000元至10万元(含10万元)的企业,按27%的税率征收。

企业所得税的计税依据为,企业的应纳税所得额。即纳税人每一纳税年度的收入总额减去准予扣除项目金额的余额。收入总额包括,生产经营收入,财产转让收入,利息收入,租赁收入,特许权使用费收入,股息收入和其他收入。准予扣除的项目有成本、费用、税金和损失等。并特别规定:工资、薪金支出按计税工资扣除的人均月扣除额不超过800元,职工工会经费、福利费、教育经费支出按计税工资额的2%、14%和1.5%计算扣除,公益、救济性的捐赠准予扣除年应纳税所得额的3%(通过非营利性的社会团体和国家机关向红十字、农村义务教育、公益性青少年活动场所的捐赠全额扣除),业务招待费按全年销售收入净额的一定比例扣除,广告费与业务宣传费支出不超过销售收入的2%和5‰,坏账损失扣除不超过年末应收账款余额的5‰,保险企业不超过1%。企业发生年度亏损的,可以用下一纳税年度的所得弥补,下一纳税年度所得不足弥补的,可以逐年延续弥补,但延续弥补期最长不超过5年。

企业所得税采取按季预缴和年终汇算清缴的方式,在纳税人实际经营管理所在地主管税务机关缴纳。2002年以前国税部门主要对中央企业所得税负责征管,2001年年底有中央企业所得税纳税人331户,2002年1月1日以后新注册的企业、事业、单位的应纳企业所得税由所在地国税机关负责征管,2005年有企业所得税纳税人2 615户,当年征收企业所得税14 769万元。

(5)个人所得税

1980年9月,第五届全国人大第三次会议通过了《中华人民共和国个人所得税法》,1980年12月财政部颁布《个人所得税施行细则》。1993年10月,第八届全国人大常委会第四次会议对1980年的个人所得税的法律、法规进行了第一次较大的修正,将个人所得税、个人收入调节税、城乡个体工商业户所得税合并为新的个人所得税。公布了新的《中华人民共和国个人所得税法》,自1994年1月1日起执行。襄樊市在实施中明确:在其境内有住所,或者虽无住所但在境内居住满1年,以及无住所又不居住或居住不满1年,但在境内有取得所得的个人均为个人所得税的纳税人。其征税范围包括个人取得的各项所得,共11项征税项目。个人所得税实行分类所得税率,按照不同的所得项目,分别制定适用税率:工资薪金所得适用5%—45%的九级超额累进税率;个体工商业户的生产、经营所得和对企事业单位的承包经营、承租经营所得,适用5%—35%的五级超额累进税率;稿酬适用20%的比例税率,并按应纳税额减征30%;劳务报酬等其他7项所得均适用20%的比例税率。个人所得税的计税方法,按所得项目分别规定为:工资薪金所得,按每月收入减除费用800元,就超过800元的部分征税。报酬所得、稿酬所得、特许权使用费所得,每次收入不满4 000元的扣除费用800元,4 000元以上的扣除20%的费用,就其余额征税。个体工商户的生产、经营所得及企事业单位的承包经营、承租经营所得,以每一纳税年度的收入总额减除成本费用、损失后的余额征税。利息、股息、红利所得和其他所得,按每次实际收入额征税。纳税人兼有适用不同税率征税的所得,分别计算纳税。应纳税所得额如系实物或有价证券,则按取得实物当时的市场价格折算计征。个人所得税以支付所得的单位为扣缴义务人,没有扣缴义务人的由纳税义务人自行申报缴税。

1999 年 8 月,第九届全国人大常委会第十一次会议通过《关于修订〈中华人民共和国个人所得税法〉的决定》,进行了第二次修正。删去对“储蓄存款利息”免征个人所得税项目,增加了“对储蓄存款利息所得征收个人所得税的开征时间和征收办法由国务院规定”。这次修订是为了扩大内需,鼓励民间投资,减轻银行存款储蓄的压力,而开征储蓄存款利息个人所得税。1999 年 9 月 30 日,国务院发布了《对储蓄存款利息所得征收个人所得税的实施办法》。自同年 11 月 1 日起,对于从中国境内的储蓄取得的人民币、外币储蓄存款利息征收 20%个人所得税。根据国务院规定的国税系统征收管理职权,国税局仅对个人所得税中的个人储蓄存款利息所得负责征收。襄樊市 1999 年 11 月开征,当年征收个人所得税仅 5 万元,其中市区征收 3 万元,以后每年快速上升,至 2005 年入库个人所得税突破 1 亿元。

2005 年 10 月 27 日,第十届全国人民代表大会常务委员会第十八次会议,通过的《关于修订〈中华人民共和国个人所得税法〉》,进行第三次修正。修正的主要内容是:工资、薪金所得减除费用标准由每月 800 元提高到每月 1 600 元,同时,增加高收入者应当自行申报纳税和全员全额进行申报的内容。

(6)外商投资企业和外国企业所得税

1991 年 4 月 9 日,第七届全国人民代表大会第四次会议审议通过了《中华人民共和国外商投资企业和外国企业所得税法》。1991 年 6 月国务院发布《实施细则》,从而取代了 1981 年、1982 年开始实施的《中华人民共和国中外合资经营企业所得税法》和《中华人民共和国外国企业所得税法》。外资企业所得税以外商投资企业和外国企业取得的生产经营所得和其他所得为征税对象,包括从事制造业、采掘业、交通运输业、建筑安装业、农业、林业、畜牧业、渔业、水利业、商业、金融业、服务业、勘探开发以及其他行业的生产、经营所得和利润(股息)、利息、租金、转让财产收益、提供或转让专利权、专有技术、商标权、著作权、营业外收益等所得。外资企业所得税的税率为 30%,另按应纳税所得额征收 3%的地方所得税,两项合计,总体税率为 33%。自 2001 年 1 月 1 日起,对在我国境内没有设立机构、场所的外国企业,其从我国取得的利息、租金、特许权使用费和其他所得按 10%的税率征收企业所得税。外资企业所得税的计征办法,以外商投资企业和外国企业的应税所得额按比例税率征收。应税所得额为纳税人在一个纳税年度的收入总额减除成本、费用、税金和损失后的余额。允许扣除的项目有借款利息、交际应酬费、工资和福利费、支付给总机构的管理费、汇总损益、提存三项基金、坏账准备金、公益、救济捐赠、境外利润、利息、租金、场租费用、技术开发费、财产损失、住房公积金等。

对外资企业所得税的优惠政策,按照外资企业所得税法规定,在襄樊高新技术经济开发区内,注册的生产性外商投资企业被认定为高新技术型企业的外商投资企业,减按 15%的税率征收企业所得税;对生产型外商投资企业经营期在 10 年以上的,从开始获利年度起,第 1 和第 2 年免征,第 3 至第 5 年减半征收企业所得税;从事农业、林业、牧业生产投资的外商投资企业,依照前两条规定享受免税、减税待遇后,经企业申请、主管税务机关批准在以后的 10 年内可以继续按应纳税额减征 15%—30%的企业所得税;外商投资兴办的产品出口企业,在依照税法规定免征、减征企业所得税期满后,凡当年出口产品产值达到当年企业产品产值 70%以上的,减半征收企业所得税;外商投资兴办的先进技术企业,在享受税法规定的免征、减征企业所得税期满后,仍为先进技术企业的,延长 3 年减半征收企业所得税;自 1999 年 1 月 1 日起,对从事能源、交通、港口、码头基础设施项目的生产性外商投资企业,报经国家税务总局批准后,减按 15%的税率征收;外商投资企业的外国投资者,将其从该企业取得的利润在提取前直接再投资于该企业，增加注册资本，或提取后作为资本开办其他外商投资企业，经营期不少于5年，可退还其再投资部分已缴纳企业所得税款的40%；对预提所得税减按10%的税率征收等。外资企业所得税实行按年计算，分季预缴，季度终了后15日内预缴，年度终结5个月内汇算清缴、多退少补。2005年全市外资企业达140户，其中市区102户，全市当年征收外商投资企业和外国企业所得税8 376万元。

（7）车辆购置税

车辆购置税是由费改税演变而来。1985年国务院颁发《车辆购置附加费征收办法》，其间经历了，1990年的全国统一凭证格式（1985—1989年车辆购置附加费凭证由省级征管部门印制）；1994年起改变征收环节，即二门（厂门、国门）征收改为落籍地交通部门征收；同时统一了费率，国产车、进口车全部按10%（原进口车费率15%）；2000年10月22日，国务院发布了《中华人民共和国车辆购置税暂行条例》，从2001年11月1日起执行，过渡时期由原交通部门征收改为由交通部门代征。襄樊市在实施《条例》规定中明确：车辆购置税的纳税人为，购置本条例规定的车辆单位和个人，主要包括购买、进口、受赠、获奖或者以其他方式取得并自用应税车辆的行为。车辆购置税的征收范围为，汽车、摩托车、电力车、挂车、农用运输车。实行统一的比例税率，税率为10%。除《条例》规定的免税车辆外，对符合征收条件的车辆实行一次性征收。从2001年1月1日起，襄樊市车辆购置税由市交通局下属的车辆购置附加费征稽处履行代征义务。

2004年12月，省国税局发布《国税局征收车辆购置税公告》。根据国家税务总局、交通部、人事部、财政部、中央机构编制委员会办公室，《关于做好车辆购置税费改革人员财产业务划转移交工作的通知》，自2005年1月1日起，车辆购置税征收管理工作由国税局负责。襄樊市国税局从市交通局共接收车辆购置税代征人员36人。其中市区17人，以原代征人员为主组建车辆购置税征收办公室。2005年征收车辆购置税9 356万元。

（8）产品税

1984年9月，国务院及财政部先后发布《中华人民共和国产品税条例（草案）》和《实施细则》。同年10月1日，襄樊市开始执行《条例》，按规定，凡从事生产经营和进口应税产品的国营企业、集体企业、个体经营者以及事业、机关、团体，学校、部队等一切单位和个人，包括委托加工应税产品的单位和个人，均应征收产品税。产品税税目、税率按产品设置，分为工业产品和农林牧水产品两大部分。工业品分24类、260个税目，包括除增值税征税对象外的所有工业产品。农林牧水产品分10个税目。对外资企业和中外合资经营企业，生产属征收产品税范围的产品，仍按工商统一税有关规定征收。在270个税目中共有26个税率。最高税率60%，适用甲、乙级卷烟；最低税率，适用棉坯布等23个关系国计民生的产品。襄樊市对工业企业以自己生产、用于本企业生产项目的产品，税目、税率表中没有特别规定的视同销售，依规定税率计征。对生产应税农林牧水产品的单位和个人，其产品交售给全民、集体企业收购单位的，由销售者按销售收入金额依率计征。对进口产品的纳税人，在产品报关进口后，根据其数量，按规定组成计税价格依率计算，由海关代征。对出口的应税产品，由生产单位直接出口的免征；已缴纳产品税的出口，由经营出口者在报关后申请退还已纳的税款。对列入国家计划试制的新产品，利用废渣、废液、废气生产的产品，按照规定纳税有困难的，均给予定期的减税、免税。1994年实施新税制，产品税取消，被增值税、消费税取代。

（9）集体企业所得税

1985年4月，国务院发布《中华人民共和国集体企业所得税暂行条例》。襄樊市从1985年起实施，规定：凡在襄樊市从事工业、合作厂（社）、商业、服务业、建筑安装、交通运输、街道企业、乡镇企业和其他行业独立核算的集体企业，为集体企业所得税的纳税义务人。为鼓励个体经济联营向合作企业转化，凡经主管部门和工商行政管理部门批准，生产资料集体所有，实行统一核算、共负盈亏，按照规定提取公共积累，实行按劳分配的也属于集体企业所得税的征收范围。集体企业所得税的应税所得额，包括纳税人从事物资生产、商品经营、交通运输、劳务服务、股息、利息（不包括国库券利息）、租赁、转让专利权、专有技术、商标权所得以及营业外收益等。集体企业所得税按 8 级超额累进税率计征，最低税率为 10%，最高税率为 55%。实行按年征收，按季预缴，年终汇算，多退少补。1993 年 12 月 13 日，国务院发布《中华人民共和国企业所得税暂行条例》，1994 年 1 月 1 日施行的，集体企业所得税随之被取代。

（10）奖金税

为控制消费基金的过快增长，1984 年 6 月国务院公布《中华人民共和国企业奖金税暂行规定》，1985 年 8 月公布《集体企业奖金税暂行规定》，1985 年 9 月公布《事业单位奖金税暂行规定》。国家财政部于 1985 年 9 月、11 月又发布《国营企业奖金税暂行规定施行细则》《集体企业奖金税暂行规定实施办法》和《事业单位奖金税暂行规定实施细则》。

1984 年 8 月，襄樊市执行《国营企业奖金税暂行规定》，对不实行工资总额随上缴税利挂钩浮动的国营企业，发放的各种形式的奖金开征奖金税，实行超额累进税率。全年发放奖金总额人均不超过 4 个月标准工资的免税；全年发放奖金总额超过 4—5 个月标准工资的部分，税率为 30%；超过 5—6 个月的标准工资部分，税率为 100%；全年发放奖金总额超过 6 个月标准工资的部分，税率为 300%；并规定企业无论实行何种工资制度，其标准工资统一按国家规定准许进入企业成本的工资等级、工资标准，以企业为单位进行计算，企业职工每人月平均标准工资不足 60 元的按 60 元计算。

1985 年 1 月，襄樊市对集体企业开征奖金税。课征对象为城乡集体所有制企业，以及按国家规定执行集体所有制财务制度的国营小型企业，租赁或承包给集体经营并按规定向国家缴纳租赁费或承包费的企业，集体企业所属的事业单位等。集体企业奖金税以独立核算的企业为纳税义务人，纳税人发放的各种形式的奖金均应计征奖金税。每年发放职工的劳动分红，在一个月标准工资以内的免征奖金税；每年发放给职工集资入股的股金分红，在职工集资入股额 15%以下的免征奖金税。集体企业奖金税的税率以及计算和免税，均与国营企业奖金税的有关规定相同。

1985 年 11 月，襄樊市开征事业单位奖金税。所有事业单位均属于缴纳事业单位奖金税的范围对象。对国营企业所属事业单位（不包括由国家核拨经费按事业单位进行工资改革的事业单位），国家不核拨经费的集体所有制事业单位，不属于缴纳事业单位奖金税的范围。事业单位奖金税实行超额累进税率，对实行企业化管理、国家不再核拨事业经费的单位，按照国家和省规定的工资标准和核定的增资指标或自费改革的，在增发工资外，全年发放奖金总额人均不超过 3 个月基本工资金额的免税；超过免税限额部分，比照国营企业奖金税适用税率征收奖金税。对需要国家核拨一部分事业经费的事业单位，按照国家和省规定的工资标准和核定的增资指标和自费工资改革的，在增发工资外，全年发放奖金总额人均不超过 2 个月基本工资金额的免税；部分自费、部分依靠国家拨款进行工资改革的事业单位，在增发工资外，全年发放奖金总额人均不超过一个半月基本工资金额的免税；超过免税限额的部分，比照国营企业奖金税适用税率征收奖金税。1994 年税制改革，取消了奖金税。

（11）国营企业调节税

1984 年 9 月，国务院发布《国营企业调节税征收办法》，对国营大中型企业征收所得税后利润超过核定合理利润的征收调节税。调节税的税率，由财政部门会同企业主管部门核定。在核定税率时，以企业 1983 年实现利润为基数，调整由于变动产品税、增值税、营业税税率，以及开征资源税而增减的利润后为核定基期的利润，核定的基期利润扣除，按 55%计算的所得税和 1983 年合理留利后的余额，占核定基期利润的比例，为调节税的税率，没有余额的，不核定调节税税率。在逐户核定的基础上，按照一个企业核定一个税率征收。对企业当年利润比基期利润增长的，增长部分减征 70%的调节税，其利润增长部分，按定比计算，一定 7 年不变。对物资、供销、金融、保险企业征收调节税时，不实行减征 70%的办法。襄樊市于 1984 年 9 月起开始执行，规定凡实行独立核算的国营企业，均为调节税的纳税义务人，联营企业以其分得利润的各方为纳税义务人。由于调节税系对国营企业在征收所得税后留利较多的企业进行利润调节的税种，1983 年襄樊市明确国营企业调节税由财政部门征收。1994 年 1 月 1 日起取消该税种。

（12）国营企业工资调节税

为了配合促进职工分配制度改革，1985 年 7 月，国务院发布《国营企业工资调节税暂行规定》，9 月财政部颁发《施行细则》。襄樊市从 1985 年 10 月起，对经国家批准实行工资总额上缴税利挂钩浮动的大中型企业，开征国营企业工资调节税。国营企业工资调节税以企业为纳税义务人，按超额累进税率计征。企业当年工资增长超过国家上年核定工资总额 7%以上部分征收工资调节税，其中超过 7%以上至 12%的部分，税率为 30%；超过 12%以上至 20%部分，税率为 100%；超过 20%的部分，税率为 300%。国营企业工资调节税实行按年计征，按次预缴，年终汇算清缴。对未实行工资总额随经济效益挂钩浮动的国营企业，仍按《国营企业奖金税暂行规定》缴纳奖金税。1994 年 1 月 1 日起取消该税种。

（13）烧油特别税

1980 年 4 月，国务院批转财政部《关于征收烧油特别税试行规定》，明确凡用于锅炉燃烧用的原油、重油均应征收烧油特别税，以推动用油单位实行以煤代油。襄樊市于 1980 年 7 月 1 日起征收烧油特别税，原油每吨征税 40—70 元，重油每吨征税 70 元。根据价外计税的原则，指定代扣代缴单位。另规定凡属于国家计划烧油的集体企业，在规定的窑炉改造期间，由于征收烧油特别税使企业发生亏损或减少利润，以致影响企业提取福利基金和奖金的，给予适当减免税照顾。1994 年 1 月 1 日起取消烧油特别税。

（14）建筑税

1983 年 9 月，国务院发布《建筑税征收暂行办法》。襄樊市于 1983 年开征建筑税，规定国营企业、事业单位、机关团体、部队、地方政府以及所属的城镇集体企业，用国家预算外资金、地方机动财力、企事业单位留用的各种自有资金（包括主管部门集中调剂使用的自有资金）、银行贷款、（包括外汇贷款）以及其他自筹资金安排的自筹基本建设投资、更新改造措施项目中的建筑工程投资和按规定不纳入国家固定资产投资计划的建筑工程投资，均由使用投资的单位按规定税率计征建筑税。其中，以自筹基本建设的全部投资和更新改造项目中的建筑工程投资额为征税依据，税率为 10%；不能单独计算完成自筹投资额的，按自筹投资与全部投资的比例计征建筑税。

1984 年 3 月，湖北省财政厅、中国人民银行湖北省分行、中国人民建设银行湖北省分行、中国工商银行湖北省分行、中国农业银行湖北省分行、中国银行汉口分行联合发出《关于认真贯彻国务院发布的（建筑税征收暂行办法）的联合通知》。襄樊市税务局与相关部门联合发出通知，规定由税务部门负责政策法令的宣传解释，建设银行负责代征、代扣、代缴，其他银行和部门积极支持配合。1984 年以后，执行湖北省税务局的有关规定，陆续对抗震加固工程、治理污染的建设项目、修建监舍的建设投资以及纺织系统危险厂房拆除重建的投资等，给予免征建筑税的照顾。1985 年严格控制固定资产投资规模，对超限额投资实行从重征税；凡自筹基建（包括用地方机动财力安排的自筹基建）全年实际完成投资额超过省计委和中央主管部门核定计划部分，加征 10%的建筑税。1991 年 4 月国务院公布《中华人民共和国固定资产投资方向调节税暂行条例》，取代了建筑税。

（15）盐税

1984 年 9 月，国务院公布《中华人民共和国盐税条例（草案）》，国家财政部颁发了《实施细则》，1985 年 7 月，国家税务总局检发《盐税稽征管理办法》，盐税恢复为一个单独税种。根据《条例》的规定，盐税实行从量定额征收，凡在中华人民共和国境内从事生产、经营和进口盐的单位，均应依照规定缴纳盐税。《盐税税额表》列举的税额共 26 个，最低为每吨 40 元（为四川的井盐），最高为 160.80 元（为河北省、天津市的海盐）。对生产单位直接销售的盐，由生产单位在出场（厂）销售环节纳税；产区的盐业运销单位或国家指定收购单位分配销售的盐，由运销和收购单位在分配销售环节纳税；进口盐由进口单位须报送进口时，依照税额表列最高税额纳税，由海关代征。对出口盐、调拨和储备期间的国家储备盐，免税。对酸碱工业、制革工业、肥皂工业、饮料工业用盐以及农业、牧业、渔业用盐，按不同产盐地区，分别给予定额减税照顾。枣阳市盐厂执行 12 元 / 吨。对非产盐区，所征盐税仅限于对工业用盐改变用途后补征的盐税和动用储备盐缴纳的盐税，收入甚微。根据《条例》和《细则》的规定，在执行中明确，盐业经营单位和使用单位对减税、免税盐，必须专管专用，设立专门会计科目记载；在改变用途时，必须先报经税务机关批准，并按照盐的产地税额补缴盐税。1994 年，资源税的实施取代了盐税。

（16）资源税

资源税是以各种自然资源为课税对象。为了调节资源级差收入，体现国有资源有偿使用而征收的一种税。1993 年 12 月 25 日，国务院发布了《中华人民共和国资源税暂行条例》，同年 12 月 30 日，财政部发布了《实施细则》，并于 1994 年 1 月 1 日起施行。资源税的纳税人为在中华人民共和国境内开采资源税暂行条例规定的矿产品或者生产盐的单位和个人。征收的范围包括原油、天然气、煤炭、其他非金属矿原矿，黑色矿原矿，有色金属矿原矿和盐。其中原油的税额为 8—30 元 / 吨，天然气的税额为 2—15 元 / 千立方米，煤炭的税额为 0.3—5 元 / 吨；固体盐为 10—60 元 / 吨，液体盐的税额为 2—10 元 / 吨。根据规定，开采原油过程中用于加热修井的原油，免税；纳税人开采过程或生产过程中，因意外事故或者自然灾害等原因遭受重大损失的，由省、自治区、直辖市人民政府酌情决定减税或免税。1999 年 2 月 10 日，湖北省地方税务局在《关于调整未列举名称的非金属矿原矿资源税税额标准的通知》中，对未列举名称的非金属矿原矿资源税税额标准由 0.5 元 / 吨或立方米调整到 2 元 / 吨或立方米。2005 年湖北省调整原油资源税税额标准为 24 元 / 吨，磷矿石资源税税额标准为 3 元 / 吨。

（17）城镇土地使用税

为了合理使用城镇土地，调节城镇土地级差收入，1988 年 9 月 27 日，国务院发布《中华人民共和国城镇土地使用税暂行条例》。1988 年 11 月，襄樊市开始施行《条例》。规定：除外商投资企业、外国企业和外国人外，凡在襄樊市辖区内的城市、县城、建制镇、工矿区范围内使用土地的单位和个人，为城镇土地使用税(以下简称土地使用税)的纳税义务人(以下简称纳税人)。土地使用税以纳税人实际占用的土地面积为计税依据，依照规定税额计算，按年征税，分期缴纳。土地使用税每平方米年税额：大城市 5 角至 7 元；中等城市 4 角至 5 元；小城市 3 角至 4 元；县城 2 角至 3 元；建制镇、工矿区 2 角至 2 元，1997 年 5 月 23 日，湖北省政府发布《关于调整城镇土地使用税和车船使用税税额标准的通知》，具体税额标准是:①城镇土地使用税税额标准为:大城市 1 元至 10 元;中等城市 8 角至 8 元;小城市 6 角至 6 元;县城 5 角至 4 元;建制镇、工矿区 4 角至 4 元。②各类城镇适用等级税额原则,按经省级税务机关批准的适用税额标准提高 1 倍。调整后仍未达到下列标准的,应调至下列规定标准:各类城镇一等土地每平方米年税额最低标准为:大城市 8 元,中等城市 3 元,小城市 1.5 元,县城 8 角。襄樊市区城镇土地使用税税额标准为:一等区 8 元 / 平方米,二等区 6 元 / 平方米,三等区 4 元 / 平方米,四等区 2 元 / 平方米,五等区 1 元 / 平方米,五个税额等级标准。

(18)城市房地产税

城市房地产税,根据 1951 年 8 月 8 日,中央人民政府政务院发布的《城市房地产税暂行条例》,经过调整而来的。其纳税人为,外商投资企业、外商企业,香港、澳门同胞和华侨投资兴办的企业,外国人、港、澳、台同胞和华侨等。计征办法是:按照房产价值计税的采用 1.2%的税率计征;按照房租收入计税的采用 18%的税率计征。按照省人民政府规定,襄樊市暂缓对外资企业征收此税种。

(19)房产税

1986 年 10 月,根据国务院颁布的《中华人民共和国房产税暂行条例》,襄樊市正式开征房产税。开征范围为城区、郊区、县城、建制镇和工矿区;房产税的纳税人是产权所有人,产权属于全民所有的,由经营管理单位缴纳;产权出典的,由承典人缴纳;其他由房产代管人和或者使用人缴纳。房产税依照房产原值一次减除 10%—30%后的余值或房产租金收入计算缴纳。襄樊市规定的具体减除标准为:城市 20%;县城 25%;建制镇或工矿区 30%。房产税税率依照房产余值计算缴纳的,税率为 1.2%;依照房产租金收入计算缴纳的,税率为 12%。

(20)城市维护建设税

1985 年 2 月 8 日,国务院发布《中华人民共和国城市维护建设税暂行条例》,4 月 15 日,湖北省人民政府制定湖北省实施《中华人民共和国城市维护建设税暂行条例》细则。襄樊市于 1985 年 1 月 1 日起开征城市维护建设税。根据《暂行条例》的规定,凡缴纳产品税、增值税、营业税的单位和个人,为城市维护建设税的纳税义务人。城市维护建设税的税率分别是:纳税人所在地在城市(包括省辖市和县级市)市区的,税率为 7%;纳税人所在地在县城和省人民政府批准为建制镇,税率为 5%;纳税人所在地不在城市、县城、建制镇的,税率为 1%;郊区为 1%,但若郊区系繁华地区、经济情况与市区差别不大的,经市人民政府确定,也可比照市区和县城,分别按 7%或 5%的税率计征。县团级以上的大中型工矿企业所在地不在城市市区、县城、建制镇的,其税率为 5%。城市维护建设税的计税依据是纳税人实缴的产品税、增值税、营业税税额。上述三税经批准给予减征和免征照顾的,同时给予减征和免征城市维护建设税。查补产品税、增值税、营业税和处以罚款的,对城市维护建设税也要相应补税和罚款。海关对进口产品代征的产品税、增值税,规定不征收城市维护建设税。中外合资企业、外资企业不缴纳城市维护建设税。个体商贩凡缴纳集贸市场税收的,不再缴纳城市维护建设税。1994 年税制改革后,随着产品税的取消,城市维护建设税的计税依据调整为纳税人缴纳增值税、消费税、营业税“三税”税额。在税率和计征办法以及优惠政策上仍沿用 1985 年的《城市维护建设税条例》。

(21)车船使用税

第二步利改税恢复对车船的征税,删去“牌照”二字,定名车船使用税。外资企业、中外合资企业仍适用车船使用牌照税。1986 年 9 月 15 日,国务院颁布的《中华人民共和国车船使用税暂行条例》,9 月 25 日,财政部制定《关于车船使用税若干具体问题的解释和暂行规定》,随即湖北省人民政府制定

《湖北省车船使用税实施细则》。襄樊市自 1986 年 10 月 1 日起施行。规定,凡在襄樊市境内拥有并且使用车船的单位和个人,为车船使用税的纳税人。车船使用税根据车船的种类、大小分别以辆、净吨位或载重吨位为计税标准,采用定额税率从量计征。对车辆采用湖北省人民政府确定的适用税率。对船舶分机动船和非机动船,采用全国统一规定税率。车船使用税按年征收,分季预缴。襄樊市纳税期限为 3 月、6 月、9 月、12 月(见表 16–11)。

1986 年湖北省车辆税额

表 16–11

类别	项目	计税标准	年税额	备注
机动车	乘人汽车 20 座以下	每辆	160 元	
	21 座至 45 座	每辆	200 元	
	超过 46 座以上	每辆	240 元	
	载货汽车	按净吨位每吨	40 元	
	拖拉机	按净吨位每吨	20 元	
	轮式自行专用机械	按净吨位每吨	30 元	包括自制简易货车
	二轮摩托车	每辆	40 元	
	三轮摩托车	每辆	60 元	
	轻便摩托车	每辆	28 元	
非机动车	畜力驾驶	每辆	16 元	
	人力驾驶三轮车	每辆	8 元	
	板车	每辆	4 元	
	自行车	每辆	2.40 元	暂免征收

1997 年 5 月 23 日,省人民政府印发《关于调整城镇土地使用税和车船使用税税额标准的通知》,对车船使用税税额标准进行了调整(见表 16–12)。

1997 年车船使用税车辆年税额调整后的标准

表 16–12　　单位:元

	项目	计税标准	年税额	备注
机动车	乘人汽车	每辆	320	
	载货汽车	按净吨位每吨	60	
	拖拉机	按净吨位每吨	30	
	轮式自行专用机械	按净吨位每吨	50	包括自制简易货车
	二轮摩托车	每辆	60	
	三轮摩托车	每辆	80	
	轻便摩托车	每辆	40	
非机动车	畜力驾驶	每辆	32	
	人力驾驶三轮车	每辆	24	
	板车	每辆	10	

(22)印花税

1988年8月6日,国务院发布《中华人民共和国印花税暂行条例》,同年9月28日财政部制定施行细则,湖北省制定补充规定,自1988年10月1日起施行。并明确规定,凡在中华人民共和国境内书立、领受应税凭证的单位和个人都是印花税的纳税义务人。其中,各类合同以立合同人为纳税人,营业账簿以立账簿人为纳税人,权利许可证明以领受人为纳税人。根据应纳税凭证性质的不同,印花税分别采用比例税率和定额税率,实行由纳税人根据自行计算的应纳税额,购买并一次帖足印花税票的缴纳办法,应纳税额较大或帖花次数频繁的,可采取以缴款书代替帖花或者按期汇总缴纳的办法。印花税具体税目、税率、征收范围(见表16-13)。

1988年印花税税目税率

表16-13

税目	范围	税率	纳税义务人	说明
1.购销合同	包括供应、预购、采购、购销合作、调剂、补偿、易货等合同	按购销金额万分之三贴花	立合同人	
2.加工承揽合同	包括加工、定作、修缮、修理、印刷、广告、测绘、测试等合同	按加工或承揽收入万分之五贴花	立合同人	
3.建设工程勘察设计合同	包括勘察、设计合同	按收取费用万分之三贴花	立合同人	
4.建筑安装工程承包合同	包括建筑、安装工程承包合同	按承包金额万分之三贴花	立合同人	
5.财产租赁合同	包括租赁房屋、船舶、飞机、机动车辆、机械、器具、设备等而签订的合同	按租赁金额万分之五贴花、税额不足一的按一元贴花	立合同人	
6.货物运输合同	包括民用航空、铁路运输、海上运输、内河运输和联运的合同	按运输费用万分之五贴花	立合同人	单据作为合同使用的、按合同贴花
7.仓储保管合同	包括仓储、保管合同	按仓储保管费用万分之五贴花	立合同人	仓单或栈单作为合同使用的、按合同贴花
8.借款合同	银行及其他金融组织和借款人(不包括银行同业拆借)所签订的借款合同	按借款金额万分之零点五贴花	立合同人	单据作为合同使用的、按合同贴花
9.财产保险合同	包括财产、责任、保证、信用等保险合同	按投保金额万分之零点三帖花	立合同人	
10.技术合同	包括技术开发、转让、咨询、服务等合同	按所载金额万分之五帖花	立合同人	
11.产权转移书据	包括财产所有权和版权、商标专用权、专用技术使用权等转移书据	按所载金额万分之五帖花	立据人	
12.营业账簿	生产经营用账册、记载资金的账簿	按固定资产原值与自有流动资金总额万分之五帖花,其他账薄按件帖花五元	立帐簿人	
13.权利许可证照	政府部门发给的房屋产权证、工商营业执照、商品注册证、专利证、土地使用证	按件帖花五元	领受人	

(23)固定资产投资方向调节税

为贯彻国家产业政策、控制固定资产投资规模，引导投资方向，调整投资结构，国务院于 1991 年 4 月 16 日，发布《中华人民共和国固定资产投资方向调节税暂行条例》，6 月 18 日国家税务局制定实施细则，湖北省制定补充规定，自 1991 年度起施行。襄樊市于 1991 年度开始征收。固定资产投资方向调节税以固定资产投资项目实际完成的投资额计税。其中，更新改造投资项目按照建筑工程实际完成的投资额计税，税率根据国家产业政策和项目经济规模实行差别比例税率，分别为 0%、5%、10%、15%、30%五级。固定资产投资项目按其单位工程分别确定适用税率。固定资产投资方向调节税按固定资产投资项目的单位工程年度计划投资额预缴，年终按实际完成投资额进行结算，多退少补；项目竣工后，按全部实际完成投资额进行清算，多退少补。固定资产投资方向调节税的征收，实行计划统一管理和投资许可相结合的源泉控管办法。为了鼓励投资，扩大内需，促进经济发展，国务院于 1999 年 7 月作出决定：固定资产投资方向调节税自 1999 年下半年起减半征收，2000 年暂停征收。

(24)土地增值税

1993 年 12 月 13 日，国务院发布《中华人民共和国土地增值税暂行条例》。1994 年 1 月 1 日，襄樊市正式开征。根据《条例》规定，凡转让国有土地使用权、地上的建筑物及其附着物并取得收入的行为都应缴纳土地增值税。征税对象是转让国有土地使用权、地上的建筑物及其附着物取得的增值额，即纳税人转让房地产的收入减除《条例》规定的扣除项目金额的余额。土地增值税采用四级超率累进税率，最低税率 30%，最高税率为 60%。即以增值额与扣除项目金额的余额从低到高分别适用 30%、40%、50%、60%的税率。纳税人在转让房地产合同签订后 7 日内，到房地产所在地税务机关办理申报纳税。

(25)屠宰税

1950 年 12 月 19 日，中央人民政府政务院发布《屠宰税暂行条例》。1984 年实行第二步利改税后，屠宰税的征税范围不变，农民完成派购任务后从收购单位取回的猪肉暂免征收屠宰税，委托收购单位宰杀的生猪、菜牛，由农民缴纳屠宰税。1985 年，国家取消生猪派购，放开购销价格，经营生猪的渠道增多，市场活跃。同年 9 月，湖北省改进屠宰税征收办法，农民和集体伙食单位屠宰生猪，山区县市每头征收 4 元，其他县市征 4.5 元，屠宰牛、马、骡、驴每头征 5 元，羊每只征 1 元。个体屠宰商向养猪单位或个人收购生猪时不纳产品税，屠宰时缴纳屠宰税，出售时缴纳营业税 。1993 年 12 月 25 日，国务院在批转国家税务总局工商税制改革实施方案的通知中规定，将屠宰税下放给地方管理。1995 年 1 月 8 日，湖北省人民政府人民政府颁布《湖北省屠宰税征收办法》，实施中，一些地方在委托代征的过程中，对政策宣传不够，对代征单位、代征员的管理、辅导和检查不力，出现了按人头、田亩分摊，按存栏数预征、对未养猪户以税代罚等违反税收政策规定的行为。为规范屠宰税的管理工作，1996 年 12 月 1 日，湖北省人民政府发布《湖北省屠宰税征收实施办法》，1997 年 1 月 1 日施行，《湖北省屠宰税征收办法》同时废止。湖北省屠宰税征收实施办法规定：湖北省境内饲养并销售或自宰自食食用猪、菜牛、羊等牲畜的单位和个人，为屠宰税的纳税义务人。屠宰税区别不同行为实行从价定率征收或按头定额征收。纳税人销售应税牲畜的，由饲养者按其销售牲畜金额的 3 %缴纳屠宰税。应纳税额的计算公式为：应纳税额＝销售金额 × 3 %。纳税人未提供销售金额或提供不实的，由当地地方税务机关实行按头定额征收。税额标准为：猪每头 18—24 元，菜牛每头 30 元，羊每头 5 元。对经营应税牲畜的纳税人，从外地收购或调入未缴纳屠宰税的应税牲畜，应在经营时按上述计算公式补缴屠宰税。纳税人自宰自食应税牲畜的，按头定额计征屠宰税。计征标准为：猪，每头 10 元（襄樊市南漳、保康、谷城 3 个山区县每头 8 元）；菜牛，每头 12 元；羊，每只 2 元。2002 年湖北省人民政府印发《湖北省农村税费改革试点方案》,湖北省地方税务局下发《省地方税务局关于农村税费改革后取消屠宰税的通知》,决定取消和停止对屠宰、收购环节征收的屠宰税及原来随屠宰税附征的其他收费项目一律停征。2002 年,襄樊市在农村税费改革试点中,取消和停征屠宰税。

(26)筵席税

1988 年 9 月 22 日,国务院发布《中华人民共和国筵席税暂行条例》。随即湖北省人民政府发布《湖北省筵席税实施细则》,襄樊市自 1989 年 10 月 1 日起施行。规定凡在襄樊市境内设立的饭店、酒店、宾馆、招待所以及其他饮食营业场所举办筵席的单位和个人,为筵席税的纳税人。筵席税按次从价计征,税率为 15%。单位举办筵席一次实际支付金额达到或超过 200 元,(包括菜肴、酒饭、面点、饮料、水果、香烟等价款金额和饮食业另外加收的服务费以及其他各种价款,下同);个人举办筵席一次实际支付金额达到或超过 250 元的都必须按所支付的金额全额计缴筵席税。承办筵席的饭店、酒店、宾馆、招待所以及其他饮食营业场所的经营单位和个人,为筵席税的代征义务人,负责筵席税的代征代缴。1994 年税制改革,将筵席税下放地方管理,湖北省人民政府规定暂缓征收筵席税。1994 年此税种停征。

(27)牲畜交易税

1982 年 12 月 13 日,国务院发布《牲畜交易税暂行条例》,规定,从 1983 年 10 月 1 日起,对在中华人民共和国境内进行牛、马、骡、驴、骆驼五种牲畜交易的公民和机关、部队、团体、农村社队、企事业单位征收此税,税率为 5%。1994 年 1 月,牲畜交易税取消。

(28)契税

1997 年 7 月 7 日,国务院发布《中华人民共和国契税暂行条例》,1997 年 10 月 1 日起正式施行。1950 年 4 月 3 日,中央人民政府政务院发布的《契税暂行条例》同时废止。1997 年财政部颁发《中华人民共和国契税暂行条例实施细则》,1998 年 2 月 9 日,湖北省人民政府发布《湖北省契税征收管理实施办法》。襄樊市在执行中规定:凡在襄樊市境内转移土地、房屋权属,承受的单位和个人为契税的纳税人。契税的计税依据:国有土地使用权出让、土地使用权出售、房屋买卖的成交价格;土地使用权赠与、房屋赠与,由征收机关参照土地使用权出售、房屋买卖的市场价格核定;土地使用权交换、房屋交换,为所交换的土地使用权、房屋价格的差额。契税税率为 3%—5%,由财政部门征收。2004 年 12 月 29 日,湖北省人民政府决定,从 2005 年 1 月 1 日起,将由财政部门承担的契税征管职能移交地方税务机关承担。襄樊市于 2005 年上半年顺利完成移交。契税改由地税机关征收后,取消了过去委托代征方式,实行规范的纳税人申报制度。

(29)耕地占用税

1987 年 4 月 1 日,国务院发布《中华人民共和国耕地占用税暂行条例》,1987 年 4 月 1 日起施行。这是保护农用耕地,实现土地合理利用的第一部法规性文件。1987 年 6 月 25 日,财政部颁发耕地占用税具体政策的规定。1987 年,湖北省人民政府发布《湖北省耕地占用税实施办法》。凡在湖北省行政区域内,占用耕地建房和从事其他非农业建设的单位和个人,为耕地占用税纳税义务人(不适用于外商独资企业);耕地占用税以纳税人实际占用的耕地面积和规定的税额标准计算;襄樊市执行的税额标准为:襄樊市区 10 元 / 平方米,襄阳区 8 元 / 平方米,枣阳市、老河口市 7 元 / 平方米,宜城市 6 元 / 平方米,南漳县、保康县、谷城县 5 元 / 平方米。对部队军事设施用地,铁路线路、飞机场跑道和停机坪用地,学校、幼儿园、敬老院、福利院、医院用地,殡仪馆、火葬场用地以及直接为农业生产服务的水利设施(包括堤防)用地,经批准征用的土地免征耕地占用税。条例规定,耕地占用税由财政机关征收。2004年根据全省农村税费改革的总体部署,湖北省人民政府决定,从2005年1月1日起,原由财政部门承担的耕地占用税征管职能改由地方税务机关承担。同时,取消委托代征方式,实行规范的纳税申报方式,严格履行"先税后证"程序。

(30)教育费附加

1986年4月28日,国务院发布《征收教育费附加的暂行规定》,自1986年7月1日起施行。湖北省规定:凡缴纳产品税、增值税、营业税的单位和个人,除缴纳农村教育事业费附加的单位外,都应缴纳教育费附加。教育费附加以各单位和个人实际缴纳的产品税、增值税、营业税的税额为计税依据,附加率为1%,与产品税、增值税、营业税同时缴纳。1990年,国务院对《征收教育费附加的暂行规定》进行了修改,并于1990年6月7日重新发布,将教育费附加率提高到2%。1994年税制改革,教育费附加改按纳税人实际缴纳的增值税、消费税、营业税税额为计征依据附征,附加率改为3%。

2.基金

(1)国家能源交通重点建设基金

1982年12月15日,国务院发布《国家能源交通重点建设基金征集办法》,自1983年1月1日起执行。1983年1月17日,财政部颁发《国家能源交通重点建设基金征集办法实施细则》。规定:一切国营企业事业单位、机关团体、部队和地方政府的各项预算外资金,以及这些单位所管的城镇集体企业缴纳所得税后的利润,都属于国家能源交通重点建设基金的征集范围。征集率先定为10%。从1983年7月1日起,提高到15%。1989年8月7日,襄樊市税务局印发《进一步加强国家能源交通重点建设基金征集管理暂行办法》,凡未开征国家能源交通重点基金的城乡集体企业和个体工商户,按缴纳所得税后的利润(年利润不足5 000元除外)依7%的比例计征。1994年税制改革,决定对国有企业停征。从1996年1月1日起,全面停止征集能源交通重点建设基金。

(2)国家预算调节基金

1989年2月17日,国务院发布《国家预算调节基金征集办法》,自1989年1月1日起实施。规定:国家预算调节基金的征集范围为所有国营企业、机关团体、部队和地方政府的各项预算外资金,所有集体企业、私营企业以及个体工商户缴纳所得税后的利润,各个征集项目为当年收入的10%。1989年7月25日,襄樊市税务局印发《加强国家预算调节基金征集管理暂行办法》[襄税国字〔1989〕第9号]十六条,征集国家预算调节基金,征集范围是所有事业单位、机关团体、部队和各级政府的预算外资金,所有国营企业及其主管部门提取的各项专项基金,所有集体企业、私营企业以及个体工商户缴纳所得税后的利润。调节基金一律按10%计征。1994年税制改革,统一了内外资企业所得税,为规范分配关系,从1994年起对国有企业停止征集,1996年1月1日起,全面停止征集国家预算调节基金。

3.行政规费

(1)社会保险费

1999年1月25日,国务院发布《社会保险费征缴暂行条例》,明确基本养老保险费、基本医疗保险费、失业保险费(以下统称社会保险费)"三项保险费",实行集中统一征收。征收机构由省、自治区、直辖市人民政府规定。2001 年 7 月 1 日，湖北省人民政府决定，全省社会保险费改由地税部门征收。2001 年 6 月 24 日，市政府召开了有人事、劳动、财政、人行、地税等部门参加的社保费接交工作协调会。明确规定，全市必须确保在 6 月 26 日前，按省政府规定，全口径接交。7 月 1 日，全市地税系统按照省政府的统一部署，开始征收社会保险费。2002 年 5 月 27 日，湖北省人民政府发布《湖北省社会保险费征缴管理办法》，规定：湖北省社会保险费包括基本养老保险费、基本医疗保险费、失业保险费、工伤保险费、生育保险费。湖北省各级地方税务机关是社会保险费征收主体，实行五项社会保险费由地方税务机关集中统一、征收。襄樊市各级地方税务机关，依照法律、法规、规章，采用税式管理，按照劳动部门核定的基数，不断强化社会保险费征缴力度，征缴率始终保持在 95%以上。

（2）地方教育发展费

1997 年 5 月 27 日，湖北省人民政府印发《关于征收地方教育发展费的通知》，决定从 1997 年 1 月 1 日起，在全省范围内开征地方教育发展费。规定凡在境内从事生产、经营的企业和城乡个体工商户（包括外商投资企业和外国企业），以生产经营额的 1%计提和缴纳地方教育发展费。并明确规定：地方教育发展费由地方税务机关代为征收和负责稽查。

（3）河道堤防修建维护管理费

1993 年 12 月 21 日，湖北省人民政府发布《湖北省河道堤防工程修建维护管理费征收、使用和管理办法》，1994 年 1 月 1 日起施行。1994 年 12 月 8 日，湖北省人民政府印发《湖北省河道堤防工程修建维护管理费征收管理实施办法》，规定：在湖北省长江、汉江干堤及其重要支堤直接保护范围内，所有缴纳增值税、消费税、营业税的纳税义务人，以及从事农、林、牧、渔业生产的单位和个人，均为河道堤防工程修建维护管理费（以下简称堤防维护费）的纳费义务人。征收标准为：对缴纳增值税、消费税、营业税的生产经营者，按其缴纳的流转税总额的 2%征收。对从事农业生产的单位和个人，每年按每亩农田 5 公斤稻谷的价格征收；从事林、牧、渔业生产的单位和个人，每年按林、牧、渔业用地每亩 6 公斤稻谷的价格计征，此类纳费人属个体农户的，5 年内不开征。堤防维护费实行委托代征制度。襄樊市规定：缴纳增值税、消费税、营业税的纳税人，应缴纳的堤防维护费，由襄樊市各级地税机关随税代收，从事农、林、牧、渔业生产的纳费人应缴纳的河道堤防维护费由财政部门的农税机关随税代收。

（4）文化事业建设费

1996 年 9 月 5 日，国务院下发《关于进一步完善文化经济政策的若干规定》，决定从 1997 年 1 月 1 日起，在全国范围内开征文化事业建设费。1997 年 6 月 17 日，经国务院批准，财政部、国家税务总局发布《文化建设事业费征收管理暂行办法》。规定：在中华人民共和国境内，依照《中华人民共和国营业税暂行条例》规定缴纳的娱乐业、广告业单位和个人，为文化建设事业费的缴纳义务人。征收比例为应缴纳娱乐业、广告业营业税的营业额的 3%，由地税机关在征收娱乐业、广告业营业税时一并征收。

（四）税收收入

1.1984—1993 年税收

1984—1993 年，襄樊市各项税收收入 674 687 万元。其中，工商税收 564 265 万元，国营企业所得税 78 290 万元，国家能源交通重点建设基金 17 583 万元，国家预算调节基金 10 196 万元，其他收入

4 283 万元。1984 年,第一步利改税推行和第二步利改税试点,但基本税收制度没有根本性变化,主体税种依然是工商税、工商所得税,产品税、增值税和营业税等。从 1985 年开始,第二步利改税全面实施,税收制度有了较大的变化,国家逐步以税收的形式参与企业生产经营的再分配过程,工商税、工商所得税取消,主体税种是产品税、增值税、营业税、城市建设维护税,全面开征国营企业所得税。另外,税务部门还负责国家能源交通重点建设基金的征收工作。

(1)收入结构

1984 年各项税收完成 29 170 万元,到 1993 年完成 90 724 万元,比 1984 年增长 61 554 万元,增长 111.02%,年均增长 26.38 %。工商税收占各项收入的比重逐年增加,由 1984 年的 76%上升到 1993 年 89.7%。而"其他收入"的增长速度快于地方税收。其他收入,1986 年完成 121 万元,到 1993 年完成 1132 万元,比 1986 年增收 1 011 万元,增长 8.4 倍,年均增长 104.44%。

(2)税种结构

主体税种产品税、增值税和营业税的地位不断提升,占主导地位;车船税、房产税和个人所得税增长最快;企业所得税受经济效益影响,收入略有下降。1984 年产品税、增值税和营业税完成 6 989 万元,占工商税收的的比重为 23.96%;到 1993 年完成产品税、增值税和营业税 80 232 万元, 占工商税收的的比重提高到 79.36%。"三税"的逐年大幅增长,为全市经济的稳步发展奠定了良好的基础。国营企业所得税受经济效益的影响明显。1984—1989 年,国营企业所得税逐年上升,年均增长 20.33%;1990 年后逐年下降,1993 年仅完成 6 566 万元,比 1989 年的 9 006 万元下降 27.09%,其占税收收入的比重由 1984 年的 19.3%下降到 1993 年的 6.5%。

(3)经济类型结构

经济类型结构由过去国营、集体经济占主导地位,逐步转变为多种经济类型并存的多元化格局。1984 年,由国营经济提供的税收占总收入比重高达 79.31%,集体经济占 17.58%,个体私营经济仅占 3.11%;而到 1993 年,国营经济提供的税收收入占比只有 70%,下降了 9 个百分点。个体私营经济成长迅速,1984 年提供的税收仅为 93 万元,占税收收入的比重只有 0.04%,而到 1993 年则完成 11 092 万元,比 1984 年增长了 923 倍,占税收收入的比重上升为 16.08 %,提高了 16.04 个百分点。税收收入结构也由原来的国营、集体经济占主体,逐步转变为国营、集体、私营、个体等多种经济并存的多元化格局。

(4)区域结构

1984—1993 年,县(市)税收增幅高于襄樊市区,年均增长比襄樊市区高 8.27 个百分点,县(市)收入规模也要大于襄樊市区,1993 年县(市)和襄樊市区占全市比重为 56 ∶ 44。县(市)地方税收较快发展,对全市税收增长具有举足轻重的作用。

2.1994—2005 年国家税收

1994—年,襄樊市税务机构分设为襄樊市国家税务局和襄樊市地方税务局,分别负担襄樊市中央税收和地方税收。1994 年以后,襄樊市国税收入在襄樊经济持续快速发展和税收管理不断提升的双重作用下,快速、稳步、健康地增长。

3.1994—2005 年地方税收

1994—2005 年，襄樊市地方税务系统共组织各项收入 1 213 406 万元。其中，税收收入 815 695 万元；其他收入 397 711 万元。2001 年 7 月—2005 年，征收社会保险费 330 104 万元。

(1)收入结构

1994 年，地方税收收入完成 25 404 万元，到 2005 年完成 136 498 万元，比 1994 年增长 4.37 倍，年均增长 44.19%。其他收入的增长速度快于地方税收收入的增长，主要原因是随着增值税、消费税、营业税税基的扩大，教育费附加增长明显，代征的社会保险费增长迅猛。由 2001 年的 17 532 万元，增加到 2005 年 110 218 万元，年均增长 44.44 %。

(2)税种结构

主体税种营业税、个人所得税和城建税的地位得到进一步提升与增强；资源税、土地税和房产税增长最快；企业所得税受经济效益影响，略有增长。2005 年营业税完成 48 438 万元，比 1994 年的 9 163 万元增长 4 倍多，年均增幅达 53.58%。营业税逐年大幅增长，为全市地方税收的稳步增长奠定了良好的基础。个人所得税是增速最快的税种，1994 年该税种仅完成 612 万元，到 2005 年该税种完成 19 787 万元，比 1994 年增长了 31 倍，保持着平均 39%的增速，其占地方税收的比重由 1994 年的 2.4%上升到 2005 年的 7.8%。从个人所得税的发展趋势及其直接调节作用来看，该税种是极具潜力的税种。企业所得税受经济效益的影响略有增长。2005 年该税种仅完成 7 658 万元，比 1984 年的 6 426 万元仅增长 19.21%，其占地方税收的比重由 1994 年的 24.8%下降到 2005 年的 3%。年均增长为 2.4%。此外，除固定资产投资方向调节税和屠宰税受 2003 年停征的影响下降外，地方税种均有不同程度的增长。

(3)经济类型结构

经济类型结构，由改革开放前期的国营、集体公有制经济为主，逐步转变为以个体、私营等非公有制经济占据主导地位，多种经济类型并存的多元化格局。1994 年，国营、集体公有经济提供的地方税收占总收入的比重高达 73.66%，个体私营等非公有制经济仅占 26.34%。到 2005 年公有制经济提供的地方税收占比只有 31.06%，下降了 43 个百分点；而股份制经济则由 1994 年的 3.28%，上升到 2005 年的 37.75%，上升 34.47 个百分点。

(4)区域结构

1994—2005 年，襄樊市区地方税收增幅高于县(市)，年均增长比县(市)高出 23 个百分点；收入规模市区也大于县(市)，1993 年襄樊市区和县(市)占全市比重为 63 ∶ 37。襄樊市区地方税收的较快发展，对全市税收增长具有举足轻重的作用。

1984—1993 年襄樊市各项税收完成情况

表 16-14 单位：万元

项 目	1984 年		1985 年		1986 年		1987 年		1988 年		1989 年		1990 年		1991 年		1992 年		1993 年		平均
	入库数	比重%	入库数	比重%	入库数	比重%	入库数	比重%	入库数	比重%	入库数	比重%	入库数	比重%	入库数	比重%	入库数	比重%	入库数	比重%	增长%
总 计	38373	—	46376	—	51287	—	59154	—	68404	—	73428	—	75069	—	77905	—	83588	—	101103	—	20.43
一、工商税收合计	29170	76	36585	78.9	42746	83.3	49455	83.6	57053	83.4	60184	82	61513	81.9	65307	83.8	71528	85.6	90724	89.7	26.38
1.工商税	19881	51.8	—	—	—	—	—	—	—	0	—	0	—	—	—	—	—	—	—	—	—
2.产品税	4801	12.5	24148	52.1	23818	46.4	29120	49.2	28474	41.6	25552	34.8	24495	32.6	26533	34.1	29461	35.2	29712	29.4	64.86
3.增值税	1340	3.5	2503	5.4	7186	14	6718	11.4	10628	15.5	11710	15.9	12395	16.5	13133	16.9	14434	17.3	25066	24.8	221.32
4.营业税	848	2.2	5841	12.6	7667	14.9	8412	14.2	10879	15.9	14174	19.3	16059	21.4	16877	21.7	18655	22.3	25454	25.2	362.71
5.工商统一税	—	0		0	7	0	21	0	11	0	13	0	28	0	25	0	45	0.1	201	0.2	346.43
6.专项调节税	—	0	—	—	—	—	—	—	—	—	—	—	—	—	—	—	—	—	—	—	—
7.集体企业所得税	1581	4.1	1290	2.8	1159	2.3	1146	1.9	1491	2.2	1168	1.6	1190	1.6	1105	1.4	976	1.2	949	0.9	-5
8.城乡个体工商业户所得税	—	0		0	41	0.1	52	0.1	31	0	76	0.1	176	0.2	115	0.1	118	0.1	111	0.1	21.34
9.个人所得税	—	0	—	—	—	—	—	—	1	0	—	—	7	0	—	0	—	0	4	0	—
10.个人收入调节税	—	0	—	—	—	—	1	0	13	0	66	0.1	80	0.1	69	0.1	52	0.1	148	0.1	1837.5
11.私营企业所得税	—	0	—	—	—	—	—	—	—	—	2	0	—	—	—	—	—	—	—	—	—
12.中外合资企业所得税	—	0	—	—	—	—	—	—	—	—	—	—	—	—	—	—	—	—	9	—	—
13.外国企业所得税	—	0	—	—	—	—	—	—	—	—	—	—	—	—	—	—	—	—	—	—	—
14.涉外企业所得税	—	0	—	—	—	—	—	—	—	—	—	—	—	—	—	—	—	—	—	—	
15.城市维护建设税	—	0	1828	3.9	2428	4.7	2533	4.3	3665	5.4	3287	4.5	3021	4	3292	4.2	3774	4.5	4745	4.7	19.95
16.车船税	—	0	—	—	1	—	171	0.3	187	0.3	207	0.3	254	0.3	260	0.3	254	0.3	253	0.3	3150
17.房产税	15	0	16	0	26	0.1	638	1.1	796	1.2	1023	1.4	1277	1.7	1492	1.9	1363	1.6	1448	1.4	1194.17
18.城镇土地使用税	—	0	—	—	—	—	—	—	—	—	905	1.2	955	1.3	1063	1.4	1086	1.3	1168	1.2	3.63
19.屠宰税	125	0.3	128	0.3	170	0.3	138	0.2	129	0.2	154	0.2	184	0.2	177	0.2	193	0.2	180	0.2	5.5

续表

项目	1984年		1985年		1986年		1987年		1988年		1989年		1990年		1991年		1992年		1993年		平均
	入库数	比重%	入库数	比重%	入库数	比重%	入库数	比重%	入库数	比重%	入库数	比重%	入库数	比重%	入库数	比重%	入库数	比重%	入库数	比重%	增长%
20.牲畜交易税	52	0.1	41	0.1	28	0.1	30	0.1	46	0.1	48	0.1	32	0	56	0.1	54	0.1	46	0	-1.44
21.集市交易税	—	0	—	—	—	—	—	—	—	—	—	—	—	—	—	—	—	—	—	—	—
22.资源税	—	0	2	0	4	0	1	0	—	—	—	—	1	0	—	0	—	0	3	0	—
23.国营企业奖金税	—	0	194	0.4	110	0.2	45	0.1	55	0.1	401	0.5	121	0.2	39	0.1	38	0	8	0	-11.98
24.国营企业工资调节税	—	0	—	0	1	0	—	—	8	0	41	0.1	58	0.1	93	0.1	37	0	3	0	25
25.事业单位奖金税	—	0	—	0	1	0	—	—	12	0	2	0	—	0	7	0	2	0	6	0	62.5
26.集体企业奖金税	—	0	—	0	4	0	1	0	8	0	65	0.1	26	0	19	0	16	0	—	—	-12.5
27.印花税	—	0	—	—	—	—	—	—	31	0	391	0.5	236	0.3	210	0.3	188	0.2	232	0.2	229.17
28.筵席税	—	0	—	—	—	—	—	—	—	—	—	—	—	—	—	—	—	—	—	—	—
29.特别消费税	—	0	—	—	—	—	—	—	—	—	30	0	35	0	—	—	—	—	—	—	—
30.固定资产投资方向调节税	—	0	—	—	—	—	—	—	—	—	—	0	—	0	711	0.9	694	0.8	828	0.8	14.56
31.建筑税	464	1.2	495	1.1	—	—	388	0.7	554	0.8	731	1	826	1.1	—	0	—	0	—	—	-12.5
32.烧油特别税	61	0.2	82	0.2	74	0.1	22	0	—	0	—	0	—	—	—	—	14	0	46	0	-3.07
33.盐税	—	0	4	0	4	—	2	0	16	0	72	0.1	1	0	2	0	50	0.1	83	0.1	246.88
34.税款滞纳金补税罚款收入	2	0	13	0	17	0	16	0	18	0	66	0.1	56	0.1	29	0	24	0	21	0	118.75
二、国营企业所得税	7421	19.3	7807	16.8	6729	13.1	7534	12.7	8961	13.1	9006	12.3	8886	11.8	8032	10.3	7348	8.8	6566	6.5	-1.44
三、国家能源交通重点建设基金	1782	4.6	1984	4.3	1691	3.3	1859	3.1	2011	2.9	1833	2.5	1835	2.4	1870	2.4	1817	2.2	901	0.9	-6.18
四、国家预算调节基金	—	0	—	—	—	—	—	—	—	—	2030	2.8	2389	3.2	1906	2.4	2091	2.5	1780	1.8	-1.54
五、其他收入	—	0	—	—	121	0.2	306	0.5	379	0.6	375	0.5	446	0.6	790	1	804	1	1132	1.1	104.44
其中：教育费附加	—	0	—	—	121	0.2	306	0.5	351	0.5	362	0.5	446	0.6	782	1	794	0.9	1121	1.1	103.31

1984—1993 年襄樊市分单位税收收入完成情况

表 16-15 单位:万元

年度	1984	1985	1986	1987	1988	1989	1990	1991	1992	1993	年均增长%
全市合计	29170	36585	42746	49455	57053	60184	61513	65307	71528	90724	26.38
城区小计	16396	21062	24074	26174	30096	28275	26568	27828	31581	40150	18.11
县市小计	12774	15523	18672	23281	26957	31909	34945	37479	39947	50574	36.99
襄阳区	1758	1835	2927	2677	3279	3846	4195	4409	4629	5887	29.36
枣阳市	2923	3658	4601	7413	8004	9299	10537	10912	11695	14857	51.03
宜城市	1072	1309	1472	1706	1948	2272	2489	2738	3000	3875	32.68
南漳县	1314	1497	1688	2012	2199	2609	2737	2914	2667	3340	19.27
谷城县	1006	1216	1371	1519	1725	1999	2254	2475	2700	3482	30.77
保康县	380	459	476	567	671	839	1035	1301	1559	1899	49.97
老河口市	1349	1831	2113	2567	3375	4232	4800	5280	5712	7148	53.73
随州市	2972	3718	4024	4820	5756	6813	6898	7450	7985	10086	29.92

1984—1993 年襄樊市税收经济类型变化

表 16-16 单位:万元

项目	1984 年		1985 年		1986 年		1987 年		1988 年		1989 年		1990 年		1991 年		1992 年		1993 年		年均增长(%)
	收入	比重(%)	收入	比重(%)	收入	比重(%)	收入	比重(%)	收入	比重(%)	收入	比重(%)	收入	比重(%)	收入	比重(%)	收入	比重(%)	收入	比重(%)	
合计	30174	—	38136	—	45643	—	51833	—	60000	—	63896	—	65462	—	69108	—	76269	—	97523	—	27.9
全民经济	23931	79.31	29297	76.82	35461	77.69	41721	80.49	47399	79	50324	78.76	49364	75.41	50819	73.54	55614	72.92	68985	70.74	23.53
集体经济	5305	17.58	7693	20.17	8227	18.02	7849	15.14	9481	15.8	8959	14.02	9394	14.35	10173	14.72	9501	12.46	14524	14.89	21.72
私营经济	926	3.07	—	—	—	—	—	—	—	—	10	0.02	3	0	1	0	17	0.02	3	0	-12.46
个体经济	12	0.04	1146	3.01	1936	4.24	2238	4.32	3109	5.18	4590	7.18	6673	10.19	8091	79.53	11093	19.95	11092	16.08	11541.67
联营经济	—	0	—	—	—	—	—	—	—	—	—	—	—	—	—	—	—	—	—	—	—
股份制经济	—	—	—	—	—	—	—	—	—	—	—	—	—	—	—	—	—	—	—	—	—
外商投资经济	—	—	—	—	—	—	—	—	—	—	—	—	—	—	—	—	—	—	—	—	—
港澳台投资经济	—	—	—	—	—	—	—	—	—	—	—	—	—	—	—	—	—	—	—	—	—
其他企业	—	0	—	—	19	0.04	25	0.05	11	0.02	13	0.02	28	0.04	24	0.03	44	0.06	2919	2.99	1907.89

1994—2005 年度襄樊地税分税种分级次收入情况统计

表 16-17　　　　单位：万元

项 目	1994 年		1995 年		1996 年		1997 年		1998 年		1999 年		2000 年		2001 年		2002 年		2003 年		2004 年		2005 年		平均增长（%）
	入库数	比重（%）	入库数	比重（%）	入库数	比重（%）	入库数	比重（%）	入库数	比重（%）	入库数	比重（%）	入库数	比重（%）	入库数	比重（%）	入库数	比重（%）	入库数	比重（%）	入库数	比重（%）	入库数	比重（%）	
总 计	25925	—	29331	—	36435	—	44210	—	60130	—	74598	—	81961	—	104468	—	142327	—	167975	—	193735	—	252330	—	79.39
一、税收合计	25404	98	28598	97.5	34611	95	41757	94.5	57025	94.8	70838	95	78123	95.3	82599	79.1	86140	60.5	93197	55.5	102192	52.7	115211	45.7	32.14
其中：中央级	—	—	—	—	—	—	—	—	—	—	—	—	—	—	—	—	10290	7.2	12759	7.6	12940	6.7	16467	6.5	20.01
省级	4850	18.7	5496	18.7	5393	14.8	6374	14.4	5107	9	6270	8.4	6887	8.4	5277	5.1	14569	10.2	14094	8.4	16504	8.5	18649	7.4	25.87
地市县级	20568	79.3	23835	81.3	29218	80.2	35383	80	51918	86.3	64568	86.6	71236	86.9	77322	74	61281	43.1	66344	39.5	72748	37.6	80095	31.7	26.31
1.营业税	9163	35.3	10580	36.1	12325	33.8	15704	35.5	18938	31.5	24167	32.4	31402	38.3	30768	29.5	34849	24.5	36349	21.6	44235	22.8	48438	19.2	38.97
金融保险业营业税	—	—	2785	9.5	2735	7.5	3838	8.7	5107	8.5	6270	8.4	6887	8.4	5277	5.1	4511	3.2	5482	3.3	6283	3.2	6453	2.6	13.17
其他营业税	—	—	7795	26.6	9590	26.3	11866	26.8	13855	23	17897	24	24577	30	25558	24.5	30338	21.3	30867	18.4	37952	19.6	41985	16.6	43.86
2.企业所得税	6424	24.8	5954	20.3	7000	19.2	8255	18.7	5636	9.4	8267	11.1	9055	11	16402	15.7	10422	7.3	9738	5.8	6561	3.4	7658	3	1.75
3.个人所得税	612	2.4	545	1.9	1693	4.6	3254	7.4	6758	11.2	5217	7	6873	8.4	9085	8.7	10158	7.1	11527	6.9	15003	7.7	19787	7.8	284.83
4.资源税	44	0.2	98	0.3	116	0.3	104	0.2	171	0.3	328	0.4	468	0.6	435	0.4	1052	0.7	1242	0.7	1120	0.6	1317	0.5	263.02
5.固定资产投资方向调节税	775	3	950	3.2	957	2.6	657	1.5	4461	7.4	7319	9.8	3544	4.3	1599	1.5	12	0	—	—	—	—	—	—	13.29
6.城市建设维护税	5006	19.3	5691	19.4	6520	17.9	7508	17	9527	15.8	11509	15.4	12836	15.7	11810	11.3	16670	11.7	19501	11.6	18865	9.7	17337	6.9	22.39

续表 1

项 目	1994年		1995年		1996年		1997年		1998年		1999年		2000年		2001年		2002年		2003年		2004年		2005年		平均增长(%)
	入库数	比重(%)	入库数	比重(%)	入库数	比重(%)	入库数	比重(%)	入库数	比重(%)	入库数	比重(%)	入库数	比重(%)	入库数	比重(%)	入库数	比重(%)	入库数	比重(%)	入库数	比重(%)	入库数	比重(%)	
7.房产和城市房地产税	1562	6	2164	7.4	2638	7.2	2312	5.2	2992	5	4211	5.6	4928	6	4384	4.2	5691	4	6568	3.9	8202	4.2	10577	4.2	52.47
8.印花税	186	0.7	263	0.9	276	0.8	297	0.7	551	0.9	678	0.9	734	0.9	919	0.9	1040	0.7	1215	0.7	1625	0.8	2411	1	108.75
9.城镇土地使用税	942	3.6	968	3.3	1001	2.7	1454	3.3	4187	7	5034	6.7	4701	5.7	4602	4.4	5517	3.9	5227	3.1	5495	2.8	5942	2.4	48.25
10.土地增值税	—	—	—	—	—	—	1	0	3	0	98	0.1	10	0	3	0	2	0	1243	0.7	557	0.3	873	0.3	10900
11.车船使用和牌照税	233	0.9	233	0.8	240	0.7	248	0.6	341	0.6	426	0.6	593	0.7	571	0.5	722	0.5	587	0.3	529	0.3	871	0.3	24.89
12.屠宰税	457	1.8	1152	3.9	1764	4.8	1963	4.4	3460	5.8	3584	4.8	2979	3.6	2021	353.9	5	0	—	—	—	—	—	—	-9.09
二、其他收入	521	2	733	2.5	1905	5.2	2453	5.5	3105	5.2	3760	5	3838	4.7	21869	—	56187	39.5	74778	44.5	91543	47.3	137019	54.3	2381.75
1.社会保险基金	—	—	—	—	—	—	—	—	—	—	—	0	—	—	17532	16.8	51585	36.2	68071	40.5	82658	42.7	110218	43.7	132.17
2.教育费附加	507	2	269	0.9	1387	3.8	1934	4.4	1952	3.2	2503	3.4	2730	3.3	3104	3	3200	2.2	5278	3.1	6074	7.3	7461	3	124.69
3.文化事业建设费	—	—	—	—	—	—	—	—	42	0.1	52	0.1	58	0.1	37	0	75	0.1	82	0	87	0	86	0	14.97
4.河道堤防维护费	—	—	336	1.1	436	1.2	444	1	606	1	715	1	630	0.8	737	0.7	779	0.5	794	0.5	1082	0.6	7172	2.8	203.45

续表 2

项目	1994年 入库数	1994年 比重（%）	1995年 入库数	1995年 比重（%）	1996年 入库数	1996年 比重（%）	1997年 入库数	1997年 比重（%）	1998年 入库数	1998年 比重（%）	1999年 入库数	1999年 比重（%）	2000年 入库数	2000年 比重（%）	2001年 入库数	2001年 比重（%）	2002年 入库数	2002年 比重（%）	2003年 入库数	2003年 比重（%）	2004年 入库数	2004年 比重（%）	2005年 入库数	2005年 比重（%）	平均增长（%）
5.地方教育发展费	—	—	—	—	—	—	—	—	490	0.8	490	0.7	420	0.5	459	0.4	548	0.4	553	0.3	1642	0.8	6012	2.4	102.45
6.旅游开发基金	—	—	—	—	—	—	48	0.1	15	0	—	—	—	—	—	—	—	—	—	—	—	—	—	—	—
7.平抑物价基金	—	—	—	—	—	—	—	—	—	—	—	—	—	—	—	—	—	—	—	—	—	—	—	—	—
8.其他	14	0.1	128	0.4	82	0.2	27	0.1	—	—	—	—	—	—	—	—	—	—	—	—	—	—	6070	2.4	—

1994—2005 年襄樊地税分单位税收收入完成情况

表 16-18

单位：万元

年度	1994	1995	1996	1997	1998	1999	2000	2001	2002	2003	2004	2005	年均增长%
全市合计	28 321	31850	38308	45924	62099	70838	78123	82599	86140	93197	102192	115211	27.89
城区小计	14 769	16484	19241	22378	30522	35729	41201	46269	53816	58672	63745	73120	35.92
县市小计	13 552	15369	19067	23546	31577	35109	36922	36330	32324	34525	38447	42091	19.14
襄阳区	2 619	2917	3548	4286	6140	7427	7695	8529	5935	6408	7215	7847	18.15
枣阳市	3 161	3644	4399	5306	7514	8172	9329	8134	6862	7702	9501	10827	22.05
宜城市	1 738	2088	2689	3567	4726	4932	5442	5989	5811	5670	5807	6141	23.03
南漳县	1 243	1387	1682	2055	2944	3204	3467	2721	2521	2555	2922	3435	16.03
谷城县	12 34	1544	2228	2678	3802	3924	4268	4546	5061	5560	6155	6705	40.3
保康县	654	661	824	1514	1377	1618	1674	1755	1834	2016	2274	2619	27.31
老河口市	2 903	3128	3697	4140	5074	5833	5047	4656	4300	4614	4573	4517	5.05

1994—2005 年襄樊市地方税收经济类型变化

表 16-19　　单位：万元

项目	1994 年		1995 年		1996 年		1997 年		1998 年		1999 年		2000 年		2001 年		2002 年		2003 年		2004 年		2005 年		年均增长%
	收入	比重%	收入	比重%	收入	比重%	收入	比重%	收入	比重%	收入	比重%	收入	比重%	收入	比重%	收入	比重%	收入	比重%	收入	比重%	收入	比重%	—
合计	27790	—	30779	—	34611	—	41783	—	57025	—	70838	—	78123	—	82599	—	86140	—	93197	—	102192	—	115211	—	28.6
国有经济	16393	58.99	19723	64.08	22513	65.05	25900	61.99	32639	57.24	40439	57.09	38043	48.7	36784	44.53	37711	43.78	36990	39.69	36577	35.79	30192	26.21	7.65
集体经济	4074	14.66	3557	11.56	4387	12.68	4520	10.82	5951	10.44	8289	11.7	9361	11.98	10826	13.11	9747	11.32	6510	6.99	5155	5.04	5591	4.85	3.39
私营经济	3	—	—	—	2	0.01	14	0.03	161	0.28	190	0.27	350	0.45	252	0.31	698	0.81	893	0.96	2744	2.69	1522	1.32	6329.17
个体经济	6408	23.06	6112	19.86	6726	19.43	9350	22.38	15946	27.96	18796	26.53	21389	27.38	18623	22.55	15985	18.56	18277	19.61	17401	17.03	20244	17.57	19.63
联营经济	—	—	—	—	—	—	1	—	12	0.02	40	0.06	88	0.11	67	0.08	7	0.01	2	0	12	0.01	25	0.02	218.18
股份制经济	912	3.28	1387	4.51	811	2.34	1727	4.13	1937	3.4	2714	3.83	8267	10.58	15062	18.24	15193	17.64	17930	19.24	15896	15.56	43494	37.75	583.63
外商投资经济	—	—	—	—	170	0.49	271	0.65	353	0.62	365	0.52	625	0.8	853	1.03	676	0.78	2394	2.57	5023	4.92	8256	7.17	594.56
港澳台投资经济	—	—	—	—	—	—	—	—	26	0.05	5	0.01	—	—	132	0.16	181	0.21	257	0.28	507	0.5	3163	2.75	1508.17
其他企业	—	—	—	—	2	—	—	—	—	—	—	—	—	—	—	—	5942	6.9	9934	10.66	18877	18.47	2724	2.36	—

1994—2005 年襄樊市国税收入完成情况统计

表 16-20　　单位:万元

年别	国税收入合计	分级次			分税种							其他收入							
		中央级	省级	地方级	增值税	消费税	内资所得税	外资所得税	个人所得税	车购税	营业税	屠宰税	印花税	教育附加费	城建税	能源交通基金	预算调节基金	罚没收入	"两费"收入
1994	63691	54598	240	8853	35352	28039	48	13	121	—	118	11	—	971	143	208	173	3	—
1995	74824	62928	1003	10893	44203	28982	704	117	619	—	199	53	3	1140	190	140	201	49	—
1996	88948	74116	2376	12456	58501	29435	693	138	148	—	33	8	—	262	24	64	40	85	—
1997	102007	84483	2720	14804	69428	30634	717	224	—	—	1004	—	—	—	—	—	—	48	—
1998	111846	92641	2907	16298	76194	32974	737	294	—	—	1647	—	—	—	—	—	—	—	—
1999	127987	104619	3602	19766	92267	31975	934	297	5	—	2509	—	—	—	—	—	—	—	—
2000	148375	121606	4640	22129	105771	32388	3723	377	2532	—	3584	—	—	—	—	—	—	—	—
2001	171111	142439	6132	22540	112628	41291	8033	539	4634	—	3986	—	—	—	—	—	—	88	311
2002	197582	155588	15899	26095	125277	47794	15668	512	5358	—	2973	—	—	—	—	—	—	54	532
2003	219047	170351	17741	30955	150689	40360	20989	1280	5520	—	209	—	—	—	—	—	—	63	267
2004	290527	232210	21524	36793	193296	72000	11781	4714	8726	—	10	—	—	—	—	—	—	96	282
2005	399553	332297	24851	42405	216001	140650	14769	8376	10401	9356	—	—	—	—	—	—	—	71	301

(五) 税收征管

20 世纪 80 年代初,襄樊市税务部门就着手改变过去税收征管无序、粗放和低效的状况,经 20 多年的努力,全市税收征管一步一步迈向新阶段,走上了规范化、法制化、科学化、现代化的轨道。

1.征管法规

1983 年,财税机构分设,全市税务部门立即开始恢复和建设税收征收管理制度。1985 年 5 月,市税务局从 6 个县(市)、区税务局,抽调了 13 名有一定业务水平的人员组成专班,对现行征管制度和收管状况,进行了历时两个月的整理调查,结合全市征管工作实际,编辑了一本 5 万多字的《襄樊市税收征管制度》,印刷了 8 000 册。该制度内容包括,国营、集体、企事业单位征管制度,个体工商业户征管制度,农村专业户、个体户征管制度,集贸市场税收征管制度,征管单位、征管人员岗位责任制度和奖评制度等。同时,在全市还实行了"六大征管目标责任制"。使全市税收征管工作,做到有章可循、有制可考、有法可依。

1986 年前的税收征管规定,大都分散在各单行税法和《条例》中,没有统一的法规。1986 年 4 月国务院颁布了《中华人民共和国税收征管暂行条例》(以下简称《暂行条例》)。襄樊市税务局依据《暂行条例》,重点解决了四个方面的问题:强化税务登记工作。1987 年 4 月,市税务局发出《关于更换税务登记证的通知》,到 8 月底全市共办税务登记 3742 户,其中 1321 户主动到税务机关补办税务登记。加强个体建账工作。1986 年,全市建账 783 户,到 1988 年底全市建账达 1797 户。统一了税收征管办法。对个体工商户根据具体情况实行核实定率(又称单定)和定期定额(又称双定)两种征收办法;对集贸市场主要采取自征和委托代征的办法,根据市场大小,配备专人管理,巡回检查征收,并与工商、公安等部门配合,在管理上统一行动,在处理上权责分明;对生产经营规模大,财务会计制度健全的企业，派专管员或专管组驻厂征收。加强了纳税检查。1986 年以后，税收检查向专项化转变，全市相继开展了税收、财务、物价大检查、个体私营企业税收专项检查、涉外税收专项检查、欠税清理等。

1992 年 4 月，第七届全国人民代表大会常务委员会第二十七次会议，审议通过了《中华人民共和国税收征收管理法》(以下简称《税收征管法》)。《税收征管法》发布后，全市从 6 个方面进一步确立征管 7 制度：一是统一内外税收征管规定。二是强化征管执法手段。组建了税务稽查机构，制定了税收保全、强制执行及行政处罚措施，加大了与司法机关的协作，严厉打击偷、漏、骗、抗税等违法行为。三是严格税务机关职权约束。对各级税务机关和税务人员的职权范围执法权限，进行了明确的规定。四是充分保护纳税人权益。相继建立了公开办税制度、税务行政复议、诉讼制度和税务行政赔偿等制度。五是加大违章处罚力度。六是明确税务执法主体的法律地位，确立了税务代理制度。

2001 年 4 月 28 日，第九届全国人民代表大会常务委员会第二十一次会议修订通过了《中华人民共和国税收征收管理法》(以下简称新《税收征管法》)，新税法从 2001 年 5 月 1 日起执行。2002 年 10 月 15 日国务院颁布了《中华人民共和国税收征收管理法实施细则》。新《征管法》更加重视税收与经济发展和社会进步的关系。在确保税务机关依法征税的同时，进一步强调应收尽收，不收过头税；在规范税务执法行为的同时，加大防范和打击税收违法行为的力度；在强调纳税人义务和责任的同时，更加注重保护纳税人权益和为纳税人服务；在保证税务机关行政权力有效行使的同时，更加注重规范和监督税务机关的执法行为；在保证税务机关独立行使职权的同时，重视与有关部门的协作配合、信息共享和协税责任的落实。襄樊市国税局、地税局以贯彻新《税收征管法》为契机，按照执法为民的理念，丰富和完善了一系列征管制度。这一时期制定的制度主要有三个特点：一是更加注重规范执法行为。市国、地税部门相继制定了《税收管理员管理制度》《计算机定税办法》《纳税评估办法》《信用等级评定办法》《普通发票规范管理办法》《税务稽查工作规程》《重大案件审理制度》《税收执法责任和过错责任追究制》等一系列配套管理制度和办法。加强执法监督机制建设，建立了征收、管理、稽查、行政复议四个执法体系，在执法权力较为集中的稽查系列建立了选案、稽查、审理、执行“四权分离”稽查制度和大案、要案集体审理制度，以保障执法公平公正，维护纳税人的合法利益；坚持公开办税，实行阳光执法，推行办税“八公开”，聘请执法监督员，设立投诉电话部和投诉中心，增加执法透明度，让纳税人交明白税、放心税。二是更加注重科技兴税。市国、地税部门均投入巨资加强税收信息化建设。把税收征收、管理、稽查等执法全过程都纳入计算机监控管理，实现了税收数据的高度集中、税收执法的网络监控。推进了税收执法的科学化、程序化、规范化进程。三是更加注重纳税服务。市国、地税系统大力推行减批服务、减程服务、减负服务、集中服务、政策服务、文明服务、限时服务和阳光服务等“八大服务”。用活用足税收优惠政策，仅 2005 年市国、地两局就减免税 17 210 万元。

2.征管制度建设

(1)税务登记制度

“文化大革命”时期，税务登记制度遭到破坏，造成管户不清，税源不明。1983年财税机构分设后，税务机关就开始恢复和建立健全税务登记制度，并多次组织全市范围内的清理检查，促进了税务登记工作。1986年《税收征管暂行条例》颁布实施后，市税务局专门制定了《襄樊市税务登记管理办法》。1990年，按照上级要求，在全市范围内统一更换税务登记证。通过换证，掌握纳税户数，清查漏管户，理顺税务登记秩序。1994年国、地税机构分设后，市国税局、市地税局依据《税收征管法》，分别印发了《襄樊市国家(地方)税务局税务登记实施管理办法》，从登记对象、内容、程序等方面，进行了全面的规范和完善。1997年，全市开展了税务登记验证工作，全市共验证4 580户，查验有问题户数1 159户，处罚违章182户，查补税款17.1万元，罚款1.7万元。2001年3月，襄樊市委、市政府成立行政服务中心，襄樊市国税局、地税局派员入驻中心,实现了税务登记证发放“集中办理、当场审核、当场发证”。

(2)纳税申报制度

1983年,财税机构分设后,市税务部门开始恢复和建立纳税申报制度。1986年国务院发布《税收征管暂行条例》后,全市按照《税收征管暂行条例》的要求,进一步统一和规范了纳税申报制度。明确规定:纳税人在纳税时必须进行纳税申报,向主管税务机关报送纳税申报表、财务会计报表和有关纳税资料。代征人应当履行代征、代扣、代缴税款的申报手续。从事临时经营的纳税人,也应在发生纳税义务之后,立即向地税机关进行纳税申报,办理缴纳税款手续。纳税人发生纳税义务超过30日或者超过税务机关核定的纳税期限15日未向税务机关申报纳税的,主管税务机关有权核定其应纳税额,限期缴纳。为推进纳税申报工作,全市相继组织了一系列的纳税检查,促进了纳税申报制度的落实。1996年,市国税局、地税局加快征管改革的步伐,建立了“申报纳税、电脑监控、集中征收、重点稽查”的征管模式。1997年,市国税局、地税局按照建立“一个制度,四个体系”的改革目标,征管模式全面启动。“一个制度”就是建立纳税人自行申报纳税制度。为适应征管改革需要,全市加快了办税服务厅建设,完善办税服务厅(室)功能,改实体型为服务场所。到1997年年底,在市区内共建成办税服务厅20个(国、地税各10个),在各县、镇地方共建立办税服务室97个(国税50个、地税47个)。实行集中征收后,为最大限度地方便纳税人办税,2001年后,市国税局相继建立了上门申报(适用于增值税一般纳税人)、邮寄申报(适用于乡镇以下的个体工商业户和小规模纳税人)、电子申报(包括电话申报、因特网申报、银行终端申报,适用于城镇所有纳税人)和税务代理申报等到多元化申报体系。市地税局部门结合地税工作实际,改革申报办法,制定了科学简便的纳税申报程序,确立规范的纳税申报方式统一了征管文书,纳税表格。

(3)纳税辅导制度

随着专管员责任制的建立健全,纳税辅导工作逐步恢复和发展起来。从1984年,市税务局明确规定,纳税辅导工作要结合征管工作进行。各地在纳税辅导中主要采取了4种辅导形式:征前辅导,争取把错漏问题消灭在征前;税法辅导,在税收政策变动时,及时通知,辅导企业依法办事,依率计征账务辅导,经常组织企业财务会计学习培训,对在日常检查中发现企业的错账、漏账问题,及时辅导企业财会人员调整,提高企业核算水平;汇算辅导,在企业结算所得税前,辅导企业搞好物资、产品的盘存计价,清理结算往来账户,合理归集和分配费用,准确结算企业利润。

(4)纳税检查制度

1981年5月5日,国务院及财政部、国家税务总局发布《通告》,宣布在全国范围内,集中一段时间,对纳税单位和个人在纳税中发生偷漏,拖欠工商各税的情况进行一次认真的检查。为了配合《通告》的贯彻,5月15日,税务总局又对偷税、漏税、欠税和抗税划出了明确的界限。进一步规范了纳税检查制度。《通告》发布后,市委、市政府给予了高度重视,市长亲自到企业宣传《通告》,要求各个部门全力配合支持检查工作,催交税款。这次检查极大地促进了全市纳税检查制度的恢复和加强。1983年后,针对分配矛盾日益复杂的实际,逐步改变多年形成的企业自查互查、专管员抽查和突击检查的方法,纳税检查制度逐步向专业化方向发展。

(5)发票管理制度

财税机构分设后,市税务局针对清理检查中发现的私自印刷发票、代开发票、坐收管理费等问题经市政府同意,制定了《襄樊市发货票管理办法》。对发货票的印制、发售、领用、保管、销毁等方面行了规范,有效地制止了发货票使用上的混乱情况 。1986 年 8 月 19 日,财政部颁布《全国发票管理暂行办法》。市税务局抓住时机,进一步修订和完善了发票管理制度。1987 年 6 月 23 日,襄樊市人民政府办公室转发市税务局修订的《襄樊市发票管理暂行办法》,对全市的发票管理进行了全面系统的规范。1987 年 7 月 3 日,襄樊市税务局印发《襄樊市税务局发票管理制度》,对内部发票管理的机构设置、责任范围、工作程序,基本要求进行了明确。1988 年 9 月 1 日至 10 月 25 日,市税务局组织力量开展发票检查清理工作,全市共检查清理用票单位和个人 17 783 户,查出违章户 3 721 户,清缴入库税款 79.69 万元;罚款 18.78 万元,收缴违章发票 1 191 038 份。1991 年,市税务局根据上级要求,对发票"发票监制章"的形状、规格进行了规范。1992 年,全市按照国家税务局《关于切实做好发票换版工作的通知》,全面进行了发票换版工作。1993 年开始,一律停止使用旧版发票,全面使用新版发票。1994 年新税制实施后,增值税专用发票作为增值税管理工作的关键环节受到高度重视。市国税局相继制发了一系列的管理办法,对增值税专用发票的管理、使用,以及违章等作出了全面的规定。1997 年开始,全市稳步推进防伪税控系统和专用发票丢失报警系统,严肃查处发票案例,规范专用发票函件协查。1998 年,市国税局、市地税局及各县(市)局相继建立了发票管理机构,统一和集中了发票的管理。市地税局根据征管范围的划分和地方税收的特点,积极探索适应地方税收要求的发票管理办法和路子。大力推进微机开票,全面禁止了手工发票,推进以票控税。为鼓励消费者的索取发票,2005 年,市地税局开始在全市的饮食服务行业推行"刮奖发票",当年,全市饮食服务行业税收明显增长。

(6)税收处罚制度

1982 年《湖北省税务管理暂行规定》,对税务违章处理作出了具体的规定。市税务局按照这一规定,恢复和加强了处罚制度的建设。1994 年新税制实施后,为了严肃税务法纪,严明法则,在总结以往税务行政处罚经验的基础上,对税务行政处罚进行了规范。1995 年 11 月,襄樊市国税局、地税局分别制定了《襄樊市国家(地方)税务局税务行政处罚实施管理办法》,第一次对税务违章处罚的权限作出了具体规定,并制定了严格的操作程序。

(7)公开办税制度

为增强税收工作透明度,促进全市各级税务机关自觉接受纳税人监督。1989 年 3 月 13 日,市税务局印发《税务系统政务公开实施方案》,要求各级税务机关通过设立举报箱、举报电话、宣传栏、聘请税务监督员等多种形式,推行公开办税。明确税务内容"六公开":即,税法公开;征管制度公开;税负分开;工作纪律公开;违章处罚公开;减免税公开予。随着发展,襄樊市国家、地方税务局税务分开的内容更丰富具体,形式更多样活泼,纳税人监察更方便快捷。

(8)税务行政复议诉讼制度

《中华人民共和国行政诉讼法》和《行政复议条例》发布后,1989 年 11 月,市税务局制定了《襄樊市税务局税务行政复议办法》(试行)。当年,市税务局成立行政复议委员会。1993 年,国家税务总局印发了《税务行政复议规则》,襄樊市国税局、地税局按照要求进一步规范了税务行政复议工作。1995 年,市国税局、地税局分别制定了《襄樊市行政应诉工作规程》(试行),从应诉范围、管辖、权利与义务、应诉准备,出庭、上诉和申诉、履行与执行 7 个方面进行了规范。1994 年以来,襄樊市国税局、地税局无行政应诉败诉案件。

(9)委托代征代扣代缴税款制度

1995 年,襄樊市国税局、地税局分别发了《委托代征税款实施管理办法》。该办法规定:对边远山区、农村、街道的税收或零星分散不易控管的行业税收，以及需要实行税源控管的税收，税务机关可以委托有关单位和个人以税务机关名义依法征收税款。并对代征人必具条件，报缴代征税款方式和时间等到方面作出明确的规定。1989 年，襄樊市税务局制定《个人收入调节税代扣代缴管理办法》，明确代扣代缴的权利、义务、法律责任和奖惩措施。

(10)税收保全强制执行制度

1995 年，襄樊市国税局、地税局分别制发了《税收保全和税收管制措施实施管理办法》，对税收保全、税收强制执行的对象、程序、措施，以及税务人员在税收保全和强制执行时应当遵守的法纪等作出了全面具体的规定。

(11)税收管理员制度

税收管理员是基层税务机关分片(业)管理税源的工作人员。税收管理员制度是税务机关根据税收征管工作的需要，明确岗位职责，落实管理责任，规范税务人员行为，促进税源管理，优化纳税服务的基础工作制度。2005 年 3 月，国家税务总局下发了《税收管理员制度》以后，襄樊市国税局于 2005 年 7 月在高新技术开发区国税局和枣阳市国税局进行了试点。两个试点单位分别制定下发了《纳税评估工作规程》《税收管理员调查核实工作》《税收管理员工作考核》等八个管理办法，对税收管理员的工作职责、管理原则、运行流程、规范要求和管理方式进行了探索。主要内容为：一是确定“五个原则”。即，管户与管事相结合的原则、管理与服务相结合的原则、人管与机控相结合的原则、质量和效率相结合的原则、属地管理与分类管理相结合的原则。二是明确“十项职责”。即，管好户籍税源、开展纳税服务、督促建账建制、调查核实情况、催报催缴税收、检查核查发票、监控企情税况、搞好纳税评估、建立税收档案、完成其他任务等。三是制定“六大规范”。即，管理不漏户、核查莫有误、企情心有数、税源控得住、坚持服好务、工作把好度。四是实行“八五三分类管理法”。即，重点税源实行八大指标监控，一般税源实行五项跟踪管理，个体税源采用三种动态管理的方法。在管理的主要做法和具体措施上，主要采用八大措施：理顺业务流程、制定操作规范、强化税源监控、实行纳税评估、开展岗位练兵、运用管理系统、建立保障机制、严格工作考核。经过 4 个月的努力，完成了省局提出的“所有纳税人找税务机关办理的涉税事宜，都在通过大厅办理，所有税务机关找纳税人办理的涉税事宜都要通过税收管理员来实施”的要求，减少了办税环节，提高了办事效率，方便了纳税人办税。2005 年 11 月，襄樊市国税局在全市全面推广高新技术开发区和枣阳市国税局的试点经验。

3.征管模式改革

(1)新税制前征管模式改革

20 世纪 80 年代后期，针对“一员进厂、多税统管、征管查合一”征管模式的弊端，全国税务系统纷纷进行改革探索。襄樊市税务系统也开展了征管改革探索。1988 年初，湖北省税务局在全省财政工作会议上，部署了税收征管改革的试点任务，并制定征管改革试点具体方案。1988 年 2 月 15 日，襄樊市税务局按照省税务局方案，制定了《襄樊市税收征管改革实施方案》，并确定襄城分局和南漳县税务局为全市税收征管改革的试点单位。改革的内容，按照征、管、查三分离的原则，根据不同纳税人和不同税源的特点，对“一员进厂、多税统管、征管查合一”的模式，进行了 5 个层次的改革：对税源比较集中，辖区范围不大的城市，将税务所改设为“税务管理所”和“税务征收所”，稽查任务由分局稽查队承担；对税源集中，收入任务大，所管企业核算较好的区(镇)及市区的直属征收处或分局，在征收单位内部设征收股(岗、组)，管理股(岗、组)，稽查股(岗、组)，实行征收、管理和稽查三分离；对经济比较发达，征管人员在20人以上的县(市)辖镇税务所，在所内分岗分组，实行征、管、查三分离；对税源零星分散，征管力量相对不足的农村税务厅，实行划层征管，定期轮换，交叉检查、调离审计；在城市大型集贸市场设置集贸市场税务所、对个体户和集贸市场实行专业管理，并在所内分设，实行征管和稽查分离，在以上模式确定后，并根据征、管、查分离的原则结合实际分别明确了征收、管理、稽查和综合(监控、信息反馈)的各方面的职责和任务。

按照这一改革思路，试点单位南漳县税务局，改革局机关股室。集中政策管理，设立了税政法规股；加强征管，设立了4个征管股；强化监督，设置了税务检察室、稽查队、监察股；成立专业机构，设立了发票管理公司和办公室；保留了政工股、计会股。形成了征管、监督、税政三位一体的职责体系。襄城税务分局将原来的5个税务所，撤并分设为3个税务管理所和1个税款征收所，另成立了襄城税务稽查队，专门负责全局的稽查工作。1991年后，襄樊市税务局在全市全面推广试点经验，并确定了4种税收征管模式：对县(市)税务局(城市分局)实行"征管分离、稽查独立"的征管模式运转办法；对税源比较集中的城市分局实地"机构间征、管、查分离"模式的运行办法；对市(县)集贸税务分局和集贸专业税务所实行"双人上岗、票款分开、征管查分离"模式运转办法；对税源小、纳税户分散的农村山区税收实行"划片管理、定点征收、交叉检查、定期轮换、调离审计"模式。1989年省税务局把襄樊市列为全国征管改革试点，并于当年5月上旬在南漳召开全省税收征管工作改革现场会。现场会后，襄樊市局按照上级要求，借鉴其他地方成功经验，通过调查研究，比较选择，拿出了《襄樊市深化税收征管改革的意见》，主要包括，完善监督机制，强化循环制约，推行"三自纳税"，建立衔接制度，巩固运行效果等内容。1992年，全市在试行四种征管模式的同时，又试行了"两同步、三结合"的税收征管改革。即征管改革与会计改革同步进行，做到征管、会计、计算机应用相结合。基本形成征、管、查和综合四个系列征管机制，并相应建立起新规范和新组织。从根本上实现了由综合管理向专业管理，由人治向法治、由治标向治本、由外治向内外并治的四个转变。至1993年年底，已全面完成了征管模式的转变。

(2)国税征管模式改革

1995年3月，湖北省国税局在京山召开了全省征管工作改革会议，会议确定，黄石市为全省征管改革的试点单位，各地市也相应确立1至2个试点单位。襄樊市把襄城、南漳两地作为征管改革的试点单位。此后，省局在宜昌又召开了部分试点单位座谈会，修改拟定全省征管改革实施方案，方案提出，改革的核心任务是建立一个现代化技术支持的、相互协调制约的、申报代理稽查相结合的税收征管新格局。即"三位一体"的税收征管模式。改革的主要内容概括为"打好一个基础、抓住两个重点、强化三项措施"。"一个基础"，即建立以纳税人自核自缴为基础的申报制度；"两个重点"，即，广泛推行税务代理制和大力加强税务稽查工作；"三项措施"，即，科学划分征管及其职责、大力推广计算机在税收征管领域里的应用、建立健全征管制度。方案按照科学划分征管系列的要求，将省以下的税收征管划分为：管理服务、征收数控、税务稽查和复议应诉四大工作系列，并分别制定了相关职责制度。从而，实现由"专管户"向"专管事"的转变。

1996年8月，全国税收征管工作会议，作出了深化税收征管改革的部署，提出了新的征管模式。即，"建立以纳税申报和优化服务为基础，以计算机网络为依托，集中征收，重点稽查"新征管模式，即"30字"征管模式。

1996年8月，湖北省国税局在宜昌召开了全省国税系统征管改革工作会议。会议提出，新一轮征管改革主要任务是，建立"一个制度、四个体系"。即，建立纳税人自行申报纳税制度；建立税务机关和社会中介组织相结合的服务体系；建立以计算机为依托的税收监控体系；建立人机结合的稽查体系；建立以征管功能为主的机构职责组织体系。这次全省国税征管改革，将全省征管模式进一步概括为"16字"，即：申报纳税、集中征收、重点稽查、微机监控。按照"16字"征管模式的要求，全市国税系统本着精简、效能的原则，在辖区按行政区划设置分局，县(市)城关一般只设一个分局，农村按经济区划设置分局或中心所，一个县(市)一般不超过十个，分局或中心所以下不设机构。内设机构按征管功能设置，实行征管模式转换与机构调整、职能划分、人员配置的联动。

1997年3月25日，湖北省国税局把襄樊市确定为全省改革的“精品”点之一。按照“模式转换到位、机构设置合理、大厅功能齐全、微机监控有力、管理制度完备、机制运作高效”的要求，一是实行了以集中征收为主，定时定点征收和委托代征为辅的征收方式。全市84%的纳税人实行了自行申报和集中到办税厅交税，2%的纳税人委托代理人代理申报；二是精简征管组织体系，基本完成了县(市)城关以上和8%的农村机构收缩任务，机构调整后，基层征管单位基本上转换了征管模式；三是建立健全了稽查体系，1997年，襄樊市按行政区划规范国税机构，稽查局作为保留机构，得到了加强与充实；四是构建了微机监控体系，完成了全市7个县市局域网络的建设工作，在全市实现了城镇税收全部应用计算机进行管理的目标；五是加强了税收服务体系的建设，全市共建立纳税服务厅10个，所有服务厅都建成了功能齐全，办税方便、文明服务、展示国税良好形象的“窗口”，同时，建立起电子信息服务系统，开展税收一体化和税务代理等服务。

1997年10月25日至27日，全省国税系统征管改革现场会在襄阳宾馆召开，市局在会上作了题为《敢予突破，破中有立，努力建设一个科学的税收征管机制》的典型发言。并将在全市税收征管改革十年探索的成果《襄樊市税收征管业务规程》一书，在会上交流。

2001年4月，襄樊市又在全省率先撤销了全市7个县(市)所有的51个农村分局，全面实行了县(市)局集中征收。当时考虑到，实现税收征管工作平稳过渡的需要，把各分局作为管理组而予以保留。

“30字”征管模式建立运行，国税征管逐步建立起管理、申报、代理、稽查相结合，监控灵敏，执法规范，科学高效的国税征管体系。随着税收征管改革的逐步深入，“淡化责任，疏于管理”的弊端也逐渐显现。为此，2004年7月27日，全国税收征管工作会议确立了“34字”的税收征管模式。即“以申报纳税和优化服务为基础，以计算机网络为依托，集中征收，重点稽查，强化管理”。

2005年3月，国家税务总局下发了《税收管理员制度》。省国税局把2005年定为“管理规范年”，省国税局长刘勇在2005年1月11日全省国税工作会议上特别强调：“管理规范年”活动，要在“规范、统一、细管、严查、巩固、提高”12个字上下工夫。2005年5月，按照省局批复的方案，襄樊市国税系统内设机构和职能配置进行了规范和调整。在机构设置上，县市局增设了25个基层分局，市区局成立了4个税源管理科；在职责划分上，统一了办税服务厅或窗口的设置，解决了部分职责交叉的问题，规范了基层税务分局内部职责划分，加快了基层网络建设；在人员调整上，实行竞争上岗、双向选择、交流轮岗，公开选拔，产生了25名基层税务分局局长。对市区140名正副科级干部，按规定办理了保留原级别待遇手续，重新进行调配使用，实现了机构、职责、人员的优化配置。

(3)地税征管模式改革

1995年5月，省地税局在云梦召开了全省地方税收征管改革研讨会。明确建立地税新征管模式的基本思路：建立适应社会主义市场经济要求，具有现代技术手段，征收、管理、检查相互配套相互促进，申报、代理、稽查相结合，监控灵敏、执法规范、科学高效的地方税收征管新模式。

按照省局的思路，襄樊市在宜城城区试行了以纳税人自行申报，税务机关重点稽查，计算机监控的税收征管模式；在谷城进行了农村征管改革试点，对新的征管模式进行了探索。

1996年1月，省地方税局宣布在全省地税系统推行税收征管改革。《湖北税收征管改革方案》，将地税系统税收征管新模式概括为：建立以纳税申报制度为基点，计算机为依托，集中征收、重点稽查。按照省局的税收征管改革方案，襄樊市地税局在3月初的全市地税工作会议上，全面部署了征管改革，并结合实际，确立地方税收新的征管模式为六句话、二十四个字。即“自觉申报，自行核缴；网点征收，优化服务；加强征管，强化稽核”。明确改革的主要内容是：一是建立纳税人自行申报制度，实现纳税人自行计算应纳税款、自行申报、自行缴纳税款；二是建立税务机关和社会中介结合的服务体系；三是强化税务稽查，健全税务机构；四是建立计算机网络系统，运用计算机进行税收管理；五是建立分事项管理的税收征管职能体系。实行按税收征管事务分事项管理，主要分四个管理系列：即征收监控系列；管理服务系列；税务稽查系列；政策法规系列。通过改革努力实现三个转变，即，“由分散征管向集中办税转变，由税务专管员固定管户向分项管事转变，由传统征管手段向现代化征管手段转变”。

对其他农村各地税分局仍实行“统一管理、征查岗位分离，地税机关直接征收与委托代征、集中征收与定点定期办税相结合，强化稽核”的征管方式。

1997 年 4 月 7 日，襄樊市地方税务局制定下发《关于深化全市地方税收征管改革的实施方案》。全市税收征管改革全面启动，按照改革方案，市地税局按照省局提出的“全面实行纳税人自行申报纳税制度，全面建立分事项设置征管组织体系，全面强化税务稽查，全面建立计算机征管组织体系”的总体目标，对襄樊市区、县(市)城区地税机构设置进行了调整。按分事项管理原则，全面进行征管机构的职能转换，建立专事税款征收和专事税务管理稽查的独立机构，设置征收分局和稽查分局。具体是：在襄樊市区成立 1 个征收分局、5 个稽查分局、10 个办税厅、36 个稽查(内部管理)科(室)。在各县(市)城区成立一个直属征收分局，规格为副科级。原则上直属征收分局只设置一个办税厅，各办税厅统一按登记咨询、申报征收、发票发售、减免退税(含会统综合)设置四大窗口。对征管范围较大的县(市)城区，为方便纳税人，可分片设置办税厅，以计算机联网为前提条件。对原按财政预算归属或按经济性质及行业已组建的地税征收分局，其机构及规格不变，重在转换职能，相应改建成立为 × × 稽查分局，规格为副科级。其内部按四大系列设置股(组)。即：选案、稽查(若干)、审理、执行，负责其原征管范围或辖区内的地税稽查与管理。到 6 月底，新征管模式在全市基本形成。表现在：建立与分事项管理要求相适应的征管组织体系。全市成立了 8 个城区征收分局、19 个稽查分局、17 个办税厅，对 1 500 多人进行了岗位调整，使稽查人员占全市地税干部的 60 %以上。建立与新型征管机制相适应的制度保障体系。先后制定了 9 个征管工作制度和工作规程，共计 178 条 285 款。建立能够满足管理监控需要的网络监控体系。全市共投入资金 370 多万元，装备计算机 674 台(套)，网络调制解调器 18 部，全市 100%的城区分局和 45%的农村分局实行了微机办税。全市有 92%的县(市)区局与市局实现了远程通讯联网，51 个稽查分局(科)与县(市)区局实现了点对网的通讯联网，使全市 73% 的纳税户和 82%的基层分局实行了网络监控。四是建立了与自行申报制度相适应的税收服务体系。共举办各类培训班 13 期，提供热线电话 36 部，提供咨询 9 394 人次，印发宣传资料 3.9 万份，全市固定工商业纳税户自觉申报率为 94.3%。五是建立了以重点稽查为主要内容的税务稽查体系。全市共重点稽查纳税户 14 200 多户次，查补税款达 8 657 万元，滞纳罚款 100 多万元，占全市地税收入总量的比重达 18.15%。其中：查补企业所得税 1 439 万元，个人所得税 534 万元，投调税 400 万元，依法阻止欠税台商出境追缴税款 5 .6 万元,依法办理涉税案件 17 起，追缴税款达 241 万元。

全市征管改革工作受到国家总局、省局的充分肯定。完善制定营业税行业管理、企业所得税常规管理等税收征管办法。税收法制建设工作在征管改革中得到加强。1998 年后，新征管模式出现一些与征管实际不相适应的问题。突出表现在重稽查、轻管理，多层稽查、重复稽查现象。2001 年，全市地税系统借机构改革之机，对征管职能进行了调整。改日常稽查机构为管理机构，使之专事税务管理。将市征收局所辖办税服务厅按区域划归各分局，实行分局内征管分离。在市区和县(市)、区范围内集中设立稽查局，将稽查职能统一归并到市、县稽查局，实行一级稽查。理顺征、管、查三者之间的秩序，完善新的征管模式。

4.征管措施完善

(1)税收专项检查

1984年后,税务部门适应形势发展,在不同时期,根据具体情况,组织开展了一系列税收专项检查。

税收政策大检查:1988年,根据中央"治理整顿、深化改革"的方针和省政府166号文件精神,由市政府统一组织,在全市范围内开展了税收政策大检查。此次大检查,在全市25 421纳税户全部自查的基础上,由市税务系统重点检查了10 320户,占40.6%。共查出偷漏税款976.45万元。检查中,全市税务、检察部门还联合开展了反偷税、抗税专项斗争。依法查处偷税和抗税案件61起,立案11起,法院判死刑1人,刑事处罚16人,追缴税款350万元,罚款1.44万元。

个私企业税收专项检查:1989年7月,国务院发布《关于大力加强城乡个体工商业户和私营企业税收征管工作的决定》,国家税务局发出了《关于开展个体税收检查整顿的通告》。1989年8月1日起,全市个体、私营税收检查整顿工作正式启动。到12月底,全市共检查36 327户,共查补税款1 825.67万元,入库税款1 686.49万元,入库率为92.38%。个体工商业户自查面达100%,自查补报税款508.65万元。重点检查了20 048户,检查面达55.19%,查补偷漏税款1 317.02万元,查处偷漏税万元以上的户129户,查补税款426.6万元,入库303.66万元。处罚抗税、殴打税务人员案件22件,并移送司法机关处理。1993年9月10日—11月25日,全市对个体工商业户和私营企业纳税情况开展专项检查。全市参加检查的干部达2 310人,共检查个体工商业户和私营企业40 868户,查处偷漏税户13 334户,查补入库税款1 005.65万元,补办税务登记证709户,移送司法机关处理56件,公开处理39起偷、抗税案件,判刑4人。

投资方向调节税专项检查:1995年5月17日至6月底,市地税部门在全市范围开展,对1991年以来开工的固定资产投资项目专项检查。共检查建设项目247个,查补税款5 310.3万元。1998年7月至9月,根据省政府关于进一步加强固定资产投资方向调节税管理的通知精神,全市集中26名业务骨干,对全市固定资产投资方向调节税政策执行情况进行专项检查,清查单位178个,投资项目381个,查补税款1.2亿元。

个人所得税专项检查:1995年9月—10月,市地税局在全市范围内,开展了创优质服务专项检查。这次检查重在整顿个人所得税征管秩序。通过检查整顿,全市个人所得税在收入、征管、制度建设上都有了明显的进步。共查出应扣税款525万元,扣缴入库税款58万元。1996年7月1日—1996年9月30日,在全市范围内开展了个人所得税专项检查。检查重点是高收入人群和高收入行业,包括流动性较大的外籍人员。共查补个人所得税618.1万元。1998年7月1日—8月31日,市局组织个人所得税检查专班,对国有大企业个人所得税进行了专项检查。共检查企业25户,查补个人所得税525万元,入库税款238万元。

营业税专项检查:1995年3—4月,南漳县地方税务局,对农业银行南漳县支行,1994年度税收进行了专项检查,在湖北省率先突破金融业税收政策不到位、征管秩序不理顺、税款大幅掉收的瓶颈。查补入库营业税及附加114.58万元,罚款1万元。1995年4月,襄樊市地税局,组织对全市金融业1994年1月—1995年3月,营业税政策执行情况专项检查,追缴入库税款1 118.28万元,检查罚款7.5万元。1997年,在金融业营业税专项检查中,全市地税部门共检查金融保险业41户,查出1996—1997年度应补税款达602万元。1998年7月—10月,市局组织10人专班,在全市范围开展了营业税专项检查。这次检查主要内容包括,涉外企业,建筑业、租赁业及行政事业单位收费纳税情况。检查重点,市区涉外企业管理情况。

集贸市场专项整顿:2002年8月30日,全市集贸市场整治工作全面结束。整治期间,全市地税系统共对133个集贸市场、17 470个集贸市场经营户进行了清查,查补税款总额91.04万元,依法加收罚款8.2万元,清理漏征漏管户1 569户。

(2)税收、财务、物价检查(简称三查)

1985—1997年,襄樊市按照国务院和省政府的统一部署,每年都要开展一次税收、财务、物价大检查。1985年8月6日,国务院批转《财政部关于开展税收、财务、物价大检查的通知》。同年8月底,襄樊市人民政府发出《关于在全市开展税收、财务、物价大检查的通知》,并成立"三查"领导小组和办公室。按照市政府的统一部署,全市税收大检查工作,从1985年9月2日开始,到1986年1月20日基本结束,历时五个多月。全市共检查国营、集体和个体45 148户,占应检查总户数87%。其中国营企业检查占51.6%,集体企业占84%,个体户占82%。在被检查的四万多户中,税务部门重点检查了21 076户,占应检查总户数的59.9%。通过这次检查,共查出15 950户偷漏税款2 170万元。1985－1997年,全市税收大检查不间断开展,并在实践中不断发展和完善。1998年,国务院发出通知,不再组织全国性的税收、财务、物价大检查,襄樊市于当年停止了全市性的"三查"工作。

(3)所得税汇算清缴

1984年,财税机构分设后所得税汇算清缴工作逐步制度化、规范化。

1984—1993年的所得税汇算:1984年,在第二步利改税的同时,工商税制进行了全面改革,所得税汇算由单一汇算集体企业发展到汇算国营、集体、个体私营及外商投资和外国投资企业。

国营企业所得税汇算清缴:1984年9月18日,《中华人民共和国国营企业所得税条例(草案)》颁布,从1985年开始,每年第一季度,集中开展对国营企业上年度的所得税进行汇算清缴,襄樊市税务局针对国营企业不断出现的新情况,及时改进工作,始终抓重点大户、抓政策兑现、抓监督管理,取得了明显成效。

集体企业汇算清缴:1985年4月11日,《中华人民共和国集体企业所得税暂行条例》发布,将原来的工商所得税改称集体企业所得税。按照省局统一部署,1986年,襄樊开始对全市集体企业所得税开展汇算清缴。当年汇算工作主要是抓好企业决算和政策调整上。1987年以后各年度,全市集体企业所得税汇算工作在抓好纳税辅导的前提下,根据当时的实际,把汇算与财务决算、财务管理、各税结算、"三查"工作,整改建制工作相结合,避免了重复检查,保证了汇算质量。1989年,市税务局在南漳县开展了集体企业财务规范化管理试点工作。此后,全市集体企业财务管理日趋规范。1986—1992年度,全市累计汇算集体企业3 542户次,审增所得税3 821多万元。纠正企业乱列工资奖金、专用基金挤占成本、销售收入不入账、截留利润等一系列问题。

私营企业所得税汇算清缴:1991年初,市税务局对私营企业和部分个体工商户,1990年度所得税进行汇算清缴。重点是加强财务辅导,正确核算盈亏。在汇算对象上,以常年开工生产经营企业为主;在审核内容上,以核实销售收入和利润为主;在工作方法上,以全查法为主,通过汇算清缴,督促企业建账。到1993年5月,全市共汇算199—1992年度的私营企业67户次,个体工商户763户,审增利润113.3万元,查补所得税10.4万元。汇算的同时,对私营企业核算不实、挂靠集体企业以及财务混乱问题进行了整改。

外商投资企业所得税汇算:1993年上半年开始,全市对外商投资企业和外国企业所得税进行汇算清缴。重点对财务机构不健全、收支不清、账目混乱、连年亏损的企业以及投资不到位、搞承包、租赁、挂靠和嫁接等八类企业进行了汇算,共汇算14户,汇算审增所得税7.9万元。

内资企业所得税汇算清缴:1994年1月1日,全国统一内资企业所得税。所得税汇算清缴工作年年开展。1994年,全市开展以保险及非银行金融机构为重点的汇算清缴工作,共查实所得税910.3万元。1995年，市国、地税局按照“转移主体、明确责任、做好服务、强化稽查”的改革思路，将汇算清缴工作逐步转移到纳税人自己进行，纳税人成为汇算清缴主体。纳税人在年度终按期如实申报全年应纳税额，税务机关的主要任务是做好纳税人以及中介服务机构汇算清缴前的宣传、培训、辅导和申报汇缴后稽查工作。汇算制度改革后，规范内资企业所得税纳税秩序，推进企业“三自纳税”，促进税收收入增长。1995—2005年，全市国、地税部门共汇算内资企业5 600多户次，查补所得税15 000万元以上。

外商投资企业和外国投资企业所得税汇算清缴：新税制实施后，税务部门在外商投资企业和外国投资企业所得税汇算清缴工作上，主要抓以下几个方面的工作：强化纳税申报，明确法律责任引导和督促企业依法自觉申报纳税。严格审核，突出重点，提高效率。在汇算审核时，主要对企业申报数进行一般性逻辑审核，对审查出来的问题，及时进行调整，督促企业重新申报。同时，对企业经营状况进行跟踪，抓好动态分析，确定汇算重点、疑点和难点。充分利用社会中介机构。通过会计师事务所、审计师事务所等社会中介机构对纳税人年度决算的审计，提出具有法律意义的报告，促进企业财务的规范，提高企业自行申报的准确率。规范汇算，微机管控。对汇算清缴结果分户归档，通过计算机进行管理等，这些措施，提高了汇算的质量和效率。1995—2005年度，全市共汇算外商投资企业和外国投资企业1 045户次，调增应纳所得税近亿元。

（4）税收司法保障体系建设

1986年6月16日，最高人民检察院、财政部发出《关于进一步搞好查处偷税，抗税案件工作的联合通知》。根据通知精神，市检察院开始向税务机关派驻税务检查室。1986年11月，襄阳县率先设立税务检察室，配备税检干部3人。随后，市税务局和各县（市）、区相继建立了税务检察室。到1990年7月，全市已建立税务检察机构13个（含襄樊市检察院税务检察室），有税务检察干部50人，其中检察机关派出16人、税务机关派出34人，形成一支专业税务检察队伍。税务检察机构的设立，有助于集中力量查处税务违法案件，提高办案的效率，严厉打击了全市的税务违法犯罪行为。从1987—1990年6月底，全市共受理偷税、抗税案384件；立案侦查90件，102人；逮捕人犯21人，起诉14件，14人；免诉11件，11人；追缴税款612万元。

1989年10月，经湖北省人民政府批准，省公安厅和省税务局联合发出通知，在襄樊市樊东区税务分局和南漳县税务局开展建立税务治安派出所试点工作。税务治安派出所实行双重领导，行政上接受税务部门领导，业务上受公安部门领导。其主要职责是维护税收治安秩序，依法查处殴打税务人员、围攻税务机关和伪造、倒卖税务票证等刑事治安案件。

1994年税务机构分设时，税务检察室撤回检察院。1997年9月，全市税务案件查处工作全部移交公安部门。1999年6月1日，经市委、市政府批准，市公安局、市地税局联合成立“襄樊市公安局、襄樊市地方税务局涉税犯罪侦察联络室”。此后，全市税务机关按照《涉税犯罪案件移送公安机关办法》，与公安部门联合查处一系列税务违法案件。

（5）税务稽查

1988年年初，襄樊市作为省税务局征管改革的试点单位，率先在南漳县的税务所设置了稽查岗，开始实行所内“征、管、查”三分离，并在县局成立稽查队，负责全县的稽查工作。到1989年，全市已建立稽查队13个。为强化稽查队的职能，1989年，对县(市)稽查机构的组织形式进行第一次调整，将基层税务所设置的稽查岗改为县局派驻稽查员，并对稽查人员实行“双重领导、专业管理”。稽查人员在行政上仍归基层分局管理，业务上由县局稽查队指导。1991年初，进行第二次调整。对县局稽查队全部实行“机构独立、经费单列”的管理形式，撤销基层税务所设置的稽查岗，稽查人员由县局稽查队集中统一管理，并按经济区划设立稽查分队，实行垂直管理。形成“县、所两级三分离”的征管模式。稽查队从过去的"管理型"机构，改革转变为"实体型"机构。机构分设后，国、地税稽查工作得到了全面发展。

国税稽查：襄樊市国税局稽查分局，是在国家税务总局确定建立"30 字"征管模式以后，于 1995 年 7 月经省国税局批准成立，1995 年 8 月 16 日正式挂牌办公，是襄樊市国税局的直属机构。各县（市）国税局稽查分局也相继组建，市区襄城、樊东、樊西、郊区和直属国税分局都设置有稽查队。根据 2001 年 5 月 1 日颁布实施的《中华人民共和国税收征收管理法》、2002 年 10 月 15 日颁布实施的《中华人民共和国税收征收管理法实施细则》，以及《国家税务总局关于进一步加强税收征管基础若干问题的意见》规定，即专司偷税、逃避追缴欠税、骗税、抗税案件的查处，并牵头统一组织部署税收专项检查工作。襄樊市国税局税务稽查分局成立之初，仅有稽查干部 14 名，内设办公室、人事教育科、计划财务科、税务稽查一科、稽查二科、稽查三科、稽查四科。1996 年 5 月，市区国税机构撤并后，市区税务稽查工作统一由稽查分局集中行使，市区各国税分局不再设置稽查机构和行使稽查职能。稽查分局人员增加至 118 人，内设办公室、人事教育科、计划财务科、选案科、审理科、执行科以及税务稽查一所、二所、三所、四所。1996 年 12 月，襄樊市国税局税务违法案件举报中心在稽查分局成立。1997 年 6 月，市区国税征管改革后，市局稽查分局内设机构定为人秘科、选案科、审理科、执行科、稽查一科、二科、三科。1998 年 3 月，根据工作需要，市稽查分局内设机构调整为办公室、人事教育科、计划财务科、选案科、稽查一科、二科、三科、审理科、执行科 9 个科室。1999 年，省国税局统一稽查机构称谓，统称为稽查局。2000 年 4 月，市公安局、市国税局涉税犯罪侦察联络室在市稽查局挂牌成立。2001 年 8 月，全市国税机构改革，恢复城区国税机关税务稽查职能，襄城、樊城、开发区国税分局设置稽查科，负责辖区税务稽查工作。市稽查局内设机构缩编为综合科、管理科、检查科、审理科、税务违法案件举报中心，人员精简为 52 人。2005 年 5 月，根据省局、市局规范机构设置精神，稽查局内设机构调整为办公室、综合选案科、检查科、审理科、执行科 5 个科室。市国税局稽查局组建之初，把加强执法权的监督作为重中之重，在总局《税务稽查工作规程》下发之前创造性地建立了检查、审理、执行"三权分离"运行机制。总局 1996 年 1 月出台《税务稽查工作规程》之后，严格依章实行选案、检查、审理、执行"四权分离"运行机制，切实做到选案者只选不查，检查者只查不审，审理者只令不行，执行者依令不软，建立起稽查各环节既相互分工制约、又彼此衔接配合的"齿轮式"权力运行机制，确保工作不缺位，用权不越位，干好受奖励，出错要追究。2000 年，推出大案要案竞标制。即对于重要的税收检查任务，要求稽查人员人人撰写检查方案参与竞争，谁的方案最科学、最充分、最可行，谁就能优先获得案件的主查权。协查人员则通过与主查人员双向选择产生，并将办案质量与其工作考核挂钩，激发稽查人员工作的积极性和主动性，进一步强化了稽查人员的法治意识、责任意识和质量意识。在规范涉税犯罪案件移送上，制定《涉税犯罪案件移送公安机关办法》；在涉税犯罪案件侦察监督上，与检察院会商下发《加强涉税犯罪工作联系的意见》，密切涉税案件信息沟通，强化涉税犯罪案件跟踪监督；在案件执行和涉税犯罪案件诉讼上，与法院建立定期联系制度，确保税务处理、处罚决定执行到位，确保违法犯罪受到应有的惩处。推广运用计算机管办案、办好案，日常办公逐步实现从手工操作到自动化的跨越。金税工程协查子系统于 2001 年 7 月开通运行，CTAIS 稽查模块 2001 年 成功上线运行，2003 年，建立稽查数据库和计算机选案平台，稽查管理和监控手段逐步实现信息化。针对不法分子利用软件、网络、加密等信息技术做假账或账外经营的智能化偷税新特点，大力加强财务软件、查账软件、税收综合征管软件技术运用培训，充分借助信息技术手段对企业经营和核算数据进行"面"的扫描、"线"的剖析和"点"的挖掘。显著提高了应对日趋隐蔽化、智能化、信息化税务违法犯罪行为的能力。稽查局组建之初，就制定《税务稽查人员"十禁止"》，坚持"阳光作业"，向纳税人公开稽查程序、稽查时限、事实依据、政策法规、处罚标准、处理结果以及廉政纪律等，并定期和不定期地采取电话、信函和走访和召开座谈会等形式，广泛征求纳税人及社会各方面的意见和建议，把税务稽查执法行为置于社会的广泛监督之下。1996 年 12 月 31 日,《湖北日报》在头版头条,以《谁说“嘴巴”管不住》为题,报道了市国税稽查局廉洁执法的先进事迹。2003—2005 年,在全市行风评议和政务环境评议中,稽查局赢得广大纳税人和社会各界的好评。2003 年,制定《关于推行服务型税务稽查的意见》,着力建设服务型国税稽查机关,推行十项稽查服务制度。即检查计划制度、调查约谈制度、查前告知制度、调账检查制度、检查限时制度、稽查公开制度、稽查公告制度、稽查建议制度、跟踪回访制度、责任追究制度。切实做到“寓执法于服务,融服务于稽查”,竭诚为广大纳税人创造一个公平竞争的税收法律环境,忠实维护纳税人合法利益,营造和谐的稽纳关系。制定《税务稽查工作规范管理考核办法》,把全局岗位目标总量细化为 5 大类 62 项,并逐级分解到每个岗位,落实到每个干部头上。2003 年,又增加“四有、一保”的新目标。即有一件在全省稽查系列有地位的工作,有一件在社会上有震动的案件,有一篇在省以上媒体发表的调研文章,有一条对工作产生积极影响的建议。确保省局组织的年度税收专项检查工作成效位居全省前三名。1995—2005 年,襄樊市国税局稽查局组织全市稽查部门,依法严厉打击涉税违法犯罪行为、促进国税征管秩序持续好转、堵塞国税流失漏洞、弘扬税收公平正义、确保全市国税收入稳定增长。其间对 64 227 纳税户进行税务稽查。其中有问题户数 37 057 个,查补各项税收收入 7.5 亿元。涉税违法大案要案得到查处。坚持把虚开和故意虚开增值税专用发票和其他可抵扣票,骗取出口退税,以及采取做假账、两套账、账外经营等手段进行偷税的涉税违法行为作为打击的重点。税收专项检查硕果累累。1998 年起,集中全市稽查和相关征管部门力量,开展行业税收专项检查。总计查补税收收入 8 162 万余元。其中 1998 年对供水行业、民政福利企业、校办企业、石油、石化行业进行税收专项检查,查补税款、罚款、滞纳金收入 2 044 万元;1999 年对发电企业、水泥企业、银行系统、进出口业务企业进行税收专项检查,查补税款、罚款、滞纳金收入 2 382 万元;2000 年,对电信行业、石油石化行业、农业银行和保险系统进行税收专项检查,查补税款、罚款、滞纳金收入 1 600 万元;2001 年,对商贸企业增值税一般纳税人、金融、保险、铁路多经企业和出口退税企业进行税收专项检查,查补税款、罚款、滞纳金收入 660.7 万元;2002 年对集贸市场、加油站、白酒行业、摩托车、跨地区经营的集团性企业及异地设立的分支机构、烟草、石油、石化,以及进出口税收、消费税、增值税及增值税优惠政策执行情况进行税收专项检查,查补税款、罚款、滞纳金收入 587.72 万元;2003 年,对化妆品、护肤护发品行业消费税、个人所得税、建筑安装企业和旅行社(旅游公司)企业所得税、建筑安装业普通发票、生产企业出口货物“免抵退”税以及预提所得税进行税收专项检查,查补税款、罚款、滞纳金收入 123.75 万元;2004 年,对货物运输业、实行“一窗式”管理前一般纳税人增值税缴纳情况、房地产行业、医药生产与购销企业、汽车市场进行税收专项检查,查补税款、罚款、滞纳金收入 466.67 万元;2005 年对钢铁生产企业、水泥生产企业、煤炭生产及运销企业、生产企业出口货物“免、抵、退”税、摩托车生产及销售企业、房地产行业、废旧物资回收经营企业及用废企业、以农副产品为主要原料的生产加工企业进行税收专项检查,查补收入 300 余万元。税务稽查队伍素质整体提高。在全市税务稽查队伍中,先后涌现出 1 名全国税收征管能手、1 名全省十佳稽查能手、10 名全省稽查能手、2 名全省计算机能手、3 名全省财务会计能手、6 名全市稽查能手、2 名全省写作能手,3 名光荣入选全国税务稽查人才库。2000 年,时任稽查局长的李秀普被市直机关工委授予“十佳公仆”,原稽查三科副科长陈家增 2000 年先后被授予襄樊市“十大杰出青年”、湖北省第二届“十佳杰出青年卫士”光荣称号,任百鸣于 2002 年、2004 年先后荣获襄樊市“十大女杰”和全国“三八红旗手”光荣称号,唐德秀荣获 2005 年襄樊市劳动模范。

地税稽查:1994 年 12 月 14 日, 根据省地税局批复, 市地税局正式组建襄樊市地税局稽查分局(副处级),内设统合科,下设 7 个稽查所(正科级)。各县(市)地税局组建稽查分局(副科级),内设综合股, 下设若干稽查股。1995 年 1 月, 全市地税稽查机构全部到位, 共成立县以上稽查机构 8 个。1995—1996 年,根据《湖北省地方税收稽查管理办法》,市地税局结合自身实际,统一规范全市稽查工作，建立了岗位责任、目标考核、档案管理等一系列制度，规范了执法证件管理和稽查工作规程，改进了稽查方式和手段，提高了稽查效率。1997年，为适应“申报纳税、集中征收、征收网络监控、重点稽查、横向联动”的地方税收征管方式，全市开始建立了二级稽查体系。1997年3月，根据省地税局批复，市地税局在市区设立4个承担一级稽查任务的城区稽查分局。各分局内设办公室、计划财务科、管理科，审理科，下设若干稽查科，主要负责日常管理和稽查；在市区设立1个承担二级稽查的直属稽查分局，直属稽查分局内设办公室、综合业务科、涉外税收科和3个稽查科。其主要职责是负责制定全市地税系统的稽查制度和办法并组织实施；负责受理税务违法案件举报和“重、大、要”案的查处；负责一级稽查案件的复查；负责协调稽查过程的司法保障等工作，即对内承担稽查管理，对外行使稽查执法。各县（市）地税局按改革方案，进行了机构调整和职能转换，统一成立了直属稽查分局，城区分局和乡镇分局相继转换为稽查分局，在分局内统一按选案、审理、稽查、执行四职分离的要求进行机构调整。全市稽查人员占地税人员比例达到60%以上。在二级稽查体系建立的同时，实行了分类稽查制度，全市日常稽查面达到60%以上。2001年，为推动地税稽查职能由“收入型”向“执法型”转变。按照省地税局批复，襄樊市在市区和县（市）、区集中设立稽查局，统一按选案、审理、稽查、执行的四职分离的要求，设置内部机构。将稽查职能统一归并到市、县稽查局。同时，为了体现一级稽查、整体联动的功效，在市区直属、第一、第二分局单设一个承担稽查职能的稽查所，在市区第三、第四分局和各县（市）、区分局设置稽查岗，专司稽查工作，进一步提高稽查效果。为推进地税一级稽查，2002年3月19日，市局开始在市区全面推行“一个计划管户、一种文书执法、一块牌子稽查、一个专户收缴”的一级稽查管理模式。在实践中丰富和完善“县为基础，三级联动，双重管理，相对独立”体制的内涵；多头进户、重复检查的现象大大减少；税务稽查的整体合力初步形成，威慑力和稽查效率大大提高。全市稽查系列的平均查补入库率达97.07%，同比增长3.51个百分点；处罚率达到9.62%，同比增长1.56个百分点。2005年年初，根据省地税局、市地税局决定，襄樊市地税稽查系列全面实行“一级稽查体制”。即襄樊市区设市局稽查局，市直各征管单位不再设稽查科（岗）；7个县（市）、区各设一个稽查局，市局稽查局指导和管理全市地税稽查工作。全市地税稽查人员调整到180名，形成县为基础，省、市、县三级纵向联动的稽查工作机制。市、县两级稽查局根据一级稽查编制，将选案、稽查、审理、执行四个执法环节相对独立，成立相应科（股），各司其职；加强税务违法案件举报工作，配备专职人员，通过媒体向社会公布办公地址、举报电话和网址；增强打击涉税犯罪的主动性和威涉性，与当地公安局等司法机构建立涉税犯罪侦察联络机构和工作联系制度。市地税局稽查局加强工作制度建设，制定《税务稽查选案制度》《稽查案卷立卷归档管理暂行办法》《进户一封信制度》《税务稽查人员“十五不准”》《公文管理制度》等一系列稽查和内部管理制度。实行二级稽查，稽查力量和稽查手段得到加强。1997年，对交通运输业。1998年，对餐饮业，1999年对金融保险业，2000年，对电力行业，2001年，对建筑安装业、房地产业，2002年对集贸市场、加油站，2003年，对电信业等行业开展专项检查，共查补地方各税4.7亿多元。

一级稽查体制的建立，使全市地税稽查实现由收入型向执法型、由单一执法型向执法管理型、由多层分散执法型向规范集中执法型的转变，增强了税务稽查的独立性、整体性和权威性，全市稽查的质量和效率明显提高。2005年4—11月，全市稽查部门就检查、调查涉税案件121起，查补税费8 251.42万元。

卷十七 经济综合管理

1979年,中国经济管理体制开始从高度计划经济体制转向市场经济体制。襄樊经济管理经历了四个阶段。第一个阶段是1979—1982年,实行"计划经济为主,市场调节为辅"的经济管理原则;第二个阶段是1983—1986年的"有计划的商品经济";第三阶段是1987—1992年"国家调节市场,市场引导企业"的时期;第四个阶段是1992年之后的确立和建设"社会主义市场经济体制"时期。在此期间,襄樊市计划委员会进行多次职能的转变和名称的变更。1983年11月,地、市计划委员会合并,更名为襄樊市计划委员会,是襄樊市政府管理全市国民经济和社会发展的综合部门。2002年,襄樊市计划委员会更名为襄樊市发展计划委员会。2005年,襄樊市发展计划委员会再次更名为襄樊市发展和改革委员会。2005年3月15日,市政府办公室印发《襄樊市发展和改革委员会职能配置、内设机构和人员编制方案》(以下简称《方案》)。《方案》强调襄樊市发展和改革委员会的职能转变:加强对全市国民经济和社会发展中长期规划和重大政策措施的研究、制定工作;要加强对国民经济的预测、监测、分析、协调和信息发布;加强产业政策、重大生产力布局以及区域经济发展规划的研究、制定并监督实施;加强全市重大经济体制改革和对外开放方案的研究论证;做好重大项目的管理与协调;做好重要商品的总量平衡和宏观调节;综合协调应用财政、信贷等经济杠杆,加强对国民经济的调节;指导管理关系国计民生的重要产品和生产资料的国家储备和市场调控。简化生产、建设、流通、分配和社会事业等各个领域、各种类型的计划指标,按市场发育的程度,逐步放开有关产品的计划控制;简化建设项目的审批手续。《方案》根据职能转变的要求,确定襄樊市发展和改革委员会的主要职能。

襄樊市发展和改革委员会及前身副县以上干部

1979年1月至2005年12月

表17—1

机构名称	姓名	职务	任职时间
襄阳地区计划委员会(1976.10—1983.12)备注:1979年7月改党委为党组	(无正职)	主任	
	张晓初	书记	1976.10—1979.02
	刘富臣	书记	1979.02—1983.11
	刘富臣	副书记	1976.10—1979.02
		副主任	1976.10—1983.11
	杨广济	副书记、副主任	1976.10—1983.11
	何烽	副书记	1979.07—1982.06
		副主任	1975.01—1982.06
	芦定华	副主任	1977.11—1983.11
	李敬	副主任	1979.03—1983.11
	都重康	副主任	1980.01—1983.11
	杜见盛	主任、书记	1979.06—1981.03

续表 1

机构名称	姓名	职务	任职时间
襄樊市计划委员会（1979.06—1983.11）备注：1978 年 1 月总支改为党组	旋兰清	主任、书记	1981.03—1983.11
	王业华	副主任	1979.06—1983.11
		副书记	1979.06—1983.12
	张耀华	副主任	1979.06—1983.11
	祝妍玲（女）	副主任	1979.06—1983.11
襄樊市计划委员会（1983.10—2001.10）	旋兰清	主任	1983.11—1989.03
		书记	1983.11—1989.06
	马顺清	主任	1989.03—1992.01
		书记	1989.06—1992.01
	刘永才	主任、党委书记	1992.01—1999.04
	方常安	主任、党委书记	1999.04—2001.09
	马顺清	副主任	1985.03—1987.11
		副书记	1985.03—1989.03
	祝妍玲（女）	副主任	1983.11—1985.12
	李敬	副主任	1983.11—1985.12
	都重康	副主任	1983.11—1989.02
	李东林	副主任	1983.11—1999.05
	刘铁达	副主任	1985.09—1986.12
	白光荣（女）	副主任	1989.02—1990.01
		副书记	1988.09—1990.01
	严世强	副主任、副书记	1989.12—1999.05
	曹振义	副书记	1990.08—1998.07
		纪委书记	1989.08—1990.08
			1997.04—1998.07
	郑忠华	副主任、副书记	1990.09—1994.05
	郭光福	副主任	1989.08—1990.09
	余恒波	副主任	1990.09—1991.10
	陈洪基	副主任	1994.03—1994.07
	周祖锐	副主任	1990.11—2000.08
		副书记	1999.05—2000.08
	陆志天	副主任	1994.06—2000.08
	杨光礼	副主任	1994.07—1998.12
	赵业清	副主任	1997.04—2001.10
	廖广生	副主任	1997.12—2001.10
	钱克强	副主任	1998.12—1999.05
			1999.10—2001.10
	冯泽学	副主任	1998.12—1999.12
	王国庆	副主任	2000.07—2001.10
	李万友	副书记	1999.05—2001.10
		纪委书记	1998.12—2000.07
	宗玉亭	纪委书记	1985.12—1989.08

续表 2

机构名称	姓名	职务	任职时间
	陈加文	纪委书记	1990.08—1996.08
			2000.08—2001.10
襄樊市发展计划委员会（2001.10—2004.11）	郑忠华	主任	2001.12—2004.11
	廖广生	副主任	2001.10—2004.11
	赵业清	副主任	2001.10—2004.11
	钱克强	副主任	2001.10—2004.11
	冯泽学	副主任	2001.10—2004.11
	王国庆	副主任	2001.10—2004.11
	梅晓英（女）	副主任	2002.02—2004.11
	汪爱国	副主任	2002.12—2004.11
襄樊市发展和改革委员会（2004.11—2005.12）	郑忠华	主任	2004.11—12
	廖广生	副主任	2004.11—12
	赵业清	副主任	2004.11—12
	钱克强	副主任	2004.11—12
	冯泽学	副主任	2004.11—12
	王国庆	副主任	2004.11—12
	梅晓英（女）	副主任	2004.11—12
	汪爱国	副主任	2004.11—12

一、计划管理

（一）计划经济体制改革

1.下放管理权限

对计划经济体制实行改革，逐步简政放权，下放计划管理权限，是改革的重要内容。襄樊市计划委员会下放计划管理权限，集中进行了 4 次。1979—1985 年，大幅度缩小指令性计划的比重和范围，减少直接计划管理产品；同时，扩大指导性计划和市场调节的比重和范围。市计委从工业、农业、交通、商业、投资、物资、物价、劳动工资、文教卫生等方面，下放计划管理权限。列入计划管理的工业产品，由过去的 156 种减少到 76 种。其中，实行指令性计划管理的 12 种，实行指导性计划管理的 64 种。对地方汽车轮船交通货运量、货物周转量、客运量，实行指导性计划。对主要农产品计划全部放开，实行指导性计划。对粮食、棉花、油料改为合同定购。地方、部门、企业自筹资金安排的基本建设和技术改造项目，实行指导性计划。市计委分配的物资减为 27 种。对社会商品零售总额实行指导性计划，市计委管理的商品由过去 44 种减为 17 种。国家计委所管的指令性出口商品及国家下达出口贸易总额实行指令性计划，其他进出口商品实行指导性计划。物价形式由单一计划价格，变为计划价、议购议销价、工商协商价和集市价等多种。国营企业用工方式，在计划部门下达的指标内，可自行公开招工；企业职工人数在国家规定的幅度内增、减；经市核定的自然减员指标，企业需要可留给企业使用。工资总额经过批准，企业工资可实行浮动。普通高校和中专，在完成国家招生计划后，经市批准可扩大招生计划。中小学招生，广播、出版、体育、卫生事业实行指导性计划。1989 年，市计委继续从 9 个方面简政放权。计委重点管理由国家下达的55种工业产品计划，随着国家产品目录的减少而减少。地方交通运输中汽车货运周转量和客运量计划，市计委只编全市总指标。农业生产计划进一步减到18种。市计委协调管理的商品再减为12种。市计委管理的统配物资，与国家计委对口不增不减。逐步扩大大学、中专、技校招生分配的指导性计划范围。进一步放宽利用外资的审批权限。1992年，襄樊市计委根据管住宏观、放开微观，加强宏观性、战略性、政策性计划，进一步下放计划管理权限。改革的基本思路是：纵向下放权，横向不放权，重点对企业特别是企业集团、大中型企业和县（市）、区放权。进一步减少工业、农业，固定资产投资、外经外贸、劳动工资等方面的指令性计划。适当增加经济效益指标，扩大县（市）、区和企业集团在基建、技改、利用外资的项目立项审批权限。2002—2005年，市计委按照国家减少行政审批事项的精神，进一步压减行政审批事项，对企业集团、大中型企业和县（市）、区下放计划管理权限。

2.宏观管理

1985年3月，市政府印发市计委《关于简政放权，改进计划工作的试行意见》。《意见》根据《国务院批转国家计委〈关于改进计划体制的若干暂行规定〉的通知》精神，提出计划部门既要简政放权，把小的方面放开放活，又要抓住大的方面管住管好。1994年根据国家计委确定的“研究战略、制定规划、宏观调控、总量平衡、产业政策、培育市场、重点建设、协调服务”转变职能的三十二字方针，市计委提出“五大二调”的职能，即“出大主意、拟大政策、抓大项目、搞大平衡、建大市场和宏观调控及协调服务”。适当简化年度计划的要求，把主要精力转到编制中长期规划上来。为保证国民经济大体按比例地协调发展，在经济运行与调控中，除继续运用计划、行政、法律等手段，对企业进行必要的管理、检查、指导和协调外，还要按照价值规律的客观要求，综合运用价格、税收、信贷、工资、财政补贴、物资分配等经济杠杆，引导和调节经济，促进其健康有序的发展。在能源、原材料上给予保证；在资金上落实；加强督促检查、协调配合。抓第三产业发展。市计委提出发展第三产业的初步方案，拟订发展规划，采取一系列切实可行的措施，加快第三产业发展步伐。抓社会智力借用。在编制计划、重大项目和关键技术引进论证，经济信息咨询等方面，注重依靠发挥大专院校和科研机构的力量支持，有效提高计划管理工作的科学性。抓综合平衡。保持财政收支、信贷收支的平衡；实现社会购买力与商品可供量的平衡；控制固定资产投资规模与财力、物力相适应；争取外汇收支平衡；稳定物价总水平；确保物资资源的组织、生产和分配的基本平衡。抓信息收集和调查研究。加强对国内外经济信息的收集研究，对全市经济发展情况进行专题调查研究，搞好国民经济预测。

3.投融资体制改革

改革投资计划管理。1979—2005年，市计委多次下放固定资产投资审批权，简化审批程序。1985年起，全民所有制单位，自筹资金的非生产性建设项目和能源、原材料能自行平衡的生产性建设项目，总投资在100万元以下，由各局（总公司）及区、县计委，在市计委当年切块分配的自筹基建指标内，自行审批，报市计委备案。老企业用自有资金安排的职工住宅及中小学建设项目，由企业自行决定，报主管部门和市计委备案。从1989年开始，自筹基建投资在300万元以下的非生产性项目和500万元以下的生产性项目，其能源、原材料能自行平衡的，由各局、区、县计委审批，在市计委当年切块分配的指标内安排计划，报市计委备案。从1993年起，基本建设计划项目的起点标准，由原定的总投资额5万元提高到50万元；总投资额在50万元以下的基本建设项目，视为零星的固定资产。可行性研究，由建设单位委托有资格的设计单位负责，扩建初期设计，由投资主体自行审批。市计委审批基本建设项目的程序，由审批项目建议书、可行性研究、扩初设计和开工报告4道，简化为审批项目建立书或可行性研究和扩初设计两道。

改革投资主体。1990 年 8 月，市政府批准成立襄樊投资公司。投资公司代表市政府行使国有投资主体的职能，负责筹集建设资金，用经济手段进行投资和管理，并承担相应的风险。国营企业、集体企业、私营企业、个体经济户、股份制企业、外商企业等企业法人、社会团体、自然人都成为固定资产的投资主体。

改革融资渠道。1985 年 2 月，市计委、市财政局、中国建设银行襄樊市分行，转发国家计委、财政部、中国建设银行《关于国家预算内基本建设投资全部由拨款改为贷款的暂行规定》。按照“拨改贷”的改革要求，原来“国有预算直接安排的投资”渠道，相应取消。1985 年以后，由过去的直接融资变为直接融资和间接融资并存。襄樊市用地方统筹投资和财政自筹资金安排的基本建设项目，均实行“拨改贷”。即，投资资金改无偿使用为有偿使用(少数建设项目，确无偿还能力，经有关部门批准，可以豁免)。另外，改革融资方式、融资渠道。通过股份制改造，发行地方企业债券，争取利用国债，加大招商引资力度等。资金渠道由过去单一中央财政变成中央财政、地方财政、银行信贷、企业自筹。股票、债券、个人筹集资金以及利用外资等多种渠道。

改革投资风险机制。随着投资体制改革的深入发展，襄樊市逐步形成一套内容比较全面，涵盖面比较宽的投资风险约束机制。建设项目投资包干责任制。建设项目单位要对投资方或主管部门签订包干合同。明确规定，包干的内容、条件、责任、经济权益。并且包投资、包工期、包质量、包主要材料用量、包形成综合生产能力(或效益)。建设项目主管部门负责协助，落实建设资金，及时供应材料和设备，落实项目投产和交付使用的供电、供水、通信、运输、试车原材料和燃料等。建设项目法人责任制。根据国家计委《关于实行建设项目法人责任制的暂行规定》。要求国有单位经营性基本建设，大中型项目在建阶段，必须组建项目法人，实行项目法人责任制。项目法人对项目策划、资金筹措、建设实施、生产经营、债务偿还和资产保值增值，实行全过程负责。项目法人应严格执行重点建设项目建设计划，确保建设进度、质量和投资效益，并落实安全生产责任制；控制建设规模、标准和投资概算；严格按基本建设程序办事，切实执行国家和地方有关建设用地、规划管理、招标投标、开工报告、质量监督、建设监理、竣工验收和审计监督等法律、法规和规章。实行资本金制度。从 1996 年开始，试行固定资产投资项目资本金制度。国家规定，各种经营性投资项目，包括国有单位的基本建设、技术改造，房地产开发项目和集体投资项目，必须首先落实资本金才能进行建设。对资本金不按规定进度和数额到位的投资项目，计划部门不批准可行性研究报告，不发投资许可证，金融机构不贷款。建设项目招标制。市政府下发《襄樊市建设工程施工招标投标管理办法》。对招标对象，招标投标原则，招标人、投标人条件，招标方式、程序，评标、定标方法以及违规处罚等，都作了详细的规定。凡由各级政府和国有、集体企事业单位(包括中方控股的中外合资企业)，投资的新建、改建、扩建和技改建设工程，总投资在 50 万元以上的，其施工均应实行招标投标。评标、定标应采用科学方法，要根据报价、工期、工程质量、主要材料用量、技术措施、企业信誉情况，进行综合评定。1997 年 9 月，市计委转发国家计委《国家基本建设大中型项目实行招投标的暂行规定》。全市在建设工程施工招标的基础上，对项目主体工程的设计、建筑安装、监理和主要设备、材料供应以及工程总承包单位进行全面招标。工程监理制度。根据国家建设部和国家计委《工程建设监理规定》。凡使用外资、中外合资、利用境外贷款和赠款，总投资额在 400 万元以上，政府指定的建设工程，其施工准备、施工、保修阶段，必须实行建设监理。以控制工程建设的投资、建设工期和工程质量。1999 年，全市监理单位的选定，开始通过公开招标进行。市政府根据《国务院办公厅关于进一步加强建设项目管理保证工程建设质量》的通知，要求全市搞好建设工程的质量管理，严格三项制度：严格实行建设工程质量责任制。对建设工程工序、材料、设备要认真把关，责任到人，确保不出质量问题；严格建设项目验收制度。未经验收或验收不合格的工程，不准交付使用；严格建设工程质量监督制度。凡在襄樊市行政区域内的工程，市、区建筑工程质量监督部门，必须认真监督，未经监督的工程，不得交付使用。从 1992 年起，对基本建设项目实行竣工决算审计制度。经市计委批准下达的新建、扩建等基本建设项目,按批准设计文件的内容建成,符合竣工验收条件,其竣工决算必须经过审计。竣工决算审计,以资金来源、运用是否合规合法为重点;竣工决算编制是否符合国家有关规定,手续是否完备;建设项目是否按批准的概(预)算内容执行,有无擅自改变建设内容,提高建设标准,扩大建设规模的问题,有无重大经济损失和质量事故;以及物资使用、工期、工程质量、新增生产能力、单位产品成本、投资效果系数、投资回收期、财经纪律执行情况等,全面评价投资效益。1994 年 7 月,市审计局、市计委等部门,转发审计署和国家计委等部门,关于加强对新开工建设项目资金来源审计的通知,明确对未经审计和经审计不同意办理开工手续的建设项目,有关部门不办理开工手续,不予核发建设工程规划许可证和投资许可证,银行不拨付工程款。建设工程的设计、施工、设备材料采购和工程监理都要求订立合同。各类合同都要有明确的质量要求、履约担保和违约处罚条款。

创建基础项目投融资体制。在投资管理中,建设项目划分为竞争性、基础性和公益性三大类。竞争性建设项目以企业为基本投资主体,主要面向市场融资。政府通过产业政策、贷款贴息等方式进行间接调控,对其中重点项目和高新技术项目,有选择地参与投资。基础性建设项目主要由政府集中必要的财力、物力,并广泛吸收地方企业参与投资,有的还吸收外商参与投资。例如,襄樊二桥、市话改造扩容、城市污水综合治理等工程,除大部分依靠政府财力外,还利用了一些国外政府贷款、混合贷款和世界银行贷款等。公益性建设项目主要由政府用财政性资金安排投资。

建立投资中介服务体系。1987 年 6 月,经市政府批准,成立襄樊市工程投资咨询公司。该咨询公司为全市经济建设和工程项目的投资决策和实施提供服务,为市区基本建设、技术改造项目的建议书、可行性研究报告,进行编制、评估提供服务。此外,全市建立其他各种类型的咨询、设计、招标、工程监理等社会中介机构,初步形成投资中介服务体系。

加强投资宏观调控。2004 年 7 月,国务院颁布关于投资体制改革的决定。通过改革,全市初步形成投资多主体、融资多渠道、决策多层次、方式多种类,基本与市场经济体制相适应的投融资新体制。新的投融资体制,保证全市固定资产投资取得长足发展,投资规模迅速扩大,重点建设得到加强。全市固定资产投资,在“十五”期间完成 576 亿元,比“九五”期间净增 202 亿元,同比增长 13.8%。一批重大项目建成投产,对襄樊城市整体功能提升,对襄樊经济社会的发展,起到了非常重要的作用。

(二)经济计划编制实施

1.第五个五年计划(1979—1980 年)

1979 年以后,襄阳地区国民经济在调整中发展。1980 年,工农业总产值 321 388 万元,比 1975 年增长 51.6%,平均每年增长 8.6%。其中,农业总产值 129 328 万元,增长 37%,平均每年增长 2%。农业生产虽未能全面完成计划指标,但主要农产品比“四五”期间都有增长。工业总产值达到 192 060 万元,比 1975 年增长 1 倍多,平均每年增长 15.2%,轻工业产值比 1975 年增长 88%,在满足人民生活需求方面有了进展。农村人均纯收入 1980 年增至 172.77 元,比 1975 年增长 1 倍。国家职工 60%以上不同程度地增加了工资。人均 711 元,比 1975 年增长 33%。

2.第六个五年计划(1981—1985 年)

地区国民经济基本任务是进一步贯彻执行国民经济“调整、改革、整顿、提高”的八字方针,继续调整地区经济结构,发展农业、消费品工业和原材料工业;以提高经济效益为中心,对现有企业进行整顿,实行必要的关、停、并、转,保证有利于调整比例关系的重点产品的生产,使农业和工业,轻工业和重工业，原料工业和加工工业的关系逐步协调，实现国民经济按比例、长期稳定发展。全市计划主要指标：到1985年实现工农业总产值51.6亿元。其中工业33.6亿元，农业18亿元；粮、棉、油平均增长速度分别达到3.1%、5.8%、20.8%；社会商品购买力总额13.1亿元；完成固定资产投资7.57亿元。

在执行中的主要措施：在农村普遍推行生产责任制。农民在完成国家征购任务的前提下，有权因地制宜安排生产；通过减少收购、派购农副产品的种类和比重，提高农副产品收购价格，实行奖售政策进行调节；调整产业结构。对适销对路的轻工业品、特别是轻纺产品继续实行优先政策，提高重点产品的生产能力和配套水平，使轻、重工业发展比例逐步趋于合理。进一步压缩投资规模。1981年比1980年压缩33%。生产性投资，主要用于轻纺工业和技术改造续建项目；非生产性投资，主要用于文教、卫生、住宅和城市公用设施方面。1984年起，对消费基金总额采取吸收、转化办法进行控制；对信贷资金使用确保重点，控制投放，盘活库存，促使货币回笼。控制物价总水平。物价改革实行"放调结合、小步前进"方针。1985年，全社会零售物价总指数比1980年上升10.9%。扩大企业自主权。1981年开始，允许企业在完成指令性计划后，超产部分产品留作自销，并放开价格；对指导性计划产品，由企业根据市场需求自主安排生产销售。1984年，在企业内部开展体制、人事、工资制度的配套改革。推进科技进步。1985年，全市完成科研项目40项，签约引进项目46项，项目投产新增产值3亿元。下放计划管理权限。缩小指令性计划范围，扩大指导性计划与市场调节范围，转变计划管理职能，综合运用经济杠杆调节经济运行。这些措施的实施，对于保证第六个五年计划的完成起了重要作用。

到1985年，全市社会总产值81.5亿元，超额完成计划的3.9%，年递增16.5%。国民收入36.9亿元，超额完成计划的2.9%，年递增15.6%。工农业总产值66.13亿元，其中，农业总产值达到23.48亿元，年递增12.8%，大大超过1980年前31年平均增长4.1%的水平；工业总产值42.65亿元，年递增17.2%，农轻重的比例关系为38：39：23。"六五"期间，投资结构得到改善，固定资产增值较快：全民企业累计新增固定资产7.3亿元，比"五五"期间增长94.7%，平均每年净增7084万元。其中二汽襄樊基地开始建设，一批重点项目已形成生产能力。农村经济结束长期发展缓慢的局面。1985年粮食总产量33亿公斤，比1980年增产12亿公斤，递增率9.5%；棉花7159万公斤，比1980年增产2633万公斤，递增率9.6%；油料8047万公斤，比1980年增产6653万公斤。林、牧、副、渔产值占农业总产值25.4%；乡办工业产值3.5亿元。城乡市场多种经济形式、多种流通渠道、多种经营方式并存。1985年全市社会商品零售总额21.44亿元，平均每年增长14.6%。文教卫生事业取得新成就，中等教育单一结构有了明显改善，1985年普通高中与各类中等专业学校在校学生比例1：1.1；医疗卫生技术人员比1980年增加25%，病床增加13.5%。城乡人民生活水平普遍得到提高。5年中，城镇居民用于生活费的收入平均每年增长14.1%，扣除物价上涨因素，居民实际收入1985年比1980年增长71.6%。1985年农村人均纯收入增加到394元，平均每年增长17.9%。国家职工人均工资1020元，集体职工人均764元。其间，地区经济发展中也存在一定的问题，即社会总供给仍跟不上社会总需求的增长。突出表现在，能源、原材料不能满足生产建设需要；一些企业缺乏竞争能力，经济效益不理想；城市基础设施薄弱，严重制约社会生产和人民生活的发展提高。

3.第七个五年计划（1986—1990年）

"七五"地区国民经济和社会发展计划由襄樊市计划委员会1985年编制完成。1986年3月18日，经襄樊市第十届人民代表大会第三次会议审议通过。主要奋斗目标：坚持把改革放在首位，对内搞活与对外开放相结合，使改革和建设互相适应，互相促进。计划全市工农业总产值100亿元，年均递增9%。其中，农业总产值30亿元，年均递增5%；工业总产值70亿元，年均递增10.5%。财政收入4.92亿元，年均递增6%。进一步调整产业结构。调整农业内部结构，种植业和其他各业比例由1985

年的75∶25调整为65∶35;大力发展乡镇企业,使农村商品经济有一个较大发展,农副产品商品率由1985年的50%提高到70%。大力发展机电、化工、建材工业,重点发展食品、造纸、包装装潢、化纤、毛麻丝、汽车制造及汽车配套产品,加快磷矿石等资源开发,发展复合肥,逐步建设工业经济。大力发展第三产业,金融信贷、科学技术、交通邮电、情报信息等网络,带动城镇农村经济发展,促进城乡经济共同繁荣。坚持把提高经济效益放在突出地位。主要经济效益指标要达到或高于全省平均水平。百元资金提供利税计划年均增长4.5%,高于全省增长2.2%的计划水平;工业全员劳动生产率计划年均增长6.5%,高于全省5.2%的水平。保持社会总需求与总供给的基本平衡,严格控制固定资产投资规模,合理调整投资结构。认真贯彻以现有企业技术改造和改建、扩建为主的方针,集中必要的财力、物力和技术力量,建设一批能源、交通、通信和原材料工业。"七五"期间,固定资产投资规模计划安排16亿元,比"六五"完成总投资增长15.9%。其中,基本建设投资9亿元,比"六五"完成总投资增长4.4%,更新改造7亿元,比"六五"完成总投资增长33%。发展科学、教育、卫生和文化事业。五年计划培养各类专业人才2万人,增加医院病床3000张,广播电视覆盖率达到85%。进一步改善人民生活,提高城乡居民物质文化生活水平。"七五"期间,人口自然增长率控制在8‰。城镇居民人均年生活费收入年均增长5%,农村居民人均年生活费收入年均增长7.5%。

"七五"计划的执行情况:工农业生产持续发展,经济实力得到增强。地区国内生产总值年均增长6.2%,实现了第一个翻番目标。财政收入年均增长10.2%。工业总产值年均增长14.8%。农业总产值年均增长3.9%。工业产品中,煤炭、发电量、钢材、化肥、电视机、棉布、棉纱、水泥、硫酸等较好地完成了"七五"计划;农业16项产品产量指标,除黄红麻、造林外,都比1985年不同程度地增长。其中,粮食、棉花、油料、烤烟、肉类产量分别达413.7万吨、7.3万吨、11.03万吨、3.25万吨和16万吨;分别比1985年增长25.5%、2%、58.5%、56.3%和45.9%。内外贸易进一步扩大,城乡市场日益活跃。国家、省关于商品流通体制和外贸体制改革方针贯彻执行,活跃了城乡市场,繁荣了内外贸易。全市社会商品零售总额年均增长12.1%。"七五"前四年,市场物价涨幅较大,1990年涨幅回落。对外开放步伐加快,外贸收购总值年均增长18.9%,五年累计利用外资5000万美元。固定资产投资总量增加、结构改善。"七五"全社会固定资产投资完成61.5亿元,比"六五"增长1.58倍。投资投向生产性增加,非生产性减少。生产性与非生产性投资比例,由1985年的57.6∶42.4,调整到1990年的74.5∶25.5。投资结构进一步改善。市四水厂、飞机场、卧龙饭店、7500吨涤纶短丝、襄樊二化改造、热电厂二期工程等一大批重点工业项目和重要城市基础设施项目建成使用。科技、教育、文化、体育、卫生等各项事业有了新发展。科技研发项目800多个,新产品580多个;40项成果通过鉴定,9项星火计划通过验收。其中,4项获国家银、铜牌奖;1项获国家星火奖、3项获省星火奖。军工企业建立35个军民技术联合体,开发了37项新技术产品。教育由"三教统筹"逐步向立体化教育方向转变。基本达到了"七五"计划确定的,"城区普及九年义务教育和五年内培养各类专业人才2万人"的目标。人民整体生活水平有所提高。1990年,城镇居民生活费收入1367.7元,是1985年的1.9倍;农民人均纯收入699.6元,是1985年的1.6倍,均超"七五"计划目标。

"七五"计划期间,襄樊市经济建设和社会发展中存在一些问题:工业结构性矛盾仍较突出。基础工业、原材料工业仍较薄弱,传统产业更新改造和拳头产品培植仍有差距,由此削弱了企业市场应变力和竞争力。投资不足和分散问题并存。一方面投入不足,国家实行双紧方针,资金短缺矛盾突出,特别是"七五"后期,技改投入下降,影响了企业装备水平和产品质量的迅速提高;另一方面投资分散,一批符合国家产业政策,并已列入国家、部、省计划项目的建设资金难以落实。生产要素短缺。表现,资金、外汇和棉花、钢材、烧碱等主要原材料供应不足,影响制约了经济发展。农业抗灾能力仍很弱。1988年,襄樊市遭遇百年不遇的特大干旱,致使"七五"农业总产值计划未能完成。人口增长过快和就业困难的矛盾比较突出。

4.第八个五年计划(1991—1995年)

“八五”地区国民经济和社会发展计划，由襄樊市计划委员会1990年编制完成。1991年3月8日，经襄樊市第十一届人民代表大会第三次会议审议通过。主要奋斗目标：把襄樊建成汉江中游地区工业先进、农业发达、设施配套、环境优美、人民生活达到“小康”、开放程度较高、服务功能较全的中心城市。

地区经济持续增长。地区国内生产总值10年年均增长8.8%，“八五”计划期间年均增长8%。财政收入“八五”计划期间和10年间年增长均为8.5%。工农业总产值10年年均增长8.4%，“八五”计划期间年均增长7.7%。内外贸易取得新成绩。社会消费品零售额10年年均增长8.7%，“八五”计划期间年均增长8.5%。外贸出口总值10年年均增长12%，“八五”计划期间年均增长15%。社会事业取得新进展。科技因素在促进工农业生产增长中的份额，1995年达到40%—45%，2000年达到50%以上。城区和县城关1995年普及九年义务教育，2000年基本普及高中阶段教育；2000年全市普及九年义务教育。文化、卫生、体育等社会事业相应发展；人口自然增长率1995年控制在13‰以下，2000年控制在12‰以下。人民生活水平进一步提高。职工人均工资10年年均增长7.6%，“八五”计划期间年均增长4.7%。农民人均纯收入10年年均增长7.7%，“八五”计划期间年均增长7.4%。

计划执行情况：“八五”计划时期，是新中国成立以来襄樊市经济发展最快，投资力度最强，城市面貌变化最大的时期。全面或超额完成了调整后的“八五”计划指标。地区经济快速发展，综合实力明显增强。1995年地区国内生产总值236亿元，年均递增26.4%，在1980年基础上翻了三番。工农业总产值505亿元，年均递增27.5%。其中，工业产值年均递增32.7%，农业产值年均递增12.1%。主要工农业产品产量均有较大幅度增长，提前完成“八五”计划。财政收入12.9亿元，年均递增18.4%。全社会固定资产投资累计完成131.5亿元，年均递增31.7%；建成了襄轴扩建、襄樊车桥厂、江山变速箱厂、湖北化纤总公司万吨短丝工程等41个支撑襄樊经济发展的大中型项目。改革取得重大突破。计划经济体制和投融资体制、商贸流通体制、财政体制进行了改革，市场机制的作用不断强化，形成了以公有制为主体，多种经济成分并存、竞争发展的大好局面。1995年全市股份制企业581家。利用外资和外贸出口成绩显著。五年协议利用外资1.85亿美元。外贸出口多元结构发展，出口总额24亿元，年均递增35.3%。城市基础设施完善配套，整体服务的功能和水平大大提高。襄樊飞机场、老河口飞机场先后开辟了通往北京、上海、深圳、西安、广州、武汉等十几条航线；焦枝铁路襄樊段复线基本建成；改扩建汉江港口泊位10个，年增加吞吐能力660万吨；五年新增一、二级公路542.7千米，境内乡乡镇镇通公路；新增程控电话24.9万门，电话普及率由1990年的2.8部/百人，提高到11.6部/百人；襄樊电网成为武汉、荆州全省三大电网之一；城镇日供水能力81.5万吨，城镇自来水普及率78%，其中市区98%；各类市场发展到554家，带动了商贸的繁荣兴盛，1995年社会商品零售总额73.6亿元，年均递增21.3%。襄樊市区通过建成市体育场、昭明台、襄城仿古一条街等一批名城建设项目，市容市貌焕然一新。社会事业长足发展。组织“科技攻关”、“星火”、“火炬”、“成果推广”、“军转民”等科技项目334个，共取得科技成果158项。其中，具有国内领先水平的20项。科技因素在促进工农业生产增长中的比重为50%左右。教育发展迅速，五年累计为社会培养大专人才1.2万人。医疗技术设备日益完善，每千人拥有病床2.5个。体育事业蓬勃发展，先后在亚运会和全运会等竞技赛上，夺得3枚金牌、2枚银牌和1枚铜牌。广播电视事业发展较快，覆盖率分别达75.2%和86.7%。人口增长得到控制，五年比原计划少生2.49万人。人民生活水平较大提高。1995年，城镇居民人均生活费收入和农民人均纯收入，分别达3 600元和1 475元，比1990年净增2 233元和776元。城乡人均居住面积，分别达6.5平方米和24平方米。多数城乡居民的消费结构已由1990年的吃、用、住、穿变为用、住、穿、吃，消费质量有了较大提高。

“八五”期间，襄樊经济社会存在的主要问题：企业设备落后，科技管理水平较低，影响了企业经济效益的提高。工业整体装备水平低，大部分是20世纪六、七十年代的设备，加之科技推广应用及成果转化力度不够，企业内部管理水平较低，影响了工业整体经济效益的提高。外向型经济发展不够，利用外资水平和外贸出口水平，均低于全国、全省平均水平。资金短缺制约了对经济社会的投入，襄樊投资大多数来源于国家、省或银行贷款，企业自我投资发展能力比较弱。

5.第九个五年计划(1996—2000年)

“九五”地区国民经济和社会发展五年计划，由襄樊市计划委员会1995年编制完成。1996年1月29日，经襄樊市第十二届人民代表大会第三次会议审议通过。主要奋斗目标：逐步建立与国际市场接轨的社会主义市场体制，全面实现第二步战略目标，把襄樊基本建成现代化大城市，为实现第三步战略目标打下坚实基础。2000年，地区国内生产总值500亿元，年均递增15.8%，力争达到550亿元，递增18%。人均地区国内生产总值比1980年翻三番。工农业总产值1 000亿元以上，递增15.6%，力争达到1200亿元，递增19.9%。其中，工业总产值880亿元以上，递增17%，力争达到1080亿元，递增22%；农业总产值120亿元，递增8.05%。财政收入达25亿元以上，年均递增16%。社会消费品零售总额达168亿元，年均递增18%。第三产业增加值达175亿元，年均递增25%。三大产业比重调整为17：48：35。全社会固定资产投资473亿元，年均递增28.4%。外贸出口60亿元，年均递增20%。全社会零售物价上涨幅度控制在全省平均水平以下。科技在工农业增长份额中的比重提高到60%以上。高新技术产业增加值占GDP的比重达10%。普及九年义务教育，扫除青壮年文盲，襄樊市城区和县（市）城关基本普及高中阶段教育；全市总人口控制在580万人以内。人口自然增长率控制在9.67‰以内。城镇化水平提高到35%以上。人均地区国内生产总值达8621元。城镇居民人均生活费收入和农民人均纯收入分别达5 100元和2 300元，年均递增7.2%和10.4%。城镇居民人均住房面积14平方米,农村人均钢筋砖木结构住房面积25平方米。人均蛋白质日摄入量72克。城市居民人均拥有铺装道路面积8平方米以上。农村行政村基本实现通公路、通邮、通电话。成人识字率提高90%。教育、文化、娱乐支出比重提高到16%以上。全市森林覆盖率提高到39.2%左右。每千人拥有医院病床数提高到3张。农村安全卫生饮用水普及率85%以上。全市人民生活基本达到小康水平，少数经济发达地区逐步向富裕型过渡，比较贫困的老少边穷地区在解决温饱后，由温饱型向小康型过渡，消灭绝对贫困。

计划执行情况：综合经济实力明显增强。从经济总量来看，全市国内生产值达415亿元，年均递增10%，总量在全省居第二位。财政收入达28亿元，年均递增16.7%。从人均水平看，全市人均地区生产总值7 106元，年均递增9%。从产业结构看，三大产业占GDP的比例，由“八五”末的33.2：40.4：26.4，调整为23.6：47.7：28.7。从区域经济发展看，襄阳、枣阳已成为全省综合经济实力十强县（市），谷城已成为全省山区十强县，7个乡镇成为全省50强明星乡镇。农业产业化和小城镇建设成绩显著。襄阳粮油、枣阳水果、老河口蔬菜、南谷保的茶、菌、药等已成为产业化的龙头，太平、石花、五山、吴店、仙人渡、双沟等已成为全省乃至全国小城镇建设的样板。全市农业增加值在遭受特大旱灾的情况下达98亿元，年均递增3.5%。工业规模优势和产业优势开始凸现。全市国有及年销售收入在500万元以上非国有工业增加值达110亿元，居全省第2位。全市产值过亿元的工业企业（或集团）发展到25家。其中，襄阳轴承股份有限公司、湖北化纤总公司和金鹏公司，已列入国家512户重点支持企业；襄樊卷烟厂等8家已成为全省“巨人工程”企业。全市形成了以汽车及配套工业、纺织工业为支柱，高新技术产业为技术领航的门类较为齐全的工业体系。汽车零部件的聚集度，居全国十大汽车工业城市前列；纺织工业规模在全国38个主要纺织工业城市中居第13位。改革开放水平不断提高。全市自营出口累计完成28 466万美元，是“八五”的2倍；利用外资累计完成9 679万美元，是“八五”的1.36倍。公有民营、混合经营、民有民营经济发展迈出了重大步伐。全市股份制企业已发展到1 370

多家。其中,股份有限公司 74 家,总股本达 22.64 亿元;全市 81%的小企业已完成改制任务。实施动态股权制改革的企业达 63 家。全市个体经营户已发展到 25.6 万户，私营企业已发展到 5 600 户,个体私营经济在地区经济中的比重逐年上升。固定资产投资成效显著。“九五”期间,全社会固定资产投资累计完成 374 亿元,是“八五”的 2.9 倍,年均递增 13.5 %。建成了 64 个对襄樊经济和社会发要起支撑作用的大中型项目。其中,农业方面,主要有石台寺提灌工程、粮棉大县工程、国家大型商品粮生产基地、引丹灌区农业综合开发、云台山和孟桥川水库除险加固等;工业方面,主要有湖北化纤总公司长丝、襄轴集团轿车轴承、东力公司大吨位贯通车桥、第一棉纺厂 2 万纺锭改造等 50 个过千万元的项目;能源方面,主要有襄樊火电厂一期工程、王甫洲水利枢纽工程、白水峪水电站、过渡湾水电站等;城市基础设施方面,主要有襄樊五水厂、城市污水治理工程、城市固体废弃物处理工程等。基础设施得到发展。全市公路总通车里程达 11 000 多千米。其中高等级公路占 48.69%,实现乡乡镇镇通客车,98.2%的行政村通公路;汉江航道通过整治综合吞吐能力达 105 8 万吨。完善了水、陆、空立体交通网络。通讯方面,全市市话总容量已发展到 51.25 万门,实现了长话、市话交换程控化,长话传输数字化,建成了移动通讯和无线寻呼网络,数字网实现全国 31 个省市区和 20 多个国家自动漫游,建立了襄樊信息港。商贸方面,全市零售商业、饮食业、服务业网点已发展到 20.57 万个,各类市场已发展到 495 个,基本形成了综合与专业相结合、批发与零售相结合的商品市场体系和大市场、大商贸、大流通的商贸新格局。全市社会消费品零售总额达 142 亿元,年均递增 14.1%。社会事业发展成绩显著。“九五”共取得科技成果 400 多项。其中居国内先进水平的有 248 项,高新技术产业产值占工业产值的比重已提高到 17.6%,科技在经济增长中的贡献率达 50%。教育结构不断调整,教育资源不断优化,教育质量不断提高,高考省线人数跃居全省前列;成功组建襄樊学院和襄樊职业技术学院,十年累计培养各类高等人才 5.4 万人；全市基本普及九年义务教育，基本扫除青壮年文盲，小学入学率达 100%,初中入学率达 95%。文化、卫生、体育、广播电视新闻出版等都有长足发展。计划生育工作成绩显著,全市人口自然增长率为 3.95‰，比“八五”末下降了 2.35 个千分点。人民生活显著改善。全市城镇居民人均生活费收入和农民人均纯收入分别达 5 500 元和 2 386 元,年均递增 9.5%和 10%。城乡居民的恩格尔系数由 1990 年的 48.8%下降到 37.6%。襄阳、枣阳、宜城 3 个县(市)及 79 个乡镇基本实现了小康目标。南漳县、谷城县、保康县甩掉贫困帽。

存在的矛盾和问题:产业结构的高度化程度偏低。第三产业发展滞后,三次产业之间以及各产业内部的协调发展与衔接程度较差,产业关联度不高、带动力不强,尚未形成高效发展和协调一体的产业发展链条。地方经济特色不明显。突出表现在,产业上的“大而全”“小而全”,产品上的“四多四少”(老产品多,新产品少;劳动密集型产品多,科技含量高的产品少;亏损产品多,盈利产品少;大路产品多,名牌产品少),缺乏在国内外有影响力、市场占有率高,并能带动经济发展的龙头企业和名牌拳头产品。外向型经济发展水平偏低。全市自营出口占 GDP 的比重和利用外资占全社会固定资产投资的比重,分别低于全省 2.7 个和 4.1 个百分点。科教创新和机制创新不够。科技与经济结合不够紧密,科技成果转化率较低;国企改革创新力度不大,经营机制不灵活。社会保障体系不健全,就业和再就业压力大。

6.第十个五年计划(2001—2005 年)

“十五”时期地区国民经济和社会发展五年计划,由襄樊市计划委员会 2000 年编制完成。2001 年 1 月 4 日,经襄樊市第十三届人民代表大会第三次会议审议通过。

主要奋斗目标：总体目标实现“一个目标”(把襄樊建成湖北经济强市和秦巴经济走廊的中心城市),形成“两大枢纽”(全国性的物流枢纽和信息枢纽)，加快“三个对接”(内陆型经济与开放型经济对接、传统产业与高新技术产业对接、相对单一的所有制结构经济与混合所有制经济对接)，初步建成“四大基地”(汽车工业基地、纺织工业基地、高新技术产业基地和现代农业基地),实施“五大工程”(结构调整工程、科教创新工程、城乡一体化工程、信息化工程、发展环境工程)。经济发展目标:地区国内生产总值2005年达640亿元,年均递增9%。其中第一产业增加值达114亿元,年均递增3%;第二产业增加值达312亿元,年均递增9.5%;第三产业增加值达214亿元,年均递增13%。三大产业比重调整为17.8∶48.8∶33.4。财政收入达50亿元,年均递增12%,力争翻一番。社会消费品零售总额达215亿元,年均递增9%。全社会固定资产投资累计完成700亿—800亿元,年均递增20%以上。出口总额10 459万美元,年均递增15%。利用外资5 050万美元,年均递增19%。居民消费价格涨幅控制在3%左右。社会发展目标:科技在经济增长中的贡献率达52%。高新技术产业增加值占GDP的比重达10%。市区和县(市)城关基本普及高中阶段教育;成人教育和普通高等教育得到较快发展,全市适龄青年受高等教育比例达15%,城镇登记失业率控制在5%以内。全市总人口2005年控制在5 92万人以内。城镇化率达50%左右。生态环境目标:森林覆盖率达40%左右。治理水土流失面积1 089平方千米。城镇绿化面积达43平方千米。工业固体废弃物排放量控制在3.2万吨/年,工业粉尘排放量控制在3万吨/年,城市污水集中处理率达50%以上,城镇垃圾无害化处理率达60%以上。市区及县(市)城区集中式地表水饮用水源地水体达到或优于Ⅱ类水体,汉江干流及其主要支流水质控制在Ⅱ类。人民生活水平目标:城镇居民人均可支配收入和农民人均纯收入,分别达9 000元和3 600元,年均递增10%和9%。南漳、保康、谷城3县人民生活达到小康水平,老河口、襄阳、枣阳、宜城4(县)市人民生活由小康向初步富裕水平过渡。全市人均预期寿命达74岁。

计划执行情况:经济实力和发展活力明显增强。各项改革深入推进,开放引进不断扩大,经济结构优化调整,开发区和工业园区蓬勃兴起,工业化、市场化、信息化进程加快等,激发了经济发展活力,经济增长呈逐年上升态势。全市国内生产总值由2000年的374亿元增加到2005年的602亿元,“十五”期间年均增长10%;人均国内生产总值实现了超万元的预期目标;三次产业结构调整为19.8∶43∶37.2。汽车工业的龙头地位进一步确立,汽车工业占全市工业增加值的比重达60%以上。全地域财政收入由2000年的27亿元增加到2005年的81.3亿元,年均增长24.7%;地方一般预算收入2005年达18.39亿元,年均增长11%。城镇居民人均可支配收入和农民人均纯收入,分别由2000年的5663元和2386元增加到2005年的8150元和3191元,年均分别增长7.6%和6%。一外贸进出口总额由2000年的0.86亿美元增加到2.7亿美元,年均增长24%;5年累计直接利用外资2.8亿美元。社会消费品零售总额,由2000年的142亿元增加到2005年的235亿元,年均增长10.4%。民营经济已成为全市经济增长的重要力量。城市功能明显提升。“十五”期间,全社会固定资产投资累计完成576亿元,比“九五”期间净增202亿元,年均增长13.8%。一批支撑襄樊经济社会发展的重大基础设施项目相继建成投入使用。襄荆、襄十、孝襄、魏樊4条高速公路的建成通车,城市路网、市场网、供电网、宽带光纤网、广播电视网、天然气管网、供排水管网、污水管网及处理设施的逐步配套,邓城大道、汉江大道、诸葛亮广场、护城河整治等重要城建项目相继竣工,使城市功能进一步增强。市场体系逐步完善,城市管理水平不断提高,人居环境日益改善,城市形象不断提升。社会事业明显进步。科教兴市战略推进,实施了1045项市级以上重点科技项目,投资总规模36.1亿元。2005年,高新技术企业已发展到155家,实现总产值220亿元,分别是“十五”时期初的2倍和2.1倍。国民教育体系初步形成,“两基”成果不断巩固,九年义务教育和高中教育质量不断提高,高等教育、职业教育等取得新进展。疾病预防控制和医疗救治工作逐步加强,城乡居民医疗卫生条件进一步改善。就业和再就业工作成效显著,社会保障水平明显提高。人口得到有效控制,全市总人口控制在580万人以内。荣获精神文明创建先进城市、国家园林城市、中国优秀旅游城市、中国魅力城市、湖北省卫生城市、“楚天杯”创建先进城市等荣誉。民主法制建设取得新进展。“十五”期间,经济社会发展水平迈上了新的台阶。

存在的问题:城乡二元结构突出,县域经济发展不够;经济增长的粗放性特征明显,资源利用效益低;国有企业改革相对滞后,民营化程度不高,经济自主增长机制尚未形成;经济外向度低;发展环境有待于进一步优化;高层次的科技人才和经济管理人才缺乏;社会事业发展滞后,部分群众生产生活还比较困难。

二、统计管理

(一)机构沿革

1983 年地市合并后,襄樊市统计局成立。按上级统计部门要求,先后成立 3 支抽样调查队。分两个渠道,同时开展统计工作。1984 年 10 月 8 日,经襄樊市人民政府批准,成立襄樊市城市抽样调查队(简称城调队)。该队受市统计局和省城调队双重领导,队内分设住户和物价两个专业。1989 年 1 月,根据国家统计局文件,襄樊市城市抽样调查队更名为襄樊市城市社会经济调查队(简称市城调队)。同年 4 月,湖北省城调队批准襄樊市城调队定编 18 人。业务工作由省城调队领导,行政工作委托襄樊市统计局代管。队内部分设综合、住户和物价 3 个科室。1985 年 8 月,襄樊市农村社会经济调查队(简称市农调队)成立,该队受省农调队和市统计局双重领导。1986 年 8 月,经襄樊市编制委员会同意,襄樊市统计局内部机构调整为办公室、农调队、综合科、工业交通科、农业科、固定资产投资科、物资科、财贸科、社会科。当年 12 月,经市编委批准,成立襄樊市统计电视函授工作站(事业单位)。1998 年 3 月,襄樊市企业调查队(简称企调队)成立。内设 4 个科室,综合科、产业调查科、企业监测科和专项调查科。除上述 3 个调查队外。市统计局内设机构分别为 办公室、国民经济综合统计科、核算科、法规科、工业交通统计科、农业科、固定资产投资统计科、贸易外经统计科、人口与社会科技科、人事科、监察室。同时,设局属二级单位:襄樊市统计局计算中心、襄樊市统计电视函授工作站和襄樊市统计信息咨询服务中心。

襄樊市(襄阳地区)统计局副县以上干部

1979 年 4 月至 2005 年 12 月

表 17—2

姓名	职务	任职时间
都重康	局长	1979.04—1980.01
王延康	局长	1980.02—1983.12
蔡明涛	副局长	1979.04—1981.10
郭芳志	副局长	1981.12—1983.12
张振中	局长	1979.06—1983.12
严共和	副局长	1979.06—1983.12
张振中	局长、书记	1983.12—1989.02
刘世秀(女)	局长	1989.02—1994.06
	书记	1989.02—1994.07
陈洪基	局长	1994.06—1996.08
	书记	1994.07—1996.08
陈加文	局长	1996.08—2000.08
黄刚亮	局长	2000.08—2002.12

续表

姓名	职务	任职时间
李万友	局长	2002.12—2004.12
李昌全	副局长	1983.12—1989.02
郭芳志	副局长	1984.02—1989.02
严共和	副局长	1986.03—1996.08
周继清	副局长	1989.02—1996.08
陈世清	副局长	1989.02—1992.04
王忠运	副局长	1993.06—1997.01
	副书记	1994.07—1994.12
柴普林	副局长	2001.02—2003.12
王建录	副局长	2003.12—2004.12
乐大华	总统计师	1998.12—2002.03
汪爱国	总统计师	2002.03—2002.12
涂随芳	纪检组长	1987.11—1992.12
张帮军	纪检组长	1993.01—1994.12
李万友	党组书记、局长	2002.12—2010.06
周清义	党组副书记、局长	1996.03—2008.09
王建录	党组成员、副局长	2003.12—2007.05
尚国庆	党组成员、副局长	2005.05—2008.11
杜学斌	党组成员、总统计师	2005.10 至今

(二)统计项目

统计项目包括:对生产活动的实物量统计(生产活动统计按生产活动成果的形态,分为货物和服务;其统计内容按生产活动的顺序,可分为投入统计和产出统计;其形态,又可分为实物量统计和价值量统计)、对生产活动成果的价值量统计(“文化大革命”以前,襄樊市对生产活动成果价值量的统计主要是以总产值形式来表现的。改革开放以后,全市的价值量统计工作,经历由社会总产值统计、净产值统计、到增加值的统计的转变)、人口与劳动工资统计、原材料和能源统计、财务成本统计、固定资产投资统计、国内贸易统计、对外贸易统计、民营经济统计、对国内生产总值的核算。

以上统计项目由政府统计系统、部门统计系统和企业统计组织按照国家统计局有关方案实施,然后政府统计部门汇总,最后层层上报至国家统计局。

(三)统计报表

统计报表是主要调查方式之一。统计报表的编制,一般情况下,国家、省统计局下发有关的统计调查表,都是事先编制好了的。市一级以下的统计部门,主要的统计任务是如何深刻领会和正确执行(发生重大灾情或者其他不可预料的情况除外)。明确统计研究的任务和目的。确定统计指标体系以及相联系的统计分组。制订统计调查方案,以便统一调查过程的认识。制定统计整理方案(包括制定统计汇总方案和对下一级资料整理方案)。规定各阶段工作进度和时间安排,使各阶段的工作能够互相衔接。考虑各部门之间的配合和协调,让设计好的统计指标体系和统计分类能够满足各部门、各级的要求。对统计力量进行必要的组织和安排(包括统计机构和非统计机构的全部统计力量)。

(四)统计调查

襄樊市过去统计调查的方式分为:定期统计报表(内部又分月报、季报和年报);普查;抽样调查;其他调查。有些统计调查,是由统计部门与有关部门合作,共同来完成的。如财政税务、金融保险、对外贸易、旅游、科技、人口、教育、文化、卫生、体育、乡镇企业、气象等方面的统计,主要由有关业务部门统计,再经统计部门负责搜集和汇总后对外公布的。襄樊市的人口统计,即由市统计局与市公安局、市计划生育委员会共同完成。此外,还与市有关部门开展了多项统计调查。如1991年与市财政局、农牧局、畜牧局开展的农村经济调查,与市计委、科委开展的科技调查,与市经委、财委开展的“三项资金”调查等等。

(五)统计咨询

1987—=1988年,襄樊市统计局与襄樊市统计学会组成统计咨询服务小组,针对襄樊市百货批发公司经营的胶鞋占公司销售额的1/5,库存额高达400万元的实际,运用经济订购数量模型,为公司提出了分季节、分品种、分规格等5种库存决策方案,公司创造性采纳了第四种方案,保证了销售概率为98.3%的实施结果。1987年、1988年的胶鞋库存量,分别比上年减少12.86%和18.03%。其中,半胶鞋1988年比1987年减少库存22万双,节约资金121万元,减少银行贷款利息支出10.16万元,减少仓储费用0.99万元,以上三项合计,共增加利润10.16万元,创造了直接经济效益。

2004年,为了高质量地完成全年社会治安综合治理的民意测评工作,市统计局有关人员克服人力、物力和财力上的困难,采取“不打招呼、吃住自理”的方式,进村入户和走进社区,进行问卷调查测评,为市“综治委”提供了优质服务的意见建议。当时,市长李德炳在全年社会综合治理工作的测评报告上批示:“感谢统计局为社会治安民意测评所做的大量调查研究工作,请综治办在评定中作为重要依据。”

(六)统计成果

1989年,襄樊市统计局第一次被省统计局评为全省统计先进单位。1992年,全省年报质量评比中,襄樊市统计局荣获1992年全省统计年报质量优秀奖。刘世秀作为全省统计工作者受到表彰,同时,市统计局的“政务信息”也受到了市政府的表彰。1993年,在省政府统计机构成立四十周年之际,襄樊市统计局再次被评为全省统计系统先进单位。同时,在统计法颁布的十周年之际,襄樊市统计局被评为统计法制工作先进单位,受到省统计局的表彰。2005年,市统计局的综合、核算、固定资产投资、房地产、建筑业、贸易外经、工业交通、人口与社会统计等专业荣获省局综合评比特等奖。其中,市统计局财务管理工作被省局评为先进单位,20多名局公务人员分别受到国家、省和市的表彰。同时,市统计局再次荣获“市级文明单位”“全市工业经济统计先进单位”等荣誉。

(七)统计信息

全市国民经济和社会发展情况,往往要通过正确的统计,才能获得准确的数字。1989 年 2 月 18 日,襄樊市成立统计信息服务培训中心;1992 年,为向市委、市政府和社会各界提供优质服务,市统计局发挥自身的优势,当年所提供的"政务信息",受到了市政府的表彰;有关统计人员,被评为优秀信息员。到 2003 年,市统计局的统计优质服务又上新台阶。全年上报各类信息近 300 条(平均每天接近一条)。其中被各级采用近 200 余条,受到市政府的表彰。

(八)统计分析

把死数字分解破拆转化为活材料,是市统计局工作的重点之一。1978 年,襄樊市国内生产总值 139 600 万元,人均 325 元。到 1986 年,全市达 427 300 万元,人均 924 元,分别是 1978 年的 3.06 倍和 2.84 倍;到 2005 年,全市国内生产总值达 5 923 280 万元,人均 10844 元,分别为 1978 年的 42.43 倍和 33.36 倍;同时,产业结构也日益合理。据统计,1978 年,第一产业、第二产业和第三产业的比重依次分别为 46.74%、32.81%和 20.72%;到 1986 年,分别依次变化为 38.66%、38.83%和 22.51%;而到 2006 年,则分别依次调整为 19.09%、43.24%和 37.68%。第一产业明显比重下降,第三产业比重明显上升(见表 17—3、表 17—4)。

1979—2005 年襄樊市国内生产总值三次产业情况一览

表 17—3　　单位:万元

年份	国内生产总值(现价)	第一产业	第二产业	工 业	第三产业	人均(元/人)
1978	139 600	65000	45400	40900	29100	325
1979	164 334	78502	53811	48400	32021	380
1980	173 600	71200	63100	56200	39300	396
1981	199 500	90500	66600	61300	42400	450
1982	211 400	91000	74400	66200	46000	471
1983	245 500	115800	79700	74100	50000	540
1984	291 700	137200	93800	83300	60700	638
1985	360 000	152100	133000	115700	75000	785
1986	427 300	175600	165100	146100	86600	924
1987	517 400	211400	198100	171700	108000	1097
1988	570 500	209400	232100	206400	129000	1194
1989	652 100	254000	260300	237800	137800	1342
1990	735 200	327800	255000	231363	152400	1471
1991	859 200	370200	303800	265000	388000	1678
1992	1 075 500	440400	389500	350200	245600	2069
1993	1 450 000	531200	539400	488370	379400	2763
1994	1 844 100	674100	650600	540000	519400	3502
1995	2 383 900	832400	889300	782400	662200	4504
1996	2 836 200	980400	1055900	923300	799900	5326
1997	3 144 600	1018300	1192900	1035100	903400	5835

续表

年份	国内生产总值(现价)	第一产业	第二产业	工 业	第三产业	人均(元/人)
1998	3436800	1038400	1360300	1158300	1038100	6433
1999	3484700	994100	1274100	1103000	1216500	6513
2000	3684200	971900	1380800	1212200	1216500	6881
2001	3847500	1024500	1393400	1209400	1429600	7129
2002	4166100	1035000	1534600	1336400	1596500	7689
2003	4500800	1068900	1637000	1450000	1794900	8281
2004	5107731	1172118	1878502	1644170	2057111	9384
2005	5923280	1219147	2465532	2213900	2238601	10844
2006	6751838	1264255	2907340	2588312	2580243	12421

1979—2005 年襄樊市国内生产总值三次产业情况一览

（按可比价计算）

表 17—4　　（单位：万元）

年份	国内生产总值(不变价)	第一产业	第二产业	工 业	第三产业
1978	139 897	65016	45890	—	28991
1979	147 216	67227	50708	—	29281
1980	171 572	72067	66681	—	32824
(以 1980 年为基期)					
1980	173 600	71200	63100	—	39300
1981	177 182	72553	64425	—	40204
1982	192 247	77051	69966	—	45230
1983	211 663	84987	78642	—	48034
1984	254 824	101200	95865	—	57739
1985	318 220	126120	120215	—	71885
1986	352 304	136210	136805	—	79289
1987	414 844	151193	165808	—	97843
1988	418 868	148169	167964	—	102735
1989	424 796	150836	165780	—	108180
1990	438 465	168635	162299	—	107531
(以 1990 年为基期)					
1990	735 200	327800	255000	231363	152400
1991	801 762	346812	281976	254037	172974
1992	922 885	370395	339559	303574	212931
1993	11 28 893	397804	439799	391003	291290
1994	1 278 349	422866	531277	473600	324206
1995	1 455 031	450775	628501	573073	375755
1996	1 619 313	474215	715234	648055	429864
1997	1 783 906	501245	796055	718396	486606
1998	1 947 601	525305	874864	779188	547432

续表

年份	国内生产总值(不变价)	第一产业	第二产业	工 业	第三产业
1999	2026492	509546	922982	845389	593964
2000	2179644	516170	1006550	930664	656924
(以 2000 年为基期)					
2000	3684200	971900	1380800	1212200	1331500
2001	3870880	1003973	1408416	1224811	1458491
2002	4192641	1031080	1556300	1359843	1605261
2003	4492021	1046546	1665241	1480375	1780234
2004	4955280	1080100	1913362	1704279	1961818
2005	5589556	1098462	2327209	2107254	2163885
(以 2005 年为基期)					
2005	5923280	1219147	2465532	2213900	2238601
2006	6631231	1264692	2867822	2552567	2498717
(以 2005 年为基期,以后数据按新国民经济行业划分标准计算)					

2002 年,市统计局被市委、市政府授予市级文明单位。同时,贸易外经科撰写的《启动农村市场,促进经济发展》一文,获 2002 年全省贸易统计分析报告一等奖,《对我市连锁经营情况的调查和思考》《上半年我市外经贸运行情况及对策建议》分析报告获全省贸易统计分析报告特等奖。2003 年,市统计局全局共撰写统计分析 95 篇。

2004 年,《再识襄樊市情市力,把握经济发展新动力》全文收录于工人出版社出版的《当代思想宝库》;《对我市第三产业比重较低成因的分析与建议》被中国新闻出版社编辑出版的《中国党政企干部优秀论文选》全文收录;《以项目年为契机,大项目多元化投资带动襄樊经济跨越式发展》获省局特等奖,《我市工业发展与宜昌、十堰对比》《促进消费,发展经济》等获省局一等奖。

(九)统计执法

1995 年,襄樊全市共查出各类统计违法案件 111 起。其中已结案 97 起,待处理 14 起。在结案中,属经济处罚 67 起,行政处罚 5 起(行政处罚 1 起,后受罚单位主动撤诉,新闻曝光 2 起,通报批评与自我批评 7 起。在 111 起统计违法案件中,市统计局本身立案查处 14 起,经济处罚 11 起,法院强制执行 1 起,新闻曝光 2 起。其中市区某建筑公司,在市统计局催促下,拒不上报有关统计数字,在证据确凿的情况下,市统计局先后下达了统计查询书和罚款通知书后,鉴于该单位又置之不理的实际,市统计局申请市中级法院强制执行,从银行强行划拨罚款 1 万元。同年,市统计局被国家统计局和省统计局授予《执法先进单位》。

1997 年 6 月 5 日,在全国开展统计执法大检查中,市统计局与市监察局、政府法制办联合成立以主管统计工作副市长为组长的全市统计执法大检查领导小组,制订检查方案,公布举报电话,通过新闻媒介的广泛宣传,在各单位自查的基础上,全市共计重点抽查了 461 个单位,查处各类统计违法案件 163 起,立案查处 95 起。在立案查处中,通报批评 12 起,经济罚款 66 起,罚款金额共计 48.5 万元。其中,2 起拒绝经济罚款的统计违法单位,市统计局再一次申请市中级法院予以强制执行。

三、工商行政管理

(一)管理机构

1978年9月,国家恢复工商行政管理部门。1978年11月,工商行政管理业务从商业局分出,成立襄阳地区工商行政管理局。内设办公室、工商、市场、合同4个科室,配备干部23名。1983年10月,襄阳地区工商局与原襄樊市工商局合并,成立襄樊市工商行政管理局(下称市工商局)。内设办公室、政工科、市场管理科、经济合同科、经济监督科、企业管理科、财会科、商标广告科8个科室,工作人员75名。1986年2月,市工商局内设办公室、政工科、市场管理科、经济合同科、经济监察科、企业管理科、商标广告管理科、财会科;同年10月,市区成立樊东工商行政管理分局、樊西工商行政管理分局、襄城工商行政管理分局;郊区工商行政管理分局4个管理分局,机构级别均为正科级。1990年1月,市工商局设立经济检查所和企业登记管理所。市工商局内部机构部分调整,政工科更名为组织人事科,增设宣传教育科、法规调研科、市场管理二科。1991年1月,经襄樊市机构编制委员会(襄机编〔1991〕6号)文批准,增设外资企业登记管理科(与企业管理科合署办公)、审计科。1992年5月,经襄樊市总工会批准,成立襄樊市工商局工会工作委员会。同年,经襄樊市机构编制委员会批准,设立襄樊市汽车产业经济技术开发区工商行政管理分局、12月设立高新技术产业开发区工商行政管理分局,两分局为市工商局的派出机构,不配领导班子。同年9月,设立市工商局新华市场管理处,机构规格为科级,直属市工商局领导。1993年3月,市工商局核定行政编制70名。内设办公室、政工科、财务科、经济检查科、市场管理科、商标广告管理科、企业登记管理科、经济合同管理科。同年5月,又成立市工商局直属专业市场管理所,机构规格为科级。同年6月,财务科更名为财务审计科。1994年6月,根据市编委文件,撤销市汽车产业开发区工商行政管理分局和高新产业开发区工商行政管理分局,改设襄樊汽车产业经济技术开发区工商物价管理局和襄樊高新技术产业开发区工商物价管理局。同年9月,根据市编委文件精神,市工商局增设外资企业登记注册科和个体私营经济管理科;企业登记管理科更名为企业注册科、经济检查科更名为公平交易监督科。1995年12月,根据省政府《关于襄樊市市辖区调整变更的通知》文件精神,襄樊市将原襄城区、樊东区、樊西区、郊区撤销,设立襄樊市襄城区和樊城区。1996年4月,根据上述文件,市工商局将樊东分局、樊西分局、襄城分局、郊区分局撤销归并,成立市工商局襄城区工商行政管理分局、市工商局樊城区工商行政管理分局。机构级别均为科级。1996年2月,根据市编委《关于市工商局成立市场管理稽查大队的批复》文件,成立市工商局市场管理稽查大队,机构规格为科级。1996年6月,襄樊市编委、中共襄樊市纪委、襄樊市监察局联合下发《关于市直机关纪检监察机构设置和人员编制的意见》文件精神,由襄樊市纪委向市工商局派驻纪检组,襄樊市监察局派驻监察室,同时核定襄樊市工商局纪检组、监察室人员编制4名。1997年3月,市工商局内设办公室、政工科、法制科、公平交易科、企业登记监督管理科、外资企业登记监督管理科、商标广告监督管理科、市场监督管理科、个体私营经济监督管理科、经济合同监督管理科、财务科(与审计科合署办公)、直属机关党委、纪检监察室。同年6月,根据市编委《关于市直机关、直属事业单位离退休干部工作机构和人员编制的批复》文件精神,成立市工商局离退休干部科。同年7月,经市编委批准,市区工商所机构规格,由正股级升格为副科级。1998年2月,经襄樊市委、襄樊市编办批准,市工商局襄城分局、市工商局樊城分局、市市场开发服务中心,机构规格由正科级升格为副县级。1998年7月,根据市编委文件精神,襄樊市工商行政管理局企业登记管理所更名为襄樊市工商行政管理局企业注册分局,襄樊市工商行政管理局经济检查所更名为襄樊市工商行政管理局公平交易分局,襄樊市工商行政管理局专业市场管理所更名为襄樊市工商行政管理局直属市场管理分局，机构规格由科级升格为副县级。襄樊市工商行政管理局襄城分局襄阳大市场管理所更名为襄樊市工商行政管理局襄城分局襄阳大市场管理处，机构规格为科级。1998 年 7 月，市工商局成立信息中心。2005 年 9 月后为省工商局信息中心襄樊业务部。

1998 年 12 月 3 日，工商行政管理部门实行省以下垂直管理。次年 6 月，根据湖北省工商行政管理局《关于印发〈襄樊市工商行政管理系统机构编制调整方案〉的通知》精神，襄樊市工商行政管理局调整为省工商行政管理局直属机构，机关内设办公室、法规科、市场规范管理科、合同监管科、商标广告监管科、个体私营经济监管科、外资企业监管科、财务科、人事教育科，同时按有关规定设置了纪检监察室、审计科、机关党委办公室。市直设立登记注册分局、公平交易分局、生产资料生产要素市场管理分局、襄城分局、樊城分局、高新技术开发区分局、汽车产业开发区分局、新华分局、稽查队。其中登记注册分局、公平交易分局、高新技术开发区分局和汽车产业开发区分局为副县级，其他分局(队)为科级；市直设立 22 个基层工商所和 2 个经济检查队。

市工商局下辖襄阳县、枣阳市、宜城市、老河口市、南漳县、谷城县、保康县工商行政管理局，7 个县(市)局均为市工商局的直属机构，级别为正科级。

2001 年 11 月，根据省人民政府《关于全省工商行政管理机关与所办市场彻底脱钩工作的通知》文件，原隶属于市工商局管理的市场开发服务中心及市工商局原所办市场全部以市、县(市)为单位整体移交地方政府。全市共向地方政府移交市场 51 个(自办 30 个、联办 21 个)，建筑面积 21 万平方米，移交市场资产 12 472.1 万元，债务 10 588.49 万元，转岗人员 643 名。

2002 年 1 月，根据省工商行政管理局《关于襄阳县撤县设区后工商行政管理机构、职能有关问题的批复》，在襄阳县撤县设区后，更名为襄樊市襄阳区工商行政管理局，其职能、人事、财务管理权限及体制维持不变。2002 年 9 月，根据省编办、省工商行政管理局《关于印发襄樊市工商行政管理局职能配置、机构设置和人员编制方案的通知》精神，市工商局为省工商行政管理局直属行政机构，正处级，对全市工商行政管理机构实行垂直管理。

市工商局机关内设“八科一室”，即办公室、人事教育科、法规科、外资企业登记注册科、商标广告监管科、个体私营经济监管科、市场规范管理科、合同监管科、财务科，同时按照有关规定，设立了纪检(监察)室、离退休干部管理科(与人事教育科合署办公)、机关党委办公室、工会(与机关党委办公室合署办公)。

市工商局设立 5 个直属专业管理机构。市工商局登记注册分局、市工商局公平交易分局，生产资料生产要素市场管理所更名为专业市场管理分局，3 个分局为副处级；市工商局新华分局、市工商局稽查队，为正科级。

市区按行政区域设立 2 个行政分局、3 个开发区分局，由市工商局直接管理。市工商行政管理局襄城分局，正科级。市工商行政管理局樊城分局，正科级。市工商行政管理局高新技术产业开发区分局，副处级。市工商行政管理局汽车产业开发区分局，副处级。市工商行政管理局鱼梁洲旅游经济开发区分局，副处级。

2005 年年底，全市工商系统在职干部职工 2 468 人。工商所(分局)111 个，其中基层工商所(分局)90 个。

1979—2005 年襄樊市(襄阳地区) 工商行政管理局副县级以上干部

表 17—5

姓名	籍贯	职务	任职时间
申振江	河北邯郸	党组书记	1979.07—1983.12
申振江	河北邯郸	局长	1978.11—1983.12
胡元进	河南阜城	副局长	1978.11—1983.12
肖承洲		副局长	1978.11—1983.12
郭生芝(女)		副局长	1979.3—1983.12
焦刚	山东武城	副局长	1980.2—1983.12
孙喜勤	山东文登	党委书记	1982.5—1983.12
魏吉安		局长	1979.6—1982.05
孙喜勤	山东文登	局长	1982.5—1983.12
郭培均	河南滑县	党委副书记	1979.10—1983.12
刘文瑞	湖北竹山	党委副书记	1980.11—1983.12
王相岑	河南南阳	党委副书记	1980.11—1983.12
陆琦	江苏溧阳	党委副书记	1982.05—1983.12
刘文瑞	湖北竹山	副局长	1979.06—1982.04
夏玉华(女)	湖北襄樊	副局长	1979.06—1983.12
王相岑	河南南阳	副局长	1977.12—1983.12
郭培均	河南滑县	副局长	1979.11—1983.12
陆琦	江苏溧阳	副局长	1982.05—1983.12
戴志刚	河北完县	党组书记	1983.12—1986.01
王天义	湖北襄樊	党委书记	1986.01—1994.06
胡定森	湖北襄樊	党组书记	1994.06—1998.12
戴志刚	河北完县	局长	1983.12—1986.01
许兴才	湖北南漳	局长	1986.01—1989.07
王天义	湖北襄樊	局长	1989.07—1994.06
胡逢潮	湖北襄樊	局长	1994.06—1998.12
胡元进	河南阜城	党组副书记	1983.12—1986.01
许兴才	湖北南漳	党委副书记	1986.01—1989.08
陆琦	江苏溧阳	党委副书记	1986.01—1988.12
王少明	湖北谷城	党组副书记	1990.03—1994.06
胡定森	湖北襄樊	党组副书记	1991.07—1994.06
胡逢潮	湖北襄樊	党组副书记	1994.06—1998.12
陆 琦	江苏溧阳	副局长	1983.12—1988.12
胡元进	河南阜城	副局长	1983.12—1986.01
王天义	湖北襄樊	副局长	1983.12—1986.01
王少明	湖北谷城	副局长	1985.04—1993.12
褚兴炳	湖北保康	副局长	1986.01—1993.12
胡逢潮	湖北襄樊	副局长	1989.08—1994.06
王肃平	湖北襄樊	副局长	1994.06—1998.12
夏治合	湖北随州	副局长	1994.04—1998.12
姜学先	湖北枣阳	副局长	1996.03—1998.12

续表

姓名	籍贯	职务	任职时间
李建峰	湖北襄樊	副局长	1996.09—1998.12
王相岑	河南南阳	纪检组长	1983.12—1986.01
陈再华	湖北南漳	纪检组长	1986.01—1994.06
王肃平	湖北襄樊	纪检组长	1994.06—1997.04
孔繁刚	湖北谷城	纪检组长	1997.04—1998.12
陈德智	湖北随州	总经济师	1997.04—1998.12
汪群章	湖北老河口	工会主任	1998.06—1998.12
胡定森	湖北襄樊	党组书记	1998.12—1999.07
胡逢潮	湖北襄樊	党组书记	1999.07—2004.01
佘秀强	湖北秭归	党组书记	2004.01—至今
胡逢潮	湖北襄樊	局长	1998.12—2004.01
佘秀强	湖北秭归	局长	2004.01—至今
胡逢潮	湖北襄樊	党组副书记	1998.12—1999.07
王肃平	湖北襄樊	副局长	1994.06—1998.12
夏治合	湖北随州	副局长	1994.04—1998.12
姜学先	湖北枣阳	副局长	1996.03—1998.12
李建峰	湖北襄樊	副局长	1996.09—1998.12
潘明华	湖北襄阳	副局长	1998.12—2000.05
胡家平	湖北黄石	副局长	2002.09—2004.12
陆勤达	江苏宜兴	副局长	2002.09—至今
李国华	湖北汉川	副局长	2004.04—至今
张敬鸿	湖北荆门	副局长	2004.12—至今
孔繁刚	湖北谷城	纪检组长	1998.12—2000.05
潘明华	湖北襄阳	纪检组长	2000.05—2002.09
汪群章	湖北老河口	纪检组长	2002.09—至今
陈德智	湖北随州	总经济师	1998.12—1999.06
汪群章	湖北老河口	工会主任	1998.12—2000.12

（二）市场管理

1.市场建设

1979 年，全市城乡集贸市场 210 处。到 1985 年，全市投资近 300 万元用于市场建设和交易环境改善，发展集市网点 521 处，比 1979 年增加 311 处；集市贸易成交额 4.95 亿元，占当年社会商品零售总额 23.8%；个体工商户 78374 户，从业 128593 人，分别比 1979 年增长 62 倍和 83 倍。1986 年，市工商局完成市场建设 24500 平方米，集贸市场成交额 66344.77 万元。同年 8 月 12 日，市区中原路工业品市场开业，建筑面积 4400 平方米。同年 9 月 28 日，市区新华路农贸市场开业，建筑面积 3000 平方米。1987 年 2 月，为加快市场建设步伐，市政府在枣阳召开由各县（市）、区长参加的全市市场建设管理现场会。制定集贸市场建设“大家办、大发展”方针。随后，各级工商部门相应制定了市场发展远期规划和近期目标，投入市场建设资金 500 多万元，市场建设面积 25.8 万平方米。其中，新建市场28 个，12.

万平方米；改扩建市场 15 个 4 万平方米；在建市场 14 个 9 万平方米。全市集贸网点 670个，集市贸易成交额达 8.04 亿元。同年，市政府办公会议纪要文件，对市场建设场地、资金、搬迁作了明确规定。其中，市场建设的六条集资渠道是各县(市)财政拨款；税务部门每年从集市贸易税 30%的留成中返还10%用于市场建设；城建部门每年从城市商业网点配套费中提取 5%用于市场建设；银行拿出一定贷款用于市场建设；采取社会集资入股办法建设市场；工商部门每年的市场管理费主要用于市场建设。1987—1990 年，6 项市场建设集资共 3266 万元。1987 年 12 月 31 日，由个体工商户集资 42 万元，工商部门投资 8 万元，在市长征路和大庆路之间建成的面积 4116 平方米的长庆市场开业，摊位 300 个，经营范围包括服装、鞋帽、针织、日用小百货等。1988 年 2 月 22 日，长庆市场顶棚在特大风雪中垮塌。樊东工商分局投资 40 万元对市场进行修复加固，使其于 1989 年 12 月 8 日再次投入使用。1988 年，全市共投资 252.11 万元，用于新建市场 15 个，改造市场 17 个，全年集市成交额 9.49 亿元。1990 年，全市采取多渠道投资 376.89 万元，新建市场 12 个，新增市场面积 35543 平方米，改扩建市场 17 个，扩大市场面积 31860 平方米。截至年底，全市共有集贸市场 460 个，总面积 96.51 万平方米，初步形成了大中小相结合，批发与零售相结合，综合与专业相结合的市场网络。全市集市贸易年成交额 12.44 亿元，相当于全市社会商品零售总额的 26.75%。市工商局制定了“八五”市场规划，市区 40 个市场网点列入市区城市建设规划。

1991 年，市政府印发《关于加强市区农贸市场建设和管理的通知》，鼓励和支持多渠道、多途径、多方面筹集资金，建设市场。全年市场建设投资 956.86 万元，累计市场建设投资达 3739.88 万元。其中市场管理费投入 2072.55 万元，财政拨付 421.39 万元，社会集资 561.49 万元，其他类投资 684.45 万元。新增市场面积 28500 平方米，总面积达 105.5 万平方米。其中室内市场面积 57074 平方米。全市有集贸市场 481 个。其中，综合市场 400 个，工业品专业市场 71 个，农副产品专业市场 7 个，废旧品市场1 个，其他专业市场 2 个，集贸市场成交总额 13.786 亿元，占社会商品零售总额 27.32%。4 月，前进小商品开业，面积 2000 平方米，摊位 243 个，从业人员 500 余人，经营品种有 30 多个大类，5000 多个品种。1992 年 9 月 16 日，市政府印发《关于进一步加快市场建设的决定》。全市市场发展到 512 个，累计投资金额 1.25 亿元。其中，集贸市场 505 个，投资金额 1.1 亿元，生产资料市场 7 个，投资金额 1555万元。集市贸易成交额 15.6 亿元,集贸市场零售额占社会商品零售总额的 32.96%。其中综合集贸市场为 11.6 亿元，农副产品专业市场 0.46 亿元，工业品专业市场 3.45 亿元，废旧品专业市场 0.08 亿元。市区新华市场投资 1800 万元，于 1992 年 11 月 22 日开业，占地面积 0.867 万平方米，五层建筑面积 2.25 万平方米，是集工业品、游乐等为一体的综合市场。老河口兴建了占地面积 3 平方千米，内设六大商贸市场的楚孟商城。1993 年 3 月 18、19 日，市委、市政府召开各县(市)、区长、财委主任、工商局长、市直有关部门领导参加的全市市场建设工作会议，进一步推动市场建设发展。全市新建、扩建、改建市场 27 个，面积 135 万平方米，新增市场面积 37187 平方米、室内市场面积 16.63 万平方米。全市市场建设投资累计达到 1.49 亿元，其中市场管理费投入 4639.93 万元、财政拨付 540.39 万元、社会集资 4 903.32 万元、其他类投资 4 826.47 万元。全市集贸市场总数 529 个，其中综合集贸市场 418个、工业品专业市场 79 个、农副产品专业市场 20 个、废旧品专业市场 3 个、其他专业市场 9 个。集贸市场总成交额 19.88 亿元。由施营村新华实业公司投资 350 万元兴建的农贸市场，建筑面积 3 000 平方米，主营农副产品。同年 6 月，市委、市政府组织力量，将原长庆市场经营户转入新华市场经营。1994 年，新建、改建、扩建各类市场 31 个，新增市场面积 2.3 万平方米，各类市场总数达 541 个，总面积 199 万平方米，总投资达 1.5 亿元，市场成交额 29.88 亿元。市区新华市场经营户达 2 500 户，6 000多人，年成交额达 5 亿元。1995 年，新建、改建、扩建各类市场 24 个，新增市场面积 12 万平方米，全市市场成交额 33 亿元。投资 400 多万元对新华、中原、前进、商园等 14 个市场进行改扩建。筹集资金300 多万元，对新华市场实施二期扩建，增加市场面积 700 平方米，摊位近 400 个，从业个体户达到 3

000 多户，人员 6 000 多人，日流量 3 万多人，年成交额 8 亿元，为国家创税费 600 万元。中原市场、东风路副食一条街年成交额达 1 亿元以上。市区前进市场、水果批发市场、南方家具市场、老河口商业一条街、谷城石花商城、枣阳商园市场、光武市场、襄阳双钩市场等年成交额达 5 000 万元以上。樊东工商分局帮助市果品公司和市食品厂利用闲置场地兴办了三元路水果蔬菜批发市场和东风路食品市场。樊西工商分局帮助市家具厂，利用闲置厂房兴建了南方家俱市场。市区新建一招工业品市场、常青市场、檀溪湖市场、军纺大市场、旧机动车辆交易市场等 6 个。1996 年，新建、改建、扩建各类市场 15 个，新增市场面积 5 万平方米，总面积 167 万平方米，全市市场年成交额 39.5 亿元，其中市区 13.5 亿元。投资 1 500 万元兴建的新华市场东大楼基本完工，面积 12 000 平方米；投资 20 万元改建的新华停车场，面积 4 700 平方米；投资 1 000 万元兴建的新华西大楼，面积 10 000 平方米。新华市场年成交额为 10 亿元，中原、东风路市场年成交额为 2 亿元，光武、商园、孟楼、双钩、南方、米公、大世界、前进水果等市场年成交额近亿元。1997 年，实施“市场帮困工程”，帮扶市土产公司、市火柴厂、市保温材料厂、市日杂公司等困难企业建设和搞活市场 4 个。建成并投入使用的还有襄城区襄阳农贸大市场。全市有 10 个市场年成交额过亿元。同年 1 月 8 日，白鹤市场投入使用，占地 4918 平方米，建筑面积 14 200 平方米，摊位 1 300 多个，以经营小百货为主。投资 350 万元兴建的光明农贸市场投入使用，占地 5 000 平方米，建筑面积 3 778 平方米，可容纳经营户 312 户。截至 1997 年年底，全市共有各类商品交易市场 459 个。其中消费品市场 455 个（含消费品综合市场 225 个、农副产品市场 144 个、工业消费品市场 86 个），生产资料市场 4 个（生产资料综合市场 2 个、工业生产资料市场 2 个）。全市各类商品市场年成交额 485 913 万元。其中，消费品市场年成交额 476 077 万元（综合市场 194 905 万元、农副产品市场 83 336 万元、工业消费品市场 197 836 万元），生产资料市场年成交额 9 836 万元（综合市场 9 500 万元、工业生产资料市场 336 万元）。1998 年，全市新发展市场 36 个，市场总数 495 个；新增市场面积 35 万平方米，面积总数 210 万平方米；市场年成交额 54.6 亿元，比上年增长 12.35%。其中市区新发展市场 17 个，总数为 70 个；新增市场面积 13 万平方米，总数为 51 万平方米；市场年成交额 21.5 亿元，比上年增长 10.8%。1999年，为帮助困难企业，新建了钢材市场、电脑市场、竹木市场、粮食市场、家具市场等 10 个，面积 3 万平方米，累计帮助 45 家困难企业建设市场 48 个，盘活闲置资产 4 亿元。

2000 年，帮助困难企业利用闲散场地兴建大桥口农贸市场、襄城旧机动车交易市场等 10 个。全市消费品市场总数 415 个，年成交额为 720 697 万元，其中消费品综合市场 156 个，年成交额 165 375 万元；农副产品市场 142 个，年成交额 278949 万元；工业消费品市场 100 个，年成交额 271 916 万元。生产资料市场总数 25 个，年成交额 26 293 万元。其中生产资料综合市场 6 个，年成交额 13 935 万元；工业生产资料市场 12 个，年成交额 12 358 万元；农业生产资料市场 7 个。新华市场年成交额达到 11.15 亿元。2001 年，全市工商部门自办、联办的 50 个市场，建筑面积 21 万平方米，总资产 1.64 亿元，市场债务 1.07 亿元，市场净资产5624 万元，全部划归各级市场服务中心。全市消费品市场总数 409 个，其中消费品综合市场 146 个，农副产品市场 145 个、工业消费品市场 101 个，其他 17 个；消费品市场年成交额 674 454 万元，其中消费品综合市场 187 831 万元、农副产品市场 276 100 万元、工业消费品市场 202 308 万元、其他 8 215 万元。生产资料市场总数 24 个，其中生产资料综合市场 5 个，工业生产资料市场 13 个，农业生产资料市场 6 个；生产资料市场年成交额 29 979 万元，其中生产资料综合市场 16 821 万元、工业生产资料市场 13 158 万元。2002 年，全市消费品市场总数 321 个，其中消费品综合市场 98 个、农副产品市场 133个、工业消费品市场 80 个、其他 10 个；消费品市场年成交额 789 652 万元，其中消费品综合市场 182 251 万元、农副产品市场 298 970 万元、工业消费品市场 302 157 万元、其他 6 274 万元。生产资料市场总数 23 个，其中生产资料综合市场 5 个、工业生产资料市场 11 个、农业生产资料市场 7 个；生产资料市场年成交额 35 100 万元。其中，生产资料综合市场 19 300 万元，工业生产资料市场 15 800 万元。消费品市场减少的主要原因是：工矿及国营商业企业改制，大批职工下岗，社会购买力下降，导致消费品市场交易不景气。

2.市场监管

1979年后，工商行政部门推行市场管理承包责任制。市场监管；通过开展创建文明集市活动，鼓励经营单位竞相开展优质服务；通过个体劳动者协会促进文明经商、公平交易；通过加强市场监管，打击倒卖、套购国家计划物质及走私贩私、买空卖空、以假充真、无证经营等行为。

(1)集贸市场管理

1985年，根据湖北省工商局《关于加强今冬明春集市贸易管理的通知》，加强了元旦、春节旺季市场管理。在农贸市场设公平秤，对短斤少两行为，以“差一补一罚十”的办法处理；对不合格的秤，一律进行没收销毁。1985年12月15日—1986年2月15日，禁止“大批量购买户”和“经营大户”，在集市上大批量购买肉鱼禽蛋和紧俏蔬菜，以防止引发商品短缺物价暴涨；对不占用集贸场地和设施的国营摊点，一律不收市场管理费。1986年，市工商局对市场上欺行霸市违法行为积极进行查处，打击和取缔“市霸”116人，教育办证51人。1987年，市工商局印发《关于加强市场整顿的通知》和《关于加强市场管理的通告》，先后清理整顿423个较大的城乡集贸市场，取缔各类“市霸”830人，批评教育1236人，没收不合格度量衡器2428杆(台)。1988年，市工商局在市场管理中着重开展了“五项治理”。对扰乱集市价格、强买强卖、短斤少两、掺杂使假、乱摆乱放、卫生脏乱差等进行了治理。制定建立了市场管理人员工作纪律和工作责任制。1989年，市工商局制定并试行了市场规范化管理具体标准，要求各市场配置复秤台、宣传牌等基本服务设施。有些市场还增设了出租货架、器具，实行商品标价、信誉卡制度。同时，加大市场检查力度，没收不合格食品3827袋，销毁变质肉禽蛋2395公斤，收缴不合格度量衡器98杆(台)，打击了强买强卖、欺行霸市等不法行为。1990年，市工商局修改完善了《城乡集贸市场规范化管理标准》。把规范化管理标准加以量化，实行百分考核制。按照不同类型市场，分类登记、分类指导、分层管理。按照“放而有度，管而有法，活而有序”的原则，重点抓了脏、乱、差的市场治理工作。1991年，按照国家工商局“拓宽监督管理的广度，增强监督管理的深度，强化监督管理的力度”的指导思想和“放而有度、管而有法、活而有序”的原则，市工商局参与和推动各类市场的培育和发展。全市各类市场共查处违法违章案件2140起。其中，城市713起，农村1427起。1992年，市工商局查处市场违法行为3132起。其中，城市1451起，农村1681起。1993年，市工商局确定为“市场管理年”。对市场管理，实行量化评分奖惩兑现。共查处各类市场违法违章案件4749起。其中城市320起，农村4429起。1994年，根据国家工商局《关于开展商品交易市场登记管理暂行办法》和省政府办《关于开展商品交易市场登记管理工作的通知》精神，市工商局向市政府写出《关于加强商品交易市场登记管理工作》的专题报告，市政府批转执行。市工商局完成全市163个市场登记发证工作。针对市场粮食、肉禽、蔬菜等农副产品价格上涨过快过高的情况，市工商局及时印发了《关于搞活管好淡季市场平抑蔬菜价格的通知》和《关于加强旺季市场管理平抑市场价格的通知》，进一步加强对集贸市场交易行为的监督管理。要求所有市场设置执法台、复秤台、咨询服务台，为消费者服务。对欺行霸市、哄抬物价、短斤缺两、掺杂使假、注水肉禽、垄断市场、强买强卖、操纵市场的“菜霸”“肉霸”进行了严厉打处。同年8月25日至9月30日，对自产自销的菜农和外地长途贩运到襄樊市的贩运户免收市场管理费。1995年元旦和春节期间，市工商局组织开展“打假保节日”专项斗争。打击哄抬物价、短斤少两、掺杂使假、欺行霸市的违法行为，收缴处理掺沙鸡500多只，注水肉900多公斤。11月，在市区主要大型农贸市场开展了创建“无假冒集贸市场”活动，在市区米公、丹东、襄阳、胜利街4个大中型农贸市场实行了“购假先赔”制度，消费者在规定的集贸市场购买到假冒伪劣商品，可找到所在工商所要求赔偿。在鼓励农民长途贩运的同时，市工商局积极帮助个体贩运大户组织货源，为菜农进场划出直销区。全年查处“菜霸、肉霸、鱼霸”100多个，没收活青蛙250公斤，为菜农组织引进蔬菜等主要农副产品300万公斤。1996年，市工商局在全市所有集贸市场设立了执法台、复秤台(复尺台)、消费者投诉台，打击掺杂使假、短斤少两、欺行霸市、哄抬物价的“菜霸、肉霸、鱼霸”。全年查处“三霸”50多户，收缴未经检验检疫的白条猪肉250多公斤，没收青蛙5000多只、蛇200多条。

1997年3月，为创造良好的经营环境和规范的经营秩序，市工商局制定了市场日常监督管理标准和考核办法。1998年，市工商局转迁马路市场6个，累计转迁马路市场34个。制定下发《集贸市场管理规范》，要求在各大农贸市场继续推行购假先赔、净菜上市和袋装垃圾“三位一体”的规范化管理，开展“卫生好、秩序好、管理好、服务好、环境好、效益好”文明市场创建活动。经营户在集贸市场登记率达95%。1999年，市工商局抽调10余名干部，组成3个工作专班，分别到市辖各县(市)、区18个市场，进行节日市场整治，检查经营户1 399户，捣毁制假窝点4个，查处假冒伪劣案件62起，案值6万元。2000年，市工商局在节日市场整顿工作中，检查各类经营户1518家，查处假冒伪劣商品案件12起，捣毁制假窝点13个，集中销毁假冒名优烟近万条，假冒名优酒2000多瓶，连同劣质饮料、食品等，案值近千万元，为消费者挽回经济损失240万元。全年共查处商品交易市场违法案件1581起，其中短尺少秤406件，假冒伪劣149件，掺杂使假81件，出售违禁商品39件。2001年，市工商局印发《关于组织开展“打假保节日”专项整治行动的具体安排意见》，以放心的“吃穿用”为主题，以各类御寒商品、食品和节日用品为重点，狠抓旺季市场管理。全年共查处商品交易市场违法违章案件1236件。其中，短尺少秤229件，掺杂使假109件，假冒伪劣103件，出售违禁商品13件。2002年，根据国务院提出的“全面检查，突出重点，严格监管，完善制度，标本兼治”的要求，市工商局坚持整顿与规范并举，对集贸市场进行专项整治，加强分类指导，强化行政执法。对有严重违法违规问题的市场，重点抓查处，依法坚决打击；对制度不完善、管理跟不上的市场，重点抓规范，注重教育和整改。全系统共检查各类集贸市场361个，查处各类经济违法违章案件1081起，取缔无照经营601户，补办营业执照260户。2003年，市工商局印发《流通领域商品质量管理办法》和《商品交易市场“五制式”规范长效管理机制》等文件，对樊城区中南板材市场、再尔电器广场、广益量贩店、云集农贸市场和高新区长虹食品城，涉及人体健康和人身财产安全的重点商品，明确商品经营者、市场开办者和工商部门三方在商品质量监管中的责任，实行“三方联动”管理，得到国家工商总局和湖北省工商局的肯定。市工商局被国家工商总局确定为，全国工商系统流通领域商品质量管理8个联系点之一。同年4月4日至6月9日，市工商局分别印发《关于继续深入开展集贸市场专项整治工作的通知》和《关于加强农贸市场管理严厉打击短斤少两违法行为的紧急通知》，主要对肉食品市场的短斤少两行为进行整治，查处未经批准的地下屠宰点7处，没收白条猪肉400多公斤，病害猪肉173公斤，收缴不合格杆秤23支、小型台秤5台。同年6—9月，市工商局根据湖北省工商局、省农业厅《关于开展打击违法猎捕和经营野生动物行为专项执法行动的通知》精神，会同地方林业、公安等相关部门，重点对农贸市场、宾馆、饭店、餐馆违法经营野生动物情况进行了全面整治，收缴野生青蛙9 000余只、野生蛇41条、野生草兔11只、环颈雉4只、刺猬2只、中华花龟12只，查扣国家一级野生保护动物中华鲟4条。8月12日，市工商局印发《关于对商品交易市场实施登记注册的通知》，取消“市场登记证”，对商品交易市场实施登记注册。

2004年，市工商局先后开展夏季饮料市场、食品市场、奶粉及粉丝市场、米粉及面条市场、面粉市场、阻击禽流感、防治口蹄疫等专项整治行动，设置宣传栏150余处，检查农贸市场110多个，查处劣质奶粉大案2起，封存查扣涉嫌不合格奶粉19880余袋(包)，收缴涉及国内知名品牌的假酒和饮料16种，共847件，涉嫌劣质粉丝品种21个。2005年7—8月，市工商局开展集贸市场专项整治行动，受理解决消费者投诉57起，立案45件，没收假冒名酒703瓶及外包装盒2 045个，假烟9条，劣质过期食品1 176袋，劣质散装食品134公斤，劣质过期饮料4 280瓶，假牛奶30余件，次品盐14.4吨，注水肉 320 余公斤，青蛙及青蛙肉 125 余公斤，制止短斤少两等欺诈消费者行为 47 起。同年 11 月，针对防控高致病性禽流感工作的严峻形势，市工商局迅速启动禽流感市场管理应急预案，进一步加大禽类产品交易市场监管力度。

（2）粮食棉花市场管理

1990 年，市工商局配合有关部门，加强对粮食棉花等重要商品的治理整顿。1991 年，市工商局采取四条措施，保持贯彻国家有关农副产品和工业小商品购销政策的连续性和稳定性。一是凡国家放开商品和非违禁品均可上市，一律由市场调解，不随意限制品种和价格；二是支持各种经济成分依法上市交易，平等自由竞争；三是稳定贩运政策，进一步发展长短途贩运；四是坚决治理“三乱”，反对地域、行业分割市场的做法，突破贸易壁垒。1994 年，根据省工商局《关于加强粮食市场监督管理的通知》要求，市工商局对已登记注册的粮食批发企业，从三个方面再次进行审查：要有一定的资信和自有资金，从事粮食批发经营时间一年以上；要有必要的固定场地、仓容和检验手段等经营措施；要有一定的库存量，并承担社会责任。对符合以上条件的粮食批发企业，经粮食工商行政机关审查同意后，重新办理登记手续。加强对粮油批发市场和集贸市场粮油、蔬菜交易行为的监督管理，取缔无照经营，对囤积居奇、欺行霸市、哄抬物价、掺杂使假、压级压价、场外交易等扰乱粮食市场的行为，进行了严厉查处。积极支持在县以上主产区和主销区建立和完善粮食批发市场，继续搞好以集贸市场为依托的粮油初级市场。坚持棉花由供销社统一收购、统一经营，实行统一定价、不放开棉花市场的原则，严格棉花收购行为。查扣棉花 99.69 吨，掺假油料 87 吨。1998 年，国务院《粮食收购条例》颁布实施后，市工商局先后制定下发《关于开展粮食市场管理确保夏粮收购落实到位的通知》《关于开展整治严重扰乱市场秩序专项行动的通知》和《关于理顺粮食经营渠道强化粮食市场管理的通知》，以管住管好粮食收购市场为重点，加强对粮食收购、粮食加工企业、粮食批发市场、集贸市场和粮食运输 5 个环节的监管。先后抽调 7 000 多人次，深入市场，深入农村，清理经营企业（个体户）1 328 户。其中国有企业 457 户，个体私营企业 871 户，依法变更 478 户，取缔非法经营 54 户；查处违反粮食管理规定的案件 347 起，没收粮食 1792 吨，移交国有粮食收储企业 2 850 吨。1999 年，按照国家、省粮食流通体制改革会议精神和部署，加大监管力度，清理粮食经营企业 1 045 户。其中国有粮食经营企业 210 户，个体私营企业 835 户；查处违反粮食管理规定的案件 236 起，没收和暂扣粮食 1 453 吨。2000 年，按照国家工商总局《关于对进一步管好粮食收购市场促进搞活粮食流通有关政策说明的通知》要求，和省工商局的部署，市工商局制定了《粮食市场运销凭证查验规定》。全市工商系统共重新核发“企业粮食收购资格证”313 家，取消不合格粮食经营企业 60 家，变更其他经营的 210 家，查处粮食违法购销案件 147 起，没收违法经营的粮食达 91.5 吨。2001 年，进一步深化粮食流通体制改革，严格执行“粮食收购资格证”的发放和准入制度，全市换发“粮食收购资格证”295 个，依法取缔 60 家，查处违法收购和经营粮食案件 147 起。

进一步深化棉花流通体制改革，执行“棉花收购加工与市场管理暂行办法”，严把资格认定关和市场准入关。第一批为 6 家企业核发了《棉花收购加工经营资格证》，查出非法经营棉花企业 6 家，个体经营户 15 户，没收销毁国家明令淘汰的小轧花机 16 台，土打包机 50 台，查获掺假棉花 60 吨。2002 年，根据国务院《关于进一步深化粮食流通体制改革的意见》和省政府《关于进一步深化粮食流通体制改革的意见》精神，严格实行资格审批制度。全市核发粮食经营企业执照 100 多家，粮食经营个体执照 300 多家；查处粮食违法案件 76 起，取缔无照经营户 80 多家，查处违法收购陈化粮 800 多吨。核发《棉花收购加工经营资格证》89 份，立案查处非法经营棉花的个体工商户 35 家。2004 年，针对养殖及原料加工业对陈化粮需求较大，陈化粮市场日渐活跃的现状，按照国家工商总局和湖北省工商局关于陈化粮市场监管工作的一系列指示精神，制定了《襄樊市工商局陈化粮监督管理暂行办法》，突出陈化粮出库和陈化粮企业使用两个监管重点，强化陈化粮市场监管工作。宜城市工商局对该市国家粮食储备库，在无国家陈化粮销售计划的情况下，擅自倒卖陈化粮 2 043 574 公斤，涉及金额 1 698 605.20 元的行为，依法予以查处。对符合条件的 205 家企业，换发新的“棉花收购加工经营资格证”。新发展棉花收购加工企业 3 家，注销 4 家。2005 年，对符合条件的 210 户棉花收购加工企业换发了新的“棉花收购加工经营资格证”。全市注销棉花收购加工企业 9 户。

（3）生产资料市场管理

1985 年 7 月 20 日，市计划委员会、市工商局、市交通局、市公安局联合下发《关于加强废钢铁管理工作的暂行规定》，明确废钢铁的回收由物资局、供销社经营部门经营，其他单位和个人不得经营，严禁倒买倒卖和计划外擅自处理回收的废钢铁。根据国务院《关于坚决制止就地转手倒卖活动的通知》精神，市工商局加强对 24 种重要生产资料监管，查处各种投机倒把案 157 件。抽调 583 名工商干部，对生产经营拼装汽车、拖拉机等假冒伪劣商品违法行为进行查处。1987 年，市工商局与市建委等部门联合制定《襄樊市外地施工企业管理实施细则》，对 162 个施工企业和 333 个施工项目进行清理，查处生产资料的钢材 590 吨、汽车 80 辆、化肥 169 吨、水泥 6 489 吨、柴油 29.吨、汽油 184 吨、木材 161 立方米。1988 年，市工商局加大对倒卖重要生产资料的查处力度，罚没汽车 233 台、钢材 1 047.5 吨、有色金属 40.2 吨、汽油 62.3 吨、柴油 60.7 吨、水泥 600 吨、木材 3 000 立方米、化肥 2 041.2 吨、农药 123 吨、地膜 30 吨、粮票 6 273 公斤、国库券 38 879 元。1989 年，市工商局查处倒买倒卖重要生产资料案件 269 起。清理钢材市场经营单位 152 户，保留 387 户；汽车交易市场经营单位 93 家，保留 33 家。验证盖章各种车辆 2 211 台，成交额 595 多万元；查处报废汽车案件 5 起，倒卖汽车案件 3 起。1990 年 8 月 25 日，按照“市区统一管理，县市分级管理”的机构模式，市工商局成立专司市区生产资料市场管理的专业机构，重点加强对汽车、钢材、废旧金属、建筑、煤炭等 5 个生产资料市场的监管。查处就地转手倒卖重要生产资料的违法行为 167 起，查获钢材 2 572 吨、石油 978 吨、煤炭 24 390 吨、化肥 1 741 吨、木材 312 立方米、纯碱 377 吨；验证新旧汽车、拖拉机 3 338 辆，成交额 1.19 亿元；验证盖章钢材 1.2 万吨，金额 2.32 亿元；审查鉴定建筑合同和经销供货合同 1 520 份。1991 年，市工商局制定《襄樊市汽车交易市场管理实施细则》，加强和改善机动车交易市场监督管理，查处违法案件 43 起。全市汽车交易验证盖章 4651 台，成交额 2.43 亿元；旧机动车交易验证盖章 850 台，成交额 876 万元。1992年，全市各级工商部门培育房屋租赁市场和钢材市场，并介入其管理。审验钢材成交量25 507 吨，成交额 1.3 亿元；审查鉴证各类房屋租赁合同和建筑安装承包合同，以及其他重要生产资料购销合同2 339份，核发和变更房屋租赁《营业执照》2 313份，查处案件18起。全年查获劣质化肥8 700 吨。1993 年，全市各级工商部门加强对房地产、汽车和建筑市场的监督管理。鉴证房地产租赁合同 3 252 份；对全市 44 家汽车经营单位和 147 家建筑企业进行日常检查和抽查，查处了一批违法行为。打击破坏工农业生产的假冒伪劣商品制售活动，查获种子 117 381 公斤、化肥 1 566 吨、农药 255.3 吨、农膜 9 吨，非法进口汽车 8 辆，拼装汽车 272 辆。1994 年，按照国务院和湖北省政府关于原油、成品油流通体制改革的通知要求，市工商局开展成品油市场整顿工作，理顺成品油流通秩序。依法取缔 153 个单位的成品油批发经营资格，83 个加油站（点）的零售经营资格。新建生产资料市场 4 个。验证各类新旧机动车20 895辆，成交额15.8亿元；审查和鉴证建筑安装合同和房屋租赁合同3 860 份；核发房屋出租营业执照 940 份；查处和移交各类违法案件 285 起。其中查处拼装汽车 14 辆，取缔无证经营生产资料和违法经营的企业 460 家。根据国务院《加强化肥农药农贸经营管理的通知》规定，除供销社农资公司、化肥生产企业、农垦部门、农业三站（植保站、土肥站、农技推广站）以外，其他单位和个人不得经营化肥、农药、农膜，对过去已办理营业执照，不应经营农资商品的单位和个人，市工商局重新进行了核查，换发了其他营业执照。按照市政府《关于进一步加强农资市场管理的通知》和《关于贯彻落实化肥等农业生产资料流通体制改革实施意见的通知》要求，市工商局加强农资市场监督管理，查处劣质化肥 870 吨、农药 27 吨、种子 2 300 公斤。1995 年，市工商局在春耕秋播季节，开展农资市场专项治理，查处假冒伪劣农药 26 吨、化肥 499 吨、种子 530 公斤。1996 年，市工商局开展农资市场专项执法治理活动，成立支农打假专班24个，出动人员1 500多人次，检查农资经营单位1 522 家，查处各类农资违法经营案件 165 起，捣毁制假窝点 57 个，取缔无照经营户 197 家，查获假冒伪劣农药 20 吨，化肥 475 吨，种子 1 000 公斤。1997 年，市工商局下发《关于进一步加强农资市场管理的通知》，开展"打假保农业"市场整治活动，查处假劣农资案件 32 件，捣毁制假窝点 17 个，查获假冒伪劣农药 2.95 吨，化肥 338 吨、农膜 7 970 公斤、农机配件 150 件，各种假冒伪劣农资商品案值 51.64 万元。1998 年，市工商局围绕"为了农村消费者"主题，开展"打假保农"专项行动。查处假劣农资案件 46 起，查获假劣农药 252 吨、化肥 530 吨、地膜 150.4 吨，案值 327 万元。组织假冒伪劣农资商品销毁现场会 2 次。1999 年，开展"红盾打假护农"活动，立案查处假冒伪劣农资案件 10 起，取缔经营户 6 家，没收假冒伪劣种子、化肥等价值 22 万元。2000 年，继续开展"红盾打假护农"活动，清理农资经营单位 629 家，查处违法农资案件 74 起，查缴假种子 2.58 吨、假冒化肥 520 吨、假农药 2.4 吨。2001 年，市工商局印发《关于开展"打假保秋播"专项整治行动的紧急通知》，查处农资违法案件 359 件，取缔制假窝点 27 个，查获假劣种子 13 350 公斤，农药、农膜、化肥 247 吨。2002 年 6 月中旬，全市工商系统开展"打假保安全生产"农资市场专项整治活动。各地工商部门突击检查农资市场及农资经营单位，重点打击消费者反映强烈的制售假劣农药、化肥、种子等突出问题。全市检查农资经营单位 320 个，查处农资案件 38 件，取缔捣毁制假售假窝点 12 个，查处假劣种子 8.2 万公斤、农药 5 000 公斤、化肥 8 000 公斤。按照国务院、省、市政府的安排部署，市工商局在市成品油整治办的指导下，加强与石油、质监、公安等部门的配合，开展成品油市场专项整治行动。检查加油站 315 座，清理无照加油站 50 座。9 月，市工商局开展以汽车、摩托车配件市场专项整治为核心的打假保安全行驶战役。对汽车、摩托车配件市场进行拉网式检查，查扣假冒或仿冒汽车、摩托车配件 70 多件(套)。2003 年，全市工商系统开展"打假保秋播"专项整治行动。截至同年 11 月 18 日，共受理投诉 43 件，立案调查 28 件，捣毁制假窝点 4 个，查获假种子 3 744 公斤、化肥 210 吨、农药 210 公斤、饲料 0.5 吨、农机配件 5 台(套)。同年 4 月 13 日，市工商局与市公安部门联合出击，在高新区邓城大道附近，捣毁一非法倒卖报废机动车窝点，查获旧机动车 8 台、废旧轮胎 420 个、旧发动机 10 个。2004 年，市工商局组织开展"打假护农保春耕"农资市场专项整治工作；根据省局开展"红盾护农行动"实施方案的部署和要求，又开展"打假保秋播"专项整治工作。全年检查农资经营单位(个人)878 家，查处农资违法违章案件 79 起，罚没款 20.8 万元，捣毁制假售假窝点 18 个，为农民挽回经济损失 56 万多元。2005 年，市工商局以种子、肥料、农药及农机具零配件为重点开展"2005 红盾护农"行动。查获假劣化肥 6 000 余吨、不合格农药 800 公斤、有问题的农机具及其配件 23 台(件)。督促农资经营者建立健全"两账两票一卡一书"制度(即进销货台帐、进销货发票、农资商品质量信誉卡、农资商品质量责任书)。

市工商局组织开展二手车、汽车、摩托车零配件市场专项整治。检查二手车交易市场 6 个，汽车配件市场 1 个，摩托车配件市场 1 个，汽车摩托车配件经营户 453 户；取缔无照经营户 34 家，依法立案查处二手车、汽车、摩托车配件案件 26 件，查封扣留假冒伪劣汽车摩托车配件 87 件。

3.市场创建

1986 年 3 月，市工商局开展以"六好"(执行政策好、市场秩序好、食品和环境卫生好、公平交易好、服务工作好、依靠群众监督好)为主题的争创文明集市活动。授予 19 个市场为 1985 年度文明集市。其中市区有汉江路农贸市场、前进路农贸市场、市医院农贸市场、鼓楼农贸市场、广场工业品市场。同年 12 月 30 日，市政府授予樊东区新华路农贸市场、郊区汉江路农贸市场、随州舜井农贸市场、老河口市大公路农贸市场、襄阳县第一农贸市场、宜城县城关农贸市场、南漳县城关农贸市场、谷城县中心农贸市场、保康县城关农贸市场等10个市场为1986年度全市“文明市场”。1987年，由市政府命名的文明市场有18个。分别为枣阳县第一农贸市场，大商园市场；宜城县城关农贸市场；襄阳县东津农贸市场；南漳县城关中心农贸市场，武镇农贸市场；保康县城关农贸市场；随州市小林市场，洪山农贸市场，舜井农贸市场；谷城县城关中心农贸市场；老河口市工业品市场，大公路农贸市场；樊东长庆工业品市场，新华农贸市场；樊西米公饮食群；郊区汉江路农贸市场；襄城鼓楼农贸市场。1988年，市区长庆市场、枣阳大商园市场、南漳城关农贸市场、随州小林综合市场被评为国家级文明集市。1990年，全市创建国家级文明市场5个、省级文明市场12个、市级文明市场33个。1991年，按照省工商局制定的文明市场评选标准，对各县（市）、区工商局推荐的市场进行了考核验收，决定授予长庆市场等42个市场为1991年度文明市场。1992年，全市创建国家级文明市场6个、省级文明市场13个、市级文明市场45个。1994年，全市17个市场，被省工商局授予第四届文明市场：襄樊市新华市场，长庆市场，前进小商品市场，米公路集贸市场，中原市场；随州市小林市场，水西门集贸市场，五眼桥市场；枣阳市第一农贸市场，商园集贸市场；老河口市汉孟大市场，中山大市场；襄阳县古驿集贸市场；南漳县城关中心农贸市场，武镇集贸市场；宜城城关中心农贸市场；谷城县西关市场。1995年，全市有5个市场被授予国家级文明市场，15个市场被授予省级文明市场。从市场开办及设施规范、市场经营者规范、市场商品陈列出售规范、市场交易行为规范、市场制度规范、市场管理机构及服务规范、市场安全规范、市场卫生管理规范等8个方面对集贸市场进行检查，评选出市级文明市场50个。1996年，全市有5个市场被评为全国文明市场，16个市场被评为省级文明市场，31个市场被评为市级文明市场。1999年年底，按照“卫生好、秩序好、管理好、服务好、环境好、效益好”六好文明市场标准，全市建成国家级文明市场5个、省级文明市场17个、市级文明市场45个。

襄樊市南方家具大市场、襄樊市大世界市场、南漳县水镜大市场、保康县马桥镇农发大市场，被省工商局、省文明办授予2005—2006年度湖北省文明诚信市场称号。襄樊市大世界市场等21个市场（商场、超市），被评为2005—2006年度襄樊市文明诚信市场（商场、超市）。

（三）企业登记

1979年后，为扶持乡镇企业和个体运输业、修理业、加工业发展，建立完善了企业登记管理。1983—1985年，根据规定，多次放宽登记管理政策。

1.个体工商户登记

1986年3月，国家工商局、湖北省工商局下发《关于认真加强对农村个体工商业户的管理工作的通知》，对农村个体企业认定为农村个体商业户的做法予以纠正，要求严格个体企业界定，加强对农村个体工商业户管理。同年12月，湖北省工商局印发《湖北省个体工商业登记管理暂行办法》，要求按照登记对象、范围、项目进行登记。全市登记注册个体工商户76 233户，从业人员12.192万人，金额11 523万元。同月，湖北省工商局转发国家工商局《关于执行〈民法通则〉对个人合伙登记管理的通知》，要求对以合作经营组织名义申请登记的，按标准分别办理集体所有制企业或个体工商业户的营业执照。

1987年8月，国务院颁布《城乡个体工商户管理暂行条例》，对个体工商户的管理体制、民事责任以及帮手学徒的合法权益等，在法律上予以明确。全市登记注册个体工商户84 819户，从业人员143 042人，金额11 589万元，总产值24 751万元，营业额36 170万元。其中，零售额30 638万元。10月，由市政府牵头，卫生、工商、城建等部门成立联合整顿班子，对全市6981户饮食经营户进行了检查。对627户无证或缺证经营户登记造册，限期整改；对121户不具备经营饮食品条件、有碍市容、有碍交通的经营户进行了取缔。同月，湖北省工商局转发《北京市商业服务业企业出租柜台管理暂行办法》，在全省参照执行。规定承租柜台企业必须持有关文件到所在地工商局申请登记，经核准，发给“租赁柜台营业许可证”，方可从事经营。12月，湖北省工商局、湖北省档案局联合印发《湖北省个体工商户登记档案管理办法(试行)的通知》，明确凡直接办理核准登记发照的县(市)工商局，均应建立个体工商户登记档案，并对档案的内容、形式、管理制度进行了规定。

1988年，贯彻落实湖北省工商局《关于个体工商户登记发展的有关规定》，引导、鼓励有条件的人员从事个体经营。全市有个体工商户85 771户，从业人员142 023人，金额11 704万元。7月，在樊西工商分局开展个体户登记档案试点工作，取得经验的基础上，结合换照，对全市个体户原有档案进行了清理，做到专人、专室、专柜管理，建立档案占应建份数的72%。同月，为促进个体工商户服务态度和服务质量改观，全市开展评比挂红、黄牌活动。樊东、襄城、枣阳、随州、襄阳、河口等地，挂红、黄牌432户。8月，对市区475户个体工商户进行了检查，查处违章违法的80户，占清查户的18.5%，取缔非法经营户20余户。

1989年，为适当控制商业，鼓励和支持发展社会急需的短缺行业，市工商局根据《城乡个体工商户管理暂行条例》规定，按照程序审核，坚持条件登记、发照。全市有个体工商户52 769户，从业人员93 910人。4月，按照国家工商局要求，完成全市个体工商户营业执照换发工作。换发(核发)个体、个人合伙营业执照47 670户；清查个体工商户的经营范围，建立个体管理档案。9月，对个体工商户进行清理整顿。重点是商业批发户，个体印刷、书刊经营户，个体旅馆、酒吧、营业性舞厅，个体运输户。查处违章违法经营户1200户，取缔无照经营2700户。

1990年，根据国务院和湖北省政府文件精神，支持和帮助部分企业停工待工人员从事个体经营。全市有个体工商户58 424户，从业人员95 859人。根据湖北省工商局部署，对全市52 413户个体工商户进行了贴花验照；同时，对个体工商户无照经营现象进行清理整顿，对不符合办照条件的予以取缔。全市查处无照经营户2769户，对符合办照条件的2740户补办了手续。5月，湖北省工商局印发《湖北省工商行政管理系统个体工商户登记管理人员行为规范》，明确工商管理人员登记行为、管理行为等。10月，为提高办事效率，简化办事程序，市工商局下放对个体工商户办理营业执照的部分权限，委托各工商分局颁发个体工商户营业执照，实行谁办照谁管理。委托的行业包括工业、手工业、商业、修理业、建筑业、货运和装卸搬运业、服务业等。

1991年，全市有个体工商户59 293户，从业人员95 936人，资金数额10 155万元。参加贴花验照的个体工商户55 214户，验照率93.1%，验照合格率95.4%；查处违章违法经营户711户，警告289户，责令停业55户，吊销营业执照4户，对606户无照经营者补办了营业执照。4月，对市区个体饮食业进行了清理整顿，清理个体饮食摊点844户，毁掉沿街沿路支锅立灶387个，拆除乱搭乱建篷架33个，取缔无照经营户178户，对符合登记的32户补办了营业执照。12月，根据湖北省工商局《关于开展个体私营经济规范化管理达标》文件精神，市工商局在全市基层工商所中开展了达标活动，对78个申报达标单位进行了检查验收。襄阳县等5个县级工商局，以及朱坡等58个基层工商所被评为1991年度个体私营经济规范化管理达标单位。

1992年上半年，对无照经营进行检查和处理，查出无照经营1760户，对其中符合条件的1254户补办了登记手续，对506户不符合条件的予以取缔。全年新发展个体工商户15 179户，从业人员27 062人，使全市个体经济总数分别达到65 947户10万人，接近历史最好水平。

1992年度，在全省开展的个体、私营经济规范化管理达标评比活动中，随州市工商局、宜城县工商局、南漳县工商局、樊东工商分局、郊区工商分局、开发区工商分局被评为规范化管理达标单位；老河口市工商局、襄阳县工商局、保康县工商局连续两年被评为规范化管理达标单位；樊西工商分局、枣阳市工商局连续三年被评为规范化管理达标单位。

1993 年，引导和扶持个体、私营经济发展。除法律、法规有专项规定不准经营的外，一律放开经营范围，打破行业界线，允许个体工商户、私营企业以一业为主、兼营其他。全市有个体工商户 82 992 户，从业人员 136 135 人，注册资金 1.44 亿元。同年 4 月，在全市开展的个体私营经济规范化管理达标单位评比活动中，宜城县等 70 个单位，被评为 1992 年度规范化管理达标单位。同年 11 月，省委、省政府印发《关于加快发展个体私营经济的决定》，明确全省个体私营经济发展总体目标是：一年一大步，三年大发展；以 1992 年为基础，到 1995 年，实现个体工商户、私营企业总户数和从业人数翻一番，产值和营业额增 2 倍，分别达到 120 万户、200 万人和 300 亿元；改善个体、私营经济行业结构，加快生产型、科技型和外向型私营企业的发展；要求各级政府部门解放思想，统一认识，简化登记手续，放宽经营范围，改善经营环境，促进个体私营经济大发展。同年 11 月，市政府印发《襄樊市残疾人优惠暂行办法的通知》，鼓励和支持残疾人个体开业，对申请从事个体经营并符合经营条件，持有襄樊市残联颁发的“残疾人证”的残疾人，工商行政管理部门应优先核发营业执照，减免残疾人经营的食杂、修理业、服务业的工商行政管理费。

1994 年，全市有个体私营经济户 178 015 户，从业人员 368 093 人，比上年分别增长 107%，139%，荣居全省榜首。襄樊获湖北省 1994 年发展个体私营经济一等奖。同年 3 月，市工商局、谷城县工商局，被市政府授予发展个体私营经济先进单位称号。为减轻个体私营经济负担，市工商局起草的《关于加快发展个体私营经济的若干意见》。市工商局会同监察、物价、公安等部门，对涉及个体私营经济的收费文件、收费部门、收费项目进行清理。全市批准执行的收费罚款项目由原来的 39 个单位、136 个项目、294 个标准分别下降到 21 个单位、57 个项目和 84 项标准。

1995 年，市工商局在坚持“四查四看”，清理“假集体”和无照经营的同时，纠正名不副实和违章经营行为。清理“假集体”并责令变更经营 396 家，办理个体登记 630 家，查处无照经营 2521 户，补办营业执照 1722 户，取缔无照经营 103 户。全市有个体工商户 181 000 户，从业人员 382 000 人。参加个体贴花验照的 138 840 户，验照率 78%，对违章经营的 687 户进行了处罚，对 62 户进行了吊销，对 750 户无照经营户补办了营业执照。同年 12 月，在市政府开展的个体私营经济先进集体、红旗乡(镇)、明星私营企业、先进个体工商户评选活动中，市工商局被评为发展个体私营经济先进单位。1996 年，贯彻执行《湖北省个体经营户和私营企业条例》和省政府《关于进一步发展个体私营经济的通知》，允许个体经营户先上车、后买票，先发展、后规范，规定简化登记程序，凭身份证就可办理营业执照。全市有个体工商户 131 869 户，从业人员 242 541 人，注册资金 68 318 万元。截至 4 月底，对 10 642 户个体经营户进行了贴花验照，对 9 448 户外出经营和 2120 户去向不明的经营户进行了备案，对名存实亡的 1334 户办理了注销手续，查处无证经营 487 户。同年 5 月，为明确企业和经营者的财产所有权和经济责任，根据《湖北省个体经营户和私营企业条例》规定，湖北省工商局印发《关于对“假国有”“假集体”企业重新登记的通知》，对“两假”企业，于同年 5 月至 10 月底，重新进行登记。清理“假集体”2043 户。其中属于个体经营的 1322 户，属于私营企业的 721 户，对 956 户进行了变更登记。同年 6 月，按照国家局和湖北省工商局要求，对领取正式营业执照的个体经营户全部换发新版营业执照。

1997 年，为个体私营经济创造宽松环境，扶持下岗职工再就业，提供“三优一减免”优惠政策(即，在全市各类市场优先给下岗职工办理证照、优先安排摊位，优先培训和减免登记费和管理费)。开展“一帮一”活动。与全市 100 多家较大规模的私营企业建立了劳务信息网络；为 4 000 多名下岗职工办理了正式个私营业执照和临时执照； 为 500 多名下岗职工找到合适的岗位。全市有个体工商户 150 239 户，从业人员 302 665 人，注册资金 115 669 万元。同年 6 月，开展为期 1 个月的无照经营和个体工商户持照违法查处工作，检查各类市场 430 个，门面房 35 400 多间，检查个体经营户 128 547 户，查处无照经营 4 546 户，转借执照 357 户，出卖执照 146 户，出租执照 398 户，未换照 755 户。清理期间办理登记和变更 2973 户。

1998 年，全市有个体工商户 205 670 户，从业人员 491 279 人，注册资金 172 686 万元。同年 6 月，湖北省工商局印发《关于进一步做好促进下岗职工再就业工作的通知》，对下岗职工从事个体私营经济的，一年内免收管理费；引导进入各类市场经营，并酌情减免市场管理费；对吸纳下岗职工人数超过企业总人数 50%以上的新办私营企业，免收登记费。7 月，对集贸市场、商场出租柜台、城乡结合部、厂矿院内和农村种养殖业无照经营进行清理整顿。清理出个体无照经营 10300 户，补办执照 8300 户，对不符合条件的予以取缔。同年 8 月，市委宣传部、市工商局联合印发《关于在全市个体私营企业中开展光彩助困行动的通知》，实施“百千工程”，帮助下岗职工再就业。即组织百名个体经营户、私营企业开展“1+1”救助特困少年(父母双双下岗职工子女) 活动；组织个体经营大户帮扶百名下岗职工从事个体经营；组织私营企业为千名下岗职工提供就业岗位。全市工商部门帮助 3.4 万多下岗职工实现再就业。

1999 年，全市有个体工商户 15 万户。实施“千百万民心工程”。即组织市区 50 个私营企业为下岗职工提供 1 000 个就业岗位；组织市区个体经营者捐助资金，帮助夫妻双下岗职工 100 名子女就学；组织市区 10 000 个体大户与下岗职工开展“1+1”帮扶活动，指导和帮助 10 000 名下岗职工从事个体私营经济。全年组织 397 名下岗职工在私营企业中重新就业，组织个体私营业主为 107 名夫妻双下岗的职工子女捐赠助学金 42 800 元。市工商局被市委、市政府授予实施再就业工程先进集体荣誉称号。

贯彻落实《租赁柜台经营活动管理办法》。全年核准柜台出租方办理变更登记或设立物业管理分支机构 324 家；监督柜台承租方到所在地工商部门办理营业执照 2 629 家。2000 年，实施“帮扶工程”，帮扶 11 520 名下岗职工从事个体私营经济。全市有个体工商户 127 398 户，从业人员 290 516 人，注册资金 150 224 万元。推进农业产业化经营，开展种植业、养殖业登记管理认证。在各县(市)、区均确定 1 个乡或村作为种植养殖业登记试点。全市登记发证的种植养殖业户 404 户。同年 6 月，对全市个体工商户字号名称进行集中清查，依法对 12 000 多户不符合名称管理规定的，要求限期更名；对 890 家未经登记，擅自使用名称的，给予警告限期补办；对 130 多家具有不健康内容的个体字号，进行责令改正或取缔；对 17 家冒用公司名称的，进行立案查处。同年 9 月，对重点区域饮食业地段的 115 户个体饮食户进行检查。对卫生和经营条件差的进行整改，对无照经营和无“卫生许可证”的 50 名经营户责令限期补办手续。同年 11 月，对全市电子游戏经营及娱乐服务场所进行专项治理。全市清理 361 家电子游戏室和 1 355 家娱乐服务场所，查处无证经营的 141 家，吊销营业执照的 222 家。同年 12 月，省政府发布《湖北省无照经营行政处罚办法》，对各职能部门在无照经营查处取缔工作中的职责行为、处罚方式予以规定。

2001 年，围绕国有企业改革，开展再就业帮扶工程。帮助 3948 名下岗失业人员实现再就业，减免相关费用 31.5 万元。全市有个体工商户 128 926 户，从业人员 293 694 人，注册资金 169 997 万元。个体贴花 128 718 户，清理前置审批过期失效文件 522 份，清理无照经营 2 992 户，检查和整顿重点行业 778 户。9 月，按照湖北省工商局《关于开展学校及周边治安秩序专项整治工作的通知》要求，市工商会同市公安、市文化等部门，对全市 170 所大中专、高初中和小学的周边治安秩序进行了整治，取缔无照经营 10 户；对 314 户网吧进行了整治，取缔无照经营 72 家，限期整改 9 家，处罚 16 家。同年 9 月至 11 月，开展无照经营专项整治。全市清理无照经营 4 253 户。其中以个体户名义无照经营 3 513 户，以公司名义无照经营 17 户，其他无照经营 723 户；补办执照 3 701 户，查办案件 3 471 件。开展规范个体私营企业经营行为创建活动。全市首批建立“个体私营企业规范经营一条街或小区”试点 63 个。同年 10 月，国务院办公厅印发《关于下岗失业人员从事个体经营有关收费优惠政策的通知》规定，凡下岗失业人员从事个体经营的，除国家限制行业(包括建筑业、娱乐业以及广告业、桑拿、按摩、网吧、氧吧等)外,自工商部门批准其经营之日起,3 年内可以免交有关登记类、证照类和管理类各项行政事业性收费。收费优惠政策暂定执行至 2005 年 12 月 31 日。

2002 年,全市有个体工商户 123 638 户,从业人员 289 603 人,注册资金 160 306 万元。2003 年,有个体工商户 114 536 户,从业人员 244 718 人,注册资金 160 281 万元。

贯彻落实《无照经营查处取缔办法》。全市出动执法人员 5 000 多人次,抽查个体经营户 35 000 户,取缔无照经营的 4 780 户,立案查处无照经营案件 201 起,即时处罚 521 户,检查前置手续不全的 1 650 户,罚款 50 多万元,补办营业执照 2 780 户。贯彻落实下岗失业人员从事个体经营优惠政策。全市有 2219 户下岗职工持优惠证在工商部门办理营业执照,减免各种费用 108.99 万元。2004 年,全市为下岗人员办理《营业执照》11 972 人,减免各种工商费用 6 963 306 元。全市有个体工商户 110 027 户,从业人员 237 987 人,注册资金 140 518 万元。按照《行政许可法》当场登记的规定,推行注册官“一审一核”制。首批对符合条件的 30 个工商所实行了委托登记,确定注册官,简化登记环节,缩短办照时间。同年 3 月,按照国家工商总局、湖北省工商局《关于开展网吧等互联网上网服务营业场所专项整治工作方案的通知》要求,全市工商行政管理机关开展网吧专项整治。全市检查互联网上网服务营业场所 398 家,查处无证无照经营网吧 382 家,下发限期整改通知书 32 份,没收用于违法经营的电脑及游戏机 77 台。开展无照经营整治活动。全市查处无照经营户 8 931 户。其中无前置许可户 2 836 户,期限过期户 788 户,无照饮食户 700 户,下岗户 2 460 户;处理无照经营户 5 295 户。其中取缔 588 户,补照 4 883 户,责令改正 4 489 户,立案查处 1 751 户,处罚 1 521 户,罚款 100.69 万元。

改革个体工商户管理费征收方式,通过户主申报、受理初审、调查核实、规费拟定、公开听证、社会公示、下发通知等 7 个程序,确保个体户管理费的定收公开、公正、公平。全市有 49 816 户个体户纳入阳光收费范围,其中标准较原来下调的 3 877 户,持平的 25 758 户。此做法被《湖北日报》《中国工商报》《楚天都市报》《荆楚网》《襄樊日报》报道。2005 年,实行政务公开,加强个体登记工作,深化个体登记注册官“一审一核”制。制定《委托工商所核发营业执照操作规程》,并按照《行政许可法》的要求,对基层工商所的办事规程和权限以及个体工商户的办照程序、办照依据、收费标准等内容公示上墙。7 月,对全市网吧登记情况进行了拉网式检查,出动宣传车 30 台次,执法人员 100 多人次,检查网吧经营户 491 户。其中,查处取缔“黑网吧”133 户,罚款 15.79 万元;没收从事无照经营的电脑 266 台。在市区重点中小学校门口悬挂“查处无照网吧举报牌”30 多块,对“黑网吧”实行群防群治。截至 2005 年年底,全市经工商部门登记注册的个体工商户 86 731 户,从业人员 188 086 人,注册资金 115 593 万元;持“优惠证”从事个体经营 16 529 户,减免各种工商费用 976.01 万元。

2.私营企业登记

1979 年后,全市个体工商业迅速恢复和发展,一部分资产积累多、生产规模大的经营户逐步分离出来,发展成为私营企业。1988 年,颁布的《中华人民共和国宪法(修正案)》,规定:国家允许私营经济在法律规定的范围内存在和发展;私营经济是社会主义公有制经济的补充。同时,国家配套出台《中华人民共和国私营企业暂行条例》,湖北省也出台《湖北省私营企业登记管理暂行办法》。1989 年,国家工商行政管理局发布《中华人民共和国私营企业暂行条例施行办法》,自 1989 年 2 月 1 日起施行。1990 年,贯彻执行《中华人民共和国私营企业暂行条例实施办法》,鼓励和扶持发展私营企业,加强登记和建档工作。全市有登记私营企业 65 户。1991 年,有私营企业 61 户,从业人员 933 人,注册资金 672 万元。1992 年,市工商局在注册登记上放宽政策,简化手续,支持个体私营经济发展。全市新发展私营企业42户。其中,有限责任公司7户,实现了零的突破。私营企业总数达到103户,从业人员1 496 人,注册资金 1 111 万元。1993 年,市委、市政府采取一系列扶持措施,促进私营经济发展。全市有私营企业 217 户,从业人员 2 948 人,注册资金 3 747 万元。1994 年,贯彻执行《湖北省个体经营户和私营企业条例》《省政府关于进一步发展个体私营经济的通知》。全市有私营企业855户，从业人员10 002人，分别比上年增长 119.2%，112.5%，荣居全省榜首，获湖北省 1994 年发展个体私营经济一等奖。实施“大户工程”，引导个体私营经济向高档次、大规模方向发展。全市私营企业，注册资金过百万元的 9 户，创产值营业额过百万元的 124 户。全市科技型个体私营经济发展到 1 681 户，从业人员 3 000 人，产值 5 686 万元，分别比 1993 年同期增长 282%、306%和 321%。发明专利 50 项，引进专利技术 80 项，开发新产品 24 项，有 4 项科研成果获世界科技博览会金奖。3 月，市工商局、谷城县工商局被市政府授予发展个体私营经济先进单位称号。

1995 年，全市共有私营企业 1 732 户，从业人员 21 000 人，注册资本 42 000 万元。全市首批确定试点企业 367 家，其中县属以上企业 92 家。理顺产权关系并完成改制的 107 家；被个人或合伙出资买断产权的小型企业 35 户，变更登记，成为私营企业。同年 11 月，湖北省工商局印发《关于 1995 年度私营企业年检工作若干问题的意见的通知》，要求参照国家工商局和湖北省工商局关于企业年检的原则进行年检工作。1996 年 5 月 1 日，《湖北省个体经营户和私营企业条例》正式实施。它是省第一部关于个体私营经济的专项地方性法规。《条例》肯定个体经济的地位和作用，对主体范围作了调整，权利义务规定更为明确具体。全市有私营企业 2 342 户，从业人员 25 630 人，注册资本 56 703 万元。开展“3158 大户工程”（即注册资本 1 000 万元以上的 3 户，500 万元以上的 100 户，100 万元以上的 500 户，50 万元以上的 800 户）。促进了个私经济由数量型向规模型、效益型方向发展。全市有注册资本 1 000 万元以上的 3 户，500 万元以上的 3 户，100 万元以上的 55 户，50 万元以上的 270 户；私营企业集团 2 户，实现零突破。

按照湖北省工商局部署，开展私营企业年检工作。合格的 1 491 户，歇业未办理注销手续的 32 户，查无下落的 33 户，注销 36 户。1997 年，贯彻落实市委、市政府《关于发展个体私营经济若干政策的暂行规定》，营造宽松环境，促进个私经济发展。全市有私营企业 2 202 户，从业人员 23 217 人，注册资金 69 633 万元，累计发展户数在全省位列第 3 位。开展私营企业年检工作，参检私营企业 2 342 户，其中有限公司 475 户；变更为个体经营户 406 户，纠正不规范经营 73 户，注销 512 户。同年 11 月，国务院颁布《中华人民共和国合伙企业登记管理办法》，成为确认合伙企业经营资格、规范合伙企业登记行为的重要法规。1998 年，湖北省委、省政府印发《关于加快发展民营经济的决定》，明确个私经济是民营经济发展的重点，要继续鼓励和引导，推动民营经济向更宽领域、更大规模、更高层次发展。全市有私营企业 4 401 户，从业人员 55 607 人，注册资本 168 923 万元。市工商局支持个体私营经济发展。由市工商局主要领导牵头，在市王胖子建筑有限公司等 11 家私营企业中建立联系点，了解掌握个体私营经济发展动向和需求，帮助解决经营中的实际困难。1999 年，按照国家工商局《关于加强个体私营经济登记和监管工作的通知》精神和《划分企业登记类型的规定》，做好个人合伙和私营企业登记管理工作。全市有私营企业 5 322 户，从业人员 6.9 万人，注册资本 21.7 亿元。全市有私营企业注册资金 50 至 100 万元的 2 000 户，100 万元至 500 万元的 250 户，500 万元以上的 280 户，私营企业集团 12 户。二是嫁接工程，引导个体私营经济参与国企改制。全市参与国企改制的个私经济 2 380 人(户)，民营科技企业发展到 186 家。三是助困工程，开展光彩助困活动。为 464 名特困户提供资助 37 万元，为联系户提供各类信息 1 万余条，帮教专业技术 50 多项，帮带技能 7567 人。3 月，湖北义和建材装饰(集团)股份有限公司、襄阳超前实业有限公司被湖北省精神文明委员会、湖北省工商局及个体私营协会联合授予“光彩之星私营企业”称号。2000 年，全市共有私营企业 4 933 户，从业人员 72 767 人，注册资本 212 793 万元。加大企业改制工作力度。有 420 家国有集体企业通过改制实施民有民营和混合所有制经营。其中国有企业 143 家，集体企业 277 家；破产拍卖 60 家，股份合作 102 家，动态股权 8 家，买断 169 家，租赁和其他方式 81 家。改制为有限公司的 354 户，个人独资企业 63 户，合伙企业 3 户。2001 年，全市有私营企业 4819 户，从业人员 73 048 人，注册资本 241 402 万元。2002 年，全市有私营企业 5 335 户，从业人员 82 253 人，注册资本 306 679 万元。其中，参加企业年检的 4 819 户，合格的 3 900 户，检存率 93%；查处违章违法企业 483 户，责令改正 132 户，行政处罚 81 户。引导个体私营企业参与国有集体企业改革。有 413 家国有集体企业改制，其中国有企业 139 家，集体企业 274 家。破产拍卖的 59 家，买断经营的 164 家，改制为有限公司的 342 家，个体独资企业 61 家，合伙企业 10 家。2003 年，全市有私营企业 6 141 户，从业人员 154 028 人，注册资本 392 494 万元。帮扶私营企业上规模、上档次、创名牌。全市走访帮扶企业 85 家，培训私营企业管理人员 40 多人次，提供法律法规咨询服务 300 多次，帮扶企业申请注册商标 25 件，合同解忧 15 家，建立分支机构 35 家，变更手续 63 家。2004 年，全市有私营企业 7 718 户，从业人员 155 474 人，注册资本 529 745 万元。突破年检监管方式，对私营企业首次实行免检制。对 13 家私营企业商事信誉良好、连续两年获得市级“守合同、重信用”称号的企业申报免检，由市工商局免检审核领导小组研究通过后，颁发了免检证书，并在《襄樊日报》上予以公示。2005 年，全市有私营企业 7 749 户，从业人员 165 050 人，注册资本 554 754 万元，其中 100 万元以上的私营企业 985 户。

3.内资企业登记管理

（1）内资企业登记注册

1986 年，为贯彻落实国务院《关于进一步推动横向经济联合若干问题的规定》和市委、市政府《关于敞开大门、城乡通开、发展联合若干问题的暂行规定》，市工商局出台《关于进一步推动横向经济联合有关问题的意见》，强调对经营范围，坚持主渠道，坚持行业经营分工，坚持一业为主，兼营他业，以及主营和兼营项目应与经营条件相适应的原则，促进了以公有制为主体的多种所有制经济发展和横向经济联合。为支持全市生产、流通、科技各个领域多层次、多形式、跨地区、跨部门、跨行业的横向经济联合发展，提出了 10 条意见。

1987 年，贯彻执行湖北省政府《湖北省进一步推动横向经济联合的若干规定》，湖北省工商局、财政厅《审验企业注册资金暂行办法》和省工商局《关于工商企业名称冠用省名登记审核办法》及市工商局《工商企业名称冠用“襄樊市”名的管理办法》，新拟了“工商企业法人代表审查表”，修订了“调查审查表”，对全市冠省名的工商企业进行认真清理。全市冠省名企业 36 家，补办手续 1 家，变更名称 4 家。

在襄城区开展“百户企业跟踪管理”试点，建立企业联络员制度。全年设联络员 712 人，建立联络员的企业 712 户，印发各种宣传材料 155 60 份，办培训班 36 期，参加培训人员 1 230 人。全市新发展法人企业 1 932 户，分支机构 2 002 户；有各类工商企业 29 322 户，其中全民 8 182 户，集体 20 958 户，联营 182 户。

1988 年，贯彻执行《中华人民共和国企业法人登记管理条例》和《实施细则》，湖北省工商局《关于全民所有制小型企业租赁经营登记管理暂行办法》和市工商局《关于印发审验企业登记注册资金暂行办法的通知》，对市区工商企业实行市工商局、工商分局分级管理，对分级管理的范围和要求，执行“监督管理与处罚规则”的权限和要求，营业执照及编号，工商企业开业、注销、变更登记的公告等问题，做出了具体规定。全市新发展法人企业 1 501 户，非法人企业 2 643 户；有各类工商企业 30 499 户。其中全民 9 965 户、集体 20 340 户、合营 194 户。

1989 年，根据《国务院批转国家工商行政管理局公司年检和重新登记注册若干问题意见的通知》要求，在市委、市政府的领导下，由工商、编委、人事、财政、监察等部门组织清理专班，开展清理工作。全市有登记注册公司 1 350 户，政企不分的公司 52 户。经清理整顿，有 28 户在人、财、物、权上同业务主管部门分开，143 名在企业兼任职的机关干部办理了脱钩手续。全年新发展法人企业 464 户，非法人企业 2 863 户；有工商企业 21 778 户，其中全民 7 648 户、集体 14 065 户、合营 65 户。

1990 年 6 月 19—21 日，全市企业登记管理工作会议在枣阳召开。湖北省工商局企业处副处长涂光述、办公室统计科长郭鑫安，各县（市）、区工商局企业科（股）长，企业统计档案管理员，以及部分县（市）、区主管企业登记管理工作的局长等参加会议。深入企业调研，当参谋、提建议，帮助企业排忧解难。全市新发展法人企业 1 008 户，非法人企业 4 395 户；有工商企业 22 230 户。

1991 年，贯彻执行国家工商局《企业法人的法定代表人审批条件和登记管理暂行规定》《企业名称登记管理规定》以及市工商局《关于企业生产要素优化组合及合理流动的工商行政管理办法》，制定支持生产企业十条措施，制定支持国合商业搞活商品流通七条措施，制定支持基层供销社搞活农村商品流通十条措施等，帮助企业调整产业结构和产品结构，支持企业根据需要申请登记第二名称和开发新产品，支持生产企业与经营单位开展横向联合联营，放宽国合商业企业经营范围，允许一业为主，综合经营，为企业创造了良好的外部环境，使全市 150 多家企业实现了兼并和联合。完成企业换照工作，制定企业登记程序和对企业监督处罚程序，在市区和枣阳市举办登记管理试点。同年 7 月 10 日，召开全市企业登记管理工作会议，研讨完善内部监督管理工作。各县（市）企业登记管理科（股）长和企业监督管理所长参加会议。

1992 年，市工商局出台《关于支持国合商业发挥主渠道作用搞活商品流通的通知》《关于支持乡镇企业发展的若干意见》《关于支持发展第三产业的若干意见》《关于进一步转变职能，放活企业和基层的办法》等政策措施，放宽企业生产经营范围、登记注册条件、第二职业范围等限制；支持搞好大中型企业，发展乡镇企业，促进第三产业、股份制及股份合作企业发展。全市新登记工商企业 4 090 户，总数达到 28 215 户。其中，全民所有制企业 9 828 户，集体所有制企业 18 328 户，乡镇企业 1 017 户。

1993 年，根据国家工商局《关于改进企业登记管理工作，促进改革开放和经济发展的若干意见》和省政府批转省财办、省工商局《关于加强和改进工商行政管理工作的意见》精神，放宽企业登记注册条件。先后到枣阳、随州、谷城开展国有民营调查，研究了七条对策，引导全市国有民营企业健康发展。支持企业转换经营机制。一手抓发展乡镇企业、股份合作企业，一手抓转换国有大中型企业经营机制，在 50 个大中型企业中组建襄重、金鹏、神农等 4 个企业集团。支持政府转变职能，精简机构和人员，发展第三产业。配合国家宏观调控，对党政机关经商办企业、银行兴办金融企业或向其他行为投资兴办企业、房地产开发企业进行清理。改进完善企业登记工作，突破企业登记前置审批制度。规定企业法人可由投资者直接向工商行政管理机关申请登记注册。继续执行现行的 136 种许可证和专项审批中的 38 种许可证；实行以确认企业法人资格为重点的登记制度改革，登记注册中主要看企业是否具有独立承担民事责任的权利，是否有自己的财产来承担的有限责任。鼓励发展股份制企业并建立现代企业制度，使股份制企业在试点基础上，发展到 104 家；支持无主管部门企业发展，全年为无主管部门企业办理注册 305 家，调整了各种经济成分结构，发展了多种形式企业组织。全市新发展工商企业 6644 户、登记注册企业达到 34 728 户、其中公司 3228 户。

1994 年 5 月，贯彻执行《公司法》、省工商局《关于设立企业实行直接登记注册制有关问题的意见》以及市工商局《关于支持停工停产企业恢复生产，搞好经营的通知》，拟定了《关于加强工商行政管理，促进现代企业制度建立的报告》，市政府文件转发。同年 8 月中旬，市工商局宣传贯彻《公司法》，召开《公司登记管理条例》新闻发布会，市委、市人大、市政府、市政协等领导到会讲话，市工商局局长为 12 家改制登记试点企业颁发《企业法人营业执照》（见表 17—6）。此项活动，《襄樊日报》、襄樊电视台作了连续报道；全市各级工商部门利用报纸、广播、电视、讲座等传媒进行宣传，印发宣传材料 1 万多份，编印书籍 21000 本；举办《公司法》培训班 100 多期，培训企业法人代表 7500 人。

帮扶困难企业，支持“双停双亏”企业启动生产。市航运公司、襄樊市食品厂、市第一第二针织厂、市织袜厂等困难企业分别在产权改制，剥离辅体，壮大主体中，减亏，扭亏，盈利。支持困难企业利用闲置厂房场地办市场，鼓励职工从事第二职业。如市家具厂原有员工200多人，累计亏损800万元，经市工商局分析论证，提出利用闲置厂房场地，联合建立"襄樊市南方家具大市场"。市场开业4个月，80个摊位全部租出，成交额达800万元。全年新登记工商企业3216户，工商企业发展到37 944户。其中，股份制及股份合作制企业438户，集团公司30户，有限责任公司198户，股份有限公司43户，第三产业29 355户。

1995年，以产权制度改革为重点，贯彻落实《公司法》，促进现代企业制度建立。根据市委、市政府对企业改制部署，市工商局参与市委确立的市直12家产权制度改革试点企业改制，完成了市催化剂厂、绒线厂、红岩电线厂、二粮机厂的改制登记注册工作。围绕市委、市政府提出的"十百千"工程，参与制订和修改《襄樊市组建企业集团暂行办法》，转换企业经营机制政策，新组建了襄运、襄江、鼓商、一棉、塑料等6家企业集团，支持了企业集团发展，促进了资源优化组合。在企业登记中依据《公司登记管理条例》，注重搞好新老登记制度的结合，依法推行直接登记制；在注册程序上除股份有限公司、国有独资公司外，实行一审一核制，统一实行直接登记，坚持老企业适用《企业法人登记管理条例》。同年6月27日，在《公司法》实施一周年前夕，市工商局与市经委联合召开一次改制企业座谈会。三全特种水泥有限公司、风力塑料有限公司、襄棉集团总公司等10家改制企业的主要负责人参加会议，并就工商部门在改制中发挥的作用，改制给企业带来的利弊以及对工商部门的要求等作了发言。随后，市工商局在全市开展了纪念《公司法》实施一周年活动，在电视、广播、报纸宣传的同时，走访企业，总结经验，推进企业深化改革。全市新发展企业1075户，企业总数达到30 668户。其中，国有企业12 425户，集体企业17 274户，联营企业96户，股份制企业768户，股份合作制企业97户，其他企业8户。

1986—1994年内资企业分行业对照

表17—6

年份 / 行业分类	1986	1987	1988	1989	1990	1991	1992	1993	1994
合　计	27145	29322	30499	21778	22230	24125	28215	34728	37944
农、林、牧、渔、水利业	283	314	351	337	379	400	503	584	665
工　业	5027	5498	5692	4137	4441	4840	5295	6530	6993
地质普查和勘探业	—	—	—	—	1	2	2	2	2
建筑业	587	626	591	451	464	462	556	859	931
交通运输、邮电通信业	1171	1229	1297	703	555	630	794	824	867
商业、公共饮食业、物资供销和仓储业	17654	17547	18374	14135	14280	15402	17986	22062	23481
房地产管理、公用事业、居民服务和咨询服务业	1613	2876	2894	1025	963	1072	1366	1807	1922
卫生、体育和社会福利事业	5	64	64	4	3	4	4	10	12
教育、文化艺术和广播电视事业	76	54	57	101	86	126	228	340	377
科学研究和综合技术服务事业	224	5	13	34	47	73	129	199	235
金融、保险业	354	871	907	704	887	979	1158	1213	2109
其他行业	151	238	259	147	124	135	194	298	350

1996年，贯彻落实湖北省工商局《湖北省企业集团登记管理暂行办法》《湖北省股份合作制企业登记管理暂行办法》以及市工商局《关于市区各类企业名称加强登记管理的通知》《关于规范企业登记管理的通知》。改进和加强企业名称管理，清理带有不良文化倾向的企业名称185户；加强企业登记

注册及监督管理，规定企业登记管理工作实行分级依法登记管理，对市区企业开业、变更、注销登记和监督管理进行了严格分工，要求各分局不得交叉越权登记，对企业监督管理按照“谁登记、谁管理”的原则，实行级别管理。12 月，全市内外资企业登记管理工作会在枣阳市召开。湖北省工商局外资处和市局领导到会作了重要讲话。全市有企业 31369 户。

1997 年，按照“依法登记、规范管理、高效廉洁、促进发展”的工作思路，发挥企业登记管理职能。支持国有企业改革，支持中小企业实行股份合作制改造，全市有股份合作制企业 106 户；支持国有大中型企业扩大生产经营规模，走集团化经营之路，全市企业集团 51 户；支持企业产权制度改革，完善直接登记制，帮助大中型企业到省工商局办理股份有限公司规范手续，为企业上市、上柜吸纳资金，转变经营机制，提高经济效益打好基础。为抓好窗口建设和规范，市工商局企业所、樊城工商分局、谷城县工商局、保康县工商局等建了注册厅，实现了一个窗口对外。

1998 年，支持企业宜股则股，宜并则并，宜包则包，宜租则租，实行产权制度改革；支持国有大中型企业改制和办理股份有限公司规范手续，帮助市汉源电力股份有限公司等 6 家企业到湖北省工商局办理股份有限公司规范手续；支持国有大中型企业走集团化经营之路，采取兼并和组建集团的方式摆脱困境，对武钢兼并襄钢，襄樊铜版纸厂联合其下属 5 个子公司组建襄樊白兰集团予以大力支持；鼓励发展股份制企业，明晰产权，盘活资产；支持 42 家中小企业实行股份合作制改造。制定《注册厅形象规范》，对注册厅内外环境、硬件、软件设施，以及受理、审查、核准、发照人员职责等作了规定。除老河口和襄阳区外，全市均实行注册厅登记。4 月前完成了 1997 年以前依据《企业法人登记管理条例》登记注册的企业换照工作。全市有企业 22 112 户。

1999 年 7 月 1 日，《公司法》颁布实施五周年之际，市工商局与《襄樊日报·经济周刊》，襄樊通力高新技术股份有限公司等单位，联合举办“通力怀有奖征文”活动，获奖论文在《襄樊日报·经济周刊》上刊登；召开全市企业登记管理科（股）长和获奖作者座谈会，畅谈《公司法》实施对企业改革产生的影响。在登记窗口推出“公示制”，将政务、执法职责、标准、程序、时限、依据公开，增强公务透明度，促进依法行政。全市新发展企业 537 户，企业总数达到 22649 户。其中，国有企业 8534 户，集体企业 11802 户，股份制企业 2058 户，股份合作企业 88 户。

2000 年，贯彻执行湖北省工商局《关于改进企业登记管理工作支持国有企业改革和发展的意见》和市工商局《关于明确登记注册分局职责统一登记注册工作的意见》，引导企业按照现代企业制度要求进行规范改制，支持自然人租赁、承包、买断国有集体小型企业，盘活闲置资产；正确履行登记职能，简化企业登记前置审批手续，在把好市场准入关，支持企业走向市场的过程中，理顺登记注册体制，规范发照行为，使登记注册分局成为登记注册、监督管理和指导协调“三位一体”的登记机构。同年 6 月，襄城、樊城工商分局向登记注册分局移交了国有集体企业档案 5346 户。其中法人档案 1029 户，营业档案 2852 户，注销档案 1465 户。实现了“六统一”登记、注册归口管理。

2001 年，推行准注册官制度，提高登记注册效率和质量。市工商局印发《准注册官制度试行办法》和《准注册官公示内容》，对注册官的条件、选拔方式、工作职责、行为规范、年度考核等事项作了明确规定，向社会公示注册官姓名和照片、工作规程、服务承诺和行为规范。全市经过考试考核择优任命的 24 名准注册官上任后，名称核准、变更登记、开业登记均比公示承诺的 5 天、7 天、10 天缩短 2—3 天。同年 6 月，在办理注册资本 1 亿元的襄樊市达尔曼万国能源有限公司登记时，从受理到发照仅用 4 天时间。《经济日报》《襄樊日报》、襄樊电视台等新闻媒体报道了这一做法。

印发《关于支持搞活大中型企业和实现三年解困目标的意见》《支持中小企业改革的意见》，《支持高新技术产业发展的意见》以及《关于支持国有集体经济实行混合制经营的意见》等，提出“服务上门、咨询到位、参与组建、从快办理”的工作思路。帮助襄樊建筑集团公司、襄樊金鳄实业有限公司、中铁十一局集团有限公司等 13 家大型企业进行改制，为全市骨干企业在市场竞争中打造地方品牌，创造竞争优势。

2002 年,根据《国务院关于整顿和规范市场经济秩序的决定》,开展市场主体准入行为专项整治。全市新登记内资企业 1544 户,其中公司制企业 1045 户。按市委、市政府改革行政审批制度工作安排,下发襄樊市工商局《关于进一步理顺行政审批职责及程序的通知》,明确审批程序,规范审批行为,将企业登记注册、企业名称预先核准的职能纳入市行政服务中心,杜绝审批职能交叉和"双轨"运行,并结合注册官制度,在中心执行一个窗口咨询、一个窗口受理、一个窗口收费、一个窗口发照、一个窗口协调的一条龙服务工作模式,执行一人受理、全程服务、终身负责的登记原则,确保登记质量。同年 2 月 1 日,业务骨干进驻行政服务中心办公,同年 10 月,将注册科全体人员和执照打印全部纳入行政服务中心,提高工作效率,并提出分管局长每周三、周五到中心办公的方案。登记窗口被中心管委会授予"红旗窗口",2 名窗口干部被授予"服务标兵"称号。做法经验在市人大视察会上作典型交流。

2003 年,贯彻落实湖北省委、省政府《关于加快县域经济发展的若干意见》和湖北省工商局实施意见,推行企业登记前置审批方式改革,放宽市场准许领域,试行注册资本分期到位,放宽企业冠用市名条件,简化企业登记程序。在全市工商系统推行注册官制度和"一审一核"制。下发《襄樊市工商行政管理局注册官制度试行办法》,对注册官应具备的条件、产生的方式、聘任的办法,以及注册官的职责、级别进行了明确界定;将注册官设为初级、中级、高级和首席四个等级,不同等级的注册官具备不同的条件、标准和职责。湖北省工商局转发全文。同年 4 月至 10 月,组织两次注册官资格考试,有 577 人取得各级注册官资格。同年 5 月 14 日,召开第一批取得资格的 352 名注册官出任大会,省、市领导向首批受聘的 219 名注册官颁发《注册官聘任书》。出台《襄樊市工商局注册官"一审一核"操作办法》及其补充意见,将原来的受理、审查、核准、发照四个环节简化为"一人受理、全程办完、责任到人"的注册官"一审一核"制度。简化了工作程序,规范了审批方式,提高了工作效率。2003 年 9 月 13 日《湖北日报》头版头条,以《襄樊"注册官"声誉鹊起》为题,报道此项登记注册审批制度改革;同年 10 月 23 日《襄樊日报》第一版,以《观念深处的跨越—看市工商局如何解放思想,服从发展硬道理》为题作了报道。同年 4 月,按照湖北省工商局互联审批方案,起草《市直工商登记一站式互联审批试点工作意见》上报市政府,提出实行工商登记前置互联审批,将涉及工商登记前置审批的 123 个项目,通过行政服务中心网络,实行 A、B 类管理。对涉及国家经济安全,人民生命财产安全的 69 个项目作为 A 类,即先审批,后办照;对其他 54 个项目按 B 类管理,即先发照,三个月内补报有关部门审批文件(见表 17—7)。

1995—2003 年内资企业分行业对照

表 17—7

年份 行业分类	1995	1996	1997	1998	1999	2000	2001	2002	2003
合　　计	30668	31369	30337	22112	19810	17838	17707	16356	16878
农、林、牧、渔业	541	535	559	491	446	443	360	391	402
采掘业	187	216	247	239	223	224	208	196	204
制造业	5280	5371	5347	3840	3459	3219	3143	2874	3042
电力、煤气及水的生产和供应业	345	357	387	300	303	314	318	287	352
建筑业	890	918	884	759	757	762	768	686	725
地质勘查业、水利管理业	28	149	36	34	35	35	38	38	40
交通运输、仓储及邮电通信业	705	759	719	634	697	819	907	899	893
批发和零售交易、餐饮业	18360	18236	17304	11742	9804	8754	8847	7937	8118

续表

年份 行业分类	1995	1996	1997	1998	1999	2000	2001	2002	2003
金融、保险业	1960	2378	2512	2219	2145	1305	1187	1129	1044
房地产业	102	117	127	113	169	185	208	225	250
服务社会业	1555	1593	1532	1242	1306	1294	1272	1273	1366
卫生、体育和社会福利业	12	15	17	19	17	16	15	16	16
教育、文化艺术及广播电影电视业	256	256	235	160	170	174	156	128	133
科学研究和综合技术服务	222	233	230	200	188	196	194	186	192
其他行业	225	236	201	120	91	98	102	91	101

2004 年,放宽企业名称登记条件,放宽企业经营范围,取消部分对投资人资格的限制,放宽市场主体的准入条件，放宽以技术出资的比例和对外投资比例的限制，支持国有、集体企业的改造和重组。全年新登记公司制企业 150 户,其他类型企业 144 户,企业法人(含分支机构),营业单位开业、变更登记220户。全市累计登记企业1 777户,营业性企业1 165户,办理各类市场主体变更登记241户。

2005 年,落实市工商局《关于做好开通企业登记绿色通道工作的通知》,在行政服务中心工商窗口,实行企业登记绿色通道服务。将“三类重点企业”和“三类项目”纳入企业登记绿色通道办理。下发襄樊市工商局《关于主要行政审批事项成建制进入行政服务中心的通知》,将登记注册分局、外资科、个私科、商广科等审批核准职能纳入行政服务中心工商窗口登记。下发《关于进一步调整理顺市直工商系统企业登记管理体制和职能的通知》,将高新技术开发区、汽车产业开发区、渔梁洲分局所有企业登记事项,纳入市行政服务中心登记窗口审批,实行分别受理集中审批,分别发照集中打印,分别收费集中归档新机制。下发《关于创建襄樊市行政服务中心工商登记一流窗口的实施方案》,坚持窗口“六零”服务标准。湖北省工商局将此做法转发全省登记系统(见表 17—8)。

2004—2005 年内资企业分行业对照

表 17—8

年份 行业分类	2004	2005
合　　计	16954	17066
农、林、牧、渔业	395	408
采矿业	204	207
制造业	3163	3219
电力、燃气及水的生产和供应业	331	347
建筑业	721	750
交通运输、仓储和邮政业	805	845
信息传输、计算机服务和软件业	409	427
批发和零售业	7417	7374
住宿和餐饮业	838	785
金融业	987	938
房地产业	278	291
租赁和商务服务业	245	283
科学研究、技术服务和地质勘查业	226	240

续表

行业分类 \ 年份	2004	2005
水利、环境和公共设施管理业	100	105
居民服务和其他服务业	512	521
教育	11	14
卫生、社会保障和社会福利业	16	16
文化、体育和娱乐业	184	187
其他	112	109

1986 年,根据国务院《关于进一步清理和整顿公司的通知》和《关于进一步制止党政机关和党政干部经商办企业的规定》,市工商局出台《关于对清理整顿公司、中心情况进行一次全面检查的通知》。全市工商系统抽调 112 名干部,组成 12 个专班,对全市 292 家党政机关办企业进行清理。通过整顿,脱钩的 250 家,抽回资金额占党政机关投资总额的 100%;在参与经商的 462 名党政干部中,已回单位和转入企业编制的 450 人。下发《关于报送工商企业登记事项年检报告书的通知》,对全市企业进行核查验照工作。

1987 年,对工商企业进行检查整顿。受检企业 4192 户,查出无照经营的 179 户,超范围经营的 792 户,伪造涂改营业执照的 2 户,歇业不办注销的 1 户,借口串换倒卖资料的 26 户,计划内转计划外的 39 户,制造出售伪劣商品的 84 户,倒卖商品的 84 户;停业整顿 208 户,吊销执照 2 户,处罚企业 205 户,罚没金 62 996 万元;追究个人责任 5 人,其他处理 446 起,打击了非法经营活动。

1988 年,市工商局对市直党政机关、团体举办或直接管理的 109 户公司、24 户企业,共 216 个单位进行清理,清出 22 家政企不分公司(企业),其中公司 14 户、其他企业 8 户。

根据《中华人民共和国企业法人登记管理条例》精神,对市区工商企业实行市工商局、工商分局分级管理。对分级管理的范围和要求,执行"监督管理与罚则"的权限和要求,营业执照及编号,工商企业开业、注销、变更登记的公告等问题作出了规定,完善了企业法人登记管理制度。

1989 年,查处投机违法案件 517 起,万元以上案件 40 起,罚没款 362.76 万元;由监察机关立案调查的 41 起,给予行政处分的 16 人,移交司法机关处理的 6 起,追究刑事责任的 8 人。

1990—1991 年,在随州、南漳抓监督管理试点工作。

1992—1993 年,变集中年检为经常管理,规定发照以一年为限,到期自动年检,确保了年检质量。

开展"三个清理",对党政机关经商办企业、银行兴办金融企业或向其他行为投资兴办企业、房地产开发企业进行清理。清理出党政机关经商办企业的 790 家,9038 人。其中金融办非金融企业的 124 家,房地产开发企业 99 家,县级干部 25 人。对注册资金不实、不到位、不经营、无能力的房地产企业,办理了注销登记。

1995 年 4 月中旬,根据国家工商局和湖北省工商局指示,召开各县(市)、区企业科(股)长会议,对清理"三无"企业的目的、措施、程序等作了专题布置,以年检作为突破口,清理"三无"企业,强化对企业的监督管理,规范市场主体的经营行为。年检企业 27 163 户,其中企业法人 6788 户,独立营业企业和分支机构 20 375 户,占应检企业总户数的 95%,年检合格率达 90%。通过年检,清理出"三无企业"348 户,连续两年以上未参加年检的企业 624 户,查无下落、自动消失的 1850 户,办理变更登记的 3475 户,依法注销企业 498 户;查处违章违法企业 207 户,吊销执照 132 户,发限期整改通知书 1200 份,处以罚款 20 多万元。

1996 年,清理"假国有、假集体"企业 518 户。

为探索年检新路子，提高年检质量，实行“三制”。法人代表学习制：企业违反登记管理规定，法人代表到工商部门学习法规，然后进行考试；建议制：对年检中发现连续3年亏损的企业，向企业主管部门反映情况，建议调换企业领导干部；反馈制：把企业年检后的情况向企业进行反馈。年检企业29 388户，清理出连续2年不参加年检的82户，擅自改变企业登记事项的450户，隐瞒真实情况弄虚作假的198户，注册资本不到位的417户；警告、责令改正、停业整顿的740户，吊销营业执照的52家，对违章违法企业处以罚款240万元。

1997年，市工商局组织宣传和学习新的《企业年度检验办法》。通过报纸、电视、广播电台等媒介，向社会各界宣传企业年检的意义、时限、方法和步骤；发会议通知，办专业培训，促使企业自觉参加年检。在年检中注重坚持条件把好质量关，对照档案把好核对关，产地调查把好“相符关”。截止到4月30日，全市年检企业31 369户，年检率100%。其中，通过年检的25 829户，合格率为82.34%。湖北省工商局以《襄樊市工商局加大工作力度，确保年检目标顺利实现》为题在第29期《工商行政管理》简报上转发了做法。同年6—8月，根据国家工商局、湖北省工商局，有关清理市场中介组织的通知精神，市工商局对辖区内204户中介组织进行清理检查。对不具备或不完全具备条件、执行法规存在偏差的中介机构提出整改要求，罚款处理3户。

1998年，按照中共中央办公厅、国务院办公厅，《关于印发〈政法机关不再从事经商活动的实施方案〉的通知》规定，对政法机关和武警部队所属企业进行清理。清理出政法机关所办企业102家，撤销45家，移交2家，解除挂靠关系36家，保留19家；清理出武警部队所办企业9家。对全市企业和个体经营户的名称、牌匾进行全面清理，取缔了一批淫秽、违反社会道德、洋腔怪调的文化名称。为贯彻执行国务院《关于进一步深化粮食流通体制改革的决定》，规范粮食市场交易行为，对辖区内粮食经营企业进行为期三个月的清理检查，有54户企业取消了粮食经营资格。全市共年检企业30337户，通过年检企业25 786户年检合格率为90.1%。

1999年，对全市335家印刷企业和296家复印打印企业进行清理整顿。有40家证照不全的印刷企业按要求进行整顿，对整顿合格的25家印刷企业重新核发“二证一照”；对261家基本符合条件、证照齐备、无严重违法违规行为的印刷企业予以保留；取缔无证照印刷企业6家，违法违规印刷企业1家，有效地遏制了各种非法印制活动。

2000年，对全市304户重点行业进行清理整顿。对3户粮油企业、5户印刷企业办理了注销登记，对7户虚假出资和抽逃资金的企业进行了处罚，打击了连锁经营中的欺诈行为。

2001年，印发《关于在工商所建立企业经济户口，实施联动管理的实施方案》，实施登记机关管理与辖区“经济户口”联动管理的新模式。在宜城市召开了现场会，推广“卡、机、账、簿”四位一体的管理模式。全市13 081户企业建立了“经济户口”台账。制定《关于开展市场主体专项整治活动的实施方案》《关于开展治理整顿“三无”企业和无照经营专项行动实施方案》，开展市场主体专项整治“五个战役”，清理整治“三无”企业、“五小”企业和无照经营户。全市查处“五小”企业243户、“三无”企业426户、无照经营户2 989家，重新核准登记374户，从重查处虚假出资、抽逃资金企业111户。整顿中介代理机构，查处出具虚假验资报告的4户；清理前置许可企业；检查整顿名称字号，对不规范的名称进行清理。

2002年，为贯彻落实国家工商总局、湖北省工商局《关于做好2001年度企业年检工作的通知》要求，市工商局印发了《关于加强和改进企业登记管理工作的通知》，将企业年检工作与建立企业经济户口、落实市场主体户籍制有机结合起来，对企业年检工作的办理程序进行了改革，下放了年检受理初审权。企业统一由属地工商机关负责年检受理、初审、实地检查后报登记机关集中审核，统一贴花，发还执照，建立了上下联动，密切配合的企业监管机制。全市年检企业17 707户，年检率100%。按照国家工商总局、公安部《关于整顿公司出资行为的通知》及湖北省工商局的有关精神，印发《关于进一步做好整顿规范公司出资行为的通知》和湖北省人民政府办公厅转发省工商行政管理局、省公安厅《关于进一步做好整顿和规范公司出资行为工作意见的通知》，对整顿规范工作做了进一步的明确和要求，大力宣传，大造声势。全市检查公司1971户，发现有公司出资不到位的39户，虚假出资的21户，抽逃资本的16户；立案查处30起，处罚金27万元，整顿公司的出资行为，维护了市场经济秩序，改善了经济发展环境。

2003年，根据湖北省工商局要求，通过报纸、电视、横幅、公告、电话通知、邮寄等形式宣传《企业年度检验办法》，并邀请市区90户大型企业代表进行座谈，听取企业意见，宣传年检要求和政策法规。为规范年检行为，制定《内资年检行为规范》，克服年检随意性和把好年检审核关。湖北省工商局在全省进行了转发。全市参检企业16 356户，年检合格企业14 952户，查处虚假出资企业144户，抽逃出资企业24户，虚报注册资本企业49户，虚报登记年检资料企业38户，出具虚假验资报告企业2户，责令企业变更登记234户，注销登记354户。加强对企业前置审批经营项目的监督管理，煤矿企业的登记管理，集贸市场的主体资格登记，37家钢铁企业的注销和变更登记，非煤矿山安全整治和中介机构清理。全市查处一般程序案件32起，简易程序案件55起，处罚金51.68万元，营造了公平、公正的经济环境。

2004年，应检企业16 954户，实检企业16 467户，参检率97.13%。查处虚假出资的43户，抽逃出资的17户，虚报注册资本的7户，虚报年检资料的53户，责令变更登记的247户，注销登记的126户，打击了虚假出资、抽逃出资等违法行为。

2005年，按照《湖北省工商系统企业年检工作规范》和湖北省工商局《关于认真做好2004年度内资企业年检工作的通知》要求，将年检与经济户口档案规范、年检与提高企业素质、年检与巡查预警、年检与调查研究结合起来，对公司出资行为、企业经营项目需要法定前置许可、登记事项变化、企业登记年检中弄虚作假欺骗登记机关等进行重点审查。

1987年，企业档案按照“哪里发照，哪里建档”的原则，采取分级管理，“专人、专室、专柜”的要求，对企业档案进行科学分类归档建档。2003年4—7月，为建立企业档案电子查询系统，实现经济户口网络化，提高企业档案管理水平，专人加班开展电子档案扫描工作，扫描13 615户档案，73万页。9月以后，组织10多人，集中10台电脑，对企业档案进行微机录入工作，录入企业档案7500多户。2005年，根据省局《企业信用分类分级监管试行办法》要求，狠抓了历年企业档案静、动态资料，归集、整理和基础资料的录入扫描，所有能进入数据库的静、动态资料全部录入完毕。并统一了市区企业登记档案集中管理。为全面实施企业信用分类分级监管和省局顺利联网打下了坚实的基础。

4.外资企业登记管理

1984年，市工商局开始接触外商投资企业登记管理，主要是协助湖北省工商局开展外商投资企业登记管理工作。同年12月1日，全市第一家外商投资企业——三环尼龙拉链企业有限公司，在国家工商局注册成立，首次迈出全市利用外资发展经济的步伐。

1988年6月10—19日，根据省工商局《关于召开全国企业登记管理工作座谈会议的通知》，参加在沈阳召开的全国企业法人登记管理工作会议。同年10月16日，市政府制定《关于襄樊市鼓励外商投资的规定》，为鼓励外商投资，促进经济发展，对外商投资者在襄樊市境内投资的方式、申请受理以及时限、税收等方面要给予一定优惠。

1989年12月25—29日，全省外商投资企业登记管理工作会议在武昌召开。市工商局代表与全市8家外商投资企业代表一起参加会议。

1990年8月4日，市工商局成立外商投资企业登记管理科，与企业科合署办公，一套班子、两块牌子，配备一名专职管理干部。全市有外商投资企业9户。其中市区7户、襄阳县1户、随州1户，投产5户;1989年产值为2591万元人民币,实现税利55万元人民币,创汇140万美元。同年9月11日,省工商局下发《关于委托襄樊市工商局受理外商投资企业登记注册初审工作的通知》,正式委托市工商局代省工商局受理中外合资经营企业、中外合作经营企业、外商投资企业的登记注册初审工作,并明确了市工商局外商投资企业登记管辖范围、管理职责等相关内容。

1991年,全市工商部门通过提前介入、咨询服务、登记把关,引导外资投向符合国家产业政策的项目。全年登记外商投资企业11户,累计21户,注册资本6575万美元,促进了全市吸引外资和对外开放。

1992年4月21—24日,全国企业登记管理专业会议在南京召开。会议总结1991年企业登记管理工作,讨论当时企业登记管理工作的热点问题。同年6月17日,湖北省工商局下发《关于委托襄樊市、沙市市、荆州地区工商局代省局进行辖区内外商投资企业登记管理工作的通知》,第一批委托市工商局开展襄樊市辖区内登记初审及监督管理工作,改善了市外商投资企业发展环境。同年9月,市工商局成立外商投资企业登记注册科,配备了注册档案柜、电脑、通信、交通工具等。在调配的5名专职干部中,有3名参加过省工商局举办的外商投资企业登记管理专业培训,具备独立进行外商投资企业登记初审及监督管理工作的能力。全年新增外商投资企业66户,投资7 077万美元,注册资本5 312万美元,协议引资1 685万美元,分别是前8年的2.66倍、3.14倍和1.72倍。累计在册88户,总投资11 353万美元,注册资本7 792万美元,协议引资3354万美元,外商投资企业出现了前所未有的大好形势。

1993年5月,国家工商局颁布《外商投资企业授权登记管理办法》,对外商投资企业登记管理权限作了详尽规定。同年7月21—25日,全省外商投资企业登记管理工作会议,在咸宁通山县九宫山召开。全年新增外商投资企业120户,总投资14 665万美元,注册资本11 739万美元,协议引资5 848万美元。在册外商投资企业总数207户,投资总额26 018万美元,注册资本19 531万美元,协议引资9 204万美元。

1994年11月9日,市工商局请示湖北省工商局,要求授予外商投资企业登记管理权限,以更好地为市招商引资工作服务。促进外资来源国家、地区进一步拓宽,新增加马来西亚、韩国、英国、巴西、阿根廷、俄罗斯等国家、地区,总数达11个。新增外商投资企业59户,投资额5 890万美元,注册资本4301万美元,协议引资2 241万美元;投产开业73户,盈利43户,利税额299万美元,亏损30户,亏损额332万美元。对在年度检验中不符合规定的53家外商投资企业,依法予以吊销营业执照的处理。累计在册外商投资企业266户,投资总额31 909万美元,注册资本23 833万美元,协议引资11 446万美元。

1995年,明确外商投资的方式、领域、申办程序、税收等。坚持以年检为突破口,强化注册登记管理。清理“三无”外商投资企业15户,净化了市场主体。全年新登记注册外商投资企业47户,投资额7 064万美元,注册资本5 306万美元,协议引资4 612万美元。投产开业133户,盈利58户,利税总额为315万美元,亏损58户,亏损总额达395万美元。累计在册313户,投资总额39 979万美元,注册资本29 674万美元,协议引资14 608万美元。

1996年1月10日,市工商局下发《关于1995年度外商投资企业年检工作的通知》,对年检的对象、年检工作的方法步骤等作说明。同年7月1日,市工商局要求各县(市)、区局建立外商投资企业经济户口,掌握辖区外商投资企业基本情况,协助市工商局加强对外商投资企业的监督管理;在各县(市)工商局和市直各工商分局设立外商投资企业专管员,加强对外商投资企业的监督管理,以促进市外商投资企业健康发展。同年9月18日,通过外商投资企业年度检验,市工商局清理了一批“三无”外商投资企业,并向市政府写专题报告。以文件方式申请注销、吊销市外商投资企业营业执照37家。同年12月11日、12日,襄樊市内外资企业登记管理工作会在枣阳市召开。市直企业所、枣阳、谷城、宜城、老河口等单位，分别介绍以年检为重点，实行登记发照、统计报表、档案归档三位一体规范化管理，支持服务外商投资企业发展等经验作法。新登记外商投资企业 28 户，投资总额 4 886 万美元，注册资本 3 024 万美元，协议引资 1 680 万美元。投产开业 177 户，盈利 78 户，利税额 854 万美元，亏损 99 户，亏损额 678 万美元。在册外商投资企业 289 户，投资总额为 43 288 万美元，注册资本为 31 266 万美元，协议引资 15 573 万美元。

1997 年，外商投资企业年检应检 302 户，实检 302 户，年检率 100%，年检合格 215 户，合格率为 71%。清理出无资金、无人员、无机构的外商投资企业 15 户，资金不到位项目根本无法进行 12 户，经营不善已解散的 5 户。对连续两年没有参加年检的企业发布听证公告，并依法予以吊销处理。新增外商投资企业 17 户，户平投资 162 万美元，注册资本 1 663 万美元，外方认缴 1 237 万美元。投产开业 187 户，盈利 76 户，利税额 984 万美元，亏损 111 户，亏损额 862 万美元。资本金到位率为 47%，清理“三无”外商投资企业 35 户。有外商投资企业 302 户，投资总额达到 44 852 万美元，注册资本 32 755 万美元，外方认缴获 6 756 万美元。

1998 年，新登记外商投资企业 13 户，投资额 3507 万美元，注册资本 1911 万美元，协议引资 1584 万美元。户均投资 270 万美元，比 1997 年户均数增长了 81%。投产开业 5 户，开业率 38%。投产开业 192 户，盈利 78 户，利税额为 1407 万美元，亏损 114 户，亏损总额 1316 万美元。发出催交通知书 15 份，对逾期不到位或不足额到位的企业，发出限期到位通知书，督促企业在合同章程规定的期限内到资。资本到位率由 1997 年的 41%提高到 44%。建立外商投资企业注册资本台账，了解外资到位实际情况，适时对 100 多户外商投资企业进行检查，掌握企业资本营运及经营情况。在册 315 户外商投资企业，投资总额 48 359 万美元，注册资本 34 666 万美元，协议引资 18 340 万美元。

1999 年 1 月 23 日，湖北省外贸厅等 8 单位联合下发《关于 1999 年湖北省外商投资企业联合年检实施方案的通知》。同年 3 月 8 日，襄樊市工商局下发《关于授予外商投资企业登记管理权的请示》，向湖北省工商局申请授权；同年 3 月 23 日，市政府下发《关于申请授予襄樊市外商投资企业登记管理权的函》，再次向湖北省工商局申请授权。同年 7 月，国家工商局下发《关于授权荆州市、襄樊市工商行政管理局外商投资企业核准登记权的通知》；湖北省工商局下发《关于贯彻国家工商行政管理局〈关于授予荆州市、襄樊市工商行政管理局外商投资企业核准登记权的通知〉的通知》，授予襄樊市外商投资企业登记管理权。同年 9 月 1 日，市工商局正式履行外商投资企业登记管理权，同时，加强登记管理水平和规范化建设。坚持条件受理。查核企业立项、审批程序是否符合法律法规要求，出资比例、出资方式是否达到规定要求。坚持审查程序。执行受理审查、核准、发照、公告程序。坚持规范操作。规范内部流程，明确表述、环节、责任；建立管理台账，规范文件格式、执照打印、档案管理；实行电脑管理。新登记外商投资企业 16 户，投资额 5 288 万美元，注册资本 3 285 万美元，协议引资 2 186 万美元。投产开业194户，盈利73户，创利税1 664万美元，销售额6 117万美元，亏损121户，亏损额达329万美元。依法吊销长期资金不到位、无机构、无人员、名存实亡的外商投资企业32户，注销了4户。在册外商投资企业281户，投资总额41 312万美元，注册资本29 824万美元，协议引资15 885万美元。

2000 年 7 月 18 日，根据国家工商局建立健全登记注册操作规程的精神《外商投资企业登记管理授权办法》《湖北省外商投资企业登记管理工作规范〈试行〉》，市工商局制定了《襄樊市县（市）、区局外商投资企业登记管理工作规范》，明确县（市）、区局开展外商投资企业登记管理工作的主要职责，加强了外商投资企业监督管理工作。同年 9 月 8 日，襄樊市组成由副市长胡向斌为团长的 121 人代表团，参加在厦门召开的第四届中国投资贸易洽谈会。市工商局首次作为代表团成员参会。代表团带去 50 个项目，签订合同、协议和达成意向 13 项，总投资 3 593 万美元，协议引资 1 792 万美元。其中签订正式合同 4 项，总投资 650 万美元，协议引资 367 万美元；签订协议 4 项，投资 1 420 万美元，协议引资 563 万美元；达成意向 5 项，总投资 1 523 万美元，协议引资 862 万美元。签约项目特点：科技含量高。高科技工业项目6项，协议利用外资914万美元；跨国公司开始关注襄樊。13个签约项目分别来自美国、加拿大、澳大利亚、韩国等国家及中国台湾、香港地区。同年11月9日，第一家整体买断国有企业的外资企业，国泰华（襄樊）纺织企业有限公司在襄樊市登记注册。香港国泰华（国际）发展实业公司拟投资2 100万元港币，收购原老河口市光化纺织有限公司破产处理资产，成立江商独资企业，主要生产销售棉纺织品及棉纱，生产规模1.5万锭，年产棉纱3 300吨，产品主要销往非配额地区。新登记外商投资企业22户，投资额5 490万美元，注册资本3 022万美元，协议引资2 628万美元。投产开业19户，资金到位率70%，平均投资规模250万美元。累计发展外商投资企业384户，吊销103户，注销10户，转省局2户，在册267户，投资总额40 996万美元，注册资本28 652万美元，协议引资15 816万美元。

2001年6月5日，根据湖北省工商局《关于开展市场主体准入行为专项整治的实施意见》要求，对全市在册的273户外商投资企业中，从事涉及生产经营歌舞娱乐、易燃易爆物品、食品、药品、化工、医疗器械、建筑、农资（种子）等行业的106户外商投资企业，前置审批条件、企业出资情况以及经营行为进行清查。其中，法人企业95户，前置审批证件齐全的72户、批件过期未及时更换的18户、未办理证件5户。分支机构手续齐全的11户。同年10月12—13日，在宜昌枝江市召开了全省帮扶外商投资企业工作现场会。市工商局安排谷城县工商局注册分局负责人参会。会议主要内容，参观枝江市工商局开展外商投资企业帮扶工作情况和宜昌市工商局开展外商投资企业经济户口管理工作情况；交流运用工商职能支持企业利用外资改革改制，开展对外商投资企业帮扶工作，促进外资企业发展的经验做法。同年11月，市工商局依法吊销了64户长期资金不能到位、无人员、无场地、无机构的“三无”外商投资企业的营业执照。其中，市区43家、县（市）21家，涉及工业加工、房地产开发、电子制品、服装制造等行业。净化了外商投资经营环境，理顺了经营秩序。同年11月12日，市工商局制定《襄樊市县（市）局、市区分局外商投资企业登记管理工作规范》，明确县（市）局、市区分局经市工商局委托授权开展外商投资企业登记注册初审工作，按照《外商投资企业登记管理授权办法》规定，协助市工商局开展外商投资企业登记管理工作，履行法律法规规定的监督权。根据国家工商局关于外商投资企业启用新版式营业执照的规定和湖北省工商局安排，市工商局开展市外商投资企业新版营业执照换发工作，并落实注册资本公示制。在注册资本项目中加注实收资本项，以提高企业信誉度，督促未到资企业缴付出资。换发新版营业执照180户，占应换照的201户企业的89%。其中，分支机构51户，换发新版营业执照29户，新发展22户；资金全部到位企业109户，部分到位34户，未到位16户，出资期未到的6户。

外商投资企业年检应检263户，实检201户，年检率76%，合格189户，合格率为94%。新增外商投资企业29户，投资额4 207万美元，注册资本3 756万美元，协议引资2 945万美元。在册外商投资企业296户，投资总额45 203万美元，注册资本32 408万美元，协议引资18 761万美元，实际引资1.2亿美元。

2002年，年检应检外商投资企业231户，实检164户，年检率71%，合格142户，合格率87%。定为B级的21户，占12%，未通过年检22户，占13%。注册资本到位率78%，比2000年增长4个百分点。清理出资金不到位、名存实亡的“三无”企业49户，依法进行吊销处理；纠正违章行为23起，立案查处违法案件5件。对72户外商投资企业逐一核查前置审批文件证件，对过期的21户、未办理的4户，协助办理审批；对达不到条件，办不了文件证件的5户企业，办理了执照变更手续。

新登记外商投资企业37户，投资额17 672万美元，注册资本10 896万美元，协议引资7 684万美元。在册外商投资企业200户，投资总额45 928万美元，注册资本33 918万美元，协议引资21 416万美元，实际引资1.6亿美元。

2003年3月，按照国家工商总局《外商投资企业授权登记管理办法》和《关于进一步做好外商投资企业授权登记管理工作的通知》要求，外商投资企业登记管理工作实行国家工商行政管理总局登记管理和授权地方工商行政管理局登记管理的原则，被授权的地方工商行政管理局以自己的名义在被授权范围内行使对外商投资企业的登记管理职权；所有外商投资企业登记管理原授权保留至2003年12月31日止。市工商局请求国家工商总局对被授权范围进行重新确认。加强对年检企业前置审批手续的清理审查。需提供前置审批手续的企业75家，其中需提供娱乐场所审批手续的16户，手续齐全的12户，限期补办的3户，变更范围的1户；药品生产企业手续齐全的4家；印刷行业手续齐全的4家；建筑装饰房地产企业40家，手续齐全的38家，限期补办的2家；其他需提供前置审批企业2家手续齐全。要求各县(市)、区专管员在年检中，做好辖区内，外商投资企业实地勘察工作。各县(市)、区实地调查企业，樊城、高新区达90%，其他为100%。市外商投资企业实地调查178户，调查率83%。把年检与建立县(市)、区外商投资企业经济户口相结合，完善县(市)、区经济户口卡片。年检应检外商投资企业213户，实检180户，分支99户，参检率84.5%，合格144户，合格率为80%。其中定为A级的120户，占参检企业的67%；B级的24户，占参检企业的13%；暂缓通过的14户，占参检企业的7.8%；未通过年检22户，占参检企业的12.2%；新登记34户，参检率100%。市外商投资企业应出资5456万美元，实际出资3018万美元，占应出资额的55%。市工商局对34户新登记企业和历年出资不到位的企业出资情况进行了重点审查。注册资本全部到位的154户，部分到位的42户，逾期未出资的27户。对未按合同、章程规定的出资期限缴付注册资本的，制发《限期缴付注册资本通知书》。同年9月21—26日，时任市长付明珠、市委副书记夏志斌率市计委、外经、工商及所辖县(市)、区组成的经济代表团，赴香港参加湖北省政府举办的鄂港经贸洽谈会。市工商局党组书记、局长胡逢潮参会。此次招商活动，签订投资合同9个，合同外资8 987万美元；协议投资19个，协议引资2242万美元，总投资33 776万美元；签订出口成交合同8个，金额2 275万美元。新登记外商投资企业34户，投资额5 970万美元，注册资本5 111万美元，协议引资3 504万美元。在册外商投资企业213户，投资总额48 937万美元，注册资本为36 535万美元，协议引资23 417万美元。

2004年，市工商局出台《外商投资企业联动管理办法》，明确县级工商局、基层工商所(分局)监管职责。同时，根据《中华人民共和国企业法人登记管理条例》及其《实施细则》、《外商投资企业授权登记管理办法》的规定，下放外商投资企业登记注册初审权。要求县级工商局、基层工商所进行外商投资企业属地监督联动管理工作，以建立市局、县局、基层所三级工商机关，互联互动统一高效的外商投资企业监管机制。外商投资企业联动管理工作机制，得到湖北省工商局外资处的充分肯定。同年6月，组织外商投资企业登记管理人员开办《行政许可法》培训班两期。同年8月上旬，下发《关于开展外商投资企业巡查工作的通知》，要求各县(市)、区工商局组织巡查人员，采取逐户上门方式，对分布在24个基层工商所(分局)的219家外商投资企业进行巡查，摸清本辖区外商投资企业现状，了解外商投资企业生产经营中遇到的困难和问题。答复咨询3次，帮助办理工商管理手续5起，解决困难1起，发现案源18件，发出提示通知书15份，纠正违章行为6起，预警1户。履行了监管秩序、服务发展的职责权。

市工商局探索注册登记改革，将外商投资企业登记受理、发照、收费工作转入行政服务中心。实行注册官制度，由企业点名自己认可的注册官服务并实行限时办理。名称登记，手续齐全、程序完备的2个工作日内办理完毕；设立登记，证件齐全、手续完备的5个工作日内发放执照。全年办理名称登记40个，设立登记38家。

市工商局批准授予老河口市、枣阳市工商局，汽车产业开发区、高新开发区工商分局等，外商投资企业登记注册管理初审授权。方便了外商投资企业就近解决登记注册中遇到的问题和困难，增强了县级局监管外商投资企业的责任。市工商局以基层工商所为单位，对辖区229户外商投资企业、10[illegible]户分支机构进行回访，帮助企业提供合同管理、商标注册、广告管理服务，协调办理有关证件。办理动产抵押登记 2 户，抵押值 100 多万元；对少部分未遵守法规的企业，制发《限期缴资通知书》，下发行政建议书，预警警示。鼓励外商投资企业守法经营，加快企业信用体系建设，改革工商机关监管方式。市工商局下发《襄樊市外商投资企业免检办法(试行)》，规定免检企业的基本条件：遵纪守法，经营良好，信誉较高，连续三年以上无违法违规行为，未受到工商行政管理机关处罚；连续三年年检被评定为 A 级；注册资本缴齐，并投产开业；拥有国家驰名商标或当届湖北省著名商标的企业；县及县以上人民政府授予当届“守合同、重信用”和信用绿牌的企业；当年出口创汇 100 万美元以上；当年纳税额 100 万元人民币以上。有 30 余家企业申请免检，经各县(市)、区工商局初审，市工商局评定，风神(襄樊)汽车有限公司等 11 家外商投资企业，获 2003 年度年检免检。新发展外商投资企业 29 户，分支机构 9 个，投资额 8 949 万美元，注册资本 5 560 万美元，协议引资 5 097 万美元。在册外商投资企业 222 户，分支机构 105 个，投资总额 54 507 万美元，注册资本 39 127 万美元，协议引资 26 219 万美元。实际引进外资近 2 亿美元。

2005 年 4 月 3 日，市工商局出台《关于开展外商投资企业帮扶工作的通知》，对帮扶对象、内容、相关要求作了说明。适当降低准入“门槛”。允许注册资本到位 70%以上、且已投产开业的企业设立分支机构；允许资金到位困难的企业经过批准，适当延长出资期限；允许中方已出资、外方资金难以到位的企业，寻找新的合作伙伴，重新组合。支持企业调整经营策略和方向。针对市部分外商投资企业，特别是居民服务业企业受市场激烈竞争影响，经营陷入困境的状况，支持企业盘活资产存量，帮助企业调整经营寻找出路。支持企业建立营销网络，促使企业直接提高产品市场占有率，扩大生产规模。

市工商局出台《关于主要行政审批事项成建制进入行政服务中心的通知》，将市外商投资企业登记受理、发照、收费工作等转入行政服务中心外商投资企业登记窗口，推行“一个窗口”对外，减少环节；在行政服务中心和初审局间开设涉外企业“绿色通道”，方便外商投资企业就近解决登记注册中遇到的问题和困难；按《行政许可法》要求，对外商投资企业登记事项、依据、收费标准等内容进行公开公示。高新分局在登记窗口发放便民服务卡，卡上注明服务内容、单位地址、联系电话等项目，为企业办事节省了时间和精力。

根据襄樊市工商局《关于授权注册官一审一核(试行)办法》和襄樊市工商局《窗口岗位注册官“一口清”规范(试行)办法》，市工商局实行注册官挂牌上岗和点名预约服务，将注册官的姓名和职权范围上墙公示，并公开投诉举报电话，接受社会监督；在审批程序上实行一审一核制。方式上，窗口实行“一站式”办公、“一口清”受理、“一条龙”服务，窗口工作人员实行“首问负责制”，并要求限时办理。名称登记，手续齐全、程序完备的，个工作日内办理完毕；设立登记，证件齐全、手续完备的 3 个工作日内发放执照。

按照《行政许可法》规定进行登记。市工商局对设立外商投资企业，一方面按照外资法律、法规，及产业政策进行审查，特别是对涉及前置审批的项目、协议、章程，严格审查把关；另一方面制定“三统一”、“两规范”标准，促进外商投资企业登记注册工作程序化和规范化。“三统一”：统一登记标准，统一登记程序，统一登记要求；“两规范”：规范登记格式文本，使用国家工商总局调整后的外商投资企业登记书式；规范书面决定，针对不同企业申请事项，分别发出《准予登记决定书》《不予受理通知书》《驳回通知书》。 同年 7 月 29 日，市工商局下发《襄樊市工商局外商投资企业出资信用公示管理办法(试行)的通知》，并将外商投资企业注册资本缴纳情况在《襄樊日报》和襄樊政府网站上发布，把外商投资企业出资行为纳入社会监督之下。按出资情况将外商投资企业分为 A、B、C 三类：A 类为合营各方出资全部到位；B 类为合营各方按合同章程规定期限缴纳出资，但出资期未到未全部缴足；C 类为合营各方逾期未缴足出资。在注册的 187 户外商投资企业中，A 类 114 户，B 类 8 户，C 类 65 户。

新发展外商投资企业 18 户，分支机构 38 个，投资额 15 468 万美元，注册资本 8 856 万美元，外方认缴出资 5 065.2 万美元。办理名称预先核准登记 20 个，法人变更登记 64 户，分支开业登记 36 户，分支变更登记46户,注销法人企业1户,注销分支机构10户。年检应检法人企业192户,实检162户,参检率84%,通过162户,合格率100%;应检分支机构120户,实检99户,参检率82%,通过99户,合格率100%。吊销法人企业44户,分支机构11户。截至年底,全市在册外商投资企业184户,外资企业再投资8户,分支机构143个,投资总额59 210万美元,注册资本38 648万美元,协议引资24 153.2万美元,实际引资近2亿多美元。

2000—2005年,市外商投资企业发展情况及特点(以2005年为例):在注册的184户外商投资企业中,制造业106户,所占比例为58%;房地产业37户,占20%;其他行业所占比例较小。从发展情况看,外资企业主要还是以制造业为主,其次是房地产业(见表17—9)。

2000—2005年外商投资企业行业发展比较

表17—9

年度	企业数	其中		其中	
		制造业数	占总企业数的比例(%)	房地产业数	占总企业数的比例(%)
2000	267	189	71	36	13
2001	232	155	67	37	16
2002	200	124	62	38	19
2003	213	120	56	44	21
2004	211	120	57	43	20
2005	184	106	58	37	20

从企业类别上看,以合资企业为主,有110户,占60%;合作公司12户,占7%;独资公司62户,占33%。合作项目发展持平,合资企业数比往年有所下降,独资企业有所上升,外资发展总体较为平稳(见表17—10)。

2000—2005年外商投资企业类别比较

表17—10

年度	企业数	其中			所占总企业数的(%)		
		合资企业数	合作企业数	独资企业数	合资	合作	独资
2000	267	198	12	57	74	4	22
2001	232	167	12	53	72	5	23
2002	200	132	16	52	66	8	26
2003	213	135	16	52	63	7	30
2004	211	127	16	68	60	7	33
2005	184	110	12	62	60	7	33

外商投资企业以外方控股为主。外方控股94户,占51%;中方控股75户,占41%;中外方持平15户,占8%。在110户合资企业中,以中方控股为主,有69户,占63%;外方控股26户,占24%,持平15户,占7%。

资金主要来源于20多个国家和中国香港地区。大部分以亚洲国家、地区为主。在册的184户企业中,亚洲国家139户,占76%,其中中国香港72户,占39%;来自北美洲的27户,占15%;其他国家、地区所占比例都很小(见表17—11)。

2000—2005 年外商投资企业国别分布比较

表 17—11

年 度	企业数	其中		其中		其中	
		亚洲企业数	占总企业数的（%）	香港企业数	占总企业数的（%）	北美洲企业数	占总企业数的（%）
2000 年	267	233	87	152	57	24	9
2001 年	232	201	87	121	52	21	9
2002 年	200	164	82	91	46	26	13
2003 年	213	172	81	93	44	29	14
2004 年	211	168	80	88	42	25	12
2005 年	184	139	76	72	39	27	15

在襄樊市所辖县（市）、区中，外资企业集中在城区，有 136 户，占在册企业总数的 74%，县（市）企业 48 户，占在册企业总数的 26%。其中，枣阳、河口、宜城、襄阳有 27 户，南漳、保康、谷城 21 户。从近几年的发展情况看，市区发展平衡，县（市）尤其是山区发展速度加快（见表 17—12）。

2000—2005 年外商投资企业区域分布比较

表 17—12

年 度	企业数	其中：					
		市区局企业数	所占比例	县（市）局企业数	所占比例	县（市）局其中：	
						平原	山区
2000	267	163	61	104	39	85	19
2001	232	139	60	93	40	74	19
2002	200	146	73	54	27	40	14
2003	213	153	72	60	28	39	21
2004	211	149	71	62	29	39	23
2005	184	136	74	48	26	27	21

从投资规模上看，外商投资企业平均投资规模时高时低，主要原因有几户规模较大的企业将比例拉大。2005 年上半年，平均投资规模近似上一年同期的近 10 倍，主要因为有 1 户再投资企业变更为合资企业，单就投资额就有 8 亿元人民币，注册资本有 5 亿元人民币，因此规模比较大（见表 17—13）。

2000—2005 年外商投资企业投资规模比较

表 17—13

年度	新登记企业数	投资总额	注册资本	外方认缴	外方所占比例	平均投资规模
2000	22	5490	3022	2628	87	250
2001	33	4671	4200	3293	78	142
2002	37	15870	10896	7684	71	429
2003	34	5970	5111	3504	69	176
2004	29	8949	5560	5097	92	309
2005	18	15468	8856	5065.2	57	859

（四）商标管理

1979年后，国家保护商标使用权，实行全国统一注册制度。1980年对混同商标开展调查。1982年《中华人民共和国商标法》实施，工商部门深入宣传法规，指导企业正确使用商标，严格审批商标印制定点单位，依法收缴违法商标、标识、装潢，查处违法案件，保护商标专用权，促进了市场经济发展。

1.商标注册

商标作为商品的标识、化身及企业的象征，必须按一定的法律程序注册后，才能实现成为企业独有的财富。因此，商标注册是商标管理的主要内容。1978年，国家工商局成立，内设商标局，恢复对全国统一商标注册管理。1982年，颁布《中华人民共和国商标法》。1983年，国务院发布《中华人民共和国商标法实施细则》。1985年，全市核准注册商标446件，查处商标违法案件62起，罚没金额8 412元。1986年，全市有注册商标539件，查处商标违法案件92起，没收和销毁假冒商标标识581 200件。1987年，全市有注册商标621件。1988年，加大对《商标法》的宣传力度，为企业和个人提供咨询服务250场次，检查商标印制单位79家，查处非法印制商标547 760份。有注册商标1 060件，1989年，市工商局对全市144家酒厂使用商标情况进行摸底检查和清理整顿。全市有注册商标1 102件。酒类注册商标187个。其中，正使用的131个，停用的56个，使用未注册的53个；纠正了57个商标使用中的问题，查处了16家企业的商标侵权行为。1990年，有注册商标1130件。市工商局对全市834家企业的1 108件注册商标使用管理情况进行了验证，纠正没有正确使用的注册商标91件，办理补证手续的37件，变更手续的8件；对全市113家印刷企业进行了清理整顿，确定8家企业为全市第一批指定印制商标单位。全市查获商标违法、侵权案件84起，结案72起，收缴、销售商标标识332 873套。1991年7月，国家工商局决定湖北省实行商标代理制，即由湖北省华中商标事务所代理。全市有注册商标1 320件。1992年，开展首届知名商标评比活动。“金蝶”“野马”等45家企业的50个注册商标被评为襄樊市知名商标。全市有注册商标1410件。1993年3月1日，国家出台新《商标法》。为纪念《商标法》实施10周年，市工商局在《襄樊日报》上开辟宣传专栏。全市有注册商标1 520件。1994年，有注册商标1 610件，查处商标侵权案件35件。1995年，有注册商标1 670件，查处商标侵权案件40件。1996年，深入企业宣传法规，引导企业申报商标注册。为企业办理商标注册35件，续展26件。全市有注册商标1 690件。1997年，市工商局加大宣传《商标法》的力度，帮助企业实施精品名牌战略。全市共有注册商标1 700件。1998年，市工商局加强对注册商标的使用管理，为防止无形资产流失，督促企业及时办理商标续展，重点保护改制注册商标的专用权。查处商标侵权违法案件56件。全市有注册商标1 732件，商标印制单位78家。1999年，企业自愿申报，市工商局推荐，促成“金蝶”“石花”等17件商标评为“湖北省著名商标”。全市有注册商标1 780件。2000年，开展汽车行业、服装行业商标专项整治活动。市工商局对全市3家汽车改装厂、188家汽车配件生产企业、361家汽车配件经营单位进行了拉网式清查。拆除侵权商标标识2 690件、招牌241块，当场拆除或限期拆除未经商标所有权人许可，擅自将“梦特娇”“七匹狼”等知名品牌作为专卖店名称的招牌17块，收缴假冒名牌服装391件。打击了商标侵权假冒行为，维护了商标所有权人和消费者的合法权益。全市有注册商标1 810件。2001年，市工商局支持农字号商标注册工作，对商标进行定向培育管理，拟定商标发展对象，支持农产品注册商标21件。全市有注册商标2 210件。2002年，市工商局在市政府的大力支持下，引导鼓励自然人申请注册商标。全市有注册商标2 350件，其中自然人申请注册商标35件。2003年，实施农副产品商标战略。市工商局在盘活闲置商标的前提下，引导、培育、发展新的农副产品商标注册。全市有注册商标2 510件，其中农副产品注册商标28件。2004年，引导企业实施商标战略。市政府出台《襄樊市知名商标认定和管理办法》后，市工商局认定了72件商标为襄樊市知名商标。全市有注册商标2650件，其中新增注册商标140件。2005年年末，全市核准注册商标2 820件。

2.商标验证

1990年，市工商局对全市834家企业的1178件注册商标使用管理进行了验证，纠正没有正确使用商标91件，办理补证手续37件，变更手续8件。1994年，按照国家工商局《关于开展注册商标验证工作的通知》精神，市工商局验证商标1610件，有效商标1176件，摸清了全市有效注册商标数量，注销了一批"死商标"。健全了局、所两级商标档案，查处了企业商标使用管理上存在的违法行为。1996年，按照湖北省工商局要求，市工商局对全市所有注册商标进行了全面验证，查处了企业在商标使用中的违法行为。全市有效注册商标1450件。1998年，按照湖北省工商局部署，市工商局对全市注册商标进行验证。全市有注册商标1732件，有效注册商标1430件，企业倒闭及其他原因产生的无效商标302件。2002年7月，根据湖北省工商局《关于开展全省注册商标验证工作的通知》精神，市工商局对全市注册商标进行验证。应验证的注册商标为2350件，实验证的注册商标2310件，验证率为98.3%。其中，有效注册商标1910件，闲置商标440件，分别占应验证的81%、19%。

通过商标验证，发现企业在注册商标使用管理中，存在三方面问题：未及时变更注册名义地址；企业对注册商标续展工作不主动，商标到期未续展失效较多；部分企业内部在商标印制、使用、出入库管理制度不健全，无固定人员负责。

3.商标印制

1983年，国家工商局发布《商标印制管理规定》。1984年，湖北省工商局印发《关于贯彻执行国家工商局商标印制管理规定的补充意见》，要求印制商标的定点单位（包括印刷、制版、刻印、印铁、制罐、贴花、织造、金属铭牌、塑料、橡胶等行业）建立登记制度，定期报当地工商行政管理部门核查。1986年，国家工商局发布《商标印制管理暂行办法》，改定点印刷为不定点印刷。《暂行办法》规定：企事业单位和个体工商业者，凡印制注册商标标识要凭《商标注册证》，到所在地工商局开具《注册商标印制证明》；凡印制未注册商标标识，要凭营业执照申请开具《未注册商标印制委托书》，方能印制商标；对违反规定滥印商标的要严肃查处。1987年，按照湖北省工商局《关于加强商标印制管理的通知》精神，市工商局加强了全市商标印制企业的监督管理，下发《关于开展对商标、广告、印刷行业检查的通知》，检查印刷企业89个，处理了一些制度不健全，审批不严格的印刷厂家，建立了把关制度。1988年，市工商局检查商标印制单位79家，查出非法印制商标547 760份。同时，市工商局对全市五年来贯彻实施《商标法》情况进行全面检查。在摸清底子、弄清问题的基础上，向市人大写了报告。市人大和湖北省工商局转发了市工商局的做法。1990年8月，国家工商局发布《商标印制管理办法》，同年10月1日起执行，改商标不定点印刷为定点印刷。市工商局对全市商标印刷厂进行了全面清理整顿，维护商标权利人的合法权益。1994年，市工商局对全市印制行业进行了清理整顿，检查市区及县（市）重点商标印刷企业，对擅自承印或非法印制商标标识的单位和个人进行处罚。1995年，市工商局对全市商标（不含烟草、药品）定点印制单位进行了审核、批准，检查指定商标印制单位25家，查处违法商标印制案件2件。1997年，贯彻落实国家工商局和湖北省工商局，关于清理整顿个体私营印刷业的通知精神，市工商局对全市65户个体印刷业进行了清理整顿。依法取缔无证经营的6户，查处非法印刷商标标识的2户，收缴销毁商标标识1 200多份。10月，开展商标印制单位换证工作和商标执法情况检查。全市指定商标印制单位25家。1999年，市工商局收缴、销毁假冒商标标识5万多份。2000年，市工商局在全市开展商标印制行业整顿，查处擅自承印商标标识的企业4家，罚款35 000元。2003年，国务院《关于取消第二批行政审批项目和改变一批行政审批项目管理方式的决定》，取消"印制单位审批"项目。随后,市工商局对全市 15 家商标印制企业进行了实地检查,对未取得商标印制委托人提供合法凭证,擅自承印商标业务的单位下达责令整改通知书,并帮助部分企业建立完善商标印制相关制度。

4.商标保护

1986 年,深入 120 多家企业宣传《商标法》60 次,处理商标遗留案 1 起,处理擅自购买使用他人商标、仿冒商标案 15 起,销毁假冒注册商标标识 16 万份。1987 年,市工商局对 79 个商标印制单位进行了检查,查处非法印制商标 547 760 份。1988 年,查处侵犯商标专用权案件 12 件。1989 年,根据国家工商局《关于继续开展整顿酒类商标的通知》精神和湖北省工商局安排,市工商局开展了酒类商标清理活动,查处商标侵权案 6 起,销毁假冒商标标识 50 000 份。1990 年,对商标注册进行检查,查处商标侵权案件 15 起,销毁假冒商标标识 98 300 份。1991 年,根据湖北省工商局清查假冒商标的统一部署,市工商局为全市办理了 55 个注册商标,76 项变更转让手续。1992 年,市工商局召开了有注册商标企业参加的座谈会,采取以会代训方式,培训商标企业管理人员 100 多人次,帮助企业制定商标战略。提高了企业商标专用权自我保护意识和产品市场竞争力。1993 年,围绕贯彻执行《商标法》,打击假冒侵权商标,保护商标专用权。全年查处商标案件 18 起,罚款 11.2 万元,收缴商标标识 15 万张。1994 年,市工商局严肃商标行政执法,打击侵犯注册商标专用权行为和假冒注册商标行为,维护了市场经济秩序。全年查处商标案件 18 起,罚款 12.1 万元。1995 年,市工商局采取多种形式宣传《商标法》,让广大消费者关注商标,识别商标假冒侵权行为。全年查处商标案件 16 起,罚款 9.5 万元。1996 年,组织企业参加全省第三届"重商标、讲信用"活动。经过市工商局推荐,省评选委审定,市卷烟厂等 8 家企业被湖北省政府评为"重商标、讲信誉"企业。

1997 年,贯彻执行国家工商局商标局《商标使用许可合同备案办法》《工商行政管理机关办案文书式样及使用说明》和《工商行政管理机关查处商标违法案件监控规定》。全市查处商标案件 15 起,罚款 89 000 元。1998 年,针对企业改制商标注册人名义变更的实际,市工商局为 36 家改制企业变更了商标注册人名义。保护了改制企业注册商标专用权,避免企业无形资产流失。1999 年,对人用药品和烟草制品商标进行整顿。全市查处违法侵权商标案件 16 件,罚款 33.05 万元。2000 年,按照国家工商局部署,市工商局印发了《关于加强专卖店、专修店管理的通知》,禁止擅自将他人注册商标作为专卖店(专修店)企业名称及营业招牌。全市检查专卖店、专修店 76 家,办理商标案件 17 件,罚款 11.3 万元。2001 年,对未经注册商标所有人许可,在同一种商品或类似商品上,擅自使用与其商标相同相似的商标,销售明知是假冒注册商标的商品行为进行检查。全市立案 13 件,其中非法印制商标案件 6 件,罚款 4.5 万元。2002 年 5 月,市工商局组织专班,开展打击商标侵权专项执法行动。对全市 132 家服装专卖店进行清理整顿,查出假专卖店 28 家,拆除假招牌 32 个,查扣假冒商标服装 260 余件,价值 6 万余元。2003 年,市工商局开展商标专用权保护和奥林匹克标志保护专项执法行动。全市查处商标侵权案件 22 起,罚款 9.6 万元。一批假冒"雕牌""五粮液"等商标的违法行为受到处罚。2004 年,按照湖北省工商局文件精神,市工商局在全市开展了"三专店"专项整治和保护商标专用权检查。同时,制定并下发了《2005 年保护注册商标专用权行动方案》,确定了整治重点和检查对象。对 10 个交易市场,165 家专卖店进行了清理,查处销售假冒"长城"葡萄酒,"花花公子""皮尔·卡丹"服装商标侵权案件 15 起,罚款 3.2 万元。2005 年,市工商局查处食品、药品、汽车零配件、酒类、种子、化肥、农药等关系人民群众身体健康、消费安全以及涉农商品商标侵权案件。全市查处商标侵权案件 93 件,一般违法案件 108 件,没收侵权商标标识 4 万多件。

5.著名商标评选

1993年,经湖北省政府同意,省工商局每3年组织评审认定一次"湖北省著名商标"。全市有"金蝶"(烟)"石花"(酒)等9件商标,被认定为第一届湖北省著名商标。1996年,"金蝶""ZXY"等11件商标,被认定为第二届湖北省著名商标。1999年,"金蝶""ZXY"等17件商标被认定为第三届湖北省著名商标。2002年,"金鄂"等31件商标被认定为第四届湖北省著名商标。至2005年,全市有"骆驼"等著名商标38件、知名商标76件。

(五)广告管理

1979年后广告业迅速发展。按照《广告管理暂行条例》,工商行政部门履行了规范广告发布,制止弄虚作假行为。1983年,襄樊市设立广告公司。广告逐渐成为企业宣传推介商品的重要形式。1986年,全市有媒体广告经营单位3家,广告从业人员25人。1987年,广告经营单位21家,从业人员132人。1988年,广告经营单位35家,从业人员324人。全市出现路牌广告459个,灯箱广告82个,橱窗广告89个,霓虹灯广告82个。1989年,市工商局对广告业进行清理整顿。全市有广告经营单位46家,符合条件的40家,限期改正的3家,吊销广告经营许可证的3家。路牌广告发展到565个。1990年,市工商局对全市300多名广告业务人员进行资格培训考试。全市有广告经营单位49家。1991年,按照湖北省工商局通知精神,市工商局对全市65家广告经(兼)营单位进行年检,合格率100%,查处各类广告违法案件36起。1992年,贯彻执行《湖北省广告经营单位内部业务管理规定》。为规范户外广告经营单位行为,整顿户外广告秩序,市工商局开展户外广告整顿月活动。拆除违章广告牌65块,取缔户外违章张贴广告1200多张。1993年,市工商局结合宣传贯彻《食品广告管理办法》《化妆品广告管理办法》《药品广告管理办法》等,加强广告管理,规范广告市场行为。全市查处虚假违法广告案件278起,罚款46.5万元。1994年,为提高广告宣传质量,增强广告效果,市工商局帮助广告经营单位,建立健全了承接制度、合同制度、财务制度、审查制度等。全市65家广告经营单位通过年度检查。1995年8月,市工商局为学习贯彻《广告法》,实施广告精品名牌战略,组织广告审查员进行培训。广告经营单位重新换发《广告经营许可证》。1996年1月1日,为贯彻施行国家工商局《酒类广告管理办法》和《户外广告登记管理规定》。市工商局结合年度检查,为全市80家广告经营单位换发了"广告经营许可证"。清除乱贴印刷广告800余份,取缔无证经营户外广告3家,查处户外广告案件25起。1997年,按照湖北省工商局,关于对广告媒体单位发布广告进行检查的通知要求,市工商局对媒体发布的药品、医疗器械、食品等广告进行了检查。检查广告210条,查出药品、医疗利用患者名义误导消费者等违法广告62条,并按有关规定进行了处理。按照国家工商局、湖北省工商局的部署,市工商局9月1日至10月1日,全市发布公益广告12条。1998年,市工商局组织全市12家工商企业、广告经营单位,参加国家工商局广告司在武汉举办的企业广告战略知识培训班。对100家广告经营单位进行了年检,合格的84家,缓检9家,注销7家。1999年,市工商局代市政府起草并颁布了《襄樊市户外广告登记管理暂行规定》。2000年,为贯彻实施《湖北省户外广告登记管理实施办法》《店堂广告管理暂行办法》,增强全社会广告法律意识,引导企业运用广告策略,市工商局开展对印刷品、邮寄品广告市场整顿。全市办理户外广告登记证136个,立案查处擅自发布户外广告35件,罚款11.2万元。2001年,针对医疗、药品、食品、农药广告问题,市工商局开展了"反误导、打虚假"广告市场治理专项行动。办理户外广告登记证143个,审查备案医疗、药品广告56个。同时,加强农资广告监管,对媒体广告实行备案制。全年查办广告违法案件102件,罚款28.45万元,收缴违法广告6万份。2002年,市工商局对药品、医疗、保健食品、房地产广告和致富信息等进行了专项整治。出动执法人员近千人、车辆30台次,检查各类广告8000多条，拆除违规发布的横（条）幅广告54条、店堂广告牌275个，查处广告违法案件102起，罚款43万元，没收违法印刷品小报近10万余份。全年登记各类广告200多条，监测475条，有违法的65条，责令停止发布的32条，限期整改的21条。2003年，市工商局加大了对媒体广告监测力度，开展了广告专项整治活动。全年查处各类广告违法案件196起。2004年，根据国家工商局和湖北省工商局部署，市工商局对虚假违法广告进行整治。全年查处各类虚假违法广告案件215件，罚款56.3万元。2005年，按照国家十一部局和湖北省十厅局部署，市工商局在强化广告市场监管力度的基础上，以惩治虚假违法广告为重点，抓住大众传媒这个重要环节，严厉打击欺骗和误导消费者的商业欺诈行为；坚持标本兼治、打防并重的方针，查办保健食品、药品、医疗、化妆品、美容服务虚假违法广告；落实媒体广告月点评制度、局际联席会议制度、媒体单位向联系会议报告制度、人大代表和政协委员全程参与监督制度、定期督办制度；加大对广告监测以及对违法广告的通报和查处力度，探索建立广告监管长效机制。全市立案查处五类违法广告134件。其中，药品广告34件，医疗服务广告49件，保健食品广告36件，化妆品广告6件，美容服务广告9件；责令停止发布五类广告115件，限期整改67件，罚没款50余万元。

（六）经济合同

1984年，市、县工商行政管理部门，设立经济合同仲裁委员会或经济合同管理股。1994年，国家对《经济合同法》进行修订，工商行政管理部门仲裁职能随之结束。1995年，国家颁布《担保法》，工商部门开始履行企业动产抵押物登记工作。1996年，国家颁布《拍卖法》，工商部门开始实施对拍卖活动的监管。1999年，颁布《合同法》，同时废止《经济合同法》《涉外经济合同法》《技术合同法》。2003年，湖北省人大颁布《湖北省合同监督条例》。至此，工商部门的合同监管职能为：宣传合同法律法规，提供相关法律知识服务；为当事人提供企业信用状况查询；推行合同示范文本；开展“守合同、重信用”企业的公示认定活动；监督处理合同违法行为；调解合同纠纷；办理企业动产抵押物登记；实行拍卖合同的备案和现场监督管理；格式条款的备案登记管理等。

1.合同鉴证

1985年，维护合同当事人的合法权益，市工商局帮助业务主管部门建立合同管理机构838个，配备合同管理人员1215人，受理合同纠纷案件66起（全部结案）。1986年，市工商局组织2 000多位企业厂长、经理以及管理人员，进行《经济合同法》培训，参加学习人数达19 085人次。全年鉴证经济合同1 255份，金额12 632.85万元，调解各类纠纷案件121起，争议金额236.59万元。成立合同检查专班9个，检查了12 000个单位的合同1 320 565份，金额477 580.38万元，受检合同履约率为78%。1987年，市工商局加强经济合同管理，形成合同管理网络，企业合同管理做到组织、人员和制度三落实。帮助41家企业建立健全合同管理制度，发放合同法规9 300多份，接待合同法规咨询800多人次，现场解答问题840个，为企业挽回经济损失563万元，追回货款147万元。鉴证各类经济合同1 021份，金额5 583.9万元。1988年，根据国家工商局《关于加强企业承包经营合同、企业租赁经营合同管理的通知》精神，试行《经济合同管理建议书》，合同鉴证的重点转移至国营、集体企业承包、租赁以及工矿产品购销合同上来。要求对企业在合同签订、履行、鉴证、咨询和管理上存在主要问题，工商行政管理机关在调解、仲裁合同纠纷时，出现的一些带倾向性问题提出建议。市工商局向企业发建议书530份，提建议231条。全年鉴证经济合同2 729份，金额39 995.89万元，调解各类合同纠纷案件104件，为企业和个人追回骗款471多万元。187家被命名为1987年度“重合同、信守用”企业。1989

年，全市工商部门检查 1 489 个企业的 5 537 份合同，合同金额 5 654 多万元；鉴证各类经济合同 3 264 份，金额 24 308 多万元，为当事人挽回经济损失 200 多万元。全市仲裁机关受理各类经济合同案件 259 起，争议金额 625 万多元，结案 249 起。被命名 1988 年度“重合同、信守用”企业 340 家。1990 年，推行经济合同示范文本制度。发放统一合同文本 11 000 本，鉴证各类经济合同 4 299 份，金额 5.31 亿元，受理合同纠纷 293 起，争议金额 1 006.14 万元，保护了合同当事人的合法权益。1991 年，以推行《建筑工程施工合同》示范文本为重点，帮助企业建立文本管理制度。鉴证各类经济合同 877 份，金额 10 360 万元。实行经济合同示范文本 3 万本。1992 年，开展纪念《经济合同法》实施十周年活动。市工商局贯彻执行湖北省工商局《全民所有制企业承包经营合同管理暂行办法》。全年鉴证经济合同 980 份，金额 30 580 万元。实行经济合同示范文本 2 905 本。1993 年，鉴证各类经济合同 5 723 份，金额47 329万元；监督检查合同23 073份，金额1425 43万元；查处不合格或违法合同1 047份，金额3 508 万元；受理各类经济合同纠纷案 148 起，结案 145 起，运用调解仲裁、咨询、服务、合同鉴证等手段为企业避免或挽回经济损失 2 238 万元，维护了市场经济秩序。1994 年，针对国有土地使用权出让合同和外商投资企业土地使用合同，推行国家土地管理局、工商行政管理局统一示范文本。全年发放各类合同示范文本 13 250 本。为规范企业签订经济合同法律行为，根据企业的实际和要求，办理“企业法定代表人资格证”和“企业法人委托证”。全年鉴证经济合同 3 250 份，金额 27 500 万元。1995 年，发放合同示范文本 12 000 份，鉴证经济合同 3469 份，金额 28 900 万元，为企业挽回经济损失 160 多万元。1996 年，贯彻执行《中华人民共和国担保法》和国家工商局《企业动产抵押物登记管理办法》，办理抵押物登记 68 件，抵押物价值 3.5 亿元。推行《建设工程勘察合同》《建设工程设计合同》《工程建设监理合同》示范文本，发放各种合同文本 10 300 份。鉴证各类经济合同 2860 份，金额 3.792 亿元，挽回经济损失 190 万元。1997 年，贯彻实施《中华人民共和国担保法》，与市人民银行支行联合发文，加强抵押贷款业务中企业动产抵押物登记管理工作。举办合同法规培训班 12 期，发放学习资料 2000 册。鉴证各类经济合同 4324 份，金额 44 692 万元，为企业挽回经济损失 200 万元。发放合同示范文本 13 000 份，评选认定“重合同、守信用”企业 258 家。1998 年，鉴证各类经济合同 5343 份，金额 39 690 万元，发放合同示范文本 16 000 份，查处经济合同违法案件 14 件，为企业挽回经济损失 60 多万元。1999 年，贯彻、施行新的《中华人民共和国合同法》，举办培训班 26 期，培训 1 780 人次。贯彻落实国家工商局《经济合同示范文本管理办法》，清理以往使用的合同文本。贯彻执行《湖北省房屋租赁合同》示范文本。按照国家工商局《合同鉴证管理办法》要求，加强对建设工程承包合同，柜台租赁合同，房产交易合同，室内装饰装潢合同，以及粮食、棉花、种子购销合同的鉴证管理。全年鉴证各类经济合同 6 430 份，金额 173 000 万元，为企业办理抵押物登记 21 件。2000 年，加大对经营场地租赁合同和建筑承包合同的监管力度。全市鉴证合同 4 600 份，鉴证率达 90%以上，金额 7 935 万元。办理企业动产抵押物登记 28 件，为企业融通资金 95 360 万元。2001 年，为实施《中华人民共和国合同法》，国家和省新制订、修改一批合同示范文本。根据国家工商局《合同示范文本管理办法》和省局通知精神，旧式合同示范文本，从当年 6 月 1 日起停止使用并销毁。全年鉴证各类经济合同 2 100 份，金额 5 321 万元。2002 年，发放合同示范文本 8 707 份，办理企业动产抵押物登记 405 件，担保主债权金额 25.5 亿元。其中，帮扶企业办理动产抵押物登记 69 件，争取资金 3.9 亿元。

合同鉴证被列取消行政审批项目后，全市经济合同鉴证停止。2003 年，发放合同示范文本 18 000 份。办理抵押物登记 121 件，价值 59 462 万元。提供合同法律咨询服务 1372 人次，为 35 笔合同规避签约风险 563 万元。2004 年，发放合同示范文本 28 000 份。办理企业动产抵押 37 件，价值 8.6519 亿元，债权金额 5.006 亿元，为企业融通资金 16 000 万元。2005 年，打击合同违法行为。检查各类合同 14 249 份，查处合同违法案件 31 起，收缴罚没款 82.94 万元。

2.调解仲裁

1980 年,国家工商局颁发《关于工商行政管理部门合同仲裁程序的试行办法》。1983 年,国务院颁布《中华人民共和国经济合同仲裁条例》。1985 年,贯彻执行国家工商局《经济合同仲裁委员会办案规则》和《关于确认无效经济合同的暂行规定》,以及湖北省工商局《湖北省经济合同仲裁简易程序(试行)》。1986 年 9 月 1 日,国家工商局经济合同仲裁委员会转发最高人民法院《关于人民法院对申请强制执行仲裁机构的调解书应如何处理的通知》,对仲裁机构发生法律效力的调解书,一方当事人不履行的,对方当事人可以向有管辖权的人民法院申请执行。受申请的人民法院发现仲裁机构的调解书确有错误的,不予执行,并通报仲裁机构。全市受理经济合同案件 56 起。其中,仲裁 31 起,确认无效经济合同 12 起,查处利用经济合同投机违法案件 13 起,解决争议金额 236.59 万元。1987 年,全市受理合同纠纷案件 89 起,处理 77 起。其中,调解 68 起,仲裁 2 起,确认无效合同 7 起,合同纠纷金额 581.19 万元。1988 年,全市受理合同纠纷案件 139 起,结案 129 起,解决争议金额 546.77 万元。其中,调解 104 起,仲裁 7 起,确认无效合同 15 起,查处利用经济合同进行违法活动的案件 4 起,为企业和个人追回 471 万多元。1989 年,受理各类经济合同纠纷 259 起,结案 249 起,解决争议金额 625 万元。其中,调解 212 起,仲裁 9 起,确认无效合同 23 起,处理违法合同 5 起,罚没款 23 万元,企业挽回经济损失 60 多万元。同时,20 家企业追回欠款 172 万元。1990 年,贯彻执行国务院清理固定资产投资项目领导小组、国家计委、建设部、国家工商总局《关于加强建筑安装工程承包合同管理的通知》。全年受理各类合同纠纷 293 起,结案 276 起。其中,调解 183 起,仲裁 35 起,确认无效合同 46 起,处理违法合同 4 起,解决争议金额 180 万元,为企业挽回经济损失 230 万元。1991 年,调解仲裁经济合同纠纷 24 起,确认无效合同 136 起,查处违法合同 5 件,追缴非法所得和罚没款 9184 元,调解经济合同纠纷 20 起,解决争议金额 142 万元,为企业挽回经济损失 220 万元。1992 年,仲裁合同纠纷 6 起,确认无效合同 3 起,处理违法合同 3 起,金额 230 万元。1993 年,仲裁合同纠纷案件 15 件,解决争议金额 230 万元,为企业挽回经济损失 120 万元。1994 年,在仲裁法生效前,坚持对约定仲裁的合同案件及时受理,防止在新旧法律交替期间,协议仲裁案无人管。全年仲裁合同纠纷案件 6 件,办理利用经济合同进行违法活动的案件 15 件,当事人追回欠款 80 万元,挽回经济损失 160 万元。1995 年,国家颁布《仲裁法》,工商部门合同仲裁工作停止。市工商局打击利用经济合同骗买骗卖和购销伪劣商品,以及非法转包渔利等其他违章违法行为。办理合同违法案件 16 件,企业挽回经济损失 170 多万元。1996 年 8 月,市工商局召开专题会议,部署开展打击利用经济合同违法专项活动。发现利用合同违法案件 11 件,处理并结案 11 件,罚款 9.7 万元;移交司法部门处理 3 件。行政调解合同纠纷 15 起,提供咨询、函调协查 25 起,企业避免损失 170 万元。1997 年,市工商局向社会公布合同欺诈行为举报电话 31 个,查处违法合同案件 61 件,罚款 13.93 万元。1998 年,全市工商局行政调解合同纠纷 80 件,查处违法合同 35 件,罚款 3.2 万元。1999 年,调解合同纠纷 35 件,查处违法合同 4 起,罚款 2.8 万元。2000 年,调解合同纠纷 55 件,金额 85 万元,查处违法活动 13 起,罚款 9.5 万元。2001 年,调解合同纠纷 61 件,金额 105 万元,查处违法合同 21 起,罚款 21.3 万元。2002 年,调解合同纠纷 32 件,为企业挽回和减少经济损失 320 万元。2003 年,检查各类合同 2800 份,调解合同纠纷 192 起,查处违法合同案件 11 件,罚款 17.2 万元。企业挽回经济损失 500 万元。2004 年,检查各类合同 6337 份,查处违法合同案件 26 件,罚没款 27 万元。办理格式条款备案 236 件,接受消费者投诉不合理格式条款 13 人次,并责令合同当事人对格式条款予以修改备案。2005 年,办理格式条款备案 179 件,查处格式条款案件 8 起,接受消费者投诉不合理格式条款 5 人次,并责令合同当事人对格式条款予以修改备案。

全市进行拍前拍后备案 293 次,实施现场监管 138 次,备案拍卖成交确认书 314 份,监管拍卖成交金额 4 亿多元。办理企业动产抵押物登记 63 件,价值 71 023.97 万元,债权金额 33 501 万元。立案查处合同违法案件 25 件,罚款 28.5 万元。

3.监督管理

1982年,《经济合同法》正式施行。1985年起,全面开展经济合同监督管理工作。1986年,按照国家工商局和湖北省政府部署,市工商局对全市合同进行了大检查。检查企业1500家,合同49 300份,总金额61 247万元,查处利用合同违法行为15起。主要问题是:签订合同的法律意识不高,只讲关系,不讲程序,致使条款不全、手续不完备、履约率低;存在利用合同进行欺诈的违法行为。全年发放法人委托书1360本,经济合同书780本。

1987年,举办培训班32期,为企业培训合同管理人员2980人。1988年,市工商局对全市执行《经济合同法》的情况进行全面检查。检查企业135户,审查合同4200份。狠抓企业合同管理"三落实",新发展"三落实"企业750户。1989年,市工商局围绕国家"治理整顿",进行经济合同监督管理。对全市1489个企业的5537份合同进行了检查,标的金额5654万元,查出不合格合同79份,无效合同1份;帮助635家企业,实行了合同管理"三落实"。1990年,市工商局举办了企业法人代表和合同经办人员《经济合同法》培训班210期,参训人员共9100名,发放各种宣传资料、书籍6000份(本)。1991年,市工商局深入156家企业检查经济合同4320份,金额8930万元。其中,监督履行140份,金额470万元,协助合同当事人挽回、避免经济损失210万元。建立企业联系点43个,实行"三落实"单位670家。全年参加经济合同管理培训的1920人。1992年,开展《经济合同法》宣传贯彻活动。全年向企业宣讲法规14次,举办培训班5次,参加学习的1345人次;建立企业挂钩点8个,接待群众来信来访和法律法规咨询146人次。1993年,新《经济合同法》颁布后,市工商局举办培训班86期,培训合同管理人员7328人,发放宣传资料22 650份。深入400多家企业,检查合同3762份,金额5632万元。帮助清理"三角债"260万元。1994年,召开"重合同、守信用"企业座谈会。促进了全市经济合同管理工作的开展。1995年,检查经济合同1920份,金额3563万元;监督履行合同56份,金额670万元,企业挽回和避免经济损失420万元。1996年,贯彻落实国家工商局《打击合同欺诈专项执法行动方案》和《关于查处利用合同进行违法行为的暂行规定》,市工商局检查经济合同6530份,金额95 312万元;帮助企业办理抵押物登记68件,价值3.5亿元,为企业挽回、避免经济损失160万元。1997年,市政府全文转发市工商局撰写的《关于开展打击利用合同进行欺诈违法行为的工作报告》。全市查处利用合同进行违法行为21件,金额1 650万元,企业挽回、避免经济损失130万元。为企业提供咨询服务632人次,清收外欠款40万元。1998年,全市检查经济合同2 360份,金额87 531万元,企业挽回、避免经济损失190万元。提供咨询服务820人次。1999年,检查经济合同2 500份,金额35 360万元,协助当事人挽回、避免经济损失50万元;督促当事人履行合同25份,金额172万元。2000年,根据国家工商局《关于严厉打击合同欺诈切实维护市场交易秩序的通知》精神,市工商局检查企业633家,合同1796份,金额35 630万元;打击利用买卖合同、承揽合同、居间合同、技术转让合同、建筑工程合同进行的欺诈行为;处罚利用合同进行欺诈的"三无"企业、中介服务企业、无照经营企业,特别是屡教不改的单位和个人。全年协助合同当事人挽回、避免经济损失21起,150万元。2001年,按照湖北省工商局《关于开展打击合同欺诈专项整治行动的通知》精神,市工商局检查了775家企业的5 318份合同,协助当事人挽回、避免经济损失35起,金额68万元。提供咨询服务2 321人次。2002年,市工商部门对6 759家企业的合同签订履行情况进行了检查,督促当事人履行合同21 096份,协助当事人挽回、避免经济损失4 723万元。2003年,市工商局查处违法案件20件,金额19.73万元;办理抵押物登记121件,价值59 462万元;参与拍卖现场监管126场次,签订拍卖成交确认书2 596份,金额29 054万元。2004年,市工商局对6 350家企业进行信用分类,建立信用档案。其中绿牌企业2 352家,蓝牌企业158家,黄牌企业29家,黑牌企业4家。全年参加现场监管拍卖110次,备案拍卖成交确认书196份,金额3.6亿元。2005年,支持服务订单农业发展,实施"细心引导、诚心支持、热心服务、精心维权"四心助农工程。全市128家涉农企业与10万余户农民签订粮、油、水果、烟、茶等农副产品购销合同12.3万余份，订单面积达129万亩，合同标的8.8亿元。

4.合同信用

1988年，全市命名“重合同，守信用”企业79家；1989年，市级92家；1996—1997年度，市级214家；1998—1999年度，市级178家，省级3家；2000—2001年，市级165 家，国家级2家。2002年首次以市政府名义认定表彰了20家企业为“守合同、重信用”单位。2003—2004年，命名表彰了256家“守合同、重信用”企业。2004—2005年，命名表彰了274家“守合同、重信用”企业。

(七)执法管理

工商行政执法管理实质是维护市场公平交易和消费者权益。1986年，在罚没收入额的百分之三十中，按百分之五提取，直接上交省工商局。1987年6月16日，市工商局与市卫生局、市医药管理公司，在全市开展药品质量大检查。检查重点，市区医药生产销售企业、市区医疗卫生部门自办的制剂室以及从事医药经营的个体工商户；检查品种，各种西药、中药、中成药等；检查内容，药品质量、商标标识、有效期限等。同年8月21日，市工商局、财政局转发了财政部、国家工商局《关于对倒卖国库券的单位和个人进行惩处的规定》。查处投机违法违章案件428件，罚没款112.54万元。其中投机倒把案件197件，万元以上35件。1988年,查处投机倒把违法违章案件580件，罚没款237.4万元。其中投机倒把案件318件，万元以上案件82件。同年12月，湖北省工商局汇同中国人民银行下发《关于加强金银饰品市场管理的通知》,省工商局下发《关于查处非法经济组织的通知》,并附《部分非法经济组织的名称》《部分未经国家工商行政管理局和有关部门核准的组织非法使用的名称》，要求清理整顿公司。市工商局会同市物资局下发《关于加强机电产品、化工物资市场管理的通知》。1989年1月，贯彻中央关于“经济越活，越要加强管理”的精神，市工商局成立正科级工商检查所,查处中央、省直在樊企业和市直企业投机违法案件；查处县(市)工商局和市区分局检查处理有困难的案件；查处利用铁路、公路运输搞投机违法的案件；查处个人投机违法牟利在万元以上的案件。同年8月，湖北省工商局下发《关于加强大案要案查处工作的通知》,公布了全省查处的20件大案，其中襄樊3件。同年11月7日，市工商局召开办公会议,学习省政府《关于城乡通开扩大工业品下乡的紧急通知》,传达和讨论贯彻市委、市政府经济工作会议精神，研究支持企业扩销促产的具体办法和措施。查处投机违法违章案件598件，罚没款304.92万元。其中万元以上的98件，投机倒把的325件。

1990年，查处倒卖物资，钢材2 571.95吨、汽车16辆、汽油601.98吨、柴油376.39吨、木材312.7立方米、煤炭24 390吨、化肥1 740.72吨、纯碱377.14吨、有色金属5.023吨、电解铜19.44吨、钼铁4.24吨等13种倒卖物资。在查处的大案中，倒卖生产资料案件173起，占243件大案件的71%；倒卖稀有贵重金属案件25起，占大案件数的10%；倒卖煤炭案件18件，24390吨，占大案件数的7%；倒卖化肥案件25起，1 740.72吨，占大案件数的10%。

对制造销售假冒伪劣商品案件进行查处。在查处的大案中，有179件是国营集体单位作案，占大案件数的70%。查处的物资有冒牌电线3.12吨、钢芯铝胶线1 653卷、假白糖2吨、掺假蜂蜜800公斤、假油8 000公斤、假冒烟8 000条、假酒5万多瓶、无碘盐300吨、假种子4 700公斤，价值达100多万元。 查处经济违法案件358件。其中，投机倒把案件195件，投机倒把大案156件，万元以上的案件31件，受害单位追回被骗金额60.86万元。

1991年，查处钢材2 459吨、汽车63辆、汽油8吨，柴油23吨、水泥907吨、木材209立方米，煤炭17199吨、化肥9 924吨、农药14吨、电解铜3吨、粮食303吨、棉花21吨、录音机118台、录放像机 27 台。查处倒卖重要生产资料案件 35 件，占 56 件大案中的 63%；制售假冒伪劣商品案件 85 起，占案件总数的 27%。全市组织43个检查专班，清理检查15 010家生产经销单位和个人。其中，国营 1 024 家，集体 3 267 家，个体工商户 10 719 家。查处的假冒伪劣物品有：假冒伪劣卷烟 8 073 条，假冒名优酒 5 343 瓶，健力宝 2 480 瓶，变质饮料 27 747 袋，罐头 17 037 瓶，胡椒粉 4 500 袋，味精 3 600 袋，假农药 5 400 公斤，假皮鞋、假钢笔、假铅笔 200 多个品种，价值 100 多万元。查处违法违章案件 320 件。其中，投机倒把案件 163 件，万元以上案件 46 件，罚没金额 160.48 万元，受害单位和个人追回被骗金额 109.7 万元，盘活资金 50 余万元，实现效益近 20 万元。

1992 年，开展“打假冒保名优”活动；查处国家尚未放开和专营物资倒卖倒买案件。查处经济违法案件 342 件，与 1991 年同期 320 件相比上升 6%，罚没款 75 万元，与 1991 年同期 160.48 万元相比下降 54%，送交政法机关处理案件 11 起，26 人，为受害单位和个人追回经济损失 410 万元。查处的主要物资有假冒名优酒 17.8 万瓶，假冒名优烟 5.87 万条，冒牌自行车 1880 辆，假劣化肥 8700 吨，假农药 20 吨，变质食品 19.8 万(瓶)袋，调味品 2.3 万袋(瓶)，劣质皮鞋 4000 双，金黄蜜枣 34000 盒，人用药品肌醇片、金银花露 21 个品种 7124 瓶(袋)，假金条、银元 111 块，收缴罂粟 9.9 公斤，各类假冒商标 103 万套，制假工具 35 套，重要生产资料钢材 58 吨，汽车 27 辆，化肥 5933 吨，电视机 479 台，录像机 19 台等。

1993 年，打击非法制造、销售假冒伪劣商品，拼装、销售假冒汽车和违法经销进口汽车案件。实现由计划经济手段管理转到市场经济法制化管理。正确区分合法与违法界限，协助企业和消费者追回上当受骗损失。如为市物资贸易中心追回受骗损失 96 万元。查处经济违法案件 323 起，其中万元大要案 68 起，罚没总额 143 万元，企业和消费者追回损失 302 万元。

1994 年，对春节食盐市场进行抽查，开展打击激光唱盘和激光视盘盗版专项活动，开展打击走私工作。查处经济案件 445 件，罚没金 224 万元，受害者追回经济损失 173.5 万元。

1995 年，开展以贯彻执行《反不正当竞争法》和《消费者权益保护法》为主要内容的查处，查处经济违法违章案件 235 件。与 1994 年同期 220 件相比上升 7%，罚没款 339 万元，与 1994 年同期 224 万元相比上长 51%，万元以上案件 65 件，与去年同期相比上升 5%，送交政法机关处理的案件 4 起、4 人，为受害单位和个人追回经济损失 512 万元。查处的主要物资有汽车 85 辆、摩托车 73 辆、成品油 72 吨、水泥 13 吨、化肥 156 吨、农药 98 吨、农用地膜 23 吨、粮食 13 吨、棉花 362 吨、空调机 6 台、电视机 6 台等，价值 2 368 万元。同年 2 月，开展创建“无假冒伪劣商品商场(商店)”活动。在大型农贸市场开展无假冒伪劣商品市场活动，试行购假先赔制度。同年 4 月 20 日，市委办公室《湖北襄樊重要信息》转发《襄樊市工商局在全市范围内开展“无假冒伪劣商品商场(店)活动”》和《打假保春耕效果显著》。同年 4 月 25—26 日，各县(市)辖区内大中型企业法定代表人举办“反法、消法、商标法、广告法”四法培训班。同年 7 月 26—28 日，在谷城召开全市案件质量会议，发布《关于公平交易案件质量评审的通知》。同年 9 月，开展全市办案工作评查和打假工作。按照湖北省工商局要求，组织 5 块“打假保优成果展板”到省里参加活动。同年 12 月 5 日，举办打假新闻发布会，公开曝光 8 起重大典型案件。同年 10 月 20 日，评选鼓商集团等 25 家企业为“创建无假冒商场(店)先进单位”，通报表彰。同年 12 月 15 日，公平科受到省政府通报表彰，代燕军、王肃平被评为先进个人。

1996 年，查办案件 181 件，罚没款 243 万元，涉案金额 2 632 万元。3 月 20—22 日，召开全市公平交易工作年会，在全市大中型商场悬挂有假冒商品请找工商的宣传画；

1997 年，以“两年”建设为目标，以执行“两法”为重点，开展公平交易执法工作。查处各类经济违章违法案件 452 起，罚没金额 224 万元，消费者挽回经济损失 385 万元。

1998 年，市工商局在山西朔州假酒案后，下发《关于在全市对白酒经营单位和个人进行一次全面清理整顿的紧急通知》。下发《关于强化节日市场监督、维护市场秩序的通知》和《关于贯彻落实〈国务院关于禁止传销经营活动的通知〉的通知》，开展打击严重扰乱市场经济秩序专项整治工作，开展粮棉收购市场专项整治工作和禁止传销工作。查处经济违法违章案件 1967 起，结案 1967 起，罚没款 476 万元，为经营者和消费者挽回经济损失 612 万元。

1999 年，围绕“安全健康，一切为了消费者”主题，开展“3·15”宣传咨询月活动，配备投诉快车 2 台，开通移动投诉电话 2 部。3 月 13 日，14 日，在樊城广场主会场举行的大型宣传咨询活动中，接待消费者咨询 2 万多人，处理抽搐 200 余件。3 月 15 日举行了假冒伪劣商品销毁大会，现场销毁 10 大类、1 000 多个品种的假冒伪劣商品，价值 3 000 万元。其中，假烟 3 200 条，假酒 24 000 瓶，假食品 22 000 袋，假饮料 5 200 瓶，假农药 30 000 袋，假食盐 6 000 公斤，假化妆品 62 000 袋，假服装 230 套，假农药 120 吨等。随后，市工商局与烟草管理局联合对去冬今春查获的假冒卷烟进行了销毁。同年 3 月 17 日，市政府办公室《关于印发〈襄樊市社会服务联合行动工作实施方案〉的通知》，决定在全市开展“110”社会服务联合行动。同年 12 月 10 日，市工商局会同市电信局下发《关于建立“12315”投诉举报网络的通知》。市工商局下发《关于建立“12315”投诉举报中心实施方案的通知》，要求市工商局公平交易科筹建“12315”投诉举报网络，安装“3·15”举报电话。市区配备 2 台电脑；县以上工商局消委会建立举报厅，配备 1 台电脑；市区各分局设立机构，配备专职人员。查处经济违法违章案件 531 起，罚没款 340 万元。其中不正当竞争案件 61 起，公用企业限制竞争行为 16 起。

2000 年 6 月，市工商局和县（市）、区局分别建立了“12315”指挥中心，主要负责“12315”举报投诉网络的组织、指挥和协调工作；在工商所设立举报投诉厅（站）13 个，具体承办指挥中心交办的举报和自身受理的举报；向社会公开承诺，“12315”做到有投必受、有案必查。投诉中心配备联网电脑，每天 8 时至 18 时有专人值班，实行 24 小时电脑备勤和录音电话值班，对市区的消费者投诉做到 15 分钟内到达现场。全市开通“12315”特服电话 22 部，工商所开通尾数为“315”特服电话 80 多部，配备“12315”工商巡查车 18 台，形成了以市局为指挥中心，各县（市）、区为网络，各基层工商所为网点的网络体系。查处经济违法违章案件 1197 起，罚没款 192.35 万元，移送司法机关处理 3 起，经营和消费者挽回经济损失达 2000 多万元。同年 4 月 20 日起，分 4 个阶段进行专项集中整治，打击制售假冒伪劣商品行为。查处假冒伪劣商品 1109 件，捣毁制售假冒伪劣商品窝点 67 个，查获假冒伪劣物品 245.22 万元，罚没款 107.75 万元。严厉打击商标侵权和虚假广告行为。查处商标侵权案件 49 件，印刷假冒商标标识企业 41 户，收缴和销毁假冒商标标识 26.51 万件，罚没款 22.42 万元。取缔非法传销。取缔非法传销窝点 9 个，涉及传销人员 3841 人；查处非法传销案 10 件，移送司法机关处理 3 件，罚款 44.5 万元。清理“三无”企业，取缔无照经营。关闭“五小”企业。清理“三无”企业 144 户，取缔无照企业 838 户，清理登记前置审批手续的企业和个体工商户 24741 户。其中无前置审批手续的 9479 户，前置审批文件过期无效的 566 户，限期补办前置审批手续的 5054 户，核销有关经营项目的 522 户，关闭“五小”企业 81 家。

2001 年，全市工商部门开展了“九大战役”。查处制假售假案件 554 件，收缴假冒商品 115 个品种；清查食品专业市场 6 个、餐饮店 153 家、食品经营店 2055 家、饮料 6000 瓶、假酒 98 件、过期变质食品 600 多公斤，责令 38 家餐饮店停业整顿；清查“五小”企业 243 家，取缔 46 家，对 27 家小煤矿、4 家小水泥厂责令办理变更登记和注销登记；集中力量对石油、粮食、棉花、食盐、烟草等重要商品市场经营单位和经营行为进行清查，查获掺假棉花 60 吨，捣毁制售假烟窝点 1 个，收缴假烟 80 多件，价值 30 多万元；组织 50 多名干部，采取交叉检查、统一处理的办法，查处电信、医药、电力、保险等公用企业限制竞争行为案件 34 起，案值 1000 多万元，罚没收入 60 多万元；清理经营户 12489 家，其中易燃易爆物品生产企业 223 家，娱乐厅、电子游戏厅、桑拿按摩厅、录像放映厅 212 个，仪器卫生经营户 2055 个，药品销售企业 456 个，中介机构 555 个，水泥生产销售 81 户。依法取缔“三无”企业 426 个，查处虚假出资和抽逃资本行为 74 起；检查网吧 298 户，查处无证经营的 12 户，收缴电脑 23 台，责令停业整顿的 65 户；清查专营店 1 217 家，拆除违规招牌 25 块，收缴专营专卖标识 732 幅；查处虚假广告案件 106 件，合同欺诈案件 18 件，收缴大量虚假广告宣传品。查处经济违法案件 5 853 件，罚没收入 790 万元，受理消费者投诉 3 262 起，投诉处理率达 100%，消费者挽回经济损失 212.3 万元。

湖北省工商局下发《关于进一步规范全省工商行政管理机关"12315"消费者申诉举报工作的意见》，要求"12315"工作，在没有单设机构的情况下，由市工商局公平交易分局内设的消保机构具体承担。

2002 年，组织开展 8 次专项整顿活动。组织全市工商系统开展"打假保节日"专项整治工作。全市确定 14 个重点区域，7 个重点市和 20 余种重点商品，以及 10 种行为作为整顿重点，出动执法人员 3500 多人次，出动车辆 500 多台次，检查市场、经营户 11700 多户，查处案件 422 件，捣毁制假窝点 33 个，受理消费者投诉 619 件，调解 590 件，为消费者挽回经济损失 82 万元。组织全市工商系统"打假保春耕"专项整治活动。全市检查农资经营单位 320 个，查处农资案件 38 件，取缔捣毁制假窝点 12 个，查获假劣种子 8.2 万公斤、农药 5000 公斤、化肥 8000 公斤。同年 4 月 20 日，组织全市工商系统举行了声势浩大的打假保春耕宣传咨询活动。以打破行业垄断和地方保护为重点的"打击不正当竞争行为"战役。查处限制竞争行为案件 21 起，案值 350 多万元。以打击传销、合同欺诈和虚假广告为重点的"打诈"战役。捣毁传销窝点 8 个，遣散传销人员 1400 多人，移交司法机关处理 12 人；检查药品、医疗、保健食品广告 1500 多条，收缴违法印刷品广告 11.5 万份，制止媒体违法广告 37 条。组织全市工商系统对成品油加油站进行专项整治。检查成品油加油站 323 家，清理无证经营加油站 21 家。对全市 200 余家出版物经营单位，近 70 家软件经营单位，进行为期一个月的全面整顿，收缴各类非法出版物 2846 册、盗版软件 6794 盘。加大对流通领域商品质量的监管力度。同年 3 月 12 日，市直工商系统 70 多名公平交易执法人员，对市区 5 个城区市场 20 种商品进行抽检，查扣过期变质食品 62 件，假酒 43 件，假汽车配件 67 件(套)，过期农药、种子 12 件。同年 10 月，配合武汉质量检验站对市直五大家庭装饰材料市场，19 个品种进行抽检。重点打击危害消费者健康安全和生产经营者合法权益的违法行为。查处襄樊铁路"延伸服务"和粮食企业经销"陈化粮"等一批大案要案，罚没金额达 150 多万元。在专项整治中，全市查处经济违法案件 1 万多件，罚没收入 1 026.7 万元。全年组织干部深入各县(市)、区检查 10 余次，深入到数十个工商所进行指导、帮助基层解决各类问题 50 余件。加强对经检大队案件审理工作，审理各类案件 46 件。开展行风评议工作，走访行评代表 20 多人次，走访企业 10 余次；开展自查和整改工作，按时保量完成了市工商局交办的 6 件人大、政协提(议)案办理工作。查处经济违章违法案件 8 375 件，其中一般程序案件 4 160 起、简易程序案件 4 215 起，罚没款 730 万元。

2003 年，开展打假保节日、打假保春耕秋播、维权反欺诈，"非典"商品市场、广告市场和毒鼠强等专项整治活动。查处不正当竞争案件 45 起，涉及保险商业贿赂案件 8 起，案值 400 万元；查处案值 10 万元以上的案件 17 件；查获假劣商品 10 多个品种，案值 223 万元，其中假劣农资、种子 9 万多公斤，食品、饮料 3 000 多公斤，酒类 4 000 多件；毒鼠强专项整治排查经营户 5 万多户，收缴毒鼠强 191 公斤，对 7 名涉嫌违法人员移交司法机关处理。实施"红盾放心消费工程"启动仪式，开展"诚信工商在襄樊"宣传教育活动。建立企业信用档案 1 798 份和企业资信查询系统，举办《合同法》和诚信经营教育培训 24 期，参训企业 703 户，参训人员 1 367 人次。

深化市场巡查预警制，开展源头治理。在巡查中预警 19 286 户次，下达预警通知书 5 386 次，限期整改 1 785 起，制止违章违法行为 9 850 起。加强"12315"建设。市工商局投资改扩建"12315"投诉举报指挥中心，开展"12315""三进"活动，系统上下建成了举报者与指挥中心和辖区工商所三方同时对接的快速反应体系。设投诉网点832个。其中，进村603个，占总数的21%，进社区74个，进商业区门店145个，覆盖了全市95个乡镇。全年受理投诉举报5 893起，消费者挽回损失 63 万元。出台《关于进一步加强行政处罚案件管理的规定》，按照"归口立案、分级办案、统一核案、稽查查案"的原则，对一般程序案件，要求实行三级核审，从案件立案、核审直到法律文书使用等 12 个方面进行了规范。查办经济违章违法案件9 157件，其中一般程序案件4 416件，总案值达2.1亿元，实现罚没收入1 081.1 万元。

2004 年，开展以实施“五打五保”为主要内容的市场专项整治。围绕消费者切身利益和市场公平交易秩序，开展食品市场、农资市场、广告市场、汽车市场、陈化粮市场等 10 多项整治行动。查处经济案件 8 186 件，一般程序案件 4 986 件，案值 8 620 万元，罚没收入 290 万元；查处案值在 10 万元以上的案件 16 件，百万元以上的案件 2 件，大要案罚没收入 206 万元。加大“12315”维权体系建设。建立具备申诉举报来电显示、语言信息记录、多方调度通话、夜间值班服务、地理信息显示、视频值班指挥、调处快速处理等功能的“12315”申诉举报处理系统。为市工商局各单位配置了 9 台信息直传 12315 执法专车，以市工商局“12315”指挥中心为中枢，以纵贯全市工商系统 11 个县(市)、区，90 个工商所(分局)信息化网络为依托，建立了“一个中心受理、两个层次分办、三级机构执法”的“12315”维权执法机制。同年 2 月 27 日，根据《关于配合国家工商总局在中央电视台“3.15”晚会开通“12315”热线的通知》，配合央视开通“12315”热线。同年 3 月 16 日，下发《关于“12315”消费者申诉举报信息披露的通知》，实施消费者申诉举报信息披露制度，对 6 大类 6 个方面群众关注的热点问题、典型案例，适时通过报纸、电台、电视台等新闻媒体进行披露，一月一发布。全市工商部门披露消费者申投诉举报信息 8 次，发布消费警示 4 次，受理消费者申投诉举报 6 320 件，调处率达 98%，消费者挽回经济损失 144.55 万元。同年8月16日，市工商局下发《关于印发襄樊市工商局“12315”消费者申诉举报工作规范的通知》。

2005 年，参与“襄樊行风热线”栏目和庆祝“行风热线”开播五周年活动，加大对“12315”服务于民的宣传。同年 3 月 7 日，下发襄樊市工商局《关于配合国家工商总局在中央电视台“3·15”晚会开通“12315”热线的通知》。央视“3·15”晚会期间，市工商局“12315”指挥中心受理消费者咨询申诉举报 761 件。其中，咨询 587 件，申诉 161 件，举报 13 件，当日处理 745 件，处理率为 98%。接央视热线转办 13 件，截至晚会结束，办结 10 件，办结率为 77%。晚会期间还成功地调处了襄樊市首例涉外申诉案件。同年 4 月 21 日，制定《襄樊市工商局“12315”消费者申诉转化案件零疏漏管理办法》，在全市工商系统建立“12315”消费者申(投)诉信息转化为行政处罚案件“零疏漏”管理运行机制。此项工作被市工商局认定为创新项目，国家工商总局、湖北省工商局给予充分肯定，先后全文予以转发。

撰写的调研报告《襄樊市工商局关于建设“12315”行政执法综合网络的几点建议》《襄樊市工商局关于“12315”综合执法网络的实施方案》等在国家工商总局 2005 年第十期《工商行政管理研究》上全文刊登。

食品安全专项整治实现监管目标。在 37 项食品安全专项整治活动中，全市出动执法人员 28 424 人次，出动执法车辆 1536 余台(次)，检查食品经销单位(个人)40117 多家、市场 31 个，捣毁制假窝点 17 个，检查食品 36 667 公斤，立案查处食品违法案件 151 起，涉案物质总价值近 149.3 万元，罚没收入 34.93 万元。

流通领域商品质量监测工作初见成效。市工商局出动监测人员 100 多人次，监测车辆 40 多台次，先后对经营钢材、铝型材、电线、石棉、农膜的 40 家经营户进行了抽样监测，抽取 67 个样品检验，合格样品 12 个，占抽取样品总数的 17.9%，不合格样品 55 个，占抽取样品的 82.1%。对经营不合格商品的经营户，立案查处 32 起，罚没款 18 万元。检测经费突破 30 万元。

深化经济检察官制度，“12315”信息披露制度和立案通报制度。有 1393 人参加经济检察官考试，占全市在岗公务员的 94%，聘任经济检察官 851 名。市工商局以文件形式确认了市工商局及市直工商部门的 16 名高级、67 名中级、13 名初级经济检察官资格。

查处经济违法违章案件 10 034 件。其中一般程序案件 5 869 件，罚没款 1 704.8 万元，转化为行政处罚案件 890 件，罚没款 65.27 万元；受理消费者咨询、申(投)诉 18 360 件。其中，申诉 3 829 件，举报 669 件，咨询 13862 件，办结 18008 件，办结率达 98.8%，消费者挽回损失 499.18 万元。全市工商系统“12315”受理消费者咨询、申(投)诉 22310 件。其中,转化为行政处罚案件的 577 件,查办案件 1063 件,罚没收入 297.05 万元。

(八)社团组织

1.襄樊市个体劳动者私营企业协会

1979 年后,市个体经济恢复发展,个体劳动者队伍不断壮大,迫切需要自己的组织。1983 年,成立市个体劳动者协会。1994 年,成立市私营企业协会。2002 年,两会合并为襄樊市个体私营经济协会(以下简称市个私协会)。

(1)协会组建

1983 年 8 月,经市政府批准,成立市个体劳动者协会。同年 12 月 1 日,召开市第一届个体劳动者代表大会,通过《个体劳动者协会章程》,选举产生 15 人组成个体劳动者常务理事会。市工商局局长许兴才当选协会会长,张光洲为秘书长。至 1990 年,全市有基层分会 158 个。行业小组 620 个、个协工作人员 112 人。1994 年 4 月 10 日,召开市第一次私营企业代表大会,通过了《襄樊市私营企业协会章程》,成立了市私营企业协会。李建锋当选为会长,何万国为秘书长,常务理事 12 人,理事 34 人。私协与个协合署办公,一套班子、两块牌子。1995 年,成立了市个体私营经济党委,与市工商局党委一套班子、两块牌子,党委办公室设在市个私协。2002 年 10 月 10 日,市个协和市私协合并,经市民政局批准定名为“襄樊市个体私营经济协会”,并在南山宾馆召开襄樊市个体私营经济第一次代表大会,通过了《襄樊市个体私营经济协会章程》。聂浩斌、李远继、赵成林、刘有庆当选为名誉会长,王肃平为会长,聂骏、姜付军、黄襄海、陈青青、陈建国、方清海、骆仁新、王元山为副会长,常务理事 16 人,理事 68 人;聂骏任秘书长,陈志军、胡启云任副秘书长。2003 年,王桂云为个私协秘书长;2004 年,程天兵为个私协秘书长。至 2005 年,市个私协会建立县(市、区)协会 13 个,会员 77250 户,从业 1 615 002 人。

(2)协会活动

1983—1986 年,开展思想政治教育、政策教育、法纪教育、职业道德教育活动,编印普法资料 15 000 份,免费发放给个体工商户,培训理论辅导员 1220 人。1987 年,开展打击假冒伪劣商品活动。1988 年,普法教育和职业道德教育,印发宣传资料 16 000 册,办宣传专栏 128 期。1989 年,开展讲发展、讲实惠、讲贡献活动,树立诚实劳动、合法经营思想,增强知恩图报、致富为国家意识。为亚运会捐款 15 万元。1990 年,开展“一五”普法教育和“扫黄”教育,成立个体工商户普法领导小组,办宣传栏 56 期,宣传牌 89 块,印发资料 1 万余册,上法制课 50 场次。1991 年,开展“双基(基本国情、基本路线)”教育活动。争创“信得过个体工商户”活动。8 月,湖北省工商局、省个协在枣阳召开全省个协基层组织建设经验交流会。1992 年,开展社会主义职业道德规范普及教育活动,制定八大行业职业道德规范标准,评比表彰“十佳道德模范个体户”。1993 年,开展“比信誉、比发展、比贡献和守法经营”“三比一守”活动。全市会员自觉补交税费 100 多万元,自觉销毁伪劣假冒物品价值 1 000 多万元。1994 年,组织学习《邓小平文选》第三卷,强化爱国主义教育、形势政策教育、法制教育和职业道德教育。1995 年,在全市青年个体劳动者中,开展创建“青年文明号”活动。1996 年 9 月 15—21 日,开展“优质优惠服务周”活动 115 次,参加人数 8 000 人次,受惠对象 8 万人次,让利金额 200 万元。开展“户户讲道德,店店无假货”活动。1997 年,开展学习党的十五大精神知识竞赛,评选“十星级个体工商户”和“光彩之星私营企业”。1999 年,组织个体经营户、私营企业对下岗职工再就业开展“结对帮扶”活动，帮扶下岗职工再就业1万余名。2000年，开展“户户讲道德，店店无假货”活动。全市先后确定示范点20个，其中示范街16条、示范市场4个，树立示范典型户300个。授予妞妞食品有限公司总经理陆伟为年度全国“光彩之星”称号。组队参加湖北省个私协会全省“三五”普法知识竞赛，获组织奖。2001年，推荐劳动街参加全国消费者满意示范街评选，表彰“户户讲道德、店店无假货”先进个体户和私营企业20家。2002年，组织15条主要街道和30多个商业街区的个私业主开展“消费者满意示范街”和“规范经营示范街区”创建活动，对首批达标的“一街两市场”进行授牌。2003年，开展“四五”普法、职业道德和诚信经营学习教育活动，赠送“四五”普法教材4800本（套），张贴《职业道德规范》6000份。2004年，全省个私协系统“四五”普法知识竞赛在襄樊举行，襄樊市获得第三名。2005年，开展“户户讲道德，店店无假货”“重操守、讲诚信”“创光彩业绩”等精神文明建设活动。

1983—1986年，各级个协组织协助解决侵犯个体工商户权益问题516件。加强对个体工商户计划生育管理。1987年，开展“政治思想好、遵纪守法好、服务质量好、清洁卫生好、团结互助好”五好竞赛活动。组织先进个体户模范事迹报告团，赴各县（市）、区巡回报告，受教育面达10万余人次。1988年，在换发新营业执照时，改为凭旧营业执照或居民身份证、户口本登记换照，为个体工商户减少开支近20万元。接待来信来访54人次。至1990年，处理侵犯个体工商户合法权益案件48起。1991年，进一步完善内部制度建设。加强个协会费管理。1992年，聘请常年法律顾问、专家讲解法律法规，举办个体私营业主法律法规培训班26期，培训1300多人。1993年，开展“商品质量信得过”和“无假冒伪劣商品店”评比活动，设立举报信箱36个、投诉电话31部，查处假冒伪劣商品32种，价值20万元。1995，对个体工商户流动人口的计划生育进行分级管理。1997年，建立民主理财制度。1998年，组织会员13 000人抗洪赈灾送温暖，捐款捐物260万元。1999年，进一步加强会费收取、使用、管理。与市政府签订流动人口计划生育管理责任状，严把“三关”（持证办照关、验照经营关、查处补救关）。2000年4月，对会费收支情况进行清理与审查，建立会费管理和票据管理专账。2001年，全市经营户推举18名有影响的经营户作为饮食、服务行业理事。制定《自律公约》《服务质量处理办法》《饮食卫生制度》等专项制度。2002年，举办“帮扶下岗失业人员再就业招聘会”，提供就业岗位3 450个。市个私协被湖北省工商局、省个私协评为帮扶下岗职工再就业先进单位。2003年，进一步规范个私协组织会员和收取会费。2004，在《襄樊日报》上刊发致全市会员的新春慰问信。

1983—1987年，在自我服务方面主要是调解会员之间在生产经营中的纠纷；增修市场设施和摊位，争取减免税费；帮助贷款，收回赊欠货款等。1988年，解决会员子女入学入托难问题。1989年，建立存、贷、汇服务站6个，吸收存款20万元，贷款8.3万元，处理个体工商户来信来访52件，调解纠纷38起，帮助个体私营企业追回赊欠款58万元。1990年，为困难会员贷款3.4万元，组织产品展销4次，维护会员合法权益63起。1991年，处理侵犯个体工商户权益案件29件，拒付不合理摊派32万元；补助困难会员27人，为困难会员减免税费14万元；组织个体工商户救灾捐款27万元。1990－1994年，办技术培训班84期，培训人员7600人次。1995—2002年，编印《普法知识读本》2万册，发放《规范经营法规知识读本》2000多册，汇编个体私营企业《收费手册》明白卡17000份。聘请法律援助中心2名律师作为法律顾问，举办个私业主法律培训班，培训830人次，免费为个私业主提供法律咨询服务228人次，免费代理诉讼8起，参与调解纠纷20起，处理会员投诉25起。2003年，发放《非典型肺炎预防知识》6500份，免费发送消毒药物1750瓶。组织抗洪赈灾捐钱35万元，捐物40万元。2004年为贫困病残会员送去慰问金和物质折款1.8万元，为下岗失业人员优惠发放营业执照570个，减免规费106万元。慰问在特大暴雨中遭受严重损失的个私业主57户，发放慰问金4.2万元。2005年，组建个私协运输、粮食购销加工、柳编、棉花、饮食等行业协会26个，网络专业人才2万余人，实现产值和营业额1.8亿元。

2.襄樊市消费者委员会

1985 年，襄樊市消费者协会成立。1991 年，更名为襄樊市消费者委员会（以下简称市消协、市消委）。

（1）组织建设

1985 年 11 月 26 日，召开市消协成立大会，讨论通过市消协章程，选举产生市消协常务委员会。会长王天义。

1991 年 11 月 30 日，召开市消委第二届委员会暨“双先”表彰大会，选举产生第二届市消委，会长王天义。会上表彰全市保护消费者利益先进集体 8 个，先进工作者 11 人。1996 年 11 月 15 日，市消委会召开成立十周年纪念会暨换届会，选举产生第三届市消委会，会长王肃平。1997 年 1 月 4 日，增设“襄樊市消费者投诉大厅”。市工商局举报中心，做到了“三有”（即投诉、申诉、咨询问题有登记，电话咨询有答声，处理问题有反馈或回应）和“七个办成”（即把投诉大厅办成宣传贯彻党和国家方针、政策、法律、法规的阵地；办成市委、市政府形象工程的阵地；办成工商管理执法的拳头；办成“树工商形象，为红盾增辉”文明管理，热情服务的“窗口”；办成为消费者和工商企业办实事、办好事的“桥梁”和纽带；办成消费者的“温暖之家”；办成推行会员制的阵地）。2004 年 6 月，全市已建立消费者委员会分会 101 个、消费者投诉站 536 个、消费者联络站 242 个。

（2）维权活动

1987 年，当众销毁部分假冒商品。对市区生产经销食品、饮料、药品、化肥等 246 个单位和 134 个个体户进行检查。对部分国产家用电器三包规定落实情况进行检查。1988 年，编发《湖北省保护消费者合法权益条例》宣传资料 8 500 份。市区举办假冒商品展览 5 场。开展监督检查 20 次，受检单位 2 100 个，查处假冒名优酒、化肥、茶叶、变质食品等，价值 120 万元。1989 年，对全市生产、经营眼镜的 155 个国营、集体、个体企业的 205 个产品进行抽查，通过媒体通报结果，产品合格率仅为 22.43%。对全市生产啤酒的 10 个企业 13 个产品开展评优活动。1990 年，首次开展评选“消费者满意商场”活动，评出省级表彰的单位 18 家，市级表彰的 28 家，县（市）级表彰的 52 家。开展各类检查 279 次，受检单位 1 257 户，检查商品 2 700 种。1991 年，对市区 12 个商场（店）、16 个集贸市场、162 个沿街个体户的商品质量、物价、度量衡器等进行检查。举办假冒伪劣商品曝光 8 次，销毁劣质商品 7 300 个品种、价值 33 万元。1992 年，开展消费教育工作，编印《消费者协会工作问答》读本，办《消费者有疑难，消委会是知音》专栏，办“消费知识窗”黑板、墙报等。围绕“中国质量万里行”活动和打假特别行动，查假打劣保名牌。推荐省级“消费者满意商场（店）”21 家、市级 39 家。市酿酒厂等 5 家企业生产的 8 种产品获全省第二届“消费者满意杯”产品称号。1993 年，与市电台开通“‘3·15’消费者热线”专题节目，现场直播，电话投诉，追踪报道。与市电视台开办“消费者投诉窗”专题栏目。老河口市消委获中消协“全国保护消费者利益先进集体”称号。1994 年，实施并宣传《中华人民共和国消费者权益保护法》，举办培训班，在报社开设“消费情”专栏，在集贸市场和公共场所开设墙报、板报、橱窗，到厂矿、农村、市场宣传 560 场次，印发各类宣传手册、板贴、标语、知识竞赛试题。1995 年，印发《消法辅导提纲》《部分国产家电“三包”规定》。举办学习班 260 期，培训 9 860 人次。开展“双推荐”活动，被省消委命名的“消费者满意企业”有 23 家，被市消委命名的“消费者满意商场（商店）”有 43 家。组织全市 28 万人参加全国《消法》知识大赛，枣阳市消委被国家司法局、国家工商局、中国消费者协会评为组织三等奖。开展“打假保节日”“打假保春耕”“打假保健康”“打假保名优”“四打四保”市场大检查。市消委被省消委评为 1985—1995 维护消费者权益先进单位，被市民政局评为“先进社团”。1996 年，在《襄樊商报》上开辟“消费·质量百日行”栏目 20 期。深入 4 县（市）、区和 6 家企业、5 家个体户，对《消费者权益保护法》贯彻执行情况进行检查调研。对流通领域进口家电进行检查摸底,对 26 个医药示范门店和物价计量信得过企业进行考核评议。1997 年,举办现场直播“3·15”综艺晚会。1998 年,围绕“为了农村消费者”年主题,开展服务农民宣传咨询活动,送法规、优良种子、名牌农机具、科技致富书等。开展“讲诚信、反欺诈”活动,以及“消费者满意单位、消费者满意商品”推荐评选活动。有 37 个单位和 17 个商品被省消委评为第六届消费者满意单位和满意商品,16 家国有企业、16 家私营企业和个体经营户被评为“诚信单位”。1999 年,围绕“安全健康消费”年主题举办“3·15”活动,现场出动“3·15”快车 2 台,设热线电话 2 部,受理消费者投诉 120 起,印发宣传资料 2 万份;与市种子公司合作,把优良种子送到农民手中。市新闻媒体以“‘3·15’快车到农家”为题进行专题报道,《中国消费者报》也在头版刊出。市消委被省消委评为全省先进单位,受到通报表彰。2000 年,围绕 “明明白白消费” 年主题开展“3·15”活动。市鼓楼商场等 107 家单位和“演义”牌白酒等 34 种商品,分获“消费者满意单位”和“消费者满意商品”称号。2001 年,围绕“绿色消费”年主题开展“3·15”活动,组织 20 名少先队员现场集体宣誓,组织近万名消费志愿者,在书有“保护消费者合法权益是全社会的共同责任”“提倡绿色消费,保护生态环境,为国民强壮加杯奶”的百米布幔上签名留言,做新世纪绿色消费者。在市区开展“百辆消费者满意出租车”和“十家消费者满意出租汽车公司”评选活动。2002 年,以“科学消费、共铸诚信”为主题开展“3·15”纪念活动。市鼓楼商场(集团)股份有限公司等 81 个单位获湖北省 2001—2002 年度“消费者满意单位”称号,襄樊三九酿酒厂“演义”牌系列白酒等 32 个企业的产品获湖北省 2001—2001 年度“消费者满意商品”称号。市消委获第四届(1997—2001)全国消费者协会保护消费者权益“双先”先进集体称号。2003 年,围绕“营造放心消费环境”年主题,选送的《“房地产现状”调查》,获中消协 2001—2002 年度消费调查表扬奖。开展创建“青年文明号诚信建设示范单位”活动;举行“免费购物,体验诚信”活动启动仪式,有 10 名“幸运市民”获 1 500 元幸运消费金;开展全市“诚信单位”推荐评选活动,有 40 家商业企业获此殊荣。开展纪念《消法》颁布实施十周年 “‘电信杯’我与《消费者权益保护法》”有奖征文活动。2004 年,围绕“诚信·维权”年主题开展“3·15”纪念活动。编印涉及法律法规、维权案例、消费常识等内容的《襄樊消费指南》。承办全省首次在市、州召开的消委系统创新工作现场会,市消委会获 2003 年度全省市州消费者委员会(协会)目标责任制考核第一名。在纪念中国消费者协会成立 20 周年表彰活动中,市消委获中消协颁发的“3·15”荣誉奖章。时任市消委秘书长刘顺涛,宜城市消委副秘书长孟爱东获个人荣誉奖章。2005 年,市消委获湖北省工商局、省消委 2003—2004 年度全省保护消费者合法权益先进集体称号。举办首批消费维权志愿者颁证仪式暨培训会议,聘请热爱公益事业、乐于奉献的消费维权志愿者 30 名。首次对市中心医院等市区 10 家主要医疗服务单位进行监督评议活动, 市中心医院、第一人民医院等 7 家医院被评为消费者信得过医院。报送的《农资质量售后服务调查》,获中消协 2003—2004 年度消费调查鼓励奖。在《襄樊晚报》开辟“医疗消费教育周”专栏。举办“全国千万家庭食品安全知识大赛”襄樊赛区电视竞赛决赛,老河口市代表队获第一名。市消委获 2004 年度全省消委工作目标责任制考核评比第二名,被省消委授予“湖北省 2004—2005 年度落实消法首项职能优秀单位”称号。2005 年,全市发展消费维权志愿者 176 人。1987—2005 年,受理消费者投诉 45 824 件,消费者挽回经济损失 2 026.2 万余元。

3.襄樊市广告协会

1989 年 12 月 28 日,襄樊市召开广告协会第一次会员大会,通过《襄樊市广告协会章程》,选举产生理事会、常务理事、会长、副会长、秘书长、副秘书长等。1998 年 10 月 9 日,召开市广告协会第二次会员代表大会。2002 年,市广告协会被湖北省广告协会评为先进广告协会。2005 年,襄樊金犁策划有限公司,被中广协评为,2004—2005 年度“全国广告行业文明单位”。至 2005 年,全市有广告经(兼)营单位 115 家,从业人员 1720 人,年营业额达 1.25 亿元。

4.其他

1991 年 8 月,成立市工商行政管理学会。

2001 年 8 月,设立市工商事务代理咨询服务中心。

四、价格管理

(一)机构沿革

1978 年 11 月, 襄樊市革命委员会决定成立襄樊市革命委员会物价局。尔后改名为襄樊市物价局,隶属于襄樊市人民政府,归口市计委领导,驻地樊城丹江路。1983 年 12 月,地、市物价局正式合并,统称为襄樊市物价局,隶属于襄樊市政府,归口市计委领导。1996 年 12 月,按照转变职能、理顺关系、精兵简政、提高效率的原则,市物价局职能配置、内设机构和人员编制进行了调整。其主要职能是:价格改革的中长期规划和重大价格方针政策的研究和制订;全市物价总水平的目标控制和监控能力; 市场物价运行状况的监测、分析和开展价格信息服务; 对政府直接定价的商品和劳务价格的管理;对行政事业性收费、经营性服务价格、房地产价格和涉外商品价格的管理;农村市场价格、农业生产资料价格和居民生活必需品价格管理和监审;地方价格法制建设,规范市场价格行为。弱化、下放的职能主要有:保持物价总水平基本稳定,同时,放开竞争性商品价格,实行市场调节;根据市场发育程度,逐步减少对价格的直接管理。物价管理内容,从过去审批、定价、调价向宏观管理、监督检查、指导服务转变; 物价管理方法, 从过去行政手段管理向综合运用经济、法律和必要的行政手段管理转变。

市物价局内设六科一室,即办公室、政工科、综合调控科、商品价格管理科、行政事业性收费管理科、服务价格收费管理科和房地产价格管理科。2002 年 1 月,根据襄樊市委、市政府《关于印发〈襄樊市市级机构改革实施意见〉的通知》和市人民政府办公室《关于印发襄樊市物价局职能配置、内设机构和人员编制规定的通知》精神,明确进一步减少由政府直接制定价格的品种和范围,逐步完善宏观经济调控下,主要由市场形成价格机制要求。市物价局主要职责是:贯彻执行价格法律法规,并负责组织实施;宏观管理全市价格工作,实施价格监测,研究制订全市价格总水平调控目标及价格调控措施;负责制订、调整全市行政事业性收费的项目和标准,实行"收费许可证"制度,并实施年度审验;审核或审批全市实行政府定价和政府指导价的商品和服务价格;依法监督全市价格和收费工作,查处价格违法和各种乱收费行为,负责全市价格违法行为的举报工作,指导全市价格社会监督工作,指导全市价格行政复议并按规定受理复议案件;依法开展全市农产品、工业品、房地产、公用事业、公益性服务、中介服务及部分行政管理的成本费用的调查分析和审核工作,并向市政府和有关部门提出相应的建议和对策;负责全市价格认证和价格评估工作;指导县(市)物价工作,负责全市物价部门公务员的业务培训;完成上级交办的其他工作任务。

根据职能调整和主要职责,市物价局内设机构,由原来的 7 个职能科室调整为 5 个,即办公室、商品价格管理科、收费管理科(行政审批科)、服务价格管理科、人事科。按照纪检(监察)规定设置监察室。2004 年 11 月,根据市委、市政府《关于印发〈襄樊市人民政府机构改革实施意见〉的通知》,襄樊市物价局改为市政府部门管理机构,由襄樊市政府办公室负责管理,职能职责和内设机构未作调整。

1983—2005 年襄樊市物价局副县级以上干部

表 17—14

姓名	籍贯	职务	任职时间
吴兰盈	河北武邑	局长	1983.12—1989.02
谢明义	湖北南漳	局长	1989.02—1991.11
王芳玉		局长	1992.07—1994.06
王少明	河南汝州	局长	1994.06—2004.07
蔚盛斌	湖北襄阳	局长	2004.07—2005.12
李书琴(女)	湖北襄樊	副局长	1983.12—1989.02
蔚永宪	湖北宜城	副局长	1983.12—1989.07
单永平	山东夏津	副局长	1986.01—1990.01
张云华(女)	湖北谷城	副局长	1985.12—1989.02
李华林		副局长	1989.08—1994.06
袁国顺		副局长	1990.12—1999.12
甄先国	湖北襄樊	副局长	1990.12—2002.03
秦新生	湖北襄樊	副局长	1994.06—2005.12
陈德先	湖北随州	副局长	1996.04—2002.03
潘巧莲(女)	山东鄄城	副局长	1996.06—2005.12
叶金禄	河北东光	副局长	1999.05—2002.03
何细民	江苏兴化	副局长	1999.05—2005.12
王有国	湖北襄阳	副局长	1999.11—2002.03
李风暴	河南尉氏	副局长	2001.10—2005.12
张云华(女)	湖北谷城	纪检书记	1989.02—1990.05
张云华(女)	湖北谷城	纪检组长	1990.05—1991.08
刘应林	湖北河口	纪检组长	1992.03—2002.03
何细民	江苏兴化	纪检组长	2002.03—2005.12
李书琴(女)	湖北襄樊	工会主任	1989.02—1991.06
叶金禄	河北东光	工会主任	1992.03—2002.03
王　敏	湖北襄阳	工会主任	2002.03—2005.12
何细民	江苏兴化	总经济师	1996.11—1999.05
王　敏	湖北襄阳	总经济师	1999.05—2002.03

(二)改革历程

1978 年开始,价格改革采取渐进式的方式,适应不同时期的宏观经济环境,实现从计划经济向市场经济的平稳转变。襄樊市价格改革历现三个不同的时期:计划经济价格体制改革时期(1978—1991 年)、社会主义市场经济价格体制建立时期(1992—2000 年)和社会主义市场经济价格体制完善时期(2001—2005 年)。

1.计划经济改革时期(1978—1991年)

1978年,襄樊地区恢复物价管理,成立物价局。1983年,地市合并为襄樊市物价局,负责全市物价调控监管和价格改革重任。1978—1991年,这一时期价格改革的重点是在计划价格体制框架内,引入市场调节成分。即通过有计划调整或者放开部分价格,逐步改革价格体系。改革分为三个阶段:

(1)理顺计划价格阶段(1978—1984年)

这一阶段,改革的指导思路是"尊重价值规律,充分发挥价格调节作用,完善计划价格体制";改革的目标是通过测算产品理论价格,实现政府合理定价,建立较为合理的价格体系;改革的方式是调放结合,以调为主。配合农村经济体制改革,从1979年起襄樊开始大幅度提高粮食、油脂、棉花、生猪、鲜蛋、水产品、土特产品等18种主要农产品收购价格。同时,适当提高猪肉、牛肉、禽蛋、水产品、蔬菜、牛奶等 8 种主要副食品销售价格。农产品购销价格调整扭转了农产品价格长期偏低的状况。到1983年大米、玉米、菜籽、生猪等几个主要品种收购牌价较1978年提高41.7%。全市提高了农产品购销价格,有重点地调整了部分重工业品出厂价格、交通运输价格和轻工产品价格结构。1981年,适当提高了部分烟、酒价格,同步降低了手表、闹钟、布胶鞋、照相胶卷、电风扇、彩电等部分工业品价格。适当提高了棉纺织品价格,降低了涤棉化纤织品价格。在理顺价格体系的同时,对价格管理体制也作了探索性改革。这一阶段的价格调整改革,即逐步下放价格管理权限,实行多种价格形式。改变了单一由国家定价的形式,出现了国家定价、浮动价、协议价、集贸价等多种价格形式。市场机制开始在价格形成上发挥作用。与调整价格结构为主的价格改革进程相适应,襄樊市经济经历了第一次产业结构大调整,农业取得前所未有的大发展,农业对国民经济发展的"瓶颈"约束基本解除。

(2)改革计划价格体制阶段(1985—1988年)

这一阶段,价格改革以建立有计划的商品经济体制为目标,重点是转换价格形成机制,改革方式是调放结合,以放为主。1985年,先后对蔬菜和生猪取消派购,实行自由购销和议购议销,除粮、棉、油等主要品种以外,其余农产品价格全部放开。放开多种工业消费品价格,工业生产资料实行价格"双轨制"。在坚持价格放开的同时,对价格结构进行了部分调整。主要是适当提高了粮食收购价格、部分烟酒价格和城市四种主要副食品价格。与价格改革相适应,全国经历了产业结构的第二次大调整,家用电器和日用工业品得到大发展,人民生活水平明显提高。这一时期的价格改革,一方面放开价格,一方面实行价格双轨制,形成政府定价、政府指导价和市场调节价等三种价格形式。传统计划价格体制被打破,市场调节在价格形成机制中占有重要地位。由于国家减少了指令性计划,扩大了指导性计划和市场调节的比重,国家计划分配的物资,逐步改由市场调节。企业计划外增产的生产资料,取消价格上浮20%的限制,改按市场价销售,形成了生产资料价格双轨制。两种价格差价过大(一般相差一倍左右)的弊端,不仅增加了企业成本核算的困难,还助长了寻租行为。1988年又对副食品价格进行改革。提高了猪肉、大宗蔬菜等四种主要副食品销售价,全面放开水产品、家禽等价格。1988年由于固定资产投资规模过大,货币投放过多,加上价格改革步子较大,引起通货膨胀,市场物价大幅度上涨。全国零售物价指数上涨18.5%。

(3)价格体制改革调整阶段(1989—1991年)

由于国家放开价格,实行"闯关"性价格改革,所形成"双轨制"过渡价格体制,造成市场价格秩序混乱,各种价格大战此起彼伏,国民经济出现了日益严重通货膨胀。1987年、1988年、1989年襄樊市居民消费价格涨幅分别达到107.7%、119.7%、113.3%。为了稳定经济,国家在1989—1991年的三年治理整顿期间,价格改革采取从以放为主,改为"调放管相结合",强调在治理整顿中深化价格改革。1989 年为控制物价上涨,市政府狠抓菜篮子工程,宣布 19 种生活必需品年内不涨价。在市场价格涨幅回落的条件下,国家又出台了一些价格改革措施,继续提高粮、棉、油的收购价格,并适当提高粮油销售价格;大部分进口商品从按国内同类产品作价改为按进口成本作价,即实行代理价;较大幅度地提高煤炭、原油、有色金属和部分钢材的出厂价;提高铁路、水运、航空的票价和货运价格。价格改革第一阶段取得了显著成效。农产品价格较大幅度地提高,工农产品差价缩小,调动了农民生产的积极性。放开一部分商品价格,三种价格形式发生了很大变化。1978 年国家定价为 97%,市场调节价为 3%,到 1990 年,国家定价比重降到 30%,国家指导价为 25%,市场调节价为 45%。

2.市场经济建立时期(1992—2004 年)

1992 年开始,全国价格改革步伐明显加快。襄樊市也择机疏导了城市公共交通、房租、自来水、教育、医疗等多年积累的价格矛盾,基础产业和公共产品定价偏低的状况有所改善,促进了基础设施建设、公用事业和公益性服务行业的发展。2001 年,政府公布的中央定价目录,明确对 1992 年原目录中的 107 种商品和服务价格彻底放开。至此,第二阶段价格改革的任务已基本完成。除少数重要商品和服务价格实行政府定价或政府指导价以外,绝大多数商品和服务价格已经放开,市场调节价的比重达到 95%左右,初步建立以市场价格为主的价格形成机制;同时,理顺了价格体系,促进了国民经济的协调发展。

1998 年 5 月 1 日,《价格法》正式实施。从法律层面对价格监测、价格调节基金、主要商品储备、价格干预措施、价格紧急措施等进行具体规定。国家首次以法律形式明确了价格改革的方向,表明政府价格管理走上了法制化轨道。地方各级价格主管部门,也先后废止了与《价格法》不一致的规范性文件。同时,研究制定颁布了一批与《价格法》配套的法规、规章和规范性文件。加强了价格执法、价格法制宣传和普法工作,为依法管理价格工作奠定了坚实基础。

适应价格形成机制的变化,完善有关经济、法律和行政手段,健全价格调控体系,保持价格总水平基本稳定,是这一时期改革的重要内容。围绕价格调控机制,一方面建立居民基本生活必需品、服务项目价格监测网络和重要生产资料成交价格监测网络;一方面先后建立了粮食、食糖和棉花等重要商品储备制度,实行"米袋子""菜篮子"省市长负责制及价格控制目标责任制。为此,大部分省市都建立了重要商品价格调节基金制度,以平抑市场波动,稳定价格水平。

(1)完善价格形成机制

2001 年 7 月,国家将中央定价项目由 1992 年的 141 种减少到 13 种。襄樊市相继放开了一大批竞争性或可能形成竞争性的商品和服务价格,大幅度减少了价格行政审批。政府定价、政府指导价商品和服务项目,已减少为 21 种(类),其他商品和服务价格实行市场调节价。确立了经营者自主定价在价格形成中的主体地位。

全市在完善价格形成机制方面加强涉农价格支持体系建设,构建城乡统筹发展的价格体制机制。在积极推进农电体制改革和农村电网改造的基础上,加大农电价格形成机制改革,全面实现城乡用电同网同价目标。2005 年城乡用电同价实现后,全市农村终端用电价格平均每千瓦时降低 0.30 元,年均减少农民电费负担近 1 亿元,有效降低了农民电费负担。全面放开粮食购销市场,转换粮食价格形成机制,有计划有步骤地提高粮食等主要农产品的收购保护价,加强化肥等农业生产资料价格管理,大力整顿和取消涉农收费,实施涉农价格收费公示制度,建立和完善社区及农村价格监督服务网络。

推进资源环境价格改革,促进经济发展方式转变。加大小水电上网电价政策保护力度,有计划有步骤放开煤炭价格,实施煤电价格联动机制,疏导重庆电网电价矛盾,保障全市经济社会发展能源需求;实行差别电价、脱硫加价和可再生能源加价等一系列有利于节能减排的电价政策。改革水价形成机制，将水资源价格由单一的供水价格转变为包括水资源费、供水价格和污水处理费的全成本水价，扩大水资源费、污水处理费征收范围，并适当提高征收标准，切实保障了水环境质量和安全。加大排污费、垃圾处理费改革的力度，健全环境性收费体系，促进生态环境治理保护。

加大车辆路桥通行费形成机制改革。全面清理行政事业收费，取消不合理收费，降低过高的收费标准。市行政事业性收费由376项减为2005年的264项。其中，涉农收费项目减为48项，对农民免收的项目有7项。有效减轻了企业、社会和农民的负担，改善和优化了襄樊市发展环境。

（2）提高政府价格决策民主化水平

推进政府定价规范化，对政府管理的铁路运输、电信资费、药品和医疗服务、居民生活用电、城市公用事业、中介服务等价格，在价格制定或调整过程中，积极改进政府定价方法。逐步纳入价格决策听证制度、专家评审制度、成本监审制度、集体审议制度和公示制度。1998—2005年，襄樊市为提高政府价格决策的科学化民主化水平，举办电力、天然气、城市公交、教育等涉及民生价格的听证会6次之多。

（3）注重民生价格的监管改革

改革教育收费形成机制，规范教育收费行为。全面免除农村义务教育杂费，减轻农村家庭教育负担；对公办高中择校生实行限分数、限人数、限钱数的“三限”政策；规范高校收费。加强药品及医疗费价格监管，缓解群众就医负担。加强药品价格监管，增加政府定价或政府指导价的品种数量，限定医疗机构销售药品实际加价率，建立药品差比价规则，统一医疗服务价格项目。2000—2005年，相继对政府定价的2000多种药品进行了全面降价，降价金额约500多亿元，平均降幅20%左右。加强房地产价格管理，促进房地产业规范发展。加强经济适用住房价格、廉租住房租金管理，加大商品住房销售价格“一价清”制度的全程监管力度，规范商品房交易收费行为及物业管理服务收费秩序，促进房地产业健康有序发展。完善突发自然灾害及公共事件价格干预措施。2003年，对口罩、消毒液等防治“非典”的原材料生产经营企业，实行临时价格干预措施。打击了价格垄断、串通涨价、合谋涨价、哄抬物价等价格违法行为，抑制了价格不合理上涨，维护了价格秩序。

（三）物价改革

1.农产品价格

（1）粮食价格

1979年，根据中央和省里统一部署，粮食收购价格进行了调整，全市三种粮平均提高20.48%。其中小麦每50公斤由13.33元提高到15.08元，稻谷每50公斤由9.50元提高到11.55元，玉米每50公斤由9.5元提高到11.60元。同时，超购加价比重由30%提高到50%。1984年，根据省局安排，襄樊市调整了粮食收购政策，将超购加价改为“倒三七”的比例价。小麦每50公斤统购价由15.80元调整为21.33元，稻谷每50公斤统购价由11.55元调整为15.59元，玉米每50公斤由11.60元调整为15.66元。调整政策使粮食收购价格总水平，提高了35个百分点。1985年，根据国务院和省政府精神，再次对粮食收购政策进行了调整，将粮食收购由统购改为合同定购。除小麦、稻谷、玉米定购以外，其他粮食品种全部实行市场调节。1987年，根据中央南方调稻谷、北方调小麦的精神，再次提高稻谷的收购价格。稻谷每50公斤定购价由15.59元提高到17.09元。当年全市稻谷收购价每50公斤均提高到

21.31元。同时,开始实行合同订购的"三挂钩"政策。1988年,根据中央和省进行平衡性价格调整原则,再次对小麦,玉米的定购价格进行了调整。平均提高幅度8.95%,其中,小麦每50公斤由21.33元提高到23.10元,玉米每50公斤由15.66元提高到17.20元。当年襄樊市小麦每50公斤收购均价提高到26.51元,比上年提高1.84元,玉米提高到19.70元,比上年提高1.73元。1989年,全面调整了粮食收购价格,其中,小麦每50公斤由23.10元提高到24.60元,稻谷每50公斤由17.09元提高到22.10元,玉米每50公斤由17.20元提高到18.50元。由于每次稻谷调整幅度高,使三种粮食内部比价关系发生了变化,稻谷与小麦、玉米的比价关系由调前1∶1.35和1∶1,缩小到1∶1和1∶0.8。1991年,国务院和省政府决定,对20多年来一直未动的粮食销售价格进行调整。这是中国粮食销售史上的一次重要改革。标一籼米每50公斤由15元提高到26元,提高幅度73%,特二面粉每50公斤由20元提高到34元,提高幅度为70%,玉米每50公斤由9.5元提高到了16元,提高幅度为68.4%。同时,压缩了平价粮食的销售范围,取消了各种补助粮,取消了饮食行业用粮,取消饲养用粮,并调整了收购政策,将合同定购改为国家定购。1992年4月,根据国务院和省政府安排,粮食购销价格进行了改革,实现购销同价,使粮食价格扭曲的现象得到了理顺。每50公斤小麦购销价格分别由24.6元和22.10元,统一提高到30.50元,每50公斤稻谷购销价格分别为22.1元和16.7元,统一提高到25.10元,每50公斤玉米购销价格分别由18.50元和16元,统一提高到21.50元。每50公斤标一籼米购销价格分别由34.10元和26元,统一提高到39元,每50公斤特二粉购销价格分别由39元和34元,统一提高到48元。通过这次改革,为粮食价格走向市场机制打下了坚实基础。1992年,是粮食价格改革步伐最快的一年。4月1日实行粮食购销同价后,政府决定,从9月1日起全面放开粮食的购销价格。当年粮食市场活跃价格相继稳中有降。1993年,粮收购价格大幅度下降,为保护农民种粮积极性,国务院及时采取了措施。从1993年新粮上市起,建立了粮食收购保护价制度。明确规定小麦、稻谷定购保护价格,即每50公斤三级红麦30.70元,每50公斤三级中稻26元。同时,改变了粮食定购"三挂钩"的兑现办法,改暗补为明补。1993年、1994年农业生产资料价格大幅上涨,能源基础产品价格提升。为保护农民利益,1994年4月1日起,国家对定购、收购粮食统一实行支持性价格。即,每50公斤小麦收购价格51元,稻谷49元,玉米43元。同时,因为通货膨胀因素,当年粮食销售价格暴涨。依照国家计委确定的粮食销售价的作价原则和价格办法,通过认真测算,襄樊市制定了主要粮食食品品种的零售价格。标一籼米2.10元/公斤,特二面粉1.78元/公斤。1995年,国家再次提高粮食收购政策,对定购外粮食实行市场调节价。对城镇居民实行定量供粮政策,定量内执行政府定价标准。即标一籼米2.34元/公斤,特二面粉2.26元/公斤。定量外执行市场价格。从1996年起,粮食销售价格放开。1996年粮食定购价格,即小麦每50公斤73元,稻谷每50公斤72元。但对收购粮食实行保护性收购,小麦每50公斤66元,稻谷每50公斤65元。1997年,继续执行粮食销售价格放开政策。1999年,在保留粮食定购制度和定购价格形式的前提下,定购价和保护价按同一价格执行。即,无论定购粮、收购粮均实行保护收购,小麦每50公斤60元,稻谷每50公斤54元。2004年,根据国务院农业和粮食工作会议精神,国家对重点粮食品种实行最低收购价格政策。中籼稻(三级)最低收购价格每50公斤72元,在中籼稻市场价格高于每50公斤72元时,由取得收购价格的粮食经营企业按实际市场价格收购,在中籼稻市场价格低于每50公斤72元时,由国家委托能发挥主渠道作用的国有粮食经营企业按最低收购价格收购。

(2)棉花价格

1997年前,国家对棉花实行统购统销政策,由国家统一制定棉花的收购和供应价格。1997年,棉花供应价格由政府定价改为政府指导价,由国家制定中间价格,允许上下浮动6%,具体成交价格由供需双方商定。1998年,棉花收购价格由政府定价改为政府指导价,由国家制定中间价格,允许上下浮动 5%。1999 年,棉花价格放开。

2.轻纺产品价格

(1)黄金及饰品价格

2001 年以前,黄金及饰品实行政府定价,由国家统一制定黄金收购价格、黄金零售价格、足金饰品出厂价格和零售价格。2001 年,湖北省改革金饰品管理办法,金饰品由政府定价改为政府指导价,足金饰品零售价格在不突破规定综合差率和加工费标准的前提下,由经营者自主定价。2002 年 5 月,黄金饰品价格放开。

(2)食盐价格

1996 年以前,食盐实行划片价格政策。全省共划分为 4 个不同价区。襄樊、襄阳属二价区,老河口、谷城、宜城、南漳属三价区,保康属四价区。以 500 克袋装食盐为例,不同价区零售价格相差 0.01 元。1996 年,湖北省改革食盐价格管理办法,取消划片作价,实行全省一价政策。湖北井矿真空精制小袋盐 500 克装,统一每袋零售价 0.60 元。2000 年,根据国家统一要求,食盐小包装由单膜改为复合膜,手动机械分装改为全自动机械分装。2 月 28 日,食盐价格进行了调整。500 克装零售价格由 0.60 元 / 袋,调整为 1.00 元 / 袋。2002 年,食盐价格进行了调整,全自动机械分装的复合膜 500 克食盐零售价格,由 1.00 元 / 袋调整为 0.90 元 / 袋。2004 年,食盐小包装由复合膜改为纸塑包装,零售价格也由 0.90 元 / 袋调整为 1.30 元 / 袋。

(3)药品价格

1997 年,省物价局下发《湖北省药品价格改革实施意见》,药品价格实行按目录分中央和省两级管理。药品价格管理实行政府定价、政府指导价、作价办法管理价、市场价四种价格管理形式。政府定价药品,由政府直接制定出厂价,批发价和零售价,企业可以在不高于政府定价前提下,根据市场情况确定具体价格。政府指导价格药品,由政府制定中间价和上下浮动幅度,由生产者和在规定的幅度内自主定价。作价办法管理价药品,由政府规定作价办法,生产者经营者按作价办法,自主制定出厂价、批发价、零售价。市场价药品,由生产者、经营者自主确定出厂价、批发价、零售价。2000 年,省物价局出台《湖北省改革药品价格管理的实施意见》。《意见》要求,改革药品价格管理形式。由原来的 4 种政府定价管理形式,改革调整为 2 种。实行政府定价的药品,仅限于列入国家基本医疗保险药品目录的药品加其他生产经营具有垄断性的少量特殊药品。政府定价范围以外的其他药品实行市场调节价,由经营者自主定价。取消流通差率控制。政府定价药品由价格主管部门,制定最高零售价格,药品零售单位在不突破政府制定的最高零售价格的前提下,制定实际销售价格。2001 年,为规范药品集中招标采购中的价格行为,省物价局制定了集中招标采购药品作价办法,由各地(市)负责制定中标药品的最高零售价格,报省备案。医疗机构最高零售价格=含税中标价格 ×(1+15%)+[(政府规定零售价格—含税中标价格)—含税中标价格 × 15%] × 30% 。按政府办法制定的零售价格,凡高于政府规定价格,按照“就低不就高”的原则,执行政府规定价格,凡低于政府规定价格,执行招标作价办法制定的价格。2004 年,调整了集中采购药品价格政策,医疗机构集中招标采购药品,统一改为以实际中标价格为基础,顺加规定的购销差率,核定临时零售价格。实际中标价格 5 元及以下的,购销差率 30%,实际中标价格在 5.01 元及以上的,购销差率 20%,购销差额不足 1.5 元的,按 1.5 元计算。

3.工业生产资料价格

(1)石油产品价格

1998年6月前,汽油、柴油价格实行政府定价管理。1998年6月5日,改革成品油价格管理,建立与国际市场油价变动相适应,在政府调控下的原油和成品油市场形成价格机制。汽油、柴油零售价格由政府定价改为政府指导价。由国家发展计划委员会制定并公布,各省、自治区、直辖市汽油、柴油(标准价)零售中标准价格,由中石油、中石化两个集团公司,在上下5%的幅度内制定具体零售价格;以国际市场汽油、柴油进口完税成本(离岸价加海上运保费、关税、消费税、增值费、港口费用等)为基础,加按合理流向计算的从炼油厂中转配送到各油站的运杂费,再加批发企业和零售企业费用制定。当新加坡市场汽油、柴油交易价格,累计变动幅度超过5%时,由国家发展计划委员会调整汽、柴油零售中准价格,必须上报国务院批准;两个集团公司在国家规定的中准价幅度内调整汽、柴油零售价的间隔时间一般不得少于两个月;汽、柴油销售由两个集团公司统一送到基层零售单位,实行城乡统一价格,原则上实行一省一价。70# 汽油1.95元/升,90# 汽油2.05元/升,0# 柴油2.05元/升。2002年1月,国家计委出台完善石油价格接轨办法。将国内汽、柴油价格与新加坡市场单一挂钩,改为与新加坡、鹿特丹和纽约三地市场价格挂钩;当新加坡、鹿特丹和纽约市场汽、柴油月加权平均价格变动超过一定幅度时,相应调整国内成品油价格;根据国内平均消费结构的实际情况,在不突破按新原则确定的调价总额前提下,参照由国际市场比价关系,相对调整国内汽油、柴油价格;汽油、柴油零售价仍实行政府指导价,由国家计委制定并公布零售价中准价,浮动幅度由上下5%扩大为上下8%。2003年7月1日,全国范围内停止生产和销售普通无铅汽油,标准品改为90号清洁汽油,价格为2.85元/升,0# 柴油价格为2.90元/升。2005年12月1日起,襄樊市改用乙醇汽油,90# 乙醇汽油3.95元/升。

(2)自来水价格

1991年12月,调整水价,生活用水0.13元/立方米,生产经营用水0.25元/立方米。1993年3月1日,调整水价,其中生活用水由0.13元/立方米上调到0.20元/立方米,生产经营由0.25元/立方米上调到了0.30元/立方米。1994年9月1日,水价平均上调0.09元/立方米。其中生活水价0.29元/立方米,生产经营水价0.39元/立方米。1996年1月1日,调整水价,平均上调0.06元/立方米。其中生活水价0.35元/立方米,生产经营水价0.45元/立方米。1997年7月10日,调整水价,平均上调0.04元/立方米。其中,生活0.39元/立方米,生产经营0.49元/立方米。并从生活经营中分离出商业、服务、建筑用水类别,价格为0.65元/立方米。1999年9月1日,调整水价,平均上调0.06元/立方米。其中,生活用水0.45元/立方米,生产经营0.55元/立方米。商业、服务业、建筑业0.71元/立方米。1999年11月1日,随供水量征收供水基础设施建设基金0.10元/立方米。2001年3月1日,将供水基础设施建设基金并入水价。并入后的价格为:生活0.55元/立方米,生产经营0.65元/立方米,商业、服务业、建筑用水0.81元/立方米。2002年4月,抄见水电起,水价进行了调整,平均上涨0.10元/立方米。其中,生活由0.55元/立方米,调整为0.65元/立方米;;生产经营由0.65元/立方米,调整为0.75元/立方米;商业服务业、建筑用水由0.81元/立方米,调整为0.91元/立方米。

(3)燃气价格

1995年8月,市区瓶装液化气价格,由40元/瓶调整为45元/瓶。1996年12月1日,市区瓶装液化气价格,由45元/瓶调整为50元/瓶。1997年1月13日,市区有户口的瓶装液化气50元/瓶,市场销售最高限价55元/瓶。1999年12月17日,省物价局印发了《湖北省燃气价格管理(试行)办法》，襄樊市从 2000 年 2 月 23 日，对瓶装液化气市场零售价格，实行政府指导价格管理。襄樊市区零售市场指导价格为 13 公斤装每瓶 47 元，经营企业可在上下 5%幅度内确定具体零售价格。2000 年 12 月 27 日，将市区瓶装液化气市场零售指导价格调整为 52 元 / 瓶，企业可在上下 5%的幅度内确定具体零售价格。2003 年 1 月，为平抑春节前瓶装液化气价格，根据市场供求及炼油厂价格调整情况，襄樊市区瓶装液化气价格进行了调整，市场零售指导价由 52 元 / 瓶调整为 58 元 / 瓶，各经营企业可在上下 5%的幅度内自主确定具体的销售价格。2003 年 7 月，放开瓶装液化气价格，实行市场调节价格。2005 年 1 月 1 日，襄樊市天然气工程正式点火通气，气价暂定为生活 2.0 元 / 立方米，商业 2.20 元 / 立方米，工业 1.80 元 / 立方米，CNG 车用气 2.20 元 / 立方米，居民家庭管网安装费，机械表 2 080 元 / 户，IC 卡电子表 2 290 元 / 户。

(4)公交票价

1995 年 7 月 1 日， 市区 1 路、2 路、3 路、4 路、5 路、6 路、7 路、8 路、9 路、10 路、12 路、16 路公交票价进行了调整。其中，市区线路由 0.20 元起价、0.10 元累进，调整为 0.20 元起价，0.20 元累进。郊区线路由 0.20 元起价，0.20 元累进， 调整为 0.30 元起价，0.20 元累进。10 路环行线实行一票制全程票价 0.50 元 / 人次。1995 年 12 月，市区 1 路公交实行无人售票，票价调整为 0.50 元 / 人次。1997 年 9 月 26 日，制定市区 9 路、14 路公交票价 0.50 元 / 人次。1997 年 10 月 15 日，制定 17 路、18 路公交票价。其中，17 路 0.50 元起价，0.50 元累进，全程 1.00 元。18 路，0.50 元起价，0.50 元累进，全程 1.50 元。1998 年 6 月 9 日，制定市区 15 路无人售票公交票价 1.00 元 / 人次。1998 年 9 月 25 日，制定市区 505 路、512 路专线车，执行无人售票价 1.00 元 / 人次。1999 年 5 月 1 日，制定市区 1 路、13 路、空调公汽票价，空调开放时票价 2.00 元 / 人次，不开空调时票价 1.00 元 / 人次。2000 年 1 月 24 日，制定市区 511 路专线公交线路无人售票价 1.00 元 / 人次。2001 年 2 月 1 日，调整市区 1 路、13 路、14 路、17 路、公交票价为 1.00 元 / 人次.2002 年 7 月 5 日，调整市区 2 路、9 路、10 路、20 路、21 路、22 路、25 路、26 路、27 路、28 路等 11 条无人售票线路票价，由 0.50 元 / 人次为 1.00 元 / 人次。

(5)出租车价格

1996 年 3 月 10 日，制定市区出租车基价里程 3 千米，排气量 2000CC 以上的起步价 10.00 元，每千米租价 1.80 元，排气量 2000CC—1600CC，起步价 9.00 元，每千米租价 1.60 元，排量 1600CC 以下的票价起步价 8.00 元，每千米租价 1.40 元，奥托、伏尔加起步价 7.00 元，每千米 1.20 元，面的起步价 5.00 元，每千米租价 1.00 元。2004 年 8 月 18 日，对市区出租车运价进行了规范，基价里程 3 千米，起步价 5.00 元 / 人次，每千米租价按车辆档次及豪华配置程度进行分类，价格标准从 1.20 元—1.80 元 / 千米不等。2004 年 10 月，调整市区客运出租车运价。轿的基价里程 1 千米起点价 2.00 元 / 次，每千米租价 1.50 元。面的基价里程 1 千米起点价 2.00 元 / 次，每千米租价 1.20 元。

(四)价格制度法规管理

根据《中华人民共和国价格法》和国务院行政法规，襄樊市物价局价格法制工作，始终注重价格法规制度宣传，加强价格法制体系建设，自觉落实各项制度，规范价格执法行为，做到价格管理制度化、法规化。

1.价格法规管理

(1)法规建设

1986年7月,市政府批转市物价局《关于在全市实行统一商品标价签的报告》。1991年,连续8年在3月份开展“明码标价宣传月”活动。1993年1月,施行《襄樊市行政事业性收费管理暂行办法》。同年2月初,市物价局、市财政局制定《实施细则》。同年10月,市政府《关于印发〈襄樊市商品和收费实行明码标价的暂行规定〉的通知》。同年11月9日,市委、市政府转发市物价局、市财政局《关于治理乱收费的实施方案》。1994年10月7日,施行《襄樊市经营性收费监审暂行规定》。1995年3月,市政府批转市物价局《关于开展反暴利活动实施方案的通知》。1996年年初,市政府印发《襄樊市价格调节基金征收管理办法》。同年4月,市物价局印发《关于贯彻落实〈襄樊市价格调节基金征收管理办法〉的通知》。1997年10月首次使用价格调节基金平抑市场蔬菜价格。2001年7月,市人民政府下发《关于批转市物价局发挥价格杠杆作用促进我市旅游业快速健康发展的报告的通知》。

(2)法制职能

1985年,襄樊市人民政府批转《市物价局(关于改革价格管理办法的报告)的通知》。明确要求物价部门要加强物价的管理监察,维护国家和消费者利益。1988年4月,明确将“贯彻执行国家价格方针、政策和法规”在《襄樊市物价局职责范围》予以公示。并明确市物价局综合科是“贯彻落实中央、省、市物价管理法规”的主体。1996年12月,市人民政府办公室《关于印发市物价局职能配置、内设机构和人员编制方案的通知》,明确市物价局涉及法制职责有:贯彻执行国家的物价方针、政策和法规;加强价格管理的法制建设,研究起草本市地方性价格管理法规、政策和制度,并负责组织实施。市物价局综合调控科组织实施国家、省、市的价格法律、法规、规章,承办地方性法规草案的起草、综合、审核工作;宣传物价方针、政策和法规。1999年5月,市物价局被授予全市执法“两制”工作先进单位,在全市依法行政工作会议上,市物价局以《认真落实执法“两制”大力推进依法行政》作了交流发言。

(3)价格法规宣传

1995年4月,印发《关于开展物价系统“二五”普法考核验收工作的通知》,正式全面将普法纳入价格系统法制工作范围。1996年12月,印发《关于开展第三个五年法制宣传教育的实施意见》,部署市直物价系统“三五”普法工作。1997年12月,下发《关于广泛开展〈价格法〉宣传活动的通知》首次组织《中华人民共和国价格法》宣传活动;1998年2月,下发《关于进一步做好〈价格法〉学习宣传贯彻工作的通知》。同年4月,下发《关于〈中华人民共和国价格法〉知识竞赛的通知》。1998年,举办3期《价格法》培训班,为企业培训250名物价员。同年9月,市普法领导小组同意将《价格法》纳入全市“三五”普法内容。2001年年初,印发《关于在市直物价系统开展第四个五年普法教育规划的通知》。

(4)执法监督检查

1990年11月5日,按照《市物价局执法检查实施方案》首次开展物价系统执法情况检查。1996年,全面落实执法“两制”,规范价格执法行为。对1979年以来所有执法依据进行清理,共清理文件325份。加强制度建设,签订责任书。清理执法主体资格。上报市政府的执法单位4个,即市物价局、市物价检查所、襄城物价检查所、樊城物价检查所;执法人员共计281人,其中专业执法人员88人(局机关39人、市物价检查所23人、襄城物价检查所13人、樊城物价检查所13人),聘用执法人员193人。同年6月,制定《市物价部门落实“执法两制”工作实施方案》,成立襄樊市物价局“执法责任制和执法责任追究制领导小组”和工作专班。同年8月分别印发《襄樊市物价局执法责任制度》《襄樊市物价局执法责任追究制度》《襄樊市物价局执法责任制保证措施》《襄樊市物价局“执法两制”工作考评办法》。1997 年 6 月，开展贯彻执行《行政处罚法》自查，并将自查情况上报市政府。1998 年 3 月，下发《关于对全市物价系统执法“两制”工作进行全面检查的通知》。2001 年 6 月，印发《襄樊市物价局行政执法稽查回访制度的通知》（襄价发〔2001〕9 号），创新执法监督新机制。

2.价格制度管理

1998 年 4 月，襄樊市物价局转发《湖北省物价局〈关于印发湖北省价格违法案件审理暂行办法〉的通知》，并成立案件审理委员会，正式执行集体审案制度。1998 年 5 月，按照国家规定统一价格监督检查文书格式，先后制定《检查与处理分离制度》《重大案件处理集体研究决定的规定》《物价检查回避制度》《定价、调价三级审验制度》《政务公开（公示）办法》等。1998 年 10 月，省物价局印发《湖北省价格听证会制度暂行规定的通知》，襄樊市依此建立价格听证制度。1998 年 8 月，襄樊市就首次举行价格听证会，会议内容为自来水调价。同年 10 月 6 日，襄樊市又正式在保康自来水公司举行自来水价格听证会。1999 年 3 月，印发《襄樊市物价局价格违法案件审理暂行办法》。同年 6 月，制定《襄樊市价格听证会组织实施办法》和《价格（收费）管理工作规程》。同年 8 月，印发《襄樊市物价局价格监督检查办案程序规定》。2003 年 1 月，市物价局印发《关于规范价格检查文书格式有关问题的通知》。同年 3 月，印发《襄樊市物价局价审暂行办法》，首次成立襄樊市物价局价审委员会，开始执行集体审价制度。同年 12 月，印发《襄樊市物价局价格违法案件审理办法》。

（五）行政事业收费

1.“一书一证一卡”制度

1998 年，经市委、市政府批准，在全市范围内推行向企业（含三资企业和私营企业）收费的“一书一证一卡”制度。该制度规定：收费单位进企业收费时，必须经物价部门签发《进企业收费批准通知书》，向企业出示“收费许可证”副本，并如实填写“企业缴费登记卡”（该卡由企业负责保管），接受社会和企业的监督。

2.收费标准减半政策

2003 年，经市委、市政府同意，全市实行行政事业性收费标准减半政策。共有 100 项收费（基金），按国家规定标准下限减半收取。其中，实行定额收费的按规定标准下限一半计收，实行费率收取的按 2002 年实际收费额的一半计收。市物价局负责向社会公布并办理“收费许可证”手续。实行这一政策后，一年可减轻企业负担 3000 多万元。

（六）房地产价格

1.公房租金

1991 年 8 月 30 日，市物价局调整襄樊市区直管公房租金标准，砖混结构楼房一等 0.35 元 / 平方米月。1995 年 2 月 14 日，市物价局、市房地产管理局、市住房制度改革委员会办公室印发《襄樊市城镇公有房屋租金管理实施细则》共十四条。对向职工出租的公有住房以基价租金为基础，以结构、装修、设施、新旧、地段、房层、朝向因素为调节，按质论价。1995 年 6 月 15 日，市物价局调整市区直管公房住宅租金标准，砖混一等 0.9 元 / 平方米月。1997 年 9 月 30 日，市物价局、市房改办联合下发《关于调整襄樊市区单住自管公房租金标准的通知》,市区砖混一等 1.56 元 / 平方米月,并实行系数调节。2002 年 3 月 25 日,市物价局根据省物价局、省财政厅《关于转发积极稳妥的推行公有住房租金改革意见的通知》精神,对市区直管公房租金进行调整,砖混一等为 2.33 元 / 平方米月,并实行地段、楼层等因素调节。2003 年 7 月 29 日,市物价局、市住房制度改革领导小组办公室联合下发《关于调整襄樊市区自管公房住宅租金标准的通知》,将市区租金标准调整到 2.33 元 / 平方米月,并实行系数调节。

2.住房销售价格

1990 年 1 月 10 日,市房地产管理局、市物价局、市工商局联合下发《关于加强房地产交易市场管理的通知》,从建立健全房地产交易市场管理机构、加强房地产交易市场价格管理、建立房地产价格评估队伍等六个方面进行了规定。1992 年 3 月 29 日,市物价局下发《关于加强房地产价格管理的通知》,规定房地产价格由物价部门管理,其他任何单位和个人均无权制定房地产价格及收费标准。房地产价格包括:商品房的预定价格和销售价格;公房租金和房改的租金价格;房产交易中的租赁、评估、出售、转让、抵押、赠予价格;向城镇职工出售公房价格:房地产拆迁费用标准;有关建设房屋中的各项收费标准;城镇土地使用权出让、转让租赁价格;农村宅基地价格;外商用地价格;其他。1992 年 7 月 15 日,市房产管理局、市物价局、市工商局印发《关于加强房地产交易市场经营活动管理的通知》,规定房地产流通过程中的买卖、租赁、转让、抵押等经营活动,应进场交易,接受工商部门的监督管理和物价部门的价格管理。1992 年 8 月 3 日,市物价局印发《襄樊市商品房价格管理办法》,其四章二十七条对商品房价格构成及制定、价格管理等方面进行规范。1995 年 1 月 3 日,市物价局转发《关于贯彻执行国家计委印发的〈城市房产交易价格管理暂行办法〉的通知》,规定房地产价格实行政府定价、政府指导价、市场调节价三种价格管理形式。其中对新建商品住宅价格拆迁、补偿房屋价格实行政府指导价,物价部门控制价格构成因素和各种费率,制定基准价,销售价格在规定的浮动幅度内自行调整。1995 年 4 月 5 日,市物价局、市住房制度改革委员会办公室联合下发《襄樊市经济适用住房价格管理实施细则》,规定经济适用住房价格由预算成本、材料差价、微利等因素构成,由物价、房改部门审核审批。1995 年 6 月 15 日,市物价局贯彻落实《国家计委禁止向房地产开发企业乱收费抑制商品房价格不合理上涨的通知》。

3.房屋重置价格

1995 年 2 月 27 日,市物价局公布襄樊市区 1995 年各类房屋重置成本价标准,砖混甲等 565 元 / 平方米。1997 年 3 月 3 日,市物价局公布襄樊市区各类房屋重置价格标准,砖混结构甲等 540—756 元 / 平方米。包含平均征地费用。1999 年 1 月 6 日,市物价局公布市区 1999 年各类房屋重置价格标准,砖混甲等 700 元 / 平方米。2000 年 3 月 6 日,市物价局公布市区各类房屋重置价格。砖混结构甲等 700 元 / 平方米。2001 年 2 月 5 日,市物价局公布市区 2001 年各类房屋重置价格标准,砖混结构甲等 750 元 / 平方米。2002 年 3 月 12 日,市物价局公布襄樊市区 2002 年各类房屋重置价格标准,砖混结构甲等 700 元 / 平方米。2004 年 10 月 29 日,市物价局公布襄樊市区房屋重置价格及各类房屋结构等级评定标准,砖混一等价格为 710 元 / 平方米。

4.住房拆迁补偿标准

1997 年 8 月 12 日,市物价局、市房地产管理局关于《襄樊市区城市房屋拆迁若干费额标准的通知》,对拆迁管理费、委托代办拆迁服务费、房屋拆迁补偿、安置的重置价格、安置房屋商品房价格、附属物的补偿、房屋的内外装修设施设备补偿、搬家补助费等作了规定。

5.物业管理收费

1997 年 7 月 25 日，市物价局、市房管局在全市贯彻执行省物价局、省建设厅印发的《湖北省物业管理服务收费暂行办法》。2000 年 10 月 21 日，市物价局根据《湖北省物业管理服务收费暂行办法》，制定了《襄樊市区物业管理服务收费标准》，从五个方面对物业服务收费行为进行规范。其中物业管理公共性服务包括住宅、写字楼、商场、娱乐业、饮食服务业、厂房车库、别墅等 7 类，物业管理公众代办性服务包括代收水电费、代管交通工具服务费。2003 年 11 月 27 日，市物价局制定襄樊市区物业管理服务收费标准：一类住宅小区物业管理综合服务费 0.4—0.65 元 / 平方米月；二类 0.25—0.40 平方米月；三类 0.20—0.25 平方米月。并明确了小区收费分类说明等内容。2004 年 5 月，市物价局、市房管局联合转发《省物价局、省建设厅关于转发物业服务收费管理暂行办法的通知》，并结合襄樊实际，对普通住宅、政府指导价的住宅小区物业管理进行分等，定级具体规定。公共部分、公用设施用水、用电实行分摊，优秀小区可以上浮等。

（七）价格监察

1.价格检查

1984 年 7 月，襄樊市物价检查所成立，负责全市物价监督检查工作，并指导县（市）、区开展工作。全市的价格监督检查工作，围绕各个时期价格管理主要任务，按照国家和省市统一部署展开。1984 年全市共查处违纪案件 375 起，收缴违法收入 116 171.90 元，没收和销毁严重失准的度量衡器具 107 件。1985 年，市物价局按照市政府统一部署，以与人民生活密切相关的消费品和工农业生产资料价格为重点，开展了税收、财务、物价大检查。全市共组织检查专班 943 个，查处各种违纪案件 1064 起，查处物价违纪金额 120.35 万元。其中，上缴国库 95.91 万元，退还用户 24 万多元。1988 年，市价格监督检查工作以改革重点，充分发挥价格监管职能，确保市场价格的稳定。1990 年，一度乱涨价、乱收费升温。襄樊市价格监督检查部门加大监管力度，想方设法平抑市场物价，治理乱收费。全年开展了农资价格、电力价格、医疗价格及市场检查，全市共查处各类价格违法案件 206 起，查出价格违法金额 757.97 万元,收缴罚没款 315.15 万元,退还用户 62.3 万元。2003 年，由于“非典”疫情影响，在全国范围市场价格出现异常波动。为稳定特殊时期市场价格，襄樊市价格监督检查部门，对重要商品价格实施全天候市场监控，利用明察暗访分析价格举报记录等形式进行价格监测，密切关注市场价格动态；制定价格检查实施方案，综合动用价格监测和监督两种手段，建立由监测到检查再到监测和检查连动循环工作体制，开展拉网式集中大检查；注重强化事先防范，以告诫劝告的方式，对价格政策及处罚措施进行宣传；强化纪律约束，以制度求规范，严格责任，实行无节假日工作制。价格举报电话实行 24 小时值班。仅“非典”时期，全市查处乱收费案件 341 起，违法金额 160 万元，清退用户 116 万元，收缴罚没款 43.05 万元。2004 年，襄樊市物价局以“服务市委、市政府中心工作，服务经济建设中心，服务人民群众”为主线，以优化经济发展环境为目标，大力整顿规范价格收费秩序。先后组织开展了涉农收费、农资价格、药品及医疗服务价格、电力价格、中小学教育收费、下岗失业人员再就业收费等 10 余项专项检查，全力抓好节日市场价格检查和防汛救灾物资价格检查。查出价格违法案件292起，违法金额 2 974 万元，实现经济制裁 1 934 万元。其中，上缴财政 445 万元，清退群众 1 489 万元。在检查和处理过程中，坚持以清退为主，以维护群众利益为重，取得了社会效益和经济效益的双赢效果。2005 年 6 月 15 日，襄樊市物价局首次召开了电信、医疗、房地产、大型零售企业、旅游、餐饮等行业代表参加的价格提醒会。

2.价格投诉举报

2001年5月8日,襄樊市价格举报投诉电话“12358”正式开通,它是专为举报人提供服务的热线电话。同年,价格举报中心成立,该机构无独立编制,行政隶属于襄樊市物价局价格监督检查分局。价格举报中心接受社会各界对价格违法行为的投诉举报,并开展价格咨询。对群众举报的价格违法行为,坚持受理一件、立案一件、查处一件、答复一件。2001年5月至2005年12月,市价格举报中心共受理各类价格咨询和投诉8000多件,通过举报线索立案查处约200多件,实现经济制裁1000多万元,为消费者挽回经济损失1000多万元。2002年、2004年被省物价局评为价格举报工作先进集体(每两年评选一次)。

3.明码标价

1994年2月28日,国家计划委员会颁布《关于商品和服务实行明码标价的规定》。自颁布之日起,襄樊市物价部门每年重大节假日,都开展明码标价大检查,已成为价格监督检查的一项最基础性工作。20世纪90年代中期,襄樊市物价部门要求在全市全面推行三色标价制度。根据形势发展需要,后又全面推行一色标价签制度。为在明码标价管理机制上求突破、求创新,推行“无费区”建设。创新收费公开模式,推行社区价费公示制度。

4.价格诚信活动

1984年,国家物价局印发《关于开展“物价计量信得过”活动的通知》,在全国范围内开展“物价计量信得过”活动。1984年第三季度,市物价局在全市范围开展物价信得过竞赛活动。评出先进单位和个人,授予“物价信得过”称号。

1987—1995年,市物价部门与计量部门联合开展“物价计量信得过”活动。该活动每年举办一次,共授予近100家单位“物价计量信得过单位”荣誉称号。其中1991年在全市范围内建立价格联系户制度。安排专人每月到工厂调查研究一次,及时了解企业生产、经营情况,发挥了以点带面的作用。1996年,市物价局开展首届襄樊市“价格诚信单位”评选活动,授予18家单位荣誉称号。

(八)价格认证

1992年1月7日,按照襄樊市编委文件批复,市物价局在内设信息统计科,加挂襄樊市物价局价格事务所,承担司法机关办理涉案物品价格的鉴证服务工作。由于很多社会中介机构涉足涉案财物价格鉴证,造成涉案财物价格鉴证工作混乱无序。同时,价格事务所工作不饱满,被迫按照社会中介机构的管理模式,从事土地、房产等事务的价格评估。1994年、1997年,最高人民法院、最高人民检察院、公安部和国家计委联合发出《关于统一赃物估价工作的通知》和《扣押、追缴、没收物品估价管理办法》,明确规定赃物估价工作统一由各级政府价格主管部门所属的价格事务所承担。从此,市涉案物品价格鉴定工作逐步走向规范。

2000年,国务院清理整顿经济鉴证类社会中介机构领导小组办公室下发《关于规范价格鉴证机构管理意见》,明确指出各级政府价格主管部门设立的价格鉴证机构,为国家司法机关指定的涉案物品价格鉴证机构。其他任何社会中介机构不得从事司法涉案物品价格鉴证业务。价格鉴证机构作为事业单位保留,退出社会中介业务,统一机构名称。2000年,市价格事务所受理涉案财物价格鉴证工作369起,鉴定金额158.85万元。

2001年,根据襄樊市政府编制委员会下发《关于市价格事务所更名为“襄樊市物价局价格认证中心”的批复》，襄樊市价格事务所更名为襄樊市价格认证中心，正式退出社会中介业务，专司司法涉案物品价格鉴证工作。2001年，受理涉案财物价格鉴证工作503起，鉴定金额987.34万元。2002年，受理涉案财物价格鉴证工作446起，鉴定金额569.87万元。2003年，受理涉案财物价格鉴证工作529起，鉴定金额348.87万元。2004年，受理涉案财物价格鉴证工作529起，鉴定金额291.22万元；受理民事案件鉴证业务81起，鉴定金额2412.04万元。2005年，市价格认证主要开展司法、行政执法涉案财物价格鉴证、部分民事案件涉案财物价格鉴证、道路交通事故车物损失价格鉴定及参与部分企业破产资产评估工作。受理涉案财物价格鉴证工作475起，鉴定金额1421.68万元，受理民事案件95起，鉴定金额1 421.68万元 。

（九）价格监测

2002年10月，襄樊市价格监测工作从市物价局办公室分离出来，由襄樊市成本调查监审分局（原襄樊市产品成本调查队）承担。负责本行政区域内重要商品和服务价格的监测工作，实施《全国重要消费品和服务价格监测报告制度》《全国重要能源程序价格监测报告制度》《全国重要生产资料价格监测报告制度》《全国重要经济作物价格监测报告制度》，调查分析重要商品和服务价格变动情况，实施价格预测并适时提出预警建议，做好价格信息发布工作。从此，襄樊市价格监测工作走向规范化。

1.2002年价格监测

2002年，市区居民消费价格总水平累计上涨0.1%，各月价格指数分别是：99.4、99.7、100.0、98.9、99.8、99.9、99.5、98.5、101.6、101.5、100.6和101.6。呈现出年头及年中下跌不止，年尾止跌缓慢攀升的格局。同年10月，市物价局价格监测职能，由办公室移交至成本调查监审分局（原产品成本调查队）后，充实工作人员，实行专人专职。加强了市场价格监测数据的报送工作。加强对市场价格的分析预测。结合工作实际，开展专题调查研究。

2.2003年价格监测

2003年，市区居民消费价格总水平累计上涨2.5%，各月价格指数分别是：100.8、99.8、101.7、103、102、101.4、102.2、104.4、102、103.3、105和102.5。整体呈现出上升的态势，体现以下儿个特点：食品价格大幅上涨，成为推动总水平上涨的主要因素。受4月份“非典”和10月份后粮油价格上涨的影响，食品类消费价格涨幅较大，全年平均上涨了3.7个百分点，影响总水平上涨1.27%；娱乐、教育、居住价格连续上涨，成为推动总水平上涨的重要因素。与上年同期相比，娱乐、教育类价格在连续8个月涨幅11个百分点以上之后涨势减缓，进入较低上涨水平。9—12月，涨幅都在1.6%左右，全年平均上涨8.6%，影响总水平上涨1.33%。居住类价格除1月份涨幅稍低外，其他月份涨幅均在5%左右，平均涨幅5 %,影响总水平上涨0.72%。烟酒及用品类、衣着类、家庭设备维修类、医疗保健及个人用品类、交通和通信类价格水平继续处于下滑或持平的状态。下降幅度仍保持在2%—4%左右，影响总水平下降0.9%。

3.2004年价格监测

2004年，市区居民消费价格总水平累计上涨4.4%，涨幅比上年同期增加1.9个百分点，比全国3.4%的城镇平均水平高出1个百分点，比全省4%的平均水平高出0.4个百分点，创1996年以来的最高水平。各月价格指数分别是：104.7、104、104.7%、105、105.9、105.8、105.4、105.9、105、103.6、102.1和101.1。价格总体变化特点：以粮食为代表的食品价格上涨，影响价格总水平上涨。粮食价格累计上涨35.2%，拉动价格总水平上涨1.11%。由于粮价的上涨，带动了肉禽及其制品、蛋类和水产品等主要食品价格的明显上升，进一步影响了价格总水平的上涨。全年食品类价格上涨14%，拉动总水平上涨约4.82个百分点，占价格总水平上涨的109%，成为拉动价格总水平上涨的主要因素。服务价格稳中有升，涨幅呈逐步加大态势。主要体现在居住类价格的变化上。居住类价格上涨3.3%，从变化趋势看，1—7月同比涨幅一般在1.5%左右，平均为1.3%，8—12月则上升到4%—8%，平均为6.7%，高出5.4个百分点，成为影响价格总水平上涨的新因素。日用工业品价格继续下降，降幅比上年有所减小。2004年，衣着类、家庭设备用品及维修服务类、医疗保健类、交通通信类价格分别下降2.4%、3.5%、0.7%和1.2%，呈持续下降的态势。与2003年相比，下降幅度有所减小，衣着类、医疗保健类、交通通信类价格降幅分别减小0.6、2.9和0.7个百分点。农资价格曲线上升，工业生产资料价格先升后降。3月下旬至4月中旬，化肥等农资价格平均上涨10%左右。其中，碳铵零售价上涨5%—10%，尿素零售价上涨12%左右。4月下旬以后，化肥等农资价格逐渐回落，平均下降10%左右。从4月份起，除石油价格继续攀升外，其他生产资料价格已逐月回落。到12月份，主要钢材每吨均价圆钢为3 350元、螺纹钢3 216元、线材3 396元，分别比3月份的最高价下降24%、27%和13%，比上年同期分别下降7%、13%和7%。然而，进入秋季以后，农资价格(尤其化肥价格)出现了反弹，平均涨幅在12%左右。以钢材为主的工业生产资料价格，涨幅为10%—15%不等，从2003年下半年开始上涨，2004年3月达到最高水平。

4.2005年价格监测

2005年，市区居民消费价格总水平累计上涨1.9%，比上年的4.4%下降2.5个百分点，市区价格形势明显趋稳。各月价格指数分别是：100.8、102.7、102.2、101.9、101.8、102.3、102.5、101.1、102.0、101.9、101.7和101.4，呈现波浪式发展态势。市区价格总水平变化特点：价格上涨呈现结构性变化。一方面，居住类价格上涨幅度超过食品类价格上涨幅度，成为价格总水平上涨的主要拉动力。1%—12%月，居住类价格上涨8.21%，拉动价格总水平上涨1.17%，食品类价格则上涨幅度为4.39%，其权重的影响，拉动价格总水平上涨1.51%；另一方面，在食品类价格中，粮食价格下降，肉禽蛋菜等价格上涨。粮食价格从4月份开始出现下降趋势，下降幅度逐月加大，1—3月平均上涨18.2%，而4—11月则平均下降1.2%，全年上涨4.1%，影响力0.13%，从整体上减弱了对价格上涨的影响。而肉禽蛋菜等却呈现出较高的上涨幅度，与上年同期相比，肉禽及其制品上涨8.9%，蛋类上涨9.5%，水产品上涨11.2%，菜类上涨2.4%。住房价格上涨过快，对城乡居民生产生活产生了较大的影响。居住类价格涨幅逐月增大，1—12月平均上涨了8.21%。其中，7月上涨11.9%，为当年最高水平。自有住房和水电燃料价格上涨较多，平均涨幅分别为8.47%和14.2%，二者一起影响价格水平上涨1.07%。主要农资价格呈现不断上涨趋势，并较长时间维持高价位运行。2005年上半年，尿素(含量45%)平均价格为1822元/吨，比上年同期上涨15%；7月份涨至1880元/吨，比上年7月份1700元吨上涨10.6%。2005年上半年碳酸氢氨(含量17%)平均价格为477元/吨，比上年同期上涨11%，比上年下半年下降3.2%。居民日用工业品价格继续呈下降趋势。1—12月，烟酒及其用品、衣着、家庭设备用品及维修服务、医疗保健和个人用品、交通和通信、娱乐教育文化用品及服务六大类价格分别下降0.4%、1.47%、2.36%、2%、0.9%和0.4%，共影响价格总水平下降0.6个百分点，且仍然保持着下降趋势。

(十)成本管理

2002 年 7 月,襄樊市成本管理工作,从市物价局价格科分离,实行单独办公局统一管理模式。从此,襄樊市的成本管理工作,规范化法制化建设逐步得以完善。襄樊市成本管理业务部门,1999—2005 年连续 6 年获得国家发改委,颁发的全国农产品成本调查工作优秀集体称号。

五、质量技术监督

中共十一届三中全会以后,襄樊市质量技术监督工作进入发展时期,质量技术监督为经济社会发展的服务功能明显提升。1979 年,襄樊市进行第一次企业产品标准状况调查,建立产品标准登记卡,宣传贯彻国家标准化法规,组建标准化和质量监督机构,培训人员;清理整顿产品标准,推动采用国际标准和国外先进标准;制定全市受检产品计划,加强产品质量监督检验;加强计量监督管理。下放产品计量检定权,逐步加强计量基础管理工作,联合社会力量建立计量检测网络;对特种设备监察。以贯彻国务院《锅炉压力容器安全监察暂行条例》为主钱,以防范事故为目的,对特种设备从设计、制造、安装、使用、修理、改造和检验等环节实施全方位安全监察。1984 年 2 月 27 日,国务院发布了《关于在我国统一实行法定计量单位的命令》,襄樊市在全市逐步推行计量单位改制。1988 年 12 月 29 日,《中华人民共和国标准化法》颁布,1989 年 4 月 1 日施行。贯彻实施《标准化法》,成为标准化工作的法定任务。全市深入贯彻标准化,积极推进采用国际标准和国外先进标准。1995 年 12 月 8 日,在省内率先成立襄樊市 ISO 9000 系列研讨会,并创办了《ISO 9000 襄樊论坛》。1996 年 8 月 31 日,市政府批转市技术监督局《关于进一步加快推行国际质量管理标准意见》,通过推行先进质量管理标准,全市企业标准化水平明显提高。1993 年 2 月 22 日,《中华人民共和国产品质量法》颁布。1993 年 9 月 1 日施行。全市加强对生产和流通领域的产品质量监督检查,并逐步建立起制约和打击假冒伪劣产品的机制,维护了经济社会秩序。1996 年,市技术监督局制定了《执法责任制度》和《执法违法及过错责任追究制度》,同时,聘请了 29 名市人大、政协委员为技术监督行政执法监督员,规范了依法行政行为。1997 年,国务院颁布《质量振兴纲要(1996—2010)》,市政府印发了襄樊市《贯彻落实国务院〈质量振兴纲要〉实施方案的通知》,全市质量工作进入总体有规划、年度有计划、发展规范化的时期。1999 年,根据中央、省、市要求,襄樊市质量技术监督管理体制进行改革,初步建立起与经济社会发展相适应的质量技术监督管理、执法安全和技术保障体系。

(一)机构沿革

1987 年 8 月,市标准局、市计量局由二级局调整为一级局。1994 年 6 月,市委决定原市标准局、市计量局合并,成立襄樊市技术监督局。1994 年 7 月,襄樊市机构编制委员会《关于技术监督局机构编制问题的批复》同意合并后的市技术监督局行政编制 30 名,内设一室四科,即办公室、政工科、标准质监科、计量科、法制监督科。1997 年 3 月,市政府《关于印发市技术监督局职能配置、内设机构和人员编制方案的通知》,确定市技术监督局定行政编制 35 名,设 7 个职能科室和直属机关党委,即办公室、政工科、质量管理,定行政编制 35 名。科、质量监督科、标准科、计量科、法制科、直属机关党委。1999 年 11 月 14 日,全市质量技术监督体制改革会议在襄阳宾馆召开,襄樊市技术监督局更名为襄樊市质量技术监督局。2000 年 10 月,原劳动部门锅炉、压力容器、管道、特种设备职能划转市质量技术监督局，机关增设锅炉压力容器安全监察科。2000 年 10 月，市高新区技术监督局划转市质量技术监督局，更名襄樊市质量技术监督局开发区分局，属市质量技术监督局派出机构。2002 年，省编委、省质监局确定襄樊市质量技术监督局内设 12 个科室，即办公室、计划财务及科学技术科、人事劳动科、质量科、监督科（加挂执法科牌子）、标准化科、计量科、锅炉及特种设备安全监察科、直属机关党委、纪检（监察）室、老干科、行业工会；设立 3 个直属机构，即襄樊市质量技术监督局稽查分局、襄樊市质量技术监督局直属分局、襄樊市质量技术监督局高新技术开发区分局。2003 年 11 月，湖北省质监局同意市质量技术监督局设立，襄城分局、樊城分局、汽车产业经济技术开发区分局 3 个行政机构，不再另设直属分局。

襄樊市质量技术监督局副县以上干部

1987 年 8 月—2005 年 12 月

表 17—15

机构名称	姓名	籍贯	职 务	任职时间
中共襄樊市标准局委员会（1987.08—1990.05）	张富钿	四川	书 记	续 1987.08—1989.09
	朱 竹		书 记	续 1989.06—1990.05
	何庆裕	湖北襄樊	纪委书记	续 1987.08—1988.12
	叶成林	湖北应城		1988.12—1990.05
中共襄樊市标准局党组（1990.05—1994.06）	王喜堂	河南省	书 记	1990.05—1993.07
	张富钿	四川	副书记	1990.05—1994.06
	叶成林	湖北应城	纪检组长	1990.05—1994.06
襄樊市标准局	张富钿	四川	局 长	续 1987.08—1994.06
	朱 竹		副局长	续 1987.08—1989.06
	陈秉华	湖北襄樊	副局长	1990.05—1994.06
	彭财钰	湖北南漳	副局长	1994.04—1994.06
中共襄樊市计量局委员会（续 1987.08—1990.05）	陆志天		书 记	续 1987.08—1989.06
	王喜堂	河南省	副书记	续 1987.08—1990.05
	郭炳生		副书记	续 1989.06—1990.05
	王文富		副书记	1988.05—1990.05
	李宝真	山东临沂	纪委书记	续 1987.06—1987.09
	刘顺祥	湖北襄樊	纪委书记	1987.09—1990.05
中共襄樊市计量局党组（1990.05—1994.06.）	郭炳生		书 记	1990.05—1994.06
	朱 竹		副书记	1990.05—1991.03
	刘顺祥	湖北襄樊	纪检组长	1990.05—1994.06
襄樊市计量局（1987.06—1994.06）	王喜堂	河南省	局 长	续 1987.06—1989.07
	朱 竹		局 长	1990.05—1991.03
	王贵生	老河口	副局长	续 1987.06—1994.06
	郭炳生		副局长	1989.06—1990.05
	王文富		工会主席	1988.05—1994.06
	邓传敏	湖北房县	总工程师	续 1987.06—1994.06
	郭炳生		书 记	1994.06—1997.03
	陈秉华	湖北襄樊	书 记	1997.04—1998.12
	陈运喜	湖北宜城	书 记	1998.12 至今
	陈秉华	湖北襄樊	副书记	1994.06—1997.04

续表

机构名称	姓名	籍贯	职 务	任职时间
中共襄樊市质量技术监督局党组	李华林	湖北襄樊	副书记	1994.06—2001.12
	朱建伟	湖北襄樊	副书记	1997.04 至今
	刘顺祥	湖北襄樊	纪检组长	1994.06—1997.04
	朱建伟	湖北襄樊	纪检组长	1997.04—1998.07
	徐玉珍(女)	湖北襄樊	纪检组长	1998.07—2001.12
	朱建伟	湖北襄樊	纪检组长	2001.12 至今
	叶成林	湖北应城	工会主任	1994.06—2001.12
襄樊市质量技术监督局	陈秉华	湖北襄樊	局 长	1994.06—1999.03
	陈运喜	湖北宜城	局 长	1999.03 至今
	李华林	湖北襄樊	副局长	1994.06—2001.12
	赵安国	湖北襄樊	副局长	1994.06—2008.12
	彭财钰	湖北南漳	副局长	1994.06—2001.12
	韩玉明	老河口市	副局长	1994.06—2004.10
	陈宝林	天津宝坻	副局长	1997.11 至今
	徐玉珍(女)	湖北襄樊	副局长	2001.12—2007.11
	王成文	湖北襄樊	副局长	2004.08 至今
	王贵生	湖北老河口	总工程师	1994.06—1997.04
	宋少华	湖北襄樊	总工程	1997.06—2001.06
	徐玉珍(女)	湖北襄樊		2001.12—2007.11

(二)质量管理

1.全面质量管理

襄樊市质量技术监督局在全市推行全面质量管理，加大 QC 小组活动的推广和发展。截至 2005 年底，襄樊市共有 QC 小组近 500 个。1978 年 6 月 24 日，国家经济委员会发出每年 9 月在全国开展“质量月”活动的通知。1992 年，国务院发布《关于进一步加强质量工作的决定》。1999 年以来，襄樊市技术监督局利用电台、电视台、报刊等媒体，出动宣传车、巡回展出假冒伪劣产品等方式，大力宣传技术监督法律、法规。利用“‘3·15’国际消费者权益保护日”“质量月”“技术监督法律颁布周年纪念日”“世界计量日”“普法宣传日”等重大节日，宣传技术监督职能、职责和工作动态。在辖区内发放宣传资料，公开销毁假冒伪劣产品，游展假冒伪劣产品，设立宣传站，接受消费者投诉、举报，现场检测产品质量，向消费者介绍真伪识别方法，开展有奖知识竞赛，请政府领导发表电视讲话等多种群众广泛参与的方式，宣传技术监督工作。

2.精品名牌战略

1996 年 6 月 16 日，湖北省人民政府批转省经贸委、技术监督局《关于实施精品名牌战略开展争创精品名牌活动意见的通知》。1997 年，市经贸委、市技术监督局联合发布《关于实施精品名牌战略开展争创湖北省精品名牌产品活动意见的通知》。1997 年，湖北第一批名牌获奖企业中，襄阳汽车轴承股份有限公司、湖北金兰集团有限公司、襄樊国网公司等 8 家襄樊企业榜上有名。1996—2005 年，襄樊市 81 家企业的 90 个产品获湖北省名牌称号(见表 17—16)。

1996—2005年襄樊市荣获湖北省名牌产品名单

表17—16

序号	企业名称	名牌产品	年份
1	湖北化纤集团	粘胶人造丝	1996
2	襄阳轴承公司	系列轴承	
3	湖北汽车蓄电池厂	铅酸蓄电池	
4	建昌机器厂	卷接机组	
5	湖北宝石集团	425号水泥	
6	襄棉集团	全棉府绸坯	
7	湖北金兰首饰集团	ZJ足金饰品	
8	襄樊通力公司	合成绝缘子	
9	湖北飞龙摩擦材料厂	系列摩擦材料	1997
10	湖北第二汽车电器厂	分电器	
11	枣阳化学工业公司	尿素、碳酸氢氨	
12	襄樊卷烟厂	襄阳卷烟	
13	湖北石花酒厂	清香型大曲酒	
14	湖北骆驼蓄电池厂	铅酸蓄电池	1998
15	襄樊市仪表元件厂	KK快速晶闸管系列模块	
16	襄樊一棉公司	精梳涤棉混纺纱	
17	老河口汉江冶炼厂	电解铅	
18	襄樊卷烟厂	金蝶卷烟	
19	华中制药厂	维生素B1	
20	湖北金华麦面集团	精制小麦粉、精制挂面	
21	湖北化纤集团	粘胶短纤维	1999
22	湖北东力工业有限公司	EQ1411G汽车前后桥	
23	湖北江山机械厂	汽车变速箱	
24	湖北中天爱百颗药业	舒乐安定片剂、帕诺丁片剂	
25	湖北汽车灯具厂	汽车灯具	
26	襄樊市化工厂	饲料级磷酸氢钙	
27	襄阳汽车轴承股份有限公司	汽车轴承	
28	湖北金兰首饰集团有限公司	ZJ足金饰品	
29	湖北宝石水泥集团	水泥	
30	襄樊电力设备厂	棒型悬式合成绝缘子	
31	湖北金环股份有限公司	粘胶人造丝	
32	湖北襄棉集团有限责任公司	府绸系列产品	
33	襄樊卷烟厂	金鳄牌卷烟	2000
34	襄樊卷烟厂	襄阳牌卷烟	
35	鄂西化工厂	丹菱牌硝酸铵	
36	襄樊航天化学总公司	表面保护膜	
37	湖北枣阳化学工业总公司	尿素、农用碳酸氢铵	
38	湖北飞龙摩擦材料股份有限公司	摩擦材料	
39	湖北三环股份有限公司车桥厂	汽车前轴	
40	湖北金兰首饰集团有限公司	铂金首饰	
41	湖北骆驼蓄电池股份有限公司	启动用铅酸蓄电池系列	

续表

序号	企业名称	名牌产品	年份
42	湖北金华麦面集团	精制面粉、精制面条	2001
43	湖北省襄樊市仪表元件厂	快速晶闸管、晶闸管系列模块	
44	湖北襄樊一棉集团公司	精梳涤棉混纺针织纱	
45	襄樊卷烟厂	卷烟(金蝶烟—特醇)	
46	东风汽车股份有限公司	康明斯柴油发动机、轻型载货车	2002
47	鄂西化工厂	浓硝酸	
48	湖北金环股份有限公司	粘胶人造丝	
49	湖北金兰首饰集团有限公司	ZJ 足金饰品	
50	汽车灯具厂	汽车灯具系列	
51	襄樊市化工厂	饲料级磷酸氢钙	
52	湖北襄棉集团有限责任公司	府绸系列	
53	国网合成绝缘子股份有限公司	棒型悬式合成绝缘子	
54	襄樊东风重型车桥股份有限公司	EQ1141G 前 / 后桥总成	
55	江山变速箱分厂	汽车变速器	
56	湖北飞龙摩擦材料股份有限公司	摩擦材料系列产品	2003
57	襄樊航天化学动力总公司	表面保护膜	
58	湖北回天胶业股份有限公司	硅胶、厌氧胶、丙烯酸	
59	湖北三环锻造有限公司	汽车转向节	
60	湖北新华光信息材料股份有限公司	光学玻璃	
61	襄樊 3542 纺织总厂	坯布	
62	襄阳汽车轴承股份有限公司	汽车轴承	
63	枣阳兴亚摩擦材料有限公司	无石棉汽车用制动器	
64	宜城新丰粮油土特产品有限公司	芝麻油	
65	襄樊正大农业开发有限公司	玉米杂交种	
66	保康荆山锦天然有机茶有限公司	有机绿茶	
67	湖北三环股份有限公司车桥厂	汽车前轴	2004
68	湖北银河纺织股份有限公司	精梳涤棉混纺本色纱线	
69	襄樊台基半导体有限公司	快速晶闸管模块	
70	湖北骆驼蓄电池股份有限公司	铅酸蓄电池	
71	老河口市仙仙果品有限公司	大仙桃	
72	襄樊精信催化剂有限责任公司	催化剂	
73	湖北江山机械厂变速箱分厂	汽车变速箱	2005
74	湖北金源化工股份有限公司	硝酸铵	
75	湖北襄樊环宇实业发展总公司	汽车灯具系列	
76	湖北石花纺织有限公司	坯布	
77	襄樊大力工业控制股份有限公司	高压热变电阻器	
78	襄樊市妞妞食品有限责任公司	烘焙食品	
79	襄樊杰邦玻璃纤维有限责任公司	耐碱玻璃纤维粗纱及网布	
80	老河口吉港宝石水泥有限公司	水泥	
81	老河口回天油脂有限公司	压榨菜子油	

3.质量体系认证

质量体系认证主要是依据国际标准化组织发布的质量管理和质量保证标准，对产品质量系列标准的认证行为。我国将国际标准化组织发布的质量管理和质量保证标准视同为国家标准。这一标准就是ISO 9000质量管理和质量保证系列标准。ISO 9000质量管理和质量保证系列标准，是世界公认的最具科学性、规范性的国际一流质量管理模式，目前世界150多个国家和地区采用。中国于1998年8月12日由CRBA签署国际互认协议，加入国际互认制度。标志中国企业只要通过ISO 9000系列标准认证，其产品就获得了进入国际市场的“通行证”。因此，推行ISO 9000系列标准是提高企业管理水平和质量水平，实现与国际接轨的重要途径。同时，有利于规范商贸采购行为和选择贸易伙伴。1999年以来，襄樊市的质量体系认证工作，呈蓬勃发展之势。2005年，全市有效期内共有质量管理体系认证（GB/T 19001）证书183张、环境管理体系认证（GB/T 24001）证书18张、职业健康管理体系认证（GB/T 28001）证书13张。

4.产品质量监督

（1）产品质量监督检查

《产品质量法》规定：“国家对产品质量实行以抽查为主要方式的监督检查制度，对可能危及人体健康和人身、财产安全的产品，影响国计民生的主要工业产品，及用户、消费者、有关组织反映有质量问题的产品进行抽查。”1988年，市标准局报请省局批准，由省局下达《襄樊市产品质量定期监督检验计划》，交市局实施。1988年，全市受检企业2146家，受检产品4292批次，涉及产品种类10余类，受检合格率为78.14%。2005年，受检范围进一步扩大，受检企业达3089家，受检产品5696批次，涉及产品种类12大类；产品质量水平明显提高，受检产品合格率达85.63%，较1988年上升7.49%。1986——2005年，市质量技术监督局开展了蜂蜜、卤制品、白酒、食用植物油（麻油）、奶制品、儿童食品、化肥、金银珠宝、苏丹红和纺织品等12类产品的专项监督抽查89次。累计抽检样品5137批次，抽查合格率由1986年的70.16%上升到2005年的81.25%。

（2）企业和产品合格认可

从1987年起，市标准局对质量长期稳定，有较完整质量保证体系的企业和产品颁发质量监督检验合格证。1987—1999年，累计发证1700余张。1999年，市政府批准《襄樊市工业企业产品质量合格证签发能力认可管理办法》。对《襄樊市工业企业产品质量合格证签发能力认可管理办法》的宣传贯彻实施，提高了企业对质检建设的重视，企业用于质检手段建设投入累计达千万元以上。

5.商品质量监督

（1）商品质量抽查

1988年，市质量技术监督局开始每年组织市场商品质量大检查活动，已成市场质量监督常态化形式。商品质量监督坚持“四个结合”，即，强化监督与主动服务结合，日常监督与突击检查结合，专业社会监督与企业自我监督结合，检查与处罚结合。1989年，市场抽查商品批次达167批次，合格率72.28%。2005年，市质量技术监督局按照抽查一类产品、整顿一批市场、规范一个行业的原则，在全市范围内，组织了家电产商品市场、食品产商品市场、农资产商品市场大检查活动，近40余次。检查产商品类型18种类，抽查近千台件商品，合格率82.16%，较1989年上升了9.88%。

（2）质量监督投诉电话

1996年，市质量技术监督局向全社会公开设立了首个质量监督投诉电话。2003年，10个县(市)、区统一投诉举报电话为“12365”。2005年，通过质量监督投诉电话，共受理各类投诉千余起，为消费者挽回经济损失100余万元。

（3）产品质量监督员

2003年，市质量技术监督局在化肥行业中，首先实行产品质量监督员制度。全市乡镇、街道办事处125名人员，经过系统培训，颁布证书，被聘为“产品质量安全监督员”，担任所在辖区化肥产品质量安全监督工作。

（4）产（商）品质量红黑榜

1996年，市技术监督局在《襄樊晚报》，首次发布了化肥产品的抽检结果，公布了质量红黑榜。2003年，累计发布麻油等12类产品红黑榜38期。2004年，市质量技术监督局与《襄樊晚报》联手，创办了具有一定社会影响力的《质量与生活》栏目，作为主要渠道对外发布质量信息。当年发布蜂蜜等产品红黑榜8期。与此同时，将历次发布的产品质量红黑榜编辑成手册和传单，借助“3·15”“质量月”等活动之机，向广大人民群众发送。

（5）“质量、计量信得过”活动

1998年，市技术监督局联合有关部门，在商业企业中开展创建“质量、计量信得过”（简称“双信”）活动。宣传贯彻产品质量法、标准化法、计量法和国家有关技术监督法律法规，促进商业企业不断提高“双信”经营水平。在全市树立一批具有质量计量管理体系和抵制假冒伪劣商品机制的“双信”单位。鼓楼商场、襄江商场等商业企业被授予了“质量、计量信得过”称号。

6.质检机构建设

1985年，市标准局对全市产品质量监督检验站，按国家《关于产品质量监督检验站管理办法》规定，进行了整顿、调整，109个质检机构符合建站条件，被省质量监督局颁发合格证书。与此同时，在质检系统内设了包括襄樊市产品质量监督检验所在内的8家产品质量检验机构。

（三）标准化

1.企业标准化

1979年，襄樊市进行第一次企业产品标准状况调查，建立产品标准登记卡。1989年，《中华人民共和国标准化法》实施，企业产品标准由标准化主管部门发布转为企业制定，报标准化主管部门备案。至2005年，制定国家标准1项、省地方标准3项、襄樊市地方标准30项；企业产品标准备案978项。

1997—2001年，襄樊市在标准状况调查基础上，开展消灭无标生产。市政府成立消灭无标生产工作领导小组，办公室设在市质量技术监督局。全市历时一年开展标准建档建库工作，普查企业3500多家，企业产品标准覆盖率从56%提高到98%。

1985年前，襄樊市标准名称为襄樊市企业标准，标识为“Q/W”。1985年7月1日，变更为襄樊市标准，标识为“B/W”。1989年，《中华人民共和国标准化法》实施后，标识改为“Q/W ×××”(×××为企业名称汉语拼音符号)。襄樊市一般不再制定工业产品地方标准，只制定农产品标准和农、林、牧、畜各类种植、养殖规范及各类服务、管理类规范，作为地方标准，其标识为“DB4206”。

根据《国务院关于加强企业管理若干问题的决定》和湖北省企业升级领导小组下发的《湖北省省级先进企业工作要求》及湖北省标准局发出的《湖北省工业企业标准化水平考核办法的通知》，1988—1992 年，全市开展了企业标准化水平考核工作。先后有 100 余户工业企业建立了以产品标准为核心，以技术标准为主体，包括管理标准和工作标准的企业标准化体系，并进行企业标准化水平考核定级。其中 80 余户达到了企业标准化四级水平。

2.重要国家标准实施

20 世纪 80 年代，国家质量技术监督部门公布《公差与配合》《食品标签通用标准》《信封》《公共信息图形符号》等重要国家标准。《食品标签通用标准》是一项重要的强制性国家标准。从 20 世纪 80 年代开始，襄樊市对国家质量技术监督部门公布的一些涉及面广，关系技术改进，影响社会生活深远的重要国家标准，组织了宣传贯彻实施。1989 年，襄樊市在宣传、调查的基础上，建立了食品标签审查制度。襄樊市标准化信息研究所制定了通用化标签格式，供食品生产企业参考使用。至 2005 年，全市共审查 736 家企业，1 475 个品种的食品标签。1994 年，襄樊市技术监督局结合创建文明城市，开始贯彻《公共信息图形符号》国家标准，对襄樊市火车站、汽车客运站、旅游景点、公园、宾馆等窗口单位，公共图形符号设置情况进行了检查。共检查 76 个单位、路段所设置的公共信息图形符号、交通标志，经过检查整改，有 69 个单位达到考核的要求。

3.国际标准采用

1980—2005 年，襄樊市部分大中型企业，采用国际标准或国外先进标准，不断提升企业产品技术水平和技术层次。全市采用国际标准的产品有 38 个，采标标志 4 项。全市重点工业产品采标率达 83.5%。

4.专业标准化技术委员会

1984 年，襄樊市在全国率先成立物流标准化技术委员会，负责相应专业的标准起草、审定和标准化方面的咨询工作。

（四）计量监管

1.计量标准考核与授权

（1）计量标准考核

1986 年 7 月 1 日，计量法实施后，计量标准的建立由 20 世纪 50 年代一直沿袭的行政审批办法，改为技术考核制度。1992 年，国家技术监督局发布《计量标准考核规范（试行）》。2001 年，国家技术监督局发布《计量标准考核规范》。

（2）计量授权

1989 年，国家计量局发布《计量授权管理办法》，将计量授权纳入规范管理。

2.计量器具管理

(1)计量许可证管理

1987年,原国家计量局发布实施《制造、修理计量器具许可证管理办法》《个体工商户制造、修理计量器具管理办法》

1999年2月14日,国家质量技术监督局以局长令,发布了《制造、修理计量器具许可证监督管理办法》

(2)销售计量器具管理

市计量管理局对市场上销售的计量器具,采取监督抽查和实施合格证管理办法,防止不合格产品流通。从1981年起,凡没有计量部门出具合格印证的计量器具,一律禁止在市内进货和销售。

(3)使用计量器具管理

1975年,市计量部门开始对计量标准周期检定。1986年,计量法施行后,对社会公用计量标准、企事业单位最高计量标准,如用于贸易结算、安全防护、医疗卫生、环境监测方面列入国家强制检定目录的工作计量器具,依法执行强制检定。1987年,全市完成强制检定计量器具3.6万台(件)。1993年,襄樊市将强制检定计量器具的工作,列入政府工作目标,加大监督管理力度。尤其对医用计量器具和贸易结算中使用的燃油加油机、出租车计价器、民用水表、电表、煤气表,一直作为重点计量器具进行监管。

3.企业计量管理

(1)计量"五查"整顿

1979年,国家经委、国家科委、国家计量局联合颁发《全国厂矿企业计量管理实施办法》。襄樊市一方面对实施办法进行广泛宣传;一方面组织开展以"五查"(查计量机构和人员、查标准器具建立和量值传递、查计量器具归口统一管理、查计量规章制度、查计量在生产中的作用)为主要内容的企业计量工作整顿。湖北内燃机配件厂、湖北汽车电机厂、襄樊轴承厂、襄樊铜板纸厂、襄樊力车厂等众多企业,通过计量整顿计量工作和生产面貌均有所改观。

(2)能源计量管理

1983年3月,国家经委下发《企业能源计量器具配备和管理通则(试行)》,作为能源计量验收标准,开始对年耗煤5万吨以上的企业能源计量、热平衡测试进行调整和验收。1983年底,襄樊市大中型企业民用电表配备率90%,水表配备率40%。1985年,襄樊市5个年耗标准煤5万吨以上的企业,除新投产的襄樊热电厂未接受考核验收外,全部一次验收合格;17家年耗万吨以上的企业也进行了验收工作。全市共节约标准煤20万吨。1997年,国家质量监督检验检疫总局和国家标准化管理委员会联合发布了《企业能源计量器具配备和管理指导规则》,推荐了企业能耗标准。

(3)计量工作定升级

1984年,国家计量局颁发《工业企业计量工作定级升级办法(试行)》。1990年,市计量局对全市150家企事业进行了计量定级考核并通过。其中一级3家,二级35家,三级112家。1990年8月,国家技术监督局17号命令发布《企业计量工作定级升级管理办法》,规定企业计量工作定级升级实行自愿申请原则。1992 年 3 月,又下发《关于当前企业计量工作的若干意见》,决定除特殊需要外,计量定级工作停止进行。

(4)计量合格确认

1995 年,襄樊市贯彻 ISO 10012—1《测量设备的质量保证要求第一部分测量设备的计量确认体系》标准,引导企业建立和完善计量检测体系与国际接轨。

4.商品计量监督

(1)零售商品计量监督

1980 年后,市技术监督部门除突击性市场大检查外,每年节假日期间,对全市粮食、副食、肉食及集贸市场零售商品量的计量进行专项检查,对短秤少量克扣商品量的行为进行查处。1993 年,国家技术监督局发布了《零售商品称重计量监督规定》,市技术监督部门在全市贯彻规定,规范零售商品量的计量监督。

(2)零售商品称重器具配备管理

1994 年,国家技术监督局,国家工商行政管理局联合下文规定,在商品交易中限制使用杆秤。襄樊市当年贯彻执行这一规定,逐步淘汰杆秤。至 2005 年年底,城区主要集贸市场杆秤基本淘汰,只有流动商贩尚有使用杆秤。实践中,一方面逐步淘汰使用杆秤;一方面又极力推广使用电子秤、双面弹簧盘秤等称重计量器具。另外,按《零售商品称重计量监督规定》,关于极限误差,必须优于或等于所销售商品计量允许偏差的规定,配备计量器具,并施行周期检定。市质量技术监督局每年都在市场进行专项监督抽查,称重计量器具的配备和检定情况。

(3)定量包装商品计量监督

1995 年 12 月,国家技术监督局发布《定量包装商品计量监督规定》。2001 年,襄樊市质量技术监督局开始组织监督检查定量包装商品的生产经销企业。2004 年开始,每年制订定量包装抽查计划,对全市生产定量包装商品的企业进行抽查。

5.法定计量单位推行

1984 年 2 月 27 日,国务院发布《关于在我国统一实行法定计量单位的命令》。襄樊市计量局向市政府请示批准,分阶段贯彻推行废除非法定计量单位。1985 年 4 月,襄樊市废除了市斤粮票,发行千克粮票。1986 年,全市国营企业、事业单位,商店、粮店基本完成改制,集贸市场也完成 80%以上,集中销毁 1.6 万台(件)非法定计量单位的计量器具。1990 年,全市基本完成法定计量单位改制。

(五)特种设备监察

1974 年,原襄樊市劳动局组建锅炉安装公司,负责市区的锅炉、压力容器安装与检修。1976 年,襄阳地区劳动局组建锅炉检修所,负责全区锅炉的安装与检修。1983 年,市劳动局设立锅炉、压力容器检验所。主要负责全市辖区的锅炉、压力容器制造厂产品的出厂检验;锅炉水处理检验;压力管道检验;无损检测;安全阀校验;锅炉、压力容器及液化石油气槽车(汽车、火车)、球型贮罐等安装、修理、改造的监督检验和定期检验；对企业管理人员和操作工人进行培训、考核、发证等。1988 年，市劳动局组建襄樊市职业安全卫生检验检测站，负责全市辖区的电梯、起重机、行车的安装监督检验、定期检验及型式试验；厂内机动车辆检验；矿山安全、工业卫生检验检测；对特种设备管理人员和操作工人进行培训考核发证等。1986—1989 年，检验锅炉 100 台、压力容器 200 台、气瓶 5 000 只；1990—2004 年，检验锅炉 250 台、压力容器 500 台、气瓶 10 000 只、压力管道 10 千米、电梯 300 台、起重机 500 台、厂内机动车辆 100 台、游乐设施 5 台；2005 年—2006 年，检验锅炉 500 台、压力容器 1 000 台、气瓶 50 000 只、压力管道 40 千米，电梯 700 台、起重机 1200 台、厂内机动车辆 200 台；特种设备作业人员培训 2005 年 1 000 人次 / 年。

2003 年—2005 年，市质量技术监督局用两年时间，对全市在用的特种设备进行普查登记、建立使用档案。截至 2005 年年底，襄樊市特种设备总数 10 646 台，在用设备 9 552 台。其中锅炉 1 169 台、固定式压力容器 5 613 台、电梯 516 台、起重机械 1 695 台、厂内机动车辆 521 台，游乐设施 38 台、气瓶 342 697 只、压力管理 254 千米。

2003 年，印制 30 000 份《襄樊市质量技术监督局致广大气体用户的公开信》，发到气瓶充装及使用单位或个人。印制 3 000 份襄樊市质量技术监督局《关于加强气瓶安全管理的通告》，在市场、居民区及其他人员密集的场所张贴。市特种设备安全监管机构与市稽查分局整体联动，对违规充装行为进行查处整治工作。共查处 96 起非自有产权气瓶充装及超期未检气瓶，取缔了 5 家无证充装单位。二是开展学校在用特种设备安全专项整治。对全市 222 所中小学校 161 台在用特种设备进行了检查，查出安全隐患 32 起，责令其限期整改。三是开展化工用压力容器专项整治。组织专班对襄樊市区的化工企业在用压力容器进行专项检查，共检查 54 个化工企业的 1 532 台压力容器。发现存在安全隐患设备 293 台，下达特种设备安全监察意见书 23 份。四是开展“土锅炉”专项打击整治。对违规使用“土锅炉”的实行高压打击态势，发现一台捣毁一台。在整治行动中，共出动 325 人次，发现捣毁“土锅炉”23 台。

2005 年，襄樊市质量技术监督局制定《襄樊市特种设备事故隐患监督管理办法》。《办法》从安全监察工作的制度化、规范化出发，对事故隐患认定、建档方法、监督检查、有关机构监管职责、考核办法进行了规定。同年年底，按照《襄樊市特种设备事故隐患监督管理办法》要求，对全市特种设备重大事故隐患进行了清理建档，特种设备重大危险源建档工作基本完成。

（六）行政执法

1.法规体系完善

1986—1993 年，《中华人民共和国计量法》、《中华人民共和国标准化法》《中华人民共和国产品质量法》等法律先后颁布实施。襄樊市积极开展普法宣传，多次培训工商企业人员、组织执法检查，保证国家质量技术监督法律法规的实施。2001—2005 年，《棉花质量监督管理条例》《特种设备安全监察条例》《中华人民共和国认证认可实施条例》《中华人民共和国工业产品生产许可证管理条例》等行政法规先后颁布实施。质量技术监督法律体系进一步完善。

2.执法与队伍建设

（1）队伍建设

1993 年 12 月，市标准局成立市场商品质量监督检验所，进行行政执法工作。1994 年，襄樊市计量局、襄樊市标准局合并成立襄樊市质量技术监督局。1994 年 7 月，成立襄樊市质量技术监督稽查所，健全了市、县两级行政执法队伍。强化了行政执法队伍的制度化机制。实行执法资格证书制度，执法人员经过培训，考试合格并取得行政执法资格证书，方可上岗从事行政执法工作。除此之外，市质量技术监督行政执法，还实行案件集中审理制度、推行行政执法责任制度和过错追究制度。

（2）行政执法

1980—1984 年，质量技术监督行政执法，主要是对度量衡器的制造、修理、使用进行监督检查；对商贸活动中利用计量器具作弊，短称少量克扣消费者的行为进行查处。1985 年，开始对市场商品的监督检查，查处违反标准化、计量、质量等违法行为。打击假冒伪劣成为质量技术监督行政执法的重要内容之一。1996 年，市人民政府成立由市技术监督局、市工商行政管理局等 15 个部门组成的打假治劣领导小组（办事机构设在市技术监督局），组织和协调全市打假工作。打假治劣工作的有效实施，对规范市场经济秩序的作用日臻显现。1996—2005 年，襄樊市质量技术监督系统共查处制售假冒伪劣案件 27325 起，捣毁制假售假窝点 594 个，查获涉案产品价值 27867.46 万元。

（七）许可证食品监管

1.工业生产许可证管理

1980 年，开始施行工业产品生产许可证制度。1984 年 7 月，原国家经委发布《工业产品生产许可证管理办法》。襄樊市工业产品生产许可证工作，在各行业主管局的领导下陆续开展。1998 年，国家、省、市进行机构改革，工业产品生产许可证工作，划转质量技术监督部门统一管理。2003 年，国家将社会普遍关注的食品，纳入到工业产品生产许可证发证范围。同年，襄樊市工业产品生产许可证工作按照“统一受理、分级把关、职责明确、运转高效”的原则，先后下发《关于工业产品生产许可证办理工作要求的通知》《襄樊市工业产品生产许可证受理审查发证检验呈报作业指导书》；明确窗口受理、核查计划安排、现场核查、发证检验、汇总上报、咨询服务等各个环节的工作要求；并设计了“襄樊市工业产品生产许可证工作质量跟踪卡”、《工业产品生产许可证申请材料存在问题提示》等表格；实现了对生产许可证工作的全过程监管。为了方便企业，市质量技术局实现了 20 个工作日内办结有关事宜。当年，全市取得工业产品生产许可证 97 张。

2.食品质量安全监管

（1）食品加工业发展

2005 年，襄樊市食品生产加工企业 3165 家。有一定规模的企业 500 家，占应取证企业数的 62.81%。食品生产企业门类齐全，包括粮食加工品，食用油，调味品，肉制品，茶叶，酒类，糕点，蜂产品等 24 大类食品。其中大米、小麦粉、食用植物油、酒类、糕点五大类食品企业，占了全市企业总数的 85%。全市年大米生产能力 120 万吨，面粉 95 万吨、油脂 15 万吨。食品加工业列入全市四大支柱产业。食品加工业的固定资产投入增加，技改力度加大。例如，梅园公司投入 480 万元增添了色选机、真空包装机、自动灌包机等先进设备；康师傅纯净水投资 2000 万元购进德国制水设备，在全省居于领先地位；妞妞食品十万级净化生产车间正在建设中；新王冠食品投入 350 万元新建厂房，购进设备，全市烘焙行业从作坊式生产转为现代化工业生产。食品加工业产品结构进一步优化。表现从粗加工向精加工发展，从单一化向多元化发展，从低档次向高档次发展；从生产粮食加工品向休闲食品、特色食品发展。如万宝粮油由散装半精炼植物油向全精炼独立包装植物油发展。回天油脂从全精炼单一色拉油向花生油等营养强化油发展，赛亚、梅园、晶琦大米生产从生产普通大米向生产留胚米、营养强化米、发芽糙米、各类专用米发展，从生产“民工米”“学生米”向精制大米、免淘米、猫牙米、中国香稻米、配置米、小包装米发展。妙厨、高老三等企业生产膨化食品、炒货食品等休闲食品。品牌龙头企业发展壮大，外地知名企业落户襄樊。全市涌现出万宝粮油、金华麦面等年销售收入过5000万元的龙头企业20家，过亿元的龙头企业9家。金华麦面、回天菜籽油、新丰芝麻油等8个省精品名牌。其中，万宝粮油公司、金华麦面集团已跨入国家级重点龙头企业行列，宜城襄大农牧公司等8家企业跨入了省级重点龙头企业行列，市级重点龙头企业重新认定了24家，骨干企业储备量达到50家。通过招商引资，雨润集团、丰年食品、大山食品等一批知名企业落户襄樊。中国最大的花生油生产企业山东鲁花集团，基建投资1.5亿元，年产15万吨花生油项目，在襄阳区开工建设。项目建成投产后，将为襄阳区提供1 000多个就业岗位，年产值20亿元、利税数千万元。品牌效益逐渐显现。“诸葛侯”牌大头菜、梅园香米、“汉光”牌优质桃、“汉水”牌优质梨、“玉莲”牌芝麻油、郭胖子板鸭等20多种品牌产品打入了广州、东莞、长沙、武汉、郑州、宜昌等大中城市的超市，成交量达1.3万吨，交易额达7000多万元。同时，“汉光”油桃、“章陵”面粉、“民爱”麻油、“大华”蜂蜜等60多种知名品牌的产品，除销往全国20多个省市外，还远销俄罗斯、新加坡等国家。其中，“大华”蜂蜜入选蒙古、俄罗斯精品名牌，而且在英、美、德、日及东南亚等10国也十分畅销，年创汇300多万美元。特色地方产品逐渐规模化发展。谷城茶叶、茨河豆制品，襄阳大头菜，宜城板鸭、皮蛋，南漳香菇、木耳，均为独具特色的地方产品。襄阳区依托襄樊浪潮调味品公司发展大头菜产业，带动东津、张家集等镇农户发展大头菜种植面积8 000余亩；保康县依靠有机天然食品公司和荆山锦公司带动发展优质茶叶10万亩；谷城县通过茨河豆制品合作化有限公司发展农户100家，并以统一标准、统一原料、统一加工、统一包装、统一销售、统一品牌，形成茨河豆制品的规模化生产经营；南漳县通过鑫实公司带动农户发展食用菌2 000万袋，出口创汇近200万美元。2004—2005年，全市食品质量定期监督抽查合格率，分别为87.2%、82.5%。同期，全市食品质量专项监督抽查合格率分别为35.5%、70.2%。品牌食品的合格率，保持在较高质量水平。如2004年以来，妞妞牌糕点、石花牌白酒、赛亚牌大米的抽样合格率一直保持在100%。

（2）食品安全监管

食品质量安全监管是一件长期性、系统性、严肃性的工作。加强食品安全监管，必须落实制度，把好原料生产销售环节，建立健全长效监管机制。2001年，国家实施食品质量安全市场准入制度，襄樊市按照产品实施细则的要求，分步对全市米、面、油、茶、方便食品等24大类，食品生产企业的原材料、生产设备、工艺流程、检验设备和生产能力、环境条件等进行审查，符合要求的发放食品生产许可证，准予生产。通过涉证企业摸底、企业获证培训、企业发证监督等工作，新发生产许可证证书535张，获证企业500家，占企业总数的15.80%。督促企业建立实验室、培训检验人员、强化出厂检验。2001年以来，全市新增检验室440个，取证企业落实出厂产品检验义务，对安全指标委托有资质的检验机构检验。按照总局关于实行食品安全区域监管要求。全市共划分区域监管责任区42个，确定监管负责人20名、监管员240名、信息员2 459名、协管员142名。对全市3 165家食品加工企业分类，确定A类企业411个、B类企业385个、C类企业1 072个、D类企业1 297个。实施分类监管，对A类企业以服务为主，通过实施名牌战略、免检产品、地理标志产品等措施扶优扶强；对B类企业，通过帮促完善质量保证体系，建立检验能力，转A率达20%；对C类企业以保证质量安全、销售范围不扩大的前提下，与业主签订质量安全承诺书、停产、开业报告等方式，建立企业违法记录档案。已与1 000户食品加工企业签订承诺书；对无证无照、质量意识差、保障能力低的食品企业，报请政府进行关闭。全市共报关企业1027家；对传统工艺、危害低的食品企业报请地方政府允许生产加工，全市共有该类企业1068家。对全市42个责任区，采取“进乡、进村、进户”的方式，对所有企业逐个巡查，巡查率达到85%。坚持食品质量安全监督抽查制度，加大对重点行业、重点产品、重点区域抽查力度，达到了抽查一类产品，规范一个行业的目的。2004年、2005年，定期监督检验合格率，分别为87.6%，82.5%。对抽查中发现的不合格的产品和企业，加大整改和打击力度，不合格企业的整改面达到100%，整改合格率达到90%。对流通领域食品质量开展专项监督抽查。2004年、2005年合格率，分别为35.5%、70.2%。

根据国家总局的要求，全市开展食品质量专项整治活动，确定10个重点区域，35个加工点，共报政府关闭食品企业1 027家。经过食品质量定期检验和专项质量抽查，2005年的合格率为82.6%，有力地保障了人民群众食品消费的安全。同时，开展"两打"行动，对"食品黑窝点"、使用非食品原料生产加工食品和滥用食品添加剂的违法行为严厉打击。重点对豆制品、大米、水产品、食用油等18种容易发生食品安全问题的产区，强化日常监管和巡查。全市质量技术监督系统检测机构投入1500万元。同时，要求各级局，将不低于业务总收入10%资金，投入建设完善检验检测手段。全市已建立8个食品检验机构，市质检所建立了P2实验室，市级检验机构对本地区主要食品项目检验覆盖率已达90%以上；县级检验机构已具备对本县常规食品的感官指标、理化指标和卫生指标的检测能力（除致病菌、食品添加剂以外），基本满足一般常规食品监管的需要。全市质监系统直接投入资金10多万元，制定市、县（市）农业地方标准46个。建立国家级农业标准化示范区2个，省级示范区6个。集中开展了食品企业标准的清理。全市共清理27项食品企业标准，进行修订的12项。组建食品质量安全专家委员会，经过公开征集报名，经审定32人作为质量专家库成员。参加人员包括，公安、卫生、药监、质监等行政部门和科研院校、大中型企业技术人员。专业技术人员在食品监管工作中，帮助解决了中许多技术难题。为建立完善食品安全诚信体系，增强全社会食品安全诚信意识，一是建立企业档案，实现动态监管。开展食品企业普查工作，基本摸清了辖区3 000多家食品加工企业情况，在建立企业档案的基础上，通过巡查，实现对企业档案的动态监管。二是建立企业质量诚信记录。按照企业生产条件和违法行为记录，划分了A、B、C、D四类企业，建立企业质量诚信记录，实施分类监管。三是对不同信誉企业产品采取不同处置。对信誉好、质量过硬的企业产品，在全市范围内免于任何形式的质量检验，并在媒体上予以宣传。同时，组织名优企业申报"中国名牌""免检产品""湖北省精品名牌产品"等质量标志评选活动。对信誉差、质量不合格的企业产品，加大监督抽查力度，并予以曝光。四是定期汇报食品企业发展状况。加强与工商、银行等相关部门的协调，争取市政府对名优企业的扶持，扩大名优企业在各种信誉评价和享受优惠政策的优先度。如宜城盈丰粮油有限公司在农发行贷款项目中，因主管质量部门对企业质量评价高，企业成功获得了1 200万元的资金信贷。

（八）技术保障

技术保障是以质量技术综合监督管理、行政执法及相关技术基础作支持的体系。1986—2005年，市质量技术监督局累计固定资产投资3500万元，技术改造投资1 400万元，建成了质量检验、计量检测、特种设备检测、情报信息等比较完善的技术保障体系。1988—2005年，全市质量技术监督系统具有高级技术职称人员19人、中级技术人员211人。

1.产品质量检验

1986年，襄樊市产品质量监督检验所，建成化工、建材、综合3个专业检验室，开始相关产品质量检验工作。年底专业纤维产品检验开始启动。1988年，增加纺织产品检验室。1994年12月20日，襄樊市产品质量监督检验所通过国家计量认证。1995年6月30日，市产品质量监督检验所通过机构认可，具有法定地位和效力。可对14大类547种产品和75项参数进行检验。1986—2005年，襄樊市质量监督检验机构的检验检测能力，从只能对食品、纺织产品、轻工、化工、建材等产品的常规指标检验，逐步发展形成对食品、调味品、农副产品，石油产品、化工产品，各类纤维、纺织产品，电线电缆、电工产品，各类金属材料及制品、机械产品、塑料制品的检测能力。

2.计量检定

（1）计量标准建立

1984 年，襄樊市度量衡检定所成立。1986 年，襄樊市计量测试技术研究所、襄樊市度量衡检定所建有长度、力学、温度、电磁等五大类 27 项标准开展计量检定。2005 年，襄樊市共建立涉及长度、热工、力学、电磁、无线电、时间频率、理化、光学等计量专业的市级社会公用计量标准 131 项，可开展计量检定测试项目 110 项。

（2）计量器具周期检定

襄樊市对企事业单位的计量标准器具及强制计量器具严格执行周期检定。市计量测试技术研究所和市度量衡检定所，对全市制造修理计量器具的企业进行产品出厂检定。1985 年，襄樊市已开始对各种标件、各种零件的几何形状、光法度、光学仪器、理化分析仪器及定量包装商品净含量的检定与测试。各种计量理化测试项目达 118 项。

（3）计量科研

1986 年，襄樊市计量测试研究所研制的“音速喷嘴式蒸汽流量计检定装置”，被襄樊市科学技术委员会评为三等奖，填补了全市蒸汽流量计检定项目的空白。

3.特种设备检验检测

1983 年，襄樊市劳动局设立锅炉压力容器检验所。该所主要负责全市辖区的锅炉、压力容器制造厂产品的出厂检验；锅炉水处理检验；压力管道检验；无损检测；安全阀检验；锅炉、压力容器及液化石油气槽车（汽车、卡车）、球型贮罐等，安装修理改造的监督检验和定期检验；对企业管理、操作人员进行培训、考核、发证等。1988 年，襄樊市劳动局组建襄樊市职业安全卫生检验检测站，负责全市辖区的电梯、起重机、行车的安装监督检验及定期检验试验；厂内机动车辆、矿山安全、工业卫生检验检测；对设备使用单位的管理、操作人员进行培训、考核和发证。组建液化石油气瓶检验站，开展钢瓶检验工作。

1986—1989 年，检验锅炉 100 台、压力容器 200 台、气瓶 5 000 只；1989—2004 年，检验锅炉 250 台、压力容器 500 台、气瓶 10 000 只、压力管道 10 千米、电梯 300 台、起重机 500 台、厂内机动车辆 100 台、游乐设施5台；2004—2005年，检验锅炉500台、压力容器1 000台、气瓶50 000只、压力管道40千米、电梯700台、起重机1 200台、厂内机动车辆200台。2005年，培训特种设备作业人员1 000人次。

4.组织机构代码

1993 年，襄樊市标准化信息研究所，建立组织机构代码信息数据库，为实施宏观管理和公共信息资源共享提供了技术手段。截至 1993 年，累计服务全市一万多个机关、企事业、社会团体及其他机构。2001 年，全市银行系统推广应用代码证电子副本。通过电子副本识读相应单位的准确数据，从中选取自己所需的信息。电子副本的安全性及智能化，大大提高了代码应用的质量和工作效率。

5.标准化、信息与编码

(1)标准文献收集服务

1984 年,襄樊市质量技术监督系统以国家标准为主,以行业标准为辅,开始标准文献收集工作。1986 年,馆藏国家标准 6 870 件,行业标准 560 件。2004 年,为适应襄樊经济发展的需要,与深圳市标准化协会合作,利用深圳标准化研究技术优势,通过网络为企业提供电子版的各类标准。

(2)标准制定采用

2004—2005 年,共制、修订企业标准 124 件;产品采用国际标准 25 件,采标标志 2 件;备案地方标准 26 件。

(3)条码推广应用

1991 年,开展商品条码系统成员注册和续展代理服务工作。2004—2005 年,有效的商品条码系统成员 171 家。

六、国土资源管理

全市土地总面积约 1 972 441.03 公顷。至 2005 年年末,农用地 1 609 935 公顷,占全市土地总面积的 81.7%。其中耕地面积 601 646.9 公顷,林地面积 814 268.0 公顷。建设用地为 162 509.8 公顷,约占全市土地总面积的 8.23%。其中,居民点及工矿占地 116 110.6 公顷,占土地面积的 5.9%;交通用地 11 141.82 公顷,约占土地面积的 1.61%;水利设施用地 35 257.4 公顷;未利用土地 199 996 公顷,约占全市土地总面积的 10.1%。为有效保护国土资源,襄樊市土地管理局成立至今,在节约集约用地、节地挖潜上,科学施政,贯彻落实国土资源可持续利用的战略,为襄樊市经济社会科学发展奠定了坚实基础。由于城镇化、工业化快速推进,尽管襄樊市十分珍惜和合理利用每寸土地资源,切实保护耕地,但形势依然不容乐观。1987 年 8 月至 1994 年 3 月,全市开展土地利用现状调查,基本查清全市土地资源利用情况。1994 年末,全市有耕地面积 611 476.33 公顷。2005 年年末,耕地面积已减到 601 646.9 公顷,9 年共减少 9 829.43 公顷。其中 2005 年度全市耕地净减少 1 997.4 公顷。

(一)机构沿革

1984 年 6 月,襄樊市土地管理局为市农牧业局领导的二级局。1987 年 3 月,重新组建为一级局。为市政府依法管理全市土地的职能部门和襄樊市区国有土地产权代表机关。内设 7 个科室:办公室、地政地籍科、建设用地科、监督检查科、财务科、政工科、土地资产管理科。下属土地利用勘测规划队。1990 年 5 月,前设局党委后改党组。2001 年,根据湖北省委、省人民政府《关于印发〈襄樊市机构改革方案〉的通知》和襄樊市委、市人民政府《关于印发〈襄樊市市级机构改革实施意见〉的通知》精神,设置襄樊市国土资源局(与城市规划管理局合署办公,一个机构两块牌子),主管全市土地资源、矿产资源等自然资源的管理、保护、利用和城市规划工作。市国土资源局(城市规划管理局)设 18 个职能科室:办公室、人事科(直属机关党委办公室)、综合科(行政审批科)、财务科、政策法规与监督检察科、科技宣教科、国土资源规划科、耕地保护科、地籍管理科、土地利用管理科、矿产开发管理科、地质勘查和矿产资源储量科、地质环境科、建设管理科、城市规划管理科、市政规划管理科、测绘管理办公室、纪检(监察)机构。2004年,根据省委、省政府《关于印发〈襄樊市机构改革方案〉的通知》、省政府《关于做好全省国土资源管理体制改革工作的通知》和襄樊市委、市人民政府《关于印发〈襄樊市市级人民政府机构改革实施意见〉的通知》精神,设置襄樊市国土资源局。主管全市土地资源、矿产资源等自然资源的管理、保护、利用工作。根据上述职能要求,市国土资源局设15个科室:办公室、人事科、综合科(行政审批科)、财务科、审计科、政策法规与监督检查科、国土资源规划科、耕地保护科、地籍管理科、土地利用管理科、矿产开发管理科、地质勘查和矿产资源储量科、地质环境科、纪检(监察)室、离退休人员工作科。

襄樊市国土资源局副县级以上干部

1987年2月—2005年12月

表17—17

机构名称	姓名	籍贯	职务	启任时间	截止时间
市土地管理局(1987.02—1994.12)	郭玉田	鄂南漳	书记	1992.05	1994.12
	张礼廷	鄂襄阳	书记、局长	1987.02	1990.05
	张礼廷	鄂襄阳	副书记、局长	1990.05	1994.12
	杨德军	鄂襄阳	副局长	1987.11	1994.12
	闻永全	鄂襄樊	副局长	1987.11	1990.05
	谢吉祥	鄂丹江口	副局长	1990.05	1994.05
	王友安	川平昌	纪检组长	1989.09	1994.05
	王友安	川平昌	副局长	1994.05	1994.12
	江道义	鄂枣阳	副局长	1994.06	1994.12
	张　春	鄂襄阳	纪检组长	1994.06	1994.12
	张成俊	鄂襄阳	工会主任	1994.11	1994.12
土地管理局(1995.01—1999.12)	郭玉田	鄂南漳	书记	1995.01	1997.04
	郭玉田	鄂南漳	书记、局长	1997.04	1999.12
	张礼廷	鄂襄阳	副书记、局长	1995.01	1997.04
	杨德军	鄂襄阳	副书记	1997.04	1999.12
	盛国勤	鄂孝感	副书记	1999.05	1999.12
	杨德军	鄂襄阳	副局长	1995.01	1999.12
	王友安	川平昌	副局长	1995.01	1999.05
	盛国勤	鄂孝感	副局长	1997.01	1999.12
	江道义	鄂枣阳	副局长	1995.01	1999.12
	张　春	鄂襄阳	副局长	1996.06	1999.12
	张成柱	鄂老河口	副局长	1996.02	1999.12
土地管理局(1995.01—1999.12)	陈宗国	鄂枣阳	副局长	1999.11	1999.12
	张春	鄂襄阳	纪检组长	1995.01	1999.05
	王建华	鄂襄樊	纪检组长	1999.05	1999.12
	张成俊	鄂襄阳	工会主任	1995.01	1999.12
	李少华	豫汤阴	总工程师	1998.12	1999.12
	郭玉田	鄂南漳	局长、书记	1999.12	2001.11
	杨德军	鄂襄阳	副书记、副局长	1999.12	2002.02
	盛国勤	鄂孝感	副书记、副局长	1999.12	2002.02

续表 1

机构名称	姓名	籍贯	职务	启任时间	截止时间
土地管理局(1999.12—2001.11)	江道义	鄂枣阳	副局长	1999.12	2002.02
	张 春	鄂襄阳	副局长	1999.12	2002.02
	张成柱	鄂老河口	副局长	1999.12	2002.02
	陈宗国	鄂枣阳	副局长	1999.12	2002.02
	王建华	鄂襄樊	纪检组长	1999.12	2002.02
	张成俊	鄂襄阳	工会主任	1999.12	2002.02
	李少华	豫汤阴	总工程师	1999.12	2001.11
地矿局(1999.12—2001.11)	吴长安	鄂黄冈	局长、书记	1999.12	2001.11
	徐定祥	鄂南漳	副书记、副局长	1999.12	2002.02
	田华(女)	鲁冠县	副书记、纪检组长	2000.05	2002.02
	严共和	鄂汉川	副局长	1999.12	2002.02
	余 振	鄂随州	副局长	1999.12	2002.02
	季伟仲	苏南京	总工程师	1999.12	2002.02
国土资源局(2001.11—2004.12)	郭玉田	鄂南漳	书记、局长	2001.11	2004.01
	曾进生	鄂襄阳	局长、副书记	2004.02	2004.12
	舒心海	鄂枣阳	书记	2004.02	2004.12
	张树林	湘慈利	副书记、副局长	2001.11	2004.1
	徐定祥	鄂南漳	副书记	2002.03	2004.12
	盛国勤	鄂孝感	副局长	2002.03	2004.12
	张 春	鄂襄阳	副局长	2002.03	2004.12
	刘金俊	晋霍州	副局长	2002.03	2004.1
	余 振	鄂随州	副局长	2002.03	2004.12
	王笑健	鄂谷城	副局长	2002.03	2004.1
	田华(女)	鲁冠县	纪检组长	2002.03	2004.12
	王 英	冀枣强	工会主任	2002.03	2004.1
	江道义	鄂枣阳	总工程师	2002.03	2004.12
	张成俊	鄂襄阳	总工程师	2003.12	2004.12
	季伟仲	苏南京	总工程师	2002.03	2004.12
国土资源局(2005.1—12)	曾进生	鄂襄阳	局长、副书记	2005.01	2005.12
	曾进生	鄂襄阳	局长、书记	2005.07	2005.12
	徐定祥	鄂南漳	副书记	2005.01	2005.12
	盛国勤	鄂孝感	副局长	2005.01	2005.12
	张 春	鄂襄阳	副局长	2005.01	2005.12
	余 振	鄂随州	副局长	2005.01	2005.12
	田华(女)	鲁冠县	纪检组长	2005.01	2005.12
	江道义	鄂枣阳	总工程师	2005.01	2005.12
	张成俊	鄂襄阳	总工程师	2005.01	2005.12
	季伟仲	苏南京	总工程师	2005.01	2005.12

(二)地籍管理

1.土地利用现状调查

1984年,《国务院批准(农牧渔业部、国家计委等部门关于进一步开展土地资源调查工作的报告)的通知》。根据国务院的部署和要求,省政府下发《关于认真搞好土地资源调查工作的通知》,对全省土地资源调查作了统一部署。1987年8月,襄樊市土地资源调查拉开序幕。这次土地资源调查的目的是查清全市土地资源数量、类型和分布状况,为国家、省、市、县政府制定国民经济计划,进行科学决策,科学管理土地资源、土地资产提供准确的依据。具体任务和内容是:查清襄樊市与周边外地、市之间的行政管辖范围界线以及襄樊市所辖县(市)、镇的行政管辖范围界线;查清各行政村土地所有权界线和国有林场、农场、渔场、水库及居民点外的企业、事业单位土地使用权界线;按土地权属单位及行政区划范围,汇总土地总面积和各类土地面积;查清全市土地利用现状和各类土地面积及其分布状况;编绘土地利用现状图和土地权属界线图,并对集体土地所有权、国营农、林、牧、渔场和国有土地使用权进行登记发证等。

襄樊市担负这次土地资源的调查任务,有8个县(市)、区和国营邓林、襄北农场。调查时间,从1987年8月开始,至1994年年底结束,历时7年多。这次土地资源的调查,是新中国成立40多年来的第一次,也是市、县、乡镇土地管理部门成立以来,所承担的最大一项涉及多学科的系统工程。在调查中采用了较为先进的航空相片,通过外业调绘、内业投影转绘、面积量算、统计汇总、编绘图件、整理成果和登记发证等一系列程序,并按照《土地利用现状调查规程》和《湖北省土地利用现状调查补充规定》要求,进行各项数据汇总。在这次调查中,全市投入了大量的人力物力,耗资570多万元。发挥了科技人员的作用,襄樊市土地管理局对各县(市)、区调查资料认真整理,写出了土地资源利用现状调查报告,编绘了县级土地利用现状图,汇总了土地资源调查数据,编绘了《襄樊市标准分幅土地现状图和分色挂图》,汇总出《襄樊市土地资源调查数据册》,撰写了《襄樊土地资源》,为全市土地开发利用打下了坚实的基础。

根据调查,全市土地面积(含飞入地,不含飞出地)为1972441.03公顷,占全省版图面积10.6%。其中,耕地面积611 476.33公顷,占土地总面积31.0%;林地面积797 416.77公顷,占总面积40.43%;未利用地面积223 936.44公顷,占总面积11.35%;水域167 125.71公顷,占8.47%;城镇居民点与独立工矿用地105 798.94公顷,占5.37%;园地34 314.27公顷,占1.74%;交通用地28 616.65公顷,占1.45%;牧草地3 755.91公顷,占0.19%。1994年8月、9月,全国土地利用现状调查技术指导组成员薛保平和国家土地管理局副局长马克伟先后两次视察指导市土地利用现状调查汇总工作,给予了高度评价。1995年7月5—9日,以国家土地管理局副局长马克伟为主任,省土地管理局副局长彭锦辉、国家土地管理局地籍司副司长向洪宜为副主任的湖北省土地利用现状调查验收委员会,对土地详查汇总成果进行检查验收,一致认为襄樊市土地资源调查汇总成果符合国家规程要求,总评合格率为97.2%,质量综合评定为优秀,总体上达到了国内同类项目的先进水平。有四个县(市)、区的成果获奖。其中,襄阳县成果被评为国家级成果一等奖、科技进步二等奖;枣阳市、老河口市、襄樊市郊区成果分别被评为一、二、三等奖。

2.城镇地籍调查

1988年10月,根据国务院17号令和省土地管理局统一部署,市政府办公室下发《关于开展城镇国有土地使用权申报登记和发证工作的通知》,对1987年土地资源利用现状调查时遗留的“天窗”部分，即全市城镇土地部分开展地籍调查。襄樊市和各县（市）、区成立了临时城镇地籍调查申报办公室，组织了 1000 多人参加的 60 多个专班，对城镇土地使用权进行复核登记。1989 年 5 月，除铁路、房管部门的半数单位尚未完成外，全市复核登记单位 11 931 个、居民 68 873 户，用地 88 709 宗（单位 18 820 宗、居民 69 889 宗），面积 16 525.07 公顷。经复核登记，纠正了 1986 年非农业用地清理中的较大误差。同时，查出了一批违法占地、非法买卖、出租土地、征而未用等问题。仅统计襄樊市区，清理出非法占地 1698 起，面积 5.612 公顷；出租土地 275 起，面积 1.27 公顷；非法转让土地 101 起，面积 17.73 公顷。共处理城镇各类违法占地 376 起，调查处理土地纠纷 573 起。这次城镇地籍调查为加强城乡地政地籍的依法统管奠定了基础，为换发土地使用证和收缴城镇土地使用税提供了依据。

3.土地利用变更调查

1992 年，全市各县（市）、区土地资源利用现状调查外业工作结束后，为了及时准确地掌握各种地类和权属的动态变化，巩固调查成果，保持调查数据的现势性，襄樊市按照国家土地管理局 1992 年 1 月颁布的《日常地籍管理办法》，在初始土地登记基础上，对土地的权属、用途、数量、坐落进行日常跟踪管理，发生变更的实施变更土地登记，建立台账并修改数据图件及文件库。

（1）土地统计台账

1987 年 8 月，土地利用现状调查工作正式启动，以此项工作为契机，市土地管理局着手建立土地台账和地籍管理制度。1991 年，省土地管理局在全省 11 个县（市）、区建立土地统计报表制度试点，枣阳市是试点之一。经过试点工作，全市土地统计工作逐步走上正轨，建立了市、县、镇、村四级负责的土地统计网络。乡镇所固定一名地籍管理员及时做好土地统计、变更调查统计上报，逐级上报汇总。市局地籍科分年初土地利用状况和年末土地利用状况，做好统计台账上报省土地管理局。

（2）土地利用变更调查

1991 年，潜江市和云梦县作为国家级试点，开始农用地变更调查。1994 年，省土地管理局要求，全省开展土地资源利用现状调查的单位，必须进行农用地变更调查。1995—1998 年，省土地管理局确定每年 10 月为全省变更调查月，全面使用土地资源利用现状调查数据。襄樊市在资源利用现状调查外业调绘工作结束后，就有组织有计划地对土地利用变更情况进行了调查统计，做到有领导、有专班、有经费、有网络。各县（市）、区都遵照《土地利用现状调查规程》的要求，对各种土地利用类型权属变更、国家和集体等各项非农业用地地类变更等项进行调查。根据全市土地利用现状变更调查，取最近三年的地类变更作以对比(见表 17—18)。

2003—2005 年襄樊市主要地类面积一览

表 17—18　　　　单位：公顷

年份	耕地	林地	园地	牧草地	其他农用地	居民点工矿用地	交通用地	水利设施	未利用地
2003	603581.44	812554.27	54879.95	3637.68	135861.34	115272.69	10979.99	35273.37	200400.32
2004	603091.96	812721.96	54682.37	36295.61	135791.01	116189.57	11156.98	35262.62	199915.61
2005	601484.21	814256.19	54660.88	3628.94	135722.17	116110.55	11141.82	35257.41	200178.86

根据襄樊市土地利用现状变更调查汇总统计，全市 2004 年土地变更面积 2600.12 公顷。其中农用地净减少 598.4 公顷（耕地净减 489.48 公顷，园地减少 197.58 公顷，林地增加 167.75 公顷，牧草地

减少 8.73 公顷)。建设用地增加 1083.11 公顷(居民点及独立工矿用地净增 916.87 公顷、交通用地净增 176.99 公顷、水利设施用地净减 10.75 公顷)。未利用地净减少 484.71 公顷。2005 年,全市土地变更面积 3193.73 公顷,农用地、建设用地、未利用地等利用结构发生较大变化。农用地净减 553.51 公顷(耕地净减 1997.4 公顷、园地净减 21.49 公顷、林地净增 1 533.17 公顷、其他农用地净减 67.79 公顷)。建设用地增加 290.27 公顷(居民点工矿用地净增 265.8 公顷、交通用地净增 29.67 公顷、水利设施变更减少 5.21 公顷)。未利用地净增 263.25 公顷,主要原因是 2005 年全市雨水较大,灾毁地类较多,灾毁面积大。

4.土地初始登记发证

1986 年 3 月,根据省政府统一部署,全市对非农业建设用地进行大清理,共清理国家、集体、个人建设用地 44 516.8 公顷。其中国家、集体单位 28 070 个,建设用地面积 16 962.4 公顷,城乡居民 115.53 万户,宅基地面积为 27 554.4 公顷。根据相关政策规定,为 16 938 个单位和个人补办了 1 406.7 公顷的征地手续。1991 年 7 月,市政府办公室下发《关于开展城乡土地登记工作的通知》,对全市城乡土地进行调查登记。计划 5 年完成土地登记任务。这是建国后,第一次采用较先进规范的手段对城乡土地所有权、使用权进行的调查登记。1994 年 7 月,以确定土地权属为目的的市区土地初始登记,在樊城片全面展开。登记面积 22 平方公里(包括郊区部分单位居民用地),共划分 6 个测区,127 个街坊。地籍勘丈等技术工作,由长江流域规划办公室、省地质八大队、武警黄金学校、市规划局等 8 家测量单位承包作业。土地权属界定、审核由市土地管理局组织专班实施。作业首级控制,采用 GPS 卫星定位法。加密控制,细部测量采用红外线测距仪等先进技术手段。12 月底,已完成土地调查 20 平方公里,审核发证 2065 宗。1995 年 7 月,市区共抽调干部职工 200 多名,组成 27 个土地登记工作专班,完成老城区 33 平方千米 10 个测区 193 个街坊的土地登记调查任务。共登记发证 19 421 宗地,独立工矿区 1200 宗,立卷归档 4000 多卷。这次土地登记,主要进行土地权属调查,看权属是否合法、土地四至界限是否清楚、面积是否准确,并绘出地籍图,登记发证。到 1995 年年底,市区城镇地籍调查工作基本结束,取得了丰富成果,查清了土地权属,维护了土地使用者合法权益。处理历史遗留问题和权属纠纷 800 多起。同时,还取得了一整套图件成果。市区共设置首级控制点 41 个,控制面积 200 平方千米,加密控制点 9 170 个,图根点 8 900 个,绘制 1∶500 地籍图 738 幅,宗地图 20 000 多幅,为土地管理的规范化建设打下了良好基础。1995 年、1997 年,市政府根据省政府的统一部署,又分别对非农建设用地进行清查。不仅有效地扼制了乱占滥用耕地现象,也借此推动了上地登记工作。2003 年后,完成国有企业改制土地登记 186 宗,面积 37.10 公顷。2005 年,全市国有土地使用权登记发证 177 160 本。划拨国有土地使用权变更登记累计发证 17 989 本,出让国有土地使用权登记累计发证 3 981 本,抵押登记发证 3 892 本,转让土地中住房用地发证 15 986 本。全市集体土地使用权应发证 306 968 本。其中,宅基地累计发证 301 399 本,占应发证 98%;其他流转登记发证 532 本,占应发证的 0.17%。集体土地所有权累计发证 1424 本。

5.地籍管理信息化

1999 年年初,襄樊市被国土资源部确定为地籍管理数据库建设试点单位。2001 年 8 月,市土地管理局投资 110 多万元,建成了以城区为试点,以国产 Mapgis 为平台的地籍管理信息系统。完成城区 40 平方公里 576 幅 1/500 地籍图矢量化和已注册登记的 11 000 多宗地文档资料的录入。同时,开通了 40 个客户端的局域网,完成了软件升级,并由地籍管理系统逐步扩展为土地管理办公自动化网络系统。在硬件设备上,添置微机 50 多台,购买宽幅面打印机、扫描仪及外业数据采集设备全站仪 3 套等,已形成外业数据采集、室内微机处理、成果输出一体的地籍信息系统。2004 年,6 个县(市)、区相继开展土地利用数据库建设。襄阳区分局与中国地质大学武汉信息科技发展有限公司签订合作协议，将建成区共 4.48 平方千米，1 640 宗地录入地籍管理信息系统，输入地籍调查表、审批表、登记卡等，扫描资料 5 000 多份。南漳县地籍管理数据库全权委托武汉地鑫数码科技有限公司建库，完成 80%建库任务。2005 年宜城局投资 30 多万元购置设备，建成全市 2049 平方千米 108 幅图的土地利用现状数据库。同时，全市各地开展土地登记资料公开查询工作，查询宗地次数 1800 多次。

6.土地权属争议调处

各地在处理土地权属争议的过程中，严格执行国家法律法规政策，坚持“远期文据服从近期文据、口头协议服从文字协议、下级服从上级”和“尊重历史、照顾现实、有利团结、有利建设、互谅互让、协商解决”的原则，全市共处理土地权属争议 1200 多起。

现录入 1 例佐证：1994 年春，襄樊市土地管理局和襄阳县土地管理局受市、县政府的委托，按照解放军总后勤部和省政府《关于妥善解决襄北土地遗留问题的通知》精神，组织三方（军队、农场、村组）反复协调，利用土地资源利用现状调查数据和图件，仅用两个月时间理顺了军、场土地权属关系。驻军单位 237.87 公顷土地移交给襄北农场，签订了土地移交协议书，划清了部队与周边 18 个村、组和 6 个分场的土地权属界限，确认了部队 629.93 公顷土地的合法权益。襄樊市汽车运输公司土地权属问题。市汽车运输公司于 1995 年 5 月与襄樊润兴房地产公司达成协议，将位于樊城区新风巷的一宗 1260 平方米的土地转让给润兴房地产公司联合开发。但润兴房地产公司取得土地使用权后，未按照合同履行义务，市汽车运输公司多次上访和诉讼，要求归还土地使用权。原市土地管理局按照市政府的批示意见，查阅相关资料，实地调查核实，报市政府批准后依法收回 1260 平方米的土地使用权，重新划拨给运输公司，为企业挽回了经济损失。

7.城区土地分等定级

1993 年 5 月，襄樊市财政局、土地管理局、物价局联合下发《襄樊市市区划拨土地使用权出租缴纳出让金暂行规定的通知》，对相关内容作明确规定。

襄樊市区建成区内国有土地级别共分四级。一级地段：襄城以鼓楼商场为中心，东至荆州街路口，南至谯楼路口，西至西门桥，北至小北门。樊城以襄江商场为中心，汉江一桥樊城桥头经解放路、长征路至中心商场，大桥口至炮铺街；老汽车站路口至东风路口；定中街至劳动街。以火车站为中心，东至风神大厦，西至新华路口，北至新汽车站。二级地段：襄城荆州街口至东门桥；谯楼路口至环城南路口；西门桥至汉江二桥大转盘。樊城大庆路、东风路口至光明路口；大庆西路；老汽车站至汉江一桥桥头；汉江二桥樊城桥头至春园路口。三级地段：襄城护城河以内，除一、二级地段以外其他地段。樊城辖区范围内除一、二级地段以外其他地段。四级地段：市区建成区范围内除一、二、三级地段以外的其它地段（见表 17—19）。

襄樊市市区建成区地租地价

表 17—19　　单位：元 / 平方米·月

级别	商服用地	工业生产用地	居住用地
一级地段	7—12	5—9	2—3
二级地段	6—10	4—6	1—1.5
三级地段	4—7	2—3	0.7—1
四级地段	3—5	1.5—2	0.5—0.8

8.基准地价

1993 年 7 月，市政府成立土地估价委员会，批准市土地管理局成立地价事务所。同年 11 月 11 日，副市长张振华主持召开襄樊市土地估价委员会第一次会议，讨论通过市区土地估价工作方案，决定将城区基准地价评估的技术工作委托给国家土地管理局不动产估价所完成。国家局不动产估价所所长张瑜、估价师朱澜新、范树印等，多次到市土地管理局研究工作方案，制定基准地价评估技术设计书，组织指导样点调查，收集相关资料。市土地管理局从各县（市）、区局、城区所抽调 26 名人员组成样点调查专班，深入大街小巷实地调查样点，配合国家局技术人员工作。评估工作严格按照国家颁布的《土地估价规程》，采用路线价与各类用地区片价相结合的办法（区片价格详见表 17—20）。根据市区商业繁华度和交通通达度，以主要街道口为界，将市区 33 平方千米的建城区划分为 47 个路线价工作区段和 48 个工作区片；在临街面（区段）和背街范围（区片）以市场为基础，选择多年来发生的土地使用权出租、转让的样点进行调查，共调查样点 2217 个。其中，有效样点 2081 个。通过分析计算，剔除偏高偏低的样点，修正各种系数。在进街入巷调查研究的基础上，掌握了翔实资料数据，经过系统地技术处理，取得了襄樊市市区基准地价评估成果（见表 17—20）。

1993—2002 年襄樊市区路线价及各类用地区片价

表 17—20　　单位：元 / 平方米

类型 / 级别	路线价	商业用地	住宅用地	工业用地	综合用地
一级	>3500	>700	>420	>280	>1225
二级	3000—3490	600—690	360—410	240—270	1050—1225
三级	2330—2990	400—590	300—350	<240	810—1050
四级	1500—2290	350—390	<300		717—810
五级	1000—1490	<350			
六级	<1000				

2001 年 12 月，为保证市区基准地价现势性，市土地管理局对市区基准地价进行更新调整，通过对市区 3015 个测算样点地价、2720 个有效样点调查，形成了不同用地区片价。襄樊市城区基准地价详见表 17—21。各县（市）、区随之对所辖城区基准地价更新成果进行修改完善。各县〈市〉城区基准地价详。2002 年，省国土资源厅、省物价局联合组成了基准地价验收小组对城区及县（市）、区基准地价更新调整评估成果进行了审核验收，认为更新后的基准地价符合襄樊实际，批准执行。其中，商业用地划分 6 个级别 100 个区片；住宅用地 4 个级别 101 个区片；工业用地 3 个级别 42 个区片；路线价 5 个级别 114 个区段。各县（市）、区中，商业用地除宜城市和谷城县有 5 个级别外，其他县（市）均为 4 个级别；住宅用地除老河口有 5 个级别、枣阳市有 3 个级别外，其他县（市）均为 4 个级别；工业用地除襄阳区有 4 个级别外，其他县（市）均有 3 个级别(见表 17—21、表 17—22）。

襄樊市城区基准地价

表 17—21　　单位：元 / 平方米

类型 / 级别	路线价	商业用地	住宅用地	工业用地
一级	5600—8000	950—1250	680—800	450—550
二级	3000—5600	750—950	500—680	300—450
三级	2000—3000	550—750	350—500	300 以下

续表

级别＼类型	路线价	商业用地	住宅用地	工业用地
四级	800—2000	450—550	350 以下	
五级	800 以下	350—450		
六级		350 以下		

注：基准地价是在一定经济条件下，测算出来的某一时期的现状价格。随着时间推移、经济发展和基础设施改变，整体或某一区域地价水平会发生变化。

襄樊市各县(市)、区基准地价

表 17—22　　单位：元 / 平方米

类型	商业用地							住宅用地							工业用地						
	襄阳	枣阳	宜城	南漳	保康	谷城	老河口	襄阳	枣阳	宜城	南漳	保康	谷城	老河口	襄阳	枣阳	宜城	南漳	保康	谷城	老河口
一级	600—500	800	550—500	465	460—400	515—500	650—360	350—300	350	355—330	290	330—300	450—350	350—320	300—280	300	224—210	207	250—200	300—250	300—250
二级	480—400	600	500—400	320	400—350	499—400	320—200	300—250	280—250	330—300	200	300—250	349—250	280—200	280—250	240	210—200	140	200—160	249—200	210—160
三级	380—300	400	400—300	210	350—260	399—300	180—150	250—230	180—150	300—230	146	250—190	249—200	185—160	250—220	180—160	200 以下	103	160 以下	199—110	140—100
四级	280—220	300—250	300—200	150	260 以下	299—250	145—115	230—200		230 以下	100	190 以下	199—180	155—140	220—200	—	—	—	—	—	—
五级	—	—	200 以下	—	—	249—200	—	—	—	—	—	—	—	138—110	—	—	—	—	—	—	—

（三）非农业建设用地管理

国家建设用地是指国家进行各项基础设施、经济、文化、国防建设以及各项社会公共事业所需占用的建设用地。国家建设用地提供形式主要有 3 种：(1)征(拨)用地。1990 年 5 月 19 日以前，国家因建设需要，依法强制将集体所有土地有偿转为国有土地；(2)划拨土地。即国家机关单位、公共事业单位和军事单位等符合法律规定的用地，以行政划拨方式取得国有土地使用权。出让土地。即国家以土地所有者的身份，将土地使用权在一定年限内出让给土地使用者，并由土地使用者向国家支付土地使用权出让金的行为。

1.征(拨)用土地

1986 年以来，襄樊市征用土地项目中主要是公路、铁路、港口、民用机场等交通建设项目，水库、电站、引水工程等水利建设项目，经济技术开发区，新建工厂、住宅、学校等生活和文教事业用地项目等。国家建设征用土地，执行《土地管理法》和国务院《中华人民共和国土地管理法实施条例》及《湖北省土地管理实施办法》中的有关规定。

（1）征(拨)用土地审批权限

1987—1999年征（拨）用地审批权限。《湖北省土地管理实施办法》，对征（拨）用地审批权限规定：征用耕地3亩以下，非耕地10亩以下，由县（市）人民政府审批；征用耕地10亩以下，非耕地20亩以下，由省辖市、地区行署审批；征用耕地1000亩以下，非耕地2000亩以下，由省政府审批；征用耕地1000亩以上，非耕地2000亩以上由国务院审批。

1999年以后征（拨）用地审批权限。1999年9月27日，湖北省第九届人大第十二次会议修订并公布施行《湖北省土地管理实施办法》，对征拨用地审批权限作出新的调整规定：征收35公顷以下耕地（基本农田除外）和70公顷以下其他土地，由省政府批准；办理农用地转用、土地征用审批手续后，以出让、划拨等方式提供国有土地使用权的审批权限为：1公顷以下的建设用地，由县级人民政府审批，报省和市、州土地行政主管部门备案；1公顷以上2公顷以下的建设用地，由市、州政府批准，报省国土资源厅备案；乡镇、村兴建公共设施和公共事业使用农民集体所有的土地，占用0.5公顷以下，由县级人民政府批准；0.5—1.5公顷由市、州人民政府批准。农村村民建住宅用地，由县级人民政府批准，使用农用地每户不超过140平方米，使用未利用土地的每户不得超过200平方米，城镇居民建设住宅必须申请使用国有土地，每户用地面积不得超过100平方米。

（2）征地审批程序

1998年，《土地管理法》颁布实施，征地审批程序是：申请用地。用地单位持有批准权的主管单位关于建设项目设计任务书的批复文件，向拟征用土地所在地的县级土地管理部门提出用地申请。在经批准的城市规划区内使用土地，应向城市规划部门申请选址，确定项目建设用地位置、用地范围，领取“建设用地规划许可证”后，再向土地管理部门申请征地。拟定征地费用包干方案。由征地服务部门统一组织征用土地，征用土地费用包干使用。核定用地面积。征地协议签订后，按征用土地所需资料要求，形成征用土地报批资料，按审批权限逐级上报，核定用地面积，批准用地。现场核拨土地，界定用地范围。建设用地经批准后，用地单位缴纳各项费（税），土地管理部门下达建设用地批准通知书。检查验收，颁发土地使用证。工程项目建成后，用地单位应立即向县级土地管理部门申报登记，核对建设项目用地性质和占地面积，占地四至符合批复文件要求的，由县级土地管理部门发放土地使 用证。1999年1月1日，新《土地管理法》实施后，征地审批程序是：市人民政府向省人民政府提出用地申请，并附具以下资料：农用地转用方案；征地方案；耕地补充方案；土地利用方案；建设项目用地呈报说明书；拟用地规划红线图、平面图、土地利用总体规划图、上地利用现状图、补充耕地位置图、土地权属证明文件。 逐级上报有批准权的人民政府审批。市政府收到有批准权的人民政府批复后，10日内在被征地所在乡镇范围内公告。办理征地补偿登记。拟定征地补偿、安置方案，报经市政府批准后在被征地所在乡镇范围内公告，并按规定结算补偿费用，落实安置途径。供地。建设单位提出用地申请并附具建设项目计划、预审报告书、“规划许可证”副本及附图，市土地管理局拟定供地方案，报有批准权的人民政府审批，核发用地批准书。

（3）征地补偿

1986—1996年征地补偿。1986年10月，襄樊市政府印发《襄樊市建设征用土地费用标准的暂行规定》，对征用土地补偿费、安置补助费标准和计算方法、被征地单位剩余劳力及群众生活的安置作了具体规定：土地补偿费：菜地每亩补偿4800元；水田、旱地每亩补偿2400元；荒山林地每亩补偿1500元。青苗补偿费：菜地每亩补偿450元；经济作物每亩补偿350元；粮食作物每亩补偿200元。安置或安置补助费：征地单位应按规定，安置被征地单位一定数量的农业人口就业或支付安置补助费。需安置的农业人口数，按照被征用耕地数量除以征地前被征地单位平均每人占有耕地数量计算。无力安置农业人口的，每征一亩菜地支付安置补助费 4 800 元，水田、旱地支付 4 000 元，其他土地 2 000 元。此费用由土地管理局代收，专户存银行，经审定后，随招工指标拨入招工单位或被征地单位，用于发展生产，安置剩余劳力就业和不能就业人员的生活补助。1987—1994 年，全市征用土地中“农转非”人口计 23 000 多人。1991 年 3 月，市政府办下达历史遗留无地村组农民“农转非”专项计划指标 11 085 人，其中市区 4 985 人，各县(市)6 100 人。1996—2005 年 5 月的征地补偿。1996 年，市政府印发《襄樊市市区土地征用补偿安置费征收管理暂行办法》，对国家建设征用集体土地补偿作了更加明确的规定，一直执行到 2005 年 5 月。征用土地费用由土地补偿费、安置补助费、青苗补偿费以及地面附着物补偿费构成。襄樊市市区集体土地补偿安置费标准(见表 17—23)。

襄樊市市区集体土地征用补偿安置费标准

表 17—23　　　　单位：元 / 亩

土地级别	土地补偿费菜地	水田、旱地	非耕地	安置补助费菜地	水田、旱地	非耕地
一级地段	30000—35000	25000—30000	20000—25000	12000—14000	10000—12000	8000—10000
二级地段	25000—30000	20000—25000	15000—20000	12000—14000	10000—12000	8000—10000
三级地段	20000—25000	15000—20000	10000—15000	10000—12000	8000—10000	6000—8000
四级地段	15000—20000	10000—15000	8000—10000	10000—12000	8000—10000	6000—8000

青苗和地面附着物补偿费：蔬菜每亩 1400—1600 元；经济作物每亩 1000—1200 元；粮食作物每亩 800—1000 元；成片苗圃每亩 1800—2000 元；树木每株 5—50 元；石渣沥青道路每平方米 15—20 元；硬化水渠每米 20—50 元；厕所粪池每座(口)100—200 元；坟墓每座 300—400 元；浅机井每口 15000—20000 元；深机井每口 20000—30000 元；供电线路及设施按造价的 60%补偿，大棚、温室及各类房屋按重置价成新折扣的方法予以补偿。被征地单位剩余劳动力及群众生活安置人数按耕地一亩一人计算。建设用地单位接受符合招工条件人员就业的，每接受一人，被征地单位应从安置补助费中返回 4000 元给接受单位；建设单位不能安置就业的，每少安置一人，每亩另加安置补助费 10000 元。征地后剩余劳动力由国家招工分配到其他单位就业的，被征地单位应将追加的 10000 元连同应返还的 4000 元安置补助费一并转付给用工单位。被征地单位应利用征地补偿安置费积极兴办二、三产业，安置剩余劳动力。

2005 年 5 月以后的征地补偿。根据《土地管理法》《湖北省土地管理实施办法》《国务院关于深化改革严格土地管理的决定》和省政府《关于进一步加强征地管理切实保护被征地农民合法权益的通知》等法律、法规、政策规定，2005 年 5 月 23 日，襄樊市政府出台了《关于印发襄樊市市区征地补偿安置办法的通知》，对征地补偿作出明确规定。

市区征地补偿安置费标准。一级地段：襄城檀溪村、樊城七桥村、施营、乔营、洪沟村小清河以西、高新区园林苗圃场范围内建设用地预留区。土地补偿费：菜地 17 600— 22 000 元 / 亩，水田、旱地 9 600—12 000 元 / 亩，有收益非耕地 6 000 元 / 亩；安置补助费：菜地 17 600—33 000 元 / 亩，水田、旱地 9 600—18 000 元 / 亩，有收益非耕地 6 000 元 / 亩。二级地段：襄城营盘村环山路以北、观音阁村岘山立交桥以北、东门外庞公路、建锦路两旁及樊城小清河以东、贾洼村、王寨村范围内建设用地预留区。土地补偿费：菜地17 600—22 000元/亩，水田、旱地96 00—12 000元/亩，有收益非耕地6 000 元 / 亩；安置补助费：菜地 17 600—23 000 元 / 亩。三级地段：襄城营盘环山路以南、麒麟村、贾洲村、东门外庞公路南、岘山立交桥以南至水洼村建设用地预留区、邓城大道两旁建设用地预留区、黄家村建设用地预留区。土地补偿费：菜地 12 800—16 000 元 / 亩，水田、旱地 9 600—12 000 元 / 亩，有收益非耕地 6000 元 / 亩；安置补助费：菜地 12 800—24 000 元 / 亩，水田旱地 9 600—18 000 元 / 亩，有收益非耕地6 000元/亩。四级地段:隆中风景区、火电厂周围建设用地预留区、花栎木店村;柿铺办事处各村建设用地预留区、衡庄村和高新区黄家村、余岗村、邓城村三级地段以外部分、蔡庄、陆寨、原汽车产业开发区建设用地预留区。土地补偿费:12 800—16 000元/亩,水田、旱地9 600—12 000元/亩,有收益非耕地6 000元/亩;安置补助费:菜地12 800—24 000元/亩,水田、旱地9 600—18 000元/亩,有收益非耕地6 000元/亩。五级地段:尹集、卧龙、欧庙、竹条、牛首、太平店镇集镇建设用地预留区。土地补偿费:水田、旱地9 600—12 000元/亩,有收益非耕地6 000元/亩;安置补偿费:水田、旱地9 600—18 000元/亩,有收益非耕地6 000元/亩。

青苗、附着物补偿费标准。青苗费:蔬菜基地一、二级地段2 200元/亩,三、四级地段1 600元/亩,水田、旱地1 200元/亩,滩涂耕地和坡耕地800—1 000元/亩,成片苗圃2 500—3 000元/亩。附着物补偿费:果树20—80元/株、其他树5—50元/株、砖墙棚子30元/平方米、猪圈10—20元/平方米、厕所100元/个、鸡笼20元/个、压水井300—400元/口、灶台50—100元/个、围墙5—20元/平方米、砖砌贮水池、化粪池30元/平方米、蔬菜大棚4—8元/平方米,道路中砖石路20元/平方米、沥青路40元/平方米、水泥路50元/平方米、硬化水渠30元/平方米,坟墓中砖坟500元/座、土坟200元/座,机井中岗地机井20 000—30 000元/座、河地机井15 000—20 000元/座、长期不用3 000—5 000元/座。

被征地农民安置。有条件的农村集体经济组织可通过兴办企业和发展第三产业,统一安置被征地农民就业。用地单位需要用工的,在同等条件下,应优先吸收被征地农民。通过上述方式安置被征地农民就业的,依照法律法规规定,安置补助费支付给农村集体经济组织或安置单位。被征地农民自谋职业的,应提出申请,并与农村集体经济组织签订不需要统一安置、由个人自谋职业的协议,安置补助费可以全额发给被安置人。耕地资源和土地后备资源较丰富的地区,可优先考虑进行农业安置,通过调整利用农村集体机动地、承包农户自愿交回的承包地和土地开发整理增加的耕地,使被征地农民有必要的耕作土地,继续从事农业生产。同时,将城市规划区内采取货币安置、重新择业的被征地农民纳入城市就业体系,逐步建立社会保障制度。1987—2005年襄樊市各类建设用地审批情况(见表17—24)。

1987—2005年襄樊市各类建设用地审批情况

表17—24　　单位:公顷

年份	用地批准面积	其中耕地
1987	1397.65	909.56
1988	997.26	551.56
1989	424.95	179.23
1990	341.31	93.71
1991	424.43	164.17
1992	427.43	259.26
1993	567.57	316.31
1994	430.37	222.81
1995	346.75	346.75
1996	245.24	130.42
1997	499.27	161.75
1998	744.79	285.61
1999	175.23	135.7
2000	235.2(不含高速公路用地)	162.9

续表

年份	用地批准面积	其中耕地
2001	119.2(不含高速公路用地)	94.8
2002	149.57(不含高速公路用地)	138.7
2003	52.1(不含高速公路用地)	41.4
2004	271(不含高速公路用地)	213
2005	219.52	164.94

(4)重点工程建设土地征用

1986年,襄樊市新建扩建大批工矿企业,建成许多水利、电力、交通、文化和教育设施。其中,湖北化纤厂扩建项目征地42.8公顷;1986年东汽试车场征地167.6公顷1987年,东汽柴油发动机厂征地65.81公顷,东汽EQ1061项目用地43.97公顷,东汽铸造三厂征地64.92公顷。

1988年12月,610研究所建设征地9.24公顷;1988年12月,襄樊热电厂建设征地6.83公顷;余家湖港口扩建项目征地37.34公顷(其中1989年港口用地20.19公顷,铁路专用线用地16.96公顷);1988年,汉丹机械厂、宏伟机械厂、青山电器厂、卫东机械厂、609研究所等13家三线军工企业调迁征地173.33公顷;1989年,襄北铁路编组站、3542厂、襄阳轴承厂、东风汽车公司小轿车发动机总厂等单位征地66.67余公顷;1990年,东汽铁路运输处征地24.02公顷,1992年,东汽装试制厂征地6.8公顷1994年,襄樊火电厂一、二期工程建设征用土地78.29公顷;郑州铁路局襄樊客车段在襄阳县征地34.84公顷;1996年,襄石铁路复线工程建设用地57.71公顷(复线用地46.9公顷、枢纽工程用地5.16公顷、襄阳货场用地5.65公顷);1997年,东汽康明斯发动机厂征地20.8公顷。轿车发动机总厂等单位征地66.67余公顷;1997年,襄石铁路复线大坝山采石场征地44.53公顷;1997年1月,谷城白水峪电站建设征地102.78公顷;1998年12月,襄樊火电厂(灰场等)建设项目在襄阳县征地77.56公顷;同年7月,谷城庙子头电站建设征地20.73公顷;

1999年4月,经国务院审批,王甫州电站在谷城、老河口建设征地1968.92公顷(在谷城建设征地801.19公顷,在老河口建设征地1167.72公顷);1999年5月,保康过渡湾水电站建设征地54.88公顷(坝区用地5.16公顷,水电站淹没区49.72公顷);2000年7月至2002年年底,燕京啤酒襄樊有限公司在宜城建设征地92公顷;1988—2001年,襄樊刘集飞机场建设用地121.13公顷(1987年1月在襄阳县征地99.53公顷,2001年12月民用航空站征地21.6公顷);2001年,襄樊诸葛亮文化广场建设用地19.27公顷;2003年,重庆到武汉忠武输气管道工程(襄樊段)临时性、永久性征地90.15公顷(临时性工程用地88.58公顷,永久性用地1.57公顷);襄荆高速公路建设在市区、襄阳、宜城征地334.82公顷,农用地征用299.75公顷; 2003年,孝襄、襄十、襄荆高速公路连接线工程建设征地122公顷,其中农用地征用118.44公顷;2003年11月, 华中公司500千伏变电站在襄阳区建设征地6.68公顷;2004年,襄十高速公路建设在襄阳、老河口、谷城征地476.38公顷,其中农用地征用457.24公顷; 同年8月,南漳水镜有限公司征地6.16公顷,同年10月南漳峡口水电站建设征地3.13公顷;2005年,樊魏高速公路建设在襄阳征地139.69公顷,其中农用地征用137.24公顷;同年,孝襄高速公路建设在枣阳、襄阳征地598.37公顷;2005年,国家"2319"工程建设在市区、枣阳、南漳征地276.02公顷,其中征用农用地220.92公顷。2005年11月,襄樊市污水处理厂在鱼梁洲开发区征地276.02公顷;2005—2006年,武安铁路复线建设在市区、枣阳、襄阳、谷城、老河口征地354公顷。

2.国有土地使用权划拨

国有土地使用权划拨是指以行政划拨的方式, 将国有土地使用权无偿无限期交给土地使用者使用。1990 年 5 月 19 日,《中华人民共和国城镇国有土地使用权出让和转让暂行条例》颁布施行后,逐步采用土地使用权有偿使用的办法。国有土地使用权无偿划拨的审批权限和程序,按照国家、湖北省和襄樊市规定的关于国家建设征用土地的审批权限和程序执行。根据《土地管理法》《城市房地产管理法》规定,对下列国家建设用地的土地使用权划拨,确属必要的,经县级以上政府批准,仍将采取行政无偿划拨的办法:国家投资的党政军机关、行政事业办公用地、住宅建设用地以及军事用地;国家扶持的能源、交通、水利等项目用地;城市公共设施用地和公益事业用地;国办大专院校和中小学的建设用地;法律、行政法规规定的其他用地。

襄樊市凡通过行政无偿划拨方式,取得国有土地使用权的单位和个人,按照国家《城镇土地使用税暂行条例》和《襄樊市市区城镇土地使用税税额标准调整方案的通知》,缴纳土地使用税。划拨土地使用权,除按规定经市、县(市)、区人民政府批准外,不得转让、出租、抵押。

3.国有土地使用权(租赁)出让

《中华人民共和国城镇国有土地使用权出让和转让暂行条例》施行后,襄樊市政府颁布《襄樊市城镇国有土地使用权出让和转让暂行办法》,成立以副市长张振华为组长的土地使用制度改革领导小组,襄樊市土地使用制度改革工作拉开序幕。1992 年 6 月 30 日,市政府在樊东区召开土地使用制度改革动员会,并安排部署市区土地市场清理整顿工作。1994 年,襄阳县土地管理局开展有偿提供土地使用权,收取土地使用费的“租赁制”试点工作。对原行政划拨的 1548 宗 420 多万平方米存量土地和 89 宗 40 多万平方米的新增用地,实行有偿使用,签订保权租用地合同 1637 份,收租金 421.9 万元,取得良好效果。国家土地管理局科技委员会委员、房地产专家刘维新将这一做法总结为“保权收租”,并在《中国土地报》上推广。1997 年 1 月,市政府印发《襄樊市市区国有土地使用权租赁管理暂行办法》,市土地管理局抽调 100 多人组成 20 多个工作专班,由 6 名局领导带队,分片包干,对市区单位和个人用地出租或改变用途等集中清理,初步建立以租赁为主,出让、入股、租赁多种形式并存的土地有偿使用体系。当年,市区完成土地收益 1000 多万元。枣阳、宜城、老河口、谷城等地,相继推行国有土地使用权年租赁管理。同年 11 月 10 日,全国保权、转权收租研讨会在襄阳县召开。国家土地管理局副局长李元,对襄樊土地使用权年租制给予肯定。指出,保权转权收租制,既考虑了大多数企业的承受能力,又规范了土地市场管理,为全国土地使用制度改革提供了参考经验,具有很强的推广价值。2001 年,国务院下发《关于加强国有土地资产管理的通知》,国土资源部发布《招标拍卖挂牌出让国有土地使用权规定》,襄樊市政府先后印发了《襄樊市市区土地储备暂行办法》《关于规范土地市场积极推行经营性用地招标拍卖的通知》《关于市区国有土地使用权转让进入土地市场交易的通知》,加强了土地一级市场的垄断。土地供应总量控制,采取合同约定、出资收购、依法征用、政府收回等方式,对市区低效利用土地、旧城改造腾出的土地,市区主干道两侧的土地,以及破产企业的土地等进行收购储备。经前期开发后,有计划、有步骤地采取招拍挂方式提供给土地使用者,用市场化手段配置土地资源。2001 年,市政府投资 150 万元筹建了土地交易市场,内设 1200 平方米的拍卖大厅和招标室、发证室等 10 多个服务窗口,为用地户提供咨询、出让、登记全程服务。当年投资 1000 多万元,储备土地 50 公顷;招拍挂出让土地 126 宗,面积 19.98 公顷,土地收益 9462.65 万元。经过两年的努力,全市基本建立了市、县(市)区两级土地市场体系,协议出让大幅减少,招拍挂出让比例逐年增加,入市土地交易呈快速增长势头。2001 年 11 月,市土地管理局被国土资源部评为“土地资产管理先进单位”。2003 年 10 月,省国土资源厅、省监察厅,在襄樊召开全省土地市场建设现场会,对襄樊加强土地市场建设的做法给予充分肯定。认为,市区土地市场建设走在全省前列,工作方式最先进,运行最规范,效果最好。2005 年 5 月,市政府决定,将土地储备从土地交易中分离出来,实行土地市场“三分开”。即,土地储备与土地交易分开、土地交易与用地审批分开、用地审批与土地收益分开。国土资源部门专门负责土地市场监管,实行招拍挂出让底价两级会审。出台了《国有土地使用权挂牌拍卖出让底价确认程序》,并通过电子显示屏、网站等发布信息,将土地区位、权属状况、起始报价、交易程序广泛公开。拍卖、挂牌成交后10个工作日内,将交易结果予以公告。

(1)国有土地使用权出让方式

城镇国有土地使用权出让采取协议、招标、拍卖、挂牌方式。具体由市、县(市)人民政府统筹安排,有计划、有步骤地进行。

协议出让。1992年4月,市土地管理局代表市政府与台湾台襄企业股份有限公司签订出让合同。将位于樊城区前进路一幅面积为1447.6平方米的土地出让,出让年限为50年,为商业兼住宅综合性用地。对台商企业出让土地使用权,在襄樊市属首次。

招标出让。1990年,国务院55号令发布施行后,招标开始成为全国国有土地使用权有偿出让的一种重要形式。1999年8月,九届全国人大第十一次会议通过《中华人民共和国招投标法》,招投标活动走上了规范化、法制化轨道。2001年12月,湖北省政府发布《省人民政府关于加强国有土地资产管理规范土地市场的通知》规定:加强国有土地使用权出让行为管理,大力推行国有土地使用权招标、拍卖出让。要严格限制协议出让用地范围,不得以协议出让代替招标、

拍卖出让。从2001年12月1日起,凡商业、服务业、旅游业、金融、房地产等经营性用地,都必须依法采取公开招标、拍卖方式出让土地使用权。2001年,市政府出台了《关于印发〈襄樊市市区土地储备暂行办法〉的通知》和《关于印发〈规范土地市场积极推行经营性用地招标拍卖〉的通知》,为经营性用地招标、拍卖出让提供了制度、体制和组织保证。1994年,市区开始土地拍卖出让工作,市政府成立由常务副市长闫增福为组长,副市长黄贤德、袁军晶为副组长的土地使用制度改革领导小组,市土地管理局和规划局商定,将位于市区繁华地段的晨虹住宅区等三块土地作为拍卖试点。拍卖试点成功后,短短一个月就完成了拆迁任务。此后,国有土地使用权拍卖出让逐步在各县(市)展开。老河口市张家集镇首敲第一锣,拉开了全市小城镇土地使用权拍卖的序幕,市郊区柿铺乡、襄阳石桥镇、谷城北河镇、南漳安集镇、枣阳清潭镇先后开展了土地拍卖活动。当年,各县(市)共拍卖土地9宗,面积741.5平方米,拍卖最高价501元/平方米,获土地出让金18.29万元。

挂牌出让。2002年5月9日,国土资源部第11号令《招标拍卖挂牌出让国有土地使用权规定》中,首次提出挂牌出让国有土地使用权。2003年,襄樊市开始采用挂牌出让国有土地使用权这种方式。2005年年底,共挂牌出让397宗地,面积120.63公顷(见表17—25)。

以上四种方式,不论依哪一种方式取得土地使用权的受让方,必须在2年内开发使用获得的土地,超期未使用,市、县人民政府将无偿收回。若受让方需要改变出让合同规定的土地用途,须向规划部门提出申请,办理审批手续后,重新签订出让合同,调整土地出让金,竣工后再办理土地变更登记手续。

2001—2005年襄樊市国有土地出让情况统计

表17—25 单位:宗、公顷

类别 时间	拍卖出让		挂牌出让		协议出让		招标出让	
	宗地数	面积	宗地数	面积	宗地数	面积	宗地数	面积
2001	126	44.96	0	0	470	—	1	0.19
2002	96	38.5	0	0	562	198.22	5	2.62
2003	151	27.01	117	41.16	606	163.97	0	0
2004	75	80.8	2	5	403	124.7	0	0
2005	177	60.21	278	74.47	593	163.25	10	23.1

(2)国有土地使用权出让审批权限与出让年限

国有土地使用权出让审批权限。按照1989年《国务院关于出让国有土地使用权批准权限的通知》,政府对有偿出让国有土地使用权的批准权限与行政划拨国有土地的批准权限相同,依据《湖北省土地管理实施办法》的规定,进行审批或逐级报批。国有土地使用权出让年限。按照《中华人民共和国城镇国有土地使用权出让和转让暂行条例》(国务院55号令)规定,出让年限按不同用途分别为:居住用地70年,工业用地50年,教育、科技、文化、卫生、体育用地50年,商业、娱乐用地40年,综合或其他用地50年。

(3)土地出让金的管理

土地出让金的计算方法、收取标准及出让收入,根据规定,征收标准由市(县)人民政府,根据省土地估价委员会批准的基准地价,结合当地实际和土地位置、使用年限、用途确定。划拨土地使用权、转让补偿土地出让金,最低不得低于标定地价的40%,成交价低于标定地价的,出让金按成交价的40%—60%收取。1993年3月8日,湖北省财政厅、土地管理局、建设厅联合下发《湖北省国有土地使用权有偿使用收入征收及管理暂行办法》,对出让收入管理作了明确规定:土地出让金总额5%上缴中央财政,5%交省财政,作为省级财政预算收入。经财政部门核定,土地管理部门可以从其代收的土地出让金总额中提取2%业务费,清理存量土地补缴的土地出让金可增加提取1%业务费。财政部门取得的各类土地收入作为地方预算的固定收入,专项用于城市建设和土地开发。2001年12月17日,湖北省人民政府下发《关于加强国有土地资产管理规范土地市场的通知》(鄂政发〔2001〕80号),规定:"土地出让金纳入财政预算管理,专款专用。其中,50%用于城市基础设施建设,50%用于土地开发和建设用地的收购储备"。"土地行政主管部门的土地出让、租赁业务费,可按上缴财政的土地收益价款的2%—4%,由同级财政部门核拨"。

4.国有土地使用权转让租赁抵押

土地使用者在出让合同有效期内,可采取出售、交换、赠与的方式转让土地使用权,也可以出租、抵押土地使用权。未按出让合同规定期限和条件投资开发、利用土地的,土地使用权不得转让、出租、抵押。

(1)土地使用权转让

土地使用权转让是土地使用者将土地使用权再出售、交换、赠与的转移行为。土地使用权转让。签订转让合同。土地使用权转让时,出让合同和登记文件所载明的权利、义务随之转移。取得土地使用权使用年限。其为土地出让合同规定的使用年限减去原土地使用者已使用年限后剩余使用年限。土地使用权和地上建筑物、附着物所有权转让,应依照规定办理过户登记。

(2)土地使用权出租

土地使用权出租是土地使用者将土地使用权随同地上建筑物、附着物租赁给他人使用,由承租人向出租人支付租金的行为。出租人与承租人应签订租赁合同。土地使用权出租后,出租人必须继续履行土地使用权出让合同,并依照规定办理登记。

(3)土地使用权抵押

抵押人和抵押权人应签订抵押合同,抵押合同不得违背国家法律法规和土地使用权出让合同的规定。土地使用权和地上建筑物、附着物抵押,应依照规定办理抵押登记。抵押人到期未能履行债务或在抵押合同期间宣告解散、破产的,抵押权人有权依照国家法律法规和抵押合同的规定处理抵押财产,因处理抵押财产而取得土地使用权的,应办理过户登记。襄樊市国有土地使用权交易情况(见表17—26)。

2002—2005 年襄樊市国有土地使用权交易一览

表 17—26　　单位:公顷、万元

年份	转让		出租		抵押		收取出让金
	宗数	面积	宗数	面积	宗数	面积	
2002	575	113.8	351	63.53	259	248.7	1278.76
2003	184	118.2	376	52.31	194	245.9	1422
2004	1214	76.5	381	42.2	176	336.4	2647.1
2005	1148	53.7	371	3.09	492	589.7	8535

5.农村集体建设用地

襄樊市乡(镇)村建设用地,贯彻执行《土地管理法》《湖北省土地管理实施办法》以及《湖北省政府贯彻国务院批转国家土地管理局关于加强农村宅基地管理工作请示的通知》,1997 年 4 月,国务院发布《关于进一步加强土地管理切实保护耕地的通知》。2004 年,国务院下发《关于深化改革严格土地管理的决定》,并结合本地实际制定具体实施办法。

(1)审批权限

乡(镇)村企业建设用地审批权限,按国家建设征用、划拨土地的规定执行,(涉及占用农用地的,先行办理农用地转用审批手续)。1 公顷以下的,由县级人民政府审批,报省国土资源厅和市国土资源局备案,1 公顷以上 2 公顷以下的,由襄樊市政府批准,报省厅备案;超过以上限额的报省政府批准。乡(镇)村兴建公共设施和公益事业使用集体土地。0.5 公顷以下,由县人民政府批准;0.5—1.5 公顷由襄樊市政府批准;超过以上限额的报省政府批准。乡村公路、小型农田水利基本建设,使用集体组织、农民承包使用的土地审批权限,按国家建设征用、划拨土地的规定执行。

(2)审批程序及报件材料

乡(镇)村集体建设用地〔包括乡(镇)村企业、公共公益事业建设用地〕,审批程序和报件,参照国家建设用地规定执行。申请用地。乡(镇)村企业建设用地,由用地单位持县级以上人民政府批准的设计任务书或其他批件,向县(市)国土资源局提出用地申请;乡(镇)村公益、公共设施建设用地,由乡(镇)人民政府审核向县(市)国土资源局提出用地申请。由用地单位和被用地单位签订补偿安置协议。核定用地面积。补偿安置协议签订后,报县(市)土地管理部门,按用地审批权逐级上报,核定用地面积、批准用地。现场核拨土地,界定用地范围。检查验收,颁发"土地使用证"。审批报件所需材料有:用地申请及各级政府的审查意见报告;建设项目设计任务书批复;非农业建设申请用地呈报表;自有资金建设项目的银行存款证明;规划部门签发的"建设用地规划许可证"等。

(3)占地补偿和安置补助

乡(镇)办企业和公共设施、公益事业建设占用集体土地,应给予被占用土地单位以适当补偿,并妥当安置农民生产和生活,原则上按国家征用土地的规定标准给予补偿。因占用土地造成的剩余劳动力,由乡(镇)办企业负责安置。村办企业和公益公共事业占用村民承包集体的土地,由村民委员会自行调剂,做好劳动力安置。

6.农村居民住宅用地

1989年,根据《土地管理法》及《湖北省土地管理实施办法》对居民建住宅用地管理规定。市政府出台了《襄樊市土地管理若干规定》,明确要求:个人建房用地实行计划指标控制,指标分解落实到户,并张榜公布。农民建房用地由户主申请,经村民小组讨论,村委会审查后报乡(镇)政府审核。使用非耕地的,由乡(镇)政府批准;占用耕地的,由乡(镇)政府审查报县(市)土地管理部门批准。建房动工前,由乡(镇)土管所干部、分管土地的村干部和户主到现场,按批准的地点、面积定桩放线,竣工后检查验收。宅基地面积占用耕地的,每户不超过140平方米,非耕地不超过200平方米。城镇居民建住宅用地,报市、(县)市土地管理部门批准,襄樊市城区和随州、老河口、枣阳市区,每户宅基地面积不超过80平方米,其他城镇建成区内不得超过100平方米。在居民住房建设用地管理中,襄樊市土地管理局积极推广谷城、枣阳等县(市)对村庄进行统一规划安排,迁村腾地、节地挖潜和小城镇建设的经验,收到了良好效果。全市农村建房用地审批工作制度化、规范化。襄樊市国土资源局制定了"三公布三到场一监督"制度,"三公布"即土地利用现状图、村庄规划图,经村委会审核同意后依法批准的建房户名单等三项予以张榜公布;"三到场"即批前到现场勘测定位,批后到现场放线划界,建成后到现场检查验收;"一监督"即邀请群众代表,对违法占地情况进行监督,设立举报箱,对群众反映的问题及时调查处理。

(四)国土资源保护

1.土地利用总体规划编制

根据《中华人民共和国土地管理法》规定和国务院、省政府具体要求,在土地资源利用现状调查基础上,襄樊市于1996年首次编制土地利用总体规划。1997年11月又对规划进行了修编。1999年完成《1997—2010年襄樊市土地利用总体规划》的编制任务。通过省级和国家评审验收。1999年8月19日经国务院批准,12月10日市政府正式公布实施。根据《湖北省土地利用总体规划》和襄樊市社会经济发展战略,襄樊市土地利用总目标是坚持可持续发展战略,严格保护土地,确保耕地总量不减少,优化土地利用结构和布局。推进土地利用方式根本转变,提高土地利用率、产出率和综合效益,保障全市经济社会的持续、稳定、协调发展。具体目标是:到2010年,全市耕地总量稳定在617 044.09公顷,其中保持基本农田512 146.59公顷,保持率为83%。各项建设占用耕地控制在11 485.0公顷以内,其中重点工程建设占用6 133.71公顷,占53.4%;城镇村庄建设占用5351.29公顷,占46.6%。生态退耕控制在15 415.0公顷以下。开发复垦整理增加耕地达26 900.0公顷,确保耕地占补平衡。森林覆盖率提高到42%,生态环境实现良性循环。

2.土地保护实施

(1)耕地保护

1985年1月,省政府发出《关于立即制止滥用土地的紧急通知》。1986年1月,省政府下发《关于加强土地管理制止乱占滥用土地的再次紧急通知》,市政府转发《紧急通知》,并要求各地扎扎实实做好各项建设用地清理检查工作。根据国家、湖北省每年编制下达的建设用地计划指标,由市计委和市土地管理局共同编制襄樊市各项建设用地计划,然后,下达各县(市)、区遵照执行。用地指标中,不仅有建设用地总指标，还有占用耕地指标。用地计划确定的占用耕地数，属于指令性指标，只能节约，不得突破。1987—1995 年，襄樊市共下达各种建设用地计划指标 7826.67 公顷。其中耕地 4806.67 公顷。执行结果共使用 4812 公顷，其中耕地 2533.33 公顷，占省下达计划数的 61.52%和 52.67%。1994 年以来，谷城县对全县村庄统一规划安排，将农户住宅逐步调整迁进规划范围，两年多全县调迁 3600 户，腾地还耕 100.0 公顷。1997 年 10 月，市政府在谷城县召开迁村腾地现场会，总结了谷城实施村庄土地利用规划，开展村庄节地的经验。襄阳区实施村庄用地统一规划、统一划拨、统一开发、统一迁建、统一复垦的“五统一”改革，提高土地利用率，增加耕地面积。到 1997 年有 150 个村庄，进行了改村造田，净增耕地面积 440 公顷。先后被《农民日报》《中国土地报》等媒体报道。.一年多时间，全市各地集并村庄 300 多个，腾地 666.67 余公顷。

（2）基本农田保护

1989 年 8 月，湖北省土地管理局、省农牧业厅在潜江召开全省划定基本农田保护区工作会议，要求用两年时间在全省完成划定基本农田保护区工作。1989 年 10 月，省委、省政府下发《关于批准省土地管理局、农牧业厅〈关于开展划定基本农田保护区工作的报告〉的通知》，对划定基本农田保护区工作进行具体部署。襄樊市在老河口市仙人渡镇开展划定试点工作，取得经验后，以点带面，全面铺开。1991 年 1 月，市政府专门召开基本农田保护区划定工作会议，安排部署全市基本农田保护区划定工作。各级土地管理、农业部门共组织技术专班 241 个，2891 人投入工作，根据规划年人口增长和经济发展对耕地的需求，将基本农田以及名特优新农产品生产基地列为保护范围，设立保护标志，落实保护措施。经一年多的努力，全市基本完成了划定任务。共划定基本农田保护面积 415 353.33 公顷，占耕地总面积的 81.8%。1998 年 12 月，国务院颁布《基本农田保护条例》后，全市各地将基本农田保护工作纳入法制化轨道，保护面积得到扩大。1999 年，全市各地依据土地利用总体规划，开展了基本农田调整划定工作，投入资金 100 多万元，集中专业技术人员 600 多人，历时半年，将列入保护的基本农田逐块逐户落实到位。全市应开展调整划定工作的乡镇 157 个，共划定基本农田保护面积 517 580 公顷，占耕地总面积的 83.9%。划定保护片 8 670 个，31 275 块，建立基本农田保护档案 2333 卷，设立保护标志 2945 个，签订保护责任书 3101 份，汇编基本农田保护成果资料 166 套。基本农田保护区划定工作做到了“地块面积、资料档案、图件、标志牌、保护责任、保护措施”六落实。2003 年 11 月，国土资源部下发《关于进一步采取措施落实严格保护耕地制度的通知》，提出基本农田“五不准”：即不准除法律规定的国家重点建设项目之外的非农业建设占用基本农田；不准以退耕还林为名将平原地区耕作条件良好的基本农田纳入垦耕范围，违反土地利用总体规划随意减少基本农田面积；不准占用基本农田进行植树造林，发展林果业；不准以农业结构调整为名在基本农田内挖塘养鱼和进行畜禽养殖，以及其他严重破坏耕作层的生产经营活动；不准占用基本农田进行绿色通道和绿化隔离带建设。市国土资源局采取多种形式将农田保护规划及保护区域向社会宣传，提高社会各阶层执行规划、保护基本农田的意识，市政府出台了《襄樊市基本农田保护条例》，各县（市）、区都成立了基本农田保护工作领导小组，建立了基本农田保护责任制度、用途管理制度、占用审批占补平衡制度、质量保护制度、环境保护制度、监督检查制度等六项制度，使基本农田保护有法可依、有章可循。2002 年 7 月，枣阳市国土资源局、老河口市国土资源局被省国土资源厅表彰为“基本农田保护工作先进单位”。尽管全市对基本农田采取了严格保护措施，取得了一些成绩，但侵占基本农田现象仍时有发生。据统计，全市农业产业结构调整共占用基本农田 1567.73 公顷。其中建畜禽养殖基地占用 121.67 公顷；成片种植果树、造速生林等占用 1209.73 公顷；建设绿色通道占用 236.27 公顷。退耕还林和生态建设中，零星插花、坡度较大的 30.53 公顷基本农田列入退耕范围。对此，市国土资源局督促各地结合实际，区别情况限期予以恢复耕种，对占用基本农田搞养殖业基地硬化建设和非农业建设，依法查处。

3.土地开发整理

根据国务院《土地复垦条例》,襄樊市土地开发复垦整理工作,一方面,在摸清待开发土地资源的基础上,将开发复垦任务层层分解到县(市)乡镇,做到有规划、有计划、有指导,将可供开发的荒山、荒滩、宅基地、空闲地、关停并转乡村企业清退的土地,进行宜耕则耕、宜林则林、宜建则建的合理开发利用。一方面,强调对在生产建设中,因挖损、塌陷、压占等造成破坏的土地,采取整治措施,使其恢复到可利用状态。一方面,着重对因从事开采矿产资源、烧制砖瓦等造成破坏的土地进行复垦,按照"谁破坏谁复垦"的原则,做到"占一补一"。1990年,襄樊市新开发复垦土地3293.33公顷。老河口市、襄阳县开发耕地面积均在万亩以上。南漳县、枣阳市统一制定了"三优""三资""三免"的优惠政策,充分调动了单位和个人开发复垦的积极性。1999年5—7月,对砖瓦窑厂用地进行了清理。全市共有砖瓦窑厂330个,年生产规模192 278.3万块,用地总面积1471.5公顷。其中,耕地面积720.7公顷,取土面积169.1公顷。经过依法审批的有148个,用地面积588.51公顷,其中耕地224.6公顷。立案查处31个,面积28.04公顷。当年复垦281.34公顷,其中宜耕191.29公顷,宜林7.53公顷,宜渔63.34公顷,宜建19.09公顷。2000年以来,襄樊市采取地方投资和争取国家、省级投资的办法,有针对性地开展土地整理和高产农田建设工作,取得了良好成效。各地相继成立了土地整理中心,落实了人员编制,其中枣阳、南漳等地的土地整理中心升格为副科级单位。全市各地根据每年非农业建设占用耕地计划,合理安排土地开发整理占补计划,把完成计划情况纳入年度工作目标考核。同时,各级政府组织国土资源、农业、水利、交通、环保等部门相关技术人员参与项目立项、实施的论证,将项目建设规划目标、工程概况、实施范围、投资额度等在项目区公示,取得群众的配合和支持,并将土地整理和百镇千村工程、村村通工程、农田水利建设工程、农业综合开发项目工程紧密结合起来,相互协调、整体推进,提高了土地开发整理的综合效益。2004年4月,市政府制订了《襄樊市土地开发整理管理办法》,对全市土地开发整理的立项、规划、实施、验收、地类和利益分配作了明确规定,促进了市、县两级耕地占补平衡项目的落实。2005年年底,全市共组织实施土地开发整理项目388个。其中,国家和省级投资项目14个中,国家投入的7个项目,建设规模为4320公顷,计划总投资8690.7万元,可新增耕地860公顷;省级投资项目7个,建设规模2693.33公顷,计划总投资5550.7万元,可新增耕地338.11公顷。与省联合项目40个,市、县两级项目334个。建设总规模9880公顷,累计投入资金2.49亿元,整理基本农田面积1200公顷,新增耕地面积4200公顷。大部分工程质量较好。南漳县九集镇、枣阳市王城镇国家级土地整理项目,经国土资源部检验,被推荐为全省土地整理示范工程。

4.土地执法监察

(1)查处土地违法案件

1987—2005年,襄樊市立案查处土地违法案件8493件,占地总面积1255.21公顷。其中耕地670.13公顷。已结案处理8488件,占地总面积1245.2公顷。已处理案件中,收回土地面积37.78公顷,其中耕地13.71公顷,拆除建筑物50.88公顷,收缴罚没款1293.1万元,给予党纪政纪处分18人。具体情况(见表17—27)。

1990—2005年襄樊市土地违法案件查处情况统计

表17—27　　单位:件、公顷、万元

年度	当年违法			擅自占用		非法转让		其他		罚没款
	件数	面积	耕地	件数	面积	件数	面积	件数	面积	
1990	980	24.7	8.81	519	14.24	237	2.57	110	5.69	1.77

续表

年度	当年违法			擅自占用		非法转让		其他		罚没款
	件数	面积	耕地	件数	面积	件数	面积	件数	面积	
1991	1066	22.49	7.35	684	15.38	144	2.49	194	3.77	4.46
1992	561	33.03	19.02	387	26.03	157	6.01	8		12
1993	546	38.04	25.03	534	35.03	8	2	4	1	41
1994	210	32.43	20.27	170	22.69	35	8.31	3	1.04	6.4
1995	429	41.54	30.83	300	27.53	119	7.61	4	6.31	56
1996	268	56.97	—	—	—	—	—	—	—	36
1998	235	38	25.45	—	—	—	—	—	—	120
1999	380	45.51	20.49	66	9.05	66	9.05	7	0.44	122.7
2000	389	152.61	82.65	48	8.69	48	8.69	65	74.27	239.6
2001	336	69.79	18.12	75	15.57	75	15.57	40	19.27	147.9
2002	242	44.68	20.24	105	5.72	105	5.72	11	5.51	35.4

注：1997 年，全市贯彻中发〔1997〕11 号文件精神，开展非农业建设用地清查，全市共处理 1991—1996 年各类土地违法案件 4373 起，面积 636.8 公顷。

（2）创建土地管理“三无乡镇”

1991 年 10 月，国家土地管理局在锦州召开全国土地监察工作会议，正式提出在全国开展土地管理“无违法批地、无违法管地、无违法用地”的“三无乡镇”创建活动。1992 年 8 月，湖北省土地管理局印发《创建土地管理“三无乡镇”达标考评意见》，对创建活动的内容、组织领导、考评方法和奖励方法等作了具体规定。1992—1994 年，襄樊市连续三年达省标“三无乡镇”有 22 个。其中，枣阳 3 个（新市、吴店、蔡阳），襄阳 2 个（石桥、法龙），老河口 5 个（中山、赞阳、光化、仙人渡、张集），宜城 3 个（讴乐、李当、小河），保康 3 个（过渡湾、两峪乡、大湾），谷城 6 个（沈湾、紫金、谢湾、北河、黄畈、当埔）。襄阳县土地管理局被评为创建“三无乡镇”活动先进单位。1995 年 11 月，襄阳县石桥镇被评为全国土地管理“三无乡镇”活动模范乡镇。1995 年 3 月 30 日，省土地管理局下发《关于 1994 年度全省土地管理达省标“三无乡镇”的通报》（鄂土监发〔1995〕11 号），全市 1994 年度达省标“三无乡镇”74 个（枣阳 18 个、襄阳 17 个、谷城 12 个、老河口 11 个、宜城 7 个、保康 6 个、南漳 3 个）。1998 年 2 月，全市受省局表彰 1994—1996 年连续三年达省标“三无乡镇”9 个。其中，襄阳（马集、程河、峪山）、老河口（付家寨）、宜城（刘猴）、谷城（盛康）、保康（寺坪）、南漳（花庄）、枣阳（梁集）。开展创建“三无乡镇”活动，提高了广大群众保护耕地、珍惜土地的热情。全市 1000 多个乡村的群众自发订立土地管理乡规民约，有效抑制了土地违法案件的发生。

（3）专项用地清理（查）

清理干部职工违法违纪占地建房。1989 年 5 月，根据国家土地管理局、监察部《关于严肃查处国家行政机关工作人员越权批地、违法占地建私房的通知》精神，省委五届二次全体（扩大）会议，出台了《关于加强廉政建设的决定》，要求在全省开展清查干部职工在城镇违法违纪建私房工作。1989 年 5 月下旬，市委、市政府安排部署，干部职工违法占地建房清查工作。成立了由土地管理局长为组长、相关部门领导为成员的清查工作领导小组，设立了办公室。县（市）区相应成立了由县（市）长牵头的领导小组。层层部署，广泛发动，逐件清理，先由单位和个人申报，后发动群众检举揭发，清查人员实地勘丈，张榜公布群众评议，然后由清查领导小组审核，填表登记，统一验收。经半年多时间的清查，全市共查出干部职工建私房 6849 户（县处级干部 34 户、科级干部 435 户、一般干部 1534 户、职工 4846

户),发现严重违法违纪的376起,当年立案66起,结案处理41起,给予28人党纪政纪处分,拆除违法占地建筑1户,没收非法建筑1户,面积498.15平方米,其余的给予罚款处理。

非农业建设用地清理(查)。1986年非农业用地清理。1986年4月,湖北省人民政府批转了《省土地管理局关于开展非农用地清理的报告》(鄂政发〔1986〕35号),安排部署全省非农业用地清理工作,提出了清理的目的、要求、方法、步骤和违法处理的原则。从1986年3月下旬开始,襄樊市对城乡非农业用地进行全面清理,各县(市)、区政府成立由土地、财政、城建、公安、法院等部门负责人为成员的非农业用地清理领导小组742个,组织清理专班3613个,参与清理人员13037人,基层干部群众47444人参加了清理工作。经过9个多月的努力,全市共清理国家、集体、个人建设用地44 516.8公顷。其中,国家、集体单位28 070个,建设用地面积16 962.4公顷,城乡居民115.53万户,总人口524.17万人,宅基地面积为27 554.4公顷,户均238.5平方米。同时,查清了全市无地村组或人均耕地0.1亩以下的242个村民小组,21 616户,79 051人。共查出国家、集体单位违法占地3563起,违法占地个人16 249户,占地面积1947.6公顷,占非农业用地总面积4.37%。对清理出来的违法占地,本着“尊重历史、面对现实、以宽为主、宽严结合、实事求是、妥善处理”的原则,区别不同情况认真处理。当年清退耕地683.5公顷,征收罚没款14.56万元;拆除违法建筑232栋722间;16 938个单位和个人补办了1406.7公顷的征地手续;行政处分4人,刑事处分1人。通过声势浩大的非农业用地清理和严格执法,全市基本上刹住了乱占耕地、滥用土地的歪风。1987年,全市审批建设用地1397.7公顷;1988年,审批建设用地985.6公顷,比1987年减少412.1公顷,下降29.4%;1989年,审批建设用地424.9公顷,比1988年减少560.7公顷,下降56.8%。1987—1995年,全市实际审批用地4812公顷。其中,耕地2533.3公顷,分别占省下达计划的61.5%和52.7%。

1995年非农业建设用地清理。1995年8月,按照省政府《关于重申严格依法审批土地,加强耕地保护的通知》(鄂政发〔1995〕87号)精神,襄樊市土地管理局下发《关于开展全市非农业用地大检查的实施方案》,根据国家局和省政府统一部署,全市共抽调工作人员180名,组织36个清理专班,集中时间,集中人力,对全市非农业建设、闲置土地进行了专项清理,重点清理了开发区、市场建设、小城镇建设、工商小区及房地产开发用地。共清理闲置土地114宗,面积119.58公顷,其中耕地111.81公顷。当年,对70%以上的闲置土地进行了处理,收回土地使用权9宗,面积6.85公顷。

1997年非农业建设用地清查。1997年4月15日,中共中央、国务院下发《关于进一步加强土地管理切实保护耕地的通知》(中发〔1997〕11号),决定对1991年来各类建设用地进行全面清查。6月16日,省政府办公厅印发《关于全面开展非农业建设用地清查的通知》(鄂政办发〔1997〕66号),明确清查重点是:各类开发区、工商业小区、改制企业、房地产开发用地,中小学达标、经营性公墓、各种祠堂、寺庙、教堂、城镇郊区、铁路沿线、主要公路两侧用地及乡(镇)村建设、乡镇企业、农村宅基用地。清查内容:对具体项目地块进行“四查”,一查建设用地是否符合土地利用总体规划,面积是否合理,是否严格执行用地计划;二查用地手续是否合法,即建设项目是否落实,是否依照规定程序审批,用地面积是否符合建设用地指标,有无超面积或不按规定用途使用土地;三查土地利用是否充分,即是否按开发建设规定进度建设,有无征而未用、闲置浪费土地;四查土地交易是否依法,改制企业土地资产是否按规定办理了地价评估、确认和处置审批手续,有无以牟利为目的的非法转让、出租、抵押土地使用权行为。

1997年7月,根据省政府统一部署,市政府迅速启动非农业建设用地清查工作。成立了非农业用地清查领导小组和工作专班,各县(市)、区相应成立领导小组和工作专班。是襄樊市自《土地管理法》实施以来规模最大的一次土地管理执法大检查。查明1991—1996年全市三项建设(国家、集体、农村居民个人)实际用地152 065宗,总面积5 393.2公顷(耕地2 200.2公顷)。其中,依法批准的有131 390宗,面积4 126.7公顷(耕地1 575.5公顷),占总用地面积的62%;未经批准的违法用地19 982

宗，面积1250.6公顷(耕地615.1公顷)，占总用地面积的23%。通过清理，基本掌握了城镇土地利用程度和土地荒芜闲置的底子。仅市区范围内，共清查出荒芜闲置土地64宗，面积100.72公顷。其中，襄城区30宗面积31.28公顷；樊城区12宗面积13.53公顷；高新区15宗面积27.24公顷；汽车产业开发区7宗面积28.67公顷。荒芜闲置两年以上的59宗96.02公顷。土地荒芜闲置多集中在城郊结合部和两个开发区，主要是工矿用地和党政机关及其所属公司征用的土地，分别占全部荒芜面积的68.1%和17.2%。

1997年10月20日，全市共处理各类土地违法案件4373起，面积636.8公顷，占应处理案件总数的45%以上，并对个别典型案件予以曝光和公开处理。

针对市区土地荒芜闲置的实际，市土地管理局依照法律法规从有利于土地资源合理利用出发，区别情况，分类处理：对征拨、出让一年以上不满两年未使用的，依法收取荒芜费、土地闲置费。荒芜费按年产值(800元/亩)的1—2倍计算，土地闲置费按出让金的20%计算；对城市基础设施用地，单位一宗地中部分荒芜无法调整使用以及可望近期开工建设的土地，依法收取荒芜费，限期使用；对荒芜面积较大，地理位置较差，一时难以利用的荒芜闲置土地，由市政府调整使用，免收荒芜费；符合城市规划要求，已签订转让合同，有明确建设目的的，允许依法办理转让手续，调整使用并收取荒芜费。其他荒芜土地原则上，由市政府依法收回。11月12日经市长办公会研究，对拟收回的市星光实业公司等27宗21.51公顷的土地作出处理决定，除市供水总公司征用地处檀溪路北侧拟用于自来水加压站的土地收取荒芜费外，其余26宗闲置土地由市政府依法收回统一调整使用。

清理开发区。2003年7月30日，国务院办公厅印发《关于清理整顿开发区加强建设用地管理的通知》，要求对开发区(园区)进行清理整顿。在市政府统一领导下，市国土资源局、发改委组织联合调查组，对全市各类开发区用地进行清理整顿工作。共清理各级各类开发区（园区）35个，规划面积23 089.3公顷。其中，国务院批准设立的开发区1个(高新技术开发区)，规划面积4 610公顷；省政府批准设立的开发区2个(汽车产业经济技术开发区和谷城薤山旅游度假区)，规划面积3 900公顷；省政府有关部门批准设立的开发区9个，规划面积8 077公顷；市政府批准设立开发区(园区)3个，规划面积1760公顷；各县(市)政府批准设立的开发区(园区)20个，规划面积4 742.3公顷。2004年3月20日，省政府发布公告，确定襄樊市保留开发区(园区)14个，核减掉21个。市政府要求，在4月30日前，各地完成核减撤销工作。做到摘牌子、撤班子、收存印章、冻结账户、退还土地，严格遵守各项财经纪律，严禁私分财物、转移资产，并妥善安置相关人员。全市各级各类开发区(园区)由原来的35个核减到14个，规划面积由23 089.3公顷核减到7032公顷，核减比例分别为60%和70%。

(4)利用卫星图片执法检查

2000年卫片执法检查。2000年5月10日，市政府副市长陈鼎益在土地管理局召开了由襄城、高新区、汽车产业开发区分管领导、土地管理局负责人参加的卫片执法检查专题会议。副市长陈鼎益传达了省国土资源厅开展卫片执法检查工作会议精神，对执法检查工作进行安排部署，成立了领导小组和工作专班。专班工作人员经过确定位置、现场踏勘丈量、查寻相关资料、查处违法占地、填表分析汇总等5个步骤执法检查。查出1998年10月—1999年10月，发生的三起土地违法案件。长虹食品城违法占地2.1公顷案件。高新区余岗村非法占用耕地2.1公顷建长虹食品城，市土地管理部门对其罚款10.5万元，并责令补办了用地手续，对责任人村支部书记、村主任分别给予党内严重警告、行政记大过处分。余岗三组居民点违法占地0.61公顷案件。1998年12月，因城建部门修排污项目将余岗三组15户居民搬迁新居民点，未办理用地审批手续，非法占用耕地0.61公顷。市土地管理部门作出罚款23.5万元，并没收地上建筑物的处理。民营清河高中违法占地2.35公顷案件。原二汽产业开发区清河村个体户张某擅自扩占耕地2.35公顷创办清河高中。市土地管理部门作出罚款3.1万元，并没收地上建筑物的处理。

2005年卫片执法检查。2005年4月18日，省国土资源厅转发《国土资源部关于利用卫星遥感监测成果开展第五次土地执法检查的通知》(鄂土资办发〔2005〕35号)，市政府责成市国土资源局组织专班开展卫片执法检查工作。此次卫片检查反映的是，2003年5月—2004年7月，市区新增建设用地情况。市区发生变化的图斑共316个，面积491.66公顷。其中，一樊城区30个，32.89公顷；高新区52个，98.56公顷；汽车产业开发区61个，189.57公顷；襄城区68个，27.99公顷；襄阳区99个，137.29公顷；鱼梁洲开发区6个，5.35公顷。经专班人员逐地调查核实，查出违法占地共269宗。其中，非法批地17宗0.23公顷，全部是农民宅基地审批中的问题；非法占地中，超占面积6宗1.71公顷，未批先用246宗334.97公顷(其中未报即用203宗面积237.63公顷，占未批先用总数的82.5%和70.9%；边报边用43宗面积97.35公顷，占未批先用总数17.5%和29.1%)。市国土资源局加大对土地违法案件的查处力度，对反映出的269件违法用地，属边报边用且已办理用地手续的23件没有立案，有5件立案后当事人自行拆除了违法建筑撤销了立案，实际立案214件。其中省国土资源厅立案1件(汽车产业开发区日产工业园)，面积1246.69公顷；市局立案119件，158.20公顷；襄阳区分局立案94件，面积30.35公顷。收缴罚没款90.7万元，拆除违法建筑10 793.5平方米，退还土地89.87公顷，落实党纪政纪处分2人，申请法院强制执行4件。2005年8月11日，国土资源部下发《关于在部分城市开展卫片执法检查的函》，市国土资源局印发了《关于开展新的卫片执法检查安排意见》。此次卫片检查反映的是，2004年9月—2005年4月，襄城区、樊城区新增建设用地情况。两城区发生变化的图斑36个，面积71.52公顷。经实地勘查，襄城区12个图斑29.87公顷全部为实地未变化；樊城区24个图斑41.64公顷中有21个33.02公顷为实地未变化，有3个8.61公顷属农业结构调整用地。新一轮的卫片检查中没有发现突出的违法现象。樊城区农业结构调整中苗圃园和鱼塘边有少量建筑物，襄城区乡村道路维修建设个别地段有取直改道现象，新占耕地约0.2公顷。这两个问题当年就立案查处。

(5)土地市场清理整顿

1992年6月30日，市政府在樊东区召开土地使用制度改革动员会，安排部署市区土地市场清理整顿工作。清理对象是：凡擅自将土地使用权转移的国家、集体、单位和个人。清理内容包括：私自转让、出租、抵押土地使用权；土地使用税未交的；征而不用私自改变用途；影响市容市貌乱搭乱建的。通过对辖区内400多个中央、省、市属企事业单位及4 500多私房户调查，共发生各种土地隐形交易1996起，交易额达2 100多万元。其中，出租1884起，年租金1 590万元；私自转让112起，410多万元；抵押1起，100多万元；违法占地60起，面积19.47公顷。针对存在的问题，市土地管理局区分时间，区别对待，分类进行了处理。当年年底，全市共补办土地使用权出让手续8 250宗，办理新增国有土地出让手续9宗，收缴土地出让金749万元。2003年2月20日，国务院在京召开全国治理整顿土地市场秩序工作电视电话会议。这次土地市场秩序整顿时间到2005年年底，其间国务院决定，暂停办理农用地转用手续，暂停土地利用总体规划调整修编工作，暂停审批各类开发区。3月10日，市政府下发《关于治理整顿土地市场秩序的实施方案》(襄政办发〔2003〕10号)，明确了治理整顿工作的范围、内容、方法、步骤。市政府决定成立以副市长陈鼎益为组长、市政府秘书长刘德政、市国土资源局长郭玉田为副组长，相关部门负责人为成员的领导小组，组建了督查办公室。全市各级国土部门组织800多人，集中7个月时间，对1999年新法实施以来的农用地转用、集体土地征用及土地供应等5个方面的问题全面进行拉网式检查。市政府对各地治理整顿工作开展督查，共查出各级政府、国土资源部门存在的问题44件，处理37件，立案查处相关管理人违法行为770件，当年下处罚决定156件，处理完备(含补办手续)353件，收缴罚没款97.7万元，给予3人党纪政纪处分。

（6）“全国土地日”宣传

1991年，国务院第八十三次常委会议决定，每年6月25日为全国土地日。国土资源部（原国家土地管理局）确定每年全国土地日的宣传主题。襄樊市国土资源局围绕宣传主题制订宣传方案，以宣传咨询站，横幅、标语、专栏、电视专题片、中小学生征文比赛和法规知识答题竞赛、领导发表广播电视讲话等形式进行宣传。增强了全市居（村）民进一步加强土地管理，切实保护耕地的法律意识。历年全国土地日宣传主题见表17—28。

1991—2005年“全国土地日”宣传主题一览

表17—28

年度	宣传主题	年度	宣传主题	年度	宣传主题
1991	土地与国情	1996	土地与发展——保护我们的生命线	2001	规划用地 利国利民
1992	土地与改革	1997	土地与国家——爱护我们的家园	2002	规范土地市场 促进经济发展
1993	土地与经济	1998	土地与未来——集约用地、造福子孙	2003	规范土地市场 促进可持续发展
1994	土地与市场	1999	依法行政 合理用地	2004	坚持科学发展观 珍惜每一寸土地
1995	土地与法制	2000	保护耕地——为了美好的明天	2005	节约集约用地 促进科学发展

七、国有资产管理

（一）国有资产体制机制改革

1.国有资产管理体制改革

国有资产管理是国家按照国民经济管理的总体要求，以资产所有者的身份，对国有资产的占有、使用、收益和处置所进行的计划、组织、经营、协调、监督、控制等一系列活动的总称。国有资产管理覆盖国有资产运营的各个环节各个方面，包括国有资产的投资经营、收益分配、产权处置及资产评估、登记、界定等等。1988年1月，国务院成立了国家国有资产管理局。1990年7月，国务院发布《关于加强国有资产管理工作的通知》，要求按照统一领导、分级管理的原则，逐步建立健全国有资产管理机构。财政部和国家国有资产管理局行使国有资产所有权的管理职能，国家国有资产管理局专职责任相应工作，并由财政部归口管理。1988年以前，襄樊市国有资产管理，主要通过财政局各有关业务科室进行。1988年9月25日，根据国务院和财政部的统一部署与要求，襄樊市编制委员会《关于成立襄樊市国有资产管理局的批复》。1988年11月，成立襄樊市国有资产管理局，隶属于襄樊市财政局的副县级单位。其行使全市国有资产管理职能，重点管理国家投入的各类企业国有资产，行使国有资产所有者债权、国有资产投资和收益权、国有资产处置权等权利，开展清产核资、产权登记、资产评估、产权界定、国有资产保值增值考核、年报统计和国有资产法制建设等工作。1998年2月，襄樊市成立国有资产管理委员会办公室，正、副主任由市委、市政府主要领导担任，成员由市直17个职能部门负责人组成，市国资委下设国资办和董事管理局两个办事机构，行使国家所有者职能，享有资产所有者的各项权利。与襄樊市国有资产管理局合署办公,机构升格为正县级。襄樊市国有资产管理委员会办公室与襄樊市国有资产管理局设党组,由襄樊市财政局党组协管。内设办公室、产权科、法规科、企业科、行政事业资源科、统计评价科(挂市政府清产核资办公室牌子)6个科室,机关行政编制30名。2001年11月,市委、市政府印发的市级机构改革方案规定:襄樊市国有资产管理委员会办公室与襄樊市财政局合署办公,不再保留襄樊市国有资产管理局。将原襄樊市国有资产管理局组织实施国有企业财产监管的职能,交给襄樊市经济贸易委员会承担;将原襄樊市国有资产管理局承担的国有资源实行资产化管理的有关职能,分别交给襄樊市国土资源局、襄樊市林业局承担。2002年2月,襄樊市机构改革,,襄樊市国有资产管理委员会办公室没专设内部机构,在襄樊市财政局增设财产评估科和统计评价科2个科室,具体承担原国有资产管理局部分职能。2002年3月,襄樊市政府办公室印发了《襄樊市财政局职能配置、内设机构和人员编制规定》,核定国有资产管理委员会办公室与市财政局合署办公,设主任1名(由财政局长兼任),副主任2名。2002年10月,新一轮机构改革到位,襄樊市国有资产管理局(国有资产管理委员会办公室)原有人员37人,在市财政局机关及直属单位分流安置。2004年12月,国有资产管理委员会办公室由市政府直接管理。2005年3月,市委、市政府按照省委对襄樊市党政机关机构改革的批复意见,组建襄樊市人民政府国有资产监督管理委员会(简称市国资委),机构级别为市政府直属正县级特设机构。市政府授权市国资委代表市政府履行出资人职责。根据市委决定,市国资委成立党委,履行市委规定的职责。市国资委的监管范围是市级国有资产。根据市政府授权,对市国资委监管的市级国有资产实行分步划转。内设7个职能科室:办公室(党委办公室)、政策法规科、产权管理科、企业改革发展科、统计评价与业绩考核科、监事会工作科、人事教育科。

襄樊市国有资产监督管理委员会副县级以上干部

2005年3月—2005年12月

表17—29

姓名	籍贯	职务	在职时间
舒心海	湖北枣阳	党委书记	2005.03—2009.05
毛洪波	湖北襄阳	主任	2005.03至今
张卫华	湖北襄樊	纪委书记	2005.03—2008.11
张襄生	河北南宫	副主任	2005.03至今
胡绍敏	湖北襄阳	副主任	2005.03至今

2.国有资产经营机制改革

1998年4月,市国资委在深入调查研究基础上制定《关于进一步深化我市国有资产监管运营体制改革的实施意见》《襄樊市国有资产授权经营试行办法》《襄樊市国有资产经营责任制试行办法》《襄樊市国有资产营运行为准则》,为构建襄樊市"国资委——运营主体——企业"三个层次的国有资产管理、监督、运营体系迈出关键的一步。明确了市化工资产经营公司、东力工业公司、汽车产业开发区资产经营公司为国有资产投资主体。截至年底,全市共组建各类营运机构6家,其中市级5家、县级1家。各类资产经营公司注册资本金总额7.98亿元,净资产总额8.41亿元,控股企业40户,参股企业55户。市国资部门积极探索授权和委托经营形式的改革,大力推行资本营运。1997年,继湖北化纤、襄棉集团被授予国有资产授权经营主体之后,国资部门继续参与构建襄樊东力集团、市燃化资产经营公司等国有资产营运机构的改革试点,加快授权经营工作步伐,促进经营机制转变。1998年8月,市国资部门以市东力工业公司为试点,制定了动态股权激励运作模式方案。11月上旬,东力公司动态股权激励运作模式正式启动,以全公司员工作为股权激励对象,并分别设定不同层次岗位价值,关键岗位人员购买了相应价值风险股。动态股权激励机制,采取贡献优先、竞争上岗的激励措施,坚持按劳分配、按资本分配、按贡献分配"三位一体"分配原则,使企业员工真正做到了联股、联利、联心。1999 年,对东力公司 1998 年度的经营成果进行了认真考核、奖励和兑现,从国家所有者权益增值额中拿出 125 万元,对关键人实施了股权和货币奖励。1999 年,全市动态股权制试点企业达到 12 家。市委、市政府批转了市国有资产管理局,配合有关部门联合起草的《关于进一步推进和深化动态股权制的意见》。2000 年,全市动态股权制试点企业进一步扩大,取得明显效果。市直相关部门对东力公司和仪元公司的年度经营成果进行了认真考核,根据其效益增长情况,从国家所有者权益增值额中提取 331.875 万元,采取股权加货币的方式奖励关键人员,有效地调动了经营者积极性,促进了国有资产的增值保值。同时,出台了《襄樊市推行动态股权制试点企业财务处理办法》《襄樊市企业实施动态股权制改革规范运作规程》等规范性文件。2001 年,试点范围进一步扩大,逐步由市直向县(市)、乡镇推进,由工业企业向商业、交通企业及其他行业扩展。

(二)国有资产基础管理

1.清产核资

1990 年,为摸清全市国有资产家底,逐步解决国有资产运营中多年积累下来的问题,市国有资产管理局对全市国有资产存量、分布状况进行了统计调查。调查结果:襄樊市预算内国营企业全部资产总额为 627 089 万元。其中,国营工业企业为 363 369 万元,占总额 57.94%;商业企业 232 124 万元,占总额 37.02%;农林水企业 31 596 万元,占总额 5.04%;国家基金总额为 236 914 万元。其中,工业企业 153 055 万元,占总额 64.6%;商业企业 63,750 万元,占总额 26.9%;农水企业 20 109 万元,占总额 8.49%;资产负债总额 390 175 万元。其中,工业企业 2l0 314 万元,占总额 53.9%;商业企业 168 374 万元,占总额 43.15%;农林水企业 11 487 万元占,总额的 2.94%。

从市区调查情况看,958 个企事业单位国有资产存量为 24.96 亿元。其中,固定资产 19.38 亿元,占 77.64%;流动资产 2.76 亿元,占 11.06%;专项资产 2.81 亿元,占 11.26%。企业资产 17.56 亿元,占全市资产总量的 70.35%;行政事业单位资产 7.4 亿元,占资产总量的 29. 65%。预算内 182 户企业资产 15.09 亿元,占全市资产总量 85.93%,59 户预算外企业拥有资产 2.44 亿元,占 1 3.9%。

市区国有资产特点:生产经营性资产大于非生产经营性。据市属 241 户企业调查统计,到 1988 年年底共有资产 17.6 亿元,占资产总量的 70.3%,而市属 551 户行政事业单位共有资产 7.4 亿元,仅占资产总量的 29.7%;预算内企业共有资产 15.1 亿元,占企业资产总量的 86.1%,而市属 59 户预算外企业资产存量只有 2.44 亿元,占企业资产总量的 13.9%;工业企业资产存量大于其他企业资产存量。据市属 93 户工业企业和 148 户其他企业统计,资产存量分列为 13.5 亿元和 4.05 亿元,分别占企业资产总量的 77%和 23%。

1992 年,根据国务院清产核资领导小组的统一部署,市国有资产管理局选定市纺织、化纤、轻工、机械、电子、化工、建材和商业 8 个行业中的 5 户大型企业、6 户中型企业、5 户小型企业承担全国清产核资的首批试点任务。试点工作从 1992 年 3 月底开始,到 11 月底基本结束。

在清产核资中,精心组织,摸清家底,做到"见物就点,是账就清,不打埋伏,不留死角,不重不偏"。在资产清查阶段,实行"六个统一",既统一清查范围、统一盘点时间、统一岗前培训、统一填报口径、统一解答问题、统一验收标准。同时,探索出"贴标排除"、"实物丈量"、"搬家移位"等行之有效的清查方法,对试点企业各类财产进行全面清查,摸清了"家底"。严肃政策,界定产权。根据《清产核资办法》,市清产办及时制定了襄樊市的实施意见,并在技术上确定了“总额扣除法”和“逐项界定法”,对企业的资产进行界,通过界定16户企业应属国家所有的资产为5.51亿元。统一口径,重估价值。16户试点企业纳入重估范围的资产34 225.7万元,占全部固定资产的58.5%。部门协调,核定资金。市清产办、财政、国资、各专业银行及企业开户行协商成立了8人资金核实专班,联合办公,深入企业逐笔审核。通过核实,对各类资产损失、挂账9 218.6万元全部作了处理。其中,经批准核销资金296.8万元,财政弥补309.4万元,企业分阶段清化处理3 612.4万元,最后核实登记5.39亿元。巩固成果,完善制度。在这次试点中,各企业普遍对原有制度进行了清理,并针对试点暴露和反映的问题、重点对固定资产、流动资产、低值易耗品、产成品、债权债务、闲置资产、积压物资、调剂利用、厂办集体企业等方面的管理制度进行了修改、补充和完善。

1994年,在清产核资首批试点的基础上,襄樊市又选择157户企业进行了清产核资试点工作。其中按地域划分市直28户,襄阳县11户,枣阳市20户,宜城市17户,南漳县7户,保康县7户,谷城县21户,随州市25户,老河口市21户;按企业规模划分大型企业15户,中型企业64户,小型企业78户。通过对试点企业的资产清查、所有权界定、价值重估、资金核实等6个阶段的工作,全市共核实157户试点企业国有资产总量115 415万元,处理各种损失挂账98 745万元。

1995年3月,开始全市清产核资工作,为此制定《襄樊市清产核资检查验收评比办法》,调整充实了清产核资领导小组及办公室人员,专班人员达8520人,对各级清产办及企业实行百分考核,确保了工作质量。1340户企业国有资产总量101.7亿元,负债86.5亿元,所有者权益15.2亿元。其中,国家资产14.1亿元,资产损失6.6亿元,处理各种损失4亿元。

1996年,全市清产核资工作顺利结束。根据省政府清产核资办公室的统一部署,市国有资产管理局及时向政府及有关部门递交了“一张总表,两个报告”,即:清产核资数据报表、清产核资数据分析报告、清产核资工作专题报告。“一张总表,两个报告”、为开发利用清产核资数据、进行国有资产统计监测、评价企业国有资产经营状况、打下了良好的基础。也为全市历时五年的国有企业清产核资工作画上了一个圆满句号。全市清产核资企业1342户,通过价值重估,核实国有资产204.72亿元,各项负债144.43亿元,所有者权益60.29亿元。

1997年,根据《湖北省城镇集体企业单位清产核资试点方案》的要求,开展城镇集体企业清产核资试点。经过资产清查、价值重估、产权界定,资金核实,产权登记以及建章建制五个阶段的细致工作,圆满完成了试点任务。清查核实企业223户,其中城镇集体企业71户、农村信用社152户,清查资产总额359 827万元,核实所有者权益—3 455万元。固定资产价值重估增值5 707万元,增值率20%,清理不良资产和损失66 321万元,其中:核销挂账和损失4 234万元,留待以后年度处理8 959万元。基本摸清了试点企业资产和负债情况,理顺了产权关系,为企业建立规范的资产管理体制创造了条件。

1998年,市清产核资部门对全市797户城镇集体企业全面开展清产核资,资产总值59.95亿元,负债52.26亿元,所有者权益7.69亿元。通过价值重估,使企业资产升值2.61亿元。同时,在集体企业清产核资中,共清理出各种资金损失和挂账15.78亿元,初步暴露了企业内部管理中存在的问题,处理城镇集体企业各种损失、核销历史包袱2.26亿元。

2001年,开展预算单位清产核资工作。根据全国、全省地方预算单位清产核资工作部署,襄樊市对全市2334户预算单位组织开展了清产核资工作。经过宣传培训、户数清理、资产核实、报表录入等几个阶段的工作。全市2334户预算单位资产总额713 037万元。负债223 155万元。净资产489 882万元;预算单位2000年度收入总额343 694万元,支出总额375 218万元;资产盘盈84 244万元,盘亏10 318万元,盈亏相抵,净增加资产73 926万元。

2.资产评估

1991 年 11 月,国务院颁布《国有资产评估管理办法》(国务院〔1991〕91 号令),国家国有资产管理局制定了《实施细则》,以规范产权变动和资产交易中资产评估行为,防止国有资产流失。根据国家资产评估法规,有关中介机构采取重置成本法、清算价格法、现行市价法,对市直 8 户产权变动企业进行了资产评估。其中联营企业 2 户,股份经营企业 1 户,兼并企业 4 户,拍卖企业 1 户。评估前企业账面原值为 3 768 万元,账面净值 2 867 万元,通过评估,评估值为 3 920 万元,比原账面净值增值 1063 万元,增值率达 37.1%。防止了国有资产在产权变动中的损失。

1992 年, 根据国务院《国有资产评估管理办法》的要求, 全市共评估立项 48 个, 资产评估总额 40 768 万元,评估资产增值 6 567 万元,平均增值率为 16%。

1993 年,按照统一要求,市国资部门组织市、县两级有关部门共计 290 人,参加省局举办的资产评估培训班,系统学习了资产评估技术及有关政策。当年,全市在股份制改造、中外合资合作经营、企业兼并联合等活动中,对 82 个项目进行了资产评估,评估资产 189 163.78 万元,账面净值 116 472 万元,评估值 141 167 万元,增值 24 695 万元,增值率为 21.2%。

1994 年, 为强化资产评估管理, 坚持持证上岗制度。全市有 278 人通过考试获得了评估资格证书。其中,高级评估员 39 人,中级 71 人,初级 39 人,可上岗人员 75 人,各机构的评估人员持证上岗率已达 92%。共对 61 个项目进行了整体或部分资产评估,评估资产净值 121 908 万元,评估确认价值 171 890.3 万元,增值 41%。

1995 年, 全市有 298 人通过考试获得了《评估资格证书》, 各级机构的评估人员持证上岗率达 98%;全年完成资产评估项目 122 个,评估申报账面净值 94 052 万元,评估价值 139 668 万元,升值额 45 616 万元,升值率 48.5%。

1996 年,严格规范资产评估方法、程序、计价标准、档案及信息资料管理等工作,完善监督检查方法和手段,促使评估机构和人员公正,独立执业,提高了评估质量。全年共完成资产评估项目 64 个,评估前账面净值 18 632 万元,评估值 23 322 万元,升值率 25.17%。

1997 年, 进一步贯彻落实国务院〔1991〕91 号令、《资产评估操作规范意见》、《资产评估立项确认工作的若干规范意见》,抓好评估项目管理。据统计,全市共完成评估项目 302 个,账面值 200 175 万元,评估值 243 619 万元。升值额 43 444 万元,升值率 21.7%。

1998 年,通过严格资产评估立项和审核确认,全年共批准立项 158 项,审核确认 138 项,确认项目评估账面值 133 935 万元,确认值 181 146 万元,增值 35.25%。

2000 年,组织实施全市资产评估机构脱钩改制工作,对评估机构重新进行资格审验,规范机构设置及其执业行为。对评估项目认真审查,严格把关。全年共批准立项 54 项。确认 46 项,评估资产价值 5.6 亿元。

2001 年,资产评估机构实行脱钩改制后,对资产评估行业规范发展,提出了新的要求。襄樊市对资产评估监管工作,把重点放在项目管理上。在验证确认中,除审查评估机构、评估人员、评估方法和评估基准日的合法性外,以取价标准、损失处理、负债核产等问题做到了认真审查,严格把关。据统计,2001 年度,全市共批准资产评估立项 39 项,确认 37 项,确认评估资产价值 75 392 万元。全市汇编 2000 年度国有单位 2182 户,其中,企业类 689 户、行政事业类 1317 户、建设单位类 176 户,资产总额 317.81 亿元,国有资产总额 98.57 亿元。

2002 年是国有资产评估监管方式由立项确认制改为核准制和项目备案的第一年。按《湖北省国有资产评估项目备案管理办法》的要求,襄樊市财政局认真抓好每一个评估项目的核准或备案。对每一份评估报告,从格式、内容、评估方法、取价依据、相关证据等方面进行严格审核把关,对不符合规定的退回重做。同时,对每一份评估报告,做好现场勘察复核。对需要进行核准和备案的评估项目,要求报送相应的文件和资料，对评估经济行为的合法性进行审查，为推进企业改革和确保国有资产完整提供有力的保证。据统计，同年仅市直共审核资产评估报告 28 份，核增资产价值 3000 多万元，维护了国有资产的合法权益。襄樊市财政局对全市 6 家评估机构，2001 年度资产评估项目基本情况，按企业类型和经济行为进行统计汇总。汇总结果为：全市审查确认合格 65 户，评估审核账面总资产 139 956.88 万元，评估确认值 156 326.74 万元，增值率 11.70%；评估审核帐面负债总额 44 573.97 万元，评估价值 52 084.26 万元，增值率为 16.85%；评估审核帐面净资产 80 463.32 万元，评估确认价值 89 581.84 万元，增值率为 11.33%，国有资产净增值 9 118.52 万元。

2002 年 6 月 1 日—7 月 15 日，襄樊市财政局对全市 9 家(含 3 家新增乡镇企业资产评估机构)资产评估机构进行了年检。按照省厅〔2002〕鄂便 142 号文件及资产评估机构管理暂行办法、资产评估操作规范意见等文件精神，确定合格评估机构 6 家，不合格的 3 家，合格率达 67%。对不合格的 3 家评估机构，要求停业 3 个月限期整改。2002 年 10 月 8 日—11 月 26 日，按照《湖北省国有资产评估项目抽查实施办法》规定，襄樊市财政财局抽调 9 名注册资产评估师，组成 4 个抽查小组，对全市资产评估机构本年度完成的评估项目进行抽查。在抽查的 9 个项目中，合格项目 5 个，整改项目 4 个，无不合格项目。在单个项目抽查完成的基础上，对本次抽查的基本情况进行了总结汇总，对存在的主要问题进行了通报，对 4 个整改项目提出了明确要求。

2003 年，襄樊市财政局组织专班，积极服务于国有企业改革工作。依据资产评估规定，抓好国企改革政策的制订和落实。襄樊市财政局结合财政财产评估职能及时提出修改意见，补充完善相关政策，印发《关于进一步加强资产评估管理工作的通知》，对国企改革中资产评估工作提出了具体要求。加强评估机构监管。对参与国企改革的资产评估机构，从依法评估、规范作业、评估质量等等方面实行考核，严格评估纪律，坚持公正客观评估。同时，加大现场监管跟踪抽查力度，对群众来信来访和举报评估不实的情况及时查实、整改、纠正。做好评估报告的审核备案工作。为严把资产评估关，将评估报告备案与规范企业改制有机地结合起来。对每一份资产评估报告都明确专人进行认真审查核实，对重点企业进行现场抽查，对审核中发现的问题及时要求评估机构进行更正，对资产评估结果进行公示，提高评估工作的透明度，以便于广大职工进行监督。截至年底，审查备案资产评估报告 70 余份，涉及资产总额 50 多亿元。抓好改制企业国有资产产权转让收入的归集和职工安置费用的拨付。严格按照市企改办企业改制方案批复意见，落实资产产权转让收入的归集和职工安置费用的拨付。截至年底，共归集产权转让收入 8000 多万元，向企业划拨职工安置费和各种保险基金 5000 多万元，确保了企业改制顺利实施。同年 5 月 28 日—6 月 15 日，市财政局对全市 9 家资产评估机构，45 名注册资产评估师进行了年度检查。通过检查，9 家评估机构有 8 家通过了年检，有 1 家得分 70 分以下，按规定给予了限期整改处理。同时，在做好评估机构年检的基础上，对国有资产评估项目进行适时抽查。根据省财政厅的统一安排，选取了市区 2 家机构和县(市)4 家机构的 6 个评估项目进行抽样检查，按照《湖北省国有资产评估项目抽查实施办法》要求，对拟抽查项目重点从评估项目的合法性、评估程序的合规性、评估报告的规范性、评估底稿的完整性和评估结果的有效性等方面进行检查。抽查的 6 个评估项目平均得分为 79.4 分，最高 92.5 分，最低 67.5，合格项目 3 个，整改项目 3 个，无不合格项目。

3.保值增值

1998 年，国务院批准财政部新的“三定”方案，逐步建立起以产权界定为前提，以产权登记为基础，以产权变更监督为重点，以股权管理为突破口，以资本预算为手段的国有资本金基础管理体系，确保国有资产保值增值。

（1）产权登记

1990年，市国有资产管理局采取“两协作”“两结合”的方法，落实产权登记。“两协作”“两结合”的方法，即与市会计事务所密切协作，把注册验资与核实资本金结合起来，保证国有资产产权登记的真实性、可靠性；与市工商管理局密切协作，把产权登记和工商注册登记结合起来，规定公司办理工商注册登记，必须持同级国有资产管理部门出具的资金证明和产权登记表，方可办理开业注册或年检事宜。截至1990年年底，市区已有47家公司办理了产权登记手续，注册国有资金33 000万元。1991年，市国有资产管理部门全面落实产权登记工作责任制，采用分线定片、落实专人、规定进度、保证质量的办法，主动服务，严格把关。当年为全市1179户国营企业和实行企业化管理的事业单位，办理了国有资产产权登记手续，登记资产总额139.2亿元，国有资本金37.34亿元。其中，固定基金28.08亿元，流动基金5.47亿元，专用基金3.79亿元；其分布构成为：工业部门23.55亿元，建筑交通部门1.25亿元，商粮贸部门7.24亿元，农林水部门3.30亿元，文教卫和城市公用部门1.28亿元，其他0.72亿元。同时，受省局委托为17户省属非工业企业办理了产权登记，登记国有资产总额576.5万元。1992年，根据国务院办公厅批转的国家国有资产管理局、财政部、国家工商行政管理局，《关于1992年在全国范围内开展国有资产产权登记工作的请示》精神，市国有资产管理局统一印制了“国有资产产权登记证”和“国有资产经营证”，并将产权登记与工商年检同步进行。全市共登记企业1723户，登记资产总额332 766万元，国有资金218 976万元。其中，新办企业393户，国有资金21 817万元。1993年，结合新财务制度和产权登记责任制度的贯彻落实，全市1546户企业单位办理了产权登记手续。其中，年检登记1209户，变动登记29户，开办登记300户，注销登记8户。1994年，根据企业实行新的财会制度和财税体制改革新特点，市国资部门在规范登记程序和完善登记内容上狠下工夫，全市国资部门共办理产权登记1019户，其中市直197户。登记国有资本258 667万元，国家所有者权益54 855万元。1995年，对企业国有资产进行年检、开办、变更登记，共办理产权登记1133户，其中市直216户。登记国有资产总额31.50亿元。1996年，市国有资产管理局坚持“三定一包”责任制（定时间、定职责、定户数、包科室），办理产权登记920户，国有资产总额44.64亿元。1997年，办理产权登记3454户，登记面达100%。资产总额282.38亿元，负债总额194.93亿元，所有者权益87.45亿元，国有资产总额85.87亿元。通过产权登记，核实了全市国有企业和实行企业化管理事业单位的国有资产存量、结构和分布状况。

（2）产权变动监管

1990年，根据中央和国务院，关于清理整顿公司加强国有资产管理的要求，市国有资产管理局共组建清理专班9个，参加人员30人。采取查阅收集资料与调查走访职工相结合，在较短时间里，掌握了全市公司基本情况及经营状况。据统计，1990年年底，全市注册登记各类公司共1368家，国有资金总额85 178万元。其中，固定资金55 787万元，流动资金21 150万元，专项基金8 241万元。在清理整顿公司中，市国资管理部门把撤并公司的资产和债权债务清理，作为产权管理的重点。制定了《关于在清理整顿公司中加强国有资产管理的意见》，明确国有资产界定政策，登记报告，交接手续，变价收入管理等规定，使产权转让、资产划转有章可循。二是对撤并转产公司的国有资产，明确规定由国有资产占有单位提出资产流向报告，交国有资产管理部门审核批准后，才能办理交接手续；交接双方必须以国有资产管理部门下达的资产划转通知书为凭证，分别作国家基金的增减变动财务处理。据统计，在整个清理整顿过程中，共办理资产划转手续75笔，划转国家基金达4 630万元。1998年，市国有资产管理部门为贯彻落实省政府143号令精神，加强产权交易监管，对市场产权交易行为及机构监管制定了具体的政策措施。7月28日，襄樊市产权交易事务所挂牌开业。2001年，省政府办公厅转发省财政厅、省工商局《关于规范产权交易过程中产权变动和工商变更登记工作意见》。市国有资产管理部门组织对市产权交易事务所和6家县(市)产权交易机构进行了清理检查。对全市产权交易机构的名称、成立时间、批准机关、法人代表、人员构成、挂靠单位等情况进行了清理规范,对产权交易机构进行归口管理,确保了产权交易行为公开化、透明化、市场化,杜绝了场外交易和暗箱操作。

(3)股份制改革

1992年,市政府决定把股份制作为转换企业经营机制的突破口,提高国有资产运营效益。市国有资产管理局会同体改办、人民银行,对卧龙饭店、湖北制药厂第八分厂、市文化用品公司等5户企业进行首批试点工作。国有资产管理部门按照《国有资产评估管理办法》,对现有资产进行全面清理,评估资产总额8518.3万元,增值1894.8万元,平均增率为22.2%。同时,与有关部门一起对试点的经营范围、发展方向、市场前景、效益预测、资金投向以及股票发行规模和发行方式等方面进行了详细的研究和论证;对企业全部资产进行追溯调查,公正界定资产所有权,维护不同所有者的合法权益;根据企业的不同情况分别与股权代表签订正式协议书,全年共发行股票5 036万元,其中国家股2 717万元。1993年,襄樊市对国家直接控股的股份公司依法委派国家股权代表,使股权管理的责任落到实处。市国有资产管理局重点参与了襄钢、襄棉、一棉的试点工作。从调查论证,方案设计、资产核实、产权界产、股权设置、参股审批、章程修改、文件起草等具体工作做起,为3家公司改制创造了条件。截至1993年12月底,全市组建股份制企业61家,总股本为43 542万元。其中,国家股28 470万元,法人股8 687万元,个人股6 385万元。1994年,通过指导和监督,对参股资产履行严格的申报和审核手续,全市组建股份制企业79家,设置股本总额59 464万元。其中,国家股28 714万元,占总股本的48.3%;法人股27 610万元,占46.4%;个人股3 140万元,占5.3%。1995年,市国有资产管理局加强改制过程中的产权管理。帮助企业清查资产,界定产权,评估资产,并依据有关规定审批股权设置和对股份公司中国家股权的监督管理。截至1995年11月底,全市国资部门共参与组建股份制企业127家,设置股本总额114 524万元。其中,国家股46 572万元,占总股本的40.67%;法人股57 410万元,占50.13%;个人股10 542万元,占9.2%。1998年,市国资部门在企业股份制改造过程中,帮助企业科学界定产权,明确国有股权代表,维护国家权益。全市新改造股份制企业47户,吸纳入股资金22 890万元。1999年,继续大力推行股份制改造,全市有10家企业进行了股份制改造。

(4)结构调整

1997年,在全市企业改革改制中,对襄棉集团与市一棉、金方圆实行强强联合。通过兼并和资产划转,总资产达9.99亿元,所有者权益3.01亿元,分别增长48.53%和59.63%。支持东风轮胎公司兼并市属湖北钢丝厂,“三九集团”兼并市酒厂,武钢兼并襄钢。办理了资产清查、资产评估和产权转让、资产划转等手续。多途径放开搞活小企业。以股份合作制为重点,对小企业采取国有民营、租赁、承包、分块搞活、托管、出售等多种形式改革。据对全市83家中小企业改制情况统计,资产负债率比改制前下降11个百分点。1998年,对依法破产的国有企业进行资产清查,核实债权债务,对存量资产再利用提出分配意见。全市依法破产企业14家,盘活存量资产5 500万元。在兼并、破产中,全市9.95亿元实现向高效领域转移流动。2000年,为推行国有资本结构调整,采取股份制改造、国有股减持、兼并、拍卖、破产、出售、股份合作制等多种形式,放开搞活中小企业,加快了中小企业民营化步伐。全市国有企业民营化率达40%以上。2001年,通过售让和减持国有股权,改善国有股本结构,积极为北京泰跃集团公司对湖北化纤集团公司部分股权的收购和对襄樊机场整体收购工作提供服务和支持。对中小企业,继续采取兼并、拍卖、租赁、股份制改造等多种形式放开搞活,分类重组。对债务沉重、整体难以搞活的企业,将其优良资产剥离出来,吸引外商、社会法人、自然人及内部职工入股,改制组建新的公司。对严重资不抵债企业,坚决实施破产。市直有9家企业宣告破产,破产清算企业资产40,567

万元。

4.统计评价

1999年9月,襄樊市在全市共选择19户企业,市直选择1个行业、5户企业,县(市)、区各选择1个行业,开展企业效绩评价试点工作。拟定了企业效绩评价试点工作方案,对试点企业进行了培训,基本完成了试点任务,达到了预期目的。2000年,按照财政部、省财政厅统一部署,市国资部门对市直5户企业实施了国有资产经营效绩跟踪评价试点。同时,继续做好财政部确定的襄樊市6户试点企业国有资本金季度监测工作。对企业资产、权益、收入、支出及损益等18项基本经济指标,进行收集审核和分析上报。2001年,市国资部门对市直172户企业,2000年度经营效绩进行基本指标得分排序,并从中选择了仪表元件、热电、银河、鼓楼等10户企业进行综合评价。

全市企业效绩评价工作,通过1999年、2000年、2001年试点和扩大试点,运用效绩评价体系对企业经营效绩和经营者业绩综合评价,取得了较好的效果。2002年,按财政部、省财政厅"统一报表"的工作要求,襄樊市财政局做好2001年度会计(决算)报表数据的收集、审核、汇总工作,分类举办了财政系统、预算单位、国有企业、建设单位、集体企业五个会计报表培训班,对会计报表政策、填报口径、计算机应用等方面进行了全面系统地培训学习。襄樊市财政局重点加强财政拨款和财政供养人员的审核及与财政总决算和预算外资金的衔接,按时完成了全市2001年度预算单位类、建设单位类、国有企业类、集体企业类、集体金融类等五大类3672户会计(决算)报表的编制、会审工作。并对2001年度资产运营状况进行了综合分析,为全市经济结构调整和财政支出管理提供了决策依据。确保2002年度全市会计(决算)报表工作质量,襄樊市财政局明确、细化了有关科室会计(决算)报表工作职责,制定了《襄樊市2002年度会计(决算)报表评比办法》。通过建立制度,实行规范管理,确保了报表工作的整体成效。襄樊市财政局在全市开展预算单位清产核资、资金核实工作。2002年9月11日,召开了市直预算单位清产核资资金核实工作会议,对全市清产核实工作进行了总体安排。做到了四个明确:明确资金核实工作的程序;明确资金核实工作的内容范围;明确资金和资产"公示"内容和报表报送的时间要求;明确核查要求和工作纪律。根据省政府关于药品监督管理系统实行垂直管理的通知,为了准确、真实反映划转资产的价值,结合清产核资工作,组织各县(市)、区财政局积极配合省财政厅、省药品监督局和湖北今朝会计师事务所组成的清产核资检查小组,对全市药品监督管理系统9家单位的清产核资情况进行了样本核查。2003年,为了做好2002年度会计(决算)报表工作,确保全市3 464户汇编单位的报表编报任务按期完成,襄樊市财政局印发了《关于明确年度会计(决算)报表工作职责分工的通知》和《襄樊市2002年度汇总会计信息报告考核评比办法》。针对机构改革后汇编户数变动大,财政归口管理调整的实际,实行分口、分级把关,层层审核。同时,在省财政厅下达的报表审核参数的基础上,修订增加了审核公式30余个,增强了软件审核功能,从而使报表质量水平有了较大的提高,2002年度全市会计(决算)报表工作在全省汇审评比中荣获先进。

为了提高会计信息利用效果,襄樊市财政局对财政总决算、会计(决算)报表等相关资料数据进行了整理,建立了数据库,编写了《襄樊市2002年度财政经济运行分析报告》和《2002年度襄樊市汇总会计(决算)报表资料》,较为客观地透视了襄樊市财政经济运行状况,为市直有关部门查阅会计信息提供了方便、快捷的服务。统计评价工作人员深入县(市)、乡(镇)、学校开展研究,制定《襄樊市财政教育支出效益评价工作实施方案》,并多次召集有关学者和教育工作专家研究讨论,修改完善。该方案包含基本指标、专用指标、评议指标三大类89个指标,涵盖了教育事业资金运营、教育资源配置状况及各类学校的数量和质量等内容。并在枣阳、宜城开展了试点评价工作。通过积极探索、大胆实施,基本构建了符合襄樊市财政支出效益评价的标准体系、制度体系和评价方法,为全面开展财政支出效益评价工作奠定了基础,为调整和优化全市教育支出结构提供了决策依据。

襄樊市财政局组织开展全市棉花企业清产核资工作，市清产办、财政局、供销社联合下发《关于开展全市棉花企业清产核资工作的通知》，明确清产核资的对象、清产核资的基准日、清产核资的内容、清产核资的工作步骤和组织领导。在清产核资过程中，积极协调解决棉花企业与供销、经贸部门之间，由于产权界定不清而引发的产权矛盾纠纷，保证了清产核资工作的顺利完成。

（三）行政事业国有资产管理

行政事业单位国有资产管理，一直是政府财政部门的重要职责。改革开放以来，国家对行政事业单位的国有资产管理，逐步走上规范化、制度化、法制化轨道。

1.国有资产专管员制度

1991 年，面对行政事业单位国有资产管理存在的虚位状况，市国有资产管理局从建立健全管理制度入手，建立国有资产专管员制度，明确了专管员的政治业务素质要求和权利义务规定。国有资产专管员，负责本部门、本单位的国有资产管理工作，贯彻和执行国家有关国有资产管理的方针、政策和法规，拟定和完善本单位国有资产管理的制度和方法，实行依法治产，确保国有资产的安全与完好；督促和协助本单位有关科室对所占用的国有资产的增、减、升、损进行统计核算和产权登记工作；加强单位“创收”管理，参与“创收”的资金分配；对本系统、本部门固定资产投资实施全过程管理；负责本单位国有资产的购建、调剂、报废等的计划拟订、上级报批和组织实施；负责办理本单位、本部门向国家缴纳国有资产收益和产权转让收益。专管员制度的建立，拓宽了国有资产管理工作领域，为实行派出产权代表和委托管理奠定了基础，促进了国有资产管理工作向制度化、规范化、网络化的方向发展。全市有 238 个行政、事业单位配备了专(兼)职国有资产管理员。

2.行政事业财产清查登记

1993 年，按照《湖北省国家行政事业单位财产清查登记工作实施方案》的部署和要求，全市从 3 月份开始，历时 7 个月，对 3274 个行政事业单位(不含随州、老河口两市)进行了财产清查登记。通过“单位自查、部门复查、集中抽查、统一验收”，达到了摸清“家底”、核实存量、明确产权关系，加强管理的预期目的。全市 3274 个行政事业单位，共有各类资产 281 753.4 万元。其中固定资产 234 207.2 万元，占 83.13%；流动资产 24 371.7 万元，占 8.65%；查出账外财产 42 802 万元；占账面数的 15.19%；转经营性资产 8 405 万元、占 2.98%；被集体单位无偿占用 529 万元，流失财产 536.8 万元。1997 年，将行政事业单位产权登记与编制部门事业登记紧密衔接起来，拓展了登记范围和功能，全市共登记行政事业单位 3 006 户，登记国有资产总额 42.98 亿元。1997 年年底，市直行政事业单位资产总额 209 771 万元，负债 46 340 万元，国有资产 163 431 万元。

3.“非转经”资产管理

1996 年，根据《湖北省行政事业单位国有非经营性资产转经营性资产管理暂行办法》的规定，在全市开展“非转经”资产管理工作。市国有资产管理局成立以局长、分管副局长为首的工作专班，负责“非转经”征收管理工作，代市政府下发《襄樊市行政事业单位国有非经营性资产转经营性资产管理暂行办法》文件。对全市具体办理“非转经”资产划转手续，资产占用费计征依据，计征比例和违纪处理等作出了明确规定。通过召开各战线主管领导座谈会，在《襄樊日报》办专版，电台、电视台、办专栏等形式，对“非转经”管理及资产占用费征收政策进行了广泛宣传；制发行政事业单位国有“非转经”

资产调查表，对市直100余户行政事业单位“非转经”资产进行了实地清查，初步摸清了“非转经”大户经营性资产底子；全市超额完成省国资局分配的征收任务，征收占用费165万元。1997年，根据省政府91号令精神，继续加大“非转经”占用费征收力度。通过与审计、“三查”工作相结合，抓重点，攻难点，增手段,全年征收占用费达199万元。1998年，全年完成占用费收入262万元。1999年，全市共收取占用费260万元。

八、审计监督

（一）机构沿革

襄樊市审计监督工作开始于民国时期。从新中国成立至“文化大革命”期间，襄樊市的审计监督在社会主义运动和生产建设中，发挥了一定的作用。1979—1982年，地、县财政局内设监察科和监察员。审计监督工作调整转变，主要为国民经济服务。开展基本建设项目审计，参与停缓、撤销项目的清理。襄阳地区、襄樊市1979年共查出超计划投资1283万元。参与企业财务整顿和财务检查。地、市共查出企业截留、偷漏、挪用应上缴的国家收入1679万元，当时入库1378万元。抓好预算支出管理。对行政事业单位实行按月拨款、季度会审制度，行政事业开支普遍下降。审计查处私设钱柜、铺张浪费、滥发钱物等问题。对社会集团购买力开展审计调查。1983年12月20日，襄樊市审计局成立。负责对财政、信贷、计划执行，对行政、事业、企业单位和人民团体财务活动真实、合法、效益进行审计监督。1984年，各县(市)相继设立审计机关。

襄樊市审计局副县以上干部

（1983年12月—2005年12月）

表17—30

姓 名	籍 贯	职 务	任职时间
梁正明	湖北随州	局长	1983.12—1986.08
唐自青	湖南株洲	局长	1989.02—1990.07
冯黎觉	江苏苏州	局长	1990.07—1994.06
吴永明	安徽舒城	局长	1994.06—1998.08
吕 衡	山东龙口	局长	1998.08—2001.06
王万清	湖北南漳	局长	2001.06—2005.12
周冠英	湖北麻城	副局长	1983.12—1985.12
闫生安	河南南阳	副局长	1983.12—1985.13
唐自青	湖南株洲	副局长	1985.07—1989.07
卢松林	湖北襄阳	副局长	1985.07—1988.08
吕 衡	山东龙口	副局长	1988.04—1998.08
安明书	湖北均县	副局长	1989.07—1994.06
李淑琼	湖北武汉	副局长	1989.07—2002.02
孙先觃	湖南桃江	副局长	1990.11—1994.06
董晓东	山东沂南	副局长	1991.09—2004.11
黄青云	湖北随州	副局长	1994.06—2005.12

续表

姓 名	籍 贯	职 务	任职时间
张振武	河南镇平	副局长	1997.01—2005.12
彭厚德	湖北随州	副局长	1999.05—2002.02
余汉国	湖北宜城	副局长	2000.11—2005.12
刘富华	湖北谷城	副局长	2001.10—2005.12
孙全华	湖北宜城	副局长	2002.12—2005.12
熊俊堂	湖北武汉	总审计师	1989.07—1990.11
熊俊堂	湖北武汉	总审计师	1991.09—1997.05
徐世春	辽宁海城	纪检组长	1989.08—1992.02
黄青云	湖北随州	纪检组长	1992.06—1994.06
彭厚德	湖北随州	纪检组长	1994.06—1999.05
安明书	湖北均县	纪检组长	1999.05—2002.02
韩静	河北束鹿	纪检组长	2002.02—2005.12
熊俊堂	湖北武汉	工会主任	1988.03—1989.07
邴光秀	湖北襄阳	工会主任	1989.07—1994.06
安明书	湖北均县	工会主任	1994.06—1995.04
孙先觃	湖南桃江	工会主任	1995.04—2002.02
董晓东	山东沂南	工会主任	2002.02—2005.12

(二)审计业务

1.财政审计

财政审计是对本级预算执行情况和决算,市属各县(市)、区政府预算执行情况和决算,预算外资金的管理使用情况进行的审计监督。其主要对象为市县两级财政和税务部门。1990年,市审计局正式开展财政审计工作。本级财政预算执行情况审计结果,报告本级人民政府。受本级人民政府委托,审计机关就本级预算执行情况向市人民代表大会常务委员会作审计工作报告。

(1)县(市)财政审计

1990年4月,审计16个县级财税单位和与其业务相关的199个行政、企事业单位。查出有问题资金2 299.10万元,其中财政1363.10万元、税务936万元。

(2)财政和预算外资金审计

1994年,全市12个县(市)、区(除随州、老河口两市外)普遍开展同级审查,查出隐瞒财政收入325.88万元,截留挪用和虚列财政支出4 554万元,截留中央和省级财政收入,税收减免执行不严,扩大地方分成比例,多提税收分成和各种手续费127.18万元,财政资金流失680.46万元。1994年8—10月,组织开展预算外资金审计,查出各种违纪违规资金2823万元,应上缴金额1349万元,收缴审计专户金额115万元。同时,揭露出预算外资金管理和流向中的一些深层次问题。包括,体外循环严重,缺乏调控力度,未按规定纳入专户储存和及时足额上缴,未全部纳入预算外管理,与财政统筹脱节,造成财源流失等。

（3）财政预算执行情况审计

1995年，对财政和金融等部门的审计监督。开展2个县(市)财政决算审计，4个县(市)、区财政收支专项审计，3个县(市)财税机关基本建设审计以及襄樊汽车产业开发区成立以来的财政财务收支审计。经过审计增加省级财政收入843万元，增加地方财政收入671万元，减少财政支出14 35万元。

1996年，对1995年度本级预算执行和其他财政收支情况审计调查。由原审计29个部门，延伸调查审计836个。查出违纪违规资金1.02亿元，审计后调增财政收入4 191万元。襄樊市人大常委会第18次会议，听取了市审计局局长吴永明受市政府委托所作的审计工作报告。认为：1995年度预算执行情况审计是在没有现成经验情况下开展的，通过审计，查清和提供了全市财力状况底数，发现了财政预算执行过程中存在的一些问题，为人大常委会审查1995年财政决算提供了依据。

1997年，第二次开展本级预算执行审计。全市审计141个单位(财政单位17个、地税单位7个、预算执行单位177个)，查出违纪金额18 111万元，为财政增收1 259万元，调减财政支出221万元。

1998年，以银行账户和财政管理为本级预算执行审计的重点，对全市127个单位审计，查出违纪违规资金3亿元，增加财政支出1974万元，促进增收节支2994万元，归还原资金渠道4784万元，督促各种资金拨付到位2000万元，合并银行账户800多个。

1999年，全市审计本级财政预算执行情况和部分预算执行单位财政财务收支。市局审计1998年度南漳、保康财政决算，查出财政决算不实、虚列财政收支、违规集资、乱摊派等违纪违规金额1.7亿元。

2000年，审计1999年全市本级预算执行情况。通过审计撤并银行账户48个，集中管理资金500万元，建立完善规章制度3个。同时，督促整改上年存在的问题，全市共补交入库各项财政收入1682万元，归还被挤占挪用的各种财政性资金708万元，补拨财政专项资金5260万元，缴存财政专户资金143万元。

2001年，实施国家财政政策、政府采购制度、“收支两条线”管理制度执行情况审计。查出各类违纪违规问题金额45 371万元，促进增收节支3 831万元，追回被挤占挪用资金2 655万元，促进专款拨付到位5 712万元，直接收缴入库金额140万元。

2002年，开展综合财政审计。围绕县级财政管理，组织开展教育、卫生等9个部门专项资金和专项经费审计，审计资金10亿元，查出违规资金34 808万元。市十三届人大常委会第二十六次会议，听取并审议市审计局受市政府委托所作的，《关于襄樊市本级2001年度预算执行审计及其他财政收支情况的审计工作报告》，并要求被审计单位认真落实审计意见和决定。

2003年，对80个预算执行单位进行审计。查出违规减免、少征、应缴未缴、截留预算收入等违规问题资金20 839万元；决算审计8个单位，查出有问题资金16 101万元。对政府采购制度和国库集中支付制度执行情况进行连续四年的审计，促使各部门各单位纳入政府采购管理的支出额由2001年的4509万元，上升为2002年的5782万元，上升29%。累计节约财政支出近千万元。

2004年，开展本级财政预算执行、部门预算审计、部分重点单位财政财务收支审计以及枣阳市、宜城市、老河口市、襄城区、樊城区的财政决算审计。查出虚列收支、超预算拨款等有问题资金6200万元。市县两级政府主要领导先后多次听取情况汇报，要求财税部门扎实整改，提高全市财政运行质量，并出台专门办法，推进部门预算、政府采购等改革工作。

2005年，开展本级预算执行审计及对南漳县、谷城县政府2004年度财政决算审计。在南漳谷城财政决算审计中，查出违纪违规金额23 942万元，审计处理后，增加财政收入618万元，追回被挤占挪用的财政资金3014万元，促进部门单位自行纠正违纪金额13 810万元，调账处理金额6585万元，直接收缴入库金额255万元。

对地税部门税收征管审计中，查出襄樊地税局延压税款，人为调节入库进度；谷城地税局以零商户名义征收税费;南漳地税局超范围征收税款等,违纪违规资金 31 171 万元。

2.金融审计

襄樊市金融审计职责是对市属金融机构的财务收支、计划执行情况以及资产、负债、损益进行审计。根据国家审计署或省厅的统一授权对中央在樊金融机构开展审计。

1990 年,以维护金融秩序为突破口,对全市工商银行、农业银行系统 28 个单位(市直 12 家、县市 16 家)进行审计。查出违纪金额 1003 万元,揭露其中隐瞒截留收入、虚列支出、虚增利润,偷税漏税,乱挤成本,擅自提高利率扰乱金融秩序等突出问题。

1991—1992 年,通过开展金融审计,促进了资金使用效益的发挥,促使金融单位清退企业利息 285 万元。

1995—1996 年,开展金融保险授权审计。1995 年,审计中国银行、中国建设银行系统的分支机构 33 个,调查相关企业 75 家。1996 年,对保险公司、中国农业银行、中国银行 1995 年度资产负债及损益的真实、合法和效益情况进行审计,查出国有资产流失 7821 万元,负债及所有者权益不实 755 万元,损益不实 5884 万元,查出违纪金额 2133 万元。

1997 年,开展农村信用社调查审计。全市交叉对各县市联社 7 个营业部及 15 个乡镇农村信用社,1996 年资产负债损益调查审计,查出违纪违规金额 9340 万元。

1998 年,审计襄樊中保集团 1997 年度资产负债及损益情况。查出不实资金 6200 万元,违纪金额 3900 万元。1998 年 4 月,审计湖北化纤集团时,查出商业银行多收该企业贷款利息 388 万元,人民银行依据审计结果予以督办,商业银行全部退还。

1999 年,对工行建行系统资产负债损益真实性进行审计。查出违纪违规金额 19 846 万元,处理应上缴财政 275 万元。

2000 年,通过企业审计倒查金融机构收取贷款利息情况。在宝石集团开展债转股审计时,发现金融机构多收了贷款利息,于是重点对几家金融机构在宝石集团收取技改贷款利息的情况进行了倒查。通过审计,核实各银行多收利息 90 多万元,审计后,要求银行全部退还给了企业,受到社会各界好评。

2001 年,审计襄樊人保公司及所属 7 个子公司。查出收入不实、虚列赔款、挤占成本、私设小金库等违纪违规问题 1500 万元。

2002 年,审计襄樊市农业发展银行系统 8 个分支机构,延伸调查全市 51 户粮食购销企业。发现粮食购销企业库存值与农发行贷款不符、销货款体外循环、信贷资金质量差、会计业务核算不规范等问题,查出违纪违规资金 2432 万元。

2003 年,审计襄樊市农业发展银行。查出违规经营资金 302 万元,资产不实金额 295 万元。

2004 年,授权对黄冈市农村基金会专项资金交叉审计,并延伸对该市所辖 7 个县(市)46 个乡镇审计调查。审计专项资金 2.2 亿元,查出挤占、挪用、截留中央专项借款、管理混乱和兑付不公正等问题资金 9400 万元,其中违纪违规资金 4 320 万元。

2005 年,开展全市农村信用社调查审计。对襄樊市信用社下辖的 7 个县(市)联社、100 个信用社、125 个分社、41 个储蓄所等 273 个单位进行审计。查出违纪违规资金 13.29 亿元,向市检察院移交案件线索 2 件。

由省厅交办、市审计局对 2002 年、2004 年荆门市农村信用联社及钟祥市农村信用社,进行清产核资审计、查出违纪违规资金 4 500 万元、“小金库”541.22 万元。

3.企业审计

市审计局企业审计职责是对市属国有企业和国有资产控股或占主导地位的企业进行审计监督。审计对象包括,工业、商业、交通、粮食、供销、物资、外贸、旅游等企业。

1990 年,开展支农效益审计。包括 8 家小氮肥厂、9 家农业生产资料公司和全市 9 家农资公司支农效益审计。通过审计,揭露出基层存在截留政策肥平转议、综合价转议价、搭车涨价等损害农民利益的问题。查出此类违纪收入 315 万元。75 条审计建议被采纳后,当年即取得明显收效。国家审计署、省局组织有关领导、专家、大型企业内审处长在襄樊市召开“经济效益审计研讨会”。《经济日报》、中央电视台报道了襄樊市审计局的做法和效果。市体改办也专辑刊登审计报告和研究文章。

1991—1992 年,对全市机械、水泥、商场、外贸等行业 62 户工商企业开展行业经济效益审计。帮助企业剖析出 142 条影响经济效益的原因,提出 173 条审计建议,为企业增加效益 2764 万元。两年中,组织全市审计机关开展 167 个项目调查,对经济生活中的热点、难点、重点和带普遍性、倾向性的问题开展调查分析,仅 1992 年全市就有 11 个文件、83 篇报告被各级政府批转,在宏观上促进了各项政策法规的完善和改革措施的落实。1992 年,重点对 39 个企业改革试点单位进行调查,调查内容包括“企业三项制度改革”“工效挂钩”“企业负担”“企业闲置设备”“企业资产负债、损益”“商贸企业四放开”“企业政策落实”等。审计调查报告经市委、市政府批示有 15 篇在政府《昨日动态》上刊登。其中“工效挂钩”调查中提出的建议,被市体改委和劳动局采纳并及时作出“改总挂总提为总挂分提”的决定。根据“企业闲置设备”调查,市体改委责成有关部门“迅速建立闲置设备调剂市场”。

1993 年,企业审计完成两方面任务。开展对 19 户工商企业资产负债和损益审计,查出资产不实、国有资产流失、资不抵债等问题。开展全市夏粮收购资金的筹措、分配、使用和结算兑现情况审计调查,发现其中粮食企业银行存款多头开户、调销回笼资金存入人行专户金额少、比例低等问题。时任常务副市长吴德兴听取审计汇报后,当即召开市县有关人员紧急会议,研究落实筹措任务。经过努力,全市共筹资 29 399 万元,确保了夏粮收购资金“不打白条”。当年 7 月,市审计局又通知各县(市)审计局,对 200 多个粮食收购站(点)进行跟踪审计,防止反弹。

1994 年,对 12 家重点国有工业企业和 15 家乡镇企业开展减轻负担调查审计。审计结果表明,企业负担依然较重。其中,12 家国有企业 1993 年度各种负担总额 29516 万元,包括乱收费、乱集资、乱摊派造成不合理负担 1137 万元,户均负担 94.7 万元,人均承受负担 368.54 元。依据审计调查结果,市委出台《关于禁止党政机关向企业摊派的暂行规定》指出:“任何单位和个人都有权向审计机关或其他有关部门控告检举、揭发摊派行为”,“经审计确认摊派行为的审计机关应当通知摊派单位停止摊派”。襄阳、谷城、宜城根据市政府办公室,下发的《乡镇企业社会负担审计调查情况的通知》,清理负担文件 82 份,废止不合理收费项目 33 个,减轻企业负担 300 万元,清退不合理负担 32.1 万元。

1995 年,突出对重点国有企业的审计。一是对湖北制药厂等 9 户国有工业企业 1994 年度亏损或盈利下降情况进行审计调查。二是对湖北化纤总公司等 12 户重点国有企业进行资产负债损益审计,对 210 户国有工业企业 1994 年度报表反映的资产负债状况进行全面审计调查。市委、市政府依据审计调查情况制定了“十个一块”的增资减债决策。三是建立企业非正常负担报告制度。市审计局会同市监察局出台《企业非正常负担报告制度》,从 19 个方面列举了增加企业非正常负担的行为,要求企业遇到被要求承担非正常负担的,事前应填写《襄樊市非正常负担报告及审查回复表》,向主管部门或监察、审计机关报告。

1996 年,对 1995 年度全市 105 户国有工业企业审计调查。通过审计调查,撰写 33 篇审计信息宣传材料,被各级党政内部刊物和新闻媒体采用。1996 年,还开展了农资、粮食专项审计。审计全市 8 个粮食局(含市粮食局)及所属企业,1995 年度处理财务挂账情况,发现处理挂账资金数额不完全到位等问题。市政府根据调查结果,召开各县(市)长及财政、粮食、审计、农发行负责人参加的全市粮食挂账工作会议，提出对策措施。

1997年，全市开展企业审计119户。对湖北化纤集团总公司等10户重点国有企业，1996年资产负债损益情况审计，查出盈利2户、虚盈实亏2户、亏损6户。全市棉花行业审计，延伸调查16个乡镇采购站、7个加工厂和4家棉纺企业，查明全行业亏损总额达2 964.2万元，审增亏损752.7万元。查出违纪资金2287.8万元，包括隐瞒收入、多列费用、多转成本284.1万元、偷漏税收60.2万元、私设“小金库”等。全市棉花行业审计情况，受到国家审计署和省厅好评，市审计局应邀在全国棉花审计工作座谈会上发言。国家审计署《审计工作通讯》登载了襄樊棉花行业审计工作经验材料。

1998年，企业审计有三大亮点。襄樊市内粮食财务挂账交叉审计，核减历年粮食滚存财务挂账12亿元，促进财政部门一次性筹集资金5071.79万元，处理老挂账，落实下拨滞留未拨的700多万元政策性补贴款。查处襄阳、枣阳、南漳、老河口等县(市)及襄阳县的耿坡粮食中转库等一批性质严重、数额巨大的违纪单位，13人有关责任人受到党政纪处分。市审计局上报《耿坡粮食中转库违反国家粮食政策问题严重》等要情专报，先后被总理朱镕基、副总理温家宝、省委书记贾志杰、省长蒋祝平作出重要批示。襄樊粮食清查审计工作得到国务院检查组和省审计厅领导充分肯定。全市开展企业集团资产负债损益、股份制企业、亏损企业、经济责任、企业负担、资产重组、国有中小企业改革等系列审计或审计调查。审计单位103个，查处违纪违规资金31 564万元，审计后增加财政收入597万元，促进企业增收节支299万元。接审计署交办审计调查，襄阳腾飞公司法人代表的任务。查出该公司法人代表涉嫌贪污受贿18万元，公司另外13人涉嫌重大经济违纪问题。当年11月，市委决定开除该公司法人代表程中柱党籍和公职，并由司法机关追究其刑事责任。

1999年，开展多项审计，查出各类违纪资金1300多万元。开展全市14户国有大中型重点企业真实性审计，9户企业专项审计调查，10户企业财务收支审计，组织全市粮食交叉审计，完成粮食财务清查审计档案资料的移交工作，配合市纪委、监察局完成对全市粮食购销政策执行情况专项检查和枣阳市粮改执法监察检查。同时，对全市7家外贸企业和14户市直物资行业进行了审计。其中枣阳在审计该市毛纺厂时，挖出一个隐匿10余年的340万元“小金库”。原厂长、出纳等人因涉嫌贪污私分公款被依法逮捕。由此查出“原市人大常委会主任谭某等5人，违纪金额720多万元”的串案。

2000年，审计市直15户国有工商企业，审计调查企业经营的外部环境及优惠政策落实情况。开展襄棉集团有限责任公司等全市国有大中型企业，1999年度的资产负债损益、会计信息质量、改革改制以及外部环境的审计。审计后，向市委、市政府上报《优化环境，留住金环》《审计发现影响全市经济运行的突出问题及建议》《襄樊市审计局采取过硬措施执行市委改善国有企业改革脱困环境八条纪律》等专题材料。在市长罗辉主持召开的会议上，市审计局局长吕衡就审计发现的突出问题，从财政、国有企业等七个方面，作了详细阐述和汇报。市委、市政府领导针对审计反映的问题，逐条研究办法措施、明确到责任人。市长罗辉强调：“审计反映的情况含金量很高，很有说服力，一般情况下听不到，这对领导正确决策，促进经济健康发展，很有价值。审计也是生产力，审计工作只能加强，不能削弱。”同时，市政府督办室召开，优化湖北化纤集团经营的外部环境问题协调会，使问题得到圆满解决，该集团公司向市审计局赠送了“企业保护神”匾牌。通过对襄樊鼓楼商场(集团)股份有限公司等市县9户商场审计，查出部分股份制企业运作不规范、企业资产质量不高、经营管理存在漏洞、一些企业管理人员违纪违法等问题。其中，枣阳市某供销企业原法人代表1999年挥霍公款23万元，涉嫌贪污4.4万元。市审计局对鼓商集团审计，查出企业资产负债损益严重不实，实际金额达6002万元、下属4个单位私设“小金库”61万元、部分人员私分公款等问题。审计除按规定调账、作出收缴外，责令相关人员清退多占公款3万余元，企业对相关人员作出停职处理。

2001年，授权开展电力行业审计。审计全市电力系统303个单位的财务收支以及174个单位、685个台区的农网改造项目。查出执行电价政策不严，违规多收费、隐瞒截留和转移收入、私设“小金库”、挤占虚列成本费用、挤占挪用专项资金等违纪违规资金1亿多元。审计后,电力部门清退多收用户电费109万元,纠正违纪违规资金6000万元。另外,通过审计,市局还及时上报了"襄樊仪元集团依靠科技制度创新,步入持续发展快车道"的《审计要情专报》。市长罗辉批示,"市动态股权办要好好总结,以推动全市企业改制工作",审后效应得到发挥。

2002年,企业审计从四个方面开展工作。拟订《2002年度优秀经贸审计报告评选办法》;组织全市石油行业授权审计;对湖北化纤集团等全市4户国有大中型企业,2001年度的资产负债损益、企业投资效益、法人代表任期经济责任审计(调查),以《审计要情专报》向市委、市政府上报"市恒达集团挪用集资建房款导致职工情绪不安定"等审计问题;通过对化纤集团公司、襄棉集团公司、仪元电力电子公司三户企业四年审计资料的综合分析,撰写了《三户企业连审四年,违纪资金下降七成》一文,被《中国审计报》头版采用。

2003年,全市企业审计呈现三大特点。审计在企业改制中发挥"定盘星"作用。襄樊市合成纤维厂(已破产拍卖),因与其收购公司之间存在往来账款纠纷。法院(代表破产拍卖方)委托中介组织认定数,与收购公司委托核定数相差169万元。致使新老两企业的产权分割转移一直悬而未决。严重影响收购公司正常生产,变成破产企业职工安置隐患。市审计局受命予以公断,通过深入了解和反复审查,梳理双方的分歧点为8个方面13个具体事项,并着重对分歧点逐个审查取证,将双方认定数差缩减为2万元,认定收购公司欠破产厂清算组110万元。最终达成共识。完满解决这一问题。把揭露铺张浪费、国有资产流失问题和促进增收节支作为企业审计工作的首要职责。对全市51个经贸企业国有资产存量结构审计调查,包括破产倒闭、一些正在改制的企业以及中央、省属在樊分支机构。审计资产总额32 790万元,发现不良资产12 951万元,不良资产率39.5%,被采纳审计建议23条。查处"小金库",帮助企业规范财务管理。审计江华汽车公司2002年度财务收支时发现,该单位外协加工收入不入账,废品回收资金放置账外,私设"小金库"等严重问题,除按审计程序依法处理外,还帮助江华公司制定外协加工管理、废品回收管理、收入核算管理等三项内部管理制度,促进其增收节支,减少铺张浪费。

2004年,开展11户破产企业财务清算审计。查出挤占挪用破产企业资金、拖欠变现款、资产处置不当、超范围扩大清算费用等问题。审计后,及时上报《斩断伸向破产企业的黑手》《破产企业应收账款应及时加以清收》等要情专报,引起市县两级政府及有关部门领导的重视。其中,襄阳区法院采纳审计建议,出台《关于实行破产企业会计委派制度的规定》《关于在破产企业指定破产清算财务监督人的暂行规定》《关于对破产企业重大权利处分程序的规定》,要求在该区国企破产清算中全面施行。

2005年,开展破产清算终结审计和粮食财务挂账审核认定。一是对30户市直国有企业进行破产清算终结审计,编发《审计建议:企业改制专项资金应实行"直通车"》,为国企改革改制和稳定健康发展保驾护航。二是授权对荆州市所属9个县(市)、区91户国有粮食收储企业,新老财务挂账进行审核认定。核减挂账总额33%,核减政策性粮食财务挂账额超过60%以上,审计核减率在全省领先。

4.固定资产审计

市审计局固定资产审计职责是对全市国家重点建设项目的预(概)算执行和决算审计监督,对国家投资的其他建设项目审计监督,对市属国有施工等单位财务收支审计监督。

1986—1987年,将基本建设自筹资金来源纳入审计范围。市审计局从1986年开始,对自筹基本建设资金来源开展审计,两年共审计自筹基建项目531个,查出有问题资金679.28万元,占总投资的4.8%。这一审计,被国家审计署作为六项审计经验之一,向全国进行推广。

1988年,拓宽基建审计领域。全市基本建设审计从自筹资金来源审计,扩宽到设计审计、竣工审计和跟踪审计。全市审计计划部门预算安排项目267个、申报投资8375万元,查出有问题项目104

个，有问题资金1691万元，削减项目58个，撤销项目7个，停缓建项目10个。审计5个设计单位1987年度执行政策情况，查出违纪金额46.7万元，应上缴财政13.9万元。审计襄樊毛巾厂工程决算，查出外地施工队违反计算规定，采取重算多算工程量、高套定额、多收费等方式提高工程造价，审减工程造价13.1万元，为该厂减少投资17%。

1990年，全市审计18个基建项目。其中金融、保险系统9个。审计总投资额1805.24万元，查出违纪资金659.8万元，占总投资的36.53%。

1991—1992年，开展自筹基建资金和新开工项目的审计。市直两年审计85个项目，查出有问题资金4751万元。其中，违纪资金1127万元，归还、调账处理663万元。受省局委托和市政府交办，对宜城汉江大桥、襄樊机场、湖北钢丝厂、襄樊汉江公路大桥四个投资大、技术性强的重点建设项目进行审计，审计投资总额2.89亿元，查出有问题资金3066万元，为国家审减投资1203.98万元，收缴罚款110.5万元。

1993年，开展新开工项目跟踪审计。对全市1993年新开工项目和30%在建项目的资金来源、建设条件、审批手续，投资方向等内容进行审计，查出有问题项目238个，有问题资金53 586.33万元。审计后，市政府转发了市计委与审计局《关于进一步加强固定资产投资管理的意见。》。

1994年，加强重点项目投资结构审计。开展市区在建项目投资结构、国家和省“七五”计划能源交通重点建设项目余家湖大型煤炭专用港口、市区程控电话、环保建设项目的审计。通过对市直国有单位194个在建项目的审计调查发现，投资结构严重不合理。其中，非生产性项目146个，占75.26%；非重点项目181个，占93.3%。常务副市长闫增福作出批示：“审计部门对未兑现工资的单位申报的基建项目一律不批。”市政府《关于贯彻省政府继续加强固定资产投资宏观调控指导精神的通知》，明确规定：“从严审批新开工项目”，“对拟新开工项目严格执行开工前的资金来源审计制度和投资许可证制度。”

1995年，加强重点项目审计。完成省安排的5个重点技改项目审计和5个重点基建项目审计。督促银行和主管部门到位资金2 100万元，制止2起向建设项目高息贷款，减少企业利息支出86万元，追回被摊派的资金、物资折款225万元，核减施工企业高估冒算资金1 450万元。

1996年，开展全市生产经营性建设项目工期效益调查审计。对7个基建、技改项目进行调查审计，即：湖北空压机厂年产3万套汽车后桥齿轮改造，宜城汽配厂年产60万套活塞，江华机械厂年产2000辆轻型车，河口矿山水泥厂年产10万吨水泥，宜城凯特公司万锭精梳棉改造，枣阳棉花公司年产8.5万担出口棉加工及枣阳市粮食局方吨饲料改造。

1998年，固定资产投资审计取得四大成效。开展房屋在建工程审计47个，压缩不合理投资11000万元。对市设计院、定额站、规划局1996—1997年财务收支审计，查出市直5家单位存在私设小金库，私分勘查设计收入等“穷庙富方丈”问题。对市形象建设重点工程——长虹北路改建进行审计，核减高估冒算资金860万元，审减比例29%，解决了该工程久拖未决的扯皮问题。对襄樊人民广场扩建及水电、排水工程决算进行审验，核减施工单位虚报高估工程价款229万元，审减率34%。

1999年，审计68个基本建设投资项目，审计总投资13.78亿元，查出违纪违规1.19亿元。其中查出国家重点建设项目——襄城和枣阳国家粮食储备库扩建工程，存在资金设备不到位、超概算、税费优惠政策不落实等问趣，为襄城粮库节约投资52万元。审计全市城建、环保资金，查出各种违纪违规资金6959.4万元，督促有关单位上缴财政资金1068万元。

2000年，开展全市国债资金审计，查出有问题资金4.08亿元。审计情况引起各地人大和政府的重视，如老河口、南漳、枣阳、宜城等县（市）政府领导多次听取审计情况汇报，并组织协调有关部门认真落实审计决定。

2001年，审计33个在建或开工前投资项目。审计总投资8.5亿元，审减非生产性项目超计划投资 1960 万元,督促落实资金到位 960 万元。对国家九五重点建设项目——白水峪电站的竣工决算审计,查出投资超概算、高估冒算工程款、高套定额、价款结算不实资金 1.5 亿元。同时,全市审计机关进一步加强了对审计情况的综合分析,通过上报重要审计情况和信息,使许多审计情况进入领导决策圈。如老河口市审计局上报的《当前建筑工程招投标管理中存在的问题、根源及治理对策》被《经济日报》全文刊载。原省委书记蒋祝平专门签署重要意见批转副省长周坚卫,副省长周坚卫批示:"各级建设管理部门要结合市场整顿,认真抓好建筑工程招投标市场的整改。"

2002 年,对 2001 年国债资金投资进行审计调查。对小清河污水治理、云台山水库除险加固、孟桥川水库除险加固工程等重点国债投资项目审计,查出未按规定招投标、挤占成本、虚列投资、高估冒算工程价款、设置小金库等违纪违规问题。市政府下发加强国债资金管理和监督文件,并由市审计局会同市纪委、计委、财政局抽调专人进行督办,促使有关部门下拨欠拨资金 1596 万元,促进地方配套资金落实到位 1200 多万元,调账追回挤占挪用及违规收费资金 2642 万元。

2003 年,全市审计固定资产投资单位 20 个。审计项目投资总额 55 258 万元,核减工程款 481 万元,查出挪用侵占建设资金、虚结工程款、违规招投标等有问题资金 3659 万元。对科技三项费、水利建设基金、城市建设项目资金、国债转贷资金等进行审计,审减建设项目工程预决算 800 多万元。促进市政府出台了《财政专项资金管理办法》,加强财政专项资金管理;建立《财政投资城市建设项目工程预决算审计办法》,规定襄樊城市建设项目工程预决算未经审计,财政不予拨款。

2004 年,开展三方面审计工作。开展诸葛亮广场、汉江大道及市区主干道路面刷黑工程审计,促使有关部门下拨资金 426 万元,促进地方配套资金到位 1280 万元,追回挤占挪用资金 378 万元。开展全市重点建设项目国债资金效益审计,对建设资金存在的使用效益问题,提出审计建议 16 条,采纳和落实审计建议 9 条。开展 11 项重点建设项目审计,在中介组织已审计的基础上,又审减 120 多万元。

2005 年,开展市区县级城网建设与改造项目审计,包括 15 个单位的财务收支、50 余个城网建设项目的概算和结算;审计襄樊学院改、扩建等一批重点建设项目,审减净工程价款 98 698.23 元;审计襄荆高速公路襄樊市协调指挥部及其宜城、襄城(含原襄阳县)指挥部征迁资金财务收支情况,查处挤占挪用专项资金 9969 万元、截留挪用专项资金 1890 万元、项目配套资金不到位 1276 万元、多报工程量价款 1761 万元、项目资金不落实 1700 万元、分包转包 120 万元、无依据收费 85.63 万元、滞拨征迁补偿资金 151.2 万元和其他问题 240.97 万元,向纪检监察部门移交事项 4 起。针对审计查出问题,市政府连续 3 次召开整改督办会议,市委书记田承忠、市长李德炳、副市长刘立勇等领导对审计情况分别作了批示。襄樊电视台、《襄樊日报》《襄樊晚报》对整改组织情况进行了报道。

5.行政事业审计

市审计局行政事业审计职责,是对与市财政有拨款关系的党政机关、事业单位和社会团体财政财务收支及专项资金的审计。

1988 年,对行政事业单位实行定期审计,在治理整顿中发挥重要作用。对全市 466 个行政事业单位实行定期审计,一级单位定审覆盖面达到 100%。审计中采用"五个并举、五个为主"和"双百分考核""四定五包"办法。查出违纪金额 363 万元,处理落实 288 万元,为单位增收节支 150 万元。1988 年 7 月 25 日,国家审计署副审计长崔建民、罗进新及行政国防司负责人在听取市审计局长熊汉祥汇报时,进一步肯定"襄樊市定期审计工作,内容相当丰富,定期审计解决了不少审计监督中的问题",并指出企业承包审计也要搞定期审计。审计"三乱"问题,参与楼堂馆所清理,对停缓建项目进行跟踪审计,审计清理着装问题,把压缩社会集团购买力,制止请客送礼,滥发钱物,公费旅游,预算外资金作为定期审计重点,开展消费基金等 14 项审计调查。同时,市审计局还牵头抓"三查"工作,重点抽查 14 828 户,查出违纪金额 9 216 万元,其中应补交入库 2 823 万元,已补交入库 2 729 万元。

1989 年，定期审计“围绕三个重点，抓好一个关键”。围绕重点单位、重点资金和重点问题，抓好“狠刹‘三风’”关键点开展审计。向市委、市政府提交调查报告，予以通报批评或罚款。同时，通报表彰 50 名先进个人和 11 个先进集体，在全市震动很大。一些单位说：“不怕审计单位罚款，就怕审计通报揭短”，促进了全市范围内的清正廉洁之风。

1990 年，深化行政事业定期审计。着重加强基础工作和制度建设，实行自查自报制度、定期通报制度、预算外资金申报制度、百分考核制度和定期宏观分析报告制度。全市审计 443 户，查出违纪金额 103 万元。其中，违控购置 39 万元，请客送礼 16 万元，其他违纪 48 万元。

1991 年，突出对财税金融部门审计。市审计局对所属 5 县 3 市的财政、税务部门进行一次普遍审计；各县(市)、区对乡镇财政每年轮番审计 1/3 的单位；同时，开展税收征管，工商信贷资金投向、使用、效果，利息政策执行情况等专项调查。审计资金总额 18 亿元，延伸审计单位 401 个，查出违纪金额 7515 万元。

1992 年，对市直 15 个部门进行专题调查。调查内容包括“农民负担”“公款吃喝”等。审计调查报告经市委、市政府批示，有 15 篇在政府《昨日动态》上刊登。其中“行政单位公款吃喝”调查，在 1992 年 3 月召开的市人代会上，为市长答复人大代表咨询提供了依据。“农民负担”调查报告，引起市委、市人大、市政府领导重视先后批示，指出“农民负担问题严重，后患无穷，要下决心解决，再也不能隔鞋搔痒了”。同时，下发关于减轻农民负担的通知。此外，“农民负担”调查报告被《法制日报》在头版头条作了报道，还被《中国审计》《审计工作通讯》刊登。

1993 年，开展政府部门审计，对市房产公司 1992—1993 年一季度财务收支审计，审出有问题资金 700 多万元，应清收上缴 540 万元，审计后落实上缴 100 万元。

1994 年，行政事业审计取得成效，全国深化行政事业审计研讨会在襄樊召开。一是改进周期。把按月定审改为按季度审或半年审。二是改进方式，把送达审计改为就地审计。三是改进方法，做到重点审计与一般审计相结合，专项审计与常规审计相结合，审计与调查相结合。当年，国家审计署行政事业司司长襄樊廉忠到樊进行专项调研。审计署在襄樊召开全国深化行政事业审计研讨会，副审计长金基鹏到会讲话，与会人员包括全国各省、市、自治区审计厅(局)、审计署驻地方特派办和驻中央有关部(委)审计局、一些内审机构及部分地(市)、县审计局的 100 多名代表。

1995 年，开展社会集团购买力调查。对全市 55 家行政、企事业单位 1993 年、1994 年社会集团购买力支出情况进行审计调查，发现有问题资金 149.7 万元。

1996 年，开展重点部门重点资金审计。包括失业和养老两项基金、社会福利有奖募捐资金、房改资金、民政救灾款、市直城市增容费及“三机关一部门”(党政机关、行政执法机关、司法机关和教育部门)的定期审计工作。其中，全市两项基金审计，查出违纪金额 935 万元。

1997 年，行政事业审计突出三大任务。开展重点专项资金审计。开展全市 1995 年、1996 年计划生育经费审计，审计对象包括 9 个计生委、9 个计生服务站和 63 个乡(镇)计生办，同时，延伸调查 202 个村，391 个超生对象，查明违纪违规 1 040.73 万元。开展行政事业单位账户审计。制定《襄樊市预算单位银行账户审计实施方案》和《行政事业单位银行账户审计办法》，对 308 个行政事业单位进行账户审计，查出在银行不合规开户 515 个。依据审计结果，财政部门采取撤销、归并和冻结账户等措施，减少周转金账户 25 个、预算外资金账户 38 个。税务部门组织专班，督促撤销基层征收单位收入过渡户 11 个。其他被审计预算单位也迅速撤销多设立的预算内外资金账户。《中国审计》1997 年第 6 期局长话题专栏，以“牵牛要牵牛鼻子”为题，刊载襄樊市审计局局长吴永明答记者问文章。开展市直行政事业单位“刹风”情况审计调查。调查结果显示，市区 30 户行政事业单位，在 1997 年元旦春节期间，用公款请客送礼开支比上年同期下降 52.4%，平均减少 8 500 元。对这一做法和效果，《襄樊日报》、襄樊电视台、新华社湖北分社分别作了报道。省审计厅也刊发《反映专报》，并被省委办、省政府办刊物采用。

1998 年，审查市直行政事业单位银行账户，促使被检查单位撤并账户 69 个，集中资金 3091 万元。

1999 年,开展预算外资金收支审计。对市政府驻外办进行审计,对全市有预算外收入的 120 个行政事业单位,开展 1998 年 1 月—1999 年 9 月财务收支审计。查出市、县法院检察院挪用专项资金 1 287 万元。

2000 年,开展工商部门审计、收支两条线执行情况专项检查和旅游行业审计。对市工商局机关及所属市直各有关分局等 9 个单位,1998—1999 年度的财务收支进行审计以及工商部门市场负债情况进行审计调查,查出各类违纪违规资金 2400 多万元,财政增加收入 257 万元,追回被挤占挪用资金 239 万元。审计后以《审计要情专报》方式,向市委、市政府上报了《 市直工商管理部门费用超支严重》和《襄樊市新华市场建成七年债务包袱难消化》的报告,市长罗辉责成工商部门落实。与市监察局联合,对市人事局、劳动局、物价局、检察院、法院、卫生局等 16 个单位的行政事业性收费、罚没收入“收支两条线”管理情况进行专项检查。通过审计调查,摸清全市旅游行业发展现状,提出襄樊市旅游经济发展中存在的基础设施不配套、投入不足等 5 个“瓶颈”问题及 6 条改进建议,得到各级政府采纳。市政府出台全市旅游总体规划,拟加大旅游资金投入。老河口市出台《关于加快旅游产业发展若干问题的决定》,制订开放引进优惠政策,以举办梨花节等多种方式招商引资;谷城、南漳分别拍摄旅游专题片,在国家和省、市各新闻媒体广为宣传,并通过到市县机关学校组团、对外发函等形式,提高各地旅游知名度;保康县实行整体联动抓开发,“一把手”负责,层层签订责任状,采取政府导向,部门扶持,实现旅游经济多元发展。对法院、检察院上年财务收支审计整改情况进行跟踪审计。结果表明,审计建议采纳率在 80%以上,全市“两院”建立健全各项制度、办法 40 项,审计决定落实率在 95%以上。如襄樊市法院进一步完善了《财务管理办法》,在辖区范围内实行收缴分离、罚缴分离。襄樊市检察院制定了《赃款赃物管理细则》,规定赃款赃物的扣押、追缴、管理和处理原则。地方党委、政府下发加强“两院”经费管理文件 5 份。南漳县委批转了县法院、检察院《关于进一步加强财务管理的意见》,使财务管理逐步走向制度化、规范化轨道。

2001 年,开展普教经费和计生专项经费审计。开展普教经费审计,查出教育部门存在“三乱”行为,查出财政及教育主管部门少拨、滞留普教经费、挤占挪用教育事业费以及设置账外账等问题,违纪违规金额 4 826 万元。根据普教经费审计情况,2001 年 7 月上报了“城中小学校布局不合理 审计建议撤并”和“襄城区教委乱收费问题严重”的《审计要情专报》,市长罗辉批示,要按规定对有关问题和责任人严肃查处。开展计生专项经费审计后,针对其中发现的挤占挪用计生经费、财务管理不规范等情况,上报了《加强我市计划生育经费管理确有必要》的《审计要情专报》。市长罗辉批示,对已经发生的违纪违规问题,要认真研究整改。

2002 年,开展交警系统审计和普教经费审计。一是对全市交警系统审计。查出违规收费、截留收入、挤占挪用专项资金、专户管理不严等问题 2 000 万元。二是继续开展普教经费审计。结果表明,降低收费项目 6 个,取消收费项目 18 个,上交、清退不合理收费 1050 万元;撤销违规开设银行账户 16 个;审计建议采纳率在 90%以上。各地政府、财政、教育部门还出台“制度”、“办法”20 多个,用制度来规范普教经费管理。市政府采纳审计建议,专门下发了《关于全市中小学教师工资实行县级财政统一发放的通知》,市教委出台了中小学收费“六个规范”等,使全市普教经费的管理更趋规范化、制度化和法制化。三是配合市纠风办对襄城区教育部门落实审计结论和移送违法违纪线索的查处情况进行跟踪督查,督促区教委停止违规收费项目,减轻学生直接经济负担 92.5 万元。

2003 年,开展三方面审计工作。一是对全市 2000—2002 年交通建设项目、公路建设管理单位的财务收支进行审计。二是对公安交警部门审计。其中 27 个公安交警部门财务收支实行交叉审计,枣阳、襄阳两个市(区)实行“上审下”,审计后编印《审计催生谷城公安整顿财经秩序转变警风警纪》等《审计要情专报》。三是开展农村税费改革转移支付资金审计。对南漳县、谷城县、枣阳市、宜城市、襄阳区、樊城区、高新区和汽车产业开发区的农村税费改革转移支付资金进行审计。结果表明,农村税费改革审计取得阶段性效果,但在资金分配、使用和管理过程中存在一些违纪违规问题。包括延期拨付、挪用、滞留、股抵付、减免费、税、附加费未到位等。

2004 年,开展"收支两条线"管理专项审计调查。对 51 个具有执收执罚职能的部门和单位进行"收支两条线"管理专项审计调查。其中,市直执收执罚的部门 31 个、市直二级单位 19 个、县市(市)、区部门 1 个。查出违纪违规金额 950 万元,提出审计意见建议 157 条,纠正违纪违规问题 132 项。

2005 年,审计工作取得三大成效。全市公路交通系统财务收支审计,发现经济案件线索 14 件。向纪检司法机关移交了襄城区原检察长董某、市交通局工程处等涉嫌违纪或经济犯罪案件。开展全市中小学校危房改造工程专项资金审计。查出违纪违规问题金额 137 万元,审计促使全市拨付到位的危改资金 422 万元,占未拨付 92%;促使危改工程项目开工 15 个,占未开工 94%。审计促使普教经费管理走上正轨。对谷城县、襄阳区财政部门、教育主管部门及部分中小学校等单位普教经费及财政、财务收支情况进行就地审计和延伸审计调查,使普教经费管理走上正轨。

6.社会保障资金审计

社会保障资金审计职责,是负责对养老、医疗、失业、工伤、生育、农村养老等社会保险基金,住房保障以及各项社会救济、社会福利、优抚安置和社会捐赠资金进行审计监督。

1995 年,开展"两项基金"审计。对全市 55 家行政、企事业单位开展养老和失业保险金审计,查出各类违纪问题 394 万元,查明全市历年累计拖欠"两项基金"4127 万元。根据审计结果,市政府出台了《襄樊市深化企业职工养老保险制度改革实施办法》,强化和规范基金的收缴、使用和管理、监督工作。

1996 年,开展养老和事业"两项基金"审计。对全市劳动保险部门 1995 年度养老和事业保险基金收支、拨付、结存及管理情况进行审计。查明企业累计欠缴"两项基金"4556 万元,查出违纪金额 935 万元。其中,包括拆借和挪用"两项基金",隐瞒、截留养老金收入,擅自购买专控商品,私设"小金库"等 10 个方面。

1997 年,对枣阳、老河口 1994—1996 年底住房资金及其他财政收支情况就地审计,查出挤占挪用住房基金、公款储蓄、利息收入挂账等问题 5740 万元。审计后,当年底两县市组织清收回拆借出的住房资金 4145 万元。

1998 年,开展住房资金审计和希望工程资金审计。一是审计辖区部分县(市)1994—1997 年度的住房资金(售房款)和住房公积金,查出部分单位挪用售房款 2656 万元。二是对 1992 年以后市直管理的希望工程资金收支情况进行审计,结果表明全市希望工程资金的运作基本正常。

1999 年,开展专项资金审计。对残疾人就业保证金审计,对福利、赈灾彩票审计,对 9 个县(市)、区职工养老金审计,查出养老保险基金被挪用 3330 万元,市直残疾人就业保障基金 80%被挪用,金额 201.7 万元。

2000 年,开展体育彩票审计、市直住房资金审计和养老金整改问题审计调查。对市体委 1996 年(首次发行彩票年)至 1999 年,中国体育彩票发行收支情况进行审计;对市房改办管理的 1999 年度公积金、售房款等住房资金的归集、使用、管理及单位财务收支情况进行审计;对上年挤占挪用养老金等审计查出问题的整改情况进行专项审计调查。2000 年 6 月,审计署社会保障司赵连栋司长听取襄樊市专题汇报,对此给予充分肯定。

2001 年,开展养老保险基金、民政救灾资金审计。查出挪用救灾资金、设置账外账等违纪违规问题。

2002年，开展住房公积金审计和体育彩票、福利彩票审计。对全市9个县(市)、区和8个中央驻樊单位住房公积金审计，对市直和3个县公路段建设资金审计，查出挤占挪用住房公积金及干线改扩建利息、违规开设公积金存款账户、违规招投标、违规加价等问题4.32亿元，审计追回挤占挪用和抵押资金1200多万元，收缴财政105万元，向纪检部门移交大要案线索4件。对市直及5个县(市)体育彩票、福利彩票审计，查出挤占挪用、虚列支出等问题987万元。

2003年，开展防治非典专项资金和社会捐赠款物审计。对指挥部、红十字会、防疫站、传染病医院、中心医院、卫生局等有关单位使用"防非"专项资金的情况进行审计，审计财政预算安排的专项资金365.53万元，审计捐赠款物217万元(其中资金58.47万元、捐赠物资158.53万元)，促进每一项资金和物资的专管专用。

2004年，开展农村医疗保险基金审计和体彩审计项目。授权对丹江口市农村医疗保险基金进行审计，抽查6个乡镇的财政所、合作医疗管理站及医院，延伸审计了部分乡镇经管办和村组，查出合作医疗不规范、白条收费、民政部门未按规定解决少数特困户参保等问题。在体彩审计项目中，采取"三查三看"方法确保审计质量，查实违纪资金49.17万元，按程序将审计结果向社会进行公布。

2005年，开展农村养老保险基金审计。根据审计情况，市政府专门采取"八条措施"，落实农村养老保险基金审计意见和决定，并要求各地各部门，切实加强农村保险基金的管理，按照"谁管理、谁负责、谁挪用、谁归还"的原则，对挤占挪用资金等问题限期整改到位。

7.外资运用审计

市审计局外资审计职责，是负责对国际金融组织贷款、外国政府贷款、商业贷款和国外援助项目以及中外合资企业进行审计。

1994年，对引进利用外资项目5家企业进行重点审计。审计结果表明，有4家企业还贷能力不足。4家企业应还未付世行贷款本息800万美元，占世行贷款总额的33%，应还未付国内配套资金1746万元，占配套贷款额的205%。

1995年，开展两方面审计工作。对全市中外合资合作经营企业情况进行审计调查。审计结果促使全市外商投资企业管理工作会议出台《外商投资企业管理办法》，规范利用外资行为。对市印刷厂与香港协发印务有限公司合资兴办的襄樊飞环印务有限公司，1994年1月至1995年8月，资产负债损益情况进行审计。审计结果表明，这家合营企业经营成效显著，国有资产得到增值，资产负债率下降。

1996年，开展全市外贸土畜产行业10家公司，1995年度资产负债损益情况审计，发现"两严重一混乱"问题。

1997年，授权开展多项审计，披露六大问题，包括市卫生局地方病与传染病控制，市计委长江流域水资源开发，襄阳师专贫困县教育发展，市污水公司和固废公司城市环境，南漳、保康森林发展和保护等世行贷款项目。

1998年，开展世行贷款项目审计。包括地方病与传染病控制、长江流域水资源开发、贫困县教育发展等项目。

1999年，开展15个利用世行贷款项目审计。按照"内外合一、统一上报"的原则，对15个项目客观公正地出具15份审计师意见书。其中，针对市直1.52亿元管道煤气工程进退两难的现状，建议市政府停建。

2000年，审计促整改。授权对全面实施的城市污水治理，城市固体废物处理，长江流域水资源开发、传染病与地方病控制、疾病预防、贫困县教育发展六个世界银行项目以及世界粮食计划署提供的中国水灾灾民紧急粮食援助项目进行审计。审计后如实披露发现问题，督促市财政局发出"督办通知”,有关单位归还被挪用的项目资金 30 万元,下拨滞留的项目资金 147.33 万元,收回外借资金 10 万元。

2001 年,审计世行援(贷)款 6 个项目及 39 个项目执行单位,查出有问题资金和违反世行协定条款资金 13 444 万元。

2002 年,注重审后分析研究。组织对世行贷款城市环境污水处理、长江流域水资源开发、疾病预防等 5 个项目审计以及政府外债借、用、管、还情况的审计调查,汇总世行贷款审计项目 6 项,审计项目执行单位 17 个,审计资金 2.4 亿元,发现有问题资金和违反世行协定条款资金 7000 万元。其中,配套资金不到位 6987.8 万元。

2003 年,开展 38 个国外贷款项目审计。审计利用外资总额 2102 万元,提交审计报告 261 篇(其中持保留意见报告 3 篇),查出项目资金不到位、不落实等 8407 万元,截留、挤占、挪用、损失浪费等 101 万元。

2004 年,从四点把握外资审计。以审计方案为控制点,总揽审计作业全过程;以内部控制为测评点,把握审计的重要方面;以审计证据为主控点,力求审计评价的客观公正;以记录好审计工作底稿为着眼点,完整反映审计全过程,使审计监督与公证披露有机结合。

2005 年,组织世行及国外政府贷款城市环境污水和固废治理、疾病预防、贫困地区小水电发展、城市防洪等项目审计。查出有问题资金 17 129 万元。按照“内外合一,如实披露”原则,对违规问题进行如实上报和披露,发表审计师意见书 8 份,出具审计报告 10 份。

8.农业及资源环保审计

市审计局农业与资源环保审计职责,是负责对市农业、水利、环保、国土资源等部门财务收支及农业、林业、国土资源、水务、环保等专项资金筹集、管理、使用情况的审计监督。

1992 年,对农业资金开展同步审计。在形式上,由注重事后审计转变为事前、事中、事后分段审计,强调审计的预防和控制作用;在内容上,由违纪审计转向效益审计,加强审计的宏观调控职能;在方法上,由国家审计“孤军作战”转变为国家审计与内部审计“协同作战”,即国家审计审计主管部门,内部审计审计用款单位。

1993 年,开展三项审计。坚持开展南、保、谷三个山区县的支农扶贫资金审计,促使各地出现“五高一低”好现象,1993 年 9 月,省厅在谷城召开全省农业审计工作现场会,总结和推广了谷城支农扶贫资金审计经验。开展国土资金审计,国家审计署、省厅认为,就国上资金审计整体情况看,襄樊是最出色的一个。审计署在上报给国务院办公厅的《审计要情反映》中,引用了襄樊市土地隐性市场,国土资金流失严重的问题。副总理邹家华、国务委员陈俊生分别作了批示,国务院办公厅秘书局《信息参考》第 70 期作了刊登,并呈报国家副主席、全国人大常委会副委员长、政治局委员一级领导,为宏观决策发挥了促进作用。开展襄阳县牛首镇农民负担跟踪审计调查,大力推动了全市减轻农民负担工作。全市共清理废止农民负担文件 524 份,取消合同外负担项目 316 个,直接减少农民负担 1.69 亿元;清退 1992 年农民不合理负担款 1672.16 万元;清退非生产人员 2789 人,处理违法加重农民负担案件 10 起,受到党纪政纪处分 7 人。其中开除党纪 2 人,撤销党内职务 2 人,严重警告 1 人,移交检察机关处理 2 人。

1994—1995 年,开展支农扶贫资金、水利资金以及相关行业的重点资金审计。对南漳、保康、谷城 3 个山区县,1993 年,以工代赈资金暨支援不发达地区发展资金的专项审计。发现两项资金当年被截留、挪用、拖欠 873.7 万元,三县追回挪用专款 557.49 万元,保康县对贪污挪用扶贫款的扶贫开发办主任予以撤职并移交司法机关处理。

1996 年,开展水利项目审计和国土资金审计。审计全市 33 个单位 1995 年度水利资金和防汛费财务收支,查出违纪违规资金 173 万元。对市直及襄阳、老河口、谷城、南漳 5 个市县的国有土地转让收入进行审计。根据审计情况和建议,市政府出台《襄樊市区土地征用补偿安置征收管理暂行办法》;襄阳县政府发布《关于清理整顿土地隐形市场的通告》。

1997 年,开展扶贫、城建、环保等重点专项资金审计。对南漳、保康、谷城及市直管理扶贫资金部门,1994—1996 年扶贫资金审计,查出违纪违规资金 793.5 万元。全市农牧资金审计 81 个单位,查出违纪违规资金 1485.9 万元,上缴财政 55 万元,归还原资金渠道 61 万元,拨付欠拨资金 48 万元,罚款 8 万元。对城建、环保审计,查出违纪资金 9608 万元,督促上缴财政 2612 万元,收回被挪用、侵占、转移的资金 634 万元,收缴应缴财政资金 317 万元;对有关责任人员处以审计罚款 1.2 万元,建议给予有关责任人员行政处分 12 人次。市政府采纳审计建议,削减城建部门行政经费预算 685.64 万元,市财政、城建部门强化了城市维护、建设项目的“三算”管理,市环保部门专题研究制定了全市加强环保资金管理办法。

1998 年,开展水利、农发资金审计。全市审计水利专项资金、农发资金总额 30 652 亿元,查出违纪违规资金 2 284 万元,促进落实资金投入 761 万元,追还被挪用资金 300 多万元。

1999 年,开展水利资金、扶贫资金、国土资金等农业专项资金审计。审计单位 285 个,查出违纪违规金额 3000 余万元。其中,水利资金被挤占挪用、滞留欠拨等违纪违规金额 1134.25 万元;南漳、保康、谷城三县扶贫资金层层不到位 1617.3 万元。

2000 年, 开展国土资金审计和水利资金、扶贫资金跟踪审计。审计财政、土地等 103 个单位,1998—1999 年两个年度土地审批利用国土资金征、管、用等情况。对 1999 年度审计的水利资金、扶贫资金进行跟踪审计。结果表明,归还挪用专项资金 238 万元,纠正已改变的项目计划 268 万元,清欠水利规费 544 万元,纠正无偿改有偿资金 202 万元。

2001 年, 开展财政支农扶贫资金审计。审计财政支农扶贫资金 2.57 亿元, 查出违纪违规资金 6125 万元,促进专项资金到位 1700 万元,常务副市长赵成霖对审计报告作出四次批示,要求各地各部门整改。

2002 年,开展农业综合开发资金审计。审计单位 45 个,审计资金总额 4780 万元,查出违纪违规资金 944 万元,促进资金到位 858 万元,归还原资金渠道 87.24 万元。

2003 年,开展 2002 年度支农扶贫资金和农业综合开发资金审计。审计资金总额 21 159.60 万元,查出违纪违规资金 4 603.74 万元,促进两项资金投入到位 1 341.13 万元。

2004 年,组织开展全市农业资金专项审计、土地收益审计、国债沼气项目检查等。审计及延伸调查单位 46 个,查出违纪违规资金 3526 万元。同时,在十堰市扶贫资金交叉审计中,发现某乡镇农经会存在 26 个“包包账”、收支不实、白条抵库等问题 600 多万元,并及时将其中一起重大违纪案件线索移交当地纪检部门。

2005 年,围绕服务“三农”,开展农林水和资源环保审计。开展咸丰县扶贫专项资金效益审计,审计该县 5 个县直单位和 9 个乡镇,抽查扶贫项目 51 个,查出违纪资金 476.03 万元,查出“小金库”两个。对全市排污费专项审计及环保部门财务收支审计。其中市局对南漳县 2002—2005 年 6 月排污费实行“上审下”,发现少收排污费 2530.30 万元、排污费未执行收支两条线管理 201.8 万元,协议减免排污费 32.04 万元、应建未建污染源治理基金 100.42 万元、应交未交上级排污费 73.1 万元。审计后向上汇报并经批准,对审计结果实行了公告。

9.经济责任审计

1986 年 3 月 31 日,襄樊市委组织部、市审计局联合发出《关于国营企业厂长、经理调离工作时实行审计公证的通知》,规定“凡市直独立核算的国营企业厂长、经理调离工作时(包括提拔、调整、免职、离休、退休等)必须先经过审计公证”。1986 年 12 月市编委批复市审计局成立经济责任审计科。随后所属县(市)、区也相继开展了这项工作。围绕贯彻落实国务院颁发的全民所有制工业企业《厂长工作条例》和《承包经营责任制暂行条例》,先后对国营企业厂长、经理离任开展了经济责任审计。1986 年全市审计机关会同组织部门和企业主管部门,分别对襄樊市钢铁厂、襄樊市造纸总厂、老河口市床单厂等 8 名全民所有制企业的厂长实行了离任审计,审计结果:晋升 2 人、免职 3 人、平调 2 人、1 人留任。同时还对 14 名企业厂长实行了晋级审计。

1987 年 2 月,市委组织部、市审计局联合印发《襄樊市企业厂长、经理离任经济责任审计实施办法(试行)》,规定“凡是实行了厂长、经理负责制的全民所有制企业的厂长、经理和市政府指定要审计的企业厂长,在离任(包括提拔、调整、免职、离休、退休)时,必须由审计部门对其任期内的经济责任进行审计评议”。经过几年的探索与实践,初步积累了经验,制定了相应的规章制度。通过开展厂长(经理)离任审计,客观反映了承包者在承包期内经济效益指标的完成情况,也查处了部分承包经营者挥霍浪费、弄虚作假、虚报浮夸等违法违纪问题。但在当时,由于审计的对象和内容比较狭窄,没有形成较强的社会震动力。

1996 年年初,市委、市政府根据形势的发展和考核、任用干部的需要,组成以组织部、审计局为主的考察组,赴北京、沈阳、大连等地对其开展经济责任审计的情况进行考察学习。在学习、借鉴外地经验的基础上,1996 年 3 月 4 日,市委办、市政府办出台了《襄樊市行政机关国有企事业组织法人代表离任经济责任审计监督暂行办法》。规定“全市行政机关、国有企事业组织(包括国有资产控股或国有资产占主导地位的企业)实行法人代表离任经济责任审计监督制度。未经审计,不得解除法人代表任期内的经济责任”,“凡市直副县级以上行政机关、事业单位和市属中型二档以上国有企业(含其他原副县级以上企业)的法人代表离任,由市委组织部通知审计机关组织实施审计”。全市各县(市)、区也相继制订和出台了当地法人代表离任经济责任审计监督《暂行办法》或《实施方案》,对辖区范围内法人代表离任实行经济责任审计监督制度。

1996 年 9 月 11 日,市委组织部和市审计局联合制定《襄樊市行政机关、国有企事业组织法人代表离任经济责任审计监督暂行办法实施细则》。《实施细则》将经济责任审计对象的范围进一步明确为:组织部门拟议调整或已决定调整的法人代表;任期已达届中或届满的法人代表;群众反映或组织掌握有关问题需要进行审计的法人代表;需报省、部级以上表彰的法人代表。此后,全市经济责任审计对象不断扩展,成果不断扩大,在全国全省产生了较大的影响。1996 年 12 月,市委组织部以《坚持领导干部离任审计制度,强化干部管理制约机制》为题,在中组部干部监督工作会议上作大会典型交流发言。1997 年 7 月,省审计厅派出调查组到襄樊市进行专题调研。1998 年,全市开展法人代表任期(离任)经济责任审计,查出各类违纪违法案件 35 起,受到行政撤职、党内处分 26 人;受到法律制裁 12 人。1998 年 10 月,省审计厅在襄樊市召开湖北省经济责任审计理论研讨会,总结了襄樊等地开展经济责任审计工作的经验,并向全省推广。

1999 年,经济责任审计实行“先审后任”与“先离后审”相结合。审计中明确经济责任审计程序,实行“先审后任”与“先离后审”相结合,个人述责、群众民主评责、审计部门审责相结合,审计监督与群众民主监督相结合,依法审计,规范运作,客观公正地评价领导干部经济责任。事后市委组织部还明确规定:实行事前审计,不经审计,不研究干部调任,不办理调任手续。

2000 年,在中央五部委会议上交流经济责任审计经验。市委专门成立襄樊市经济责任审计领导小组,建立组织部、纪检监察、审计局、人事局、财政局等部门联席会议制度,建立“经济责任审计数据库”。出台《襄樊市经济责任审计结果传递办法》和《襄樊市领导干部经济责任审计结果报告规范》量化评价指标,完善经济责任评价体系。同时,推行“三个结合”办法,提高审计层次:将经济责任审计与日常审计相结合,加强计划性;将离任经济责任审计与任中经济责任审计、年度审计相结合,变事后监督为事前、事中、事后一体化的经常性监督;将经济责任审计与查处大要案相结合。2000 年 10 月,襄樊市委书记孙楚寅在中纪委、中组部、人事部、监察部、审计署联合召开的全国经济责任审计工作会议上作典型发言,介绍襄樊开展经济责任审计的经验。《经济日报》《中国审计报》等报刊对襄樊经济责任审计工作情况作连续报道。2000 年,全市对 128 个单位(其中党政部门 108 个)的 138 名领导干部任期经济责任进行审计,查出违规行为及损失浪费资金 2.88 亿元。其中领导干部应负直接责任 4238 万元,主管责任 2.36 亿元。在对市蔬菜公司法人代表的经济责任审计中,发现某单位收费全部使用白条和无税务监制章的收据,数额高达 20 余万元。对宜城楚农机械物资总公司的审计,查出 2 人贪污,60 个单位在该公司"揩油"近百万元,已追缴 60 万元,收赃款赃物 10 万元,为存款户兑付集资 200 多万元,原法人代表被判处有期徒刑 9 年,其他责任人分别被判处 3 年有期徒刑或处罚金。审计广播电视服务总公司时,查出非法集资 200 多万元,已向集资户兑付 40 多万元,原企业法人代表移交司法机关处理。审计后,平调 59 人,晋升 5 人,降免职各 2 人,撤职 1 人,受党纪政纪处分 5 人,移送纪检监察和司法机关 7 人。

2001 年,推行制度规范经济责任审计。制订《任期经济责任审计结果报告暂行办法》《襄樊市党政领导干部任期经济责任审计暂行办法》《对负有经济责任的会计及相关人员实行审计评价的暂行办法》,推行"审前公示""审计结果通报""会计责任评价"和"审计结果运用"四项工作制度,从而规范经济责任审计。

2002 年,进一步规范经济责任审计,突出对审计成果运用。出台《经济责任审计暂行办法》《经济责任审计公示制度》《经济责任审计成果运用办法》和《经济责任审计文书格式规范》等,重点对任现职时间较长、拟提拔晋升、离任、其他调整以及群众意见大的行政正职领导干部进行任期经济责任审计;有计划地开展县(市)、区长及事业单位、国有企业领导人员的任期经济责任审计;大范围地开展县直部门和乡镇领导干部经济责任审计工作。全市对 181 名党政领导干部和企业法人代表进行经济责任审计,查出违纪违规和损失浪费资金 4861 万元。其中,个人应负直接责任 3617 万元。移交审计线索 5 起,有 4 人受到免职、降职、撤职和党纪政纪处分,16 人被移送纪检监察、司法机关处理。具体工作中,市局开发办创新"六结合"工作方法(即审计公示与座谈、测评、查阅资料相结合,重新审计与有效利用原有审计资料相结合,分组推进与发挥整体功能相结合,常规审计手段与其他方法的综合运用相结合,查账与查实群众举报线索相结合,微观审计与宏观分析相结合),确保审计质量。其中市局直属办与开发办对保康县、襄城区两个县(区)长和机构改革撤并单位主要负责人的审计。

2003 年,重点查处重大违法违规问题和经济犯罪案件。全年对 179 名党政领导干部进行经济责任审计,查出违规金额 10 397 万元,管理不规范资金 22 342 万元,查出损失浪费金额 3 795 万元。组织部门参考审计结果,平调 104 人,晋升 13 人,降(免)职 10 人,给予党政纪处分 2 人。在开展襄轴集团公司原董事长兼总经理张德炳的任期经济责任审计时,发现张德炳及两名副总经理涉嫌参与多起经济违纪违法犯罪活动,及时移交案件线索。经市主要领导批示,与市纪委、市检察院、法院、公安局组成联合调查组,最终查实了张德炳任期内收受贿赂 93.5 万元、挪用公款 500 万元、违规购买内部职工股 73000 股。2003 年 4 月 11 日,张德炳及两名副总苏晓康、姜岳生被开除党籍,批捕 2 人。

2004 年,探索审计新的路子和方法。在审计程序和质量控制上创新,制定《经济责任审计业务管理办法》,将审计过程细化为 20 个程序,以程序控制改进审计管理,以审计管理规范审计行为;打破科室界限,公开竞争审计项目和审计对象,整合审计资源。在审计评价指标上细化。在对市直 19 户党政领导干部经济责任审计中,制定出财务报表真实性、财务收支合规性、资金运用效益性、个人收入正当性、内控制度健全有效性等 5 大类 10 个指标,并对每个指标进行量化,使评价标准层次分明、具体明确。在审计目标定位上突破。在审计内容方面,进一步加大揭示违纪违规问题力度,注重向被审计单位内控制度的有效性和项目建设资金使用的效益性"两方面延伸";在审计评价方面,注重对领导干部的“财权”，即公共资金的筹集权、管理权、使用权、决策权的审计评价；在审计建议上，围绕提升审计成果，注重综合分析，为领导宏观决策服务。通过对市直82名党政“一把手”经济责任审计结果的综合分析，建议将“一把手”不直接审批财务票据制度完善为“一把手”与分管财务领导双重签字、双重把关制度，市主要领导对此作出重要指示：要求制定《关于对经济责任审计查处违纪违规问题责任追究办法》；对经济责任的审计结果要及时向市委常委会议报告；对市直单位执行《关于规范和监督领导干部用钱权的暂行规定》情况进行一次专项检查，对发现的问题坚决予以纠正、清退和处理。2004年，全市审计机关共开展229名领导干部经济责任审计（其中党政领导干部227人、国有及国有控股企业领导人员2人），查出违纪违规金额35 426万元，管理不规范金额13 921万元。

2005年，进一步加强和深化经济责任审计。对52名党政领导干部开展经济责任审计，查出违纪违规金额20 716万元。审计后，党委及组织部门利用审计结果平调24人，晋升2人，免职1人，向纪检和检察机关移送涉嫌经济案件线索4起。具体工作中，围绕加强和深化经济责任审计，突出审计成果的转化和运用。对老河口、宜城、襄阳原3名市（区）长进行任期内审计和部分县（市）、区已离任的13名公检法“三长”审计后，专题上报了审计结果分析材料，被媒体采用报道，引起广泛关注。市委、市政府领导李德炳、杨祥义、曲颖、张家林、欧阳万坤、余新民等分别作出重要批示，要求追究相关人员责任，加强整改和制度建设。

（三）内部审计

1988年，全市对内审单位下达指导性委托计划项目48个，对一些内审项目实行抽查审计，采用召开内审工作座谈会、指导会等形式，扩大内审监督面，提高内审质量。有两个内审先进单位出席全省内审工作会。全市已建内审机构274个，配备内审人员474人，审计单位2232个，查出违纪金额8490万元，查出万元以上贪污案2件。其中，受党政纪处分的12人，移交司法机关处理的10人，促进单位增收节支645万元。

1989年，全市已建立内审机构440个，比1988年增长62.4%；配备专职审计人员713人，比1988年增长80.5%；兼职审计人员281人。各内审单位开展了承包合同兑现、效益、专项资金和专案审计，审计单位2525个，查出违纪金额9878万元，查出损失浪费214万元，促进增收节支790万元，查处案件79起，追回赃款62万元，给予党纪处分36人，移交司法机关31人。

1990年，全市8个县、市全部建立内审指导机构641个，配备人员1146人。市政府召开全市内审工作会议，专门下发《襄樊市内部审计工作规定》。市审计局配套下发规范内部审计业务的《企业承包经营责任内部审计暂行办法》《企业厂长(经理)离任内部审计试行办法》《经济效益审计办法》《企业内部审签办法》等4个法规性文件。此外，还修订完善了《内审工作程序办法》《内审工作岗位责任制》《内审档案管理办法》、《内审资料报送制度》《联系制度》等5项内审工作制度。各内审机构开展了财务收支审计、经营承包终结审计、厂长(经理)离任审计，推行三项审签制度。第一轮经营承包终结审计355户企业，查出各种违纪金额7 401万元，发现盈亏不实企业148个，金额2 157万元。对4 397个单位的财务收支审计，查处和纠正违纪金额27 316万元，查出万元贪污受贿案件37件104万元，其中受党纪政纪处分100人，移交司法机关处理24人。

1991—1992年，在内审工作指导上重点抓规范上质量。指导内审机构开展经济效益、承包经营、基建预(决)算、财务收支、经济案件等5项审计，从中选定87个优秀审计项目。针对企业进行三项制度改革和落实企业自主权、内审可能滑坡的新情况及时总结了38个先进典型，运用经验交流会、电视、报纸、电台广播等方法进行正确的舆论导向，促使企业在转换机制中，进一步加强内部审计。对全市780个内审机构的调查结果表明:加强和保持稳定的742个,占调查总数95%;新增机构15个,人员45人。同时,把企业法人最关心的经济效益问题,列为重点审计项目,为企业经营管理“拿脉问诊”,深受企业欢迎。

1993年,指导全市开展内部审计4803项,纠正违纪违规金额21 142万元,查出损失浪费1.5亿元,促进经济效益5811万元,查处贪污受贿案15起,移送有关部门处理20人。由于成效突出,市审计局1993年被评为全国内审工作先进单位。同时,社会审计发展势头良好,全市审计事务所创收250万元,比1992年翻了一番。其业务涉及基建预决算、企业验资、资产评估,“三查”、审计查证等18个领域。

1994年,围绕“积极引导,稳步发展,巩固提高”的内审指导方针,继续坚持“以市带县、以点带面、突出重点、分类指导、条块结合、双线管理”的指导方法,实施“县(市)抓规划、部门抓笼头、企业抓重点”的指导模式,促使内审工作在巩固中得到提高。1994年年底,全市已建内审机构794个,其中专职机构552个;配备内审人员2043个,其中专职人员1265人。市审计局被国家审计署授予“全国内部审计指导工作先进单位”。

1995年,全省内部审计工作现场会在襄樊召开,参加会议人员,包括全省26个地(市)、州审计局及东风汽车公司等16个省直单位、襄樊市直46个主管局和部分企事业单位的内审负责人150余人。会议总结了1994年全省内部审计工作,交流推广了襄樊等14个内审试点单位的工作经验,讨论修改了《湖北省内部审计工作规定(草案)》,研究部署了1995年全省内部审计工作。1995年,全市内审机构共审计5382个单位,查出损失浪费3139万元,促进经济效益4986万元。全年委托审计查证事项1028项,核减基建预决算资金4718万元,为委托单位挽回经济损失4624万元,核减虚假注册资金2569万元。实现创收576万元、积累254万元,分别比上年增长35.5%和60.4%(其中市审计事务所实现收入比上年翻一番)。

1996年,全市792个内审机构,共审计7 152个单位,纠正各类违纪金额27 616万元,查出损失浪费4 668万元,促进经济效益7 297万元,查处贪污贿赂案件14起,移交司法和纪检、监察机关处理15人。

1997年,全市750个内审机构审计6 982个单位,查出损失浪费金额3415万元,纠正违纪金额66 274万元,促进提高经济效益6 157万元,提出建议措施被采用8 667条。审计后向司法机关移送案件6件,建议给予行政处分34人,移送司法机关处理10人。全市11个社审组织完成委托事项1 591项,核减基建预算资金2 567万元,为委托单位挽回经济损失824万元,核减虚假注册资金2 449万元。

1998年,在抓好内审业务计划的指导,抓好对内审情况的调查基础上,重点培植内审业务典型,抓好项目评比和成果宣传,促进全市内审工作的进一步发展。全市内审机构全年共对4505个单位进行审计,纠正违纪资金50 288万元,移交经济案件10起,移交司法机关处理3人。

1999年,市审计局向市直42个审计派出机构和内审部门下达893项指导性审计项目,在全市范围内选择32个单位进行内审试点。全市694个内审机构审计2344个单位,纠正各类违纪违规资金2712万元,减少损失浪费资金791万元,促进增收节支1482万元,向司法机关移送经济案件3起,建议给予行政处分5人,移交司法机关处理5人。

2000年,对社会审计组织执业质量开展检查,指导各内审机构完成内部审计项目4000项,查出损失浪费3576万元,促进增收节支8672万元,已纠正违纪金额18 736万元,向司法监察机关移送案件13件,建议给予行政处分12人,移送司法机关处理8人。

2002年,对湖北回天胶业股份有限公司、湖北银城纺织股份有限公司等8家规模较大、社会贡献较多的非国有企业内部审计工作进行审计调查,为审计机关如何支持服务非国有企业的发展提出了意见和建议。

2004年，以促进诚信建设为目标，进一步加强对社会审计组织的质量检查。通过质量检查，揭露出具虚假审计报告、损害投资者利益、造成国有资产流失等问题，促进规范中介市场秩序。

（四）审计信息化

1998年，市审计局先后两次参加国家审计署计算机应用考试，30人获国家审计署颁发的计算机上岗证书。市局机关与市委和省审计厅实现微机远程通讯联网；部分科室开始“无纸办公”。1998年的住房资金审计、粮食财务挂账清查均运用EXCEL电子表格、WORD等软件操作。1998年11月，市审计局对全体干部进行80天封闭“冬训”，学习内容以政治理论、廉政教育、审计法规为主，采取请专家学者和单位骨干讲课、看专题片、模拟审计现场、上机操作、分组研讨、书面作业等形式加强培训效果，考试成绩位于前15名的给予通报表扬。

1999年，全年重点加强对计算机的应用和培训工作，集中两个月时间对全体干部进行“封闭性”培训，将政治理论、法律法规、审计业务、计算机应用作为重点内容，强化学习效果。在硬件建设上，投资50余万元购置微机36台(套)，建立局机关计算机局域网，与省厅、市委及所属县(市)实现“三级联网”。组织全市235名审计人员参加审计署第四次、第五次计算机达标考试，市审计局所有业务人员全部达标过关，在实际工作中已能熟练运用数据库、电子表、文字处理等软件。

2000年，通过机关局域网和远程通讯网，省、市、县之间基本实现文件数据的“无纸化”传递。市审计局建成多媒体会议室，制作局机关和科室网站、网页，开发《审计档案管理系统》，部分科室建立审计对象数据库，在财政、企业、行政事业单位审计中运用计算机进行辅助审计。2000年，全市审计系统微机总数已达152台。其中，市审计局（含两个办事处）74台。市审计局建成了全省审计机关和全市行政事业机关一流的多媒体会议室，实现每科室有微机，有的科室拥有3台以上。先抓文字输入后抓软件应用。市审计局制作了局机关和科室网页，组织力量开发《审计档案管理系统》，建立业务文书、审计档案资料库，初步实现办公自动化和网络资源共享。先普及后提高。市审计局54名干部中有44名同志获得了国家审计署水平考试合格证，全局干部都掌握了文字处理软件使用方法，每个科室有一名熟练运用计算机的技术骨干。以局域网为突破口，点面结合，推进全市审计信息化建设。对原有的局域网进行改造，专门配备网络管理员，制订下发《网络计算机安全管理制度》和《计算机操作规程》，采取网络培训、网络传输等手段，加快全市计算机的应用进程。2000年，市局已建立了与省厅、市委和下属县（市）的三级网络；与市委组织部门携手建立了《经济责任审计数据库》，将被审计对象的有关资料和审计结果输入计算机，为组织部门全面考核干部提供了动态信息，省委组织部的领导对该软件给予了高度评价；下属各县（市）也全部实现了与省厅的远程通信。老河口、保康、枣阳等地还与本级党委办、政府办实现了联网。市审计局和老河口市审计局分别开通《审计廉政建设》和《审计之光》两个站点。8月份，市局在多媒体会议室成功召开全市审计工作座谈会，新颖、生动的汇报形式受到与会同志的一致好评。推进计算机辅助审计。先后在湖北化纤厂、襄樊城市信用社、樊城公安分局等单位的现场审计中，运用《审计数据分析采集软件》进行辅助审计。老河口市审计局20分钟时间就查出宝石集团不良资产1132万元。在财政预算执行审计中，开发了《预算执行审计情况统计报表汇总软件》，准确、及时、快捷地对10张审计报表进行自动汇总，被省厅在全省审计系统范围内推广。

2001年，加大硬件建设，完善省、市、县三级信息网络；各地从实际出发，建立一批各具特色的审计资料数据库群。如老河口市审计局率先建成了集经济责任审计、审计信息宣传、财经审计法规、审计疑点线索、审计业务档案、精神文明建设档案库等于一体的大型审计数据库群，在降低审计成本、提高工作效率、实现审计办公自动化等方面，发挥了较好作用；加强软件应用与开发，利用计算机进行辅助审计效果显著。同年,在电力、电信与人保公司审计中,全市运用计算机进行审计数据的采集与分析,保证了审计质量,大大提高工作效率和效果,受到省厅领导充分肯定。其中市审计局组织开发的《财政支农扶贫资金汇总软件》和《农业资金审计数据库软件》等,在全省得以推广。2001 年末,市审计局自主开发了《审计信息宣传管理系统》软件,初步实现了全市审计信息工作主要环节的自动化,并在全局范围内推行《公文处理自动化软件》。

2002 年,抓住审计署启动"金审工程"的契机,切实加强审计信息化建设的组织领导,加大考核奖惩力度;坚持"两个完善",在继续加大硬件投入基础上,按照标准化、规范化、科学化的要求,进一步完善全市审计系统的局域网和审计资料数据库;抓好"三大环节",立足于运用,启动公文处理软件,加快自动化办公步伐;扩大计算机辅助审计,更新审计技术手段;加强软件开发与应用,提高审计工作效率;发挥整体优势,在全市审计系统内实行"四统一":统一配置网络必备设备、统一制定网络管理规定、统一组织软件课题的开发与应用、统一组织骨干选手培训交流,避免资源浪费;五是狠抓骨干培训,努力培养"五能"人才。

2003 年,建立和完善数据库群。建立审计对象数据库。审计对象数据库将审计对象划分为行政部门、国有事业单位、国有及国有控股企业、上级审计机关授权和委托审计对象四个行业大类。在四个行业大类的基础上,将审计对象进一步细化:行政部门划分为党委部门、政府部门、立法机关、司法机关;国有事业单位划分为科技、教育、文化、卫生医疗、社会管理;国有及国有控股企业划分为机械、贸易、建筑安装、科研、粮食、纺织、燃化、交通、建材等;上级审计机关授权和委托审计对象划分为金融、电信、电力、烟草。以各专业部门为执行单位,对照《审计法》的相关条款,在借鉴以往审计统计台账基础上,对全市审计对象和范围进行重新摸底排队。2003 年调查 1395 个单位,其中行政机关 442 个、事业单位 575 个、企业 294 个、上级驻地单位 84 个。数据库除了全面记录被调查单位的性质、经费来源、年度预算总额、法人代表、财务负责人、所属单位、地址、联系电话等基本情况外,还根据各部门、各行业的特殊情况,设立特殊的字段。如事业单位设立核算类型字段,分为全额、差额、自收自支三类;企业设立国有股总额、控股比例、年度销售总额、年度利税等字段,以求真实完整的反映审计对象的各方面情况。运用计算机开展审计工作。上半年,市审计局在金融行业审计中,大胆实践计算机辅助审计,坚持以"数据采集为切入点""数据分析运用为重点",把计算机辅助审计功能,由现场审计扩展到审前调查,直至审计项目归档的审计全过程,取得显著的成效。在对人保公司审计中,运用保险审计软件进行审计。如利用计算机采集的原始保单,与机动车赔案中的保单号、发动机号以及车牌号进行对照,用以确定赔案的真实性。利用这一方法查出 10 多笔投保单位与索赔单位严重不符的问题。其中,一笔赔案涉及价值 10 多万元。在手续费支付、理赔案件审查中,他们对大于 5000 元的支付进行归类集中审计,检查出重号保单 789 份,查出数百份保单在费率执行上存在问题,121 份违规进行的无赔款保费优待。

2004 年,制定《2004 年审计信息化工作安排意见》,以网络远程审计为突破口,强力推进计算机审计。运用《通用审计系统》软件。运用通审软件对金融、保险、社保基金、世行贷款、经济责任审计等 8 个项目进行审计,审计总金额 152 613 万元,查处违纪违规 9557 万元。探索并推进联网审计。在全国审计工作座谈会上,国家审计署审计长李金华,充分肯定老河口审计局艰苦创业、勇于创新的精神风貌,称赞他们持之以恒探索联网审计的做法"是公安经验的深化和发展,是审计手段和方法的更新,是审计思维方式的转变"。襄樊市按照全省审计工作会议的安排部署,在全市范围内推行老河口市联网审计做法。襄阳区、樊城区、保康县审计局已与当地会计核算中心联网,初步实现对会计资料的远程采集、分析和动态监控。进一步加强数据库群建设。在推广"审计对象数据""审计项目管理数据库""审计综合资料数据库"等八大数据库的同时,开发"审计违纪线索数据库"和"通用审计软件模块"和"专项资金审计数据库",并结合审计工作实际,注重审计数据的更新和积累,为计算机审计提供了强大的信息支持。四是进一步加强网络建设。市审计局、枣阳审计局、襄城审计局等加大硬件投入,对局域网和宽带网络进行改造,实现了内外两网之间的物理隔离。五是进一步强化计算机审计技术培训。举办3期计算机审计培训班,培训人员149人,为70台电脑安装通审软件,一批计算机审计的骨干力量正在形成。

(五)审计业绩

1983—1988年,全市审计人员由80人发展到311人。全市审计机关共审计5 241个单位,查出违纪金额32 510万元。其中应上缴财政5170万元,已上缴3745万元,占应上缴的72%;查出百万元以上的违纪案26件,万元以上的贪污案1件。全市审计部门在具体工作中摸索总结出三大审计路子:对行政事业单位实行定期审计,1986年被国家审计署列为全国审计工作重点,从1987年开始,被列为全国两个必审项目之一;将基本建设自筹资金来源纳入审计范围,被国家审计署作为六项审计经验之一向全国进行推广;对企业试行一体化审计,1988年年初,省审计局在全省审计工作会议上肯定了这一做法。市审计局局长熊汉祥根据实践撰写的“企业审计一体化”论文被《中国审计》1988年第6期刊载。

1991—1992年,全市审计机关采取四项措施开展“创建审计文明系统”活动。1992年9月,市审计局和襄阳、南漳两个县审计局,分别被省委、省政府命名为“省级文明单位”;同年11月,随州、枣阳、谷城、保康、老河口5个县(市)局被市委、市政府命名为“市级文明单位”;宜城县审计局被县委、县政府命名为“县级文明单位”,提前一年实现三年创建审计文明系统的目标。1993年2月,市审计局建立受理查处乱摊派举报制度,召开新闻发布会,向社会公布举报电话和举报信箱,成立办公室。同年,受理举报85件,结案75件,退还被摊派单位款111 095.62元,收缴摊派款124 000元,制止发生摊派3 571 561元。其中影响较大的案件之一,查处鄂西化工厂被摊派的问题。该厂到1992年年底已被18个部门摊派63万元,相当于当年实现利润的22.34%。《襄樊日报》连续5次跟踪报道,新华社《半月谈》《经济日报》《中国青年报》《法制日报》等20多家报刊进行采访报道。1994年,市审计局被国家审计署、人事部授予“全国审计机关先进单位”称号。市审计局局长、党组书记冯黎觉出席了在北京召开的领奖大会。

1997年10月,市审计局举办“学习《实施条例》讲用会”活动。翻印《审计法》及《实施条例》一万册,分送宣传资料;常务副市长黄贤德发表电视讲话,并在《襄樊日报》发表《贯彻实施条例,加强审计监督》的文章;市人大、政协领导,市九三学社等六个民主党派的负责人及特约审计员等到市审计局召开座谈会;市审计局局长吴永明在《襄樊日报》发表《贯彻审计法实施条例,切实做好审计监督》的文章。

1998年,市审计局从1991年派驻工作队到谷城县茶园沟村扶贫,至1998年。帮助该村建成500亩面积的茶场,开发“兰菊王”“神峰”名茶,茶叶年产值40多万元;村集体固定资产由1991年的18万元增加到1998年的80多万元,人均年收入由360元增加到1 464元,54户农户实现脱贫。

1999年,市审计局成立大要案排查专班,设立举报箱,公布举报电话,发现大要案线索15件,涉案金额8565.8万元。根据审计部门移交线索,全市纪检、监察部门立案处理各级党员干部30余名。其中,市审计局对三道河水利工程管理局进行专题审计,查出违纪违规金额540万元,该单位原党委书记、局长、财务科长等5名涉嫌犯罪人员被依法逮捕。

2000年,通过实行廉政纪律承诺制和双向承诺、执法公示等,实施对审计组廉政责任制监督。市审计局被评为“人民满意机关”,其廉政建设的做法被市委推荐到省委警示教育会上交流。

市审计局投资4万多元购置高档密集架、除湿机、空调、报警器及防火器等设备，配备专(兼)职档案管理人员22名，对建局以后的档案实行计算机管理。12月，被省档案局、省审计厅授予“湖北省机关档案工作目标管理省特级单位”。

2002年，加强源头治腐，完善审计廉政纪律、审计项目计划管理、审计作业程序、审计质量考核细则和优秀审计项目评选办法，坚持《审计执法责任制度》《审计执法错案追究制度》《审计执法公示制度》《襄樊市审计局审计业务工作管理规程》。同年4月，全省审计系统反腐倡廉工作会议在襄樊召开，市审计局和老河口市审计局被评为全省勤政廉政先进集体。市审计局党风廉政建设教育网站和互联网监督举报信箱被湖北省审计厅在全省审计系统推广。

帮扶市直特困企业5710厂，协调企业与银行、电力、土地部门关系，缓交水电费17.46万元，争取环保贷款5万元用于环境污染治理，引导分厂实行股份民营制，加强内部管理。为谷城县紫金镇桃花沟村协调资金、物资12万多元，完善基础设施项目5个。其中改造主干公路13千米，新修公路3千米，解决人畜饮水5处，新建银杏基地150亩，发展高效黄姜100亩。当年，该村农民人均增收115元，减负45万元，年人均纯收入实现1150元。

2004年，对全市重点建设项目国债资金的效益审计，促使有关部门下拨资金426万元，促进地方配套资金到位1280万元，追回挤占挪用资金378万元；对11项重点建设项目审计，在中介组织已审计的基础上，又审减资金120多万元。对建设资金存在的使用效益问题，提出审计建议16条，被采纳9条。

开展系统行风评议。制发《关于进一步加强机关作风建设工作的意见》，在准备环节上求“细”，在查找问题中求“准”，在整改纠正中求“实”，在建章立制中求“严”，对行风建设情况进行认真的“回头看”。评议结果，全市审计机关均顺利通过评议，其中市审计局、樊城区审计局获第一名。

2005年，开展保持共产党员先进性教育活动，在群众满意度测评中满意率达100%，被省市督导组评价为“规范到位，扎实实在”，被市委授予“保持共产党员先进性教育活动优秀单位”。

1983—2005年，襄樊市审计局先后荣获全国审计机关先进集体、“全国精神文明建设先进集体”“全省最佳文明单位”“全省安全文明单位”“全省勤政廉政先进集体”“全省审计综合质量优胜单位”“全省审计信息工作先进单位”“全省审计统计工作先进单位”“全省报刊发行工作先进单位”“第三届襄樊市模范公务员集体奖”“全市保密工作先进单位”“全市政府系统办公室先进集体”等400多项荣誉称号。

卷十八 中国共产党襄樊地方组织

1979—2005年，中共襄樊市委领导全市人民贯彻中共十一届三中全会确定的改革开放方针、政策，建设中国特色社会主义现代化事业做出积极贡献。1983年10月，中共襄阳地委与中共襄樊市委合并，成立中共襄樊市委员会。1984年12月，中共襄樊市第六次代表大会是地市合并后的第一次党代表大会。大会讨论通过《加强党的建设，坚持全面改革，为实现襄樊经济腾飞而努力奋斗》的工作报告。1989年11月，中共襄樊市第七届党代表大会通过的决议指出，六届市委坚定不移地贯彻执行党的十一届三中全会以来的路线，团结带领全市各级党组织、广大党员和人民群众，以经济建设为中心，坚持四项基本原则，坚持改革开放，艰苦奋斗，开拓进取，较好地完成市第六次代表大会提出的各项工作任务，全市的改革和经济建设、各项社会事业都取得了重大进展。1994年12月至1995年1月，中国共产党襄樊市第八次代表大会召开。1999年12月，中国共产党襄樊市第九次代表大会听取、审议、通过了题为《高举旗帜，开创未来，夺取襄樊现代化建设的新胜利》的工作报告和曲颖代表市纪委作的纪律检查委员会工作报告。2004年12月，中国共产党襄樊市第十次代表大会召开。大会听取、审议、通过题为《求真务实，加快发展，为把襄樊建设成为名副其实的省域副中心城市而努力奋斗》的工作报告。

1979—2005年间，中共襄樊市党代表大会选出六届中共襄樊市委员会，在任职期间坚持党的改革开放政策，带领全市人民为完成党的代表大会提出的宏伟战略目标，做出卓越成效的努力，使襄樊市进入社会主义现代化建设的初期阶段，为市管县体制探索出了经验。党代表大会选出的六届中共襄樊市纪律检查委员会，认真履行检查、监督党和国家的路线、方针、政策和决议在本地的执行，以及各级党组织和党政干部、党员遵守法律、党章和其他各项规章制度的职责。鉴于1979—2005年间，是由长期的计划经济体制向社会主义市场经济体制转变的特殊时期，市纪委重点进行党风廉政建设和反腐败工作，加强了违纪案件的查处、行政监察监督和源头治腐的力度，有力地维护了党的纪律的严明，纯洁了党的干部队伍，取得了明显成效。截至2005年，襄樊市党员总数已有306 553人，其中属于企业管理、非公有制经济单位和社会新阶层等党员有70 151人，占全市党员总数的26.15%，扩大了党的阶级基础。在年轻干部的选拔、任用方面，在全省率先进行了副县级年轻干部的公推公选，为在社会主义市场经济体制如何选拔年轻干部进行了有益的探索和尝试。

在宣传工作方面，围绕中心、服务大局，唱响主旋律、打好主动仗。新闻宣传坚持团结、稳定、鼓劲和正面宣传为主的方针，把握正确导向，舆论引导水平不断提高，新闻出版和广播电视事业快速发展；文化事业和文化产业协调发展，呈现出繁荣兴旺的良好态势。积极推动乡镇文化站改制，扶持发展村级文化中心户，群众文化日益繁荣，群众文化基础工作得到巩固和发展；外宣工作突出亮点，服务经济建设和对外开放工作，借船扬帆，拓宽渠道，襄樊魅力形象得到彰显。党的宣传战线工作为全市的改革开放和现代化建设提供有力的思想保证、智力支持、精神动力和文化条件。

党的统一战线工作是在中共十一届三中全会后，结束“文化大革命”，在全国性的拨乱反正时期起步的。中共襄樊市委统战部在市委领导下，有序开展落实各项统战政策，对全市各民主党派成员，错划右派，原工商业者，少数民族、宗教界人士，国民党起义投诚人员，台港澳同胞，归侨及其亲属，党外高级知识分子等，在“文化大革命”中及“文化大革命”以前的各种冤假错案，进行处理落实。对冤假错案的纠正处理和落实政策,调动了他们参与社会主义现代化建设的积极性。

1983 年 10 月,成立中共襄樊市委政法委员会。全市政法机关紧紧围绕中心任务,依法全力消除各种不安定因素,开展打击严重刑事犯罪斗争,推进社会治安综合治理和维护社会稳定各项措施的落实,加强政法干部队伍建设,发挥维护国家安全、化解矛盾纠纷、打击预防犯罪、管理社会秩序、维护公平正义、服务改革发展等各项职能,为全市改革开放和社会主义现代化建设提供了有力保障,创造和谐稳定的社会环境、公平正义的法治环境和便捷高效的服务环境。

“文化大革命”结束后,为保证工作作重点转移到社会主义现代化建设上来,实事求是地解决涉及政法工作的各类历史遗留问题,复查“文化大革命”前和“文化大革命”期间的冤假错案,清除“左”的思想影响,按照“实事求是、有错必纠”的原则,大力整顿社会治安,恢复被“文化大革命”搞乱了的社会秩序,维护和促进了安定团结的社会政治局面。

市委政法委组织和协调全市政法机关充分履行职能, 及时打击破坏社会主义市场经济秩序的犯罪和各类职务犯罪,全面开展民事、经济、行政审判及执行工作,依法调节和处理各类经济社会关系,推动“普法”、依法治理措施的落实,恢复重建和发展壮大律师、公证、基层法律服务等法律服务业,开展法律援助、劳动教养管理、司法鉴定等工作,加强民政工作和残疾人福利保障事业,化解社会矛盾,维护公平正义,保障了全市社会政治稳定和各项事业的健康、协调发展。市委政法委积极适应政法工作的新形势和政法队伍建设的新任务,更新观念,转变作风,紧扣影响和制约政法工作及队伍建设的观念性、体制性、机制性和保障性问题,紧扣政法各部门执法、司法活动中的热点、难点和重点问题,大力实施工作观念、工作机制和工作方法的改革创新,推出一系列有具体内容、能收到实效、对推动政法机关严格执法和公正司法能发挥直接作用的务实举措, 为保障地方经济的稳定发展和社会的全面进步奠定了基础。

一、中国共产党襄樊市党员代表大会

襄樊市历次党代表大会的代表选举,以县(市)区、军分区、市直机关、企事业单位和在樊中央、省属大中型企事业单位、大专院校为选举单位。县(市)区、军分区、市直机关、企事业单位和中央、省属大中型企事业单位、大专院校的代表,由各选举单位的党组织按照民主集中制原则,根据《中国共产党章程》和《中国共产党地方组织选举工作条例》的规定及所分配的名额,经过自下而上、上下结合、反复酝酿和考核,分别召开党代表大会或党代表会议或党员大会,采取无记名投票方式和差额选举的办法选举产生。市委提名的代表候选人分别参加有关选举单位的选举。选出的代表上报市委审批。代表的构成,是有选举权的中共正式党员和来自全市各地各部门各条战线的骨干、劳动模范、先进工作者等党员中的优秀分子,具有坚定的共产主义信念,在社会主义现代化建设和改革中做出突出贡献的先进分子。在坚持先进性的同时,代表的结构还体现广泛性。代表中既有各级党员领导干部,也有各类专业技术人员、各条战线先进模范人物和解放军、武警部队的党员;既有妇女代表,又有少数民族代表。自第七次代表大会开始,解放战争时期以及新中国成立后各个时期入党的党员都有适当数量的代表。45 岁以下的代表逐年增加。自第九次代表大会开始,党代表趋于知识化、专业化,大专以上文化程度逐年增加(见表 18-1)。

中共襄樊市第五次至第十次代表大会代表构成情况一览表

（1982—2004 年）

表 18-1

类别 构成 次别	正式	比上次增加	候补	列席	代表全市党员数	党员干部		专业技术人员		先进模范人物		解放军、武警部队		妇女		少数民族		大专以上文化程度		50 岁以下	
						人数	点比（%）	人数	点比（%）	人数	点比（%）	人数	点比（%）	人数	点比（%）	人数	点比（%）	人数	点比（%）	人数	点比（%）
第五次	350	-350	30	22	15185	—	—	—	—	—	—	—	—	—	—	—	—	—	—	—	—
第六次	510	160	50	—	233209	229	44.9	100	19.6	165	32.4	16	—	—	10	—	—	—	—	—	—
第七次	477	-33	—	65	280086	332	69.6	94	19.7	42	8.8	9	1.9	70	14.7	6	1.3	213	44.7	214	44.9
第八次	431	-46	—	72	248532	303	70.3	87	20.1	32	7.4	9	2	78	18	6	1.3	270	62.6	326	75.6
第九次	479	48	—	—	275760	325	67.9	95	19.8	48	10	11	2.3	96	20	10	2.1	407	88	—	—
第十	495	15	—	—	300685	348	70.3	97	19.6	39	7.9	11	2.2	97	19.6	12	2.4	477	96.4	368	74.3

(一)中国共产党襄樊市第五次代表大会

1982 年 11 月 6—12 日，中国共产党襄樊市第五次代表大会在樊城召开。出席会议正式代表 350 人，候补代表 30 人，列席代表 22 人，代表全市 15 185 名党员。大会主席团由王清贵、王根长等 51 人组成，杨朝令、田建珍等组成代表资格审查委员会，邓海波担任大会秘书长。市委书记王清贵在大会上作《遵循十二大制定的宏伟纲领，为全面开创我市社会主义现代化建设新局面而奋斗》的报告。指出：党的十一届三中全会以来，市委认真落实党的各项政策，复查纠正了“文化大革命”和历次政治运动处理的冤假错案 1139 件。党的知识分子政策进一步落实。全市科技人员有 130 人入党，490 人晋升为工程师，160 多人担任副厂长以上领导职务。按照干部“四化”要求，提拔 412 名中青年干部，其中 133 人担任厂级党政负责人。1981 年全市完成工业总产值 114 699 万元，3 年平均递增 25.3%。财政收入 3 年平均每年递增 9.3%。大会选举产生中共襄樊市第五届委员会委员 36 人，候补委员 7 人；市委纪律检查委员会委员 16 人，出席中共湖北省第四次代表大会代表 13 人。在市委五届一次全会上选举产生常委 10 人，书记、副书记 5 人。这次大会是襄樊市改为省辖市召开的第一次代表大会。

(二)中国共产党襄樊市第六次代表大会

1984 年 12 月 29—31 日，中国共产党襄樊市第六次代表大会在襄阳宾馆召开。出席大会正式代表 510 人(实到 481 人)，代表全市 233 209 名党员。大会主席团 53 人，张怀念等 13 人任主席团常委，章治文任大会秘书长，郑少波等 11 人为代表资格审查委员会成员。大会审议通过张怀念代表市委常务委员会所作的《加强党的建设，坚持全面改革，为实现襄樊经济腾飞而努力奋斗》的工作报告；审议和批准市纪律检查委员会的工作报告；选举产生中共襄樊市第六届委员会委员 41 人，候补委员 6 人，市纪律检查委员会委员 9 人。在市委六届一次全会上选举出市委常委 13 人，书记、副书记 4 人。这次代表大会是撤销襄阳地区建制，实行市领导县体制后的第一次党的代表大会。会议充分肯定改革开放以来原地、市委在贯彻党的十一届三中全会以后的路线、方针、政策和在拨乱反正、改革开放方面所取得的成绩。重点总结地市合并后的主要工作：进行党政机构改革，各级领导班子建设进一步加强。

全市县级领导班子平均年龄42.4岁,具有大专以上文化水平的占63.6%。在实现革命化、年轻化、知识化、专业化的进程中又向前跨了一大步;发挥市领导县体制的优越性,加强城乡经济的内在联系,全市有582家企业按照自愿互利的原则,参加不同形式的经济联合和专业化协作,开办67个贸易中心和390个农贸市场,与全国2 000多个单位建立科技开发、计量测试、情报交流等业务联系;农村商品生产初具规模,以专业户、专业村、工厂、家庭、新的经济联合体、乡镇企业为主体的农村商品生产出现了好的发展势头,农村中有30%的劳动力从土地上转移出来;用农村改革的成功经验,推动城市经济体制改革。对所有工商企业实行利改税,在90%企业中实行经济责任制,下放企业管理权限,改善经营管理形式,进行厂长(经理)负责制试点,发展多种经济形式,建立科技发展基金,扩大基建项目审批权;在狠抓物质文明建设的同时,社会主义精神文明、民主与法制、党的思想和作风建设等方面也得到加强。会议指出工作中的差距有:落实改革方案的措施不够得力;经济关系还没有理顺;现有的经济效益和人民的富裕程度与先进地区相比差距很大;不少党员干部的思想和工作作风与形势的要求还不相适应。大会提出今后五年襄樊市社会主义现代化建设的指导思想和奋斗目标是:以城市为中心,集镇为纽带,农村为腹地,优先发展轻纺、机械、电子、食品4大工业和第三产业,继续抓好粮棉油、多种经营、乡镇企业3大支柱建设,积极开发鄂北岗地、西南山区两大基地,充分发挥城乡结合、军工民用结合的优势,以1980年工农业总产值32亿元为基数,力争1985年翻一番,1990年翻一番半,1995年翻两番,到20世纪末达到170亿元,物质文化生活达到小康水平,使襄樊成为开放式、网络型的商品经济区。大会要求各级党组织必须把握工作重心,采取得力措施:合理调整产业结构,进一步繁荣农村经济;把工业重点放在本地区既有基础、又有前途的优势工业上;搞好智力开发,加强应用技术研究和新技术的开发研究,加强全市教育事业;坚持对外开放,积极抓好人才、资金、技术、设备的引进;加强社会主义精神文明建设,健全社会主义民主与法制;抓好计划生育工作,做到人口增长与经济社会发展相适应。

(三)中国共产党襄樊市第七次代表大会

1989年11月11—14日,中国共产党襄樊市第七次代表大会在南湖宾馆召开。出席会议正式代表477人,其中各级领导干部332名,占69.9%;各类专业技术人员94名,占19.7%;模范人物42名,占8.8%;解放军、武警部队的代表9名,占1.9%;大专以上文化程度的213名,占44.7%;妇女代表70名,占14.7%;少数民族代表6名,占1.3%。解放战争时期以及新中国成立后各个时期入党的党员都有适当数量的代表。45岁以下的代表214名,占44.9%。大会主席团由57人组成,章治文、杨斌庆等10人任大会主席团常务委员会委员。伍荣显任大会秘书长,果真任代表资格审查委员会主任。大会的议程:以中共十三大精神为指导,总结六届市委的工作,研究振兴襄樊的大计;选举产生中共襄樊市第七届委员会和市纪律检查委员会。大会讨论通过章治文代表市委常务委员会作的《坚持立国之本,走好强国之路,为振兴襄樊、鼎足湖北而努力奋斗》的报告,审议和批准魏元明代表市纪律检查委员会作的工作报告,并通过上述两个报告的决议。六届市委工作报告的决议指出:六届市委坚定不移地贯彻执行党的十一届三中全会以来的路线,团结带领全市各级党组织、广大党员和人民群众,以经济建设为中心,坚持四项基本原则,坚持改革开放,艰苦奋斗,开拓进取,较好地完成市第六次代表大会提出的各项工作任务,全市改革和经济建设、各项社会事业都取得重大进展。章治文代表六届市委所作的报告,充分体现党的路线方针政策与襄樊实际的紧密结合,体现实事求是的精神,凝聚了全市广大党员和人民群众的集体智慧。报告提出的牢牢掌握"一个中心、两个基本点",自力更生、艰苦创业,为振兴襄樊、鼎足湖北而努力奋斗的总要求,以及围绕这个要求提出的关于坚持社会主义方向，夺取物质文明建设新胜利；关于大力加强社会主义精神文明建设，为各项事业的发展提供精神动力；关于坚持共产党的领导，聚精会神地抓好党的建设的方针和措施，是正确的、可行的，应坚决实施。决议强调指出，要坚决贯彻落实中共十三届四中全会和五中全会精神，突出地把治理整顿作为改革和建设的重点抓紧抓好，切实抓出成效。今后全市的经济建设，必须以全面提高经济效益为中心，以全面提高素质为着力点，以科技进步为先导，求得稳定、持续、协调发展；要进一步加强和改善党的领导，坚持一切从实际出发，深入调查研究；密切联系群众，关心群众疾苦，坚持从严治党，切实加强党的思想、组织、作风建设，加强各级领导班子建设，保持各级党政机关的廉洁，切实增强党的凝聚力和战斗力，充分发挥党的政治优势。决议号召全市各级党组织和广大党员，紧密团结在以江泽民同志为核心的党中央周围，在湖北省委的领导下，在七届市委的带领下，认真学习马克思列宁主义、毛泽东思想，坚定不移地坚持四项基本原则，旗帜鲜明地反对资产阶级自由化，同心同德，艰苦奋斗，为实现“振兴襄樊、鼎足湖北”的战略目标，为建设有中国特色的社会主义，实现四个现代化，做出新的更大的贡献。

与会代表充分酝酿的基础上，大会以差额选举的办法，选举产生中共襄樊市第七届委员会委员36名，候补委员5名，市纪律检查委员会委员16名。

（四）中国共产党襄樊市第八次代表大会

1994年12月30日至1995年1月2日，中国共产党襄樊市第八次代表大会在南湖宾馆召开。出席大会正式代表431名，其中各级领导干部303名，占70.3%；各类专业技术人员87名，占20.1%；各条战线先进模范人物32名，占7.4%；解放军、武警部队代表9名，占2%。妇女代表78名，占18%；少数民族代表6名，占1.3%。大专以上文化程度的270名，占62.6%。代表中，建国后到“文化大革命”前入党的78名，占18%；“文化大革命”期间入党的235名，列席代表72名。这次大会的任务是：以邓小平建设有中国特色社会主义理论和党的基本路线为指导，深入贯彻党的十四大、十四届三中全会、四中全会和省第六次党代会精神，总结过去五年的工作，确定今后一个时期的战略部署，选举新一届市委和纪委，动员全市广大党员和干部群众，进一步解放思想，开拓奋进，紧紧抓住历史机遇，加快改革开放步伐，推进经济持续、快速、健康发展，为胜利跨入21世纪而奋斗。大会的主要议程是：听取和审议中共襄樊市第七届委员会和中共襄樊市纪律检查委员会的工作报告；选举产生中共襄樊市第八届委员会和中共襄樊市纪律检查委员会。大会审议通过杨斌庆代表中共襄樊市第七届委员会所作的《推进改革开放，加速实现小康，为胜利跨入21世纪而奋斗》的报告和杨祥义代表中共襄樊市纪委向中共襄樊市第八次代表大会所作的工作报告。大会采用差额选举方式和先预选后正式选举的办法，选举产生中共襄樊市第八届委员会、新一届纪律检查委员会。1995年1月2日进行正式选举，应到代表431人，实到代表424人，选出八届市委委员35人、市委候补委员6人、市纪委委员19人。

（五）中国共产党襄樊市第九次代表大会

1999年12月26日至30日，中国共产党襄樊市第九次代表大会在襄阳剧院召开。出席大会正式代表有479名（实到474人），其中大专以上文化程度的407名，占88%；55岁以上353名，占73.7%；各级领导干部代表325名，占67.9%；各类专业技术人员代表95名，占19.8%；各条战线先进模范人物48名，占10%；解放军、武警部队代表11名，占2.3%；妇女代表96名，占20%；少数民族代表10名，占2.1%。479名代表中建国前入党的1名，占0.2%；建国后到“文化大革命”前入党的18名，占

3.8%;“文化大革命”期间入党的243名,占50.7%;“文化大革命”后入党的217名,占45．3%。大会主席团由孙楚寅等54人组成。孙楚寅、罗辉、杨祥义、李文烈、刘善桥等14人组成主席团常务委员会。刘善桥任代表资格审查委员会主任和大会秘书长。这次大会的任务是:坚持以邓小平理论和党的基本路线为指导,认真贯彻中共十五大和十五届三中、四中全会及省第七次党的代表大会精神,总结过去5年的工作,提出未来5年的奋斗目标和战略措施,选举产生中共襄樊市第九届委员会及纪律检查委员会。大会听取、审议、通过了孙楚寅代表八届中共襄樊市委作的题为《高举旗帜,开创未来,夺取襄樊现代化建设的新胜利》的工作报告和曲颖代表市纪委作的纪律检查委员会工作报告。

大会对未来5年提出实现跨世纪发展目标:形成与襄樊地位相适应的经济实力。到2004年,按可比口径计算,GDP增幅高于全省平均水平,财政收入增幅高于GDP增长水平;农民人均纯收入达3 600元,城镇居民人均可支配收入达7 000元,跃入较发达地区行列;形成与市场经济相适应的区域经济结构。一、二、三产业的比重结构由“二、三、一”向“三、二、一”转变,呈现区域产业布局管理、特色突出、多功能、开放型的新格局。建立起多种经济成分竞相发展的所有制结构;形成与知识经济相适应的科教创新体系。建立以经济发展为主线,体制创新、技术创新、教育创新的“一主三创”新体系,使优势产品的市场占有率、经济增长中的科技贡献率、高新技术产业比重提高10个百分点以上;形成与现代化大城市相适应的市域城镇体系。到2004年,初步形成现代化大城市框架,区域城镇结构更趋合理,人口城市化率达50%左右;形成与区域中心城市相适应的市场体系。专业市场与综合市场配套发展,中心市场与边际市场有机结合,有形市场与无形市场相互促进,把襄樊建成重要的商品和生产要素集散中心;形成与经济全球化相适应的对外开放格局。未来5年,对外贸易总额、利用外资规模分别年均增长20%以上,使襄樊成为中西部对外开放的热点地区之一;形成与物质文明相同步的精神文明建设格局。城乡居民素质、文化生活质量、社会文明程度明显提高,建成国家卫生城市、园林城市、全国社会治安综合治理先进城市和全国文明城市,争创全国“双拥”模范城市和中国优秀旅游城市;形成与现代化进程相适应的可持续发展框架。人口自然增长率控制在8.5%以内。保护好耕地,提高土地利用率。高标准、高质量地建成世行环保工程,环境质量高于国内平均水平,在同类城市和地区中处于领先水平;形成与依法治国基本方略相适应的民主政治新局面。依法治市,在增强全民法制观念、提高依法行政水平、健全民主协商制度等方面有新的进步;形成与跨世纪发展相适应的干部队伍和领导核心。确保各级党组织团结战斗,形成坚强有力的核心。加强党的基层组织建设,全面推进乡镇党委和村支部建设,发挥党的政治优势,以党员干部应遵循的“五条标准”规范干部的行为;力求做到从严治党,加强党风廉政建设,治理源头腐败,查处一批有影响的大案要案,重点查办党政领导机关、行政执法机关、司法机关、经济部门和县(处)级以上领导干部的违法违纪案件,把党的干部队伍建设成在新的历史条件下具有新品质和时代精神的无产阶级先进分子。

大会按照《中国共产党章程》和《中国共产党地方组织选举工作条例》的有关规定,根据省委《关于召开中共襄樊市第九次代表大会的批复》《关于中共襄樊市委、市纪委换届候选人人选的通知》精神,经到会代表充分酝酿讨论,在差额预选,确定正式候选人名单的基础上,等额正式选举产生了中国共产党襄樊市第九届委员会和纪律检查委员会。

(六)中国共产党襄樊市第十次代表大会

2004年12月28—31日,中国共产党襄樊市第十次代表大会在南湖宾馆召开。出席大会正式代表495名(实到485名)。其中大专以上学历477名,占96.4%;50岁以下年龄的368名,占74.3%;市级以上先进模范人物代表39名,占7.9%;各级领导干部代表348名,占70.3%;工业、农业、政法、财贸、文教、卫生等专业技术人员代表 97 名，占 19.6%；解放军、武警部队代表 11 名，占 2.2%；妇女代表 97 名，占 19.6%；少数民族代表 12 名，占 2.4%。代表中，1949 年前入党的 1 名，占 0.2%；1949 年至“文化大革命”前入党的 3 名，占 0.6%；“文化大革命”期间入党的 135 名，占 27.3%；1976 年 11 月以后入党的 356 名，占 71.9%。

大会听取、审议、通过田承忠代表九届市委所作的题为《求真务实，加快发展，为把襄樊建设成为名副其实的省域副中心城市而努力奋斗》的工作报告。报告肯定市第九次党代会以来，全市各级党组织团结和带领人民群众，认真贯彻落实中央、省委一系列战略部署，克难奋进，锐意进取，艰苦奋斗，扎实工作，战胜了“非典”、汉江洪水等自然灾害，改革开放和现代化建设事业取得了新的进步。2004 年，全市地区生产总值预计达到 558 亿元，比 1999 年增加 185.08 亿元，年均增长 9%；地方一般预算收入预计达到 17.78 亿元，比 1999 年增加 7.7 亿元，年均增长 12%。结构调整取得新的进展，科技成果转化速度加快，经济增长的质量和效益不断提高。农业的基础地位得到加强，农业产业化经营向纵深推进，认真落实了中央支持“三农”的政策，农民收入多年徘徊不前的局面被打破；工业化步伐加快，汽车、能源、纺织等支柱产业优势进一步凸现，汽车工业占到全市工业经济总量的“半壁江山”；第三产业有了新的发展，现代服务业蓬勃兴起。一、二、三产业结构由 1999 年的 26.6：43.7：29.7 调整为 20.6：7.0：32.4。按照建立和完善社会主义市场经济体制的要求，突出重点，深化国有企业改革、农村税费改革、乡镇综合配套改革、干部人事制度改革、城市管理体制改革等各项改革，制约经济社会发展的体制性障碍进一步破除，经济社会发展的活力增强。深入开展解放思想大讨论，改革行政管理体制和机制，提高行政效率，优化行政服务，经济环境得到改善。民营经济获得较快发展。高新技术产业开发区、汽车产业开发区、各县(市)工业园区建设取得突破。对外开放水平进一步提高，招商引资工作取得明显成效，一些跨国公司和国内知名企业落户襄樊，与国际经济技术合作的层次得到提升，为加快经济发展积蓄了后劲和活力。五年来，高速公路、县乡公路建设和市区路网、农村电网改造、农村基础设施建设进展顺利，园林绿化、电力、电信、邮政、环保、文化、卫生、体育等建设项目推进较快，邓城大道、汉江大道、诸葛亮广场、护城河、城区道路的建设和改造，增强了城市功能，提升了城市形象。扶贫开发工作稳步推进，城乡居民收入稳步增长。2004 年，城镇居民人均可支配收入达 7 550 元，比 1999 年增长 44%，年均增长 7.6%；农民人均纯收入预计 3 060 元，比 1999 年增长 30%，年均增长 5.4%。市人民代表大会及其常委会加强依法监督工作，依法治市工作稳步推进，人民政协的政治协商、民主监督和参政议政作用得到有效发挥，爱国统一战线继续巩固和发展。基层民主进一步扩大。

大会提出今后工作的指导思想是：以邓小平理论和“三个代表”重要思想为指导，全面贯彻党的十六大和十六届三中、四中全会精神，加强各级党组织执政能力建设，牢固树立和落实科学发展观，解放思想，与时俱进，求真务实，加快发展，推进襄樊现代化建设事业进入一个新的阶段。奋斗目标是：以扩大开放、深化改革、调整结构为主线，增强实力，完善功能，城乡一体，围绕“和谐襄樊”建设，着力打造法治襄樊、文化襄樊、生态襄樊、平安襄樊，形成经济实力、城市功能的比较优势，努力把襄樊建设成为名副其实的省域副中心城市。

大会按照《中国共产党章程》《中国共产党地方组织选举工作条例》的规定，根据省委《关于同意召开中国共产党襄樊市第十次代表大会的批复》和《关于中共襄樊市委、市纪委换届候选人预备人选的通知》精神，经代表讨论，在差额预选，确定候选人的基础上，等额选举产生中国共产党襄樊市第十届委员会和纪律检查委员会。

二、中国共产党襄樊市委员会

(一)历届市委

1979 年 6 月,襄樊市设置为省直辖市。中共襄樊市委第四届委员会常委、书记、副书记作了调整,由中共襄阳地委书记王耀兼中共襄樊市委第一书记,王清贵任市委书记。

1.中国共产党襄樊市第五届委员会(1982.11—1984.12)

1982 年 11 月,中共襄樊市第五次代表大会选举产生中共襄樊市第五届委员会,委员 36 人,候补委员 7 人。在中共襄樊市委五届一次全会上选举产生常务委员 10 人,王清贵当选为书记,王根长、李世久、邓海波、杨朝令当选为副书记。

1983 年 8 月 19 日,经国务院批准,撤销襄阳地区,将其所辖襄阳、枣阳、宜城、南漳、谷城、保康 6 县划归襄樊市管辖;随州市、老河口市由襄樊市代管,实行市管县的体制。同年 10 月,省委任命市委正、副书记、常委 13 人(其中原地、市委常委留任的 3 人,新提拔 9 人,军分区领导 1 人)。中国共产党襄樊市第五届委员会委员:王清贵 王根长 李世久 邓海波 李正洪 杨朝令 汪 梅 刘道春 严永昌 冯忠祺 刘忠汉 罗秀梅(女)杨德录 李鸿波 陈崇兴 杜见盛 汤学林 冯慧敏 欧阳文海 袁志国 张天祥 魏吉安 李鸿钧 熊炳德 刘其祥 陈耀轩 李定贵 胡家友 丁宗德 魏元明 阎帮华 范学运 鄂万友 旋兰清 魏新发 胡万昌。候补委员:刘纯臣 李福敬 杨三爽 熊海楠(女)高桂英(女)常广训 涂弼显(见表 18–2)。

中共襄樊市第五届委员会领导名录

表 18–2

职 务	姓 名	任 职 时 间
常务委员	王清贵	1982.11—1983.10
	王根长	1982.11—1984.12
	李世久	1982.11—1983.10
	邓海波	1982.11—1984.12
	杨朝令	1982.11—1983.10
	李正洪	1982.11—1983.10
	魏元明	1982.11—1984.12
	汪 梅	1982.11—1983.10
	刘道春	1982.11—1983.10
	胡家友	1982.11—1983.10
	张怀念	1983.10—1984.12
	章治文	1983.10—1984.12
	郑少波	1983.10—1984.12
	伍荣显	1983.10—1984.12
	鄂万友	1983.10—1984.12
	胡久明	1983.10—1984.12
	顾 斌	1983.10—1984.12

续表

职 务	姓 名	任职时间
	果 真	1983.10—1984.12
	周本立	1983.10—1984.12
	刘纯臣	1983.10—1984.12
书 记	王清贵	1982.11—1983.10
	张怀念	1983.10—1984.12
副书记	王根长	1982.11—1984.12
	李世久	1982.11—1983.10
	邓海波	1982.11—1983.10
	杨朝令	1982.11—1983.10
	章治文	1983.10—1984.12
	郑少波	1983.10—1984.12
	伍荣显	1983.10—1984.12
	鄂万友	1983.10—1984.12
顾 问	李炳志	1982.11—1983.10
	王 耀	1984.1—1984.12
	韩永昌	1984.1—1984.12
	董华生	1983.12—1984.12
秘书长	刘道春	1982.11—1983.10
	邓海波	1983.10—1984.12
副秘书长	刘纯臣	1982.11—1983.10
	陈 革	1983.11—1984.12
	张炳武	1983.11—1984.12
	姚祥栋	1983.11—1984.12
	高士楚	1984.5—1984.12

2.中国共产党襄樊市第六届委员会(1984.12—1989.11)

1984年12月,中共襄樊市第六次代表大会选举产生襄樊市第六届委员会,委员41人,候补委员6人。在市委六届一次全会上选出常务委员13人,张怀念当选为书记,章治文、伍荣显、鄂万友当选为副书记。

1985年1月,增补纪玲芝为市委副书记。1986年5月,增补杨祥义为常务委员。同年6月,增补荣礼为常务委员、副书记。1988年5月,市委副书记刘荣礼调往黄冈地区行政公署工作,增补市委组织部部长果真任市委副书记。同年6月,市委书记张怀念调任湖北省人民政府副省长,由市长、市委副书记章治文任市委书记。中国共产党襄樊市第六届委员会委员:马能泽 万久顺 冯忠祺 刘勤(女) 刘纯臣 刘荣礼 刘献君 伍荣显 纪玲芝(女) 李正洪 李官喜 吴华品 张怀念 张子强 张学义 张伯涛 张振华 余大宽 沈汉民 邵啟旺 果 真 郑少波 胡亚忠 胡茂清 赵元宽 姚祥栋 徐芝华 贾天增 郭发展 杨宝生 杨斌庆 陶子厚 顾 斌 黄贤德 章治文 鄂万友 焦泽浩 熊海楠(女) 魏元明 魏可懋 。候补委员:马顺清 支德勤 王祖瑛 余云先(女) 胡贤敏(女) 冯祖强(见表18-3)。

中共襄樊市第六届委员会领导名录

表 18-3

职务	姓名	任职时间
常务委员	张怀念	1984.12—1988.6
	章治文	1984.12—1989.11
	伍荣显	1984.12—1989.11
	鄂万友	1984.12—1989.11
	纪玲芝(女)	1984.12—1989.10
	果 真	1984.12—1989.11
	魏元明	1984.12—1989.11
	刘纯臣	1984.12—1988.11
	杨斌庆	1984.12—1989.11
	姚祥栋	1984.12—1989.11
	张学义	1984.12—1989.11
	张子强	1984.12—1989.11
	杨祥义	1986.5—1989.11(增补)
	刘荣礼	1986.6—1989.11(增补)
书 记	张怀念	1984.12—1988.6
	章治文	1988.6—1989.11
副书记	章治文	1984.12—1988.6
	伍荣显	1984.12—1989.11
	鄂万友	1984.12—1989.11
	纪玲芝(女)	1985.1—1989.10(增补)
	刘荣礼	1 986.6—1988.5(增补)
	果 真	1988.6—1989.11
顾 问	王根长	1984.12—1989.11
	王清贵	1988.3—1989.11
秘书长	姚祥栋	1985.2—1989.11
副秘书长	陈 革	1984.12—1986.3
	张炳武	1984.12—1989.11
	邵启旺	1984.12—1989.11
	高士楚	1984.12—1985.3
	屈啟旺	1985.11—1989.7
	刘觉民	1985.11—1989.11
	郭玉田	1987.4—1989.11
	刘 锋	1987.4—1989.11
	李跃华	1989.8—1989.11

3.中国共产党襄樊市第七届委员会(1989.11—1994.12)

1989年11月,中共襄樊市第七次代表大会选举产生中共襄樊市第七届委员会,委员36名,候补委员5名。在市委七届一次全会上选出常务委员10名,章治文当选为书记,伍荣显、杨斌庆、鄂万友、果真当选为副书记。期间,市委常务委员成员工作变动6人,增补常务委员8人。1991年3月,市委书记章治文调往湖北省外经委工作,由市长、市委副书记杨斌庆任书记。有4名副书记工作变动,先后增补贾天增、孙楚寅、姚祥栋、张振华为市委副书记。襄樊市第七届委员会委员：马顺清 田国基 朱庆良 伍荣显 刘 臻 刘有庆 许国富 孙楚寅 李正洪 李官喜 杨宝生 杨祥义 杨斌庆 杨德录 吴德兴 邱 勇 张子强 张学义 张振华 果 真 尚立学 周善亨 胡久明 姚祥栋 夏志斌 贾天增 袁治国 郭发展 黄贤德 章治文 阎增福 鄂万友 焦泽浩 谢传纪 魏元明 魏可懋。候补委员：黄之凤（女） 王传富 杨同昭 陈洪基 王延康(见表 18-4)。

中共襄樊市第七届委员会领导名录

表 18-4

职务	姓名	任职时间
常务委员	章治文	1989.11—1991.3
	伍荣显	1989.11—1992.9
	杨斌庆	1989.11—1994.12
	鄂万友	1989.11—1991.5
	果 真	1989.11—1992.9
	魏元明	1989.11—1994.1
	姚祥栋	1989.11—1994.12
	张学义	1989.11—1994.12
	张子强	1989.11—1994.12
	杨祥义	1989.11—1994.12
	吴德兴	1990.12—1994.12（增补）
	尚立学	1990.12—1993.12（增补）
	贾天增	1991.5—1994.12（增补）
	孙楚寅	1991.5—1994.12（增补）
	黄家碧	1994.1—1994.12（增补）
	张振华	1994.3—1994.12（增补）
	阎增福	1994.3—1994.12（增补）
	夏志斌	1994.9—1994.12（增补）
书 记	章治文	1989.11—1991.3
	杨斌庆	1991.5—1994.12
副书记	伍荣显	1989.11—1992.9
	杨斌庆	1989.11—1991.5
	鄂万友	1989.11—1991.5
	果 真	1989.11—1992.9
	贾天增	1991.5—1994.12
	孙楚寅	1991.5—1994.12
	姚祥栋	1992.9—1994.12
	张振华	1994.3—1994.12
顾 问	王根长	1989.11—1991.1
	王清贵	1989.11—1992.10
	杨朝令	1990.12—1994.12
	果 真	1992.9—1994.12
秘书长	姚祥栋	1989.11—1994.12（兼）

续表

职 务	姓 名	任 职 时 间
副秘书长	张炳武	1989.11—1991.9
	屈敢旺	1991.9—1994.12
	刘觉民	1989.11—1994.4
	郭玉田	1989.11—1992.6
	刘 锋	1989.11—1994.12
	李跃华	1989.11—1994.12
	丁国书	1994.6—1994.12
	孟庆虎	1994.6—1994.12
	张士远	1994.6—1994.12

4.中国共产党襄樊市第八届委员会(1994.12—1999.12)

1994年12月至1995年1月,中共襄樊市第八次代表大会选举产生中共襄樊市第八届委员会,委员35人,候补委员6人。在市委八届一次全会上,选出市委常务委员12人,杨斌庆当选为市委书记,贾天增、孙楚寅、姚祥栋、张振华当选为市委副书记。1996年3月,市委书记杨斌庆调往中共湖北省委工作,市委副书记、市长贾天增调黄冈市工作。市委副书记、市政协主席孙楚寅接任市委书记,常务副市长阎增福任市委副书记、代市长。1997年2月,姚祥栋任市政协主席、1999年6月,张振华任市委正厅级巡视员,不再担任市委副书记。1998年3月,市委副书记、市长阎增福调十堰市工作。至1999年12月,先后增补杨祥义、李文烈、刘善桥、罗辉任市委副书记。增补常务委员11人,委员9人。襄樊市第八届委员会委员:马正武 王家康 朱庆良 伍荣显 刘永才 刘永培 许国富 孙楚寅 苏家德 杜震华 李远继 李诗刚 杨祥义(土家族)杨斌庆 邱 勇 张子强 张学义 张建一 张振华 赵元文 赵成霖 胡正友 胡向斌 胡梦元 姚祥栋 袁军晶(女,满族) 贾天增 夏志斌 郭发展 黄贤德 黄家碧 阎增福 梁惠玲(女) 程仁发 樊建国。候补委员:于诺英(女)邢天华 高佳英(女) 方常安 连庆云 廖桂芝(女)(见表18-5)。

中共襄樊市第八届委员会领导名录

表18-5

职 务	姓 名	任 职 时 间
	杨斌庆	1995.1—1996.3
	贾天增	1995.1—1996.3
	孙楚寅	1995.1—1999.12
	姚祥栋	1995.1—1997.2
	张振华	1995.1—1999.6
	杨祥义	1995.1—1999.12
	张学义	1995.1—1998.12
	张子强	1995.1—1999.12
	黄家碧	1995.1—1998.4
	阎增福	1995.1—1998.3
	夏志斌	1995.1—1999.12
	张建一	1995.1—1997.2
	龚强华(女)	1996.5—1997.2

续表

职务	姓名	任职时间
常务委员	黄贤德	1996.5—1999.2
	李文烈	1997.6—1999.12
	曲 颖(女)	1997.6—1999.12
	徐晓伟	1997.6—1999.12
	赵成霖	1997.11—1999.12
	鲁修轼	1998.4—1999.12
	刘善桥	1998.4—1999.12
	罗 辉	1998.6-1999.12
	张克禄	1998.9-1999.12
	王树华	1999. 1-12
书 记	杨斌庆	1995.1-1996.3
	孙楚寅	1996.3-1999.12
副书记	贾天增	1995. 1-1996.3
	孙楚寅	1995. 1-1996.3
	姚祥栋	1995. 1-1997.2
	张振华	1995. 1-1999.6
	阎增福	1996. 3-1998.3
	杨祥义	1997. 6-1999.12
	李文烈	1997.6-1999.12
	刘善桥	1998.4-1999.12
	罗 辉	1998.6-1999.12
顾 问	杨朝令	
	果 真	
秘书长	张建一	1995.1-1997.2
	张子强	1997.2-1999.12
	屈敵旺	1995.1-1999.5
	刘 锋	1995.1-1999.12
	李跃华	1995.1-1999.12
	丁国书	1995.1-1999.12
	孟庆虎	1995.1-1999.12
	张士远	1995.1-1999.5
	刘有庆	1995.5-1999.5
	桂保明	1997.4-1999.12
	陈文海	1997.4-1999.12
	孙读声	1997.4-1999.5
	吴道怀	1998.6-1999.12
	张永安	1998.8-1999.12
	彭祥胜	1998.9-1999.5
	张新林	1999.1-12
	曾进生	1999.5-12
	尚明洋	1999.5-12
	陈丰林	1999.5-12

5.中国共产党襄樊市第九届委员会(1999.12—2004.12)

1999年12月,中共襄樊市第九次代表大会选举产生中共襄樊市第九届委员会,委员37人,候补委员6人。在市委九届一次全会上,选出市委常务委员11人,孙楚寅当选为市委书记,罗辉、杨祥义、刘善桥、夏志斌当选为市委副书记。2001年6月,曲颖任中共襄樊市委副书记。2002年6月,罗辉调往湖北省财政厅工作。11月,刘善桥调往黄冈市工作,付明珠任中共襄樊市委副书记。12月6日,阮成发任中共襄樊市委书记。2003年6月,李德炳任中共襄樊市委副书记。2004年9月,阮成发调往湖北省政府工作,田承忠任中共襄樊市委书记。11月,付明珠调往中共湖北省委工作。襄樊市第九届委员会委员:于诺英(女) 马兴林(回族) 马新南(女) 王天华 王芳玉 王金玉 王树华 曲 颖(女) 刘永培 刘金元 刘党民 刘善桥 刘德政 孙楚寅 杨祥义(土家族) 吴氏华 张安福 陈玉国 陈鼎益(回族)尚立学 罗 辉 周元宵 郑金良 胡向斌 胡梦元 赵 振 赵成霖 姚仁安 姚祥栋 夏志斌 徐晓伟 郭光福 鲁修轼 曾宪荣 谢光国 路德林。候补委员:赵双桂(女) 张金良 高桂英(女) 柳维志 廖桂芝(女) 杜 军(见表18-6)。

中共襄樊市第九届委员会领导名录

表18-6

职 务	姓 名	任 职 时 间
常务委员	孙楚寅	1999.12—2002.12
	罗 辉	1999.12—2002.5
	杨祥义	1999.12—2004.12
	刘善桥	1999.12—2002.11
	夏志斌	1999.12—2004.12
	王树华	1999.12—2001.7
	赵成霖	1999.12—2003.12
	徐晓伟	1999.12—2000.6
	曲 颖(女)	1999.12—2004.12
	鲁修轼	1999.12—2001.5
	姚仁安	1999.12—2003.7
	王天华	1999.12—2004.12
	马 黎(女)	2001.5—2004.12
	王天华	2001.5—2004.12
	万桃元	2001.6—2004.12
	陈文海	2001.7—2004.12
	张家林	2001.12—2004.12
	付明珠	2002.11—2004.12
	阮成发	2002.12—2004.10
	李德炳	2003.6—2004.12
	欧阳万坤	2003.9—2004.12
	田承忠	2004.10—2004.12
	余新民	2004.12—12
书 记	孙楚寅	1999.12—2002.12
	阮成发	2002.12—2004.10
	田承忠	2004.10—12

续表

职务	姓名	任职时间
副书记	罗　辉	1999.12—2002.11
	付明珠	2002.11—2004.12
	杨祥义	1999.12—2004.12
	刘善桥	1999.12—2002.11
	夏志斌	1999.12—2004.12
	曲　颖(女)	2001.6—2004.12
	李德炳	2003.12—2004.12
秘书长	张子强	1999.12—2000.8
	陈文海	2000.8—2004.12
副秘书长	刘　峰	1999.12—2004.12
	李跃华	1999.12—2003.12
	刘永培	2000.6—2001.6
	丁国书	1999.12—2002.2
	孟庆虎	1999.12—2002.2
	桂保明	1999.12—2001.12
	陈文海	1999.12—2000.8
	吴道怀	1999.12—2002.2
	张永安	1999.12—2004.12
	张新林	1999.12—2004.7
	曾进生	1999.12—2004.12
	尚明洋	1999.12—2004.12
	陈丰林	1999.12—2002.2
	吴长华	2001.12—2004.12
	刘邦建	2002.2—2004.12
	郭发友	2004.9—12
	朱　慧	2004.7—12
	汪厚安	2004.7—12
	陈天国	2004.12—12

6.中国共产党襄樊市第十届委员会(2004.12—2005.12)

2004 年 12 月,中共襄樊市第十次代表大会选举产生中共襄樊市第十届委员会,委员 39 人,候补委员 6 人。在市委十届一次全会上,选出市委常务委员 13 人,田承忠当选为市委书记,李德炳、杨祥义、曲颖、万桃元、张家林当选为市委副书记。2005 年 1 月,增补靳永龙为市委副书记。8 月,增补李长义为市委常务委员。襄樊市第十届委员会委员:万桃元　马　黎　马升云　马新南　王　健　王天华　王代全　田承忠　曲　颖　刘立勇　刘金元　刘德政　李长义　李跃华　李德炳　李德璋　杨祥义　吴长华　吴方军　余新民　宋双伟　张安福　张金良　张家林　陈文海　欧阳万坤　周霁　周富贵　胡水华　费仁平　姚祥栋　夏志斌　高全明　常全华　梁建华　曾玉平　谢豪斌　虞国旗　路德林。候补委员:丁开正(女)　袁德芳(土家族)王昌忠　郑忠华　胡颐新　李　菲(见表 18-7)。

中共襄樊市第十届委员会领导名录表

表 18-7

职务	姓名	任职时间
常务委员	田承忠	2004.12—2005.12
	李德炳	2004.12—2005.12
	杨祥义	2004.12—2005.12
	曲 颖(女)	2004.12—2005.12
	万桃元	2004.12—2005.12
	张家林	2004.12—2005.12
	王天华	2004.12—2005.8
	马 黎(女)	2004.12—2005.12
	陈文海	2004.12—2005.12
	欧阳万坤	2004.12—2005.12
	余新民	2004.12—2005.11
	周 霁	2004.12—2005.12
	李长义	2005.8—2005.12
书记	田承忠	2004.12—2005.12
副书记	李德炳	2004.12—2005.12
	杨祥义(土家族)	2004.12—2005.12
	曲颖(女)	2004.12—2005.12
	万桃元	2004.12—2005.12
	张家林	2004.12—2005.12
	靳永龙	2005.1—12
秘书长	陈文海	2004.12—2005.12
副秘书长	吴长华	2004.12—2005.12
	陈天国	2004.12—2005.12
	尚显强	2005.5—12
	余运洋	2005.12
	李德奎	2005.5—12
	张永安	2004.12—2005.12
	王明强	2005.12
	常全华	2005.12

(二)组织机构

1980 年 4 月,撤销财贸政治部、工交政治部,同年 6 月,恢复襄樊报社。1981 年 10 月,恢复统战部。1982 年,建立政法委员会。1983 年 10 月 31 日,省委、省政府批复襄樊市市级党政机关机构改革方案,市委和地委的工作机构进行撤并,重新组成 16 个市委工作部门,即纪律检查委员会、办公室、政策研究室、组织部、宣传部、农村工作部、统战部、政法委员会、党校、襄樊日报社、老干部工作局、市直机关党委、信访办公室、保密办公室、对台工作办公室、“五讲四美三热爱”办公室。1984 年,增设经济工作部、党史资料征集编研委员会办公室、讲师团、打击经济犯罪活动办公室。1985 年,撤销经济工作部、农工部。1986 年 2 月,撤销市直机关党委。同年 3 月,撤销打击经济犯罪活动办公室。1987 年年底,市委工作机构有办公室、组织部、宣传部、统战部、政策研究室、政法委员会、农村工作委员会、保密办公室、信访办公室、党史办公室、老干部工作局、党校、《襄樊日报》社、讲师团、对台工作办公室、"五讲四美三热爱"办公室等16个单位。1988年6月,恢复成立市直机关工委。1989年4月,成立机要局。1990年,先后成立督察室、工业交通工作委员会、财贸工作委员会、教育工作委员会。到1994年底,市委工作机构22个。1997年6月,中共襄樊市委工业交通工作委员会更名为中共襄樊市委经济贸易工作委员会。1998年3月,市档案局(馆)正式由市政府移交市委管理。1999年年底,中共襄樊市委增设秘书长1人,副秘书长专(兼)职17人。市委工作机构22个,即办公室、组织部、宣传部、统战部、政研室、政法委员会、农村工作委员会、教育工作委员会、财贸工作委员会、经贸工作委员会、市直机关工委、保密局、机要局、信访办公室、党史办公室、老干部工作、党校、襄樊日报社、讲师团、对台工作办公室、精神文明建设委员会办公室、档案局(馆)。2001年1月,襄樊市精神文明建设指导委员会办公室改为市委宣传部内设机构。同年11月,成立市委处理"法轮功"邪教组织问题领导小组办公室及防范和处理邪教问题办公室(简称"610"办公室),挂靠市委办公室。成立市委农村工作领导小组,下设办公室,为市委办公室内设机构,对外挂市委农村工作领导小组办公室牌子。不再保留市委经济贸易工作委员会、经贸工作委员会、农村工作委员会。同年12月,襄樊市委农村工作委员会更名为襄樊市委农村工作领导小组办公室。2002年2月,襄樊市委讲师团与襄樊市委党校合并。襄樊市信访办更名为襄樊市信访局,由市委办公室、市政府办公室管理。

1.市委办公室

(1)机构设置

1979年,襄樊市设置为省辖市后,设置中共襄樊市委办公室。1987年4月,不再设市委办公室正副主任层次,由市委正副秘书长直接领导办公室工作。办公室设秘书、文书、机要、政工、综合、调研6个科。1989年增设信息科,机要科更名为市委机要局。1991年,增设离退休干部工作管理科。1994年6月,恢复办公室主任、副主任层次。到12月,办公室共设综合科、调研科、秘书科、文书科、政工科、信息科、离退休干部管理科。1996年8月,增设经济科、新闻科、机要交通科。1997年,市委办公室内设10个职能科室和直属机关党委,即秘书科、调研科、综合科、信息科、新闻科、督办检查室、政工科、文书科、机要交通科、经济科和直属机关党委。1999年底,市委办公室设12个机构,即调研科、综合科、信息科、经济科、新闻科、秘书科、政工科、老年干部科、文书科、机要交通科、市委督查室和直属机关党委。2001年11月,市委机要局、保密委员会办公室(市国家保密局)设在市委办公室。至2005年年底,市委办公室机关内设机构:秘书一科、秘书二科、综合一科、综合二科、信息科、人事科(直属机关党委和人事科合署办公)、机关离退休人员工作科、文书科、机要交通科、总值班室、市委督查室。市委办公室共有行政编制47人,实有63人。

(2)工作职责

负责市委日常工作的处理,市委领导公务活动的安排,市委各种会议会务安排、组织协调,办理市委领导交办的工作;负责市委文件的承办和市委有关文件、文稿、市委领导讲话的起草、审核、印发工作,负责文书处理、档案管理和开发利用工作;负责及时、准确、保密、全面地向中央、省委、市委提供信息,反映动态情况,围绕市委的总体工作部署和中心工作,开展调查研究,为市委科学决策提出建议,提供依据;负责市委重大工作部署的宣传报道,向中央和省级新闻单位提供稿件;负责中央、省委、市委各项重大决策和领导同志重要批示、批件贯彻落实的督促检查工作。

市委办公室历任主任、副主任名录

表 18-8

职 务	姓 名	任职时间
主 任	刘道春	1979.6—1982.5
	屈敢旺	1982.5—1985.11
	邵启旺	1985.11—1987.4 兼
	李跃华	1994.6—1999.5 兼
	岳兴平	1999.5—2000.8
	陈文海	2000.8—2005.12
副主任	刘纯臣	1979.6—1982.11
	屈敢旺	1979.6—1982.5
	王同庆	1979.6—1983.10
	李怀福	1982.5—1983.10
	熊元鼎	1983.12—1985.3
	郭玉田	1983.12—1987.4
	刘觉民	1983.12—1985.11
	邓文杰	1984.11—1987.4
	柯美成	1984.6—1985.3
	宋士威	1984.6—1987.4
	刘 峰	1985.11—1987.4
	曾进生	1994.6—1999.5
	尚明洋	1994.6—1999.5
	熊元超	1994.6—1997.4
	陈丰林	1997.4—1999.5
	付晓明	1997.4—1999.1
	刘邦建	1997.8—2002.2
	许朝明	1998.6—1999.6
	卢明亮	1999.6—2000.4
	朱 慧	1999.6—2002.2
	薛光福(女)	1999.6—2002.2
	田传柱	1999.6—2002.1
	梁汉江	2000.1—2002.2

2.市委组织部

(1)机构设置

1979 年 6 月,组织部内设干部科、组织科、青年干部科、老年干部科等 4 个科室。1987 年底,设置 1 室 6 科 1 组,即办公室和组织、干部、青年干部、干部培训、干部审查、知识分子工作等 6 个科及组织员组。1988 年 8 月撤销知识分子工作科、青年干部科,增设调研科、企事业干部科。1994 年 12 月,部内机构重新作了调整,设办公室、党政干部科、经济干部科、科教文卫干部科、综合干部科、组织科、组织员办公室(与组织科合署办公)、调研科、干部审查科、培训科。1996 年 10 月,经市委研究,同意成立襄樊市董事管理局,与市委组织部经济干部科合署办公。同年 12 月,设立知识分子工作科。1997 年 5 月,内设机构 10 个科室和机关党委,即办公室、党政干部科、经济干部科及董事管理局、科教文卫干部科、综合干部科、组织科及组织员办公室、调研室、干部调查审理科、干部培训科、知识分子工作科、机关党委。同年6月,成立离退休干部科。2004年6月,撤销企业干部科和董事管理局。成立中共襄樊市委党建工作领导小组办公室和中共襄樊市委人才工作领导小组办公室，均为常设机构，办公室设在市委组织部。2005年年底,机关内设机构:办公室(信息管理中心)、党政干部科、经济干部科、科教文卫干部科、企业干部科(董事管理局)、综合干部科、组织科、研究室、干部监督科(举报中心)、干部教育和知识分子工作科、人事科(机关党委),同时设立机关离退休人员工作科。行政编制48名,实有47人。

(2)工作职责

负责确定和指导本市党组织特别是党的基层组织的建设,探索各类新经济组织设置和活动方式;主管党员的管理和发展工作;组织新时期党的建设理论研究;办理本市属于省委管理的干部有关事项的报批手续;负责提出关于各县(市)区和市委、市政府机关各部委办局以及其他列入市委管理干部的考察和办理任免、工资、待遇、退(离)休审批手续;指导领导班子的思想作风建设;负责市委委托管理的干部管理工作;负责各县(市)区、市直各部委办局部分正副科级干部的备案审查和宏观管理工作,承担部分干部的调配、交流及安置事宜;负责中央、省有关部门管理为主的单位领导班子成员及相关职务的协管业务;研究制定并落实党的干部队伍建设的路线、方针、政策;从总体上研究和指导全市党的组织制度和干部人事制度的改革,制订或参与制订组织、干部、人事工作的重要制度;负责全市组织工作和干部工作的检查监督,及时向市委、省委组织部反映重要情况,提出建议;主管全市干部教育工作,制订教育规划;负责落实省委组织部下达抽调襄樊市干部培训的计划;调查了解本市知识分子工作情况,参与制订知识分子政策,检查贯彻执行知识分子政策的情况,参与拔尖人才选拔和管理,承办向各地选派科技副职及其管理工作;负责本市退(离)休干部工作的宏观管理。

市委组织部历任部长、副部长名录

表18-9

职务	姓名	任职时间
部长	田建珍	1979.6—1981.5
	杨朝令	(兼),1981.5—1983.10
	果真	1983.9—1990.3
	尚立学	1990.3—1993.12
	张学义	1993.12—1998.12
	王树华	1999.1—2001.7
	张家林	2001.12—2005.1
	马黎(女)	2005.1—2005.12
	袁志国	1979.6—1989.9
	宋文亮	1979.6—1983.10
	马云轩	1979.6—1983.10
	张忠望	1983.12—1985.3
	徐绪明	1983.12—1989.12
	尚立学	1985.3—1990.3
	于诺英女	1985.3—1998.12
	唐树之	1989.11—2004.11
	胡梦元	1990.2—1992.1

续表

职务	姓名	任职时间
副部长	刘秀华	1990.2—1995.3
	程家谟	1990.5—1997.5
	梁建华	1991.12—2005.12
	程　颖	1995.6—1998.12
	李耀春	1995.6—1999.11
	路德林	1998.12—2002.3
	王祖瑛	2001.1—2005.12
	程宝清	2000.2—2003.12
	雷明安	2003.12—2005.12
	郭光福	2004.2—2005.12

3.宣传部

(1)机构设置

1979年6月,市委宣传部,部长1人,副部长2人。1983年实行市管县体制后,中共襄阳地委宣传部与中共襄樊市委宣传部合并。同年10月,内设办公室和宣传、新闻、理论、学员教育、对外宣传5个科。1989年,增设为8科1室,即办公室、政工科、老干部工作科、理论科、宣传科、新闻科、党员教育科、文艺科、对外宣传科(1994年改为市委对外宣传小组办公室)。1996年8月经编委批准:宣传部为市纪委派驻纪委检查组单位。同年12月,市委宣传部内设8个职能科(室)和归口管理市委对外宣传小组办公室。即办公室、政工科、宣传科、理论科、新闻出版科、文艺科、党员教育科、国防教育科、中共襄樊市委对外宣传小组办公室。1997年6月,宣传部设离退休干部科。1999年2月,成立新华社襄樊通联站、经济日报襄樊通联站,归口市委宣传部管理,业务分别受新华社湖北分社、经济日报湖北记者站指导。2002年,市直机关机构改革,市委对外宣传小组办公室为宣传部内设机构,对外挂市政府新闻办公室牌子,下设网络新闻管理科;将市精神文明建设指导委员会办公室改为宣传部内设机构,对外保留牌子,下设秘书科、文明创建科。2004年9月,市文明办增设未成年人思想道德建设工作科。至2005年底,机关内设机构:办公室、人事科、宣传教育科、理论科、文艺科、新闻出版科、国防教育办公室、市委对外宣传小组办公室、市精神文明建设指导委员会办公室。有行政编制44名。

(2)主要职责

负责指导全市理论学习、理论研究、理论宣传工作。引导社会舆论、指导、协调新闻、出版等部门工作。从宏观上指导精神产品的生产和文化市场的管理;负责规划、部署全市性的思想政治工作任务和群众性的社会主义精神文明建设活动;受市委委托,会同市委组织部管理市直宣传文化部门的领导干部,指导这些部门领导班子建设;负责对县(市)区委宣传部副部长和市直宣传文化部门干部进行培训;组织全市思想政治工作专业人员职务评审工作;负责襄樊市宣传、文艺、新闻奖励基金的管理和评奖等工作。

市委宣传部历任部长、副部长名录

表 18-10

职务	姓名	任职时间
部 长	崔寿臣	1982—1983.10
	欧阳文海	1982—1983.10
	刘纯臣	1983.10—1988.11
	张子强	1988.11—1997.7
	徐晓伟	1997.7—2000.6
	马 黎(女)	2001.5—2005.1
	胡水华	2005.1—12
副部长	赵 岭	1979.6—1983.12
	丁剑卿	1979.6—1990.3
	孙樵声	1983.11—1985.3
	严祖堤	1983.11—1989.8
	高士楚	1985.3—1992.4
	段明贵	1985.11—2004.11
	朱新义	1987.2—1996.5
	王稼田	1990.3—2001.11
	方先春	1991.3—1994.7
	龚强华(女)	1992.1—1994.6
	李怀福	1994.7—2000.8
	王廷兴	1997.1—2005.12
	彭泉龙	1997.4—2005.12
	汪明新	1998.9—2000.6
	焦俊卿(女)	1998.12—2001.12
	谢选伦	2002.2—2005.12
	胡立华	2002.2—2005.12

4.统一战线工作部

(1)机构设置

1979 年 11 月,中共襄阳地委恢复统战部。1983 年 10 月,襄阳地委统战部与襄樊市委统战部合并。统战部内设办公室和党派工作、统一战线理论研究 3 个科,有工作人员 29 人。1987 年年底,襄樊市委统战部内设办公室、干部科、党派工商科、统战理论研究科。1989 年,党派工商科改为党派工作科,增设经济联络科。1995 年底,市委统战部部内设办公室、干部科、党派科、经济联络科、理论研究科。1996 年 10 月,报襄樊市机构编制委员会办公室审核,经市委批准内设办公室、政工科、宣传科、党派科、联络科、干部科、民族宗教科。1997 年 6 月,经襄樊市机构编制委员会批准,设立离退休干部科。1999 年年底,市委统战部内设办公室、政工科、宣传科、党派科、联络科、干部科、民族宗教科、离退休干部科。2002 年,根据《中共襄樊市委统一战线工作部职能配置、内设机构和人员编制方案》精神,市委统战部内设 6 个职能科(室):办公室、调研科、党派科、干部科、联络科、民族宗教科。2004 年年底,市委统战部内设 7 个职能科(室):办公室、调研科、党派科、干部科、联络科、民族宗教科、老干科。2005 年底有行政编制 23 人,实有 18 人。

归口统战部管理的部门：襄樊市民族宗教事务局（1983年12月成立），对台工作小组办公室(1975年成立,2002年划归政府管理)。归口统战部管理的群团组织:襄樊市工商业联合会(1951年4月成立),襄樊市归国华侨联合会(1984年10月),襄樊市黄埔同学会(1989年11月成立),襄樊市统一战线理论研究会(1986年成立),襄樊市光彩事业促进会(1996年10月成立)。

(2)主要职责

组织贯彻执行中央、省、市委关于统一战线的方针、政策,调查研究统一战线理论和重大方针政策,提出开展统战工作的意见和建议;了解统战工作的全面情况,掌握分析统一战线中的政治、思想动态,及时准确地反映党外人士的意见、批评和建议;负责协助市委同各民主党派、无党派人士保持密切联系;负责党外人士的政治安排工作,会同有关部门做好培养、推荐党外人士担任市级和县级行政领导职务的工作;负责全市以祖国统一为重点的海外统战工作,调查研究全市非公有制经济代表人物情况,促进民营经济健康发展,提出有关意见和建议。调查研究全市党外知识分子情况,联系培养推荐党外知识分子中的代表人物。负责统战干部和党外干部的培训工作。负责全市统战宣传工作;协助民主党派市委进行干部管理。指导县(市)区和市直各部门的统战工作;负责对社会主义学院工作的指导和管理,负责市民主党派机关行政管理工作,归口管理市民族宗教事务局、市侨联、市工商联等。

市委统一战线工作部历任部长、副部长名录

表18-11

职务	姓名	任职时间
部长	李鸿波	1981.10—1983.10
	汤学林	1983.12—1988.1
	于惠福	1988.1—1989.9
	袁治国	1989.9—1994.6
	王家康	1996.3—1998.12
	于诺英(女)	1998.12—2002.1
	路德林	2002.1—2005.12
副部长	熊炳德	1981.10—1983.10
	芦定华	1983.12—1985.11
	杨传厚	1983.12—1992.12
	许其道	1984.1—1992.12
	唐根孝	1987.4—1997.5
	王禄华	1988.1—1999.5
	刘 勤(女)	1989.10—1994.6
	孙扬田	1994.6—1999.12
	孙连庚	1997.5—2001.12
	汪清华	1996.9—1999.5
	程晓明	1998.12—2005.12
	李祖义	1999.5—2005.12
	黄名爱	1999.5—2005.12
	彭宗文	2002.1—2003.12

5.政法委员会

(1)机构设置

1980 年 9 月,原中共襄阳地委设立政法小组,组长张怀念(地委副书记兼)。下设办公室,从地区公安(局)处、检察院(时称"湖北省人民检察院襄阳分院")、中级人民法院、司法局抽调 5 名干部办公。1982 年 7 月,原中共襄樊市委成立政法委员会,书记汪梅(市委常委、市人大常委会副主任兼)。下设办公室,暂定行政编制 7 人。1983 年 12 月,地、市合并,新组建中共襄樊市委政法委员会。内设办公室、政工科、调研科、纪检组。1992 年 1 月,增设综合治理科。1986 年 10 月,根据中共中央和湖北省委有关精神及市委决定,襄樊市成立社会治安综合治理委员会及办公室(办公室设在市委政法委,工作人员从市直公、检、法机关抽调,主任由市委政法委副书记兼任)。1995 年,市委政法委内设办公室、综治办、综治科、调研科、纪检组、政工科。1996 年,撤销综治科,同年 6 月,成立社会治安综合治理委员会办公室(与政法委机关合署办公),同年 10 月,增设督办室、工会和团委。内设机构调整为办公室、督办室、调研科、政工科 4 个职能科室和市社会治安综合治理委员会办公室及工会、团委。1997 年,根据市编委《关于市直机关、直属事业单位离退休干部工作机构和人员编制的批复》,设立离退休干部科。2001 年 11 月,社会治安综合治理委员会办公室与政法委员会机关合署办公。2002 年年初,襄樊市实施市级党政机构改革,根据市委和市机构编制委员会有关文件,重新明确中共襄樊市委政法委员会职责(保留市社会治安综合治理委员会办公室并与政法委机关合署办公),成立市委政法委、市综治办"维护稳定工作科",对外称"维护稳定工作办公室"(简称维稳办),与市综治办综合协调科合署办公;同年 4 月,成立由市委 1 名副书记任组长、市直有关部门负责人为成员的市维护社会稳定工作领导小组,下设办公室(办公室与市综治办合署办公)。至 2005 年年底,机关内设机构:办公室、执法监督室、调研科、人事科、离退休人员工作科。行政编制 27 人。

(2)主要职责

统一政法各部门的思想和行动;调查分析全市社会治安和政法工作形势,及时向市委提出决策意见和建议;对全市一定时期内的政法工作作出全局性部署,督促贯彻落实;组织、协调、指导维护社会稳定的工作。

市委政法委历任领导人名录

表 18-12

时期	职务	姓名	任职时间
中共襄阳地委政法小组	组长	张怀念	1980.9—1983.10 兼
	副组长	郭玉山	1980.9—1983.10
		陶子厚	1980.9—1983.10
原襄樊市委政法委	书记	汪 梅	1982.7—1983.10 兼
	副书记	魏新发	1982.7—1983.10
		张天祥	1982.7—1983.10
		郭秉乐	1982.7—1983.10
		吕玉龙	1982.7—1983.10
		周书茂	1982.7—1983.10
		衡光明	1982.7—1983.10

续表

时期	职务	姓名	任职时间
地、市合并后襄樊市委政法委	书记	郑少波	1984.12—1985.2 兼
		张学义	1985.2—1994.9
		夏志斌	1994.9—1999.12
		姚仁安	2001.1—2003.7
		万桃元	2003.7—2004.12
		余新民	2004.12—2005.12
	副书记	李相臣	1984.12—1991.2
		张天祥	1984.12—1991.7
		余明山	1984.12—2002.2
		陈星甫	1985.11—2002.2
		杜震华	1991.1—1992.2
		邓文杰	1991.6—1997.4
		黄之凤(女)	1994.6—2004.11
		王学海	1995.2—2004.2
		柳维志	2003.7—2005.12
		张　瑛(女)	2002.2—2005.12
		姚家联	2002.2—2005.12
		徐德宪	2003.12—2005.12
		杜程胜	2005.7—2005.12

6.农村工作领导小组办公室(农村工作部、农村工作委员会)

(1)机构设置

1983 年 10 月,市委组建农村工作部。1985 年 10 月撤销,业务并入市政府农业委员会。1986 年,市委新组建农村工作委员会。2002 年 1 月,不再保留市委农村工作委员会,成立中共襄樊市委、市政府农村工作领导小组办公室(简称"市农办"),为市委办公室内设机构。2005 年 12 月,市农办内设:综合科、人事科、农村改革与发展战略科、农村政策科、农村基层组织建设科(市小康建设办公室)、市农业产业化办公室、市农村能源办公室等 10 个职能科室。行政编制 47 人。

(2)主要职责

负责农村重大政策、农村改革与发展战略、农业和农村经济中长期发展规划的调查研究,参与制定农村政策规章并指导实施。

市农委、农办历任领导人名录

表 18-13

时 期	职务	姓名	任职时间
农村工作部时期	部 长	周本立	1983.10—1984.12
		魏可懋	1984.12—1985. 10
	副部长	石荣华	1983.11—1985.10
		陈美洋	1983.11—198510.
		方先春	1983.11—1985.10

续表

时 期	职务	姓名	任职时间
农村工作委员会时期	书 记	杜德耀	1987.11—1989.8
		魏可懋	1989.8—1994.5
		苏家德	1994.6—1999.3
		张仕春	1999.5—2001.12
	副书记	张仕春	1995.1—1999.5
		陈 振	1995.1—1999.5
		张永远	1999.5—2001.12
农村工作领导小组办公室时期	主 任	吴长华	2002.1—2005.12
	副主任	张永远	2002.1—2005.12
		陈金怀	2002.1—2004.2
		杨会议	2002.1—2005.12
		查瑛（女）	2002.1—2005.12
		李国胜	2002.1—2005.12
		姚继宇	2002.1—2005.12
		谢春修	2002.1-2005.3

7.政策研究室

(1)机构设置

1983年12月，机构改革时新组建市委政策研究室。1987年底，市委政研室和体制改革办公室、经济研究中心合署办公。内设秘书、党刊、农村经济研究、城市经济研究、政治工作研究、科教文卫研究、战略研究、体制改革8个科。1988年10月，政研室与体制改革办公室、经济研究中心分开独立办公。政研室内设秘书、党刊、农村经济研究、城市经济研究、政治工作研究、综合6个科。1997年1月，内设6个职能科室，即：秘书科、城市经济科、农村经济科、党建科、社会发展科、党刊科。2005年底，机关内设办公室、城市经济科、农村经济科、社会发展科、党刊科。行政编制17人。

(2)主要职责

对全市政治、经济、社会等方面的重大问题进行调查研究，提出意见和建议；参与市委重要文件、报告的起草、修改工作；对各县(市)区和市直部门的调研力量进行组织、联络、协调和指导，发挥调研中心的作用；承办市委主办的机关刊物《决策与实践》杂志以及《襄樊情况通报》、《领导参考》等。

市委政策研究室历任领导名录

表18-14

职 务	姓 名	任 职 时 间
主 任	高士楚	1984.5—1985.2兼
	张子强	1985.1—1988.11
	严祖堤	1992.6—1996.4
	屈敞旺	1996.4—1999.5
	张永安	1999.5—2005.8
	高士楚	1983.12—1984.5
	孙 英	1983.12—1989.8

续表

职 务	姓 名	任 职 时 间
副主任	张子强	1984.6—1985.1
	熊大年	1984.10—1992.6
	乔双定	1985.3—1988.10
	柯美成	1985.3—1988.11
	张则荣	1985.11—1989.8
		1991.10—1997.4
	宋士威	1989.8—2000.4
	李怀福	1989.11—1994.7
	孙连庚	1992.8—1994.6
	陈文海	1995.2—1997.4
	刘志新	1997.4—2004.8
	岳兴平	1997.4—1999.5
	文廷全	1997.4—1999.5
	都少平	1997.12—2005.12
	薛传武	1999.5—2000.4
	任兴亮	1997.12—2002.1
		2004.11—2005.12

8.档案局

(1)机构设置

1998年3月,市档案局、是档案馆由市政府移交市委管理。内设办公室、政策法规科、科教技术科、业务指导科、档案管理科、档案史料编研科。同年8月,经市委组织部批准:档案局(馆)内设办公室、法规科、科研技术科、业务科。2005年底,机关内设机构:办公室、法规宣教科、业务指导科、档案管理利用科、信息技术科等5个科室。行政编制29人。

(2)主要职责

履行全市档案事业行政管理和档案保管利用两种职能,为市委、市政府直属单位。档案局履行行政职能,负责对全市档案事业的宏观规划、行政管理和监督指导。档案馆为事业机构,负责市直党政机关、企事业单位各门类各载体档案的接收、保管和利用。

市委档案局领导名录

表18-17

职 务	姓 名	任 职 时 间
局(馆)长	徐 峰(女)	1998.3—2001.12
	尚明洋	兼,2001.12—2005.12
副局(馆)长	全世海	1998.3—2005.12
	乔建玲(女)	1998.3—2004.11
	郭凤英(女)	1998.3—1999.4
	赵宗勤	1999.4—2005.12
	姚景灿	2005.5—2005.12

9.信访局(信访办公室)

(1)机构设置

1984年1月,组建市委、市人民政府信访办公室,工作归口市委办公室。内设来访接待、办理来信、综合3个科。1996年,内设3个职能科室,即办理来信科、接待来访科、综合科。2002年2月,信访办更名为信访局,由市委办公室、市政府办公室管理,以市委办公室管理为主。2005年年底,机关内设机构:办公室、办理来信科、接待来访室、联络督查科。行政编制12人。

(2)主要职责

受理人民群众给市委、市政府及其领导同志的来信,接待到市委、市政府反映问题的上访群众;承办中央、国务院、省委、省政府向市委、市政府交办的来信来访事项和市委、市政府及其领导同志交办的信访事项;向市委、市政府领导提供群众来信中的重要信息,及时反映倾向性、动态性问题和影响社会稳定的事件;综合分析人民群众来信来访情况,筛选论证群众的批评和建议,提出解决问题的办法和意见,为市委、市政府领导决策当好参谋;按照"分级负责、归口办理"的原则,向有关地方和部门转办、交办来信来访事项,督促检查落实情况;对群众反映的政策问题进查研究,协助有关部门研究制定相关政策规定;负责全市信访工作的综合管理,协助市委、市政府部署、检查和指导全市的信访工作,发现和解决问题,组织指定信访工作管理规定;负责指导全市信访工作的组织建设和理论建设,制定并组织实施工作发展规划。

市委信访局历任领导名录

表18-18

职务	姓名	任职时间
主任	曾义顺	1984.1—1985.12
	吴道怀	1985.12—1998.12
	姜家林	1999.1—2001.12
	张新林	2001.12—2002.2 兼
副主任	庹榜玉(女)	1984.1—1985.12
	李佐安	1984.1—1985.12
	全世海	1985.12—1989.7
	胡中才	1986.2—1994.6
	钟守国	1989.7—1998.7
	魏鹏	1994.12—1999.5
	余世斌	1999.5—2002.2
	毕永贵	1998.9—2002.2
	李德奎	1997.4—2002.2
	刘煜	1999.5—2002.2
局长	张新林	2002.2—2004.7 兼
	李德奎	2004.7—2005.12
副局长	李德奎	2002.2—2004.7
	刘煜	2002.2—2005.12
	马建国	2002.2—2005.12
	梁娅丽	2005.5—2005.12

10.党史研究室、党史办公室

(1)机构设置

襄樊市(襄阳地区)党史工作机构始建于1981年。当年3月,成立中共襄阳地区党史资料征集小组。1982年7月,征集小组下设办公室。1983年地市合并后,襄樊市委于同年12月成立中共襄樊市委党史资料征集小组办公室。1984年6月11日,市委根据省委办公厅有关文件精神,将中共襄樊市委党史资料征集小组改名为中共襄樊市委党史资料征集编研委员会,下设办公室。1986年6月,党史办开始设内部科室秘书科和业务科。1992年3月,市委根据省委办公厅有关文件精神,将中共襄樊市委党史资料征集编研委员会办公室更名为中共襄樊市委党史研究室和中共襄樊市委党史办公室两办合署办公。1996年8月,党史办内部机构增设宣教科,同时将业务科更名为征编科,保留秘书科。2005年年底,机关内设机构:秘书科、征编科、宣教科。行政编制16人。

(2)主要职责

征集、整理、编写地方党史资料;编写组织史、大事记、人物传记、专题资料;编辑出版党史书刊;承担市委党史工作领导小组的具体事务,完成市委交办的党史工作和其他工作;向有关部门和县(市)区的党史机构传达中央、省委关于党史工作的指示,组织、协调党史资料征集和党史专题研究工作,组织党史工作交流,培训业务骨干;指导市党史学会工作。

市委党史研究室、党史办历任领导名录

表18-19

职 务	姓 名	任 职 时 间
主 任	桂保明	1994.6—2005.12
副主任	李 忠	1984.1—1985.4
	王大礼	1984.1—1985.12 兼
	杨华平	1984.1—1986.2
	吴海河	1984.6—1989.7
	桂保明	1986.2—1994.6
	孙天银	1997.12—2005.12
	王建琳(女)	1998.8—2004.11

11.老干部工作局

(1)机构设置

1983年12月,建立市委老干部工作局,归口组织部管理。1984年6月,建立市委老干部工作局党委,内设秘书、安置、服务、政工、宣传教育5个科。1985年,内设办公室、安置科、服务科、政工科、宣教科。下属老干部活动中心管理处、襄城干休所、樊城干休所、市第三干休所。1997年,内设办公室、安置服务科、政工科、宣传教育科、调研信访科和市关心下一代工作委员会办公室。1999年年底,市委老干部局下属市第一干休所、市第二干休所、市第三干休所、市老干部活动中心管理处。2001年11月,老干部工作局为部门管理机构,由组织部管理。2005年年底,机关内设机构:办公室、安置服务科、宣教科、调研信访科、人事科、纪检室、老干部科、市关心下一代工作委员会办公室和市老年大学办公室。 下属市离休老干部管理服务中心、市第一干休所、市第二干休所、市第三干休所、市老干部活动中心管理处。行政编制 15 名,事业编制 5 名,老干部工作人员编制 2 名。

(2)主要职责

贯彻执行党中央、国务院、省委、省政府和市委、市政府关于老干部工作的方针、政策和规定,并结合实际情况,研究制定具体的实施办法、细则和意见,负责督促、贯彻和落实;按政策规定做好老干部的政治、生活待遇落实工作,做好老干部的安置、管理和服务工作。

市委老干部工作局历任领导名录

表 18-20

职务	姓名	任职时间
局 长	刘秀华	1983.12—1995.2
	杨长宏	1995.2—2005.12
副局长	张钦均	1983.12—1991.1
	李维民	1983.12—1992.7
	刘辉海	1983.12—1987.12
	庹榜玉(女)	1985.11—1990.5
	尹冬桂(女)	1990.5—1992.4
	刘希汉	1990.11—2000.11
	徐定祥	1992.11—1997.4
	陈玉定	1997.4—2002.2
	黄永清	1997.6—2005.12
	叶光保	1999.5—2005.12

12.市直机关工作委员会

(1)机构设置

1988 年 6 月,成立中共襄樊市委市直机关工作委员会。机关工委设办公室、组织科、宣教科,下设纪检、工会、共青团、妇联等 4 个直属工作委员会。1997 年,内设办公室、组织科、宣传科和市直属机关纪律检查工作委员会、市直属机关工会工作委员会、共青团襄樊市委市直机关工作委员会、市直属机关妇女工作委员会(注:上述 4 个委员会属市纪委、市总工会、团市委、市妇联的派出机构)。2005 年底,机关内设办公室、组织科、宣传科和市直属机关纪律检查工作委员会、市直属机关工会工作委员会、共青团襄樊市委市直机关工作委员会、市直属机关妇女工作委员会。行政编制 19 人。

(2)主要职责

负责市直机关副科级干部、入党积极分子、预备党员和机关党务干部的培训工作。指导市直机关各级党组织加强党风和廉政建设,加强对党员特别是党员领导干部的监督,协助市委有关部门抓好市直机关领导班子的思想政治建设和作风建设,对市直各部门贯彻落实中央和省、市委的重大决策和部署进行督促检查,指导县(市)区机关党的建设工作。指导市直各部门机关党组织配合行政领导做好机关干部职工的思想政治工作,抓好市直机关的思想作风建设和精神文明创建工作。指导市直各机关党组织加强基层组织建设。按权限审批市直机关及所属单位党组织;负责市直各部门机关党组织组成人员和纪委书记、副书记的任免、考核和培训工作;审批市直机关发展的党员,负责市直机关党费收缴管理工作。领导市直机关各部门机关党组织的纪律检查工作。审议县级领导干部违反党纪的案件,审批对市直机关及所属单位正科级及以下党员干部违反党纪的处理决定。领导市直属机关工会工作委员会、共青团襄樊市委市直机关工作委员会、市直属机关妇女工作委员会等群团组织的工作。

市直机关工作委员会历任领导名录

表 18-21

职 务	姓 名	任 职 时 间
书 记	孙樵声	1988.7—1989.6 兼
	杜德耀	1989.7—1990.9
	严永康	1990.9—1994.6
	邢天华	1994.6—1999.5
	丁开正(女)	1999.5—2005.12
副书记	席 蛟	1988.7—1989.7
	谢乐安	1988.7—1992.5
	邢天华	1988.7—1994.6
	刘贵龙	1989. 7—1992.7
	王应兰(女)	1989.12—1994.6
	陈天国	1994.6—1999.5
	孙连庚	1994.6—1997.4
	陈怀林	1994.6—2005.12
	万沐贵	1994.6—1997.8
	熊元超	1997.4—2005.12
	刘爱平(女)	1997.8—2002.2
	李守国	1998.9—2005.12
纪工委书记	陈新堂	1991.1—1999.5
委员、纪工委书记	陈新堂	1999.5—2005.12
委员、工会工委主任	冯秀梅(女)	1999.5—2004.11
	喻红励	2005.12—

13.市委台湾工作办公室(市人民政府台湾事务办公室)

(1)机构设置

1983 年 12 月，市委成立对台工作小组办公室。1987 年 5 月,襄樊市人民政府台湾同胞事务办公室成立,与市委对台办合署办公,列为市委工作机构,下设对台宣传、组织联络 2 个组。1989 年 5 月,市人民政府台湾同胞事务办公室更名为襄樊市人民政府台湾事务办公室。1992 年 3 月,中共襄樊市委对台办更名为中共襄樊市委台湾工作办公室。1994 年 12 月,内设秘书科、组织宣传科、接待经贸科,下属台胞台属联谊会、台胞服务中心。1996 年,内设秘书科、宣传交流科、经济联络科。 2005 年底,内设秘书科、宣传和交流科(挂新闻科牌子)、经济和联络科(挂台商投诉中心牌子)。行政编制 11 人。

(2)主要职责

贯彻执行党中央、国务院制定的对台工作方针政策,结合全市实际情况,负责研究拟订具体实施意见,报市委、市政府审批;组织、指导、管理、协调市委、市政府各部门和各县(市)区的对台工作,检查了解各地各部门贯彻执行党中央、国务院对台工作方针政策和市委、市政府对台工作具体意见的情况，对全市涉台事务实施统一归口管理；协调、指导两岸人民往来，做好台胞接待、因私赴台、赴台定居以及台胞到襄樊市定居的审查、申报，安置和管理工作；会同有关部门统筹协调和指导对台经济工作以及两岸金融、文化、学术、教育、科技、卫生、农业等各个领域的交流与合作；负责对台宣传、涉台教育和涉台新闻宣传的管理协调工作；负责处理襄樊市涉台的重大活动和重大事件。

市委台湾工作办公室历任领导名录

表 18-22

职 务	姓 名	任 职 时 间
主 任	王 勋	1983.12—1986.5
	孙扬田	1987.3—1994.5
	李承根	1994.6—1997.4
	孙连庚	1997.4—2005.12
副主任	孙扬田	1985.6—1987.3
	尚化海	1986.8—1991.8
	钱金成	1991.1—1999.6
	马文林	1994.6—2002.2
		2004.11—2005.12
	马兰英（女）	1995.1—2002.2
	胡明辉	1997.4—2005.12
	谭华玉（女）	1999.6—2005.12

14.经济工作部

1984 年 12 月，成立市委经济工作部，1985 年 10 月撤销，业务归入市政府经济委员会。

市委经济工作部历任领导名录

表 18-23

职务	姓名	任职时间
部 长	徐芝华	1984.12—1985.10
副部长	张则荣	1985.3—10
	孙读声	1985.3—10

15.教育工作委员会

（1）机构设置

1990 年 2 月，成立中共襄樊市委教育工作委员会。与市教育委员会合署办公。2002 年 5 月，中共襄樊市委教育工作委员会更名为襄樊市教育局党委。

（2）主要职责

贯彻执行党和政府关于教育工作方针、政策；制定和执行襄樊市教育事业发展规划；调配学校领导干部，管理教师队伍；管理、筹集、安排教育经费；遵循教育规律，抓好普通教育，提高教育质量；有步骤地进行教育结构改革，搞好职业教育。

市委教育工作委员会历任领导名录表

表 18-24

职务	姓名	任职时间
书　　记	郭发展	1990.2—1996.11
	罗兴才	1997.4—2002.5

16.财贸工作委员会

(1)机构设置

1990 年 3 月，成立中共襄樊市委财贸工作委员会，与市财贸工作委员会合署办公。2001 年 8 月 8 日，省委、省政府对中共襄樊市委、襄樊市人民政府下发文件，决定不再保留财贸委员会，其职能并入经贸委。

市委财贸工作委员会历任领导名录

表 18-25

职务	姓名	任职时间
书记	郑庆春	1990.3—1992.11
	方常安	1995.1—1999.4
	彭祥胜	1999.5—2001.12

17.经济贸易工作委员会(工业交通工作委员会)

(1)机构设置

1990 年 5 月，成立中共襄樊市委工业交通工作委员会。与市经济贸易工作委员会合署办公。1997 年 6 月，市委工业交通工作委员会更名为中共襄樊市委经济贸易工作委员会。2001 年 12 月，原襄樊市委经济贸易委员会与原襄樊市委财贸委员会合并，组建襄樊市委经济贸易委员会。

(2)主要职责

襄樊市委工业交通工作委员会(经济贸易工作委员会)为市委的派出机构，是市委领导全市工交战线并主管工业党建和精神文明建设工作的部门。

市委经济贸易工作委员会历任领导名录

表 18-26

职务	姓名	任职时间
书记	杨德禄	1990.5—1992.11
	乔书华	1993.2—19995.1
	孙读声	1995.1—1997.4
	马兴林	1997.4—2001.12

18.实绩考核工作领导小组办公室(目标管理工作领导小组办公室)

1995年成立市委、市政府目标管理工作领导小组办公室,挂靠市委组织部的临时机构。1998年9月,正式成立市委、市政府实绩考核工作领导小组办公室。挂靠市委组织部。

市委实绩考核工作领导小组办公室历任领导名录

表18-27

职务	姓名	任职时间
主 任	路德林	2000.1—2002.4
	王祖瑛	2002.4—2005.6
	雷明安	2005.5—2005.12
副主任	叶 丛	2001.1—2002.1
	陈耀辉	2002.4—2005.12

19.精神文明建设委员会办公室("五讲四美三热爱"活动委员会办公室)

(1)机构设置

1983年12月,市委成立"五讲四美三热爱"活动委员会办公室,归口宣传部管理。1989年1月,"五讲四美三热爱"活动委员会办公室改为精神文明建设协调委员会办公室。1990年11月,精神文明建设协调委员会办公室更名为精神文明建设委员会办公室。1997年,内设秘书科、业务科。2001年11月,精神文明建设委员会办公室改为市委宣传部内设机构,对外保留牌子。

(2)主要职责

研究制定全市精神文明建设发展规划和年度计划;指导和协调全市各方面力量神文明建设;组织开展文明城市、文明单位、文明系统、文明行业、文明村镇和十星级文明农户创建活动;总结宣传推广全市精神文明建设的先进经验和先进典型。

市委精神文明建设委员会办公室历任领导名录

表18-28

职 务	姓 名	任 职 时 间
主 任	兰传盛	1984.1—1990.11
	段明贵	1990.11—1992.1 兼
	方先春	1992.1—1994.6 兼
	焦俊卿(女)	1994.6—2001.12
副主任	刘克勤	1989.8—1994.6
	郭宗旭	1990.2—2002.12
	韩国强	1992.8—2002.12
	郭增兰(女)	1997.5—2001.12

20.党校(行政学院)

(1)机构设置

1972 年党校恢复后,设有政工科、教研室和行政科;1976 年,政工科改为办公室。1984 年被批准为大专体制的党校后,在办公室,行政科保留不变的基础上,将原综合理论教研室撤销,新设哲学教研室、政治经济学教研室、科学社会主义教研室、经济管理教研室、党史党建教研室、文史教研室、组教科、理论研究室、图书资料室和函授站等机构。1997 年 10 月,市委办公室下发《中共襄樊市委党校、襄樊市行政学院机构编制方案》, 市委党校内设机构定为 15 个处室和机关党委。即机关党委、办公室、教务处、学员组织处、科研处(与理论研究室合署办公)、图书馆、湖北省委党校函授学院襄樊分院、党校工作处、组织处、行管处,以及哲学教研室、政治经济学教研室、科学社会主义教研室、党史党建教研室、行政管理学教研室、现代科技教研室 6 个教研室。根据规定,另设有老干部工作处。2002 年,襄樊市委下发《中共襄樊市委党校(襄樊市行政学院、襄樊市社会主义学院)职能配置、内设机构和人员编制方案》,市委党校内设 9 个职能处室,即办公室、人事处、教务处、学员组织处、科研处(理论研究室)、行管处、图书馆、湖北省委党校函授学院襄樊分院、离退休人员工作处、公务员培训处。另设校机关党委、纪检组和工会。根据教学需要内设 6 个教研室,即党史党建教研室、马克思主义基础理论教研室、法学教研室、公共管理教研室、现代科技教研室、经济学与经济管理教研室。共 19 个内设机构。 至 2005 年年底,事业编制 125 人,实有 99 人。

(2)主要职责

在襄樊市委直接领导下,培养党员领导干部和理论干部的学校,是党委的重要部门,是培训轮训党员干部的主渠道,是党的哲学社会科学研究机构。

市委党校历任领导名录

表 18-29

职 务	姓 名	任 职 时 间
校长	崔寿臣	1978—1983.10
	刘仁恺	1983.11—1984.3
	王新月	1984.3—1984.8
	朱新义	1984.9—1987.2
	严祖堤	1987.2—1992.6
	马金海	1992.7—1996.1
	姚祥栋	1996.2—1997.5
	张振华	1997.5—1999.7
	刘善桥	1999.7—2003.4
	杨祥义	2003.4—2005.12
副校长	熊大年	1978—1983.10
	刘振海	1980.9—1983.10
	刘能传	1984.9—1986.12
	陈学勤	1987.3—1994.6
	王庆良	1988.5—1991.2
	散先明	1989.12—1999.5
	胡继才	1991.2—1994.6

续表

职 务	姓 名	任 职 时 间
副校长	王银亮	1991.3—1997.4
	张克文	1994.6—2004.2
	蔡义德	1994.6—2004.10
	施发科	1994.6—1999.5
	马天文	1997.4—2004.2
	张健全	1998.12—2005.12
	万沐贵	1999.5—2002.3
	高万宝	2000.3—2002.3
	刘启云	2003.12—2005.12

21.讲师团

(1)机构设置

1984 年 10 月,成立市委讲师团。1987 年,讲师团设办公室、行政科、文化教研室、政治理论教研室、组教科。1989 年 5 月,精简合并为 3 个科室,原文化教研室、政治理论教研室、组教科合并为理论教研室,保留办公室、行政科。1999 年年底,内设办公室、教研室、行政科、宣传干部培训中心。2001 年 12 月,不再保留市委讲师团,其职能并入市委党校。

(2)主要职责

根据上级和同级党委主管部门制定的干部理论教育规划和工作部署,结合本地实际,负责制定教学计划,编写教学大纲和教学辅导材料;在组织干部自学的基础上,对马克思主义基本理论观点和学习中的疑难问题进行讲授和辅导;根据市委、市委宣传部的安排,培训基层理论骨干,举办在职干部读书班和专题讲座。

市委讲师团历任领导名录

表 18-30

职 务	姓 名	任 职 时 间
主 任	马天文	1994.6—1997.4
	王银亮	1997.4—2002.2
副主任	马天文	1987.3—1994.6
	魏金全	1987.3—1988.6
	王止卷	1987.3—1999.5
	胡宗祥	1987.6—1988.6
	周德宇	1989.4—1991.3
	施发科(女)	1991.3—1994.6
	李来廷	1991.3—2002.2
	杨明选	1994.11—1999.5
	杨国梁	1997.4—2002.2
	毕献平	1999.5—2002.2

22.襄樊日报社

(1)机构设置

1983 年 10 月,《襄阳报》与《襄樊报》合并组成襄樊日报社,报社内设总编办公室、报社办公室、社会公共关系部和要闻、经济、群工、政文、行政、美影 6 个科。1989 年 7 月至 1994 年 7 月,报社领导班子和内部科室作过 3 次个别调整,调整后的科室为:党委办公室、总编办公室、要闻部、政文部、经济部、副刊部、摄影部、群工部、新闻研究室、广告信息部、记者发行部、保卫科、经理部、电脑部、公关部、行政科、财务科。2005 年年底,机关内设机构:党委办公室、纪检监察科、老干部科、工会(妇委会)、行政管理科、三产办、财务审计科、发行中心、襄樊日报社会驻各县(市)区记者发行站。襄樊日报社二级单位有:印刷厂、广告公司、激光照排中心、汽修厂;报机关内设:党办、干部人事科、监察审计科、团委、工会、妇委会、老干科、技术科、行政科、财务科、保卫科、新闻研究室、出版部、新闻资料室。报社经营部门下设:经理部、发行部、日报广告部、晚报广告部、公关部、新闻培训中心。襄樊日报社现有两个编辑部(即《襄樊日报》编辑部和《襄樊晚报》编辑部),报社业务部门下设:日报总编室、新闻编辑室,新闻采访部、副刊部、经济周刊部、新闻观察周刊部、星期天特刊部、摄影部、群工部;晚报编辑部下设:总编室、新闻编辑室、记者部、专刊部、副刊部、摄影部、通联部。事业编制 220 人,实有 187 人。

(2)主要职责

宣传党的基本理论、基本路线和各项方针政策,及时报道全市及国内政治、经济、科技、教育、文化、军事和社会生活中的重大事件;立足襄樊,面向全国,紧密联系和团结社会各界人士,宣传襄樊各条战线改革和社会主义现代化建设经验,及时反映人民群众的意见和呼声,坚持正确的舆论导向,当好党的喉舌,使报纸成为党和政府联系人民群众的桥梁和纽带。

市委襄樊日报社历任领导名录

表 18-31

职 务	姓 名	任职时间
书 记	杨云胜	1983.12-1989.07
	屈启旺	1989.07-1991.09
	段明贵	1991.09-1994.07
	李怀福	1994.07-2000.08
	郑 浩	2000.08-2004.12
主持工作	王廷兴(市委宣传部常务副部长)	2004.12—2005.10
副书记	杜道中	2005.10—
	金全敏	1983.12—1985.12
	孙东海	1985.12—1987.11
	焦俊卿	1987.11—1994.07
	张克文	1991.09—1994.07
	张声典	1994.07—2000.08
	王化容	1994.07—2004.12
	汪大宝	1994.07—2004.12
	陈心安	2000.08—2004.12
	周德宇	2000.08—2004.12
	周德宇	2005.10—

续表 1

职 务	姓 名	任职时间
社 长	杨云胜	1983.12—1989.07
	屈启旺	1989.07—1991.09
	段明贵	1991.09—1994.07
	李怀福	1994.07—2000.08
	郑 浩	2000.08—2004.12
主持工作	王廷兴(市委宣传部常务副部长)	2004.12—2005.10
副社长	杜道中	2005.10—
	金全敏	1983.12—1985.12
	罗传忠	1983.12—1985.12
	蔡义德	1987.11—1991.09
	张声典	1989.07—2000.08
	古顺水	1989.07—2000.08
	张克文	1991.09—1994.07
	王化容	1994.07—2004.12
	汪大宝	1994.07—2004.12
	刘克勤	1994.07—2000.08
	郝茎修	1994.07—2004.12
	周德宇	2000.08—2004.12
	周德宇	2005.10—
总编辑	杨云胜	1983.12—1989.07
	屈启旺	1989.07—1991.09
	段明贵	1991.09—1994.07
	陈心安	1994.07—2004.12
	杜道中	2005.10—
副总编辑	金全敏	1983.12—1985.12
	孙东海	1983.12—1987.11
	孔海清	1983.12—1994.07
	蔡义德	1985.12—1989.07
	古顺水	1987.11—1989.07
	王化容	1989.07—1994.07
	陈心安	1989.07—1994.07
	陈惠明	1991.09—2004.12
	张克文	1991.09—1994.07
	毕俊峰	1994.07—2004.12
	高 翔	1994.07—2004.12
	王志国	2000.08—2004.12
	陶宜军	2000.08—2004.12
	顾振华	2005.10—
	毕俊峰	2005.10—
	高 翔	2005.10—
	王志国	2005.10—

续表 2

职　务	姓　名	任职时间
纪委书记	郝荃修	1991.09—1994.07
	王志国	1994.07—2000.08
	刘文岑	1999.05—2002.02
	刘炳文	2002.02—2004.12
	刘炳文	2005.10—
工会主席	刘　敏	1999.05—2002.02
	李光义	2002.07—2004.12

（三）中共襄樊市委重大决策举要

1.以家庭联产承包责任制为主要内容的农业农村改革

1979—1980 年，中共襄阳地委组织动员全地区广大干部群众贯彻落实党的十一届三中全会、党的十二大会议精神，拨乱反正，结束“文化大革命”以来长期混乱局面，解决了为干部平反昭雪、右派分子摘帽及知青回城工作等一批遗留问题，将全党工作重心转移到经济建设上来。1979 年，襄阳地区农村开始试行家庭联产承包责任制，这一改革大大地调动了群众的生产积极性，解放了农村生产力，有力地促进了农业、农村经济的发展。到 1982 年年底，全地区 99.9%的生产队实行了各种形式的家庭联产承包责任制。1984 年 1 月至 10 月，襄樊市统一进行撤社建区、乡改革，将原公社改为区，管理区改建为乡，生产大队改为村民委员会，生产小队改为村民小组。实行了近 30 年的人民公社制度退出历史舞台。

2.以城市为重点的经济体制改革

1984 年 6 月，中共襄樊市委、襄樊市人民政府出台《关于经济体制改革若干问题的暂行规定》。内容包括：下放经济管理权限；全面推行经济责任制；改革企业人事制度；扩大企业经营管理自主权；改革商品流通体制；改革科技、教育体制等。同年 12 月，召开地市合并后的第一次党代会——中共襄樊市第六次党代会。大会号召全市干部群众在党中央和省委领导下，坚决贯彻党的十二大和十二届三中全会精神，以经济建设为中心，以整党为动力，坚持两个文明一起抓，全面而系统地进行以城市为重点的经济体制改革，积极推进社会主义现代化进程，努力争取“三个根本好转”，为经济振兴打下坚实基础。市委提出以城市为中心、集镇为纽带、农村为腹地、优先发展轻纺、机械、电子、食品四大工业和第三产业，继续抓好粮棉油、多种经营，乡镇企业三大支柱建设，积极开发鄂北岗地、西南山区两大基地，把襄樊建设成为开放式、网络型的商品经济区。1989 年，根据中央、省委部署，市委决定对国民经济进行治理整顿。主要措施包括：控制物价涨势；压缩固定资产投资规模；抑制消费基金的过快增长；控制信贷规模和货币发放；整顿流通领域经济秩序。

3.“三大战略”扭在一起抓

1999 年 12 月，中国共产党襄樊市第九次代表大会召开。大会审议通过了八届市委关于《高举旗帜，开创未来，夺取襄樊现代化建设的新胜利》的工作报告，提出今后 5 年的总任务是推进襄樊由小康迈向初步现代化，确定了在五年内形成与襄樊地位相适应的经济实力、与市场经济相适应的经济结构、与现代化大城市相适应的市域城镇体系、与区域中心城市相适应的市场体系等 10 项战略目标。

2000 年，市委召开九届二次全体（扩大）会议，传达贯彻中央十五届五次全会和省委七届五次全体（扩大）会议精神。会议审议通过了《市委关于制定第十个五年计划的建议》和《市委、市政府关于抢抓西部大开发机遇，推进襄樊更快更好发展的决议》。会议确立了要把襄樊由历史上的兵家必争之地建成新千年商家必争之地的定位目标；在“十五”期间突出区域特色，坚持农业产业化经营、乡镇企业“二次创业”和小城镇建设“三大战略”一起抓，实现农业大市向农业强市跨越；积极参与西部大开发，把襄樊建设成秦巴经济走廊区域经济中心，担当东引西进的战略跳板；深入开展“三个代表”重要思想学习教育活动。2001 年 1 月至 2002 年 5 月，全市各级党组织和党员开展了“三个代表”重要思想学习教育活动。

4.农村税费改革和乡镇综合配套改革

2002 年 5 月，襄樊市启动农村税费改革。改革的主要内容是：取消乡统筹等专门面向农民征收的行政事业性收费和政府性基金，取消农村教育集资等涉及农民的政府性集资，取消屠宰税；逐步取消统一规定的劳动积累工和义务工；调整农业税，调整农业特产税政策；改革村提留征收使用办法，改革共同生产费征收使用办法。同年，按照以事定员、以收定支的原则，大力推进减人、减事、减支配套改革。2003 年年底，襄樊在全省率先推行乡镇综合配套改革，内容包括以合并农村中小学校、精简教师、整合教育资源为主的义务教育管理体制改革；以核定乡镇财政收支基数、加强财务管理、化解农村债务为主的乡镇财政管理体制改革；以转变职能、精简机构人员为主的乡镇机构改革三大方面。截至 2004 年年底，全市农民负担比改革前减少 2.85 亿元，人均减少 78 元；全市共精简乡镇(办事处)71 个、内设机构 272 个，精简乡镇(办事处)机关工作人员 52.8%、全额拨款事业单位工作人员 51%，精简后的 84 个乡镇实行党政主要负责人“一肩挑”，并且实行了乡镇机构、编制的刚性化、法定化管理。到 2005 年，全市农业税全面取消。

5.深入推进市直国有企业改革

2004 年，为从根本上扭转国有企业困难状况，市委决定深入推进以“国有企业产权退出”和“职工身份转换”为重点的新一轮市直国有企业改革。按照产权主体多元化，职工身份社会化的要求，国有资本退出和职工身份转换一步到位，出台《关于加快市直国有企业改革的若干意见》等一系列文件，把国企改革与全市产业结构调整、引进外来资本结合起来，力求通过改制得到新发展。至 2004 年底，市直国有企业改制转让国有产权 16.53 亿元，近 12 万人退出国有企业职工身份。

6.省域副中心城市建设

2004 年，按照省委、省政府战略部署，市委九届十六次会议通过了《中共襄樊市委关于努力把我市建设成为省域副中心城市的决定》。决定着力发展汽车、水电、烟草、高新技术、纺织、食品等六大支柱产业，建设区域性交通、物流、金融、信息、文化五个中心，经过 5—7 年的努力，把襄樊建设成为省域副中心城市。同年 12 月，市第十次党代会审议通过了九届市委关于《求真务实，加快发展，为把襄樊建设成为名副其实的省域副中心城市而努力奋斗》的工作报告，进一步明确提出把襄樊建设成为名副其实的省域副中心城市。

三、中共襄樊市纪律检查委员会

（一）历届委员会

1979 年 3 月，恢复成立中共襄阳地委纪委。地委任命的地委纪委委员 22 人：张安文 孙龙章 李相臣 刘国尧 葛景炎 归 捷 陶子厚 卢定华 刘世英 吕 静 果 真 任佩兴 张忠望 朱世雄 杨润吾 田自中 乔兆华 李润斋 赵立真 宫润盛 李 明 张正午。

1979 年 6 月，襄樊市设置为省辖市，市委对市纪委进行调整。市纪委委员 17 人：陈崇兴 满照建 余长炳 张天祥 徐财安 徐培国 宋文亮 赵 岭 曾照洲 鄂万友 涂丕显 刘纯臣 刘其祥 韩忠明 张耀华 李淑云 周庆平。

1982 年 11 月，市第五次党代会选举产生出襄樊市委第五届纪律检查委员会。纪委委员 17 人：魏元明 陈崇兴 许其道 汪玉桥 胥学平 徐财安 张书芬（女）马云轩 翁宗林 刘勤（女）韩忠明 张耀华 李淑云 李遵武 谢乐安 丁剑卿 陈少琳。

1983 年 10 月，襄阳地委纪委与襄樊市委纪委合并为中共襄樊市委纪委。纪委委员 8 人：魏元明 刘国尧 杜忠义 王天智 赵 岭 张权儒 胥学平 晁岱耀。

1984 年 12 月，中共襄樊市第六次党代会选举产生襄樊市第六届纪律检查委员会。纪委委员 9 人：魏元明 刘国尧 王天智 赵 岭 张权儒 胥学平 申建中（女）林太学 查振印。后增补陈革。

1989 年 11 月，市第七次党代会选举产生襄樊市第七届纪律检查委员会。纪委委员 15 人：魏元明 刘国尧 王天智 申建中（女）林太学 毕德华 王学海 陈家俊 杜振华 高金恒 许绪明 龚明发 曹绪炳 曾庆国 谢吉祥。后增补张金良 刘贵龙 周诚华 周汉文 陈天国 丁开正。

1994 年 12 月，市第八次党代会选举产生襄樊市第八届纪律检查委员会。纪委委员 19 人：杨祥义 王天智 曾庆国 张金良 毕德华 周汉文 丁开正（女）金世国 赵祥道 王学海 李安银 吴永明 张路德 陈登常 赵成改 凌怀珍（女）梁建华 彭宗文 雷文昌。后增补曲颖（女）史根业 朱金生 高秀平。

1999 年 12 月，市第九次党代会选举产生襄樊市第九届纪律检查委员会。委员 17 人：曲颖 张金良 陈天国 金世国 周汉文 赵祥道 史根业 朱金生 高秀平 吕衡 杜程胜 李行安 郭富清 黄刚亮 赵成改 梁建华 张忠刚。

2004 年 12 月，市第十次党代会选举产生襄樊市第十届纪律检查委员会。纪委委员 27 人：曲颖（女）张金良 金世国 周汉文 史根业 朱金生 高秀平 张忠刚 朱守疆 王 勇 王万清 王春生 王祖英 艾文金 包德斌 成官伟 伍华钢 李焕珍(女) 吴天宝 张文斌 林随安 赵传彬 段仁茂 彭志新 董家顺 谢选伦 潘明志。

中共襄樊市纪律检查委员会历任书记、副书记名录（见表 18-32）。

市纪律检查委员会历任书记、副书记、常委名录表

表 18-32

机构名称	职务	姓名	任职时间
襄阳地委纪委（1979.3—1983.10）	第一书记	陈仲华	1979.03—1983.10 兼
	书　记	张安文	1979.03—1983.10 兼
	副书记	孙龙章	1979.03—1982.01
	副书记	李相臣	1979.03—1983.10
	副书记	刘国尧	1980.01—1983.10
省辖襄樊市委纪委（1979.06—1983.10）	第一书记	魏元明	1981.04—1982.11 兼
	书　记	陈崇兴	1979.06—1982.11
	书　记	魏元明	1982.11—1983.10
	副书记	满照建	1979.06—1982.09
	副书记	余长炳	1979.06—1979.10
	副书记	张天祥	1980.01—1982.06
	副书记	许其道	1982.07—1983.10
	副书记	陈崇兴	1982.11—1983.10
	常　委	汪玉桥	1982.11—1983.10
	常　委	胥学平	1982.11—983.10
地市合并后襄樊市纪委（1983.10—2005.12）	书　记	魏元明	1983.10—1994.01
	书　记	杨祥义	1994.01—1997.10
	书　记	曲颖（女）	1997.10—2005.12
	副书记	刘国尧	1983.10—1994.02
	副书记	杜忠义	1983.12—1984.12
	副书记	王天智	1983.12—1997.10
	副书记	陈　革	1986.03—1987.04
	副书记	曾庆国	1993.08—1999.05
	副书记	刘贵龙	1993.08—1994.12
	副书记	张金良	1995.01—2005.12
	副书记	陈天国	1999.11—2004.12
	副书记	金世国	1999.11—2005.12
	副书记	周汉文	2004.12—2005.12
	常　委	赵　岭	1983.10—1989.11
	常　委	张权儒	1983.10—1989.11
	常　委	胥学平	1983.10—1989.11
	常　委	晁岱耀	1983.10—1984.12
	常　委	申建中（女）	1984.12—1990.12
	常　委	林太学	1984.12—1992.3
	常　委	查振印	1984.12—1989.11
	常　委	毕德华	1989.11—1999.7
	常　委	王学海	1992.4—1994.12
	常　委	张金良	1992.7—2006.3
	常　委	周诚华	1993.8—1994.12
	常　委	周汉文	1993.8—2005.12

续表

机构名称	职务	姓名	任职时间
地市合并后襄樊市纪委（1983.10—2005.12）	常 委	陈天国	1993.8—1994.7
	常 委	丁开正(女)	1994.10—1999.7
	常 委	金世国	1995.1—2005.12
	常 委	赵祥道	1995.1—2004.12
	常 委	史根业	1997.9—2005.12
	常 委	朱金生	1999.7—2005.12
	常 委	高秀平	1999.7—2005.12
	常 委	张忠刚	2004.12—2005.12
	常 委	朱守疆	2004.12—2005.12

(二)组织机构

1979 年 3 月,中共襄阳地委纪律检查委员会恢复成立,地委副书记陈仲华兼任襄樊市纪委第一书记,地委副书记张安文兼任书记。孙龙章、李相臣、刘国尧为副书记。1979 年 6 月,恢复成立中共襄樊市委纪委,陈崇兴任纪委书记,满照建、余长炳任副书记。1980 年 1 月,增补张天祥为副书记。1981 年 4 月,增补魏元明兼任第一书记。1982 年 7 月,许其道任副书记。1982 年 11 月,取消第一书记称号,魏元明改任书记,陈崇兴改任副书记。1983 年 10 月,襄阳地区和襄樊市合并,组建襄樊市委纪律检查委员会,设常委 8 人,魏元明任书记,刘国尧、杜忠义、王天智任副书记。1984 年 4 月,市委纪律检查委员会改为中共襄樊市纪律检查委员会,受襄樊市委和省纪委双重领导。内部设办公室、纪律检查科、案件审理科、信访科、调研科。1988 年 6 月,市纪委纪检科分设为纪检一科、纪检二科。1989 年 4 月,调整内部机构,除保留办公室外,原设的 5 个科分别更名为信访室、纪检一室、纪检二室、案件审理室、调研室,同时增设纪律教育室。1993 年 8 月,市纪委与市监察局合署办公。内部机构设 11 个室:办公室、调研室、监察综合室、执法监察室、党风廉政建设室、信访室(市监察局举报中心)、宣传教育室、纪检监察一室、纪检监察二室、案件审理室、干部管理室。原纪委、监察局设置的内部机构予以撤销。1994 年 5 月增设纪检监察三室和纠风室(对外称纠风办)。1996 年 10 月增设纪检监察四室。2002 年 2 月,机关共设 13 个职能机构,另有纠风室,同时设立机关离退休人员工作科。2004 年 4 月增设干部监督室。到 2005 年年底,市纪委共设 15 个室。1991 年 3 月成立市人民政府纠正行业不正之风领导小组办公室,1996 年 11 月该办公室挂靠市监察局后称纠风室。1993 年 8 月,市编委批复设立纪检监察干部培训中心,为直属事业单位。行政编制 5 人。

(三)党风廉政建设

襄樊市纪委以《中国共产党章程》《关于党内政治生活的若干准则》和党规党法及党的优良传统和作风教育为重点,通过集中学习、座谈讨论、知识测试、纪检监察理论培训、演讲比赛、举办展览、文艺演出、组织收看影视片、报告会等形式,营造良好的反腐倡廉舆论环境,打牢拒腐防变的思想基础。

1.党风廉政教育

把反腐倡廉宣传教育纳入党的宣传教育工作总体部署,形成党委统一领导、纪委组织协调、部门各负其责、群众积极参与的宣传教育工作格局。依托多种宣传教育平台，挖掘各种宣教资源，开展丰富多彩的宣传教育活动。

全市建立由纪检、组织、宣传、广电、教育等16个相关单位参加的联席会议制度。部门各负其责：市委组织部把对领导干部的廉洁从政教育纳入干部提拔、教育的总体盘子；市委宣传部将廉洁从政宣传内容纳入宣传报道的总体规划，统一调配舆论宣传资源；市委市直机关工委负责将廉洁从政宣传教育内容贯穿于机关各级党组织反腐倡廉教育的全过程；团市委、市妇联负责开展群众性的反腐倡廉宣传教育活动；市教育局负责在中、小学校中开展以反腐倡廉为主题的廉洁文化进校园活动；市文化局负责廉政文化建设的组织协调工作，组织所辖文艺团体创作、排练和演出与反腐倡廉有关的文艺节目；市广播电视局和市直新闻媒体、互联网站负责开辟以反腐倡廉为主要内容的专题专栏，及时反映全市开展党风廉政建设和反腐败斗争的动态、成果和经验，营造反腐倡廉的良好舆论氛围。

(1)教育工作内容

党内法规法纪教育。1979年，地委纪委组织学习《关于党内政治生活的若干准则》，地委党校、各县委党校以及各公社党委办学习班596期，有155 113人次参加培训。1980年举办1253期短训班，培训党员167 660人，占全区195 582名党员的86%。有的还采取夜党校、上党课等形式，边学习边对照检查，对党员进行党的政治路线和思想路线、民主集中制、党的纪律以及党员5个模范作用的教育，开展做合格党员的活动，使大批新党员初步掌握党的基本知识，老党员振作“四化”的革命精神。1982—1987年间，全市各级纪委对党员普遍进行以党的十二大通过的新党章为主要内容的党性党风党纪教育。各级党委采取党校培训、训练班轮训等方法，组织党员学习《关于建国以来党的若干历史问题的决议》《关于党内政治生活的若干准则》，邓小平、陈云同志有关搞好党风的论述和党的十二大文件。通过学习，加深对党的十二大精神和其他所学内容的理解，进一步端正思想，自觉肃清“左”的影响，增强按照十二大制定的纲领、方针、政策办事的自觉性。

党规党法教育。1990年9—12月，市纪委贯彻省纪委《关于在全省党员中开展学习党规党法的通知》精神，在全市党组织和党员中开展党规党法的普及教育活动。市纪委常委召开专门会议学习讨论，形成《关于开展党规党法普及教育的安排意见》，经市委常委会议讨论通过后下发到全市各级党组织。10月上旬，市委召开市直机关党员领导干部学习党规党法动员大会。各(县)市区委、纪委也相继召开动员大会，制定开展这项活动的实施意见，并成立领导小组。市委9月中旬在市直工交战线举办近10万人参加的党规党法教育试点，全市各级党组织也相应举办学习试点。全市办学习试点490个，党规党法培训班2494期，培训骨干130 482人次。全市有380个单位，办党规党法教育专刊2489期，向各级报刊、电台、电视台投稿3 500篇，刊用1221篇。全市280 086名党员，有268 885名参加学习，占96%。进行测试，检验效果。为检验学习效果，由市纪委统一命题，各直属单位党组织负责进行集中测验，各县(市)区自己命题进行测试。全市参加考试263 225人，占党员总数的93.8%。

党纪政纪知识教育。1991年、1992年，市纪委、市监察局分别在全市组织开展党风党纪和政风政纪知识教育，有24 000多名党员干部在市、县、乡三级党校参加党风党纪知识学习。

抓好示范教育。省委召开党风建设“双先”表彰会后，市纪委在全市范围内开展学先进、赶先进活动，利用报纸、电台、电视等宣传工具，大力宣传受到省委表彰的宜城县委和市邮电局胡万昌等4名先进个人的典型事迹。同时发挥《襄樊纪检》的教育功能，教育和引导广大党员干部争做党风建设的模范。抓好党风党纪基础知识教育。市纪委一方面向全市发出《关于在全市党员中开展党风党纪基础知识教育活动的意见》，并在“襄棉”、鼓楼商场、宜城新街乡等6个基层单位举办教育试点；另一方面坚持依托党校，把党风党纪教育纳入教学计划。全市228所乡镇以上党校均开设有党风党纪教育课，近3万名党员干部受到系统的教育。

抓好形象教育。市纪委积极抓好电视剧《以共产党员的名义》和党规党法电视片的发行征订和收看工作，共发行500多盘（套），组织党员收看达18万多人次。

抓好导向教育。市纪委及时调查总结并推广市钢铁公司纪委在企业三项制度改革中发挥职能作用，保证企业改革顺利进行的经验，宣传枣阳自行车厂在企业转换经营机制中注重加强党员教育的做法，对企业三项制度改革起到推动作用。

（2）廉政文化教育

市纪委在全市开展廉政文化教育活动中，通过社会主义荣辱观教育、理想信念教育、职业道德教育、社会公德教育和家庭美德教育同步推进，拓宽党风廉政教育的覆盖面。

反腐倡廉公益广告大赛。2004年8—11月，市纪委联合市委宣传部，以党风廉政“大宣教”格局为依托，以群众性的广泛参与为基础，以“四个着力、四个突出”为举措，举办全市首届反腐倡廉公益广告大赛。整体联动，突出“三合”：合力领导，成立以纪委、宣传部、电台、报社等单位为成员的大赛组委会，确保指挥统一；合力行动，各部门重其位，负其责，展其长，纪委协调不包揽，宣传部联合推动，新闻媒体舆论造势，文化部门文化倡廉，各级各类学校开辟反腐专栏、倡廉阵地，各县（市）区齐头并进地开展活动；合力“会诊”，市纪委定期与宣传、新闻、文联等部门召开联席会议，邀请全市知名文化人，针对活动提建议，针对困难找对策，针对作品搞点评，及时为大赛把脉。看重精品，突出“三抓”：抓重点。突出能够代表全市文化创作水平的作家、漫画家、美术家等文化艺术界的人士，请他们出点子、搞策划、拿创意、做评委，并发动他们参与作品的创作，确保精品迭出。抓骨干。突出市直26个重点单位和2个学院，让他们发挥优势，挖掘潜力，组织人员力创一批电视片、漫画精品。抓外援。突出市内14个广告公司和一些电脑人才，采取信函邀请、电话预约等方式，请他们为大赛献才尽智，在电脑动画、四格漫画上拿出精品。活动期间，组委会共收到各类作品794件（条），其中电视类作品9件、电脑动画类作品25件、四格漫画类作品50件、平面类作品54件、反腐倡廉格言警句类作品656条。年底，大赛获奖作品被省纪委选送参加全国同类作品评比，分获金奖1个、铜奖4个、优秀奖9个。获得金奖的作品是六零九研究所王健创作的漫画《幸福绵长》，其题词是：看看二老，平安真好。看看妻小，幸福真好。看看贪官，廉洁真好。昌盛安定，国好家好。群众参与，突出“三性”。群众性。以“进一言、写一句、画一组、作一幅”的“四个一”为倡导，通过报纸、电台、网站等载体，刊登征稿启事，及时传发大赛进展消息，热忱欢迎广大群众踊跃投稿。广泛性。活动中，不仅市内广大干部、学生、军人、农民齐上阵，而且黑龙江、内蒙古、南京、江西等外地群众也积极参与，寄来参赛作品近100件。2005年7月，市纪委会同市交通局、市公共交总公司等单位，利用市区主要交通线路的公共交通汽车候车亭中的广告牌，以及在各机关的醒目位置设立标志性的廉政广告牌和廉政窗口，将襄樊市在全国首届反腐倡廉公益广告大赛中获得金奖、铜奖等的作品在广告牌中展出，共展出37个。

反腐倡廉成果展。1996年11月，由市纪委、市委宣传部、市监察局举办的“襄樊市反腐倡廉成果展览”在市直机关党校展出。整个展览共分19块展板，展出图片近百幅，文字解说万余字，从市委、市政府齐抓共管、纪检监察机关查处大案要案、纠风治乱、服务经济工作四个专题，对全市反腐倡廉工作取得的部分阶段性成果逐一展出。首展当日，市直机关干部、群众2000余人观看展览。全市先后巡回展出51场次，观众达10万余人。2005年，市纪委组织大型源头治腐工作图片展，共制作展板30块，精选图片600多张，全面展示襄樊市源头治腐工作成就。

反腐倡廉文艺演出。1996年12月，全省反腐倡廉文艺调演竞赛西片预赛在襄樊举行，市纪委选送的《局长请客》获得优胜奖，并参加在武汉举行的决赛。2006年，市纪委从2005年创作的廉政歌曲中选择一批歌曲推荐给各县（市）区和市直单位，各地各单位以灵活多样形式开展廉政歌曲大家唱活动。同年，市纪委会同市直机关工委和市教育局，在市直教育系统和相关单位组织“廉政歌曲歌咏大会”。

廉政歌曲征集。2005 年，为配合中央、省纪委开展的反腐倡廉歌曲评选和演唱活动，市纪委要求各县（市）区纪委组织创作 2 首以上反腐倡廉歌曲，同时协调市文体局、教育局等有关部门，调集本市优秀的词、曲创作人员，成立反腐倡廉歌曲创作专班。其间共征集、创作 10 余首反腐倡廉歌曲，从中精选出 5 首参加省纪委反腐倡廉歌曲征集大赛，其中有 4 首获奖。

新闻媒体办专栏。1994 年以来，市纪委会同襄樊电视台、襄樊电台和襄樊日报社等新闻媒体，通过开办专栏方式宣传全市党风廉政建设先进单位和廉洁自律、勤政为民的先进个人，用典型事迹影响人、教育人、启迪人。《反腐倡廉》。1994 年 3 月 7 日，市纪委与襄樊电视台联合举办的《反腐倡廉》节目开播，以后每周一晚上在《襄樊新闻》中播发 1 条。《反腐警钟》。 1994 年下半年，《襄樊日报》开辟《反腐警钟》专栏，当年登载案例 18 件。《企业廉洁经营》。1995 年 3 月起，襄樊电视台开办《企业廉洁经营》系列报道电视专栏节目，每期播出 3 分钟左右。《廉洁之星》。 1996 年 4—6 月，襄樊电视台开办《廉洁之星》栏目。《党政一把手谈反腐倡廉》。1997 年 4 月，襄樊电视台和襄樊电台同时开办《党政一把手谈反腐倡廉》专栏。电视台在每周二和周四的《襄樊新闻》中播出，电台在每周三和周六的《襄樊快讯》中播出。其间共播出 36 期，有 36 位县（市）区和市邮电、卫生、税务等窗口行业的党政一把手谈反腐倡廉。《反腐倡廉纵横》。襄樊电视台、襄樊日报社于 2000 年联合开办《反腐倡廉纵横》专栏。3 月 24 日，《反腐倡廉纵横》在襄樊电视台首播，每月 1 期，于最后一周的星期五晚上播出，每期重播 6 次左右。《襄樊日报》的《反腐倡廉纵横》也同时推出，将专栏相对固定在第三版，随时给予宣传报道，每年不少于 15 期，并且设计《反腐在线》《勤廉之星》两个子栏目。《反腐倡廉纵横》专栏的内容涵盖全市党风廉政建设和反腐倡廉工作的各个方面，包括中央、省、市委、纪委有关反腐倡廉工作的重要会议、工作安排和部署、领导讲话及反腐倡廉工作的新信息、新动态；廉政勤政先进单位和个人的典型事迹；案件查处进展情况及大要案的曝光和典型案件剖析；纪检监察执法、纠风动态；加强党风廉政建设的好经验、好做法，以及纪检监察机关为改革开放和经济发展提供保障服务的措施和方法；纪检监察干部的工作体会及其酸甜苦辣等。栏目充分体现思想性、艺术性和可视性有机结合。2002 年 7 月、8 月，《反腐倡廉纵横》分 7 期报道全市源头治腐方面的宣传文章，集中展示源头治腐的工作成果。2005 年结合党员先进性教育活动，播出反腐倡廉新闻专题片 18 个，刊发反腐败斗争成果及党风廉政建设经验性文章 96 篇。《反腐在线》主要刊登全市已被查处的领导干部违纪违法事实稿件，用反面典型作教材，警示、告诫、提醒广大党员干部自尊、自爱、自重、自律，争做勤廉为民的好党员、好干部，使全市广大党员干部特别是领导干部从中汲取教训、深刻反省。《勤廉之星》栏目，定期刊登廉政勤政的党员干部和先进党组织的典型事迹，以展党员领导干部中的勤廉风采，使社会人民群众看到主流，弘扬正气，树立形象。《行风热线》。市纠风办与襄樊电台于 2000 年 5 月 8 日开办《行风热线》栏目，每天 8 点，邀请市直行政管理部门的一位主要领导在广播里一方面宣讲党和政府出台的新政策新法规，一方面利用电讯通道与人民群众直接对话，直接听取群众举报，直接解答听众提出的各种疑难问题。《领导干部落实〈实施纲要〉》2005 年 8—9 月，在襄樊电视台、襄樊日报开办“党政领导干部谈贯彻落实《实施纲要》”栏目，采取新闻访谈形式，请 11 个县（市）区、开发区和 10 个市区部门，从发挥本单位职能作用构建惩治和预防腐败体系的角度，谈贯彻落实《实施纲要》。

一把手讲党课。2004 年，全市各级党政主要领导紧扣树立社会主义荣辱观和“廉洁从政，从我做起”这个主题，给党员干部讲廉政党课，听党课的党员干部达 50 多万人。2005 年，各级党政“一把手”以宣传中纪委五次全会和国务院第三次廉政会议精神，宣传党中央关于反腐倡廉的路线、方针、政策和工作部署等为主要内容，结合党员先进性教育和本地本单位反腐倡廉工作实际，为党员干部作反腐倡廉形势报告。全市县级以上党政“一把手”和纪委书记分别讲廉政党课及反腐倡廉形势报告会 61 场次，听课党员干部达 7 万人之多。2006 年，配合“保先教育”活动，各地各单位主要负责同志围绕“学习贯彻党章和全面履行党章赋予的职责”这一主题，在“七一”前普遍宣讲廉政党课。各地将党风廉政建设包括党纪政纪知识纳入各级党校主体班的教学计划，并由各级纪检监察机关的领导班子成员负责授课。教学内容包括：领导干部廉洁自律有关规定；《中国共产党党内监督条例》和《纪律处分条例》；中央《实施纲要》有关内容；典型案例等，使每位经过党校培训的领导干部都能接受较为系统的党风廉政知识及党纪政纪条规教育。

廉政教育电视片。1991年下半年，市纪委会同省纪委、省话剧团联合录制电视片《以共产党员的名义》，片长100分钟，1992年开始在全市巡回播映。1994年，全市纪检监察机关摄制廉政教育新闻专题片55部，巡回播映上千场次。1997年12月，市有线电视台拍摄14集《为人民服务 树行业新风》专题片，宣传14家窗口单位行风建设工作。2002年12月，襄樊电视台起草《源头治腐电视专题片》脚本，会同市纪委组织记者拍摄4集源头治腐电视专题节目，在襄樊电视台《反腐倡廉纵横》栏目播出。

“反腐倡廉从我做起”演讲比赛。1995年4—9月，市纪委在全市纪检系统开展“反腐倡廉从我做起”演讲比赛活动。演讲比赛主要围绕“反腐倡廉”主题，重点讲反腐倡廉工作中涌现出的廉洁自律，勇于同腐败作斗争的先进单位和先进个人的突出事迹，有典型案例剖析，也有对反腐倡廉工作的认识和体会。通过这次活动，在全市范围内掀起一个学先进、赶先进、找差距、订措施、见行动、作贡献，争当勤、廉、优的好干部、好党员热潮。

先进人物事迹报告会。1998年10月，市纪委选取枣阳市委常委、纪委书记郭富清，襄阳县伙牌镇委书记闫志臣，人行老河口市支行党组书记、行长杜冬青，宜城市楚农总公司党支部书记、总经理李兴文，南漳县国税局党组书记、局长王国华，湖北雪美实业股份有限公司董事长、总经理李建忠等六名事迹突出、具有教育意义的典型，组成“廉政勤政先进事迹报告团”，在全市巡回报告，先后报告十余场，听众近万人。

拍摄电视教育片。1991年6—12月，市纪委会同省纪委、省话剧团联合录制电视片《以共产党员的名义》，片长100分钟。1997年12月，市纪委会同市有线电视台拍摄14集专题片《为人民服务 树行业新风》。2002年5月，市纪委等拍摄警示教育电教片《痛悔与反思》。2002年7月，市纪委会同省纪委信访室拍摄襄樊市纪检监察信访工作纪实片《绿色通道》，由扬子江音像出版社出版发行。2002年12月，市纪委会同襄樊电视台拍摄4集源头治腐电视专题片。2003年，市纪委拍摄警示教育片《触目惊心的警示》。

其他廉政文化教育活动。开展家庭助廉活动。为加大对领导干部“八小时以外”的监督，在每个领导干部的家庭筑起一道反腐倡廉的坚固防线，通过关口前移来保护和爱护干部，全方位地把党风廉政建设推向新台阶。2005年，市纪委会同市妇联在全市党员领导干部中开展以“共读一本书，共看一部片，共写一篇心得体会，共为群众做一件好事实事”为内容的评选廉洁自律领导干部配偶活动，帮助领导干部及其家属树立正确的世界观、人生观、价值观，从思想上筑牢反腐倡廉、拒腐防变的堤防。当年评选出襄樊市十佳“廉内助”。建立廉政文化一条街。市纪委分别选择襄城区、樊城区和襄阳区，在党政机关办公场所比较集中、人员比较密集的社区，建设廉政文化一条街。将反腐倡廉文艺节目融入“三下乡”活动中。在市区建设一批廉政文化景观、廉政网站、公益广告牌和廉政专栏等。

（3）警示教育

组织收看警示电教片。2003年，市委、市纪委在配合省纪委查处原市委主要领导人案件的同时，陆续查处一批县级领导干部违纪违法的腐败案件。这些人员中，既有县（市）区和市直单位的主要负责人，又有国有大中型企业的厂长、经理；涉及的问题既有贪污受贿、以权谋私行为，也有行贿送礼及生活作风等方面问题；其性质、情节及涉案金额均触目惊心，发人深省。为使广大党员干部能够通过这些案件吸取教训，市纪委利用查办的典型案件，制作成《沉痛的反思》电视专题片，组织各县（市）区和市直 100 多个单位的领导班子成员集中收看，受教育人数达 1000 多人。2004 年，市纪委在全市党员干部中开展为期 3 个月，以“切实吸取教育，自觉筑牢防线”为主题的警示教育活动。活动期间公开处理 14 名利用职务违纪违法的党员领导干部，展播由市纪委制作的以陈某、周某某等 4 名腐败堕落职务犯罪人员现身说法为内容的《触目惊心的警示》电教片。2005 年，以先进性教育为契机，市纪委、市委组织部等组织全市党员干部收看警示教育片《王怀忠的两面人生》《警钟》《警醒》。市纪委联合市委先进性教育办公室下发收看通知，要求全市各级党委（组）中心学习组成员率先垂范，迅速行动，带头观看。

建立警示教育基地。2005 年，市纪委在襄北监狱建立警示教育基地，定期或不定期地组织全市党员干部、国家公务员到警示教育基地观看服刑人员的学习、生活、劳动改造场面，请改造较好的职务犯罪服刑人员进行忏悔演讲，对职务犯罪人员及其他服刑人员进行帮教，提供法律援助、咨询和开展其他形式多样的帮教、帮扶等活动。当年共有 1 500 多名党员干部受到良好的警示教育。

组织开展“六讲”活动。2004 年，在全市范围内组织开展“领导讲形势、专家讲理论、先进人物讲事迹、老党员老干部讲传统、下岗职工党员讲创业、反面典型讲教训”的“六讲”活动。其间邀请专家教授、先进模范人物、反面典型等作报告 2836 场，党员受众 10 万多人次。

（4）党风廉政建设宣传教育月

“党风廉政建设宣传教育月”是集中进行党纪、政纪知识培训教育的一种重要形式。从 2000 年 5 月起，市纪委确定每年 5 月为全市党风廉政建设宣传教育月。主要由市纪委牵头，市委组织部、宣传部、市监察局共同组织，针对全市各级党政机关、企事业单位的广大党员、干部开展。2003 年，市纪委先后组织召开全市纪检监察宣传教育工作会议，起草《关于开展全市党风廉政宣传教育月活动的通知》《在全市开展如何廉洁从政大讨论活动的通知》，《襄樊市反腐倡廉新闻舆论工作会议制度》《2003 年纪检监察宣传教育工作量化考评办法》《襄樊市纪委监察局机关宣传教育工作例会制度》等，组织党员干部集中收听收看廉洁勤政的领导干部先进事迹报告会实况。省纪委下发廉政勤政领导干部先进事迹报告会教育光盘，市纪委首先组织市四大家领导集中收看，其次组织市直和县直机关党组织和领导班子成员集体收看，受教育者达 6000 多人次。市纪委撰写的《襄樊市委市政府高度重视党风廉政宣传教育月活动》等 3 篇材料被省纪委《宣传教育月活动情况简报》转发。2004 年的“宣传教育月”活动以邓小平理论和“三个代表”重要思想为指导，以“坚持立党为公，执政为民，保持共产党员先进性”为主题，市纪委组织全市党员干部认真学习“两个条例”，讲廉政党课，观看“廉政之光”文艺晚会，加强正反典型教育等多种宣传教育形式，樊城区开展“两个条例”知识竞赛，襄阳区开展党规党法知识活动宣读比赛，南漳县开展以发送一条廉政短信、播放一条廉政广告等“八个一”活动，襄城区开展以党风廉政教育与强化队伍建设相结合等“五结合”活动。2005 年，市纪委紧扣“开展以案说纪、廉洁自律的警示教育，保持共产党员先进性”这一主题，联合保持共产党员先进性教育活动办公室，组织全市党员干部认真学习《实施纲要》和《“三个代表”重要思想反腐倡廉理论学习纲要》，学习胡锦涛、吴官正在中纪委第五次全会上的讲话和工作报告，学习省委领导的有关重要讲话，面向全市发放学习教育资料万余册。同年 8—9 月，全市开展由中、省纪委统一组织的“两个《纲要》知识问答活动”，50 多名厅级、2000 多名县级、18 000 多名科级干部参加测试，参与率、测试优秀率均达到 99%。

（5）党纪政纪知识培训

2002 年 3—4 月，市纪委分两期对部分乡镇、办事处的纪委书记、副书记，以及市检察院系统的纪检监察干部共 113 人进行业务知识培训。通过结业考试，学员学习成绩的优秀率达 97%。2002 年 10 月，组织纪检监察法规知识学习活动，并进行统一考试。市直和各县（市）区纪检监察干部应考 1129

人，参考 1 105 人，参考率达到 97.8%，90 分以上的达到 95.5%。1996 年 8—10 月，市直党纪政纪条规知识培训全面铺开，全市各级党委、政府和纪检监察机关共举办各个层次的党纪政纪条规知识培训班 160 多期，培训党员、干部 2.3 万余人。培训中主要学习《党章》《准则》《党纪政纪条规汇编》《领导干部必读》和市纪委印发的《党纪政纪实用法规手册》，运用湖北省统一制发的试卷，分级组织考试。2000 年 4、5 月份，市纪委、市委组织部、市监察局分期分批对市直部办委全体班子成员、各局党政一把手和县（市）区、开发区党政班子成员进行培训。培训的主要内容是党政纪知识概述、经济违纪及处理、党风廉政建设责任制、组织人事纪律、领导干部廉洁自律有关规定等 5 个方面。同年 8 月，又对各大中型企业主要负责人集中进行系统的党纪政纪条规知识培训。2001 年 5—6 月，市纪委、市委组织部进行党纪政纪条规知识培训，参加培训的人员有 110 名。参加学习的同志上课认真听讲，课后认真看书，注意系统地了解和掌握党纪政纪条规知识。通过辅导和自学，对党纪政纪基础知识、经济违纪及处理、党风廉政建设责任制、组织人事纪律、领导干部廉洁自律等知识有进一步了解和认识，懂得对干部的基本要求，明白哪些事情可以做、哪些事情不能做、违反了应受何处理等。在两期考试中，95% 以上参考人员成绩优秀。2004 年，监察部副部长屈万祥主讲的《中国共产党党内监督条例（试行）》和《中国共产党纪律处分条例》辅导报告光盘下发后，市委中心组首先组织学习，然后组织全市各级党组织和广大党员干部学习。2005 年，中央《实施纲要》下发后，市纪委及时制订学习宣传意见，利用先进性教育活动，组织党员干部学习、掌握《实施纲要》的基本精神、主要内容和贯彻落实的重大意义。全市发放学习资料 9 000 余册，辅导光盘 300 余套，开设《实施纲要》辅导讲座 100 余场次，各级党委理论学习中心组就《实施纲要》开展专题学习 410 余次。1994 年，市纪委组织市场经济与反腐倡廉知识学习与竞赛活动。全市有 58 万人参加学习，23 万人参加考试，其中县级干部 3146 人。1996 年 10 月，全市 25 万多名党员干部参加党政纪条规知识教育学习竞赛，13 万人参加竞赛测试，参赛率达 50.3%，取得 90 分以上的有 12 万人、占 95.8%，其中 100 分的近 10 万人、占参试人数的 75.8%，被中纪委授予“全国党政纪知识竞赛测试活动组织纪念奖”。1998 年，全市参加党纪政纪知识竞赛的公务员、管理人员以及广大党员干部共 10.5 万人，其中地厅级干部 31 人，县处级干部 3541 人，乡科级干部 11 586 人，一般干部 9 万多人。经过测评，参赛人员中得 100 分的占 31%，90—99 分的占 64%，80—89 分的占 5%。经过中央纪委、监察部、人事部、司法部组织评比，襄樊市纪委荣获“组织纪念奖”，有 10 人分获一、二、三等奖，33 人获个人纪念奖，8 名工作人员受到省纪委、监察厅表彰。2003 年，市纪委组织市、县两级领导干部（包括市领导）开展廉洁从政知识测试，全市有 38 名市级领导干部、2 200 多名县级干部参加。按照中纪委、省纪委要求，对全市 1 400 名专职纪检监察干部进行纪检监察业务知识测试，测试面达 98%，测试成绩优秀率达 95%以上。2004 年，市纪委组织代表队参加全省党内法规知识竞赛活动，取得第四名。2005 年，市纪委开展《实施纲要》知识竞答活动，全市 50 多名地厅级、2 000 多名县级、18 000 多名科级干部参加测试，参与率、成绩优秀率均在 95%以上。2005—2006 年，市纪委在全市党员中掀起学党章知识热潮。开展学习党章知识竞答活动。由市纪委会同市委党校起草以党章为主要内容的《学习贯彻党章知识竞答试题》，在《襄樊日报》和《襄樊晚报》上刊登，并以县级为单位，组织所属党员参加竞答，使包括农村党员在内的 25 万党员参加知识竞答。开展学习党章知识竞赛活动。2005 年 6 月底，由 11 个县（市）区、开发区和 7 个市直机关共 18 个代表队参加知识竞赛活动的预、决赛。每个代表队参赛队员分别由一名县级干部，一名科级干部和一名党员组成。经过 3 场预赛，有 6 个代表队参加决赛。襄樊电视台对决赛现场直播，全市各级党组织都组织所属党员观看，并组织讨论。在市电视台和《襄樊日报》开办党政“一把手”谈履行党章赋予的职责栏目，各县（市）区党委书记和市直单位主要负责同志结合本地本部门实际，就如何履行党章赋予的职责谈学习体会。2000 年 2 月，市纪委在《襄樊党风与廉政》杂志上开辟“点将”答题栏目，对全市各级党委（党组）班子成员学习党报党刊有关知识进行“点将”问答活动，一年中共“点将”答题 5 期，答题的党员领导干部有 43 人。

2.开展端正党风和廉洁自律工作

市纪委按照中央纪委和省纪委的统一部署开展工作,结合本地实际自行组织专项活动。

(1)落实廉洁自律“五条规定”

1993 年 8 月和 1994 年 2 月,中纪委连续发布两个领导干部廉洁自律“五条规定”。襄樊市纪委落实“五条规定”,组织开展“三查”活动:个人自查。全市党政机关县级以上干部都严格对照“五条规定”搞好自查自报,对不符合规定的问题进行自纠自改,并撰写个人近几年中廉洁自律情况小结,填写《市党政机关县级以上干部廉洁自律情况自查自报表》。单位审查。各地各部门党组织对本地区、本部门领导干部自查自纠情况认真清理,逐个审核,做出单位处理意见,并向市纪委、市委组织部、市监察局写出开展自查自纠工作情况的专题报告。全市检查。在个人自查、单位审查的基础上,市委从市纪委、市委组织部、监察局以及市直各战线抽调力量对全市自查自纠情况进行检查。检查结束后,通报表彰工作成效明显的单位和个人,批评马马虎虎走过场者,并责成这些单位重新整改。1994 年,全市共有 139 个党政机关和具有行政管理职能的事业单位(其中市级领导机构 4 个、市直单位 123 个、县级行政区 12 个)开展自查自纠工作,参加人数为 1 604 人,包括地厅级干部 49 人、县处级干部 1 555 人。其中有 243 人自查自报出五个类型的问题。有 78 人在经济实体中兼职,其中 2 人领取的报酬 1 970 元已退出,26 人辞去兼任的实体职务,47 人提出辞去实体职务的申请,2 人要求辞去行政职务,3 人所在单位要求继续兼职;有 117 人购买本地股份制企业发行的职工内部股 22.816 万元,按规定退还给企业;有 11 人持有单位办理的信用卡,自查自报中 5 人已退卡,6 人当时表示愿意退还;有 34 人在公务活动中接受礼金和有价证券,其中 22 人接受礼金、购物券计 4 678 元,已有 19 人退还 4 428 元,18 人接受下属单位赠送的信用卡 20 个(金额不等),自查自纠中已全部退出;有 3 人在企业报销应由个人支付的费用 1 200 元,自查自纠中已退还给企业。1995 年,全市 5 370 个党政机关、基层站所和国有企事业单位,全部召开领导班子廉洁自律专题民主生活会,有 1 626 人主动自查自报不廉洁问题,1 610 人自觉纠正错误,退交公款公物折款 95.3 万元,其中,退交中介费、上交回扣、礼金 50.9 万元;15 名在企业挂职和经商的干部辞去一头职务;59 台挂军警车号牌的小车,换成地方车号牌;52 台超标准小车得到处理。

(2)清理干部职工住房

清理干部职工住房工作,从 1983 年以来,比较大的并且集中清理的活动一共有 4 次。1983 年年初,中纪委关于《必须坚决制止党员、干部在建房分房中的歪风》的公开信发表后,襄樊市各级纪检部门即着手对各级领导干部的住房逐户进行登记,对建私房党员干部进行清理。清查处理结果为:全市 149 名市管以上干部退出多占住房 7 048 平方米,占应退部分 94%,机关建房“三超”(超计划、超标准、超面积)的,封存 101 栋,停建 17 栋,对在建 99 个项目进行改造,缩小面积 75 486 平方米,节约投资 651.3 万元;建私房的国家干部职工 611 人,其中有侵占行为的 87 人,给予行政处理的 57 人,给予纪律处分的 10 人。1989—1990 年全市清理干部职工在城镇违纪建私房中,共清理出 10 241 人有违纪建私房行为,其中县级干部 64 人,科级干部 556 人;党员 3 072 人。清收违纪资金 650 万元,没收私房 18 栋,拆除非法建筑物 631 处,退还占地 11.9 万平方米,退出多占公房 206 套,开除党籍 18 人,留党察看 16 人,撤销党政职务 28 人,刑事处罚 9 人。1996 年 8 月—1997 年年底,市纪委开展清理党政领导干部住房工作,清理范围主要包括违反规定超面积住房和用公款超标准装修住房。全市有 60 名地厅级干部、2217 名县处级干部、9093 名乡科级干部,共 11 370 名同志参加自查自报。清房中有 38 位领导同志自觉退出公房38套,22人补缴超标准装修款4.3万元。按照省纪委统一部署，市纪委从2004年4月—2006年12月在全市开展清理干部职工多购多占公有住房工作。清房的对象确定为财政拨款和差额拨款的行政事业单位的所有干部职工(同时要求其他单位给予配合),确定公有住房亦即福利房指的是房改房、集资房、经济适用房以及单位购买的商品房按房改政策分给职工的房屋等。

通过自查自报和群众举报,全市共清理出多购多占公有住房2 600多套,其中涉及县级以上干部170多套。2 600多套房屋中市直有942套,各县(市)区有1 600多套。市直942套房屋中,有690套作退房处理,197套作“富余房”处理,还有50多套作离婚补款或者其他方式处理,共为国家和集体挽回经济损失530多万元。各县(市)区挽回经济损失1 260多万元。

(3)领导干部报告个人重大事项

从1995年开始,全市实行领导干部向纪检监察部门报告个人重大事项制度,一共有4项内容。自1995年起,市纪委按照文件规定,要求县处级以上领导干部向纪检监察和组织人事部门上报个人收入。当年共有460多名县处级领导干部如实申报个人的工资、奖金、津贴、补助及福利费、从事咨询、讲学、写作、审稿、书画等劳务所得,以及企业事业单位负责人经营承包、租赁承包所得等。2000年,1435名县级以上干部申报个人收入,上缴礼金和礼品折款74.5万元。全市从1997年开始,实行县处级以上领导干部向同级党委及纪委报告个人重大事项制度。报告的事项:本人、配偶、共同生活的子女营建、买卖、出租私房和参加集资建房的情况;本人参与操办的本人及近亲属婚丧喜庆事宜的办理情况;本人、子女与外国人通婚以及配偶、子女出国(境)定居情况;本人因私出国(境)和在国(境)外活动的情况;配偶、子女受到执法执纪机关查处或涉嫌犯罪的情况;配偶、子女经营个体、私营工商业,或承包、租赁国有、集体工商企业的情况,受聘于“三资”企业担任企业主管人员或受聘于外国企业驻华、港澳台企业驻境内代办机构担任主管人员的情况。到2005年年底,全市累计有1420多名县级干部报告个人重大事项将近1500起。2004年7月,中纪委办公厅把襄樊市列入开展“党政领导干部和国有企业厂长经理直系亲属出国留学定居和党政领导干部子女就业报备案制度”工作试点。当年统计,全市1200多名副县级以上机关领导干部和31名国有企业厂长经理的子女中,有50人出国留学。出国留学人员中,靠自费的42人,平均年费用为1.6万元人民币;靠公费的8人,其经费来源主要靠国家奖学金或所在留学国家的当地政府提供。领导干部子女在行政事业单位就业的有500人,占填报人员总数的88%,其中通过公务员招考的有245人,通过用人单位招聘在事业单位的有168人。从2003年开始,按照省纪委、省委组织部文件要求,市委要求各县(市)区党政主要负责人在本级党的全委(扩大)会议上述职述廉,各开发区以及市直各部门党政主要负责人在本单位干部职工大会上述职述廉。述职述廉活动每年一次,以报告的形式向与会者讲述。述职述廉报告结束后,由市纪委、市委组织部或者上级党风廉政建设责任制检查考核人员组织当场测评。各县(市)区对所辖单位也按照这种模式运作。测评种类分为满意、基本满意和不满意3个档次。若不满意票达30%以上的,当年责任制考核定为不合格。全市每年述职述廉的县处级领导干部达800多人,科级干部6000多人。2003—2005年间,市直累计有4个领导班子和21名党政主要负责人被评为不合格,其中7人被免职或者被调整领导职务。

(4)刹公款请客送礼歪风

自1985年以来,中央、省、市有关部门多次强调,必须坚决制止和查处用公款请客送礼歪风。襄樊市除了抓好日常的“刹风”外,还把工作重点放在公款请客送礼歪风的高发期——元旦、春节期间,组织几个“战役”,进行专项整治。此活动被称为治理“春节病”。从1989年开始,每逢元旦春节期间市纪委都注意抓好节日期间的党风廉政建设工作:制发文件,强调党政机关一律不得相互走访、相互宴请、收受红包、公款消费、滥发钱物、到下面低价购买农副土特产品等；加强宣传教育，通过报纸、电视、电台等新闻媒体，以及召开各种会议来宣传“刹风”的重要意义、工作部署、工作目标等。1996年年底，市委、市政府专门召开动员大会，安排部署“刹风”工作，市委书记亲自作动员讲话。紧接着，市委、市政府又在市区“刹风”牵头单位和成员单位及市直各家新闻单位中抽调20名干部和记者，组成市“刹风”工作办公室，配备2套录像设备，固定3台专车，集中在市纪委办公。在市政府和市人大两个机关大院安装2套电子监控系统，在市区设置80个举报箱，聘请100名“刹风”监督员，公布举报电话，实行信访值班制度和对举报有功人员的重奖制度。同时，明确规定各地各单位党政一把手为“刹风”工作的第一责任人和第二责任人，制定并实施严厉的“双向”处理措施，对违反规定用公款宴请和接受宴请者，每人都要支付当餐开支的全部费用。为把送礼者堵在机关大院门外，市委率先在市政府和人大两个机关大院及生活区设立廉政监督岗和举报箱，“四大家”36名领导轮流带班值勤，检查进出车辆。市委、市纪委领导亲自对市直机关的廉政监督岗进行明察暗访，市纪委采取全面检查、重点抽查等方式，对公款请客送礼歪风进行集中整治。市区有40多家非定点宾馆、饭店、酒楼和娱乐场所受到20多次“拉网式”的突击检查，对检查涉嫌吃喝的630多台车辆予以曝光，对“刹风”监督员举报的110多台涉嫌用公款吃喝的车辆也作曝光处理。其间共制止公款吃喝48起，给予党纪处分1人，政纪处分2人，制止公车私用68起。2002年元旦、春节期间，全市组织84个巡视组，对各地各部门进行暗访视察。年后对160多个单位进行审计审核，共有1400多人次拒收礼金40多万元，有价证券110万元，礼品折合现金约80万元，上交“红包”和礼品折款共计54万余元。

（5）领导干部廉政谈话

从2003年开始，全市各级纪委领导对本级党委管理的领导干部推行廉政谈话制度。

任前廉政谈话。廉政谈话是各级纪委对本级党委管理的新当选、任命、提拔的领导干部在上任前所进行的廉洁从政谈话会。2004年8月，市纪委召开任职廉政谈话会，由市纪委书记对当年6月份以来新任职的70多名县处级领导干部进行集体廉政谈话。2004年，全市各级纪委主要领导对568人进行任前廉政谈话，并根据新提拔领导干部年轻的特点，结合廉政谈话，举办为期一周的上党课活动。

诫勉谈话。2004—2005年，全市各级纪检监察机关的诫勉谈话达105人次。通过谈话，提醒被谈话对象防范苗头性问题，避免铸成大错，从而起到防微杜渐、警示警醒作用。

同下级党政主要负责人谈话。2005年8月，市纪委领导班子成员同下级党组织主要负责人谈话制度开始实施。谈话内容主要有：了解谈话对象所在地方、系统或单位落实“三个代表”重要思想，贯彻执行党的路线方针政策和上级党委决议、决定的情况；抓党风廉政建设和反腐败工作中存在的问题、改进的办法和措施；单位领导班子及其成员执行党风廉政建设责任制、领导干部廉洁自律规定的情况；针对存在的突出问题提出改进要求。当年，市纪委主要负责人同下级党政主要领导谈话54人次。

（6）职务消费货币化改革

襄樊市从2001年7月开始，在老河口市仙人渡镇进行领导干部职务消费货币化改革试点，主要对领导干部的招待费、通讯费、交通费和差旅费等4项职务消费行为实行货币化管理，即实行总额控制、统一管理、标准到人、包干使用，记账核销、年底结算、结余滚存或按比例奖励。后来改为随工资发放。2002年，职务消费货币化改革试点工作推广到各县（市）区，各地都选择了1—3个试点单位进行改革。老河口市的10个乡镇则全部推行职务消费货币化改革。襄樊市把市物价局、新闻出版局、国土资源局和旅游局作为试点单位。2003年10月，市委办公室出台《襄樊市直机关领导干部移动通讯费货币化改革暂行办法》，对正县级单位正职和其他班子成员、副县级单位正职和其他班子成员、各单位调研员、助理调研员每人每月的移动通讯费制定发放标准。各地也分别规定当地领导干部移动通讯费的发放标准。到年底，全市102个乡镇、办事处的领导干部通讯费货币化改革全部到位。2004年，全市乡镇全面实施公务用车改革，除6个交通不便的山区乡镇各保留一部公车外，其他96个乡镇、办事处全部取消公务用车，共计取消公车295辆。这295台车辆全部对外拍卖。全市102个乡镇、办事处领导干部职务消费总额由改革前的每年4 439.18万元，下降到每年2 817.13万元，减少消费支出1 622.05万元，下降36.54%。其中通讯费改革前为344.42万元，改革后为293.11万元，减少51.31万元，下降14.9%；交通费核定支出为529.9万元，比改革前的1 278.59万元减少748.69万元，下降58.56%；差旅费核定支出为453.83万元，比改革前的546.64万元减少92.81万元，下降17%；接待费核定支出为1 566.7万元，比改革前的2 422.04万元减少855.34万元，下降35.3%。老河口市于2003年8月完成市直单位职务消费货币化改革任务，其改革的办法标准与乡镇基本一致。公车改革方面，该市除公检法机关及防汛、医疗救护保留公务用车（共92辆）外，其他部门一律取消公务用车，共拍卖公车201辆。该市直属部门职务消费总额由改革前的3 065.53万元，下降到2004年的2 155.91万元，减少支出909.62万元，下降29.67%。

（7）清理经商办企业

1985年以来，按照中央关于严禁党政机关和党政干部经商办企业的决定，市纪委多次开展清理活动。1985年，开展清理党政机关利用公款、贷款及个人集资自办企业、与群众联合办企业，在经济利益上与群众合办企业挂在一起等问题。当年全市受理群众来信来访1812件次，清理出党政机关、党政干部办企业282个，参与人员650人。清理、整顿后党政机关及机关干部所办企业全部停办和转办，参与人员全部脱钩。1992年，的清理中，全市机关办各类经济实体213个，有409名党政干部从事经营活动，其中县级7人，科级70人，一般干部332人；兼职人员235人，停薪留职人员5人。清理后，这些经济实体全部与机关脱钩，人员也全部脱钩。全市县以上党政机关自1992年3月至1992年10月，共办各类经济实体790个，其中公司505个、非公司法人95个、营业单位190个；开展经营活动的757个；全民性质的471个，集体性质的307个，联营9个，其他3个。当时脱钩的经济实体610个。新办的经济实体中，从业人员9 038人，其中党政机关分流干部1 345人。市直党政机关办经济实体119个，从业人员1 144人，其中党政机关分流干部244人；兼职和任职的副县级以上干部25人，正副科级干部31人，一般干部188人。1994年的清理中，党政机关所办的各类经济实体有610家1 100人按照规定完全脱钩。1999年对政法机关从事经商活动予以清理。全市政法机关所属的129家企业（其中市公安局108家、检察院3家、法院2家、司法局4家、国家安全局11家、政法委1家）中，有71家办理注销登记手续，3家办理移交手续，43家与政法机关彻底脱钩，经省批准保留的12家按规定办理企业名称和经营范围的变更登记手续，严格按照中央有关政策规定依法规范经营。2004年的清理中，发现93名领导干部在企业兼职，年获取报酬23.36万元。清理整顿后兼职干部全部退出在企业的兼职，并且退出违规获取的报酬。

（8）专项清理

清理拖欠公款。1989—2004年间，全市纪检监察部门多次对干部职工拖欠公款问题开展清理清退。1989年，清理出37.2万人拖欠公款3 447.55万元，当年收回2 420万元。同时清理出11万多农户拖欠合同款1 064万元，当年收回546万元；清理出企业和个人拖欠到期贷款79 67万元。通过清理，发现有问题资金1 639万元，其中贪污受贿1 450人89.5万元，挪用公款3 744人355万元，侵占集体资财2 561人91万元，用于请客送礼和乱发补贴1 223万元。从中立案136件，处理党员94人。在1992年的清理中，全市共清理出3 200多个单位近9万名干部职工拖欠公款5 230多万元，当年追回欠款 3 150 多万元。1994 年清理出 2.1 亿元，涉及欠款人员 38 983 人，其中党政机关县级干部 7 人，当年收回 1.3 亿元。2004 年，部分单位再次开展清理干部职工拖欠公款工作，有 532 名干部拖欠的 742.78 万元公款被追缴回原单位。

清理公款送子女上学。1991—1992 年，全市清理出 1985—1991 年间党员干部利用职权用公款送子女上学者 3 789 人，其中县级以上干部 174 人，乡科级 328 人，机关一般干部 511 人，企事业单位干部 1 145 人，其他职工 1 631 人，清退用公款交的学费 218.6 万元。其中，自费生学费应自付而用公款支付 1 212 人，报销金额 100.3 万元；委培生学费用应由个人自付而用公款报销 289 人，金额 24.6 万元；干部职工违反政策规定用公款支付学习费用脱产进入省内外大中专学习的 2 288 人，金额 93.7 万元。

清理预算外资金。1996－1998 年，市纪委开展清理预算外资金工作。市里组成清理检查工作专班，对省政府确定的 12 个重点部门和单位、收费大户、预算外资金管理不规范单位、自查工作不认真单位进行检查。检查中发现违纪金额 5 049 万元，其中隐瞒财政收入、将预算内资金转移到预算外 43 万元，违反国家规定随意扩大征收、处罚范围和自行提高执收、执罚标准 26 万元，截留、转移、挪用预算外资金 470 万元，不按规定将预算外资金缴纳财政专户 3 653.5 万元、收费无票据或不使用规定收费票据收取资金 121.5 万元、乱支滥用预算外资金 667 万元、欠缴政府统筹基金 68 万元。清理整顿后，市直实行预算外资金专户储存的单位达 178 个，占应专储单位总数的 97.2%，纳入财政专户管理的预算外资金达 2.1 亿元，征收政府统筹调剂资金 704.3 万元。

制止奢侈浪费。1997 年，市纪委开展制止奢侈浪费工作：各种会议大幅度减少。全市取消计划召开的会议 195 个，节约开支 266 万元，上半年全市会议费比上年同期下降 36.4%。各种庆典活动得到有效控制。上半年全市计划举行庆典活动 27 场（次），取消 19 场（次），减少发放纪念品价值 29.5 万元，查处违纪人员 32 人，没收礼品、礼金总计 1.2 万元。严格控制党政机关新建和在建办公楼项目 30 多个，总造价 13 000 多万元，停建 10 个。各种检查及形式主义的评比和达标活动得到制止。全市计划进行的检查、评比、达标活动 90 个，取消 28 个，处理典型问题 18 个。按规定配备和更换小汽车工作得到落实。全市共封存变卖超标超编小汽车 76 辆，近 30 个单位取消购车计划，节约费用 488 万元。借各种名义用公款出国（境）旅游活动得到遏制，全市取消组团出国（境）计划 27 批，节约费用 125 万元。

清理通讯工具。1997—1998 年，市纪委开展清理通讯工具工作。全市清理出公费配置的移动电话 7743 部。对此，少数特殊部门的特殊岗位保留 373 部，交纳押金使用 334 部，收押金 44.8 万元，特困企业封存 137 部，其余 6 899 部一次性折价处理给个人，收缴折价款 686 万元。清理出公款安装的住宅电话 11 843 部，折价处理给个人 3 585 部，收回资金 147 万元。通过纠正处理移动电话和住宅电话，直接收回资金 833 万余元，每年可节约话费 550 余万元。在清理工作中，公布举报电话 358 部，设立举报箱 264 个，受理群众举报 45 件，立案 19 件，处理违纪人员 18 名。

清理住宅公款配备电脑。按照省纪委的安排，全市各级纪委于 2000 年 4—5 月，在全市各地各单位开展清理用公款为党政机关领导干部住宅配备电脑和支付上网费用等问题。经过清理，全市 1767 名县处级以上领导干部，没有发现用公款为其住宅配备电脑和支付上网费用的问题。

清理党政机关借车。按照省纪委的统一部署，全市各级纪委于 2000 年 8—9 月，在全市各地各单位开展清理党政机关及其工作人员借用下级机关、企业事业单位小汽车的工作。全市共计清理出自用车 39 辆，其中家庭购买的 21 辆、借用近亲属的 3 辆、借用有关单位的 15 辆、到年底借用的车辆已全部清退。

清理小金库。2000 年，市直部门及各县（市）区组织对小金库的清理工作。全市清理出小金库 117 个，取消银行账户 284 个，查处违规案件 5 件，处分违纪人员 4 人，收缴违纪资金 630 多万元。2001 年，7 261 名乡（科）级以上领导干部对私设“小金库”情况再次自查自报，又清理出“小金库”142 个，涉及金额近 800 万元，查处违纪违规案件 64 起，77 名干部受到纪律处分或组织处理。

清理假文凭。2001 年 3—6 月，全市开展清理领导干部违反规定获取学历、学位工作。全市 12 384 人（其中地市级干部 36 人、县处级干部 1 547 人、科级以下干部 10 801 人）对 1993 年 3 月以来获取的大学本科以上学历、学位情况进行自查自报。清理中发现三类问题，一是用公款支付或部分支付学习费用；二是弄虚作假获取文凭；三是个别函授部门以营利为目的，制作假文凭。清理后处理 22 名党员干部涉嫌弄虚作假获取假文凭的问题。

清理购买内部股票。按照省纪委的统一部署，2002 年 6—8 月期间，全市开展清理党员干部购买和接受企业馈赠内部股票工作。全市清理出 2 人违规购企业内部股 1.1 万股，收缴获利资金 11.0643 万元。

清理公款购买商业保险。按照省纪委部署，在 2002 年清理公款购买商业保险工作中，全市 70 个单位 113 379 个参加清理，其中有 12 个单位用公款为 1 776 名机关干部购买商业保险，金额达 93.71 万元，清理后全部退还。

清理公车私用。2002 年，市纪委对公车使用提出“九禁止”，即禁止公车办理婚丧事宜；禁止公车走亲访友；禁止公车游山玩水；禁止公车扫墓；禁止公车私人购物；禁止公车接送子女上学；禁止公车借给他人使用；禁止私自将公车用于出租等经营性活动；禁止其他形式的公车私用。对违反规定者，收缴公车使用费，并批评教育；情节严重的给予党纪、政纪处理。凡在公车私用及公车学习驾驶技术中造成重大事故的，除追究党政纪责任外，经济民事责任自负，触犯刑律的追究刑事责任。当年全市有 14 人受到纪律处分和被收缴公车使用费。

清理超编超标小汽车。1994 年，全市清理出党政机关违纪购买小轿车 94 辆，收缴罚款 193 万元。2002—2004 年间，市纪委在全市党政机关及事业单位再次开展清查处理超编制超标准购买小汽车工作。3 年间，市、县两级累计清理出违规购买小汽车 274 辆。对超标准配置的小汽车一律实行封存拍卖，或调配转作他用；对顶风违纪的给予严肃查处。老河口市原市委副书记和原常务副市长，在清理超标准小汽车期间，仍然违规购置超标准小汽车，被查处后其车辆被襄樊市纪委收缴。

清收拖欠贷款。按照省委、省政府的统一部署，2005 年 6 月，市纪委组织成立各级清欠领导小组，对国家公职人员拖欠农村信用社贷款进行清收，收回贷款本息合计 4 677.71 万元，处罚党员、干部 506 人。

（9）规范干部行为

规范乡镇干部“走读”。2003 年，市纪检监察部门对乡镇干部“走读”行为予以整顿规范。结合实际健全工作制度。宜城市制定“651”工作日制度，即乡镇干部每周工作 6 天，家在县城的每周在乡镇住 5 个晚上，每月有 1 个休息日到农村、企业帮助基层解决实际问题。南漳县建立半月轮休 2 天的制度，保康等地建立月轮休的制度。加强监督检查。各地纪检监察机关对干部走读情况进行不定期的检查，实行“一把手”抓，抓“一把手”，分管领导对口抓及经常性的电话督查和不定期的到基层检查的监督机制。各地安排好“走读”干部的生活，改善“走读”干部的食宿条件，安排好乡镇干部家属工作，消除“走读”干部的后顾之忧，让乡镇干部安心在乡镇工作。

监管“一把手”。2000 年以来，市纪委对各地各部门的党政正职实行严格监管。规范“一把手”的用钱行为，减少经济违规问题的发生。市委、市政府出台的有关制度明确规定，“一把手”对单位行政事务负总责，但不直接经管钱物，不签批财务开支，重大开支必须集体讨论决定。规范“一把手”用人行为。市委出台县（市）区委书记用人《暂行规定》，要求主要领导干部必须正确行使用人权。

严把出国出境关。1987 年，市纪委会同组织、公安、外事等部门严把领导干部出国出境审批关，做到“四不办”，即无省政府下达的《任务批件》或《任务确认件》不办；出访人员和出访任务不符合不办；

未授权出国的不办；拖欠职工工资的单位不办。当年制止公费出国出境108人次。1994年，全市清理出公费出国（境）人员794人次，清退362人违规的“三费”（服装费、就餐费和零花钱）38万元。1997年和2005年，市纪委和有关部门又2次下发文件，纠正和制止公费变相出国出境旅游现象。

监督民主生活会。1987年以来，市纪委、市委组织部对各地各部门的党内民主生活会加强监督管理。纪委和组织部门班子成员同时参加“四大家”领导班子和市直部门党内民主生活会；参加民主生活会的人员都在会上报告个人重大事项；各单位在会后15日内向上级纪委和党委组织部门报告会议情况和会议记录；市委常委、党员副市长参加下级领导班子民主生活会。1995年，全市5 370个党政机关、基层站所和国有企业事业单位，全部召开领导班子廉洁自律专题民主生活会，1 626人主动自查自报不廉洁问题，1 610人自觉纠正，退交公款公物折款95.3万元，15名在企业挂职和经商的干部辞去职务，59台挂军警车号牌的小车换成地方车号牌。2004年，全市共有162名县处级以上干部参加下级领导班子民主生活会，通过召开民主生活会，自查自纠问题255个。

党风廉政建设巡视。2002—2003年，市纪委聘请10名党风廉政建设巡视员，采取不定期方式对各地各部门的党风廉政建设工作开展巡视。两年中，分别巡视了9个县（市）区和22个市直部门，巡视内容主要是领导干部职务消费货币化改革、公车清理、减轻农民负担、政务公开、党风廉政建设责任追究等情况，发现和纠正了一些突出问题。

查处党员干部参赌。全市纪检监察部门对党员干部参加赌博行为，采取多种整治措施，进行多次集中整治。2006年，市纪委治理党员干部参与赌博的做法被中央纪委网站采用推广。

开展签订禁赌承诺活动。承诺活动以多种形式公开，有的将承诺书在干部职工大会上宣读，有的在机关家属院内张贴，有的在媒体上公布等。2001年，老河口市26个局级单位的1 867名中层以上干部签订禁赌承诺书，谷城县100多个单位3 500多名党员干部参加“远离赌场、拒绝赌博”活动的签字仪式。

建立由纪委、组织部、监察局、公安局、法院、检察院、人事局7家单位参与的联席会议制度。定期召开会议，交流情况，协调配合，研究确定一些具体问题的承办单位和比较重大的工作安排。

查处一批党员干部参赌案件。2003—2005年，全市纪检监察机关受理并且查处党员干部参与赌博信访件301件，立案66件，给予党纪政纪处分75人，组织处理6人，其中科级干部7人，一般干部68人。2006年全市立案查处党员干部参与赌博16人，涉及金额6 000余元，给予党纪处分3人。谷城县公安局某民警挪用公款25.247 3万元在赌场内以打麻将、“诈金花”的形式进行赌博活动，案发后该民警被判处有期徒刑7年。老河口市一名科级干部租用民房招引他人赌博，从中抽头渔利，被公安机关查获，后受到开除党籍、撤销行政职务处分。

领导干部廉政档案。为加强对领导干部的监督管理，并为教育、监督、管理、奖惩和选拔、任用干部提供可靠的依据，市、县两级纪委为领导干部个人建立了廉政档案。廉政档案的内容包括领导干部本人及其家庭主要成员的基本情况，执行党风廉政建设责任制情况及考核材料，执行《廉政准则》及廉洁自律各项规定的情况，任期经济责任审计材料，廉政考评材料，专项监督检查结论中与领导干部本人有关的材料，奖惩情况材料，对重要举报的调查核实结论材料，其他有关材料。

廉政档案分为文字档案和电子档案两种形式。1999年着手建立文字档案，2002年开始建立电子档案。到2006年年底，市纪委共为1240多名县处级干部和20多名地厅级干部建立廉政档案，各县（市）区纪委分别为8 900多名科级干部建立廉政档案。

农村基层党风廉政建设试点。2005年年底开始，市纪委在农村开展基层党风廉政建设试点工作。试点单位为谷城县和樊城区，试点的县（区）各确定2个乡（镇、办事处）先行试点。试点工作内容为：监管涉农收费；解决农民看病难、上学难问题；加强对涉农专项资金的管理和监督，要求粮食直补、退耕还林、分散供养“五保”户等专项资金全部实行“一折通”发放，做到封闭运行、专户管理、专款专用；

治理党政部门及其工作人员公款吃喝、吃拿卡要、乱收费乱罚款、欺压农民群众、借婚丧嫁娶事宜大操大办借机敛财;注重化解矛盾,维护农村和谐稳定;解决村级债务、农村二轮延包中的土地纠纷、农民宅基地纠纷、农村社会治安问题;要求重大人事安排、重大投资建设项目、筹资筹劳、集体资产和土地处置、宅基地划拨、扶贫救灾对象确定和救灾物资分配等重大事项,必须经班子集体讨论决定;推行发展党员公示制、任用干部票决制、领导班子研究重要事项"一把手"末位表态制;巩固和扩大先进性教育成果,大力整顿软弱涣散的基层组织,一手抓人才选拔,一手抓素质提高,加强领导班子和干部队伍建设,提高基层党组织和基层党员干部的执政意识、执政能力;开展创建"五个好"(即领导班子好、党员干部队伍好、工作机制好、小康建设业绩好、农民群众反映好)工作。

3.制定保障性政策规定

1978—2005 年,市委、市政府以及市纪委按照中央的部署和要求,适时制定有关政策规定,为纪检监察各项业务工作的开展提供制度保证。在改革开放初期,为落实党的农村政策,切实减轻农民不合理负担,1987 年 8 月市纪委印发《关于严紧挪用、截留支农资金、物资的通知》,1992 年 4 月市纪委印发《确保减轻农民负担工作顺利进行的通知》,1993 年 1 月市纪委印发《关于确保"白条"兑现减轻农民负担的通知》等文件。市纪委 1984 年 8 月印发《关于作好严厉打击刑事犯罪活动中党的纪律检查工作的通知》,12 月市纪委印发《加强纪检工作保证经济体制改革顺利进行的通知》。1987 年 5 月市纪委印发《关于在精神文明建设中加强党风建设的意见》。1989 年 5 月市纪委印发《关于在考核调整领导班子工作中严肃党的纪律的通知》,1995 年 3 月市纪委印发《关于支持保护企业产权制度改革的若干意见》;为切实解决干部群众思想观念和投资软环境方面存在的问题,进一步提高对外开放水平,1998 年 3 月市纪委印发《关于在个体经营户私营企业中实行交纳各种税费登记卡制度的通知》;2000 年 5 月市委印发《创造和优化经济发展环境的决定》。1991 年 10 月市监察局印发《为搞好大、中型企业服务的五条措施》。1992 年 4 月市纪委印发《支持保护改革促进企业经济发展的若干意见》,市监察局印发《同十五家国营大中型企业建立联系点的意见》,1994 年 2 月市纪委印发《关于支持和保护深化改革、扩大开放、加快经济发展的意见》。为保证机构改革、住房制度改革、粮食流通体制改革等的顺利进行,防止改革过程中各种违纪行为的发生,2001—2003 年间,市纪委、市监察局制发《关于国有企业改革的若干纪律规定》《关于事业人事制度改革的若干纪律规定》《领导干部任前廉政谈话实施办法》《关于严明纪律确保机构改革工作顺利进行的通知》等。2003 年 4 月,市委制发《襄樊市落实〈关于领导干部报告个人重大事项的规定〉的实施办法》。1981 年 11 月,襄阳地委纪委转发中纪委《关于严禁年终突击花钱的通知》,同年 12 月,地委纪委印发《关于共产党员要带头移风易俗的通告》。1985 年 3 月,襄樊市委印发《关于坚决刹住当前新的不正之风的通知》,1988 年 11 月,市纪委印发《关于防止和纠正干部调动中吃请受礼、索要财务歪风的通知》。1991 年 5 月,市委印发《关于清理市直单位干部子女公款上学问题的实施方案》。1996 年 6 月,市委印发《县级领导干部实行诫勉制度暂行规定》。2004 年 8 月,市委办印发《关于把党政领导干部和国有企业厂长经理直系亲属出国定居、留学和党政领导干部子女就业列入领导干部重大事项报告内容的试点工作的意见》等。各基层单位也结合各自实际,相继制发了一批有关政策规定。

根据中央有关要求,1984 年 10 月市委印发《关于建立党委抓党风责任制的通知》,要求层层落实端正党风责任制,一级抓一级,一直抓到党支部、党小组。1991 年,根据形势发展的需要,市委重新修订了责任制,要求各级党组织都要建立党风责任制。1998 年 11 月,中共中央、国务院颁布实施《关于党风廉政建设责任制的规定》,襄樊市纪委在总结试点工作经验的基础上,研究制订了实施方案,于 1999 年年底发给全市贯彻执行。整个责任制规定主体清楚,责任明确,既突出了检查考核,又注重了奖惩结合,为全市各级党政领导班子和领导干部按责任制正确履行职责提供了依据。1999 年 12 月,市委印发《党风廉政建设责任制追究实施办法(试行)》。2004 年 7 月,市委出台《市委、市政府领导班子成员党风廉政建设岗位职责》。

市委、市政府以及市纪委、市监察局单独或会同有关部门先后制定发出《源头治腐工程工作实施意见》《襄樊市深化源头治腐工作整体规划》《深入开展政务、厂务、村务公开工作的实施意见》《市建设工程招标公告、报名、入围管理办法》《市建设工程开标、评标、定标办法》和《市建设工程评委管理办法》等一系列规范性文件。各县(市)区、市直单位也十分重视做好这方面的建章立制工作。2002 年 5 月,市委下发《关于规范和监督县(市)区委书记用人权的暂行规定》;7 月,市委下发《关于规范和监督领导干部用钱权的暂行规定》。

市纪委建立纪检监察机关内部规章制度。市纪委、市监察局已建立和完善了有关信访举报、案件检查、案件管理、执法监察及队伍建设等方面的工作程序和管理制度。在规范纪律检查工作程序方面,制定《信访工作细则》《纪检信访目标管理的通知》《纪委书记、副书记接待群众信访日制度》《案件检查和案件管理工作考评细则》《审理工作程序(试行)》《办案人员守则》等。在规范行政监察工作程序方面,制定《关于监察机关在查处案件中对违法违纪财物暂予扣留、追缴、罚没的联合通知》《行政监察执法违法责任追究制度(试行)》《行政监察执法责任制度(试行)》等。在加强纪检监察队伍建设方面,制定下发《关于市级国家机关和市直国营企事业单位监察机构设置方案》《关于组建市政府工作部门人事监察机构的通知》《理顺市直纪检组织工作关系和明确职责范围的通知》《纪检监察系统争先创优活动的通知》《关于派驻纪检组若干问题的规定的通知》等。在完善纪检监察机关管理制度方面,制定《中共襄樊市纪委议事和工作规则(试行)》《市纪委常务委员会关于加强自身建设的决定》《常委会议事规则(试行)》《机关各室工作职责》《机关党员干部保持廉洁的若干规定》等。1989 年 11 月市纪委、市检察院、市监察局制定《关于建立联席会议制度的意见》;1995 年 1 月市纪委印发《关于建立纪检监察机关与法院检察院公安审计财政工商税务机关加强联系制度的意见》。

4.党风廉政建设责任制

1984 年,按照中纪委统一部署,襄樊市各级纪委开展建立"党风责任制"工作,逐步做到一级抓一级,一直抓到基层的全党抓党风局面。1998 年 11 月,中共中央、国务院发布《关于实行党风廉政建设责任制的规定》。襄樊市亦于 1998 年成立党风廉政建设责任制(以下简称责任制)领导小组及其办公室,将责任制纳入各级纪委、监察局的日常工作。

(1)责任制考评目标

1999 年以来,市纪委每年都制定责任制考核标准。从 2005 年起,领导班子和领导班子正职的责任制考核实行百分制,其中年终考核为 60 分,平时考核为 40 分。领导班子其他成员只实行年终考核,总分为 100 分。

(2)一岗双责

2004 年,市委出台《市委、市政府领导班子成员党风廉政建设岗位职责》,要求在各级党委、政府以及党委、政府部门的领导班子成员中普遍推行"一岗双责制"。"一岗双责制"明确规定各级党政领导班子成员的党风廉政建设岗位职责,要求他们在抓好本职工作的同时,抓好本人及所分管工作范围内的党风廉政建设工作。就是要求党委(党组)、政府及其职能部门的领导班子的正职对职责范围内的党风廉政建设负总责,领导班子其他成员根据工作分工,对职责范围内的党风廉政建设负直接领导责任。市委、市政府领导班子成员履行党风廉政建设岗位职责情况于每年 8 月份第一个常委例会向市委常委会作专题报告,并作为本人述职述廉的重要内容于年终向市委全会报告。汇报的主要内容包括执行党的路线、方针、政策和落实市委重要决策的情况;分管范围内的党风廉政建设情况;贯彻执行民主集中制原则和《党政领导干部选拔任用条例》以及其他有关规定和程序,决定重大事项、选拔任用干部情况;落实党风廉政建设和反腐败斗争各项工作任务,及时解决群众反映的热点、难点问题情况。

(3)责任书

1999—2002年,市委对各地各部门实行落实责任制签订责任书制度。1999年年初,市委、市政府专门召开由各县(市)区、开发区和市直各部委办局主要负责同志和纪委书记共400多人参加的大会,举行全市实施责任制动员暨责任书签订仪式,在家的市"四大家"领导全部出席会议,市委副书记、市长罗辉主持会议,省纪委副书记、省监察厅厅长王宗儒等领导亲临会议指导,时任市委书记作动员讲话。会上,市委书记代表市委、市政府分别与12个县(市)区、开发区,市直14个战线的党政"一把手"签订1999年度党风廉政建设责任书。同时,市纪委协调并督促市直机关工委和市政府办,分别对市直党群部门和政府职能部门签订落实责任制责任书。当年,各地各部门共签订党风廉政建设责任书16 570份。

(4)检查考核

市纪委对各地各单位执行责任制的情况于每年年底或者下年年初检查考核一次,各县(市)区纪委、市直各部门纪委对其管辖单位也照此办理。考核工作,注重责任考核的针对性,把责任考核的重点确定为县级以上领导干部,将考核内容细化成20多个方面,制定党风廉政建设责任目标,实行分类考核,使责任考核和责任追究工作走上制度化、规范化轨道;注重责任考核的客观公正性,抓好"五个关键环节",实行"五个一票否决",推行"末位淘汰",促进责任制的落实;注重责任考核的全面性,以党政领导的考核为基础,以年度责任考核为重点,以干部考核、单位和个人评先创优考核等相补充的多层面考核为载体,保证责任考核的有效性。

自查和总结。各县(市)区、开发区和市直各部门对照市委、市政府制定的责任目标,结合各自的工作实际,全面系统的自查,实事求是的总结,写出落实责任制工作情况报告,于当年12月10日前报市落实责任制工作领导小组办公室。自查内容一共有9项:贯彻落实党中央、国务院和省委、省政府关于党风廉政建设的部署和要求的情况;建立、完善和推行党风廉政监督机制的情况;组织党员、干部学习邓小平关于党风廉政建设的理论和党中央、国务院有关决定、指示,学习党纪政纪法规,进行党性党风党纪和廉政教育的情况;结合本地区、本部门实际情况,贯彻落实中央和省里制定的党纪政纪法规和有关规定的情况;完成党风廉政建设和反腐败工作任务的情况;对所辖地区、部门、系统、行业的党风廉政建设和领导班子、领导干部廉洁从政情况进行监督、检查、考核的情况;按照规定选拔任用干部,防止和纠正用人上的不正之风的情况;领导、组织和支持执纪执法机关查处违纪违法案件的情况;执行责任制的其他情况。

派员检查考核。2000年年初,市落实责任制工作领导小组抽调32名干部,组成8个考核组,分别由市委、市人大、市政府、市政协、市纪委领导带队,对12个县(市)区、开发区及100多个市直部门党政领导班子及成员1999年度落实责任制规定的情况进行考核。2000年以后的每次检查考核都比照上述模式。派员考核工作分五步进行:①述职述廉和民主测评。召开由本机关在职人员和下一级单位主要负责人参加的述职述廉大会,单位党委书记代表班子述职述廉,党政正职分设的,行政正职只就个人廉洁自律情况进行述职述廉,其他班子成员向考核组提供书面述职述廉报告,述职述廉后当场测评。②座谈了解。考核组通过个别座谈和召开座谈会的方式,听取社会各界的意见,对领导班子集体和班子成员的自查情况进行核实。③抽查基层单位。县(市)区抽查乡镇和直属部门各1—2个,市直部门抽查1个二级单位。抽查内容为:被抽查单位领导班子研究党风廉政建设及责任制工作情况(看会议记录），责任制目标分解、岗位职责（以文字材料、文件为准），上级分管领导检查、指导工作情况（看记录）、责任制检查考核情况，班子成员廉洁自律情况等。④打分。考核组对照党政领导班子、领导班子正职和其他班子成员党风廉政建设责任目标考核内容及计分标准，对各领导班子及其成员逐项量化打分。⑤情况汇总。考核组汇总考核情况，逐单位写出考核报告，交市落实责任制工作领导小组办公室。

考核等次评定。考核等次分为优秀、合格、不合格三个等次。综合得分 95 分以上的评为优秀等次（须经市纪委常委会研究后报市委、市政府同意），70 分以上评为合格等次，70 分以下的为不合格等次。

1999—2003 年间，全市先后表彰 230 个党风廉政建设先进单位和 260 名先进工作者；同时，处理 80 多名未能很好完成党风廉政建设责任目标的领导干部，有的被免职，有的被调离领导岗位。

（5）责任追究

从 2003 年起开始对违反责任制案件实行一案双查双审双追制度，将责任追究与查办案件有机融合，发挥查办案件在责任追究中的震慑作用。

一案双查。全市各级纪检监察机关在查处违纪违法案件过程中，调查当事人的违纪问题，调查单位领导是否负有领导责任，做到一并取证。对负有领导责任的连同所调查的案件一并提出处理意见，以此避免案件查处后调查取证的重复和节外生枝，减少责任追究的阻力和难度。

一案双审。2002 年以来，全市各级纪检监察机关在审理违纪违法案件时，对涉及违反责任制规定应追究有关领导责任的，审理部门都一并提出处理意见，一并呈报审批。对应追究领导责任而调查组未提出追究意见的，以及提出追究意见而未调查取证或证据不完善的，审理部门都按规定请调查组重新调查补证，力求从审理环节对责任追究案件进行把关。

一案双追。市纪委对责任人和违纪者实行同步追究，做到态度坚决、不枉不纵。在研究处理违纪违法案件时，不仅追究直接责任人的违纪责任，还特别强调追究领导责任，做到违纪必究、失职必究、失察必究。同时，做到追究直接责任人员的责任与追究领导人员的责任同步实施，防止直接责任人追究后，领导责任大事化小、小事化了。市纪委对于那些虽有一定责任，但够不上违纪的，协调组织部门以组织处理方式追究，该免职的免职，该调整岗位的调整岗位。同时，注重运用责任追究成果，把责任追究与干部选拔任用、考核奖惩有机结合起来，发挥责任追究的综合效益。

责任追究统计数据。1999 年，全市因负领导责任受到党政纪处理的有 25 人；各级组织部门先后对 86 名干部实行诫勉谈话和降免职处理；80 多个单位因“目标考核”不合格，失去评先创优资格。2000 年，全市因负领导责任受到党政纪处理的有 24 人；各级组织部门先后对 31 名干部实行诫勉谈话和降免职处理；30 多个单位因“目标考核”不合格，失去评先创优资格。2001 年，全市因负领导责任受到党政纪处理的有 41 人；各级组织部门先后对 29 名干部实行诫勉谈话和降免职处理；20 多个单位因“目标考核”不合格，失去评先创优资格。2002 年，全市责任追究案件有 49 件，其中纪律处分 27 人、组织处理 22 人。2003 年，全市受到责任追究的领导干部共 218 人，其中受党纪政纪处分 143 人、组织处理 75 人。2004 年，全市共查处责任追究案件 36 件，给予党纪政纪处分 20 人，组织处理 16 人。2005 年，全市办理责任追究案件 72 件，给予党政纪处分 55 人，组织处理 17 人，在受处分人员中，涉及县级干部 4 人、科级以下干部 51 人。

（四）案件查处

襄樊市各级纪检监察机关通过接收群众来信、接待群众来访、接听举报电话、接受网上举报等渠道，27 年间受理了数十万起对党员、党组织及行政监察对象的检举控告以及党员、干部的申诉，按照纪检监察机关的职能和规定的程序处理解决信访举报问题，做到件件有着落事事有回音。

1979 年，襄阳地区（不含襄樊市，下同）纪检系统受理信访涉及 2573 人，其中控告 425 人、申诉 2148 人。1980 年受理信访 9038 件，其中来信 6258 件、来访 2780 件；非纪检业务范围 1905 件，重复 2562 件。地委纪委受理 3497 件，其中来信 3070 件、来访 427 件；涉及 1675 人，其中控告 707 人、申诉 968 人。1981 年受理 10951 件，其中来信 7962 件、来访 2989 件；非纪检业务范围 1169 件，重复 3461 件；涉及 1533 人，其中控告 749 人、申诉 784 人。地委纪委受理信访 2763 件。1982 年受理 8989 件，其中来信 6407 件、来访 2582 件；检举控告涉及 3774 人，申诉涉及 1345 人，非纪检业务范围 625 人，重复信访涉及 3245 人。地委纪委受理 1914 件。地市合并后纪检监察信访统计见表 18-3 3 。

1983—2005 年信访统计一览

表 18-33　　　　单位：件

年份	总数	来信	来访	电话	举报	申诉	其他	重复
1983	10224	8057	2167	—	5617	1100	3507	2264
1984	7353	—	—	—	—	—	—	—
1985	10575	7804	2771	—	5906	1796	2873	1814
1986	9694	7431	2263	—	5343	1654	1996	701
1987	5951	4624	1327	—	3616	1420	915	396
1988	5970	4657	1313	—	3855	687	1428	366
1989	11871	9043	2828	—	8094	991	2786	1229
1990	9255	7603	1652	—	6906	1867	482	897
1991	9296	7228	2068	—	6406	1070	1820	1475
1992	7420	5894	1526	—	5242	504	1674	1097
1993	10118	7933	2185	—	7294	422	2402	1681
1994	8310	7133	1065	112	7407	154	749	1833
1995	8420	7439	813	168	7890	76	454	1714
1996	8463	7633	660	170	7957	119	387	1894
1997	8242	7409	623	210	7732	159	351	1431
1998	8065	7036	827	202	7492	98	475	1579
1999	7976	7112	658	206	7498	54	424	1526
2000	7181	6052	905	224	6386	59	736	1158
2001	7087	6069	809	209	6378	64	645	867
2002	5973	5092	680	201	5564	67	342	541
2003	6055	5110	649	296	5539	49	467	502
2004	5276	4530	521	225	4827	53	396	557
2005	5404	4288	993	123	4724	133	547	741

全市纪检监察机关的案件查处工作，以突出查办大案要案，突出查办“三机关一部门”案件为主，

坚持文明办案、安全办案、办成铁案以及讲究策略性办案、技巧性办案、程序化办案、人性化办案等。

1.依纪依法办案

市纪委案件查办人员遵守《案件检查条例》中规定的“二十四字”办案方针，按照中纪委《关于纪检监察机关依纪依法办案的意见》的要求，实事求是，严肃认真查办违法违纪案件。做到事实清楚。调查报告或者审查结论所依据的事实真实、具体、准确，所叙述的违纪事实完整地反映其发生、发展的全过程，包括错误事实的时间、地点、情节、手段、主客观原因、造成的后果、有关人员的责任等都清楚无误。证据确凿。认定错误事实，所使用的证据客观真实，与案件事实有密切联系，证据的收集符合法律法规所规定的程序，杜绝伪证、假证、单人取证、复制证据无出处；证据制作规范，杜绝多人一证、证据无签字按手印；证据全面、完整、充分，杜绝孤证、疑证、证据不足定案或只有本人交代无其他证印证定案等现象的发生。定性准确。对违犯党纪、政纪的案件，依据党和国家的方针、政策和法律、法规，以及党纪政纪处分条规，根据违纪构成的四要件，准确地认定错误性质。杜绝定性错误、应定性而未定性的情况发生，杜绝先定处理意见后定错误性质。手续完备。对违犯党纪政纪的案件进行调查的每一阶段，从受理检举控告、初核、立案、调查等，均按照党政纪条规所规定的方法和步骤办理。

市纪委领导和办案人员在对违纪人员实行“两规”中，最常遇到的压力是外界人士找到纪检监察机关徇私说情。这些说情人有的来自当事人的亲属朋友，有的来自其亲戚好友委托的熟人，也有的来自领导。他们中间有的打听案件讯息，有的为违纪人员推托责任，还有的企图“舍车保帅”、转移视线。对此，案件检查人员竭力顶住各种压力，排除“说情风”干扰，出台《关于执行中纪委监察部对妨碍违纪案件查处行为党政处分有关规定的实施办法》，分别在《襄樊日报》、襄樊电视台、襄樊广播电台等3家主流媒体上公开发布，以警示说情人，并要求各地各单位组织学习，遵照执行，同时提醒广大群众进行监督。

全市纪检监察机关办案人员在查办违纪案件中，一直坚持“六不怕”精神，即一不怕领导不支持，不担心个别党政领导不愿查处自己管辖内的违纪案件，给本地、本单位、本部门摸黑，影响政绩，因此不支持办案，甚至干扰阻碍办案的情况；二不怕查处案件得罪人，不担心违纪人员是自己周围的人，抬头不见低头见，被人家说是整人的情况，宁做“黑包公”，不做“老好人”；三不怕打击报复；四不怕机构人员不落实，不论专职还是兼职，都一心一意抓案件查处；五不怕办公设备、办案经费不落实。有不少部门纪检监察组织没有专门的办公室和相应的办公设备，更没有专门的办公经费和办案经费，仍然腾出主要力量抓案件查处；六不怕职责不落实。不少部门和乡镇的纪检组长或者纪委书记一般都安排有一项或者几项党委中心工作，但是仍然专心致志抓案件查处工作。

2.领导包案

1994年以来，市纪委在办案工作中实行常委“五定一包”责任制，即常委包案、定方案、定人员、定目标、定要求、定时间。在办案过程中，领导班子成员按照包案责任制的要求，对自办的重大案件落实办案部门、办案人员和办案任务及要求；对所包案件亲自审查初核方案，亲自选取案件突破口，亲自与被检查人谈话，亲自审查案件的主要证据。谷城、枣阳、宜城等县（市）纪委领导坚持做到“三个直接”，即凡是大要案，直接查处；凡是正科级干部，直接谈话；对查处大要案中遇到的困难和问题，直接协调解决。

市纪委规定，凡是检查室初查的比较重要和复杂的县级领导干部的违纪线索，都应确定一至两名常委成员包案。一是听取调查组调查方案的汇报，帮助分析案情，选准案件突破口；二是做好在办案过程中需要领导出面的协调工作，为查办案件创造良好的环境；三是及时听取案件情况汇报，把握办案进程；四是指导办案人员正确使用办案手段，必要时参加同被调查人的谈话，做好其思想政治工作;五是做好对被调查人“两规”期间安全问题的检查工作,保证“两规”期间不出安全事故。

3.联合办案

2000 年 3 月,市委成立由副书记任组长的查办大案要案协调领导小组,该小组的成员为纪检、监察、法院、检察院、公安局、审计局等部门的主要领导。2003 年 11 月,成员单位又扩大到工商、税务、技术监督等执法执纪机关。领导小组建立例会、协调会、联席会等制度,制定《襄樊市执纪执法机关和经济监督部门互相移送提供有关案件材料的具体办法》《市反腐败协同办案暂行办法》等。在查办案件工作中,市纪委在反腐败案件协调领导小组统一部署下,通过信息互通、案情交流、协同办案、联合办案等形式,加强与公安、检察、法院、财政、工商、审计、税务等执法执纪部门的联系,承担起组织协调的责任,形成党委统一领导,纪检监察机关组织协调,审计“打前站”,检察、公安等司法机关和其他职能部门配合的办案工作格局。市纪委一是召开协调会。对一些涉及范围广、案情复杂,需上下左右联动、多家联合查办的案件,市纪委及时提出建议,申请召开反腐败案件协调领导小组会议,协调有关部门各负其责,分头落实。二是定期召开联席会。在查办重大案件中,当遇到一些疑难问题或需要有关方面共同研究解决的问题,直接召开由公、检、法、审计等部门参加的查办案件联席会,通报案情,请求支援,配合查处。三是成立联合调查组。对一些需要大兵团作战的大案要案,就从有关执法机关抽调业务骨干,组成联合调查组,全线出动,打总体战。2000 年,市公安、检察和审计等部门向市纪检监察部门提供案件线索 23 件,移送案卷材料 7 件。

4.案件分析

1993—2002 年纪检监察合署办公的前 10 年间,全市纪检监察系统查处的违纪违法案件,呈现六种态势、五个特点、七种现象。

六种态势:①大案要案明显上升。全市立案查处的县处级干部违纪案件年均上升 9.2%,乡科级干部违纪案件年均上升 7.4%。其特征是大案要案违纪者职务越来越高,案发范围向资金密集区域和权力集中区域蔓延,错误性质由单一型向混合型扩展。②经济类案件居高不下。全市共立案查处经济类案件 5 518 件,占案件总数的 54.6%,年均上升 2.2%,且违法违纪金额越来越大。在查处的经济类案件中,违法违纪金额 10 万元至 50 万元的 24 件,上升 71.4%;50 万元至 100 万元的 5 件,上升 33.3%;100 万元以上的 4 件,上升 200%。③领导干部腐化堕落案件增多。全市共立案查处挥霍浪费公款、嫖娼、赌博、严重违反社会主义道德等案件 217 件,占案件总数 22.9%。其中涉及党员干部生活作风问题的 31 人,年均上升 32.5%。④失职类案件有较大增长。全市共立案查处失职类案件 141 件,占案件总数的 15.1%,年均上升 22.4%。南漳县东巩镇店子河村发生死亡 9 人的重大瓦斯爆炸事故,负有领导责任的 8 名党员干部全部受到党政纪处理。⑤农村党员干部违纪比重加大。2001 年全市共立案查处农村党员干部违纪案件 295 件,占立案总数的 31.1%,较上年上升 9.5%,而且经济类个案金额越来越大,老河口市有两位村党支部书记个人违纪金额均超过 20 万元。⑥顶风违纪现象较为严重。在立案案件中,主要违纪问题发生时间在立案前两年内的共 426 件,占案件总数的 44.9 %,边查边犯问题仍很突出。

五个特点:①新经济领域成为腐败问题产生的高发区。违纪人员利用分管工业和企业破产改制的便利条件,在工业企业破产改制过程中,对企业改制工作乱插手。他们不仅贪占破产改制企业的公款,而且还利用手中的权力,为他人购买破产企业创造条件、排除“障碍”,为个人谋取私利,造成国有资产的大量流失。②工程建设领域仍是腐败问题的易发部位。一些单位分管工程建设的领导干部,不严格执行国家有关工程建设的政策规定,利用手握工程建设项目的发包权和资金拨付权,名义上为企业发展,暗里以权力大肆聚敛钱财。③收受礼金问题严重。部分领导干部心存侥幸,认为逢年过节收受下属单位和个人的礼金不算违纪，因而大肆收受礼金，数额巨大。④领导干部弄虚作假套取现金的现象比较普遍。部分领导干部作案方式花样百出，有的以会务费、招待费、车修费、汽油费、考察费为名套取现金，有的向下属单位直接索要钱物，有的开假发票虚报冒领，共同之处都是钻财务管理的空子，利用票据形式上的“合法性”掩盖套取现金的真实面目。⑤部分领导干部利用手中的职权大搞权钱交易、权色交易。有些领导干部不满足于自己的工资收入，觉得工资太低不够用，于是便想用活、用尽自己手中的权力，为他人谋取利益，从而使自己也能得到好处。

七种现象:①顶风违纪现象突出。在查处的案件中，一些违纪分子置党纪国法于不顾，视前车之覆而不见，我行我素，顶风作案。2003 年春节，市委下发致全市党员干部的公开信，并向各县(市)区派出党风廉政巡视组，而有些领导干部仍置若罔闻，顶风违纪，借春节之机收受礼金和“红包”。老河口市委某领导人，在这年春节就向下属索要和收受礼金 40 多笔计 12 万多元。②“一把手”腐败案件突出。2001 年查处的 22 名市管党员领导干部案件，有 13 人是单位“一把手”，其中县市区 5 人、市直企事业单位 2 人、市直党政机关 6 人。这些“一把手”权力过于集中，集人、财、物权于一身，很难受到监督和约束，使其违纪违法有了客观上的便利。他们民主意识淡漠，有的甚至把单位当成“家天下”，独断专行，为所欲为，私欲膨胀，逐渐使自己的世界观、价值观、人生观产生严重扭曲。③领导干部前“腐”后继问题突出。一些要害部门和重要岗位的领导，不能正确对待党和人民赋予的权力，经不起改革开放和执政的严峻考验。市直一家大型企业前后四任厂长，市直某局前后两任局长，某市前后两任常务副市长等都相继沦落为腐败分子，受到严肃处置。④违反干部人事纪律的“灰色收入”问题突出。在 2003 年查处的 20 名市管领导干部中，有 12 人有送礼行贿行为。其中有的为了得到提拔，有的为了“保位置”，有的为了调动，有的为了改善关系。尽管心态各异，但搞的都是权钱交易。有个市区的主要领导人在任职期间收受他人现金 200 多次，金额达 79 万元多。为掩盖其错误事实，尽管每年都上交其中的一部分，但仍然将其中的 40 万多元据为己有。还有一位县级市委组织部部长，先后 67 次收受礼金，该市 80%以上的乡镇、办事处和部委办局的党政主要领导都向他进过“贡”。⑤领导干部插手微观经济活动搞权钱交易的问题突出。1999 年查处的 18 名市管领导干部，大多有直接插手微观经济活动搞权钱交易的行为。一家大型市直企业主要负责人多次向其下属打招呼，为老乡、“朋友”承揽工程，收受贿赂 18 万元；一县级市主要领导一次就收取广东老板 14 万港币，帮助其低价收购该市一大型纺织厂；市直一企业主管局主要负责人将项目和资金随心所欲地“协调运作”，从中大捞好处，先后收受钱物 50 多万元。⑥领导干部弄虚作假套取公款的问题突出。全市查处的领导干部的违纪资金，有 60%以上来自违纪者本单位公款，或是下属企、事业单位公款。作案方式花样百出，有的以会务费、招待费、车修费、汽油费、考察费、差旅费为名套取现金；有的向下属单位直接索要钱物；有的利用假发票虚报冒领。其共同之处都是钻财务管理的空子，利用票据形式上的“合法性”掩盖其套取公款的真实面目。⑦领导干部傍“大款”与贪恋女色相互交织问题突出。有的领导干部为了一己私利，不惜丧失人格和尊严，与一些不法民营业主、建筑老板和商人打成一片，称兄道弟，拿国家和人民的利益做交易。他们先从经济和政治上扶持不法业主，然后再从其身上捞取最大的好处和私利，最后导致贪恋女色，不能自拔，坠入深渊。有个县级市一位分管工业的副市长，利用职权扶持结交一批民营企业主，后来向一民营业主索要5万元现金和一辆价值24万多元的轿车送给其情妇，供其灯红酒绿，纸醉金迷，纵欲享乐。

5.案件统计

1979 年，襄阳地区(不含省辖襄樊市，下同)各级纪委立案 103 件。1980 年立案 771 件 798 人，纪检部门查处 385 件，交其他部门查处 386 件。其中涉及厅级干部 4 人，县级 49 人，科级 174 人，一般干部 174 人，一般党员 397 人。1981 年立案 821 件 837 人，立案查处 612 件，交其他部门查处 209 件。其中涉及厅级干部4人，县级68人，科级180人，一般干部278人，一般党员337人。1982年立案898件(其中地委纪委3件)，其中上年度遗留167件，转其他部门查处90件，结案744件。地市合并后纪检监察案件统计见表18-34。

1983—2005年案件统计一览

表18-34 单位：人、万元

年份	初查数	立案数	乡科干部	县处干部	违纪金额			挽回损失	党员	监察对象
					万元	十万元	百万元			
1983	—	1202	—	—	11	—	—	130	410	—
1984	—	1535	—	—	—	—	—	—	—	—
1985	—	1017	—	—	—	—	—	—	—	—
1986	—	1756	—	8	—	—	—	—	—	—
1987	—	1436	—	—	—	—	—	—	—	—
1988	—	1597	—	—	24	4	—	—	—	—
1989	—	3018	95	14	—	—	—	220	—	—
1990	—	1651	—	—	—	—	—	—	—	—
1991	—	1464	—	—	—	—	—	112	—	—
1992	—	1143	—	—	—	—	—	85	1147	—
1993	—	630	77	11	25	—	—	427	—	—
1994	2034	730	91	18	37	—	—	439	680	386
1995	2239	773	95	18	66	—	—	560	625	323
1996	1819	872	140	24	89	11	—	1134	778	363
1997	1949	1008	159	24	126	4	—	1427	852	448
1998	1521	987	162	22	190	33	14	1762	825	484
1999	1375	956	148	28	205	33	9	877	796	445
2000	1250	934	151	21	202	29	4	1654	795	395
2001	1206	1053	172	19	247	50	5	1485	861	419
2002	1089	901	121	21	293	59	7	1348	798	320
2003	941	745	101	19	256	15	1	2118	656	343
2004	660	508	75	11	139	36	8	1953	473	202
2005	485	433	95	19	151	52	13	2017	400	155

1982年年初—1987年5月，按照中央统一部署，市纪委牵头开展打击严重经济犯罪活动，其间立案2046件，结案1933件。1982年立案1044件，属于中纪委三条标准的大要案15件，省委四条标准的588件，当年结案748件。1983年立案298件，结案353件(加上年结转，下同)。两年合计立案1342件，其中走私贩私28件，投机诈骗266件，贪污受贿711件，盗窃国家和集体财产75件，其他经济犯罪案件262件。上述案件涉及1504人(内有党员410人)，其中非法牟利万元以上者11人，2000元以上者233人，从中追缴赃款及赃物折款130万元。1984年立案193件，其中万元以上的大要案3件，结案347件。1985年立案168件，其中大要案20件，涉及29人，结案161件。追缴赃款及赃物折款55万多元。1986年立案362件，其中大要案80件，结案319件，追缴赃款及赃物折款262万多元，清收回被骗、被拖欠的货款4789万元。

6.案件审理与纪律处分

（1）依纪依法审理

提前介入。市纪委审理部门在审理案件时，关口前移，做到“三个提前介入”。即提前审查证据，对初查的案件证据提前把关；提前参与常委会和局长办公会听取案件汇报，当好参谋，把好立案审查关；提前与调查组会商案情，及时把握案件的定性。通过边查边审，及时了解熟悉案情，从源头上消除案件质量隐患。2005 年调查的市文体局挪用体彩公益基金案，因系上级要结果件，审理部门提前介入初审，认为该案现有材料事实不清、证据不足，虽经进一步补证，违纪问题仍显著轻微。对此，审理部门建议调查组及时向常委会和上级有关部门汇报，最终对有关责任人只作出通报批评处理。

严把证据关。市纪委案件审理人员十分重视对案件证据真实性、相关性、全面性的审查，对证据的收集要求很高，要求证明的环节多，要求证据之间相互印证性强，真正做到事实清楚，证据确凿，以此避免出现翻供现象。达不到上述要求，就不予受理。

严把程序关。有些案件由于按照个别领导意志办事，出现未审先定、简化程序等问题，以至于造成社会影响恶劣等严重后果。为此，市纪委在处理案件时，突出对程序合法和手续完备的审查。市纪委主要领导经常在会议上以及在检查工作时，强调要牢固树立程序意识，并将案件程序问题纳入全市案件质量检查的内容，对程序不合法、手续不完备的案件实行案件质量一票否决，从而使查审人员共同树立程序意识，保证案件质量。

严把谈话关。一些案件出于种种原因，办案人员往往只注意当事人有错证据的收集，而轻视或忽视无错、错轻证据的收集。为此，市纪委加大内部监督，规定对此类案件当事人必须进行审理谈话，倾听本人的意见和辩解。

严把定性关。市纪委对违纪人员违纪事实的定性，严格遵守国家法律法规及党纪政纪规定的程序、方法、方式。在处理责任追究案件时做到“五看”，即看问题发生前是否采取防范措施；看平时监督管理是否到位，制度是否落实；看对苗头性、倾向性问题是否及时纠正；看对违纪违法问题是否及时查处；看执行政策、法规是否到位。市纪委对出现下列三种情况的案件，严格追究领导人员的直接责任：实施人员受命于领导人实施某一行为，确实不了解该行为违反有关法规，结果造成损失或严重不良影响的；实施人员在实施过程中曾提出过纠正意见，但领导人不予采纳因而造成损失或严重不良影响的；造成损失或严重不良影响的行为是根据集体研究作出的错误决定实施的，主持研究和决定的人负直接责任。市纪委对出现以下两种情况的案件，同时追究实施人员和领导人员直接责任：实施人员提出违反有关法规的做法，经领导批准后付诸实施；实施人员明知受命于领导人员实施的某一行为违反有关法规，但不向领导人员反映而继续实施，结果造成损失或严重不良影响。

严把处分关。市纪委案件审理人员量纪时综合分析各种情况，根据违纪错误性质，违纪金额，侵害后果，行为人目的与动机，侵害对象等因素，全面准确恰当量纪。对没有规定和原有条规不能参照的案件，采取“冷处理”的方法，不急于审结，而是向上级汇报，等有政策依据或答复后，再妥善处理。处分关是案件审理的关键一环，也是进行恰当处理的最后一环。市纪委在行使纪律处分时把握几个关节点：首先是正确运用“从轻”“从重”和“减轻”“加重”，防止随意性。其次是正确运用“合并处理”与“比照处理”的原则，防止处分不到位。再次是正确区分“免予处分”与“不予处分”。第四是共同违纪的按主次责任分别给予处分。

（2）公开处理案件

1993—2005 年的 13 年间，全市市、县两级纪检监察机关通过召开新闻发布会、在媒体曝光等方式，公开处理违纪人员近千人。其中以市委、市政府名义或者以市纪委名义公开处理违纪违法案件 24

次，处理违反党纪政纪人员 206 人。

1993 年公开处理情况：全市公开处理 89 名党员干部，运用报刊、电台、电视台向社会曝光 56 件 76 人的违纪案件。同年 12 月 4 日，市纪委召开新闻发布会，发布 5 名党员干部违纪案件的查处情况。

1994 年公开处理情况：3 月，南漳县纪委公开处理 4 名违纪的党员干部。4 月，老河口市纪委公开处理 8 名参赌的党员干部。

1995 年公开处理情况：7 月 8 日，市纪委公开处理 4 名县级干部贪污、受贿、失职渎职和大操大办子女婚事借机敛财等案件。12 月 22 日，市纪委公开处理 6 名县级干部违纪案件。

1996 年公开处理情况：4 月 24 日，市纪委公开处理"316 国道堵塞事件"中 3 名领导干部。11 月 18 日，市纪委公开处理 10 名县级干部违纪案件。

1997 年公开处理情况：9 月 11 日，市纪委公开处理 10 名县级干部违纪案件。

1998 年公开处理情况：11 月 24 日，市纪委公开处理 7 名县级干部违纪案件。

1999 年公开处理情况：由全市各级纪检监察机关牵头的公开处理大会共 26 次。7 月 30 日，市纪委公开处理 10 名党员、干部。10 月 27 日，市纪委公开处理 13 名党员、干部。

2000 年公开处理情况：全市各级纪检监察机关通过公开处理大会共处理 194 人。其中市纪委先后召开 5 次新闻发布会和公开处理大会，公开处理党员、干部 30 人。2 月 21 日，市纪委公开处理 13 起农村"三乱"案件，10 名党员干部受到党纪、政纪处分。6 月 2 日，市纪委召开新闻发布会，通报 4 起违法违纪案件查处情况。8 月 25 日，市纪委召开公开处理大会，对市卫生防疫站、市统计局、樊城公安分局某派出所等单位的 8 名党员干部的"三乱"违纪问题公开处理，追究纪律责任，并现场向企业和个体经营户清退乱收费款额 10 万多元，清退上缴滥发的奖金 14.6 万元。9 月 24 日，市纪委、市检察院召开新闻发布会，通报 2 起案例。9 月 29 日，市纪委公开处理 12 名违纪人员。

2001 年公开处理情况：6 月 1 日，市纪委召开公开处理违纪人员大会，对群众反映强烈的涉及公安、工商、地税、二轻局装饰办和司法部门污染经济环境的案件公开处理，从重处分党员干部 15 人，其中县级干部 5 人，移交司法机关依法追究刑事责任 2 人。6 月 25 日，市纪委公开处理 7 名党员领导干部。11 月 14 日，市纪委公开处理 9 名党员领导干部。12 月 18 日，市纪委公开处理党员、干部 23 人。

2002 年公开处理情况：9 月 28 日，市委召开全市电视电话会议，公开处理枣阳市刘升镇虚增土地计税面积、不执行上级批复的税改方案的案件，分别给予 4 名党员干部撤职处分。9 月 29 日，市纪委公开处理市区 160 多辆出租车司机到省进行所谓的"上访"事件，给予市客运处 2 名组织者开除党籍、开除公职处分，移交司法机关追究刑事责任。同时根据责任制和"一票处罚制"的规定，追究市城管局 4 名领导干部的纪律责任。

2003 年公开处理情况：12 月 23 日，市委召开公开处理违纪案件大会，会上通报对 14 名违纪人员的处分决定。

2004 年公开处理情况：8 月 6 日，市委召开公开处理大会，对在防汛工作中有严重失职行为的 3 名领导干部进行公开处理。3 人分别受到党内警告、行政撤职、党内撤职处分。11 月 10 日，市纪委召开公开处理损害经济发展环境典型案件大会，宣布对市城市公共客运管理处、市植物保护站违规执法等案件的处理决定，分别给予 16 人以党内严重警告、行政记大过、撤销党内职务、行政撤职处分等。

2005 年公开处理情况：12 月 21 日，市纪委公开处理 11 名党员领导干部。

（3）纪律处分数据统计

襄阳地委纪委和地市合并前襄樊市委纪委恢复成立之初，分别牵头对新中国成立前、"文化大革命"前 17 年、"文化大革命"10 年和 1977 年、1978 年间已受理（未作结论）、处理的刑事案件和党政纪案件（简称"两案"）进行复议复查和复审，纠正冤假错案，给受到错误处分的人员落实政策。到 1983

年年底，襄阳地区和襄樊市共复查“文化大革命”至1978年间6 913人的党政纪案子，复查后对3 720人做出修改结论或者改变处分的处理，恢复711人的党籍和402人的公职；复查落实新中国成立初期至1978年间13 449名受到各种处分的农村及城镇不脱产基层干部的问题，有5 791人得到纠正，3 338人被恢复党籍；复查4 628人在1965年“四清”运动中的遗留问题，有2 770人得到纠正。1978年，襄阳地区组织部门在开展干部审查复查工作中，重新确定95人为敌我矛盾，2 056人为人民内部矛盾。1979年，襄阳地区（不含省辖襄樊市，下同）各级纪委受理党政纪复审案件2 743人，复审后维持原处分决定1 456人，撤销原处分的887人，改变原处分的340人，其中恢复党籍594人，另有60人转下一年处理。1980年受理653件570人，复审后维持原处分的289人，减轻处分的77人，撤销处分的204人。1981年受理2 040件2 040人，复审后维持原处分的967人，减轻处分的302人，撤销处分的480人，另有291件转下一年处理。1982年受理1 112件1 087人，复审后维持原处分的495人，减轻或者取消原处分的510人，其中恢复党籍303人，另有82人转下一年处理。此外，地委纪委牵头对已经处理的刑事案件进行复议复查，在重点复议审理已经判刑处理的69人中，维持原判的55人，减刑的4人，按正常案件处理的10人。

地市合并前市纪委1979年至1982年共受理1 675人，复审后维持原处分336人，撤销处分、减轻处分或者改变结论的1 339人。其中1979年受理的76件中涉及一般党员18人，一般党员干部48人，科级党员干部10人。复审后减轻处分15人，撤销原处分61人。1983年，合并后的市纪委受理275件涉及279人，复审后维持原处分的158人，减轻或者取消原处分的77人，其中恢复党籍46人。另有44人转下一年处理。1984年受理122件涉及137人，复审后维持原处分的34人，减轻处分的13人，撤销原处分的28人，其中恢复党籍17人。另有62人留待下一年处理。1985年受理8件涉及10人，复审后维持原处分的2人，减轻处分的1人，撤销原处分的2人。另有5人留待下一年处理。1986年受理214件涉及227人，复审后维持原处分的101人，减轻处分的29人，撤销原处分的73人，其中恢复党籍40人。另有24人留待下一年处理。1987年受理153件涉及158人，复审后维持原处分的75人，减轻处分的26人，撤销原处分的38人，其中恢复党籍35人。另有19人留待下一年处理。

1979年襄阳地区（不含省辖襄樊市，下同）各级纪委处分党员450人，其中警告67人，严重警告116人，撤销职务51人，留党察看126人，开除党籍90人；地委纪委处分20人。另有199名农村不脱产基层党员受到处分。1980年处分490人，其中警告96人，严重警告134人，撤销职务53人，留党察看110人，开除党籍97人；县级干部9人，科级干部71人，一般干部119人，一般党员291人。1981年处分458人，其中警告93人，严重警告96人，撤销职务69人，留党察看108人，开除党籍92人；县级干部6人，科级干部57人，一般干部195人，其他人员200人。1982年处分405人，其中警告87人，严重警告105人，撤销职务47人，留党察看90人，开除党籍76人；行政处分42人，刑事处分24人；厅级干部1人，县级干部15人，科级干部59人，一般干部127人，其他人员203人。地市合并后党纪处分统计见表18-3 5 。

1983—2005年全市党纪处分统计一览

表18-35

年份	总数	警告	严重警告	撤销职务	留党察看	开除党籍	其他人员	一般干部	科级干部	县级干部
1983	651	109	162	48	131	201	320	199	109	23
1984	497	—	—	—	—	—	—	—	—	—
1985	345	54	99	23	78	91	167	150	28	—
1986	769	195	233	34	167	140	407	300	60	2
1987	1272	402	383	60	281	146	948	280	40	4

续表

1988	1495	719	378	32	251	115	964	490	33	8
1989	2586	510	609	61	946	460	1932	568	76	10
1990	1414	263	315	49	359	428	822	481	97	14
1991	1335	195	355	46	424	315	877	353	85	20
1992	1059	161	318	32	327	221	669	334	51	5
1993	548	98	167	30	121	132	293	193	51	11
1994	609	156	162	40	132	119	298	219	74	18
1995	596	137	172	43	102	142	292	213	77	14
1996	717	185	196	55	114	167	312	267	119	19
1997	818	208	274	62	149	125	287	388	118	25
1998	692	197	218	46	107	124	326	223	129	14
1999	609	174	225	34	81	95	339	375	113	23
2000	674	201	209	42	88	134	302	243	109	20
2001	850	254	257	32	121	186	346	302	179	23
2002	791	237	236	36	79	134	380	277	120	13
2003	555	119	161	30	75	170	261	195	71	28
2004	425	109	145	18	47	106	216	128	78	3
2005	363	101	106	17	44	95	196	89	55	23

在 1982—1985 年的“严打”中，全市有 1054 人受到党纪、政纪和法纪处理（有 116 人受到双重处分），其中党纪处分 323 人（内有 125 人被开除党籍），政纪处分 504 人（内有 73 被开除公职），刑事处分 343 人。1986 年处分 308 人，其中党纪处分 105 人（有 33 人被开除党籍），政纪处分 39 人（有 8 人被开除公职），刑事处分 164 人。

1985 年 3 月—1987 年 5 月，全市整党期间参加整党的党组织 5883 个（其中副县级以上 118 个），党员 235 026 人（其中副县级以上 1486 人）。整党结束后予以登记的党员 233 472 人，缓期登记 993 人，不予登记 464 人，因故暂未登记 97 人；受处分党员总数 2470 人，其中开除党籍 212 人，留党察看 534 人，撤销党内职务 65 人，严重警告 746 人，警告 913 人，另有 78 名预备党员被取消预备资格；清出有各种程度不同的经济问题的党员 28 155 人，金额 1683 万元；核查出“文化大革命”中“三种人”（造反起家的人、打砸抢分子、帮派思想严重的人）61 人，犯严重错误 99 人，严重违法违纪 108 人，经济问题与刑事问题严重犯罪 139 人，严重失职、官僚主义 9 人，以权谋私 286 人，其他问题 1741 人；受刑事处分 72 人，给予行政处分 39 人。

1987 年 11 月—1994 年 12 月，市纪检和组织部门共处理党员 9567 人，其中开除党籍 1627 人，留党察看 2572 人，撤销党内职务 268 人，严重警告 1979 人，警告 2043 人；丧失党员条件取消党员资格 103 人，劝退和劝退不退除名 403 人，自行脱党除名 243 人，取消预备党员资格 329 人。

1987 年下半年—1989 年年底，襄樊市基层党组织开展民主评议党员工作，共处置不合格党员和违纪党员 5788 人。

1979 年，襄阳地区（不含省辖襄樊市，下同）党的纪检部门给予 186 人行政处分，其中记大过 106 人、撤销职务 10 人、开除留用 43 人、开除公职 4 人、其他处分 23 人；地委纪委处分 8 人；另有 35 名农村不脱产基层干部受到行政处分。

1980 年给予 42 名党员行政处分，其中撤销职务 38 人、开除留用 2 人、开除公职 2 人。

1981 年给予 43 名党员行政处分，其中撤销职务 39 人、开除留用 2 人、开除公职 2 人。市纪检部门处分干部数见表 18-3 6 。

1983—1993 年纪检部门处分干部统计一览

表 18-36

年份	总数	警告	记过	记大过	降级	降职	撤销职务	开除留用	开除	其他人员	一般干部	乡科干部	县处干部
1983	55	–	–	–	–	–	–	–	–	14	16	22	3
1984	–	–	–	–	–	–	–	–	–	–	–	–	–
1985	16	–	–	–	–	–	–	–	–	2	12	2	–
1986	57	–	–	–	–	–	–	–	11	–	–	–	–
1987	55	–	–	–	–	–	–	–	–	20	32	3	–
1988	40	–	–	–	–	–	–	–	–	19	15	4	2
1989	94	–	–	–	–	–	–	–	–	20	35	34	1
1990	119	–	–	–	–	–	–	–	–	23	60	26	10
1991	183	–	–	–	–	–	–	–	–	90	58	22	13
1992	72	–	–	–	–	–	–	–	–	11	51	9	1
1993	49	–	–	–	–	–	–	–	–	–		–	–

合署前市监察部门处分干部数

1988 年,全市监察系统处分干部 36 人,其中记过 4 人,记大过 6 人,除名 1 人,撤销职务 11 人,开除留用 5 人,开除公职 9 人;科级干部 5 人,一般干部 31 人。

1989 年处分 218 人,其中警告 13 人,记过 18 人,记大过 40 人,降级 8 人,降职 3 人,撤销职务 56 人,开除留用 52 人,开除公职 28 人;县级干部 3 人,科级干部 34 人,一般干部 181 人。

1990 年处分 193 人,其中警告 6 人,记过 23 人,记大过 22 人,降级 13 人,撤销职务 52 人,开除留用 57 人,开除公职 20 人;县级干部 6 人,科级干部 29 人,一般干部 158 人。

1991 年处分 129 人,其中记大过以下 33 人,降级、降职 22 人,撤销职务 37 人,开除留用 30 人,开除公职 7 人;县级干部 7 人,科级干部 24 人,一般干部 98 人。1992 年、1993 年资料缺失。合署后监察部门政纪处分统计见表 18-3 7 。

1994—2006 年全市受处分监察对象统计一览

表 18-37

年份	总数	警告	记过	记大过	降级	降职	撤销职务	开除留用	开除	其他人员	一般干部	乡科干部	县处干部
1994	175	20	28	35	11	—	41	28	12	41	104	23	7
1995	228	11	33	60	24	—	62	23	15	47	140	31	10
1996	283	56	48	31	27	—	81	16	24	73	139	61	10
1997	272	24	49	49	34	—	90	10	16	75	135	49	13
1998	322	43	50	64	23	—	96	14	32	67	191	54	10
1999	336	50	72	57	19	—	94	17	27	59	212	58	7
2000	340	31	75	72	23	5	92	12	30	52	216	58	14
2001	355	45	69	55	35	—	105	15	31	31	235	73	16
2002	253	56	42	50	10	—	59	11	25	26	176	44	7
2003	189	29	32	45	10	1	44	6	22	22	139	20	8

续表

年份	总数	警告	记过	记大过	降级	降职	撤销职务	开除留用	开除	其他人员	一般干部	乡科干部	县处干部
2004	137	20	17	34	11	1	42	4	8	27	67	41	2
2005	110	27	20	27	5	—	22	4	5	13	78	14	5

1989 年 8—11 月，最高人民检察院、最高人民法院和监察部《通告》发布期间，有 264 人主动到监察部门交代问题，全市监察系统从宽处理 237 人，占总人数的 89.8%。其中免于行政处分的 174 人，从轻和减轻处分的 24 人，从重从严处理 19 人(占主动交代问题总人数的 7.2%)，移送司法机关 20 人。当年，另有 70 人审核查实待处。

(五)行政检查监督

1.行政检查

纠正部门和行业不正之风、治理"三乱"工作起步于 1985 年。当年，清理出全市党政机关、党政干部办企业 311 个，清理后停办 41 个，转办 270 个，参与经商办企业的党政干部 650 人全部脱钩；滥发钱物的单位 337 个，金额 428 万元，当年清退 270 万元；缴纳奖金税 168 万元；查出乱涨物价的单位 238 个，非法牟利 87 万多元，没收、罚款和清退 54 万多元；查出制售伪劣商品和药品的单位 1189 个，价值总额 311 万元，非法所得金额 45 万多元，罚款、没收 20 多万元，销毁的伪劣商品和药品价值 74 万多元；清理检查出以贷谋私的单位 24 个，涉及 36 人，滥发贷款 594 万元，当年收回贷款 237 万元；收缴和销毁黄色、淫秽录像片 810 部，依法拘捕传播、复制、贩卖淫秽录像制品的不法分子 79 人。同时对以粮谋私、偷税漏税、违反财经纪律等不正之风进行检查和纠正。通过纠正不正之风，促进党风进一步好转，保证各项改革顺利进行，推动经济建设健康发展。

襄樊市从1994年着手治理公路管理上的乱收费、乱罚款、乱检查等"三乱"问题，保证国道、省道畅通无阻。1996年8月，省政府公布全省第一批实现国道、省道基本无"三乱"的地（市）州，襄樊市榜上有名。2001年3月，经省政府有关部门考核验收，襄樊市为全省第二批实现所有公路基本无"三乱"的市。

1995 年年初，市纠风办针对元旦、春节期间公路"三乱"容易反弹的实际，组织交通、公安、林业部门加强巡查。1996 年 8 月，市委办、市政府办联合发文，明确市委常委、市政府副市长对治理公路"三乱"分片包干检查的具体意见。市委书记、副书记、市长、市委常委、副市长等领导，轻车简从，多次对襄樊境内的国道、省道明察暗访，走访过往车辆司机和群众，现场解决公路"三乱"问题。1997 年，市纠风办把境内国道、省道划分为三大责任区，实行牵头部门分工负责制。同时将责任区内国道、省道的明察暗访、督办检查和案件检查，落实到有关牵头部门。按照分工，市交通局、公安局、林业局、纠风办等部门领导，多次带队进行检查，发现公路"三乱"现象，当场纠正，严肃处理。2003 年，市纠风办 3 次组织各地纠风工作人员对全市公路"三乱"问题的易发地段进行拉网式检查，先后现场查处襄阳、宜城、枣阳等地交通和公安交警等部门的公路"三乱"案件 7 起。2005 年 11 月，针对交通系统公路"三乱"有所抬头的问题，市纠风办与市交通局召开全市交通系统治理公路"三乱"工作会议，通报个别县(市)区交通部门存在的公路"三乱"问题，责令有关县(市)区交通部门负责人当场表态，限期整改。

市委、市政府领导要求，对发生顶风违纪的公路"三乱"案件，要做到发现一件、查处一件，绝不姑息迁就，除按照国务院第 281 号令追究当事人的纪律责任外，还要按照党风廉政建设责任制的要求和"谁主管，谁负责"的原则，追究上级主管部门负责人的责任。对行政一把手，第一次出现"三乱"的给予通报批评；第二次下岗整治，不解决问题不得上岗；第三次报请组织部门进行诫勉，诫勉期间仍发生“三乱”的，就地免职。市纠风办对公路“三乱”案件紧抓不放，做到举报必查、违者必究、再犯重处。

自 1994 年以来，市纠风办着力查处一批公路三乱案件。1996 年，查处公路“三乱”典型案件 62 件，处理违纪当事人 91 名，其中党纪处分 4 人，开除公职 3 人，撤、免职务 6 人，取消执法资格 2 人，移交司法机关处理 1 人，辞退 36 人，通报批评 30 人，实施经济处罚 9 人，没收非法收入 4 万多元。2004 年，查处部分县(市)煤炭办公室人员违规上路拦车检查案件，在全市通报。当年全市共清理取消针对机动车辆的行政事业性收费、基金、集资摊派项目 6 项，涉及金额 811.3 万元；清理取消公路收费站点 1 个，查处公路“三乱”问题 17 个，受党纪政纪处分人数 13 人，其中在全市公开处理 5 人，使“三乱”现象得到遏制。

1995 年，市纠风办会同市公安、交通、林业局等部门，对辖区内所有道路设立站卡情况全面调查核实，对未经省政府批准设立的站卡坚决予以撤除，全市共撤除 74 个非法站卡。同时，对经过批准设立的 36 家合法站卡，通过新闻媒介公布站卡的地址及名称，并在站卡设置铁牌，公布设站的批准证件、主管单位、工作范围、收费单位、收费标准、收费期限和举报电话。

从 2000 年起，春秋季开学期间，市区各中小学校一律实行一次性收费制度，教育部门将中小学一次性收费项目和标准分别在报纸、电视上和各中小学中公布。一次性收费制度规定：学期中间不准以任何理由向学生收费；学生喝豆奶、入保险、着装必须坚持自愿原则，不得强迫；电脑教学试点学校必须经市教委审批，按市物价局审批的标准收费，非试点学校一律不准收取电脑费；向学生预收书本费，学期结束严格按书本价格核算，多退少补，不得盈余；严禁学校向学生压销物品；不准搭车收费；实行收费登记制度。2004 年秋季开学前夕，市教育、物价、财政、纠风部门共同召开会议，对推行一次性收费办法进行动员，市教育局同各县(市)区教育局和市属中小学签订责任书，部分教育局长、校长代表全市各级中小学校就教育收费问题向社会公开承诺。全市各新闻媒体和学校广泛宣传一次性收费办法，公告收费项目、收费标准和举报电话，让学生家长明明白白缴费。

开展监督检查。每年春秋两季开学前后，市纠风办会同市教育行政主管部门组成 10 多个检查组，对市区 60 多所中小学的收费情况进行拉网式检查。1995 年 9 月，在全市 3459 所中小学普遍进行自查的基础上，市、县两级组织检查、督办组 90 个共 365 人，重点抽查中小学 1072 所，抽查面为 31%。全市共查出各种乱收费项目 24 个，其中学校自定项目 15 个，当地政府行为造成学校乱收费项目 9 个，总金额 218 万元。2002 年春、秋两季的检查表明，市区中小学收费比较规范，各中小学组织学生参加保险、喝豆奶等活动被全部禁止。2004 年春季，市纠风办会同新闻出版部门对南漳、宜城等县(市)的 36 所中小学收费情况进行暗访和突击检查，对不符合一次性收费规定的当场给予纠正和解决。检查中发现南漳县某镇违反规定向学生收取集资费 56 万多元，在市纠风办直接督办下，很快将此费全部退还给学生家长。

查处乱收费行为。中小学的乱收费项目主要有补课费、勤工俭学费、资料费、考试费、服装费、电脑费、高额预收书费不结账等。2003 年，市纠风办按照“十不准”的要求严查乱收费案件，全市共减轻学生负担金额 620 万元，查处中小学乱收费案件 11 个，金额达 54.9 万元，有 12 人受到党政纪处分。2004 年 7 月，针对群众反映强烈的问题，市纠风办督促市教育部门在全市教育系统开展为期 1 个月的清理“乱收费、乱办班、乱招生”专项治理活动，共清理基础教育学校 1951 所，查处乱收费案件 90 件，清退乱收费金额 259.8 万元，24 人被追究党政纪责任，7 人被免去校长职务，61 人受到通报批评。

1996 年，市纠风办组织各地有关部门对全市药品生产、经营企业和个体工商户有无证照、证照是否齐全，以及医疗卫生机构网点分布等情况开展全面调查检查，查清全市药品的经营网点、医疗卫生机构现状。检查后对证照不全、无证照的药品经营企业、个体工商户予以取缔；对国家明令禁止经销的药材、非法行医等违法违纪现象，做到发现一起查处一起。全市取缔证照不全和无证照药品经营企业、个体工商户111家,关闭非法行医网点534家。1998年,全市185家药品经营企业、个体工商户经过再次报批,经省纠医部门会审后保留162家,取缔23家。1999年又取缔非法药品生产、经营户103个。2001年7月,市纠风办会同市药监局和樊城区政府有关部门,一举取缔春园路变相中药材市场。2003年全市关闭非法行医网点233家,没收各类药品、器械价值14万多元。市纠风办为解决药品采购暗箱操作和幕后交易问题,决定从源头上进行治理。1998年在枣阳开展药品招投标采购试点工作,取得成效后市纠风办会同市卫生局筹建市区药品集中招标采购中心,使全市73%的医院药品购销全部实行招标采购。该中心将130多种抗生素和500多种中成药全部纳入招标范围,先后组织4次公开招标采购活动,成交金额4500万元,中标的药品价格比过去实际采购价格平均下降30%左右,最高达到70%,减轻社会医疗负担1500多万元。2003年6月,市纠风办、卫生局规定,公立医疗机构和基本医疗保险定点医院所有纳入城镇职工基本医疗保险目录的药品和其他临床应用广泛、采购量大的药品,都要实行集中招标采购。市、县政府所属61个非营利性医疗机构和国有企业所属医院全部按规定参与药品集中招标活动,招标品种占医疗机构用药的90%,招标金额占用药总金额的85%。2005年10—12月,市纠风办组织第二次全市药品招投标工作,招标品种达3429个,金额达2.4亿元,让利患者4000余万元。2006年,全市全面推行网上招标、投标、开标、评标和网上受理投诉、举报等,实现整个医疗机构药品集中招标采购工作阳光作业。

1993年4月,市委、市政府从有关部门抽调46名干部组成14个"减负"工作组,对经委、财委系统14个主管局(公司)所属的188家企业1992年1月以来的负担问题,重点进行清理清查。共查出摊派单位500余个,摊派项目100多种,摊派款项1369笔,摊派金额达617.79万元。从摊派的单位看,有党政领导机关(摊派216笔,113.2万元),政法部门(302笔,134.7万元),城建部门(314笔,127万元),综合管理部门(46笔,14.14万元),教育部门(185笔,75.5万元),四个城区及其部门(157笔,46.6万元),金融部门(36笔,5万元),劳动人事部门(27笔,23.6万元),财政税务(26笔,14.2万元),14个企业主管部门(71笔,65.3万元)。1996年3月,市纪委致信全市部分企业家,表示按照"三个有利于"原则慎重处理改革开放中出现的新问题,旗帜鲜明地支持保护改革者,教育帮助失误者,严厉惩处违纪者,为改革和发展提供有力的政策和纪律保证,坚定不移地支持企业发展。1996—2005年间,市纪委查处一大批向企业乱收费、乱罚款、滥摊派的"三乱"案件。1997年全市共查处加重企业负担案件17起,有8人受到党纪政纪处分,2人被辞退,为企业挽回经济损失15万多元,减轻企业负担130万元。2003年,市纪委在全市开展"制止乱集资和滥摊派"专项清理,组织9个县(市)区和市直60个部门就2002年以来的乱集资、滥摊派情况,开展清理整顿,清理出乱集资、滥摊派金额379.7273万元,当年向群众清退204.5万元,同时对存在问题的单位发出督办函,责令限期整改。

市纪委采取多种方式,加强对农民负担的监督管理。1996年,省农民负担执法检查组肯定襄樊在全省有影响的四条做法,即对农民负担实行"五个一"管理办法;逐村开展清理清退,把不合理负担清退到户;推行财务公开上墙,发动群众监督;对涉农负担政策审核把关,控制"三乱"源头。全市各级纠风部门围绕"农民负担有所减轻,恶性案件有所减少"的目标,对农民负担问题开展专项治理,重点清理要求农民出钱出物出工的达标升级活动。市纠风办2001年对全市涉农达标升级项目进行清理,共清理出各种涉农达标升级项目62项,其中市一级自立项目10项,县级自立项目30项。清理后取消、停止使用43项,修改19项。在2003—2004年的农村费税改革中,各级纠风部门组织和参与农村生产性费用、农民建房收费、农村中小学收费、报刊征订摊派等专项治理,推行"一事一议"筹资筹劳制度、涉农税收和收费"公示制"、农村义务教育收费"一费制"、农村订阅报刊费用"限额制"、违反减轻农民负担政策"责任追究制"等制度,推行涉农价格和收费公示制,严肃查处涉农恶性案件和群体性事件,确保农村税费改革政策的全面落实。税费改革后的2005年,农民年平均少负担220多元。各地在制定农民负担预算方案时,都是先由村和乡镇政府拿出方案,经乡镇人代会讨论通过报县(市)区减负办审核同意后，由县（市）区党委或政府下发文件执行。对农民负担预算方案和有关涉农政策执行情况，市、县、乡（镇）三级政府均于次年3月底向同级人大提交决算报告。实行村账站管。对农民负担资金的管理，全市统一确定由乡（镇）经管站收提、管理，并建立相应的申报审批和审计制度，确保专款专用。推行农民负担监督卡制度，一户一卡。这项制度于1996年全面推行。实施农民负担专项审计制度。全市140个乡镇普遍建立审计站，对农民负担实行专项审计。各乡镇配备审计人员1177人，其中由农业部门考核发证的审计人员有648人。在村组建立财务公开上墙制度。全市村级财务公开墙有2500多块，达到一村一块，一组一块。公开的内容有13项。自1992年起，全市每年都要组织相关部门开展一到两次大型检查。通过检查，查处加重农民负担、侵犯农民合法权益的违纪违法案件。1993年8月30日—9月15日，市委、市政府组织四个检查组分赴5县3市及郊区，开展减轻农民负担千里行活动。检查组先后到62个乡镇、90个村、155个组、23所中小学、590个农户以及29个县直部门和17个乡镇直属部门，召开座谈会270次，座谈人数1983人，总行程约4550千米。1995年5月10日，在襄阳县召开的全市减轻农民负担现场会上，公布该县双沟、张湾、张家集3个乡镇发生的坑农、害农、伤农事件，有6名责任人分别受到党纪、政纪处分。当年，全市共查处加重农民负担案件105起，给予党纪处分30人，政纪处分25人，经济处罚62人。2001年，市纠风办查处保康县一乡镇法庭因作风粗暴导致农民非正常死亡等3起案件，追究近20名党员干部的纪律责任。2005年，市纠风办加大对涉农收费的检查力度，先后会同农经、物价等部门开展2次涉农收费大检查，发现并通报督办各种问题29个。

2003年年底，市政府成立整治和优化经济发展环境领导小组，确定15个部门为牵头单位，明确市直各部门主要领导是本部门、本单位第一责任人。同时成立经济发展环境投诉中心，日常工作依托市纠风办。市纠风办加大组织协调力度，建立工作联席会议制度，听取有关部门和企业的意见、建议，研究工作措施，协调解决具体问题，督促各部门制定年度整治和优化经济发展环境的实施方案。投诉中心对各部门办理企业和群众投诉情况，开展督办检查。2002年，市纪委、市委组织部等14个单位的主要负责人结合本单位职能，就本部门如何服务经济建设、优化经济发展环境事项，在电视和报纸上公开承诺，营造整治和优化经济发展环境的良好舆论氛围。市经济发展环境投诉中心公布投诉电话，设立专门的接待室接待来信来访，同时在襄樊政府网站建立投诉网址，接受群众投诉。市纪委从2个城区、3个开发区和市直有关单位推选200名具有代表性、公道正派的人士担任经济发展环境信息联络员，扩大投诉监督的渠道。2004年1—12月，投诉中心共收到企事业单位和人民群众投诉109件。对所投诉的问题，投诉中心主要通过转办、发函督办、直接办理三种方式处理，均在5个工作日内给予妥善处理，95%的投诉件的办理结果得到投诉人的肯定。投诉主要反映有关职能部门违反规定乱收费、乱罚款、乱执法；工作人员办事效率低下，不认真履行职责，损害投诉人利益或造成不良影响等问题。2004年，市纠风办调查处理市人大、市政协视察经济发展环境时反映的问题19件，调查行风评议中反映的问题11件。同时，市纠风办对市委、市政府、市纪委领导转办、投诉中心受理的40多个问题开展调查处理。先后立案调查市林业局、房管局、襄阳区农业局、市植保站等单位损害经济发展环境的典型案件，并于2004年11月10日召开全市公开处理损害经济发展环境的典型案件大会，给予16人党政纪处分。2005年先后查处市成品油整顿办公室、襄阳区工商局等6起损害经济发展环境的案件，立案3起，给予9人党政纪处分，移送司法机关追究刑事责任1人，通报批评4人。

市纠风办采取“上下联动，内外结合，面向社会，群众参与，评议系统，覆盖行业”的方式，对市直部门和行业的政风行风建设情况开展评议。重点评议为经济建设服务的思想是否端正，政府促进经济发展的政策和规定是否落实，群众反映的“三乱”问题是否及时查处，以权谋私吃拿卡要人员是否受到应有的追究等。各被评部门通过抓自身带系统、抓市直带县（市）、抓领导带职工，集中力量解决一批群众反映的热点难点问题。市政府领导称政风行风评议为党和政府的民心工程、人民群众的希望工程、被评部门的帮促工程、经济发展的促进工程和评议代表的奉献工程，并把评议结果作为政府部门目标考核的主要内容。国务院纠风办和省纪委领导认为襄樊的政风行风评议工作“起点高，机制完善，已形成了部门评议到专题评议和社区评议并驾齐驱、多彩纷呈的局面，在全国有影响，在全省有位子”。2000年5月8日，市纠风办与襄樊人民广播电台联合开办《行风热线》直播节目。市纠风办组织市直31个部门领导轮流到电台直播室参与直播，每天一期，每月一轮。《行风热线》重点宣传党的路线、方针、政策，宣传单位的管理职能、审批权限、办事程序和行业作风建设等情况，倾听群众呼声，受理群众投诉、解答听众提问。在节目直播或重播时，热线电话不断。有的听众打不进热线电话，赶几十里路来到电台向《行风热线》节目反映情况。直播节目开播一年间，群众拨打热线电话1800多个，其中咨询电话1100多个，投诉或举报电话700多个，反映的问题有90%作了圆满答复和处理。2001年，《行风热线》直播节目受理群众咨询电话1280个，投诉、举报电话700多个，现场接待群众1200多人次，收集意见、建议350多条，当场解决问题50多个。到2004年5月的4年间，该节目共举办980多期。群众通过热线电话、互联网或写信、上门反映情况，咨询或反映问题6300多个，其中90%做了反馈，受到社会广泛关注。2004年，《行风热线》在市政府网站上设立专页，实现网上受理、网上反馈和在线同步播出。各参与部门设计主题，介绍本部门、本单位的管理职能、审批权限和办事程序。2005年5月28日，市纠风办、广播电台在人民广场举办“行风热线”开播五周年大型社会宣传咨询活动。市领导和34个职能部门、窗口服务单位负责人与广大市民“零距离”接触、面对面沟通。市区1万多名群众参加现场咨询和投诉。市纠风办在市区人民广场和鼓楼商场门前设立社区评议宣传接待站，向社会发出调查问卷4500份，公开征求群众对政府部门的意见或建议，当场收集63条。市纠风办从1997年开始选聘行评代表，行评代表主要包括市人大代表、政协委员、民主党派成员、特邀监察员和群众团体、行业组织、新闻单位、街道办事处、社区居委会人员以及行政事业单位退休干部。市纠风办于2005年年初建立行评代表库，将市直108个单位推荐的196名行评代表置入代表库中，每年根据评议工作的需要，随机抽取部分代表作为当年的评议代表。

2001年以来，市纠风办多次组织行评代表对有关部门和行业的政风行风进行测评。测评的档次有4个：行风评议合格单位、行风建设先进单位、跟踪测评基本合格单位、不合格单位。2002年市委、市政府明文规定，测评满意率在前10名的，由市委、市政府授予年度“治理‘三乱’、优化经济环境优胜单位”称号；第一次测评不满意率超过40%的，单位行政主要领导下岗专职抓整改，接受第二次测评；第二次测评不满意率仍超过40%的，责令单位主要领导引咎辞职。当年有10个市直单位被市委、市政府授予治理“三乱”、优化经济环境专题评议优胜单位称号；51个单位被评为合格单位；3个单位被评为不合格单位。2005年9月，市纪委开展市直政务环境评价评议活动。35个部门共发放征求意见函2.26万份，召开座谈会327场次，走访群众6600余人次，征求意见和建议768条；评议代表共召开各类座谈会91场次，走访群众1698人，收集社会各界的意见和建议452条。市司法局等7个部门分别在新闻媒体公开承诺，欢迎广大市民对他们的政风行风建设情况进行监督和评议，并在市区设立征求意见接待站，发放各类调查问卷、征求意见函5100多份，宣传资料2.7万余份。10月26日召开市直政务环境评价评议民主测评会议，市政府办等35个市直部门被评为政务环境评价评议“合格单位”。2000年，市公安局结合人大视察和行风评议，开门纳谏，集中开展内部整顿和“万人评警风活动”。该局从局纪检、监察、督察等部门抽调人员，对行评中反映出来的重点问题直接进行调查处理，做到有错必纠、有案必查、有过必改。查实后市公安局召开公开处理大会，对13名违纪违法民警公开处理，其中开除党籍、开除公职3人、给予其他纪律处分7人，追究刑事责任的2人，责令3名派出所长引咎辞职。

2.执法监察

襄樊市各级纪检监察机关主要通过经常性的监督检查和查处违纪违法，以保证政令畅通，维护行政纪律，促进廉政建设。

(1)清理整顿公司

按照国务院统一部署,由襄樊市各级纪检、监察部门牵头,于1988—1990年间对辖区内政企不分、违法经营、投机倒把、倒买倒卖的各类公司开展清理整顿,其中重点整顿对象为党政机关、党政干部办公司,打击“官倒”和“私倒”。1988—1989年,全市共有各类公司1315家,其中1986年前842家,1986年后成立的473家。通过清理,变更注销279家,限期整改149家,保留887家。对其中80家政企不分的公司,办理脱钩手续69家,撤销11家,使企业在经济上与党政机关完全脱钩,改为服务性公司,成为独立的经济法人。在公司中任职或者兼职的党政机关干部143人(其中县级干部4人、科级干部32人、其他干部107人)中,当时脱钩120人(其中转入企业60人、回机关53人、辞去兼职7人),还有23人于1989年后办理脱钩手续。截至1990年,清理整顿公司中共发现投机倒把、违法经营案件666件,立案查处590件,给予30人以党纪处分,64人以政纪处分,89人移交司法机关处理。其中发现与受理“官倒”案子22件,其余大部分案件按工商行政管理法规作出处理,为国家挽回损失480万元,罚没金额586万元。

(2)监管专项资金使用

2000年以来,全市各级纪检监察机关对国债资金、水利资金、涉农专项资金、社保资金、扶贫救灾资金、高速公路征迁补偿资金、中央转移支付资金、农村合作基金会中央专项借款、失业保险金、城市污水治理资金、山区中小学危房建设资金等专项资金的管理使用情况,开展经常性的监督检查,以防止挤占、截留、挪用和乱发放等现象,最大限度地提高资金使用效益,确保这些资金发挥良好的经济效益和社会效益。对专项资金的拨付,财政部门按照基本建设财务管理规定的“项目四大原则”——投资计划、财政预算、工程进度、基建程序予以拨款。拨款中具体做到三看:一看工程进度,按进度拨款,做到资金到位与工程进度成正比,既不耽误工程施工,也防止资金挪作他用;二看资金使用情况,对项目单位账目实行不定期审核,看总账、明细账及购置原材料的发票,防止做假账;三是实地查看,每个季度安排专人到现场了解资金拨付和到位情况,看实际工程量与资金使用是否相符,防止套取、挤占资金等问题。对专项资金实行源头控制,把所有建设项目专款统一纳入财政基建专户,建专账、定专人管理核算使用,并要求项目单位必须开专户、建专账、定专人,严格避免与其他资金混用,严禁其他支出;同时严格按照规定程序审核拨付资金,采取资金直达方式,就是所有专项资金的拨付均由市财政局直接对有关工程项目拨款,缩短资金在途周转时间,避免资金被截留、挪用,确保专项资金能够专款专用。2001年11月,全市对国有企业下岗职工生活保障资金、失业保险金、基本养老保险基金和城市居民最低生活保障资金管理使用情况开展专项检查。检查人员集中时间、集中精力深入到乡镇、街道办事处、企业、居民户,全面审核“四金”的筹集、申领、审批、发放过程中的账、表、卡、册,查看原始凭证、制度措施等。各地一查上级拨入的保障金到位情况,看有无截留挪用现象;二查本级财政保障金预算情况,看是否全部落实到民政部门的账户上;三查保障对象经济状况,看发放金额是否准确;四查财务账目核算关系的平衡,看账款的准确性。清查结果为:1998年1月至2000年7月间国有企业下岗职工基本生活保障资金共计10 266万元,发下岗职工生活费7764万元,为下岗职工代交“两金”1500万元;国有企业职工失业保险金共计征缴4437.74万元,利息收入569.24万元,其他收入30.31万元,上级补助收入17万元,下级上解收入169.06万元,支出总额为4099.57万元;国有企业职工基本养老保险金共计征缴79 502.46万元,总支出83 890万元;城市居民最低生活保障金共计发放1 589多万元。

(3)监管建设工程项目

1994年以来,市纪委对建设工程项目开展执法监察,以工程项目招投标为载体,规范建筑市场行为。1996 年，市纪委会同市建管局建立市直建设工程招投标中心，使建筑市场的交易行为逐步从无序到有序，从无形到有形，从地下到公开。全市统一规定，30 万元以上的工程项目和 5 万元以上的室内装修项目，必须到招投标中心公开招标。1999 年 3 月底，7 个县(市)在全省率先建立县级有形建筑市场(招投标中心)，共投资 1 120 多万元，建立 7 个建筑面积近 1200 平方米的固定交易场所，并配置电脑、彩色大屏幕、摄像机、复印机等设备 100 余套(台)。每年进入招投标中心的工程项目有 700 多个，标底 10 多亿元。1997 年．全市立案查处建设工程领域违纪违法案件 35 件，其中万元至 10 万元以上的案件 18 件，10 万元至 30 万元的案件 4 件，30 万元以上的案件 1 件；给予党政纪处分 32 人，其中移送司法机关处理 5 人；处理的违纪人员之中，县级干部 6 人，科级干部 15 人，挽回经济损失 1 200 万元。1998 年，全市查处建筑领域违纪违法案件 21 件，涉案金额 113 万元，涉及县级干部 2 人，科级干部 5 人。1998—2002 年，市纪委会同有关部门对重点工程项目予以剖析。在 1998 年的剖析中，发现某单位坐收坐支预算外资金 700 多万元，用于建设宿舍楼和车库综合楼。1999 年，对中心医院内科大楼 2 659 万多元的工程开展审计后，减核工程款 544 万多元。

为加强建设工程招投标领域信用体系建设，1999 年起，市纪委在市区推行建设工程项目廉政监督制度，由建设方、施工方和监督方相互承诺，签订廉政合同，规范建设行为。当年全市有 241 个工程项目签订廉政责任书，483 个建筑工程项目进入有形建筑市场交易，工程投资总额 12.9 亿。

(4)效能监察

从 1996 年开始，市纪委在国家行政机关和国有大中型组织开展效能监察工作，收到明显成效。同年初，市监察局在市地税系统举办行政效能监察试点，1998 年，将试点扩大到市劳动局、卫生局、工商局和教委，1999 年试点再扩大到 15 家行政机关。

市监察局于 2003 年初建行政效能投诉中心，同时在市行政服务中心设立投诉点，负责处理对市直行政机关及其工作人员行政效能问题的投诉，以此加强对行政机关及其工作人员行政行为的监督，促使提高工作效率，优化经济发展环境，建设服务型政府。2003 年，市行政效能投诉中心共收到企事业单位和人民群众来函来访、电话举报和网上投诉 236 件，督办 29 件，直接办理 199 件，转办 8 件，其中回复 29 件。

1995—2002 年间，全市各级纪检监察机关组织和指导国有大中型企业开展效能监察，从抓企业管理入手，在监督检查中查漏补缺，整章建制，节约能源，降低消耗，转变机制，搞活市场，调动职工积极性和提高劳动生产率，以此促进企业工作效率的提高、经济效益的增长和职工收入的提高。各企业纪检监察组织在开展效能监察工作突出四大重点：围绕企业重大决策的贯彻落实抓督办；围绕企业生产经营重点促效能；围绕企业干部职工关注的热点问题搞监察；围绕“短平快”项目做文章。其中有的是帮助清收内外欠款，保证企业生产经营能正常运转；有的是严把原材料进口关，降低生产成本；有的是加强物资管理，节能与降耗并举；有的是加强后勤管理，节约非生产性支出。1996 年 4 月，市纪委在襄樊内燃机车厂召开第一次企业效能监察工作会议。以后每年开一次例会，到 2000 年共开会 5 次。1995—2002 年的 8 年间，全市先后有 179 家企业开展 414 个项目的效能监察。仅 1996 年，各类效能监察就为企业挽回和避免经济损失 820 万元，盘活资金 1.22 亿元，直接增加效益 4 700 多万元。

(5)保护个体私营经济合法权益

1998 年 4 月，市纪委制发《关于支持和保护个体私营经济发展的若干意见》(在《襄樊日报》头版头条发布)，下达五条“戒严令”：对个体私营经济一不准发生“三乱”行为，二不准借用或挪用人力、物力、财力，三不准吃拿卡要、敲诈勒索，四不准乱募捐和摊订书报杂志、强行推销商品，五不准乱搞检查、评比和达标升级活动。

全市纪检监察部门选择那些守法经营、文明经营的私营企业大户予以挂牌保护。1996年,全市共有190户私营企业分别受到各级纪检监察机关的挂牌保护。在被重点保护的私营企业,凡党政机关、社会团体、企事业单位或个人来此集资、募捐、要求赞助等法律法规规定之外的要钱要物,都必须向当地纪检监察机关报告,以接受审查,等候回复。对不报告或报告后未获批准而强行向被挂牌保护企业要走钱物的,一律以“三乱”行为论处,追究有关人员的纪律责任。

1997年3月,市纪委要求在个体私营经济中收缴税费时实行登记卡制度。凡征税和收费人员,一要有省以上行政机关的红头文件,即收费依据;二要有物价部门核定的收费许可证;三要严格按规定的项目、范围和标准收取;四要使用财政或税务部门统一印制的票据;五要在登记卡上如实填写各个栏目,并签名盖章。以上5条若有一条做不到,即不准收取税费,个体私营经济业主也可以拒交。当年全市向3.9万个体工商户和850家私营企业发放登记卡,发放面分别占30%和39%。1998年3月,市纪委在新华市场召开发卡仪式大会。当年全市共有2.9万个体工商户和650家私营企业领取“税费登记卡”,分别占总数的20%和27%。

市纪委于1998年在个体私营经济者中聘请50名“减负”监督员,请他们协助做好减轻个体私营经济负担的工作,随时举报违法违纪问题。他们中间有各级人大代表、政协委员等,有不少人是老党员、老积极分子。当年7月,市纪委组织调查,走访20多个“减负”监督员,收集意见和建议49条,其中有80%以上得到妥善处理。

市纪委经过调查,发现有关部门对个体私营经济有六个方面的乱收费:一是超范围、超权限收费;二是超标准收费;三是重复收费、多头收费;四是摊订书报杂志、压销商品、强行服务收费;五是收费时漫天要价、讨价还价,执行政策不严肃;六是光收费不管理不服务。针对上述问题,市纪委对涉及个体私营经济收费项目进行拉网式清理,共清理出1 422个收费项目,涉及52个部门。清理后做出如下处理:违法收费项目一律取消,共取消104个;有幅度的收费标准就低不就高,按下限执行,此类项目共36个;对那些光要钱而不管理不服务的收费项目责令有关部门进行整顿。所有被取消的收费项目都在新闻媒体上公布,接受群众监督。据匡算,废止的收费项目一年中可为个体私营经济减轻负担约1.2亿元。

(6)其他执法事项

市监察局从1988年恢复组建之初,就注重对重大安全责任事故的调查处理和督办工作,严肃查处因失职渎职给国家和人民生命财产造成重大损失的行为。根据上级有关规定,先后出台《襄樊市重大安全责任事故领导责任追究暂行办法》《襄樊重大安全事故应急救援预案》等,并以政府文件印发。1989—2006年间,市监察局会同有关部门处理重大安全责任事故80多起,其中有翻船事故、道路交通事故、鞭炮爆炸事故、火灾事故、食物中毒事故、煤矿瓦斯爆炸死人事故、磷矿冒顶事故、煤矿非法开采、房屋及路面坍塌等,给予170多人政纪处分和行政处罚。

1988年,市监察局组织清理楼堂馆所、压缩投资规模。全市共清理楼堂馆所50个,决定停建26个。为避免明停暗建、外停内建发生,监察部门采取“三停一收一吊销”的办法,即市计委在通知单位停建的同时,银行停止拨款,物资部门停止供应,电力部门停止供电,准建部门收回建设许可证,施工管理部门吊销施工执照。

1989年,市监察局会同市工商、物价局和供销社对全市化肥、农药、农膜等农业生产资料专营情况开展专项检查。各级政府广泛宣传专营政策,公开办事制度和办事结果,制订以“三公开”“七不准”为主要内容的专营工作纪律和宣传资料,发动群众监督,严肃查处和取缔非法经营单位和个人。(“三公开”为公开供应标准、公开商品价格和公开供应办法,“七不准”为不准以权谋私、不准索贿受贿、不准开后门优亲厚友、不准乱批条子、不准搭售商品、不准乱涨价、不准截留和挪用挂钩及奖励的化肥农药)当年全市共印发、粘贴专营布告和宣传资料11万多多份,聘请1 600多名农民监督员,取缔269个非法经营的单位和个人,对少数有令不行、有禁不止,仍然违反专营决定的,追究单位领导责任,给予政纪处分。

1999年,市纪委会同粮食管理部门开展粮食专项检查和执法监察工作。全市在农村粮食收购清理整顿中,成立整顿专班52个302人,清理粮食经营户2 382家,依法变更472家,取缔374家,排查出违法收购、加工、运输销售行为涉及118个乡(镇),占乡(镇)总数的74%,非法、违法经营687处1 273人,非法、违法经营粮食3 500多万公斤,查处1 108人,没收粮食1 230万公斤,封存粮食20.5万公斤,罚款174.75万元。

每半年对土地交易市场进行一次清理,及时发现和查处、纠正各种不规范交易行为,并利用新闻媒体对一些非法交易单位曝光。检查土地使用权交易场所。规定2002年3月以后土地使用权交易必须在市政府指定的土地交易市场公开进行,禁止任何形式的隐性交易和场外交易,对场外交易、私订协议的土地转让行为,依法严肃查处。规范土地市场运作。督促市国土资源局制定《土地使用权拍卖出让程序》《土地使用权挂牌出让程序》《土地使用权拍卖挂牌出让流程图》等,并在一月一次的挂牌拍卖时严格按程序实施。加强土地收益监督管理,对造成国有土地资产流失的,依法追究责任。加强对国有土地收购、诸备、交易等全程监督管理,对非法土地交易和国家工作人员在土地交易中玩忽职守、徇私舞弊的,按党纪政纪要求严肃处理。

(六)行政监察

市监察局按照《行政监察法》规定,规范本机关行政监察人员的执法行为,确保依法行政。做好执法"两制"的监督落实;推行行政监察执法公示制度;组织有关职能室负责人同局长签订执法责任书;规范行政监察文书的管理和使用;将依法行政工作纳入机关目标管理考评体系,实行激励机制。襄樊市监察局历任领导名录见表18—3 8 。

襄樊市监察局历任领导名录

表18-38

职务	姓名	任职时间
局长	曾庆国	1988.2—1992.7
	刘贵龙	1992.7—1994.12
	曾庆国	1995.4—1999.3
	张金良	1999.3—2005.12
副局长	肖文钦	1988.3—1990.8
续表	杨家国	1988.3—1991.4
	周诚华	1988.8—1994.12
	周汉文	1991.3—2005.1
	陈天国	1991.3—1994.7
	丁开正(女)	1995.5—1999.7
副局长	史根业	1997.9—2005.12
	高秀平	1999.7—
	张忠刚	1999.7—
	王春生	2005.1—

1988年市监察局恢复成立以来,未出现行政复议或行政诉讼的案件,依法行政工作多次受到市人大、市政府的肯定,总结的经验先后被省监察厅以及市人大、市政府内部刊物转发。

1.办理人大建议、政协提案

办理人大代表建议和政协委员提案是加强党和政府与人民群众联系,取得社会各界理解与支持,接受民主监督,推动工作进展的一条重要渠道。市监察局从成立之初的1988年,即开始办理人大代表的建议和政协委员的提案。其中2000—2006年的7年间,共承办市人大代表建议48件,市政协委员提案65件。

2.特邀监察员工作

市监察局根据中央关于坚持和完善中国共产党领导的多党合作和政治协商制度的意见,加强民主监督,加强党和政府同人民群众的联系,聘请特邀监察员开展监察活动。

(1)聘请特邀监察员

1991年1月,市监察局从市直6个民主党派和工商联中聘请政治业务素质好、参政议政能力强、有代表性、有奉献精神的8人,作为首批特邀监察员。此后,1993年12月第二批聘请10人,1997年4月第三批聘请10人,2001年11月第四批聘请10人。此外,1996年5月,市监察局在全市聘请50名兼职人民监察员,对工商行政管理活动进行社会监督。

(2)开展监察活动

为使特邀监察员的参政议政和民主监督作用得到发挥,市监察局定期组织他们参加时事政策学习,寄发学习资料和有关文件;定期通报反腐败斗争和纪检监察工作情况,使特邀监察员由外行变为内行;注重听取他们的意见和建议,改进工作方式方法;经常组织他们参与接待群众来访、招投标监督、行风政风及政务环境评议、源头治腐检查督办等活动,参加减轻农民负担、减轻企业负担、农资市场、市场物价、统计法、建筑市场、亏损企业等执法监察和检查活动;组织他们召开各类专题研讨会,走访有关人员,撰写各类专题报告,使他们在更大范围、更高层次参与纪检监察工作。

(七)源头治腐

1999年以来,市纪委在坚持反腐败三项工作格局的同时,从“制权、管钱、用人”这一核心问题入手,把教育、制度和监督作为有机整体,探索从源头上预防和治理腐败的新途径。经过试点摸索、捆绑推进和整体构建三个阶段,全市反腐败抓源头工作实现工作思路上的科学规划、工作项目上的拓展延伸和工作措施上的整体创新,逐步形成一套具有本地特色的源头治腐工作基本模式。

1.政务公开

(1)政府机关公务公开

从1988年开始,襄樊市尝试在市级政府部门实行政务公开,将大中专招生分配、城镇待业人员的招工就业、党政机关招收干部、职工调动、转业军官安置、“农转非”、“地搭工”、财政资金使用、金融部门存贷款、税收管理、工商营业执照的发放及收费、石油供应、主要物资分配、农用物资经营、计划生育、私房建筑与管理、居民住房分配、土地使用及其征收税费、公路运输检查、城市供气、供水、供电和安装电话、产品商品质量检验、食品卫生检疫等事项或指标，向全社会公开。

自 1998 年以来，全市把县级政府的政务公开工作摆在突出位置，采取得力措施，扎实推进。先是办试点，后来又召开县级政府政务公开现场经验交流会，在全市 9 个县(市)区人民政府以及所属的 931 个政府职能部门全面推行政务公开。县级政府政务公开的主体有三个方面，即县(市)区级人民政府本身、政府职能部门和具有行政管理职能的事业单位。县级政府政务公开的内容包括：政府自身决策、重大工作安排部署及进展情况、重大改革举措和重要事项的办理落实情况、政府重要会议决定的落实情况、重大项目的审批事项；财政预决算、重大投资项目、政府采购情况、救济救灾款物的管理、发放等情况；行政编制、选拔、录用公务员、民主评议党政领导干部、廉洁自律等。

政府职能部门向社会公开的内容包括工作职责、办事依据、办事条件、办事程序、办事纪律、办事时限、办事结果以及执收执罚部门的收费项目、收费依据、收费标准、监督办法、罚款标准和收缴情况等。同时对群众最关心的热点问题和重点工作事项进行分类公开，体现部门和行业特色。

公开的形式多种多样。有的利用会议公开，即通过人大、政协工作会议公开财政预决算、政府重大决策情况；有的利用新闻媒体公开，在新闻媒体上设置县级政务公开专栏，定期刊登公开的内容；有的通过县(市)区长热线电话和“信访绿色通道”公开，限期解决群众反映的热点、难点问题；有的利用“行风热线”公开；有的建立公示公开墙；有的对涉及重要物资价格调整、公益事业收费等采取“听证会”等形式公开；有的用高科技手段推行政务公开，建立电子显示屏、电脑查询系统、有线电视网络及规范化的政府采购中心、综合招投标交易大厅等设施。对政府职能部门的公开，各地各部门做到了“一规范、两有、三挂牌、四上墙”，即建立规范的公开墙；有举报箱和举报电话；做到挂牌办公、挂牌上岗、挂牌收费；机构示意图上墙、办事程序上墙、办事依据和收费标准上墙、办事结果上墙。

截至 2000 年年底，全市 157 个乡镇和占基层站所总数 94%的 2977 个站所全部实行政务公开。在乡镇政务公开工作中，各地各部门共建立健全各类规章制度 3700 多项，建立各种形式的公开栏、公开墙 3600 多个，公开面基本达到百分之百。

(2)厂务公开

按照上级统一部署，全市从 20 世纪 90 年代末开展厂务公开工作。到 2001 年，国有及集体企业厂务公开率达到 100%；到 2004 年，2709 家非公有制企业实行厂务公开，占总数的 86.3%；困难企业公开面达到 100%。2002 年、2003 年，襄樊市连续两年被中央纪委、中央组织部、监察部、中华全国总工会授予全国厂务公开先进单位。厂务公开的重点是公开企业改制、改组、改选方案，房改、医改方案，减员增效、下岗分流和再就业方案，物资采购、产品销售、工程招标情况，工资收入分配、企业公益金使用、社会保险金额缴纳情况，民主评议企业领导干部、业务招待费使用、领导干部廉洁自律等方面内容。

(3)村务公开

全市村务公开工作开始于 20 世纪 90 年代末。到 2001 年，2934 个村全部实行村务公开。2003 年全市有 2354 个村建立村级“说事”制度，通过村务公开收集群众意见 8662 条，办结 6985 条，解决纠纷 2769 起。2004 年，2390 个村建立“公开墙 + 回音壁”制度。村务公开促进农村税费改革的实施和农村经济发展，密切党群、干群关系，维护了农村稳定。2002 年以来，各村除继续把财务收支作为公开的重点外，又把税改政策、一事一议筹资筹劳、粮食直补、农业税减免、征地补偿、新型合作医疗等也作为公开重点，让农民及时了解国家改革的形势和各项支农惠农政策。在公开方式上，除原来采用的公开墙形式外，还通过印发公开信、发“明白袋”等其他有效形式公开。在公开时间上，财务收支按要求定期公开，对涉及农民利益及群众关心的事项及时公开，对农村改革政策随时公开。

（4）公用事务公开

2001 年起，全市各公用事业单位开始推行办事公开制度。各单位从制定公开方案、完善管理制度和解决群众反映的热点问题等方面入手，积极向社会和群众公开所办理的业务工作，构成不同层面、各具特色、各有内涵，同时又相互联系、相互促进的公开网络，提高办事效率和服务水平，推动全市党风廉政建设和反腐败斗争的深入开展。到2003年年底，全市公用事业单位办事公开推行面达到 100%。

2.推进财政管理制度改革

2000 年以来，市纪委采取一系列重大举措，帮助和督促有关部门改革财政管理体制与管理制度，着力从源头上遏制腐败现象。

（1）国库集中收付

在保持各单位资金所有权、使用权不变，财务管理自主权不变，单位资金筹措渠道不变，债权债务主体不变，单位经济责任不变的前提下，全市分级建立财务核算中心，实行国库集中收付，管理党政机关、财政拨款事业单位以及其他公共机构的日常财务。特别是对基本建设资金、大型会议经费、农业专项资金和科技三项费用，推行财政直接支付。2001 年，市级财务核算中心（国库收付中心）建成，第一批 194 家单位的财务被纳入核算中心监管。2003 年达到 253 家，归并资金 1.5 亿元。2004 年，市级财务核算中心共审核各类支出 5 亿元，拒付违规支出 125 笔 220 万元。2005 年，全市纳入集中核算单位 1993 个，精简单位财会人员 2000 余名，实现机构常规化、人员专业化、办公自动化和运作规范化。

（2）部门预算改革

2001 年，按照预算内外资金统一安排使用原则和“零基预算”要求，全市统一编制执收执罚单位年度经费预算和预算外资金收支计划，对部分行政事业单位的预算内外资金实行综合财政预算统一管理。2003 年将部门预算范围扩大到市政府所有组成部门。2005 年，市直纳入部门预算的单位 264 个，预算资金 3.53 亿元。部门预算改革对增强财政资金支出的透明度，强化预算监督和约束机制，以及防止财政资金使用过程中的截留、挤占、挪用等问题，起到了保障作用。

（3）“收支两条线”

1998 年以来，市纪委通过开展收费项目、收费票据、银行账号、收费资金的清理工作，会同财政部门不断完善收缴分离、票款分离、银行代收代缴管理办法，推行执收执罚单位收支彻底脱钩的“收支两条线”管理，亦即非税收入及预算外资金管理。该项管理实行的是“四个统一”，即统一账户、统一票据、统一程序和统一会计核算。1999 年，在市区 36 个银行营业网点建立银行代收点，取消执收执罚单位银行账户 298 个，清理小金库 63 个，查处违反“收支两条线”规定案件 19 件，收缴违纪资金 150 万元，处分违纪人员 6 人。2001 年 5 月对市直 36 个部门 195 个执收执罚单位的收费项目、银行账户和收费罚款票据进行清理，共清理银行账号 665 个，清理后保留 583 个，撤销 82 个，解决了银行账户过多过滥、账外设账、私设“小金库”等问题；清理票据 13 854 本，收回核销收费票据 2488 本、罚没票据 1486 本，查出有关单位有问题资金 249.3 万元。截至 2001 年 8 月底，全市已实行“收支两条线”管理的单位达 1271 个，占应推行总数的 100%，纳入财政专户管理的预算外资金达 6.7 亿元。

(4)政府采购

2000年，政府采购工作开始推行，市、县两级逐步建立政府采购办公室，制定操作办法。在网上发布政府采购信息，将公开招标确定的小汽车、计算机、办公耗材等通用设备的协议供货办法，以及定点印刷、公务车辆定点维修、保险、加油协议等细目发布出去。建立政府采购评审专家管理系统。加强政府采购项目立项预审把关。实行办公设备等定点采购，市直行政事业单位的公车一律定点维修、定点保险、定点加油。2003年，全市共组织政府采购861次，金额1.77亿元，节约资金2377万元，节约率达12%。

(5)零户统管

2000年，全市各乡镇陆续建立零户统管专户，乡镇级行政事业单位所有资金收入都被纳入专户管理。到2001年，96个乡镇全部实现零户统管，统管户数2007个，专户管理资金达2.07亿元，注销单位银行账户1305个，南漳、保康等地还推行零户统管电算化管理。

(6)村账站审

2000年，全市乡镇实行依托乡镇农村经营管理机构与农村集体组织共同管理农村财务的村账站审模式。到年底，有2855个行政村实行村账站审。2001年，全市乡镇和村组村账站审推广面分别达到100%和99%。2003—2004年，全市通过村账站审收支总额达44 367万元，审减不合理开支664.88万元，查处违纪案件192起184万元。不少地方还实行组账村管或组账村审。通过村账站审，有效堵住农村财务管理的口子和漏洞，减少乡镇、村组干部违纪违规开支的发生。

(7)会计委派

1997年，中纪委和省政府要求对国有企业、国家控股企业和行政事业单位逐步实行会计委派。1998年年初，市纪委在市城建局系统、仪表元件厂和力特公司开展会计委派试点工作。同年3月20日，市纪委在市城建局召开委派会计颁证大会，为城建系统10名委派会计颁发证书。下半年，会计委派工作扩大到公安局、检察院、法院等行政事业单位。1999年以后，全市采取三种形式实行会计委派：对国有企业会计机构负责人、主管会计实行分级委派制；对行政事业单位会计机构负责人、主管会计实行统一委派和管理；对市重点建设工程委派财务总监。所委派的会计全部持证上岗。2000年，市财政部门向市直40个执收执罚部门委派会计40名，全市共有506个部门和单位实行会计委派制，委派会计685人。2001年，对市直5项重点建设工程项目直接委派13名财政干部作为财政专管员，在市卫生、建管、民政等28个部门实行内部会计委派改革，共对729个单位委派会计人员753人。会计委派，有效防止和减少造假账、报假账、开假票等违纪违法行为。2002年，全市财经违纪违规信访量比1999年下降11.2%，私设“小金库”信访量下降23.4%。

3.推进行政审批体制改革

按照《行政许可法》的规定，襄樊市从2001年开始改革行政审批制度，调整本市行政审批项目，不断推进行政管理体制改革。

(1)审批项目调整原则

实行总量控制，将市直保留和调整的行政审批项目控制在350项左右，其中行政许可195项左右、非行政许可150项左右。对不符合《行政许可法》规定的审批项目，国务院和省政府精简的审批项目，以及其他地市取消的审批项目，一律调整、下放和取消。对业务相近、性质相同的审批项目，一律精简、压缩和归并。对以年度检验、事后备案为主的事项，一律改为业务管理工作，不再作为市级行政审批项目。对以省级主管部门审批为主、地方审核为辅的审批项目，不再列为市级行政审批项目。对垂直部门管理的审批项目，不再纳入市级行政审批项目统计。

(2)减少审批项目

2001 年，市政府对市、县两级原有行政审批事项进行全面清理登记，通过精简、合并、转移、下放等手段大幅度压缩行政审批事项。市直共清理行政审批事项 1356 项，削减 821 项，减幅 60.6%；清理收费项目 232 项，削减 71 项，减幅 30.6%。各县(市)区、开发区行政审批项目的精简比例均在 50%以上。2003 年，市政府按照职权法定和简政放权原则，再次取消 70 项审批项目，改变 5 个项目的管理方式，使全市行政审批项目减少到 505 项，精简比例达到 14.2%。2004 年，市政府部门审批事项由改革前的 505 项，再次削减到 195 项，减幅达 61.4%。

(3)建立行政服务中心

针对行政审批部门分散、审批时间过长、审批行为监管脱节等问题，市政府于 2001 年建立市级行政服务中心，运用现代科技手段，优化审批流程，打造“阳光新政”。到 2003 年，除了两个城区外，其他 7 个县(市)区全部建立县级行政服务中心，谷城、宜城等地还建立乡镇级行政服务中心，形成宽辐射、纵到底的市、县、乡三级行政服务网络体系。2001 年，市政府一次性将市直 48 个部门的 324 个审批项目和 117 个收费项目纳入市行政服务中心集中办理。2005 年 4 月，市政府结合深化行政审批制度改革，对进入中心的审批事项进行再调整，使机构改革后进中心的审批部门为 45 个，审批项目 461 项，即 90%以上的审批项目纳入中心集中办理，做到应进必进。在管理和服务模式上，市行政服务中心实行“六公开”服务，即公开服务内容、政策依据、办事程序、申报条件、承诺时限和收费标准；运用“六制式”办理方式，即首席代表制、分类办理制、全程代办制、联审联办制、首问负责制和集中收费制；推行“六个一”操作的运行机制，即在同一个窗口受理、审批、收费、咨询、协调和服务。按照规定，市权限内一般基本建设项目审批事项办完需要 275 个工作日，改革审批程序后只需要 51 个工作日。截至 2003 年 4 月，市行政服务中心共受理行政审批事项 120 588 件，办结 119 181 件，承诺期内办结率达 100%。2004 年，中心审批时限 5 日以上 1 个月以内完成的占所有项目的 25.4%，5 日以内完成的占 63.4%，即办件比例达到 11.2%，其中市级审批事项一律在 5 个工作日内办结。2005 年，中心共受理审批事项 65 096 件，办结 63 198 件，承诺期内办结率达 100%。

4.推进干部人事制度改革

2000 年，市纪检监察部门协调组织和人事部门，推进干部人事制度改革，在全市建立客观、公正、科学的选人用人机制。市委出台《中共襄樊市委常委会讨论决定干部的表决办法》和《县(市)区委任用重要干部表决办法》。同年，市纪委在谷城县、南漳县和市直教育系统纪检监察部门举办无记名投票表决干部试点。2002 年，全市通过票决的干部达到 4 029 人次，其中未予任用 19 人。2005 年，市委对 149 名拟交流重用或者提拔的县级干部人选予以表决。南漳、襄阳等地实行县委全委会表决制度，宜城将全委会审议表决的对象扩大到该市部办委局领导班子成员。竞争上岗制。在 2002 年机构改革中，全市市、县、乡三级直属机关 407 个单位全面推行中层干部竞争上岗制度，共有 1917 名干部走上中层领导岗位。差额上会制。2004 年，市委全委会、常委会讨论决定干部实行“差额上会”制度，当年对拟进县级党政领导班子两个职位的 4 名人选实行差额上会表决。考察预告制。2005 年，市委先后对 41 名干部进行考察预告。任前公示制。2000 年，全市对 128 名县级领导干部和 50 名科级干部进行任职前公示，对 38 名拟提拔干部通过廉政鉴定后予以否决。2002 年，对 104 名县级领导干部进行任职前公示,否决任用1人。2003年先后对3批58名拟提拔担任县级领导职务和678名科级领导职务的干部实行任前公示,其中76名科级干部因群众反映有问题经查实后未被提拔任用。2005年,市委对69名拟提拔干部实行任前公示,并且征求市纪委和有关执法部门的意见,到2005年年底,干部任前公示率已达到规定对象的100%。

1995年以来,全市多次公开选拔县级领导干部。2003年,市委全委会通过无记名投票,表决通过枣阳、宜城、襄阳、樊城、保康5个县(市)区委书记和宜城、南漳、谷城、老河口、襄阳、襄城6个县(市)区长拟任人。同年,市委又公开选拔市交通局、农业局、粮食局、旅游局4个市直单位正职职位。2004年,全市对170个职位、184名拟任(免)人选通过常委会无记名投票形式进行表决,其中对12个职位各提出2名人选提交常委会差额表决;将市教育局局长等7名市直部门正职职位面向社会公开选拔;在全省率先对老河口市市长、樊城区区长等2名县(市)区长推荐人选实行公推公选。

5.领导干部经济责任审计

从1998年开始,市纪检监察机关和组织、审计部门联手开展这项工作,先后出台《襄樊市行政机关、国有企事业组织法人代表离任审计监督暂行办法》和《暂行办法实施细则》、《审计执法责任制度》《审计执法错案追究制度》及《审计"十不准"廉政纪律》等,逐步把经济责任审计工作纳入规范化、制度化的轨道,逐步做到"逢提必审""先审后提"。市政府将纪检监察、组织、审计等职能部门捆在一起,由纪委、监察局牵头,负责经济责任审计的组织和协调,组织部门负责确定审计对象,审计机关具体操作实施,审计成果三家共享,将审计结果与干部监督、任用、奖惩和教育相结合。1998—2000年,市纪委根据经济责任审计提供的线索,查处领导干部违法违纪案件25件,涉案总金额达5100多万元,为国家和集体挽回经济损失2400余万元,有32名党员干部受到党纪政纪处理或法律制裁。2001—2005年间,全市共对1543名领导干部(其中县处级领导干部140名)进行经济责任审计,审计比例达到50%以上。各级党委参照审计结果,先后提拔任用政绩突出的干部278人,平调448人,降职和免职92人,执法执纪机关根据审计提供的线索,查处领导干部严重违纪违法案件35起,有8名被审计领导干部被移送司法机关处理。

6.综合招投标中心

2000年,市政府着手建立综合招投标中心,将建设工程、土地使用权转让、产权交易、政府采购、水利、交通、市政工程、装饰装潢、药品采购等招投标活动纳入中心规范运作。综合招投标中心实现招标信息发布、中标结果公布、政策咨询、监督投诉的网络化运作,执行招投标市场的准入制度,杜绝场外交易、暗箱操作和违规操作。到年底,市、县两级共建立招投标交易中心9个,入市率达到98%,其中公开招投标率达到95%。市建委、国土局等9个部门在中心设立办事窗口,建设工程、土地使用权转让、产权交易、政府采购、药品采购招投标活动及手续全部在一个中心办理,实行"一条龙"服务。同时,通过公开招聘、严格审核,建立涉及8个行业、600多人的综合招投标专家评委库。综合招投标中心依托政府网站,建立招投标信息网上发布系统,实现网上发布招标信息、网上公布中标结果、网上提供政策咨询。2005年前7个月,市综合招投标中心以招拍挂牌方式出让土地16宗,总价值1.76亿元。

四、组织工作

(一)党员

1.党员状况

1989 年,全市各级党组织本着“坚持标准,保证质量,改善结构,慎重发展”的原则,注意在工人、农民中发展优秀分子入党。全市共发展新党员 4 267 名,其中 35 岁以下的 2 631 人,占 61.7 %;初中以上文化程度的 4 197 人,占 98.4 %;在生产第一线工作的工人、农民 2 393 人,占 56.1 %。1990 年,全市各级党组织按照“坚持标准,保证质量,改善结构,慎重发展”的方针,共发展新党员 5 682 人,其中生产第一线的优秀青年工人和优秀青年农民 3 054 人,占 54 %;年龄在 35 岁以下的 3 481 人,占 61 %。1994 年,全市注重在生产、科技和工作第一线的青年中发展党员。全市共发展新党员 6 302 名,其中第一线 3 982 名,占 64.8%,青年 713 名,占 11%。1997 年,按照“坚持标准,保证质量,改善结构,慎重发展”的原则,不断提高发展党员工作的质量。全年共发展新党员 8 829 名,其中 35 岁以下的占 70%以上,农村、企业、教学、科研一线的党员达到 70%, 进一步优化了党员队伍结构。2002 年, 有党员 293 907 名,其中少数民族党员 1 344 名、占 0.45%, 女性 49 026 名、占 16.68%, 专业技术人员党员 36 144 名、占 12.30%,离退休党员 39 514 名、占 13.44%,预备党员 7 979 名、占 2.71%,农牧渔民党员 105 029 名, 占 35.74%, 35 岁以下的党员 59 519 名,占 20.25%。同年, 全市新发展党员 7 676 名,其中女性 2051 名。35 岁以下的占 70.40%,从共青团员中发展占 22.99%,从学生中发展 398 名,占 5.18%。2003—2004 年,党员分别为 297 067 名、300 685 名,其中少数民族党员分别为 1 365 名、1 327 名,女党员 50 412 名,企事业单位和民办非公企业管理的专业技术人员党员分别为 59 811 名、60 132 名,离退休及离职党员 43 863 名、46 168 名,预备党员分别为 7 589 名、7 437 名,农牧渔民党员分别为 107 240名、7 437 名, 非公有经济控制的企业法人单位党员分别为 7 868 名、9 612 名,个体工商户党员分别为4 881 名、5 020 名,35 岁以下党员分别为 60 025 名、74 476 名。2003—2004 年,全市新发展党员 14 648名,其中个体劳动者 27 名。2005 年,党员总数 306 553 人,比上年增加 1.95%。其中女党员 53 561 人,占 17.47%;在岗职工党员 120 659 人,占 39.36%;大专及以上文化程度党员 76 746 人,占 25.04%;35 岁以下党员 61 645 人,占 20.11%,60 岁以上党员 59 614 人,占 19.45%;中华人民共和国成立前入党的老党员 1201 人 (其中抗日战争前入党的 3 人), 占 0.39%; 少数民族党员 1 270 人,占 0.41%;预备党员 7 082 人,占 2.31%;机关干部中的党员 26 921 人,占 8.78%;管理专业技术人员中的党员 62 063 人,占 20.25%;农牧渔民行业中党员 108 099 人,占 35.26%;非公有制经济单位的党员 13 252人,占 4.32%;新的社会阶层中党员 4 836 人,占 1.58%。

1979—1987 年中共襄樊市党员基本情况统计一览

表 18-39

项目/数字/年度	党员				文化程度						年龄						行业分布								
	总数	占总人口数%	其中：女	其中：少数民族	大专以上	中专	高中	初中	小学	文盲	25岁以下	26岁至35岁	36岁至45岁	46岁至55岁	56岁至60岁	61岁以上	党政群	基建公共事业	农林水	财贸	交通邮电	文卫体	科研	工业	其他
1979	189991	3.58	26154	366	2502	18378	—	55944	76193	36974	13454	61011	—	100220	15306	—	14620	2536	128171	14737	4619	10565	201	13933	609
1980	195582	3.66	26317	363	2698	4877	15627	59240	75716	37424	10217	63323	57718	58110	—	6214	13634	2577	131961	15199	4455	11408	163	15119	1066
1981	197872	3.67	25656	345	2573	5105	17065	62034	74209	36886	9656	63670	54583	62808	—	7155	14788	2505	135885	15747	4593	11901	187	10809	1457
1982	203308	3.72	25979	378	2828	5538	18508	64968	73920	37546	8607	64778	54266	67048	—	8609	15590	2724	138098	16355	4495	12019	191	11638	2198
1983	224102	3.86	30484	678	4257	6831	21843	74000	79061	38110	7567	72468	58080	55736	19481	10770	18409	4807	140484	17583	4845	13488	354	21772	2360
1984	233209	3.97	31530	644	5203	8440	25031	78231	78676	37628	6889	72607	60852	59600	20606	12655	20172	4173	139174	18030	5115	14880	340	28178	3207
1985	243490	4.11	32800	693	6637	11391	28764	83966	77219	35513	7919	71444	64073	65255	20098	14701	23038	3964	138813	19027	5374	18890	481	30560	3343
1986	252443	4.22	33611	733	8442	13366	32209	86134	77519	34773	9354	70506	66413	65892	22776	17502	25817	3987	138291	20791	5870	19471	460	33840	3910
1987	261290	4.31	34485	769	10499	15601	36136	89300	75781	34023	10342	69166	70366	67109	24983	19324	28120	4369	136967	21764	6075	20317	650	38203	4825

1989—1999 年中共襄樊市党员基本情况统计一览

表 18-40

项目/数字/年度	党员			文化程度						年龄						行业分布												
	总数	其中：女	其中：少数民族	大专以上	中专	高中	初中	小学	文盲	25岁以下	26岁至35岁	36岁至45岁	46岁至55岁	56岁至60岁	61岁以上	农林牧渔水	工业	普查勘探	建筑业	交通运输邮电通讯	商业公共饮食供销	房地产咨询服务	卫生体育社会福利	教育文化广播电视	科研	金融保险	党政机关社会团体	其它
1989	280086	35808	939	16207	20214	41808	93653	76330	31874	9239	60625	86962	68509	30324	24427	136346	46775	507	3214	6309	20550	1890	5908	15298	2200	3854	32319	4916
1990	285552	38414	1029	17621	22117	44064	96554	74682	30514	8725	58298	89804	67812	32490	28423	137542	47150	503	3739	6564	21989	1322	6096	15921	2233	3764	34230	4499
1991	292186	39466	1041	20293	24288	46015	97996	74361	29233	7784	54981	94223	67606	34038	33554	137081	49922	201	1961	6836	22447	2301	6256	16012	2286	4828	34779	7276
1992	296190	40567	1096	22424	26259	49190	99220	71576	27521	8319	53268	95922	67931	35123	35627	137888	45111	497	3276	7014	23053	2437	6749	16371	1355	5221	36473	10745
1993	302999	41407	1097	35314	28765	52269	100700	71019	24932	8708	51160	98006	69785	36518	38822	135005	52529	445	3595	7340	23709	2947	6735	17715	2413	5790	36951	7825
1994	248532	35809	1029	24239	25117	44372	82897	55057	16850	7702	42065	80163	57196	27868	33538	104693	46616	435	2811	6548	19170	2858	5768	15182	2635	5006	32172	4638
1995	255455	37782	1091	26951	26650	46810	85732	54033	15279	7928	44045	80788	58519	27423	36752	107630	43613	757	3003	6442	20215	2787	6320	16284	2596	4860	34347	6607
1996	259664	39499	1099	29846	28277	49033	85056	53459	13993	8246	47842	78337	57794	28089	39356	105061	46209	787	3355	6808	21272	3217	6387	16403	2654	4986	35656	6869
1997	266777	41117	1178	33187	29763	52435	86768	52270	12353	8562	50471	77972	60145	28168	41459	105962	48784	785	3258	6153	20687	3306	6701	17603	2616	5499	37363	8059
1998	270024	41763	1225	36149	31061	52566	87943	50728	11381	8394	49305	75681	64956	26579	45109	—	—	—	—	—	—	—	—	—	—	—	—	—
1999	275760	43528	1233	40734	32685	53960	88733	49029	10355	8894	49092	76123	67519	26628	47504	—	—	—	—	—	—	—	—	—	—	—	—	—

2000—2005 年中共襄樊市党员基本情况统计一览

表 18-41

项目 / 数字 / 年度	党员			文化程度						年龄					职业							
	总数	其中																				
		女	少数民族	研究生	大学本科	大学专科	中专	高中	初中及以下	35 岁以下	36 岁至 45 岁	46 岁至 54 岁	55 岁至 59 岁	60 岁以上	公有经济	非公有经济	事业	机关	农牧渔民	学生	离退休人员	其他
2000	280887	45449	1269	315	45566	—	33385	54965	146656	58097	74256	72915	25935	49684	110482	—	—	30999	103626	179	32702	2899
2001	285763	46423	1246	400	14282	37349	34636	56358	142738	58402	75107	72264	27565	52425	59201	3474	36342	33182	104688	346	35383	13147
2002	293907	49026	1344	490	15563	42015	35059	57036	143744	59519	75869	73419	29089	56011	57408	4347	38609	32494	105029	390	39514	16116
2003	297067	50412	1365	585	18071	45455	35007	59364	138585	60025	75305	73455	30927	57355	38020	7868	47742	29202	107240	632	43863	22500
2004	300685	54512	1327	711	20996	48046	34081	60678	136173	61075	74476	72853	34101	58180	35997	9612	46099	28360	106600	1244	46168	26605
2005	306553	53561	1270	1117	25444	50185	34303	61327	134177	61645	77528	73402	34364	59614	—	—	—	—	—	—	—	—

2.整党、民主评议和处置不合格党员

(1)整党

1985 年 3 月至 1987 年 1 月,全市各县(市)按照中央《关于整党的决定》,分 3 批进行整党。参加整党的党组织 7852 个(内副县级以上 118 个),党员 242 920 人(副县级以上 1486 人)。在整党中,以党性党风党纪教育和坚持四项基本原则教育为主要内容,以领导班子建设为重点,较好地完成了统一思想,整顿作风,加强纪律,纯洁组织的任务。整党中清出有各种程度不同的经济问题的党员 28 155 人,金额 1683 万元。核查出“文化大革命”中的“三种人”(造反起家的人、打砸抢分子、帮派思想严重的人)4 人,犯严重错误的 152 人。对犯有各种严重错误的 1682 名党员,按照党纪国法和有关政策进行了严肃处理。其中受刑事处分的 72 人,开除党籍的 159 人,留党察看 337 人,撤销党内职务 45 人,严重警告 468 人,警告 634 人,给予行政处分的 39 人。对少数不够党员条件,不予登记的 392 人,占 0.16%,缓登记的 899 人,占 0.83%,取消党员预备期的 77 人。1989 年,各县(市)区党委按照关于整顿农村后进党支部要坚持“突出思想整顿、辅之组织调整、实行综合治理、着力巩固提高”的指导思想,抽调 1000 多名政治素质好,熟悉农村工作的党员干部进驻后进村开展党支部整顿工作,同时,对后进村的村民委员会、共青团、妇联等组织进行思想整顿和组织调整,为加强宏观指导,市委对率先开展整顿工作的襄阳县进行了全面调查,总结推广了他们的经验。到年底,全市 543 个农村后进支部有 80%以上进行了整顿,其中完成整顿工作的有 91 个。1990 年,在农村,对后进党支部进行全面整顿,对中间层党支部开展整建工作,并加强村委会、团支部、妇代会、民兵等组织的配套建设,组织党团员、干部、劳动模范等在群众中开展帮、带、联活动。在企业中对党政工班子进行调整和加强,在发挥厂长(经理)在生产经营方面的中心作用,尊重工人在企业主人翁地位的同时,确立党组织的政治核心地位。对学校、街道、党政机关党组织,解决“一手硬、一手软”的问题,促进思想政治工作的改进和强化。1993 年,集中力量整顿亏损企业和问题较多的企业领导班子。对全市大中型企业全面调查摸底和分类,对那些经营管理无方造成企业严重亏损或长期扭亏不力,缺乏开拓进取精神,无所作为以及内耗严重、以权谋私的企业领导班子及其成员进行了思想整顿和组织调整。共调整市、县属企业领导班子 148 个(其中市直大中型企业 18 个),调整企业领导干部 91 人,其中就地免职 24 人、降职安排 21 人、退养或担任非领导职务的 46 人。104 名干部走上领导岗位。1994 年,全市第三次开展大规模集中整顿后进村党

支部工作。到年底,159 个村基本结束整顿工作,占 81.95%。1997 年,下发《关于开展乡镇党政领导班子建设和整顿工作的通知》,全市已整顿 154 个乡镇,其中好班子 94 个,占 59%;中间的 65 个,占 40.9%;差的 1 个,占 0.1%。

(2)民主评议和处置不合格党员

1988 年 1 月,全市采取"坚持标准,立足教育,区别对待,综合治理"的方针,有计划、有步骤地在农村、城镇、基层、机关开展了处置不合格党员试点工作。到年底,全市试点单位共处置不合格党员 1 928 名,占试点单位党员总数的 4.8%。其中被开除党籍、劝退除名的 237 名,占 0.59%,限期改正的 553 名,受其他党纪处分的 1 138 名。对受处置的党员,各试点单位采取多种形式做好教育转化工作。对受限期改正和纪律处分的党员,采取建立帮教责任制、落实整改措施、组织集中培训、进行定期考评等有效措施,促使他们向合格党员转化;对出党的人员,党组织把他们作为重点联系对象,思想上进行帮助,生产上发挥特长,生活上予以关心,促使他们做一名好公民。1989 年,全市在 1 067 个党委(组)、1 193 个党总支、14 136 个党支部开展了处置不合格党员工作。年底已基本结束的有 283 个党委(组),784 个党总支、11 175 个党支部。在处置工作中,建立专班、派巡视组,对所属单位进行督促检查,解决问题。1990 年,全市民主评议党员和处置不合格党员工作,经过党员标准教育、民主评议、组织处理、妥善处置不合格党员和表彰优秀党员等 4 个步骤,于 12 月底全部结束。经过对参加评议的 239 922 名党员的民主评议,评出优秀党员 33 068 名,占 13.8%。对 6 734 名基本不合格和不合格党员进行妥善处置,占参评党员总数的 2.8%。上半年,继在市农机局、卫生局、电子工业公司、人民银行、第三中学等五个单位开展党员重新登记试点工作之后,在市直党政群机关、市属企事业单位以及党的关系在襄樊的中央、省属企事业单位中对党员进行了重新登记;同年 11 月,在市直机关和企事业单位(含党的关系在襄樊的中央、省属企事业单位)开展了民主评议党员工作。参加评议的党员 46 373 名,占总数的 96%。评出优秀 4 241 名,占 9.1%,合格 42 036 名,占 90.7%,初步认定不合格或有问题的 96 名,占 0.2%。

3."三讲"教育

1998 年,中共中央要求在县级以上党政领导班子和领导干部中用整风精神深入开展以"三讲"(即:讲学习、讲政治、讲正气)为主要内容的党性党风教育。襄樊市被省委列为全省第二批开展"三讲"教育的单位。为使"三讲"教育取得成效,襄樊市委召开 3 次常委会专题研究,成立领导小组,组建市委"三讲"教育办公室,派出工作组专题调研,制订工作方案,下发《关于在全市县以上党政领导班子和领导干部中深入开展以"讲学习、讲政治、讲正气"为主要内容的党性党风教育活动的意见》,召开动员会,对"三讲"教育工作进行安排部署。根据中央和省委提出的"自上而下、分级分批"的要求,全市"三讲"教育分 3 批进行。市级领导班子为第一批,市直各部委办局为第二批,各县(市)区、开发区为第三批。第一批于 8 月 17 日开始,10 月 30 日结束;第二批于 10 月 8 日开始,12 月 18 日结束。这两批"三讲"教育按照中央和省委要求,分为思想发动,学习提高;自我剖析,听取意见;交流思想,开展批评;认真整改,巩固成果 4 个阶段。在"三讲"教育中,市委共征集意见 4383 条,其中对班子集体的意见 3865 条,对领导成员个人的意见 518 条;省委巡视组共收集意见 556 条。其中对班子集体的意见 502 条,对领导个人的意见 54 条。这些意见集中反映的问题有 6 个方面。市委针对 6 个方面的问题相继出台 14 个文件,制定 6 项制度,边整边改,使 6 个方面主要问题得到较好的解决。在民主测评会上,市"四大家"领导班子集体剖析材料满意和基本满意率之和都在 98%以上。为加强对市直 124 个部委办局"三讲"教育工作的指导,市委派出 29 个"三讲"教育巡视组,巡视组共组织召开不同层次、不同类型座谈会 2 000 多次,座谈人数 3 万余人,共征集意见涉及 4 个大的方面 3200 余条。在民主测评会上，部委办局1140多名领导干部除1名外，其余全部通过民主测评。在“三讲”教育中，市委领导班子和领导干部对存在的问题，制定了整改方案，以文件下发，接受整改监督。

2000年5月下旬至8月上旬，襄樊市在县(市)、区县级领导干部中开展以“三讲”为主要内容的党性党风教育。全市县(市)、区县级领导干部349名全部集中时间开展“三讲”教育学习。“三讲”教育分思想发动、学习提高，自我剖析、听取意见，交流思想、开展批评，认真整改、巩固成果四个阶段进行。为了加强对县(市)、区“三讲”教育工作的指导，中共湖北省委派出9个工作组19人，襄樊市委派出10个工作组60人进行巡视和督导。在“三讲”教育中，全市县(市)、区县级领导干部学习了“三讲”必读篇目，重点深入学习了“三个代表”(即：中国共产党始终代表着中国先进生产力的发展要求，代表着中国先进文化的前进方向，代表着中国最广大人民的根本利益)重要思想。两个月中，全市举办“三讲”学习讲座125场，组织学习讨论会114次；各种座谈会1 157次，参加座谈9 135人；发放征求意见表8 483份，回收8 099份，回收率达96％；收集干部群众意见与建议15 577条，其中县(市)、区班子征求意见与建议9 865条，省巡视组征求意见5 712条；“三讲”对象进村住户1 506天，直接向群众征求意见和建议5 600多条，为群众办实事2 300多件，全市72个“上访专业村”的问题得到解决。2000年，中共襄樊市委组织部下发《襄樊市委组织部领导班子和县级以上领导干部“三讲”教育实施方案》，从10月8日至12月13日，市委组织部领导班子和县级以上领导干部开展了“三讲”教育。通过发放征求意见表、设立征求意见箱、召开座谈会等多种渠道，共收集各类意见建议120条，其中，对班子的意见建议53条，个人的意见建议67条。2001年，根据中共湖北省委的统一部署，全市从7月开始，在襄棉集团有限责任公司、热电厂、造纸厂、湖北东力工业有限公司、襄樊市供水总公司等5家国有重点骨干企业领导班子及成员中集中开展“三讲”学习教育活动。按照中办发〔2001〕8号和鄂办发〔2001〕21号文件要求，成立襄樊市“三讲”学习教育活动领导小组及办公室，组建指导检查组5个，进驻5家企业开展“三讲”学习教育活动指导检查。这次国有企业“三讲”学习教育活动，以江泽民“七一”讲话精神为指导，把握政策，严格程序，普遍分别召开班子成员、中层干部、职工代表3个座谈会，有的还召开劳动模范、科技人员、离退休老干部、转业军人、青年职工等座谈会。活动期间，5家企业共召开征求意见座谈会20场(次)，参加座谈人员450人；发出征求意见表500余份，回收470份，回收率94%；共收集对领导班子和班子成员个人的意见和建议近1000条，分类归纳为意见200条、建议50条。

4.新时期保持共产党员先进性教育活动

2005年2—12月，全市13 918个基层党组织，300 685名党员，分3批次，开展新时期保持共产党员先进性教育活动。第一批参加对象是县以上党政机关，涉及11个县(市)区、开发区和105个市直单位，有基层党组织3 034个，党员48 091人。集中教育从2月2日启动，到6月底结束。第二批在城市基层和乡镇机关进行，涉及基层单位4 344个，党组织6 303个，党员144 162人(包括农村中小学)。集中教育从7月20日启动，到12月底结束。第三批主要在村级党组织和农村党员中开展，涉及2454个村党组织，党员107 611人；市、县两级承担先进性教育活动组织指导任务的有关单位38个亦在第三批进行，涉及67个党组织，党员1 095人。集中教育11月底启动，12月底前处于学习培训阶段。为增强活动效果，全市创造性地开展“双联双促”活动，即：市直单位联系党支部(包括贫困村党支部、困难企业党支部)、党员干部联系贫困户(包括农村贫困户、下岗职工贫困户、城市贫困居民户)，促进党的先进性建设、促进襄樊和谐发展。全市1 115个机关事业单位联系1246个贫困村党支部、166个社区党支部、245个困难企业党支部；25 122名党员干部联系22 702个贫困户、79 046名贫困群众。广大党员帮助基层落实资金2.4亿元，落实发展项目2 236个，为群众办实事36 491件。活动中，各地各单位通过多种形式广泛征求群众意见，三个批次教育活动纳入整改方案的问题有93 471个，先期整改 78 235 个，后陆续进行整改的有 11 780 个，尤其对 3 456 个涉及对外开放、企业改革、农业结构调整、重大项目建设等经济社会发展的长远问题，重点进行整改。

查处 440 名干部的违法违纪问题，其中县级干部 24 人。全面清理超标准购置公务用车、违规集资建房、多购多占公有住房、公款超标装修住房等问题，查处高速公路征迁补偿、粮食直补等专项资金管理使用中存在的违规违纪问题。

投入警力 400 多名，新增巡逻车 56 辆，实行 24 小时"网格化"巡逻，形成点、线、面相结合的动态防控体系。针对黑恶势力称霸一方、气焰嚣张、已成为影响经济社会发展的"毒瘤"，在全市开展"打黑除恶"专项斗争，查获涉嫌黑恶和有组织犯罪团伙 235 个。

重点对 226 个基层党组织进行整建，从市、县两级机关选派 447 名优秀干部到贫困村、后进村和不稳定村任第一书记。市财政安排专项资金为全市每位村支部书记每月补贴 100 元。

针对农民群众反映的饮水难、用电难、行路难、看病难、子女上学难的问题，坚持"困难和矛盾上移，支持和财力下移"，调整财政支出结构，解决群众生产生活困难。全年用于农村基本农田水利建设、基础设施建设、公益事业发展的资金同比增长 34%。先行化解 586 所学校 5 万元以下的"普九"债务；筹集资金 1 亿元，为全市 43 万养老保险参保人员做实年度个人账户；筹集资金 980 万元，救助农村特困户 4 万人；对"4555"人员实行社保援助；推行农村新型合作医疗试点工作，加强医疗救助，解决贫困人口看病难、看病贵的问题。

市委、市政府从市直部门抽调 150 多名年轻干部，组成 40 个工作组，进驻矛盾多、困难大、改革任务重的国有企业指导改革工作，绝大多数企业改制到位。收回、重组襄樊机场，取消汉江大桥收费。

在第一批先进性教育活动中，市委注重用身边人和事教育激励党员干部，发挥先进典型的示范导向作用，推出"全国劳动模范"——保康尧治河村党委书记孙开林、全国"人民满意的公务员"——南漳民政局原局长何德全、襄阳温岗林场党支部书记赵明贵、因公殉职的保康公安局干警周友国、湖北回天胶业股份有限公司董事长章锋 5 名优秀共产党员典型，并组成先进性教育事迹报告团，巡回各地各单位宣讲。何德全作为全省保持共产党员先进性事迹报告团成员在全省作巡回报告。根据中组部和省委组织部统一安排，孙开林被确定为全国优秀党员干部宣传典型，由市委组织部策划制作的、反映孙开林先进事迹的电视专题片《开山书记》被作为全国第三批保持共产党员先进性教育活动典型教材在全国广泛宣传。枣阳吴店镇农民党员黄明军作为农村党员"双带"标兵在全省建设社会主义新农村先进事迹报告会上讲述带领群众摆脱困境、走向富裕文明的先进典型事迹。

5.党员主题教育活动

1991—1992 年，组织开展"公仆杯"竞赛活动，使党员在机关建设中发挥模范作用。1991 年，为庆祝建党 70 周年，市直机关工委在机关组织开展了以"忆传统，作贡献，争做新时期合格共产党员"为主题的系列教育活动。这次系列教育，从评选表彰市直 20 个先进党组织、20 名优秀党务工作者和 92 名优秀共产党员开始，到逐步推向开展群众性的党的基本知识竞赛、"党在我心中"的演讲竞赛、歌咏比赛、诗歌朗诵、革命传统讲座和"为党旗增光辉、为人民办实事"等多形式的纪念活动。在党员义务奉献活动中，市直机关及所属企事业单位有 36 000 多名党员、干部走上街头，深入工厂农村，为人民群众办好事实事 15 000 余件，为灾区人民捐款 937 000 多元，捐衣物 50 000 余件。1993 年，在农村继续开展党群共建"双文明小组"和"争当科技致富带头人"活动。到年底，全市已建立党群共建双文明小组 10 万余个，参加农户 70 余万户，占农户总数的 73.3%，党员科技示范户 2 100 个。在企业开展党员责任区和党员在岗立功活动。在机关开展争当人民好公仆竞赛活动。1994 年，各级机关坚持争创文明科室、文明单位、文明系统，积极开展公仆杯竞赛。4—5 月，市直机关评审命名了 345 个文明科室，表彰了 17 个公仆杯竞赛优胜单位和 78 名优胜个人。9—12 月，市直机关广泛开展了评选"三个十"活动，评出10名公仆标兵，10名优秀科长和10个先进机关。同年11月3日，组织“市直机关党员闪光奉献日”活动，3000余名党员到国家重点建设项目——襄樊火电厂工地参加义务劳动，其中有县以上领导干部296名。1996年，认真开展党员“双学”活动，提高党员思想政治素质，把“学特色理论、学科技知识”活动与领导班子思想作风建设、民主评议党员干部、学习先进人物、发展本地经济结合起来，建立10个“双学”活动联系点，使全市80%以上的党员干部完成了学习任务。实施党员“双带”(带头富、带领群众富)工程，发挥党员在农村奔小康的重要作用，组织党员干部开展领办村组企业活动，组织党员骨干开展示范活动，组织党员能人开展帮带联户活动。通过实施“双带”工程，有65 910个困难农户走上致富路。同年，组织广大党员干部开展讲政治读书活动，重点学习《中国红产党章程》和邓小平建设有中国特色社会主义理论，学习江总书记关于讲政治的论述、十四届六中全会《关于加强社会主义精神文明建设若干重要问题的决议》、市场经济知识、现代科技知识，并与市交通局联合举办了“交通杯”“双学”知识竞赛，印发试卷6 000份，收回5 796份，及格率100%，优秀率86%。有100名党员获得优秀答卷奖，30名党员获得全市“双学”优秀答卷奖。1997年，以形象工程建设为目标开展“出名品、建名店、创名街”竞赛活动，进一步增强街道党组织的凝聚力。按照《中国共产党和国家机关基层组织工作条例》的要求，开展以工作好、学习好、服务好、形象好、业绩好为主要内容的“五好机关”争创活动和评选“最佳机关”活动，推动机关作风的转变和服务意识的增强。学校党建工作紧紧围绕党的政治、思想、组织、作风和制度建设五个环节，开展“一个班子一盘棋，一个支部一条心，一个小组一面旗，一个党员一盏灯，一个阵地一群星”的“五个一”活动，提高学校党建工作的整体水平。全市有8 136名党员干部带头领办科技经济联合体，建立各类基地5 342个，领办创办龙头企业144家，吸纳剩余劳动力18.4万人，年创产值64.1亿元。1998年，市委组织部与市委宣传部联合开展“在实施再就业工程中闪光”主题教育活动，引导企业党员在再就业工程中发挥模范作用。全市共组织24个街道办事处、153个居委会开展以“为下岗职工再就业搭舞台、架桥梁、创环境”为主要内容的“三为”活动，使15 700多名下岗职工重新上岗就业，占全市再就业总人数的1/3。在机关，开展“五好机关”争创活动，推动机关党建工作上台阶、上水平。在学校，开展“五个一”活动。同年，在党员中开展“新时代、新要求、新奉献”主题教育。1999年，在农村结合贯彻落实《中国共产党农村基层组织工作条例》，市委有针对性地组派16支农村基层组织建设工作队，进驻农村开展工作，各县(市)区共抽调6045名机关干部进村进户，宣传贯彻《条例》，加强基层组织建设。与此同时，在全市农村还深入开展了以“推进村务公开、民主管理、促进村级组织规范化建设和农村民主政治建设”为主要内容的“村级组织规范化管理”活动。在全市乡镇党委中广泛升展了“两转一推”活动，全市146个乡镇的1 198名党政领导班子成员和3 434名乡镇直机关干部共创办服务基地1 097个，领办企业258个，组建各类服务组织1158个，网络83.4万农户进入产业化经营链条。同年5月26日，市直机关工委、市委组织部、市总工会联合发文，在市直县以上领导机关、领导干部中开展与市属特困企业下岗职工“结对子、一帮一”活动。在这项活动中，市直145个单位963名县级领导干部与36家特困企业225名下岗职工结成对子，签订帮扶责任书。同年6月28日，市直机关工委以对新党员进行党性和爱国主义教育为主题，组织市直党政、群团机关及部分二级单位、襄城区直属机关335名预备党员，在市革命烈士陵园广场，举行入党宣誓。宣誓后，新老党员为特困企业下岗职工捐款4 010元。同年12月31日，市直机关工委组织市区1.2万名党团员开展“奔向新世纪，建设新襄樊”红旗接力活动，活动仪式在市革命烈士陵园广场举行。接力活动途径运动路口、襄阳一桥头、樊城桥头，到达市中心人民广场，全长6.2千米。

从2000年12月下旬开始，中共襄樊市委根据《中共中央办公厅关于在农村开展“三个代表”重要思想学习教育活动的意见》和《中共湖北省委关于在全省农村深入开展“三个代表”重要思想学习教育活动的实施意见》精神，在全市县(市)区直部门、乡镇及其直属部门、村领导班子和基层干部中，深入开展“三个代表”重要思想学习教育活动。这次学习教育活动的对象有6类，即：乡镇一级机关的所有干部(包括正式聘用干部),重点是乡镇领导班子成员和副乡级以上的干部;由乡镇直接管理的和系统垂直领导的乡镇“站、所”的所有干部,重点是领导班子成员;县(市)区直部门的所有干部,包括部门所属单位的领导班子成员和工作人员,重点是县(市)区直部门领导班子成员;县(市)区人大、政协各工作委员会的所有干部,重点是各工作委员会的正、副职领导干部;属于系统垂直领导的驻县(市)区单位的所有干部,包括部门所属单位的领导班子成员和工作人员,重点是垂直单位领导班子成员;村党支部委员会和村民委员会成员。

学习教育活动分为学习培训(办班培训、集中学习、分散学习)、对照检查(广泛征求意见、认真查找问题、分析思想根源、撰写总结反思材料、征求群众对总结反思材料的意见、开展批评与自我批评)和整改提高(制定整改方案,通报整改方案)三个阶段,后转入经常性学习教育。2001年,襄樊市农村“三个代表”重要思想学习教育活动前两批任务完成:第一批(2000年12月—2001年5月28日)在全市908个县(市)区部门、98个乡镇计30 511名干部中进行;第二批(2001年9月—2001年12月)在全市2673个乡镇站、所计41 133名干部中展开。同时在全市13个乡镇、363个村的2090名“两委”(村党支部委员会、村民委员会)班子成员中开展村级学习教育活动的试点。市委先后在谷城县石花镇、谷城县土地管理局和南漳县九集镇王花园村举办试点,探索经验。15名市委常委、党员副市长和286名县(市)区党员领导干部建立联系点301个。为确保学习教育活动顺利推进,取得实效,全市抽调1051名机关干部组成9个驻县(市)区督查组、256个驻乡镇和县(市)区部门宣传教育组,检查指导。全市在中央和省委学习教育活动简报上分别用稿8篇和64篇, 中共襄樊市委和南漳县九集镇党委分别在10月26日全省村级“三个代表”重要思想学习教育工作电视电话会议和11月9日全省村级“三个代表”重要思想学习教育工作会议上作典型发言。同年,中国共产党十五届六中全会通过的《中共中央关于加强和改进学的作风建设的决定》(以下简称《决定》)发表后,中共襄樊市委直属机关工委(以下简称机关工委)及时组织市直各机关宣传学习、贯彻落实,转变机关作风。在组织各机关深入学习的基础上,10月12日,组织市直13个战线分管领导和2000年被市委、市政府授予“十佳领导机关”的机关党组织负责人,集中学习讨论;与襄樊市电视台、广播电台和襄樊日报社联合,在市直各机关开展“学《决定》、转作风、促发展”的宣传活动。2002年,市委在总结县以上领导班子“三讲”教育和“三个代表”重要思想学习教育活动成功经验的基础上,结合全市县以上领导班子作风建设的实际,在全市县以上领导班子中开展以“争当思想解放的先锋、争做求真务实的表率、争创群众满意的政绩”为主要内容的“三争”活动,按照“学、定、创、评”四个步骤,端正学风学习理论,推进县以上领导班子解放思想、更新观念;求真务实制定争创标准,激励领导班子成员奋发进取;查找和解决突出问题,推进领导班子转变作风;民主评选先进,树立一批典型和标兵,较好地解决部分领导班子中存在的“四个不够”的问题(思想不够解放、工作作风不够扎实、宗旨观念不够牢固、政绩观念不够端正),推动全市各级领导班子的思想解放和作风转变。2005年6月,市委在各级机关党组织和党员干部中广泛开展帮扶困难党员工作。为切实解决国有改制企业关闭、停产、破产企业中的下岗失业党员和辖区内老弱病残、生活困难党员的实际问题, 市、县两级825个机关党组织和14 198名机关党员与721个困难企业、社区党组织和11 528名困难党员结成帮扶对子,实行“一帮一”“多帮一”,为困难党员提供帮扶资金315万元,为853名困难党员办理低保,为723名困难党员提供无息小额贷款,免费为1200多名困难党员提供技能培训,免费为2 120名困难党员提供职业介绍,为316名困难党员安置公益性岗位,帮助1887名困难党员实现再就业。

6.对基层党员的电化教育

1989年,全市所有乡、镇、办事处和部分企事业单位以及少数村配备电视机、录像机、录音机共284套,播放专题片3.4万场次,市、县两级自制党员教育电视专题片13部,其中有2部被省委组织部评为优秀党课电视片，并在全省播放。1990年，全市党员电化教育共配有专兼职电教人员559名，摄像机6台，编辑机3台，录像机372台，录音机913台，电视机1417台，乡镇基本实现录音机、录像机、电视机三机配套，部分村组也配有电教设备，初步形成以县(市)区委组织部为中心，乡镇党校为阵地、村党员活动室为播放点，广播电视部门紧密配合的党员电化教育格局。在9月举办的全市党员电化教育专题片观摩评选会上，《仙人古渡导航人》《山村的党员们》《石家沟人话支书》三部电教片获得最佳奖。1991—1992年，12个县(市)区都成立有党员电化教育中心。120个乡镇成立了电教工作站。全市共筹资52万元，添置电化教育设备42台(套)；自制党建专题片47部，在中央、省、市电视台播出27部，其中中央电视台采用3部。襄樊及6个县(市)电视台开办了《党的生活》栏目。1993年，按照"完善发展、提高质量、加强管理、面向基层、重在播放、讲求实效"的指导方针抓党员教育，播放科技录像片60多部，受教育党员16万多人。自制党建专题片49部，分别在中央、省、市电视台播出2部、4部和34部。购买、复制《农村党支部书记培训教材》等资料220资料盒在党员中播放。

2000年8月20日，中共襄樊市委组织部下发《中共襄樊市委组织部关于印发〈关于加强基层党员电化教育工作规范化管理的意见〉的通知》。2004年4月1日，市委市直机关工委在全省市州中率先开通"襄樊机关党建网"。网站设有党建工作、网上党校、群团园地、机关动态、党建论坛等11个栏目。同年8月，市委组织部被中央组织部授予"全国党员电化教育工作先进单位"。全市党员电化教育电教网点，在2000多个农村行政村和城市社区得以普及，开展电教播放收看和"科技经济开发""凝聚力工程"主题实践活动。主办的《襄樊党建》网站获全国优秀党建网站，拍摄的电视专题片《岗位、责任、旗帜》获全国党员教育电视片观摩评比三等奖，另有多部电教片多次获全省观摩评比一、二、三等奖。

7.党员培训

1989年，先后举办7期乡镇领导干部岗位职务培训班，培训348人；在谷城县开展乡干部"限时定书自学"活动和科技干部知识更新补缺教育业余培训试点；在随州进行了乡镇干部"培训、实用、效益一条龙"活动试点和依托重点企业开展行业工程师知识更新补缺教育试点。一年来，80名科技副乡(镇)长为农村培训技术人才17 000多人次，联系转让科技成果1 052项，提供科技信息896条，论证项目194个，开发新产品162个，使82家企业扭亏为盈。市、县两级管理的专业技术拔尖人才共取得各类科技成果178项，占十年间取得成果总和的1/4，获直接经济效益近1亿元。1990年，市委组织部会同宣传部、市委党校举办3期县以上党员领导干部哲学、党建理论研究班。12个县(市)区委书记，分管党群的副书记、组织部部长、宣传部部长，市直部委办和群团部门党组(委)主要负责人以及县级企事业单位党委书记、厂长(经理)共210人参加了培训。市委书记章治文，市委副书记、市长杨斌庆，市委副书记伍荣显、果真，市纪委书记魏元明分别就深入学习马克思主义基本理论、巩固党的执政地位，坚持党的工人阶级先锋队性质、加强民主集中制建设，坚定社会主义信念等重大理论和实践问题作了专题发言。各县(市)区及市直有关单位也相继举办不同类型的哲学、党建理论研究班，有8881名党员领导干部参加了马克思主义基本理论和党建理论的学习。同年，举办入党积极分子、机关党务干部和机关党员等各类培训班152期，受训人员6 900余人次。

1991—1992年，市直各机关组织党员、干部开展党的基本路线教育，学习江泽民在建党七十周年纪念大会上的讲话、邓小平视察南方重要讲话和党的十四大精神，对党员进行以党史党章为内容的党员意识教育。两年间，市直机关党校共举办副科级干部、机关党务工作者及入党积极分子培训班12期，培训学员1 029人。为了提高机关党课教育质量，市直机关工委请有关部门领导以《努力实践党的宗旨，真心实意做人民公仆》为专题，在党群机关组织4次大型党课，听讲人数2 000多人次。1994年，市县两级党校共办培训班50期，培训领导干部2 731人次；市县两级党校举办在职干部学习社会主义市场经济理论、现代企业经济管理理论、涉外经贸知识和经济法规培训班 175 期，培训 11 267 人次；全市共培训农村党员 10.86 万人。同时，利用农函大和农广校对 34 900 名农村党员干部进行了实用技术培训，农民党员获得农民技术员以上专业技术职称的达 14.6%。同年，市直机关党校加强对机关党员干部的轮训、培训，举办科级干部培训班、入党积极分子培训班各 2 期，机关支部成员培训班 1 期，培训科级干部 159 名，入党积极分子 309 名，机关党支部书记、委员 50 名。1996 年，利用机关党校，全年培训副科级干部 2 期、入党积极分子 4 期、党规政纪培训班 1 期，共培训 661 人。同年，举办换届后新任村党支部书记培训班，共培训 150 人。1997 年，机关党校先后举办 4 期机关党务干部学习中共十五大文献培训班，培训机关党务干部 203 名；举办 2 期科级干部培训班，培训副科级干部 93 名；举办入党积极分子培训班 3 期，培训 355 人。1998 年，市直机关工委利用机关党校举办党务干部学习《条例》研修班 3 期，科级干部培训班 1 期，入党积极分子培训班 3 期，分别培训 202 人、51 人和 460 人；组织部分县(市)区工委书记和市直机关党务干部外出参加贯彻《条例》研讨班。2002 年，全市各级机关党组织坚持以“三个代表”重要思想为指导，坚持中心组学习制度、“三会一课”制度和召开各类座谈会，举办党务干部培训班。同时，举办“反对邪教，崇尚文明”展览，开展市直单位处理开放“法轮功”清理检查，加强对市直机关开放“法轮功”习练者的帮教转化。发挥机关党校的教育主渠道作用，举办各类培训班 9 期，培训入党积极分子、预备党员、科级干部、党务干部 852 人。

8.完善党籍党费制度

1997 年，印发《关于进一步规范市直机关发展党员工作的意见》。全年共发展新党员 102 名，预备党员转正 121 名。2000 年，为把群众监督、社会监督引入到发展党员工作中来，进一步拓宽组织考察渠道，以避免组织考察失真和杜绝发展党员工作中的不正之风。制定《襄樊市发展党员公示制试行办法》。2000 年 11 月 8 日，中共襄樊市委组织部下发《关于加强党费收缴、管理和使用的意见》。

9.完善组织生活制度

1984 年，市委制定《农村党支部考评条例》《企业基层党组织考评条例》和《党员考评条例》，普遍推广宜城县党建工作“四联”(从县至村一级联一级)责任制。1992 年 11 月，市委印发《关于县(市)区、市直机关、市属企事业单位党员领导干部民主生活会管理办法》。1997 年，在坚持对党员干部进行经常性教育的同时，加大对违纪案件查处力度。全年初查发案线索 352 件，其中立案 115 件，已结案 113 件，共处分违纪党员 19 人。在全市清房工作中，先后对市直党群机关 507 名违反规定的干部进行清理，收缴和补交住房购房款共计 49 919 元，完成清房工作任务。

10.流动党员管理

1994 年，对外出党员的管理，坚持以有利于党员生产经营活动为原则。对外来党员依托工商行政管理部门、城建部门、公安部门和街道党组织，加强管理，并赋予驻外机构党组织责任，由驻外机构党组织负责管理区域内的本籍党员；同时，在外出党员相对集中的地方建立党支部。此外，坚持和改进外出党员登记建档、定期联系、春节前后培训等制度，发挥外出外来党员在传递信息、引进技术、推销产品、培养人才等方面的积极作用。1995 年，贯彻中组部《关于加强流动党员管理的意见》，对占全市党员总数 10%左右的 29 000 多名流动党员，根据流向，推行“流动党员活动证”制度，加强规范管理，7 月，对符合颁证条件的 8423 名外出流动党员颁发了“流动党员活动证”。

(二)干部

1.干部选拔、任用

(1)民主推荐、公开选拔和竞争上岗

1982 年以来,干部任免由单一的委任制、选举制,扩大为招聘制、合同制、任期制、试用制。1988 年,全市组织了 3 次推荐活动:民主推荐分管农业的副市长。有 164 人参加推荐,通过投票确定了副市长候选人;全额推荐市人大、政府、政协领导班子候选人。有 449 名县级领导参加推荐投票,确定正、副市长候选人 8 名,人大常委会正副主任候选人 14 名,政协正副主席候选人 13 名;全额推荐各县(市)委、纪委班子成员候选人。全市参加投票的达 1 172 人,共推荐出 380 名候选对象。是年 6 月至 9 月,根据市委部署,市委组织部与统战、人事部门共同组织,抽调 20 名干部,组成 11 个专班,在全市开展推荐、考察和选拔非党干部工作。考察专班对各单位推荐的党外代表人物对象,经过从政治立场,清正廉洁、工作实绩、实践经验、参政议政等方面进行全面考察,确定可进班子对象 9 人,列为党外代表人物名单的 690 人,其中提名为县(市)区人大、政府、政协领导班子成员候选人 75 名,有 6 名已担任市级国家机关领导职务。1990 年,市直机关深化干部制度改革,引入竞争机制,全面推行中层干部聘任和工作人员聘用制。市委组织部在市农牧业局进行试点,敢得经验后,在市直 106 个部、委、办、局(公司)全面铺开。年底,已有 106 个单位完成“双聘”工作。1991—1992 年,实行公开透明、民主推举、组织审核、依法任命的选拔程序,增强委任制干部工作的民主和群众参与程度。两年间,县(市)区直机关有 18 340 名干部参加评议和推举;2 085 名领导干部向群众公开述职。在民主推举各级领导班子入选时,新提名对象 2 796 人,有 177 名得票超过半数,其中 136 人进入各级领导班子,占 76.8%。对 64 名原班子成员得票未过半的,降职使用的有 16 人,改任调研员或做其他工作的 22 人,免职的 6 人。1994 年,配合省委组织部在宜城进行“双推双考”(组织推荐与群众推荐相结合、考试与考核相结合)选拔领导干部试点,进一步完善干部试用制度,对党政机关新增干部,实行考试与考核相结合,面向社会、公开招考,全面引入竞争机制。1996 年,坚持从“进、管、出”三个方面进行干部制度的配套改革。在进的方面,在总结“双推双考”选拔领导干部实践经验的基础上,制定《关于“双推双考”公开选拔领导干部实施意见》,使这一改革逐步规范化、制度化。1996 年,全市通过“双推双考”公开选拔各级各类干部 104 名。在管的方面,对领导干部在任期间的工作实绩实行目标管理。在老河口市试点的基础上,扩大到 5 个县(市),把对干部的严格要求、严格管理、严格监督落到实处,提高干部管理工作的科学化水平。在出的方面,在襄阳县进行调整不胜任现职领导干部的试点基础上,1996 年在全市进行推广,全市共调整科以上不胜任现职的干部 85 名。1997 年,按照“扩大民主、完善考核、推进交流、加强监督”的要求,在干部制度改革方面进行探索,初步形成“进、管、出”相互配套、规范有序的干部工作运行新机制。在制定并实施《关于“双推双考”公开选拔领导干部实施办法》以后,市直有 27 个机关单位拿出部分中层干部职位实行公开选任,共有 60 多人通过考试进入党政机关工作。1998 年,全市认真贯彻落实《党政领导干部选拔任用工作暂行条例》。上半年对市直机关空缺职位面向社会实行招考,对 1 839 名报考者进行笔试、面试、综合考核,公开选拔 104 人到 34 个市直机关工作。2003 年 10 月至 2004 年 7 月,市委先后 2 次面向全市公开选拔 11 个市直部门的主要负责人。

第一次公选:2003年10月27日,市委召开动员大会,面向全市公开选拔市交通局、市农业局、市旅游局、市粮食局局长。公告发布后,有432名符合条件的人员报名参加。经过资格审查、笔试、实地调研、面试、组织考察、市委讨论决定、集体谈话、岗前培训等程序,同年12月5日,市人大常委会任命邓卓海任市交通局局长、邹洪成任市农业局局长、刘智勇任市旅游局局长、汪帮国任市粮食局局长。

第二次公选:2004 年 4 月，市委决定面向全市公开选拔市经济委员会主任、共青团襄樊市委书记、市教育局局长、市卫生局局长、市物价局局长、市安全生产监督局局长、市房产管理局(市住房制度改革委员会办公室)局长(主任)7 名领导干部。公选从 4 月 12 日开始到 7 月 4 日结束。全市有 356 人报名参加。经过资格审查、笔试、实地调研、面试、组织考察等程序拟定人选。同年 6 月 11 日,市委常委会对拟任人选进行票决。6 月底,市人大常委会任命李德璋任市经济委员会主任、李菲任市教育局局长、林芳立任市卫生局局长;市委任命袁德芳任共青团襄樊市委书记、蔚盛斌任市物价局局长、郑德安任市安全生产监督局局长、肖勇任市房产管理局(市住房制度改革委员会办公室)局长(主任)。2004 年 5 月至 7 月,经省委组织部批准,市委面向省直、襄樊市,公推公选老河口市市长、樊城区区长。经过大会动员、组织报名、资格审查、民主推荐、实地调研、演讲答辩、组织考察、市委研究、报省委组织部备案等程序后,同年 6 月 28 日,市委九届十五次全会表决通过施李国为老河口市市长推荐人选、杨述明为樊城区区长推荐人选。7 月初,老河口、樊城分别召开人代会,选举施李国为老河口市市长,杨述明为樊城区区长。2005 年 9 月,省委决定面向全省公开选拔 31 名副厅级领导干部,襄樊有 94 名符合条件的干部报名参加公开选拔,89 名干部参加笔试,14 名干部入围面试, 有 11 名进入考察范围。市物价局局长蔚盛斌被省委任命为省人事厅副厅长。

(2)培养选拔年轻干部、女干部、非党干部

培养选拔年轻干部。1982 年,地、市共选拔 1 262 名初中文化以上中青年干部担任区级以上各部门领导职务。在 1983 年、1984 年机构改革中,全市选拔市级干部 9 名,县级干部 136 名,区(科)级干部 1174 名。其中大中专和高中文化程度的占 77%;45 岁以下的占 77.2%,干部来源主要从大、中专毕业生,或具有同等文化程度的青年中择优选拔。从 1982—1985 年,新增国家干部 21 727 人,其中大专毕业生 1 698 人 ,中专生 5 838 人,军队转业干部 1 818 人,以工代干转为国家干部 2 030 人,从农村吸收干部 939 人,从城镇青年中吸收 748 人,其他 7 538 人。截至 1992 年年底,全市 45 岁以下的青年干部有106 175人,占干部总数的70%。1992年,全市下派青年干部503人,下调534人. 转岗交流2 799人。市委采取明确目标、定向培养、以老带新、严格考核等措施,加强对下派下调和轮岗交流干部的跟踪管理,促进青年干部的健康成长。在选拔任用干部中破除论资排辈、求全责备的观念,对基本成熟、有培养前途的青年干部大胆提拔使用。两年间全市各级党委提拔 45 岁以下的青年干部 1 759 人。同时,从市直机关选调 72 名懂经济、会管理的干部,担任大中型企业领导职务,选拔培养了一大批跨世纪合格人才。

1995 年,市委决定在全市范围内用“双推双考”办法公开选拔 35 岁以下县级领导干部。同年 4 月上旬,在全市进行动员和推荐,报名 490 人,经资格审查,确定参加笔试 379 名,经过统一笔试,达到规定的分数线被列为民主测评和组织考察对象的有 264 人。经过各县(市)区初步面试、民主测评和组织考核,按选拔职位 1∶3 的比例确定参加全市面试 64 名。同年 5 月 26 日至 27 日,在南湖宾馆进行统一面试,有 45 人被列为初选对象,经过组织复核,最后确定 20 名为选拔对象。被选拔任用的 20 人中,男性 15 名,女性 5 名;大学本科 4 名,专科 15 名,中专 1 名;非党干部 4 名;乡镇 4 名,县市区直机关 11 名,市直机关 5 名;进入县(市)区党政班子的 19 人,进入市直局级班子的 1 人;担任县(市)区委常委 10 人(其中副书记 2 人),担任副县(市)区长 9 人,担任市直局级机关副职 1 人。运用“双推双考”的办法选拔任用的 20 人中,有工业、农业、教育、财贸、畜牧、医药、法律等各方面的专业人才,弥补了有关县(市)区党政班子成员知识结构的不足;11 个县(市)区全部实现党政班子各配 1 名 35 岁以下的年轻干部的要求;有 9 个县(市)区党政班子各配一名女干部,占 82%;有 10 个县(市)区政府班子配备有非党干部,占 91%。从推荐报名情况看,取得考试资格的 379 名干部中,群众推荐 77 名,占 20%。组织推荐 237 名,占 63%;自荐 66 名,占 17%。进入全市面试的 64 名中,市委掌握的县级后备干部 11 名,占17%；自荐19名，占30%；女干部15名，占23%；非党干部13名，占20%；乡镇党政正职8名，占13%；正科级干部39名，占61%；副科及以下干部25名，占39%；党政机关干部50名，占78%；企事业单位干部14名，占22%。“双推双考”坚持公开、平等、竞争、择优的原则，克服用人问题上的不正之风，各个程序都向社会公开，在社会广泛参与监督下做到客观公正，贯彻党的干部“四化”方针和德才兼备原则，受到中央组织部、省委组织部的肯定。2000年，制定《公开选拔领导干部试行办法》，面向社会从35岁以下、大学本科毕业以上的干部中公开选拔18名优秀人员进入县(市)区党政领导班子。

培养选拔女干部、非党干部。1988年，全市共推荐出优秀女干部1 280人，非党员干部512人，经过反复遴选，从中确定87名县级后备干部，409名科级后备干部，其中已有50多人被提拔到领导岗位. 对未列入后备干部名单的，逐人登记造册，作为人才线索掌握起来。1990年3月，市委在全市组工会议上明确提出：县(市)区党政领导班子在1990年内至少配备一名女干部，争取1991年底前配备两名女干部，县(市)区党委换届时，同级妇联主任必须作为委员或候补委员的候选人；市直女干部女职工较多的委办局要在两年内逐步配备一名女干部，乡(镇)党委和政府在两年内至少配备一名女委员或女乡(镇)长；县乡两级后备干部中，女干部要达到15％。为了尽快落实这一目标，市委组织部组织专班，用两个月的时间，对市直10个战线推荐的优秀女干部逐个摸底排队。各县(市)区也参照市直机关的做法，开展摸底推荐工作。共推荐优秀女干部1 016人。到年底，全市共培养选拔女干部192人，其中县级领导干部14名、乡(科)级领导干部178名。1991年、1992年，在女干部和非党干部配备比例上，变“软指标”为“硬指标”；在任用方式上，变“选后就任”为“提前到任”；同等条件下优先提拔女干部和非党干部；进行强化培养，大胆任用，两年间，全市共有160名优秀女干部和72名优秀非党干部担任副县以上领导职务。182个乡(镇)办事处党政班子都配有女干部，占乡镇总数100％。还挑选97名优秀女干部列入县级后备干部名单，488名列入乡(科)级后备干部名单。

2.干部考核

1982年以来，对各级干部实行岗位责任制和任期任届目标责任制，对每个领导干部德、能、勤、绩实行全面考核。此外，各级还制订有学习、组织生活、调查研究、议事规则、民主评议领导干部等项制度。

(1)民主评议考核

1988年，全市结合民主评议领导干部、岗位责任制检查评比和干部年终鉴定，对31名地市级后备干部和580名县级后备干部进行实绩考核，实行“滚动式”管理，按照择优汰劣的原则，将23名调整出县级后备干部队伍，90名优秀干部补充进来，基本满足领导班子建设的需要。1991年、1992年两年间，认真开展民主评议领导干部工作。对全市163个县以上领导班子中975名副县以上党政领导干部普遍进行民主评议。对评议中问题较多、群众意见较大、不胜任工作的15个县级领导班子和部分领导干部采取措施进行调整。1991年12月，市委召开全市领导班子思想作风建设工作会议，强调在党的建设方面，突出加强领导班子建设，主要是进一步抓好各级领导班子的调整；坚持“四化”标准和德才兼备原则，严格按照程序选拔任用干部，严肃干部调配纪律；加强领导干部的理论学习，分期分批安排到相应党校学习培训；进一步加强以民主集中制为重点的制度建设，保证思想作风建设的经常化。1992年11月，市委印发《关于县(市)区、市直机关、市属企事业单位党员领导干部民主生活会管理办法》，通过贯彻落实，提高党员领导干部民主生活会的质量。在廉政建设方面，市委强调要正确处理与经济建设的关系，坚决克服一手硬、一手软的问题，采取得力措施，从以下5个方面加强全市党风廉政建设：①抓重点，坚决纠正群众反映强烈的突出问题；②抓关键，充分发挥领导干部的表率作用；③抓教育，努力提高党员队伍的整体素质；④抓制度，形成全党抓党风的新局面；⑤抓检查，把党风和廉政建设的任务落到实处 。这一期间,在全市范围内开展的廉政建设活动主要有:清理干部、职工违法违纪建私房;整治"三乱",纠正行业不正之风;狠刹公款吃喝、公款送礼、公款旅游、公款跳舞的歪风;查处经济领域中违法违纪案件,特别是一些涉及人员多、层次高、金额大、危害严重的大要案件;全面清理党员、干部、职工用公款送子女、亲属上学问题等。通过开展这些廉政建设活动,维护党的形象,密切党群、干群关系。

(2)换届考核

1990 年,在换届工作中,按照干部"四化"方针和德才兼备原则坚持走群众路线,广泛征求群众意见,以无记名投票方式,对各县(市)区新一届党委、纪委、人大、政府、政协领导班子及法院院长、检察院检察长进行全额民主推荐。在此基础上组织考核,有 35 名违纪建私房的党员领导干部未被提名为新一届县、乡党政领导班子候选人。其中县级干部 8 名,乡级干部 27 名。是年上半年,市委组织部组成 16 人的考核专班,对四个城区党代会、人代会领导班子进行换届前的考核工作。1991 年,根据市委统一部署,市委组织部认真分析各县(市)区领导班子现状,拟定换届选举工作方案,按照"优化班子结构,坚持德才条件"的原则确定候选人;将党代会、人代会,政协会统筹安排,同步进行。新一届县(市)区委常委平均年龄 44.6 岁,高中以上文化程度的占 92.9 %,女干部占 6.3 %;政府领导班子平均年龄 41.6 岁,高中以上文化程度的占 98.9 %,女干部由上届的 3 人增加到 5 人. 有 6 个县(市)配备了非党副县(市)长;人大政协领导职数比上届明显减少,非党干部比例达到省委规定的要求。1993 年,市委按照中央、省委对换届的要求,对即将换届的县乡两级党政班子进行全面考察,共抽调干部 609 人,组成 208 个考察组,直接座谈 6 630 人次,共有 13 000 多名党内外干部群众参加民主推荐。通过换届,新选拔县级干部 79 人,乡级干部 266 人。乡镇党政班子成员 2 683 人,平均年龄 38.4 岁,下降 1.6 岁;县(市)区党政班子成员 217 人,平均年龄 43.5 岁,下降 2.2 岁。非党干部和女干部在班子成员中的比例大幅度提高。全市 181 个乡(镇、办事处)已配女领导干部 236 名,实现了乡乡镇镇都有女干部的目标;配非党副乡(镇)长 32 人。县(市)区党政班子共配女干部 24 人,非党干部 11 人。乡镇党政一把手大专以上文化的 141 人, 占 36.9%; 县(市)区党政班子成员 217 人, 大中专以上文化程度的 178 人, 占 79.4%。采取上下交流、横向交流、回避交流、岗位交流等多种形式交流干部 730 人。1994 年,结合政府换届,全面考核调整市直机关领导班子。4 月中旬至 7 月初,对市直 88 个党政群机关领导班子 556 名领导干部进行全面考核调整,参加民主推荐领导班子成员活动的机关干部职工有 4 620 名,占机关干部职工数的 91%。通过考核任命干部 519 人,其中提职 114 人;重新任命党政一把手 96 人,其中提职 42 名。有 88 名退出领导岗位。62 名得票未过半的干部免职 18 人,降职 4 人,暂挂 4 人。1997 年上半年,7 个县(市)党政班子共调整干部 38 名,提拔 17 人,其中新进班子 8 人,35 岁以下年轻干部 16 人,女干部 13 人,政府班子中非党干部 7 人。全市 143 个乡镇(办事处)班子经过调整,实配 2 006 人,比调整前减少 233 人,35 岁以下年轻干部 807 人(有 106 个乡镇达到 2 人),女干部 199 人,班子平均年龄 37.4 岁。市直机关新提拔领导干部 74 人,其中 35 岁左右的年轻干部 25 人,调整不胜任现职干部 12 人,交流干部 54 人。调整后的班子成员平均年龄 48.6 岁,比调整前降低 2.6 岁。下半年对市直 37 家国有大中型企业领导班子进行整建, 共考核国有企业领导班子成员 1 237 名, 其中调整 "一把手"118 人,新提拔 36 人,改为非领导职务和交流 31 人,平职调整 30 人,对 21 名不胜任现职的干部进行免职、降职。1998 年,制定《襄樊市 1998 ~ 2003 年领导班子建设总体规划》,对全市各级各类领导班子建设从年龄、文化、专业、职数等方面提出明确具体的要求。按照省委关于县(市)换届工作的指示精神,加强领导,全市推荐 1 408 名干部参加换届工作。换届后,县(市)区党政领导班子成员大专以上文化程度的比调整前提高 7.1 个百分点,其中具有大学本科、研究生学历的 28 人;人大、政协班子中大专以上文化程度的比调整前提高 16.3 个百分点。下发 1998 年度各县(市)区和两个开发区党政领导班子实绩考核方案，在总结经验和开办试点的基础上，在宜城市召开全市领导班子实绩考核现场会，将县(市)区党政领导班子实绩考核目标分解到领导成员，由单一考核领导班子扩展到考核领导班子成员，目标管理更加具体。干部实绩考核工作的经验，在中组部干部制度改革工作座谈会上进行了交流。1999 年，对市直属行政事业单位县级领导班子进行换届考察调整。按照市委部署，从 4 月至 7 月，共抽调干部 150 名，组成 31 个考核组，对 108 个党政机关和 22 个事业单位的领导班子、领导干部进行了考察。在考察的基础上，市委对市直党政机关事业单位领导班子进行调整。调整后的市直党政领导班子和市直事业单位领导班子平均年龄均为 45.5 岁，比调整前分别下降 3 岁和 2.3 岁。市直党政领导班子成员中，大专以上学历 774 人，占总数的 87%，比调整前增加 8.3%，45 岁以下的 361 名，占总数的 46.6%，比调整前增加 13.8%。换届后的乡镇领导班子，平均年龄下降 3.4 岁；大专以上文化程度的干部达 65.4%，比换届前增加 8.3 个百分点；退出领导职务 711 人，减少领导职数 151 人。在培养选拔优秀年轻干部、妇女干部和非党干部工作方面，按照领导班子年龄梯次配备的要求，在所有县(市)区和多数市直领导班子中选拔配备 1 至 2 名 35 岁以下的年轻干部。按照结构要求，在市直部委办局配备女领导干部的单位由 64 个增加到 70 个，配备面由原来的 55.4%提高到 60%，担任“一把手”的女干部由 11 名增加到 13 名，

2001 年，随着全市乡镇机构改革的展开，全市原有 156 个乡镇(办事处)经过撤并后实有 98 个，精减 37.2%；相应调整党政领导班子，调整后领导成员减少 615 名，精减幅度 30.4%。党政班子成员平均年龄 37.5 岁，下降 2.1 岁，45 岁以下干部占党政班子成员总数的 93.2%。大学专科以上文化程度的干部占党政班子成员总数的 77.3%，提高 16.7 个百分点。原班子成员退出现职领导岗位 707 名，其中改任非领导职务 281 人，交流到县(市)区直属单位 157 人，离岗学习或到外地锻炼 161 人，降职、免职 96 人，暂不安排职务 12 人。每个镇(办事处)女干部配备比例达到 100%。新提拔优秀年轻干部 57 名，其中 30 岁以下 39 人，大学本科以上 28 人。2002 年，市委在总结县以上领导班子“三讲”教育和“三个代表”重要思想学习教育活动成功经验的基础上，结合全市县以上领导班子作风建设的实际，在全市县以上领导班子中开展以“争当思想解放的先锋、争做求真务实的表率、争创群众满意的政绩”为主要内容的“三争”活动，在全市营造上下齐心思改革、谋发展、创佳绩、求实效的良好氛围。中共湖北省委对襄樊的做法给予肯定，并把襄樊市列为全省机关领导班子“目标考核和开门评议”工作试点单位，《人民日报》、《光明日报》、湖北电视台、湖北省新闻采访团等新闻单位先后对襄樊开展“三争”活动的情况进行报道。2003 年年底，市辖 9 个县(市)区“四大家”领导班子任届期满，按照省委《关于县(市)区党委、人大、政府、政协领导班子换届工作若干问题的通知》要求，经过向省委组织部事前沟通、大会动员、组织考察、反复酝酿、市委研究、向省组备案、正式审批等程序，到 2004 年 1 月上旬，9 个县(市)区党代会、人代会、政协会全部结束，分别选举产生新一届县(市)区党委、政府、人大、政协领导班子。

(3)考核调整

1988 年 12 月至 1989 年 8 月底，市委分 3 批对市直 84 个单位的领导班子进行考核调查。先在市计划委员会系统进行试点，取得经验后全面铺开。具体程序有：宣传发动、公开述职、群众评议、民主推荐、组织考核、初步筛选、演讲答辩、差额推举、市委审定、依法任免。调整后，84 个单位的领导班子职数由 320 人减少到 282 人，高中以上文化程度的由 70%上升到 81%，平均年龄由 49.4 岁降为 47.2 岁。有 33 名优秀中青年干部通过竞争进入领导班子，对 36 名未进入新领导班子的原领导干部分别作了安排，随后在市直党政机关开展中层干部聘任和工作人员聘用工作。1991 年、1992 年两年间，认真开展民主评议领导干部工作。对全市 163 个县以上领导班子中 975 名副县以上党政领导干部普遍进行了民主评议。对评议中间题较多、群众意见较大、不胜任工作的 15 个县级领导较于和部分领导干部

及时采取措施进行了调整。这一期间，对不称职、不出力以及闹不团结的领导班子成员，坚决从领导班子中调整出来，共调整455名(其中县级干部45名、科级干部410名)。1993年，市委决定调整不胜任现职的领导班子成员，对177名不称职的领导干部进行降职、免职或调整担任非领导职务的组织处理，其中县级干部25名，科级干部152名。1996年，原4个城区合并完成。合并调整共涉及领导干部121人，其中在职县级干部111人，合并后两城区共安排77人，交流到市直机关和县(市)24人，改任非领导职务14人，保留待遇6人。在城区撤并过程中．坚持按条件、凭政绩用于部，保证干部的思想稳定和领导班子的平稳过渡。对县(市)区领导班子进行考核调整和届中考察。上半年，对5个县(市)的党政主要领导成员进行考核调整，共调整9名县(市)委书记、县(市)长，其中4名交流任职。同年11月，对7个县(市)的领导班子进行届中考察，调整任免干部38名，其中提拔新进党政领导班子成员8人。通过考察和调整，进一步优化县(市)党政领导班子结构，推进干部交流。45岁以下中青年干部比调整前增加13人，占班子成员总数的56%，提拔任职的25名干部中，长期从事经济工作的有18名，占72%。交流干部24名．占班子成员总数的17.3%。县(市)区党政班子中，配有35岁以下的年轻干部21名。其中有2人任正职。乡镇党政班子经过换届后，平均年龄37.3岁，比调整前下降4.3岁，35岁以下干部增加229人，占乡镇班子成员总数的42%，30岁以下的干部增加209人。同时县(市)区有关部门按规定配齐了女干部和非党干部。对全市103家国有大中型企业领导班子进行考察调整，分期分批对市直35家企业的领导班子进行调整充实，提拔38名懂经督、善管理的干部，调整20名不胜任现职干部、交流20名干部。同时，采取优秀人才向企业重点倾斜的办法，注重选好配强优秀企业党政一把手，对全市63名大中型企业党政主要负责人进行调整配备，其中提拔24名素质较高、善于经营的干部担任党政“一把手”。1999年，按照市委《关于调整不胜任现职领导干部职务几个问题的通知》精神，解决干部能上能下的问题。对在市直换届考察中被评为不胜任现职的16名领导干部进行调整，其中免职4名、降职3名、诫勉1名、没有明确职务的8名。

3.干部交流、培训

(1)交流

1982—1985年间，市、县直属机关共下派年轻干部845名到基层任职锻炼。1988年，全市轮岗锻炼27人；下派到基层任职锻炼的34人。市委下发《关于严格执行干部调配纪律的通知》。对不服从组织正常调动和未经组织批准逾期不报到者提出明确的处理意见，从而强化干部调配纪律。在县(市)乡(镇)党代会换届期间，全市共调整交流140名干部，其中有从平原调往山区的，有从机关下到乡镇的，没有不服从组织安排的现象。是年，市委、市政府决定，从市直科技力量雄厚的单位选派80名科技干部到乡镇担任科技副乡(镇)长，以改变农村缺科技、缺人才的状况，依靠科技进步促进农村生产力的发展。科技副乡(镇)长在当地党委、政府和派出单位的支持下，发挥懂专业、会管理的优势，为乡镇直接增加经济效益近千万元。是年底，在县(市)换届选举中，交流干部13人，其中县(市)之间交流4人，县(市)与市直机关交流9人。同时，对28名干部的工作做出适当调整。1989年，市委对部分县(市)区分管党务工作的副书记和组织部部长进行交流。第一批交流的单位有：枣阳市、随州市、四个城区、市委组织部共18名干部。12月17日，市委书记章治文、副书记果真等与第一批交流的干部进行集体谈话。在规定的时间内，上述18名干部全部到达新的工作岗位。是年，根据市委决定，市委组织部从市直机关和事业单位挑选176名中青年干部下派、下调到县(市)区、乡镇或基层企事业单位锻炼，其中下派162名，下调14名。下派干部除工资关系不转外，其他关系随转到基层，下派时间根据干 部在基层的表现和工作的需要而定；下调的干部各种关系随转、家属随迁。为了促使这项工作经常化、制度化，市委组织部对从大中专学校直接分配到市直机关和事业单位行政科室工作的410名干部进行摸底登记，制定三年内全部下派到基层锻炼的规划。1990 年，轮换、选派科技副县(市)长 8 名，科技副乡(镇)长 74 名。总结推广枣阳市、老河口市和宜城雷河镇选派科技副主任的做法。到年底，全市有 3765 个村配有科技副村主任，占村总数的 95％。1993 年，全市共下派干部 401 人，下调干部 270 人，同时加强下派下调干部跟踪管理工作。对 1992 年度下调到企业任领导职务的 42 名干部进行跟踪考察，促进青年干部的健康成长。1995 年，市委组织部加强干部易地、轮岗交流，加快培养年轻干部工作步伐，实施干部工作“8825”计划。从县(市)区直机关选派 102 名(计划 80 名)优秀年轻干部到乡镇任职锻炼；从乡镇选调 130 名(计划 80 名)优秀年轻干部到市、县两级机关和大中型企业挂职锻炼；选送 11 名(计划 20 名)优秀年轻干部到上海虹口区挂职锻炼；选择 64 名(计划 50 名)县级领导干部易地、轮岗交流，其中，交流分管党群的副书记、组织训部长 6 人。同年 5 月，第一批援藏干部进藏，任期 3 年。10 名援藏干部的职务安排为：彭占银任琼结县委书记；李守国任琼结县委常委、副县长；陈乐一任琼结县政府副县长；吴永国任琼结县委组织部副部长；徐晓旭任琼结县委办副主任；张臻任琼结县政府办副主任；余斌任琼结县经计委主任；李大学任琼结县企业局局长；王兆防任琼结县财政局副局长；朱冬林任琼结县农牧局副局长。

1997 年，组织县乡干部深入村组农户开展干部教育群众、群众教育干部的“双向教育”活动。安排 200 名年轻干部到边远、贫困地区参加扶贫工作，组织 100 名年轻干部参加企业整顿、扶持，选调 200 名机关、事业单位的优秀年轻干部到基层任职，从市直党政机关、事业单位选调 86 名干部到南漳、谷城、保康山区支援基层教育工作。

1998 年 5 月，第二批援藏干部进藏，任期 3 年。7 名援藏干部的职务安排为：刘强任琼结县委书记；徐晓旭任琼结县委副书记；张丛玉任琼结县委常委、副县长；陈国梁任琼结县副县长；金国庆任琼结县委办公室主任；何家庆任琼结县计委主任；康义华任琼结县卫生局长兼县医院院长。

2001 年 5 月，第三批援藏干部进藏，任期 3 年。5 名援藏干部的职务安排为：郭发友任琼结县委书记；叶传辉任琼结县委常委、常务副县长；李光红任琼结县委常委、县委办公室主任；郑士忠任琼结县分管农业的副县长；张功玉任琼结县计委主任。同年 5 月，为支持琼结县畜牧业发展，市委加派廖明伟进藏，廖明伟职务安排为琼结县农牧局副局长。

2003 年和 2004 年，按照“立足事业选干部，围绕发展配班子”的指导思想，在县(市)区领导班子和市直领导班子分别进行换届调整中，体现“凭实绩定进退，重公论用干部”的用人导向，加大干部交流力度，有 22 名在县(市)区任职时间较长的干部被交流到市直部门任职，市直 18 名优秀年轻干部、非党干部、女干部交流到县(市)区党政领导班子，从县(市)区新提拔的 16 名干部有 12 名异地交流任职。

两年间，市委市政府实行人才工作目标责任制，制定出台《关于进一步加强和改进人才工作的意见》等政策性文件，加强对人才工作的宏观指导和综合协调。全市选派 59 名干部到境外培训(省选派 16 人，市选派 43 人)，取得学位证书的 10 人(其中取得硕士学位的 4 人，取得工程后学位的 6 人)，取得结业证书的 49 人；选派 59 名干部到沿海发达地区挂职锻炼，组织 52 名优秀村党组织书记到浙江滕头村、江苏华西村等地学习考察，开阔眼界、更新理念、提升素质。制定《襄樊市聘任聘用高层管理或咨询人才暂行办法》，出台优惠政策，多渠道引进高层次、紧缺和急需人才。两年间，全市引进博士 1 名、硕士 69 名、本科生 420 多人，其中 5 人被分别安排担任市规划局正、副局长和市建委副主任、高新区副主任、枣阳市副市长职务；引进日、韩语翻译人才 11 人；2004 年 5 月，从驻樊中央省属企事业单位挑选 9 名学历层次高、综合素质好的优秀年轻干部担任副县(市)区长职务；选调 85 名高校应届优秀毕业生充实到乡镇机关工作。两次组织企业经营管理人才和党务人才招聘会，6900 多人与 180 余家企事业单位签订意向性协议，17 家民营企业招聘到急需的党务人才。2003 年 3—5 月，根据省委组织部的要求，选派 3 名县(市)区党政正职到浙江省挂职锻炼；7—10 月，选派 5 名县(市)区委书记到浙江省挂职锻炼。8—10 月，选派 2 名副县级干部、20 名乡镇党政正职到杭州市的临安、富阳两市挂职锻炼;10 至 12 月,选派 12 名县(市)区党政副职到上海市虹口区挂职锻炼。2003 年 5 月—2004 年 5 月,选派 3 名干部到省民政厅、地矿厅、武汉开发银行挂职锻炼。2004 年 5 月,在全市选派 50 名县级干部,到 50 家国企担任指导组长,主要负责国有企业改制工作。同年 6 月,第四批援藏干部进藏,任期 3 年。5 名援藏干部职务安排为:项晓峰任琼结县委书记;刘桥梁任琼结县委常委、副县长;李德明任琼结县委常委、县委办公室主任;吴恒任琼结县副县长;张春阳任琼结县建设局局长。

2004 年 5—7 月,选派 11 名乡镇党政正职到杭州市萧山区挂职锻炼;8—10 月,选派 6 名乡镇党政正职到江苏省江阴市挂职锻炼。

2004 年 5 月至 2005 年 5 月. 选派 3 名干部到省人事厅、地税局、粮食局挂职锻炼。2005 年,由省、市两级选派四批 31 名干部到沿海发达地区挂职锻炼。其中:7—8 月,市委选派 1 名县级干部、9 名科级干部到江苏省启东市挂职锻炼;同年 8—9 月,市委选派 8 名县级干部、2 名科级干部到珠海市挂职锻炼;同年 10—12 月,省委组织部选派李跃华、费仁平、程宝清、陈万波等 4 名县(市)区党政正职到浙江省挂职,选派 2 名副县级干部分别到上海市、山东省挂职锻炼;同年 1l—12 月,市委选派 5 名县级干部到上海市虹口区挂职锻炼。

(2)培训

1982—1985 年期间,全市先后有 7498 名干部进入各级党校和大、中学校培训,有 4870 名干部补习高、初中文化课。1988 年,全年选送到各级各类院校学习的 13 人。1989 年,市委举办七期乡镇领导干部岗位职务培训班,培训 348 人;在谷城县开展领导干部"限时定书自学"活动和科技干部知识更新补缺教育业余培训试点;在随州进行乡镇干部"培训、实用、效益一条龙"活动试点和依托重点企业开展行业工程师知识更新补缺教育试点。1990 年 10 月 30 日至 1991 年 1 月 28 日,在市委党校举办全市第一期女干部培训班,共培训 57 人。是年,举办 5 期乡镇领导干部岗位职务培训班,培训人员 239 名。会同有关部门编撰出版乡镇领导工作系列丛书,共 35 万宇。对提高乡镇领导工作科学化、规范化水平起到促进作用。1991 年、1992 年两年间,共培训县以上领导干部 143 人。1993 年,全市市县两级党校举办培训班 125 期,培训领导干部 8 500 多人。是年 8 月份,举办首期中青年干部培训班,培训拟进班子的后备人选 55 人。1993 年是第一轮领导干部正规化培训的最后 1 年。全市组织部门 1 年共培训干部 6 110 人,参训干部中副科以上领导干部 2 112 人(其中县处级 160 人)。培训内容加大经济管理、涉外经贸、经济法规知识的比重,举办 3 期涉外经济法律知识培训班,培训 174 人。1994 年,市县两级党校共办培训班 50 期,培训领导干部 2 731 人次。市县两级党校举办在职干部学习社会主义市场经济理论、现代企业经济管理理论、涉外经贸知识和经济法规培训班 175 期,培训 11 267 人次。1995 年,举办县级干部进修班 4 期,培训 140 人,科局级干部进修班 4 期,培训 200 人,乡镇长岗位职务培训班 4 期,培训 175 人,青年干部班 2 期,培训 108 人,妇女干部班 1 期,培训 60 人。各县市区干部培训实行点名调训制度,确保培训生源的落实。1997 年,制定高素质干部队伍建设五年规划,农村以中国农函大、中央农业广播学校为主体,对基层干部进行短期专业技术知识培训,有 13 180 名学员毕业和结业。城市开办党政干部外语、微机培训班、中型二档以上的国有企业领导干部及后备干部工商管理知识培训班,培训干部 368 人,组织 3 批 163 名党务干部到苏州党校和河南省南街村进行学习考察。市、县两级党校全年培训县以上领导干部 299 名,科技干部 4850 名。1998 年,根据中央和省委关于《干部教育五年规划》的要求,有计划、有步骤地组织干部到各级党校、干校进行马克思主义理论特别是邓小平理论培训。全年共开设县处级、科局级和青年干部 6 个班次,培训领导干部 803 人;组织县(市)区主要领导参加省以上调训 53 人;市直和县(市)区正规化理论培训主体班培训 3137 人,各类理论短训班培训 8365 人。党的十五大召开后,举办学习十五大精神和邓小平理论专题辅导报告培训班,市委委员、候补委员、市直部委办局主要负责人和分管政工的领导 300 多人参加培训。并将辅导报告录像带发到市直和基层 1 965 个电教播放网点，组织干部职工收看。在领导干部中开展“讲学习、讲政治、讲正气”教育活动；在机关党员干部中总结推广宜城市开展的以“进百姓门、知百姓事、帮百姓富、解百姓忧、暖百姓心”为主要内容的“五字连心”活动；在农村开展“双向教育”，全市共抽调 8 500 名干部赴全市 2 958 个村开展工作，理顺干群关系，稳定农村大局，使农村上访率比上年同期下降 78%。1999 年，根据中央和省委关于《干部教育五年规划》的要求，全年开办县(处)级和科(局)级领导干部培训班 16 班次，培训县处级领导干部 326 名，培训科局级领导干部 485 名；按照发展知识经济的新要求，对 249 名市直和县(市)区新提拔的副科级以上干部进行市场经济知识、现代管理知识、科学技术知识和计算机操作知识培训；举办现代企业管理理论、工商行政管理理论、税务征收管理理论、财务管理理论培训班 18 期(次)，共培训企业领导人员和后备人才 900 名，选派副县级以上青年领导干部到省委党校培训 27 名，选派科级青年领导干部到省以上大专院校培训 34 名。是年，在与“法轮功”邪教组织的斗争中，采取各种方法，做好参与修炼邪教“法轮功”党员的教育转化工作。在全市举办学习邓小平理论和马克思主义唯物论、无神论专题辅导报告 42 场，受教育党员干部 5 万人，举办以“崇尚科学、反对迷信”为主题的科普展览 12 期(次)，全市参观展览的党员干部达 45 000 名。2000 年，市委组织部在市委党校开办各类领导干部培训班 13 班次，培训领导干部 680 名；选派副县级以上领导干部到中央党校、省委党校和其他高等院校学习培训 36 名；启动高层次管理人才培训计划，制定《关于选派优秀年轻干部赴境外培训的实施方案》。首次选送领导干部 5 名到美国、英国参加 MBA 硕士学位和企业管理、行政管理的培训学习。同时，组织市直属机关于部学微机、学外语，参加“两学”的干部达 5577 名，其中县级以上干部 1 038 名。2001 年，在市委党校开办县(处)级干部班、科级干部班和中青年干部班、乡镇干部班、企业领导人员培训班、女干部班等 10 个主体班，培训领导干部 500 人(其中县级干部 100 名、优秀年轻干部 200 名)；会同市委统战部举办统战干部短期培训班，培训干部 150 名；选派 28 名县以上领导干部到中央党校、省委党校学习、培训；选送 12 名领导干部到美国、英国参加 MBA 硕士学位和企业管理、行政管理的培训、学习。9 月 27 日，第一批赴境外培训的 40 名年轻干部在襄樊学院，接受为期一年的国内英语强化培训。

2002 年 8 月 14 日、9 月 3 日，市委举办全市学习贯彻《干部任用条例》培训班，各县(市)区、开发区党委书记、副书记、组织部部长以及市直部委办局、行业协会、人民团体的党政主要领导，干部选任工作的“关键人”700 余人次参加培训。培训班邀请中组部干部监督局副局长辛桂梓为培训班作专题辅导报告。在层层开展学习培训的同时，8 月中旬开始，市委集中时间、集中新闻媒体版面开展多种形式的宣传报道。先后开辟“认真学习贯彻《干部任用条例》”“党政一把手学习贯彻《干部任用条例》访谈录”、“学习《干部任用条例》100 问”等栏目，分层次开展“学习《干部任用条例》知识竞赛”等，全面报道各地各单位贯彻执行《干部任用条例》的做法和经验，对学习贯彻不力或用人不正之风的予以通报。10 月 29 日，市委组织部在谷城召开全市组织部门深入贯彻《干部任用条例》、落实“两制”现场会，对全市学习贯彻《干部任用条例》工作作进一步的安排部署。2003 年 3 月 21 日，襄樊首批 33 名赴美国洛杉洛杉矶加州州立大学参加工商管理知识培训学员学成回襄樊，这批学员是 2002 年 11 月从党政机关选派的干部，进行为期 4 个月的工商管理和国际贸易知识培训。选派方式采取本人申请、组织推荐相结合的方法，由市委组织部审定。2003—2004 年，全市选派 59 名干部到境外培训(省选派 16 人、市选派 43 人)，取得学位证书的 10 人(其中取得硕士学位的 4 人、取得工程后学位的 6 人)，取得结业证书的 49 人。2005 年，完成中组部和省委组织部的调训任务，其中：中组部浦东干部学院调训 1 人；中组部、国家部委调训的专题班(业务培训班)15 期，培训 19 人次；境外培训结束的 1 人，正在参加国内英语强化培训的 1 人；省委组织部主体班调训 48 人；省委组织部组织的十六届五中全会精神和《中华人民共和国公务员法》培训班培训 17 人次。坚持以市委党校为主阵地培训市各类干部，分别开办 2005 年春季和秋季领导干部培训班，有县级干部进修班、市直政法干部进修班、宣传(文化)干部进修班、乡镇纪委书记进修班、副乡镇长进修班、县(市)区直局长进修班、市直单位科长进修班、组织(人事)干部进修班、工商管理干部进修班等 11 个班次,537 名干部参加脱产培训。同年 12 月 24 日,全市《中华人民共和国公务员法》基本知识学习考试分别在市直和县(市)区 22 个考点同时进行,2.5 万余名机关干部参加笔试。从 2005 年 11 月起,市委组织部、市人事局在全市组织大规模的《公务员法》基本知识学习培训。本次《公务员法》考试结果将作为干部年度考核的内容和任职、晋升的依据之一,载入其个人档案。

4.干部管理

(1)机关干部管理

1982 年,实行机构改革和干部制度改革,实行干部队伍的革命化、年轻化、知识化、专业化,废除领导职务终身制。1985 年,实行一级管一级的干部管理体制。市委只管 1 464 名副县级以上干部,将 4 500 多名区(科)级干部下放给各县(市)区委,市直各战线党委管理。1988 年 3 月,全市对新提拔的市直和各县直机关到职领导干部和中层干部,事业单位的行政领导干部及其中层干部实行试用期,时间一年。试用干部按其职务履行职责权力,享受相应的政治待遇、经济待遇. 试用期满,经组织考核和民意测验合格者,下发正式任职通知;基本条件较好但需要继续锻炼考察的,延期半年;不合格者,取消试用职务及待遇,回原岗位或另行分配工作。年底,全市已对 271 名干部实行试用制,其中副县级 13 人、科级 149 人、股级 109 人。干部试用制的推行在一定程度上解决了一次任命定终身的问题。从 1988 年起对各级提拔使用的干部实行试用期制,到 1992 年年底,全市实行试用制的干部 3 913 人(县级 98 人、科级 1 034 人、其他 2 781 人),其中试用合格的 245 人,有 28 人被延长了半年试用期,有 23 人因不称职被取消了试用资格。1992 年新华社《内部参考》推广了这一作法。1992 年,在机构改革过程中,全市把精减机关工作人员与实现人才的合理配置和发展生产力结合起来,多渠道地实行干部分流。“实体分流”。鼓励和支持机关干部走出党政机关,兴办各类经济实体,大力发展第三产业,让机关干部到经济建设第一线大显身手。全市有 2100 多名机关干部进入经济实体,500 多名干部停薪留职,使机关“消肿”出现一个良好开端。成建制地转移。将部分行政管理职能较少的专业管理部门,从政府系列中分离出去,同所辖企业一起组成企业集团(总公司),按照“两级法人,三级管理”的办法,实行经营一体化。共分流机关干部 700 余人. 根据工作需要,将部分机关工作人员特别是懂经营 ,会管理的下调、下派到基层企业事业单位工作,充实经济建设第一线的骨干力量。全年共下调下派干部 1 073 人。1993 年 3 月 19 日,市委召开市直“两办四委”机构改革动员会。市委办、市政府办、经委、财委、农委、科委等 28 个单位按照市委确定的改革方案,重新确定内部机构、职能和人员,使机构改革进展顺利。同年,推行干部能上能下制度,坚决调整不胜任现职的领导班子成员,对 177 名不称职的领导干部进行了降职、免职或调整担任非领导职务的组织处理,其中县级干部 25 名,科级干部 152 名。完善干部试用制,让领导干部在试用中变得更加成熟。全市已实行试用制干部 4 134 人,其中 2 671 人被正式任用,1 423 人正在试用中,有 28 人被延长了半年试用期,12 人因不称职被取消了试用资格。这一做法得到中央有关部门和省委组织部的肯定。1995 年 5 月至 8 月,市委组织部在襄阳县进行调整不胜任现职领导干部试点。这次试点,共调整不胜任现职领导干部 31 名,占试点单位干部总数的 6.7%。其中,就地免职 10 人,降职 7 人,改任非领导职务 14 人。1998 年,贯彻落实《党政领导干部选拔任用工作暂行条例》《党政领导干部考核工作暂行条件》和省委组织部《关于调整不胜任现职领导干部的实施意见》,全市共调整副科以上不胜任现职领导干部 164 名。上半年对市直机关空缺职位面向社会实行招考,对 1 839 名报考者进行笔试、面试、综合考核,公开选拔 104 人到 34 个市直机关工作。在国有企业结合民主评议企业领导班子及其成员,推行民主推荐、选举企业法人代表的干部任用方式，先后调整各级企业领导班子 41 人，调整人员 123 名。

在干部宏观管理上，制定《襄樊市人事档案工作目标管理实施方案》和《襄樊市 1998 至 2003 年干部人事档案工作规划》，全市共清收人事档案所缺材料 4 800 份，完成上年度 3 580 名省、市委管理干部、市直列入参照管理干部的年度考核审查工作。同时，加强《党政领导干部选拔任用工作暂行条例》的学习、宣传和监督、检查，开通干部选择任用监督举报电话，全年受理人民群众举报 192 件，回复 78 件，诫勉干部 34 名，对 16 名县级领导干部进行离任审计，3 名经审计有严重问题，受到纪律处分。2000 年，根据中央《深化干部人事制度改革纲要》和省委《关于贯彻落实〈深化干部人事制度改革纲要〉的实施意见》，市委下发《关于贯彻落实〈深化干部人事制度改革纲要〉的实施方案》，提出 2001—2005 年全市干部人事制度改革的指导思想、总体目标、主要任务、工作重点和方法步骤。为加大党政干部制度改革力度，制定《公开选拔领导干部试行办法》，面向社会从 35 岁以下、大学本利毕业以上的干部中公开选拔 18 名优秀人员进入县 (市)区党政领导班子；县(市)区政法部门主要领导干部交流任职 39 名，占主要领导干部总数的 88.6%；从全市金融系统选派优秀中青年干部到各县(市)区担任县(市)区长金融助理 9 名；在襄阳县开展领导干部待岗制试点；在谷城县、南漳县开展讨论任免干部票决制试点；在枣阳市开展干部考察连带责任制试点；推广老河口市开展干部任前公示制的试点经验，制定《党政领导干部离任前公示暂行办法》，总结推广襄樊市公安局中层干部全员竞争上岗的经验。同年 7 月和 9 月，襄樊市实行干部试用期制的经验分别在全国、全省干部人事制度改革经验交流会上作典型发言。谷城县实行讨论任免干部票决制和襄阳县实行领导干部待岗制的经验分别在全省干部人事制度改革经验交流会上发言、交流。在企业人事制度改革方面，为适应全市混合所有制经济发展的需要，制定出台《关于混合所有制企业人事制度改革的意见》。到年底，市委组织部分别与 19 名企业经营管理人才及所在单位签订人事代理合同。试行领导人员聘任制、工作人员聘用制、年薪制、经济目标责任制、会计委派制等综合配套改革。2001 年，在总结、完善干部试用期制、经济责任审计制、干部交流制、领导干部实绩考核制等工作经验的同时，全面推进领导干部任前公示制、中层干部竞争上岗制、谷城县讨论任免干部实行票决制、南漳县实行领导干部引咎辞职制、枣阳市实行干部考察连带责任制等经验；在襄樊市农业科学研究院、妇幼保健院、体育场开展事业单位人事制度综合配套改革试点。对县(市)区领导班子及其成员实绩考核工作，实现考核的重点由侧重考核领导班子向领导成员的转变，考核指标由繁杂到简便的转变，考核方法由单一向多样的转变。完善考核指标体系，加大考核成果的转化运用力度，使考核工作向程序化、规范化、制度化迈出一大步。在 2001 年的县乡机构改革撤并工作中，南漳县、襄阳县运用近 3 年来的实绩考核结果，以实绩定去留，凭实绩论升降，做到上者硬气、下者服气。2002 年，结合推进市县乡机构改革及农村税费改革，全市在宜城、谷城试点的基础上，通过政策指导、典型引导、组织督导等多种措施. 在党政机关干部中推行离岗创业制度，拟解决干部"能上不能下""能进不能出"的难题。宜城对机构改革中拟提拔干部、后备干部、45 岁以下因学历原因改非的干部和落岗干部等离岗创业对象，实行"六个不变"(职务不变、级别不变、行政关系不变、公务员年度考核和工资晋级不变、评优表模不变、编制不变)，属领导班子成员、中层干部的，保留职务，职位暂空；不愿离岗创业的，3 年内发给本人实发基本工资 70%的生活费，3 年后按失业人员对待。同时，配套制定养老、失业、医疗等社会保障待遇，引导机关干部到市场经济的大潮中寻求新的发展空间，解决干部"能下""能出"的问题。2003 年，市委制发《市委常委会讨论决定干部任免的表决暂行办法》《市委常委会讨论任用部分领导干部实行差额上会的暂行办法》《市委全委会表决县(市)区党委、政府领导班子正职拟任人选和推荐人选的暂行办法》等制度。2003 年 10 月和 2004 年 4 月，襄樊市委先后分两批拿出市交通局等 11 个市直单位行政主要负责人岗位面向全市公开选拔；同时，按照省委组织部试点工作要求，拿出老河口市市长、樊城区区长两个县(市)区主要负责人岗位面向省直机关和本市干部公推公选，制定《襄樊市干部选拔任用工作全过程记录办法》；出台《襄樊市领导干部辞职暂行办法》。为有效防范选人用人上的不正之风,两年间,多次组织检查组,对9个县市区和3个开发区干部选拔任用工作和贯彻执行《干部任用条例》情况进行检查和处理。2005年,全市领导干部信息库建设工作7月开始筹建,10月中旬基本完成。到年底,收录全市449个单位和现职市管干部及人大常委、政协常委、省委选调生2 115人的信息。干部的信息资料包含个人基本信息、学历学位、经历综述、考核考察和个人影像等13个信息集,72个信息项。领导干部信息库通过网络互通,实现"统一录入,集中审核,分散维护,信息共享"。

(2)企业干部管理

1991年、1992年,全市围绕转换企业经营机制,以加强领导班子建设为突破口,全面实施企业干部人事制度改革。实行厂长(经理)任职目标管理。任职一般为五年,与政府主管部门签订任职目标责任书。任期内达到或超额完成任务的,给予 嘉奖,政绩十分突出的给予重奖,完不成任务或出现新亏损的工资下浮一级,连续两年完不成任务就地免职,全市对864家企业经营者实行了任职目标管理。按照"管帅不管将"的原则,调整企业干部管理权限。调整后,市委管理的企业减少了44.8%;委托市委组织部管理的减少于29.4%。下放企业管理权限以后,全市有552家企业实行了行政副职聘任制.企业领导班子年龄结构、文化结构、专业结构得到改善。

1992年,全市共调整市、县属企业领导班子276个,占20.9%。在调整的班子中,属于改革意识不强、精神不振的55个;属于班子成员特别是主要领导素质差、水平低、不胜任的43个:属于党政主要领导不团结、内耗严重的12个;属于领导成员不廉洁,以权谋私的10个;属于其他原因的156个。在调整领导班子过程中,排除阻力、坚决搬掉不合格企业领导者的"铁交椅",共调整领导干部150人,其中就地免职89人、降职安排61人。注意选好配强领导班子正职干部把那些驾驭市场经济能力强、政绩突出的懂经营,会管理的人才,特别是优秀青年干部放到企业主要领导位置上。1992年共提拔企业正职干部91名,其中大专以上文化程度和中高级技术职称的90名,40岁以下的69名。是年,全市抽调450名干部,对109个亏损企业领导班子进行集中整顿。在弄清责任的基础上,果断调整了112名不称职的企业领导干部。其中就地免职73人,降职安排39人。与此同时,有64名敢改革、懂经营、善管理、有实绩的干部在竞争中走上企业领导岗位。到年底. 有39家扭亏为盈,近50家大幅度减亏。

1993年,对全市92家被国务院和省政府有关部门审定新的级别档次的大中型企业,按照新的级别档次实行动态化管理, 理顺企业干部管理工作。在股份制企业中开展企业无行政主管部门试点工作。根据股份制企业的特点和运行规律,建立企业领导干部的宏观管理机制。在142家试点企业中,市委或主管部门党委只对国家控股企业的董事长、总经理、监事会主席提出建议名单,人选的产生按股份制规范意见选举产生;改制结束后,企业的行政管理权和人事管理权即从它的原行政主管部门分离出来,各项工作直接面向市场,业务直接面对政府有关部门;人事管理权分离出来后,市委、市政府授权部门只管国家控股的国有股权代表和法人代表,管理企业党组织和党务干部,其他各类干部一律由企业管理。

1994年,推进企业干部人事制度改革,贯彻落实市委、市政府《关于培养造就社会主义企业家队伍的意见》,初步建立起企业干部遴选、任用、激励、淘汰机制。

(3)后备干部管理

1991年,全市各级党委确定后备干部12 000多名、其中县级734名、科级2593名、村级9000多名,基本满足各级领导班子建设的人才需要。1992年,市县两级调整补充后备干部442人,乡镇党政一把手后备干部349人,副县以上企事业单位党政后备干部267人,村级后备干部5163人。1993年,按照滚动管理的原则,对县乡两级的后备干部进行全面调整补充。是年,全市共有县级后备干部487

人，非党和女干部 99 人，乡镇党政一把手后备干部 537 人，基本上达到了数量充足、素质优良、结构合理的要求。2000 年，襄樊市后备干部队伍建设，坚持“三支队伍”一起抓，初步实现干部工作重心的战略性前移。继续加大培养选拔优秀年轻干部工作的力度，制定出台《2000 年—2002 年全市培养选拔优秀年轻干部工作规划》，从市直属机关选派优秀年轻干部 28 名到乡镇挂职锻炼，调整充实地厅级后备干部、县（市）区党政正职后备干部和县级后备干部。加强科技人才队伍建设，制定《关于进一步优化环境，引进高层次人才，放活科技人才的实施意见》，对全市引进的科技人才生活情况进行全面调查，针对调查中发现的问题，出台《关于妥善解决部分引进知识分子生活困难等问题的处理意见》，探索建立企业与经营管理人才双向选择机制，组团参加 2000 年中国（湖北）科技博览会暨人才交流会。在交流会上登记洽谈各类人才 1103 人，签订意向性协议 594 份，其中博士研究生、硕士研究生 29 名、双学位学士本科生 47 名。

（4）专业技术拔尖人才管理

1988 年，市委、市政府决定重点管理一批专业技术拔尖人才，由市委组织部代行管理职能。经过广泛走群众路线和严格的考核遴选，确定首批市管专业技术拔尖人才 19 位，其中从事自然科学的 15 人、社会科学的 4 人。拔尖人才的基本生活待遇与本市县级干部相同，每月另享受专业技术津贴 10 元。此外，市财政拉拨出 5 万元设立拔尖人才奖励基金，对在管理期间做出新的贡献的拔尖人才实行重奖。1989 年，制定下发科技乡(镇)长、市管专业拔尖人才管理工作的有关规定。一年中，80 名科技副乡（镇）长为农村培训技术人才 17 000 乡人次，联系转让科技成果 1 052 项，提供科技信息 89 6 条，论证项目 194 个，开发新产品 1 62 个，使 82 家企业扭亏为盈。市、县两级管理的专业技术拔尖人才共取得各类科技成果 178 项，占他们 10 年间取得成果总和的 1/4，获直接经济效益近 1 亿元。1990 年，评审市管专业技术拔尖人才突出贡献奖，给有突出贡献的 5 名拔尖人才颁发奖金。1991 年、1992 年间，健全科技管理网络，逐步形成县、乡、村三位一体科技管理体系。共取得各类科技成果 38 项，其中获省部级以上表彰的有 16 项。对市管拔尖人才进行调整和补充，选拔第二批市管专业技术拔尖人才 39 名。对 38 名有突出贡献的专家，批准享受政府特殊津贴。1993 年，市委先后出台《关于进一步发挥知识分子作用的意见》《关于选拔和管理乡镇企业专业技术拔尖人才的通知》以及山区科技人员的优惠政策。进一步加强科技人才和科技副县(市)长、副乡(镇)长的管理服务工作。市管拔尖人才由 19 人增加到 39 人，专业门类更加齐全。科技副县(市)长、副乡(镇)长共指导开发或引进项目 71 个，引进资金 11 287 万元；论证项日 61 个，解决技术难题 64 个；使 60 个乡镇企业扭亏为盈。同时，人才市场、科技市场建成并开始运行，全年引进科技人才 683 人。1997 年，对全市 3 000 多科技人才进行知识更新培训，建立农业科技帮扶试点，组织 3 000 多名专家咨询团深入企业开展技术咨询，使 6 家特困企业走出困境。建立领导干部联系知识分子制度。市县(市)区党政领导干部与知识分子联系交友 600 多名。坚持为知识分子办好事办实事。市委、市政府拨出 13 万元专款，对 246 名月工资收入不足 300 元的高级专业技术人员进行一次性生活补助，受到知识分子欢迎。1998 年，制定并实施《领导干部联系、培养、使用科技人才目标责任制》和《知识分子工作“一把手”工程》。全市在 2098 名上报对象中确定 1 954 名科技人员作为全市跨世纪人才进行重点培养，其中在省市做出突出贡献的中青年科技人才 33 人、市级拔尖人才 30 人、县(市)区拔尖人才 55 人。2005 年 3 月 8 日，市委、市政府在北京与清华大学签订《人才与科技全面合作协议书》，双方决定在人才培训与培养、项目合作、科技咨询、科技服务等方面加强合作。作为协议的一项内容，同年 6 月 27 日至 8 月 10 日，清华大学 9 名博士研究生组成首支清华大学襄樊市社会实践小分队，围绕《如何科学引进和使用高层次紧缺人才》、《城中村问题调查研究》《襄樊城市历史格局变迁》《襄阳古城墙保护及相关研究》等 9 个课题进行为期 45 天的暑期社会实践。其间，市领导 3 次听取其实践成果汇报。是年，全市各级各类行政机关、事业单位、高科技民营企业、中央省属驻襄樊单位吸纳高层次人才 1 146 人，其中博士后 1 人、博士 4 人、硕士 92 人、本科生 1049 人。

（5）离退休干部管理

1984 年，实行调研员、巡视员制度。到 1985 年，全市有 1 544 名 50 岁以上的县、区级老干部退出领导岗位，担任巡视员、调研员工作。对年满 60 岁的老干部按“基本政治待遇不变，生活待遇略为从优”的原则，安置离休 2 761 人，退休 11 115 人。1990 年，全市按期办理离退休手续的干部共 1957 名，其中县级以上 218 名。1993 年，市委组织编辑出版《参加革命工作时间、连续工龄、离退休实用政策指南》一书。该书主要收录 1950 年至 1993 年 3 月之间国家、省、市相继发布的有关政策规定，按照性质进行分类，采取“对号入座”的方式，提出 205 个涉及参加革命工作时间、连续工龄计算、离退休政策的问题，逐条解答政策依据(文件出处)和办理程序，阐明原则和要求，全书约 22 万字。由于该书实用性强，政策依据准确详细，便于基层解答问题，深受基层组织尤其是老同志的欢迎。省委组织部将此书推荐到全省发行，印刷 10 000 册很快销售一空，收到较好的社会效果。

1979—2005 年襄樊市国家干部基本情况详见表 18-42、表 18-43、表 18-44、表 18-45、表 18-46。

1979—1987 年襄樊市国家干部基本情况统计一览

表 18-42

年度	总数	其中		年龄								文化程度						政治情况			行业分布						
		女	少数民族	25岁以下	26至30岁	31至35岁	36至45岁	46至50岁	51至55岁	56至60	60岁以上	大学	中专	高中	初中	小学	文盲	党员干部	团员干部	非党、团干部	党群	政法	农林水	财贸	工邮交电	文教卫生	中小学教师
1979	74229	17200	316	5339	22652	—	25344	17529	—	2793	554	8808	26530	—	34518	14759		37025	6469	30555	7128	2110	7493	13145	13681	30672	—
1980	70948	16830	297	5513	12428	10616	24031	10522	5532	1865	405	68491	17124	9796	26993	9148		35032	6687	29229	6803	2619	8314	12018	9975	31219	—
1981	67623	16858	268	6691	12074	9672	21885	9565	5583	1764	389	6673	70728	9217	23575	7430		32600	8197	26826	7183	2795	7417	11658	5547	33023	—
1982	70634	16214	268	7696	11867	9813	22025	10320	6339	2085	489	7259	20903	9377	24367	8448		34400	9112	27122	8260	2748	7208	12427	5918	33873	—
—	—	—	—	—	—	—	—	—	—	—	—	—	—	—	—	—		—	—	—	党委	国家机关	工会	共青团	妇联	—	—
1983	83491	19388	369	8914	13043	11731	26556	12710	7924	2000	613	10875	24811	11539	—	36266		40002	9910	33579	2509	79840	167	438	537	—	—
1984	92022	22748	448	11567	11816	15410	28097	12936	8808	2759	629	11990	28218	15316	—	36498		42754	12103	37165	4693	86136	219	405	619	—	—
1985	97131	23974	409	13023	10167	16868	29743	13275	9921	3413	721	13218	30435	16908	—	36567		47755	12014	37362	4536	91177	260	538	620	—	—
1986	101007	26306	454	14920	8990	17553	29830	13752	10467	4626	867	15221	33157	17281	—	35484		51070	12511	37426	4552	94957	277	560	661	—	—
1987	108278	—	—	—	—	—	—	—	—	—	—	—	—	—	—	—		—	—	—	—	—	—	—	—	—	—

1988—1994 年襄樊市国家干部基本情况统计一览

表 18-43

年度	总数	其中		年龄								文化程度				政治情况						
		女	少数民族	25 岁以下	25 至 30 岁	31 至 35 岁	36 至 45 岁	46 至 50 岁	51 至 55 岁	56 至 60 岁	60 岁以上	大学	中专	高中	初中以下	党员干部	团员干部	非党、团员干部	行政机关	事业单位	企业单位	中小学校
1988	116775	29393	580	16777	12903	18312	33934	15214	13085	5887	663	24100	47889	20874	33912	58157	14989	43629	30063	25209	30672	30831
1989	121419	32103	582	30 岁以下 32203		17636	35868	15517	12625	6863	707	26777	40642	22656	31344	58929	17155	45335	28303	28516	33409	31191
1990	128049	35000	691	17221	18393	16696	38889	15743	13369	7286	61 岁以上 452	30871	43650	22830	30698	61065	19321	47663	28715	30095	37416	34823
1991	150159	42575	893	23255	23601	18840	45370	16775	51 至 54 岁 12199	55 至 59 岁 9315	804	36774	49418	30188	33779	67165	23780	59214	32121	35992	47532	34514
1992	159510	48014	808	26436	25682	20104	47660	16650	12625	9756	597	40632	53663	32070	33145	69271	26849	63390	32877	37766	51351	37516
1993	176539	53140	934	30212	26913	24470	53379	17871	13077	9835	782	46856	58840	37212	33631	72929	27805	75805	34396	45992	55209	40942
1994	179051	55502	916	29289	26471	27392	53944	187354	13835	9554	631	50445	61732	36579	30295	73787	30118	75146	34480	46347	55287	42937

1995—1999 年襄樊市国家干部基本情况统计一览

表 18-44

年度	总数	其中		年龄							文化程度				党员干部	分布			
		女	少数民族	25 至 30 岁	31 至 35 岁	36 至 45 岁	46 至 50 岁	51 至 54 岁	55 至 59 岁	60 岁以上	大专以上	中专	高中	初中以下		行政机关	事业单位	企业单位	中小学校
1995	146542	47346	885	46176	23326	46675	15155	10148	8076	502	44582	52053	28937	20970	60171	30031	40003	40778	35730
1996	152524	50885	941	46672	26451	46209	16138	10212	9116	474	49547	54792	28118	20067	61068	28043	44496	41957	38028
1997	158376	55043	921	51542	27428	46507	16989	10051	8529	373	54239	59155	27281	17701	63464	29928	45411	41059	41978
1998	165221	58131	951	54232	26710	48942	18515	10573	8181	220	58251	62273	27920	16777	65830	30694	47696	39410	47421
1999	168088	5784	205	6485	4983	5789	2145	1009	1703		12800	6594	5222	1493	24080	30160	105798	31207	

2000—2004 年襄樊市国家干部基本情况统计一览

表 18-45

年度	总数	其中		年龄						文化程度					党员干部	分布			
		女	少数民族	35 岁及以下	36 至 40 岁	41 至 45 岁	46 至 50 岁	51 至 54 岁	55 岁及以上	研究生	大学本科	大学专科	中专	高中及以下		行政机关	事业单位	企业单位	其中：中小学校
2000	167165	61723	894	76468	48238		33067		9392	244	14974	54954	59958	37035	65600	30160	105798	31207	50381
2001	168513	61236	915	76897	49188		33498		8930	345	18332	58305	57609	33922	65303	30231	109029	29253	53502
2002	167712	64216	893	75854	49291		33982		8585	499	19924	62791	52983	31515	69341	27392	113815	26505	53627
2003	154977	59494	898	68453	26165	21026	19445	12251	7637	517	22622	61747	46294	23797	62867	25244	112738	16995	56215
2004	145699	57269	747	61105	24168	22415	18785	12444	6782	598	28066	59799	37439	19797	63691	23913	114843	6943	

2005 年襄樊市党政人才基本情况一览

表 18-46

名称	代码	合计						学历					年龄						层次		
			女	少数民族	中共党员	博士	硕士	研究生	大学本科	大学专科	中专	高中及以下	35 岁及以下	36 岁至 40 岁	41 岁至 45 岁	46 岁至 50 岁	51 岁至 54 岁	55 岁及以上	地(市、州、盟)	县(市、区、旗)	乡(镇)
甲	乙	1	2	3	4	5	6	7	8	9	10	11	12	13	14	15	16	17	20	21	22
总计	1	23908	4818	172	21459	6	60	390	8768	10656	1966	2128	7148	4313	5129	3544	2524	1250	5187	15367	3354
正地厅司局级领导职务	5	3	—	—	3	—	—	2	—	1	—	—	—	—	—	—	2	1	3	—	—
巡视员	6	—	—	—	—	—	—	—	—	—	—	—	—	—	—	—	—	—	—	—	—
副地厅司局级领导职务	7	31	6	2	25	1	4	10	16	5	—	—	—	1	5	5	7	13	31	—	—
助理巡视员	8	—	—	—	—	—	—	—	—	—	—	—	—	—	—	—	—	—	—	—	—
相当地厅司局级职务	9	4	—	—	4	—	—	—	2	2	—	—	—	—	—	—	—	4	4	—	—
正县处级领导职务	10	144	9	4	144	1	9	33	72	39	—	—	4	4	34	37	49	16	117	27	—
调研员	11	114	22	1	111	—	—	2	36	61	7	8	—	—	1	4	46	63	114		—
副县处级领导职务	12	644	68	3	616	4	13	92	355	197	—	—	23	60	167	195	163	36	404	240	—
助理调研员	13	132	24	1	131	—	—	—	46	64	8	14	—	6	20	24	44	38	132		—
相当县处级职务	14	143	12	1	135	—	2	5	51	65	15	7	—	—	10	29	43	61	88	55	—
正乡科级领导职务	15	1730	239	13	1709	—	8	96	1067	552	10	5	204	351	672	388	109	6	840	753	137
主任科员	16	1987	237	13	1961	—	5	13	427	859	442	246	33	109	186	367	779	513	513	1474	—
副乡科级领导职务	17	2979	499	21	2919	—	8	65	1543	1302	33	36	535	707	1047	560	123	7	649	1997	333
副主任科员	18	1631	255	12	1574	—	1	14	500	664	243	210	192	234	356	353	338	158	437	1194	—
相当乡科级职务	19	1233	131	4	1221	—	—	6	336	661	103	127	215	228	379	222	108	81	25	363	845
科员	20	12303	3141	97	10428	—	10	52	4128	5814	1017	1292	5411	2491	2181	1299	681	240	1673	8710	1920
办事员及其他人员	21	830	175	—	478	—	—	—	189	370	88	183	531	122	71	61	32	13	157	554	119

5.干部监督

(1)干部选拔任用监督

1996 年，在落实中组部和省委组织部有关干部监督制度的同时，针对新时期出现的新问题，建立《国家机关、企事业单位法人代表离任经济责任审计暂行办法》，全市共有 70 名干部经过审计被降职或免职，有 30 名干部经审计发现政绩突出而得到提拔。同时，做好领导干部现实问题的监督工作，坚持与执纪执法部门联系制度。是年，与市纪委联合召开4次执纪执法部门联系会。此外，还建立《领导干部向党组织回复有关问题的暂行规定》和《在县级领导班子和领导干部中实行诫勉制度的暂行规定》。加强干部监督工作的经验在全省组织工作会议上进行了交流。

（2）对领导干部的监督

1993年，全面实行干部亲属回避制度。在市、县(市、区)党政群机关和市直二级单位中实行干部亲属回避制度。当年，应回避的327名干部，已有96％的人员调整到新岗位。1993年，完善干部试用制。全市已实行试用制干部4134人，其中2671人被正式任用，1423人正在试用中，有28人被延长了半年试用期，12人因不称职被取消了试用资格。这一做法得到中央有关部门和省委组织部的肯定。是年9月，下发《组织部门与执纪、执法等部门联系制度》，对联系的范围、内容、形式、原则和综合协调等方面作出明确规定，在全市组织系统实施。经过实践，纪委等部门向组织部门反馈领导干部问题举报59件(次)，为管理、选拔、使用干部提供了可靠的信息和依据，受到省委组织部的肯定。为配合反腐败斗争，对全市1978年以来副科以上干部受严重处分的257人(其中地厅级1人、县处级24人、科级232人)的情况进行调查分析，剖析部分典型案例，研究相应的对策，提出管理教育的意见，引起市委的高度重视。撰写的调查报告被中组部《干审情况反映》第12期刊用。1994年，推行干部交流、轮岗和回避制度。对经济主管部门和经济职能部门，党群机关与经济部门，主管部门与所属企事业单位的领导干部进行适当交流。对在一个部门岗位上任职时间较长的和人、财、物比较敏感的岗位，适当轮岗。1994年，市委和市委组织部管理的干部共交流、轮岗、回避调动418人；同时，选派50名缺乏基层工作经验的青年干部到县(市)区和乡镇锻炼。2002年年初，中组部、省委组织部向襄樊下达关于“科学规范和有效监督县(市)委书记用人权”的重点调研课题，市委组织部迅速组织精干人员，分赴9个县(市)区进行专题调研，结合近年媒体披露的典型案例，研究如何科学规范和有效监督县(市)委书记用人权，形成《关于从薄弱环节入手科学规范和有效监督县(市)委书记选人用人行为的研究报告》，并以市委襄文〔2002〕37号文件印发《关于规范的监督县(市)委书记用人权的暂行规定》，明确界定县(市)委书记选拔任用干部的职责、权力、具体行为规范以及监督检查、违纪责任追究。中组部干部监督局到襄樊调研后，将襄樊确定为科学规范和有效监督县(市)委书记用人权课题调研联系单位。同年9月，中组部在吉林召开的课题研讨会上，襄樊的课题得到中组部领导的高度评价。为把课题研究成果真正转化为工作实践，同年10月中旬，市委在宜城召开督办协调会议，研究贯彻落实《干部任用条例》和市委文件的措施。各地结合自身实际，进行制度创新：襄阳区在继丅部工作实行差额考察改革之后，实行重要干部差额上会制度，为党委科学选人用人提供比较的空间。保康实行常委会讨论任免干部提前预告制，为各位常委掌握干部情况、提出有针对性的任免意见提供必要的时间，此作法中组部《党建研究内参》进行专题报道。宜城从干部选拔任用工作的源头抓起，建立乡科级干部资格准入制度，对2600多名科级以下干部试行任职资格考试，杜绝推荐环节的不正之风。老河口试行干部任免决策观察员制度，在10个乡镇(办事处)、10个市直局级试点单位党委(党组)研究干部时，由市委组织部派员以观察员身份参加，全年参加试点单位干部任免决策会议23次，否决拟任对象3人，前移监督关口。谷城针对干部工作中客观存在的责任主体不明、界限不清、追究难落实等现象，创造性地实践干部选任工作全程纪实制度，翔实记录干部工作中每个环节的责任人、运作过程等情况，既保证干部工作的健康运行，也为用人失察失误的追惩提供客观依据。2003年12月，市委制定出台《中共襄樊市委全委会议事与决策规则》《中共襄樊市委常委会议事与决策规则》《襄樊市市管单位领导集体决策重大问题议事规则》等三项工作制度，并加强督办检查，提高市管单位领导集体决策过程的公开度和透明度，规范领导干部特别是主要负责人用权行为，防范权力腐败，提高领导集体决策效益。

6.落实干部(含知识分子)政策

(1)“文化大革命”中的案件复查及冤假错案平反昭雪

1978年,襄阳地委开展“实践是检验真理的唯一标准”大讨论,批判“两个凡是”的方针,进一步解放思想,恢复发扬实事求是的作风。按照十一届三中全会精神,对“文化大革命”和新中国成立后历次政治运动处理的党员、干部,进行全面认真的复查,到1982年底全地区平反纠正13 800多人的冤假错案,恢复7400多人的党籍,推倒和修改不实之词的结论材料。1987年5月,全市各县(市)落实干部政策,平反纠正“文化大革命”和历次政治运动处理的冤假错案的任务全部完成。“文化大革命”中的冤假错案4704人,全部平反。被迫害致死的干部54人,得到昭雪。扣发、减发347人的工资(530 594元)全部补发,被查抄财物的501人,折款205 443元,全部偿还。

(2)其他历史遗留问题处理和历史案复查

襄阳地委根据省委指示,从1984年起,用两年多的时间,复查解决地下党和土地革命时期苏区肃反中被错杀人员的历史遗留问题。同时继续复查解决落实干部政策中的遗留问题。反右派运动中错划右派分子5542人,全部平反改正。“反右倾”运动中被错误处理的386人,全部改正。“四清”运动中结论处理13 137人,改正了全错或部分错的6923人。还解决了其他方面受到错误处理的2840人的问题。对解决地下党和土地革命时期苏区肃反中被错杀人员历史遗留问题,承认或恢复党籍的110人,追认烈士的280人,恢复烈士称号补发证书的89人。历次政治运动受到错误处理,平反恢复党籍的7442人。清理干部档案39 367件,撤除了含有不实之词的材料。这一时期,党的知识分子政策得到落实。全市各县(市)共吸收知识分子入党8690人,为42 382名专业技术人员评定了技术职称,为236名专业不对口的科技人员调整了工作岗位,解决夫妻分居2786人,清退了373名知识分子在“文化大革命”中被挤占的私房1289间。调动了知识分子为“四化”建设做贡献的积极性。

(三)基层组织建设

1985年,对4690个农村党支部进行调整,一大批有文化、有技能的年轻党员走上基层领导岗位,支部书记平均年龄35岁,具有初中以上文化程度的占80%以上。1983—1987年,在“坚持标准,保证质量,改善结构,慎重发展”的方针指导下,吸收一批年轻优秀的工人、农民、知识分子、妇女入党,逐步改善了党员队伍的年龄、文化结构和分布。较好地解决了知识分子入党难的问题。新党员质量有所提高。不足的方面是对发展工农业第一线的优秀中青年入党注意不够。据1979年至1985年共吸收知识分子入党6760人,占这一时期党员发展总数的16.5%。党的队伍中年龄老化、文化素质差的状况有明显改善。1983—1987年的统计,全市发展新党员26 423人。其中:知识分子和专业技术人员7149人,占发展总数的27%,工交财贸第一线职工6304人,占23.8%,农民6065人,占22.9%。1989年,根据市委六届九次全会《关于加强党的建设》的决议、决定和省委党建工作会议精神,市委先后召开党建工作经验交流会和全市党建工作会议,提出对党的基层组织建设实行分类指导、专题研究的要求。1990年,根据中央和省委提出的要聚精会神抓党建的指导思想,市委先后召开农村、企业、学校、城镇街道和党政机关党建工作会,讨论加强党的基层组织建设工作。在农村主要开展整建中间层党支部工作,并加强对村级后备干部的选拔培养;在企业进一步明确党组织的政治核心地位,建立健全党政联席会议、厂长定期向党组织报告等制度,恢复增设和健全企业党务工作机构,逐步理顺企业党政关系;抓薄弱环节,着力加强机关、街道、学校党组织建设,到年底,各县(市)委都分别成立了教育工作委员会，846个重点小学和中学都分别建立健全党支部和党总支，全市213个街道居委会中有187个建立了党支部，市县乡三级机关党组织建设也得到进一步加强，从而促进全市党建工作的平衡发展。同年，按照市委关于对农村中间层党支部"强化思想教育，解决突出问题，提高班子素质，着力提档升级"的指导思想，从市直和各县(市)区、乡(镇)抽调3745名政治素质高，熟悉农村工作的党员干部进驻村组，集中时间，进行整建工作。为了保证质量，市委在枣阳市吉河乡进行了整建试点，总结推广他们的经验。从7—12月，全市872个中间层支部的整建工作基本结束，占农村中间层支部总数的40.4%。同年11月4日，市委发出《关于在农村深入开展党的基本路线教育的通知》，要求全市从1990年冬季开始，用两三年时间，在农村普遍开展一次系统的党的基本路线教育。这项教育分期分批分阶段进行，每批大约两个半月到三个月，分为宣传发动、系统教育、组织建设、建章立制4个阶段。市委副书记果真主管，市委政策研究室负责情况汇总、编发简报，从市委组织部、市委宣传部等单位抽调21名干部，组成4个组，到各县(市)、郊区巡视督查开展情况。各县(市)委和郊区区委成立了农村党的基本路线教育办公室，共抽调7120名干部，组成工作队，从1990年11月开始陆续进到2479个村，占全市村总数的62.1%。各地在开展党的基本路线教育中，把普遍性教育与针对性教育结合起来，把教育与解决具体问题结合起来，帮助村组找发展集体经济的路子，清理财务，维护社会治安，整建基层组织，扶贫开发。

1991—1992年，全市大中型企业普遍健全党政联席会议制度、党组织定期听取厂长(经理)报告工作制度、党政班子议事规则等。1992年1月，市委批转了《关于进一步加强我市大中型企业单位党组织工作的意见》。全市85%以上企业普遍建立了"三包三促"责任网络。城镇街道、机关、学校党建有新进展。樊东区机坊街党支部的先进事迹作为全市城镇街道党建的一面红旗在全市进行了宣传。全市213个居委会已建立党支部198个。同时抓《中等专业学校、重点中学党支部工作条例》和《普通中学党支部工作条例》的贯彻落实。

1991—1992年，根据《党章》和中共中央文件及省市委有关文件精神，制订《市直机关党支部工作条例》，通过组织实施，推进机关党支部工作的经常化、制度化、规范化。在2个单位进行了机关党支部工作目标管理的试点，并巩固了机关基层党的组织建设，两年中共新建、改建机关党组织29个。到1992年年底，市直机关建直属机关党委32个、机关党委12个、直属机关党总支1个、机关党总支7个、机关党支部193个。1993年，在组织建设方面，结合县(市)区和乡镇领导班子换届，做好干部调整配备工作和选拔青年干部工作，适应社会主义市场经济体制需要，推进干部制度改革，围绕推进改革开放和经济建设的发展，加强党的基层组织建设和党员队伍管理。在机关党的建设方面，树立以经济建设为中心的指导思想，把解放思想作为首要任务，切实加强机关党组织的自身建设，不断改进机关工作作风。在企业党的建设方面，端正思想，找准位置，坚持把为经济建设服务作为出发点和落脚点，把"团结奋进"作为企业党的工作的重要内容，作为党务工作者的主要职责；按照市场经济的要求，增加企业党建工作适应经济工作的分量。

1994年，围绕建立现代企业制度，认真分析研究企业党建工作遇到的新情况、新问题，制定下发了《关于加强和改进国有企业党建工作意见》。对国有企业、"三资"企业、股份制企业、私营企业的党建工作进行了调查，加强子国有和国家控股的股份制企业党建工作的研究与指导。对改革中出现的新经济组织的领导体制、组织结构、机构设置、人员配备等，从有利于建立现代企业制度、发展生产以及企业党的建设出发，理顺企业党组织与董事会、工会和股东大会的关系，建立了企业党建工作与企业生产经营有机融合的工作运行机制。在活动方式上，由过去大型集中为主转为小型分散为主；在活动内容上，变单纯的政治性活动为政治、业务、文化活动的有机统一。同年8月13日，市委办公室以襄办发〔1994〕60号文件下发了《关于市直机关党组织设置的意见》，到年底，市直机关新建改建直属机关党委28个、机关党总支3个、机关党支部36个。为了进一步促进《襄樊市直机关党支部工作条例》

的贯彻实施，市直机关工委制定了《贯彻落实〈襄樊市直机关党支部工作条例〉检查考评实施办法》，对机关党支部日常工作进行分解，把机关党支部建设纳入目标管理，实行定期考评。同年，市、县两级重点抓了200个小康示范村的党组织建设，突出抓小康乡镇的建设，形成了以乡镇带村，以村促乡镇的党建工作格局。是年，襄樊全市有县(市)区委11个，基层党委771个，党总支1302个，党支部13 605个，党员248 532人，占全市总人口的4.6%。

1995年，全市党的基层组织整体素质全面提高。采取的主要措施有：集中整建村级组织。市、县、乡共派出8100名干部，分驻2995个村，按照学习文件、民主评议、组织整建、建章立制、制定经济发展规划和措施的步骤，集中整建村级组织。其中，重点整顿集体经济年收入2万元以下的村1044个、后进村152个，整顿后，152个后进村有138个发生了明显变化。调整村支部领导班子。结合整建工作，全市共调整村级干部3298人，新选配村支部书记248人，村主任307人；同时，培训经济发展较快的村支部书记100名。继续坚持对农村党员实行实用技术培训。全市农函大、农广校共招收学员1.2万多人，举办短期培训班培训村干部1.25万人次，轮训学员11.15万人，提高了农村党员的致富能力。以"三名"工程为载体，抓好城镇街道党的建设。9月份，市委组织部提出了以抓好"三名"工程为主要内容，促进街道经济建设和党的工作再上新台阶的要求，对实施"三名"工程的目标和措施作出新的部署，进一步推动了街道党建工作。以"勤政、廉洁、服务、高效"为目标，加强机关和学校党的建设。

1997年，按照中共中央《关于加强国有企业党建工作的通知》要求，组织力量对全市国有企业党建工作进行调查。为适应改革的需要，成立市董事管理局和市企业中高级经营管理人才交流中心。为配合"学邯钢，增效益"活动，在国有企业中开展争创"五好"企业的竞赛。根据中组部《关于加强街道党的建设工作的意见》，制定《加强街道党建工作实施意见》，加强街道、机关、学校党的建设。

1999年，全市有基层党组织15 812个、地方党委10个、企事业单位党委473个，党员270 024人。

2001年3月，《中共襄樊市委关于加强非公有制经济组织党的建设工作的试行意见》。同年5月8日，襄樊市非公有制经济组织党建工作联系会议办公室成立。联席会议由市委组织部和统战部、乡镇企业局等17个单位组成。办公室成立后，对非公有制企业的规模及中共党员的状况进行调查摸底，了解到全市有各类非公有制企业4600家，从业人员19.6万人，注册资本20多亿元，非公有制经济提供税收占全市税收总额的11.3%。在非公有制经济组织从业人员中的中共党员有8252名，占从业人员总数的1.9%，占全市党员总数的2.9%。在经济活动中，各地把抓好党建促经济作为非公有制经济组织党建工作的切入点，初步形成"建立党组织—开展活动—发挥作用—深化完善—规范提高"循序渐进的工作路子。各地采取企业独建、村企合建、区域联建、行业统建，以及选派党建工作联系员等方式、方法，合理设置党的基层组织。到2001年，全市非公有制经济组织中有3名党员以上符合建立党组织条件的有716家，建立健全党组织的有593家，占应建党组织总数的82.8%。在理顺党组织隶属关系方面，各地根据非公有制经济组织的不同情况，分别实行属地管理、行业管理、归口管理、委托或挂靠管理，形成纵横交错、上下贯通的组织管理体系。

2002年，襄樊市有党的地方委员会10个，其中省辖市委1个、县委3个、地辖市委3个、省辖市区委3个。有基层党组织14 282个，其中：基层委员会763个、总支委员会932个、支部委员会12 587个。同年3月，市委组织部围绕建立农村基层组织建设常抓不懈的工作机制，在全市总结推广南漳界碑头村建立"说事"制度的做法，在全市所有的行政村建立比较规范的"说事"制度，初步形成包括群众"说事"、分类理事、集中议事、及时办事、定期评事等5个环节的制度体系。至年底，全市参加"说事"的干部达8.56万人次，接待群众53.8万人次，听取群众意见12万多条。对群众反映的3.88万条意见逐条给予答复；批转到县(市)区部门的560多个问题。通过经常听取群众"说事"，在干群之间沟通思想，交流感情，消除隔阂(农村"说事"制度：村级"说事"制度源于南漳武安镇界碑头村。2001年

10月开始，该村为解决群众反映的“说理难、办事难、矛盾解决难”等问题，让有困难、有想法、有矛盾纠纷的群众到村委会“说事”。2002 年 3 月，南漳县委总结推广该村经验，制定出台《关于建立村级“说事”制度的决定》，规定每月 5 日、15 日、25 日为全县“说事日”和“无会日”，各级党政领导干部深入到村组与群众“说事”，面对面帮助群众解决问题。同时，相继出台《关于建立六大机制，深化“说事”制度的意见》，编写《村级“说事”指导》，提出村村要有说事室、带班领导、值班表、记录本、办理结果登记簿，形成广开言路“说事”、高效快捷“理事”、集体决策“议事”、真心为民“干事”、接受群众“评事”、落实责任“查事”的配套工作机制）。

2003—2004 年，全市组织工作坚持按照“抓基层，打基础”的思路，注意从解决群众关心的热点难点问题入手，通过建立公开承诺、定期回访和结果公示制度，抓好“说事”制度的巩固深化，推进农村基层民主政治建设，密切党群干群关系；建立农村无职党员“设岗定责”制度。全面启动农村党员干部适用技术培训工作，建农村党员干部远程教育“金钥匙”网站，与各县（市）区和部分乡村联网，提高农村党员干部适用技术培训的实效。适应农村建设全面小康社会需要，推广谷城“深化三级联创、共建小康新村”的经验，发挥县、乡、村三级基层党组织和党员干部的联动作用，建设一批具有较强辐射能力的示范村。在非公有制企业比较集中、党建工作基础较好的襄樊高新技术产业开发区开展创建非公企业党建工作示范区活动；在全市各街道社区开展示范区创建活动，规范街道社区、非公有制经济组织党建工作。这一期间，襄樊市党的地方委员会 10 个，其中省辖市委 1 个、县委 3 个、地辖市委 3 个、省辖市区委 3 个。2003 年基层党组织 13 977 个、2004 年 13 918 个，其中：基层委员会分别为 728 个、713 个，总支委员会分别为 12 492 个、12 527 个。

至 2004 年 12 月，共设党组 388 个，党委 713 个，党总支 675 个，基层党支部 12 527 个。2005 年，全市有 10 个地方党委(1 个省辖市党委、9 个县市区党委)，757 个基层党委(其中企业 261 个、事业单位 225 个、机关 96 个、其他 175 个))、463 个党组、648 个党总支、12 131 个党支部。其中：乡镇党委 76 个，街道办事处党委 24 个；行政村党委 12 个、党总支 41 个、党支部 2330 个。

2005 年中共襄樊市党组织发展情况统计一览

表 18-47

年度 \ 数字 \ 项目		总计	党的基层组织数			企业	事业	机关	其他
			城市街道	建制镇	乡				
2005	党委	757	72	89	4	261	225	96	175
	总支	648	81	158	6	206	184	107	151
	支部	12131	804	4059	105	3004	3957	1917	3253
	党组	463	其中：市（地、州）一级机关 48 个；县（市、区）一级机关 342 个						

五、宣传工作

1978 年，中共十一届三中全会以后，中共襄樊市委宣传部以马列主义、毛泽东思想、邓小平理论和“三个代表”重要思想为指导，围绕中心、服务大局，唱响主旋律、打好主动仗，为全市的改革开放和现代化建设提供有力的思想保证、智力支持、精神动力和文化条件。1979—2005 年，襄樊市党的理论工作全面走向制度化、规范化，是理论工作发展最好时期。

（一）理论工作

1.理论学习

1979—1980年，地委、市委召开真理标准大讨论会议，地委书记王耀亲自作报告，参加讨论。地、市、县党校每一期都开设了真理标准学习和讨论课程，为广泛深入开展这场大讨论培训骨干。机关、工厂、学校、街道、农村等基层单位，举办短训班，培训理论队伍，实行领导、骨干与群众相结合的方法，在全市干部和居民中开展真理标准问题大讨论，使广大干部群众从极“左”的思潮中走出来，“实践是检验真理的唯一标准”成为共识，为襄樊市改革开放的顺利进行打下良好的思想基础。1985年，按照全省统一部署，通过广播教学，组织广大干部学习《政治经济学》，各县（市）都专门成立了由主管书记任组长，组织部、宣传部同志参加的干部正规化理论学习领导小组，全市参加学习的人数达到34 491人。1986年，全市35 369名在职干部参加马克思主义哲学学习，21 600多人参加了全省统考。其中，县级以上领导干部交哲学论文191篇。1987年，组织全市党员干部学习党的十三大文件精神，总结推广了市经委领导干部培训班的学习经验。1988年，继续组织学习党的十三大文件，重点放在解放思想，解放生产力上。全市普遍采取小集中学习方法，对广大干部群众分期分批进行轮训。全市组织180个中心学习小组，举办各种学习班1458期，轮训干部43 740人。1989年，组织编写出版《党的基本路线概论》学习教材，组织全市广大干部学习马列主义、毛泽东思想，学习党的路线、方针、政策，举办2期理论学习班，培训县级领导干部204人。全市各级党组织分别轮训各级领导干部，收到明显效果。1990年，组织编写《学习马列主义理论，坚定社会主义信念》的教材，印刷7万多册，发放到全市城乡党员、干部和群众手中。全市各级党组织利用讲师团、党校等阵地，分期分批培训党员、干部和理论骨干67 000多人。1991年，有计划地组织全市广大党员、干部和群众认真学习建设有中国特色社会主义理论，贯彻十三届七中全会文件精神。1992年，编辑出版《争取更大胜利的旗帜》《市场经济ABC》《学习十四大文件通俗讲话》等资料，向基层发放10余万册。组织学习邓小平视察南方重要讲话、江泽民在党的十四大所作的报告和党的十四大通过的新党章，引导广大党员干部解放思想，更新观念。1993年，组织“特色理论”和市场经济经济知识学习活动，把武装头脑作为解放思想、更新观念的前提，把普及知识、掌握技能作为解放思想、更新观念的手段。组织全市党员干部学习《邓小平文选》第3卷和十四届三中全会、四中全会决定，编辑下发学习辅导材料3万多册。抓龙头带系统，充分发挥各级“中心小组”的领导垂范作用，在市委讲师团举办了5期县级领导干部学习班，组织专家、学者、理论工作者进行专题辅导20多次，培训县级干部600余人次。市委宣传部和讲师团的理论工作者及各县（市）区和市直各单位辅导“特色理论”讲课计达210场次。全市举办“特色理论”培训班980期次，轮训党员、干部15 000人次。1994年，组织全市党员干部学习《邓小平文选》第3卷和十四届三中全会、四中全会决定，编辑下发学习辅导材料3万多册。在市委讲师团举办了5期县级领导干部学习班，组织专家、学者、理论工作者进行专题辅导20多次，培训县级干部600余人次。1995年，组织学习《邓小平同志建设有中国特色社会主义理论学习纲要》和十四届五中全会精神，分层次举办学习《纲要》读书班和培训班，辅导讲课450多场次，发放辅导材料14 000多册，编辑印发《邓小平论宣传思想工作》2000册。1996年，组织全市领导干部深入学习邓小平发展理论和邓小平、江泽民关于讲政治和培养高素质干部队伍的论述。组织全市广大党员干部学习党的十四届六中全会精神，编印发行《党的十四届六中全会精神学习材料》1万多册，培训县级干部400多人，培训理论骨干2000多人次。组织专家学者编印《社会主义市场经济新编读本》。市委中心组荣获全省干部理论学习“先进中心组”称号，市委宣传部获全省“优秀组织辅导单位”称号，襄阳县获全省“学习先进单位”称号。1997年，市委召开八届七次全体(扩大)会议,就学习贯彻十五大精神作了全面部署。市委在市委党校举办"全市领导干部十五大精神学习班",市委、市人大、市政府、市政协主要领导作专题辅导报告和书面发言。组织编写《党的十五大文件学习材料》,为全市各级党组织学习培训使用。1998 年,深入学习宣传党的十五大精神。以市委名义印发《关于进一步加强县级以上党委(党组)中心学习组建设的意见》,实行党委"一把手"负责制,严格学习制度,改进学习方法,提高学习服务质量。以理论"三大计划"为载体,引导全市干部群众解放思想和转变观念;实施"金钥匙计划",抓好县级中心组理论学习的落实;实施"双学双促计划",组织全市百万青年学习邓小平理论和党的十五大精神;实施"奔腾计划",组织广大干部群众认真学习邓小平理论,洗脑换脑,转变观念。"金钥匙计划"得到了中宣部和省委宣传部的充分肯定,中央《求是》《党建》杂志宣传推广这一经验。1999 年,贯彻《中共中央关于在全党深入学习邓小平理论的通知》,深入实施"金钥匙计划""双学双促计划"和"奔腾计划",学习宣传马克思主义唯物论和无神论。组织开展建设"规范化党委中心组"和争创"先进党委中心组活动"活动。2000 年,通过举办领导干部培训班、撰写刊播系列专题文章等形式,在全市迅速掀起学习、宣传和贯彻落实"三个代表"重要思想的热潮。全市层层举办学习"三个代表"重要思想领导干部培训班,仅培训县级以上干部就达 600 余人次。市委中心组被全省列为"学风建设十大宣传典型",得到中宣部、中组部和省委的充分肯定和宣传推广。2001 年,全市理论学习主要以"三个代表"重要思想为内容,通过抓"督学"促进领导干部学习,抓"考学"促进一般干部学习,抓"评学"促进广大青年学习。采取学习日、座谈会、报告会、专家辅导、短期轮训等多种形式,组织广大党员干部学习江泽民同志"七一"讲话的重大意义、"三个代表"重要思想的科学内涵、党的建设经验和所涉及重大理论问题。2002 年,围绕学习 WTO 知识、江泽民同志"七一"讲话、"5·31 讲话"、《江泽民论有中国特色社会主义》(专题摘编)、党的十六大报告,在全市兴起学习宣传贯彻"三个代表"重要思想和党的十六大精神的热潮。组织市委中心组分专题学习 12 次,组织全市副县级以上干部理论学习测试 2 次。在全省理论学习先进评选表彰活动中,有 6 个先进单位和 4 个先进个人受到省委宣传部表彰,市委中心组再次被省委命名为"先进党委中心组"。2003 年,市委多次研究学习贯彻党的十六大精神、兴起"三个代表"重要思想学习贯彻新高潮专题。组织了学习贯彻"三个代表"重要思想读书班,对全市"四大家"领导和各县(市)区、市直各单位主要负责人进行集中轮训。各地各单位中心组结合各自实际,通过举办各种形式的研讨班、培训班、学习班,培训干部和理论骨干 3 万多人。2004 年,以中心组学习为龙头,以提高解决实际问题的能力为目的,抓好干部群众理论学习。2005 年,抓住全面贯彻党的十六届五中全会精神和保持共产党员先进性教育两大历史契机,用党的最新理论成果引领社会思想意识,普及传播党的最新理论,夯实建设"和谐襄樊"的共同思想基础。市委中心组重点推行"高层专家辅导制",先后邀请中央政策研究室副主任郑新立、省社科院院长赵凌云等专家,为市委中心组讲授最新政策和前沿理论。市委中心组全年共开展各类专题学习、辅导和集中讨论 11 次。

2.理论宣传

1984—1987 年,编发数十期理论资料《学习与宣传》,创办《社联通讯》。1988 年,编发学习通报 48 期,推广 19 个学习理论典型经验。组织万名职工参加"襄樊市职工形势教育知识竞赛",综合编辑印发《十年改革在襄樊》的宣传册。1989 年,编发 19 万册学习文件和辅导材料,培训 130 多名辅导员,派出 80 名理论干部、讲师团教员到基层辅导宣讲。1990 年,组织理论骨干宣传队、宣讲团和下乡下厂蹲点的工作队,深入农村、企业进行宣讲,向广大人民群众灌输社会主义思想。同时,还把报纸、电台、电视等宣传的主渠道同展览、墙报等各种舆论阵地结合起来开展社会主义信念宣传教育。1992 年,各地电视台、电台相继开播学习理论专题节目或"党员生活"专栏,宣传党的十四大精神和邓小平同志建设有中国特色社会主义理论。邀请中宣部、中央党校、《党建》杂志社有关专家、学者到襄樊作辅导讲座，听课人达5000多人次。1993年，重点宣传建设有中国特色社会主义理论和市场经济知识，全市各级理论工作者宣讲“特色理论”和三中全会决定达210场次。1994至1995年，运用报纸、电台、电视台等媒体，加大《邓小平同志建设有中国特色社会主义理论学习纲要》宣传力度，组织撰写和发表一批有分量的学习体会文章。对全市中心组理论学习情况进行了认真检查和总结，编发《理论工作通讯》20期。1996年，组织各县(市)区委中心组学习邓小平发展理论电视专访，摄制完成全市第一部理论宣传电视专题片《硬道理硬在得民心》，并在湖北电视台播出。同时，组织指导各县(市)制作拍摄7部理论宣传电视专题片。在襄樊人民广播电台举办了十四届六中全会精神知识竞赛。1997年，组织“喜迎十五大，送报进万家”活动，几千名青年志愿者和新闻工作者一起深入街头、车站、码头、病房，把刊有党的十五大召开喜讯的《襄樊日报》送到广大市民手中。全市各级新闻媒体积极发挥主渠道作用，对党的十五大精神进行广泛深入地宣传报道。1998年，组织学习贯彻十五大精神政治集训周，举办了“学理论、明市情”知识竞赛，对理论学习进行命题考试，巩固学习效果。1999年，开展声势浩大的“唯物论教育月”活动，深入揭批“法轮功”邪教组织的反动本质和严重危害。组织“理论讲师团”、“理论宣讲团”，围绕邓小平理论和十五届三中、四中全会精神进行巡回宣讲辅导，使理论教育进机关、进企业、进农村、进课堂。2000年，以“迎接新世纪”为主题，举办“科技创新的理论与实践”“中国加入WTO后工业面临的机遇和挑战”“西部大开发与区域经济发展”等大型专题报告会，邀请张勇传、艾丰等两院院士和专家学者作报告。2001年，全市各级报纸、电台、电视台等新闻单位，开辟专栏，刊播学习辅导文章，宣传推广一些好的做法和经验，报道了一批实践“三个代表”重要思想的先进典型。市、县两级抽调部分理论骨干和专家、教授，分别组织宣讲团，深入到县(市)区、乡镇(办事处)等基层单位进行巡回演讲和辅导。2002年，各地各单位充分利用座谈会、研讨会、学习日、报告会、短期培训、宣讲团、宣传栏、黑板报等丰富多彩的形式，把“三个代表”重要思想、党的十六大精神及时贯彻到基层，宣讲到群众。挑选16名理论骨干、百名教员组成“十六大精神宣讲团”，深入基层宣讲党的十六大精神。2003年，组织“百名社科工作者宣讲团”，深入到各地各单位进行宣讲。各地各单位结合本地实际，举办了一系列座谈会、研讨会、报告会、培训班、知识竞赛、展览等，把十六大精神和“三个代表”重要思想宣传到基层，使之进企业、进村组、进学校、进社区。2004年，着力打造“理论进民营企业”“理论进社区”两个活动品牌。先后举办“民营企业面临的机遇与挑战”、“2004天智企业发展论坛”等5场报告会。组织开展社科知识普及、“三个代表”重要思想主题读书、“电信杯”宪法知识竞赛、理论骨干培训班等活动，分类指导，分层实施。2005年，开展领导讲形势、专家讲理论、先进典型讲事迹、老党员老干部讲优良传统、下岗职工党员讲创业、反面典型讲教训的理论学习“六讲”活动，促进党员干部思想更新。全市领导干部共作辅导报告3000多场，直接受众25万多人次；在全市开展“百名社科工作者送理论下基层”活动，组织专家宣讲团，分成5个小分队深入到各县(市)区，集中宣讲五中全会基本精神；全市各地各单位同时组织各类专家辅导报告200余场次。

3.理论研究

1986年，完成省社会科学领导小组批准的课题《经济建设中机遇的研究与利用》；在省以上理论刊物上发表各类论文、调查报告19篇。1986—1987年，市委宣传部严祖堤、喻毅撰写的《论干部马列主义教育的道路》一文分别荣获全省首届党员理论教育研讨会一等奖和湖北省第三届社会科学优秀成果三等奖。此论文还被收入中国人民大学《报刊复印资料·政治卷》。市委宣传部理论课的3名同志分获全省党员教育知识竞赛一、二、三等奖。1988年，召开“纪念十一届三中全会十周年理论研讨会”，65位理论工作者和实际工作者围绕全市经济建设和改革的实际，交流最新研究成果。召开首次党员教育理论与实践讨论会，交流论文12篇。1989年，召开“纪念五四运动70周年”理论研讨会和“建国40周年振兴襄樊理论研讨会”。1990年，市委决定建立市委常委中心学习小组，每个季度确定一个专题，专门安排2天时间，同理论工作者进行理论学习研讨。召开全市坚定社会主义信念教育理论研讨会和纪念鸦片战争150周年理论座谈会。1991年，开展“纪念建党七十周年”征文活动和纪念建党七十周年理论研讨会，收到论文500多篇。1992年，组织大型理论研讨会5次，全市在省以上报刊发表理论研究文章超过200篇。组织评选和颁发了襄樊市第一届理论成果奖，奖励专著7本、论文39篇。1993年，组织召开“襄樊市社会主义市场经济理论与实践研讨会”“襄樊市股份制经济理论与实践研讨会”“纪念毛泽东同志诞辰100周年理论与实践研讨会”“纪念建党72周年党的思想理论建设座谈会”，在《社科研究》杂志上开辟“特色理论研究”“市场经济研究”专栏，出版《毛泽东诞辰100周年纪念专辑》。1994年，举办“把襄樊建成现代化大城市理论研讨会”“纪念建国45周年理论与实践研讨会”“襄樊市建立股份合作制理论与实践研讨会”和“襄樊市建立现代企业制度理论和实践研讨会”，共收到论文300多篇。1995年，召开“襄樊市纪念抗日战争胜利50周年学术研讨会”和全市社会科学团体经验交流会。修订印发《襄樊市理论研究成果奖励办法》，在全市开展优秀理论研究成果评选活动，共收集论文、著作近400篇（部）。1996年，一批著述和文章在中央、省级报刊发表。宣传部喻毅著述的国内第一部《法制宣传学》书稿受到全国人大办公厅的肯定，由中国民主法制出版社出版向全国公开发行，《人民日报》理论版刊文推介。1998年，举办纪念十一届三中全会召开20周年和纪念襄樊解放50周年理论研讨会。1999年，结合贯彻十五届四中全会和市委扩大会议精神，组织召开厂长经理、社科界人士等多种类型、多层次的座谈会，举办国企职工学习竞赛活动。2000年，围绕“抢抓西部大开发机遇，加快襄樊经济发展”“汉江大道改造和鱼梁洲开发”“发展区域民营经济”等事关全市经济社会发展的重大问题开展理论研讨活动，为党委和政府决策提出许多有价值的意见和对策。2001年，围绕“回首建党八十周年，展望襄樊新发展”主题，紧密联系党在新时期的历史使命和襄樊“十五”发展目标，各地各单位召开一系列理论研讨会。联系“三个代表”重要思想的学习和实践，组织各级领导干部、广大党务工作者和理论工作者撰写一批理论研究文章。2002年，党的十六大召开前，组织发表了一大批较高质量的理论宣传文章，开展全市优秀理论成果评奖活动；党的十六大召开后，结合十六大精神，确定一批重点课题，组织力量，深入研究，联合攻关，拿出一批有质量、有分量的理论研究成果。2003年，开展学习贯彻“三个代表”重要思想理论与实践大型理论调研活动。各地分别结合实际，就如何把握“三个代表”重要思想、如何用“三个代表”重要思想指导工作、如何贯彻落实十六届三中全会精神等开展了专题研讨。2004年，针对“新时期农民文化新需求”开展调研，形成《农民呼唤文化小康》；围绕民营企业思想建设，形成调研文章《回天之力从何而来》；在全市组织“三国文化与发展旅游经济”大型研究活动，列出20多个专题，形成系列调研成果。2005年，为贯彻落实中共中央政治局委员、书记处书记、中宣部部长刘云山在襄樊考察讲话精神，开展基层文化建设调研工作，形成《关于进一步加强农村“文化中心户”建设意见》；配合保持共产党员先进性教育活动，开展“如何保持农村共产党员先进性”调查，撰写《基础不牢，地动山摇》调研文章；开展“构建‘和谐襄樊’，建设省域副中心城市”大型理论调研活动，共征集论文200余篇，并将优秀论文汇编成册，供市委、市政府决策参考；开展“加快民营经济发展”“加强文化环境建设”专题调研，形成《制约文化发展体制性障碍的调查与思考》，在中宣部《决策专报》刊发。

（二）社会宣传

襄樊市的社会宣传工作根据各个时期各个阶段的不同要求，广泛开展主题教育、典型宣传、思想政治工作，有力配合市委、市政府的中心工作。

1.主题教育

1979—1982 年，继续在干部群众中组织开展深入揭批江青反革命反党集团的活动，广泛开展党的工作重心转移、改革开放深远影响和现实意义、解放思想、家庭联产承包责任制等主题宣传教育活动。1983—1984 年，开展市管县新体制、撤社建乡、建设汽车城、城市经济体制改革、企业改革等主题宣传教育活动。1985 年，先后举办"热爱襄樊知识竞赛""四有教育电影周""襄樊建设摄影展览""电视音乐舞蹈大奖赛"等活动。1986 年，重点抓"四有"(有理想、有道德、有文化、有纪律)教育和法制宣传教育。1986—1987 年，重点抓"四有教育"、法制宣传教育、坚持四项基本原则和反对资产阶级自由化的正面教育。1988 年，组织了解放襄樊 40 周年庆祝活动。邀请解放襄樊特工团到襄樊举办"万人报告会"。组织 200 多个参赛单位、10 万人参加的"万名职工颂襄樊"歌咏大赛，先后演唱歌曲 400 多首。1989 年，加强"两德"教育(社会公德、职业道德)，组织全市人民学习《德育手册》和《德育故事选萃》。切实落实中共中央《关于改进和加强中小学德育工作的通知》，筹办有 20 万学生参加，400 多学生获奖的全市中小学生命题作文大奖赛。1990 年，在全市城乡组织学习马列主义理论，坚定社会主义信念的教育活动，受教育的党员干部达 90%以上，群众达 70%以上。1991 年，组织拍摄襄樊地区党史电视片《红色的路》并在襄樊电视台播出。举办了全市党的知识竞赛和"党在我心中"歌咏、演讲大赛。1992 年，围绕汽车产业开发区和高新技术开发区的建立与发展，开展主题宣传。1993 年，加强建设有中国特色社会主义理论、爱国主义、集体主义、社会主义、中华民族传统美德等教育。主要采用"文件指导法"(制发教育文件)、"教材辅导法"(编印教材，提供参考读物)、"检查督促与典型宣传法"(组织检查，开展典型宣传)等工作方法开展主题教育。1994 年，贯彻落实《爱国主义教育实施纲要》，组织全市大中小学生参加"观看百部优秀影视片、读百部好书、唱百首歌曲"等爱国主义教育系列活动。举办"知我襄樊、爱我襄樊、建我襄樊"知识竞赛活动，建立、巩固了市革命历史陈列馆、烈士塔等一批爱国主义教育基地，广泛开展了"敬业、爱岗、爱家乡"活动。1995 年，成立全市爱国主义教育领导小组，组织编发《爱国主义教育知识手册》，申报批准了 36 个市级爱国主义教育基地，下发《关于在全市县级以上单位和领导干部办公场所插挂国旗的意见》。省委组织部、宣传部联合在襄樊召开全省基层党员主题教育活动现场会，专题总结推广襄樊市党员"闪光"活动的经验做法。1996 年，在全市广泛开展城市形象、单位形象、产品形象、市民形象的"塑形工程"。在全市党员中大规模开展"双学""闪光""双带"活动，举办了"双学"知识竞赛，襄樊电视台对决赛进行现场直播。1997 年，围绕迎接香港回归，在爱国主义教育方面开展了系列活动。组织编印《香港基本法知识问答》1 万余册发到全市各级党组织。先后召开了"香港回归与邓小平'一国两制'思想座谈会""迎接香港回归，洗雪百年国耻"报告会，举办"襄樊市'金环杯'香港基本法知识竞赛"，收到答卷 5 万余份。1998 年，以"人人都是襄樊形象，人人争做文明使者"为主题，开展文明行为常识教育活动。在全市党员中开展以"服务人民群众，奉献一片爱心"为主题的"共产党员服务卡"活动，扩大党员教育的空间，中宣部《党建》杂志进行了总结推广。1999 年，围绕美国轰炸我国驻南联盟大使馆，通过座谈会、报告会等形式，组织学习中央领导同志的重要讲话，迅速把广大干部群众的爱国热情引导到做好自己的本职工作上来；围绕处理和解决邪教"法轮功"问题，广泛开展唯物主义教育，引导干部群众认清"法轮功"邪教组织的反动本质。先后举办了"五十年巨变——襄樊建设成就展""'地税杯'我身边的共产党人演讲比赛""地税杯'迎澳门'回归知识竞赛和迎澳门回归大型文艺晚会"等活动。2000 年，在全市组织开展"三带三下双向教育活动"，让机关干部带着理论、带着政策、带着感情，下农村、下企业、下街道，与基层群众开展"双向教育"，使干部和群众双向理解、双向信任、双向提高、双向鼓劲。在全市党员中开了"三争一赛"活动，举办"绿叶杯"国防知识竞赛活动。2001 年，以隆重纪念建党 80 周年为主题，组织编印《"三好"教育学习材料》，精心组织形式多样、生动活泼的宣传教育活动，在全市唱响"三好"(共产党好、社会主义好、改革开放好)的主旋律。2002 年，《公民道德建设实施纲要》颁布后，在全市开展"公民道德建设年、教育月、实践日”活动。《湖北日报》连续两天进行宣传报道。认真扎实地开展了创建国防教育基地、第二个国防教育日宣传、争创“双拥模范城”，以及国防教育法规知识和国防理论研讨活动。2003 年，组织开展以“诚信在襄樊”为主题的市民教育月活动，重点抓与人民群众生产生活息息相关的窗口行业、工商企业和个体工商户的诚信建设。2004 年，深入贯彻《公民道德建设实施纲要》和《加强和改进未成年人思想道德建设的若干意见》，广泛开展“共铸诚信襄樊”教育月活动，启动全市未成年人思想道德教育建设工作。2005 年，以纪念抗日战争暨世界反法西斯战争胜利 60 周年为契机，在全市掀起爱国主义和革命传统教育的新高潮。先后召开全市纪念抗日战争胜利 60 周年宣传工作会，青少年“重温抗战史，再铸民族魂”演讲赛、知识竞赛和征文活动，“抗战在襄樊”大型展览活动，积极筹建襄樊战役纪念馆。

2.典型宣传

1985 年，市委宣传部会同有关部门评选襄樊市十名新闻人物活动，公开在鼓楼商场和市中心医院评选“十佳营业员”“优秀医务工作者”活动。调查总结了 12 个典型材料，组成“四有”教育报告团，在市直各战线和各区巡回讲演 18 场次，听众达 12 000 多人。1986 年，各县（市）、市直各战线共组织 20 个“四有”教育报告团巡回讲演，推动了“争优创先”活动。全市抓 100 个单位普法试点，推广 23 个单位的典型经验。1987 年，总结推广市提花织物厂企业办“三校”（党校、团校、职工夜校）典型，利用报纸、广播、电视和现场会在全市进行广泛宣传，《湖北日报》头版头条进行报道。1989 年，推广宣传保康九里川党支部全心全意为人民服务、南漳石家沟和老河口柴店岗村艰苦奋斗坚定不移地发展集体经济等方面的先进典型。1991 年，组织先进党组织、优秀共产党员事迹报告团为市直党员干部作报告，报刊、广播电视开辟专栏（题），刊播“优秀党员”事迹和党建成就的通讯，经验文章 200 余篇（条）。1992 年，襄樊棉纺织印染厂党委书记胡人杰被中宣部、国家计委和全总授予“全国优秀企业思想政治工作者”称号。襄樊卷烟厂等 4 个单位、襄樊热电厂党委书记冯大海等 4 位同志被省委宣传部、省经委、省总工会等单位授予“思想政治工作优秀企业”和“优秀企业思想政治工作者”称号。1993 年，枣阳市党建试点单位总结的《新时期引导党员发挥先锋模范作用的有益探索》的经验，在《人民日报》《党建研究》《湖北社会科学》等报刊发表。市直新闻媒体对枣阳市典型经验进行了宣传报道。1994 年，调查总结谷城县石花镇改革开放 15 年来的发展成就及经验，在《农民日报》《湖北日报》等报刊发表。对飞环印务有限公司、东力公司等全市改革开放十大典型开辟专栏、专题进行报道。1995 年，广泛宣传全国优秀教师童淑英，襄阳县全国人大代表、农民致富奔小康带头人姬建强，见义勇为的周光明，以身殉职的谷城腰铺村党支部书记张礼财等一批先进典型事迹。1996 年，先后推出实干局长陈鼎益、“贴心民警崔德新”等 16 个典型。其中，崔德新的先进事迹被省里确定为重大典型，《湖北日报》头版头条刊登，中央电视台也在专题节目中播出。1998 年，树立黄文萍等一批下岗再就业先进典型，组织报告会巡回演讲，引导下岗职工改善心态，自立自强。树立李为昌、程宝群、49/50 次京线车队等一批文明典型，在全市掀起了学习文明使者、争做文明使者的热潮。1999 年，重点宣传湖北万宝粮油股份有限公司、保康县尧治河村党支部以及枣阳市创建文明城市的经验和杜诗武等一批文明使者，树立了谷城银城纺织股份有限公司、华光器材厂、襄樊一棉集团等几个国企改革的典型。2000 年，大张旗鼓地宣传保康县尧治河村党支部书记孙开林，采用通讯、社论、评论、消息齐上的宣传形式，在全市产生广泛影响。2001 年，部分县（市）区和市直单位组织报告团，举办了报告会，用本地本单位优秀党员、优秀党务工作者和先进党组织的先进事迹来教育广大党员干部。2002 年，先后推出“傻瓜记者”李惊涛、“雷锋精神传人”王和青、“爱民民警”李德义、“见义勇为英雄”龚满明等先进典型。在市直各新闻媒体开辟“再就业明星”、“优秀党员风采录”专栏，分别推出襄樊联合电器公司总经理刘金弘等 10 位再就业先进典型、高新区团山镇余岗村党支部书记谢理书等 10 位基层优秀党员先进典型。2003 年，集中宣传敬业爱岗的好交警李富国、诚信经营的民营企业小白象公司等典型。通过座谈会、报告会大力宣传“三个代表”重要思想的忠实实践者孙开林等典型，孙开林被誉为“当代愚公”，中央“‘三个代表’在基层”采访团对孙开林进行专题采访。2004年，大力宣传教子育兵的模范军属杨进群这一重大典型，在全国、全省产生影响，省委、省政府、省军区授予其“教子育兵模范军属”称号，解放军总政治部给予了高度评价。同时，突出宣传了关心未成年人思想道德建设的典型——襄阳区峪山镇退休老教师李运生的先进事迹，得到了中央文明办和省委宣传部的肯定，作为全省加强未成年人思想道德建设的重大典型推出。2005年，配合保持共产党员先进性教育活动，以“时代先锋”的名义推出了基层优秀共产党员的先进典型孙开林，建设和谐社会的先进典型赵明贵，企业思想政治工作典型章锋，立党为公执政为民的先进典型何德全、周友国，未成年人思想道德建设的先进典型李运生等一大批优秀人物代表。在全市开展“2005感动襄樊”年度人物评选活动，评出了11名个人和1个集体。

3.思想政治工作

1985年，全市建立13个思想政治工作联系点，随时掌握干部群众的思想动向。1986年，全省思想政治工作会议以后，各县(市)普遍召开思想政治工作会议。广泛深入地进行思想政治工作调查，总结70个典型材料、30个经验材料，重点宣传推广了湖北药厂、鼓楼商场、中心医院等先进单位的经验。130个区镇基本配齐宣传委员，部分乡镇增配了宣传干事，加强对思想政治工作的领导。1987年，中宣部、国家经委、全国总工会在怀化召开的全国企业职工思想政治工作会议上对襄樊市提花织物厂企业办“三校”(党校、团校、职工夜校)典型作了推广。1988年，召开20个大型厂矿参加的企业思想政治工作研讨会，重点研究党政分开后，如何抓好企业思想政治工作；召开首次农村思想政治工作研讨会，交流论文115篇。1989年，全市思想政治工作在内容上突出抓基本路线教育、政治经济形势教育。全市思想政治工作围绕政治时事教育，对新形势下我国的10个重大理论问题进行重点学习。1990年，根据新形势下思想政治工作的实际需要，市委相继发出关于加强农村、街道、企业和学校思想政治工作的4个文件，对全市思想政治工作实行分类指导，市委专门召开表彰大会，对全市50个宣传、思想政治工作先进单位、98名优秀宣传思想工作者进行表彰。1991年，召开“企业精神”专题研讨会，围绕“如何培养社会主义企业精神，塑造良好的企业形象”开展调查研究，交流文章100多篇。通过开展“思想政治工作创新奖”评选活动，大大调动了基层思想政治工作者的工作热情，14名基层思想政治工作者为首届创新奖获得者。1992年，在枣阳市召开“企业‘破三铁’思想政治工作研讨会”，总结推广“典型引路法”“信息反馈法”和“活动导向法”等开展思想政治工作。1993年，组织召开“社会主义市场经济与加强和改进思想政治工作经验交流暨研讨会”。1995年，召开全市企业思想政治工作经验交流会暨理论研讨会，学习《中宣部、国家经贸委关于加强和改进企业思想政治工作若干意见》精神，就全市贯彻落实《若干意见》征求企业意见，调整充实了思想政治工作研究会第三届理事会。1996年，总结基层思想政治工作创新经验，编辑《新时期思想政治工作百招》一书，分别在《襄樊日报》、襄樊人民广播电台加评点分篇刊播、推广，中宣部学习出版社出版发行，《工人日报》设专栏连载。襄樊市与省职研会合办《企业文化纵横》襄樊专刊，刊发文章10篇。《新时期思想道德建设任重道远》在湖北省炎黄文化艺术研究会上，获全省思想政治工作优秀科研成果奖。1998年，与全国职工政研会联合召开“新时期企业党建工作座谈会”，探索企业党的建设和思想政治工作新路子。2000年，组织了大规模的调研活动，形成一大批高质量的调研成果，以《服务大局，创新求活》为题总结了襄樊市思想政治工作经验，得到省委主要领导肯定。在总结基层思想政治工作经验和方法的基础上，编辑《新时期思想政治工作20法》。在全市大力宣传湖北化纤厂等20个思想政治工作先进典型。召开全市机关、学校、社区、企业、农村、军警等6个方面思想政治工作经验交流会，坚持分类指导，形成行业特点。2002年，组织成立延安精神研究会。为探索农村思想政治工作新途径、新方法，在全市总结推广南漳“文化科技屋”、宜城市“文化中心户”建设经验。

（三）新闻宣传

1.宣传报道

1983 年，地市合并后，经过充分酝酿，地委机关报《襄阳报》与市委机关报《襄樊报》于 1984 年正式合并，改为日报，全市新闻宣传进入一个新的历史阶段。1985 年，按照市委《关于深入开展“四有”教育、争当文明市民活动的意见》，通过报纸、广播、电影和其他宣传工具，较大规模地组织了“两山英模报告团”和“省英模报告团”在襄樊市活动的战役性宣传。1986 年，全市在中央级报刊上发稿 800 多篇，在《湖北日报》头条发稿 30 篇，先后 2 次邀请全国 13 个省、40 多家新闻单位、70 名记者到襄樊采访，扩大襄樊的知名度。1987 年，宣传报道全市干部群众学习党的十三大文件精神、坚持四项基本原则。市记者协会发起并组织焦柳铁路沿线 14 家新闻单位 32 名记者参加的新闻采访团，对沿线 11 个地市、4 个铁路分局、119 个单位进行历时一个月的采访，其中宣传襄樊的文章和图片 24 篇（幅），分别发表在 14 家报纸上。1988 年，组织开展“生产力标准”大讨论宣传报道。配合市委、市政府争取 30 万辆小轿车定点襄樊，为《湖北日报》组织《蓬勃发展的襄樊汽车工业》专版。系统宣传全市 20 个拳头产品和 15 名优秀企业家。积极宣传襄樊市抗灾救灾，《襄樊日报》刊登抗旱救灾报道 129 篇，襄樊广播电视台播出抗旱救灾新闻消息 100 多条。

1990 年，围绕坚持“两为一主”的宣传方针，各级报纸、电台、电视台相继开辟了“改革与建设成就”“艰苦奋斗与社会主义赞”“奉献者之歌”和“我们面前有困难，困难面前有我们”等几十个专题专栏，大力宣传全国、全省的典型，同时立足本地，积极挖掘各行各业的新典型，宣传“身边的闪光点”。1991 年，通过对十多个先进企业和 60 多个立足基层，立足一线，立足岗位的工人、技术人员和管理人员事迹的正面典型宣传，尤其是“涂小山现象”，反映全市经济建设的成就和治理整顿的良好趋势，在全市引起了强烈反响，增强了广大干部群众的信心。1992 年，相继开展了“破除内陆意识，扩大对外开放”“企业三项制度改革”“减轻农民负担”“农村‘奔小康’”“企业转换机制，政府部门转换职能”“大力发展第三产业”及“中央 2 号文件”“十四大文件精神”“长虹大桥建成通车”等系列新闻宣传。1993 年，重点宣传襄樊市成功举办的“两节两会”，即“’93 中国湖北襄樊隆中诸葛亮文化节”、首届“中国湖北烈山炎帝神农节”，“全国百名大中城市市长学法用法座谈会”、“全国历史文化名城保护工作会议”。宣传学习和运用有中国特色的社会主义理论、“两减”促“两转”、机构改革、股份制改造、发展乡镇企业、农村奔小康、反腐倡廉、党建和思想政治工作等重要主题，弘扬了主旋律，有力地促进了两个文明建设。1994 年，围绕市委、市政府中心工作，开展“战役宣传”。组织开展了“学苏州、赶荆州、争上游、创一流”“企业转换经营机制”“向现代化大城市迈进”“城市管理月”等一系列宣传报道。襄樊电视台开办“多棱镜”“社会访谈”等栏目，襄樊人民广播电台开办“经济天地”“经济百花园”“今夜悄悄话”等栏目，准确把握时代脉搏，及时反映社会动态，深受观（听）众欢迎。1995 年，《襄樊日报》共推出“农业基础地位与投入”“跟着镜头看八五”等 14 个战役报道 119 篇专题稿件。襄樊有线电视台的“民心工程系列报道”，襄樊电视台、广播电台的“隆中深处话人才”“机关新风”等系列报道有声有色。《襄樊晚报》“记者打工”栏目的经验被全国多家新闻理论报刊登载，受到关注。1996 年，先后开展“总结‘八五’、规划‘九五’”“实干实录”“加强农业基础地位”“减轻农民负担”“深化改革，搞活国有大中型企业”“塑造四个形象”“创建文明卫生城市”等系列宣传报道，积极配合市委、市政府中心工作，营造良好的舆论氛围。1997 年，围绕邓小平逝世、香港回归，全市形象工程建设、经济体制改革和经济发展、中共十五大后的资产重组、股份制改造、产业结构调整、农业产业化等方面进行全面报道。1998 年，围绕市委、市政府提出的实现汽车工业、纺织服装工业、农村经济"三个二次创业"的经济发展战略目标，先后连续打响了"国企改革""农业产业化""再就业工程""民营经济""超规划，保发展""搞活国企一策一议"等6大宣传战役，创造了舆论强势，掀起了舆论热潮。在全市开展了公务员与纳税人之间的"谁养活谁"大讨论活动。

当年9月，《经济日报》连续7天推出襄樊小城镇建设系列报道。随后在人民大会堂召开了"襄樊小城镇建设经验暨中国城市化道路研讨会"。《人民日报》、中央电视台等也陆续报道了襄樊小城镇建设的经验，随之朱镕基总理对小城镇建设作出重要批示，国家计委、建设部等5部委专门派员到襄樊考察小城镇建设经验，全省小城镇建设现场会也在襄樊召开。

1999年，先后组织"小城镇建设""农业产业化""抵御外侮，强我中华""揭批'法轮功'""双迎双创""三讲教育""国企改革与脱困攻坚战""辉煌五十年""迎澳门回归""市第九次党代会宣传"等新闻宣传战役，为襄樊两个文明建设提供强有力的舆论支持。2000年，先后组织发展旅游经济、西部大开发、动态股权制改革、环境优化、信访绿色通道、小城镇建设、高新技术产业、国企改革脱困、"'九五'成就回顾"等重点宣传战役，准确及时地宣传市委、市政府的阶段性重点工作。2001年，重点开展"把襄樊由兵家必争之地建成商家必争之地" 大讨论活动的宣传，组织开展发展民营企业、调整产业结构、优化经济发展环境、农业增产增收、创建优秀旅游城市等一系列宣传战役。突出抓好"一节一会"宣传，市直各新闻单位，拿出专班专人，拿出专班专栏，围绕市委、市政府举办"一节一会"的意图、意义及给老百姓带来的实惠等，进行大容量、高密度的宣传报道。2002年，紧紧围绕迎接、学习、宣传、贯彻十六大主线，制定下发《襄樊市迎接党的十六大宣传报告方案》和《关于认真做好党的十六大精神宣传报道意见》，明确宣传内容和方法步骤。市直新闻单位抽调精兵强将，拿出重要版面和时段，开辟专栏，组织系列报道，形成了舆论强势，掀起了学习宣传贯彻"三个代表"重要思想的热潮。先后开展了"一节一会""三大战略一起抓""国企改革""发展民营经济""农村税费改革"等一系列新闻宣传战役。2003年，围绕市委、市政府的重大决策部署，先后针对"非典"疫情突发、税费改革、发展民营经济等进行了广泛深入地宣传。组织开展了以"倾全市之力发展汽车工业"为主题的宣传战役，为全市发展汽车工业创造了良好的舆论环境。2004年，继续深入开展"襄樊，从'留醉'中醒来——优化经济发展环境大讨论"；打响"优化经济环境""国企改革""农业两增"等宣传战役；开展"项目建设年"、"第十次党代会"系列战役报道；组织"建设现代汽车城"宣传战役，策划中央、省、市新闻记者"感受'天籁'试驾会"、"天籁"轿车移动展示等系列宣传活动。配合新中国成立55周年，积极宣传全市人民的改革创新业绩，倡导与时俱进的时代精神。积极组织参加在中央电视台举办的首届中国魅力城市展示评选活动，襄樊市从全国600多个城市中脱颖而出，荣获首届"中国魅力城市"称号。在展示过程中，襄樊利用央视这个大平台向广大观众展示了襄樊的城市魅力。"中国魅力城市"这张"金名片"对塑造襄樊形象，提高襄樊知名度，促进对外开放、招商引资、发展旅游经济发挥了重要作用。2005年，全市各大新闻媒体紧紧围绕保持共产党员先进性教育活动、乡镇配套改革、"神六飞天"、城市综合管理、经济建设成就、五中全会精神等，组织开展了系列战役报道，均在社会上产生了很好的反响。

2.宏观管理

1986年，成立襄樊市新闻工作者协会。1991年，建立新闻单位联系会制度。1992年，通过新闻例会、新闻发布会传达市委、市政府工作部署及新闻线索，组织新闻宣传战役。1993年，新闻通气会、新闻阅评、报纸审读、言论分析逐步走向制度化。1995年，举办全市新闻干部培训班，培训社长、台长、总编辑等60多人。建立新闻工作10项工作制度。1997年，先后召开新闻工作例会、新闻工作座谈会、报刊审读工作经验交流会和企业报管理经验交流会。编印《江泽民论新闻工作》和《新闻宣传工作应注意的若干问题》两本书，发放到全市各级党委宣传部和新闻单位。1998年，形成《关于进一步加强新闻宣传工作的意见》。先后出台了“诸葛亮”新闻碰头会制度、新闻通气会制度、新闻例会制度、新闻责任事故追究制度、新闻单位负责同志列席重要会议制度、季度新闻宣传要点通报制度、新闻发布会管理制度、新闻奖励制度、新闻记者接待制度、编辑记者培训制度等12项制度，使新闻宣传宏观管理更加规范。1999年，制定印发《襄樊市新闻宣传宏观管理若干制度》，对新闻宣传实行规范化管理，确保舆论导向正确。2000年，重点加强对新闻队伍的培训和管理，邀请了艾丰、孟晓云、詹国枢等17位专家和名记者到襄樊讲学，培训新闻骨干400人，对1500多名新闻从业人员进行上岗考试。2002年，围绕新闻阅评工作，先后建立对市直媒体建档立案、跟踪反馈、阅评员与新闻单位见面、责任追究、经济处罚、险情通报等配套制度，对一些媒体出现的问题，迅速进行处理和整改，对好做法、好报道及时给予肯定推广。2003年，制定下发《关于进一步改进会议和领导同志活动新闻报道的实施办法》。通过记录《阅评日志》和编印《襄樊新闻阅评》，及时发现和反馈新闻宣传中出现的问题。在各新闻单位内部组建了“刊播安全检查组”，把隐患消灭在刊播之前。2004年，在全市新闻出版系统和文化系统开展了“三项教育”活动，举办“三项教育活动”培训班。出台《襄樊市新闻宣传管理规定》等，在全市范围内聘请了21位新闻舆论监督员，认真落实新闻通气会制度、重要稿件送审制度、重大责任事故警告和追究等制度，确保舆论导向正确。2005年，制定《新闻工作者职业精神职业道德自律公约》《端正行风八项规定》，落实新闻通气会制度、重大责任事故警告和追究制度、新闻阅评制度；出台《关于在全市设立新闻发言人，规范新闻发布会制度的意见》《襄樊市新闻发布制度实施细则》《关于加强市内突发事件新闻发布工作地实施意见》等文件，全市11个县(市)区和84个市直单位都设立了新闻发言人。

3.事业发展

1985年，新建的虎头山、宜城、大薤山、“1068”四个微波站土建工程全部完工；新建的随州市、老河口市、襄阳县3个县级广播电台全部开始播音；新建的湖北电台中波转播台开始投入使用，解决了多年来长期听不到湖北电台声音的问题；建立了县级电视差转台5座，解决了全市大部分农村看电视的问题。1991年，宣传部刊《学习与宣传》由市刊号改为省刊号，由不定期改为月刊，封面改为彩印，栏目由3个增至20个，发行量上升3倍。全市发稿700余篇，照片259余幅，总计71万字，每期刊印3000多份。1993年，《襄樊日报》改大报试刊成功。市直宣传战线主要舆论阵地形成“三三格局”——“三报”(即《襄樊日报》《汉江文化报》《名城风采报》)；“三台”(即广播电台、电视台、汉江经济电台)；“三刊”(即《学习与宣传》《汉水》《社科研究》)。1994年，《襄樊日报》由原来的4开4版改为对开4版，由小报改为大报；《襄樊晚报》4月1日正式创刊；襄樊有线电视台经批准正始成立并投入使用。襄樊人民广播电台1千瓦发射机扩大到10千瓦，襄樊电视台开办23频道自办节目一套，襄樊有线电视台已建主干线30多千米，用户近5万户。1995年，襄樊电视台在虎头山新增2部10千瓦发射机，使发射功率扩大10倍，改善了收视效果。1999年，襄樊人民广播电台大胆实行“体制、机制、节目”3项改革，组建襄广文艺台、襄广新闻台、襄广交通音乐台，使广播电台的发展焕发出新的生机。

(四)对外宣传

1990年，襄樊市成立外宣工作专门机构，对外宣传工作坚持“服务经济建设和对外开放工作”的方针，围绕市委、市政府中心工作，积极向国际社会介绍襄樊改革开放和现代化建设取得的成就。对外新闻宣传、外宣品制作、对外文化交流和网络新闻宣传事业不断发展。

1.对外新闻宣传

1985年,制作一批对外宣传品。由外文出版社出版发行1本英、日、汉3种文字的《襄樊名胜》,制作1套10张《古隆中》明信片,摄制1部英、日、汉3种文字的35毫米的彩色电影片《襄樊的起飞》。1986年,制作的画页《襄樊的引进与出口》、画册《今日襄樊》、明信片《襄樊风光》、《古隆中》共发行14万册。举办了《对外开放中的襄樊》大型彩色摄影展览接待观众10多人次。1987年,举办第一届中国襄樊热气球邀请赛。国家体委、四川、甘肃、安阳、襄樊等6个代表队参加比赛,国内外观众达10万人,中央10家新闻单位派记者驻会采访,发稿50多篇。1988年,在《人民日报》海外版办了老河口市、枣阳市两个专版。1989年国庆节前后,市区和各县(市)相继举办"'锦绣襄樊'摄影展""建国40年成就展"等大型展览,宣传襄樊发展成就,扩大襄樊的知名度。1990年,着重抓好组织、协调和管理工作,不断加强同涉外部门、涉外单位及人员联系工作。同时,还与中新社摄影部、《人民日报》海外版、中央人民广播电台台播部、《今日中国》杂志、海峡之声等新闻单位建立良好的工作关系。1991年,拍摄完成《中国?襄樊》电视专题片。1992年,制作完成全面反映襄樊投资环境的中外文对照的电视专题片《崛起的襄樊》。1993年,各地抓住"两节两会"这一契机,制作一大批外宣品,借以扩大知名度。《襄樊好风日》《今日襄樊化工》《襄樊市区出口路》《友谊长存》等画册、画报在文化节期间广为赠阅,受到国内外好评。香港《大公报》《文汇报》《东方周刊》等报刊大篇幅连续报道襄樊隆中诸葛亮文化节。1994年,香港《天天日报》以大篇幅介绍襄樊的饮食文化,《华人旅游》杂志刊发"襄樊古城展新姿"文章,全面介绍襄樊的风貌。《人民画报》和《中国画报》分别以"襄樊好风日,未来更风流"和"卧龙腾飞看襄樊"为题,刊发文章和图片,并配英、日文,向16个国家及港澳台地区全方位介绍襄樊的经济建设成就和对外开放成果。1995年,市委对外宣传领导小组办公室正式成立。市委出台了《关于加强和改进我市对外宣传工作的意见》。1996年,印发《襄樊市对外宣传事业发展五年规划(1996—2000年)》。邀请《人民日报》海外版和中央国际电台记者采访报道襄樊市乡镇发展和落实"九五"计划建设国家级粮食基地情况。与湖北电视台联合拍摄的反映襄樊历史文化名城保护与建设的外宣片《春满古城》,分别在湖北电视台《荆楚风》栏目和中央电视台播出。1998年,通过实施"金桥计划",在襄樊和海外之间架起一座招商引资、商贸交流的桥梁,外宣工作切实为改革开放办实事。香港《大公报》、美国有线电视网等新闻媒体,全方位地宣传报道襄樊的新成就、新变化、新形势,极大地提高了襄樊的知名度。2001年,为了确保"一节一会"在海外产生影响,制作宣传光盘和画册,邀请香港《大公报》、台湾《少年中国晨报》等20多家港台及海外媒体,参与"一节一会"的宣传报道。2002年,先后4次邀请中央涉外媒体和境外媒体,进行集中宣传。在中央电视台4套《旅行家》栏目、香港《经济日报》、《明报》、《新报》、《大公报》、《文汇报》、香港电台、凤凰卫视、亚洲电视台、《澳门日报》、台湾《中国时报》等港澳台重要媒体刊播稿件50多篇。在《中国日报》、香港《经济日报》、《大公报》、《文汇报》、《商报》、《紫荆杂志》、深圳《商报》做了8个专版的宣传。成功组织"襄樊港澳台大型招商活动"新闻报道、"新世纪、新城市、新形象"摄影展赴港展览活动。2003年,邀请新华社、中国新闻社、《中国日报》、中国国际广播电台等8家涉外媒体采访报道汽车工业、民营企业、外资企业和旅游产业。中央电视台《走遍中国》栏目拍摄襄樊专辑,专辑分7个专题播出后,在海内外引起强烈反响。创建于2001年的《襄樊汉江网》在2003年整体改版增容,开通英语频道,成为对外宣传襄樊的一个重要窗口。2004年,先后在中央电视台国际频道推出了《三国漫谈》襄樊专辑《三顾茅庐》;香港《大公报》、《文汇报》、《商报》、《经济日报》专版报道襄樊的特色产业和招商引资环境。2005年,先后邀请和接待英国广播公司(BBC)、格林纳达电视台、美国公众电视台的大型纪录片《中国》摄制组、《中国画报》(英文版)、湖北卫视等多家海内外媒体宣传襄樊。

2.对外文化交流

1990年，接待外国驻华记者团的采访，编写《襄樊简介》，提供外宣品200余件。1996年，参与'96湖北经贸旅游洽谈会活动，在全市组织50个招商引资项目和1个宣传襄樊的专版及展览。反映全市经济建设等各方面情况的高质量、中英文对照的大型外宣画册《襄樊》正式出版发行。拍摄完成了反映襄樊市外国专家生活和工作情况的专题片《古城根下的法国村》。1998年，举办"蓝源杯"风筝节、"海尔冰箱杯"中秋游园活动、"纳税人之歌"中秋晚会、"独活杯"普通话大赛等等，以开放的姿态为外地商品扬名，为搞活本地商贸服务。1999年，通过举办巴金国际学术研讨会、邀请日本大学生考察团到襄樊考察和编印外宣画册等，广开渠道展示襄樊形象，千方百计为外向型经济的发展服务。2003年，124名驻樊境外人士参加"OK襄樊——境外人士隆中·襄阳中秋联谊会"活动。制作《中国襄樊》外宣册和光碟、《历史文化名城——中国襄樊》台历、《三国演义》系列邮品珍藏册等外宣品，为对外宣传提供了新的媒介。2005年，成功组织"驻樊境外人士游襄樊"活动，来自美、英、法、德等20多个国家的70多位外籍人士深切感受到襄樊人文山川之美。

六、统一战线工作

（一）落实统战政策

1979年，市委组建以市委副书记为组长的落实各项统战政策领导小组。领导小组下设办公室。各县(市)区委、各大单位、大企业也相继成立落实各项统战政策工作领导小组。全市统战对象包括各民主党派成员，错划右派，原工商业者，少数民族、宗教界人士，国民党起义投诚人员，台港澳同胞，归侨及其亲属，党外高级知识分子等，在"文化大革命"中及以前的各种冤假错案均属落实政策范围。1979—1987年，全市历次政治运动受到错误处理应落实政策的共计12 690人，已落实12 688人；应解决的问题28 989件，解决28 985件，基本上完成了拨乱反正、落实各项统战政策的历史任务。到1998年底又妥善处理落实政策遗留问题1 000余件。

（二）党外知识分子工作

1.党外知识分子工作调研

1980年，市委统战部对襄阳地区知识分子情况进行了调查统计，全区共有知识分子6525人。其中，工业技术人员1137人，农业技术人员1294人，高中教师3369人，主治医师200人，大专毕业生525人。8月，召开了地直知识分子座谈会，学习有关文件，交流知识分子工作经验。1982年，襄樊市认真贯彻落实中央和省委文件精神，市委统战部配合市委组织部，对全市807名（其中党外知识分子535人）高、中级知识分子政策的落实情况进行了一次检查。1983年，市委统战部着重对党外知识分子等方面落实政策情况进行了检查。采取"三会一访"，听取反映和意见，看政策落实情况，对需要解决的问题，依据政策做好善后工作，党外知识分子历史遗留问题全部解决。市委统战部组织专人到14个单位（含工厂、医院、学校）了解落实知识分子政策情况，通过和基层单位党组织负责人交谈情况25次，召开部分党外知识分子和工人小型座谈会11次，55人参加。个别走访19人，并向市委写了《关于落实知识分子政策的情况报告》，为进一步落实党的知识分子政策，充分发挥党外知识分子在四化建设中的作用做出了贡献。1984年，据统计，党外中高级知识分子2003人，其中中级1992人、高级11

人。1985 年,对党外知识分子入党、调出调进、晋升职称、调整专业等方面的变化情况进行了重点调查,促使部门和单位及时发现问题和解决问题,进一步树立了“尊重知识、尊重人才”的风气。1986 年,解决党外知识分子 69 人的遗留问题。1987 年,全市开展了对党外知识分子工作方面的调查,在市区建立了 4 个联系点,各县(市)区都相应的建立了联系点。在抓点的同时,开展了调查。全市经调查掌握了 190 名优秀党外知识分子人员名单,向省委统战部推荐 32 人,为党外人士安排作了准备。1988 年,对全市高中级党外知识分子进行抽样调查,建立党外知识分子拔尖人物后备名单,为做好党外知识分子工作奠定了基础。1989 年,对 12 个县(市)区人大、政协、政府中党外人士的安排现状及换届时的退留情况进行调查摸底,掌握了 450 多名高级知识分子的基本情况,基本完成了高级知识分子填卡建档工作。同时,对党外知识分子情况进行了调查摸底,掌握了几百名高级知识分子的基本情况。1990 年,襄樊市继续贯彻党的知识分子工作政策,摸清了党外知识分子各层次的基本情况,完成 459 名党外高级知识分子的建卡工作。1992 年,全市有党外知识分子 71 000 多人,占知识分子总数的 63%。市县两级统战部门在知识分子比较集中的科教文卫和大中型企业建立了近 30 个联系点,进行调查研究,总结推广经验。1995 年,扩大了工作范围,创新了工作方式。根据党外知识分子的变化情况,注重个体、私营经济、“三资”企业和其他行业中党外知识分子及其代表人物,扩大了工作范围。同年 9—11 月份,对全市党外知识分子情况进行了全面调查,掌握了全市党外知识分子的分布、结构等情况,为有针对性地做好党外知识分子工作打下了基础。1997 年,广泛开展调查研究、科技咨询、办学讲学、扶贫支边等活动的同时,进一步拓宽了党外知识分子工作的领域和渠道,不断健全和完善了工作网络,充分发挥了党外知识分子在“科技兴鄂”中的重要作用。由市委统战部领导带队,对 16 所高等院校和 13 家大型企事业以及部分地市对党外知识分子情况进行调查,并召开大型企事业统战工作座谈会、专题研讨会 3 次,拟定了《关于国有企业党外知识分子工作的思考》的论文,在全国部分省、区、市国有企业统战工作研讨会上进行了交流。召开了部分高校统战部门座谈会 2 次。1998 年,根据省委统战部关于“新一代党外人士的教育和安排使用情况、问题和对策调查提纲”的通知精神,市委统战部对党外代表人士进行深入的调查研究,并汇总分析,写出“襄樊市对党外人士的培养、教育和安排使用情况汇报”,完成了省委统战部关于“党外知识分子的使用和培养”问卷调查。2004 年,对全市无党派人士进行了摸底调查,建立了无党派代表人士名单。

2.调动党外知识分子积极性

1980 年,市委统战部协同有关部门,根据政策规定,对知识分子大胆提拔,授予技术职称。同年,全区经过正式批手续,授予各种技术职称的共有 1608 人。1983 年,襄樊市为加强党外知识分子工作,对全市 535 名党外中、高级知识分子做了一次全面调查了解,认真分析研究他们的思想、工作、学习和生活状况,及时向市委和省委统战部反映情况,当好市委的参谋。同时,对党外知识分子中的业务骨干进行了调查了解,发现和推荐人才。1986 年,认真贯彻“尊重知识,尊重人才”的方针,进一步落实党的知识分子政策。在充分发挥党外知识分子作用的同时,和 4 个单位(襄樊职业大学、三中、棉纺厂、中医院)建立党外知识分子联系点。1987 年,转发市五中等单位做好党外知识分子工作的经验。转发工艺美术师余庚三等人和制镜厂等单位的先进事迹,并转发推广了他们的经验。1988 年,市委统战部下发通知,进一步明确党外知识分子的工作对象、落实、任务和方法。加强了联系点的工作,先后转发襄樊五中等单位做好党外知识分子工作的作法。采取“广交朋友、联络友谊、走访谈心、协商对话、落实政策、人物安排”等形式调动党外知识分子的积极性,认真总结和推广党外知识分子工作经验,先后转发了襄樊棉纺织印染厂、市胶粘所的典型材料,做到在精神上鼓励、政治上关怀、生活上关心,工作上支持,有效地发挥党外知识分子的聪明才智的经验,对做好企业的统战工作起到有力的推动。1990 年,物色、选拔优秀党外知识分子充实党外干部队伍,掌握了 190 名对象并建立档案。1992 年,采取多种形式，广泛宣传党外知识分子在现代化建设中的地位和作用，在《襄樊日报》专门开辟了《科教专刊》和《知识与人才》专栏，宣传党外知识分子中的先进典型与事迹。同年6月，市委统战部与市政协党组、市委组织部、宣传部联合举办党外知识分子先进事迹展览，在市直和各县（市）区巡回展出。各县（市）区也参照襄樊市的做法，在5—8月间，也选拔了一批先进典型，举办了展览。

截至1992年，全市走上各级行政和企事业单位领导岗位的党外知识分子已有3000多人。此外，政府部门还聘请了一部分党外知识分子担任特邀监察员、监督员、教育督导员和审计员。

1994年，总结推广党外知识分子工作经验，收集整理报送的材料10份，编发了4期《襄樊统战工作》简报，供各地、各单位参考学习。积极宣传党外知识分子在经济建设中的突出贡献。建立党外知识分子联系点和党外知识分子代表人士名单。抓党外知识分子工作联系点，在襄阳师专召开党外知识分子工作座谈会。市委统战部挑选了80名有一定贡献、专长，有一定影响和知名度的中高级党外知识分子作为联系对象，开展了联系活动。樊西区对全区中级以上职称、大专以上学历的党外知识分子情况摸底建档，为569名党外知识分子分别建立了个人档案。充分发挥党外知识分子的作用。宜城市在党外知识分子中开展"六个一"活动（即提一条好建议，提供一条好信息，开展一项技术革新，引进或推广一项新技术，帮助一户或一个企业致富，领办或创办一个经济实体）。关心党外知识分子工作热点、难点问题，解决党外知识分子生活实际问题，为党外知识分子办好事、办实事。

1995年，进一步建立和完善了党外知识分子工作制度，通过联系点制度，交朋友制度，把联系工作规范下来，知心交友，沟通思想，联络感情。积极为党外知识分子办实事，对党外知识分子提出的问题与有关部门进一步协商，协助解决了一些同志的住房、子女就业等困难。做好党外知识分子实职安排工作。对已建立的100名党外知识分子代表人物队伍进行了考察，举荐30多保政治素质高、精通业务、积极肯干、联系群众的党外知识分子担任教科文卫和企业单位的领导职务。4月，在襄阳师专召开了全市党外知识分子工作现场会，总结推广了襄阳师专党外知识分子工作经验1997年，襄樊市继续推广武汉市委统战部在党外知识分子中开展"学爱作"活动的经验。为拓宽工作渠道，市委统战部与有关部门共同筹备、建立了湖北科研院所统战工作联席制度。在广泛调查的基础上，确定了近200名党外知识分子为市委统战部重点联系对象，并建卡、建档、建册，为人大、政协换届举荐了80名代表人物。1998年，认真听取党外知识分子的心声，总结优秀知识分子的工作经验和先进典型。通过电视新闻采访的形式，宣传襄阳师专在党外知识分子工作中的经验和做法。

（三）基层统战工作

1987年，襄樊市开展小城镇统战工作的调查。由市委统战部在全市确立24个调查联系点，其中小城镇点8个。转发了襄阳县双沟镇、随州市唐县镇、南漳县武安镇等5个点上的材料，对推动小城镇统战工作的开展起到了指导作用。由部领导带队，深入6县2市4区对全省统战工作会议的贯彻情况进行了调查了解，并给省委统战部写了贯彻情况报告。1989年，全市抓以街道统战工作为重点的基层统战工作。同年11月份，在襄城区召开全市街道统战工作现场会。推广襄城南街、西街的经验。全市街道统战工作现场会后，4个城区、随州、谷城等县、市都认真传达了会议精神，增加了基层统战工作联系点，加强了领导力量。随州市所辖11个镇，都分别确定1个街道作为基层统战工作试点，明确领导，落实了专人，摸清各类统战对象情况，制定出工作规划，并对会议提出的要求逐项进行落实。老河口进一步加强各基层党委对统战工作的认识，各乡镇办事处都克服人少事多的实际困难，下决心让统战干事专下心来，集中精力做好统战工作。1990年，市委统战部先后深入到南漳县武安镇、樊西区友谊街、随州市唐县镇、襄阳县双沟镇、谷城县石花镇，对统战工作的现状及发展问题进行研究与探讨。带着"党委如何加强对统战工作的领导""小城镇统战工作对象的划分"等5个专题到南漳县武安镇办点,并发动县(市)区总结这些方面的经验。9月份,在南漳县武安镇召开了全市小城镇统战工作经验交流会。武安镇委等10个单位和个人作了经验介绍。省政协副主席、省委统战部部长穆常生同志到会指导并作了重要讲话。加强了党外知识分子联系点的工作,到中心医院、一医院、襄阳师专、襄樊四中、襄樊职业大学等单位进行调查,总结了市中心医院、襄樊四中等单位开展党外知识分子工作的经验。同年5月,召开市直教育、卫生战线统战工作经验交流会,推动了教育、卫生战线各个基层单位统战工作的开展。

(四)民族宗教工作

1979—1988年,襄樊市民族、宗教工作的重点是落实党的民族、宗教政策,恢复宗教团体和场所的正常宗教活动,团结、培养民族、宗教界代表人物。1988—2005年,襄樊市民族工作的重点是,认真宣传贯彻党的民族政策,发展少数民族经济和文化教育事业,做好支援西藏工作,加大少数民族干部的培养选拔力度。1983年12月前,襄樊市、襄阳地区合并前,民族宗教工作隶属统战部,襄樊市委、襄阳地委统战部内设民族宗教科。1983年12月,襄樊市、襄阳地区合并,成立襄樊市民族宗教事务局、隶属统战部。1989年4月,根据民族宗教工作任务,市委、市政府决定设置民族宗教事务局。民族宗教事务局属政府序列,工作归口统战部。襄樊市民族宗教事务局历任领导名录见表18-48。

襄樊市民族宗教事务局历任领导名录

表18-48

职 务	姓 名	时 间
局长	赵基鼎	1983.12—1988.10
副局长	李承根	1988.10—1990.7
局长	杨传厚	1990.8—1992.10
副局长	李承根	1992.11—1994.6
局长	胡中才	1994.6—2001.12
	黄名爱	2001.12—2004.12
	白光德	2005.6—12
副局长	马建国	1983.12—1988.5
	薛国安	1983.12—1988.5
	李承根	1983.12—1994.4
	马宝新	1988.5—2000.9
	温清钰	1989.11—1996.9
	陈世国	1988.7—1990.7
	胡明辉	1994.6—1997.5
	秦艳慧	1996.7—2001.12
	赵晓艳	1997.7—2001.12
	张心敏	1997.7—2001.12
	芦丽丽	2005.10—12

1.民族工作

襄樊市有回族、土家族、蒙古族等40个少数民族成分。少数民族总人数2.5万人，占全市总人口的0.4%。少数民族以回族居多，约占少数民族总人口的84%；全市人口相对集中的少数民族聚居村（社区）25个，其中民族村（街）4个；民族学校4所。国家民委、财政部、中国人民银行三部委确定的民族特需用品定点生产企业3家。2005年9月20日至22日“爱我西藏支援西藏”阳光计划首届捐赠仪式暨表彰大会在西藏拉萨召开。河南、广东、河北、湖北、云南、甘肃、宁夏、海口八个省、区的15个市区党委统战部、民政局等有关单位负责同志共30余人参加会议。会上举行了捐赠仪式，襄樊市捐赠20万元，各地各单位捐款共计652万余元，援助西藏发展基金向襄樊市颁发了捐赠证书；会上表彰了6个“爱心城市”、14个“爱心团体”和2名“爱心大使”，襄樊市委统战部被授予“爱心团体”荣誉称号。市民政局副局长陈学政、市委统战部纪检组长白继平代表襄樊市参加会议。襄樊市有少数民族干部820人，其中市级2人，县级23人，科级80余人，具有高级职称的37人，中级职称的232人。各级人大代表中有少数民族代表36人，省级人大代表2人，市级人大代表20人；少数民族政协委员63人，其中市级以上21人。

2.宗教工作

襄樊市有佛教、道教、伊斯兰教、天主教、基督教等五大宗教。信教群众约11.5万人，宗教活动场所89处，宗教教职人员192人。成立有佛教协会、伊斯兰教协会、天主教襄樊教区、天主教爱国会、基督教三自爱国运动委员会、基督教协会等宗教爱国组织。市委出台《中共襄樊市委、襄樊市人民政府关于进一步加强民族宗教工作的通知》，成立市委宗教工作领导小组，各县（市）区和宗教工作任务重的乡镇，也相应成立领导专班，对民族宗教工作实行主要领导负责制，切实把民族宗教工作纳入各级党组织和领导干部目标管理，实施责任追究制度，确保民族宗教工作目标责任制的落实。2001年12月和2002年年初，中央和省委相继召开宗教工作会议，作出加强宗教工作一系列决定，充分体现中央和省委对宗教工作的高度重视。全国、全省会议结束后，襄樊市委及时召开市委常委会议，集中专题听取全国、全省宗教工作会议精神汇报，对会议精神进行认真学习和领会。常委会要求各级党委政府要深刻认识这次会议的重要意义，要认真学习贯彻落实好，真正地把思想统一到与党中央和省委保持一致上来，并结合宗教工作、宗教领域和宗教活动管理的实际，就如何贯彻全国、全省宗教工作会议精神，作了具体安排和要求。2004年10月，用1个月时间对县级统战部分管宗教工作副部长、宗教局局长、公安国保大队长在市委党校集中进行培训。

襄樊市是湖北省宗教活动和宗教工作的重点市州之一，五大宗教俱全，全市有信教群众15.36万人，宗教教职人员192名，有宗教活动场所91处。

（五）党外人士工作

1.党外人士的政治安排

（1）推荐安排全国人大代表、政协委员

中共襄樊市委统战部向全国人大共推荐人大代表7人。第七届金海润，第八届万赤明（1994年加入中共）。第九届纪本涛（农工党）、刘鹏（九三学社）。第十届刘鹏（九三学社）、周建元（女，民进）、王绍玲（女，无党派）。第六届全国政协推荐委员1人，沈尔康；第七届全国政协推荐委员1人，沈尔康。

(2)推荐安排湖北省人大代表、政协委员

1983年推荐安排湖北省第六届人大代表34人,湖北省第五届政协委员20人。1988年推荐安排湖北省第七届人大代表21人,湖北省第六届政协委员17人。1993年推荐安排湖北省第八届人大代表21人,湖北省第七届政协委员17人。1998年推荐安排湖北省第九届人大代表23人,湖北省第八届政协委员18人。2003年,推荐安排湖北省第十届人大代表16人,湖北省第九届政协委员17人。

(3)推荐安排襄樊市人大代表、政协委员

1981年,市九届人大代表90人(常委8人,副主任1人)。1984年十届人大代表204名(常委13人,副主任2人)。1989年第十一届人大代表164人(常委13人,副主任1人)。1995年第十二届人大代表149人(常委10人,副主任1人)。1999年第十三届人大代表123人(常委10人,党外副主任1人)。2004年第十四届人大代表73人(常委10人,副主任1人)。

1978年6月—1981年1月,襄樊市第五届政协委员90人(常委18人,副主席4人)。1981年襄樊市第六届政协,委员85人(常委16人,副主席3人)。1984年襄樊市第七届政协,委员188人(常委27人,副主席6人)。1989年襄樊市第八届政协,安排委员335人(常委28人,副主席7人)。1994年襄樊市第九届政协,安排党外委员222人,占60.9%(常委47人,副主席5人)。1999年襄樊市第十届政协,安排党外委员222人(常委48人,副主席6人)。2004年襄樊市第十一届政协,安排党外委员225人(常委43人,副主席6人)。其中民主党派成员69人,占18.3%,非公有制经济人士48人,占12.8%,少数民族委员20人,占5.3%,委员平均年龄43.5岁。

1979—2005年襄樊市党外人大常委会副主任一览

表18-49

届 次	姓 名	党派及团体	任职时间
襄樊市第九届人民代表大会常务委员会	熊政隆	无党派	1981.01—1984.01
襄樊市第十届人民代表大会常务委员会	熊政隆	无党派	1984.01—1987.11
	王树人	无党派	1984.01—1987.11
襄樊市第十一届人民代表大会常务委员会	王树人	无党派	1989.03—1994.04
襄樊市第十二届人民代表大会常务委员会	熊小春	无党派	1994.04—1999.01
襄樊市第十三、十四届人民代表大会常务委员会	熊小春	无党派	1999.01—

1979—2005年襄樊市政协党外副主席一览

表18-50

届 次	姓 名	党派及团体	任职时间
襄樊市第五届政协	熊政隆	无党派	1978.06—1981.01
	熊德云	无党派	1978.06—1981.01
	吴子厚	民建	1978.06—1981.01
	张文陶	无党派	1978.06—1978.12
襄樊市第六届政协	熊德云	无党派	1981.06—1984.01
	吴子厚	民建	1981.06—1984.01
	王树人	无党派	1981.06—1984.01
襄樊市第七届政协	熊德云	无党派	1984.01—1989.03
	吴子厚	民建	1984.01—1984.11
	李祥	无党派	1984.01—1988.02

续表

届次	姓名	党派及团体	任职时间
襄樊市第七届政协	郝桂萍(女)	无党派、	1984.01—1989.03
	姜敏樵	无党派	1984.01—1989.03
	袁树华	无党派	1984.01—1989.03
	邱祥林	民建	1985.03—1989.03
襄樊市第八届政协	姜敏樵	无党派	1989.03—1994.03
	郝桂萍(女)	无党派	1989.03—1994.03
	邱祥林	民建	1989.03—1994.03
	李承桢	九三学社	1989.03—1994.03
	罗玖伍	无党派	1989.03—1994.03
	杨宗维	无党派	1989.03—1994.03
	刘舜苏	民革	1989.03—1994.03
襄樊市第九届政协	郝桂萍	无党派	1994.03—1999.03
	李承桢	九三学社	1994.03—1999.03
	刘舜苏	民革	1994.03—1999.03
	刘维华	民盟	1994.03—1999.03
	王光祖	无党派	1994.03—1999.03
	杨丰亭	九三学社	1999.01—1999.03
襄樊市第十届政协	王光祖	无党派	1999.03—2004.03
	纪本涛	农工党	1999.03—2004.03
	杨丰亭	无党派	1999.03—2004.03
	张华美	民盟	1999.03—2004.03
	郝桂萍	无党派	1999.03—2004.03
	潘武成	九三学社	1999.03—2004.03
襄樊市第十一届政协	王光祖	无党派	2004.03—
	纪本涛	农工党	2004.03—
	杨丰亭	无党派	2004.03—
	张华美	民盟	2004.03—
	工绍玲	无党派	2004.03
	潘巧莲	民革	2004.03—

(4)推荐安排特邀监察员、特邀检察员、特邀审计员、教育督导员

聘请民主党派、无党派人士担任特邀监察员、特邀检察员、特邀审计员、教育督导员是贯彻落实中国共产党领导的多党合作和政治协商制度的具体体现,是民主党派、无党派人士发挥民主监督的一条重要途径。襄樊市从1990年建立特邀人员制度。1991年1月,下发《关于在政府工作中进一步加强民主党派联系的通知》,1991年5月,下发关于开展对口联系工作的安排意见。到1997年分3批共聘请特邀人员66人,其中担任特邀监察员10名、特邀审计员6名、特邀教育督导员5名、市法院特邀行政执法员6名、特邀工商监督员17名、市物价局特邀监督检查员10名、市公安局特邀监督员8名、市标准局监督4名。1999年,全市10个单位共聘请特约人员80人。2004年,与市检察院等单位联合印发《关于进一步加强和完善聘请民主党派成员和无党派人士担任特约人员工作的意见(试行)》的文件,推荐10名民主党派成员担任行风评议代表,推荐7名民主党派成员和无党派人士为襄樊监狱首批执法监督员。

2.党外人士实职安排

2004年,襄樊市委统战部和组织部联合下文,规范党外干部工作。市委文件中对党外干部工作提出明确的要求。市委统战部向中共襄樊市委报送《关于我市党外干部实职安排情况和推荐意见的报告》《关于在市直领导班子调整中加强党外干部配备的建议》,加大党外干部的实职安排。

第九届政府(1981.01—1983.10)地委林业局副局长韩南鹏。

第十届政府(1983.10—1989.03)副市长韩南鹏(1983.10—1986.05担任副省长),环保局副局长戴钰,襄阳县副县长熊小春(1984.08—1995.03),宜城县副县长王光祖(1984.01—1992.01),南漳副县长章新生,保康县副县长候选武,枣阳县副县长韩瑞先,谷城副县长宋德福,随州市副市长杨道金,老河口市副市长付国英。

第十一届政府(1989.03—1994.04):市体委副主任王军武(1990.12—1994.04),市文化局局长王光祖(1992.01),市林业局副局长李军(1992.06—1997.04),市环保局副局长戴钰(1991年),市科委副主任潘武成(1994.06)。襄阳县副县长熊小春,宜城县副县长王光祖(1984.01—1992.01),南漳副县长章新生,保康县副县长候选武(1989.03—1994.01)。枣阳市副市长韩瑞先(1989.03—1999.01)、谷城副县长宋德福,随州市副市长袁慧敏,老河口市副市长何锡榆,襄城区副区长任金亭(1992.03)。

第十二届政府(1994.04—1999.12):市文化局局长王光祖(1992.01),刘先启林业局副局长(1997年),市科委副主任潘武成(1994.06—1999.01),市卫生局副局长程竑(1994.06—1999.12),市教委副主任张华美(1994.06),市体委副主任王军武(1994.04—1999.12),林业局副局长李军(1994.04—1997.04)、刘先启(1997.04),司法局副局长金崇保(1994.06—2003.10),市农牧局副局长彭光华(1996.03—1998.10),物价局副局长潘巧莲(1996.06),保康县副县长刘琪(1994.01),襄阳县副县长肖礼义(1995.09—2003.12),宜城市副市长张富山(1995.02—2003.12),老河口市副市长刘小英(1995.10),樊东区副区长黄德华(1995.06—1996.04),樊城区副区长黄德华(1996.04—1999.12),襄城区副区长任金亭(1992.03),谷城县副县长彭光华(1998.11—1999.12);樊西区副区长潘巧莲(1994.01—1996.06)襄樊市郊区副区长彭光华(1995.07—1996.04),南漳县副县长肖集成(1995.02—2002.01)。

第十三届政府(1999.12—2004.03):副市长曹敬兰(1999.02—2000.10任市政府秘书长,2000.10—2004.03任副市长),农业局副局长张琼(2002.02—2004.03),文化局局长王光祖(1992.01—2001.12),科委副主任潘武成,教育局副局长张华美(1999.01—2004.03),市物价局副局长潘巧莲(94.01),市体委副主任王军武(1999.12—2002.02),市林业局副局长刘先启,市司法局副局长金崇保(1994.06—2003.10),市卫生局副局长程竑(1994.06—1999.12)。枣阳市副市长邱光秀(2001.01),宜城市副市长尚瑾(2003.12),南漳县副县长肖集成(1996.03—2002.01),保康县副县长叶琳(2002.01—),谷城县副县长彭光华(1999.12—2004.03),老河口市金崇保(2003.12),襄阳区罗琼玖(2003.12),襄城区副区长任金亭(1992.03—2004.03),樊城区副区长黄德华(1999.12—2004.03)。

第十四届政府(2004.03—)。副市长曹敬兰,教育局副局长张华美,物价局副局长潘巧莲,文化体育局副局长王军武(2004.11任调研员),农业局副局长张琼(2004.03—),林业局副局长刘先启(2004.03—),枣阳市副市长邱光秀(2001.01—),宜城市副市长尚瑾(2003.12—),南漳县副县长柏松俊(2004.01—),保康县副县长叶琳(2002.02—),谷城县副县长彭光华(2004.03—),老河口市副市长金崇保(2003.12—),襄阳区副区长罗琼玖(2003.12—),襄城区副区长任金亭(2004.03—),樊城区副区长黄德华(2004.03—)。

3.党外后备人才的培养

1990年，全市共推荐党外代表人物690名，后备干部469名。1991年，统战部和组织部下发《关于全市培养选拔党外干部情况及意见的报告》。同年，在市委党校举办2期民主党派成员培训班，培训民主党派97成员名。1992年，在市委党校举行"社会主义经济理论和改革开放理论与实践问题讲习班"，邀请中央党校5名教授为全市100多名党外领导干部讲课。1995年，全市确定党外代表人物和后备干部4 300人，其中市级25人、县级73人、科级2 580名。1998年，下发《关于加强党外代表人士队伍建设工作意见》，建立了250名党外代表人物名单。2000年，全市举办2期党外干部班，共培训100名党外干部。2004年，向襄樊市委报送《市委统战部关于市直部门领导班子调整中推荐优秀党外干部的建议意见》，推荐了14名党外干部人选。同年，分期分批对民主党派成员进行了培训，共培训民主党派成员200名。

(六)对台工作

1.对台胞的接待工作

襄樊地处鄂西北，去台人员人数多、层次较高，台湾同胞来樊投资、旅游、兴办实业时间早，是全省对台工作重点城市之一。襄樊有去台人员7120余人，台湾居民在樊亲属73 200人。2005年，襄樊共批准台资企业105家，投资总额达11 548万美元。20世纪70年代的末期，主要任务是配合党的中心工作开展一些有利于两岸统一的工作。80年代初，台湾当局开放台湾民众赴大陆探亲政策后，主要任务是搞好台胞接待工作。1980年以后，全市对台工作坚决贯彻"和平统一、一国两制"基本方针和江泽民关于现阶段发展两岸关系、推进祖国和平统一进程的八项主张，以做台湾人民工作为立足点，积极开展对台宣传和涉台教育活动，热情接待回樊探亲台胞，加大对台湾中上层人士的联络力度，积极推动襄台经济、文化等各个领域的交流与合作。1983年1月，召开全市对外和对台宣传工作会议，向广大干部深入宣传党的对台工作方针和政策。1985—1987年，到大陆探亲的港澳台同胞和外籍华人120起203人。接待外宾、港澳同胞和外籍华人到襄樊旅游5 000余人次。1985年，接待台湾回大陆探亲的31人，回国观光讲学的250多人，帮助台胞、台属出境会亲的达52人。1986年11月1—3日，市委统战部在谷城县召开全市开展海外统战工作座谈会，参加会议的有各县市区委统战部部长，会议学习中央和省委有关文件。随州市委介绍开展海外统战工作的情况，讨论如何进一步开展海外统战工作等问题。

1992年2月，召开市外办、台办、台联、工商联、民族宗教局、侨办、侨联等单位、团体及民主党派负责人会议，就发挥自身优势，搞好"三引进"工作进行探讨。同时对襄樊籍港澳人士及其社团情况，去台人员二、三代亲属及经济实力在200万元以上的台胞的情况，进行调查摸底，掌握了工作的重点对象。各地还不断研究促进"三引进"工作的方法，积极向海外传递信息。加强了与襄樊旅台同乡会的联系与交往，开展了对台民间交流活动，加强了与台属之间的联系，组建、扩大了各级台胞台属联谊会。全年共接待台胞1135人次，接待台胞台属来信访1746人次。1994年，台湾水资源专家罗树孝到襄樊探亲，就两岸的水文测量仪器、计算单位、水利发展史与襄樊市水文中专进行了广泛的交流，并赠与部分资料；台湾著名职业教育家高震东先生应邀到襄樊进行了为期2天的讲学活动。台湾学者樊开印先生托子将自己撰写的《中国历代疆域古今对照图说》和《中国境内民族细语》等图书捐赠给市图书馆。1月至12月，全市批准台资企业20家，投资总额599.66万美元，其中台资340.79万美元。1995年，统战部组织"海峡两岸高(襄中)校友联谊访问团"返校联谊活动，访问团10余人在襄樊期间受到市委、市政府的热情接待，他们重返母校，参观汽车产业开发区，游览古隆中。2005年9月，组织襄樊市侨务代表团赴法国、德国等8个国家访问，加强与海外侨胞及其社团的联系，促进交流。

2.对台经济贸易与台商投诉协调

（1）对台经济

1991—2005 年，襄樊市共批准台资企业 105 家，投资总额 11 548.92 万美元，合同台资 6 157.17 万美元。1991 年，第一家台资企业在宜城诞生后，台商投资呈迅速扩大的趋势。1991 年建立台资企业 3 家，1992 年建立台资企业 11 家，1993 年建立台资企业 22 家。1994 年 9 月，全市对台经济工作会议召开。同年，全市共有台资企业 47 家，投资总额 4 408.6 万美元，注册资本 4 099.1 万美元，其中台资 2 617.92 万美元。台资企业占全市“三资”企业总数的 17.34%，投资额占 13.59%。市台资企业起步晚，但发展速度较快，投资领域比较广泛，有农副产品加工、房地产开发、餐饮、娱乐等，投资的行政区域也较广，除保康县外，其他县（市）区都有台资企业。同时“以台引台”出现了良好的势头，前期在襄樊投资企业陆续引进台商投资兴业。1998 年 8 月，市委、市政府召开全市对台经济工作表彰大会，命名表彰了 11 家台资企业、21 家台属企业、8 个对台经济工作先进单位和 34 名对台经济工作先进个人。通过表彰，进一步激发了台胞台属热爱家乡、建设家乡的热情，有力地推动对台经济工作。2001 年举办“一节一会”活动，邀请台湾亚东、裕隆、润泰、统一等台资企业 40 多位台商到襄樊与会，扩大了襄樊市在台的影响。2003 年 1 月，襄樊市台资企业协会成立。2004 年 6 月，台湾裕隆日产汽车协会参访团一行 52 人到襄樊参观汽车工业。全年新增台资企业 8 家，投资总额 2491.29 万美元，合同台资 977.88 万美元。2005 年新增台资企业 4 家，投资总额 589.6 万美元，合同台资 362.1 万美元。

（2）台商投诉协调

由于少数台商投资时未对项目进行可行性论证，对各地鼓励外商投资的政策法规理解不一，台资企业在运行过程出现了这样那样的问题，有的甚至在内部产生了一些纠纷。针对台商投诉，坚持依法依规，协调化解矛盾，妥善处理问题。在工作中贯彻落实《台湾同胞投资保护法》及其《实施细则》，努力营造良好的法制环境，维护台商的合法权益。对台商提出的每件投诉案，本着负责的态度认真对待，并协助有关部门及时处理，力求做到件件有着落、事事有回音。各级台办充分履行“组织、指导、管理、协调”职能，热忱为台商服务。2000 年，共办理台商投诉案 9 件。为使台商提出的问题都能得到解决，2003 年市委办还先后 4 次召开协调会，专题研究解决台商投诉。认真做好台商投诉协调工作，增进了市委、市政府和台商之间的交流与沟通，使台商看到了市委、市政府治理经济环境的信心和决心，纷纷表示要继续加大在樊投资力度，并介绍更多的台商到襄樊发展。

（3）组织联络、台属工作

1990 年 7 月，市台胞台属联谊会批准成立。1997 年 10 月市台胞台属联谊会召开第二次会员代表大会，停止数年的台联会重新启动。采取多种形式，加强与台胞台属的感情联络。坚持在春节等传统节日期间开展对台胞、重点台属的走访慰问，对台胞台属所提出的困难和要求及时提供帮助和服务。对台属进行调查摸底，重新确定了一批重点台属对象，并为他们建立了档案。积极向有关组织推荐人才，充分发挥台属的特殊作用。引导台属投身地方经济建设，利用台胞馈赠资金兴办实体，为地方经济做贡献。2001 年，全市利用台湾亲友馈赠资金兴办经济实体达 326 家，投资总额达到 6784 万元，累计上缴利税达到 1173.85 万元。2004 年 6 月，在谷城召开全市台属民营经济工作现场会，推广谷城做台属民营经济工作经验。按照有关规定，各级台办加强了涉台捐赠管理和台胞台属联谊会的工作。做好定居台胞的管理服务工作。

3.对台交流交往

热情接待来樊台湾同胞，组织台属出境会亲和通信联络。台湾居民冲破重重阻力，开始经由第三地赴祖国大陆探亲访友或定居，有的还组织“返乡团”到襄樊。一部分台属通过各种渠道出境与台湾亲友见面。襄台交往呈间接状态，规模很小，且仅限于襄樊籍老兵回乡探亲和台胞台属出境会亲。直到 1987 年年底，台湾当局有限制开放岛内一般民众赴大陆探亲。之后，台湾民众到襄樊的人数不断增加。襄台交往交流规模逐步扩大，但还是呈“来多去少”“单向交往”状态。1989 年初，台湾当局开放大陆居民赴台探病、探亲、奔丧。襄台双方开始有一些间接交流。1995 年市台办配合有关部门，接待海峡两岸襄高（襄中）校友联谊访问团，在襄樊期间校友们在市五中参访活动，给市政府和市台办赠送“政通人和”匾牌。1999 年，接待台湾来市交流团组 4 批、72 人。湖北同乡会“荆楚之旅”访问团、旅台襄阳同乡会青年联合会寻根之旅访问团、台湾“中国玄门”、“中国玄门杂志社”访问团、“中华博远文化经济协会”书画交流访问团，先后在襄樊开展交流访问。台湾中华博远文化经济协会书画交流团在樊举办了 8 天的大型书画展，在老河口、谷城、米公祠与市书画家举办了书法、绘画笔会。襄台书法家、绘画家相聚一堂，挥毫泼墨，切磋技艺，互赠书画，在浓浓的交流氛围中，亲切感受海峡两岸同根同文的民族感情，增强了台胞对祖国大陆的认同感。2000 年 6 月，市教育团赴台参访，这是襄樊市首次组团赴台参访交流，实现赴台交流零的突破。后又有经贸、新闻、建筑、卫生、汽车、农业、环保等团组赴台参访交流。全市共组织 42 批 215 人赴台参访交流，其中市委、市政府 10 多名领导率团赴台交流。2004 年 8 月，应台湾裕隆汽车股份有限公司邀请，以市委书记阮成发为团长，副书记杨祥义、常务副市长欧阳万坤等一行 8 人赴台参访交流。2005 年 4 月，以市委副书记、市长李德炳为团长的襄樊经贸考察团在台湾进行了参访交流。接待来市探亲、旅游、参访考察的台胞 60 多批 2000 多人次。2004 年 3 月，应台湾中山大学医学院的邀请，市口腔医院口腔修复科主任张成贵医师赴台进行了两个月的进修学习，这是市医学界与台湾同行首次合作。

4.对台宣传和涉台教育

1985—2005 年，按照“和平统一、一国两制”的基本方针和江泽民同志关于发展两岸关系的“八项主张”，做好对台宣传、涉台教育工作，为发展两岸关系，争取台湾民心，实现祖国和平统一营造良好的舆论环境和氛围，收到显著成效。全市被各级报纸、杂志、电视、电台等新闻媒体采用稿件 2800 多篇，有 150 多篇稿件在中央、省、市对台部门获奖。共有 200 多篇稿件、170 多幅图片、20 多个专题节目在台湾报纸、杂志、电视、电台播出。1985 年，在省台办的指导下，完成《襄樊画册》拍摄、出版工作，这是对台宣传的又一成果。1987 年中秋节，市台办与市委统战部、市委宣传部、市政协祖国统一委员会、市侨办联合举办“中秋月圆晚会”。这是用文艺晚会形势宣传党的对台方针的一次尝试。1989 年 9 月 11 日—10 月 4 日，市台办、市文化局、市文联联合举办“海峡两岸书画联展”，共展出作品 117 件，其中台胞作品 16 件。这次展出规模大、影响大。1994 年，对台办与市广播电台联合举办党的对台方针政策讲座，共播讲 6 次。全市有 4 篇对台宣传稿件被省台办评为三等奖。同年 4 月，省台办、省电视台、省经济电视台联摄制组到襄樊市拍摄专题片《台资企业在湖北》（襄樊专集）。1997 年 8—10 月，市台办与襄樊日报社、襄樊广播电台联合举办“话说两岸交流这十年”系列宣传活动。在《襄樊日报》周末版头版头条开设“话说两岸交流这十年”专栏，在樊台胞、台属、对台干部用亲身经历回顾海峡两岸交流交往的故事。同年 11—12 月，在襄樊广播电台开办专题节目。1998 年，对台办组织撰写的介绍三国古战场的 8 篇文章在台湾《新生报》等报上刊登。其中 6 篇文章获国台办、中新办二等奖。2000 年，与市电视台联合拍摄制作《台胞在襄樊》电视专题片，与市有线电视台联合拍摄制作《襄樊人的故事》电视专题片。2001 年 9 月，襄樊市召开“一节一会”期间，邀请台湾《少年中国晨报》副社长一行到襄樊市采访，他们返台后在《少年中国晨报》开专版宣传襄樊，从 9 月 29 日至 10 月 12 日连续发稿对襄樊市进行报道，共刊登文章 14 篇、图片 31 幅，在台湾产生较大影响。台湾媒体对襄樊长时间、大规模、大篇幅、多内容的报道，是襄樊市加强入岛宣传、争取台湾民心、推动祖国和平统一进程的一次成功尝试和有益探索，在襄樊尚属首次。2002 年 9 月 12—17 日，襄樊市"一节一会"期间，对台办邀请台湾《中国时报》《少年中国晨报》到市采访报道。《中国时报》于 10 月 7 日在两岸视窗栏目中用四分之三版面对襄樊进行了报道，并配发了大幅照片。《少年中国晨报》于 9 月 24 日起连续 13 天对襄樊进行专题报道，并配发 26 幅图片，在台湾产生较大影响。2002 年 8 月 16 日，台湾《年代电视台》到襄樊市拍摄电视节目。该台新闻部主持人卜学亮先生祖籍襄阳，这次回家乡采访拍摄襄樊著名的人文古迹、城市建设和特色小吃等，所录制的节目在台湾东风卫视《阿亮单车日记》栏目播出以后，在岛内收到很好的效果。2004 年 4 月台湾《中国玄门》杂志开专栏专版，用文章和图片介绍我市真武山道观。2005 年 1 月，市长李德炳《新年寄语》文稿在台北襄阳同乡会会刊《襄阳通讯》首期刊发，激发了广大台胞对家乡的向往和积极投身家乡建设的热情；同时对于联络旅台同胞，推动祖国和平统一大业起到了积极作用。同年，对台办与省台办、台湾中华经济文化交流协会联合出版介绍著名旅游景点的《古隆中》画册 500 本，赠送到台湾和在大陆的台商手中。据统计，市各级对台部门在党校、大中小学校等地为党员干部、学生作台湾形势报告、专题讲座 153 场次，人员达 10 万人次。2004 年 6 月，根据省台办安排，市台办、市委外宣办联合在襄樊市区及部分县（市）、驻襄樊部队举办为期半个月的"台湾问题图片展"，两万余人观看了展览。此次展览活动时间长、规模大、场面隆重，在社会上产生了积极的影响，形成人人热爱祖国、反对"台独"、期盼祖国统一的良好氛围。2005 年 9 月 12 日，应襄樊市台办的邀请，国台办主任助理、宣传局局长、新闻发言人张铭清到襄樊市为党政军负责人、市直部委办局、人民团体、大专院校和"窗口"单位负责人作台湾形势报告。同年 10 月 26 日，市台办承办"湖北省台湾问题知识电视竞赛"襄樊赛区的选拔赛，市组队参加选拔赛。

七、政法工作

中共襄樊市委政法委设立以来，在市委的领导和省委政法委的指导下，以中共十一届三中全会以来的路线、方针、政策和宪法、法律为指针，认真贯彻落实党中央和省委、市委关于加强政法工作的重大决策和部署，团结和组织、带领全市政法机关紧紧围绕各个时期的中心任务，依法全力消除各种不安定因素，开展打击严重刑事犯罪斗争，推进社会治安综合治理和维护社会稳定各项措施的落实，不断加强政法干部队伍建设，充分发挥维护国家安全、化解矛盾纠纷、打击预防犯罪、管理社会秩序、维护公平正义、服务改革发展等各项职能。

（一）社会治安综合治理

1.发展阶段

1979—2005 年，襄樊市社会治安综合治理工作（以下简称"综治工作"）大致经历两个阶段：1990 年前，为起步阶段；1991—2005 年，为快速发展阶段。20 世纪 70 年代末、80 年代初，针对改革开放后社会治安出现的新情况，中共中央即提出实行"综合治理"的方针。1979 年冬和 1981 年夏，中央政法委在全国部分大中城市先后召开城市治安工作座谈会，提出"综合治理"的基本思路，随后，中共中央批转了"座谈会纪要"及中央有关负责人在座谈会上的讲话（中发〔1981〕21 号），统一了思想和有关政策。1982 年,《中共中央关于加强政法工作的指示》(中发〔1982〕5 号)和中共湖北省委《关于贯彻〈中共中央关于加强政法工作的指示〉的通知》(鄂发〔1982〕18 号)下发后,原襄阳地区和襄樊市各级党委、政府认真贯彻"综合治理"的方针,坚持全党动手,动员和组织政法机关及社会各方面力量,采取思想的、政治的、经济的、行政的等多种措施和方式,把"综合治理"的要求落实到各部门、各单位。原襄阳地委政法工作领导小组和各级党委政法委,协助党委、政府具体组织和推动综合治理各项措施的落实。

1982—1985 年,在依法打击各类犯罪活动的同时,结合"四有"教育和"普法"教育活动的开展,重点加强了对青少年和轻微违法犯罪人员的帮教、管理工作;同时,加强基层政法组织和治安保卫组织等基层基础建设,在全市城乡探索和开展了各种形式的治安防范责任制或"承包"制。1986 年 6 月,成立襄樊市社会治安综合治理委员会及办公室,全市各级、各地、各系统、各单位相关机构亦相继组建;1987 年。制定全市各级综治工作机构及联络员职责任务,初步形成"条条有人抓、块块有人管"的工作网络。

1988—1990 年,以推行治安防范责任制、落实《湖北省机关、团体、企业事业单位内部安全保卫工作条例》、加强对轻微违法青少年及"两劳"(劳改、劳教)回归人员的管理、帮教,以及开展"整治社会治安大讨论"、开展安全隐患大检查、大整改和加强基层治保、调解组织建设等为重点,不间断地推进了各项治安管理、防范工作,探索了一些工作经验。

1991 年 2—3 月,中共中央、国务院和全国人大常委会先后作出《关于加强社会治安综合治理的决定》后,全市各级党委、政府和政法机关把综治工作推上了一个新台阶。同年 5 月 9 日,襄樊市委、市政府下发《关于加强社会治安综合治理工作的意见》,把综治工作纳入全市两个文明建设的重要内容之中,将抓不抓综治工作,能不能保一方平安,上升到是否坚持党的路线,是否坚持"两手抓"的高度来认识、来对待,要求全市各级、各地、各部门、各单位将综治工作纳入重要议事日程,建立目标管理责任制,与本地、本单位主要工作同研究、同部署、同考核、同奖惩,与各级责任人的政治荣誉、政绩考核、职级提升、经济利益及文明单位评选等挂钩,并实行综治工作一票否决权制,从而保证综治工作的健康深入开展。此后,全市在坚持依法严厉打击各种刑事犯罪活动的同时,全面贯彻"打防并举、标本兼治、重在治本"的方针和"谁主管,谁负责"的原则,紧紧围绕"打击、防范、教育、管理、建设、改造"等 6 个方面的工作内容(打击是社会治安综合治理的首先环节,是落实社会治安综合治理其他措施的前提条件;加强防范工作,是减少各种违法犯罪和社会治安问题的积极措施;加强教育特别是加强对青少年的教育,是维护社会治安的战略性措施;加强各方面的行政管理工作,是堵塞犯罪空隙,减少治安问题,建立良好秩序的重要手段;加强基层组织建设和制度建设,是落实社会治安综合治理的关键;改造工作是教育人、挽救人、防止重新犯罪的特殊预防工作),动员和组织全社会力量,综合运用政治的、法律的、行政的、经济的、文化的、教育的等多种手段解决治安问题,大力推动各项措施的落实,全市综治工作逐步走上快速发展的轨道。

2.社会治安防范

(1)社会治安防控

1979—1986 年,襄阳地区及襄樊市此项工作较为薄弱,仅襄樊市区存在少量由政府出面组织、由公安派出所负责管理并给予工作指导的治安巡逻组织,队员由从辖区企事业单位中抽调的年轻职工组成,实行定期考核轮换,工资、报酬均由所在单位负担,在派出所民警带领下开展巡逻、守候等社会治安防控,因人熟、地熟、周边情况熟,对预防和打击盗窃、抢夺、抢劫、寻衅滋事等违法犯罪活动,发挥了积极作用。1986 年,枣阳、襄阳等地在农村地区探索实行"治安轮流值日牌"等制度,对加强农村治安防范发挥了一定作用。1987—1989 年，在省、市的重视和推动下，全市各种形式的治安巡逻防范组织在过去基础上有所加强。1990 年，市政府下发《关于加强全市治安巡逻工作的紧急通知》后，市区和各县（市）重要集镇加强治安巡逻防控，全市常年性治安巡逻联防队达到 630 个 4 900 余人。1991 年，达到1 348个9 054人。1992年，因“制止三乱”（乱集资、乱收费、乱摊派）等原因，为1 129支6 721人；1993 年，为 279 支 2 524 人；1994 年，为 298 个 2 813 人。

1990 年代中期后，随着市场经济的发展和社会变革，这支队伍日渐萎缩；1990 年代后期，为减轻企业负担和农民负担，规范刑事司法和治安行政执法活动，全市此类组织基本被撤销。2001 年，因形势发展和维护稳定的现实需要，各地又逐步恢复重建这支队伍，并加强管理，规范职责，使之发挥了新的作用。

1996 年，全市开始探索市场经济和法治条件下加强社会治安防控的新途径，初步建立专群结合、内外结合、城乡联动的治安防范体系。市公安局组建了巡警直属大队，襄城、樊城和各县（市）组建了巡警大队，专司社会层面治安防控。各级公安机关在公共复杂场所建立治安值勤点 300 余个，在交通要道设置布控卡点 146 处。

1997 年，襄樊区建立了以指挥中心、“110”报警服务台、街面巡警三位一体的专门力量治安防控体系。市及各县（市）区“110”报警服务台全部开通，并组建了公路巡逻警察大队。

1998 年，全市社会治安防控逐步实现网络化。襄樊市区建立了指挥中心、“110”报警服务台和巡警、经警、保安、居民联防相结合的治安防控体系；全市有巡警队 10 支 313 人，经警队 25 支 759 人，保安队 9 个 1800 人，门栋关照员 39 300 多人，有效控制了城镇社会层面；在内部单位，配备专职保卫人员 4600 多人；在农村，建立以派出所为龙头，以警务区为纽带，以各种形式的群防群治组织为基础的治安防控体系。市公安局交警支队在全省地级市率先建成视频监控系统，对城区 43 个交通要道实施视频监控。

2003—2004 年，确立社会治安“三五”防控工作思路，先后制定《襄樊市社会治安防控体系建设实施方案》和《襄樊市社会治安防控体系建设实施规范》，以市委和市综治委文件下发执行，着手构建以 110 指挥中心为枢纽，以“五警联勤”为龙头，以“五队联防”为主体，以“五员联动”为辅助，以技防、物防为补充的治安防控体系。“五警联勤”：巡警、交警、刑警、治安警、武警合成作战，打破警种界限，整合警力资源，屯警街面，提高现场发现、控制和打击犯罪能力。全市共整合警力 2400 多人，其中巡警 400 人、交警 350 人、特警 250 人、治安警 1300 人、武警 160 人；组建交巡警机动巡逻分队 90 支 380 人，特警摩托化巡逻分队 50 支 100 人，女子特警分队 3 支 60 人，武警巡逻分队 5 支 160 人。“五队联防”：恢复重建街道（镇）中心治安巡逻队及社区治安巡逻队、青年志愿者巡逻队、内部护厂护院队和“三老”义务巡逻队，由社区民警带队，开展治安巡逻。共组建中心治安巡逻队 103 支 1307 人，社区巡逻队 440 支 2862 人，单位内部巡逻队 1352 支 11 105 人，“三老”义务巡逻队 252 支 1373 人，青年治安志愿者巡逻队 81 支 683 人。“五员联动”：治安协管员、治安信息员、门栋关照员、纠纷调解员和法制辅导员整体联动，发挥治安辅助力量作用。共聘请治安信息员 45 721 人，治安协管员 1943 人，门栋关照员 13 746 人，纠纷调解员 2862 人，法制辅导员 1226 人。“三五”防控体系的建立，形成了全方位、多层次、立体式防控网络，初步实现了对全市社会治安的全覆盖和有效控制。

2005 年，在构建“三五”治安防控体系的基础上，探索实施“网格化”巡逻防控新机制。以市区主、次干道为网线，以社区为网眼，划分一级巡区 17 个、二级巡区 50 个，打破警种界限，整合交警、巡警、治安警 400 余人，分线包段，将有限警力囤积于街面，开展“网格化”治安巡逻工作；市政府一次性为公安机关购置 36 台巡逻车，并建成 350 兆无线通信网络；公安机关以“110”为指挥中枢，实行统一接警、统一调警、就近处警，对相关各警种民警实施严格的绩效考核，增强责任感和压力感，提高了快速反应和机动处警能力。同时，在市区主要出城路口设立 7 个治安卡点和出租车登记站，形成治安合围之势。通过实行“网格化”巡逻，襄樊市区日均发案由2003年的5.5起、2004年的3.4起降至2起。推行技防措施强化社会面治安防控，襄樊市人民广场、襄樊火车站、定中门街道、菜越社区、施营社区、襄城北街等一批场所和单位的视频监控工程相继建成并发挥作用；全市大型企业、金融单位和一批机关团体也建成了视频监控和红外线报警系统；农村电力设施及耕牛防盗报警装置逐步推开。

（2）流动人口管理服务

1990年代中期以来，全市外来流动人员日益增多。1996年2月，市委、市政府召开全市流动人口管理工作电话会，传达贯彻全国、全省流动人口管理工作会议精神，安排部署全市此项工作。市（县）乡（镇）三级先后成立流动人口管理工作领导小组，由党委、政府分管的负责人担任正、副组长，政法委、综治办及公安、劳动、工商、民政、计划生育等部门负责人为成员，办公室设在各级综治办。全市实行了“纵横结合”的管理方式，横向由公安、劳动、工商、民政、计划生育等部门归口管理，纵向实行分级管理，建立市、县、乡（镇、街道）、村（居委会）、组五级管理网络，在各村（居委会）建立暂住人口申报站。市政府出台了《襄樊市劳动力市场管理暂行规定》，规定了流动（暂住）人员的办证（暂住证、计生证、就业证）和管理等一系列政策，对规范全市流动（暂住）人员的治安管理、计划生育管理、劳动力市场管理起到了重要作用。市公安局制定了《襄樊市加强暂住人口管理工作的暂行规定》，对暂住证的办理、出租房屋挂牌编号、治安管理责任等作了具体规定。据当年统计，全市流动人口约70万人，其中流入20余万人（襄樊市区8万余人）。在流入人员中，暂住18万余人，办理暂住证16万余人，办证率近90%；办理就业卡57 500人，办证率为30%；核办计生证123 200人。全市流出人口约50多万人（次），其中经劳动部门有组织地向外输出约15万多人次。至1998年年底，全市约有暂住人员78 000人，登记办证54 630人，办证率为96%；有房屋出租户39 000户，登记办证28 000户，办证率为71.8%。

2004年8月，为做好新形势下对暂住人员、出租房屋的管理和服务工作，市综治委组织有关部门在樊城区中原街道办事处洪沟社区和高新技术产业开发区团山镇余岗社区开展暂住人员管理、服务试点工作。2005年6月，市政府印发《襄樊市市区暂住人口管理办法》。2005年8月，召开全市暂住人员管理工作动员大会，着手建立暂住人员管理、服务工作新机制：确立“综治牵头、公安为主、部门参与、综合治理”的管理原则，建立市、区、街道、社区四级管理体制；建立暂住人员协管员队伍，所需经费纳入财政预算；实行暂住证等“三证合一”的办证制度，实行登记办证“一站式”服务；实行“以房管人”的管理办法，开展出租房屋星级管理和暂住人员分层次管理；建立暂住人员信息数据库，实现网上查询和资源共享。为规范各项具体管理工作，市综治办、市公安局、市人口和计划生育委员会、市劳动和社会保障局随后联合下发《关于进一步加强和规范暂住人口管理工作的若干意见》，市综治办印发了《襄樊市区暂住人口协管员管理办法》和《襄樊市区出租房屋星（等）级管理办法》，将暂住人员管理工作纳入综治工作年度考评内容、全市“平安创建活动”考评内容和基层民警及协管员绩效考核内容。至2005年年底，各地较好地完成机构建设、队伍组建、宣传发动、信息采集和登记办证等任务，市区登记出租房屋11 926户27 115间，暂住人员100 847人、办证79 100人，为加强对暂住人员的日常规范管理和服务奠定了坚实基础。

（3）群防群治工作

推行“治安承包制”。1984年下半年，市委政法委在组织市公安局和部分县级公安机关负责人赴广东顺德、南海学习借鉴“治安承包”经验并举办试点的基础上，以“因地制宜、普遍推广、形式多样、群众自愿”为原则，把“责、权、利”结合起来，在全市城（镇）推广各种形式的“治安合同制”，在农村推行形式多样的“治安承包制”，动员和组织群众维护治安。1985—1986年，全市普遍推行多种计酬方式的“治安承包制”。老河口市在该市仁义街试行“治安保险责任制”的经验得到公安部、省委政法委和省公安厅肯定，并在全襄樊市推广；宜城市建立“单位内守、街道巡逻、要道设卡”相结合的三道治安防线，有效遏制了现行犯罪活动；枣阳县全面推行“治安轮流值日牌”制，实行“三定三落实”（定领导、定责任、定奖惩，值班制度落实、值班户主落实、值班任务落实），调动了群众维护治安积极性。此后，随着时间推移和情况变化，各类有偿性质的“治安承包制”逐渐萎缩，并被新的群防群治方式取代。

组建各类巡逻（联防）组织开展巡逻守护。1985 年以来，各地即开始组建治安巡逻、联防组织。1987 年，全市充实、加强各类治安巡逻、联防队组织。1988年，各类常年性、季节性治安联防队达到 2 983 个 13 754 人。1990 年，在全市统一要求和推动下，襄樊市区和各地重要集镇常年性治安巡逻、联防队达 630 个 4 910 人；至 1991 年年底，达到 1 348 个 9 054 人；此后逐年有所增减。随着“制止三乱（乱集资、乱收费、乱摊派）”和减轻农民负担、减轻企业负担工作的开展，1994—1995 年，不少地方探索在农村组建季节性、义务性的护村队、十户治安联防小组，在城镇组建护厂、护院、护校队及门栋关照小组等自愿性治安防范组织。对维护治安秩序都发挥了重要作用。至 20 世纪 90 年代中后期，随着经济社会发展和刑事司法、治安行政执法活动的日趋规范，全市各类常年性治安巡逻、联防组织明显萎缩，绝大部分被撤销。此后，各地积极探索市场经济和法治条件下加强群防群治的新路子，在城镇大力推行“人、技、物防”相结合的防范措施，规范居民小区物业管理，倡导和发展保安服务业，以社区（居委会）为依托，广泛开展门栋关照和“三老”义务巡逻活动；在农村本着“随湾就片、十户一联”的原则，大力推行“治安中心户”、联户联防、义务巡逻和治安协管等做法，加强治安防范。2001—2005 年，根据形势发展和维护稳定的现实需要，襄樊市区各街道办事处和各县（市）城关地区先后恢复重建了每支 10 人左右的中心治安巡逻队，有条件的地方组建社区治安巡逻队，采取从财政转移支付的综治工作专项经费中列支或由政府出资购买公益性岗位等方式合法、合理地解决报酬问题；同时，在襄樊市区和部分县（市）城关地区商户聚焦地还组建了一些由经营业主出资的治安联防队；市委政法委、市综治委规定，各类治安联防队由各镇（街道）综治办和公安派出所加强管理及工作指导，且不参与刑事司法和治安行政执法活动，使这支队伍在群防群治中焕发出新的活力。

推行治安防范责任制。1985—1990 年，全市各级各地即不间断地探索和推行了形式多样的治安防范责任制，对推动各地、各单位加强自我管理和自我防范发挥了积极作用。1991—2005 年，在各级党委、政府的高度重视和大力推动下，治安防范责任制已成为社会治安综合治理领导责任制和目标管理责任制的一项重要内容，每年都要纳入综治工作责任书之中，层层签订并落实到各基层单位，对推动各项治安防范措施的落实发挥了不可替代的重要作用。

加强各单位内部治安防范。1987 年，全市城镇各内部单位新增保卫科（股）117 个，调整、充实人员 363 名。1988 年，全市以《湖北省机关、团体、企业事业单位内部安全保卫工作条例》颁布实施为契机，在各内部单位广泛开展了以“查隐患、查漏洞、查不安定因素”为重点的“三查”活动，查出并整改各类隐患 5107 处，其中重大隐患 181 处，收缴雷管 6.3 万多枚、导火索 2.6 万多米、炸药 1.8 万多公斤，清理出爆炸物品 500 多公斤、漏登枪支 14 支，收回违规配发的枪支 105 支、子弹 1520 多发，消除了大批隐患、漏洞；并充实加强各单位保卫力量，新增保卫科（股）65 个，新增人员 184 名。1989 年，通过层层签订责任状的方式，在城镇各单位内部大力推行治安防范责任制，全市公安机关列管的 1600 多个内部单位中，有 1289 个将治安防范责任制落实到车间、班组，有 1167 个当年成为“三无”安全单位（无各类案件、无灾害事故、无职工违法犯罪）。1990 年，在全市各内部单位层层开展安全大检查，狠抓隐患整改和责任制奖惩兑现；各单位共投资 413 万元，整改隐患 7018 处，对成绩突出的 525 个单位和 1413 人给予表彰奖励，对工作不力的 95 个单位和因玩忽职守导致案件发生的责任人给予了行政处分和经济处罚；全市有 1132 个单位当年未发生刑事案件和各类事故，有 1226 个单位无职工违法犯罪。1991—1993 年，持续加强内部治安防范工作，全市各内部单位发案实现逐年下降，至 1993 年年底，职工犯罪率低至0.64%。1996年,进一步健全各单位内保组织,全市2300多家50人以上的企(事)业单位共配保卫人员4 600多名,中型企(事)业单位共配专职保卫人员1 683名;推广"人、技、物防"相结合的防范措施,全市有1 636个金融网点建成"电脑联网报警系统";各内部单位全年刑事发案比上年下降17.7%。1998年,襄樊市政府印发《襄樊市国家集体财物被盗责任赔偿暂行规定》,进一步强化了各单位内部治安防范责任机制。2001年7月,襄樊市综治委组织9个检查组,对市直12个系统54个单位的综治工作(含治安防范)进行了全面检查,此后,市直各系统、各单位综治工作(含治安防范)即由市综治委直接考核管理。同年10月,保康县邮政局发生一起特大杀人抢劫金库现金的内盗案件,市综治委对此进行了通报,责成保康县综治委对该局实行社会治安综合治理一票否决,并建议有关部门追究了该单位主要负责人、分管负责人和直接责任人的党、政纪责任。2005年,以贯彻落实国务院《企业事业单位内部治安保卫工作条例》为契机,大力推动各单位人防、物防、技防措施的落实,全市新增内部保卫机构142个,充实力量1283人,组建单位内部治安巡逻队293支3 000余人;建立市、县(区、市)、街道(镇)、社区四级检查督办体系,定期开展检查督办。襄樊市、区两级综治部门开展集中检查120余次,对市区40余家存在治安隐患的单位在新闻媒体上曝光,并逐一下发整改通知书。在全市推行治安等次评定公示制度,以县(市)区为单位,每季度对辖区各单位治安状况进行检查,按照"安全""基本安全""不安全"三个等次进行评定,评定结果在新闻媒体和辖区公示栏中予以公示,共公示"不安全"单位131个。全市各单位内部当年发生刑事案件821起,比上年下降4.8 %。

加强基层治保和调解工作。全市各地将基层治保、调解组织作为推动群防群治的重要依托,不断加强组织建设和工作建设,发挥了其在组织治安防范、化解矛盾纠纷、维护基层稳定中的重要作用。1986年,调换了一批兼职过多和工作不力的治、调人员,充实力量,落实报酬,增强了积极性;宜城、随州、保康等县(市)实行治保、调解主任月例会制度,谷城、老河口、襄樊市内4个城区对治、调人员实行定期考核,促进了工作落实。1988年,结合《村民委员会组织法》的实施试点工作,各地对743个治、调组织进行了调整、整顿。1989—1994年,全市基层治、调组织建设不断加强,专(兼)职主任全部配齐,基本做到"人员、报酬、工作"三落实;且每年都要定期开展业务轮(培)训。1995年,市综治委、市农委、市公安局、市民政局联合发出《关于加强城乡基层治保会工作的通知》,要求每个村(居)委会建立5至7人的治保会、每个村(居)民小组建立3至5人的治保组,凡800人以上村(居)应配专职治保主任。1996年,对4 309个基层调解组织开展业务培训8 678人次,有3 001个调解组织达到一类标准,1 220个达到二类标准。1997—1998年,全市基层治、调组织逐步做到组织、人员、报酬、工作、制度落实,并建立跨县(市)区的联防联调组织146个。此后数年,全市基层治、调组织及工作均逐年有所加强和规范。2003年,结合农村税费改革工作,进一步加强基层治、调组织建设,并在县级行政区划接边处新建联防联调组织85个,在厂矿企业、集贸市场、流动人口聚集区新建各类调解组织679个。在全市大力推行保康县对治保、调解主任实行"三权四责"的管理办法,实行责、权、利相挂钩,促进了日常工作和管理的规范化。

3.安全文明创建

襄樊市"安全文明"创建活动起步较早。1992年前后,襄阳、宜城、谷城等县(市)结合本地实际,借鉴外地经验,探索开展"治安模范村、治安模范单位"及"党团共建治安责任小区"、"十星级文明户"等创建活动,在全市产生了积极示范效应。1997年年初,召开的全市政法工作会议对创建工作进行了安排部署,并以市委、市政府名义下发《关于全市综合治理创建工作实施方案》,要求各地按照"发案少、秩序好、群众满意"的标准和"以创带建、以点带面、重点突破、整体推进"的思路,大力推进以"创建安全文明小区"为重点的全方位、多层次的创建活动。随后,在市、县、乡三级组建由党政负责人挂帅的创建工作领导小组232个1709人,成立工作专班150余个680余人,举办"示范点"461个,各级参与办点干部达1427人。同年6月17日,市委、市政府主要负责人带领市“四大家”领导对市区创建活动开展了检查督办;市委政法委、市综治委先后7次组织工作组到各县(市)开展检查督办。为推广典型经验,同年6月和9月下旬,市委政法委、市综治委先后在襄阳县和襄城区召开全市创建活动现场会。1998年,全市进一步严格安全文明小区的创建标准和命名管理办法,将创建活动与城市“形象工程”建设相结合、与加强社区服务相结合、与创建“安全文明单位”“安全文明系统”“十星级文明户”“安全文明楼院”等结合起来,完善社区服务功能,为社区群众安全、生活提供了方便。全市共划分治安小区1186个,建成“安全文明小区”901个,其中命名、挂牌565个,创建活动覆盖面基本达到100%,樊城区“水星台小区”和襄樊市审计局被省综治委分别命名为“全省最佳安全文明小区”和“全省最佳安全文明单位”。2000年后,全市着力健全创建活动的竞争激励机制和动态管理机制,广泛开展创建竞赛活动,对已命名的“安全文明”小区、单位等实行动态管理,凡检查不合格的,及时取消命名、撤销荣誉,确保创建实效。2001年,在考核调整的基础上,全市重新划分820个小区,年底命名544个,占66%。2002—2003年,在坚持“深入推进、提档升级、注重实效”的同时,着力将创建活动向民营、“三资”企业和城乡基层延伸;全市先后命名表彰安全文明小区914个,安全文明单位3 392个,安全文明校园408个,治安模范镇(街道)59个,治安模范村(居委会)2 366个。

2004—2005年,在总结多年经验基础上,将全市各类“安全文明”创建活动统一规范为“平安创建”。2004年5月,中共襄樊市委办公室、市政府办公室联合下发《关于开展创建“平安县(市)区”活动的实施意见》,提出力争经过3—5年努力,全市85%以上的县(市)区、80%以上的乡镇(街道)、90%以上的社(小)区和95%以上的单位达到平安标准,和谐稳定的社会环境基本形成;市综治委随继制发了“平安县(市)区、镇(街道)、村、社(小)区”和“平安单位”创建措施、标准及命名、管理办法。加强分类指导、典型推介和检查督办,实行季度考评和年度考核,推动了创建活动的广泛深入开展。2005年初,以襄樊市委、市政府名义分别表彰奖励2004年度平安县(市)区5个、平安乡镇30个、平安单位59个、平安社(小)区30个、平安村50个和先进工作者60名。

4.综治宣传教育

20世纪80年代以来,按照党中央要求,全市各地将加强青少年教育、增强青少年法治观念、预防和减少青少年违法犯罪作为推进综治工作的一个中心环节。1985年7月,市委政法委会同有关部门召开全市“‘四有’教育暨社会治安综合治理经验交流会”,将加强对青少年的法制宣传教育纳入“四有”教育、“普法”教育及社会主义精神文明建设的重要内容,积极预防和减少青少年违法犯罪,以此推动综治工作的落实。1986年,全市已有3 453所各类学校开设法制教育课。1987年,开设法制教育课的学校达到4 993所。此后直至2005年,在党委、政府的重视、支持和政法机关、教育主管部门的推动下,全市始终将在校青少年纳入历次“普法”教育活动的重要对象,在各级、各类学校坚持开设法制教育课,并选派一批优秀政法干警到部分学校兼任法制副校长或法制辅导员,持续加强了法制宣传教育。20世纪80年代以来,各地还积极做好对轻微违法犯罪人员的帮教工作,对公安机关掌握的轻微违法犯罪人员特别是其中的青少年,采取单位、家庭、社会、民警“四结合”的方式,组织帮教小组开展耐心细致的帮教;随着《预防未成年人犯罪法》和《未成年人保护法》的颁布实施,全市两级法院还相应成立了专门审理未成年人犯罪案件的合议庭,针对未成年犯的心理、生理特点,改进审判方式、方法,教育、感化和挽救了一大批失足青少年。

进入20世纪90年代,随着各级党委、政府对综治工作重视程度的逐步提高,综治宣传教育工作的广度、深度和力度亦不断加大。1990年,根据全省统一部署,市委发出《关于在全市开展整治社会治安大讨论的通知》(襄办发〔1990〕32号),通过广泛深入地开展大讨论,人民群众关心、支持、参与维护治安的意识得到明显增强,大讨论期间,群众检举揭发各类案件线索8 967条,扭送犯罪嫌疑人470

名，送亲服法 302 人，违法犯罪分子主动投案自首 456 人。自 1992 年开始，全市每年都要在 3 月份组织开展“综治宣传月”活动，纪念和宣传中共中央、国务院和全国人大常委会颁布的《关于加强社会治安综合治理的决定》及党委、政府关于加强综治工作的有关精神，通过由党政领导发表电视讲话或纪念文章，以及召开座谈会、在各级报刊开辟宣传专栏、举办图片展览、悬挂宣传标语、组织文艺演出和知识竞赛等多种形式，掀起综治宣传高潮，调动人民群众和社会各界参与维护治安的积极性。1995—1996 年，市委政法委及市公安局、市中级人民法院与襄樊有线电视台、襄樊电视台合作，先后开办了《政法天地》(后更名为《社会大观》《襄樊警讯》和《现在开庭》(后更名为《法庭内外》)3 个电视专题栏目，报道政法工作动态，宣传综合治理方针，以案释法，弘扬法治，深受群众欢迎，成为宣传政法、综治工作的重要阵地。1998 年后，各地将开展“综治宣传月”活动与“严打”整治公开处理活动、预防青少年犯罪展览、禁毒成果展览、普法宣传、见义勇为有功人员表彰奖励等活动有机结合起来，扩大了宣传效果。

2005 年，市综治办与《襄樊日报》社联合开办《平安襄樊与综合治理》专题栏目，当年刊出 29 期，刊发综治工作稿件 235 篇(条)。同年 5 月，市综治委召开全市综治宣传工作座谈会，聘请 33 名综治特约通讯员，并评选表彰了一批 2004 年度综治好新闻。协调《襄樊日报》、襄樊电视台坚持每周发布一次全市警情通报，共通报各类案件 120 余起，提出治安防范建议 80 余条。市公安局先后编印和发放《单位内部治安防范手册》1.2 万份、《襄樊市防盗 9 法 43 招》2 万份及民警提示卡 12 万份。各县(市)区综治办和基层公安机关还在社区、单位及案件易发地段设置治安警示或宣传标牌 8000 多个，发放治安防范宣传单 3 万余份，在新闻媒体发布防盗信息 480 多条，营造了“全民防范、人人参与”的社会氛围。

5.表彰奖励见义勇为有功人员

1991—1992 年，全市一些县(市)区积极筹募“见义勇为、防纠纷激化奖励基金”，至 1992 年，各县(市)区全部建立“见义勇为、防纠纷激化奖励基金”，通过政府财政拨款和募集社会捐助，共筹集资金 128.95 万元，表彰奖励了一批见义勇为和防纠纷激化有功人员。1994 年，各县(市)区“见义勇为、防纠纷激化奖励基金”达到 166 万元，表彰奖励见义勇为、防纠纷激化有功人员 483 人，奖励金额达 9.4 万元。1995 年，经襄樊市委、市政府批准，市综治委建立“襄樊市见义勇为奖励基金”，制定《襄樊市奖励见义勇为有功人员暂行办法》，当年募集基金 91 万元，其中市财政拨款 10 万元；各县(市)区“见义勇为、防纠纷激化奖励基金”统一规范为“见义勇为奖励基金”；市、县两级基金均由同级综治办代管，单列账户，并接受金融、审计机关监管。当年全市共表彰奖励见义勇为人员 23 人，颁发奖金 5 万多元。1996 年，市、县两级见义勇为奖励基金达到 267 万元，奖励见义勇为有功人员 271 人，颁发奖金 9 万余元。此后历年，市及各县(市)区每年都要对见义勇为有功人员给予表彰奖励。2002 年 9 月，市委、市政府办公室发出《关于印发〈襄樊市见义勇为人员奖励保护规定〉的通知》(襄办文〔2002〕126 号)，进一步加大对见义勇为有功人员的奖励、保护力度，规定对见义勇为人员不仅给予表彰奖励，保障其医疗、救助等费用，且在就业、入学、入伍、住房、提干、退休等各方面给予相应优待。2003 年 4 月 28 日，市综治委召开全市见义勇为表彰会，一次性集中表彰奖励见义勇为先进个人 15 名，分别奖励现金 2000—3000 元，这是全市近几年来规模最大、表彰人员最多、影响最广的一次见义勇为表彰大会，起到了有力的宣传鼓动作用。会上表彰的与抢劫银行劫匪英勇搏斗的见义勇为积极分子、下岗职工李卫东，会后还被襄樊市委主要负责人特批招聘到市城管执法大队工作。年底，李卫东被中华见义勇为基金会授予“全国见义勇为先进分子”称号并受到表彰，且被评为首届全国十大“百姓英雄”之一。市综治委随后相继组织召开高规格的全市见义勇为积极分子座谈会和规模较大的见义勇为事迹报告会，在社会各界引起了强烈反响，极大地弘扬了见义勇为精神，激励了社会正气，增强了人民群众参与维护治安的积极性。2004 年 11 月 24 日，由市综治委发起成立了“襄樊市见义勇为促进会”，第一届理事会由 4 名名誉会长、86 名理事组成，其中常务理事 29 名，设会长 1 名，副会长 4 名，秘书长 1 名，会长由市委常委、政法委书记兼任，日常工作由市综治办代管。自 1995 年建立“襄樊市见义勇为奖励基金”至 2005 年年底，10 余年来，通过社会募捐、政府出资、发行特种明信片等方式，襄樊市级共募集奖励基金 201 万余元；表彰奖励市级见义勇为先进个人 89 人、先进集体 1 个，其中有 5 人被授予“全国见义勇为先进分子”荣誉称号，29 人被授予“全省见义勇为先进分子”荣誉称号；市级累计颁发奖金 20.23 万元，开展走访慰问 21 次，发放慰问金 2.7 万元。市、县两级共召开 200 人以上规模的见义勇为表彰大会 18 场（次），组织开展见义勇为先进事迹巡回报告会 10 场（次），并在市、县两级新闻媒体及时宣传见义勇为典型事迹，弘扬了社会正气，激发广大人民群众同违法犯罪作斗争的积极性。

6.综治工作责任制

20 世纪 80 年代中后期，为推动“综合治理”方针的落实，襄樊市及各县（市）区就不断探索和推行综治工作责任制。1985—1988 年，以机关、团体、企（事）业单位为重点，在全市推行治安防范责任制。1989—1990 年，进一步建立和推行以行政首长负责制为主体的治安防范责任制。这一时期，责任制的内容主要为各单位内部治安防范和安全保卫责任，责任制推行范围也主要集中于各机关、团体、企（事）业单位，特别是在各企（事）业单位得到了较好推行。从 1991 年起，全市开始全面推行以“划分责任区、明确责任人、签订责任状”为主要内容的综治工作责任制。当年 5 月，根据市委、市政府下发的《关于加强社会治安综合治理工作的意见》，市综治委将全市划分为市、县（市、区）、乡（镇、街道）、村（居）委会（包括辖区内相应的机关、团体、企事业单位）4 级治安责任区，明确各级党政主要负责人和分管政法工作的负责人为本级（地）治安责任人、各机关（团体、企事业单位）的主要负责人为本单位治安责任人，在此基础上，按照“条块结合、以块为主”和“谁主管、谁负责”以及“属地管理”的原则，结合综治工作“打击、防范、建设、管理、教育、改造”等 6 个方面的主要内容和各部门、各单位工作职责，将综治工作的任务和责任逐级分解落实到各级、各地、各部门、各单位，逐级签订目标管理责任状，实行一级抓一级，一级对一级负责，辖区各单位对当地党委、政府和上级主管部门负责；并制定了较为严格的检查督办、考核评比和奖惩办法，把“责、权、利”有机结合起来，把综治目标管理责任同责任人的政治荣誉、政绩考核、晋职晋级、经济利益、评选文明单位、企业升级达标以及单位干部职工岗位责任制等相挂钩，严格实行奖惩兑现。同年 5 月 21 日，市委、市政府主要负责人与 12 个县（市）区长和 20 个市直部、委、办、局党政主要负责人签订了综治工作责任书；至 6 月底，市、县（市、区）、乡（镇、街道）、村（居委会）4 级责任制全部建立，各系统、各部门也逐级建立了责任制，全市共划分“条块结合”的责任区 8 795 个，签订责任书 17 610 份。随后，市及所辖 12 个县（市）区全部制定了实施社会治安综合治理“一票否决权制”的意见，市综治委制定《襄樊市社会治安综合治理委员会成员单位在综合治理社会治安中的任务与职责》，使综治工作责任制进一步完善。年底，全市表彰综治工作先进单位 420 个，一票否决治安落后或不合格单位 55 个。自此以后，每年年初由市政府主要负责人与各县（市）区长及市直各部门主要负责人签订综治工作年度目标管理责任状并定期开展检查督办、年终开展考核总评、落实奖惩兑现及“一票否决权制”，即成为惯例坚持下来，并在各县（市、区）及各乡（镇、街道）、村（居委会）得到坚持和执行。

1994 年，市综治委出台《襄樊市社会治安综合治理委员会工作制度》，规定综治委例会制、“五部委局”（综治委、纪委、组织部、人事局、监察局）联席会议制、综治委各成员单位联络员工作制和综治委委员工作联系点制，以保障和推动综治工作责任制的落实。1995 年年底，在严格检查考核的基础上，市委、市政府表彰奖励了 3 个先进县（市）、16 个先进单位、6 名优秀治安责任人和 20 名先进个人；各县（市）区共表彰奖励综治工作先进单位 873 个、先进个人 479 名；全市先后对 51 个治安重点单位实行“黄牌”警告，对 54 个综治工作不合格单位及责任人实行“一票否决”，并将单位名单在《襄樊日报》上予以曝光。当年 11 月，省政府《政府工作通报》批转了襄樊市《关于社会治安综合治理责任书执行情况的通报》，对襄樊市严格落实综治工作领导责任制给予充分肯定。1997 年，市综治委再次将当年综治工作被“一票否决”的单位在《襄樊日报》上进行曝光。1998 年，综治工作季度检查通报、半年检查初评、年终检查总评的检查考评制度得到完善。2000 年 9 月，市委、市政府出台《关于进一步加强社会治安综合治理工作的决定》，对在全市严格实行综治工作领导责任制、目标管理责任制、一票否决权制、黄牌警告制、表彰奖励制和重大案（事）件领导责任查究制等均作了明确规定。并首次明确规定，全市各级党委、政府要把领导干部抓综治工作的能力和实绩，作为任免、奖惩的重要条件，各级组织、人事部门在办理干部任免奖惩时，必须事先征求综治委的意见。从 2001 年开始，市综治委将市直各部、委、办、局综治工作纳入市综治委直接考核管理范畴，制定专门的目标管理责任书及检查考评实施细则，并在年终由市综治委组织检查组对其进行检查考评。同年，市委组织部将综治工作纳入各县（市）区、开发区党政领导班子年度工作实绩考核内容，并形成制度，长期坚持。2002 年 9 月，市委、市政府出台《襄樊市社会治安综合治理“一票否决权制”实施细则》，对实施综治工作“一票否决权制”予以规范。

2003 年 4 月，市委、市政府出台《关于进一步加强社会治安综合治理的意见》，对新形势下加强全市综治工作作出全面部署，重申严格执行综治工作领导责任制、“一票否决权制”和领导责任查究制，强调“各级党委组织部门在考察党政主要领导和分管治安工作的领导干部工作实绩时，必须征求所在地区、部门社会治安综合治理领导机构的意见”，并规定凡被实行综治工作“一票否决”且情节严重的地方或单位的第一、第二责任人，应给予相应的党、政纪处分，构成渎职犯罪的，移送司法机关追究刑事责任。一年内综治工作连续两次被“黄牌”警告的；在县级以上综治工作年度考核中连续两年被评为“三类”地区或单位的。否决内容主要包括被否决地方或单位评选综合性荣誉称号、各类单项表彰奖励及其主要负责人、分管的负责人和直接责任人评先受奖、提拔任用、晋职晋级的资格，且有关人员不得易地易岗担任同级领导职务；并规定，凡连续两次被“一票否决”的地方或单位，对其党政主要负责人和分管的负责人降职使用或就地免职，构成失职、渎职的，追究其党政、纪责任。同年 11 月，为进一步强化全市机关、团体、企（事）业单位综治工作奖励机制，在市委办公室、市政府办公室下发的《襄樊市区社会治安防控体系建设实施方案》中明确规定：“对受到市委、市政府表彰的安全文明单位（包括居委会），一次性奖励当年本单位工作人员一个月工资。”

2004 年，为加大对各类机关、团体、企（事）业单位特别是其中的非公有制企业等社会组织的警示力度，保障综治工作责任制的落实，市综治委在全市实行了“单位治安状况等次评定公示”制度，按照“安全”“基本安全”“不安全”三个等次，每季度对各单位治安状况进行一次评定，评定结果在《襄樊日报》等媒体上予以公示；改进对各责任区和综治委成员单位述职评议的办法，全面实施单位述职、委员评议、专班调查评议和投票测评相结合的“一述三评”制度，坚持每季度召开一次市综治委全会，确定 3 至 4 个成员单位和有关县（市）区开展“一述三评”活动，全年共评议市综治委成员单位 8 个、县（市）区 4 个，评出了压力、评出了动力；制定《襄樊市社会治安综合治理责任督查办法》和《襄樊市社会治安综合治理考核评价办法》，进一步健全了综治工作考核奖惩机制。全市 2004 年度综治工作考核奖惩的力度明显加大，共表彰奖励上年度综治工作优胜县（市）区 4 个、市直单位 10 个，其他先进单位 130 个、先进个人 50 名；对受表彰的单位和部门，按照“奖励当年本单位工作人员一个月工资”的规定，兑现了奖励措施。全市对 25 个单位及责任人实行了“一票否决”，对 38 个单位实行了“黄牌”警告；对襄阳区、老河口市和襄樊市文体局下发了“整改督办通报”；在年底的襄樊市党代会代表初选名单审查中，原襄樊卷烟厂和襄樊银河纺织有限公司的主要负责人因所在单位上年度综治工作被“一票否决”且整改期未满，而取消了党代表入选资格。

2005 年 3 月，市综治委制定《关于实施重大案（事）件、事故责任倒查评估工作的意见》，在全市实行重大案（事）件责任倒查制。采取市、县两级综治委分级责任倒查的办法，对发生的每一起重大政治事件、刑事案件、治安灾害事故及群体性事件进行责任倒查评估，及时查清原因，追究责任，落实整改措施。当年全市共对 51 起重大案（事）件进行了责任倒查，“一票否决”3 个单位，“黄牌”警告 11 个单位，并追究了 6 名责任人的责任。同年 6 月，市综治委在全市建立并实行综治工作“暗访督办制”，采取市、县两级综治委委员分别暗访镇（街道）、村（居委会）的办法，每年开展一至两次大暗访，以发现突出治安问题并督促整改。7 月中下旬，市综治委组织由委员带队的 38 个暗访组，对全市 104 个镇（街道）的综治工作进行了暗访调查，对发现的个别地方盗窃活动猖獗、少数学校周边治安秩序不好、农村治安防范薄弱等 7 个方面的突出问题，市综治委逐一发出督办通报，要求各地及时整改，并对其中 22 个治安问题较多的镇（街道）责成所在县（市）区开展重点整治；9 月，市综治委又抽调市直政法各部门负责人组成督办组，对各地整改情况进行检查督办，促进了整改措施的落实。

（二）执法监督

20 世纪 80 年代以来，市委政法委按照上级统一部署，结合襄樊政法工作实际，通过坚持“党内联合办公制度”、协调政法各部门妥善处理重大疑难案件、开展专项执法检查并纠正各类执法和司法不规范问题、督促指导政法各部门建立健全执法监督制约机制、加强执法规范化建设、组织和推动政法各部门集中处理涉法涉诉信访案件等措施，规范执法和司法行为，促进严肃公正执法。

1.执法规范化建设

1983 年 9 月至 1986 年 8 月，在全市政法机关开展的严厉打击严重刑事犯罪活动的“三个战役”中，原襄阳地委政法工作领导小组、襄樊市委政法委及各县（市）党委政法委认真贯彻中央和省、地（市）委重大决策部署，围绕关系“严打”全局的重大问题，坚持“党内联合办公”制度，对政法各部门有争议的重大疑难案件，在法律范围内进行政策性指导和协调，及时妥善处理了一批“老大难”案件，提高了办案效率，缩短了诉讼周期，及时惩处了犯罪分子。同时，大力支持政法各部门依法办事，确保各部门相互配合，各司其职，各尽其责，保证了办案质量，加快了办案进度，更好地贯彻“从重从快、一网打尽”的方针，做到“稳、准、狠”地打击严重刑事犯罪分子，促进“严打”斗争的顺利开展，做到不纵不枉。

1996—1997 年，为确保修订后的《刑法》和《刑事诉讼法》的顺利实施，按照中央和省委政法委统一部署，市委政法委先后组织全市政法机关对与实施新法有关的学习培训、办案力量、物质装备等准备工作及时安排，协调市、县两级政法机关举办了试点，开展演练和培训，并组织两级政法机关加快办案进度，使各类积存、在办刑事案件在新法实施前得以及时办理或消化，为修订后的《刑法》和《刑事诉讼法》的顺利实施奠定了良好基础。

1998 年，针对全市各地对律师会见犯罪嫌疑人、被告人等具体问题的认识和做法不一致且制约刑事司法活动正常开展的情况，市委政法委合同市人大法工委、市中级人民法院、市检察院、市公安局、市司法局、市国家安全局在充分调研的基础上，出台了《关于律师会见犯罪嫌疑人、被告人等几个具体问题的联合通知》，进一步保障了律师依法会见犯罪嫌疑人、被告人的执业权利。同年 7 月，按照全省统一部署，组织全市政法机关对公安看守所超范围留劳（即留所劳动）犯人情况进行了清理，责成全市各看守所对留劳已决犯逐人登记造册，对余刑一年以上的留劳已决犯重新考核，对符合有关规定条件且确因工作需要留用的，重新审批并抄报检察机关备案，对不符合留用条件的 39 名留劳已决人犯坚决递解投劳，同时，健全监管制度，规范监所管理秩序，维护了刑罚的严肃性。

2001—2003 年，先后数次组织政法机关和有关部门召开解决律师“会见难”问题协调会、国家赔偿工作座谈会和司法鉴定工作座谈会，有效解决了一批执法及司法不规范、不统一的问题。2003 年 4 月，市委政法委下发《关于在全市开展聘任执法监督员工作的通知》。组织市、县两级政法各部门在广泛征求群众意见的基础上，严格按照选聘条件，层层筛选考评，并经两级政法委聘任工作领导小组审核同意，从人大代表、政协委员和社会各界人士中选聘 457 名执法监督员，其中市直政法各部门聘任 46 名、各县(市)区政法各部门聘任 411 名，在全市初步形成了群众性的执法监督网络。各地、各部门结合实际，制定了执法监督员工作制度或办法，明确了执法监督员依法监督的职权范围，使执法监督员在促进政法机关执法规范化建设中发挥了积极作用。

2005 年，根据中央政法委统一部署，市委政法委组织全市政法机关开展了“规范执法行为、促进执法公正”专项整改活动。两级政法机关根据省委政法委确定的四个重点整改岗位和环节，以人民群众最关心、反映最强烈的问题为重点，采取干警自查自纠、案件评查、信访举报、召开座谈会、发征求意见函、问卷调查、设置征求意见箱等多种方式，查找政法干警个人和单位执法及司法活动中存在的突出问题并扎实开展整改纠错。共查出各类典型问题案件 237 起，依法依纪追究责任人 37 人。对查摆出的问题进行分析归类，针对问题发生的原因，大力加强规范执法司法行为的相关制度建设，共制定规范执法行为的有关制度 706 条、规范办案程序的有关制度 794 条，并着力建立统一、合理、严密、高效的执法监督制度体系，确保规章制度落到实处，共制定责任追究制度 349 条、公开监督制度 334 条。通过开展专项整改活动，解决了一批执法、司法活动中的突出问题，进一步规范了执法行为，提高了政法队伍素质。

2.专项执法检查

2000—2005 年，市委政法委以“揭露矛盾、解决问题、严肃执法纪律、提高执法水平和执法公信力”为出发点，按照省委政法委统一部署，结合襄樊实际，不间断地组织了对“两保”(取保候审、保外就医)、“四不”(不立案、不批捕、不起诉、不审判)、“死缓无”、“一保两不”刑事案件的专项执法检查，以及对刑罚执行问题、超期羁押问题、行政执法和司法问题的专项检查，解决了一批群众反映强烈、社会各界关注的执法及司法突出问题，消化处理了一批久拖不决、久诉(访)不息的疑难案件，查处了一批违法违纪干警。

2000 年，市委政法委以“较真”“碰硬”的作风，组织全市两级政法机关历时 7 个月，对 1997—1999 年办理的“两保”案件进行全面清理和检查。1997—1999 年，全市政法机关共办理取保候审案件 3427 件 4891 人，其中公安机关取保 4518 人、检察机关取保 284 人、法院取保 89 人；直接取保 1236 人，刑事拘留后取保 2891 人，逮捕后取保 764 人；“人保”1463 人，“财保”3428 人；共收取保证金 1675 万余元，其中保期未满而违规“暂扣”465 余万元，被违法坐支、挪用 698 万余元。三年中全市公安机关共办理保外就医案件 74 件 74 人。对清查中发现的违规取保的犯罪嫌疑人责成办案机关重新报捕、起诉、交付审判，对期满应依法解除取保手续的 959 人办理了解除取保手续，并责令有关办案机关退还不该收取和期满应退还的“保证金”近百万元；针对办理“两保”案件中易于发生问题的执法漏洞，健全规范了有关规章制度；对清查中发现的干警涉嫌违法犯罪的线索，市、县两级政法委抓住不放，跟踪督办，一查到底。同年 7 月 16 日和 12 月 20 日，市委政法委先后两次召开市、区两级政法机关 1000 余名干警参加的大会，对在办理“两保”案件中违法违纪的近 30 名干警进行了公开处理，市级主要新闻媒体均作了宣传报道。

2001 年，组织全市政法机关对 1999—2000 年办理的“四不”(不立、不捕、不诉、不判)刑事案件进行了全面清查，纠正了执法中存在的各类突出问题。2002 年，采取自查、互查、核查的办法，对全市

2001 年办理的“死缓无”(死刑、死刑缓期执行、无期徒刑)刑事案件开展专项执法检查,整改和纠正了检查中发现的各种问题,并督促政法各部门有针对性地健全执法程序,完善办案制度,堵塞制度性漏洞,规范了执法、司法行为。2003 年,在全市政法机关部署开展了对 2002 年办理的“一保两不”(取保候审、不捕、不诉)刑事案件的专项执法检查,共检查 2002 年度办理的取保候审案件 1 792 件 2 645 人,不批捕案件 645 件 1 061 人,不起诉案件 160 件 229 人。通过检查,责成办案机关完善各类法律手续 48 件 57 人,纠正到期未解除取保候审的 33 件 42 人,纠正未按规定退还保证金的 8 件 10 人;责成公安机关继续补充侦查的 25 件 31 人,提请批准逮捕的 22 件 25 人,移送劳动教养 8 件 14 人,检察机关审查批捕 17 件 19 人,移送审查起诉 7 件 11 人,对已发现的其他问题也进行了整改纠错。同年,按照全省统一部署,扎实开展了对刑罚执行工作专项执法检查,共检查“留劳”(将在押已决罪犯留置于公安看守所实施劳动改造)案件 296 件 296 人(其中余刑 1 年以上的 34 件 34 人),暂予监外执行案件 68 件 68 人,减刑案件 3113 件、假释案件 86 件;共查出违规办理的超范围“留劳”案件 2 件 2 人,越权办理的暂予监外执行案件 1 件 1 人,不按法定程序办理的暂予监外执行案件 3 件 3 人,脱管漏管的暂予监外执行案件 6 件 6 人,全部督促有关政法机关进行了整改。此外,还部署开展了纠正超期羁押案件专项执法检查,至当年底,全市 25 起超期羁押案件全部处理完毕,33 名涉案犯罪嫌疑人均到得妥善处理。2004 年,为配合《行政许可法》的实施及推动《行政处罚法》《行政诉讼法》的更好实施,组织市、县两级对 2003 年度政法机关办理的 7026 件行政执法及行政诉讼案件进行了专项检查,解决了一批执法不严、司法不公等问题,督促公安机关整改重点案件 295 件、审判机关整改重点案件 63 件,督促指导有关政法部门制定完善相关规章制度 40 余项,查处一批违法违纪办案人员。

3.协调督办重大疑难案件

为适应社会治安和维护稳定工作的新形势,1999—2005 年,市委政法委本着“为维护稳定服务、为‘严打’整治服务、为执法办案服务、为人民群众服务”的执法监督工作思路,认真抓好对重大疑难案件的协调督办。对政法各部门之间认识不一或争议较大的疑难案件、因证据薄弱或办案失误而久拖不决或久诉(访)不决的疑难案件,以及对影响大局稳定的重大案件、民愤较大或严重影响群众安全感的黑恶势力犯罪案件,通过适时召开政法各部门大小“三长”(分管的院、局长和相关业务处室负责人)协调会,统一执法思想,消弭认识分歧,理清办案思路,消除办案障碍,促成案件的及时妥善处理。共召集协调会研究重点疑难案件 269 次 253 件, 指导政法各部门依法稳妥消化处理了一批社会影响大、各界群众关注的重点疑难积案。针对执法和司法实践中影响及制约政法各部门办案的一些共性问题,1999 年来, 在充分调研和多方协调的基础上, 以市委政法委文件或与有关各部门联合行文的方式,先后出台了《襄樊市森林公安分局办理刑事案件有关起诉、审判管辖问题的会议纪要》《关于襄阳区撤县设区后刑事案件管辖遗留问题的协调纪要》《关于办理寻衅滋事案件适用法律问题座谈会议纪要》《关于办理涉烟犯罪案件若干问题的会议纪要》等规范性文件,对指导、规范政法各部门严格执法和公正司法,发挥了重要作用。对上级政法机关交办和有关领导批办的重点案件及群众反映强烈的涉法信访案件,市委政法委本着对法律、对事实、对当事人高度负责的精神,加强督促检查,推动了案件的依法办理。在 2001 年全市开展的“严打”整治、“打黑除恶”及深挖黑恶势力“保护伞”的集中统一行动中,市委政法委充分发挥组织、指导、协调、督办作用,支持和督促政法各部门摧毁了老河口市“余林”黑恶势力团伙等一批称霸一方、作恶多端的黑恶犯罪势力。并针对“余林”案件案情复杂、阻力较大的情况,及时协调检察和审判机关提前介入,通过多种有效方式跟踪督办案件进展,在较短的时间内,使该案得以及时移送起诉、审判,余林最终被判处极刑,“保护伞”之一的原老河口市公安民警雷某被判处有期徒刑 15 年,其他有关人员受到党纪、政纪处理,涉嫌犯罪的分别被处以刑罚。1999—2005 年,市委政法委共主导查办各类有影响的案件 126 起,督办案件 314 起,促进了政法机关严格公正执法，化解了一批社会矛盾，维护了法制的尊严和统一。

4.集中处理涉法涉诉疑难信访问题

市委政法委从2004年开始，组织全市政法机关扎实开展了集中处理涉法涉诉信访疑难案件专项活动。2004年2—4月，根据中央政法委和省委政法委统一部署，市委政法委组织全市政法部门集中力量对2003年以来全市涉法涉诉上访问题进行了全面摸排，共排查该类上访案件3 475件，逐案研究，因案施策，使80%以上的重点案件在较短时间内得以妥善处理。为进一步解决遗留问题，攻坚克难，当年9月，市委政法委制定《全市集中处理涉法涉诉上访突出问题第一阶段工作方案》，确定85件由市委政法委直接督办的重点疑难案件，细化集中处理的各项职责任务。通过为期4个月的集中处理，共结案息访52件。为切实化解第一阶段工作中的疑难案件，市委政法委组织召开了全市集中处理涉法涉诉上访典型个案研讨会，推介一批成功案例及4条基本经验：对确因政法各部门执法办案错误而引发的涉法涉诉上访案件，必须敢于认错，勇于纠错；对上访事项整体无理但其部分诉求合理的上访案件，必须坚持“情、理、法”相融合，积极协调帮助解决其合理诉求；对诉求合理、应当解决但解决确有难度的历史遗留涉法涉诉上访问题，必须创新工作思路，坚持原则性与灵活性相结合，想方设法给予解决；对无理缠访、非法闹访、以访牟利的上访案件，必须坚决依法公开予以惩处，引导群众依法上访、理性维权。

2005年，全省部署开展集中处理涉法涉诉上访问题第二阶段工作电视电话会后，市委政法委进一步强化措施、加大力度，紧紧围绕“事要解决”的工作目标，制定下发《襄樊市集中处理涉法涉诉上访突出问题第二阶段工作方案》，组织全市政法机关按照“突出重点、分类化解”的思路，对摸排出的69件重点涉法涉诉上访案件逐案攻坚突破。将“未结案未息访”案件作为第二阶段集中处理工作的重中之重，对11起屡访不息的破案追逃案件，督促市公安局组建11个26人的特别追捕队，每队指定两名以上经验丰富的刑侦人员专案专抓，对前期案件办理情况进行全面梳理，查找案件办理中的漏洞，重新明确工作重点，因案施策，全力攻坚，成功突破5起并抓获6名涉案犯罪嫌疑人；对未破案件，适时将办案机关的力量投入、经费投入、工作进展向上访人通报，消除其疑虑及顾虑，争取其理解与支持，并通过多种方式，尽力解决其合理诉求或现实困难，力争案未结而息访。为进一步推动集中处理工作，确保及时、有效地解决群众信访问题，努力从源头上预防和减少涉法涉泊上访案件，从当年第三季度开始，市委政法委组织全市政法机关广泛开展了争创涉法涉诉上访“两无一降”单位活动，即“争创无进京赴省上访的局（院）、无越级上访的科（庭、所、队）及涉法涉诉上访案件总量下降单位”活动，细化各级政法机关处理涉法涉诉上访工作任务及职责，引导政法各部门和政法干警切实践行“严格执法、公正司法、以人为本、执法为民”的工作理念，从而把涉法涉诉信访案件解决在基层，解决在当地，最终实现全市涉法涉诉上访案件总量大幅下降的目标。经扎实有效地工作，全省第二阶段集中处理活动结束后，全市69件重点案件至年底已结案66件，结案率为95.7%，息访54件，息访率为78%。

（三） 政法干部队伍建设

市委政法委认真贯彻中共中央和省、市委有关指示精神，组织和推动全市政法机关加强政法干部队伍建设，加强对政法干警的教育、监督和管理，不断提高干警的思想政治素质和执法、司法水平，保证各项政法工作顺利进行。

1.思想政治建设

20世纪80年代以来，市委政法委坚持将政法干警的思想政治建设放在重要位置，围绕各个时期和每个年度思想政治教育主题，加强政法干部队伍的思想政治建设。1986年，中共中央《关于社会主义精神文明建设指导方针的决议》发布后，市委政法委结合学习贯彻邓小平关于“一手抓建设、一手抓法制”的讲话精神，组织全市政法机关开展学习、讨论，制订了全市政法系统加强社会主义精神文明建设的规划及具体措施，开展了“争先创优”活动。1987—1991年，组织全市政法干警学习中共十三大文件，深刻领会社会主义初级阶段理论和党的基本路线；学习中共中央关于“坚持四项基本原则、反对资产阶级自由化”的有关文件，在干警中认真开展反对资产阶级自由化、反“和平演变”教育，加强以理想、纪律为重点的思想教育、宗旨教育、职业道德教育和法纪教育。在干警中组织开展“三摆三看”活动，即摆国情，看改革开放以来我国经济建设、科学文化事业、民主法治建设等各方面取得的成就；摆市情、局情、院情、所情、队情，看改革开放前后发生的明显变化；摆家情，看干警个人及家庭生活水平的提高。开展形式多样的“立功创模”活动，涌现出一批先进集体和先进个人。1991年，市委政法委机关被省委宣传部授予1990—1991年度全省理论学习先进单位，市中级人民法院加强党风廉政建设和思想政治工作的做法得到最高人民法院和省高级人民法院的肯定和推广。1992—1993年，组织全市政法机关认真学习贯彻中共十四大和邓小平视察南方重要讲话精神。在组织干警通读《邓小平文选》、中共十四大重要文件的基础上，选派理论骨干参加讲师团、党校等举办的学习辅导班，采取交流心得体会、举办知识竞赛等方式，加强和深化思想政治教育，提高干警的马列主义、邓小平理论素养。在干警中广泛开展“立功创模、争先创优”活动，组织全市公、检、法、司及民政机关分别开展了“树形象争优秀”、争创最佳公诉人、争创“十佳法院”、争创最佳律师和公证员、争创优秀民政工作者等活动，1993年年底，市委政法委下发《关于表彰1993年度全市政法系统优秀专业工作者的决定》，对刘杰等20名优秀专业工作者进行了表彰。市委政法委机关亦被省委宣传部授予1992—1993年度全省理论学习先进单位。1994年，组织全市政法机关开展了“党员在现代化大城市建设中闪光”的演讲会、党风廉政建设知识竞赛和创“四个十佳”竞赛等活动。1995年，部署开展了党的知识和民主法治建设知识竞赛及“争先创优、立功创模”活动。全市政法系统涌现出枣阳市人民检察院反贪局等被最高人民检察院荣记一等功、樊西区人民法院等被省高级人民法院授予全省“最佳法院”称号以及被广大市民誉为“保护神”的好民警崔德新等一大批先进典型。年底，中共襄樊市委作出《关于表彰1995年度政法工作先进单位和先进个人的决定》，对全市政法系统100个先进单位、141名先进个人进行了表彰。1996年，组织全市政法干警开展“双学”(即学党章、学中国特色社会主义理论)活动，市直政法系统代表队在市直机关“双学”活动竞赛中荣获第一名。加强对干警的宗旨观念和职业道德教育，开展“争先创优、立功创模”活动，同年6月27日，举办市直政法系统“党员立足岗位做奉献事迹报告会”，全国优秀人民警察、市公安局樊城分局管段民警崔德新等优秀党员代表汇报了“立足岗位、奉献闪光”的先进事迹。当年，全市有13名干警荣记二等功，246名干警荣记三等功，85名干警受到省(部)级表彰，610名干警受到地(市)级表彰。

1997—1999年，根据省、市统一部署，在全市政法机关开展了以“讲学习、讲政治、讲正气”为主要内容的党性党风教育活动和机关干部思想作风整建活动，组织政法干警特别是政法领导干部，深入学习中共《党章》和邓小平理论，紧密联系思想和工作实际，认真查找和整改思想和工作中存在的突出问题，使干警的思想政治素质得到提高，全心全意为人民服务的宗旨意识得到增强。其间的1998年，还组织全市政法机关认真落实常规学习日制和理论学习“中心组”制度，市委政法委制定《市直政法战线1998年度思想政治宣传、党风廉政建设工作目标考核细则》，增强了政治理论学习检查、考核的针对性和操作性。2000—2001年，先后5次召开市直政法各部门领导班子成员及中层以上干部参加的市直政法系统学习“三个代表”重要思想、“七一”讲话和十五届六中全会精神汇报会。配合理论学习活动，2000年，在市直政法系统开展了以“体察民情、了解国情，接受群众教育、增强服务意识”为主题的教育活动，分批组织政法各部门333名干警分赴保康、南漳、谷城的28个村（组）及襄樊市区45家困难企业，体察民情民意，然后召开民情民意报告会，开展“政法机关如何为人民服务、让人民满意”大讨论，使广大干警对忠实实践“三个代表”重要思想、牢固树立宗旨观念有了深刻切实体会。2002年，根据全市统一部署，在市直政法机关领导班子和县级领导干部中开展了“三争”（即争当思想解放的先锋、争做求真务实的表率、争创群众满意的政绩）活动。2003年，组织全市政法机关认真学习《“三个代表”重要思想学习纲要》、胡锦涛“七一”讲话和中共十六大、十六届三中全会精神。2004年，结合上级统一部署的“公正执法树形象”活动，组织全市政法机关开展学习优秀公安局局长任长霞和“执法为民”大讨论集中教育整顿。2005年，根据全市统一部署，在全市政法系统开展以实践“三个代表”重要思想为主要内容的保持共产党员先进性教育活动。

2.政法领导班子建设和基层政法组织建设

1983年，结合当时的地、市合并及市直机关领导班子调整、配备工作，市委政法委配合市委及组织部门，对市直政法各部门领导班子重新进行调整。根据市委统一部署，加强后备干部建设，在民主推荐基础上，组织市直政法各部门确定了一批后备干部人选。1985年，根据干部“四化”（革命化、知识化、年轻化、专业化）的要求，市委政法委配合市委及组织部门调整了市中级人民法院、市司法局、市民政局的领导班子。根据省委政法委有关精神，开展干部调配和招聘工作，组织市直公、检、法、司机关共调配干部98名，招干100名。1986年，配合市委及组织部门，在政法机关推动干部管理工作的制度化、规范化，实行领导干部任期目标责任制和干部聘任制，并开展了民主评议领导干部工作；对市直公、检、法、司、民政等单位的领导班子及中层干部进行了调整，改善了干部队伍的年龄、知识结构。1987—1988年，在全市政法机关普遍建立领导干部任期目标责任制、干警岗位责任制、考核奖惩制等管理制度。1989—1992年，着力加强基层政法组织建设。根据市委意见，会同市委组织部自1989年起从公安、司法干部中选派优秀干警到乡镇任党政副职，专抓政法工作，至1992年年底，共选派165名干警到岗到位；同时，根据市委统一部署，组织和指导市直政法各部门选派了一批政治业务素质和工作能力较强的年轻干警到基层公安派出所、人民法庭和司法所挂职锻炼，缓解了基层警力严重不足的矛盾，培养和储备了一批年轻干部。1992年1月，市委政法委下发《关于加强政法领导班子思想作风建设的意见》，推动全市政法领导班子加强政治理论学习和思想作风建设。1993年，督促、指导全市政法机关党组织制订《党组议事制度》《民主生活会制度》《干部奖惩任免制度》《党支部和党员考评制度》等规章制度，党的建设和班子建设逐步走上经常化、制度化轨道；会同党委组织部门选拔了一批年富力强的中青年干部充实到各级政法领导班子，优化了班子的年龄、文化结构，提高了班子的整体素质；结合各县（市）区人大、政府换届工作，调整县级政法机关局、院级领导干部113名，中层以上干部294名。加强领导班子思想作风建设，当年10月，市委政法委下发《关于加强全市政法系统领导班子思想作风建设和党风廉政建设的实施方案》。1994年，结合市人大、市政府换届选举工作，积极争取市委及组织部门的重视与支持，全市各县（市）公安局局长、政委均明确为副县级，全市检察、法院机关干警的职级配备亦按中共湖北省委有关文件规定逐步落实。市委政法委还组织市直政法机关重新调整、任命副科级以上干部528人，其中提拔副科级以上中青年干部97人，易地易岗交流副科级以上干部72人。1995年，完善政法领导干部考核、选拔、培养机制，规范干部管理程序，组织全市政法机关提拔科级以上干警582人，易岗交流178人，确定培养后备干部97人。

1997—1999年，组织市、县两级政法机关领导班子和副县级以上领导干部认真参加了“三讲”（即讲学习、讲政治、讲正气）教育活动，使政法各部门领导班子的思想政治质素得到提高，凝聚力和战斗力明显增强。

2000年3月,在襄樊市委的重视、支持下,市委政法委会同党委组织部门对各县(市)区委政法委书记和公、检、法“三长”进行了轮岗交流,其中35人易地任职,交流面达87.5%;当年10月至2001年5月,根据《中共湖北省委办公厅关于转发〈省委政法委关于加强基层政法队伍建设的若干措施〉的通知》精神,会同组织部门派出考察组对全市各县(市)区委政法委及公、检、法、司各部门领导班子共346名成员进行了全面考察,提出交流调整建议,在此基础上,一批政治业务素质优秀的干部被调整到重要岗位,一批年龄较大或政绩平庸者被免职或调整到一般岗位,少数不适合做政法工作的干部被交流到政法系统外,县级政法领导班子的整体素质和活力大为增强,县(市)区党委政法委的领导职数大幅精简,职能明显加强,班子“老化”“弱化”“养老院化”现象得到扭转。

自2000年起,围绕“制权”“管钱”“用人”三条主线,市委政法委组织、指导全市政法机关完善领导班子民主议事规则,落实民主集中制原则及“收支两条线”制度,确保权力的规范运行。2003—2004年,按照民主、科学决策的要求,督促和指导市直政法各部门党组(委)修订重大事项议事规则,规范议事范围和议事、决策程序。2004年,组织和指导市直政法各部门选拔一批优秀科级干部充实到各部门中层岗位,并加强对政法各部门副科级干部任前审核备案工作。2005年,市委政法委会同市委组织部对3个县(市)政法委书记、公安局局长、政委进行了交流调整,改善了相关部门领导班子结构。

3.政法机关干部人事制度改革

1986年,配合市委及组织部门,在政法机关积极推行领导干部任期目标责任制和干部聘任制,开展民主评议领导干部活动。1987—1988年,推动和指导全市政法机关普遍建立领导干部任期目标责任制、干警岗位责任制、考核奖惩制等管理制度。1993—1996年,《国家公务员暂行条例》《人民警察法》《检察官法》《法官法》《律师法》《党政领导干部选拔任用工作暂行条例》等陆续颁布实施,市委政法委以此为契机,大力推进全市政法机关的干部人事制度改革,政法干部的选拔任用、教育培训、奖惩任免、职称晋升和调进调出、辞职辞退等规范化管理水平逐步提高。同时,组织和指导全市法院、检察院全面启动初任审判、检察职务人员考试制,稳步实施“双向选择、双选双聘、竞争上岗”制;支持公安机关试行警诫、待岗、试岗和辞退制。1997—1998年,在市直政法机关总结推广了市中级人民法院推行中层干部“竞争上岗”、全院干警“双选双聘”的经验,将激励、约束机制引入队伍管理;积极实施干部轮岗交流制,市直政法各部门中层干部轮岗交流面达35%。2000年,为全面加强全市政法干部队伍建设打下了坚实基础。此后,在市委政法委的组织和推动下,全市政法机关普遍推行了干部交流、竞争上岗、任前公示、双选双聘、离岗培训、末位淘汰等干部管理新机制。2002年8月,根据市委关于市直机关机构改革工作的整体部署,市委政法委组织市直政法各部门所有现任中层干部和拟参加中层干部“竞争上岗”者共1 001人参加了基本素质闭卷考试,按照“公开、平等、竞争、择优”的原则,取消了74名成绩不及格者的“竞争上岗”资格。

2003年3月,根据《中共湖北省委关于进一步加强政法队伍建设的若干意见》,市委下发《中共襄樊市委关于进一步加强政法干部队伍建设的实施意见》;同年8月,市委政法委与市委组织部联合下发《关于进一步贯彻落实省委鄂发〔2003〕4号、市委襄发〔2003〕5号文件,全面加强政法队伍建设的意见》,从提高政治业务素质、加强“进出口”管理、加强领导班子建设、加大交流轮岗力度等10个方面提出了进一步加强政法队伍建设的具体意见。

4.政法干警教育培训

1982—1984年,原襄阳地区及原襄樊市政法各部门即开展对干警的教育培训,其中地(市)直政法各部门有438名干警参加初、高中文化补习班;并鼓励和帮助干警参加脱产及电大、函授学习。1985年初,市委政法委制定《政法系统1985—1990年干部培训规划》。1986年,制定当年度《政法干警培训实施计划》，组织市直政法各部门采取自办或与其他单位合办培训班的方式对 110 名年龄在 45 岁以下、仅有高小文化程度的干警进行文化补习；并组织市直政法各部门选送 51 名干警在襄樊市委党校集中脱产学习，参加了当年电大、函授、干部专修科等成人高考；同年，中南政法学院襄樊函授站、全国法院业余法律大学襄樊教学点、湖北公安专科学校襄樊函授站等培训基地相继建立，全市一大批政法干警参加了在职学历教育或短期培训。1985—1990 年，市委政法委先后分批举办 6 期军队转业干部培训班，对历年来转业到全市政法系统的 510 名军队干部进行政法专业培训，重点学习了《宪法》《刑法》《刑事诉讼法》《民法通则》《民事诉讼法（试行）》《继承法》《婚姻法》《经济合同法》《治安管理处罚条例》等法律、法规。1987—1988 年，组织全市政法机关举办短期业务培训班 296 期（次），参训人员达 14 660 人次；鼓励和支持干警参加电大、函授等各类在职学历教育，并选送一批干警到政法院校脱产学习。至 1988 年年底，全市政法干警大中专文化程度比例由 1986 年的不足 5%上升到 20%。1989 年，全市公安系统有 346 名派出所长以上干警参加湖北省公安专科学校培训班，900 余名干警参加各类大、中专院校脱产学习或电大、函授等在职学历教育，17 名干警参加公安部举办的《行政诉讼法》培训班，76 名交警、合同制民警参加了岗前培训；全市司法行政系统选送 20 多名干部参加短期专业培训，136 名干部参加了电大、函授等在职学历教育。1990 年，组织市公安局选送 39 名干警参加公安部、省公安厅举办的培训班，173 名干警到各类大中专院校学习或接受电大、函授教育；市中级人民法院选送 6 名业务骨干到最高人民法院、省高级人民法院接受培训；司法行政机关选派 10 名干部参加了高、中级职称培训，有 23 人取得大、中专学历；民政系统举办 7 期培训班对近 300 名干部进行了专业培训。

1991—1992 年，组织全市政法机关重点对政法领导干部、业务骨干和基层干警进行了教育培训。1993 年，组织全市政法机关以公安警校、检察电大、法院业大、中南政法学院函授等在樊教育培训机构为依托，按照自学为主、学习法律专业知识为主的原则，将在职学历教育、短期培训、岗位练兵有机结合起来，着力改善干警的专业知识结构；当年 9—11 月，市委政法委会同市人事局对 1992 年、1993 年全市公、检、法、司系统新录（聘）用的 1313 名干警进行了岗前培训。

1994 年，根据中共湖北省委《关于批转省委政法委〈关于进一步加强政法队伍建设的报告〉的通知》精神，按照“三年为期，将干警轮训一遍”的要求，市委政法委组织全市政法机关制订培训计划，开展多渠道、多层次、多形式的教育培训活动。当年 10 月，市委政法委举办全市政法系统政工科长培训班，对 70 名政工干部进行了培训；全市政法机关有 250 余名干警参加省、地、县三级党校学习，500 余人参加本、专科在职学历教育。1995 年，组织全市政法机关集中培训干警 1 450 余人次；当年 7 月，市委政法委对全市政法系统 69 名纪检、监察干部进行了培训。1996 年，市委政法委下发《关于加强全市政法系统党的建设和队伍建设的三年规划》，对 1996—1998 年全市政法系统党的建设和队伍建设（含教育培训）作了具体部署；为确保修订后《刑事诉讼法》的顺利实施，组织市直政法各部门开展了专门培训和模拟演练，锻炼了办案人员的实际运用能力。1997 年，组织政法各部门开展了岗前培训、办案技能培训、党纪政纪知识等培训。1998 年，市委政法委与市委组织部联合下发《关于贯彻中央、省委组织部、政法委〈关于轮训地方党委政法委领导干部的通知〉的意见》，对 1998—2000 年全市政法委干部轮训工作作了规划；当年，组织市直政法各部门 12 名县级干部、18 名科级干部、6 名妇女干部参加各种培训，组织全市政法机关 1849 名干警参加了各级、各类业务培训。

2000 年后，随着中共中央《关于进一步加强政法干部队伍建设的决定》和中共湖北省委《关于加强全省政法干部队伍建设的决定》《关于进一步加强政法队伍建设的若干意见》以及中共襄樊市委《关于进一步加强政法干部队伍建设的决定》《关于进一步加强政法干部队伍建设的实施意见》等文件的颁布实施，各级党委、政府及组织、人事部门认真落实“凡进必考、择优录用、省级统一考试及面向社会公开招录”等政法干警录用制度，按照修订后的《法官法》《检察官法》和国家统一司法考试制度以及《人民警察法》规定的法官、检察官、人民警察录用标准和条件，支持政法机关严把政法干警的“入口关”，确保新录用干警的质量，加之随着政法队伍的新老交替和自然更新，全市政法队伍的整体质素有了基本保证。适应新的形势，市委政法委组织全市政法机关建立干警业务培训新机制，不再举办过去那些“补习、补课”性质的基本文化素质培训，而代之以实施分类培训，鼓励干警参加在职学历教育，实现专业知识更新和学历升级，按照“凡进必训、逢晋(升)必训、末位必训”的要求，抓好干警的岗前培训和在职(岗)轮训，开展各种形式的岗位练兵和业务竞赛活动，并督促政法各部门在政治、经济上采取激励、支持措施，将干警的学习成效与晋职晋级、竞争上岗等紧密挂钩。

2000年，市委政法委举办党政纪知识培训班，对市直政法系统175名新提拔科级干部进行了党政纪培训；根据公安部和湖北省公安厅有关部署，支持公安机关对全市首批开展“三项教育”的5个县级公安机关在教育活动中表现较差的179名民警(包括5名县局在职领导班子成员)实行离岗培训(占5单位民警总数的10.2%)，发挥了明显警示作用。2001年，组织全市政法机关有针对地开展业务培训，参训干警达6900余人次，占干警总数的80%；全市在职攻读本科及研究生学历的政法干警人数继续增多。2002年，组织全市政法机关重点开展公安民警“晋衔”培训和检察、法院、司法行政干警的在职学历教育及业务轮训。2003年，在市直政法机关全面推行周末学习制度，重点学习法律专业知识。2004年，结合上级统一部署的“公正执法树形象”主题教育活动，组织全市公安机关开展“大练兵”活动，检察、法院和司法行政机关开展了形式多样的岗位练兵活动。2005年，根据市委政法委年初制定的教育培训计划，市公安局举办刑侦基础工作培训班，市人民检察院开展以提高法律监督能力为重点的分类培训，市中级人民法院举办审判业务专训班培训干警800余人次，并选送100余人次参加上级法院组织的业务培训。

5.政法系统党风廉政建设

1984年，根据中共中央政法委和湖北省委政法委的部署，结合当时正在开展的“严打”斗争，组织全市政法干警开展以“整顿纪律作风和加强严格执法教育”为主要内容的历时10天的集中整训活动，干警参训率达92.3%。1985年3月至9月，根据中共中央和省、市委关于整党的统一部署，组织全市政法机关开展整党工作，增强了党性、党纪观念，查处一批违法违纪党员干警，其中追究刑事责任1人，给予党、政纪处分各1人；在政法系统开展核查“三种人”(造反起家者、打、砸、抢分子、帮派骨干分子)的工作，组织市直政法机关清理“文化大革命”中犯有错误的干部5名，其中一般错误者4名、严重错误者1名。1986年7月，根据市委决定，市委政法委增设市纪委驻政法委纪检组；1986—1988年，加强对政法系统党员干警的党风党纪教育，开展思想、作风和纪律整顿，处理了一批违法违纪干警，仅在全市公安系统即查处干警违纪、违法和犯罪案件15件14人，其中判刑2人，开除党籍、公职2人，作其他党、政纪处理10人。1989年，根据省、市委统一部署，在全市政法机关开展了对参与或涉及“动乱、暴乱”分子的内部清理工作，查处了一批违法违纪干警。1990年，督促政法各部门加强警风警纪和党风廉政建设，修订完善预防和惩治腐败的具体措施，严肃纠正各种形式的“三乱”等行业不正之风；严肃查处违法违纪干警，支持公安机关对群众举报的42件47人干警违法违纪问题进行查处，查实31件33人，依法逮捕5人，给予党、政纪处分28人。1991年，组织和指导全市政法机关从健全制度、强化监督机制入手，加强党风廉政建设；支持公安机关查处干警违法违纪案件33件35人，依法逮捕1人，给予党、政纪处分25人。

1992年9月—1993年5月，根据中共中央纪委、中央政法委、中央组织部、人事部、劳动部、监察部《关于清理调出不适合做政法工作人员的通知》和省6部门《关于清理调出不适合做政法工作人员的实施意见》，组织全市政法机关开展了清理和调出不适合做政法工作人员的工作。其间，市、县两级各有关部门密切配合，坚决执行“清调”政策，妥善解决了从“清调”对象的排查、确定到调出、安置等一系列复杂问题，全市共清理、调出此类干警86人，其中“不适合”人员63名、“不适应”人员23名；市直39人，县(市)区56人；公安系统62人，检察系统6人，法院系统8人，司法行政系统10人，进一步纯洁了政法队伍。1993年，在全市政法系统推行队伍建设“责任制”，市委政法委与市直政法各部门党组(委)签订了《思想政治工作、党风廉政建设责任书》；开展“反腐倡廉、整纪刹风”活动，责成市公安局对公安干警中的7起7人违纪案件及市中级人民法院对本院和谷城、襄阳、随州法院发生的违纪案件进行了调查处理；组织全市政法机关对副县级以上政法领导干部廉洁自律情况进行了检查。组织市、县两级政法机关对违规“经商办企业、乱收费、搞有偿服务”等情况进行清查，责成市中级人民法院对少数单位违规收取的“缓刑考察费、保证金”进行了清理、清退，责成市公安局对4个分局及局直20个收费部门8个行政性收费项目进行了清理，清理各类摊派款近60万元，停止不合理收费4项，降低收费标准5项，停办3家经营性企业。开展对机关购置小汽车和公费出国出境旅游情况的清查工作。督促市直政法各部门全年查处干警违法违纪案件9件10人。同年，在政法机关建立接受群众监督的外部约束机制，组织市、区两级公安机关聘请108位人大代表、政协委员为警风警纪监督员，市人民检察院、市中级人民法院分别聘请35名人大代表、政协委员为廉政监督员。至1994年，全市政法机关共聘请人大代表、政协委员及社会各界人士879人，担任党风、警风和廉政监督员。

1995—1996年，组织全市政法机关开展了以贯彻落实中共中央政法委提出的“三条禁令”(绝对禁止政法干警接受案件当事人吃请喝、送钱物；绝对禁止对告状求助群众采取冷漠、生硬、蛮横、推诿等官老爷态度；绝对禁止政法干警打人骂人、刑讯逼供等违法违纪行为)为中心内容的整顿活动，解决干警在思想、纪律、作风方面存在的突出问题。强化内、外部监督制约机制，在政法各部门推行“三公开一聘请”制度，即警(检、审)务公开、收费项目及标准公开、办事程序公开，聘请人大代表、政协委员及社会各界人士担任党风警纪监督员。两年间共查处违法违纪干警73人。1996年，开展“纠正领导干部住房中的不正之风及狠刹用公款吃喝玩乐歪风”活动，对市直政法系统765名副科级以上干部住房情况进行了清理复查。

1997年，加大对违法违纪干警的查处力度，督促和支持全市政法机关查办干警违法违纪案件155件188人，查实并处理127人，其中追究刑事责任7人，给予党、政纪处分63人，通报批评57人。1998年，按照中央政法委和省委政法委统一部署，组织全市政法机关开展了以整改“有法不依、执法不严、权钱交易、乱扣乱罚、乱抓乱关、刑讯逼供、吃拿卡要、以权谋私、以罚代法、降格处理、徇私舞弊、贪赃枉法、为钱办案、办案为钱”等问题为主要内容的政法队伍集中教育整顿活动，查摆、整改各类违法违纪问题4类67个方面187种，纠正执法过错19件，查处违法违纪干警35人，其中追究刑事责任2人，给予党、政纪处分33人，修订有关规章制度24项195条；根据全市统一部署，在市直政法系统开展了清理公费配备住宅电话和移动通讯工具工作，清理干警违规配备的移动电话382部，折款处理175部，回收资金近15万元；配合有关部门，组织市直政法系统对1997年年底以来干警违规建房、分房、购房情况开展了自查、核查。

1998年7月至1999年，根据中共中央、国务院关于“军队、武警部队和政法机关不再从事经商活动”的决策部署，组织开展了政法机关不再从事经商活动专项清理工作。市委政法委配合纪检监察机关和市直有关部门，对全市政法机关所办各类经营性企业及挂靠政法机关的各类企业或实体进行了排查、清理，共清理此类企业及实体129家(其中公安系统108家、检察系统3家、法院系统2家、司法行政系统4家、国家安全系统11家、政法委系统1家)，按照《中共中央办公厅、国务院办公厅关于印发〈政法机关不再从事经商活动的实施方案〉的通知》要求，对其中的71家依法办理注销登记，3家予以移交，43家挂靠企业与政法机关解除挂靠关系、依照有关规定办理企业名称及经营范围的变更登记、实现彻底脱钩，经省有关部门批准保留的12家，亦按规定办理了企业名称和经营范围的变更登记，严格依照中央有关政策规定依法规范经营。

2000—2001 年，持续加大查办干警违法违纪案件力度，从严整肃政法队伍。市委政法委在 2000 年初召开的政法系统党风廉政建设工作会上要求市直政法各部门各党组成员每年负责查找 3 至 5 件干警违法违纪线索，交纪检监察机构查处；两年间，督促市、县两级政法机关查办干警违法违纪案件 168 件 190 人，其中市直政法各部门查处 30 件 41 人（其中刑事处分 8 人、开除公职 9 人），在查处直接责任人的同时，依照党风廉政建设责任制的规定，严肃追究了 10 名领导干部对队伍管束不力的失职失察责任，其中 3 名县级政法领导干部到上级机关检讨，3 名中层干部被责令引咎辞职。2000—2001 年，市委政法委纪检组、督办室自查案件 47 件，是前 5 年自查案件总和的近两倍。加强对干警日常行为的动态监管，对干警“乘警车、着制服到餐饮娱乐场所吃喝玩乐”问题进行专项治理，开展明察暗访，并实行节假日“封车”制度，着力维护政法队伍整体形象。按照中央和省、市委统一部署，在全市政法机关推行“收支两条线”和“罚缴分离、收支分离”制度，着力规范政法各部门的收入和支出管理。

2001 年 4 月至 2002 年，按照全省统一部署，组织全市政法机关开展清理和调出不合格政法干警的工作，全市 43 名不合格人员全部清理出政法机关。2002 年，围绕“管钱、制权、用人”等关键环节，加大预防和惩治腐败力度，市委政法委年初下发《关于禁止政法各部门下达“创收指标”的通知》，督促政法各部门严格落实“收支两条线”规定；在政法各部门领导干部中开展了清理“用公款为个人购买商业保险、出书、办展览”及超标准配置小汽车等专项清理活动；继续治理警车私用和非公务用车等特权现象，滥用警车问题得到明显遏制；严肃查处干警违法违纪行为，督促市直政法各部门处理干警违法违纪案件 237 件，市委政法委全年直接查办干警违法违纪案件 20 件。

2003 年，市委政法委以落实公安部“五条禁令”为契机，严格队伍管理，将“禁令”延伸到全市政法各部门，要求全体干警一体遵行；结合贯彻“五条禁令”，加强对干警日常行为的管理约束，督促市直政法各部门全年查处干警违法违纪案件 5 件 5 人。2004 年，组织全市政法机关先后开展了清理“领导干部多处占房、用公款装修住房或支付购房款、购乘超标准小汽车、违规借用小汽车、违规投资开矿、借用拖欠公款、兼任企业领导职务及借各种名义公款出国出境旅游”等专项清理活动；继续加强对干警日常行为的动态管理，市委政法委下发了《政法干警“八小时以外”行为规范》，将监督措施延伸到干警的生活及社交圈。2005 年，结合上级统一部署开展的“公正执法树形象”集中教育和“保持共产党员先进性教育”活动，组织全市政法机关开展了形式多样的警风警纪和党性党风教育，排查和整改了一批突出问题；市委政法委还先后下发《关于对政法干警违法违纪案件进行责任倒查的意见》和《关于开展政法队伍建设督查工作的意见》，会同市纪委、监察局联合下发《关于在打击黑恶势力犯罪活动中严肃查处政法干警充当“保护伞”及失职、渎职行为的暂行办法》，对加强全市政法系统党风廉政建设发挥了促进作用；并督促全市政法机关查处干警违法违纪案件 12 件 13 人，分别给予了纪律处分，确保了纪律的严肃性。

6.政法经费保障机制建设

1991 年 5 月，在市委、市政府下发的《关于加强社会治安综合治理工作的意见》中，要求“各级人民政府要从人力、物力、财力上给予支持和保障，改善基层政法单位的装备和工作条件”。1999 年后，根据全市政法机关不再从事经商活动及实行“收支两条线”管理后经费保障面临的实际困难，市委在每年初召开的市委常委会及全市政法工作会议上，均强调市及各县（市）区要严格落实《中共中央办公厅、国务院办公厅关于转发〈财政部关于政法机关不再从事经商活动和实行“收支两条线”管理后财政经费保障的若干意见〉的通知》精神，按照分级管理、分级负担和“从优待警”的原则，由各级财政部门切实保障政法机关履行职责所需经费及专项经费；此后历年，根据市委政法委的建议，市委、市政府每年都将政法经费保障工作落实情况纳入襄樊市社会治安综合治理年度责任目标之中，对各县（市）区进行考核。2000 年 7 月，由市委审定下发的《中共襄樊市委关于进一步加强政法干部队伍建设的决定》。同年9月，由市委、市政府审定下发的《中共襄樊市委、襄樊市人民政府关于进一步加强社会治安综合治理工作的决定》规定“社会治安综合治理工作经费要列入财政预算，单独拨付，并逐年有所增加”，“政法机关作为社会治安综合治理的主力军，担负重要的职能，各级党委、政府要建立政法机关经费保障制度”。从而使全市政法及综治经费保障工作逐步纳入制度化、规范化管理轨道。此后，在《中共襄樊市委关于进一步加强政法干部队伍建设的实施意见》和《中共襄樊市委、襄樊市人民政府关于进一步加强社会治安综合治理的意见》中，均对加强政法及综治经费保障工作作了进一步规定，特别强调各级党委、政府“不得对政法机关下达招商引资任务，严禁给政法机关下达罚没款创收指标，严禁将干警的工资、福利、奖金、津贴等与罚没收入挂钩，不准以收定支，不准搞调控指标”。

2003年上半年，针对全市政法经费保障工作存在的各种具体问题，市委政法委联合市纪委、市监察局和市财政局组成检查组，对全市各县(市)区政法经费保障情况进行了检查和通报，并将检查情况向市委常委会作了汇报，为此市委、市政府下发《关于加强全市政法机关经费保障的意见》，对全市政法机关实行全额财政预算、“收入两条线”管理和“从优待警”原则提出了明确要求，对解决干警超编问题和加强财务管理作了严格规定。

2004年12月，市委政法委与市直有关部门再次组成检查组对各县(市)区政法经费保障情况进行了联合检查，在此基础上，经市委、市政府主要负责人同意，市委政法委与市财政局联合下发《关于落实政法经费保障工作的通知》，要求各地财政部门和政法机关“坚决执行‘收入两条线’制度，彻底取消‘调控数’，取消罚没款返还比例等错误做法，实行全额部门预算；对政法各部门预算中的个人部分，按照中央和省、市文件要求确保基本工资和各项津补贴的及时足额发放，公用经费按照高于其他一般行政部门经费2倍以上标准安排；对大案要案和追捕重大逃犯所需经费，实行专项报批，确保需要；对拖欠的干警工资、津补贴年前要及时兑现，确有困难的，至少兑现当年所欠干警工资；采取多种措施逐步偿还和化解政法各部门历年所欠债务，从2005年起，政法各部门不得增加新的债务”。此后，市委政法委协调市直有关部门加大督查、落实力度，使困扰政法各部门经费保障工作的一批突出问题逐步得到解决。

八、政策研究、来信来访、党史征编工作

(一)政策研究

中共襄樊市委政策研究室成立后完成重要调研课题800多个，撰写各种调研文章、报告和领导讲话26 000多篇，在省以上刊物发表文章5 600多篇，在市级刊物发表15 000多篇。市委政研室围绕市委中心工作，先后参与《市领导县新体制运行》《市场经济如何大发展》《“三农”经济超常规发展》《区域经济发展》《军转民与军品转民品探索》《人力资源论证》《汽车工业现状与设点论证》《政治体制改革》《文化体育卫生改革》《市场经济条件下如何发展科技创新》和《加快省域副中心城市建设》等重大课题的调查研究和论证工作，得到市委的充分肯定，引起省委的高度重视。特别是《全市汽车工业现状调查》《军工企业转民品调查》《市场经济条件下发展科技创新》等大型调查，得到省委、省政府，市委、市政府的表扬和肯定，为市委正确决策发挥了重要的参谋服务作用。

1.随县吴山公社联建一大队的调查

随县吴山公社联建一大队，地处桐柏、枣阳、随县3县交界的随北边远山区。这里山场宽阔，茅草很多，溪水长流，既适宜于发展农业，也适宜于发展林业和畜牧业。但是，这样好的一个地方，当时却非常贫困，生产水平低，集体底子空，社员穷。全大队从1966年到1978年的13年间，人均产值在113元以下，人均分配在62元以下。1979年12月，中共襄阳地委组成由郭玉田、宋士威参加的调查组，到联建一大队进行实地调查。调查后认为，联建一大队在历史上是个林茂粮丰、六畜兴旺的富庶之乡，但是，在林彪、江青反革命集团极"左"路线的干扰下，单纯地搞粮食，只在"半分田"上打主意，放弃了山上的资源，结果粮食没搞上去，林牧业也垮下来了。调查组认为，联建一大队的自然条件很好，只要认真调整农业生产方针，既抓农业，也抓林业和畜牧业，这里的贫困面貌很快会改变过来。调查后，形成了《从一个后进队看调整生产方针的迫切性》的调查报告，在襄阳地委办公室，《内部参考》1979年第17期刊发，引起了地、县委的高度重视，并着手解决。县委派1名县革委会副主任、1名局长在这个队住下来了，帮助他们研究调整农、林、牧的比例关系，制定全面建设规划，抓好当前生产，建设多种经营基地，有关部门也派人到这里，帮助解决物资、资金等实际问题。

2.农村生产责任制情况的调查

1980年，中共襄阳地委根据省委指示，在学习赵紫阳一封信的基础上，统一部署，由10名常委、副专员带领37人，到山区、丘陵、平原不同类型的6个县、26个公社，对农村生产责任制情况进行了10多天的调查。调查后认为，通过贯彻落实党的三中全会精神和中央关于发展农业的2个文件，襄阳地区广大干部群众批判极"左"路线，解放思想，实事求是，因地制宜地建立健全了各种生产责任制，那种生产无责任、吃大锅饭、记大概工的情况正在扭转。这些责任制对于调动群众积极性，发展生产，巩固壮大集体经济起到了促进作用。调查后形成《关于农村生产责任制情况的调查》报中共湖北省委办公厅，供省委领导决策参考。

3.专业承包联产计酬责任制的情况调查

枣阳县七方公社大店大队六生产队地处枣北岗地，1981年，全队56户，270人，113个劳动力，耕地面积503亩。1977年以前粮食总产徘徊在10万公斤左右，人均分配70多元，集体经济比较薄弱。党的三中全会以来，他们认真贯彻党的各项政策，农业生产有了较快发展，集体经济不断壮大，社员收入逐年增加。1980年，粮食总产178 500公斤，农副业总收入73 900元，人均分配135.5元。1981年实行专业承包、联产计酬，进一步调动了各个方面的积极性，农业生产又有了新的发展。为了总结经验、推广典型，1981年，中共襄阳地委和中共襄阳县委组成联合调查组，对大店大队实行专业承包、联产计划的具体做法、特点和好处进行了认真总结，形成了此调查报告在1981年中共襄阳地委《襄阳通讯》第21期刊发，对指导面上工作，深化农村联产承包责任制改革起到了促进作用。

4.山区工作新局面问题的调查

1982年，随着农业生产责任制的推行，生产的发展，农民提出了一些新的要求和需要解决的问题。为此，中共襄阳地委组成以地委书记王耀为组长的调查组，到保康县进行为期1个月的调查，调查组深入到社队，农户进行走访调查，最后调查组形成《关于开创山区工作新局面的调查》一文，提出很好的意见和一些值得研究的问题。此调查报告以襄地办文下发各地。

5.五户雇工经营情况的调查

为了解决实行农村生产责任制以后出现的一些新情况新问题，1983年8月，中共襄阳地委办公室组成调查组，对枣阳县城关镇沙店七队倪正修、襄阳县泥嘴公社永利六队杨云亭、南漳县东巩公社汪家畈一队张顺浩、光华县仙人渡公社曙光三队刘德启、光化县张集农场五五大队党支部书记张学根雇工经营情况进行了调查，并形成调查报告，报省和中央书记处。

6.经济社会发展战略研究

1984—1988 年，市委政策研究室会同市政府经济研究中心，市计委等单位开展襄樊经济社会发展战略总体研究和 20 个子战略研究，提出以市区为中心，以随州、老河口为两翼，数百集镇为纽带，广大农村为腹地，城乡一体，各业共荣，文化发达，社会文明，环境优美，人民富裕的开放式网络经济区的发展目标。1985 年 12 月，于光远、宦乡、黄先、夏振坤等 55 名专家学者，分别在北京、襄樊两地召开了襄樊经济社会发展战略论证会并获通过。此后，在总体战略的指导下，转入区域经济研究，如县级经济模式、鄂豫川陕毗邻地区经济发展、一带（铁路沿线城市带）二线（汉江、汉孟公路沿线）三区（张湾开发试验区、油坊岗汽车工业区、市区高新技术产业开发区），并获得了一定成果。成果被编入《襄樊经济社会发展战备研究》一书。

7.城市比较研究

1985 年，市委政研室根据有关资料和深入调查，整理襄樊市与 70 个同类城市和湖北省 6 个省辖市主要经济指标的对比资料。据国家统计局统计，全国有大中小城市 232 个。按市区非农业人口划分为 5 类：200 万人以上的城市有 7 个；100 万至 200 万人的城市有 12 个；50 万至 100 万人的城市有 29 个；20 万至 50 万人的城市有 70 个；20 万人以下的城市有 114 个。襄樊市市区非农业人口 262 400 人，属于四类城市。襄樊市在全国、全省城市中的地位：襄樊市总人口 323 300 人，占全国 74 个四类城市的 63 位，湖北 6 个省辖市的第 4 位。

8.农村产业结构调整建议

襄樊市在抓紧粮食生产的前提下，坚持稳定增长以粮食为主的种植业、发展以畜禽鱼为主的养殖业、狠抓以提高经济效益为中心的乡镇企业、开拓以商运服为重点的第三产业的原则，对农村产业结构的三个层次进行同步调整，使农村经济开始步入良性循环的轨道，初步形成以农业为基础，多种产业相互结合，协调发展的综合型产业结构。为总结襄樊市“六五”期间农村产业结构调整经验，并提出“七五”计划农村产业结构调整建议，1986 年，市委政研室和市经济研究中心组成调查组，对襄樊市农村产业结构调整进行深入调查。并形成报告在 1986 年 9 月《调查研究》第 24 期刊发。

9.经济体制改革情况调查

1984 年 6 月，省委、省政府决定在襄樊市进行经济体制综合改革试点，随后国家科委又确定襄樊市为科技体制改革试点城市。市委、市政府按照党中央、国务院和省委、省政府关于改革的指示精神，狠抓各项改革措施的配套和落实，坚定不移地把改革推向前进，整个经济体制发生深刻的变化，由传统的僵化模式向着充满生机和活力的社会主义经济体制转变。1987 年年初，市委政研室组织调查组，深入企业和市直有关部门进行调查，形成了《为建立充满生机和活力的经济体制开拓前进》一文，在市委政研室《调查研究》1987 年第 3 期发表。

10.区域城镇总体布局初探

1988 年，襄樊市区域城镇布局基本上形成以襄樊市区为中心，以随州、老河口为两翼，众多的小城镇为纽带，广大乡村为腹地的“城——镇——乡”网络结构。但是，在整个城镇系统内部，地域层次功能分区不太明确，城镇规模体系还不够完善，不能完全适应区域社会化大生产和乡村城市化的客观需要。为此，市委政研室会同市民政局，对襄樊区域城镇总体布局进行调研，从襄樊市的地域结构和经济发展水平综合考虑，按照区域城镇规模体系和层次功能分区的总要求，初步设想，襄樊区域城镇总体布局和发展可以分为"六个层次五个等级"加以规划，即中心（一级）——两翼（二级）——卫星城镇（三级）——中介城镇（三级）——中心集镇（四级）——普通集镇（五级），形成一种多圈叠合互相渗透的地域结构。在襄樊市这个行政区大圈层内，各级城镇依据自身规模条件、经济实力而决定圈层的范围大小不一（目前大致都在行政区划范围内），相互之间既有层次分工，又能协调配合。而各级城镇就是各个圈层的"区域经济中心"。襄樊区域经济就由原来的"单中心"点式的一次性辐射变为"多中心"滚珠轴承式的接力性辐射，从而建立起一种"你中有我，我中有你"的多层次网络型的城镇群格局。调研报告在1988年市委政研室《调查研究》第2期发表。受到市委、市政府领导重视并采纳。

11.产品战略研究报告

襄樊市从20世纪70年代开始，特别是1983年地市合并以来，已逐步形成若干产品发展的战略性思路，对工业产品开发起了重要的指导作用。但进入80年代后期，随着经济体制改革的深入，商品经济有了很大的发展，产品市场竞争日趋激烈。同时，国家把治理经济环境和整顿经济秩序列为今后几年工作的重点，采取紧缩的资金政策，对工业的发展带来了不少困难。面对新的形势，如何促进襄樊市的经济持续稳定发展，1989年，市委政研室与市政府经济研究中心组成联合调查组，对这一问题深入企业、有关部门进行调研。调查认为，应当从研究制定产品战略入手，把襄樊工业产品发展放在全国乃至世界这一背景下进行思考，认清形势，把握未来，搞好产品开发生产，确保襄樊市经济再上新台阶。《产品战略研究报告》在1989年市委政研室《调查研究》第7期发表。为市委市政府领导决策提供参考。

12.军工企业转民品情况调查

1990年，市委政研室组织力量深入军工企业和有关部门进行调查。调查后形成的报告引起了市委和省委及国家有关部门的关注。1990年9月12日，国防科工委、国家计委、国家科委联合在北京新兴宾馆为襄樊举办军民结合新闻发布会。新华社、人民日报、中央人民广播电台、经济日报等30多家首都新闻单位的记者应邀参加了发布会。会上，市长杨斌庆简要介绍了襄樊市的基本情况、经济发展、投资环境等，着重介绍襄樊市近几年来发挥中心城市功能、推进军民结合所采取的政策激励、推进联合、强化协调、真诚服务等措施以及军民结合所取得的显著成果；市委、市政府确定的军民结合发展方向，展示军民结合的发展前景；就如何进一步发挥三线地区中心城市在推进军民结合中的作用、如何利用军民联合形成的大中型骨干企业发展壮大内陆城市新兴产业等问题，提出了看法和建议。襄樊市委常委、宣传部部长张子强和市政府办、市计委、市纪委、市电子工业公司等单位的负责同志参加了新闻发布会，并就相关问题回答了记者们的提问。次日，人民日报、中央人民广播电台和中央电视台等新闻单位，对襄樊市军民结合的经验作了报道。同年11月上旬，国家计委、国防科工委决定在襄樊市进行发挥中心城市作用、推进军民结合的试点，初步确定了12个重大联合项目。

13.搞活市大中型企业的调查与思考

1991年，襄樊市共有产值过千万元、利税过百万元的重点工业企业150家，其中大中型企业63家，仅次于武汉，在全省居第二位。这些企业是全市国民经济发展的主要支柱，财政收入的主要来源。但是，由于种种原因，对大中型企业的骨干作用有所忽视。大中型企业资金紧缺，能源、原材料供应不足，生产滑坡，经济效益下降，处境相当困难。为切实研究解决这些问题，增强大中型企业的活力，市委政研室组织调查组深入大中型企业进行调研，分析了大中型企业面临的主要困难，提出了搞活大中型企业的6条建议。文章在市委政研室《调查研究》1991年第11期发表。

14.工业经济优势分析

1992年初，根据当时的襄樊市委副书记、市长贾天增的指示，市委政研室组织由熊大年、李怀福、郭忠、田传柱、陈朝根等同志参加的调查组，深入东汽襄樊基地、三线军工企业、市直有关部门进行调查。调查分析后认为，总的来看，市工业经济由于起步较晚，基础差、底子薄，发展中存在这样那样的困难，但经过十几年来的发展，毕竟已初具规模，特别是实行市管县后，城乡通开，工农一体的新体制给工业经济注入了新的生机与活力。随着城市网络的建设，中型城市的基础设施的健全，二汽襄樊基地的建设，三线军工的调整改造，企业技术进步含量的增大，市工业发展涵养了较大后劲，产业结构开始发生变化。从目前及今后一个时期的发展趋势分析，把襄樊市放到全国、全省的大盘子上去认识，市工业经济的优势主要表现在以下几个方面："二汽"襄樊基地建设规模大，发展后劲足，将使汽车工业迅速崛起，成为襄樊市主要支柱产业；军工企事业数量位居全省第一，技术优势比较明显，为高新技术产业成为襄樊市又一支柱产业打下了坚实基础；磷矿资源丰富，开采价值大，以磷化工为主的化工行为将成为襄樊市第三大支柱产业；纺织行业是襄樊市的传统产业，在全市工业结构中占有举足轻重的地位，如果措施得力，有可能成为市工业经济发展的又一优势。

15.关贸总协定对襄樊经济的影响及对策调研

1992年，为了应对WTO对襄樊市经济的冲击，市委政研室组成由张则荣、陈朝根参加的调查组，对市工业应对WTO的对策进行了调研。调查分析认为，恢复我国关贸总协定缔约国地位对襄樊市经济所产生的影响是全面的、深刻的，即有新的机遇，又有严峻挑战。应对措施是：全方位对外开放，大力发展外向型经济。优化产品结构，增强市场竞争力。加快企业改组联合的步伐，增强企业抗击冲击、参与竞争的实力。采取各种措施，降低生产成本。狠抓产品质量，提高产品竞争能力。此文在市委政研室《调查研究》和《襄樊日报》刊发。

16.市带县体制十年回顾

1993年，根据省委办公厅要求，襄樊市委办公室安排市委政研室对襄樊市实行市带县体制10年进行回顾和总结，同时展望前景。接受任务后，市委政研室组成由熊大年、李怀福、陈朝根等同志参加的调查组，深入县（市）区、市直各部门进行为期一个多月的调查。调查后认为，10年来，在省委、省政府的领导下，认真贯彻落实中央和省一系列关于改革开放的方针、政策，紧紧围绕发挥城市多功能作用，进行积极地探索，取得显著成效。市带县的优势得到了充分发挥，结束了城乡长期分割的状况，促进了"三个两手抓"（一手抓城市、一手抓农村，一手抓工业、一手抓农业，两个文明一起抓），初步形成了城市带动农村的市场经济发展格局，开辟了一条工农结合、城乡一体建设社会主义现代化的新路子，从而使襄樊这个历史文化名城焕发出新的生机与活力，进入一个新的经济社会发展昌盛时期，成为襄樊发展史上一个新的里程碑。回顾襄樊实行市带县体制的经验，充分认识襄樊市在区域经济发展中的地位和作用，明确城市工作的指导思想，是充分发挥城市功能，搞好市带县体制改革的前提条件；建立城乡通开的经济网络，促进各种生产要素的合理配置，是充分发挥中心城市功能，搞好市带县改革的有效途径；加强和改善对农村工作的领导，强化对农业的社会化服务，是充分发挥城市功能，搞好市带县体制改革的根本保证；加强城镇基础设施建设，强化中心城市的综合服务功能和小城镇的吸收转化功能，是充分发挥城市功能、搞好市带县体制改革的重要环节。此文按要求上报省委办公厅。

17.国有企业股份制改造情况调查

为了解襄樊市国有企业股份制改造情况，推进股份制改造，1994年年初，市委政研室组织调查组，由严祖堤、李怀福、陈朝根三位同志参加，深入股份制企业进行调查。调查认为，市国有企业股份制改造经过1年多的探索，2005年已发展到20家，股份总金额2.59亿元，其中国有股1.45亿元；占56%，社会法人股7141万元，占28%；个人股4 269万元，占16%。这些企业无论是从改革还是从发展来看，都已初步显示出活力和生命力。但观念和体制抗阻重重，主要是认识不统一、政策不完善、管理不规范、法规不配套，其对策是要完善配套措施，创造宽松的政策和社会环境。此文被襄樊市股份制经济理论与实践研讨会评为优秀论文。

18.建设现代化大城市战略构想

1994年，省委五届十二次扩大会议和省第六次党代表大会决定把湖北基础较好的襄樊、宜昌、黄石、沙市建成现代化大城市。这是襄樊市经济社会发展中的又一次历史性重大机遇。为牢牢把握这个机遇，构筑襄樊建设现代化大城市比较完备的理论体系和具有现实意义、操作性强的思路，使襄樊市建设现代化大城市这一历史性重大举措目标更明确，思路更清晰，市委政研室由李怀福、岳兴平、田传柱、陈朝根等同志组成课题组，对这一课题进行调研，在调研的基础上形成了《襄樊建设现代化大城市战略构想》。构想分为5个部分：把襄樊建成现代化大城市是经济社会发展的必然要求；襄樊已具备建设现代化大城市的客观条件；襄樊建设现代化大城市目标；实现目标的总体构思及战略重点；战略措施。1996年，市委政研室组织力量进行调研，形成2万多字的研究报告，对襄樊城市发展现状进行分析与评估，总结襄樊建设现代化大城市的主要做法和经验，找出面临的主要问题，提出指导思想与基本原则、城市性质及总体布局、发展步骤及发展目标、战略重点及对策措施。同时，市委政研室还承担襄樊晋升大城市的组织申报工作，经过努力，国家建设部于1996年7月25日公布襄樊市进入大城市行列。随后为扩大襄樊在国内外的影响，在调研成果的基础上撰写《襄樊：华夏脱颖而出的大城市》等4篇文章在《中国建设报》发表。

19.市农村产业化经营调查

1995年3月，中共襄樊市委政策研究室组成4个调查组到5县（市）40多个乡镇，对全市农村产业化经营情况进行调查。调查结果表明，襄樊市农村产业化经营取得明显进展，但蕴藏的潜能远未释放，迫切需要采取新举措，推进大发展。调查表明，全市农村产业化经营虽然进展较为迅速，取得了初步成效，但目前尚处于初始发育阶段，还存在较明显的缺陷。观念不适应，产业化意识不浓。龙头企业不适应，产业带动力不强。运行机制不适应，利益关联度不紧。体制不适应，整体推进力不足。为有效推进农村产业化经营，调查组建议：更新观念，把发展产业化经营作为推进农村改革与发展的重要工程来抓；把握重点，尽快形成具有区域特色的产业化格局；扭住核心，塑造利益协调机制；夯实基础，统筹规划基地建设；优化环境，着力构建综合服务体系。此文在市委《决策与实践》发表。

20.工业企业素质状况的调查

1995年，襄樊市委政策研究室组织专班就工业企业素质问题，对乡以上、重点是市直100家工业企业进行全面调查研究。通过调查认为，襄樊市企业素质的现状大致分为4类：第一类是纺织、建材和烟草，主要特点是规模较大，门类较全，科技能力较强，管理水平较高，新产品较多且有一定的竞争能力，综合实力在省内同行业中居前列。第二类是电子、医药、机械，特点是人员素质较高，科技开发能力较强，某一方面在省内同行业和市直各局较突出。第三类是冶金、燃化，在省内同行业和市直各局中综合实力一般。第四类是一轻、二轻，特点是企业整体素质较差，企业小、老、散，竞争力较弱。近几年来，襄樊市在改革开放中不断采取有力措施提高企业素质，主要表现在四个方面：不断加大技改投入，企业装备水平空前提高。狠抓企业科技能力建设，开发出一批名优拳头产品。以产权制度改革为核心，多层面推进企业经营机制转换。内外双向使劲，壮大生产规模，提高管理水平。调查表明，影响企业素质提高的几个突出问题：负担过重，突出的是债务沉重。技改投入不足。工业结构不合理。外部环境制约。为进一步提高企业素质，对策与建议是：以减轻企业负担为重点，尽快盘活现有企业。实施龙头工程，调整工业结构。进一步加大技改投入，拉动企业综合素质提高。多方努力，创造一种适宜企业提高素质的良好外部环境，此文在市委《决策与实践》发表。

21.谷城县建设模式的调查

1996 年，市委政研室组织调查组，由屈启旺、刘志新、陈朝根等人参加，赴谷城县五山镇对其 9 年坚持走开发脱贫的经验进行总结。经过 1 个多星期的调查，总结出了 4 条经验：山区脱贫致富，必须寻找一条适合本地特点的经济发展路子；山区脱贫致富，必须有艰苦奋斗的创业精神；山区脱贫致富，必须有敢闯敢冒的胆识；山区脱贫致富，必须走产业化发展之路。此文在市委《决策与实践》杂志发表，同时被省委政研室举办的“湖北扶贫攻坚大决战有奖征文活动”评为二等奖。

22.个体私营经济发展情况的调查与思考

1997 年 10 月，根据市委主要领导的意见，市委政研室由屈启旺、岳兴平、王顺群、陈朝根、郝敬东 5 人组成的调查组，对全市个体私营经济的发展情况进行了一次较为系统的调查。从调查的情况看，个体私营经济发展现状由低层次封闭式的家庭化、家族化向高层次开放式的规模化集团化阶段跨越，呈现出蓬勃的发展生机和强劲的扩张势头。私营企业在发展过程中创造的独具特色的内在机制，不仅孕育了自身的旺盛生命力和发展活力，而且为公有制经济的改革提供了可资借鉴的经验。在调查研究的基础上，提出操作性较强的鼓励发展的政策措施，之后代市委、市政府起草《关于发展个体私营经济若干政策的暂行规定》，为加快全市经济的快速发展营造政策环境。1998 年，根据市委主要领导的安排，市委政研室组织专班对全市个体私营经济发展环境进行了全面调查，形成“关于全市个体私营经济发展环境的情况调查”进而转化为《中共襄樊市委襄樊市人民政府关于改善个体私营经济发展环境的实施意见》。

23.铁道部襄樊内燃机车厂调查

1999 年年初，市委政研室由都少平带队，陈朝根、胡松参与，对该厂积极探索市场经济条件下思想政治工作的内容、形式和方法，把思想政治工作渗透于企业生产经营之中，促进企业改革与发展的情况进行了调查。先后召开座谈会，深入车间、班组进行走访，调查后形成《加强思想政治工作 促进企业改革发展》的调查报告，送市有关领导，同时在市委《决策与实践》1999 年第 7 期发表。

24.加入世贸组织对襄樊市经济影响调查

1999 年下半年，市委政研室针对中国加入世贸组织日益临近，为给市委当好参谋，组织调查组，由都少平带队，陈朝根、胡松参与，对加入世贸给全市工业、农业及外经贸发展带来的影响进行深入调研，认真分析，形成的调研报告全文在《襄樊日报》刊出。

25.保康县尧治河村调查

1999 年 12 月，市委政研室组织力量对保康县尧治河村艰苦创业、共同致富的事迹进行纪实调查。从 1989 年 –1999 年，全村总收入由 24 万元增加到 4000 万元，农民人均纯收入由 300 元增加到

3868元,农户税费全免,不仅跃居为保康县首富村,而且跻身于湖北省500强村之列。一个曾以苦寒、极贫闻名的高山边远村,在10年间发生如此巨变,最根本的一条,是尧治治村党支部一班人,坚持以强村富民为目的、以发展生产力为手段、以群众为依靠力量的群众路线,他们把群众利益的实现作为最大的价值取向,把开发和建设尧治河作为实现群众利益的根本途径,用群众赋予的权力造福群众,使党的宗旨落实同群众利益的实现高度一致起来, 使艰苦创业的优良传统与改革创新的现代意识融为一体,创造性地走出一条具有自己特色的共同富裕之路。调查后,在《襄樊日报》发表了《一切为了群众》的长篇通讯,在全市上下产生共鸣,较好地发挥了典型导向作用。

26.小城镇建设调查研究

1999年,襄樊市委政研室组织力量对全市小城镇建设进行系统调查,在理论与实践的结合上,对今后全市小城镇建设的路子和目标进行探索和研究。提出了加快小城镇建设是当前扩大内需,拉动农村经济增长的一条现实途径的思路。引起了国家有关部门的关注,中央电视台、《经济日报社》等新闻媒体用大量篇幅连续报道了襄樊市小城镇建设的经验。

27.参与西部大开发研究

2000年,中共中央、国务院决定实施西部大开发战略。中共襄樊市委政策研究室围绕西部大开发,认真研究,向市委提出建议:抓住西部大开发机遇,加快经济发展的5大战略措施:大力推进结构调整和产业升级;大力推进产品西进;大力推进企业西进;大力推进劳务西进;大力推进"东引"力度。抓住东部技术、资金、人才向西部转移的时机, 吸引一批东部乃至国际上的知名企业到襄樊投资落户。同时,瞄准东部市场的空白点,发展自己的特色产业和产品,开拓东部市场。这些措施建议已吸纳到领导的讲话和有关文件中。

28.建设秦巴经济走廊区域中心城市研究

2000年,中共襄樊市委政研室对襄樊建成秦巴经济走廊区域中心城市进行深入研究,认为襄樊地处中国中西部结合部,其地理位置、经济实力、城市功能以及传统的经济协作的龙头地位,决定在西部大开发的战略实施中,有条件把襄樊建设成为秦巴经济走廊区域中心城市。区位界定秦巴经济走廊是以秦岭和大巴山两大山系为主线所形成的经济区域。建立秦巴经济走廊的重大意义在于:其一,这是遵循地缘关系外在同一性和传统经济的内在联系性双重特征的客观选择;其二,这是遵循西部大开发"必须有步骤,实施重点推进"的战略选择。关于把襄樊建设成为秦巴经济走廊区域经济中心的依据:第一,从历史看,襄樊自古以来就是秦巴经济走廊这一区域的政治、文化、经济中心。第二,从现代经济地理的角度看,襄樊在秦巴经济走廊这一区域中具有战略地位并起着龙头作用。第三,从现实的发展看,襄樊不仅具备为秦巴经济区域中心城市的功能,而且有支持这一区域实施开发的诸多优越条件:城市功能较为完备;科技实力比较雄厚;农业和农村经济比较发达;旅游资源十分丰富。基于上述分析,把襄樊建设成为秦巴经济走廊中心城市,无论是对襄樊还是对区域经济发展而言,乃至对西部大开发的深入实施都具有十分重要的意义。

29.加快襄樊旅游业发展对策研究

2000年,为促使襄樊市旅游资源优势尽快转化为经济优势,使其真正成为新的支柱产业,中共襄樊市委政研室由张永安、刘志新、陈朝根等3人组成调查组,对襄樊市旅游业进行调查,在广泛深入调查的基础上,就加快发展旅游业出台《关于加快发展旅游业的若干意见》,以市委文件下发。

30.“一二三四五”战略研究

2001 年,中共襄樊市委政策研究室为给市委九届二次全会起草关于《国民经济和社会发展“十五”计划建议》,在深入基层、走访专家学者、充分调研论证的基础上,提出“十五”期间襄樊实施“一二三四五”战略的思路,即:确立“一个定位”,形成“二个枢纽”,实现“三个对接”,建成“四大基地”,实施“五大工程”。为了确保中共襄樊市委九届二次全体会议提出的“一二三四五”发展战略的贯彻和落实,市委政研室又在调查、研究、论证的基础上,为市委起草制定“一二三四五”发展战略的实施意见。

31.全市民营经济发展情况调查

2002 年上半年,根据市委领导的指示,市委政研室组织力量对全市民营经济进行全面系统的调查,进而形成调查报告,在此基础上,代市委、市政府起草《关于进一步加快民营经济发展的意见》共 29 条,以市委文件下发县(市)区和市直各部门执行。

32.建设省辅核心城市的调查

2003 年年初,省社科院专家调查组到襄樊进行调研,市委政研室由刘志新、陈朝根等人陪同调研。调研后,省社科院专家从区域经济发展规律及地方发展实际出发,首次提出把襄樊建成湖北省辅核心城市的战略构想,引起省委、省政府的高度重视。之后,市委政研室对辅核心城市的内涵及作用,襄樊建设辅核心城市的 5 大优势,如何把襄樊建设成湖北省辅核心城市等问题进行了进一步调研,形成《把襄樊建成湖北省辅核心城市的几点思考》一文,在市委党校《襄樊论坛》2003 年第 1 期发表。2004 年,在省政府向国务院上报的《湖北省城镇体系规划》中明确襄樊的定位是:湖北省副中心城市,国家级历史文化名城,全国性的交通枢纽城市。在发展方向上,实现传统产业与高新技术产业的对接,内陆经济与开放经济的对接。形成“两个枢纽”(全国性的物流枢纽和信息枢纽),成为三国文化和荆山生态旅游的中心地,区域旅游中心城市,具有相当积聚效应和辐射联动作用的旅游枢纽城市。增强对外服务功能,推进襄樊大都市健康快速发展。在城市框架上,构筑以樊城、襄城为中心,以汽车城(油坊岗)和能源、建材城(余家湖)为南北两翼的“双城带状组团”结构。远景重点发展东津组团,形成以鱼梁洲生态绿地为中心、五城环一州的组团格局。省委、省政府的这一定位,实质上把襄樊视为全省经济发展的一个重要增长极,赋予重任。如何抓住这一重大历史机遇,尽快把襄樊建设成湖北省副中心城市,成为中部崛起重要的增长极。市委政研室刘志新、陈朝根组成调研组对此课题进行研究。研究认为,加快襄樊省域副中心城市建设要做 5 项工作:加速推进新型工业化进程,着力提高城市经济综合实力;加快城市化建设步伐,着力提高城市规模和品位;大力发展农业,夯实建设省域副中心城市的基础;制定交通发展规划,加快交通发展;积极争取中央、省给予大力支持。在深入调研的基础上形成的《培育襄樊增长极呼应湖北中部崛起》一文,被省政府研究中心、武汉大学、中南财经政法大学、湖北省社会科学联合会 4 单位举办的“2004 湖北发展论坛”选入论文集。同时,该文被评为 2004 年度全省党委政研系统优秀调研文章三等奖。

33.建设省域副中心城市优劣势分析

2005 年,市委政研室组织调研力量,由任兴亮牵头,陈朝根等人参与,对此问题进行调研。形成《襄樊建设省域副中心城市优劣势分析及突破重点》一文。文章分析认为:襄樊具有良好的区位、交通、资源优势,但经济总量低、城市综合服务功能不够完善,辐射带动能力弱。产业基础较好,但规模不大,竞争力不强。文化积淀深厚,但开发利用和保护不够。根据襄樊的优劣势,提出了三大突破重点:培植八大产业,壮大经济实力。建设五大中心,提升城市功能。围绕四项桂冠,塑造城市形象。此文被襄樊市社科联、市政府研究室、襄樊日报社举办的“构建和谐襄樊 建设省域副中心城市”理论研讨会评为二等奖，同时被评为2005年度全省党委政研系统优秀调研文章三等奖。

（二）来信来访

1979—1988年，信访工作以落实政策、解决冤假错案和处理历史遗留问题为主要内容。中共十一届三中全会重新确定正确的政治、思想路线，明确提出按照“实事求是，有错必纠”的方针，全面地有步骤地解决“文化大革命”中的冤假错案和新中国成立以来的历史遗留问题，襄樊市人民群众来信来访剧增，出现“大上访”高潮。信访部门受理信访数量之大，承担任务之重，工作之艰巨，联系群众之广泛，都是前所未有的。按照“积极主动，因地制宜，量力而行，积极妥善地解决历史遗留问题”的原则，全市信访部门端正思想，拟订工作方案，集中全力做好各项工作。1989—1991年，信访工作以解决现实问题为主要内容。实事求是，解放思想，改革开放，使人们的思想观念、思维模式、生活方式发生巨大变化。人民群众信访内容由“历史申诉型”为主转向“现实问题求决型”为主，信访工作的重点由拨乱反正、平反冤假错案和处理历史遗留问题为主转为以解决现实问题为主。1992—2005年，信访工作以创造良好社会环境，为改革、发展、稳定服务为主要内容。随着改革开放的深入，经济建设步伐的加快，体制、结构、利益关系的调整，信访中的重点、难点、不稳定因素增多，信访总量稳中有升。全市信访工作坚持“一个畅通”（党和政府联系人民群众信访渠道）、“三个加强”（加强领导、加强基层、加强超前工作）、“三个减少”（减少越级上访、减少赴京上访、减少集体上访）；同时，担负处理信访事项和维护社会稳定的双重任务，为全市的改革、发展、稳定创造良好的社会环境。1986年以来，襄樊市信访部门曾获国家信访局授予“全国信访先进集体”1次，获得中共湖北省委办公厅、湖北省人民政府办公厅授予的“全省信访工作先进单位”称号7次，获中共襄樊市委、襄樊市人民政府授予的各种先进单位称号10余次。

1.信访工作规章制度

1986—2005年，襄樊市信访部门根据信访工作形势的发展变化，不断完善信访工作规章制度。

接待处理群众集体上访暂行办法。1994年7月，襄樊市委、市政府根据群众集体上访上升的势头，市委办公室、市政府办公室印发了《接待处理群众集体上访暂行办法》，对群众集体上访的行为规范、受理部门的职责、接待与处理的原则、方法等提出了明确要求。

1994年12月，襄樊市人民政府根据《湖北省建立和推行群众逐级上访制度试行办法》的通知要求，印发《关于建立和推行群众逐级上访制度的通告》，明确逐级上访的起点单位和运作程序。

1995年12月，为做好群众集体上访的疏导工作，市委办公室、市政府办公室下发《关于认真处理群众集体上访问题切实维护社会稳定的通知》，要求对已发生的集体上访，实行分级负责制，及时妥善地处理好，尽量把上访群众稳在基层，不准把矛盾上交。

1996年12月，针对群众上访秩序混乱的情况，市委办公室、市政府办公室印发了《关于加强信访接待工作维护市委市政府机关正常秩序的通知》，要求按《信访条例》的规定，引导上访群众到信访部门的来访接待室反映问题，并按照《群众上访中的异常情况处置预案》进行疏导处理。

按照分级负责、归口办理的原则，1997年11月，市委办公室、市人大常委会办公室、市政府办公室印发了《襄樊市市直机关归口分工接待群众来访办法》的通知，要求市直各部门各司其职，各负其责，认真做好群众来访的接待处理工作。

1998年6月，中共襄樊市委、襄樊市人民政府印发了《关于进一步加强信访工作的意见》，要求各级党委、政府要从维护社会稳定，促进经济和社会发展的高度认识信访工作，认真抓好信访工作，确保一方平安。

2000 年 3 月，市委办公室、市政府办公室转发了市纪委、市委组织部、市监察局、市信访办《关于加强领导信访包案管理的若干规定》，规定领导包案的原则、任务、范围、管理、监督等内容。

针对上访群众中出现的少数多头重复上访、缠访的情况，市信访办会同市公安局、市司法局研究制定了《关于对群众上访依法实行“三个到位”的意见》，2000 年 3 月市委办公室、市政府办公室印发了此《意见》，明确了实行“三个到位”的具体内容、工作力度、处理办法。

2000 年 4 月，市委办公室、市政府办公室下发关于印发《襄樊市重大紧急情况处置预案》的通知，对重大紧急情况的类型、标准、处置的责任部门、责任人、处置程序等作了明确规定，要求相关地方或部门密切配合，共同做好工作。

2000 年 6 月，市委办公室、市政府办公室下发了关于印发《襄樊市重大疑难信访事项督办查办、咨询指导工作办法(试行)》的通知，对重大疑难信访事项督办查办，咨询指导工作的范围、基本原则、基本程序、基本要求、组织领导等作了详细规定。

2003 年 3 月，市委、市政府认真分析信访工作面临的形势和任务，在调查研究的基础上，提出了加强和改进信访工作的意见，下发了《关于进一步做好新形势下信访工作的意见》，推动了全市信访工作健康发展。

信访工作责任倒查试行办法。2005 年，市委、市政府严格执行信访工作责任追究制度，下发了《襄樊市信访工作责任倒查试行办法》，对违反信访工作纪律、损害群众合法利益的行为，严肃追究有关领导和责任人的责任。

1985 年，市委、市政府建立定期约见接待上访群众制度，按照市级领导干部的具体分管工作，定期约见接待与其分管工作有关的上访群众。2000 年，市委建立常委、副市长接待群众来访日制度，每月 15 日到各自的联系点[县(市)区、市直部门]接待上访群众。2003 年 4 月开始，市委常委、副市长接待群众来访日改为每个星期二，接待地点在市信访局来访接待室，接待的上访问题按照接待领导的批示意见，由市信访局函交有关地方或部门限期查处落实，上报结果。此接待办法一直延续至今。

从 1986 年开始，市信访办公室对各县(市)区信访工作开展情况实行目标考核制度。将整个信访工作分为 10 个项目，逐个项目规定一个必达指标和控制指标，年终组织检查，逐项考核指标的完成情况，信访工作效率明显提高。

1987 年，市委、市政府信访办公室建立处理人民来信来访件件结账制度，市信访办对转办、交办的信访事项，经常进行督促检查、指导和对账结账，处理信访问题的办结率有明显提高。

1985 年以来，市委、市政府信访办公室结合本市的信访工作实际，先后建立和完善了一系列专项业务工作制度。主要有重要信访问题呈阅制度、群众来访接待登记制度、交办信访事项办结回告制度、结案材料审核上报制度、信访处理回复制度、突发性信访问题及时报告制度、信访统计制度、信访分析综述制度、信访月报年报制度、信访档案资料管理制度等，这些制度的建立和完善，使信访工作更加有序开展。

1992 年，市信访办公室结合市直部门信访工作实际，建立市直部门信访工作联席会议制度。联席会议每季度召开一次，听取部门信访工作情况汇报，研究解决疑难信访问题，根据研究的意见，有关部门负责抓落实，市信访办跟踪协调督办。

1986 年以来，市信访办(局)结合单位实际，相继制定领导干部任期目标制度、岗位责任制度，将信访工作划为若干具体项目，项项规定硬指标，并逐项落实到人，实行百分考核，年终组织检查落实。同时，制定了文件管理制度、保密制度、公物管理制度、会议制度、学习制度、财务管理制度、考勤制度等。以上各项内部管理制度的建立和实施，使各项工作有章可循，提高了办事效率和质量。

2.信访总量与信访结构

（1）信访总量

1986—2005 年，市信访办（局）共受理人民群众来信来访 88 747 件次，其中来信 57 271 件次、来访 31 476 件次。来信与来访的比例为 64.5 ∶ 35.5。来访中的集体访（5 人及以上）6438 批次 160 504 人次，占来访总件次的 20.5%，即 100 件次来访中有 20 件次多一点是集体上访。来信来访总量的走势，从 1987 年开始逐步下降，1996 年开始回升，2004 年又开始回落。20 年中，信访总量徘徊在 4000—8000 余件次的有 10 个年份，信访总量超过 5000 件次的有 5 个年份。来信来访总量最高的年份是 2003 年，为 8030 件次（见表 18—51）。

（2）信访结构

1986—2005 年，市信访办（局）受理的人民来信来访反映的问题可分为 5 大类别。对党政建设、社会稳定、工农业生产、生态环境、城乡建设等方面提出的批评与建议 9587 件，占信访总量的 10.8%；对党政纪处分、治安刑事处理、经济处罚及历史遗留问题的申请 7553 件，占 8.5%；对各类违法行为、违反党政纪律、贪污受贿、以权谋私等问题实施监督权进行检举揭发的信访事项 26 919 件，占 30.3%；要求解决户籍、就业、工资、社会保障、计划生育、伤残优抚、土地承包等生产生活中实际问题的信访事项 35 327 件，占 39.8%；涉及林土资源权属、经济合同、医疗交通事故，以及民事等方面的纠纷 9361 件，占 10.6%。从整体上看，检举揭发和求决类的来信来访占到了总量的 70%左右，而且是多年一直居高不下。重复信访占信访总量 13.6%，其中重信占 17%，重访占 7.3%。

1986—2005 年襄樊市信访办（局）受理人民来信来访统计一览

表 18—51

年份	信访总量	来信		来访			信访内容				
		件次	重复信件次	批次	重复访批次	集体访批/人次	批评建议	申诉	检举揭发	求决	纠纷及其他
1986	6996	4642	803	2354	485	158/865	392	1242	1194	2790	1378
1987	4174	3166	673	1008	102	40/416	248	671	789	1467	999
1988	3241	2503	310	738	74	25/298	440	352	648	957	844
1989	3467	2792	232	675	45	12/197	412	240	1070	773	972
1990	3072	2345	266	727	107	57/819	341	227	940	775	789
1991	2828	2158	222	670	70	45/613	223	176	845	591	993
1992	3597	2702	385	895	122	32/411	534	373	1067	1348	275
1993	3270	2701	230	569	28	44/1707	482	303	1208	1088	189
1994	3294	2716	421	578	67	50/1216	287	306	1299	1188	214
1995	2701	2054	435	647	82	91/2908	380	193	1088	862	178
1996	3629	2551	464	1078	63	269/5979	750	267	1395	1008	209
1997	3953	2159	289	1794	52	343/11075	628	279	1429	1421	196
1998	4609	2742	522	1867	331	395/11693	745	331	1698	1527	308
1999	5548	3486	792	2062	191	627/16347	470	219	2316	2181	362
2000	4875	2670	458	2205	45	846/23173	565	394	1801	1768	347
2001	4775	2614	263	2161	16	763/20393	582	328	1750	1847	268
2002	4825	2908	694	1917	107	626/12202	332	156	1536	2565	236

续表

年份	信访总量	来信		来访			信访内容				
		件次	重复信件次	批次	重复访批次	集体访批/人次	批评建议	申诉	检举揭发	求决	纠纷及其他
2003	8030	4149	971	3881	15	715/17488	691	744	2673	3822	100
2004	6008	3283	718	2725	234	698/19750	569	363	1025	3790	261
2005	5855	2930	616	2925	183	602/12954	516	389	1148	3559	243
合计	88747	57271	9764	31476	2419	6438/160504	9587	7553	26919	35327	9361

（3）信访内容

1986—1987 年，信访内容主要是反映“文化大革命”、“四清”运动、“反右派”斗争、“反右倾”斗争和新中国成立初期历史案件的申诉问题；精减职工、知青和城市居民下放、私房改造等历史遗留问题；揭发少数干部搞不正之风、以权谋私问题；以及要求解决就业、生活、住房、户口等实际问题。要求落实政策、解决历史遗留问题和平反冤假错案的信访事项约点信访总量的 30%左右。1988—1995 年，反映现实问题的信访事项比较集中，主要有企业内部改革不配套，集体中小型企业亏损、兼并、联合、破产等；1980 年代末期，群众要求惩治腐败，揭发少数干部贪污受贿，违法违纪建私房、公费装修住房、旅游等；市政建设、征地拆迁还建、住房分配不公；村组财务混乱、农民负担过重等。1996—2005 年，改革开放力度加大，信访反映的问题更为集中，矛盾趋于激烈，异常信访行为较为突出，多人走访直线上升，重复越级信访增幅大，处理信访事项的难度也随着增大。主要内容是企业改革、改制中出现的矛盾，企业离退休人员生活困难、看病报销医药费困难。企业拖欠退休、下岗人员退休金、生活费。下岗职工要求再就业等。反映企业方面问题是信访的焦点。农村村组财务管理混乱、农民负担额度过重是信访的重点；非法集资、高息揽储引发的信访事项突出，是信访的难点。城市建设、管理、拆迁还建、环境卫生整治是信访的热点。

（4）信访形式

1986—2005 年，信访形式发生显著变化。写信和走访仍然是信访人进行信访活动的主要形式，但信访人进行信访活动的方式方法、手段、途径发生较大变化。信访形式的变化反映在信访活动的主体的文化结构、知识结构、年龄结构的变化；反映在信访活动的地域上，有本市、本省的，也有全国各地的；反映在信访活动的载体上除写信、走访外，选用便捷的电话、电报、电传、网上邮件、快递等工具，用打印、复印、誊印代替手写，信访人能坐在家里、在工作岗位上、在遥远的异地，表达或反映其意愿和要求，达到某种目的或取得预期的效果。各级政府、各有关职能部门推行的市长专线、举报电话、新闻媒体的“焦点访谈”、“都市写真”、“读者信箱”、“110”社会服务系统的开通和扩宽，使信访人获得广阔的空间，拓宽了信访活动的渠道。

3.信访问题处理

解决历史遗留问题。在 1979—1985 年间，在落实政策、纠正冤假错案、处理历史遗留问题方面，本着“全错全纠、部分错部分纠、不错不纠”的原则，配合有关单位和部门对受理的 29 774 件历史遗留案件进行复查，并对受到错误处理的 16 924 人予以纠正。其中：“文化大革命” 中处理国家职工 5 058 人，纠正 1 947 人；“四清”运动中处理国家职工 4 797 人，纠正 2 814 人；错划右派 4 839 人，纠正 4 764 人；投诚起义受处理的 278 人，纠正 278 人；原工商业者受处理 602 人，纠正 492 人；“文化大革命”前老案 2 875 人，纠正 1512 人；农村、城镇不脱产人员受处分 11 325 人，纠正 5 117 人。同时，还因地制宜,妥善解决了一大批地方性问题。其中收回“文化大革命”中下放农村的城镇居民5000多户,26 500多人;1964—1965年,城镇下放到农村的知识青年99人,全部收回安排工作,并对他们在农村所生的154名子女也随其迁回城市;原市民间运输合作社船民1075户,股金384 913元全部退还;原市马车公司职工77户,股金112 405元全部退还;原东风公社铁业社被罚的23户,11 330元税款全部退还;原三轮车站被罚的26户,2065元税款全部退还;“文化大革命”期间无偿接管、占用私人房屋713户1015间全部退还。但是,由于政策的局限,仍有一些历史遗留问题没有解决,群众信访不断。1986—1987年,市信访办公室根据群众的要求,在调查研究的基础上,逐项向市委、市政府报告。经市委、市政府同意,先后解决20世纪50年代末的隐消干部、原国民党县(团)级以上宽释人员的生活、20世纪60年代初精减右派、国家精简的武警战士、原市区马车公司下放人员和城镇下放居民中在农村结婚的子女以及60年代丹江库区迁到襄樊农村的移民等共1768人的历史遗留问题。

困难企业职工信访问题的处理。20世纪80年代后期以来,襄樊市亏困企业职工、离退休人员,因企业亏损拖欠工资、生活费、退休金,或因企业兼并、联营、划转、改制、破产、转让等涉及职工切身利益而得不到落实,长期不断写信和上访。对这类信访问题,市委、市政府和有关部门根据市信访办反映的情况和提出的建议,采取一系列的措施,制定出台许多相关政策、规定。如对亏损企业实施破产拍卖、土地批租、脱壳经营、兼并转产、国有民营、公有私营等措施,寻找企业出路;对特困企业从资金、税费等方面给予许多优惠政策;对中小型企业改革管理体制;对职工和离退休人员建立最低生活保障线和最低工资标准制度,建立和完善社会保障体系;对下岗职工采取扩大就业和再就业的具体办法和途径等。这些政策、规定和措施实施以后,部分企业走出困境,职工、离退休人员和下岗失业人员的基本生活有所改善和提高。

非法集资和农村合作基金会问题的处理。20世纪90年代中后期,少数企业违规高息揽储,非法集资,且到期不能兑付本息,引起集资户强烈不满。宜城市楚农公司、襄樊机电工程学校非法集资涉及宜城全市和襄樊市区,集资户在兑付不到本息的情况下连续写信和集体上访。农村合作基金会涉及的面广量大,在基金的管理使用上出现失误,导致基金流失,因不能给群众兑付,引发大面积群众上访。市信访办将情况反映后,市委、市政府及时研究部署,稳妥地解决了这个问题。

农村财务混乱和农民负担过重问题的处理。20世纪90年代中后期,农民反映村组财务管理混乱,村干部浑水摸鱼;农民负担的“三提五统”款项额度过大,超过了政策规定的范围,农民承受不了。类似信访接连不断,由此引发大规模集体上访。市委、市政府立即作出部署,派出工作组深入实地调查,组织工作专班进村清理财务,核减超政策的农民负担项目和额度,逐步实行财务公开,有效地解决了这个涉及面广,涉及众多农民利益的问题。

城建拆迁、市容整顿、客运市场管理问题的处理。20世纪80年代后期以来,襄樊市区旧城改造力度加大,先后有襄城南街、西街、东街、北街、新城湾和樊城炮铺街、劳动街、东方红大道等地段进行改造开发,拆除大批旧式民房,居民安置和返还房屋短期内得不到落实。整顿市容、治理占道经营、乱搭乱建,触及到一部分人的经济利益。市区2000多辆客运出租车和3000多辆人力客运三轮车乱停乱靠,影响交通秩序等。上述问题在实施和治理过程中群众上访不断。市信访办在做好接待说服工作的同时,协调、督促城建、房产、规划、交通等部门研究解决措施和办法,相关部门采取措施狠抓落实,取得了明显效果。

企业军转干部待遇问题的处理。襄樊市有企业军转干部6000多人,随着企业改制深入,他们为经济待遇有组织地串联越级上访,要求与机关、事业单位的干部享受同等待遇。市信访办(局)按市委、市政府领导的指示精神,及时召开专门会议研究,提出处理意见,开展劝阻疏导工作。

举报信访问题的处理。市信访办(局)对群众信访举报问题定期进行综合分析。对举报的具体问题性质严重的,及时摘报市委、市政府领导阅示;对带有共性、倾向性、苗头性的问题,向市委、市政府领导综合反映或专题反映；对应由有关部门查处的举报问题，分别转交纪检、监察、检察、组织、人事等部门查处；对情况不清，但又要认真对待的问题，进行了解核实后酌情处理。市信访办（局）不断加强同纪检、监察、组织、人事等部门的工作联系，沟通情况，密切合作，形成群众监督的工作机制，为法纪部门提供案件线索数千件。

涉法涉诉信访问题的处理。涉法涉诉信访问题在信访活动中较为频繁，占有一定比例。涉法涉诉信访人在诉求时一般不直接到法律主管部门去进行信访活动，而是直接到党委、政府机关诉求。市信访办（局）在处理这类信访问题时，一方面向信访人宣传法律法规，做疏导说服工作；一方面动员信访人到行使法律职责的部门去反映，按照法律规定的程序开展信访活动。对上级转下来的涉法涉诉的群众来信，市信访办（局）按照“分级负责、归口办理”的原则，及时转交公、检、法、司等部门审理。对于未进入司法程序的信访问题，如交通事故、医疗事故等，市信访办（局）及时协调公安、卫生等部门予以仲裁。

群体信访问题的处理。1986—2005 年，市信访办（局）共接待处理群众集体上访 6438 批次 160 504 人次。群众集体上访涉及面广，开着汽车、农用车，打着标语横幅，浩浩荡荡，社会影响较大。对每一批集体上访，市信访办（局）做到及时接待，认真听取陈述，耐心宣传党的政策，坚持“宜散不宜聚，宜疏不宜激，宜解不宜结”的原则，做好解释说服工作，尽可能地把群众动员回当地，稳定在基层。按照属地管理的原则，实行分管领导负责制，及时组织调查处理，把矛盾化解在当地，没有出现群众反复越级上访的现象。对群众联名来信问题，根据问题的轻重缓急，或及时摘报综合分析向市委、市政府领导呈阅；或直接调查、协调处理；或转交有关部门、单位妥善处理。

异常信访问题的处理。在信访活动中，信访人异常行为时有发生。对行凶、自杀、服毒、自焚、游行、静坐、冲击党政机关、堵桥堵路、围堵党政机关大门等异常上访行为，市信访办（局）工作人员配合有关部门，采取快速、果断的措施，亲临现场处置，把矛盾化解在萌芽状态。1986—2005 年，共处置异常上访行为 1600 多起。对异常的群众来信，先电话告知其所在的县（市）区信访部门了解情况，注意事态发展，及时做好来信人的思想转化工作。然后将来信转交有关单位核查处理，避免异常信访行为的发生。

上访老户信访问题的处理。上访老户是信访工作中的“老大难”问题，表现为上访时间长，多为重复、越级上访，是影响机关正常工作秩序和社会稳定的因素之一。上访老户经常在上访群众中诉说演讲，向他人传授上访经验，唆使其他上访人员越级上访，具有一定的煽动性。1986 年以来，市信访办（局）先后清理、排查、处理上访老户 200 多人，本着“宜宽不宜严、宜粗不宜细、宜决不宜拖”的原则，只要其要求有百分之一的合理，就百分之百的去努力做工作，按照有关政策或采取“变通”的办法给予解决；对要求过高的，耐心做好思想教育工作；对少数无理取闹屡教不改的，请相关部门出面依法进行教育，或按照有关规定严肃处理。对少数被从宽从优处理的上访老户，仍经常往返于北京、武汉、襄樊党政机关上访甚至到领导人家中缠诉的，逐一慎重复议、复查，确认处理无误的，由信访部门出具证明，送精神康复医院对其精神状态进行诊断治疗。通过多方面的共同努力，上访老户已逐渐减少。

上级交办信访事项的处理。1986—2005 年，市信访办（局）共承办中央办公厅、国务院办公厅信访局（后改为国家信访局）、省委、省政府信访办公室（后改为省信访局）发函交办信访事项 1369 件；襄樊市委、市政府领导批示交办的重要信访事项 3272 件。上级信访部门和市领导交办的信访事项，内容多数涉及久拖不决的申诉，信访群众迫切要求解决的生产生活中的实际问题，比较重大的各种纠纷和情节比较严重的检举揭发等事项。市信访办（局）按照“件件有结果、事事有回音”的原则，安排领导专门负责，指定专人办理，认真查处每一件交办信访事项。为了做到按规定的时限办结，采取发函交办、信函督办、电话催办、到承办单位上门督办、与有关部门协同办理等方法，确保按时查结。对承办单位上报的结案材料逐件逐项严格审查，在确定可以结案后，再向交办的上级信访部门逐案写出调查报告，保证了交办信访事项的结案质量。20年中，上级交办信访事项的按期结案率和结案合格率始终保持在100%。对市委、市政府领导批示交办信访事项的按期结案率和结案合格率也保持在100%。每件交办信访事项结案后，逐件将结案报告分别呈送批示交办的市委、市政府领导审阅，市领导比较满意。

市信访办(局)交办信访事项的处理。1986—2005年，市信访办(局)对自身受理的信访案件由办理来信和接待来访(分为个访、集体访)的工作人员逐件梳理，认为确需交办查处的事项，采取发正规函、便函和回执单等办法，向有关地方或单位交办，限期结案。20年中，共立案交办信访事项10 755件，按期办结率达到100%。

赴京赴省上访问题的处理。1986—2005年，襄樊市赴京上访300多人次，低于省信访部门要求的在总人口的25万分之一的控制指标；赴省上访600多人次，低于总人口的10万分之一的控制指标。市信访办(局)每个季度派人到省信访部门抄录一次赴京赴省上访人员名单。对在中央、国家机关和省委、省政府机关缠访动员不走的，市信访办(局)立即派人前去协助做上访人的劝返工作。对赴京赴省上访人员反映的问题，市信访办(局)都逐一交办给上访人员所在的县(市)区和市直部门，要求逐人落实需要解决的问题，并做好稳定工作。对多次重复赴京赴省上访人员，要求所在地方或单位指定领导承包，直到上访人的思想转化息诉罢访为止。为配合中央、国家机关和省委、省政府机关做上访群众的劝返工作，市、县两级信访部门派人组成工作专班，协助劝返赴京赴省上访人员，常年驻京工作专班50多人，驻省专班30多人。经过多方共同努力，赴京赴省上访在逐步减少。

4.社会稳定工作

1986年以来，每逢中国共产党全国代表大会、全国人大、政协会议召开，省、市党代会、人大、政协会议召开，以及香港、澳门回归庆祝活动；亚洲运动会、世界妇女大会、襄樊市承办的省运会；重大节日，或重大、突发事件和自然灾害等时期，市信访办(局)根据中央、省信访部门和市委、市政府的要求，把该时期的信访工作作为重中之重进行布置，检查落实，投入大量人力、物力，确保襄樊的平安。

1990年以来，随着改革发展力度加大，影响社会稳定的因素也越来越多。为确保襄樊的改革、发展、稳定，市委、市政府成立襄樊市稳定工作领导小组，市委副书记刘善桥、市政府副市长尚立学分别担任领导小组组长、副组长。每年都排查清理交办上百件影响社会稳定的信访事项。对排查交办的事项明确责任单位、责任人，限期解决。然后及时组织人员逐个进行督促检查，协调相关部门尽快抓好落实，有力地促进了一批难点问题的解决，维护了襄樊的社会稳定。1990年以来，市信访办(局)共接收来自各方面的突发性信息1 200多件次，经过预警信息超前处置，将可能发生的事态化解在萌芽状态。

5.信访信息、调研、宣传

市信访办(局)从人民群众的来信来访中认真筛选、核实、加工整理，以《人民来信来访摘报》、《信访信息》《信访专报》《重要信访呈阅》等载体，及时向市委、市政府领导报送3000多件事关群众切身利益和襄樊市改革、发展、稳定的信访信息。

有价值的意见和建议类信息。信访信息中反映的意见和建议，集中体现了广大人民群众的无穷智慧和参政议政的积极性。先后加工、报送建议类信访信息300多件。

群体性、突发性信访信息。信访工作人员对已经和可能发生的群体到北京、赴省走访或堵塞交通等行为，以及扬言制造恶性事件的突发性来信来访，予以特别关注，及时果断地采取有效措施进行处置，并及时地将这些信息报送市委、市政府领导和有关部门。20年中，共报送群体性、突发性信息1000

余期，为市领导和有关部门了解情况、掌握社情民意，为快速、妥善处理急情要事赢得时机。

群众信访的综合性信息。对不同时期不同类别的来信来访进行定性定量综合分析，将带有普遍性、政策性、倾向性和苗头性的问题，按月、季度、年半、全年或不定期报送市委、市政府领导阅示，为反映群众呼声、完善政策、改进工作提供第一手资料。20年中共报送此类信息100多期。

群众反映的求决类信息。来信来访中，求决类占信访总量比例大，反映的问题实际、具体，与个人、群体切身利益息息相关。及时反映群众的呼声、要求和疾苦，为群众排忧解难是信访工作的立足点和归宿。认真、及时、准确地报送群众求决类信息，使市领导和有关部门获知群众生产生活的实际状况、各种困难和迫切需要解决的问题。

群众信访举报揭发类信息。检举揭发的主要对象是少数党政领导干部、行政执法管理人员、司法机关、企事业单位和乡镇、村干部。主要内容包括党风、行业之风、以权谋私、贪污腐败、执法不公或乱执法、乱罚款、乱摊派、侵占和私分国有资产、贪污、受贿、挪用公款、大吃大喝、公费旅游和出国、铺张浪费、打击报复等。一般在领导班子换届、干部离退休前、整党、“三讲教育”、评选先进等时机举报信访较为集中。市信访办(局)以对党、对人民和对当事人高度负责的态度，将一些群众反映强烈、性质严重、内容具体、线索比较清晰的信访举报问题，及时报送市委、市政府主要领导或市组织、纪检、监察等职能部门处理，一部分转请相关部门调查处理。根据信访举报数量和内容，有的集中反映，有的单独报送或将原件直接报送。20年来共报送举报信息800多件。

开展信访工作方面的信息。及时向市委、市政府和领导同志报送党和国家领导人及党中央、国务院信访部门、省委、省政府及信访部门关于信访工作的指示精神，各个不同时期信访工作的部署、计划、要求以及信访工作会议等情况；及时报送各县(市)区、市直部门信访工作的作法、经验、动态和存在的问题，报送外地信访工作经验、动态摘要等。20年来，共报送各类开展信访工作的信息200多期(件)。

1986—2005年，襄樊市信访部门紧贴市委、市政府的中心工作，深入基层，对领导关注、群众关注的信访热点、难点问题进行专题调查研究，形成有情况、有问题、有分析、有建议、有对策的调研报告200多篇。围绕发展经济开展调研。先后开展对白鹤小商品市场、中原路布匹市场、新华市场有关问题，老河口市王甫洲电站淹没问题，谷城县南河库区水污染问题，南漳县生猪发展问题等情况的调查，涉及襄樊市经济发展的调研课题20多篇。围绕改革开放开展调研。先后对企业改制中的遗留问题，企业离退休人员的工资待遇问题，20世纪60—70年代引进科技人员的生活问题等方面的问题调研20多篇。围绕社会稳定开展调研。先后对20世纪60—70年代市区居民下放返城入户问题；60年代初国家精减的职业制武警的生活补助问题；市机电工程学校集资问题；合作基金会问题；襄阳区集体上访突出问题；宜城市南营乡、龙头办事处集体上访问题；市区改造中房屋拆迁等问题的调研60多篇。围绕城市管理开展调研。先后对占道经营影响市容问题；出租车客运和三轮车客运的营运问题；夜市经营问题；城市道路维修问题；垃圾处理问题；市民用电改造问题等方面开展的调查研究30多篇。围绕涉农问题开展调研。先后对农村土地承包问题；国家建设征地问题；假种子给农民造成的损失问题；村组财务管理混乱问题；农民负担过重问题；农村干部作风问题；村级换届选举问题等调研50多篇。围绕信访工作开展调研。对县(市)区信访工作开展情况进行调研，主要是围绕经济建设开展信访工作。如领导重视支持信访工作的作法和经验；加强信访工作的措施和办法；为群众为实事、办好事的举措(如南漳县的定期“说事”制度；宜城市的“五字连心工程”即进百姓门、知百姓事、解百姓忧、帮百姓富、暖百姓心；保康县的“五事制”即干部问事、群众说事、集中议事、及时办事、定期评事)。对乡镇信访工作进行调研。主要是及时就地处理群众信访问题的做法，部署检查工作时将信访工作融为一体的做法，超前化解社会矛盾，避免群众越级上访，实现“三无”目标(无赴县以上机关上访、无集体赴县以上机关上访、无突发事件)的做法。对企业信访工作进行调研。主要是企业领导重视信访工作，利用企业工会组织帮助职工解决生产生活中的实际问题。上述内容的调查，形成调查报告 40 多篇。市委、市政府领导非常重视市信访办（局）报送的调查报告，批示率达到 100%。

1985 年以来，襄樊市信访宣传工作以宣传中央、省委和市委、市政府对信访工作的方针、政策、法规、指示精神、工作部署、经验交流为主要内容，通过多种渠道开展宣传活动。每年召开 1—2 次由各级党政领导、信访部门负责人和市直部门及大型企事业单位负责人参加的会议，宣传信访工作的重要性，增强各级各部门领导的紧迫感和责任感，提高做好信访工作的自觉性。1986 年，结合贯彻落实《信访条例》，组织各县（市）区、乡镇、市直部门和大型企事业单位的信访干部 200 多人进行了为期 10 天的培训，对《信访条例》的指导思想、主要原则和制度、信访工作的性质、地位、任务、作用、基本原则、基本方法、基本程序、适用的政策、法律法规以及信访工作业务的基本操作规程等作了系统的培训，使信访干部的业务水平得到大大提高。1995 年 5 月结合推行群众逐级上访制度、2005 年 6 月结合新修订的《信访条例》的贯彻实施，又分别举办了信访干部培训班（各为 100 多人），对逐级上访制度的基本操作程序和方法，以及新的《信访条例》规定的工作程序和工作制度进行了专门培训，使信访干部很快适应了信访工作的新要求。平时，针对信访工作某一方面的业务需要，随时举办专项业务培训班。通过培训形式，使信访工作在各级党政机关、企事业单位的宣传得到拓展。1995 年、1996 年和 2005 年，为将逐级上访制度和《信访条例》宣传到广大群众中去，做到家喻户晓，以新闻媒体的形式开展广泛宣传。在电视上播放领导讲话、答记者问，在广播、电视、报纸上全文刊登逐级上访制度和《信访条例》及信访活动的有关知识。同时还在各乡镇所在地及城市集贸市场等繁华地段张贴《推行群众逐级上访制度的通告》和《信访条例》，设立宣传站，向过往群众发放宣传资料，回答群众咨询的有关问题。通过各级的共同努力，使《推行群众逐级上访制度》和《信访条例》在全市人民群众（成年人）中的知晓面达到了 100%。从 1988 年开始，市信访办（局）开办内部刊物《信访情况》，每月 1 至 2 期。主要刊载中央、省、市领导对信访工作的指示精神，阶段性信访工作部署和要求，总结交流各级各部门深入开展信访工作的作法和经验，有效地促进了信访工作的平衡发展。1986 年以来，市信访办（局）为把本地的信访工作宣传出去，组织各县（市）区信访部门、市直有关部门结合本地本部门的信访工作实际，认真研究，总结各自开展信访工作的情况，包括信访工作理论研究、工作经验、信访干部对信访工作的体会、心得、重点案例分析、开展信访工作的新举措等方面的内容，主要向中央、省信访部门办的刊物上投稿。20 年中，共向中央、省信访刊物投稿 3000 多篇，采用 1800 多篇，采用率达到 60% 以上。

6.信访业务管理

从 1986 年起，在全市信访系统开展目标管理活动，开展文明接待室创建活动，加强基层信访工作指导。市信访办（局）内部的目标管理，将信访工作划分为若干项目分解到有关科室，项项规定具体指标，由各科室逐项落实到人，对每个信访工作人员所承担的业务工作，按照德、能、勤、绩实行百分考核，其中“绩”的部分占 50 分。年终由单位组织考核，实行奖惩。从而调动了信访干部的工作积极性，保证了年度信访工作任务的圆满完成；对县（市）区、市直部门一级信访工作实行目标管理。县（市）区级的信访工作目标分为两大类，即发展目标、控制目标。发展目标主要是有利于促进改革、发展和加强党和政府同人民群众密切联系，以及各级党政领导同志重视支持信访工作的目标；控制目标则是信访业务工作中的硬指标，也就是必须达到的指标，年终组织检查考核评比，根据任务完成的数量、质量情况，进行综合评审，按照得分多少评选信访工作先进单位。经过检查考核评比，县（市）区、市直部门的信访工作，有 60%以上的单位跨入先进行列，被省委、省政府、市委、市政府评为信访工作先进单位，其他单位均已达到目标管理的要求。市（含市直部门）、县、乡三级信访部门的干部有 80%以上被中央办公厅、国务院办公厅，省委办公厅、省政府办公厅、省人事厅，市委办公室、市政府办公室、市人事局评为信访工作先进个人。

1991年，市信访部门在全市开展“信访文明接待室”创建活动，主要是抓信访文明接待室的硬件、软件建设，要求创建整洁、文明的接待环境，模范遵守信访工作职业道德，做到文明礼貌、热情接待，为信访群众服好务，办实事、办好事。信访文明接待室创建活动的开展，各地积极努力，创造条件，很快取得明显成效。1991年，有部分单位申请验收，经省信访部门检查验收后，襄樊市信访办、枣阳市信访办、宜城市信访办、谷城县信访办、老河口市信访办被授予为“信访文明接待室”。经过不断努力，随后其他县（市）区和市直部分单位的信访文明接待室建设也陆续达标，被授予为“信访文明接待室”。1997年，又将信访文明接待室的创建活动向乡镇一级延伸，并按照“三优”（优美的环境、优质的服务、优良的秩序）要求，为人民群众反映问题营造良好的内部环境。经过各地的努力，乡镇级的信访文明接待室建设已经达到了规定的要求。市、县（市）区及市直部门群众来访接待场所普遍进行装修、购置设施、用具，并悬挂、张贴《信访条例》《来访者须知》《文明接待公约》《党政机关直属部门归口分工接待群众来访办法》等，有的信访部门还将有关的信访指南制作成电子滚动屏幕全天播放。

基层信访工作是指各县（市）区的乡镇（办事处）和县（市）区直属部门及市直部门。信访群众来自基层，处理信访问题的落脚点也在基层。市信访办（局）在信访工作组织建设方面要求做到“三有”，即有党委和行政负责人分管，有党委办公室或行政办公室负责人主管，有专兼职信访干部具体做信访工作；在加强信访工作机构建设方面，要求成立信访工作领导小组，并设立相应的工作机构；在加强信访工作制度建设方面，要求建立健全领导直接处理来信来访制度、办理群众来信制度、接待群众来访制度、信访信息报送制度、实施信访工作目标管理制度等，规范信访工作操作程序；在加强硬件建设方面，要求做到“五有”，即有接待处理群众来信来访的场所、有办公地点、有办公设施、有通讯和交通工具、有与信访工作相适应的经费保障。

从20世纪90年代初开始，市信访办（局）在全市乡镇（办事处）、市直单位的直属部门开展争创“三无”（无赴京赴省上访、无集体越级上访、无突发事件）活动。各乡镇（场、办事处）从维护社会稳定的高度，普遍加大信访工作力度，采取许多防范和解决信访问题的措施，实现“三无”目标，使大量信访问题在基层得到及时处理，尽可能地把矛盾化解在萌芽状态，控制或有效地减少群众赴京赴省上访、集体越级上访和突发事件的发生，做到“小事不出乡镇，大事不出县（市、区）”，缓解上级党委、政府及信访部门的工作压力。经过努力，全市 有60%以上的乡镇（场、办事处）实现“三无”。

7.信访档案管理

信访档案是信访部门在开展信访活动中形成的具有一定查考价值的历史真迹材料，按照一定的归档制度集中保存起来的文书材料，包括书信、谈话记录、电话记录、照片、电报、录音带、图表等。信访档案是党和国家档案的重要组成部分，是宝贵的历史资料。信访档案是信访部门在处理人民群众的来信来访活动中产生的文件材料。诸如，对来信来访的数据统计，信访情况综合分析，对信访问题的登记、交办、催办、督办、请示报告、批复、调查报告、处理决定；对部署、检查、指导信访工作下发的文件、通知、会议材料等，是信访部门在开展信访活动和处理信访问题中直接产生的文件材料转化来的，是自然形成的客观产物。信访档案和党政工作档案一样，具有其社会作用和历史作用。一份完整的信访档案不仅记录了信访问题发生的时间、地点、主要情节、证据材料、处理过程和结果，而且反映了党的方针、政策的执行情况，是历史的见证，是查考、研究、争辩和处理信访问题的依据。信访档案记录了大量信访问题的原始材料，也汇集了不同时期信访活动的变化和信访工作发展情况。通过综合分析档案材料，可以举一反三处理其他方面的问题，或研究制定有关政策规定，指导全面工作。

信访档案分类是根据档案的同一性和完整性原则，对档案进行划分。市信访办（局）依据同级档案部门的要求，将档案划分为三个类别（即党群、综合、业务工作类）。党群类。党群类包括本单位组织机构、干部配备与任免、机关党组织设置、工资调整、评选先进等工作的请示、报告、批复。综合类。综合类是信访部门行政方面的资料。包括上级和本级机关下达的各种文件、规定，关于信访工作的指示、通知、通报、召开信访工作会议的通知、领导讲话、信访部门的工作计划、总结、规章制度、调研报告、信访简报、信访信息等方面形成的文件材料。业务工作类。业务工作类是信访部门处理人民群众信访问题方面的资料。包括办理来信和接待来访登记卡片、领导同志批示的重要来信来访案件、上报交办信访事项的交办函、本级立案交办的信访案件交办函及查处结案报告、来信来访统计表、来信来访情况综合分析、重要信访问题的请示等方面形成的材料。市信访办(局)对本单位的档案资料每年进行一次立卷归档，对所有资料一件一件清理，剔除无保存价值的外，其余全部收集归档，按照资料的保存价值，划分为永久、长期、短期3个保管期限，逐卷(件)编制卷内目录和案卷目录，经市档案部门检查验收后，分年度入柜保管。20年中，市信访办(局)共收集整理档案资料772卷，其中党群类58卷、综合类316卷、业务工作类398卷；保存期限内永久性300卷，长期性416卷，短期性56卷。市信访办(局)对信访档案的收集、整理、保管要求严格，整理保管规范，已进入省一级保管的行列。每个年度档案整理归档均被市档案局评为优秀单位。

(三)党史征编

襄樊市党史工作始于20世纪80年代初。襄樊党史工作遵循党史科学规律，紧紧抓住“存史鉴今、资政育人”基本任务，不断开拓创新，资料征集、编纂研究、宣传教育等各个方面工作取得重要成绩。

1.党史资料征集

襄樊市党史工作机构自成立以来，先后征集新民主主义革命时期党史文献资料1240份、464万字，回忆资料339份、127万字，报刊资料196份、74万字；征集社会主义建设时期党史专题资料521份、190万字，回忆资料2份、1.5万字，报刊资料183份、28万字；征集改革开放时期党史文献资料565份、108万字，回忆资料23万字，报刊资料176份、36万字。至2005年，资料室征集各类图书资料2610册，其中文献类350册、综合类500册、回忆录410册、人物资料400册、参考资料300册、史稿类350册、专题研究资料300册。

2.党史资料编研

在征集党史资料的同时，开展了大量的编研工作，先后编辑出版襄樊地方党史书籍13部。

《鄂北星火》：是一部以收录襄樊党史人物回忆录和革命故事为主的党史资料性书籍，1984年5月出版。全书共计28.7万字，收录黄火青、任质斌、孔庆德等老一辈革命家撰写的民主革命各时期的回忆录文章15篇，历史资料、手稿14篇，革命故事19篇，革命诗歌6篇，照片资料15幅，其他文章6篇，以生动的故事、珍贵的史料从不同侧面介绍了民主革命时期襄樊党史上的重大革命事件和重要革命人物。

《中共襄樊党史人物传》(第一集)：1985年11月编辑出版。全书共计22万字，收录襄樊党史人物传记25篇，介绍民主革命时期在全国、湖北和襄樊党史上有一定影响的襄樊籍党史人物29人。

《中共襄樊党史人物传》(第二集)：1986年12月出版。全书约21万字，共收录襄樊党史人物传记22篇，介绍民主革命时期在全国、湖北和襄樊党史上有一定影响的襄樊籍党史人物24人。

《襄樊战役》：1988年出版。是中共襄樊市委党史办公室为纪念襄樊战役胜利40周年而编辑出版的一部全面反映襄樊战役历史经过的党史专著。全书主要包括图片资料、战役综述、文献档案、回忆文章和附表等5个部分，详细记述了襄樊战役从战前形势、战役经过、战役结果，到战役中敌我双方力量对比、军事部署、战役组织以及双方对战役的总结评价等各方面的情况，总计24.5万字。原中共中央副主席李德生为该书作序。

《中国共产党湖北省襄樊市组织史资料》(第一卷)：由中共襄樊市委组织部、中共襄樊市委党史资料征集编研委员会办公室、襄樊市档案馆联合组织编辑，1990年1月中国文史出版社出版。全书共计80万字，分7个时期，全面系统地记录了从1925年襄樊地区第一个中共党小组建立至1987年11月党的十三大63年间，中国共产党襄樊市(襄阳地区)地方党组织及其领导的政、军、统、群组织机构和领导人名录。在不同时期，根据党组织发展情况，其收录范围有所不同，全书共收录组织机构2 337个(次)，名录14 332人次。

《中共襄樊历史简编》(第一卷)：1996年由中共党史出版社出版。该书全面记录了从1919年"五四"运动至1949年新中国成立的30年间，中国共产党襄樊地方组织创建、发展和领导襄樊人民进行武装革命斗争、取得民主革命胜利的光辉历程。全书共18.5万字。原中共中央政治局委员、空军司令员、中共襄阳地委第一任书记张廷发为该书作序。

《中国共产党襄樊历史大事记》：1999年出版，计15万字。本书采用通用的党史分期方法，分时期概要记述了从1919年5月至1998年12月80年间，发生在襄樊的重大历史事件，是再现80年中共襄樊历史的基础资料。所列条目，既以事件发生时间顺序排列，又按事件和问题相对集中。除新民主主义革命时期采用部分当事人回忆资料外，其余皆根据文献档案和有关单位提供的资料编写而成。其记事范围为：1949年5月中共襄阳地委成立前，按成立时的辖区范围收编；1949年5月后，随襄阳地区(襄樊市)所辖区域的扩大或缩小而增减。

《灿烂的篇章》：是中共襄樊市委党史研究室为庆祝新中国成立50周年组织编写的社会主义时期中共襄樊历史资料丛书，1999年8月出版 。全书29万字，收录市委、襄樊军分区和市直部门领导署名文章30篇，从党组织建设、军队建设、工农业建设、教科文卫体事业建设等方面，撮要介绍了新中国成立50年来襄樊改革开放和经济发展的巨大成就。

《襄樊农业合作化》：是中共襄樊市委党史研究室与襄樊市农委联合组织编写的中共襄樊历史资料丛书之一，2000年4月出版，共计30万字。全书包括综述、历史文献、典型材料、回忆录、大事记5个部分，概要记述了襄樊农业合化从萌生、初步发展到全面推开、走向高潮的伟大历程，总结了襄樊农业合作化的伟大成就和经验教训。

《中国共产党湖北省襄樊市组织史资料》(第二卷)：2001年5月出版。该书120万字，全面准确地记录了1987年11月—1994年12月，襄樊地区市、县两级，党、政、军、群、统战五大系统的组织机构沿革和领导名录。

《中国共产党湖北省襄樊市组织史资料》(第三卷)：2002年5月出版，共计100万字。该书记录了从1995年1月—1999年12月中共襄樊市第九次党代会召开前夕，襄樊地区市、县两级，党、政、军、群、统战五大系统的组织机构沿革和领导名录。

《襄樊军工四十年》：由襄樊市委党史研究室与襄樊三线建设调整改造规划办公室联合组织编写，2004年出版 。该书为16开精装本，共收录综述、企事业单位发展概况(简介)、专题材料、回忆录等文章88篇，大事记100余条，共计50万字，并配彩色图片30多幅。翔实记录了襄樊三线军工企业从布点建设到转产民品、调整搬迁、改造发展40年曲折艰辛的发展历程，是襄樊市、也是全省市州一级党史机构出版的第一本三线建设专著。

《中共襄樊市委党史办公室干部文集》：2005年编辑出版。收录2000—2005年襄樊市委党史办公室干部在各级、各类报刊公开发表和理论征文研讨活动中获奖的文章17篇，计12.5万字。

在开展党史书籍编辑出版的同时，开展了《襄樊城市接管与社会改造》《襄樊土地改革运动》《襄樊“三反”、“五反”运动》《襄樊农业合作化运动》《襄樊大跃进运动》《1975 年的全面整顿》《2003—2004 年市直国企改革》《党和国家领导人在襄樊》《前进中的襄樊工业》等专题资料的征编工作。1985 年创办《襄樊党史通讯》季刊，至 1992 年停刊，共出刊 32 期，140 多万字。从 1986 年开始当年襄樊党史大事的征编工作，1992 年创刊《襄樊大事》季刊，至 2005 年，共编发《襄樊大事》56 期。

3.党史宣传教育和资政育人工作

利用党史资料开展革命传统教育和资政育人工作，是党史工作的重要内容之一。1991 年，在纪念建党 70 周年之际，与市委组织部、宣传部和襄樊电视台联合摄制反映中共襄樊历史的电视片《红色的路》3 集，在襄樊电视台多次播出。1995 年，为纪念抗日战争胜利 50 周年，与有关部门联合举办“襄樊市纪念抗战胜利 50 周年学术研讨会”“ 市直青年纪念抗战胜利 50 周年座谈会”等活动；1996 年，举办纪念红军长征胜利 60 周年活动。1998 年，为纪念襄樊解放 50 周年，拍摄电视纪录片《激战襄阳》，片长 50 分钟，播出后在社会上产生较大反响。与市新四军历史研究会联合召开“纪念襄樊解放 50 周年座谈会”。与市委宣传部、市社科联、市党史学会等联合召开 “市社科界庆祝襄樊解放 50 周年座谈会”。在《襄樊日报》上发表《弘扬襄樊战役的攻坚精神，夺取形象工程建设新胜利》等纪念文章 3 篇。1998 年，与市委宣传部、市社科联联合举办了“纪念十一届三中全会 20 周年理论研讨会”，共收到论文 80 多篇。1999 年，为纪念“五四”运动 80 周年，与襄樊学院联合举办“‘五四’运动与面向新世纪座谈会”，为《襄樊日报》“党建百花园”专栏提供稿件 7 篇，约 3 500 字。2000 年 6 月至 2001 年 6 月，在《襄樊日报》上开辟“回眸襄樊党史 80 年”专栏，每周两期，共刊出文章 100 多篇 6 万多字。2001 年，为纪念建党 80 周年，组织“‘中国联通杯’襄樊地方党史知识竞赛”，全市 7200 多人参赛。与市直机关工委和襄樊电视台联合举办了“市直机关纪念中国共产党建党 80 周年‘诚信杯’党的知识竞赛”，共有 70 多个单位派出代表队参赛。整个过程通过襄樊电视台现场直播，影响较大。在《襄樊日报》上发表综合性纪念文章《20 世纪的襄樊与中国共产党》，全文 1.2 万多字，系统阐述 80 年来襄樊人民在中国共产党的正确领导下取得的巨大成就。与市委组织部宣传部等 8 个单位联合举办建党 80 周年理论研讨会，收到论文 500 多篇。 2003 年，与市社科联联合举办“全市纪念毛泽东同志诞辰 110 周年座谈会”；2003—2004 年，开展“地方党史进党校”活动，先后 3 次在市直机关党校科级干部培训班讲授襄樊地方党史，共 300 多人听讲。2004 年，在《襄樊日报》上发表纪念李先念诞辰 95 周年长篇纪念文章《山高水长襄樊情》。与市新四军历史研究会联合召开“襄樊市纪念李先念诞辰 95 周年座谈会”，并结集出版《纪念李先念文集》一书；2004 年，与市委宣传部、市委党校和市社科联联合开展了纪念邓小平诞辰 100 周年论文征集活动，共征集论文 148 篇，并召开了“襄樊市纪念邓小平同志诞辰 100 周年理论研讨会”。2005 年，为纪念抗战胜利 60 周年，在《襄樊日报》上开办“抗日老战士忆抗战专栏”，征集发表部分抗日老战士回忆文章 20 篇。组织市、县党史部门撰写有关抗战故事和重大事件的文章 19 篇，以“燃烧在襄樊大地上的抗日烽火”为题在《襄樊日报》通栏发表。《楚天都市报》“襄樊新闻”版也以“寻访襄樊抗日战场”为题连载了有关内容。在《襄樊日报》上发表长篇纪念文章——《鄂北大地上的民族战歌》，并配发 6 副照片，全面反映党领导襄樊人民抗击日寇的英勇壮举和襄樊地区正面战场的抗日情况。与市委宣传部、市展览馆等联合举办了《抗战在襄樊——纪念抗战胜利 60 周年大型展览》。先后 6 次到街道办事处、居民社区和部分中小学校宣讲襄樊抗战史和革命史，有 40 多个社区的 500 多名党员干部和 3000 多师生参加听讲。

1991 年、1996 年襄樊市委党史办公室两次荣获 “全国党史系统先进集体”称号。1992—2004 年，襄樊市委党史办公室先后 4 次荣获“湖北省党史系统先进集体”称号。

九、党校工作

1983 年 10 月，原中共襄阳地委党校与中共襄樊市委党校合并，开展党员领导干部、理论干部培养教育和哲学社会科学研究工作。

（一）党校沿革

1948 年 12 月，为适应全国解放的伟大形势，中共桐柏区汉南工作委员会在谷城县城关镇创办鄂北军政干部学校(以下简称“军政干校”)。1949 年 5 月 20 日，中共襄阳地委成立，军政干校属地委领导。1950 年 5 月 29 日，地委组织部通知改名为中共襄阳地委干部训练学校。1951 年春，地委决定将地委干校改名为中共襄阳地委党校。1952 年冬，随襄郧合并，郧阳地委党校并入襄阳地委党校。1955 年秋、冬，地委干部文化补习学校和设在老河口的湖北省军政干部学校先后被撤销，相继并入地委党校。1968 年 10 月，地委党校随地专直机关机构的变化而被撤销。1972 年 11 月，地委决定恢复党校。1983 年上半年，根据中共中央文件和全国第二次党校工作会议精神，为实现中央提出的党校教育正规化的要求，恢复党校教育。1983 年 9 月，地委党校与原市委党校合并为新的中共襄樊市委党校。1984 年 4 月 29 日，经省委同意，中共湖北省委组织部、宣传部和省委党校联合发文，批准中共襄樊市委党校为大专体制的党校。1994 年，经襄樊市委、市政府批准，襄樊市委党校兼办襄樊市行政学院，2001 年，兼办襄樊市社会主义学院。2001 年 12 月，市委讲师团与市委党校合并，市委讲师团职能并入市委党校。

（二）教学、科研工作

1.1978 年前的教学工作

市委党校从创办起，始终坚持对干部进行马克思主义基本理论、党的基础知识的教育，并结合党在各个历史时期的中心工作，进行党的路线、方针、政策和时事政治的教育。随着社会主义革命和社会主义建设事业的发展，根据干部队伍的理论水平和文化素质的状况，不断调整教学内容，变换办班形式。鄂北军政干校时期，根据解放战争迅速发展需要大批干部充实到党政军和基层去开辟工作的情况，举办若干期以吸收干部为目的的干部培训班。学员从具有初中文化程度的社会知识青年中招收，通过一段时间的社会发展史、党的宗旨和形势教育后分配工作，为汉江两岸的解放区输送了急需的党政干部，适应了襄郧地区“减租减息”和“清匪反霸”斗争及地方政权建设的需要。地委干校时期，开始轮训干部，学习时事政策，为土改复查培训了骨干力量。1951 年春，正式改名为中共襄阳地委党校后，党校教育可分为三个阶段。在恢复国民经济和社会主义改造的七年及全面建设社会主义的十年里，党校教育遵照由刘少奇同志主持制定，经中央政治局批准的“学习理论，联系实际，提高认识，增强党性”的教学方针，根据原襄阳地委和原襄樊市委的安排，结合党在各个历史时期的工作中心，开办了两种类型的教学班：理论培训班。面向区级以上党政领导干部，时间 1—5 个月，以社会发展史，马克思主义哲学、政治经济学常识，党史党建和时事政策为教学内容，系统学习，系统辅导。先后共办了 28 期，培训学员 6 470 多人次(其中原市委党校办了 6 期，培训干部约计 720 人次)。文化补习班。对象是区级以上工农干部，学习语文、数学、历史、地理和自然常识等文化课程，通过一年半至三年时间的学习，达到初中文化程度。从 1954 年秋起，到 1962 年年底止，共办了 14 期，毕业学员 630 余人。此外，中间还插办过知识青年培训班和基层干部训练班。1954 年，培训过一期乡党支部书记，学习党的基本知识和党的过渡时期总路线的有关问题；1956 年年初，举办了 2 期知青班，为政法及其他战线培养输送了 200 多名干部；为适应巩固农业社会主义改造成果的需要，同年 3 月份，又举办一期计 500 多人的乡党支部书记培训班。在 1955—1959 年机关干部和群众学习哲学的活动中，地委党校除配合地委宣传部抓直属机关干部学哲学的活动外，1959 年还在檀溪乡办了 1 个辅导点，为农民学哲学、讲哲学，用哲学活动的开展起了推动作用。1951—1968 年，党校教学有两个显著的特点：把改造思想，解决世界观的问题放在十分突出的位置。各级党组织十分注重学员在党校学习期间的言行表现，把在党校学习的表现与返岗后的使用紧密地结合起来。把校内的教学与党的中心工作和历次政治运动紧密结合起来。土改复查、肃反审干、整风反右、大办钢铁、反右倾和反“五风”以及防洪抗旱等活动，都有理论班和文化班学员参加。在这些政治运动和中心工作中，学员既是地委抽调的一支重要力量，又是运动中受教育的对象。在 1959 年和 1960 年上半年的几期培训班里，曾针对学员讨论中反映出来的某些言论进行批判，并写出鉴定装进档案。其意在于贯彻执行党“一切从实际出发，实事求是，理论联系实际”的思想路线和党校教育的优良传统。但是，执行中受到“左倾”错误的干扰，在批判处理学员中出现了一些偏差和失误，给党校教育带来了一定的消极影响。1961 年秋—1962 年年底，根据中共中央关于轮训干部的决定，举办了 3 期主区级和副县级领导干部读书班，学习《社会主义建设的几个问题》《关于党内生活的几个问题》《苏联社会主义经济问题》和刘少奇同志的《论共产党员修养》及其他有关文件。当时，提出不打棍子、不揪辫子、不戴帽子的“三不”方针，动员大家学习文件，畅所欲言，提高认识，统一思想。这对活跃党内民主生活，提高干部按客观经济规律办事，贯彻中央提出的“调整、巩固、充实、提高”的八字方针，在较短时间内恢复国民经济起了一定的作用，同时在克服党校教学中的消极影响方面，也收到较好的效果。通过以上班次的培训，提高了受训干部的政治觉悟、理论水平和文化素养，为襄郧 15 县市的社会主义革命和社会主义建设做出了积极的贡献。1955 年襄郧分家后，党校也一分为二，襄阳地委党校不再担负郧阳地区干部的轮训任务。1972—1982 年，党校根据文化大革命后期形势的发展和党的十一届三中全会后工作重心转移的需要，分期分批地举办干部读书班和轮训班。学习对象除地、市委管的各级领导干部外，还有组织、宣传、政工和工、农、青、妇、公安、司法等方面的干部及理论辅导员等。学习内容分 3 部分：马克思、恩格斯和列宁的《共产党宣言》《法兰西内战》《哥达纲领批判》《反杜林论》《唯物主义和经验批判主义》和《国家与革命》等 6 本书和毛泽东同志的《矛盾论》《实践论》《关于正确处理人民内部矛盾的问题》等书；时事政策及党内的重要文件；经济理论。1978 年以前，主要是组织干部读马列和毛泽东同志的原著，中共十一届三中全会以后，重点学习哲学、经济理论、围绕实践是检验真理的唯一标准，坚持四项基本原则，贯彻“解放思想，实事求是，团结一致向前看”和改革开放、搞活经济的方针，学习《关于建国以来若干历史问题的决议》《邓小平文选》《陈云文选》及薛暮桥同志的《中国社会主义经济问题研究》，帮助干部对“文化大革命”期间及以前的“左”倾错误；从理论上和思想上进行拨乱反正，逐步端正思想路线，把思想转移到以经济建设为中心的轨道上来，为实现党的工作重心转移，打下良好的思想理论基础。这 10 年间，共办各种读书班和培训班 44 期，培训干部 9 631 人次 (其中原市委党校 18 期；培训干部 1 600 余人次。

2.1979—2005 年教学、科研工作

(1)教学工作

中共十一届三中全会后，党校教学工作逐渐步规范化，大体经历 3 个发展阶段。

短期培训、中专学历班阶段。这一时期最大的特点是快速发展。地委党校根据地委的要求，为更好地适应改革开放的新形势，举办十一届三中全会领导干部读书班。1980 年，中央党校在地委党校相

继开办全国科学社会主义和政治经济学师资培训班，来自全国各地的数百名党校教师参加了培训。20世纪90年代，襄樊市委党校担负着轮训部分县处级党员领导干部、正科级干部、乡镇党委正副书记、正副乡镇长，培训中青年领导干部、意识形态部门领导干部和理论骨干，承接公务员初任培训、轮岗培训、晋升培训及更新知识培训等任务，先后举办县级干部班、科级干部班、乡镇干部班、组工人事干部班、政法干部班、中青年干部班等班次。1991—1995年，共开设县处级干部培训班、科局级干部培训班、乡镇党委书记培训班、组工干部培训班、纪检干部培训班、乡镇干部培训班、中专班、纪检监察班等8个班次，共培训2 665人次。

干部轮训、大专学历班阶段。1982—1990年，党校根据中央和省、市委关于实行干部教育正规化的要求，在继续举办领导干部轮训班的同时，开始举办干部学历教学班。1982年招收干部中专专修班学员41人，1983年试招1个大专班，计56人。1984年4月，市委党校被批准为大专体制的学校后，秋季开始大规模招生。6月，省委党校在市委党校设立党政干部函授站，承担省委党校干部大专函授的教学管理任务，开办了函授班。1988年年初，经省教委成教办批准，又开办行政管理和文秘两个专业的自修大学社会助学班。教学内容在保证哲学原理、政治经济学、科学社会主义、党史党建等马列主义基础理论课的课时占到总课时一半以上的前提下，开设有现代汉语、公文写作、名作欣赏、中国近代史等文化基础课。教学方法，根据成年人的特点，把专题讲授与组织课堂讨论启发式教学和案例教学结合起来，调动学员学习的主动性和积极性。到1990年上半年，已有3个中专班151人，五届13个大专培训班621人、四届7个函授班572人和1个人事局委托代培电大班31人毕业离校。此外，还办了8期市直局以上领导干部轮训班和6期乡镇长、2期乡镇党委书记、5期纪检干部的岗位职务培训班，共培训学员979人。1990年春，遵照中央关于全党抓党建的精神，具体承办2期县委书记和市直部办委局负责同志党建理论研讨班，4期离休老干部读书班，共有335人参加学习。尔后又有中专专修班67人，大专函授班275人，大专专业证书班52人陆续毕业离校。

干部轮训、函授教育大发展阶段。1995年，根据中央党校和省委党校的要求，市委党校在原来函授站的基础上，成立中共湖北省委党校函授学院襄樊分院，负责中央党校和省委党校函授教育襄樊市及所辖县（市）区的招生和面试教育工作，开始新的函授学历教育征程。1995—2001年，共招收函授学生24 668名，其中专科学生14 570名，本科学员10 098名，改善了襄樊市直单位及县（市）区在职工作人员的知识结构，提高了业务能力。襄樊党校函授工作以其卓越的成就赢得省委党校的充分肯定，被省委党校授予“函授教育招生工作先进单位”和“函授教育教学管理先进单位”光荣称号。从2002年起，党校函授教育共培训11 623人，其中培养专科人才6 361人，本科人才5 262人。2005年，开办研究生学历班。1995年，党中央颁发《中国共产党党校工作暂行条例》，中央和省委相继召开新时期党校工作会议之后，市委于1996年召开全市党校工作会议，研究解决党校发展面临的重大问题，加快党校发展的步伐。在教学工作上，这时期的党校培训，班次明显增多，培训学制较长，最长的中青班培训学制四个月至半年。教学工作贯彻《暂行条例》规定的“学马列要精，要管用的原则”，科学合理地设置教学内容。形成以邓小平建设有中国特色社会主义理论为中心内容，涵盖“三基本、五当代知识”的培训内容体系。党的十六大召开后，党校教师及时将十六大内容进入培训内容。1996—2001年，共开设12个班次，分别是县处级干部培训班、科局级干部培训班、乡镇党委书记培训班、妇女干部培训班、纪检干部培训班、乡镇干部培训班、中专班、青干班、政法班、党外班、股份制班、企业干部班，培训人数共计4 223人次。1997—1998年，根据市委要求，市委党校先后开办2期大专班，共培训学员247人。2002年年初，新一届校领导在认真学习借鉴外地党校办学经验的基础上，结合本地实际，制定出台《关于进一步办好党校的意见》，提出“质量兴校、科技强校、从严治校”的办校指导思想，确立“以优良的校风影响人，以优秀的授课吸引人，以优惠的政策调动人，以优质的服务温暖人，以丰富的活动陶冶人，以铁的纪律管好人”的办校新思路，制定“打造名牌党校，打造人才基地，打造美好校园”奋斗目标,迈向以改革求生存,以质量创名牌,以创新求发展的新征途,带来了党校面貌的深刻变化。2003年,中央党校《党校工作通讯》第20期刊发校教学改革的经验。2004年9月,湖北省党校系统教学改革现场会在校召开。

2002年,随着市委党校与市委讲师团合并,原讲师团职能划入市委党校,市委党校增加了非中共党员干部培训职能。这一时期,市委党校先后举办县级干部班、青干班、政法班、组工(人事)班、纪检干部班、宣传委员班、乡镇干部班、工会干部班、宣传文化干部班、农业干部班、统战宗教“610”干部班、副乡镇长干部班、事业单位人事制度改革班、招商引资培训班、市直科长班、县(市)区局长班、事业单位干部培训班、选调生班、党外干部班、妇女干部班等各类班次。2002年春季培训181人,秋季培训247人;2003年春季培训264人,秋季培训184人;2004年春季培训418人(两期),秋季350人;2005年春季培训200人,秋季197人。2002年5月,全市县级干部WTO知识培训班在襄樊市行政学院举办。2003年10月,市委在党校举办全市领导干部“三个代表”重要思想学习班。2005年初,市委在党校主办市“四大家”领导班子“保持共产党员先进性教育活动”。

党校教学工作具有以下特点:市委高度重视党校工作。1996年以后,市委副书记兼任党校校长,市委常委、常务副市长兼任行政学院院长,历任市委书记都先后到党校视察指导工作,市委在党校举办专题学习班。市委领导刘善桥、杨祥义、万桃元、姚仁安、欧阳万坤、刘德政、杨绪春、刘仲初等先后到党校为学员作报告。培训体制机制逐步完善。十六大以来,全市形成由组织部门下达调训计划、党校负责具体培训、学制比较规范的干部教育培训工作体制。深入开展主题教学。2003年以来,党校围绕市委、市政府的中心工作确立教学主题,市委副书记、党校校长在开学典礼上作主题教学动员讲话,学员在教师的指导下,在全市城乡开展社会调研,运用所学理论研究解读重大社会现实问题,提出解决问题的具体思路和办法,在结业时,每班选出一篇最好的文章参加全校交流并颁发当期主题教学优秀论文奖。学期结束后,教务处组织教研人员对学员撰写的调研文章进行筛选、修改,然后汇编成册,送呈市委、市政府领导。开展主题教学活动以来,先后编印《春思》《感悟襄樊》《闪光的主题》《跨越》(上、中、下)等多本学员论文集,收录学员文章400多篇。其中,一些文章还选录刊登在《襄樊论坛》上。为提高党校办学质量,拓宽党校教师、学员的视野,2003年以来,党校实行开门办学,邀请国内名家和县(市)区及市直部门负责同志到党校为学员举办专题讲座。中央党校原副校长王伟光、刘海藩,省委党校原副校长顾杰,农业部产业政策与法规司司长张宏宇等高层讲座,深受学员喜爱。党校还聘请客座教授,原宜城市委书记、现市鱼梁洲旅游开发区管委会主任曾玉平、市发改委主任王忠运、市经委主任李德璋等为党校客座教授,先后应邀来校为学员作专题讲座。国防知识讲座、群众工作讲座、健康知识讲座、领导知识讲座、金融知识讲座等,大大丰富了学员的视野,增加了信息量,学员评价很高。教师培训形式多样。不仅送到外地发达党校跟学、省委党校助学,还采取老教授传帮带,利用假期开展双带活动等方式加快年轻教师的成长步伐。2003年开展的“先当学生后当先生”的社会实践活动,邀请襄樊市国企改革领导、专家给老师讲解实战进程,学校安排教师集体到谷城、老河口以及市直高新区、余家湖等一线企业实地参观考察,丰富了教学素材。党校据此编写的《教学情况通报》被省委党校《干部教育报》向全省转发。 党性锻炼逐步加强。根据《暂行条例》的要求,党校还把党性锻炼作为必修课认真抓落实,加强学员组织管理工作,并把学员出勤率、开展活动的参与率、主题教学的效果作为党性是否增强的显性要素,综合考评。省委党校《工作通讯》转发襄樊党校《干部培训闯新路,改革创新活水来》的加强学员组织管理的经验。在学习之余,党校开展丰富多彩的文体活动,传统的拔河赛、篮球赛保持不变,后来又增加了广播操,到传统教育基地以及监狱进行警示教育。学员文艺活动也与时俱进,不断创新。

(2)科研工作

党校于1984年9月开始创办内部理论刊物《理论研究》,1995年,更名为《襄樊论坛》,共出版112期,刊登各种论文和调查报告3 000多篇。1978—1988年,党校教研人员共发表理论文章420篇,其中国家级18篇、省级175篇、市级227篇,获奖论文13篇,出版个人专著1部,参编教材23部。1989—1995年,发表理论文章431篇,其中国家级29篇、省级110篇、市级292篇;党校教师撰写专著和参编教材82部。晋宏忠教授出版个人专著《卧龙深处话孔明》,较为详细地介绍了诸葛亮在襄樊活动的情况。1996—2001年年底,党校教研人员共在市级以上刊物发表理论调研文章352篇,其中国家级32篇、省级89篇、市级231篇,参编各类教材和著作32部。1995年,市委党校设立科研基金,每两年对全市党校系统优秀科研成果进行一次评奖表彰。从1995年开始,已开展7届评奖活动,推动了全市党校系统科研工作的发展。教研人员围绕教学内容和襄樊政治经济社会发展的需要,积极开展科学课题研究。校常务副校长姜家林的《论"三个代表"的一般特征》论文,获全省党校系统科研成果一等奖。姜家林带领学校诸葛亮旅游文化开发研究小组,经过3个多月的酝酿,数易其稿,最后完成"襄樊诸葛亮文化旅游开发的战略策划",呈送襄樊市委书记唐良智等市领导批阅。该文在省委政研室《调查与研究》转载发表,引起广泛好评。

(三)教职工队伍建设

1972年,恢复党校后,由于地、市委的重视,采取回调、引进和选送培养等途径,逐步组建起教师队伍。特别是1984年在组建大专体制党校的过程中,又从机关、厂矿里具有大专学历,并有一定理论功底的同志和社会学校的骨干教师中,选调一批到党校任教。1983年11月,原市委党校改设为襄樊市干部学校,原地委党校改为襄樊市委党校。为适应新时期学员干部培训的需要,新调配扩充了教学人员,经省委批准为大专体制的党校时,共有副教授、讲师等工作人员115人。1994年10月,党校共有教职工129人,其中行政管理人员91人(含工人8人),教师38人(其中教授8人、副教授27人、讲师3人)。1999年年底,事业编制115人,实有103人,其中专兼职教师36人(教授8人、副教授22人)。至2005年年底,事业编制125人,实有99人。

十、老干部管理工作

(一)老干部管理

1.政治待遇

参加会议。市里重要会议、重大礼仪、纪念性活动、党代会、人代会、政协会、劳模会等都请老干部参加。通报情况。市委老干部局每年采取培训老干部党支部书记、老干部科长、春节团拜会、组织老干部参观市工农生产等形式,请市委主要领导向老干部通报情况。

阅文制度。凡中央、省、市下发的重要文件都及时向老干部传达。老干部人数较多的单位一般都设有专门阅文室,每月定期向老干部传达文件。

组织生活。全市所有有老干部的单位都根据人数不等的情况建有党总支、党支部、党小组或将老干部编入有关党小组。每月都组织老干部学习或过组织生活。截至2005年年底,全市离休干部党员2221人,退休干部党员27 535人;建有离退休干部党总支44个、离退休干部党支部684个、离退休干部党小组 2382 个。

走访慰问制度。襄樊市各级党组织都建有走访慰问老干部制度，每年暑期、重阳节、春节、70 岁以上的老干部生日，老干部因病住院等各单位老干部工作部门和主要领导都对老干部慰问看望。市委组织部、市委老干部局每年春节前夕都发文或召开有关人员会议安排布置走访慰问工作，并带着慰问品，代表市委、市政府对市“四大家”地厅级老领导及遗属进行看望慰问。对易地安置在外地的老干部，老干部局代表市委、市政府每两年到居住地看 1 次，去时带着慰问信、慰问金。

宣传表彰制度。市委组织部、老干部局每年至少召开 1 次全市性老干部工作会，传达上级会议精神；安排布置本年度老干部中心工作；宣传表彰上年度老干部工作先进典型。

2.生活待遇

为保证离休干部生活待遇略为从优，中组部 1982 年发文提高未担任地（厅）级职务的行政 14 级和未担任县（处）级职务的行政 18 级离休老干部的政治、生活待遇。

离休费。1990 年以前离休干部都不存在不能兑现的问题。1990 年以后，由于国有企业陆续进入破产、改制，部分自收自支、差额拨款的事业单位实行市场化运作，上述单位中部分离休干部的离休费、医药费出现了不能兑现的问题。除此外，襄樊军工企业比较多，部分军企转民后交由地方管理，这些企业中有许多离休干部，军企转民后因一时没有自己适销对路的主导产品，开始时也很困难，许多企业拖欠老干部“两费”（离休费、医疗费）。市财政在很困难的情况下，每年拿出几百万元为上述困难单位解决老干部“两费”。据不完全统计，1993—2005 年市各级财政[含县（市）区]共为困难单位离休干部解决离休费、医疗费、交通费、护理费、防暑降温费、取暖费、丧葬费、抚恤金等 11 327 万元。2001 年以后市直和各地逐步为离休干部建立了养老统筹、医疗统筹制度，把离休干部的基本离休费、省部规定的补贴、护理费、丧葬费、抚恤金等纳入了统筹范围，将自收自支事业单位离休干部的离休费，采取以参加养老统筹为主，财政补贴为辅的办法解决，这样使企、事业单位离休干部离休费与机关同职级离休干部离休费基本平衡。

医药费保障。离休干部看病就医坚持“在制度规定范围内的医药费用，实报实销”原则。市直离休干部医药费统筹从 2002 年 7 月开始，统筹标准每人每年 10 000 元（自收自支单位和企业 7000 元），市直党政机关和全额、差额拨款事业单位都纳入医药费统筹范畴，行政和全额拨款事业单位统筹金市财政每人每年补贴 7000 元；差额拨款事业单位财政给予适当补贴，企业和自收自支事业单位，市财政每年补贴 300 万元。破产企业资产变现时首先为该企业每位离休干部一次性提取 5 万元医保统筹金，离休干部终身就医。各县（市）区都按中央、省、市要求，结合本地实际确定了相应的办法和措施。市委老干部局每两年组织离休干部进行健康检查，并为老干部建立健康档案，开展跟踪询诊。凡年满 70 周岁的离休干部可享受护理费待遇。从 1980—2005 年护理费经过 5 次调整提高到每人每月 400 元。此外老干部局还经常组织地（厅）级的离休干部进行健康疗养。

老干部住房。离休干部的住房都由所在单位按照同级在职干部的住房标准进行安排。在楼层、朝向等方面优先供老干部选择。

老干部用车。市直机关离休干部较多的单位都配有老干部专用车辆。各县（市）区“四大家”离退休老干部也配有专车，他们急诊、听会、出席重要活动随叫随到均不收费。离休干部所在单位无车的，参加上述活动经有关部门同意，可租用车辆，费用报销。因私事用车按规定收费。

经费使用。所有离休干部都有公用经费和特需经费。公用经费每人每年 1500 元，特需经费每人每年 500 元。副县级以上退休干部每人每年 300 元。这些经费都由各单位老干部工作部门掌握使用，主要用于老干部开展活动、购买学习资料等。此外 1937 年 7 月 6 日以前，1937 年 7 月 7 日至 1942 年底以前和 1943 年 1 月 1 日至 1945 年 9 月 2 日以前参加革命工作的离休干部，每人每年分别享受本人基本离休费的 2 个月、1 个半月和 1 个月的生活补贴。

3.老干部丧葬和优抚

按照中央、省委的有关规定，老干部逝世后不举行遗体告别仪式，不开追悼会，除少数民族老干部逝世后经有关部门批准按有关民族、宗教礼仪办理丧事外，其余老干部遗体一律火化。县级（含副县级）以上离退休干部逝世后可在《襄樊日报》发逝世消息；老红军逝世后除在《襄樊日报》发讣告外，还可在《湖北日报》上发逝世消息。离退休干部逝世后丧葬费 1500 元，行政事业单位离退休干部逝世后，抚恤金为本人生前 10 个月基本离退休费，企业单位离退休干部逝世后抚恤金为本地上年度 10 个月社会平均工资。

4.文体活动及老年教育

襄樊市老干部文体活动主要阵地有：老干部活动中心、老年大学。截至 2005 年年底，全市共建有老干部活动中心（室）666 个，面积 36 857 万平方米，这些活动中心（室）遍布工厂、农村、街道、机关、学校等单位，满足了不同层面老同志的活动需要。襄樊市的老干部活动中心是 1986 年在原“襄阳地区干部疗养所”的基础上组建而成。不仅地理位置偏，而且可供老干部开展室内活动的面积不到 300 平方米。因原有的老干部活动中心远不能适应老干部日益增长的精神文化生活的需要。1997 年 8 月，市委、市政府决定将市老干部活动中心由檀溪路 297—2 号迁建到襄城运动路 17 号。1999 年，市财政拨款 200 万元，老干部局通过转让土地自筹 550 万元，兴建了襄樊市老干部活动中心。新建的市老干部活动中心于 2004 年年初投入使用。占地面积 9 亩，建筑面积 8360 平方米。设有阅览室、棋牌厅、乒乓厅、书画厅、健身厅、戏曲厅、台球厅、沙壶球室、波比球室、电子飞镖室、排练厅、多功能厅等。现经常在此活动的涉老文艺团体 17 个。 老干部活动中心几乎是天天有活动，月月有竞赛，季季有展览，年均接待活动的老干部人数近 6 万人次。在为室内老干部活动搞好服务的同时，注重发挥市老干部活动中心在全市老干部精神文化生活中的龙头带动作用，结合重大历史事件、重要节日和市委、市政府重要工作部署，先后组织老干部开展了“经典老歌大赛”文艺汇演等大型庆祝纪念活动 11 场次。送戏下基层、军民联欢等活动 34 场次，象棋、书画、歌舞等才艺竞赛活动 17 场次。参加活动的老干部 3 万多人次。目前全市离退休老干部依托各级老干部活动中心成立的门球协会、书画协会、舞蹈协会、钓鱼协会、园艺协会、象棋协会等活动团体共 356 个。

襄樊市老年大学成立于 1986 年 8 月，是全省较早举办老年大学的城市之一，也是中国老年大学协会成立之初的会员校之一。学校管理体制是组织部主管、老干部局主办。老年大学当时设在市老干部活动中心，教室只有 100 多平方米，开 1 个综合班。新老干部活动中心建起后给市老年大学留有两个大教室面积 200 多平方米。但这远满足不了离退休老干部学习的需要。2005 年 12 月，市委、市政府决定将市人事局军转干部培训中心大楼和礼堂计 6200 平方米全部由财政拨款租给市老年大学使用。学校有 6 个专用教室、2 个排练厅、2 个计算机教室，开设有诗词、英语、电脑、书法、绘画、音乐、园艺、舞蹈、摄影、烹调、京剧、太极拳、剑等 12 门专业课，共 17 个班，参加各科学习的学员达 1900 多人次。各县（市）区的老年大学也都办得生机勃勃。截至 2005 年年底，襄樊市共建有老年大学（学校）25 所，已毕业学员达 21 400 多人次。

（二）发挥老干部作用

襄樊市组织老干部发挥作用活动开展得比较早。1986 年 7 月底，原随州市（当时隶属襄樊市）西城区休干党支部组织35名离退休老同志到街上设立妇幼保健、儿童教育咨询站、活动了10天，接待群众1000多人次。当月中旬东城区休干党支部又成立1个中小学生校外辅导站，组织2期儿童开展学习、绘画、下棋等健康有益的活动，这两件事，收到较好的社会效果，引起随州市委组织部、老干部局的高度重视，他们及时地进行了总结汇报。7月底，经随州市委同意专门召开会议，决定成立"老干部精神文明建设服务队"，并在东城区、西城区、商业局、洪山、均川等九个单位先行试点。随州市开展的老干部精神文明建设服务队活动得到了中共襄樊市委、市委组织部、市委老干部局的充分肯定和热情支持，也得到省委老干部局的支持。在襄樊市委老干部局倡导推广下，襄樊所辖各县(市)区都相继成立"老干部精神文明服务队"468个。1988年8月市委下文通知成立"襄樊市关心下一代协会"。1992年8月中央成立"中国关心下一代工作委员会"，同年8月襄樊市和各县(市)区"关心下一代协会"全部更名"关心下一代工作委员会"(以下简称关工委)。"关工委"组织主要活动内容：一是经常采取征文、演讲比赛、作报告、图片等形式对青少年进行爱国主义、民族精神教育；二是以未成年人"两法"宣传为主体、教育青少年学法、知法、懂法、守法、护法；三是以"讲政治、育新人、学科技、奔小康"为导向，对农村青年进行科技培训，引导他们科技致富奔小康。据统计，"关工委"自成立以来共发放图书120万册，资助失学、辍学、困难学生54 360多人次，资金3 200万元。截至2005年年底，全市共建"关工委"组织1122个，专兼职成员65 800人，实现了组织机构网络化、教育活动经常化、自身建设规范化。

襄樊市老干部工作所取得的成绩。1991年，被湖北省委、省政府授予"全省老干部工作先进集体"；1997年又被中组部授予"全国老干部工作先进集体"，与此同时襄阳县委老干部局、枣阳市委老干部局、宜城市委老干部局也被授予"全国老干部工作先进集体"，唐金秀、童思兰、刘树联、杨维勤4人被授予"全国老干部工作先进个人"。2001年、2005年襄樊市老干部局又被省委组织部、人事厅、省委老干部局授予"全省老干部工作先进集体"；2005年市委老干部局再次被中央组织部授予"全国老干部工作先进集体"，杨长宏被授予"全国老干部工作先进个人"。

截至2005年年底，襄樊市有33名离退休老干部，有7个离退休党组织受到省级以上党组织的表彰，其中南漳县建委离退休党支部在1996年受到中组部表彰。老年门球协会在1987年被中国门球协会评为全国门球先进单位。2002年、2004年被省社会体育管理中心、省门球协会评为"全省门球先进单位"。谷城县老干部活动中心于1997年底被省委老干部局授予"全省先进集体"。2000年襄樊市关心下一代工作委员会被中国关心下一代工作委员会授予"全国关心下一代工作先进集体"。2005年11月，省委组织部、省委老干部局在襄樊市召开"全省市州、县老干部活动中心建设与发展现场会"，总结推广了襄樊市经验。同年底，市"关工委"又受到中央文明委、中国"关工委"的表彰。与此同时，市关心一下代工作委员会和原襄阳行署副专员、老红军秦志维、张宏庆、施超、付正奎、周青扬、李运生、余仲德、岳帮英等同志多次受到省"关工委"的表彰。

十一、市直机关管理工作

(一)思想建设

1.思想宣传

1996年5月，市直机关各单位结合实际提出当年争创活动的奋斗目标和措施，结合半年工作小结进行自查自评，结合年度工作总结进行评估和申报。在征求各方面意见的基础上，机关工委制定

《“五好”机关考核评比标准》，作为评比“五好”机关的量化参考依据。经过单位自查自评、战线组织考核、民主投票评选，1997 年 4 月，市委市政府命名表彰 15 个 1996 年度“五好”机关。1999 年 4 月，市委办公室批转市直机关工委《关于深入开展争创“五好”机关活动的意见》，明确“五好”机关每两年评选 1 次。2000 年 3 月，市委市政府表彰 1998—1999 年度“五好”机关 30 个，“五好”机关争创工作先进单位 10 个。2002 年 2 月，市委市政府授予 8 个连续 3 次获得“五好”机关称号的单位 2000—2001 年度“五好”机关标兵称号，同时表彰 23 个 2000—2001 年度“五好”机关。

1996 年度“五好”机关（15 个）：市审计局、土地管理局、邮电局、襄樊日报社、市中级人民法院、粮食局、财政局、地税局、教育委员会、物价局、人大常委会办公室、纪委（监察局）、市委组织部、市直机关工委、交通局。

1998—1999 年度“五好”机关（30 个）：市人大办公室、市委办公室、组织部、市纪委、土地局、计委、财政局、审计局、物价局、财委、人行襄樊中心支行、中级人民法院、交通局、市委统战部、建行襄樊分行、市建委、建管局、城建局、襄樊日报社、市国税局、市委老干部局、市总工会、水利局、人事局、供电局、工商局、地税局、劳动局、农机局、公安局。

1998—1999 年度“五好”机关争创工作先进单位（10 个）：市农委、市教学研究室、市文联、市电信局、市建材工业总公司、市外（侨）办、农行襄樊分行、市教育考试管理中心、市委政研室、中国人寿保险公司襄樊分公司。

2000—2001 年度“五好”机关标兵（8 个）：市委办公室、市纪委（监察局）、市审计局、财政局、物价局、中级人民法院、交通局、地税局。

2000—2001 年度“五好”机关（23 个）：市政协办公室、市委统战部、市妇联、市档案局、市计委、市劳动局、市建设银行、市农业银行、市粮食局、工商局、人民银行、广播电视局、科技局、卫生局、行管局、烟草专卖局、水利局、农机局、气象局、房管局、园林局、教育局、市教育考试中心。

1998 年，中共中央下发文件，要求在县级以上党政领导班子和领导干部中用整风精神深入开展以“讲学习、讲政治、讲正气”为主要内容的党性党风教育。全市“三讲”教育分 3 批进行，市直部办委局作为第 2 批，从 1999 年 10 月 8 日开始，12 月 18 日结束。

2002 年 4 月，在“三争”活动中，全市 1448 名县级领导干部完成读书笔记 1582 万字，撰写体会文章 3037 篇，在各级各类报刊发表 500 多篇；各县（市）区、开发区、市直各单位发放征求意见表、调查问卷 69 965 份，设立举报电话 217 部，设置意见箱 465 个，上门征求意见 35 653 人次，征求意见 12 240 条。通过群众提、班子查、领导点等形式共查找各类问题 2284 条，联系实际制定整改措施 1780 条。全市县级领导班子工作创新项目达 1130 个。研究解决改革发展中存在的突出问题和群众反映的热点难点问题 10 700 件。深入实际、深入基层，有针对性地为联系点、扶贫点和本单位本部门干部群众办实事办好事 24 160 件。

2003 年 7 月，根据《中共襄樊市委关于在全市掀起学习贯彻“三个代表”重要思想新高潮的通知》，机关工委在市直机关开展创建“学习型机关”活动。同年 8 月，举办 10 个创建“学习型机关”的试点，推出一批学习典型。同年 9 月 25 日，召开市直机关贯彻“三个代表”重要思想暨创建“学习型机关”交流会，推广市中级人民法院、市审计局、市工商局等 7 个单位的典型经验；组织争创“学习型”先进单位的推荐和评选工作，涌现一批先进单位和先进个人。11—12 月，组织开展市直机关创建“学习型机关”先进单位申报评选工作，2004 年 3 月，对 27 个创建“学习型机关”先进单位进行通报表彰。2003 年度，创建“学习型机关”先进单位 27 个：市纪委、市房改资金管理中心、市水利局、市卫生局、市环保局、市审计局、市委政研室、市国税局、市人防办、市科技局、市地税局、市房管局、市质量技术监督局、市法院、市外经贸局、市委老干局、市政协办公室、市广播电视局、市检察院、市总工会、建行襄樊市分行、市工商局、市信息产业局、市物价局、市科协、市发展计划委员会、市烟草专卖局。

2005年3月18日，为把保持共产党员先进性教育活动引向深入，增强活动效果，市委召开由市直各单位主要领导参加的千人动员大会，在市直机关和党员干部中开展以“市直单位联系党支部（包括贫困村党支部、困难企业党支部）、党员联系贫困户（包括农村贫困户、下岗职工贫困户、城市贫困居民户），促进党的先进性建设、促进襄樊和谐发展”为主要内容的“双联双促”活动，同年5月24日召开县（市）区“双联双促”工作会议，在全市范围内全面推广。市委成立了由市委书记田承忠为组长，市委常委为副组长，16个相关部门为成员单位的工作领导小组，并把领导小组办公室设在市直机关工委，由市直机关工委具体负责活动的指导、监督、协调工作。全市各级机关单位迅速行动，共建立领导小组、工作专班230个，专班人员1975人，普遍做到了“四个一”，即一次会议专题研究、一份文件规范指导、一次动员安排部署、一个专班精心组织，为“双联双促”活动顺利开展打下坚实基础。全市各级领导干部以身作则，率先垂范，以自己的模范行为影响和带动本系统、本单位党员干部参加“双联双促”活动。32名市“四大家”领导每人联系1个企业困难户，1个农村贫困户，共联系贫困户64个。11个县（市）区的315名“四大家”领导干部每人联系2名农村贫困户，共与630个贫困户结成对子。

在各级领导干部的带动下，全市机关党员干部积极行动，纷纷下村进厂入门“认亲”结对子，深入扎实开展“双联双促”活动。实施物资救助，把解决贫困村、贫困户的现实困难作为活动的切入点，开展送温暖活动，为贫困户送去生产生活急需的化肥、大米和资金。培育特色支柱产业，增强造血功能。市直各单位帮助贫困村兴建养殖场、制茶场和大棚农业，帮助调整种植结构，发展经济作物，优化养殖结构，发展旅游经济，壮大打工经济。各县（市）区因地制宜，因村制宜，帮助贫困村、贫困群众引进新项目，开发新产品，发展区域经济、特色经济，培植发展后劲，开辟脱贫致富新途径。加强基础设施建设，改善生活质量。集中相关资金，帮助贫困村实施“筑路工程”“饮水工程”“灌溉工程”“助学工程”，解决贫困群众的行路难、饮水就医难、上学难、用电难等问题。扶志帮智，为贫困户培养“明白人”“技术人”“挣钱人”。各地各单位共办各类培训班42个，培训3278人次；建图书室47个，购买和捐赠图书3.8万册，对有文化基础的中青年实行“定向选拔、定向培养、订单就业”。开展党内帮扶，构建党内帮扶体系。为困难党员提供政策信息4231条，提供就业岗位1305个，帮助解决有关问题2885个，为1011名党员落实了有关待遇，为困难党员捐款捐物折款310万元。到年底，全市1115个机关事业单位（其中市直219个副县级以上机关事业单位）、36个乡镇的党组织与1246个贫困村党组织、166个社区党组织、245个困难企业党组织结成了帮扶对子；28 711名党员干部（其中地厅级干部34人、县级党员干部1591人、科级干部9156人）与22 702个贫困户、79 046名贫困群众、11 587名困难党员结成了帮扶对子。各地各单位和党员干部为联系帮扶的困难单位和贫困户提供就业岗位5 252个，提供政策信息26 379条，解决实际问题19 976个，兴建饮水设施1 435处，启动修路工程513条2 066千米，解决就医难问题3 891个，帮助基层确定发展项目4 969个，提供资金及物资折款达2 882.59万元，帮助5 727名党员落实组织“安了家”，14 889名贫困学生得到救助。“双联双促”活动作为保持共产党员先进性教育的一个长效机制和载体，在全国形成了一定影响，《人民日报》、新华社、《光明日报》、《经济日报》、中央电视台和中央人民广播电台等六大新闻媒体，进行了集中报道。活动中涌现了一批先进典型。

2005年“双联双促”活动先进单位（共71个）：枣阳市委、宜城市委、南漳县委、保康县委、谷城县委、老河口市委、襄阳区委、襄城区委、樊城区委、高新技术产业开发区党工委、襄樊鱼梁洲旅游经济开发区党工委、市委办公室、市人大办公室、市政府办公室、市政协办公室、市委组织部、市纪律检查委员会（监察局）、市委统战部、市委市直机关工委、市交通局、市机构编制委员会办公室、市审计局、市财政局、市劳动和社会保障局、市物价局、市房改委资金管理中心、市人事局、市行政服务管理委员会办公室、市商务局、市国土资源局、市发展和改革委员会、市农业局、市供销合作社、市委宣传部、市广播电视局、襄樊电视台、襄樊人民广播电台、市委政法委、市公安局、市中级人民法院、市民政局、市经济委员会、市安全生产监督管理局、襄樊卷烟厂、襄樊移动分公司、市农办、市水利局、市机电工程学校、市建设委员会、市房产管理局、市环保局、市人民防空办公室、中国农业银行襄樊市分行、市农村信用联社、太平洋人寿保险公司襄樊中心支公司、市卫生局、市第一人民医院、市中心医院、市卫生防疫站、市教育局、市第四中学、市第八中学、市地方税务局、市工商行政管理局、市国家税务局、市质量技术监督局、市科技局、襄樊学院、湖北回天胶业股份有限公司、襄樊王胖子建筑(集团)有限公司、市物资行业协会。

2.形势任务教育

1988 年 11 月,按照中央和省、市委的部署,市直机关工委在市直机关党员中开展以学习贯彻党的十三大和十三届三中全会精神、“治理经济环境,整顿经济秩序”为主题的形势教育。市直机关工委和市委宣传部、讲师团联合编印形势教育参考材料 500 册,分发市直机关 113 个局以上单位。督促党群机关和经委、科委、建委、宣传等战线举办 34 期县级干部形势教育培训班,对 521 名副县级以上领导干部进行培训。组织安排市直机关订购和观看形势教育录像片《警醒后的奋起》。1991 年,根据市委《关于在城镇深入开展党的基本路线教育的通知》精神,市直机关工委具体组织市直机关 124 个局以上机关及其所属 528 个企事业单位的基本路线教育活动,整个教育活动分为 4 个阶段 6 个专题,历时 6 个月。市直单位 181 131 名干部、职工(其中机关党员、干部 8340 人)参加学习,总参学率达 99%。基本路线教育活动坚持正面教育、自我教育为主的方针,在抓好理论灌输的同时,运用生动活泼的形式,把教育不断引向深入。教育活动中,市直单位培训骨干 10 885 人,共举办图片展览 3085 幅,办板报、墙报 1579 期;组织机关干部职工观看《世纪行》等教育片 420 多场次,观众达 14 854 人次;举行演讲会 185 场,听众达 30 596 人;召开现场会和组织参观 93 场次,10 655 人参观。市直各单位领导办联系点 446 个,参加抓点的领导干部 1024 人;市直单位自编教材 31 585 册;召开经验交流会 115 场,听众达 7435 人次;举办报告会 126 场,听众达 15 921 人;各单位结合纪念建党 70 周年,自下而上举行知识竞赛 222 场次,36 618 人从知识竞赛中受到教育。经过基本路线教育活动,市直单位党员干部社会主义信念得到进一步增强。1991 年,为庆祝建党 70 周年,机关工委在市直机关组织开展以“忆传统,作贡献,争做新时期合格共产党员”为主题的系列教育活动。系列教育活动从评选表彰市直 20 个先进党组织、20 名优秀党务工作者和 92 名优秀共产党员开始,到逐步推向开展群众性的党的基本知识竞赛、“党在我心中”的演讲竞赛、歌咏比赛、诗歌朗诵、革命传统讲座和“为党旗增光辉、为人民办实事”等多种形式的纪念活动。在党员义务奉献活动中,市直机关及所属企事业单位有 36 000 多名党员、干部走上街头,深入工厂农村,为人民群众办好事实事 15 000 余件,为灾区人民捐款 937 000 多元,捐衣物 50 000 余件。2001 年 7 月 25 日,市直机关工委在南湖宾馆举办关于世界形势和台湾问题的形势报告会,襄樊军分区政委李长义大校作报告,市直机关各单位分管政工领导和党员干部 400 多人参加报告会。报告会利用多媒体手段图文声并茂地讲述了军事问题和台湾问题,受到一致好评。

3.典型宣传

1989 年 9 月 28 日,围绕学习党的十三届四中全会精神,市直机关工委组织的市直机关“学习四中全会精神,争做模范共产党员”优秀党员事迹报告会在襄阳影剧院举行。市委宣传部宣传科科长郑浩、市人防办平战结合科长沈随智、市公用汽车公司退休干部黄安才、市胶粘技术研究所党支部书记王兆德、市司法局副科长陈学、市法院干部罗世杰、市建行集资储蓄科科长吴樊生、襄樊日报社副总编黄耀晖、市二轻局纪检副书记唐天振、市物资局驻汉办事处主任蒋良选、市农牧局副局长、高级农艺师陈先训等 11 名同志介绍了各自在不同岗位上努力学习,勤奋工作,遵纪守法、以身作则,公而忘私、清正廉洁,大胆改革、探索经验,惩治邪恶、维护治安,旗帜鲜明,反对动乱的先进事迹。市直单位

1500多名党员参加报告会。10月，报告团先后到市农委、建委、经委等战线进行巡回报告6场，听众达4300多名。同时，市直各机关共组织学习报告会176场，听报告人数达27 186人次。1990年10月20日，市直机关工委与市委办、市委组织部联合举办襄樊市优秀干部事迹报告会，枣阳市人大常委会副主任白文宪、随州市洪山镇党委书记杨世明、老河口市粮食制品厂厂长丁新兰、枣阳市二中英语教师骆东风等4名优秀干部代表为市"四大家"领导、各部办委局负责同志及党群战线干部职工500多人作报告。市领导果真、魏元明出席报告会。至10月28日，报告团共在市直各战线和部分工厂、学校、区直单位作巡回报告20场，听众近万人。1991年5月23日，市直机关工委举办襄樊市直机关优秀人物事迹报告会，市中医院副主任医师万斌、市机电研究所党支部书记綦明刚、市高新局计划科副科长付小红、市公用汽车公司司机杨华玲、市公安局刑警大队侦察二队队长张立春等5名优秀人物代表作事迹报告。报告会由市委常委、组织部部长尚立学主持，市委副书记果真出席并讲话，市直各部办委局负责人和机关干部1500人参加报告会。下半年，市直机关工委总结市房管局房管科长毛成明、市规划局人秘科科长田崇先、市税务局樊西分局望江税务所专管员都祥达、市税务局市直税务分局襄城征管处主任邓光秀、市中级人民法院经济庭审判员朱正经、市财政局副科级干部高皇一、市建管局司机王齐安、市医药管理公司经理兼党委书记胡万昌、市工商局局长庆市场管理所所长伍法训、市公安局预审员张培华、市纪委副县级检查员程继权等11名党性强、勤奋廉洁、无私奉献、尽职尽责的市直机关党员干部先进事迹，在《机关党的工作》上以"公仆赞"专辑印发市直机关；在《襄樊日报》开辟"公仆赞"专栏，宣传毛成明、朱正经、邓光秀等同志的先进事迹。1996年2月，市委、市政府在全市组织开展向实干局长陈鼎益学习的活动，市直机关工委总结宣传推广了31个单位好的作法和经验，促进了学习活动的平衡发展。1996年8月，市直机关工委组织全国优秀警察、贴心民警崔德新事迹报告团到市直各战线作巡回报告12场，参加报告会的机关、企事业单位干部职工达6 000多人次。2004年，在市直机关深入开展向任长霞、周国知、牛玉儒等先进模范人物学习的活动，进一步增强了广大干部的公仆意识、大局意识和创新意识。

4.理论教育

1990年8月，在市直机关干部中开展为期 1 年的学习马克思主义哲学活动。1991年7月，江泽民"七一"讲话发表后，组织市直机关党组织采取上大型党课、听辅导报告、办骨干培训班、确定中心发言人、开展小组讨论等形式和方法，引导党员干部把"七一"讲话学深学透并掌握精神实质。1992年7月，在市直机关开展党员教育理论研讨活动，征集研讨论文40余篇。1992年，在市直机关开展以学习中共中央1992年2号文件和邓小平视察南方重要讲话为主要内容的政治理论教育活动。采取大型辅导报告、小型座谈会和印发资料等形式，有针对性地解决党员干部的思想认识问题，加深对有中国特色社会主义理论的理解。1993年，组织市直机关党员干部学习党的十四大文件，学习《邓小平文选》第3卷。市直各机关普遍采取"小集中"的办法，对机关干部进行了轮训。1994年6月，市直机关工委召开学习《邓小平文选》第3卷心得体会交流会，市直部办委局分管政工领导和政工科长参加，把《邓小平文选》第3卷学习活动推向深入。1994年5—7月，组织开展市直机关学习建设有中国特色社会主义理论知识竞赛活动，85个单位的5 773人参加。1995年，根据党的十四届四中全会提出的要求，从提高党员干部队伍素质入手，组织市直机关党员干部参加学习邓小平建设有中国特色社会主义理论、学习《党章》的"双学"活动。1995年6月，组织开展市直机关"龙卡杯"学习《党章》知识竞赛活动，市直机关95个单位的4 384党员干部、入党积极分子参加。1995年11月24日，根据市委关于组织机关干部学习基础知识的指示精神，市直机关工委在市委党校礼堂举办现代科技知识报告会，市直党政群机关科以上干部参加。1996年，市直机关工委与市交通局联合举办"交通杯""双学"知识竞赛。5 796人参加书面答题竞赛，及格率为100%，优秀率为86%。以战线为单位组织了13个代表队，参加全市

“双学”知识竞赛现场答题，选拔5个代表队参加了全市“双学”竞赛决赛，取得1个二等奖、3个三等奖的良好成绩。

2000年，会同市委组织部等单位在市直机关干部中开展学英语、学微机的“两学”活动。通过组织干部收看电视讲座，督促各单位抓集中辅导、加强经常性的督办检查等形式，促进“两学”阶段性目标的落实，到2000年年底，市直机关2100多名干部英语水平达到初中水平，有近1000名干部达到高中以上水平，有3 300多名干部掌握了微机操作基本技能。2000年8—9月，市直机关工委与市规划局等单位联合举办“规划杯”“创新与21世纪襄樊”征文及演讲比赛活动。市直机关430人参加撰写征文，共收到征文300多篇，150多名选手参加演讲比赛。演讲比赛决赛暨征文颁奖仪式9月25日在襄阳剧院举行，襄樊电视台进行了现场直播。在征文比赛中，于诸英获特别奖，方常安、李勇、柯剑、龚为军获一等奖，张永安等7人获二等奖，郭亮等8人获三等奖；在演讲比赛中，张平、段鹏获一等奖，邢译天等4人获二等奖，屈明英等9人获三等奖，吴楠等16人获优秀奖。2001年4—6月，为隆重纪念建党80周年，对广大党员干部进行“三个代表”重要思想和党的基本理论、党的基础知识、中共党史、襄樊党史教育，市直机关工委和市委党史办联合举办市直机关纪念建党80周年“诚信杯”党的知识竞赛。在市直各单位组织机关党员干部深入学习的基础上，各战线选拔18支代表队参加市直机关的3场复赛，6支代表队6月25日在襄阳剧院进行决赛，市教委第一实验小学代表队获一等奖，市法院、市教委第五中学代表队获二等奖，市卫生局、市建委、市经委机械局代表队获三等奖。决赛的实况录像在襄樊电视台播放3次，在社会上引起强烈反响，促进了党的基本理论、基础知识的普及。2001年，组织市直机关学习贯彻江泽民“七一”讲话精神。2002年11月，在市直机关掀起学习贯彻十六大精神的热潮。2003年1—3月，市直机关工委、市城市管理局、襄樊电视台在市直机关开展“城管杯”党的十六大知识竞赛活动。市直机关56个单位218人参加预赛，15个单位68人参加复赛。3月20日在市广电中心举行决赛，市人事局、行政服务中心、建设局等单位获得名次奖。2004年，市直机关工委组织市直机关各级领导班子成员和机关干部认真学习贯彻“三个代表”重要思想，学习党的十六大、十六届三中、四中全会精神，学习《中共中央关于加强党的执政能力建设的决定》。

（二）阵地建设

1.市委市直机关党校

1991年3月30日，市委决定成立市直机关党校。1997年8月，《襄樊市机构编制委员会关于核定中共襄樊市委市直机关党校人员编制的批复》核定市直机关党校事业编制4名，配1名专职副校长主持日常工作。市直机关党校的基本任务是轮训党员干部，培训市直机关申请入党的积极分子，培训政治理论骨干，进行有关专业理论培训。到2005年年底，市直机关党校共举办入党积极分子培训班45期，培训6242人；副科级干部培训班28期，培训1680人；党务干部培训班21期，培训1567人。1999年9月，经市委同意，开始对市直机关及所属单位的预备党员进行跟踪培训，举办预备党员培训班，以“党性、党风、党纪及党的基本纲领、基本路线、基本理论”为主要教学内容，每期一周。到2005年年底，市直机关党校共举办预备党员培训班9期，培训529人。

2.襄樊机关党建网

2004年4月1日，市直机关工委主办的襄樊机关党建网正式开通，该网经国家计算机网络信息中心注册，是具有国内一级域名的地市级机关党建网站，开全省机关党建网站先河。网站宣传栏目设置主要有：工委概览、重要精神、党建工作、精神文明、群团园地、网上党校、机关动态、党建论坛、古城襄阳等11个一级栏目和26个二级栏目。到2005年年底,共整理上网发布文件资料和各类信息4000多条、图片近2000幅,浏览量达4万多人次,成为襄樊机关党建工作经验交流的平台,宣传魅力襄樊的窗口,构建和谐襄樊的助推器。

3.襄樊市机关党建研究会

1994年9月27日,襄樊市机关党建研究会成立。1995年年底,襄樊市机关党建研究会共有63个机关党组织加入为团体会员,260多名党务工作人员为个人会员。1996年3月,襄樊市机关党建研究会加入湖北省机关党建学会。

4.机关内部刊物

《机关党的工作》:1988年11月9日创办,主要是印发市委领导同志关于党建工作的重要讲话、党建工作典型经验,当年编发6期,至2002年年底共编发152期。

《机关动态》:1990年11月24日创办,主要用来反映、交流、推广机关党的建设方面的活动情况,登载机关党组织建设、党员思想教育、干部理论学习、党风党纪、勤政廉政建设情况、两个文明建设、工青妇工作等方面的情况。当年编发3期,至2003年年底共编发264期。

《参阅件》:1990年12月18日创办,属内部保密性质,主要反映市直机关领导干部中的一些问题以及机关党员中不宜公开的思想苗头和倾向性问题,供市委常委以上领导同志参阅。至2002年年底共编发26期。

(三)组织建设

1.机关基层党组织的建立与发展

从1988年6月开始,按照党政分开的要求,市政府各部门的党组(党委)逐步被撤销。撤销党组(党委)后,分别建立直属机关党委、党总支或党支部。有下属企事业单位、党员人数在100人左右的部门建立直属机关党委;党员人数在50人左右的,建立直属机关党总支;党员人数较少,又没有下属企事业单位的,建立机关党支部;各委、办在撤销党组(党委)后,建立机关党支部。到1993年底,市直机关工委审批新建、改建机关党组织226个。1994年8月,市委办转发市委组织部、市直机关工委《关于市直机关党组织设置的意见的通知》,本着减少类别、尽量统一、精简、配套的原则,对市直机关党组织的设置作统一规定,使之趋于合理。市直机关共设置直属机关党委51个、机关党委3个,机关党总支14个,机关党支部41个。1994年10月,市委组织部、市直机关工委《关于市直机关各部门党组指导机关党组织工作的意见》,明确党组指导机关党组织工作的主要任务、主要做法。1996年6月,市直机关工委和市编办联合行文,印发《关于市直机关党组织的设置及人员编制配备的意见》,市直机关党组织的设置和党务干部配备进一步走向规范。到1997年年底,市直单位共建立直属机关党委55个、机关党委6个、机关党总支11个、机关党支部52个。2005年12月,市委出台《中共襄樊市委关于加强和改进市直机关党的建设的意见》,进一步规范市直机关党组织的设置,机关专兼职党务干部的选配得到加强。到2005年年底,市直机关共设置直属机关党委58个、机关党委14个,机关党总支3个,机关党支部381个(其中直属机关党委、机关党委、机关党总支下属党支部273个,离退休干部党支部73个)。市直机关共有党员5 758人,占干部职工总数的87.6%。在职党员3 868人,占党员总数67.2%;离退休党员1 890人,占党员总数的32.8%。在职党员中,厅级干部27人,占0.7%;县级干部992人,占25.6%;正科级干部1 385人,占35.8%;副科级干部749人,占19.3%;其他715人,占

18.4%。女党员 858 人,占 22.1%。

2.开展创优争先活动

1989 年,首次在市直机关组织开展先进机关党组织和优秀共产党员评选表彰活动。同年 7 月,通报表彰市物资局直属机关党委等 17 个先进机关党组织、马国涛等 38 名优秀共产党员。1991 年 6 月,首次在市直机关开展优秀党务工作者评选表彰活动。至 2005 年 12 月,在市直机关共评选表彰先进党组织 284 个,优秀党务工作者 220 名、优秀共产党员 743 名。

1989 年度:市直机关"先进党组织"17 个,市直机关"优秀共产党员"38 名。1990 年度:先进机关党组织 20 个,市直机关优秀共产党员 46 名。1991 年度:先进机关党组织 20 个,市直机关优秀共产党员 90 名,市直机关优秀党务工作者 20 名。1993 年度:先进机关党组织 18 个,市直机关优秀党务工作者 17 名。1995 年度:先进机关党组织 20 个,市直机关优秀党务工作者 18 名,市直机关优秀共产党员 96 名。1996 年度:市直机关优秀党支部书记 23 名,市直机关优秀支部委员 16 名,市直机关优秀党小组长 20 名。1997 年度:先进机关党组织 32 个,优秀共产党员名单 90 名。1998 年度:先进机关党组织 22 个,市直机关优秀党务工作者 26 名,市直机关优秀共产党员 99 名。2000 年度:市直先进党组织 30 个,市直机关优秀党务工作者 30 名,市直机关优秀共产党员名单 89 名。2002 年度:先进基层党组织 45 个,市直机关优秀共产党员 59 名,优秀党务工作者 20 名。2004 年度:先进基层党组织名单 60 个,优秀共产党员名单 66 名,优秀党务工作者名单 30 名。

3.党员教育管理

处置不合格党员。1988 年 10—12 月,根据党的十三届三中全会精神和省委文件要求,市委决定在市直单位开展处置不合格党员工作。市直机关工委负责市直单位民主评议和处置不合格党员工作领导小组办公室的各项日常工作。民主评议和处置不合格党员工作,分为五步进行:学习文件,统一认识;调查摸底,掌握党员状况;组织党员考评,确定党员是否合格;认真查证核实,搞好组织处理;搞好综合治理。"评处"工作在市教委等 7 个单位先行试点,12 月中旬,在市直 224 个单位开展民主评议和处置不合格党员的扩大试点工作,参加这次评处工作的共有党委 84 个,党总支 33 个,党员 15 875 名,其中党政机关有 34 个单位,党委 22 个、党总支 1 人、党支部 50 个,党员 2312 名。到 1989 年 7 月,通过民主评议,共评出优秀党员 1570 名,占党员总数的 9.9%,合格党员 14 140 名,点党员总数的 89.63%,不合格党员和违纪党员 75 名,占党员总数的 0.47%。

民主评议党员。根据中组部《关于建立民主评议党员制度的意见》和中央《关于县以上党和国家机关党员领导干部民主生活会若干意见》以及市委的安排部署,从 1990 年 11 月—1991 年 3 月,在市直机关及其企事业单位中全面开展民主评议党员和党员领导干部民主生活会工作,599 个市直机关和企事业单位 48 272 名党员中,参加民主评议的党员 46 373 名,占党员总数的 96%。经过思想发动、学习文件、对照标准、认真评议和组织考察,评出优秀党员 4241 名,占党员总数的 9.1%;评出合格党员 42 036 名,占 90.7%;评出不合格和有问题党员 96 名,占 0.2%。其中市直机关参加评议的党员 5394 名,评出优秀党员 482 名,合格党员 4905 名,评出不合格有问题党员 7 名。

上大党课。1991 年 3 月 23 日、24 日,为提高机关党课教育质量,市直机关工委组织市委党群口 16 个单位的机关党员分别集中在市政府小礼堂、市政协会议室,听取市直机关工委书记严永康所作的《努力实践党的宗旨,真心实意做人民公仆》的党课报告,市人大常委会副主任谢传纪、罗秀梅、刘代启等领导和党群口各单位机关党员干部 2000 多人听讲。

列席组织生活会。针对党员领导干部这个重点监督对象,印发《关于 2004 年市直机关党员领导干部参加双重组织生活会的通知》,对 2004 年机关党员领导干部参加双重组织生活会作具体规定,组织

8 名市直机关工委干部列席参加了 13 个单位主要领导所在党支部、党小组的生活会。

预备党员集体宣誓。1994 年 6 月 29 日，市直机关首次预备党员集体宣誓仪式在襄阳宾馆举行，97 名预备党员参加。至 2004 年，共举行市区预备党员集体宣誓仪式 6 次，2701 名预备党员参加集体宣誓活动。

4.党支部建设

1991 年 2 月 28 日，市直机关工委制订并组织实施《襄樊市直机关党支部工作条例（试行）》。对机关党支部的组织、职责、任务，机关党支部的自身建设和书记、委员的职责，党的组织生活和党内监督等作出明确规定。1991 年 4—6 月，在市城建局、市建设银行进行贯彻实施《条例》试点。1991 年下半年，结合贯彻《襄樊市直机关党支部工作条例（试行）》，制订达标升级的实施措施和考评标准，使升级达标成为机关党支部创优争先的尺度，在市科委、市财政局先行试点。1992 年，《条例》在市直机关全面贯彻执行，推进了机关党支部工作的经常化、制度化和规范化。1993 年 10 月，根据党的十四大修订的新党章和中央、省市委关于加强新时期党的建设的指示精神，结合新形势下机关党支部面临的新情况，修改并重新印发了《襄樊市直机关党支部工作条例》，对机关党支部的职能任务作了新的规定，增强了可操作性。1994 年 4 月，为促进《条例》的贯彻落实，印发《〈襄樊市直机关党支部工作条例〉检查考评实施办法》，市直机关工委对机关党支部工作实行目标管理，每年的考评工作在当年的 12 月到翌年的 1 月进行。1995 年 8 月 15 日，市直机关工委在南湖宾馆召开市直基层党建工作规范化管理现场会，推广市地税局基层党建工作规范化管理试点经验。市委副书记姚祥栋要求市直机关各级党组织建立严密的组织体系、明确的职责体系、完备的制度体系、完善的目标体系、严格的考核体系，把各项规范化措施落到实处。1995 年 11 月，市直机关工委以《襄樊市直机关党支部工作条例》和《贯彻落实〈条例〉检查考评实施办法》为依据，对市直机关党支部工作进行首次检查考评，103 个机关党支部被评为一类党支部，134 个被认定为二类党支部，3 个被认定为三类党支部。至 2000 年年底，347 个党支部被评为先进机关党支部，385 个党支部被评为合格机关党支部。

5.机关党的工作目标考核

2001 年 4 月，市直机关工委对市直机关党组织实行年度党的工作目标考核，考核目标分为加强领导、服务中心、组织建设、思想政治建设、党内监督、精神文明及群团工作等 6 个方面。根据考核内容，制定下发《襄樊市直机关党的工作目标考核细则》作为考核的依据，实行百分制考核，每年考核一次。

6.机关党建工作台账式管理

2004 年 3 月，市直机关工委开始对市直机关党建工作实行台账式管理。台账式管理，就是对市直机关党的工作实行“一书三簿”管理办法。“一书”即年度市直机关基层党组织建设目标责任书（工作要点或工作报告），根据市直机关工委年度工作计划，把机关党的工作分解为思想、组织、作风、党风廉政、制度建设、精神文明等 6 大项工作，具体划分为相应的工作目标，对每个目标提出了量化的标准和要求。“三簿”即主要工作情况登记簿、理论学习记录簿和党小组活动记录簿。市直机关党组织与机关工委签订《襄樊市直机关基层党组织建设目标责任书》后，在抓好各项工作落实的同时，分别在“三簿”上做好记录，作为目标考核的依据。

7.党建工作制度

2004 年 6 月，制定完善 19 项机关党的工作制度，对机关思想政治工作、理念学习、党支部工作、党内监督、发展党员、党员培训以及机关群团工作等作了进一步规范，编印《襄樊市直机关党的工作制度汇编（试行）》，分发市直各机关党组织，推进市直机关学习教育、组织建设、党员管理和党内监督的规范化。

8.党员发展工作

在发展党员工作中按照“坚持标准，保证质量，改善结构，慎重发展”的方针，加强对入党积极分子的培养教育，把好审查关；严格预备党员接收工作程序，把好入口关；认真做好预备党员的教育、考察和转正工作，把好质量关。坚持成熟一个，发展一个。2001 年 3 月，在市直机关全面实行发展党员公示制，发展对象在入党前、预备党员在转正前均进行 7—10 天的公示。从 1988—2005 年底，市直机关工委共审批市直机关发展的党员 1432 名。

9.开展党内帮扶

2002 年 2 月，走访慰问困难党员 8 名，发放慰问金 2600 元。2003 年 6 月，组织开展走访慰问机关党员活动，为 49 名生活有特殊困难的党员发放慰问金 19 800 元，送去了党组织的温暖。

（四）作风建设

1.“公仆杯”竞赛

1992 年 4 月，在市直机关开展做公仆比奉献的“公仆杯”竞赛活动。市直部委办局（行政性公司）机关和市直机关的全体工作人员，对照优胜单位、优胜个人条件进行自查自评，半年进行自检，年终进行自评。自查自评达标的向战线申报，由战线审核，推荐到市直机关工委，市直机关工委在征求有关单位意见的同时，会同有关部门进行评审。优胜单位按参赛单位的 10%、优胜个人按参赛人数的 1.5%的评选。1993 年 4 月，表彰 1992 年度“公仆杯”竞赛优胜单位 10 个和优胜个人 50 名；1994 年 5 月，表彰 1993 年度优胜单位 18 个和优胜个人 78 名。1996 年表彰 1995 年度优胜单位 24 个，优胜个人 77 名。其中“三连冠”优胜单位 7 个，“三连冠”优胜个人 2 名。“公仆杯”竞赛活动增强了机关党员干部的公仆意识，提高了为经济建设服务、为改革开放服务、为基层服务的自觉性；促进了机关作风建设，培养了奉献精神，展示了机关干部艰苦创业、忘我工作、开拓进取、勇于创新的精神面貌。１９９２ 年度：“公仆杯”竞赛优胜单位 １０ 个，“公仆杯”竞赛优胜个人 ５０ 名。１９９３ 年度：“公仆杯”竞赛优胜单位 １８ 个，“公仆杯”竞赛优胜个人 ７８ 名。1995 年度：“公仆杯”竞赛优胜单位 24 个，“公仆杯”竞赛优胜个人 ７７ 个，“公仆杯”竞赛连续三届优胜单位 ７ 个，“公仆杯”竞赛连续三届优胜个人 ２ 人。

2.公仆标兵、优秀科长、先进机关评选

1994 年 9 月，为进一步加强机关建设和管理，巩固和发展机关思想作风整顿成果，促进机关转变职能，提高效率，经市委同意，在市直单位开展评选表彰“公仆标兵”“优秀科长”“先进机关”活动。“公仆标兵”从市直机关在编干部中评选，“优秀科长”从市直局以上机关科长中评选，“先进机关”从市直各部办委局和行政性公司等机关中评选。经过各战线对照条件，自下而上，优中选优的评选推荐，市直机关工委审核并征求有关部门和市委市政府分管领导同意，1995 年 1 月，市委、市政府授予黄定敏、王元继、汪金章、闻福安、朱明建、熊顺全、齐锋、高升、万仕贤、张植华等 10 名同志“公仆标兵”称号，乐少谟、郝礼明、周家成、付开银、张卫华、肖保、李万友、孔凡才、田源孝、王道明等 10 名同志“优秀科长”称号，市委办公室、市人大办公室、市经济委员会 、市财贸委员会、市农业委员会 、市财政局、市审计局、市物价局、市城建局、市建材工业公司等10个单位“先进机关”称号。在市直机关形成新的学先进、赶先进、创先进、全心全意当公仆，真抓实干做奉献的热潮。

3.思想作风整顿

1994年，市委在对市直机关领导班子进行换届调整的同时，针对当时市直机关的思想作风状况与其所处的重要地位，所负担的重要职责相比，存在着相当大的差距的问题，在全市范围内开展从抓“上班外出吃面条”整顿工作纪律入手，全面整顿机关作风工作。根据市委部署，市直机关工委迅速组成整顿作风工作专班，狠抓督办检查工作，着力解决机关干部上班迟到、办事拖沓等工作纪律松弛问题。1995年，全市召开转变作风狠抓落实经验交流大会后，市直机关工委建立工作专班，抓督办检查，着力整治“三乱”，解决少数单位尤其是“窗口”行业存在的“疲、浮、推、软、玩”现象以及党的观念、群众观念、宗旨观念、纪律观念淡薄的问题，联系实际开展查思想、查作风、查工作、查纪律，认真开展揭、摆、查，使广大党员干部普遍受到了一次党的观念、群众观念、宗旨观念、纪律观念的深刻教育，机关各单位在整改中进一步建立和完善规章制度，机关作风明显转变，面貌大为改观，办事效率大大提高。为落实年初市委提出的“壮大四强，扶持三弱”的战略思想，组织市直45个部门分别包扶54户困难企事业。到年底有32家企业出现转机，其中20家实现盈利，4家持平，8家亏损减少。1996年，根据市委部署，市直机关工委起草《市直机关作风整顿工作实施方案》，市委以文件下发。以学习实干局长陈鼎益为抓手，着力推进“两转变两服务”（转变职能、转变作风，服务经济、服务基层）活动，组织市直各机关按照宣传发动、自查自纠、集中整改、巩固深化的步骤，对照先进找差距，联系实际查根源，严格整顿措施。宣传推广了31个单位好的做法和经验，发挥典型的示范引路作用。1997年5月，市委市政府召开市直机关干部思想作风建设整顿工作动员大会后，市直机关各单位把建设一个好班子、造就一支好队伍、培养一个好作风、健全一套好制度，创出一流好业绩作为整建目标，到7月，市直机关各单位自查自摆各类问题200余条，并逐条进行了整改。

“十佳”“五差”评选。1997年5月，根据市委市政府《关于在全市实施塑造四个形象工程的意见》，市直机关工委和市文明办在市直机关开展社会形象“十佳”“五差”单位评选活动。“十佳”“五差”以“五好”机关评选条件即“学习好、团结好、作风好、纪律好、政绩好”为基本依据，同时从 7 个方面进行衡量：热情周到，礼貌待人，为民服务好；工作规范，务实高效，工作质量好；忠于职守，乐于奉献，精神面貌好；团结拼搏，争先创优，完成任务好；廉洁从政，不徇私情，机关作风好；整治有序，绿化美化，内外环境好；遵纪守法，安全防范，治安秩序好。评选采取群众投票方法进行，全市统一印发选票，市民按自己的意愿填写选票后直接送到市区主要地段上的投票点或市直机关工委。集中投票于11月7日结束，市区人大代表、政协委员寄（送）选票81张，市直机关干部职工送（寄）选票22 009张，市民群众公开投递、邮寄选票277 593张，合计297 683张。经市公证处参与选票汇总并依法公正，市人大常委会机关、市直机关工委、襄樊日报社、中国人民银行襄樊分行、市精神文明建设建设委员会办公室、市物价局、市委组织部、市财政局、市审计局、市交通局等10个单位被评为十佳机关。从选票中收集群众意见和建议票11 561张，整理合理化意见和建议879条，对群众意见涉及的100个单位逐一进行了反馈。在评选活动中，各参评单位以“服务人民，奉献社会”为宗旨，深化职业道德教育，加强机关管理，改进机关作风，提高工作效率和服务质量，发挥了机关在 4 个形象工程（城市形象、单位形象、产品形象、市民形象）建设中的表率作用。

“十佳”公仆评选。1997年11—12月，为深入学习、宣传、贯彻党的十五大精神，促进领导机关、领导干部思想政治建设和作风建设，表彰激励在襄樊市形象工程建设中做出突出贡献的党员干部，推动形象工程建设向纵深发展，市直机关工委在市直机关、襄城区、樊城区、高新技术产业开发区、汽车产业开发区、鱼梁洲旅游开发区的党员干部，重点是党员领导干部中开展形象工程建设“十佳”公仆推评活动。各战线、城区、开发区按照自下而上，优中选优的原则，推荐“十佳”公仆候选人，经市直机关工委审核，市委、市政府分管领导同意，市直各单位和城区、开发区负责同志投票评选，市委市政府审批，魏伟、胡逢潮、王少明、邱洪、周刚、张金良、王绍银、李久文、宋大海、刘德仁等10人被评为“十佳”公仆。

4.思想作风建设年

2000年4月，在市直机关开展“思想作风建设年”活动，提出 强化四大教育”(党的基本理论、基本路线、基本纲领教育，以“三讲”为主要内容的党性党风教育，形势任务教育，新知识新技能教育)，完善“三大制度”(党风廉政建设责任制、机关党建工作责任制、机关管理和领导班子建设制度)“构筑三大工程”(领导示范工程、“阳光”工程、民心工程)，开展“四大创建”(创建“五好”机关，争创优秀领导班子、争当优秀领导干部，评选先进党组织、优秀党务干部和优秀共产党员，创建文明科室)活动的“四三三四”计划。市直机关各单位集中一个月的时间，组织党员干部学习贯彻“三个代表”重要思想，进行以“讲学习、讲政治、讲正气”为主要内容的党性党风教育，开展优化经济环境，塑造良好形象，保持党员先进性的大讨论。从治理“三乱”、优化经济环境入手，查摆不良现象，整改突出问题。市直机关工委先后召开各类座谈会11个，下发调查问卷和征求意见函1 200份，将群众反映的意见进行归类整理，并以书面形式反馈给相应单位，督促其进行整改。在开展“四大创建”活动的基础上，综合各单位开展思想作风建设年活动的情况，开展“双十双百”评选工作。2001年2月，市委、市政府授予市监察局、市水利局、市委政策研究室、市中级人民法院、市交通局、市计委、市物价局、市审计局、市财政局、市广播电视局等10个机关市直“十佳领导机关”，授予金世国、吴敏、任兴亮、侯新建、邱洪、杨宗凤、王安明、赵新建、刘世琦、李秀普等10名同志市直“十佳领导干部”，授予市建委、市总工会、市财委、市科委、市地方税务局、市林业局、市城建局、市信访办、襄樊日报社等 9 个单位“创建市直十佳领导机关”先进单位。2001年2月，经市委、市政府同意，市委办公室、市政府办公室表彰了93个市直单位“作风优良科室”、92名市直单位“办事高效的科长”。

5.聘请思想作风监督员

2000年5月，在市、区两级人大代表、政协委员、民主党派和无党派人士、城区街道办事处负责人和街道居民、企事业单位负责人、外资企业、民营企业的厂长(经理)、个体劳动者以及市级新闻媒体的记者中聘请崔德新等100名同志为市直机关思想作风监督员，提高监督的针对性和时效性，并在市区设立举报意见箱10个，提高监督的广泛性。

6.“两转三创”活动

2002年，结合学习贯彻党的十五届六中全会精神和《公民道德建设实施纲要》，在市直单位开展以“转变作风、转变职能，创最佳诚信机关、创职业道德示范岗、创行业服务明星”为主题的作风和道德实践活动。在调研的基础上确立10个道德建设示范点。通过单位推荐、职能部门初审、公开投票、组织考核等程序，经市委市政府同意，授予市政协办等20个单位为2002年度市直“最佳诚信机关”。同时，市公安局交警支队指挥中心等46个单位被评为“职业道德示范岗”，师伟等42人被评为“行业服务明星”。

7.党员领导干部重温入党誓词

2005年 3 月 12 日，田承忠、李德炳、万桃元等34名市领导和市直110多个机关的党政“一把手”

冒雪来到市烈士陵园革命烈士纪念塔前，在李德炳引领下，重温入党誓词活动。随后，市委书记田承忠作“继承先烈遗志，建设美好襄樊”的讲话。

w

8.“开门评议”活动

2002年，省委组织部将襄樊确定为“开门评议”试点单位，市委高度重视，把开展“开门评议”活动当做实践“三个代表”重要思想，加强和改进机关作风建设，推进襄樊改革开放和现代化建设进程的一件大事来抓，确定80个市直部门作为评议对象。同年7月，市委成立以分管党务工作的市委副书记为组长，市委常委、常务副市长为副组长，市委常委、市委秘书长，市委常委、组织部部长，市政府秘书长为成员的“开门评议”活动领导小组，设立有市委组织部、市政府办、市直机关工委主要负责同志组成的领导小组办公室，组建办公室专班。整个活动分征求意见、落实整改、投票测评、运用结果四个阶段。在征求意见阶段，向社会公布“开门评议”活动投诉电话4部，网络邮箱1个，接待群众来访11人次，受理群众投诉电话105个；向县（市）区“四大家”领导、县（市）区部办委局主要负责人、乡镇党政正职领导和市直各单位机关中层干部及二级单位负责人发放调查问卷1380份；组织4个调查组，分别到县（市）区、开发区、市直机关、国有大中型企业、民营企业、个体工商户、街道居委会和市民家中进行调查走访，召开座谈会21个，座谈走访干部群众561人次；共征求意见和建议2 667条，经过梳理集中为377条，其中281条涉及54个评议对象。在整改落实阶段，根据梳理后的群众意见或建议，向涉及的54个部门反馈意见，督促各单位成立整改工作专班，逐条分析研究，认真调查核实，制定整改措施。到2002年年底，281条意见建议经过分类整改，全部落实到位。在投票测评阶段，采取网上测评、公众投票、社会测评、单位测评4种方式进行测评。网上测评从2004年11月28日至12月8日止，5 254人参与投票；在市政行政服务中心设立的固定投票点，连续10天组织到行政服务中心办事的人员现场测评，收回测评票2620张；组织市区人大代表、政协委员、企业代表等参加的测评会13场，收回测评票1156张；组织市直各单位主要负责人和机关作风监督员现场测评，收回测评票289张。运用结果阶段，在人大代表、政协委员公众代表的监督下，对测评票进行了分值计算，在综合各方面意见的基础上，得满意票前20名的单位被确定为群众满意的市直机关候选对象。同时对排名靠后的单位提交组织部门掌握。2005年3月，市纪委监察局、市委办公室、市人大办公室、市政府办公室、市政协办公室、市委组织部、市委宣传部、市委统战部、市委市直机关工委、市委政研室、市地税局、市国税局、市档案局、市民政局、市审计局、市气象局、市工商局、市农业局、市林业局、市广播电视局等20个单位被市委、市政府授予“群众满意的市直机关”称号。

9.整顿机关作风，优化发展环境活动

2004年3月，市委市政府作出整顿机关作风、优化发展环境的决定，市直机关工委负责活动的组织协调、督办检查、工作指导等日常工作。市直整顿机关作风优化发展环境工作动员大会后，市直机关各单位“一把手”挂帅，分管领导具体抓，共成立工作领导小组和专班120个，专班人员达860余人。活动按照“深入学习、深化认识”“联系实际、查摆问题”“建章立制、着力整改”“开门评议、总结表彰”四个阶段进行。同年9月，从市直10个单位抽调15名干部，组成5个组，采取问卷调查、集中和个别座谈的形式共走访201人，收集群众意见和建议236条，以文字形式向市直30个部门发出了反馈意见函，促进市直机关边学边改、边查边改。设立“市直机关作风建设监督投诉中心”，从社会各界聘请整顿机关作风、优化发展环境监督员274名，建立了监督员信息库。同年10月，组织24名作风监督员，分成8个小组，对48个市直执纪执法单位、窗口服务单位以及与群众生产生活联系密切的单位进行明察暗访，通报暗访情况。协调襄樊日报、襄樊电视台、襄樊广播电台开办“整顿机关作风，优化发展环境”活动专题专栏，在机关党建网上开辟专辑，先后宣传了市纪委等60多个单位的经验，引起社会各界的广泛关注。市直各单位发放征求意见表 6 000 多份，召开座谈会 350 余次，征求各类意见 5 000 多条；制定整改措施 1 092 条，解决热点、难点问题 457 个，为企业办实事 2 027 件，为基层办实事 2 052 件。2005 年 3 月，市委市政府授予在机关作风整顿活动中行动迅速，成效显著的市发展和改革委员会、市经委、市交通局、市卫生局、市人事局、市财政局、襄樊日报社、市编委办公室、市物价局、市农办、市邮政局、市水利局、市科技局、市教育局、市建委、市房管局、市环保局、市园林局、市商务局、市食品药品监督管理局、市质量技术监督局、人民银行襄樊市中心支行、市行政服务管委会办公室、市劳动和社会保 u 障局等 24 个单位"市直整顿机关作风、优化发展环境工作"先进单位称号，并予以通报表彰。

10."项目年奉献日"

2004 年，为切实转变作风，增强服务意识，市直机关工委把 7 月 1 日定为"项目建设年"奉献日。7 月 1 日，市直机关党组织采取组织机关党员干部参加义务劳动、走访慰问特困职工和贫困村民、开展专题调研、上街下乡宣传政策法律和科技知识、组织上党课、学典型等多种形式，实践"三个代表"重要思想，纪念建党 83 周年。市直机关有 3800 多名党员参加了"项目建设年"奉献日活动，以实际行动向党的生日献上了一份厚礼。

（五）党风廉政建设

1.领导干部廉洁自律

1993 年 8 月和 1994 年 2 月，市直机关工委根据市纪委落实"五条规定"要求，组织市直机关开展"三查"活动：个人自查。市直党政机关县级以上干部都严格对照"五条规定"搞好自查自报，对不符合规定的问题进行自纠自改，撰写个人廉洁自律情况小结，填写《市党政机关县级以上干部廉洁自律情况自查自报表》。单位审查。各部门党组织对本单位领导干部自查自纠情况认真清理，逐个审核，作出单位处理意见，并向市纪委、市委组织部、市监察局写出开展自查自纠工作情况的专题报告。1999 年 8 月，为加强机关党风廉政建设，营造廉洁、勤政、务实、高效的机关工作机制，根据中央和省市委要求，开始在市直机关推行廉政公开、政务公开。至年底，市直 124 个机关实行了廉政公开，48 个执纪、执法单位、公共服务部门实行了政务公开。按照市纪委规定，从 1995 年起，组织市直机关县处级以上领导干部向纪检监察和组织人事部门申报个人收入情况。当年共有 460 多名县处级领导干部如实申报个人的工资、奖金、津贴、补助及福利费、从事咨询、讲学、写作、审稿、书画等劳务所得。报告婚丧喜庆等有关事宜。襄樊市从 1997 年开始，实行县处级以上领导干部向同级党委及纪委报告个人有关事项制度。到 2005 年年底，市直累计有 1320 多名县级干部报告个人重大事项将近 1368 起。2004 年 7 月，中纪委办公厅把襄樊市列入开展"党政领导干部和国有企业厂长经理直系亲属出国留学定居和党政领导干部子女就业报备案制度"工作试点。当年统计，市直 1100 多名副县级以上机关领导干部子女中，有 12 名出国留学。出国留学人员中，靠自费的 4 人，平均年费用为 1.6 万元人民币；靠公费的 8 人，其经费来源主要靠国家奖学金或所在留学国家的当地政府提供。领导干部子女在行政事业单位就业的有 500 人，占填报人员总数的 88%，其中通过公务员招考的有 245 人，通过用人单位招聘在事业单位的有 168 人。2003 年开始，市委要求各县（市）区党政主要负责人在本级党的全委（扩大）会议上述职述廉，各开发区以及市直各部门党政主要负责人在本单位干部职工大会上述职述廉。述职述廉活动每年一次，以报告的形式向与会者讲述，然后进行民主测评。市直机关每年述职述廉的县处级领导干部达 600 多人。2003—2005 年间，市直累计有 4 个领导班子和 21 名党政主要负责人被评为不合格，其中

7 人被免职或者被调整领导职务。从 1990 年开始，市直机关工委把制止和查处公款请客送礼工作重点放在公款请客送礼歪风的高发期——元旦、春节期间，进行专项整治，此活动被称为治理“春节病”。每逢元旦、春节期间，市直机关工委都注意抓好节日期间的党风廉政建设工作。1997 年 12 月，组织开展市直党政机关狠刹用公款请客送礼歪风工作。市直机关工委牵头，从市委办、政府办和 5 家新闻单位抽调 12 名干部组成市直机关刹风办公室，至 1998 年 1 月，市直党政机关成立刹风领导小组 140 个，工作专班 140 个 455 人，设廉政监督岗 130 个，举报箱 146 个，举报电话 162 部，修订完善接待、车辆管理、礼品登记制度 155 条，办专栏等 59 期。1999 年，狠抓了非定点接待的检查工作，先后 4 次对市区 60 多家非定点宾馆、饭店进行突击检查，共发现涉嫌公款吃喝车辆 420 台，按照市委、市政府要求，对这些车辆牌号在市级新闻媒体进行公开曝光。2000 年元旦、春节期间，组织工作专班，定期或不定期地对市直机关各单位和市区宾馆饭店进行明察暗访，查出涉嫌用公款吃喝、请客送礼的公车 274 辆，在新闻媒体上公开曝光车辆牌号，并责成当事人说明情况，对其中违反规定的 45 人进行了严肃处理。2001 年，市直机关工委组织市直机关专项治理巡视组，两次深入到市区 46 家中高档宾馆饭店开展明察暗访，查出涉嫌吃喝车辆 236 台，其中涉嫌公款消费的有 67 台，对顶风违纪的 21 个单位和个人下发督办通知书，责成当事人限期整改并接受处罚。当年，市直县级干部有 31 名领导干部拒收红包，主动上交的礼金礼品共达 41800 元。2002 年，通过公布举报电话、设立廉政监督岗、举报箱，开展明察暗访，查出涉嫌公款吃喝车辆 423 台，受理并查处群众举报 9 件，对 25 名违纪人员作出了处理。1994 年，在党群机关开展以“四清一刹”为主要内容的专项清理工作，清理党政机关经商办企业、用公款出国（境）旅游、更换豪华小汽车、个人拖欠公款，狠刹乱摊派乱收费乱集资等工作。党群机关购置的 3 台豪华小汽车按规定作调整，1 人用公款出国退回有关费用，有 2 人退出单位赠送的信用卡，7 人退还拖欠的公款 16354 元，6 个机关办的经济实体与机关脱钩。1996 年 8 月—1997 年年底，市纪委开展清理党政领导干部住房工作，市直机关工委按照要求，对市直机关违反规定超面积住房和用公款超标准装修住房进行清理。市直有 58 名地厅级干部、2017 名县处级干部、5093 名科级干部，共 7168 名同志参加自查自报。清房中有 30 位领导同志自觉退出公房 30 套，22 人补缴超标准装修款 4.3 万元。1998 年，市直单位共清理出移动电话 2079 部，收回折价款 148.42 万元。2000 年 8—9 月，在市直机关中开展清理党政机关及其工作人员借用下级机关、企业事业单位小汽车的工作。共计清理出自用车 19 辆，其中家庭购买的 3 辆，借用近亲属的 4 辆，借用有关单位的 12 辆。借用的车辆到年底全部清退。2000 年，在市直单位共清理小金库 87 个，取消银行账户 127 个，收缴违纪资金 630 多万元。2002 年，市纪委对公车使用提出“九禁止”，在市直机关清理工作中，市直共有 14 人被收缴公车使用费。2004 年，在市直机关开展清理干部职工拖欠公款工作，市直机关共清理出 64 人，拖欠公款 37.57 万元，年底已全部清退。按照市纪委统一部署，市直机关工委从 2004 年 4—12 月在市直开展清理干部职工多购多占公有住房工作。通过自查自报和群众举报，市直 238 个单位 21 864 名干部职工参与清理，共清出 53 个单位 140 多人多处占有住房 146 套，120 套作退房处理，17 套作“富余房”处理，还有 9 套作离婚补款或者其他方式处理，共为国家和集体挽回经济损失 500 多万元。2004 年，市直单位清理出在企业兼职党员干部 8 人。

2.宣传教育

2000 年 4—5 月，组织市直机关纪检干部业务知识学习，分 2 期对 128 名专兼职纪检干部进行业务培训。2004 年，市直机关工委以学习贯彻《中国共产党党内监督条例（试行）》和《中国共产党纪律处分条例》为契机，大力加强党性党风党纪教育：草拟并下发了《关于加强机关党内监督的暂行意见》，明确了机关党组织在监督中的职责范围、内容及方法，为机关党组织实施监督创造了条件；参照《行政许可法》，制定出台《襄樊市直整顿机关作风优化发展环境群众举报核查办法》，以襄整办文〔2004〕

6号文件下发到市直各单位，对群众举报核查的范围、内容及核查方法，处理办法都作了明确规定。与此同时，从社会各界聘请了280名监督员，制定下发了《襄樊市直机关作风建设监督员工作联系和管理办法》，建立了监督员信息库，形成了多层面的群众监督网络，使群众监督步入了规范持久的轨道。1990年9—12月，在市直党组织和党员中开展党规党纪的普及教育活动。组织市直机关党员领导干部，参加市委召开的市直机关党员领导干部学习党规党纪动员大会。结合市直机关实际，制定开展这项活动的实施意见，并成立领导小组。市委于9月中旬，在市直工交战线举办近10万人参加的党规党纪教育试点，全市各级党组织也相应举办学习试点。市直办学习试点20个，党规党纪培训班249期，培训骨干962人次。市直130 086名党员，有125 162名参加学习，占96%。进行测试，检验效果。由市纪委统一命题，各直属单位党组织负责进行集中测验。市直参加考试124 815人，占党员总数的96%。最高分数100分，最低分数82分。1998年，组织机关党员干部参加中纪委举办的《行政监察法》知识学习与竞赛，参学率达到95%，参赛率达到90%以上。1996年8—10月，市直机关党纪政纪条规知识培训全面铺开。市直机关工委举办法规知识学习班3期，向200多名机关干部宣讲了党规党纪。同时，市直纪检监察机关共举办各个层次的党纪政纪条规知识培训班160多期，培训党员干部2.3万余人。在此基础上，举办知识竞赛活动，组织市直各机关和企事业单位30 000多名党员参加，其中县级以上干部党员2500多名，科级干部党员7200多名。2000年4月至5月，市直机关工委分期分批组织市直部办委全体班子成员、各局党政一把手，参加市纪委、市委组织部、市监察局对市直部办委全体班子成员和县(市)区、开发区党政班子成员进行的党纪政纪知识教育培训。培训的主要内容是党纪政纪知识概述、经济违纪及处理、党风廉政建设责任制、组织人事纪律、领导干部廉洁自律有关规定等五个方面。

3.党风廉政建设责任制

2003年3月，在市直机关20个单位开展党政领导干部廉洁自律承诺活动。1999—2002年，市委对各地各部门实行落实党风廉政建设责任制签订责任书制度。1999年初，市直机关工委和市政府办，分别对市直党群部门和政府职能部门签订落实责任制责任书。当年，各部门共签订党风廉政建设责任书9576份。2002年，市直机关工委举行市直26个党群机关2002年度党风廉政建设责任书签订仪式，市委副书记、纪委书记曲颖与各单位主要领导签订了2002年党风廉政建设责任书。2004年年底，受市委落实党风廉政建设责任制领导小组委托，市直机关工委抽调40多名干部，组成10个考核组，对117个市直部门党政领导班子及成员年度落实责任制的情况进行检查考核。此后，落实责任制的检查考核工作进入常态，每年底开展一次。坚持信访工作服务方向，认真处理党内外群众的申诉、检举和控告，实事求是地予以解决。1988—2005年年底，共受理来信来访460余件，办结率100%，做到事事有回音、件件有着落。

1990年11月12日，市直机关工委案件审理小组成立。到年底，审理党员违纪案件3起，处分违纪党员2人。2001年3月，为了更好地适应新时期执纪办案的规律和特点，不断加大市直机关案件查处的力度，市直机关工委成立市直机关执纪办案小组，组长由市直属机关纪工委书记担任，成员以宣传、计委、科委、外经委、外侨办等战线的纪检监察干部担任，同时吸收党群口部分政工人员参加，共22人。执纪办案小组以集中和分散相结合的方式开展工作，其成员的日常工作以所在单位为主，有查案任务时，由组长统一调配力量查办案件。1991—2005年年底，市直机关工委直接查处市直机关党员违纪案件216件，处分党员106人。

（六）精神文明建设

1.文明创建

1991年2月，市直机关工委和市文明办联合发文，在市直机关开展争创文明科室活动。1992年3月，市直机关工委、市文明办首次评审、命名文明科室190个。1993—1995年，文明科室每年命名表彰一次，共命名表彰文明科室695个（次）。1997年2月，首次开展最佳文明科室评选活动。从此，文明科室、最佳文明科室每两年命名表彰一次，1999—2005年，共命名表彰文明科室4260个（次），最佳文明科室1372个（次）。

1989年3月，市直各机关广泛开展“五好家庭标兵”评选活动。市直机关工委和市妇联联合对市直机关9个战线的100户“五好家庭标兵”进行了通报表彰，在市直机关女干部中掀起了一个学先进、赶先进、争贡献的热潮。1992年，评选表彰“五好家庭”65户。1992年7月，组织市直机关600名干部参加家庭文化知识竞赛。 1997年3月，在市直单位组织开展文明家庭评选活动。到1999年年底，在市直机关评出“五好文明家庭”1914户，其中标兵户167户，特色家庭143户、2004年3月，针对机关特点，在机关干部中开展了“学习型家庭”创建活动。2005年3月，表彰创建“学习型家庭”15个、“学习型家庭”示范户28个。

1998年，编印《机关工作人员文明办公手册》。1999年，编印《市直机关工作人员文明办公和形象设计手册》。2001年8月，编印《襄樊市机关工作人员服务“一节一会”知识读本》。2003年，编印《襄樊市机关工作人员文明办公和职业道德手册》。1998年，在市直机关命名19个“青年文明号”活动示范单位。1997年3月27日，组织近5000人参加的鼓号队、秧歌队、彩扇队、花环队、腰鼓队和8辆宣传彩车，上街进行文明行为宣传月活动。1999年3月，组织4000名妇女上街宣传文明行为常识，开展“人人讲文明，家家讲美德”的宣传活动。2001年，机关工委在市直机关干部中开展了“五基”教育即学讲普通话、学习接待外宾基本用语、学习文明礼貌用语、学习襄樊人文地理基本常识、学习襄樊招商引资的基本政策，编印了市直机关工作人员五种基本知识学习读本，帮助机关干部提高素质。2003年2月28日，会同市委宣传部、文明办举办“诚信在襄樊”文明礼貌教育月活动启动仪式，在3月集中组织机关干部开展诚信大讨论，举办演讲比赛等活动，强化机关干部诚信意识。2004年，以做“文明公仆，建诚信襄樊”为主题，以树立良好的政德、商德、公德和职业道德为重点，组织市直机关单位开展“诚信教育月”活动。

2.“创优争先”活动

1990年11月，组织市直机关团组织开展教育和评议活动，共评出优秀共青团员174名。1992年，表彰“巾帼建功”能手21名。1994年3月，组织机关干部职工围绕市委市政府工作中心，开展群众性岗位建功活动，评选表彰82名市直机关岗位建功优秀工作者，树立了一批热爱本职、廉洁奉公、开拓进取、服务基层的机关工作人员榜样。1994年5月，表彰市直机关优秀职工之家24个。1995年3月，在市直机关开展“岗位建功比标兵”评选活动，任兴亮等20名同志被评为市直机关“岗位建功标兵”。1996年3—5月，开展市直机关妇女“建功杯”竞赛活动，表彰先进妇委会14个、先进个人13人。2001年4月，在市直机关命名表彰19个先进职工之家、30名优秀工会干部。2001年3月，召开市直十佳“巾帼建功”表彰大会，市直机关10名“巾帼建功”先进个人、16名优秀妇委会主任受到表彰。

3.文艺展演

1994年1—7月,联合市委宣传部组织纪念建党73周年,襄樊市直机关向现代化大城市迈进文艺展演,市直各战线2500多名干部职工参加了200多个节目的创作和演出,进行了20场展演,25个节目获得优秀展演奖,34个节目获得展演奖。这次展演活动,广泛深入地宣传了党的十四大精神,热情歌颂了中国共产党诞生73年来的丰功伟绩,进一步宣传了市委、市政府关于"学苏州、赶荆州、争上游、创一流""把襄樊建成现代化大城市"的重大决策。1997年6月,市直机关工委组织举办市直"国税杯""庆'七一'、迎回归"文艺汇演。市直各战线各系统层层组织文艺演出活动,参演单位达110多个,演出节目370多个,参演人员达4000多人次,其中汇演入选节目38个,6月25日、27日分别在襄棉俱乐部和襄阳剧院进行演出。1999年,为庆祝建国50周年,唱响爱国主义的主旋律,以"颂祖国、颂改革开放、颂社会主义"为主题,组织开展"祖国颂"诗歌朗诵大赛,147人参加;组织开展市直机关、县(市)区直机关"祖国颂"卡拉OK演唱比赛,8个县(市)区、市直12个战线和71个市直单位推荐300名选手参赛。2000年12月30日,由市委宣传部、市直机关工委、市文化局联合组织市区万人"迎接世纪曙光,建设美好襄樊"大型群众文化游演活动。市直各单位、市区党政机关干部,企事业单位职工,大专院校学生,街道居民和郊区农民13 000多人组成5支游演队伍,汇集秧歌、腰鼓、花环、红扇、彩球、花棍、鼓号、武术、轿车等方队,市委书记孙楚寅,市委副书记、市长罗辉,市委副书记杨祥义、刘善桥、夏志斌,市委常委、纪委书记曲颖,市委常委、副市长赵成霖,市委常委、军分区政委鲁修轼,市人大常委会副主任黄贤德,副市委陈鼎益、曹敬兰,市政协副主席王光祖等领导同志和五县(区)党政主要负责同志分别到达5个集合地,由市委领导主持,襄阳县、樊城区、襄城区、高新区、汽车产业开发区的主要领导致辞,5支游演队伍沿襄樊市区主要街道边行边唱边舞,场面气势恢宏,节目精彩纷呈,吸引了数十万市民观看,为全市跨世纪系列活动涂上浓墨重彩的一笔。2001年6月,举行纪念建党80周年"金鳄杯"《光辉的历程》大型演唱会。6月27日晚,来自紫薇艺术团、金秋艺术团等9支演唱队600多名演出人员演唱了中国共产党成立80年来各个历史时期最具代表性又广为流传的18首歌曲,抒发了广大人民群众对共产党的无比热爱和崇敬之情。襄樊电视台对演出实况进行了现场直播。市委、市人大、市政府、市政协和襄樊军分区在家的32位领导现场观摩,并在演出结束前登台与全体演员和观众共同高歌《没有共产党就没有新中国》,将襄樊市庆祝建党80周年活动推向高潮。2001年7月30日,市直机关工委、襄樊军分区政治部、襄樊电视台在襄阳剧院联合举办襄樊军民"八一""鱼水情"大型军民联欢会,襄樊驻军、武警部队官兵、市直机关干部1200余人观看了演出,襄樊军分区政委李长义大校、市政府副市长陈鼎益出席并致词。2001年9月14日,市直机关工委、市委统战部和襄棉集团等单位在人民广场联合举办以"新世纪、新时代、新形象"为主题的市直机关"职业女性服装设计大赛",共有52人参赛,收到参赛服装178套,通过三轮展示,由22人设计的74套设计新颖、富于创意的服装作品获得好评,10件作品获奖。2001年10月1日在人民广场举办了《新婚姻法》知识竞赛,同时有80对新人参加"世纪情缘"集体婚礼。2002年5月18日举办"鱼梁洲杯"首届中国襄樊京剧、曲剧、豫剧、卡拉OK大赛活动,在明珠广场举办比赛22场,从520名选手中选出17名参加9月16日的决赛,其中:豫剧4名、京剧5名、曲剧3名、卡拉OK 4名。襄樊电视台现场直播了决赛实况。2004年6月,为纪念建党83周年,举办"颂歌献给党"卡拉OK比赛。组织市直78个机关和事业单位的900多名干部职工开展了"颂歌献给党"卡拉OK比赛,经过初赛、复赛,选拔出16名选手进入决赛,同年6月24日,在广电中心演播厅举行决赛,襄樊电视台进行了现场直播。市"四大家"领导曲颖、刘党民、曹敬兰、王绍玲到现场观摩了决赛,并为获奖选手颁奖。同年8月,为纪念邓小平诞辰100周年,举办"春天的故事"大型演唱会。根据市委、市政府统一安排,作为全市纪念邓小平诞辰100周年活动之一,市直单位纪念邓小平诞辰100周年"春天的故事"大型演唱会,同年8月20日在襄阳剧院进行演出,市长付明珠代表市委、市政府致辞,市"四大家"领导,市直机关、学校、襄樊驻军1000多人观看了节目。襄樊电视台进行现场直播。12个单位的精美演唱为广大干部、市民带来了高雅的精神享受。

2000年，服务"一节两会""周末文化广场"活动启动。为服务市委、市政府举办的"中国湖北襄樊隆中诸葛亮文化节暨中国中西部经济协作区襄樊交易会"活动，创造商机，推动襄樊经济超常规发展，市直机关工委提出举办"周末文化广场"活动（在樊城明珠广场、人民广场和襄城西门桥广场每周组织一次群众性文化展演活动），市委充分肯定市直机关工委的意见，要求把"周末文化广场"活动作为襄樊精神文明建设的"拳头产品"抓紧抓好抓落实。12月1日，在明珠广场举行了"周末文化广场"活动启动仪式，市委副书记刘善桥出席仪式并讲话。活动自12月1日正式启动到2001年春节前，3个广场共举办15场周末展演，参加演出的人员达1200多人次，观众达10万多人次。

2001年，打造文化品牌，"周末文化广场"活动声势浩大。元旦、春节期间，组织了由万名干部职工参加的大型群众文化游演活动和20支队伍、近千人参加的舞龙舞狮表演；4—9月份在人民广场、明珠广场、西门桥广场连续开展了以"春之声、夏之歌、秋之韵"为主题的"周末文化广场"专场演出113场，演出节目1 860个，参加人员15 000多人，观众达100多万人；同年8月22日，在人民广场举办17支队伍2 000余人参加的"市区群众文化体育展演"活动；组织"节会"期间五大群众文化活动，即自9月16—23日，3个广场的21场"秋之韵"精品展演；9月18日在襄城、樊城和汽车产业开发区开展的市区"迎八方嘉宾，展襄樊风韵"大型群众文化游演；同年9月17日晚在市区主要街道和广场开展的开幕式前1小时"迎嘉宾"群众文艺表演，京剧、民间戏曲演唱；同年9月18日晚，在襄阳剧院举行的"秦巴世纪风"群众文化展演；这些文体活动有力地支持了经贸洽谈活动，成为节会期间一道亮丽的风景线。同年12月1日，庆祝"周末文化广场"活动一周年，在南湖广场和人民广场分别举行了35支队伍参加的千人扇子舞、千人手帕舞比赛。2002年，以"三进"（组织和引导健康向上的文化进广场、进社区、进家庭）活动为着力点，"周末文化广场"活动水平进一步提高。以"火红的新春"为主题的街道文化活动精彩纷呈。从正月初一至正月初七举办的2万名干部职工参加的"春节群众文化展演周"活动，拉开了全年"周末文化广场"活动的序幕，使广大市民在热闹红火的文化氛围中度过一个幸福、祥和的新春佳节。在"三八"期间举办的千人交谊舞表演活动中，市直千余名舞蹈爱好者以其优美的舞姿、欢快的旋律为市民展示了青春的活力，吸引了2万多人驻足观看。以"绿色的家园"为主题的校园文化活动好戏连台。来自市直和各城区40多所大、中、小学的2000多名师生参加了演出，其参与面之广泛，形式之多样，反响之强烈，都是近年来少有的。31场校园文化演出，把古城襄樊变成了歌城、舞城、欢乐城，受到了广大人民群众的欢迎。以"银色的桥梁"为主题的企业文化活动高潮迭起。7—9月，152个企业参加的20场企业文化展演；9月12日晚"一节一会"开幕前，在市区各主要广场举办的"万人迎嘉宾"群众文化表演；9月11—17日在南湖广场、人民广场、诸葛亮文化广场举办的17场"周末文化广场"精品节目展演；9月16日举办的豫剧、曲剧、京剧和卡拉OK擂台赛等活动，大气磅礴、场面壮观、节目精彩，表达了全市人民"展名城风采，招四海客商，建商家要地"的豪迈气概，为海内外宾客和广大观众献上了一道道精美的文化套餐，有效地发挥了文化搭台、经贸唱戏的作用。

以"金黄的硕果"为主题的机关文化活动气势恢宏。40多个机关1500多名干部职工参加的机关文化表演、为庆祝中共十六大举办的10场文化活动展演、"周末文化广场"活动精品节目展演，融思想性、艺术性和观赏性于一体，用群众喜闻乐见的活动形式，讴歌了13年来全市改革开放和经济建设的伟大成就，抒发了全市人民迎接十六大，欢庆十六大的喜悦心情。

2003—2005年，"周末文化广场"活动深入开展。2003年7—9月，在人民广场和南湖广场分别以"党的颂歌""红旗飘扬""迎接国庆"为主题，组织了24场机关"周末文化广场"展演。参演单位20个，参演节目312个，演出人员3000多人，观众达10万余人。2004年5月份开始，在人民广场和南湖广场组织开展了项目建设年"周末文化广场"展演，共演出13场，参演的演职人员达1200多人，展演节目

182个，观众达10万余人。为纪念市区"周末文化广场"活动开展四周年，打造文化品牌，与市交通局联合举办"交通杯"市区"周末文化广场"精品节目展演，经过层层筛选，2005年1月10日在襄樊电视台演播厅进行现场直播。2005年，结合全市廉政建设教育宣传月活动，组织了8场"周末文化广场"专场演出。参演单位精心编排以歌颂襄樊经济发展，打造平安襄樊，构建和谐襄樊，廉洁勤政为主要内容，高雅文明、健康向上、寓教于乐的节目。到2005年年底，"周末文化广场"活动共演出396场，演出节目2176个，参演人员4万多人，观众多达100多万人次。"周末文化广场"活动的开展，为古城襄樊注入了清新浓郁的文化气息，形成了一道靓丽，独特的风景线，成为广大市民休闲的话题。社会效果明显：一是展现了历史文化名城的深厚文化底蕴。二是推动了市区群众业余文化的蓬勃发展。"周末文化广场"活动开展以来，市区业余群众文艺团体已达70余个，成员4 000余人。三是丰富了市民业余文化生活。四是营造了推进和谐、促进发展的浓厚氛围。五是发挥了"文艺搭台，经贸唱戏"的积极作用。64家企业抓住商机，通过"周末文化广场"活动宣传产品5000多种，经济效益明显。

4.文化体育活动

1990年4月，举办市直机关首届春季运动会，进行乒乓球、羽毛球、男子篮球、围棋、女子跳棋、男子排球6个项目的比赛。1990年5月4日，组织市直34个机关的257名团员青年参加迎亚运长跑比赛。市委书记章治文开枪发令。1996年6月，举办市直机关"地税杯"乒乓球赛，59个机关258名乒乓球爱好者参赛。1997年7月，举办市直机关围棋、中国象棋、女子跳棋比赛，205人参赛。1998年10月，组织举办市直机关"物价杯"女子拔河比赛，市直12个战线22个代表队220多名队员参赛，观众近2000名。1998年11—12月，组织举办市直机关"隆美杯"保龄球赛，来自市区的30支代表队120名队员参赛。经过预赛、半决赛、决赛，市财委、铁道部第十一工程局和市医药局代表人分别夺得团体第一、二、三名。姜子强获男子组第一名，史素珍获女子组第一名。市委常委、秘书长张子强，市委常委、副市委赵成霖观看决赛并向获奖选手和单位颁奖。1999年12月31日，经市委同意，市直机关工委组织市直各战线、学校、企事业单位及城区的1万多名党团员参加开展"奔向新世纪，建设新襄樊"红旗接力活动。2000年7月，举办"吴川杯"市区女子健身健美操比赛，经过两个多月的预赛、复赛。同年9月15日，20支代表队在襄阳剧院进行了决赛。2001年5月17—21日，开展市直"移动杯"羽毛球、乒乓球竞赛，市直机关36支代表队200多人参赛。2004年9月，举办"地税杯"市直机关健身健美操竞赛，市直机关各单位积极参与，通过初赛和复赛，同年9月28日，13支代表队在市自来水公司礼堂进行了决赛。1994年9月，与市委组织部、市委宣传部围绕市委建设现代化大城市这一主题，在市直机关开展"在现代化大城市建设中闪光"演讲比赛活动，12个战线共举办了21场演讲，观众达7000多人。1997年，从增强青年素质、培养跨世纪人才着眼，举办了"雏鹰杯"青年形象电视辩论赛。1998年10月，为宣传襄樊市形象工程建设成果，举办市直机关"我们的形象工程""金融杯"演讲比赛活动，15个战线（城区）组织选手参加，14名选手进入12日在南湖宾馆举行的决赛。廖红娅、李颖获得一等奖，刘琳等4名选手获二等奖，余旗红等8名选手获得三等奖，31名选手获优秀奖，政法委战线获得团体第1名。市委副书记张振华，市委常委、秘书长张子强，市人大常委会副主任朱庆良，市政协副主席魏元明观看了决赛，并为获奖选手颁奖。1999年9月，举办市直"晨鸣杯""祖国颂"诗歌大赛，有近200首诗歌参赛，20首诗歌进入了决赛。2000年8—9月，与市规划局等单位联合举办"规划杯""创新与21世纪襄樊"征文、演讲比赛活动，市直机关450人参加比赛，收到征文300多篇，150多名选手参加了演讲比赛。2001年7—9月，和鱼梁洲旅游经济开发区管委会联合举办"襄樊好风日"游记征文大赛。9月13日，58篇反映襄樊主要山水名胜和文物古迹的游记汇编成《襄樊好风日游记文集》出版。2002年4—5月，为普及和宣传襄樊旅游知识，营造浓厚创优氛围，发掘优秀旅游人才，市直机关工委编写《创建中国优秀旅游城市知识读本》，并和鱼梁洲旅游经济开发区管委会、襄樊电视台联合举办

“鱼梁洲杯”中国·襄樊旅游形象大使电视大奖赛活动，市直35个单位的300多人参加比赛。5月20日，在市广电中心演播厅现场直播活动决赛，20名选手通过形象展示、英语会话、快速答题和才艺表演，展示了健康、向上、文明的襄樊新形象。2003年10月至2004年2月，为深入贯彻落实《市委、市政府关于加快发展汽车产业的若干意见》和《关于支持东风公司发展的意见》，市直机关工委与襄樊日报社联合开展“转变作风、优化环境、服务东风”征文评选活动，市直机关党员干部撰写征文160多篇，24篇作品获奖，其中6篇作品在《襄樊日报》刊发，为优化环境、服务东风营造良好氛围。2005年4月，举办“我身边的共产党员”演讲及征文竞赛。58个机关事业单位的500多名干部职工参加竞赛，54名选手参加复赛，36名选手参加半决赛，15名选手进入决赛。6月24日，决赛在市广电中心演播大厅举行，襄樊电视台进行了现场直播，市直110个党政机关的党员干部集中收听收看，产生了良好教育效果。征文活动共收到市直50多个单位和4个县（市）区的作品180多篇。7月，将36篇获奖征文和15篇决赛演讲稿汇编成《我身边的共产党员》，印发市直机关党组织，成为市直机关党员干部学习教材。2000年3月，举办市直机关领导干部普通话大赛，145名县级以上领导干部参加。市委常委、组织部部长王树华等3名市委领导带头参加比赛，有力地推动了市直机关学讲普通话工作，促进了领导干部素质的提高。1990年12月26日，市直机关首届书法展在市政府小礼堂开幕，展出作品100多幅，24名同志获优秀奖。市委书记章治文、市长杨斌庆的书法作品参展，市委常委、宣传部部长张子强出席开幕式。1993年4—7月，举办市直机关第二届书法展。收集书法作品301幅，展出151幅，其中48幅作品获奖。1993年11月，市直机关书法协会成立。1994年1月，举办市直机关第三届迎新春书法大赛。1995年1月6日，市直机关工委与省直机关工委联合举办首届全省地市州直机关书法展。杨斌庆、姚祥栋等市领导参加了在襄城北街三国蜡像馆举办的开幕式。省直机关和13个地市州机关送展的180余件作品参展。1996年7—9月，与市硬笔书法协会联合举办弘扬湖北精神、襄樊精神硬笔书法比赛，1 200多件作品参赛。9月20日，325件作品在襄城图书超市展出。1997年7—8月，组织举办市直“邮电杯”书法展。1998年5月，与市指墨艺术协会等单位在襄城昭明台广场联合举办庆“六一”百名少儿绘画现场表演，108名少年儿童参加。1999年9月，以“颂祖国、颂改革开放、颂社会主义”为主题，举办“祖国颂”书画展，120幅作品参展。1999年10月，举办市直“迎澳门回归祖国”书法展。2000年，组织开展市直“迎接新世纪”书法展活动。2002年4月12日，与隆中管委会联合开展争创中国优秀旅游城市“隆中之春”大型书法笔会，襄樊市知名书法家和书法爱好者100多人围绕创优主题，书写了150多幅书法作品。2002年11月12日，与高新技术开发区联合举办市区庆祝“党的十六大”书法笔会。2003年9月27日，在市展览馆举办“移动杯”市直机关庆祝建国54周年书法获奖作品展，275名机关干部参赛，116幅作品获奖并展出。2004年9月29日，与鹿门寺开发区联合举办“金秋鹿门”书法笔会，市人大常委会副主任刘觉民、市“四大家”老领导伍荣显等和市直部分书法爱好者、知名书法家60余人在鹿门寺国家森林公园以书言志。1993年12月至1994年2月，在市直机关开展春联有奖征集竞赛活动，811幅作品参赛，34幅作品获奖。

卷十九　襄樊市人民代表大会

1983年以前，襄阳地区行政公署为湖北省人民政府派出机构，未建立人民代表大会制度。时襄樊市及襄阳地区所辖县(市)人民政府，各自分别按时召开人民代表大会，成为县、市地方国家权力机关。1983年，襄阳地区撤销建制，与襄樊市合并组建新的襄樊市，实行市领导县的新体制。地、市合并后的人民代表大会沿用襄樊市人民代表大会届次，每届任期5年，至2005年1月，历经5届。襄樊市人民代表大会及其常务委员会依照宪法和法律赋予的权力，采取每年召开一次全体代表大会、4至6次不等的常委会等形式，听取市人民政府、市中级人民法院、市人民检察院工作情况汇报，组织代表开展调查、视察和检查活动，督办代表提案、议案和意见与建议，监督"一府两院"工作；对本级国家机关工作人员的任免，实行对拟提请任命人员进行法律知识考试制度、任前公示制度、评议制度，行使人事任免权，保证本级国家机关正常运转；围绕经济建设中心任务、民主法制建设和人民群众关心的热点、难点问题，讨论决定重大事项。市人民代表大会正确行使地方国家权力机关职责，为全市改革开放、经济建设和社会各项事业的发展，起到引导、推进和保障作用。

一、代表产生及组成结构

(一)代表产生

1983年以前，原襄樊市人民代表大会代表的产生，一般于每届任期届满拟换届之前，市委、市人大会同市政府成立襄樊市选举委员会，市区内各行业、各系统以及城郊各公社(办事处)，分别组建选举工作领导小组，组织专班抓好选举工作。市选举委员会遵照《中华人民共和国全国人民代表大会和地方各级人民代表大会选举法》以及《湖北省县级直接选举实施细则》规定，将代表名额分配到各行业、各系统、城郊各公社(办事处)。各系统、各公社(办事处)选举工作领导小组分别抓好培训骨干、宣传发动、选民登记、提名推荐候选人工作，最后组织选民直接选举产生人民代表。襄樊市第九届人民代表大会的代表，即根据《中华人民共和国全国人民代表大会和地方各级人民代表大会选举法》，经全市选民直接选举产生的。

地、市合并后的襄樊市自组建之日起，市人民代表大会的代表，即来自各县(市)、区及市政府直属各部门。代表的产生，由各县(市)、区人民代表大会分别召开会议选举产生(市直属机构或按行业按系统组织选举或就近参加县区选举)。历次县乡两级人大换届，成立有市委、市人大常委会领导参加的县乡人大换届工作领导小组及其办公室，市委书记任领导小组组长，各县(市)、区党委书记或副书记担任选举委员会主任。在党委的统一领导下，各级人大和选举机构分别选出县乡人民代表大会代表。襄樊市人民代表大会代表的产生，一般在每届任期临近、准备换届，市人大常委会即根据《选举法》规定代表名额的分布原则和农村、城市每一代表所代表的人口数的规定，确定代表名额，报经省人大常委会批准之后，将代表名额分配到各县(市)、区。各县(市)、区分别召开人民代表大会，采取差额选举和无记名投票的方式，按照规定的名额，选举产生出席襄樊市人民代表大会的代表。

(二)代表组成结构

襄樊市第九届人民代表大会代表的选举工作从1980年9月23日开始到同年12月6日结束。市辖区内42个选区选民183 502人，参加直接选举的175 406人，占选民总数95.62%，选举产生正式代表255人。代表中，干部67人，占代表总数26.3%；职工85人，占33.46%；农民16人，占6.3%；解放军1人，占0.4%；科技人员32人，占12.6%；医务工作者6人，占2.4%；文体工作者3人，占1.2%；教师9人，占3.5%；民主人士2人，占0.8%；归国华侨1人，占0.4%；少数民族9人，占3.5%；台湾籍同胞1人，占0.4%；劳动模范7人，占2.7%；居民群众16人，占6.3%。代表中，有非党人士85人，占33.4%；共青团员5人，占1.9%；共产党员165人，占64.7%;妇女代表60人，占23.6%。

地、市合并后，襄樊市第十届人民代表大会代表的选举工作，于1983年12月下旬开始，至1984年1月中旬结束，选举代表540名。其中，工人代表79名，占14.9%；农民代表116名，占21.4%；干部代表161名，占29.8%；知识分子代表131名，占24.2%,民主党派和无党派人士代表31名，占5.7%；归侨代表11名，占2%;解放军和武装警察代表11名，占2%。在代表总数中，非党代表220名，占41.1%；妇女代表119名，占22%；少数民族代表25名，占4%；具有高中以上文化程度的代表242名，占44.8%，其中具有大专文化程度的119名。代表中，绝大多数是中青年，平均年龄42.6岁。

第十一届人民代表大会代表484名。其中：工人代表95名，占19.7%；农民代表59名，占12.1%；干部代表126名，占26%；知识分子代表129名，占26.1%;民主党派、无党派爱国民主人士代表63名，占13%；解放军和武警代表8名，占1.8%；归侨侨眷代表4名，占0.09%。在代表总数中，非中共党员代表164名，占33.9%；妇女代表107名，占22.1%；少数民族代表27名，占5%。

第十二届人民代表大会代表507人。其中：男代表387人，女代表120人；代表中，工人97人，占19.1%；农民77人，占15.2%；解放军11人，占2.2%；干部128人，占25.2%；知识分子122人，占24.1%； 华侨侨眷4人， 占0.8%；35岁至55岁的代表356人， 占70.2%；56岁以上的代表69人，占13.6%；中共党员代表358人，占70.6%，民主党派、无党派人士代表149人，占29.4%；大专以上文化程度的代表239人，占47.2%；中专68人，占13.4%，中专以下200人，占39.4%。

第十三届人民代表大会代表473名。其中：工人117名，占24.7%；农民61名，占12.9%；其他劳动者41名，占8.7%；解放军8名，占1.8%；干部152名，占32.1%；知识分子91名，占19.2%；台属侨眷3名，占0.6%；非中共党员代表123名，占26%。妇女121名，占25.6%。少数民族14名，占2.96%。35岁以下57名，占12%；36岁至55岁388名，占82%；56岁以上28名，占6%；平均年龄44.5岁。大专以上文化程度294名，占62.2%；中专、高中文化132名，占27.9%；初中文化47名，占9.9%。市十二届人大代表116名，占24.5%。

第十四届人民代表大会代表471名。其中：工人农民184名，占39.1%；干部135名，占28.7%；知识分子121名，占25.7%；民主党派和无党派爱国人士21名，占4.5%，人民解放军11名，占2.3%；非中共党员76名，占16.1%；少数民族10名，占2.1%；妇女86名，占18.3%。

二、历届历次代表大会

（一）襄樊市第九届人民代表大会

1.九届一次会议

1981年1月23—29日举行。应到代表255人，实出席会议代表247人。市直各委、办、局及城郊公社负责人列席会议。与会代表审议并通过政府工作报告、财政预决算报告、市中级人民法院和市人民检察院工作报告。选举新组建的人大常委会主任、副主任、常务委员，选举襄樊市人民政府市长、副市长、市中级人民法院院长、市人民检察院检察长。大会收到代表提案735件。其中，属于工业交通和国防工业方面54件，市政建设和基本建设方面176件，农业方面12件，国民经济计划、物价管理方面80件，财贸方面111件，文化教育、科学技术方面101件，卫生和计划生育52件，政治、侨务外事、人事方面85件，民兵建设及其他方面64件。大会主席团将各类提案交市政府转有关部门办理。

2.九届二次会议

1982年3月5—8日举行。出席大会代表226人。市政府各部门主要负责人和出席市政协六届二次会议的全体委员列席会议。会议审议政府工作报告，并通过了关于政府工作报告的决议；审议财政预算决算报告，并通过了关于财政预算决算报告的决议；审议人大常委会工作报告，并通了过关于这个报告的决议；审议市中级人民法院工作报告和人民检察院工作报告，并通过了关于这两个报告的决议；增选常务委员会委员。大会收到代表提案81件，意见113条。大会主席团将各类提案、意见交市政府及其有关部门办理。

3.九届三次会议

1983年3月2—5日举行。出席大会代表226名。出席市政协六届三次会议的全体委员和政府各部门主要负责人列席会议。大会听取和审议“一府两院”工作报告、财政预决算和市人大常委会工作报告；选举出席省六届人民代表大会的代表和市人民检察院检察长。大会收到代表提出的各类提案70件，意见78条。大会主席团将各类提案、意见交市政府及其有关部门办理。此次会后，襄阳专署、襄樊市于当年10月合并。12月下旬，各县（市）分别召开人民代表大会，选出新组建的襄樊市人民代表大会代表。其届次沿袭原襄樊市人民代表大会届次，首届即为第十届。

（二）襄樊市第十届人民代表大会

1.十届一次会议

1984年1月19—22日召开。应到代表540人，实出席代表502名。出席市政协七届一次会议的全体委员和市政府各部门的负责人列席会议。此次会议是在实行市管县体制不到3个月的时间召开的，大会没有听取和审议各项工作报告。中心议题是贯彻中国共产党十二大和湖北省第八次党代会精神，落实全国人大六届一次会议和省人大六届一次会议各项决议，进一步完善市领导县管理体制。会议选举王根长等35人为常务委员，选举主任1名、副主任10名（见“襄樊市人民代表大会常务委员会组成人员”，下同）；选举章治文为市长，胡久明、李正洪、冯忠祺、杨斌庆、纪玲芝、焦泽浩、韩南鹏为副市长；选举张学义为市中级人民法院院长，王佐为市人民检察院检察长；增选孙步尧、赵家驹为省六届人大代表。大会收到代表提出的议案46件，经大会议案审查委员会审查，属议案的5件，建议和意见41件。大会决定将议案、建议和意见交有关部门办理后，逐件签原提案代表，并负责向下次代表大会报告。

2.十届二次会议

1985年3月11—15日召开。出席会议的代表483人。市政府各部门和枣阳、宜城、南漳、谷城4县人民政府负责人，计划单列的随州和老河口两市人大常委会委员与政府负责人，出席市政协七届二次会议的全体委员列席会议。大会中心议题是贯彻落实市第六次党代会决议，讨论决定襄樊市1985年经济体制改革、发展国民经济和社会事业各项计划，进一步加强民主与法制建设，动员全市人民为1985年实现国民经济第一个翻番努力奋斗。会议听取并审议市人大常委会、市政府、市中级人民法院、市人民检察院工作报告，通过对这四个报告分别作出的决定；听取审议关于襄樊市1984年国民经济和社会发展计划执行情况及1985年计划安排(草案)的报告、关于襄樊市1984年财政决算和1985年财政预算(草案)的报告，通过对这两个报告分别作出的决定；审议市人大常委会提出的《关于在全市公民中普及法律常识的议案》，通过《关于在全市公民中普及法律常识的决定》；审议保康县、南漳县、谷城县3个代表团提出的《关于认真做好扶贫工作的议案》，通过《关于做好扶贫工作的决定》。会议接受王根长辞去襄樊市十届人民代表大会常务委员会主任职务的请求报告，选举郑少波为十届人大常委会主任，增补周本立为副主任，增选孙志宪、汪玉桥、郭秉乐为常务委员，选举王勇为市中级人民法院院长。大会收到代表议案3件、建议和意见60条，转交市政府及其有关部门办理。

3.十届三次会议

1986年3月10—16日召开。应到代表550名，实出席会议代表505名，市政府各部门，各县(市)、区政府负责人列席会议。听取和审议市人民政府工作报告、襄樊市“七五”计划(草案)报告；听取和审议襄樊市1985年国民经济和社会发展计划执行情况及1986年计划安排的报告；审查和批准襄樊市1986年国民经济和社会发展计划；听取和审议襄樊市1985年财政决算和1986年财政预算的报告，审查和批准襄樊市1985年财政决算和1986年财政预算；听取和审议市人大常委会、市中级人民法院和市人民检察院的工作报告。增选6名常委会会员；接受蒋继舒辞去十届人大常委会委员职务的请求；通过了政治决议。大会收到代表议案2件，建议和意见48条，转交市政府及其有关部门办理。

4.十届四次会议

1987年3月18—24日召开。应到代表546名，实出席会议代表502名。市政府各部门负责人列席会议。听取和审议市人民政府工作报告；听取、审议并批准襄樊市1987年国民经济和社会发展计划(草案)的报告；听取、审议并批准襄樊市1986年财政决算和1987年财政预算(草案)的报告；审查和批准襄樊市第七个五年计划；听取和审议十届人大常委会工作报告；听取、审议和通过市中级人民法院、市人民检察院的工作报告。大会收到代表议案3件，建议和意见55条，转交市政府及其有关部门办理。

5.十届五次会议

1988年2月2—7日举行。与会代表458名。听取并审议市人大常委会和“一府两院”工作报告，分别作出并通过上述4个报告的决议；听取并审议襄樊市1987年国民经济和社会发展计划执行情况和1988年计划草案的报告、襄樊市1987年财政决算和1988年财政预算草案的报告，分别作出并通过上述2个报告的决议；听取并审议议案审查委员会关于议案的审查报告，财政预算审查委员会关于财政预算的审查报告，分别作出并通过上述2个报告的决议。选举产生出席湖北省第七届人民代表大会的78名代表。大会收到代表议案2件，建议和意见58条，转交市政府及有关部门办理。

（三）襄樊市第十一届人民代表大会

1.十一届一次会议

1989年3月10—15日召开。与会代表484名。市政府各部门负责人列席会议。审议通过市人大委员会和“一府二院”工作报告，分别作出通过上述4个报告的决议；审议通过襄樊市1989年国民经济和社会展计划、襄樊市1988年财政决算和1989年财政预算报告，分别作出通过上述2个报告的决议；审议通过市人民代表大会代表持证视察办法和市十一届人大一次会议选举办法。通过《关于确认章治文辞去襄樊市人民政府市长职务的请求的决定》；选举伍荣显等42人为市十一届人大常委会成员，主任1名，副主任10名；选举杨斌庆为市长，李正洪、焦泽浩、阎增福、黄贤德、张振华为副市长；选举王勇为市中级人民法院院长，张明声为襄樊市人民检察院检察长。大会收到代表议案3件，建议和意见61条，转交市政府及有关部门办理。

2.十一届二次会议

1990年3月31日—4月5日召开。应到代表495名，实出席会议代表454名。市政府各部门负责人列席会议。听取和审查市人大常委会、“一府两院”工作报告；审查和批准1990年襄樊市国民经济和社会发展计划、1989年财政决算和1990年财政预算报告；分别作出通过上述报告的决议。通过产生襄樊市第十一届人民代表大会各专门委员会及其组成人员。大会收到代表议案2件，建议和意见50条，转交市政府及有关部门办理。

3.十一届三次会议

1991年3月7—13日召开。应到代表513名，实到509名。市政府组成人员中不是代表的22人和市直有关团体51名负责人列席会议。听取和审议市政府、市计委、市财政局的工作报告；审查襄樊市国民经济和社会发展十年规划及“八五”计划；听取和审议市人大常委会、市中级人民法院、市人民检察院工作报告；分别作出通过上述报告的决议。补选张广瑜为市十一届人大常委会委员，许亚非为市中级人民法院院长。大会收到代表议案2件，建议和意见65条，转交市政府及有关部门办理。

4.十一届四次会议

1992年3月16—22日召开。应到代表509名，实出席会议的代表458名。市政府各部门负责人列席会议。听取和审查市人民政府工作报告；听取和审查襄樊市1991年国民经济和社会发展计划执行情况及1992年计划安排（草案）的报告，审查批准1992年襄樊市国民经济和社会发展计划；听取和审查襄樊市1991年财政决算及1992年财政预算（草案）的报告，审查批准1992年财政预算；听取和审查市人大常委会、市中级人民法院和市人民检察院的工作报告。分别作出通过上述6个报告的决议。补选市人民政府市长，补选人大常委会委员。大会收到代表对市政府提出的意见、建议、批评169件，转交市政府办理。

5.十一届五次会议

1993 年 3 月 5—10 日召开。应到代表 507 名,实际出席会议的代表 467 人,市政府各部门负责人列席会议。听取并审议市人大常委会和"一府两院"工作报告;听取并审议襄樊市 1992 年国民经济和社会发展计划执行情况及 1993 年计划安排(草案)的报告,审查批准 1993 年国民经济和社会发展计划;听取并审议襄樊市 1992 年财政决算及 1993 年财政预算(草案)的报告,审查批准 1993 年财政预算;分别作出通过上述报告的决议。选举出席湖北省第八届人民代表大会代表。大会收到代表给政府提出的意见、建议和批评 156 条。闭幕式上,市委书记杨斌庆发表讲话。

(四)襄樊市第十二届人民代表大会

1.十二届一次会议

1994 年 4 月 2—6 日召开。出席会议代表 496 人,市政府各部门负责人列席会议。审查通过市人大常委会和"一府两院"工作报告;审查批准襄樊市 1993 年国民经济和社会发展计划执行情况及 1994 年计划安排的报告、襄樊市 1993 年财政决算和 1994 年财政预算安排的报告。选举伍荣显等 37 人为市人大常委会组成人员;选举贾天增为市长,阎增福、黄贤德、邱勇、赵成霖、袁军晶为副市长,姚仁安为市中级人民法院院长,张明声为市人民检察院检察长。批准设立襄樊市第十二届人民代表大会法制委员会、财政经济委员会、教育科学文化卫生委员会。代表提出《关于制定〈教师法〉实施办法的议案》和《关于禁止在城区燃放烟花爆竹的议案》。给市政府提出意见、批评、建议 144 件,大会转交市政府办理。

2.十二届二次会议

1995 年 3 月 2—7 日召开。与会代表 440 人,市政府各部门负责人列席会议。会议听取、审议、通过市人大常委会和"一府两院"工作报告;听取、审查并批准襄樊市 1994 年国民经济和社会发展计划执行情况及 1995 年计划(草案)的报告、襄樊市 1994 年财政预算执行和 1995 年财政预算(草案)的报告;审议并通过关于在襄樊市第十二届人大代表中开展"我为建设经济强市作贡献"活动的决议。选举李远继、熊小春为市人大常委会副主任,钟敏昌为市人大常委会委员,宋德福为副市长。大会收到代表对政府提出的意见和建议 140 条,转交市政府办理。

3.十二届三次会议

1996 年 1 月 25—29 日召开。与会代表 438 名。市政府各部门负责人列席会议。听取和审议市政府、市计委、市财政局的工作报告;听取和审议市人大常委会、市中级人民法院、市人民检察院的工作报告。采用举手表决方式通过上述各项决议、表决议案和质询案,以全体代表的过半数通过。大会收到代表给政府提出的议案 1 件,建议 119 条,转交市政府办理。

4.十二届四次会议

1997 年 1 月 27—31 日召开。与会代表 459 名。市政府各部门负责人列席会议。听取和审议市人大常委会和"一府两院"工作报告;听取和审议 1996 年国民经济和社会发展计划执行情况报告、1997 年计划草案的报告、1996 年襄樊市财政预算执行情况和 1997 年财政预算草案的报告;分别作出通过上述报告的决议。审议并通过襄樊市 1996 年国民经济和社会发展计划执行情况及 1997 年计划安排草案的报告、襄樊市 1996 年财政预算执行情况和 1997 年财政预算草案的审查报告;审议并通过襄樊市第十二届人民代表大会第四次会议议案处理意见的报告。同意贾天增辞去市长职务；接受襄樊市人大常委会副主任谢传纪、襄樊市人民检察院检察长张明声辞职请求。采取投票方式，补选朱庆良为襄樊市人大常委会副主任，选举阎增福为襄樊市人民政府市长，雷森策为襄樊市人民检察院检察长。作出《关于开展创建文明城市活动的决议》。大会收到代表提出的议案 6 件，建议、批评和意见 109 件，转交市政府及有关部门办理。

5.十二届五次会议

1997 年 12 月 29 日—1998 年 1 月 4 日召开。与会代表 459 名。市政府各部门负责人列席会议。听取并审议市大会常委会和“一府两院”工作报告；听取、审议 1997 年襄樊市国民经济和社会发展计划执行情况和 1998 年计划草案的报告、1997 年襄樊市财政预算执行情况和 1998 年财政预算草案的报告；分别作出通过上述报告的决议。同意王文德因退休请求辞去襄樊市人大常委会副主任职务，王传富、严永康、赵秉乾、旋兰清因退休请求辞去襄樊市人大常委会委员职务。大会收到代表提出的议案 3 件，建议、批评和意见 120 件，转交市政府及有关部门办理。

（五）襄樊市第十三届人民代表大会

1.十三届一次会议

1999 年 1 月 20—25 日召开。应到代表 472 名，实到代表 458 名。市政府各部门负责人列席会议。审议通过市人大常委会和“一府两院”工作报告；审议通过 1998 年襄樊市国民经济和社会发展计划执行情况及 1999 年国民经济和社会展计划（草案）的报告、1998 年襄樊市财政预算执行情况和 1999 年财政预算（草案）的报告；通过市十三届人大一次会议选举办法。选举 36 人为市十三届人大常委会委员，主任 1 名、副主任 6 名；选举罗辉为市长，赵成霖、尚立学、陈鼎益、王芳玉、赵振、胡向斌为副市长；选举姚仁安为市中级人民法院院长，张安福为市人民检察院检察长。大会收到代表议案 3 件，建议 100 条，交有关部门办理后，签复原提案代表。

2.十三届二次会议

2000 年 1 月 9—14 日召开。实到代表 471 名。市政府各部门负责人列席会议。大会首次采用多媒体形式作工作报告；首次以代表团为单位推举代表作大会审议发言；首次设置旁听席，吸收扩大市直属县级以上机关、企事业单位负责人旁听大会。听取、审议、通过市人大常委会和“一府两院”工作报告；审议并通过襄樊市 1999 国民经济和社会发展计划执行情况及 2000 年国民经济和社会发展计划草案的报告、襄樊市 1999 年财政预算执行情况及 2000 年财政预算草案的报告。增选张克禄、程仁发为市人大常委会副主任。大会收到代表议案 7 件、意见和建议 112 件，转交市政府及有关部门办理。

3.十三届三次会议

2001 年 1 月 5—9 日召开。实到代表 472 名。市政府各部门负责人列席会议。听取、审议、通过市市人大常委会和“一府两院”工作报告；审议并通过襄樊市“十五”计划纲要报告、2000 年国民经济和社会发展计划执行情况及 2001 年国民经济和社会发展计划草案的报告、2000 年市财政预算执行情况及 2001 年财政预算草案的报告。通过关于在市人大代表中开展“为优化襄樊经济发展环境作贡献”活动的决议。大会收到代表提出的议案 5 件，建议 112 件，转交市政府及相关部门办理。

4.十三届四次会议

2002年1月30日—2月3日召开。实到代表470名。市直各有关部门负责人列席会议。听取、审议并通过市人大常委会和“一府两院”工作报告;审议并通过2001年国民经济和社会发展计划执行情况及2002年国民经济和社会发展计划草案的报告、2001年财政预算执行情况及2002年财政预算草案的报告;审议并通过市政府办理市十三届人大三次会议议案情况的报告;审议市人大常委会关于“襄樊创建中国优秀旅游城市”的议案并作出决议。同意黄贤德辞去市人大常委会副主任职务,补选刘有庆为市人大常委会副主任,补选刘仁国、李文强、连庆云、龚明发、魏伟为市人大常务委员会委员。大会收到代表议案5件,意见和建议132件,转交市政府及有关部门办理。

5.十三届五次会议

2002年12月20—21日召开。出席会议代表438名。选举产生66名出席湖北省第十届人民代表大会代表,选举阮成发为襄樊市人大常委会主任,付明珠为襄樊市人民政府市长。

6.十三届六次会议

2003年2月18—20日召开。出席会议代表474名。市直各有关部门负责人列席会议。听取、审议并通过市人大常委会和“一府两院”工作报告;审议并通过襄樊市2002年国民经济和社会发展计划执行情况及2003年国民经济和社会发展计划草案的报告、2002年财政预算执行情况及2003年财政预算草案的报告。表彰52名市十三届人民代表大会优秀代表。大会收到代表议案5件,意见和建议120件,转交市政府及有关部门办理。

(六)襄樊市第十四届人民代表大会

1.十四届一次会议

2004年1月10—14日召开。出席大会代表471名。市直各有关部门负责人列席会议。听取和审议市人大常委会及“一府两院”工作报告;审议襄樊市2003年国民经济和社会发展计划执行情况及2004年国民经济和社会发展计划草案的报告、襄樊市2003年财政预算执行情况及2004年财政预算草案的报告;对上述报告作出相应决议。选举产生襄樊市第十四届人大常委会成员37名,主任1名,副主任7名,秘书长1名;选举付明珠为襄樊市人民政府市长,欧阳万坤、曹敬兰(女)、虞国旗、刘立勇、周富贵、刘德政为副市长;选举王健为襄樊市中级人民法院院长,张安福为襄樊市人民检察院检察长。大会收到代表议案6件,意见和建议173件,转交市政府及有关部门办理。

2.十四届二次会议

2005年1月13—17日召开。出席大会代表471名。市直各有关部门负责人列席会议。听取、审议并通过市人大常委会和“一府两院”工作报告;审议并通过襄樊市2004年国民经济和社会发展计划执行情况及2005年国民经济和社会发展计划草案的报告、襄樊市2004年财政预算执行情况及2005年财政预算草案的报告。选举田承忠为襄樊市人大常委会主任,李德炳为襄樊市人民政府市长;接受王健请求辞去襄樊市中级人民法院院长职务,选举李群星为襄樊市中级人民法院院长。通过人大代表议案6件,代表提出书面建议、批评和意见113件,转交市“一府两院”办理。

三、襄樊市人民代表大会常务委员会

（一）组成人员

1.第九届人大常委会(1981 年 1 月 23 日—1984 年 1 月 19 日)

原襄樊市人民代表大会在 1980 年以前未设常务委员会。1981 年 1 月 23—29 日召开的第九届一次会议期间,按照《地方组织法》关于县级以上的地方各级人民代表大会设立常务委员会的规定,选举襄樊市第九届人民代表大会常务委员会成员。

主 任:王清贵

副主任:汪 梅 田建珍 朱前非 江 津 冯慧敏 熊政隆

秘书长:刘忠汉(1982 年 5 月 25 日,市委组织部任命)

委 员:丁崇德 秦秀芳(女)亓仲平 刘德芳 王圣毅 沈尔康 刘孙刚 王帮文 张光润(女)康震明 文汉明 雷 黎(女)

1982 年 3 月 8 日补选:刘忠汉、邓天喜

2.第十届人大常委会(1984 年 1 月 19 日—1989 年 3 月 10 日)

主 任:王根长(1984 年 1 月 19 日—1985 年 3 月 15 日)

郑少波(1985 年 3 月 15 日—1989 年 3 月 10 日)

副主任:王禹久 刘道春 崔寿臣 汪 梅 马长青 熊政隆

严永昌 杜建盛 王树人 罗秀梅(女)

周本立(1985 年 3 月 15 日补选)

委 员:(按姓氏笔画为序)

王邦文 王国庆 毛明珍(女)文汉明 刘孙刚 刘忠汉 刘俊卿(女)刘家荣 刘德芳 江国贤 伍鼎瑞 邬瑾荣(女) 李先利 李素珍(女)张光润(女)苏德泉 宋丽珍(女)宋桐生 沈尔康 胡亚中 袁新兰(女)蒋继舒(1986 年 3 月 4 日辞职) 韩澄河

1985 年 3 月 15 日补选:熊 星 孙志宏 汪玉桥 郭秉乐 石荣华

1986 年 3 月 16 日补选:芦明祥 胡家友 贾守山 曾广枚 戴志刚

3.第十一届人大常委会(1989 年 3 月 10 日—1994 年 4 月 2 日)

主 任:伍荣显

副主任:谢传纪 刘道春 崔寿臣 冯忠祺 严永昌 王树人

罗秀梅(女)刘代启 邵启旺 刘忠汉

秘书长:刘明普

委 员:王邦文 毛明珍(女)石荣华 田国基 冯 臻(女) 朱明晖(女)伍鼎瑞 邬瑾荣(女)孙志宏 李 华 李先利 李相臣 李景明 杨云胜 杨建忠 沈尔康 陈汉生 林民湛 卓和明 赵明亮 贾守山 袁新兰(女) 徐孝经 高桂英(女) 黄之凤(女) 黄宏之(1991 年 10 月 10 日去世) 康卓莹 曾广枚 董立泉(1991 年 2 月 8 日免职) 张广瑜(1991 年 3 月 12 日补选) 李福喜(回族),1992 年 3 月 20 日补选

4.第十二届人大常委会(1994年4月2日—1999年1月20日)

主　任:伍荣显

副主任:谢传纪 吴德兴 刘忠汉(1998年6月30日辞职) 焦泽浩 王文德 刘觉民 李远继(1995年3月5日补选) 熊小春(1995年3月5日补选) 朱庆良(1997年1月30日补选)

秘书长:王同庆

委　员:马正武 王传富(1998年1月4日辞职)王德强 方先春 田洪仁 冯 臻(女)刘有荣 刘贵龙 刘耀义 纪本涛 严永康(1998年1月4日辞职)李昌江 李清晏 李福喜(回族)杨连生 张则荣 张振荆 张华美(1994年8月31日辞职) 陈星甫 林民湛 林培栋 赵秉乾(1998年1月4日辞职) 赵桂兰(女) 倪大芳(女) 高树林 黄之凤(女) 康卓莹 旋兰清(1998年1月4日辞职) 韩光元 钟敏昌(1995年3月5日补选)

5.第十三届人大常委会(1999年1月20日—2004年1月10日)

主　任:孙楚寅(1999年1月20日—2002年12月21日)

阮成发(2002年12月21日—2004年1月10日)

副主任:黄贤德(2002年2月2日辞职) 刘觉民 李远继 熊小春 朱庆良 苏家德 程仁发(2000年1月13日补选) 张克禄(2000年1月13日补选,2003年7月14日免职) 刘有庆(2002年2月2日补选,同年10月23日免职)

秘书长:李昌江

委　员:马正武 王良才 王绍玲(女) 王保清(女) 王普周 石国卿(2002年2月2日辞职) 朱有学 刘长斌 刘有荣 刘诚言 杨连生 沈青山 张省如(2000年1月5日辞职) 张振荆 陈星甫 武保健 林培栋 郑发国 屈启旺(2002年2月2日辞职) 钟敏昌 高桂英(女,2002年2月2日辞职) 黄先知(2000年1月5日辞职) 傅理明(回族) 曾庆国(2002年2月2日辞职) 曾宪玉 谢道华(2002年2月2日辞职) 廖桂芝 刘仁国(2002年2月2日补选) 李文强(2002年2月2日补选) 连庆云(2002年2月2日补选) 龚明发(2002年2月2日补选) 魏 伟(2002年2月2日补选,2003年4月24日免职)

6.第十四届人大常委会(2004年1月10日—2008年4月11日)

主　任:阮成发(2004年1月10日—2004年10月29日)

代理主任:夏志斌(2004年10月29日—2005年1月16日)

主　任:田承忠

副主任:夏志斌 刘觉民 熊小春 朱庆良 陈鼎益 胡向斌 王金玉 常全华

秘书长:李昌江

委　员:王良才 王保清(女) 申建中(女)史德才 付中义 白光蓉(女,回族)朱福寿 刘 锋 刘长斌 刘仁国 杨长宏 杨连生 杨学启 李长义(2005年12月30日辞职) 李文强 余庆德 沈青山 宋双伟(女) 宋青龙 张省如 张建宏(2005年4月28日辞职) 范怀月(2006年1月12日补选、2007年1月22日辞职) 郑发国 段明贵 黄之凤(女) 黄本朝 曹幼鸣(女) 傅理明(回族) 廖桂芝(女)

（二）人大常委会会议

1.第九届人民代表大会常委会会议

市第九届人大常委会任期内(1981 年 1 月 23 日—1984 年 1 月 19 日),共召开 25 次常委会会议,听取和审议“一府两院”工作报告 49 个;听取市人大常委会工作机构报告 7 个;作出决议、决定 16 项;修订出台制度或规范性文件 2 件;依法任免国家机关工作人员 12 人次。

第一次会议:1981 年 3 月 9—11 日举行。听取市人大常委会主任王清贵、副主任熊政隆传达省第五届人大第三次会议精神;审议通过副市长严永昌所作的《关于 1981 年襄樊市国民经济计划安排意见的报告》;学习《地方组织法》,讨论市人大常委会的职权范围、工作任务、会议制度;确定市人大常委会办事机构设置。

第二次会议:1981 年 4 月 29—30 日举行。听取审议副市长严永昌所作的《关于第一季度全市工业生产、压缩基本建设、财贸工作和“三整顿”的工作报告》,并提出意见和要求;审议通过市政府《关于城市建设总体规划和近期五年规划的工作报告》;讨论通过《市人大常委会工作方案》。会议根据王清贵主任提议,决定任命张德福为市政府顾问。

第三次会议:1981 年 6 月 8 日举行。市人大常委会副主任汪梅传达省人大常委会召开的各市、县人大常委会负责人座谈会精神;学习讨论中共中央〔1981〕16 号文件和省委〔1981〕43 号文件。

第四次会议:1981 年 7 月 20—23 日举行。学习中国共产党第十一届六中全会《关于建国以来党的若干历史问题的决议》和胡耀邦在庆祝中国共产党成立六十周年大会上的讲话。听取审议副市长杜建盛所作的《关于 1981 年上半年国民经济计划执行情况的报告》,作出《关于再接再厉为全面和超额完成全年国民经济计划而努力奋斗的决议》;听取审议市公安局副局长魏兴发所作的《关于 1981 年上半年社会治安情况的报告》、市人民检察院检察长周庆平所作的《关于 1981 年上半年检察院工作情况的报告》、市中级人民法院院长郭秉乐所作的《关于 1981 年上半年法院工作情况的报告》,并对这三份报告分别作出决议;讨论通过市人大常委会下半年工作安排。

第五次会议:1981 年 9 月 28 日举行。听取市农委、财办、蔬菜办、商业局、工商局所作的《关于蔬菜产销工作情况的报告》,提出增设蔬菜零售网点、调整营业时间、确定蔬菜价格、搞好豆制品生产、不断提高服务质量等五项整改措施。

第六次会议:1981 年 11 月 4 日举行。听取市政府办《关于落实市第九届人大第一次会议代表提案工作情况的报告》,肯定市政府及相关部门所做的工作,对办理落实情况表示满意;听取审议市财办主任魏吉安所作的《关于全市商业服务网点建设情况和今后发展计划情况的报告》,提出意见和要求;任命陈少琳为市人民检察院副检察长。

第七次会议:1981 年 12 月 23—25 日举行。第五届全国人大代表、市总工会副主席李淑云传达第五届全国人大第四次会议精神; 学习赵紫阳总理代表国务院所作的政府工作报告和第五届全国人大第四次会议有关文件;审议修改并通过《襄樊市人大代表工作暂行办法》和《关于做好人民代表提案工作的暂行办法》;听取审议市财办《关于元旦、春节期间物资供应安排的情况报告》。

第八次会议:1982 年 3 月 2 日举行。讨论并原则通过提交市第九届人大第二次会议审议的《市人大常委会工作报告》,要求市人大常委会有关工作机构根据委员们的审议意见进行修改,提请主任会议审定。

第九次会议:1982 年 4 月 12—14 日举行。听取审议市政府关于进一步开展打击经济领域中违法乱纪犯罪活动的报告,并作出决议;听取市建委关于《襄樊市城市管理暂行办法》的说明,作出决议,由市政府公布施行;听取市城建局、市服务局、市财办关于公共厕所管理、垃圾管理、改造市区泥巴路、饮食服务卫生和店容店貌等方面工作汇报，作出《关于动员全市人民进一步搞好市容卫生工作的决议》；听取市计划生育办公室关于计划生育工作情况的汇报，并作出决议；听取市长王根长关于访问日本犬山市情况的报告。

第十次会议：1982 年 5 月 8 日举行。与会常务委员学习《中华人民共和国宪法修改草案》，研究发动和组织全市人民讨论宪法修改草案的问题，作出《关于组织全市人民讨论学习宪法修改草的决议》。

第十一次会议：1982 年 6 月 28—30 日举行。听取市公安局关于上半年整顿社会治安的情况汇报，交通大队关于交通安全管理的情况汇报，卫生局关于医院服务态度、医疗质量的情况汇报，公用汽车公司关于整顿公用汽车服务工作的情况汇报，市政府关于人口普查工作准备情况的汇报。审议通过市政府《关于城市建设中居民搬迁问题的暂行规定》，并作出相应决议。

第十二次会议：1982 年 8 月 17—18 日举行。听取审议副市长杜建盛所作的《关于 1982 年上半年全市国民经济计划执行情况和下半年安排意见的报告》，作出了《关于动员全市人民振奋精神，克服困难，为全面完成 1982 年国民经济计划而奋斗的决议》。听取市人大常委会秘书长刘忠汉所作的《关于襄樊市人大常委会任免国家机关工作人员暂行办法（草案）》的说明，审议通过了该《办法》。听取了市人大常委会办公室主任徐锦华所作的《市人大常委会关于动员全市人民学习讨论宪法修改草案决议执行情况的汇报》。

第十三次会议：1982 年 9 月 14—16 日举行。与会委员认真学习党的十二大文件精神后，听取市科委关于近年来贯彻科技发展方针，促进经济建设发展的情况报告；听取市政府关于九届人大二次会议提案办理情况的报告。

第十四次会议：1982 年 11 月 23—24 日举行。听取审议市文化局《关于文化工作情况的报告》，市教育局《关于教育工作情况的报告》，市体委《关于体委工作情况的报告》，市“三整顿”指挥部关于《襄樊市城市管理暂行办法》执行情况的报告，对这四个报告分别提出意见和要求。任命李正洪为市政府副市长，邓自华为市化学工业局局长；免去李世久市政府副市长职务，张建才市化学工业局局长职务。

第十五次会议：1982 年 12 月 21 日举行。第五届全国人大代表、市总工会副主席李淑云传达第五届全国人大第五次会议精神；学习讨论彭真关于《中华人民共和国宪法修改草案》的报告，作出《关于认真学习和宣传新宪法》的决议。

第十六次会议：1983 年 1 月 28 日举行。听取审议市财办《关于春节期间物资供应的情况汇报》，针对存在的问题，提出具体解决办法。

第十七次会议：1983 年 2 月 1—2 日举行。听取市财办《关于春节期间市场供应情况的汇报》和市商业局《关于商业服务态度的情况汇报》。会议期间组织视察了部分粮店、肉店、菜店、副食店。

第十八次会议：1983 年 2 月 26—27 日举行。听取市人大常委会《关于召开市第九届人大第三次会议筹备工作情况的报告》，审议通过主席团和秘书长、主席团成员建议人员名单；听取审议并原则通过提交市第九届人大第三次会议审议的市政府工作报告、财政预算报告、市人大常委会工作报告、市法院工作报告、市检察院工作报告；鉴于计划报告正在起草阶段，会议委托主任会议审议后提交市第九届人大第三次会议审议；审议通过市第九届人大第三次会议议程。

第十九次会议：1983 年 4 月 23 日举行。听取市文办、市财办和商业系统开展“文明礼貌月”活动情况的汇报，通过《关于动员全市人民进一步深入开展“五讲四美三热爱”活动的决议》。

第二十次会议：1983 年 5 月 4 日举行。听取人大常委会副主任、省人大代表汪梅传达省六届人大第一次会议精神；听取市长王根长关于访问日本犬山市和签订友好城市情况的报告。

第二十一次会议：1983 年 6 月 24—25 日举行。与会委员认真学习全国六届人大第一次会议文件，讨论赵紫阳总理的政府工作报告。听取并审议市公安局关于上半年社会治安工作情况和下一步工作意见的汇报，市司法局关于法制宣传周活动情况的汇报，市爱国卫生运动委员会关于上半年爱国卫生运动开展情况和下一步工作意见的汇报，作出《关于进一步动员全市人民加强社会治安工作的决议》和《关于动员全市人民广泛深入地开展夏季爱国卫生运动的决议》。

第二十二次会议：1983 年 7 月 29 日举行。听取并审议市政府关于 1983 年上半年国民经济计划执行情况和下半年安排意见的报告，市环保局关于 1982 年以来环境保护工作情况和 1983 年下半年工作意见的汇报。与会委员对各方面报告和汇报中提出的问题认为符合实际，对下半年工作安排意见和采取措施表示赞同。

第二十三次会议：1983 年 8 月 21 日举行。听取审议市人大常委会副主任汪梅所作的《关于全市打击刑事犯罪分子活动情况的报告》，认为这次活动打击了不法犯罪分子的威风，长了人民群众的志气，同时提出了意见和要求。

第二十四次会议：1983 年 11 月 25 日举行。与会委员学习中共襄樊市委《关于做好选举襄樊市第十届人民代表和协商安排七届政协委员工作的通知》，以及中共襄樊市委办公室《关于成立襄樊市人民代表大会选举委员会的通知》，决定成立“襄樊市选举委员会”。市人大常委会副主任汪梅传达 10 月 25 日省人大常委会召开的关于襄阳地区和襄樊市合并，实行市领导县的新体制后，如何换届问题的座谈会精神，作出《关于襄樊市第十届人民代表大会代表名额和选举问题的说明》。

第二十五次会议：1983 年 12 月 21 日举行。审议通过市人大常委会副主任汪梅所作的《关于市第九届人大第四次会议准备情况的报告》《襄樊市第九届人民代表大会代表资格审查委员会关于代表情况的审查报告》，市第九届人大第四次会议主席团和秘书长建议名单；听取市政府办公室《关于市第九届人大第三次会议提案办理情况的汇报》。

2.第十届人民代表大会常委会会议

市第十届人大常委会任期内（1984 年 1 月 19 日—1989 年 3 月 10 日），共召开 37 次常委会会议，听取和审议“一府两院”工作报告 100 个；听取市人大常委会工作机构报告 23 个；作出决议、决定 13 项；出台规范性文件 2 件；依法任免国家机关工作人员 307 人次，接受辞职 3 人。

第一次会议：1984 年 1 月 23 日举行。市人大常委会主任王根长主持会议并就今后如何开展市人大常委会的工作问题发表讲话。与会委员联系实际，对人大常委会的工作性质、任务和职权等问题进行了讨论。

第二次会议：1984 年 2 月 25—28 日举行。会议听取市政府关于机构改革问题的报告；审议通过《任免国家机关工作人员暂行办法》；任命一批市级国家机关工作人员和中级人民法院副院长、人民检察院副检察长；审议通过市人大常委会代表资格审查委员会和关于设立法制、财政经济、教育科学文化卫生、城乡建设等 4 个工作委员会的决定；听取并审议通过市计委、市财政局关于 1984 年全市国民经济计划和财政预算的报告；审议通过市人大常委会 1984 年工作要点。

第三次会议：1984 年 5 月 7—10 日举行。传达学习省六届人大二次会议精神；听取市政府关于第三个“全民文明礼貌月”活动开展情况的报告，并作出《关于深入开展“五讲四美三热爱”活动的决议》；听取市政府外事办公室关于襄樊市友好代表团赴日本访问友好城市犬山市的情况汇报；审议通过市人大常委会关于市人民代表大会代表工作的试行办法；听取市人大各专门委员会工作汇报。

第四次会议：1984 年 7 月 29 日—8 月 1 日举行。听取并审议市计委、市财政局关于 1984 年上半年国民经济计划和财政收支执行情况的报告；听取并审议市政府关于十届人大一次会议议案和代表建议意见办理情况的汇报；听取市中级人民法院、市人民检察院、市公安局和司法局关于打击刑事犯罪，开展法制宣传教育工作的汇报；听取市民政局关于实行政社分开、建立乡政府情况的汇报；听取市人大常委会副主任刘道春关于接待日本犬山市议会代表团访问襄樊市的情况汇报；决定人事任命事项。

第五次会议：1984 年 10 月 6—8 日举行。听取市政府关于《襄樊市城市规划、建设、管理暂行规定（草案）》的说明，并详细审议修改《规定（草案）》；听取并审议市卫生局关于贯彻执行《食品卫生法》的情况报告，市农委关于全市发展“专业户、重点户和经济联合体”及保护专业户合法权益的情况报告，提出了一些意见和建议。通过襄樊市人大常委会《关于补选襄樊市第十届人民代表大会代表的决定》和市政府关于《襄樊市城市规划、建设、管理暂行规定》。

第六次会议：1984 年 12 月 3—4 日举行。听取市人大常委会副主任马长青所作的《关于补选市第十届人民代表大会代表的说明》，审议通过补选市第十届人大代表的意见；听取市政府《关于科技体制改革和智力开发培养人才情况的汇报》、《关于全市 1984 年计划生育工作情况的汇报》，并对这两个报告分别提出意见和要求；讨论通过《组织视察贯彻襄樊市人大常委会关于广泛深入开展“五讲四美三热爱”活动的决议的方案》；任命刘明普为市人大常委会副秘书长。

第七次会议：1985 年 1 月 15—16 日举行。听取市人大常委会副主任刘道春所作的关于全市县乡两级直接选举工作的汇报；听取讨论关于视察全市贯彻“五讲四美三热爱决议”的汇报；听取并审议市财政局关于城市建设资金安排使用情况的汇报；听取审议市司法局关于普及法律常识现场会和今后五年普及法律常识安排意见的汇报；听取审议市财办关于春节市场物资供应安排情况的汇报；审议通过市人大常委会《关于举行襄樊市第十届人民代表大会第二次会议的决定》。

第八次会议：1985 年 2 月 10—12 日举行。会议听取十届人大二次会议筹备工作情况的汇报；听取并初步审议市政府、市计委和市中级人民法院、市人民检察院提交十届人大二次会议的工作报告（草案）；审议并通过了市人大常委会提交十届人大二次会议的工作报告（送审版）；听取审议并通过“关于襄樊市第十届人民代表大会议案的若干规定”和“关于补选第十届人大代表的意见”。

第九次会议：1985 年 3 月 8 日举行。听取并审议代表资格审查委员会关于市十届人大代表变动情况及补选代表资格的审查报告；通过市十届人大代表资格审查的公告；审议并通过市人大常委会关于在全市公民中普及法律常识的议案。

第十次会议：1985 年 3 月 16 日举行。会议讨论人大常委会 1985 年工作要点（草案），决定待办公室根据常委会提出的意见修改后，委托主任会议审定，形成正文实施。

第十一次会议：1985 年 5 月 14—16 日举行。听取市政府关于城市经济体制改革情况的报告，市财政局关于城市维护费安排使用意见的报告，市审计局关于审计工作的报告，分别提出了意见和建议，作出了《关于加强审计工作的决议》。

第十二次会议：1985 年 7 月 15—17 日举行。会议听取市教育局《关于教育工作的报告》，“五四三”办公室《关于 1985 年“五四三”活动的安排和上半年开展情况的报告》，市环境保护局关于贯彻执行《环境保护法》情况的报告。

第十三次会议：1985 年 9 月 21—23 日举行。听取市政府关于贯彻实施《襄樊市城市规划、建设、管理暂行规定》的情况报告，市规划管理处关于修订市区总体规划进展情况的报告，市政府关于十届人大二次会议代表议案、建议和意见办理情况的报告，民政局关于大力开展扶持农村贫困户发展生产治穷致富的工作报告，分别提出意见和建议。

第十四次会议：1985 年 10 月 17 日举行。主要通过一批人事任免事项。

第十五次会议：1985 年 11 月 29 日—12 月 1 日举行。听取并审议市工商局《关于贯彻执行经济合同法情况的报告》、《关于查处伪劣假冒商品工作情况的报告》，市卫生局《关于贯彻执行食品卫生法情况的报告》市司法局《关于普及法律常识工作情况的报告》，市公安局《关于禁止赌博活动情况及今后意见的报告》，分别提出意见和建议。

第十六次会议:1986年1月20—22日举行。听取并审议通过市人大常委会《关于举行襄樊市第十届人民代表大会第三次会议的决定》。

第十七次会议:1986年3月3—4日举行。听取关于市十届人大三次会议筹备工作情况的报告,决定召开十届人大三次会议的具体日期、会议议程草案、日程草案和各种建议名单草案;听取并初步审议市政府、市计委、市财政局、市中级人民法院和人民检察院提交十届人大三次会议的工作报告;听取关于十届人大二次会议代表议案、建议和意见办理情况的报告;通过关于接受蒋继舒辞去市十届人大常委会委员职务请求的决定。

第十八次会议:1986年3月16日举行。讨论并原则通过市人大常委会1986年工作要点(草案),决定待办公室根据常委会提出的意见修改后,委托主任会议审定,形成正文实施。

第十九次会议:1986年5月28—30日举行。听取并审议市财政局关于全市贯彻实施《会计法》的情况报告,作出《关于进一步贯彻执行〈会计法〉的决议》;听取并审议市人民检察院关于打击严重经济犯罪工作情况的报告。通过人事任命事项。征求和通过市人大关于6月下旬开展视察活动的意见。批准任命许忠魁为老河口市人民检察院检察长,李洪源为南漳县人民检察院检察长。

第二十次会议:1986年7月30日—8月1日举行。传达并讨论中央关于坚决维护社会主义法制的指示和彭真委员长在省、市、自治区人大负责人座谈会上的讲话,以及湖北省六届人大常委会第二十二次会议精神;听取并审议市经委关于上半年工业生产进度情况和提高产品质量、争创优质品牌产品情况的报告;听取并审议市中级人民法院关于民事审判工作情况的报告;听取审议市园林局《关于推荐"女贞树、紫薇花、三匹汉马"分别为"市树、市花、市标"的几点说明》,通过关于襄樊市市树、市花的决定,鉴于委员们对"三匹汉马"作为市标的意见分歧较大,对此会议未作决定;任命焦泽浩兼市教育委员会主任,张明声为市人民检察院副检察长,免去杨斌庆兼任的市教育委员会主任职务。

第二十一次会议:1986年9月24—26日举行。听取并审议市财办关于城市经济体制改革中商品流通情况的报告;听取并审议市建委关于城市房屋开发利用情况的报告;听取并审议市政府关于十届人大三次会议议案和代表意见、建议办理情况的报告;对上述报告分别提出了意见和建议。

第二十二次会议:1986年11月27—29日举行。听取并审议市教委关于教育工作的报告,市公安局关于社会治安情况及今冬明春工作安排意见的报告,市体委关于体育工作的报告,市卫生局关于卫生工作情况的报告,分别提出意见和建议。

第二十三次会议:1987年1月16—17日举行。听取并审议市税务局关于税务工作的报告,市物价局关于物价工作的报告;听取讨论市第十届人大第四次会议的安排方案,作出《关于召开襄樊市第十届人民代表大会第四次会议的决定》。

第二十四次会议:1987年3月4—7日举行。与会委员学习讨论中共中央〔1987〕3、4、6号文件和全国人大常委会《关于加强法制教育维护安定团结的决定》;听取关于市十届人大四次会议筹备工作情况的报告;听取并通过关于十届人大代表变动情况及补选代表资格的审查报告;听取并初审市政府、市计委、市财政局、市中级人民法院、市人民检察院提交十届人大四次会议的工作报告(草案);讨论通过提交十届人大四次会议《关于认真学习贯彻全国人大常委会〈决定〉的议案》;决定召开十届人大四次会议的具体日期。

第二十五次会议:1987年3月22日举行。审议、表决通过市政府有关任免事项。市长章治文作提请人事任免的报告,市委组织部副部长尚立学介绍被任免干部的情况。经过酝酿表决通过,任命邓文杰为市民政局局长,张礼庭为市土地管理局局长,刘永才为市燃料化学工业局局长,徐建初为市林业局局长;免去严永康的市民政局局长职务,冷启铸的市燃料化学工业局局长职务。

第二十六次会议:1987年5月26—28日举行。听取并审议市政府关于学习贯彻全国人大常委会《关于加强法制教育维护安定团结的决定》情况报告,文化工作的情况报告,广播电视工作的情况报告；传达全国人大和省六届人大五次会议精神；审议通过关于襄阳等11个县(市)、区人民代表大会名额的决定。

第二十七次会议：1987年7月28—30日举行。传达全国人大、省人大会议精神之后，听取并审议市政府关于上半年国民经济计划和财政预算执行情况的报告，对外经济贸易工作和全市贯彻执行《统计法》情况的报告；讨论通过视察贯彻执行市十届人大四次会议关于开展“双增双节”运动的决议的情况；审议通过县、乡两级人民代表大会换届选举工作的方案；通过县(市)、区人民代表大会代表名额的决定和人事任免事项。

第二十八次会议：1987年9月24—26日举行。听取并审议市政府关于贯彻执行《土地管理法》情况的报告，关于市十届人大四次会议议案和代表意见建议办理情况的报告，《关于贯彻实施〈襄樊市城市规划、建设、管理暂行规定〉的情况报告》，关于贯彻执行《湖北省农村五保户供养工作暂行规定》情况的报告；任命姚仁安为市中级人民法院副院长，雷文昌为市人民检察院副检察长，免去陈柯均市人民检察院副检察长职务。

第二十九次会议：1987年11月24—26日举行。听取并审议市政府关于贯彻执行《森林法》《计量法》《治安管理处罚条例》情况的报告，市中级人民法院关于贯彻执行《民法通则》和市人民检察院关于法纪检察工作的情况报告；审议并通过关于增加6县2市县级人大代表名额的决定、人事任免事项以及县乡两级人大换届选举工作的情况汇报。

第三十次会议：1988年1月20—22日举行。听取并审议关于市十届人大五次会议筹备工作情况的报告；通过召开市十届人大五次会议的决定；审议市十届人大五次会议主席团和秘书长等4个建议名单、议程、选举办法；听取并初审市政府、市计委、市财政局和市中级人民法院、市人民检察院提交十届人大五次会议的工作报告；审议并通过市人大常委会提交十届人大五次会议的工作报告和市政府办理十届人大四次会议议案和代表的意见、建议的情况报告。

第三十一次会议：1988年2月7日举行。审议并原则通过市十届人大常委会1988年工作要点。

第三十二次会议：1988年4月19—21日举行。听取并审议市政府办理市十届人大五次会议关于蔬菜问题议案情况的报告，贯彻执行《技术合同法》《档案法》情况的报告；听取并审议市政府关于1987年财政决算的报告；通过《襄樊市人民代表大会常务委员会关于批准襄樊市1987年财政决算的决议》和人事任免事项。

第三十三次会议：1988年6月27—30日举行。听取并审议市计划生育委员会关于全市计划生育工作和贯彻执行《湖北省计划生育条例》情况的报告，市工商局关于全市贯彻执行《湖北省保护消费者合法权益条例》情况的报告，市卫生局关于全市贯彻执行《药品管理法》情况的报告，市物价局关于市场肉、菜、禽、蛋、糖五种主要副食品价格情况的报告，市修编城市总体规划办公室关于修编襄樊市总体规划的报告；通过市人大常委会关于认真贯彻执行《湖北省计划生育条例》的决议和人事任免事项。

第三十四次会议：1988年8月24—26日举行。听取并审议市政府关于1988年上半年国民经济计划执行情况的报告，财政预算执行情况的报告，全市旱灾和抗旱情况的报告，贯彻执行《邮政法》情况的报告，贯彻执行《村民委员会组织法(试行)》情况的报告；听取并审议市人民检察院关于全市监所检察工作情况的报告；听取关于市十一届人大代表名额和选举时间的决定的说明，审议并通过十一届人大代表名额和选举时间的决定。

第三十五次会议：1988年10月20—22日举行。听取并审议市政府关于贯彻执行《水法》《义务教育法》《商标法》情况的报告和办理市十届人大五次会议议案、代表意见和建议情况的报告；听取并审议市中级人民法院关于贯彻执行《刑事诉讼法》情况的报告。

第三十六次会议：1988年12月7—9日举行。听取并审议市政府关于全市贯彻执行《土地管理法》《专利法》《渔业法》《公路管理条例》情况的报告；任命张振华为市政府副市长；初步总结市十届人大常委会的工作。

第三十七次会议：1989 年 2 月 23—25 日举行。听取人大常委会秘书长关于市十一届人大第一次会议的有关各方面的草案的说明；认真审议、原则通过市十届人大常委会工作报告（讨论稿）；就“一府两院”提请审查的报告，征求委员意见；任命李德刚为樊东区人民检察院检察长。

3.第十一届人民代表大会常委会会议

市第十一届人大常委任期内（1989 年 3 月 10 日—1994 年 4 月 2 日），共召开 36 次常委会会议，听取和审议市“一府两院”工作报告 94 个；听取市人大常委会工作机构报告 25 个；作出决议、决定 15 项；修订出台规范性文件 3 件；对市政府 4 个组成部门的主要负责人进行了述职评议；推选补选省、市人大代表 6 人次；依法任免国家机关工作人员 241 人次，接受 1 人辞职，依法撤销 4 名国家工作人员职务。

第一次会议：1989 年 3 月 22—23 日举行。学习《地方组织法》和全国人大万里委员长讲话，审议并原则通过市人大常委会 1989 年工作要点、任免国家机关工作人员办法修正草案和设立民族外事侨务工作委员会的决定；审议并用无记名投票表决的方式通过人事任免。

第二次会议：1989 年 5 月 25—28 日举行。听取并审议市政府关于全市“治理整顿”、农业生产、《村民委员会组织法》等方面工作情况的报告；听取并审议通过《襄樊市人民代表大会常务委员会工作规划（草案）》和设立代表工作委员会的决定。同时，听取省七届人大二次会议情况的汇报。

第三次会议：1989 年 7 月 28—30 日举行。听取并审议市政府关于襄樊市 1989 年国民经济、社会发展计划和财政预算上半年执行情况的报告，贯彻执行《环境保护法》《食品卫生法》情况的报告；听取并审议通过市人大代表工作办法和市十一届人大常委会代表资格审查委员会组成人员名单。

第四次会议：1989 年 9 月 19—21 日举行。听取并审议市政府办理十一届人大一次会议议案和代表意见、建议情况的报告，关于贯彻市十一届人大一号议案整顿社会治安的情况报告，关于实施《义务教育法》和侨务工作情况的报告；通过市政府、市中级人民法院提请 15 人次的人事任命事项，其中任命樊成连为市中级人民法院副院长。

第五次会议：1989 年 11 月 23—25 日举行。听取并审议市政府关于物资工作、科技工作、修编《襄樊市城市总体规划》等三个方面工作情况的报告；听取并审议市人民检察院关于贯彻“两高”通告及反贪污、反受贿，打击严重经济犯罪活动情况的报告，市政府关于监察工作情况的报告；审议通过罢免王宗华湖北省第七届人民代表大会代表资格的决定。

第六次会议：1990 年 1 月 16—18 日举行。听取并审议市政府《关于调整 1989 年全市国民经济计划部分指标的报告》，通过《襄樊市人大常委会关于 1989 年国民经济计划部分变更的决定》；听取并审议市公安局《关于扫“六害”工作情况的报告》，通过《襄樊市人大常委会关于持续深入地开展扫除“六害”斗争的决议》；听取并审议《关于贯彻实施〈矿产资源法〉情况的报告》，人大常委会关于全市县乡两级换届选举时间的决定，人大常委会 1990 年工作要点；补选杨斌庆为省第七届人大代表；任命吴德兴为市政府副市长。

第七次会议：1990 年 3 月 2 日举行。听取人大常委会秘书长关于市十一届人大二次会议筹备工作情况的报告，代表变动及增选代表情况的报告；审议并原则通过《襄樊市人民代表大会常委会工作报告》；通过“两院”提请的人事任免。

第八次会议：1990 年 3 月 15 日举行。听取和审议、并一致通过副省长李大强为湖北省第七届人民代表大会代表和襄樊市副市长邱勇为襄樊市第十一届人大代表。

第九次会议：1990 年 5 月 28—31 日举行。听取并审议市政府贯彻执行中共中央、国务院《关于进一步清理整顿公司的决定》《中华人民共和国文物保护管理法》和《湖北省文物保护管理实施办法》情况的报告，市农委《关于农业生产和农村工作情况的报告》，分别提出意见和要求；听取《襄樊市人大常委会及其机关关于密切同人民群众联系的实施办法（草案）》和《襄樊市人大常委会关于处理人民群众来信来访的试行办法（草案）》的说明，经认真审议，通过两个办法；听取并审议杨斌庆市长提请的人事任免报告。

第十次会议：1990 年 7 月 22—24 日举行。听取并审议市政府关于 1990 年国民经济和社会发展计划上半年执行情况、财政预算上半年执行情况、科教兴市情况以及贯彻执行《婚姻法》和《水法》情况等 5 个方面的工作情况报告，分别提出审议意见和要求；听取审议刘春生代表资格，并追认批准逮捕；审议通过市政府提请的人事任免事项，免去唐自清市审计局局长职务，任命冯黎觉为市审计局局长。

第十一次会议：1990 年 9 月 26—28 日举行。听取并审议市政府关于办理市十一届人大二次会议议案和代表意见、建议情况的报告，《行政诉讼法》实施前准备工作情况的报告，贯彻执行《湖北省计划生育条例》情况的报告，民族工作情况的报告，劳动就业工作情况的报告，分别提出审议意见和要求。通过了市人大常委会主任会议、市政府、市人民检察院提请 11 人的人事任免事项，其中，任命刘长斌为市人大常委会代表工作委员会副主任，朱庆良为市科学技术委员会主任，王来友为燃料化学工业局局长，陈家俊为市人民检察院副检察长，免去刘永才市燃料化学工业局局长职务。

第十二次会议：1990 年 11 月 20—21 日举行。听取并审议市政府关于整治“三乱”，纠正行业不正之风的情况报告，贯彻执行《土地管理法》和国务院《审计条例》情况的报告，在肯定工作取得明显成效的同时，提出一些意见和要求。

第十三次会议：1991 年 1 月 17—19 日举行。会议听取并审议市政府关于城市管理和春节期间文化生活安排情况的报告，在充分肯定成绩的同时，提出意见和建议；任命许亚非为市中级人民法院代理院长，王铁民为市人民检察院副检察长，免去杜震华市人民检察院副检察长职务。

第十四次会议：1991 年 2 月 8 日举行。听取和审议市人民检察院《关于对襄樊市第十一届人大代表董立泉的经济问题的报告》，经举手表决，同意检察机关依法逮捕董立泉。

第十五次会议：1991 年 3 月 5 日举行。听取并审议关于市十一届人大代表变动情况及代表资格审查情况的报告；听取市十一届人大三次会议筹备工作情况的报告及主席团、秘书长等建议名单；审议并通过提交市十一届三次会议审查的常委会工作报告；听取全市县乡换届选举情况的报告；批准任命市辖各县（市）、区新的一届人民检察院检察长。

第十六次会议：1991 年 5 月 21—24 日举行。听取并审议市政府关于贯彻执行《湖北省计划生育条例》、开展“质量品种效益年”和“强化企业管理年”活动情况的报告；听取“一五”普法工作总结、“二五”普法工作安排意见和外事工作情况汇报；审议并原则通过《1991—2000 年襄樊市科教兴市战略实施纲要》；任命李昌江为市人大常委会副秘书长，魏儒雄为市广播电视局局长，免去席蛟市广播电视局局长职务。

第十七次会议：1991 年 6 月 24 日举行。专门听取和审议市长杨斌庆《关于提请撤销李正洪襄樊市人民政府副市长职务的报告》，以举手表决方式一致通过。

第十八次会议：1991 年 7 月 23—25 日举行。听取并审议市政府关于 1991 年上半年国民经济和社会发展计划及财政预算执行情况的报告；审议城市管理工作和重点项目（二桥、万门程控）建设情况的报告；听取并审议市人民检察院关于法纪检察情况的报告；任命陈农友为市民政局局长，陈世坤为市中级人民法院副院长，免去邓文杰市民政局局长职务，连庆云市劳动局局长职务。

第十九次会议：1991 年 9 月 25—28 日举行。听取并审议市政府关于贯彻执行《药品管理法》《内保条例》以及办理代表批评、意见、建议情况的报告；听取审议市中级人民法院关于贯彻执行《行政诉讼法》和人民银行襄樊市分行关于贯彻执行《银行管理暂行条例》情况的报告；听取市政府关于宗教工作有关情况的汇报。审议中，与会委员对上述6个报告既给予充分肯定，又指出存在的问题，提出进一步改进意见。任命陆吉堃为市经济委员会主任，范学运为市对外经济贸易委员会主任，方常安为市财贸委员会主任，刘咸正为市商业局局长，免去杨德录市经济委员会主任职务，徐芝华市对外经济贸易委员会主任职务，郑庆春市财贸委员会主任职务，方常安市商业局局长职务。

第二十次会议：1991年11月26—28日举行。听取并审议市政府关于贯彻执行《居民委员会组织法》、《档案法》情况和商业工作情况的报告；听取市中级人民法院关于经济审判工作情况的汇报；审议通过有关人事任免事项。

第二十一次会议：1992年1月24—25日举行。首次听取和评议了部分局长的述职报告；审议并通过杨斌庆辞去市长职务，贾天增任副市长、代理市长等有关人事任免事项；审议通过《关于召开襄樊市第十一届人民代表大会第四次会议的时间的决定》。

第二十二次会议：1992年3月13—14日举行。听取审议代表资格审查委员会关于十一届人大代表变动情况和补选、增选代表的资格审查的报告，市十一届人大四次会议筹备工作情况的报告；审议通过市十一届人大四次会议的主席团、秘书长等建议名单；审议并原则通过提交市十一届人大四次会议审查的人大常委会工作报告及1992年工作要点；任命王光祖为市文化局局长，郑国光、彭桂芝为市中级人民法院副院长，免去龚强华市文化局局长职务。

第二十三次会议：1992年3月21日举行。补选省第七届人大代表。襄樊市选举的省第七届人大代表出缺1名。会议以无记名投票方式，补选通过张怀念为省第七届人大代表。

第二十四次会议：1992年5月28—29日举行。听取审议市城市规划管理局局长关于贯彻执行《城市规划法》情况的报告，市政府副市长焦泽浩所作的关于贯彻执行全国人大常委会《关于加强社会治安综合治理的决定》情况的报告和《关于科教兴市战略纲要情况的报告》，对这两个报告分别提出意见和要求。

第二十五次会议：1992年7月27—30日举行。听取并审议市政府关于执行1992年国民经济和社会发展计划及财政预算情况的报告；听取审议市政府贯彻执行《企业法》《国务院关于农民承担费用和劳务管理条例》、《省政府关于切实减轻农民负担布告》的情况报告；听取并审议市政府关于《襄樊市城镇住房制度改革实施方案》；任命王芳玉为市物价局局长，张士春为市农牧业局局长，刘贵龙为市监察局局长，吴运章为市粮食局局长，免去曾庆国市监察局局长职务，吴永明市粮食局局长职务。

第二十六次会议：1992年9月22—23日举行。听取并审议市政府关于对外开放工作情况的报告和办理十一届人大四次会议意见、建议情况的报告；任命温贻权为市劳动局局长，张凤钧为市环境保护局局长，胡贤敏为市人民检察院副检察长。

第二十七次会议：1992年11月12—14日举行。学习党的十四大会议精神；听取并审议市政府关于贯彻执行《残疾人保障法》《湖北省计划生育条例》《归侨侨眷权益保护法》情况的报告；审议通过设立人大常委会农村工作委员会的决定；任命余恒波为市机械工业局局长。

第二十八次会议：1993年1月14—15日举行。听取并审议市烟草专卖局关于贯彻执行《烟草专卖法》情况的报告；听取并审议市中级人民法院关于告申工作情况的报告；听取并审议市政府关于全市体育工作情况的报告；通过关于召开市十一届人大五次会议的决定。

第二十九次会议：1993年3月1—2日举行。听取代表资格审查委员会关于市十一届人大代表变动情况的报告和市十一届人大五次会议筹备工作情况的报告；审议通过十一届五次会议主席团等建议名单和日程草案；审议通过提交市十一届五次会议审查的市人大常委会工作报告及1993年度工作要点；审议通过有关人事任免事项。

第三十次会议：1993年3月11日举行。听取和审议市政府《关于编制襄樊市汽车产业经济开发区总体规划的情况报告》,以举手表决方式,原则通过《襄樊市汽车产业经济技术开发区总体规划》。

第三十一次会议:1993年5月26—27日举行。听取并审议市政府农业农村工作、经济体制改革情况的报告;审查批准市人民检察院关于设立襄北地区人民检察院和邓林地区人民检察院的报告;任命连庆云为市科学技术委员会主任,刘兆光为市中级人民法院邓林农场人民法庭庭长,曲波为市邓林地区人民检察院检察长,免去朱庆良市科学技术委员会主任职务。

第三十二次会议:1993年7月27—28日举行。听取市政府贯彻落实市人大常委会《关于进一步加强城市建设和管理,努力创建文明城市的决议》情况的报告,关于1993年上半年国民经济和社会发展计划执行情况的报告,关于财政预算执行情况的报告,分别提出意见和建议。

第三十三次会议:1993年9月21—22日举行。听取并审议市政府关于贯彻执行《全民所有制工业企业转换经营机制条例》和贯彻执行市人大常委会《关于深入贯彻实施〈企业法〉的决议》情况的报告;听取市政府办理市人大十一届五次会议代表建议、批评和意见情况的报告;传达全国省、市、县、乡人大换届选举工作会议精神;审议并通过市十二届人民代表大会代表名额和选举问题的决定。

第三十四次会议:1993年11月23—25日举行。听取并审议市政府贯彻执行市十一届人大二次会议《关于依法治市的决议》和《关于科教兴市的决议》情况的报告,以及1993年度行政执法检察情况的报告;听取并审议市人民检察院贯彻执行《全国人大常委会关于惩治贪污罪、贿赂罪的补充规定》情况的报告,分别提出意见和建议。

第三十五次会议:1994年1月18—19日举行。听取审议市土地管理局关于贯彻执行《土地管理法》情况的报告,市中级人民法院《关于全市法院经济审判工作情况的报告》,会议对这两个报告分别提出了意见和要求;补选襄樊铁路分局局长王延安为省第八届人大代表。

第三十六次会议:1994年3月22—23日举行。听取市人大常委会副主任谢传纪所作的《关于全市县乡人大换届选举工作情况的报告》;审议通过市人大常委会《关于召开市第十二届人大第一次会议的决定》;听取审议市人大常委会副主任、代表资格审查委员会主任委员刘道春所作的《关于市第十二届人大代表资格审查报告的说明》及报告;听取审议市人大常委会秘书长刘明普所作的《关于市第十二届人大第一次会议筹备工作情况及大会各项建议名单草案说明的报告》。

4.第十二届人民代表大会常委会会议

市第十二届人大常委会任期内(1994年4月2日—1999年1月20日),共召开36次常委会会议,听取和审议"一府两院"工作报告79个;听取市人大常委会工作机构报告40个;修订出台制度或规范性文件8件;对市政府提出质询案1件;先后对市政府7个部门的主要负责人进行了述职评议;作出决议、决定21项;依法任免国家机关工作人员204人次,接受辞职3人,依法撤销国家机关工作人员职务1人。

第一次会议:1994年4月29日举行。审议通过市人大常委会议事规则,常委会组成人员守则,市人大常委会任免地方国家机关工作人员办法和市人大常委会1994年度工作要点。

第二次会议:1994年6月21—23日举行。审议市政府关于全市"二五"普法工作情况的报告和关于贯彻执行《药品管理法》《中外合资经营企业法》情况的报告;任命夏志斌等43人为新一届市政府组成人员,钟敏昌为市人大常委会民族宗教侨务外事工作委员会主任,张仁启为市中级人民法院副院长,易祥国为市人民检察副检察长,免去陈世坤市中级人民法院副院长、审判委员会委员职务。

第三次会议:1994年8月30—31日举行。审议市政府关于1994年国民经济和社会发展计划上半年执行情况的报告,1994年财政预算上半年执行情况的报告,贯彻执行《税收征收管理法》情况的报告;通过市人大常委会关于组织市人大代表评议"一府两院"工作的决定。

第四次会议:1994年10月26—28日举行。审议市政府关于贯彻执行《农业法》《企业法》《全民所有制工业企业转换经营机制条例》和打击刑事犯罪、维护治安秩序情况的报告，关于办理市十二届人大一次会议代表建议、批评、意见情况的报告；听取市政府关于制定《襄樊市区禁止燃放烟花爆竹暂行规定》(草案)的说明，作出《关于批准〈襄樊市市区禁止燃放烟花爆竹暂行规定〉的决定》；任命胡向斌为市政府秘书长，徐峰为市档案局局长，免去夏志斌市政府秘书长职务。

第五次会议：1994 年 12 月 27—28 日举行。审议市政府关于贯彻执行《军人抚恤优待条例》《湖北省计划生育条例》情况的报告；补选杨永良为湖北省第八届人民代表大会代表；任命陈鼎益为市城市建设管理局局长。

第六次会议：1995 年 2 月 10 日举行。审议通过关于召开市十二届人大二次会议的决议，原则通过市人大常委会工作报告和年度工作要点。

第七次会议：1995 年 2 月 28 日举行。听取并通过关于市十二届人大代表变动情况和代表资格的审查报告；听取市十二届人大二次会议筹备工作情况及大会各项建议名单的报告；审议并通过提交市十二届人大二次会议的有关名单；审议并通过关于在市十二届人大代表中开展“我为建设经济强市作贡献”活动的决议等草案；任命李耀明为市劳动局局长。

第八次会议：1995 年 4 月 26—28 日召开。听取市财政局关于预算外资金管理使用情况的报告，市城市规划局关于贯彻执行《城市规划法》情况的报告，市林业局关于贯彻执行《森林法》情况的报告，市政府办理市十二届人大一次会议关于贯彻实施《教师法》议案的报告，市人大常委会代表工作委员会关于十二届人大二次会议主席团交付的议案审议结果的报告，市中级人民法院、市人民检察院关于提请人事任免的报告。会议对以上报告进行了审议，在充分肯定所做的工作的同时，指出存在的问题，提出意见和建议。

第九次会议：1995 年 6 月 27—29 日举行。听取审议市政府、市中级人民法院、市人民检察院关于人大代表评议意见建议整改情况的报告；听取审议市政府关于深化产权制度改革、建立现代化企业制度情况的报告，关于贯彻执行《义务教育法》情况的报告和关于贯彻执行市人大“依法治市”决议情况的报告。

第十次会议：1995 年 8 月 29—31 日举行。听取市计委关于 1995 年襄樊市国民经济和社会发展计划上半年执行情况的报告，市财政局关于 1995 年襄樊市财政预算上半年执行情况的报告，市政府关于城市建设和管理情况的报告，市人民检察院关于贯彻执行全国人大常委会《关于惩治贪污罪、贿赂罪的补充规定》情况的报告。经过审议，通过了上述报告，并决定会后将“审议意见”转交市政府及市人民检察院。

第十一次会议：1995 年 10 月 24—26 日举行。听取市农委关于贯彻执行《农业法》情况的报告，市人民检察院关于履行刑事法律监督职责情况的报告，市文化局关于文化工作情况的报告，市政府关于办理市十二届人大二次会议建议、批评和意见情况的报告，市人大常委会代表工作委员会关于修改市人大常委会任免地方国家机关工作人员办法的决定草案的说明。会议充分肯定了市政府、市农委、文化局、市人民检察院在有关方面取得的成绩，指出存在的问题，提出审议意见。

第十二次会议：1995 年 12 月 26—27 日举行。听取并审议市政府关于贯彻执行《劳动法》《科技进步法》情况的报告；审议市政府关于襄樊市市歌的议案；审议并通过市人大常委会关于深入贯彻执行《科技进步法》和关于召开市第十二届人大三次会议的决定；通过有关人事任免和对市政府贯彻执行《劳动法》情况报告的审议意见。

第十三次会议：1996 年 1 月 15—17 日举行。补选湖北省第八届人大代表；听取并评议市农委、市经委、市财委、市城建局等四个单位主要领导的述职报告；审议通过市人大常委会代表资格审查委员会关于十二届人大代表变动情况的审查报告；听取关于市十二届人大三次会议筹备工作情况的报告；审议决定列席市十二届人大三次会议人员；审议并原则通过市十二届人大三次会议的有关草案和市人大常委会工作报告。

第十四次会议:1996年2月29日举行。对市第十四届人大常委会主任、副主任履职情况进行民主测评;审议通过市人大常委会1996年度工作要点和《襄樊市人大常委会关于在全市实行执法责任制和执法违法追究制度的决议》。

第十五次会议:1996年3月28日举行。与会常委表决通过关于接受贾天增辞去襄樊市人民政府市长职务请求的决定和阎增福代理襄樊市人民政府市长的决定; 任命陈训祥为老河口市人民检察院检察长,李金伙为宜城市人民检察院检察长,董明秀为谷城县人民检察院检察长,免去许忠魁的老河口市人民检察院检察长职务,李顺祥的谷城县人民检察院检察长职务;审议关于视察减轻农民负担工作情况的实施方案。

第十六次会议:1996年4月23—24日举行。听取并审议市农委关于减轻农民负担情况的报告,市林业局关于贯彻执行《森林法》情况的报告,市人大科教文卫委员会关于十二届人大三次会议主席团交付的《关于禁止在公共场所吸烟的议案》审议结果的报告,市中级人民法院、市人民检察院提请人事任命的报告。会议作出《关于禁止在襄樊市城区公共场所吸烟议案的决议》;表决通过市中级人民法院、市人民检察院提请的人事任命事项。

第十七次会议:1996年5月31日上午举行。通过无记名投票表决,决定任命王树华为襄樊市人民政府副市长。

第十八次会议:1996年6月27—28日举行。听取市政府关于审计1995年度财政预算执行情况和贯彻执行《食品卫生法》情况的报告,市中级人民法院关于贯彻执行《国家赔偿法》情况的报告;表决通过市人民检察院提请的人事任命事项。会议对上述几个报告进行认真审议, 并就市政府贯彻执行《食品卫生法》情况形成审议意见。

第十九次会议:1996年8月29—30日举行。听取和审议市政府关于实施“二五”普法规划情况和开展“三五”普法意见的报告,作出《关于认真开展“三五”普法教育的决议》;听取和审议市政府关于1995年襄樊市本级财政决算的报告,关于1996年上半年国民经济社会发展计划和财政预算执行情况的报告,市人大财经委员会关于襄樊市1995年市级财政决算审查报告,并作出决议;任命王铁民为襄城区人民检察院检察长,杜程胜为樊城区人民检察院检察长。

第二十次会议:1996年10月14—15日举行。听取并审议市政府关于贯彻执行《教育法》情况的报告,形成《审议意见》;听取和审议市政府关于办理市十二届人大三次会议代表议案、建议情况的报告;补选湖北省第八届人民代表大会代表;任命尚立学为市政府副市长,李文强为市城乡建设委员会主任,郑忠华为市机械工业局局长,陈加文为市统计局局长,免去郑忠华市第二轻工业局局长职务,陈洪基市统计局局长职务。

第二十一次会议:1996年12月26—27日举行。听取和审议市计生委关于贯彻执行《湖北省计划生育条例》情况的报告,市计委主任、市科委主任、市外经委主任的述职报告;以举手表决方式,补选襄樊市人民政府代市长阎增福为湖北省第八届人大代表; 表决通过市政府提请的人事任免和市中级人民法院提请的人事任命事项。

第二十二次会议:1997年1月17日举行。听取审议并通过代表资格审查委员会关于襄樊市第十二届人民代表大会代表变动情况和代表资格审查报告; 听取市第十二届人民代表大会第四次会议筹备工作情况的报告;审议通过《襄樊市人大常委会关于召开襄樊市第十二届人民代表大会第四次会议的决定》;审议决定市第十二届人民代表大会第四次会议列席人员名单;审议通过市第十二届人民代表大会第四次会议议程(草案)、日程(草案)和各项建议名单;讨论修改市人大常委会工作报告。

第二十三次会议:1997年2月27日举行。审议通过市人大常委会1997年度工作要点;决定市人大常委会副主任刘觉民兼任襄樊市第十二届人大常委会代表资格审查委员会主任委员。

第二十四次会议:1997年4月23—25日举行。听取和审议市政府关于开展执法“两制”、贯彻执行《义务教育法》和市法院、市检察院落实执法“两制”及评议整改情况的报告;审议通过市人大法制委、财经委、教科文卫委关于市十二届人大四次会议6件议案审议结果的报告;审阅关于全市乡镇人大换届选举工作情况的报告。会议审议并表决通过市人大常委会主任会议、市政府、市法院、市检察院提请的人事任免事项,任命郑发国为市人大常委会办公室主任;李昌江为市人大常委会人事代表室主任,免去其市人大常委会代工委主任职务;刘长斌为市人大常委会研究室主任;罗兴才为市教育委员会主任;徐建初为市科学技术委员会主任;潘万堂为市人民检察院副检察长。

第二十五次会议:1997年6月25—27日举行。听取并审议通过市人大代表资格审查委员会关于襄樊市第十二届人民代表大会代表变动情况和代表资格审查的报告;听取和审议市农委关于贯彻落实中央“减负决定”情况的报告,市科委关于贯彻执行《科技进步法》情况的报告,市审计局关于襄樊市本级1996年度预算执行和其他财政收支的审计工作报告,市人民银行关于贯彻执行《人民银行法》情况的报告;表决通过人事任免事项。

第二十六次会议:1997年8月26—28日举行。听取并审议市政府关于1997年上半年国民经济和社会发展计划执行情况的报告,关于1997年上半年财政预算执行情况和1996年度财政决算的报告,贯彻实施《关于开展创建文明城市活动的决议》情况的报告,市人民检察院“关于提请批准设立襄樊高新技术产业开发区人民检察院”议案的报告;决定批准设立湖北省襄樊高新技术产业开发区人民检察院。审议并通过“关于组织市人大代表评议市人大常委会工作的方案”。审议并通过市政府、市法院、市检察院提请的人事任免事项。

第二十七次会议:1997年10月29—30日举行。听取并审议市经委关于搞好国有工业企业情况的报告,市政府关于办理市十二届人大四次会议代表意见、批评和建议情况的报告,市人民检察院关于反贪污贿赂工作情况的报告。审议并通过《襄樊市人大常委会审议决定重大事项的规定》和关于召开襄樊市第十二届人民代表大会第五次会议的决定;审议并通过市法院提请的人事任免事项。

第二十八次会议:1997年12月19日举行。审议并通过市十二届人大五次会议增加会议议程和时间的决定;听取和审议市人大代表资格审查委员会关于市十二届人大代表变动情况和代表资格审查的报告。审议并通过表彰先进代表小组和代表活动积极分子的决定,以及提请市十二届人大五次会议审议的市人大常委会工作报告和关于市人大代表评议市人大常委会工作的整改意见;听取市十二届人大五次会议筹备工作情况的报告;审议并通过市十二届人大五次会议主席团、秘书长名单草案,决定列席人员名单;审议并通过关于对市政府部门机构改革后工作人员任免的决定和市检察院提请的人事任免事项。

第二十九次会议:1998年2月25日举行。审议通过《襄樊市人大常委会1998年度工作要点》和市人大常委会《关于对全市执法“两制”工作情况开展全面检查的安排意见》;审议并表决通过市人大常委会主任会议和市人民检察院提请的人事任免事项。

第三十次会议:1998年4月29—30日举行。听取和审议市人大各专委(工委)关于检查全市执法“两制”情况的报告;审议并表决通过市中级人民法院和市人民检察院提请的人事任免事项。

第三十一次会议:1998年6月10日举行。审议并表决通过《关于接受阎增福辞去襄樊市人民政府市长职务的决定》和《关于罗辉任襄樊市人民政府副市长、代理市长的决定》。

第三十二次会议:1998年6月29—30日举行。听取和审议市政府、市中级人民法院、市人民检察院关于继续深入开展执法“两制”工作及执法“两制”检查中反映问题解决落实情况的报告;作出《襄樊市人大常委会关于继续推行执法责任制度和执法违法追究制度的决议》;审议并通过《关于县市人大代表选举时间的决定》;审议《市政府关于提请确立市区城市卫生日的议案》;补选代市长罗辉为湖北省第九届人大代表;审议并通过《关于接受刘忠汉请求辞去市人大常委会副主任职务的决定》;审议并通过市人民检察院提请的人事任免事项。

第三十三次会议：1998 年 8 月 27 日—28 日举行。听取和审议市审计局《关于襄樊市 1997 年财政预算执行情况及其他财政收支的审计工作报告》，市计委《关于襄樊市 1998 年上半年国民经济和社会发展计划执行情况的报告》，市财政局《襄樊市 1998 年上半年财政预算执行情况的报告》，市劳动局《关于市国有企业下岗职工基本生活保障和再就业下岗职工基本生活保障和再就业工作情况的报告》；听取审议并通过市人大代表资格审查委员会关于襄樊市第十二届人民代表大会代表变动情况和代表资格审查的报告；任命马新兰（女）为市财政局局长，吕衡为市审计局局长，免去王芳玉市财政局局长职务，吴永明市审计局局长职务。

第三十四次会议：1998 年 10 月 28 日—30 日举行。听取和审议市财政局《关于 1997 年襄樊市本级财政决算的报告》，作出《关于襄樊市 1997 年本级财政决算的决议》；听取和审议市水利局《关于贯彻执行〈中华人民共和国水法〉情况的报告》，市政府《关于市十二届人大五次会议议案、建议办理情况的报告》；审议市政府关于提请审议《襄樊市城市总体规划（修编）》的议案，作出《关于〈襄樊市城市总体规划（修编）〉的决定》；审议并表决通过市中级人民法院提请的人事任命事项。

第三十五次会议：1998 年 12 月 22 日—23 日举行。听取和审议市政府关于贯彻执行《职业教育法》情况的报告，市中级人民法院关于贯彻执行《刑事诉讼法》情况的报告；听取市人大常委会《关于全市县级人民代表大会代表换届选举情况的报告》；审议并通过《关于表彰全市人大工作先进集体和先进人大工作者的决定》及名单；审议并通过市人大常委会代表资格审查委员会关于确认罢免张良绪代表资格的审查报告；审议并通过市政府提请的人事任免事项；讨论并通过市人大提请市十三届人民代表大会第一次会议审议的市第十二届人大常委会工作报告；任命杨光礼为市粮食局局长，免去钱克强市粮食局局长职务。

第三十六次会议：1999 年 1 月 18 日举行。审议市人大常委会《关于召开襄樊市第十三届人大第一次会议的决定》，通过召开会议的具体时间和各项议程；审议通过市人大常委会代表资格审查委员会《关于市第十三届人大的代表资格审查报告》；审议市第十三届人大第一次会议主席团和秘书长、议案审查委员会、计划预算审查委员会等建议名单（草案）和大会议程；任命柳维志为市公安局局长，批准任命了各县（市）区人民检察院检察长。

5.第十三届人民代表大会常委会会议

市第十三届人大常委会任期内（1999 年 1 月 20 日—2004 年 1 月 10 日），共召开 39 次常委会会议，听取和审议“一府两院”工作报告 101 个；听取市人大常委会工作机构报告 19 个；修订出台制度或规范性文件 12 件；推选或补选省、市人大代表 7 人；先后对市政府 2 名副市长、2 个组成部门的主要负责人进行述职评议，对 1 个垂直管理部门进行了工作评议；作出决议、决定 24 项；依法任免国家机关工作人员 490 人次，接受 9 人辞职，依法撤销或罢免 18 名国家机关工作人员职务。

第一次会议：1999 年 2 月 25 日—26 日举行。审议并通过《襄樊市人大常委会 1999 年度工作要点》《襄樊市人大常委会任免地方国家机关工作人员办法》。听取和审议市政府关于制定鱼梁洲防洪规划情况的报告，审议并通过襄樊市人大常委会代表资格审查委员会组成人员名单。会议通过市政府提请的人事任命事项，任命曹敬兰为市政府秘书长，张士春为市农业委员会主任，郑浩为市政府外事（侨务）办公室主任，许小遂为市农业局局长。

第二次会议：1999 年 3 月 22 日举行。审议通过《襄樊市人民代表大会常务委员会关于设立常务委员会工作机构的决定》，决定设立市人大常委会办公室、人事代表室、研究室和法制工作委员会、财政经济工作委员会、教育科学文化卫生工作委员会、农业与农村工作委员会、城乡建设与环境保护工作委员会、民族宗教侨务外事工作委员会，教育科学文化卫生工作委员会与民族宗教侨务外事工作委员会合署办公;通过了市政府提请33人(各办委局主要负责人)的人事任命事项。

第三次会议:1999年4月27日—29日举行。听取和审议市政府关于贯彻执行《森林法》《药品管理法》和全市个体私营经济发展情况的报告;审议通过《襄樊市人民代表大会常务委员会处理人民群众来信来访工作办法》;通过了市人大常委会主任会议、市政府、市中级人民法院、市人民检察院提请74人的人事任命事项,任命钟敏昌、黄先知、刘有荣、杨连生、刘长斌、郑发国、张省如为市第十三届人大常委会副秘书长,方常安为市计划委员会主任。

第四次会议:1999年6月17日—18日举行。听取并审议市政府关于贯彻执行《农业法》《教育法》《环境保护法》及市中级人民法院关于执法情况的报告;任命杜程胜、李晓静(女)为市人民检察院副检察长。

第五次会议:1999年8月23日—25日举行。听取并审议市长罗辉关于上半年主要工作的报告,市政府关于《襄樊市1999年上半年国民经济和社会发展计划执行情况的报告》、关于1999年1月—6月财政预算执行情况的报告》和《关于1998年襄樊市财政执行和其它财政收支审计工作情况的报告》。

第六次会议:1999年9月10日举行。听取市政府《关于提请审议设立汉江大道等9个基础设施建设工程项目贷款还贷资金案》的说明,审议市政府提请审议的关于设立汉江大道等9个基础设施建设工程项目贷款还贷资金的议案,通过市人大常委会关于同意政府设立汉江大道等9个基础设施建设工程项目贷款还贷资金的决议。

第七次会议:1999年10月29日—31日举行。听取和审议市政府关于贯彻执行《刑事诉讼法》《湖北省计划生育条例》情况的报告,关于小城镇建设和市十三届人大一次会议议案建议办理情况的报告;审议并通过《襄樊市人大常委会对市人民政府、市中级人民法院、市人民检察院实行执法责任制度和执法违法追究制度办法》《襄樊市人大常委会实施〈湖北省各级人民代表大会常务委员对司法机关办理案件实施监督的规定〉办法》;审议并通过市人民检察院提请的部分人事任免事项。

第八次会议:1999年12月22日—24日举行。听取和审议市政府关于贯彻执行《税收征管法》、《湖北省扶贫条例》《村民委员会组织法》以及关于汽车产业经济技术开发区规划(修编)情况的报告;审议并原则通过市人大常委会工作报告;审议并通过关于罢免谭先龙湖北省九届人大代表职务的决定;审议并通过市人大常委会代表资格审查委员关于市十三届人民代表变动情况和代表资格审查的报告;会议补选马新南为湖北省九届人大代表;批准市政府授予魏劲松"襄樊市荣誉市民"称号。

第九次会议:2000年1月5日举行。听取市人大常委会关于市十三届人大二次会议筹备工作情况的报告;审议并通过市十三届人大二次会议议程(草案)、主席团和秘书长名单(草案)、国民经济计划和财政预算审查委员会组成人员名单(草案)、议案审查委员会组成人员名单(草案);接受黄先知、张省如辞去市人大常委会委员职务的请求。

第十次会议:2000年2月24日举行。审议并通过市人大常委会2000年度工作要点、《襄樊市人大常委会议事规则修订案》、《襄樊市人大常委会实施〈湖北省各级人民代表大会代表建议、批评和意见办理工作的规定〉办法》;任命申建中(女)为市人大常委会副秘书长、农业与农村工作委员会主任,免去张省如市人大常委会副秘书长、农业与农村工作委员会主任职务。

第十一次会议:2000年4月27日—28日举行。听取和审议市土地局、文化局、环保局负责人分别作的关于贯彻执行《土地管理法》《文物保护法》《湖北省汉江流域水污染防治条例》情况的报告,分别形成《审议意见》;审议通过《市人大常委会关于视察市区治理"乱收费、乱摊派、乱罚款"工作情况的实施方案》;批准人民检察院关于对襄樊市十三届人大代表顾家平实行刑事拘留的报告;通过市政府、市中级人民法院、市人民检察院36人的人事任免事项,其中,任命曾玉平为市对外经济贸易委员会主任,姚卫平为高新技术产业开发区人民法院院长,杜文强为市人民检察院副检察长。

第十二次会议:2000年6月27日—29日举行。听取审议市政府关于治理"乱收费、乱摊派、乱罚款”,农业产业结构调整,实行行政执法违法责任追究制度的情况汇报;听取审议市政府贯彻实施《城市规划法》《湖北省旅游管理条例》情况泊报告;审议襄樊市人大常委会各视察组关于视察“三乱”情况的报告;对治理“三乱”、执法“两制”和城市规划等三个报告形成审议意见。

第十三次会议:2000 年 8 月 15—16 日举行。听取和审议市政府关于贯彻执行《行政处罚法》情况的报告,关于贯彻落实全国、全省技术创新大会精神,加强全市技术创新情况的报告,关于国有企业改革脱困工作情况的报告,并形成审议意见;听取和审议市政府、中级人民法院关于办理襄樊市十三届人大二次会议议案和代表建议情况的报告。会议审议市政府关于襄樊市市歌的议案和授予松山邦夫、夏友亮“襄樊市荣誉市民”称号的议案。许多委员认为,两首预选歌曲很好,但作为市歌还得进一步修改;授予松山邦夫、夏友亮“襄樊市荣誉市民”称号,时机不适当,条件尚不成熟,本次会议对这两项议案暂不表决。

第十四次会议:2000 年 8 月 29 日—30 日举行。听取并审议市政府上半年工作情况和对“三乱”问题整改情况的报告;听取并审议市计划委员会、市财政局关于上半年国民经济和社会发展计划、财政预算执行情况的报告;对上述报告形成审议意见。审议通过《市人大常委会关于对市政府部分组成人员进行述职评议的实施方案》;审议并表决通过《市人大常委会关于授予夏友亮“襄樊市荣誉市民”称号的决定》;审议并表决通过襄樊市中级人民法院、襄樊市人民检察院提请的人事任免事项。

第十五次会议:2000 年 10 月 30 日—11 月 1 日举行。听取审议《襄樊市国民经济和社会发展第九个五年计划》调整方案(草案)及其说明,表决通过《市人大常委会关于襄樊市国民经济和社会发展第九个五年计划调整方案的意见》;听取审议市司法局贯彻实施市人大常委会《关于认真开展“三五”普法教育的决议》情况的报告,审计局关于 1999 年襄樊市本级财政预算执行及其他财政收支的审计工作报告,市政府关于汉江大道改造情况的报告;听取和审议市财政局关于 1999 年襄樊市本级财政决算的报告,表决通过《市人大常委会关于襄樊市 1999 年本级财政决算的决议》;听取和评议市建设委会主任李文强、卫生局局长马言军的述职报告, 分别形成评议意见, 以无记名投票方式进行民主测评;听取审议通过市人大常委会《关于提请撤销黄先知襄樊市人大常委会副秘书长、法制工作委员会主任职务的议案》;任命曹敬兰(女)为市政府副市长,徐光忠为市外事(侨务)办公室主任,彭占银为市环境保护局局长,免去郑浩市外事(侨务)办公室主任职务,高明富市环境保护局局长职务。

第十六次会议:2000 年 12 月 21—22 日举行。听取审议市教育委员会关于教育创新工作情况的报告,市民政局关于对襄樊市乡、镇、街道办事处合并、调整行政区划方案的报告;作出《关于调整襄樊市乡、镇、街道办事处行政区划的决定》和《关于召开市十三届人大三次会议的决定》;听取市十三届人大三次会议筹备工作情况的报告;决定市十三届人大三次会议的列席人员名单;审议通过襄樊市人大常委会工作报告,提交第十三届人大三次会议审议;作出《关于授予日本国犬山市松山邦夫先生“襄樊市荣誉市民” 称号的决定》; 审议通过襄樊市人大常委会代表资格审查委员会关于襄樊市十三届人大代表变动和补选的代表资格审查情况的报告; 审议通过襄樊市人大常委会关于在市人大代表中开展“为优化襄樊经济环境作贡献”活动的议案。

第十七次会议:2001 年 2 月 27—28 日举行。听取审议市政府关于城市园林绿化工作情况的报告,作出决议;听取审议市政府关于对外经贸工作情况的报告,通过审议意见;听取市人大常委会授予“襄樊市荣誉市民”称号办法;听取市人大常委会审查规范性文件办法(草案)的说明;审议、通过审查规范性文件办法; 审议、通过市人大常委会关于在市人大代表中开展 “为优化襄樊经济环境作贡献”的实施意见。会议通过市政府、市人民检察院提请 11 人的人事任免事项。其中,任命陈琦为市交通局局长,免去魏伟市交通局局长职务;任命了各县(市)、区人民检察院检察长。

第十八次会议:2001 年 4 月 24—26 日举行。听取和审议市财政局关于市直(本级)2001 年社会保障预算(草案)的报告,市林业局关于贯彻执行《森林法》情况的报告,市环保局关于贯彻执行《环境保护法》和执行“一控双达标”计划目标情况的报告，市中级人民法院关于全市法院审理企业破产案件工作情况的报告，市高新技术产业开发区管委会关于襄樊高新技术产业开发区规划(修编)情况的报告，并形成决议或审议意见；审议市人大常委会对市政府2名副市长进行工作评议的方案，市人大常委会主任会议关于提请罢免赵正明湖北省九届人大代表职务的议案和决定；审议通过市人大常委会关于视察“一节一会”重点工程的方案。

第十九次会议 2001年6月26—27日举行。听取审议市教育委员会关于贯彻执行《中华人民共和国职业教育法》、市水利局关于贯彻执行《中华人民共和国水法》、市人民检察院关于民事行政检察工作情况的报告，形成审议意见；审议、通过市人大常委会关于认真开展“四五”普法教育的决议。会议通过市政府提请25人的人事任免事项。其中，任命刘德政为市政府秘书长，吴长华为市农业委员会主任，郭光福为市人事局局长，王万清为市审计局局长；免去曹敬兰(女)市政府秘书长职务，张士春市农业委员会主任职务，连庆云市人事局局长职务，吕衡市审计局局长职务。

第二十次会议：2001年8月28—30日举行。听取和审议市政府《关于上半年政府工作暨治理经济环境情况的报告》《关于重点工程建设情况的报告》，关于贯彻执行《湖北省计划生育条例》情况的报告，《关于襄樊市2001年上半年国民经济和社会发展计划执行情况的报告》《关于上半年财政预算执行情况的报告》《关于市十三届人大三次会议议案建议办理情况的报告》；市中级人民法院、市人民检察院关于办理市十三届人大三次会议议案建议情况的书面报告。审议通过市人大常委会关于对市政府2名副市长进行述职评议和对部分垂直部门进行工作评议的方案；任命高桂英为市人大常委会副秘书长。

第二十一次会议：2001年10月29—31日举行。听取市人大常委会关于贯彻实施《代表法》和《湖北省实施〈代表法〉办法》情况的报告；听取审议市公安局关于全市“打黑除恶”专项斗争工作的情况报告，市审计局关于襄樊市本级2000年度预算执行及其他财政收支的审计工作报告，市广播电视局关于全市广播电视工作情况的报告，市财政局关于襄樊市本级财政决算的报告，形成审议意见。同时听取市人大常委会评议调查组和县(市)、区人大常委会关于陈鼎益、胡向斌副市长履职情况和质量技术监督工作情况的调查报告。市长罗辉代表市政府和被评议部门作了发言。

第二十二次会议：2001年12月20—21日。听取审议市劳动局关于社会保障制度改革情况的报告；听取市编制委员会办公室关于机构改革工作情况的报告；审议副市长尚立学提请的《关于市政府提请调整市本级2001年财政预算的议案》，会议同意调整市本级2001年财政预算；听取和审议副市长陈鼎益、胡向斌和市质量技术监督局关于评议整改情况的报告，对其整改情况进行测评；听取市人大常委会关于襄樊市选出的省九届人大代表变动情况与补选的说明，补选的省九届人大代表，报省人大常委会代表资格审查委员会审查确认；审议通过市人大常委会关于市政府机构改革后工作人员任免有关问题的决定。会议通过市政府、市中级人民法院、市人民检察院提请13人的人事任免事项。其中，任命郑忠华为市计划委员会主任，马升云为市经济贸易委员会主任，胡颐新为市财政局局长；免去马兴林市经济贸易委员会主任职务，马新南(女)市财政局局长职务，乾俊礼市水利局局长职务。

第二十三次会议：2002年1月15—16日举行。审议通过市人大常委会工作报告和2002年度工作要点；接受石国卿、屈启旺、高桂英、曾庆国、谢道华辞去常委会委员职务请求；审议通过代表资格审查委员会关于市十三届人大代表变动及补选代表资格审查情况的报告，确认补选的9名代表资格有效；听取市人大常委会关于市十三届人大四次会议筹备工作情况的报告；审议通过市十三届人大四次会议主席团和秘书长建议名单、大会议程草案、大会议案审查委员会和计划预算审查委员会组成人员名单草案；决定列席市十三届人大四次会议人员名单；补选陈治华为湖北省九届人大代表，报省人大常委会代表资格审查委员会审查确认；任命黄秀强为市司法局局长，免去郭明强市司法局局长职务。

第二十四次会议：2002年3月5日举行。听取和审议市政府实施《气象法》情况的报告，并形成

《审议意见》；听取和审议市政府关于清理政府规范性文件和其他政策措施情况的报告；审议市政府关于提请审议襄樊市与俄罗斯科斯特罗马州结为友好城市的议案和关于提请审议授予海军襄樊舰全体现役官兵襄樊市荣誉市民称号的议案，并作出相应决定。会议通过市人大常委会主任会议、市人民检察院提请24人的人事任免事项。其中，任命李昌江（兼）任市人大常委会办公室主任，张省如（兼）任市人大常委会教育科学文化卫生工作委员会主任，吴天宝为市人民检察院副检察长；免去钟敏昌市人大常委会副秘书长、城乡建设与环境保护工作委员会主任职务，杜程胜市人民检察院副检察长职务。

第二十五次会议：2002年4月26—27日举行。听取和审议市政府创建中国优秀旅游城市工作情况的报告，市政府台湾事务办公室关于贯彻执行《台湾同胞投资保护法》，市扶贫开发办公室关于贯彻执行《湖北省扶持老区建设条例》情况的报告，市总工会关于新建企业贯彻执行《工会法》情况的报告，并形成相关审议意见；市人民检察院通报市十三届人大代表冯德合的犯罪事实。会议通过市人大常委会主任会议、市人民检察院提请11人的人事任免事项。其中，任命古有良、尚显强、聂贵生为市人大常委会副秘书长，权建立、肖忠强、方正国为市人民检察院检察委员会委员。

第二十六次会议：2002年6月25—26日举行。听取并审议市教育局关于全市基础教育情况的报告，市审计局关于2001年度预算执行及其他财政收支审计工作报告，市财政局关于2001年财政决算的报告。会议表决通过对以上报告的审议意见和对襄樊市2001年本级财政决算的决议。

第二十七次会议：2002年8月27—28日举行。听取和审议市政府关于全市社会治安综合治理工作情况的报告，市发展计划委员会关于2002年上半年国民经济和社会发展计划执行情况的报告，市财政局关于2002年上半年财政预算执行情况的报告，并形成相关审议意见。

第二十八次会议：2002年10月22—23日举行。听取并审议市政府关于《防震减灾法》《湖北省农村集体经济承包合同管理条例（试行）》执行情况和《关于开展“四五”普法教育情况的报告》，作出《关于调整2002年襄樊市本级财政收入预算的决议》，表决通过对相关报告的审议意见及市中级人民法院提请的人事任免事项；听取并审议通过市人大常委会关于罢免刘有庆襄樊市第十三届人大代表资格的审查报告。

第二十九次会议：2002年11月29日举行。会议经过审议表决，接受罗辉辞去襄樊市人民政府市长职务的请求，决定付明珠为襄樊市人民政府副市长、代市长；决定2002年12月20日召开襄樊市第十三届人大五次会议，会期两天。

第三十次会议：2002年12月18日举行。审议通过市人大常委会关于代表变动和代表资格审查情况的报告，市十三届人大五次会议主席团秘书长名单草案、会议议程草案；同意孙楚寅辞去襄樊市人大常委会主任职务；听取并审议市十三届人大五次会议筹备工作情况的报告，市政府落实2002年度市人大常委会审议意见情况的报告。

第三十一次会议：2003年2月11日举行。听取并审议关于市十三届人大第六次会议筹备工作情况的报告；审议通过关于召开市十三届人大第六次会议的决定（草案）、市十三届人大第六次会议主席团和秘书长名单（草案）、会议议程（草案）、议案审查和计划预算审查两个委员会名单（草案）；审议通过市人大常委会工作报告（草案）、市人大常委会2003年度工作要点；审议通过列席市十三届人大第六次会议人员名单，市人大常委会关于市十三届人大代表变动情况和代表资格审查的报告。

第三十二次会议：2003年4月23—24日举行。听取并审议市政府关于《人口与计划生育法》、《城市规划法》贯彻实施情况的报告，关于全市农村税费改革工作情况的报告，市区2003年基础设施及公益事业重点工程安排情况的报告，并作出相应审议意见和决议；审议通过《襄樊市人大常委会讨论决定重大事项的规定》《襄樊市人大常委会关于公民旁听市人大常委会会议办法》、关于罢免魏伟、曾宪荣襄樊市人大代表资格的审查报告，并发布撤销魏伟市人大常委会委员职务的公告。表决通过市人民检察院提请的人事任免议案。

第三十三次会议:2003 年 6 月 27—28 日举行。会议听取并审议市水利局关于《水土保持法》贯彻执行情况的报告、市环保局关于《环境保护法》贯彻执行情况的报告,市卫生局关于全市防治非典型肺炎工作情况的报告,并形成相关的审议意见;听取、审议并表决通过市人大代表资格审查委员会关于罢免赵振、刘顺学、陈玉国的市十三届人大代表资格的审查报告;通过了关于罢免陈玉国省第九届人大代表职务的议案;任命王树华为市政府副市长。

第三十四次会议:2003 年 7 月 14 日举行。审议并通过市人大常委会接受姚仁安辞去襄樊市中级人民法院院长职务的报告; 审议并通过市人大常委会代表资格审查委员会关于罢免张克禄等襄樊市第十三届人大代表资格的审查报告;任命虞国旗为市政府副市长,万桃元为市公安局局长,免去柳维志市公安局局长职务。

第三十五次会议:2003 年 8 月 21—22 日举行。听取并审议市政府关于 2003 年国民经济与社会发展计划的报告,政预算上半年执行情况的报告,办理市十三届人大第六次会议议案和代表建议情况及社会保障工作情况的报告;听取并审议关于罢免刘静林湖北省第十届人大代表职务的议案,罢免赵成霖襄樊市十三届人大代表资格的审查报告, 市人大常委会主任会议关于王健为襄樊市中级人民法院代理院长的议案;听取市城市规划局关于襄樊市近期建设规划的介绍并观看规划演示;表决通过对襄樊市城市近期建设规划、2003 年襄樊市国民经济与社会发展计划、财政预算上半年执行情况、社会保障工作等 4 个方面情况报告的审议意见; 表决通过罢免刘静林湖北省第十届人大代表职务的决议和罢免赵成霖襄樊市第十三届人大代表资格,王健为市中级人民法院代理院长的决定。

第三十六次会议:2003 年 9 月 25 日举行。任命欧阳万坤为市政府副市长,罢免梁汉江市十三届人大代表资格,授予盛中国"襄樊市荣誉市民"称号。

第三十七次会议:2003 年 11 月 4—5 日举行。听取并审议市政府关于全市行政审批制度改革和加强城市规划管理工作情况的报告;听取并审议市人民检察院关于反贪污贿赂工作情况的报告,并通过对其审议意见;审议并通过市政府关于调整襄樊市本级 2003 年财政收支预算的议案;罢免孙楚寅市十三届人大代表职务; 审议并通过市中级人民法院提请的人事任免和市第十四届人民代表大会代表选举时间的决定。

第三十八次会议:2003 年 12 月 24 日举行。审议并通过市人大常委会关于召开市第十四届人民代表大会第一次会议的决定;听取并审议市政府、市人民检察院关于落实 2003 年度市十三届人大常委会审议意见情况的报告;审议市人大常委会工作报告;补选朱福寿为湖北省第十届人民代表大会代表;任命邓卓海为市交通局局长、邹洪成为市农业局局长,潘万堂为市城郊地区人民检察院检察长。

第三十九次会议:2004 年 1 月 7 日举行。听取审议市人大常委会《关于市第十四届人大第一次会议筹备工作情况的报告》《关于市第十四届人大代表资格的审查报告》。审议通过了市第十四届人大第一次会议主席团和秘书长名单(草案)、会议议程(草案)、议案审查委员会组成人员名单(草案)、计划预算审查委员会组成人员名单(草案)和会议日程(草案),决定了列席市第十四届人大第一次会议的人员名单;补选夏志斌、刘金元、李金春为省第十届人大代表;决定免去赵成霖、赵振市政府副市长职务。

6.第十四届人民代表大会常委会会议

市第十四届人大常委任期内(2004 年 1 月 10 日—2008 年 4 月 11 日),共召开 34 次常委会会议,听取和审议"一府两院"工作报告 105 个;听取市人大常委会工作机构报告 24 个;修订出台制度或规范性文件 1 件,废止规范性文件 1 件;先后对市中级人民法院 9 名法官进行了述职评议,对市人民检察院进行了工作评议,对市政府 12 个组成部门和 2 个垂直管理部门进行了专项工作评议;推选或补选省市人大代表 3 人；作出决议、决定 10 项；依法任免国家机关工作人员 254 人次，接受 11 人辞职，依法撤销或罢免 1 名国家机关工作人员职务。

第一次会议：2004 年 2 月 25—26 日举行。审议通过市人大常委会 2004 年度工作要点，《市人大常委会关于任免国家机关工作人员办法》修定案，关于设立市人大常委会工作机构的决定和市十四届人大常委会代表资格审查委员会组成人员名单；听取和审议副市长欧阳万坤关于市直国有企业改革情况的报告；任命胡水华为市政府副市长。

第二次会议：2004 年 4 月 29 日举行。听取审议并通过市政府关于《药品管理法》《森林法》《矿产资源法》贯彻执行情况的报告，市人大常委会评议市中级人民法院部分法官的实施方案（草案），市人大常委会视察国企改革情况的实施意见（草案），市人大常委会主任会议关于提请撤销陈德斌审判职务的议案；审议通过市政府、市中级人民法院、市人民检察院提请的人事任免事项。

第三次会议：2004 年 6 月 29—30 日举行。听取并审议市政府贯彻落实市人大常委会关于《市直国有企业改革工作情况报告的审议意见》情况的报告，关于贯彻执行《农业技术推广法》情况的报告和《关于推行部门预算工作情况的报告》；听取市人大常委会副秘书长杨连生所作的关于视察市直国有企业改革工作情况的报告。表决通过市人大常委会对市政府贯彻执行《农业技术推广法》情况、《关于推行部门预算工作情况的报告》的审议意见和市长付明珠提请的人事任免事项。

第四次会议：2004 年 7 月 26—27 日举行。听取并审议市中级人民法院侯建新等 9 名法官所作的述职报告，市人大常委会评议调查组关于侯建新等 9 名法官履职情况的调查报告和综合报告；对 9 名法官进行评议测评；市中级人民法院院长王健对认真接受市人大常委会评议监督表态发言。

第五次会议：2004 年 9 月 24—25 日举行。会议听取并审议市发展改革委员会关于 2004 年 1—8 月国民经济和社会发展计划执行情况的报告；市财政局关于 2004 年 1—8 月财政预算执行情况的报告；市政府、市中级人民法院关于办理市十四届人大一次会议议案和代表建议情况的报告。表决通过对市政府关于 2004 年 1—8 月计划和预算执行情况报告的审议意见和市人大常委会关于视察襄樊市区经济环境的实施方案。

第六次会议：2004 年 10 月 28—29 日举行。会议决定接受阮成发辞去襄樊市人大常委会主任职务的请求，推选襄樊市人大常委会副主任夏志斌为襄樊市人大常委会代理主任；听取并审议市政府关于贯彻执行《国务院突发公共卫生事件应急条例》和《湖北省宗教事务管理条例》情况的报告，市政府关于 2003 年财政预算执行和其他收支的审计工作和 2003 年财政决算的报告，市人民检察院关于惩治渎职侵权检察工作情况的报告，市人大常委会代表资格审查委员会关于代表变动和补选代表的资格审查报告；听取市人大常委会关于视察市区经济环境的情况报告；审议市政府关于调整市本级 2004 年财政预算的议案和市中级人民法院被评议法官的整改工作报告及评议意见；通过对以上议案、报告的决议或审议意见。为优秀法官候新建、史建东颁发荣誉证书；补选田承忠为湖北省第十届人民代表大会代表；表决通过市政府、市中级人民法院提请的有关人事任免事项。

第七次会议：2004 年 12 月 21—22 日举行。听取并审议市政府关于整治经济环境情况的报告；审议并通过市人大常委会工作报告，市人大常委会代表资格审查委员会关于代表变动和代表资格的审查报告；作出关于召开市十四届人大第二次会议的决定；表决有关人事任免事项；为优秀等次的法官颁发优秀法官证书。

第八次会议：2004 年 12 月 27 日举行。表决通过市人大常委会关于接受付明珠辞去襄樊市人民政府市长职务请求和作出关于李德炳为襄樊市人民政府副市长、代理市长的决定。

第九次会议：2005 年 1 月 7 日举行。听取审议并通过市人大常委会办公室关于市十四届人大二次会议筹备工作情况的报告，市十四届人大二次会议建议议程、日程、主席团和秘书长名单、议案审查委员会名单、计划预算审查委员会名单等草案；决定列席市十四届人大二次会议的人员名单；审议通过市人大常委会代表资格审查委员会关于代表变动和补选代表的资格审查报告、市政府提请的人事任免案，任命余新民为市公安局局长。

第十次会议：2005 年 2 月 28 日举行。听取并审议副市长刘立勇所作的关于 2005 年度市财政投资的市区重大建设项目情况的报告；审议通过市人大常委会 2005 年度工作要点，市人大常委会 2005 年度评议工作实施方案，市中级人民法院、市人民检察院提请的人事任免事项。

第十一次会议：2005 年 4 月 27—28 日举行。听取并审议市政府关于 2005 年度国民经济和社会发展重大建设项目情况的报告，关于贯彻实施《中华人民共和国政府采购法》和《中华人民共和国未成年人保护法》情况的报告。审议通过市人大常委会关于接受张建宏辞去襄樊市人大常委会委员职务的议案；任命严勇为市商务局局长。

第十二次会议：2005 年 5 月 26—27 日举行。听取并审议市公安局、市国土资源局、市劳动和社会保障局、市交通局、市人事局、市教育局、市工商局工作情况的报告；听取市人大常委会各评议调查组通报对上述 7 个被评议单位的评议情况。

第十三次会议：2005 年 6 月 29—30 日举行。听取并审议关于全市安全生产工作情况的报告，市旅游局关于贯彻实施《湖北省旅游条例》情况的报告，市司法局关于全市开展"四五"普法工作情况的报告；表决通过襄樊市人大常委会对相关报告的审议意见；任命白光德为市民族宗教事务局局长，免去尚显强市人大常委会副秘书长、研究室主任职务，潘万堂市城郊地区人民检察院检察长职务。

第十四次会议：2005 年 8 月 28—29 日举行。听取并审议市政府关于贯彻实施《中华人民共和国行政许可法》情况的报告，关于 2005 年上半年国民经济与社会发展计划和财政预算执行情况的报告，关于网吧专项整治情况的报告，市政府和市中级人民法院关于办理市十四届人大二次会议议案、建议、批评和意见情况的报告；任命雷涌泉、艾军为市中级人民法院副院长。

第十五次会议：2005 年 10 月 27—28 日举行。听取并审议市政府贯彻实施《全国人大常委会关于加强社会治安综合治理的决定》工作情况的报告，贯彻实施《中华人民共和国城市规划法》情况的报告，关于 2004 年市本级财政决算的报告，关于调整 2005 年市本级财政预算的议案，2004 年市本级财政预算执行及其他财政收支的审计工作报告。对上述报告分别形成审议意见。表决通过关于 2004 年市本级财政决算的决议和批准调整 2005 年市本级财政预算的决议。

第十六次会议：2005 年 11 月 29 日举行。听取并审议市国土资源局、市公安局、市劳动和社会保障局、市交通局、市人事局、市教育局、市工商局关于接受人大评议整改情况的报告，以无记名投票方式对上述 7 个被评议部门进行测评。市交通局、市公安局、市人事局、市教育局、市劳动和社会保障局、市国土资源局被评为满意单位，市工商局被评为基本满意单位。会议作出关于 2006 年 1 月 9 日召开襄樊市第十四届人民代表大会第三次会议的决定。

第十七次会议：2005 年 12 月 29—30 日举行。听取市政府关于贯彻实施《中华人民共和国农村土地承包法》情况的报告，审议并通过市人大常委会对该报告的审议意见；审议通过市人大常委会工作报告，市人民代表大会议事规则（草案），市人大常委会代表资格审查委员会关于代表变动和补选代表的资格审查报告，襄樊市第十四届人民代表大会第三次会议主席团和秘书长名单（草案）、会议议程（草案）、议案审查委员会和计划预算审查委员会名单草案；听取市人大常委会办公室关于襄樊市第十四届人民代表大会第三次会议筹备工作情况的报告，决定列席襄樊市第十四届人民代表大会第三次会议人员名单；通过关于接受李长义辞去襄樊市人大常委会委员职务的决定；表决有关人事任免事项。

(三)工作机构

1983 年前,原襄樊市人民代表大会常务委员会未设专门委员会等工作机构。1983 年,地方人民代表大会常委会任期由 3 年改为 5 年,市人大常委会开始设置专门委员会等工作机构。1984 年 3 月至 1989 年 3 月,第十届市人大常委会设有法制、财政经济、科学教育文化卫生、城乡建设等 4 个专门工作委员会。常委会机关设"一室三科",即办公室、秘书科、政工科、代表工作科,负责办理常委会的日常工作。1989 年 3 月 10 日,第十一届人民代表大会第一次会议召开之后,常委会专门工作机构改设 5 个专门委员会,即:法制委员会,财政经济委员会,教育科学卫生委员会,民族外事侨务委员会,代表工作委员会。1992 年增设农村工作委员会。此后常委会专门工作委员会和常委会机关内设机构至 1995 年无变更。1996 年,教育科学卫生委员会更名科教文卫工作委员会,民族外事侨务委员会更名民族宗教侨务外事工作委员会。1999 年,常委会机构设置调整为"三室六委",即办公室、人事代表室、研究室、法制工作委员会、财政经济工作委员会、教育科学文化卫生工作委员会、民族宗教侨务外事工作委员会、农业和农村工作委员会、城乡建设与环境资源保护工作委员会。各专门工作委员会分别下设办公室。机关设科 12 个,定编 57 人。2004 年,常委会各专门工作机构调整为"二室八委",即办公室、研究室、内务司法工作委员会、财政经济工作委员会、教科文卫工作委员会、民宗侨外工作委员会、农业农村工作委员会、城乡建设环境保护工作委员会、财政预算管理工作委员会、人大代表工作委员会。各专门工作委员会分别下设办公室。机关设科 12 个,至 2005 年年底无变更。

四、 行使职权

市人民代表大会是襄樊地区的国家最高权力机关,负有宪法赋予的监督市人民政府、市中级人民法院、市人民检察院(以下简称监督本级"一府两院")工作,讨论、决定本市政治、经济、文化、教育、卫生、民政、民族等工作的重要事项,以及在职权范围内行使干部的任免职权。三大职责,由人民代表大会的常设机构—人大常务委员会负责履行。

(一)监督"一府两院"

1979—1983 年,原襄樊市第九届人民代表大会期间,人大常委会听取"一府两院"关于各方面的工作汇报 100 多次,组织代表就"一府两院"的工作开展调查、视察、检察 80 多次,督促人民政府及其有关职能部门办理人民代表大会议案、代表提案和意见建议 590 多件。其中,就国家宪法和法律的贯彻实施,经济体制改革和经济工作,社会主义精神文明建设,城市建设和管理,环境保护等方面的工作开展调查 100 多次,撰写调查报告 85 个。

1984—1989 年,市第十届人民代表大会期间,市人大常委会听取并审议"一府两院"的工作报告 93 项,作出决议、决定 20 个。五年间,市人大常委会对"一府两院"工作的监督,从指导思想到工作安排上,都把加强法制建设、监督和保证法律的实施放在重要的位置。从抓法制教育入手,加强对执法的监督和检查,围绕有关法律法规的实施作出相应决议。全国人大常委会《关于在全体公民中基本普及法律常识的决议》公布后,市人大常委会把普法工作列入议事日程,先后两次听取并审议了市政府关于全市开展普法工作的情况报告,并作出决议,要求有关部门采取多种形式开展以宪法为核心的法制教育,号召全市干部群众学法、守法、用法,依法办事。常委会的领导参与全市普法工作的指导协调和检查督办,先后组织常委对普法情况进行了5次调查和2次视察。1987年年初,全国人大常委会发布《关于加强法制教育维护安定团结的决定》(以下简称《决定》)后,同年5月,常委会听取并审议市政府关于学习贯彻《决定》的报告,并作出决议,要求全市各行各业把学习贯彻《决定》更加普遍、扎实地开展起来,力争做到家喻户晓。抓法制教育的同时,加强对执法的监督和检查。五年间,人大常委会多次听取并审议"一府两院"执法情况的报告,着重检查了宪法、义务教育法、食品卫生法、森林法、经济合同法、土地管理法、环境保护法、刑事诉讼法、治安管理处罚条例,以及湖北省计划生育条例、湖北省保护消费者合法权益条例等法律法规的贯彻执行情况。

1988年10月—1989年1月,根据省人大常委会关于开展执法检查的决定,同"一府两院"一起狠抓执法大检查,纠正和查处一批违法案件。围绕有关法律法规的实施,作出相应的决议,结合本市实际,先后作出《关于加强审计监督工作的决议》《关于进一步查处伪劣假冒商品的决议》《关于进一步贯彻执行〈会计法〉的决议》等,对加强全市的法制建设,推动各项事业发展,起到促进作用。1989年3月—1994年4月,市第十一届人民代表大会期间,市人大常委会将监督和检查"一府两院"执法情况作为经常性的工作重点。5年间,共听取和审议了58个法律法规执行情况的报告。其中大多是经济方面的法律法规,如企业法、计量法、标准化法、专利法、水法、土地法、森林法、矿产资源法、城市规划法、环境保护法、烟草专卖法等;也有内务司法方面的,如行政诉讼法、民事诉讼法、经济审判、法纪检察、社会治安等;还有与人民群众生产生活密切相关的,如食品卫生法、药品管理法、义务教育法、文物保护法、村民委员会组织法、居民委员会组织法、归侨侨眷权益保护法、残疾人保障法、五保供养条例、计划生育条例等。认真审议后,将审议的意见转交"一府两院"及有关部门办理,强化监督,对重大问题一抓到底。对"一府两院"工作监督的重点放在改革开放和经济建设方面。5年间,听取并审议市政府关于改革开放和经济建设方面的工作报告59个,每次审议的意见都形成常委会纪要,转市政府及其有关部门抓落实,对较为重要的意见,要求反馈办理结果。工作监督,从实际出发,突出"监督重点"。国民经济和社会发展计划及财政预算是国民经济的综合反映,对其执行情况,经常进行调查检查,每年的第三季度全面听审一次,针对薄弱环节提出意见和建议,使每次人代会批准的计划和预算得以圆满完成。为确保农业这一国民经济的基础不断增强,市第十一届人大常委会坚持不懈地抓了对农业和农民负担的监督,1991—1993年连续3年组织专题视察,先后3次审议政府的工作报告,并将其作为代表议政和评议的重点。为促进国有大中型企业的发展,市十一届人大常委会狠抓了对贯彻《企业法》和《全民所有制企业转换经营机制条例》的监督,先后配合市委、市政府狠煞了向企业乱摊派、滥集资的不正之风。同时,对政府有关经济工作重大决策的出台,加强法制监督和工作监督,如"八五"计划和十年规划的制定、城市总体规划的修编、汽车产业经济技术开发区和高新技术产业开发区的建立、长虹大桥和邮电万门程控重点工程建设等,有的经过调查、视察,提出合理的意见和建议,有的依法提请人代会或常委会会议审议通过、作出决议。对政府提出的简政放权、转变职能、企业"三项制度改革"、商业"四放开"、发展股份制企业、推行农村股份合作制,以及外资嫁接、粮价放开、实行房改等一系列重大改革开放措施,既热情支持,又注重监督。在加强经济工作监督的同时,加强精神文明建设的监督。5年间,市十一届人大常委会先后听取并审议了"一府两院"关于文化、卫生、体育、民族、宗教、侨务和反贪污贿赂、纠正行业不正之风等方面的情况报告,对推进社会全面进步起到了积极作用。

1994年4月—1999年1月,市第十二届人民代表大会期间,市人大常委会进一步强化法律监督,抓住重大事项开展工作监督。5年间,先后听取和审议市政府关于农业法、企业法、公司法、劳动法、税收征收管理法、人民银行法、教育法、教师法和湖北省计划生育条例等26个法律法规执行情况的报告,听取和审议了市中级人民法院、市人民检察院关于法官法、人民警察法、国家赔偿法、刑事诉讼法、行政诉讼法、全国人大常委会关于惩治贪污罪、贿赂罪的补充规定等12个法律法规执行情况的报告。还对土地法、预算法、统计法、城市规划法、环境保护法等105个法律法规的贯彻执行情况进行了132次视察和检查，将意见和建议交“一府两院”办理。在突出法律监督的同时，紧紧围绕全市经济和社会发展中的一些重大问题以及人民群众关心的热点问题，加强对“一府两院”的工作监督。先后听取和审议“一府两院”工作报告65个，作出决议、决定34个。常委会每年都要听取和审议市政府关于财政决算的报告，依法批准财政决算；每年都要听取和审议市政府关于当年国民经济社会发展计划和财政预算执行情况的报告，提出建设性的意见和建议。综合运用审议、视察、检查、督办、质询等多种监督形式，对重大问题一抓到底。5年间，人大常委会把减轻农民负担、整治“三乱”、国有企业改革、反腐倡廉、科教兴市、修编城市总体规划、环境与资源保护等人民群众普遍关心，党委、政府高度重视的问题，作为重点来抓。为加强对农民负担等有关农村和农业政策执行情况的监督，1995—1998年连续4年组织人大代表进行调查、视察，多次派出检查组分赴有关县市进行重点抽查，走村串户，座谈访问，查看账本，听取农民的意见和要求，提出有价值的建议，督促政府落实。经过努力，全市废止、修改了一些涉及农民负担的文件，取消一些不合理的负担，清退一部分多收多摊的资金。农民反映强烈的问题得到纠正，从而促进农村经济进一步发展。

1999年1月—2004年1月，市第十三届人民代表大期间，市人大常委会对“一府两院”采取有重点、有计划地开展法律监督，围绕发展、改革的重大问题认真搞好工作监督。先后听取和审议了农业法、城市规划法、税收征管法、刑事诉讼法、行政处罚法、湖北省扶贫条例等46部法律法规贯彻和执行情况的报告；按照上级人大统一部署和每年工作计划，先后对预算法、森林法、建筑法、药品管理法、归侨侨眷权益保护法、城市居民最低生活保障条例等105部法律法规进行了执法检查，针对执法中的突出问题，或作出决议，或形成意见建议，督促整改。同时，坚持不懈地把执法责任制和执法违法追究制引向深入；督促“一府两院”完善“执法两制”及其配套的各项规章制度；督促“一府两院”严肃追究错案责任，加大对错案责任追究的监督力度；制定实施《对市“一府两院”实行执法责任制和违法追究制的监督办法(试行)》，形成“执法两制”监督的制度化。对“一府两院”的工作监督，紧紧围绕年度人代会批准的计划和预算、改革和建设中的重大问题以及人民群众普遍关心、社会反映强烈的热点问题，对行政、审判、检察机关进行监督。先后听取审议了农村税费改革、行政审判改革、高速公路建设、汉江大道改造、长虹大桥经营权转让、民营经济发展、小城镇建设、市区重点工程建设、科技创新、教育创新、对外经贸、优化经济发展环境、城市建设规划编修、防洪工程、鱼梁洲开发、社会保障、“打黑除恶”、社会治安综合管理、反贪污贿赂、市直机构改革、乡镇合并、区划变更、城市环境综合整治、防治“非典”以及审理企业破产案件、民事刑事检察等工作的专题报告，肯定了成绩，指出了问题，提出了监督意见，促进了“一府两院”的工作。1999年，人大常委会组织视察汉江大道改造工程依法行政情况后，督促市政府认真执行国务院拆迁条例，妥善解决了集体企业的拆迁补偿问题；2000年，为整治“三乱”，常委会组织开展了历时4个月的大规模、大范围、大声势的视察，收集各类问题线索258条，提出8条监督改进意见，市政府诚恳接受监督，公开查处了一批违纪案件，出台了行政事业性收费《黄皮书》等规范性文件。2004年，人大常委会采用多种形式，强化法律监督，紧扣工作中心，深化工作监督。先后听取并审议了市政府关于《森林法》《药品管理法》《矿产资源法》《农业技术推广法》《国务院突发公共卫生事件应急条例》《国务院宗教活动场所管理条例》等法律法规贯彻实施情况的报告，针对执法中存在的问题，提出理顺管理体制、加大经费投入、提高执法水平的审议意见，跟踪监督，督促整改落实。开展执法检查，督促执法主体改进工作。先后对矿产资源法、食品卫生法、烟草专卖法、城市规划法、档案法、湖北省档案管理条例、湖北省地质环境管理条例等法律法规进行了执法检查，为改革、发展、稳定创造良好的法制环境。工作监督，抓大事、求实效。围绕服务“项目建设年”这一中心工作，常委会开展了对市直国有企业改革和市区经济环境的视察，针对存在的资产变现难、债务化解难、辅体剥离难等问题，提出了意见和建议，及时向市委报告，向市政府通报，从而进一步推动了市直国有企业改革向纵深发展。同时，常委会还把“三农”问题始终作为监督工作的一个重点，安排有关工委赴南漳、保康、谷城、枣阳等县市，分别就农村税费改革及综合配套改革、农业生产资料价格、粮食生产、乡村公路改造等工作进行专题检查。针对年初暴发的禽流感疫情，督促市政府有关部门抓好防治工作。

2005 年 4 月 27—28 日，人大常委会先后听取审议市政府关于 2005 年度国民经济和社会发展重大建设项目情况的报告、贯彻实施《中华人民共和国政府采购法》《中华人民共和国未成年保护法》情况的报告，提出审议意见，要求市政府进一步落实。5 月 26 日至 27 日，听取并审议公安局、国土资源局、劳动社会保障局、交通局、人事局、教育局、工商局工作情况的报告后，向上述 7 个单位通报人大代表对其评议的意见，肯定了被评议单位的工作成绩，指出了各自存在的不足或问题，促使相关单位依法行政、认真履行其职能。

（二）决定重大事项

1979—1983 年，原襄樊市人大常委会先后举行会议 40 多次，听取和审议“一府两院”工作报告 60 多次，作出决议 3 项。1981 年上半年，人大常委会作出《关于动员全市人民加强社会治安工作的决议》和《关于再接再厉为全面完成和超额完成国民经济计划而奋斗的决议》，经市人民政府组织实施，到 1981 年底，重大刑事案件比上半年下降 40%，工业生产全面完成国家计划。

1984—1989 年，市第十届人民代表大会期间，人大常委会认真开好常委会会议，集体讨论决定全市的重大事项。1984 年，市人大常委会作出《关于广泛深入地开展五讲四美三热爱活动的决议》之后，一个以讲文明、讲礼貌、讲卫生、讲秩序、讲道德和心灵美、语言美、行为美、环境美的“五讲四美”活动，在广大青少年和全市人民群众中开展起来，各地以治理脏乱差为突破口，以创建文明单位、文明村镇为重点，广泛开展群众性精神文明建设，使社会风气得到较大改善。1988 年 5 月和 6 月，人大常委会对全市贯彻执行《湖北省计划生育条例》情况开展专题调查和视察，撰写了专题调查报告，在第三十三次常委会议上，听取并审议市政府《关于进一步贯彻执行湖北省计划生育条例的决议》，促使计划生育这一基本国策在全市得到较好落实。又如在审议《襄樊市城市规划、建设、管理暂行规定（草案）》时，常委会根据主客观条件，提出 40 多条修改意见，《规定》颁布后，对加强城市管理、促进城市文明建设起到了重要作用。

1989 年 3 月—1994 年 4 月，第十一届人民代表大会期间，人大常委会坚持以经济建设为中心，认真行使对全市重大事项的审议和决定。1990 年 3 月，十一届二次全体会议上，人大常委会结合襄樊实际，作出了“依法治市”和“科教兴市”两个决议。为将“依法治市”的决议落到实处，“一府两院”分别制订实施方案，人大常委会多次听取审议了有关报告，又先后作出了关于扫除“六害”和加强社会治安综合治理的决议，支持和促进“一府两院”不断强化依法治理，有效地维护社会政治的稳定，为改革开放和经济建设提供良好的发展环境。市政府在落实“科教兴市”的决议中，制定了《1991—2000 年襄樊市科教兴市战略实施纲要》。此后，市人大常委会对科教兴市实施情况坚持每年检查一次，针对问题，提出建议，督促落实，推动“科教兴市”活动不断向纵深发展。第十一届人民代表大会期间，人大常委会审议决定重大事项，始终把保证和促进改革开放和经济建设作为重点。5 年间听取和审议市政府关于改革开放和经济建设方面的工作报告 59 个，每次审议的意见都形成常委会纪要，转市政府及其有关部门落实。

1994 年 4 月—1999 年 1 月，第十二届人民代表大会期间，人大常委会综合运用审议、视察和赴外地学习考察等多种方法，讨论决定促进襄樊市经济社会发展的重大事项。1995 年 4 月，人大常委会听取和审议市政府关于财政预算执行的审计报告和预算外资金管理情况的报告之后，作出《关于进一步加强预算外资金管理的决议》，对集中有限资力投入重点建设，缓解资金供求矛盾，抑制铺张浪费起到了积极作用；在听取和审议市政府有关报告的基础上，作出了《关于批准〈襄樊市城区禁止燃放烟花爆竹的暂行规定〉的决定》和《关于禁止在公共场所吸烟的决议》，对增强市民文明意识，保障人民健康安全等方面产生了积极影响。在督促"一府两院"落实"依法治市"过程中，为从制度上严格规范执法主体、执法程序和执法行为，8 月，常委会牵头组织市政府及有关部门赴外地学习考察推行执法责任制和执法违法责任追究制的做法。9 月至次年 3 月在市法院、市工商局、市土地局和襄阳县等单位进行试点，探索经验，随后作出决议，在全市普遍推行。1998 年 3—6 月，市人大常委会采取"上下联动，分级负责"的办法，对全市各级推行执法责任制和执法违法追究制情况进行全面视察，之后，作出关于继续推行执法责任制和执法违法追究制的决议，强调把这一工作深入持久地抓下去。同年，市委提出把襄樊建成现代化大城市，并开展创建全国卫生城市和省级文明城市活动。常委会建议人代会作出关于创建文明卫生城市的决议。此后，相继听取和审议市政府关于城市建设和管理、食品卫生管理、社会治安综合治理、"扫黄"、"打非"等情况的报告，先后三次对创建工作中的重点工程进行视察，有效地促进了创建活动的深入开展。

1999 年 1 月—2004 年 1 月，第十三届人民代表大会期间，人大常委会按照"抓重点、议大事、求实效"的原则，努力推行常委会决策科学化、民主化。修改完善常委会讨论决定重大事项的规定，不仅进一步界定了重大事项的范围，而且规定配套程序和违反规定的法律责任，可操作性大大增强。讨论决定重大事项涉及的内容更加贴近改革开放和社会关注的现实问题。1999 年，作出《关于同意市政府设立沿江大道等 9 个基础设施建设工程项目贷款还贷资金的决议》，要求市政府做到专款专用、有效使用、如期偿还。决议的作出和实施，对改变襄樊市面貌，促进经济发展，起到了重要作用。2000 年，作出《关于调整和部分变更襄樊市"九五"计划指标的决议》，使原 23 项部分过高指标得到调整。2001 年，作出《关于创建国家园林城市的决议》，督促市政府奋力争创，提前两年达到了目标。从 2001 年开始，常委会将年度社会保障预算以人大决议固定下来，使社会保障增加了约束机制。2002 年，常委会提出议案，人代会作出《关于创建中国优秀旅游城市的决议》，经过全市上下共同努力，2003 年 12 月 9 日，襄樊市被国务院授予"中国优秀旅游城市"称号。2003 年，围绕《城市规划法》的执行和"襄樊市近期建设规划的修编方案"进行了深入细致地调查，作出《关于深入贯彻实施〈城市规划法〉加强城市规划管理的决议》，推动了城市综合整治的开展。第十三届人民代表大会期间，常委会还批准本市与俄罗斯科斯特罗马州结为友好城市，促进了两地交流与合作。同时，按照程序讨论通过了高新技术开发区修编方案，审议并授权市政府抓好乡镇撤并、区划变更和机构改革等工作。人大常委会围绕事关全局和人民群众关心的热点问题，讨论、决定重大事项。围绕优化经济发展环境问题，在对市直 19 个部门、48 家企业进行视察的基础上，提出关于"进一步理顺行政执法体制、规范行政审批行为、加大治安整治力度"的意见和建议，转交市政府办理。

（三）任免国家机关工作人员

市人大常委会根据《地方组织法》《法院组织法》《检察院组织法》和《中共中央关于任免国家机关工作人员的程序办法》等有关规定，行使对国家机关工作人员的任免权。1984 年 1 月，选举、任命章治文为襄樊市市长，胡久明、李正洪、冯忠祺、杨斌庆、纪玲芝、焦泽浩、韩南鹏任副市长；张学义为市中级人民法院院长；王佑为市人民检察院检察长。1988 年 9 月，市十届人大常委会第三十三次会议经过审议，接受章治文提出关于辞去襄樊市市长职务的请求和由副市长杨斌庆任襄樊市代市长的建议；同时任命、免去政府工作人员 8 名和 6 名,市中级人民法院工作人员 9 名和 7 名,市人民检察院工作人员 2 名和 4 名,任命县(市、区)人民检察院工作人员 12 名。1989 年,市人民代表大会换届后,市人大常委会于第十一届第一次会议及时修订任免国家机关工作人员的办法:"一府两院"提请任免国家机关工作人员,在人大常委会召开会议前 10 天,报送拟请任免的报告和考察材料,经主任会议初审后,提交委员会审议表决。在常委会会议审议人事任免事项时,提请任免单位的主要负责人到会报告提请任免理由,听取意见,回答提问,有的被任命人员还到会表态。"一府两院"的重要人事任命,采取无记名投票的方式进行表决。任命后,当场颁发任命书。1989—1993 年,5 年间任命国家机关工作人员 248 人次,补选省七届人大代表 4 名,罢免省七届人大代表 2 名。整个任免工作坚持充分发扬民主、严格依法任免,把向党负责和向人民负责一致起来。通过依法行使任免权,保证国家机关运行机制的正常运行。1994 年 4 月—1999 年 1 月,第十二届人民代表大会期间,人大常委会按照党的干部标准,对"一府两院"和本机关的 271 名工作人员依法进行了任免。任免工作中,要求提请机关坚持民主测评,全面考核,及时报送考核材料,实事求是地介绍情况,说明任免理由。对不符合要求的任免报告,退回重报。在提请常委会任免前,主任会议进行初审,对反映有问题的,及时向市委汇报。任免时,常委会坚持集体审议,正确评价干部,严格按法定程序办事。任命后,颁发任命书,提出希望和要求。为使常委会组成人员对拟任者知情知人,要求拟任人员到会听取意见,并作表态发言。为保证任命质量,常委会有时还对拟任者进行考核。为促进被任命干部增强法律意识,提高执法水平,常委会作出决议并逐步建立健全对任命干部的法律知识和执法水平分别进行考试和考核的制度,对考试考核不合格者不予任命。1995 年 6 月,常委会作出《关于市人民政府组成人员、市中级人民法院、市人民检察院负责人述职,接受评议的决定》,要求他们每年向市人大常委会提交书面述职报告。常委会对其述职报告进行认真审议,并回复意见。1999 年 1 月,市第十三届人民代表大会第一次会议,修订《襄樊市人大常委会任免地方国家机关人员办法》,对拟任人员提请任命等程序作了明确具体规定。

1999—2004 年 1 月,常委会按照党管干部和人大依法任免干部相结合的原则,坚持新时期的用人标准,依法任免"一府两院"和常委会机关工作人员 518 人次,否决了 2 名任职提议,接受了 3 人的辞职请求,补选了出缺的省人大代表。2002 年年底,鉴于市"一府两院"人事发生重大变化,根据省委、市委要求和代表的提议,增开了一次人代会,选举了市人大常委会主任、市政府市长和出席省十届人大的 66 名代表。2003 年以后,积极配合省、市纪委和检察机关查处领导干部违法犯罪案件,先后依法罢免和确认罢免了 12 人的省、市人大代表职务。对提请常委会任命的人员,不论职务高低,坚持法律知识考试和任前初审。2004 年,任命市人大常委会工作人员 18 人,"一府两院"工作人员 44 名,免职 28 人。

五、视察、调查

搞好视察和调查,就一些重大问题向市委提出意见建议,向市政府提出提案议案,是市人大常委会行使职权的重要形式。每年人大会议召开之前,都要围绕一些社会热点和需要重点研究的问题,组织常委和人大代表进行视察和调查。

1984—1988 年的 5 年间,常委会组织视察和专题调查 159 次,撰写调查、视察报告 137 份。1985 年,分别调查、视察了全市城市经济体制改革、教育工作、环境保护、扶贫和全民义务植树情况,贯彻执行省人大常委会《关于禁止赌博活动的决定》、各级干部转变作风做人民公仆等方面的情况。1986 年,分别调查、视察全市关于贯彻执行《会计法》、打击严重经济犯罪、城市房屋开发利用、社会治安和产品质量、实施《环境保护法》《食品卫生法》等方面的情况。1988 年 5 月,对全市贯彻执行《湖北省计划生育条例》情况进行了调查;同年 6 月,又对贯彻执行《湖北省计划生育条例》情况进行了视察,先后撰写了专题调查报告和视察报告。

1989 年 3 月—1994 年 4 月的 5 年间,常委会及各专门(工作)委员会,先后结合常委会拟定的有关议题和选择的重大课题,开展视察和调查研究 223 次,撰写视察调查研究报告 187 份。1989 年 8 月,市人大常委会为深入贯彻党的十三届四中全会精神,检查市人大“议案”贯彻落实情况,组织 40 多名人大常委会主任、委员,分 4 个视察团,对市区社会治安工作进行了为期 5 天的视察。各县(市)人大亦根据市人大的要求,对本地治安工作开展了视察。视察的主要内容包括:社会治安情况;制止动乱、平息反革命暴乱的斗争情况;公、检、法配合,打击严重刑事犯罪情况,特别是对大案、要案的侦察及处理情况;贯彻落实综合治理、加强对公共复杂场所、特种行业、文化市场、暂住人口和劳改、劳教回归人员管理,预防犯罪情况;各级政府加强对治安工作的领导和政法机关自身建设情况。通过对“议案”的贯彻实施和视察,促进了全市治安工作。1990 年 5 月 11—22 日,市人大常委会组织 4 个视察组、45 人,到各县(市)和郊区部分乡镇、村组及农户调查农民负担问题。召开各类座谈会 39 次,走访农户 41 家,直接接触农村基层干部和群众 387 人。视察过程中宣传国务院〔1990〕12 号文件和《湖北省减轻农民负担的规定》,以及市委和市政府关于切实减轻农民负担的要求,肯定成绩,提出问题,分析产生问题的原因,提出解决问题的意见和建议。视察结束后,常委会向中共襄樊市委写出综合报告。5 月 28—31 日,召开第九次常委会议,结合视察情况,听取和审议市政府关于农业生产和农村工作情况的报告,通过了《关于加强对减轻农民负担监督的决议》。1991 年 6 月 24 日,市人大常委会组成人员和市政府有关部门负责人以及市直有关单位负责人,分为五个组,对襄城、樊东、樊西和市郊区的市场、卫生、交通、治安和暂住人口管理情况进行了视察,分别察看了机关、工厂、街道、学校、市场、码头、餐馆、医院等重点单位共 161 个,召开各类座谈会 79 场次,广泛听取了各方面的意见建议。通过视察,总结了经验,同时提出进一步治理“脏、乱、差”,帮助政府研究改进和加强城市管理的措施。1992 年 4 月,常委会在贯彻《森林法》和开展全民义务植树活动中,组织部分委员对襄城、樊东、樊西三城区绿化工作进行了视察,市辖县(市、区)人大常委会于 3 月下旬至 4 月下旬也分别开展了视察。6 月中下旬,常委会组织 2 个视察组,分别对南漳县、襄阳县减轻农民负担工作情况进行视察,调查了 13 个乡(镇)、15 个村,召开座谈会 29 次,走访农户 66 户,接触基层干部群众 285 人。视察结束后,常委会第 25 次会议听取和审议市政府关于减轻农民负担工作情况的报告,结合视察和审议情况,向市委写出关于进一步加强减轻农民负担工作的建议。 1993 年,常委会组织委员在视察贯彻落实《全国人大常委会关于加强社会治安综合治理的决定》情况活动中,察看基层单位 188 个,召开各种座谈会 74 场次,参加座谈的干部群众达 1 200 多人次。1994 年 4 月—1999 年 1 月的 5 年间,常委会组织开展视察、调查和检查 166 次。其中,仅就已颁布实施的 105 个法律法规的贯彻执行情况进行 132 次视察和检查。每次视察和检查结束之际,将视察和检查时提出的意见交市政府、市中级人民法院和人民检察院处理,从而促进各项法律法规在本行政区域的实施。1995 年 6 月,常委会组成人员和部分人大代表分为 12 个组,对 1994 年人大代表书面评议“一府两院”工作的整改情况进行视察,常委会听取和审议了整改情况的报告。同年 12 月,市人大常委会组成人员和部分人大代表分为 10 个组,对市直除党群口以外的 31 个部门包扶的 44 家困难企业的工作进行了视察,然后召开大会,进行面对面评议,促进包扶工作落实。1996 年 4 月,常委会组织 4 个视察组,分别对襄阳县和枣阳、宜城、老河口三市贯彻执行《农业法》和减轻农民负担工作进行视察,听取基层干部和农民意见,查看村、组、农户的帐本手册,调查 139 个农户负担情况。随后,常委会会议听取和审议市政府关于减轻农民负担情况的报告,提出 6 条审议意见,要求市政府进一步采取措施,认真解决农民负担过重的问题,以保护农民的积极性。1997 年初,常委会根据中共中央、国务院《关于切实做好减轻农民负担工作的决定》,要求各县(市)、区人大常委会，组织当地市、县、乡三级人大代表，于4月底前对贯彻落实情况进行视察检查。同年5月，市人大常委会组织4个视察组分赴各地，通过听汇报，重点抽查、与基层干部和农民座谈、查看农民负担账本和表册，全面了解情况，向市委写出专题报告。在6月下旬召开的市十二届人大常委会第25次公议上，听取和审议了市农委关于贯彻落实中央减负决定，切实做好减轻农民负担工作的情况报告。针对一些地方存在的平摊特产税、屠宰税、乱集资，尤其是教育集资远远超出国家规定额度，有的部门巧立名目乱收费等问题，要求各级各部门深入宣传中央减负决定，教育群众积极承担应尽的义务，依照政策保护自己的合法权益；对问题多的地区、重点项目、重点部门，要加强督查，堵住增加农民负担的源头，防止农民负担反弹；加大对典型案件的查处力度，对于在中央文件下发后仍我行我素，特别是对那些借机敛财，向农民巧取豪夺的，要一抓到底，绝不姑息迁就。

1999年1月—2004年1月的5年间，常委会先后针对法律法规贯彻执行情况，治理“三乱”、经济环境整治、行政审批制度改革、国有企业改革，以及“创优”工作等情况，开展了180多次视察、调查和检查。1999年1月，十三届人大常委会第十一次会议审议并通过关于视察市区治理“三乱”工作情况实施方案。同年5月15日，在南湖宾馆召开视察城区治理“三乱”动员大会。会后，市人大常委会向全市人大代表发出公开信，要求就“三乱”问题进行调查反馈。同时，向市民公布举报电话，发动群众参与治理“三乱”行为。这次视察分为自查自纠、人大视察和部门整改三个阶段。市人大常委会分成6个视察组，邀请纠风办、财政局、审计局、物价局负责人和部分市人大代表参加，分别由主任、副主任带队，常委会委员任组长，用一个月时间，视察市直20个部门和3个开发区治理“三乱”情况。参加视察活动共688人次，调查单位154个，走访878人，召开座谈会107次，收集问题线索285个。其中，重大问题53个，转部门自查自纠186个。视察中，不定期编发“视察治理‘三乱’工作简报”，对视察情况、代表来信、市民举报电话和视察对象的整改情况及时予以反映。市人大常委会召开3次主任会议，听取各视察组情况汇报，研究确定重点问题，实行跟踪督办查处。市直属各新闻单位密切配合，进行广泛深入的宣传报道，对典型案例予以曝光。6月27—29日，常委会第十二次会议听取、审议市政府《关于治理乱收费、乱摊派、乱罚款工作情况的报告》，针对视察情况，形成监督治理“三乱”的审议意见。即：要进一步提高思想认识，清理各种收费文件；加强预算外资金管理；精简机构，裁减人员，理顺管理体制；扎实抓好整改；严厉惩处打击报复行为。通过治理“三乱”视察，使收费项目由435项减少到195项；收费标准由14 623种压缩到6 352种；行政性收费总额比1998年减少1.7亿元，压缩比例为30%。

2001年6月5—20日，常委会组织市人大代表，由人大常委会主任会议成员率领，视察市中级人民法院、市人民检察院和市经贸委、农委、财委、建委系统，市公安局、卫生局、审计局、物价局，汽车产业开发区、高新技术开发区、鱼梁洲开发区和两个城区经济环境整治情况。这次视察共召开座谈会30场(次)，走访、座谈人员700人，收集各类问题线索70个，提出建议意见40条。2002年3月18—22日，常委会组成人员和部分市人大代表视察襄樊创建中国优秀旅游城市(以下简称“创优”)工作情况。常委会8名副主任带领8个组，重点视察襄城区、樊城区、谷城县和市直26个部门和单位“创优”进展情况。各视察组按照国家优秀旅游城市的验收标准，结合各单位的创优责任目标，通过听取汇报、座谈走访、审查资料、问卷调查、现场察看与量化打分相结合的方法进行检查，共召开座谈会30多场次，座谈人数500多人次，问卷调查100余人，审查资料1 000多份，现场察看200多处。视察组针对存在的40多个问题，提出35条建议，以视察报告形式转市政府和有关部门研究办理。11月1—7日，常委会对全市行政审批制度改革情况进行专项视察。听取市行政服务中心和市直47个部门负责人的汇报，并召开行政相关人员座谈会。同年11月12日，主任会议听取视察情况汇报，形成视察报告。市委、市政府召开专题会议通报视察意见，部署整改落实工作。2004年6月，常委会分为7个组，深入18个行业及部分所属企业、10个政府职能部门和市中级人民法院，视察市直国企改革情况。

2005 年，省委书记俞正声和省人大常委会副主任邓道坤到襄樊视察，省人大检查团视察襄樊档案管理，全国人大内司委和省人大立法调研组先后来樊调研。市人大常委会配合上述视察调研，进一步开展了视察检查活动。

六、议案、建议案办理

1981—1983 年，原襄樊市人民代表大会常务委员会对历次大会期间收到的代表提案，采取由大会议案审查委员会审查，根据代表所提问题，分为议案或建议和意见，大会主席团交由市政府及有关部门办理。此后，有关部门将办理情况，逐件签复原提案代表。同时，常委会收集整理各部门对代表提案办理情况，负责向下次代表大会报告。原襄樊市第九届人民代表大会期间，先后召开 4 次全体会议，共收到代表提案 876 件，其中意见和建议 735 件。

1984 年 1 月起，市人大会常委会设置议案审查委员会，并对代表所提议案的办理作出明确规定：凡属人民政府各部门、各单位、各县职权范围内应解决的问题，都不作为议案，只作为对各方面工作的建议和意见，由市人大常委会办事机构转交有关部门研究处理；经大会主席团讨论决定正式立案后的议案，由议案审查委员会将结果通知提出议案的代表，大会闭幕后，由市人大常委会转交市政府和有关部门研究办理。此后，承办单位积极认真研究办理代表的议案，并将办理结果报告市人大常委会，由市人大常委会审议后，答复提出议案的代表。

1984 年 1 月—1989 年 3 月，襄樊市第十届人民代表大会期间，市人大常委会议案审查委员会在先后召开的 5 次全会上，向市政府转交十届人大会议议案、代表意见和建议 374 件，其中议案 17 件、意见和建议 357 条。这些议案、意见和建议，涉及工农业生产、体制改革、社会治安、市场物价、文化教育、医疗卫生、计划生育、市政建设、干部作风等各个方面。在审查议案时，常委会注意会同市政府和有关部门认真研究它的准确性和可行性，做到立一件、办好一件。在承办单位办理议案和意见、建议过程中，常委会既督促各有关部门抓紧办理，又对办理中遇到的问题及时研究解决办法。市政府和有关部门承办过程中，采取集思广益、制定并不断完善办理方案，提高办理工作的透明度，将办理与日常业务工作密切结合，举一反三地联系经济工作、法制建设、工作作风等，解决具有共性的问题，增强办理的连带效应。如办理 1987 年十届四次会议上人大代表关于解决襄城区西门外学生"入学难"问题的建议，市教委组织人员进行调查后，市政府根据调查情况，经过认真分析研究，认为"入学难"问题要从总体上加以解决，在组织专班对全市情况进行全面调查、摸清情况的基础上，采取分片就学，就近就便，调剂余缺，适当增加班级人数，加快在建学校建设，增加教育基建投资，扩大学校规模等措施，解决适龄儿童入学难的问题。对一些涉及"难点""热点"的议案、意见和建议，市政府采取多方紧密配合予以解决。如十届五次会议上，许多代表针对全市人民群众最为关注的蔬菜问题，提出了关于认真抓好蔬菜生产，加强蔬菜价格管理，切实解决人民群众吃菜难的议案。市政府多次召开市长办公会讨论研究，制定对策，成立市长为指挥长的蔬菜生产指挥部；市郊区按照市政府的部署，坚持以生产蔬菜为主，将蔬菜供销的有关部门组织起来，成立蔬菜产供销责任集团；增加蔬菜生产投入资金 263 万元，并认真落实蔬菜生产的各项优惠政策，使"吃菜难"的议案彻底得到解决。

1984—1989 年，市政府和有关部门在办理十届人大会议议案、意见和建议过程中，逐步摸索、建立和完善督办措施。每次人代会后，及时转交有关部门办理，并加强督办检查，每年第三季度听审一次政府有关办理情况的报告，还组织召开"三见面"(提议案、意见、建议的代表、承办单位负责人、市人大分管领导)会议进行检查评议。对办理好的单位进行表彰。通过认真督办，不断激发代表参政议政的积极性。市政府及其有关职能部门在办理过程中，精心组织，完善制度，把办理工作纳入重要议事日程。建立健全办理工作网络，有效地提高办理质量。五年间，办理进度一年比一年加快，结案期一年比一年缩短，办理质量一年比一年有所提高。

1989 年 3 月—1994 年 4 月，第十一届人民代表大会期间，市人大常委会办公室先后转交市政府的人大会议议案和代表意见、建议 691 件，其中议案 4 件，意见、建议 687 条。这些议案、意见和建议涉及深化改革、扩大开放、财政金融、环境保护、工业交通、农业水利、文化卫生、教育科技、民族宗教、社会治安、精神文明、廉政勤政和群众生活等方面。市政府将办理工作纳入重要议事日程，建立健全办理工作网络，由常务副市长和秘书长主管办理工作，市政府建议提案科具体负责办理日常事务。办理过程中，针对代表反映情况比较复杂的意见、建议，市政府及有关单位组织专班，深入现场进行调查，在了解真实情况的基础上，依据有关政策法规，研究解决方案，实事求是地进行办理。

1991 年市十一届人大三次会议上，代表们提出“继续推行生猪定点屠宰”的建议。市财委组织 29 人的专班，分 3 个调查组，在市区、郊区、襄阳县进行了为期一周的调查，摸清了猪肉市场的现状，针对存在的问题，研究制定了整顿猪肉市场的方案，印发了《襄樊市整顿猪肉市场试点方案的通知》，对猪肉市场的管理进行整顿，扭转了当时猪肉市场管理混乱的局面。

1990 年 3 月，市十一届人大二次会议后，市政府针对代表们对治理“三乱”的意见、建议，成立了以一名副市长为组长的整治“三乱”领导小组，设置制止乱罚款、乱摊派等办公室，在全市开展全方位治理“三乱”工作。全市当年有 3 200 人投入此项工作。通过调查取证、宣传动员、自查自纠、依据政策处理，使“三乱”问题得到有效遏制。对办理任务重、难度大、时间紧、涉及部门多的意见建议，市政府强化督办机制，采取开会集中督办、巡回检查督办、现场协调督办等措施，确保办理工作落到实处。同时，转变作风，采取邀请代表参与办理、上门征求代表意见、召开“三见面”座谈会等措施，开门办理代表意见和建议，加快办理进度，提高办理质量。

1994 年 4 月—1999 年 1 月，市第十三届人民代表大会期间，市人大常委会人事代表室先后向市政府交办会议议案和代表意见、建议 638 件，其中议案 10 件。常委会要求市政府及其有关承办单位，要把代表“满意不满意”“赞成不赞成”“理解不理解”作为检验办理工作的基本准则和基本尺度；凡是能够办到的，要把事情办圆满，暂时难以办到的，要把工作做圆满；实行“开门办理”，提倡人来人往，减少文来文往。根据常委会要求，各承办单位普遍采取领导集体研究办理措施、实行办理工作责任制、坚持开门办理、责任领导严格审查把关等方法，认真办理人大的议案、意见。1999 年 1 月—2004 年 1 月，市第十三届人民代表大会期间，常委会采取办事机构对口督办、对逾期未办结的限期再办、对重点议案办理情况集中检查等措施进行督办，使代表们提出的 25 件议案和 671 条意见、建议都得到落实。

2004 年 1 月—2005 年 12 月，市第十四届一次、二次会议期间，人大常委会先后立案并转交市政府及其有关职能部门的大会议案 12 件、代表意见和建议 372 条，涉及经济、城建、科教文卫、交通、司法等方面。在办理工作中，市人大常委会进一步完善了以目标责任制、分工负责制、答复审查把关制为主要内容，涵盖交办、催办、审核、答复、反馈、督办各个环节的工作制度，坚持开门办理、重点督办、对口督办、现场督办、联合督办等做法，加大督办力度，提高办理质量和效率。

卷二十　襄樊市人民政府

1978 年 10 月，在“文化大革命”中组建的襄阳地区革命委员会撤销，成立襄阳地区行政公署，由一级政权组织转变为省人民政府派出机关。襄阳地区行政公署成立后，从 1979 年开始，全面推行改革开放政策，在农村实行联产承包责任制，调整经济结构，开放集贸市场，发展乡镇工业，农村人均收入由 1978 年的 90 元提高到 1983 年的 263 元。在工业生产上，调整轻重工业比例，扩大轻纺工业生产能力，工业总产值由 1978 年的 125 936 万元增加到 1983 年的 284 098 万元，平均每年增长 17.6%。

襄樊市在 1979 年以前为地辖县级市。1979 年 6 月，经国务院批准，升为省辖市。1981 年，襄樊市革命委员会改组为襄樊市人民政府。任期内，贯彻“调整、改革、整顿、提高”的方针，落实干部政策和知识分子政策，继续引进人才，依靠科学技术兴市，制定《襄樊市城市整体规划》，逐步将襄樊市建成以轻纺工业为主，电子、建材、机械工业相应发展的铁路枢纽城市。1982 年，襄樊市被评为全国明星城市之一。1983年，襄樊市拥有全民集体所有制企业270多个，固定资产7.9亿元，工业劳动者9.7万人。

1983 年 8 月，国务院批准撤销襄阳地区，其行政区域并入襄樊市，实行以市带县的新体制。新组建的襄樊市人民政府根据以市带县的新形势，一手抓农业，一手抓工业；一手抓农村，一手抓城市；一手抓物质文明建设，一手抓精神文明建设。全面推进各项改革，开创现代化建设新局面。

在农村，推行以家庭联产承包制为核心的农村改革，延长土地承包期，取消统购统销，开放农贸市场，大力发展多种经营，优化产业结构，实行农业产业化，农村商品经济走上持续稳步发展的轨道，农民人均年收入由 20 世纪 80 年代初的 200 多元增加到 2005 年的 3 100 多元。2005 年，全部取消农业税，对种粮农民实行补贴。全面实施农业综合开发，完善农村道路建设等，为农业发展创造良好条件。开展以“减人减事减支”为主要内容的乡镇综合配套改革，全市 156 个乡镇减到 98 个，领导班子精简到 743 人，减少 44%，机关人员精减到 3 141 人，减少 57%。

在城市，实施“工业兴市”战略。以工业经济为主体，全面推进企业改革，增强经济发展活力。市政府从 20 世纪 80 年代中期开始，把改革的重心转向工业企业，经历扩大企业经营自主权、推行经营承包责任制、建立现代企业制度、国有企业民营化等四个主要阶段，激发了经济发展的活力，襄樊工业经济开始走上快车道。2005 年，工业增加值达到 203.3 亿元，工业对经济增长的贡献率达到 42.8%。汽车、纺织、食品、烟草成为拉动工业生产快速增长的主要动力。汽车工业产值突破 270 亿元，占规模以上工业比重达到 50.37%。推进行政管理体制改革、科技体制改革、财政体制改革、投资体制改革，培育和完善现代市场体系，加大对外开放力度，努力优化经济发展环境。城市建设规模扩大，市区建成区面积由 1983 年的 28.8 平方公里扩大到 2005 年的 100 平方公里。

在社会发展上，开展社会事业体制改革，推进社会全面进步。教育体制改革全面展开；公共卫生体系改革稳步推进；社会保障体系逐步健全；城乡救助体系建设不断加强；群众性的文明城市、文明行业、文明单位、文明村镇等创建活动普遍开展。

襄樊市 1985 年被国务院批准为对外开放甲类城市；1986 年被国务院批准为国家历史文化名城；1999 被评为全国精神文明建设工作先进城市；2002 年被评为国家园林城市；2004 年获“中国魅力城市”称号；2005 年被评为“全国科技进步先进城市”。

一、组织机构

1978 年 10 月,襄阳地区行政公署成立,韩永昌任专员,至 1983 年地市合并前,张安文等 11 人任副专员。地市合并前的襄樊市,于 1981 年 1 月召开第九届人民代表大会,市革命委员会改组为市政府,选举出第九届人民政府,王根长任市长。

1983 年 8 月,地市合并后,新组建的襄樊市人民政府沿用原襄樊市人民政府届次。1984 年 1 月,襄樊市第十届人民代表大会召开,选举出第十届人民政府。至 2005 年,新的襄樊市人民政府共历经 5 届。地市合并前襄阳地区行政公署和襄樊市政府领导成员见表 20—1. 地市合并后的襄樊市人民政府组成人员见表 20—2.

地市合并前襄阳地区行政公署和襄樊市政府领导成员

表 20—1

机构名称	职 务	姓 名	任 职 时 间
襄阳地区行政公署	专 员	韩永昌	1978.10—1983.10
	副专员	张安文	1978.10—1979.7
		董华生	1978.10—1983.2
		郭玉山	1978.10—1983.2
		王禹久	1978.10—1983.10
		任立顺	1978.10—1983.10
		张晓初	1978.10—1983.10
		马长青	1978.10—1983.10
		秦志维	1978.10—1983.10
		杨润吾	1979.7—1983.10
		胡久明	1979.7—1983.10
		周本立	1981.10—1983.10
襄樊市革委会	主 任	王清贵	1979.6—1981.1
	副主任	汪 梅	1979.6—1981.1
		杜建盛	1979.6—1981.
		汤学林	1979.6—1981.1
		安海田	1979.6—1981.1
		冯慧敏	1979.6—1981.1
		刘忠汉	1979.6—1981.1
		罗秀梅(女)	1979.6—1981.1
		杨德禄	1979.6—1981.1
		梁彦斌(女)	1979.6—1981.1
		朱前非	1979.6—1981.1
	顾 问	张德富	1979.6—1981.1
	市 长	王根长	1981.1—1983.10
	副市长	李世久	1981.1—1982. 11
		严永昌	1981.1—1983.10

续表

机构名称	职　务	姓　名	任　职　时　间
襄樊市第九届人民政府		冯忠祺	1981.1—1983.10
		汤学林	1981.1—1983.10
		杜建盛	1981.1—1983.10
		罗秀梅(女)	1981.1—1983.10
		李正洪	1982.11—1983

地市合并后的襄樊市人民政府组成人员

表 20—2

届　次	职　务	姓　名	任　职　时　间
第十届人民政府	市　长	章治文	1983.10—1988.6
		杨斌庆	1988.6—1989.3(代市长)
			1989.3—1991.4
	副 市 长	胡久明	1983.10—1985.1
		杨斌庆	1983.10—1989.3
		李正洪	1982.1—1991.6
		冯忠祺	1981.1—1989.3
		纪玲芝(女)	1983.10—1985.1
		焦泽浩	1983.10—1994.4
		韩南鹏	1983.10—1987.3
		黄贤德	1985.1—1999.2
		阎增福	1985.1—1996.5
		张振华	1988.12—1994.4
	顾　问	任立顺	1983.10—1985.6
		杨润吾	1983.10—1985.6
		李炳志	1983.10—1985.6
第十一届人民政府	市　长	杨斌庆	1988.6—1989.3(代市长)
			1989.3—1991.4
	副市长	李正洪	1982.11—1991.6
		焦泽浩	1983.3—1994.4
		阎增福	1985.1—1996.5
		黄贤德	1985.1—1999.2
		张振华	1989.3—1994.4
		邱　勇	1989.7—1998.12
		吴德兴	1990.1—1994.4
第十二届人民政府	市　长	杨斌庆	1989.3——1991.4
		贾天增	1991.5—1992.3(代市长)
			1992.3—1996.3
		阎增福	1996.3—1996.5(代市长)
			1996.5—1998.3
	副市长	阎增福	1985.1—1996.5
		黄贤德	1985.1—1999.2

续表

届 次	职 务	姓 名	任 职 时 间
		邱 勇	1989.7—1998.12
		赵成霖	1996.5—2003.5
		袁军晶(女)	1994.4—1999.1
		宋德福	1995.3—1997.7
		王树华	1996.5—1999.1
第十三届人民政府	市 长	罗 辉	1998.10—2002.7
		付明珠	2002.11—2004.12
	副市长	赵成霖	1996.5—2003.3
		尚立学	1997.7—2004.1
		陈鼎益	1999.1—2004.1
		赵 振	1999.1—2003.3
		王芳玉	1999.1—2004.1
		胡向斌	1999.1—2004.1
第十四届人民政府	市 长	付明珠	2002.11—2004.12
		李德炳	2004.12—2005.1(代市长)
			2005.1—
	副市长	欧阳万坤	2000.8—
		曹敬兰(女)	2000.3—
		虞国旗	2003.7—
		胡水华	2003.6—
		刘立勇	2004.1—
		周富贵	2004.1—
		刘德政	2004.1—
	市长助理	朱汉桥	2000.5—2003.4
		马新南(女)	2001.12—2005.3

(一)工作机构

1978 年 10 月,襄阳地区行政公署成立后至 1983 年,设有 54 个工作机构。1979 年 6 月,襄樊市由地辖市升为省辖市后,市人民政府工作机构设置与襄阳地区相似,设 63 个部、办、委、局。1983 年 8 月,地市合并后,新组建的襄樊市人民政府于 1983 年 10 月正式办公,至 1985 年,市政府工作机构陆续调整到 82 个,包括 9 委、12 室、42 局、1 社、4 处、1 组、13 个局级公司。

9 委:经济委员会、农业委员会、城乡建设委员会、计划委员会、教育委员会、对外经济贸易委员会、科学技术委员会、体育运动委员会、计划生育委员会;

12 室:人民政府办公室、财贸办公室、外事接待办公室、编制委员会办公室、侨务办公室、地方志编纂委员会办公室、爱国卫生运动委员会办公室、市容管理办公室、人民防空办公室、农业区划办公室、农村能源办公室、经济协作办公室;

42 局:公安局、司法局、民政局、广播电视局、文化局、卫生局、档案局、机关事务管理局、人事局、机械工业局、燃化工业局、第一轻工局、第二轻工局、交通局、标准局、食品饲料工业局、商业局、财政局、税务局、审计局、粮食局、工商管理局、农牧业局、水利局、林业局、畜牧局、水产局、土地管理局、房地产管理局、环境保护局、园林局、统计局、劳动局、物价局、物资局、科技干部局、科技情报局、计量管理局、烟草专卖局、气象局、供电局、邮电局；

1 社：市供销合作社；

4 处：驻汉办事处、上海办事处、福州办事处、厦门办事处；（驻上海、福州、厦门办事处由政府部门设立，1987 年，市政府设立驻京联络处、驻海口办事处后，驻上海、福州、厦门办事处陆续撤销）

1 组：深圳联络组；

13 个局级公司：冶金工业公司、电子工业公司、纺织工业公司、医药管理公司、乡镇企业公司、对外经贸公司、饮食服务总公司、农垦农工商公司、农机管理公司、建材工业总公司、市政公用管理公司、建筑工程总公司、房建开发公司。

1987 年 6 月 16 日，经市政府研究决定，成立襄樊市文物局，与市文化局合署办公，两块牌子，一套班子。

1988 年 3 月 2 日，根据国务院和省政府要求，市政府设立襄樊市监察局，受市政府和省监察厅领导，独立行使职权。同年 5 月 27 日，成立襄樊市新闻出版局（正县级）。同年 9 月 28 日，成立襄樊市人民政府口岸办公室（正县级）。

同年 10 月 10 日，撤销襄樊市人民政府外事接待办公室，恢复襄樊市人民政府外事办公室，将襄樊市旅游局更改为襄樊市旅游事业管理局。同年 12 月 1 日，将襄樊市老龄问题委员会更名为襄樊市老龄工作委员会。

1989 年 1 月 17 日，根据国务院办公厅文件精神和省政府的要求，市委、市政府成立襄樊市人民政府研究室，与市政府经济研究中心、市经济体制改革办公室合署办公，一套班子，人员内部调剂，不另增加编制。同年 8 月 31 日，成立襄樊市人民政府法制办公室（副县级），为市政府直属机构，全面负责市政府法制行政工作。

1991 年，根据国务院文件精神，襄樊市侨务办公室更名为襄樊市人民政府侨务办公室。

2002 年，根据省委、省政府关于印发《襄樊市机构改革方案》的通知和市委、市政府《关于印发襄樊市市级机构改革实施意见的通知》精神，襄樊市开展了新一轮的机构改革。至 2002 年 5 月，市政府工作机构为：

5 委：发展和改革委员会、经济委员会、建设委员会、人口和计划生育委员会、国有资产管理委员会；

9 室：市人民政府办公室、机构编制委员会办公室、人民防空办公室、扶贫开发办公室、地方志编纂委员会办公室、民用航空管理办公室、农业机械化管理办公室、经济技术协作办公室、节会办公室（会展中心）；

46 局：教育局、科学技术局、民族宗教事务局、公安局、监察局、民政局、司法局、财政局、人事局、劳动和社会保障局、城市管理局、交通局、农业局、水利局、商务局、文化体育局、卫生局、审计局、安全生产监督管理局、城市规划局、统计局、环境保护局、林业局、粮食局、旅游局、外事侨务局、物价局、知识产权局、广播电视局、新闻出版（版权）局、机关事务管理局、园林局、房产管理局（房改办）、信息产业局、地震局、农场管理局、农村经营管理局、南水北调工程建设管理局、中小企业发展局、卫生监督局、科技信息局、会计局、预算外资金管理局、财政监督局、水产局、畜牧局；

2 中心：房改资金管理中心、行政服务中心；

8 协会：物资行业协会、商贸行业协会、饮食服务行业协会、机械行业协会、燃化医药行业协会、轻工行业协会、建材冶金行业协会、纺织行业协会；

3 区：高新技术产业开发区、汽车产业经济技术开发区、鱼梁洲旅游经济开发区；

4处：市政府驻北京联络处、驻武汉办事处、驻深圳办事处、驻海口办事处。

另外，监察局与纪律检查委员会合署办公，列入政府工作部门序列，不计政府机构个数；商务局加挂招商局牌子，市政府口岸办公室由商务局管理；城市管理局加挂城市管理行政执法局、城市管理监察支队牌子；文化体育局加挂文物局牌子；档案局（档案馆）、党校（行政学院）为市委、市政府直属事业单位；农村经营管理局加挂农民负担监督管理办公室牌子；节会办公室于2005年3月撤销。

（二）内设机构

1989年11月9日，经市长办公会研究，并经市编制委员会批复，对市政府办公室内设机构进行调整，设九科，即秘书科、综合科、政工科、文教科、机要文书科、信息督办科、新闻报道科、议案提案科、接待科，原设科室名称与此不一致的予以撤销。

1997年4月10日，经市机构编制委员会办公室审核，市人民政府批准，市人民政府办公室设13个职能科（室）和市人民政府法制办公室（正县级）。13个职能科室：秘书科、机要文书科、工业科、农业科、金融贸易科、城建科、外事外经科、科教文卫科、综合科、政工科、建议提案科、接待科、信息督办室、监察科。

2002年3月7日，经市机构编制委员会办公室审核，市人民政府批准，市政府办公室内设12个职能科（室）：秘书一科、秘书二科、秘书三科、秘书四科、秘书五科、秘书六科、秘书七科、秘书八科、政务信息科、人事科、行政科、督办室、离退休人员工作科。市政府办公室设置技术室，为全额拨款正科级事业单位。

二、施政方式

（一）工作规则

1994年6月11日，市政府印发《襄樊市人民政府工作规则》，对政府组成人员主要工作职责、政务会议、文件审批等进行规范。1999年，市政府对工作规则进行修订，补充了市政府工作计划、考核和要求，内事活动及外事活动制度，离樊外出请示报告制度等内容。2003年，市政府对政府工作规则的有关条款进行补充和完善。2005年，市政府再次对工作规则进行修改完善。修改后的政府工作规则共十章六十款，主要内容包括组成人员职责、政府职能、科学民主决策、工作安排布局、公文审批、依法行政、行政监督、作风纪律等。政府工作规则对加强政府自身建设，规范政务行为，提高宏观决策能力，建立廉洁、高效和服务型政府，起到重要作用。

1.组成人员职责

市政府由下列人员组成：市长、副市长、秘书长、市政府组成部门的各委员会主任、各局局长。

市政府实行市长负责制，市长领导市政府的全面工作。副市长、市长助理、秘书长协助市长工作。市长外出期间，由常务副市长主持市政府工作。

市长、副市长、市长助理、秘书长按照民主集中制的原则和方式讨论决定政府工作中的重大问题，部署全市性的重要工作，提出提请市人大审议的事项，市长有最终决策权。重大紧急事项，由市长临机处理，需向省政府和市人大报告的，事后要立即报告。

市长召集并主持市政府全体会议、市政府常务会议和市长办公会议。市政府工作中的重大事项必须经市政府全体会议或市政府常务会议讨论决定。

副市长、市长助理按分工负责处理分管工作;受市长委托,负责其他方面的工作或专项任务。对工作中的重要情况和重大事项,应及时向市长报告。对涉及面广、带方针政策性的问题,要认真调查研究,提出建议,提交市长决策或市政府常务会议、市长办公会议讨论决定。

市政府秘书长在市长领导下,协助常务副市长处理市政府的日常工作。

市政府组成部门的各委员会主任、各局局长负责本部门的工作,并负责部门之间的协调配合工作。

审计局在市长领导下,依照法律、法规规定的职权和程序,独立行使审计监督权,不受其他行政机关、社会团体和个人的干涉。

2.全面履行政府职能

市政府及各部门全面履行经济调节、市场监管、社会管理和公共服务职能。加强对全市经济运行的引导与调控。主要运用经济手段、法律手段和必要的行政手段,引导和调控经济运行,调整和优化经济结构,发展对外经济贸易和经济合作,实现经济增长、增加就业和稳定物价的目标。加强市场监管,创造公平和可预见的法制环境,完善行政执法、行业自律、舆论监督、群众参与相结合的市场监管体系,建立健全社会信用体系,实行信用监督和失信惩戒制度,整顿和规范市场经济秩序,建设统一、开放、竞争、有序的现代市场体系。认真履行社会管理职能,完善社会管理政策,依法管理和规范社会组织、社会事务,妥善处理社会矛盾,维护社会秩序和社会稳定,促进社会公正和谐。加强城乡基层群众性自治组织和社区建设。培育并引导各类民间组织的健康发展,充分发挥其应有的作用。依法建立健全各种突发公共事件应急机制,提高政府应对公共危机的能力。强化公共服务职能,完善公共政策,健全公共服务体系,努力提供公共产品和服务,推进部分公共产品和服务的市场化进程,建立健全公共产品和服务的监管和绩效评估制度,简化程序,降低成本,讲求质量,提高效益。

3.实行科学民主决策

市政府及各部门完善群众参与、专家咨询和政府决策相结合的决策机制,建立健全重大决策的规则和程序,实行依法决策、科学决策和民主决策。全市国民经济和社会发展计划、财政预算、重要行政和社会管理事务、大型项目等重大决策,由市政府全体会议或市政府常务会议讨论决定。各部门提请市政府讨论决定的重大决策建议,必须以基础性、战略性研究或发展规划为依据,经过专家或研究、咨询、中介机构的论证评估或法律分析;涉及相关部门或地方的,应充分协调或事先充分征求意见;涉及人民群众切身利益的,一般应通过社会公示或听证会等形式听取意见和建议。市政府在作出重大决策前,根据需要通过召开座谈会等形式,直接听取民主党派、群众团体、专家学者等方面的意见和建议。

4.工作安排布局

市政府及各部门要加强工作的计划性、系统性和预见性,搞好年度工作安排布局,并根据形势和任务的变化及时作出合理的调整。市政府提出年度重点工作目标,确定需要讨论的规范性文件草案、市政府召开的全市性会议和制发的公文等事项,形成市政府年度工作安排布局,下发执行。各地各部门认真落实市政府年度工作安排布局,并在年中和年末向市政府报告执行情况。

5.公文审批

市政府向市人民代表大会或市人大常委会提出的议案，由市长签署；以市政府名义制发的下行文，经分管副市长审核后，由市长签发；以市政府名义制发的上行文，经分管副市长审核后，一般由市长签发；以市政府名义制发的平行文，由分管副市长签发，如涉及重大问题，报市长或常务副市长签发；以市政府办公室名义发文，由市政府秘书长签发，如有必要，报分管副市长签发或市长、常务副市长签发。

6.作风纪律

市政府领导要做学习的表率，密切关注国际国内经济、社会、科技等方面发展变化的新趋势，不断充实新知识，丰富新经验。要积极参加市委理论中心组学习和其他专业知识讲座等学习活动。市政府领导要深入基层，考察调研，了解情况，指导工作，解决实际问题。下基层要减少陪同和随行人员，简化接待，轻车简从；不要地方负责人到边界迎送；不吃请，不收礼。除市委、市政府统一组织安排的重要活动外，市政府领导一般不参加各种剪彩、奠基、首发式、首映式等活动，一般不出席各地和各部门举办的检查、总结、评比、竞赛、表彰等活动。上级机关和兄弟地(市)领导到襄樊，按照热情、节俭、实效的原则，由对口部门负责接待，需要市政府相关领导会见陪同的，由有关部门按程序报市政府办公室统一安排。

市政府领导活动的宣传报道要从严掌握，重事不重人。市政府领导参加由市政府组织或经市政府批准的有重大影响的会议和活动，按批准的方案进行新闻报道。参加其他会议和活动、下基层调研、检查工作需作新闻报道的，须经领导本人同意。

市政府领导会见邀请来访的外宾及港澳人员、海外华侨知名人士，由主办部门提出方案，经市外事侨务局会签后报批；会见台湾人员，由接待单位提出方案，经市台办会签后报批。根据需要，有些外事活动可以不报道，一般性的经贸活动，可少报道，确需报道的，须经领导本人同意。

领导出访，严格按有关规定办理。市长出访，经市委同意后按程序报批；副市长、市长助理、秘书长出访，经市长同意后按程序报批。

市政府组成人员要严格遵守中央和省、市委有关廉政建设的规定，严格要求亲属和身边的工作人员，不得利用特殊身份拉关系、谋私利；要按照党风廉政建设责任制规定，坚持经济建设与党风廉政建设两手抓，切实加强所分管部门的党风廉政建设。

市政府组成人员必须坚决执行市政府的决定，如有不同意见可在市政府内部提出，在没有重新作出决定前，不得有任何与市政府决定相违背的言论和行为；代表市政府发表讲话或文章，以及个人发表涉及未经市政府研究决定的重大问题及事项的讲话或文章，事先须经市政府同意。

市政府及各部门要实行政务公开，规范行政行为，增强服务观念，认真履行职责，树立规范服务、清正廉洁、从严治政的新风。对职权范围内的事项要按程序和时限积极主动地办理，对不符合规定的事项要坚持原则不得办理；不得用公款相互送礼和宴请，不得接受地方的送礼和宴请；对因推诿、拖延等官僚作风造成影响和损失的，要追究责任；对越权办事、以权谋私等违规、违纪、违法行为，要严肃查处。

7.坚持依法行政

市政府根据社会主义市场经济发展、社会全面进步和扩大对外开放的需要，根据全国人大通过的法律、国务院颁布的行政法规，以及省人大通过的地方性法规、省政府制定的政府规章，结合襄樊实际，适时制定市政府规范性文件，修改或废止不相适应的规范性文件。市政府规范性文件应报市人大和省政府法制机构备案。市政府规范性文件必须符合宪法、法律、法规、规章和上级政府的决定、命令以及国家的方针政策。提请市政府讨论的规范性文件由市政府法制机构审查或组织起草,并由其承办解释工作。要按照行政执法与经济利益脱钩、与责任挂钩的原则,理顺行政执法体制,科学配置执法机关的职责和权限,相对集中行政处罚权。严格实行执法责任制和执法过错追究制,切实做到严格执法、公正执法、文明执法。

8.加强行政监督

市政府要自觉接受市人民代表大会及其常委会的监督,向其报告工作、接受质询,依法备案政府规范性文件;接受市政协的民主监督,虚心听取意见和建议。各部门要按照行政诉讼法及有关法律规定,接受司法监督;同时要自觉接受监察、审计等部门的专项监督,对司法监督和专项监督中发现的问题,要认真查处和整改,并向市政府报告。 加强行政系统内部监督,严格执行行政复议制度,及时发现并纠正违反法律、法规、规章以及行政机关违法的或者不当的具体行政行为,并主动征询和认真听取下级政府或部门的意见和建议。市政府及各部门要重视人民群众来信来访工作,进一步完善信访制度,确保信访渠道的畅通;市政府领导同志及各部门负责人要亲自阅批重要的群众来信,并接待来访群众。市政府及各部门要接受新闻舆论和群众的监督。重视新闻媒体报道和反映的问题,对重大问题,各部门要积极主动地查处和整改并向市政府报告。要加强政府网站建设,发布政务信息,便于群众知情、参与和监督。重视群众和其他组织通过多种方式对行政行为实施的监督。

(二)政务会议

1.政务会议制度

政务会议包括市政府全体会议、市政府常务会议、市长办公会议、市长碰头会议和专题会议。

市政府全体会议:一般每半年召开一次,由市长、副市长、市长助理、秘书长、市政府组成部门的各委员会主任、各局局长组成,由市长召集和主持。根据需要可安排有关部门、单位负责人列席会议。市政府全体会议的主要任务是,传达贯彻党中央、国务院、省委、省政府和市委的重要指示、决定和会议精神;讨论决定市政府工作中的重大事项;部署市政府的重要工作;通报形势,讨论其他需要市政府全体会议讨论的事项。

市政府常务会议:一般每月召开一至二次,如有需要可临时召开。由市长、副市长、市长助理、秘书长组成,市长召集和主持。根据需要可安排有关部门、单位负责人列席会议。市政府常务会议的主要任务是,传达和讨论党中央、国务院、省委、省政府和市委的重要指示、决定,提出贯彻意见;讨论决定市政府工作中的重要事项;讨论通过提交市人民代表大会及其常务委员会审议的议案;讨论决定市政府的重要文电、重要行政措施以及涉及全局性的政策性问题;通报和讨论市政府其他事项。

市长办公会议:根据需要不定期召开,由市长或市长委托常务副市长召集和主持,研究、处理市政府工作中的一些专门问题。

市长碰头会议:根据需要不定期召开,由市长或市长委托常务副市长召集和主持,副市长、市长助理、秘书长参加,必要时可通知副秘书长和其他相关人员列席。碰头会主要是通报需要与会人员周知的情况,安排、协调有关工作。

市政府专题会议:根据需要不定期召开,由市长、副市长、市长助理、秘书长或受委托的副秘书长主持,根据会议内容,安排有关部门和县(市)区政府负责人及有关工作人员参加。主要是研究、协调和处理政府工作中的一些专项问题。

2.政务会议纪略

1986年9月3日会议，研究技改项目、引进项目和企业还款工作。会议认为，上半年技改、引进项目工作进展顺利，共完成了102个项目（其中引进项目24个），用款1.33亿元，用汇2 064万美元。但也还存在如贷款新增指标不多、放贷计划未能实现、引进项目外汇比价上升等问题，导致项目投产的少。因此要加快在建项目的实施进度，争取年内多竣工投产一批项目。今后技术改造、技术引进的重点是新兴产业、新产品、新材料，以及技术起点较高的项目，对高耗能项目和污染严重的项目要慎重选择。同时，要防止重复建设，注重完善配套，集中资金保重点项目，努力提高产品质量和效益。会议对已经确定的重点引进消化项目的资金落实问题进行了分工：工行负责解决箔型电热元件、窑炉技术设备翻版消化、拖动系统引进改造资金；建行负责解决大客车空调系统技术、设备消化吸收资金；投资行负责解决玻维、玻壳引进消化和卷、接、包烟机的翻版制造资金。会议指出，前一段企业还款工作做得比较好，到7月底全市国营、集体企业已还款2 043.9万元，占到期额的12.35%。下一步要继续抓好企业还款工作，制定还款比例，使企业早日甩掉贷款包袱，增强发展活力。财税部门和几家银行要在保证财税略有增长的前提下，协商制定一个比较合理的还款比例。经济效益好的企业要争取多还，财政部门用于周转金的贷款要全部收回。同年9月16日会议，研究利用外资引进工作。会议指出，外资引进工作周期长、涉及面广、政策性强，有必要组建一个专班具体负责。会议决定，从外经委、计委、经委、财办各抽一人组成利用外资引进工作领导小组办公室，其职责是负责市内外有关信息的传递，对领导小组决定的执行督办情况及时反馈，做好有关涉外政策、纪律、合同等事宜的实施、审理、检查工作，负责报省审批项目和对地方重大引进的筛选报批。会议还决定，对今年要成交的1 600万美元基建引进项目，请计委抓紧研究；今年争取实现直接利用外资1 500万美元、技术改造和单机原材料引进项目1 500万美元，配套资金请经委、财办先摸底协调。同年9月26日，市政府召开二汽试车场征地协调会议。会议指出，为安排好农民的生产、生活，保证二汽用地，襄樊市方面采取多种方式，已安置被征地单位劳力314人，二汽方面在帮助农民生产、生活上也做了许多工作。但目前安置缺口仍很大，被征地农民对今后的生产、生活出路十分担忧，双方有必要进一步协商解决好。会议决定，对被征地单位尚未安置的467个劳力，由二汽负责在两年内安排临时工200人，主要由区、乡组织劳动服务公司负责管理，保证二汽试车场用工。另外，市政府再招工150人，其余由郊区协助乡、村搞好农业生产，发展乡、村企业，妥善安置并照顾好不能就业人员的生活；二汽应按总体规划要求，尽快落实商业网点建设。按照鄂政发〔1984〕85号文件规定，凡由二汽投资兴建的所有商店、粮店、银行等全部交给郊区，由郊区安排经营（二汽开设技术销售服务部除外）；对被基本征完土地的孙庄、赵寨、熊洼三个组的农民吃粮问题一律按菜农对待，粮油差价补贴由市政府全额解决，并督促有关部门尽快落实；二汽工区中学、医院、办公楼以及一条灰渣路用地90亩的劳力安置问题，包括在被安置的200个临时工之内，二汽不另作安置；郊区和乡为安置被征地单位农民兴办企业借用的征地费应尽快偿还。目前无力偿还的，可与被征地单位签订协议书，规定偿还日期，并付给一定利息；郊区政府要抓紧做好群众的思想工作，保证试车场在10月20日前用地。

1987年7月13—14日，市政府召开全市颁发居民身份证工作会议。会议认为，颁发居民身份证工作从1986年试点以来，实际完成28.7万人，合格率达99.78%。会议要求，各地要进一步加强对颁证工作的领导，继续做好宣传发动工作，认真解决颁证工作的人、财、物问题，进一步加强证件的使用、管理工作。同年10月28日会议，研究樊城工业区取水问题。会议认为，汉水河道南移，为了保证生产和群众生活，联合取水迫在眉睫，联合取水的一切费用，按各家用量分摊，提水电力由热电厂供应。

1988年8月9日，市政府召开企业改革和技改工作会议。会议要求，进一步深化企业改革，完善承包经营责任制，重点抓好以下五个方面工作：认真贯彻《企业法》，转变观念，以法治厂；全面引入竞争机制,优选项目经营者;优化企业组合,加速生产要素的合理流动;改革企业工资制度,全面推行工效挂钩;优化企业劳动组合,妥善安置富余人员。关于技术进步工作,会议强调,要抓重点行业、重点产品和重点项目,实行政策倾斜、资金倾斜和领导力量的倾斜。要大力发展卷烟、食品、医药等行业,特别是积极发展二汽和三十万辆小轿车的配套工业;当前首先要抓好卷烟、纺织印染等财税收入大户的技术改造和引进,争取早出台,早受益。同年8月27日,市政府召开市长办公会,就如何力争实现1989年全市工业产值100亿元、农业产值30亿元的奋斗目标,进行了认真讨论。会议指出,工业企业通过几年的改革,全市经济有实力,企业有活力,各行各业都有潜力,实现1989年的奋斗目标虽然任务艰巨,但通过艰苦努力,是大有希望的。要坚持把重点行业、重点企业、重点产品、重点项目紧紧抓住不放,采取大的动作,压缩一切非生产性建设,严格控制社会集团购买力和消费基金的增长,打破金融部门互相封锁的旧格局,减少内耗,增强合力。组织好市直财政收入,想一切办法抓增收,压支出,确保年底收支平衡。各级党委、政府更加重视农业,多方增加对农村的投入。

1989年3月20日,市政府在省试点县宜城和南漳召开襄樊市农村教育整体改革座谈会。会议认为,一年来的农村教育整体改革试点工作初步取得成绩,有了良好开端,但改革的各项工作有待进一步展开和落实。会议要求,两个试点县按照省政府批准的整体改革方案,修订好1989年度的工作计划,并认真组织实施;迅速成立"三教"参与的试点工作专班;做到领导、方案、专班、经费四落实;进一步加强对试点工作的领导,及时进行指导和检查督促,对有关全局和涉及有关部门的问题要专题研究,协调解决。同年6月19日,市政府在职工路市场召开现场办公会,研究职工路市场建设问题。会议决定,职工路市场关系到方圆1公里内近5万人的蔬菜供应和集市贸易,在新的市场未确定之前,作为一个临时市场应予保留,由工商和房管部门共同开发建设;职工路南、长虹路红线50米以西的人行道,由工商部门建设弧型大棚作为农贸市场;职工路北人行道由房管部门统一建设平房出租。如果城市建设需要,所有的市场设施均应无条件拆除,服从城市规划的统一管理。

1990年3月27日,市政府召开全市农村卫生工作会议。会议总结了十一届三中全会以来全市农村卫生工作的成绩与经验,分析了现状及存在的问题,对如何在治理整顿和深化改革的新形势下,切实加强全市农村三级卫生网的建设,深入开展初级卫生保健工作,进行了专题研究。会议强调,对农村三级医疗卫生保健网的建设,要重点加强县级医疗卫生单位配套建设,搞好乡镇卫生院改革,按集体性质管理卫生所,抓好村级卫生组织建设。同年11月2日,市政府召开会议,对切实加强支农扶贫资金管理的有关事项进行了专题研究。会议要求,要进一步提高对支农扶贫资金管理重要性的认识,努力克服资金使用中存在的弊端。要采取有效措施,加强支农扶贫资金管理。要切实加强领导,使支农扶贫资金管理工作逐步纳入制度化、正规化轨道。

1991年1月26日,市政府召开市长办公会,研究外贸体制改革问题。会议决定,从1991年1月1日起,取消对外贸的财政补贴;在全市进行外贸体制改革,朝着统一政策,平等竞争,自主经营,自负盈亏,工贸结合,推行代理制,联合统一对外的方向发展。同年4月14日会议,研究"二五"普法和依法治市工作。会议确定,"二五"普法的重点是组织干部群众学好"八法两条例",即《宪法》、《行政诉讼法》、《义务教育法》、《集会游行示威法》、《国旗法》、《土地管理法》、《水法》、《环境保护法》和《税收征收管理条例》、《湖北省计划生育条例》。会议要求各级领导干部带头学法,提高法律意识,自觉依法办事和决策。会议还就依法治市问题进行了研究,责成司法局拿出具体实施意见。

1992年2月15日,市政府召开市长办公会,研究企业"劳动用工制度、干部人事制度、工资分配制度"改革问题。会议要求,组织动员政府各部门和企业广大干部职工抓住时机,把"三项制度"改革工作扎实开展起来。会议确定,"三项制度"改革的基本原则及内容,是在企业中建立和实行"四制",即企业实行职工制、全员劳动合同制、实行干部聘用制、实行工资浮动制。会议提出,1992年全市"三项制度"改革的总目标是:铺开的面要达到50%;80%以上的职工实行工资浮动制,其中活工资占总数的比例不低于三分之一；60%的企业推行中层干部聘任制；50%的职工参与劳动优化组合。同年5月30日会议，研究金融问题和加强对重点企业的扶持问题。关于金融问题，会议决定，对各银行实行筹措资金目标管理，按全年新增20亿元分配任务，一月一考核，年终结算，超奖欠惩。关于加强对重点企业的扶持问题，经过分析比较，决定对市烟厂等20户重点企业，在资金、能源、物资等方面给予优先扶持。同年6月30日会议，研究农村工作。会议决定，1992年下半年着力抓好五件事：放开夏粮市场，搞活农产品流通，从7月5日开始，全市夏粮购销实行全面放开，单位和个人都可以从事经销业务；立足抗灾夺丰收，抓好秋季作物管理，力争以秋补夏达到粮棉油等作物人均增收15元；进一步调整农村产业结构，商品牛、猪、羊、家禽要分别达到4.3万头、21万头、8万只、465万只，水产品产量要增加150万公斤；乡镇企业要积极推进股份合作制，促使乡镇企业上质量、上规模、上档次；防止农民负担减而复增，要继续抓好清理工作，对违规、超额收费的要坚决退还农民。同年12月6日会议，研究农副产品收购和清理行政事业单位收费问题。关于农副产品收购问题，会议指出，目前，全市向农民打"白条"两亿多元，要确保全市在农历腊月二十日以前将"白条"全部兑现。关于清理行政事业单位收费问题，会议决定，组织审计、监察、财政、物价部门分别进驻反映较多、影响面较大的四个局，进行清理，查清收费项目、金额、依据、用途，积累经验，为下一步全面清理作好准备；由政府办负责，抓紧制定襄樊市行政事业性收费管理办法，以规范各单位的收费行为。

1993年2月13日，市政府召开市长办公会议，研究金融问题。会议根据市政府分管领导调查研究和与银行部门座谈商讨的情况，制定了1993年银行部门资金增量总投入目标责任制方案。会议对金融部门的工作提出4条要求：进一步解放思想，改变观念，千方百计多渠道筹集资金，为支持经济发展作出积极贡献；抓住主要矛盾，在筹集资金上动脑筋，想办法，开辟资金渠道；坚持按金融政策和产业政策使用资金，确保重点地区、重点行业和重点项目的资金需要；积极主动地帮助企业盘活存量资金。同年8月16日会议，研究放开市区生活用煤和液化气价格问题。会议认为，由于购销价格倒挂，企业亏损巨大，财政无力补贴，放开市区生活用煤和液化气价格已势在必行。会议决定，从9月1日起，放开市区生活用煤和液化气供应价格。生活用煤由市燃料公司按照市场供求关系组织生产和经营，价格一步到位，随行就市；液化气价格实行"放"、"控"结合，由市物价局按照保本微利的原则，与煤气公司核定液化气价格，允许国营、集体、合资和个体经营生活用煤和液化气。同年10月12日会议，研究财税体制改革问题。会议听取了财税部门关于国务院财税体制改革精神和襄樊市1—9月财政收支、税收入库情况的汇报，对当前的财政税收形势进行了认真的分析，并着重就如何做好后几个月的财政税收工作，完成全年财政预算任务进行了具体研究。

1994年5月17日，市政府召开市长办公会议。会议肯定了高新区自1992年经国务院批准建立后所取得的成绩。为进一步加快发展，会议决定，建立开发区党委、管委会、经济技术开发区"三合一"的领导体制，赋予开发区市级经济和行政管理权限，在开发区暂设财政局、税务局、经济贸易局、国土规划局、工商物价管理局、劳动人事局、公安局、社会发展局、农村工作局等机构，并在财政体制、减免税费、资金扶持等几个方面给予开发区充分的自主权。同年8月12日，市政府召开市长办公会议，听取市体改委关于1994年全市改革情况的汇报，并就进一步深化改革问题进行了认真研究和部署。会议认为，全市的改革开放工作已经进入全面向社会主义市场经济体制转轨的新时期，工作态势良好，但也还存在一些问题。会议要求，要进一步提高思想认识，切实加大改革力度，降低收费标准，减轻企业负担，搞好企业股改审核和登记的衔接工作。

1995年1月14日，市政府召开市长办公会，研究市区建设问题。会议在详细调查论证的基础上，确定1995年建设好十二个重点工程：城市煤气工程；旧城改造工程；商城人行天桥工程；三元路工程；邓城大道工程；供电城网、郑家山110千伏变电站工程；市区电话程控增容工程；市区菜篮子工程；图书馆建设工程；市中心医院病房大楼工程；襄樊海关建设工程。同年3月12日会议，研究工业经济发展问题。会议认真总结了1994年全市工业发展情况，对1995年工业经济发展问题进行了研究和部署。同年8月11日会议，研究教育工作问题。会议对教育工作“九五”规划、“普九”工作、增加教育投入、教师工资拖欠、民办教师、襄樊职业大学建设等问题进行认真研究，并提出解决问题的措施。同年12月4日会议，研究农业工作。会议强调，“九五”期间要实现增产粮食7.5亿公斤的目标，任务十分艰巨，还需要进一步做深入细致的工作，特别是要做好1996年起步年的工作。1996年全市粮食生产要在1995年的基础上保证增产1.5亿公斤，力争增产2亿公斤。要求各地狠抓中央、省、市各项农村政策的落实，解决好影响农民积极性的突出问题，多渠道增加农业投入，抓好各种农业科技的培训，搞好越冬作物的田间管理，组织农田水利基本建设，做好春耕备耕工作。

1996年1月23日，市政府召开现场办公会，研究汉十复线（邓城大道）工程建设问题。汉十复线（邓城大道）全长34.72公里，共需投资12 854万元。该工程是市政府为市民办的6件实事之一，是全市的民心工程。同年4月20日，召开市区蔬菜工作现场办公会，研究全市蔬菜工作。会议决定，立足市场，规模经营，力争“九五”期间全市建起100万亩蔬菜生产基地；进一步加强蔬菜基础设施建设，严格控制新菜地开发资金的减免；加大科技兴菜的力度，集中一批优秀人才从事蔬菜推广工作；搞活流通，有计划地建一批蔬菜专业批发市场，鼓励国家、集体、个人一起上，面向大城市，发展深购远销。同年8月26日，召开市直和城区开展分散按比例安置残疾人劳动就业、收取残疾人劳动就业保障金工作会议。会议要求，根据分级管理和分级负责原则，市直和城区合理收取劳动就业保障金，城区应上缴省劳动服务机构的5%，由市劳动就业服务机构负责上缴。对城区应上交给市的5%，予以免缴。市劳动就业服务机构每年收缴驻市区的中央、省、市属单位的就业保险金，分别按这两个区所在地收取总额的15%，呈报市政府批准后返还给两个城区，用以发展残疾人事业。

1997年3月5日，市政府召开改造襄阳大市场办公会议。会议听取关于改造襄阳大市场的情况汇报，并就市场改造的有关问题进行了研究。会议要求，襄阳大市场第一期建设投资要进行审计，具体投资额以审计为准。会议决定，对市场周围的在建工程要立即作出调整停建通知；对市场周围已规划的建设工程，市规划局迅速按照会议要求作出调整规划，并通知有关单位必须按新规划进行建设。会议确定，鉴于市场的投资情况，市场体制为股份合作制，市场建成后由市工商局负责管理。同年4月13日，市政府在市公共交通总公司召开现场办公会，解决全市公共交通发展中的有关问题。会议决定：城市附加费按季度先收后返，营业税通过其他途径返还，所得资金用于购置公交车辆；从城市维护费、客运管理招标费中拨出资金，增加基础设施投入，用于场站建设；财政补贴一定两年不变，以1996年补贴为基数，一年增加20万元；免交公共汽车购置附加费。会议同意在火车站铁路大酒店前和卧龙饭店前建公交车辆专用发车站，并成立公交派出所，具体负责公共汽车及城市社会客运车辆的治安管理。同年11月25日，市政府召开关于搞活襄钢生产经营的专题会。会议认为，应该客观公正的评价襄钢的工作，要把推进武钢兼并襄钢当作一件大事来抓，积极为武钢兼并襄钢创造条件。会议决定，实行分块搞活，逐步启动生产，做好公司内部各项工作，各有关职能部门要给予积极支持。同年12月9日，市政府召开市区魏樊出口路改建工程建设协调会。会议认为，魏樊路是襄樊北上豫陕的重要通道，对市区魏樊出口路进行改扩建，使之与市区主干道贯连配套，对缓解市区交通压力，带动沿线经济发展有着重要意义。会议决定，成立魏樊路改扩建工程协调工作领导小组，各相关单位在规划协调等问题上应密切配合，通力协作。会议要求市交通部门高标准、高质量、按期完成魏樊路改扩建工程。

1998年3月26日，市政府召开专题会议，就做好襄宜公路出让经营权有关工作进行研究。会议决定，对襄宜公路收费站进行改造，由4车道增加到6车道，加长两端通道。收费站现使用的收费票证，改换为市地税局监制的收费专用票据，按照国家规定，除正在执行紧急任务的设有固定装置的消防车、公安警备车和军车、抢险救灾车免收通行费外，其他机动车辆均收取车辆通行费。同年11月12

日，市政府召开市长办公会，就进一步做好市区居民最低生活保障工作进行研究。会议决定，要确保最低生活保障资金及时到位，每月的保障金要在当月上旬足额划拨到民政部门，要落实工作经费和人员经费，落实保障对象，进一步完善保障金发放制度，确保制度的顺利实施。

1999 年 5 月 2 日，市政府召开常务会议，专题研究解决市直困难集体企业下岗职工基本生活保障问题。会议决定，此次解决范围为原来视同国企管理的市直预算内大集体企业；市里补贴下岗职工基本生活保障费，从 1999 年 4 月起，按月人平 80 元标准由财政补助；被补贴企业要规范下岗程序，成立再就业服务中心，下岗职工必须进入中心，签订基本生活保障和再就业协议，领取“下岗职工证”。同年 5 月 18 日，市政府在襄樊学院召开现场办公会。会议确定襄樊学院总体规划的基本思路，即按照原国家教委批准建立襄樊学院的要求，以隆中原襄阳师专校址为主校区，总体规划，分期分阶段建设。在主校区 1 500 亩的用地范围内，采取“分区组团”方式进行规划。学院的风格应与隆中风景区的风格相协调。校园布局依山就势，处处成景，把襄樊学院规划和建设成民族风格浓郁，具有一定现代时尚，建筑错落有致，校园道路通畅，布局合理的园林式学校。同年 9 月 3 日，市政府召开市长办公会议，研究破产企业享受有关优惠政策问题。会议同意市经贸委提出的对市属 3 家破产企业及以后其他破产企业，在职工安置、土地变现及鼓励收购降低破产成本方面应给予的优惠政策。在操作程序上，由企业破产领导小组向市政府提出申请，市政府办公室通知有关部门和单位按市长办公会议定的政策签署意见，单位一把手签字并加盖公章后报市政府办公室，由市政府办公室督办落实，跟踪服务。

2000 年 4 月 15 日，市政府召开市长办公会议，听取建委系统工作情况和“数字襄樊”建设工作情况的汇报。会议要求建委系统要重点做好“三抓”：抓改革、抓重点、抓配套；要按照规划是龙头、建设是基础、管理是关键、经营是灵魂的理念，树立经营城市的思想，把有限的城建资金用在刀刃上；西部大开发要打好中西部协作和旅游这“两张牌”；“数字襄樊”建设与华中理工大学积极配合，争取尽早立项；对东门广场、西护城河三期改造、体育中心等几个城建项目做了规划部署。同年 11 月 7 日，市政府召开市长办公会议，研究进一步深化企业改革事宜。会议要求按照《破产法》及相关法律法规，加强依法破产意识，提高破产企业资产重组的效率，鼓励中小企业特别是小企业以一次性卖断产权的方式推进民营化进程。

2001 年 3 月 23 日，市政府召开全市金融联席会议，要求各金融机构要树立大力支持地方经济发展的观念，政银一家，目标同向，工作同心，共同发展。要加强金融债权管理，防止逃废银行债务，纠正在企业改制、破产中逃废银行债务的行为。同年 11 月 12 日，市政府召开市长办公会，研究和部署加快创建中国优秀旅游城市步伐工作。会议决定，进一步加强领导，发挥有关职能部门的督办协调作用，根据“创优”工作的要求安排好城市建设项目，加强市区景点建设和配套设施建设工作，加大“创优”宣传力度，细化“创优”工作责任制。

2002 年 2 月 28 日，市政府在襄樊四中召开襄樊四中建设与发展现场办公会议。会议认为，新的襄樊四中初步形成了自己的办学理念、品牌效益和集团优势。同年 5 月 24 日，市政府召开市长办公会议，研究市行政服务中心有关工作。同年 8 月 15 日，市政府召开工作会议，研究全市社会保险扩面征缴和清欠工作。会议要求，要确保在 12 月 31 日前，市直完成养老和失业保险扩面 3.5 万人以上，力争达到 4 万人，实现社会保险覆盖面达 90%的目标。确保养老保险申报率达到 95%以上，失业保险申报率达到 85%以上。对 2001 年 6 月 30 日以前形成的 2.98 亿元欠费由劳动、地税、财政三家联合清收，8—12 月完成清欠 4 000 万元以上。

2003 年 2 月 9 日，市政府召开常务(扩大)会议，研究城市重点工程计划建设项目。会议确定 2003 年城市建设 10 大重点工程：“绿色襄樊”工程，长虹路和邓城大道改造工程，天然气管道工程，地埋式无动力污水处理装置，污水处理二期工程，城市路网改造及基础设施完善工程，汉江大道续建工程，荆州北街环境治理工程，博物馆建设工程，市中心医院、一医院和中医院大楼建设工程。同年 7 月 22

日，市政府召开常务（扩大）会议，专题听取全省建设四个中心暨政务公开现场会议精神的传达，研究部署全市贯彻落实的有关工作。会议决定，当前要强化组织领导，进一步发挥政府主抓作用，加强行政服务中心建设，完善财务核算中心建设，将建设全市统一的综合招投标中心，理顺行政效能投诉中心体制，加强政府网站建设，推进政务公开。

2004 年 4 月 21 日，市政府召开专题协调会，就市区客运市场管理体制问题进行研究。会议决定，要按照尊重历史、着眼长远的原则和有利于形成统一客运大市场的要求，逐步理顺市区客运市场管理体制，按属地管理的原则强化市场监管，在市区新的城区范围没有界定前，维持现有市区客运市场经营范围不变。

2005 年 7 月 8 日，市政府召开常务会议，就全市化解普及九年义务教育债务有关问题进行研究。会议决定，由市教育局和市财政局联合制发《关于积极化解“普九”债务的通知》，就锁定债务、化解方式、化解资金拨付管理等问题作出明确具体的规定，按照义务教育“以县为主”的管理体制，“普九”债务的化解按照县级财政负责、市级财政适当奖励的办法进行，各级财政支付的化解资金要做到专款专用，任何单位和个人不得以任何理由截留。同年 8 月 19 日，市政府召开常务会议，研究襄樊廉租房建设问题。会议决定，2005 年和 2006 年两年内，在市区建设 150 套廉租住房，按照规定出租给符合条件的市区困难群体家庭，每套廉租住房的建筑面积控制在 50 平方米以内，廉租住房建成后，按规定分批分期出租给社会困难群体。

（三）依法行政

1979—1989 年，是襄樊市政府法制工作的恢复阶段。这一阶段，法制建设的主要内容是政府法制工作机构的建立，行政立法的探索，行政执法的推进和行政法制监督的起步。由于当时以恢复经济建设和改革开放为主要内容，政府法制工作主要集中在维护经济和社会秩序，保障新经济因素和新经济关系发生发展等方面。依法治市作为一项基本市策，开始逐步实施。1987 年 4 月，国务院召开第一次全国政府法制工作会议，对政府法制建设提出一系列要求。襄樊市认真贯彻党中央、国务院依法治国方针，政府法制工作进入一个恢复和发展的新时期。1990 年，《中华人民共和国行政诉讼法》颁布实施。同年 5 月 21 日，市政府下发《关于贯彻实施〈中华人民共和国行政诉讼法〉的通知》。1991 年，市政府印发《关于进一步加强依法治市工作的通知》，强调做好“二五”普法工作，牢固打好实施依法治市的基础。要求各级司法部门做好普法宣传员的培训和普法学习资料的编印发放，学习资料达到城市人手一册，农村每户一本；将城市管理作为依法治市的中心环节，认真贯彻实施《规划法》和《襄樊市区容貌管理暂行规定》；以经济建设为中心，以城乡综合治理为重点，逐步建立和完善实施依法治市的规范性文件体系。1994 年，为深入贯彻《国务院关于加强政府法制工作的决定》和《省人民政府关于加强政府法制工作的通知》精神，市政府下发《关于认真贯彻鄂政发〔1994〕8 号文件加强政府法制工作的通知》，强调进一步明确政府法制工作的指导思想、地位和作用，不断提高对政府法制工作的认识。要求按照社会主义市场经济的要求，对规范性文件的制定，实行统一归口管理，由政府法制工作部门负责组织、协调、审查、修改、报审，防止和克服地方保护主义和部门保护主义；认真做好规范性文件的解释、清理和备案审查工作，不符合改革开放和社会主义市场经济需要的，该修改的要及时修改，该废止的要及时废止，使“立、改、废”成为一个统一整体；进一步加强政府法制工作机构和队伍建设，根据其职责和任务确定并配备人员，乡（镇）政府和城市街道办事处也要有专门人员负责承办政府法制工作。2000 年 10 月，国务院法制办主任杨景宇专程来樊调研，对襄樊市推进依法行政工作给予充分肯定和高度评价。2003 年，经国务院授权、国务院法制办公室批复同意，并经省政府批准，襄樊市组建城市管理行政执法局，与市城市管理局合署办公，开始相对集中行使“7+1”行政处罚权。同年11月10日，市人民政府办公室印发《襄樊市市区城市管理相对集中行政处罚权实施细则（试行）的通知》，决定由市城市管理行政执法局负责市区城市管理相对集中行政处罚权的组织、实施、协调和监督检查工作，负责全市市容管理、环境卫生管理工作，行使下列行政处罚权：行使市容环境卫生管理方面的法律、法规、规章规定的行政处罚权，强制拆除不符合城市容貌标准、环境卫生标准的建筑物或者设施；行使城市绿化管理方面法律、法规、规章规定的行政处罚权；行使市政管理方面法律、法规、规章规定的行政处罚权；行使城市规划管理方面法律、法规、规章规定的行政处罚权；行使环境保护管理方面法律、法规、规章规定的对社会生活噪声污染、建筑施工噪声污染的行政处罚权；对饮食服务业油烟污染的行政处罚权；对在人口集中地区焚烧产生有毒有害烟尘和恶臭气体物质的行政处罚权；行使工商行政管理方面法律、法规、规章规定的对无照商贩的行政处罚权；行使公安交通管理方面法律、法规、规章规定的对侵占道路行为的行政处罚权。

2004年3月22日，国务院发布《全面推进依法行政实施纲要》。市政府于6月召开全市依法行政工作会议。会议要求以规范行政执法行为为突破口，梳理执法依据，分解执法职权，确定执法责任，建立健全行政执法评议考核机制，严格执法责任追究，促进全市依法行政工作向纵深发展。同年7月1日，《中华人民共和国行政许可法》正式施行。在《行政许可法》正式实施前，市政府于2004年1月印发《关于贯彻实施〈中华人民共和国行政许可法〉的通知》。市政府办公室也于同月印发《关于印发〈襄樊市行政许可法学习培训实施方案〉的通知》，对各县（市）、区政府、各开发区管委会、市政府各部门领导班子成员、所有行政执法人员、全体公务员，特别是负责行政许可事项清理和具体办理行政许可事项的工作人员进行培训，培训内容主要是学习《行政许可法》，并结合襄樊实际研究贯彻落实《行政许可法》的具体措施。培训分两期进行，分别邀请国务院法制办副主任汪永清教授和省政府法制办研究中心主任尹新民授课。同年，市政府还印发《市人民政府关于精简和调整市级政府部门审批项目的通知》，要求各地、各部门按照《行政许可法》的规定，对正在实施的行政许可事项进行全面清理，以深化行政审批制度改革。市政府决定精简和调整现有的行政审批项目，凡是保留的行政审批项目一律进入市行政服务中心办理；凡是取消的行政审批项目，要立即停止审批和收费；凡是改变管理方式、由主管部门按照业务工作管理的行政审批项目，要简化办事程序，做到即时办理；凡是下放的行政审批项目，要立即停止审批，做好衔接和配套工作。市政府成立了以市长为组长、市政府法制办、市监察局、市发改委、市财政局、市编办等单位为成员的襄樊市市级政府部门行政审批制度改革工作领导小组。经过市级政府部门审批制度改革工作领导小组办公室的清理审查，全市有各类行政审批项目1 356项，由于分散审批和监管不力，有相当数量的审批项目与现行法律法规相抵触，造成政府管了大量不该管、管不了、管不好的事项。按照省委、省政府关于把襄樊建设成为省域副中心城市的要求，市委、市政府提出了努力把襄樊建设成为鄂西北及其周边地区环境最好、门槛最低、投资最佳的城市。市政府对市级行政审批项目进行改革，先后取消审批事项945项，下放转移6项，改为日常监管的210项，保留195项，减幅达85.62%，实现了行政审批事项在全省乃至全国同类城市最少的目标。对此，省政府法制办予以公开表彰。

（四）执法监督

根据省政府和市人大常委会对开展行政执法检查的要求，1991年市政府下发《关于开展一九九一年全市行政执法检查的通知》，重点检查《行政诉讼法》、《行政复议条例》、《义务教育法》和《湖北省义务教育实施办法》的贯彻实施情况，中央和省关于加强抗灾救灾工作决定、决议的贯彻执行情况，

《企业法》、《标准化法》、《计量法》的贯彻实施和开展"质量、品种、效益年"的活动情况。整个行政执法检查工作从十月中旬开始到十一月底结束，分为动员部署和自查、互查抽查、整改总结三个阶段进行。此次检查，对全市依法行政起到积极推动作用。1994 年，市政府下发《市人民政府关于认真贯彻鄂政发〔1994〕8 号文件加强政府法制工作的通知》文件，要求各级领导要做学法、守法、执法的模范，要把行政执法状况作为考核各级政府和各级领导干部政绩的重要标准；对行政执法人员必须抓好岗位培训，使他们熟悉执法依据，持证上岗，掌握执法程序，防止和纠正执法中的随意性；对执法机关的职责和权限，结合行政机关改革，进一步理顺关系，避免行政执法职责交叉；各地、各部门在执法工作中，要认真贯彻执行全国人大常委会《关于加强对法律实施情况检查监督的若干规定》，自觉接受法律监督、工作监督、民主监督、舆论监督和群众监督，有针对性地开展专项执法检查和集中执法检查；建立和完善有效的执法检查监督机制，如执法联络点制度、行政执法争先创优活动、认定执法资格、统一发证监督管理办法等，把行政执法检查监督工作提高到一个新的水平。1996 年，市政府印发《襄樊市行政执法违法及错案责任追究办法》和《市人民政府关于印发襄樊市推行执法责任制和执法违法责任追究制工作实施方案的通知》文件，指出要在市委的领导和市人大的监督支持下，以建设有中国特色的社会主义理论为指导，坚持"有法必依、执法必严、违法必究"的宪法原则，维护法律法规的规范性、稳定性、统一性和强制性，提高执法队伍的素质和水平，规范执法程序，完善执法活动，保障法律法规的正确、完整实施，切实解决以言代法、以权压法、以情代法、重罚轻法、徇私枉法等问题，为维护全市改革、发展、稳定的协调一致，促进经济建设和社会发展的有序进行，提供良好的法律保障。通过学习、宣传、清理、汇集法律法规，明确各部门及执法人员的执法范围和责任，层层签订执法责任书，对执法违法的单位和人员，根据执法责任和违法情节给予不同形式的追究。市政府组织力量进行执法检查，对部门执法责任落实情况进行考核评估，划分规范、基本规范和不规范等不同档次；市政府推行执法"两制"工作领导小组办公室，根据法律、法规、规章及规范性文件的有关规定，对各部门界定执法范围及责任，并编制"部门执法责任书"，由市政府领导对部门法定代表人签订"部门执法责任书"，同时，由部门负责人对所属单位负责人和执法人员，层层签订执法责任书，逐条、逐人明确执法责任；市政府成立以副市长邱勇为组长的推行执法"两制"工作领导小组，具体领导开展执法"两制"工作，并设立领导小组办公室，负责执法"两制"工作的组织、实施、协调、检查、考核及界定执法责任和确认执法违法案件等日常工作。1999 年 6 月，市政府办公室印发《关于印发襄樊市推行执法公示制工作实施方案的通知》，决定在全市行政执法部门全面推行执法公示制，并以此为切入点，努力巩固行政执法"两制"成果，建立和完善行政执法监督制约机制。通知要求，通过推行执法公示制，将行政执法部门的职责范围、工作内容、工作程序、工作标准、工作时限等向社会公开明示，规范行政执法行为，接受社会监督；明确对违示责任追究及处罚形式，对工作人员进行事前警戒和责任制约，以保证公示制度到位；各级行政执法单位建立监督网络，采取举行新闻发布会、登报、电视讲话、在显著位置设置公示牌及将公示内容汇编成册等多种形式，将执法公示制度向社会全面公开明示，让管理相对人和广大群众知晓。市政府成立以副市长尚立学为组长的推行执法"两制"工作领导小组，具体领导全市推行公示制工作，并设立领导小组办公室，负责推行公示制工作的组织实施、检查等日常工作。

2000 年，市政府办公室印发《关于认真开展行政执法违法责任追究工作的通知》，要求各地、各部门迅速组织力量，对 1999 年度行政执法违法及过错责任进行清理。清理的主要内容是：行政诉讼败诉案件责任追究情况；行政复议全部或部分改变行政行为案件责任追究情况；行政处罚过错责任追究情况；行政执法不当引起大型群体上访事件责任追究情况。要求各地、各部门对照市人民政府《关于行政执法违法及过错责任追究办法》的规定，该追究已追究的，要认真总结经验教训；该追究未追究的，抓紧查清责任进行追究，特别是对行政诉讼败诉案件中因执法不公或执法不当而应承担过错责任的直接责任人，要严肃认真地予以追究。同年 3 月，市政府印发《关于对全市行政执法部门实施依法行政优化发展环境进行督办检查的实施方案》,决定从 2000 年 3 月 16 日开始,对市直各行政执法部门和襄城、樊城区政府整治乱收费、推行执法公示制、实施文明执法、强化执法监督、优化经济社会发展环境工作进行督办检查。市政府责成市政府法制办牵头组织检查，由法制办从有关战线及监察、审计、财政、物价、工商、公安等部门抽调分管法制工作的领导、法制科长,组成 6 个检查组。检查的同时,通过报纸、电视等新闻媒体公布监督电话,受理对乱收费、推行执法公示制和实施文明执法不力的行政执法部门和人员的投诉。通过督办检查,集中解决了整治“乱收费”不彻底、行政执法不规范、重收费轻服务等阻碍全市经济发展的突出问题。2002 年 3 月 14 日,为积极应对入世,与国际接轨,市政府决定在全市范围内，对自新中国成立以来到 2001 年 12 月止仍在继续适用的 12 310 件规范性文件进行一次全面清理。截至 2003 年 5 月,清理工作全面结束,对 1949 年 10 月至 1990 年 12 月期间的规范性文件,继续适用 5 件,作出修改 6 件,其余一律废止;对 1991 年 1 月至 2001 年 10 月市政府及市政府办公室文件,决定废止 121 件,宣布失效 26 件,作出修改 40 件,继续适用 154 件。由于工作得力,效果明显,此项工作受到省政府法制办的通报表扬。2003 年,市政府办公室印发《关于对全市行政执法人员和行政执法监督检查人员进行干部考试和换发证件工作的通知》，决定从 2003 年 6 月 1 日起,对全市行政执法人员和行政执法监督检查人员换发新的行政执法证和行政执法监督检查证。所有行政执法人员和行政执法监督检查人员,必须经过培训并考核合格后,方可领取新的行政执法证和行政执法监督检查证。培训采取集中授课与自学相结合的方式,集中授课时间不得少于 24 个学时。培训内容包括行政执法、行政处罚、国家赔偿、行政诉讼、行政许可、行政强制、行政执法监督等方面的内容。经过培训的行政执法人员和行政执法监督检查人员,参加全市统一考试并取得合格成绩后,方能申领新证。2005 年 4 月,市政府印发《襄樊市行政过错责任追究暂行办法》,明确规定,行政机关工作人员因故意或过失不履行或不正确履行职责,以致影响行政秩序和行政效率,贻误行政管理工作,损害行政管理相对人合法权益,造成不良影响和后果的将进行行政责任追究。文件规定了行政过错责任追究范围、行政过错责任划分、行政过错责任追究方式、行政过错责任追究机构和程序。这个文件,对于提高各级行政机关及其工作人员的法律意识、责任意识和执法水平,增强行政执法整体效能,全面提高依法行政水平,产生了重要作用。同年 4 月,市政府办公室印发《关于转发〈省人民政府办公厅关于开展行政许可法实施情况检查的通知〉的通知》,要求各地、各部门按照省政府办公厅的《通知》精神,认真自查并做好迎接省政府检查的各项准备工作。市政府于 6 月上旬组织检查组对各地、各部门的自查情况和迎检工作进行重点抽查。从自查和检查看,各地、各部门严格按照《行政许可法》的规定,对现行行政许可事项进行了清理,现行有效的规范性文件中不存在国家和省政府业已取消的行政许可项目,行政许可的实施主体符合《行政许可法》的规定,行政许可实施机关全部按照规定将有关行政许可的事项、依据、条件、期限等在办公场所公示,在规定时限内对申请人提交的材料进行审查,并在规定时限内作出行政许可决定;行政许可需要行政机关内设的多个机构办理的,基本建立了“窗口式”的统一受理行政许可申请、统一送达行政许可决定的办公制度;行政许可实施机关普遍建立行政许可的听证、监督检查和责任追究等制度。同年,市政府办公室印发《关于进一步推行行政执法责任制工作的通知》。

(五)行政复议

1991 年,市政府在《关于进一步加强依法治市工作的通知》中指出,实行行政复议制度,对于有效地解决行政争议,减少行政诉讼,保护公民法人和其他组织的合法权益,密切行政机关同人民群众的联系,强化行政机关内部的层级监督,都具有十分重要的意义。要求各地建立和完善行政复议组织,抓紧行政复议工作人员的选调和培训工作，加强行政复议工作的制度建设。

1995 年，市政府成立行政复议委员会，副市长邱勇任主任，市政府副秘书长李肃清、市政府法制办主任靖志民任副主任，市教委、市经委、市科委、市文化局、市交通局、市卫生局、市土地局、市城建局、市公安局、市财政局、市司法局、市民政局、市计生委、市水利局、市林业局、市审计局、市工商局、市国税局、市地税局、市广电局、市人行等部门相关领导为委员，市政府行政复议委员会的日常工作，由市政府法制办公室承担。

1999 年 10 月 1 日，《中华人民共和国行政复议法》施行。复议法正式实施前，市政府印发《关于贯彻实施〈中华人民共和国行政复议法〉的通知》。市政府将 1999 年 9 月定为“行政复议法学习宣传月”。市直各行政执法部门于 9 月 30 日在人民广场、鼓楼商场、火车站等繁华闹市地段，举办现场宣传、咨询活动。市政府法制办于 9 月份举办全市行政复议法知识培训班，聘请参加起草行政复议法的著名教授及省内专家学者授课，各县(市)区、各开发区管委会行政一把手和分管领导、法制办主任，市政府各委办局行政一把手、分管领导和法制科长参加培训。

2000 年 8 月 24 日，市政府办公室印发《关于启用襄樊市人民政府行政复议专用章的通知》，明确市政府依法作出的不予受理决定书等三种行政复议法律文书加盖市人民政府印章；市政府依法作出的提出答复通知书等其他行政复议法律文书授权市政府法制办公室主任审签，加盖市人民政府行政复议专用章。

2000 年 10 月，市政府办公室印发《转发〈国务院法制办公室关于完善行政复议、行政应诉案件统计报告制度的通知〉的通知》，要求市政府各部门分别于当年 7 月底和翌年 1 月底以前，向市政府法制办填报本部门直接办理复议、应诉、赔偿案件的情况，各县(市)、区政府部门直接向本级政府法制办报送本部门行政复议、应诉、赔偿案件情况，各县(市)、区政府法制办汇总统计后，分别于当年 7 月底和翌年 1 月底以前报市政府法制办汇总。报送统计报表时，必须一并报送本地本单位本年度行政复议、行政应诉、行政赔偿案件的统计分析报告。统计分析报告应剖析典型案件、总结成绩与经验、找出不足、提出改进意见。

2005 年 12 月，市政府印发《关于加强行政复议和行政应诉工作的通知》，要求建立行政复议工作行政首长负责制度，行政首长应亲自听取汇报、研究案情、审查把关，对涉及群众普遍关心的社会热点、难点和有重大影响的行政复议案件，要亲自督办和处理；各级政府及其部门对人民法院的行政审判工作给予配合，尊重人民法院对行政诉讼案件的立案审查决定权，在行政诉讼过程中，作为被告的行政机关不得以任何方式对人民法院正在审理的行政诉讼案件施以影响或者进行其他干预，妨碍行政审判活动的正常进行；凡以各级政府及其所属部门为被告的，各级政府及其所属部门负责人应代表本机关积极出庭应诉；各级政府及其部门要定期对本地、本部门发生的行政复议和行政诉讼案件进行综合分析，总结行政执法中的成绩和经验，分析存在的问题和不足，将行政复议和行政诉讼案件与推行行政执法责任制相结合，完善执法责任制和执法过错责任追究制度，不断规范执法行为，提高行政执法水平，共同推进行政复议工作。

(六)政务公开

襄樊市从 1999 年开始推行政务公开。1999 年 2 月 26 日，经市长办公会议通过，襄樊市人民政府办公室印发了《襄樊市人民政府政务公开实施办法》，成立了由市长、副市长、市政府秘书长和市委宣传部副部长为顾问，市政府办公室党委书记、副秘书长为组长的领导小组，明确了政务公开的主要内容和运作方式，聘请市直新闻媒体记者组成新闻工作组，对政府政务工作进行全方位监督检查、跟踪督办。

2002年7月10日，市政府决定，在市级政权机关全面开展政务公开工作，成立由市长任组长的政务公开工作领导小组，明确市级机关政务公开的主要内容及政务公开工作的主要形式，严格公开标准，建立考评机制，加强监督检查，达到提高办事效率，加强勤政廉政建设，进一步密切党群干群关系，促进经济发展的目的。2003年11月22日，市人民政府办公室印发《襄樊市电子政务公开工作实施方案》，要求充分应用现代信息技术，加强对行政权力的监督，各部门在市政府网站设立政务公开网页，通过市政府网站的电子网络系统向社会公开政务信息，并制订《襄樊市政府网站电子政务公开技术规范》。2004年8月27日，市人民政府办公室印发《襄樊市电子政务建设规划（纲要）》，以推动政务创新、提高行政效率、强化社会监督、优化发展环境、推进源头治腐工作为目标，以推广和应用现代信息技术为手段，按照“统一规划、分步实施、业务分建、政府导向、市场运作、促进发展”的原则，充分利用现有的网络设施和资源，逐步建设标准统一、结构合理、功能完善、资源共享、运行协调、安全可靠的电子政务体系。此后，市直各部门和各县市区的政务工作均在政务网上进行公开，接受人民群众监督。

三、历届政府及施政举要

（一）第十届政府（1984—1988年）

第十届政府施政期间，党中央决定在经济上实行进一步调整，压缩基本建设规模，部分农副产品提价，购买中央财政发行的国库券。全市所有国营工商企业和大部分集体企业实行承包经营或租赁经营；对工商企业实行利改税和经济责任制；下放企业管理权限，扩大企业在分配、奖惩、劳动人事、生产计划、产品销售、劳保福利、产品价格、联合经营、财务等方面的自主权。开展横向经济技术联合与协作。全市有5 000多家企业参加市内外各种不同类型的联合体，组建10个企业集团，有24户优势企业承包或兼并了27户劣势企业，有300多家企业与全国200多家大专院校和科研单位建立了长期稳固的合作关系，联合开发280多种新产品。襄樊市发起组建的鄂豫川陕毗邻地区的联合，由信息、商贸联合发展到经济、技术、金融等全方位联合，并倡导成立焦柳、襄渝、成渝铁路沿线17城市参与的经济技术协作区，以铁路为纽带，商品流通为先导，促成更大范围的经济联合，增强了襄樊市经济的吸引力和辐射力。改革流通体制，开拓生产要素市场，建立了以市区为中心的多层次资金市场、技术市场，开辟了钢材等生产资料市场。市财政投入农业生产资金5 000万元，市区200多家经营状况较好的企业和科研单位与乡镇企业结成对子，实行对口支援。用经济纽带把城乡、工农融为一体。共有60多家企业与农村签订长期产销合同，建立各类原料基地187万亩。加快城镇发展步伐。抓市区中心城市建设，1984年，市区工业产值达到26.5亿元，比1983年增加13.3亿元，财政收入3.24亿元，增加1.56亿元；抓各县（市）城区及小集镇建设，有260多个老城镇扩大了规模，100多个新集镇应运而生。1985年，国家银根紧缩，工农生产资金比较紧张。为此，全市开展资金综合治理，挖掘资金潜力，盘活资金4.5亿元。培植经济发展后劲。农业上建设了20个粮油和水果商品生产基地，工业上抓了热电厂、7 500吨涤纶短丝等一批重点项目。特别是抓住国家对三线军工企业调整改造的机会，吸引了12家分布县（市）的军工企业迁入市区，并开发了20个重大产品。5年间，先后制定6大类30多项促进科技发展的政策，用于科技开发和科技推广运用的金额达8 000多万元，并从1984年开始在全国率先开办科技贷款，贷款总额累计达到1.07亿元。全市的科技攻关计划、星火计划、先导产业计划以及科技开发、军转民科技项目共851项，总投资规模1.26亿元，创产值5.8亿元，利税1.3亿元。在农村广泛推广种植业实用技术，1987年，夏粮单产达到280公斤，总产突破15亿公斤，有四个县(市)进入全国稳产高产农业示范田行列，并获省颁发的八个“高产杯”和“丰收杯”。杂交稻占水稻种植面积的90%，80%农作物实行了配方施肥。1984—1988年，全市用于改善办学条件的总投资1.8亿元，中小学校舍总面积达到463万平方米，比1983年增加141.8万平方米，危房比例由1983年的25.6%下降到1%。加大扶贫力度，五年共扶持双扶对象19.7万户，3万户脱贫致富。为解决“菜篮子”问题，市政府增加物资和资金投入，改造老菜园，扩大新基地，市区人均蔬菜面积由1983年的3.3厘增加到5厘。

(二)第十一届政府(1989—1993年)

第十一届政府提出“振兴襄樊，鼎足湖北”的战略目标。1993年，国民生产总值达到160亿元，年递增15.9%，工农业总产值达到325.94亿元，是1988年的2.15倍。在农村改革方面，主抓稳定和完善农村联产承包责任制，放开种植计划，放开农副产品购销渠道，放开市场物价，放开多种所有制形式。创办股份合作制企业5 639家，建有农副产品加工、运销企业2 400多家，100多万农民进入流通领域。除棉花、烟叶等少数品种外，其他农产品购销全部放开。在企业改革方面，围绕转换企业经营机制，推出一系列改革措施，全面贯彻落实《企业法》和《全面所有制工业企业转换经营机制条例》，制订了《襄樊市贯彻〈条例〉实施办法》和《关于进一步搞好国有大中型企业的三十条意见》。五年时间完成了两轮承包，完成股份制改造企业112家，工业企业中53户企业、95个内部单位实行民营或私营，国有商业实行国有民营、公有私营的小企业和门店有4 065户，占61.68%。在流通体制改革方面，发展开放型流通，拓宽经营领域，初步形成“一业为主，综合经营，立体开发，全面发展”的经营格局。在外贸体制改革方面，变供货制为自主经营、自负盈亏、自我发展、自我约束的新体制。在转变政府职能方面，努力做到宏观上管住管好，微观上放开搞活，政府机构改革首先在一轻局、二轻局、物资局进行试点，总结经验后推进改革，逐步向小政府大服务过渡，通过多种渠道分流了一部分党政机关和事业单位工作人员。1993年，全市全口径供应出口完成16.89亿元，五年年均递增24%，自营出口创汇2 385万美元，五年累计4 647万美元，年递增120%。招商引资形式多样，举办了“1993中国湖北隆中诸葛亮文化节”，17个国家和地区500多名客商来到襄樊实地考察。1989—1993年底，全市累计批准三资企业228家，注册资本2.19亿美元，其中外资1.09亿美元。对外经济技术协作与交流有新进展，五年共选派援外人员42人，劳务合作人员317人，接受联合国、日本等援助5项，受援金额1 393万美元。开发平台进一步巩固，高新技术产业开发区被列为国家级开发区，汽车产业经济技术开发区在服务、支持东汽公司的同时，外引内联，滚动开发，兴办“三资”企业18家。全面实施农业综合开发，改造中低产田114.85万亩；组织实施沮漳河和南河流域开发，帮助6.5万户农民脱贫致富。抓好农田水利基本建设，兴建了清泉沟、石台寺两大泵站，修复、兴建、完善和配套一大批水利灌溉设施。在农村大力发展工业经济，鼓励发展第三产业，促进农村经济结构调整，三产业产值比重提高到70%左右，种植业与其他各业产值比例由1988年的8：2调整到1993年的6：4，经济作物产值占整个种植业的比重由28%上升到48%。1993年粮食总产达到424.23万吨，年均递增2.8%，棉花总产达8.1万吨，年均递增17.2%，油料总产达16.2万吨，年均递增23.6%，农业总产值达到81.82亿元，是1988年的1.68倍，农民人均纯收入达891元，年均递增11.4%，是农民收入增加较快的时期。1993年，工业总产值完成244.12亿元，年均增18.8%。产业和产品结构进一步调整，轻重工业比重由63：37调整为52：48。高新技术产业初具规模，14家分布在南漳、保康、谷城、宜城等地的军工企业迁入市区，实力得到较大提高。五年共开发新产品2 476个，市场经济丰富繁荣。产值过亿元企业由8个发展到25个，有100

对(组)、212 家工业企业进行了改组联合,组建了 12 个企业集团。技术改造力度加大,五年共完成技改引进项目 351 个,落实资金 11.8 亿元。同年,社会商品零售总额达到 55.96 亿元,比上年增长 17.74%。集贸市场建设面积 15.26 万平方米。加强资金拆借、证券交易、外汇调剂三位一体的金融市场建设。围绕经济发展需要,多渠道筹集、盘活资金。1993 年底,各项存款余额 70.7 亿元,是 1988 年的 2.5 倍,各项贷款余额达 116.61 亿元,增长近 1 倍。围绕改善财政收支状况,大力促产开源,强化收支管理,强化征管措施,堵塞漏洞,保证各项收入及时足额入库。1993 年全市财政收入 9.74 亿元,比 1988 年增长 52.3%,实现收支平衡。1989 年,襄樊刘集飞机场正式通航,并先后开通北京、上海、广州、深圳等 4 条航线;完成当时全国最长的步行一条街——襄城北街,以及大庆东路、长虹路等工程建设;建成襄樊汉江长虹大桥、米公排水泵站、东门立交桥、人民广场天桥等项目;改造市区泥巴路 40 条,完成“百厕旱改水工程”;房地产开发完成 118 万平方米;新建、扩建、改建环保项目 100 多个;园林绿化连续三次保持全国先进的荣誉;新建扩建了 3 座城市公园;小城镇建设跻身全国先进行列。公路通车里程达到 10 382 公里,比 1988 年增加 1 681 公里。实施科教兴市战略,制订颁发《襄樊市科学技术发展计划》、《襄樊市创建技术进步先进企业暂行办法》等十多个政策文件,加快科技成果转化,五年共落实科技计划项目 770 个,投资总规模 2.73 亿元,实现产值 9.66 亿元,创利税 2.41 亿元。受理登记 244 项科技成果,转化应用 147 项。共申请专利 540 件,授权 450 件,开发 324 项。坚持教育优先战略地位,九年义务教育普及走在全省前列,全市基本普及了小学教育。五年共筹措资金 2.35 亿元,新建校舍 166.65 万平方米,维修改造校舍 64.48 万平方米。高等教育稳步发展,全市高等院校 4 所,在校人数 6 902 人。

(三)第十二届政府(1994—1998 年)

第十二届政府以经济建设为中心,实施“二次创业”和“科教兴市”战略。1998 年,国民生产总值达到 509 亿元,五年年均递增 20.9%;实现财政收入 22.66 亿元,年均递增 21.9%;城市居民可支配收入达到 4 969 元,农民人均纯收入达到 2 310 元,年均分别增长 13.8%和 11.6%。与 1993 年相比,金融机构各项存款余额增加 138.6 亿元,各项贷款余额增加 142.7 亿元。加大“三农”(农业、农村、农民)工作力度,农业增加值由 46.1 亿元增加到 137 亿元;粮食总产由 323 万吨增加到 410.4 万吨,成为全国第二、全省第一个地级吨粮市。农业产业结构进一步优化,多种经营基地总面积达到 30 万公顷,产值约占农业总产值的 70%。农业产业化经营进展迅速,重点扶持了 20 个龙头企业、10 条产业链、10 大商品基地,襄阳的粮油,枣阳的水果,老河口的蔬菜,南漳、保康、谷城的茶叶等特色农业基本形成。农业基本建设大大加强,农业综合开发五年共完成各类水利建设项目 13.17 万个,开发建设项目区 68 个,人工造林 12 万公顷,市区被评为“全国造林绿化十佳城市”。310 个小城镇建成区面积 210 平方公里,吸收转移农村剩余劳动力 95 万人。全市工业总产值五年里年均递增 15.1%。1998 年独立核算国有工业企业和年销售收入 500 万元以上的非国有工业企业完成工业增加值 107 亿元,比上年增长 13.6%,实现利税 20 亿元,国有亏损企业亏损额下降 20%。推进汽车、纺织服装工业“二次创业”,支柱产业、优势产业基本形成。“帅而美”服饰获中国名牌产品称号,填补襄樊市国家级名牌的空白,并涌现出“襄阳”卷烟、“ZXY”系列轴承、银环牌粘胶长丝、金兰首饰、通力合成绝缘子等一批省级名牌产品。五年共完成技改投资 82.64 亿元,竣工投产项目 959 项。1998 年,全市第三产业增加值 111 亿元,比 1993 年增加 71.9 亿元。五年共新建、改建、扩建各类市场 155 个,新华市场成为湖北第二大市场。社会消费品零售总额大幅增加,金融保险业发展迅速,劳动力、人才、技术、房地产、产权、证券等生产要素市场初步形成。坚持多种经济成分共同发展,个体私营经济发展迅猛。借鉴沿海个体私营经济发达地区的先进经验，出台政策，改善环境，支持和引导个体私营经济特别是实业大户的快速发展。1998 年与 1993 年相比，全市个体工商户由 6.38 万户增加到 20.5 万户，私营企业由 257 家增加到 4 401 家；个体工商户和私营企业从业人员由 10.4 万人增加到 54.7 万人，注册资金由 2.1 亿元增加到 34.2 亿元。个体和私营经济成为全市经济的重要增长点。加大固定资产投资和重点建设力度。五年时间全社会固定资产投资完成 295 亿元，年均递增 24.9%。投资结构进一步优化，其中基础产业和基础设施建设投资占投资总额的 60.3%。电力、通信、交通产业发展迅速，1998 年全市供电量从 1993 年的 32.5 亿千瓦时增加到 36.5 亿千瓦时；邮电业务总量由 1.3 亿元增加到 5.7 亿元；公路通车里程由 7 900 公里增加到 1.2 万公里，96%的村通了公路。企业改革以建立现代企业制度为目标，73 户企业改制为股份有限公司，股本总额达 21.15 亿元；襄阳轴承、湖北金环、东风仪表三家企业成为上市公司，募集资金 6 亿多元。优化资本结构，累计为企业减轻债务负担 5.5 亿元。以股份合作、产权买断、“退二进三”和租赁承包等多种形式放活中小企业，国有中小企业和乡镇企业改制面达到 80%以上。在东力公司、仪表元件厂和雪美公司等企业试行动态股权激励运作模式取得良好效果。产权交易起步，在 1998 湖北产权交易会上，襄樊市成交额占全省交易总额的五分之一。1998 年，全市出口总值达 6 889 万美元，比 1993 年增加 3 410 万美元。工业企业自营出口额已占出口总额的 85%。五年里全市共批准外商投资企业 186 家，实际利用外资 6 524 万美元，接受世界银行和外国政府贷款 1.05 亿美元。推进社会事业全面进步，五年共取得各类科研成果 353 项，其中达到国内先进水平的 248 项；安排五类科技发展计划 397 项，资金投入达 9.22 亿元，连续多年在全省名列前茅；推广市级以上科技成果 350 项，新增产值 11 亿元。1998 年科技进步对工业和农业的贡献份额分别达到 52%和 54%。除保康县以外，基本普及九年义务教育，基本实现扫除青壮年文盲目标。襄樊学院正式成立，结束了襄樊无本科院校的历史。全市以乡(镇)为单位实现计划免疫达标，初级卫生保健达到合格要求。城乡医疗条件进一步完善，全市拥有等级医院 90 所和比较完善的医疗卫生保健网络。市区公共汽车全部实行无人售票。襄樊广播电视中心完成主体工程；有线电视用户超过 10 万户，建成全省地市州最大的有线电视覆盖网。实现省级双拥模范城二连冠目标。“二五”普法任务顺利完成。从 1996 年 10 月开始，市区组织治理脏乱差、硬件建设、整顿交通秩序、市民素质教育等战役，基本消灭市区泥巴路，改造 9 条出口路，新建、改建三元路、松鹤路、人民路等 8 条主次干道。扩建了人民广场和火车站广场，建设和改造了 5 个公园和 6 个街头小游园，新建了西护城河百米喷泉和烈士陵园市民广场。率先在全省地级市安装启用了交通电子监控系统。全市五年累计竣工住宅 1 055 万平方米，市区人均居住面积由 1993 年的 6.4 平方米提高到 7.9 平方米。全市电话普及率达到 7.2%。全市建立再就业中心 826 个，托管下岗职工 26 032 人，多种渠道安置失业、下岗职工 16 533 人。城镇居民和农村最低生活保障制度初步建立，全市基本解决温饱，襄阳、枣阳、宜城 3 个县(市)、78 个乡镇基本达到小康目标。

(四)第十三届政府(1999—2003 年)

第十三届政府坚持以经济建设为中心，经济社会进一步发展。2003 年，全市国民生产总值达 500 亿元，年均增长 7.6%；财政收入达 48.2 亿元，年均增长 16.2%；地方一般预算收入达 16.9 亿元，年均增长 8.5%。第十三届政府从 1999 年开始对经济结构作出调整，三产结构由 1998 年的 28.8：42.4：28.8，调整到 2003 年的 20.9：46.8：32.3。农业产业化规模进一步扩大，订单农业的比例达 50%以上。工业经济占全市经济总量的 43%，税收占全市财政收入的比重达到 80%，民营经济在国民经济总量中的比重上升到 56.9%。交通、旅游、通讯、商贸服务等均有较大发展，荣获“中国优秀旅游城市”称号。2003 年，推行以“双退出”(企业退出国有序列、职工退出国有身份)为主要内容的新一轮国有企业改革。农村实许税费改革和乡镇综合配套改革，农民人均负担比改革前下降40%。市县乡对机构进行改革，市政府工作部门减少26%，县(市)党委、政府工作部门减少27%，乡镇(办事处)减少36%，全市党政机关行政编制减少25%；行政性事业单位人员编制减少48%，经营性事业单位1.5万人全部退出编制管理系列。行政审批事项减少65%，收费项目减少35%。建立并逐步完善了行政服务中心、经济发展环境投诉中心、综合招投标中心和财政国库集中收付中心。五年里，改造国省干线一、二级公路800多公里，四条高速公路相继动工，襄十路竣工通车；改扩建农村公路2 000多公里，市区至各县(市)的主要线路全部达到高等级化。改造、新建汉江大道等25条道路，改造和兴建人民广场、诸葛亮文化广场、南湖文化广场等13处大型休闲场所，市区园林绿化面积达到23平方公里，2002年被评为国家园林城市。完成城市区划调整和乡镇撤并工作，全市人口城镇化率达到43.5%以上。2003年，全市外贸出口和利用外资完成8 600万美元和6 604万美元，年均分别增长14.87%和29.7%。同年，全市城镇居民可支配收入7 050元，年均增长7.3%，农民人均纯收入2 658元。年均增长2.8%。全市养老保险、城镇低保基本实现应保尽保。新增就业岗位23万个。投资5.1亿元完成治污项目229项。实施“科教兴市”战略，五年完成国家、省、市级科技计划项目623项，投资27.3亿元。取得第十二届省运会和“八艺节”分会场承办权。有效防止非典型肺炎在全市的蔓延。

(五)第十四届政府(2004—2008年)

第十四届政府在2004—2005年的两年任期内，坚持科学发展观，推进经济、政治、文化、社会的全面发展。2004年，全年实现生产总值558亿元，比上年增长11%；全社会固定资产投资130亿元，比上年增长21.3%；社会消费品零售总额206亿元，比上年增长13%，第一次实现两位数增长；全地域财政收入55.8亿元，比上年增长15.7%；地方一般预算收入17.8亿元，按可比口径比上年增长17.5%；吸收外商投资8 013万美元，比上年增长21%；外贸出口10 318万美元，比上年增长12.4%；城镇居民人均可支配收入7 550元，比上年增长7%；农民人均纯收入3 060元，比上年增加402元。重点抓工业经济，全年规模以上工业完成增加值121亿元，比上年增长27%；实现利润22.5亿元，比上年增长10.5%；实现税收24.7亿元，比上年增长6.8%；工业经济效益综合指数由上年的119提高到122。企业改制转让国有产权16.53亿元，近12万人退出了国有企业职工身份。乡镇综合配套改革以“减人减事减支”为主要内容，乡镇内设机构减少48%，乡镇事业单位减少66.7%，分流人员3 787人。深化行政审批制度改革，市级审批项目减少到195项。市直21个政府部门纳入国库集中支付改革试点范围。着力落实大项目建设，全年103个重点项目完成投资65亿元，其中过亿元的项目46个，完成投资58.9亿元。成功引进雨润、佳通等一批国内外知名大企业，中商、武商等一批大型物流和商贸公司进入襄樊。加大基础设施建设力度，全市城市路网新建、改造道路15条，完成了邓城大道、车城大道等一批主干道的续扩建工程和东、西、南大街、春园东路改造工程；扩改建市区出口路32公里；完成一批背街小巷的泥巴路改造。城市天然气输送工程投产通气。襄荆高速公路建成通车，207、316国道等干线的部分路段得到改造。推进科技文化发展，全市完成高新技术产业产值188亿元，比上年增长16%；新认定高新技术企业26家，高新技术企业总数达到147家；与中科院武汉分院等一批院校和科研机构达成合作协议。新编古装京剧《襄阳米颠》在中国京剧艺术节上获银奖。成功举办首届襄樊市运动会。拓展就业渠道，全市城镇新增就业人员7.1万人，组织农村劳务输出8.7万人，城镇登记失业率为4.1%。逐步健全社会保障体系，养老保险、低保应保尽保，失业保险、医疗保险、工伤保险、生育保险参保面不断扩大。2005年，市政府围绕建设省域副中心城市目标，一手抓以高新区为龙头的市区经济，一手抓以“一主三化”为方向的县域经济，主要经济指标增长幅度高于“十五”前4年平均水平。

全年实现生产总值602亿元，比上年增长12.8%；全社会固定资产投资额156亿元，比上年增长20%；地方一般预算收入18.39亿元，同比增长15.6%；社会消费品零售总额235亿元，比上年增长13.6%；城镇居民人均可支配收入和农民人均纯收入分别由2000年的5 663元和2 386元，增加到2005年的8 150元和3 191元，年均分别增长7.6%和6%。农业产业化发展加快，年销售收入5000万元以上的产业化龙头企业达到30家。工业增加值比上年增长10.4%，占生产总值的比重由40%提高到42.2%。襄樊火电厂二期工程、崔家营航电枢纽等重大项目顺利开工。以“双退出”为主要内容的市直新一轮国有企业改制面达80%以上。完成46个区域控制性详细规划和城市设计。城镇化率达43%。实施1 045项市级以上重点科技项目，投资总规模36.1亿元。高新技术产业开发区与汽车产业开发区合并。

四、其他政府工作

中共十一届三中全会之后，襄樊市外事侨务部门贯彻执行国家对外工作和侨务工作方针政策，坚持外事、侨务工作为国家外交大局服务，为襄樊经济社会发展服务，充分利用对外交往渠道多、信息灵、接触广的优势，“走出去”（出访）与“请进来”（邀请来访）并重，招商引资和招才引智相互促进，官民并举，政企结合，广泛开展对外交往。同时，高度重视争取“侨心”工作，发挥归侨侨眷“海外关系”优势，介绍引进海外华侨、华人的资金、技术和人才，促进襄樊经济建设。

（一）外事侨务机构及工作

1.机构

1979年，襄樊市人民政府外事办公室成立，履行外事管理职责。同时襄樊市人民政府外事接待办公室成立，负责外事活动接待服务工作。1986年2月，市政府将外事办公室、外事接待办公室、襄樊对外友好协会、政府办公室旅游科合并，成立襄樊市人民政府外事接待办公室，内设秘书科、政工科、接待科、旅游管理科、友好城市科等5个职能科室。1988年10月，襄樊市人民政府外事接待办公室更名为襄樊市人民政府外事办公室。至1998年12月，外事办公室内设秘书科、人事监察科、外事管理科、国际经济开发科、友好城市科，干部职工25人。1999年1月，外事办公室与侨务办公室合并，组建襄樊市外事（侨务）办公室。襄樊市外事办公室历任领导成员见表20—3。

历任襄樊市外事办公室领导成员

表20–3

姓名	职务	任职时间
余世均	外事办公室副主任	1979.5—1984.1
欧阳文海	外事办公室主任	1984.1—1987.1
李守仁	外事接待办公室主任	1987.1—1988.8
欧阳文海	外事接待办公室主任	1988.8—1988.10
	外事办公室主任	1988.10—1990.5
丁剑卿	外事办公室主任	1990.5—1994.6
龚强华（女）	外事办公室主任	1995.1—1997.4
田映霞	外事接待办公室副主任	1987.8—1988.10
杨孝轩	外事接待办公室副主任	1987.8—1988.10

续表

姓名	职务	任职时间
刘民丰	外事接待办公室副主任	1987.8—1989.7
夏绍德	外事接待办公室副主任	1987.8—1989.9
周诚华	外事接待办公室副主任	1987.8—1989.7
刘明淦	外事办公室副主任	1989.9—1998.12
王瑞和	外事办公室副主任	1990.3—1997.4
李恭祥	外事办公室副主任	1991.8—1994.6
白光蓉(女)	外事办公室副主任	1995.1—1998.12
李开浩	外事办公室副主任	1996.1—1998.12
程晓萍(女)	外事办公室工会主任	1995.1—1998.12

1983 年 12 月,襄樊市侨务办公室成立,与市归国华侨联合会合署办公,一套班子,两块牌子,履行华侨侨眷和港澳同胞的接待联络工作职责。1987 年 7 月,市归国华侨联合会与襄樊市侨务办公室分开后,内设秘书科、侨政科、宣传接待科等 3 个职能科室,干部职工 15 人。历任襄樊市侨务办公室领导成员见表 20—4。

历任襄樊市侨务办公室领导成员

表 20—4

姓　名	职　务	任 职 时 间
余世钧	副主任	1983.12—1989.7
杨万盛	主任	1986.1—1997.4
王瑞和	主任	1997.4—1998.12
何文煊	副主任	1984.6—1989.7
彭克辛	副主任	1986.4—1994.11
王明兰(女)	副主任	1989.7—1997.8
戴能才	副主任	1994.11—1998.12

1999 年 1 月,外事办公室与侨务办公室合并,组建襄樊市人民政府外事(侨务)办公室,内设秘书科、政工科、外事管理科、友好城市科、外国专家科、侨政科、经济联络科、宣传接待科等 8 个科室。2002 年 1 月,襄樊市人民政府外事(侨务)办公室更名为襄樊市外事侨务局,内设办公室、人事科、外事管理科、友好城市科、宣传接待科、侨务科、外国专家科(引智办),另设襄樊市人民对外友好协会,干部职工 43 人。同年,襄樊市人民政府港澳事务办公室成立,与外事侨务局合署办公,主要负责襄樊市对香港、澳门有关事务,加强和促进襄樊与港澳的友好交流与经贸合作。至 2005 年 12 月,外事侨务局机构、人员无变更。襄樊市外事侨务局(办)历任领导成员见表 20—5。

襄樊市外事侨务局(办)历任领导成员

表 20—5

姓名	职务	任职时间
郑浩	外事(侨务)办公室主任	1999.1—2000.8
徐光忠	外事(侨务)办公室主任	2000.11—2002.1
	外事侨务局局长	2002.1—2005.12
王瑞和	外事(侨务)办公室副主任	1999.1—2002.1
	外事侨务局副局长	2002.1—2005.12
刘明淦	外事(侨务)办公室副主任	1999.1—2002.1
李开浩	外事(侨务)办公室副主任	1999.1—2002.1
汪云	外事(侨务)办公室副主任	1999.1—2002.1
	外事侨务局副局长	2002.1—2005.12
刘明生	外事侨务局副局长	2002.1—2005.12
程晓萍(女)	外事(侨务)办公室工会主任	1999.1—2002.1
	外事侨务局工会主任	2002.1—2005.12

2.外事

1978 年,襄樊市制定“突出重点、广开渠道、广交朋友、宣传襄樊、服务经济”的外事工作方针,先后与日本、美国、德国、也门、新西兰、英国、捷克斯、洛伐克、澳大利亚、巴西、瑞士、意大利、奥地利、加拿大、埃及、荷兰、阿根廷、泰国、法国、菲律宾、新加坡、马里、瑞典、罗马尼亚、波兰、马来西亚、俄罗斯等 50 个国家和地区进行交流与合作。与日本犬山市、俄罗斯科斯特罗马州建立友好城市关系。犬山市位于日本爱知县的西北部,浓尾平原东部。距名古屋市 25 公里,面积 7 497 平方公里,人口 7 万余人。有 10 所小学,4 所初级中学,2 所高级中学,2 所大学。犬山市是一座历史文化名城,是日本著名的旅游观光城市。风光秀丽,木曾川河穿境而过。以国宝犬山城为中心,遗存着 17 世纪古城工商业区。旅游观光休闲设施齐全,年接待旅客 900 多万人。现代工业以普通机械、运输机械、金属制品、食品、塑料制品、电机、橡胶制品为主,有工业企业近 400 家,有农业耕地 110 公顷,以种植水稻、小麦、大豆、果树为主。1983 年 3 月 13 日,经国务院批准,襄樊市与日本犬山市签订建立友好城市关系协议。结好后,犬山市赠送 100 棵樱花树苗给襄樊市,襄樊市赠送腊梅树苗 100 棵给犬山市,作为友好象征。1983—2005 年,两市先后有 60 多个团组互访。除友好访问外,襄樊市还先后派工、农、医人员赴犬山市进修,派歌舞团、青少年武术团、金丝猴展出团、书画团赴犬山市表演。犬山市曾派少年少女合唱团到襄樊进行友好联欢,多次派遣工商界代表团赴襄樊市考察。

与俄罗斯科斯特罗马州建立友好交往联系,始于 2000 年。该州位于俄罗斯欧洲部分中部,面积 6 万平方公里,80 万人。州府科斯特罗马市是俄罗斯著名古都,离莫斯科 330 公里,人口近 30 万,伏尔加河穿城而过。该州气候温和、风景如画,保存着独一无二的历史遗迹和建筑艺术,有着舒适的旅馆和汽车旅游者宿营地,为大规模的发展旅游业提供了优越的条件。交通便利,西伯利亚铁路大动脉从东到西贯穿全州,水路大动脉伏尔加河提供了出海的通道。该州地下资源丰富。现代工业以机械制造、轻工、电能、木材采伐加工、建材为主,有欧洲最大的天然气发电厂、俄罗斯最大的发动机配件厂、石油天然气管道厂、纺织机械厂、亚麻纺织厂、毛皮厂、起重机厂、快艇厂、珠宝厂、食品加工厂等。2001 年 3 月,科斯特罗马州以第一副州长尤里·齐库诺夫为团长的政府代表团访问襄樊。访问期间,双方签订“襄樊市与科斯特罗马州建立友好合作关系意向书”。同年 6 月,以市长罗辉为团长的襄樊市政府代表团对科斯特罗马州进行回访。访问期间,双方就已经达成的初步合作意向进行深入磋商和多方洽谈,最终在普通教育、高等教育、农业、卫生、商贸、餐饮业交流与合作上达成共识,并在科斯特罗马州政府大楼签订6个合作交流协议书。主要包括:从2001年开始,双方每年选送一批中等教育应届毕业生和高等院校在校生到对方高校进行本科和研究生学习;互派教师和留学生;开展科研、学术和信息交流;组织学生夏令营活动以及联合办学等;组织法人在科州租用100公顷土地与俄方组建股份制企业,联合开发农产品;互派医疗专家到对方医院工作;在科州开办中餐馆和中国商品商店等。2001年11月1日,科斯特罗马州州长谢尔舒诺夫率团访问襄樊,正式签署了双方建立友好城市关系协议书,并在"活塞环"和"金兰"首饰产品合资方面达成合作意向。2002年9月3—18日,应科斯特罗马州州长谢尔舒诺夫的邀请,市委副书记刘善桥率襄樊市党政友好代表团访问科斯特罗马州。2002年以后,襄樊市"恒星"活塞环有限公司和"金兰"首饰集团公司先后赴科斯特罗马州进行对口专业考察。经过考察和洽谈,活塞环公司与俄罗斯最大的汽车配件生产企业—科州的"马达配件厂"签订了金额11万美元的供货合同。根据合同,"马达配件厂"以现汇方式购买"恒星"公司生产的92MM汽车活塞环10万套。"金兰"集团也与科斯特罗马州红色乡村珠宝厂签订了合资办厂协议,双方首期共同投资30万美元在枣阳市和科斯特罗马州红色乡村建立合资企业和合资企业分部,分别生产珠宝产品和生产铂金及其他贵重金属半成品。自2001年3月正式与科斯特罗马州建立友好城市关系之后,两市(州)通过逐年互访、交涉与合作,友好合作关系逐步加深。

从1978年起,外宾来访逐年增多。至2005年,先后接待外国客人2 346批26 474人。其中1978—1985年接待568批2 057人,1986—2005年接待1 778批24 417人。具体接待情况见表20—6。

1978—1985年外宾来访一览

表20—6

年份 人数 国家	1978		1979		1980		1981		1982		1983		1984		1985	
	批次	人数	批次	人数	批次	人数	批次	人数	批次	人数	批次	人数	批次	人数	批次	人数
日本	13	183	7	71	11	38	10	137	10	112	34	150	39	283	86	160
美国	5	20	5	15	8	19	11	36	5	26	18	31	28	40	18	69
联邦德国	2	17	4	8	6	9	3	7	3	9	6	9	4	6	8	18
也门	2	7	—	—	—	—	—	—	—	—	—	—	—	—	—	—
新西兰	2	4	—	—	—	—	—	—	—	8	2	3	—	—	1	2
英国	2	11	2	9	—	—	5	14	6	17	3	18	2	4	13	37
捷克斯洛伐克	2	7	2	4	—	—	—	—	—	—	—	—	—	—	—	—
澳大利亚	—	—	—	—	3	5	3	6	3	12	—	—	—	—	1	2
巴西	—	—	—	—	3	4	—	—	—	—	1	1	—	—	—	—
瑞士	—	—	—	—	3	6	—	—	—	—	—	—	—	—	—	—
意大利	—	—	—	—	3	10	6	16	3	10	—	—	—	—	—	—
奥地利	—	—	—	—	4	9	—	—	—	—	1	1	1	2	1	3
加拿大	—	—	—	—	4	6	4	16	1	2	1	8	2	4	1	1
埃及	—	—	—	—	3	4	—	—	—	—	2	2	—	—	—	—
荷兰	—	—	—	—	3	4	—	—	—	—	1	1	—	—	2	8

续表

年份/人数/国家	1978		1979		1980		1981		1982		1983		1984		1985	
	批次	人数	批次	人数	批次	人数	批次	人数	批次	人数	批次	人数	批次	人数	批次	人数
阿根廷	—	—	—	—	3	6	—	—	—	—	—	—	—	—	—	—
泰国	—	—	—	—	—	—	9	28	—	—	1	3	2	3	19	37
法国	—	—	—	—	—	—	8	18	—	—	6	9	1	1	5	9
菲律宾	—	—	—	—	—	—	4	17	—	—	2	3	—	—	1	1
新加坡	—	—	—	—	—	—	4	23	—	—	2	3	2	3	1	4
马里	—	—	—	—	—	—	1	6	—	—	—	—	—	—	—	—
瑞典	—	—	—	—	—	—	8	17	5	8	—	—	1	1	—	—
罗马尼亚	—	—	—	—	—	—	—	—	4	18	3	4	—	—	—	—
波兰	—	—	—	—	—	—	—	—	3	13	—	—	—	—	—	—
马来西亚	—	—	—	—	—	—	—	—	3	13	2	3	—	—	—	—
印度尼西亚	—	—	—	—	—	—	—	—	3	10	1	2	—	—	—	—
秘鲁	—	—	—	—	—	—	—	—	1	3	1	1	—	—	—	—
朝鲜	—	—	—	—	—	—	—	—	—	—	—	—	1	2	—	—
伊朗	—	—	—	—	—	—	—	—	—	—	—	—	1	2	—	—
比利时	—	—	—	—	—	—	—	—	—	—	—	—	1	1	—	—
圭亚那	—	—	—	—	—	—	—	—	—	—	—	—	1	1	—	—
印度	—	—	—	—	—	—	—	—	—	—	1	3	—	—	—	—
坦桑尼亚	—	—	—	—	—	—	—	—	—	—	1	1	—	—	—	—
挪威	—	—	—	—	—	—	—	—	—	—	1	1	—	—	—	—
南斯拉夫	—	—	—	—	—	—	—	—	—	—	1	1	—	—	—	—
巴拉圭	—	—	—	—	—	—	—	—	—	—	1	1	—	—	—	—
玻利维亚	—	—	—	—	—	—	—	—	—	—	1	1	—	—	—	—
民主德国	—	—	—	—	3	11	—	—	—	—	1	12	—	—	—	—
合计	—	—	—	—	—	—	—	—	—	—	1	12	—	—	—	—

1986—1988 年，到襄樊参观访问、洽谈贸易、交流技术、探亲访友的外国客人，共计 1 096 批 3 245 人，分别来自 50 个国家和地区。仅 1988 年就接待 315 批 1 034 人。其中参观访问的 86 批 301 人；洽谈贸易的 94 批 233 人；技术交流的 83 批 218 人；探亲访友的 52 批 282 人。

1989 年，接待来自日本、美国、英国、法国、哥伦比亚、联邦德国等 16 个国家和地区的国际友人 1 426 人。其中参观游览的 163 人，探亲访友的 903 人，洽谈贸易的 279 年，科技文化交流的 63 人。4 月，英国莱克斯罕姆市市长马赛尔、议长阿门、首席执行官杜登等 5 人组成的友好代表团对襄樊市进行了 11 天的友好访问。5 月，来自英国、法国、哥伦比亚、联邦德国等 5 位专家组成的采访团对襄樊市进行了两天的采访。

1990 年，接待来自日本、西班牙、美国、瑞士、古巴、捷克斯洛伐克、芬兰、意大利、印度、澳大利亚等 20 多个国家和地区的国际友人 1 688 名。5 月 9—11 日，由 13 个国家的 17 名常驻北京的记者组成的采访团到襄樊进行采访，主要采访了中国人民解放军 3542 工厂、襄阳轴承厂、新华农贸市场、襄樊市人造毛皮厂、市直机关第一幼儿园以及檀溪乡的电镀厂、制箱厂和部分农户。

1991—1992 年,来访的外国客人、外籍华人、华侨和港澳同胞共 6 023 人次。1991 年 5 月 15 日,以霍英东为团长的香港中华总商会湖北访问团对襄樊进行了访问。1992 年 10 月 8—9 日,由英国议会英中小组主席艾德礼先生率领的英国议会英中小组访华团一行 8 人访问襄樊。

1993 年,来访的海外人士共 5 343 人次。10 月,襄樊、犬山缔结友好城市 10 周年庆祝活动期间,松山邦夫市长、高木靖臣议长率领的犬山市政府代表团和吉野重男副会长率领的犬山·襄樊亲善会代表团应邀到襄樊访问。

1994 年,应邀来访外宾共 2 991 人次。11 月 13—15 日,以议长百濑武一为团长的日本犬山市议会友好代表团一行 6 人,应邀对襄樊进行友好访问,参观了襄樊大学、东汽公司襄樊基地,游览了昭明台、古隆中和友好城市纪念碑。

1995 年,接待到襄樊从事各项活动、来自 50 个国家和地区的外国人、外籍华人、华侨和港澳台同胞 3 207 人,其中外国人、外籍华人 1 727 人。5 月 4—7 日,犬山市商工会议所常务议员桑原正则苹果株式会社董事长加藤二三宪到襄樊考察投资环境。10 月,犬山市商工会议所高桥隆治率犬山商工会议所一行 17 人到襄樊进行经济考察,重点考察了高新技术商业开发区和汽车产业开发区。

1996 年,接待犬山市来访人员 2 批。同年 8 月 9—13 日,日本岐阜医科大学教授铃木基治访问襄樊,重点考察了襄樊大学。同年 10 月 11—13 日,日本犬山市商工会议所副会长桑原正则、犬山清屋株式会社社长清水動、加峪粉株式会社董事加山直志和东洋开发株式会社北京事务所首席代表杨毅一行 4 人到襄樊进行经贸考察。

1997 年,先后接待日本犬山市友好代表团、瑞士日内瓦州公共工程和能源部考察团、日本 NHK 摄制团等多个重要外国来访团组。同年 10 月 5—6 日,以瑞士日内瓦州副州长兼州公共工程和能源部长菲利普、焦瓦为团长的代表团一行 9 人,对襄樊进行了友好访问,并就襄樊热电厂三期工程、安居工程、商品房开发及汉口至老河口高速公路等项目的合作事宜进行洽谈。同年 10 月 23 日,日本犬山市友好代表团一行 7 人,在议长吉野千夫的率领下访问襄樊,拜见了市领导,参观了名胜古迹和工厂、学校,并就有关开发项目进行了洽谈。

1998 年,友好城市工作向纵深发展,与美国的柔恩诺克市建立友好合作关系,与洛杉矶地区的文能市签署友好合作关系意向书。同年 10 月 17—22 日,以舟渡淳为团长的犬山市市民友好观光团一行 22 人到襄樊参观访问。

1999 年,先后接待法国、德国、日本、俄罗斯等 10 余个国家和地区友好代表访问襄樊。日本《朝日新闻》记者、法国驻武汉总领事馆总领事、日本第一劝业银行到襄樊访问期间,拍摄反映襄樊友好城市工作的专题片。同年 6 月 23—26 日,法国 ECYI 组织(法国专家义务咨询协会)中国部负责人亨利·多德维勒一行 3 人访问襄樊。同年 9 月 19—20 日,德国 SES 组织(德国退休专家组织)中国部负责人布克曼女士一行 4 人访问襄樊。

2000 年,接待新加坡、乌克兰、日本、美国、法国、德国、马来西亚等来访外宾和华侨华人 12 批 103 人次。同年 7 月 1—4 日,以詹姆斯·希尔为团长的美国劳德代尔堡市友好代表团一行 11 人到襄樊考察。同年 10 月 23—24 日,美国南加州湖北同联谊会会长田长昭(其长兄田长霖是美国前总统克林顿的科技顾问)等一行 4 人到襄樊考察华光器材厂。

2001 年,接待俄罗斯、日本、韩国、美国、法国、阿尔巴尼亚等来访外宾和华侨华人 45 批 426 人。同年 3 月 28—29 日,俄罗斯联邦科斯特罗马州第一副州长尤里·齐库诺夫率领科斯特罗马州政府代表团一行 8 人访问襄樊。同年 4 月 17—20 日,日本犬山市议长梅村雄一率领议会代表团访问襄樊。同年 4 月 24—26 日,日本中日龙电器公司总经理佐藤六男一行 6 人到襄樊招聘技术人才。同年 7 月 15—28 日,德国蔬莱生物防治技术博士埃里希·弗里斯特尔先生到保康县龙坪传授高山无公害蔬菜病害防治技术。

2002年，接待美国、澳大利亚、日本、法国、英国、韩国、俄罗斯等10个国家以及香港、澳门地区的120名客人到襄樊考察，开展政府、经贸、科技、金融、城建、文化、教育、卫生、文化和环保等领域的交流与合作。同年3月14—17日，外交部章颂先大使(女)率领外交部党校社会调查团到襄樊考察。同年4月16—30日，日本犬山市原市长松山邦夫先生及其子松山基邦等一行3人访问襄樊，参加襄樊授予的“襄樊市荣誉市民”称号仪式和由他部分捐资修建的市直机关一幼“襄山友谊楼”竣工剪彩仪式。同年9月9—10日，韩国前总理李寿成访问襄樊，出席襄樊华洋堂百货公司开业庆典，李寿成夫人金京顺，全国政协外事局副局长鲍道崇、韩国三星集团 Lee Hong Jqe 等一行12人陪同访问。同年9月12—14日，阿尔巴尼亚驻华大使古依蒂姆先行生访问襄樊，出席襄樊举办的“中国襄樊国际诸葛亮文化节暨经贸洽谈会”。同年11月18—26日，俄罗斯联邦科斯特罗马区区长索平率政府友好代表团访问襄阳区。

2003—2004年，先后有19个国家或地区31批195人到襄樊访问考察。2003年8月21日，日产汽车副社长高桥忠生、日产汽车常务副总裁关山定男、东风汽车有限公司副总裁兼东风汽车有限公司乘用车公司总经理吉田卫等日本客人及东风汽车有限公司副总裁欧阳洁一行访问襄樊。同年9月18日，韩国襄阳郡郡守李镇浩为团长的襄阳郡政府代表团访问襄樊。同年10月7日，美国康明斯公司东亚地区总裁、东风康明斯发动机有限公司董事长华金声访问襄樊。2004年2月20—21日，以韩国华通贸易株式会社社长南宫煐为团长的韩国盖山市商贸代表团一行24人到襄樊考察。同年9月1—2日，新西兰驻华大使麦康年到襄樊访问。

2005年，先后有13个国家或地区的150名外商、港澳台同胞到襄樊考察，开展政府、经贸、科技、金融、城建、文化、教育、卫生和环保等领域的交流与合作，签订协议10个。同年6月28—29日，美国化学公司副总裁、铸造协会常务副主席迈克一行5人访问襄樊，参观东风公司襄樊基地，就铸造快速成型研发及生产基地选址，与东风公司及开发区有关部门洽谈。同年8月10日，阿尔巴尼亚海森布流集团总裁依阿凡·海森布流先生率商务代表团一行6人访问襄樊。同年10月14日，马来西亚湖北同乡会会长张麒麟、马来西亚农业银行主席苏莱曼等一行7人到襄樊考察，表达了到中国投资兴业的意愿。

(1)出访与民间交往

出国访问：从1982年起，襄樊市不断派员出国参观、考察、洽谈贸易。至1985年，共组团(组)97个229人出访日本、法国、联邦德国、美国、泰国、新加坡、英国等10多个国家和港澳地区。1982—1985年襄樊市出访情况见表20—7。

1982—1985年襄樊市出访情况

表20—7

批次 年份	团(组)	人次	参观访问		考察		其他	
			批次	人次	批次	人次	批次	人次
1982	8	15	4	7	4	8		
1983	8	20	2	5	3	10	3	5
1984	14	51	2	9	10	40	2	2
1985	67	213	2	9	47	78	18	126
合计	97	299	10	30	64	136	23	133

1986—1988 年,先后派出 44 个团(组)128 人次次赴意大利、日本、联邦德国、法国、澳大利亚等 10 个国家和地区进行友好访问。其中,访问日本犬山市的有 13 个团(组)55 人次。

1989 年派出 37 个团(组)108 人到日本、英国、美国、联邦德国、泰国、瑞士、新加坡等近 20 个国家和地区,进行友好访问、经济技术考察、贸易洽谈、产品推销、学习培训、工程承包、劳务合作、文化交流。1990 年派出 37 个团(组)110 人到日本、瑞典、德国、意大利、美国、澳大利亚、菲律宾、埃及、南斯拉夫、新加坡等 12 个国家和中国香港、澳门地区,进行友好访问、贸易洽谈、经贸考察、文化艺术交流。1991—1992 年,全市共向五大洲 32 个国家或地区派出团(组)139 个 400 人次。其中进行经贸、科技考察的 51 批,举办展销、洽谈贸易的 46 批,参加科技合作与培训的 36 批,进行文化体育交流的 3 批。1993 年,向境外派遣各类团(组)人员 88 批 358 人次。1994 年,全市出国执行公务人员 44 批 140 人次。1995 年,全市因公出国(境)人员 408 人,分别到 30 多个国家或地区从事经贸活动和其他交流活动。1996 年,全市出国(境)考察、洽谈贸易、参加培训、探亲访友以及其他交流活动的团(组)111 批 202 人次,其中市级领导出访 6 批,赴国外短期技术培训 49 批 64 人次。1997 年,出国访问团(组)35 个 62 人;出国培训 2 批 19 人。1998 年,公派出国(境)团(组)59 个 106 人次;组织出国培训 15 批 50 人次。1999 年,全市因公出国(境)人员 147 批 394 人次。其中组织派出有考察交流项目的代表团 7 批 68 人次,赴美、法、德、日、东南亚等国家和地区考察访问。2001 年,全市因公出国(境)人员达 192 批 361 人次。是年,组织派出市政府访问俄罗斯科斯特罗马州经贸考察团,市政府访问日本犬山市友好代表团,市政府访问澳大利亚、新西兰经贸代表团,市政府赴美旅游代表团,市民营企业家访美代表团等市级代表团赴国外考察访问,另派出培训 10 批 25 人次。2002 年,全市因公出国(境)人员 134 批 400 人次,其中经贸代表团占全市因公出国(境)考察访问总数的 74%,其他代表团占 26%,先后出访美国、加拿大、澳大利亚、新西兰、法国、英国、韩国、俄罗斯等近 30 个国家和中国澳门地区。2003—2004 年,全市因公出国(境)人数 208 批 428 人次。组织派出市政府访问日本犬山市 4 批 28 人,访问俄罗斯科斯特罗马州 3 批 37 人。2005 年,全市因公出国(境)人员达 180 批 500 人次。

(2)民间交往:党的十一届三中全会以后,市外事侨务局(办)及其所辖襄樊市人民对外友好协会广泛开展对外民间友好交往活动,以友好促交流,以交流促合作,架起让世界了解襄樊、让襄樊走向世界的桥梁。20 世纪 80 年代初,市政府确定涉外单位 40 个。其中参观点 25 个,旅游点 15 个。25 个参观点包括襄樊棉纺织印染厂、襄樊市电气传动设备厂、市仪表元件厂、市床单厂、市自来水三厂、市人造毛皮厂、襄阳轴承厂、湖北制药厂、湖北化纤厂、市提花织物厂、市棉织厂、市无线电厂、市铜版纸厂、余岗乡养鸡场、王寨乡园林工程队、王寨乡施营村、襄樊大学、襄樊四中、市广场路小学、市中心医院、市鼓楼商场、市长庆集贸市场、市中心商场、市福利院、庞公乡蔬菜基地。15 个旅游点包括古隆中、夫人城、白水寺、米公祠、擂鼓墩、鹿门寺、多宝佛塔、楚皇城、国民党第五战区司令长官部、大洪山风景区和绿影壁、马跃檀溪、邓城、真武山摩崖铭、襄阳城等历史古迹。

20 世纪 80 年代,对外民间交往以襄樊市的友好城市居多。1981 年 6 月 8—19 日,日本爱知县犬山市市长松山邦夫率团到襄樊商谈缔结友好城市事宜。同年 10 月 3 日,犬山市成立"犬山—襄樊市亲善友好会",梅田常雄任会长,有会员 6 000 余人。1982 年 1 月 29—2 月 10 日,以梅田常雄为团长的犬山市市民代表团一行 27 人访问襄樊,与各界人士进行广泛接触。以市长王根长为团长的襄樊市经济考察团于 1982 年 3 月 23—31 日到犬山市作答谢访问。同年 6 月,以吉田和光议长为团长的犬山市议会友好代表团一行 10 人到襄樊市访问,为建立友好城市再次协商。9 月 29—10 月 8 日,以欧阳文海为团长的襄樊市艺术团应邀赴犬山市参加文化公馆落成典礼,在该市举行 5 场文艺演出。

1984 年 2 月 13 日,犬山市向襄樊赠送犬山市花—樱花树苗 100 株,植于隆中游览区,名樱花园。同年 3 月 6 日,为庆祝犬山市市制施行 30 周年,襄樊市向犬山市赠送桂花树苗、梅花树苗各 50 株,植于犬山市厂矿、学校。同年 3 月 18—4 月 8 日，以市长章治文为团长的襄樊市友好代表团一行 5 人赴犬山市参加市制施行 30 周年庆祝活动，访问了犬山市 14 个单位，拜见了犬山市·襄樊市经济文化交流委员会、爱知县厅、爱知县华侨总会。

1984 年 1 月 28 日，以松山邦夫市长为团长的犬山市代表团一行 4 人在上海会见了襄樊市市长章治文等人，商谈在犬山市展出金丝猴事宜。1985 年 2 月 12—18 日，以韩南鹏副市长为团长的金丝猴出展先遣团一行 3 人，赴犬山市就展出事宜具体商谈。3 月 8 日，市园林局局长王福元率专家携带金丝猴赴日本犬山市猿猴中心展出。同年 3 月 10—21 日，杨斌庆副市长一行 3 人赴犬山参加金丝猴展出开幕式，并进行友好访问。金丝猴展出 110 天，观众 608 000 人次。日方付给展出费用 59 667 000 日元（折合人民币 725 926 元）。同年 7 月 4—15 日，松山邦夫市长率领友好代表团专程访问襄樊，答谢金丝猴出展日本。

1985 年 11 月 9—16 日，以书法家中村半为团长的犬山市书法家代表团一行 3 人到襄樊市参加中国襄阳米芾书会，进行书法艺术交流。此外，还有犬山市少男少女合唱团先遣团团长谷川信彦议员一行 3 人前来商谈合唱团来访事宜。

1986 年 3 月 23 日，犬山市少男少女合唱团 49 人到襄樊，与市少年儿童在襄棉俱乐部同台演出两场，并与市区小学生进行联欢。

1988 年 4 月，以日本犬山市副议长宫口和夫为团长的第四次议会代表团一行 7 人到襄樊市访问。其间，与襄樊市人民政府副市长李正洪、秘书长孙樵声等，就派团参加两市缔结友好城市五周年活动，以及在犬山市举办襄樊书画展等问题达成协议。同年 11 月，应犬山市邀请，市委顾问王根长率襄樊市友好代表团一行 6 人，赴日本犬山市参加两市友好城市缔结五周年庆典和犬山市举办的襄樊书画展活动。代表团成员——襄樊市著名书画家王树人、倪世伟、陈文芳，同犬山市书画家进行书画交流。两市领导人就进一步深入开展友城之间经济技术合作问题交换意见，达成四项意向性协议，即：襄樊向犬山输出劳动力，接纳犬山市退休技术人员到襄樊工作；犬山市负责组织旅游观光团，分期分批到襄樊旅游观光；两市合办中医、针灸、按摩诊所，襄樊分期分批向犬山市派出医师。同月，以会长石田忠司为团长的第四次犬山市、襄樊市亲善友好代表团一行 11 人，自费到襄樊市进友好访问。代表团在襄樊期间，分别到枣阳白沙岗园艺场、襄樊四中、大庆路小学、羊毛衫厂和床单厂进行参观和座谈。

1990 年 10 月 5—12 日，以市人大副主任谢传纪为团长的襄樊市青少年武术访问团一行 16 人，应邀访问日本。在犬山期间，与犬山市 5 所中小学学生联欢，表演武术节目，为犬山市商工振兴节庆祝大会进行专场演出，受到各界人士欢迎。访问团在日期间，还参观了犬山的明治村、猿猴中心等名胜古迹，顺访了东京、京都、长崎、名古屋等城市。同年 11 月 26—12 月 8 日，日本犬山市乒乓球交流团一行 5 人，在北京参加中日友好城市乒乓球友谊赛之后，应邀访问襄樊，与襄阳师专师生、襄樊棉纺织印染厂职工进行技艺商磋和联欢。

1992 年 9 月，应湖北省暨襄樊市演出公司邀请，罗马尼亚芭蕾舞团到襄樊市访问演出。襄樊市党政军主要负责人观看表演，并接见全体演员。该团是到襄樊的第一个外国国家级艺术团。当年 11 月 29—12 月 4 日，襄樊市与犬山市联合组成乒乓球队，在北京参加中国友协、中国乒协和日本友协、日本乒协联合举办的乒乓球友谊赛。赛后，犬山乒乓球队顺访襄樊，同部分单位开展联谊活动。

1993 年 2 月，隆中诸葛亮文化节和随州烈山炎帝神农节期间，全市共邀请五大洲 20 多个国家和地区的 880 多名客人、商贾前来参加节庆活动。其中，外事部门邀请 372 名外国客人。文化搭台、经贸唱戏，隆中诸葛亮文化节期间，全市达成经贸协议 30 亿元人民币；烈山炎帝神农节达成贸易成交额 3.54 亿元。海内外 60 多家新闻单位、300 余名新闻记者作了现场采访报道。海外新闻媒介发稿达 500 余篇。

1994 年 10 月 12—21 日，市工商银行一行 5 人，对日本住友、富士、东海 3 家银行总部进行考察，并就国际金融、信贷管理、人才培训等业务，听取日本金融专家的授课。

1995 年 4 月，襄樊市组织 50 幅中小学生绘画作品送往犬山市展出。同年 10 月，犬山商工会议所一行 17 人到襄樊进行经济考察。重点考察高新技术产业开发区、汽车产业开发区，达成 12 个经济合作意向。即：皇宫娱乐园第一期改造装修项目、合资合作生产清酒项目、“绿色食品”野生葛粉精加工项目、汽车零配件项目、大头菜精加工项目、木材加工项目、服装加工项目、房地产项目、液晶电视机生产项目、铜版纸项目、“编钟乐舞”赴犬山演出项目、胶版印刷纸项目等。

1996 年 4 月 3—12 日，以市委副书记姚祥栋为团长的襄樊市乒乓球友好代表团访问日本犬山市。此次访问，巩固了与犬山市的友好关系，扩大了交往渠道。代表团在日期间，除进行友好比赛、交流参观外，还与犬山市商工会议所就襄樊市编钟乐舞赴日演出、野生植物葛粉出口、引进汽缸垫新型密封板材、襄樊市研修生赴日研修等 12 个经济合作项目进行洽谈。

1996 年，根据对外宣传需要，市外办在有关部门推荐的基础上，确定 44 个在各行业中具有代表性的对外参观点。即：高新技术开发区、汽车产业开发区、湖北化纤集团有限公司、襄阳轴承集团有限公司、湖北省襄棉集团总公司、襄樊市火电厂、襄樊市热电厂、东风汽车公司襄樊基地、湖北襄樊一棉集团公司、襄樊辊道窑设备厂、襄阳师范专科学校、襄樊大学、襄樊市第五中学、襄樊市体育运动学校襄樊市中心医院、隆中风景管理区、米公祠、多宝佛塔、襄阳仿古一条街、中泰合资襄樊正大有限公司襄阳希望有限公司、程河镇柳编厂、双沟万宝粮油加工厂、龙王镇万亩雪梨基地、太平店镇田山村、鹿门寺森林公园、双沟镇双北村、东津鹿池酿造调味品厂、宜城市市容、宜城凯特纺织公司、宜城华昌化学股份公司、大雁工业公司、郑集镇、枣阳市市容及林果基地、金兰首饰集团有限公司、野马自行车厂、吴店镇、白水寺、石台寺、雕龙碑遗址、李宗仁长官部、王甫洲电站及水果园、清泉沟泵站。

1997 年 8 月，襄樊市与日本犬山市联合组队，参加在北京举办的“’97 中日友好城市高中生乒乓球友谊赛”。

1998 年 10 月 17—22 日，以舟渡淳为团长的犬山市市民友好观光团一行 22 人到襄樊参观访问。代表团在襄樊期间，参观访问了名胜古迹、学校、工厂等，开展植树等活动，与襄城、樊城两城区的市民友好联欢。

1999 年 3 月 28 日，襄樊市政府在襄阳宾馆举行仪式，授予日本专家原优二为襄樊市“荣誉市民”称号。副市长胡向斌宣读市政府关于授予原优二先生为襄樊市“荣誉市民”称号的决定，副市长尚立学向原优二先生颁发证书。原优二先生是日本福冈下津眼科医院教授，医学博士。他从 1998 年 4 月以来，4 次来到襄樊市，无偿诊治白内障患者 200 人次，为患者作手术 107 例，并无偿赠送价值 5 万元人民币的手术器材。

2001 年 12 月，鉴于松山邦夫先生为襄樊、犬山两市友好关系发展所做出的突出贡献，襄樊市人民政府报经襄樊市人大常委会第十五次会议表决通过，决定授予日本国犬山市原市长松山邦夫“襄樊市荣誉市民”称号。松山邦夫在任时，促成襄樊工业、农业、卫生等方面的人才赴日本研修，金丝猴赴犬山展出，政府民间代表团互访不断。离任后，仍然为襄樊的招商引资和劳务输出尽心尽力。经他牵线，从 2000 年起，日本国盛化学总公司所属深圳中日龙电器公司连续两年在襄樊录用机械、模具、计算机等方面的人才 60 名。从 2000 年起，他以个人名义陆续为襄樊的幼儿教育事业捐赠 300 万日元。2001 年，按照松山邦夫意愿建造的“襄山友谊楼”在市直第一幼儿园投入使用。

2002 年 6 月，襄樊市组织襄阳等地 11 位农民，赴日本研修蔬菜、水稻、花果等农产品的种植技术，学习当地先进的农业管理经验。研修时间 2 年，研修生的工资和往返交通费由日方支付。这是襄樊市首次大批派出赴日农业研修生。

2003 年，市外事侨务局汇同市委宣传部，利用“六一”、中秋、圣诞等节日，组织在襄樊工作的外商投资企业负责人、外国专家、教师及其家属，举办外籍人士联谊活动，参加活动的外籍人士190人次。通过联谊活动，联络感情，增进友谊。

2004年2月24日，襄樊市第三十一中学与日本犬山市中小学生书画作品展在市三十一中举行。犬山市44幅中小学生书画作品参加展出，襄樊市知名书画家进行点评。同年10月30—11月2日，襄樊书画家76幅书画作品在日本犬山市国际展览中心展出。襄樊市文化局副局长、书法家孙志刚应邀在该展览中心同时举行个人书法展，并进行书法艺术交流。2 000余人观看孙志刚现场创作书法作品。日本书学会会长中村丰先生评价孙志刚的书法“功力深厚，拙趣横生、清峻雄健、意蕴悠远、平和自然、口味高雅”。

2005年10月20日，100余名在襄樊工作或投资的外国友人、港澳台同胞、海外华侨参加“驻樊境外人士游襄樊”活动，游览南漳水镜庄、水镜湖等景点，参观福利院并送去慰问品。

(3)海外捐赠：1986年，日本犬山市妇女联合会向襄樊市妇女联合会赠送50台家用编织机。1987年，犬山市友好代表团到樊访问期间，赠送给襄樊市老年人体育协会门球器械1套。

1990年5月下旬，日本犬山市市长松山邦夫应襄樊市政府邀请，参加襄樊建城2800年纪念活动。其间，向市政府赠送彩电、录像机、摄像机、棒球器械等礼品。1993年10月，襄樊·犬山缔结友好城市10周年纪念活动之际，犬山市政府给襄樊市政府赠送价值100万日元的礼品。到樊访问的犬山·襄樊亲善会又转交50万日元，用于筹建两市友好纪念碑。

旅美华侨、美国哥伦比亚大学统计学教授、硕士研究生导师周元燊，1990年在南漳县一中设立奖学金，对考上名牌大学的学生每人奖励6 000元人民币；1995年捐赠该县周湾小学5万元人民币，用于帮助贫困学生上学；1999年，为南漳县一中捐助93 000元人民币。其夫人张漪，是美国IBM电脑公司电脑工程师，1999年5月16日，向南漳县职业中学捐赠1.5万元人民币，并在城关开办电脑、英语培训班，为故乡培养电脑、英语专业人才。

1999年10月，香港广播电视有限公司董事长、香港邵氏影视公司董事长邵逸夫，向襄樊市五中捐资60万元港币，用于兴建教学楼。同年11月，华夏基金会向襄樊市卫校捐赠一批价值99 127美元的医学影像教学设备。

美国唐氏基金会、香港应善良基金会，1999年，捐资30万元人民币，用于资助谷城县沈垭小学和保康县大湾天鹅小学危房改造；2000年，捐资27万元人民币，维修和重建谷城县南河镇龙滩村小学、赵湾乡金盆岭小学和保康过渡湾二堂小学；2002年，捐助60万元人民币，对谷城、枣阳等地6所中小学进行维修、扩建；2003年，捐资12万美元，用于保康寺坪镇李家中心学校危房改造。

市外事侨务局通过侨务渠道筹集海外资金3万元人民币，救助枣阳受灾地区300名孤寡老人。南非华人陈达冰支持家乡建设，个人捐赠100万元人民币，在襄阳区一中设立奖学金。

(4)引进外智：实行对外开放政策后，市政府设“引进国外智力领导小组办公室”，挂靠市科委，负责引进国外智力工作。1999年，市外事侨务办公室设外国专家科，与引智办实行一个机构，两块牌子，履行引智职责。引进国外智力，主要包括聘请国(境)外技术和管理专家到襄樊工作，提供技术咨询服务，派遣专业技术和管理人员出国(境)培训。

1988年，市政府派出44个团(组)赴意大利、日本、联邦德国、法国、澳大利亚等10个国家和地区，进行技术交流、技术培训。派出3名进修生到英国莱克斯罕姆市进行外语、计算机专业培训。

应襄樊市教委邀请，美国马里兰州巴尔的摩市美中教育交流协会于1991年7月和1992年7月，两次派遣英语教师到襄樊市举办暑期英语教师强化短训班，培训中学英语教师260人次。

1993年，市外事办公室抽调力量开展业务培训，派出人员到省引智办见习，对经济、科技、教育等部门和能源、通信、机电等 20 多个重点企事业单位进行科技需求调研，筛选立项，制定全市人才智力引进及赴国外培训工作的统一归口管理制度。

1995 年，市外办对市内 50 多家企事业单位进行调查研究，经分析论证，确定申报 11 个项目，其中 4 个得到国家外专局立项，2 个得到省外办同意先期执行。根据项目要求，聘请德国、法国、加拿大 3 个国家的 5 名专家，分别在电脑工程、医疗卫生、环境保护、家禽饲养等 4 个领域为襄樊市工作。在电脑工程项目上，聘请德国电脑专家赫伯特指导市人造毛皮厂工作。同年 4 月 21—5 月 12 日，赫伯特为该厂修好闲置 4 年的德国产 MKP2 型电脑提花机（价值 108 万元人民币）和 MVR—85 花型编制电脑（价值 15 万元人民币），举办电脑、电子修理技术讲座，培训技术人员，并向该厂赠送数千元的电脑备用件。聘期结束后，赫伯特将另两台电脑提花机的损坏部件带回德国修理后，送回该厂，使另外两台电脑提花机也投入运转。在家禽饲养项目上，聘请法国养鸡专家让·德瑞对原种场进行养鸡技术指导。同年 5 月 7—27 日，举办种鸡繁殖、培育、人工授精、种蛋孵化、饲料配方、种鸡饲养等专题讲座，指导原种场改进种鸡生产工艺，提高种鸡生产效益。在医疗卫生项目上，聘请法国医学博士居里奥特·让·保尔先生在市中医院指导工作。同年 6 月 23 日—7 月 8 日，保尔先生在市中医院详细指导该院的放射业务、磁共振业务，并在市中医院、市中心医院举办学术讲座，向院方赠送影像医学资料。市中医院聘请保尔为名誉主任。环境保护项目上，聘请加拿大环保专家布兰克指导市环卫处工作。同年 9 月 19 日—10 月 6 日，布兰克先生在襄樊考察垃圾处理场，分析垃圾结构，研究利用城市垃圾制造复合化肥工艺和方法。针对襄樊实际，举办学术讲座，介绍发达国家利用城市垃圾生产复合化肥和发电的方法，探讨襄樊城市垃圾利用的可能性。

1996 年，襄樊市申报引进国外智力项目 8 个，聘请外国专家 6 人来樊短期工作。全市派出 49 批共 60 人，赴国外进行短期技术培训。培训专业涉及机电、化工、冶金、能源、财政、保险、劳动就业、医疗卫生等，前往的国家有美国、德国、意大利、加拿大、泰国。是年 6 月，经市外事办公室牵线，中韩合资“襄樊隆源绿色食品有限公司”成立，注册资本 50 万元，年产值 1 200 万元，产品全部出口。此后，外事办公室又先后为经济部门牵线引资，促成中外合资合作意向项目 8 个。

1998 年，市外事办公室申报引智项目 5 个，传递招商引智信息 43 条，深入基层作引智宣传 20 余次，组织出国培训 15 批 50 次，为襄阳县引进草莓保鲜专家 1 名。

1999 年 5 月中旬，由市外事侨务办公室、市种畜场、襄阳县、谷城县、南漳县等单位，组成“襄樊市参加全国农业引智成果展示推广会”代表团，赴河南省郑州市参展。在展示推广会上，市种畜场与贵州省签订购销 10 吨、金额达 30 万元草种的协议；国家外专局的领导参观了襄樊草种项目；襄阳县、谷城县、南漳县引进美国红提子树苗和大豆、天椒、茄子、双孢菇、平菇菌等品种的优质种子。

2000 年 2 月 24 日—3 月 5 日，法国水果蔬菜保鲜专家瑞依特·吉姆、水果蔬菜栽培技术专家安德烈·福海，先后到老河口市和宜城市，开展义务技术咨询服务，举办“蔬菜水果冷藏保鲜技术讲座”，培训技术人员 100 人次，解决了肉类和水果蔬菜冷藏综合系统改建以及流水镇西瓜种植等方面的技术难题。

2001 年 3 月，市外侨局组织 6 名高级管理人员赴英国华威大学，学习经理综合管理深造课程；同年 5 月 15 日，选拔 6 名蔬菜种植技术人员赴日本大分县学习蔬菜种植技术，选派 6 名农业研修人员赴日本茨城县工作。

2002 年，组织申报、审批引智项目 8 个，组织赴英国、美国、韩国、日本等国家的学校、公司培训 9 批 71 人。全市具有聘请外国文教专家资格的 10 所学校，聘请外籍教师 14 名。2003 年，全市具有聘请外国文教专家资格的学校增至 23 所，聘请专家 23 人。

2005 年，13 个国家和地区的 150 名外商，应邀到襄樊开展经贸、科技、金融、城建、文化、教育、卫生和环保等领域的交流与合作，签订合作协议 10 个。

(5)外事管理:20世纪80年代,外事管理主要是根据中共中央、国务院《关于派遣临时出国人员和邀请国外人员来华审批权限的规定》和《关于严格控制党政机关干部出国问题的若干规定》,为全市出国执行公务人员代办出国(境)手续,加强对党政机关干部出国的管理。

20世纪90年代,外事管理以抓好组团结构、政策指导、涉外教育、归国汇报四个环节的工作为重点,严格出国管理,制止公费出国旅游,对违反出国管理秩序的单位和现象进行查处。1993年起,外事办公室深化内部改革,转变工作作风,简化出国手续,实行护照、签证专办员制度,由单纯管理型向管理服务型转变。

1994年,在涉外管理中,进一步加强规范性建设,简化出国程序,完善服务措施,当年为114人代办了出国(境)手续。

1995年3月,市委成立外事工作领导小组,进一步理顺公派出国和邀请外国人来访的审批关系。此后,在全市几十家涉外单位中选拔70名思想素质好、业务素质高的人员担任外事联络员,并对联络员进行外事归口管理、因公出国申办程序、礼宾接待、出入境管理及礼宾常识等方面的培训。从这一年开始,外事管理工作全面加强超前调研、牵线搭桥、政策咨询、传递信息、综合协调等五个方面的服务,为襄樊的经济社会发展提供外资外智和政策信息等方面的支持。

1997年,市外事办公室根据襄樊实际,会同市纠风办联合下发《关于加强因公出国报批管理、纠正公费变相出国(境)旅游不正之风的意见》,制止6起公费出国(境)旅游,为国家节约资金40万元。先后对117人进行出国前教育,对襄阳县政府30名因公出国干部进行涉外教育。

1998年,全市拒签不符合有关规定出国(境)团组7个13人。

1999年5月,市委办公室、市政府办公室联合下发《襄樊市派遣因公临时出国(境)人员和邀请外国人员来访审核、呈报暂行办法》。该《办法》对襄樊各级领导因公出国(境)申报审批程序以及邀请外国地方政府官员、记者来访申报审批程序作出明确规定。

2000年起,外事管理全面推行"公示制""时限制""专办员制""责任追究制",遏止了非法移民和用公款出国旅游等现象。

2002年,市外事侨务局根据中共中央、国务院《关于全国外事管理工作的若干规定》和《湖北省外事管理工作细则》,进一步加强因公出国(境)管理,制定下发《关于襄樊市因公出访报批的有关规定》。是年,查处不符合外事规定、出国考察目的不明确的团组3批10人,处理襄樊绿色隆原食品有限公司有关人员伪造身份,企图通过因公出国(境)渠道非法出国事件。

2003年起,外事管理工作逐步实行五个转变。即:组团出访由党政机关向企业尤其是民营企业转变;对外交往形式由单一性向多样性转变;由一般性考察向有明确交流项目转变;由单一官方组团出访向官方和民间相结合转变;外事管理工作由以受理型为主向管理服务型转变。

2005年,市外事侨务局为全市因公出国(境)的180余批500多人代办审批手续。同时根据《湖北省非公有制企业因公临时出国(境)人员审查办法(试行)》,先后为襄樊赛亚米业有限公司、襄樊天药药业有限公司、湖北金洋冶金股份有限公司等23家非公有制企业的30余人,办理因公出国(境)审查手续。

3.侨务

(1)落实侨务政策:从1979年起,市、县两级侨务部门贯彻落实党的侨务政策,对历史遗留的侨务方面的具体问题作出妥善处理。至1988年,平反归侨、侨眷"文化大革命"中的"冤、假、错"案21件(人),历史遗留老案81件(人);对核实的35户、5 506平方米的华侨私房全部清退;将12户20世纪60年代初期下放农村的归侨、侨青全部收回城镇安置工作;应清理的422份归侨、侨眷干部职工档案，全部清理完毕；186 名归侨侨眷中高级知识分子，其冤假错案、学非所用、夫妻分居、住房困难、职称评定、子女就业等问题，都得到较好解决。

（2）宣传贯彻归侨眷权益保护法：1990 年 9 月 7 日，全国七届人大常委会 15 次会议正式通过《中华人民共和国归侨侨眷权益保护法》（以下简称《保护法》）。之后，全市各级侨办采取印发宣传资料，召开学习座谈会，请分管侨务工作的领导发表广播电视讲话，组织知识竞赛等形式，进行《保护法》宣传教育。1993 年，《中华人民共和国归侨侨眷权益保护法实施办法》颁布后，全市通过广播、电视、报刊、电台等各种形式向全社会进行宣传。在此基础上，对《保护法》落实情况进行全面检查，逐条对照落实。通过贯彻落实《保护法》，先后为归侨、侨眷、港澳胞属解决住房困难、子女上学、家属就业、夫妻分居、出国探亲、接受捐赠、农转非等问题 380 多起，配合司法部门解决侵权案件 5 起，维护了归侨侨眷的合法权益。1997 年，成立归侨侨眷服务中心，聘请资深法律顾问，向社会公开联系电话。是年，查处涉侨侵权案 3 起。2000 年，市侨联与市普法领导小组协商，将修订后的《中华人民共和国归侨侨眷权益保护法》，列入襄樊市"四五"普法必学法律。2005 年 4 月，市外事侨务局与市归国华侨联合会联合下发"关于落实《湖北省实施〈保护法〉办法》有关问题的通知"，对落实归侨侨眷退休待遇和生活困难人员最低生活保障等问题提出具体要求。与有关部门协商规定，归侨侨眷在最低生活保障线基础上增加 30%生活费，退休归侨可享受全额工资待遇。年底，市外事侨务局组织专班对全市各单位依法维护归侨侨眷的合法权益情况进行了检查。

（3）为归侨侨眷服务

侨情普查：1984 年，市侨办对全市侨务工作对象进行普查。全市侨务工作对象 8 624 人。其中华侨 1 029 人，外籍华人 1 176 人，港澳同胞 1 391 人。他们中，各类专家学者 120 人；归侨 150 人；侨眷、侨属 2 760 人；港澳胞属 2 133 人，其中知识分子 186 人。

1995 年 4 月 6 日，市侨办开展"全市侨情和新出国留学定居的新移民调查"。同时，依法对国内外侨务工作对象进行身份认定，对重点侨情建档立卷，对近几年出国留学、定居的新移民进行全面核查和登记。1996 年 7 月 12 日，市侨办启动"归侨侨眷发证工作"。发证对象包括国内和国外、境外两大部分。国内部分包括归侨侨眷和港澳同胞回内地定居人员及其眷属；国外及境外部分，只作情况调查，不属发证对象。证件分归侨证、侨眷证、港澳同胞证、港澳同胞眷属证、侨属证 5 种。截至同年 12 月底，发放第一批证件 1 034 份。2002 年，市外事侨务局开展新一代华侨华人调查工作。

接待联络：1983—1988 年，市侨务部门先后接待来自 25 个国家和地区的华侨、华人 1 257 人次。其中 1988 年接待 478 人，比 1984 年增加 441 人。在每次接待中，都针对不同对象宣传党的政策，介绍襄樊的发展变化。先后召开归侨侨眷报告会、座谈会、联欢会 70 多场；给海外侨胞赠送贺年片 5 000 多张，邮寄慰问信 3 000 多封，赠送反映襄樊建设的风光画片和名人字画 1 000 多张。

1989 年，全市侨务部门先后接待到襄樊探亲、旅游和从事经贸活动的"三胞"及外宾 450 批 600 多人次。同时，新开辟苏联、英国、法国、巴西、塞浦路斯等 10 个国家的联络渠道，为地方科技和经贸部门提供经济信息 50 多条，联系洽谈合作开发项目 10 多个。

1990 年，市县两级侨务办公室接待到襄樊探亲访友、观光旅游、从事经贸科技活动的华侨、华人、港、澳、台胞 453 批，1 179 人次，总接待人数比上年增加近一倍；全年向海外 42 个国家和地区的华侨、华人和港澳同胞寄宣传品 1 023 件，写联络信 500 多封，赠贺年片 800 多张，赠送有地方特色的书画 70 多件。为发展经济牵线搭桥，先后搜集经济信息 300 多条，向有关部门传递 150 条。

1991—1992 年，市、县两级侨办先后接待探亲访友、观光旅游，从事经贸活动的华侨、华人、港澳台同胞 1 074 批 1 997 人次。通过以侨联侨、以侨联外、组织归侨侨眷信息组等形式，为有关部门搜集经济、文化信息 250 多条，推荐客商 80 多人次。同时，以侨为“媒”，加强地区间横向经济联系，促成 40 多对经济伙伴开展经贸合作。

1993 年，涉外侨务工作重点逐步由内接转向海外。在宣传联络上，各级侨办以港澳为依托，以北美、东南亚为重点，联络 30 多个国家和地区。侨务部门利用炎帝神农节、诸葛亮文化节、“’93（厦门）湖北科技成果展销暨招商洽谈会”中的涉外活动，协助政府和有关部门，联络侨胞和港、澳、台同胞 1 800 多人；向侨胞和港澳同胞赠寄襄樊经济文化建设资料、画册、音像制品 4 800 多份（件）。

1994 年，市侨务办公室先后发出 4 000 多件宣传品和近 100 封信函，接待到襄樊探亲访友、观光旅游或从事经贸活动的侨胞和港台胞 40 多批 300 多名。

1995 年，侨务工作实现由过去靠政策办事向依法行政转变；由主要做国内归侨侨眷工作向重点做海外侨胞工作转变。全年各级侨务部门向海外侨胞发书刊、录像、慰问信等 1 500 多件，邀请、引荐华人专家、学者到襄樊市讲学 7 人次，接待到襄樊探亲、旅游、经贸洽谈、讲学的华侨、外籍华人和港澳同胞 200 多人。

1996 年，侨务工作的重点是拓展海外工作，加强同世界各地侨领、社团的联络，向 42 个国家和地区的华侨、华人、港澳同胞重点人物和社团寄发宣传资料、慰问信和贺年卡 2 500 份。

1997 年，接待到襄樊考察、洽谈贸易、探亲、观光旅游的华侨、华人同胞 185 批 300 人次，邀请专家学者讲学 12 人次，向 42 个国家和地区的华侨、华人、香港特别行政区同胞、澳门和台湾同胞重点人物和社团寄发宣传画册、招商手册、书刊、录像资料、慰问信和贺年卡 1 200 多份。在庆祝香港回归活动中，举办“迎香港回归，学《基本法》”报告会、座谈会 10 多场次听众达 5 000 余人次；编发关于《基本法》的宣传资料 1 000 多份；举办有关香港问题的知识竞赛和“迎回归”万人签名活动。

1998 年，市侨务办公室向 42 个国家和地区的华侨、华人、港澳台同胞重点人物和社团寄发宣传画册、招商手册、书刊、录像资料、慰问信和贺年卡 1 500 多份，设宣传站点 10 余个，接待归侨侨眷和各界群众咨询千余人次。

1999 年以后，全市各级侨务部门注重做好海外新华侨、华人工作，介绍引进海外新华侨、华人专业人士到襄樊创业，促进高新技术产业发展。

2002 年，市外事侨务局邀请世界各地的湖北籍同乡 120 人访问襄樊。

1999—2005 年，市外事侨务部门先后接待来樊探亲访友、旅游观光、开展经贸活动的华侨华人 700 多批 1 200 余人次；介绍新华侨、华人 100 余人到襄樊进行经贸洽谈考察。

2005 年，全市 2 万多名侨务工作对象中，华侨华人 7 000 多人，港澳同胞 1 000 多人，归侨 150 人，侨眷侨属 1 万多人，港澳同胞内地眷属 1 000 多人。通过留学、研修、继承遗产等渠道出国定居的新一代华侨华人约有 500 多人。其中有专业技能的 200 多人，主要分布在美国、加拿大、英国、法国、日本、澳大利亚等国家，从事科学、教育、机械制造、计算机、企业管理等工作。

信访服务：1983—1985 年，侨务信访是市、县两级侨务部门的主要工作，平反归侨侨眷的“冤、假、错”案，落实侨务政策，大都是通过侨务信访渠道完成的。1986 年，侨务信访量下降。各级侨务部门侨务信访纳入日常工作后，开展“接待侨务信访、为侨服务活动”。1989 年，全市先后为 20 多户归侨侨眷解决“农转非”，帮助 50 多个归侨侨眷子女入学，解决 90 多户生活困难，为 15 人协商调动工作，帮助 10 户侨胞侨眷找到失散的国内外亲人，帮助 8 户侨胞侨眷解决纠纷，安排 50 多人就业，为 120 多户协助解决生产资金困难。1995 年，接待受理归侨侨眷信函上访 450 人次。在解决信访问题过程中，落实工龄满 30 年的退休归侨待遇，为归侨、侨眷排忧解难办实事 190 多件。1996 年，接待归侨、侨眷来信来访 320 多人次，帮助解决子女升学就业、寻找亲人、经商开店、享受探亲照顾政策等方面的问题，办实事 80 多件。1997 年，接待来访 300 多人次，办实事 70 多件。1998 年，接待来信来访 250 多人次，解决问题过程中，查处涉侨侵权案件 6 起，为侨民办实事 40 余件。2001 年，接待来信来访 120 人次。

解决问题过程中，走访侨属企业 30 家，解决困难 10 起，协助解决归侨侨眷 350 人的就业问题。2002 年，处理侨务信访 400 多件(次)；为侨属企业襄樊华音公司追回 145 万元人民币欠款；通过与司法机构协调，为港商陈某追回 50 万元人民币赔付款；依照有关政策减免侨属企业各种费用 10 多万元；协调解决经济纠纷 100 多起；为市建筑公司 10 名贫困归侨解决城市最低生活保障金。是年 12 月，国务院侨务办公室授予襄樊市外事侨务局“全国侨务信访工作先进集体”称号。

(4)侨务扶贫：20 世纪 80 年代初，各级侨务部门连年会同有关部门从资金、生产资料供应和争取政策优惠等方面，帮助归侨、侨眷广开致富门路。1984 年，各级侨务部门扶持的侨眷专业户、个体经营户、私营企业和侨眷集资兴办的集体企业发展到 100 户、20 多个经营门类。

1988 年，人平年纯收入 350 元以下的归侨、侨眷尚有 150 户。1989 年，各级侨办先后为 40 多户出主意开辟生产门路，解决生产资料和资金困难。除合理使用省拨 40 吨化肥和万元微息贷款外，组织平价化肥 3 000 多公斤，柴油 1 000 多公斤，良种 150 公斤，筹集资金数千元，解决重点侨贫户的生产急需。到 1989 年 12 月底，有五分之四的侨贫户已经脱贫，近百家侨眷专业户和个体经营户纯收入都在千元以上，5 000 元以上者有 10 多户。1990 年，除靠社会救济的鳏寡孤独人员外，归侨、侨眷贫困户由 1989 年的 150 户减少到 5 户。

1993 年，市侨办制定了归侨侨眷奔小康的计划和两步走的方案，大力扶持归侨侨眷发展多种经营和第三产业，全年新开办侨办侨属企业 4 个，注册资金 100 万元；侨眷专业户、个体工商户增加到 300 多家，年人平收入已超过当地人平收入的水平；40 户靠科技种养劳动致富的典型，每户年纯收入都在万元以上。樊东区侨办把自办和扶持三胞亲属办企业当作服务地方经济、帮助三侨亲属脱贫致富的一项重要工作，先后办起“樊东华侨物资站”、“樊东侨建物资站”、“繁侨物资站”、“轴承机电公司”、“樊东综合化工厂”、“樊东仿真电动山水画工艺厂”等经济实体。至 1994 年底，销售额 1 300 万元，实现利税近 40 万元，解决 60 多人就业，其中三分之一系三胞亲属。

1995 年，全市累计投入扶持归侨、侨眷低息贷款 3.1 万元，加快周转次数，向贫困侨眷传递致富信息和新技术，引导利用本地资源和自身优势脱贫致富奔小康，扶持鼓励归侨、侨眷兴办个体企业 50 多家，固定资产达 200 多万元。

1996 年累计发放侨务扶贫低息贷款 4.1 万元，重点帮扶侨户致富。对部分返贫和生产出现困难的家庭，及时慰问救济。全市走访慰问归侨、侨眷 300 多户，发送 15 000 多元的慰问金和煤、米、蛋、肉等生活用品。

1997 年 3 月 20—21 日，全省侨务扶贫致富办点会在襄樊召开。会议对侨务扶贫工作提出新思路，改救助式分散扶贫为集中资金兴办扶贫致富试点，培养一批致富典型。会议肯定襄樊市侨务扶贫工作所取得的成绩，同意在襄樊市兴办农村和城市两个试点，下拨 1 万元扶贫低息贷款。是年，市侨办帮助侨眷张某、周某进行白玉蜗牛养殖和从事城市客运，成为全省侨务扶贫致富办点的示范基地。到年底，全市侨属企业和个体经营户 80 多家，固定资产 200 多万元。各级侨办走访慰问部分返贫和生产出现困难的侨户 110 多户，发送 2.4 万元生产自救费、困难补助费和生活用品。

1998 年，全市侨属企业发展到 50 多家，其中已认证侨属企业 12 家，注册资金 50 万元以上 8 家。经营范围有珠宝加工、化工生产、影视片制作、餐饮娱乐服务、商贸、缝纫、种植、养殖、农副产品加工等。

1999 年，侨属企业发展到 60 家，总投资 1 950 万元，安排就业 1 000 人。建立“侨属企业”联系点 14 个，筹集扶持贫困归侨侨眷资金 23 万元。侨属企业体育华音开发公司董事长李玲，拿出 20 万元设立“李玲侨务扶贫基金”。

2000 年，市外事(侨务)办公室走访侨属企业 30 家，为侨属企业解决困难 10 起。全市侨属企业发展到70家。襄阳县双沟镇贫困侨眷金志、金冬桂、金润平三兄妹，承包经营镇政府100亩拱棚蔬菜基地，但没有资金投入大棚建设。市外事侨务办公室决定在该镇建立侨务扶贫致富示范点，为金氏三兄妹贷款1.5万元兴建大棚。镇政府承担技术指导和风险担保。到年底，金氏三兄妹摆脱了贫困，年收入4万元。

2001年6月6—8日，全国侨务扶贫工作座谈会在襄樊召开。会议期间，与会人员参观了"襄樊农村侨务扶贫致富示范基地"，归侨王瑞琳和王瑶珍开办的"紫罗兰网吧"，归侨高登基开办的"侨兴西点屋"。是年，全市侨属企业发展到80家，总投资2 580万元，比上年同期增长20%，解决2 000人就业，其中解决归侨侨眷350人就业。

2005年，侨属企业发展到85家。其中投资过亿元的1家，过1 000万元的5家，500万元以上的10家，50万元以上的20家，总投资2.5亿元；销售过亿元的1家，税收过百万元的4家，就业1 000人以上的1家。

（5）招商引资：从20世纪80年代初期开始，全市各级侨务部门发动归侨、侨眷与海外亲人联系，通过各种渠道，引进资金、技术、设备和智力。

1983—1988年，侨胞专家学者到襄樊讲学44场，听众4 500多人次，无偿赠送先进科技资料3 100多份，生产样品60多件。同时，通过他们中转大量经济信息，促成经贸洽谈，引进项目20多个。1988年，老河口市柠檬酸厂扩建过程中，引进新加坡华人投资550万元，引进安装先进设备242台（套），加上自筹资金，完成提取大楼、发酵大楼、动力大楼等主体扩建工程。

1990年，湖北化纤厂2000吨/年聚酯工业丝项目建设过程中，通过侨眷和海外华侨，从意大利、德国、瑞士三个国家分别引进具有国际先进水平的聚酯主机设备40台（套），建成2 000吨聚脂工业丝项目。

1991年，各级侨办以"侨"为媒，加强地区间横向经济联系，促成40多对经济伙伴的合作。

1992年，市侨办及部分县（市）侨办随同市政府代表团，参加海南省举办的"椰子节"联谊活动，协助市贸促会与港、澳、侨、台商开展经贸洽谈，促成13个项目的意向合作。同年，市侨办及老河口、南漳县侨办参加在深圳召开的引进招商会，与港、澳、侨、台商签订正式合同5份，成交金额450万元；意向协议20个，金额2.4亿元。

1993年，市侨办利用炎帝神农节、诸葛亮文化节、"＇93（厦门）湖北科技成果展销暨招商洽谈会"中的涉外活动，协助市政府和有关部门联络侨胞和港、澳、台胞1 800多人，同时，向侨胞和港澳台胞赠送襄樊经济文化建设的资料、画册、音像制品4 800多份（件）。是年，在全市228家三资企业中，华侨和港澳同胞投资205家，60 813.27万元，约占全市三资企业投资总额的90%。市工商局干部叶本纯同其胞妹叶福宜（樊东区侨办副主任）系侨、台眷属双重身份，他们的亲友旅居美国等10多个国家或居住在我国台湾地区。1992—1994年，两兄妹为经贸部门牵线搭桥，先后为襄樊引进台商80多人，其直系亲属到襄樊投资办企业6家。

1995年3月，美籍华人陈启迁（美国福特汽车高级工程师）向襄樊传递技术、合作意向等信息10余条，牵线搭桥，促使老河口市与美国迪尔伯思市建立友好合作关系。是年，市侨办通过侨务渠道促使中美合资东风创普专用汽车有限公司、龙官大酒店等4家三资企业，吸收外资总额570多万美元。

1996年，侨办在湖北对外经贸旅游洽谈会和中国中西部地区对外经济技术合作洽谈会上，促使华侨与襄樊签订合资协议2个，总投资2 260万元；签订利用外资项目正式合同3个，合同利用外资100多万美元。通过侨眷引来加拿大客商洽谈牛肉加工出口项目和美国国际贸易公司洽谈火力发电投资项目。

1997年，各级侨务部门向海外新闻媒体提供稿件30多篇，传递经济信息50多条。鼓励归侨、侨眷开展“一封信”活动，向海外介绍襄樊的投资环境和优惠政策，鼓励海外同胞到襄樊观光旅游，投资办企业。是年，经侨务部门牵线，引进投资项目 3 个，总投资 1 115 万美元。

1998 年，全市侨务部门先后与美国、法国、日本、泰国、新加坡等国家和我国香港地区 50 多位外商联络接触，就农业、基础设施建设、电子、化工、发电等方面的 50 多个项目进行洽谈交流，促成美国龙德能源控股有限公司、泰国国际能源有限公司、新加坡原野科技发展有限公司，分别与谷城银隆电业有限公司、襄樊热电厂、湖北华光器材厂正式签约，总投资1.12亿美元，协议利用外资7 925万美元。

2000 年 10 月下旬，美国加州湖北同乡联谊会会长田长昭、微泰外技股份有限公司总经理齐山博士、美国楚人国际有限公司总裁王志章到襄樊期间，与华光器材厂就该厂生产的数字镜片、望远镜、工艺玻璃等产品在美国和其他国家打开销路达成共识。通过开展技术合作，促成该厂产品进入美国市场。

2001 年 2 月，美国加州湖北同乡联谊会会长田长昭同美国加州高级经贸投资考察团一行 4 人到襄樊考察。考察期间，同湖北华光股份有限公司签订光盘基片项目合作协议；与高新技术产业开发区管委会达成协议，合作开发团山镇施坡林场 167 公顷土地，委托引建高尔夫球场和休闲度假村等项目 5 个。田长昭先生被聘为襄樊高新技术产业开发区招商引技高级顾问。

2002 年 5 月 29—30 日，在武汉举行的“2002 年湖北省海外华侨华人归国创业洽谈会”上，市回天粘胶有限责任公司与瑞士凯基公司签订合作开发和代理密封涂料协议；市卷烟厂与美国智慧公司、市汉江机械厂与瑞士沃尔沃公司、市建筑材料厂与日本东北大学研究生院分别达成合作协议。

2003 年 9 月 15—19 日，在第三届华侨华人专业人士回国创业成果报告暨高新技术项目洽谈会（简称华创会，下同）上，市政府与日本亚太国际交流协会会长曾支农博士签订全面合作协议；枣阳与美国硅谷创新集团马颖总裁签订“彩叶植物组培工厂化”项目，与加拿大中科技文贸交流协会张迈仟主席签订种子及农药合作协议，与美国教育科学及文化基金会张大伟会长签约引进合资合作农药和种子缺口资金 500 万元。

2004 年 8 月 7—9 日，在第四届“华创会”上，枣阳、宜城、高新技术产业开发区、樊城区以及市直有关企事业单位，共 45 人 34 个项目参会，达成协议签字的有：湖北金环股份有限公司与大湖贸易公司签订玻璃纸研发和生产销售协议，旨康胶囊销往美国、加拿大代理协议；市外事侨务局与加拿大环球资本及资源联盟公司签订互派教师、互派留学生协议。

2005 年 8 月，在武汉举行的第五届“华创会”和海外湖北同乡联谊会上，襄樊市有 25 个单位 17 个项目参加洽谈，其中 3 个项目洽谈签约。

（6）华侨、华人合作与交流：20 世纪 70 年代，海外侨胞与大陆通信联系，通过香港或其他渠道中转，回乡探亲者仅百余人。中美关系解冻之后，侨胞书信来往渐多。1980—1983 年，有 50 余名侨胞到襄樊探亲访友，受到政府和有关部门接待。

1984—1985 年，20 个国家和地区的侨胞以及港澳同胞、外籍华人，共 60 批 140 人到襄樊探亲访友、观光旅游、从事经贸活动。市、县侨务部门热情接待，给予多种方便。海外侨胞中有 10 多名专家学者为表爱国爱乡之情，应邀回国进学和交流科技文化。张晓霞、刘重光、王孔启、王学猛、李明煊等海外华侨利用回乡探亲之便，在市区讲学和学术交流，共 15 场，听众 2 500 人次。刘重光（电机专家）应聘为襄樊市电机厂顾问，张晓霞（电子专家）应聘为老河口市经济顾问，王孔启应聘为华中工学院名誉教授。

20 世纪 90 年代初，通过邀请接待华侨、华人来襄樊探亲访友、旅游和科技文化交流，形成了以侨联侨、以侨联外，共同做好海外华侨、华人工作的格局。

1993 年以后，涉外侨务工作重点转向海外。各级侨办以港澳为依托，以北美、东南亚为重点，联络30多个国家和地区华侨、华人。当年，全市新发展的128家三资企业中，海外华侨、华人投资的有16家，资金达3753.2万元。

1995年，华侨、外籍华人200多人次到襄樊探亲、旅游、讲学、洽谈经贸。美籍华人、美国福特汽车高级工程师陈启迁利用自己的专长，带着工作服、生产工具及文献资料，到老河口环空电气集团股份有限公司、光华组合机床集团股份有限公司、汽车车身附件厂等企业的车间现场讲学。同年6月15日，美国《侨报》以“汉江明珠襄樊郊区与襄城区”为题，报道襄樊市襄城区、郊区有关企业情况，还配发了3幅图片。

1997年8月29—30日，由美国湖北同乡会主办的“湖北省第二届海外新移民恳亲团”一行20人到襄樊考察，同22家单位就35个项目进行了洽谈交流，12个项目达成合作意向。

2001年9月24—29日，首届世界湖北同乡联谊会成员120人到襄樊考察。市委、市政府主要领导会见考察团一行，并召开项目推介会。

（二）档案

中共十一届三中全会以后，襄樊市档案事业管理体系逐步完善。市、县两级建立起基本符合国家规范的档案馆，各部门各单位分别建立起适应工作需要的档案室，开始对各门类、各载体档案实行集中统一管理。1987年，《中华人民共和国档案法》颁布实施后，档案行政部门的管理、监督、指导职能得到进一步强化。通过开展档案馆和机关、企业事业单位档案室目标管理认定和上等级活动，激发了各级各部门依法做好档案工作的积极性和自觉性，档案工作规范化、科学化管理水平不断提高，逐步步入法制化轨道。20世纪90年代，全市档案工作围绕党委、政府中心工作和社会各界对档案工作的需求，把档案工作推向两个文明建设的主战场，在全市经济社会发展中发挥积极作用。进入21世纪，全市各级档案局（馆）把“扎实的作风、精干的队伍、优雅的环境、高效的服务”作为档案部门的形象标准，档案馆设施建设和服务工作进一步优化，档案行政管理进一步加强，整体工作水平排在全省前列。

1.机构沿革

1980年10月15日，襄阳地区档案局成立，与1971年9月设立的襄阳地区档案馆合署办公，实行局、馆合一，归口地委办公室管理。1980年3月13日，襄樊市档案管理局成立，与1959年4月10日成立的襄樊市档案馆合署办公，两块牌子、一套班子，受市委、市政府双重领导。1983年10月，襄阳地区档案局（馆）、襄樊市档案局（馆）合并，组建成新的襄樊市档案局、襄樊市档案馆，两块牌子、一套班子，受市委、市政府双重领导，归口市委办公室管理。1985年9月3日，市档案局（馆）由市委移交至市政府管理，局、馆两个机构，两种编制，两种经费，一套班子，统一管理，是政府职能部门。1989年7月13日，市档案局、市档案馆分设。1994年11月，市档案局、市档案馆合并，两块牌子、一套班子，内设档案管理科、业务指导科、科教技术科、档案史料编研科、办公室。1998年3月，市档案局（馆）移交市委办公室管理。2002年2月，襄樊市委办公室重新对襄樊市档案局（馆）职能、内设机构和人员编制进行核定：襄樊档案局（馆）为市委、市政府直属事业单位，以市委办公室管理为主，负责全市档案事业管理和档案保管利用工作。内设办公室、法规宣教科、业务指导科、档案管理利用科、信息技术科5个职能科室，定编33人，领导班子1正3副，正科级领导职数5名，副科级领导职数3名。襄樊市档案局（馆）历任领导见表20—8。

襄樊市档案局(馆)历任领导

表20—8

时　期	职　务	姓 名	起 止 时 间
地市合并前	襄阳地区档案局(馆)局(馆)长	魏国栋	1980.10—1983.10
	襄樊市档案馆馆长	雷秀荣	1979.3—1980.3
	襄樊市档案局副局长(主持工作)	雷秀荣	1980.3—1983.12
地市合并后	襄樊市档案局(馆)局(馆)长	魏国栋	1983.10—1983.12
		刘德茂	1986.12—1985.12
		王大礼	1989.5—1994.11
		徐 峰	1994.12—2001.12
		尚明洋	2001.12—
	襄樊市档案局(馆)副局(馆)长	谭友余	1987.7—1994.11
		雷秀荣	1983.12—1989.5
		曹礼华	1985.12—1989.5
	襄樊市档案馆副馆长	全世海	1989.7—1994.11
	襄樊市档案局(馆)副局(馆)长	全世海	1994.11—
	襄樊市档案局副局长	刘国强	1989.7—1992.4
	襄樊市档案局(馆)副局(馆)长	乔建玲	1994.11—2004.11
		郭凤英	1997.8—1999.4
		赵宗勤	1999.5—
		姚景灿	2005.5—

2.襄樊市档案学会

襄樊市档案学会成立于1996年11月,是由全市档案工作者及有关单位、团体自愿参加组成的学术性、非营利性社会学术团体。其宗旨是贯彻党和国家确定的档案工作方针政策,坚持依法治档,团结全市档案工作者,积极开展档案学术研讨活动,促进档案学和档案事业的发展。1996年11月12日,市档案学会成立大会暨第一次学术研讨会在市公安局招待所召开。会议讨论通过《襄樊市档案学会章程》、《襄樊市档案学会五年工作计划要点》,选举产生由17名理事组成的档案学会第一届理事会。会议期间,进行学术研讨,收集论文44篇,交流论文33篇。1996—2005年,襄樊市档案学会先后组织开展档案学术研讨活动8次,优秀学术论文评审活动6次,收到学术论文、调查报告750篇。2000年编印《襄樊市档案学会1999—2000年会员论文选集》。截至2005年底,共有会员120多名;共产生两届理事会。历任会长徐峰、尚明洋。

3.档案资源

(1)明代散存档案资料:襄樊市档案馆馆藏有明代两件实物档案。一件是一块明代荆州城墙文字砖;另一件是明代书画家董其昌的一幅书法条幅。明代荆州城墙文字砖是明代洪武十六年(1383年)襄阳府均州郧县烧制的荆州城墙文字砖。这块文字砖使襄樊档案馆馆藏实体的时间从明代末期向前推移了250多年。该文字砖长46厘米、宽21厘米、厚13厘米,有两处缺损,但整体基本完好。在砖的侧面,从右至左竖刻有4行大部分还清晰可辨的文字:第一行为“襄阳府均州郧县提调官(县丞康泰)”;第二行为“监造的当人邓俊作匠王成贾元忠”;第三行为“人户徐兴”;第四行为“洪武十六年口(不可辨认)月口(不可辨认)日造”(全部文字为繁体)。此砖为官方定做。这块明代文字砖在客观上为研究明代的摊派制度、砖瓦烧制技术、重要项目建设以及地方经济提供了珍贵的实物资料。董其昌书法行草条幅长118厘米,宽55厘米,书写时间不详。从外观上看保存比较完好,字体清晰,由于年代久远,条幅极个别地方有墨迹小点剥落现象。该书法条幅内容为“涛声到枕上,愁绪纷难理。……”。董其昌(1555—1636),上海松江人,明代著名书画家,历任湖副使、太常寺卿、南京礼部尚书等职,其字、画以及书画鉴赏,在明末和清代名声极大。善画山水,远师董源、巨然和黄公望。襄樊市档案馆收藏的明代资料《襄阳郡志》,是1964年上海古籍书店影印的古迹本,资料编号为M1.13(1—12)。此志书是明天顺三年,襄阳人张恒编纂,全书四卷。记载了禹贡至明天顺三年期间襄阳郡,包括所辖县的本府、县治、疆域、域池、里至(道路)、山川、墩廓乡镇、土产、贡赋、风俗形势、学校、户口、舍、坛场、铺舍、奇观祠庙、桥梁、古迹、陵墓、台榭、书院、津渡、岩洞、园地井泉、坡堰、岁贡、烈妇、节妇、仙释、杂志、文诗、歌共37个方面的内容,是市档案馆收藏最早的反映襄樊地区综合性情况的史书。

(2)清代档案资料:襄樊市档案馆馆藏清代档案20卷,资料3种26册,档案起至年代从乾隆三十三年(1768年)至宣统二年(1910年)。20卷清代档案主要由市房管局1993年移交进馆的17卷清代购房地文契档案和3幅从隆中管委会征集的实物字画档案组成,保管期限为永久。3种资料是清代不同时期编修的《襄阳府志》和《襄阳县志》。

清代档案的内容主要有:乾隆三十三年王兰石购房地契;嘉庆十八年(1813)回龙寺僧人心虔购地契约,道光十三年(1833)郭忠祥卖地契约,清代不同时期买卖房地契约及光绪三十四年司印卫田执照。字画档案有光绪年间的杨守敬在隆中2幅题词——“峰峦压岸东西碧,桃李临波上下红”;另两卷清代字画档案具体时间不详,分别是作者戴熙“山水”画一幅及五幅“鸡”、“鸟”、“荷花”、“鹰”、“松鹤”画作(作者不详)。清代资料主要是《襄阳府志》、《襄阳县志》。现襄樊市档案馆保存有清乾隆版《襄阳府志》和光绪重修版《襄阳府志》以及清同治版《襄阳县志》共26册。《襄阳府志》:是乾隆二十四年襄阳知府钱塘人陈锷纂修,全书40卷,记述东汉建安魏武分立时至乾隆二十四年,襄阳府的历史沿革、地理概貌、天文气候、山川物产、人情风俗、名胜古迹等26个方面的内容,为后来的历史考证、编史修志起了重要凭证作用。

(3)民国政府档案资料:全市共有民国档案3 756卷,其中市馆保存1 337卷,其余2 419卷分别保存在各县(市)、区档案馆,大部分是1988年10月由原襄阳地区档案馆移交至各县(市)档案馆的。襄樊市档案馆馆藏民国档案由五个全宗组成。1955年,襄阳地区清档办公室对这部分档案进行了清理。为使这批珍贵的民国档案永久保存,1989—1990年,市档案馆对其进行抢救修复,在保持原卷不变的情况下,共整理出1 337卷。其中永久543卷,长期794卷。分党团类、政工类、工商财贸类、交通邮政类、文化教育类、司法类、军事警务类、农林水八大类。

①党团类

起讫年代为1929—1949年。

综合:1939—1947年,国民党中宣部等单位编辑的《宣传通报》、《指导通讯》、《每周情报》、《政治情报》、《匪情概况》等刊物;1942年,第二十届国际合作节宣传大纲、兵役法等法律、法规宣传大纲,组织战地反敌行动委员大纲,民主社会党章程和鄂汉常务委员会委托书;1946年,蒋介石为贯彻和平建国之国策对中共昭示的三项原则;关于防谍肃奸、反共剿共、严防共党打入内部,搜集共产党军队文件情报的案由、代电;1935 年国民政府关于共产党员自首、投诚自新,共产党员登记的训令、办法;1941 年襄阳县国民党部关于加强国民党党员训练的办法和基层干部训练实施计划;1947 年《延安战役敌我情况分析》,襄阳县国民党部关于共产党军队动态,莫斯科四国外长会议企图干涉中国内政的电报;省执委和五、八区动员委,襄阳、郧县党部历年工作规划、年度总结、各种报告等。

会议:1942 年,国民党第五届中央执委会第七次会议特辑—出席委员、会议经过、宣言、总统闭幕词;1943 年三青团襄阳分团第一届团代会有关材料,各类常务会议记录等;1944 年湖北省执委转发五届十至十二次会议决议案、总统批示;襄阳各界人士庆祝“双十”节、总理诞辰,蒙难、烈士殉国、“九一八”、“七七”等节日纪念大会及有关材料。

组织:省、县执委、党部关于干部培训、聘用、委任、吸收党员材料;民主社会党、国民党及其他党入党志愿书、介绍信、党员证、服务证、名片、誓词、登记表、履历表、党员考核材料、党员名册。

三青团:三青团章程,五战区支团长告全国青年书,支团部委员一览表,襄阳分团战时服务队队员名册;有关三青团活动情况、团务工作报告、会议记录、宣传纲要、来往函件;团中央颁发的部分三青团团员证、服务证、会员证及介绍信、登记表;房县分团团部 1945 年 4 月 19 日举行联合国照片展览的函。

②政务类

综合:国民政府和五、八行署,国防部、省保安司令部、第十三绥靖区司令部等单位关于“剿匪”、地方自治、禁烟禁毒、税捐征稽、社会治安等方面的代电、训令、条令、条例;1941—1948 年鄂北行署及襄阳县行政会议的会议记录、签到簿,参议会议事规则、组织规程;襄阳县市政建设工作纲要、工作规划;湖北省各县、市兵要地调查,五、八区行署各乡镇概况调查,地质、矿产资源、土地普查的资料;汉江文化企业股份有限公司章程草案;1945 年房县政府转省关于美国总统罗斯福逝世全国默哀追悼和祝蒋介石寿辰的电报。

民政:国民党湖北省政府和五、八区行署、襄阳县政府关于民政提案,退役、伤病军人名册,安置、优抚、救济办法,故兵恤金标准,士兵作战证明书,调整官兵待遇,青年志愿从军和军烈属优待的办法;襄阳县各乡镇历年遭受水、火、匪灾损失的报告和损失清册;1943 年,省、县府公布社会救济法及实施细则、救济院规程、福利事业褒奖条例。1945—1946 年,中央规定之地方自治最低标准和五区行署、襄阳、枣阳等六县推选地方自治标准的材料;关于公职人员、乡镇保、甲长选举,国大代表选举,乡政、乡民代表改选的代电、办法及代表审查合格证明书。

户政:襄阳县政府关于乡、镇、保、甲、户、人口、壮丁统计,户折清理、验收、发放、登记、管理统计,征收户折费清册,清查户籍、户口迁入报告、迁出证明;关于制发、更改、检查国民身份证、良民证、填报人口数字的材料;关于户政训练、户籍机构和人员管理、考核、任用的材料;各地部分区划边界及农场、林场、茶场、山地权区划,房产、宅基地、地皮契约以及解决房地产、边界纠纷的案由。

人事、组织、机构:关于成立、调整、迁移组织机构、确定人员编制的令;1947 年襄阳、郧县等警察局,县政府及各级机关组织编制表;五、八区行署和襄阳县政府关于县长、参议员、乡长、镇长、保长、甲长、机关科长、科员、办事员使用、更换、撤职、离职、职权划分的令、委任状、聘书;本县出任省、行署各级官员的通知书;1946—1948 年房县、竹山、郧县、襄阳等县各级机关组织名册、统计表,全国各地内务行政人员简历册,省府、县府员役名册,襄阳县直机关单位和行政首长住地一览表,襄阳各机关、首长及士绅名次表,襄阳防空情报收集站、军民合作总站等单位人员名册,辛亥首义同志指导监事一览表,鄂北学术研究员名册。

另有解放后清理敌伪军政人员的材料。主要有:1955 年襄阳地区清理敌档小组搜集整理的伪襄阳县政府、参议会系统基本情况,襄阳县区划演变、职能,历任伪县长、议长、议员、区长、镇长、保长、甲长名单、简历册和主要罪恶情况;襄阳历史概况和各乡、镇基本情况;1956 年湖北省清档办公室编写的《伪青年军人名册》;1950 年均县、房县、郧县、竹山、保康等县关于国共两党政治、军事力量、组织、武器装备情况统计表;伪襄阳县金融、财政、税征系统从事情况调查表等。

③工商财贸类

工商组织:1937 年,樊城二十八业工会、协会主席名单,会员登记,各业联席会议代表名册,筹备改造各工会主席的情况,工会章程、选举名单、人员简历,各类公函和商务材料;1948 年襄阳总工会及所属各职业工会第二届理事长姓名、住址,1934 年第四届会员代表选举职员一览表,南漳武安镇商会第二次改选委员会名册。

财政税收:五、八区行署和襄阳县政府、田赋管理处关于田赋征收、地价分拨、各行业税收、价格管理与调整的训令、办法;襄阳县税务局关于各种税务征收办法、简章、布告、请示,减免税的报告和简报;税捐稽征处经征税款月报表、年报表、租稞征册;樊城镇 1948 年营业牌照税收清册;历年地方财政预、决算,各类报表;1945 年省会计处关于会计(审计)工作制度,编制报表和订阅《鄂计通讯》的通知、办法,查处各地职员违法贪污的情况调查和处理意见。

金融工作:关于增加县银行资本总额和县军费收入、存贷款调整利率、伪钞外币流通、清理资产、取缔黄金美钞买卖的案由、令、办法;银行工作制度、章程、条例、报表、职员名册等。

④交通邮政类

发展水陆交通、加强交通运输管理的训令、办法;战时道路、桥梁、通信设施被毁,组织全面修复,购买军用器材,保护电话线路的训令、代电;湖北省邮政管理局邮政纲要、邮运细则;关于增设邮局、增办高额汇票的案由,历年汇兑通告;调整国际国内邮件资费、电报价目,颁布军邮规则及机要保密的训令、代电;省邮局关于电码检查、邮务工作会议、邮务员员役生活补助以及人事委任的案由、训令、条例、代电。

⑤司法类

省高等法院二分院、各县地方法院、戡乱建国工作队等单位关于贯彻各项法律、刑事案件、司法工作规则的训令、条例、办法;确定检察官办案权限和判决程序的令、代电;司法部关于行署专员、县长兼管军法事务的办法,关于办理大赦、减刑裁定办法,首席检察官俸给标准;1928—1947 年,各县司法公署关于非正常死亡判断书,刑事案件统计年报,呈报案情、命案一览表和执行死刑、缓刑、无罪释放及其他司法业务工作的报告、报表;各类案件的起诉书、申诉状和立案、审理、判决的材料;1939—1945 年,检察官指挥书、判决书、办案稿件、审讯笔记;1932 年,襄樊民众控告省高二分院院长党积龄搜刮民财的材料和处理情况,关于办案文书填写方法和文卷保管期限的规定以及司法人员录用、聘请、考核材料。

⑥军事警备类

省保安司令部鄂西师管区、襄阳军警督察处、五战区、第十三绥靖区司令部等单位关于组织机构设立、人事任免的令、人员名册;警政调查、警备工作的报告,官佐履历、警员清册;制发通行证,催征军粮,总队供给,动员青年从军,部队演习,自卫队组训,加强自卫队工作,陆空联络等方面的办法、训令;关于修复城防工事、地方武装、防匪保境、社会治安、军法军纪处置、抗战损失、严防共产党打入"三室""两务"(收发室、机要室、秘书室和报务、勤务)的案由、代电、办法;关于组织战区青年服务、通缉追查在逃犯、防奸保密、枪支弹药管理的令、案由、布告等;1946 年五战区九挺进纵队三团整编后校阅照片,五总队官兵、授衔人员名册,戡乱建国工作队周报、会议记录;1948 年五区行署所属七县列入十三绥靖区管辖的令,陕、鄂边区自卫指挥部反共文章、标语口号、材料,华中剿匪司令部嘉奖支前有功之县长令等文件。

⑦农林水类

鄂北农林场、省农改所等单位关于颁发和贯彻《森林保护法》实施办法,植树造林规划,林场概况，荒地开发、改进种植方法，发展农副业生产、配发良种、土地租约、贷放农具的令、规定、办法；关于禁止乱砍滥伐、森林防火、防盗的指示、条例和森林被焚、被伐所受损失的报告、通报、损失清册、证明书；历年工作计划、报告书、场务会议记录、工作日志、大事记；历年经费预算决算、生产进度表、分配表、开支计划；编制的会计程序表、平衡表、财产调查清册；1947 年联合国粮农组织赠送的粮农杂志，1943 年农林部刊物《全面造林》和 1942 年省农改所关于主编《农友》半月刊的征订通知；鄂北农林场、省农改所 1945 年转抄国防部最高委员会关于实行战时时间提前制度的代电、作息时间表等。

⑧文化教育类

民国同学录 543 卷，起止年代为 1920—1949 年。在民国同学录中，汇集了国民党军、政、校训练机构及大中专院校、高中、初中学校的同学录、职员录、将校名册、通讯录、同乡录、同胞录、简历册、成绩册、留言簿、题词、照片、教学计划、运动会要览等。还有财政部、湖北省政府、湖北省银行、湖北省水上警察和湖北省高等法院及法院监所职员录，陆军师以上人员传略，中央陆军军官学校联合对抗演习纪实，日军侵华内幕，陆军第五十八军抗日战史，内政部许可归华人员一览表，以及少量较有价值的敌伪书刊和帮会组织材料。

（4）革命历史档案资料

襄樊市档案馆馆藏革命历史档案集中在“中共桐柏区汉南工作委员会”全宗，均为文书档案，共 15 卷，其中永久 8 卷，长期 7 卷，形成于 1948—1949 年。中共桐柏区汉南工作委员会，简称汉南工委，1948 年 6 月建立，在江汉区委（又称三地委）领导下工作，1948 年 9 月直属桐柏区党委、行署和军区领导，1949 年 5 月撤销。其主要任务是：扩大中原解放区，把汉水变为内河，建立中国人民解放军渡江作战前进基地。档案主要内容为：中共中央中原局、桐柏区委、江汉区委、汉南工委关于汉南地区工作方针、政权建设、军事斗争、公安保卫、生产支前、组织建设、政治宣传、财贸金融、机要保密的命令、决定、指示、通知、通报、办法、往来信件、会议记录及请示汇报记录。

①工作方针、政权建设类

有 1948 年 6 月 12 日桐柏区党委给三地委的信。信中指示：在谷城、襄阳、光化（不含三县江水以北）、南漳、房县、保康地区建立汉南工委会、指挥部及办事处，统一领导该地工作。有中共中央关于解放区工作大纲，中原局、桐柏区委关于区级、乡镇政权及群众团体组织的规定、暂行条例，对新收复区工作、发动群众开展民主斗争的指示，襄阳县群众运动情况报告，江汉区委关于整顿党风、发展经济、剿匪、建军、征收等问题给汉南工委的信，汉南工委给保康地方全体干部的慰问信，各县工作情况通报。有中原局关于成立临时代表会议筹备委员会，建立县、区、乡临时人民代表大会的指示。

②军事斗争类

有人民解放战争两周年总结和第三年的任务，中情通报，中原战报，中原军区 1948 年 7 月 18 日《打下襄阳城》捷报，襄阳战役简介，各县战报摘记。有中原局、桐柏区委、桐柏军区关于加强战勤工作、建立战勤组织的指示，关于禁止无偿支差、实行给价包运制度的命令、训令，军政人员供给制度与供给标准暂行规定，保护公路的命令。有关于汉南区武装建设的指示、决定，汉南工委、司令部关于襄阳城防、防空防特、反扫荡、剿匪、盘查行人的决定、指示、通报，国民党第 79 军调查材料。有汉南工委、司令部关于进城准备工作、进城部队军容、军纪的通报、规定，中原军区关于整顿后方、委派军法特派员的决定，汉南军区军法处判决书，桐柏军区妥善安排被收容人员的命令，对 864 团、谷城独立营的嘉奖令，南漳县武镇新兵叛变事件通报，政治大队失枪案审理总结。

③公安保卫类

有关于成立桐柏行署公安局的通知，桐柏区委、江汉行政区对公安部门剿匪、反奸防谍、机关保卫、队伍建设、预伏、城市治安、解散国民党等工作的指示、经验介绍，对公安武装供给标准、被服枪弹、活动经费、犯人吃粮、菜金问题的通知。有中原局、桐柏区委关于毒品管理、禁毒、缉毒的指示、决定、暂行办法，关于城市保甲人员、国民党三青团及特务机关处理办法，防敌投毒通报。

④生产支前类

有中原解放区公粮合理负担、田赋征收、停止乱借粮款物资的命令、通知、暂行办法，桐柏区财粮支前任务的决定，江汉区财粮收支暂行规程、粮政工作暂行办法，江汉区委关于大力开展生产与支前相结合的指示，汉南工委关于支援大军南下给各县委的指示。有关于停止土改、发动群众实行减租减息政策的指示，汉南工委关于秋收、征收公粮的指示及完成秋征任务进度表。有中原局、汉南工委对灾区工作意见，发动群众加紧春耕生产、组织群众生产救灾渡过春荒的指示。

⑤组织工作类

有桐柏区委、汉南工委关于组织工作、组织制度、组织机构、基层组织建设的决定、规定、指示、暂行条例，中原局关于发展党员的规定。有中央政治局关于增强党性的决定，桐柏区委、汉南工委关于克服无纪律无组织状态、建立请示报告制度的决定、通知、通报，汉南工委书记张廷发关于克服官僚主义的信件，南漳县委整顿无纪律、无政府状态经验介绍，襄阳、枣阳、宜城三县整党情况介绍。有干部任职、处分、审查干部、调动干部的通知、通报、意见，中原大学招生通知，建立机关学习委员会总会的通知，党训班工作简报，中原局保健条例。

⑥政治宣传类

有桐柏区委、汉南工委关于宣传工作、时事教育、新区宣传的指示，庆祝徐州会战大捷宣传要点，江汉军区《红五月教育纲要》。汉南工委关于支援江南作战和欢迎南下东北人民解放军宣传工作的指示，以及解放军渡江之际，汉南工委关于对土匪开展政治攻势的指示。有翻身标语口号，支前动员口号，欢迎南下大军口号，南漳县政治攻势经验介绍，招收文工团团员的通知。

⑦财贸金融类

有中原局、桐柏区、江汉区关于财政工作、粮票制度、财经清理整顿的决定、指示，关于停止机关部队商业生产的决定，中州农民银行营业简章，关于建立金融情报制度的通知，关于使用中国人民银行新币的通知。

⑧机要保密类

有政务院关于各级政府工作人员保守国家秘密的指示，中原军区、桐柏区委《防谍保密守则》、保密工作决定、会议总结，汉南工委丢失谷城、南漳、保康干部档案情况汇报，中原局建立与加强党内交通工作决定，桐柏军区、汉南司令部更换部队、领导代号，分发电话总单机代号的通知。

（5）新中国成立后档案资料：襄樊市档案馆有新中国成立后（1949—2005 年）档案 223 个全宗，99 872 卷（件）。主要种类有文书档案、科技档案、专门（专业）档案、人物档案、声像档案等。这些档案包括：襄阳地区地直机关、社会团体、临时机构 1983 年 10 月以前形成的永久、长期保管的档案；原襄樊市（含县级市时期）1983 年 10 月以前市直机关、社会团体及具有代表性的企事业单位形成的永久、长期保管的档案；1983 年 10 月地、市合并后，市直机关、社会团体和部分破产企业形成的永久、长期保管的档案；反映襄樊地方特色的名优特产品、风景名胜、城乡建设以及襄樊人物档案等。档案的主要来源：按照国家规定，定期接收市直一级机关保存 10 年以上的永久、长期档案；接收撤销、合并机构的档案；接收临时机构档案；征集散存在社会和个人手中有保存价值的档案；接收社会和个人捐赠档案；购买有保存价值的档案。

①文书档案

截至 2005 年，襄樊市档案馆共有新中国成立后文书档案 212 个全宗。其中，原襄阳地区 78 个全宗，档案所属时间为 1949—1983 年 10 月；襄樊市 134 个全宗，所属时间为 1949 年至 2000 年。

襄阳地区各全宗档案：襄阳地区各全宗档案，除了中共中央、国务院、省委、省政府和各上级业务部门历年发文外，主要内容有：襄阳地委、行署及所属工作机构贯彻执行上级指示精神的意见、规划、总结、简报、统计表；中央、省委领导视察襄阳地区讲话；襄阳地区召开各种会议的材料，县（市）年度工作总结和专题报告等。清匪反霸、减租减息、互助合作的计划、典型调查，土地改革、民主改革的指示、简报，"镇反"、"肃反"、审干资料汇编，"三反"、"五反"组织处理统计表，整风"反右"情况报告，农村"四清"简报，揭批江青反革命集团运动材料组关于清查对象结案处理情况等。全区机构设置、人事任免的文件材料；对群团工作的指示、意见；襄阳地区"五·七"干校工作情况；军转安置、职称评定、工资调整的通知；统战、宗教、民族事务会议材料、统计表。襄阳地区工矿企业选址、工业生产计划、统计年报；地质勘探、矿藏调查、矿产资源综合利用情况；修建铁路、公路，汽车站扩建、迁建，民间运输、港口管理等材料。全区金融系统资金收支情况，鄂西北、豫西南贸易协调委员会协议以及粮食"三定"的文件材料。下拨全区历年基建投资计划的通知；招工、转正定级的批复；全区国民经济及人口统计资料；物资分配、调拨情况等。推广"鄂光棉"计划，"襄麦5号"鉴定总结；森林普查、资源调查、处理林产权纠纷的指示、通报；引丹工程计划、施工图纸以及对工伤事故的处理意见等。全区文化事业发展规划，文物保护、民间文艺、图书发行的报告；合作医疗、卫生防疫、药品管理、计划生育的总结、简报、报表；关于广播、电视宣传的情况统计；体育发展规划、年报以及召开运动会的文件材料；知识青年上山下乡的政策规定、情况反映、统计表。关于民政、福利工作的指示、办法；拥军优属、婚姻登记、基层选举的情况汇报、典型材料；成立移民机构、下拨移民经费和移民安置的调查报告、工作总结等。

襄樊市各全宗档案：襄樊市各全宗档案主要包括：1979年6月以前作为县级市的各全宗档案；1979年6月至1983年9月升为地级市的各全宗档案；1983年10月地、市合并后的档案。这些档案除中共中央、国务院，湖北省委、省政府，襄阳地委、襄阳地区行署和各上级部门历年发文外，主要内容包括：襄樊市历届党代会、人代会、政协会资料；襄樊市设立市辖区、撤乡设镇实施方案；建立国家高新技术开发区、渔梁州开发区的通知、批复等。党政机构改革、领导班子调整方案；科技干部管理、援藏、出境考察的文件材料等。对私改造、解放前工商界历史材料；各行业清产核资登记表、私营商品普查表；公私合营调查，襄樊市工商联章程；商业网点设置计划等。二汽基地建设，中央、省属企业下放、移交的文件；襄樊铁路枢纽和襄樊电厂设计方案；招商引资、国企改革、企业兼并、对外贸易的通知、批复、合同、协议；工业普查、电子技术推广以及经济工作的文件材料。市政建设、修建机场和汉江公路桥、园林绿化、疏浚护城河文件材料；住宅管理、环境保护、建筑工程管理意见、办法等。科教兴市、科技成果检验、科研情报管理、"优选法"推广的办法、情况反映；市政府与部分高校的科技教育协议等。友好城市往来、接待境外人士及参观团的文件材料。关于"文化大革命"的内容，包括武汉、襄樊等地群众组织编印的《革命战报》、《红色造反派》、《斗私批修》等小报；批斗领导的通令、布告；反映武汉、襄樊等地武斗情况的文件材料等。

②声像和特色档案

声像档案：截至2005年，襄樊市档案馆馆藏声像档案552卷（盘）。这些档案，一部分是本馆在其职能活动中形成的，另一部分是征集接收整理而成的。

照片类：反映革命活动的有：鄂西北共产党早期领导人的照片及活动旧址照片，新四军五师旧址照片，解放襄阳的部分照片等。记录各种会议照片有：湖北省、襄阳地区、襄樊市部分党代会、人代会、劳模表彰会以及各战线工作会议的部分照片，党和国家领导人接见各种会议代表的照片。反映领导视察的有：江泽民、李先念、胡耀邦、赵紫阳、王任重、关广富等到襄樊视察工作的照片，第一任襄阳地委书记张廷发调离襄阳时的纪念照，1949—2000年担任过襄阳地区、襄樊市主要领导的照片。反映风景名胜的有：国家级风景名胜区襄阳古隆中景观照片，谷城"承恩寺"、南漳"水镜庄"等风景照片，以及部分襄樊文物照片。展现城乡建设的有：襄阳地区农田基本建设、兴修水利照片，城市形象工程建设和工业革新照片，1998 年抗洪抢险、慰问子弟兵照片等。反映档案工作的有：各级领导视察档案局（馆）的照片，市、县两级档案部门宣传贯彻《档案法》、召开业务工作会、表彰会的照片，档案干部学习、培训的照片等。影片、录像类：反映襄樊风貌的影片《襄樊古城》；资料片《古隆中》；电视连续剧《诸葛亮》（14 集）；已故豫剧名伶李喜华演唱录像带等。录音类：胡耀邦、赵紫阳、王任重视察襄樊的讲话录音；“文化大革命”期间部分造反组织召开的批斗大会的录音等。幻灯类：天主教、基督教在解放前的反动罪行；上海城隍庙的历史以及工业普查幻灯片。

特色档案：从 1990 年开始，襄樊市档案馆为改善馆藏结构，提高馆藏品位，通过各种途径征集接收了一大批反映襄樊地方特色的档案资料。

名优特产品档案：由 32 个单位汇集成一个全宗，共 76 卷。主要有白鹤牌香烟商标注册及获奖证书，襄樊烟厂部分烟标；湖北制药厂（舒乐安定）创国家银质奖报表、证书、奖牌；隆中牌大头菜获部优奖通知、照片等。城乡建设规划档案：共 252 卷。包括襄樊刘集机场总说明书、竣工总图、技术管理综合资料；襄樊市总体规划图册，襄樊市城市供水管网图；207 国道、316 国道（襄樊路段）路况图表；襄樊市水运现状及发展规划；襄樊市长虹大桥工程竣工档案等。科研成果档案：共 98 卷。包括汽车灯具胶松剂、轮胎泄气报警器、山区小麦新品种选育试验、湖北香料烟试种及调试技术研究、生料发酵白酒、《襄樊市环境质量技术报告书》等，共 98 项科研成果。风景名胜档案：主要有湖北省政府、中科院、襄樊市政府关于大洪山、隆中风景区总体规划、资源调整等资料。襄樊人物档案：有著名军旅作家、长篇传记小说——《黄继光》的作者韩希梁个人档案资料；曾任中国魏晋南北朝史学会副会长、诸葛亮研究会秘书长丁宝斋档案资料；豫剧演员李喜华艺术档案；中国寓言文学研究会副会长、作家段明贵个人档案；襄樊文化名人邹演存、文史专家晋宏忠等 20 多位襄樊人物档案。

③馆藏资料

截至 2005 年底，共有馆藏资料 31 681 册。除少量征集接收外，其余均为购买和逐年征订。参照《中国图书分类法》、《中国档案分类法》进行分类编号，共分图书、报刊、地图、文件汇集、史志五大部类。

图书：包括政治、经济、军事、文学艺术、历史地理、工具书等属类。政治类主要有马克思、恩格斯、列宁、斯大林、毛泽东著作，包括选集、全集、文稿等；周恩来、刘少奇、朱德、邓小平、陈云等党和国家领导人著作；《中国共产党历次重要会议集》、《共产国际文件汇编》、《赫鲁晓夫是怎样下台的》等。经济类主要有《毛主席以后的中国经济》、《南朝鲜经济》、《美国与世界资本主义经济危机》、《苏联社会帝国主义经济统计资料》、《现代英国经济史》等。军事类：包括中国古代军事研究、中国近代军事研究、外国战争史、中外军事情报等书籍。如：《中国古代战争一百例》、《古代著名战役》、《第一次世界大战史》、《第二次世界大战史》等。文学艺术类：包括中国古典文学、中国现代文学、外国文学、历史画册以及襄樊作者作品等。如：《中国古代孤本小说集》、《李自成》、《悲惨世界》等文学作品；《战时各国战略轰炸图片集》、《武汉长江大桥》、《苏联共产党历史画册》等；襄樊作者作品有中国寓言文学研究会副会长、作家段明贵的《女王的头饰》，著名小小说作家尹全生的《女人发动的战争》，诗人、作家文爱艺的《文爱艺抒情诗集》等作品。史地类：包括中国历史、中国革命史、世界史、中国地理、世界地理等。主要内容有二十四史、《中国通史》、《亚洲史》、《加拿大近百年史》、《波兰经济地理》等。工具书：主要有各类辞典、字典、手册等。如：《辞海》、《辞源》、《国际人物词典》、《中国名胜词典》等。

报刊：报纸有馆藏报纸 32 种。中华人民共和国成立以前的报纸主要有《汉口民国日报》（1926—1927 年）、《救亡情报》（1936 年 5—9 月）、《救国时报》（1935 年 12 月—1938 年 9 月）、《益世报》、《新襄阳报》等；新中国成立后报纸主要有：1959 年以来的《人民日报》、1956 年以来的《湖北日报》《襄阳报》《襄樊日报》等。期刊分为政治、哲学、法律、经济、文化、艺术、史地、档案情报、画报等。主要有 1949 年以来的《新华日报》，1981 年以来的《新华文摘》，1955 年以来的《国务院公报》，1957 年以来的

《全国人大常委会公报》等。

地图：地图172种，426张。主要有：《中国各民族分布图》（1956年）、《全国土壤概图》（1958年）、《湖北省万分之一图表》（1931年）、《湖北省地图》（1958年）、《中原解放区行政区示意图》（1949年）、《襄阳专区水陆交通示意图》（1955年）、《老河口地图》（1927年）、《襄阳县地图》（1935年）等。

文件汇集：文件汇集的来源有购买、接收和自编。购买部分主要包括《中共中央文件汇集》（1921—1931）、《湖北革命历史文件汇集》（1922—1934）、《中央人民政府法令汇编》、《人事工作文件选编》、《劳动工资文件选编》等。接收部分有党委、政府部门移交的《襄阳地委文件汇集》（1959—1982）、《襄阳地区革命委员会文件汇集》（1968—1978）、《襄樊市革命委员会文件汇集》（1968—1978）以及1966年后的襄樊市委文件汇集等。自编部分主要有《襄樊市历届人代会概况》、《襄樊市历届政治协商会简介》等。

史志：分为地方史志、专业志、组织史与大事记、革命史料四个类别。地方史志主要有《襄阳郡志》（明·天顺三年），《襄阳府志》（清·乾隆二十四年），《襄阳县志》（清·同治），《光化县志》（民国），《谷城县志》（清·同治）等。专业志主要有《襄樊市交通志》、《襄樊市教育志》、《襄樊人物志》、《襄樊著述志》。组织史与大事记主要有《襄樊市组织史资料》、《枣阳地方组织史资料》、《桐柏解放区财政大事记》等。还有1989年以来的《襄樊年鉴》。革命史料有《中共在中南地区领导革命斗争的历史资料（1951年）》，《中共襄樊党史人物》、《襄樊战役与开辟汉南》、《攻克襄阳》、《解放军第四支队简史》等。

4.档案开发利用

（1）馆库设施建设

襄阳地区档案馆馆址始设在地委大院，库房5间，面积250平方米。库房年久失修，基脚下陷，墙壁倾斜，门窗断裂，保管条件较差。1983年调整到地委办公楼，馆库面积783平方米。原襄樊市档案馆建馆初期，没有集中保管档案的库房，对档案实行集中管理，分散保存。1971年，市档案馆随市委、市政府搬迁到长征路110号，库房面积800平方米，保管条件得到改善，档案实行集中保管。1985年，新建一座档案大楼，总建筑面积1 630平方米，使用面积1 199.5平方米。其中库容面积557平方米，办公室和技术用房876.9平方米。1987年，市档案馆共有铁柜、木柜280乘，资料柜架20乘，吸尘器2台，去湿机2台，复印机2台，照相机3部，收录机4部。1990年档案馆晋升省三级馆时，增加1台温湿度自动记录仪，1台电视机，1台分体式空调，档案柜达到370乘。进入21世纪后，襄樊市档案局（馆）进一步围绕“两个基地”、“两个中心”（即永久保管档案的基地、爱国主义教育基地、档案信息服务中心和已公开现行文件利用中心）的目标，加大资金投入力度，创新服务机制，拓展服务领域，延伸服务触角，档案馆的硬件设施和服务功能逐步完善。2004年，市委办公室、市政府办公室下发《关于进一步加强全市国家综合档案馆功能建设的意见》，市档案馆馆舍建设列入“十一五”规划和城市建设总体规划，档案保护经费列入本级财政预算。先后投入10余万元，新增电脑、复印机、扫描仪、数码相机、空调和密集架等现代化管理设备设施20多台套。截至2005年底，安装密集架40列200节，木制档案柜46乘，铁皮档案柜56乘，资料柜93乘，微机11台，复印机1台，温湿度自动记录仪4台，去湿机1台，空调机14台，档案安全与保管条件得到明显改善。襄樊市档案馆在加强馆库设施建设的同时，通过“聚焦”名人，主动地介入重大活动，面向社会征集，媒体定向征集等多种途径，不断丰富馆藏。一批有价值的“镇馆之宝”被接收进馆。截至2005年底，馆藏档案97 359卷、2 513件，资料31 681册。

(2)开发利用

①档案利用

1983年地、市合并后，市档案馆的管理利用业务由指导科负责。由于档案馆舍简陋，主要满足编史修志和一般利用工作。1985年6月，新档案馆大楼落成，档案接待利用条件得到改善。1986年1月，局内增设档案管理科，负责档案的管理利用工作。随着档案事业的发展和档案利用工作的延伸，市档案馆根据湖北省《综合档案馆编制检索工具规则》的要求，组织人力先后编制主要全宗的案卷文件目录、分类目录、开放档案目录、专题人名索引、重要文件文号索引等10余种检索工具，建立以案卷目录为主体，各种检索工具相互补充，功能比较齐全的检索工具体系，为利用工作提供了必要的条件。2000年，投入3万余元，购置网络版科怡软件一部，组织专人对市委、市政府、市委组织部等重要全宗档案进行目录输入。到2005年底，输入56个全宗，23 500卷档案，近30万条目录，初步建立起档案馆目录数据库。20世纪80年代至2005年，襄樊市档案馆围绕落实党的政策、经济建设、编史修志、史学研究、社会热点、中心工作等社会不同群体的需求，采取提供原件、档案摘抄、复制及电话咨询、来函答复、文件传真、窗口服务、网上下载等方式，为利用者提供了大量的档案，

共接待利用者18 000多人次，提供档案资料56 400卷(册)。1980年，全市开展史志编修工作，大批修志单位到市档案馆查阅革命历史档案和建国后党政机关档案。到1989年的10年间，共接待56个单位1 830多人次，查阅档案5 000多卷(册)，为首轮编史修志提供了重要资料。中共十一届三中全会以后，大批需要落实政策的人士到市档案馆查阅有关档案。至1995年，共接待182位利用者，查阅档案895卷。76人通过查阅档案，落实政策，恢复待遇，有的重新走上工作岗位。20世纪80年代至21世纪初，先后为1 256名利用者提供参加工作、学历、任职及工资待遇等原始文件，提供证明材料230份；为解决边界及房屋权属、房屋拆迁、社会保障等民事纠纷提供档案4 633卷，现行文件2 300多份。有16个单位、562人通过市档案馆和现行文件服务中心提供的档案和政策依据，使问题得到解决。

②档案开放

1987年，襄樊市人民政府办公室转发襄樊市档案馆《开放档案范围实施细则》。市档案馆依据该细则，制定《接待利用制度》、《开放档案制度》和《利用须知》等利用制度，编制专门为利用者自行查找的检索目录。设置开放档案阅览室，先后5次依法向社会开放187个全宗21 877卷档案。在开放过程中，对市委、市政府、市纪委等重要部门、涉密全宗以及民国档案、革命历史档案共1 220卷档案进行了划控，对这部分档案的利用须经局(馆)主要领导同意，杜绝失密泄密现象发生。20世纪90年代中后期，襄樊市档案馆与电视媒体合作，先后摄制了《让档案告诉未来》、《走近档案》系列专题片，有重点地宣传襄樊的历史，襄樊具有特色的地方文化，襄樊的经济建设与社会发展，使档案资源以现代传播方式为社会大众服务。2003年8月，经市委、市政府批准，市档案局(馆)在襄樊市行政服务中心大厅设立现行文件服务中心，向社会公众开放市委、市政府及各部门已公开的现行文件。截至2005年，共收集市委、市政府及68个职能部门1996年以来制发的政策性法规性文件13 000多份，累计接待利用者1 500多人次，提供现行文件4 200多份。

③档案史料编研

档案史料编研是档案为社会服务的重要形式和途径。襄樊市档案馆的档案编研工作始于20世纪80年代，主要是编制各种检索工具和专题目录。期间共编制市委、市政府、市委组织部等6个全宗，4 300卷档案，63 980张目录卡片，8个重要全宗的人名索引96本51 884人，专题目录65本，资料分类目录23册。开展了部分重要全宗介绍的编写工作。

1989年7月，市档案局、馆分设，市档案馆作为独立的事业单位，内设档案管理科、史料编研科和办公室，为编研科配备6名专职干部，使编研工作开始步入规范化的轨道，编研出版了一批有一定价

值的编研成果。起初的编研工作，主要是围绕档案馆的基础业务建设和为领导服务开展，除完善档案馆检索体系外，根据馆藏档案，汇编襄樊市历届会议简介、组织沿革、区划沿革、改革开放大事记、市委和市政府重要文件汇编等。

从1990年开始，市档案馆根据业务建设需要，按照《档案馆指南编制规范》要求，制定编写方案，成立工作专班，编制《襄樊市档案馆指南》。组织力量对馆藏190个全宗5万余卷档案进行挑选、提炼和编辑，1991年初完成初稿，送国家档案局和湖北省档案局审定修改后，于1992年3月正式出版，成为湖北省地（市）级档案馆出版的第一部档案馆指南。该书的出版为促进档案馆的收集、整理、利用发挥了重要作用，先后获襄樊市软科学优秀成果奖和湖北省档案优秀成果二等奖。1992—1994年，先后整理出版《襄樊千年灾情录》（公元前903—1987）、《千秋吟武侯》[全国部分武侯祠（墓）楹联匾额集注]、《历代诗人吟襄阳》等书稿。1994年底，襄樊市档案局、馆合并之后，进一步加强了档案编研工作，强化措施，明确职责，促使编研工作步入良性发展轨道，开发了一批价值较高，深受社会欢迎，具有影响力的精品。

2000年，编辑出版《襄樊之最》。该书收录“襄樊之最”465条，30万字，以时间为经，以类别为纬，记述襄樊古老的历史，灿烂的文化，探寻襄樊历史发展的轨迹。在《襄樊晚报》、《决策与实践》、襄樊电台等媒体开办栏目，刊登、播发《襄樊之最》有关内容，为襄樊的城市建设和旅游事业建发展提供了参考资料，社会反响良好。2001年，编辑《襄樊劳模名录》，辑录全市新中国成立以来受市级以上表彰的4 317名劳动模范和先进工作者情况，对于鼓舞和教育人民群众爱岗敬业起到教育作用。此外，还汇编了全市先进生产者人名索引22 700人，共6册，约20万字。2002年以后，先后编辑出版《襄樊当年今日》、《襄樊方言集成》、《丁宝斋文集》等资料，展示襄樊丰厚的历史文化底蕴和独特的民俗、民风、民间工艺、民间艺术、风景名胜和文化古迹；编辑了《襄樊市企业改革回顾（1981—1995）》、《襄阳地区五十年代反邪教迷信活动》、《襄樊历史上瘟疫的流行与防治》、《襄樊市“六五”—“九五”国民经济和社会发展计划及执行情况概况》、《襄樊改革开放大事记》等，为党委、政府和有关部门科学决策提供参考。

④陈列展览

襄樊市档案馆充分发挥档案的社会教育功能，以开放历史档案为契机，以爱国主义教育基地为平台，挖掘馆藏资源，开展档案展览和主题教育活动，收到较好的社会效益。1990年，在馆内设置了档案资料陈列室，举办了由襄樊概况、领导关怀、机构概况、馆藏综述、档案利用、史料开发等8个版块构成的档案资料展览，通过插图、实物、照片、图表和文字等方式，介绍市档案馆发展变化情况。1998年，在襄樊市档案馆馆庆40周年活动中，开展以“展示兰台风采”为主题的展览活动，对原陈列展览室进行了大规模的改造和扩充，制作20余套档案陈列柜，陈列珍贵档案资料和实物120多件，制作展版15块，形成较完整的档案陈列室。1999年，投入近10万元，进行爱国主义教育基地建设，在立足馆藏、突出地方特色、图文并茂、辅以实物、扩充原陈列室的基础上，利用库房内廊，扩大规模，增加内容，挖掘资源，精心设计制作了爱国主义教育展览。展览以“迈向新世纪”为主题，全面展示襄樊悠久历史、光荣传统、辉煌成就、美好明天以及襄樊档案工作和档案馆藏情况。展室面积近300平方米，展版58块，陈列图片244幅，实物158件，文字说明2万多字。1999年10月，襄樊市人民政府以襄政发〔1999〕53号文件，命名襄樊市档案馆为市级爱国主义教育基地。2001年12月27日，襄樊市档案馆作为襄樊市爱国主义教育基地，正式对外开放。到2005年，共接待来自机关、中小学、企事业单位等社会各界参观者5 000多人次。

5.档案事业行政管理

1980年，襄阳地区档案局组建时，档案行政管理的职能是对所辖县（市）和地直机关档案业务进行指导、监督和检查。1983 年 10 月，地市合并后，襄樊市档案局开始履行对全市档案业务指导、监督和检查职能。1997 年 8 月，市委、市政府印发的《襄樊市档案局、襄樊市档案馆机构编制方案》明确规定，市档案局（馆）的主要职能是：负责《档案法》的贯彻执行和执法监督工作；负责档案事业的宏观管理；研究制定档案事业发展的中、长期战略规划；负责对党政机关、企事业单位和群众团体档案工作的指导监督；负责对各门类、各载体档案的征集、接收、管理和提供利用；负责对综合档案馆、专业档案馆的监督指导；按照集中统一、分级管理的原则搞好对县（市）区档案局、档案馆和市直部办委局及重点行业、重点部门、重点企业和重点工程档案的监督管理和业务指导；研究制定全市档案科研、教育计划并付诸实施；开发档案信息资源，为全市经济建设服务。

（1）贯彻实施档案法规：1987 年，《中华人民共和国档案法》颁布实施；1990 年《中华人民共和国档案法实施办法》颁布实施；1998 年《湖北省档案管理条例》颁布实施。20 世纪 90 年代，全市档案行政管理部门主要通过举办档案法制宣传展览，将档案法规知识纳入全市普法宣传教育内容，组织开展对各单位分管档案工作的领导和档案人员进行档案法规知识培训等措施，加强对档案法律法规的宣传教育，促使各部门各单位和社会公民提高档案法律意识，依法履行档案收集、管理、保护、移交、利用等职责和义务。襄樊市政府于 2001 年和 2002 年先后颁布《襄樊市档案管理办法》和《襄樊市人物档案管理办法》，对地方档案管理作出具体规定。全市档案行政管理部门采取请市人大视察、开展档案行政执法年检、查处档案违法案件、实行档案违法案件查处报告制度、建立“档案行政执法四制”（责任制、公示制、过错责任追究制、督察制）等措施，加大档案行政执法力度，规范行政执法行为。

（2）机关档案工作目标管理：1989 年 4 月，省档案局印发《湖北省机关档案管理升级试行办法》，就开展机关档案管理升级活动的目的要求、等级划分、升级标准和条件、考核评审程序、等级证书的效力与奖励、监督与检查、评审员的聘任等问题作了明确规定，将机关档案管理划分为省一级和省二级两个等次。1989 年 6 月，襄樊市召开各县（市）区档案局业务工作会议，部署档案升级工作。同年 9 月，在谷城县财政局、民政局召开全市机关档案管理升级模拟评审会。经评审，谷城县财政局、民政局档案管理达到省二级标准，成为全市率先进入档案管理省级行列的两个机关。随后机关档案管理定级升级工作相继在全市展开。各级档案部门采取抓系统、系统抓的方式，主动与公安、法院、财政、税务、交通等系统和部门联系，积极开展机关档案管理升级活动。1992 年 8 月，省档案局印发《关于进一步调整机关档案管理升级评审权限的通知》，对机关档案管理升级评审权限作了调整和改进，下放了机关档案管理升级评审权限，进一步调动了各级档案行政管理部门的积极性、主动性。自此机关档案管理升级工作迅猛发展，覆盖面越来越广，不仅县以上各级党政机关积极参与，而且逐步向乡镇机关延伸。截至 2005 年，全市公安局派出所、财政所全部达到省二级以上标准。1995 年，市文明办、市档案局印发了《关于做好文明单位档案管理工作的通知》，明确规定，档案工作纳入文明单位创建内容，档案管理未达到省级以上管理水平，不能申报市级以上文明单位；档案部门参与文明单位考核验收。各文明单位按照通知要求，积极发挥带头作用，不断提高档案管理水平，促进了全市档案工作目标管理工作的开展。1999 年 1 月，省档案局将机关档案管理升级达标更改为机关档案工作目标管理，制订了《湖北省机关档案工作目标管理考评办法》，在原来省二级、省一级的基础上增加了省特级。2000 年，襄樊市中级人民法院成为全市第一家档案管理达到省特级的单位。截至 2005 年底，全市共有 1 691 家机关档案工作通过目标管理认定。其中，省特级 39 家，省一级 547 家，省二级 1 105 家。

（3）企业、科技事业单位档案工作达标上等级：1987 年，国家档案局、国家经委、国家计委印发《国营企业档案管理暂行规定》和《企业档案管理升级办法》后，省档案局于同年 8 月 10 日印发《湖北省企业档案管理省级先进定级试行办法》、《湖北省企业档案管理升级(定级)试行标准》,决定在全省开展企业档案管理升级活动。同年,襄樊市档案局在市床单厂兴办企业档案管理升级试点,使该厂于同年 11 月 19 日通过考核评审,成为全市第一家档案管理升级的企业。同年 12 月 8 日,市档案局在该厂召开全市企业档案升级工作现场会,拉开了全市企业档案管理升级工作的序幕。1988 年 10 月,省档案局在襄樊市召开全省企业档案管理升级工作会议;对湖北钢丝厂、襄樊棉纺厂、五一棉纺厂进行了模拟评审。1991 年 10 月 16 日,省档案局根据国家档案局的有关精神,印发了《关于暂停企业档案管理升级考评工作的通知》。全市企业档案管理升级考评工作停止。1996 年 5 月,省档案局与省经贸委联合转发国家档案局下发的《企业档案工作目标管理办法》,同时印发《湖北省贯彻〈企业档案工作目标管理办法〉实施细则》,要求将企业档案工作目标管理作为"转机制、抓管理、增效益、练内功"的一项重要工作,列入本地区、本部门、本系统的工作计划,加强领导,认真组织实施。市档案局主动与企业主管部门加强合作,扎实推进企业档案工作目标管理工作,并逐步在全市铺开。1997 年,省档案局在枣阳市举办全省企业档案管理评审员培训班,并组织对枣阳烟厂进行企业档案工作目标管理国家一级模拟评审。此后,企业档案工作目标管理活动在全市广泛开展。2002 年,国务院取消企业、科技事业单位档案工作目标管理行政审批项目。省档案局(馆)于 2003 年 11 月印发了《湖北省企业、科技事业档案工作规范管理等级评定办法(试行)》。《办法》规定,今后企业、科技事业单位档案工作规范管理等级评定工作坚持自愿申报、统一管理、分级组织、讲求实效的原则,由低到高分为"A 级"、"AA 级"、"AAA 级"三个级别,申请评定等级原则上从低到高,逐级进行;等级评定采用评审计分方法,按积分多少评定等级,其依据和内容分为管理机制、业务建设、信息服务三大项及若干子项。该《办法》于 2003 年 11 月 26 日开始在全省试行。2004 年,市档案局转发《湖北省企业、科技事业单位档案工作规范管理等级评定办法(试行)》,要求各地各单位将档案工作规范管理工作与本单位提高内部管理水平、企业产品质量体系认证、工程项目档案管理紧密结合起来,与年度目标责任考核挂钩。此后,全市逐步形成了档案行政管理部门牵头,各系统或行业主管部门积极推动,企业、科技事业单位认真配合,共同做好档案规范管理工作的良好局面。截至 2005 年,全市企业单位共有 149 家实现了目标管理等级评定,其中国家一级 3 家,国家二级 24 家,省级先进 122 家;科技事业单位共有 18 家实现了规范管理等级评定,其中 AAA 级 3 家,AA 级 3 家,A 级 12 家。

(4)开展国家综合档案馆达标晋级:经省委办公厅、省政府办公厅同意,省档案局于 1989 年 7 月 5 日印发《湖北省综合档案馆定级升级暂行办法》及配套的《湖北省综合档案馆等级标准》,决定从 1990 年 1 月 1 日起,在全省开展国家综合档案馆上等级工作。1992 年 11 月,襄樊市档案馆在全省率先达到省一级。1999 年 4 月和 2003 年 5 月,省档案局(馆)根据档案馆工作发展的新要求,先后两次修订《湖北省综合档案馆目标管理考评办法》。2003 年 2 月,省档案局(馆)办公室印发《关于做好档案工作目标管理复查换证工作的通知》。《考评办法》和《通知》颁发后,全市各级国家综合档案馆认真贯彻实施,争取各级党政领导的重视和各部门的支持,不断改善档案馆工作的外部环境,加强馆内科学管理,加大档案信息资源开发力度,为档案馆目标管理工作的开展进一步创造了条件。截至 2005 年底,全市 10 个国家综合档案馆,除樊城区外,全部达到省二级以上标准。其中省一级 8 个(襄樊市档案馆、襄阳、枣阳、宜城、谷城、老河口、南漳、襄城),省二级 1 个(保康)。

(5)档案信息化建设:1998 年,襄樊市档案局(馆)配置专门设备、人员和档案管理软件,开展重点全宗档案计算机录入工作。2003 年,襄樊市档案局制定了《襄樊市档案信息化建设发展规划》,确定"三个四"的工作思路:搭建档案信息采集、处理、存储、传输四个平台;建设档案目录、档案全文、照片档案、多媒体档案四个数据库;实现馆藏档案信息资源数字化、管理自动化、服务在线化和电子文件归档管理一体化。2005年，襄樊市国民经济信息化工作领导小组将“襄樊数字档案馆建设”列入市政府电子政务建设规划，将襄樊市档案局（馆）纳入襄樊市首批信息化建设试点单位。至当年底，襄樊市档案局（馆）共录入馆藏重点全宗档案目录19万多条，并建立一定数量的照片、档案全文和多媒体档案数据库，开始运用计算机检索利用。市档案局将市直单位文档一体化和电子公文的整理、归档、接收等纳入业务指导的重要内容，指导、督促基层档案室运用统一的档案管理软件录入档案目录，开展电子档案收集管理。

（6）档案队伍建设：1985—1988年，襄樊市档案局与湖北电大开办档案专业电大班，招收学员50名，全部毕业。1989—1992年，襄樊市档案局与湖北大学开办档案专业大专班，招收学员320名，有56名学员中途退学，剩余264名学员先后于2001年、2002年毕业。1998—2001年，襄樊市档案局与湖北大学联合开办档案专业本科班，招收学员50名，最后有45名学员毕业。1997年，襄樊市档案局分三批对全市档案局（馆）192名干部进行轮训。全市各级档案部门每年结合档案人员调整、贯彻实施档案法律法规、推行档案业务规范等，采取不同形式进行业务培训。2005年，全市档案局（馆）干部达到218人。其中大专以上学历160人，中级以上技术职称的98人。各部门、各单位专兼职档案人员达4 000多人，95%以上的人员经过培训合格，持证上岗。

（7）档案为经济建设服务：从1993年开始，襄樊市档案局根据省档案局与省计委联合印发的《关于加强重点建设项目档案工作的通知》精神，与经济和工程主管部门联合，按照“统一领导，分级管理”的原则，采取超前控制、提前介入、多措并举的方法，加强对重点建设项目档案的监督和指导，保证档案工作与工程建设同步进行，推动全市重点工程项目档案的规范管理和竣工验收。1993年以后，全市各级档案部门加强对农业和农村工作档案的指导和管理，将涉农工作部门和乡镇机关作为新农村建设档案工作的龙头，通过开展机关档案工作目标管理认定，全面提高档案管理水平；按照《湖北省村民委员会档案工作规范管理指导意见》的要求，依靠涉农部门和乡镇机关，通过抓点带面、现场观摩、以会代训等多种形式和方法，推动全市村级档案规范化建档工作。至2005年，全市所有涉农主管部门和所有乡镇（办事处）的档案工作，全部达到机关档案目标管理省二级标准；全市2 389个行政村，有2 031个行政村完成建档工作，达到有分管领导、有档案人员、有相关档案、有档案柜架、有管理制度的“五有”标准。2002年9月，襄樊市档案局印发《全市档案部门支持民营经济发展的意见》，向全市民营企业作出“八条承诺”：把民营企业档案工作纳入全市各级档案行政管理部门的工作范围，进行统筹规划；主动介入民营企业档案工作，帮助民营企业提高档案管理水平，无偿为民营企业提供咨询、指导、服务，帮助民营企业了解国家和地方有关档案法律法规以及各种门类、各种载体档案的管理规范和标准，指导民营企业按国家规范和标准整理档案，实现规范化建档；按照自愿的原则，组建民营企业档案工作协作组；采取多种形式、多种渠道为民营企业提供档案业务培训，提高企业档案人员素质；积极筹建和发展档案中介组织，为民营企业提供档案咨询、整理、代管和寄存服务；发挥档案馆馆藏档案信息资源优势，为民营企业提供利用政策性、法规性、公益性文件服务；严格执行国家、省、市有关部门制定的关于档案服务收费的规定，向社会公示收费项目、收费标准和收费依据，自觉接受社会各界的监督；坚持依法行政，坚决查处在档案行政事务中出现的违规违纪行为。“八条承诺”为全市民营企业档案工作的全面展开打下基础。2003年，市委办和市府办”印发《关于做好国有企业档案处置工作的通知》，明确国企改革档案处置原则和办法，要求各改革企业认真做好档案清点整理工作，合理确定档案归属和流向，明确移交档案的程序、时间和方法。档案部门与各主管部门配合，进行督办检查，巡回指导，确保改制企业档案安全，有效防止了国有企业档案资源的流失和损毁。

(三)地方志

中共十一届三中全会以后,襄樊地区经济社会进入新的发展时期。为适应改革开放需要,新修地方志工作迅速开展,年鉴编辑工作也逐步铺开。1980 年 9 月,中共襄阳地委、襄阳地区行政公署开始筹备修志。1981 年 5 月,襄阳地区地方志编纂委员会成立,下设办公室(临时机构),对地直专业志和所辖县(市)志的编修进行指导。各县(市)、区和直各部门相继组建修志专班 107 个,专职修志人员达 300 余人。原襄樊市(地辖市)亦相应建立了修志机构,开展修志工作。1981 年 11 月,湖北省地方志编纂培训班在襄阳地区举办,襄樊地区地直各部门编修人员参加培训。1983 年 10 月,襄阳地区史志办与襄樊市史志办合并,成立新的襄樊市地方志编纂委员会办公室,指导全市各县(市)及市直各部门的修志工作。合并后,编辑出版《襄阳地区概况》、《襄樊市概况》、《地方志培训教材》、《方志论文选》等书。编辑出版《襄樊地方志通讯》杂志 60 余期,刊发各类专题资料、采编心得、修志论文、试写条目,为修志起到指导作用。1987 年 2 月,襄樊市人民政府批准实施《襄樊市志 1886 一 1985》编纂规划。此志编修历经 6 年,1993 年 6 月通过终审,12 月出版。

襄樊市地方志办公室指导并主持所辖县(市)的志书编修和评审。1986 年评审《随州志》,1987 年 12 月评审《襄阳县志》,1988 年 6 月评审《枣阳县志》,1988 年 12 月评审《南漳县志》,1989 年 4 月评审《谷城县志》,1989 年 9 月评审《保康县志》,1989 年 10 月评审《老河口市志》,1989 年 12 月评审《宜城县志》。至 1989 年底,襄樊市所属 5 县 3 市志书编修任务全部完成,第一届修志工作圆满结束。

襄樊市二届修志工作起于 2000 年。根据省地方志编纂委员会要求,2000 年 6 月, 襄樊市和各县(市)、区地方志办公室选 15 名修志业务人员参加全省第二届修志工作培训班。之后,在全市开展修志培训工作。截至 2005 年,市志办在全市先后举办二届修志业务培训班,培训业务人员 100 多人。同时,编辑出版《新方志编纂培训教程》,为全面开展二届修志作准备。在修志的同时,开展年鉴编辑工作。襄樊市从 1988 年开始编辑年鉴,至 2005 年共编辑出版 15 卷。1989 年后,各县(市)相继开始编辑年鉴。除保康县年鉴少量打印送领导参阅和存档外,其他各县市年鉴均正式出版发行。

市地方志办公室 2002 年获全省“地方志系统先进集体”称号;2005 年获“全国方志系统先进集体”称号。

1.机构及职能

(1)机构

1983 年前,襄阳地区和襄樊市的地方志编纂委员会办公室均为临时性机构。1983 年 12 月 15 日,两个临时机构合并,组建新的襄樊市地方志编纂委员会办公室,由市政府主管。1997 年,市政府印发《襄樊市地方志编纂委员会办公室机构编制方案》文件,确定襄樊市地方志编纂委员会办公室(以下简称市地方志办公室)为正县级事业单位,内设人秘科、方志编研科、年鉴编研科 3 个职能科室,核定事业编制 15 名,归口市政府办公室管理。2002 年,市直机关进行改革,襄樊市地方志办公室内设综合科、方志编研管理科(《襄樊市志》总编室)、年鉴编研管理科(《襄樊年鉴》编辑部)、地情资料开发管理科等 4 个职能科室。核定事业编制 12 名,其中主任 1 名,副主任 2 名;正科级领导职数 4 名,副科级领导职数 1 名。另有机关离退休工作人员编制 1 名,机关工勤人员编制 1 名。襄樊市地方志办公室历任领导班子成员见表 20—9。

襄樊市地方志办公室历任领导班子成员

表 20—9

时期	职　　务	姓 名	起 止 时 间
地市合并前	襄阳地区地方志办公室主任	毕希圣	（兼）1981.5—1983.12
	襄阳地区地方志办公室副主任	王一夫	（兼）1981.5—1983.12
		王大礼	（兼）1981.5—1983.12
	襄樊市地方志办公室主任	冯慧敏	（兼）1983.7—1983.12.15
	襄樊市地方志办公室副主任	韩顺钧	（兼）1983.7—1983.12.15
		刘双喜	（兼）1983.7—1983.12.15
		江　玮	（兼）1983.7—1983.12.15
地市合并后	襄樊市地方志办公室主任	毕希圣	（兼）1984.1—1986.5
		孙樵声	（兼）1986.5—1989.7
		余国成	1994.6—2003.5
		裴　宁	2004.1—
	襄樊市地方志办公室副主任	王鹏云	1984.1—1988．7
		韩顺钧	1983．12—1986．3
		谢宜寿	1984．1—1988．7
		杨家国	1984．1—1997．4
		卫光立	1987．4—1999．5
		王文清	1997．4—2002．2
		戴学青	1999．5—

（2）职能

贯彻执行党中央、国务院、省委、省政府关于编修各级地方志的有关方针、政策、条例及规定，拟定全市地方志、年鉴事业发展规划和措施，实现地方志工作的制度化、规范化。组织编修《襄樊市志》、部门志、专业志及各类地情丛书，按照国家和全省统一规划，按期按届出版《襄樊市志》。对各县（市）区和市直各部门的修志工作进行业务指导和督查；协助省地方志办公室对市辖县（市）区志进行评审和验收；负责全市各类部门志、厂矿志、乡镇志编纂工作的指导和终审。收集、整理和研究、开发全市地方文献的地情资料，为各级领导机关决策提供依据，为开展地情教育、传统教育和爱国主义教育提供教材，为地方经济建设和精神文明建设提供咨询服务。编纂出版《襄樊年鉴》，指导县（市）、区年鉴和专业年鉴编纂工作。负责全市地方志编纂人员的培训工作。

2.第一届《襄樊市志 1886—1985》编修工作

第一届《襄樊市志 1886—1985》从组织编写到出版发行，历经 8 年，4 易其稿。编修工作大致分为三个阶段。

1981—1986 年为准备阶段。共组建修志专班 107 个，修志人员 600 余人。在这个阶段，培训修志骨干 300 多人，搜集资料 1 亿多字，旧府志 5 种 64 册。在此基础上开展资料上卡工作，为试写作准备。

1987—1990 年为初稿编写阶段。市政府于 1987 年 2 月批转《襄樊市志》编纂规划，将 30 卷编写任务分解到有关单位，采取定领导、定任务、定时间、定质量的办法，分期分批完成编写任务。市志办设立业务指导小组 5 个，一手抓县（市）志业务指导，一手抓市志分卷对口联系。市志编委会、市政府三次制发文件，对评审定稿程序作出明细规定。这一阶段先后召开评审会 35 次，按照评议意见进行修改、补充、完善。

1991—1992年为总纂阶段。至1990年12月，完成200万字的市志初稿。市志编委会责成市地方志办公室负责编务和全部志稿的初审。市志办相应确立各卷责任编辑和业务联系人，开展各卷的编修。首先按照“综述历史、分陈现状”的编纂要求，对部分卷目（主要是政治部类）的结构进行调整。其次是制订凡例，并对总纂指导思想、门类调整、资料取舍、文体使用、字数控制等作出相应规定。第三是明确职责，责任编辑按照各自特点分工撰稿，分工2人分口担负政治、经济、文化、社会部类志稿的串编，总编室负责人负责全面审修，对质量参差不齐的志稿进行调整、提炼、加工。1992年4月，形成150万字的评审稿，分送市委、市人大、市政府、市政协领导和市直有关部、办、委、局负责人审查。同时，报送湖北省地、市、州志评审委员会。

1992年6月，湖北省地、市、州志评审委员会在襄樊市南湖宾馆主持召开《襄樊市志》评审会，全省各地、市、州志办及省志办领导300余人参加会议，提出修改意见1 000余条。市志总编室用一年时间进行修改后，形成送审稿，报送市地方志编纂委员会和湖北省地方志编纂委员会终审验收。1993年6月，《襄樊市志》稿在武昌通过终审。同年8月，湖北省地方志编纂委员会批复同意《襄樊市志》出版。同年12月，由中国城市出版社出版。

第一届《襄樊市志》以1983年地、市合并后的行政区域为记述范围，相对断限为1886年（清光绪十二年《襄阳府志》下限）至1985年，根据记述需要，对总述、建置及少数事项作了适当上溯下延。全志共设1述，1记，30卷，150万字。各门类综合比重是：政治部类7卷27.5万字，占18.5%。其中，政党、群团、政协5.2%，政权2.5%，民政1.3%，劳动人事1.8%，司法2.1%，外事侨务0.9%，军事4.5%。经济部类11卷，64.4万字，占43.5%。其中，交通3.6%，邮电2.8%，工业7.6%，商业4.5%，对外贸易4.6%，农业6%，金融3%，财税2.4%，乡镇企业2%，经济管理2.3%，城建4.7%。文化部类7卷，28.6万字，占19.3%。其中，科技3.1%，教育3.8%，新闻出版1.8%，文化艺术3.2%，文物名胜3.2%，卫生2.5%，体育1.7%。社会、人物部类2卷，12.3万字，占8.3%。综合类3卷和1记、1述，共15.1万字，占10.2%。

3.《襄樊年鉴》编纂

《襄樊年鉴》是一部城市综合年鉴，是市委、市政府的大型资料工具书，涵盖襄樊地域的各行各业，全面记述襄樊经济社会发展情况，每年由全市各党政机关、人民团体、学校及大型企事业单位约200个单位供稿，市志办总编。其主编分别由市政府秘书长或市委常委、秘书长担任，印刷费由财政预算承担，工作费及付稿费用由有偿存史收费弥补。

首部《襄樊年鉴》为1986—1988年三年合鉴（为保持与新编《襄樊市志》1985年下限的连续性），由中国文史出版社出版。嗣后，除1991—1992、2004—2005为两年鉴外，其他均为每年一鉴。至2005年底，共编辑15部。年鉴为16开精装本，每集文字70—100万字不等，1988—2003年为单黑色印刷，2004年起为双色印刷；另每年有部分彩色铜版纸图片版，主要用作有偿存史，出版1 000—2 000册不等。先后由中国文史出版社、红旗出版社、湖北辞书出版社、方志出版社、当代中国出版社出版。至2006年，上述年鉴曾获国家出版署出版工作者协会颁发的年鉴出版质量综合二等奖（条目编写单项一等奖）两次，省级特等奖一次，以及襄樊市科技成果奖。

4.读志用志

中共十一届三中全会以后，不少部门开始学志用志，从地方志中为经济建设寻求地情资料支持，志书已成为党政领导干部的必备书籍。襄樊交通部门在樊魏高速、隆中旅游公路等的设计和立项中，参阅了《襄樊市志》中的大量资料。南漳县在啤酒厂的迁址考察中，县志办亲自参与考察立项，并提供大量的地质资料。

冬桃原为襄阳名产，已绝种百年。襄阳县委、县政府从旧志书中得知，原江苏沛县藉襄阳知县曾经将冬桃引种到家乡。襄阳县将其从沛县接回“娘家”，大面积种植繁育，成为襄阳东部的支柱产业。

谷城县方志办参与全县“红色之旅”旅游开发活动，把中国共产党在谷城开展武装斗争的旧址串成红色旅游线路，推动了当地旅游经济发展。

光化县旧县志记载，光化县曾是萧何封地和唐宋八大家之一欧阳修的治所，有酂阳古八景、“光化黉学”等。老河口市（原光化县）文物部门据此记载，对这些旧址作为重点文物进行保护，于2002年申报确定为省级重点文物保护单位，对提升老河口的知名度，带动旅游产业的发展起到积极作用。

全市方志系统积极转化修志成果，共编纂出版各类地情资料读物200多部，发表各类地情文章2 000多篇。

卷二十一　襄樊市人民政协

地、市合并前，襄阳地区未设政协组织，有关事务由地委统战部办理。原襄樊市人民政协组建于1956年3月，“文化大革命”期间停止工作。1978年，恢复活动。1983年9月，地、市合并后，原襄樊市人民政协委员会即成为新组建的襄樊市政协组织。此后，襄樊市政协换届选举仍沿用原襄樊市政协届次。

1981—1982年，随州市、老河口市和襄阳、南漳、保康、宜城、枣阳、随县、光化、谷城等县政协组织相继建立和恢复活动。1983年，随县与随州市合并，组建新的随州市政协；光化县与老河口市合并，组建新的老河口市政协。1984年，新成立的襄城区、樊东区、樊西区和郊区建立了政协组织。1994年11月，随州市改为省直管；1996年，襄樊市撤销樊东、樊西和郊区，新组建樊城区。至此，全市有9个县级政协组织。2005年，襄樊市政协委员375人；9个县（市）、区政协，共有政协委员1 920人。市、县两级政协委员均由20多个方面的代表组成。

襄樊市政协及市属各县（市）、区政协，分别通过举行全体委员会议、常务委员会议、主席会议，以及专题座谈会等形式，组织委员就关系全市的政治、经济、文化等重大问题以及人民群众关心的热点问题提出意见和建议，与党政有关部门开展经常性的对口协商。同时，适时组织委员视察、调查，收集委员提案，集中委员意见，反映社情民意，积极认真履行“政治协商、民主监督、参政议政”职能。1981—2005年，襄樊市政协征集提案6 134件，立案5 701件。9个县（市）、区政协，共征集提案21 425件。

一、组织机构

1980年以前，襄樊市政协主席和副主席均实行兼任制。从1981年市政协六届一次会议起，政协主席改为专职，并设专职副主席。

（一）政协襄樊市委员会常委会组成人员

1. 市政协第五届委员会常委会组成人员

主　席：王根长（兼，1978.1—1979.6）

副主席：安海田（兼，1978.6—1979.6）

　　　　吴子厚（兼，1978.6—1979.6）

　　　　张文陶（兼，1978.6—1978.12）

　　　　张德富（兼，1978.6—1979.6）

　　　　王丁月（兼，1978.6—1979.6）

梁彦斌(女、兼,1978.6—1979.6)
朱文洲(兼,1978.6—1979.6)
熊政隆(女、兼,1978.6—1979.6)
熊德云(兼,1978.6—1979.6)
秘书长:米岳昆(回族)(1979.3—1981.1)
常务委员:(39名,以姓氏笔画为序)

马君安(回)	丰逸尘	李重廉	欧阳文海	康震明
王丁月	文汉明	李洪均	赵亚庸	曹志难
王书杰	田建珍	吴子厚	徐锦堂	高德忠
王树人	安海田	何成礼	徐潜修	雷　黎(女)
王晋三	刘盛三	余天衡	袁树华	廖永福
王根长	乔国政	张文陶	秦秀芳(女)	熊政隆(女)
邓春莲(女)	朱文洲	张德富	班益明	熊德云
邓毓华(女)	李云辉	罗秀梅(女)	梁彦斌(女)	

2.市政协第六届委员会常委会组成人员

主　席:安海田(1981.1—1983.10)
副主席:李鸿波(1981.1—1984.1)
梁彦斌(女,1981.1—1984.1)
王丁月(兼,1981.1—1984.1)
朱文洲(兼,1981.1—1984.1)
熊德云(兼,1981.1—1984.1)
吴子厚(兼,1981.1—1984.1)
王树人(兼,1981.1—1984.1)
秘书长:米昆岳(回,1981.1—1984.1)
常务委员:(43名,以姓氏笔画为序)

马君安(回)	丰逸尘	李洪钧	张耀华	徐潜修
王丁月	米昆岳	李鸿波	杨三爽	曹志难
王之铮	安海田	吴子厚	赵亚庸	韩忠明
王书杰	刘东汉(回)	肖　肃	欧阳文海	韩景文
王树人	乔国政	余天衡	袁树华	满照建
王晋三	朱文洲	何成礼	秦秀芳(女)	廖永福
邓春莲(女)	过　冉	邱祥林	高桂英(女)	熊德云
邓毓华(女)	李云辉	陈秋霞(女)	班益民	
戈秀珍(女)	李重廉	张金河	梁彦斌(女)	

1982年3月召开的六届二次全会增选方文英(女)、杨洁霞(女)二人为常务委员。

3.市政协第七届委员会常委会组成人员

主　席:沈汉民(1984.1—1989.3)
副主席:汤学林(1984.1—1989.3)
李鸿波(1984.1—1989.3)

朱前非（1984.1—1985.2 离休）
梁彦斌（女，1984.1—1985.2 离休）
熊德云（兼，1984.1—1989.3）
吴子厚（兼，1984.1—1984.11 病故）
冯慧敏（1984.1—1989.3）
刘兴汉（1984.1—1989.3）
李　祥（兼，1984.1—1988.2 病故）
郝桂萍（女、兼，1984.1—1989.3）
姜敏樵（兼，1984.1—1986.12）
(1987.1—1989.3)
袁树华（兼，1984.1—1989.3）
1985 年 3 月市政协七届二次会议增选副主席 3 人
胡运新（1985.3—1989.3）
于惠福（1985.3—1989.3）
邱祥林（兼，1985.3—1989.3）
1988 年 3 月市政协七届五次会议增选副主席 1 人
李承桢（兼，1988.3—1989.3）

常务委员：(50 名，以姓氏笔画为序)

丁剑卿	刘东汉(回)	陈秋霞(女)	余天衡	袁树华
马鸿骏(回)	刘兴汉	李　祥	沈汉民	梁彦斌(女)
王书杰	刘臣陶	李承桢	邱祥林	夏菊生
王传富	朱前非	李秉忠	芦定华	康震明
王晋三	汤学林	李鸿波	周宇光	曹志难
邓昌坤	米昆岳(回)	李振和(女)	钟开诚	高为煜(女)
邓毓华(女)	过　冉	李喜华(女)	赵亚庸	雷式祖
方文英(女)	杨洁霖(女)	吴子厚	姜敏樵	熊德云
冯慧敏	陈选恭	张本立	郝桂萍(女)	谭绍文
归　捷	陈洪基	张裕明	俞丽华(女、满)	樊近民

1985 年 3 月七届二次会议增选常委 7 人
于惠福　杨基义　李行昌　余存生　胡运新
韩声涛　牛得草
1986 年 3 月七届三次会议增选常委 4 人
刘舜荪　陈剑琴　李宗林　曾让光

4.市政协第八届委员会常委会组成人员

主　席：胡久明（1989.3—1994.3）
副主席：于惠福（1989.3—1993.10 去世）
汤学林（1989.3—1994.3）
姜敏樵（1989.3—1990.10 去世）
郝桂萍（女，兼，1989.3—1994.3）
胡运新（1989.3—1994.3）

邓海波(1989.3—1994.3)
邱祥林(兼,1989.3—1994.3)
李承桢(兼,1989.3—1994.3)
江长发(1989.3—1994.3)
罗玖伍(兼,1989.3—1993.2 去世)
杨宗维(兼,1989.3—1994.3)
刘舜荪(兼,1989.3—1994.3)
秘书长:归 捷(1989.3—1994.3)
常务委员:(55 名,以姓氏笔画为序)

丁剑卿	江长发	李喜华(女)	陈洪基	涂弼显
于惠福	刘东汉(回)	杨传厚	陈剑琴	姚景涛
马丽娟(女)	刘维华	杨宗维	陈秋霞(女)	徐家修
马鸿骏(回)	刘舜荪	杨洁霖(女)	陈琼英(女)	康震明
邓海波	米昆岳(回)	吴大祥	马伯平	阎邦华
王传富	李双贵	汤学林	罗玖伍	傅理明(回)
方文英(女)	李行昌	邱祥林	赵兴芝(女)	廖长明
归 捷	李治和	余存生	胡久明	熊大年
冯永泽	李明柏	邹云峰	胡运新	樊近民
任大学	李承桢	张建华	郝桂萍(女)	黎镜如(女)
乔书华	李素珍(女)	陈昭杰	姜敏樵	魏长春

1990 年 3 月市政协八届二次全会增补 2 名常委:
洪丕耀　袁治国
1991 年 2 月市政协八届三次全会增补 13 名常委:

马聚坤	许光道	张天祥	林险峰	温 亮
王 凯	李 军	肖东祥	倪邦银	
田锦成	陈德均	杨丰亭	黄华恩	

5.市政协第九届委员会常委会组成人员

主 席: 孙楚寅(1994.3—1997.1)
姚祥栋(1997.1—1999.1)
副主席: 魏元明(1994.3—1999.1)
汤学林(1994.3—1997.2)
许国富(1994.3—1999.1)
郝桂萍(女, 兼,1994.3—1999.1)
李承桢(兼,1994.3—1999.1)
李诗刚(1995.2—1999.1)
刘舜荪(兼,1994.3—1999.1)
王家康(1997.1—1999.1)
王光祖(兼,1994.3—1999.1)
刘维华(兼,1994.3—1999.1)
杨丰亭(1997.1—1999.1)

秘 书 长:张新林 (1994.3—1999.1)

常务委员: (71 名,以姓氏笔画为序)

马顺清	任金亭	运建立(女)	罗兴才	龚强华(女)
马鸿骏	许光道	谷长俊	罗有仁	梁惠玲(女)
万正国	米克勤	宋文亮	罗伯平	程 竑
于诺英(女)	孙读声	宋丛铭	罗琼玖(女)	曾昭发
王军武	孙扬田	余庆德	范学运	傅理明(回)
王存举	李 军	何 为	周柏林	廖桂芝(女)
王良才	李治和	严崇姚	姚景涛	黎镜如(女)
王先树	李明柏	余文汉	赵兴芝(女)	潘巧莲(女)
邓文杰	李恩祥	陈学武	高桂英(女)	潘正秋
冯永泽	李振和(女)	陈 振	郭丹萍(女)	鞠太运
刘东汉(回)	李喜华(女)	邹云峰	奚胜利	魏长春
刘传信	李崇祯	张汉元	唐国栋	
刘世秀(女)	李振柱	张修贤	倪邦银	
刘 勤(女	李双贵	杨丰亭	黄立士	
任大学	朱明耀	杨洁霖(女)	常青禄	

6.市政协第十届委员会常委会组成人员

主 席: 姚祥栋 (1999.1—2004.1)

副主席: 李文烈 (2000.1—2002.1)

李诗刚 (1999.1—2004.1)

王家康 (1999.1—2004.1)

郝桂萍 (女, 兼, 1999.1—2004.1)

王光祖 (兼,1999.1—2004.1)

杨丰亭 (1999.1—2004.1)

刘永才 (1999.2—2004.1)

于诺英 (女,1999.1—2002.1)

潘武成 (兼,1999.1—2004.1)

纪本涛 (兼,1999.1—2004.1)

张华美 (兼,1999.1—2004.1)

路德林 (2002.2—2004.1)

周元宵 (2002.2—2004.1)

秘 书 长:程仁发 (1999.1—2000.3)

李希学 (2000.12—2004.1)

常务委员: (62 名,以姓氏笔画为序)

马义和	王德强	刘东汉(回)	孙扬田	李少华
王元山	邓良云	刘先启	孙则清	李治和
王军武	毕德华	刘瑞平	杨志明	李耀楠
王明兰(女)	朱敬平	汤合莲(女)	杨家华	严世强
王国良	任金亭	许光道	李 军	严崇姚

运建立(女)	张正秋	罗琼玖(女)	信祖国	曹幼鸣(女)
吴富常	张明情	金崇保	耿新志	曹建东
何　为	陈秉华	周柏林	郭丹萍(女)	康卓莹
余庆德	陈家俊	周智慧(女)	唐国栋	程　竑
沈传兵	范学运	胡定森	海鹏云(女)	释圣君
宋丛酩	罗有仁	赵汉芬(女)	黄德华(女)	雷剑朝

7.市政协第十一届委员会常委会组成人员

主　席：姚祥栋(2004.1—2007.1)

副主席：王家康(2004.1—2007.1)

王光祖(兼,2004.1—2005.1)

(2005.1—2008.1)

王绍玲(女,兼,2004.1—2008.1　)

杨丰亭(2004.1—2004.9)

纪本涛(兼,2004.1—2008.1)

张华美(兼,2004.1—2008.1)

路德林(2004.1—2008.1)

周元宵(2004.1—2007.4)

赵双桂 (女,2004.1—2008.1)

潘巧莲 (女,兼,2004.1—2008.1)

秘 书 长:李希学(2004.1—2006.7)

常务委员:(63 名,以姓氏笔画为序)

万洁瑶(女)	刘东汉(回)	何国文	孟庆雄(满)	曹建东
马国富	刘先启	张　琼(女)	柳维志	彭泉龙
王　玮	刘国华	张正秋	查　瑛(女)	释圣君
王　非	刘海林	张永安	张劲洪	靳　蕲
王元山	刘慧宏	张军红	赵满歧	雷剑朝
王军武	杨昌红	张俊华(女)	徐光忠	樊廷军
王祖瑛	李燕(女)	陈天国	徐建初	雷振华(女)
王家发	李少平	陈东灵	殷肇晴	廖广生
王桂云(女)	李成运	陈晓红(女)	郭声波	谭玉娥(女)
方卫东	李志宇	陈蓝翔	高　旸	鞠太运
毕克成	李肃清	武保健	黄九军	戴　涛
朱新民	吴梅琳(女)	罗琼玖(女)	黄德华(女)	
任金亭	吴富常	周新华	黄潮海	

(二)工作机构

地、市合并之前,原襄樊市政协五届一次会议(1978 年 6 月—1979 年 3 月)期间,政协机关设有秘书处。1979 年 3 月 17 日,召开五届二次会议之后,政协办公机构秘书处改为办公室。1980 年 6 月,市五届政协委员会常务委员会始设工作机构，设教育工作组，成员32人。1981年1月23日，市六届一次会议召开之后，常务委员会工作机构设学习委员会、提案委员会和文史资料、医卫、妇女、科技、教育5个工作组。其中，科技组内按专业性质又分工业、农业、基本建设三个小组。政协办公室内设秘书科、组织联络科。

地、市合并之后，七届市政协（1984年1月—1989年3月）期间，常委会工作机构设有6个专门委员会。1984年1月，一次全会期间，设有学习、提案审查、工作组、文史资料研究4个委员会，其中工作组又分设14个专业工作组；1985年3月，七届二次会议将提案审查委员会更名为提案工作委员会；1985年11月11日，七届十次常委会将祖国统一工作组升格为祖国统一工作委员会；1988年8月，七届二十三次常委会设立经济技术委员会。政协办公室内设秘书、组织联络、行政接待3个科。

八届市政协（1989年3月—1994年3月）委员会期间，工作机构设有8个专门委员会。1989年3月，八届一次常委会设立提案、学习、文史资料、经济技术、教文体卫、社会工作、祖国统一联谊7个委员会；1990年11月，八届八次常委会将社会工作委员会更名为法制社会工作委员会；1992年7月，八届十四次常委会恢复对外经济联络委员会；1993年7月，八届十九次常委会将祖国统一联谊委员会更名为三胞联谊委员会。政协办公室内设秘书科、组织联络科、行政接待科、离退休干部管理科、政策理论研究科和一个车队。

九届市政协（1994年3月—1999年1月）委员会期间，工作机构沿袭八届政协委员会机构设置。

十届市政协（1999年1月—2004年1月）委员会期间，工作机构设有提案、文史资料、经济技术、教文体卫、法制社会工作、三胞联谊对外经济联络、民族宗教、人口资源环境等8个专门委员会。政协办公室内设政策理论研究科、秘书科、文书科、政工科、行政接待科、离退休干部职工管理科、宣传信息科和一个车队。

十一届市政协（2004年1月—2008年1月）委员会期间，工作机构设有提案、经济技术、人口资源环境、教文体卫、社会和法制工作、民族和宗教、学习和文史资料、港澳台侨和外经外事八个专门委员会。政协机关设办公室和研究室：办公室内设人事联络科、宣传信息科、文书科、秘书科、离退休人员工作科和一个车队；研究室设综合科和调研科。

二、委员会议

市政协履行政治协商职能的主要形式是举行各种政治协商会议，包括政协委员会全体会议，常务委员会会议，主席会议，常务委员会专题座谈会，各专门委员会会议，以及根据需要召开的各党派、无党派爱国人士、人民团体、少数民族人士和各界爱国人士的代表参加的协商座谈会。同时，举办或应邀参加各种情况通报会、意见听取会、听证会等进行协商议政活动。市政协于1978年恢复活动之后，逐步探索形成政协全体会议整体协商、常委会议专题协商、专门委员会对口协商、委员活动组经常协商的“四位一体”协商格局，并坚持一年一度全会、年中一次资政建言会、一季度一次常委会、适时召开主席会的例会制度。

（一）政协委员会全体会议

政协全体会议召开的方法和程序：一般先于“人代会”5至7天召开（20世纪90年代以前召开的政协全会，一般与人大会议同时召开，自1991年2月23日召开八届三次全会起，政协会先于人代会召开）。会议听取和协商“一府两院”工作报告和计划、财政报告。邀请党政领导及部门负责人参加开幕会、闭幕会和会中半天时间的联组发言讨论，听取委员意见和建议。会中进行的联组讨论会，一般将委员按党派和相近的界别归并成若干大组，市委、市政府领导根据各自分管工作，到相应的联组听取意见。全会秘书处收集整理委员对“一府两院”工作报告的意见建议，及时送达市政府及有关部门修改报告并答复政协。

1.第五届委员会全体会议

1978 年 6 月 14—18 日召开。161 名委员出席会议。其中中国共产党 26 名，共青团 3 名，工会 10 名，妇联 8 名，农民 6 名，工商界 15 名，学艺术界 5 名，科技界 23 名，教育界 20 名，体育界 2 名，医药卫生界 12 名，社会救济福利团体 1 名，少数民族 4 名，归国华侨 2 名，宗教界 3 名，特邀人士 21 名。与会委员学习中共十一大文献和华国锋在五届全国人大一次会议上作的《政府工作报告》，学习讨论新的《中国人民政治协商会议章程》；列席人大会议，听取和讨论王清贵代表市革委会作的工作报告；选举主席 1 名，副主席 9 名，秘书长 1 名，常务委员 39 名。

2.第六届委员会全体会议

六届一次全会。1981 年 1 月 23—30 日召开。164 名委员出席会议。其中中国共产党 27 名，共青团 3 名，工会 10 名，妇联 8 名，农民 6 名，科学技术界 20 名，教育界 19 名，文学艺术界 6 名，体育界 2 名，新闻界 1 名，医药卫生界 12 名，工商界 8 名，社会救济福利团体 1 名，少数民族 4 名，归国华侨 2 名，宗教界 3 名，特邀人士 32 名。会议听取审议五届常委会作的工作报告；列席市人大九届一次会议，听取并讨论《政府工作报告》；选举主席 1 名，副主席 7 名，秘书长 1 名，常务委员 43 名。

六届二次全会。1982 年 3 月 4—9 日召开。与会委员 122 名（占应到会委员 74.4%）。会议听取审议政协常委会工作报告；列席市人大九届二次会议，听取讨论“一府两院”和计划、财政报告；通过政治决议。

六届三次全会。1983 年 3 月 1—6 日召开。161 名委员出席会议（占应到会委员 98.2%）。与会委员听取审议常委会工作报告；列席市人大九届三次会议，听取、讨论“一府两院”和财政、计划报告；通过政治决议。

3.第七届委员会全体会议

七届一次全会。1984 年 1 月 18—23 日召开。这是地市合并后召开的第一次全会。300 名委员出席会议。其中中国共产党 16 名，共青团 8 名，工会 14 名，妇联 16 名，青年联合会 4 名，农民协会 14 名，民建和工商界 19 名，文学艺术界 16 名，科学技术界 47 名，教育界 33 名，体育界 6 名，新闻出版界 4 名，医药卫生界 30 名，少数民族 15 名，归国华侨 6 名，宗教界 6 名，无党派爱国人士 8 名，社会救济福利团体 3 名，特邀人士 35 名。（此后，于 1985 年 2 月 14 日、1986 年 3 月 1 日、1987 年 3 月 3 日分别召开的常委会上，经全体与会常委通过，先后增补委员计 51 名，至七届第四次全体会议时，委员增至 351 名）

会议学习中央领导关于落实政策问题的指示和习仲勋 1983 年 12 月 28 日在落实政策座谈会上的讲话及省委有关文件，对落实政策问题进行专题讨论；听取讨论《政府工作报告》。选举主席 1 名，副主席 12 名，秘书长 1 名，常务委员 50 名。

七届二次全会。1985 年 3 月 11—15 日召开。会议听取、讨论“一府两院”和计划、财政报告；增选政协副主席 3 名、常务委员 7 名。市委书记张怀念在闭幕式上就政协统战工作发表讲话。

七届三次全会。1986 年 3 月 10—17 日召开。会议听取并审议常委会工作报告；列席市人大十届三次会议，听取、讨论“一府两院”和计划、财政报告；交流政协委员为四化作贡献的经验；增选常务委员4名；通过《政治决议》和其他有关决议。

七届四次全会。1987年3月17—21日召开。与会委员335名（占应出席会议的351名委员95.4%）。会议听取并审议七届三次会议以来常委会工作报告以及5个专委会的专题报告；列席市人大十届四次会议，听取、讨论“一府两院”和计划、财政报告；通过《政治决议》。

七届五次全会。1988年3月15—18日召开。与会委员298名（占应到委员85%）。会议听取并审议政协常委会工作报告和5个专委会的专题报告；列席市人大十届五次会议，听取并讨论《政府工作报告》及其他报告；通过《政治决议》；增选副主席1名。

4.第八届委员会全体会议

八届一次全会。1989年3月9—14日召开。出席会议委员314名。其中中国共产党19名，民主党派24名，无党派爱国人士2名，共青团8名，工会13名，妇联13名，青年联合会4名，工商界21名，文学艺术界13名，科学技术界45名，社会科学界7名，农林界18名，教育界31名，体育界7名，新闻出版界7名，医药卫生界28名，社会救济福利团体3名，少数民族15名，归国华侨6名，宗教界5名，特邀人士38名。（此后，于1990年2月、1991年1月和12月、1992年1月和12月分别召开的常委会上，对委员或撤销、或免去、或增补，至八届三次会议期间委员增至341名）会议听取并审议政协七届常委会工作报告和提案工作报告；列席市人大十一届一次会议，听取讨论“一府两院”工作报告和计划、财政报告；通过《政治决议》及其他有关决议；选举新一届政协主席1名，副主席12名，秘书长1名，常务委员55名。

八届二次全会。1990年3月9—13日召开。会议听取并审议八届一次会议以来常委会工作报告和提案工作情况报告；列席市人大十一届二次会议，听取讨论“一府两院”工作报告和计划、财政预（决）算报告；通过《政治决议》。

八届三次全会。1991年2月23—28日召开。与会委员302名，占应到委员86.3%。会议听取并讨论“一府两院”和计划、财政报告；听取并审议政协常委会工作报告和提案工作情况报告；交流“创三新”经验，14个单位和135名个人获奖；通过《政治决议》和其他几个决议。

八届四次全会。1992年3月3—7日召开。与会委员292名，占应到委员84.9%。县（市）区政协主席、统战部长、市委、市政府及市直有关部门负责人列席会议。会议听取并协商讨论“一府两院”和计划、财政报告；听取并审议政协常委会工作报告和提案工作情况报告；通过《政治决议》和其他几个决议。

八届五次全会。1993年2月15—20日召开。与会委员301名，占应到委员87.8%。市委、市政府及市直有关部门负责人列席会议。会议听取并协商讨论“一府两院”和计划、财政报告；听取并审议政协常委会工作报告和提案工作情况报告；通过《政治决议》和其他几个决议。向33个先进集体和266名先进个人颁发了“创三新”奖。

5.第九届委员会全体会议

九届一次全会。1994年3月25—30日召开。应到委员365名，实到343名。应到365名委员中中国共产党12名，民主党派25名，无党派民主人士3名，共青团9名，工会13名，妇联16名，青年联合会5名，工商业联合会10名，科学技术协会6名，文学艺术界14名，科学技术界40名，社会科学界12名，经济界41名，农林界19名，教育界29名，体育界9名，新闻出版界11名，医药卫生界24名，社会救济福利团体4名，少数民族15名，归国华侨7名，宗教界4名，特邀人士37名。省委副书记、省政协主席回良玉出席大会并作重要讲话。会议听取并审议八届政协常委会工作报告；听取并协商

“一府两院”和计划、财政报告；选举主席1名，副主席8名，秘书长1名，常务委员71名；通过《政治决议》。

九届二次全会。1995年2月25—3月1日召开。与会委员328名，占应到委员89.9%。会议听取并协商“一府两院”和计划、财政报告；听取、审议并通过九届一次会议以来的常委会工作报告和提案工作情况报告；通过《政治决议》。

九届三次全会。1996年1月17—20日召开。与会委员348名，占应到委员95.3%。会议听取并协商“一府两院”及计划、财政报告；听取、审议九届二次会议以来常委会工作报告和提案工作情况报告；表彰优秀提案单位和个人；通过《政治决议》。

九届四次全会。1997年1月25—30日召开。与会委员358名，占应到委员98%。听取并协商讨论“一府两院”和计划、财政报告；听取、审议九届三次会议以来常委会工作报告和提案工作情况报告；通过《政治决议》及其他有关决议。

九届五次全会。1997年12月17—21日召开。听取并协商讨论“一府两院”和计划、财政报告；总结九届四次会议以来的工作成绩和经验，提出新的奋斗目标和任务；表彰全市政协工作先进单位和个人；通过《政治决议》。

6.第十届委员会全体会议

十届一次全会。1999年1月17—22日召开。应到委员370名，实到341名。应到370名委员中中国共产党14名，民主党派29名，无党派民主人士4名，共青团5名，工会11名，妇联14名，青年联合会6名，工商业联合会14名，科学技术协会7名，文学艺术界12名，科学技术界36名，社会科学界9名，经济界53名，农林界20名，教育界26名，体育界10名，新闻出版界9名，医药卫生界22名，社会救济福利团体4名，少数民族18名，归国华侨8名，宗教界4名，特邀人士35名。会议听取、协商讨论“一府两院”和计划、财政报告；听取、审议政协九届常委会工作报告和提案工作情况报告；选举产生十届政协主席1名，副主席10名，秘书长1名，常务委员62名；通过《政治决议》及其他有关决议。

十届二次全会。2000年1月3—7日召开。与会委员学习贯彻中共十五大，十五届三中、四中全会和市第九次党代会精神，共商襄樊市改革开放和两个文明建设大计；听取、协商讨论“一府两院”和计划、财政报告；听取、审议十届一次会议以来政协常委会工作报告和提案工作情况报告；通过《政治决议》和其他有关决议。

十届三次全会。2000年12月25—28日召开。会议听取、协商讨论“一府两院”和计划、财政报告；听取、审议政协常委会工作报告和提案工作情况报告；通过《政治决议》和其他有关决议。

十届四次全会。2002年1月20—23日召开。会议听取、协商讨论“一府两院”和计划、财政报告；听取、审议政协常委会工作报告和提案工作情况报告；增选副主席2名、常务委员10名；通过《政治决议》和其他有关决议。

十届五次全会。2003年1月6—8日召开。会议听取、协商讨论“一府两院”和计划、财政报告，围绕全面建设小康社会的总体奋斗目标参政议政、建言献策；听取、审议十届四次会议以来常委会工作报告，总结工作成绩和经验；通过《政治决议》。

7.第十一届委员会全体会议

十一届一次全会。2004年1月5—8日召开。出席会议委员375名。各方面委员代表名额比例与第十届委员会各方面代表名额比例一致。

会议听取、协商讨论“一府两院”和计划、财政报告；听取、审议十届政协常委会工作报告和提案工作情况报告；审议通过十一届一次全会《政治决议》。以无记名投票方式选举主席1名，副主席10

名，秘书长1名，选举常务委员63名；大会期间，实行联组讨论的方式审议政府工作报告，市委、市政府领导分别参加5个联组的讨论。

十一届二次全会。2005年1月6—9日召开。会议听取和协商市政府工作报告，市发展和改革委员会《关于襄樊市2004年国民经济和社会发展计划执行情况及2005年安排意见（草案）的报告》，市财政局《关于2004年财政预算执行情况和2005年财政预算（草案）的报告》，市中级人民法院的《襄樊市中级人民法院工作报告》，市人民检察院的《襄樊市人民检察院工作报告》；听取和审议常务委员会工作报告和提案工作情况的报告；审议通过《政协襄樊市第十一届第二次会议关于提案审查情况的报告》，《政协襄樊市第十一届第二次会议政治决议》。会议联组讨论时，市委、市政府领导及有关部门负责人到会参加协商讨论，面对面听取委员的意见和建议。与会委员围绕推进新型工业化、发展县域经济、深化改革扩大开放、城市建设和管理、构建和谐襄樊、推进各项社会事业发展、加强资源管理与环境保护等7个方面提出意见建议44条，提交书面建议报告59篇。

（二）政协常务委员会会议

常委会召开的方法和程序一般是：确定一个协商专题。每次常委会召开之前，主席会议根据政协年度工作要点安排，选择一个党政领导重视、人民群众关注、政协有能力做并且能做好的课题，作为常委会议协商议政的专题。组织一次视察调研。协商专题确定之后，按照分管副主席牵头、秘书长协调、专委会组织和课题到组、任务到人的办法和要求，组织若干视察调研组，分别进行视察调研，然后围绕协商主题，从不同侧面、不同角度研究和组织协商建言材料。通报一方面情况。常委会专题协商会议召开时，邀请市委、市政府及其有关部门负责人到会，通报会议协商的有关问题，听取意见和建议。会后形成一个建议案。根据调研情况，起草一个关于协商主题的建议案（草案），经主席会议审议后提交常委会审议通过，然后由市政协办公室送达市委、市政府及其有关部门办理，并回复其办理情况。

1.政协第五届常委会议

政协第五届（1978年1月至1981年1月）常委会期间，召开一次常委扩大会。1980年9月23—24日召开。会议学习贯彻全国人大五届三次会议、全国政协五届三次会议精神。

2.政协第六届常委会议

政协第六届（1981年1月至1984年1月）常委会议共召开14次。1981年3月19—21日会议，传达贯彻省政协四届四次会议精神、省人大五届三次会议精神，学习中共中央和省委有关文件，讨论通过市政协1981年工作安排意见。会议决定设立学习委员会、提案审查委员会，作为市政协的常设机构。同年7月14—16日会议，学习中共十一届六中全会文件，重点学习《关于建国以来党的若干历史问题的决议》；听取市计委副主任张耀华关于全市1981年上半年国民经济计划执行情况的报告；听取并讨论市政协上半年工作汇报和下半年工作安排意见。同年8月21—22日会议，进一步学习中共十一届六中全会文件，贯彻省党代会和市委扩大会议精神，以六中全会文件统一认识，强调团结一致向前看。同年12月24—29日会议，学习贯彻中共中央《批转〈广东、福建两省座谈会议纪要〉通知》，以及陈丕显在省委常委扩大会议上的讲话，围绕打击经济领域违法犯罪进行讨论。

1982年4月10日会议，听取王根长市长关于访问日本犬山市的报告。同年5月10日会议，专题学习讨论《宪法草案》，提出修改意见。同年8月20—21日会议，学习《中国人民政治协商会议章程修改草案》和刘宁一关于政协章程修改草案的说明，常委们提出了四条修改意见。同年9月，专门召开常委扩大会议，进一步学习党的十二大文献。同年12月22—24日会议，全国五届人大代表、市总工会副主席李淑云介绍全国人大五届五次会议精神，学习《中华人民共和国宪法》和《政协章程》等。常委们联系实际，对进一步调动知识分子积极性，改革中等教育结构，大力发展中等职业学校、加强职工业余教育，为"文化大革命"中毕业的高、初中生补课，加强青少年共产主义理想教育等问题，提出了意见和建议。

1983年6月30日会议，听取全国六届人大代表、市长王根长和全国政协六届委员、610研究所总工程师沈尔康关于全国人大六届一次会议、全国政协六届一次会议精神的传达。同年8月21日会议，认真学习中央和省委关于严厉打击刑事犯罪活动的指示精神；市委常委、市委秘书长刘道春介绍全市开展"严打"活动第一次行动的情况和市委下一步工作部署。

3.政协第七届常委会议

七届市政协（1984年1月至1989年3月）共召开25次常委会。1984年2月20—22日会议，学习中共中央领导关于落实政策问题的指示和习仲勋1983年12月28日在落实政策座谈会上的讲话，对落实政策问题进行专题讨论；听取副主席李鸿波关于省政协五届四次常委会精神的传达；讨论政协1984年上半年工作要点。根据归捷秘书长的提名，任命米昆岳、王书杰为七届政协副秘书长。会议决定设立工作组委员会、文史资料研究委员会、提案审查委员会、学习委员会和科技、教育、文化、工商、农业、医卫、妇女、民族宗教、对台工作组等9个工作组，通过各个委员会的成员、各工作组正副组长人选。同年12月4—9日会议，听取副主席李鸿波传达省政协五届十次常委会议精神；听取并讨论汤学林副主席关于第三次常委会以来的工作报告；学习讨论《中共中央关于经济体制改革的决定》，号召全体委员和各界人士深入学习、认真贯彻《中共中央关于经济体制改革的决定》。副市长胡久明到会作关于全市经济形势和改革工作的讲话。

1985年8月25—28日会议，听取副主席李鸿波关于八次常委会以来的工作报告；会议期间与人员参加市委城市经济工作会议，听取市委书记张怀念、市长章治文、市委副书记伍荣显关于经济工作的报告，讨论关于进一步搞活大中型企业，制止乱摊滥派，减轻农民负担的两个决定；会议邀请市委常委、市委政策研究室主任张子强介绍正在探讨中的全市经济社会发展战略设想。同年11月11—14日会议，市委副书记纪玲芝通报全市1985年工作情况和1986年奋斗目标；市政协副主席于惠福传达省政协五届十三次常委（扩大）会议精神；冯慧敏副主席汇报中南五省市文史工作协作会议精神；刘兴汉副主席作《关于政协七届九次常委会议以来的工作情况和春节前工作安排意见》的报告。会议决定将市政协祖国统一工作组升格为祖国统一工作委员会，任命市政协副主席姜敏樵为该委员会主任，韩声涛、余存生为副主任。会议期间，适逢中央顾问委员会常委、全国政协副主席刘澜涛来襄樊视察。13日，刘澜涛应邀到会看望与会人员并作重要讲话。

1986年5月27—30日会议，邀请全国政协委员沈尔康传达全国政协六届四次会议精神；由省政协委员、市政协主席沈汉民传达省政协五届四次会议精神；听取并讨论副主席熊德云作的《关于市政协七届三次会议以来工作情况的报告》。会议用3天时间着重围绕《襄樊市经济发展战略》专题进行讨论，对全市经济社会发展的战略设想、战略目标、战略措施等问题提出许多建议。同年12月22—24日会议，讨论《中共襄樊市委关于加强社会主义精神文明建设的十条措施》（讨论稿）。市委常委、市委秘书长姚祥栋就起草"十条措施"的指导思想、起草过程以及市委扩大会议主要修改意见作了说明。与会人员进行讨论，提出225条修改意见。会议还听取省政协五届十八次常委会议精神的传达，"政协委员为四化作贡献事迹报告团"巡回报告情况介绍，以及市政协对襄阳县、南漳县乡镇企业调查情况的报告。

1987 年 5 月 11—12 日会议，传达省政协五届五次会议精神；学习省委办公厅转发省政协党组《关于坚持四项基本原则，加强政治协商、民主监督，进一步做为我省政协工作的报告》的通知；听取谷城、南漳乡镇企业发展情况汇报；通过有关任免事项。同年 11 月 25 日—28 日会议，学习讨论中共十三大文件，传达省政协工作会议精神，协商并通过出席“全市各级政协委员、各界有关人士为改革和建设作贡献表彰会”名单，任命刘勤为七届政协副秘书长。与会人员还列席中共襄樊市委六届全体（扩大）会议。

1988 年 5 月 18—20 日会议，传达全国政协七届一次会议精神和省政协六届一次会议精神；副市长黄贤德作“关于全市经济形势”的报告；市政府副秘书长胡梦元、市公安局副局长杜震华、市物价局副局长李书琴分别汇报蔬菜生产、社会治安、物价管理情况；听取市政协工作组委员会对襄阳县伙牌镇进行工农商品比价、农民负担问题的调查情况汇报。同年 8 月 23—25 日会议，专题讨论全市在受到严重旱灾以后抗旱救灾、生产自救、以工补农问题。通过市政协经济联络委员会成员名单；通报 10 月中旬将在襄樊市召开九省十四市政协横向联系会第四次会议的筹备情况。同年 11 月 17—19 日会议，传达学习中央和省委领导关于治理整顿的有关重要讲话；听取市政府领导通报全市 1988 年经济工作及治理经济环境、整顿经济秩序的措施；通报九省（区）十四市政协横向联系第四次会议情况；座谈讨论七届政协五年主要工作总结提纲。

1989 年 2 月 25—27 日会议，审议七届市政协常委会工作报告；协商决定八届市政协委员。

4.政协第八届常委会议

八届市政协（1989 年 3 月至 1994 年 3 月）共召开 22 次常委会议。1989 年 3 月 16 日会议，传达中共中央〔1989〕13 号文件和全国政协《关于政治协商、民主监督的暂行规定》；决定设置提案、学习、文史资料、经济技术、教文体卫、社会工作、祖国统一联谊七个委员会；通过市政协主席、副主席的工作分工；通过市政协《常务委员会会议工作规则》；根据归捷秘书长的提名，任命米昆岳、刘勤、张秋明为八届市政协副秘书长。同年 5 月 4—6 日会议，学习《人民日报》“4·26”社论等文章；传达省政协六届二次会议精神；审议通过市政协 7 个专门委员会正副主任人选；讨论通过市政协委员持证视察办法和市政协关于贯彻执行《全国政协关于政治协商、民主监督的暂行规定的意见》。6 日下午，市委书记章治文就制止动乱、维护稳定局势问题作重要讲话；胡久明主席在会议结束时，围绕坚决贯彻党中央和省、市委的指示，坚持四项基本原则，旗帜鲜明地反对动乱，提出明确要求。同年 7 月 6—8 日会议，学习邓小平、江泽民、李鹏等中央领导的重要讲话和市委书记章治文在市委常委（扩大）会议上的讲话，学习中共十三届四中会精神。会议要求全市各级政协组织和广大政协委员坚持“一个中心，两个基本点”，进一步做好各项工作。同年 11 月 6—8 日会议，学习江泽民在国庆 40 周年大会上的讲话；听取市长杨斌庆“1989 年全市政治、经济形势”报告；有关部门负责人分别通报整顿文化市场、审判工作、贯彻“两高”通告、廉政建设等情况；听取省政协六届十次常委会精神和全国政协文史工作会议精神的传达。市政府有关部门的领导分别到小组听取常委的讨论发言。

1990 年 2 月 21—24 日会议，学习中共中央《关于坚持和完善中国共产党领导的多党合作和政治协商制度的意见》，讨论八届常委会 1989 年度的工作报告（讨论稿），听取并审议市政协 7 个专门委员会的工作报告，对《政府工作报告》（讨论稿）进行协商讨论，通过有关人事任免事项。同年 6 月 14—16 日会议，学习江泽民在全国统战工作会议上的讲话；市委、市政府领导通报全市上半年经济工作情况、专题建议情况、开展严打情况；传达省政协六届三次全会和全省政协工作座谈会议精神；讨论通过市政协《关于政协乡镇联络处工作细则（试行）》；对中共襄樊市政协党组《关于贯彻中共中央〈关于加强党同人民群众联系的决定〉实施细则》（征求意见稿），提出修改意见；讨论通过有关人事任免事项。同年 9 月 5—6 日会议，传达省、市统战工作会议精神和全省政协工作会议精神；有关部门分别通报科教兴市、教育工作和城市建设情况；与会人员按照干部“四化”条件，向市委推荐一批德才兼备的优秀党外干部。同年 11 月 27—28 日会议，听取并讨论市公安局、市卫生局、市体委等部门关于社会治安综合治理、卫生防疫和乡村办医及体育工作情况，听取市政协秘书长归捷关于全市政协“创三新”表彰筹备工作情况汇报；通过关于召开市政协八届三次会议和将市政协社会工作委员会更名为法制社会工作委员会的两个决定。

1991 年 1 月 24—26 日会议，学习中发〔1991〕1 号文件和江泽民在中共十三届七中全会上的讲话；听取和审议市政协各专门委员会的工作报告；讨论并原则通过市政协八届常委会工作报告和 1991 年工作要点；讨论通过向市政府提交的“关于加强农业科技队伍建设”、“关于解决我市‘三资’企业当前存在的突出问题”、“关于恢复和发展全市农村合作医疗”等三份建议案；审定在全市政协“创三新”会议表彰的先进单位和个人名单；决定全市政协八届三次会议暨全市政协“创三新”表彰会议召开的时间和地点；会议协商、增补 20 名市政协委员，撤销一名市政协委员的资格。同年 6 月 25—26 日会议，听取并讨论市政府及有关部门关于上半年经济形势和发展“三资”企业、物价工作等情况的通报；传达省政协六届四次会议精神；审议并通过市政协《关于各专门委员会与中共襄樊市委、市人大、市政府有关部门对口政治协商、民主监督的暂行规定》、《关于参加市政协的民主党派、人民团体和市政协各专门委员会提案试行办法》、《关于纪念辛亥革命 80 周年的决定》。同年 9 月 27—28 日会议，听取并讨论市外办、侨办、对台办工作情况通报；听取市政协关于参加九省（区）十六市政协横向联系会议和参加省政协考察团赴福建省考察对外开放的情况报告；讨论提高常委会质量的措施。同年 12 月 2—4 日会议，学习中共十三届八中全会精神；听取并讨论市经委、市财委、市农委关于工业生产、商品流通、资金融通及农村经济情况的通报；传达省政协六届二十次会议精神以及“迎接 1993 年全国历史文化名城会议宣传提纲”（书面）；讨论通过《关于市政协八届四次会议的决定》和政协委员增免名单。

1992 年 1 月 22—23 日会议，杨斌庆传达中共湖北省委五届七次全体（扩大）会议精神；听取并审议市政协各专门委员会的工作报告；讨论并原则通过《市政协八届会议以来的常委会工作报告》和《1992 年工作要点》；会议同意免去两位市政协委员资格，撤销一位市政协委员资格。同年 5 月 15 日，市政协召开部分常委、委员会议，协商讨论《襄樊市城镇住房制度实施方案》（讨论稿）。会后，市政协办公室将与会人员对房改的建议与意见整理成文送达市体改办。同年 6 月 29—7 月 1 日会议，听取市政府领导关于企业三项制度改革和减轻农民负担工作的情况通报；就全市城镇国有土地使用制度改革问题进行讨论，对《襄樊市城镇国有土地使用权出租和转让暂行办法》（协商意见搞）进行协商；听取省政协六届五次会议精神、全省各级政协委员和各界人士表彰会、政协工作经验交流会精神的传达；听取关于九省（区）十六市政协横向联系会第十一次会议情况的汇报；审议通过《政协襄樊市第八届委员会关于恢复市政协对外经济联络委员会的决议》和有关人事任免事项。同年 9 月 28—29 日会议，听取并讨论市政府领导关于全市经济工作情况的通报；听取市法院领导关于少年刑事审判、民事审判工作情况通报；讨论《关于召开全市政协“创三新”先进单位和先进个人表彰会议的实施方案》。同年 12 月 25—26 日会议，听取市政府关于名城建设情况通报和讨论审议市政协各专门委员会的工作报告；审议通过《关于召开政协襄樊市八届五次会议和“创三新”表彰会议的决定》及人事任免事项。

1993 年 2 月 1—2 日会议，讨论通过《政协襄樊市第八届委员会第四次会议以来的常务委员会工作报告》（讨论稿），审定《政协襄樊市八届五次全会日程安排》（草案），听取市政协关于赴广东、海南等地考察情况的汇报以及关于表彰“创三新”先进单位、先进委员和先进工作者名单的说明，通过市政协 1993 年工作要点和有关人事任免事项。同年 5 月 12—13 日会议，传达省政协七届一次会议精神；听取并协商讨论关于邮电、供电工作的情况通报。与会人员还在会上为宜城县张自忠教育基金会捐资 7 300 多元。同年 7 月 23—24 日会议，传达全国政协八届三次常委会议和省政协七届二次常委会议精神，传达中共中央有关文件精神和市委书记杨斌庆在市直正县级以上在职党员领导干部和县(市)区委书记、县(市)区长会议上的讲话。会议决定将祖国统一联谊委员会更名为三胞联谊委员会。同年 9 月 9—10 日会议，听取并协商讨论市政府领导关于 1 至 8 月全市经济工作的情况通报；传达全省政协工作经验交流会、全市人大和政协换届选举工作会议精神。同年 12 月 23—25 日会议，听取并协商讨论关于调整襄樊市"八五"计划和十年规划情况的报告；听取并审议通过市政协各专门委员会五年工作报告；原则通过八届政协常委会工作报告(讨论稿)；审议通过《襄樊市政协提案工作条例》。

5.政协第九届常委会议

九届市政协(1994 年 3 月至 1999 年 1 月)按照中共中央关于协商在决定之前的要求，逐渐完善常委会制度，增强例会协商的实效。五年间召开 20 次常委会议。常委会上发言材料近百份，提出有价值的建议 300 多条。

1994 年 3 月 30 日会议，决定沿用八届政协期间的机构设置，并通过人事任免事项。同年 6 月 28—29 日会议，传达省政协七届九次常委会议精神；通报十一省(区)十九市政协横向联系会第 15 次会议情况；听取市工商局、市税务局、市农牧局关于市场管理、税制改革和种子经营管理情况的通报；审议通过《市政协常委会工作规则》；通过人事任免事项。同年 9 月 21—22 日会议，听取市政府 1 月至 8 月全市经济工作和建立现代企业制度的情况通报；听取市政协关于赴武汉市政协学习考察"三引进"工作的情况通报。

1995 年 1 月 5—6 日会议，传达李瑞环在全国地方政协工作经验座谈会上的讲话和全省政协工作经验交流会议精神；市纪委通报全市反腐败斗争的情况；听取市政府办公室关于政协提案办理情况的通报；听取市政协提案委员会负责人关于修改《政协襄樊市委员会提案工作条例》的说明；审议通过《政协襄樊市委员会提案工作条例》。同年 2 月 17 日会议，听取市政协各专门委员会 1994 年工作报告；决定市政协九届二次会议召开的时间和议程；增补市政协委员；审议通过市政协第九届委员会常务委员会工作报告和提案工作报告；审议通过市政协 1995 年工作要点。同年 5 月 24—25 日会议，听取市体改委关于全市企业产权制度改革进展情况的通报；听取市物价局关于全市物价工作情况的通报；听取部分委员活动组开展活动的情况汇报；通报十一省(区)二十市政协横向联系会第十七次会议情况；通过有关人事任免。会议期间，听取曾任周总理和邓颖超秘书的赵炜作关于总理和邓颖超风范的报告。同年 9 月 25—27 日会议，协商讨论《襄樊市国民经济和社会事业发展"九五"计划纲要(草案)》；听取市科委关于襄樊市科技成果转化与应用情况通报；审议《政协襄樊市委员会贯彻〈政协全国委员会关于政治协商、民主监督、参政议政的规定〉的实施办法》；传达省政协七届十六次常委会议精神。同年 12 月 27—28 日会议，传达省政协七届十七次常委会议精神；听取市政府关于办理政协提案情况的通报；审议和通过政协襄樊市第九届委员会常务委员会工作报告和提案工作情况报告；增补市政协委员；确定市政协九届三次会议召开的时间和主要议程。同年 4 月 8—9 日会议，听取市政府领导关于全市减轻农民负担、大办农业情况的通报；常委们就减轻农民负担、大办农业问题进行了大会发言。会议还对市政协副主席们进行了测评；增补市政协委员。

1996 年 7 月 11—12 日，市政协召开九届十次常委会议。会议主要协商讨论市直机关"两转"、"两服务"情况；学习座谈江泽民《关于讲政治》和《努力建设高素质干部队伍》的重要讲话；通过有关人事任免；会议要求全体常委要严格会议纪律。

1996 年 10 月 15—16 日会议，协商讨论提高城市管理水平问题；听取市政府关于市政协九届三次会议以来的提案办理情况通报；通报省政协七届二十二次常委会议、十一省(区)二十一市政协横向联系会第 19 次会议情况。

1997年1月15—17日会议，听取市纪委关于刹风情况通报；审议通过《政协襄樊市第九届市委员会常务委员会工作报告》和提案情况报告；听取市政协各专门委员会工作报告；协商讨论襄樊市《政府工作报告》(征求意见稿)；增补市政协委员；决定召开市政协九届四次会议的时间和主要议程。同年4月2—4日会议，传达省政协七届五次会议精神；协商讨论塑造名牌产品形象和加强农业科技队伍建设问题；听取市委领导关于1997年第一季度主要工作情况通报；研究讨论进一步搞好1997年市政协工作的具体措施；讨论通过《政协襄樊市委员会关于委员活动组开展工作的实施意见》和《政协襄樊市委员会关于密切联系委员的试行意见》；讨论通过《关于加快工业名牌战略实施步伐的建议案》和《进一步加强农业科技队伍建设的建议案》。同年6月24—25日会议，听取市政府关于上半年主要工作及下半年工作安排的情况通报；听取市政府关于贯彻全国、全省卫生工作会议精神的情况通报；协商讨论《襄樊市农村合作医疗保健制度实施办法》，通过《关于恢复发展农村合作医疗保健制度的建议案》。同年9月24—26日会议，传达学习中共十五大会议精神；传达省政协七届二十八次常委会议及全省政协工作经验交流会精神；通报全市主要工作情况及今后工作安排，反馈市委机关办理提案的情况；听取并协商市政府关于扶贫攻坚的情况通报；通过人事任免；通过《关于进一步打好扶贫攻坚战的建议案》。同年12月9—10日会议，听取市政府关于办理政协建议情况的通报；听取市政协评议国税、地税、工商局职业道德建设情况的通报；听取市农工党、九三学社关于全市科技队伍状况调查的通报；听取十省(区)二十市政协横向联系会情况的通报；决定召开市政协九届五次会议的时间、地点和议程；决定将市政协三胞联谊委员会和对外经济联络委员会合并，成立“三胞联谊、对外经济联络委员会”，设置“民族宗教委员会”。

1998年3月23—25日会议，听取市工商局、市国税局、市地税局评议整改情况的通报；听取市委1998年第一季度主要工作情况的通报；专题协商讨论全市农村实行村务公开情况，讨论并通过《关于进一步加快农村村务公开、民主管理工作的建议案》；通过有关人事任免事项。同年6月16—17日会议，听取市政府第二季度主要工作情况通报；研究贯彻落实市委、市政府《关于发展个体私营经济若干政策和暂行规定》的措施。同年9月28—29日会议，研究总结九届政协五年来的工作经验，听取市委、市政府第三季度主要工作情况和第四季度工作安排的通报；听取市委办公室和市政府办公室关于办理政协提案情况的通报；会议传达省政协八届四次常委会和全省政协宣传、提案、文史工作会议精神；通过有关人事任免事项。同年12月24日会议，审议通过《政协襄樊市第九届委员会常务委员会工作报告》和提案工作报告；协商决定政协襄樊市第十届委员会名单和十届一次会议的议程、时间和地点。

6.政协第十届常委会议

十届市政协(1999年1月—2004年1月)五年间，召开常委会议25次。常委会专题协商的层次进一步提高。每年的常委例会，市委书记、市长和市委、市政府有关分管领导都参加会议，有关部门列席会议。

1999年1月22日会议，审议通过市政协副秘书长、办公室主任、副主任和各专门委员会主任、副主任、成员名单。同年4月14—15日会议，传达全国政协九届二次会议和省政协八届八次常委会议精神；专题协商讨论农民增收问题；审议《政协襄樊市委员会第十届委员会常务委员会工作规则》和专门委员会通则；通过关于农民增收问题的建议案；民主党派作专题发言；决定将市政协学习委员会更名为人口资源环境委员会。同年6月10—11日会议，协商讨论厂务公开问题；民主党派在大会上发言；通报1999年1月至5月各委员活动组开展活动的情况；通过《关于进一步搞好厂务公开的建议案》；通过有关人事任免。同年9月21—22日会议，协商讨论企业改制问题；协调讨论城镇医疗制度改革问题；听取市政府1至8月工作情况通报；民主党派在会上发言。同年12月7日会议，听取市委

1999年工作情况通报；听取对市区公安系统创建“人民满意派出所”活动情况的视察报告；听取“三北”防护林建设调查情况的汇报；听取市政府办理提案建议案情况的通报；通过《关于进一步加强“三北”防护林建设的建议案》。同年12月16日会议，讨论通过政协襄樊市第十届二次会议召开的时间、议程、日程；审议通过市政协十届二次会议大会秘书长、副秘书长名单；审议通过政协常委会工作报告和提案工作报告；书面审议各专门委员会年度工作报告，增补20名市政协委员。

2000年4月22—23日会议，听取市政协四个调查组关于加入WTO对全市经济影响及对策的调查情况汇报，讨论通过《关于加入WTO对全市经济的影响及对策的建议案》；通过有关人事任免。同年6月29—30日会议，听取市政协4个调查组关于市区社会保障体系运作情况的调查报告；听取市民革关于汉江襄樊段水质污染情况的调查报告；审议通过《关于防治汉江襄樊段水质污染的建议案》；听取市政协赴外地考察的情况汇报。同年8月28—29日会议，听取市政协7个视察组关于视察治理农村“三乱”工作情况的报告；审议通过《关于全市治理农村“三乱”的建议报告》。同年11月20—21日会议，听取市政协视察市直10个部门政务公开情况的报告；听取市政协4个调查组关于市区城市建设与旅游业发展的调查报告，通过《关于市区城市建设与旅游业发展的建议案》；听取市政府关于办理提案建议案的情况通报。同年12月13日会议，审议通过十届三次会议召开的时间、地点、议程、日程以及分组办法和召集人名单、列席人员范围；审议并原则通过十届常委会工作报告、提案工作报告；审议2001年工作重点；审议通过各专门委员会年度工作报告；审议通过委员增补调整名单；讨论通过市政协《关于加强政协委员监督管理的暂行办法》，此办法从十届三次会议起执行。

2001年4月23—24日会议，听取并审议市政协视察组关于“一节一会”（2001年中国湖北襄樊诸葛亮文化节暨中西部经贸洽谈会）筹备工作情况的视察报告；听取并审议市政协视察组关于利用外资和出口创汇情况的视察报告；审议通过《关于“一节一会”筹备工作的建议案》和《关于全市利用外资和出口创汇工作的建议案》；通过有关人事任免事项。市委、市政府领导应邀出席并讲话。会议还讨论通过《市政协常委对进一步做好政协工作的意见》。同年6月25—26日会议，听取市纪委、监察局和市公安局主要工作情况及办理委员提案工作情况的通报；听取市政协视察组关于“打黑除恶”专项严打斗争和“源头治腐”工作的视察报告；通过修改后的《襄樊市政协提案工作条例》（草案）。市委、市政府领导出席会议并讲话。同年9月13—14日会议，传达全国政协信息工作会议精神；总结交流全市政协反映社情民意工作的经验，研究并提出进一步加强和深化反映社情民意工作的意见；听取市总工会关于全市职工生活状况及合法权益保障情况的通报；听取市农经局关于当前全市农村工作情况的通报；会议审议并通过市政协《关于加强和深化反映社情民意工作的意见（草案）》。此《意见》经中共襄樊市政协党组向中共襄樊市委上报，市委于2001年12月10日向全市批转，强调认真对待政协的信息、意见和建议，重要的信息、意见和建议，主要领导要亲自阅批，督促落实。同年11月6—7日会议，听取市政协调查组关于发展旅游业的调查报告；会上78岁高龄的邹演存老人为开发岘山旅游建言献策；市政府办公室通报市政协十届三次会议以来提案的办理情况；审议通过《关于加快全市旅游业发展的建议案》；审议通过有关人事任免事项。市委、市政府领导到会讲话。同年12月30日会议，审议通过襄樊市第十届四次会议召开的时间、地点、议程、日程及其他有关事项；审议通过常委会工作报告和提案工作报告；审议通过各专门委员会工作报告（书面）；审议通过2002年工作要点；通过增补调整委员名单和公示表彰先进名单。

2002年2月28日会议，主要是为即将召开的市政协十届四次会议作各项准备。十届四次会议第二阶段会议的任务是选举。会议审议通过了增补、调整委员名单；审议通过补选政协襄樊市第十届委员会副主席、常务委员候选人名单；审议通过市政协机关有关人事安排；审议通过《选举办法》和总监票人、监票人名单。同年4月4日会议，专题协商襄樊创建中国优秀旅游城市工作，通过《关于创建中国优秀旅游城市工作的建议案》。同年6月12—13日会议，听取市文体局关于市区文化市场管理工作情况的通报；讨论关于加强市区文化市场管理和药品招标采购工作等两个建议案。同年8月30日会议，对市政协六次资政建言会进行总结。从8月12—23日，市政协先后就“民营经济”、“外经外贸”、“民族宗教”、“农村工作”、“社会、法制、科技”、“教育、卫生、文化、体育”、“工业经济”、“环境保护”、“城市建设与管理”召开了六个资政建言会，市政府有5位副秘书长分别通报了有关工作情况，邀请了10位市委、市政府领导及市直46个部门领导，直接听取市政协常委、委员的意见。据统计，有274名常委、委员参加资政建言会，共产生发言材料61份。在发言材料中，以集体名义的有19篇。其中民主党派8篇，工商联1篇，委员活动组10篇。有5位委员在现场即兴发言。这次资政建言会，从内容到形式都是一次全新的尝试，扩大了委员参与面，进一步畅通了民主渠道，推进了民主政治建设。同年12月16日会议，主要是为十届五次会议做筹备。新任市委书记阮成发和新任市长付明珠参加会议。

2003年4月13日会议，听取市政协调查组及有关人士关于全市汽车零部件工业情况调查报告和意见建议；通过《关于全市汽车零部件工业问题的建议案》。同年7月14日会议，就进一步理顺全市城市行政管理体制问题进行专题协商。通过《关于加快推进城市建设和管理体制改革的建议案》；对《政协论坛》开播5年来的情况进行总结；书面通报2003年上半年委员活动组活动情况；审议通过有关人事任免事项。同年9月6日会议，协商讨论农业产业化问题，审议通过《关于进一步发展农业产业化的建议案》。同年12月27日—28日会议，为召开市政协十一届一次会议做准备。

7.政协第十一届常委会议

十一届市政协（2004年1月至2005年）共召开七次常委会会议。会议内容丰富，形式有所创新。2004年3月29—30日会议，听取市政协调查组关于全市经济发展环境和社区建设调查情况，审议通过《关于优化全市经济发展环境的建议案》；审议通过《政协襄樊市第十一届委员会常务委员会工作规则》、《政协襄樊市第十一届委员会专门委员会组织通则》及《政协襄樊市委员会关于委员活动组开展工作的实施意见》；审议通过关于设立十一届市政协工作机构的决定及有关人事任免决定。同年7月12日会议，主要内容是政情通报与资政建言。市长付明珠通报上半年政府工作情况，15名市政协常委、委员就国企改革、项目年建设、基础教育、服务东汽发展、城市公共卫生管理、发展民营经济、确保食品安全、招商引资等问题发表意见建议。为了开好此次会议，同年6月10日，市政协召开动员大会，部署安排资政建言会的有关调研工作。会后各民主党派、工商联和市政协各专门委员会组织市政协常委、委员，分别围绕关系全市改革发展稳定大局和人民群众普遍关心的重点问题进行了深入细致的调研。同年9月8日会议，就“三农”有关问题进行了协商讨论。5名市政协常委、委员就农民增收、农村基础设施建设、农村剩余劳动力转移、农村文化建设、新型农村合作医疗试点工作进行发言。市委书纪、市长在听取发言后讲了话。会议审议通过市政协有关人事任免事项。本次会议任命的有关专委会主任、副主任及研究室副主任等都是市政协首次通过演讲竞争上岗。同年12月8日会议，听取十一届二次会议筹备情况，审议有关报告和增补委员名单。

2005年5月23日会议，听取和协商关于全市“十一五”规划编制工作及“十一五”期间经济社会发展有关问题的意见和建议。11名市政协常委、委员分别就“三农”问题、工业园区建设、城市社会救助体系建设等问题发言。市委书记田承忠、市长李德炳出席会议并讲话。市政府办公室、市发展和改革委员会等22个市直部门负责人应邀到会听取意见建议。同年9月7—21日会议，以组织常委视察调研的形式召开。共组织45名常委、14名机关干部，组成8个视察调研组，由主席、副主席带队，到各县（市）区就县域经济和“三农”问题开展调研，先后到14个乡镇、20个村组和50个企业看现场、摸实情、听建议，共召开座谈会20次。同年9月21日，市政协十一届十三次主席会听取各视察组情况汇报，形成《关于全市县域经济和“三农”问题的调研报告》，送市委、市政府领导参考。

（三）主席会议

市政协五届一次会议至2005年，共召开主席会议250余次。主席会议大多数内容是为召开市政协全体会议、常委会议作准备。此外，主席会议还突出了以下几个方面的内容。

1.政治学习

1990年6月8日会议，学习《中共中央关于加强党同人民群众联系的决定》，讨论修改中共襄樊市委贯彻中央决定的实施细则。同年12月27日会议，学习《政协全国委员会关于政治协商、民主监督、参政议政的规定》，并对市政协贯彻落实的实施办法进行讨论。1995年8月18日会议，学习讨论《社会主义若干问题学习纲要》。1996年7月8日会议，集中学习座谈江泽民《关于讲政治》和《努力建设高素质干部队伍》的重要讲话，对市政协委员和机关的学习作出具体安排。2001年10月11日会议，传达贯彻中共十五届六中全会精神，对政协贯彻六中全会精神提出四条要求：加强学习，用科学理论武装头脑；认真贯彻中央“八个坚持、八个反对”的要求；坚决维护党的集中统一；加强调查研究，密切联系群众，做好反映社情民意工作。

2.制度建设

1986年10月14日，市政协办公室发出《关于建立主席接待日、文件传达日制度的通知》，决定从1986年11月起，每月5日为主席接待日，每月15日为文件传达日。同年11月5日，市政协在政协会议室举行首次“主席接待日”，主席沈汉民，副主席熊德云为值班主席，一天内接待市区的政协委员、街道居民、郊县农民共8人，并按有关政策答复来访人员提出的问题。

八届政协主席会议，制定了各民主党派双月情况通报会制度；制定了《关于各专门委员会与中共襄樊市委、市人大、市政府有关部门对口政治协商、民主监督的暂行规定》、《关于参加市政治协商、民主监督的暂行规定》、《关于参加政协的民主党派、人民团体和市政协各专门委员会提案试行办法》、《襄樊市政协提案工作条例》，建立了市政协主席、副主席分别列席中共襄樊市委常委会议、全委会议制度。

市政协第九届、十届、十一届政协主席会议，坚持和完善八届市政协的各项制度，并建立履行政协职能的工作规程。规程规定，坚持政协全会先于人代会单独召开，切实贯彻协商在决策之前的原则；坚持“四位一体”（政协全体会议整体协商、常委会议专题协商、专门委员会对口协商、委员活动组织经常性协商）的协商格局；坚持一年一次全会、年中一次资政建言会、一季一次常委会的例会制度；坚持面对面协商，实行开门议政，举办听证会，让市民通过一定程序，参加听证会，发表意见；推行提案办理“两公开三满意”，即提案办理过程公开、办理结果公开，提案办理结果达到政协委员、政协组织、承办单位三方满意；将提案办理工作置于委员、政协组织和社会各界的监督之下，深化反映社情民意工作，办好《政协论坛》和《委员视点》电视广播专栏节目；拓宽参政议政和民主监督的渠道，明确专委会工作的硬任务，充分发挥专委会的基础作用。专委会的硬任务主要包括：围绕政协全会和常委会协商议题，组织委员开展调研视察活动；反映10篇政协信息和社情民意；每半年与有关部门开展一次对口协商；每年牵头制作1—2期《政协论坛》节目；指导所联系的委员活动组开展活动不少于10次。建立委员活动组，让委员真正成为政协工作的主体。按照界别特点和就近、就地、就岗的原则，把所有市政协委员分成29个活动组，其中市直20个小组，各县（市）区分别为一个小组，明确一名组长和若干名副组长，彻底改变了过去“热热闹闹三五天，冷冷清清又一年”的状况。

3.研究重要问题

七届政协主席会议，从为四化建设作出突出贡献的市、县两级政协委员中，选出7名有代表性的人物，组成“政协委员为四化作贡献事迹报告团”，1986年11月14—27日，先后到市直有关战线及6县2市，共做巡回报告11场，听众达5 500多人。

八届市政协主席会议决定，在全市各级政协组织和各级政协委员中开展“创三新”活动。并在八届五次全会上，对全市政协“创三新”的33个先进单位和266名先进个人进行了表彰。

十届政协第41次主席会议决定，把即将召开的十届二十次常委会议开成一系列规模大、范围广、层次高的资政建言会，根据不同的会议内容，确定不同界别的委员参与，分别邀请市委、市政府分管领导参加，市政府通报工作情况，委员现场建言，市领导当场答复。

2000年，市政协主席会议提出“把信息当成提案办”的思路，注重提高信息质量，加强信息的跟踪督办，强化信息工作效果，使襄樊市政协的信息社情民意工作一直在湖北省各市州政协中名列第一。

（四）专门委员会会议

专门委员会会议一般为一季度召开一次，也可以定期召开。1978—2005年，市政协专门委员会会议共计500余次。会议的内容主要是组织学习、研究工作。

提案委员会会议，研究提案征集、提案审查、开门办案、商定提案交办单位等事宜。在对提案进行认真审查的基础上，确定优秀提案个人和提案办理先进单位。

经济技术委员会会议，重点抓住事关全市大局的经济和技术工作，多次讨论科技兴市、强市等问题，组织经济和技术专家开展下乡服务50多次，提供咨询服务70余次，受益群众上万人。1998年3月，组织成立襄樊市科技进步促进会，有81位科技界委员和专家成为科促会会员。

教文体卫委员会会议，除了研究年度工作计划和工作重点外，多次对开展教育、卫生、文化、体育领域的调查视察进行讨论，开展送医送戏、送文化下乡等。1997年12月22日，组织22名政协委员和邀请的人员，由副主席郝桂萍带队，到襄阳县埠口镇送文化下乡，为农民演出20余个文艺节目，赠送各类图书420册，书写春联近百副。

法制社会工作委员会会议，以学习和研究部署工作为主要内容，紧紧围绕市委、市政府、市政协的中心工作和人民群众关心的热点难点问题，组织委员视察和调研。仅九届市政协期间就组织视察调研51次，组织情况通报会、报告会、专题座谈会等26次，编发市政协《领导参考》、《政协工作情况》、《政协简报》等43期，报送视察调研报告24份。

三胞联谊对外经济联络委员会会议，突出加强学习、广交朋友、为促进祖国统一大业服务。在三胞三属委员中开展一封信活动，希望三胞三属为繁荣家乡经济作些有益的工作。摘编《台港澳学习资料》22期，为委员寄出资料1 065份（次）。发挥优势，牵线搭桥，累计引进项目32个，总投资3 583万美元，其中外资1 658万美元。

民族宗教委员会会议，重点研究落实党的民族宗教政策，妥善处理突发事件。市基督教为其房地产问题与市林业局发生纠纷。市政协民族宗教委员会专门召开会议，研究如何防止矛盾激化，先后做协调工作10余次，终于使双方签署协议。1994年12月，《襄樊晚报》一篇《猪年趣话猪文化》的文章，严重违背了民族宗教政策，伤害了穆斯林群众的感情，引起了穆斯林群众的严重不满。市政协副主席汤学林按照市委的要求，亲自率工作组到河南省郑州、洛阳、许昌等5个地市做工作。市政协民族宗教委员会连夜做民族宗教界委员的思想工作，反复讲解稳定的重要性，控制了事态的发展。

学习和文史资料委员会会议，把加强学习、提高委员素质放在头等重要的位置，先后请25名专家学者为市政协委员和市政协机关授课，编印《委员学习资料》20余期，2万余份。先后在八届市政协和十届市政协期间，对400余名新委员和200多个政协乡镇联络处主任以及市、县两级政协机关干部进行了培训。六届市政协期间开展编印《文史资料征询稿》。七届市政协期间开始连续出版《襄樊文史资料》。九届、十届、十一届市政协文史资料委员会会议，多次就史料征集进行专题研究，并对史料的使用进行探索，先后向中国国家图书馆、武汉图书馆、南京大学图书馆等捐书数百册，向市区小学捐书千余册。

2003年湖北省政协表彰了在文史工作岗位上连接工作10年以上的文史专职干部，市政协王东明、夏宝泉等16位人受表彰。

2005年，襄樊市政协第一次公开出版发行文史资料《老襄樊》(市区老街古巷及会馆史料专辑)。

(五)专题座谈会

市政协履行职能的一项有效形式，就是就有关问题召开专题座谈会。1978年至2005年，市政协组织召开了500多次不同类型、不同范围、不同形式的专题座谈会。

1983年1月17日，市政协召开专题座谈会，学习讨论《中共中央、国务院关于降低化学纤纺织品价格，提高棉纺织品价格的通知》和中央宣传部、国家物价局的宣传提纲。此次座谈会邀请市物价局副局长杜文林就襄樊市贯彻执行通知精神有关问题进行介绍。与会人员一致拥护中央的决定，并提出搞好纺织品调价宣传、开展物价检查、加强市场管理等项建议。

1983年4月22日，市政协召开知识分子座谈会，学习胡耀邦在马克思逝世100周年纪念大会上的讲话——《马克思主义伟大真理的光芒照耀我们前进》，并围绕知识分子如何为“四化”多作贡献进行座谈讨论。大家各抒己见，畅所欲言，感谢党和政府对知识分子的关怀与信任，表示要严于律己、善于自处，加强与工人农民的团结，“拿出真本事，干出一番事业来”。

1984年9月8—10日，市政协组织召开了“襄樊市经济社会发展战略和经济体制综合改革献计献策座谈会”。会上，姜敏樵、李承桢、马启全等20余人从理论与实践的结合上，就襄樊市建设的总体规划、工业结构和布局、农业生产、科技工作、振兴教育、知识分子工作等问题，发表意见和建议。市委、市政府有关领导到会听取论证，并给予高度评价。

1990年4月10日，市政协与市政府就“科教兴市”专题，联合举行“恳谈会”。科技、教育、农林界部分政协常委、委员和有关方面人士20多人参加会议，并发表意见建议。

1990年8月15日，市政府与市政协联合召开办理政协委员提案座谈会。11位市政协常委、委员参加座谈。市物资局、市城建局、市环保局、市饮食服务总公司领导，就群众普遍关心的市区生活煤供应、城市市政建设、公用事业、环境保护以及少数民族饭店等问题作情况介绍；通报提案办理情况并征求与会委员的意见。

九届、十届、十一届市政协，召开各类座谈会的次数和内容更加广泛，包括了政治、经济、文化、教育、科技等内容。九届政协召开的20次常委会议，会前都就有关专题多次召开座谈会。菜篮子工程建设是城市居民生活中的一件大事。1995年4月，市政协会同市郊区政协、市蔬菜办公室，多次深入到田间地头，与菜农和有关人员进行座谈，针对座谈中发现的问题及时与市政府有关领导交换意见。这次座谈调查所形成的报告，在省政协七届十五次常委会上交流。

市政协于2000年10月，组织4个调查组，先后到市直10多个单位，召开座谈会20多次，征询数十位领导、专家的意见，提出应该解决好的6个问题和市区5处重点景区建设的5条具体建议。

2003年秋，市政协各专门委员会就县域经济发展，即培育新的经济增长点问题，分赴各县(市)、区调查，召开有关部门、乡镇干部等座谈会 40 多次，形成调研报告 6 份。

2005 年 12 月 26 日，市政协第一次特别邀请 11 位市民代表召开座谈会，征求市民对全市经济和社会发展的意见和建议。

三、重要活动

20 世纪 80 年代，市政协履行民主监督职能的主要方式有：通过全会、常委会或主席会议向市委、市政府提出意见和建议；各专门委员会提出建议或通过递交有关报告；组织委员视察、座谈，或以其他形式提出批评和建议，或参加市委、市政府及有关职能部门组织的检查活动。20 世纪 90 年代，市政协民主监督方式进一步完善。开展民主评议，实行面对面监督；组织委员视察、调查，进行专题监督；举办《政协论坛》和开办《委员视点》，实行舆论监督；收集反映社情民意，开展社会监督；推荐特邀监督员，实行专门监督；推行“两公开三满意”，搞好委员提案监督。进入 21 世纪以后，注重监督形式的多样性和实效性。民主监督的内容主要包括：国家宪法与法律、法规在本市的实施情况；本市贯彻执行党和国家制定的方针政策情况；国民经济和社会发展规划及财政预算执行情况；国家机关工作人员履行职责、遵守法纪、为政清廉等方面情况；参加政协的各单位和个人遵守政协章程和执行政协决议的情况等。

（一）委员视察

1981 年 1 月—1984 年 1 月，市政协六届任期内，开展委员视察 50 余次。1981 年换届不久，市委就要求市政协组织计划生育工作视察。同年 5 月 12—14 日，市政协组成委员视察组在市区开展三天视察。先后视察襄江商场、市百货公司、襄江旅社、东风服务大楼、第一和第三粮管所等 6 个单位，与基层群众座谈分析，查找问题，研究措施。视察后向市委写了专题报告。市委对报告以简报形式转发到全市各基层党委。

1984 年 1 月—1989 年 3 月，七届市政协把发挥政协民主监督的基本职能作为中心环节，把事关国计民生的重大问题作为视察的主要内容，先后对教育、农村“两户一联”（重点户、专业户、联合体）、农田水利建设和水电开发、深化企业改革、落实统战对象政策等问题进行了 60 余次视察。1987 年 3 月 31 日—4 月 1 日，谷城县、襄阳县（黄集区、伙牌区）突降大雪，平均积雪 25 厘米，对小麦、蚕豆、油菜等夏收作物造成一定损害。4 月 8 日，市政协组织两个视察工作组，分赴谷城、襄阳两县，会同两县政协至灾害现场视察实情，随后，向市委、市政府提出抗灾救灾的具体意见。八届市政协 1989 年 3 月—1994 年 1 月，共组织委员视察 34 次。

1989 年 5 月 10 日，市政府办公室发出《关于做好市政协委员持证视察接待工作的通知》，要求各县（市）、区人民政府和市政府各部门高度重视，认真接待委员持证视察。11 日，市政协办公室发出通知，要求政协委员在持证视察中，严格按照党的方针政策和法律法规秉公办事，抓住重点，摸清情况，提出切实可行的建议。“政协委员持证视察”办法的出台，为委员视察提供了更加便利的条件。委员个人或自行结伴就近、就地视察的越来越多。除此之外，八届市政协还先后组织了四次大型视察活动。第一次是在 1989 年 10 月下旬，围绕治理整顿的目标，就压缩固定资产投资规模、农产品收购、纠正公款吃喝风、“扫黄”、打击经济犯罪、廉政建设等内容，在市区和部分县（市）进行为期 4 天的视察。第二次是 1990 年 2 月上中旬，用 7 天时间，组织市政协委员并请市内省政协委员和县（市）、区部分政协委员参加。470多名委员分成58个视察组深入到市直和各县(市)、区259个部门和单位,就科教兴市、调整产品和产业结构、提高产品质量和经济效益、解决市场疲软、“三资”企业生产经营、社会治安等十几个专题进行视察。第三次是1990年12月中、下旬,组织市区285名委员,分成32个视察组,到全市133个单位进行视察。第四次是1991年12月中旬,组织市政协委员并邀请驻市的全国和省政协委员共377人进行大型视察。

九届市政协(1994年3月—1999年1月)委员视察活动坚持经常化、多样化。1994年夏,市政协组织委员就企业负担、企业债务、企业产权流动、政企关系问题开展视察,提出尽快建立现代企业制度,大力培植经济巨人的建议。

十届市政协注重视察的实效性。在委员中推荐警风警纪、税务、审计、新闻出版等各类监督员和行风评议代表,发挥他们在实施监督中的作用,将社会上普遍关注的问题作为民主监督的重点组织委员进行视察。仅1999年就组织委员开展各种视察活动30多次,分别就社会力量办学、建筑市场管理、法院审务公开等专题进行视察,提出报告和建议58份。

2005年,十一届市政协进一步拓宽民主监督渠道,把委员视察情况通过新闻媒体加以宣传。市政协办公室与市委宣传部联合制发了《关于进一步加强政协宣传工作的意见》,在宣传部的支持下,在坚持办好《政协论坛》的同时,又在襄樊广播电台开辟了《政协委员视点》广播节目。当年,还有54名委员担任了各类监督员和行评代表。

(二)专题调查

七届市政协及之前的专题调查,都是以小型多样的形式开展。从八届市政协开始到2005年,专题调查的范围和规模有所加大。影响比较大的有三次。

第一次专题调查。1992年11月,根据中共襄樊市委的统一部署,市政协组织80名市政协委员同120名市人大代表,对市公安局、市机械局、市规划局、市纺织工业局、市教委、市一轻局、市二轻局、市城建局、市人事局、市物价局、市劳动局、市计量局、市供销社、市商业局、市燃化局、市工商局、市外经委、市标准局、市土地局、市交通局等20个市政府职能部门进行调查,开展民主评议。调查和评议的内容是贯彻落实党的路线方针政策和国家法律法规情况,重点是贯彻执行《企业法》和《全民所有制企业转换经营机制条例》、简政放权及公仆意识、工作作风、办事效率、廉政建设情况。调查评议工作分准备、评议、整改三个阶段。在准备阶段,200名市政协委员、人大代表,会同数百名各县(市)、区政协委员、人大代表,分成29个小组[其中市直17个小组,12个县(市)、区各为一个小组],分别深入市直和各县(市)、区基层,共调查单位2 606个,走访干部群众13 939人(次),召开各类座谈会3 745次,搜集群众意见和建议7 145条,并对群众反映的情况进行反复核实,形成评议材料。在评议阶段,由市政协委员、人大代表对20个被评议部门进行面对面的评议。经市政协委员和市人大代表投票表决,评出满意单位10个,基本满意单位9个,不满意单位1个。评议单位经过半年多的整改后,市政协与市人大于1993年6月,又组织市政协常委和市人大常委对20个被评议部门的整改情况进行视察,实行跟踪监督,并在此基础上对20个职能部门再次进行评议。这次评议活动的经验,市政协主要领导在1994年召开的全国地方政协工作会议上作了介绍。

第二次专题调查。2000年夏,市政协协助党委、政府开展治理农村“三乱”情况调查。市政协在全市7个县(市)各派出一个组,每个组调查2个乡镇的2个村。在调查组人员组成上,除了每个组有一位副主席带队、部分市政协常委参加外,还专门安排了一名懂农村政策的专业人员。23天时间,7个调查组走访215个镇直单位,14所中学,850多个农民,召开座谈会190多场,填写调查表780多份。

根据这次调查所反映的问题，市委、市政府责成市纪委、监察局组成专班一一进行核实查证。9月15日，市委专门召开各县(市)、区委书记会议，通报市政协调查情况，布置治理农村“三乱”工作。通过此次调查，全市撤并中共党总支342个，清退总支人员918人，合并中小学216所，清退民办教师、代课教师7 345人，精简村组干部9 197人，精简乡(镇)直部门超编、聘用、借用人员4 266人。以上累计可减少支出9 158万元。同时，全市调减农民负担9 092万元，总计可减轻农民负担18 250万元，人均减负50.4万元。

第三次专题调查。为资政建言会作调查。市政协在2002年8月12—13日和2003年8月6日，曾经举行过两次规模较大的资政建言活动。其中2002年8月的资政建言会连续开了6次，有274位市政协委员、10位市委及市政府领导、46个部门负责人参加。2003年8月的资政建言会改变上次分头召开的形式，集中一次性召开。市政协为了开好资政建言会，会前都组织了较大规模的专题调查。市政协8个专门委员会，既是“导演”，负责组织筹划，又是“演员”，亲自参与其中。仅2003年8月召开的资政建言会上，就先后有72名委员发言，提出200多条意见建议，有20多个问题现场得到答复。张琼委员经过深入细致的调查后，建议尽快启动无公害蔬菜工程，让广大市民吃上“放心菜”。市委、市政府领导当即表示，要加大资金投入，尽快建立绿色食品生产基地，加强生产监测，严格农药农贸市场管理，确保让市民吃上“放心菜、放心果、放心肉”。运建立、李治和委员提出的大力推广地埋式无动力生活污水处理装置，依法关停小造纸厂，解决汉江日益严重污染问题，分管副市长责成市环保部门尽快答复。资政建言会结束时，市长感慨地说：“在这里我听到了在别处听不到的真话、实话。”

(三)会议建议案

市政协建议案，一般由市政协常委会议讨论通过，然后正式行文上报市政府。1994年以前，市政协也经常向市委、市政府提出意见或建议，但没有形成经市政协常委会讨论通过的建议案。

从九届市政协开始，以建议案的形式向市委、市政府建言献策的制度逐步形成。1996年10月召开的九届十一次常委会议，通过《关于提高城市管理水平、建设文明卫生城市的若干意见建议》。为了提出切实可行、有分量的建议，会前，市政协组织5个调查组，分别由副主席带队，于9月23—27日分头对加强城市交通、环境卫生、主要摊点管理三个方面的内容深入进行调研，向市委、市政府提出了6条建议，得到市委、市政府重视和采纳。从1997年开始，市政协建议案的数量逐步增多。1997年召开的常委会议，通过的建议案有《关于进一步加强农业科技队伍建设的建议案》,《关于恢复和发展农村合作医疗保健制度的建议案》,《关于进一步打好扶贫攻坚战的建议案》。1998年在九届十七次常委会议，通过《关于加强农村村务公开民主管理工作的建议案》。

十届市政协五年间形成建议案13个。包括《关于促进农民增收的建议案》《关于进一步搞好厂务公开工作的建议案》《关于加入世贸组织对全市经济影响及对策的建议案》《关于市区城市建设与旅游发展的建议案》《关于“一节一会”筹备工作的建议案》《关于全市利用外资和出口创汇工作的建议案》《关于深入开展“打黑除恶”专项严打斗争的建议案》《关于加快旅游业发展的建议案》《关于创建中国优秀旅游城市工作的建议案》《关于加强市区文化市场管理的建议案》《加强药品集中招标采购工作的建议案》《关于加强汽车零部件工业问题的建议案》和《关于进一步发展农业产业化经营的建议案》。对于十届市政协期间的建议案，市政府办公室都认真办理，并对办理情况一一给予答复。在2003年11月15日，市政府办公室在对市政协《关于襄樊市汽车零部件工业问题的建议案》的答复中，提出“制定关于加快发展汽车产品的若干意见、积极与东风公司高层沟通建立协商机制等5条措施。在8月8日市委常委会上，市委书记阮成发提出，成立襄樊市汽车产业发展领导小组，市委书记、市长任组长，市委、市政府分管领导和市政府有关部门参加。同时，制定了《中共襄樊市委、襄樊市人民政府关于加快发展汽车产业的若干意见》（襄发〔2003〕5 号），提出用 3 至 4 年时间力争使襄樊市汽车及零部件产业的增加值在 2002 年基础上翻一番，将襄樊市建成在全国占重要地位的轻型商用车、中高级乘用车和多层次配套的汽车零部件制造基地。

十一届市政协在 2004、2005 两年中，分别提出《关于优化经济发展环境的建议案》、《关于加强社区建设的建议案》，均得到市政府的重视和采纳。

（四）委员提案

1978—1981 年，委员的意见和建议主要通过各种会议发表。从市政协第六届委员会开始，成立提案审查委员会（后来改为提案委员会），负责委员提案的征集、督办工作。1981—2005 年，共征集提案 6 134 件，立案 5 701 件，办理率平均约在 80%以上，为推动全市经济建设和社会发展起到了积极作用。先后召开四次全市政协提案工作座谈会，促进了全市政协提案工作的开展。

六届市政协从第三次全体会议起，开始正式征集提案。在六届三次会议上，委员共提出提案 201 件。提案委员会及时对提案进行整理分类，确定承办单位。市政府对委员提案十分重视，分管市长亲自批办，办公室有人专管，有关部门具体安排办理事宜。六届市政协期间的政协委员提案全部得到办理，并将办理结果向提案人作了答复。其中对于符合政策，经过努力能办的都按提案意见认真办理。赵亚庸、孙本炎等十多位科技界委员提出的关于建立科技人员活动场所的提案，经市委、市政府研究确定，并报省政府批准，在新华路修建 4 000 多平方米的襄樊科技馆，由国家和地方投资 100 万元，已于 1983 年修建竣工。

七届市政协的提案数量逐年增多，办案效率明显提高。截至 1988 年 11 月 4 日，7 届政协收到的 642 件提案，全部办理完毕。市经委在接到"关于加强横向经济联合"的委员提案后，专门召开会议进行研究，从四个方面采取了措施：组建企业集团；将处境困难的小企业并入经济效益比较好的大中型企业，引"活水"浇"旱地"，使一批企业得到振兴；城市工业对口支援乡镇企业，帮助乡镇企业解决技术问题；发展合资企业。关于"历史文化名城的建设亟待成立权威领导机构"的提案，得到了市政府的重视。1987 年 6 月决定成立"襄樊市文物局"，负责文化名城的文物保护。市教委采纳关于"重视幼儿教育，兴办幼儿教师培训班"的提案的建议，从 1987 年秋季开始在职业中学、市教师进修学院开设幼师专业，并在市师范学校等校内开设幼师培训班。

七届市政协为畅通建言献策渠道，开展一封信活动。每年每位委员至少给市政协写一封信，信中通过市政协向市委、市政府提建议。为此，从 1984 年 8 月，市政协把委员来信提的意见和建议，不定期地整理编印《建议与意见》，共编发 33 期，约 6 万多字。实行主席接待日制度，截至 1989 年 3 月，13 位正副主席轮流值班先后共接待委员 40 人次、社会各界人士 46 人次，解决或答复问题 85 件。

八届市政协从 1989 年 3 月换届以后，共有 1 474 人（次）提出提案 1 083 件，经提案委员会审查后，交有关部门办理的有 993 件，作为意见处理向有关部门反映的有 90 件。八届政协期间的许多提案，所提问题针对性强，意见中肯具体，操作性强。如市气象台因经常停电，影响天气预报按时发布，委员提出提案后，市供电局于 1993 年 4 月底，将气象台供电线路改接庞 70 线，保证了气象台正常用电。政协委员根据市区治安存在的问题，建议"建立武警巡逻制度，维护社会治安"。市公安局受理提案后，报经市编委批准，于 1993 年 4 月正式组建"襄樊市公安局巡警队"，专门从事治安巡逻。市公安局还认真采纳委员提案，在 1993 年上半年打击车匪路霸的斗争中，一举摧毁在襄樊至南漳九集公路上抢劫的犯罪团伙。政协委员根据公用电话少、打电话难的问题，提出"在襄樊市区主要街道和公共场所设立公用电话亭”的提案。市邮电局对此高度重视，从1991年开始，先后在鼓楼商场、襄江商场等20个公共场所设立公用电话亭，并在各大宾馆、饭店及闹市区商店开办了120余个公用电话代办户。

八届市政协十分注重提高提案质量和办案质量。在提高提案质量方面，主要是帮助委员“知情”，包括坚持每月15号文件传达日制度，给每位委员订阅《人民政协报》，组织委员开展各种活动，听取市领导和有关部门负责人通报情况。在提高办案质量方面，市政协与市人大、市政府密切配合，于1989年6月和1991年1月，两次召开全市性的办理人大代表建议、政协委员提案工作经验交流会，于1990年1月、1991年1月、1993年4月三次召开人大代表建议、政协委员提案办理工作表彰会。提案办理的方法，由往届政协单独进行，改由市人大、市政府、市政协三家联合开交办会。从八届二次会议起，提案交办由政协直接向承办单位交办，改为由政协和政府向各部办委交办，再由各部办委向承办单位交办。这种一级抓一级的方法，对提高办理质量，加快办理速度起到积极作用。

九届市政协期间，收到委员提案1 321件，审查立案1 240件，立案率93.87%，提案办复落实1 060件，办复落实率85.5%，提案立案率和落实率分别比八届政协提高2.27%和26.5%。九届政协提案内容广泛，着眼全局议大事，大都围绕市委、市政府中心工作和广大人民群众普遍关心的热点难点问题提建议。1997年，在市政协九届四次会议上，有232人次提出112件有关加强城市建设和管理的提案。市委、市政府根据委员建议，改造了人民广场、火车站站前广场，在全市开展“城市管理月”活动。二道沟由于月淤年积，沟窄床高，每遇暴雨，工业污水横流，淹没菜地。当地农民为此两次上访，五次围厂，影响了厂村关系。李诗刚、蔡关福委员提出关于“解决二道沟的排水及污染问题”的提案。市环保局会同市一轻局通过现场查看，多方协调，投资320万元，疏通河道，修建七里桥排涝工程，进行污水综合整治，使问题得到解决。在九届一次会议上，有12位委员提出了4件“关于在市区禁止燃放烟花爆竹”的提案。市政府办公室组织起草了《襄樊市市区禁止燃放烟花爆竹暂行规定》，此《规定》经市人大常委会通过后，自1995年1月20日开始在市区禁止燃放烟花爆竹。民建襄樊市委、农工襄樊市委及李承桢、郝桂萍等34位委员的22件关于加强城市交通秩序的提案，有关部门在办理时，对交通工具实行分类管理，对中巴、面的、出租轿车、人力三轮车实行总量控制，取缔了市区营运的“电麻木”。

九届市政协每年从几百件提案中，精选出20多件重点提案，由市委、市政府、市政协领导直接督办。姚祥栋主席在督办关于荆州南街菜市场应搬迁的提案时，召集市工商局、襄城区政府领导和提案人一起，查看现场，研究对策，促进了问题的解决，减少了噪声对襄樊四中教学的影响。

实行开门办案，多次召开提案办理现场会，推广市城建局开门办案的做法和经验。1998年，市委、市政府所属的66个承办单位办理的281件提案，全部实行开门办案，变过去“文来文往”为“人来人往”，提高了办案实效。

实行跟踪办案，对往年没有办理的提案进行“清仓盘点”。九届期间跟踪督办往年列入计划办理的提案79件。对办理情况比较复杂的提案，从不放弃。如“解决回民殓地一事”的提案，还是1988年列入计划办理的提案，尽管这件提案拖的时间长，情况又很复杂，但它涉及落实民族政策的大问题，还是将其列入了1995年跟踪办理计划，终于使这一拖了八年的“老提案”得到圆满解决。

九届市政协期间，以“四大家”的名义连续4年对优秀提案单位和个人进行表彰。此外，市政协还在九届四次会议上单独表彰了6个提案先进单位和58名优秀提案个人。

十届市政协共征集提案2 009件，经审查立案1 847件。其中，市级民主党派、人民团体和市政协各专门委员会的提案137件。许多提案办理后，收到明显的经济效益和社会效益。根据政协委员关于加快全市国有中小型企业改制、规范民营企业经营行为的提案，市委、市政府三次召开民营经济人士座谈会，听取意见和建议，制定了《关于进一步发展民营经济的意见》，为民营经济的发展创造了条件。2003年，市委、市政府决定加快市直国有企业改革，以民有民营或混有民营为取向，市属国有及国有控股企业基本退出国有序列,实现产权主体的多元化。城市建设和管理的提案比较集中。根据众多提案的建议,有关部门投资改造了沿江大道、滨江大道、车城大道、大庆西路、解放中路;修建了"港湾式"公交站、人民路天桥;疏通了襄阳护城河;治理了南渠;在市区新设了120个消防栓;对襄阳古城墙、米公祠、山陕会馆等历史文物遗迹进行了恢复性修缮。各民主党派和许多委员提出"对全市大型建设工程实施阳光工程"、"推行药品集中招标采购"等提案,有关部门及时采纳,建立了药品集中招标采购、政府采购和招标集中管理制度,使药品集中招标由初期的4家扩大到63家,品种由30多个扩大到2 600多个,金额由4 800万元上升到1.2亿元,药品价格平均下降25%。政府采购的项目由初期的17项扩大到56项,为从源头上治理腐败起到积极作用。

十届市政协以提高提案工作质量为主线,坚持以质量求发展。政协常委会根据提案工作发展的要求,对《提案工作条例》进行了修订。为了推动提案工作由数量型向质量数量型的转变,每次全会召开前两个月,都向全体委员寄发征集提案函;通过委员培训、召开提案工作座谈会等形式,引导委员撰写提案。十届三次全会期间,首创了公开办理提案发布会的新形式,邀请市财政局就"扩大政府采购"的提案,让委员现场提问,承办单位现场答复,新闻单位现场报道。五年来,共对56件往年提案和33件委员不满意提案进行跟踪督办和再督办。

十一届市政协于2004—2005年两年中,共征集提案887件,经审查立案778件,作意见建议处理的109件,立案率为87.7%。2004年,根据委员"关于优化经济环境"的提案,市委、市政府在全市开展了优化经济环境大讨论,将2004年确定为"项目建设年"。2005年,樊廷军、王元山、周永春、孟庆雄、秋子等160多名委员个人或联名提出关于撤销市区"两桥"收费站的提案。市委、市政府领导高度重视,先后与瑞联公司开展多轮磋商和谈判,最终达成协议,撤销了争议多年的两桥收费站。

(五)建言献策

1994—1995年,市政协先后8次陪同省政协调查组,就保护农民利益、调动农民生产积极性、国有大中型企业转换经营机制、整顿文化市场等专题进行了调研,针对存在的问题,提出改进意见。市政协在选择事关全局的重大问题开展调查研究的同时,注重发挥各专门委员会和委员活动组的作用,为市委、市政府当参谋、献良策。各专门委员会分别与相关部门加强联系,了解重要工作部署,主动参与重要工作研究。委员活动组根据专业特长,结合工作实际,经常组织委员学习、座谈、走访,开展小型专题调查、视察,进行科技攻关、咨询服务,帮助农村、工厂、学校、医院等单位解难题、办实事。1996年,市政协先后就提高城市管理水平等三大问题进行广泛调查,提出了操作性较强的建议。同年6月上旬,市委、市政府专门召开全市减轻农民负担工作会议,部署落实政协对减负工作的意见、建议。各专门委员会紧扣党政部门工作,有计划地开展调查、视察,参与部门检查,组织外出考察,举办专题笔谈等都产生了积极影响。

1997年,市政协加大直接参与力度,把着力点放在既协商又出力、帮助解决实际问题上。市政协九届四次会议上,委员们提出的纺织工业也要"二次创业"的建议,受到市委、市政府的重视和采纳。而服装工业创名牌则成了纺织工业"二次创业"的一个拳头。为了把这个项目实实在在促上去,市政协九届十三次常委会专题讨论产品形象问题,向市政府提出建议案,并于5月底至6月初,由市政协领导率团赴外地考察,利用"全国政协是一家"的优势,在当地政协支持下,同宁波、上海两家企业建立了长期合作关系,联合进行技术攻关。

从1998年8月起,市政协开办《政协论坛》节目,每月1期,每期25分钟,每个星期天晚上准时播出,成为政协委员参政议政的有效载体。至2005年共播出70多期,先后有70多个单位和部门与市政协合作，有10位市领导参加节目，委员800多人(次)在节目中与领导及社会各界群众一起评论时事，发表意见。襄樊市中巴车车况不佳，且乱停乱靠、压站宰客现象时有发生，市民要求取缔的呼声很高，市政府也决心对中巴车进行换型。但是这件事情涉及方方面面的利益，实施难度较大。市政协就请有关部门的领导、中巴车司机、市民和交警，在《政协论坛》节目里进行讨论。在市政协委员和有关专家的引导下，大家达成共识，问题得到圆满解决。

2000年，开展加入世贸组织对襄樊的影响和对策的调研，对纺织、汽车等4个重点产业进行专门研究。同年6月，组织历时两个多月的治理农村“三乱”工作专题视察。7个视察组深入到14个乡镇、28个村、28所学校、200个农户，摸清了农村的“三乱”情况。调查一结束，主席姚祥栋带领一个考察组，赴安徽省蚌埠市及五河县考察农村税费改革及其配套改革情况。十届九次常委会议专题进行协商讨论，提出撤并乡镇、村组，撤销乡镇下设的总支、合并学校、化解债务等一系列治本之策。市委及时召开专门会议，对市政协调查中发现的农村“三乱”问题，要求一一查处。不久，中共襄樊市委督查室致函市政协办公室，市政协就治理农村“三乱”所提出的建议，市委已全部采纳并得到落实。《人民政协报》2000年10月28日头版头条以《重拳出击治‘三乱’》为题，详细进行了报道。

2002年以后，市政协利用每年一次的资政建言会，融合全会协商的整体性、常委会的专题性、专委会和活动组的界别性等特点，让广大委员参与建言献策，促进一些热点、难点问题的解决。先后围绕农村工作、工业经济、民营经济、外经外贸、民族宗教、环境保护、城市建设与管理、社会、法制、科技、教育、文化、卫生、体育等专题开展资政建言，委员们的意见建议均受到市委、市政府及有关部门重视和采纳。2002年8月，市政协连续召开了6次资政建言会，分别就工业、农业、科技、文化、教育、医疗卫生、环境保护、民营经济、法制建设等方面与市委、市政府领导面对面资政建言。先后有274位政协委员、10位市委和市政府领导、46位部门负责人参加。每次会议各有侧重，互相辉映。

2005年，十一届六次常委会议采取听证会的形式召开，就群众关注的热点问题，协助市委、市政府做好释疑解惑工作。会议规模扩大到部分政协委员和市民代表，共180多人。市建委、市公安局、市航管办、市文体局、市交通局、市规划局、市卫生局等7个部门，分别就两桥收费、崔家营航电枢纽进展情况及对市区汉江段水环境的影响、襄樊机场产权变更、襄阳古城景观规划、博物馆建设、网吧市场管理、打造平安襄樊、乡村公路和城市出口路建设、襄樊城市污水处理工程建设、看病难看病贵、艾滋病防治等11个问题通报情况，与会委员和市民代表广泛开展讨论，收到了“交流情况，沟通思想，营造和谐，形成合力”的效果。政府部门认为，听证会既为政府工作帮了忙，又为政务公开搭建了一个新的平台。市民代表反映，市政协召开的听证会，拉近了政府与群众的距离，沟通了政府和群众的思想。一市民代表会后给市政协主席写信说：“采取这种形式让老百姓有序参与政事，体现了市领导倾听群众意见的胸襟，贯彻决策民主化的诚意。”

(六)反映社情民意

向市委、市政府反映社情民意，是市政协参政议政的重要形式。1998—2005年，编发《社情民意》和《襄樊政协信息》900多期，被上级党委、政府、政协采用500多期(篇)。省政协采用襄樊市政协信息数量连续八年在全省各市州政协中排名第一。《社情民意》为党委、政府科学决策、民主决策提供了重要参考。

1.建立反映社情民意的体制机制

1999年初，市政协在政协委员和各界人士中聘请192名信息员，在各县(市)、区及乡镇中确定34

个信息点。市政协设立信息工作专门机构，由专人从事信息工作。采取六条措施推进社情民意信息工作。

建章立制。2000年，市政协制定《关于加强政协信息工作的若干意见》，规定政协信息反映的内容、征集方式、遵循的原则、报送程序、通报反馈办法和对信息员、信息点的任务要求。随后又制定《市政协信息奖励办法》。2001年9月，市政协十届十四次常委会议专题研究信息工作，审议通过《关于加强和深化反映社情民意信息工作的意见》，并报市委批转。2005年6月，市政协制定《反映社情民意信息工作条例》，对反映社情民意信息工作的内涵、指导思想、主要内容等作了明确规定。强调反映社情民意信息，要围绕国家和省、市大政方针，国境线政治、经济、文化和社会生活中的重要问题以及人民群众普遍关心的热点、难点问题，反映情况，提出意见和建议；要一事一议，内容真实，简明扼要，努力做到有情况、有分析、有建议，注重时效性。《条例》要求，政协委员要密切联系群众，特别是本界别群众，深入了解民情，充分发挥反映民意和集中民智的作用，积极提供社情民意信息；市政协办公室和各专门委员会要采取多种形式，为政协委员反映社情民意创造条件，提供服务。同时，《条例》对反映社情民意信息工作的组织、制度、程序、途径等作了具体规定。通过建章立制和引入激励机制，使政协信息工作步入规范化、制度化的轨道。

开展培训。八年间，召开三次全市政协信息工作会议，专题研究信息工作。在市政协举办的四次政协委员培训班中，专题讲授信息工作知识，采取以会代训的形式对信息员进行培训。邀请市政协领导、省政协信息处、市委和市政府信息工作专家讲授信息专业知识。为了让信息员尽快进入角色，有的放矢报送信息，市政协及时编发了《政协信息报送参考》。

加强联系。采取征集、反馈、通报、交流等多种形式，保持和委员、信息员、信息点的密切联系。市政协编发的《襄樊政协信息》和《社情民意》，每期都发送给各县（市）、区从事信息工作的人员，便于他们了解市政协信息工作动态。对采用的信息及时反馈给信息撰写者，对未采用的信息和信息员及时联系，提出修改建议。信息采用情况每半年以政协办公室文件通报到所有政协委员和各县（市）、区政协、信息员、信息点。每年按规定对采用信息进行奖励。

交流经验。八年间，在召开的三次信息工作会议上，先后有8位县（市）区政协领导和信息员总结交流信息工作经验。《襄樊政协信息》刊发了20多篇信息工作交流材料。评选优秀信息员13名。宜城市政协委员简大美，2000年五篇信息被省政协、省政府、全国政协采用。他撰写的《我是怎样反映社情民意》的文章，通过《襄樊政协信息》转发给全体信息员学习。樊城区政协周普生，2001年写信息50多篇。他撰写的《撰写政协信息的三点体会》被省政协简报转发，孝感市政协将此材料印发到每一位委员。

拓展渠道。通过全会、常委会、提案、委员活动组活动、委员约谈日等多种形式收集信息。2001年5月15日的一次委员约谈日，收集9条信息，其中5条得到市领导的批示，并迅速得到解决。

总结推动。1999年全年信息来稿只有300多篇，而且有一半的信息呈现“三多三少”现象，即小事多、大事少，问题多、建议少，现象多、分析少。市政协及时分析情况，采取培养骨干，重点约稿，精选精编，原汁原味地反映委员的意见、基层的要求和百姓的呼声等措施，使信息质量逐年提高。

2.围绕重点工作反映社情民意

1998年6月，保康县政协反映，农村宅基地使用面积超过法定标准现状令人担忧。市政协将其整理，以《切实加强农村宅基地管理》信息上报，国务院副总理温家宝作了批示。1999年，省委副书记王生铁对市政协报送的《关于土地承包工作中存在的问题与建议》的信息作出重要批示，认为反映的情况真实，建议中肯，要求迅速转发各地，加大相关工作力度。

1998年，市政协关于长征路钢材市场经营情况的反映以《社情民意》上报后，市委主要领导三次批示，要求有关部门整改，不仅促使问题得到圆满解决，而且由此带来一次执法部门大整顿，引发一场“谁养活谁”的大讨论。《人民政协报》《湖北经济报》《中国乡镇企业报》《团结报》《报刊文摘》等都在头版显著位置对此事进行了报道。

2000 年 5 月，市政协根据农村旱情严重的实际，上报《基层政协建议县级‘三讲’教育应推迟到农闲进行》的信息，省委书记贾志杰、副书记杨永良批示后，省委“三讲”办迅速下发通知，要求全省各地根据省委领导要求和本地区旱情实际，坚持抗旱斗争和“三讲”教育统筹兼顾。襄樊市委“三讲”办结合襄樊实际，将各县（市）、区“三讲”教育推迟 10 天进行，使基层干部及时深入到基层抗旱救灾，组织夏收夏种。

2001 年 2 月，针对全市乡镇机构改革，部分乡镇撤销工作中出现的问题，市政协常委李军撰写了《迅速采取措施，防止借乡镇机构改革之机大肆砍伐国有森林》的信息，分别被市委、市政府、省政协、全国政协采用。市委书记、市长批示后，市政府为此专门下发了《关于严禁借机构改革之机乱砍滥伐林木，损害国家和集体利益的紧急通知》的电报，要求各地加大对各种破坏森林案件的查处和打击力度，使部分乡镇出现的毁林现象得到遏制。

2001 年，市政协三胞委员会提出的《樊城麦当劳分部强烈要求恢复消防设施》的建议，市长罗辉、副市长尚立学批示后，市政协多次到市消防中队跟踪了解信息批示落实情况，促成几方协调会的召开，问题得解决，使樊城麦当劳这个“一节一会”签约的第一个项目如期开业。同年，市政协委员周柏林撰写《招牌也是城市形象应予规范》的信息，反映襄樊火车站出站口招牌混乱，环境混乱，影响襄樊形象。市政协将该期信息配上照片专报。副市长陈鼎益批示后，市政协及时与市城建局联系，市执法大队立即行动，拆除不规范广告，制止出店经营，使襄樊站出站口形象大为改观。

2004 年 10 月，根据群众来信，市政协社会法制委员会组织部分市政协委员和宣传信息人员，专程赴谷城县冷集镇调查了解情况，据此撰写了“谷城县四个月未发低保费反映出四个问题”的信息，分析了原因，提出了建议。省政协《各界反映》以《要尽快解决谷城县四个月没发低保金的问题》刊载后，中共中央政治局委员、湖北省委书记俞正声作出批示，省财政厅、民政厅组成调查组调查核实，使谷城县 13 000 多名低保人员拿到了拖欠四个月的低保金。同时，全省其他地方的类似情况也得到解决。

2004 年 11 月，樊城区政协建议，严格控制和规范年终检查评比活动。市政协整理上报后，省长罗清泉作出批示：“全省要下决心减少年终各项评比活动。”随后，省委、省政府就此专门下发文件，使年终检查评比活动过滥的现象得到遏制。

2005 年 3 月，南漳县政协反映，在襄樊与宜昌地区交界处的部分农村，地下“六合彩”快速蔓延。市政协及时报送《谨防地下“六合彩”在农村蔓延》的信息。省委书记俞正声、副书记黄远志、省公安厅厅长郑少三先后作出批示，要求严厉打击。襄樊警方迅速行动，查处少数乡镇的地下“六合彩”赌博案。

2005 年 5 月，市政协委员王建华撰写的《对外宣传襄樊自然及人文资源应准确规范 》的信息，反映襄樊在对外宣传推介、大型接待、招商引资等工作中，关于襄樊及相关人文资源和自然景观表述不统一、不准确、不规范的问题。经市政协整理报送后，市长李德炳批示，要求政府研究室与有关部门协调，实事求是地提出权威性的数据。市政府办公室迅速撰写出印发《 襄樊市部分自然及人文资源规范表述 》文稿。

襄樊市政协反映社情民意工作得到上级政协的充分肯定。2000 年，市政协被省政协授予“全省政协信息工作先进单位”光荣称号。省政协多次将襄樊市政协信息工作典型材料转发全省各地政协。市政协宣传信息科连续 7 年被市委评为“全市信息工作先进单位”。

四、其他社会活动

(一)张自忠系列纪念活动

1991年,襄樊市举办抗日民族英雄张自忠将军系列纪念活动,成立筹备工作领导小组,市长杨斌庆任组长,市政协主席胡久明等为副组长,市政协具体负责纪念活动的各项工作。从1990年7月开始筹备,至1991年5月,纪念活动的三件大事如期完成:宜城县城关烈士陵园内,建起了面积570多平方米的张自忠将军纪念馆,全国政协副主席王任重亲自题写馆名;拍摄了6集电视连续剧《张自忠将军》,艺术地再现了张自忠投笔从戎、长期抗战、主政京津察、驰骋沙场、壮烈殉国的英雄业绩和同悼国殇的悲壮情景;出版了纪念张自忠史料专辑《尽忠报国》。同年5月16日,"襄樊市暨宜城县各界人士纪念张自忠将军殉国51周年、诞辰100周年大会"在宜城县宾馆礼堂隆重举行。同时,还举行了《尽忠报国——张自忠将军史料专辑》首发式、"张自忠将军纪念馆"开馆式、电视剧《张自忠将军》首映式。有关纪念活动的消息,《人民日报》、新华社、《解放军报》、《人民政协报》、《湖北日报》、湖北电视台、全国政协《文史通讯》、《统一战线》及襄樊媒体共十多家新闻单位作了报道。6集电视连续剧《张自忠将军》,经中央统战部和中央重大历史题材领导小组审定,作为纪念抗日战争胜利46周年的重要电视片之一,于1991年8月份由中央电视台一、三台和湖北电视台播放。

(二)辛亥革命纪念活动

1991年10月,市政协开展纪念辛亥革命80周年系列活动。撰写了一批纪念文章,通过报纸、电台进行宣传;收集整理3万多字的辛亥革命史料;选送13幅书画作品到省政协参展;协助省政协发行纪念辛亥革命历史图片595套;召开"襄樊各界人士纪念辛亥革命80周年大会"。

2001年10月10日,市政协会同市委统战部、民革襄樊市委员会共同举行襄樊市纪念辛亥革命周年。市党政军领导、各民主党派、工商联、人民团体负责人、民革襄樊市委委员及襄樊市教育、文化、卫生、体育界代表共90多人参加了大会。

(三)人民政协成立纪念活动

九届市政协期间,恰逢人民政协成立45周年。1994年8月29日,市政协以党组的名义,向市委写了《关于开展纪念人民政协成立45周年活动的报告》。报告主要提出5条意见:召开历届政协领导及有关代表人士座谈会,叙旧话新,展望人民政协光辉前程;召开纪念大会;组织力量,撰写一批纪念文章;由市政协主席发表纪念人民政协成立45周年电视讲话;创办并首发《知情与出力》刊物。市委办公室在同日转发了市政协党组的报告。"襄樊市纪念人民政协成立45周年大会"于同年9月21日在南湖宾馆召开,市委副书记、市长贾天增发表重要讲话,民主党派代表李承桢、市政协委员代表李军、省政协委员代表梁惠玲等在会上发言。

1999年9月21日,襄樊市政协召开纪念人民政协成立50周年大会;市区部分书画家在市政协五楼会议厅,举行纪念人民政协成立五十周年笔会;在《襄樊日报》开辟纪念专栏。9月24日,市政协首次利用因特网,向《人民政协报》传送襄樊市庆祝人民政协成立50周年下乡慰问演出活动的新闻与照片。

(四)咨询服务活动

七届市政协发挥委员智力优势，开展咨询服务活动。5年间，委员参与经济与技术咨询服务50次,内容涉及科学养鸡养鸭、淡水养鱼、小麦管理、棉花播种、蔬菜高产等。1986年3月,市政协农林水委员组与市农委联合在宜城县小河镇建立农业科技咨询综合联系点,围绕该乡农业科技难题,重点攻克养鱼低产关、禽畜疾病关、瓜菜生产低产关。从1986年起,市政协把发展地膜苞谷生产作为山区人民的“温饱工作”来抓,发起成立襄樊市地膜覆盖栽培技术研究会,研究推广地膜栽培技术在山区的试验与应用。为缓解和改变高寒山区群众“吃菜贵如油”的状况,在保康高寒山区试种地膜蔬菜,成功后及时进行推广,深受当地群众欢迎。

(五)对外交流活动

1987年1月,市政协倡议发起焦柳铁路沿线市政协横向联系会。1987年6月,市政协参加四川绵阳市政协发起的七省十二市政协横向联系会。这两个横向联系会,每年分别举办两次会议。联系会的宗旨是,加强联络,增进友谊,政协搭台,经贸唱戏。会议主要是交流政协工作经验,开展经贸洽谈。截至2005年底,横向联系会已在所有成员中轮流召开。1994年1月13—23日,受市政府委托,市政协主席胡久明率襄樊市赴苏州经贸学习考察团先遣组,赴苏州及所辖张家港、常熟、昆山、吴江等市学习考察和经贸洽谈,与苏州市草签了《关于加强经济技术对口交流的协议》,初步洽谈确定25个经济技术交流和协作项目意向,协商了对口学习县(市)等有关事宜,为市委、市政府组织经贸学习考察团正式赴苏州,作了前期准备工作。1995年3月13日,市政协主要领导率团赴深圳招商引资,共达成合作意向63项,签订正式合资、合作项目19项,引进新加坡、香港、深圳客商投资总额4 234.8万美元。2000年8月17—20日,主席姚祥栋、副主席李文烈率团到安徽省蚌埠市和五河县考察农村税费改革及配套改革情况。

从1978—2005年底,市政协接待省外地市级及以上政协客人千余批。特别是进入21世纪以后,政协系统的交流和来往日益增多。有时一周内前往襄樊市政协参观学习和到襄樊观光旅游的就有几十批。通过广泛交流,增进了友谊,开阔了视野。

(六)祖国统一联谊工作

1985年11月,市政协七届常委会组建“祖国统一工作委员会”,从抓“三胞”(侨胞、台胞、港胞)工作入手,开展祖国统一联谊工作。首先组织人员摸清“三胞三属”基本情况,建档立卡,加强联系,增进友谊。每年与市对台办公室、市政府侨务办公室等部门联合举行中秋节思亲茶话会、迎春茶话会、迎春电影招待会、政协委员联谊会等活动,与“三胞三属”代表欢聚一堂,畅谈祖国建设的大好形势,展望祖国和平统一的前景。同时,围绕台湾形势与祖国和平统一主题,举行形势报告会,向“三胞三属”宣传共产党的方针政策,介绍台湾政治经济形势以及台湾同胞对实现“三通”、实现祖国和平统一的迫切愿望。八届政协采取多种形式,向港澳台属宣传中共中央和平统一祖国的方针和台湾情况。召开“三属”座谈会,传达学习党中央方针政策;编发“台情资料”,播放“中国台湾”、“赴台指南”、“张学良开口讲话”等录像片,介绍台湾政治经济形势;邀请赴台探亲委员作报告,介绍探亲所见所闻。同时,引导“三属”及市政协中的“三属”委员为“三引进”献计献策。先后组织“三属”委员学习国务院《关于加强对台经贸工作的通知》、湖北省政府《关于鼓励台湾同胞投资的规定》、襄樊市政府《关于鼓励台湾同胞投资的暂行规定》等文件，宣传有关方针政策，举办对外经贸讲座等活动，开展祖国统一联谊工作。20 世纪 90 年代中期，经政协委员牵线搭桥创办合资企业 40 多家。

1993 年 7 月，八届十九次常委会将“祖国统一联谊委员会”更名为“三胞联谊委员会”。同时筹建“襄樊市海内外联谊会”。10 月 5—6 日，襄樊市海内外联谊会第一次会员大会在市商业局七楼会议厅召开，来自海外贵宾学者、专家、社会活动家、企业家以及北京、武汉等地的有关领导共 200 余人出席大会。会议表决通过了联谊会章程，选举产生了联谊会会长、副会长、秘书长、常务理事、理事，讨论了理事会工作、内设机构及组成人员。会后，广大会员以家乡繁荣昌盛为己任，积极关心支持襄樊的各项建设事业。市政协坚持以联谊会为纽带，广泛联络感情，广交各方朋友，利用各种形式，宣传襄樊优势；主动提供信息，加强经济、文化、科技交流。联谊会成立当年，即收到各方面来信来函和资料 39 件（次）。台胞颜嘉德先生从台湾寄来襄樊及湖北省去台单身人员（死亡）名单及遗产继承办理方法等资料，为襄樊有关亲属赴台继承遗产提供了重要信息和依据。程顺谊先生介绍美国一慈善机构，为襄樊提供种牛、种羊援助，支持襄樊畜牧业发展。

九届市政协在加强联谊、交朋结友的工作中，选择具有前瞻性、政策性、突破性的问题，组织三胞三属委员开展调查研究，建言献策。先后就《中华人民共和国归侨侨眷权益保护法》和《中华人民共和国台湾同胞投资保护法》贯彻落实情况进行了视察。同时，发挥优势，牵线搭桥，在经济建设中办实事。五年间，累计引进项目 32 个，总投资 3 583 万美元，其中外资 1 658 万美元。

十届政协期间，三胞联谊对外经济联络委员会把开展大联谊、促进大发展作为工作主旋律，不断拓展联谊渠道，利用年、节和重大庆典广泛联谊；利用信息、媒体深化联谊；走出去、请进来全方位联谊。先后累计集会联谊 800 多人次，接待回襄樊旅游观光、探亲访友、考察投资的“三胞”68 批、600 多人次。联谊活动促使外向型经济发展到 300 多家，五年累计出口创汇 7 195 万美元。

（七）征集出版文史资料

1981 年，市政协组建文史资料工作组。1984 年成立文史资料研究委员会，配备专职文史干部。此后，多次向知情人发出征稿提纲，并通过信函联系、座谈、登门拜访等形式，广征博采。在市内聘请 22 名特约编撰，在市属各县（市）、区聘请 16 名文史特约通讯员，建立业余文史队伍。七届政协五年间，征集文史资料 491 篇，169 万字；编印《文史资料征询稿》56 期，112 篇，30 多万字；出版发行《襄樊文史资料》6 辑（每年一辑，1987 年出 2 辑），共 72 万字。

八届政协文史委员会根据全国政协北戴河文史会议精神，转变征集工作重点，即在继续征集建国前史料的同时，大力开展新中国成立后的史料征集；在继续抓好政治军事史料征集的同时，侧重征集经济、科技、文化史料。业余文史队伍（特约编撰、特约通讯员）增加到 100 多人。借用行政力量，采取联合出版的形式，从 1989—1994 年，征集史料 738 篇，258 万字，出版文史资料 6 辑（新中国成立初期史料辑、教育文化专辑、襄樊棉织厂史料专辑、襄樊金融史料专辑、经济综合专辑、尽忠报国——张自忠史料专辑），用稿 398 篇，共 124 万字。

九届政协文史资料委员会先后编辑出版水利史料 2 辑，《襄樊市政协志》（1956—1994）一部，社会史料 1 辑，总篇幅 116 万字，出版发行 8 000 册。委员们运用编辑出版的引丹工程史料（水利史料第二辑），撰写关于维修丹渠工程的提案，引起市委、市政府重视，市政府利用世界银行贷款 2 000 万元维修丹渠，使丹渠充分发挥效益。

十届政协文史资料征集工作进一步深入。文史资料征集内容由新中国成立前向新中国成立后延伸，征集范围由城区向乡镇延伸，并聘请50名特约文史员，增强文史工作实力。1999年1月至2004年1月，征集政治、军事、经济、文化、科技、农林、城建、医卫、邮电等史料400余篇，先后出版《人民政协五十年》、《杏林史话》（上下辑）、《林业史话》、《综合史料专辑》、《襄樊政协年鉴（1994—1999）》等五本史料专辑，总篇幅280余万字。同时，以文史资料交流为特征的联谊活动不断加强。文史资料委员会先后接待来自武汉水利水电大学、广西阳朔县经委、北京市通州区梨园中学和襄樊市委党校、市烟草专卖局来查阅史料的专家学者。2005年，十一届政协学习和文史资料委员会遵照全国政协和省政协文史工作会议精神，将征集“五七干校”和“名人故居”史料作为首要任务，与有关县（市）区政协合作，征集提供10篇国家计委等单位在樊“五七干校”史料和10处名人故居史料。同时注重发挥政协文史资料“存史、资政、团结、育人”的作用，在庆祝抗日战争暨世界反法西斯战争胜利六十周年之际，与襄樊日报社联合在《襄樊日报》开辟《抗日风云录》专版，发表数十篇抗日史料。同时还编辑出版约80万字的《襄樊政协年鉴（1999—2003）》以及市区老街古巷及会馆史料专辑《老襄樊》。襄樊政协文史资料全部入藏国家图书馆。襄樊文史资料出版情况见表19—1。

襄樊文史资料出版情况

表21—1

出版时间	辑次	内容	字数（万字）	责任编辑	备注
1983年10月	1	综合史料	11	政协文史工作组	
1984年12月	2	综合史料	11	政协文史工作组	
1985年12月	3	抗战史料	11.3	市政协文史资料研究委员会	
1986年10月	4	辛亥革命 抗日战争	11.6	市政协文史资料研究委员会	
1987年6月	5	经济史料	23	市政协文史资料研究委员会	
1987年11月	6	抗战史料	12	市政协文史资料研究委员会	
1988年6月	7	解放襄阳	13	王东明	
1989年6月	8	解放襄阳	13	王东明　邱晓瑛	
1990年6月	9	文化教育	12.13	柳尧清　刘盛松	
1991年4月	专辑《尽忠报国》	张自忠史料	25	王合忠	
1992年3月	10	棉织厂史料	15	邱晓瑛	
1992年6月	11	金融史料	37	王东明	
1993年3月	12	经济史料	16	王东明　柳尧清	
1994年4月	13	水利史料	31	段连生	
1995年9月	14	水利史料	30	段连生	
1998年2月	15	社会史料	15	王东明	
2000年11月	16	卫生史料	25	万正国　王东明　韩光远 马言军	
2000年11月	17	卫生史料	19	万正国　王东明　韩光远 马言军	
2001年12月	18	林业史料	36	夏宝泉	
2002年12月	19	综合史料	15	夏宝泉	
2004年12月	20	气象史料	31	夏宝泉	
2005年12月	21	老襄樊	20	郭忠　夏宝泉	

卷二十二　民主党派

1979年以前，中国民主建国会在襄樊地区设有支部筹委会，其他民主党派在襄樊只有少量成员，没有建立组织。中共十一届三中全会以后，各民主党派迅速在襄樊发展成员，建立组织，开展活动。20世纪80年代初，襄樊地区一些失去组织联系的党派成员与党组织取得联系，党派成员逐步发展，活动得到恢复。各党派成员发展到规定要求后，先后分别组建襄樊小组、襄樊支部和襄樊支部委员会。20世纪90年代，中国国民党革命委员会（简称民革）、中国民主同盟会（简称民盟）、中国民主建国会（简称民建）、中国民主促进会（简称民进）、中国农工民主党（简称农工）、九三学社等6个党派，先后建立襄樊市委员会，组织建设和活动开展进入经常化、规范化的发展轨道。2004年，中国致公党在襄樊建立支部委员会。至此，襄樊市民主党派发展到7个。到2005年底，7个民主党派共有成员652人。其中民革83人，民盟50人，民建142人，民进128人，农工100人，九三学社106人，致公党43人。

襄樊市各民主党派成员当选各级人大代表和政协委员的有315人次，担任各部门监督员的125人次。部分民主党派主要领导进入市、区两级人大、政府、政协各届领导班子。各民主党派在中共襄樊市委领导下，发扬“爱国、民主、团结、求实”的优良传统，充分发挥各自优势，积极参政议政、建言献策，开展民主监督和社会服务，为襄樊改革发展作出积极贡献。

一、中国国民党革命委员会襄樊市委员会

中国国民党革命委员会（简称民革）在襄樊的活动和发展大致分为三个时期。解放初期至1984年9月民革在襄樊开展活动之前，这个时期襄樊有民革党员，没有民革组织，也没有开展活动。仅有的5名党员都是20世纪50年代在外地加入民革后转入襄樊的，他们之间并无联系，都属民革省委直接管理；从1984年9月民革在襄樊开展活动至1996年11月成立市委之前，这个时期民革从在襄樊发展党员到先后选举产生三届支部委员会，在襄樊的民主政治生活和两个文明建设中逐渐产生影响；从1996年11月成立市委至2005年。两届市委会注重提高党员和组织的整体素质，建立健全组织机构，全面履行参政党职能，在襄樊的各项建设事业中发挥积极作用。

截至2005年底，共有民革党员83名。其中男55人，女28人；具有中高级职称的76人，大专以上文化程度的56人；有35名党员担任各级人大代表、政协委员。其中市人大常委1人，省政协委员1人，市政协副主席1人，市政协常委4人，委员9人；城区及老河口市政协常委8人，委员11人；担任各类特约人员、监督员的15人。

（一）组织机构

“文化大革命”前，湖北民革组织的活动主要集中在省直机关和武汉市。襄樊市最早的民革党员都是在武汉加入民革后调到襄樊的。中共十一届三中全会后，民主党派恢复活动。1984年9月，民革

湖北省委致函曾在省政府办公厅工作过、襄樊民革党员中最年轻的刘舜荪，指示他在襄樊发展民革党员并建立民革组织。在中共襄樊市委统战部的支持和帮助下，刘舜荪先后与宋慧茹、高荫九、汪流、刘邦杰取得联系，组织他们学习中共中央、民革省委有关文件精神及统战理论知识，物色发展对象。1985年，先后吸收杨理平、成允宽加入民革。同年10月28日，民革省委召开第六次常委会，决定在襄樊筹建民革支部，明确刘舜荪为襄樊民革党员小组召集人，负责筹建支部工作。支部成立后，换届3次；民革襄樊市委成立后，换届2次。

1.历届民革襄樊市支部委员会

(1)民革襄樊市第一届支部委员会

1986年7月25日，襄樊市民革召开党员大会。民革湖北省委会执行组副组长李家友到会祝贺，中共襄樊市委副秘书长张炳武代表中共襄樊市委讲话，市政协副主席、市委统战部部长汤学林到会祝贺并讲话，其他民主党派的代表、市区统战部负责人、民革党员所在单位的中共党组织负责人出席会议。刘舜荪作民革襄樊市支部委员会筹建工作报告。大会选举生产民革襄樊市第一届支部委员会，主委刘舜荪，委员只有刘舜荪一人。1987年7月，增补王秀章、王雪林、陈允宽、华夏强为支部委员。

(2)民革襄樊市第二届支部委员会

1988年8月25—26日，民革襄樊市党员大会在襄棉招待所召开。省政协副主席、民革省委主委沈克昌出席会议并作重要讲话。中共襄樊市委副书记纪玲芝，市人大常委会副主任王树人、马长青，市政协副主席、市委统战部部长于惠福，市政协副主席冯慧敏，民革省委副秘书长蔡绍芝，市各民主党派负责人，部分民革党员所在单位领导等出席会议。刘舜荪代表第一届支部委员会作工作报告。大会选举产生民革襄樊市第二届支部委员会，刘舜荪当选为主任委员，华夏强、王雪林、肖平、张世顺当选为委员。会后划分3个活动小组：樊西小组，组长肖平；樊东小组，组长邹梦贤；襄城小组，组长陈鸿基。

(3)民革襄樊市第三届支部委员会

1991年2月6日，民革襄樊市党员大会在襄樊召开。大会讨论并通过刘舜荪代表民革襄樊市第二届支部委员会作的工作报告，选举产生民革襄樊市第三届支部委员会。主委刘舜荪，副主委李桂生，委员邹梦贤、肖平、肖伯男。支部把党员分为4个活动小组：樊西小组，组长肖平；铁路分局小组，组长朱国娥；樊东小组，组长崔达和；襄城小组，组长陈鸿基。1991年、1992年，肖伯男、李桂生先后调出襄樊。1993年10月25日，支部增补运建立为副主委，邹翔安为委员。根据民革省委指示，1993年3月6日，民革襄樊市委员会筹备委员会成立。筹委会由5人组成，主委刘舜荪，副主委肖平，委员邹梦贤、邹翔安、吴新玲。

2.历届民革襄樊市委员会

(1)民革襄樊市第一届委员会

1996年11月28日，民革襄樊市第一次党员大会在市政协会议室召开。会议听取和审议民革襄樊市委员会筹备委员会工作报告，选举产生民革襄樊市第一届委员会。主委潘巧莲，常务副主委运建立，副主委王良才，委员肖平、汤礼春，推举刘舜荪为名誉主委。出席大会的有省政协副主席、民革省委主委沈克昌，中共襄樊市委副书记姚祥栋，市人大常委会副主任熊小春，市政协副主席、市委统战部部长王家康，市政协副主席汤学林、刘舜荪、刘维华。沈克昌在讲话中说，成立民革襄樊市委员会是湖北省民革组织建设的一件大事，民革襄樊市委要发扬民革的优良传统，讲政治，讲大局，讲团结，不断加强自身建设，提高整体素质，更好地发挥参政党的作用。姚祥栋代表中共襄樊市委向大会致以热烈的祝贺。他勉励民革市委会和全体党员，发扬孙中山先生爱国、革命和不断进步的精神，发挥自己的优势，认真履行参政党的职能，围绕全市工作大局，积极谏言献策，在全市政治生活和经济建设中发挥重要作用。与会来宾及党员参观了由民革中央为纪念孙中山先生诞辰130周年举办的书画展。展品中有全国人大常委会副委员长程思远书写的“救国忠魂垂青史，抗倭战绩耀山河”，有清朝皇族后裔爱新觉罗·毓的对联，有陈立夫的真迹，有中国书协主席沈鹏的墨宝，有马来西亚、加拿大友好人士的书画，还有本市著名书法家王树人，米芾第二十八代孙、书画家、民革党员米克勤的佳作。

（2）民革襄樊市第二届委员会

2001年7月18日，民革襄樊市第二次党员大会在南湖宾馆召开。会议审议通过潘巧莲《继往开来，共创伟业》的工作报告，选举产生民革襄樊市第二届委员会。主委潘巧莲、副主委王良才、张琼，委员魏鲁嵘、张香玉，推举刘舜荪为名誉主委，运建立为顾问。民革省委副主委蔡绍芝，中共襄樊市委副书记杨祥义，市人大常委会副主任熊小春，市政府副市长曹敬兰，市政协副主席王家康、杨丰亭，市政协副主席、市委统战部部长于诸英，市政协副主席潘武成、纪本涛，民革省委组织部长徐明捷等出席大会。市委统战部、各民主党派、工商联等29个部门、单位的领导应邀出席会议。

3.基层组织建设

一届市委会期间，先后成立民革襄城区支部委员会、民革樊城区支部委员会、民革老河口市支部委员会。任期届满后，襄城区支部和老河口市支部进行换届，成立樊城区总支委员会。

民革樊城区支部委员会1997年10月30日成立，魏鲁荣任主委，朱国娥、王宗瑜任副主委，崔达和、吕忠泽任委员。支部下设樊东、樊西两个活动小组，姚有明、朱国莲任樊东组组长，韩光义、李绍兰任樊西组组长。

民革襄城区支部委员会1997年11月18日成立，2001年12月换届。第一届支部委员会，陈鸿基任主委，闻永鼎任副主委，吴新玲任委员。第二届支部委员会，张琼任主委，陈鸿基、闻永鼎任副主委，吴新玲、刘智慧任委员。1999年，襄城区支部被民革中央授予“民革全国先进支部”称号。

民革老河口市支部委员会1997年12月8日成立，2001年4月18日换届。第一届支部委员会，汤礼春任主委，张香玉任副主委，景化凌任委员。第二届支部委员会，张香玉任主委，卢光耀、景化凌任委员。

民革樊城区总支委员会于2001年6月11日成立，魏鲁嵘任主委，朱国娥任副主委，何庆辉、李克君、张弘任委员。总支下设两个支部委员会。第一支部委员会主委何庆辉，委员朱国莲、黄晓春；第二支部委员会主委李克君，委员张予阳、董平。

（二）参政议政

1989年，支部有9名党员担任各级人大代表、政协委员，占党员总数的33.3%。其中市政协副主席1人，市政协委员3人；市人大代表1人；城区政协委员2人，老河口市政协常委1人，委员1人。支部把参政议政放在重要位置，利用多种形式为襄樊发展建言献策。1990年，民革党员参加人大、政协组织的清理整顿公司、社会治安、法制建设、教育工作、“三资”企业经营情况等内容的视察活动累计达80余人次，涉及近40个单位。

在1989年3月至1994年3月的第八届政协期间，支部及党员中的政协委员累计提交提案98件；在1994年4月至1997年4月九届政协的前3年，支部及党员提出的提案占全会提案总数的10%左右，并具有一定质量。支部提出的《做好辛亥革命八十周年纪念活动的筹备工作，为统一祖国，振兴中华作贡献》的提案，得到中共襄樊市委的高度重视。中共襄樊市委对提案的落实做了专门部署。《关于挖掘襄樊纺织机械厂潜力，加快我市汽车工业发展的建议》，受到市政府领导的高度重视，阎增福市长亲自批转市经委、市机械局认真办理。民革与兄弟党派联合撰写的调查报告《尽快建成新华市场为主体的工业品综合批发大市场，繁荣我市经济》，得到中共襄樊市委主要领导的高度重视，市工商局编发的《工作简报》登载了民革支部负责人的发言。《应重视鱼梁洲旅游景点的开发》、《建议政府成立专班，采取重大措施，抢救一批亏损企业》、《吁请强化保护耕地资源和防止土地资产流失的措施》等被市政协评为优秀提案。刘舜荪、运建立、邹梦贤、魏上炎、李绍兰等先后被评为"优秀提案个人"。1996年1月，支部被市政协评为优秀集体提案单位。

1994—1999年，民革市委会共向各级人大及政协全会提交提案、议案198件，11人次在各级政协全会和常委会上发言；4个调查报告先后被《湖北日报》《襄樊日报》《政协论坛》《建议与意见》采用。市委会《关于大力推广优质粮食生产的建议》，运建立《建议成立南水北调工程协调专班，及早抓好有关工作》，王良才和谷城县人大常委会的《关于大力发展旅游事业，促进襄樊地方经济快速发展的议案》，肖平《关于加快大中型企业医保制度改革的提案》，市委会《加强蔬菜农药残留检测，保障我市人民身体健康》等提案，分别受到中共襄樊市委、市政府及相关职能部门的重视，许多建议被采纳。肖平在任第九、第十两届市政协委员期间累计提出提案100多件，在1998年九届政协五次会议上被评为"先进政协委员"。魏上炎在省八届政协三次会议上的小组发言《严格保护可耕地》、《襄樊应办一所职业学院》、《环境保护应作为文明城市评比重要条件之一》，得到省长蒋祝平的好评。其中《襄樊应办一所职业学院》提案很快得到落实。

2000年，为贯彻落实国务院关于环境保护"一控双达标"计划和湖北省人大常委会通过的《湖北省汉江流域水污染防治条例》，民革市委在市环保局的配合和支持下，历时一个多月，先后到市区及襄阳、枣阳、南漳等县、市的重点排污企业调查走访，实地考察了小清河、滚河、南河、蛮河等河流污染情况，掌握了大量第一手资料，形成《汉江襄樊段水质污染情况调查报告》。该报告较全面反映了汉江襄樊段的水质污染情况，提出了切实可行的整改建议，经十届政协第八次常委会讨论，形成市政协常委会《关于汉江襄樊段水污染情况防治的建议案》，市长罗辉、市政协主席姚祥栋、副市长陈鼎益亲自督促该建议的整改落实。市电视台《政协论坛》节目及《襄樊日报·新闻周刊》头版作了专题报道。

2002年3月15日，市委会成立参政议政工作领导小组及专业工作组，同时制定《民革襄樊市委员会参政议政工作暂行办法》。这一年，民革市、区（市）两级组织和党员共向市政协及城区、老河口市政协提交提案86件，其中集体提案6件，大部分建议得到落实。民革有15名党员分别受聘担任市监察局、公安局、物价局、审计局、环保局、工商局、质量技术监督局的特约人员、监督员及市、区两级行风评议代表。他们本着客观、公正、求实原则，切实履行民主监督职能，受到聘请单位的好评。有两名党员被评为"优秀行评代表"。

（三）对台联谊工作

襄樊民革党员中与"三胞"有亲属关系的占60%以上。支部充分发挥这个优势，积极开展对台联谊工作。采取为台胞、台属寻找亲人、向海外亲属邮寄明信片和慰问信，举办"台湾亲人在襄樊照片展”、邀请“三胞”亲属参加“中秋思亲会”、“迎春联谊会”等方式，宣传大陆辉煌成就和“一国两制”政策。

1989 年春夏之交，北京发生政治风波。民革支部坚定不移地同中共中央保持一致，维护安定团结的政治局面。有“三胞”关系的党员都按照支部的要求，开展“一封信活动”，做好海外亲属的工作，澄清是非，解除误解。

秦学贞是老河口市台胞台属联谊会副会长，年近八旬，先后替 98 户台属找到亲人，被誉为台胞台属的贴心人。经她牵线搭桥取得联系的台胞、台属就有 120 多人。她每年给在台湾的同学、朋友打电话、写信，宣传一个中国原则。省市新闻单位先后报道她的事迹，并在襄樊市政协大会上作了专题发言。

1993 年襄樊市第一届诸葛亮文化节期间，运建立参与接待台湾襄阳同乡会、枣阳同乡会等台胞 39 人，与台胞建立友谊，牵线搭桥引进台资 50 万美元，在汽车产业开发区开办江汉印刷实业有限公司。华夏强于 1991 年领头开办“引进台资商社”，登记注册资金 40 万元。1995—1999 年，民革党员共接待“三胞”200 多人次，引资 100 多万美元。1999 年 3 月，经运建立联系，台湾著名职业教育家高震东先生受市长罗辉邀请，再次到樊作《中华文化与中华教育》的演讲报告。

（四）岗位建功

副主委王良才担任鄂西北粮油贸易公司经理后，根据公司严重资不抵债的状况，于 2000 年率先在市直粮食系统实行破产重组，使公司破产顺利结案，并组建起一个民营企业。鑫泉化工有限公司经理修泉成功与世界五百强企业之一——德国拜耳公司进行技术合作，引进资金 362 万美元，其事迹两次被《襄樊日报》报道。1995 年，在中共襄樊市委召开的党外各界人士岗位建功表彰大会上，汤礼春被评为岗位建功标兵，运建立、王良才、闻永鼎、吴新玲被评为先进个人。2002 年 4 月 4 日，民革中央主办的《团结报》在头版头条刊载长篇通讯《民革党员精神风貌——民革襄樊市委思想政治工作实录》，介绍了民革市委开展思想政治工作的做法和经验。

二、中国民主同盟会襄樊市委员会

襄樊市从 1984 年开始建立民盟组织。至 2005 年，共有盟员 50 人。民盟襄樊地方组织组建以后，用邓小平理论武装盟员思想，高举爱国主义、社会主义旗帜，坚持以经济建设为中心，在维护社会稳定，推进襄樊改革开放和现代化建设方面作出积极奉献。

（一）组织建设

1. 市级组织建设

1984 年以前，民盟在襄樊没有建立组织，当时只有李宗林，冉征高、钟守文 3 名盟员。1984 年 3 月，发展刘维华、邓明达加入民盟。1984 年 5 月中旬，民盟湖北省委襄樊小组成立，李宗林任组长。1986 年 7 月 25 日，召开民盟襄樊市全体盟员大会，26 名盟员出席会议。大会选举产生民盟襄樊市第一届支部委员会，李宗林当选为主委，姚学章当选为副主委，刘维华、王天麟、刘孟金为委员。1989 年 7 月，支部增补刘诚言、邱循曾为委员。1988 年 8 月 15 日，民盟襄樊市支部召开盟员大会，选举产生民盟襄樊市第二届支部委员会。刘维华当选为主委，刘诚言、康卓莹当选为副主委，王天麟、邱循曾为委员，推举李宗林为名誉主委。1992 年 9 月，全市盟员已有 47 人。经民盟湖北省委批准，1992 年 10 月 13 日，成立民盟襄樊市委员会筹备委员会，刘维华任主委，刘诚言、康卓莹任副主委，邱循曾、王天麟为委员。1993 年 5 月增补张华美、董文慧为筹委会委员。

2.基层组织建设

1986 年 7 月，民盟襄樊市第一届支部委员会成立后，支部下设襄阳师专、襄樊第四中学、第七中学和樊西区 4 个小组，屠礼中、邱循曾、邓明达、杨发源分别任组长。1993 年 7 月 10 日，民盟樊西区支部委员会成立，杨义方当选为主委，高树林、董文慧为委员，共有盟员 11 人。同年 7 月 12 日，民盟樊东区支部委员会成立，徐大贵当选为主委，王道蕴、黄国强为委员，共有盟员 14 人。同年 7 月 13 日，民盟襄城区支部委员会成立．邓明达当选为主委，王天镇、赵宏杰为委员，共有盟员 13 人。同年 8 月 17 日，民盟襄樊第四中学支部委员会成立，邱循曾当选为主委，胡安之、张华美为委员，有盟员 11 人。

根据襄樊市区行政区划变动情况，民盟市委于 1998 年 11 月 12 日决定，将樊城区总支所属的原樊东支部更名为中原支部，将原樊西支部更名为米公支部。1999 年 1 月 12 日，将襄城区总支所属的原襄城支部更名为昭明支部。1998 年 11 月 22 日，选举产生民盟樊城区中原支部委员会，朱学武当选为主委，孙佟伶、龚德众当选为委员。同年 12 月 6 日，选举产生民盟樊城区米公支部委员会，席兴全当选为主委，刘靖、毛伟当选为委员。1999 年 1 月 30 日，选举产生民盟襄城区昭明支部委员会，周天菊当选为主委，栾锦、陈红当选为委员。2000 年 12 月 8 日，选举产生民盟襄城区总支委员会，熊扬爽当选为主委，方长顺、周天菊当选为副主委，王志勇为委员。同年 12 月 22 日，选举产生民盟樊城区总支委员会，王道蕴当选为主委．李正坤、刘靖当选为副主委，李卫为委员。2001 年 1 月 13 日，民盟襄樊学院支部委员会成立，毕克成当选为主委，郭安学、张建宏当选为副主委，李国栋为委员。同年 9 月 20 日，选举产生民盟樊城区米公支部委员会，刘靖当选为主委，毛伟、贺丛平为委员。同年 9 月 27 日，选举产生民盟樊城区中原支部委员会，朱学武当选为主委，孙佟伶、李华为委员。同年 11 月 28 日，选举产生民盟襄樊第四中学支部委员会，杨昌红当选为主委，王志勇、陈其贵为委员。2003 年，襄阳区民盟直属小组成立，尚瑾任小组组长。襄阳区小组在 2005 年 5 月召开盟员大会，成立民盟襄阳区支部，尚均祥当选为主委，唐文忠为支部委员。

（二）历次盟员大会和历届市委会

1.第一次盟员大会和第一届市委会

1993 年 9 月 18 日，民盟襄樊市第一次盟员大会召开，47 名盟员参加大会。民盟省委副主委刘忠，中共襄樊市委副书记张振华到会祝贺。大会通过刘维华代表民盟襄樊市委员会筹备委员会作的题为《增强团结，坚定信念，为振兴襄樊作出更大贡献》的工作报告，选举产生民盟襄樊市第一届委员会，刘维华、刘诚言、康卓莹、张华美、邱循曾、王天麟、董文慧为成员。在民盟市委一届一次会议上，刘维华当选为主委，刘诚言、康卓莹、张华美为副主委，邱循曾被任命为秘书长。民盟襄樊市委宣告正式成立。第一届市委会期间，盟员中有市、区两级人大代表和政协委员 26 人。其中市人大常委 3 人，市政协副主席 1 人，区政协副主席 2 人，区政协常委 3 人。市特约监察员、检察虽、审计员、教育督导员、工商监督员、物价监督检查员、法院廉政建设监督员等 16 人。

2.第二次盟员大会和第二届市委会

1998 年 7 月 16—17 日,民盟襄樊市第二次盟员大会举行,50 名盟员参加大会。张华美代表民盟襄樊市第一届委员会作题为《发挥参政党作用,为振兴襄樊作贡献》的工作报告。大会选举产生民盟襄樊市第二届委员会,张华美、刘诚言、康卓莹、王道蕴、田忆林、鄢朝勇、熊扬爽当选为委员,推举刘维华为名誉主委。在民盟市委二届一次会议上,张华美当选为主委,刘诚言、康卓莹当选为副主委,刘诚言兼任秘书长。2002 年 2 月,增补张建宏、毕克成、杨昌红为二届市委委员。

3.第三次盟员大会和第三届市委会

2003 年 7 月 9 日,民盟襄樊市第三次盟员大会召开。会议选举产生民盟襄樊市第三届委员会。张华美当选为主委,张建宏、毕克成、杨昌红、尚瑾当选副主委,任命杨昌红为秘书长,王道蕴、周天菊、贺从平、刘二民为市委委员,推举刘维华为名誉主委。选举产生民盟襄樊市委咨询委员会,刘维华任咨询委员会主委,刘诚言、康卓莹为咨询委员。

(三)参政议政

民盟襄樊市各级组织充分发挥民盟的优势和特色,在襄樊的经济、政治、文化和社会生活中,积极建言献策, 发挥重要作用。先后有 3 人次当选湖北省人大代表,4 人次当选湖北省政协委员;55 人次当选襄樊市与城区人大代表和政协委员。其中 2 人当选襄樊市政协副主席,2 人当选区政协副主席,5 人次当选襄樊市人大常委,15 人次当选襄樊市政协常委。参政议政取得显著成绩。民盟襄樊市委会于 1996 年 1 月被市政协评为“优秀集体提案单位”;1997 年 12 月被民盟省委授予“参政议政工作先进集体”称号;2000 年 12 月,被民盟省委授予“盟务工作先进市委会”称号;2001 年 6 月,被民盟中央授予“先进集体”称号,被民盟省委授予“参政议政工作先进集体”称号。

(四)建言献策

1.为襄樊参与西部大开发作工作

2000 年春,民盟襄樊市委得知全国人大常委会副委员长、民盟中央主席丁石孙将率中央西部大开发考察团考察湖北的消息后,民盟市委负责人立即向中共襄樊市委、市政府领导作了汇报,并与市政府、市委统战部的领导一起赴省计委、省委统战部、民盟中央、中央统战部汇报襄樊市委、市政府的工作思路,争取考察团考察襄樊。同年 5 月 12—13 日,丁石孙率由民主党派中央、全国工商联和无党派人士组成的考察团考察襄樊,听取中共襄樊市委主要领导的专题汇报。2000 年 7 月 12 日,民盟襄樊市委举办西部大开发形势报告会,邀请襄樊学院学者介绍中国西部的概念及其区域特点,西部大开发的战略意义,西部地区发展面临的严峻挑战,西部大开发的思路。中共襄樊市委、市政府主要领导称赞说,在襄樊参与西部大开发工作中,民盟起到了不可替代的作用。

2.调查论证“一节一会”

2003 年初,中共襄樊市委就“襄樊市每年举办一届诸葛亮文化节和商贸洽谈会(简称‘一节一会’)是否可行”一事,征求民盟襄樊市委意见,建议民盟深入调查研究,进行可行性论证。民盟襄樊市委成立调研领导小组,组建工作专班,制定调研提纲,拟制调研问卷,组织盟员在人民广场、南湖广场,发放问卷 4 万余份,在广大市民中进行问卷调查。同时召开 4 次专题座谈会,认真听取各界人士的意见，最后形成专题调研报告。报告提出，襄樊不宜再举办大而空的诸葛亮文化节，而是借鉴外地经验，以襄樊名优特色产品为支撑，举办产品展销会、推介会，开展丰富多彩的经贸洽谈会，运用市场机制，由企业或事业单位承办。民盟市委的建议被中共襄樊市委采纳，从此“一节一会”停办。

3.争取《隆中对》再入教材

为扩大襄樊在全国的影响，2000 年 8 月，民盟襄樊市委向国家教委提出《关于重新将诸葛亮〈隆中对〉选入中学语文教材的建议》，并上报民盟湖北省委和民盟中央。民盟中央副主席冯之浚对该建议给予高度评价，积极推荐作为全国政协提案素材，全国政协信息中心采用了此建议。2001 年 3 月，全国政协委员、民盟省委副主委游清泉等联名将此建议提交第九届全国政协第四次大会。张华美主委多次赴武汉和北京，认真汇报，积极争取。2001 年 10 月，教育部、人民教育出版社教材编审专家组确定，将《隆中对》编入初中三年级语文课本第六册。

（五）其他工作

1.承办和参与民盟中南六省区工作会议

1993 年 10 月 16 日至 18 日，受民盟省委委托，盟市委承办了民盟中南六省区第四次工作会议。来自广东、广西、湖南、湖北、河南、海南等六省区的盟员代表和省、自治区委统战部的负责人，共百余人参加会议。民盟中央和襄樊市党政领导出席会议并讲话。民盟襄樊市委作题为《增强团结，坚定信念，为振兴襄樊作出更大贡献》大会发言。1997 年 11 月，盟市委派代表出席在海南召开的民盟中南六省区第六次工作会议。盟市委的《立足大舞台，提案唱大戏》经验材料入选交流材料并作大会发言。1999 年，在民盟中南六省区第七次工作会议上，盟市委撰写的《鼓励盟员“双岗建功”，塑造民盟整体形象》入选交流材料并作大会发言。

2.创办《襄樊盟讯》

民盟襄樊支部于 1986 年 12 月 1 日创办不定期简报《襄樊盟讯》。1993 年 9 月，民盟襄樊市委员会成立后，《襄樊盟讯》改为定期发行。《襄樊盟讯》及时报道民盟参政议政情况，大力宣传盟内好人好事，反映盟员在襄樊经济社会发展中所做出的成绩，在民盟组织与盟员之间，发挥联络和团结教育作用。民盟除将《襄樊盟讯》发给盟员外，还分送中共襄樊市委、市人大、市政府、市政协有关领导，送分市、区统战部和市政府有关部门。截止 2002 年 6 月，民盟共印发《襄樊盟讯》94 期，被《中央盟讯》《湖北盟讯)《统一战线》等刊物转载各类稿件 87 篇。

三、中国民主建国会襄樊市委员会

中国民主建国会在襄樊的发展，经历了两个阶段。第一阶段从组织建立到“文化大革命”结束，即民建襄樊市支部委员会筹备委员会时期。这一时期，襄樊民建与中共襄樊市委的合作，主要体现在配合中共对民族资本主义工商业进行社会主义改造，通过民建组织内部的工作和活动，进行自我教育和学习，进而推动会员及所联系的工商界人士的思想改造，使他们抛弃旧的思想观念，用马克思列宁主义、毛泽东思想武装自己。这一时期的前段，在中共襄樊市委的领导下，团结、教育、改造了一大批工商界人士，使他们能够很好地为新中国服务。1956 年 4 月，民建会员邓春莲光荣出席全国女工商业者会议和省工商业联合会，受到陆定一的接见。1958 年整风“反右”出现严重扩大化，一些民建会员被错误划为右派，受到不公正待遇。在“文化大革命”中，襄樊民建组织和会员受到冲击，一些会员受到打击和迫害，组织被迫停止活动。第二阶段从“文化大革命”结束后民建组织恢复活动到 2005 年，包括民建襄樊市支部、民建襄樊市支部委员会、民建襄樊市委员会筹备委员会、民建襄樊市一至三届委员会几个时期。这一阶段，襄樊民建组织得到发展壮大，工作领域不断拓展，在参政议政、智力支边扶贫、海外联谊活动、招商引资等方面取得较好成绩。

（一）组织建设

1.市级组织建设

1956 年 11 月 24 日，民建武汉市委批准省工商联第一届副主委、襄樊市人民政府副市长、襄樊市工商联主委刘杰三加入民建。从此，民建在襄樊有了第一位会员。至 1957 年 4 月，会员发展到 7 名。同年 4 月 23 日，民建襄樊支部筹备委员会成立，刘杰三为筹委会主任，邓文波为副主任。“文化大革命”中，襄樊民建组织被迫停止活动。1980 年，民建组织恢复活动。1981 年 9 月，经民建湖北省委同意，民建襄樊市支部成立，吴子厚当选为主委。1984 年 8 月，吴子厚病逝。同年 12 月 22 日，支部召开全体会员大会，选举邱祥林为支部主委。到 1984 年底，共有会员 10 人。1985 年 5 月 19 日，民建襄樊市支部委员会成立，选举邱祥林为支部委员会主委。1986 年 6 月 12 日和 9 月 18 日，分别建立民建老河口市小组和民建随州市小组。1989 年，会员发展到 36 人。同年 10 月，民建襄樊市委员会筹备委员会成立，邱祥林为筹委会主委，陈佩兰为副主委。下设市区综合、湖北制药厂、襄樊棉纺织印染厂和随州市、老河口市共 5 个小组。1994 年 9 月，邱祥林病逝。1995 年 7 月 18 日，民建省委调整和充实民建襄樊市委筹委会，黄立士、张振荆、刘星任副主委，方思党、车骏秀为委员，黄立士负责全面工作，陈佩兰任筹委会顾问。1996 年 12 月 18 日，民建襄樊市委员会正式成立。

截至 2005 年底，全市民建会员 142 人。其中男会员 100 人，女会员 42 人；具有高级职称的 26 人，大专以上文化程度的 120 人。共有 58 名会员担任各级人大代表、政协委员，18 人担任各类特约人员。

2.基层组织建设

（1）民建随州市支部委员会

1986 年，随州市发展首批会员 2 名。同年 9 月，随州小组成立，詹文汉任组长。1993 年，有 10 名会员。同年 7 月 21 日，民建随州市支部委员会成立，梅家驹当选为主委，李辅顺、冷汉昌为委员。1994 年，随州市改为省直管市。1995 年 1 月 16 日，根据民建省委文件，民建随州市支部划归省委会直属地方支部。

（2）民建老河口市支部委员会

1985 年 9 月，民建襄樊市支部开始在老河口市发展会员。1986 年 6 月 12 日，老河口市民建小组成立，熊凤英任组长。1994 年，老河口市有民建会员 5 人。同年 8 月 12 日，成立民建老河口市支部，支部设主委 1 人，由徐修忠担任。2001 年 6 月 15 日，民建老河口市第一次会员大会召开，选举产生由罗亚民、徐国伟、杨正群三人组成的第一届支部委员会。罗亚民为支部主任，徐国伟为副主任。

(3)民建襄樊市城区支部

1995年下半年,襄樊市区民建会员已经发展到39人。其中襄城区会员9人,樊东区会员15人,樊西区会员15人。经市委筹备委员会研究并报请民建湖北省委和中共襄樊市委同意,决定成立三个城区基层支部,即樊西支部、襄城支部、樊东支部。

1995年11月8日,民建樊西区支部委员会成立,主委廖国强,副主委熊小鹏,委员刘金国。1999年10月28日,民建樊西支部换届,秦建国任主任,杨进任副主任,刘金国任委员(根据1997年11月16日中国民主建国会第七次代表大会通过的《中国民主建国会章程》,民建基层组织负责人由主委、副主委改称主任、副主任)。

1995年11月16日,民建襄城区支部委员会成立,主委丛锡君,副主委陈桂学,委员刘明道。1997年,民建襄城区支部委员会的3名委员只剩下主委丛锡君1人(陈桂学调北京工作、刘明道病逝)。为了使支部工作不受影响,市委决定对襄城区支部委员会进行调整。襄城区支部委员会于1997年12月18日召开会员大会,选举雷成芝为支部副主任,龙永明为支部委员。2000年2月29日支部委员会换届,周智慧主任任,龙永明、刘云华任委员。

1995年11月28日,民建樊东区支部委员会成立,主委高思明,副主委黄寒晴,委员姚从升。1999年10月26日,民建樊东支部换届,李帮会任主任,徐忠民任副主任,黄澄任委员。

(4)民建襄城区总支委员会

2004年7月23日,民建襄城区第三次会员大会在真武宾馆召开。大会以无记名投票方式,选举周智慧、陈学斌、许也、刘云华、朱敬华等5人为民建襄城区第一届总支委员会委员,周智慧为总支主任,陈学斌、许也为副主任。总支下设一、二支部委员会。一支部主任刘云华,副主任李俊明,委员林绍昌;二支部主任朱敬华,副主任戴智,委员柯辉。

(5)民建樊城区总支委员会

1999年,樊城区民建会员已达到37名,占当时全市63名会员的一半以上。同时,鉴于原樊东区与樊西区已合并为樊城区,为便于开展工作,经一届市委研究,并与中共襄樊市委统战部和樊城区委协商沟通,报请省委批准,决定成立民建樊城区总支委员会,同时保留原有的樊东、樊西两个支部。1999年7月28日,民建樊城区第一届总支委员会成立,姚从升任主任,秦建国、李帮会任副主任,韦明星、廖国强任委员。第二届总支委员会于2004年8月26日选举产生,主任黄德华,常务副主任姚从升,副主任李帮会、秦建国,委员汪少敏、龙永明。当天,新产生的二届总支委员会主持了樊东、樊西支部的换届工作,会员分别投票选举两个支部的第三届委员会。第三届樊东支部委员会主任李帮会,副主任程乐君,委员徐爱华;第三届樊西支部委员会主任龙永明,副主任刘金国,委员李欣。

(6)民建襄阳区支部

襄阳县2003年撤县建区以后,民建2003—2004年先后在襄阳区发展8名会员。民建襄樊市委经与中共襄樊市委统战部、襄阳区委协商,并报请民建湖北省委批准,决定在襄阳区建立支部。2004年8月25日,民建襄阳区会员大会在中共襄阳区委统战部会议室召开。民建襄樊市委副主委余庆德主持会议,张振荆副主委宣读民建市委关于成立襄阳区支部的决定,任命许俐为支部主任。二届民建襄樊市委成立后,加大在襄樊高新技术产业开发区的组织发展工作。

(二)历次会员大会和历届市委会

1.第一次会员大会和第一届市委会

民建襄樊市第一次会员大会暨民建襄樊市委员会成立大会于1996年12月18日市在襄樊饭店召开,52名会员出席会议。省政协副主席、民建省委主委周兹柏,中共襄樊市委常委、市委秘书长张建一,市政协副主席、市委统战部部长王家康出席会议,市各民主党派、工商联和有关单位负责人到会祝贺。大会审议并通过黄立士代表筹委会作的《紧密团结在中国共产党周围,为把襄樊建成现代化大城市而奋斗》的工作报告,选举王德强、车骏秀、方思党、张振荆、姚从升、黄立士为民建襄樊市第一届委员会委员。在一届一次会议上,王德强当选为主委,黄立士、张振荆当选为副主委。1997年10月,市委召开会议,增补刘星、余庆德、徐国伟3人为一届市委委员,任命余庆德为秘书长。

2.第二次会员大会和第二届市委会

民建襄樊市第二次会员大会于2001年8月22日在南山宾馆召开,58名会员出席会议。民建湖北省委副主委兼秘书长郭定东,中共襄樊市委副书记杨祥义,市人大常委会副主任苏家德,市政府副市长陈鼎益,市政协副主席、中共襄樊市委统战部部长于诺英,市各民主党派、工商联负责人,市委统战部、市直有关部门领导到会祝贺。

王德强代表民建襄樊市第一届委员会向大会作工作报告。报告全面总结了一届市委五年来所做的工作和取得的成绩,对今后五年的工作提出建议。杨祥义和郭定东在讲话中,充分肯定民建襄樊市第一届委员会在认真履行职能,树立参政党形象,带领广大会员立足本职工作开展各项活动等方面取得的成绩。会议审议通过第一届委员会的工作报告,选举王德强、张振荆、余庆德、刘星、李志宇、姚从升、罗亚民、方思党为第二届委员会委员。在二届一次会议上,王德强当选为主委,张振荆、余庆德、刘星当选为副主委;任命李志宇为秘书长。2002年4月,市委主委王德强因故出缺。2002年8月,民建省委决定,由副主委张振荆主持民建襄樊市委会工作。2003年5月27日,二届市委先后召开第十三次和第十四次会议,增补杨丰亭为市委委员并选举其为主委。2004年9月4日,杨丰亭病故。同年12月11日,二届市委先后召开第二十二次、第二十三次会议,补选黄德华为市委委员、主委,增补李志宇为副主委。2005年5月28日,任命姚从升为秘书长。2005年12月5日,市委接受刘星辞去副主委、委员职务。2006年2月18日,增补王元山、鲁强恩为市委委员。2005年7月,民建市委成立学习、法制、企业家和妇女四个专委会。学习委员会主任李邦会,副主任许也、汪少敏,委员雷小定、马青平、成虎、陈学斌;法制委员会主任李俊明,副主任熊永尧,委员潘文涛、程杰明、袁浩;企业家委员会主任王元山,副主任曹幼鸣、程乐君,委员冯善友、杜诗武、牛先锋、林绍昌;妇女委员会主任许俐,副主任宋蔚、柯辉,委员张燕鹂、焦华一、梁艳红、孙慧。专委会根据会员的专业优势和能力特点组织会员活动,改变了原来以地域为基础、以支部为单位组织会员活动的单一模式,有利于充分发挥会员特长和优势,推动各项工作的开展。

(三)参政议政

民建市委筹委会期间,会员中的各级人大代表、政协委员在襄樊市历次人大和政协会上提出的建议、提案共60多件(份)。一届市委期间,民建会员中有各级人大代表、政协委员18名,共向各级人大、政协提交议案、提案、意见和建议200多件。襄城支部撰写的《关于全区民营经济发展外部环境的调查报告》,被中共襄城区委《工作简报》全文转发。樊城总支主委姚从升在樊城区二届政协第三次全会上所作《樊城市场面临的困境和建议》的发言，受到与会领导一致好评，并在区委第一期简报上刊发。樊东支部的集体提案《建议区政府成立素质教育管理委员会及评价体系》，得到樊城区政府采纳。周智慧《关于在两个城区设立规划分局》的提案，韦明星《干部人事制度改革要增强透明度》的提案，《襄樊日报》在《政协提案专递》中作了专门报道。陈学斌《发展旅游经济应加大城市基础建设力度》的建议，受到有关部门的重视，被襄樊日报等报刊转发；潘文涛《进一步规范证券市场的建议》，被襄樊电视台在黄金时段专题报道。老河口市支部为中共老河口市委搞好“三讲”积极建言献策，从经济工作、干部任用、廉政建设、社会治安等方面提出17条意见和建议，受到中共老河口市委重视，《老河口报》作了专题报道。

二届市委期间，制定《关于进一步加强和规范参政议政工作的意见》，提出“围绕中心，服务大局，发挥优势，发挥整体功能”的工作要求，积极参加政治协商。市民建会员被推选为省人大代表的4人，省政协委员4人；市人大代表6人（其中常委2人），市政协委员18人（其中常委4人），区（市）政协委员16人（其中副主席2人，常委6人），有8名会员在政府等部门担任副县级以上领导职务。五年间，共向各级人大、政协全会提交集体提案32件，个人提案298件，大会发言材料27篇；被评为优秀集体提案5件，优秀个人提案4件。五年间，开展专题调研活动50余次，完成调研报告34篇。其中《农村基层组织建设中存在的问题及建议》和《关于规范政府投资行为，加强投资项目管理的建议》，是民建中央面向全国招标的课题。市委会紧扣襄樊市经济发展的重点、难点问题，通过调查研究掌握第一手资料，提出有针对性的意见建议，不少调研成果得到政府和有关部门的采纳。例如，《白河跨省际污染问题亟待解决》的调研报告被民建省委转化成全国政协提案；《加大水土保持治理力度，促进和谐湖北建设》被省政协列为政协主席直接督办的10个重点提案之一；《市场运作，政府调控，加快全市农业机械化进程》部分内容被列入襄樊市“十一五”发展规划。

在参政议政工作中，涌现出一批参政态度积极、成绩显著的优秀会员。民建省委授予市委会“参政议政先进集体”称号，授予黄德华“参政议政先进个人”称号。中共襄樊市委、市人大授予张振荆“优秀人大代表”称号，中共襄樊市委、市政府、市政协授予余庆德“优秀政协委员”称号。2006年12月16日，老河口市支部委员会被民建中央评为“全国先进支部”。

（四）社会服务

1.咨询服务

20世纪80年代，民建襄樊市支部、襄樊市工商联（以下简称“两会”）充分发挥两会成员有一定的生产（经营）管理经验和业务技术知识的特长，积极参加经济咨询服务工作。“两会”制定了经济咨询服务工作计划，成立了经济咨询服务组，由一名副主委任组长，共7人组成，并按专业对口的方法，以退休人员为主，成立中药、白棉、食品三个咨询小组。通过调查研究，针对中药、白棉、食品经营管理和服务等方面存在的问题，分别写出《发挥祖国中药遗产，增强人民身体健康，更好地为四化建设服务》、《关于提高食品质量和生产糖稀的建议》等有价值的咨询服务意见。“两会”领导和咨询服务人员主动到有关单位联系，促使合理建议得到实现。

1991年，市政府要求各部门加强与市各民主党派、工商联的联系，广泛征求意见，促进政府工作决策的民主化和科学化。民建市委筹委会成立9个对口联系小组，积极开展与市政府9个委、局的对口联系工作。9个对口联系小组积极献计献策，共提建议和意见28条。其中“保康县发展魔芋的技术问题”、“市经委应加强系统宏观调控”、“银行为企业服务要端正态度”、“企业摆脱资金困境的出路在于加速资金周转”、“要加强企业内部审计”、“企业创优保质求发展” 等11条意见和建议得到有关委局的重视。市经委对“组建企业集团，上规模、上档次、上效益”的建议非常重视，提出让企业“自由恋爱”，组建企业集团，形成规模效益。民建会员还进行专题调查，写出《关于襄樊至老河口市的道路站卡乱收费的调查报告》，为中共襄樊市委、市政府治理乱收费提供了依据。

2.技术指导

谷城县化工厂由于管理和生产技术落后，加之产品受市场影响很大，几度风雨飘摇，濒临倒闭，仅 1987 年就亏损 10 万余元。民建会员、湖北制药厂工程师黄立士了解到这一情况后，多次到谷城为该厂提供技术咨询，从平面设计到基建施工，从设备安装到投料试车，一一具体指导，帮助该厂提高工作效率，改变了生产经营状况。民建会员、襄樊棉纺织印染厂工程师陈佩兰积极为谷城新建的麻纺厂排忧解难，经常利用星期天到谷城对该厂进行技术指导，协助引进技术人才，提高产品质量，降低成本，改进管理，使该厂的经济效益不断提高。1987 年 8 月，根据中国人民武装警察部队和民建中央《关于开展警民共育两用人才的联合通知》精神，支部委员会主动与武警市支队取得联系，研究有关培训事宜。双方采用民建负责师资教材、武警支队提供场地食宿的合作方式，分期分批培训两用人才 100 多人。

3.招商引资

市委会积极与温州民建组织联系，邀请温州民建企业家会员参与襄樊建昌机械厂产权改制。会员企业家方思党从宁波引资 3 000 万元，在二汽基地建立物流中心。襄城区总支发动会员引资或参与引资 7 000 万元，投入到 20 多个项目中，产生良好的经济效益。樊城区总支和老河口支部，分别招商引资 3 100 万元和 1 800 万元。襄阳区支部引进福建省长汀天乐卫生巾厂的投资项目，建成后可提供就业岗位 600 多个，年纳税 300 多万元。民建会员徐修忠引进徐修志先生六津堂企业后，又引进台商林有士先生投资 95 万美元，兴建了老河口市第一家台资企业“林立山钢木制品有限公司”，填补了当时襄樊市及所辖五县三市无台商独资企业的空白。

4.扶贫帮困

民建市委把扶危救困作为社会服务工作重点，组织会员和会员企业，开展多种多样的社会救助活动。2003 年抗“非典”期间，樊城区会员捐款 3 000 元，会员企业家杨正群向中国红十字会捐赠防病毒卫生口罩 1.5 万个。2004 年，襄樊市部分地区遭受洪灾，会员踊跃为灾区群众捐款捐物，共捐资 20 000 多元，捐献衣物 300 多件。民建老河口支部长期帮扶 2 个贫困户，每户年救助 1 000 元。会员熊明星开办的福利标牌厂，安置 11 名聋哑人员。民建樊西支部联合湖北职业技术学院，举办两期下岗职工再就业培训班，免费对 103 名下岗职工进行电工、服装等技术培训，并为他们联系就业岗位。会员杜诗武下岗后开办小白象电器公司，坚持诚信经营，不忘社会责任，共吸纳 232 名下岗职工就业，占企业全部员工的 80%。会员杨正群与台商合资开办楚凯塑胶公司，安置下岗人员 23 名。襄樊民建会员创办的 17 家企业，共安置下岗人员就业 2 100 余人次。企业家牛先锋捐资 2 万元，支援老河口市薛集镇“村村通工程”，使得该镇的村村通公路顺利完工。

市委会把救助寒门学子列入议事日程，动员全市民建会员先后出资或捐资 1 000 多万元，建校舍、购设备、送用具、助学费，帮助贫困学生解决“无钱上学”问题。会员王胖子建筑集团董事长王元山，投资近千万元开办长春高中，每年面向各县（市）招收困难家庭学生，每个年级选取 40 名困难学生，对各项费用实行部分或全部减免。他还向枣阳市乡镇中学捐款 20 万元，赠送电脑 20 台。会员企业家、小白象公司总经理杜诗武，出资 30 余万元，资助 30 名大学生完成大学学业。会员企业家方思党、王东升、佘继、宋丛酩、张利中和牛先锋，分别在谷城县和老河口市各选一贫困村，共对 21 名贫困小学生进行扶持，负担从小学到高中的一切学习费用。樊城区总支从2001年起，对老河口市一家庭条件差、经济困难的清华大学生进行扶持，每年捐资3 000元，直到完成学业。

四、中国民主促进会襄樊市委

中国民主促进会，是由从事教育、文化、出版、科学和其他工作的知识分子组成，具有政治联盟特点，为社会主义服务的中国政党。民进1985年7月，开始在襄樊市发展会员，1986年8月成立民进襄樊小组，1987年9月，建立民进襄樊支部，受中国民主促进会武汉市委会领导。1994年10月，成立民进襄樊市委员会。到2005年，全市有会员128人，主要分布在教育、文化、行政、医药、经济、金融等行业，多数会员都是有一定代表性的中高级知识分子。其中具有中高级职称的有86人，大专以上学历112人。有23名会员被选为各级人大代表、政协委员和和被有关部门聘为监督员。其中全国人大代表1人，省人大代表2人，省政协委员1人，市人大常委1人，市政协委员10人、常委4人，区人大常委2人，区政协委员5人，县处级领导干部5人，市政府职能部门特邀审计员1人，特邀物价员1人，工商监督员2人，特邀监察员1人，教育督导员1人，土地执法专员2人，公安警风警纪监督员2人。

（一）组织建设

1.组织沿革

1985年7月11日，民进武汉市委在襄樊发展第一批共2名会员。截至1986年5月，民进在襄樊市发展会员9人。同年7月13日，经民进武汉市委会批准，成立民进襄樊支部筹备小组，杨贵昌任组长，伍绍于、樊礼恭任副组长。1987年9月，会员总数25人。同年9月18至19日，民主促进会召开襄樊支部成立大会。民进湖北省筹备委员会委员、武汉市委会副主任委员明道信、中共襄樊市委副书记纪玲芝等领导出席大会。会议审议通过杨贵昌《加强自身建设，服务四化建设的新起点》的工作报告；选举产生支部领导成员，主委邹云峰，副主委杨贵昌，委员任金亭。支部归民进武汉市委会领导。1990年6月，支部召开会员大会，选举第二届支部委员会。主委邹云峰，副主委杨贵昌、李锦世，委员吴代燕、任金亭。1992年11月19日，支部召开全体会员大会，选举第三届支部委员会。主委邹云峰，副主委张发祥、任金亭，委员吴代燕、李锦世。

2.基层组织建设

1987年9月，襄樊市支部成立时，会员总数达到25人。支部于10月15日设立三个小组：文化小组，组长董治平、吴代燕；襄城小组，组长郭国全、李锦世；樊城小组，组长张发祥、郑文孝。1995年5月14日，市委会主持召开襄城区会员大会，选举成立民进襄城区文化支部、教育支部。李翼鹏、罗亚丽、田冬生被选为文化支部委员，李翼鹏任主委；王勇、雷兰被选为教育支部委员，王勇任主委。1995年5月21日，市委会主持召开樊城区会员大会，选举成立民进樊东支部。熊育珍、郑文孝、冯臻当选为支部委员，熊育珍任主委，郑文孝任副主委。1998年8月28日，民进襄城区总支委员会召开成立大会，李翼鹏、王勇、罗亚丽、熊选勇、郭辉煌当选为总支委员，李翼鹏任主委。1998年10月31日，襄城文化支部召开换届工作会议，田东生、曹珍玉、高亚萍当选为支部委员，田冬生任主委。1998年11月6日，襄城教育支部召开换届工作会议，朱新祥、霍玲平、杜汉华当选为支部委员，朱新祥任主委。12月9日，樊城支部召开会员大会，选举熊育珍、步军、谢诚忠为支部委员，熊育珍任主委。2002年6月10日，以教育界为特色的民进樊城区鹿门支部委员会和以文化界为特色的米公支部委员会分别成立。鹿门支部主委谢诚忠，米公支部主委李宁瑞。1994 年 10 月 12 至 13 日，民进襄樊市委会成立（见表 22—1）。

民主促进会襄樊市组织沿革史

表 22—1

<table>
<tr><th rowspan="2">时 期</th><th rowspan="2">组织概况</th><th colspan="3">建立下属组织情况</th></tr>
<tr><th colspan="2">组织名称</th><th>建立时间</th></tr>
<tr><td>民进支部筹备小组（1986.8—1987.9）会</td><td>联系发展会员筹备成立民进襄樊支部支部成立后，成立三个工作小组</td><td colspan="2"></td><td></td></tr>
<tr><td rowspan="3">（1987.9—1990.6）民进襄樊市第一届支部委员会</td><td rowspan="3">支部成立后，成立三个工作小组</td><td colspan="2">文化小组</td><td>1987.10</td></tr>
<tr><td colspan="2">樊城小组</td><td>1987.10</td></tr>
<tr><td colspan="2">襄城小组</td><td>1987.10</td></tr>
<tr><td rowspan="3">第二届支部委员会（1990.6—1992.11）</td><td rowspan="3">继续保持三个工作小组</td><td colspan="2">文化小组</td><td>1987.10</td></tr>
<tr><td colspan="2">樊城小组</td><td>1987.10</td></tr>
<tr><td colspan="2">襄城小组</td><td>1987.10</td></tr>
<tr><td rowspan="3">第三届支部委员会（1992.11—1994.10）</td><td rowspan="3">继续保持三个工作小组</td><td colspan="2">文化小组</td><td>1987.10</td></tr>
<tr><td colspan="2">樊城小组</td><td>1987.10</td></tr>
<tr><td colspan="2">襄城小组</td><td>1987、10</td></tr>
<tr><td rowspan="3">（1994.10—2000.5）民进襄樊市第一届委员会</td><td rowspan="3">1995 年成立樊城支部、襄城文化支部、襄城教育支部，1998 年支部换届，襄城总支成立，文化支部、教育支部为其所属支部</td><td colspan="2">樊城支部</td><td>1995.5.21（1998.12.9 换届）</td></tr>
<tr><td rowspan="2">襄城总支（1998.8.29 成立）</td><td>文化支部</td><td>1995.5.14（1998.10、31 换届）</td></tr>
<tr><td>教育支部</td><td>1995.5.14（1998.11.6 换届）</td></tr>
<tr><td rowspan="6">民进襄樊市第二届委员会（2000.5——2007.1）</td><td rowspan="6">樊城支部升建为总支，新建支部 2 个；襄城总支换届，所属的两个支部换届；襄阳区支部成立</td><td rowspan="3">襄城总支（2002.1.18 二届；2005.6.28 三届）</td><td>文化支部</td><td>2002.3.30 二届；2006.6.28 三届</td></tr>
<tr><td>教育支部</td><td>2002.3.30 二届；2005.6.28 三届</td></tr>
<tr><td>襄樊职业技术学院支部</td><td>2005.6.28 成立</td></tr>
<tr><td rowspan="2">樊城总支（2001.9.6 成立，2004.12.7 二届）</td><td>米公支部</td><td>2002.6.10</td></tr>
<tr><td>鹿门支部</td><td>2002.6.10</td></tr>
<tr><td colspan="3">襄阳区支部成立（2005.5.17）</td></tr>
</table>

（二）历次会员大会和历届市委会

1.第一次会员大会和第一届市委会

1994 年 10 月 12 至 13 日，民进襄樊市第一次会员大会在襄阳饭店召开。民进湖北省委副主委章仁楷 、秘书长倪政勇，中共襄樊市委副书记姚祥栋，襄樊市政府副市长赵成霖，市人大常委员会副主任谢传纪，市政协副主席汤学林等领导出席大会。受第三届支部委员会和主委邹云峰委托，副主委张发祥作《努力发挥参政党的作用，为深化改革、建设美好襄樊多做贡献》的工作报告；选举产生民进襄樊市一届委员会，主委任金亭，副主委张发祥、潘慧玲，顾问邹云峰。

2.第二次会员大会和第二届市委会

2000年5月18日，第二次会员大会在南山宾馆召开。民进湖北省委副主委苏怀、秘书长祝湘洲，中共襄樊市委副书记刘善桥，襄樊市政府副市长赵成霖，市人大常委会副主任熊小春，市政协副主席、市委统战部部长于诺英等市领导出席大会。大会审议并通过任金亭《积极履行参政党职能，努力为振兴襄樊做贡献》的工作报告；选举产生第二届民进襄樊市委员会，主委空缺，副主委武保建、史德才，秘书长陈晓红，推举邹云峰、张发祥、潘慧玲为顾问，武保建主持市委会全面工作。2001年8月8日，市委召开会员大会，武保建当选为第二届委员会主委。

（三）参政议政

1.建议提案

1989年2月，在政协襄樊市第八届委员会第一次大会上，会员就襄樊市的民主政治建设、文化建设、教育发展等方面的问题向政协大会提交提案12件，受到有关部门重视。1991年4月，民进襄樊支部组织力量对农村的医疗状况和农民看病难问题进行专题调研，发现很多地方以村、组为单位的农村医疗合作组织都逐渐解体，导致农民看病难。支部委员、省政协委员任金亭撰写了《恢复和发展农村合作医疗组织，解决农民看病难问题》的提案，被省政协六届五次全会确定为大会发言材料。这个提案引起省领导的重视，责成有关部门成立调查组进行专题调查，并制定相应的政策。此提案被《湖北日报》摘要刊登。1993年，支部副主委、襄城区政府副区长任金亭根据自己的工作实际和调查研究，写出《关于理顺关系加快城区发展的几点建议》（简称建议）。建议认为，现行的城区管理体制有两个弊端：城区区域划分不科学；市区职责范围界线不明确。任金亭建议：扩大城区面积，将现行的五个区（襄城、樊东、樊西、郊区、开发区）进行整合，樊东、樊西合并为樊城区，保留襄城区、经济开发区，撤销郊区，将郊区分划给三个区；明确市区两级政府的职责权限，市政府进行宏观指导，县、区政府实施具体的管理与规划；建议市政府适当向区政府下放一些企业，增强区属经济的活力，促进城区经济的进一步发展。建议引起市委、市政府高度重视，被采纳到襄樊大城市建设总体规划之中。同年，支部经过深入调查，发现私盐在襄樊一些地方贩卖。支部副主委、市人大代表张发祥以《遏止私盐泛滥，防止碘缺乏蔓延》为题，致信襄樊市人大常委会主任伍荣显。张发祥的信引起市政府的高度重视，很快成立了以常务副市长阎增福为组长的整顿盐业市场领导小组，由10个职能部门协同工作，仅上半年就收缴私盐952吨，有效的遏止私盐泛滥的势头。

市委会成立后，参政议政工作质量进一步提高。许多会员被市政协评为优秀政协委员，一些提案被评为全市优秀提案。会员樊礼恭1997年2月被省政协评为优秀政协委员；会员李翼鹏关注社情民意，提案数量在全市政协委员中最多，质量也很高，被誉为襄樊市的“提案大王”，被评为市优秀政协委员。1996年，市政协九届三次会议召开，会上，市委会被授予“优秀提案单位”称号，任金亭、张发祥、董治平、吴鄂东、李翼鹏被评为“优秀提案个人”。1997年，市委会主委任金亭在湖北省政协八届四次大会上，提交了《托管资产，一次算断》的提案，对濒临破产的国有中小企业改革提出建议：在各级政府宏观指导下，以国有资产管理部门或产权交易中心为主体，先对企业进行资产评估，把企业产权承接过来，（即回收产权，托管资产），一次性与工人算断（补偿或入股），使企业解体，人员分流，然后，再把企业拍卖、出租或转让，尽快回笼资金，达到资产重组、盘活资产、合理分流、平稳过渡的目的。此案被省政协列为大会发言材料，并被省政府办的《内部参考》全文转载，很快又被襄樊市委的《决策与参考》、市社科联主办的《社科研究》转载发表。

2002 年 1 月 23 日，中共襄樊市委、襄樊市人民政府、襄樊市政协联合发文，表彰十届政协以来涌现出的先进集体和先进个人，市委会《借形象工程东风，向旅游大市迈进》、李翼鹏《关于加强国企领导干部和经营者民主评议的提案》、陈晓红《让人民广场活起来》、郭辉煌《加快中小型企业改革转国营为民营，以减少国有资产继续流失》等 4 件提案被评为优秀提案，李翼鹏被评为市优秀政协委员。

为深入贯彻党中央提出的“科教兴国”战略，2001 年 5—6 月，民进襄樊市委会组织会内教育界的部分高级教师、政协委员对宜城市、老河口市的部分乡村中小学校进行调查，了解到农村中小学的师资队伍、教师待遇、素质教育、学生辍学、农户经济等方面的实际情况和存在的问题，形成《农村基础教育调研报告》。该报告在肯定成绩、反映情况的基础上，提出发展农村基础教育的建议。民主促进会襄樊市委将此报告呈报民主促进会湖北省委，省委在综合分析研究后，形成新的报告上报到民主促进会中央。

2005 年 1 月 6—9 日，市十一届政协二次会议召开，民进市委会共向大会提交《保护和治理汉江刻不容缓》《规范垃圾处理 净化生存环境》《加大农村中小学教育经费支持》等 3 件集体提案。其中，《保护和治理汉江刻不容缓》《规范垃圾处理 净化生存环境》被市政协联组会议列为发言材料。在听取市委会主委武保建做的《规范垃圾处理 净化生存环境》的发言后，副市长周富贵指出：“处理汉江垃圾污染的提案非常好，在环境方面，现在不投入小钱，将来就会付出更大的代价。”中共襄樊市委副书记曲颖在发言中指出：“汉江污染问题，垃圾处理问题，是全市人民都关心的事情，你们的发言很专业，调查翔实，数据充分，为市委、市政府决策提供了重要的参考依据。非常感谢你们独到的见解。”此次大会，民进中的市政协委员共有 48 件个人提案被立案。

2.落实对口联系制度

1991 年 3 月，民进襄樊市委按照中共襄樊市委、襄樊市人民政府《关于政府工作进一步加强同民主党派联系》的通知要求，根据对口单位的需要与会员的特点，安排 14 名会员分别与市新闻出版局、市文化局、市教委、市监察局、市审计局、市物价局等六个单位建立对口联系。要求联系人员学习党的方针政策，了解对口单位的业务情况，参政议政，尽职尽责。对口联系会员通过调查研究，提出的关于“挖掘发展襄樊地区地方特色戏剧”、“让健康书籍占领市场”、“襄樊历史文化名城建设”、“增加市区卫生设施”、“减轻学生负担、禁止乱收费”、“创办一份反映城市文化生活的报纸”、“建立社会科学院襄樊分院”、“在繁华地段设文化、教育设施”等建议，均被有关部门采纳。

（四）社会活动

1.文化教育

20 世纪 80 年代后期，民进襄樊市支部根据社会发展需要，发挥会内教育人才多的特色和优势，积极开展文化教育活动。1988 年 9 月，经市教委批准，支部创办了“民进文化补习学校”，支部委员任金亭任校长，会员魏复涛、樊礼恭副教授任副校长，郑文孝任总务主任。通过教学，一年为国家培养输送 16 名大中专学生，有的学生还考入了北京航空航天大学、华中师范大学等著名高校。支部还组织教师，利用寒暑假时间，举办各种形式的讲座、培训班，多方面、多层次地开展社会服务，提高劳动者素质。

2.理论研究

1987 年 12 月，西藏少数人在达赖喇嘛和国外势力的怂恿下，肆意闹事搞分裂。会员张忠诚结合形势，查找了大量历史、地理资料，写文章揭露达赖喇嘛分裂阴谋，与有关部门一起在随州市举办 5 场关于西藏历史、宗教和这次西藏事件的报告会，听众达 1700 多人次，在群众中产生积极影响。

1989 年 12 月，中共中央制定颁发《中共中央关于坚持和完善中国共产党领导的多党合作和政治协商制度的意见》（以下简称《意见》）。支部在学习《意见》的同时，鼓励会员开展理论研究。会员张发祥《民主监督的基础是民主》、樊礼恭《试论民主政治的基本原则》，均在民主促进会中央主办的《民主》杂志 1989 年第一期上公开发表。樊礼恭《试论民主政治的基本原则》还被《新华文摘》（1990 年第八期）做摘要转载。

1993 年 1 月 19 日，支部理论组召开会议，进一步明确理论学习与研究的指导思想，要求理论学习与研究与党中央的大政方针保持一致，理论学习研究与参政议政相结合，坚持自觉性，增强针对性。此次会议后，支部的理论研究和参政议政工作进展进一步加快。在理论研究上，樊礼恭《略论稳定、协调和发展的关系》《论腐败及对策》《解放思想，更新观念》《政治腐败是被动挨打的原因》等论文在国家、省级理论刊物上公开发表。

1997 年 10 月，在市委统战部的支持下，由民进市委会牵头，举办了“襄樊市各民主党派学习十五大精神报告会”，报告会由副主委张发祥主持，民进会员樊礼恭、谢诚忠、张俊三、苏英杰、高桂娟，农工党办公室主任王家发、九三学社副主委潘武成等在大会上发言，畅谈学习十五大精神的体会，在襄樊市民主党派人士中宣传了十五大精神。

1998—1999 年间，会员樊礼恭《进一步完善有中国特色的政党制度》和会员谢诚忠的《继承发扬我会优良传统，巩固新时期统一战线》获得民进中央优秀论文奖；樊礼恭《一定要讲政治》、《建构有中国特色的社会主义国家结构新形式》、《旗帜就是方向》等紧扣时政的理论文章在民进中央主办的《民主》上发表。

2001 年 6 月 6—8 日，民进中央在山西太原召开统战理论研讨会，市委会顾问张发祥代表民进湖北省委会应邀出席大会。他提交的《民主党派监督要有法律约束力》一文，引起与会者的热烈讨论，并被《楚声》杂志 2001 年第 2 期发表。2002 年 1 月，会员樊礼恭理论专著《追求文集》由华艺出版社出版。

3.文艺宣传

1995 年，民进在襄樊建会 10 周年。按照民进省委的要求，市委会创作了反映民进优良传统和光荣斗争历史的文艺节目。市委会从节目的题材、主题、形式到节目的思想性、艺术性等方面，进行仔细研究。节目在襄樊会庆大会上初次上演后，又赴省城，在武汉歌剧院参加会庆演出。经民进省委评定，市委会编导的独幕话剧《昨天》和朗诵诗《中国的向日葵》两个节目，获组织、创作、表演一等奖，董治平、吴鄂东分别获创作一等奖，罗亚丽获得主持人一等奖，张茂林、李复正、高亚平、田冬生分别获得表演一等奖。

1997 年 7 月 19 日，由民进襄樊市委会主办的“襄樊市民主党派迎香港回归祖国文艺演出”在樊城皇宫地下美食娱乐城举行，会员史德才、吴代燕、高亚萍、罗亚丽、张茂林、董治平等表演了精彩的文艺节目。

1999 年 12 月 17 日，市委会在市委统战部、民盟襄樊市委会、市歌舞团的大力支持下，在襄樊市南山宾馆举办大型“襄樊市各民主党派、工商联迎澳门回归文艺演出”。中共襄樊市委、市人大、市政府、市政协有关领导，各民主党派、工商联代表，驻樊部队等各界人士近千人观看演出。演出以红领巾艺术团的童声合唱《七子之歌》开场，以市委会自编自演的小品《回家》为重心，以会员创作的大合唱

《归航的白莲船》压轴，穿插有歌舞、小品、京剧、朗诵以及富有地方特色的河南坠子，整场演出高潮迭起、精彩纷呈。演员们精彩的表演受到市四大家领导和社会各界的称赞。当天晚上，襄樊电视台、襄樊人民广播电台电台以头条新闻进行了报道，在全市产生极好政治影响。

2001 年，主委武保健为第二届隆中诸葛亮文化节开幕式大型文艺表演作曲，创作的诸多作品一直是该团的保留节目；参与改编创作并担任乐队指挥的音乐诗剧《洪湖的女儿》获得中宣部“五个一工程”奖、文化部“文华奖”、湖北省“屈原文化奖”、襄樊市“浩然文化奖”。

2003 年 12 月，民进湖北省委会主办的《楚声·襄樊专辑》成功编辑出版，该刊全面宣传介绍了市委会换届以来在政治学习、参政议政、自身建设、会内团结等方面取得的成功经验。

附 1：襄樊民进历届市政协委员名单

第七届市政协委员（1984—1988 年）：杨贵昌、吴鄂东

第八届市政协委员（1989—1993 年）：邹云峰（常委）、吴代燕、郭国全、樊礼恭、吴鄂东、李翼鹏

第九届市政协委员（1994—1998 年）：任金亭（常委）、邹云峰（常委）、吴代燕、张发祥、孟庆雄 吴鄂东、董治平、史德才、李翼鹏、曹珍玉（增补）

第十届市政协委员（1999 年—）：任金亭（常委）、潘慧玲、史德才、李翼鹏、陈晓红、郭辉煌、李碧荣、曹珍玉、边光兰（增补）

附 2：襄樊市民进历届人大代表、常委名单

第十一届人大代表（1989—1993 年）：张发祥、冯臻、李锦世

第十二届人大代表（1994—1998 年）：冯臻（常委）、武保建

第十三届人大代表（1999 年—）：武保建（常委）

五、中国农工民主党襄樊市委员会

中共十一届三中全会以后，中国农工民主党襄樊市地方组织开始组建，不断发展壮大，党员发展到 100 名，先后召开三次党员大会，市委会先后三次换届。中国农工民主党襄樊市委在中国共产党领导下，以经济建设为中心，积极履行参政议政职能，在本职工作岗位上建功立业，为襄樊经济社会发展做出积极贡献。

（一）组织建设

1.组织沿革

1983 年 5 月，农工党湖北省委开始在襄樊发展农工党党员。到 1985 年 10 月，党员发展到 4 人，农工党襄樊小组建立，延陵师德任组长。1986 年 10 月 12 日，农工党襄樊市支部正式成立，延陵师德任支部负责人。1989 年 5 月 20 日，农工党襄樊市支部委员会正式成立，黎镜如任主委，延陵师德任副主委。1994 年 3 月，增补纪本涛为第二届支部委员会副主委。1995 年 10 月，在樊农工党党员已达 43 人，成立农工党襄樊市委会的条件已经成熟。

2.基层组织建设

1996 年 11 月 29 日，农工党樊城区支部委员会成立，李开启任主委。1999 年 12 月 24 日，成立农

工党樊城区总支委员会，石萍任第一届总支委员会主委。总支下设两个支部，第一支部主委方卫东，第二支部主委赵詹东。1996 年 12 月 12 日，农工党襄城区支部委员会成立，姜敬平任主委。1999 年 12 月 10 日，成立农工党襄城区总支委员会，姜敬平任主委。总支下设两个支部，第一支部主委李新华，第二支部主委江顺德。第二届市委会期间，襄城和樊城两个总支委员会分别进行两次换届。李新华任农工党襄城区第二届总支委员会主委，方卫东任农工党樊城区第二届总支委员会主委；阮先会任农工党襄城区第三届总支委员会主委，刘国华任农工党樊城区第三届总支委员会主委。2005 年 6 月 24 日，农工党襄阳区第一次全体党员大会召开。会议通过吕金海代表总支筹备委员会所作的工作报告，选举农工党襄阳区第一届总支委员会，吕金海任主委。总支下设两个支部，第一支部主委熊贤俊，第二支部主委方心全。

（二）历次党员大会及历届市委会

1.农工党襄樊市第一次党员大会及第一届市委会

1995 年 10 月 18 日，农工党襄樊市第一次全体党员大会召开。农工党中央副主席、省政协副主席、农工党省委主委剪天聪莅临指导工作，中共襄樊市委副书记姚祥栋代表中共襄樊市委到会致贺词。会议审议通过黎镜如《团结奋进　拼搏开拓　共铸辉煌》的工作报告；选举农工党襄樊市第一届委员会，纪本涛任主委，黎镜如任副主委，董惠卿、刘大发、李肇春任委员，推举延陵师德为顾问。纪本涛于 1997 年 6 月当选为农工党省委第四届委员会委员，同时当选为农工党中央第十二届全国代表大会代表；1999 年 1 月当选为农工党省委第四届常委会委员。为了政治交接和新老交替的平稳过渡，1997 年 10 月，增补姜敬平、李少平为农工党市委会委员；1998 年 12 月，增补沈青山为市委会委员；1999 年 5 月增补赵汉芬为市委委员；1999 年 9 月，增补李少平为农工党襄樊市委会副主委。

2.农工党襄樊市第二次党员大会及第二届市委会

2000 年 8 月 4 日，农工党襄樊市第二次全体党员大会召开。省政协副主席、农工党省委主委肖谷欣莅临指导工作，中共襄樊市委副书记刘善桥代表中共襄樊市委致贺词，市政协副主席、市委统战部部长于诸英到会祝贺。会议审议通过纪本涛《发扬优良传统 努力开拓创新 共谱辉煌篇章》的工作报告；选举农工党襄樊市第二届委员会，纪本涛任主委，李少平、沈青山任副主委，黄九军任秘书长，赵汉芬、石萍任委员。

3.农工党襄樊市第三次党员大会及第三届市委会

2005 年 7 月 31 日，农工党襄樊市第三次全体党员大会召开。省政协副主席、农工党省委主委周宜开莅临指导工作，中共襄樊市委副书记杨祥义代表中共襄樊市委致贺词，市政协副主席、市委统战部部长路德林到会祝贺。会议通过纪本涛《与时俱进　开拓创新　为全面建设小康社会贡献力量》的工作报告；选举产生农工党襄樊市第三届委员会，纪本涛任主委，李少平、沈青山、黄九军任副主委，吕金海任秘书长，赵汉芬、石萍、阮先会、刘国华任委员。至此，农工党襄樊市委会领导班子，襄城区、樊城区和襄阳区总支及下属支部已顺利实现新老交替和政治交接，基层组织基本健全。到 2005 年底，襄樊农工党党员已达 100 人。

（三）参政议政

1.主要领导参与高层协商

农工党襄樊市支部负责人延陵师德参加市政协召开的协商会5次；农工党襄樊市支部委员会主委黎镜如参加中共襄樊市委、市政府、市政协召开的座谈会协商会14次；农工党襄樊市委会主委纪本涛参加中共襄樊市委、市政府、市政协召开的座谈会、协商会28次。农工党襄城支部委员会和总支委员会主委，樊城区支部委员会主委和总支委员会主委，襄阳区总支委员会主委，参加中共区委、区政府、区政协座谈会、协商会36次。农工党襄樊市、区历任主要领导在参与政治协商过程中，就国计民生大事、科教兴市战略、重要人事安排、“三讲”教育、“三个代表”重要思想学习教育等重大问题，发表意见和建议，为党委政府决策的科学化、民主化起到积极作用。

2.人大代表、政协委员直接参政

1990年，冯柏年当选为市人大代表，在6年的市人大全会上提交建议和议案13件。纪本涛于1992年当选为省人大代表，1994年当选为市人大常委，1998年当选为全国人大代表，在6年的省人大全会、4年的市人大全会和4年的全国人大全会上提交建议和议案98件。其中《关于进一步发挥科技人才作用的议案》被市十二届人大五次会议主席团立为议案，《川鄂铁路建设立项》、《加快解决医疗纠纷立法》、《切实落实村委会组织法》、《南水北调工程的几点建议》等议案，得到国务院及有关部门的重视和采纳。1999年，沈青山当选为市人大常委，王克敏当选为市人大代表，他们在3年的市人大全会上提交建议和议案16件。襄城区人大常委姜敬平在6年的区人大全会上提交建议和议案23件。全国人大代表、省人大代表、市人大代表、区人大代表，参加市区有关方面的视察、检查、评议活动23次，对中共的大政方针贯彻落实和法律法规的实施进行监督，并坦诚地提出意见和建议。

从1986年农工党襄樊市支部建立，到1989年农工党襄樊市支部委员会成立，主委、市政协委员延陵师德在市政协全会上提交建议和提案7件。从1989年农工党襄樊市支部委员会建立到1995年农工党襄樊市委会成立，市政协常委黎镜如，市政协委员延陵师德、李肇春、刘大发，在市政协全会上提交建议和提案78件。其中《建立襄樊市儿童医院》、《在市区禁放烟花爆竹》、《对市区医疗网点门诊进行整顿》、《建立襄樊现代化大城市管理机制》、《建立健全领导干部离岗时的财务审计制度》等18件提案被市政协评为优秀提案。刘大发写的《将乙肝疫苗接种纳入儿童计划免疫管理》建议，被卫生部颁布《全国乙肝疫苗接种实施方案》时采纳。从1995年农工党襄樊市委会建立到2005年底，市政协副主席纪本涛，市政协常委黎镜如、赵汉芬，市政协委员李肇春、刘大发、董惠卿、王克敏、潘传桂、周文旭、李少平、石萍、方卫东、黄九军、赵詹东、阮先会在市政协全会上共提交建议和提案342件，集体提案16件。其中《农民负担反弹的表现 、原因及对策》、《改造人民广场》、《改进政协工作》、《发挥科技人才作用》、《切实保护土地资源》、《加快社区卫生服务发展》、《加强农村文化建设》、《净化城市环境》、《在我市推行药品集中采购》、《强化对艾滋病防治管理 保护人民群众身体健康》、《关于顺利推进我市基本医疗保险制度改革的建议》、《重视高职教育 争创品牌学校》等238件建议提案得到采纳。襄城区、樊城区、襄阳区政协常委和委员在三个城区政协全会上提交建议和提案共96件。

3.特邀人员参加民主监督

农工党员中被聘为市教育督导员1人，特邀监察员3人，审计员2人，工商监督员3人，物价监督员2人，法院监督员2人，检察院监督员2人，土地监督员1人，行风监督员3人，思想作风监督员1人，行风评议代表3人。特邀人员应邀参加聘请单位的座谈、调查、评议活动108人次。

4.献计献策

1993 年,农工党襄樊市支部委员会调研撰写的《我市卫生事业投入补偿机制的成效、困难与对策》调查报告,得到市政府及市卫生局的重视;1994 年,调研撰写的《治理‘三乱’发展我市个体私营经济》、《充分发挥居(村)委会作用 搞好社会治安综合管理》、《尽快建成以新华市场为主体的工业品综合批发大市场 繁荣我市经济》等三篇调查报告,引起中共襄樊市委和市政府的高度重视。中共襄樊市委书记杨斌庆、市长阎增福分别在调查报告上作重要批示,要求市委、市政府有关部门研究落实。

1997 年,农工党襄樊市委会调研撰写的《关于如何发挥科技人才作用的调查报告》,获省委统战部调研成果二等奖、市委组织部调研成果二等奖。1998 年调研撰写的《充分发挥三线军工优势促进我市经济发展》的调查报告,得到市政府三线办的重视采纳。1999 年调研撰写的《农村合作医疗发展状况的调查与思考》的调查报告,市长罗辉阅后作了重要批示,市政府办的《襄樊要情》转发了罗市长的重要批示。2000 年调研撰写的《中医医疗机构自身发展中存在的问题与对策》和 2001 年调研撰写的《中医发展的现状与对策》调查报告,引起国家卫生部的关注。2002 年调研撰写的《面对国际国内竞争 加快农业产业化发展》调查报告,分别在省、市政协全会上发言。2003 年调研撰写的《优化软环境 促进经济快速发展》调查报告,在省、市政协全会上发言,市委书记阮成发批示在全市经济工作会议上印发;省委书记俞正声也对该提案作出批示。2004 年调研撰写的《大力支持民营科技企业发展》调查报告在省、市政协全会上发言。2005 年调研撰写的《农村饮水安全问题》调查报告,被农工党省委作为集体提案提交省政协全会。

(四)社会服务

1.开办专家门诊

1992 年 10 月,农工党襄樊市支部委员会与襄樊市中西药公司合作开办专家医疗技术服务处,至 1995 年 10 月,义诊咨询病人 4 500 多人次。1995 年 10 月,农工党襄樊市委会独立开办医疗技术服务处,至 2000 年 5 月,义诊咨询病人 7 800 多人次。1997 年,农工党樊城区、襄城区支部委会分别开办专家门诊,至 2000 年 5 月,义诊咨询病人达 14 000 多人次。

2.送医送药下乡

1991 年、1997 年和 1999 年,农工党襄樊市支部委员会组织专家分别赴襄阳县石桥镇、方集乡、黄龙镇开展义诊咨询活动,共义诊病人 2 000 多人次。2000—2005 年,农工党襄樊市委会与襄樊市妇联联合组织“山区健康行”活动,先后赴南漳县雷坪乡、东巩镇,保康县寺坪镇、后坪镇,谷城县石花镇、黄畈乡,老河口市袁冲乡,枣阳市航天英雄聂海胜家乡,送医送药送科普知识,6 年共义诊咨询病人 5 000 多人次,赠送乡镇卫生院价值 92 500 多元药品,分发科普资料 3 000 多份。

3.上街进厂义诊

农工党襄樊市、区两级组织 1990 至 2005 的 10 多年间, 利用节假日组织专家上街义诊咨询 32 次,参加义诊咨询的农工党党员 120 多人次,义诊咨询病人 11 000 多人次。襄樊市中心医院、襄樊市第一人民医院、襄樊市中医院、102 医院、二汽襄樊基地医院的农工党党员参加本单位组织的庆“三八”、“五一”、“六一”、“十一”等上街义诊活动 60 多次,迎香港、澳门回归义诊活动 12 次,义诊咨询病人 8 500 多人次。1995 年 7 月,农工党襄樊市支部委员会组织 11 名专家教授到襄樊市第二印染厂,对全厂 400 多名干部职工进行义诊咨询。延陵师德、刘兴华、王克敏各自开展义诊咨询活动 26 次,义诊咨询病人380多人次。

4.理论研讨

黎镜如、王家发撰写的《浅议民主党派组织发展的质量》发表于《湖北农工》(1994年)。刘大发撰写的《对多党合作制度的认识》收入中共襄樊市委统战部《统战工作论文集》(1995年)。纪本涛、王家发撰写的《民主党派要把讲政治作为思想建设的首要任务》发表于《前进论坛》(1996年)。1997年、1998年、2000年、2001年、2003年的《湖北农工》杂志，先后发表纪本涛、王家发撰写的《浅谈民主党派在精神文明建设中作用的发挥》、《高举伟大旗帜 要在掌握和运用理论精髓上下功夫》、《对邓小平关于多党合作制度论述的认识》、《民主党派成员要争当‘三个代表’实践者》发表于、《按照‘三个代表’要求 努力做好民主党派工作》等理论文章。

(五)双岗建功

全市农工党党员积极参与襄樊地区的物质文明、政治文明、精神文明建设，努力搞好本职工作，涌现出一批全国、全省、全市先进集体和先进个人。

全国先进：1999年，农工党中央授予农工党襄樊市委会“宣传工作先进单位”称号。2001年，农工党中央授予农工党襄樊市委会“党刊发行工作先进集体”、“智力支边扶贫先进集体”称号；授予农工党樊城区第一支部“先进基层党组织”称号；授予石萍“智力支边扶贫先进个人”称号；授予龚贵先“社会力量办医先进个人”称号。2003年，农工党中央授予农工党襄樊市委会“抗击非典先进党组织”称号；授予李少平“抗击非典先进个人”称号。2004年，农工党中央授予刘素文“社会服务工作先进个人”称号。

全省先进：1996年，省政协授予纪本涛“提案工作先进个人”称号。1997年，纪本涛被评为“省优秀人大代表”。1998年，农工党省委授予王家发“宣传工作先进个人”称号；授予龚贵先“抗洪救灾先进个人”称号。1999年，农工党省委授予农工党襄樊市委会“宣传工作先进集体”、“提案工作先进集体”称号；授予纪本涛“提案工作先进个人”称号；授予农工党樊城区支部委员会“咨询工作先进集体”称号：授予李肇春“咨询工作先进个人”称号；授予王家发、王蕴丽“宣传工作先进个人”称号。2000年，农工党省委授予农工党襄樊市委会“参政议政先进集体”、“宣传工作先进集体”称号：授予纪本涛、李少平、方卫东、李新华“参政议政先进个人”称号；授予农工党樊城区第一支部“先进基层组织”称号；授予纪本涛、石萍、江顺德“全省优秀党员”称号；王家发、王蕴丽被分别评为全省宣传工作二等奖和三等奖。2001农工党省委授予农工党襄樊市委会“宣传工作先进集体”、“咨询服务工作先进集体”、“提案工作先进集体”称号；授予农工党襄城区第一支部和农工党樊城区第一支部“咨询服务工作先进集体”称号，授予沈青山、刘大发、姜敬平、方卫东、李新华“咨询服务工作先进个人”称号；授予纪本涛、李少平、方卫东“提案工作先进个人”称号；纪本涛、黄九军、王蕴丽被评为“全省宣传工作先进个人”。2003湖北省委、省政府授予纪本涛“抗击非典先进个人”称号；农工党省委授予农工党襄樊市委会“抗击非典先进集体”称号；授予纪本涛、李少平、方卫东、吕金海、包高文、陈时雄“抗击非典先进个人”称号。

全市先进：1988年，襄樊市政协授予刘大发“为改革和建设做出贡献先进个人”称号。1995年，中共襄樊市委、襄樊市政府授予黎镜如、董惠卿“党外各界人士岗位建功先进个人”称号。1996年，襄樊市政协授予刘大发、李肇春、黎镜如、董惠卿、王克敏等5位政协委员“优秀提案先进个人”称号；授予潘传桂“优秀政协委员”称号。2000年，襄樊市政协授予方卫东、阮先会“优秀政协委员”称号。2001—

2003 年，行风评议代表方卫东连续 3 年被市行风评议领导小组评为“行风评议优秀代表”。

六、中国致公党襄樊市支部委员会

中国致公党是以归侨、侨眷中的中上层人士和其他有海外关系的代表性人士组成的，具有政治联盟的特点，致力于建设有中国特色社会主义的政党。中国致公党襄樊市支部委员会组建于 2004 年。在组建后的一年多时间里，履行参政党的职能，在参政议政、组织动员归侨侨眷参与襄樊改革建设等方面发挥积极作用。

（一）组织机构

2004 年 11 月，致公党襄樊市支部委员会成立。主委宋清龙，副主委武红霞（女），委员李玲（女）、赵世运、杨顺增。2005 年，发展新党员 18 人，党员总数 30 人。党员中，市、区人大代表 4 人，政协委员 5 人。

（二）调查研究，建言献策

致公党襄樊市支部按照致公党中央关于“党的规模小声音不能小，党员人数少作为不能少”的要求，充分发挥参政议政、民主监督职能，围绕襄樊经济社会发展的热点难点和市民普遍关心的问题，深入开展社会调查，积极建言献策。2005 年，向市、区人大提交议案 2 件，向省、市政协提交集体提案 8 件，个人提案 5 件，向市人大、市政协全会和常委会提交发言材料 3 件。2005 年初，致公党襄樊市支部组织调查组，多次深入大李沟，沿途实地察看大李沟两侧的工矿企业和村落，对大李沟污染问题进行调查研究，并邀请城市管理和水利方面的专家一起进行分析论证，形成《关于大李沟综合治理开发的建议》，作为集体提案提交市政协全会。市委、市政府采纳了致公党支部的意见和建议，多次召开会议，对大李沟整治进行安排部署，使大李沟得到较快治理，达到“小水归槽、洪水漫滩、两岸绿化、堤顶休闲”的要求。同年 3—9 月，走访市区各街道办事处、社区居委会及市公安禁毒部门，对全市禁毒工作进行调研，提出《遏制毒品蔓延》的建议，促进了全市禁毒工作的开展。同年 8 月，就全市城市管理工作开展社会问卷调查，提出《城市管理工作建议》。同年 12 月，组成 7 人调研组，先后到谷城武山镇堰河村和襄阳翟湾村，就农村环境保护问题进行调研，针对襄樊农村环境污染严重的问题，提出具体和可操作建议，得到市政府重视和采纳。

（三）建功立业

致公党党员、万洲集团公司董事长赵世运创办科技企业，为襄樊市经济建设做出贡献。万洲集团公司被省科技厅授予“全省优秀民营科技企业”，赵世运被评为“襄樊市十大经济风云人物”。致公党党员襄樊市五中的高级教师吴鹭沙，爱岗敬业，教书育人，积极为现代化建设培养人才，2005 年，她所带的班高考成绩综合评定名列全校第一，学生胡扬荣获襄樊市高考文科状元。

（四）帮扶困难归侨子女

102公司是襄樊市归侨比较集中的单位，支部委员会对上学有困难的归侨子女杨文静、辛景春等三名小学生进行资助，帮助他们完成九年义务教育。支部委员会还加强与困难归侨家庭的联系，每逢过年过节，都要为他们送去粮、油、肉等生活必需品。

七、九三学社襄樊市委员会

九三学社襄樊组织是在1986年9月建立起来的，经历了两个大的发展阶段。第一阶段是建立小组和成立支社。1985年6月至1987年8月，是襄樊小组活动时期，时有社员12人；1987年9月至1989年6月为襄樊市支社活动时期，时有21名社员。第二阶段是筹备小组建立和市委会成立及其完善阶段。1989年6月至1993年10月，是九三学社襄樊市委筹备小组时期，时有社员31人；1993年10月至2005年5月，是九三学社襄樊市一至三届委员会活动时期，社员从31人发展到106人。襄樊市九三学社组建后，在九三学社湖北省委和中共襄樊市委领导下，认真履行政治协商、民主监督、参政议政职能，为襄樊的两个文明建设作出积极贡献。

（一）组织机构

九三学社主要以学术界的教授、学者为发展对象。1985年6月，襄阳师专田传锦、李光惠经武汉学术界朋友介绍，加入九三学社，是襄樊市九三学社最早的社员。1986年9月，九三学社襄樊市小组成立，李光惠任组长。1987年，社员12人。同年9月19日，九三学社襄樊市支社正式成立。九三学社湖北省委研究决定，李承桢任支社主委，李光惠为宣传委员，林民湛为组织委员。1988年12月，襄樊市支社成立襄阳师专、襄城、樊城和湖北制药厂4个小组。社员发展到21人。1989年6月26日，九三学社襄樊市委员会筹备小组成立，李承桢任组长，林民湛任副组长。1993年，社员48人。同年10月，召开九三学社襄樊市第一次社员大会，正式成立九三学社襄樊市委员会。2005年12月底，共有社员106人。

（二）历次社员大会和历届市委会

1.第一次社员大会和第一届市委会

1993年10月28—29日在襄京宾馆召开，出席会议的社员共31人。社省委领导余章英、唐鸣、蔡国斌，中共襄樊市委副书记姚祥栋，市人大常委会副主任严永昌，市政府副市长邱勇，市政协副主席江长发，以及市各民主党派、工商联、对口联系单位等领导出席大会。会议听取和审议李承桢《坚持共产党的领导　发挥参政党的作用　为襄樊的改革开放和经济建设作出新贡献》的工作报告，选举产生九三学社襄樊市第一届委员会。主委李承桢，常务副主委林民湛，副主委潘武成。一届市委会期间，于1994年成立樊西、襄城、樊东三个支社。1998年4月10日，樊东、樊西两个支社合并为樊城支社。1996年，社市委被社中央授予“先进基层组织”称号。

2.第二次社员大会和第二届市委会

1998 年 9 月 10—11 日在南湖宾馆召开。出席大会社员 42 人。九三学社湖北省主委郑楚光在会上讲话。中共襄樊市委副书记张振华向大会致词。市政协副主席、市委统战部部长王家康，各民主党派、工商联代表分别在茶话会和大会上讲话。会议审议通过潘武成《加强自身建设　积极参政议政为振兴襄樊作出新贡献》的工作报告；选举产生第二届委员会，主委潘武成，副主委罗琼玖，秘书长王保清，推选李承桢为第二届委员会名誉主委。1999年12月，社市委增补刘鹏为第二届委员会副主委。

3.第三次社员大会和第三届市委会

2005 年 4 月 8 日在名人城市酒店召开。中共襄樊市委副书记杨祥义代表襄樊市委致贺词，市政协副主席、民革襄樊市委主委潘巧莲代表各兄弟党派和工商联致贺词。九三学社湖北省委副主委黄仁涛代表社省委致贺词，九三学社湖北省委副主委蔡耀军，市人大常委会副主任熊小春、市政府副市长虞国旗、市政协副主席、市委统战部部长路德林出席会议。会议审议通过罗琼玖《与时俱进，充分履行参政党职能；开拓创新，为振兴襄樊贡献力量》的工作报告；选举产生第三届委员会，主委罗琼玖，副主委王保清、郭声波、海光辉，推举李承桢、潘武成为名誉主委。2005 年 5 月，九三学社襄阳支社成立。

(三)参政议政

九三学社社员中先后担任各级人大代表的有 18 人次，担任各级政协委员的有 71 人次，担任特约员、监督员的有 25 人次。1994—2005 年，九三学社在市政协全会上提交集体提案 58 件，其中被评为优秀提案 5 件；在市政协全会上提交会议发言材料 16 篇；在市政协常委会和资政建言会上提交会议材料 20 篇；提交的会议材料得到市领导批示的有 4 件。担任人大代表的社员在全国、省、市人大会议上提交建议 126 件，6 件被列为议案。其中在全国人大会议上，提交建议 52 件，2 件被列为议案；在省人大会议上提交建议 12 件，1 件被列为议案；在市人大会议上提交建议 62 件，3 件被列为议案。担任政协委员的社员在省、市政协会议上提交提案 344 件，7 人次被评为优秀提案先进个人。其中在省政协会议上提交提案 86 件，1 人被评为优秀提案先进个人；在市政协会议上提交提案 258 件，6 人次被评为优秀提案者和全市政协先进工作者。

支社和筹备小组时期(1986—1993 年)，31 名社员中，担任省、市、区三级人大、政协职务的有 12 人，占 38.7%，在筹备小组期间共提交意见、建议和提案 48 件，受到政府有关部门的重视，并予以采纳。在市人大十一届四次会议期间，林民湛提出的要充分利用本市的资源优势，进一步加强与经济发达沿海地区联系、交往，努力吸引资金、技术和人才，加快襄樊的经济发展速度的建议，先后在会议简报和《襄樊日报》刊发。1992 年 3 月，林民湛提出克服内陆思想意识，加快改革步伐的意见，在《襄樊统战工作》刊发。1990 年，有 3 名社员被市政协评为“创三新”先进工作者。

一届委员会时期(1994—1998 年)，在市政协全会上共提交个人提案 85 件，集体提案 14 件，在市人大全会上共提交建议案 36 件，议案 21 件。社市委组织专班，先后进行《汉江水资源污染情况调查》《襄樊市科技投入的现状及对策研究》《关于我市知识分子使用情况》《尽快建成以新华市场为主体的工业品综合批发大市场　繁荣我市经济》《关于发展我市科技农业的几点建议》等大型调研活动，向市委、市政府提交的调研报告，均得到重视和采纳。有 1 件被省政协评为优秀提案，2 人被省政协表彰，有 8 件被市政协评为优秀提案，5 人被市政协表彰，2 人受到区政协表彰。

二届委员会时期(1999—2005 年)，在市政协十届一至五次会议期间，社市委提交了《办好行政服务中心，促进襄樊经济发展》《关于我市农村教师队伍建设中存在的问题与建议》、《发展旅游业，必须走市场化道路》《关于推进我市国有中小企业民营的几点建议》等集体提案 35 件。在全会上提交《关于推进我市国有中小企业民营，不断优化经济结构》《关于我市技术创新工作几个问题的建议》《企业退休高工现状堪忧，建议多方努力提高退休待遇》等大会发言材料 12 篇。这些提案，发言材料涉及城市管理、“三农”问题、医疗卫生、企业改制、科教兴市等方面，得到有关部门的高度重视和及时采纳。其中《56 个民族在法律面前都是平等的》等 2 份提案因涉及反腐倡廉、打黑除恶等社会热点问题，被市政协作为重要提案，在政协十届十三次常委会上专题协商讨论。在市政协十届四次会议期间召开的公开办理提案发布会上，社市委提交的《交明白话费，用放心手机》是大会期间唯一一件公开办理的提案，《人民政协报》做了专门报道。社市委撰写的《企业退休高工现状堪忧，建议多方努力提高退休待遇》《关于取消部分电信不合理收费的建议》《关于我市技术创新工作的调查与建议》《大力发展循环经济，快速发展小康襄樊》《大力推广堰河村经验，加快新农村建设步伐》等调研报告受到市委、市政府高度重视。

社市委发挥整体优势，在政协全会上所提提案逐年增多，提案水平逐年提高，内容更加充实，参政议政工作取得显著成效。社市委提交的《建议尽快对高新区实行封闭管理》的提案被市政协评为优秀集体提案，罗琼玖、严崇姚被评为优秀提案个人。社市委获得 2000 年度“九三学社省委提案工作”二等奖。2002 年 3 月，社市委在省政协八届五次会议上提出的《走信用之路，促经济发展》提案，获得社省委提案工作三等奖。

（四）民主监督

1991 年，根据市政府《关于在政府工作中进一步加强同民主党派联系的通知》要求，襄樊市九三学社与市科委、市经委、市外经委、市监察局、市卫生局、市审计局和市物价局共七个单位开展对口联系。对口联系期间，共向对口单位交流报告、总结、刊物等材料 253 份，应邀出席有关会议 38 人次，有 5 位社员被聘为教育督导员、监察员和审计员。筹备小组对口联系工作经验材料《认真开展对口联系，发挥参政议政作用》被《襄樊统战工作》转发，并加了编者按。在参与民主监督工作中，九三学社社员先后有 29 人次分别被市政府有关部门聘为特约监察员、检察员、审计员、监督员、督导员及行风评议代表。特约人员积极参与聘请单位重大会议及活动，认真听取聘请单位的主要工作安排、重大事项部署及工作总结等情况，真诚地与聘请单位领导交流意见和看法，坦诚提出意见和建议；行风评议代表认真履行职责，自觉听从行评部门统一安排，认真查看资料，走访群众，收集意见或建议。据不完全统计，社员参与评议部门 30 多个，提出合理化建议 150 多条。

（五）社会服务

九三学社襄樊市支社筹备小组时期，组织会员先后到谷城、南漳，老河口市等地开展送科技下乡活动。二届市委会成立后，这项工作逐步走向制度化，社市委多次组织医疗、科技、法律和农业等方面的专家，先后到襄阳县、襄城区、樊城区、保康县等地的 10 多个村镇，为农民送卫生、科技 80 余次。据不完全统计，共为农民送去果树 2 万株，向农民发放种植、养殖实用科技资料 5 万多份，播放家禽、畜常见病预防等科教片 20 余次，义务为农民诊断病情 12 000 多人次。社市委还在农村推广生态卫生旱式厕所，制作了“旱厕建设从开始到完成”、“旱厕建设管理与预算”等展板及旱厕 1:1 模型进行宣传，并在襄城区庞公办事处涂家巷建设第一个旱式厕所示范户。1992 年 10 月，经九三学社湖北省委科技部批准，在襄樊市九三学社成立了“湖北九通科技咨询服务部襄樊分部”和“九通襄樊分部信息中心”，开展技术咨询、培训、转让、设计、评估、信息交流、传递、输出、应用等服务工作。1994 年，襄樊分部成员到区属动力机械厂、给排水设备厂，积极出主意、想办法、找关键、提建议，帮助企业加强技术管理，提高经济效益。1995 帮助市旭东工业联合公司开发研制出 2 个新产品。2002 年 12 月，社市委在市人民广场开展了以“传播科学，维护和平，促进发展”为主题的第十四届国际科学与和平周宣传活动，进行了医疗卫生、防震减灾咨询和生态卫生旱厕展板宣传。社市委二届主委潘武成，以宣传普及科技知识为己任，主持编写《现代科技基础知识简明教程》，为全市公务员及市级各种培训班讲授现代科技基础知识 20 多场次，近万人次接受培训。

（六）“双岗建功”

从 1999 年开始，社市委在全体社员中开展“双岗建功”活动，要求社员处理好本职工作和党派工作关系，做到“双肩挑”，两不误，争先创优，双岗立功。全体社员勤恳扎实地搞好本职工作，为襄樊的经济发展默默地奉献。据不完全统计，社员共获得省部级科技奖励 42 项，市级科技奖励 73 项；获得市级以上各类荣誉称号 85 个；在国家级各类刊物上发表论文、报告、译文 352 篇，出版专著 26 本，获得专利 33 项。其中，获得市政府五一劳动奖章 1 人，享受市政府专业津贴 3 人。

（七）对外宣传

《九三湖北社讯》自 1988 年创刊以后，共刊登襄樊支社工作情况文章 14 篇，其中社员学习体会 4 篇，社务工作通讯 7 篇，社员个人提案 2 篇，人物专访 1 篇。刊登有关筹备小组工作及活动稿件 35 篇。在《民主与科学》《科技日报》《统一战线》《襄樊统战工作》《襄樊统战理论文集》等报刊发表统战理论论文 50 篇。在《九三湖北社讯》发稿 66 篇，《襄樊日报》、电台、电视台发稿 40 多篇。如：伍鼎瑞事迹在农工党中央主办《前进导报》上长篇刊登，姜纯中、田传锦的事迹刊于《襄樊日报》，市电视台对严崇姚为经济建设服务事迹和潘武成现代科技基础知识讲座情况进行综合报道。社市委成立以后，《九三湖北社讯》、《统一战线》及社会有关报刊采用社市委稿件 40 余篇。

八、工商业联合会

襄樊市工商业联合会（简称工商联）成立于 1951 年，“文化大革命”期间被迫停止活动。1981 年 11 月恢复组织活动后，积极为会员开展经济咨询和培训服务，配合市委、市政府落实原工商业者政策，为 146 名会员解决了房产、工资福利以及职称、股金等问题。1986 年 4 月，襄樊市工商联按照全国工商联组织工作会议的部署，开始吸收国有企业、集体企业、中外合资企业、行业协会和个体劳动者协会等加入工商联，工商联队伍和服务对象有了新的变化。1991 年 6 月，中共中央批转中央统战部《关于工商联若干问题的请示》，明确新时期工商联主要任务是做好非公有制经济代表人士的思想政治工作。从 1991 年下半年开始，襄樊市工商联重点吸收非公有制经济人士和非公有制企业入会，工作对象由原工商业者为主，逐渐转移到以非公有制经济人士为主，工作内容也逐步向更广阔的领域和更深的层次发展。1999 年创办《襄樊商务网》。2005 年，省委、省政府印发《关于进一步加强工商联工作的若干意见》文件。襄樊市工商联抓住这一机遇，加大调查研究、参政议政、培养队伍、服务会员和自身建设等方面的工作力度，取得较好成效。

（一）组织机构

1.1981—1993 年机构情况

1981 年 11 月，襄樊市工商联恢复组织活动。1984 年，第六届会员代表大会召开后，机构建设逐步走上正轨。1984 年，机关内设办公室；1990 年，增设经济联络科；1994 年增设会员工作部；1997 年增设调研室。

基层工商联组织得到发展。到 1996 年底，全市乡镇分会由 1984 年的 3 个发展到 110 个；同业分会由 1984 年的 1 个发展到 16 个。1997 年至 2002 年间，全市工商联会员发展进入快速增长时期，会员总数达到 7 491 个，其中个人会员 6 487 人，企业会员 970 个，团体会员 34 个。1993 年，为适应对外开放引进外资的需要，成立“襄樊市总商会”，与襄樊市工商联合署办公，实行“一个班子，两块牌子”。总商会会员代表大会亦使用工商联会员代表大会届次。2003 年 11 月 28 日，襄樊市工商联第一家异地商会——温州商会成立。各县（市）区工商联加大行业商会组建力度，樊城水果业同业商会、宜城粮油行业协会、老河口仙人渡商会和南漳企业家协会等一批基层商会纷纷建立。到 2005 年底，全市共建行业商会 33 个，异地商会 1 个，乡镇（街道）分会 63 个。

1993 年，襄樊市总商会成立前的襄樊市工商联领导见表 23—4。

1981—1993 年襄樊市工商业联合会领导名录

表 23—4

职　　务	姓　　名	任　职　时　间
主任委员	吴子厚	1981.11—1984.11
	邱祥林	1985.3—1993.7
	杨丰亭	1993.7—1993.10
副主任委员	邱祥林	1984.11—1985.3
	戴　进	1984.11—1993.10
	李行昌	1984.11—1991.3
	王先正	1984.11—1993.4
	雷　黎（女）	1984.11—1988.9
	王禄华	1988.9—1993.10
	钱金成	1988.9—1991.1
	南德华	兼，1988.9—1993.10
	王少明	兼，1988.9—1993.10
	徐明元	1991.1—1993.10
	许立国	1992.1—1993.10
	刘和清	1992.6—1993.10
秘书长	李行昌	兼，1984.11—1988.9
	钱金成	兼，1988.9—1991.1
	寇富恒	（1991.4—1992.4）

2.工商业联合会（总商会）历届会员代表大会

（1）襄樊市工商业联合会（总商会）第八届会员代表大会

1993年10月22—23日，召开工商联第八届会员代表大会暨襄樊市总商会成立大会，出席代表84人。选举产生执委（理事）40名；杨丰亭为主任委员、会长；王禄华、刘和清、许立国、徐明元、王少明、林发明、夏志合、王长春为副主任委员、副会长，刘和清（兼）、张桂娥（女）为秘书长。大会推举邱祥林为名誉主任委员、名誉会长。

（2）襄樊市工商业联合会（总商会）第九届会员代表大会

1997年6月10—11日，市工商联召开第九届会员代表大会，选举产生第九届执行委员会委员43名，常务委员22名；会长杨丰亭，副会长徐明元、刘和清、魏戌、王绍玲（女）、李建锋、王元山，秘书长魏戌（兼），推举许立国为名誉副会长。选举出席湖北省工商联"八大"会议代表12名。

（3）襄樊市工商业联合会（总商会）第十届会员代表大会

2002年5月15—16日，襄樊市工商业联合会（总商会）第十届会员代表大会召开，选举产生第十届执行委员会委员86名，常务委员45名；王绍玲（女）为会长，宋云高、韩平（女）、王肃平、王元山、熊亚平、张春景（女）、乔书祥、杨丽（女）、杜建盛、陈建国、赵劲洪、方清海、姜付军等13人为副会长，费建春为秘书长。大会推选出席湖北省工商联"九大"会议代表15名。

（二）参政议政

市工商联恢复组织活动后，重点围绕个体私营经济发展、商品市场建设、维护市场稳定、治理"三乱"等问题进行调查研究，建言献策。1990年10月，市工商联向市政府提出《关于加强市区三轮车管理的几点建议》，市政府批转市建委，并得到落实。1994年，向市委、市政府提交《关于市区个体私营经济负担过重的调查报告》，提出了"抓三减、治三乱"6条措施，为市委、市政府决策提供了参考。从2002年起，市工商联组织调研专班，深入企业开展调查研究，就经济社会发展等方面工作提出意见和建议，先后撰写《当前非公有制企业发展环境存在问题的情况反映》《襄樊市非公有制经济发展环境的调查报告》《关于市区非公有制经济发展情况的调查报告》《关于促进全市非公有制经济发展的意见和建议》《襄樊市非公有制经济发展中存在的问题及对策》《解决就业要靠非公有制经济》《关于全市非公有制经济参与国有企业改革的调查报告》等调研报告，为市委、市政府出台《关于进一步发展民营经济的意见》《民营经济发展纲要》和《民营经济工业园区建设指导意见》等文件提供了参考。2003—2005年间，全国十届人大代表、市工商联会长王绍玲共向全国人大提出建议案10余件。《关于治理唐白河污染的建议》，引起全国人大、国家环保局和省委、省政府的高度重视。全国人大、国家环保局于2005年联合派出调研组，赴河南、湖北对唐白河的污染进行调研，并制订了治理措施。为了将非公有制经济人士的政治诉求纳入规范化、合理化的轨道，从2005年开始，市委、市政府每个季度召开一次民营经济人士座谈会，分别围绕襄樊投资环境、企业经营管理、企业文化建设等专题进行座谈，听取意见。"季度座谈会"成为工商联发挥桥梁、纽带和助手作用的重要平台。同年创办《民营反映》刊物，及时反映民营经济人士意见和建议。

1985—2005年，全市工商联系统组织非公有制经济人士参加各级党委、政府召开的座谈会、调研活动470期次，参与人数12 360人次；全市工商联界的各级人大代表、政协委员提交的议案、建议1

400 多件；由全市各级工商联组织推荐的非公有制经济人士参与行风、政风评议活动 220 多次，参与人数 3 400 人次。

2002—2005 年，有 11 位县（市）、区工商联会长被选为当地人大、政府、政协的领导班子成员；非公有制经济人士中，有 292 名担任县以上人大代表，315 名担任县以上政协委员。

（三）社会活动

1.社会宣传

从 1998 年开始，襄樊市工商联在《襄樊日报》开办《民营老板列传》、《民营经济园地》专栏，宣传非公有制经济人士中的先进事迹。在电台、电视台开办《优化经济环境问答》、《民营经济访谈》节目，深入宣传非公有制经济有关政策法规。组织开展非公有制经济人士创业事迹巡回报告，宣传非公有制经济在扩大就业、增加税收和加快发展中的主体作用。配合市委、市政府开展的“思想解放大讨论”活动，与市电视台联合录制了《襄樊如何成为商家投资热土》等电视节目，在襄樊电视台播出。

2.招商引资

2002 年，市工商联首次组织 16 位民营企业家随市政府招商团赴香港参加招商引资活动，并引进 609 万元的房地产项目。2003 年引进了华中光彩大市场项目，该项目已于 2005 年建成。2005 年 8 月，市工商联组织开展了“温州招商引资洽谈会”，共有 5 个项目在洽谈会期间签约，协议投资 1.57 亿元。

3.协调关系

2002—2004 年，市工商联加强与金融部门的联系，沟通银企关系，配合金融部门组织举办“金融部门支持非公有制企业信贷签约大会”、“银企见面会”、“银企恳谈会”，共有 11 家企业获得 8 000 多万元的银行信贷。宜城市粮油协会积极组织会员与金融机构开展“联贷联保”，得到中央、省、市金融机构的高度重视。此经验向全国推广。

4.维护非公企业合法权益

2002 年，市工商联在全省率先成立非公有制企业维权投诉中心，制定《襄樊市非公有制企业维权投诉中心暂行规定》、《襄樊市非公有制企业维权投诉中心规则》等工作制度。维护非公有制经济权益的网络初步建立。截至 2005 年，累计接待来信来访 257 人次，协调维权事项 196 件。

5.教育培训

20 世纪 80 年代，重点对原工商业者进行“爱国、敬业、跟党走”教育；90 年代，以非公有制经济人士为主要对象，重点进行企业经营管理培训。进入 21 世纪以后，重点进行非公有制经济持续发展方面的培训。2001 年底，市工商联主办“堰飞论坛——2001 中国高层营销咨询报告会”，为追日电气、回天胶业等 30 多家企业培训营销骨干。2002 年 6 月，与德国中小企业职业培训基金会（sequa）在襄樊合作举办“中小企业活动周”，为 50 家企业培训 120 名骨干力量。2001 年至 2004 年间，共组织全市非公有制经济人士参加各种培训活动 13 次，2 000 多人次参加培训。2005 年 9 月，召开全市非公有制企业文化建设研讨会，总结交流经验，探讨民营企业加强企业文化建设增强核心竞争能力的途径方法。

6.公益活动

1998 年,组织全市非公有制经济人士为抗洪救灾捐款捐物 74 万多元。2000—2005 年,市工商联组织抗灾救灾、扶贫救困、修桥补路等公益活动达 150 余次,累计筹集公益资金超过 4 000 余万元。2005 年,组织全市非公有制经济人士参与主委组织开展的"双联双促"(单位联系党支部,党员干部联系贫困户,促进党的先进性建设、促进襄樊和谐发展)活动,捐赠资金和物资达 200 多万元。市委书记田承忠对此作出批示:"工商联的做法很好,非公有制企业参与'双联双促'活动意义重大,要鼓励更多的非公有制企业参与到这项促进和谐社会构建的实际行动中来。"

卷二十三　人民团体

1978年，中共十一届三中全会召开以后，中国进入改革开放和现代化建设新时期，襄樊市各人民团体工作步入新的发展阶段。20世纪80年代初，通过拨乱反正，各人民团体基层组织得到恢复和发展，工作重心逐步转移到现代化建设上来。市总工会组织开展的劳动竞赛和“双增双节”运动，市共青团组织的“青年职工五小”活动和“青年星火带头人”活动，市妇联的“双学双比”和“巾帼建功”竞赛等，有效地激发广大市民群众的积极性、主动性和创造性，在全市城乡掀起为现代化建设建功立业的热潮。进入90年代，随着改革开放的不断深入，企业改制，部分工人下岗，各种社会矛盾相继出现。各人民团体把维护团体成员的合法权益放在突出位置，化解社会矛盾，维护安定团结，推进改革和建设健康发展。市工商联、市侨联通过落实党的侨务政策，使一些归侨和侨眷的合法利益得到保护，促进海外联谊，调动归侨和侨眷参与现代化建设的积极性。市工会、共青团和妇联加强对团体成员的业务技术培训和法律知识普及，努力提高职工素质，使职工增强了社会竞争能力和依法自我保护的能力；采取措施，力促下岗职工再就业，保护弱势群体利益，维护社会稳定，促进社会建设。进入21世纪，各人民团体坚持科学发展观，以建设小康社会为目标，团结和引导广大团体成员参与社会主义物质文明、政治文明、精神文明、生态文明建设，为襄樊的改革发展作出积极贡献。

一、总工会

中共十一届三中全会以后，襄樊在“文化大革命”中被撤销的各级工会组织迅速恢复。工会工作逐步开展，进入良性发展轨道。市各级工会组织充分发挥职能作用，围绕党的中心工作，广泛开展各种形式的主题活动，组织动员广大职工建功立业，为襄樊经济社会发展作贡献。通过开展“四有”教育、业务技术培训和“创建学习型组织、争做知识型职工”活动，有效地提高了职工队伍思想道德和科学文化素质。通过开展多种形式的劳动竞赛和“双增双节”运动，激发了职工参与现代化建设的积极性、主动性和创造性，提高了企业经济和社会效益。通过组织职工参与企业民主管理和提合理化建议等活动，较好巩固了职工的主人翁地位，发挥了职工主人翁作用。通过建立健全职工利益协调机制、诉求表达机制、矛盾调处机制、权益保障机制，维护了职工的合法权益，建立了和谐的劳动关系，维护了社会稳定。随着社会主义市场经济体制的逐步形成，企业组织形式和职工就业方式呈现出多样化的格局。适应形势发展需要，各级工会组织开拓创新，探索出区域性行业工会、市场工会和社区工会等许多工会组建的新形式；创新职工入会方式，采取会员登记入会、劳务输出地入会、劳动力市场入会等形式，积极发展新会员，使工会会员队伍不断扩大。在工会组建领域上，实现从国有企业向非公有制企业及外资企业的突破，以非公有制企业及外资企业为工会组建的重点领域。在工会组建对象上，实现从体制内职工向包括农民工在内的全体职工的覆盖，把农民工作为工会的重点发展对象。在工会组织体系上，初步实现从城市向乡镇和农村的拓展，逐步健全五级工会组织体系。截止2005年，全市建立工会6 083家，会员72.4万人，组建率97%，职工入会率98%。全市会员中，农民工会员31.7万人。其中，省外务工的18.9万人，省内其他城市务工的1.8万人，本市务工的近11万人。全市专兼职工会干部 5 058 人。其中，专职 1 103 人，兼职 3 955 人。

（一）组织机构

1.襄樊市总工会组织机构

1979 年 5 月，在“文化大革命”中被撤销的湖北省总工会襄阳地区办事处恢复，各县（市）总工会亦相继恢复建制。同年 6 月，襄樊市升为地级市，襄樊市总工会改由省总工会直管。1983 年 10 月，湖北省总工会襄阳地区办事处与襄樊市总工会合并，组建新的襄樊市总工会。工会代表大会沿用原襄樊市工会代表大会届次。地、市合并以后，襄樊市总工会先后召开六、七、八、九共 4 次代表大会。每次大会期间，内设机构均有所变化。六次代表大会期间(1983—1989 年)，市总工会设有办公室、组织部、生产部、宣教部、女工部、生活部、财务部、市教育工会等 8 个部室，二级单位有市文化宫和市工会干部学校。七次代表大会期间(1989—1994 年)，增设技术协作办公室和法律顾问处；二级单位增加了省电大省总工会分校和服务公司。八次代表大会期间（1994—2001 年），增加了事业部、经济审计办公室、老干科、后勤服务中心。九次代表大会期间（2001—2006 年），增设研究室；二级单位市工会干部学校、工人文化宫、省电大省总工会分校三家合并，实行三块牌子，一套班子。襄樊市总工会历任主席、副主席见表 23—1。

襄樊市总工会历任主席、副主席一览

表 23—1

职　务	姓　名	起　止　时　间
主　席	李鸿钧	1983.12—1985.11
	王传富	1985.11—1993.12
	廖桂芝（女）	1994.10—2001.04
	刘善桥	（兼）2001.4—2003.3
	曲　颖（女）	（兼）2003.4—2006.6
常务副主席	廖桂芝（女）	2001.4—2005.12
副 主 席	李淑云（女）	1983.12—1987.10
	李泽源	1984.10—1992.10
	岳邦英（女）	1984.10—1985.11
	石金汉	1984.10—1985.11
	赵世清	1986.10—1989.10
	陈玉清（女）	1988.2—1989.10
	高桂英（女）	1987.11—1989.10
	宋德强	1989.11—1993.10
	唐玉德	1994.10—1998.12
	徐进康	1994.10—
	朱新民	1994.10—1996
	唐开华	1997.8—
	周　萍（女）	1999.1—
	王崇珍（女）	1999.6—
	刘世燕	2000.3—
	马明杰	2001.5—

2.工会代表大会

(1)襄樊市工会第五次代表大会

1979 年 3 月 27—29 日在召开。出席会议正式代表 530 名,特邀代表 10 名。这次代表大会是在全党工作重点转移到现现代化建设上来,各条战线你追我赶大干快上的形势下召开的。大会的任务是充分发扬民主,回顾和总结四次代表大会以来的工作,讨论今后一个时期的工作任务,按照接班人的五项条件和老、中、青三结合的原则,选举市总工会第五届委员会。李鸿钧代表襄樊市总工会第四届委员会作《全市职工动员起来,当团结的模范,做实现四化的尖兵》的报告。会议选举产生委员 52 名,常务委员 12 名;主席 1 名,副主席 3 名。

(2)襄樊市工会第六次代表大会

1984 年 10 月 30 日至 11 月 2 日召开。出席会议正式代表 414 名,特邀代表 11 名,列席代表 7 名。会议的主题是提高广大职工的思想政治素质和科学文化素质, 在两个文明建设中发扬工人阶级的主人翁精神。指导思想是,以党的十二大精神为指针,认真贯彻工会十大精神,回顾总结全市工人运动和工会工作的发展变化,明确下一阶段工作任务,在市委的领导下,团结和带领全市职工,为襄樊的振兴和繁荣做出新贡献。李鸿钧代表襄樊市总工会第五届委员会作《全市职工行动起来,胸怀全局,投身改革,在“两个文明”建设中发挥主力军作用》的工作报告。会议选举产生委员 37 名,候补委员 7 名,常委 15 名;主席 1 名,副主席 4 名。

(3)襄樊市工会第七次代表大会

1989 年 10 月 28 日至 11 月 1 日召开。出席会议正式代表 450 名,特邀代表 30 名。大会的主要任务是以党的十三大精神为指导,认真贯彻全国工会十一大和省工会七大精神,总结市工会六大以来的工作,确定工会在全面深化改革、治理经济环境、整顿经济秩序和两个文明建设中的任务,讨论部署全市工会自身改革的总体目标和原则,选举产生新的一届市总工会领导机构。王传富作题为《发扬主人翁精神 发挥主力军作用 为推进改革繁荣襄樊而奋斗》的工作报告。会议选举产生委员 45 名,常委 15 名;主席 1 名,副主席 4 名。工会领导机构设立经费审查委员会,选举出经费审查委员会委员 7 名。

(4)襄樊市工会第八次代表大会

1994 年 10 月 13 至 15 日召开。出席会议正式代表 450 名,特邀代表 30 名。大会的主题是:坚持党的基本路线,以党的十四届四中全会精神为指导,努力开创工会工作新局面;团结和带领全市职工,在加快改革开放和经济发展中充分发挥主力军作用,谱写襄樊工人运动和工会工作新的历史篇章。会议选举产生委员 45 名,常委 16 名;主席 1 名,副主席 4 名;经费审查委员会委员 7 名,其中主任、副主任各 1 名。

(5)襄樊市工会第九次代表大会

2001 年 6 月 5 至 7 日召开。出席会议正式代表 300 名,特邀代表 10 名。廖桂芝作《努力实践“三个代表”的重要思想 团结全市职工为实现襄樊“十五”计划》的工作报告。会议要求各级工会组织最大限度地把广大职工组织到工会中来,最大限度地维护广大职工的合法权益,最大限度地保护、调动和发挥广大职工的积极性和创造性,为实现“十五”规划建功立业。会议选举产生委员 45 名,常委 15 名;主席 1 名,副主席 4 名,常务副主席 1 名;经费审查委员会委员 13 名。

3.基层工会

1979年,各县(市)总工会建制得到恢复,有23个产业局相继成立工会工作委员会,有50个基层工会进行改选,市区3个街道办事处所属的54个企业中,有30个企业组建工会。到1981年底,全市共恢复建立基层工会257个。1985年,全市各级女职工委员会组建工作全面铺开。年底,75%的企业组建女职工委员会。1990年以后,随着《劳动法》的贯彻落实,工人劳动保护组织建设得到加强。300人以上的企业,普遍建立劳动保护监督检查委员会;500人以上的车间,绝大多数建立劳动保护监委会;大部分班组设立劳动保护监督检查员。2000年以后,工会建会工作在改制企业、私营企业、外资企业全面推进,并向乡镇、街道办事处延伸。到2005年底,全市改制企业建会1 102家;私营企业建会1 019家,其中新建771家;外商投资企业建会69家;乡镇企业建会309家。全市132个乡镇24个街道办事处,全部建立了工会组织。其中,建立乡镇工会联合会86个,街道工会联合会7个,村级工会联合会7个。

(二)维护职工合法权益

1.加强劳动保护

20世纪80年代以后,劳动者保护工作得到普遍重视。1982年,襄樊市建立工会劳动保护委员会26个,配备劳动保护检查员1 002人,专职劳动保护委员80名,培训积极分子331名。同年,市总工会先后与劳动局、卫生局等有关部门多次配合,对铅、汞、苯、三硝基甲苯等有害毒物作业的单位职工的健康状况进行了普查,总结推广市水泥厂、磷肥厂、造纸厂、湖北制药厂和汽车蓄电池厂“两防”工作经验。1983年,市总工会配合有关部门对接触尘、毒、高温和其他有害因素工人的健康状况进行了普查,对11 430名女职工进行妇科检查,对职业病和妇科病加强治疗。同年,各级工会会同有关部门,在全市范围内严格按照国家政策规定,在国营企业全面开展职工劳动保险整顿工作。各级女职工委员会贯彻落实国务院《女职工劳动保护规定》,分期分批帮助基层制定女职工劳动保护实施细则,坚持每年对女职工进行一次妇科病普查普治工作。1990年,全市工会系统建立职工死亡事故报管制度。结合“安全月”活动,会同有关部门组织安全检查,使职工工作条件得到改善,安全工作得到加强。1991年,全市开展女职工劳动保护法规知识竞赛,参赛人员达15万人。20世纪90年代以后,随着《劳动法》的宣传普及,职工依法维权的观念逐步增强,劳动保护逐步走上法制轨道。2005年,全市各级工会组织劳动、安监、卫生等部门参加的全市性联合执法检查,先后检查253家农民工相对集中的工矿企业,重点检查农民工劳动合同签订、履约、办理工伤医疗保险等情况,促成企业为1.1万名农民工办理工伤保险。

2.推进集体合同签订

20世纪90年代中期,市总工会依法清理企事业规章制度和推行集体合同工作处于全省领先地位,在中华全国总工会、湖北省总工会有关会议交流了经验。1994年初,中外合资星火轴承有限公司在全市率先签订集体合同。年底,不同类型企事业单位签订集体合同152家。1997年,加大贯彻实施《劳动法》力度,集体合同签订工作在继续推行的同时逐步得到规范。全市建立平等协商和集体合同制度的单位累计达到1 824家。1999年,全市基本形成“一体两翼”(以建会为主体,以职代会制度和集体合同制度为两翼)依法维权的工作机制。市总工会与市劳动局联合制发《关于进一步推行平等协商集体合同制度的通知》和《关于开展企业工资集体协商的实施意见》。年底,全市集体合同建制单位已达5 696家,覆盖职工41.8万人。2002年,各级工会切实加强劳动关系协调机制建设,强化分类指导,集体合同建制率、续签率、履约率不断提高,覆盖面进一步扩大。国有、集体及其控股企业认真做好集体合同的重签、续签和履约兑现,大力推行签订单项工资协议。新建企业建立健全平等协商制度,并根据企业实际,针对职工关注的工资这一热点问题,进行平等协商,签订工资协议。乡镇(街道)和社区工会联合会大力推行区域性行业性平等协商集体合同制度。截至2004年底,全市推行工资集体协商制度的企业3 957家,建制面达61.2%。

3.实施送温暖和再就业工程

从20世纪90年代初期开始,全市工会组织积极实施送温暖和再就业工程,开展“进万家门,知万家情,解万家难,暖万家心”的送温暖活动,为困难企业和下岗贫困职工解决各方面困难。1994年,全市工会组织共筹集慰问金270多万元,走访慰问困难企业和困难职工家庭。市经委工会筹资80多万元,采取“三帮一争”(大帮小、富帮穷、好帮差和为困难企业争取优惠政策)的办法,帮扶困难企业和特困职工,促进社会稳定。各级工会还广开就业门路,协助政府和企业安置富余职工。1995年,各级工会大力实施“送温暖工程”,不断加大参与“再就业工程”的工作力度。市总工会从难度最大、人们最关心的下岗女职工再就业问题入手,树立下岗职工再就业典型,引导下岗职工树立正确的择业观;开展技能培训,不断提高文化技术素质;成立下岗特困女职工爱心互助会;开辟首届下岗女职工再就业广场,举办首届下岗女职工再就业洽谈会,1 500多名下岗女职工参加就业咨询、登记和技术培训,近400名下岗女职工和用人单位达成就业协议。为推动“送温暖工程”和再就业工程全方位多渠道深入发展,市总工会与有关部门协商,先后在四个市场安置下岗职工1 200多人。各级工会兴办经济实体200多个,安置了一批下岗失业职工。1997年,市总工会在进行消费合作社试点的基础上,帮助市直14个企事业单位建立职工消费合作社连锁店,受益职工达8 000多人。各级工会在扶贫帮困大联动中发挥自身优势,采取领导包点的办法,使一批企业扭亏减亏。对市直特困企业职工生活状况组织全面调查,向市委写出专题报告,并对这些企业的特困职工进行走访慰问。按照全国总工会、省总工会有关要求,参与全国职工队伍状况调查,对全市25个行业、30个单位、600名干部职工、30名党政工领导干部进行问卷调查,对1 0名干部职工进行个案访谈,从而摸清职工队伍状况,为党和政府提供了决策依据。此项工作受到省总工会的表彰。元旦、春节期间,各级工会积极开展走访慰问活动,走访困难企业和困难职工。1998年,全市各级工会共筹集资金31.8万元,走访困难企业和慰问生活困难职工。同年,全市建立再就业基地35个,培育解困贸易市场24个,发展再就业培训职介机构33个,培训职工4 461人,促进8 986人职工就业。加快建立职工互助合作保障体系步伐,壮大送温暖基金组织29个,帮扶困难企业,建立互助补充保险组织37个,发展职工消费合作社79家。2000年,在工会的推动下,各级党政部门广泛开展“结对子”、“一帮一”等扶贫帮困活动。全市有4 142名县级以上领导干部与困难企业和困难职工家庭建立了包保帮困联系,进一步推进了送温暖的经常化、制度化、社会化。总结推广枣阳市总工会为下岗失业人员提供培训、就业一条龙服务的经验,推进下岗职工再就业工作。截至2001年11月,市总工会职工再就业指导服务中心共登记求职职工702人,为3 240人提供就业和政策咨询服务。全市各级工会举办培训班100多期,参加培训的下岗职工10 000多人次。全市各级工会通过开劈职工解困市场,大力兴办工会企业和职工消费合作社,协助企业建立农副业生产基地等渠道,直接安置下岗职工6 900多人。2002年,各级工会筹集资金1 500多万元,帮助部分困难企业逐步恢复生产。年底,市总工会划拨70余万元资金,用于救助特困职工,开展经常性帮扶活动。2003年元旦春节期间,全市各级工会组织筹集资金116万元,走访慰问困难企业和困难职工,走访慰问困难劳模210人,发放慰问金15万元。市总工会开通职工热线电话12351。各级工会组织为特困职工建立档案,为6 865名下岗失业人员提供职业培训,为6 936名下岗失业人员提供职业介绍,为6 412名下岗失业人员提供就业帮助,为7 641名特困职工提供生活救助,资助102名困难职工子女上大学。2004年元旦、春节期间走访困难企业，慰问特困职工、困难劳模255人，发放慰问金80多万元。2005年9月，市总工会评选表彰25名“创业女明星”，5名再就业贴心人，5个工会职业培训先进单位；举办事迹报告会，宣传再就业先进事迹，引导下岗失业人员转变就业观念，自主择业，竞争就业。

4.关爱农民工

2003 年底，市总工会着手建立农民工维权工作网络，构建农民工维权服务保障体系。全市各级工会依托困难职工帮扶中心，自上而下开设农民工专门窗口，及时受理农民工的各种投诉，办理来信来访接待，提供法律政策咨询服务。为了解决农民工反映最强烈的工资拖欠问题，各级工会困难职工帮扶中心积极配合政府有关部门，加大对农民工工资支付监督检查力度。2005 年，检查 121 家企业，涉及农民工 1.7 万人，责令企业支付农民工工资 832 万元。在参与政府“清欠行动”的同时，工会直接为农民工追讨工资 62 起，追回拖欠工资达 100 多万元。为提高农民工依法自我保护的意识，市、县两级工会印制 2 万册《农民工维权手册》，免费赠送给农民工，开展“农民工维权”系列宣传活动。截至 2004 年底，全市工会共组织输出 2 100 名农民工到外地就业。枣阳市总工会利用文化宫创办职业培训学校，坚持定向培训与个人特长相结合、集中培训与送教下乡相结合、理论学习和实践操作相结合，实行定单培训、对口安置，每年培训农民工 1 200 余人次，就业率达到 85%以上。2005 年上半年，全市工会每年筹集安排 380 万元资金，用于开展农民工年终送温暖、迎送农民工返乡过年、回程上班等活动。各级工会列出专项资金用于农民工遭遇天灾人祸、患重大疾病的临时救助。2005 年 7 月，全市各级工会还集中开展“关爱农民工、情系农民工”专项活动，共走访慰问 800 余家企业和建筑工地，慰问农民工 3.1 万人，发放慰问金和防暑降温物资计 130 余万元。

（三）组织职工参与经济建设

1.组织劳动竞赛

中共十一届三中全会以后，全市工会工作重心从“以阶级斗争为纲”转移到“四化”建设上来，组织开展以“争先、创优、创高效”为主要内容的社会主义劳动竞赛活和技术革新、技术攻关、技术比武、技术协作等活动。

1980 年，全市工会系统根据市委、市政府关于开展《加强安定团结，广泛深入开展增产节约运动》的要求，发动和组织广大职工，千方百计开源节流，群策群力挖掘企业潜力。轻工系统广泛开展对口赛、对手赛；纺织系统广泛开展“百、千、万”无疵品赛；机械系统广泛开展“信得过”产品赛；燃化系统广泛开展“百日无事故”赛；交通系统广泛开展“10 万公里安全行车”赛；财贸战线广泛开展“服务优良月”赛；建设系统广泛开展创“全优工号”赛。劳动竞赛的广泛升展，取得可喜的经济效益，职工思想觉悟和技术水平也明显提高。1985 年，全市各条战现有 1 100 多个企业开展操作技术表演赛，参加职工达 114 000 多人；有 1 052 个单位开展立功竞赛活动，涌现出各种操作技术能手 14 777 人，立功受奖者 1 761 人，各种竞赛活动增产节约价值达 1.106 亿元。同年，全市技协组织开展技术攻关 482 项，创造价值达 4 851 万余元；提供技术信息 256 项，创造价值 8 568 万元；对外技术服务 148 次，创造价值 93 万余元；推广新产品 121 项，增加收入 20 多万元；节煤 26 855 吨，节电 481 万度，节约资金共计 1 152 万元。1986 年，坚持改革创新，竞赛形式进一步拓展。全市 2/3 的基层工会组织职工开展不同形式的立功竞赛活动，参赛职工达 62 万多人。竞赛形式有产品质量升级赛、产品推销赛、阶段性竞赛、短周期快节奏赛、创文明班组赛、效益杯赛、百日优质服务赛、小项目赛、操作运动会等六十多种。竞赛范围从工交建财战线，扩大到文教卫、农林水等各条战线；从生产过程延伸到经营管理、后勤服务等各个领域；从城市扩展到乡镇。市总工会与有关部门联合组织市直500个锅炉房、3 000名司炉工开展先进锅炉房和先进司炉工竞赛，评选出红旗锅炉房3个、先进锅炉房11个、模范司炉工7名、先进司炉工21名。通过竞赛，提高了锅炉房的综合管理水平，保证了锅炉安全经济运行。20世纪90年代以后，以搞好国营大中型企业和骨干企业为中心，围绕“质量、品种、效益年”和“强化企业管理年”，各级工会广泛开展“创名优，上品种，降消耗、促销售、增效益”的立功竞赛活动和“当主人、作贡献，每人献一计”的合理化建议活动，对提高企业管理水平和经济效益，起到积极作用。

2.开展“双增双节”运动

从20世纪80年代开始，全国普遍开展“双增双节”运动和围绕“双增双节”提合理化建议活动。“双增双节”是增产节约、增收节支的简称，其重点在于全面提高社会效益和经济效益。从1982年开始，各级工会组织围绕“双增双节”，发动职工开展提合理化建议活动。截至1985年，全市共提合理化建议32 187条，直接或间接应用于生产6 483条，创造经济价值8.2亿元。1987年，在“双增双节”运动中，各级工会注意把职工的劳动成果同职工的经济利益挂起钩来，实现责、权、利的统一。有的基层工会同行政签订“双增双节”协议书，规定双方应承担的责任和义务，实行奖惩兑现。许多企业认真落实国务院颁发的有关奖励条例，通过职代会制订合理化建议、技术改进、劳动竞赛等奖励条例的实施细则。“双增双节”运动取得实效。据不完全统计，截至1988年底，增产增效、节约开支总金额达1.3亿元。其中增产增收达7 560多万元，节能降耗1 200万元。全年提合理化建议3 400多项，采纳实施3 100多项，创价值达270多万元。在开展“双增双节”的同时，各级工会还广泛组织职工建立技协组织，开展技术协作活动。八个县(市)和四个城区基层技协组织由1984年的70多个发展到870个，技协队员由400多人发展到17 500人，共完成技协、技术改造项目1 763项，实现技术革新5 300多项，推广新技术、新工艺370余项。同时在省内94个中小企业和乡镇企业开展技术协作和技术扶贫活动，增创产值5 600多万元。当年，全市有4人获全国总工会“五一”劳动奖章，鼓楼商场获全总“五一”劳动奖状；1人被评为省特级劳模，23人被评为省级劳模。1989年，在各级工会组织的团结带领下，全市职工排除干扰，克服困难，继续开展以技术协作和小改小革为主要形式的“双增双节”运动，净增效益1亿多元；开展有偿服务的基层技协组织由上年的14家增加到30家，总收入达120多万元。在发展经济中，涌现出一大批先进模范人物，有299名职工被命名为市级劳模，24名职工被命名为省级劳模，6名职工被命名为全国劳模。1991年，“双增双节”运动继续向纵深发展。全市职工提合理化建议活动开始进入系统组织、系统管理新阶段，职工提合理化建议约5万条，采纳3万条，创效益3 400万元，实现经济价值1.4亿元。1992年，围绕“质量、品种、效益年”和“强化企业管理年”活动，各级工会广泛开展“创名优，上品种，降消耗、促销售、增效益”立功竞赛和“当主人、作贡献，每人献一计”的合理化建议活动，实现增产增收良性循环。据不完全统计，到1993年底，全市2 161个基层单位28.4万职工参加了各种形式的立功竞赛和“双增双节”活动，有141 987名职工共提合理化建议107 846条，被采纳29 652条，创效益8 980万元。全市51 509名职工参加技协组织，实现技术革新和技术攻关697项，创经济效益5 180万元。1995年，通过竞赛，共收集整理合理化建议8 476条，被采纳实施2 980条，创经济效益3 092万元。市总工会荣获省“全国技能月”组织奖。1998年，全市各级工会围绕市委提出的实现“两个高于”，达到“六个一百”、狠抓“六个突破”的经济工作目标和战略措施，动员组织广大职工在调整结构、开发新产品、提高产品质量、降低消耗、搞活销售等方面，广泛深入地开展“双增双节”、劳动竞赛、技术革新和提合理化建议活动。全市参加劳动竞赛的职工24万人，提合理化建议67 785件，被采纳34 999件，直接创效益3 200万元，增收节支创效益8 800万元。2003年，全市各级职工技协组织技术攻关792项，创效益1 700万元；推广新技术377项，创效益760万元。

（四）职工参与民主管理

1.推行职工代表大会制度

职工代表大会制度（简称职代会）是企业职工实行民主管理的基本形式。1979 年，全市推行职工代表大会制度，企业民主管理开始受到重视。1980 年，全市已有 175 个企事业单位建立职代会制度，占已建工会的 56.6%，民主管理在广度和深度上都有了新发展。轻工、纺织、交通、电子、房管、粮食、服务、供电，医药等九个局和中央省属企业全都建立了职代会制度；文教卫战线，在三个单位进行了职代会或职工大会试点工作。同年，民主选举厂长（经理）工作也有了较大的进展。26 个企业民主选举行政领导人员，使企业的领导班子向革命化、年轻化、知识化、专业化的方向迈进了一大步。1984 年，职代会制度进一步得到健全和发展，职权进一步得到落实。全市企事业单位已建立职代会制度的单位共 2 357 个，占总数的 81.7%；全市民主评议干部的单位，由此前的 756 个发展到 1 509 个，增加 93.3%。1986 年，全市贯彻落实国务院颁发的《国营工业企业职工代表大会条例》，企业民主管理以职代会为基本形式，向各个层次不断发展延伸。1987 年，市工会与市委组织部、市经委联合制订《关于贯彻〈全民所有制工业企业职工代表大会条例〉中若干问题的实施意见》。1988 年，全市企业民主管理体系渐趋完善，职代会在审议企业重大决策上有新的进展。成立工厂管理委员会的企业 689 个，职工代表按三分之一比例参加的有 645 个企业。实行三级民主管理的企业共 466 个，占 200 人以上企业总数的 97.1%。全市共培训职工代表 40 527 名，占应培训数的 78%。民主管理达标合格单位共 139 家，占申报数的 95%。

2.民主评议企业领导干部

20 世纪 80 年代中后期，全市开展职工民主评议企业领导干部活动。1990 年，基层民主评议干部工作走向制度化，全市受评厂长 4 626 人。通过评议，受奖厂长 576 人，提职 74 人，降职 39 人，免职 35 人。20 世纪 90 年代中期，全市各级工会认真贯彻落实依靠工人阶级办好社会主义企业的指导方针，紧紧抓住国有大中型企业转换经营机制这个重点，不断扩大和深化民主参与和民主管理工作，争取政策依据，提出发展思路，逐步形成适应市场经济转轨的参与运行机制。市总工会提出了股份制和股份合作制企业发挥工会、职代会作用，理顺工会、职代会与新体制中的股东大会、董事会和监事会关系等五个方面的实施办法，得到市委、市政府的重视和支持，使股份制企业工会工作和民主参与、民主管理工作得到加强。52 个企业的工会主席，进入董事会的有 11 个，进入监事会的 36 个，在企业章程中写有工会、职代会章节或制定股份制企业民主管理实施细则的有 20 家。襄樊钢铁公司、襄樊三利达集团、襄樊建昌机器厂和襄樊卷烟厂等一批企业的职工民主管理工作，多次受到上级肯定并加以推广。1997 年，民主评议企业领导干部工作有了新进展。实际开展评议的单位 1 295 家，占全市目标任务数的 119.5%，被评议的企业领导干部 14 378 人。根据职代会的建议，受到表彰和奖励的 3 247 人，晋升级别的 1 053 人，晋升职务的 792 人，被免职的 449 人。1998 年以后，全市各级工会认真贯彻中华全国总工会《关于职工代表大会民主评议企业领导干部的实施意见》。市总工会制发了《襄樊市职代会民主评议企业领导干部的实施意见》，在襄樊金方圆集团公司召开现场会，推广职代会民主评议领导干经验。

（五）职工素质教育

襄樊市各级工会全面加强思想文化阵地建设，广泛开展多种形式的教育活动，对提高职工素质起到推进作用。

1.思想政治教育

20世纪80年代初，市工会举办5次坚持四项基本原则的讲座，全市2 100多名基层工会干部和工会积极分子参加学习。举办3期真理标准问题讨论学习班，培训了160多名基层工会宣传委员和工人理论骨干。1985年，各级工会以“四有”（有理想、有道德、有文化、有纪律）教育为主要内容，广泛开展适合职工思想特点，形式生动活泼，具有针对性和感染力的思想道德教育活动。全市县以上工会共组织“四有”教育报告团20个，在各条战线巡回报告91场，听众达38 567人次。基层工会普遍举办“四有”教育报告会和演讲会。1988年，受省总工会的委托，市总工会承担全省参加全国法律知识竞赛的具体工作，全省参赛职工达162万多人，试卷回收达130多万份。襄樊市参赛职工达20万人。通过知识竞赛，促进职工学习法律知识，增强了法制观念。在参赛的职工中，有2人获全国一级优秀奖，25人获全国二级优秀奖，150人获全国三级优秀奖，1 800人获纪念奖；市总工会获全国特别组织奖，随州市、老河口市获全国一级组织奖，市民政局获省特别组织奖，56个单位获省二级组织奖，参赛和获奖面居全省首位。1989年，各级工会组织广泛开展以“一要稳定，二要鼓劲，三要发展”为主题的形势政策教育和以基本国情、基本路线为内容的“双基”教育。同时，在全市职工中掀起学大庆、学铁人、学雷锋、学“两兰”的热潮。市总工会组织劳模报告团在全市巡回报告。“五一”节前后，全市各级工会全面动员，组织职工开展空前规模的“学雷锋、树新风”义务服务活动。举办“一代新风”系列图片展览和文艺演展。这些活动，对振奋职工精神，调动职工参与改革和建设的积极性起到积极影响。1994年，市总工会与市委宣传部联合举办“知我襄樊、爱我襄樊、建我襄樊”知识竞赛，10余万职工踊跃参与，共收回答卷50 000多份。市总工会组织12万女职工参加全国总工会举办的“迎'95第四次世界妇女代表大会知识竞赛”，并获省总工会颁发的“优秀组织奖”。1995年，市总工会编写《爱国主义教育职工读本》，共向基层发放2.6万册，组织2.2万职工参加爱国主义教育知识竞赛。各级工会利用庆祝中国工会成立70周年和抗日战争胜利50周年，开展革命传统、理想信念、勤政廉政、爱岗敬业等专题宣传教育活动。市总工会与有关部门联合制定《襄樊市职业道德建设考评标准》和《襄樊市职业道德标兵考评条件》，并着力抓好重点行业的职业道德建设工作，在工商、税务、公安、交通．邮电、金融、教育、卫生、供电、供水等行业开展职业道德建设达标活动。全市137个重点职业道德建设单位，已有84家达标。各级工会共评选出职业道德建设先进单位820个，职业道德标兵4 800多名。其中，市级职业道德建设先进单位100个，职业道德标兵500名。推荐全省职业道德建设先进单位1个，省十佳职业道德标兵1个。市总工会作为全省工会系统唯一代表，参加省委召开的全省精神文明建设经验交流会，并做典型发言。进入21世纪后，全市工会组织广泛开展多种形式的精神文明创建活动，把思想道德教育融入群众性的创建活动之中。2000—2002年，市总工会与有关部门配合，先后开展“唱红半边天”、“红领巾之声”演唱活动，“女性·母亲·家庭”诗歌创作朗诵活动，“百对佳侣集体婚礼”活动，“塑单位形象、讲职业道德、兴班组新风”活动，迎接WTO“充电”学习活动，“周末文化广场活动”等。

2.科技文化培训

20世纪80年代前后，全市共开办各种类型的职工业余学校129所，占建工会单位数的50%，参加学习的职工达14 072人，占建工会单位职工总数的25%。全市4 000多名青壮年文盲，有50%基本摘掉文盲帽子。各级工会与有关部门配合，组织青壮年职工进行文化补课，全市15 000名职工参加文化普测。市工人俱乐部利用新建阵地，组织职工学文化科学知识，开展丰富多彩的文化活动。共放电影2 014场，观众达1 200 000多万人次；借阅图书12 000多册次，参加报刊资料阅览10 900多人次；职工业余文工团和职工业余京剧队，共演出16场近40个节目，观众15 000多人次。1984年，“振兴中华”读书活动在全国开展。市总工会加大对工会文化教育事业的投入，举办多种形式的读书活动。至1985年底，参加振兴中华读书活动的职工达72 600多人，接受文化、技术、业务培训的职工有113 000余名，职工中等文化和专业技术教育在校人数达15 000多人。市总工会举办的业余电大，开设汉语言文学和法律知识专科班，在校学员200多名。1990—1993年，全市开展多种形式的技术培训、岗位练兵和技术比武活动，共举办各类技术培训班380余期，参加培训的职工达6.1万人次。1994年，《劳动法》颁布。全市工会共举办各种类型学习班、培训班800多期，14.8万职工系统学习并掌握了《劳动法》的基本内容。同年，在全市范围开展学习社会主义市场经济和新时期工会工作知识竞赛，全市2 5万职工直接参与答题。21世纪初，全市以组织职工读书为载体，引导职工学习市场经济知识，学习先进的科学技术，努力增加知识储备和技能储备。先后开展了“计算机知识普及应用”、“机关职工学外语”、“女职工素质达标”和女职工“双文明建功立业”等活动，评选表彰了一批“女职工双文明示范岗”。

（六）先进表彰

1.全国先进

（1）全国五一劳动奖章获得者：

1985年：

龚朝富　沈锦洪　万赤民　刘荣礼

1986年：

常广训　孟传秀(女) 周汉先(女)

1987年：

周莉莉(女) 李叙源　余庚三　刘文雅

1988年：

曲孝先　南漳县科委新技术开发中心主任，襄樊市政协委员、发明协会理事会副理事长，1988年获“全国优秀科技工作者”称号，并获“全国五一劳动奖章”。

倪永瑞　湖北省襄樊市床单厂设计室主任，中国室内装饰协会理事、襄樊市包装技术协会理事。

韩秀玲　(女)襄樊市卷烟厂二车间乙班挡车工。

王建强　襄北车辆段探伤工班工长。

1990年：

张修让　襄樊市第一棉纺织厂工会主席。

杨万金　湖北化纤厂机修车间焊工、副工长。

冯辅成　湖北化纤厂机修车间焊工、副工长。

1991年：

骆东风　枣阳市二中英语教师。

崔小毛　(女)襄樊市环境卫生管理处清运队长。

易湘　(女)襄樊市棉织厂布机车间挡车工。

许建阳　襄阳轴承厂车工。

1992年：

王万才　谷城石花酒厂厂长兼党委书记。

朱国美 (女)市物资回收调剂公司樊西经营门市部经理。
史保平 市国营轮船公司 204 轮船长。
1993 年:
笞帮贵 (女)襄樊棉纺织印染厂细纱车间挡车工。
王汉田 襄樊市粮食机械厂高级工程师、技术科长。
张家栋 湖北襄樊重型机械厂任厂长、党委书记。
雷式祖 教授,襄阳师范专科学校校长。
1996 年:
陈鼎益 回族,任襄樊市建委副主任。
魏家让 主任医师,同济医科大学兼职教授,襄阳县人民医院党委副书记、副院长兼放射科主任。
王 梅 (女)襄樊市第一棉纺织厂二分厂细纱车间生产组长。
段昌炎 铁道部第十一工程局局长。
封昌玉 高级工程师,铁道部第十一工程局副总工程师。
1997 年:
孙宝清 湖北化纤集团有限公司纺丝车间挡车工值班长。
张凤山 湖北襄运集团客运公司驾驶员。
甘菊秀 (女)南漳县城关镇城南小学教师。
1998 年:
廖明发 宜城丰盈粮油工贸公司经理。
吴富生 襄樊卷烟厂二车间挡车工。
杨大贵 襄樊市公共交通总公司车间副主任。
1999 年:
陈月华 (女)襄樊市第三技工学校副校长。
慎志生 湖北金环股份有限公司挡车工。
李述伟 中国工商银行襄樊市分行科技科助理工程师。
2001 年:
朱建军 付再学 李明华(女)
2002 年:
魏国安 黄本友
2003 年:
母秀朝 胡福生 乔书祥
2004 年:
唐玲玲(女) 冯 辉

(2)全国劳动模范

1979 年:
乔秀敏 襄樊市副食品公司红星门市部主任。
1989 年:
张正林 襄樊市第四中学教师、中学高级教师。
韩秀玲 襄樊市卷烟厂挡车工。
赛洪秀 襄樊市提花织物厂工会主席。

孙殿英　工商银行襄樊市樊东支行储蓄所主任。
李明英　襄樊市白鹤宾馆经理。
吴梅峰　宜城县第一中学教师、工会主席。
李晓兰　(女)中共党员,襄樊棉纺织印染厂细纱挡车工。
吴金学　谷城县棉织厂电工、机动车间主任。
蒋清文　中共党员,北方工业(集团)总公司所属江山机械厂铣工。
赵久荣　枣阳市杨挡镇代庄村党支部副书记。
王忠银　襄樊铁路分局襄樊车站装卸工。
刘三运　随州市云峰山茶场副场长。
卢光荣　宜城县流水镇黄冲村党支部书记。
曲孝先　襄樊学院教师
龚肇洲　襄阳市农业局干部
1995 年:
黄西运　湖北省光华水泥厂党委书记、厂长。
王　波　建设银行襄城支行党支部书记。
答帮贵　回族,中共党员,湖北金鹏纺织印染有限公司二分厂细纱车间摇车长。
肖大长　襄樊市环卫处公厕管理所班长。
骆东风　枣阳市第二中学教师。
姬建强　回族,襄阳县双沟镇双北村党支部书记。
张厚森,宜城县新街乡珍珠村党支部委员、治调主任。
2000 年:
熊亚平　湖北银河纺织(集团)股份有限公司总经理。
徐海明　襄樊供电局变电分局检修工区班长。
孙开林　保康县尧治河村党委书记。
肖明芝　中共襄城区檀溪村党支部书记。
李述伟　中国工商银行襄樊市分行科技科助理工程师。
崔德新　襄樊市公安局樊城分局定中门派出所民警
李少华　襄樊四中教师
胡显珍(已故)　襄州区公路管理局太山庙公路管理站站长
2005:
徐联合　湖北省电力公司南漳县供电公司班长。
庄　航　中国人民解放军第五七一三工厂厂长兼党委副书记。
付再学　汉丹电器厂资产部主管。
程　珑　湖北天鹅涂料化工股份有限公司副总经理。
刘善定　襄樊力特电阻总公司工人。
杨遂胜　老河口市仙仙果品公司总经理
赵明贵(已故)　襄阳区黄集镇温岗林场场长
张金玉(女)　襄樊五中教师
徐世友　襄阳市政管理处职工
程　珑　湖北天鹅涂料化工股份有限公司总经理
庄　航　原 5713 工厂厂长(已调走)

王绍洪 宜城市政法委书记

徐联合 南漳县供电公司(省直管理)

罗群辉 航宇救生装备有限公司(省直管理)

马善庭 襄南监狱(省直管理)

(3)全国“五一”劳动奖状先进集体

1988 年 南漳县供销社

1990 年 襄樊供电局市区供电工区校表班

1991 年 襄樊市热电厂运行分厂汽机三班

1993 年 湖北光化水泥厂细磨车间生料工段

1996 年 湖北襄棉集团总公司纺织二厂细纱车间纺纱小组答邦贵小组

1997 年 襄樊市市政养护处樊西下水道班

1998 年 南漳县电力局巡检供电所

1999 年 襄阳县太山庙镇公路道班

2001 年 襄樊一棉集团公司

2001 年 襄樊火力发电集团公司

(4)其他获国家级奖励的英模人物

1989 年:

安明和 老河口市仙人渡镇农行营业所于部。1989 年被湖北省人民政府授予“优秀农民企业家”称号。并获“全国老有所为精英奖”。

王海峰 女,江苏省江阴县人。高级工程师,湖北化纤厂党委书记兼厂长。1991 年 7 月被中共中央组织部授予“优秀领导干部”称号。1993 年 3 月被全国妇联、中国女企业家协会联合授予“全国优秀女企业家”称号。1995 获湖北省第三届优秀企业家称号。

叶本翠(女) 湖北省谷城县赵湾乡人。中学高级教师,全国优秀教师。2004 年 9 月被国家教育部授予“优秀教师”荣誉称号。

余爱军 襄阳县黑龙集镇吴集村人。军人,1989 年 6 月,在北京春夏之交政治风波中,遭歹徒追打,右眼受伤失明。被中央军委授予“共和国卫士”的称号。

贾天增 湖北省枣阳市太平镇人,1989 年 11 月,被国务院、中央军委授予“全国民兵预备役工作先进个人”。1990 年,被广州军区表彰为“人武之星”。

1990 年:

丁丕烈 襄樊市第一水泥厂总工程师。1990 年 11 月 9 日,在中国科协和国家计委表彰的 1989 年度全国“讲理想、比贡献”竞赛活动冼进集体和个人中荣获先进个人“奉献奖章”。

马荣斌 1990 年 7 月, 被国家建材局, 中国城建建材工会评为 “全国建材行业优秀思想政治工作者”。

程国先 复员军人,共产党员,襄阳县水泥厂汽车司机(临时工)。1990 年 8 月 10 日,在公安部、中宣部联合召开的“全国见义勇为与犯罪分子作斗争先进分子表彰大会”上,被授予“见义勇为与犯罪分子作斗争先进分子”的称号。

王兆清(另见革命烈士)。

王玉友 随州市草店镇二道河村人。1990 年,被团中央、林业部、全国绿化委员会命名为“全国青年绿化祖国突击手”。

伍俭平 南漳县人,南漳县峡口供销社百福头支店营业员。1990 年中华人民共和国商业部授予伍俭平“中国商业特级劳动模范”称号。出席中宣部、公安部在北京召开的第二次全国见义勇为与犯罪分子作斗争先进分子表彰大会,中宣部、公安部授予他“见义勇为先进分子”称号。共青团中央授予他“全国新长征突击手”称号。

1992 年:

肖栓居 襄樊市第四针织厂厂长兼党支部书记。1992 年,开发了 7 大系列产品,有 6 项获奖,工厂被省、市科委定为科技兴市联系点。被评为襄樊市优秀企业家,获全国第四届“经营之光杯”一等奖。

1994 年:

卢光杰 襄樊三建公司总经理。1994 年 6 月 11 日被评为全国首届“创业之星”。

章成荣 襄樊市建安公司总经理。1994 年 6 月 11 日被评为全国首届“创业之星”。

李富元 谷城县有色金属冶炼厂厂长。1994 年 6 月 11 日被评为全国首届“创业之星”。

甘菊秀(女) 南漳县古林坪村小学民办教师。1994 年被省授予“湖北省农村十佳教师”称号,8 月被国家教委评为全国十佳民办教师。

丁本海 谷城县盛康镇黄畈乡人。襄樊市工商联(总商会)常委,襄樊利华实业公司总经理兼孔明大酒店总经理。1994 年,被评为全国首届“创业之星”称号。

赵承恩(女) 河南镇平人。襄樊市酿酒厂党委书书记、厂长、高级工程师。1994 年 5 月,被全国妇联、全国女企业家协会联合授予“全国优秀女企业家”称号。

杜永珍 襄樊市中心医院妇产科主任医师。从事妇产专业 31 年,创建鄂西北第一家“爱婴医院”,创办门诊“父母学校”。主持编写的《母乳喂养必读》在全国发行。1994 年 3 月被中华全国总工会授予“全国优秀女职工”称号。

邵玉华 襄樊市财政局工会主席。1994 年 3 月被中华全国总工会授予“全国优秀女职工”称号。

杜冬清 老河口市人民银行党组书记、行长。1994 年 3 月被中华全国总工会授予“全国优秀女职工”称号。

张志清(女) 枣阳市吴店镇人。1994 年被全国妇联授予“双学双比”能手和“三八”红旗手称号。

1995 年:

朱光敏 襄樊钢铁股份有限公司初轧厂厂长,1995 年被冶金部评为劳动模范,在北京参加了人民大会堂举行的全国冶金系统劳动模范表彰大会,受到党和国家领导人的接见。

谢锋 襄樊市国营隆中水泥厂厂长,1995 年在共青团中央、国家环保局、全国青联、中华环保基金联合会开展评选全国青年优秀环保企业家的活动中,被授予“中国青年优秀环保企业家”荣誉称号。

王崇珍(女) 谷城县人,县总工会工作。1995 年 5 月,被中华全国总工会授予全“优秀工会干部”称号,出席全国劳模大会和庆祝中国工会成立 70 周年纪念大会,并在会上作典型发言。

鲁登珍(女) 中共党员,襄樊市环卫处鼓楼环卫所西街清扫二班班长。1995 年 10 月,被国家建设部授予“优秀城市美容师”称号。

高士学 中共党员,枣阳市北城法律事务所主任。1995 年被评为全国十佳基层法律工作者。

刘彦平 湖北省老河口市人,中共党员,襄樊市九届政协委员,老河口市天马制衣有限公司总经理。1995 年 12 月获中国农村劳动力资源开发研究会、全国政协经济委员会、国务院发展研究中心农村部联合授予的“95 创业之星”称号,作为襄樊市的代表赴京出席了经验交流及表彰会。

黄国生 湖北枣阳人,中共党员,枣阳市档案局局长、党组书记,副研究馆员。1995 年 12 月,被评为全国档案系统先进工作者,同时在全省档案系统第一个获得当地人大授予“人民好公仆”的光荣称号。

帅国和 襄樊输油公司安全监察科科长。1995 年 12 月,被中国石油天然气总公司评为安全管理先进个人。

1996 年：

田华富 襄樊铁路刑警大队大队长，1995 年 12 月，获“全路‘大杰出民警”称号。1996 年 2 月，被国家公安部授予“全国优秀十大杰出民警察”称号。

1997 年：

董志安 襄樊市利通汽车服务有限公司出租车司机。1997 年 5 月 1 日获全国百名优秀出租车司机称号。

王泽时 湖北省谷城县城关镇人，县纺织行业协会主任、党组书记，兼银纺公司党委书记、董事长、总经理。1997 年被评为“全国纺织行业先进工作者”。

1998 年：

占义波 谷城县沈湾派出所。1998 年 4 月 28 日获全国优秀人民警察称号。

张淑琴 谷城县赵湾乡窑岭教学点教师。1998 年全国“三育人”先进个人。

崔德新(另见全国先进工作者)。

胡春莲（女）宜城刘猴镇圣乐茶叶股份总公司总经理。1998 年 11 月获妇女世界高峰基金会“农村妇女生活创造奖”。

胡奇峰(女) 襄阳县双沟派出所户籍警察。1998 年公安部授予她“全国公安系统二级英雄模范”称号。

李知全 二级警督，保康县公安局副局长。1998 年，带领刑警侦破重特大案件 157 起，公安部授予“全国优秀人民警察”。

何启玉 二级警督，南漳县公安局政治处主任。1998 年，被公安部授予“全国优秀人民警察”。

李乐谦 三级警督，老河口仙人渡派出所所长。被公安部授予“全国优秀人民警察”。

郝兴亮 南漳施空山道班班长。1998 年被交通部批准为全国交通系统劳动模范。

石桂清(女) 樊城区王寨办事处乔营村卫生室医生。1998 年被卫生部批准为全国模范乡村医生。

1999 年：

宋孝琴(女) 襄阳区黄龙镇向湾村农民。1999 年被全国妇联授予“双学双比”先进女能人称号。

2000 年：

潘凤琴 樊城区水星台居委会党支部书记潘凤琴，被全国城镇妇女“巾帼建功”活动领导小组授予 2000 年度“巾帼建功标兵”称号。

2001 年：

吴长华、刘友民(南漳县) 2001 年 1 月 14 日获“全国科教兴县先进个人”称号。

刘德政、吴方军(保康县) 2001 年 1 月 14 日获“全国科教兴县先进个人”称号。

2002 年：

王文嫣(女) 老河口洪山嘴办事处杨家湾小学五(1)班学生。2002 年 5 月被中华全国妇女联合会授予

“全国十佳春蕾女童”称号。在北京受到江泽民等党和国家领导人接见。

郭志刚 建昌机器厂工程师。2002 年 6 月 26 日被团中央、国家经贸委、劳动和社会保障部授予“全国青年岗位能手称号”。

任银清 襄阳区张家集镇养猪大户，全国“双学双比”先进女能手。

吴淑平 老河口市薛集镇全国“双学双比”先进女能手。

汪天云 谷城县庙滩镇养鸡大户，全国“双学双比”先进女能手。

谢玉芬 南漳巡检镇经济林种植大户，全国“三八绿色奖章”获得者。

彭　英　枣阳市熊河水库水产中级工，全国优秀科技服务工作者。

2003 年：

曾艳　枣阳市包装容器厂厂长，全国城镇妇女“巾帼建功标兵”。

2004 年：

周友国　保康马良镇人。1991 年被选调进入县公安机关，先后在百峰、两峪、马良派出所工作。三级警督警衔。2004 年 5 月，因积劳成疾去世，年仅 47 岁。12 月，中共中央政治局委员、书记处书记、国务委员、公安部长周永康签署命令，追授周友国为全国公安系统二级英雄模范称号。

吕传高　谷城县南河镇九里坪村村民。2004 年 1 月 9 日，在北京召开的全国双拥表彰大会上，被全国双拥领导小组、人事部、民政部和总后勤部联合授予爱国拥军模范。

何德全　南漳县民政局党组书记。2004 年 8 月 30 日被中组部、中宣部、中央文明办、国家人事部联合授予“第六届全国人民满意的公务员”称号。

安　明　谷城县石花镇人，中共党员，高级经济师，湖北石花纺织股份有限公司，董事长、总经理。2004 年 10 月被全国工商联、科技部评为“中国优秀民营企业家”，12 月被国家农业部授予“连续三届全国乡镇企业家”，同月被全国工商联聘为中国工商理事会理事。

胥艳艳　樊城区太平店镇王台村，全国农村妇女“双学双比”竞赛活动先进女能手。

高士珍　枣阳市土坊，全国农村妇女“双学双比”竞赛活动先进女能手。

2005 年：

聂海胜　湖北枣阳人，中共党员。中国人民解放军航天员大队三级航天员，副师职，上校军衔。2005 年 10 月 12 日，与费俊龙驾驶“神舟”六号载人飞船飞天成功，被中共中央、国务院、中央军委授予“英雄航天员”荣誉称号并获得“航天功勋奖章”。

龚晓玲　襄樊市公安局襄阳区分局副局长，全国“巾帼建功标兵”。

付道华　老河口市洪山咀办事处仙仙果品公司总经理，全国十大绿化女状元提名奖、全国“双学双比”先进女能手。

刘圣菊　襄樊市谷城茨河镇白龙庙村，全国“双学双比”先进女能手。

顾新芝　宜城市雷河办事处胡耳村，全国“双学双比”先进女能手。

夏玉荣　枣阳市鹿头镇郭营村，全国“双学双比”先进女能手。

尚美功　保康县大山绿色产品公司，全国“双学双比”先进女能手。

唐　蕊　南漳县巡检司村，全国“双学双比”先进女能手。

2.全省先进

(1)全省五一劳动奖章获得者

1997 年

张世宗　国营建昌机器厂厂长。

王树林　市钢铁公司车间主任。

马明樊　市地税局襄城分局十字街税务所所长。

黄春波　市土畜产对外贸易公司副总经理。

胡显珍　襄阳县公路总段太山庙道班班长。

王跃荣　老河口市市政工程总公司班长。

1999 年

饶炎坤　铁道部建筑总公司襄樊内燃机车工厂厂长。

靳秀杰 襄棉集团有限责任公司纺织——厂挡车工。
龚明忠 襄阳汽车轴承股份有限公司锻造车间工人。
梁广成 襄樊市交警四大队大队长。
冯 辉 襄樊市中医院急诊科主任、副主任医师。
2001 年
鲁 斌 周纪章 宋艳秋 余文华 郭桂玲(女)
2003 年
柯光辉 王均涛 卜仿英(女) 樊德新 章 锋 刘 锟
2004 年
张道琴(女) 卢少龙 雷成明 王政良 宋开荣

(2)湖北省劳动模范

1983 年

职工劳模:贺孝先 徐向东西 张洪祥 储勤珍(女) 吴世宽
王德瑞 王志海 蒋良选 余明贵 高郧勤(女)
樊孝纯 李桂棉 何国礼 戴茂彦(女) 丁瑞华(女)
李楚志 安仁磨 常广训 郭元贵 朱志安
陈进(女) 王合新 赵梅立(女) 余正伦 潘维真
武雅茹(女) 曾庆福 田宝生 张远惠(女) 沈锦洪
宋玉莲(女) 解陆生 张菊云(女) 潘建民(女) 王成举
李福敬 孙本霞(女) 乔玉珍(女) 朱全山 成立国
孙天培 刁仁忠 段玉盛 彭国祥 何超(女)

农业特等劳动模范:周天亮 刘兴贵 周本宪 何荣祥 李启斌
张广举 邹守胜 吴明友 李荣生 马良芬(女)
黄大山 陈世贵 孙文财 邓玉康 张泽满
田国政 徐开西 杨家才 张立洪 杜洪荣
王银亮 周家万 高宗玉 谢传喜 罗清四
朱建华 刘贤元 马顺芳 范登平 张学根
尚立清 黄家宽 檀耀庆 邓从明 陈本安
黄凤云(女) 邓德龙 杜海章 李正龙 王定明
孟根胜 石中顺 琚芳圣 张相恒 包彦和
李书文 梅光志 王立旺 刘道英(女) 周天才
孙家照 熊全振 李维进 汤和明 王大祥
肖光成 陈成汉 张德长 任家顶 魏邦治
高晓来 沈学朝 李肇启 黄河 贾华英
杨凤清(女) 陈帮洲 罗朝贵 张永兴 贾凤琴
袁永洲 张学政 王继明 郑加发 丁茂昌
刘安来 胡广汉 吕益均 唐道汉 张国斌
陆跃修 李先发 熊兴诗 张兴旺
陈文斌 施朝兰(女) 陈光友 邓国义

1987 年

特种劳模：谢厚福　张正林(女)　李叙　严朱承　汪大忠
周莉莉(女)　龚朝福　鲁洪亮　任来仪(女)　周汉先(女)
黄仙凤(女)　戴振伦　马荣斌　李秀清(女)
张有英(女)　李坚　孟传秀(女)　刘子祥
王华勤(女)　万赤明　刘长发　王国银

农业劳模：毛新华　周成福　赵久荣　安金斗　孙贵明

1988 年：

职工劳模：綦明刚　赛洪秀(女)　吴梅峰(女)　龚肇洲
李明英(女)　王万才　鲁元辉　孙殿英(女)
倪永瑞　曲孝先　韩秀玲(女)

1989 年

职工劳模：傅玉文　崔守福　陈明华　张世清(女)　陈守义
龙朝峰　王汉田　易湘(女)　丁茂昌　冷元庆
徐传喜　张万义　赵承恩(女)　欧阳孝景　邓坤才
黄政云　吴九寅(女)　陈茂平　仁少兰(女)　周世平
朱国英(女)　崔小毛(女)　史保平　杨德英(女)

农业劳模：陆耀修　寇万发　张恒贤　刘应志　胡启富　周登朝

1990 年

职工劳模：刘经世　曹玉梅(女)　答帮贵(女)　洪丕耀　廖天立
宋金友　芦志军　许建阳　刘万义　梁木椿
张增常　张修让　杨万金　周尚敏　魏俊娅(女)
张腊梅(女)　冯辅成　张启发　袁永忠　钱自强
刘金香(女)

1990 年

农业劳模：刘国本　龙帮明　张朝庆　宋钻平　温泰富

1991 年

职工劳模：雷志凤(女)　谢爱国　廖仁礼　杨大贵
肖利友　刘文运　刘学吉(女)　刘振山
刘远德　孟道山　林英(女)　王波
胡明根　丁新兰　于鸿德　陈瑞阳(女)

农业劳模：彭森初　陈成东　白文宪　蒋传发　李传新
曾庆福　胡道友　乔兴尉　候开春　孙祖功
张春霖　余卫凤　周治瑞　信光兰　黄建明
黄书明　郑道国　杨明恕　夏大昌　乔开灿
刘有彬　赵发明　吴兴堂　丁善德　李富元
陈宗菊　邱道成　杨明秀　张承平　蔡明宗
王有国　焦安波　张万保　马义启
宋道明　熊建国　向厚启　何品光
刘冬安　肖文清　张登德　潘仕贤
肖成合　黄永金　饶富顺　张元春

1992 年

职工劳模:刘军怀	尚宗尧	余克家	马艳军	
余永清	任凭(女)	李再勋	肖大长	
董天奇	张俊清(女)	翁全林	石巧珍(女)	
崔林旭	蔡莉(女)	邹新国	程继权	

1993 年

职工劳模:王梅(女)	秦天荣	黄千成	吴锦铭	蒋光炳
黄萍(女)	沈献章	杨清甫	彭加明	
万传意	孟景前	冷明文	黄西运	
谢洪棋	李建	刘宇萍(女)	向菊生	

1994 年

职工劳模:孙宝清	张承芬(女)	罗华儒	高文启	孟正钢
李振柱	李明学	陈清华(女)	徐福珍(女)	徐珍道
卢州	喻开华	崔德英(女)	杨志安	刘建华
潭永喜	祝魁芬(女)	屈英明(女)	张定圆	谭平杰
张家栋	陈道国	王长友	黄致远	

1996 年

职工劳模:余修富	蔡必德	邢玉玺	沈玉(女)	
廖明发	范明成	孙本学	张凤山	
乔书祥	李国富	齐静(女)	景显忠	
胡道才	杨柏林	翟家保	高幼民	

1998 年

职工劳模:赵振	朱洪占	李述伟	李少华	安明
胡显珍	陈菊银(女)	彭庆国	崔德新	卢渊蛟
宋玉林	陈建福	焦月华(女)	陈月华(女)	廖明义
慎志生	景琪珉	韩开平	黄文萍(女)	

2000 年

职工劳模:赵双桂(女)	周月英(女)	魏国安	曾江华	梁随政
王泽时	雷菊英(女)	段建群(女)	阮永芳	邵忠诚
王振占	李治和	郑立海	余克坚	
刘俊	朱建军	黄本友	杜莉敏(女)	
付再学	彭杏桃(女)	张传明	杨家升	

2002 年

职工劳模:刘志义	王桂华	尚 迟	刘仕斌	胡福生
贾德强	樊成娥(女)	陈生年	刘建刚	
徐联合	夏三稳	王秀成	母秀朝	
张志英(女)	宋艳秋(女)	高海林(女)	庄 航	

农业劳模:杨遂胜　杨兴才　李功成

2004 年

职工劳模:姚贵成	乔学武	徐世友	米闽(女)
刘善定	杨定平	刘淑群(女)	于占渤

程　珑　王慧敏　黄成生　李明炎
谢家洲　刘细荒　王立芬(女)　张金玉(女)

农业劳模:周万军　杜申奎

(3)省级劳动模范简介

1983年

张菊云　襄樊市第一人民医院妇产科主任
宋玉莲　襄樊市棉织印染厂布机车间挡车工
武雅茹　襄樊市科技情报研究所
赵梅立　襄樊市第一中学教导处副主任
乔玉珍　襄樊市纺织公司人民商店营业员
孙本霞　襄樊市床单一厂挡车工
何　超　老河口市染织厂挡车工
潘建民　光化县第一中学教师
张远惠　人行光化县支行会计
戴茂彦　南漳县城关西关小学教师
周登朝　谷城县赵湾乡农民,中共党员,湖北省特等劳动模范

1987年

黄仙凤　襄樊市床单厂织造分厂挡车工
周莉莉　襄樊市棉纺织印染厂布机挡车工
王华勤　湖北化纤厂捻织车间工人
张正林　襄樊市第四中学教师
张有英　襄樊市前进路日杂商店主任
李秀清　襄樊市六一童装厂厂长
任来仪　枣阳县自行车厂副厂长、助理工程师
孟传秀　襄樊市第一汽车运输公司客运售票员
周汉先　襄樊市卫生管理所东风清洁队队长

1988年

王万才　谷城县石花酒厂厂长
綦明刚　襄樊市机电研究所所长
鲁元辉　老河口市变压器厂化验员
赛洪秀　襄樊市提花织物厂工会主席
龚肇洲　襄樊市农牧局农艺师
李明英　襄樊市白鹤宾馆经理
吴梅峰　宜城县第一中学教师
孙殿英　襄樊市工商银行解放桥储蓄所主任

1989年

仁少兰　宜城县实验小学老师(小学高级)
杨德英　南漳县化肥厂工会主席
张世清　襄樊市樊西区友谊街居委会党支部书记
赵承恩　襄樊市酒厂厂长(工程师)

易　湘　襄樊市棉织厂织布一车间挡车工
崔小毛　襄樊市环卫管理处清运一队队长
吴九寅　襄樊市一中教师(中教一级)
朱国英　襄樊市物资回收公司樊西经营部经理
1990 年
魏俊娅　老河口市光化磷肥厂硫酸车间焙烧工
刘金香　襄樊市樊东区环境卫生管理所班长
曹玉梅　襄樊市鼓楼商场糕点柜柜长
1991 年湖北省劳动模范:
刘振山　中国化学工程总公第六建筑公司总工程师
王　波　随州市建设银行副行长
谢爱国　随州市粮油贸易公司推销员
丁新兰(女)　老河口市粮食制品厂党支部书记
廖仁礼　枣阳市自行车厂推销员
胡明根　襄阳县化肥厂电焊工
肖利友　保康县陈家院道班工人
刘远德　谷城县殡仪馆火化工
陈端阳(女)　宜城县中医院院长
于鸿德　湖北制药厂工会主席
雷志凤(女)　市提花织物厂检验车间主任
林　英(女)　市电视机厂工会主席
刘文运　卫东机械厂工人技师
孟道山　市供销储运公司司机
杨大贵　市公用汽车公司修理班班长
刘学吉(女)　市隆中酒楼冷饮部主任
杨奎泉　襄樊铁路分局襄樊生活段襄北公寓服务员
潘丽群　襄樊铁路分局客运段汉宜四组行李员
1991 年
张春霖　襄阳县农委
黄书明　襄阳县新集乡林业站
刘有彬　襄阳县朱集柳编厂
陈宗菊(女)　襄阳县黄龙镇黄祠村
王有国　襄阳县黄集镇陶家村
宋道明　襄阳县官沟渔场
刘冬安　襄阳县第二建筑公司
肖成合　襄阳县老虎垱水库
黄建明　谷城县冷集木材检查站
乔开灿　谷城县冷集镇随州村
李富元　谷城县有色金属冶炼厂
潘仕贤　南漳县农业局
张元春　南漳县涌泉镇方庙村

信光兰（女）　南漳县东巩镇汪家畈村
夏大昌　南漳县九集镇温畈村
丁善德　南漳县花庄镇响水洞村
张承平　保康县重阳乡西坪村
李传新　保康县马桥镇黄龙观村
孙祖功　保康县重阳乡东风头村
蒋传发　宜城县流水镇邓林村
侯开春　宜城县南营乡安垴村
马义启　宜城县新街乡王台村
何品光　宜城县郑集镇渔场
乔兴财　枣阳市吴店镇农技站
白文宪　枣阳市人大常委会
周治瑞　枣阳市兴隆镇亢老湾村
杨明恕　枣阳市环城磷肥厂
吴兴堂　枣阳市新市镇前井村
杨明秀（女）　枣阳市吉河乡吉庄村
张万保　枣阳市王城镇渔业社
向厚启　老河口市委
张登德　老河口市仙人渡镇白鹤岗村
饶富顺　老河口市洪山咀纸袋厂
陈成东　随州市农委
胡道友　随州市新街乡
余卫凤（女）　随州市第一砖瓦厂
郑道国　随州市兽药厂
赵发明　随州市黑屋湾水库
邱道成　随州市尚市镇星勤村
焦安波　随州市双河乡郭集村
熊建国　随州市英店镇东岳庙村
肖文清（女）　随州市安居镇张家井湾村
黄水金　随州市唐县镇金牛村
蔡明宗　襄樊市郊区余岗乡施坡村
彭淼初　襄樊市农委
曾庆福　襄樊市水利局
1992 年
刘军怀　老河口市汽运公司司机
余永清　随州市邮电局万和支局班长
董天奇（女）　市毛纺厂修布工
崔林旭　襄樊电讯传输局驻南漳线务员
尚宗尧　保康县农业银行行长
任　凭（女）　襄阳县教师进修学校教师
张俊清（女）　市郊区檀溪供销社主任

蔡　莉（女）　南漳县纺织品公司大东门商场纺织部主任
余克家　江华机械厂副总工程师
李再勋　市粮食局啤酒厂工程师
翁全林　鄂西化工厂厂长、党委书记
邹新国　随州市汽车改装厂厂长
马艳军　谷城县汽车配件厂车间主任
石巧珍　襄樊市农行郊区支行营业部出纳员，湖北省劳动模范
1993 年
王　梅　襄樊市第一棉纺织厂生产组长
黄　萍　襄樊卷烟厂新二车间 6000 型包装机班长
刘宇萍　枣阳市第一实验小学一级教师
1994 年
孙宝清　湖北化纤总公司金环股份有限公司
李振柱　襄樊供电局生技科工程师
卢　州　襄樊热电厂电热分厂副主任，助理经济师
谭永喜　襄樊市国营轮船公司 208 轮船长
张家栋　湖北襄重工业（集团）公司董事长、总经理
张承芬　保康县人民医院总护士长
胡明学　宜城殡仪馆火化车间主任
喻开华　枣阳公安局兴隆派出所所长
祝魁芬　枣阳市妇幼保健院副主任医师
陈道国　湖北万宝粮油工贸集团党委书记、总经理
罗华儒　南漳县邮电局工程师
何清华　襄樊二十中高级教师
崔德芳　襄樊市樊西区水星台居委会主任兼书记
屈英明　襄樊市公安局审计科科长、高级会计师
王长友　随州市汽车改装总厂电焊组组长
高文启　铁道部襄樊内燃机车厂交验员
徐福珍　中国人民建设银行襄樊市分行科长
杨志安　襄樊市环卫处清运管理所副所长
张定国　老河口化工（集团）股份有限公司技术员
黄致远　谷城汽车配件厂厂长、书记、技术员
孟正明　襄樊市体育运动学校副校长、教练
徐珍道　襄樊市原种繁殖场高级农艺师
刘建华　襄樊市歌舞剧团团长二级编剧
谭平杰　鼓楼商场（集团）股份有限公司董事长、总经理、党委书记
1996 年
乔书祥　襄樊瑞源纺织集团公司委书记、高级经济师
廖明发　宜城丰盈粮油工贸公司党总支书记、经理、经济师
胡道才　谷城县东银汽车零部件锻造有限公司董事长
蔡必德　南漳县磷化工厂厂长

范明成　建设银行襄樊张湾专业支行党支部副书记、会计师
高幼民　襄樊力特电机总公司质检员
邢玉玺　枣阳市公安局局长
齐　静(女)　襄樊市体育运动学校高级教练
孙本学　保康聚龙建筑材料有限公司班长
翟家保　襄阳县农业机械修造四厂助理工程师
杨柏林　老河口市邮电局营业班长
景显忠　襄樊市飞环印务有限公司机长
沈　玉(女)　襄樊市第三中学教师
李国富　襄樊市劳动局锅炉工
张风山　湖北襄运集团客运一分公司驾驶员
余修富　襄樊三利达建材(集团)公司董事长、总经理、高级经济师
李洪义　湖北江山机械厂工人
1998 年
赵　振　襄樊卷烟厂党委书记、厂长
朱洪占　湖北拓新工业用布股份有限公司党委书记董事长、总经理
李述伟　中国工商银行襄樊市分行助理工程师
李少华　襄樊市第四中学教师
安　明　谷城县石花纺织股份有限公司工程师
胡显珍　襄阳县公路段太山庙道班班长
宋玉林　老河口光磷公司车间主任
廖明义　南漳县建设公司工会副主席
慎志生　湖北化纤集团金环股份有限公司值班长
陈菊银　国营卫东机械厂民爆二分厂班长
陈建福　襄樊市化工机械厂电焊工
景琪珉　襄樊供电局变电分局城网控制中心副主任
彭庆国　襄樊市邮电局投递员
焦月华　襄樊市襄江商场集团公司柜长
韩开平　襄樊市市政设施养护管理处班长
崔德新　襄樊市公安局望江派出所民警
陈月华　襄樊市第三技工学校副校长
黄文萍　天韵美容保健公司经理
卢渊蛟　襄樊市中心医院班长
2000 年
王泽时　湖北银城纺织股份有限公司总经理
赵双桂(女)　湖北化纤集团有限公司党委书记董事长
王振占　老河口装卸联运总公司技师
刘　俊　枣阳卷烟厂技师
周月英(女)　樊城区米公环境卫生管理所班长
雷菊英(女)　襄樊面粉集团公司挂面厂厂长
付再学　国有汉丹电器厂工人

朱建军　襄阳汽车轴承实业总公司班组长
彭杏桃(女)　襄棉集团纺织一厂布机车间挡工技师
魏国安　湖北东力工业有限责任公司技术中心主任
段建群(女)　襄樊卷烟厂高级经济师
李治和　襄樊市第五中学高级教师
郑立海　市职业安全卫生检测检验站主管医师
黄本友　襄樊市第一人民医院主任医师
张传明　湖北水镜水泥股份有限公司工程师
曾江华　宜城第一中学一级教师
阮永芳　保康县电力公司经济师
杜莉敏(女)　中国人民银行襄樊市中心支行工会副主任
余克坚　市京剧团国家二级演员
2004 年
姚贵成　樊城供电公司太平供电营业所班长
刘善定　襄樊力特电机总公司工人
程　珑　湖北天鹅涂料化工股份有限公司副总经理
谢家洲　湖北谷城车桥股份有限公司经济师
乔学武　樊城区乔营社区居委会书记
杨定平　机械工业部大连组合机床研究所老河口分所所长
王慧敏　襄阳区财政局党组成员、高级经济师
刘细荒　樊城区公安分局中原派出所副所长
徐世友　襄樊市政管理处襄城泵闸所下水道班班长
刘淑群　中国南车集团襄樊内燃机车厂废油再生站站长
黄成生　解放军第五七一三工厂零备件制造公司技术员
王立芬　宜城环境卫生管理局清扫队队长
米　闽　襄樊市电视台副台长
于占渤　风神襄樊汽车有限公司总经理
李明炎　研究生,枣阳福田专用汽车有限公司党委书记、总经理
张金玉　襄樊市第五中学党支部书记、特级教师
杜申奎　襄樊市襄阳伙牌镇伙牌村村民
周万军　南漳县九集镇余泉村党支部书记、村主任
2005 年
谢家洲　湖北谷城车桥股份有限公司经济师
杨定平　机械工业部大连组合机床研究所老河口分所所长
刘淑群　中国南车集团襄樊内燃机车厂废油再生站站长
黄成生　解放军第五七一三工厂零备件制造公司技术员

(4)其他称号省级英模:

安　明　石花棉织厂厂长。1992 年湖北省政府授予学雷锋先进个人。
魏国安　襄樊车桥厂厂长,1995 年 12 月 5 日获湖北省第三届优秀企业家称号。
李孝明　湖北枣阳野马自行车厂长,1995 年 12 月 5 日,获湖北省第三届优秀企业家称号。

徐文源　航空工业总公司宏伟机械厂厂长，1995 年 12 月 5 日，获湖北省第三届优秀企业家称号。

郭有元　襄樊电力设备厂厂长，1995 年 12 月 5 日，获湖北省第三届优秀企业家称号。

1999 年 6 月 30 日，马建先、曾常民、韩开平、贺有成、孙扬久、万斌、关少敏、杨正海被中共湖北省委命名为优秀共产党员。

1999 年 6 月 30 日，王祖瑛、钟晓明被中共湖北省委命名为优秀党务工作者。

乔万祥　襄樊瑞源纺织有限责任公司董事长，2001 年 11 月 5 日被省委、省政府授予“优秀中国特色社会主义事业建设者”称号。

章　锋　湖北回天胶业股份有限责任公司董事长，2001 年 11 月 5 日被省委、省政府授予“优秀中国特色社会主义事业建设者”称号。

陈建国　湖北追日电气设备有限公司董事长，2001 年 11 月 5 日被省委、省政府授予“优秀中国特色社会主义事业建设者”称号。

王建智　南漳珍珠液酒酿造有限公司董事长，2001 年 11 月 5 日被省委、省政府授予“优秀中国特色社会主义事业建设者”称号。

李明炎　枣阳福田专用汽车有限公司总经理，2001 年 11 月 5 日被省委、省政府授予“优秀中国特色社会主义事业建设者”称号。

王元山　襄樊王胖子建筑置业有限公司董事长，2001 年 11 月 5 日被省委、省政府授予“优秀中国特色社会主义事业建设者”称号。

（5）湖北省五一劳动奖状先进集体

1999 年：襄樊一棉集团公司

1999 年：襄樊卷烟厂三车间甲班

2001 年：襄樊市热电厂锅炉运行四班

2001 年：湖北东力公司

2003 年：中国南车集团襄樊内燃机厂

2004 年：襄樊市热电厂

二、共青团襄樊组织

实施青工技能振兴计划，评选“五小”成果，建立青工技能人才培训示范基地，引导青年争当青年岗位能手，使一大批青年立足岗位，建功立业。服务新农村建设，动员各级团组织帮助农村改厕、改灶、改水、改路、改圈。开展争当青年星火带头人活动，引导广大农村青年依靠科技勤劳致富。加强农村青年技能培训，帮助农村青年转移就业，获得“全省农村青年转移就业工作先进单位”荣誉称号。实施青年创业“圆梦”计划，帮助青年创办项目，建立青年创业基地，对青年创业进行“一对一”的对接帮扶，被评为“全国青年创业行动先进单位”。

组织青少年参与精神文明建设，不断丰富“青年文明号”的时代内涵，广泛开展创新创效、安全生产、信用建设、星级管理等活动。加强农村青年文化建设，连续 9 年开展以送文化、送科技、送健康为主题的“乡村青年文化节”活动，并获得全国“乡村青年文化节优秀组织单位”荣誉称号。成立襄樊市青年志愿者协会，开展“清洁城市，美化家园”等志愿服务活动，对改善生活环境起到积极作用。

服务青少年工作的工作水平在20多年的改革建设实践中不断得到提升。深化实施“爱心助学”计划，积极拓宽筹资渠道，筹集资金帮扶贫困大中小学生近4 000人。累计募集资金近千万元，援建希望小学50余所。开通“12355”青少年服务台，青少年维权工作稳步推进。深化青少年素质教育工作，举办全市青少年素质拓展训练营和少儿才艺大赛，组织少先队鼓号队礼仪展演，成立市红领巾艺术团和泡泡少儿英语艺术团，选送的节目和科技成果先后50余次获得全国表彰。团市委被评为全国“18岁成人仪式活动优秀组织奖”、湖北省大中专暑期“三下乡”社会实践活动优秀组织单位。

团市委联合市委组织部转发《关于进一步深化全市党建带团建工作的若干意见》，指导各级党组织把团建工作纳入党建总体规划之中，广泛开展党团“共联共建”活动，做到党建、团建工作同部署、同落实、同考核。制定并实施基层共青团工作目标考核办法，开展“五四红旗团委”“团建先进县市”创建活动。深入开展增强共青团员意识教育活动，规范团员发展、教育和管理工作。扎实推进青联、学联、少先队工作，实现联系、服务、凝聚青少年的有机统一。

(一)组织沿革

1979年6月，襄樊市升为省辖市，共青团襄樊市委亦归团省委直管。1983年9月，地、市合并，共青团襄阳地区委员会与共青团襄樊市委员会合并，组建为新的共青团襄樊市委员会。团市委内设办公室、组织部、宣传部、工农青年部、学少部。1990年3月，将原工农青年部分设为青工部、青农部。2002年6月以后，除办公室加挂维护青少年权益部牌子外，内设机构无其他变化。团市委下属襄樊市团校和襄樊市青少年活动中心。襄樊市团校成立1991年3月，襄樊市青少年活动中心正式成立于1998年6月，均为正科级事业单位。地市合并前后团委负责人见表23—2。

地市合并前后襄阳地区和襄樊市团委负责人一览

表23—2

时　期	职　　务	姓　　名	起　止　时　间
地市合并前	团地委书记	张启英(女)	1976.10—1982.12
		郑忠华	1982.12—1983.08
	团地委副书记	郑忠华	1981.2—1982.12
		王文元	1976.10—1981.2
	团市委书记	高德中	1976.10—1979.3
		杨三爽	1979.3—1983.9
	团市委副书记	杨三爽	1976.10—1979.3
		刘顺兰(女)	1979.3—1983.9
		张建一	1979.3—1983.9
	团市委书记	陈洪基	1984.11—1990.5
		黄华恩	1990.5—1991.5
		裴　宁	1992.3—1994.6
		梁惠玲(女)	1994.8—1995.2
		信祖国	1996.1—1999.4
		杜　军	1999.6—2001.6
		陈东灵	2001.12—2004.2
		袁德芳	2004.7—
	团市委副书记	陈洪基	1983.11—1984.11

续表

时　期	职　　务	姓　名	起 止 时 间
地市合并后		黄华恩	1984.11—1987.9
		梁惠玲(女)	1984.11—1994.8
		程晓明	1987.11—1990.5
		彭广全	1990.5—1994.6
		毛洪波	1990.5—1997.5
		裴　宁	1991.6—1992.3(正县级)
		朱新民	1993.2—1994.6
		杜　军	1994.6—1999.6
		陈　凡	1996.5—2001.6
		陈东灵	1997.10—2001.12
		王　军	1999.12—2003.12
		范景玉(女)	1999.12—2004.6
		袁德芳	2001.10—2004.7
		徐　勇	2004.6—
		程　博	2004.6—

(二)共青团历次代表大会

1.中国共产主义青年团襄樊市第七次代表大会

1979 年 3 月 11 至 13 日召开,出席会议代表 503 人,代表着 12 461 名团员。高德中作题为《胸怀大目标,青春献四化》的工作报告。大会选举产生团市委委员 35 人,常委 11 人,书记 1 人,副书记 2 人。

2.中国共产主义青年团襄樊市第八次代表大会

1982 年 8 月 24 至 27 日召开,出席会议代表 500 人,代表着 18 000 名团员。杨三爽作题为《坚持用共产主义思想教育青年,为培养有理想、有道德、有文化、守纪律的新一代而奋斗》的工作报告。会议选举产生团市委委员 35 人,常委 9 人,书记 1 人,副书记 2 人。

3.中国共产主义青年团襄樊市第九次代表大会(地市合并后沿用原襄樊市代表大会届次)

1984 年 11 月 25—27 日召开。出席会议代表 408 人,代表着 280 000 名团员。陈洪基作题为《团结带领全市青年在社会主义现代化建设中奋勇前进》的工作报告。会议选举产生团市委委员 45 人,常委 9 人,书记 1 人,副书记 2 人。

4.中国共产主义青年团襄樊市第十次代表大会

1989 年 1 月 14—16 日召开,出席大会代表 450 名。大会审议通过陈洪基作的题为《沿着党指引的方向,为建设襄樊建功立业 开拓前进》的工作报告;审议通过《关于在全面深化改革中加强和改进共青团工作的意见》;以大会的名义发出《致云南、广西前线襄樊籍战士的一封信》。大会选举产生共青团襄樊市第十届委员会,委员 24 人,常委 9 人,书记 1 人,副书记 2 人。

5.中国共产主义青年团襄樊市第十一次代表大会

1996年5月7—9日召开,出席会议代表371人。信祖国作题为《肩负跨世纪重任,再展生力军风采,带领青年为实现襄樊跨世纪宏伟蓝图而努力奋斗》的工作报告。会议选举产生共青团襄樊市第十一届委员会,委员35人,候补委员5人,常委11人,书记1人,副书记3人。

6.中国共产主义青年团襄樊市第十二次代表大会

2001年12月7—9日召开,出席会议代表450人。陈东灵作题为《实践"三个代表"重要思想,推进团的工作不断创新,以与时俱进的精神开创新世纪襄樊共青团工作新局面》的工作报告。会议选举产生共青团襄樊市第十二届委员会,委员45人,候补委员5人,常委11人,书记1人,副书记3人。

(三)主题社会活动

1.青年职工"五小"活动

青年职工"五小"(小发明、小革新、小创造、小设计、小建议)活动,是由团中央组织倡导发起,在广大职业青年中开展的一项群众性科技竞赛活动,旨在充分发挥广大青年的创新热情和创新潜能,引导青年积极开展科技创新和科技实践,为促进企业科技进步和效益提高做贡献。襄樊市青年职工"五小"活动始于1982年,1987年以后,连续举办12届青年职工"五小"成果评选表彰活动,吸引全市各行业和企业近50 000青年参与,共计评选"五小"成果1 500多项。同时,深入开展全市青工"拜师学艺学科技,创新创优增效益"活动和青工创新创效行动,创造良好的经济效益和社会效益。

2.青年星火带头人活动

1989年,按照团中央的统一部署,团市委联合市科委启动培养青年星火带头人活动。同年9月,举办首届"青年星火带头人"培训班,全市30多名青年技术骨干接受培训。1991年4月和11月,分别举办第二届和第三届"青年星火带头人"培训班。1992年以后,在全市大力实施农村青年科技行动和"学技术,奔小康,百业致富争状元"等活动,并连续开展6次全市青年星火带头人表彰活动,培养了一大批适应现代农业发展需要的科技带头人和农村规模经济带头人。

3.保护母亲河行动

20世纪80年代末和90年代初,共青团襄樊市组织开展"保护母亲河行动",促进生态文明建设。围绕保护母亲河,举行"爱鸟周"、环保下乡、清捡白色垃圾、汉江水质监测等宣传和实践活动。各级团组织以"我与环境共友好,携手共建新家园"为主题,组织开展青少年"三个一片林"竞赛、"百对新婚夫妇同植连心树"、"从小事做起来、保护母亲河"、绿化鱼梁洲等植树造林和生态环境保护活动。通过整合社会资源,募集资金,建成襄樊青年林、安利林和各县(市)区青年林。为了推进活动开展,团市委实行事业化运作,于2001年在全市发起绿色希望工程劝募—持卡建林行动,以认购绿色希望工程明信片的形式,进行绿色希望工程基金劝募。全市青少年积极参与,踊跃认购,共募集资金108万元,以项目化运作的方式,于2003年在襄城区庞公办事处唐家河村建成"襄樊青年林"。2005年,在襄阳公园开展认植纪念树活动。

4.青年文明号活动

20世纪80年代末,团市委在部分窗口服务行业组织开展青年优质服务竞赛,对推进青年改善服务态度，提高服务质量，建设精神文明起到积极作用。为使优质服务经常化、制度化，从1994年开始，在全市开展青年文明号创建活动，大力倡导职业文明，弘扬社会新风。

1995年以后，全市相继开展“双争”（争创青年文明号，争当青年岗位能手）竞赛、“青年文明号服务卡”活动、“十、百、千、万”青年文明创建等活动。2002年，承办全省青年文明号信用建设示范行动推进大会。2004年，在窗口行业中开展创建“青年文明号诚信建设示范单位”活动。2005年，开展“青年文明号互查互学”活动。这些活动对吸引青年参与精神文明建设起到积极作用。截至2005年，全市共创建国家级青年文明号12个，省级青年文明号46个，基本涵盖各个行业、各个领域。

5.“双学双促”活动

1997年，团市委联合市委宣传部、市委组织部、市人事局在全市开展以“学邓小平理论、学十五大报告，促改革，促发展”为主题的百万青年“双学双促”活动。通过讨论会、经验交流会、专题讲座、报告会等形式，分阶段对全市11 000名团干部、25万团员、103万青年进行理论学习和实践教育。襄樊市青年学理论教育读本被团中央评为1998年度全国“五个一”工程奖。1999年4月，省委宣传部、团省委在襄樊召开全省青年学理论现场会。2000年，市委、市政府转发了《关于深入开展全市青年“双学双促”活动的意见》，全市“双学双促”活动进一步普及开展。在中共中央宣传部、团中央、教育部召开的“全国青年学习邓小平理论经验交流会”上，团市委作为共青团系统三家先进单位之一作了典型发言。团市委还先后被省委宣传部、团省委评为“湖北省青年思想政治工作先进单位”和“湖北省理论学习优秀组织单位”。

6.青年志愿者行动

20世纪90年代初，全市团组织多次开展大规模“奉献日”、“义务奉献岗”等活动，义务为群众服务。1994年，襄樊市青年志愿者协会正式成立，全面开展青年志愿者行动。1995—1996年，先后开展为困难群众“一助一”志愿服务活动和“千名志愿者，城市美容师”活动，组织团员青年帮助困难群众，治理城市脏乱环境。1997年，“千名志愿者，城市美容师”活动，被市精神文明建设委员会授予“精神文明建设最佳活动奖”。2000年以后，团市委、市青年志愿者协会倡导“团结、友爱、互助、进步”，相继组织开展“走进社区”服务接力，大学生志愿服务西部，维护社会治安“筑城”，“清洁城市、美化家园”，禁毒、预防艾滋病宣传等项主题行动，充分发挥青年志愿者在现代化建设中的先锋作用。按照团中央青年志愿者指导中心的统一部署，襄樊市积极推行志愿者注册制度，加强青年志愿者注册登记工作。团市委对青年志愿者的注册条件、注册办法、志愿服务活动、志愿者组织网络建设及志愿者表彰奖励办法作出明确规定。至2005年底，全市建有各级志愿者组织485个，注册青年志愿者97 879人。

7.希望工程

“希望工程”是团中央、中国青少年发展基金会以救助贫困地区失学少年儿童为目的，于1989年发起倡导并组织实施的一项公益事业。其宗旨是资助贫困地区失学儿童重返校园，建设希望小学，改善农村办学条件。1996年，团市委在全市城乡广泛开展希望工程有奖储蓄活动，完成1.1亿元储蓄任务。1997年，团市委筹资60万元，援建希望小学4所，新增救助对象1 200名，援建希望书库8所，赠送图书4万多册。其后，团市委进一步加大工作力度，积极整合社会资源，扩大募集资金的范围和规模。2006年一次性得到香港贵联集团捐资300万元，援建10所希望小学。

8.青少年文化艺术活动

从20世纪80年代中后期开始，全市团组织设计开展多种文化活动，引领广大青年弘扬社会主义先进文化，建设社会主义精神文明。有影响的文化活动有：成立襄樊市青年电视业余艺术团；举办襄樊市青年文化科技艺术节；举办青年集体婚礼、庆祝襄樊建城 2 800 年青年大联欢、青少年“爱我祖国、爱我河山”集邮夏令营；举办“亚运前夜”青春歌舞晚会、卡拉 OK 大奖赛、体育舞蹈锦标赛；举办“喜迎文化节，青年盼奥运” 接力传旗，“’95 中国大地走红”，迎香港回归知识竞赛，“襄樊青年看襄樊”大型展览，襄樊市青年互联网知识应用大赛，全市青年辩论赛；承办湖北省青年书法大奖赛；实施青少年读书计划，推动青少年文化行动开展。

9.青年就业创业行动

根据团中央和襄樊市委、市政府关于做好青年再就业工作的指示精神，团市委从 1998 年 9 月开始，实施“你下岗，我培训；你就业，我帮助”下岗青工再就业免费培训计划，为下岗青工再就业提供服务。此后三年共开展七期免费培训活动，培训下岗青工 3 000 余人。2003 年以后，团市委进一步拓展工作思路，创新工作项目，强化服务手段，实施“四帮一带”（帮资金、帮技术、帮项目、帮管理），带动青年创业和就业。先后组织开展“青春在国企改革中闪光”“青年创业‘圆梦’计划”“青工创业和就业技能培训工程”、开办“青年择业超市”等系列活动，以创业教育、创业培训、创业扶持、创业激励为主要手段，大力开展就业创业技能培训，多方提供中介服务，积极为青年创业和就业牵线搭桥。全市共开办青年就业培训班 80 余期，培训青年万余人，举办大型人才招聘会 14 次，“青年择业超市”35 期，帮助 4 000 多名青年实现就业。举办青年创业报告会 8 场，开办青年创业培训班 20 期，直接帮助 180 多名青年实现创业。

10.青少年维权岗活动

1998 年，团中央、中央综治办在全国开展创建优秀“青少年维权岗”活动。为深入贯彻团中央、中青联文件精神，切实维护青少年合法权益，预防和减少青少年违法犯罪，营造青少年健康成长的良好环境，团市委联合多家部门在全市启动“优秀青少年维权岗”创建工作。创建工作采取个案牵动、典型带动、政策推动等方式，重点抓典型示范，通过召开现场会，促进各系统创建活动的全面展开，实现“理论基础、机制建立、工作效果”三大突破。同时，以社会化运作的方式，整合司法、公安、工商、文化、卫生等部门的力量，实现创建活动的联动，构建社会化维权工作体系。2003 年，襄樊市预防青少年违法犯罪领导小组成立，办公室设在团市委。结合“优秀青少年维权岗”的创建，推进社区预防青少年违法犯罪工作，有效地净化了青少年成长环境，有 8 个维权岗获得全国表彰。

11.评选“十大杰出青年”

襄樊市“十大杰出青年”评选始于 1991 年，是襄樊青年人才表彰体系的重点项目。1991—2002 年，共评选 4 届，表彰了 40 名杰出青年。

第一届（1991 年）：骆东风、张立春、齐静、伍剑平、余永清、鲁元辉、吴金学、刘应志、王小平、袁凤春

第二届（1997 年）：靳秀王绍洪、陶宜军、韩开平、刘光荣、赵世举、乔学武、杨国甫、杨柏林

第三届（1999 年）：彭杏桃、杨遂胜、占义波、李述伟、柳树森、黄孝武、张治平、陈家增、赵　玲、张　玮

第四届（2002 年）：王　炜、王均涛、孙长彬、刘　松、朱志敏、李　华、罗双红、龚云涛、黄　芳、魏萃华

(四)少年先锋队工作

中国少年先锋队襄樊市工作委员会(简称市少工委),成立于1992年10月,至2005年共历经2届。1992年10月,召开中国少年先锋队襄樊市第一次代表大会,与会正式代表260人,选举产生第一届少工委,主任梁惠玲,副主任白祖庆、张卫东、李先元、王万清、贾明华、李月敏、李维艾。1998年10月,召开第二次代表大会,与会正式代表226人,选举产生第二届少工委,主任陈凡,副主任李耀楠、赵炳红、朱启龙。两届少工委组织指导少先队开展活动,促进少年儿童“德、智、体、美、劳”全面发展。

1.贯彻《少先队教育纲要》

1988年,全国少工委颁发《中国少年先锋队教育纲要》。同年10月,团市委、市教委联合发出《关于抓好试行〈中国少年先锋队教育纲要〉工作的通知》。1989年5月,举办实施《少先队教育纲要》最佳活动评比竞赛,1 000多名少先队员参加活动;同年9月,组织全市贯彻《少先队教育纲要》工作大检查,100多所学校接受全面检查;同年12月,全省贯彻《少先队教育纲要》工作现场会在襄樊举行,襄樊市有5个单位在会上作交流发言。

2.“向赖宁学习”活动

1990年2月,团市委、市少工委积极响应团中央、全国少工委发出的“向赖宁学习”的号召,联合召开全市“青年学雷锋,少年学赖宁,做四有新人”活动动员大会,“双学一做”活动全面铺开,引导全市广大少先队员自觉以赖宁为榜样,从身边做起,从小事做起,争做党的好孩子。同年5月,市少工委举办市区学校“学赖宁,树理想,做党和人民的好孩子”专题汇报演出。同年6月,全市组织开展全市学赖宁活动大检查。同年9月,市少工委举办市区“迎亚运,学赖宁,争做襄樊小主人”万张队报展评活动,近2万幅作品参加展评。同年10月,团市委、市少工委召开全市学赖宁活动表彰大会。1991年3月,团市委被评为全省学赖宁活动红旗单位。

3.“手拉手”互助活动

1994年,团市委、市少工委下发《襄樊市百对城市少先队员“手拉手”活动实施方案》。此后,团市委、市少工委在团结互助、共同提高的原则下,不断地拓展“手拉手”的内涵,丰富“手拉手”的活动方式,先后组织开展“手拉手情系灾区”、“手拉手,庆六一”、“手拉手迎接新世纪”、“手拉手助残”、“城乡少年手拉手,百万图书进山村”、“同在蓝天下,携手共成长”、“手拉手免费游隆中”等系列活动,促进了青少年思想道德建设。

4.中国少年雏鹰行动

“中国少年雏鹰行动”(简称“雏鹰行动”)是1994年初由共青团中央、全国少工委发起的面向全体少年儿童的一项素质训练活动。其核心内容就是借鉴国际上通行的通过各种训练来获得相应奖章的方式,达到提高少年儿童综合素质的目的。1994年,团市委、市少工委下发了《关于组织实施跨世纪中国少年雏鹰行动计划》的通知,并组织了活动骨干培训班。1995年6月,举行“雏鹰行动”现场会。1998年,根据团中央、中国科协、全国少工委关于开展“雏鹰杯”全国少年“五自”(自学、自理、自护、自强、自律)学习实践展示活动的要求,襄樊市各级少先队组织结合本地实际,充分发挥少先队素质教育功能,采取多种形式,引导和帮助广大少先队员在活动中学会生存、学会服务、学会创造,全面提高素质。

三、襄樊市妇女联合会

20世纪80年代,襄樊地区各级妇女组织贯彻落实改革开放政策,进一步解放妇女,提高妇女的经济和社会地位,取得很好成效。在农村,许多妇女从参加单一的田间生产走向多种经营;从季节性生产走向常年性生产;由笨重简单的体力劳动走向专业性技术劳动。农村各种形式生产责任制的建立,经营管理的改善,促使按劳分配、男女同工同酬进一步实现。广大农村妇女在家庭中的地位和作用越来越重要,涌现了一大批以妇女为主体的种植、养殖、服务、加工等方面的专业户,农村妇女的劳动收入已占家庭总收入的一半。在城镇,女职工占职工总数的1/3。她们发挥主人翁精神,锐意改革,勇于创新,涌现了一大批先进生产者。各行各业女性专业人员迅速成长,妇女素质明显提高。妇女广泛行使民主权利,政治地位显著提高。通过多种形式宣传新宪法、新婚姻法,增强了人们的法制观念,妇女儿童的合法权益进一步得到保障。20世纪90年代,在农村妇女中开展"双学双比"活动,以提高农村妇女文化素质和科技素质为着力点,带动妇女走专业化、产业化的新路子。在城市妇女中深入开展"巾帼建功"活动,以窗口行业为突破口,以"巾帼建功"为重点,以区街综合系列服务为枢纽,引导妇女创业建功,推进了城市经济社会发展。进入21世纪后,妇女工作领域进一步拓宽。"五好文明家庭"创建活动全面开展,家庭精神文明建设水平进一步提升。妇联干部配备进一步年轻化,素质全面提高。基层妇联组织整建后不断健全,党政机关和企事业单位妇女组织建设全面覆盖。逐步建立起女知识分子协会、女领导干部联谊会、女记者协会、女企业家协会等横向妇女组织。建设一批妇女儿童福利设施及服务机构、研究机构。妇女工作在全市小康社会建设中发挥了积极作用。

(一)组织建设

1.机构沿革

襄阳地区妇女联合会成立于解放初期,"文化大革命"期间,组织瘫痪,停止活动。1973年4月,地区妇联组织恢复。1981年9月,襄阳地区妇女联合会改为湖北省妇女联合会襄阳地区办事处。1979年6月,地辖襄樊市升为省辖市后,襄樊市妇联改由省妇联管理。1983年9月,地、市合并后,湖北省妇女联合会襄阳地区办事处和襄樊市妇女联合会合并,组建新的襄樊市妇女联合会。新的襄樊市妇女联合会组建后,仍沿用原襄樊市妇女代表大会届次。1984年10月,襄樊市第五次妇女代表大会召开后,市妇联内设组织联络部、城乡部、宣教部、少儿部、办公室。1989年,增设维权部,组建妇女儿童活动中心。1995年,城乡部撤销,增设妇女发展部。市儿少工作委员会、市托幼工作领导小组、市儿童福利基金会的日常工作由市妇联承担。襄樊市妇联历任领导见表23—3。

襄樊市妇联历任领导名录

表23—3

时期	职务	姓名	任职时间
地市合并前	襄阳地区妇联主任	刘世英	1978.1—1980.9
		李素珍	1981.9—1983.10
	襄阳地区妇联副主任	李素珍	1978.5—1981.9
		曾凡珍	1976.10—1983.9
	襄樊市妇联主任	高桂英	1979.6—1983.10

续表

时期	职　　务	姓　名	任职时间
	襄樊市妇联副主任	柳云湘	1979.6—1983.10
		卜文华	1979.6—1983.10
地市合并后	襄樊市妇联主任	刘　勤	1983.10—1987.12
		黄之凤	1988.10—1994.6
		高桂英	1994.6—2001.6
		宋双伟	2001.7—
	襄樊市妇联副主任	黄之凤	1983.10—1988.10
		李振和	1983.10—1995.3
		卜文华	1983.10—1999.6
		程兰书	1989.11—1990.8
		李正玉	1990.12—2004.3
		陈再明	1995.3—2002.1
		罗艳芳	1996.3—1997.5
		樊　梅	1999.6—2001.4
		姚燕妮	1999.6—

2.基层妇女组织建设

1982 年 9 月 29 日，全国妇联颁布《农村基层妇女代表工作条例》（试行草案），明确了农村基层妇女代表会（简称农村基层妇代会）的性质、任务、组织、制度和方法。根据条例要求，襄阳地区开展基层妇代会整建工作，在枣阳城关镇召开了妇代会整建现场会。至 1987 年，襄樊市撤区并乡后，有县（市、区）、妇联 12 个；乡镇妇联 620 个；基层妇代会共 4 109 个，其中城市 165 个，农村 3 854 个。1988 年，全市县乡普遍召开了妇女代表大会，完成妇联换届工作。市直 89 个党政机关、科教文卫事业单位建立了妇委会。1990 年，结合农村党支部的整顿，市妇联组织专班，整顿了城乡基层妇代会，全市增补妇代会主任 65 人、小组长 1 万多人，基本上改变了组织不健全、“一人一会”现象。到年底，全市党政机关、教科文卫等事业单位建妇委会 315 个，占应建单位的 50%。1994 年，健全农村妇女组织，整建基层妇代会 2 984 个。乡镇企业和党政机关组建妇女组织步伐加快。乡镇企业建妇代会 367 个，机关妇委会 414 个。截至 1995 年，全市 2 984 个行政村全部建立了妇代会。其中，一类 1 604 个，占 55%；二类 1 235 个，占 42%；三类 99 个，占 3%。应建妇代会小组 19 427 个，已建 18 925 个，占 97.4%。建乡镇企业妇代会 925 个，占应建数的 89%。建机关妇委会 427 个，占应建数的 98%。1996—1997 年，全市进行乡镇妇联换届和基层妇女组织整建工作。至 1997 年底，建乡镇妇联 151 个，占应建数的 100%。村妇代会 2 984 个，占应建数的 100%。其中一类妇代会 1 604 个，占 53.7%；二类妇代会 1 281 个，占 43%；三类妇代会 99 个，占 3.3%。妇女干部年龄结构趋于合理。村妇代会主任中 35 岁以下的 1 180 人，占 39.5%；36 岁至 45 岁的 1 672 人，占 56%；45 岁以上的 132 人，占 4.4%。大中专文化程度的(包括农函大、农广校毕业生)282 人，比 1994 年 144 人增加了 138 人，所占比例由 4.8%上升到 43%；小学文化程度的 316 人，占 11%，比 1994 年减少了 263 人。2001 年，随着全市乡镇机构的大精减、大撤并，调整了乡镇妇联主席。在 98 个乡镇中，配备妇联主席的有 93 个，其中有 75 个进入同级党委班子。襄阳县、枣阳市、老河口市各乡镇全部配齐妇联主席，并进入同级党委班子。乡镇妇联主席平均年龄由调整前的 38.5 岁下降到 35 岁；具有大专学历的由调整前的 43．6%上升到 70%。妇联干部得到合理流动，原 140 名乡镇妇联主席轮岗交流 68 人，留任 72 人，提拔担任领导职务 10 人，从其他岗位调任妇联主席 14 人。

3.培养选拔女干部

1987 年，市、县妇联向组织部门推荐女干部 343 名，其中 275 名被组织部门列为后备干部，占 85%。当年有 183 名妇女走上领导岗位。建立了妇女人才档案。在党校举办女干部培训班 8 期，培训女干部 540 名。1992 年，全市 236 名女干部进入乡镇基层单位党政领导班子。其中，有 57 名担任基层单位党政班子正职，有 5 名担任乡镇党政班子正职；有 150 多名妇联主任参加同级党委班子；有 22 名女干部进入县（市）、区党政领导班子，14 人进入县（市）、区人大、政协领导班子。实现县、乡镇领导班子都有女干部，为妇女参政议政搭建了平台。1994 年，市人大女代表、政协女委员的比例分别达到 23.7%和 26.6%。市直各部委办局领导班子配女干部 58 人，比上届增加 10 人。市辖 11 个县(市)、区党委、政府，有 8 个县(市)区党委、政府各配有一名女领导干部，3 个县(市)、区党委或政府领导班子中有 1 名女性。襄樊市妇联录制的“襄樊市委重视培养任用女干部”的电视专题片被湖北省电视台播放。在市委开展的“双推双考”选拔领导干部工作中，全市推荐、自荐青年干部 490 名，其中女性 53 名，占 10.91%。经过民主测验、组织考核、笔试、口试和组织复核，有 5 名充实到县(市)、区党政领导班子中，占入选人数的 25%。1995 年，全市女干部 53 140 人，占干部总数的 30.9%。行政机关县级女干部 108 人，占同级干部数的 7.26%；科级女干部 1 435 人，占同级干部数的 10%。11 个县(市)区党政领导班子中女干部 23 名。145 个乡镇配女干部 143 名，其中党政一把手 7 人，副职 48 人，党委委员 115 人。1997 年，9 个县(市)区妇联班子中，有 8 个进行了调整，实现了输送和吸纳的双向流动。襄樊市四大家领导班子中，市委、市政府、市政协均配有女干部。在 9 个县(市)区中，有 8 个县(市)区党政班子中配有女干部，其中枣阳、襄城区四大家班子中均有女干部。全市 156 个乡镇、办事处党政班子中有女干部 244 人，比 1994 年的 63 人增长了近 3.9 倍。其中配有女正、副书记的乡镇 22 个，配有女正、副乡(镇)长的乡镇 84 个。市直机关配备女领导干部的单位 51 个，占一级单位总数的 47.2%。2000 年，妇女人才库建立。2002 年，机构改革后，各县(市)、区党政班子配有女干部 27 人，市直部办委局领导班子配备女干部 83 人，98 个乡镇(办事处)党政班子配备女干部 122 人。

(二)襄樊市妇女代表大会

原襄樊市于 1979 年 1 月 7 日至 9 日召开第四次妇女代表大会。1983 年 9 月地、市合并以后，新的襄樊市妇女代表大会沿用原襄樊市妇女代表大会届次。至 2005 年，共召开 4 次妇女代表大会。

1.襄樊市第五次妇女代表大会

1984 年 10 月 22—25 日在襄阳影剧院召开。出席会议正式代表 425 人，特邀代表 10 人，列席 13 人。会议通过市妇联主任刘勤作《振奋精神，锐意改革，努力开创妇女工作新局面》的工作报告；选举产生襄樊市妇女联合会第五届执行委员会，执委 48 人，常务委员 7 人，主任 1 人，副主任 3 人。

2.襄樊市第六次妇女代表大会

1989 年 11 月 7—9 日召开。参加大会的正式代表 358 名，特邀代表 31 名。大会听取并通过市妇联主任黄之凤作的《发扬“四自”精神，争做“四有”新人，为襄樊鼎足湖北建功立业》的工作报告；选举产生襄樊市妇女联合会第六届执委会，执委 43 人，常务委员 9 人，主任 1 人，副主任 3 人。

3.襄樊市第七次妇女代表大会

1995 年 3 月 29—30 日在溪苑宾馆召开。出席大会的正式代表 223 名，特邀代表 40 名。正式代表中，妇女工作者111名，占49.6%，各界女代表113名，占50.4%；中共党员201名，占89.7%，团员3名，占1.3%，民主党派和无党派代表20名，占9%，少数民族代表6名，占2.69%，侨眷3名，占3%；获县(市)以上劳动模范、先进工作者、先进能手等称号的117名，占52.5%。会议听取并通过高桂英作的《抓住机遇，拼搏进取，为把襄樊建成现代化大城市作贡献》的工作报告；选举产生襄樊市妇联第七届执委会，委员41人，常务委员9人，主席1人，副主席3人；表彰先进妇联组织13个，“三八”红旗手标兵20名，“三八”红旗手53名，优秀妇代(委)会主任86名，五好家庭标兵16户，五好家庭53户。

4.襄樊市第八次妇女代表大会

2001年8月28—29日在溪苑宾馆召开。出席大会正式代表300名，特邀代表30名、列席代表10名。正式代表中，妇女工作者164名，占55%；中共党员228名，占76%；民主党派2名，占0.7%；少数民族代表8名，占3%；侨眷1名，占0.3%；获县(市)区以上劳动模范、先进工作者等荣誉称号的83名，占28%。代表中，市第九次党代会代表11名，市十三届人大代表5名，市十届政协委员3名；具有大专以上文化程度的223名，占74.3%，比上届提高了42个百分点；高中、中专文化程度65名，占21.7%；初中文化程度12人，占4%；代表中没有文盲；具有各类专业技术职称的231名，占77%，与上届上升了33%； 七届代表连任52名。代表中，35岁以下的88名， 占29%；36—45岁的156名，占53%；46—55岁的56名，占18%。平均年龄40岁，年龄最小的25岁。大会审议通过宋双伟代表市妇联第七届执委会作的题为《高举旗帜、开拓进取，为襄樊现代化建设再创新业》的工作报告；选举产生襄樊市第八届执行委员会，执行委员41人，常委10人，主席1人，副主席3人。

(三)妇女参与经济建设

1.巾帼致富行动

1979年，襄阳地区开展争当棉花姑娘活动，组织发动青年妇女学习棉花种植技术，为治穷致富做贡献。地区妇联和随县妇联在历山公社办点，开展“5 000名姑娘5 000亩棉”活动，当年每亩平均单产69公斤，比1979年增加10公斤。20世纪80年代，妇女不仅在粮棉油等主要农作物生产中是一支主力军，而且在多种经营和社队企业生产中也作出了重大贡献。全区社队企业总数11 439个，总人数135 793人，其中妇女54 317人，占40%以上。襄阳县程河公社妇女用柳条编织生活用品，有37个品种远销欧美等10多个国家。随县妇联组织妇女参加以植棉为主的各种能手活动，提出“随南随北单产皮棉60—75公斤、随中单产皮棉100公斤，为县植棉能手”。全县涌现出植棉能手21 499人，养蚕能手580人，种菜能手786人，养兔能手1 274人。襄阳地区妇联在枣阳县召开现场会，推广该县妇联组织妇女养长毛兔的经验。全区长毛兔饲养面发展到110个公社、311个管理区、1 442个大队、5 021个生产队、58 900户。全区长毛兔年底存栏589 500只，收购兔毛261 625千克，增加群众收入201万元，为农业提供兔粪117万担，涌现出24个养兔先进典型。当时流传一首顺口溜：“家喂三只兔，不愁油盐醋；家喂十只兔，不愁涤良布；家喂一群兔，草屋换成新瓦屋。”

1997年，深化“手拉手，结对子”扶贫活动。枣阳市妇联争取到《农家女》杂志社发放的小额贷款，探索妇联扶贫新路子。襄阳县有3 500名女干部、女党员、女致富大户与扶贫对象签订协议。宜城市对扶贫工作制定反映扶贫对象基本情况、贫困状况及原因、扶贫措施及目标等内容的《妇女干部扶贫工作计划表》。保康县妇联筹措资金3 000元，在扶贫点建立小型种羊基地。谷城县副股级以上800名女干部及1 800名女专业户，与贫困妇女结帮扶对子6 560对。襄城、樊城区妇联与贫困山区对口扶贫，坚持送衣、送书、送文具，帮助山区贫困妇女渡过难关。全市妇联系统创办扶贫基地55个，创办扶贫联系点 135 个，帮助贫困妇女 32 443 人。“三八”期间，市妇联表彰了在巾帼扶贫行动中涌现出的 8 个先进集体和 100 名先进个人。

1998 年，南漳、保康、谷城三个贫困山区县利用山区资源，重点抓“381”(全省 38 个山区贫困县，各扶持基层妇联开发一个立足本地资源，适合妇女特点的扶贫项目)巾帼扶贫工程。

2000 年，围绕“农业增效，农民增收，农村稳定”的主题，实施“巾帼科技致富工程”。开展“千万农家女、百项新技术”活动。组织 30 名县(市)、区妇联干部到山东寿光县考察科技农业示范园和大棚蔬菜种植技术，之后陆续推广到全市 64 个乡镇。全市举办农业技术培训班 500 期(次)，培训妇女 40 000 人次，21 314 名妇女达到农民技术员水平。全市有 129 917 名妇女成为科技致富带头人，以妇女为主体年纯收入 10 万元以上的专业大户有 700 个，20 万元以上的大户 100 个。当年，宋孝琴获全国“双学双比”女能手称号，惠述银被评为湖北省科技致富带头人。

2001 年，以提高农村妇女科技素质为重点，以引导农村妇女脱贫致富奔小康为目标，全面实施“巾帼科技致富工程”。市妇联组织由 40 名农业专家组成的科技下乡服务队，先后 5 次到县(市)、乡镇、村组，通过赶科技集市，办科技讲座，设咨询台，发资料送书籍，到田间地头现场指导等形式，为农村妇女提供科技服务。全年发放宣传资料 8 万份，送科技书籍 2 万册，接待咨询 9 500 人次，推荐农业新技术、新品种 80 个种类。邀请专家教授到襄阳县、老河口市、宜城市举办科技致富带头人培训班 3 次。全市各级妇联举办各类培训班 4 000 期，培训人员 60 万人次。市妇联为帮扶驻点村组争取扶贫资金 1 万元，引进资金 320 万元，联系出租荒滩 45 公顷。枣阳市妇联、谷城县妇联开展“千名妇女干部扶千户”和小额贷款扶贫、女致富能手帮带活动，取得明显成效。

2002 年“巾帼科技致富工程”全面开展。市妇联配合有关部门赴襄阳区双沟镇、樊城区太平店镇开展送科技下乡活动；组织学习考察咸宁、黄石、孝感等 3 地 8 处的社区妇女工作和妇联实体建设；市妇联与谷城妇联投资 4 万元在谷城冷集镇买断 6.7 公顷花椒基地 10 年经营权，建立巾帼科技示范基地。各级妇联组织和妇联干部、女专业大户、女能手通过承包、租赁、入股、购买、联办等方式，创办科技示范基地 500 多个。全市举办各类科技培训班 3 000 场次。市、县妇联在电视台开辟专栏，报道一批巾帼科技致富带头人的事迹。《襄樊日报》以“科技播火人”为专栏，对受到全国农村妇女“双学双比”协调小组表彰的 5 名女性进行系列报道，全市掀起学先进，赶先进、争当科技致富带头人的热潮。

2.“双学双比”活动

1989 年初，全国妇联联合农业部、林业部、国家教委、国家科委、国务院扶贫开发领导小组等 12 个部委(后增加为 14 个部委)，在全国农村妇女中开展“学文化、学技术、比成绩、比贡献”竞赛活动(简称“双学双比”)。这一活动主要从三个方面展开：一是立足于科技兴农，对妇女进行文化科技培训；围绕提高农业综合生产能力，发展高产、优质、高效农业，组织开展适合妇女特点的生产竞赛。二是面向市场，推动改革，为参赛妇女提供社会化服务。三是“巾帼扶贫行动”和“三八绿色工程”活动与“双学双比”活动结合，一年突出一个重点，不断赋予活动新的内容。这一活动得到各级党委、政府的高度重视和有关部门的大力支持，也得到各级妇联和妇女群众的热烈响应，成为在农村妇女中影响最大、效果最好的活动。

根据全国妇联的部署，襄樊市市、县、乡三级共建立“双学双比”协调小组 194 个。各地妇女组织结合当地实际，设计出一些操作性很强的具体活动。如“四争一超”(即：争当种粮能手、植棉能手、多种经营能手、乡镇企业管理能手、庭院经济纯收入超千元)竞赛，“吨粮田、双担棉、千元亩”竞赛，“庭院经济争百、超千、创万”竞赛，“万名棉花姑娘高产能手”竞赛等。1990 年，市、县两级妇联制定“四争一超”竞赛计划，各地将计划分解到村、组，参赛项目落实到人，登记造册，建档建卡，实行项目管理责任制。当年，全市参赛妇女达 70 多万人。其中 44.3 万名妇女参加种粮和植棉竞赛，21.8 万名妇女参加庭院经济竞赛,44 500 人参加乡镇企业和多种经营竞赛。在活动中,加强对妇女的技术培训,努力提高妇女科技素质。1990 年,全市各级妇女组织举办实用技术培训班 6 340 期,参训妇女达 51.2 万人。截至 1992 年底,全市共扫除妇女文盲 9 万多人,70 多万名农村妇女学到 1 至 2 门实用技术,5 万多名妇女成为科技致富带头人,1 万多名妇女成为农民技术员。全市以妇女为主体的专业户达到 47 477 个,占专业户总数的 39.2%;以妇女为主体的万元户有 2 113 个。在比成绩、比贡献的热潮中,一批批参赛能手、行业标兵、岗位明星脱颖而出。据不完全统计,全市先后有 3 万名各类能手受到不同层次表彰,其中 3 870 多名能手受到县以上表彰。

1991—1992 年,全市农村妇女组织围绕发展高产、优质、高效农业,继续动员和组织妇女学科技、奔小康。各级妇联兴办文化技术培训班 615 期,参训妇女 65 825 人。其中 70%的妇女掌握了一至二门实用技术,1.1 万户妇女脱贫。全市已形成规模的"香菇村"、"缝纫村"等专业村组近 100 个。数千名农村妇女参加中央农业函授大学和中央农业广播大学的学习;9 000 多名农村妇女经过各类培训达到当地农民技术员水平;有 8 万多妇女参加湖北省"学文化、学技术"知识竞赛,其中 270 多人获奖。双学带动了双比,各具特色的竞赛活动,在各地农村兴起,出现人与人赛技术、户与户赛收入、村与村赛贡献的可喜局面。

1994 年,"双学双比"活动延伸到乡镇企业。全市开展争当生产、技术、经销、管理能手的竞赛活动。在襄阳县太平店镇召开全市乡镇企业妇女工作现场会,总结推广了襄阳县的经验。根据农村妇女渴求更新技术知识情况,市妇联与市科协合办农函大,吸收女学员 6 997 人;在全市办培训班 6 445 期,培训妇女 558 087 人次。为使"双学双比"活动更具规模性,各级妇联把普及万元户,发展十万元大户,形成专业村组规模经营,作为"双学双比"活动的主攻方向。到 1994 年底,全市一村一品的村有 990 个,一乡一业的乡镇 64 个,十万元大户 310 个。襄阳县、老河口市妇联被评为省实用技术培训先进集体。枣阳市吴店镇肖湾村张志清被评为全国"双学双比"能手。36 名女能手受到省级表彰。1995 年,市妇联调整"双学双比"活动的主攻方向和奋斗目标,引导"双学双比"活动在学习竞赛的传统模式上,探索以龙头效应促滚动发展的新途径,组织能人带常人、大户带小户、富户带穷户,实现共同脱贫致富。枣阳市妇联确定 199 个专业大户自选自定扶困对象 587 户。南漳县妇联依据平原、丘陵、山区的不同特点,开展"七个一"活动,即:一万户亩产吨粮田大户、一万名亩产双担棉能手、一万名张平产茧 80 斤养蚕能手、一万户人平收入超双千的庭院经济大户、一万名"三八"绿色工程能手、一万名种养加能手、一万名经销能手。1995 年,全市女专业大户年纯收入 10 万元以上的 200 户,20 万元的 30 户;达到一乡一业的乡镇 50 个;以妇女为主体的专业村 500 个,专业组 2837 个。全市受省表彰的年纯收入 10 万元以上的女专业大户 13 户。全市举办各种实用技术培训班 21 825 期, 培训妇女 72 万人次,已掌握 1—2 门实用技术的妇女 582 729 名。75 162 名妇女成为科技致富的带头人,2 万名妇女达到农民技术员水平,38 757 名妇女摘掉了文盲的帽子。1996 年,重点围绕"巾帼扶贫"主题开展"双学双比"活动。在全市开展"巾帼扶贫奉献爱心"保险单义卖活动,筹措资金帮助贫困地区妇女或困难企业发展生产,共发放 10 元面值保险单 5 万张。各地采取妇女干部扶一批,女致富能手帮一批,女专业大户带一批等办法,帮助贫困妇女脱贫致富。全市形成 5 000 对帮扶对子,3 700 多人走上脱贫致富的道路。在全市开展"十大致富女状元"、致富女标兵、"双学双比"先进工作者评选表彰活动,引导大户帮小户、小户学大户,在项目、资金、市场、劳力、场所上实现优势互补。全市建立专业村 500 个、专业组 3 500 个,10 万元专业大户 361 个,20 万元专业大户 81 个。1997 年的"双学双比"活动,坚持治穷与治愚、扶贫与扶志相结合,在强化技术培训上下工夫。全市举办实用技术培训班 3 148 期,培训农村妇女 31. 2 万人次;参加农函大、农广校学习的农村妇女 12 930 人;举办再就业培训班 598 期,培训下岗女工 5 615 人,培训再就业妇女 2 848 人。1998 年,"双学双比"活动立足于提高农村妇女素质和致富本领,大打扶贫攻坚战。市妇联与市农广校总结推广谷城县以农广校为依托,举办以村妇代会主任为培训对象的女子中专班的典型经验。全市以妇女为主体的科技示范户有41 980户，女致富带头人129 917人，女农技员21 314人，农广校毕业生3 914人，在校生1 913人，农函大毕业生4 372人，在校生3 670人。枣阳市妇联重点实施小额贷款扶贫工程，从民政局协调1．4万元，自筹1万元，扶持36个贫困家庭和14位贫困单亲母亲。枣阳市委组织部拨出5万元党费作为对贫困妇女的扶持资金。襄阳县成立“女致富大户联谊会”，开展“联三帮十带全村”活动。宜城市围绕“一乡一业，一村一品”培养专业大户，以妇女为主体的专业大户中，年收入20万元以上的有29户，10万元以上的203户，5万元以上的950户。1999年，全市开展“千万农家女，百项新技术”活动，兴建“三八”科技示范基地874个，办各类农业科技培训1 200场次，培训妇女30万人次。

进入21世纪后，全市“双学双比”活动向纵深发展。各地开展科技培训、科技服务、规模竞赛、基地示范等活动，培植女专业大户，发展妇字号企业；成立“女能人协会”、“科技服务小分队”、“巾帼科技致富专家服务团”，创办“科技文化屋”、“农村妇女文化中心户”，开展送科技下乡活动；以培养复合型农村妇女人才为重点，加强种养技术、农产品加工技术等普及型、示范型培训；通过订单式培训、建立劳务输出基地等方式，培训农村富余女劳动力。2005年3月5日，市妇联在川惠大酒店召开全市纪念“三八”国际妇女节95周年暨“双学双比”“巾帼建功”表彰大会，授予宋孝琴等10人农村妇女“十大致富女状元”称号，授予老河口市妇联等10个单位为“双学双比”先进集体称号，授予邵玉清等10人为“双学双比”先进工作者称号，授予谢伦慧等52人农村妇女“双学双比先进女能手”称号。

3.“巾帼建功”活动

“巾帼建功”活动是在全国城镇妇女中开展的“学政治、学文化、学科学、学技术、学管理，比理想、比质量、比服务、比成绩、比贡献”竞赛活动的简称。1991年，全市各级妇联围绕企业三项制度改革，引导女职工岗位成才建功，通过劳动竞赛、业务培训、岗位练兵等，增强城市妇女择业能力和竞争能力，在全市掀起学政治、学文化、学技术、学科学、学管理、争创一流成绩的“五学一创”竞赛热潮。襄樊市和各县（市）、区成立了巾帼建功活动领导小组。市“巾帼建功”活动领导小组由副市长阎增福为组长。16万多城镇妇女参加了“巾帼建功”活动，搞革新发明600多项，1 127名妇女被评为建功能手。1994年，巾帼建功活动以“三创一提高”为重点，发动组织城镇女职工立足岗位，建功成才。在各行各业巾帼建功活动中，全市涌现出一大批先进女能手，其中36人受到省、市表彰。1995年，在城镇普遍开展的“巾帼建功”活动中，围绕国有企业改制和发展经济，各行各业妇女提合理化建议31 247条，创经济效益3 500多万元；革新发明628项，创经济效益575万元。1996年，巾帼建功活动以在行业内开展竞赛为基本模式。4月至11月，市妇联、市委宣传部、市邮电局联合开展争创“十佳邮电巾帼明星”活动，授予沈浩等“十佳邮电巾帼明星”称号。与市委宣传部、市人事局和市公安局联合在全市开展“十佳女民警”评选活动，授予彭钟等“十佳女民警”称号。在鼓楼商场女职工中开展争创“巾帼示范岗”、“最佳柜组”、“十佳营业员”竞赛活动。在市交通系统开展“精一手、会两招、掌握三门技术、成为多功能复合型人才”竞赛活动。发挥妇联组织健全的优势，在街道发展社区服务，兴办第三产业，拓宽就业安置渠道，解决下岗女工再就业8 275人，安置待业女青年879人。1998年，市妇联在卫生系统开展“巾帼文明示范岗”试点活动。襄阳县妇联以“窗口”行业为突破口，把创建“巾帼文明示范岗”活动与争创文明单位、文明县等工作结合起来。全市有741个单位，38 291人参加创建“巾帼文明示范岗”和“巾帼文明示范员”活动，创建“巾帼文明示范岗”525个。2000年，全市“巾帼建功”活动，以窗口行业为突破口，把“巾帼建功”与树立行业新风结合起来，在优质服务上下工夫。卫生系统开展了“以病人为中心，文明优质服务”竞赛，教育战线开展“师德标兵”竞赛和“优秀园丁”评选，商贸战线开展“优质服务”竞赛，工商部门开展“做守法个体户”竞赛。全市共评选“巾帼文明示范岗”8 098个，“巾帼建功”标兵304个。其中市中心医院急诊科获全国城镇妇女“巾帼文明示范岗”称号，襄城汽车客运站、人民银行襄樊市支行、襄阳县国税办税大厅、南漳县国税办税大厅、谷城县财政局妇委会5个单位获湖北省城镇妇女“巾帼文明示范岗”称号。2001年,市妇联制定《襄樊市“巾帼文明示范岗”申报、考核办法》,用制度巩固创建成果,确保活动质量和“巾帼文明示范岗”的社会信誉,引导“巾帼文明示范岗”创建活动走上规范化、制度化、科学化的轨道。5月,召开全市“巾帼文明示范岗”创建活动经验交流现场会,84个单位被评为“襄樊市巾帼文明示范岗”。中国人民银行襄樊市中心支行营业部、襄阳县国税局办税服务厅获全国“巾帼文明示范岗”称号。2002年,“巾帼文明示范岗”创建活动不断深化,创建活动由窗口行业向党政机关、社区、股份制企业、个体私营企业等领域延伸。

2002年,各地深化“巾帼建功”活动,开展岗位练兵、技术比武、技能培训、中介服务、评先创优等项目。涌现一批招商引资女能手、服务行业女明星、巾帼建功女标兵。宜城郧家冲收费站被全国妇联授予“全国三八红旗集体”称号。全市表彰三八红旗手标兵10名。

4.妇女创业就业

1996年,市妇联向市人大递交《关于推进我市家务劳动社会化的议案》,争取政府对从事家庭服务的人员给予扶持和优惠政策,为下岗女职工寻岗就业创造良好的再就业环境。全年全市安置下岗女工再就业4190人,其中集中安置2811人,自谋职业1379人。1998年,市妇联成立了巾帼家政服务中心。全市妇联培养、总结、宣传再就业明星和热心帮助下岗女工先进个人100多人。3,5万下岗女工中1万多人得到安置,5 000人通过市场找到就业位置。1999年,全市共举办下岗女工培训班100场次,培训下岗女工8 000人次。同时,各市县(区)及100家企业和街道成立了再就业服务中心,安置下岗女职工4 000多名。2000年,市妇联实施“巾帼再就业工程”。“三八”期间,市6家新闻单位开辟专栏,宣传14个下岗再就业典型。启动“巾帼社区服务工程”。在荆州街率先成立全市第一个社区妇联组织,探索集家政服务、便民服务、单位保洁、职业介绍、物业管理为一体的社区服务路子,安排下岗女工140名就业。当年,市“巾帼建功”活动领导小组获湖北省“巾帼建功”先进协调组织称号。2002年,通过建立巾帼再就业基地、组织劳务输出、举办大型咨询洽谈会、树立创业典型,帮助一大批下岗女职工实现再就业和创新业。市妇联联合市劳动就业局,在美联超市、联通公司、昭君军嫂茶酒吧建立巾帼再就业基地、军嫂再就业基地,安置下岗女工200名;向广州等地输出打工人员100名。

5.勤俭爱国储蓄活动

20世纪90年代初,市妇联发出“关于开展‘三八’女子爱国储蓄活动”倡议书,号召全市女性公民发扬勤俭美德,自觉为国分忧,节约一分钱、一粒米、一度电,把节余的钱存入银行,支援国家建设。1990年2月,市妇联与市工商银行、市农业银行联合发出《关于开展“三八”女子爱国储蓄活动的通知》。“爱国如爱家、分文交国家”,“儿童存下压岁钱、姑娘存下嫁妆钱、老年妇女存下零花钱、家庭主妇存下备用钱”,“三八储蓄月”等活动在全市开展。1989年,全市参加储蓄的妇女达232万人次,储金2 000多万元。1990年,全市有100多万名妇女参加储蓄,储蓄金额达3 000万元,比上年增长60%。

(四)妇女参与精神文明建设

1.宣传教育

1982年,组织广大妇女积极投入文明礼貌月活动。活动中,妇女植树19 644株,清除垃圾上万吨;成立学雷锋、送温暖小组(小分队)520个,做好事7 892件次;与工农青等群众团体联合倡议订立《襄樊人民文明公约》。召开春节茶话会、纪念“三八”座谈会、妇女工作会、优秀保教员座谈会、宪法修改草案讨论会等各种会议，用典型生动的事例对妇女干部群众进行“三热爱”（热爱党、热爱祖国、热爱社会主义）教育。当年评选出“三八红旗手”41 714 个、“三八红旗集体”3 403 个，县以上表彰“三八红旗手”1 019 个，红旗集体 247 个。1986—1987 年，在全市妇联战线开展“争当优秀妇女干部、争创先进妇联组织活动”。举办了“女性的旋律”文艺晚会、首届“紫薇杯”健美操比赛。宜城县妇联、随州市妇联、枣阳市妇联被省妇联授予“先进妇联组织”称号。市妇联表彰先进妇联组织 19 个。各级妇联组织共表彰优秀妇联干部 1 580 名。1989 年，市妇联先后深入到市酒厂、湖北制药厂、市电视机厂进行调查研究，针对妇女群众思想认识上的疑点和难点，有的放矢地开展思想政治工作。开展《在转换企业内部经营机制中女职工的心态和追求》专题调查和向贾华英学习活动。1990 年，在广大妇女中进一步开展“四有”、“四自”教育。市妇联拍摄“巾帼英姿”电视系列片，宣传 15 位女先进模范人物的事迹；组织《巾帼建功》报告会 13 场次，69 名女劳模向 10 000 多名听众报告了典型事迹。全市评出“三八红旗手”318 名、“三八红旗集体”121 个。1994 年，开展首届“十大女杰”评选活动。李喜华、蔡佩德、秦晓玉、杜永珍、张宗凡、施会英、刘庆华、李万珍、崔德英、杜冬青被评为襄樊市“十大女杰”。全市共举办各类表彰会、演讲会、图片展览 380 场，拍摄专题片 40 部，表彰各类先进妇女 1 万多人。1995 年，为了迎接第四次世界妇女大会（简称“四大”）在北京召开，市妇联在“三八”、“六一”和市七次妇代会期间，先后召开人大女代表、政协女委员、女领导干部、各界妇女代表等不同类型的座谈会，开展迎“四大”交通安全宣传、“商城杯”毛衣编织大奖赛、“怡虹杯”卡拉 OK 大奖赛、“国税杯”女子迎“四大”登山比赛和迎“四大”女性电影展映周等活动。组织大型民间传统文艺宣传队 5 支 2 700 多人，出动宣传彩车 27 辆。据统计，全市举办各类座谈会、专题会、文艺庆祝会 2 918 场次；散发宣传材料近 10 万份；印发迎“四大”知识竞赛手册 4 万册，试卷 11 万份；市妇联与各新闻单位协作，拍摄全景式反映襄樊市妇女参政、就业、教育，健康、生育等专题片 5 部，录制襄樊市“十佳母亲”、“五好家庭”、“警嫂”等各战线优秀个人和群体专题新闻片 60 部；发行“四大”标志 10 万多套，彩旗 10 万面，手提袋 2 万只；张贴标语 4 万余条，制作过街横幅和大型垂标 521 幅，办黑板报、专栏、橱窗 2 839 个。1996 年，开展“十佳军嫂”评选活动。在社会和军营开展“现代军嫂的价值观”大讨论，展示和塑造一批优秀军嫂群体形象。1997 年，在市精神文明建设委员会开展的文明教育月活动中，市妇联组织万名妇女对“讲文明、树新风”进行宣传，为襄樊争创全国文明城市大造声势。在香港百年回归之际，各级妇联以爱国主义教育为主线，开展丰富多彩的庆祝活动。市妇联联合有关单位举办庆“三八”迎回归妇女联欢会。各地先后举办迎回归演出会、知识竞赛、文艺汇演和征文等活动。2000 年，“三八”妇女节期间，通过电视、报纸、广播等媒体，宣传妇女先进人物事迹。通过特别节目《半边天》、《巾帼英姿》，制作专题片 30 个。新闻片《襄樊市妇教所》于 3 月 7 日在中央电视台播出。举办优秀女性题材片电影展映活动，有 8 万人次观看影展。采取发倡议、召开文明用语进家庭座谈会等形式，倡导家庭使用文明用语和普通话。同年 3 月 6 日，在人民广场组织“友芝友”杯庆“三八”大型群众文化展演，参加单位 28 个，观众 1 万多人次。1 万余名妇女参加“三八”植树纪念活动。市妇联组织召开各界妇女揭批“法轮功”座谈会，并同年 12 月 8 日在西门桥广场举办“抵制邪教，崇尚科学”图片展览。2001 年 9 月 11 日，市妇联在市人民广场举行“我为节会添光彩”巾帼志愿者启动仪式，组织 16 支“巾帼志愿者”服务队、700 名“巾帼志愿者”，组成送茶水服务队、民间文艺宣传队、治安保卫巡逻队、法律咨询服务队、“三优”(优生、优育、优教)知识宣传队、医疗保健咨询队、“一节一会”知识宣传队、普通话服务队、卫生保洁清扫队、科技咨询队等，在大街小巷，进行多项目多层次义务服务。2002 年，市妇联与市委宣传部、市人事局、市国税局等单位联合开展“国税杯”第二届“十大杰出女性”评选表彰活动。王和青、王静、王春琳、庄美华、任百鸣、张继勤、宋孝琴、林万秀、徐燕、黄应萍等 10 人被评为襄樊市“十大杰出女性”，38 名优秀妇女被评为“优秀女性”和“三八红旗手”。2004 年，市妇联与市五家新闻单位联合开辟“巾帼风采”系列报道栏目，宣传报道20名妇女先进典型。

2.“五好家庭”创建活动

1981年,新《婚姻法》颁布实施后,全国组织开展了“五好家庭”创建活动。当时的五好家庭评比标准是:爱国守法,热心公益好;学习进步,爱岗敬业好;男女平等,尊老爱幼好;移风易俗,少生优育好;夫妻和睦,邻里团结好。此后,五好家庭创建成为各级妇联组织妇女参与精神文明建设的重要抓手和主要形式。

1982年4月22日至24日,襄阳地区妇联在随州市召开全区“五好家庭”活动现场会。全区评选出“五好家庭”79 324户,占总户数的7%。1985年,市妇联根据改革开放的新形势,修改五好家庭条件及细则。五好家庭创建活动有了新发展。当年全市共评出五好家庭228 635户,占总户数的19.4%。襄樊市五好家庭活动现场经验交流会于11月20—22日在随州市召开。1986年,五好家庭活动纳入全市精神文明建设总体规划,成立了市直机关五好家庭创建活动领导小组。1987年,“五好家庭”活动以提高家庭成员素质为重点,增添了勤俭持家、婚事新办、丧事简办、倡导文明健康科学生活方式的新内容,全市评出五好家庭228 635户,占总户数的18.5%。1996年,中共十三届六中全会作出《关于社会主义精神文明建设若干问题的决议》,号召进一步广泛开展群众性精神文明创建活动,努力提高城乡文明程度。全国妇联提议,将“五好家庭”创建改为“五好文明家庭”创建,评选标准也作了相应调整。市妇联向市委提交《关于妇女精神文明建设有关问题的报告》和《关于开展家庭美德教育—五好文明家庭活动的可行性报告》,成立由17家单位组成的五好文明家庭创建协调小组,将五好文明家庭纳入全市统一表彰。各地按照城乡有别的原则,适时更新充实“五好文明家庭”条件,逐步完善分类实施、分层指导和百分考核、自报与互评等创评方式。电视专题片《大山里有这样一位母亲》,记录保康县重阳乡鹫峰村小学教师王承菊哺育3个儿子成为留学生、研究生、大学生的事迹,在10月中央电视台《96女性人物大赛》专题片评选中获三等奖。同年,彭良风、钟所群一家被评为湖北省五好文明家庭标兵,郝桂萍等10户被评为湖北省“五好文明家庭”。全市表彰“五好文明家庭”6 585户,评出市级“环保模范家庭”50户。1997年,市直各部门和各县(市)区相继成立五好文明家庭创建活动协调小组。市妇联在南漳县召开全市创建五好文明家庭活动现场经验交流会。至年底,全市受表彰的五好文明家庭531 179个,占总户数的36.54%。1998年,创建五好文明家庭活动以倡导家庭美德为重点,形式更加丰富多样。全市有3个家庭获国家级文明家庭称号,27个获省级文明家庭称号。全市评出“五好文明家庭”63万户,占总户数的42%。1999年,襄樊市“五好文明家庭”创建活动小组被评为“全国五好文明家庭”创建活动先进协调组织。2002年,“五好文明家庭”创建活动向创建文明院落、文明楼栋、文明社区延伸。此后,根据省妇联提议,“五好文明家庭”创建改为“文明家庭”创建。文明家庭以优化社会细胞为主要特征,成为精神文明建设的细胞工程和基础工程。

3.家庭文化建设

从1990年开始,全市各级妇联开展家庭文化建设活动。市妇联先后在樊东机坊街、马道口、梯子口等居委会兴建“家庭文化一条街”;在市四水厂举办“美在家庭,巧在家中”竞赛活动;在宜城县举办农村家庭文化建设活动试点,并召开了现场会。1993年,市妇联先后组织“1993中国名城——襄樊牡丹卡杯时装模特大赛”和“益寿宝”杯襄樊十佳健康老人评选活动,促使城镇家庭文化建设朝着科学文明进步的方向发展。1995年,市妇联组织开展“十佳母亲”评选活动,评选出“十佳母亲”10名,“优秀母亲”15名。涂立群、张玉珍分获省“十佳母亲”和“优秀母亲”称号。1996年,举办“月圆杯”美好家庭评选活动,有50户五好家庭标兵参加美好家庭竞选,其中30户分获金、银、铜奖。2000年,开展以“美的思想、美的环境、美的生活”为主题的家庭文化建设活动。在经济较发达的平原、丘陵地区,建绿化、净化、美化农家小院示范点；在城镇，开展家庭文化、家庭读书、家庭趣味运动会和文明楼道、文明小院评选活动。举办“我的家庭”征文比赛。参加全省家庭教育优秀调研成果评选，参选论文 200 篇，获一等奖 1 篇，二等奖 2 篇，三等奖 6 篇。谷城县妇联等 4 个单位被评为“湖北省家庭工作先进单位”；赵凤玲等 4 人被评为湖北省优秀家庭教育工作者。2002 年，市妇联举办“十佳母亲”、“优秀母亲”评选表彰活动。各地结合实际，开展家庭读书、家庭健身、家庭环保、家庭志愿者和评选特色家庭、“贤内助”、“廉内助”、“好婆媳”等活动，家庭文化建设全面推进。“美在农家”、“科技文化屋”、“家庭读书”、“小公民道德建设”等活动把法律、道德、科技、文艺知识和文明、科学、健康的生活方式引进千家万户，家庭成员素质和家庭文明水平显著提高。2004 年，举办“诚信在夫妻、诚信在家庭、诚信在邻里”、“美德在农家”、“母亲素质”论坛、“家庭环保故事”征文及“绿色家庭知识竞赛”等活动，一批“特色家庭”、“好夫妻”、“好婆媳”受各级妇联组织表彰。同年 9 月 12 日，市妇联与市委宣传部、团市委、市教育局在市人民广场联合举办“家庭教育宣传实践月”活动启动仪式，举行“争做合格家长，培养合格人才”万人签名活动。

（五）维护妇女儿童合法权益

（1）维权法规宣传

1983 年，襄阳地区和各县（市）成立维护妇女儿童合法权益领导小组，开展维护妇女儿童合法权益宣传周活动。地区妇联将有关保护妇女儿童合法权益的法律条款印制 3.5 万份，发至各生产队和地直各单位。市、县举办专栏、黑板报、宣传橱窗 6 700 多期，出动宣传车 7 辆，自编自演小节目 110 多个，展览图片 300 多幅，放映幻灯 2 700 多场次，张贴大小标语 109 159 张，过街横幅 750 条。全区开办法制培训班 727 期，培训 24 048 人次。1984 年，全市普遍建立妇女维权工作领导机构。同年 7 月 1 日，襄樊市妇联法律顾问处成立。1987 年，举办法律培训班 1 681 期，参训妇女 505 740 人次。1988 年 9 月，《女职工劳动保护规定》颁布实施。市妇联在南漳县胡营镇舒向湾村进行普及农村妇女卫生常识试点工作，并在此基础上召开现场会。同年 11 月，市妇联会同其他部门组织检查组，对五县三市及市属有关厂矿企业共 50 个单位的女工劳动保护工作进行了检查。1992 年 6 月，《妇女权益保障法》颁布，全市掀起学习、宣传、贯彻热潮。在市委、市政府组织开展的《妇女法》宣传月活动中，城镇和农村共出动宣传车 123 辆，印发宣传材料 62 887 份，举办专栏板报 6 235 期，组织咨询 522 次，举办学法培训班 1 710 期，受训骨干达 11 万人次，妇女受教育面达 80%以上。1995 年，全市开展《中国妇女发展纲要》宣传周活动，出动宣传车 811 辆，办橱窗、专栏 1 316 块(个)，宣传板 3 480 块，横幅、标语 13 773 条，设咨询点 71 个，参加人数 581 人，接待群众 31 020 人次，发放宣传资料 16 050 册(份)，解答群众问题 1 830 多个。1997 年，市政府以〔1997〕57 号文件下发《襄樊市妇女发展规划》。各级妇联组织开展了多种形式的《襄樊市妇女发展规划》宣传活动。在全市印发试卷 2.5 万份，学习资料 1.1 万册，组织知识竞赛 27 场次。市妇联会同市人大对《妇女法》颁布实施五周年以来的执行情况开展了专项检查活动，对全市涉及妇女权益的 17 265 条规章制度进行清理，废止了 2 240 条违反女职工权益的土政策。1998 年，市中级人民法院设立婚姻家庭合议庭，受理婚姻家庭案件 244 件。1999 年，全市建立婚姻家庭合议庭 108 个。市妇联配合市中级人民法院、市司法局成立“家庭暴力致伤鉴定中心”、“妇女法律援助联络中心”。2001 年，市政府颁布实施《2001—2010 年襄樊市妇女发展规划》和《2001 年—2010 年襄樊市儿童发展规划》。3 月，在全市开展“不让毒品进我家，争创无毒好家庭”活动，与襄樊市禁毒委员会等单位联合，在全市设 5 个宣传点，开展“拒绝毒品，珍惜生命”咨询和图片展览，发出倡议 2 万份，展出展板 183 块，参观展览群众 3 万人。12 月，《襄樊日报》开辟专栏连续刊登新《婚姻法》100 问。

2002年，市维护妇女儿童合法权益工作领导小组作出调整；组建“巾帼法律志愿者”维权服务队；健全领导接访、信访信息反馈等制度，形成党委统一领导，人大、政协依法监督，公检法司法律援助，新闻媒体舆论维权，职能部门职能维权的社会化维权工作格局。2005年，市妇联组织“三八”维权周、“关注女性生存发展”等大型宣传咨询活动，对全市广大妇女进行普法教育。举办“回天杯”“不让毒品进我家”知识竞赛活动。围绕“遏制艾滋、履行承诺”宣传主题，印发防治艾滋病知识宣传手册4万份。同年12月19日，由打工妹张二维、贾耀娥、王勤组成的襄樊代表队，在全省“打工妹与法同行”知识竞赛中，夺得团体第一名。

(2)打击侵害妇女儿童犯罪行为

1981年，地、县两级司法机关公审公判残害妇女儿童典型案件11件。1983年，全区发生拐卖妇女儿童案件164起，溺弃女婴58个，虐待残害妇女案件100起。公安机关收容审查残害侵犯妇女儿童犯罪嫌疑人736人，解救受害妇女儿童547人。1987年，全市在打击拐卖妇女儿童犯罪活动中，挖出嫌疑犯88名，追捕抓获嫌疑犯50名，查清被拐卖妇女104名。1990年，各级妇联发动妇女参加社会治安大讨论，检举揭发犯罪23件。1992年，全市受理各类侵害妇女儿童权益案件632起，召开公判大会20场次，打击处理犯罪分子252人。2000年，全市妇联联组织参与公检法部门的“打拐”专项斗争，破获拐卖人口案件415起，解救被拐卖妇女1 629名、儿童270名，遏制住拐卖妇女儿童案件的上升趋势。2001年，全市抓获拐卖人口犯罪嫌疑人24人，解救被拐卖妇女32人、儿童6人，破获侵害妇女儿童案件124起。

(六)儿童事业发展

1981年7月，襄阳地区成立儿童少年工作委员会和托幼工作领导小组，设立办公室，配备2名专职干部。各县(市)也相应成立托幼工作领导小组。同年9月21日，襄樊市成立儿童少年工作委员会，副市长汤学林任委员会主任，办公室设在市妇联，市妇联主席高桂英兼任办公室主任。同年11月，市政协成立妇女工作组。1994年，市政府制定印发《〈九十年代儿童发展规划纲要〉实施办法》。各县(市)、区制定了儿童发展规划。1995年5月28日，襄樊市妇女儿童工作委员会成立。完成《襄樊市妇女发展规划》出台的筹备工作。谷城、保康、老河口等县(市)以政府文件下发当地妇女发展规划。设县、乡、村三级儿童工作机构400个，成员2 000多人。1997年，谷城县被国务院妇女儿童工作委员会命名为“全国儿童工作先进县”。2002年，各县(市)、区落实妇儿工委办公室人员编制和经费，工作有较大进展。

2002年3月，全市妇女儿童工作会议召开。

1.托幼事业

1981年，襄阳地区召开托幼工作会议，制定托幼工作规划，恢复和发展托幼组织。全区配托幼工作专职干部13人。其中，地区托幼办配3人，谷城县、宜城县、随县各配2人，保康县、光化县、老河口市、枣阳县、襄阳县各配1人，南漳县、随州市未配专职干部。全区培训幼师229期，培训2 700人次。全区办托幼园(所)7 283个，其中学前班779个，入托入园儿童增加12 769人，入托率由1980年的22.7%上升到31.08%。地区《襄阳报》增设了“为了下一代”专栏。襄樊市采取“民办公助”、“两条腿走路”的方针，努力加强园(所)建设，托幼园(所)从1980年的138所发展到167所，入托率为52.9%，入园率达84%。1982年4月中旬，地区召开托幼工作会议，表彰儿少工作先进集体450个，模范保教工作者、教师、优秀辅导员、教子有方的好家长、健美儿童共 10 331 名。全区培训保教人员 664 人。到 1985 年，全市各类园(所)3 302 个，收托儿童 153 044 人，入园入托率达 29.2%；学前班 1 477 个，入学儿童 78 047 人。个体办园也有新发展。1987 年，27 所托幼园(所)被市托幼领导小组命名为“合格园(所)”，有 9 所被省儿少协调委员会命名为“合格园(所)”。

2.家庭教育

1985 年 3 月 26 日，襄樊市幼儿教育研究会成立，首批会员 61 人。1987 年 9 月，襄樊市家庭教育研究会成立。各地成立家庭教育研究机构 21 个、家庭辅导站 171 个。开展争当合格家长活动，表彰 2 670 名优秀家长。举办家庭教育骨干培训班 4 期。开办 97 所家长学校。举办《颂母亲》文艺晚会，表彰优秀母亲 100 名。组织儿童教育专家 50 多人，对万名家长开展关心儿童身心健康咨询活动。开展家教优秀论文评选活动，评出优秀论文 15 篇。1990 年，市妇联在谷城县召开家长学校现场会，推广全国先进家长学校——谷城县沈湾乡家长学校的先进经验。举办家教研究十年成果展。1995 年，各地普及“三优”(优生、优育、优教)知识，全市家长学校普及率达 75%。1996 年，《襄樊市家庭教育工作“九五”计划》颁布实施。1998 年，开展优秀家教工作者、优秀家长学校、优秀家长评选表彰活动，评出优秀家教工作者 20 名、优秀家长学校 20 所、优秀家长 60 名。其中，3 名优秀家教工作者、20 名优秀家长和 3 所优秀家长学校受到省妇联表彰。1999 年 6 月，襄樊市第一实验小学、宜城市实验小学被省妇联、省教委评为“全省优秀家长示范学校”。2004 年，全市开办家长学校 2 989 所，新婚夫妇、孕妇学校 145 所，在校学生家长 2 万人。2005 年，市妇联在全市开展家庭教育“十五规划”终期评估工作，发展家教骨干 566 人，招募家教志愿者 456 人。9 月，高新区宣传部部长陈新华获全国妇联“双合格先进个人”和“以德育人、为国教子好家长”称号。

3.儿童活动

各地坚持“儿童优先”原则，开展形式多样的儿童活动，为儿童免费体检、捐款捐物、奉献爱心，关心儿童健康成长。1979 年，襄阳地区对 114 个单位的 9 603 名儿童进行体检，免费驱蛔虫 63 700 人，排虫 23 348 人。1982 年，全区为儿童捐款捐物共计 140 890.89 元。1985 年，组织少年儿童开展广播操、团体操比赛及健美儿评选等活动。1990 年，市直召开儿少工作者代表座谈会。1994 年“六一”期间，全市为少年儿童捐款 65 万元。谷城县荣获省儿少工作先进县称号。谷城县钟生友、杨书秀夫妇获全国“教子有方优秀家庭”称号。1999 年，老河口市实施以“结对资助、一帮到底，个人帮助、单位资助”为主要内容的“护苗”行动，帮助贫困儿童完成义务教育，取得很好成效，被国务院授予“儿童工作先进市”称号。2002 年，全市开展救助失辍学儿童的“爱心助学”活动。市委、市政府成立以市委副书记杨祥义任组长、市政府副市长曹敬兰任副组长的全市资助农村中小学和贫困学生工作领导小组，印发《关于在全市开展帮助中小学和贫困学生的实施意见》。通过社会捐资、结对帮扶等形式，资助在校特困学生 7 万名、失辍学儿童 6 000 名。老河口妇联的“护苗行动”经验文章在《中国妇女报》上刊登，获全国“十佳春蕾女童”称号的特困生王文嫣受到江泽民接见。截至 2005 年，全市先后举办八届“小星星”、“小神笔”少儿书画赛和十三届健美儿评选活动。

(七)表彰先进

1.全国先进

全国三八红旗手：

1979 年

王树珍　宜城县针织厂党支部书记
张桂兰　宜城县讴乐乡公社欧集大队党支部副书记
丁修香　宜城县板桥公社妇联主任
贾清莲　保康县歇马公社简槽大队
胡明秀　保康县马桥公社金斗一队队长
周家菊　保康县欧店公社长岑大队四队民办教师
滕桂花　光化县孟楼公社团结大队妇代会主任
郑华先　光化县赵岗公社永固大队林场副场长
汪爱枝　光化县豫剧团党支部副书记
刘运芝　枣阳县杨垱公社马庄大队党支部书记
方安凤　枣阳县兴隆公社幸福大队党支部副书记
彭学英　枣阳县平林公社苏维一大队妇代会主任
刘华兰　枣阳县服务公司服务员
郑隆慧　枣阳县第一中学教师
郭世英　南漳县薛坪公社洛浴管理区经营一队社员
刘万香　南漳沐浴公社农科所
王厚香　南漳县九集公社丁集管理区三大队
邵菊娃　襄阳县双沟公社郑张营大队党支部副书记
李荣英　襄阳县竹条公社胡港大队妇代会主任
陈德清　襄阳县东津公社营口大队小学教师
杨宗珍　襄阳县中药材公司加工员
陈桂英　襄阳县太平公社丰收大队妇代会主任
李锦英　襄阳地区商业局幼儿园司机
刘正翠　国营清河农场三分场十四队会计
汪秀兰　随县尚市公社星荣大队党支部书记
黄广仙　随县高城公社三大队一队妇女队长
喻帮英　随县庹家公社光一大队妇代会主任
赵光珍　随县城郊公社友爱大队一队
魏玉芳　随县均川公社幸福大队党支部副书记
周廷英　随县厉山公社首义大队妇代会主任
李印阁　谷城县城关镇第一小学教师
刘兴菊　谷城县石花镇平川大队党支部书记
刘爱云　襄樊市十二电容器厂党支部书记
毛明珍　襄樊市襄江旅社副经理
邬惠兰　襄樊市十七中学副校长

1983 年
黄少芬 襄阳县程河公社宋庄大队七队社员
黄风云 襄阳县双沟公社高营大队二队社员
司金凤 襄阳县古驿公社余咀大队五队妇代会主任
杨风清 襄阳县牛首公社九合大队八队社员
房风英 襄阳县黄龙公社黄祠大队党支部书记
胡顺芝 襄阳县太平店公社太平镇家庭幼儿园幼师
陈桂英 枣阳县鹿头公社妇联干事
赵玉双 枣阳刘升公社赵老湾大队二队团支部委员
武清贞 枣阳县化肥厂车间工段长
刘德琴 枣阳县杨垱公社杜庄大队妇代会主任
叶家秀 襄阳地区车河农场李楼分场三队农工
邹名杰 枣阳县第一中学教师
杨楚云 随县均川公社国际大队二队社员
刘红斌 随县安居镇五大队二队幼师
黄广仙 随县高城公社高城管理区三大队一队妇女队长
余永兰 随县唐镇公社大桥管理区孤山大队社员
周廷英 随县厉山公社两水管理区首义大队妇代会主任
刘兴菊 谷城县石花镇平川大队党支部书记
李印阁 谷城县城关镇第一小学教师
胡明秀 保康县马桥公社金斗大队党支部副书记
汪爱枝 光化县豫剧团团长
滕桂花 光化县孟楼公社团结大队妇代会副主任
郭世英 南漳县薛坪公社洛浴管理区经营一队社员
王厚香 南漳县九集公社丁集管理区三大队二队妇代会主任
张桂兰 宜城县讴乐公社讴集大队党支部委员
王树珍 宜城县毛巾厂党支部副书记
胡道英 随州市南关街道办事处妇联主任
孟秀华 老河口市北京路办事处铸厂党支部书记
高为煜 襄阳地区医院妇产科主任
彭其香 襄阳地区拖拉机厂铸造车间工人
陈琼英 襄阳地区农校教员
陈进让 人民银行襄樊市支行人民路办事处副主任
孙本霞 襄樊床单厂挡车工
余翠英 襄樊市直属机关幼儿园教养员
李荫环 襄樊湖北蓄电池厂工程师
1985 年
王腊梅 襄阳县牛首区竹条镇竹条村
1988 年
余云先 襄樊棉纺织印染厂厂长

1989 年
李顺祝 南漳县李庙针荆竹园村副书记
贾华英 襄樊市新华综合服务公司经理
周远秀 保康县过渡湾镇妇女主任
1994 年
张志清 枣阳市吴店镇
1996 年
马建先 樊东区前进中路居委会主任，白鹤实业公司经理
陶桂芬 襄阳县双沟镇成人文化技术学校教师。（以上据《湖北妇运五十年》）
2004 年
宋双伟 襄樊市妇联主席
王　静 襄樊五中教师
任百鸣 襄樊国税局
全国“巾帼建功标兵”：
潘凤琴（2001 年） 曾艳（2002 年、2003 年）龚晓玲（2005 年）
全国“双学双比”先进女能手：
2002 年：任银清、吴淑平、汪天云
2004 年：胥艳艳、高士珍
2005 年：付道华、刘圣菊、顾新芝、夏玉荣、尚美功、唐蕊
全国先进工作者：肖明芝（1999 年）
全国“巾帼创业带头人”：刘冬文（2001 年）
全国“三八绿色奖章”获得者：谢玉芬（2002 年）
全国优秀科技服务工作者：彭英（2002 年）

2.全省先进：
省三八红旗手标兵：
1988 年：
徐昌莲 保康县审计局行财股股长
朱玉莲 襄樊市第一制线厂党支部书记、厂长
余家冰 老河口市群艺馆馆长
陈遵凤　襄樊市樊东区机坊街居委会党支部书记
裴玉英　谷城县农机推广中心植检室副主任
王秀华　枣阳市棉纺织厂厂长、党支部副书记
郑品秀　宜城县龙头乡妇联主任
万玉良　随州市高城镇农科大 队个体医生
徐昌莲　保康县审计局股长
王腊梅　襄阳县竹条村缝纫专业户
贾华英　襄樊市新华综合服务公司党支部书记
1993 年：
王国翠　随州市棉办主任
施慧英　襄樊市王寨乡桥营村党支部书记，湖北省三八红旗手标兵

张利凤　枣阳刘湾村妇女代表会主任。世界妇女高峰基金会向她颁发“农村妇女生活创造奖”(全国5人,湖北省1人)。1998年:

杜冬青　中国人民银行老河口市支行党组书记、行长

周明淑　保康县人民检察院批捕科科长

戚昭恩　襄樊市第一人民医院妇产科主任

潘凤琴　襄樊市樊城区定中门办事处水星台居委会党支部书记、主任

第一届省十大女杰:贾华英(1988年)

1994年省妇联表彰:

种、养、加能手,乡镇企业能手:王烈翠、杜昌云、李桂兰、魏国清、张金芝、王永秀、徐建红、杨正秋、徐洪昌、乔国英

摘棉能手:丁全琴、李明翠、童义风、李爱菊、张田凤、梁秀云

“三八绿色奖章”获得者:陈文华、唐登菊、樊文英、魏昌明、姜远菊

农村妇女实用技术培训先进个人:明荣、丁本英、刘书兰

乡镇企业“双学双比”先进女能手:郭付英、肖明芝、刘光荣、黄芝琴、李开兰;“巾帼建功”能手:孟建玲、邹开华、李敏、贵清玉、焦月华、戚昭恩

2000年省妇联表彰:

“巾帼建功”标兵:潘凤琴

“巾帼建功”先进工作者:柳琳、戴素华、刘云、樊英

维护妇女儿童合法权益先进工作者:肖宗华、熊榛、刘玉清

优秀春蕾园丁:马淑珍

十佳春蕾女童:冯银

优秀春蕾女童:周丽、冯银、胡莹莹、赵慧、卜诗若、张晨、毛丽君、赵冰凌

2002年省妇联表彰:

“巾帼建功”标兵:刘光芝、刘晓葵、米闽、张继琴、尹松楠

“巾帼建功”先进个人:聂红、朱桂华、苏质斌

“双学双比”先进女能手:李云锡、马玉兰、武春莲、朱运芝、刘桂香、唐华丽、全应群、吕良云、左林、贺芙蓉、胥艳艳、罗平、付道华、秦大英

“巾帼致富”标兵:张正华

“双学双比”先进工作者:吕先琴、邱伟、张金珍

“三八绿色奖章”获得者:马民娣、胡吉芝、赵华云、邓明芝

妇联系统信访工作先进个人:姜桥

四、归国华侨联合会

襄樊市归国华侨联合会(以下简称市侨联)是中华全国归国华侨联合会(以下简称中国侨联)的地方组织。全市现有海内外侨务工作对象21 400多人,其中海外华侨华人7 000多人、港澳同胞1 300多人,他们散居在42个国家和地区;国内归侨105人、侨眷(侨属)12 900多人,他们来自18个省、直辖市、自治区。改革开放以后,全市通过出国留学、研修、继承遗产等渠道出国定居的新一代华侨华人约有500多人,其中专家学者的华侨华人200多人,主要分布在美国、加拿大、英国、法国、日本、澳大

利亚等发达国家。襄攀市侨务资源的特点是:海外侨胞分布广,以旅居发达国家和地区的居多;海外侨胞中科教人员较多,尤其是从事高科技研究的较多,涉及机械、冶金、计算机、航空、汽车等领域;侨台交叉关系的较多;新一代华侨华人中大多从事科研、新兴产业等,涉及的领域较广。通过改革开放二十年多的侨务工作,侨联与许多海外侨胞及其工商社团等组织建立了密切的联系。由于历史的原因,在城镇居住的归侨侨眷绝大部分在企业单位工作。

(一)组织机构

襄樊市归国华侨联合会成立于1984年10月,与襄樊市侨务办公室合署办公,一个班子,两块牌子。1989年12月,市侨联与市侨务办公室分设,成为独立机构,内设办公室、经济文化联络部。截至2005年,全市共建基层侨联组织15个。其中县级8个(保康除外),企事业单位7个(襄北监狱侨联、中心医院侨联、襄轴侨联、襄铁侨联、省工建侨联小组、襄棉侨联小组、四中侨联小组),有专职侨联工作人员14人,兼职工作人员12人。

(二)历次归侨侨眷代表大会

1.第一次归侨侨眷代表大会

1984年10月21—24日召开,参加会议代表142名,特邀代表82人。通过无记名投票,选举第一届襄樊市侨联委员会,委员27人,常委7人,主席邓琼结,副主席余存生(兼),副秘书长谢天清。1987年3月,任命林民湛为副秘书长。

2.第二次归侨侨眷代表大会

1989年12月11—13日召开,参加会议代表129名,特邀代表30人,列席代表25人。会议听取讨论林民湛代表市侨联第一届委员会所作的工作报告,谷城县侨联等5个单位交流经验。通过无记名投票,选举襄樊市侨联第二届委员会,委员36人,常委8人,主席范玉莉(女),副主席林民湛、余存生(兼)。

3.第三次归侨侨眷代表大会

1995年9月5—6日召开,参加会议代表145名,特邀代表33人。会议听取讨论范玉莉代表第二届委员会所作的工作报告;表彰为“八五”计划做出突出贡献的6个基层侨联和30名归侨侨眷;举行《林华忠侨界奖励基金》首次颁奖仪式,5名归侨侨眷获得一等奖,7名获二等奖;襄阳汽车轴承股份有限公司侨联等7个单位交流经验。通过无记名投票,选举第三届襄樊市侨联委员会,委员42人,常委11人,主席范玉莉(女),副主席林民湛、吴梅琳(女)、余存生(兼)、冯如彪(兼),秘书长运建立(女)。1997年9月12日,召开三届三次常委扩大会,选举陈铭如(女)为侨联主席。

4.第四次归侨侨眷代表大会

2001年4月9日召开,参加会议代表和特邀代表共259名。会议表彰在改革开放和现代化建设中作出突出贡献的8个先进集体和24名先进个人。通过无记名投票,选举第四届襄樊市侨联委员会,委员39人,常委13人,主席吴梅琳(女),副主席廖小玲(女)、刘国本(兼)、林华忠(兼),秘书长廖小玲(兼)。聘请范玉莉、林民湛、余存生为顾问。

(三)履行职能

1.群众工作

市侨联组织引导广大归侨侨眷学邓小平理论，积极为改革开放和现代化建设引资引智，贡献力量。通过《侨联动态》及新闻媒体，报道侨界先进事迹，鼓舞凝聚侨心，激发归侨侨眷热爱家乡、建设家乡的热情。2004 年 5 月，在湖北省第八次归侨侨眷代表大会上，廖小玲、林起昌、李玲、李嘉萍、周忠梁、李洪来被授予全省归侨侨眷先进个人。2005 年，市委、市政府对为襄樊建设作出积极贡献的襄樊艺苑房地产开发有限公司、襄樊昊天房地产开发有限公司、襄樊华洋堂百货有限公司等侨属企业老板，授予“全市优秀中国特色社会主义建设者”荣誉称号。

2.海外联谊

市侨联发挥与海外侨胞的乡谊亲情，主动“走出去”，参与海外侨团活动，广交朋友，拓展对外联络新领域。从 2000 年开始，市侨联连续六届组织全市小学生参加世界华人小学生作文大赛，增进襄樊市小学生与海外小学生的交流，连续六年被评为世界华人小学生作文大赛组织奖。2002 年，市侨联应邀随省侨联代表团出席第三届澳大利亚“东方华人节”展览展示博览会及经贸、科技、文化考察。2005 年，市侨联组织襄樊市侨务考察团，赴法国、奥地利等欧洲国家进行为期 12 天的访问考察，先后拜访了法国湖北湖南同乡会、法国潮州会馆、AICF 中国旅法工程师协会、奥地利浙江青田同乡会等著名侨团和侨领，巩固和扩大襄樊侨联与欧洲国家华侨华人及其社团的联络和交流，并与旅法工程师协会合作，促成欧洲汽车工业代表团考察襄樊。在拜访法国杜埃市杜埃区区长南兹先生时，双方就襄樊书法协会赴法国举办书法展览的具体事宜进行磋商，达成共识。截至 2005 年，市侨联与 20 多个国家和地区的华侨华人及其社团建立联系，并接待港澳同胞及海外侨胞 300 余人次。

3.维护归侨侨眷合法权益

落实侨务政策，宣传贯彻《中华人民共和国归侨侨眷保护法》，为侨胞侨眷提供政策咨询和法律服务。20 世纪 80 年代中后期，通过落实政策，使 21 人的冤假错案得到平反，87 人的历史老案得到全面复查和纠正；对 35 户面积为 5 506 平方米的华侨私房进行清理和清退，其中退还住房 682 平方米，折款补偿面积为 4 824 平方米，补偿 172 250 元；对 20 世纪 60 年代初期精减下放的 12 户归侨侨眷给予适当安置；对归侨侨眷干部职工的档案进行清理，对其中的不实之词和结论做出处理。与市司法局协商，把《中华人民共和国归侨侨眷保护法》纳入全市“四五”普法学习内容，使 1 500 余名县级干部接受侨法教育。对无力就业的困难归侨侨眷生活情况进行全面调查，建立数据库，协助落实最低生活保障金和 30%低保补贴。与有关部门配合，落实工龄满 30 年的归侨男职工、工龄满 25 年的归侨女职工享受 100%退休费或养老金政策。全市符合条件的退休归侨 16 人，全部落实 100%退休费或养老金。谷城侨联与民政部门协商，为 10 户贫困归侨侨眷争取专款，每年给予一定的生活补贴。襄阳侨联在区委党校、区劳动就业局举办两期再就业培训班，培训下岗归侨侨眷 100 多名。襄城区侨联出资为归侨侨眷进行体检。襄北监狱侨联协调有关部门，争取 3 万元资金，及时解决华侨公寓楼顶漏水问题。

历届侨界政协委员利用各种渠道，了解侨情民意，倾听广大归侨侨眷和海外侨胞的呼声，反映侨界普遍关心的热难点问题，共撰写提案 266 份，每年有重点的帮助解决 1—2 个涉侨问题，切实为归侨侨眷排忧解难。2003 年，市侨联作为特邀代表出席中国侨联在北京召开的全国维护侨益工作座谈会，并在会上作题为《争取社会各方支持，创造依法护侨氛围》的发言。2004 年 5 月，在湖北省第八次归侨侨眷代表大会上，襄樊市侨联、谷城县侨联荣获“全省侨联工作先进集体”称号；程远显、张艳秋、王照刚被省人事厅、省侨联授予“全省侨联工作先进工作者”称号；廖小玲、林起昌、李玲、李嘉萍、周忠梁、李洪来被授予“全省归侨侨眷先进个人”称号。同年7月，在全国第七次归侨侨眷代表大会上，吴梅琳、林民镒被国务院侨办、人事部、中国侨联分别授予“全国侨联先进工作者”和“全国归侨侨眷先进个人”荣誉称号。

（四）重大活动

1.建立“五侨”联席会议制度

2003年3月19日，《襄樊市“四侨”联席会议制度》在“四侨”联席会议第一次会议上通过，襄樊市“四侨”联席会议制度正式建立。2005年，致公党襄樊支部被吸收为联席会议成员，“四侨”联席会议由此扩大为“五侨”联席会议。“五侨”联席会议组织开展侨界大型活动，解决许多疑难问题，处理许多棘手的涉侨案件，保障了归侨侨眷和侨商的合法权益。

2.实施“侨心工程”

襄樊市侨联第四届委员会在全市实施“侨心工程”计划，积极争取海内外侨界朋友关心支持襄樊建设。全市共争取香港丝宝集团、香港应善良基金捐资89.2万元，创建“谷城石花丝宝侨心小学”，兴建枣阳市随阳完全小学四层教学楼和谷城盛康镇付湾中心小学四层教学楼。争取中国侨联基金会、法国潮州会馆及港澳同胞、新加坡华人等捐资10.05万元，资助南漳、保康、谷城67名优秀贫困学生完成学业。谷城侨联利用“侨界教育基金”资助侨界单亲家庭的5名优秀贫困学生。旅美侨胞杨襄涛在其母校谷城县城关镇城内小学建校100周年之际，捐赠儿童读物1 028册，价值1万元人民币。

3.创办侨界“基金”

全市侨界坚持“取之于侨，用之于侨”的原则，创办各类“基金”6个，累计资金90多万元，利用基金利息扶持生活困难的归侨侨眷，奖励侨界有突出贡献的科技人员。蒙古归侨王淑琴患脑积水住院无钱做手术，侨联从“基金”中拿出资金4 200元，使其及时得到手术治疗。

4.成立襄樊市侨商联谊会

2005年7月8日，成立以归侨侨眷和在襄樊投资兴业的侨胞、港澳同胞企业家为主体的襄樊市侨商联谊会，并设立以8名知名律师为主体的襄樊市侨商联谊会法律顾问委员会，建立与完善维权机制，加大依法护侨力度。

五、文学艺术界联合会

（一）组织机构沿革

1980年5月9日，襄樊市文学艺术界联合会成立，襄樊市革命委员会副主任冯慧敏兼任文联主席。1981年4月25日至1983年底，襄樊市人民政府副市长汤学林兼任文联主席。1984年，襄阳地区与襄樊市合并后，市文联主席王稼田。1989年5月17日，襄樊市文学艺术界联合会第一次代表大会召开，产生襄樊市文联第一次代表大会主席团：主席王稼田，副主席陈吉祥、贾云秋、龚正荣、校毅之。1990年4月起，郭铭勋任襄樊市文联党组书记、主席。从1994年6月27日起，徐光忠任襄樊市文联党组书记、主席。1995年4月25日至26日，襄樊市文学艺术界第二次代表大会召开，选举产生文联第二届主席团。主席徐光忠，副主席涂廷多、汪山渊、胡继明、彭广全、校毅之、李喜华。1997年4月23日起，涂廷多任襄樊市文联党组书记、主席。2002年2月26日起，吴仕钊任襄樊市文联党组书记。2002年7月2日，召开襄樊市文学艺术界第三次代表大会，选举产生第三届主席团：主席汪山渊，副主席吴仕钊、李圣强、严学章、李捷、胡继明、彭广全、校毅之。

1983年汉水文学季刊于7月10日发行。同年，市委宣传部、市文联于6月12日首次召开文艺论坛座谈会，到会的十二位从事文艺评论和创作的同志回顾总结了襄樊市文艺创作的发展过程。会上就建立文艺创作信息网、探索和研究襄樊市文艺创作的发展趋势，进行了研究，表示一定要把文艺评论工作搞活搞好。同年，各县市相继成立《舞蹈集成》领导小组和编辑工作班子，取得初步成果，在全省工作会议上，有一个集体（谷城县编辑小组）7名个人（周厚群、李谱、市群艺馆郭融、陈贤发、杜 生、徐学国、冯祖禅）受到表扬和奖励。

1984年10月9日，鄂宣新〔1984〕78号文件同意《汉水》杂志从1985年6月起正式出版，双月刊限国内发行。同年10月27日，襄宣发〔1984〕31号文件，同意创办《故事与趣闻》小报。

1985年举办中国米芾书会。同年春节，书协与老年人体协联合举办“市老年人书法艺术座谈会”，市委顾问王根长、离休老干部原襄阳地区书记王耀等50余位老同志参加了座谈交流，市书协副主席涂廷多、常务理事田文化应襄樊市老龄人大聘请讲授书法艺术课。

1986年4月，市书协与“日中国日中书道艺术交流访中国”进行了书论和书法艺术交流，在围绕“米芾书法艺术”这个中心的前提下，对当前书法艺术的发展进行了广泛的探讨，王树人、倪世伟、涂廷多等与日方20余名代表进行即兴表演。同年9月13日，由新疆乌鲁木齐美协和湖北襄樊市美协联合举办的“襄樊—乌鲁木齐美术作品对展”在乌鲁木齐举行首展。

1987年5月在全市开展“汉江杯声乐大奖赛”。同年8月，举办全市短篇小说“征文”活动，经过评选出来的优秀小说，计划出本“鄘阳春之短篇小说集”。

1988年为纪念襄樊解放40周年举办《万名职工颂襄樊》歌咏大赛。同年，市（县）文联分片举办纪念襄樊解放40周年书、画、影大展。同年，举办襄樊市企业家书法大展。同年，举办湖北省浩然中秋诗会。

1989年5月15日至17日，市文联第一次代表大会在樊城宾馆召开，参加大会的代表共167人，正式代表150人，特邀代表10人，列席代表7人。同年2月15日至3月1日，由中国摄影家协会举办的“襄樊市艺术摄影进京展”在北京王府井展出，共展出艺术摄影作品100副，是湖北省第一个进京的艺术摄影展。《人民摄影报》、《摄影报》发表专栏评论文章，给予高度评价。同年11月21日，由中国摄影家协会，襄樊市摄影家协会联合举办的“1989年国际摄影高级讲习班”在襄棉招待所举行，有300余人参加了讲习班的学习。全国著名摄影家、摄影理论家陈长芬、张雅心、谢汉俊、林少忠、江守生、李孝贤等到讲习班讲学。

1990年7月6日，在审计局招待所召开一届三次全委会，襄发干〔1990〕80号文件《关于郭铭勋等同志职务任免的通知》，王稼田辞去文联主席的辞呈，郭铭勋任文联主席。

1991年由文联协助市政协拍摄的六集电视连续剧《张自忠将军》已分别在襄樊电视台、湖北电视台、中央电视台播出。

1992年5月23日，市文联在南湖召开“纪念《延安讲话》发表50周年暨首届文艺理论研讨会开幕式”。市委宣传部副部长龚强华主持了会议。市委常委、市宣传部部长张子强讲话。出席会议的文艺界代表近60人。同年，在文联主席团的协调下，各方配合，协办和联办了全市“首届十佳礼仪小姐大赛”、《韩国强摄影作品展》《谷城书法作品赴襄樊展》《老河口书法作品赴襄樊展》《七市书法作品第四回展》《书画作品潍坊展》《鄂北岗地风情画展》《峰然杯书法大奖赛》等10多个展览和大赛。

1993年，文联成功地举办“全国历史文化名城风采书法、摄影大赛”、“襄樊、犬山摄影作品联展”，“全国著名女画家、老舍夫人胡洁清画展”等6个赛展。《汉水》杂志编发《文化节专号》。积极配合市委宣传部、市展览馆联合举办摄影图片展览。同年12月20日，举办大型“纪念毛泽东诞辰一百周年暨襄樊市新时期以来文学艺术成果图书展”。参作者达152人，参展作品近200种。同年7月，市作协举办第三期文学讲习班，参加人数达30余人，其间创作出各类文学作品100余件。同年9月下旬，举办第二届文学大奖赛，收到本市及省内外参赛稿件385篇，评出一等奖4名，二等奖8名，三等奖41名。同年，市书协与商城股份有限公司联合举办了“商城杯”硬笔书法大赛。参赛者达831人，获奖者达305人。评出一等奖11名、二等奖35名、三等奖71名；优秀奖183名；团体奖3个、组织奖10个；园丁奖5名。同年，市音舞协会与商城股份有限公司联合举办首届少儿“商城杯”雅马哈电子琴大奖赛。122名选手参赛。评出一等奖4名、二等奖6名、三等奖9名。以上获奖选手中有8名参加了“湖北省少儿电子琴大奖赛”，分别获一等奖1名；二等奖1名；三等奖5名；园丁奖3名。获奖数在全省名列前茅，受到有关专家的一致好评。

1994年，电视艺术家协会组织力量反复攻关修改创作《山那边一声喊》电视剧本，拟投入拍摄。六集电视专题《诸葛孔明》分获省电视厅、省电视学会一等奖。《古城 汉江 都市风》获全国星光提名奖。同年5月24—28日，由中国社会科学院文学研究所、湖北省文艺理论研究中心、襄樊市文学艺术研究会在襄樊共同主办全国第二届文学批评学研讨会。与会专家学者近30名，其中有全国知名评论家吴元迈、鲁枢元、陆贵山、王先霈。研会征集到研究本地区创作论文29篇。

1995年4月25—26日，召开全市第二次文学艺术界代表大会。会议修改并通过文联章程，选举产生新一届文联委员会和主席团。市委书记杨斌庆在会上做重要讲话。市委常委、市委秘书长张建一主持开幕式，市委常委、宣传部长张子强致开幕词，张建一受市委副书记姚祥栋委托致闭幕词，市文联党组书记、一届主席团主席徐光忠作会务工作报告。省文联副主席杜建国等专程赶来参加开幕式。市人大常委会主任伍荣显为大会写了贺词。会议还收到了全国各地文联协会发来的贺电、贺信20多件。同年，中国民协、湖北省民协、襄樊市民协、襄樊金隆糖酒副食集团公司联合举办“金隆杯”中国百字笑话大赛。自1995年5月1日始，短短的4个月内，共收到除台湾以外的全国全省（市、区）近5000人次的7000余件作品。评出一等奖2名，二等奖4名，三等奖6名，特别奖4名及优秀奖88名。并于12月1日晚，在恒虹歌舞厅举行了大赛揭晓颁奖文艺晚会。同年5月30日，在襄阳剧院举行襄樊市“夸父杯”市歌优秀歌曲演唱会，参加演唱会的有17个代表队共1200多人。演唱的7首市歌优秀歌曲是由市文联组织征集、筛选、攻关修改后确定的。

襄樊市文学艺术界第一次代表大会于1989年5月16日至17日在樊城宾馆召开。全体代表等额选举产生了市文联第一届委员会，全委会委员21名；全委会委员根据市委确定的候选人名单，差额选举产生了市文联第一届执行主席团。

党委书记：王稼田（1986年1月20日—1990年6月14日）

党委书记：王稼田

党组成员：陈吉祥（1983年12月14日—1993年3月6日）

贾云秋（1984年1月13日—1991年8月15日）

主　席：王稼田

副主席：陈吉祥

贾云秋

龚正荣（1989年6月3日—）

校毅之（1986年6月—）

巡视员：赵夫如（1988年4月7日—1991年8月15日）

秘书长：涂廷多（1989年6月3日—1991年8月13日）

1994年市委、市政府调整部、办委、局领导班子时，市文联党组、主席团成员变更如下：

党组书记：徐光忠（1994年6月27日—）

副书记：涂廷多（1994年6月27日—）

兼纪检组长：王建鄂（1994年11月10日—）

成　员：龚正荣（1989年6月3日—）

主　席：徐光忠（1994年6月27日—）

副主席：涂廷多（1994年6月27日—）

龚正荣（1989年6月3日—）

校毅之（1989年6月3日—）

秘书长：汪山渊（1994年8月31日）

经市委批准襄樊市文学艺术界第二次代表大会于1995年4月25日至26日在南湖宾馆召开。大会以等额举手表决方式选举产生了市文联第二届委员会；委员会以等额无记名方式选举产生了市文联第二届主席团。

党组书记：徐光忠（1994年6月27日—）

党组副书记：涂廷多（1994年6月27日—）

王建鄂（1994年6月27日—）

党组成员：龚正荣 （1989年9月1日—）

汪山渊（1994年6月27日）

主席：徐光忠（1995年4月28日—）

副书记：涂廷多（1995年4月28日—）

汪山渊（1995年4月28日）

胡继明（1995年4月28日—）

彭广全（1995年4月28日—）

校毅之（1995年4月28日—）

李喜华（1995年4月28日—）

秘书长：汪山渊（兼）（1995年4月28日）

（二）主要工作

1996年10月23日下午，全市部分作家、艺术家、学者参加了文联召开的学习十四届六中全会《决议》座谈会。座谈会由市文联党组书记、副主席涂廷多主持。文联党组书记、主席徐光忠、副书记王建鄂、副主席汪山渊、胡继明、彭广全、李喜华、校毅之及各协会代表出席了座谈会。市委常委、宣传部长张自强到会指导并发表了热情洋溢的讲话。他希望襄樊市艺术家、作家发扬成绩，再接再厉，争取创作出更多更好的作品奉献给广大人民群众。艺术家、作家们在会上畅谈了学习《决议》的体会，并展开了热烈的讨论，纷纷表示要借党的十四届六中全会的东风，进一步强化精品和主旋律意识，扎扎实实深入生活，努力创作出更多的优秀作品，为我市的精神文明建设做出新的贡献。

1996年，市文艺理论家研究会第二届会员大会于1996年12月6日在市电大隆重召开。市委常委、宣传部长张子强，市委常委龚强华，副市长邱勇，市政协副主席郝桂萍等领导出席了大会。省文联副主席邹明山、组联处主任黄金辉、省文艺理论家协会秘书长徐热忠等领导光临盛会并讲话。大会通过市文艺理论家研究会更名为市文艺理论家协会的决议。李耀楠当选为主席。

1997年8月，市公安局侦破了震惊全国的“3·13”系列杀人案，得到公安部和省公安厅、市委、市政府表彰，文联党组、主席团及时组织全市知名书、画、摄影家，诗人30余人到刑警大队赠诗、赠书画作品，并组织了10位作家跟踪采访，创作了20万字的报告文学集《刑警风采—侦破“3·13”大案纪实》。同年6月10日，市文联机关举办“庆七一、迎回归”诗歌创作朗诵竞赛。

1998年，文联机关被评委省文联系统先进单位。严学章被评委省文联 先进工作者。文联离休老干部邹演存被评为襄樊市第二届“十佳文明市民”。三个科室被评为市“文明科室”。机关表彰精神文明建设先进工作者8名、五好文明家庭16户。同年8月5日，文联所属协会负责人及文艺界知名人士参加了襄樊市文艺界“抗洪保家园，抗灾保发展”赈灾捐款活动，到会37人，共捐款4 500元。其中文联离退休干部邹演存捐款1 000元。

1999年2月上、中旬，送文艺下乡、下基层活动，先后组织部分艺术家在人民广场为市民义务书写春联，到襄阳县黄集镇为群众赠送书、画、影作品，到88737部队与官兵开展书画联谊活动，到襄樊卷烟厂向烟草系统劳动模范赠送书画作品及书籍。同年，各类创作成果丰硕，汪山渊的摄影作品《山神》获全国第十九届摄影展铜奖，被列入新中国国摄协选送联合国总部参加“聚焦中国”大型图片展。刘仲杰创作的油画《土地的主人》入选全国第九届美展，涂廷多获中国文联颁发的中国百名杰出书法家称号，其作品录入《中国百名杰出书法家作品集》，同时还入选澳门中国书画名家作品展。严学章书法作品入选当代中国青年书法展，各文艺家协会共计71件作品获省以上奖励。出版发行《黄鼠狼的名声》、《涂廷多书法辑》、《大地的风筝》、《思路花语》、《历代襄阳作家论稿》、《坐看云起》等属十位诗歌集、散文集、小说集、报告文学集以及李叔德、李圣强、王伟举、宋明发的诗歌、散文、小说收入《湖北新文学大系》。

2000年5月31日，襄樊市文联文艺精品创作暨二届五次全委会(扩大)会在襄樊南山宾馆隆重举行。会上，对襄樊市首届德意双馨文艺家和襄樊市第三届孟浩然文艺创作奖的获奖作者进行了表彰。对1999年度在襄樊市文联进行创作立项和签订责任状且完成任务的27名文艺家分别给予500—5000元的奖励，对在1999年度“三迎”、“三颂”中取得突出成绩的78名文艺家给予表扬。

2001年，编辑出版纪念中国共产党建党80周年《献给母亲》文艺系列丛书。共10卷：短篇小说卷《汉江春潮》、小小说卷《红船》、寓言卷《女王的头饰》、美术卷《襄樊历史名人书画》、书法卷《墨韵》、书论卷《书论》、歌曲卷《好歌大家唱》、楹联卷《襄樊名胜楹联》。此套丛书的编辑出版是全市的文艺工作者向建党80周年献上的一份情怀，是全市50多年来文学艺术创作成果的大荟萃，将载入襄樊文艺史册，同时丛书的编辑出版也为对外文艺交流，向上冲击文艺大奖提供了基础性的工作。

2002年7月2日，在襄阳宾馆召开襄樊市第三次文代会，出席此次大会的特邀代表42人，名誉代表20人，正式代表160人，共计222人。代表襄樊市11个文艺家协会、各县(市)区文联团体会员和有关产业文协(联)。选举产生了新一届主席团成员，主席汪山渊，副主席吴仕钊、李圣强、严学章、李婕；兼职副主席(非驻会)胡继明、校毅之、黄家本。同年，召开襄樊市文联第三次代表大会暨襄樊市文联成立20周年庆祝活动，编辑出版《襄樊文联20周年》。同年7月，受市委重托，组织保康“九路寨”大型采风创作活动，在全市挑选文学、摄影、电视、美术、新闻5个门类的17名优秀文艺家组成大型采风团，10天之中，走遍“九路寨”的五冲二扁、7条沟以及5条河，拍摄了2 300余幅图片、300多分钟电视录像带，画了30多幅素描，走访民间艺人40多人次，收集民间故事100余个、民歌300多首，探明景点82处。采风团所到之处受到基层组织和村民的热烈欢迎。九路寨村委会和全体村民授予采风团17名艺术家“九路寨”荣誉村民称号。文联高质量地完成了宣传“九路寨”的“五个一”工程的一期工程，即一套挂历、一套明信片、一本书、一首歌、一部电视风光片。

2003 年，启动襄樊市第四届“孟浩然文艺创作奖”的评奖工作。同年 10 月，由市文联主办、市音协承办“襄樊市第一届少儿艺术节”。同年 3 月 20 日至 4 月 1 日，市戏剧家协会举办全市第三届创作剧目调演。推出大型京剧《襄阳米颠》，大型襄阳花鼓戏《宋玉传奇》，大型现代豫剧《孔明村的活宝》《山野秀才》《王三喜做寿》《候京当官》，大型歌舞《旗帜》和两台小戏、小品。

2004 年，文联接待了全国 20 多个城市文联的 60 多位文艺工作者到襄樊考察襄樊的“三国文化”、旅游资源，就历史文化和旅游资源的开发进行座谈。同年，文联共举办各类展演 20 余场次，如：汪山渊“惠安女”专题采风摄影作品展览、陶壮“大江南北”大型摄影风光作品展览、“涂廷多从艺四十周年书法作品展”“汪耀海画展”；共举办十余次评奖活动：如：“襄樊市首届戏曲电视大奖赛”“襄樊市首届器乐钢琴类电视大奖赛”等；开展了 6 次作品研讨会，如 20 集电视连续剧《好大一片天》专家论证会。

2005 年 1 月 6 日，全省舞蹈大赛复赛揭晓，市文联等单位联合选送了 15 个舞蹈节目，其中《风》、《我闻到了风的味道》等获创作、表演一等奖，另有 4 个节目获创作二等奖；在此次活动中，襄樊获“优秀组织奖”。获奖总数居全省之首。同年 6 月 27—28 日，湖北省市、州文联负责人会议在南湖宾馆召开。此次会议由文联承办，来自全省、州文联系统的负责人近 30 多人参加了此次会议。省文联主席、著名画家唐小禾在此次会议上作重要讲话；副主席黄中骏传达中国文联七届五次全委会精神；副主席朱莎莉宣读《湖北省文联关于召开基层工作经验交流会议的方案（讨论稿）》和《关于做好全省文联系统舆情信息工作的意见》。

六、残疾人联合会

襄樊市残疾人联合会（以下简称市残联），成立于 1990 年 7 月，是中国残疾人联合会的地方组织，是将残疾人自身代表社会福利团体和事业管理融为一体的残疾人群团组织，是党和政府联系残疾人的桥梁和纽带。其主要职责：听取残疾人意见，反映残疾人需求，维护残疾人合法权益，为残疾人服务；团结、教育残疾人遵守法律，履行应尽的义务，发扬乐观进取精神，自尊、自信、自强、自立，为社会主义建设贡献力量；弘扬人道主义，宣传残疾人事业。负责沟通政府、社会与残疾人之间的联系，动员社会关心、帮助残疾人；负责全市残疾人康复、教育、劳动就业、社会保障、文化体育、法律援助、社区服务、用品用具、无障碍设施等工作，创造良好的环境和条件，扶助残疾人平等参与社会生活；协助政府研究、制定和实施残疾人事业的政策、规划和计划，依法实施残疾人工作，指导县（市）区残联的工作；承担市政府残疾人工作协调委员会日常工作；指导和管理全市各类残疾人社团组织；开展残疾人事业的国内国际交流与合作；完成上级交办的其他工作任务。

全市残疾人工作多次受到中残联、省残联的肯定和表彰，先后被授予“全国残疾人按比例就业工作先进单位”、“全省残疾人工作先进集体”、“全省残疾人职业培训工作先进单位”、“全省劝募附捐明信片工作突出贡献奖”等荣誉称号。谷城县、宜城市分别荣获“全国残疾人工作先进县”、“全省残疾人工作先进县”等荣誉称号。

（一）组织机构

1.襄樊市残疾人联合会第一次代表大会

1990 年 7 月，召开襄樊市残疾人联合会第一次代表大会选举产生了市残疾人联合会第一届执行理事会：

理 事 长：李亮清（1990.7—1994.7）

副理事长：闫万山（1990.7—1994.7）

副理事长：张家英（1990.7—1994.7）

2.襄樊市残疾人联合会第二次代表大会

1994 年 8 月，召开襄樊市残疾人联合会第二次代表大会

选举产生了市残疾人联合会第一届执行理事会：

理 事 长：邹自成（1994.8—2000.8）

副理事长：闫万山（1994.8—2000.8）

李正友（1999..6—2000.8）

李新第（1997..8—2000.8）

3.襄樊市残疾人联合会第三次代表大会

2000 年 9 月 12 日，襄樊市残疾人联合会第三次代表大会在南山宾馆隆重召开。参加大会的正式代表 200 名，其中健全人代表 99 名，残疾人代表 101 名，残疾人代表占代表总数的 51%，符合残联章程规定，还邀请了 20 名特邀代表出席代表大会。市四大家领导夏志斌、朱庆良、尚立学、李文烈以及省残联副理事长刘功利出席大会，并作重要讲话。选举产生了市残疾人联合会第三届执行理事会：

理 事 长：邹自成（2000.9—2005.12）

副理事长：闫万山（2000.9—2002.2）

李正友（2000.9—2002.2）

李新第（2000.9—2002.2）

张凤安（2002.2—2005.12）

魏　成（2002.2—2005.12）

（二）残联工作

1.康复工作

全市完成白内障复明手术 9800 例；为 487 名低视力患者配用助视器；聋儿康复训练 322 名，培训聋儿家长 342 人（次）；康复训练肢体残疾人 842 名，培训弱智儿童 414 名，脑瘫儿童训练 107 名；在襄阳、樊城、襄城三个区开展精神病试点防治工作，覆盖人口达到 225 万人，免费为 100 名贫困精神病患者发放医疗救助卡，共计金额 36 000 元；发放用品用具 7 155 件；全市有 15 万残疾人得到不同程度的康复，其中相当一部分成为自食其力的劳动者，生活状况明显改善，参与社会生活的能力明显增强。

开展复明工程募捐：1998 年 7 月 8 日，市政府办公室制发《市政府办公室转发市残疾人联合会关于募集复明工程资金有关意见的通知》，决定在全市开展复明工程募捐工作。市直有 120 多个单位捐赠了复明工程款，募集资金 70 万元，其中市直机关捐赠 43 万元，全部用于襄樊市的贫困白内障患者。

视觉第一中国行动襄樊复明行动：1997 年 11 月 15 日至 12 月 14 日赴南漳、保康、枣阳三地为贫困白内障患者实施手术，历时一个月时间，共为 600 名白内障患者实施手术，使他们重见光明，受到当地群众的一致好评。

省医疗队赴襄樊市为贫困内障患者实施手术：1999 年 9 月 20 日至 11 月 30 日赴老河口市、宜城

市两地为贫困白内障患者实施手术，共为360名白内障患者实施手术，使他们重见光明。

2.教育工作

全市接受特殊教育的残疾儿童义务教育入学率城区达到90%，农村达到75%以上。全市共有特殊教育学校5所，特殊教育普通高中班已开办3个，在校生101名，共有77名残疾学生被普通高等院校录取。残疾人职业教育和培训得到较快发展，全市残疾人职业教育和培训机构由2000年的2所发展到现在5所，共有948名残疾人接受了职业教育和培训。

省人大常委会领导视察襄樊市《残疾人教育条例》贯彻情况：2002年4月22—23日，省人大常委内务司法委员会主任樊后均等一行9人，视察襄樊市《残疾人教育条例》贯彻情况，市人大常委会副主任程仁发全程陪同，市政府副市长尚立学就襄樊市贯彻《残疾人教育条例》贯彻情况作专题汇报，省人大领导对襄樊市残疾人教育工作取得的成绩给予充分的肯定。

资助残疾考生上大学：2004年，市残联开展国家彩票助学金活动，为16名考上大学的残疾考生资助学费1.44万元。

3.就业工作

通过分散按比例就业、集中安置就业、扶持个体从业、能人带动就业、公益岗位援助就业等途径，帮助残疾人多渠道、多层次、多形式实现就业。全市创建市级残疾人就业示范基地2个、自强创业示范基地3个。城镇安置残疾人就业1.5万人，其中在福利企业集中就业3 000人，个体就业和自愿组织起来就业的有5万人，按比例安排残疾人2 000人。在农村积极扶持残疾人发展种植、养殖和加工业，大力推行“公司+基地+残疾人农户”的就业模式，使农村10万残疾人实现稳定从业。各地依托各级残疾人培训基地和社会有关培训机构，培训各类残疾人2万人。全市有盲人医疗、保健按摩机构20家，新接受培训的150名盲人全部就业。已建残疾人就业服务机构10个，面向残疾人提供职业介绍、就业指导、失业登记和就业推介等服务。

全省残疾人扶贫工作会情况：1999年4月6日至9日，全省残联工作暨残疾人扶贫工作现场会在襄樊市举行，市残联和谷城县残联在会上作了典型发言，与会代表还到谷城县参观小额信贷扶贫基地。襄樊市各地残联以这次会议为契机，结合本地实际，找准扶贫项目，注重实效，落实康复扶贫贷款，加快一部分残疾人小康致富的步伐。

盲人按摩培训班：2004年9月15至25日，湖北省残疾人职业培训中心与市残联在谷城县残疾人康复中心联合举办盲人按摩保健培训班。来自南漳、襄阳、老河口、谷城、陨西、竹溪等地20名学员参加培训。通过按摩基础理论知识和推拿按摩技术操作考核合格后，由省劳动厅、省残联联合颁发结业证、上岗证。

4.维权工作

全市建立法律服务中心10所，“残疾人维权示范岗”10个。乡镇办事处确定残疾人维权工作人员100人。根据本地实际情况襄樊市人民政府于2002年5月出台了《襄樊市残疾人优惠暂行办法》。全市几年来共为10万人（次）减免各种费用金额达800余万元。为了更好地维护广大残疾人的合法权益，各级人民法院为残疾人提供了司法援助，采取免费受理案件，免费为贫困残疾人提供法律援助。全市几年来共为2 000余名残疾人调解各种矛盾纠纷，为进入诉讼程序的残疾人挽回经济损失近300余万元。全市共建成残疾人专用盲道近300公里，专用坡道1 500多个。改造无障碍商场8处，同时大型宾馆内均设有残疾人专用卫生间。全市残疾人来信来访处结率保持在98%以上。

5.文体工作

1999年10月8日至12日,“省十运”会残疾人类别暨第五届全省残疾人运动会在咸宁举行,襄樊市残疾人选手参加了田径、游泳、举重、乒乓球等四个项目的比赛,一举夺得10金、15银、14铜,以213分列总分榜第二名,奖牌总数第二名,以优异成绩为襄樊市赢得了荣誉。2003年7—10月,襄樊市组织残疾人运动员代表团,参加湖北省第六届残疾人运动会田径、游泳、举重、乒乓球等四个项目的比赛,夺得10金、5银、7铜。其中聋哑选手刘巧平夺得1000米、800米、400米田径项目3枚金牌;肢体选手龚潇青夺得女子仰泳100米、蛙泳200米金牌,蛙泳100米银牌。2004年8—10月,襄樊市举办了全市第一届运动会,设青少年类、职工类、农民类和残疾人类等四大类别。残疾人类比赛项目设田径、游泳、举重、乒乓球等四个项目。经过残疾人运动员的顽强拼搏,决出金牌53枚,银牌52枚,铜牌42枚。宜城代表团以总分213分名列残疾人类别榜首。

卷二十四 军事

1949 年 1 月，中国人民解放军第二次解放樊城、襄阳城，组建襄樊市。同年 5 月，并入襄阳县。1950 年 5 月，复以襄阳、樊城两镇组建襄樊市。1952 年，降为襄阳行署辖镇。1953 年 4 月，恢复襄樊市建制，为省直辖县级市。1979 年，升为省辖市。1983 年，襄阳地区与襄樊市合并，辖随州市、老河口市、襄阳县、枣阳县、宜城县、南漳县、保康县、谷城县、襄城区、樊东区、樊西区、郊区。1998 年 1 月，枣阳县改为枣阳市。1994 年 7 月，宜城县改为宜城市。1995 年 1 月，随州市升格为副地级，脱离襄樊市由湖北省直管。1996 年 3 月，樊东、樊西、郊区等三个区合并为樊城区。2001 的 12 月，襄阳县改襄阳区。至 2005 年，襄樊市辖枣阳、宜城二个县级市，谷城、南漳、保康三个县，襄城、樊城、襄阳三个区，代管省辖县级老河口市。此外，还设襄樊高新技术开发区、襄樊汽车产业开发区和鱼梁洲旅游经济开发区。

襄樊市位于鄂西北地区汉水中游，地跨北纬 31° 14′ —32° 37′ ，东经 110° 45′ —113° 43′ ，。东邻随州市，南界荆门、宜昌市，西连神农架林区、十堰市，北接河南省南阳市，边界线长 1 332.8 公里。东西长 220 公里，南北宽 154 公里，总面积 19 737 平方公里。1931 年 5 月，中国工农红军第 3 军，为摆脱国民政府军“围剿”，辗转进入南、保、谷山区，与国民政府军周旋，突出重围，并创建鄂西北根据地。1940—1945 年，日本侵略军先后发动枣宜会战、老河口战役，妄图突破中国军队防线直捣重庆陪都，中国军民利用鄂西北有利地形，与日本侵略军展开殊死抗争，迫使日本侵略军山前止步。1940 年 5 月，侵华日军大本营调集六个师团兵力，分河南信阳明港、随县、钟祥等三路进攻枣阳、宜城、襄樊、南漳地区，国民政府军第五战区李宗仁部在这一地区与侵华日军展开一场大会战。中国军民浴血奋战，给日军以重创，国民政府军也遭受重大损失，但经过两个月的奋战，最终迫使日军退回原驻地。

襄樊素有“七省通衢”之称，是国家的重要交通枢纽，交通十分便利。汉丹、焦柳、襄渝三条铁路和襄十、孝襄、襄荆、魏樊高速公路及 316、207 国道在此交会，境内县至乡、乡至村公路成网。汉江航运自汉口至丹江口常年可通航 500 吨级船舶。襄樊飞机场离城区中心 22 公里。老河口军用机场位于老河口市郊。便利的交通适宜部队机动。襄樊特殊的地理位置，自古就为兵家必争之地。春秋战国时期，襄樊战事不断。及至三国鼎立，更是曹操、孙权、刘备争夺的焦点。其后的东晋抗前秦、岳飞战襄阳、抗蒙（元）保卫战、李自成建都、王聪儿起义等亦见诸史书。清乾隆年间，安襄郧荆兵备道署设襄樊，及至辛亥革命解体。清光绪年间湖北提督署驻襄樊二十几年，至光绪三十四年（1908 年）才移驻武昌。清宣统三年（1911 年）十月，驻老河口的新军马队骑兵张国荃、李秀昂，受辛亥革命武昌起义胜利的鼓舞，率众起义，于同年 11 月 28 日战领老河口，同年 12 月 1 日战领襄樊，并组建襄阳军政分府司令部。1915 年 1 月，北洋陆军中将、第 11 师师长黎天才被任命为襄郧镇守使。同年 2 月，黎率所部 7 400 余人移驻襄阳、郧阳地区，使署置襄阳。1916 年 1 月，陆军第 11 师改为第 9 师。1917 年 12 月 4 日，为维护《临时约法》，反对段祺瑞政府，黎天才在襄阳城鼓楼宣布自主，号称湖北靖国联军总司令。1918 年 1 月 4 日，黎天才东联枣阳、随州的王安澜，西联陕西的郭坚，北联河南的王天纵，南联荆沙的石星川，在襄阳组织汴鄂陕三省联军总司令部，自任总司令。驻老河口的张联升旅脱离黎部。1918 年 1 月，段祺瑞政府派曹锟部第 3 师师长吴佩孚率部在张联升旅和河南南阳镇守使吴庆桐的配合下，分两路攻襄樊。经数天激战，于 25 日攻陷襄樊，黎天才率余部经南漳退至四川夔储县（今重庆奉节县）。2 月，张联升部改编为北洋陆军第 17 混成旅驻襄阳，张联升兼襄郧镇守使。直系军阀吴佩孚被国民革命军击败后，于 1927 年 7 月，企图经襄阳、南漳逃往四川。武汉国民政府令时已改编为国民革命军第 9 师的张联升率部堵截。2 日中午，吴军窜至襄阳竹条铺白家湾抢渡汉江，经张部截击激战，仅率残部百余向南漳方向逃窜，后经保康，逃向兴山、巴东。1927 年 9 月—1928 年 8 月，中共鄂北特委以枣阳为中心，先后发动 30 余起暴动。1929 年 10 月，蒋介石亲任讨逆军总司令，下令讨伐西北军，任命刘峙为第二路军总指挥，率两个军（九个师、四个独立旅）并配属飞机第一队进驻鄂西北、豫西南地区。针对蒋介石的军事威胁，冯玉祥自任护党救国军西北路总司令，令西北军 10 余个师约 10 万人分四路向豫西和鄂西北进攻，与蒋介石展开争夺，在谷城、老河口、襄阳、南漳等地激战数日，因受创甚剧，方退至陕境原阵地，蒋军占领襄樊。1930 年 1 月始，襄樊设立警备司令部，由第 51 师师长范石生任襄樊警备司令，率所部驻防襄樊、枣阳、宜城等地。1930—1932 年，中国共产党领导的中国工农红军第 9 军 26 师，第 3 军，第四方面军之第 10、11、12 师，25 军第 73 师，为粉碎国民政府军的围剿，先后在襄枣宜边区根据地和南保谷山区展开反围剿战斗，粉碎了国民政府军剿灭红军的图谋。1932—1935 年湖北省政府在襄阳设第八行政区，1936 年改为第五行政区至 1949 年，均设立行政督察专员兼保安司令部公署。抗日战争时期，为阻止日本侵略军西进，确保江汉要冲和川陕屏障这一战略要地，中国军民与日本侵略军先后展开了随枣会战、枣宜襄南会战和鄂北会战，最终将日本侵略军阻止在南保谷山区以东地区不能西进。解放战争时期，中国人民解放军为解放襄樊，于 1947 年和 1948 年先后发动襄樊战役和樊城战役，消灭了国民政府军驻襄樊所部，解放了襄樊人民，建立了人民政权。

1949 年 3 月，中国人民解放军桐柏军区由第三军分区汉南指挥部组建襄樊军分区。同年 5 月，改称襄阳军分区。1952 年 12 月，郧阳军分区撤销后，所属区域并入襄阳军分区。1965 年 9 月，恢复设立郧阳军分区，原郧阳军分区所辖各县仍归郧阳军分区管辖。随着形势和任务的需要，境内驻军先后进驻襄樊，至 2005 年，襄樊境内进驻大小 40 多个驻军单位。为适应新时期军事战略需要，国家大力加强后备力量建设，1983 年，襄樊陆军预备役步兵师成立。1999 年，襄樊陆军预备役师调整为湖北陆军预备役师，机关移驻武昌。2005 年，在原有预备役部队的基础上，调整组建襄樊陆军预备役炮兵旅。在新的历史时期，襄樊各军事机构及驻军单位、民兵，围绕经济建设中心，适应国防建设需要，大力加强部队建设，同时积极参与襄樊的经济建设，维护社会治安，参加抢险救灾，完成重点工程任务，在国防建设和经济建设中做出了应有的贡献。

襄樊市认真贯彻落实国家的兵役制度，围绕兵役登记、兵员征集、退伍安置、预备役工作，广泛开展全民国防教育，调动全民爱国拥军热情，广大适龄青年积极参军报国。为加强国防后备力量建设，襄樊军分区在广大退伍军人、民兵、科学技术人员中开展预备役登记，并对预备役人员进行编组、训练，随时准备听从祖国召唤，完成参军、参战和后勤保障任务。襄樊军分区作为当地的军事指挥机关，始终把民兵工作放在首要位置。20 世纪 80 年代以来，围绕国家经济建设中心，适应国防建设需要，走精兵之路，加强质量建设。先后对民兵队伍进行五次大的调整，建设一支规模适当、政治合格、军事过硬、作风优良、保障有力的民兵队伍。1981—1985 年，按照中共中央、国务院、中央军委批转的总参谋部、总政治部提出的《关于调整民兵组织的请示报告》，对民兵组织进行调整，缩小组建范围，压缩参加民兵的年龄，简化组织层次，严格按政治和身体条件选拔民兵，使民兵组建的规模大大缩小。1986—1991 年，按照中共中央、国务院、中央军委批转总参谋部、总政治部《关于当前和今后一个时期民兵、预备役工作的意见》，民兵按照“减少数量，提高质量，抓好重点，打好基础”的十六字方针加强建设，在坚持民兵制度的前提下，着重抓质量建设，并与预备役工作相结合，与战时兵员动员相结合，为战时兵员动员打好基础。1992—1997 年，按照中共中央、国务院、中央军委批转总参谋部《关于在新时期加强我军后备力量建设的几个问题的报告》，对民兵工作进行调整，坚持服从国家经济建设大局，但要适应国防建设的需要，按照“控制数量，提高质量，抓好重点，打好基础”的方针进行建设。1998 年，按照总参谋部、总政治部联合下发《关于深化民兵工作调整改革的意见》进行调整，基本原则是合理布局、优化结构、突出重点、分类建设，以市区、城镇为重点，在铁路、公路、汉江沿线重点组建基干民兵组织。2003—2004 年，重点对城市民兵组织进行调整，在坚持民兵制度的前提下，扩大城市民兵组建范围，调整基干民兵规模，优化民兵组织结构，重点放在抓民兵应急分队、民兵专业技术分队、与军事专业对口的专业技术分队建设上。经过调整，民兵组织进一步加强。民兵的军事训练，由群众性练兵逐步向规范化训练转变，由单一的步兵逐步向多兵种转变，由基础训练逐步向高技术条件下的战技术训练转变，武器装备数量、质量、品种有较大的改善，为打赢高技术条件下的局部战争做好充分准备。民兵政治工作以培养爱军习武，献身国防，增强国防观念为重点，针对不同时期形势和任务的发展变化，多途径、多渠道开展广泛深入的政治教育，提高民兵队伍的政治素质。为建设民兵政治教育阵地，宜城市在 20 世纪 80 年代初期，创建“青年民兵之家”，受到湖北省军区、武汉军区的肯定和推广。20 多年来，襄樊市始终坚守“青年民兵之家”这个阵地，对民兵进行政治教育，并在新的历史时期，赋予新的形式和内容，使之成为民兵政治教育的一面旗帜。在经济建设时期，在改革开放年代，襄樊民兵牢记使命，积极参加战备执勤、维护社会治安、参加重点工程建设、扶贫帮困、抢险救灾，参加精神文明建设，在襄樊精神文明和物质文明建设中担当生力军和突击队，做出了应有的贡献。

为贯彻落实《宪法》、《国防法》，完善国防动员体制，本着“着眼战时打赢，立足平时准备”，坚持“平战结合、军民结合”和“寓兵于民”的原则，自 1981 年起，襄樊市既将民兵工作与战时兵员动员准备相结合，制定兵员储备方案和兵员动员方案。1996 年 9 月，成立襄樊市国防动员委员会，并将办公室设在襄樊军分区。后又陆续设立人民武装动员、经济动员、人民防空、交通战备、科学技术动员、信息产业动员、医疗卫生动员、国防教育动员等专业办公室。在全市广泛开展国防潜力调查，制订各项工作制度和动员预案，进行国防动员演练，为未来军事斗争做好充分准备。襄樊市把开展全民国防教育放在重要位置，采取国防教育周、国防教育日、国防知识竞赛等多种形式开展深入持久的教育活动，提高全民国防观念。

一、军事机构

（一）襄樊军分区

1. 组织沿革

襄樊军分区的前身是桐柏军区第 3 军分区汉南指挥部。1947 年 12 月中旬，中原野战军第 10 纵队改编为桐柏军区，辖 3 个军分区。第 3 军分区以原第 10 纵队 29 旅旅部及 85、86 团组成。司令员张廷发、第二政委李定灼、参谋长王明坤、政治部主任訾修林。辖襄阳、光化、谷城、保康、南漳和河南南阳地区一部分县。1948 年 6 月，桐柏军区决定成立汉南指挥部，第 3 军分区司令员张廷发奉命率 85、86 两团进入谷城、南漳、保康等县。同年 7 月，襄樊战役胜利后，正式成立汉南指挥部，又称桐柏军区第 4 军分区。司令部先后设在保康土门、黄堡坪。司令员兼政委张廷发，副司令员兼参谋长王明坤，副政委汪洪清，政治部主任訾修林。下辖 85 团、86 团，共 4 200 余人。1949 年 1 月，86 团奉命调入中国人民解放军第四野战军 58 军 173 师。1949 年 3 月，汉南指挥部改为襄樊军分区。机关驻襄阳城内，下辖 85 团，襄阳、南漳、保康、枣阳、光化等 5 个指挥部和谷城县独立营。同年 5 月，改称襄阳军分区，隶属湖北军区领导。同年 7 月，洪山县和宜城县指挥部拨归襄阳军分区领导。同年 8 月，奉中南军区命令，

85团和89团在南漳合编为湖北军区独立第7团,归襄阳军分区指挥。襄阳军分区辖独立7团和7个县大队。1951年11月,县大队改为县人民武装部,随县人民武装部划归襄阳军分区领导。1952年6月湖北军区独立第7团番号取消。1952年12月,郧阳军分区撤销,所辖均县、郧县、房县、郧西、竹山、竹溪等6个县人民武装部全部划归襄阳军分区领导。1953年2月,襄樊市人民武装部合并到襄阳县人民武装部。同年9月又单独列编。1965年9月,恢复郧阳军分区,均县、郧县、房县、郧西、竹山、竹溪等6个县人民武装部仍归郧阳军分区领导,襄阳军分区辖随县、枣阳、襄阳、谷城、光化、宜城、南漳、保康、襄樊等9个县(市)人民武装部和独立营。1980年3月,随着随州市、老河口市的设立,设立随州市人民武装部、老河口市人民武装部。1983年12月,襄阳军分区改称襄樊军分区,撤销襄樊市人民武装部,同时组建襄樊市襄城区、樊东区、樊西区和郊区4个人民武装部,随县、光化县人民武装部分别并入随州市、老河市人民武装部。至此,襄樊军分区下辖12个县(市、区)人民武装部和2个干休所。1983年组建第3干休所。1985年12月,襄樊军分区机关撤销科(室)。1986年6月,根据中共中央、国务院、中央军委《关于县(市)人民武装部改归地方建制有关问题的通知》,将所辖12个县(市、区)人民武装部改归地方建制,接受地方同级党委政府的领导。1986年12月,基建工程兵襄樊干休所改归襄樊军分区领导并更名为襄樊军分区七里河干休所。1987年1月,铁道兵襄樊干休所改归襄樊军分区领导并更名为襄樊军分区中原路干休所。1988年2月成立襄樊警备司令部。1998年11月,襄樊警备司令部组建1个纠察排。1994年11月,随州市改为副地级市,由省直管,随州市人民武装部由省军区直管。1996年由襄樊军分区代管。1996年3月,根据中共中央、国务院、中央军委《关于县(市、区)人民武装部收归军队建制的通知》(中发〔1995〕12号)文件精神,襄樊军分区收归10个县(市、区)人民武装部(原襄樊市樊东区、樊西区、郊区人民武装部随地方行政区划变化而合并组建为樊城区人民武装部)。2000年,根据《国务院关于同意湖北省设立地级随州市的批复》(国函〔2000〕80号),撤销县级随州市,设立地级随州市。同时,根据中央军委〔2000〕军字第73号和总参谋部〔2000〕参务字第223号批复,以及广州军区〔2000〕参务字第175号命令,决定组建随州军分区,称"中国人民解放军湖北省随州军分区",为正师级单位。襄樊军分区所代管的随州市人民武装部移交给新组建的随州军分区管辖,改称中国人民解放军湖北省随州市曾都区人民武装部。1992年10月,襄樊陆军预备役步兵师机关与襄樊军分区机关合署办公,司令部设作训科、动员科、军务科、技术保障科、民兵工作科、管理科、通信科;政治部设组织科、干部科、宣传科;后勤部设供应科、战勤科、卫生所。1993年8月,襄樊陆军预备役步兵师机关与襄樊军分区机关分开办公,军分区机关撤销科。因工作需要,司令部分设作训组、军务组、动员组、技术保障组、机要组;政治部分设组织组、干部组、宣传组;后勤部分设供应组、战勤组和卫生所,各组均不是正式编制。1995年,撤销军分区副司令员、副政治委员编制。1997年7月,司令部设作训、军务装备、动员3个科,政治部设组织干部、宣传保卫2个科,后勤部设战勤、供应2个科。撤销军分区副参谋长、政治部副主任编制。1998年11月,军分区司令部军务装备科、动员科合并,称军务动员科,军分区机关的编制员额不变。2004年9月,襄樊军分区和所属县(市、区)人民武装部精简整编。军分区机关各部撤销科,人员减少。县(市、区)人民武装部机构不变,人员减少。襄樊(襄阳)军分区历任副师职以上领导人名录见表24—1。

襄樊(阳)军分区历任副师职以上领导人名录

表24—1

姓 名	部职别	任职时限	备 注
张廷发	司令员	1949.3—1950.7	兼地委书记
王明坤	司令员	1951.7—1952.12	—
梁励生	司令员	1952.12—1964.3	兼地委常委

续表 1

姓 名	部职别	任职时限	备 注
汪立进	司令员	1965.12—1967.12	—
赵清奎	司令员	1967.12—1979.7	兼地委副书记
何休亭	司令员	1979.8—1983.10	—
胡亚中	司令员	1983.6—1985.12	—
田国基	司令员	1985.12—1990.9	兼预备役师师长
马正武	司令员	1990.9—1999.9	兼预备役师师长
王天华	司令员	1999.9—2005.6	兼市委常委
范怀月	司令员	2005.6—	兼市委常委
杜景云	兼第一政委	1952.12—1953.6	地委书记
赵 修	兼第一政委	1953.6—1963.2	地委书记
焦德秀	兼第一政委	1963.2—1967.12	地委书记
王 耀	兼第一政委	1979.4—1983.10	地委书记
张怀念	兼第一政委	1983.10—1985.7	市委书记
章治文	兼第一政委	—	市委书记
杨斌庆	兼第一书记	—	市委书记
孙楚寅	兼第一书记	—	市委书记
阮成发	兼第一书记	—	市委书记
田承忠	兼第一书记	—	市委书记
杜景云	政 委	1949.3—1952.12	兼地委副书记
郑 重	政 委	1952.12—1954.9	—
赵文彬	政 委	1964.11—1965.12	—
董复汉	政 委	1965.12—1967.12	—
蔡德清	政 委	1967.12—1978.5	兼地委书记
彭松青	政 委	1975.6—1978.11	—
鲍云兰	政 委	1979.1—1983.5	兼地委常委
顾 斌	政 委	1983.6—1985.12	兼地委、市委常委
杨祥义	政 委	1985.12—1993.7	兼市委常委
黄家碧	政 委	1993.9 1998.2	兼市委常委
鲁修轼	政 委	1998.2—2000.12	—
李长义	政 委	2000.12—2005.12	—
方明生	政 委	2005.12—	—
王明坤	副司令员	1949.3—1951.6	兼地委常委
汪立进	副司令员	1951.5—1965.12	—
张子屏	副司令员	1952.12—1954.11	—
张玉书	副司令员	1957.1—1958.6	—
董祯涛	副司令员	1963—1965	—
何善清	副司令员	1966.1—1973.4	—
魏家祯	副司令员	1967.12—1969.12	—
张文西	副司令员	1970.5—1977.10	—
高成章	副司令员	1967.12—1977.10	—
刘海林	副司令员	1969.10—1977.10	—
郝文德	副司令员	1969.6—1977.10	未到职

续表 2

姓 名	部职别	任职时限	备 注
耿 挺	副司令员	1970.3—1973.8	—
王金庚	副司令员	1970.11—1976.1	—
赵大观	副司令员	1974.5—1977.10	—
宋 刚	副司令员	1974.6—1977.10	—
贾敏德	副司令员	1974.6—1982.1	—
王硕夫	副司令员	1976.8—1979.1	—
杜宇心	副司令员	1976.8—1982.1	—
张 福	副司令员	1979.8—1985.1	—
范世杰	副司令员	1976.10—1979.1	—
王新明	副司令员	1970.11—1977.10	未到职
靳经年	副司令员	1978.2—1980.6	—
刘庆海	副司令员	1979.1—1983.8	—
冯义常	副司令员	1979.10—1983.8	—
石良臣	副司令员	1983.6—1985.10	兼预备役师副师长
李明成	副司令员	1983.8—1984.2	兼预备役师师长
杨德才	副司令员	1984.2—1985.2	兼预备役师副师长
陈德钧	副司令员	1985.2—1998.1	—
杨德才	副司令员	1987.11—1990.9	预备役师副师长兼
王定勤	副司令员	1989.9—1991.3	预备役师副师长兼
王旭川	副司令员	1991.9—1993.4	预备役师副师长兼
张汉元	副司令员	1993.2—1994.8	预备役师副师长兼
曾昭发	副司令员	1994.8—1995.12	预备役师副师长兼
黄大国	副司令员	2000.6—2006.7	2006 年 7 月免职休息
訾修林	副政委	1949.3—1950.12	—
汪洪清	副政委	1949.3—1949.8	—
王希永	副政委	1950.12—1952.6	地方常委
赵文彬	副政委	1954.11—1964.11	地方常委
陈绍谷	副政委	1957.4—1963.11	地方常委
杜炯明	副政委	1964.12—1967.12	—
王德清	副政委	1966.2—1967.12	—
张 雷	副政委	1967.12—1976.8	—
辛保广	副政委	1967.12—1977.10	—
田庆帮	副政委	1970.1—1977.10	—
成玉明	副政委	1970.3—1976.10	—
姚 旭	副政委	1970.11—1976.10	—
李 俊	副政委	1972.9—1980.4	兼地委常委
王硕夫	副政委	1973.4—1976.8	—
李德清	副政委	1976.8—1976.10	—
吴金水	副政委	1977.11—1980.3	—
邓维本	副政委	1979.1—1983.8	—
刘传贵	副政委	1979.1—1982.1	兼地委常委
李希英	副政委	1979.1—1982.1	—

续表 3

姓 名	部职别	任职时限	备 注
何治国	副政委	1979.1—1979.8	—
顾 斌	副政委	1979.10—1983.6	—
李洪宸	副政委	1979.11—1982.1	—
汤元清	副政委	1983.6—1988.10	1986 年 5 月兼预备役师政治部主任
杨祥义	副政委	1983.6—1986.1	1983 年 10 月兼预备役师副政委
王耀芳	副政委	1992.11—1995.12	兼预备役师副政委
蔡德清	顾问组长	1979.4—1982.1	—
黄若水	顾问	1976.10—1982.1	—
邓明远	顾问	1976.10—1982.1	—
李子君	顾问	1976.10—1980.6	—
成玉明	顾问	1976.10—1982.1	—
董相林	顾问	1976.10—1982.1	—
蔡德清	顾问	1978.5—1979.4	—
靳经年	顾问	1979.1—1980.6	—
范世杰	顾问	1979.1—1980.6	—
梁 明	顾问	1979.4—1980.6	—
周德芳	顾问	1979.4—1980.6	—
王硕夫	顾问	1979.8—1982.1	—
于 廉	顾问	1979.8—1980.6	—
何治国	顾问	1979.8—1982.1	—
曹家风	顾问	1980.6—1982.1	—
李希英	顾问	1982.1—1983.8	—
张作春	顾问	1982.1—1983.8	—
李洪宸	顾问	1982.1—1983.8	—
余孝礼	参谋长	1949.7—1949.8	—
何太阳	参谋长	1949.8—1952.6	—
王明坤	参谋长	1949.10—1949.12	副司令员兼
任 杰	参谋长	1960.5—1964.6	—
何善清	参谋长	1964.6—1966.2	—
范伟学	参谋长	1966.2—1969.12	—
王金庚	参谋长	1970.11—1974.12	副司令员兼
王魁印	参谋长	1974.12—1976.8	—
张 福	参谋长	1976.8—1979.8	—
顾承寅	参谋长	1979.8—1983.8	—
丁柏茂	参谋长	1983.6—1985.2	兼预备役师参谋长
李开荣	参谋长	1985.2—1986.1	—
吴大祥	参谋长	1986.1—1986.9	—
朱东明	参谋长	1986.9—1987.10	—
吴大祥	参谋长	1988.8—1990.9	—
高毅涛	参谋长	1990.9—1991.7	—

续表 4

姓 名	部职别	任职时限	备 注
马升云	参谋长	1992.1—1995.8	—
王纪三	参谋长	1995.4—2001.1	—
施克华	参谋长	2001.1—2005.6	—
陈建国	参谋长	2005.6—	—
王希永	政治部主任	1950.6—1951.11	1950 年 12 月任副政委,兼
赵生和	政治部主任	1961.10—1965.8	—
王德清	政治部主任	1965.3—1966.2	—
赵汝杰	政治部主任	1966.2—1967.12	—
路长贵	政治部主任	1967.12—1976.10	—
董相林	政治部主任	1969.12—1976.10	—
钟 宪	政治部主任	1976.8—1977.3	—
吴金水	政治部主任	1977.7—1977.11	—
李希英	政治部主任	1977.11—1979.1	—
宛政福	政治部主任	1979.1—1983.8	—
陈广兴	政治部主任	1983.6—1986.1	兼预备役师政治部主任
王耀芳	政治部主任	1986.1—1992.11	—
胡家喜	政治部主任	1992.11—1993.9	—

2.军事工作

(1)战备工作

制度:襄樊军分区的战备工作,平时主要组织辖区军民开展战备教育、进行战备防护、维护社会治安、参加抗洪抢险、防暴制乱;战时组织军民参战支前,维护社会稳定,进行防空袭反空降斗争,为战争胜利提供可靠保障。1980—2005 年,襄樊军分区先后制定《协助地方党委、政府处置突发事件的行动预案》、《襄樊驻军、民兵预备役部队防汛抢险方案》、《襄樊驻军、民兵预备役部队破坏性地震应急方案》等多种战备预案。组织全区军民战备教育、完善战备设施和方案、维护社会稳定、组织驻军完成急、难、险、重任务,为保持部队稳定和地方经济繁荣发展做出贡献。

执勤:1979 年以来,战备执勤主要有两个方面。一方面是现役部队担任执勤任务。湖北省军区独立第 4 团共计 11 个连队,有 9 个步兵连担任 19 个点的执勤任务。其中警卫领导机关(指挥所)2 处,守护铁路桥梁 1 座,守卫火工仓库 3 个,油库、军械库各 1 个,守卫国际电台 2 处,看押罪犯 6 处,投入执勤兵力 794 人。另一方面是民兵担任执勤任务。1979 年全区有 7 个县民兵担任各种守护目标 22 个点的执勤任务,投入执勤民兵 370 多人。1982 年 12 月,湖北省军区独立第 4 团奉命整编为武警湖北省总队第 4 支队,移交给武警湖北省总队领导,守护任务随之移交。随着形势和任务的变化,1998 年,根据总参谋部、铁道部《关于解决脱产民兵守护铁路桥(隧)有关问题的通知》(参动字〔1998〕第 113 号文件)精神和湖北省军区制订的《民兵脱产守护铁路目标移交工作方案》,逐步将民兵守护的目标移交给目标单位守护。由老河口市、谷城县民兵守护的仙人渡大桥、南河大桥、武当山隧道(东端)最后三个守护目标(五个执勤点)于 1999 年 4 月 1 日零时移交给襄樊铁路分局六里坪工务段守护,五个执勤点的 60 名执勤民兵按时撤离哨所。襄樊是全国重要的交通枢纽,平时除安排民兵担任守护任务外,还以铁道部第 11 工程局、襄樊铁路分局、交通局公路(总)段、大型企业等单位的专业力量为骨干,组建襄樊市交通枢纽防护队、交通枢纽抢修专业技术保障团、技术专家组,保障战时道路、桥梁的抢修。为加强组织领导，襄樊市及各县（市、区）均成立组织领导机构。

演练：1982年，针对未来反侵略战争的作战特点，军分区首长机关带人民武装部进行室内想定作业，着重研究平时转入战时军分区、人民武装部的工作。组织在职干部学习《毛泽东军事文选》，军兵种知识，军事地形学，本级战术，外军研究，机关业务等，并对部队、民兵训练课题进行学习和研究。演练战争初期反空袭、反空降、兵员动员和组扩建部队、部队输送等课题。同时，军分区机关和襄樊市人民武装部利用反空袭作战演习，对本级战术、机关业务等课题进行训练。全区12个团以上单位干部，83.4%的人员参加训练，平均训练时间33天。1983年，军分区认真贯彻中央军委和两级军区一系列指示，进行军分区首长机关想定作业，在湖北省军区首长的亲自指挥和领导下，较好地完成襄樊市反空袭试验演习。拟制、审修了各种作战预案，保证守护目标安全。1989年，在审修原有作战方案的同时，新拟制铁路输送、战时兵员动员等方案，并在民兵、预备役部队中建立各类值班分队，民兵战备执勤工作得到湖北省军区肯定。1990年，举行全市民兵应急分队和预备役师机动分队阅兵活动，完善作战室、武器装备仓库等基本设施建设，加强应付突发事件的课题研究，制定多项应急措施。2002年，修订完善抗洪抢险和处置突发事件等各种战备计划、方案，完善作战指挥设施，兴建军分区局域网，开通军分区机关与各县（市、区）人民武装部的军用程控电话，初步建成融指挥、作战训练和机关办公于一体的自动化系统。军分区、各县（市、区）人民武装部完成作战暨国防动员指挥中心建设。

防汛抢险：襄樊军分区牢记军队宗旨和使命，积极组织驻军和民兵投入抗洪抢险。1987年7月，汉江遇特大洪水，襄樊军分区组织1 000多名官兵排除险情15处，修筑和加固堤坝800多米，搬运土石3.2万立方米。荆江出现特大洪峰时，襄樊军分区出动1 300名官兵120台汽车赶赴支援，奋战三昼夜，排除重大险情7处，修筑和加固堤坝1 500米，搬运土石1.6万立方米。1998年8月中旬，宜城市境内汉江、蛮河水位猛涨，全市有8万余亩农田受淹，500名群众被洪水围困，倒塌房屋383间。灾情发生后，宜城市人民武装部反应快速，指挥果断，迅速组织民兵到达指定地段奋力排险，共加固堤坝险段85处，转移被围困群众500人，抢救物资2 000多件、耕牛100多头，出色完成抢险任务。9月9日16时，渔梁洲开发区被洪水围困，樊城区人民武装部紧急协调武警黄金技术学校出动100余名官兵和民兵抢险突击队120人全力投入抢险。2000年7月5日深夜，唐白河兴吕段出现150米长的崩岸重大险情，襄樊军分区协调军事经济学院襄樊分院、总后武汉基地教导大队、湖北陆军预备役步兵师1团等单位官兵紧急出动，组织民兵成建制地参加抗洪抢险，确保河堤安全和人民生命财产安全。

应付突发事件：1997年2月28日，随州市发生一起堵塞交通、扰乱社会秩序的群体性事件，造成316国道中断14个小时，烧毁车辆2台，推翻各种车辆4台，数千群众围观的严重后果。襄樊军分区、预备役步兵师组织步兵第3团于3月1日，成建制先后两次动用预备役官兵120人次，在中共随州市委、随州市政府的统一领导下，配合处理随州“二二八”事件，担负部分区域的警戒、封锁街道、维护交通秩序，劝说疏散群众等任务。1998年7月2日下午襄樊卷烟厂谷城县茨河烟草仓库发生火灾，襄樊军分区根据中共襄樊市委指示，协调武警消防支队、湖北陆军预备役步兵师防化分队、空军油料仓库、武警黄金学校、武警襄樊市支队、谷城县中队、空军航材仓库、370医院、八一电影制片厂、襄樊图库等12个驻军单位出动290余名官兵及时赶赴现场投入灭火战斗，经过全体人员的共同努力终于将大火扑灭，人员无伤亡。

（2）军事训练

军事训练工作坚持以新时期军事战略方针为依据，认真贯彻邓小平、江泽民科技强军的战略思想和军委、总部、两级军区关于科技练兵的指示精神，紧紧围绕作好对台军事斗争准备，着眼“打赢”需要，大力开展科技练兵，提高民兵、预备役人员的军政素质，增强遂行任务的能力。1979年，认真落实中央军委《关于加强部队教育训练的决定》，加强以苏军、越军为重点的敌军研究，学习和运用中越边境自卫反击战的经验,立足现有装备,着眼未来战争特点,突出现代战争需要,提高现代条件下的作战能力。在训练中,重点抓干部和机关训练,提高业务水平和组织指挥能力。干部熟记本级主要装备和可能加强的军兵种的战术技术性能及运用原则,敌军编制、主要装备和作战特点。参谋人员,除学习本级首长机关所学的军事理论和战役战术课题外,还根据武汉军区1979年下发的《省军区、军分区(警备区)、县(市)人民武装部参谋"六会"训练实施规定》进行业务训练,达到"六会"要求。军分区教导队进行三期地炮和高机骨干及专职武装干部训练。部队重点抓"三打"(打飞机、坦克、伞兵)、"三防"(防原子、化学、生物武器)、射击,单兵和班的战术、执勤业务训练。城市重点搞好专业分队基础训练和武装基干民兵的巷战、街垒战、地道战训练。

为提高部队干部战士的科学文化素质,1980年,根据中央军委和各级军区指示,在机关部队广泛开展科学文化学习。全区共设58个教学班,其中高中3个班,初中38个班,小学17个班,1 268人参加文化学习。在抓科学文化学习的同时,各业务部门结合自身的业务进行训练。后勤部卫生科组织上卫生课137课时。军械科分两批对全区仓库保管员进行培训,学习保管和枪械、弹药知识。

1981年8月,根据湖北省军区训练指示,结合军分区实际和战时可能担负的任务,设定以战争初期的情况为背景,着重演练战争动员、兵员动员和组建地方部队以及平息暴乱、防空袭等课题。在演练中,参演人员结合作业课题,认真学习毛泽东军事著作、运用毛泽东人民战争思想,分析判断情况,定下决心部署。围绕战时扩大武装力量,就地兵员动员,向前输送,组建地方部队,政治宣传,选配干部和后勤保障等进行演练。通过训练,进一步加深对毛泽东人民战争思想的理解,熟悉军分区战时各环节的任务和工作程序,摸索配合地方政府和公安机关平息暴乱的组织指挥方法,提高组织指挥能力和机关业务水平。

1982年,为提高全区现役干部的组织指挥能力,主要进行毛泽东军事思想、军兵种知识、军事地形学、本级战术、外军研究、机关业务及部队、民兵训练课题的学习研究。同时,军分区会同襄樊市人民武装部完成"城市反空袭作战"演习任务,独立4团完成"加强步兵团对野战阵地防御之敌进攻战斗"函授想定作业。同年10月,湖北省军区在枣阳县召开《全省民兵训练现场经验交流会》。1983年9月20日至10月23日,军分区组织《陆军师野战阵地防御战斗》首长、机关函授想定作业。此次训练通过学习军事理论,判断情况研讨战法,定下决心完成想定作业,提高合同作战指挥能力。通过训练,使参加训练人员加深了对中央军委关于积极防御作战方针的理解,提高了战术思想水平,基本掌握了陆军师野战阵地防御战斗的基本原则和组织指挥战斗的程序和方法。此次训练共52人参加,完成想定作业33份。

为贯彻质量建军的指导方针,努力提高民兵的训练质量,襄樊军分区从教学骨干抓起,从现役干部抓起。1983年4月19日至5月13日,在枣阳县民兵训练基地组织全区人武部副部长、军事科长、参谋、干事及部分专职武装干部共50人,进行民兵军事训练基础课题"四会"教学法训练,包括队列、射击、投弹、爆破、单兵进攻、单兵防御、步哨等七个课题。通过训练,全区教学骨干的教学能力得到提高,有力地促进了全区民兵的质量建设。

1984年,根据武汉军区和湖北省军区《关于组织襄阳陆军预备役师首长、机关干部参加43军在山西大同进行军、师首长、机关带通信工具现场演习》的指示精神,襄樊陆军预备役师于5月27日—7月18日,组织师首长、机关集训,并带通信工具配属43军在山西运城地区进行现场演习。此次演习,分为理论学习、室内预演、现地演练3个阶段。共有199人参加,其中首长、机关干部68人(包括现役预任干部和地方预任干部),通信分队和保障人员131人(其中地方预编人员81人),各种车辆24台,电台13部,途经4省24县、市,行程1 650公里。演习中以本级战术为重点,结合预备役部队的实际和战时可能担负的任务,着重演练紧急收拢集结、快速机动、野战阵地防御、对野战阵地防御之敌进攻四个课题,组织进行五次战斗。先后在集团军编成内,担负预备队、主攻、助攻等任务,与野战师进行较好地协同配合，完成各类战斗文书 197 份，顺利完成任务。

1985 年，襄樊军分区采取灵活多样的训练方式，对首长机关进行训练。军分区首长机关自学《战争初期》、《战争史和军事学术史》，并结合预备役师机关训练，学习军兵种知识、军事地形学、本级战术和机关业务。各县（市、区）人武部结合平时工作，重点学习武装部职责、兵员动员工作和机关业务。有预备役部队的县（市、区）人武部还学习战时司令部工作和军用文书的拟制等。通过学习训练，扩大了机关干部的知识面，业务水平和工作能力得到提高。

1986 年，针对军分区整编后的新情况，加强对毛泽东军事思想、兵种知识、机关业务、现代科技知识的学习和训练。按照参谋人员“六会”标准，进行陆军师热带山岳丛林地进攻战斗战术课题训练，包括越军营以下分队编制装备和作战特点、陆军师热带丛林地进攻战斗理论原则等研究和训练，提高干部业务素质和组织指挥能力。

1987 年，主要进行步兵师野战阵地防御战斗、游击战的训练和军事理论、军事科技、兵（军）种知识、机关业务等四个内容 17 个课目的学习。同年 11 月，在随州以北小林地区进行野战阵地防御课题现地带通信工具检验性演习，探索首长机关训练的方法和路子。

1988 年，为探索军分区、县（市、区）人民武装部和乡（镇）、厂（矿）人民武装部进行兵员动员作业和组织实施的路子，军分区机关和县（市、区）人民武装部进行战时兵员动员和民兵、预备役工作业务作业和演习。

1991 年，襄樊军分区把首长机关战术指挥训练作为重点，军分区机关进行动员扩编、野战阵地防御作战指挥训练，在室内进行图上作业。各业务部门结合本职业务进行训练。各县（市、区）人武部，进行战时兵员动员扩编和步兵团野战阵地防御作战训练，同时进行民兵、预备役工作业务训练。通过训练提高了军分区、人武部两级机关的战时兵员动员扩编和野战阵地防御作战的指挥能力，提高了机关干部的业务水平。

1992 年，襄樊军分区围绕中央军委提出的质量建军的总方针，军分区和预备役师机关进一步围绕野战阵地防御战斗这一课题，进行函授作业和短期培训。在纪念毛泽东民兵工作“三落实”指示发表 30 周年活动中，抓机关现役军官和基层指挥军官教学法集训。3 月上旬，举办一期共同科目的“四会”教学法教练员集训，通过考核取得优良成绩，评选出 20 名优秀“四会”教练员。通过军分区、预备役师、人武部、预备役团训练和评选优秀“四会”教练员活动，促进和提高了民兵、预备役部队教员队伍建设。

1993 年，重点抓首长机关、人武丁部和专业技术分队训练。预备役部队主要围绕纪念建师 10 周年活动，抓分队战、技术基础和共同科目训练，提高快速动员和遂行任务能力。共训练 8 240 名民兵、预备役人员，其中民兵 4 460 人（含应急分队 1 300 人），预备役人员 3 780 人。首长、机关训练主要进行野战阵地进攻战斗战术课题指挥训练；预备役团首长、机关，完成野战阵地进攻战斗课题的理论、兵种、外军知识学习。人民武装部首长、机关，按照《湖北省县（市、区）人民武装干部训练纲目》的要求，以指挥训练和教学法为重点，完成步兵团对野战阵地防御之敌进攻战斗课题室内想定作业以及有关基础课目的训练。同年 6 月，襄樊军分区教练员参加湖北省军区考核，吴启涛（保康县人民武装部军事科副科长）、金雁（谷城县人民武装部参谋）、陈杰（襄樊陆军预备役步兵师 3 团营长）、江运明（老河口市仙人渡镇民兵连长）被评为优秀“四会”（会讲、会做、会教、会做思想工作，下同）教练员。

1994 年，紧紧围绕全面完成民兵训练任务，提高训练质量这个中心，狠抓民兵基础、专业训练，突出专武干部、应急分队训练。首长机关进行高科技知识学习和“鄂—94”演习集训。

1995 年，军分区首长、机关以本级战术指挥训练为重点，组织进行高科技知识学习和城市反空袭作战课题战术指挥训练，并进行室内想定作业。并通过在职培训进行本职业务学习和高科技知识学习，达到参谋“六会”的标准。

1996 年，针对县(市、区)人民武装部收归军队建制出现的新情况、新特点，围绕“渡海登陆作战”课题，搞好军事理论、军事高科技知识和本职业务学习。同年 5—6 月，在军分区教导队分两期对人民武装部机关干部进行集训，参加训练人员 103 人。

1997 年，军分区、人民武装部两级机关进行本级战役、战术指挥训练，全区以城市进攻为基本研究课题，军分区组织召开科技练兵成果展示会，展示器材革新、战法训法研讨文章、多媒体课件，促进科技练兵的深入发展。参谋队伍重点进行新“六会”训练，先后选送 30 余名参谋进院校和参加各级组织的培训，一名干部参加广州军区科技练兵比武竞赛取得了单项成绩总分第一名。

图 24—1 1997 年，襄樊军分区组织全区现役干部进行高科技知识考核

1997 年 1 月，组织参加湖北省军区教练员教学比赛，谷城县人民武装部参谋刘怀亮、随州市人民武装部军事科长苏俊峰被评为优秀“四会”教练员。

1998 年，继续抓首长机关本职业务高科技知识和本级指挥训练。同年 2—3 月，分两期对全区现役干部进行条令、条例集训。第二季度，对人武部的内勤参谋进行战备方案拟制集训，规范全区战备方案。第三、四季度，组织两期参谋业务集训。军分区机关和各人武部，对干部进行微型计算机操作培训，并取得有关部门颁发的计算机操作合格证书。通过高科技知识的学习，使全区指挥自动化水平得到提高。

1999 年，根据中央军委文件和广州军区《关于广泛开展科技练兵进一步深化训练改革的决定》，襄樊军分区在全区开展科技练兵活动，并制定《襄樊军分区 1999 年科技练兵计划》。组织现役干部学习《军事高科技知识教材》和《现代科学技术基础知识》，在通读两本书的基础上，集中精力深化学习。同年 9 月，组织全区 61 名现役干部，以高科技知识、微型计算机的操作与使用、传真机的操作与使用为内容的比武竞赛，取得好成绩。同年 10 月，组织全区 174 名现役干部参加广州军区组织的高科技知识统考，取得好成绩。同年 11 月，军分区机关组织城市反空袭战术课题训练，较好地完成了室内想定作业。

2000 年，按照江泽民主席“科技强军”的战略思想，围绕做好对台军事斗争准备，大力开展科技练兵。2 月 28 日召开科技练兵会议。同年 9 月 29 日，召开科技练兵成果展示会，展示革新器材 25 件，战训法研究文章 31 篇，多媒体课件 12 项。先后选送 30 余名参谋人员进院校和参加上级组织的培训。同年 12 月 1—15 日，军分区机关集中半个月时间，聘请军事经济学院教员，讲授军事高科技知识、外军知识、军事地形学、军用文书、军事理论，并进行手枪射击训练，通过考核，取得优秀成绩。通过学习训练，使全区现役干部的军事高科技知识水平进一步提高。

2001 年，襄樊军分区以对台军事斗争准备为龙头，以“打得赢”、“不变质”为目标，切实抓好军事训练。同年 3 月上旬，组织全区现役干部和部分县、市、区国防动员委员会各专业办公室负责人进行国防动员业务集训。同年 8 月，组织市、县(市、区)、乡(镇)三级国防动员想定作业，共 146 个单位 274 人参加。通过想定作业，提高战时各级国防动员委员会的组织指挥能力，全面锻炼检验各级国防动员委员会干部队伍素质，明确职责任务。其经验做法在湖北省国防动员委员会第五次全体会议上作了介绍。同年 12 月，组织首长、机关以拟制国防动员方案为主要内容的训练，研究探讨人民武装、交通战备、经济、人民防空、科技等动员方案计划的主要内容和基本框架，为战时国防动员作准备。

2002 年，认真贯彻军委江泽民主席“科技强军”的战略思想，按照新“三打三防”(打隐形飞机、打巡航导弹、打武装直升机；防电子干扰、防精确打击、防侦察监视）的要求，大力开展科技练兵活动。各级首长、机关干部重点抓新知识、新技能、新战法的学习与训练，90%的首长机关干部达到熟练操作微机、文电处理和掌握指挥自动化系统的要求。在上级组织的各类集训和比武竞赛中，有 10 余人被评为优秀学员或获奖。有计划地开展训法改革，取得一批科技练兵成果，全区制作各类多媒体课件 20 余套，革新器材 10 多件，有代表性的是襄阳县人民武装部研制的冷瞄校枪器、随州市人民武装部研制的 82 迫击炮简便射击定位仪、宜城市人民武装部发明的“107 火箭炮枪代炮射击”、谷城县人民武装部研制的 82 迫击炮退弹器、老河口市人民武装部研制的多功能报警系统等。军分区司令员王天华撰写的《民兵高炮部（分）队成建制参加要地防空作战铁路输送急待解决的几个问题》，军分区机关撰写的《成建制组织民兵高炮训练应把握的几个问题》、《把握城市民兵特点、加强高炮分队集训期间的行政管理》等学术文章被军内报刊多次转发。2002 年，贯彻落实《军事训练大纲》，按要求严格训练现役干部，组织襄城区、樊城区、襄阳区三个民兵高炮连，参加湖北省军区民兵高炮实弹射击考核，取得好成绩。

2003 年，襄樊军分区紧紧围绕“打得赢、不变质”这一课题，组织首长机关训练。2 月 16—21 日，襄樊军分区在襄阳区民兵预备役训练基地组织一期现役干部集训，全区 126 名现役干部参训。集训主要学习中共十六次代表大会精神、国防动员理论、共同条令、保密条令、财务知识等，进行队列、射击训练，组织参观见学。通过训练，进一步统一认识，提高素质，培养作风，增强军分区和县（市、区）人武部、干休所两级首长机关做好军事斗争准备的责任感、使命感。其做法被湖北省军区转发。各县（市、区）人武部、干休所采取短期培训、在职学习等形式，重点抓新大纲、军事理论、高科技知识、动员业务以及参谋新“六会”、新“四会”学习训练，提高各级的军事素质。6 月 27—29 日，襄樊市国防动员委员会、襄樊军分区，在湖北省国防动员委员会、湖北省军区的直接领导和具体导调下，组织“联合登岛作战条件下国防动员综合演练”。演习受到湖北省军区首长机关、湖北省国防动员委员会领导及各军分区领导好评，其做法被湖北省军区转发。

2004 年，襄樊军分区以新时期军事战略方针为统揽，以《陆军军事训练与考核大纲》、《民兵军事训练大纲》以及《军事训练条例》等训练法规为依据，认真贯彻两级军区关于加强军事训练、岗位练兵等有关指示精神，结合实际，坚持按纲施训、依法治训，全面促进首长机关军事训练落实。同年 3 月 17—18 日，襄樊军分区采取实兵实装与想定作业相结合和昼夜实施的方式，组织“基本指挥所紧急转移与开设演练”，共出动兵力 70 人，动用指挥车、运输车、轻武器和必须携行的指挥、通信、观测、伪装、军需、供电等装备器材 23 类 250 余件（套），完成想定作业文书 32 份、标图 4 份。通过演练，强化军分区职能意识和战备观念，明确职责任务，熟悉开设程序，规范战备秩序，提高军分区机关快速反应和组织指挥能力。同年 4 月 5—9 日、9 月 20—25 日，先后两次利用可视会议系统组织军分区首长机关带各县（市、区）人武部机关进行军事理论学习和训练。主要进行军事变革、联合作战、军事高技术、国际形势、军事地形学、射击、计算机操作等内容的学习和训练。军分区首长机关和各县（市、区）人武部、干休所按照《军事训练与考核大纲》要求，大力开展岗位练兵，落实 30 个训练日 240 课时，完成共同科目和部分专业课目的训练，通过考核达到良好以上成绩。

2005 年，襄樊军分区以新时期军事战略方针为统揽，以军事斗争准备为牵引，以总部和两级军区军事训练指示为依据，以提高信息化条件下实战能力为目标，紧紧围绕反“台独”应急防卫作战任务，按纲施训，狠抓岗位练兵。组织军分区首长机关参加湖北省军区军事理论学习和训练。同年 3 月，利用可视会议系统，进行 7 天军分区首长机关带人武部的军事理论学习。同年 4 月，组织全区 18 名参谋和专武干部集训，重点学习军用文书写作、计算机标图、多媒体课件制作及维稳课目“四会”教学，选派三人参加湖北省军区、广州军区参谋集训，提高理论素养和业务技能。开展以学政治、学军事、学业务、学技能为主要内容的岗位练兵活动。选拔 24 名参赛人员集中强化训练。6 月中旬，参加湖北省军区岗位练兵比武竞赛，取得了指挥岗位综合第三名、手枪射击团体第三名和三个单项第一名、二个单项第二名、二个单项第三名、一个单项第五名的成绩。

(3)管理教育

自1979年以来，襄樊军分区认真贯彻两级军区关于从严治军的指示和军委《加强军队管理教育工作的决定》，坚持把管理教育工作作为重点抓。1996年人民武装部收归军队建制，以强化军事机关形象和军人形象为主要内容，狠抓正规化建设，军分区系统全面建设有了长足的进步。20世纪90年代至21世纪初，以“打得赢、不变质”为目标，严格要求，严格管理，与时俱进，抓紧做好对台军事斗争准备。

襄樊军分区在管理上依靠组织管，严格落实党课教育、组织生活、评议党员、干部述职等制度；依靠制度管，除严格执行三大条令外，军分区、人民武装部制定具体的管理制度，坚持以制度管人；依靠家庭管，定期同干部家属、战士家庭联系，取得他们的支持。每年同地方联合评比“好军嫂”，给战士家中去信，通过家庭配合工作，增强官兵的荣誉感和使命感；依靠教育管，坚持经常性的思想政治工作，讲大道理与讲小道理相结合，用党的领导人的思想、中国人民解放军的性质、宗旨和优良传统教育启发官兵，引导官兵树立正确的人生观、价值观，自觉抵制灯红酒绿的侵蚀。对领导干部、机关干部、专武干部、司机队伍、民兵仓库主任、保管员、警卫人员，区分不同类型进行教育。1999年7月在全区实行挂牌上岗，军分区机关和部分单位在办公桌上设置职责牌，增强大家的责任感。为提高工作能力，一方面组织干部参加业务学习，另一方面鼓励干部战士参加地方各种职业、自修、电大文化学习，使军分区干部知识结构明显改善。2000年，全区共208名干部，本科41名，占19.5%，大专107名，占51%。有15名士官、士兵在职自学，取得大专以上文凭。

襄樊军分区针对机关、基层存在的“三松”（松散、松懈、松劲）现象，在全区开展治“三松”、抓“三防”（防事故、防案件、防军警民纠纷）、创“三无”（无事故、无案件、无军警民纠纷）的专项治理。1996年，县（市、区）人民武装部收归军队建制后，针对人民武装部干部移交地方十年，少数干部养成地方习气、非军事化现象等问题，军分区分两期对全体干部进行集训，下工夫狠抓人民武装部的“两个转变”和“两个形象”。省军区在谷城县人民武装部召开全省人民武装部正规化建设现场观摩会。围绕“强素质、塑形象、确保人武部正规化建设健康发展”，加大人武部正规化建设的步伐和力度。集中七天时间，进行人武部干部职工思想作风纪律整顿，在提高军政素质和工作能力上下工夫，分二批对全区75名人武部副团以下干部进行了两个月的封闭式训练。围绕贯彻落实条令条例，治理管理松懈、纪律松弛、作风松散，建立和完善了人武部职责制度。严格规范战备、训练、工作、生活秩序，先后抓宜城、枣阳、谷城三个正规化建设的典型，召开不同类型的人武部正规化建设现场会。对县（市、区）人武部进行一次全面检查，促使人武部实现由地方建制机关向严格正规的军事机关转变，由人武干部向合格的现役军官转变。各干休所一方面加大投入，抓好硬件建设，为管理提供条件，另一方面坚持从严治所，狠抓正规秩序和管理，提高为老干部服务质量。结合形势、特点和任务，坚持以条令条例为尺度，坚持治松、治散、治软、治偏，较好地克服个人主义、好人主义、经验主义和循而无章、有章不循的问题，提高干部骨干敢管、会管、愿管的能力。依据条令，军分区机关制定干部、士官、公勤人员办公秩序及安全、保密、营产营具、接待、经费管理等30项规定，解决条令制度落实难、人员车辆管理难、违章违纪处理难、“四个秩序”正规难的问题。新条令颁发后，军分区军政主官亲自抓，采取统一计划、统一内容、统一组织、统一示范、统一检查考核标准的方法，全面进行新条令集训。军分区分两期对机关、人民武装部、干休所干部战士进行集训，把全区所有的现役官兵普训一遍，增强官兵的条令条例意识和法规意识，机关按条令指导基层，基层按条令开展工作，干部按条令管理士兵，士兵按条令规范言行。

1997年，为进一步加强正规化建设，襄樊军分区、预备役师统一全区人武部、预备役团正规化建设标准，规范“四个秩序”（战备、训练、工作、生活秩序），采取首长分片包干等形式，狠抓工作落实。加强机关办公自动化建设，实现分区、预备役师机关与各人武部、预备役团的微机联网。采取层层签订责任书，开展“条令月”（集中一月学习贯彻军队各项条令，主要是内务、队列、纪律条令）和“百日三无”（无事故、案件、军警民纠纷）活动，确保全区的安全无事故。

1999年，按照两级军区的部署，认真开展“学条令、用条令、治‘三松’（松懈、松散、松劲）、创‘三无’”系列活动。同年2月，对全区20名武器弹药仓库保管员进行集训。同年3月，以学业务、抓教育、整作风为主要内容，对64名汽车驾驶员进行整顿训练。4月，组织全区武器装备仓库主任参加湖北省军区集训，获得总分第一名。同年，宜城市人民武装部发生枪弹被盗案件后，军分区组织专班在该部指导整顿，揭露矛盾，制定整改措施，并对当事人进行严肃处理。为达到处理一事、震动一方、教育一片的目的，军分区在全区大力开展“五查五看”，摆表现、找原因、论危害，见人见事见思想。针对容易发生问题的人员、车辆、枪弹反复检查，经常“回头看”，发现问题及时纠正。为了巩固整顿成果，确保部队的安全稳定，坚持每年开展1—2次“百日三无”活动，主要领导亲自动员部署、进行检查指导和总结讲评，有效遏制事故、案件和纠纷发生，保持高度稳定和集中统一。

2000年，襄樊军分区按照广州军区和湖北省军区的部署，于1月22日至5月1日和9月20日至12月31日，开展两次“百日安全”活动。活动围绕落实军委主席江泽民总要求和对新疆“九八”特大爆炸事件的重要批示，以条令条例为依据，以作风纪律整顿为核心开展。在深入教育的基础上，各单位制作了“百日安全”活动倒计时牌，悬挂横幅，张贴标语，举办墙报、板报，召开誓师大会，签订《安全管理责任书》。活动以人员、车辆、武器装备为重点。广泛开展“六查六看”，即查会议记录，看党委和主官重视程度；查派车登记，看有无私自出车现象；查武器装备仓库各种登记，看各种检查、值班制度是否落实；查武器弹药数量、出入库登记，看账物是否相符，手续是否符合要求；查携枪带弹站哨情况，看哨兵警惕性和处置问题方法是否恰当；查会议室、办公室和个人办公桌，看是否有密级文件未及时归档。针对安全隐患，修订、完善人员管理、节假日值班、车辆派遣、武器保管、财务审核、警备纠察等30余项制度。同年6月13日，襄樊军分区召开管理教育工作会议，总结1996—2000年贯彻《中央军委关于军队管理教育工作的决定》情况和落实“两个经常”、加强管理教育工作的基本做法，着眼军分区特点和管理教育工作的新情况、新问题，围绕“打得赢”、“不变质”的总要求，研究制定坚持“两个经常”的措施，加大管理教育工作落实力度。会议表扬了被湖北省军区评为管理教育工作先进单位的枣阳市、随州市、樊城区人武部和先进个人枣阳市人武部部长李焕成，展播了被中央电视台和湖北省军区管理教育工作会议摄制、播映的枣阳市人武部新时期管理教育工作录像片，观摩了军分区、襄阳县人武部、樊城区人武部、民主西路干休所等4个单位的机关、仓库、基地建设和正规的工作、生活秩序，学习有关车辆保养、车辆派遣程序、交接班组织与实施的方法，听取三个先进单位和二个先进个人的经验介绍，现场抽考军分区机关全体干部、战士的队列动作和警备纠察排21名战士学习条令、樊城区人武部24名干部职工学习业务知识的情况。会议确立了全区部队管理教育工作一年一变样、三年大变样、五年上台阶的奋斗目标。

2001年，在全区开展“百日安全”和“条令月”活动，突出人、车、枪、弹、财和干部、士兵八小时以外（工作时间之外）的管理，全年安全无事故。加大对安全设施建设的投入，装备仓库安全设施得到较大改善。襄阳区、枣阳市民兵装备管理工作分别受到总参谋部、湖北省军区的表彰。

2002—2004年，认真贯彻落实军队的各项条令条例，切实加强人员、车辆、财物管理。通过开展“百日安全无事故”和“贯彻条令月”等活动，提高全体人员的安全防事故观念和组织纪律观念。

2003年，对士官队伍和司机队伍进行整顿，襄樊军分区在谷城县人武部和中原路干休所进行战备、训练、工作、生活秩序正规化试点，并在全区全面推开，使全区“四个秩序”的正规化建设大大提高。

2004年2月，根据湖北省军区转发的《总参谋部、总政治部关于认真贯彻中央领导同志重要批示和国办[2004]7号发电精神，切实做好军队安全工作的通知》和《广州军区关于开展安全大检查的通知》精神，在全区开展安全工作大检查，对安全职责、安全组织、安全制度、安全措施落实情况，安全防事故应急处理预案和联防联治方案建立情况，人员管理和熟悉掌握安全常识情况，各类车辆的管理使用、技术状况和安全运行情况，枪支弹药、易燃易爆等危险品的保管使用和管理情况，各类电器、煤（燃）气和消防设施等技术状况和安全使用情况，各类涉密载体的安全保密情况，武器仓库、保密室、财务室等重要目标安全警戒和安全设施运行情况，营区各种安全设施完善配备情况，各类出借、出租、闲置房屋的整治和民兵训练基地的安全管理情况，防事故、雷击、禽流感、“非典”、食物中毒等安全防范措施及落实情况，关注掌握“法轮功”等邪教组织活动情况，各类人员聚集上访情况，落实规范“四个秩序”情况等14个方面的情况进行检查，促进安全工作落实。4月上旬至10月，襄樊军分区认真贯彻江泽民主席紧紧“扭住从严治军不放松”的指示，落实广州军区“衡阳会议”和湖北省军区“孝感会议”精神，在全区开展“抓领导、抓机关、抓直属队，从严治军”活动，分学习教育、筹划部署，查找问题、全面整改，总结经验、树立典型，巩固提高、检查验收等四个阶段在全区广泛开展从严治军活动。

2005年，狠抓全军安全工作电视电话会议和广州军区“长沙会议”、湖北省军区“孝感会议”精神的贯彻落实。年初在全区开展正规“四个秩序”“回头看”大检查。4月，结合贯彻“司令部条例试点”工作，理顺机关工作指挥关系，为机关各办公室制作房门标牌。协调、指导全区加强“四个秩序”基础设施建设，机关重新设置了队列、体能训练场和停车场，统一办公场所内务设置。先后以军分区名义下发《关于进一步做好安全防事故工作的指示》、《关于继续大抓从严治军的意见》等六项关于从严治军和安全管理的工作方案和意见，对从严治军和安全稳定进行部署，先后四次组织工作组，对全区从严治军和安全管理工作进行检查。深入开展“条令月”和“百日三无”活动，组织全区现役官兵、职工参加两级军区“条令知识”和“安全工作知识”竞赛，军分区被广州军区表彰为“条令知识竞赛优秀组织奖”。组织二次保密和计算机网络清理检查，经广州军区检查，给予高度评价。先后在全区进行四次从严治军和作风纪律教育整顿，组织两次司机队伍整训。突出抓士官队伍建设和兵员管理，干部轮流值班，坚持每天到警备纠察排查铺查哨，每周两次对干休所和军分区装备仓库兵员在位情况进行检查，及时发现和纠正问题，并将检查情况进行通报。

（4）警备工作

1988年2月，襄樊军分区根据三总部和两级军区指示，牵头成立驻樊部队维护军容风纪和军车安全委员会，并设中国人民解放军襄樊警备司令部，司令部设在襄樊军分区。委员会设主任委员1名，由军分区司令员兼任，副主任委员10名，委员23名，由驻樊部队各系统牵头单位领导及参谋人员组成。1992年，襄樊警备司令部改称为襄樊警备区，1997年又改称为襄樊警备司令部。1999年士官制度改革后，警备纠察排编制22人，编3个警备班，其中警备排长1名，士官4名，士兵17名；编制北京吉普2辆，切诺基1辆，摩托车1辆。

警备工作主要是对军队人员和车辆在营区以外的活动实施纪律监督。主要任务是维护军容风纪，维护军车运行秩序和交通安全，维护军队声誉和军人正当权益，执行临时性警备勤务，必要时协助地方维护社会治安。襄樊军分区党委、首长始终把城市警备工作摆到重要位置，为警备纠察排修缮住房，购置警备车辆及通信器材，添置生活和文化娱乐设施。1993年4月，警备司令部与襄樊市公安局联合下发《关于维护军车交通安全和对军车驾驶员违章处理的若干规定》，对军车和军车驾驶员的管理和处置做出了具体规定，增强了可操作性。1995年9月，绿岛集团主犯惠书峰（真名祁照跃，39

岁，河南南阳汉中乡李王庄村人），自称中国人民解放军共和生产基地后勤部副部长、生产办主任、上校、正团级，带着五名假冒军人及伪造的各种文件资料到老河口市孟楼镇，筹建假冒军队企业"绿岛公司"。该假冒军队企业在孟楼占用土地134.76亩，骗取施工单位交纳的保质金、管理费及工程垫支款733.49万元，在河南邓州用同样的手法骗取同样规模的工程及款项800余万元，造成鄂豫两地施工单位及群众经济损失近1 600万元。1996年11月上旬，襄樊警备区接到地方群众举报后，经过明察暗访，摸清真相，对该公司进行果断查处，分别在老河口、上海、河南等地抓获惠书峰及七名同伙，收缴吉普车一辆及9.2万元赃款。1997年4月，襄樊警备司令部接到案情通报，在316国道寺湾收费站设卡，与公安、武警携手将抢劫、盗窃车辆犯罪嫌疑人李财、彭王民抓获。同年11月，破获一起军车被盗案，抓获犯罪嫌疑人，为部队追缴价值20余万元车辆1部、1997式军牌1副，受到上级通报表彰。1999年1月14日，襄樊警备司令部接地方群众举报，快速布控，将自称54663部队军需科长的假中校叶文跃、李南京二人抓获。经审查，叶文跃，广东汕头人，李南京，湖北仙桃人。二人冒充部队干部与襄樊市非金属制品公司洽谈工业特种布采购，妄图诈骗，正待签合同时，被襄樊警备司令部当场抓获，避免襄樊市非金属制品公司67.5万元的经济损失。

2000年7月，截获使用伪造军车号牌、伪装战备运输车贩运青蛙案，与工商部门、新闻单位配合，依法对人、车、货进行了处理，将约10万只青蛙放归汉江。2000年12月，截获伪造军车号牌，非法运输烟草案，在新闻媒体上进行曝光和报道，社会反应良好，维护了军队声誉和人民利益。纠正军容不整和违纪军人741人次，纠正违章军车917台次，查扣严重违章车辆87台次，协助地方公安机关抓获不法分子7人，查处军人违纪事件12起，处理军警民纠纷23起，破获假冒军人团伙涉嫌诈骗案1起，查获假军人19名，查扣假冒军车34台，收缴假军车号牌56块，各种证件141本，帮助过往军人5名。在警备工作中，警备人员一身正气，两名警备参谋先后被提拔为人民武装部副部长，先后有12名警备骨干入党，多名骨干被改选为士官，23名士兵被评为优秀士兵，19名士兵记功嘉奖，1人考取军校。1999年警备司令部被广州军区评为"警备工作先进单位"，2000年底警备纠察排被襄樊军分区评为"先进单位"。

2005年，突出抓警备纠察分队应用基础训练、规范勤务训练和应急机动训练，规范警备执勤动作和程序，提高整体执勤能力。全年派出执勤兵力1 132人次，车辆520台次，检查军人军容风纪367次，检查军车2 030台次，纠正军容不整和违纪军人67人次，纠正违章军车300余台次，查处军人违纪事件7起，处理军警民纠纷16起，查获假军人6名，查扣假冒军车92台。

3.政治工作

（1）党的建设

1979年，中共襄阳军分区党委紧紧围绕党的中心工作，结合形势、任务和党的建设实际，进行全党工作着重点转移、党的思想路线、党的基本知识、党规党纪、党的作风纪律和党员先锋模范作用等教育，1980年，中共襄樊军分区党委结合学习贯彻中共十一届五中全会精神，学习《关于党内政治生活的若干准则》，着重解决贯彻执行党的路线、坚持集体领导、维护党的集中统一等方面的问题，举办五期党员培训班，轮训党员146人。1983年，对全区党员进行轮训，共轮训党员630名。1983—1985年结合部队精简整编、地方经济体制改革，广泛开展"什么是大局，怎样在大局下行动"大讨论。1987年，在全体党员中深入进行党的基本路线教育，结合贯彻中央军委扩大会议和全军基层政治工作会议精神，对全区党员进行理想、纪律和反腐蚀教育。

按照中央的统一部署，1985年、1986年对师、团两级党的组织和广大党员进行整顿。1985年5—10月，中共襄樊军分区党委和机关，按照宣传发动、学习文件、对照检查、组织处理、党员登记、整改和总结验收等几个阶段进行整党。参加整党的 148 名党员中，除 1 名预备党员外，全部予以登记。1986 年 2—5 月，组织所属团级单位党委整党，14 个团级单位党委 23 个党支部 590 名党员参加整党。

1979 年，解放军总政治部组织部下发《关于做好当前党的纪律检查工作的几点意见》，襄樊军分区认真贯彻落实，在全区党员中普遍进行加强党规党纪、党的作风和党的纪律教育，并分别于 5 月和 8 月举办两期共 50 人参加的党支部骨干学习班。1982 年，襄樊军分区党委认真组织学习中共中央、国务院《关于打击经济领域中严重犯罪活动的决定》，以正反两方面的典型为镜子，紧密联系单位和个人思想实际对照检查。并把财物清查结合起来，于同年 5—6 月对全区团级单位财务账目和物资装备进行清理。1987 年 9 月，根据湖北省军区政治部、纪委《关于加强反腐蚀教育的通知》，襄樊军分区党委在全区干部、战士、职工中进行教育，针对个别人存在的政治学习无兴趣，追求腐朽庸俗的生活方式，不能正确对待恋爱、婚姻和家庭问题，作风松散，不假外出，一切向钱看等不良倾向，广泛开展“查思想、查作风、查纪律”活动，教育广大党员干部自觉抵制腐朽思想侵蚀，树立正确的人生观、价值观。1988 年 7 月，中共襄樊军分区党委，认真贯彻湖北省军区党委关于《中共中央关于党和国家机关必须保持廉洁的通知》精神，在全体党员干部中进行教育，使全体党员干部牢记党和军队的宗旨、性质，树立全心全意为人民服务思想，保持与人民群众密切联系、艰苦奋斗、廉洁奉公的作风，正确运用权力，严守法纪，不贪赃枉法，不以权谋私。1995 年，为更好地坚持党的民主集中制原则，贯彻执行党委统一的集体领导下的首长分工负责制，提高党委常委决策水平和议事效率，中共襄樊军分区党委制定常委议事规则。2003 年，中共襄樊军分区党委制定团以上党员领导干部廉政建设守则，对政治纪律、组织人事纪律、征兵、财务、工程物资采购、受礼、配偶子女、社交、车辆、住房、吃请等方面，提出“十不”规定。

(2)政治学习

1979 年，学习邓小平在中共党的理论工作会议上的讲话，进行四项基本原则教育和真理标准大讨论，澄清模糊认识，坚定理想信念。1980—1983 年期间，在官兵中开展“三学一创”(学雷锋、学硬骨头六连、学航空兵一师党委、创民兵工作“三落实”先进单位)，通读《毛泽东选集》第五卷，学习对越自卫反击战中的英雄事迹，进行“五讲四美”(讲文明、讲礼貌、讲卫生、讲秩序、讲道德和心灵美、语言美、行为美、环境美)、“三热爱”(热爱党、热爱祖国、热爱社会主义)为内容的学习教育。1983—1986 年，组织学习《中共中央关于经济体制改革的决定》和《社会主义经济建设常识》，结合部队精简整编，教育官兵正确认识眼前利益与长远利益、国防建设与经济建设的关系。1986—1996 年，在官兵中开展“四有教育”，积极引导官兵争做有理想、有道德、有文化、有纪律新人。在 1989 年北京春夏之交的政治风波中，广大官兵立场坚定，旗帜鲜明，与党中央保持高度一致。1990 年贯彻全军政治工作会议精神，把稳定作为压倒一切的政治任务。1991 年，着力抓军分区、县(市、区)人民武装部干部思想、作风建设。1993—1997 年，紧紧围绕经济建设这个中心，认真组织学习邓小平理论，学习邓小平新时期建军思想，学习江泽民在党的十五大会议上的工作报告，教育官兵坚定政治信念，树立正确的价值观、人生观，保持思想道德上的纯洁性，自觉抵制“酒绿灯红”的腐蚀，保持人民军队的政治本色。1998 年，学习抗洪抢险部队无私奉献精神，在本职工作上建功立业。1999 年，开展以“讲政治、讲学习、讲正气”为主要内容的“三讲”教育，不断增强党组织的凝聚力和战斗力。2000 年，在官兵中开展“三个代表”(代表中国先进生产力的发展要求、代表先进文化的发展方向、代表中国最广大人民群众的根本利益)重要思想教育活动，请老红军、老英模和先进典型作报告，组织观看孔繁森、李国安、徐虎等英模人物事迹录像报告，使官兵艰苦创业、爱岗敬业、建功立业的思想更加牢固，经受住了改革开放和社会主义市场经济大潮的考验，为经济建设和部队稳定做出了贡献。2001 年，坚持以“三个代表”重要思想为指导，始终把思想政治建设摆在各项建设的首位。按照《军队高中级干部三年学习规划》，重点抓

《中国近代史》学习，各级通过理论辅导、座谈讨论，提高全区官兵对社会主义发展的历史进程和资本主义发展的历史进程的正确认识，消除思想上的疑虑。组织16名师团干部参加广州军区和湖北省军区读书班，取得较好成绩。认真组织党员先进性教育和解放军根本职能教育活动，同年4月，襄樊军分区在樊城区人民武装部抓“牢记使命、准备打仗”为主题的根本职能教育试点，其经验做法，受到湖北省军区肯定。

(3)宣传教育

军分区机关针对文化工作的特点，组织开展多种形式的文化活动，较好地发挥文化活动的娱乐、审美、求知、教育功能，有力地促进机关全面建设和各项任务的完成。坚持围绕机关的大项工作任务组织活动，积极发挥文化活动的激励功能。坚持根据机关不同时期的大项工作任务，组织开展文化活动，做到“四个纳入”、“三个力求”。即把文化工作纳入重要议事日程，纳入年度工作计划和营区综合治理的总体规划，纳入全面建设考核内容，纳入年度经费预算；对文化活动在计划安排上，力求与其他工作同步；在活动内容上，力求贴近工作需要；在具体形式上，力求多样灵活。从而把文化活动渗透到机关经常性的工作之中，既坚持了经常，又较好地发挥了作用。结合开展“四个教育”，组织开展读百部好书活动，精选古今中外名著100部，组织官兵利用业余时间阅读，并适时组织讨论，引导大家独立思考，较好地延伸了教育课堂、深化了教育效果。结合中国人民解放军根本职能教育，引导官兵观看《突出重围》、《壮志凌云》、《惊涛》等军事题材的电视连续剧。结合警示教育，组织观看电影《生死抉择》，并开展写影视评论活动，使官兵在直观的艺术感受中加深对解放军根本职能的认识和理解，增强廉洁自律的责任感和自觉性。

组织参观见学活动。在揭批邪教“法轮功”的教育中，统一组织机关干部战士职工参加襄樊市举办的揭批“法轮功”邪教组织本质的图片展，观看大型科教片《宇宙与人》。通过走出去参观见学，使官兵对“法轮功”反社会、反科学、反人类的邪教本质有了更加深刻直观的认识，增强官兵对伪科学的鉴别能力和抵御能力。

结合重大纪念日或重大事件组织活动，积极营造健康向上的文化氛围。坚持重大纪念日或重大事件，组织文体活动，开办宣传橱窗，张挂宣传标语。1999年，中华人民共和国成立50周年、澳门回归，襄樊军分区精心组织以“庆国庆、迎回归”为主题的系列文化活动，开展文艺联欢、知识竞赛等多种形式的文体活动，既活跃了官兵生活，又营造了喜庆气氛，取得良好效果。以美国为首的北约轰炸中国驻南联盟大使馆的事件发生后，在组织官兵收听收看广播电视及报纸有关报道的同时，充分利用机关的广播、橱窗等阵地，组织官兵开展以“认清霸权主义本质，抓紧做好军事斗争准备”为主题的群众性大讨论，刊发、播出官兵讨论稿70多篇。较好地引导官兵把对霸权主义、强权政治的义愤转化到做好本职工作、加强民兵预备役建设的实际行动上。

军分区在财力十分紧张的情况下，先后投资十多万元，改造修建战士文体活动室，建立干部活动室，购置大屏幕彩电、影碟机、乒乓球桌、健身器、羽毛球架（网）等设施，在机关办公楼前竖起江泽民主席的“政治合格、军事过硬、作风优良、纪律严明、保障有力”标语牌。这些设施改善了机关文化活动的条件，增添了机关工作活动的氛围。先后在机关开展学电脑、学英语的“两学”活动、“三写三评”（写新闻报道、写经验材料、写调查报告，书评、影评、视评）活动和在职函授学习教育活动，分两批对机关干部进行电脑培训，请地方学者教授开办写作专题讲座，组织100多名干部战士参加中央党校函授本科学习。1997年3月，有43人取得中央党校函授本科文凭。

1998年，重点宣传枣阳市人民武装部部长李焕成建设现代化人民武装部和襄樊地区拥军书记群体这两个典型。1998年，宣传南漳县巡检镇专武干部李胜军，雨夜为抢救、转移300多名群众英勇牺牲的典型事迹，稿件在各媒体显著位置上刊出，并在参加“中国大中城市报”、“湖北新闻奖”、“湖北地市州好新闻”评比中，被评为一等奖。1999年，重点宣传襄阳县人民武装部党委抓全面建设的事迹。2000年，襄樊军分区政委鲁修轼被广州军区评为优秀团以上党员干部，枣阳、随州市人民武装部党委被湖北省军区评为先进单位，谷城县人民武装部政委肖初良模范实践“三个代表”重要思想的典型事迹，先后被十多家报纸、杂志刊登报道。

(4)拥政爱民

积极组织驻军、民兵、预备役人员，先后成建制地参加石台寺、白水峪、唐白河筑坝、207国道排水、襄城南渠改造等重点工程建设60多项，投入劳动日14万余个，出动机械、车辆2.5万多台次，投入资金300多万元。1988年8月，襄樊市遭受百年不遇的特大干旱，军分区组织驻军开展“向灾区群众献爱心”活动，共向灾区群众募捐现金10余万元，汽、柴油60多吨，粮票3.5万公斤，水泵电机100台送到灾区。出动人力5.5万人次，机械200余台次，抗旱保苗100多万亩。组织驻军和民兵站岗执勤8万多人次，协助公安破获案件256起，追捕犯罪分子105人。1988年3月，为解决鄂北岗地500万亩旱地缺水和300多万人吃水难问题，耗资1 000多万元修建引丹水利工程，积极协调6个驻军单位，经过2个月奋战，出色完成任务。1989年11月，湖北省投资600万元修建枣阳石台寺提灌工程，襄樊军分区积极组织民兵预备役部队成建制地出动了4个团的兵力，共1.5万余人，用20天时间完成第一期工程的40多万立方米土方的开挖任务，比原计划提前15天。1991年11月，为迎接全国历史文化名城会议在襄樊召开，襄樊市决定兴建十大工程，全市19个驻军单位2个月出动5万人次，出动机械、车辆6 000多台次，完成3.5万立方米土、泥方开挖搬运和河渠疏浚任务。组织驻军参加抢险救灾500多次，抢救和转移群众5万余人次，物资近万吨，财产近4 000万元。1993年，积极协调军地双方开展双拥活动，召开驻军团以上单位领导联席会议研究双拥工作。发动驻军1 000余名官兵，统一上街学雷锋，义务为民服务。协同军地双方解决襄北土地纠纷和军警民纠纷。为配合襄樊市办好诸葛亮文化节和开好全国历史文化名城会，襄樊军分区号召驻军官兵开展“把驻地当故乡，为名城作贡献、添光彩”活动，为“一节一会”出人、出力、出物，积极完成中共襄樊市委、市政府交给的大型文艺表演、修路、平整场地等任务，为会议圆满成功做出了积极的贡献。1994年，组织驻军官兵为灾区捐衣被五万余件，捐助残款三万余元。军分区协调解决驻军与襄北农场的土地纠纷和总后勤部原二基地与航天部42所军民纠纷。协助检查开展双拥模范县(城)情况，襄阳县在动态管理的情况下，再次被民政部、解放军总政治部命名为全国双拥模范县，谷城县跨入湖北省双拥模范县行列。1995年3月初，襄樊军分区组织驻军1 000余官兵上街开展学雷锋为民服务活动。1995年，通过军地共同努力，襄樊市被列为湖北省双拥模范单位，襄阳县、枣阳市、保康县、谷城县被湖北省评为双拥模范县(城)。1996年，襄樊军分区与地方有关部门联合开展以双拥工作为主要内容的评比活动，评选出十个拥政爱民单位，十个先进军民共建点，十名拥政爱民先进个人和“十佳军嫂”、“十佳复转军人”，推动襄樊市双拥工作开展。自1997年以来，驻军单位共照顾孤寡老人561人，送医送药2 100人次，义务服务100多项，义务捐献2万多元。1988年、1990年先后多次召开全市军民共建大会，参观、观摩共建先进单位，观看反映军民共建内容的电视录像和军民共建成果展览，听取先进单位的典型发言，表彰先进单位。全市150个军民共建点，进入市、县级文明单位行列的有117个，占77%，并涌现出解放军襄阳太平店油库和太平店镇、87452部队和随州市八角楼学校、市区驻军和襄樊火车站、88737部队和南漳县城关镇、89009部队和老河口市棉纺厂、解放军370医院和襄城南街居委会等一大批有影响的共建点。1998年4月，湖北省人民政府和湖北省军区表彰人武系统参建(扶贫)先进单位、先进个人，襄樊陆军预备役步兵师第2团被表彰为参建(扶贫)红旗单位，保康县人民武装部部长陈申义被表彰为参建(扶贫)标兵个人。宜城市人民武装部、枣阳市徐寨镇人民武装部、襄樊陆军预备役步兵师第3团直属通信连被表彰为参建(扶贫)先进单位；襄樊陆军预备役步兵师炮兵团团长范怀月、襄阳县龙王镇武装部部长赵洪山、谷城县赵湾乡武装部部长何祖清、襄樊陆军预备役步兵师直属特务连连长李祥生被表彰为参建(扶贫)先进个人。1998 年,襄樊军分区组织驻军、民兵预备役人员参加修建烈士陵园广场。2002 年,驻军 60 余名团以上干部与贫困儿童结成“一帮一”助学对子。

(5)拥军优属

全市共配国防教育图书专柜 2.5 万多个,增设军事娱乐设施 1 200 多处,书写醒目永久性宣传标语 9 100 多条。1991 年以来,通过党校和学校进行国防教育,培训乡镇以上干部 3 万人,占全市干部的 60%;培训学生 20 多万人,占学生总数的 30%。同期襄樊市政府相继拨出经费 250 万元,支持预备役师部和 4 个团部基本建设。1991 年 5 月,襄樊市政府会同随州市政府投资 53 万元,改造和扩建一条长 2 750 米、宽 5.4 米的某高炮旅部队营房公路。20 世纪 90 年代后期的几年间,全市安置转业干部 421 人,无一人落聘,其中 113 人得到提拔使用。优待军人家属 1 600 名,优先照顾部队子女,招工 950 人、进入重点学校 310 人、入学入托的 3 150 人。全市各级人民武装部帮助烈军属和复退军人创办各种经济实体 1.2 万多个,先后帮助贫困县市的 9 万名优抚对象摆脱贫困。以烈军属、复退军人主办的企业发展到 3 000 多家,产值百万的 20 多家。全市使用农村退伍军人两用人才 5 500 人,占退伍军人总数的 60%。1988 年以来,与科技部门合作,共举办科技培训班 5 000 多期,培训人员 5 万多人,使 80%的人学到一技之长。与银行、物资、供销等部门加强横向联系,先后解决全市 100 多个乡镇的 5 000 多名复退军人和军人家属创办实体的启动资金问题。先后在全市建立优抚对象服务站,优抚互助基金会 1.5 万个,筹集资金 240 万元。优先为优抚对象供应化肥 1.7 万吨,帮工 1 250 万个,对优抚对象实行八优先:优先解决生产资金、优先供应农用物资、优先指导生产技术、优先提供致富信息、优先审批建设房用地、优先录取子女入学、优先扶持发展生产、优先帮助解决各种困难。参与制定全市《优抚对象抚恤优待暂行办法》,对全市现有的烈属、伤残军人和在乡的复员军人共 33 919 名纳入优抚。建立“双维机制”,维护国防利益、军人军属合法权益,密切军政军民关系。全区先后有 7 个县(市)被命名为省级“双拥模范城(县)”,襄阳县荣获全国双拥模范县“四连冠”,南漳、老河口、枣阳、随州等 4 个县(市)被湖北省命名为“双拥模范城(县)”。2002 年 4 月,中共襄樊市委、襄樊市政府决定给市区待岗随军家属按月发放生活补助,为驻军部队安置随军家属子女就业、入学、入托 43 人。

(6)干部制度改革

1980 年,执行中国人民解放军三总部《关于部分改革我军干部工资制度的实施办法》,由级别薪金改为行政级别工资与职务工资相结合的薪金制度。1980 年 12 月 11 日,总参谋部、总政治部、总后勤部联合印发全军第 11 次院校会议《关于经过院校培训提拔干部的规定》,这是军队干部制度的一项重大改革。中共襄樊军分区党委把培养和造就一支能够坚决执行党的路线、具有现代战争组织指挥才能和专业知识的干部队伍摆在首要位置。到 1983 年,襄樊军分区选送 100 多名干部到军队院校培训,并注重从经过院校培训毕业的干部中提拔各级军事、政治、后勤及技术干部。1984 年,军分区以改革的精神,抓以建立岗位责任制、考核制为主要内容的干部制度改革,并进行试点,取得成效。1988 年,中央军委颁发实施《中国人民解放军文职干部暂行条例》。同年 7 月、9 月,第七届全国人民代表大会常务委员会第二次、三次会议,分别批准《中国人民解放军军官军衔条例》、《中国人民解放军军官服役条例》。襄樊军分区根据上级部署围绕贯彻实施这些条例,为全区军官授衔,将部分军官改为文职干部,为离休干部授勋,以及为士兵授衔。

(7)老干部工作

襄樊军分区辖五个离职干部休养所,共安置离休老干部 249 户。襄樊军分区认真贯彻中共中央、国务院、中央军委关于老干部工作的一系列方针政策，把老干部工作作为一项重要工作抓，认真做好服务管理，使老干部老有所养、老有所乐、老有所医、老有所为。为做好老干部的安置工作，20 世纪 60 年代建立第一干休所，20 世纪 80 年代，先后组建第二、三干休所，并接收原武汉军区炮兵干休所与第三干休所合并，后依次按地名改为民主东路、民主西路、荆州街干休所。1987 年，接收原铁道兵、工程兵襄樊干休所，后分别依地名改为中原路干休所、七里河干休所。为使老干部人休息思想不休息，始终保持旺盛的革命热情和坚定的政治理想，襄樊军分区把老干部的思想政治建设摆在首位，组织进行经常的政治教育和政治理论学习，使老干部紧跟党的步伐，紧跟时代发展步伐，积极支持国家和军队的一系列改革，始终与党中央保持高度的一致。为使老干部身心健康，安度晚年，经常组织各种健康有益的文化体育活动，如书法、钓鱼、棋类、门球等，并每年进行 1—2 次老干部运动会。春暖花开、秋高气爽时节组织老干部郊游。为促进老干部的服务保障工作和干休所的全面建设，襄樊军分区在干休所和全体工休人员中广泛开展争创文明干休所，争当先进老干部、争当先进工作人员活动，干休所和工休人员，多人、多次受到湖北省军区、广州军区的表彰，民主西路干休所还被总政治部评为文明干休所。为改善老干部的住房条件，1997—1999 年对民主东路、民主西路干休所的部分老干部住房重建，荆州街、中原路、七里河等干休所对老干部住房进行维修改造。

4.后勤建设

1979—1984 年，后勤工作认真贯彻中共十一届三中全会和中央工作会议精神，深刻认识“调整、改革、整顿、提高”八字方针的重大意义，深入进行实践是检验真理唯一标准的大讨论，积极开展“学雷锋、学硬骨头六连、学航空兵一师党委”、学对越自卫还击作战英模的活动。认真执行各项财务、被装、给养标准制度，发扬解放军艰苦奋斗、勤俭建军的优良传统。1985 年，认真贯彻执行军委扩大会议关于精简整编精神和总部、武汉军区、湖北省军区的一系列指示，结合机关整党学习，积极改革，努力创新，加强后勤人员的思想、作风和组织建设，促进后勤业务管理，提高各级后勤保障能力。1987 年，后勤工作认真贯彻中共中央、国务院关于经济体制改革的一系列方针、政策，及中央军委大力发展生产经营的指示，以改革为前提，认真贯彻“双增双节”（增产、增效，节能、节支）指示，重点抓后勤战备训练、业务管理、正规化建设和后勤保障等项工作，突出抓业务管理改革、生产经营、目标责任制落实和武器封存等工作。

（1）军需供给

襄樊军分区发扬艰苦奋斗勤俭建军的光荣传统。在被装管理方面，坚持发放标准制度和旧品回收制度，并组织对各单位的公用被装物资进行普遍检查，登记立账，对物资发放逐件登记。在伙食管理方面，坚持食堂制度，机关、连队建立健全经委会，实行经济民主。为改善伙食，广泛开展小作坊活动，自制豆腐、豆芽、咸菜、面条。大力开展农副业生产，1979 年，全区收入粮食 14 万余公斤，油料 0.7 万公斤，猪肉 1.1 万余公斤，蔬菜 18 万余公斤。被装管理坚持标准制度和旧品回收，1979 年收旧率达 95%。1979 年，按照中央军委和两级军区关于《进一步开展清仓查库、清产核资工作》指示，在全区开展清产核资工作，自 4 月开始至 6 月结束，查清“三材”（钢材、木材、建筑材料）物资 72.7 吨，机械器材 14 704 件（台、套），油料 7 吨，粮票 201 500 公斤，其他物资 80 458 件。通过清产核资，建立账目，做到资源合理利用，杜绝浪费。1980 年，在全区开展争创先进食堂活动，并制定《先进食堂评分标准》，通过活动的开展，有效地调动广大炊事人员的积极性，改善服务态度，提高服务质量。在加强管理的同时，搞好农副业生产，1980 年全区自产猪肉 17 540 公斤，蔬菜 217 370 公斤，自制各种干、咸菜 5 670 公斤，生产粮食 86 000 余公斤，油料 9 000 余公斤。1986 年，认真落实中央军委和两级军区关于“斤半加四两”的要求，切实加强粮油供应和副食生产供应，全区共生产粮食 2 万余公斤，生猪存栏 250 余头，养鱼 2.5 万余尾。2001 年，加强“菜篮子”工程，调整产业结构，加强农副业生产管理，对“菜篮子”基地实行承包经营，全年循环养猪 236 头，繁殖仔猪 135 头，养鸡 1 300 余只，养鱼收获 1 125 公斤。

(2)财务管理

襄樊军分区始终按照上级的财务管理规定，根据所属单位的实际，提出具体要求，严格财经政策和审核报销手续，坚持党委集体理财和“一支笔”审批原则。1978—1980 年，认真贯彻执行全军后勤工作会议精神，加强对经费的管理，对各项经费开支严格审批把关。1979 年，认真贯彻财务管理标准制度，对直属单位账目进行清理。实行计划管理，做到先预算后支出。清理和压缩私借公款，提高资金的有效利用率。对水电费实行包干管理，统一安装分户水、电表，多用自理，有效地节约水、电费开支。对差旅费、公共事业费、装备维修费、民兵事业费、电话费等实行包干管理，节余不交，超支不报，有效控制经费超支现象。1981 年，对全区财经纪律执行情况进行检查，进一步促进各项制度的落实，纠正接待费超支、超标准购买控购商品和标准制度执行不严的现象。1982 年 4—6 月，再次对全区 18 个团级单位和 1 个营级单位财经纪律执行情况进行检查，重点是工厂、农场、招待所、服务社、仓库等管钱管物的单位，对近两年的财务、伙食、生产和营产、公用被装物资等进行清查。1984 年，襄樊军分区按照上级财务管理规定，加强对财务管理工作领导，在全区实行经费承包责任制，克服“大锅饭”现象。1985 年，贯彻中央军委《关于加强军队财务工作的决定》(〔1985〕2 号文件)，严格执行经费标准和财经纪律，坚持预算审批。并结合部队精简整编，襄樊军分区后勤部下发《关于加强经费和物资管理的通知》，对经费进行清理，处理历年遗留问题账目。1986 年，根据中央军委和两级军区关于开展财经纪律大检查的指示，从 4 月开始，抽调机关 4 名干部组成 2 个清查小组，历时 60 天，对全区 22 个财务单位进行全面清查，全区在精简整编中账目结算清、经济手续清。并对财务管理 3 个先进单位和财务工作 7 个先进个人给予通报表彰。在精简整编后，迅速理顺军分区和预备役师、人武部和预备役团的财务关系和经费管理渠道。1989 年，认真贯彻执行中共十三届全国代表大会和军委扩大会议精神，坚持稳定部队的方针，树立过紧日子的思想，增收节支，加强管理。1993 年，襄樊军分区重新制定《机关经费管理暂行规定》、《关于接待客餐的暂行规定》、《电话费管理规定》，执行“一支笔”审批制度，规定开支 500 元以下的由部门领导审批，500—1 000 元由军分区分管财务的首长审批，1 000 元以上由军分区首长办公会审批。根据湖北省军区的指示精神，8 月，军分区对各预备役团、干休所、直属单位进行财务、税收、物价大检查。1995 年，襄樊军分区组织清理“小金库”和银行账号，撤销不符合规定的账号，对干休所、人武部和 9 个经营单位财务进行检查审计。2001 年，贯彻落实“过紧日子”的思想，修订完善《军分区财务管理规定》《接待费管理规定》，强化党委集体理财、一支笔审批和预、决算制度。4 月和 8 月，两次对全区 14 个单位的财务进行检查，其中 12 个单位实现年度预算收支综合平衡，13 个单位的家底经费达到上级规定的标准。通过检查，更进一步促进党委集体理财制度的落实，增强依法理财的意识。9 月，对会议、活动、接待等三费进行专项审计，结果表明全年预、决算情况执行良好。2002 年，对枣阳、襄阳、宜城、南漳、保康、襄城、樊城等七个人武部的财务进行检查，各单位财务管理规范、理财能力提高，“标准”、“皇粮”意识增强，加强经常性的财务管理，提高综合服务保障能力，较好地保障了年度各项工作任务的完成。2003 年，各项经费纳入统一预算、统一管理、统一开支，做到无预算的不报销，无经费来源的不报销，开支不合理的不报销。严格控制各项行政消耗性开支。修改完善《财务管理规定》《接待费管理规定》《车辆维修费管理规定》等各项管理规定，重点经费开支比上年度下降 10%。对 2002 年度财务管理进行检查审计，6 月，对两个单位离任的领导干部进行离任经济责任审计。多方筹集资金 500 余万元，保障教导队、自动化指挥系统、部分办公、生活设施的新建、改建和完善。2004 年，坚持党委集体理财、财务统管、收支两条线、“一支笔”审批等制度，加大审计检查力度，向地方政府争取资金 380 万元，保障了各项工作任务的完成。

(3)营区建设

军分区机关狠抓营院环境整治工作,实行“三包”措施,认真治理“脏、乱、差”,使营区环境得到较大改观。1992 年根据中央军委关于《军队住房制度改革方案》和广州军区、湖北省军区指示精神,成立住房制度改革办公室,并按《军队住房租金计算暂行办法》,对 622 户房租进行调整。同年 7 月,全区参加房改的住户房租全部进入财务正式运转。根据湖北省军区要求,为机关办公楼和公共场所安装节水节电的器具,维修更换管线。新修沥青路面 4 800 平方米,轮修营房 3 152 平方米,大修房面 2 317 平方米,投资 47 万元新建招待所餐厅 1 030 平方米,投资 16 万元,新建军械修理所车间和办公室 635 平方米,住房改造 1 200 平方米。1998 年投资百余万元新建军分区机关办公楼,新建军事训练指挥中心,完成招待所护城河大桥南北两头路面填塘铺路工程,运填土石方 3 000 余立方米,使招待所与环城路相通,改善招待所环境。军分区办公楼 1999 年建成。加快住房制度改革步伐。贯彻落实军委《进一步深化军队住房制度改革方案》及配套文件精神,加快现有住房出售。2001 年底前将符合出售条件的老干部住房全部售出。襄樊军分区机关重点抓四项建设工程:一是综合楼建设工程,改善机关单身干部、战士居住条件和机关业余文体活动场所。二是经济适用住房建设工程,改善干部、职工住房条件。三是营院整修工程,铺水泥路面,修花坛,种草地,根治营院脏、乱、差,创造整洁、优美的工作和生活环境。四是招待所改造工程,改善招待所接待条件,提高服务水平,创造经济效益。通过建设,使军分区机关的面貌焕然一新,达到“春有花、夏有荫、秋有果、冬有青”的要求。加强基建营房管理,严格工程建设项目管理和质量监督,工程招标投标率、质量监督覆盖率、质量合格率达到 100%。2001 年,襄樊军分区投资 185 万元建设机关综合楼。2002 年,襄樊军分区机关和各单位“以建设促发展”,狠抓基本建设,搞好营院的整体规划,在绿化、美化上取得突破。2002 年,襄樊军分区机关多方筹集资金,共投入 180 多万元,新建幼儿园教学楼,完善综合楼配套设施,改造装修综合服务楼,新建文化活动中心,拆除 20 世纪 50—60 年代修建的旧平房 4 栋、旧办公楼 1 栋,平整场地 8 500 平方米,植草坪 3 000 平方米,铺设 1 200 米营区下水管道,新修 8 800 平方米营院道路和场地,营区面貌焕然一新。2003 年上半年新建食堂。襄樊军分区经济适用住房于 2003 年 8 月前完成前期准备工作(拆除原有旧平房,平整场地,通水、通电、通路),2003 8 月底正式动工,至 2004 年 12 月完成一期工程。一期工程共建 4 栋 112 套 16 597 平方米,全框架结构,楼高 8 层(1 楼杂物间,2—8 楼住房),房顶为坡面。建房经费由住户自筹。经济适用住房建成,大大改善了干部、职工的住房条件,军分区营院建设又上了一个新台阶。计划二期工程建 2 栋 56 户。

图 24—2 2004 年 12 月建成的经济适用房(图中后两栋为二期工程所建)

(4)生产经营

1982 年,根据中央军委文件精神,襄阳军分区制定 1982—1985 年发展农副业生产规划,狠抓农副业生产。计划 1982 年生产粮食 5.8 万余公斤,油料 1 万余公斤,1983—1985 年每年递增 6%,取得良好的效益。1986 年,襄樊军分区、襄樊陆军预备役师生产经营总收益 28 万元,比 1985 年增长 40%;1987 年总收益 51 万元,比 1986 年增长 56%,两年翻一番,人均达到 950 元。1988 年襄樊军分区生产经营额达 255 万,纯收入 80.34 万元。1989 年根据中央军委〔1989〕2 号文件精神,贯彻治理整顿方针,稳步发展生产经营。建立健全两级生产经营办公室,逐步实现规模经营和归口管理。当年,襄樊军分区招待所总收入突破10万元，中原路干休所总收入突破8万元。1994年7月，召开襄樊市以劳养武工作会议，传达湖北省以劳养武工作会议精神，制定襄樊市以劳养武三年规划，完善市、县(市、区)、乡(镇)三级以劳养武体系，中共襄樊市委、襄樊市政府、襄樊军分区联合下发《关于开展以劳养武活动的意见》，促进以劳养武活动的开展。全年共完成生产经营收入239万元。

1998年，中共襄樊军分区党委认真组织学习贯彻军委、总部下发的《关于打击走私和不再从事经商活动的决定》、《关于贯彻落实军队不再从事经商活动的若干纪律规定》等八份文件，严明纪律和要求，襄樊军分区对所有生产经营单位进行清理，并报中共湖北省军区委员会批复，撤销加油站、民兵装备修理所、34260部队老河口物资站、枣阳市人民武装部以劳养武综合服务公司、老河口市人民武装部军人服务社、荆州街干休所物资调剂部。军分区招待所、预备役师军人服务社（原名综合经营部）、宜城市人民武装部军人服务社、随州市人民武装部军人服务社保留。对企业占用军队的房地产，按总后勤部1998年后营字第346号《关于做好军队、武警部队经营性企业房地产交接和管理工作的通知》的有关规定处理。对撤销的六个企业，实行资产清理、注销工商登记、清理债权债务，停止一切经商活动。

(5)车辆及驾驶员管理

突出安全重点，强化制度管理，把车辆管理作为一项经常性的重要工作来抓，加强车辆的使用管理。襄樊军分区机关及各人民武装部、干休所结合本单位特点，制定和完善车辆管理一系列规章制度。坚持车辆维修保养制度及车场勤务。坚持每周组织驾驶员对车辆进行维护保养，各类车辆技术状况完好率达90%以上。加强驾驶员的管理教育，突出抓行车过程中的安全教育。1997年3月，襄樊军分区在谷城县民兵训练基地举办两期驾驶员教育整训，进行车辆勤务理论与场地驾驶训练，观看车辆事故案件，实地参观谷城“9·28”事故现场，组织开展安全防事故经验交流。

(6)职工管理

1986年，按照国家劳动人事部文件和广州军区文件精神，按时完成全区职工工资改革工作。全区参加工资改革的正式职工109人，其中在编正式职工38人；非编正式职工65人，职员干部3人，劳动合同制职工3人，工资改革后每人每月平均增加工资24.99元。2000年底，司令部编制职工14人，政治部编制职工10人，后勤部编制职工19人，物业管理公司10人。

(7)医疗卫生、计划生育

投资近2万元，完善计划生育办公室、宣传教育室和技术服务站等硬件设施。计划生育工作自国家“九五”计划以来，认真贯彻中共中央、国务院《关于加强人口与计划生育工作稳定低生育水平的决定》和中央军委《关于进一步加强新时期军队计划生育工作的意见》，紧紧围绕控制出生人口数量、提高人口质量这个中心，大力加强和改进计划生育工作，确保计划生育工作的领导到位、投入到位、措施到位。使计划生育“三室”建设达标率、教育覆盖面和考核合格率、育龄群众对技术服务的满意率、计划生育率、综合避孕率、独生子女领证率、晚婚率、婚前检查率、育龄夫妇健康普查率均达到100%。

(8)后勤战备训练

以对台军事斗争准备为“龙头”，扎实抓好后勤战备训练，提高保障“打赢”的本领。修订完善后勤保障方案和专业保障计划。加强后勤战备库(室)建设，提高应急机动保障能力。1987年，湖北省军区在襄樊军分区进行首长、机关训练改革试点，结合改革试点，襄樊军分区突出抓步兵师野战阵地防御战斗的后勤保障和游击战的基本知识等项课目训练，把步兵师野战阵地防御战斗的后勤保障课题作为训练的主要内容，重点进行步兵师野战阵地防御战斗、游击战的训练和军事理论、军事科技、兵(军)种知识、机关业务等4个内容17个课目的学习，提高机关组织指挥能力和谋“打赢”能力。

(9)行政管理

机关制定《关于加强营区、营房和水电管理的规定》《关于加强机关食堂管理的措施》《关于分区修械所整改措施》《关于加强汽车修理厂的管理措施》《关于制订机关各类暂行规定的通知》《机关各类人员住房、营具配备和住房分配原则暂行规定》《机关食堂管理暂行规定》《关于军分区机关公用贵重物资管理使用规定》《关于招待各级首长和上级业务部门领导伙食费标准的意见》《关于车辆管理使用规定》等各项制度。坚持加强教育，提高后勤队伍的思想政治素质。坚持加强培训，努力提高后勤队伍的业务素质。军分区后勤机关先后举办各类业务培训班七期，参加上级组织的财务管理、职工调整改革、计划生育、军需、营房、车辆油料等业务培训35人次，涌现了一批“红管家”“小行家”和“红旗车驾驶员”。

5.所辖县(市、区)人民武装部

随着地方行政体制的变化，襄樊军分区所辖县(市、区)人民武装部也有所变化。1951年11月，由县大队改为人民武装部时，辖襄阳、南漳、保康、枣阳、光化、谷城、洪山、宜城、随县等9个县人民武装部；1952年6月增设襄樊市人民武装部；1952年12月，撤销郧阳军分区，其所辖之均县、郧县、房县、郧西、竹山、竹溪等6个县人民武装部划归襄阳军分区领导；1953年2月，襄樊市人民武装部撤销，合并到襄阳县人民武装部，同年9月又单独列编；1955年4月，洪山县人民武装部撤销；1965年9月恢复设立郧阳军分区，原郧阳军分区所属之均县、郧县、房县、郧西、竹山、竹溪等6个县人民武装部仍归其领导；1981年3月，增设随州、老河口两市人民武装部；1983年12月，撤销襄樊市人民武装部，分设襄城、樊东、樊西、郊区等4个区人民武装部，随县、光化县人民武装部分别与随州市、老河口市人民武装部合并；1995年1月，随着随州市升格为副地级，脱离襄樊市由湖北省直管，随州市人武部也由湖北省军区直接领导，后又于1996年由襄樊军分区代管；1996年3月，樊东、樊西、郊区等三个区人民武装部合并为樊城区人民武装部；2000年12月，随着地级随州市的设立而设立随州军分区，原县级随州市人民武装部改称随州市曾都区人民武装部，并正式从襄樊军分区划归随州军分区领导。至此，襄樊军分区辖襄阳、枣阳、宜城、南漳、保康、谷城、老河口、襄城、樊城等9个县(市、区)人民武装部。随着襄阳县改为襄樊市襄阳区的行政体制变化，襄阳县人民武装部更名为襄樊市襄阳区人民武装部。

(1)襄阳区人民武装部

1949年3月，中国人民解放军襄阳县、襄西(县)、襄樊市指挥部合并成立中国人民解放军襄阳县指挥部，下辖1个警卫连、7个基干连、11个区中队。1950年2月，县指挥部整编为县大队。同年3月，襄阳县境内因完成了剿匪任务，县大队撤销。1950年12月，为抗美援朝，由独立第7团抽调干部于1951年1月重新组建襄阳县大队，辖2个基干连，10个区中队。1951年8月，县大队进行整编，组建县人民武装部，1952年6月完成整编，正式成立县人民武装部，所辖基干连、区中队被撤销。1954年9月，根据新编制，襄阳县成立兵役局，与人民武装部合署办公，实行一个机构两块牌子。1959年3月，县兵役局被撤销，恢复县人民武装部。1960年设军事、政工两个科，1971年增设供应管理科，1977年改为后勤科。1986年6月，襄阳县人民武装部(正团级)由军队序列改为地方建制，名称为湖北省襄阳县人民武装部(副县级)，同年6月23日，县人民武装部与襄樊陆军预备役步兵师步兵第1团合建党委。1989年5月30日，县人民武装部、预备役步兵第1团分建党委。1996年4月1日，湖北省襄阳县人民武装部由地方建制收归军队序列，改称“中国人民解放军湖北省襄阳县人民武装部”。2000 年，襄阳县改称襄樊市襄阳区，襄阳县人民武装部也随之改为中国人民解放军襄樊市襄阳区人民武装部。

（2）枣阳市人民武装部

1949 年 4 月，中国人民解放军枣北、随枣、襄枣三县指挥部合并成立中国人民解放军枣阳县指挥部，下辖一个警卫连、一个独立营、十个区中队。枣南县指挥部于同年 8 月并入枣阳县指挥部。1950 年 2 月，县指挥部改为县大队。1951 年 8 月，县大队进行整编，1952 年 6 月正式成立枣阳县人民武装部。1954 年 9 月，设立县兵役局，与县人民武装部合署办公，实行一个机构两块牌子。1959 年 3 月，根据总参新的编制恢复县人民武装部，1960 年 10 月，撤销县兵役局。1986 年 6 月，枣阳县人民武装部由军队序列改归地方建制，名称为湖北省枣阳县人民武装部。1988 年，随枣阳县改称枣阳市，枣阳县人民武装部改称枣阳市人民武装部。1996 年 4 月 1 日，湖北省枣阳市人民武装部由地方建制收归军队序列，改称“中国人民解放军湖北省枣阳市人民武装部”。

（3）随州市人民武装部

1948 年 6 月，中国人民解放军随北、随南县指挥部合编为随县指挥部。属孝感军分区领导。1950 年 2 月，县指挥部改为县大队。1951 年 12 月开始组建随县人民武装部。1952 年 6 月，随县人民武装部随行政区划改变，划归襄阳军分区管辖。1954 年 9 月，设立随县兵役局，与随县人民武装部合署办公，实行一个机构两块牌子。1955 年 8 月，洪山县兵役局撤销并入随县兵役局。1959 年 3 月，撤销随县兵役局，恢复随县人民武装部。1979 年 11 月，将随县的城关镇和城郊部分地区划出设立随州市。1980 年 3 月，设立中国人民解放军湖北省随州市人民武装部。1983 年 11 月，撤销随县，将随县所属区域并入随州市，随县人民武装部并入随州市人民武装部。1986 年 6 月，随州市人民武装部由军队序列改归地方建制，名称为湖北省随州市人民武装部。1995 年 1 月，随着随州市升格为副地级，脱离襄樊市由湖北省直管，随州市人民武装部也由湖北省军区直接领导，后又于 1996 年由襄樊军分区代管。1996 年 4 月 1 日，湖北省随州市人民武装部由地方建制收归军队序列，改称“中国人民解放军湖北省随州市人民武装部”，2000 年 12 月，随着地级随州市的设立而设立随州军分区，原县级随州市人民武装部改称随州市曾都区人民武装部，并正式从襄樊军分区划归随州军分区领导。

（4）宜城市人民武装部

1949 年 7 月，荆钟宜县指挥部番号取消，将其区中队、县指挥部、独立营与新组建的警卫连共计 553 人组成宜城县指挥部。8 月，洪山军分区撤销后的一个区中队拨归宜城县指挥部。至 10 月，指挥部辖一个警卫连、四个基干连、八个区中队。1950 年 2 月，县指挥部整编，1951 年 8 月至 1952 年 6 月完成整编，组建县人民武装部。1954 年 9 月，设立县兵役局，与人民武装部合署办公，实行一个机构两块牌子。1959 年 4 月，县兵役局撤销，恢复县人民武装部。1986 年 6 月，宜城县人民武装部由军队序列改归地方建制，名称为湖北省宜城县人民武装部。1996 年 4 月 1 日，湖北省宜城市人民武装部由地方建制收归军队序列，改称“中国人民解放军宜城市人民武装部”。

（5）南漳县人民武装部

1948 年 9 月，桐柏军区第三分区武工队、石桥区中队、县游击大队四个中队在南漳薛家坪石桥组织建立南漳县指挥部。因接收部分民兵武装，成分不纯，1949 年 4 月在武镇整训三个月，7 月组建新的指挥部。下辖 8 个基干连、9 个区中队。1950 年 2 月，县指挥部整编为县大队，辖四个基干连。1951 年 8 月至 1952 年 6 月完成整编，组建县人民武装部，取消区中队和基干连。1954 年 9 月，县设兵役局，与人民武装部合署办公，实行一个机构两块牌子。1959 年 4 月，撤销县兵役局，恢复县人民武装部。1986 年 6 月，南漳县人民武装部由军队序列改为地方建制，名称为湖北省南漳县人民武装部。1996年4月1日，湖北省南漳县人民武装部由地方建制收归军队序列，改称“中国人民解放军南漳县人民武装部”。

(6)保康县人民武装部

1948 年 12 月，南保兴宜县、保康县同时成立指挥部。1949 年 5 月，南保兴宜县指挥部撤销，所辖独立营划归保康县指挥部。1950 年 1 月保康全县解放，县指挥部奉命整编，同年 2 月改编为保康县大队。1952 年 6 月，县大队撤销，成立县人民武装部。1954 年 9 月，设立县兵役局，与县人民武装部合署办公，实行一个机构两块牌子。1959 年 4 月，地方军事组织进行第四次整编，撤销兵役局，恢复县人民武装部。1986 年 6 月，保康县人民武装部由军队序列改归地方建制，名称为湖北省保康县人民武装部。1996 年 4 月 1 日，湖北省保康县人民武装部由地方建制收归军队序列，称“中国人民解放军保康县人民武装部”。

(7)谷城县人民武装部

1947 年 12 月，谷城县指挥部成立，下辖县独立营。1950 年 2 月，县指挥部进行整编，改称为县大队。1952 年 6 月改为县人民武装部。1954 年 9 月，设立县兵役局，与人民武装部合署办公，实行一个机构两块牌子。1959 年 4 月，撤销县兵役局，恢复县人民武装部。1986 年 6 月，谷城县人民武装部由军队序列改归地方建制，名称为湖北省谷城县人民武装部。1996 年 4 月 1 日，湖北省谷城县人民武装部由地方建制收归军队序列，改称中国人民解放军谷城县人民武装部。

(8)老河口市人民武装部

1947 年 12 月，由中国人民解放军桐柏军区第三分区（中原野战军第 10 纵队 29 旅)85 团 1 营 3 连 130 多人组建光化县独立营。1949 年 7 月光化县独立营扩建为中国人民解放军光化县指挥部。下辖一个警卫连、四个基干连、五个区中队。1950 年 2 月，县指挥部经过整编复员，县指挥部改为县大队。1951 年 12 月县大队整编，1952 年 6 月由县大队改称为县人民武装部。1954 年 9 月，根据新编制，设立县兵役局，与县人民武装部合署办公，实行“一个机构两块牌子”。1959 年 4 月，撤销县兵役局，恢复县人民武装部。1979 年 11 月，将光化县的老河口镇划出，设立老河口市，1980 年 3 月设立中国人民解放军湖北省老河口市人民武装部。1983 年 11 月撤销光化县，12 月光化县人民武装部并入老河口市人民武装部。1986 年 6 月，老河口市人民武装部由军队序列改为地方建制，名称为湖北省老河口市人民武装部。1996 年 4 月 1 日，湖北省老河口市人民武装部由地方建制收归军队序列，改称“中国人民解放军老河口市人民武装部”。

(9)襄樊市人民武装部

襄樊市人民武装部于 1952 年 6 月组建，因同年 12 月撤销襄樊市改为襄樊镇，1953 年 3 月，襄樊市人民武装部合并到襄阳县人民武装部。同年 9 月恢复襄樊市建制，同时恢复襄樊市人民武装部。1955 年 7 月组建襄樊市兵役局。1958 年 8 月撤销襄樊市兵役局。1959 年 6 月，为加强城市民兵工作，重新组建襄樊市人民武装部。1983 年 8 月，襄樊市实行市管县体制，襄阳地区并入襄樊市，原襄樊市分设为襄城区、樊东区、樊西区、郊区，襄樊市人民武装部也相应调整整编为襄城区人民武装部、樊东区人民武装部、樊西区人民武装部、郊区人民武装部。

(10)襄城区人民武装部

1983 年 12 月，在襄樊市人民武装部的基础上，组建中国人民解放军襄樊市襄城区人民武装部。1986 年 6 月，襄城区人民武装部改归地方建制，改称为湖北省襄樊市襄城区人民武装部。1996 年 4 月 1 日，湖北省襄樊市襄城区人民武装部由地方建制收归军队序列，改称中国人民解放军襄樊市襄城区人民武装部。

(11)樊城区人民武装部

1996 年 4 月，襄樊市樊东区、樊西区、郊区合并为樊城区，樊东区、樊西区、郊区人民武装部合并为樊城区人民武装部，并于 6 月由地方建制收归军队序列，称“中国人民解放军襄樊市樊城区人民武装部”。

6.所辖干休所

(1)民主东路干休所

民主东路干休所的前身是襄阳军分区襄阳离休干部管理所，始建于 1962 年，1965 年开始进住离休干部，1973 年 6 月正式成立干休所，主要安置襄阳军分区的离休干部。1976 年 3 月开始配备管理干部，编制为正营级单位，首任所长余先和。1978 年 1 月，襄阳军分区襄阳离休干部管理所改为襄阳军分区第一休干所，编制由正营级升为正团级。1983 年 11 月，改称为襄樊军分区第一干休所。1984 年 8 月，襄樊军分区第二干休所与第一干休所合并，组成襄樊军分区第一干休所，所部设在原第一干休所，编制为副团级。1986 年 12 月，根据广州军区指示精神，襄樊军分区第一干休所分为襄樊军分区民主东路干休所和襄樊军分区民主西路干休所，民主东路干休所编制为正营级。民主东路干休所位于襄樊市襄城区民主路附 51 号，占地面积 21.2 亩，编制管理离休干部 33 户，实际安置 22 户。1988 年 5 月被湖北省军区评为“文明干休所”。

(2)民主西路干休所

民主西路干休所的前身是湖北省军区襄阳军分区第二离职干部休养所，组建于 1976 年 10 月，占地 38.1 亩。主要接收襄阳军分区及辖区人民武装部的离休干部和恩施军分区、湖北独立师的离休干部，规划安置老干部 56 户，实际安置 56 户，其中：师职 48 户、团职 8 户，编制为正团级单位。根据总参谋部、总政治部文件，1984 年 7 月至 1986 年 11 月，第二离职干部休养所与第一离职干部休养所合并，称襄樊军分区第一离职干部休养所。1986 年 12 月，根据总参谋部、总政治部的有关精神，经广州军区批准，第一离职干部休养所分为两个所，原第二干休所改为湖北省襄樊军分区民主西路干休所，降为副团级单位。民主西路干休所临时党委成立于 1981 年 1 月，党委成立于 1987 年 3 月，隶属襄樊军分区党委领导。先后有 16 人荣立三等功，256 人次受到上级嘉奖，311 户次家庭被评为“文明家庭”。1983 年，干休所被武汉军区评为先进单位；1988—1994 年先后分别被襄樊军分区、湖北省军区评为“文明干休所”；1990 年被广州军区评为先进干休所，1993 年被广州军区、总政治部评为先进干休所；1997—2000 年连续多年被分区评为“先进干休所”。1988 年 10 月，民主西路干休所卫生所被广州军区评为“卫生工作规范化管理达标先进单位”，并被总后勤部评为全军“卫生工作规范化管理达标先进单位”。1993 年，卫生所被总后卫生部评为“优质服务竞赛优胜单位”。1999 年被广州军区评为老房老所整修“先进单位”。1999 年，中央电视台先后在《军事天地》等节目中两次播放干休所全面建设经验。民主西路干休所坐落于襄樊市襄城区民主西路特一号。

(3)荆州街干休所

荆州街干休所的前身为襄阳军分区军队离职干部第三休养所、第二休养所。组建于1981年3月，同年动工新建老干部住房，1983年12月竣工，主要接收襄阳军分区系统的离休干部，隶属于襄阳军分区领导。1984年4月开始接收并安置离休干部。1984年1月1日，根据总参谋部、总政治部和武汉军区命令，武汉军区高炮71师襄樊干休所移交襄樊军分区管理，并与第三干休所合并，编制为正团级单位，共接收安置离休干部72户，其中：副军职离休干部1户，正师职离休干部7户，副师职离休干部52户，正团职离休干部11户，副团职离休干部1户。1984年8月，根据湖北省军区命令，襄樊军分区第三干休所改称为襄樊军分区第二干休所。1986年11月，根据广州军区的指示精神，襄樊军分区第二干休所更名为湖北省襄樊军分区荆州街离职干部休养所，编制由正团级改为副团级，隶属于湖北省襄樊军分区领导。干休所分南北两院，占地面积40.01亩，其中北院30亩、南院10.01亩。

(4)中原路干休所

中原路干休所的前身是铁道兵襄樊干休所。根据总参谋部、总政治部批复和铁道兵[1982]铁务字第19号通知精神，铁道兵襄樊干休所于1983年3月在湖北省襄樊市组建，主要以安置铁道兵1师的离休干部为主，共安置离休干部84户，编制为正团级单位，归铁道兵1师领导。1984年1月，铁道兵撤销后归铁道兵善后工作领导小组领导，具体工作由铁道兵1师善后工作领导小组负责，供给关系由总后勤部第36分部代管代供。1987年1月，根据总政文件要求，铁道兵襄樊干休所移交广州军区，改归湖北省襄樊军分区领导，更名为湖北省襄樊军分区中原路干休所。该所于1997年11月，被广州军区表彰为先进干休所；1998年7月，干休所党委被省军区表彰为先进党委；1998年11月，被省军区表彰为先进干休所。

(5)七里河干休所

七里河干休所的前身是基建工程兵襄樊干休所。根据总参谋部、总政治部〔1982〕参务字第47号批复精神，以原基建工程兵第31支队部分营区为基础，组建基建工程兵襄樊干休所。计划安置离休干部25户，编制为正团级单位，隶属基建工程兵黄金指挥部领导。1983年9月举行奠基仪式并正式开始建设，1985年6月各项建设基本完成。1984年1月基建工程兵撤销，归基建工程兵善后工作领导小组领导，供给关系由总后勤部第36分部代管代供。1986年12月，根据总政文件，基建工程兵襄樊干休所改属襄樊军分区建制领导，更名为襄樊军分区七里河离职干部休养所，为副团级单位。1995年6月，根据广州军区文件，调整为营级单位。1985年8月开始接收并安置离休干部，共27户，其中：师职离休干部12户，师职退休干部2户；团职离休干部11户，团职退休干部2户。营区为一个坐落，编号为广鄂字第8120号，占地面积28.84亩，营房24栋，建筑面积8 228平方米。

(二)武警部队

1.武警襄樊市支队

武警襄樊市支队的前身为中国人民解放军公安部队襄阳公安大队，1951年4月组建于襄阳。1955年8月，根据国务院更改番号的命令，襄阳公安大队改称为中国人民解放军公安军襄阳专署公安处武装民警大队。1958年12月，襄阳专署公安处武装民警大队改称为中国人民解放军公安军襄阳专署公安处人民武装警察大队。1962年4月，襄阳专署公安处人民武装警察大队改称为中国人民武装警察部队襄阳地区支队。1963年2月，根据中央军委和公安部的命令，人民武装警察襄阳支队更名为中国人民公安部队襄阳地区公安支队。1966 年 7 月 1 日起撤销公安部队这个兵种，统一整编为中国人民解放军，襄阳地区公安大队、湖北省军区原独立三团一营及荆州地区公安支队的机关干部合编为中国人民解放军湖北省军区独立师第五团。1976 年 1 月，根据国务院、中央军委文件，成立襄阳地区公安处武装民警科。1982 年 7 月，根据中共中央文件，组建中国人民武装警察部队襄阳地区支队。1984 年 1 月，襄阳地区武警支队和襄樊市武警支队合并，称中国人民武装警察部队襄樊市支队，辖 8 个消防科、股，8 个消防中队，10 个武警中队。支队主要担负襄樊市一桥、二桥的守卫勤务，襄樊市及各县(市)公安局看守所的看守勤务和襄樊市委、市政府机关的警卫勤务，同时担负逮捕、处决、守护、城市武装巡逻、抢险救灾以及应付各种紧急、意外情况等任务。自 1985 年以来，该支队围捕、捕歼杀人犯 5 起，扑灭重大失火事故两起，应付突发事件数起，先后有 1 个中队被武警总部记集体二等功，3 个中队被武警湖北省总队记二等功、1 个中队记三等功，4 人荣立二等功。1992 年 5 月，枣阳市棉花公司转运站失火，该市中队战士冒着生命危险，顽强战斗，不怕牺牲，胜利扑灭大火，被武警湖北省总队记二等功。1985 年 5 月，南漳县中队战士程新军，在参加全国“友谊杯”散打比赛中获得冠军，荣立二等功。2005 年，武警湖北省总队第 4 支队与襄樊市支队合并，称襄樊市武警支队，编制为旅级单位。

2.武警湖北省总队第四支队

武警湖北总队第 4 支队的前身为广东省人民政府公安厅边防局第 2 分局。1950 年 8 月 3 日组建于广东省阳江县，隶属广东省公安厅。1951 年 9 月，边防第 2 分局奉命改编为中国人民解放军中南军区公安部队边防第 67 团，隶属于中南军区第 10 师。1952 年 5 月，根据中央军委的指示，以边防 67 团为基础，与驻深圳边防第 50 团、驻前山边防第 59 团、驻湛江边防第 73 团合编为中国人民公安部队中南军区边防第 10 师第 77 团，部队驻广东省电白县水东镇。1953 年 1 月，根据中央军委命令，边防第 77 团改编为中国人民解放军中南军区公安部队直属团，并奉命调离广东，转入湖北省沙洋农场担负看押任务。1955 年 7 月，中南军区公安直属团脱离中南军区建制，编入中国人民解放军武汉军区序列，称中国人民解放军公安军武汉军区内卫第 52 团(简称内卫 52 团)。1957 年 9 月，内卫 52 团奉命改编为中国人民解放军公安部队湖北省军区第 2 团。

1959 年 1 月，湖北省军区公安第 2 团奉命改编为中国人民武装警察部队湖北省总队第 2 支队。1962 年 1 月，湖北省总队第 2 支队改编为中国人民武装警察部队湖北省总队第 2 团。1963 年 2 月，中国人民武装警察部队湖北省总队第 2 团改为中国人民公安部队湖北省总队第 2 团。1966 年 8 月改为中国人民解放军湖北省军区独立师第 2 团。1968 年 9 月，与独立师第 4 团合编为中国人民解放军陆军第 17 军第 51 师 151 团。1973 年 3 月，改编为中国人民解放军湖北省军区独立师第 1 团。1976 年 6 月，改编为中国人民解放军湖北省军区独立第 4 团。1983 年 1 月，根据[1982]30 号文件精神，改编为中国人民武装警察部队湖北省总队第 4 支队。该支队是一支担负襄樊地区安全保卫和维护社会秩序的内卫执勤部队，主要担负警卫、守卫、守护、看押、清剿匪特、城市武装巡逻、处理突发事件、抢险救灾等任务。该支队先后被武警湖北省总队表彰为先进支队党委、基层建设先进支队、安全工作先进单位，两个中队被武警湖北省总队树为基层建设先进标兵中队，两人荣立二等功，1 人荣立三等功。1983 年 8 月，所属第 9 中队第 1 排所守护的目标 373 仓库 3 号和 22 号库，因仓库内部职工破坏发生爆炸，致使 26 名官兵牺牲，2 人重伤。

1988 年 11 月，发生杀人盗枪案。该支队第 2 大队 6 中队 1 排战士邵江斌、耿学杰，合谋杀害代理排长江波后盗窃枪支潜逃。案发后，立即组织部队、民兵追捕邵、耿二犯，并于当月 29 日，将二犯击毙于四川省井研县。

1998 年 8 月，接总队参加抗洪抢险的命令，支队长朱云地率 320 名官兵奔赴荆江大堤松滋段前线，奋战 39 天，圆满完成任务。支队被中共湖北省委、省政府表彰为抗洪抢险先进集体。

2005年,武警湖北省总队第4支队与襄樊市支队合并。

3.武警襄樊市消防支队

武警襄樊市消防支队于1987年2月在襄樊市公安局消防科的基础上组建而成。主要任务是消防监督、火灾扑救、社会救援和处置各类突发事件。襄樊市消防支队编制为正团级单位，所辖7个县(市、区)消防大队(中队)、襄樊市城区4个消防科、6个中队。支队学习和借鉴天津消防总队、上海车站路中队和安阳消防支队规范化管理和正规化建设经验,把队伍教育、科技强警、营房装备和城市消防基础设施建设作为突破口,全面推进以防火、灭火为中心的各项工作任务的完成,使支队消防监督执法水平和灭火救援能力明显提高。1999年10月29日,在扑救襄樊市黑天鹅歌舞酒楼大火中,成功救出150名被大火围困的群众，创造了深夜扑救人员密集场所大面积火灾无一人伤亡的成功战例。2000年11月,湖北省公安厅在襄樊市召开全省消防部队正规化建设经验交流会,对武警襄樊市消防支队的先进经验予以充分肯定,并在全省推广。中共襄樊市委、襄樊市政府做出决定,通报表彰消防支队并号召全市各单位向消防支队学习。全队涌现出开拓创新的支队领头人支队长刘玉国,全省消防部队优秀党务工作者邓雄生,消防宣传先进工作者、优秀警官张高红,全省标兵中队长赵克学,全国消防部队执勤岗位练兵训练标兵、“青年岗位能手”赵宏,二等功臣、襄樊杰出青年刘显飞等一大批英雄人物。支队先后被湖北省政府授予“安全工作先进单位”,分别被湖北省公安厅、襄樊市政府记集体三等功三次,被中共襄樊市委、襄樊市人民政府授予文明单位、双拥先进单位、形象建设先进单位。支队党委连续两年被湖北省公安厅评为全省公安现役部队“五好班子”。2001年,支队被公安部记集体三等功。

(三)院校、教导队

1.军事经济学院襄樊分院

中国人民解放军军事经济学院襄樊分院的前身为中国人民解放军总后勤部第二“五七”干校,始建于1970年。1973年3月,根据总后勤部命令,更名为总后勤部干部学校。1981年5月,根据第11次全军院校会议精神,更名为后勤学校军政系。1986年10月全军院校调整,后勤学校与中国人民解放军军事经济学院合并,称军事经济学院军需二系。1994年经总后勤部批准,对外称“军事经济学院襄樊分院”。1999年称中国人民解放军军事经济学院后勤管理系。该院主要承担中央军委、总后勤部直属单位司务长、勤务排长,基层后勤、政工等干部的培养,总后勤部系统地方高校入伍大学生军政训练,全军后勤岗位优秀士兵免试保送培训,全军陆军部队财务出纳专业士官培训等四大教学任务。历任主官:院长有潘金海、樊德忠。政委有童海云、罗兆祥。

2.武警黄金学校

武警黄金学校的前身为中国人民解放军基建工程兵第5技术学校，于1981年10月在湖北省襄樊市组建,隶属于中国人民解放军基建工程兵黄金指挥部。1985年1月,中国人民解放军基建工程兵第5技术学校整编为中国人民武装警察部队黄金指挥部黄金学校。1988年1月,调整为中国人民武装警察部队黄金指挥部教导大队。1992年6月复称中国人民武装警察部队黄金学校。学校主要承担基建工程兵(中国人民武装警察部队)黄金部队初级专业技术干部、基础管理干部的培训、轮训任务。历任主官:校长有朱再胜、张永固、杨庆章(大队长)、赵永华、张福堂。政委有张守熙、张忠枕、李怀庭、王照安、刘殿龙。

3.总后勤部武汉后方基地教导大队

总后勤部武汉后方基地教导大队，于1997年12月31日由总后勤部武汉后方基地司训大队、教导队、汽车修理工训练队、通信站教导队、农场等5个单位合编组建。该教导大队主要承担军委各总部直属单位和总后勤部武汉后方基地直属、代供单位的汽车驾驶员、汽车修理工训练任务；担负总后勤部驻中南、华东地区各单位士兵学员苗子的培训任务；担负总后勤部武汉后方基地所属单位干部、骨干轮(培)训和新兵及专业技术兵的训练任务。历任主官：大队长有金正德、姜旺成。政委有葛明喜、高培喜。

(四)军事代表室(处)、仓库、干休所、医院、制片厂、房管所

1.军事代表室(处)

(1)空军装备部驻湖北第2军事代表室

根据总参谋部命令，1987年7月组建中国人民解放军驻襄樊地区军事代表室，隶属于广州军区后勤部。1992年12月调整整编为空军装备部驻湖北第2军事代表室，隶属于军委空军后勤部军事代表局，称空军驻湖北地区第2军事代表室。1997年7月部队再次调整整编后，隶属于军委空军装备部直属军事代表局。部队组建后负责航空救生装备610研究所、国营520厂、国营5108厂及航天第42研究所的军品科研及军检验收任务，为部队提供多种先进的武器装备。协助610所研制出航空救生系列座椅，使国家飞行座椅名列世界四强。协助国营520厂研制出低空阻航空炸弹系列降落伞，使航空炸弹可在50—90米投放，填补国家在该领域的空白。协助5108厂研制出空对空导弹红外头罩，该头罩属导弹四大新技术之一，为部队装备建设作出重大贡献。

(2)襄樊铁路分局军事代表处

襄樊铁路分局军事代表处的前身为中国人民解放军驻襄樊铁路分局军事运输处，隶属中国人民解放军驻郑州铁路分局军运处。1969年1月，随襄樊指导部队进行输送训练，会同铁路部门编制和落实战备(应急)输送保障方案，参与编制战时铁路重点目标保障方案和应急战备措施，结合铁路更新改造计划适时提出军事要求，帮助指导铁路部门、部队搞好军事交通运输工作正规化建设，指导地方人民政府军供部门做好军用饮食供应工作。先后10余次完成重大铁路军运任务，连续16年保证军事运输安全无事故。

(3)空军驻520厂军事代表室

空军驻520厂军事代表室组建于1979年，隶属空军装备部驻广州地区军事代表局，担负空军航空救生装备和歼—8(D)交流电源系统的军检验收和质量监督任务。多年来，该室坚持以《军队基层建设纲要》为参照系，不断强化军事代表室的全面建设工作，圆满完成上级下达的各项任务，连续19年被上级评为达标创优先进单位，并先后多次被评为质量、审价工作先进单位。主官先后为：高尚俊、朱德志、孙国计、谷长山、路瑞明、黄建中。

(4)空军驻510厂军事代表室

1964年成立中国人民解放军驻襄樊地区军事代表室，1979年开始编制一厂一室，改为驻510厂军事代表室。先后隶属广州军区空军工程部、空军驻广州地区军事代表局领导。该室主要承担飞行员

个体防护救生装备的研制、生产和使用过程中产品质量的监督、订货合同的管理和成本价格的监控，督促并协助承制单位研制和生产性能优良、质量可靠、价格合理的飞行员个体防护装备。自1979年以来，该室共验收装备订货20余万件，订货金额2亿多元，连续20多年圆满完成空军下达的各项装备订货任务。军事代表室先后参加10多项产品重大设计质量问题技术攻关。1987—1988年，利用两年时间，成功地研制设计飞行员救生装备电子检测仪，有效地解决机务部队维护检查飞行员救生装备电性能的技术难题，为保障飞行安全作出积极的贡献。代表室10多次被空军订货处、广州军事代表局评为先进单位。1998年被空军装备部评为质量先进单位。

(5)空军驻609研究所军事代表室

空军驻609研究所军事代表室组建于1995年4月，隶属于空军装备部驻广州地区军事代表局。主要负责空军在609研究所订购的航空产品合同签订，研制生产过程的质量监控、产品的军检验收和售后服务工作。代表室3次被空军装备订货系统评为质量先进单位。代表室总代表：李惠俊。

(6)空军驻610研究所军事代表室

中国人民解放军驻610研究所军事代表室建于1983年6月，为正团级单位，驻湖北省襄樊市。初建时隶属于武汉军区空军工程部，1985年，转隶广州军区空军工程部，1995年4月，隶属于空军装备部驻广州地区军事代表局。主要负责航空部第610研究所的军工产品研制、质量监控和订货产品的验收工作。1984年，鉴于部队装备建设的需要，兼管航空部第609研究所的军工产品研制质量监控和订货产品的验收工作。先后有3人荣立三等功，4人次荣获军队科技进步二等奖、6人次荣获军队科技进步三等奖、1人次荣获国防科技进步一等奖。

(7)海军航空兵部驻襄樊军事代表室

根据海军航空救生装备的发展，海军于1972年3月首批派3名代表进驻襄阳地区军事代表室，担负海军航空救生产品军检验收任务。1990年，经海军批准，成立海军驻襄樊地区航空军事代表室。1995年3月，更名为海军航空兵部驻襄樊地区军事代表室。1999年10月转隶海军装备部，更名为海军装备部驻襄樊地区空军军事代表室。负责海军在襄樊地区510厂、520厂、609所、610所、3015工厂和湖北荆门322厂、605所等单位多项重点型号产品科研订货任务。该室多次被评为先进单位，3人荣立三等功，1人被总参谋部授予“全军武器装备质量审价先进个人”，1人获得部级科技进步一等奖、2人获得二等奖、12人获得三等奖。

(8)中国人民解放军5137厂军事代表室

1971年5月，中国人民解放军驻襄樊第1军事代表室进驻老河口市5137厂。1979年3月，根据武汉军区通知，中国人民解放军驻襄樊第1军事代表室改名为驻5133厂军事代表室，属武汉后方基地军事代表办事处领导。1985年，因5133厂改为5137厂，军代室也改为5137厂军事代表室。1988年8月，根据后方基地指挥部文件，5137厂军事代表室复称中国人民解放军驻襄樊第1军事代表室，属武汉军事代表管理办公室领导。1996年6月，根据武汉军事代表局文件，襄樊第1军事代表室改为5137厂军事代表室。主要担负某型火箭炮的研制、技术指导和产品质量的鉴定和验收任务。1979年3月，该室派员深入对越自卫还击作战前线，及时抢修火箭炮120多门，为对越自卫反击作战尽早夺取全胜做出贡献。1998年，该室研制的闭锁力检查器和外接电源，获得军队科技进步二等奖、三等奖各一次，多次被总参谋部评为装备订购工作先进单位和“当表率做样板”先进单位。

(9)驻襄樊地区军事代表室

1988年9月，由驻525厂、846厂、9603厂、9604厂、9616厂军事代表室合并称驻襄樊第2军事代表室，1996年5月改称驻9616厂军事代表室。1998年3月改称驻襄樊地区军事代表室，隶属于总装备部陆军装备科研订购部武汉军事代表局。军事代表室主要负责陆军在襄樊地区的军械装备科研、订购、验收与服务工作。军事代表室多次被军事代表局评为先进单位和先进党支部，被总参谋部兵种部评为正规化建设合格单位，曾获军队科技进步二等奖、三等奖各一次。历任主官：陈良芳、孙存玺、唐际军。

2.仓库

(1)总参二部襄樊后方资料库

总参二部襄樊后方资料库1971年9月组建，根据当时战备需要，总参二部在谷城县茨河镇修建了地下洞库作为资料库。洞库建成后，由于国际形势发生变化，该洞库一直闲置未曾使用。该单位主要任务看护营房。

(2)总参兵种部襄樊后方资料库

中国人民解放军总参兵种部襄樊后方资料库的前身为中国人民解放军装甲兵"五七"干校，1969年3月20日在湖北省襄阳县成立。1980年在中国人民解放军装甲兵"五七"干校旧址筹建中国人民解放军装甲兵坦克器材仓库。1985年更名为中国人民解放军总参装甲兵平顶山坦克器材仓库襄樊分库。1992年11月，与总参谋部工程兵部老河口房地产管理所合并，更名为中国人民解放军总参兵种部襄樊房地产管理处。

(3)63990部队

63990部队的前身是原军委工程兵52师器材临时转运站。根据中央军委批复和总参谋部通知，1976年4月在湖北省光化县组建工程兵光化机械器材仓库。1978年3月开始重建，1979年9月建成投入使用。1982—1998年几经更名。该部队主要担负工程装备及配件的储备、保管、保养周转及供应工作。

(4)95382部队

95382部队的前身为中国人民解放军第46仓库，成立于1973年5月。2000年更名为95382部队，隶属广州军区空军后勤部。担负保管、储备油料任务。1987年6月，班长欧泽民被解放军三总部评为"全军优秀班长"。1998年，该库主任马金田，被空军和广州军区空军评为安全工作标兵、优秀共产党员和基层干部标兵，两次荣立三等功，全国各大报刊、电视台报道了马金田的先进事迹。

(5)95195部队

95195部队组建于1976年7月，隶属广州军区空军后勤部。主要担负保管航空器材、航空弹药、航空图纸任务。1979年完成对越自卫反击战的航材、军械保障，1996年完成台海军事演习的航材、军械保障。

(6)75712部队

75712部队于1970年9月组建，隶属武汉军区司令部，由第12测绘大队代管。1976年8月与武汉军区档案库合并，执行团级职权，由总参测绘局、武汉军区作战部、武汉军区司令部直属政治部领导，后勤由36分部供应。1986年2月归属广州军区编制序列，仍执行团级职权。其业务工作、党政工作和后勤工作分别受总参谋部测绘局、广州军区作战部、广州军区司令部直属工作部和广州军区武汉办事处负责管理。

3.干休所

(1)总后勤部武汉后方基地襄樊干休所

总后勤部武汉后方基地襄樊干休所的前身为武汉军区鄂西兵站，位于湖北省襄樊市高新区新华北路。1981年6月，鄂西兵站撤销，原武汉军区后勤部第36分部接管营院，成立该部休干点，为正团级单位。1984年8月，单位更名为武汉军区后勤部襄樊离职干部休养所，为正团级单位。1985年，原武汉军区后勤部撤销，成立总后勤部武汉基地指挥部，单位更名为总后勤部武汉基地指挥部襄樊离职干部休养所，隶属于总后勤部武汉基地第2后方基地。1995年，总后勤部第2后方基地搬迁武汉，成立武汉后方基地，干休所更名为武汉后方基地襄樊离职干部休养所，为正团级单位。该所多次被评为"全军干休所卫生工作规范化管理达标先进单位"、"全军先进卫生所"、"军队干休所营院营房管理达标单位"、"先进干休所"。

(2)广州军区空军襄樊干休所

1981年2月，经武汉军区空军政治部批复，定点在襄樊市襄城区西门外老龙堤修建空军襄樊干休所。根据武汉军区空军(1982)司军字第113号命令，武汉军区空军襄樊离职干部休养所正式组建，为正团级单位。编制干部、战士9人。1983年9月，干休所降为正营职单位，编制干部21人。1986年被空军评为先进干休所。1998年所长樊家才被空军政治部评为先进老干部工作者。历任主官：所长有杨东俊、陈寅秀、樊家才；政治协理员有王发亮、沈健富、杨国梁、任道林、蒋永利、张山森。

4.医院 电影制片厂 房产管理所

(1)477医院

该院前身为空军第3野战医院，始建于1970年12月，位于襄樊市岘山刁家池，先后隶属于武汉军区、广州军区空军后勤部。医院后迁至樊城区建华路，整编为中国人民解放军第477医院。2000年3月，中国人民解放军第370医院与477医院整编合并，称中国人民解放军第477医院，为正团级单位，隶属于中国人民解放军武汉后方基地。中国人民解放军第370医院始建于1972年10月，位于襄樊市襄城区运动路，级别为正团级。与477医院合并后，为477医院的一部分。477医院主要担负驻襄樊、随州、十堰、宜昌、荆门、南阳6个地区陆海空三军及四总部共104个单位1.7万多名官兵的医疗保障任务和空降兵15军、湖北省所有驻军的精神病人的收治任务。另外还担负11个干休所，共516户老干部的医疗保健任务。该医院获得军队科技进步奖14项，军队医疗成果奖4项。

(2)八一电影制片厂湖北分厂

八一电影制片厂湖北分厂于1971年10月在谷城县建厂，时称八一电影制片厂第一分厂，代号为57020部队。2001年6月取消部队代号，更名为八一电影制片厂湖北分厂，为正团级单位。该厂经过30多年的建设和发展，培养和造就了一支具有良好综合素质的技术干部和职工队伍，具备比较完善的包括前期拍摄和后期加工制作在内的影视创作能力，担负战时拍摄和制作电影任务。有摄影棚、录音棚和35毫米、16毫米两条洗印生产线。30多年来,先后拍摄故事片、电视剧20余部。洗印加工《大决战》、《大进军》、《大转折》等在军内外有较大影响故事片、译制片、军教片4.4万余部。主官:厂长为彭成平、政治委员为马玉山。

(3)总参谋部兵种部襄樊房地产管理处

其前身为中国人民解放军总参谋部工程兵老河口房地产管理所,于1988年5月在原工程兵建筑第110团的基础上组建,位于老河口市航空路,隶属于总参谋部工程兵部房管处领导。1992年10月根据中央军委决定,总参谋部、总后勤部6部局(装甲兵部、炮兵部、工程兵部、防化兵部、陆航局、军械部)合并,成立中国人民解放军总参谋部兵种部,同时将各部局的同类业务进行合并。1992年11月,原总参谋部工程兵部老河口房地产管理所与总参谋部装甲兵部襄樊房地产管理所(原装甲兵仓库)合并,成立以原总参谋部工程兵部老河口房地产管理所为基础的"中国人民解放军总参谋部兵种部襄樊房地产管理处",为团级单位。

二、兵役

(一)兵役制度

襄樊市兵役制度随着国家兵役制度的变更而变更。自1955年7月30日中华人民共和国中央人民政府颁布第一部《兵役法》以来,实行的是义务兵役制和以义务兵役制为主体的义务兵与志愿兵相结合、民兵与预备役相结合的兵役制度。

1.义务兵役制

自中华人民共和国中央人民政府颁布第一部《兵役法》起,全市实行义务兵役制。兵员主要采取征集的方式进行。凡年满18—22岁的中华人民共和国男性公民(根据需要也可为未满18岁的男女公民),都有被征集服兵役的义务,届时根据需要征集入伍服现役。征集办法一般为每年冬季或春季征集一次,但也有少数年份一年征集两次或不征集。征集时通过宣传发动,符合征集条件的青年自愿报名,经体格检查、政治审查合格,由当地兵役机关批准入伍服现役。服现役时限一般为陆军3年、空军4年、海军5年,1965—1967年为陆军4年、空军5年、海军6年,1968—1972年间服役期为陆军2年、空军3年、海军4年,1973年又改为陆军3年、空军4年、海军5年。根据部队需要也可超期服役或转为干部长期服役。义务兵服役期满后由部队批准退出现役复员,由原籍或父母所在地民政部门负责安置,一般按照"从哪里来,回哪里去"的原则。

2.义务兵与志愿兵相结合的兵役制度

1978年3月7日,第五届全国人民代表大会常务委员会第一次会议通过《关于兵役制问题的决定》,对兵役制度进行适当的改革。在陆、海、空军中服现役满6年的技术兵骨干,根据部队需要和本人自愿,经批准从第7年开始由义务兵改为志愿兵。选取志愿兵工作,原则上在每年老兵退伍时进行。服役满6年的技术兵骨干,由本人申请,所在单位党支部提名,上一级单位首长审查,由团(或相当于团级的单位)首长批准。志愿兵的数量原则上控制在专业技术兵编制人数的五分之一到四分之一。政治待遇如听报告、看文件、发书刊等享受排职干部待遇。经济待遇实行工资制与供给制相结合制度，由国家免费供给伙食和被装，另按级别发给工资。年满 40 岁仍需留队服役的志愿兵，经师以上机关批准，其家属可以随军。志愿兵的困难救济，福利待遇，伤、残优待和牺牲、病故后的抚恤，按干部的有关待遇办法执行。志愿兵转业、复员、退休按干部的待遇发给有关补助费。志愿兵的服役年限，一般为 15—20 年（含服义务兵役年限），年龄一般不超过 40 岁。因服役年限期满不需要继续留队、国家建设需要由军队调出、军队编制员额缩减、伤病残和其他原因不宜留队的，经组织批准退出现役。志愿兵退役可作转业、复员、退休安置。复员的回原籍参加生产，转业的由政府民政部门安置到行政、企事业单位工作，退休的交政府民政部门管理。

3.一个主体两个结合的兵役制度

1984 年 5 月 31 日，第六届全国人民代表大会第二次会议通过中华人民共和国第二部《兵役法》，对第一部《兵役法》和 1978 年 3 月 7 日第五届全国人民代表大会常务委员会第一次会议通过的《关于兵役制问题的决定》，所确立的兵役制度进行了改革，确定中华人民共和国实行以义务兵役制为主体的义务兵与志愿兵相结合、民兵与预备役相结合的兵役制度（简称“一个主体、两个结合”的兵役制度）。兵役分为现役和预备役。在中国人民解放军服现役的称为现役军人，编入民兵组织或者经过登记服预备役的称预备役人员。每年 12 月 31 日以前年满 18 岁的男性公民，经政治审查、身体检查合格和县（市、区）兵役机关批准可被征集服现役。当年未被征集的，在 22 岁以前仍可征集。根据军队需要和自愿的原则，当年 12 月 31 日以前未满 18 岁的男女公民也可征集服现役。陆军 3 年，海、空军 4 年。义务兵服现役期满的根据军队需要和本人自愿，可以超期服现役，其期限陆军为 1—2 年，海、空军为 1 年。服现役满 5 年的义务兵，是专业技术骨干的，由本人申请，经师级以上机关批准改为志愿兵。志愿兵的服役年限从改为志愿兵之日算起，至少 8 年，不超过 12 年，年龄不超过 35 岁。军队有特殊需要的，本人自愿并经军以上机关批准，可适当延长服役年限。义务兵和志愿兵服现役期满后退出现役。因军队编制员额缩减、本人健康状况不适合继续服现役或其他特殊原因需要退出现役的，经师以上机关批准可提前退出现役。义务兵和志愿兵退出现役时符合服预备役条件的，由部队确定服预备役，并到安置地县（市、区）兵役机关办理兵役登记。每年 9 月 30 日前，县（市、区）兵役机关对当年年满 18 岁、符合服兵役条件的公民进行一次兵役登记，当年未被征集服现役的服士兵预备役。预备役士兵的年龄为 18—35 岁。士兵预备役分为两类，第一类士兵预备役人员，为编入基干民兵组织的人员和未编入基干民兵组织但经过预备役登记的 28 岁以下的退出现役的士兵；第一类士兵预备役人员的年龄为 18—28 岁，29 岁转入第二类士兵预备役。第二类士兵预备役为编入普通民兵组织的人员和未编入普通民兵组织但经过预备役登记的 29—35 岁的退出现役的士兵，以及其他符合士兵预备役条件的男性公民；第二类士兵预备役人员年满 35 岁退出预备役。预备役军官由退出现役转入预备役的军官，确定服军官预备役的退出现役的士兵，确定服军官预备役的高等院校毕业学生，确定服军官预备役的专职人民武装干部和民兵干部，确定服军官预备役的非军事部门的干部和专业技术人员组成。

4.两个结合的兵役制度

1998 年 12 月 29 日，九届全国人大常委会第六次会议审议通过《关于修改〈中华人民共和国兵役法〉的决定》，对兵役制度进行调整。删掉了“义务兵役制为主体”的提法，规定中华人民共和国实行义务兵与志愿兵相结合、民兵与预备役相结合的兵役制度（简称两个结合的兵役制度）。义务兵服役年限改为 2 年，并取消超期服役。义务兵服役期满根据军队需要和本人自愿，经团级以上单位批准，可改为志愿兵。志愿兵的服役年限至少 3 年，服现役不满 10 年退出现役的，按义务兵退伍政策安置，满 10 年退出现役的由国家负责安排工作，满 30 年（或年龄满 55 岁）的可作退休安置。第一类士兵预备役人员为经过登记服预备役的 35 岁以下退出现役的士兵、地方与军事专业对口的技术人员和其他

28岁以下编入预备役部队的士兵或编入民兵组织的基干民兵。第二类预备役人员为编入民兵组织的普通民兵和其他符合士兵预备役条件的男性公民。中共中央、国务院、中央军委2001年1月19日制订《军队转业干部安置暂行办法》规定，国家对军队转业干部实行计划分配和自主择业相结合的方式安置。计划分配的军队转业干部由党委、政府负责安排工作和职务，担任团级职务的军队转业干部或者担任营级职务且军龄满20年(2003—2005年军队精简整编期间，军龄满18年)的军队转业干部，可以选择计划分配的方式安置，也可选择自主择业的方式安置。自主择业的军队转业干部由政府协助就业、发给退役金。为做好自主择业转业干部的安置管理工作，襄樊市人民政府军队转业安置工作小组、中共襄樊市委组织部、襄樊市人事局、襄樊市机构编制委员会办公室、襄樊市财政局、襄樊市劳动和社会保障局、襄樊市公安局、襄樊市教育局、襄樊市工商行政管理局、襄樊市国家税务局、襄樊市地方税务局、中国人民银行襄樊市中心支行、襄樊军分区政治部，于2003年7月14日下发《关于做好自主择业军队转业干部安置管理工作的意见》(襄转联〔2003〕1号)对自主择业转业干部的接收安置、医疗住房待遇、管理服务和就业优惠等方面作了具体规定。对城镇退役士兵，政府负责安置工作。鼓励城镇退役士兵自谋职业。凡本人自愿申请自谋职业的，由政府发给一次性经济补助金，并享受就业、上学、税收等优惠。

(二)兵役机构

1.兵役机关

(1)襄(阳)樊军分区

襄(阳)樊军分区是襄(阳地区行政专员公署)樊市人民政府的兵役机关。襄樊军分区在湖北省军区和襄樊市人民政府的领导下，负责办理襄樊市的兵役工作。兵役工作的组织计划主要由军分区司令部负责；宣传教育、兵员的政治审查主要由军分区政治部负责；后勤保障主要由军分区后勤部负责。

(2)县(市)区人民武装部

县(市)区人民武装部是县(市)区人民政府的兵役机关。各县(市)区人民武装部在襄樊军分区和本县(市)区人民政府的领导下，负责办理本县(市)区的兵役工作。其组织计划、政治工作、后勤工作分别由县(市、区)人民武装部的军事科、政工科、后勤科负责。城区人民武装部在不设科时期由武装部统一组织军事、政工、后勤人员实施。

(3)基层武装部

乡(或人民公社)、镇、街道办事处、农(林)场、机关、团体、厂矿企事业等单位人民武装部一般统称为基层武装部，负责办理本单位的兵役工作。一些没有设立武装部的机关、团体、企事业单位一般由与人民武装工作性质相近的部门办理。

2.征兵领导小组

襄樊市(襄阳地区)的兵员征集工作由襄樊市(襄阳地区)征兵领导小组具体组织领导实施。征兵领导小组成员由襄樊市人民政府(襄阳地区行署)、军分区领导和市(地区行署)公安、卫生、宣传、教育、监察、民政、交通、财政等部门的领导组成。领导小组设一名组长，由市政府(行署)分管兵役工作的领导兼任；设2—3名副组长，由军分区和市政府(行署)有关领导兼任；设成员若干名，由军分区、公安、卫生、宣传、教育、监察、民政、交通、财政等部门的领导(一般为副职)兼任。由于有关单位领导人员的变动或工作的需要，征兵领导小组成员也随之变动，一般在每年的征兵工作开始前对征兵领导小组成员进行一次调整，并用市政府的文件以市政府和军分区的名义下发通知。各县(市、区)、各乡(镇、场、街道)、厂矿企事业单位也成立征兵领导小组，领导本地区、本单位的兵员征集工作。

3.征兵办公室

为做好征兵工作，征兵领导小组下设征兵办公室。办公室人员由襄樊军分区司令部、政治部、后勤部和襄樊市(行署)公安局、卫生局、交通局、民政局、襄樊铁路分局等部门和单位抽调人员组成。征兵办公室设主任1名，一般由军分区参谋长兼任；副主任1名，一般由军分区司令部负责兵员动员征集的科(组)长(如：动员科科长、动员组组长、军务动员科科长等)兼任。2005年，襄樊市征兵办公室主任由襄樊军分区参谋长陈建国兼任，襄樊军分区司令部军务动员组滕骏兼任副主任。办公室下设组织计划组、宣传教育政审组、体检组、新兵服装调拨组、新兵运输组。办公室为常设机构，但人员为临时抽调，当年征兵任务完成后，办公室人员即回原单位工作。办公室的平时工作由军分区司令部负责兵员动员征集的科(组)负责。

征兵办公室的主要职责是：贯彻国家有关征兵的法律、法规、规章、政策和上级的征兵命令；组织、协调有关部门共同做好征兵的宣传教育、体格检查、政治审查及相关工作，负责审定、移交新兵，办理各种手续；做好兵役登记工作，制定兵员分拨、被服发放、新兵运输、经费使用等方案，并按规定组织实施；掌握征兵情况，负责有关征兵的统计和总结；接待接兵部队，协调其与各有关部门共同搞好征接兵工作，协助管理接兵人员；完成其他有关事项。各县(市、区)，各乡(镇、场、街道办事处)，厂矿企事业单位根据本单位的需要也分别设立征兵办公室。

(三)兵役登记

1985年10月24日，国务院、中央军委发布《征兵工作条例》，规定县、市兵役机关，在每年9月30日以前，应组织基层单位对当年12月31日以前满18岁的男性公民进行兵役登记。自此，全市在应征公民中实行了兵役登记制度。1985—1995年，兵役登记工作主要结合民兵组织整顿工作进行。年满18岁的男性公民，符合民兵条件的即应编入民兵组织，同时进行兵役登记。在调查摸底的基础上，填写《兵役登记表》、《缓服兵役人员花名册》和《免服兵役人员花名册》，并按新兵身体目测、政治审查的条件和往年征兵体检量，择优确定预征对象。1995年7月，湖北省人民政府办公厅、湖北省军区司令部转发湖北省征兵办公室制定的《湖北省兵役登记试点实施方案》，决定在襄樊市所属枣阳市进行兵役登记试点。1995年8月3日至9月3日湖北省政府、省军区和襄樊市组成两级工作组，在枣阳市进行了兵役登记工作试点。试点对兵役登记的对象、范围、年龄，登记的办法，预征对象的条件和比例，兵役登记的档案建立和管理等进行了探索。

枣阳市在受领试点工作任务后，市委、市政府、市人民武装部认真学习有关文件、法规，成立由市政府、市人民武装部及宣传、教育、公安、卫生、财政等有关单位负责人组成的兵役登记工作领导小组，并成立由11人组成的兵役登记办公室。通过在全市范围内广泛的宣传教育，基层各单位普遍组织进行登记，并填写《应征公民兵役登记表》。在登记的基础上，分别确定应服、缓服、免服、不服、拒服、已服、转服预备役、免服预备役、不服预备役等9种类型。对确定为应服兵役的公民，按照上年度征集任务数的3倍，择优选定政治思想好、文化素质高、身体健康的人员确定为预征对象，并发给《预征对象通知书》,作为当年应征和参加体检的凭证。对登记的适龄公民发给《兵役证》,并按所分类别建卡、造册、填表、归档。

1.登记方法

(1)登记的对象和范围

兵役登记的对象是机关、团体、企业(包括"三资"企业)、事业单位的适龄公民,待业青年、个体工商者、在校学生、农村中的适龄公民。

(2)登记年龄

兵役登记的年龄是当年年满18—22岁的男性公民。当年年满17岁的应届高中毕业男生,也可进行登记。

(3)登记地点

适龄公民持户口簿、身份证、学历证明或工作证,3张1寸免冠正面照片,按规定的时间到户口所在地的乡(镇)、街道和机关、团体、企事业单位的人民武装部(无人民武装部的由政府确定一个部门承办)进行报名登记。因特殊情况(外出经商、在校读书等)不能到兵役登记站进行登记的,由其家属或所在单位代其进行登记。

(4)登记方法

机关、团体、企业事业单位和乡、镇人武部,根据县(市、区)兵役机关的安排,负责组织本单位和本地区的适龄男性公民进行兵役登记,填写《应征公民兵役登记表》。《应征公民兵役登记表》中有关项目的填写方法是:文化程度按实填写,如"高中毕业"、"高中肄业"、"初中毕业"、"初中肄业"、"小学毕业"、"高二"、"初一"等,不得简写为"高中"、"初中"等。家庭住址,城镇写明到街道,农村写明到行政村。工作单位填写单位全称。职务,任何职填写何职。待业公民填"待业"。临时工,填"临时工"。在校上学填"学生"。兵役证编号用13位阿拉伯数字,前两位为襄樊市的代号,3、4位为县(市、区)的代号,5、6位是年号的后两位数字,后面 7 位数字为以县(市、区)为单位自编的兵役证顺序号。发证时间统一填写为当年的9月30日。兵役证有效期限为征集兵员的最大年限再加4年。

(5)服役范围

机关、团体、企业事业单位和乡(镇)人民武装部,对本单位和本地区登记的应征公民进行体格目测、病史调查和政治、文化初步审查,并将其情况填入登记表,同时提出结论性审查意见,报县(市、区)审批。县(市、区)根据公民实际服兵役能力和服役态度,以及服役情况,做出"应服"、"缓服"、"免服"、"不服"、"拒服"、"已服"、"转服预备役"、"免服预备役"、"不服预备役" 等9种结论性审查意见并填入表中。

其各种结论的含义为:应服指经兵役登记初步确定符合征集条件的适龄公民。缓服指在全日制学校就学的学生或者有其他特殊情况的适龄公民。免服指有严重生理缺陷或者残疾,有病史或其他严重传染性疾病不宜征集的适龄公民。不服指被羁押正在受侦查、起诉、审判的或者被判处徒刑、拘役、管制正在服刑的以及依照法律被剥夺政治权利的适龄公民。拒服指经过教育仍拒绝参加兵役登记、领取兵役证或者被确定为符合征集条件而拒绝参加体格检查和应征入伍的适龄公民。已服指当年被征集入伍的适龄公民。转服预备役指年满22周岁的适龄公民未被征集又符合服预备役条件的。免服预备役指年满22周岁的适龄公民未被征集又因身体原因不符合服预备役条件的。不服预备役指年满22周岁的适龄公民未被征集又不符合服预备役政治条件的。

(6)预征对象

在兵役登记的基础上,对应服兵役的公民,从中选定政治思想好、身体好、文化程度高的公民为当年征集的对象。预征对象的年龄、条件和征集范围,参照上年度征兵命令规定,预征对象的数量按本地区上一年度征兵任务数的3倍确定。予确定为预征对象的适龄公民发给《预征对象通知书》。

(7)登记档案管理

兵役登记的档案主要有《应征公民兵役登记表》和《应征公民兵役登记统计表》。《应征公民兵役登记表》一式两份,基层武装部(或指定部门)留一份,县(市、区)兵役机关存一份,并按所确定的服役情况分类装册存放。《应征公民兵役登记统计表》由基层武装部根据应征公民所登记的情况进行分类统计并制表,留存并逐级报上级兵役机关汇总。

2.组织实施

兵役登记工作涉到全市所有适龄公民,工作量大,牵涉面广,必须认真细致,才能保证准确。整个工作大体分为组织准备、宣传发动、报名登记、确定服役范围、总结等5个阶段。

(1)组织准备

根据上级有关兵役登记的文件规定,结合本地区的实际情况制定有关兵役登记的时间、工作重点、工作方法步骤、完成任务的标准和要求等内容的工作方案。襄樊军分区召开各县(市、区)兵役机关领导会议,将兵役登记工作布置下去。各县(市、区)兵役机关组织乡(镇)、街道、机关、团体、企事业单位的领导和武装部部长,传达学习上级的文件精神,熟悉工作方案。各级成立兵役登记领导小组和组成登记专门班子。

(2)宣传发动

以《中华人民共和国兵役法》《征兵工作条例》《湖北省征兵工作实施细则》《湖北省征兵工作条例》为主要内容,结合爱国主义教育,利用各种宣传工具,大力宣传兵役登记的目的、意义和有关政策规定,增强适龄公民依法进行兵役登记的光荣感、责任感,动员适龄公民报名登记。同时,基层乡(镇)、街道和机关、团体、企事业单位武装部,组织人员,按照兵役登记的范围、对象和年龄,做好调查摸底,掌握适龄公民的去向和活动范围,做到心中有数,为报名登记工作打好基础。

(3)报名登记

以乡(镇)、街道和机关、团体、企事业单位为单位设立兵役登记站,届时通知适龄公民在规定时间到兵役登记站报名登记。报名登记的同时,对适龄公民进行政治了解、身体目测、病史调查。

(4)服役范围

报名登记结束后,各基层乡(镇)、街道和机关团体、企事业单位武装部,将适龄公民的年龄、政治、身体、文化和病史状况,进行分类排队,统一核查整理后,上报县(市、区)兵役机关。由县(市、区)兵役机关根据上报的情况和公民实际服兵役的能力和服役态度,确定其"应服""免服""不得服""缓服"和"拒服"等服役结论,并发给《公民兵役证》。对确定为"应服"的公民按照上年度的征兵数量和所规定的年龄、政治、身体和文化条件，确定部分为预征对象，并发给《预征对象通知书》。对未被征集的公民，当年龄已满22周岁时，确定其“转服预备役”，或其他原因不符合服预备役条件的确定其“免服预备役”和“不服预备役”。

(5)工作总结

1996年8月29日，应襄樊军分区的请求，湖北省人民政府征兵办公室，将湖北省人民政府办公厅、湖北省军区司令部《关于在全省公民中进行兵役登记工作的通知》电传襄樊军分区。按照电传件精神，襄樊市于9月3日召开全市兵役登记动员大会，安排部署1996年度的兵役登记工作，自此全市（含代管的随州市，下同）兵役登记工作全面展开。襄樊市人民政府办公室、襄樊军分区司令部于1996年9月29日下发了《关于在全市应征公民中进行兵役登记工作的通知》。1996年，襄樊市兵役登记工作全面展开，整个工作自同年9月3日开始，至同年9月30日结束。在此次兵役登记中，襄樊军分区召开全市兵役登记工作动员暨业务培训会议，成立领导小组，下发实施方案和工作计划；谷城县在财政十分紧张的情况下挤出8万元作为专项工作经费；保康县人大、政协依法对此项工作进行检查；樊城区领导亲自深入乡（镇）、厂（矿）调查指导工作；襄阳县的乡（镇）分别拿出2 000—5 000元不等的经费作为保障。全市共从人武部、宣传、公安、卫生、教育等系统，抽调5 000余名政治思想好、责任心强、业务水平高的人员，组成工作班子，各级共出资50多万元作为工作经费。各新闻媒体大力搞好宣传，《襄樊日报》、襄樊电视台组成专栏、专题报道，并登载和播放襄樊军分区参谋长王纪三答记者问；随州电视台播放随州市兵役登记工作大会实况，电台、报社跟踪报道兵役登记工作进展情况；南漳县电视台连续一个星期播放县领导的电视讲话和兵役登记问答，电台每周进行一次兵役登记讲座。全市共播放各种宣传稿件180多篇，召开各种宣传教育会议2 100多场次，张贴宣传标语60 000余条，挂宣传横幅500余幅，办墙报、专栏3 000余期，印发宣传教育提纲7 000余份。由于组织计划周密，经费保障到位，登记班子得力，宣传教育深入人心，此项工作进展顺利，为此后开展这项工作打下了良好的基础。此后，每年9月份，全市均进行一次兵役登记。2004年9月，襄樊市统一组织兵役登记工作，襄樊军分区召开兵役登记工作会议，组织兵役登记业务培训，总结推广谷城县兵役登记的经验做法。全市共设立2 665个固定兵役登记站（点）和107个流动登记点，完成兵役登记对象11万余人。

（四）兵员征集

兵员征集依中华人民共和国国防部或国务院、中央军委的命令或通知进行。征集时间，1980—1988年间为冬季，1989—1991年为春季，1991—2005年为冬季。每逢征兵工作开始，全市上下均作为突出的政治任务，各级兵役机关精心组织，应征青年积极报名参军，优质圆满完成兵员征集任务。按照征兵的工作内容和工作过程，除兵役登记外，大体可分为组织准备、宣传报名、体格检查、走访政审、定兵换装、新兵输送等阶段。

1.组织准备

征兵工作开始前，需做一些准备工作，主要包括调整征兵领导小组、召开征兵领导小组会议、组成征兵办公室、召开全市征兵工作会议、物资准备等。由于征兵领导小组由有关单位、部门的领导组成，人员发生变动或分工调整后，征兵领导小组成员也需随着进行调整。征兵工作开始后，首先根据变化了的情况，对领导小组成员进行调整。若领导人员及分工没有发生变化，一般不作调整。征兵领导小组会议的主要内容是传达本年度上级征兵工作会议精神，研究全市的征兵工作部署，确定有关征兵办公室组成人员的抽调、经费保障、体检、政审、运输、保证兵员质量、廉洁征兵等方面的问题。将领导小组确定抽调的人员集中到征兵办公地点集体办公，并对办公室人员进行业务培训，使办公室人员掌握有关征兵政策、兵员条件、主要工作内容、工作程序、目标要求等。设立组织计划、宣传教育政审、体检、新兵服装调拨、新兵运输等小组，并对办公室人员进行分工。全市征兵工作会议由襄樊市人民政府和襄樊军分区组织召开，襄樊市征兵领导小组成员、各县（市、区）政府分管兵役的1名领导、各县（市、区）人民武装部1名领导和军事科科长、各县（市、区）公安局、卫生局、交通局各1名领导或一般工作人员参加会议。会议的主要内容是总结上一年征兵工作，安排布置本年度的征兵工作，研究制定保证兵员质量、廉洁征兵的措施等。每年征兵工作开始时，根据本年度的兵员征集任务，做好经费预算并及时请领下拨；翻印有关标准、条件、表格和证书并及时下发；添置体检器械药品等。

2.宣传报名

这一阶段各兵役机关大张旗鼓地宣传征兵工作政策、国家的法令法律，增强全民国防观念，动员适龄青年报名应征。同时，接待接兵部队，为下一阶段做必要的准备工作。

征兵工作宣传与平时的全民国防教育是紧紧相联系的，但征兵期间的宣传教育内容最为丰富，形式最为多样，时间最为集中，教育最为广泛深入，使征兵宣传教育成为征兵工作的一个重要阶段。每到征兵工作开始，襄樊市电视台、广播电台、襄樊日报均开办专题、专版、专栏，各县（市）电视台、广播电台和报纸也开办专题、专版、专栏，有的乡（镇）利用有线广播进行宣传，乡、村、厂矿企事业单位采取办板报、挂横幅、贴标语等进行宣传，有条件的乡、村、厂矿企事业单位还组织召开征兵工作动员大会。宣传的主要内容是《兵役法》、当年的征兵政策和国家的优抚安置政策。通过宣传教育，增强全民的国防观念，增强公民依法履行兵役义务的观念，增强依法服兵役的光荣感、责任感。

图 24—3　父送子参军

在宣传动员的基础上，根据本年度兵员征集条件，组织适龄青年（或兵役登记时所确定的预征对象）报名应征。适龄青年（预征对象）一般在基层单位负责征兵工作的部门报名。基层单位负责征兵工作的部门对应征青年的基本情况进行调查摸底，初步掌握应征青年的年龄、文化、家庭出身、本人成分、身体状况、现实表现、家庭主要成员及主要社会关系等有关情况，对基本符合当年征集条件的报上级负责征兵工作的部门，由上级负责征兵工作的部门或县（市、区）人民武装部确定为预征对象。由于经常性的国防教育，连年的征兵宣传教育，较好地落实了退伍安置政策，襄樊人民的国防观念普遍较强，具有爱军习武的光荣传统，“一人参军，全家光荣”，军人及其家属得到社会的普遍关怀和尊重，适龄青年大多积极踊跃报名，适龄青年家庭把参军服现役视为荣誉，积极支持子弟报名应征，父送子、兄送弟报名参军的比比皆是。

在宣传发动报名阶段，接兵部队的接兵人员陆续到来，为使征接双方更好地配合工作，接兵部队的人员到来时，首先与征集部门取得联系，各级征集部门都主动接待接兵部队的人员。除安排好食宿外，主动听取接兵部队的意见要求，向他们介绍本地的人文地理、风土人情、风俗习惯、经济状况、生活水平、兵源情况、任务划分、工作安排、接兵人员的主要工作及注意事项等。为征接双方密切配合，圆满完成征接任务打下良好的基础。各县（市、区）提前做好下阶段的准备工作。主要有组成体检队并进行业务培训，组织体检医生学习《应征公民体格条件》和《应征公民体格检查方法》，统一标准做法，防止偏宽偏严。同时做好新兵运输计划，制定新兵服装计划并组织调运。

3.体格检查

应征公民体格是否符合条件，需经检查才能确定。为保证将体格健康的青年征入部队，襄樊军分区及各县（市、区）人武部，把对应征青年的体格检查作为征兵工作的重要一环，认真组织，科学检查，实行体格检查责任制，筛选合格青年征入部队。

体检站的设立是根据当时的任务、要求和医疗技术水平而确定的。20世纪90年代以前，由于当时征集任务相对较多，在当时生活水平和医疗水平下，对兵员体格的要求相对较低，多数县（市）分散设立体检站，一般平均两个乡（镇）设一个体检站，如1990年春季征兵，随州市、襄阳县、谷城县、保康县分别设20个、19个、7个、8个体检站。部分县市根据征兵数量或本地交通医疗等情况采取集中办站的形式，如枣阳市、宜城县各设2个站，老河口市、南漳县和四个城区各只设1个站。此后体检站逐年减少，1998—2005年，每个县（市、区）各设1个站。

进站体检前，一般由村或乡级单位组织对报名应征的青年进行一次目测摸底、病史调查，进行初选，确定进站体检人员。通过目测主要是对身高、体重、视力和体观明显不合格者进行淘汰。在目测的同时询问、了解既往病史，如腰腿痛、胃痛、癫痫、痴呆、夜游、遗尿等，有此类慢性疾病的也作淘汰。一些在政治表现上或年龄、文化等方面不合格的也通过此次目测进行淘汰。为保证体检和政审双合格人员数量，便于定兵时有更大的余地，确定进站体检人数与征集任务数的比例在3∶1左右。

体格检查是保证兵员质量的重要一环，各兵役机关和体检队非常重视，投入主要人力、精力和技术最好的医生来组织实施。用统一的《应征公民体格条件》和《应征公民体格检查方法》进行体检，一般分为一般检查、外科、内科、耳鼻喉科、眼科、口腔科和妇科、化验、胸透等。体检实行单科不合格淘汰。当常规检查把握不准时，还进行诸如B超、心电图等特殊检查。体检站实行封闭管理，工作人员和体检医生挂牌上岗，应征青年凭照片和体检表在工作人员的带领下依次受检，无关人员严禁进入体检站。全市均实行谁检查、谁签字、谁负责的体检责任制，无论过失还是故意造成身体原因退兵的追究体检医生的责任。通过周密细致的组织和落实各项体检制度，对于防止冒名顶替、拉关系、讲人情，保证兵员质量起到很好的作用。为防止误检或定性不准，对体检合格的青年进行抽查或复查，抽查人数一般不少于合格青年的1/10、复查人数不少于合格青年的1/3，抽查或复查的结果有1/3不合格时，全部复检。拟定为条件兵（注：身体或政治表现有特殊要求的兵种称身体条件兵或政治条件兵）的全部复查。通过反复筛选，确保兵员质量。

为完善应征公民入伍手续，国防部征兵办公室决定自1992年冬季征兵工作起统一刻制、使用应征公民政审、体检专用章。对被批准入伍的新兵，由县（市、区）征兵办公室在其《应征公民入伍审查表》"审查结论"栏和《应征公民体格检查表》"体检结果及结论"栏中分别加盖政审、体检专用章。政审、体检专用章由县（市、区）人民政府征兵办公室统一掌管使用，征兵工作结束后及时封存，由县（市、区）人民武装部保管。

2002年冬季征兵时，根据国防部征兵办公室《关于试行修订后〈应征公民体格检查标准〉的通知》，枣阳市被国防部确定为应用修订后《应征公民体格检查标准（试行）》试点单位，通过体检试点，枣阳市人民政府和人民武装部，拍摄了新的《应征公民体格检查标准》录像片，按要求建立一个规范化的体检站，通过试点总结经验，写出《应征公民体格检查标准（试行）》可行性研究报告。

2003年9月2日，国防部征兵办公室重新印发《应征公民体格检查办法》和《应征公民体格检查标准》，对原有办法和标准进行了修改。修改后的办法和标准，更适应应征青年身体、心理、体能现状，有利于加强国防和军队建设，有利于提高兵员质量，有利于组织征兵体检，更符合国情、军情，更加科学规范，具有实用性和可操作性。

4.走访政审

做好征兵政治审查工作，确保新兵政治合格，对于保持军队的纯洁与稳定，加强军队政治建设，具有重要意义。在应征公民体检合格的基础上，由乡、村、企事业单位和县（市、区）兵役机关对其进行政治审查。审查的主要内容是应征公民的政治态度、现实表现、文化程度、身份状况，家庭主要成员、主要社会关系的政治状况等情况。具体依照公安部、总参谋部、总政治部规定的征集兵员政治条件进行审查。凡符合条件的为政审合格，否则为政审不合格。由于各个历史时期的要求不同，政治条件也有所不同。征兵期间，对应征公民的政治审查实行村（居委会）、乡（镇、街道）、县（市、区）3 级政审和区域联审制度。政审工作实行谁审查、谁签字、谁负责的责任制。

(1)村(居)民委员会及有征集任务的企事业单位的政审

村（居）民委员会以及有征集任务的企事业单位由主要领导负责，组织人员通过走访调查的形式对应征公民的政治态度、现实表现、文化程度、身份状况和家庭主要成员、主要社会关系和政治状况等情况进行审查。主要作法是到应征公民最后就读的学校调查其在校期间的表现和文化程度情况；到当地派出所调查了解应征公民有无违法犯罪行为、身份状况、户别以及家庭主要成员政治状况等情况；到应征公民现所在单位调查了解现实表现情况；到有关单位调查了解应征公民的主要社会关系情况。有关学校、派出所及其他有关单位认真负责地提供真实情况，并出具书面材料以示负责。村（居）民委员会及有征集任务的企事业单位通过进行一系列的走访调查后，在《应征公民政治审查表》内填写鉴定意见，负责向乡（镇、街道）推荐政治审查合格的应征公民。

(2)乡(镇、街道)的政审

乡（镇、街道）由主要领导负责，组织专人对经过村（居）民委员会、企事业单位审查推荐的应征公民的政治情况进行复查，通过审查材料，对村（居）民委员会把关不准，或降低条件的，或存有疑点的，或对群众反映有问题的进行重点调查，取得可靠证明材料。对拟定为新兵的，将名单出榜公布，晓谕公众。在没有疑义的情况下，再在《应征公民政治审查表》内签署审查意见，负责向县（市、区）人民政府征兵办公室推荐政治审查合格的应征公民。

(3)县(市、区)征兵办公室的政审

县（市、区）征兵办公室在政审期间，组织政审组对基层征兵政治审查工作实施指导，重点是对走访调查的方法和标准条件的掌握进行检查指导。对经基层审查合格的应征公民，组织跨区域、跨部门联审，防止此处青年到彼处违法而漏审的现象发生。联审一般采用召开有关单位或部门负责人员参加的联审会，或重点到某一单位调查的形式进行。在联审的基础上，县（市、区）征兵办公室政审组再逐人进行综合审核，并对预定新兵名单张榜公布，听取群众意见，接受监督。对经过综合审查确认符合条件的应征公民，由征兵办公室负责人在《应征公民政治审查表》内签署结论意见。

(4)政治条件兵政审

襄樊地区多数年份担负有政治条件兵的征集任务。政治条件兵由于担负任务的特殊，条件要求更高，组织政审更加严密。其政治条件除符合《关于征集公民服现役的政治条件的规定》外，还必须具备条件兵的政治条件。由于各个时期要求不同，条件也有所变化。本着认真挑选，严格把关，保证质量的精神。县（市、区）征兵办公室对条件兵的政审尤为重视，按照两个政审人员负责一个条件兵政审的比例安排政审人员，对拟作政治条件兵对象的人员的历史、现实表现及家庭成员和关系密切的亲属的政治情况，认真查证清楚，写出专门的证明材料。上级兵役机关为统一政审的内容和做法，并根据条件兵的政治条件，统一拟制证明材料式样进行规范。接兵部队的人员在新兵政审的全过程中，配合地方各级征兵办公室参与走访调查、政审、联审，发现问题及时向当地征兵办公室反映，对搞好政审起到很好作用。无论是普通兵还是条件兵，在政审结束后都张榜公布，接受群众监督。

5.定兵换装

在体检、政审的基础上，对身体、政治合格的青年按照好中选优的原则，采取一系列措施，确定新兵名单。

为防止因少数人说了算而出现的偏差，确保兵员质量，各县（市、区）召开有征兵办公室人员、体检医生、政审人员和接兵干部参加的定兵会，从政策上、身体上、政治上对拟定新兵进行一次“四方会审”，在保证完成任务和兵员质量的前提下好中选优，做到政治表现好的优先、身体健康的优先、文化程度高的优先。经过“四方会审”，在取得一致意见的基础上定兵。

定兵后将新兵的名单张榜公布，其目的是接受群众监督。并广泛收集群众的意见，认真对待群众的来信来访。对反映新兵在身体上的问题，及时组织医生复查；对反映新兵政治上的问题及时组织政审人员调查核实。复查或核实确有问题的，及时调换新兵。对反映的问题一时查不清楚的也给予调换，确保兵员质量。

新兵一般着新军装到部队，极少数部队的新兵是到部队换装。一般在起运新兵的1—3天前换发服装。

6.新兵运输

为保证新兵能安全顺利地到达部队，襄樊军分区认真组织新兵运输，做好运输前的各项准备工作，制定周密的运输计划，进行乘车船教育，并做好新兵入伍后的善后工作。

在新兵运输前作好新兵运输计划。接兵部队的人员到达时，征兵办公室运输组即与之取得联系，主动向接兵部队的人员介绍该部队在本地征集新兵的分配方案和本地的道路、交通运输情况，了解新兵到达地，征求新兵上车点、乘坐车次、运输路线和下车点的意见，并制定预案报湖北省征兵办公室。

待湖北省征兵办公室的运输命令下达后，襄樊市征兵办公室立即组织传达，并组织各县（市、区）征兵办公室负责新兵运输的人员制定与火车相衔接的公路运输计划。计划包括：征兵单位、接兵单位、人数（含接、送兵干部）、承运单位、车辆数、起运地点时间、到达地点时间、衔接火车发车时间等。各承运单位接到运送新兵的任务后，挑选最好的司机和车辆承担运输任务，并对司乘人员进行培训，组织学习有关规定，检修车辆并勘察道路，确保运输安全。

起运前1—2天，各县（市、区）以接兵部队为单位，按班、排、连、营、团的建制进行编组，明确各级干部，做到官兵相识、兵兵相识，并规定统一的识别标记。有的县（市、区）还为新兵制发佩戴“某某县（市、区）新兵”的胸牌，避免在运输途中认错人、跟错队。同时进行安全乘车（船）教育。

图24—4 2001年12月，襄樊市在襄樊火车站召开新兵入伍欢送大会

按照新兵运输计划所确定的车次、时间，一般提前一天向接兵部队移交新兵。移交新兵时认真清点人员、被装、档案，确定无误后办理移交手续，并由交接双方在移交花名册和移交物资清单上签名。新兵移交后，各县（市、区）征兵办公室协助接兵部队搞好新兵的管理和车辆运输，直至新兵乘火车离开为止。大批新兵起运时，各县（市、区）及基层各单位还组织欢送，有的召开欢送会，有的敲锣打鼓将新兵送到火车站。每逢大批新兵起运时，襄樊市政府领导、襄樊军分区领导到襄樊火车站组织欢送会，为新兵和接兵部队送行。

新兵运输结束后，各级征兵办公室对征兵工作中的主要特点、经验和存在的问题认真总结，并向上级征兵办公室报告。按照上级制发的表格，将当年征兵工作的基本数字统计上报。

新兵到部队后，经过一段时间的适应，部队将对其身体和政治表现进行复查。在45天之内若发现新兵患有不符合应征公民体格条件的疾病的，或90天内发现新兵不符合政治条件的，退回到征集地县（市、区）征兵办公室。县（市、区）征兵办公室和部队发生意见分歧时，由襄樊市征兵办公室主持协商解决，协商解决不了的，报湖北省征兵办公室，由湖北省征兵办公室组织检查、核实后，合格的，由部队带回，不合格的，由新兵征集地县（市、区）接收。1997年起，部队退兵直接与湖北省征兵办公室联系，由湖北省征兵办公室组织检查、核实，合格的，由部队带回，不合格的通知新兵所在县（市、区）到湖北省征兵办公室与所退新兵的部队办理退兵手续后带回。

为规范征兵工作，堵塞各种漏洞，严格征兵纪律，提高兵员质量，襄樊市人民政府征兵办公室2002年10月25日下发《襄樊市征兵工作程序若干规定》，对征兵工作程序及各个环节的工作做了具体规定。

7.招收飞行学员

1986年前，招收飞行学员工作由襄樊军分区和各县（市、区）人武部主管，具体工作由征兵、招飞办公室负责。办公室除有军分区、公安局、卫生局的人员参加外，还有教育局的人员参加。招收任务由湖北省征兵、招飞办公室下达。一般在每年的3—7月进行，招收的主要对象是在校的年满16—18岁的应届高中毕业生。招收飞行学员工作开始后，在有招收任务的县（市）高中应届毕业生中进行动员。适龄学生在本人所在学校报名，由学校党组织推荐，通过文化考试、体格检查、政治审查，由湖北省征兵、招飞领导小组批准。体格检查由县（市）级卫生部门组织目测后交湖北省和军委体检组进行一级体检；政治审查由市和县（市）公安部门组织实施。全市各级兵役机关把招收飞行学员作为一项特殊的政治任务对待，广大青年学生对应招飞行学员感到无比的光荣，积极报名应招。襄阳地区（襄樊市）连年完成和超额完成任务，仅1983年湖北省招飞办公室分配给襄樊市招飞任务为50名，实际完成58名。1986年后，招收飞行学员工作移交给教育委员会（教育局）负责组织实施。

8.批准书和审查表的制定和使用

为完善兵役工作制度，严格征集新兵的审查批准手续，确保新兵质量，1990年8月21日，总参谋部下发《关于制发〈应征公民入伍批准书〉和〈应征公民入伍审查表〉的通知》，决定将《应征公民入伍登记表》改为《应征公民入伍批准书》和《应征公民入伍审查表》。《应征公民入伍批准书》、《应征公民入伍审查表》和《应征公民体格检查表》是征兵工作中对应征公民进行政治审查、体格检查和批准入伍必须办理的手续，是入伍新兵档案的基本材料。《应征公民入伍批准书》由省兵役机关按照规定的式样统一编号印制，并按征集新兵的任务数下发。对于非农户口和农业户口征集数量也在批准书上注明。使用《应征公民入伍批准书》，有效地防止多征多接或少征少接现象的发生，有效地控制非农户口和农业户口的征集比例。《应征公民入伍批准书》、《应征公民入伍审查表》从1990年11月1日开始使用。

9.特种部队条件兵征集

特种部队条件兵的征集与普通兵征集同时进行，其政治条件和身体条件要求更高。政治条件除必须符合公安部、总参谋部、总政治部 1990 年 10 月 6 日《关于征集公民服现役的政治条件的规定》外，特别重视对应征公民现实表现、国外（境外）关系的审查，严防将道德品质不好、有各种劣迹和复杂政治背景的人征入部队。身体条件按国防部 1991 年 9 月 29 日颁发的《应征公民体格检查标准》中规定的空降兵条件执行，身长一般要求在 168 厘米以上。文化一般应具有高中毕业以上文化程度。对特种部队条件兵的征集从 1995 年冬季开始。

10.高等学校学生兵征集

根据国家教育部、公安部、民政部、总参谋部、总政治部有关文件精神和湖北省教育厅、湖北省公安厅、湖北省民政厅、湖北省军区司令部、湖北省军区政治部有关文件精神，襄樊市于 2002 年冬季征兵时在襄樊学院进行“从在校大学生中征集新兵”试点工作。此后每年都在在校大学生中征集新兵。征集在校大学生入伍是适应新时期国防和军队现代化建设需要，优化兵员结构，提高兵员质量，提高部队战斗力的重要举措。对在校大学生的征集，主要由学校所在的城区人民政府征兵办公室负责组织，政治审查由学校所在城区公安部门负责，学校保卫部门具体承办。入学前和就读返乡期间的政治审查工作，由就读学校所在地城区征兵办公室将《应征在校大学生协查函》和《应征在校大学生入学前和就读返乡期间调查表》，寄往学生原籍所在地县（市、区）征兵办公室；原籍县（市、区）公安部门对高等学校学生入学前和就读返乡期间的情况组织政治审查，在《应征在校大学生入学前和就读返乡期间调查表》上签署意见，发回学校所在城区征兵办公室。学校所在城区征兵办公室综合各方面意见，签署政审结论意见。

在校大学生入伍前，学校尽可能安排他们参加本学期课程考试，学校也可根据其平时的学习情况，对本学期所学课程免试，直接确定成绩和学分，并保留学籍到退役后一年内。对已经修完规定课程或已修规定学分，符合毕业条件的，学校可准予毕业，发给其毕业证书。在校大学生入伍后，有条件的可以参加原学校组织的函授或自学原专业课程，经部队团级单位批准可以参加学校组织的考试。在校大学生被批准入伍后，已交学杂费的剩余部分，根据本人自愿，由学校退还本人，或由学校负责管理。退出现役后复学，其家庭经济困难的，由学校酌情减免学费；入伍前享受优秀学生奖学金的，复学后，除一等奖学金外，提高一个奖学金等级；对荣立一次三等功奖励的，复学后按不低于 50%的标准减免学费；荣立两次三等功或荣立二等功、一等功、被授予荣誉称号的，复学后免交全部学费。

退役后各高等学校保证退役大学生及时复学。原所学专业撤销的，由学校安排转入其他专业复学；个别学习有困难的，可以申请延长学习时间；对专科升本科、本科考研究生的，在同等条件下优先录取。在部队荣立三等功以上奖励的，原是本科生的可申请转到本校其他专业学习，原是专科生的可以免试转入本校同专业或相近专业的本科学习；荣立二等功以上奖励的，所学本科专业毕业后，可免试保送所学专业研究生。在新兵检疫复查期间退回或身体原因不宜继续在部队服役中途退役的，学校准其复学。服现役期间除名、开除军籍处分或被劳动教养、判刑的，不予复学，部队保卫部门负责通报其就读学校，由入学前户口所在地人民政府按照民政部、公安部、总参谋部、总政治部《关于义务兵提前退出现役的暂行规定》执行。

对批准入伍的在校大学生，服役期间，其家属享受军属待遇，并由其入学前户口所在地人民政府按照本地义务兵家属优待的规定给予优待。退出现役后，不愿复学的大学生，由入学前户口所在地的退伍安置机构负责接收，并按照城镇退役士兵的有关政策规定，做好他们的安置工作。参战或者因公负伤致残的，由部队评定残废等级，发给革命伤残军人证，退出现役后，丧失自理能力不能复学的，按照国家有关规定妥善安置。

11.从非军事部门招收士官

为适应部队建设的需要，提高军队士官队伍的整体素质，增强部队战斗力，市政府征兵办公室于2005年6月21日至8月10日，进行从非军事部门具有专业技能的公民中招收士官的试点工作。

应招公民所具备的基本条件是：拥护党的基本路线，坚持四项基本原则，忠于祖国，热爱人民军队，政治历史清白，遵纪守法，品德优良，志愿献身国防事业，符合应征公民服现役政治条件；在各类职业技术学校（院）受本专业培训时间满2年以上，取得国家承认的中等职业技术学校以上学历证书，专业考核成绩良好；年龄一般不超过25周岁；身体健康，符合应征公民服现役的身体条件。通过宣传发动、申请报名、体格检查、政治审查、专业技能考核及审定，经县（市、区）人民政府征兵办公室批准招入部队。根据本人入伍前学历和工作经历，由部队确定其士官等级，享受相应待遇。2005年，襄樊市共招收士官26名。

（五）预备役登记

1955年，新中国第一部《兵役法》颁布后，全区建立过预备役制度，1958年，大办民兵后，预备役制度未坚持下来。1980年12月，根据国务院、中央军委文件规定和武汉军区、湖北省军区指示精神，襄樊市逐步恢复预备役工作。首先进行退伍军人服预备役登记统计，后在民兵中进行预备役登记，后又在地方专业技术人员中进行预备役登记。

1.退伍军人预备役登记

1980年，国务院、中央军委文件，确定对退伍军人进行预备役登记。同年12月，襄樊地区对当年的退伍军人进行预备役登记，退伍军人预备役登记统计工作，在士兵退伍时，由部队按规定确定是否服预备役，并在《退伍军人登记表》和《退伍军人证明书》上将退伍军人的专业名称、专业号码和是否服预备役明确注记；退伍军人回到地方后，持《退伍军人证明书》及时到当地县（市、区）人民武装部办理退伍军人预备役登记手续；县（市、区）人民武装部结合每年退伍军人接收安置工作进行登记，填写《退伍军人预备役登记卡片》一式两份（一份由人民武装部保存，一份由退伍军人所在单位保存），并在《退伍军人证明书》上加盖"服预备役"或"免服预备役"专用章。此后，每年结合退伍安置进行一次退伍军人预备役登记，并在每年的6月30日前进行一次核对。对已登记服预备役的退伍军人调出本县（市、区）的，或逮捕、被判处徒刑、被剥夺政治权利的给予注销登记；对于超过服预备役年龄的，或因身体条件变化不适合服预备役的，以及死亡的，给予消除登记；对于从外县（市、区）调入的适合服预备役的退伍军人，由新单位重新进行登记；对于在本县（市、区）内调动的，由调出单位在其《退伍军人预备役登记卡片》上注明调往单位并报县（市、区）人民武装部转给调往单位。

2.民兵预备役登记

1981年，中共中央、国务院、中央军委批转了总参谋部、总政治部《关于调整民兵组织问题的报告》，此报告要求做到民兵制度与预备役制度相结合。根据此文件精神和湖北省军区预备役登记统计工作会议精神，自1982年7月始，襄樊地区在进行退伍军人预备役登记统计的同时，对加入民兵组织的基干民兵进行预备役兵员登记统计。1982年度的登记统计至12月结束。通过登记统计，较准确地掌握退伍军人和基干民兵预备役兵员的数质量和分布情况。此后，每年结合年度的民兵组织整顿工作，进行一次预备役登记统计。除进行退伍军人预备役登记统计外，对编入民兵组织的非退伍军人也进行预备役登记统计。退伍军人和基干民兵年龄在18—28岁的为一类预备役兵员，年龄满28—35岁的即转到普通民兵组织为二类预备役兵员，超过35岁后退出民兵组织即完成预备役。每年进行民兵组织整顿时即对预备役兵员进行正常的出入转队，调出本县（市、区）的或逮捕、被判处徒刑、被剥夺政治权利的给予注销登记；对于超过服预备役年龄的，或因身体条件变化不适合服预备役的，以及死亡的，给予消除登记；对于从外县（市、区）调入的适合服预备役的退伍军人，由新单位重新进行登记；对于在本县（市、区）内调动的，由调出单位在其《预备役登记卡片》上注明调往单位并报县（市、区）人民武装部转给调往单位。

3.地方与军事专业对口的技术人员预备役登记

为适应战时兵员动员的需要，根据武汉军区、湖北省军区的指示精神，襄樊地区于1983年开始对地方与军事专业对口的技术人员进行预备役登记。首先在老河口市（不含原光化县）进行试点，后在全区展开。试点于7月底至8月底进行。试点主要是对地方与军队通用的专业技术人员，凡符合服预备役条件的，按照军队的技术兵专业名称和专业号码，进行登记服预备役。此后，全区每年结合民兵组织整顿，对地方与军事专业对口的技术人员进行一次清理核对，年满18岁符合服预备役条件的给予登记，超龄或其他原因不宜继续服预备役的，给予注销或消除登记。

4.军官预备役登记

1992年，中央组织部，人事部、公安部、财政部，军委总参谋部、总政治部下发《关于在全国开展转业干部预备役登记工作的通知》，确定从1992年起在全国开展转业干部预备役登记工作。据此文件精神，襄樊军分区政治部和各县（市、区）人武部组织对自1988年9月1日后由中国人民解放军和武装警察部队转业到地方工作的干部，凡政治表现好，身体健康，排级职务（含相应职务等级的文职干部，下同）35岁，连级职务40岁，营级职务45岁，团级职务50岁，师级职务55岁；初级专业技术职务45岁，中级专业技术职务55岁，高级专业技术职务60岁以下的进行服预备役登记。此后每年进行一次登记和核对，转业回地方工作的军队和武警部队干部报到前，先到县（市、区）人武部进行预备役登记。各县（市、区）人武部每年会同地方组织、人事部门进行一次核对，达到服预备役最高年龄的退出预备役，对身体或政治原因不适合继续服预备役的，注销或消除预备役登记。

（六）役前班

为在青年学生中进行国防教育，培养和增强他们爱军习武、崇尚军人的精神，为民兵预备役建设和军队建设培养合格的后备力量，襄樊市所属部分县（市）和随州市，先后与所在县（市）部分学校联合试办役前班（又称预备军人班）。

1.基本情况

1990年老河口市人武部与老河口市成人中专学校联合开办全国首家役前中专班，得到广州军区和湖北省军区首长的充分肯定，广州军区政治部群众工作部曾在全区推广他们的作法。此后，襄樊市所属七个县（市）和代管的随州市先后在职业高中或中专学校开设役前班。至1997年，全区累计办43个班次。

役前班集文化学习、军事训练、国防教育和兵员储备于一体，为部队输送优质兵员，为社会培养合格人才，取得较好的社会效益和国防效益。通过役前班的培养，较好地提高了征集兵员的质量。通过役前班的培养，成为较高素质的民兵和预备役人员。对未入伍的毕业学生，由户口所在地编入基干民兵组织。在未入伍的150名学生中有126人参加了民兵组织,32人被招聘为基层武装部干部,22人担任民兵连长,43人担任基干民兵班、排长,成为基层民兵工作的骨干。

(1)老河口市役前班

1990年9月,老河口市人武部与老河口市成人中专联合举办,至1997年举办六届,招收学员365人,并连续四年将202名具有中等专业技术水平和一定军事基础技能的毕业学生征入部队。由于有役前班打下的基础,这些学生入伍后,能很快适应部队生活,在部队取得较好的成绩,受到部队和社会各界的广泛赞誉。其作法被广州军区群众工作部推广后,先后有6省18个县(市)的人武部门和成人职业学校到老河口市役前班考察学习。

(2)枣阳市预备军人班

1991年由枣阳市人武部、枣阳市教育委员会、枣阳市职业高中联合创办。多数学员入伍后成为部队的业务骨干和训练标兵,有10名考入军队院校,2名提升为军官,18名加入中国共产党,54名担任班长或副班长。

(3)襄阳县预备军人班

1992年秋,襄阳县人武部与襄阳县教育委员会联合在襄阳县泥咀职业高中开办预备军人班,至1999年停止招生。开设课程为文化、军事理论、军事技术。文化课占40%,军事理论、军事技术各占30%。

(4)南漳县预备军人班

1992年秋,南漳县人武部与南漳县教育委员会开办,学制两年,先后开设语文、数学、历史、地理、公文写作、新闻写作、中国人民解放军三大条令和队列训练、擒敌技术、三防、轻武器射击、国防教育等课程。1996年秋,南漳县又开办一班。

(5)随州市预备军人班

1992年开始创办,先后由随州市人武部与随州市第一职业中学和第二职业中学联合举办。

(6)谷城县役前班

1994年秋在谷城县职业教育中心创办,至1997年5月,共招收三届。役前班开设有语文、数学、物理、化学、政治、英语、公共关系、写作、书法、计算机、队列、擒敌拳、轻武器射击、投手榴弹、单兵战术等科目,学制三年。2000年,最后一届学生毕业后停办。

(7)襄樊市第一职业高中预备军人班

1992年由襄樊军分区司令部、襄樊市教育委员会联合试办。学制为三年,共开两个班。开设有政治、语文、数学、物理、化学、国防常识、军事基础知识、军事基础训练、军事体育、实用电工、电子技术、文秘基础等课程。学生入校后,按部队的建制编班、排、连,参照中国人民解放军的条令条例实施管理,操课时统一着制式军服。面向全市招生,毕业学生大部分应征入伍。

(8)襄樊市供销职工中等专业学校役前班

1995年秋季开办,面向全市招生。毕业学生大部分应征入伍。

(9)宜城市预备军人班

1995 年秋在宜城市职业高中开办，至 1997 年 5 月，开设有职业道德、时事常识、语文、数学、物理、化学、英语、政治、地理、历史、音乐、电子基础、书法、应用写作、文书学、计算机应用、军队《条令条例》、队列、投弹、射击、军事理论、军事体育等共 24 门课程。

针对役前班在各县(市)开办的情况，为加强对役前班的管理，襄樊军分区司令部制定《役前班管理暂行规定》。1999 年 8 月 16 日，总参谋部根据全国部分省、市、县开办预备役军人学校中存在的一些问题，发出《关于停办预备役军人学校问题的通知》，此后襄樊市及所属县(市)所办役前班停办。

2.军事比武

1993 年 6 月 2—4 日，襄樊军分区司令部与襄樊市教育委员会联合举行为期三天的役前班军事比武。参加比武的有襄阳县、枣阳市、南漳县、老河口市、襄樊市第一职业高中共五个代表队，参赛学生 60 名。比武进行 56 式半自动步枪精度射击、56 式半自动步枪射击动作、队列、擒敌拳、军事知识、紧急集合等六个项目。襄阳县代表队获团体总分第一名，襄樊市第一职业高中代表队、枣阳市代表队获并列第二名，老河口市代表队获第三名。

三、民兵

民兵是中华人民共和国武装力量组成部分，是不脱离生产的群众武装组织，由地方党委、政府和军事机关共同领导。在社会主义建设时期，襄樊民兵认真贯彻执行国家国防后备力量建设的各项指导思想、方针、原则，积极做好各项工作，随时准备完成党和人民赋予的各项任务。

(一)领导体制

1.党管武装

党管武装是党的优良传统，“党指挥枪” 是军队乃至民兵必须遵循的基本原则。民兵是群众武装组织，民兵工作是一项群众性军事工作，除接受军事系统的领导外，还要接受地方党委的领导，这样民兵工作才能同地方其他各项工作密切结合。中共襄樊市委设立人民武装委员会专门负责民兵工作。党管武装在民兵工作中还通过地方党委书记兼任同级军事部门第一政委、党委第一书记，建立议军制度，军分区、人武部主要领导参加地方党委或行政会议的形式实现。

(1)人民武装委员会

1953 年初，中共襄阳地委成立人民武装委员会。1960 年初人民武装委员会改称民兵工作组。1962 年 2 月取消民兵工作组复称人民武装委员会。“文化大革命”期间，人民武装委员会自行解散。1974 年成立民兵指挥部，1976 年 12 月解散。1979 年恢复建立人民武装委员会。人民武装委员会的主要任务是：根据本地区的情况，研究和贯彻执行中央、军委有关民兵工作的各项方针、政策和指示，审查同级军事机关和有关部门提出的民兵建设计划和组织各有关部门协同进行民兵工作，并研究改进民兵工作的方法，加强全民国防教育，增强全民国防观念。人民武装委员会设主任 1 人，副主任和委员若干人。主任由市委书记担任，副主任和委员由市委、市政府、军分区的领导及有关部门的主要领导担任。委员会下设办公室，负责承办委员会的具体工作。办公室设在军分区。

(2)"同级兼任"

20世纪50年代初期,根据中共中央、中央军委的决定,实行地方党委书记兼任军分区、人武部第一政委制度。1952年12月,中共襄阳地委书记杜景云兼任襄阳军分区第一政委。至1967年,先后有赵修、焦德秀兼任襄阳军分区第一政委。"文化大革命"时期,兼第一政委制度一度中断。1979年,重新恢复兼第一政委制度,至1986年,先后有王耀、张怀念兼襄阳军分区第一政委。同一时期,各县(市、区)委书记兼任各县(市、区)人武部第一政委,地方基层党委、支部书记兼任本地民兵营教导员、民兵连指导员。

1986年,县(市、区)人武部改归地方建制,根据中共中央、中央军委的规定,中共襄樊市委书记不再兼任襄樊军分区第一政委,改为兼任中共襄樊军分区党委第一书记。先后有章治文、杨炳庆、孙楚寅、阮成发、田承忠兼任中共襄樊军分区党委第一书记。同时,中共县(市、区)党委书记改为兼任县(市、区)人武部党委第一书记。兼第一政委、第一书记既挂名又务实,把军事工作当作分内工作,经常与军分区、人武部研究军事工作,帮助解决工作中的问题和困难,制定并坚持定期到军分区、人武部办公、过军事日等制度。

图24—5 中共襄樊市委书记、襄樊军分区党委第一书记阮成发(持枪者)在军分区过军事日

(3)地方党委常委议军会议

中共襄樊市委常委和各县(市、区)委常委,每年召开1—2次会议,专门研究民兵预备役工作,因会议专题议军,所以称常委议军会议。常委议军会议主要议题是:听取军分区、人武部关于上一年度民兵建设情况汇报,讨论审议下一年度民兵工作计划;研究解决民兵工作中的重大问题;组织各部门密切配合,保证民兵工作任务的完成。

1988年9月3日,中共襄樊市委常委召开议军会议,会议由市委书记章治文主持,听取分区司令员田国基、政治委员杨祥义的工作汇报,着重讨论议定6个问题:贯彻中共十三次代表大会精神,加快和深化民兵、预备役部队的改革;加强国防教育,增强全民国防观念;全面加强人武部建设,有预备役团的县(市)人武部和预备役团分建党委;加强预备役部队建设,对预备役团机关建房等问题做了具体规定;改善武器装备管理条件,加强对民兵武器装备的管理;搞好生产经营。这次会议对加强全市民兵、预备役部队建设起了重要作用。

1990年1月8日,中共襄樊市委常委召开议军会议,听取军分区司令员田国基代表中共襄樊军分区党委常委关于1989年工作完成情况和1990年主要工作计划的汇报,着重讨论民兵、预备役部队建设方面需要解决的主要问题。会议肯定了襄樊军分区1989年的主要工作成绩,并认为1990年的主要工作安排,指导思想明确,重点突出,措施可行。会议讨论议定9个问题:坚持党对民兵预备役部队的绝对领导,各级党组织的书记要兼同级武装部门党组织的书记或政治工作领导;进一步理顺关系,全面加强民兵预备役部队的组织建设;坚持高标准,切实抓好军委总部在预备役师进行的军事训练试点;深化民兵组织训练改革,加强武器装备管理;继续抓好民兵预备役部队的基本建设;城区民兵军事训练费由厂矿企业统筹解决,区人武部统一安排、统一管理、统一使用;合理解决民兵参加军事训练的粮油补助;新成立的市人武干部科和国防教育科的行政经费从1990年起列入市财政预算;发展、巩固和完善乡、镇民兵以劳养武小基地建设;保质保量完成年度征兵任务,进一步加强拥军优属、拥政爱民工作，密切军政军民关系；做好复员转业军人、残废军人和军队离退休老干部安置工作，为稳定部队做出新贡献。

1993 年 1 月 27 日，中共襄樊市委常委召开议军会议。会议研究议定：加强政治建设，保证党对民兵、预备役部队的绝对领导。深入学习贯彻中共十四次代表大会和军委扩大会议精神，对部队和民兵预备役人员进行党的基本路线和优良传统教育。加强县（市、区）人武部党委建设，增强凝聚力、向心力；学习贯彻中办发〔1992〕13 号文件，加强民兵、预备役部队基层建设，在农村纳入以党支部为核心的村级组织配套建设，在工矿企业事业单位纳入企事业管理计划。保持属于国防体制组成部分的乡（镇）、街道、企事业单位基层武装部稳定，不得随意撤销或合并。市委、市政府下发《关于贯彻执行中办发〔1992〕13 号文件的通知》；加强国防教育，搞好双拥工作，争创双拥模范城。在随州市唐县镇中学进行学生国防教育试点；按既隆重又俭朴，有教育意义的要求，搞好襄樊陆军预备役步兵师组建 10 周年纪念活动；加强县（市）、区人武部和基层武装部建设，加快人武干部的调整交流，对调整的干部，与其他党政干部同等对待，安排相应的职务。调入干部坚持条件，择优录用。拟订干部交流计划。按编制配备人武干部和专武干部，并保证在职在位；完成城区民兵高射武器检修保养封存任务，各区人民政府按规定落实三分之一的检修保养封存费。

1997 年 2 月 2 日，中共襄樊市委书记兼军分区党委第一书记孙楚寅主持召开市委常委议军会议。分析全市军事工作形势，统一思想认识，讨论解决武装工作中的具体困难，对武装工作的发展提出具体要求。会议讨论议定：大力加强民兵预备役建设。各级地方党委、政府把民兵预备役工作纳入重要议事日程，协助军队做好各项工作，认真解决建设中的实际问题，为国防建设提供一个良好的环境。在地方党政机构改革中，保持基层武装机构的稳定，配齐配强专武干部和民兵干部，不能随意撤并武装机构和更换专武干部。要贯彻落实国务院和湖北省政府民兵训练统筹费的有关规定，保证民兵训练统筹费足额到位；加强两级军事机构建设。各县（市、区）党委、政府积极解决人武部收归后遗留的住房、债务、新编职工的工资等问题和民兵训练基地、民兵武器装备仓库建设问题，在 3 年内达到人武部正规化建设的要求；搞好双拥工作，把创建全国双拥模范城工作提到议事日程上。在“双拥”中军分区要发挥桥梁纽带作用，组织人武部门一如既往的做好退伍军人安置、家属就业、子女入学等工作。全市驻军和民兵预备役部队要积极参加地方两个文明建设，在维护社会稳定、扶贫帮困、抢险救灾等急、难、险、重任务中发挥骨干带头作用。密切军政军民关系。

1999 年 4 月 15 日，中共襄樊市委常委召开议军会议，学习修改后的《兵役法》，研究武装工作的有关问题。会议确定：改革民兵训练统筹费征收办法。农村民兵训练费的征收，从过去的乡（镇）统筹过渡为县（市）区统筹，即由县（市）区财政局统收后，直接划拨给县（市）区人武部。城镇民兵训练费按照“国防义务共担、经费均衡负担”的原则，由军分区总结有关县（市）区的经验后，以中共襄樊市委、襄樊市政府、襄樊军分区的名义下文执行。各地各单位要认真贯彻落实国务院和湖北省民兵训练统筹费征收的有关规定，保证民兵训练统筹费及时足额到位；加强专武干部队伍建设。由中共襄樊市委组织部、襄樊市人事局和襄樊军分区政治部共同研究提出在机构改革中基层人武部设置和专武干部管理的意见，进一步明确专武干部编制定额、职级待遇、任职条件、任免程序和权限，完善教育训练和考核监督等制度；加强市、县两级军事机关建设。各级党委、政府要按照广州军区《人武部建设三年规划》的要求，抓好县（市）区人武部全面建设，帮助解决实际困难，做好迎接两级军区检查验收的各项准备工作。决定 1999 年襄樊市财政再拨款 30 万元，扩建军分区办公楼；切实做好军转干部安置工作。

2001 年 4 月 20 日，中共襄樊市委常委在国防动员指挥中心召开议军会。会议研究决定：加强党管武装工作。各级党委要落实每年两次议军会议、过军事日活动和定期办公等制度，把党管武装工作重心转移到做军事斗争准备上来，及时研究解决国防动员机制、基层武装机构设置、国防动员的各项战备建设和工作经费等问题。进一步加强基层武装建设，认真贯彻落实中办《关于基层人民武装部机构设置、干部配备原则等问题的通知》、《关于认真贯彻落实中办发〔1999〕24号文件的通知》和《关于在乡镇机构改革中进一步加强基层人民武装部建设的通知》精神，在机构改革中确保基层武装机构健全、人员稳定，政治经济待遇落实。加强全民国防教育，健全完善市、县、乡（镇）三级国防教育领导小组和办公室，在全市各级电视台、电台、报刊继续开设国防教育专栏，把国防教育纳入市、县、乡（镇）党委（党组）中心组理论学习计划，纳入市、县、乡（镇）党校培训内容，纳入中小学德育教育课程和全民教育的总体规划中，强化全民国防观念；加强国防动员工作。将国防动员委员会综合办公室2名地方干部编制落实在襄樊市政府办公室，办公地点落实在军分区司令部，享受国家公务员待遇，其工资待遇、医疗保险每年由襄樊市财政按国家公务员标准划拨，干部选拔、配备、管理、交流纳入国家公务员管理序列，由襄樊市人事局、军分区政治部承办。在襄樊市计委设经济动员办公室，在市科委设科技动员办公室，配备专职领导和工作人员。设置的各专业办公室与业务科室分开办公，配备的专职干部专职专用。在第二季度组织一次襄樊市国防动员委员会带部分实兵、实物的快速动员演练。同意地下指挥所的扩建方案；加强军分区机关建设。将军分区招待所与南湖宾馆、护城河改造一并规划、开发和建设。市财政2001年为军分区划拨经费60万元，弥补基础设施建设经费缺口和年度正常办公经费的不足。

2005年12月22日，中共襄樊市委常委召开议军会议，听取中共襄樊军分区党委关于2005年工作情况和2006年工作设想的汇报。会议肯定襄樊军分区一年来适应中国特色军事变革和军队体制编制调整改革需要，进行部队管理、思想政治、后勤保障和预备役部队建设，参加防汛和抢险救灾，完成各类急难险重任务，支援地方建设等方面所取得的成绩。会议认为，襄樊的军事地位重要，各级党委要发扬党管武装的优良传统，高度重视，切实加强武装工作。决定：要着眼建设强大的国防，加紧做好军事斗争准备工作。做好应急防卫作战准备工作，支持部队加强思想政治建设和后勤保障工作。狠抓国防基础设施建设和预备役工作。高标准做好征兵工作。加强国防动员机构建设，制定或完善各类动员方案。切实抓好民兵队伍建设和武器装备管理工作；要继续深入开展“双拥共建”活动，加强军地军民团结，密切军民鱼水关系，奋力创建“全国双拥模范城”。各级党委、政府要进一步发扬拥军优属的光荣传统，对部队高看一眼，厚爱三分，做好转业干部安置和驻樊部队随军家属就业等工作，为部队建设营造良好环境。军分区和驻樊各部队要在抓好军事工作的同时，一如既往地拥政爱民，关心、支持地方建设，继续承担抗灾抢险等各类急、难、险、重任务。发挥官兵来源广泛的优势，宣传推介襄樊，促进襄樊发展，早日把襄樊建设成为“全国双拥模范城”。要切实解决部队建设中的实际困难。增加军分区机关办公经费，并列入市级财政预算，为军分区机关调配一辆接待用车，解决预备役炮兵旅工作经费不足等问题。

(4)军分区、人武部的职能作用

为把党管武装工作落在实处，中共襄樊市委、各县（市、区）委在对民兵工作的领导上，主要是管方向、管大事，具体工作由襄樊军分区和所属各县（市、区）人武部及基层武装部完成。具体方法上，主要实行襄樊军分区1名主要领导参加中共襄樊市委常委，各县（市、区）人武部1名主要领导参加中共各县（市、区）委常委制度和襄樊军分区1名主要领导参加襄樊市政府市长办公会议，县（市、区）人武部1名主要领导参加该县（市、区）长办公会议制度，以便于军事部门能够了解地方党委意图，掌握全局情况，围绕中心工作开展民兵工作。及时听取军分区、人武部关于民兵工作的情况汇报，了解掌握民兵工作情况，及时研究和解决民兵工作中存在的问题。遇抢险救灾等急、难、险、重任务，交由襄樊军分区、各人武部组织民兵完成，在实际工作中锻炼民兵，发挥民兵作用，增强军事部门的组织指挥能力。

2.军事系统领导机关

襄樊地区民兵领导机关是襄樊军分区、各县(市、区)人民武装部、各基层人民武装部。

(1)襄樊军分区

襄樊军分区是襄樊市的军事指挥机关，既是中共襄樊市委的军事部也是襄樊市人民政府的兵役部。1950年10月,为加强对民兵工作的领导,军分区增设人民武装科。1951年3月,人民武装科扩大为人民武装部,由军分区副司令员兼部长。同年11月,人民武装部改称组织动员科,民兵工作统属军分区领导。自1951年全国实行普遍民兵制度,襄樊军分区的主要工作逐步转到做民兵工作上来。其主要职责是负责襄樊市的民兵、兵役和动员工作。民兵工作是襄樊军分区的主要工作,平时做好民兵编组、政治工作、军事训练、武器装备配备管理、组织民兵维护社会治安、完成各项急、难、险、重任务;战时组织民兵参军参战,支援前线、搞好后方勤务。

(2)县(市)区人民武装部

1951年全国实行普遍民兵制度后,1951年8月—1952年6月，各县大队整编，改为县人民武装部,主要工作转到做民兵工作上来。1986年6月,各县(市)区人民武装部回归地方建制,其干部、战士集体转业、复员地方,但其工作性质、任务、职能、地位不变;1996年4月,各县(市)区人民武装部收归军队建制。

县(市)区人民武装部是县(市)区的军事领导机关,是县(市)区党委的军事部,同时也是县(市、区)政府的兵役部,主要负责辖区内的民兵、兵役和动员工作。其主要职能是平时负责做好民兵编组、政治工作、军事训练、武器装备配备管理,组织民兵维护社会治安,完成各项急、难、险、重任务;战时组织民兵参军参战、支援前线、搞好后方勤务。

(3)基层人民武装部

1951年12月,为加强对民兵工作的领导,随着县大队改为县人民武装部,区中队改为区人民武装部。1954年,随着县人民武装部改为兵役局,撤销区人民武装部,保留一名武装助理员。自1961年起,全区人民公社(乡、镇)、街道办事处、公社级农(林)场、厂矿企事业单位均恢复设立基层人民武装部。随着国家政治体制和经济体制的改革,行政体制虽有所变化,厂矿企业的经营体制虽有所转换,但始终坚持设立基层人民武装部。

基层人民武装部是国家国防体制和基层政权的组成部分，是地方同级党委的军事部门和同级人民政府的兵役工作机构,是加强国防后备力量建设和实施战争动员的组织基础,受同级地方党委、人民政府和上级军事机关的双重领导。其主要任务是:负责本区域的民兵组织建设、政治教育、军事训练、武器装备管理;组织带领民兵完成战备执勤任务,配合公安部门维护社会治安;发动和组织民兵参加两个文明建设,开展以劳养武活动,完成急、难、险、重任务;战时组织带领民兵参军参战,支援前线;负责本区域的征兵工作和预备役士兵、预备役军官登记统计工作;会同有关部门进行潜力调查,做好相关的动员准备工作;协助预备役部(分)队落实参训人员,做好兵员管理、动员集结等工作;协助有关部门开展国防教育,做好退伍军人的安置和军属的优抚工作;协助军队做好本区域的军事设施保护工作;完成地方党委、人民政府和上级军事机关交给的其他工作任务。1994年8月20日,襄樊军分区下发通知,决定襄樊铁路分局、东风汽车公司襄樊管理部的武装工作试行由军分区直接管理。

2003—2004年,对城市民兵工作进行调整改革,进一步加强了城市民兵工作的领导管理体制。基层乡(镇、场)、街道仍按规定设立人民武装部。行业系统、科研单位、院校、企业事业单位,凡建有党组织并设有党的工作机构、生产经营稳定、已(拟)建基干民兵连以上建制的单位,设立人民武装部。襄樊高新技术产业开发区、襄樊汽车产业经济技术开发区、鱼梁洲旅游经济开发区单独设立人民武装部。民兵工作坚持属地管理的原则，由军分区和区（市、县）、街道（乡、镇）人民武装部负责领导和管理。襄樊铁路分局的民兵工作由襄樊军分区领导管理；高新技术产业开发区、汽车产业经济技术开发区、鱼梁洲旅游经济开发区的民兵工作，区分不同工作和职责，部分由襄樊军分区直接领导管理，部分由樊城区人民武装部领导管理。

基层武装部配专职人民武装干部，其编制员额由所管理的单位大小和担负的任务轻重确定。1994年，中共湖北省委下发《省委、省人民政府、省军区关于企业人民武装工作机构设置及有关问题的通知》，规定：职工人数在1 000人以上的企业（包括应该成立人武部的事业单位），均要设立人民武装部，其人员编制由企事业单位内部自行解决。专职人民武装干部按以下原则配备：职工人数在1 000人左右的单位配专职人民武装干部1人；1 000人以上5 000人以下的单位配部长1人，干事1—2人，5 000人以上的大单位可增配副部长1人，参谋、干事若干人；其余建有民兵组织，没有配备专职人民武装干部的企事业单位，确定一个部门负责并指定专人负责民兵、预备役工作。1996年3月8日，中共湖北省委办公厅下发鄂办发〔1996〕13号《省委办、省政府办关于党政机构改革中基层人武部设置和专武干部配备的通知》规定：一类乡、镇人武部配2—3人；二类乡、镇人武部配1—2人；三类乡、镇人武部配1人；有预备役部队和人口较多、面积较大的乡、镇，增配1名专武干部。专职武装干部的来源主要为转业退伍军人、人民武装干部学校毕业学生、其他大中专学生、民兵连长，极少部分由地方干部调剂配备。专职武装干部的任免，部长、副部长以县（市、区）人民武装部为主，经商所在单位党委同意后，由县（市、区）委组织部和人民武装部共同考察，报县（市、区）委审批，以县（市、区）人民武装部部长、政委的名义任命；干事的任免，由县（市、区）人民武装部与所在单位党委协商提出意见，由所在单位党委审批，以县（市、区）人民武装部部长、政委的名义任命。乡（镇、场）人民武装部的部长享受副乡（镇、场）长级待遇，参加乡（镇、场）党委；厂矿企业单位人民武装部的部长享受本厂矿企业党委的工作部门正职待遇；副部长、干事与本单位其他同职级干部待遇相同。

2001年，全市乡镇机构调整改革，乡（镇）、街道办事处仍单独设立人民武装部。专职武装干部实行单列，纳入政府公务员序列，编制配备专武干部2—3名。建有预备役部队或民兵应急分队且人口较多、面积较大的乡镇，配3名专职武装干部，其中部长、副部长、干事各1名。人口超过15万且建有预备役部队的乡镇，增配1名专武干部。

专职武装干部平时着制式服装，也可着便服，但在1988年前不佩带帽徽、领章，1989年起着陆军干部服装，佩带人武工作专业符号（帽徽、肩章、领花），按中国人民解放军《内务条令》有关着装管理规定管理。2004年4月1日，襄樊军分区司令部、政治部下发通知，为基层专职武装干部颁发“基层人民武装部工作证”。该证是证明持证人从事人民武装工作的有效证件，专职人民武装干部在联系工作、组织民兵军事训练和执行军事勤务时携带，离任时上交。

（二）组织建设

1.基本状况

(1)中华人民共和国建立至1980年间的民兵组织建设

1950年10月，各县在原有民众武装的基础上，成立民兵支队，共有民兵36 635人。1951年实行普遍民兵制度，符合民兵条件的18—30岁的男性公民凡自愿均可参加民兵组织，到1952年襄阳地区民兵发展到302 133人。1958年8—10月，根据中共中央和毛泽东主席关于“全民皆兵”、“大办民兵师”的指示，各县均组建民兵师，全市共建 27 个，民兵占全市总人数的 36%。1959 年对民兵师进行调整，由 27 个减少到 16 个，民兵人数减少约一半。1961 年有重点地建立武装基干民兵，配备步枪和轻机枪。武装基干民兵的主要任务是守护道路、桥梁、仓库、银行、工厂，坚守防空哨和执行其他机动勤务。1962 年贯彻执行毛泽东民兵工作“三落实”（组织落实、政治落实、军事落实）指示，武装基干民兵发展到 150 个连。1969 年 12 月至 1970 初，在武装基干连的基础上各县（市）组建民兵独立营、团，年满 18—25 岁的男性基干民兵和 30 岁以内的复员退伍军人编入独立营、团任干部、战士。

（2）1981—1985 年间对民兵组织的调整

1981 年，根据中共中央、国务院、中央军委批转的总参谋部、总政治部提出的《关于调整民兵组织的请示报告》，对民兵组织进行调整。这次调整的主要内容：一是缩小组建民兵的范围，把原来人民公社、厂矿、机关、学校、街道及其他企事业单位都建立民兵组织，改为只在人民公社和厂矿等企事业单位组建，取消在机关、学校、科研单位和城市一些人少分散的、民兵不够编一个排的小单位建立民兵组织；二是压缩参加民兵的年龄，男性民兵由 16—45 岁改为 18—35 岁；女性民兵根据需要适当选编，年龄改为 18—28 岁；三是简化民兵组织层次，将原来的武装基干民兵、基干民兵、普通民兵 3 个层次，简化为基干民兵和普通民兵两个层次，取消武装基干民兵；四是必须按政治和身体条件选拔民兵。基干民兵为符合政治、身体等条件的 28 岁以下的退伍军人、经过基本军事训练或选定参加基本军事训练的人员。女性公民只编入基干民兵。基干民兵与普通民兵分别编组。在农村，以公社为单位编基干民兵营，个别人数少的公社编连；在生产大队根据人数多少，编排或班；生产小队能分编的单独编基干民兵班，不能分编的与普通民兵混合编班，并在大队范围内跨生产小队编班；女基干民兵以大队为单位单独编班。在城市，以厂矿企业为单位，根据基干民兵人数多少，编班、排、连或营。普通民兵为符合民兵政治、身体等条件的 18—35 岁的男性公民。普通民兵的编组，取消了县编民兵师、公社编民兵团的建制。在农村，以生产大队为单位编民兵连，生产队编排；在城市（镇），以厂矿企业为单位，根据人数多少，分别编民兵排、连、营或团。襄阳军分区于 1981 年 4 月 2 日—6 月 6 日在宜城县进行调整民兵组织试点，并在各县、市试点的基础上，于 6 月 15 日在宜城县召开试点经验交流会。全区民兵组织调整工作于 11 月中旬全部结束。按照中发〔1981〕11 号文件精神，自 1981 年对民兵组织调整后，每年对民兵组织进行一次整顿。

（3）1986—1991 年对民兵组织进一步调整

1985 年 11 月，中共中央、国务院、中央军委批转总参谋部、总政治部《关于当前和今后一个时期民兵、预备役工作的意见》，提出“减少数量，提高质量，抓好重点，打好基础”的十六字加强后备力量建设方针，民兵工作在坚持民兵制度的前提下，着重抓质量建设，并与预备役工作相结合，与战时兵员动员相结合，为战时兵员动员打好基础。襄樊市民兵组织建设除仍坚持村建连、村民小组建排外，重点放在基干民兵建设上。在农村，按照县（市、区）建基干团、区（镇）建基干营、乡（镇）建基干连或排、村建基干排或班的原则进行编组；在城市，从经济体制改革的实际出发，厂矿企业凡基干民兵人数在 15 人以上的，依据人数多少，分别建基干团、营、连、排，对于符合民兵条件的人员在 15 人以下、人员流动较大、不够建民兵排的企业或经济联合体的民兵，编入户口所在地的民兵组织中。按此原则，全区 1986 年对民兵组织进行了调整。通过 1986 年的整组，比上一年度减少了 12.3%。此后，全市每年进行一次民兵组织整顿。由于训练任务减少、军队精减整编后退伍军人的减少、原有基干民兵满 28 岁后转入普通民兵等原因，基干民兵每年以 10%左右的速度递减。由于基干民兵不够起编数，全市有 330 个村建立不起基干民兵组织。民兵组织的萎缩，民兵人数的减少，其规模与战时兵员动员任务不相适应。1990 年，为控制基干民兵下降速度，将基干民兵班的起编数由 5 人减为 3 人，即：凡基干民兵够3人的村，建立基干民兵班，保留基干民兵组织。

(4)1992—1997年间的民兵组织建设

1991年，中共中央、国务院、中央军委批转总参谋部《关于在新时期加强我军后备力量建设的几个问题的报告》，进一步明确了新时期国防后备力量建设的地位、作用，明确新时期民兵、预备役工作的指导思想是“服从国家经济建设大局，适应国防建设需要”，强调民兵工作不仅要服从国家经济建设大局，而且要适应国防建设的需要，其工作方针是“控制数量，提高质量，抓好重点，打好基础”。按照新时期民兵、预备役工作的指导思想和工作方针，结合襄樊市的实际情况，全区民兵、预备役组织建设总的原则。一是坚持民兵制度，农村以行政村编连、村民小组编排，城市厂矿企业和乡镇企业以及各种形式的经济联合体，符合民兵条件的人员达15人以上的建立民兵组织；二是控制基干民兵数量，既要减少，又不能减得太多，使之与战时兵员动员任务相适应；三是重点抓民兵预备役的质量，加强专业技术分队建设，为战时兵员动员打基础。为控制基干民兵数量，基干民兵班仍实行3人以上起编。除加强训练、退伍军人编入管理和适当延长专业技术兵出队年龄（根据需要可延至30岁出队）外，对于不够建基干民兵组织的单位，农村行政村的基干民兵编入普通民兵组织，但作为基干民兵统计；城市厂矿企事业单位的基干民兵，跨车间(分厂)或战线、街道编组，仍不够建基干民兵组织的，编入普通民兵组织作为基干民兵统计。至1997年，全区4 013个行政村、26 032个村民小组和233个城市企业、356个乡镇企业建立民兵组织。

(5)1998—2002年的民兵组织建设

1997年，总参谋部、总政治部联合下发《关于深化民兵工作调整改革的意见》，襄樊市结合自身的实际情况，在1998年开始对民兵工作进行调整。调整的主要任务是进一步压缩基干民兵的数量，在原有的基础上，压缩数量；加强民兵应急分队建设，全市民兵应急分队的人数有所增加。调整的基本原则是按照合理布局、优化结构、突出重点、分类建设，达到有利于领导、有利于提高质量、有利于开展活动、有利于执行任务、有利于平衡负担。调整的基本方向是以市区、城镇为重点，在铁路、公路、汉江沿线重点组建基干民兵组织。民兵编组的基本原则，城镇坚持以大型企业为主体，凡党组织健全、生产经营稳定，适龄人员在30人以上或基干民兵在3人以上的国有大中型企业、“三资”企业、股份制企业、集体企业建立民兵组织，并在大专院校、科研机构的附属企业和邮电、交通、城建、卫生等与军事专业对口的行业，组建民兵专业技术分队。农村在集镇周边和重点地区的村或乡村企业中建立民兵组织。

(6)2003—2004年对城市民兵组织进行调整

为切实加强城市民兵工作，2002年底至2003年初，对全市城市民兵工作调查的基础上，2003年、2004年对全市城市民兵工作进行了调整改革。其中对民兵组织进行了调整。调整的主要内容是：坚持民兵制度，重点抓好民兵应急分队、民兵配装专业技术分队和对口专业技术分队建设，提高快速动员和成建制遂行任务的能力；民兵组建范围扩大，凡生产经营稳定、管理组织健全、适龄人员能够建1个民兵排或1个基干民兵班的各类企业事业单位，均建立民兵组织，改变过去主要依托国有企业建立民兵组织的做法；调整基干民兵规模，城市基干民兵占全市基干民兵总数的36%，女基干民兵控制在城市基干民兵总数的10%以内；优化民兵组织结构，着眼提高城市民兵参战支前、维护社会稳定、保障部队战略机动和城市防空袭作战能力，按照组装一致、建用一致的原则，扩大专业技术分队组编比例，控制民兵应急分队规模，减少步兵分队数量，全市步兵分队、民兵应急分队、配装专业技术分队、对口专业技术分队占基干民兵总数的比例分别为15%、15%、40%和30%，并突出军兵种专业技术分队建设。通过调整,逐步形成以专业技术分队为主体,以城市防空分队、应急分队为重点,科技含量较高,专业种类齐全的城市基干民兵组织结构。

2.专业技术分队

(1)专业技术分队建设的基本状况

按照现有装备,逐步发展民兵专业技术分队,组编专业技术兵。专业技术分队的发展方向是与战时兵员动员计划相适应,做到需要什么兵就组编什么兵。组建专业技术分队的依据,是战时组扩建部队的需要和现有人员装备的可能。专业技术分队的兵员来源为军队退伍的专业技术兵,原有的民兵专业技术兵,按需要新训练的专业技术兵,与军事专业对口的地方专业技术人员。至 1985 年,全区基干民兵专业技术分队发展到 38 个。1986 年,为扩大民兵专业技术兵,从襄樊市樊东区、樊西区和老河口市共抽调 27 挺高射机枪,在襄樊铁路分局新组建 3 个 12.7 高射机枪连。为加强民兵专业技术兵建设,以适应战时兵员动员和平时组训工作的需要,根据湖北省军区司令部 1991 年 1 月 18 日通知,决定在南漳县组建民兵火箭炮排,并装备 63—1 式 130 火箭炮。至 1997 年全区民兵专业技术分队发展到 80 个。1998 年,全市进行民兵工作调整改革,进一步加强民兵专业技术分队建设。在原有装备和人员的基础上,按照一套装备编配 1—2 套人员,城区重点建高射机枪和高射炮分队。通过调整,至 1999 年,专业技术兵增加,占基干民兵总数的 21.5%。2003—2004 年,进行城市民兵工作调整改革,襄城区、樊城区部分高射机枪分队和高射炮分队调整到枣阳市、宜城市、老河市、襄阳区。同时根据湖北省军区关于《抓好部分民兵重点分队建设》通知精神,在襄城区、樊城区新组建高炮勤务保障、高炮指挥、便携式单兵防空导弹、民兵技术支援、电子对抗、信息攻防、侦察预警、信息通信、心理战、伪装防护、防化救援、列车流动医疗等分队(医院)。2004 年 7 月,根据总参、湖北省军区有关文件精神,为现役部队的专业技术岗位预编若干预备役人员。

(2)民兵高炮团建设

民兵高炮分队是民兵技术兵的主要组成部分,襄樊军分区历来作为重点进行建设。1981 年 12 月,针对襄樊市为重点人防城市和防空要地,襄樊市人武部组建了民兵高炮团。1983 年 10 月,由于襄樊市实行以市带县新体制,原襄樊市分为襄城、樊东、樊西、郊区。随着地方行政体制的变化,同年 12 月,撤销襄樊市人民武装部,分设襄城、樊东、樊西、郊区等 4 个区人民武装部,高炮团所属分队也分属各区,樊西区人武部兼团部。随着组建高炮分队单位的经济体制转换和经营状况的变化,民兵高炮营连也作了部分调整。1996 年 3 月,随着樊东、樊西、郊区合并为樊城区,樊西区人武部不复存在,高炮团团部自行消失,但所属分队仍分属樊城区人武部和襄城区人武部。2003—2004 年,城市民兵工作进行调整,将襄城区、樊城区原有的部分高炮分队调整到枣阳市、宜城市、老河口市、襄阳区(各 1 个连)。在襄城区组建 1 个高炮勤务保障分队,樊城区组建 1 个高炮指挥分队。2004 年,对原有高炮营、连进行整合,加之新组建的防空分队,新建民兵防空团,襄城区人武部兼团部。

3.地方与军事专业对口技术分队

1983 年,襄樊军分区在老河市进行地方与军事专业对口单位技术人员的预备役登记统计试点工作。此后,全区对与军事专业对口的地方技术人员,凡符合服预备役条件的,均进行登记统计,所在单位建有民兵组织的编入民兵组织。1990 年,由于基干民兵数量减少过快,专业技术兵种缺少,不能与战时兵员动员规划相适应。为控制基干民兵数量,充分利用地方与军事专业对口单位的技术装备和人才,全市试行在与军事专业对口的单位组建民兵专业技术分队,即:将符合服一类预备役条件的地方与军事专业对口单位的技术人员编入基干民兵组织，以增加基干民兵总量。至1993年，全市在与军事专业对口的地方邮电、卫生、运输、管线等单位建立专业技术分队，将有技术特长的地方技术人员编入基干民兵组织，占全区基干民兵总数的3.4%。1998年，对民兵工作进行调整改革，进一步加强了地方与军事专业对口的民兵专业技术分队建设。即：在医疗卫生、邮电通信、工程建筑、交通运输和军工企业、高新技术企业、科研单位的附属企业，对口编组邮电通信、电子对抗、防化救援、工程抢修、伪装防护、车船运输、车船维修、军械修理、医疗救护等分队。所编入的人员必须具备以下条件：专业技能与军事专业对口，政治可靠，身体健康，男性年龄可至35岁，女性在28岁以内。专业技术分队以排为最小单位，人数少不够建一个排的，以系统为单位组建。排一般为22—31人，连69—96人。至1999年，全市共组建与军事专业对口的民兵专业技术分队12种，占民兵专业技术兵总数的34.6%。2004年7月，襄樊军分区指令襄城区人武部和老河口市人武部在辖区新组建与现役部队对口的民兵专业技术分队。

4.民兵应急分队

(1)组织建设情况

1989年6月，遵照总参谋部《关于调动民兵维护社会治安的通知》和广州军区、湖北省军区的指示精神，为随时准备完成《宪法》、《兵役法》、《民兵工作条例》有关规定所赋予民兵的任务，应付襄樊地区可能发生的突发事件，动员和组织民兵配合公安部门平息可能发生的暴乱，确保市区重要目标的安全，襄樊军分区迅速制定应付可能出现突发事件的预案，组织建立基干民兵应急值班分队（后称应急分队）。其具体编成为：襄城、樊东、樊西和郊区人武部，各1个基干民兵连作为应急值班分队；襄阳县人武部在张湾、牛首、欧庙、泥咀4个镇各组建1个基干民兵连作为襄樊军分区一线应急值班分队；南漳县在九集、胡营、武镇，宜城县在龙头、小河、朱市镇，枣阳市在琚湾、梁集、七方镇各组建1个基干民兵加强营，每营编3个步兵连、1个机炮排，350人，作为襄樊军分区二线应急值班分队；襄城区人武部分别在汉丹电器厂和襄阳轴承厂各组建一个基干民兵加强排，各编50人，负责襄樊军分区218仓库的安全保卫任务。各县（市）区人武部及所属各乡（镇）、场，各厂矿企业，根据本级本单位执行任务的需要也纷纷建立民兵应急值班分队，全区共192个，为稳定本地局势做出了贡献。1990年，随着形势和任务的变化，对应急值班分队作了调整，其名称统一为民兵应急分队，每分队编制为100人。除襄阳、宜城、南漳、枣阳、襄城等县（市）区建两个应急分队外，其余各县（市、区）只建1个，全市共建17个。应急分队在便于管理、便于机动集结的单位组建，队长由人武干部或专武干部担任。应急分队编制人员100人。此后，每年进行民兵组织整顿时对民兵应急分队进行调整，并进行军政训练。1994年6月2日，湖北省军区制定下发《湖北省民兵应急分队建设暂行规定》，按此规定，襄樊市民兵应急分队建设逐步走向规范化。1996年6月，为应对本地区可能发生的政治、军事、自然灾害等突发事件，进一步加强民兵应急分队建设，中共襄樊市委决定在襄樊市城区组建襄樊市民兵应急大队。襄樊市民兵应急大队设大队长、政委各1名，副大队长2名。襄樊市民兵应急大队下辖4个应急中队，包括：襄城区民兵应急中队，编

图24—6 1996年6月29日，襄樊市民兵应急大队成立。图为授旗仪式

105 人；樊城区民兵应急中队，编 105 人；襄樊铁路分局民兵应急中队，编 30 人；东风汽车公司襄樊管理部民兵应急中队，编 20 人。襄城区、樊城区民兵应急中队各设中队长、教导员各 1 名，分别由两区人武部军事科长、政工科长兼任，各下辖 3 个民兵应急排；襄樊铁路分局民兵应急中队设中队长、教导员各 1 名，由襄樊铁路分局武装部干部兼任，下辖 3 个民兵应急班；东风汽车公司襄樊管理部武装部民兵应急中队，设中队长 1 名，由东风汽车公司襄樊管理部武装部干部兼任，下辖 2 个民兵班。民兵应急大队人员主要配备警棍、盾牌、手铐、防暴头盔、电台、移动电话、对讲机、BP 机、指挥车、运输车、摩托车等警戒、通信、运输工具。

1998 年，全市民兵工作进行调整，对民兵应急分队建设进一步加强。按照便于领导、便于机动、便于执行任务的原则，以党政军领导机关所在地为重点，以交通干线、江河沿线的重点乡镇为依托，形成“一点两线”的布局。

（2）大型活动

1991 年“八一”军事比武：1991 年 7 月 25—27 日，襄樊军分区举行全区民兵应急分队“八一”军事比武。参加比武的共 12 个代表队，参加队员 240 人。比武分冲锋枪精度射击、半自动步枪对抗射击、手榴弹投远、投准、擒敌技术、武装越野等 6 个项目。获得团体总分第 1、2、3 名的代表队分别是枣阳、谷城、襄阳代表队；获得冲锋枪精度射击单项团体总分 1、2、3 名的代表队分别是枣阳、宜城、随州代表队；获得半自动步枪对抗射击单项团体总分 1、2、3 名的代表队分别是谷城、枣阳、樊东代表队；获得手榴弹投远单项团体总分 1、2、3 名的代表队分别是枣阳、郊区、襄阳代表队；获得手榴弹投准单项团体总分 1、2、3 名的代表队分别是襄城、南漳、郊区代表队；获得擒敌技术单项团体总分 1、2、3 名的代表队分别是老河口、襄城、樊东代表队；获得武装越野单项团体总分 1、2、3 名的代表队分别是谷城、襄阳、随州代表队；樊东代表队获得军事比武精神文明奖。

1997 年检阅民兵应急分队和预备役部队机动分队：1997 年 7 月 12 日，为隆重纪念毛泽东关于民兵工作“三落实”指示发表 35 周年，庆祝香港回归和中国人民解放军建军 70 周年，展示民兵应急分队、预备役部队机动分队的精神风貌，提高军政素质，增强全市人民的国防意识，把国防后备力量建设推向一个新的水平。襄樊市和随州市在襄阳农校体育场组织检阅了民兵应急分队和预备役部队机动分队。（注：随州市已为省直管市，但其军事、兵役、民兵预备役工作仍由襄樊军分区管理）此次阅兵活动的主要内容是：举行阅兵式、分列式；展示民兵、预备役部队重武器装备；军事课目汇报表演；摩托化开进。阅兵式、分列式：共 17 个方队，护旗手和护旗兵 3 人，标兵 4 人。

图 24—7 湖北省军区司令员贾富坤（前）在中共襄樊市委副书记张振华（二排左）、襄樊军分区司令员马正武（三排中）、政治委员黄家碧（三排右）等陪同下检阅受阅方队

阅兵活动有湖北省军区的领导、襄樊市的领导、随州市的领导、襄樊市委、政府各部办委局的领导、襄樊市国防动员委员会成员、襄樊军分区的领导、襄樊陆军预备役师的领导、驻襄樊老红军代表、各县（市、区）的领导、襄樊铁路分局的领导、部分驻军的领导、襄樊陆军预备役师部以上预任领导、预任的各预备役团领导、预任的预备役师机关科以上干部、各县（市、区）和襄樊铁路分局人武部领导、各预备役团的团长、襄樊军分区所属各干休所的领导、新闻单位的领导、大型厂矿学校领导共 237 人参加了观阅。阅兵受到湖北省军区贾富坤司令员和襄樊市、随州市及各县（市、区）党政领导的高度评价，在社会上产生了强烈的反响。襄阳县、枣阳市、随州市、宜城市、谷城县、襄城区 6 个人武部被评为“阅兵优胜单位”。

5.组织整顿

组织整顿是保证民兵组织落实的有效途径，每年进行一次民兵组织整顿，既是民兵组织建设的需要，也是行之有效的工作制度。包括宣传教育、调整建制、出入转队、调配干部、总结工作、清点装备、健全制度、集合点验等。

宣传教育主要是对全体民兵和广大人民群众进行民兵性质、任务及依法服兵役教育，提高青年民兵依法参加民兵的自觉性和光荣感，增强全民国防观念。调整建制主要是根据需要和可能，调整组建范围和规模。出入转队主要是吸收符合条件的适龄青年加入民兵组织，对超龄的基干民兵转入到普通民兵组织；对超过普通民兵年龄的或因身体和政治原因不宜继续留在民兵组织的，让其退出民兵组织；因工作调动或户口变迁的民兵给予转出调入。调配干部主要是对民兵干部进行调整，按照民兵干部的条件，配齐配好各级民兵干部。总结工作主要是对一年的民兵工作进行一次全面总结，总结成绩、找出差距，以便吸取经验教训。清点装备主要是对配发给民兵的装备进行一次清理，掌握数质量情况，防止丢失、损坏。健全制度主要是在总结工作的基础上，为进一步开展好民兵工作，完善或制定一些行之有效的制度。一般包括学习、训练、会议等项制度。集合点验主要是集合基干民兵，宣布建制，宣布干部任职命令，使官兵相识、兵兵相识。

图 24—8 2001 年 3 月，襄樊军分区组织全区乡镇、街道办事处人武部部长 230 人集训。其间，参谋长施克华大校带领参加训练人员参观襄阳县朱集镇民兵建设

民兵组织整顿主要是由军分区、县（市、区）人武部、基层武装部、民兵连（营）组织进行，各级的主要工作是：军分区、人武部的主要工作。一是根据上级的指示精神，拟制整组工作的实施方案，明确指导思想、整组重点、工作时限、方法步骤及要求；二是组织搞好试点，在试点的基础上，召开会议，布置任务，明确做法；三是深入民兵连队，检查指导；四是组织检查验收，搞好总结评比，表彰先进并及时上报工作总结和民兵组织实力统计。基层武装部的主要工作。一是在摸清底数的基础上，拟制整组工作实施计划；二是召开民兵干部会议，传达上级的要求，部署整组工作；三是采取多种形式，搞好宣传教育；四是审批出入转队的民兵和调整任免民兵干部；五是组织点验，整理资料，总结工作。基层单位的民兵连（营）的主要工作。召开民兵干部会传达上级的要求，部署整组工作；对全体民兵和人民群众进行民兵性质、任务及依法服兵役的教育，提高青年依法当民兵的自觉性和光荣感，增强全民的国防观念；在模底排队的基础上，按照政治、身体条件，搞好出入转队，编组配干；对民兵进行一次集合点验，做到官兵相识，兵兵相识；总结工作，表彰先进，布置任务，健全活动制度。

2002 年底至 2003 年初，对全市城市民兵工作进行了调查。此前中共襄樊市委、襄樊市人民政府、襄樊军分区成立襄樊市城市民兵工作改革领导小组。领导小组由中共襄樊市委、市政府、襄樊军分区的领导及军分区司令部、政治部、后勤部、市委办公室、市政府办公室、市委组织部、宣传部、市发展计划委员会、经贸委、教育、科技、公安、民政、财政、人事、广播电视、地税、工商、文化、物价、法制、人防等部、办、委、局的主要领导组成，并从上述单位抽调 30 余人组成办公室。2002 年 11 月开始组织对襄城区、樊城区、襄阳区、高新技术产业开发区、汽车产业开发区、渔梁洲旅游经济开发区、襄樊铁路分局等 7 个重点单位所辖的 150 余个单位的民兵预备役工作进行调查。调查主要弄清存在的问题，为加

强城市民兵工作,进行城市民兵工作改革提供依据。通过调查,全市城市民兵工作存在下列主要问题:

随着企业经济形势的发展,管理体制的改革,部分企业多年不招收青年工人,原建有民兵组织的单位,随着适龄人员的减少,民兵人数逐年减少,全市有 84 个单位出现有组织无兵的现象。与此同时,部分新兴企业、从原不建民兵组织的事业单位转改或剥离的国有企业、日益壮大的民营企业和高等院校、科研单位等,全市 51 个单位有不少适龄人员却没有建立民兵组织。

基层民兵工作领导关系不顺。全市有部属企业 20 家,省属企业 17 家,市属企业 84 家,区(市、县)属企业 456 家,街道企业 112 家。由于隶属关系不同,民兵工作存在多头管理或无人管理的情况。有的在企业改革中管理权限发生变化,而民兵工作领导关系没有及时调整。行政区与开发区交叉并存,民兵工作管理责任界限不明。另外,还存在民兵政治教育、战备值班、执勤等经费无保障,全民国防观念淡化,部分领导干部党管武装意识缺乏,专职武装干部不专等问题。

根据存在的问题,2003—2004 年对全市城市民兵工作进行调整改革。2003 年 3 月 20 日召开全市城市民兵工作改革动员大会,湖北省军区副参谋长陈家法、中共襄樊市委书记阮成法、市委副书记杨祥义、市委常委军分区司令员王天华参加会议并讲话,市委秘书长陈文海,以及军分区部以上领导、市城市民兵工作改革领导小组全体成员、各县(市)分管武装工作的领导、3 个城区、开发区的主要领导、各县(市、区)人武部的主要领导及城区部分企业事业单位的主要负责人共 160 余人参加会议。这次城市民兵工作改革的主要内容是:

调整民兵组织。坚持民兵制度,重点抓好民兵应急分队、民兵配装专业技术分队和对口专业技术分队建设,提高快速动员和成建制遂行任务的能力。民兵组建范围扩大,凡生产经营稳定、管理组织健全、适龄人员能够建 1 个民兵排或 1 个基干民兵班的各类企业事业单位,均建立民兵组织。改变过去主要依托国有企业建立民兵组织的做法。调整基干民兵规模,城市基干民兵占全市基干民兵总数的 36%,女基干民兵控制在城市基干民兵总数的 10%以内。优化民兵组织结构,着眼提高城市民兵参战支前、维护社会稳定、保障部队战略机动和城市防空袭作战,按照组装一致、建用一致的原则,扩大专业技术分队编组比例,控制民兵应急分队规模,减少步兵分队数量,全市步兵分队、民兵应急分队、配装专业技术分队、对口专业技术分队占基干民兵总数的比例分别为 15%、15%、40%和 30%。通过调整,逐步形成以专业技术分队为主体,以城市防空分队、应急分队为重点,科技含量较高,专业种类齐全的城市基干民兵组织结构。

改进民兵政治教育。坚持用党的基本理论武装民兵,以民兵干部和基干民兵为教育重点,以“打得赢、不变质”为目标,以提高民兵政治觉悟、坚定理想信念、增强国防观念、强化职能意识为主要内容,按照《参训民兵政治教育纲目》,结合形势任务进行教育。落实民兵参加训练期间的政治教育科目。加强“青年民兵之家”建设,突出“兵”的特点和内容,增强教育的针对性、有效性和系统性。

改革民兵军事训练。按照战训、组训一致的原则确定训练任务,重点是抓民兵应急分队、军兵种民兵专业技术分队、城市防空作战分队和勤务保障分队的军事训练。

训练的内容和时间,按照总参谋部颁发的《民兵军事训练大纲及考核标准》有关规定执行,着眼未来高技术战争需要,结合现有装备和襄樊市城市民兵担负的主要任务,压缩科技含量较低的共同科目训练,突出应用训练、协同训练、新“三打三防”训练和国防动员预案演练。民兵专业技术分队的训练时间为 25 天,其他分队的训练时间为 15 天。其训练方法,专职人民武装干部、高炮营(连)指挥员和技术难度较大的专业技术兵骨干(教员)、便携式防空导弹、电子对抗、信息攻防、防化救援等训练,由军分区组织实施;其他专业技术分队、民兵应急分队、步兵分队新入队人员、基干民兵连(排)长训练,由区(市、县)人民武装部组织实施;对口专业技术分队,由区(市、县)人民武装部和组建单位共同组织实施。还可采取部队带训、在军事院校挂训、与地方组建单位联训等多种方法。

健全完善城市民兵工作领导管理体制。基层乡(镇、场)、街道按规定设立人民武装部。行业系统、科研单位、院校、企业事业单位，凡符合“建有党组织并设有党的工作机构、生产经营稳定、已(拟)建基干民兵连以上建制”条件的，设立人民武装部。襄樊高新技术产业开发区、襄樊汽车产业经济技术开发区、鱼梁洲旅游经济开发区单独设立人民武装部。民兵工作坚持属地管理的原则，由军分区和区(市、县)、街道(乡、镇)人民武装部负责领导和管理。襄樊铁路分局的民兵工作由襄樊军分区领导管理；高新技术产业开发区、汽车产业经济技术开发区、鱼梁洲旅游经济开发区的民兵工作，区分不同工作和职责，部分由襄樊军分区直接领导管理，部分由樊城区人民武装部领导管理。

改进民兵装备管理和保障办法。民兵高射武器由分散保管改为集中保管。各区(市、县)、企业事业单位保管的民兵高射武器，由襄樊市集中建库统一保管。军民通用装备采取预编和征用的方法。维修保障以襄樊军分区民兵装备修理所为骨干，配装单位为基础，对口专业维修分队为补充。

改革民兵工作经费保障方式。城市民兵工作中的民兵军事训练、政治教育、战备值班执勤、大项军事活动、武器装备管理维护、完成急难险重任务、守护重要目标、维护稳定和执行其他临时性任务等经费，由集资统筹改为省、市、区(县、市)3级政府负担，每年按工作任务所需经费列入年度财政预算，由财政部门编制“民兵工作经费”科目列支。省、市、区(县、市)分别按20%、50%和30%负担。市、区(县、市)民兵工作经费每年12月由军分区司令部编制下一年度预算，报市、区(县、市)财政列入计划，财政部门将经费划拨军事机关分配和管理使用，并受上级军事机关和同级政府有关部门的检查、审计监督。

(三)军事训练

1.训练对象与内容

民兵军事训练与民兵组织建设一样，依据各个时期的需要与可能进行，组建什么民兵组织，编入什么人员，就进行什么内容的训练。按层次分，包括专职武装干部训练、民兵干部训练、民兵训练；按内容分包括共同科目训练、教学法训练、组织指挥训练、专业训练；按兵种可分为步兵训练、炮兵训练、通信兵训练、防化兵训练等。各兵种又分各专业进行训练。而各个时期、各个兵种或专业的训练内容和要求又有所不同。

1979年，贯彻全国民兵工作会议精神，民兵训练坚持劳武结合的原则，结合党的中心工作，采取集中与分散相结合的方法，因地制宜地组织实施。训练重点是专职武装干部、民兵连(营)长和武装基干民兵。专职武装干部，重点是训练指挥。民兵连(营)长，重点是训练教学法。武装基干民兵，重点是训练基础课目和应用课目。城市的武装基干民兵，重点是专业分队的基础训练和武装基干民兵的巷战、街垒战、地道战训练。高炮(机)分队，主要进行枪炮手基础训练和班的合练，装备有电发射装置的高炮连，使用电发射装置进行训练，并用电发射装置进行实弹射击。地炮分队，着重抓好单手和班的射击操作训练。防化分队，着重进行实际操作和实毒侦验的训练。通信分队，主要进行分队普训，重点进行无线电基础课目和有线电应用课目的训练。后勤专业分队，主要进行军械修理工和卫生专业人员训练。

1980年，专职武装干部和武装基干民兵连、排干部，主要训练本级战术和对下级训练课目的“四会”教学法、本级分队的作战指挥。武装基干民兵，主要进行手中武器的射击训练和单兵、班战术训练。襄樊市的武装基干民兵，根据保卫城市作战的特点，着重进行城市巷战、街垒战、地道战和“三防”(防原子武器、防化学武器、防细菌武器)知识的学习和训练。随县大洪山、随北、襄北、枣阳、宜城东等反空降、防暴乱地区的武装基干民兵，主要进行“三打”(打飞机、打伞兵、打坦克)的技术和战术训练。反坦克火器分队，主要进行40火箭筒、无坐力炮打坦克的技术、战术训练。炮兵分队，除炮手训练外，重点训练连、排干部的射击指挥和指挥分队的观、测、标、通信人员，提高专业技能。通信分队，重点是15瓦电台教练网的实习训练和有线电应用训练、无线电报话的机上密语通话和炮兵口令传诵训练，运动通信主要是司号训练。

1980年5月20—25日，高机、高炮分队参加武汉军区组织的襄阳、郧阳民兵在河南省淅川县香花靶场进行的对飞机拖靶的实弹射击。44个连队参加，其中襄阳军分区22个，包括襄樊市37高炮9个，12.7高机16个，14.5高机1个，部分县12.7高机6个。因是民兵高炮（机）分队首次对飞机拖靶实弹射击，射击科目是对杜—2低空飞行拖靶射击。射击条件为飞行高度800—1 000米，航路捷径400—600米，飞行速度90—95米／秒。每个高机连射击2次，高炮每连射击1次。高炮每管发射6发（含营射击）；12.7高机每管发射10发，14.5高机每管发射15发。

襄樊军分区于1980年10月14—27日，分两期集训民兵打坦克骨干，主要进行打坦克的战术、技术训练，地雷、爆破筒、炸药包3种爆破器材打坦克的动作要领，反坦克障碍物的设置方法及要求。40火箭筒、无坐力炮的性能、简易射击原理、射击动作，着重进行单兵打固定坦克、运动坦克和班伏击战、阻击坦克等课目，并进行对固定目标的实弹射击。

1981年1月，襄阳军分区按照规范化训练的要求，对武装基干民兵的训练改革进行试点，试点在全区15个公社（镇）进行，共训练2 127人。着重进行轻武器射击、战术、投手榴弹、打坦克、三防、民兵勤务和地雷爆破等课目。训练内容分一年训完和两年训完两种，一年训完的训练时间为35—40天，分两年训完的，一期时间为17—20天。

1981年3—6月，襄阳军分区举办一期新任职且未经过军事训练的，年龄在30岁左右的专职武装干部集训，全区共训190人。训练的主要内容是：射击，包括兵器常识、简易射击原理、射击动作，半自动步枪、冲锋枪、班用机枪第1练习实弹射击，半自动步枪对夜间目标实弹射击，冲锋枪对隐显目标实弹射击、射击动作和实弹射击教学法；战术，包括单兵进攻、单兵防御、班进攻、班防御、连进攻战术理论、单兵进攻和班防御教学法；投弹，包括徒手投远投准、持枪投地靶及其教学法；队列，包括单个动作、班到连的队形；打坦克，包括敌坦克性能，对敌坦克打、炸、阻的方法；三防，包括原子、化学、细菌武器性能及防护；勤务，包括步哨、潜伏哨；地雷爆破，包括地雷性能及埋设与排除，炸药性能，点火管及各种炸药包的制作。通过对新任职的专职武装干部全面系统的训练，为全区基干民兵规范化训练打下了基础。

1982年，全区民兵训练按照总参颁发的《民兵训练大纲》的要求，逐步向规范化方向发展。为大幅度提高民兵训练质量，湖北省军区、襄阳军分区在枣阳县进行提高民兵训练质量试点。通过试点，总结出按纲施训、严密组织、提高教员军事素质和任教能力的方法，是大幅度普遍提高民兵军事训练质量的有效方法。

1982年5月20—31日，武汉军区组织河南南阳、湖北郧阳、襄阳3个军分区，共60个民兵高炮（机）连队，在河南省淅川县香花靶场进行对飞机拖靶的实弹射击。其中襄阳军分区9个37高炮连队，24个高机（12.7高机和14.5高机）连队参加。射击科目为12.7高机和14.5高机连队实施连集火对低空（飞）机射击，高炮分队分别实施连和营集火对低空（飞）机射击。射击条件为目标飞机拖靶，水平直线等速飞行，飞行高度700—1 000米，航路捷径400—500米，飞行速度100米／秒。

1983年，按照总参谋部《关于民兵军事训练的安排》精神，民兵军事训练贯彻缩小范围、减少人数、减轻群众负担、提高训练质量的原则，主要进行轻武器射击、投手榴弹、单兵进攻、单兵防御等课目的训练。

1984年，农村步兵重点突出射击、投手榴弹、单兵进攻、单兵防御等基础课目训练；城市步兵重点突出射击、投手榴弹和巷战训练。高炮（机）分队，指挥人员以射击指挥、指挥所的组织、战斗文书为重点；指挥分队以指挥协同为重点；高炮（枪）手以射击操作、连射击准备和班协同动作为重点。1984年

5 月,37 高炮连、14.5 高机连进行一次对飞机拖靶的实弹射击,12.7 高机连进行一次对航模拖靶、地靶的实弹射击。82 迫击炮、无后坐力炮、40 火箭筒、重机枪分队主要进行操作训练,并进行一次实弹射击。

1985 年,民兵训练以基础训练为主,其内容与往年相同。

1985 年 5 月 8—16 日,湖北省军区委托襄樊军分区组织襄樊、宜昌、十堰、沙市等 4 地的民兵预备役高炮、高机分队,在随州市吴山靶场,对轰—五飞机拖靶和航模拖靶进行实弹射击。襄樊军分区所属老河口、樊东、樊西、襄城等 4 市、区的 20 个 37 高炮连、6 个 14.5 高机连参加。射击条件为靶机飞行高度 1 200 米,拖靶低于靶机 150—200 米,速度 125 米 / 秒,目标航线右行临进,航路捷径 600 米。襄樊军分区在此次实弹射击中,命中航模拖靶两个。

1986 年,按照中共中央精神和两级军区指示,民兵军事训练从经济建设大局出发,坚持“减少数量,突出重点,改进方法,提高质量”的原则,全区民兵训练数量大幅度减少,重点抓干部和专业技术兵训练。主要是训练新任职和基础较差的 35 岁以下的专职武装干部,内容是队列、射击、投弹、爆破、单兵进攻、单兵防御、战斗勤务、民兵业务、政治教育等 9 个课目。并进行步兵的步枪、冲锋枪、轻机枪 3 种轻武器 1、2 练习实弹射击,投掷 1 枚手榴弹实弹。民兵连排长训练,老河口市和襄城、樊东、樊西区主要是专业技术分队,其连、排长随同分队一起训练。其余县(市、区)的连、排长,由县(市、区)集中组织单独训练,其训练内容与专职武装干部的训练内容相同。并进行一次一种步兵轻武器的 1、2 练习实弹射击,投掷 1 枚手榴弹实弹。专业技术兵主要是 12.7 高机、14.5 高机、37 高炮和通信 4 个专业的基础技术训练。高机、高炮分队进行一次“枪代炮”的班对航模拖靶或气球的射击,其他专业技术兵进行一次步兵轻武器实弹射击。

由于训练数量减少,使民兵集中到以县(市、区)为单位的训练基地训练成为可能,自 1986 年起,全区民兵训练全部集中到县(市、区)民兵训练基地进行,训练条件得到改善,规范化训练得到保证,训练质量得到提高。

1987 年,继续贯彻执行“减少数量,突出重点,改进方法,提高质量”的训练原则,主要进行专职武装干部、民兵干部和专业技术兵训练。训练以《民兵军事训练大纲》为依据,采取自训与带训相结合,集中训与大厂带小厂、分片联训相结合的方法。专职武装干部重点进行队列、爆破、射击、班进攻、班防御和本职业务、民兵业务训练,并进行步枪第 1、2 练习射击、手枪实弹射击,训练时间 30 天。民兵连排长主要进行战术、技术基础科目和本职业务训练,并进行手中轻武器实弹射击。民兵共训 840 人,主要是高机、高炮分队,占 703 人,训练时间 20—30 天。高炮指挥分队主要进行侦察员的基础知识、观测器材、识别飞机、识图用图、测距机的构造与使用、测距机的检查与保养保管方法、测手职责、战斗位置及续报距离的要求等内容;高机高炮操作训练,着重进行兵器常识、基础知识、单手操作及班协同训练;通信兵共训 137 人,训练时间 20—90 天,主要进行职责、装备器材性能、报务、报话、守机及电工学、电话学等科目训练。

1987 年,湖北省军区对 5 个地区 19 个人武部的通信分队训练进行考核,考核内容为无线电报务、无线电报话、有线电架设、炮兵口令、军语译传。襄樊陆军预备役师 2 团通信连、保康县民兵通信连获团体总分优胜单位;襄樊陆军预备役师 1 团通信连获无线电报务单项优胜单位;襄樊陆军预备役师通信营、保康县民兵通信连获无线电报话单项优胜单位;襄樊陆军预备役师 3 团通信连获有线电架设优胜单位。襄樊军分区获得个人优胜前 6 名的有:无线电报务课目:襄樊陆军预备役师的王国平、保康县的崔官志;无线电报话课目:襄樊陆军预备役师的田明昌、保康县的周艳;有线电架设课目:保康县的周帮贵、襄樊陆军预备役师的杨太根。襄樊军分区在襄樊市第四中学进行学生军事训练试点,对入学新生进行为期一个月的训练。训练内容有队列、射击、投手榴弹等课目。训练结束时举行了阅兵式。

1988 年的训练重点放在民兵专业技术兵上。训练方法是由县(市、区)人民武装部集中组织实施。步兵分队训练以 60 迫击炮、40 火箭筒、重机枪为重点,步枪手、冲锋枪手、机枪手进行一次 1、2 练习实弹射击,每人投掷一枚手榴弹实弹;60 迫击炮进行一次单炮放列观察实弹射击;40 火箭筒进行一次对固定目标实弹射击。地炮分队训练主要以单炮操作和班、连协同训练为重点,进行专业基础训练。高炮(机)分队的训练,指挥班、排以射击指挥为重点,进行专业技术训练,高炮(机)班、排,以 1、2、3、4 炮(枪)手的射击操作和班、连协同训练为重点;12.7 高机在枪手操作训练的基础上进行一次单枪对地堡环靶实弹射击。通信分队训练以无线电报务员为重点,进行专业基础训练。

1989—1991 年,民兵训练内容和规模与往年基本相同。为维护社会稳定,各县(市、区)组建民兵应急分队,针对完成任务的需要,对民兵应急分队进行了应急训练,内容主要有收拢集结、捕俘擒拿、警戒勤务、防暴乱等。1990 年 7 月 21—23 日,为做好参加全省农民民兵三项军事竞赛和全国农民民兵三项军事竞赛调赛的准备,襄樊军分区举行了襄樊首届农民民兵运动会。参加这次运动会的共 9 个代表队,正式运动员 27 名,主要进行 56 式半自动步枪 100 米 3 种姿势(卧、跪、站)无依托射击、军用教练手榴弹投远、10 公里轻装公路长跑 3 项竞赛。谷城、随州、郊区代表队分别获团体总分第 1、2、3 名;保康、宜城、枣阳代表队分别获射击单项竞赛第 1、2、3 名;随州、襄阳、枣阳代表队分别获投手榴弹单项竞赛第 1、2、3 名;随州、老河口、宜城代表队分别获长跑单项竞赛第 1、2、3 名;保康代表队获精神文明奖。谷城的张于林、随州的周传春、襄阳的马志远分别获个人全能第 1、2、3 名;保康的吴祥国、枣阳的冯云山、随州的周传春分别获射击单项竞赛第 1、2、3 名;随州的章进、枣阳的冯云山、谷城的付大雄分别获投弹单项第 1、2、3 名;谷城的张殿学、保康的李锡华、谷城的张于林分别获长跑单项竞赛第 1、2、3 名;南漳的王强获精神文明奖。

1992 年,贯彻落实中共中央、国务院、中央军委批转总参谋部《关于在新时期加强我军后备力量建设的几个问题的报告》,按照"控制数量,提高质量,抓住重点,打好基础"的方针,民兵训练坚持正规化、规范化标准,从难从严按纲施训,扎扎实实打好基础,不断提高训练质量,突出抓干部和专业技术兵训练。

人武干部、专武干部主要进行队列、步枪射击、单兵战术、班战术、军事教学法和民兵工作业务等内容训练。步兵训练以连发轻武器、60 迫击炮、40 火箭筒和重机枪训练为重点,并进行班以下基础战、技术训练,投掷一枚手榴弹实弹;60 迫击炮进行一次单炮放列观察实弹射击;40 火箭筒进行一次对不动目标实弹射击;步、冲、(轻、重)机枪完成第 1、2 练习的实弹射击。通信分队以无线电报务员训练为重点,进行专业基础训练。地炮分队主要完成炮手和班协同训练。82 迫击炮进行一次单炮放列观察实弹射击;82 无后坐力炮、107 火箭炮进行一次单炮对不动目标实弹射击。高炮(机)分队以干部组织指挥和协同训练为重点,进行班、排、连射击指挥合练,14.5 高机和高炮分队进行一次枪代炮(枪)对航模拖靶或气球射击,12.7 高机进行一次对地堡环靶实弹射击。侦察、防化、工兵分队主要进行教员、干部和骨干训练,为以后展开分队训练打下基础。民兵应急分队主要进行收拢集结、捕俘擒拿、警戒勤务、防止暴乱、抢险救灾等内容训练。

1993 年,民兵训练规模、种类、内容大体与 1992 年相同。但在 1993 年,全军开展评选表彰民兵、预备役部队军事训练优秀"四会"教练员活动,并制定包括会讲、会做、会教、会做思想工作的"优秀'四会'教练员标准"进行评选。这次评选活动采取自下而上层层训练、考核、选拔、推荐的形式进行。为迎接湖北省军区的考核选拔,襄樊军分区在各县(市、区)人武部、预备役团选拔培训的基础上,进行巡回考核评比,挑选 22 人,并于 6 月 7—12 日集中在襄樊军分区教导队集训,准备参加湖北省军区的考核。经湖北省军区考核,评选出保康县人武部军事科副科长吴启涛、谷城县人武部军事科参谋金雁、谷城县茨河镇人武部副部长饶伏生、襄樊陆军预备役步兵师炮兵团参谋陈杰、老河口市仙人渡镇民兵连长江运明、枣阳市七方镇人武部部长彭永清、襄阳县峪山镇民兵连长朱全贵为优秀"四会"教练员。后经广州军区考核推荐,饶伏生被总参谋部评选为全国民兵优秀“四会”教练员,襄樊陆军预备役步兵师炮兵团参谋陈杰被总参谋部评选为全军预备役部队优秀“四会”教练员。开展此项活动,通过层层训练选拔,促进了教员队伍质量的提高,使民兵、预备役士兵的正规化、规范化训练向前推进了一步。

1994年,全区民兵训练内容、种类与往年相同。另外训练民兵应急分队,主要进行为期7—15天的队列、擒敌、政治、射击训练和组织整顿、收拢集结、机动演练。襄樊军分区组织在教导队进行了一期专职武装干部集训,训练时间30天,主要进行队列、射击、战术、投弹、动员工作业务、军事教学法等科目的训练。

1995—1997年,专职武装干部、民兵干部、民兵的训练,其内容和训练数量大体与往年相同。1995年5月18日,襄樊军分区在教导队靶场组织襄阳、襄城、樊东、樊西、郊区、襄樊铁路分局、东汽襄樊管理部共7个单位700余人参加的民兵应急分队军事训练汇报表演,内容为团体刺杀操、擒敌、无线电台架设、射击、盾牌警棍操、战术队形等6项。获射击比赛团体奖第1、2、3名的,分别是襄樊铁路分局民兵应急分队、襄城区民兵应急分队、樊东区民兵应急分队。获射击比赛个人奖并列第1名的是:襄樊铁路分局民兵应急分队队员席志波、罗雄波、东汽襄樊管理部民兵应急分队队员佟春龙;获射击比赛个人奖并列第2名的是:樊东区民兵应急分队队员储红波、丛任林、郊区民兵应急分队队员徐正勇、张杰、马建勇。因出现多名并列第2名,未取第3名。表演前举行了阅兵式,进行了紧急收拢集结、快速机动演练。

1998年起,随着军事高技术的发展,高科技练兵逐步在民兵中展开。在训练队列、射击、战术、投弹等传统内容的同时,增加了军兵种知识、外军研究、军事高技术知识等内容。到2000年,又增加了新“三打三防”内容,即:打隐形飞机、打巡航导弹、打武装直升机;防电子干扰、防精确打击、防侦察监视。

图24—9 民兵高炮分队实弹射击考核现场

2002年2月下旬至3月中旬,襄樊军分区在教导队集中组织一期80名新任职专武干部集训,主要进行高科技知识、基本技能、国防动员业务和本级组织指挥训练。襄城区、樊城区和襄阳区(含东汽襄樊管理部1个排)3个民兵高炮连通过封闭式集训,参加湖北省军区组织的民兵高炮实弹考核,取得命中(击落)航模飞机拖靶9具10发的优异成绩。樊城区民兵高炮3连、襄阳区(东汽)民兵高炮连命中、击落拖靶3个,被评为优胜单位;襄城区民兵高炮第5连命中拖靶1个,被评为优秀单位。

2004年3月20日—4月20日,襄樊军分区在教导队组织一期专武干部暨专业课目“四会”教练员集训,参训学员57人,重点进行军事理论、动员业务、基本技能和军事教学法的学习与训练。5月16日—6月16日,襄樊军分区在枣阳市民兵训练基地承训全省工程兵教练员,12个军分区(警备区)42名教练员参加集训,重点进行爆破、筑城、地雷、伪装等工程兵专业技能和教学法训练。8月初至9月上旬,对樊城区1个民兵高炮连进行集中训练,并采取摩托化开进方式,赴武汉市梁子湖靶场参加湖北省军区组织的高炮实弹射击,命中2具拖靶。

2.训练基地

1980年前,民兵训练采取小型、就地、分散的方式进行,农村民兵实行劳武结合,就地训练。训练时,连长不出区,排长不出社,民兵不出队,不集中住宿起伙。这种形式训练分散,场地、器材不统一,教员水平参差不齐,训练质量不能得到有效保障。为了提高训练质量,节约人力物力,使民兵得到规范化训练,1980年,襄阳县率先(在全省范围内属首创)建立民兵训练基地,得到湖北省军区的肯定,继之在全区各县(市)广泛推广,陆续建立了民兵训练基地。基地建有齐全的教学、训练、生活设施,集中教员、教材、器材,采取多批次、小批量的方法训练,统一领导、管理。在基地训练民兵有利于节约训练经费,有利于提高训练质量,开创了民兵训练的新路子。随着正规化、规范化训练的进一步增强,民兵训练基地也按照规范化、正规化的要求,进一步配套完善。全区包括襄樊军分区及各县(市、区)均建立了民兵训练基地。这里重点记述襄樊军分区教导队(民兵训练基地)和南漳县、宜城市两个炮兵专业训练基地。

(1)襄樊军分区民兵训练基地(教导队)

襄樊军分区民兵训练基地,又称襄樊军分区教导队,原在襄樊市襄城荆州街(现襄樊军分区荆州街干休所所在地即为原军分区教导队所在地)。随着城市建设和民兵训练的需要,1980年,襄阳军分区在襄阳县泥咀公社凤凰大队第6生产队(位于襄樊市西郊4公里),征用土地433.2亩,其中旱地18.2亩,荒山415亩,修建了射击场。1983年,教导队开始在襄城西郊麒麟店村(当时为襄樊军分区修械所所在地)重新修建,1984年主体工程基本建成。按照湖北省制定的1984—1986年民兵训练基地建设规划,对民兵训练基地逐步完善配套,到1986年底,“三场两设施”(训练场、射击场、战术场、生活设施、教学设施)基本建成。

训练基地总占地91 700平方米(约137.6亩,不含射击场、战术场),总建筑面积3 400平方米。其中生活、教学楼一栋2 350平方米;礼堂、饭堂一栋600平方米;伙房、澡堂一栋350平方米;武器、训练、被装、汽车库120平方米,厕所60平方米。生活设施包括住房、床铺、卧具、桌子、椅子、脸盆、水桶、开水瓶、饭堂、饭桌、凳子、餐具等,一次能保障250名人员参加训练。

教学设施。有战术、技术、炮兵、防化等4个教室,共300平方米。设有黑板、讲台、课桌、凳子,配备部分电化教学设备。炮兵、防化专业教室配有专业教学用具。基地设教研室1个,配有桌椅、资料柜、教材教具陈列柜,并配有模型箱(模型板)和各种挂图供教员备课示教用。训练基地院内有水泥操场1个,沙土质大操场1个,并设有器械场,有单杠、双杠、木马等训练器械。轻武器射击场纵深600米,正面宽60米,有永备式靶壕一条(长60米),可设15个靶位,能够满足步兵轻武器第1—4练习射击训练和实弹射击需要。战术场位于射击场一侧,占地面积45 658平方米。构有堑壕、掩体、雷区、铁丝网、三角堆等固定设施,也可根据训练需要临时设置部分设施,可供连以下分队攻防战术科目训练和演习。

随着规范化训练的不断深入,原有训练基地已不能满足需要,襄樊军分区2002年着手筹划新建集国防教育和专武干部集训、民兵预备役训练、学生军训于一体的综合性基地,并报中共襄樊市委、襄樊市政府。中共襄樊市委2002年8月21日召开常委议军会议,确定将新建训练基地纳入城市建设总体规划,并确定逐年拨出专款建设。经规划、立项、报批、征地、勘察、设计和通水、通电、通路、平整场地等前期准备工作,襄樊军分区于2005年12月26日举行开工仪式,新建训练基地正式开工。新建训练基地占地97亩,总建筑面积约7 676平方米,包括综合楼、附属楼、修械所、炮库等。其规划布局为综合楼位于规划场地西侧,附属楼与修械所、炮库分列两侧。综合楼建筑面积约4 850平方米,可供办公、教学和住宿用。其中高炮模拟训练室1个(2大间),大小教室6个,办公室6间,活动室6间,值班室1间,阅览室2间,器材室3间,资料室2间,宿舍77间,可供500人同时工作学习。附属楼(食堂、伙房)建筑面积约854平方米,一楼设容纳300人同时就餐的大餐厅1个,小卖部1间,操作间及配套房8间。二楼设大、中、小餐厅各1个,宿舍3间,办公室1间,卫生间1间。食堂、伙房满负荷可供350～400人同时就餐。修械所建筑面积544平方米,用于高炮、轻武器的维修。一楼设2个大修理间,1个充电间,1个器材间。二楼设办公室2个(一大一小),宿舍2间,资料室1间,卫生间1间。炮库建筑面积1 310平方米,共24间。新建训练基地总投资约1 000万元。工程分3期完成,1期完成前期准备工程及综合楼、附属楼、修械所、炮库建设。2期完成靶场、训练场和辅助训练场建设。3期完成道路硬化、绿化、围墙及相应配套设施建设。预计2007年完工。

(2)130火箭炮训练中心(南漳县民兵训练基地)

1994年,湖北省军区确定在南漳县建立130火箭炮训练中心。南漳县是襄樊地区炮兵储备基地之一,湖北省军区装备民兵130火箭炮首先配发给南漳县。建立民兵130火箭炮训练中心,主要训练、储备摩托化步兵师编成内炮兵所需的主要专业技术兵员。训练中心占地30亩,建教学楼、住宿楼、炮库、训练场、食堂等训练和生活设施,能同时保障150人的训练和生活。轻武器射击场兼战术场离训练中心两公里。

(3)宜城炮兵训练基地

宜城市是襄樊地区炮兵储备基地之一,襄樊陆军预备役师炮兵团设在该市。为保障民兵、预备役部队军事训练,于1984年兴建炮兵训练基地。基地占地面积83.69亩。主要有炮兵训练场、轻武器射击场、综合楼、食堂、武器装备仓库等。综合楼共3层76间房屋,1楼为车炮库,2、3楼为学员宿舍、教室、教研室、器材室、被装室。可同时供300人训练。

(四)政治工作

民兵政治工作是民兵工作的生命线,紧紧围绕中国共产党在各个时期的中心工作,加强政治建设,保证党对国防后备力量绝对领导,保证民兵队伍的集中统一和稳定,保证民兵政治上合格。重点加强民兵政治教育。

1.政治教育

(1)主要内容

民兵政治教育的主要内容是对民兵进行政治常识、国防知识、思想道德、法纪法规等方面的教育。政治常识,包括马克思列宁主义、毛泽东思想、邓小平理论学习,党的基本路线和方针、政策教育;国防知识,包括人民战争思想、民兵性质任务、形势战备和国防教育;思想道德教育,包括爱国主义、革命英雄主义、革命传统和革命人生观、价值观教育;法纪法规,主要是党和国家法律、法规、政策和纪律的教育。

(2)主要形式

民兵既是“民”又是“兵”,具有“民”和“兵”的双重特性,从教育内容上分,可分为纳入全民教育和单独进行教育两种;从方法上分,可分为课堂教育、刊授教育、参加训练期间的教育、利用媒体宣传教育等。

①纳入教育：纳入教育就是将民兵教育纳入全民的政治教育，如地方各级党委、政府进行的党的路线、方针、政策教育，国家的法律法规教育，农村社会主义思想教育，企业职工思想道德教育，全民国防教育等。这方面的教育在地方党委、政府领导下进行，由地方有关部门组织实施。但人武部门和各级民兵组织积极组织民兵带头参加。

②单独教育：针对纳入全民教育而言，专门对民兵进行教育，其内容主要是突出"兵"的特点，包括国防知识、人民战争思想、民兵的性质、任务、革命英雄主义、革命传统和革命人生观、价值观教育等。单独教育的主要方法是课堂教育和刊授教育。

③课堂教育：是民兵干部、基干民兵和参加训练的民兵所采用的主要形式。课堂教育的时间在各个时期、各个地区有所不同。20 世纪 80 年代中前期，全区广泛推行基干民兵一月一堂政治课，但因山区、平原、丘陵等自然环境和经济发展水平不一，集中上课的次数也不同，有一年 10 课的，也有一年 8 课、6 课的。到 20 世纪 90 年代，一般要求基干民兵一年达到 4 课。集中进行课堂教育的时机，依生产任务的忙闲而定，一般在春节前后闲暇时、企业检修设备停产时、生产淡季、班次运转休班时进行，灵活地采取小批量多批次地进行教育。上课采取的形式也灵活多样，有时结合成建制地执行任务、开展参建活动（如民兵工作例会、整组、征兵和重大节日）安排教育。

④刊授教育：是对民兵干部和基干民兵进行教育的一种有效的辅助形式。民兵干部和基干民兵班订阅关于民兵工作的报刊，一般有总政治部编印的《中国民兵》、广州军区编印的《民兵生活》和湖北省军区编印的《国防教育报》等报刊。有时也根据教育的需要，编印小册子下发到基干民兵组织。民兵干部和基干民兵通过阅读报刊的形式接受教育。有的基层民兵组织为加强外出务工民兵的教育，定期邮寄教育材料和民兵报刊，使外出做工的民兵受到教育。襄樊军分区积极组织各级人武部和民兵连队订刊用刊，连续多年被总政治部评为订刊用刊先进单位。

⑤训练期间教育：对于参加训练的基干民兵、民兵干部，按照训练纲要，将政治教育列为训练的内容之一。每期训练，政治教育时间占 10%。

⑥利用媒体教育：各级党委、政府和军事机关，充分发挥公共宣传媒体在民兵政治教育和全民国防教育中的作用。军分区、人武部、基层武装部，经常组织广播、电视、报刊等新闻机构和传媒，结合本地实际开辟民兵政治教育讲座或专栏，结合征兵、民兵整组、重大节日和民兵成建制执行任务、参建等，组织集中宣传报道。有的还通过知识竞赛、图片展览、举办"军事日"活动、读书演讲和文艺节目等多种形式搞好宣传教育。

⑦月课制度的兴起与开展及月课教育：宜城县板桥店公社党委、武装部决定每月召开一次民兵副指导员会议，布置一次民兵政治教育，于是从 1979 年 11 月起，这个公社就开始了一月抓一次民兵政治教育的活动。教育的主要方法是公社、大队、小队 3 级负责。公社每月召开 1 次民兵副指导员会议，听取汇报，培训下次授课内容，讨论政治教育的方法；大队召开排长、政工员会议，由副指导员上课并提出思考题；小队排长、政工员组织基干民兵学习和讨论。教材主要是总政治部发给每个民兵干部和班排的《民兵政治课本》、武汉军区编印的《中原民兵》、湖北省军区印发的活页教材和各种报纸、杂志及公社武装部刻印部分教材。宜城县板桥店公社组织一月一次民兵政治教育，找到了在新形势下加强民兵政治教育的有效办法，使民兵政治教育在新形势下得到进一步规范并形成制度，受到各级领导机关的首肯，并总结为"月课"教育制度。武汉军区司令部、政治部 1981 年 8 月 28 日通过《民兵政工简报》在湖北、河南两省进行推广。自此，襄阳地区、襄樊市民兵政治教育的"月课"教育全面展开。

各地从实际出发，"月课"教育以大队为单位，大致分为 3 种类型，3 种要求。地处平原，人口集中，经济条件较好，建有基干排（班）的大队，坚持一月一堂政治课，全年不少于 10 课。地处山区，人口比较分散，经济条件一般，建有基干班（排）的大队，全年不少于 8 课。地处大高山，人口非常分散不便集中，经济条件差，只建有基干班的大队，全年也可只上 5—6 课。自 1981 年起，全区始终坚持"月课"

教育制度，只是到 20 世纪 90 年代中后期，因市场经济形势的发展和教育形式的多样化，月课教育减少，全年在 4 课以上。

2.“青年民兵之家”建设

1981 年，宜城县在进行民兵“月课”教育的过程中，很自然地遇到课堂场所问题。起初，民兵上月课没有统一固定的场所，有的利用大队办公室，有的借用学校教室，有的利用小队仓库，条件好的地方利用大队活动室，条件差的地方干脆“打游击”，课堂无定所。不仅民兵是这样，共青团、妇联、文化站等单位组织活动都遇到同样的问题，而他们工作所面对的大多是民兵、青年。于是，宜城县武装部发起与共青团联合创建“青年民兵之家”。实行联产承包责任制后，生产发展了，群众生活水平得到提高，从而对精神文化生活的要求更加迫切。实行联产承包责任制后，提高了生产效率，群众空闲时间多了，有更多的时间学政治、学科技、学文化、开展文体娱乐活动。实行家庭承包责任制后，种田要技术、讲科学越来越被更多的农民群众所认同，因此迫切需要由各级领导和机关将他们组织起来，有一个合适的场所来学习各种科学技术文化知识。因此，举办“青年民兵之家”得到各级领导和广大人民群众的大力支持。1983 年 3 月 2—6 日，襄阳军分区政治部、中共襄阳地委宣传部、共青团襄阳地委联合在宜城县召开“青年民兵之家”建设现场会，推动全区“青年民兵之家”建设全面展开。宜城县“青年民兵之家”建设引起武汉军区、湖北省军区的高度重视，并派《中原民兵》编辑部付大彩编辑、湖北省军区政治部宣传处赵忠武处长到会指导。1991 年 4 月，面对社会上一些资产阶级自由化思潮的泛滥，为坚守农村这块社会主义思想文化阵地，团结教育民兵、青年和广大人民群众，襄樊市又一次在宜城县召开“青年民兵之家”建设现场会，会上各县（市、区）的代表，总结交流“青年民兵之家”建设经验，研究进一步巩固和加强“青年民兵之家”措施。1997 年 3 月 31 日，中共襄樊市委、襄樊市人民政府、襄樊军分区作出“关于在全市推广宜城市坚持办好青年民兵之家，促进农村精神文明建设的经验”的决定，并以文件下发全市。“青年民兵之家”一般以大队（行政村）或小队（村民小组）为单位设立，有固定的房子，有统一的牌子，有桌椅、黑板等教学设施，有图书，有文体器材和活动场地，有报刊资料柜（架），有各种管理制度和登记簿（卡），有教学、培训计划，有管理人员，有专门的保障经费。广大民兵、青年和人民群众，在“青年民兵之家”学政治、学军事、学科技、学文化，开展健康有益的文体娱乐活动。

（五）武器装备

随着战备形势和国家经济的发展，按照民兵组织建设、军事训练和执行任务的需要，自 1980 年以来民兵装备和管理条件得到逐步改善。

1.武器配备

民兵武器装备由上级军事机关根据战备、训练的需要和基干民兵组织发展规划，有计划地配备。20 世纪 70 年代后期至 80 年代初期，民兵武器装备有较大的改善，大量淘汰改旧杂式武器，装备国产制式武器。1975 年，全区改旧杂式武器还占配备武器总数的 48.5%，到 1981 年底，所配备的武器 93% 为国产制式武器，主要有 56 式半自动步枪、56 式冲锋枪、63 式自动步枪、56 式轻机枪、12.7 高射机枪、14.5 高射机枪、60 迫击炮、82 迫击炮、82 无后坐力炮、40 火箭筒、37 高射炮。武器质量大大提高，数量也有所增加。1991 年 1 月 18 日，湖北省军区司令部下发通知，装备给襄樊军分区 63—1 式 130 火箭炮，在南漳县组建一个 130 火箭炮排。1991 年 10 月，为保障“八五”期间基干民兵组织训练规划的落实，加强民兵应急分队建设，又编制配发1985式微型冲锋枪、1954式手枪、1981式轻机枪、1967式两用机枪。1998年，根据湖北省军区下发的《关于配发1956式双37高炮的通知》，将1955—1式单37高炮换成1965式双37高炮。

2.安全管理

20世纪80年代初期，民兵武器除部分存放在军分区、县（市）人武部仓库外，配发到基层单位的民兵武器，有多种保管形式。在城市，一般由厂矿企业单位集中保管；在农村，有4种保管形式，即以公社为单位集中保管、以管理区为单位集中保管、以大队为单位集中保管、民兵个人保管。至1982年6月，由厂矿企业保管的武器占下发基层单位武器数的6.5%，由公社集中保管（占公社总数的10.8%）的武器占下发基层单位武器数的5.5%，由管理区集中保管的武器占下发基层武器数的31.2%，由大队集中保管（占大队数的47%）的民兵武器占下发基层武器数的41.3%，由民兵个人保管（占大队总数的11.8%）的武器占下发基层民兵武器的15.5%。为保证武器的安全，由厂矿企业和公社、管理区集中保管的单位，建立武器库（室），配备武器保管人员，武器库（室）安装“两铁一器”（即：铁门、铁窗、报警器），库（室）内配备枪柜或枪架，由专职武装干部或保管员专人看管，有的还配备器材柜和消防器材。由大队保管的武器一般由民兵连长或党支部书记负责，有条件的设立武器室，没条件的放在民兵连长或党支部书记家中。由民兵个人保管的武器，放在民兵家中。为保证武器装备无丢失、损坏、锈蚀、霉烂变质，全区认真贯彻执行国务院、中央军委文件要求大力加强武器库（室）建设，广泛开展“管装爱装”教育，建立各种安全管理制度。1980年，襄阳县、枣阳县、保康县、随县完成新建库房任务，宜城县、谷城县于1981年完成武器库的修建任务，南漳县于1981年改造战备工事（防空洞）作为武器库，光化县于1982年选点组织施工。襄樊市主要装备的是民兵高射武器，分散在建有民兵高射机枪分队和民兵高炮分队的厂矿企业保管，各厂矿企业分别建高射武器库房，至1980年10月底，全市建武器库房63间1 386平方米。全区集中保管武器的单位，普遍制订和坚持武器装备的使用、出入库登记、擦拭保养、检查评比、报告等制度，制订应急方案并建立应急值班分队。选择政治可靠的民兵作为持枪民兵，亦即将武器掌握在政治上可靠的人手中，张榜公布，对持枪民兵进行“一人持枪，全家管枪”、“一人持枪，全家有责”的教育，增强持枪民兵的光荣感、责任感，教育民兵爱护和熟悉手中武器装备，做到会使用、会保养、会检查、会排除一般故障，并坚持经常性的擦拭保养。

全区民兵武器装备管理，通过广大干部、民兵和人民群众努力，确保武器装备较高的完好率，最大限度地降低事故的发生率，1980年至1982年6月的两年半时间里，枣阳县、随县、宜城县、光化县、随州市、老河口市未发生事故。特别是宜城县自1973—1982年，连续9年未发生重大事故，多次受到湖北省军区、武汉军区通报表彰。

在部分武器分散在大队和民兵个人保管的情况下，虽通过广大干部、民兵和人民群众的努力，全区民兵武器装备安全管理取得很大成绩，但部分县（市）事故还是时有发生，仅1980年至1982年6月，全区就发生民兵武器事故25起，伤14人，亡15人，被盗武器3件（追回两件）、手榴弹两枚。事故的发生给人民生命财产造成严重的损失和潜在威胁，在人民群众中造成不良影响。为切实加强武器装备管理，防止事故的发生，襄阳军分区按照《国务院、中央军委批转总参谋部、总后勤部〈关于全国民兵装备工作会议的报告〉的通知》所制定的《关于民兵武器装备管理规定》精神，以及湖北省军区批转的省军区司令部、后勤部《关于贯彻国务院、中央军委[1982]11号文件的基本情况和今后意见》精神，采取断然措施加强武器装备管理。自1982年6月起至1983年6月底，将民兵个人保管的武器装备全部集中到公社（镇、场）保管（执勤点民兵使用的手中武器除外）；大力加强乡（镇、场）武器库室建设，凡保管武器的公社（镇、场）和厂矿企业事业单位建立武器室、弹药器材室、值班室，安装铁门、铁窗、报警器，配置枪柜（架）和消防器材，制定应急方案，确定民兵值班分队，建立使用、登记、擦拭、检查评比、报告等规章制度；配备配齐武器保管员，挑选政治可靠、身体好、有一定文化和军事基础知识的人员担任武器装备保管员，并进行思想教育和业务培训，使之熟悉武器装备性能、保管方法和一般故障排除，并与之建立岗位责任制；进一步加强县（市）人武部武器装备仓库建设，已建成的抓紧配套完善，未建成的加紧动工修建，在1983年底完工，为武器装备最终全部集中到县（市）以上仓库保管创造条件。1984年，试行武器封存，到1987年，完成武器封存任务。封存后的民兵武器，全部集中到县（市）和军分区民兵装备仓库保管。

随着城市经济体制改革的不断深入，城市民兵高射武器管理面临新的问题。至2003年，全市大部分高射武器分散在23个存放点管理，其中国营企业11个，集体企业9个，股份制企业2个，私营企业1个，有12个单位亏损或倒闭，普遍存在库房简陋、管理制度不落实、保养维修不力、零配件丢失损坏、管理经费严重短缺、看守不力等问题。面对高射武器管理中存在的问题，2003年，襄樊市在城市民兵工作改革中决定，民兵高射武器实行集中保管。将分散在区（市、县）、企业事业单位保管的民兵高射武器，改由襄樊市集中建库统一保管。新建民兵高射武器库，由军分区司令部会同市政府办公室及有关部门征用土地，建库经费由市财政和企业单位分两年安排，具体由军分区司令部和市财政局研究提出意见，报市政府、军分区审定。经过计划、准备和前期工程，2005年12月26日，民兵高射武器库与襄樊军分区教导队同时开工新建，工程预计2007年完工。工程完工后，民兵高射武器全市集中管理，原有问题有望得到很好解决。

2003年，对库存的废旧弹药和危险爆炸品进行销毁 。根据中国人民解放军总参谋部、总政治部、总后勤部、总装备部《关于切实做好废旧和危险爆炸物品销毁处理工作的通知》和湖北省政府办公厅、省军区司令部《关于做好民兵废旧和危险爆炸物品销毁工作的通知》精神，襄樊军分区对民兵武器装备仓库和民兵武器存放点进行认真清查。通过清查，全区有53个品种、55万余发（枚、具），重45吨的废旧弹药和危险爆炸物品，需作报废和销毁处理。2003年4月，襄樊军分区在广州军区、湖北省军区技术人员的指导下，组成指挥部，下设销毁组、装卸押运组、警戒勤务组、群众联络组、后勤保障组，在谷城县庙滩镇黄畈八仙洞水库地域对废旧弹药和危险爆炸物品进行销毁。同时，将54万余发报废枪弹送湖北省军区装备仓库集中销毁。此次行动得到襄樊市、襄城区、谷城县公安部门的密切配合。由于组织计划严密，确保安全无事故，圆满完成销毁任务，襄樊军分区及军分区参谋长施克华受到广州军区通报表彰。

3.维修保养

随着民兵武器数量和种类的增多，维修和保养是保证民兵武器经常处于良好状态的重要一环。为此，襄樊军分区、各县（市、区）人武部以及民兵连非常重视民兵武器的维修保养工作，坚持经常性的擦拭保养、年度技术普查鉴定、换件修理、封存和报废等制度，提高武器装备的完好率，降低报废率。20世纪70年代以前，民兵装备的多为战争时期使用过的旧杂式武器，经过部队换装退役后转入，使用年代长，技术状况差，故障率高，维修量大。襄阳军分区以全区军械干部、军械修理所、民兵军械修理分队、仓库保管员和民兵武装基干连队军械员为基本维修力量，采取自制零配件，改制旧杂式和换件修理的形式，对民兵武器进行改制和维修。仅1981年全区就生产推杆10 300根，抓弹勾簧21 000个，修理各类枪械573件。自1982年起，随着旧制式和旧杂式武器的逐步报废，代之以20世纪50年代和60年代形成的新制式武器，其技术性能好、维修量少，县、市修理分队一般不再制件，主要是换件修理，所需零配件，由省军区、军分区修械所加工下发。

（1）军械维修网络

①襄樊军分区修械所：襄樊军分区修械所，编配职工20人，其中所长1人，副所长兼技术员1

人，火炮技师 1 人，修理工 17 人。1997 年 11 月 17 日，广州军区司令部、后勤部下发文件，对修械所进行调整。改称为襄樊军分区民兵装备修理所，其性质为全民所有制事业单位，单位等级为正科级，按一类修理所编制 25 人。其主要任务是负责平时和战时民兵武器装备和民兵装备仓库设备的维修，参与武器装备的质量监控，制作部分零备件，培训民兵武器修理技术骨干，承担武器装备退役、报废的技术鉴定等。其各个时期的任务随武器装备品种和管理形式的不同而不同。在武器装备多为旧杂式和分散保管时，改制维修为主要任务，主要是制造零配件和巡回修理；武器装备多为国产新制式和集中保管后，主要执行轻武器封存和重武器的保养维修任务。

②县（市）和公社（镇）修理分队：20 世纪 80 年代初，各县（市）人武部利用农机厂或机械厂的设备和技术人员，组成 3 至 5 人的维修组，部分公社（镇）利用农机站的设备和技术人员也建立维修点，至 1980 年全区共建维修组 19 个，维修点 99 个，拥有技术骨干 133 人。随着企业经营体制的改革，以行政命令向企业下达维修任务的形式已与新的生产经营体制不相适应，也由于武器装备由分散管理到集中管理这种管理形式的改变，旧杂式武器逐步淘汰，改旧式任务消失，武器装备技术性能提高，故障率低，修理量小等原因，武器装备的维修任务主要由军分区军械修理所和县（市、区）民兵军械修理分队承担。

（2）轻武器封存

为适应以经济建设为中心的需要，加强民兵武器装备管理，减轻基层负担，自 1982 年起，下发到基层民兵连队和民兵个人手中的武器逐步集中到襄樊军分区、各县（市、区）民兵装备仓库管理。为保证民兵武器不霉烂、不锈蚀，在保证军事训练、战备执勤需要的前提下，襄樊军分区修械所对全区部分轻武器进行封存处理。1984 年，湖北省军区赋予襄樊军分区修械所封存部分民兵武器试点任务，自 3 月下旬开始，至年底圆满完成任务。按照湖北省军区的安排，襄樊军分区修械所于 1986—1987 年两年完成全部封存任务。封存分为长期封存和简易封存两种，对技术性能较好的武器，经过分解、检修、除锈、氧化（珐兰）、清洗、结合后，浸油装箱作为长期封存；对技术性能较差，但不至于达到报废标准的武器，经过分解、检修、除锈、擦拭、清洗、结合后，浸油装箱作为简易封存。

图 24—10 军工正在检修保养民兵双 37 高炮

封存的武器，经过 10 年的时间检验，部分武器出现锈蚀、返碱、发霉等问题，为确保武器战斗性能不受影响，1995—1997 年，用 3 年时间对民兵轻武器重新封存。此次武器重新封存的工艺流程为：交接登记、技术检查、修理、分解、栓号，金属制件除油、擦拭除锈、氧化（珐兰）磷化、检查验收、一次煮油、二次煮油、高温浸油、低温浸油，木质件擦拭除垢、烘干、擦拭、检测，部件结合、补油、包装装箱、检查验收入库。这次重新封存的武器主要是 1956 式半自动步枪、1956 式冲锋枪、1956 式班用机枪。襄樊军分区修械所还担负十堰、荆门军分区和随州市人武部的轻武器重新封存任务。

（3）高射武器检修保养

1993 年，襄樊军分区修械所对全区民兵高射武器进行检修保养。检修按照总参谋部下发的检修保养技术要求进行，第一步是对高射武器进行分解，并对各部件逐件进行技术检查登记，查找不符合技术规范的部件，对已损坏或不符合技术要求的部件进行修理或更换；第二步是除油、清洗、擦拭，采用柴油加温至130℃左右，将部件浸入3—5分钟除油，采用普通汽油二遍、航空汽油一遍进行除锈清洗，后擦尽油迹锈迹；第三步是进行沾油、涂油、结合；最后是进行调试、喷漆、登记。高射武器检修保养自同年5月11日始至年底全部结束。

（六）民兵作用

襄樊民兵在社会主义建设中，在改革开放的浪潮中，始终发挥尖兵作用，为襄樊的两个文明建设做出贡献。

1.战备执勤 维护社会治安

襄樊民兵牢记《宪法》、《兵役法》赋予的神圣使命，作为人民民主专政的重要工具，积极配合公安机关维护社会治安，防止社会动乱。除参与历次严厉打击各种刑事犯罪外，还担负着重要目标的守护任务。

（1）守护重要目标

守护重要目标的民兵成建制配备，一般以民兵班或排为单位。参加执勤的民兵脱离生产劳动，专司目标守护之责，由目标所在单位和省军区、军分区、县（市）人民武装部拨给执勤费作为生活补贴。20世纪70年代，襄樊民兵担负着22个重要目标的守护任务。其中铁路桥梁16座，铁路隧道1条，国家棉花仓库2个，国家火药仓库2个，火工试验场1个。参加执勤民兵372人。具体为光化县仙人渡大桥，谷城县南河大桥，谷城县卧佛川大桥，谷城县东湾大桥，谷城县武当山隧道（东端），谷城县吴家沟大桥，谷城县黄家河大桥，谷城县北河大桥，谷城县余家沟大桥，襄阳县小清河桥，襄阳县清河店桥，襄阳县唐白河大桥，宜城县蛮河桥，枣阳县滚河桥，随县唐县镇桥，随县厉山桥，随县淅河桥，随县373火药仓库和火工试验场，枣阳县270火药仓库，随县682棉花仓库，宜城县685棉花仓库。1984年，上述目标减少2个，即守护重要目标20个，其中守护铁路桥梁16座，铁路隧道1条，棉花仓库2个，火药仓库1个，参加执勤民兵325人，配发武器325件，其中1956式半自动步枪284支，1956式冲锋枪41支。1985年，根据〔1985〕铁公安字256号文件精神和武汉桥梁、隧道守护调整交接协调小组意见，由民兵担负守护的谷城县吴家沟大桥、黄家河大桥、北河大桥、余家沟大桥、襄阳县唐白河大桥、小清河桥、襄樊市郊区清河店桥（此时已划归郊区）、宜城县蛮河桥、枣阳县滚河桥、随州市唐县镇桥（此时随县已并入随州市，下同）、随州市厉山桥、随州市淅河桥等12个目标不再派民兵守护。上述目标除唐白河大桥的执勤民兵缓撤外，其余11个目标的执勤民兵于1985年6月27—29日全部撤出，撤出兵力132人。其余移交由铁路系统警戒的5个目标逐步移交。1986年1月1日，根据湖北省人民政府、湖北省军区1985年11月25日下发的《关于调整重要目标守护任务的通知》，枣阳270仓库的守护任务交由湖北省武警总队所属部队担负。随州682、宜城685棉花库的守护任务，由目标所属单位负责，不再由民兵负责。1987年11月20日，湖北省军区司令部根据[1985]铁公安字256号文件精神和武汉桥梁、隧道守护调整交接协调小组意见，下发《关于撤出唐白河铁路桥守护民兵的通知》，决定于1987年12月15日前撤出唐白河铁路桥的守护民兵。1999年，根据总参谋部、铁道部《关于解决脱产民兵守护铁路桥（隧）有关问题的通知》精神和省军区《民兵脱产守护铁路目标移交工作方案》，老河口市、谷城县民兵守护的仙人渡大桥、南河大桥、卧佛川大桥、东湾大桥、武当山隧道（东端）五个目标于1999年4月1日零时移交给襄樊铁路分局六里坪工务段守护，五个执勤点的60名执勤民兵按时撤离哨所。撤出前，于 1999 年 3 月 27 日，湖北省军区、襄樊军分区和襄樊铁路分局三方有关人员在襄樊铁路分局六里坪工务段召开民兵守护铁路重要目标移交工作会议。3 月 30—31 日从武当山隧道向仙人渡大桥逐点进行签字移交。交接的内容为：民兵守护的仙人渡大桥、南河大桥、卧佛川大桥、东湾大桥、武当山隧道（东端）五个目标以及守护中民兵使用的属于襄樊铁路分局的营产、营具。交接中，目标安全畅通，营产、营具数质量清楚，交接双方均无异议。交接双方代理人、监交人在交接文书上签字，办理交接手续。襄樊铁路分局六里坪工务段守护和看管人员于 1999 年 4 月 1 日零时进驻执勤点，民兵同一时间撤出。至此，民兵脱离生产，参加重点目标守护的任务全部结束。

（2）协助处理“2·28”事件

1997 年 2 月 28 日，随州市发生堵塞交通，扰乱社会秩序的群体性事件，烧毁汽车二辆，推翻各种车辆四台，数千群众围观，致使 316 国道中断 14 小时。随州预备役 3 团于 3 月 1 日动用预备役官兵 120 人，随州市人武部调动民兵应急分队 200 余人，在中共随州市委、市政府的统一领导下配合处理此次事件，主要担负部分区域的警戒、封锁街道、维护交通秩序和劝说疏散群众等任务。

（3）治安联防组织

为打击敌、特破坏活动，自 1952 年，襄阳地区根据上级指示，先后与友邻省、地区和本地区县与县的结合部建立战备治安联防组织。建立的联防组织有：一是桐柏山联防区，有孝感地区大悟、应山（今广水市），襄阳地区随县、枣阳，河南省桐柏、确山、唐河、泌阳、信阳共九个县组成。1974 年 3 月在随县召开了联防会议。二是大洪山联防区：有襄阳地区随县、枣阳、宜城，荆州地区钟祥，孝感地区应山、安陆等六个县组成。1965 年 4 月在荆州召开第三届联防会议，以后未再进行过活动。三是武当山联防区：有郧阳地区均县（今丹江口市）、房县，襄阳地区谷城共三县组成，1965 年 2 月在均县召开联防会议。四是宜、郧、襄联防区：有宜昌地区兴山、宜昌、远安、秭归，郧阳地区房县，恩施地区巴东，襄阳地区保康共七县组成，1965 年 6 月在巴东召开联防会议。

由于形势的变化，战备治安联防组织继续保留已无必要。根据鄂政发《关于撤销省际接合部战备治安联防组织通知》的文件精神，襄阳地区行政公署 1981 年 3 月 12 日下发《关于撤销区际接合部战备治安联防组织的通知》，决定即行撤销襄阳地区与毗邻各有关省、地、县结合部联防组织。联防组织撤销后，过去在工作中形成的文件，由主要形成地区的县、市人武部和公安部门立卷归档保管。

2.参加重点工程建设

襄樊民兵在劳动生产中担当主力军，为襄樊的经济建设做出了应有的贡献，这里主要记述襄樊民兵在各级军事机关的组织领导下，成建制地参加重点工程建设。

（1）预备役步兵 2 团参加张湾节水工程

1996 年冬，驻枣阳预备役步兵 2 团组织 2 营 600 余预备役官兵，参加湖北省重点工程——枣阳市张湾节水农业示范区水利基本建设，完成 24 万立方米土开挖任务。

（2）随州民兵参加长州电厂配套工程

1998 年 6 月 11—20 日，随州市人武部组织民兵 300 余人，参加该市擂鼓墩 110 千伏输变电工程建设大会战。该工程是随州市长州电厂的配套工程，建成投产后，可以保证长州电厂两台机组同时并网发电，彻底解决随州市城区用电的瓶颈问题，进一步提高城区供电质量和供电保证率，对随州的经济发展起着举足轻重的作用。为确保该工程于 7 月 1 日竣工，随州市人武部组织一支 300 余人的民兵突击队,奋战10天,完成17公里的电线架设任务,保证了工程的如期完成。

(3)南漳县人武部组织修建致富路

南漳县人武部针对山区交通不便的实际,按照广大人民群众要想富先修路的意愿,成建制地组织民兵开山筑路,自1992—1997年的5年时间里,组织民兵15 000人次,改、扩建乡村简易公路80多公里,修出一条条致富路。在襄阳至南漳公路重修工程中,主要是平缓坡道、改直弯道、扩宽路面并由沥青改铺水泥,工程量大。县人武部按县委的决定,组织各乡(镇)民兵营开赴全线工地,劈高山、垫低洼,完成土石方开挖任务。

(4)老河口市人武部组织民兵参加水利和修路工程建设

1998—2000年,老河口市组织民兵10余万人次,参加王甫洲水电站附属工程,修筑汉江两岸堤坝20余公里。1998年老河口市修建机场路,老河口市组织800余民兵,完成5公里路基的修建任务。2000年10—12月,老河口市组织民兵参加引丹渠清泉沟提水灌溉工程,出动民兵1 000余人次,修堤坝5公里,清淤泥1万余立方米。

(5)参加国防光缆施工

2001年2—4月,为湖北地区军事通信和支援地方基础产业建设,根据湖北省军区司令部通知(司通字第06号)精神,襄樊军分区成建制组织民兵、预备役人员5 000人,完成丹江口土关垭经老河口、谷城、襄樊、枣阳至随州万福店200.35公里和襄樊至宜城孔湾51.25公里的光缆施工任务。其中:襄阳县1 500人,完成东起襄阳县双沟镇西至襄阳县太平镇、南至襄阳县欧庙镇全长约79公里的光缆施工任务;枣阳市1 200人,完成东起枣阳市兴隆镇、西至枣阳市七方镇全长约54公里的光缆施工任务;老河口市500人,完成东起老河口市仙人渡镇、西至老河口汉江公路大桥全长约22.5公里光缆施工任务;谷城县700人,完成东起老河口公路大桥、西至谷城县石花镇全长约40.1公里的光缆施工任务;宜城市900人,完成北起宜城市小河镇、南至宜城市孔湾镇全长约49公里的光缆施工任务;襄城区100人,完成辖区内全长约3公里的光缆施工任务;樊城区100人,完成辖区内全长约4公里的光缆施工任务。工程于2月22日开始,4月10日前完成。为完成这项工程任务,襄樊市政府、襄樊军分区成立光缆施工领导小组,市政府副市长陈鼎益任组长,军分区司令员王天华任副组长,军分区参谋长施克华、军分区政治部主任张正秋、市政府副秘书长李建华、市委宣传部副部长王稼田、军分区后勤部部长杜勇、市公安局局长柳维志、市交通局局长魏伟、市城建局局长刘顺学、市规划局局长胡舜国、市土地局局长郭玉田等为成员。各县(市)、区也相应成立施工领导小组。工程完工后,襄樊市人民政府办公室于8月1日下发文件,对12个先进单位、31名先进专武干部、17名关心支持国防光缆工程建设先进个人给予通报表彰。

图24—11 民兵扑灭山火现场

3.抢险救灾

1986年8月,老河口市大旱,老河市人武部出动双37高炮一门,车辆一台,电台两部,会同气象部门在该市竹林桥区实施人工降雨,发射炮弹120发,作业区普遍降雨,25万亩良田受益，缓解了旱情。1987 年夏，老河口市大旱。老河口市人武部自 8 月 5 日始，在一个多月的时间里，组织民兵预备役人员，在该市竹林桥镇的半店乡、孟桥川水库和张集镇的武营乡 3 个作业点，进行人工降雨作业 8 次，发射降雨弹 485 发，总降雨量 350 毫米，42 万亩农田免受旱灾。1988 年，襄樊市遇 30 年少见的持续干旱，全市 817 条河流 792 条断流，937 个村、3 252 个村民小组 49.09 万人和 35 万头牲畜饮水困难，人畜疾病流行，600 多万亩农田水干、地裂、苗枯。面对日益严重的旱情，襄樊军分区连续三次向各县（市）人武部发出紧急通知，组织动员全区民兵预备役人员全力以赴投入抗旱救灾。老河口市人武部部长郑学荣被该市任命为抗旱总指挥长，受命后立即带领人武部全体干部职工和 600 多名民兵开赴朱排岗泵站，清理河床开沟引水，增设水泵抽水解旱。枣阳市人武部和预备役 2 团发动和组织民兵 1 500 余人，拦河筑坝 220 米，清理渠道 7 900 米，挖淤泥 8 000 余立方米，引白河水入唐河，解决了枣阳市区 20 万居民的饮水问题。襄樊军分区及各县（市、区）人武部共组织民兵 40 多万，帮助群众打井 1 012 眼，架设多级抽水泵 4 163 处，拦截河流 752 处，实施人工降雨 100 余次，发射炮弹 2 852 发。1988 年 8 月 9 日，老河市人武部在竹林桥镇半店乡进行高炮人工消雹作业，据估算挽回经济损失 760 万元。1996 年 7 月 7—9 日，随州市普降大到暴雨，成灾，致使该市北郊区一带 12 个工厂、2 所学校、840 多住户、700 多亩农田遭受洪水袭击，严重威胁着国家和人民的生命财产安全。步兵第 3 团迅速收拢集结 6 个建制连队 810 名预备役官兵，投入抢险救灾。经过军民 3.5 小时的共同奋战，开挖出一条长 2 公里，宽 2.5 米，深 1.2 米的泄水渠，排出了积水，控制了灾情。使国家和人民的经济损失减少到最低限度。同年 8 月中旬，汉江流域普降暴雨，丹江水库、三道河水库洪水下泄，汉江、蛮河水位猛涨，宜城市 8 万余亩农田被淹，500 余群众被洪水围困，386 间房屋倒塌。为抢救人民群众的生命财产，宜城市人武部迅速组织 6 000 名民兵赶赴灾区抢险救灾，共加固堤坝险段 85 处，转移被困群众500余人，抢救物资2 000余件、耕牛100余头，组织75台抽水机排涝，使2 000余亩良田免遭损失。

1998 年 4 月 20 日，枣阳市大埠山林场发生火灾，枣阳市人武部组织 800 余民兵赶赴火场救灾，经过两个小时的奋力拼搏扑灭大火。同年，长江流域发生特大洪水，襄樊市广大民兵预备役人员积极投入抗洪救灾，为灾区捐款 16 万余元、衣物 2 万余件。唐白河、滚河发生洪水，襄阳县人武部迅速组织民兵预备役人员转移营救群众 5 000 多人，修筑滚河防洪堤坝挡住了洪水。同年 7 月，大水冲垮虾坝沟河堤，数千亩良田面临威胁，南漳县人武部组织民兵 120 余人突击抢险，堵住了缺口，使良田免遭水淹，即将收获的粮食免遭损失。

2000 年 7—8 月，枣阳市发生严重旱灾，枣阳市人武部组织 5 000 余民兵投入抗旱。先后完成在唐白河拦坝提水、疏通渠道和打机井等工程，最大限度地降低旱灾。

2001 年 8 月 19—21 日，宜城市遭受罕见特大暴雨，3.7 万户 12.58 万人受灾。水坝决口，道路冲毁，房屋被淹，人员受困。宜城市人武部组织 3 000 余民兵、预备役人员参加抗洪救灾，转移群众 200 余人，堵塞决口 10 处，抢修被毁道路和堤坝 50 余处，开挖排水沟 800 余米，疏通沟渠 2.8 公里。

图 24—12 宜城市民兵、预备役人员参加抢险

2003 年 8 月下旬，汉江上游发生 20 年来特大洪水，9 月上旬洪水过境，危及襄樊市及沿江县（市、区）。襄樊军分区及沿江县（市、区）人武部积极组织广大民兵预备役人员投入抗洪抢险。共出动兵力 27 000 余人次，车辆 520 台次，转移群众 4 127 人、牲畜 11 520 余头，抢运物资 1 780 余吨，运送沙石 116 200 余袋、土石 21 470 立方米，加固堤坝 27 处 730 米，取得了抗击特大洪水的胜利，保护了人民生命财

产安全。9 月 3 日凌晨 3 时 20 分，汉江大堤谷城江家洲堤段出现大面积管涌，谷城县人武部立即组织民兵抢险突击队和机关干部职工共 580 人投入抢险，运沙 16 200 余袋、土石 1 500 立方米，及时控制险情。9 月 3 日 18 时，襄城区民兵巡查时发现老龙堤 7 处管涌，襄城区人武部立即调集 150 名民兵，经 8 小时抢险，堵住了管涌。9 月 4 日 20 时，老河口市柳树林堤段出现 100 米滑坡，老河口市人武部迅速组织民兵 250 余名，修筑围堰 250 米控制滑坡的扩展，保住了江堤。9 日下午 16 时，渔梁洲开发区被洪水围困，樊城区人武部紧急组织民兵抢险突击队 120 人投入抢险。

2004 年 8 月 3 日 14 时至 4 日 14 时，全市普降暴雨，山洪爆发。襄城区 3 小时内降雨 120 毫米，卫东机械厂一堰堤垮塌，南渠堤坝 14 处决口，沿线道路、桥梁和部分居民被淹。襄樊军分区立即组织民兵 1 100 余人，出动冲锋舟 2 艘、车辆 40 余台投入抢险救灾。搬运土石 1 400 多立方米，筑堤 120 多米，转移群众 1 000 余人、物资 300 余吨。

1998 年 5 月 20—21 日，枣阳市遭受 40 年罕见的特大暴雨袭击，21 日清晨 7 点 15 分左右，张正江发现一名小学生掉进排水沟，并被湍急的水流冲向该市人民路口两米多深、直径达 1.7 米的排水管道，情况十分危急。张正江毫不犹豫地跳进急流，抓住落水男孩拖向岸边。正要上岸，又发现一个女孩落水，眼看就要被冲进下水道口，张正江不顾个人安危，又用另一只手抓住女孩。人间有情，急流无情，张正江终究没有抵挡住急流的巨大冲击，被卷入下水道而壮烈牺牲。张正江，襄樊陆军预备役步兵师第 2 团司机，1958 年 10 月出生，1997 年 12 月被预任为步兵第 2 团司令部军务参谋，并授予预备役上尉军衔，牺牲时年 40 岁。5 月 29 日上午 9 时，枣阳市召开追悼大会，悼念为救落水儿童光荣牺牲的张正江，号召全市人民向张正江学习，并追认张正江为革命烈士。

1999 年 7 月 5 日夜，雷电交加，暴雨倾盆，南漳县巡检镇武装部干事李胜军，发现金镶坪河有山洪爆发之势，金镶坪 300 多人的生命处在危险之中。李胜军在漆黑的深夜 11 点，赶紧挨家挨户唤醒熟睡的人们，组织 60 多户村民向山上转移。当通知到最后两户人家时，山洪已经来临，房屋被淹，人员被困。李胜军冒着随时都有被洪水冲走的危险，先救出一人，当返回再次救人时，汹涌的山洪无情地吞噬了他的生命。李胜军挽救了金镶坪 300 多人的生命，为抢救人民的生命财产，奋不顾身，光荣牺牲。李胜军，男，南漳县板桥镇人，1967 年 6 月生，1985 年 10 月参军入伍，1991 年改为志愿兵，1998 年 9 月转业，1999 年 3 月任南漳县巡检镇武装部干事，5 月又兼任中国共产党金镶坪办事处总支部副书记，牺牲时年 33 岁。

4. 扶贫帮困

襄樊军分区和所属各级人武部门，充分发挥民兵这支生力军作用，领导广大民兵积极投身经济建设这一战场，组织民兵采取多种形式，勤劳致富，扶贫帮困，为经济建设作贡献。其主要形式有“抓点带面”、开展“两带”、开展“一三一工程”和“三帮两创”等活动。

襄樊军分区和所属各级人武部门，紧紧围绕党的中心工作和民兵的中心工作，按照抓点带面的工作方法，与广大基层乡村、厂矿企业及其民兵组织建立联系点，帮助和指导基层完成各项工作任务。进入 20 世纪 80 年代，特别是国家扶贫攻坚计划实施后，襄樊军分区及所属人武部门，建立扶贫帮困联系点 2 000 多个，扶贫联系户 1 万多户。

1984 年，全市人武部门积极组织民兵参加两个文明建设，开展“一兵带全家、一排带全村”的“两带”活动。发动民兵把大力发展商品生产作为“两带”的重点，推动农村商品生产的发展。全市共有民兵专业户、联合体 98 608 个。首先，各级人武部门教育民兵大胆致富、带头致富，打消群众不敢致富的顾虑；其二是组织民兵学科学用科学，走科学致富的路子，引导民兵勇当致富的排头兵；其三是教育民兵致富不忘国家、不忘集体、不忘他人，除积极完成国家税收和集体统筹外，还积极从技术上、资金上帮扶贫困群众，带领群众发家致富。

鄂西军分区在扶贫帮困活动中，组织一个干部带领三个民兵帮助一个贫困户，将扶贫帮困工作具体到人到户，使扶贫帮困工作更加具体化，取得了较好的效果，受到省军区的推介。襄樊军分区和襄樊市人民政府，联合号召全市广大干部和民兵，在全市广泛开展“一三一”活动。1987 年 4 月，襄樊市人民政府和襄樊军分区组成工作组，在谷城县石花镇柏果办事处，进行建立“一三一”扶贫帮困活动组织试点调查，受到广大干部和人民群众的拥护。继之，在全市建立“一三一”扶贫帮困小组 20 000 余个。帮扶小组在劳动力、资金、技术上给贫困户以帮助，加快了贫困户脱贫的步伐。

图 24—13 襄樊军分区组织现役干部参观襄阳县张湾镇洪山头村民兵连“三帮两创”基地

1987—1997 年的 10 年间，襄樊军分区和全市各级人武部门认真贯彻“服从国家经济建设大局，适应国防建设需要”的指导方针，带领广大民兵积极投身社会主义物质文明和精神文明建设，走出了一条以帮劳力、帮资金、帮技术，创民兵示范点、创民兵优质工程为主要内容的“三帮两创”活动。据不完全统计，各级人武部门组织民兵与贫困群众结帮扶对子 5.4 万多对，为贫困群众义务帮工 60 多万个，扶持资金、物资折款 2 000 多万元，先后帮助 4 000 多户群众走上小康之路、5 万多户群众摆脱贫困。

各级人武部门和民兵连，利用民兵训练基地和“青年民兵之家”等场所，举办各类实用技术讲座和科技培训班 6 000 余期，培训民兵 13.6 万人次。广大企业民兵立足本职搞技术革新和技术改造，先后成立科技攻关小组 4 700 多个，完成技术革新和设备改造项目 1 400 多项。广大农村民兵带头学科学、用科学，成为科技致富能手，涌现出一万多民兵科技示范户。

1998 年 4 月 3 日，湖北省人民政府、湖北省军区通报表彰人武系统参建（扶贫）先进单位、先进个人。襄樊陆军预备役兵步师步兵第 2 团被树立为“红旗单位”；保康县人武部部长陈申义被树立为“参建（扶贫）标兵”；宜城市人武部被表彰为“参建（扶贫）先进单位”；襄樊陆军预备役步兵师炮兵团团长范怀月、襄阳县龙王镇武装部部长赵洪山、谷城县赵湾乡武装部部长何祖清、襄樊陆军预备役步兵师师直特务连连长李祥生被表彰为“参建（扶贫）先进个人”。同年 4 月 15 日，襄樊军分区通报表彰民兵“参建”先进单位和先进个人。被表彰的先进单位有：襄阳县人武部、枣阳市人武部、随州市吴山镇武装部、宜城市人武部、南漳县长坪镇武装部、谷城县冷集镇武装部、襄阳汽车轴承股份有限公司武装部、樊城区屏襄门街道办事处武装部。被表彰的先进个人有：襄阳县龙王镇武装部部长赵洪山、枣阳市姚岗镇武装部部长张立富、随州市长岗镇武装部部长吕文军、宜城市郑集镇武装部部长鲁崇保、保康县人武部部长陈申义、谷城县赵湾乡武装部部长何祖清、老河口市仙人渡镇柴店岗村党总支书记兼民兵连指导员范青海。

5.参加精神文明建设

社会主义建设时期，既要建设高度的物质文明，也要建设高度的精神文明。襄樊军分区带领广大民兵预备役人员，在物质文明和精神文明中充分发挥生力军作用，按照中共中央、中央军委及各级军区的统一部署和要求，结合本地的实际情况，在参加物质文明建设的同时积极开展形式多样的社会主义精神文明建设。广大民兵带头学科学、用科学，成为科技致富能手，涌现出 1 万多民兵科技示范户。在民兵中广泛开展争创“五好家庭”、“双文明户”、“民兵文明岗”、“十星级文明农户”等活动，全区成立民兵学雷锋小组 1.5 万多个，有 2 400 名民兵被县以上机关评为新长征突击手，1 万多民兵家庭被评为十星级文明农户，7 万多民兵家庭被评为五好家庭。

1980 年，按照总政治部的部署，广大民兵大力开展学雷锋、学英模、建设社会主义精神文明活动。在活动中，认真学习上级有关文件、党和国家领导人的题词和纪念文章，同年 3 月 5 日—5 月 4 日期间，召开纪念会、报告会 34 场，出墙报、专栏 36 期，大力宣传社会主义精神文明。襄阳军分区和独立 4 团还举办电影宣传周，并表彰学雷锋、学英模、建设社会主义精神文明的 27 个先进单位 129 名先进个人。

1981 年，为进一步贯彻落实总政治部《关于深入开展学雷锋、学英模、建设社会主义的高度精神文明活动的通知》和湖北省军区荆州会议精神，襄阳军分区 9 月中旬召开学雷锋、学英模、建设社会主义高度精神文明座谈会，推动全区学雷锋、学英模、建设社会主义精神文明活动的开展。

1983 年，襄阳军分区在民兵中开展争创先进活动，推动社会主义精神文明活动的开展。广大民兵积极参加争创先进活动，全区评选出 21 个先进单位和个人参加武汉军区的"双先"表彰会，宜城县人武部受到武汉军区嘉奖，枣阳县圣龙山大队民兵连长白祖详被武汉军区树为标兵。

自 1982 年开始，每年 3 月为全国全民文明礼貌月，襄樊军分区积极组织广大民兵参加文明礼貌月活动，仅在 1982 年、1983 年、1984 年文明礼貌月活动中，民兵成立学雷锋小组、义务帮工队 11 360 个，为人民群众做好事 415 500 余件。1984 年文明礼貌月活动中，以治理脏、乱、差为重点，全区共组织民兵 268 490 余人次，清扫街道 449 530 平方米，清理污水沟 112 800 余米，清除垃圾 33 100 余吨。

1984 年，针对部分群众对商品生产的认识不高，怕政策变的思想实际，襄樊军分区组织民兵做党的政策宣传员、当好科技文化传播员、当好市场信息的情报员。组织民兵大力开展商品生产，发展民兵专业户，开展"智力助民"活动，以"青年民兵之家"为课堂，向广大农民群众传播科学文化知识。运用多种形式，进行以共产主义思想为核心的政治思想教育。举办张海迪诗歌朗诵会，及音乐会、文学作品征文、百科知识赛、历史知识讲座、书法、绘画、摄影、猜灯谜、游艺和各种棋类、球类比赛，把教育寓于健康有益的活动之中。同时在民兵中开展"四包四带"活动，即专武干部包一个生产队带动一个大队，民兵连长包一个自然村带动一个生产队，民兵排长包一个联系户带动一个自然村，基干民兵包自己家庭带动左邻右舍。通过"四包四带"，从而带动整个社会精神文明的提高。

1997 年，襄樊军分区深入贯彻中共十四届六中全会精神和中央军委关于加强军队精神文明建设意见，制定《襄樊军分区民兵精神文明建设纲要》，提出在新的历史时期加强精神文明建设的指导思想和奋斗目标，对于落实民兵政治教育，普及科学文化知识，开展群众性创建精神文明活动，加强"民兵青年之家"建设等方面提出了具体要求。并决定在全区开展民兵精神文明建设"百千万"工程，即：100 个城镇民兵连（营）与 100 个贫困村民兵连开展挂钩结对帮扶活动，在全区基层民兵连队建设 1 000 个示范"青年民兵之家"，开展捐赠 1 万册图书下乡活动，支援"民兵青年之家"建设。通过这些活动，有力地促进全社会精神文明的开展。

1998 年，毛泽东发表"向雷锋同志学习"号召 35 周年，襄樊军分区在民兵预备役人员中广泛开展学雷锋活动，利用上党（团）课、观看录像片、读雷锋日记、讲雷锋故事、组织讨论等形式，引导广大民兵预备役人员学习雷锋艰苦奋斗精神，正确对待改革开放中各种利益的调整，处理好个人名利得失、家庭实际困难，摆正社会与个人、奉献与索取、艰苦奋斗与物质享受的关系。开展"学雷锋、爱本职、创一流、建功业"的学雷锋竞赛活动，广大民兵预备役人员积极争当"训练尖子"、"技术能手"、"四会教练员"、"红管家"、"致富标兵"。

1999 年，在民兵预备役人员中广泛开展创民兵优质工程、创民兵示范点、创民兵文明户活动，全区民兵预备役人员共为贫困户帮劳力 30 多万人次，提供技术咨询 6 000 多人次。出动民兵 50 多万人次，参加大小工程 1 000 多个，创民兵示范点、民兵优质工程、民兵文明户近 1 000 个。

2002年，在总结宜城“青年民兵之家”建设的基础上，广泛开展争创“五好家庭”、“双文明户”、“民兵文化中心户”活动。民兵被乡级以上机关评为先进达一万余人次，评为“十星级文明农户”三万多户，五好家庭5万多户。在民兵中广泛开展揭批“法轮功”宣传活动。

四、国防动员

国防动员是国家为准备战争和实施战争而在相应的范围内由平时状态转入战时状态所采取的统一调动人力、物力、财力的紧急措施。在新的历史条件下，随着国际形势的发展变化和维护国家统一的需要，特别是反“台独”分裂分子的需要，国防动员工作愈发摆在了重要位置。做好国防动员工作，是国际形势和国家统一大业的需要，是党中央、国务院、中央军委的要求，是打赢现代高技术局部战争的需要。

(一)领导机构

襄樊市国防动员工作，1996年前由人民武装委员会统一领导，1996年后，统一由国防动员委员会领导。

1.国防动员委员会

1996年8月28日，中共襄樊市委下发《中共襄樊市委、襄樊市人民政府、襄樊军分区关于成立襄樊市国防动员委员会的通知》，成立襄樊市国防动员委员会。委员会设第一主任1名，主任1名，副主任和委员若干名。第一主任由中共襄樊市委书记孙楚寅兼任，主任由中共襄樊市委副书记、代市长阎增福兼任，副主任由中共襄樊市委副书记姚祥栋、襄樊军分区司令员马正武、中共襄樊市委常委襄樊军分区政治委员黄家碧、中共襄樊市委常委副市长黄贤德、副市长邱勇、襄樊陆军预备役步兵师副师长兼军分区副司令员曾昭发兼任，委员由襄樊军分区参谋长王纪三、襄樊军分区政治部主任傅桂初、襄樊军分区后勤部部长周圣忠、中共襄樊市委副秘书长刘锋、襄樊市政府副秘书长李肃清、中共襄樊市委组织部副部长李耀春、中共襄樊市委宣传部副部长段明贵、襄樊市计划委员会主任刘永才、襄樊市农业委员会主任苏家德、襄樊市经济委员会主任马兴林、襄樊市财经委员会主任方常安、襄樊市体制改革委员会主任乔双定、襄樊军分区副参谋长谢晓京、襄樊军分区政治部副主任周乃波、襄樊市教育委员会副主任罗兴才、襄樊市公安局副局长赵明富、襄樊市民政局副局长张正年、襄樊市财政局局长王芳玉、襄樊市人事局局长程家谟、襄樊市劳动局局长李耀明、襄樊市城市建设局局长陈鼎益、襄樊市交通局局长魏伟、襄樊市广播电视局局长魏儒雄、襄樊市卫生局局长马言军、襄樊市工商局局长胡逢潮、襄樊市地方税务局局长卢流德、襄樊市邮电局局长李培生、襄樊市编制委员会办公室副主任刘德莲、襄樊市总工会主席廖桂芝、襄樊市共青团市委书记信祖国、襄樊市妇女联合会主席高桂英、襄樊市人民防空办公室主任方世良、襄樊市民航站站长王家斌、襄樊铁路分局副局长王光全、东风汽车公司襄樊管理部党委副书记周健等兼任。由于中共襄樊市委、襄樊市政府有关机构的调整和人事变动，委员会组成人员也随之进行调整，一般每年进行一次。

襄樊市国防动员委员会与襄樊市人民武装委员会实行一套班子、两块牌子的体制，但其职责、任务不同。属于人民武装动员、经济动员、人民防空、交通战备及其他国防动员工作，由国防动员委员会负责；属于民兵预备役组织建设、军事训练、武器装备管理、战备执勤和民兵预备役人员参战支前、配合部队作战方面的工作，由人民武装委员会负责。国防动员委员会成立后，人民防空委员会、交通战备领导小组即行撤销，其工作由国防动员委员会相关部门负责。

2.办事机构

襄樊市国防动员委员会为落实职责，完成任务，实施有效的指挥，根据工作需要，下设办公室作为办事机构。1996年设国防动员委员会办公室和人民武装动员、经济动员、人民防空防灾、交通战备、科学技术动员等6个办公室。2002年，又设立政治动员、信息产业动员、医疗卫生动员3个办公室。

襄樊市国防动员委员会办公室，也称襄樊市国防动员委员会综合办公室，为国防动员委员会常设办事机构，设在襄樊军分区司令部，办公地点在襄樊市征兵办公室，并增编2名地方编制，襄樊军分区参谋长王纪三担任办公室主任，中共襄樊市委副秘书长刘锋、襄樊市政府副秘书长李肃清、襄樊军分区副参谋长谢晓京担任副主任。办公室的主要任务是负责襄樊市国防动员委员会与各专业办公室的协调工作，承办委员会日常文秘工作和委员会领导交办事项。

人民武装动员办公室设在襄樊军分区司令部，办公室主任由襄樊军分区副参谋长谢晓京兼任。

经济动员办公室设在襄樊市计划委员会，办公室主任由襄樊市计划委员会主任刘永才兼任。

人民防空防灾办公室设在襄樊市政府人民防空办公室，实行一个机构两块牌子。办公室主任由襄樊市政府人民防空办公室领导兼任。

交通战备办公室设在襄樊市计划委员会，办公室主任由襄樊市计划委员会主任刘永才兼任。

政治动员办公室设在中共襄樊市委宣传部，办公室主任由中共襄樊市委宣传部副部长兼任。

科学技术动员办公室设在襄樊市科学技术局，办公室主任由襄樊市科学技术局局长兼任。

信息产业动员办公室设在襄樊市信息产业局，办公室主任由襄樊市信息产业局局长兼任。

医疗卫生动员办公室设在襄樊市卫生局，办公室主任由襄樊市卫生局局长兼任。

（二）组织指挥

襄樊市国防动员委员会在国家、广州军区、湖北省三级国防动员委员会和中共襄樊市委、襄樊市政府的领导下，主管全市国防动员工作。下设各办事机构在襄樊市国防动员委员会的领导下开展工作，完成各项工作任务。针对工作性质和内容，制订出襄樊市国防动员委员会工作职责和各专业办公室工作职责，实施统一的组织指挥。为完成好各项工作，在实践中总结制订出各项工作制度，使国防动员工作制度化、规范化。1996年，襄樊市国防动员委员会成立后，根据上级指示精神和襄樊市的实际情况，组织完成了大量的国防动员工作。

1.职责

（1）襄樊市国防动员委员会工作职责

襄樊市国防动员委员会在中共襄樊市委、襄樊市人民政府的领导下进行工作，其职责有平时和战时之分。平时主要职责是：贯彻、落实党中央、国务院、中央军委和上级国防动员委员会有关国防动员工作的方针、政策、法规和指示、命令；研究制定本级国家动员工作有关制度、规定和措施；组织全市国防动员潜力调查，制定国防动员建设规划、计划；检查、指导、监督国防动员法规的实施和本市国防动员计划、动员预案的落实；检查平时的国防动员建设和准备工作，协调本市军事、经济、社会等方面的国防动员工作；组织领导全市政治动员、人民武装动员、国民经济动员、人民防空防灾、交通战备、科技、信息、卫生和其他国防动员工作；行使上级国防动员委员会赋予的和本级国防动员委员会可以行使的其他职权。

襄樊市国防动员委员会，战时转换为襄樊市国防动员指挥部，在襄樊市战时联合指挥部和中共襄樊市委、市政府的领导下，负责组织、领导、指挥战时全市国防动员工作。主要职责是：贯彻执行国家、战区国防动员指挥部和上级机关有关国防动员的命令、指示；根据国家法令，组织拟定战时国防动员工作地方性规章和措施；组织、指挥、协调各指挥分部及政府各职能部门抓好动员任务的落实；根据需要，提出动员过程中的防卫需求；行使中共襄樊市委、市政府赋予的其他职权。

（2）襄樊市人民武装动员办公室工作职责

襄樊市人民武装动员办公室在中共襄樊市委、襄樊市政府、襄樊军分区和襄樊市国防动员委员会的领导下，主管全市人民武装动员工作，平时的主要工作任务职责是：认真贯彻上级关于加强国防后备力量指示，研究提出执行意见和实施措施；根据有关法律、法规和上级批示结合本地实际，制定本级武装力量建设地方性规章；负责调查、掌握全市兵员动员潜力，拟制兵员动员计划，组织、协调政府相关部门及其他专业办公室，做好实施兵员动员准备工作；检查、指导民兵、预备役部队建设、军事训练、武器装备管理、兵员征集工作，适时做好兵员预编调整补充工作，协调其他专业办公室及相关部门，做好专业技术兵储备区建设工作；指导县（市、区）人民武装动员办公室做好人民武装动员工作，总结交流人民武装工作经验；承办襄樊市政府、襄樊军分区、襄樊市国防动员委员会赋予的其他工作任务。

襄樊市人民武装动员办公室战时转换为襄樊市人民武装动员指挥分部，隶属于襄樊市国防动员指挥部，主要职责是：根据上级的命令、指示，提出全市兵员动员的决心、建议；根据国防动员指挥部决心、意图修订、完善拟制承办下达兵员动员命令、指示，部署兵员动员工作；组织协调、指挥兵员动员过程中的动员、审查、集结、输送、交接等工作；负责协调首批动员与持续动员，动员与动员保障，地方与接收部队的关系，检查监督各地兵员动员工作落实情况；行使襄樊市国防动员指挥部赋予的其他职权。

（3）襄樊市经济动员办公室工作职责

襄樊市经济动员办公室在襄樊市政府、襄樊市国防动员委员会的领导下主管全市经济动员工作，平时的主要工作任务职责是：负责研究制定全市经济动员总体规划，组织有关部门编制国民经济动员预案和年度国民经济动员计划，监督检查预案、计划的执行情况；负责提出全市辖区内经济建设项目平时战时结合的建议，做好项目建设与经济动员的结合与衔接工作；负责组织国民经济动员规章的起草工作；组织以军事需要为目的的国民经济实力调查，提出战时动员措施；组织军民两用技术的研究、推广和应用；会同有关部门提出国防战略物资储备计划；负责国民经济动员项目的审批；制定国民经济战备动员措施，管理动员科研、事业经费；指导检查市政府有关部门、直属机关及所属县（市、区）政府国民经济动员机构的经济动员工作；承办襄樊市政府和襄樊市国防动员委员会交办的其他事项。

襄樊市经济动员办公室战时转换成襄樊市经济动员指挥分部，隶属于襄樊市国防动员指挥部，主要职责是：根据上级命令、指示，结合战时经济动员潜力信息，及时提出经济动员的决心、建议；根据战时经济动员计划、任务，组织完善、拟（修）订经济动员计划方案；根据国防动员指挥部决心、意图，拟制承办经济动员命令、指示；负责拟（修）订战时经济动员地方性法规、规章；组织指导和协调有关行业、部门（动员组或指挥分部）进行平战体制转换，并根据动员任务，指挥、协调辖区内企业调整经济生产计划、转产军品，实施军民通用装备和物资的征用、征购、征租；负责协调经济动员任务的调整，各类资源、物资军需和民用的分配；掌握经济动员进程和质量，检查监督经济动员落实情况；组织协调科技、物资、器材等支前保障工作；行使襄樊市国防动员指挥部赋予的其他职权。

（4）襄樊市人民防空防灾办公室工作职责

襄樊市人民防空防灾办公室在襄樊市政府、襄樊市国防动员委员会的领导下，主管全市人民防空防灾工作，平时的主要工作任务职责是：根据国家相关政策和规定，研究制定全市防空防灾工作的方针、政策及有关规章制度；协调、组织、指挥社会救援力量，对化学、地震、地质、气象、交通、建筑物倒塌等重大灾害事故的防护和应急救援；负责协调有关单位（部门）组建、培训各防空防灾应急救援专业队伍，建立社会应急救援网络，适时组织综合性演练、演习；负责对公民进行防空教育训练；制定全市防空防灾发展规划和工作计划，监督、检查相关单位和各县（市、区）防空防灾工作的落实情况，收集、整理、报告综合信息；按规定权限负责审批在社会经济建设活动中，防空防灾的配套设施、设备平时结合建设，组织制定城市防空袭预案、人口疏散计划以及其他各项方案；承办襄樊市政府、襄樊市国防动员委员会交办的其他事项。

襄樊市人民防空防灾办公室战时转换成人民防空防灾指挥分部，隶属于襄樊市国防动员指挥部，主要职责是：掌握全市战时防空防灾动员潜力情况，根据上级命令、指示，及时提出战时防空防灾的决心、建议；检查指导各县（市、区）落实防空防灾准备情况；根据襄樊市国防动员指挥部决心、意图组织完善、拟（修）订战时防空防灾各类计划、方案，拟制承办下达战时防空防灾行动命令、指示；负责拟（修）订战时防空防灾地方性法规、规章；组织、协调、指挥地方防空防灾作战中人民防空的计划和协同动作，组织实施人民防空行动和各项保障工作；监督检查、指导各系统制定防护、救护计划措施，重要经济目标防护及消除空袭后果行动，恢复正常的生产、生活秩序；协调友邻和军队防空预警力量，配合做好防空预警、报知等工作；统筹协调疏散与隐蔽、防护等；行使襄樊市国防动员指挥部赋予的其他职权。

（5）襄樊市交通战备办公室工作职责

襄樊市交通战备办公室在襄樊市政府、襄樊市国防动员委员会的领导下主管全市交通战备动员工作，平时的主要工作任务职责是：贯彻执行国家国防交通工作的方针、政策和法律法规，拟制全市交通战备工作的规定和制度，认真抓好落实；负责研究制定全市交通战备动员总体规划，组织有关部门编制交通战备动员预案和年度战备动员计划，监督检查预案、计划的执行情况；负责研究制定全市交通运输建设项目平时战时结合的建议，做好项目建设与国防动员的结合与衔接工作；在审批交通基础建设时贯彻国防要求，参加有交通工程建设的勘察、设计、鉴（审）定和竣工验收；拟制交通战备计划和重点目标保障方案，研究解决平、战时交通保障有关问题；负责人防交通保障队伍和交通专业保障队伍建设、管理、培训、使用工作，组织调动交通专业保障队伍为军事和其他紧急任务实施交通保障；负责国防动员运力征用；按照国家有关规定，制定和实施交通战备物资储备计划，调用交通战备物资；组织交通战备科学技术研究及其成果的推广应用；深入调查研究，指导、检查、监督管理交通战备工作，总结交流经验，协调处理有关问题；编报交通战备事业费预决算，掌管经费开支；收集、整理、保管和上报交通战备资料，根据情况及时调整补充；承办襄樊市政府、襄樊市国防动员委员会交办的其他事项。

襄樊市交通战备办公室战时转换成交通运输动员指挥分部，隶属于襄樊市国防动员指挥部，主要职责是：根据上级命令、指示，结合全市战时交通运输潜力情况，及时提出全市交通运输的决心、建议；组织拟（修）订交通运输战时地方性法规、规章和动员计划、方案，根据襄樊市国防动员指挥部决心、意图拟制、承办交通运输的命令、指示；负责指导和协调战时交通运输工具设备器材的征集、征用、征租和征购；指导修订交通保障计划，组织交通线的防护和交通管制，组织指导交通保障；检查监督各地交通运输的落实情况，协调解决交通运输计划和实施过程中的矛盾和问题；提出交通运输保障的决心和建议；行使襄樊市国防动员指挥部赋予的其他职权。

（6）襄樊市政治动员办公室工作职责

襄樊市政治动员办公室设在市委宣传部，在襄樊市国防动员委员会领导下主管全市政治动员工作，平时的主要工作任务职责是：贯彻落实上级有关国防动员工作的方针、政策和指示；根据襄樊市国防动员规划、预案，组织编制政治动员方案、计划；制定全市政治动员工作的规章和措施；检查、指导、监督全市政治动员规章实施和政治计划的执行；负责组织舆论战、心理战、法律战；组织、指导开展全民国防教育和国防宣传；负责组织协调全市政治动员潜力调查；完成中共襄樊市委、襄樊市政府、襄樊市国防动员委员会赋予的其他任务。

襄樊市政治动员办公室，战时转换为政治动员指挥分部，隶属于襄樊市国防动员指挥部，主要职责是：贯彻落实襄樊市国防动员指挥部的动员命令、指示等，起草、发布战时全市政治动员令；制定战时政治动员的实施计划、方案；负责做好各项专项动员和民兵参战支前中政治工作；开展战时政治宣传和社会组织工作，按职责权限进行对外宣传和交往接触；组织、指挥战时全民思想政治教育和宣传鼓动，建立统一战线；负责搞好战时防奸保密、反心战、反渗透、反策反等工作，保持社会稳定；负责做好干部配备、拥军支前、优抚安置工作、促进军政军民团结；深入开展政治思想工作的调查研究，及时发现解决和向上级报告有关重大情况、重大问题；行使襄樊市国防动员指挥部赋予的其他职权。

（7）襄樊市科学技术动员办公室工作职责

襄樊市科学技术动员办公室在襄樊市国防动员委员会的领导下，主管全市科学技术动员工作，平时的主要工作任务职责是：贯彻执行国家科学技术工作的方针政策、法规、规章，拟制全市科技动员工作的规定和年度工作计划，认真抓好落实；制定国家科学技术规划，编制下达襄樊市科技动员计划；负责组织调查全市科技动员潜力，掌握科研机构、人员、专业的数、质量情况，会同军队有关部门制定战时科技动员预案和实施计划；负责全市科技保障专业队伍建设、管理、培训、使用工作；承办襄樊市国防动员委员会科技动员办公室日常工作；检查、指导县（市、区）科技动员办公室工作，协同有关部门做好全市科技系统的潜力调查工作；承办襄樊市政府、襄樊市国防动员委员会赋予的其他工作任务。

襄樊市科学技术动员办公室战时转换为科学技术动员指挥分部，隶属于襄樊市国防动员指挥部，主要职责是：掌握科技动员潜力信息，提出组织实施科技动员的决心建议；修订完善科技动员计划、方案，根据国防动员指挥部命令，下达科技动员指示；制定战时保障科技动员的地方性法规、规章、检查监督有关单位贯彻落实情况；根据动员任务，组织实施重要科研机构、科技人员、科技设备、科技情报动员；负责民转军企业武器装备的科研和生产；组织实施科技支前保障工作；行使襄樊市国防动员指挥部赋予的其他职权。

（8）襄樊市信息产业动员办公室工作职责

襄樊市信息产业动员办公室设在信息产业局，在襄樊市政府、襄樊市国防动员委员会的领导下，主管全市信息产业动员工作，平时的主要工作任务职责是：贯彻执行上级信息产业的方针、政策、法规，了解、掌握全市电子信息产品制造业、通信业、软件业、家电维修业等有关信息产业的动员潜力，拟制全市信息产业动员政策、法规和建设规划；协调全市辖区内通信主干网和军队专用通信网的关系，保证通信安全和畅通；会同有关部门研究制定战时信息产业动员预案和实施计划；提出全市邮电通信建设平战结合的建议；负责全市通信信息保障专业队伍建设、管理、培训工作；指导县(市、区)信息产业动员办公室工作；完成襄樊市国防动员委员会赋予的其他任务。

襄樊市信息产业动员办公室战时转换为信息产业动员指挥分部，隶属于襄樊市国防动员指挥部，主要职责是：制定和修订邮政、电信、电子工业的地方性规章，根据襄樊市国防动员联合指挥部的命令，承办下达信息动员等专项命令和指示；会同政府和军队有关部门修订、完善战时邮政、电信、电子工业动员方案和计划；提出信息潜力动员使用的决心建议；负责组织邮政、电信、电子工业企业进行产业调整，及时转为军用，研制开发军用信息产品；负责动员征用公用通信网、计算机互联网、广播电视网、其他专用通信网和无线电频率资源；组织指挥邮政、电信等专业保障队伍，做好各项保障，动员信息人员开展信息战，组织指挥本行业支前保障工作；行使襄樊市国防动员指挥部赋予的其他职权。

(9)襄樊市医疗卫生动员办公室工作职责

襄樊市医疗卫生动员办公室设在卫生局，在襄樊市政府、襄樊市国防动员委员会的领导下，主管全市医疗卫生动员工作，平时的主要工作任务职责是：贯彻上级医疗卫生动员工作的法律、法规和方针、政策，制定全市医疗卫生动员决策、法规和建设规划：了解掌握国家、省和市内医疗卫生动员情况，提出加强医疗卫生动员建设的意见和建议；会同有关部门研究制定医疗卫生动员预案和实施计划，组织全市的卫生技术力量，搞好医疗卫生保障和支前；负责全市医疗卫生保障专业队伍建设、管理、培训工作；指导县(市、区)医疗卫生动员办公室工作；完成襄樊市国防动员委员会赋予的其他任务。

襄樊市医疗卫生动员办公室战时转换为医疗卫生动员指挥分部，隶属于襄樊市国防动员指挥部，主要职责是；根据战时动员任务，会同政府和军队有关部门研究提出卫生动员计划、方案；根据国防动员指挥部的命令，下达医疗卫生动员命令和指示；修订战时医疗卫生动员地方性法规、规章；负责全市征集新兵的体检工作；组织动员医疗器材、药品和卫生技术人员；会同军队有关部门组织医疗救援专业保障队伍进行战场救护；组织指挥医疗卫生系统的支前保障工作；行使襄樊市国防动员指挥部赋予的其他职权。

2.制度

襄樊市国防动员委员会实行以下工作制度：

(1)会议制度

襄樊市国防动员委员会实行全体会议、办公会议和工作会议制度。

襄樊市国防动员委员会全体会议。由委员会全体成员参加，第一主任或主任主持召开，一般每年召开1—2次，遇有特殊情况随时召开。会议的主要任务是：总结、部署工作，研究确定市国防动员工作的重大事项。

襄樊市国防动员委员会办公会议。参加办公会议的人员，根据会议议题确定，通常由委员会有关领导和办公室领导参加，一般由常务副主任、副主任或委员会办公室主任主持召开。办公会议一般每季度召开一次，会议的主要任务是：总结安排季度工作，研究、协调和处理国防动员工作中的一些具体问题。

襄樊市国防动员委员会各办公室工作会议。由各办公室组织召开，委员会办公室一般每季度或一个工作阶段召开一次工作会议，由各专业办公室领导参加，主要是汇报工作，收集整理需要提交襄樊市国防动员委员会办公会或全体会议研究、协调的问题。各专业办公室的业务工作会议，根据本系统的实际适时召开，视情邀请委员会领导参加。

襄樊市国防动员委员会全体会议和办公会议，由襄樊市国防动员委员会办公室负责召集、安排和准备，其他会议由主办部门负责。会议产生的文件，均由主办部门负责起草，经领导审批后，分别发委员会成员并报上级国防动员委员会，根据需要也可发各县(市、区)国防动员委员会。

(2)请示报告制度

襄樊市国防动员委员会各办公室的年度工作安排、计划、总结、重大活动及领导成员调整等，必须请示报告，其中工作(计划)年初上报，重大活动专题上报，领导成员调整随时上报，工作总结半年和年终各上报一次。

襄樊市国防动员委员会下设的8个专业办公室，报送襄樊市国防动员委员会领导审批的文件、材料和请示事宜，由襄樊市国防动员委员会办公室呈送委员会领导；遇有急需承办的特殊情况，可直接报襄樊市国防动员委员会领导审批，但必须将文件同时抄送襄樊市国防动员委员会办公室，并及时将领导批复呈送襄樊市国防动员委员会办公室，以便协调和掌握；报送襄樊市国防动员委员会的其他文件、材料，分别由各专业办公室直接报送襄樊市国防动员委员会领导和委员，同时抄送襄樊市国防动员委员会办公室；需要以襄樊市国防动员委员会名义下发的文件，经襄樊市国防动员委员会领导审批后，由襄樊市国防动员委员会办公室加盖印章并留存备案。

(3)保密制度

襄樊市国防动员委员会下发的文件材料涉及全市的人力、物力、经济、交通及人防工程的数质量情况，秘密程度较高。国防动员委员会成员和工作人员，必须遵守国家、军队的保密规定，严守保密纪律，不该说的秘密不说，不在非保密场所谈论秘密，不在私人通信(电话)中涉及秘密，不在非保密本上记录秘密事项。襄樊市国防动员委员会及各办公室印发的文件、材料等，严格控制发行范围，对襄樊市国防动员委员会及办公室呈送的文件、材料，各委员和各办事机构的经手人员，按照保密规定，由本人或指定专人妥善保管；遇有人员调整时，列入移交，防止失、泄密。对违反保密规定的，视情给予批评教育和党纪、政纪处分；对造成重大损失的追究法律责任。襄樊市国防动员委员会的印章，由襄樊市国防动员委员会办公室指定专人保管。其他8个专业办公室的印章，由各专业办公室保管。使用印章要履行批准手续，认真登记，严禁利用公章谋私。

(4)成员调整制度

襄樊市国防动员委员会成员和各办公室人员做到随缺随补，保证机构稳定健全。调整由所在单位提出意见，报襄樊市国防动员委员会办公室，由襄樊市国防动员委员会第一主任、主任或常务副主任批准。

3.动员准备

襄樊市国防动员委员会成立之后，落实机构、编制、人员、经费、办公地点，制定各种职责、制度并展开工作。遵循有利于坚持党管武装的原则和精简机构的要求；有利于党、政、军加强对国防动员工作的领导和决策；有利于工作的连续和衔接；有利于各部门关系协调和调动各方面积极性的原则，理顺国防动员工作各方面各部门的关系。1996年9月、1998年12月、2000年9月先后召开3次国防动员委员会全体(扩大)会议，研究解决重大问题，每年召开的市委常委议军会，把国防动员工作列为专门议题，切实加强国防动员工作建设。

襄樊市国防动员委员会成立伊始，明确提出工作任务和指导思想及要求：着眼“一个准备”(对台军事斗争准备)、围绕“两个适应”(适应市场、适应战场)、解决“三个差距”(一些领导干部的思想观念与军事斗争准备紧迫任务和要求的差距、一些基础工作与“打赢”要求的差距、国防动员机制与工作任务需要的差距)、强化“四种意识”(备战意识、大局意识、结合意识、协作意识)、抓好“五项建设”(后备力量质量建设、国民经济战略物资储备建设、人防工程建设、交通战备建设、科学技术建设)、提高“六种能力”(平战转换、快速动员、遂行任务、持续保障、综合防护和科技支前能力),确保一声令下,人民武装动员能迅速实施兵员动员和组织民兵参战支前,做到后备力量拉得出、用得上、起作用;国民经济动员能迅速完成平战转换,做到供得上、质量高、持续力强;人民防空动员能迅速组织实施防空斗争,做到抗得住、藏得了、消得快;交通战备动员能迅速实施运输保障,做到通得了、运得快、跟得上,圆满完成上级赋予的各项动员任务。

为使各级、各部门熟悉未来作战任务,熟悉高技术局部战争特点,熟悉未来作战对象,熟悉未来战场环境,加深对党中央、中央军委对台军事斗争方针政策的理解,深化对战时国防动员工作的研究,探讨未来作战筹划指挥问题,检验各级国防动员体制和机制以及检验各级首长机关的组织指挥能力,襄樊市国防动员委员会贯彻落实广州军区、湖北省军区有关精神,深入扎实做好对台军事斗争准备。2001 年 8 月 5—9 日,组织全市进行“隆中—2001 演习”。演习采取自导自演、上导下演、计划导调与随机导调、进入情况作业与退出情况研究问题、个人独立作业与集体攻关、领导练决策与机关练谋划相结合的方法进行,共设 10 个作业场地,襄樊市、各县(市、区)、各乡(镇)137 个部门和单位 274 人参加,其中地方副县级以上领导 15 人,现役干部 113 人,乡(镇、办)武装部长 98 人,共完成各类想定作业 492 份,动用微机 110 台。2002 年,为进一步加强国防动员工作落实,根据湖北省军区关于抓好国防动员演练试点工作指示精神,襄樊军分区认真抓国防动员筹备工作。演练前,深入进行国防动员理论学习与研究。同年 7 月上旬,利用一周时间,在军分区机关举办一期国防动员业务集训,9 月下旬,派出 4 人专程赴南京、浙江、江苏等地取经,请专家教授指导,通过集训和外出学习,深化对国防动员理论的理解,进一步了解和掌握全市的国防动员工作及潜力状况,提高各级的国防动员业务素质。在理论学习的基础上,围绕平时国防动员准备、战时国防动员体制的确立与平时转换、国防动员的基本任务与动员规模、组织指挥与程序方法、如何完善法规体系等 15 个问题,在全区范围内组织研讨,撰写 10 多篇研讨文章。初步研究和探讨国防动员的有关理论问题,对国防动员工作起到了一定的作用。结合民兵组织整顿,对预任军官、民兵预备役人员、复退军人数质量状况进行调查核实,调整充实民兵专业技术分队和对口专业技术分队,特别是高技术对口专业分队。与此同时,会同经济动员、交通战备、科技动员、人防等专业办公室对国民经济动员、交通战备潜力和科技动员潜力调查核实,走访部分高科技企业,摸清底数,为组织实施国防动员演练收集掌握大量第一手资料。着眼形势发展和国防动员建设需要。襄樊市及各县(市、区)国防动员委员会综合办公室,人民武装、人民防空、交通战备、经济动员、科技动员办公室的机构设置和人员编制得到进一步落实,达到有专人负责、有办公场所、有经费、有牌子、有设备的要求。完成了市本级政治动员、信息产业动员、医疗卫生动员办公室的组建任务,并为新成立的办公室配备 1 名专职副主任和 2 ~ 3 名专职办事人员,为每个专业办公室每年安排 3 万元办公经费。结合乡镇机构改革,较好地解决基层武装机构设置、人员编制、干部配备、政治生活待遇落实等一系列问题。同年,全市 98 个乡、镇、办事处都单独设立了武装部,每个乡镇配备了 2 ~ 4 名专武干部。根据《湖北省“十五”期间国防动员建设规划》,结合本市任务,初步拟制了《襄樊市“十五”期间国防动员建设规划》。

2003 年 6 月 26—29 日,襄樊市国防动员委员会组织全市有关单位和部门进行演练。这次演练有襄樊市国防动员委员会和各县(市、区)、各乡(镇、场)国防动员委员会及相关单位和部门人员参加,市、县(市、区)两级国防动员委员会共完成军用文书 978 份,参演人员 337 人,其中襄樊市国防动员委员会、军分区机关 67 人,县(市、区)国防动员委员会、人武部 270 人,地方县(处)以上领导 31 人,襄樊市付明珠市长及其他 3 名市领导和襄樊军分区司令员王天华、政委李长义自始至终参演。演练利用指挥自动化系统，采取室内想定作业，上导下演，异地同步，昼夜连续实施。按照作战进程，紧紧结合可能担负的作战任务，重点演练联合登岛作战条件下国防动员平战体制转换、快速动员的组织与实施、城市反空袭作战、保障战略机动、维护社会稳定等问题。圆满完成演习任务。通过演练，进一步加强对军事斗争准备的研究，拓宽思路；摸索战时国防动员体制编成，平战转换的时机、方法，增强现行动员体制、机制转换能力；研究未来作战样式、动员需求及作战力量编成，增强军事斗争准备的针对性。

2004 年，全面抓全市国防动员潜力调查，掌握全市人力、物力、人防、国民经济和高科技成果等动员潜力。经济动员主要对农副产品生产加工，粮油、石油、机械、电子、建材、医学等行业的动员潜力进行调查，摸清底数，积累经验。交通战备重点组建了交通综合保障团、专业通信保障团，申报了国防公路谷城石花到保康过渡湾段国防交通基础设施项目。下大力抓市、县两级国防动员机构建设，做到制度完善，人员齐备，经费落实。组织开展政治潜力调查和政治动员试点工作，充实完善国防动员潜力数据库，在全省推广使用。

2005 年，根据广州军区国防动员委员会文件和湖北省国防动员委员会文件精神，襄樊市及枣阳市、襄樊市襄城区进行战时国防动员指挥体制建设试点。其指导思想是按照建设信息化军队、打赢信息化战争的要求，深入研究战时国防动员指挥体制，提高战时国防动员组织指挥能力和平时转入战时能力。

试点重点研究解决的问题是战时国防动员指挥机构组织体系，包括平时各级国防动员委员会各办公室机构设置及人员编配；战时国防动员指挥机构的单位、人员、名称及内部设置；战时国防动员指挥机构各部门职责；战时国防动员指挥机构与同级国防动员委员会、战时联合作战指挥机构、军地有关部门以及内部各部门之间的相互关系及各自职能权限；战时国防动员指挥组织实施，包括国防动员体制由平时转入战时的时机和途径；规范在受领任务、指挥决策、组织动员、情况处置等各环节国防动员指挥的工作内容、程序和方法；国防动员指挥文书样式；国防动员指挥实施中的各项保障方案；国防动员实施中的政策、法规、制度。

（三）国防教育

中共襄樊市委、襄樊市人民政府、襄樊军分区高度重视国防教育工作，纳入重要议事日程，设立市、县（市、区）、乡（镇、场）各级国防教育委员会和办事机构，切实组织领导襄樊市国防教育工作，在观念、机制、内容、形式上坚持与时俱进，不断创新，广大干部、民兵预备役人员、青年学生和人民群众国防意识明显增强。襄樊市多次被湖北省评为国防教育先进单位，其经验做法多次在湖北省、广州军区有关会议上交流，国家国防教育办公室在《国防教育通讯》推介。

1.教育机制

（1）领导机制

1988 年以后，襄樊市及所辖县（市）区先后成立国防教育委员会。襄樊市国防教育委员会由中共襄樊市委一名副书记任主任，常委、宣传部长、襄樊市政府常务副市长、襄樊市人民代表大会常务委员会一名副主任和襄樊军分区政治委员、政治部门主官任副主任，相关部门领导任成员。襄樊市国防教育委员会设立专门办公室。1986 年，设国防教育科，隶属中共襄樊市委宣传部，为人武干部编制，办公地点设在襄樊军分区，挂靠襄樊军分区政治部，由中共襄樊市委宣传部和襄樊军分区政治部共同管理。1996年,县(市、区)人武部收归军队编制后,国防教育科回归中共襄樊市委宣传部办公,改为国防教育办公室。谷城县、襄阳区、樊城区也成立专门办公室,其他县(市)区与宣传部相关科室合署办公。各乡镇办事处、企事业单位都相应成立国防教育领导机构,各部门明确领导分工、安排专人负责。

(2)配合机制

把国防教育纳入各部门工作任务。自1999年,襄樊市把国防教育纳入《全市宣传思想工作目标管理》,实行百分制管理,指导、协调全民国防教育宣传。教育部门按照《学校国防教育实施细则》,在做好学生国防教育同时积极解决驻军官兵子女入学、入托问题。2003年襄樊市教育局出台政策,市区重点高中每年无条件为驻军子女解决40名入学指标。驻军积极为驻地国防教育选派军事教员,提供必要的军事设施,有力地支持国防教育的开展。

(3)保障机制

自1991年,襄樊市把国防教育经费纳入当地政府财政预算,并随着国防教育的深入而增加。还采取政府组织、社会赞助的形式,开展国防教育。2000—2002年,采取公益广告和商业广告相结合、以商养公的办法在襄樊市城区主要街道、重要场所设置200块国防教育宣传牌。同时坚持把国防教育教员培养纳入各级党员培训和党校培训计划,每两年举办一次国防教育师资培训班,使国防教育的教员队伍得到保障。

(4)约束机制

把国防教育纳入各地各单位的工作职责。自1989年,对国防教育工作,坚持做到年初有计划、年中有检查、年底有考核,实行奖惩兑现,确保约束机制得到落实。同时每年召开1~2次有襄樊市国防教育委员、双拥领导小组成员和市区团以上驻军领导参加的协调会,对国防教育、双拥工作和军民共建活动进行专题研究,先后构建了指导协调、教员培训、干部任教、活动开展、检查评比等约束机制,形成领导带头抓,部门配合抓的局面。

2.教育活动

襄樊市国防教育做到重点教育与普及教育协调发展,在教育对象上区分领导干部、民兵预备役人员、青年学生和广大人民群众4个层次,使重点教育向深度拓展,普及教育向广度拓展,做到国防教育进机关、进学校、进社区、进农村。1990年,中共襄樊市委组织部、宣传部、党校和襄樊军分区政治部联合下发文件,把国防教育纳入各级党校教学计划,把各级党校建成干部国防教育阵地。并总结谷城县县、乡党校干部国防教育"十有"和"五项制度"经验,并在襄樊市推广。"十有"即:有计划,有牌子,有场所,有教员,有教案,有登记,有图书阅览室,有500册以上图书资料,有录放像设备,有宣传专栏;"五项制度"即:联合议教制度、考勤登记制度、备课示教制度、考试鉴定制度、评比奖励制度。此经验被中共湖北省委组织部、宣传部、党校和湖北省军区政治部推广,《解放军报》、中央人民广播电台、《人民日报》进行推介。通过多年的教学实践活动,全市党校实现"四个一",即:集中讲授一堂国防教育课,统一发放一本国防教育教材,每人撰写一篇国防教育文章,至少组织参加一次国防教育活动。1993年,谷城等6个县(市、区)和谷城县委党校等26个先进党校受到表彰。除对参加党校学习的领导干部进行国防教育外,同时结合重大节日、纪念日对领导干部进行国防形势和军事技能教育。

把青少年学生作为基础进行国防教育。制定《学校国防教育实施细则》,把国防教育纳入各级教育行政部门和学校的工作职责,规定各类学校、各个年级学生国防教育的时间、内容、方式。把国防常识、国防知识、国防精神、革命英雄主义精神、三防知识结合各学科教学进行渗透教育。发行小学国防教育读本、初中国防教育读本。全市中学开设国防教育课达90%,城区小学开设国防教育课达85%,农村小学开设国防教育课达70%。大中专院校和高中还积极开展学生军训,全市2所普通高等院校、市属高中和各类中专学校在新生入学之际进行为期2—3星期的军训，城区87%的初中和农村60%的初中也进行为期7—10天的军训。

把民兵预备役人员作为骨干进行国防教育。重点抓集中教育与刊授教育，坚持把《解放军报》、《国防》发行到民兵营,《中国民兵》《民兵生活》发行到民兵连,充分利用国防报刊开展刊授教育。同时利用训练期间政治教育时间、节假日、开展活动等时机进行国防教育。

同时做好广大人民群众普及国防教育工作。利用社区和“科技文化屋”,把国防教育与精神文明建设融为一体,列入社区文明市民学校教育大纲,结合“文明社区、文明家庭、文明市民”等创建活动,通过开设社区国防教育课,设置国防教育宣传牌、宣传栏,开通社区国防教育广播,设置“科技文化屋”国防图书室等,把国防知识、国防常识、国防法规送到市民手中,增强市民爱国尚武、拥军优属、履行国防义务的自觉性和积极性。

1988年,襄樊军分区、襄樊陆军预备师在民兵预备役部队中广泛开展以国家与国防、国防精神、马克思主义战争观、兵役法和民兵预备役部队性质、地位和任务为内容的国防教育。为保证教育落实,采取四项措施:一是建立军地齐抓共管的教育网络;二是建立教学骨干队伍;三是抓好典型,以点带面;四是建立健全各种制度,如“一年四课”制度、“军政训练九比一”的制度等等。教育中采取集中上课、广播宣传、刊(函)授自学、知识竞赛、用好活动阵地和开展实践活动等方法。通过教育增强广大民兵、预备役人员的国防观念,涌现出14个先进单位,其中襄樊军分区、谷城县人武部、襄樊陆军预备役师3团出席湖北省国防教育经验交流会,并在会上介绍经验。

1989年,为摸索全民国防教育的路子,全市上下层层进行国防教育试点,总结全民国防教育经验。襄阳轴承厂把国防教育作为政治工作重要内容,列入各级领导任期目标和岗位责任制,从总厂到车间工段,设立专门机构或专人抓国防教育,形成总厂、分厂、车间(工段)“三级一条龙”教育网络,此经验在全市得到推广。为普及全民国防教育,襄樊市充分利用各级军事报刊进行教育,共订阅《解放军报》《中国民兵》《民兵生活》《战士报》和《科学文化报》等近2万份,组织广大干部、民兵、预备役人员和群众学刊用刊,提高人们的国防观念。襄樊军分区和所属10个县级人武部以及襄樊陆军预备役师3团、炮兵团被总政治部和解放军报社评为全国国防教育刊授先进单位,襄樊军分区政治部出席全国国防教育刊授经验交流大会,并介绍经验。同时,襄樊军分区和老河口市、随州市、南漳县人武部被广州军区评为国防教育刊授先进单位。

1990年7月30日—8月5日,襄樊市开展第一个国防教育宣传周活动。在国防教育宣传周活动期间,中共襄樊市委常委、宣传部长张子强和各县、市委领导发表电视、广播讲话;中共襄樊市委、襄樊市人大、襄樊市政府、襄樊市政协、襄樊军分区和各县(市、区)四大家及人武部领导参加宣传周军民联欢会、“军事日”和走访慰问烈军属活动。全市参加国防教育宣传周活动的县(团)以上干部达2 400多人次,促进国防教育宣传周活动的开展。在宣传周活动中,各级宣传、教育、民政、文化等部门和工、青、妇组织与军事部门密切配合,采用报纸、广播、电视宣传,采用国防影视周、国防摄影书画展、国防知识竞赛、爱国尚武文艺演出、办国防宣传墙报、办黑板报和橱窗、参观访问、表彰先进、军事比武、学雷锋做好事等10种形式开展国防教育。《襄樊日报》、襄樊电台、电视台和各县(市)报纸、电台、电视台及各大中型厂矿企业的广播,都办了国防教育专版和专题节目,刊登和播出国防教育和国防建设方面的稿件913篇。全市电影院、电影组(队)放映《开国大典》《百色起义》《董存瑞》等电影252部2 400多场次,观众达120多万人次。全市还表彰国防教育先进单位164个,先进个人270名,促进全市国防教育的普及和深入。

1993年,对国防教育工作进行总结表彰,表彰谷城等6个县(市、区)和谷城县委党校等26个先进党校。组织培训民兵预备役国防教育小教员，开展全区性国防知识竞赛和第4个国防教育宣传周活动。4—6月，为摸索中学贯彻国家教委制定的《小学、初中国防教育纲要(试行)》和《学校国防教育常规》精神，摸索青少年学生国防教育路子，湖北省国防教育办公室会同中共襄樊市委宣传部、襄樊市教育委员会和襄樊军分区政治部在随州市唐县镇一中(初中)进行国防教育试点。

为保证试点顺利进行，襄樊市及随州市各级国防教育领导小组认真贯彻中共襄樊市委常委议军会议精神，注重加强对中学国防教育的领导。襄樊市、随州市和唐县镇联合成立试点工作组，制订试点方案，并指导试点单位实施方案，唐县镇一中成立以正副校长为正副组长，教导主任、团委书记、班主任等人参加的国防教育领导小组，具体实施教育。建立教员队伍。由随州市人武部、预备役3团和试点单位抽15名具有国防理论知识和军事素质的现役、人武、专武、民兵干部和教师担任国防教育教员。湖北省国防教育办公室、襄樊军分区、随州市人武部和预备役3团为试点单位提供教材、器材和枪弹，为试点工作排忧解难。此次试点，针对青少年学生活泼好动、求知欲强、可塑性强和善于模仿的特点，采取多种方法、多条渠道进行国防教育，增强教育的吸引力和感染力。在利用团日、队日等时间进行《国防理论》《国防历史》《国防精神》《国防制度》专题教育的同时，着重结合各科教学进度，把国防理论、国防知识、军事技能渗透到语文、政治、历史、地理、体育等科教学中去，既保证正常教学秩序，又落实国防教育内容。以分散教育为主，除4个专题教育和军事训练集中进行外，注重采取多种形式抓好分散教育。利用《中国民兵》《民兵生活》和《国防教育报》等军事报刊组织学生学习。播放《国防的呼唤》等录像片，让学生在娱乐中受到潜移默化的教育。开展“国防教育演讲”竞赛，学生自选题目，自写讲稿，自由演讲，加深对国防教育意义的认识。开展“国防在我心中”有奖征文活动，激发学生的民族自豪感和自尊心。三是军事训练和常规教育相结合，以常规教育为主。试点中对学生进行队列、射击训练，讲解简单的兵器知识。在训练的基础上，进行阅兵式、分列式及队列等军事表演，并进行半自动步枪实弹射击，使学生初步了解和掌握简单的兵器和军事技能。同时，开展升国旗活动，邀请战斗英雄作传统报告，组织学生为军烈属做好事，抓好常规教育，培养学生热爱家乡、热爱祖国、热爱党、热爱人民解放军的高尚情操。试点经验得到上级肯定，中共湖北省委宣传部、湖北省教育委员会和湖北省军区政治部以正式文件转发全省。

1994年，参加中南五省区“国防之声”卡拉OK大奖赛，襄樊赛区从参加选拔赛的7名歌手中选拔一名参加湖北省比赛，获优秀奖。组织开展《湖北省国防教育条例》学习宣传月活动。各县(市)区根据中共襄樊市委宣传部、襄樊军分区政治部的部署，在宣传月期间，采取举办培训班和知识竞赛，开办讲座等多种形式，宣传《条例》使之家喻户晓。开展第5个国防教育宣传周活动。结合庆祝建军67周年，在《襄樊日报》、襄樊电视台开办专版和专题节目，刊播国防教育基础知识，各级领导利用广播电视发表讲话，宣传国防知识。各基层单位采用军事比武、国防知识竞赛、文艺演出等形式，开展国防教育活动。使全市近300万人受到国防教育。组织召开全民国防教育经验交流会。同年11月8—10日，襄樊市在老河口市召开全市全民国防教育经验交流会，中共襄樊市委、襄樊军分区和各县(市)区委宣传部、组织部、党校、教委和人武部、预备役师、团政治部门的领导干部90多人参加会议，中共老河口市委等6个单位介绍经验。代表们观看国防文艺晚会、国防知识竞赛和老河口市开展全民国防教育的录像片，参观成人中专等5个先进单位的国防教育情况。广州军区政治部群工部部长曾志军、湖北省国防教育办公室主任周小珠、湖北省军区政委徐师樵等到会讲话。老河口成人中专和人武部联合创办役前班，开展国防教育，培养合格兵员的做法被新华社内参和广州军区《政工信息》转发，在军内外引起反响。同年5—7月，中共襄樊市委宣传部、襄樊军分区政治部组织30多万军民参加“迎接建国45周年全国国防知识竞赛”活动，向竞赛组委会寄送有效答卷3.1万份。中共襄樊市委副书记、市国防教育委员会主任姚祥栋，中共襄樊市委常委、军分区政委、市国防教育委员会副主任黄家碧，谷城县人武部政委陈尚军等20人分获全国国防知识竞赛1、2、3等奖和纪念奖，获奖单位和个人数名列全省第一。襄樊市和谷城县国防教育委员会被评为全国国防知识竞赛先进单位。

1995年，襄樊市开展第6个国防教育周活动，利用报纸、电台、电视台、宣传橱窗等宣传工具，大力开展宣传教育。为推动全民国防教育的开展，3—4月，湖北省国防教育委员会在襄阳县双沟镇进行以爱国主义为中心，深化全民国防教育的试点工作。在教育中，坚持突出历史教育，强化民族自豪感，突出爱国传统教育，强化卫国奉献意识，突出国情教育，强化责任感，突出现代化建设成就教育，强化爱党、爱社会主义、爱人民军队的情感。试点中，由只抓一个层次的教育，改为抓全民教育，由单一国防知识教育，改为突出爱国主义主旋律，包括历史、传统、国情、现代化建设成就等多种相关内容的综合性教育，使教育内涵更加丰富，由“一刀切”作法，改变为区分层次，因人施教，多样性、多渠道的教育形式，加强教育的针对性。试点做法被湖北省国防教育委员会转发全省。5—8月，中共襄樊市委宣传部、襄樊军分区政治部组织10多万军民参与“纪念世界反法西斯暨中国抗日战争胜利50周年知识竞赛”和“纪念中国抗日战争胜利50周年爱国主义知识电视竞赛”活动，向湖北省竞赛组委会寄送有效答卷3.5万份。襄樊市、襄阳县、谷城县等单位国防教育委员会被评为全省“纪念世界反法西斯暨中国抗日战争胜利50周年知识竞赛” 先进单位， 市长贾天增等46人分获全省国防知识竞赛1、2、3等奖和纪念奖，获奖单位和个人数名列全省第一。

1996年，襄樊市以干部为重点，以民兵为主体，以青少年学生为基础，开展以爱国主义为主要内容的国防教育，结合庆祝中国人民解放军建军69周年和红军长征胜利60周年，开展第七个国防教育周活动。组织开展纪念红军长征胜利60周年征文活动。

1999年，在《国防法》颁布2周年之际，出动民兵5万余人次，走上街头宣传《国防法》和《兵役法》，“八一”期间，组织开展第10个国防教育宣传周。10月，组织15万名民兵和适龄青年参加湖北省政府、湖北省军区联合举办的《兵役法》知识竞赛。通过法规宣传和知识竞赛，增强全民国防意识。

2000年，襄樊军分区在全区范围内广泛开展利用军事报刊搞好国防教育工作，全区广泛订阅《解放军报》《战士报》《中国国防报》《中国民兵》《民兵生活》《政治指导员》《国防教育报》，使每个民兵排至少两份军事报刊。

2002年9月21日，是第2个全民国防教育日，襄樊军分区政治部会同中共襄樊市委宣传部在襄樊市国防教育委员会和襄樊市人大工作委员会的指导下，大力开展国防教育宣传日活动。《襄樊日报》专栏刊登襄樊军分区政治委员、襄樊市国防教育委员会副主任李长义和襄樊市人大常委会副主任、襄樊市国防教育委员会副主任朱庆良等署名文章，各县(市、区)专门设立国防教育宣传咨询台，悬挂国防教育宣传条幅，举办国防教育宣传墙报、板报、橱窗。并坚持对学生进行军训、在党校开设国防教育课。

2003年，为进一步做好国防教育宣传工作，襄樊市国防教育委员会在《襄樊日报》开办《国防天地》专栏，宣传驻军部队全面建设，宣传党管武装和民兵预备役建设，宣传双拥工作，宣传和普及国防知识。

2004年，襄樊市国防教育以宣传贯彻《国防教育法》为重点，修订完善《襄樊市国防教育实施办法》。

2005年，中共襄樊市委宣传部、襄樊军分区政治部，对国防教育工作进行总结表彰，对襄樊市人民防空办公室等15个先进单位和樊城区国防教育办公室主任李清汉等14名先进个人通报表彰。襄樊市国防教育委员会结合抗日战争胜利60周年和红军长征胜利70周年纪念活动，采取教育展览、文艺演出、形势报告等多种形式，弘扬以爱国主义为核心的民族精神和以改革创新为核心的时代精神，举办国防教育电视演讲比赛和书画比赛，组织第5个“全民国防教育日”活动。对各级领导干部采取在职理论学习、党校培养、军事院校培训形式进行国防教育，对青少年学生采取课堂灌输、教学渗透、参观见学和集中军训等形式进行国防教育，对民兵预备役人员利用政治学习、军事训练、征兵和执行任务的时机进行国防教育。

3.教育基地

襄樊市及各县(市、区)积极开发具有革命斗争历史纪念意义的场所,建立国防教育基地。襄樊市革命烈士陵园、宜城市张自忠纪念馆被湖北省命名为湖北省国防教育基地。

(1)襄樊市革命烈士陵园

襄樊市革命烈士陵园坐落于襄樊市襄城区铁佛寺路60号(羊祜山),占地面积713 410.5平方米,距闹市中心1.5公里。1951年,为缅怀和纪念历次革命斗争中为襄樊人民的解放事业而英勇牺牲的革命烈士,特别是在襄樊战役中牺牲的革命烈士,襄樊市人民政府修建襄樊市革命烈士陵园,1975年进行大规模改扩建。1997年,中共襄樊市委、襄樊市人民政府对襄樊市革命烈士陵园全面建设进行总体规划,并按规划进行逐步扩建。每年前往祭奠先烈的人民群众达20余万人次。襄樊市革命烈士陵园是鄂西北地区人民缅怀革命先烈,进行革命传统教育、爱国主义教育及国防教育的重要场所。1982年被襄樊市政府批准为市级文物保护单位,1988年被湖北省政府批准为省级重点烈士纪念建筑物保护单位,1995年被湖北省、襄樊市命名为首批爱国主义教育示范基地、湖北省十大重点爱国主义教育示范基地,2002年被湖北省政府批准为省级国防教育基地,并申报国家级国防教育基地。陵园现有烈士纪念建筑物12处,包括28米高的烈士纪念塔、安葬有103位无名烈士的烈士公墓、半山烈士亭3个、烈士资料陈列室1个、3层仿古建筑烈士亭1个、烈士群雕1处、仿古烈士骨灰堂1处、羊祜山公墓1处。按规划修建陵园广场、襄樊革命烈士纪念馆。

(2)宜城市张自忠纪念馆

抗日战争时期,1940年5月,日本侵略军发起随枣战役,集结重兵西进。国民革命军第五战区副司令长官兼33集团军总司令张自忠将军,抱着必死的决心,留下遗书,率部截敌,浴血奋战,身中数弹,战死于宜城南瓜店十里长山。张自忠是第二次世界大战中盟军牺牲最高将领,国共两党分别在重庆和延安举行了隆重的追悼会。国民政府于张自忠殉国1周年时,在其殉国处立碑,以示纪念。为缅怀在抗日战争中壮烈殉国的张自忠将军,1990年6月,经襄樊市、宜城市两级政协倡导,湖北省民政厅同意,将原宜城市烈士陵园迁建市区,并建张自忠纪念馆于内。张自忠将军纪念馆1991年建成,馆舍为四合院古今建筑风格,建筑面积723平方米,其大门上方悬挂的“张自忠将军纪念馆”匾额由曾担任全国政协副主席的王任重题写,毛泽东和蒋介石当年为张自忠将军题写的挽联“‘尽忠报国’、‘英烈千秋’”镌刻在大门两旁。进大门是碑廊,镌刻着20件国民党、共产党领袖和著名学者、社会名流题写的挽词、挽诗、挽联。全馆共分11部分,现存照片、图片、文字800余幅,遗物11件,后人题纪字画200余幅,并布设南瓜店战役沙盘,开辟放映厅、书画展示厅等。

(四)人民防空

1.组织机构

襄樊市人民防空工作主要是为了适应战争需要,发动和组织人民群众防备敌人空袭,阻止敌人空袭武器发挥效能或减少空袭造成的损失,消除空袭后果。其目的在于动员一切可以动员的力量,增强反空袭的整体能力,防范和减轻战争空袭危害,最大限度地保存战争潜力,保护国家和人民生命财产安全。襄樊市人民防空(以下简称“人防”)委员会,一般由各级领导和有关部门的负责人组成,负责领导和协调社会各部门和单位开展人民防空工作。20 世纪 60 年代初，台湾当局图谋进犯东南沿海地区，为防其空袭内地，1965 年 5 月，成立人民防空委员会，1969 年 9 月，改称人民防空领导小组。1969 年 12 月，中苏边境珍宝岛地区发生战争，为落实毛泽东主席“要准备打仗”的战略思想，确保在战争中发生空投、空降和反革命暴乱时能迅速组织指挥、调配兵力，人防工作在人民防空领导小组的领导下设立作战办公室，制定了《反空投防暴乱作战方案》。1979 年 3 月，中共襄阳地委书记王耀任襄阳行署人防领导小组组长；襄樊军分区副司令员贾敏德等任副组长。1979 年 6 月，襄樊市升格为省辖市，市人防领导机构随之升格，1981 年 12 月市人防领导小组更名为市人民防空委员会，市长王根长任主任，副市长罗秀梅、武装部副部长丁宗德任副主任。1984 年 8 月，调整市人防委员会成员，市长章治文任主任，军分区司令员胡亚忠等任副主任。1986 年 11 月，副市长李正洪任主任，军分区司令员田国基等任副主任。1990 年 11 月，中共襄樊市委书记杨斌庆任主任，军分区司令员马正武等任副主任。1994 年 11 月，中共襄樊市委书记贾天增任主任，襄樊军分区司令员马正武等任副主任。1996 年 8 月成立襄樊市国防动员委员会，原人民防空委员会自行撤销，襄樊市人民政府人民防空办公室同时也是襄樊市国防动员委员会人民防空办公室，实行一个机构两块牌子，人民防空工作由国防动员委员会领导。中共襄樊市委书记孙楚寅任主任，中共襄樊市委副书记姚祥栋、襄樊军分区司令员马正武、政委黄家碧等任副主任。

2.组织指挥

人民防空组织指挥是战时各级人民防空指挥员及指挥部，为保证防空袭斗争的顺利进行而实施的组织领导行为。平时的人民防空组织指挥建设，是在各级党委、政府和军事机关领导下，由人防办公室负责组织落实。1982 年 4 月，襄樊市组织进行大型反空袭试验性演习，从中探讨人防组织指挥、人口疏散、重要经济目标防护、消除空袭后果等问题。1993 年 10 月，湖北省人防办公室在襄樊市召开全省人防指挥通信平战结合座谈会，会上提出“十五”期间人防指挥建设的总体目标，即逐步建立高效的人防指挥自动化体系。做到指挥所（室）基本设施配套，防空袭方案齐全完备，基本实现指挥自动化，指挥干部训练有素，人防专业队伍遂行保障能力强，能承担社会抢险救灾任务。

（1）制定预案

1985 年 9 月，襄樊市人防完成城市防空袭预案，确定一类和二类重点防护目标。1988 年，襄樊完成战时城市人口疏散接收安置方案。1991 年，第一次修订襄樊市防空袭预案，重新确定一类和二类重点守护目标。1999 年 7 月，襄樊市政府组织召开会议对《预案》进行修订。2000 年襄樊市第二次修订防空袭预案（改为方案），确定重点防护目标，并分为三级。

（2）立法执法

人民防空法制的核心是依法建设，是人民防空建设的重要组成部分，是人民防空主管部门在法律规定的职权范围内，为保障有效地行使行政管理职能，保障行政执法行为的合法、有效、公正而进行的立法、执法、守法和法制监督的总和。根据国家、省和市行政执法的规定，1980—2000 年，襄樊市政府和人防办公室先后印发 17 份关于人防建设的制度、规定，使人防工作逐步走向正规。1989 年襄樊市人防办成立执法检查领导小组，并从纪委、财务、工程等部门抽调人员建立专班；1996 年 10 月，襄樊市人防办成立了执法责任制和执法违法追究责任领导小组，1999 年 6 月成立行政听证委员会，依法保护和推进人防工作。2000 年 5 月，襄樊市某单位在修建地面建筑时不按规定修建防空地下室，人防办依法进行处理，但该行对处理决定不服，向市政府申请复议。人防办严格按程序办事，主动到复议机关陈述人防法律原则和地方规章，使复议机关做出维持原处理决定的裁决。

(3)演练

1982年4月,襄樊市进行反空袭试验性演习,演习的想定方案是以积极防御的战略方针为指导,以帝国主义为主要作战对象,以战争初期敌军实施大规模空袭为背景,探讨未来反空袭作战问题。演习的课题是反空袭的组织准备,反空袭指挥,抗击敌空袭,消除空袭后果。直接参加演习的有一个高炮营,两个高机连,加上消防、防化、医疗救护、运输、抢修、通信等人防专业队伍和指挥工作人员共1 115人。整个演习过程共拟制导演、演习文书30份,绘、描、放、标制各种指挥图27份,制作各种图表9份。

1994年9月,襄樊市人防办参加湖北省军区组织的城市防卫作战首长机关室内演习(代号为鄂—94演习)。着重演练人民防空临战准备、定下防空斗争决心、组织人防专业队伍的战斗协同、指导消除空袭后果和支援城防部队作战行动等5个阶段的情况处置。省和各市人防办公室参加导演、演习和通信保障人员共88人,共拟制导演文书28份,作业文书79份,标图14份。

3.通信警报

人民防空通信与警报是具有军民结合特性的人民防空专用通信网。1988年,襄樊市人防办公室安装开通一台电话交换机;1992年又将无线指挥网的双边带电台换成单边带与微机联网的数字通信;1994年进行更新,实现百门电话数字程控;1998年,开通传真通信,并和市政府信息联网,提高襄樊市指挥通信的能力和信息快速传递能力。无线通信:1988年5月,湖北省人民防空办公室对襄樊市人民防空办公室开通无线电指挥网,1991年,无线指挥网实现数字传输;1992年,襄樊市人防与湖北省人防以单边带电台更替了双边带电台,开通人防短波单边带数字传输通信网。1997年,对襄樊市区防空警报网点进行调整,城区内有警报器10台。控制方式为手控,联系方法为电话。1999年10月,在高新技术开发区、汽车产业开发区、鱼梁洲旅游开发区和襄樊火电厂扩建警报网点。2000年,襄樊市新增警报网点向开发区延伸、向重点防护目标延伸,向县(市)延伸,音响覆盖率达到100%。1983年10月5日,国家人防委规定全国人防音响警报分为预先警报、空袭警报、解除警报三种。预先警报为鸣36秒,停24秒,反复三遍为一个周期(时间三分钟);空袭警报为鸣6秒,停6秒,反复15遍为一个周期(时间3分钟);解除警报为连续鸣3分钟。还规定人防音响警报信号,应该音调特殊,能立即引起人们警觉和行动,并与全国公安、消防、救护、交通、航运等系统的报警信号相区别。1999年,开始把试鸣防空警报与国防教育与爱国主义教育结合起来,把试鸣日选在国防教育日,通过报纸、电视等新闻媒介公告,以史铭志,警钟长鸣,居安思危,提高国防观念和人民防空意识。

为加强对通信警报的管理,1980年5月经襄樊市机构编制委员会批准,设立指挥通信科。1982年11月29日,国务院、中央军委批转国家人防委员会关于加强人民防空通信和警报建设有关报告的通知规定:各省和重点城镇人防办公室,组建人防通信站,作为事业单位编制,所需干部、技术人员和职工的劳动指标,由各市解决。经省人防办公室和襄樊市编制委员会批准,襄樊市人防通信站于1982年5月成立,定编5人,为襄樊市人防办公室直属事业单位。

4.工程建设

(1)防护工程

人民防空防护工程包括为战时保障人员和物资掩蔽、人民防空指挥、医疗救护等而单独修建的地下防护建筑,以及结合地面建筑修建的战时可用于防空的地下室。

1980年,襄樊市人民防空办公室建立襄樊市地面指挥室。1983年,襄阳地区与襄樊市合并,确定修建完善“351”、“352”工程,1999年,投资20余万元,完成“352”人防工程口部改造。

1988 年 9 月，人民广场一期工程破土动工，1989 年全部完工。1990 年，樊城解放路当铺坑地下室扩建工程动工，当年 9 月完工并投入使用。1991 年 11 月，长虹路地下环形过街道人防平战两用工程破土动工，工程总投资 800 万元。1994 年 12 月，樊城公园广场二期人防工程破土动工。

1993—2000 年，全市每年结合民用建筑修建防空地下室，除 1998 年和 2000 年各修建 2 处外，其余年份每年修建 1 处。

图 24—14 施工中的襄樊市长虹路人防工程

(2)工程建设管理

人防工程建设管理是一个较复杂庞大的管理系统，包括规划管理、计划管理、设计管理、定额管理、施工管理和结合民用建筑修建防空地下室。1979 年，襄樊市人防办公室制定了《襄樊市 1979—1985 年人防工程建设规划》，规划贯彻了第三次全国人防会议精神和“全面规划、突出重点、平战结合、质量第一”的方针。1988—1997 年先后三次对人防规划进行修编，使规划进一步完善。1992 年 4 月，湖北省人防办公室在襄樊市召开施工管理经验交流会，总结交流全省“七五”期间人防工程施工管理的经验，研究进一步抓好人防施工管理，确保工程质量，提高管理水平和效益等问题。1995 年 12 月 18 日，湖北省政府在襄樊市召开人防工程建设现场会。各市分管人防工作的市长和人防办公室领导及有关业务科室、科负责人，省直有关部门负责人共 60 多人参加会议。会上推广襄樊市人防工程建设的经验。1993 年 2 月，省人防办公室作出《关于奖励襄樊市人防办公室领导的决定》，襄樊市长虹路平战结合人防工程，仅用 135 天就完成了土建封顶，其速度之快，在全省人防工程建设史无前例。为表彰市人防办在职领导为此作出的突出贡献，奖励 5 000 元；1995 年 12 月 19 日，湖北省人防办公室作出《关于表彰襄樊市人防办公室建设重点人防工程的决定》，奖励在组织樊城公园人防工程建设中做出的成绩，奖励 5 万元。1991 年 1 月 25 日，襄樊市人民广场人防工程被湖北省人防办公室评为优质工程(一等奖)，获奖建设单位是铁道部十一工程局勘察设计处，获奖人员为张长宗、史书荣、葛道福、陆仕开、梅水生、方世良。

1994 年 11 月 11 日，襄樊市樊城广场地下平战两用人防工程通过国家人防验收，该工程质量等级评定为优良工程。1997 年 11 月，省人防办副主任叶秋良带领工程、财务、设计院等部门一行 9 人对襄樊市樊城广场地下平战两用人防工程进行初步验收，初验为优良工程（该工程于 1994 年 12 月 18 日开工），1995 年 12 月 18 日投入使用。1998 年 12 月，由国家人防办公室组织的国家大型人防工程验收组，对襄樊市樊城公园广场人防工程的建筑、结构、防护、防火、通风、空调、电气、给排水等 8 个专业部分进行检查，实测和验收。对工程建设的消防进行了实地演练考核。经验收组综合评定，该工程通过国家大型工程竣工验收评为优良工程，工程质量优良率为 75%。

(3)开发利用人防工程

1978 年 10 月第三次全国人民防空会议确定“全面规划、突出重点、平战结合、质量第一”的人防战备建设方针。1980 年国家人防办公室在上海召开全国人防工程平战结合会议，进一步强调人防工程建设要贯彻平战结合方针。襄樊人防在贯彻落实上级方针的同时，积极创造条件对已建工事进行开发利用。1986 年，市一水厂、207 微机站，利用人防工事做机房，解决了用房紧张的困难；1987 年，全市利用工事发展种植业的单位有 21 个，面积 13 596 平方米，年收鲜菇、天麻等 33 990 公斤；1990 年 4 月，樊城人民广场平战两用人防工程——襄江商场地城分场正式开业投入使用，月平均营业额达 20

多万元;1991年,全市开发利用人防工程83处,使用面积42 641平方米,全年创产值2 954.4万元,实现利润384.07万元;1991年10月,解放路人防改造工程开业,年创利润30万元;1992年,全市开发利用人防工程85处,使用面积449.84平方米,全年创产值3 588.8万元,创利润433.9万元,年产平菇8万公斤,储存香蕉60余万公斤;1993年,全年开发利用人防工程面积2万平方米,利用率达41.5%,创产值4 760万元,实现利润714万元,储存香蕉120万公斤,收平菇6万公斤,试办养殖场一个,养肉鸡2 400只;同年,新建的长虹路地下平战两用人防工程竣工开业和解放路改造工程经使用单位重新改造装修转换了使用功能,从商业经营改办娱乐业经营开业;1994年,全市开发利用人防工程87处,面积53 394平方米,创产值4 813万元,实现利润721.95万元;1995年,全市新增使用面积1 838平方米,累计全市开发利用人防工程55 227平方米;同年12月,樊城人民广场(二期)人防工程竣工开业;1996年,全市新增开发利用人防工程面积6 500平方米。到2000年底,全市利用人防工程开发的项目有生产车间、商场、招待所、餐厅、文化娱乐厅、仓储、菌类种植养殖、停车场、办公室等十多个大类,利用工程81个,面积69 816平方米,年创产值5 000万元,实现利润400万元,利用率达到52%。1990年11月27日至12月14日,由湖北省人防办组织武汉、襄樊、十堰、宜昌、沙市、黄石、鄂州等市的平战结合工作进行了巡回观摩检查,共检查了56个工程,并在襄樊召开现场会。1992年、1997年两次荣获全省人防平战结合“优胜杯”。

5.宣传教育

襄樊人防宣传教育工作得到党政军领导、有关部门和社会的支持配合。1965—1978年,以全民备战教育和群众性的“三防”常识教育为主体,由各级党组织及宣传部门亲自抓这项工作,全区举办“三防”学习班5 813期,组织业余宣传队196个,幻灯宣传286期,发“三防”常识教材9万多册;利用《唐山地震后对人防工程考察》、《走访地下城》、《原子武器防护》、《四例放射性病》等影片宣传594场,广泛开展“三防”常识普及教育,受教育人数达118万多人次。从1979年开始,人防的宣传教育逐步转入以经常性宣传人防建设的方针、政策及在初级中学学生中进行“三防”常识教育为主,1991年试点学校由原来的8所发展到14所,受教育学生共62个班;1992年,全市城区(含郊区)6所中学全部开设“三防”知识课,提前三年达到了湖北省教委、人防对襄樊市普及“三防”教育的要求。1993年,54所学校78个班开课。全市幻灯宣传312场,挂图巡展170场,办专栏、橱窗和画廊162期;放映《洞天春色》、《今日地下城》、《巴蜀洞天》以及1982年襄樊市人防自摄的《居安思危,常备不懈》等人防影片247场,受教育人数达50多万人次。1985年后,坚持以平战结合为内容,广泛宣传《人民防空条例》,宣传平战结合典型,实行战略转变,坚持改革,勇于创新,搞好人防工作。1997年后,《中华人民共和国人民防空法》的颁布实施,为人防提供了法律依据。这个时期,襄樊人防教育主要集中宣传《人防法》等人防法律法规。

1996年8月28日,中共襄樊市委下发《中共襄樊市委、襄樊市人民政府、襄樊军分区关于成立襄樊市国防动员委员会的通知》,成立襄樊市国防动员委员会。委员会设第一主任1名,主任1名,副主任和委员若干名。第一主任由中共襄樊市委书记孙楚寅兼任,主任由中共襄樊市委副书记、代市长阎增福兼任,副主任由中共襄樊市委副书记姚祥栋、襄樊军分区司令员马正武、中共襄樊市委常委襄樊军分区政治委员黄家碧、中共襄樊市委常委副市长黄贤德、副市长邱勇、襄樊陆军预备役步兵师副师长兼军分区副司令员曾昭发兼任,委员由襄樊军分区参谋长王纪三、襄樊军分区政治部主任傅桂初、襄樊军分区后勤部部长周圣忠、中共襄樊市委副秘书长刘锋、襄樊市政府副秘书长李肃清、中共襄樊市委组织部副部长李耀春、中共襄樊市委宣传部副部长段明贵、襄樊市计划委员会主任刘永才、襄樊市农业委员会主任苏家德、襄樊市经济委员会主任马兴林、襄樊市财经委员会主任方常安、襄樊市体制改革委员会主任乔双定、襄樊军分区副参谋长谢晓京、襄樊军分区政治部副主任周乃波、襄樊市教育委员会副主任罗兴才、襄樊市公安局副局长赵明富、襄樊市民政局副局长张正年、襄樊市财政局局长王芳玉、襄樊市人事局局长程家谟、襄樊市劳动局局长李耀明、襄樊市城市建设局局长陈鼎益、襄樊市交通局局长魏伟、襄樊市广播电视局局长魏儒雄、襄樊市卫生局局长马言军、襄樊市工商局局长胡逢潮、襄樊市地方税务局局长卢流德、襄樊市邮电局局长李培生、襄樊市编制委员会办公室副主任刘德莲、襄樊市总工会主席廖桂芝、襄樊市共青团市委书记信祖国、襄樊市妇女联合会主席高桂英、襄樊市人民防空办公室主任方世良、襄樊市民航站站长王家斌、襄樊铁路分局副局长王光全、东风汽车公司襄樊管理部党委副书记周健等兼任委员。由于中共襄樊市委、襄樊市政府有关机构的调整和人事变动，委员会组成人员也随之进行调整，一般每年进行一次。

襄樊市国防动员委员会与襄樊市人民武装委员会实行一套班子、两块牌子的体制，但其职责、任务不同。属于人民武装动员、经济动员、人民防空、交通战备及其他国防动员工作，由国防动员委员会负责；属于民兵预备役组织建设、军事训练、武器装备管理、战备执勤和民兵预备役人员参战支前、配合部队作战方面的工作，由人民武装委员会负责。国防动员委员会成立后，人民防空委员会、交通战备领导小组即行撤销，其工作由国防动员委员会相关部门负责。

襄樊市志

1979—2005

（下）

襄阳市地方志编纂委员会　编

方志出版社
Publishing House of Local Records

目 录

卷二十五 法治

卷二十六 民政

卷二十七 劳动、人事

卷二十八 教育

卷二十九 科学技术

卷三十 文化

卷三十一 医药卫生

卷三十二 体育

卷三十三 精神文明建设

卷三十四 社会生活

卷三十五 县（市）区概况

卷三十六 人物

附　录

Catalogue

VOLUME TWENTY – FIVE JUDICIAL AND LAW ENFORCEMENT

VOLUME TWENTY - SIX CIVIL ADMINISTRATION

Volume TWENTY - SEVEN Labor and Personnel

Volume Twenty – eight Education

Volume Twenty - nine Science and Technology

Volume Thirty Culture

Volume Thirty – one Medicine and Hygiene Care

Volume Thirty – two Sports

Volume Thirty – three the Construction of Spiritual Civilization

Volume Thirty – four Social Life

VOLUME THIRTY-FIVE BRIEFING ON COUNTIES (DISTRICTS)

VOLUME THIRTY - SIX CHARACTERS

APPENDIX

卷二十五　法治

“文化大革命”期间，襄阳地区政法工作受到干扰，政法机关一度陷于瘫痪。“文化大革命”结束特别是中共十一届三中全会后，全区政法工作逐步恢复和加强。1978年11月，湖北省人民检察院襄阳（地区）分院恢复重建。1980年增设襄阳地区司法局，负责组织和管理人民调解、法制宣传、法律服务等司法行政事务。同年9月，中共襄阳地委设立政法小组；此后，中共襄阳地委、襄樊市委及地委所辖各县（市）委均先后设立政法小组和政法委员会（以下简称政法委）。1982年7月，中共襄樊市委成立政法委员会。1983年10月，地、市合并后，成立中共襄樊市委政法委员会，党委领导政法工作的机构逐步充实、加强和完善。1986年10月，襄樊市成立社会治安综合治理委员会及办公室（办公室设在市委政法委，工作人员从市直公、检、法机关抽调，主任由市委政法委1名副书记兼任）。1992年1月，市委政法委增设综合治理科。1994年4月，成立襄樊市国家安全局，负责反间防谍和对外情报工作。1995年6月，市残疾人联合会从市民政局分离，升格独立，负责维护残疾人合法权益，为残疾人服务，管理残疾人事业。1996年3月，撤销“综合治理”科。同年6月，成立襄樊市社会治安综合治理委员会办公室，与市委政法委机关合署办公。2002年初，襄樊市实施市级党政机构改革，重新明确市委政法委职责（保留市社会治安综合治理委员会办公室并与政法委机关合署办公），成立市委政法委、市综治办“维护稳定工作科”，对外称“维护稳定工作办公室”（以下简称“维稳办”），与市综治办综合协调科合署办公。同年4月，成立由市委1名副书记任组长、市直有关部门负责人为成员的市维护社会稳定工作领导小组，下设办公室（办公室与市综治办合署办公）。

市委政法委是市委领导、管理全市政法工作的职能部门，是党对政法工作实施领导的具体组织形式和工作渠道，其主要职责是协助党委从思想上、政治上、组织上加强和改善党对政法工作的领导，从宏观和全局上统一组织、领导、指导、协调全市政法各部门的工作；统筹、协调全市社会治安综合治理及维护社会稳定的日常工作；协助市委及组织部门考察、管理政法各部门的领导干部，加强政法队伍建设；组织开展对政法工作重大政策问题的调查研究；统筹、协调对政法各部门执法及司法活动的监督，统一政法各部门的思想和行动，协调解决政法各部门工作中的一些重大疑难问题，推动解决司法保障等实际问题；确保法制的统一和法律的正确实施，确保党的路线、方针、政策和党委的部署在政法各部门得到落实。

一、公安

（一）机构

1.襄樊市公安局

地市合并前的襄阳地区公安（局）处（1979—1983年）：1979年，襄阳地区行政公署公安局内设政治处、秘书科、政保科、内保科、治安科、刑侦科、预审科、消防科、收容审查站。1980年12月，襄阳地区行政公署公安局秘书科改称办公室。1981 年 3 月，襄阳地区行政公署公安局改称襄阳地区行政公署公安处。1983 年 8 月，襄阳地区行政公署公安处内设政治处、办公室、政保科、内保科、治安科、刑侦科、预审科、消防科、收容审查站。

地市合并前的襄樊市公安局（1979—1983 年）：1979 年 6 月，襄樊市由地辖市升为省辖市，襄樊市公安局升格为地市级公安局。升级后襄樊市公安局设置政治处、行管科、信访档案科、政保科、内保科、治安科、刑警队、预审科、消防科、强劳所、收容审查站、看守所、交通中队、科研所。增设警卫科。1980 年 5 月，市局交通中队改为交通大队，消防中队改为消防大队。同年 11 月，市局审查站改为劳动教养收容审查站。1981 年，撤销强劳所。同年 12 月，市局刑事警察中队改为刑事警察大队。1982 年 5 月，市局增设有线通讯安全检查领导小组办公室。1983 年 9 月，市局成立侦察科（六科）。

地市合并后的襄樊市公安局（1983—2005 年）：1983 年 10 月，原襄樊市公安局和襄阳地区行政公署公安处合并，称襄樊市公安局。1984 年 2 月，经市委同意，市公安局内部机构设办公室、政治处、一科（政保科）、二科（内保科）、三科（治安科）、四科（刑侦科）、五科（技术侦察科）、七科（预审科）、八科（警卫科）、消防科、交通科、行管科。同年 3 月，设立襄樊市劳动教养委员会办公室。保留原市局科研科。7 月，警卫科转为现役制。同年 9 月，增设户口科。同年 12 月，成立襄樊市人民警察学校；增设技术保卫科（六科），撤销原市局有线通信安全检查办公室。1985 年 5 月，设立外事科。同年 7 月，设立国家安全科。1986 年 4 月，增设车辆管理所、通信科；收容审查站改为收审所。同年 6 月，中共襄樊市公安局纪检组改称中共襄樊市公安局纪律检查委员会。1988 年，成立襄樊市公安局汽车驾驶员培训中心。同年 5 月，交通大队更名为交通警察支队。6 月，市局麒麟看守所更名为拘役所。1989 年 4 月，成立监察科和治安巡逻队。同年 6 月，通信科改为机要通信科。同年 11 月，增设组干科、宣教科，归口政治处领导。1990 年 1 月，成立襄樊市妇女收容教育所；治安巡逻队更名为特警队。同年 4 月，增设审计科。同年 8 月，设立襄樊市第二看守所；增设法制科。1991 年 3 月，将市局五科（技术侦察科）调整为五科和十二科。1992 年 8 月，市局汽车驾驶员培训中心更名为市局机动车驾驶员培训学校。1992 年 10 月，成立襄樊市保安服务公司。1993 年 5 月，市局特警队更名为巡警队。1994 年 6 月，市局国家安全科、十二科、六科移交襄樊市国家安全局。1995 年 10 月，市局刑警大队更名刑警支队。1996 年 4 月，襄樊市保安服务公司更名为襄樊市保安服务总公司。1996 年 12 月，成立市局干警培训学校，该校与市局函授站合署办公。1997 年 5 月，成立襄樊市强制戒毒所。同年 9 月，市局机构改革，内设指挥中心、机要通信科（计算机监察科）、政治部（内设综合科、组干科、宣教科）、警务督察大队、法制科、信访科、出入境管理科、行财科、禁毒科、预审科、侦察科、技侦科、监所管理科、内保科、治安科、户政科、巡逻警察支队、刑事警察支队、经济侦察支队、交通警察支队、车管所、消防支队（武警现役编制）、警卫处（武警现役编制），局机关下设第一看守所、第二看守所、第三看守所、妇教所、戒毒所、干警培训学校（函授站）、科研所（事业单位）、汽车驾驶职业高级中学（事业单位）、（纪检监察机构按有关规定设置）。2002 年 6 月，市局内设机构为：指挥中心（副县级，对外称办公室，内设指挥调度科、秘书调研科、公共信息网络安全监察科、机要通信科）、政治部（副县级，机关党委与政治部合署办公，内设综合科、组织人事科、宣传教育科、离退休人员工作科）、督察部（副县级，内设警务督察大队、控告申诉科）、法制科（正科级）、行财装备科（正科级）、出入境管理科（正科级），下设人民警察培训学校（正科级，函授站）、汽车驾驶职业高级中学（正科级，事业单位）、市保安服务总公司（正科级）、“两化”办公室（正科级）、纪委（副县级）、监察室（正科级）、工会（正科级）、妇委会（正科级）、团委（正科级），直属机构为：国内安全保卫支队（副县级，对外称一支队）、经济犯罪案件侦查支队（副县级，对外称二支队）、治安警察支队（副县级，对外称三支队）、刑事警察支队（副县级，对外称四支队）、监所管理支队（副县级，对外称五支队）、巡逻警察支队（副县级，对外称六支队）、行动技术支队（副县级，对外称七支队）、禁毒支队（副县级，对外称八支队）、交通警察支队（副县级，对外称九支队）、消防支队（武警现役编制）、警卫处(武警现役编制)。同年11月,公共信息网络安全监察科升格,更名为市局公共信息网络安全监察支队(副县级,对外称十支队),消防支队对外称十一支队。2005年3月,撤销汽车驾驶职业高级中学。同年,市公安局内设指挥中心(内设指挥调度科、秘书调研科、机要通信科)、政治部(内设综合科、组织人事科、宣传教育科、离退休人员工作科)、督察部(内设警务督察大队、控告申诉科)、法制科、行财科、出入境管理科、人民警察培训学校、市保安服务总公司、"两化"办公室、纪委监察室、团委、妇委会、工会、国内安全保卫支队、经济犯罪案件侦查支队、治安警察支队、刑事警察支队、监所管理支队、巡逻警察支队、行动技术支队、禁毒支队、交通警察支队、公共信息网络安全监察支队、消防支队(武警现役编制)、警卫处(武警现役编制)。

1979—2005年襄樊市公安局主要行政负责人一览

表25—1

职务	单位	姓名	任职时间
局长	原襄阳地区行政公署公安局	陶子厚	1975.11—1983.12
	原襄樊市公安局	严永昌	1977.8—1981.11
		魏新发	1981.11—1983.12
	合并后襄樊市公安局	陶子厚	1983.12—1989.6
		刘 臻	1989.7—1994.6
		杜震华	1994.6—1997.12
		柳维志	1999.1—2003.7
		万桃元	2003.7—2005.1
		余新民	2005.1—2005.11
副局长	原襄阳地区行政公署公安局	杨传厚	1974.2—1983.12
		张学义	1981.10—1983.5
		杜震华	1983.4—1983.12
	原襄樊市公安局	魏新发	1972.12—1981.11
		赵荣轩	1972.12—1986.6
		衡光明	1973.12—1982.7
		杜正福	1975.1—1987.10
		李安成	1982.5—1983.12
	合并后襄樊市公安局	魏新发	1983.12—1992.2
		赵荣轩	1983.12—1986.6
		杜震华	1983.12—1989.7
			1992.2—1994.5
		金申义	1983.12—1999.12
		杜正福	1983.12—1989.8
		王宾宜	1985.5—1986.5
		柳维志	1986.6—1999.1
		衡光明	1990.11—1994.4
		赵明富	1994.4—2002.3
		王正合	1994.6—2002.3
		张忠发	1997.6—2002.3
		伍华钢	1997.8—2005.12

续表

职务	单位	姓名	任职时间
		谢佳辉	2002.3—2005.12
		刘友国	2000.3—2005.12
		杨建强	2000.3—2005.12
		郑双根	2002.3—2005.12
		喻春祥	2003.7—2004.9

2.各县(市)区公安分局

1979年,原襄阳地区革命委员会(后改称襄阳地区行政公署)公安局下辖襄阳、枣阳、随县、宜城、南漳、光化、谷城、保康和襄樊市8县1市公安局。同年11月,襄阳地区设立随州市和老河口市,同时在随县城关镇派出所的基础上组建随州市公安局，在光化县城关镇派出所的基础上组建老河口市公安局。1983年8月,因襄阳地区与襄樊市合并,实行市管县的管理体制,将襄阳地区所辖的襄阳、枣阳、宜城、南漳、保 康、谷城六县划归襄樊市管辖,原襄樊市划为襄城、樊东、樊西、郊区 4个县级区,撤销随县、光化县,为此,襄阳地区行政公署公安处和原襄樊市公安局合并,于同年10月召开机构改革、合并动员大会。同年11月,光化县、随县公安局撤销分别合并于老河口、随州市公安局,业务隶属襄樊市公安局领导。1984年4月,机构改革后,按照新的市区建制,组建襄城、樊东、樊西、郊区4个区公安分局。1988年,枣阳县公安局改称枣阳市公安局。1994年,宜城县公安局改称宜城市公安局;随州市公安局划归省公安厅直管。市局设立高新技术开发区和汽车产业经济技术开发区分局。1996年,因行政区划变更调整,市公安局设襄城、樊城、高新技术产业开发区、汽车产业经济技术开发区分局。1997年4月,撤销机场派出所,成立市公安局机场分局。同年9月,市局机构改革,市局下设5个分局:襄城区、樊城区、高新技术产业开发区、汽车产业经济技术开发区、机场分局。同年10月,因企事业公安机构体制改革,机场分局(原襄樊民用航空站机场派出所)改制为襄阳县公安局襄樊民航机场派出所。2001年4月,襄樊二汽基地公安处改制为襄樊市公安局襄东分局。2002年6月,根据市政府《襄樊市公安局职能配置、内设机构和人员编制规定》,市公安局派出机构为(副县级):襄城区分局、樊城区分局、高新技术产业开发区分局、汽车产业经济技术开发区分局、襄东分局。同年10月,襄阳县公安局更名为襄阳区公安分局。至2005年,市局管辖襄城、樊城、高新技术产业开发区、汽车产业经济技术开发区、襄东、襄阳区6个公安分局及枣阳市、宜城市公安局、老河口市3个市公安局和南漳县、保康县、谷城县3个县公安局。

3.派出所

1979年6月,襄樊市公安局升为地市级公安局,下辖襄城、东风、望江、水上、樊城工业区、庞公、王寨、万山、清河口派出所。1980年9月,东风派出所改为樊东派出所,樊城工业区派出所改为樊西派出所。1982年10月,成立前进路、隆中、岘山3个派出所。1996年6月,因行政区划变更,对城区公安派出所设置进行调整。其中襄城分局下设7个派出所:襄城派出所更名为昭明派出所,岘山派出所更名为王府派出所,保留庞公、檀溪、隆中、尹集派出所,增设余家湖派出所,撤销四季青、万山派出所;樊城分局下设9个派出所:望江派出所更名为定中门派出所,樊东派出所更名为屏襄门派出所,前进派出所更名为中原派出所,长虹派出所更名为米公派出所,保留清河口、汉江、王寨、水上、柿铺派出所,撤销火车站站前、樊西派出所:高新技术产业开发区分局下设2个派出所:余岗派出所更名为团山派出所,增设七里桥派出所;汽车产业经济技术开发区分局下设2个派出所:保留米庄派出所,增设车城派出所。1997年10月,因企事业公安机构体制改革,原襄阳轴承厂派出所改为襄城分局顺安山派出所,原襄棉集团总公司派出所改为樊城分局人民路派出所,原国营汉丹电器厂派出所改为襄城分局虎头山派出所,原宏伟机械厂派出所改为襄城分局贾洲派出所,原湖北化纤集团有限公司派出所改为襄阳县公安局陈家湖派出所,原湖北制药厂派出所改为襄城分局周家冲派出所。2001 年 3 月,成立高新技术产业开发区分局紫贞派出所。至 2002 年,市局下设 33 个派出所(正科级),其中襄城分局下设 13 个派出所:昭明、王府、檀溪、庞公、隆中、余家湖、尹集、泥咀、欧庙、顺安山、周家冲、虎头山、贾洲派出所;樊城分局下设 13 个派出所:中原、屏襄门、定中门、清河口、米公、汉江、王寨、柿铺、水上、牛首、太平、人民路、陈家湖派出所;高新技术产业开发区分局下设 3 个派出所:紫贞、七里河、团山派出所;汽车产业经济技术开发区分局下设 2 个派出所:车城、米庄派出所;襄东分局下设 2 个派出所:富康路、刘冈派出所。2004 年 8 月,襄城分局泥咀派出所更名为卧龙派出所。2005 年 3 月,撤销襄东公安分局刘冈派出所。同年 4 月,原襄阳区公安分局襄樊民航机场派出所移交高新公安分局,更名为襄樊市公安局高新技术产业开发区分局襄樊机场派出所。至 2005 年,全市派出所 119 个,其中城区分局有 33 个派出所,县市公安局有 86 个派出所(见表 25—2)。

2005 年襄樊市公安派出所一览

表 25—2

襄城分局(13 个派出所)	昭明、王府、檀溪、庞公、隆中、余家湖、尹集、卧龙、欧庙、顺安山、周家冲、虎头山、贾洲
樊城分局(13 个派出所)	中原、屏襄门、定中门、清河口、米公、汉江、王寨、柿铺、水上、牛首、太平、人民路、陈家湖
高新技术产业开发区(4 个派出所)	紫贞、七里河、团山、机场
汽车产业经济技术开发区(2 个派出所)	车城、米庄
襄东分局(1 个派出所)	富康路
襄阳区分局(15 个派出所)	张湾水陆、肖湾、龙王、石桥、黄集、伙牌、古驿、程河、朱集、双沟、张家集、黄龙、峪山、东津、魏庄
枣阳市公安局(16 个派出所)	北城、南城、环城、西城、鹿头、新市、太平、杨当、七方、琚湾、熊集、吴店、平林、王城、兴隆、刘升
宜城市公安局(12 个派出所)	板桥店、东方、孔湾、雷河、刘猴、流水、南营、上大堰、王集、小河、鄢城、郑集
老河口市公安局(11 个派出所)	北京路、和平路、洪山咀、李楼、孟楼、水上、仙人渡、薛集、袁冲、张集、竹林桥
南漳县公安局(11 个派出所)	城关、武镇、九集、清河、李庙、长坪、薛坪、板桥、巡检、东巩、肖堰
保康县公安局(11 个派出所)	城关、店垭、过渡湾、后坪、黄堡、两峪、龙坪、马良、马桥、寺坪、歇马
谷城县公安局(10 个派出所)	五山、赵湾、城关、石花、庙滩、茨河、紫金、南河、冷集、盛康

(二)队伍

1.民警录用与授衔

建立和推行国家公务员制度以前,市公安局由当地党委政府同意增编后,从大中专院校分配、接收录用军队转业干部或由政府人事部门招工、录干调入公安机关,再逐级上报至省公安厅批准人民警察身份。1992 年,根据省公安厅统一部署,市公安局警衔办公室按照《中华人民共和国人民警察警衔条例》和《评定授予人民警察警衔实施办法》的规定，对全市公安机关属于人民警察建制的在编在职人民警察、人民警察学校中担任人民警察职务的人员、吸收录用具有干部身份的人民警察进行综合评定，授予相应衔级的警衔，至 1993 年 2 月，市公安局完成首次全省统一部署的评授警衔工作。其中市局局直单位和城区分局评授警衔公安干警 1059 人（局直 600 人，城区 459 人），授予警监 4 人（二级警监 2 人、三级警监 2 人）、警督 288 人（一级警督 62 人、二级警督 99 人、三级警督 127 人）、警司 657 人（一级警司 322 人、二级警司 265 人、三级警司 70 人）、警员 110 人（一级警员 44 人、二级警员 66 人），其中授予行政干警警衔 1031 人，专业技术干警警衔 28 人。各县、市公安局评授警衔公安干警 1871 人。市公安局举行首次授衔仪式。1994 年始，开展新录用民警授衔和人民警察的警衔晋升、降低、取消及晋衔培训、调整警衔津贴等项工作。至 2005 年，全市授衔民警 4564 人，其中警监 3 人（三级警监 3 人）、警督 2859 人（一级警督 491 人、二级警督 764 人、三级警督 1604 人）、警司 1659 人（一级警司 783 人、二级警司 663 人、三级警司 213 人）、警员 43 人（一级警员 22 人、二级警员 21 人）（见表 25—3）。

1979—2005 年襄樊市公安局干警配备情况一览

表 25—3

年度	总人数	民警数	市区公安机关民警数	县市区公安机关民警数	派出所民警数
1979	1 240	1 181	—	—	332
1980	1 237	1 169	—	—	217
1981	1 404	1 323	—	—	226
1982	1 711	1 647	—	—	458
1983	2 154	1 923	690	1 233	795
1984	2 332	1 987	737	1 250	782
1985	2 440	2 314	833	1 481	801
1986	2 567	2 504	907	1 597	895
1987	2 697	2 631	941	1 690	1 006
1988	2 936	2 936	1 024	1 912	1 129
1989	3 378	3 312	1 128	2 184	1 160
1990	3 571	3 496	1 164	2 332	1 223
1991	3 637	3 570	1 145	2 425	1 270
1992	3 830	3 720	1 232	2 488	1 354
1993	4 039	3 955	1 225	2 730	1 459
1994	3 601	3 511	1 242	2 269	1 219
1995	3 735	3 610	1 277	2 333	1 270
1996	3 904	3 766	1 316	2 450	1 300
1997	4 243	4 095	1 441	2 654	1 278
1998	4 426	4 360	1 534	2 826	1 294
1999	4 603	4 556	1 552	3 004	1 495
2000	4 644	4 584	1 567	3 017	1 411
2001	4 674	4 600	1 574	3 026	1 360
2002	4 611	4 543	2 198	2 345	1 467
2003	4 748	4 680	2 378	2 302	1 478
2004	4 701	4 616	1 864	2 752	1 528
2005	4 791	4 674	2 043	2 631	1 451

2.立功创模

1979—2005 年,全市有 33 名民警因公牺牲,其中 4 人被省政府追认为革命烈士(见表 25—4),有 10 个(次)公安局荣获全国优秀公安局称号,4 个单位被评为全国优秀公安基层单位(人民满意的公安基层单位),6 人被授予(追授)全国公安系统一、二级英雄模范(见表 25—5),2 人被授予全国特级优秀人民警察,有 30 人被授予全国优秀人民警察,2 人被评为全国先进工作者、劳动模范,8 人被评为全省先进工作者、劳动模范,有 3 393 个(次)集体和 11 555 人(次)受到全国、省、市和市公安局以上的表彰奖励,其中,荣立集体一等功 2 个,个人一等功 13 个、集体二等功 46 个、个人二等功 84 个。

1979—2005 年全市公安系统烈士一览

表 25—4

姓名	性别	籍贯	出生时间	工作单位及职务	牺牲时间
杨光斌	男	湖北襄樊市	1953	樊城公安分局清河口派出所民警	1989.06.09
王兆清	男	湖北襄阳县	1945	老河口市公安局交警大队民警	1990.02.05
张　斌	男	湖北宜城市	1966	宜城市公安局交警大队民警	2002.03.31
靳永国	男	湖北老河口市	1969	老河口市公安局袁冲派出所所长	2005.01.09

1979—2005 年获全国公安系统一、二级英雄模范一览

表 25—5

等　级	名　录
一级(1 名)	杨光斌
二级(5 名)	王兆清　胡奇峰(女)　雷海波　王正平　周友国

3.教育培训

短期培训:1980 年,对干警党员进行分期政治轮训教育。从 9 月开始,每期 30 人左右,时间 10 天,年底结束。市公安局政治处举办 15 期训练班,训练公安干警 176 名,为保证培训质量,训练班结业都进行了考试,成绩平均在九十分以上。1981 年 8 月,市公安局党委在全局举办骨干轮训班。把学习《关于建国以来党的若干历史问题的决议》作为下半年的中心任务之一,分期分批将全局干警轮训了一遍。1984 年,针对当时干警文化水平偏低的实际情况,培训的重点是提高干警的文化素质,要求公安机关干警在 1990 年底没有达到高中或中专毕业文化程度的,调出公安机关或者作为工勤人员使用。1985 年 3 月,公安部分期分批轮训市公安局局长、政委 13 名。同年 6 月,对全市公安机关干警进行政治理论、业务知识和科学文化水平的培训,全年干警在职学习 342 人,利用脱产电大函大自修等形式,培训民警 342 人,全年共举办干警文化轮训班 20 期,轮训干警 780 人。1988 年,6 名派出所长参加了省公安专科学校所长培训班,市局开办了首届一年制干部中专速成班,90 名业务骨干在市警校一年制中专速成班学习,同时举办了两期交警培训班,对 120 名监理转警人员进行了业务培训。各县(市)区公安机关也举办了各种类型的岗位培训班 64 期。1989 年,市局开展多层次、多形式的岗位训练,提高业务素质和执法水平。346 名派出所长以上干部参加省公安专科学校培训班,17 名干警参加公安部举办的行政诉讼法培训班,74 名交警和合同制民警接受岗前培训。各县、市、区公安机关还举办了 38 期 893 人次的岗位培训班。1991 年,市局全年办班 8 期培训干警 388 人,举办各类短期轮训班 27 期 1139 人。1992 年,市局按照分级管理,分级培训的办法,举办 3 期所长、指导员规范化岗位培训班,培训 200 人,每期二个月,各县、市、区公安局也举办了各类干警培训班。1996 年,为强化民警实战训练,全市公安机关依托省警校举办 4 期司晋督培训班,培训民警 302 人,依托局函授站,对新进民警开展岗前培训 2 期 104 人，同时，因地制宜开展短期业务培训，举办了 2 期 120 人的科、所、队长培训，各县、市、区公安局举办短期业务培训班 14 期 520 余人。1997 年，市局依托省人民警察学校开展司晋督警衔晋升培训，培训 1 期 115 人。同时，利用市局函授站和总后司训基地，对新录民警开展了岗前培训 2 期，培训民警 152 人。各县、市、区公安局举办各类短期业务培训班 20 期 600 余人，开展岗位练兵，知识竞赛业务比武 23 场次。1998 年，市局共培训民警 6 期 599 人，占全市民警总数的 14.9%，其中科、所、队长及业务骨干培训班 1 期 120 人，看守所业务培训班 1 期 49 人，武警全员执法办案培训班 1 期 82 人，晋衔培训班 3 期 348 人。通过培训，90%以上学员在结业时成绩达到优秀，100%的学员成绩达到合格，233 名学员被评为优秀学员，其中 80 名受市局嘉奖，153 名受市局通报表彰，培训工作受到省厅肯定。1999 年，全市各级公安机关实行学、练、管、考四位一体的封闭式军事化管理，培训民警 16 期 1518 人，占民警总数的 34%。市局组织培训 5 期 597 人，其中司晋督警衔晋升培训 4 期 475 人，新录用民警岗前培训 1 期 122 人，民警培训学校精心助学，273 名民警取得大专以上学历。精心组织 4008 名民警参加了人民警察基本素质考试，及格率 99.8%。

2001 年，市局强化实战训练，坚持逢进（晋）必训的原则，依托上级公安机关，对 2 名县市公安局政委、35 名派出所长进行培训，依托民警培训学校，培训民警 6 期 470 人次。2002 年，市局举办法律培训班 3 期，培训民警 938 人，着力提高民警基本法律知识的运用能力和水平。举办民警警力实战技能培训班 8 期，培训民警 1160 人次，各地培训民警 9 期 659 人，完成公安部、省厅调训 20 期 143 人，完成市委、市政府部门调训 8 期 41 人。市局开展民警射击训练的做法被公安部转发推广。2003 年，全市公安机关以端正执法思想和实战技能培训为重点，共举办各类培训班 27 期，培训民警 3411 人。其中，市局举办端正执法思想轮训班 8 期，培训民警 1311 名。培训期间，市局制定了具有襄樊特色的轮训班管理"六个严禁"，即：严禁外出吃饭、严禁带车、严禁看望慰问、严禁打牌、严禁饮酒、严禁无故不出操，解决了队伍作风"稀、拉、松"、环境"脏、乱、差"等问题。2004 年，全市公安机关建立了以警衔晋升培训为主体、以警事技能培训为核心的民警教育训练工作机制，加大了在职民警教育训练力度。全年共举办各类培训班 10 期，对 1070 名民警进行了警衔晋升培训，培训大练兵教员 38 人次。

大练兵、大比武：2000 年，对全体民警实行分层培训，依托上级公安机关，对 2 名县市公安局长、87 名派出所长进行培训；依托民警培训学校，对学员实行封闭式军事化管理，共培训民警 8 期 599 人，其中培训派出所副职 2 期 176 人，培训"企改制"和新录用民警 239 人。2001 年，开展实战训练和岗位练兵活动，共举办各类培训班 6 期 470 人次。组织一线民警开展射击、现场勘查、查缉战术和处置突发事件等警务技能训练。同年 11 月，组织市局机关和巡警、经侦支队 227 名青年民警参加测试。2004 年 9 月，在省警察学校举行以"分列式演练、警事技能演练、反恐怖演习、警用装备展示和警体四项全能竞赛"为主要内容的全市公安机关大练兵演练演习。

4.整顿

纪检监察：1984 年 5 月，设立中共襄樊市公安局纪检组，1986 年 6 月改称中共襄樊市公安局纪律检查委员会。1989 年 4 月，成立襄樊市公安局监察科，1999 年底改为监察室，与市公安局纪委合署办公。纪检工作的主要任务是：维护党的章程和其他党内法规，协助党的委员会加强党风建设，检查党的路线、方针、政策的执行情况，对党员进行遵守纪律教育，检查和处理党的组织和党员违反党的章程和其他党内法规的案件，受理党员的控告和申诉。监察工作的主要任务是：监督检查民警执行国家法律、法规和政策以及决定、命令的情况，受理违反国家法律、法规以及政纪行为的检举、控告，调查处理违反国家法律、法规以及违反政纪的行为，受理不服行政处分的申诉。1990 年 3 月，市公安局在局直单位进行党员重新登记。经个人总结、民主评议、支部大会表决、党委审批，447 名党员准予登记，8 名党员暂缓登记。1993 年 10 月，为加强领导干部廉洁自律工作，市公安局出台《襄樊市局党组成员廉洁自律十项规定》。1997年6—9月，结合学习贯彻中共中央、国务院《关于党政机关厉行节约、制止奢侈浪费行为的若干规定》，在全市公安机关开展了制止奢侈浪费行为整治工作。2000年，查处违法法案件10起15人。2001—2005年，市公安局纪检监察部门机关查处民警违法违纪36起53人。2004年1月17日，市发生第一起因酒后驾车违反公安部《五条禁令》的案件，根据《五条禁令》规定，1人被开除公职，1人被辞退，5名负有责任的清河口派出所领导分别受到行政处分。

纪律作风整顿：1984年，中纪委发出《关于严惩贪赃枉法的党员干部，纯洁公安队伍的通报》。按照通报要求，市局组织全局民警集中学习《刑法》、《政法公安人员守则》、《公安人员八大纪律十项注意》，突出重点部位、重点人员、重点问题，开展教育整顿活动。1988年7月，在城区公安机关开展了清理公安民警经商办企业工作。1993年2月23日，为加强对公安民警思想作风和遵纪情况的监督，市局举行首届警风警纪监督员聘请仪式，聘请33名人大代表、政协委员为市公安局警风警纪监督员。监督员的主要职责是，对全市各级公安机关及其公安民警的执法活动、纪律作风、遵纪守法情况进行监督。1998年7月，全市公安机关开展了为期半年的“整顿警风、整肃队伍”活动，重点解决刑事执法违法和利用职务违法犯罪问题，执法办案和公安行政管理中乱收费、乱罚款、乱摊派问题，利用公安职权违反规定搞创收的问题，队伍杂乱和不纯的问题。全市99.7%的民警参加了“两整”。“两整”中，纠正执法偏差、过错233起，变更行政处罚27起；收回外借警车13辆、号牌13副；退回违规罚款、收费、摊派合计43万元；清理单位和民警经商办企业12起，撤销企业5个；清退临时聘用人员453人；查处违法违纪民警22人。2001年，在全市公安机关广泛开展了以全心全意为人民服务的宗旨教育、实事求是的思想路线教育和严格、公正、文明执法的法制教育为主要内容的“三项教育”活动，解决了服务意识差、思想作风不实、执法不公等问题。2003年，结合学习贯彻公安部《五条禁令》，市公安局组织全市公安机关开展了加强内部管理工作教育整顿活动。通过集中学习、签订责任状、自查自纠、明察暗访等措施，重点预防和解决违反枪支管理规定、工作时间饮酒、酒后驾车、参与赌博的问题，当年全市无民警违令案件发生。2005年3—11月，市公安局开展了接受人大评议专项整改活动。城区公安机关组织民警走访各界群众3000余人，征求意见91条，逐一整改到位。同年11月29日，市人大常委会经过表决，市公安局被评为满意单位。

纠正行业不正之风：1985年，针对新形势下公安职业据点中出现的不正之风，对全市公安职业据点进行了清理整顿，制定了职业据点管理规定，规范了内部管理。1986年，在全局民警中开展抵制和纠正行业不正之风的整纪刹风教育。1990—2005年，坚持不懈地治理公路“三乱”，“三乱”问题逐年减少，群众满意度提升。2002年，市局对局直单位“小金库”进行清理，收缴小金库资金27万余元，取消银行账户20个，对18个单位原账户上存放的现金实行集中管理。2003年5月，市局印发《关于开展涉农收费专项治理活动的实施方案》，在全市公安机关开展了为期半年的集中治理工作。清理涉农违规收费75万元，并全部予以清退。针对公安机关涉农违规收费主要发生在办理户口、身份证环节，市公安局完善《户政窗口工作规范》，出台《二十条便民利民措施》。2004—2005年，按照公安部部署，对全市公安机关执法中存在的违反规定扣押、查封、冻结、没收财产，违反规定责令停业整顿、吊扣证照问题进行了专项治理。“两个违规”专项治理中，排查2002年以来办理的治安案件、交通事故和正在办理的刑事案件24492起，发现问题案件54起，整改53起，退还保证金21万元、摩托车等物品35件。

警务督察：1998年1月18日，襄樊市公安局警务督察队正式挂牌成立，配专职督察民警10人，由市局纪委书记分管。1999年12月，明确市局督察队为正科职单位，内设2个中队。2002年，根据市局机构改革“三定”方案，取消中队，设队长1名，副队长2名。建队初期，市局警务督察队主要职责是对公安机关内部管理进行动态监督，核查群众控警投诉。日常任务包括：查纠警用车辆乱停乱放、挪用号牌、使用伪造号牌等行为；纠正民警警容风纪不整问题；检查值班备勤；根据直接受理或上级机关、领导批转的群众投诉、举报，对公安机关执法办案中的违法违纪行为进行查处。2000年1月，根据

《公安部关于认真做好110报警服务台受理人民群众电话投诉工作的通知》要求，建立警务督察与110并轨联动机制，实行督察人员24小时值班备勤制度，确保随时受理处置110转来的群众电话投诉。2001年后，全市公安机关督察部门确立了“围绕中心工作，狠抓督办落实”的指导思想，明确了“督促、查纠、防范、保障”的四项职能，督察工作开始向公安执法环节全面延伸，向群众关注的热点、难点聚集，督察部门“抓落实”的职能优势日益凸现。

（三）治安行政管理

1.110报警服务台

1994年8月1日，市公安局110报警服务台开通，共投资8万余元，建成约70平方米的操作指挥室两间，配备“神盾”S9220型接警设备1套、110报警中继线3对，电脑联网报警控制总台一套、110报警电话2部，150兆无线调度控制台1套、传真机1台、外线电话1部、内线电话2部。值班民警7名，实行24小时昼夜值班制度。1996年12月16日、18日、19日，市公安局分别在襄城区环城东路（中行襄城支行）、樊城火车站、襄城东门桥组织三次110接处警实战演练。20日，市公安局召开110报警服务台新闻发布会，副局长金申义宣读向社会公开服务的范围和标准，开始受理群众报警。

1997年4月14日，市公安局召开全市110报警服务台建设工作会议，局长杜震华传达全省110报警服务台建设黄梅现场会精神，并与7个县、市和襄城区、樊城区的公安（分）局长签订了《110报警服务台建设责任书》。各县、市（区）在6月底以前全部开通110报警服务台。当年，市公安局投资80余万元，购置110智能接警调度平台、计算机辅助指挥系统和110GXS地理信息系统等设备，安装了深圳“亚奥星”公司的110智能接处警系统。并投资5.2万元建设80平方米的隔音防尘防静电指挥调度室。同年8月18日，市公安局正式启用集程控交换调度、接处警、录音录时、二级接警、局长查询等功能的110接警调度台，共有两个接警席位。同年9月5日，市公安局成立指挥中心，副县级机构，下设的指挥调度科（副科级）直接负责110接处警工作。市局指挥中心有民警29名，直接从事110报警服务、指挥调度民警11名。1998年，市公安局指挥中心参与推广以电脑报警为主要内容的技防工作，为市区145家企事业单位安装电脑联网报警装置，制止盗抢案件10起，现场抓获违法犯罪人员2人，保护了企事业单位的财产安全。1999年4月6日，启动以公安110报警服务台为纽带，由市直18个职能部门、40多个企事业单位参与的社会服务联合行动。2000年1月，指挥中心内设指挥调度科（正科级）、秘书调研科（正科级）。指挥中心民警29人，其中直接从事110报警服务的民警13名。同年2月，为解决社会联动服务存在的问题，市政府先后三次召开会议专题研究，副市长尚立学等领导就各职能部门配合公安机关开展110社会联动服务做了专门批示。3月中旬，市联动领导小组召开了市直联动单位和部门负责人会议，对全市联动工作进行了总结，表彰了联动服务工作成绩突出的先进单位和个人，并以市联动小组文件下发了《关于进一步加强110社会联动服务工作的通知》，对联动工作提出了具体要求。全市18个联动部门、40多个企事业单位参加了社会服务联合行动，各联动单位和部门本着“为民、便民、利民”的原则，想实招，办实事，大多数联动单位都落实了专门领导、专门机构人员、固定电话和专门工作制度，健全了工作运行机制，其中工商、环保等联动部门的联动出警车辆还统一了“110联动服务”、“12315”、“110环保”等车辆识别标志。开展联动服务以来，110报警服务台通过社会联动为群众排忧解难1 090人次，救助群众1 830名，处置重特大险情500余次。

2001年9月，市公安局先后投资60多万元，对110报警服务系统设备进行改造升级，增加了接警通道，强化了调度功能，服务系统更加完善，建成了GPS卫星定位移动目标报警系统和大屏幕电视指挥监控系统，开通了与交警监控中心相连12路数字监视控制系统。2002年，市公安局先后筹资200

多万元，为110报警服务台更新微机7台，为巡警、交警配备巡逻车16辆、摩托车20辆。投资100多万元建起了覆盖全市的350兆无线集群通信系统，为巡警、交警和指挥中心配备基地台、手持台120多部。2004年，指挥中心开展了以提高队伍整体素质、执法水平和综合作战能力为主要内容的大练兵活动。活动期间，多次组织接警人员徒步或骑自行车深入到樊城、高新、襄东等地，熟悉地形地貌、警区范围等，共制作警务工作图11幅，提高110接处警速度和准确性。组织开展了打字竞赛、普及计算机网络知识、牢记服务电话号码等业务竞赛活动，调动了110民警的练兵热情和积极性，提高了110接警人员的基础业务知识和基本业务技能。2005年初，市局从城区分局派出所、刑警中队抽调6名派出所副所长、中队长到110报警台轮岗一年，110报警服务台接警员增至14人。同年4月，市局指挥中心制定下发《关于进一步加强110接处警工作的通知》、《关于规范市区"网格化"巡逻接处警工作的通知》，明确110接处警民警服务态度、用语、接警、处警、纪律作风等重点内容，规范民警行为。同年4月9日、8月6日、9月14日，市局先后召开三次专题会议，研究解决"三台合一"建设中遇到的问题和困难。同年9月，市局又组织有关单位到宜昌进行实地调研，并组织指挥中心、通信科专业技术人员对各地上报的"三台合一"建设方案进行讨论、修改。至年底，全市公安机关当年共投入"三台合一"建设资金156.4万元，枣阳、保康、老河口、南漳、襄阳区等5个县市区先后实现了"三台合一"。

2.公共娱乐服务场所治安管理

1992年12月，襄樊市公安机关对开办老虎机、角子机、苹果拼盘机或与之相类似的带有赌博性质的游戏机经营活动进行打击。1996年，加大了对电子游戏机娱乐场所经营秩序的清理整顿力度，加强对电子游戏机室的清理检查。1998年12月10日至1999年4月30日，全市公安机关对按摩服务场所进行清理整顿，打击以按摩服务为掩护，组织、强迫、介绍、容留卖淫嫖娼活动。审查按摩服务场所的经营资格和经营范围，经营人员、从业人员的执业资格，规范经营行为。1999年，按照《娱乐场所管理条例》，全市公安机关开展了为期1年的娱乐场所清理整顿活动。2002年，取消"娱乐场所经营单位设立治安审核"和"按摩服务场所的设立审批"两项审批项目。全市公安机关把工作重心从"事前"审批转移到"事中"监管和"事后"查处上来。

3.特种行业管理

1978年，旅馆业、旧货业、印铸刻字业、修理业被纳入特种行业管理范围。1985年3月，修理业、印铸业和收购一般生活用废旧物品行业，不再列为特种行业管理。公安机关不再进行开业审批。1987年，印刷业被纳入特种行业管理范围。1988年，全市特种行业开始清理整治，并统一换发许可证。1992年，射击场、桑拿浴被纳入特种行业进行管理。1995年，典当业被纳入特种行业管理范围。1996年，拍卖业被纳入特种行业管理范围。自此，公安机关特种行业治安管理逐步开始由国家法律进行授权、规范，特种行业管理逐步由执行部门规章向执行国家法律过渡。1997年，旧货流通被纳入特种行业管理范围。1999年，机修业、报废机动车回收拆解业被纳入特种行业管理。2001年，取消按摩服务场所、进口彩色复印机、旧货业、非生产性废旧金属收购业、生产性废旧金属收购业、报废汽车回收（拆解）业、印刷业、非机构印章刻制单位、音像复制企业的设立审批。2004年始，旅馆业、典当业、公章刻制业设立由公安机关审批核发特种行业许可证。同年8月始，拍卖业不再实行特种行业管理。2005年3月，市公安局启动旅馆业治安管理信息系统建设工作，特种行业管理开始信息化。

4.危险物品治安管理

全市共办理公务用枪"枪证"3500余份、"持枪证"5 000余份。为防止枪支丢失被盗，市局出台"五个严禁"的管理规定，为公务用枪的配备资格、佩带、领用其间的管理设立高压线。1996年，全市先后确立5个县(市)39个乡(镇)858个村为狩青护黄地区。严格配枪人员资格审查,对申请持枪的人员,经过所在地的村民小组、村、镇、派出所、县(市)公安局逐级审核把。全市狩青护黄地区共配置猎枪1465支。同时建立了狩青护黄民用枪支管理制度,在襄樊设立一个猎枪弹专供点,方便狩青护黄地区村民的购买、使用。对流散在社会上的枪支弹药,全市公安机关不断开展"缉枪治爆"专项行动,收缴了一大批枪支弹药、管制刀具、民爆物品。

2004年,公安机关对民爆物品管理职能进行调整,将民爆物品生产单位、经营单位的审批、日常管理职能移交国防工办部门,集中精力强化民爆物品在使用环节的安全管理。《烟花爆竹安全管理条例》颁布实施前,烟花爆竹系民爆物品范畴,公安机关对烟花爆竹的管理主要依据1984年国务院颁布的《中华人民共和国民用爆炸物品管理条例》等法律法规。先后审批烟花爆竹生产厂5家,查处一大批非法生产、经营烟花爆竹的案件。针对樊城区太平镇小龙洲村家家户户加工鞭炮、非法生产烟花爆竹突出的实际情况,结合村民意愿,指导当地村委会,组建了烟花爆竹生产厂,变个体作坊为集中生产,变违规操作为规范生产,维护了烟花爆竹的生产、经营秩序。2004年,中编办关于烟花爆竹管理职能调整后,公安机关及时将相关职能移交到安监部门,会同安监部门做好日常管理工作。

5.大型活动安全保卫

2002年9月,市委市政府举办诸葛亮文化节暨经贸洽谈会(简称"一节一会"),历时6天,开展系列活动20余项,公安机关制定安全保卫方案和突发事件处置预案20余份,组织警力10000余人次,完成"一节一会"安全保卫工作。2003年春节期间,市委、市政府批准组织开展以"楚风汉韵看襄樊,激情飞扬闹新春"为主题的六项大型群众文化活动,城区公安机关投入警力395人,确保了各项活动安全。2月15日,市委宣传部在樊城人民广场组织举办《龙腾虎跃奔小康》舞龙舞狮大赛活动。襄城、樊城、高新、汽产、襄阳、宜城等六个县区的14支代表队参加。公安机关组织200余名民警负责现场保卫。2004年9月29日晚,市委、市政府在诸葛亮广场举行庆祝中华人民共和国成立55周年、东风公司高档轿车生产基地在襄樊建成投产暨"天籁"车下线文艺焰火晚会,为保障文艺焰火晚会安全、顺利进行,公安机关经过详细的现场勘查和周密的安全评估,制定了安全保卫方案。将焰火晚会现场分为焰火燃放控制区、舞台表演控制区、贵宾席外围控制区,共协调、组织保卫力量3 445人,其中军分区官兵1 100人、武警黄金学校学员400人、武警第四支队官兵300人、市武警支队官兵250人、消防官兵120人以及公安民警1 275人,圆满完成安全保卫任务。2005年,全国足球乙级联赛有6场比赛在襄樊举行。承办单位每场比赛聘请保安人员200余人。落实各项保卫措施。公安机关首次启用大型群众性活动票务管理专用章对门票进行严格管理,并在现场部署警力200余人,协助维护现场秩序。

6.群众安全防范组织管理

治安保卫委员会(以下简称"治保会"):1979年,全市治保会2 522个,治保员13 871人。1996年,全市开展创建安全居(村)委会活动,促进了治保会建设。至1999年底,全市治保会2 522个,治保员15 132人。2002年,保康县公安局寺坪派出所抓好治保主任"三权管理"(即落实对治保主任的任免建议权、管理使用权、考核计酬权)的经验逐步在全市、全省加以推广运用。2003年,全市2 560个城乡治保会逐步落实了"三权管理"。2004—2005年,全市治保会为公安机关提供线索8 463条,协助公安机关抓获违法犯罪嫌疑人3 690名,挽回经济损失886.21万元。

治安联防队:1979年,全市推行群众性治安联防组织。1986年7月,襄樊市成立联防指挥部。市公安局一名副局长任指挥长。下设办公室,具体负责各区、街治安联防工作的组织指导。全市联防队员发展到1 087人。1995年12月,全市治安联防队员返回原工作单位。2005年2月,市区组织开展"网格化"三级巡防机制。"网格化"一级巡区由巡警支队担负。樊城分局筹资70万元,公开招聘组建百人

(警校毕业生和复员军人 65 人、党员 15 人、大专以上文化 38 人)专业中心巡逻队,协助治安巡逻大队开展"网格化"二级巡区巡逻防控。各乡、镇、办事处出资公开招聘组建 10—15 人的专业中心巡逻队,协助派出所开展"网格化"三级巡区巡逻防控。至 2005 年底,全市共有由政府出资、综治部门管理,公开招聘成立的县(市)区、乡镇"网格化"中心巡逻队 108 个 697 人。

社区防范:2002 年,顺应城市社区体制改革,全市城乡推行了社区和农村警务战略。在城区,以社区为单位划分责任区,实行一区一警。对于规模较大、治安复杂的社区,实行一区两警或一区多警。在农村,以 5—7 个行政村划分 1 个中心警务区,实行一区一警。主要形式是:通过出公告栏、发公开信、发布治安预报等,提醒居民群众有针对性地加强防范;将无职党员、治安积极分子和低保对象组织起来,开展邻里关照,成立"三老"义务巡逻队(约 7—10 人),每天由居委会干部和社区民警带班,对重点时段、背街小巷进行治安巡逻;加强对违法犯罪高危人群的教育转化;推广安装技防设施。全市在大型企事业单位、金融机构、商业网点推广安装联网报警器、电视监控探头,提高防范"盗抢"效能。

7.户政管理

常住人口管理和户口迁移:1984 年始,允许农民入集镇落户。1993 年始,推行全国城乡统一的"湖北居民户口",取消"农业"、"非农业"等种类户口类型,废止关于农转非的政策规定,实行以居住地登记户口为原则,形成由户口登记迁移两项规定,户口簿、出生证、身份证三种证件和常住、暂住、寄住三种户口形式组成的管理系统。1997 年始,启动小城镇户籍管理制度改革程序。2001 年始,在全市贯彻执行中央关于小城镇户籍制度改革的有关政策规定。2002 年 10 月,市委、市政府规定了引进人才、投资举办实业、购买商品房等方面迁移户口的条件。

暂住人口管理:1980 年 7 月,全市开始实行"暂住人口申报管理制度"。1981 年 5 月,对外地到襄樊市区的暂住人员实行申报登记制度,凡外地到襄樊市暂住人员,暂住期在 1 个月内,由居委会进行登记;1 个月以上的,如有正当理由,延长暂住期限的,在派出所办理延期手续;离开时,在派出所办理缴销手续。1985 年 7 月,全市实行申领暂住证制度。1987 年,全市登记暂住人口 32145 人,办理"暂住证"19014 人。1990 年 7 月,市政府修订《襄樊市市区暂住人口管理办法》,重申外来暂住人口申报登记制度、申领暂住证规定、私房租赁管理制度、清查验证制度。暂住 30 日以上、年满 16 岁的,应办理"襄樊市暂住证"。房屋出租户主对承担的暂住人口实行《暂住人口管理簿》管理。1994 年 7 月,市、区政府成立外来流动人口管理工作领导小组,对市区暂住人口和出租房屋进行清理,登记暂住人口,查处违法犯罪,清埋"三无"(无身份证明、无固定住所、无正当职业)人员,维护了市区社会治安秩序。2005 年,全市建立了市、区(县、市)、街道(乡镇)和社区(村组)四级暂住人口管理与服务工作的领导体制,健全了"党政领导,综治牵头,公安为主,部门参与,综合治理"的管理机制,市、区(县、市)、街道(乡镇)都成立了暂住人口管理与服务领导小组及办公室,市区 120 个社区均设立了暂住人口管理服务站,配备专(兼)职暂住人口协管员 146 名。

居民身份证管理:1985 年 5 月,襄樊市制订《襄樊市颁发居民身份证方案》。发证工作由各级政府统一领导,以各级公安部门为主。发证工作按建立机构、宣传发动、核对户口、组织照相、按人编码、填写底卡、检查验收、制证发证、总结等 10 个步骤进行。同年 9 月,国家公布《中华人民共和国居民身份证条例》后,颁证工作全面铺开。至 1987 年 12 月,发证 380 余万份。1990 年发证 451.7 万份,完成公安部关于 5 年集中颁发居民身份证的任务。此后,公安机关身份证申领换证工作纳入日常户口登记管理序列,与户口管理制度相衔接。凡属申(换)领居民身份证的公民,由本人或户主在规定的时间内向户口所在地派出所提出申请,派出所在 15 天内上报,三个月内将证件发到申领人手中。新迁入的人员,在办理入户手续的同时,必须办理申(换)领居民身份证手续。届年自然增长人员在上年底结合年终户口核对,逐一登记造册,年后集中办理,做到上报底卡与届年 16 周岁人数一致。1986 年,市公安局发布《居民身份证底卡管理规定》,决定用居民身份证底卡取代原人口卡片。居民身份证底卡由派出所依据户口底页填写上报,户政科按照姓名的汉语拼音音序进行编排管理,一人一卡,人动卡动,开始将“底卡”分类归档,对外查询。1991 年 10 月,市公安局开办身份证“快证”项目,从申领到发证在 10 天内完成。同时辅之制作临时身份证加以补充。1996 年,启用新的防伪居民身份证。新防伪居民身份证按照“926”新工艺制作,分图形、层次、荧光、透视图像等暗记标志,具有制证周期短、防伪性能好,便于识别真伪等特点。年内,全市共制发新的防伪居民身份证 36.3 万份,临时证 7 451 个。1997 年 8 月至 1998 年 3 月,开展居民身份证重、错号清理、纠错工作,通过核对“计算机常住人口信息”、《常住人口登记表》、《居民身份证编号顺序码登记表》、《居民身份证》、《户口簿》,共清理重号 45 289 个,错号 19 861 个,1 人多号 3 282 个;纠正重、错号 65 832 个,重新制发居民身份证 15 778 个。1999—2000 年,在全市范围内开展居民身份证编制工作,市辖常住人口中(含常住户口待定人员)16 周岁以上(包括 16 周岁)的居民身份证全部由 15 位码升至 18 位码;16 周岁以下的公民,按 18 位码的编制要求全部进行编号赋码,编号差错率不超过万分之二。2005 年,全市公安机关开展集中换发第二代居民身份证工作。

人口信息计算机管理:1982 年,襄樊市第四次人口普查资料汇编,采取电子计算机录入汇总资料编印。1993 年,建立城区人口信息数据库,存放城区 110 万人口数据,城区 25 个派出所通过每天上报数据更新市局数据库。各县(市)均建设了二级数据库,下属派出所向县(市)数据库定期上报数据。随着公安业务应用的深入发展,客观要求建立全市人口信息数据库。但由于全市人口信息管理系统使用北京众鑫同成、长春天成和湖北 HB21 三个版本的系统,各版本之间数据结构不统一,无法对全市人口数据进行整合。因此,市局投资 12 万元,聘请技术人员对三个版本的人口数据进行转换,统一标准,建成全市人口信息数据库,实现了全市人口信息动态实时维护。1999 年,市公安局成立由指挥中心、后勤、户政、计算机管理监察部门主要领导参加的襄樊市公安局人口信息系统“百城联网”工程领导小组,经过调查实践,完成城区派出所计算机局域网的建设和系统软件版本升级工作,制定完善全市公安综合业务信息系统联网方案,完成公安综合管理系统二次开发平面的管理模块,设计了 WEB 查询系统,城区分局 120 多万人口信息实现网上运行,11 月 20 日,完成“百城联网”的第一期工程。2000 年 11 月,市公安局以市公安业务综合通信网络为基础,实行派出所、分局、市局三级人口信息系统联网。分局与市局之间采用千兆光纤网、派出所采用 ISDN 拨号上网。襄樊市 520 多万人进入“百城联网”,实现网上查询。2005 年,加强人口信息计算机管理系统建设,城区派出所建成人口信息管理系统,实现常住人口、房屋出租户、重点人口网上办公。市公安局户政科正式开通户口异动实行网上办公,凡襄樊市居民办理户口迁移手续,只需到迁入地派出所申报。

8.治安案件查处

1979 年以后,全市公安机关逐步建立独立的治安管理部门,重点对人民群众生活中发生的治安案件进行查处。1985—1988 年,公安部门加大对台球娱乐经营活动的整治,查处了一批违法经营案件,遏制了因赌球出现的治安案件上升趋势。1989—1993 年,全市治安部门开展了反盗窃、反“碰瓷”(利用易损物品故意和别人发生碰撞,将易损物品摔坏后索要高价赔偿的行为)、反抢夺等专项打击行动,维护了社会稳定。1994—1996 年,公安机关开展了打击“黄、赌、毒”专项行动,遏制了歌舞娱乐场所内“黄、赌、毒”现象蔓延的势头。1997—2002 年,公安机关加强了对美容美发、按摩服务场所、电子游艺场所的检查力度,打击了一批卖淫嫖娼、聚众赌博违法犯罪分子。2002 年 8 月,襄樊市公安局治安支队成立治安行动大队,主要承办全市组织、强迫、引诱、介绍、容留妇女卖淫案件,聚众赌博案件,制贩传播淫秽物品案件、生产销售伪劣产品、盗版侵权、非法出版案件、非法占用农用地,以及其他属于治安部门管辖的 101 种刑事案件。2004—2005 年,全市治安部门联合文化、禁毒等部门开展了

“扫黄打非”“百日禁毒”“娱乐场所整治”等一系列专项打击行动，保持对“黄、赌、毒”高压打击态势。

9.网格化巡逻

(1)巡逻警察机构：1989 年，为了强化市区的治安管理，招收 50 名治安巡逻队员（合同制）。1990 年 1 月更名为特警队。民警 56 名，装备三轮摩托 6 辆、对讲机 5 部、手枪 2 支、警棍 4 支、手铐 10 副。1993 年 5 月，特警队更名为巡警队，对 30 名合同制民警予以解聘。1995 年 3 月，市编委批准成立巡逻警察支队，内设办公室、法制科、第一大队、第二大队、第三大队、直属大队。1997 年 5 月，巡逻警察支队成立办公室、直属大队和第一、第二大队。2000 年 4 月 3 日，市区巡警一、二大队收归支队统一管理。2002 年 3 月 15 日，巡逻警察支队第一、二大队分别交由襄城、樊城分局管理，同年 4 月 12 日成立防暴大队。2005 年，市区巡警一、二大队收归支队统一管理，巡逻警察支队内设情报信息大队、直属大队、一大队、二大队、防暴大队。

(2)巡逻勤务方式：1989—1995 年，巡逻民警在市区主要路段，采取公开、秘密、徒步、机动相结合的巡逻方式，主要开展治安防范工作和社会面控制。1996 年 10 月，以主干道、治安复杂场所和人、车流量大的地区作为重点，合理布局，划定警区，设置警段，建立警亭。1998 年，划分巡逻警区 28 个，警段 80 个，巡逻覆盖面积达到城区面积的 80.62%。按照一个警区一部摩托车的标准配置，保证了以步巡为主，车巡为辅的巡逻执勤方式。将警区责任细化，划片定人，分段管理，每个巡段固定几名巡警负责管理，每天保证 18 小时的巡逻时间。1999 年，按照确保重点，兼顾一般的原则，以党政首脑机关，商业密集地区为一级警区，实行全天候控制，巡逻覆盖面达 100%，全步巡。以一级警区周边相连的区域为二级警区，巡警覆盖面要求达到 95%，步、车巡结合。其他为三级，巡逻覆盖面达 90%。2004 年，本着“全面覆盖、突出重点、讲究效益”的原则，对市区巡逻警力布局和巡控重点进行科学调整，巩固、完善多警协作、公秘结合、攻防兼备的社会面控制体系，提高社会面防控能力。对巡逻责任区、段进行调整，增强巡查工作的针对性；公秘结合，深入发案突出地区开展巡查，提高现行抓获率。在党政机关、要害部位、重点目标设置巡逻必到点、必经线，切实提高巡逻民警在这些点位、路线上的出现率和管事率。为增强工作的针对性，以抓现行为目标，采取快速反应、便衣布控、蹲点守候等方式，对案件多发地段、时段既打“运动战”、又打“阵地战”，严密社会面控制。

2005 年 1 月 15 日，在襄樊市人民广场举行市区“网格化”巡逻启动仪式，将襄城十字街、樊城解放路、长虹路、中原路等 17 条主干道划为一级巡区，划分巡段 17 条、必巡点（十字路口或商业繁华区）25 个，每条巡段包含机动车道、非机动车道、人行道及门面房；29 条次干道列为二级巡区，背街 57 个路段和社区列为三级巡区；在出入市区主要路口、火车站设立出租车出城登记服务站 8 个，及时对现行犯罪进行合围堵截，构建点、线、面相结合，全天候、全方位的网格防控体系。市局共整合巡警、交警、派出所民警、协警 400 余名，各单位在充分利用原有巡逻车辆的基础上，市政府投资购置 56 辆富康 988 型巡逻警车，统一编号、统一标志。市局陆续为巡逻车及民警配备了车载、手持电台、警务宝典。各单位为巡逻民警配备了警棍、手铐、防暴枪等武器装备。各单位又清理已有的 9 辆轿车、22 辆摩托车、新购 108 辆自行车，作为巡逻装备的补充，形成机动车巡、自行车巡、步巡相结合的巡控网。市局成立网格化巡逻防控办公室(简称“网控办”)，统一规划、指导、协调、督查、考核整个市区的网格化巡逻防控工作。采取“四班三运转”(每班 6 小时)的勤务模式。一级巡区由巡警、交警支队按 2∶1 的比例组织，参与巡逻民警由巡警支队统一管理；二级巡区由各分局成立巡逻大队（非常设机构），民警从各分局机关、队所抽调，治安较为复杂的樊城、襄城由政府出资统一招聘 152 名中心治安巡逻队队员在民警的带领下巡逻；三级巡区由派出所成立巡逻中队（非常设机构）组织各种辅警力量开展巡逻，除社区道路、街巷外，同时指导、检查、督促社区企事业单位和封闭式居民小区内保安人员巡逻工作；出租车出城登记站由各属地派出所组织实施。400余名民警走上街面，环绕主次干道、街道里巷分割成的“网眼”进行24小时不间断巡逻，形成了全天候、全方位覆盖网络。各巡逻分队由市局统一编号，实行数字化管理。市公安局110指挥中心对各巡区警力统一指挥，实行“点对点”直接调警制，一旦有警情，按照就近出警的原则，直接向街面巡逻民警下达处警命令，或采取“群呼”的方式，调集警力协同作战，减少中间环节，保证在5分钟内巡逻民警到达处警现场，最大限度地压缩了犯罪时空，街面当众犯罪大幅下降。各县市因地因情制宜，启动城关地区网格化巡逻。

（四）道路交通管理

1.交警警察机构

1979年6月，市公安局设交通中队，1980年5月升格为交通大队，大队内设办公室（含政工）、行管股、交通事故处理股。原三个分队升格为中队。由于市局需要人员，从交通大队抽调50名素质较高的民警充实到各派出所及刑侦部门。为弥补人员不足，市局又给交警大队补招新警50人。1983年，为加强襄江一桥的交通管理，交通大队成立一个交通班（15人），1985年5月，大桥交通管理由15人充实到25人，这是大桥（中）大队的前身（1983年3月以前该桥分别由襄城一分队和樊城二分队各管一头）。1983年8月，襄阳地区公安处（未设立交通管理机构）与原襄樊市公安局合并设立交通科（对外仍称交通大队、人员135人），负责襄、枣、宜、南、保、谷、随州、老河口等县市城关镇公安交通管理业务。1986年4月增设襄樊市公安局车辆管理所和交通大队安全科，接管原地区监理所管理的襄樊市区和部分县市城关镇的车管业务和事故调处业务。1988年5月，襄樊市公安局交通警察支队成立，对内仍称襄樊市公安局交通管理科（副县级），内设办公室、政工科、安全科、行财科，原交通大队所属四个交通中队（一、二、三中队和大桥中队）均归属市交通警察支队领导，原襄樊市公安局车辆管理所（科级）由交警支队管理，同时负责全市（包括县市）道路交通管理工作。1986年至1988年各县市都分别成立了交警大队，1991年8月，随着二汽襄樊基地经济技术开发区的建立发展，支队设立了油坊岗中队，同时成立支队宣传科。1989年，支队创办了《襄樊公安交通报》，并成立了报社。1992年4月，交警支队一中队、二中队、三中队、大桥中队、油坊岗中队分别更名为交警支队一大队、二大队、三大队、四大队、五大队，1989年支队招收聘用制干警38人。1992年，随着汉江长虹大桥通车和市区道路及岗点的增多，支队又招收新警42人，襄樊市警校毕业生15人。1995年，交警支队成立法制宣传科和直属大队。2001年，交警支队成立六大队。2002年，支队增设法制科、七大队，撤销科技科，实行科技科与办公室合并为指挥中心，支队各内设机构升格为正科级建制单位。2005年，交警支队直辖襄樊市区八个交警大队，机关办公室、政治处、法制科、秩序科、行财科、纪委等部门和车管所，同时还负责对7个县（市）交警大队业务督办指导及指导湖北省道路交通安全协会襄樊代表处的业务工作。

2.路面交通管理

路面勤务：1965年至汉江一桥修建前，路面勤务主要是负责维护、疏导过河码头、过轮渡行人和车辆的交通疏导。汉江一桥建成后至1984年，主要负责汽车站、广场、电影院、火巷口、大桥口等路口交通指挥和维护，采取定点值勤与巡逻值勤相结合，以定点为主的勤务模式。1985年，襄樊市区安装自动信号机后，实行定点执勤向巡逻值勤延伸。1986年，襄樊市区首次架设有总台、两部车台、30部分机的无线通讯网，加强大队与中队，中队与岗点的联络，加强岗点之间的协作。1990年，交警支队制定《交通警察勤务规则》，对全市干线公路交通实行规范化，现代化，网络化管理，在全市组建农村中队

11个，在干线公路划分巡逻路段45个，建值勤点144个，设交通事故报警点141个，宜城公安交警大队的“三级管理，四级网络”经验在全省进行推广。1994年，襄樊市区无线基地发射由支队迁至虎头山，车台、转讯台增加到10部，对讲机增加到70部，强化了勤务的密度和督导。1995年在宜城，枣阳开展公路交警中队24小时监控管理试点工作，实行白天检查与夜晚检查相结合，定点检查与巡逻检查相结合，检查车辆与清障疏堵相结合，并在全市进行推广。1996年，交警支队在全市交警系统开展了学济南交警活动。1997年，实行巡逻机动化，装备现代化、执勤规范化、管理军事化和定路段、定人员、定职责、定奖惩。交警支队投资300万元建立了市区道路交通监控中心，提高了交通管理的科技含量，解放了一线警力，实现了部分岗点由原来的民警岗上手势指挥向路段动态管理的转变。2000年，公安部把襄樊市区作为参加全国畅通工程评价的全省五个试点城市之一，加大了科技强警的力度，全市共筹措资金1 400多万元，其中市委市政府直接划拨500万元为畅通工程专项资金，扩建扩容了交通管理指挥中心，新建和完善了交通电视监控系统、交通信号控制系统、交通违章自拍系统、交通电子诱导系统、350兆对讲机通讯系统、信息查询系统、122事故报警等八大系统，彻底把交警从靠人工手势指挥交通的繁重体力劳动中解放出来，交警勤务从此步入了以电子警察为主，交警巡逻纠章为辅的科技强警时代，并配置桑塔纳警车15台，购置警用两轮摩托车40多台。为此，公安部部长贾春旺专门为襄樊交警题词“科技强警”。当年襄樊市畅通工程被国家评为三等管理水平。2001—2005年，襄樊市区的畅通工程年被评为二等管理水平。

交通秩序整顿：1979年，原襄樊市委、市政府根据市区车辆乱停乱靠，秩序混乱的情况，采取整建结合的措施，纠正占道违章1 815辆次，在樊城人民广场和襄阳东门修建了两个停车场，解决了停车难的问题，保障了主干道路的畅通。1983年，重点加强了樊城火车站至襄阳十字街和清河口至化工厂两条主干线的整顿管理，为了解决警力不足的问题，聘请了48名退休老工人协助勤务；以元旦、春节、“五一”、“十一”四个节日为重点，掀起五大整顿高潮，确保了节日期间的道路安全畅通。1984年，以襄江大桥的管理为突破口，突出清理“五马闹市”和骑自行车带人，共纠正各类违章31 388辆次，通过整治，市区交通秩序明显好转。1985年，市区开展了四次交通安全大整顿活动：严格各行其道；严禁乱走斜穿；组织交通肇事司机上路执勤，现身说法；不定时上路安全排查。全年共纠正各类交通违章95 691次，通过整顿，基本实行人车分流。1986年，市区主要开展四次整顿热潮，第一次是1月下旬至2月中旬，针对春节期间人多，秩序乱的情况，开展了各行其道，以整顿自行车违章为重点的活动；第二次，是5月至7月，以整顿轻便摩托车肇事突出为重点，开展路检路查，查出违章车辆148台，扣留摩托车190辆；第三次是6月下旬至9月底，开展了“百日安全竞赛”活动，主要是把好“三关”即出入口检查关、流动值勤关、年检年审关，刹住“四风”即飞扬洒漏风，开快车风，自行车带人风，乱停乱靠风；第四次是12月，根据市委、市政府关于“紧急动员起来，突出整顿治安秩序、交通秩序和劳动纪律”的精神，开展交通秩序大整顿活动。1988年，结合全省第二次交通安全“蓝盾杯”竞赛的契机，突击清除干线公路打场晒粮，乱搭乱建违章占道现象，确保了城区道路安全畅通。市区道路严格按照各行其道，车不越线，人不斜穿，路无障碍为目标，加大管理纠章的力度，使市区通行能力明显提高；开展夜间路检抓隐患整改，共查处违章7 800余辆次，行政拘留2人，罚款7 100人次。1990年，狠抓了春运安全和客运整顿，共检查客车1 290辆，强制报废大客车74辆，帮助17个重点客运单位订立完善规章制度14条，办客车司机学习班83期，当年客运车辆交通事故四项指数分别下降：1.26%，64.9%，59.24%和6.36%；狠抓以襄樊市区为中心的城镇整顿，坚持“以块为主，部门配合”的原则，成立了5个路检专班，狠刹了“五马闹市”等严重违章现象；狠抓了清理主干线道的打场晒粮，堆物作业还道于交通的整治工作，基本解决了主干线因打场晒粮而影响交通畅通的问题。1992年，以襄樊市区为重点，以“百日破案会战”为动力，加大对全市城镇交通秩序整治的力度；以客运管理为重点，确保春运安全畅通；以突出清理制止农民上路打场晒粮为重点，确保干线道路安全畅通；以清理整顿无牌无证车辆为重点，为党的“十四大”召开创造良好交通环境。1994 年，围绕人大、政协换届选举，在襄樊市区开展了“交通秩序管理月”活动；按照全市夏季治安攻势电话会议精神，加大了对严重交通违章查处的力度；开展对农民上路打场晒粮、堆物占道的集中整治；根据省交管局开展全省“学河口，创一流，两整两建”活动的要求，全市结合实际，集中人力、物力、推行承包安全责任制，动员社会齐抓共管，大规模整治了非交通占道，严格处罚了一批交通违章，创建了一批高标准的“文明示范路”，推动了交通管理社会化进程。1995 年，围绕创建省级文明城市，襄在干线公路开展了以“禁打”为重点的专项治理工作，城区道路安全畅通，交通环境明显改观。全年共纠章 160 394 起，扣留车辆 8 089 辆，违章者持旗执勤 26 615 小时。1996 年，在襄樊市区坚决取缔非残疾人“电麻木”上路载客。共扣留“电麻木”320 台，收缴人力客货三轮车 500 余台；整顿客运市场秩序，成立了有公安、城建、交通、工商、物价等五个部门参与的“襄樊市道路交通管理联合办公室”，对中巴车、出租车、面的限制总量，对客运车辆发放许可证，严格取缔无证、无线违法经营，统一规划停靠站点，基本实现了客运车辆行驶有序，停放有矩，经营合法的管理目标；认真清理非交通占道，还道于民。对乱牵乱挂、乱停乱放、乱堆乱占、乱搭乱建，乱掘乱挖等“五乱”。1997 年，成立由交警牵头、城建、工商、税务、市容、交通、客管、巡警、公交等部门派人员参加的联合整顿专班，联合执法，集中整治，确保市区交通安全畅通。2000 年 2 月，围绕安全、畅通、无公路“三乱”、无车匪路霸的目标，开展了对客运车辆安全秩序的专项整顿，核发春运合格证1 200个，准驾证1 450个，纠正违章1.4万起，卸客转运650余人，督促落实防冻防滑器材1 100套，防车匪路霸器材 970 个，设立打击车匪路霸报警点 65 个。同年 4 月，市区公安、法院、检察院、司法局、安全局、武警及驻樊部队联合开展了军警车辆行驶秩序的专项整顿，共纠正军警车辆违章 1 900 余起，没收假军警号牌 35 副。5 月，全市交警、巡警、武警联合行动对摩托车秩序进行了全面整顿，共纠正摩托车违章 1.7 万起，扣留无牌无证摩托车 4 900 辆，办牌办证 4 650 辆，查获有盗抢嫌疑的摩托车 96 辆。同年 9 月，交警、巡警、刑警、治安警、城建、交通、城建监察等部门成立联合整顿专班，专项整顿无牌无证人力三轮车、板车、出租车，其中没收销毁人力三轮车 4 100 多辆。同年 10 月，城区政府、交警、城建监察、工商、卫生、城建等部门成立联合整顿专班，开展了取缔游散摊点，出店经营等非交通占道的专项整顿，清理违章占道 12 条街道，出店经营 1 500 处，违章建筑 95 处，各种摊点 9 500 处，市场 15 处，拔掉占道“三亭”（电话亭、售货亭、治安亭）24 个，维修经营执法点 135 处，返还道路面积 20 000 平方米。2001 年，开展预防和打击车匪路霸的专项治理、“停车有律”的专项整治、非交通占道的专项整治、无牌无证、假牌假证等违规机动车的专项整治、客运、货机动车严重超载的专项整治、机动车行车安全秩序的专项整治。2003 年，“电麻木”上路趋势反弹，市民意见很大，根据市政府办公会决定，3 月，交警部门牵头组织综合执法专班联合开展了为期一个月的集中取缔“电麻木”的专项整顿行动，收缴上路行驶的“电麻木”1200 余辆，全部进行了销毁，其中，公开销毁 30 余台。5 月，按照市政府城市环境综合整治动员大会的要求，不断加大对机动车、非机动车、行人秩序、停车秩序、违章占道、售货经营市场周边环境的整治力度，使长期占用主干道经营的“红棚子”销声匿迹。共查处严重交通违章 1.5 万余起，治安拘留 22 人，扣驾驶证 365 个。2004 年，按照市公安局开展打击“两抢一盗”“百日会战”的统一部署，形成了以交警大队为依托、巡警大队积极配合的打防工作机制，在交警支队成立了联合办公室。各县市区交警大队继续实行宣传震慑与创建客车“安全文明号”相结合，路面管控与便衣跟车相结合，做到白天见警车，晚上见警灯，有效杜绝干线公路车匪路霸案件的发生。同时，襄樊市区以取缔“三黑”为契机，整顿客运车辆秩序，查扣无牌无证出租车 17 辆，无牌无证人力客运三轮车 41 辆，“摩的”44 辆，“电麻木”57 辆。2005 年，随着打击“两抢一盗”力度加大，积极抽调交警配合巡警参加网格化巡逻，促使襄樊社会治安进一步好转。同时，先后开展了春运安全保卫、“双超”整治、“一降两保”（降事故、保安全、保畅通）夏季战役，危化品运输专项治理，预防重特大道路交通事故“百日竞赛”和创建“平安畅通襄樊”等一系列统一整治行动。共查处各类交通违法行为 70 余万起，暂扣车辆4500余辆，吊销机动车驾驶证575本，行政拘留70余人。

交通设施：1985年以前，襄樊市区仅省一建、解放桥、5710路三个路口设有由交警在岗亭内操作按钮控制灯色转换指挥车辆。1985年，在襄樊市区襄城十字街，省一建、樊城老汽车站、解放桥、5710路五个路口安装了设定时间的自动信号机。1986年，在丹江路口，襄江商场路口增设了自动信号机。1990年，在印刷厂路口、皇宫路口增设了自动信号机。2000年，在实施畅通工程中，襄樊市区在襄城十字街、省一建、南门、东门，樊城解放桥、老汽车站、丹江路、红光路、印刷厂、襄江商场、5710路、建设路、人民路、汉江路、松鹤路、火车站、建华路、新华路、科技馆等19个路口安装了可调控电脑控制多相位信号灯。1985年以前，市区有水泥、铁皮、木质结构交通岗亭5个，主要分布于襄城的十字街、省一建、樊城的解放桥、襄江商场和5 710路口。1986年始，在市区主要路口安装8座支臂式岗亭。2000年始，科技代替人工指挥交通，市区仅留襄江商场岗亭，其余岗亭取消。1985年以前，市区道路主要采用水泥墩护栏和铁皮护栏，作为人、车各行其道的隔离设施，减少人车混行带来的不安全因素。1986年始，特别是1996年学济南交警和2000年实施城市畅通工程，交通隔离护栏逐步由水泥墩式向金属式、玻璃钢式、古罗马铸铁式护拦发展。2002年始，市政府对市区主干道路实行刷黑。2005年，在人行道和绿化带上安装铁艺护栏18 000米，并完成市区15 000米的主干道刷黑工程。1980年以前，全市交通标志主要用钢管、铁皮制作，图案用喷漆绘制，交通标线用白油漆在车行道内划中心分道、人行横道、停车线和导向车道线等。1982年，增添黄色交通标线，即在马路中心划两条平行横线，警示车辆严禁压越。2000年实施城市畅通工程，市区在19个路口设立大型指路标牌76块，方便了车辆行驶和行人通行。

3.车辆与驾驶员管理

车辆管理：20世纪80年代初，机动车基本上归属政府部门、国营企事业单位所有。公安交管部门在管理上主要依托各有车单位，以机动车驾驶员安全自检片(组)的形式进行。1980年，对机动车和驾驶员进行年度检审，未经检验合格不得继续上路行驶，审验合格车须经公安交管部门签章发证后才能上路行驶。为方便群众，简化车辆检审程序，市交警支队将车辆和驾驶员的审检权下放到各交警中队实施。1981年始，小汽车上牌须持有省、市政府批准的“小车定编证”。1985年，取消了定编证的规定。1992年，统一换发“92”式机动车号牌。襄樊市的汽车牌照由市车管所办理，农用车和摩托车牌照由县市交警大队办理，拖拉机牌照由农机部门办理。1994年，襄樊市建机动车安全技术自动检测线，结束了以往由人工看、摸的方式，实行了科学、快捷自动检测，进一步提高了汽车安全系数。2004年，襄樊市增加了一大批汽车安全技术检测设施。此后，加大了对达到报废标准汽车的强制报废力度。全市共强制报废汽车2 200余辆。2005年，襄樊市有机动车325 000辆，机动车驾驶员318 000名，非机动车15万辆。

驾驶员管理：1980年后较长一段时间内，全市机动车驾驶员安全教育主要依托机动车驾驶员安全自检片(组)进行。全市车属单位驾驶员培训普遍采用“师傅带徒弟、以运代训”的方式。1984年，襄樊市共成立机动车驾驶员培训学校11个，对学员开展正规教育和培训。1998年，成立襄樊市机动车驾驶员协会，协会下辖6个分会，分会下辖54个活动小组，其职能与安全联片(组)相似，不间断地组织驾驶员的安全学习、教育。同年始，车管所对全市发生交通事故肇事，严重违法，违章的驾驶员实行“黑名单”制度，在“帮教”期间，禁止开车上路。1999年，驾驶员培训业务交由交通部门，交警部门加强指导，严把考试关，杜绝了不合格人员进入驾驶员驾驶队伍。2003年，举办驾驶技能大比武和红旗驾驶员评选等活动，受到驾驶员的欢迎。

非机动车管理：1980年以前，襄樊市对单位和个人购买的自行车和人力三轮车实行审核购车发票、单位证明、填档案卡、打钢号、发牌证管理。1991年，对营运的900多辆人力客运三轮车和2 000多辆货运三轮车交由交通部门管理，由其发牌、审验。1997 年，市区的自行车业务交由公安派出所管理，并统一换发新分合式牌照。2002 年，为解决下岗职工生活困难，市区对人力客运三轮车重新核发牌证 1 050 车辆，其余不合法车辆禁止上路并进行销毁。2005 年始，电动车逐步代替自行车。当年，市区有电动车 10 万余辆。

4.交通安全及宣传

交通安全教育：1985 年，在襄樊市区各单位放映交通事故录像片 17 场，在樊城人民广场制作安装永久性宣传橱窗一个，选择 12 起交通事故典型案例制作成展板在市区共展出 130 多场次。1986 年，选择 23 起交通事故案例制作成展板在襄樊市区流动展览，深入有车单位召开事故分析会、现场会，上安全课等形式，受教育群众达 2 万多人。1990 年，出动宣传车 1 588 台次，发放"通告"3 万份，张贴悬挂宣传标语条幅 588 条，发放宣传资料 2.6 万份，录像带 25 套，事故图片展 87 场次，放幻灯片 153 场次。并在市公交公司举行了交通法规知识竞赛活动。1992 年，向学生家长发信 2 万份，请求家长教育学生注意交通安全，与市区两级教委联合，发放 5 000 份小学生交通安全常识试卷，由小学生作答、家长签字，通过"小手拉大手"活动，受教育群众达 5 万人。1994 年，全市共印制宣传材料 47.2 万份，制作永久性宣传横条幅 1 759 幅，办宣传橱窗 451 期，设立广播宣传站 34 处，制作事故图片 330 套，展出 221 次，交通法规咨询 140 次，出动宣传车 5.2 万台次，录制发放宣传磁带 20 盘，印发致市民一封公开信 8 000 份，上安全课 260 次，受教育群众 1.6 万人次，编写《中小学生交通安全知识》课本和《道路交通安全教育讲义》教材，并印发 10 000 册。1995 年，印发宣传口号 66 条、3 000 份，印发《关于创建省级文明城市开展交通秩序整顿公告》3 万份；下发公安部《关于整顿交通秩序的通告》、《行人、骑车人、乘车人行为规范》2 万份；发放《交通战争备忘录》录像带 300 盘，录制发放宣传磁带 30 盘；举办 60 名干警参加的新闻写作培训班；在市区主要路口制作安装了 20 幅巨型、永久性交通安全宣传画；在全市制作安装事故易发路段警示牌 200 个；制作了有 60 个案例、配有 446 幅图片及文字说明的展板 46 块，并在全市城市、城关展出一个月，受教育群众达 100 余万人。1996 年，印发交通安全宣传提纲、安全手册 10 万份，悬挂横幅 414 条，张贴通告 4 万份，出动宣传车 893 台次，设立宣传站 13 处，咨询台 45 处，编写以机动车驾驶员为对象的《交通安全经验集》教材，印发 1.4 万册。1997 年，针对农民违章事故多、死人多的特点，制定下发《关于在全市国道、省道沿线创建交通安全村的活动实施方案》，印发《农民交通安全常识》教材 2 万册，《交通安全公约》2 万份。发放《中小学生交通安全知识》课本 2 万册，当年创建 12 个"交通安全村"，未发生一起死人交通事故。其经验被《人民公安报》刊载。12 月，在铁十一局礼堂举办了"全市首届农民交通法规知识竞赛"活动，全市 13 个代表队参赛，2 000 余名群众参加。1998 年，全省交警宣传工作现场会在樊召开。支队的《强化交通安全宣传，确保道路安全畅通》经验，受到省总队领导和与会同行的好评。2000 年 2 月 26 日，以"畅通工程"启动日为契机，开展"实施畅通工程，建设美好家园"万人签名活动；同年 3—7 月，组织 13 台宣传车，以宣传《世纪警种》为主线，每天上路宣传；印发公安部 45、46 号令和 189 号省长令小册子 10 万份，印发《中小学生交通安全知识》8 万册，发《世纪警钟》宣传挂图 150 套，印发宣传材料 40 万份，设立公路大型宣传龙门架 22 个，固定宣传牌 422 块，举办事故图片展 480 次，上安全课 240 次。2001 年，以全国开展"交通安全宣传周"和全省"实施畅通工程、走平安大道"为契机，印发宣传材料 21.5 万份，答记者问报纸 8 万份，整顿"四车"通告 6 万份，致襄樊市民一封公开信 5 万份。以襄樊 12 部委局联合行文下发《关于加强道路交通管理法制教育工作的通知》。2002 年，全市共建交通安全文明学校 80 所，交通安全居委会 74 个；在市区开展了评选 100 名红旗车、100 名优秀驾驶员、100 名优秀管车干部活动。2003 年，全市建立交警护学岗 58 个、交警护车队 13 个，悬挂宣传横条幅 160 条，交通事故图片展 70 次，与襄广交通音乐台组织了全省司机歌手大赛襄樊赛区的选拔工作，并先后在全省"安全才能回家文艺调演”、“安全生产法一周年文艺调演”、“全省首届司机歌手大赛”中分获二等奖一个、三等奖4个、优秀奖3个。2004年4月2日，在铁十一局礼堂举办《道路交通安全法》知识大奖赛活动，全市13个代表队参加，2 000多群众参与。同年4月25日，举行《交通安全法》宣传周启动仪式。同时，全市交警开展“进农村，进社区，进单位，进学校，进家庭”（简称“五进”）活动，发放宣传材料40多万份，播放《平安一路》、《关爱生命安全行》光盘1 700余场次，制作交通事故图片展300多块，展出1500场，悬挂宣传横条幅6 000多条。2005年，制作交通事故图片130块，展出430次，悬挂宣传横条幅1200条，“五进”送法上门200次，上安全课800次，印发“致客运驾驶员一封信”1万份。

新闻媒体宣传：1985年，与襄樊日报合办《红绿灯下》专题栏目，办7期，用稿件41篇。1986年，与襄樊日报合办《红绿灯下》专栏，在襄樊电视台点播电视剧《车祸》，首次摄制《自由骑士》、《哥儿们》电视专题小品，在湖北和襄樊电视台播放。1989—1998年，支队创办《襄樊公安交通报》，1989年至1993年为半月刊，1994年至1998年为月刊。共出版发行270期，发行报纸500多万份，有效地宣传交通管理法律法规。1992年，制作《警衔！交警为你增辉》、《交通安全宣传网络势在必行》等专题片，并在襄樊电视台播出。1994年，摄制《为明珠争辉》专题片在襄樊电视台播出，在襄樊电视台录制播放交通安全宣传创意小品《广而告之》11个，在电视台播出新闻18条，在中央报刊用稿36篇，在省级用稿50篇，地市级用稿335篇。1995年，在电视台开辟《红绿灯下》专题节目，先后开播12期，每期10分钟，每期播出5次，共播出600分钟。1996年，与襄樊无线、有线、广播合办《红绿灯下》、《交通你我他》、《交通纵横》、《中小学生交通安全教育》等专题节目；还先后录制《古城春早》《交警冲击波》《交警大比武》《自行车路在何方》《摩托车让人欢喜让人忧》《保康“4·28”特大交通事故反思》等专题片，并在电视台播放。2000年，各级新闻媒体用稿1071篇，其中中央级13篇，省级82篇，地市级976篇。支队出台《新闻奖励办法》，对用稿的个人奖励原稿费的一至三倍。在襄樊有线电视台《社会大观》和无线台《警讯》栏目中，制作播放三部电视专题片。于6月18日，与襄樊人民广播电台联台开通“交通音乐台”。2001年，在新闻媒体开辟《红绿灯下》《交通瞭望》《交警之窗》《今日话题：都市交警》，共办225期，播发稿件883篇。2003年，播发电视新闻79条，报刊文章采用1 043篇。

5.交通事故

事故：1991年，全市共发生交通事故860起，其中发生在城市主干道和国道、省道610起，占70.9%。1993年，全市共发生交通事故842起，其中单位车辆肇事282起，占43.5%。1995年，全市共发生交通事故752起，其中机动车占道发生188起，占25%。1996年，全市共发生交通事故723起，其中机动车586起，占81.33%。1997年，全市共发生交通事故711起，其中小汽车发生交通事故205起，占29.24%。2000年，全市共发生交通事故2711起，其中正面相撞发生930起，占34.3%。2001年，全市共发生交通事故1499起，其中机非相撞发生669起，占46.91%；一年以下驾龄的发生718起，占40.11%。2003年，全市发生机械故障事故47起，占事故总数（1092起）的4.3%。2004年，全市共发生交通事故763起，其中有保险的发生438起，占58.09%。

处理：1979年以前，交通事故处理由市交警大队安全股负责。1987年，成立交警大队后，由大队安全股负责；1994年，各交警中队升格为交警大队后，由各交警大队负责；1998—1999年，市区成立临时交通事故处理大队，集中处理市区交通事故。2000年—2005年，支队又在市区1至6交警大队成立交通事故处理中队，交通事故处理调解工作由各交警大队负责，七大队未设事故处理业务中队，其事故调处工作一直由交警五大队负责。

（五）监所管理

1979年，市公安局设预审科，负责预审办案和监所管理。1983年，市公安局会同检察院、法院建立联合议案制度，协同作战，研究解决执法中的重大问题，提高办案效率。1992年，市公安局预审科开始办理襄樊市城区的所有“死、缓、无”案件。1999年12月，市公安局预审科更名为“监管科”，只负责公安场所管理，不再办理案件。2001年12月，监管科改设为监所管理支队。市公安局直接管理各类监所四所：

襄樊市第一看守所：建于1977年，位于樊城区泰安路，1997年迁至襄城区芙蓉路，占地19.33亩，其中监区面积4.3亩，办公区面积1.8亩，武警营区面积4.19亩，其他为室外活动场地，设计容量460人，实际月均关押量450人。

襄樊市第二看守所：建于1977年，位于樊城区沿江路，2002年迁至樊城区创业路，占地32.33亩，其中监区面积10亩，办公区面积18.33亩，武警营区面积4亩，设计容量800人，实际月均关押量750人。

襄樊市公安局强制戒毒所：建于1997年，位于襄城区芙蓉路，占地5.8亩，其中监区面积2.9亩，设计容量60人。

襄樊市公安局收容教育所：建于1994年，位于樊城区春园东路77号，占地8.5亩，其中监区面积4亩，办公区面积4.5亩，设计容量200人。

市区行政拘留所：1999年12月，市区公安分局襄城、樊城、襄东、高新区分局分别设置行政拘留所，但仅有襄城、樊城、襄东分局三个拘留所投入使用。

（六）消防管理

1.消防队

公安消防队：1973年1月，设立襄樊市公安局消防科，接受市公安局领导，正营级。1979年6月，设立市公安局消防科（大队），接受市公安局领导。1980年5月，市公安局消防中队改为襄樊市公安局消防大队，接受市公安局领导。1983年8月，内设秘书科、防火科、装备后勤科；同年消防管理干部转现役，和义务兵一起转称中国人民武装警察部队，称中国人民武装警察部队襄樊市支队消防科（大队），级别副团，受市政府、市公安局和省公安厅消防处的领导。1986年4月，建立襄樊市公安消防支队，内设秘书科、政治处、防火科、警务战训科、装备后勤科；支队级别正团，接受市政府、市公安局和省公安厅消防局的领导。1997年2月，组建中国人民武装警察部队襄樊市消防支队防火监督处，副团级。2005年，市公安消防部队有官兵501人，下设10个大队，12个执勤中队，共有各类消防车辆64台，总载水量240吨，载泡沫量20吨装备器材3723件套。

企事业消防队：1988年1月21日，枣阳县形成以公安消防队为龙头，粮食、棉花、供销等单位义务消防队为骨干，乡镇农村义务消防队为基础的群防群治的局面。1989年，襄樊市床单厂成立企业专职消防队，34名企业单位专职消防技术干部申报专业技术职务。1990年6月15日，襄樊市造纸厂成立企业专职消防队。1991年8月24日至26日，湖北省首届企事业单位消防队业务技术竞赛在省消防总队教导大队举行，代表襄樊市参赛的六个企业队36名队员，在五个项目中获得三个第一名，在竞赛设定的八个团体名次中，分获团体总分第一、第四和第六名；这次竞赛唯有襄樊市三名队员在两盘水带连接项目中获省公安消防总队“三运会”记录，有29人次取得个人名次，湖北汽车灯具厂被评为精神文明队。同年9月29日，市消防支队组织樊东、樊西公安消防中队和襄棉、一棉两个企业消防队及机电大厦义务消防队共6台消防车、50多名干警在市机电大厦进行了灭火实战演习。1993年4—7

月，全市企业专职消防队开展消防基础业务建设，建立灭火作训室及通讯室，提高公安、企业专职消防队快速反应能力。同年7月23—28日，市公安消防支队举办首届全市公安、企业消防队队长灭火战术培训班，42名基层指挥员参训，学习《灭火战术决策学》、《火场应用计算》及《实用消防绘图》等基础理论知识，交流了火场指挥和业务建设经验。1994年9月18—22日，湖北省第四届消防运动会在省消防总队教导大队举行。代表襄樊市企事业专职消防队的企业队取得优异成绩。1995年1月24日，市供销社和消防支队在棉花中转库联合召开了供销系统落实灭火预案现场会。市供销社直属20多个企业、单位分管安全的经理、保卫科长共40多人参加灭火预案研究会并现场观摩了灭火演练；在积极组织人员整改火险隐患的同时，与消防部门密切配合，制订和修订了重点单位、部门灭火预案23份，组织义务消防队演练14次。1997年5月16日，为期9天的全市公安、企业消防队队长集训在枣阳市消防大队结业。同年10月10日，全市公安消防部队、企业专职消防队执勤业务考核表彰会在支队召开。11个公安消防中队长和8个企业专职消防队负责人参加会议。同年11月9日，襄樊市各县市区按预定方案用多种形式，将全市第二届“119”消防宣传活动推向高潮，开展了专职、义务消防队业务竞赛、演练27次。

2.消防宣传

社会消防宣传教育：1985年，在元旦、五一、国庆、冬防和春节间，开展全市性的防火宣传教育活动5次。举办各类消防训练班513期，培训骨干12400名。1990年，消防支队制作《襄樊支队掠影》等三部消防专题片，并在电视台播放。在全市范围内的液化石油气储备站中开展了安全知识宣传活动。为配合省政府消防宣传工作，发行消防知识手册万余册并开展宣传周活动。1993年，制作《火情、人情》等消防专题片5部，在全市范围内开展以职工消防教育为重点的“职工消防知识竞赛活动”。1995年8月，在市老年大学举办消防器材技术与管理培训班，对全市消防器材生产、销售、维修行业技术人员进行集中培训。1996年，全年发放《火场逃生》等书刊、资料10000份，开展“生日送平安”消防板报展评、有奖消防知识问答、征集消防警句、消防车巡逻执勤等社会消防宣传活动。1998年6月，支队成立消防安全培训中心，负责全市消防安全重点单位，特殊工种上岗人员消防培训。1999年，全年制作播发电视专题片四部，围绕“3·29”全国中小学生第一个“安全教育日”，走进各中小学校讲授消防知识，开展逃生自救实地演练，提高广大中小学生学习消防科普知识的兴趣，推动了消防工作社会化进程。2000年，市公安局、市总工会、市妇联、市教委、市广电局、团市委等6部门联合下发《关于在全市开展让家庭远离火灾的通知》，在全市开展“襄樊市全民消防素质教育工程”和以“让家庭远离火灾”为主题的系列宣传教育活动。自8月1日起，全市消防站向社会开放，广大市民可自由进入中队营区学习消防知识，参观消防装备，亲自操作各种家庭灭火、逃生器材、进行常见家庭火灾的扑救演练等，提高市民的消防安全意识和自防自救能力。

“119”消防宣传活动：1992年始，襄樊市每年都举行“119”消防宣传活动。1994年，在全市开展消防法规、消防知识宣传活动，邀请河南豫剧团来樊演出《人情·火情》大型文艺演出24场；发行公安部消防局《全国特大火灾案例选辑》；组织消防官兵、单位和群众开展20次大型灭火实占演练。1995年，襄樊电视台播出消防专题节目和“119”消防知识竞赛晚会。1996年，“119”活动以宣传《湖北省消防管理规定》和火场逃生为主题，在支队机关院内和6个城区中心宣传站推出“消防知识百题有奖答题”、“119生日送平安”、“征集消防名言警句”等系列宣传活动。1997年，“119”消防宣传活动以“119平安你我他”为主题，旨在提高市民防火安全意识，普及消防知识，促进消防工作社会化。1998年，“119”消防宣传周活动，主题是“广泛宣传贯彻《消防法》，增强全民消防法制观念”，重点是广泛发动群众，宣传《消防法》，进一步普及消防知识，强化群防群控。1999年，“119”消防宣传活动以宣传、贯彻《消防法》为主题，开展百家企业消防知识竞赛和百家企业消防汇演等消防宣传教育活动。2000年，“119”消防宣传活动重点围绕公安部、国家广电总局、全国妇联、中国人民保险公司联合发出的《关于开展让家庭远离火灾的通知》精神，组织以“让家庭远离火灾”为主题的系列宣传教育活动。

3.火灾与扑救

“119”消防报警：解放初期，消防报警的主要形式是瞭望受理火警。70 年代末，随着电信技术的发展，固定电话报警数量逐渐增多，瞭望报警作为辅助受理的一种手段。1981 年 9 月 20 日零时起，按照邮电部规定，火灾报警号码由“09”改为“119”。报警线路采用模拟线路与公安消防部门相连，线路数量为每个中队 2 对，由中队自行受理火警。1990 年以后，随着移动电话普及，移动电话报警逐渐发展成为“119”火灾报警的主要方式。2001 年，消防支队正式建设“119”火警受理综合系统，实现火警受理数字化，全面负责市区所有的火警。2005 年，“119”报警发展成为移动电话、固定电话和重点单位内部消防设施报警联动三位一体的报警模式。所有的电话报警业务均实现与电信公司互通，同时为强化消防重点单位报警能力，各消防重点单位建设有专线报警电话。在接警形式上，从 70 年代末到 80 年代初由消防队自行监控火灾，80 年代中期至 90 年代初的接警方式为集中与分散接警，即消防指挥中心受理全市的 119 报警，在接警的同时，相应的中队可以监听到自己本辖区的警情，接警后直接出动。随着电信的发展，原来采用模拟实线传输的方式逐步被淘汰，从 90 年代末期接警方式改为由消防通信指挥中心统一集中接警，调度相应中队出警，中队不再受理火警。随着信息化技术的发展，2001 年始，接警模式由原来的模拟电话受理火警发展到数字化接警，实现受理报警信息的数字化，增强了接警的准确性，提高了中队的出警速度。

灭火救援：1988 年 10 月 22 日，枣阳市鹿头镇酒厂发生重大火灾，该市消防中队干警有效地控制了火势，为国家挽回经济损失近百万元。火灾扑救中，消防官兵通常采取“拆除火障、切断火路、堵截蔓延”等战术措施，集中主要力量于要害部位、方向，力争保住重点，尽量减少火灾损失。1989 年 2 月 4 日，襄樊市造纸厂贾家洼原料场堆垛发生重大火灾，市消防支队出动消防车奔赴火场，调动企业消防队增援；在市委、市政府、市公安局等领导指挥下，公安队、企业队和广大人民群众紧密配合于 2 月 10 日将大火彻底扑灭。1991 年 8 月 21 日，市区卧龙饭店一楼门厅因风幕机电线短路引燃吊顶发生火灾，市消防支队干警共抢救出人员 26 名，疏散被困人员 220 多人，保护了当天近 500 名旅客的生命安全，使价值 1 350 万元的十五层主楼和裙楼及价值 200 万元的商品等国家财产免受火灾劫难。1993 年 2 月 7 日，市人造毛皮厂原料库因违章接屋架，焊花引燃纤维棉发生重大火灾，消防支队经过两个小时的战斗，扑灭大火。此次火灾损失折 98 240 元，1 个职工被棉包砸成重伤，6 名消防指战员中毒住院。同年 2 月 10 日，襄樊市第二皮件厂原料仓库发生重大火灾，支队领导带领 2 个公安消防中队、调集 1 个企业消防队共 8 台消防车，48 名指战员，经过 4 个小时的战斗，扑灭大火，救出 9 名被困职工，保住了价值 200 多万元的财产免遭火劫。同年 7 月 28 日，中外合资襄阳捷利达制衣有限公司因电线线路发生火灾，经消防队及时扑救，无人员伤亡。1994 年 2 月 20 日，南漳县棉纺织厂原棉仓库发生重大火灾，南漳县、宜城县消防中队及 300 多名职工群众经过 4 个多小时的奋力扑救扑灭了大火。同年 7 月 23 日，襄樊市商城股份有限公司友谊商场 2 楼商品仓库发生重大火灾，经市公安消防支队樊东、樊西消防中队 30 余名干警、5 台消防车和公司干部职工的及时抢救，挽救了价值 1 400 多万元的商品及五层 2 500 平方米的多层建筑。同年 11 月 8 日，襄阳县医药公司医疗器械仓库因器材维修房电器安装使用不当引起火灾，烧毁两层库房 262 平方米及器械，市公安消防支队及时调集市区消防中队 7 台消防车进行扑救，于凌晨 1 时许将大火扑灭。1995 年 4 月 4 日，市化工厂小油库发生火灾。石油公司一油库车在输油时发生爆燃，油罐车被烧毁。市消防支队接警后，迅速调集 8 台消防车、80 多名指战员赶赴火场扑救，经过一个半小时的战斗，扑灭了火灾，保住了油罐安全，避免了油罐爆炸。同年 9 月 13 日，市金利门舞厅一间 KTV 包房因存留的烟蒂引燃易燃物而发生火灾，烧毁彩电一台、混响器一台、一匹窗式空调两台等物,直接经济损失42 000元,这是襄樊市发生的第一起公共娱乐场所火灾。

1998 年 7 月 21 日,宜城市福森林化厂发生火灾。宜城市消防大队接到报警后,大队长立即带领 3 台消防车、23 名指战员赶赴火灾现场,同时调集了宜城华光器材厂、东方化工厂、鄂西化工厂三个企业消防队的 3 台消防车、26 名指战员和宜城市环卫处一台洒水车投入灭火战斗。17 时 15 分,襄樊市消防支队樊东、樊西、襄城三个公安消防队的 4 台消防车、45 名指战员到达火场展开战斗。经过 500 多名消防指战员和公安干警近两个小时的顽强奋战,大火于 18 时 07 分被完全扑灭,确保了火场两个储油罐(共计 15 吨松节油)及周围居民的生命财产安全。2001 年 7 月 27 日,枣阳市吴店镇福星化工厂发生火灾。枣阳市消防大队接到报警后,公安消防队调集消防车赶赴火灾现场。火场指挥员根据现场情况,及时向襄樊市消防支队 119 指挥中心请求增援。16 时 05 分,支队长率增援力量到达现场。大火于 16 时 50 分被完全扑灭,无人员伤亡,保护了价值 1000 余万元的财产安全。2001 年 10 月 13 日,市长征路大众鞋帽批发市场发生火灾。市消防支队 119 指挥中心接到报警后,立即调集公安消防队和铁路消防队赶赴火场。随后指挥中心又迅速调集消防队及企业消防队赶赴火场增援。经过 17 支公安、企业消防队 36 台消防车、260 余名参战官兵的顽强奋战, 大火于次日凌晨 1 时得到有效控制,3 时大火被彻底扑灭,成功的保护了价值 1500 万元的货物及四周毗邻六栋建筑,疏散被困群众 21 人,火场中抢出 47 个液化气钢瓶,整个灭火战斗过程无一人伤亡。2004 年 8 月 8 日,襄樊市鑫利氯碱有限公司氯化苄生产线发生火灾。指挥中心立即调集特勤队和樊东中队赶赴火场,17 时,樊东中队和特勤队先后到达火场,迅速展开力量扑救,同时向 119 指挥中心请求增援。17 时 10 分,增援力量相继到达火场投入战斗。大火于 17 时 33 分被扑灭,18 时 30 分,现场彻底清理完毕,有效防止了甲苯、氯气等危险物品的爆炸,控制了灾情的进一步扩大。2005 年 5 月 25 日,湖北东方化学工业公司二分厂 203 工房 11.7 吨 TNT 发生爆炸。宜城消防大队接到报警后,立即出动 4 台消防车、25 名消防官兵火速赶赴事故现场,协调、调集企业专职和各部门增援,并向支队 119 指挥中心报告险情。成功搜救出 24 名受伤人员,疏散厂区和周边群众 1000 余人;安全清理疏散爆炸现场内 4.7 吨 TNT 炸药,成功排空硝化工房反应釜内 7.2 吨 TNT 爆炸混合物,有效控制和避免了再次爆炸的发生;安全处置 9000 升甲苯泄漏事故,避免了次生危险化学品毒害、爆炸事故的发生,保全了生产区内价值数亿元的其他 TNT 生产线,将灾害损失减小到最低限度,消防官兵无一伤亡。

二、检察

(一)机构

1978 年 12 月至 1979 年 11 月,湖北省人民检察院襄阳分院内设办公室、刑事检察科、经济检察科、法纪检察科、监所检察科。1979 年 12 月至 1983 年 10 月,增设审查批捕科、审查起诉科。1983 年 10 月,襄阳分院与原襄樊市检察院合并为新的襄樊市检察院。1986 年 3 月至 1989 年 7 月,市检察院内设办公室、政工科、刑事检察科、经济检察科、法纪检察科、监所检察科、控告申诉科、调查研究科、技术科。1989 年 7 月至 1996 年 10 月,市检察院内设办公室、政治处、经济检察处、审查批捕处、审查起诉处、法纪检察处、监所检察处、控告申诉处、调研处、技术处、装备管理处、税务检察室、检察官培训中心、高新区检察办事处、汽车产业开发区检察办事处、襄樊监狱检察室。1996 年 10 月至 2002 年 3 月,市检察院内设办公室、政治处(干部人事科、教育综合科、警务科)、反贪污贿赂局(侦查一科、侦查二科、预审科、预防犯罪科、税务检察室)、审查批捕处、审查起诉处、法纪检察处、监所检察处、民事行政检察处、控告申诉检察处、检察技术处、研究室、宣传处、行政装备处、监察室、电大工作站、高新区检察院、汽车产业开发区检察办事处、襄樊监狱检察室。2002 年 3 月至 2005 年 12 月,市检察院内设办公室、政治处(干部处、宣传处、综合教育处)、反贪污贿赂局(侦查一处、侦查二处、预审处、综合处)、侦查监督处、公诉处、反渎职侵权局、监所检察处、民事行政检察处、控告申诉检察处、职务犯罪预防处、检察技术处、法律政策研究室、行政装备处、监察处、司法警察支队、人民监督员办公室、离退休人员工作科、高新区检察院(办公室、政治处、侦查监督科、公诉科、反贪局、反渎职侵权局、民行科、控申科、人民监督员办公室)、汽车产业开发区检察室、鱼梁州开发区检察室。

襄樊市人民检察院历任检察长、副检察长一览

表 25—7

职务	姓名	任职时间
襄樊市人民检察院检察长	王　佐	1984.1—1989.5
	张明声	1989.6—1997.3
	雷森策	1997.4—1999.1
	张安福	1999.1—
	—	—
襄樊市人民检察院副检察长	曾传文	1984.1—1986.6
	陈少琳	1984.1—1992.2
	陈柯钧	1984.1—1987.9
	贺君贤	1984.1—1986.6
	张明声	1986.6—1989.6
	雷文昌	1987.9—1999.5
	杜震华	1989.7—1991.1
	陈家俊	1990.9—1999.5
	王铁民	1991.1—1999.1
	胡贤敏	1992.9—1997.6
	易祥国	1994.6
	潘万堂	1997.4
	杜程胜	1999.6
	李晓静	1999.6
	杜文强	2000.4
	吴天宝	2002.3—2005.11

(二)反贪污贿赂

1.侦查贪污贿赂案件

1978 年,地、县检察机关设经济检察机构,对经济案件以自行侦查为主,受理的案件有偷税抗税、挪用救灾款、违反商标管理、破坏森林、贪污、收受贿赂等 8 种。1979—1981 年,以贪污、盗伐森林、行贿受贿和偷漏税等 4 类犯罪为突出,各地选择典型案件公开打击处理。枣阳县查获 5 个行贿团伙共套购国库粮食 40 万斤,犯罪分子受到法律制裁。对这一时期的犯罪分子一般不捕,案件侦查终结直接起诉。1982 年，地、县(市)设立打击经济犯罪领导小组，下设办公室，负责部署打击严重经济犯罪活动。针对供销系统、银行与信用社系统贪污、投机倒把相对突出，信托贸易单位少数领导收受贿赂参与走私问题，检察机关先后选择 80 起重大、情节恶劣的现行案件立案侦查，依法打击。1984 年，全市受理经济案件 151 件，立案侦查 102 件、135 人，年底办结 103 件、149 人，决定向法院提起公诉 88 件、120 人。查处被告中国家工作人员比上年增加 53%，中共党员犯罪人数增长 3.5 倍。1985 年，办结万元以上大案 20 件、33 人，挽回经济损失 132 万元。1986 年，全年受理各类经济案件 412 件(含上年积存 29 件)，立案侦查 275 件 340 人，其中立案侦查大案、要案 117 件 168 人，逮捕各类经济人犯 188 人，已结案 252 件 312 人，其中起诉 180 件 210 人，免予起诉 57 件 73 人，撤案 15 件 29 人。结案中为国家追回赃款 487.24 万元，挽回各类经济损失 1 000 余万元。1987 年，受理各类经济案件 368 件，立案侦查 176 件 222 人，其中大、要案 50 件 68 人。逮捕犯罪嫌疑人 127 名。结案 158 件 200 人，其中大案 44 件 66 人。起诉 117 件 140 人，免诉 34 件 47 人，撤销案件 7 件 12 人。为国家挽回经济损失 153.61 万元，帮助国营和集体企业追回流失资金 850 余万元。1988 年，受理各类经济犯罪案件 298 件，立案侦查 122 件 152 人，其中大案 30 件 39 人，结案 100 件 123 人，其中结大案 22 件 30 人，逮捕犯罪嫌疑人 91 名，起诉 67 件 76 人，免诉 28 件 35 人，撤案 5 件 5 人。结案中挽回经济损失 77.295 万元，帮助国家和集体企业追回流失资金 319.3 万元。1989 年，受理各类经济案件 869 件，立案侦查 452 件 535 人，其中立大案 107 件 126 人，侦查终结 353 件 424 人，其中侦结大案 87 件 103 人，移送起诉 138 件 168 人，移送免诉 206 件 243 人，撤案 9 件 13 人，逮捕犯罪嫌疑人 223 人，侦结案件退回款物计 417.01 万元，办案中为国家和集体挽回经济损失 1068 万元。同年 8 月 15 日至 10 月 31 日，全市共有 468 名经济违法犯罪嫌疑人到检察机关投案自首，其中县处级干部 4 人，科股级干部 39 人，党员 179 人，共交代犯罪金额 331 万元。1990 年，受理各类经济案件 618 件，其中贪污案件 369 件，贿赂案件 156 件。立案侦查贪污、贿赂等经济案件 368 件，其中贪污 193 件，贿赂 118 件，立大要案 111 件。侦查终结 427 件。其中侦查终结大案 127 件，移送起诉 191 件，移送免诉 200 件，撤案 36 件，逮捕犯罪嫌疑人 185 名。通过办案为国家挽回经济损失 481.22 万元。检察机关采取“定点挖窝”策略，在全市确定 34 个系统和单位开展专项斗争，共挖出贪污贿赂案件 12 件 15 人，其中要案 6 件 6 人。1991—1992 年，受理各类经济案件 1389 件，立案侦查贪污贿赂案件 647 件，其中重、特大案件 187 件，副县级以上要案 7 件。在 12 个行业 20 个部门侦破窝案 50 多个，立案侦查 120 余件，侦查终结 357 件。为国家和集体挽回损失 346 万余元。1993 年，受理各类经济案件 627 件 691 人，其中贪污贿赂案件 380 件 412 人。立案查处 324 件 363 人，其中贪污贿赂案件 177 件 192 人。侦查终结266件295人。通过办案为国家和集体挽回经济损失 923 万余元，追回流失资金2 572 万元。重点对行政机关、司法机关、行政执法部门、经济管理等部门进行查办，共查处案件 65 件 67 人，其中大要案 55 件。处级以上要案 4 件 5 人，推动了全市反腐败斗争的开展。1994 年，受理各类经济案件 676 件 721 人，其中贪污贿赂案件 454 件 478 人。立案侦查 354 件 395 人，贪污贿赂案件 209件 220 人，大案要案 202 件，其中副处级以上要案 10 件 10 人。侦查终结各类经济案件 410 件 462 人。通过办案为国家和集体挽回经济损失 941.4 万元。1995 年，受理各类经济案件 506 件，立案查处 238 件 227 人，其中县处级以上要案 7 件 7 人。逮捕犯罪嫌疑人 83 人，侦查终结 231 件 266 人。查办四个重点部门的案件共 48 件 51 人。通过办案为国家和集体挽回经济损失 700 余万元。1996 年，受理各类经济案件 525 件 561 人，立案侦查 197 件 227 人，其中贪污贿赂案件 139 件 157 人，侦查终结各类经济案件 229 件 269 人。查处四职能部门重点案件共 34 件 38 人，要案 5 件 6 人。通过办案为国家和集体挽回经济损失 1 000 万元。1997 年，受理贪污、贿赂、挪用公款等国家工作人员职务犯罪案件 280 件，立案侦查县处级以上领导干部案件 5 件，查办特大案件 228 件，侦查终结 259 件 301 人，移送起诉 178件 205 人，提起公诉 71 件 83 人。通过办案为国家挽回经济损失 1942 万元。1998 年，受理各类经济案件 385 件 427 人；立案 117 件 135 人，其中，贪污 53 件，贿赂 17 件，其他

3 件；共侦查终结 118 件 134 人，结案率为 86.1%。其中：移送起诉 81 件 89 人，移送不起诉 3 件 10 人、撤案 18 件，中止侦查 11 件，转处 5 件；逮捕犯罪嫌疑人 42 人。为国家和集体挽回经济损失 2 260 余万元。1999 年，受理各类经济犯罪案件 476 件 507 人，立案 150 件 172 人，其中贪污 74 件，贿赂 31 件。已侦查终结 163 件 187人，其中移送起诉 134 件 156 人，移送不诉 3 件，撤案 12 件 13 人，中止侦查 9 件 10 人，转处 5 件 5人。为国家和集体挽回经济损失 1 077 万元。立案查处 5 万元以上大案 64 件，副处级以上要案 8 件。“百日办案战役”期间，全市立案查处贪污、贿赂等各类经济犯罪案件 65 件，其中5万—10万元案件14件，10万—50万元案件9件，50万—100万元案件2件，100万元以上案件2件。

2000 年，受理各类经济犯罪案件 505 件 537 人，立案 162 件 171 人，其中贪污 81 件，贿赂 41 件；侦查终结 154 件 162 人，移送起诉 142 件 148 人，移送不诉 2 件，撤案 1 件 1 人。为国家和集体挽回经济损失 1 163 万元。2001 年，受理贪污贿赂等职务犯罪案件线索 458 件，初查 440 件；立案侦查 173 件 179 人；侦查终结 174 件 182 人，其中移送起诉 156 件 160 人；为国家挽回直接经济损失 1 909 万元。2002 年，立案侦查贪污贿赂等各类经济犯罪案件 176 件 186 人；其中查办贪污贿赂 5 万元以上、挪用公款 10 万元以上大案 89 件；查办“三机关一部门”案件 53 件；查办国有企业经济犯罪案件 89 件；查办县处级干部犯罪要案 9 件 9 人，科级干部犯罪案件 24 件 24 人；侦查终结各类经济犯罪案件 180 件 189 人。其中，移送起诉 171 件 180 人；撤案 3 件 3 人；移送不起诉 4 件 4 人。通过办案，为国家和集体挽回经济损失 2 600 余万元。2003 年，立案侦查贪污贿赂等各类经济犯罪案件 177 件 181 人，其中县处级干部犯罪要案 21 人，科级干部犯罪案件 31 人；“三机关一部门”案件 72 件，贪污贿赂 5 万元以上、挪用公款 10 万元以上大案 93 件。已侦查终结 161 件，移送起诉 151 件。通过办案，为国家挽回直接经济损失 2 000 余万元。2004 年，立案侦查贪污贿赂等各类犯罪案件 179 件 184 人，其中县级干部犯罪要案 15 人，“三机关一部门”案件 57 件，占立案的 31.8%；贪污贿赂 5 万元以上、挪用公款 10 万元以上大案 100 件，占立案总数 56%；侦查终结 189 件 193 人，案件侦结率为 92.6%，其中移送起诉 173 件，移送起诉率为 91.5%；移送不起诉 6 件，移送不起诉率为 3.2%；撤案 5 件，撤案率为 2.6%。通过办案，为国家和集体挽回经济损失 1400 余万元。2005 年，受理贪污贿赂案件线索 270 件，初查 259 件，立案侦查 175 件 188 人，其中“三机关一部门”案件 53 件，占立案总数的 30.3%；贪污贿赂 5 万元以上、挪用公款 10 万元以上大案 111 件，侦查终结 163 件 175 人，移送审查起诉 156 件 168 人，经公诉部门审结 141 件，决定起诉 120 件。通过办案，为国家和集体挽回经济损失 2300 余万元。

2.犯罪预防

经济犯罪预防：1986 年，全市检察机关印发《关于严厉打击严重经济犯罪活动的通告》2 万份，并注重搞活企业，提高企业的经济效益。1987 年，全市检察机关在办案的同时，实行综合治理，使深挖经济犯罪与整顿企业同步进行，协助有关企业追回流失资金 850 万余元，帮税务部门追缴欠税款 196 万余元。1988 年，全市检察机关为国营和集体企业追回各种流失资金 390 余万元，使一批企业恢复生机。1989—1991 年，全市检察机关树立为经济建设服务的思想，正确处理打击与服务的关系，解决发案单位困难，挽救了一批企业。1992 年，全市检察机关克服就案办案的单纯业务思想，结合办案，针对发案单位存在的问题，进行综合治理，开展检察建议，协助企业建章立制，堵塞经营管理中的漏洞，同时积极为企业挽回经济损失，追回流失资金，帮助亏损企业恢复和发展生产。1994 年，全市检察机关与 60 余个单位建立检察联系点，聘请一批检察联络员，拓宽了案源渠道；向企业提出检察建议 100 多条(项)，促进了企业经营、管理机制的进一步完善；通过办案追缴赃款 920 余万元，帮助企业追回流失资金 530 余万元。1995—1997 年，共发检察建议 1 000 余份，采纳 970 余份。2000 年，襄樊市院组织全市检察机关结合查办的职务犯罪案件，围绕职务犯罪易发、多发的领域开展预防对策专题调研。2001 年市院成立预防处，反贪污贿赂预防工作由预防处承担。

职务犯罪预防：2002 年 3 月 16 日，襄樊市人民检察院预防职务犯罪工作领导小组成立。办公室设在职务犯罪预防处。同年 9 月 24 日，市检察院与市经济贸易委员会、市董事管理局决定成立襄樊市预防国有企业领域职务犯罪预防工作协调指导小组办公室设在市检察院。2003 年 7 月 30 日，成立由市直 26 个成员单位组成的襄樊市预防职务犯罪领导小组，办公室设在市检察院。同年 10 月 11 日，市检察院与湖北省樊魏高速公路建设指挥部联合成立樊魏高速公路专项预防领导小组。由市检察院、市交通局、襄阳区政府、樊魏工程指挥部、樊魏高速公路有限公司有关人员及樊魏高速公路 A、B 合同段项目经理为领导小组及办公室成员。2004 年，市院预防处与反贪、渎检部门联系，掌握案件查处情况，共同分析研究预防对策，把那发案较多的单位作为重点，帮助发案单位分析原因，找出管理上存在的问题，提出整改建议并狠抓落实。同年 4 月初，市院预防处会同樊魏高速公路建设指挥部在汉十公路交叉路口竖立了主题为“预防职务犯罪　走好人生每一步”的大型公益广告牌，《襄樊晚报》在头版头条以《警牌高悬》为题作了宣传报道，提醒国家机关工作人员廉洁自律，得到了省院领导的肯定。8 月 19 日，市院预防处确定市温州商会为服务民营经济试点单位，并召开民营企业家座谈会，与民营企业家们共同探讨检察机关服务民营经济的新途径和新方法。宜城市院主动与富亿纺织公司、江宜木制品公司等民营企业加强联系，为民营企业发展提供法律服务。2005 年，市预防职务犯罪领导小组办公室创办了《襄樊市预防职务犯罪信息专刊》，不定期向领导小组成员单位发行。同年 7 月 29 日，全市检察机关会同监察、审计等部门统一上街，组织宣传条例，在市、县区道路显著位置设立了宣传点，拉起宣传横幅，并发放条例单行本 500 余册，接受群众现场咨询近 2000 人次。全市检察机关通过请人大、政府领导发表广播电视讲话、答记者问等方式，借助新闻媒体，向社会各界宣传预防职务犯罪知识，宣传检察机关和有关部门开展预防职务犯罪的工作成果。全市检察机关经常深入实际，开展预防专题调研 14 项，形成调研报告 20 余篇。2005 年，全市检察机关提供法律咨询活动 64 次，开展警示教育活动 30 次，进行预防法制授课 60 次，提高了国家工作人员的自律意识和法制观念。

（三）反渎职侵权

1.侦查渎职案件

1986 年，全市检察机关查办渎职类犯罪案件 9 件 11 人，比 1985 年同期增长 2.3 倍。1987 年，在全市法纪检察工作会议上交流推广了保康县检察院《动真的、干实的、碰硬的，开创法纪工作新局面》、随州市检察院《狠抓三类案件的办理，积极开展法纪检察工作》、襄阳县院《主动出击，积极办理玩忽职守案件》等经验，对办案工作起到了促进作用。1988 年，立办渎职类犯罪案件 4 件，均为玩忽职守案件。1989 年，全市检察机关立案查处玩忽职守案件 11 件 14 人。1990 年，全市检察机关受理渎职类案件 36 件 44 人，这些案件给国家造成经济损失 1200 余万元，经审查，立案 19 件 26 人。1991 年，立办县级干部渎职案 1 件、司法人员徇私舞弊案 2 件。1992—1993 年，全市检察机关把查处刑讯逼供、非法拘禁、玩忽职守、重大责任事故和徇私舞弊五类案件作为工作重点，共受理 260 件，立办 61 件，占立案总数的 89.7%。1994 年 12 月，卫东机械厂发生一起生产中爆炸致死 6 人、重伤 7 人的恶性事故。法纪部门追查事故原因，立办了 5 件渎职案件。同年，市院立办 6 件重特大玩忽职守案件，抓获 4 名诈骗分子，挽回经济损失 210 多万元。1995 年，全市检察机关查处玩忽职守案 20 件 20 人，挽回损失 67 万余元。1996 年，查办玩忽职守案 12 件 17 人，为国家挽回经济于 500 余万元。1997 年，查办渎职类案件 28 件。1998 年，全市立案查办司法机关工作人员渎职案件 12 件 14 人，占立案总数的 75%。1999 年，立案查办渎职类案件 10 件，其中滥用职权案 4 件，玩忽职守案 2 件。这些案件的办理，打开了行政执法领域渎职犯罪侦查工作的局面。2000 年，全市检察机关把渎职侵权检察的工作重点和精力向行政执法领域倾斜。共查办行政执法人员渎职犯罪案件6件，涉案金额1263万元，占全市查办案件总数的24%。查办司法人员渎职侵权犯罪案件12件14人，占全年立办案件总数的48%。涉案的犯罪嫌疑人中公安人员12人，检察人员1人。其中，基层公安局副局长1名，派出所长、看守所长、刑警队长等7名。2001年，查办行政执法人员渎职犯罪案件9件，占查办案件总数的32%，涉及计委、计生、物价、民政、工商等领域。2002年，全市检察机关立办税务工作人员渎职犯罪案件4件4人；立办林业部门工作人员犯罪案件5件5人；立办公安人员徇私枉法、刑讯逼供、非法拘禁、私放在押人犯、滥用职权和玩忽职守案件8件7人。2003年，全市检察机关立案查办渎职类案件22人。2004年，共查办渎职类犯罪案件21件21人，其中滥用职权案13件13人，玩忽职守案3件3人，徇私枉法案2件2人，徇私舞弊不移交刑事案1件1人，泄露国家秘密案1件1人，失职致使在押人犯脱逃案1件1人。2005年，查办渎职类案件23件24人，其中滥用职权案10件10人，玩忽职守案7件8人，徇私枉法案2件2人，徇私舞弊不征少征税款案2件2人，违法发放林木采伐许可证案1件1人，帮助犯罪分子逃避处罚案1件1人。

2.侦查侵权案件

1986年，全市检察机关查办侵权类犯罪案件15件28人，其中非法拘禁案13件26人，非法管制、搜查、侵入他人住宅案1件1人，侵犯通信自由案1件1人。1987年，办理侵权类案件21件30人。1988年，立案查办侵权类案件19件，其中刑讯逼供案2件，诬告陷害案1件，非法拘禁案15件，非法管制、搜查、侵入他人住宅案1件。1989年，查办侵权类犯罪案件16件28人，其中非法拘禁案8件17人，刑讯逼供案3件5人，非法侵入他人住宅案3件4人，诬告陷害案2件2人。1990年，立办侵权类案件32件56人。1991年，重点查处“人质型”非法拘禁和非法侵入他人住宅案。1992年，查办“侵权”类案件30件。1993年，查处国家工作人员侵权案件18件、司法人员侵权案件6件、治安联防人员侵权案件4件。1994年，办理以扣押人质方式解决经济纠纷案件13件，解救人质13名。1995年，查办侵权类案件16件25人，其中非法拘禁案14件21人，刑讯逼供案2件4人。1997年，查办侵权类案件21件。1999年，立案查办侵权类案件6件，其中刑讯逼供案3件，非法拘禁案3件。2001年，查办司法人员渎职侵权犯罪案件16件15人，占全年立办案件总数的57%，涉案的犯罪嫌疑人中公安人员14人，法院人员1人。2003年，查办侵权类案件2人。2004年5月，高检院部署开展严肃查办国家机关工作人员利用职权侵犯人权犯罪案件专项活动，全市检察机关迅速行动，加强组织领导，强化工作措施，集中力量，查办了一批案件。同年5至12月，全市共摸排侵权类案件线索25件，立案4件8人，其中非法拘禁案2件5人，虐待被监管人员案2件3人。如枣阳市太平镇党委委员舒伟等三人，以做引产工作为名，强行将计划外怀孕者郭某某的丈夫王营峰带至镇政府招待所内看管，由于王难以接受，乘其不备，跳楼逃跑时摔伤，造成高位截瘫的严重后果。枣阳市院经侦查提起公诉后，几名被告人被判有期徒刑。2005年，全市检察机关查办侵权类案件1件1人。

（四）侦查监督

1.审查逮捕

1978年，重建检察机关后，批捕工作恢复执行“个人办理，集体研究，检察长批准”的制度。《刑法》、《刑事诉讼法》实施后，分院经常派员分赴各县指导办理疑难案件。1982年，以口头形式纠正违法行为17起，发《纠正违法通知书》2起。分院刑事检察批捕科主要承办各县(市)批捕案件备案审查工作。审查由专人负责提出处理意见，经集体研究决定，对重大疑难案件提请检察长或检察委员会决定，对确有错误的提出纠正意见。1983—1985 年，全市检察机关审查批捕配合侦查、审判工作，按时按质办好案件，年均审结率为 98%，批捕率为 78%。1986 年，全市检察机关逮捕犯罪嫌疑人 1 779 人，审结率 99.73%。其中，批捕七个方面的重大案犯 652 人，占批捕总数的 36.65%。同时，市院刑事检察部门抽调 24 名干警，组成案件质量检查专班，对当年 1 至 9 月批捕、起诉案件质量进行了全面检查。共检查批捕犯罪嫌疑人 1 237 人，不捕 91 人。1987 年，自侦案件的审查批捕、起诉工作从经济检察、法纪检察部门划归刑事检察部门。全年受理提请批准逮捕或移送决定逮捕犯罪嫌疑人 3 334 人，批准逮捕 2 796 人，审结率 99.97%。其中批捕重、特大案犯 890 人，退回公安机关补充侦查 265 人。1988 年，全市批捕犯罪嫌疑人 2 708 人，其中重大案犯 853 人。1989 年，全市检察机关投入 313 名干警配合公安机关开展各种专项斗争 46 次，其中全市行动 12 次，打击流窜犯罪 8 次，打击盗窃团伙、车匪路霸 18 次，扫除“六害”4 次，打击经济犯罪 16 次，摧毁犯罪团伙 78 个 322 人，抓获流窜犯 364 人，抓获各类逃犯 13 人，批准逮捕 231 人，缴获赃款赃物共计 39.9 万余元，批准逮捕反革命宣传煽动案件 6 人。同时，市院抽调 41 名业务骨干，参加自侦部门经济案件办案，占全市刑检干警的 20.5%。共受理自侦部门移送决定逮捕犯罪嫌疑人 239 人，依法决定逮捕 205 人。其中经济案犯 185 人，法纪案犯 20 人，分别占当年批准逮捕总数的 5.66%和 0.61%。全年批捕犯罪嫌疑人 3 269 人，其中，重大案犯 1 317 人。1990 年，审查逮捕工作从过去的刑事检察部门分离，成立审查批捕处，履行审查批捕职能。全年受理提请批准逮捕或移送决定逮捕各类案犯5 242人。经审查，批准逮捕4 473人，其中，重、特大案犯1 256 人，占批捕数的 28.08%，犯罪集团成员 1510 人，占批捕数的 33.76%。1991 年，全市批捕犯罪嫌疑人 3065 人。1992 年 10 月，在执法大检查的基础上，重点对元至十月不捕、撤案、未成年人犯罪和反革命犯罪案件进行了检查。全年批捕案件准确率 99.2%。市院批捕处办理贪污贿赂案件 1 件 1 人，办理复核、领导交办、基层院请示案件共 23 件 38 人，协助其他处室办理案件 2 件 3 人，备案审查案犯 888 人，其中提出纠正性意见 6 件 7 人。全年全市共批捕人犯 2 824 人，批捕案件准确率 99.22%。其中，重、特大案犯 1 019 人，占批准逮捕的 36.08%；批准逮捕杀人、抢劫、强奸、爆炸、流氓团伙、重大盗窃、拐卖人口等严重刑事犯罪分子 1 313 人，占 46.49%。在“百日破案会战”和“四打四整”专项斗争中，全市共批捕各类人犯 1 724 人。1993 年，市院批捕处办理复核案件 3 件 5 人，经复核变更原不捕决定 1 件 2 人，维持原不捕决定 2 件 3 人，撤销批捕决定 1 人。办理基层院请示疑难案件 12 件 23 人（书面审理 9 件 19 人），办理交办案件 2 件 10 人，办理自侦案件 1 件 3 人，备案审查案犯 214 人，其中，提出纠正性意见 2 件 2 人。全市两级检察机关共受理批捕犯罪嫌疑人 2 770 人，全年案件审结率 99.89%。其中，批捕重、特人案犯 1 056 人，占批准逮捕数的 38.12%。批准逮捕杀人、抢劫、强奸、爆炸、流氓团伙、重大盗窃、拐卖人口等严重刑事犯罪分子1 313人，占批捕总数的47.4%。共批捕盗窃案件562件1 011 人，车匪路霸案件 40 件 140 人。1994 年，院批捕处办理复核案件 1 件 1 人，经复核维持原不捕决定。审查基层院请示疑难案件 1 件 19 人，办理自侦案件 3 件 4 人，备案审查 172 人，提出纠正性意见 3 人。全年全市共办理审查逮捕案件 2 246 件 4 274 人，批准逮捕 1965 件 3 643 人，全年批捕准确率 99.83%。批捕重、特大案犯 1 944 人。全市在围歼“车匪路霸”、“反盗窃、除六害”和春、夏季治安攻势以及秋季“严打”等专项斗争中，共批捕盗窃案犯 1 327 人，拐卖妇女儿童案犯 19 人，毒品犯罪 4 人，赌博 2 人，制造贩卖假药 1 人。1995 年，市院批捕处办理自侦案件 7 件 7 人，备案审查 167 人，提出纠正性意见 1 件 1 人，办理基层院请示疑难案件 12 件 24 人，办理上级交办案件 3 件。全年共批捕犯罪嫌疑人 2 263 人，批捕重、特大案犯 790 人。

1996 年，全市批准逮捕 2 175 人，其中，批捕重、特大案犯 871 人，同比上升 10.25%。市院批捕处办理各类批捕案件 10 件 26 人，办理交办案件 2 件 4 人，经审查，撤销基层院批捕决定 1 件 3 人，办理基层院请示案件 7 件 7 人，备案审查 117 件 144 人。1997 年，全市批捕人犯 2 096 人，市院受理基层院请示重大疑难案件 8 件 19 人。1998 年，受理各类批捕案件 1656 件 2 689 人，经审查，批捕 1 370 件 2

134 人。1999 年，全市批捕犯罪嫌疑人 3 201 人。2000 年，受理各类批捕案件 4 159 人，经审查，批准逮捕 2 839 人。2001 年，配合有关部门召开公捕大会 60 余场次，仅 4 月 20 日，全市召开公捕公判大会 10 场，与会群众 7 万多人，共依法批捕犯罪嫌疑人 234 人，宣判 71 人，其中判处死刑、死缓、无期徒刑的 17 名。全年受理各类批捕案件 4 449 人，经审查，批准逮捕 3 200 人。2002 年，全市批捕黑恶势力犯罪和“三类”重点案件 552 件 1 009 人。市院侦查监督处全年受理基层院请示汇报案件 8 件 15 人，审查基层院备案案件 83 件 85 人。全年全市共受理各类批捕案件 2292 件 3 667 人，经审查，批准逮捕 1 846 件 2 818 人。2003 年，共受理审查批捕案件2 091件3 339人，批准或决定逮捕犯罪嫌疑人 3 019 人。2004 年，侦查监督处共受理各类刑事案件 78 件 127 人，经审查，批准逮捕 77 件 121 人。6 月上旬，市院分管检察长带领侦查监督处、公诉处组成联合工作专班，赴樊城、襄阳、南漳、保康、谷城等地，对上半年办理的批捕案件、捕后变更强制措施案件进行了检查指导督办，共检查不捕案件和变更强制措施案件 30 余件，解决遗留疑案 2 件。同年 7 月，市委政法委部署市区打击“黑恶势力”犯罪专项行动，从快批捕“黑恶势力”犯罪案件 28 件 74 人。11 月上旬，市院侦查监督处组成专班对 2004 年 1 月至 10 月办理的自侦案件进行了检查，共检查自侦案件 110 件 123 人。全年共批捕犯罪嫌疑人 3 347 人。2005 年，全市打掉 197 个“黑恶势力”团伙，816 名涉黑犯罪团伙成员被绳之以法。受理各类批捕案件 2 336 件 3 647 人，经审查，批准或决定逮捕 2 167 件 3 347 人，其中批准逮捕严重暴力犯罪和严重影响群众安全的多发性犯罪案件 1 392 件 2 096 人，占批捕案件总量的 95%。

2.立案监督

1996 年，全市检察机关先后两次召开刑事检察工作会议，传达部署工作任务，研讨批捕业务，并五次派员对立案监督工作开展调查研究。1997 年始，全市检察机关开展立案监督工作。全年办理立案监督案件 10 件 13 人，其中监督公安机关立案 8 件 10 人，建议自侦部门立案 2 件 3 人。1998 年，全市受理立案监督案件线索 19 件 29 人，办理立案监督案件 15 件 25 人。1999 年，受理立案监督案件 28 件 41 人。发出《要求说明不立案理由通知书》24 份，公安机关主动立案 17 件 25 人，通知公安机关立案 11 件 16 人。2000 年，受理立案监督案件线索 50 件 62 人，要求公安机关说明不立案理由 36 件 48 人，公安机关直接立案 26 件 35 人，通知公安机关立案 6 件 9 人，监督自侦部门立案 1 件 1 人。监督立案的案件中，批捕 21 人，起诉 12 人，11 人被判处刑罚，最高刑期为 10 年。2001 年，受理立案监督案件 92 件 115 人，公安机关直接立案 45 件 63 人，通知公安机关立案 14 件 15 人。立案监督案件中，批准逮捕 30 件 42 人，起诉 10 件 15 人，有罪判决 6 件 7 人。2002 年，受理立案监督案件线索 155 件 188 人，公安机关直接立案 124 件 154 人，通知公安机关立案 8 件 8 人，纠正公安机关不应立而立案件 1 件。办理的立案监督案件中，批准逮捕 50 件 55 人，起诉 18 件 21 人，有罪判决 12 件 12 人。2003 年，纠正公安机关不应当立案而立案案件 24 件 25 人；监督自侦部门立案 1 件 1 人；先后 60 余次深入工商、国税、烟草、质监等 10 余家行政执法机关加强工作联系，与当地工商、国税、烟草、质监 4 家行政执法单位建立了联席会议制度；全市掌握经济犯罪立案监督案件线索 29 件 37 人，监督行政执法机关移送案件 23 件 30 人，公安机关主动立案 17 件 23 人。全市办理立案监督案件 152 件 201 人，其中，公安机关直接立案 100 件，通知公安机关立案 10 件，建议自侦部门立案 1 件，监督行政执法机关移送后立案 17 件，纠正公安机关不应立而立案件 24 件。办理的立案监督案件中，批准或决定逮捕 59 件 76 人，起诉 33 件 37 人，31 人被判处刑罚。2004 年，全市办理立案监督案件 144 件 169 人，其中，公安机关主动立案 100 件 119 人，通知公安机关立案 1 件 1 人，监督自侦部门立案 4 件 4 人，监督行政执法机关移送并立案 15 件 16 人，纠正公安机关不应立而立案件 24 件 29 人，批捕或决定逮捕 51 件 63 人，提起公诉 17 件 18 人，17 人被判处刑罚。2005 年，全市办理立案监督案件中，批准或决定逮捕 69 件 86 人，提起公诉 19 件 20 人，作有罪判决 21 件 22 人。办理立案监督案件 140 件，其中，公安机关直接立案 80 件，建议自侦部门立案 9 件，监督不应当立案而立案件 19 件，建议行政执法部门移交案件 35 件，公安机关立案 32 件。

3.侦查监督

1978 年重建检察机关后，批捕工作恢复执行“个人办理，集体研究，检察长批准”的工作制度。《刑法》、《刑事诉讼法》实施后，分院经常派员分赴各县指导办理疑难案件。1982 年，以口头形式纠正违法行为 17 起，发《纠正违法通知书》2 起。分院刑事检察批捕科主要承办各县(市)批捕案件备案审查工作。审查由专人负责提出处理意见，经集体研究决定，对重大疑难案件提请检察长或检察委员会决定，对确有错误的提出纠正意见。1983—1985 年，全市检察机关在依法从重从快打击刑事犯罪的斗争中，审查批捕配合侦查、审判工作，按时按质办好案件，年均审结率为 98%，批捕率为 78%。1986 年，全市检察机关在做好审查批捕工作的同时，通过办案追捕人犯 33 人，对不符合逮捕条件的 130 人作出了不批捕决定；退回公安机关补充侦查 242 人，公安机关撤回 58 人。1987 年，市院刑检科提前介入重大案件 16 件，占审结案件的 21.62%。全市对不符合逮捕条件的 194 人作出不批捕决定；依法追捕人犯 55 人，占批捕人数的 1.97%。1988 年，为加大监督力度，全市检察机关建立了刑事案件发案、破案、移送信息联系制度。全市检察机关通过审查批捕，对于犯罪情节显著轻微、危害不大、不构成犯罪的 174 人作出不批捕的决定。同时，通过审查案件，对罪该逮捕，而公安机关遗漏提请批准逮捕的犯罪分子，依法追捕 59 人，占批捕人犯总数的 2.18%。对公安机关在侦查活动中的违法行为提出纠正意见 33 次。市院通过备案审查提出纠正意见 19 件 23 人，其中纠正不捕为逮捕 9 件 11 人，纠正错捕 3 件 4 人，改变定性 7 件 8 人。1989 年，全市检察机关加强了提前介入工作。共提前介入 272 次(含起诉环节介入侦查数)，其中参加侦查活动 100 次，参加现场勘查 30 次，参加预审活动 87 次，参加讨论案件 29 次，提前审阅案卷 26 次，提出建议 428 条，公安机关采纳 258 条。提前介入的案件审查批捕平均时间为 3 天，重、特大案件均在一天内审结。全年对不符合逮捕条件的 189 人作出了不批捕决定；依法追捕 62 人，占批准逮捕总数的 1.9%，退回公安机关补充侦查 342 人。1990 年，全市共提前介入案件 233 件，提出合理化建议 331 条，被采纳 297 条，提前介入的案件平均办案时间为二天。追捕漏犯 75 人，占批捕人数的 1.68%，深挖余罪 101 条，改变定性 120 人，自行补查 1412 人，补查案件证据材料 2188 份。全年对不符合逮捕条件的 230 人作出不批捕决定，占 4.39%；退回补查 429 人，占 8.18%，公安机关撤回 102 人。1991 年，介入重、特大案件 102 件 207 人，对不符合逮捕条件的 138 人作出不批捕的决定，退回公安机关补充侦查 281 人，占受案的 7.9%；纠正漏捕 47 人，占批捕人数的 1.5%。1992 年，介入重、特大、团伙犯罪案件 124 件 281 人，对侦查活动中的违法行为提出纠正意见 37 次。共对公安机关未提请逮捕和检察机关自侦部门未移送逮捕的 24 人予以追捕，对不符合逮捕条件的 88 人作出不批准逮捕的决定，对主要犯罪事实不清、证据不足的 233 人退回补充侦查。1993 年，依法追捕漏犯 44 人，对不符合逮捕条件的 84 人作出不批准逮捕决定，对主要犯罪事实不清、证据不足的 280 人退回补充侦查，公安机关撤回 120 人；对侦查活动中的违法行为提出纠正意见 10 件 38 人(其中书面纠正 2 次)，共办理延长侦查羁押期限案件 13 件 43 人。1994 年，介入重特大案件 63 件 225 人，依法追捕漏犯 21 人，对不符合逮捕条件的 111 人作出不批准逮捕决定，对主要犯罪事实不清、证据不足的 375 人退回补充侦查，公安机关撤回 143 人；办理延长侦查羁押期限案件 15 件 45 人。1995 年，审查批捕部门通过细致审阅案卷，深挖余罪漏犯，依法追捕漏犯 21 人；对不符合逮捕条件的 62 人作出不批捕决定；退回公安机关补查 155 件 280 人，公安机关撤回 23 件 65 人；办理批准延长侦查羁押期限案件 9 件 15 人。提前介入重、特大案件 36 件 83 人。1996 年，全市提前介入案件 38 件 104 人，通过适时介入公安机关侦查、预审活动，协助突破案件，为审查逮捕工作创造条件。全市依法纠正漏捕 29 人。对不符合逮捕的 61 人作出了不批捕决定；办理延长侦查羁押期限案件 2 件 9 人。1997 年，追捕漏犯 27

人，介入侦查 17 件 20 人。1998 年，为减少不捕绝对数，降低不捕率，全市检察机关审查批捕部门对不构成犯罪，需要补充侦查的、无逮捕必要和具有刑法第 15 条规定的情形之一的，在建议提请单位撤回上作了尝试，全市共有 292 人被撤回。1999 年，侦查监督工作重点加强强制措施执行情况的监督，依法纠正违法适用取保候审、监视居住、超期羁押等问题。全市适时介入重特大案件 63 件。2000 年，侦查监督的重点是对批捕或不批捕执行情况、超期羁押和侦查机关违法改变强制措施情况进行监督。2001 年，工作重心放在引导侦查取证工作，保证侦查活动依法进行上。向公安机关提出纠正意见 7 次。2003 年，全市对不批准逮捕需补充侦查的 18 件案件制作《不予批捕逮捕补充侦查提纲》，占不捕案件的 27.7%；对批准逮捕的 88 件案件制作《提供法庭审判所需证据材料意见书》，占批捕案件总数的 4.6%。2004 年，全市检察机关侦查活动监督借鉴武汉市汉阳区院建立的侦查活动投诉受理调查处理机制，并在襄阳、枣阳两地进行试点。全市共制作《不予批准逮捕案件补充侦查提纲》24 份，制作《提供法庭审判所需证据材料意见书》275 份。2005 年，全市对不批准逮捕需要补充侦查的 30 件案件制作了《不予批准逮捕案件补充侦查提纲》，占 31%；对批准逮捕的 286 件案件制作了《提供法庭审判所需证据材料意见书》，占 14%。参与重大案件讨论 66 件，参加现场勘察 7 件，提出侦审建议 300 余条，对侦查机关侦查中的违法行为提出书面纠正意见 6 件次，纠正程序违法和执法违法 6 件次，对不符合逮捕条件的 115 人依法作出了不批捕决定。对 105 人符合延期条件的案件作出了批准延长的决定，提请省院批延 31 人，对 3 人不符合延期条件案件作出了不批延的决定。

（五）公诉

1.审查起诉

1985 年，全市检察机关审查起诉 1 392 件，决定不起诉 9 件，免予起诉 32 件，退回公安机关补查 120 件。1986 年，受理公安机关移送起诉案件 1 498 件 2 283 人（含去年积存 18 件 30 人）。其中起诉 1 271 件 1 842 人（含检察院追诉 14 人）。免予起诉 27 件 75 人；不起诉 9 件 14 人；退回公安机关补充侦查 131 件 247 人；公安机关撤回 23 件 40 人；移送其他检察机关 13 件 32 人；积存 24 件 33 人。起诉重大案犯 630 人，占起诉人犯总数的 84.2%。1987 年，受理公安机关移送起诉 1 845 件 3 186 人，起诉 1 627 件 3 643 人，其中检察院追诉 52 人，重大案犯 841 人，免予起诉 40 件 130 人，不起诉 6 件 15 人；退回补查 134 件 303 人；公安撤回 12 件 36 人；移送其他检察机关 1 件 7 人；积存 25 件 52 人。件数和人数审结率分别为 98.65%和 98.37%。1988 年，受理公安机关移送起诉案件 1 824 件 29 96 人(含移送不诉 14 件 46 人)。经审理，起诉 1587 件 2 461 人，件数和人数分别减少 40 件 182 人；免予起诉 58 件 163 人；不起诉 4 件 9 人；退回公安补查 127 件 251 人；公安撤回 15 件 30 人；积存 33 件 81 人。1989 年，受理公安机关和自侦部门移送起诉 2 184 件 3 810 人，移送不诉 66 件 131 人。经审查，起诉 1 752 件 3 062 人，其中重大案犯 933 人，不起诉 130 件 278 人，追诉 75 人，退回公安补查 168 件 360 人，公安机关撤回 11 件 22 人，移送其他检察机关 1 件 3 人，积存 82 件 198 人。1990 年，受理公安和检察机关自侦部门移送的各类案件 3 410 件 6 209 人，其中公安机关移送的案件 2931 件 5 596 人，经济检察部门移送的案件 411 件 506 人，法纪检察部门移送的案件 68 件 107 人。审结 3 351 件 6 052 人，审结率为 98.27%，其中，起诉到法院 2 543 件 4 403 人，免予起诉 318 件 563 人，不起诉 5 件 19 人，退查 300 件 627 人，建议撤回 33 件 53 人，移送其他部门处理 152 件 387 人，年底积存 59 件 157 人。1991 年，受理公安机关和检察机关自侦部门移送起诉和免诉的各类案件 2 607 件 4 310 人（含去年积存 65 件 163 人），其中受理公安机关移送 2 155 件 3 766 人，检察机关自侦部门移送 452 件 544 人（其中经济案件 392 件 458 人）。经审理：起诉 1 854 件 2 919 人，人数为 67.7%。其中重、特大案犯

838 人,占起诉人犯 2 919 人的 28.71%,免予起诉 203 件 345 人,免诉率件数为 7.94%,人数为 8%,其中免诉经济案犯 132 件 149 人,占免诉人犯的 63.77%,占受理经济案件 392 件 458 人的 33.67%和 32.53%,不起诉 3 件 18 人,退回补充侦查 269 件 559 人;移送单位撤回 40 件 55 人;移送其他检察机关审理 147 件 262 人;积存 87 件 152 人。审结率件、人数均为 97%。同年,全市提前介入 143 件 291 人,占起诉案件 1 854 件 2919 人的 7.71%和 9.97%,占重、特大案件 838 人 34.73%。全市追诉漏犯 32 人,占起诉人犯 2 919 人的 1.1%,法院全部作了有罪判决。通过审查指导关对尚不构成犯罪的 18 人依法做了不起诉决定,避免了错案,公安、法院均未提出异议。1992 年,受理各类案件 2 538 件 4 575 人(上年积存 86 件 151 人,移送起诉 1 959 件 3 428 人,移送免诉 217 件 328 人,退查重报 276 件 668 人),审结 2 467 件 4 467 人,审结率分别为 97.2%和 97.64%。经审理,起诉 1 729 件 2 864 人;免予起诉 279 件 453 人;不起诉 4 件 19 人;退回补查 282 件 692 人;撤案 25 件 39 人;移送其他检察机关审理 148 件 400 人;年底积存 71 件 108 人。同年,检察机关自侦部门移送案件 436 件 510 人(其中移送免诉 186 件 218 人);经审理,起诉 101 件 115 人;免予起诉 208 件 238 人;不起诉 2 件 5 人;退查 70 件 83 人,撤案 12 件 18 人,移送其他检察机关审理 3 件 3 人,年底存 40 件 48 人。追诉漏犯 17 人。1993 年,受理各类案件 2 205 件 3764 人(上年积存 71 件 108 人,移送 1 727 件 2 833 人,移送免诉 169 件 253 人,退查重报 238 件 570 人),审结 2 169 件 3 698 人,审结率分别为 98.37%和 98.25%,审理后,起诉 1 591 件 2 618 人,其中追诉 14 人,起诉率分别为 73.35%和 70.8%,免予起诉 197 件 369 人;免诉率分别为 9.08%和 9.98%;不起诉 4 件 8 人;不起诉率分别为 0.18%和 0.22%,退回补查 250 件 489 人;移送单位撤回 13 件 24 人;移送其他检察机关审理 114 件 190 人。在受理的案件中,检察机关自侦部门移送的案件 302 件 346 人(含上年积存 40 件 48 人,退查重报 28 件 34 人,其中移送起诉 96 件 108 人,移送免诉 138 件 156 人);经审理:起诉 82 件 90 人,免予起诉 143 件 163 人,不起诉 2 件 2 人,退查 35 件 36 人,撤回 7 件 9 人;移送其他检察机关审理 13 件 13 人。1994 年,受理各类刑事案件 2 691 件 4 495 人,经审理,审结 2682 件 4484 人,审结率分别为 99.66%和 99.75%,其中起诉 1933 件 3083 人,免予起诉 254 件 456 人,免诉率为 10.17%;不起诉 4 件 6 人;退查 326 件 635 人;撤回 22 件 37 人,移送其他检察机关审理 143 件 267 人,年底积存 9 件 11 人。1995 年,受理各类刑事案件 1 923 件 3 227 人。经审理,审结 1 899 件 3 200 人,审结率为 98.75%。其中,起诉 1369 件 2 112 人;追诉 15 人,免予起诉 174 件 305 人,不起诉 1 人;退回公安机关补充侦查 243 件 537 人;公安机关撤回 14 件 29 人,移送其他检察机关审查 99 件 216 人,年底积存 24 件 27 人。1996 年,受理各类刑事案件 1 906 件 3 258 人,其中新收各类案件 1 650 件 2 712 人。其中起诉 1 342 件 2 215 人(追诉 13 人);免予起诉 199 件 323 人;不起诉 1 件 3 人,退回公安部门补充侦查 254 件 509 人,公安机关撤回 13 件 23 人,移送其他检察机关 97 件 185 人。1997 年,受理公安机关移送审查起诉案件 1 526 件 2 360 人,新收移送起诉案件 1 294 件 2 360 人;新收移送不诉案件 3 件 4 人。其中起诉 1 071 件 1 578 人,分别下降 14.4%和 24.7%,起诉率为 96.9%;起诉重特大案犯 804 人,占起诉人数 51%;纠正漏起诉 4 件 7 人;不诉 34 件 77 人,不诉率 3.1%;退查 348 件 586 人;移送单位撤回 13 件 16 人;移送其他检察机关审查起诉 60 件 103 人;检察机关提前介入重特大案件 4 件 13 人,纠正违法 4 件次。1998 年,受理公安机关移送的“死、缓、无”刑事案件 162 件 372 人(含退查重报 51 件 130 人),其中新收 111 件 245 人。审结 162 件 375 人,其中,起诉 98 件 210 人;追漏罪 3 款;不起诉 3 人,不诉率为 0.67%;退查 57 件 151 人;改变管辖 6 件 10 人,公安机关撤案 1 件 1 人。受理下级院请示案件 36 件 58 人,全部审结批复。年底无积存。全市两级审查起诉部门共受理检察机关自侦部门移送审查起诉案件 152 件 186 人(含积存和退查重报数),通过审查已起诉 59 件 69 人,与上年比分别下降 17%和 17%,不诉 45 件 47 人,退查 29 件 46 人,移送单位撤回 6 件 6 人,移送其他检察机关审查 10 件 14 人,年终结案率为 98%。全年适时介入重特大案件 5 件。对 4 名不构成犯罪而被移送起诉的犯罪嫌疑人作出不起诉决定或退回侦查机关要求撤案，同时追漏罪 3 款，做到不枉不纵。1999 年，全市两级审查起诉部门共受理公安机关移送审查起诉的案件 1 973 件 3 128 人（含退查重报 346 件 667 人），经审查，提起公诉 1 292 件 1 884 人，其中，起诉重特大案犯 855 人，审查起诉结案率为 99.9%。

2000 年，受理公安机关移送审查起诉的案件 2 199 件 3 326 人（含退查重报 455 件 789 人）。其中，起诉 1 382 件 1 928 人；不起诉 70 人，不诉率为 3.5%；退查 643 件 1 058 人；改变管辖 125 件 250 人；移送单位撤回 9 件 17 人；追诉漏犯 28 名；追漏罪 28 款。适时介入 9 件。2001 年，受理移送起诉、不起诉案件 2 884 件 4 591 人，起诉 1 824 件 2 711 人，起诉率 95.5%，起诉重、特大案犯 716 人，占 26.4%，不诉 70 件 115 人，上升 29.2%，不诉率为 4.1%，起诉公安机关移送审查起诉的案件 1 708 件 2 579 人，上升 33.8%。2002 年，受理移送案件 2 780 件 4 856 人(含退查重报)，审结 2 106 件 3 066 人，审结率 97.6%。其中，起诉 1 697 件 2 463 人，起诉率为 80.47 %，起诉重、特大案犯 119 件 219 人，占 7.02 %，不诉 76 件 132 人，不起诉率为 4.2 %。起诉公安机关移送审查起诉的案件 1 555 件 2 304 人，下降 8.9%。2003 年，受理起诉案件 2601 件 3 468 人（含退查重报 470 件 976 人），起诉 1 622 件 2 494 人，不起诉 118 人，起诉率为 95.5%，不起诉率为 4.53%。2004 年，受理公诉案件 2 052 件 3 245 人(不含退查重报 509 件 970 人)，起诉 1 626 件 2 524 人，不起诉 114 人。起诉率为 95.7%，不起诉率为 4.3%。2005 年，受理侦查机关移送审查起诉、不起诉案件 3 036 件 5 001 人（含退查重报 633 件 1 241 人）。经审查，结止年底审结 2 074 件 3 106 人，退查 790 件 1 538 人，审结率 93.3%。其中起诉 1 988 件 2 969 人，起诉率为 95.8%；不起诉 137 人，不诉率为 4.6 %。全年起诉黑恶势力犯罪、严重暴力犯罪以及多发性侵财犯罪类案件 1 902 人。

2.出庭支持公诉

1978 年，恢复出庭公诉业务，并对判决不当、定性有误的案件以口头或书面形式提出抗诉。1979 年，出庭公诉率 20%。1980 年，襄阳县检察院起诉曹某伤害案，县法院以故意杀人罪判处徒刑 12 年，县检察院认为定性和判决均属不当，提出抗诉，经中级法院裁定，以故意伤害罪改判 6 年。1985 年，出庭公诉率 90.8%。1986 年，全市检察机关出庭支持公诉 1 136 次，发表公诉词 1 080 篇。1987 年，出庭支持公诉 1 473 次，发表公诉词 1 454 篇。1988 年，出庭支持公诉 1 460 次，发表公诉词 1321 篇。1989 年，出庭支持公诉 1 592 次，发表公诉词 1 492 篇。1990 年，出庭支持公诉 2 346 次，其中一审开庭 2 297 次，二审开庭 49 次。1991 年，出庭支持公诉 1 090 次。1992 年，出庭支持公诉 1 543 次，发表公诉词 1 417 篇。1993 年，出庭支持公诉 1 378 次，发表公诉词 1 370 篇。1994 年，出庭支持公诉 1623 次。1995 年，出庭支持公诉 1 150 次。1996 年，出庭支持公诉 1 200 次。按修改后的刑诉法开庭 30 余次，基本达到了一人一庭的目标。1997 年，出庭 840 件次。刑诉法实施初期，全市各级起诉部门与法院联合举办试验庭，按新的庭审方式开展练兵活动，市院还配合中级人民法院开展电视直播开庭。全市共举办试验庭和电视直播庭 30 余场次。1998 年，组织全市起诉部门观摩开庭 6 次，召开座谈会 3 次。1999 年，试行主诉检察官办案责任制，提高了出庭公诉水平。2000 年，出庭支持公诉 1 024 次。同年 10 月，市院组织了全市检察机关刑检部门业务培训班，充实和更新了干警们的知识。在省院组织的全省主诉检察官资格考试中，全市有 106 名干警参加，81 名干警通过考试，通过率 76.4%。在市院组织的主诉检察官能力测试中，81 名干警中，56 名干警过关，取得主诉检察官的资格。2001 年，出庭支持公诉 1 280 次。2002 年，出庭支持公诉 1 107 件。全市检察机关将普通程序简易审、庭前证据开示配套实施，并规范化。2003 年，出庭支持公诉 1 034 件。全市检察机关全面推行主诉检察官办案责任制。2004 年，出庭支持公诉 863 件。2005 年，出庭支持公诉 1 292 件。

3.审判监督

1986年，全市检察机关公诉部门对无罪判决的1人，量刑畸轻的2人提出抗诉，法院重新作出有罪判决1人，加刑处罚1人，维持原判决1人。向公安、法院提出书面纠正违法意见书13份，口头纠正42份。在刑事检察工作中，向74个单位发出检察建议通知书43份，口头检察建议31次。1987年，全市检察机关检察院抗诉6件10人，其中,无罪3人，量刑畸轻6件7人，法院改判5件6人，维持原判1件4人(其中无罪2人，量刑畸轻1件2人)。对此，经市院复查认为，除抗诉量刑畸轻的1人维持原判是基本正确的以外，另3人维持原判是错误的（老河口市陈军双、杨文化、金建会三人流氓案)，抗诉准确率件数为83.34%，人数为60%。全市检察机关结合办案向公安和法院发出书面纠正违法通知书6次，口头建议92次。1988年，对法院判决无罪的2件2人和重罪轻判的4件4人进行了抗诉。法院改判1人，撤回抗诉1人，维持原判3人，在审1人。1989年至1990年，全市检察机关共抗诉11件18人，撤回抗诉4件6人，法院改判6件10人，维持原判1件2人。当庭提出改判意见9件，建议发回重审8件均被法院采纳，建议法院作无罪判决1件1人，法院作了无罪判决。1991年，全市检察机关共抗诉3件3人，法院改判(轻改重)2件2人，维持原判1件1人。1992年，全市检察机关对法院确有错误的判决提出抗诉7件，法院作出改判3件，胜诉率为42.86%；维持原判3件，撤回抗诉1件，占抗诉的14.28%。1993年，全市检察机关在办案中，对公安机关在侦查、预审、法医鉴定等活动中的错误行为提出纠正意见127件，其中书面44条，口头83条，对法院确属错误的判决8件10人提出了抗诉，改判3人。1994年，全市检察机关对公安机关在侦查活动中的违法行为提出纠正意见217次。提出和纠正违法现象158次，对确有错误的判决，依法提出抗诉6件，法院改判4件5人，撤抗1件1人。1995年，全市检察机关提出和纠正违法现象123次，对适用法律不当、确有错误的判决的，依法提出抗诉10件10人，上级法院纠正改判2件2人。1996年，全市检察机关提出抗诉9件9人，法院改判1件1人。1997年，全市检察机关纠正漏诉4件7人，加大了抗诉力度。1998年，全市检察机关提出抗诉的案件8件12人，除2件3人维持原判，其中改判6件9人，改判的9人中无罪改有罪2人，轻罪改重罪7人，改判率为75%。1999年，12个基层院提出抗诉案件8件10人，其中支持抗诉6件，撤回抗诉案件2件，法院审理后改判2件2人，改判率50%。对审判活动中的违法现象书面提出纠正建议10条，采纳并纠正8条。2000年，全市检察机关严格按照新的审判方式支持公诉，对于审判活动中的违法行为予以纠正。全年对法院提出书面纠正意见29条。全市对87名不构成犯罪而被移送起诉的犯罪嫌疑人作出不起诉决定或退回公安机关要求撤案。对罪该起诉而未移送起诉的28名案犯作出追诉决定。2001年，两级起诉部门共追漏犯53名，追漏罪42款。提出抗诉13件，提请省院抗诉1件。2002年，12个基层院共提起抗诉11件18人，市院撤回抗诉3件6人，支持抗诉8件12人，法院直接改判4件8人，发回重审2件2人，维持原判2件2人。改判率75%。市院提出抗诉2件2人，省院支持抗诉。2003年，全市检察机关受理二审抗诉案件21件23人，市院支持抗诉18件20人，撤抗3件3人，在判决的17件中，发回重审6件8人，维持原判11件11人。受理审判监督程序抗诉件4件4人，市院支持抗诉1件1人。同年，抗诉案件数量受理比去年同期上升118.2%，人数上升44.4%。在发回重审的案件中，基层法院改判3件5人。2004年，全市检察机关共提出抗诉14件22人(其中按审判监督程序提请抗诉3件3人)，市院支持10件，撤回抗诉1件，法院裁判9件，改判1件，发回重审4件，维持原判4件，改判率55.6 %。改判率比去年上升20.3%。2005年，市院向省高法提出抗诉7件9人，12月份提出抗诉5件6人。12个基层检察机关向中院按二审程序抗诉9件10人，市院支持8件9人，判决7件8人，直接改判4件5人，发回重审1件1人，改变管辖1件1人，维持原判1件1人，改判率85.7%(见表25—8、表25—9、表25—10)。

1986—2005 年全市检察机关起诉、出庭情况一览

表 25—8

项目数量(人) 年份	审理案件	审结			退回补查	公安撤回	改管	积存	出庭公诉
		起诉	免予起诉	不起诉					
1986 年	2283	1842	75	14	247	40	32	33	1136
1987 年	3186	2643	130	15	303	36	7	52	1473
1988 年	2996	2461	163	9	251	30	1	81	1460
1989 年	3941	3062	278	18	360	22	3	198	1592
1990 年	6209	4403	563	19	627	53	387	157	2346
1991 年	4310	2919	345	18	559	55	262	152	1090
1992 年	4575	2864	453	19	692	39	400	108	1543
1993 年	3764	2618	369	8	489	24	190	66	1378
1994 年	4495	3083	456	6	635	37	367	11	1623
1995 年	3227	2112	305	1	537	29	216	27	1150
1996 年	3258	2215	323	3	509	23	185	—	1200
1997 年	2360	1578	—	77	586	16	103	—	840
1998 年(起诉一处)	375	210	—	3	151	1	10	—	97
1999 年	3128	1884	—	—	—	—	—	—	—
2000 年	3326	1928	—	70	1058	17	250	3	1024
2001 年	4591	2711	—	115	—	—	—	—	1280
2002 年	3066	2463	—	132	—	—	—	—	1107
2003 年	4366	2496	—	118	1320	71	278	83	1034
2004 年	4276	2524	—	114	1262	80	244	52	863
2005 年	5054	2696	—	137	1538	92	213	105	1292

1986—2005 年全市检察机关立案、侦查、审判监督一览

表 25—9

类别 数据 年度	立案监督(件)	侦查监督									审判监督(件)		备注
		批捕环节					起诉环节						
		追捕(人)	不捕(人)	介入侦查(件次)	提出纠正意见(件次)	办理延长侦查羁押案件(人)	追捕(人)	不捕(人)	介入侦查(件次)	介入侦查(件次)	抗诉(建议抗诉)	改判	
1986 年	—	33	130	—	33(书面 7 次)	—	—	—	—	—	—	—	—
1987 年	—	55	194	16	69(书面 4 次)	—	—	—	—	—	—	—	—
1988 年	—	59	178	—	33	—	—	—	—	—	—	—	—
1989 年	—	62	189	272	10	—	—	—	—	—	—	—	—
1990 年	—	75	230	233	11	—	—	—	—	—	—	—	—
1991 年	—	47	138	102	—	—	—	—	—	—	—	—	—
1992 年	—	24	88	124	11	37	—	—	—	—	—	—	—

续表

类别/数据/年度	立案监督（件）	侦查监督									审判监督（件）		备注
		批捕环节					起诉环节						
		追捕（人）	不捕（人）	介入侦查（件次）	提出纠正意见（件次）	办理延长侦查羁押案件（人）	追捕（人）	不捕（人）	介入侦查（件次）	介入侦查（件次）	抗诉（建议抗诉）	改判	
1993 年	—	44	84	55	10	43	—	—	—	—	—	—	—
1994 年	—	21	111	63	—	45	—	—	—	—	—	—	—
1995 年	—	21	62	36	2	15	—	—	—	—	—	—	—
1996 年	—	29	61	38	—	9	—	—	—	—	—	—	—
1997 年	10	27	302	17	2	72	—	—	—	—	—	—	—
1998 年	19	10	255	92	15	76	—	—	—	—	—	—	—
1999 年	28	14	222	63	3	81	—	—	—	—	—	—	—
2000 年	36	17	398	65	15	108	—	—	—	—	—	—	—
2001 年	92	1	486	64	7	103	—	—	—	—	—	—	—
2002 年	155	7	250	110	10	135	—	—	—	—	—	—	—
2003 年	152	12	114	13	154	176	—	—	—	—	—	—	—
2004 年	144	1	115	51	12	140	—	—	—	—	—	—	—
2005 年	140	2	205	76	2	139	—	—	—	—	—	—	—

1986—2005 年全市检察机关审查逮捕情况一览

表 25—10　　单位：人

类别/数据/年度	受理	批准逮捕	不批捕
1986 年	2 215	1 779	130
1987 年	3 334	2 796	194
1988 年	3 228	2 708	178
1989 年	3 893	3 269	189
1990 年	5 242	4 473	230
1991 年	3 555	3 065	138
1992 年	3 286	2 824	88
1993 年	3 256	2 770	84
1994 年	4 274	3 643	111
1995 年	2 670	2 263	62
1996 年	2 517	2 175	61
1997 年	2 475	2 096	302
1998 年	2 689	2134	255

续表

年度＼数据＼类别	受理	批准逮捕	不批捕
1999 年	3201	2446	222
2000 年	4159	2839	398
2001 年	4449	3200	486
2002 年	3667	2818	250
2003 年	3339	3019	114
2004 年	3128	2911	115
2005 年	3647	3347	205

三、法院

(一)机构

1.襄樊市中级人民法院

1972 年 12 月，恢复襄阳地区中级人民法院。1973 年 1 月，恢复襄樊市人民法院。1979 年 6 月，襄樊市人民法院升级为襄樊市中级人民法院，内设机构有刑事审判庭、民事审判庭。同年，襄阳地区中级人民法院设党委。内设机构有办公室、刑事审判庭、民事审判庭。1980 年 5 月，襄樊市中级人民法院增设办公室和经济审判庭。襄樊市人民法院设党支部委员会。1980 年襄阳地区中级人民法院增设刑事审判第二庭，撤销党委，建立党组。1981 年 2 月，增设经济审判庭。1983 年 8 月，襄阳地区中级人民法院和原襄樊市中级人民法院合并，组建新的“襄樊市中级人民法院”。法院仍设党组。1986 年 1 月改为党委。1986 年至 1990 年 1 月，襄樊市中级人民法院设党委、纪律检查委员会。1990 年 1 月，撤销党委，设立党组，建立机关党委。同时撤销纪律检查委员会，设立纪检组。合并后的襄樊市中级人民法院内设机构有办公室、刑事审判第一庭、刑事审判第二庭、民事审判庭、经济审判庭。1983 年 8 月增设信访接待科。1985 年 4 月增设法医技术室。1985 年 11 月增设政工科。1986 年 4 月增设调研科、执行庭、刑事审判庭第三庭。1987 年 2 月设行政审判庭。1988 年 10 月原信访接待科更名为告诉申诉庭。1989 年 7 月增设司法行政科。1989 年 12 月增设监察室（与院纪委一套班子，两块牌子）。1990 年 2 月增设保卫科。4 月原政工科、司法行政科、调研科、法医技术科分别更名为：政治处、司法行政处、研究室、法医技术室。民事审判庭分设为民事审判第一庭、民事审判第二庭。1991 年 4 月增设法庭工作指导处。1992 年 4 月正式设立全国法院干部业余法律大学襄樊分部（相当科级）。1992 年 6 月成立市中院工会工作委员会；12 月筹建邓林农场人民法庭（企业法庭）。1993 年 3 月，设立襄樊市中级人民法院襄樊汽车产业经济技术开发区人民法庭；同年 4 月，法医技术室更名为法医技术鉴定中心。12 月成立司法警察大队。1994 年 3 月，经济审判庭更名为经济审判第一庭，刑事审判第三庭更名为经济审判第二庭。1994 年 11 月，设立企业破产案件审判庭。1995 年 7 月，设立审判监督庭，赔偿委员会办公室。同年 11 月，成立法官培训中心（事业性质，相当科级），与业余法律大学襄樊分部合署办公。1995 年 4 月，襄樊市法官协会、女法官协会成立。姚仁安任法官协会会长，侯新建任女法官协会会长。1996 年 3 月，筹建襄樊市中级人民法院高新技术开发区人民法庭。1996 年 10 月，内设 15 个职能部门和政治部及机关党委。具体内设机构是：办公室，政治部（内设组织科、人事科、教育科），司法警察支队，刑事审判第一庭，刑事审判第二庭，民事审判第一庭，民事审判第二庭（与法庭工作指导处一个机构、两块牌子），经济审判第一庭，经济审判第二庭，行政审判庭（与赔偿办合署办公），告诉立案庭，审判监督庭，执行庭，司法行政处，司法技术处，研究室，监察室（与纪检派驻机构合署办公），机关党委。1个派出机构开发区人民法庭（汽车产业、高新技术开发区）。1996年11月，市人大常委会同意设立襄樊高新技术产业开发区人民法院。1999年，最高法院批复设立襄樊高新技术产业开发区人民法院，同年5月18日，正式挂牌成立。2000年1月，恢复设立企业破产案件审判庭。同年8月，襄北农场人民法庭、邓林农场人民法庭分别更名为襄樊市中级人民法院襄北、襄南人民法庭。同年12月，经济审判第一庭、经济审判第二庭分别更名为民事审判第三庭、民事审判第四庭。2002年5月，襄樊市中级人民法院内设16个职能部门和政治部。即办公室、政治部（与机关党委合署办公。内设组织处、人事处、教育培训处，与院内庭室平级），刑事审判第一庭，刑事审判第二庭，民事审判第一庭，民事审判第二庭，民事审判第三庭，民事审判第四庭，行政审判庭，审判监督庭，执行局（挂执行庭牌子。内设协调督办处，非诉案件执行处，诉讼案件执行处，与院内设庭室平级），监察室（与纪检派驻机构合署办公），研究室（挂《人民法院报》驻襄樊记者站牌子），司法警察支队，司法行政装备管理处。赔偿委员会办公室挂靠在行政审判庭。机关党委、纪检派驻机构按有关规定设置。设立机关离退休人员工作科。派出机构：襄樊高新技术产业开发区人民法院，襄樊汽车产业开发区人民法庭，襄樊鱼梁洲旅游经济开发区人民法庭。2005年4月，执行局与执行庭分开设立，司法技术处归执行局。

2.辖区基层人民法院

1973年，襄阳县、南漳县、保康县、枣阳县、谷城县、光化县、襄樊市人民法院恢复。1979年6月，随州市和随县分开，成立随州市人民法院，老河口市和光化县分开，成立老河口市人民法院。1983年8月，随州市人民法院和随县人民法院合并为随州市人民法院，老河口市人民法院和光化县人民法院合并为老河口市人民法院。1986年，襄樊市中级人民法院管辖随州市、枣阳县、宜城县、南漳县、保康县、谷城县、老河口市、襄阳县、和市区襄城、樊东、樊西、郊区共12个基层人民法院。1988年10月枣阳县人民法院更名为枣阳市人民法院。1994年，宜城县人民法院更名为宜城市人民法院。1999年10月，随州市人民法院从襄樊市中级人民法院分离，划归汉江中级人民法院管辖。2000年12月成立随州市中级人民法院。1996年4月，根据国务院文件关于襄樊市辖行政区调整的批复，撤销襄樊市樊东区、樊西区、郊区。原襄城区、樊东区、樊西区、郊区4个基层人民法院合并为襄城区、樊城区法院。1999年5月，襄樊高新技术产业开发区人民法院正式挂牌成立。2001年12月，经国务院批准，襄阳县撤县设区，襄阳县人民法院随之撤销，成立襄阳区人民法院。2005年底，襄樊市中级人民法院下辖枣阳市、宜城市、老河口市、南漳县、谷城县、保康县、和襄城区、樊城区、高新区、襄阳区共10个基层人民法院。

襄樊市中级人民法院领导班子成员任职

附表25—11

机构名称	职务	姓名	任职时间
襄阳地区 中级人民法院	院长	吕静	1976.10—1983.5
	院长	张学义	1983.5—1983.8
	副院长	李浩	1976.10—1983.8
	副院长	郑国光	1980.2—1983.8
	副院长	张学义	1976.10—1981.10
	副院长	王勇	1976.10—1980.10

续表

机构名称	职 务	姓 名	任职时间
	副院长	黄福清	1982.3—1983.8
	副院长	张正午	1982.5—1983.5
襄樊市中级人民法院	院 长	郭秉乐	1979.1—1983.8
	副院长	方仕林	1979.6—1983.8
	副院长	彭桂芝	1979.6—1983.8
	副院长	廖光国	1980.2—1981.10
	副院长	芦祖承	1980.11—1983.8
合并后的襄樊市中级人民法院	院 长	张学义	1983.8—1985.2
	院 长	王 勇	1985.2—1990.12
	代院长	许亚非	1991.1—1991.3
	院 长	许亚非	1991.3—1994.4
	院 长	姚仁安	1994.4—2003.7
	代院长	王 健	2003.8—2004.1
	院 长	王 健	2004.1—2005.1
	院 长	李群星	2005.1—
	副院长	郑国光	1983.8—1992.2
	副院长	彭桂芝	1983.8—1992.2
	副院长	许亚非	1985.2—1991.01
	副院长	姚仁安	1987.9—1994.4
	副院长	樊成连	1989.9—2005.2
	副院长	陈世坤	1991.7—1994.2
	副院长	林随安	1992.1—
	副院长	侯新建	1992.1—2005.10
	副院长	张仁启	1994.6—
	副院长	王 健	1997.6—2003.8
	副院长	雷涌泉	2005.8—
	副院长	艾 军	2005.8—
	纪委书记	黄福清	1986.1—1990.2
	纪检组长	黄福清	1990.2—1994.6
	纪检组长	沈福忠	1994.06—
	工会主任	沈福忠	1992.2—1994.6
	工会主任	乾盛德	1994.6—2002.2
	执行局长	邢玉玺	2003.12—
	助理调研员	朱留彦	2005.11—

（二）刑事审判

1.少年刑事审判工作

1988年，市中院在樊东区、随州市、枣阳市三个基层法院进行少年犯合议庭试点工作。1990年，在全市推开。1992年10月，随州、枣阳、老河口、襄阳、宜城5个基层法院建立少年刑事审判庭。中院和其他7个基层法院也在刑事审判庭内设立了9个少年刑事审判合议庭，专门审理少年刑事案件，做到凡是未成年的被告人都由少年法庭审理。2005年5月底，10个基层法院中，2个法院（樊城区法院、襄阳区法院）设有独立建制的少年法庭，4个法院有专门合议庭审理未成年人犯罪案件，1个法院指定专人负责审理未成年人犯罪案件，另3个法院未指定专人审理未成年人犯罪案件。2个少年法庭共有审判人员6名，其他法院共有23名审判人员从事未成年人犯罪审判工作。

2.1996、1997年修改后的刑事诉讼法试点实施

1996年，最高法院和省高院在襄樊举办5期修改后的刑诉法培训班。同年8月，省高院确定襄樊市中院为刑事审判方式改革全省试点单位，市中院确定襄城区法院、襄阳县法院为试点法院。分三步走，先试开庭，再示范，然后推广。经过三个多月的试点，运用新的审判方式审理了一批案件。1997年1月1日以后审理的案件，除了少数自诉案件按撤诉处理的、1996年12月22日至31日受理的以外，全部按照修改后的刑事诉讼法审理。

（三）民事审判

1986年，两级法院组织干警学习《民法通则》。1989年，实行公开审判，强调当事人的举证责任。1991年，两级法院学习、宣传《民事诉讼法》。清理过去积案，分类排队，逐案落实承办人，限期审结。各基层法院集中力量开展审理积案大会战。并适用新增程序（督促、公示催告、破产还债程序）和规定处理案件。1993年，全市法院优先审理一批企业转换机制中出现的联营、企业兼并案件，依法处理国家、企业、个人之间的责、权、利关系。狠抓了涉及国有大中型企业和地方骨干企业经济纠纷案件的审理。通过审理离婚、扶养、抚育、赡养等案件，保护了妇女、儿童和老人的合法权益；通过依法审理侵犯名誉权、荣誉权、名称权、姓名权、肖像权及民间借贷、买卖、赔偿等案件，保护了公民基本的人身权和财产权；通过审理房地产、票据、有价证券、股票、知识产权等新型案件，促进市场体系的建立健全；通过审理制售伪劣种子、化肥、农药等坑农案件，保护了农民合法权益，促进了农村的安定团结和农村经济的繁荣。1996年，针对审判工作中暴露和发现的问题，向有关单位提出司法建议465条。1999年，注重减轻农民负担，保障农民合法权益，维护以家庭联产承包为基础的统分结合的双层经营体制。2001年，改变民事、经济审判庭分设的传统，确立大民事审判新格局，各民事审判庭按婚姻家庭、合同、侵权、破产等案件类型重新确定受案范围，有效克服了地方保护主义。2003年，审理婚姻家庭、继承、损害赔偿、债权债务、劳动争议、知识产权、相邻关系等传统民事纠纷案件时，把调解作为首选结案方式，对此类案件予以妥善处理，做到法律效果和社会效果的统一。审理商事案件，贯彻主体平等、意思自治、诚实信用原则，追究违约责任，制裁恶意逃债。对不同市场主体给予平等保护，支持市委、市政府关于全面推进市直国有企业改革的重大决策，审理涉及企业改制案件，规范企业破产案件的立案和审理工作。

（四）经济审判

1980年5月，襄樊市中级人民法院设立经济审判庭。1981年2月，襄阳地区中级人民法院设立经济审判庭。1986年，两级法院贯彻最高法院《关于加强经济审判工作的通知》、《关于审理经济纠纷案件发现违法犯罪必须严肃执法的通知》，正确区分正当的经济活动与经济违法犯罪活动的界限，理顺错乱经济关系，挽救一批濒临倒闭的企业，使大量的滞留资金恢复活力。1987年，襄樊电视机厂在法院的宣传、支持下，先后就全国各地一些单位拖欠该厂十一笔货款向中院起诉，法院通过审理，为该厂追回货款855600元。1988年，市中院会同省高院对5个基层法院1987年审结的812件经济纠纷案件，进行了逐案评查，召集各基层法院经济庭庭长交叉阅卷、评查，就存在的问题展开了讨论研究，及时总结了经济审判中一些带倾向性的问题。1989年，对治理整顿和深化改革关系密切的购销合同、借款合同、建筑工程承包合同、农村承包合同、联营合同、科技协作合同纠纷案件，做到优先审理、及时结案，审理了一批党政机关开办的企业清理整顿后的债务清偿案件。狠抓了公开审理，注意发挥当事人的举证作用，诉讼保全和其他强制措施的保障作用和律师的协助作用。加强了制度建设，制定和完善了目标管理和奖惩制度；案件审查把关制度；案件定期评查制度等。1990年8月25日，全市第一起破产案——老河口市仿瓷厂破产案在老河口市法院开庭审理。1993年2月，市中院成立经济纠纷调解中心。经济纠纷调解中心不受级别管辖和地域管辖限制，用简便、高效的诉前调解化解矛盾，并制作与判决书具有同等法律效力的调解文书，提高了效率，方便了当事人。1991年，注重研究和摸索审判工作如何为搞好国营大中型企业服务的问题，邀请30多位律师座谈，就如何为振兴襄樊经济、帮助企业理顺经济关系、稳定大局和治理整顿深化改革服务等问题交换意见，向大中型企业发征求意见函，赴有关企业调查走访，对涉及企业的有关问题进行了摸底、考察、收集、征求意见。下发《审判工作促进搞好国营大中型企业的意见》，召开市直50多家国营大中型企业法定代表人和有关委、局负责人参加的座谈会，向50多位厂长、经理介绍了法院为促进搞好国营大中型企业所做的5个方面的工作，请他们对法院如何运用审判职能为搞好企业服务摆问题、提意见、出主意，增进企业和法院之间的信任和理解。1992年4月，市中院在随州召开全市人民法院为大中型企业服务现场会，重点是把随州市郊区、襄阳县法院在大中型企业设置经济司法联络员并扎实地开展活动的经验、做法推广到全市法院，在全市形成经济司法联络员网络，更好地为大中型企业服务。完善司法联络员制度，在396个企业设立司法联络员420人，建立联系站5个。同年11月，设立破产案件审判庭。市中院经济庭派出专门人员负责摸索试办破产案件。是年，运用司法手段加以调节的经济关系增多，案件数量上升，经济审判难度加大。1995年，通过审理与企业转换经营机制相关的案件，促进企业转换经营机制，成为独立的市场竞争主体；通过审理与市场体系相关的案件，促进和保护统一开放、竞争有序的市场体系；通过审理与市场要素相关的案件，培育和规范金融、土地、劳动力、技术、信息等要素市场；通过审理涉及农业、农村经济的案件，保护家庭联产承包责任制和统分结合双层经营机制，促进农业和农村经济繁荣；做好案后延伸和案外服务，为企业解难，为党委、政府分忧。通过司法建议或其他形式对企业进行指导。1999年，审理国有企业改制过程中出现的承包、联营、租赁、兼并、托管、买断、确权、债权转股权纠纷案件，依法保护和支持有利于企业改革的行为，纠正和制裁钻改革空子、损害企业和国家利益的行为，防止国有资产，包括商标、专利、商业秘密、商业信誉等无形资产流失。共审理此类案件255件，审结238件。同年3月，印发《关于经济审判中若干问题的意见》，就经济审判中一些不统一、不明确的问题进行规范。2000年，受理破产案件361件，审结179件，分别是上年的4倍、3倍。2001年，撤销经济庭，改为民事庭，实行大民事审判新格局。2002年，加强对清算组成员和留守聘用人员的严格管理；实行会计委派制度，规范财务收支管理；从事破产企业的财务审计、资产评估、财产拍卖的机构和清算工作的律师，由人民法院组织清算组主要采用公开招标的方式确定；加强对破产费用的支出管理；加强对企业职工档案的管理；加大债权清收力度；明确法院在审理破产案件中的职责范围；加强对清算组的指导监督。

（五）行政审判

1987年2月，市中院行政庭成立。全市法院在积极审理行政案件的同时，把调查研究，加强与行政机关的联系，作为打开行政审判工作局面的重要环节。1989年上半年，两级法院分别深入到涉及行政诉讼的行政单位和受过行政处罚的公民中进行调查走访，撰写《关于当前行政机关执法中的几个突出问题》的专题调研报告，引起市委、市人大和市政府的重视，市政府专门把这份报告在"内参"上作了转发。在行政机关聘请执法联络员并不时召开座谈会。对行政机关申请强制执行的案件，在审查其合法性的基础上，集中力量及时执行。1991年，建立各基层法院行政庭庭长参加的疑难案例讨论会制度。1993年，全市法院受理一审行政案件数和结案数比上年下降33.91%和23.78%。1994年，收、结案数分别比上年上升246.09%和252.29%。同年，着重抓对侵犯企业经营自主权、侵犯个体工商户或私营企业权益，加重农民负担等案件的审理。1995年，两级法院撤销了派驻行政机关、企事业单位的执行室和巡回合议庭，纠正了这种混淆审判权和行政权的做法。1997年，将行政审判工作的重点放在加强和改进受案工作，保护行政相对人诉权上，对符合立案条件推诿不受理的，实行"一票否决"，取消该法院当年评先资格。对基层法院审理确有困难的，中院直接受理或指定相邻法院管辖。2000年，着重加强了交通事故责任认定案件、有关村民委员会的行政案件、与公安侦察行为相关的行政案件的审理。2001年，最高法院发文禁用审判力量（包括司法警察）帮助或参与农村各种清收税费活动。2003年，最高法院的《行政审判通讯》刊载了襄樊市中级人民法院制定的《开展行政诉讼简便审试点实施方案》的主要内容，肯定了襄樊市中级人民法院的行政诉讼简便审试点工作。2005年，市政府印发《关于加强行政复议和行政应诉工作的通知》，支持人民法院行政审判工作。行政审判从传统案件扩展到劳动和社会保障、人事、民政、教育、公证等领域。

（六）立案

1983年8月，设信访接待科。 1988年10月，信访接待科更名为告诉申诉庭。1989年，市中院印发《襄樊市两级法院告诉申诉工作暂行规定》。1991年，全市法院开展当面送达申诉决定书等法律文书的做法，在全省推广。1992年，市中院制定、推广交办督办制度、定期通报工作情况制度、检查评比制度及领导交办案件优先、矛盾容易激化的优化、申诉次数多的优先的"三优先"制度。开展庭前调解工作，对案情简单、争议不大、当事人双方自愿接受调解的纠纷，法院受理后主持直接进行调解，促成双方达成调解协议、自觉履行。通过庭前调解，一些案件两三天即可结案，即时履行的占75%以上。同年，全市法院采用庭前调解方式处理案件81件，为企业回收资金2 000万元。1995年始，试行立审分开。1996年10月，"告诉申诉庭"更名为"告诉立案庭"。1997年11月，立案庭统管民事、经济、刑事自诉案件的一审、二审、再审及执行案件的审查立案和登记受理。2000年，落实"大立案"工作格局，实现审判流程科学管理。同年，确定立案庭有审查立案、排期开庭、审限跟踪、复查申诉案件、信访接待等13项职责。2001年，全面推行重点案件申诉听证制度。同年，推广保康县法院建立上访老户专门档案的做法。2002年5月，告诉立案庭更名为立案庭。2004年，立案庭设立导讼法官和导讼制度，每天派出一名法官在大厅值班，负责接待。实行首问负责制，对群众的询问，由第一个被询问的工作人员负责引导和解释。同年，按照"分级负责，归口管理"的原则，分地区、分类别、定时间、包人员逐一落实责任制。对每一起涉讼上访案件定领导、定专人、定方案、定时限、定责任。2005年4月始，将每月1日、15日的接访日改为每周二接访，每次接访由一名院领导和一名审判委员会委员共同接待。并实行院领导接待预约制度。每周编发一期信访督办通报，下发全市法院，由立案庭跟踪案件的督办落实情况，并答复当事人。对历年来的申诉案件进行了彻底清理，共清理出170余件未结的案件，立案庭将这些案件分类造册，并将案件分配到各业务庭，由各业务庭指定审判骨干对这些案件进行审查。

（七）审判监督

1996年1月，市中院审判监督庭成立。除办理减刑、假释案件外，还办理再审案件、开展案件评查、协助落实错案责任追究制。1996—1999年，再审案件的收案数分别为160、220、340和389件，结案数分别为125件、185件、244件和314件。1999年上半年，全市法院采取自查、互查和抽查相结合的方法，对1998年审结的案件进行了一次全面评查。共评查各类案件50 089件，其中各法院自查41857件，基层法院之间互查5190件，中院二审业务庭和审判监督庭对口抽查基层法院案件3042件。2000年，在充分调查研究的基础上，对民事、刑事、经济、行政审判工作中涉及的300多个疑难问题进行了认真研讨，对一些存在分歧的问题进行了统一和规范。2001年，审判监督庭变过去一年一评查为逐月逐案评查。2002年，审结的92件申诉再审案件中，驳回申诉或维持原判的59件，占64.13%，改判22件，占23.91%，调解6件，占6.52%，发还或作其他处理5件，占5.43%。2003年，针对案件评查的书面性、内部性、非程序性的特点，将评查重点放在是非界限容易确定的审判程序和文书质量等问题上来。同年，最高法院以一期简报《谷城县法院开展审判监督工作有了新路子》向全国推广“谷城经验”，并在全国法院审判监督工作座谈会上发言。2004年，审判监督庭和立案庭分工协作，对审判的全过程实施监督管理，通过立案监督、审理监督、执行监督，将监督工作向前延伸，把事后监督与事中管理相结合，结果监督与过程监督相结合，实体监督与程序监督相结合，将审判差错降到最低限度。

（八）案件执行

1986年4月，成立执行庭。1987年4月召开的执行工作会上，明确除判决强制执行或执行难度大的案件经主管院长同意可交执行庭执行外，其余案件原则上哪个庭办就由哪个庭执行。1988年，在执行典型案件时，注意运用电视、报纸、广播，广泛宣传执行工作的性质和意义，维护了国家法律的尊严和人民法院的威信，促使了其他当事人自觉执行法院的判决和调解。1989年，重大、疑难案件的执行，均由院长亲临现场指导，集中力量开展执行月活动。1990年4月，市中院召开由银行、工商、税务、交通、土地、卫生防疫等部门领导参加的协助执行工作座谈会，明确了协助执行的义务。1991年，将强制执行与扶持帮助相结合。采取“养鸡下蛋”、“放水养鱼”的灵活方式，执行大批案件。高院简报以《从主观着手，力排执行难》为题，向全省推广襄樊市执行工作的经验。同年5月，在襄樊召开的全省法院执行工作理论与实践研讨会上，宜城、襄阳、枣阳、樊东等法院及中院的代表在会上发言。1992年，办理外地法院委托执行的案件，协助外地法院执行。1993年，注重办案的社会效果。对暂无执行能力而不应破产的企业，通过分期或延缓的方式执行，不搞“杀鸡取卵”，使依法执行与促进企业发展有机统一起来。1995年下半年，审执分立，各业务庭不再办理执行案件。同年，建立执行案件受理通知制度；限期结案制度；当事人催办案件登记制度；委托、协助外地法院执行案件登记制度；案件承办人工作记录制度；适用强制措施审批制度；依法收取执行费和执行中实际费用制度；案件评查制度；错案追究登记制度；执行卷宗定期归档制度；执行月报制度；执行结案卡填报制度；执行人员岗位目标责任制。1997年11月，市中院召开全市法院执行工作座谈会，传达全国、全省委托执行工作座谈会精神。此后，将清理委托执行当成对地方保护主义的一次宣战、改善执行工作的一个突破口。同年，市法院有受委托执行案件31件，总标的额297.3万元。执结13件，部分执行12件，执结标的250余万元。执结率居各中院之首。1999 年，以不小于在编干警总数 15%的比例配备执行力量。同年，开展“执行工作宣传周”活动，采取对被执行人公开“曝光”、召开并电视直播债务人大会等形式，通过新闻媒体，宣传中央 11 号文件精神和有关法律、政策，改善了执行工作的外部环境。2000 年，采取划片执行、交叉执行、执行会战等方式提高执行工作的质量和效率。2001 年，建立举报被执行人财产奖励和“分段申请、分段受理、分段收费、分段执行”制度。2002 年，开展金融案件集中执行活动。同年 12 月 27 日，在全市信用环境专项治理暨金融案件公开执行大会现场，为金融机构兑现执行款 1927.3 万元。2003 年，建立健全执行长负责制、滚动换员、执行工作月通报、执行案件廉政监督卡和回访卡、执行审计和中止执行案件告知等制度。2004 年，开展委托执行、提级执行、交叉执行、节假日突击执行、限制被执行人高消费等执行方法。2005 年，枣阳市法院开通一部便民执行热线电话 16824333，简称“执行 333”服务热线，主要负责接受社会群众有关执行工作的法律咨询、被执行人财产线索的举报和当事人、社会各界对法院执行工作的投诉。开通后仅半个多月，接获有价值的执行举报线索 30 多条，应急出警执行 10 余次，执结案件 11 件，为当事人追回执行款物 17 万余元。同年，开展以创新执行方法为主题的执行活动。在执行方式上，从分散执行为主向重视集中执行转变；在执行力量上，从法院孤军奋战向依靠社会支持转变；在执行程序上，从局部规范向全面规范转变；在执行措施上，从手段单一向综合运用多种措施转变。

四、司法行政

（一）机构

1.襄樊市司法局

1980 年 12 月 24 日，襄阳地区司法局成立。1983 年 12 月与襄樊市司法局合并，成立襄樊市司法局。内设秘书科、政工科、宣传教育科、民调科、公证律师科、劳改劳教管理科、法律顾问处、公证处、中南政法学院湖北省函授站襄樊分站 9 个直属机构。1986 年，秘书科变更为办公室，撤销法律顾问处，成立襄樊市第一律师事务所、第二律师事务所。1987 年 3 月，增设调研科。1992 年 1 月，成立襄樊市劳动教养管理所，为市司法局下属副县级事业单位。1998 年，市司法局内设政治处、办公室、法制科、法制宣传科（加挂市普法工作领导小组办公室）、法学教育科、公证管理科、律师管理科、基层工作管理科以及劳教管理科（加挂市劳动教养管理委员会办公室），另设襄樊市公证处和襄樊市第二公证处，为市司法局直属公证机关。1999 年，增设法律援助科（加挂市法律援助中心）。2000 年 1 月，襄樊市劳教所变更为行政机关，为市司法局下属副县级行政单位。2002 年，法制科和教育科合并为法规教育科，律师管理科和公证管理科合并为律师公证管理科，增设离退休人员工作科。2005 年，市司法局内设政治处（警务办公室）、办公室（行政审批科）、法规教育科（市司法鉴定委员会办公室）、法制宣传科（市依法治市领导小组办公室）、律师公证管理科、基层工作科、劳动教养管理科（市劳动教养管理委员会办公室）、法律援助科、监察室、离退休人员工作科。下辖 1 个劳教所、2 个公证处、1 个司法鉴定中心、1 个律师协会、1 个公证协会、13 个律师事务所。市司法局机关干警 61 人，全市司法行政系统干警 671 人。

1986—2005 年襄樊市司法局历任领导任职情况一览

表 25—12

职　务	姓名	性别	任职年月
局　长	余明山	男	1986.1—1994.2
局　长	陈世坤	男	1994.6—1999.3
局　长	郭明强	男	1999.3—2001.12
局　长	黄秀强	男	2002.1—2005.12
副局长	邢义凤	男	1986.1—1992.5
副局长	邹　飞	男	1986.1—1989.7
副局长	桂斯斌	男	1986.1—1986.8
副局长	袁光祖	男	1986.1—1999.5
副局长	李光文	男	1986.1—1994.4
副局长	张贵生	男	1991.2—1999.5
副局长	王吉高	男	1992.7—1999.5
副局长	郭明强	男	1994.6—1999.3
副局长	金崇保	男	1994.6—2003.12
副局长	陈万国	男	1995.1—2005.12
副局长	徐六零	男	1999.5—2002.3
副局长	周　杰	男	1999.5—2005.12
副局长	王照安	男	2000.10—2005.12
副局长	高万宝	男	2002.3—2005.12
副局长	晏大欣		2003.12—2005.12

市司法局组建初期，主要承担律师、公证、人民调解、法制宣传等职能，同时管理人民法院的编制、物资装备等事项（1982 年以后此项职能移交给法院）。2002 年始，市司法局承担的主要职责有：制订全市司法行政工作的管理办法，编制全市司法行政工作的中长期规划、年度计划，并监督实施；负责全市劳动教养工作；制订全市法制宣传教育工作规划并组织实施，指导全市各行业的普法、依法治理工作；指导、监督全市的律师工作、企业法律顾问工作、法律援助工作；组织实施全市参加国家统一司法考试工作；指导、协调全市法学教育工作。7、指导市律师协会和公证员协会工作；监督、管理全市公证工作；指导全市的人民调解工作、基层法律服务工作和对刑满释放与解除劳教人员的安置帮教工作；参与社会治安综合治理；指导县（市）区司法局的司法行政工作；负责全市司法行政系统的执法检查工作；指导、管理全市面向社会服务的司法鉴定工作；指导全市司法行政系统的计划、财务、装备及直属单位的财务审计；完成上级交办的其他工作任务。

2.县（市）区司法局

襄樊市各县（市）区司法局于 1980 年之后相继组建完毕。市司法局是县（市）区司法局的业务主管机关，县（市）区司法局在机构、人事、经费等方面接受本级人民政府的领导。由于各县（市）区的情况不同，特别是财政状况存在较大差异，各县（市）区司法局在人员配备、机构设置、办公设施等方面不尽一致。

（二）律师公证管理

1.律师

1980 年 12 月，律师制度恢复后，地区、市、县陆续设立法律顾问处，接受被告人委托或法院指定担任刑事辩护。1983 年 12 月，市司法局内设公证律师管理科，主要职责是：制定公证、律师行业发展规划，起草和制定有关公证、律师工作的规章制度，审查、申报律师事务所、公证处的设立材料，审核、申请律师资格、律师执业证的有关材料，负责年检注册，检查律师、公证职业道德、执业纪律，组织一年一度的律师资格考试。1986 年 3 月，市法律顾问处设为襄樊市第一、第二律师事务所。各县（市）区法律顾问处也陆续变更为律师事务所，成为独立的法人实体。律师业务由单一的刑事辩护延伸到代理民事诉讼、企业常年法律顾问、解答法律咨询、非诉讼代理等全方位法律服务业务。1992 年 5 月，公证、律师管理科设为公证管理科与律师管理科。1994 年 5 月，将律师事务所行政事业单位改制为社会提供法律服务的中介机构，在自愿结合、民主管理的前提下，律师事务所自行选择国资、合作、合伙等不同的组织形式，鼓励律师及社会具有律师资格人员辞去公职，自愿组合申办不要经费、不占国家编制，自收自支、自负盈亏、自我管理、自我约束。2002 年 9 月，律师管理科与公证管理科重新合并为律师公证管理科，枣阳市、宜城市、南漳县、谷城县司法局相应成立律师公证管理科。2005 年，全市各类律师事务所 24 家，执业律师 279 人，其中国资所 9 家，合作制律师事务所 1 家，合伙制律师事务所 14 家。同年，全市律师共为政府或企业担任常年法律顾问 896 家，办结诉讼代理、非诉讼代理 6395 件，为当事人避免或挽回经济损失 19319.43 万元。执业律师本科以上学历的比例由 1986 年的 32%上升到 97%。全市 24 个律师事务所中有 14 个建立了基层党支部，另外 10 个所按党章有关规定建立了 5 个联合党支部。律师队伍中的党员数量由 1986 年的 49 人发展到 121 人，1986—2005 年，共有 138 名律师先后担任市、县两级人大代表和政协委员，共提出议案 253 件，被采纳 174 件；由市属律师组成的市政府法律顾问团为市委、市政府决策提供法律意见 432 条，被采纳 289 条。

2.公证

1982 年，成立襄樊市公证处。此后，枣阳、老河口、宜城、随州、南漳、保康、谷城、襄城、樊城、襄阳公证处相继成立。1986 年，全市公证人员 49 人，有大专以上学历者不足 10 人。同年，全市公证处办理各类公证 11404 件，人平办证 233 件。办理涉外公证 18 件。1994 年，成立襄樊市律师协会。2000 年，各县（市)区司法局健全公证管理组织，成立律师公证管理科或明确管理科室，从事律师公证管理的人员 20 余人，均具有大专以上文凭。2001 年，成立襄樊市公证员协会，律师（公证）管理实行行政和行业“两结合”的管理模式。2005 年，市公证处工作人员 15 人，其中执业公证员 10 人，行政辅助人员 5 人。公证员中有三级公证员 4 人，公证员助理 3 人，全部具有大学本科学历。同年，全市有 9 个区级公证处。公证人员 57 人。其中大专以上学历 53 人，本科学历 33 人，取得高级公证员资格 11 人，中级公证员职称 11 人，取得涉外公证员资格 7 人。是年，全市公证处办理各类公证 9308 件，人平办证 291 件。全市四个具有办理涉外公证的公证处办理涉外公证 1 112 件，办理涉港澳台公证 167 件。

3.司法考试

1986 年始，司法部在全国范围内组织一年一度的律师资格考试，襄樊市作为一个考区，负责本辖区的律师资格考试的组织工作。2001 年，全市有 876 人经考试成绩合格取得律师资格证书。2002 年，国家实行司法考试制度。2005 年,全市有 223 人经考试合格取得法律职业资格证书。

（三）基层司法行政

1.人民调解

2001—2003年，全市各级人民调解组织调处各类矛盾纠纷21万起；防止因民间纠纷引起自杀案件650起，防止群体性上访260多起，调解成功率98%。2005年底，全市有3368个调解委员会，其中乡镇（街道）人民调解委员会113个，村（社区）人民调解委员会2528个，企事业单位人民调解委员会530个，区域性、行业性人民调解委员会130个，其他调解委员会67个，专、兼职调解人员1.45万余名。民间纠纷调解情况见表25—13。

1986—2005年度襄樊市各类人民调解组织调解民间纠纷情况

表25—13

年度	调解纠纷数	调解成功数	调解成功率%	防止民间纠纷转化为刑事案件		防止民间纠纷引起非正常死亡		防止群众性械斗	防止群体性上访	
				件	人	件	人	件	件	人
1986	70038	59442	84.80%	89	166	750	978	—	—	—
1987	60748	57264	94.20%	174	—	951	—	—	—	—
1988	61525	—	95%	28	43	—	122	—	—	—
1989	58952	56309	95.50%	21	38	752	1061	—	—	—
1990	59446	57613	96.90%	27	27	532	722	—	—	—
1991	26073	24942	95.60%	193	372	168	198	—	—	—
1992	62596	60517	96.60%	365	566	336	428	—	—	—
1993	52363	—	95.80%	329	604	266	329	—	—	—
1994	40036	38852	97%	371	702	204	237	—	—	—
1995	46237	45362	98.10%	490	992	224	296	—	—	—
1996	37862	37167	98.10%	389	753	164	194	—	—	—
1997	36653	35908	97.90%	179	306	110	126	—	—	—
1998	37637	36714	97.50%	195	320	76	119	96	62	1541
1999	38427	37448	95.70%	238	374	179	215	159	137	1942
2000	39403	38919	98.70%	219	436	178	213	161	142	4826
2001	39114	38641	98.70%	256	687	196	207	119	103	2254
2002	35238	34133	96.80%	165	262	89	105	79	170	1248
2003	32921	31677	96.20%	159	244	120	160	68	142	1600
2004	29857	29148	97.60%	219	438	204	212	187	259	—
2005	27611	26798	97%	197	403	122	149	201	270	—

注：1986—1997年使用统计表中无“防止群众性械斗”和“防止群众性上访”两项统计；2004年开始使用司法部统一制发的统计表中无“防止群众性上访人数”统计项。

2.基层法律服务所

1984年，市司法局在随州、枣阳两地开展基层法律服务试点。1983年12月底，全市建立基层法律服务所63个，占124个乡、镇总数的50.8%。全市63个基层法律服务所应聘担任乡镇企事业和“个体工商户、个体承包经营户”的常年法律顾问22家，受托代理民事诉讼和非诉讼案件186件，协助办理公证事项 4061 件，处理、接待来信来访 3077 件。1990 年底，全市的乡镇法律服务所 164 个，占乡镇建制数的 89.1%，应聘担任常年党委顾问 897 家；办结民事诉讼代理 2363 件，办结非诉讼代理 18338 件，协助公证员办理公证 31894 件，代写法律文书 9395 件，参与调解民间纠纷 11891 件，宣讲法制课 3175 场次，解答法律咨询 26212 人次。全市 557 名法律工作者参加全省统一组织政治业务专班考试，及格率 95.3%。同年 11 月，司法部在广东省佛山市召开的全国乡镇法律服务工作会议，肯定并推广了枣阳市《努力造就一支“政治坚定、精通业务、纪律严明、作风过硬”的乡镇法律工作者队伍》的经验。枣阳市北城法律服务所、宜城市小河法律服务所被司法部授予“全国先进法律服务所”称号。2005 年，全市乡镇建制数基层法律服务所以其贴近群众、方便快捷、法律服务成本较低的优势，满足了基层群众的基本法律服务需求，与律师、公证、企业法律顾问优势互补，形成遍及城乡的法律服务网络。

3.司法所

1998 年 10 月，在有条件的乡镇，在法律服务所的基础上建立司法所，由司法助理员任所长。司法所作为县(市)区司法局的派出机构，实行县(市)区司法局和乡镇政府双重领导，以司法局领导为主。2003 年，全市 97 个乡镇(街道)全部组建了司法所。2004 年，司法所人员配备 2—3 人，作为县(市、区)司法局的常驻机构，实行县（市、区）局和乡镇（街道办事处）双重管理。2005 年，全市 97 个乡镇（街道）司法所共配备基层司法行政工作人员 175 名。76 个批准在建设乡镇司法所 62 个完成基础设施建设。

(四)法制宣传

1980 年 12 月，市司法局设宣传教育科，与普法常识办公室合署办公。1991 年，成立襄樊市普法领导小组，下设办公室，与市司法局法制宣传科合署办公。2005 年，全市普法领导小组共有兼职成员 49 人，专职工作人员 7 人。1998 年，成立襄樊市依法治市(普法)领导小组，与市普法领导小组一套班子，两块牌子，办公室设立市司法局。全市共有兼职领导成员 34 人，专职普法人员 6 人。

1.第一个五年普法(1986—1990 年)

主要内容是普及《宪法》《刑法》《刑事诉讼法》《婚姻法》《继承法》《经济合同法》《森林法》《兵役法》《治安管理处罚条例》(以下简称“九法一条例”)。以领导干部和青少年为重点普及对象。其间，全市 3 630 621 名普法对象中，普及 3 521 587 人。其中县处级以上干部 2 631 人，科级以下干部 82 476 人，国营企事业职工 356 021 人，集体企业职工 116 162 人，乡镇企业职工 81 825 人。4 839 所大、中、小学均按规定开设了法制教育课。共有 3 475 257 万人取得了普法结业证书，全市评选出普法先进集体 172 个，先进个人 85 名。两个先进集体和两名先进个人受到中宣部、司法部表彰，30 个集体和 22 名个人受到省级表彰，140 个集体和 55 名个人受到市级表彰。

2.第二个五年普法(1991—1995 年)

内容以宪法为中心，以专业法为重点，组织普及对象系统学习《宪法》、《行政诉讼法》、《义务教育法》、《企业法》、《劳动法》、《妇女权益保护法》、《未成年人保护法》 等 12 部法律法规。全市有 397.76 万名普法对象接受了普及教育，占应普及人数 406.4 万人的 97.5%。其中市委、市人大、市政府、市政协领导 32 人、副县级以上领导干部 3 035 人，科级干部 17 152 人、党政机关一般干部 92 476 人，参学率 100%；各类企事业干部有 2 616 498 人，参学率 98.8%；村(居)民 2 238 439 人，参学率 97%。1996 年，襄樊市被授予全国“二五”普法先进单位称号。

3.第三个五年普法(1996—2000 年)

以群众性普及为基础,以各级干部、司法、执法人员、学生、企事业单位、工商业及从业人员为重点,以邓小平民主法制思想、宪法及修正案、修改后的刑法和刑事诉讼法、行政处罚法、行政复议法、国家赔偿法、合同法、公司法、反不正当竞争法、消费者权益保护法等基本法律法规为主要内容。1996年,市委、市政府把普法和依法治市工作纳入对各县(市)区党委、政府领导班子年度工作实绩考核内容,在社会发展指标中单独立项,并确定了分值。1997 年,分 8 期对全市 1182 名副县级以上党政干部集中进行"三五"普法培训考试。把"三五"普法内容纳入了各级党校、干校教学计划,7 万多名在职干部在党校接受了邓小平民主法治思想和法律知识培训。采用以案释法的形式,编印襄樊市《公职人员违纪、违法犯罪警示录》,发给全市党员干部,以 30 个典型案例现身说法教育干部。加强在校学生为重点的青少年普法教育。针对不同年龄段学生的学法需求,编印了初小、高小、初中、高中各种普法课本 30 多万册,学校法制教育做到"教学有计划、学习有教材、授课有老师、课时有保证"。《预防未成年人犯罪法》颁布后,市普法领导小组办公室会同有关部门在市科技馆举办了预防青少年犯罪大型展览,受教育人数达 20 多万。2000 年,26 所学校聘请了法制副校长和法制辅导员。以"法律进万家活动"为载体,使 300 多万村(居)民接受了相关法律知识的学习教育。

4.第四个五年普法(2001—2005 年)

主要内容为宪法及其修正案、刑法、民法通则、合同法、劳动法、税法、婚姻法、消费者权益保护法、预防未成年人犯罪法以及相关的法律法规。2005 年底,普及各类法律法规 86 部,普及人员 425万,占应普及对象的 95%。全市国家公务人员、企业经营管理人员、学校师生参加普法结业考试的 156万人,合格率 97%。参加"四五"普法结业考试的 3 485 名副县级以上领导干部成绩全部合格。

(五)法律援助

1998 年 12 月,市司法局在枣阳市司法局进行"148"(谐音"要司法")法律服务专线建设试点。1999 年 7 月,成立市法律援助中心,与市司法局法律援助科合署办公,实行一套班子,两块牌子。同年,全市其余 8 个县(市)、区均开通"148"法律服务专线电话。2000 年 8 月,市、县两级法律援助机构全部成立。2001 年始,市司法局依托建制乡、镇、街道办事处的司法所,建立法律援助工作站,以方便符合法律援助条件的当事人就近、快捷的获得法律援助。同年 5 月,市司法局开通"148"法律服务专线。2003 年 9 月"148"法律服务专线改为"12348"。同年,全市民事法律援助的范围是"依法请求国家赔偿;请求给予社会保险待遇和最低生活保障;请求发给抚恤金、救济金的;请求赡养费、抚养费、扶养费;请求给付劳动报酬;主张因见义勇为而产生的民主权益"。是年,全市法律援助中心组织专职律师和社会律师、基层法律工作者等法律工作人员累计办理刑事法律援助案件 642 件,办理民事法律援助案件 2 022 件,公证援助事项 46 件,维护了社会经济困难群体及特殊案件当事人的合法权益。2005年,全市民事法律援助的范围扩大为:为农民工劳务、工资、工伤纠纷;农民在生产经费活动中的农资、化肥、种子纠纷;土地二轮延包纠纷案件;企业改制中的法律纠纷;多项重大的群体性上访案件;其他影响社会稳定的案件当事人提供法律援助。同年,全市 97 个建制乡镇街道办事处均设立法律援助工作站,市司法局在市总工、市共青团、市妇女联合会、市残疾人联合会等 6 个部门设立了部门法律援助工作站,形成了遍及城乡法律援助工作网,基本解决了偏远地区经济困难群众申请法律援助难的情况(见表 25—14、25—15、25—16)。

1999—2005 年襄樊市法律援助业务统计

表 25—14　　　　单位:件

年份	刑事	民事	行政	咨询
1999	42	127	8	564
2000	56	128	7	738
2001	32	324	5	1932
2002	197	491	53	3551
2003	315	952	51	3003
2004	384	994	58	5725
2005	488	832	28	12660
合计	1514	3848	210	28174

2003—2005 年襄樊市 12348 法律服务专线数据统计

表 25—15　　　　单位:件

年份	件数	其中民事	其中刑事
2003	3003	2821	182
2004	5725	4308	1417
2005	7280	6143	1137
合计	16008	13272	2736

2005 年襄樊市法律援助工作站情况

表 25—16　　　　单位:个

单位	建站数	单位	建站数
襄阳区	13	南漳县	10
襄城区	8	保康县	11
樊城区	8	谷城县	10
枣阳市	16	市区行业站	8
老河口市	10	合计	105
宜城市	9	—	—

(六)罪犯矫治与劳动教养

1.湖北省襄樊监狱

于 1955 年 4 月在襄阳专署公安处看守所部分监房基础上组建而成,始名湖北省第五监狱,初位于襄城区新街 17 号,隶属襄阳专署公安处领导。同年 7 月,机关设管教、生产、总务三个股。1958 年 9 月,组建湖北省第五新生砖瓦厂。1959 年春,组建湖北省第五新生机械厂。两厂分别设立厂部和中队建置。1959 年秋,在襄阳东门外、谷隐寺(南山)分设直属中队。是年底,监狱下属砖瓦厂、机械厂和两个直属中队。1963 年 5 月,监狱机关内设 1 室 6 股,即办公室、政工股、管教股、计财股、生产股、供销股、生活卫生股(下设卫生室),下属机构无变更。同年 11 月,根据省公安厅劳改局关于调整劳改队组番号的通知,湖北省第五监狱下设两个大队,大队下设中队。监狱以机械厂、砖瓦厂为两个大队,下设若干中队。1968 年 8 月，成立中国人民解放军湖北省第五监狱军事管制小组（以下简称军管小组）。同年 9 月，监狱实行军事管制，原机构撤销，军管小组下设政工组、改造组、财务组、生产组。1969 年 2 月，监狱财务计划审批管理由省劳改局下放到襄阳地区财政局。1970 年 9 月，军管小组更名湖北省襄阳地区公安机关军管会五监狱军管小组。1972 年 5 月，湖北省军管会在湖北省第一监狱（武昌监狱）召开全省劳改单位工作会议，决定全省监狱统一隶属省公安厅劳改局直接领导，人事财务等皆由省公安厅劳改局统一管理。至此，湖北省第五监狱成为省直单位。1973 年 5 月，恢复机关职能股室，成立 1 处 1 室 8 股，恢复机械厂厂部办公室。同年 9 月，恢复监狱、劳改农场、工厂原名称。同年 10 月，湖北省第五新生机械厂更名湖北省襄阳机床厂。同年 12 月，经省劳改局审批，监狱机关设 1 处 1 室 6 股，即：政治处、办公室、狱政股、教育股、生产股、供销股、计财股、行政股。1979 年 2 月，经省劳改局批准，监狱成立直属大队。将原属机床厂的南山、沙洲、东门外三个中队改为直属大队，大队部设在襄阳东门外。1980 年 2 月，湖北省第五监狱更名湖北省襄樊监狱。1983 年 10 月，根据中央有关规定，湖北省劳改局划归湖北省司法厅管辖，监狱随之隶属司法行政系统。同年 12 月，监狱撤销直属大队，改设汽车修理大队（襄樊监狱汽修厂）和石灰石料大队（襄樊监狱石灰石料厂）。各大队均为科级单位，下设厂部股室和中队。沙洲中队隶属汽车修理大队。1984 年春，监狱升格为正处级建制单位。监狱机关内设 1 处 1 室 10 科和纪律检查小组，下设砖瓦大队、机床大队、汽修大队、石灰石料大队。各大队下设若干股室、中队。1989 年 9 月，襄樊监狱石灰石料厂更名湖北省襄南化工厂（大队级）。1995 年 3 月，襄樊监狱卫生所更名襄樊监狱医院。次年 4 月，监狱医院晋升为一级乙等医院。1996 年 1 月，铸锻车间（分厂）从襄阳机床厂中分出，成立襄阳晨光铸锻厂（科级建制单位），直属监狱领导。同年，沙州中队对外更名沙州农场。1999 年 1 月，襄南化工厂更名湖北省襄樊南山建材厂。2000 年 2 月，襄阳晨光铸锻厂并入襄阳机床厂，更名襄阳机床厂铸锻分厂。2001 年 3 月 2 日，湖北省第五新生砖瓦厂更名为湖北省襄樊监狱一监区，湖北省襄阳机床厂更名为湖北省襄樊监狱二监区，湖北省襄樊南山建材厂更名为湖北省襄樊监狱三监区，湖北省襄樊监狱汽修厂更名为湖北省襄樊监狱四监区。2003 年 3 月，成立展飞汽修厂（原汽修厂改制成纯工人厂）。同年 7 月，监狱医院更名病犯监区。同年 12 月，三监区押犯转移到梁坡砖瓦厂区内，组建服装承揽加工车间，成立展翼服装厂。2004 年 3 月，监狱实行监狱体制改革，实现监狱、企业分开。监狱下辖一监区、二监区、三监区、四监区、五监区、特警大队等 6 个监区级单位。监狱企业襄樊展宏工贸有限责任公司下辖砖瓦厂、机械厂、服装厂、汽修厂、建材厂等企业单位。

2.湖北省襄南监狱

建于 1955 年 8 月，始名湖北省宜城县李家湾劳改队，系宜城县公安局关押未决犯场所，直接由宜城县公安局看守所管理。位于宜城境内，南邻钟祥，西依汉江，是一所中度戒备级监狱。1956 年 5 月，原襄阳地区公安处接管，更名为湖北省地方国营邓林农场，大队级(科级)建制。场部设在原宜城县流水乡李家湾(邓林农场二分场场部)。1959 年，建湖北省新生铝矿厂，场部由李家湾迁至马头山(现邓林农场三分场场部)。1962 年，新生铝矿下马，场部由马头山迁回李家湾。1967 年初，场部机关由李家湾迁至雅口(监狱机关所在地)。1969 年 5 月，邓林农场并入襄北农场，统称襄北农场，正县级建制，隶属省劳改局，并成立襄北农场军事管制领导小组。场部设在邓林农场场部。1974 年军事管制结束，襄北农场党政领导班子成立。1985 年 11 月，省政法委批准成立襄北邓林农场(内部番号湖北省劳动改造管教支队第二十支队)，副县级建制，经济上相对独立，行政上隶属襄北农场领导。1990 年 5 月，襄北邓林农场所属的一分场整建制移交给省劳教局管理。1992 年 9 月，襄北邓林农场与襄北农场划开，设立湖北省邓林农场，为正县级劳改单位，直属省劳改局领导。1995 年 9 月，更名为“湖北省襄南监狱”。1998 年，成立襄南农业发展总公司。2003 年 11 月，襄南地区人民检察院纳入全省检察体制统一管理，整建移交，在襄南监狱设立襄樊市城郊地区人民检察院驻襄南监狱检察室。2004年，监狱按照“全额保障、监企分开、收支分开、规范运行”的总原则，深化体制改革，实行监企分开，成立湖北省襄南农工贸有限责任公司，负责监狱企业管理职能。2005年11月，根据司法体制改革的意见和监狱布局调整的需要，监狱向襄樊市政府报告，拟在襄樊市襄城区檀溪办事处麒麟村征地，监狱实施整体迁建。

3. 湖北省襄北监狱

1953年3月7日由四个劳改农场合并而成，始名湖北省国营襄北农场，位于襄阳县黄集镇。隶属省劳改生产管理委员会和省公安厅领导和管理。该监狱以收押改造罪犯为主，同时也两次收容过劳教人员。1951年8月、9月、10月间，中南公安部、湖北襄阳专署公安处、襄阳县公安局和河南南阳专署公安处4个单位先后在鄂北、豫西南两省结合部组织开荒建场，相继在襄北的太山庙、吕堰驿、乌鱼寺和邓县的魏集建立规模大小不等的4个劳改农场，垦荒2.4万亩。1957年，接收劳教人员，五分场改办劳教场，被服厂内设1个女劳教队。1964年11月除期满解教的外，其余全部调往沙洋农场。1964年被列为战备建设的重点劳改场所之一。1969年8月，邓林与襄北两场合。总场机关迁至宜城县邓林。当年开荒2.5万亩，改水田6000亩，耕地面积增加一倍。次年7月生产纳入国家计划。1973年9月，复名为湖北省襄北农场。同年11月，恢复湖北省劳动改造管教队第二总队。1975年，对100名原国民党县团以上人员予以特赦和宽释。1976年1月29日，曾在农场改造过的原国民党内政部调查局广东调查处副处长梁澄波和原国民党川绥靖公署少将高参华士煌到香港转境外与家人团聚，在接受香港《文汇报》等记者采访时，赞誉共产党的改造政策好。华士煌说：“我本是较顽固的，但多年来的亲自体验，使我不得不感到共产党对待罪犯的政策是宽大的，从而使我在事实面前不得不低头。”梁澄波说：“共产党的改造政策，主要是使你认识过去的罪过，并非消灭你的肉体，因此劳改期间，不辱不骂。”后来华士煌定居武汉，任省政协委员。1979年，罪犯刑满不再留场。按照“调整、改革、整顿、提高”的8字方针，农业上重点抓好结构调整和科技创新。年底夏粮67 998亩，总产1 398.8万公斤，平均单产205.7万公斤，突破200公斤水平，受到省委重奖，荣登《湖北日报》光荣榜。1982年9月，对原国民党县团以下党政军特人员予以宽释。1983年7月，农场由省公安厅移交省司法厅领导。同年，开展“严打”斗争，农场押犯增加。1985年11月至12月，总场机关由宜城邓林迁回襄阳县黄集镇，同时在雅口成立襄北邓林农场，副县级建制，按劳改机关内部序列编为省劳动改造管教队第二十支队，仍隶属襄北农场。1986年，襄北劳教所的劳教人员除两个月内解教的留下外，其余全部调往沙洋一农场。1989年，推行《犯人日准则》，与“五化管理”（行动军事化、劳动纪律化、生活卫生制度化、三课教育经常化、言行举止文明化）和创建文明监舍相结合，连续十个月实现无罪犯脱逃，无狱内案件，被省厅局记功表彰。1990年和1992年，邓林劳教所、邓林农场先后从襄北监狱划出，组建襄南监狱。1990年，对押犯点软硬环境进行整治，进行分押分管分教的探索和实践。1995年5月，农场更名为湖北省襄北监狱，湖北省襄北农场作为企业名称仍然沿用，湖北省劳动改造管教队第二总队称谓取消；同年6月，对所属单位进行统一命名，凡名称中的“襄北农场”均更名为“襄北监狱”。原襄北一农场等单位更名为襄北监狱一大队等。1998年10月，襄北监狱一大队等押犯单位分别更名为襄北监狱一监区等监区，监区所辖中队统一改为分监区，明确分监区和监区所属办公室为副科级建制。同年2月，为推行农业产业化进程，探索监企适度分开模式，襄北监狱组建襄北农业集团及总公司和有限责任公司，并成立了董事会、监事会。2001年，全年粮食总产3 059.3万公斤，肥猪出栏30 574头。2002年，粮食总产3 415万公斤，夏粮2 039.5万公斤，秋粮1105.5万公斤。年底肥猪出栏达3.46万头。2003年，通过兴办职工农场、承包经营、租赁经营、买断经营等新模式的试运行等一系列改革举措，促使工人转变择业方式，实行工人做工、自挣口粮。2004年，实现“全额保障、监企分开、收支分开、规范运行”监狱体制改革的总体要求。同时，移交了检察院，停办了子弟学校的中学部，改制了幼儿园，突出了监狱医院职能。2003—2005 年，先后将罪犯从建筑、矿山开采、铸造等行业撤出。

4.襄樊市劳动教养管理所

建于 1992 年 7 月，隶属市司法局。位于襄城麒麟店，占地面积 30 亩，收容规模为 500 人。1994 年 12 月 16 日，经省劳教委员会批准开始收容管教襄樊市区被决定劳动教养的人员。截至 2005 年底，常年收容量保持在 200 余人。

五、社会治安综合治理

1979—2005 年，襄樊市社会治安综合治理工作（以下简称综治工作）大致经历两个阶段。1990 年之前为起步阶段，1991—2005 年为快速发展阶段。1979 年冬和 1981 年夏，中央政法委在全国部分大中城市先后召开城市治安工作座谈会，提出“综合治理”的思路。1982 年，襄阳地区和襄樊市各级党委、政府贯彻“综合治理”的方针，坚持全党动手，动员和组织政法机关及社会各方面力量，采取思想的、政治的、经济的、行政的等多种措施和方式，把“综合治理”的要求落实到各部门、各单位。原襄阳地委政法工作领导小组和各级党委政法委，协助党委、政府具体组织和推动综合治理各项措施的落实。1982—1985 年，在依法打击各类犯罪活动的同时，结合“四有”教育和“普法”教育活动的开展，重点加强了对青少年和轻微违法犯罪人员的帮教、管理工作；同时，加强基层政法组织和治安保卫组织等基层基础建设，在全市城乡探索和开展了各种形式的治安防范责任制或“承包”制，对促进治安状况好转发挥了积极作用。1986 年 6 月，成立襄樊市社会治安综合治理委员会及办公室，全市各级、各地、各系统、各单位相关机构亦相继组建。1987 年，制定全市各级综治工作机构及联络员职责任务，初步形成“条条有人抓、块块有人管”的工作网络，对推动综合治理各项措施的落实，发挥了指导、协调作用。1988 年至 1990 年，以推行治安防范责任制、落实《湖北省机关、团体、企业事业单位内部安全保卫工作条例》、加强对轻微违法青少年及“两劳（劳改、劳教）”回归人员的管理、帮教，以及开展“整治社会治安大讨论”、开展安全隐患大检查、大整改和加强基层治保、调解组织建设等为重点，不间断地推进了各项治安管理、防范工作，探索了一些工作经验。1991 年 5 月 9 日，市委、市政府下发《关于加强社会治安综合治理工作的意见》，把综治工作纳入全市两个文明建设的重要内容之中。此后，全市在坚持依法严厉打击各种刑事犯罪活动的同时，全面贯彻“打防并举、标本兼治、重在治本”的方针和“谁主管，谁负责”的原则，紧紧围绕“打击、防范、教育、管理、建设、改造”等 6 个方面的工作内容，动员和组织全社会力量，综合运用政治的、法律的、行政的、经济的、文化的、教育的等多种手段解决治安问题，全市综治工作逐步走上快速发展的轨道。

1986—2005 年襄樊市历届综治委主任、副主任名单

表 25—17

职　务	姓　名	任职时间
综治委主任	章治文（市委副书记、市长兼）	1986.6—1991.1
	杨斌庆（市委书记、市长兼）	1991.1—1992.1
	贾天增（市委副书记、市长兼）	1992.1—1996.1
	阎增福（市委副书记、市长兼）	1997.1—1998.7
	罗　辉（市委副书记、市长兼）	1998.7—2002.12
	付明珠（市委副书记、市长兼）	2002.12—2005.3
	李德炳（市委副书记、市长兼）	2005.3—2005.12

续表

职　务	姓　名	任职时间
综治委副主任	张学义（市委常委、政法委书记兼）	1986.6—1994.9
	夏志斌（市委常委、政法委书记兼）	1994.9—2000.2
	张振华（市委副书记兼）	1998.7—2000.2
	夏志斌（市委副书记兼）	2000.2—2003.7
	李德炳（市委副书记兼）	2003.7—2005.3
	张家林（市委副书记兼）	2005.3—2005.12
	姚仁安（市委常委、政法委书记兼）	2000.2—2003.7
	万桃元（市委常委、政法委书记兼）	2003.7—2005.3
	余新民（市委常委、政法委书记兼）	2005.3—2005.12
	谢传纪（市人大常委会副主任兼）	1995.1—1998.7
	朱庆良（市人大常委会副主任兼）	1998.7—2005.3
	胡向斌（市人大常委会副主任兼）	2005.3—2005.12
	焦泽浩（市政府副市长兼）	1992.1—1995.1
	邱　勇（市政府副市长兼）	1995.1—2000.2
	尚立学（市政府副市长兼）	2000.2—2005.3
	欧阳万坤（市委常委、常务副市长兼）	2005.3—2005.12
	汤学林（市政协副主席兼）	1995.1—1998.7
	李诗刚（市政协副主席兼）	1998.7—2000.2
	王家康（市政协副主席兼）	2000.2—2005.12
	黄大国（襄樊军分区副司令员兼）	2005.3—2005.12

注：1986年6月至1991年1月期间，市委未正式行文明确市综治委副主任的兼任人员

1986—2005年襄樊市历届综治办主任、副主任名单

表25—18

职　务	姓　名	任职时间
综治办主任	陈星甫（市委政法委副书记兼）	1986.6—1994.11
	周明贵	1994.12—2002.2
	王学海（市委政法委副书记兼）	2002.2—2004.2
	徐德宪（市委政法委副书记兼）	2005.5—2005.12
综治办副主任	颜永刚	1998.1—2002.8
	王全新	1998.1—2005.12
	罗建明	2005.7—2005.12

卷二十六 民 政

1979 年 1 月 20 日，襄阳地区行政公署设民政局。1983 年 8 月 19 日，经国务院批准撤销襄阳地区，将其所辖划归襄樊市，地、市民政局合并，组成新的襄樊市民政局。襄樊市所辖襄城、樊东、樊西、郊区 4 城区、襄阳、枣阳、宜城、南漳、保康、谷城 6 县，代管的随州、老河口两个市均设立民政局。1983 年 4 月，全国第八次民政会议重新确定了民政部门的工作内容，概括为“三个一部分”，即政权建设的一部分，社会保障的一部分，行政管理的一部分。1984 年土地征用业务和 1988 年老革命根据地建设业务相继交出。2002 年，全国第十一民政会议将民政宗旨定位于“三个服务”，即为改革发展稳定服务，为广大群众服务，为最需要帮助的困难群众服务。襄樊市政府批准的市民政局职能、机构、编制“三定”方案，市民政局划入的职能一项：指导老龄工作；新增的职能 6 项：民办非企业单位的登记、监督、管理；组织协调抗灾救灾；社团基金会的监管；城乡居民最低生活保障；社区建设和社区服务管理；组织开展经常性社会捐助活动。1990 年扶贫开发、1996 年残疾人联合会、2003 年农村社会养老保险等工作分别从民政业务中析出。到 2005 年，襄樊市民政部门的职能和业务涵盖基层民主政治建设、城乡社会救助、城乡社会福利、优抚安置、民间组织登记管理、行政区划和地名管理、殡葬管理、慈善和彩票管理等近 30 项业务。

社会救助体系基本形成。最低生活保障制度覆盖城乡全体居民，城市低保实现了动态管理下的“应保尽保”，农村低保制度普遍建立。救灾工作实行分级负责，经费分级负担，并不断完善自然灾害应急救援体系，有效保障了受灾群众的基本生活，维护了灾区社会稳定。农村“五保”供养纳入了财政保障范围，并大力发展农村福利院，2005 年“五保”集中供养率达 71.3%。

优抚安置工作不断创新发展。双拥模范城（县）创建活动成效显著，襄阳县从 1992—2003 年获“全国双拥模范县”称号“四连冠”，谷城县也于 2003 年被命名为“全国双拥模范县”。军队离退休干部服务管理水平不断提高，军休服务社会化的改革进展顺利。退役士兵安置鼓励自谋职业，探索经济补偿，拓宽了安置渠道。

城乡基层民主自治制度日臻完善。2005 年，已成功举行六届村委会换届选举，两届社区居委会选举。村委会选举顺利实现由“差额”到“直选”的过渡。社区建设蓬勃发展，社区居委会建设不断加强。

社会福利事业蓬勃发展。以老年人、残疾人、孤儿为主要对象，社会福利事业规模不断扩大，服务水平不断提高，并向多元方向发展。全市各级政府和社会各界投资兴建 89 所“星光老年之家”。慈善事业发展迅速，善款募集达 3400 多万元。福利彩票事业发展迅速，销售总额达 6.35 亿元，筹集公益金 1.94 亿元，有力地支持了社会福利和社会公益事业的发展。

社会事务管理逐步规范。对各社会组织实行依法登记，依法管理，优质服务。适时完成行政区划调整的审报，全面完成行政区域界线的勘定和管理，推行地名标准化，开展地名公共服务工程建设。稳步推进殡葬改革，逐步提高遗体火化率。

襄樊市(襄阳地区)副县级以上领导干部情况

表 26—1

	姓名	籍贯	职务	任职时间
襄阳地区民政局(1979—1983)	任佩兴	山东曹县	局长	1979.1—1983.12
	肖学模	山东荣成	副局长	1979.1—1983.12
	钟炎坤	湖北汉川	副局长	1979.1—1983.12
	张经历	山西泌水	副局长	1979.1—1983.12
	陈柯均	福建	副局长	1979.1—1980.4
	唐树金	湖北枣阳	副局长	1981.10—1983.12
	方国桢	湖北枣阳	副局长	1981.12—1983.12
省辖地级襄樊市民政局(1979.6—1983.8)	秦秀芳(女)	河北深县	党委书记	1979.6—1983.10
	周书茂	山东	局长	1979.6—1983.12
	邓凤仪	河南泌阳	副局长	1979.6—1983.10
	陈万清	湖北襄樊	副局长	1979.6—1983.12
	张绪林	河南	副局长	1979.6—1983.12
	汪安然	湖北宜昌	副局长	1979.9—1983.12
	崔世斌	黑龙江林甸	副局长	1982.2—1983.12
市管县新体制后的襄樊市民政局	严永康	湖北老河口	党组书记、局长	1983.12—1987.3
	邓文杰	湖北黄梅	党组书记、局长	1987.3—1991.7
	邓文杰	湖北黄梅	党组书记	1991.7—1991.10
	陈农友	湖北南漳	局长、党组副书记	1991.7—1991.10
	陈农友	湖北南漳	党组书记、局长	1991.10—2004.4
	陈农友	湖北南漳	党组书记	2004.4—
	王少明	河南临汝	局长、党组副书记	2004.4—
	钟炎坤	湖北汉川	副局长	1983.12—1994.9
	方国桢	湖北枣阳	副局长	1983.12—1993.7
	周书茂	山东	副局长	1983.12—1985.12
	陈万清	湖北襄樊	副局长	1983.12—1985.12
	唐树金	湖北枣阳	副局长	1983.12—1985.12
	张贵生	湖北襄樊	副局长	1985.12—1988.6.
	陈农友	湖北南漳	副局长	1987.3—1991.6
	张正年	湖北襄阳	副局长	1989.12—
	崔世斌	黑龙江林甸	纪检组长	1983.12—1985.1
	李启发	湖北襄樊	纪检组长	1988.5—1999.4
	牛大荣	湖北襄樊	工会主任	1989.12—2002.1
	陈理祥	湖北红安	副局长	1991.2—2002.1
	杨宜城	湖北宜城	副局长	1993.8—2002.1
	李正友	湖北谷城	副局长	1995.10—1999.5
	袁思义	湖北谷城	副局长	1996.3—2002.1
	秦孔清	湖北枣阳	副局长	1996.12—
	朱成珍(女)	湖北黄陂	纪检组长	1999.05—
	刘海明	湖北云梦	副局长	2000.10—2002.1;2004.12—
	周碧清	湖北谷城	副局长	2001.2—
	陈学政	湖北保康	副局长	2003.12—

一、基层政权与基层群众自治组织

（一）基层政权组织

襄樊市各级民政部门在基层政权建设中所承担的任务是调查了解基层政权的现状和存在的问题，向地方党委和政府提出改进和加强基层政权建设的意见；总结和交流基层政权建设的经验；修改和拟定有关的条例、规章制度；指导居民委员会和村民委员会的组织建设和制度建设。

1.城市基层政权组织建设

1979年，设立随州市、老河口市（县级市）。1988年1月，撤销枣阳县，设立县级枣阳市。1994年6月，撤销宜城县，设立宜城市（县级市）。同年，随县并入随州市，随州市改为省辖市，由襄樊市代管。1995年10月，撤销樊东区、樊西区、郊区，设立樊城区。2001年9月，撤销襄阳县，设立襄阳区，各方面仍按照县的体制进行运作。同年，随州市改为地级市并划出。至此，全市范围内有3个城区，3个县级市。主城区和3个县级市的城区相继设立街道办事处，作为区（市）政府的派出机构。截至2005年底，全市共有街道办事处24个（见表26—2）。

襄樊市城市基层政权组织名称

表26—2

区、市名称		街道办事处名称
市辖区	襄城区	王府办事处、昭明办事处、隆中办事处、庞公办事处、檀溪办事处
	樊城区	柿铺街道办事处、汉江街道办事处、定中门街道办事处、屏襄门街道办事处、王寨街道办事处、中原街道办事处、米公街道办事处、清河街道办事处、七里河办事处、紫贞办事处
	襄阳区	
不设区的市	枣阳市	北城街道办事处、南城街道办事处、环城街道办事处
	宜城市	鄢城办事处、南营办事处
	老河口市	光化街道办事处、酇阳街道办事处、洪山嘴街道办事处、李楼街道办事处

2.农村基层政权组织建设

襄樊市农村基层政权一直建立在乡（镇）。经过新中国成立初期建立乡政府，1958年成立人民公社，直到1984年1月，全市开展撤社建乡，重新恢复（乡镇）为农村基层政权组织。1979年后，政社合一的体制已很不适应农村经济的需要。1983年10月12日，中共中央、国务院发出《关于实行政社分开建立乡政府的通知》。本市从1984年1月起，开展撤社建乡，恢复乡（镇）为农村基层组织。如襄阳县设区10个，县辖镇7个，乡91个，区辖镇10个。此次镇的建制较过去建镇条件以人口为限有所突破，部分地方实行镇管乡的尝试。乡（镇）的编制本着精兵简政的原则，乡（镇）设办公室、经济委员会、农业委员会、多种经营委员会等。乡（镇）成员有正副乡（镇）长、秘书、统计、民政、治安、保卫、文教、计划生育干事或助理员等，人数一般不超过原公社人数。1987年9月初，进行撤区并乡，扩大乡（镇）管辖区域，由县直接领导。到10月撤区并乡工作结束，撤并后有乡51个，镇117个。正副乡(镇)长由乡(镇)人民代表大会选举产生，每届任期3年。2001年，全市范围内进行乡镇合并。调整遵行的基本原则是：有利于区域经济的协调发展；有利于农村经济和支柱产业的发展；有利于小城镇建设与我市城市化进程；有利于机构精简、实现效能统一；有利于减轻财政压力与农民负担；有利于保持行政区划人流、物流、信息流趋向的合理性及辖区群众的认同感；有利于实现城乡基层管理体制的根本性转变。至2005年，全市共有乡4个，镇72个(见表26—3)。

襄樊市农村基层政权组织名称

表26—3

县(市)区名称	乡镇名称
枣阳市	杨垱镇、七方镇、太平镇、鹿头镇、新市镇、刘升镇、吴店镇、熊集镇、王城镇、兴隆镇、琚湾镇、平林镇
宜城市	郑集镇、孔湾镇、刘猴镇、小河镇、板桥店镇、流水镇、王集镇
南漳县	城关镇、武安镇、九集镇、肖堰镇、东巩镇、巡检镇、板桥镇、薛坪镇、长坪镇、李庙镇
保康县	城关镇、后坪镇、黄堡镇、龙坪镇、店垭镇、马良镇、歇马镇、马桥镇、寺坪镇、过渡湾镇、两峪乡
谷城县	城关镇、石花镇、盛康镇、庙滩镇、茨河镇、南河镇、紫金镇、冷集镇、五山镇、赵湾乡
老河口市	孟楼镇、竹林桥镇、薛集镇、张集镇、仙人渡镇、袁冲乡
襄阳区	张湾镇、龙王镇、石桥镇、黄集镇、伙牌镇、古驿镇、朱集镇、程河镇、双沟镇、张家集镇、黄龙镇、峪山镇、东津镇、米庄镇
襄城区	卧龙镇、欧庙镇、尹集乡
樊城区	太平店镇、牛首镇、团山镇

(二)村民委员会

村民委员会是基层群众自我教育、自我管理、自我服务的自治组织。襄樊市于1984年在农村建立村民委员会。其时，全市共设村委会3 905个，村民小组26 137个。1999年，第四届村民委员会换届选举时，全市仍有村民委员会2 961个。自2001年起，全市各地陆续进行大规模村组合并，到2005年，全市第六届村民委员会换届选举结束时，共有村民委员会2 322个，村民小组14 752个。

1.换届选举

1987年11月，《中华人民共和国村民委员会组织法》(以下简称《组织法》)试行颁布。1988年，市政府对全市贯彻实施《组织法》作具体部署，决定先行试点，尔后全面铺开。全市各县(市)层层试点，市民政局着重在谷城县庙滩镇兰家村组织试点。据1988年10月不完全统计，全市试点村近300个。在总结试点经验的同时，全市全面铺开。据不完全统计，全市依法选举产生村干部20 387人，每村平均5.2人。村民参选率达94.23%。全市首次贯彻组织法并展开第一届村民委员会选举工作于1990年3月结束。

1998年11月4日，《组织法》正式颁布，襄樊市于1999年组织学习贯彻，并以市委、市政府名义下发《关于学习宣传贯彻〈组织法〉的通知》。第四届村民委员会换届选举工作于1999年7月正式开始，经历选举准备、选举实施、建章立制、总结及检查验收四个阶段。首次实行村民直接选举、“海选”

方式进行。到2001年初，换届选举工作基本结束，全市9个县(市)区2961个村委会，有2859个村委会完成换届选举工作，占村委会总数的98.1%，参选率75%以上。本次换届选举共共选举产生新一届村民委员会成员13 400名，减少村官近3 000名，连选连任的占71%，新当选的占29%，平均年龄41.3岁，高中以上文化程度比上一届提高17%。同时，以第四次换届选举为契机，进一步完善了民主管理、民主决策、民主监督的各项制度。各地都建立健全了以村民会议或村民代表会议为主要形式的民主议事制度，以村务公开、民主评议和村委会定期报告工作为主要内容的民主监督制度。在此基础上，各地较好地处理了扩大基层民主与加强法制的关系、村民行使民主权利与依法履行应尽的关系、乡镇政府与村委会的关系、村党支部与村委会的关系。此后，全市各地按照《组织法》规定，每三年进行一次村民委员会换届选举工作。

截至2005年，全市已成功进行六届村民委员会换届选举工作。第六届村委会换届选举共涉及全市3县3市3个城区和1个开发区，100个乡(镇、办事处)，2322个建制村，14752个村民小组，359万人。截至12月31日，全市2322个村成功进行了换届选举，选举率达100%；全市共登记选民223.1万人，共产生第六届村委会成员8144人，推选村民代表74730人，其中，女性代表18631人，占25%。共有192.1万选民参加了换届选举，参选率86.1%，比上届增长4.7%，共有162.8万选民直接参加了投票选举，直投率72.99%，比上届增长15%。共有1836个村有妇女委员，占79.1%，比上届增长61%。共有1996名党员村主任，占86.4%，比上届增长1.1%。取得了前5届以来村委会换届选举工作村民参选率最高、选举成功率最高、妇女成员比例最高、“一肩挑”比例最高、群众信任度最高、上访率最低的优异成绩，结束了1993年以来全市109个村委会未进行换届选举的历史，受到省委、省政府督导组的充分肯定。襄樊市第六届村民委员会换届选举工作(见表26—4、26—5、26—6、26—7)。

襄樊市第六届村民委员会换届选举工作情况统计

表26—4

单位	乡镇(含辖村街办)数	村组基本情况				选民总数	常年外出打工选民数	参加提名候选人选民数	参加正式选举选民数		落实选举工作经费			培训总人数	下派指导换届选举人数	
		村委会数	村民小组数	村民总户数	村民总人数				总数	其中委托投票数	市级	县级	乡级		县级下派干部数	乡级下派干部数
襄阳区	13	419	2 925	255641	704659	430679	61794	195169	320785	39418	15	7.7	2.5	6319	253	587
枣阳市	18	481	3 527	170759	687374	454904	55089	314015	382238	29921	—	24	31.8	4327	36	1217
宜城市	10	178	1 339	90284	366036	262051	33289	153478	199470	27688	—	10	15.1	3950	60	945
南漳县	10	277	1 397	126093	452000	309980	59420	288020	288120	32250	/	13.5	15	2809	554	277
保康县	11	261	1 424	62672	234249	176469	25700	96104	176525	53209	—	7	16.1	1286	67	462
谷城县	10	257	1 092	132710	424672	243732	71551	132437	177411	52600	—	12.76	—	2804	245	593
老河口	10	227	1 619	78264	305284	194470	53652	154530	193963	25107	1.6	15	7.1	2009	121	437
襄城区	6	127	704	51086	212946	121510	30809	87949	103754	31003	1.2	4.5	7	1190	33	344
樊城区	3	84	640	38101	177012	108960	16765	67650	65012	2109	1.8	7	6	2018	130	195
高新区	2	11	85	6636	25899	17500	1051	7193	13856		0.4	3	3	432	20	81
合 计	93	2322	14 752	1012246	3590131	2320255	409120	1496545	1921134	293305	20	104.46	103.6	27144	1519	5138

襄樊市第六届村民委员会换届选举工作情况统计

表 26—5

单位	当选结果			原村委会成员连任			与村党组织交叉	兼任村民小组长	设流动票箱的村数	另行选举的村数	重新选举成功村数	接受来信来访	处理来信来访	未完成选举的村	村委会内设委员会名称
	主任	副主任	委员	主任	副主任	委员									
	人	人	人	人	人	人	人	人	个	个	个	件	件	个	
襄阳区	411	237	832	259	126	591	954	227	2	28	42	94	94	1	—
枣阳市	476	377	667	287	191	411	694	825	113	9		53	53	—	—
宜城市	165	6	447	101	7	350	347	248	37	6	6	28	28	—	—
南漳县	274	211	778	154	155	741	1109	1263	—	1	—	42	42	—	财经福利 治保 调解 妇女卫生
保康县	257	4	685	169		474	724	581	141	7	2	11	11	—	调解、治保、计生、妇女
谷城县	256	122	521	175	70	379	614	677	11	1	—	16	16	—	调解、治保、卫生防疫
老河口	227	217	250	111	81	167	156	357	—	14	—	44	44	—	民政福利委员会 治安调解委员会 妇女代表委员会
襄城区	122	105	195	66	79	166	323	235	—	10	3	28	28	—	调解、治保、计生、社会福利
樊城区	84	36	144	45	14	86	107	13	—	10	—	10	10	—	—
高新区	11	11	16	4	6	3	15	3	6	7	3	4	4		—
合 计	2 283	1326	4535	1371	729	3368	5043	4429	310	93	56	330	330	1	—

襄樊市第六届村民委员会换届选举工作情况统计

表 26—6

单位	村民委员会主任情况								村委会副主任、委员情况								村委会有工作活动用房			村委会无工作活动用房
	文化结构				年龄结构				文化结构				年龄结构							
	小学	初中	高中	大专以上	30岁以下	31岁至40岁	41岁至50岁	51岁以上	小学	初中	高中	大专以上	30岁以下	31岁至40岁	41岁至50岁	51岁以上	村数	面积100平米以下	面积100至200平米	
	人	人	人	人	人	人	人	人	人	人	人	人	人	人	人	人	个	村数	村数	村数
襄阳区	1	220	182	8	10	142	206	53	78	529	436	26	68	345	528	128				
枣阳市	6	225	238	7	3	150	258	65	9	604	428	3	25	392	521	106	382	184	198	99
宜城市		71	91	3	3	52	85	25		197	251	5	22	130	246	55				
南漳县		82	161	31	11	112	96	55		294	691	4	70	501	272	146	277	35	53	13
保康县	14	156	86	1	2	80	125	50	58	414	209	8	38	283	266	102	221	24	197	40
谷城县		107	139	10	4	63	150	39		290	348	5	39	203	352	49	257	12	245	
老河口	2	104	114	7	1	51	134	41	4	250	204	9	11	162	222	72	218	160	58	9
襄城区		41	76	5	2	42	63	15	2	55	235	8	16	147	102	35	127	36	91	
樊城区		41	42	1	2	16	56	10	1	83	96		2	76	85	17	23	2	21	61
高新区		1	10			5	4	2	1	11	13	2	2	10	13	2	11		11	
合 计	23	1 048	1139	73	38	713	1177	355	153	2727	2911	70	293	2249	2607	712	1516	453	874	222

襄樊市第六届村民委员会换届选举工作情况统计

表 26—7

代码	指标名称	计量单位	数量	代码	指标名称	计量单位	数量
T1100	一、选民			T1320	村民委员会主任总数	人	2283
T1110	选民总数	人	2320255	T1321	其中:女性	人	60
T1120	本届登记选民数	人	2232702	T1322	中共党员	人	2022
T1121	其中:女性	人	1042726	T1323	兼任党支部书记	人	1157
T1130	直接投票选民数	人	1627802	T1324	连任	人	1261
T1131	其中:使用流动票箱的选民数	人	65712	T1330	村民委员会副主任及委员数	人	5861
T1140	委托投票选民数	人	293305	T1331	其中:女性	人	1761
T1150	函投选民数	人		T1332	中共党员	人	4309
T1200	二、选举程序			T1400	四、村民代表		
T1210	村民会议推选村民选举委员会村数	个	1260	T1410	总数	人	74730
T1220	村民小组推选村民选举委员会村数	个	1062	T1411	其中:女性	人	18631
T1230	村民直接提名产生初步候选人村数		1074	T1412	中共党员	人	25699
T1240	全体村民预选确定正式候选人村数	个	1505	T1500	五、村民小组长		
T1250	村民代表预选确定正式候选人村数	个		T1510	总数	人	13553
T1260	设立秘密划票间的村数	个	2322	T1511	其中:女性	人	1360
T1270	当场公布选举结果的村数	个	2322	T1512	中共党员	人	7393
T1300	三、选举结果			T1600	六、上一届村民委员会罢免情况		
T1310	完成选举的村数	个	2322	T1610	罢免村民委员会主任的村数	个	23
T1311	其中:一次选举成功的村数	个	2202	T1620	罢免村民委员会副主任或委员的村数	个	24

2.村务公开民主管理

襄樊市自 1988 年首次贯彻实施《组织法》起陆续开展村务公开工作。《中共中央办公厅、国务院办公厅关于在农村普遍实行村务公开和民主管理制度的通知》和《中共中央办公厅、国务院办公厅关于健全完善村务公开和民主管理制度的意见》下发后,全市村务公开民主管理工作全面深入的开展。按照民政部《全国农村村民自治示范活动指导纲要》和民政部《关于全国农村村民自治示范单位命名管理工作的意见》的要求,全市开展村民自治模范单位创建活动。2000 年,襄阳县被省政府评为全省村民自治模范县;2003 年,谷城县被民政部评为全国村民自治模范县;2005 年,谷城县石花镇被中国社会工作协会乡镇工作委员会评为全国小康建设明星乡镇。

按照 2004 年全市村务公开和民主管理工作电视电话会议要求,为认真贯彻《中共中央办公厅、国务院办公厅关于健全和完善村务公开和民主管理制度的意见》文件精神,进一步做好全市村务公开和民主管理工作,经市村务公开和民主管理工作协调领导小组同意,市民政局抽调专人,组成专班,深入到各县市区调查研究,汲取各地的精华,历时3个月,编制《襄樊市村务公开和民主管理指导手册》,用于指导全市的村务公开和民主管理工作。主要包括各级有关文件、襄樊市村务公开和民主管理工作职责分工(试行)、襄樊市村务公开和民主管理工作规范(试行)及各类相关职责和制度等。全市共印发3000册,做到一村一本。

创新村务公开民主管理方式。南漳县在实践中摸索出一套村民"说事"民主议事、干部办事、群众评事的新方法,真正让群众当家作主,使村民自治趋于规范化,在全县农村广泛开展"说事"活动。2002年2月19日,中共中央政治局候补委员、中组部部长曾庆红在湖北视察农村"三个代表"重要思想学习教育活动时指出:"南漳县界碑头村实行的'请有想法、有困难、有矛盾纠纷的群众到村委会说心里话'的办法,很管用,深受群众欢迎"。保康县探索总结出"干部问事、群众说事、集中议事、及时办事、定期评事"的村级"五事"制度,使全县村务管理、决策、监督逐步步入制度化、法制化、规范化轨道,被省民政厅在全省民政工作会议上进行肯定和推广。2005年1月,在江苏省太仓市召开的全国村务公开和民主管理工作经验交流会上,保康县的经验向全国推广。

(三)居民委员会

1981年,根据省政府的指示,恢复民政部门承担居民委员会的组建、调整、管理和干部培训、指导、经验交流等工作。1989年,襄樊市市区共有纯居民委员会65个(襄城13个、樊东26个、樊西17个、郊区9个),居民委员会干部260人。1998年初,襄城区、樊城区对居民委员会实行大划小,成立居民管理委员会来管理居民委员会,至2000年,市区已有居民委员会122个(不含企业居委会)。从2001年开始对居委会进行改革,当年底,市区社区居委会调整和组织建设工作已全面完成。3个城区和3个开发区由原来的137个居委会调整为101个社区,共依法选举社区居委会成员536人。至2005年,市区居民委员会总数为115个。1990年1月1日,《中华人民共和国城市居民委员会组织法》(以下简称《组织法》)正式实行。襄樊市于1990年6月至1991年8月,在37个居委会进行贯彻实施《组织法》试点工作。贯彻《组织法》以居委会选举为重点,在选举中坚持依法办事,成立机构,制定办法,民主推荐候选人,适时召开选举大会,由居民户派代表或居民小组选派代表2—3名,直接参加投票选出新的居委会领导成员。据统计,37个试点居委会新当选居委会干部153人;其中有党员85人,占干部总人数56%;平均年龄38岁,比试点前下降5岁。2001年,全市按照《中央办公厅、国务院办公厅关于转发〈民政部关于在全国推进城市社区建设的意见〉的通知》和《中共湖北省委、湖北省人民政府关于加强全省社区建设的意见》精神,召开全市社区建设工作会议,并下发《中共襄樊市委、襄樊市人民政府关于加强全市城市社区建设的意见》,对原有居民委员会进行了体制改革和规模调整,并统一称为XX社区居民委员会。至此,从1954年开始使用了近半个世纪的居民委员会名称成为历史。同时,根据全省统一部署和统一届期的要求,对原居民委员会市区内的襄城区、樊城区和高新、汽产两个开发区的社区居委会进行换届,对居委会进行改革,重新划定社区,充实和完善社区组织,全部重新确立社区居委会,基本上实现有牌子、有班子、有摊子(办公地点)。到2001年12月底,共撤销居民管理委员会21个,居民委员会136个,重新设社区居民委员会101个。2004年下半年至2005年4月,对市区的95个社区居民委员会进行了第二次换届选举(原高新区、汽产区、鱼梁洲开发区因体制改革,换届工作向后推迟),经过全体选民或代表们的投票选举,566位居民当选为社区的正、副主任和委员,其中主任95人,副主任229人,委员233人,党组织专职书记9人。本次当选人员中30岁以下的有148人,占总人数26.1%;高中(中专)以上人员513人,占90.6%以上,超过了选举前所提出的目标。通过换届选举，精减社区居委会在职人员 194 人，占 25.5%，每个社区居委会平均 5.9 人，基本达到了《居委会组织法》和市委、市政府的要求。

第二次换届选举实行新的社区用人机制。换届后计划将原有事业编制在编干部身份全部一次性买断，无论当选与否，都不再享有公务员身份，当选者全部称为社区工作者。任期结束后即为社会人，不再享有相应待遇。换届选举当选人员在任期内即为社区工作者，经费按核定人员月平 500 元发给生活补贴。在此基础上，还可结合社区实际，经居民会议同意增发 250—300 元的补助，由社区创收解决，并根据主任、副主任、委员的职级适当拉开档次。以此将社区工作者的收入与社区居民意见挂钩，改变以前干与不干一个样、干好干坏一个样的问题，增强社区工作者的服务意识和忧患意识。第二次社区居委会换届选举后，主城区建立了经费直达机制。凡是当选人员，生活补贴由市、区财政负担的部分，均由市、区建立专户，并各自将所承担的部分直接发放到个人手中；办公经费直接由市、区建立的专户拨到各个社区居委会。从而大大减少了中间环节，使每一名社区工作者直接受益。在第二次社区居委会换届选举中试行直接选举。樊城区米公办事处友谊街社区居委会作为市区第一个直接选举试点，于 2005 年 1 月 25 日以直接选举的方式，依法成功选举产生友谊街社区第二届居民委员会。新一届社区居委会共有 5 人当选，其中主任 1 人、副主任 2 人、委员 2 人，比换届选举前减少了 3 人。全市先后有 8 个社区居委会进行了直接选举，直选率 8.6%。40 多名社区工作者通过所在社区全体选民用直接选举的办法选举产生。

（四）社区建设

襄樊市社区建设起始于 1989 年，市政府根据国务院《批转民政部关于关于加强城市街道居委会工作的通知》精神，出台《关于加强城市街道居委会建设的通知》。对居委会建设、组织领导、居委会规模调整、人员配置、内部机构设置、干部待遇等提出要求。2001 年 5 月，根据全省社区建设工作会议精神，结合襄樊市城区基层管理体制的现状，市委常委会议专门研究社区建设工作。同年 7 月，以市委市政府名义召开由县（市）区政府主要负责同志参加的社区建设工作会议，成立以市长罗辉为组长的社区建设领导小组，出台《襄樊市委、市政府关于加强社区建设的意见》。标志着襄樊市城市社区建设工作正式启动。襄樊市社区服务形式由单一向多样化转变。初步形成以社区服务中心为龙头、社区服务组织为骨干、社会服务网点为依托的社区服务体系。截至 2002 年底，全市建成社区服务中心 81 个、社区服务站 275 个，各种社区服务机构 2141 个，社区中介组织 130 个，开发社区服务项目达 378 个。全市社区服务安置下岗职工再就业 13371 人。2004 年 12 月，市委、市政府出台《关于进一步加强城市社区建设的意见》。2005 年 1 月 1 日起，按照每个社区居委会每月办公经费 500 元的标准，为市区现有的 107 个社区居委会拨付办公经费，由市、区财政各负担 50%。同年 4 月 1 日起，对社区工作者按照人均每月 500 元标准给予生活补贴，并逐人逐月通过银行直接发到他们手中。同时为社区工作者办理养老、医疗保险。以前的“两保”续接工作由各区政府负责。社区工作者“两保”单位负担部分，由市、区财政各负担 50%，并建立专户，由城区政府与劳动保障部门具体负责落实“两保”工作。“两保”标准每年按上年社平工资为基数，其中市、区财政负担核定人员每月人平 500 元的基数。缴费比例即养老保险单位负担 20%、个人负担 8%；医疗保险单位负担 7%、个人负担 2%。“两保”单位负担部分，由市、区两级财政各负担 50%。从而解决社区工作者后顾之忧。同年 3 月，为解决部分社区居委会无办公用房问题，经区政府申报，市民政局、市财政局联合逐一审核，报市政府领导批准，最终确定市区 35 个社区居委会为无办公用房社区。名单见表 26—8。

市区35个无办公用房的社区居委会名单

表26—8

城区	社区名称
襄城区13个	中山巷、大北门、新街、卉木林、马王庙、东门、闸口、红花园、仲宣楼、铁佛寺、虎头山、千山、南丽
樊城区22个	朝晋门、朝虹、大庆西路、解放西路、雄风、云集路、茂盛、建新、陈家营、汉南、刘埂、赵家巷、丹江路、梯子口、回龙寺、望江街、大井台、劳动街、定中街、明晶巷、夏家台、代家台

社区居委会无办公用房的，按100平方米、10万元的标准，由市、区财政各按50%拨付专款，资金封闭运行，用于办公用房建设。运行方式：在市、区两级确定的无办公用房社区居委会名单中，由区民政部门与社区居委会签订《建房协议书》，区财政部门先行拨款，作为建房启动资金。待办公用房建成后，市、区民政、财政部门联合检查验收，凭房产证，市财政部门再予拨款，以奖代补，资金直达社区居委会，保质保量地完成社区居委会办公用房的建设任务。

2005年7月，为认真贯彻落实中央和省委、省政府关于加强社区建设的部署和市委、市政府《关于进一步加强城市社区建设的意见》精神，市委、市政府决定用3年左右的时间，全面推进2个中心城区和2个开发区111个社区的建设，提高社区建设水平，不断满足居民群众的物质文化需求，构建和谐襄樊，建设名符其实的省域副中心城市。市委办公室、市政府办公室印发《襄樊市城市社区建设“111工程”实施纲要》，并于当年7月10日，在樊城区召开全市和谐社区建设暨经验交流现场会，启动城市社区建设“111工程”。

社区建设“111工程”的总体目标是社区组织健全，社区设施完善，社区环境优良，社保服务到位，社区治安良好，社区文明创建水平较高；主要任务是组织建设。形成以街道办事处党（工）委领导，社区党组织主抓，辖区内机关、企事业单位的党组织共同参与的社区党建工作新机制，促进社区党的建设。社区居委会依法选举产生，社区居委会要认真完成《居委会组织法》和《湖北省实施的〈中华人民共和国城市居民委员会组织法〉办法》中规定的各项工作任务。

社区建设“111工程”，在市委、市政府和市社区建设领导小组统一领导下进行。各区委（党工委）、区政府（管委会）是推进社区建设“111工程”的责任主体，承担本辖区内社区建设“111工程”的工作任务，具体组织实施。各级政府和计划部门要将社区服务业的发展纳入本级第三产业发展规划，制定社区服务发展纲要指南，促进社区服务产业化。加强部门配合，形成合力。各有关部门要根据分工，结合实际，制定具体实施意见和包扶措施，共同推进“111工程”的顺利进行。各级按照“财政拨付、费随事转、社会资助”的原则，建立社区建设的财力支撑体系。联系实际，分层次制定市、区、街、社区的示范活动标准和实施计划，纳入党委、政府的责任管理目标。

二、优抚

（一）抚恤

抚恤是国家对烈属、因公牺牲军人家属、病故军人家属、革命残疾军人在物质上给予抚恤性补助。按规定对部分优抚对象实行抚恤，是国家保障优抚对象基本生活权益的一项重要措施，并作为一项基本制度载入我国历部宪法。

“三属”即烈士家属、牺牲军人家属、病故军人家属。国家对“三属”抚恤于1979年、1988年、2004年有三次大的调整。1988年，规定军人死亡发给其家属一次性抚恤金，标准：革命烈士，40个月工资；因公牺牲军人，20个月工资；病故军人，10个月工资。2004年规定军人死亡发给其家属一次性抚恤金。标准：革命烈士，80个月工资；因公牺牲军人，40个月工资；病故军人，20个月工资。各地为下列死亡军人家属发给定期抚恤金：一是父母、配偶无劳动能力和生活收入，或者有一定收入，但不足以维持当地群众一般生活水平的；二是子女未满18周岁或虽满18周岁因在校学习或伤残而无生活收入，或男满60周岁，女年满55周岁，且无子女、无生活收入的；三是依靠军人生活的18周岁以下的弟妹。据2001年优抚对象普查统计，全市“三属”人数10 010人，其中享受定期抚恤3 302人。2005年底，“三属”10 255人，其中享受定期抚恤3 444人，各地为“三属”发放抚恤金1 589万元。

残疾军人名称在新中国有几次名称的更替。1988年之前，称为“革命残废军人”。1988年修订《军人抚恤优待条例》，为体现残疾军人“残而不废”的原则，残疾军人回到地方继续能够为国家的经济建设做贡献，更名为“革命伤残军人”。2004年，新修订的《军人抚恤优待条例》再次更名为“残疾军人”。同时将四等六级，即特等，一等，二等甲级、二等乙级，三等甲级、三等乙级分为一至十级。不再有在职、在乡类别之分。2001年优抚对象普查，全市残疾军人5 008人，其中在职2 205人，在乡2 803人。2005年底，全市残疾军人5 388人，各地发放抚恤金3 180万元。

（二）优待

优待是国家、社会、群众对优抚对象给予政治、物质和精神方面的优厚待遇的总称。它包括两个方面的内容：群众优待，即人民群众通过一定的形式，对服现役义务兵及其家属和其他优抚对象给予物质照顾和思想、政治关爱等；国家优待，即以国家为主体，对优抚对象提供一系列优先、优惠、优厚措施。1979年以前，群众优待的形式以优待工分为主，少数社队实行现金和实物优待。从1981年起，全市群众优待逐渐采取现金优待为主，同时进行义务工减免、实物优待、奖励优待。优待金由乡镇人民政府解决，从“三提五统”支出（三提：公积金、公益金、管理费；五统：教育附加、民政优抚、计划生育、民兵训练、公路建设）。八十年代末期，开始逐步实行优待金社会统筹。1989年，有些地方自发试行“全民优待”。1992年南漳县在全县推广了“全民优待”。1994年，在全市范围内全面铺开了社会统筹工作，全部实行现金优待。截至1996年底，全市县乡两级共统筹优待金152.8万元。谷城、襄阳、保康等地出台《社会统筹军人家属优待金暂行规定》。1998年5月，襄樊市出台《襄樊市拥军优属实施细则》，规定对义务兵家属普遍实行优待，优待经费实行城乡社会统筹。城乡统筹范围：机关、企事业单位（含在樊的中央、省属大中型企业）、人民团体的干部职工以及城、乡村（居）委会村（居）民、个体工商户（不含伤残军人和享受定期抚恤及丧失劳动能力又无生活来源的五保户及市以上各级政府有规定不缴者）。城乡社会统筹缴纳的标准：机关、团体、企事业单位的干部职工（含离退休人员）每人每年10元；无固定收入的城镇居民每人每年5元；个体工商户每人每年10元；农村村民按所在乡镇上年人均纯收入5%负担之内规定比例缴纳。2001年2月至5月底，根据国家的统一部署，全市所有的优抚对象进行全面普查登记。此次普查登记是1979年以来，针对优抚对象在数量、年龄结构、健康状况、生活水平等方面已发生重大变化的情况下进行的。据普查标准时点2000年12月31日统计，全市共有各类优抚对象310 278认，占全市人口565万的5.5%。其中重点优抚对象43 763认，分别占总人口和优抚对象总数的0.77%和14.1%。2002年上半年开始农村税费改革，取消“三提五统”，终止社会统筹，优待金开始从财政转移支付支出。同年，在全市实行优待扩面，对城镇义务兵家属也实行了现金优待。2005 年，全市有农村义务兵家属 13 495 户，城镇义务兵家属 3 575 户。全市各地划拨优待款 2000 余万元，发放农村优待金 1 754 万元，户平 1 300 元。对于城镇义务兵家属优待，采取市、区两级财政共同负担的办法，户平 500 元。

1999 年 3 月，襄樊市开展“爱心献功臣”行动。此次活动坚持以政府为主导，以社会各界为依托，以人民群众的广泛参与为基础，在政府各部门认真落实优抚政策的同时，动员和组织社会各界、人民群众从人力、财力、物力等方面向革命功臣献爱心，开展各种帮扶活动，帮助革命功臣解决生活、住房、医疗等问题。全市有 1 746 户困难优抚对象解贫脱困，为 1 419 名优抚对象减免医疗费 56 万元，为 466 户优抚对象维修、新建房屋 4.3 万平方米，共计帮扶资金 322.5 万元。2004 年，全省发起以帮助重点优抚对象和困难企业军转干部解决住房难、医疗难和生活难为主要内容的“关爱行动”和“手拉手帮战友”活动。截至 2005 年底，全市各地为重点优抚对象新建和维修房屋 2 700 多间，为 5 292 名重点优抚对象和困难企业军转干部解决了生活、医疗困难，对 160 名重点优抚对象子女开展了助学活动。全市各地累计投资 1 680 万元。

国家优待是通过政府行为给予以现役军人为主体的优抚对象优先优惠照顾的政策和措施。从 1986 年以来，全市在落实以国家为主体提供的优待主要有以下几种形式：退役安置优待；伤病治疗优待；就业、教育优待；社会福利优待；住房优待；乘车、船，游览公园名胜古迹优待；税收减免优待等。1994 年，全市对凡是农业户口的特等、一等革命伤残军人和其配偶及未满 18 周岁的子女实行农转非。现役军官、志愿兵家属住房困难，家属有工作单位的，由所在单位按本单位双职工优先解决；革命伤残军人凭“革命伤残军人证”，乘坐市内公共汽车免费。优抚对象与其他公民同等条件下，享有就业、入学、入伍、救济贷款、分配住房等方面优先照顾。1998 年，对凡在本市的退伍红军老战士和无工作单位领取伤残抚恤金的二等以上革命伤残军人，享受公费医疗待遇。其医疗费从公费医疗经费中列支，实报实销。凡在企业工作的烈军属、革命伤残军人，企业一般不得安排其下岗待业。三等以上革命伤残军人、军队离退休干部、服现役的义务兵在市内游览公园、名胜古迹凭证免收门票。2002 年 7 月 9 日，襄樊市对孤老优抚对象在落实五保政策的基础上，每人每月给予 50 元的生活困难补助，经费由同级财政解决，并列入年度财政预算。2005 年 6 月 21 日，襄樊市建立了优抚对象抚恤补助事业经费自然增长机制。地方抚恤补助事业增长的经费，配合中央财政下拨的抚恤补助事业经费。主要用于：革命烈士遗属、因公牺牲军人遗属、病故军人遗属、革命伤残军人、在乡复员军人、带病回乡退伍军人、困难突出的其他优抚对象的抚恤补助，重大疾病救助和解决生产、生活、住房、子女上学等困难；烈士陵园、复员退伍军人精神病医院（优抚医院）、光荣院等优抚事业单位的建设发展；重大双拥活动经费支出、涉军突发事件的处置和伤亡人员的救助等。

（三）双拥

襄樊人民素有拥军优属的优良革命传统。特别是改革开放以来，拥军优属工作不断增添新内容，出现新特点。1980 年起，全市各地普遍建设各类拥军优属服务组织，为驻军部队解决具体困难，为优抚对象做好事。从 1982 年起，军民共建活动兴起，1983 年，适逢纪念开展“双拥”活动 40 周年，全市以“四共”（共学、共育、共卫、共开发）为主要内容的军政军民共建活动掀起热潮。驻军部队也把驻地当家乡，为地方建设提供了强有力的支持。1987 年，襄阳县引丹五干渠兴修扩建，部队提供人力、物力、财力支持。1998 年，襄阳县遇到百年罕见的特大旱灾，部队及时送去机械、汽柴油等抗旱物资。1992 年 3 月，驻市区部队集中组织 1500 名官兵，在汉江沙洲上营造一片一万多棵国防林。2001 年，海军“襄樊舰”编入现役，把双拥工作做到祖国的边防海疆。襄樊人民把南海舰队海军“襄樊舰”视为襄樊市流动的版土。2002 年，市人大授予“襄樊舰”全体官兵“襄樊市荣誉市民”称号，市政府把“襄樊舰”列入市“爱国教育基地”。从 2002 年 12 月“襄樊舰”尚未正式服役之前至 2005 年，已连续四年组织襄樊市党政军慰问团赴南海舰队慰问海军“襄樊舰”，赠送慰问金 55 万元，赠送高级面包车一辆。每逢重大活动，也热情邀请南海舰队首长和“襄樊舰”代表出席，市、舰双方开展了一系列军民共建共育活动。2005 年 9 月，襄樊市还先后派出慰问团慰问了“航天英雄”聂海胜和国家航天中心。

树立双拥典型杨进群。杨进群是枣阳市七方镇中心小学教师。2001 年，杨进群将儿子杨春阳送到新疆中蒙边境戍边。此后，他坚持数年如一日，用书信形式教子育兵。6 年来，他给儿子及其战友们写信 1083 封，办《希望》手抄小报 68 期，寄报刊文学图片资料 810 多篇幅。在他的教育鼓励下，儿子在全国同年入伍的士兵中，第一个受奖，第一个当班长，第一个被评优秀“四会”教练员，荣立三等功两次，2004 年 8 月加入党组织，现在西安陆军学院学习深造。120 名枣阳籍战士有 80%当上先进并受到奖励，其中 14 人被选改为士官留在部队。几年来，他为社会适龄青年各部队官兵作爱军习武报告 20 场次，受教育官兵 3 万多人，被战士们亲切地称为“爱兵之父”“兵爸爸”“理想信念的宇航师”。2004 年 12 月，杨进群被湖北省委、省政府、省军区命名表彰为“教子育兵模范军属”。2005 年 7 月，被全国双拥工作领导小组、中宣部、中央文明办、民政部、总政治部授予“全国军民共建社会主义精神文明先进个人”光荣称号。

截至 2005 年底，全市各地建立基层双拥组织 3 640 个，从事基层双拥工作的近万人。全市基层拥军优属服务小组共计 18 712 个，被服务对象 214 226 人；拥政爱民服务小组 334 个，完成义务劳动日 45 000 多个；双拥服务小组办好事、实事 31 020 件。

国家级双拥模范城（县）：1992 年，民政部、解放军政治部在北京授予 39 个市（区）县双拥模范城（县）荣誉称号，襄阳县被命名为“全国双拥模范县”。1994 年，民政部、解放军政治部在北京授予 136 个市（区）县双拥模范城（县）荣誉称号，襄阳县再次被命名为“全国双拥模范县”。1997 年 1 月，民政部、解放军政治部在北京授予 197 个市（区）县双拥模范城（县）荣誉称号，襄阳县第三次被命名为“全国双拥模范县”。2001 年 1 月，民政部、解放军政治部在北京授予 245 个市（区）县双拥模范城（县）荣誉称号，襄阳县第四次被命名为“全国双拥模范县”。2003 年 1 月，民政部、解放军政治部在北京授予 309 个市（区）县双拥模范城（县）荣誉称号，谷城县被命名为“全国双拥模范县”。

省级双拥模范城（县）：1991 年 2 月 5 日，中共湖北省委、湖北省人民政府、湖北省军区授予襄阳县“双拥模范县”荣誉称号。1992 年 9 月 17 日，中共湖北省委、湖北省人民政府、湖北省军区授予老河口市、枣阳市、南漳县“双拥模范城（县）”荣誉称号。1994 年 1 月 31 日，中共湖北省委、湖北省人民政府、湖北省军区授予谷城县“双拥模范县”荣誉称号。1995 年 11 月 27 日，中共湖北省委、湖北省人民政府、湖北省军区授予襄樊市、枣阳市、襄阳县、谷城县、保康县“双拥模范城（县）”荣誉称号。1999 年 7 月 31 日，中共湖北省委、湖北省人民政府、湖北省军区授予襄樊市、枣阳市、宜城市、襄阳县、谷城县、保康县“双拥模范城（县）”荣誉称号。2002 年 7 月 31 日，中共湖北省委、湖北省人民政府、湖北省军区授予襄樊市、宜城市、谷城县、保康县、南漳县“双拥模范城（县）”荣誉称号。

（四）烈士褒扬

中华人民共和国成立后，烈士褒扬工作成为党和政府的一项经常性工作。为加强和规范烈士褒扬工作，国家先后制定了《烈军属优待暂行条例》、《革命军人牺牲、病故褒恤暂行条例》、《革命工作人员伤亡褒恤暂行条例》和《民兵民工伤亡抚恤暂行条例》等四部法规，形成了烈士褒扬工作基本法律体系。改革开放以来，烈士褒扬工作进入了新的发展阶段。1980 年 6 月，国务院专门制定《革命烈士褒扬条例》,使审批和褒扬烈士工作更加制度化。全市为2 000余名烈士遗属换发《中华人民共和国革命烈士证明书》,各级政府收集由国家民政部编印的《革命烈士英名录》共收录有姓名可考的烈士4133位。1985年以来,呈报湖北省人民政府批准革命烈士25名。1995年,民政部第二号令颁布《革命烈士纪念建筑物管理保护办法》,使烈士纪念建筑物管理保护工作有章可循。全市兴建大量烈士纪念建筑设施。2001年12月,继投资500万元兴建的市烈士陵园广场一期工程竣工之后,总投资600万元的襄樊市革命烈士纪念馆胜利剪彩。截至2005年底,襄樊市共有烈士纪念建筑物146处。广大青少年有组织地到烈士纪念场所接受教育,传统节日(清明节)期间,人民群众自觉地前往烈士陵园、烈士纪念堂(馆)等地参观凭吊,寄思明志。2005年接待参观群众80万余人次。

三、安置

(一)退伍军人安置

从1980年起,襄樊市对符合城镇安置条件的退役士兵,遵循国家"妥善安置、各得其所和按系统分配任务、包干安置"的基本方针,严格执行安置政策,凡父母或配偶有单位的,由父母或配偶所在单位系统负责接收安置。1979—2005年,全市共接收退役士兵57249人,其中安置就业33866人。襄樊市各地结合实际,不断摸索安置工作新途径新办法,确保退役士兵安置待遇真正落到实处。2000年,原襄阳县试行对11名城镇退役士兵进行货币安置。2001年, 襄樊市启动了城镇退役士兵自谋职业工作,鼓励城镇退役士兵不要政府安排就业,走自谋职业道路,由政府发给一次性经济补助。用人单位亦可用经济补偿的方式安置本系统的退伍子女。自谋职业的城镇退役士兵凭安置机构发放的"自谋职业证书"和自谋职业协议书,可享受自谋职业优惠政策。当年,原襄阳县、谷城县和襄樊市区共63名退役士兵办理了自谋职业手续,占应安置人数的4%,共支出自谋职业补助费105万元。此后,城镇退役士兵自谋职业人数比例逐年大幅提升,2005年,襄樊市直及市辖10个县(市)区全部开展了自谋职业工作,自谋职业率达到57 %,自谋职业成为安置工作的主渠道。2000年至2005年,全市应安置对象为8650人,8407人得到安置,其中,自谋职业1698人,占应安置人数20%,全市共支付自谋职业一次性经济补助费2950.2万元。经过几年的探索,退役士兵自谋职业、政府给予安置补助的办法日益完善,程序日趋规范,成为城镇退役士兵安置的主渠道。根据湖北省安办2004年2月《湖北省以助学方式安置城镇退役士兵实施意见(试行)》的通知,助学方式成为城镇退役士兵安置的又一途径。凡安置年度内参加成人高考,考取省安办指定的大专院校后,由大专院校或省安办在学费、住宿费和生活费上给予减免或补贴,政府不再安排就业,不再予以货币安置。2004—2005年,全市仅1名退役士兵选择助学安置方式。

为鼓励退役士兵自谋职业,各安置机构大力开展培训工作,提高退役士兵文化素质、劳动技能和就业能力。培训内容涉及电脑、烹调、汽车驾驶、保险等实用技术。培训合格者由劳动部门颁发省劳动保障厅统一印制的"就业训练结业证"及全国通用"职业资格证书",并推荐就业。1991年至2005年,全市共办79期培训班,培训2577 名退役士兵。推荐就业2119名。

义务兵原是农业户口的,除政策规定的几种对象享受城镇安置待遇外,实行"从哪里来,回到哪里去"的方法进行安排。退伍后回农村参加农业生产;本地务工;外出打工;兴办经济实体;担任乡村基层干部。政府和集体对回乡的退役士兵在生产服务、技术指导、教育培训、农用物资供应、农副产品收购等方面提供服务,对生产、生活、住房等方面确有困难的农村退役士兵予以适当扶助。为发挥农村退役士兵在农村物质文明和精神文明建设中的骨干作用，各安置机构根据两用人才的技术特长进行分类，登记造册，建立两用人才信息库。根据市场需求，举办两用人才培训班，进行职业技能培训，同时，向有关单位提供信息，大力举荐。1991 年至 2005 年，全市共接收农村两用人才 25 903 人，开发使用 21 214人，其中推荐到机关事业单位265人、国营企业1 505人、民营乡镇企业 7 429 人，有 1 180 人成为村委会干部(见表 26—9)。

襄樊市 1986—2005 年度退役士兵安置情况统计

表 26—9　　金额单位：万元

时间	接收总数	应安置人数	已安置情况						落实自谋职业经费	其中			已发放自谋职业经费	
			已安置人数	占应安置人数比例	其中					财政拨款	有偿转移	其他		
					安排工作		自谋职业							
					人数	占应安置人数比例	人数	占应安置人数比例						
1986 年	6359	—	2187	—	2187	—	—	—	—	—	—	—	—	—
1987 年	4757	—	1539	—	1539	—	—	—	—	—	—	—	—	—
1988 年	4838	—	1697	—	1697	—	—	—	—	—	—	—	—	—
1989 年	4790	—	1832	—	1832	—	—	—	—	—	—	—	—	—
1990 年	6598	—	1631	—	1631	—	—	—	—	—	—	—	—	—
1991 年	3829	1813	1813	100%	1813	100.00%	—	—	—	—	—	—	—	—
1992 年	4498	2170	2170	100%	2170	100%	—	—	—	—	—	—	—	—
1993 年	5731	3533	3533	100%	3533	100%	—	—	—	—	—	—	—	—
1994 年	3802	2144	2008	97%	2008	97.00%	—	—	—	—	—	—	—	—
1995 年	3423	1665	1617	97%	1617	97%	—	—	—	—	—	—	—	—
1996 年	3044	1477	1477	100%	1477	100%	—	—	—	—	—	—	—	—
1997 年	3343	1388	1330	96%	1330	96%	—	—	—	—	—	—	—	—
1998 年	3440	1390	1320	95%	1320	95%	—	—	—	—	—	—	—	—
1999 年	3747	1625	1604	99%	1604	99%	—	—	—	—	—	—	—	—
2000 年	4600	2425	2341	97%	2320	97%	21	1%	25.1	23.5	—	1.6	25.1	—
2001 年	4009	1539	1527	99%	1464	95%	63	4%	105	90	—	15	105	—
2002 年	3785	1290	1261	98%	1068	83.00%	193	15.00%	355.1	355.1	—	—	355.1	—
2003 年	3541	1132	1090	96%	849	75%	241	21%	377.9	326.2	15.2	36.5	377.9	—
2004 年	4016	1099	1076	98%	563	51%	513	47%	864.1	728.2	89.4	46.5	864.1	—
2005 年	3291	1165	1112	95%	445	38.00%	667	57.00%	1228.1	1110.4	12.8	104.9	1223	—
合计	85441	—	34165	—	32467	—	1698	—	2955.3	2633.4	117.4	204.5	2950.2	—

(二)军休人员安置

从 1982 年起，襄樊市开始成批次成规模接收安置军队离退休干部，共接收安置第一、二、三批军队离退休干部 340 人。1994 年，国家下达第四批军队离退休干部移交安置计划 77 人。2000 年，下达第五批军队离退休干部移交安置计划 68 人。1997 年,国家下达第二批军队无军籍退休退职职工安置计划 16 人。2001 年,下达第三批军队无军籍退休退职职工安置计划 82 人。2005 年,下达军队保障性企业无军籍退休退职职工安置计划 38 人。截止到 2005 年,襄樊市共接收安置军队离退休干部 485 人,其中师职 47 人,团职 350 人,营职 64 人,连职以下 24 人。离休 216 人,退休 269 人。接收安置无军籍职工 178 人。襄樊市及所属各县(市)除保康外,分别建有军休所,对移交地方安置的军休人员进行服务管理。1991 年 8 月,襄樊市撤销市军队离退休干部休养所,分别成立市军队离退休干部第一休养所、第二休养所、第三休养所。1996 年 9 月,在原军休所医务室基础上成立市军休干部医院,负责军队离退休干部的医疗卫生保健。为接收第四批军休干部,1997 年 6 月,成立了市军队离退休干部第四休养所。为加强军休工作,1997 年,市军队离退休干部第一休养所、第二休养所、第三休养所、第四休养所被确定为副县级事业单位。2002 年 6 月,市民政局军休科升格为市军队离休退休干部安置管理办公室。

1.军休人员住房保障

军队离退休干部移交地方政府安置管理,其首要条件就是要解决好他们的住房问题。军休干部住房建设主要采取五种办法:民政部门建房,负责征地、设计和施工;在有商品房的地方,由民政部门购买商品房;军休干部家属单位帮助建房;军休干部自建、自购住房和维修私房;部队承担建房。这五种建房方式在襄樊市均存在。

1980 年,部队实行精简编制,军队离休干部分批回到地方,据此,地方着手建房,按照当时规定,建房标准(按建筑面积)是:师职 90 平方米,团职 70 平方米,营职以下 52 平方米。1981 年起,各县(市)陆续为军队离休干部建房,实际建房 356 套,30594 平方米,公用经费 716.637 万元(不含地方财政补助 35.7 万元)。1987 年,民政部、国家计委、财政部、城乡建设环境保护部、国家土地管理局、国家物资局、中国人民建设银行、总政治部、总后勤部正式联合发《关于改进军队离休退休干部建房工作的通知》规定,师职 90 平方米,团职 70 平方米,营职以下 52 平方米。1990 年,中央军委批转总后勤部关于《中国人民解放军军官住宅建设标准的规定》的通知,对军休干部住宅建筑面积标准进行了调整:师职 92 平方米,团职 72 平方米,营职以下 54 平方米。1998 年,民政部、财政部、建设部、总政治部、总后勤部下发《关于出售移交政府安置的军队离休退休干部住房的通知》,全市 10 个军休所对军休干部和工作人员实行成本价售房,各军休所共出售住房 294 套,其中军休干部 235 套,军休工作人员 59 套,售房总面积 24622.67 平方米,总售价 474.6 万元。2004 年 2 月,襄樊市民政局被民政部、总政治部、总后勤部授予"全国军队离退休干部安置建房服务管理工作先进单位"。

2000 年 2 月,民政部、财政部、国家发展计划委员会、建设部、国家税务总局、总参谋部、总政治部、总后勤部印发《移交政府安置的军队离退休干部住房保障改革实施办法》,移交政府安置的军队离退休干部住房保障原则上执行军队统一的住房制度,由国家和个人合理负担,实行住房补贴、货币补差相结合的办法,稳妥推进住房分配货币化、管理社会化。第五批后移交地方安置的军休干部开始发放住房补贴,军休干部住房逐步由社会供应,地方民政部门原则上不再集中建设军休干部住房。军队无军籍退休退职职工的住房,就地安置的居住原房;易地安置住房确有困难的,由部队原单位帮助解决。

2.军休服务与管理

军休服务管理工作主要是落实国家各项军休政策,确保军休干部的政治待遇和生活待遇,丰富和提高军休干部的政治生活、精神生活和物质生活质量。各军休所为军休干部订阅各类党报党刊 20 多种,坚持了通报情况、参加会议、阅读文件等制度,使军休干部能系统了解党的方针政策。1988 年 7

月，总政治部《关于做好授予军队离休干部中国人民解放军功勋荣誉章工作的通知》规定，授予军队离休干部功勋荣誉章。全市 202 名军队离休干部获得荣誉章，发放了荣誉金。军休干部离退休费按时足额发放，1994 年 10 月，随着财政部、中共中央组织部、民政部、人事部、总政治部、总后勤部印发《关于调整移交政府安置的军队离休退休干部和退休志愿兵生活待遇实施办法》的通知的出台，军队退休干部（含退休志愿兵）生活待遇与军队离休干部一样，原则上靠向军队，不再执行安置地的各项补助补贴。这是我国第一次将军队退休干部的生活待遇由补助补贴靠向地方转为全部靠向军队，并一直延续至今。

服务管理工作中，各军休所为军休干部编印了服务手册，将军休干部关心的内容收集在内，方便他们随时查找，并为军休干部建立了图照、健康、荣誉、个人爱好档案，以便更全面地掌握军休干部情况，更好地为他们服务。并通过所领导分片包干、工作人员联系到户、首问责任制等作法，努力提高为军休干部服务的质量。根据老干部的身心特点和实际需求，针对性开展医疗保健、卫生防病、科学养生等健康知识教育。各所还结合自身特点，开展特色服务，拓宽服务范围，帮助老干部解决孙子孙女上学、子女就业等问题。老河口市军休所所长喻修芝热爱军休工作，以身作则，急军休干部所急，为帮助解决军休干部具体困难，抛开自己家中事，全身心地四处奔波，较好地落实了全所军休干部的“两个待遇”，得到大家的信赖。1989 年 12 月 25 日，被民政部、总政治部授予军休服务工作先进工作者称号。原襄樊市军休干部医院院长高洪云，热心为军休干部服务，用娴熟的医疗技术为军休干部解除痛苦，把一个仅有几间空房、5 个医务人员、没有医疗设备、没有运转资金的小门诊部，发展成为一所拥有 20 名工作人员、20 张病床、1100 平方米医疗用房的襄樊市医疗保险定点医院。2004 年 2 月，他被民政部、总政治部、总后勤部授予军休服务管理工作先进个人称号。

各军休所普遍成立书法、绘画、花卉、钓鱼、体育、宣传、歌咏等各类文化活动小组，有计划有组织地开展各种文体活动，丰富了军休干部的生活，陶冶了他们的情操。特别是市直军休一所书画小组成立十多年来，创作作品 1400 余幅，在全国、省、市各级书画大赛中，70 多人次获奖，军休干部用自己的笔墨，抒发了对党对祖国的情怀。截至 2005 年，已举办八届的全市军休干部运动会，门球、象棋、钓鱼等比赛项目，每届都吸引了 100 多名军休干部参加，达到了“切磋技艺、增进情谊、强身健体”的效果，充分展示了军休干部的风采。

3.军休服务管理改革，推行社会化

襄樊市军休服务管理工作随着 1985 年开始大规模接收军休干部而展开。当时采取的是高度集中、大包大揽的服务管理模式，军休干部的衣食住行、生老病死等一切工作都由军休所承担。这种模式适合当时的形势要求，对确保军队改革的顺利实施起到了良好的促进作用。襄樊军休工作探索服务管理社会化，变直接服务为直接、间接和协调社会服务相结合，变无偿服务为无偿、有偿和优惠服务相结合，变军休所服务为军休所、社区和社会机构组织服务相结合，来满足军休干部的多方需求。民政部、财政部、总政治部、总后勤部《关于给移交地方政府安置的军队离休退休干部发放交通费的通知》规定，军队离休干部每人每月发放交通费 105 元，军队退休干部每人每月发放交通费 90 元，军休干部个人用车自理，军休所不再保障个人用车，军休干部服务用车实现社会化。

按照中共中央办公厅、国务院办公厅、中央军委办公厅《关于进一步做好军队离休退休干部移交政府安置管理工作的意见》精神，2005 年起，移交襄樊安置的军队离休干部参加襄樊当地医疗统筹，退休干部比照襄樊机关退休公务员参加基本医疗保险和实行公务员医疗补助，军休干部医疗保障社会化全面实施。

4.军休所建设

军休所建设主要有四个方面：组织建设，包括党、政、群组织，即军休所的党组织、行政班子和军休干部的群众组织管委会。军休所实行所长负责，党组织保证监督，军休干部参与民主管理的体制；制度建设，全市军休所都建立有财务管理、车辆管理、住房管理等工作类规章制度和工作人员岗位职责；职工队伍建设，包括对工作人员的思想教育、职业道德教育，军休业务及相关知识的培训；设施建设，做好军休所环境的美化绿化，维护完善军休干部住房和附属建筑。军休干部管委会建设，军休干部管委会成员由3—7名军休干部组成，经民主选举产生。全市10个军休所均建立管委会。全市军休所按照规章制度健全完善，各项待遇全面落实，环境建设优美祥和，服务管理开放有序，档案管理完整规范的标准抓好规范化建设，2004年12月7日，襄樊市直军休一所、市直军休四所、谷城县军休所、枣阳市军休所被湖北省民政厅、湖北省军区政治部授予全省军休所规范化建设先进单位。

5.发挥军休干部作用

据1990年统计，全市有115名军休干部参加社会各项活动，其中兼任关心下一代协会会员8人，从事专业技术服务4人，被原单位返聘1人，参加居委会等工作9人，担任各种学会职务的3人，参加军休干部管委会的44人，出事其他活动的46人。从2003年起，全市军休干部还开展了“生命之树常青”植树造林活动，通过建绿、爱绿、护绿，为绿化美化城市做贡献。据2003年统计，当年全市共有267名军休干部参加了这项活动，栽种树木1630棵，认养树木1860棵。襄樊市直一所军休干部还捐款设立社区扶贫济困基金，救助社区贫困群众。襄樊市直军休二所离休干部李兆甫，在协助本所基建工作中，为把好质量关，不顾体弱有病坚持上连班，直至晕倒在工地被抬到医院，没等身体痊愈，又出现在基建现场。1989年12月25日，他被民政部、总政治部授予模范军休干部称号。襄樊市直军体四所退休干部吴焕林，不计报酬，不怕辛苦，愿尽义务，乐于奉献，退休后在襄樊职业技术学院任教，担任过40多个教学班、2000多名学生的教学任务。2004年2月，他被民政部、总政治部授予先进军休干部称号。

（三）移民

1979—2005年，襄樊市的移民安置工作主要围绕丹江口水库移民后期扶持、南水北调中线工程移民接收安置准备和三峡工程自主外迁移民接收安置三个方面进行。截至2005年，全市中央直属水库移民98 379人（不含襄樊地方水库移民182 649人），其中丹江口水库移民97 584人，三峡工程自主外迁移民795人。2004年，丹江口水利枢纽大坝加高工程开始动工，省政府分配襄樊市接收安置移民任务20 000人（不含邓林、襄北两个农场12 500人）。襄樊市委、市政府高度重视，市政府确定1名副市长分管，并于2004年11月4日，成立襄樊市移民局（副县级事业单位）。立即开始接收安置各项前期准备工作。

1.丹江口水库农村移民后期扶持

1964—1972年，襄樊市分3批接收安置丹江口水库移民12 736户、63 437人（含随州市1 486户7 375人），分别安置在襄阳、枣阳、宜城、南漳、原郊区（现襄城、樊城、高新技术开发区）和随州6个县市区，43个乡镇（街道、办事处），847个行政村（社区居委会）。到2005年，全市移民已发展到22 570户，97 584人（不含随州），其中襄阳区27 931人，枣阳市9 650人，宜城市47 100人（回民726人），樊城区5 502人，南漳县3 302人，襄城区2 255人，高新技术开发区1 844人。全市移民建制组

56 个,10 861 人。其中襄阳区 45 个,8 937 人;宜城市 10 个,1 679 人;高新技术开发区 1 个,245 人。

从 1979 年开始,原襄阳地区把扶移民纳入全区扶贫工作的统一安排,到 1983 年,全区下拨移民经费 48.46 万元,以无偿办法用于移民新建队的生产补助。1986 年,襄樊市对当时全市丹江口水库移民的生产生活状况,进行了一次全面的调查摸底,即:全市移民达到 15 930 户、81 714 人,移民人均收入 282 元,其中在 150 元以下的移民有 6 057 户、30 823 人,分别占移民总数 38%和 37.7%。根据此调查,制定了全市扶持移民脱贫致富规划,规划分三步进行:1986—1988 年,把全市移民贫困户 6 057 户全面扶持一遍,使人均收入达到 350 元以上,基本解决温饱问题;1989—1990 年,为移民打下致富的生产基础,使居住环境有一个较大的改善,人均收入达到 400 元以上;1991—1993 年,努力解决丹江口水库移民遗留问题,让移民赶上或超过当地群众生活水平,向小康生活水平过渡。1986—1987 年,全市投入扶持资金 357.74 万元,其中有偿服务资金 268 万元,无偿扶持 89.74 万元,全市移民人均收入由 282 元上升到 387 元。1988 年,全市移民扶持经费投向和发放措施作了调整,即实行县、乡结合,民主评议,增加扶持移民工作的透明度,坚持资金有偿使用,滚动增值,扶持移民发展生产,增加经济收入。全年用于扶持移民发展生产经费 174.71 万元,其中种植业 44.03 万元,养殖业 65.94 万元,加工服务业 20.83 万元,其他扶持 43.91 万元,共计扶持 4 769 户、22 753 人。当年脱贫 2263 户、10 773 人,占扶持总数 47.4%、47.3%,致富 481 户、2 328 人,占扶持总数 10%、10.2%。1989—1993 年,第二步扶持移民工作规划得到实施。全市累计投放资金 653.72 万元,回收资金 160.67 万元,累计回收率为 24.58%,累计扶持移民 21520 户、99 663 人。在全市 15 930 户、81 714 名移民中,摆脱贫困的有 12 700 户、59 000 人,占移民总数 79%、72%,跨入致富行列的有 6315 户、30 438 人,占移民总数 39%、37%,移民的生活条件和生活环境明显改善。全市 56 个移民建制组,在用电、饮水、灌溉、行路等方面的困难已全部解决;分散安置的移民住房,有 60%以上的得到了改建;集中安置的移民住房全部得到了改建;大多数移民群众掌握了 1—2 门较为实用的种、养、加工等生产技术,移民逐渐找到了发家致富的路子。如 1988 年,襄阳龙王区白集乡组织移民到广西宜山县学习紫皮甘蔗种植技术获得成功。到 1993 年,种植紫皮甘蔗技术已在全市全面推广,各乡(镇)还成立了技术指导站,跟踪服务,技术指导。使紫皮甘蔗年亩产达到 17 600 斤,户平增收 2 500 余元。1998—1993 年,在全市移民扶持资金得到落实的情况下,还注重从科技、信息上给予扶持,以增强移民贫困户的“内在活力”。截至 1993 年底,全市举办各类科技培训 600 余期,放电影专题片 400 余场,发放科技培训资料 25 000 份,有 25 000 人得到培训,全市靠科技脱贫致富移民达到 25 000 多户。2002 年 1 月 8 日,国务院《关于加快解决中央直属水库移民遗留问题的若干意见》(国办发〔2002〕3 号)文件决定,从 2002 年至 2007 年,由中央和地方共同出资,用六年时间解决移民遗留问题。湖北省制定了《湖北省中央直属水库移民遗留问题处理 2002—2007 年规划》。2002—2003 年,襄樊市根据文件要求,迅速行动,组织专班,深入基层调查摸底,在广泛征求意见的基础上,制定了《襄樊市 2002—2007 年移民扶持及长远扶持规划》,上报省移民局、水利部移民开发局。襄阳、枣阳、宜城三个县(市)区六年规划扶持工作正式启动。

按照六年扶持规划人均 6 年累计 1250 元核定,襄樊市丹江口水库移民 97 584 人,应下拨 1.219 8 亿元,截止到 2005 年底,实际到位 2 060 万元,占应拨资金 17%。其中襄阳区应拨资金 3 486.5 万元,到位 727.5 万元,占 17%;枣阳市应拨 1 100 万元,到位 307 万元,占 28%;宜城市应拨 5887.5 万元,到位 1 025.5 万元,占 17%。2004 年 11 月,经深入调查,对南漳县、原郊区(现襄城区、樊城区、高新技术开发区)和市直园艺场 13 432 名移民六年扶持资金被遗漏的情况,及时逐级申报,得到省政府和水利部认可,重新纳入六年扶持规划,省移民局追加遗漏扶持经费预算 1 730 万元,实际下拨 580 万元,占应拨资金 33%。2002 —2005 年,在落实六年规划过程中,坚持“不算老账,不搞退赔、不重新补偿,责任落实到县(市),实行分级负责”的原则,结合实际,科学规划,稳步实施,全市共投资 1703.3 万元(基础设施项目投资 732.85 万元,生产开发项目 970.45 万元)。其中襄阳区完成投资 701 万元,落实基础设施项目投资501万元，为7个乡镇35个移民建制组修桥9座，打井11口，建水塔11座，修路23条，建泵站4座，水渠4条；落实生产开发项目投资200万元；为291名特困移民优先解决了农村特困救助，对37户移民危房进行了改造，对173户困难移民发放临时特困救助。枣阳市完成投资275万元，重点扶持移民生产开发项目。宜城市完成投资727.3万元，落实基础设施资金231.85万元，解决了16个村3 000多移民行路难问题，硬化渠道3 000米，清沟排淤3 000余条，建水塔5座，水井100口，解决了2 000多移民饮水难问题，落实生产开发项目资金495.45万元。2004年，湖北省《关于中央直属水库移民遗留问题处理资金管理办法》下发后，全市各级移民主管部门坚持县级报账制度，实行专户、专款、专人管理，接受上级和同级纪检、审计、财政部门监督和审计，审计结果向移民公布，接受移民监督，做到公开、公正、公平。

2.南水北调中线工程移民接收安置准备

2004年7月13日，省政府召开丹江水利枢纽大坝加高工程库区移民外迁安置规划工作会议，分配襄樊市20 000人的接收安置任务，计划安置在襄阳、枣阳、宜城、南漳和老河口市5个县(市)区，地处襄樊市的郑林、襄北两个农场，省里也下达了12 500人的接收安置任务，安置完成后将移交襄樊市管理。

2004年8月7日，襄樊市召开丹江水利枢纽大坝增高工程库区移民安置规划工作会议，传达贯彻省政府会议精神，安排部署南水北调移民安置工作，分别落实省政府分配20 000外迁移民接收安置任务，具体为：襄阳区6 000人，枣阳市8 700人，宜城市2 500人，南漳县2 300人，老河口市500人。根据市政府统一安排，各县(市)区相继召开了专题会议，将移民接收安置任务分解到各乡镇，各村组。同年底，省移民局和长江委专家多次深入襄樊有关县(市)区，对移民安置环境容量进行论证，确定移民安置实行全市集中建点安置，有接收安置任务的襄阳、枣阳、宜城、南漳、老河口五个县(市)区规划安置点197个，规划安置移民22 636人，涉及28个乡镇(场、办)，198个村(居)委会，最大安置点安置移民200人，最小安置点安置移民80人。具体为襄阳区规划安置移民7210人，分布在6个乡镇的54个村(居)委会，建居民点54个。枣阳市规划安置移民9 526人，分布在13个乡镇的82个村(居)委会，建居民点82个。宜城市规划安置移民3 000人，分布在3个乡镇的30个村(居)委会，建居民点34个。南漳县规划安置移民2 300人，分布在3个乡镇的17个村(居)委会，建居民点21个。老河口市规划安置移民600人，分布在3个乡镇，6个村(居)委会，建居民点6个。

2005年4月6日，襄樊市委、市政府根据省政府办公厅《关于依法完善农村土地二轮延包工作的若干意见》和《关于做好丹江口水利枢纽大坝加高工程库区移民外迁安置规划工作的通知》文件精神，下发《关于在依法完善农村土地二轮延包过程中做好接收南水北调中线工程外迁移民土地预留工作的通知》，明确规定了移民土地预留标准，即人平1.5亩耕(园)地，80平方米宅基地，要求移民用地预留工作必须与农村土地二轮延包工作同步进行。各县(市)区也下发相应文件，召开专题会议，认真贯彻落实市政府文件精神，并明确了做好移民用地预留工作的方法步骤、时间要求和具体标准。市土地二轮延包办公室、市移民局对移民土地预留工作不断地进行跟踪督办检查，对工作进展情况定期进行通报，确保此项工作圆满完成。各县(市、区)在实际操作中，凡是有移民接收安置任务的村组，有机动地的一律不在二轮延包中发包出去，机动地容量不足或没有机动地的，从土地宽裕村民中进行调剂，确保调出足够的土地供移民使用。对调整好的土地，均采取临时发包给本村组村民耕种。截止2005年底，全市已预留耕(园)地37 629.6亩，宅基地2 474.4亩。

新集水利枢纽和崔家营航电枢纽工程具有发电、改善航运条件、灌溉、旅游、防洪等综合效益，能够有效地降低南水北调中线工程给襄樊市造成的不利影响。2004年6月，两项工程已通过国家评审，湖北省成立了以刘友凡副省长为组长的工程建设领导小组，确定省水利厅为项目开发业主单位。2005

年底襄樊市移民局按照省移民局要求，对有关县（市）区移民搬迁工作进行了初步调查摸底，调查结果：两个电站共需搬迁 16 372 人，其中农业人口 15895 人（崔家营电站襄城段 680 人，其中农业人口 450 人；崔家营电站襄阳段 216 人，其中农业人口 116 人。新集电站襄城段 3 322 人；新集电站樊城段 2 850 人；新集电站谷城段 7 009 人，其中农业人口 6 862 人；新集电站老河口段 2 295 人）。按照中央、省、市有关文件要求，这些人一旦确定搬迁，将在工程开工之前全部安置到位，确保工程建设如期进行和社会治安的稳定。

3.三峡工程自主外迁移民的接收安置

2002 年 12 月至 2003 年 1 月，全省三峡移民工作会议后，市民政局代表市政府组织相关县（市）区分管移民工作的局长、移民办主任赴重庆，就三峡工程重庆库区移民自主外迁的有关情况与当地移民局进行初洽，在当地移民局的配合下，先后到重庆所辖的忠县、开县、云县、奉节、巫山等五县移民局进行接洽。在接洽过程中，本着以迁入户口为准、以移民和迁出地的协议或司法部门出具的证明书为准的原则，通过查档案、查原始资料等办法，基本摸清了自主外迁到襄樊市移民人数、基础设施费和生产安置费金额。通过协商，草签了有关协议。2004 年 11 月，市移民局成立后，组织专班，对全市三峡自主外迁移民进行调查摸底。截至 2005 年，襄樊市为支持三峡工程建设，先后接收三峡工程重庆和省内库区自主外迁移民 795 人（重庆 166 人，恩施州巴东县 6 人，宜昌市 623 人）。其中：襄阳区 114 人，襄城区 20 人，樊城区 28 人，枣阳市 243 人，宜城市 75 人，老河口市 64 人，南漳县 223 人，保康县 11 人，谷城县 17 人。全市已对接 282 人（重庆 66 人，恩施州巴东县 5 人，宜昌市 211 人），生产安置费和基础设施费到位 1 465 418 元，其中，襄阳区 10 人，两费到位 67859 元；枣阳市 228 人，两费到位 1 186 200 元；宜城 44 人，两费到位 211 359 元；尚未对接 513 人（重庆 100 人，巴东县 1 人，宜昌市 412 人），两费也未落实。襄樊市各级政府及移民管理部门对已签定协议对接、基础设施费和生产安置费已到位并在迁入地居住的移民，按生产、生活安置条件不低于当地群众平均水平进行妥善安置，享受与当地集体经济组织成员同等的政治、经济、文化等方面的权利和义务，移民的生产、生活比较稳定。但是对 513 人没有经过两地政府对接、两费没到位和空挂移民户，安置地很难解决好其生产生活问题，襄樊市已以襄移〔2005〕11 号文件上级省移民局，以确保自主外迁移民安置工作得到落实，生产生活得到保障。

四、社会救助

（一）灾害赈济

1.灾害

襄樊市自然灾害历来以水旱灾为主。1979—2005 年，共发生全市性较大旱灾 16 次，水灾 20 余次，同时还有风、雹、霜冻、低温、病虫等自然灾害频繁发生，给人民群众生产生活带来严重损失。1979 年 4 月 12 日、25 日，襄阳地区两次发生雹灾，54 个公社的 31.41 万亩粮食受灾，成灾 14.86 万亩，房屋损坏 8 985 间，伤 40 人。同年夏，襄阳、谷城、保康、南漳、随州等 5 县（市）遭暴雨袭击，谷城最严重。受灾面积 343.94 万亩，成灾 279.2 万亩，绝收 9.34 万亩，死亡 34 人，死大牲畜 180 头，民房倒塌 11 308 间，房屋损坏 40 450 间。1978 年的冬旱持续到 1979 年 6 月，全区大小水库 1 345 座，干涸 1 978 座，占 77%，堰塘大部分亮底。受灾 98.2 万亩，成灾 50.1 万亩。1980 年 5 月 11 日晚，襄阳县境内石桥、薛集、古驿、朱集、程河、双沟和枣阳县的七方等8个公社,25个管理区,受到大风和冰雹袭击10多分钟,风力8—10级,冰雹大如核桃,一般也似蚕豆。农作物受灾17.57万亩,房屋损坏308间,房屋倒塌415间,伤27人。同年,襄阳地区所辖8县先后11次降大到暴雨,6—8月又遇长时间阴雨天气,受灾面积452.46万亩,其中绝收84.8万亩,死亡15人,伤72人,死大牲畜115头,民房倒塌8 979间,房屋损坏18 193间,粮食减产2亿多公斤。1981年夏,襄阳地区局部受到洪涝灾害,受灾面积26万亩,成灾8万余亩。1980秋至1981年8月,全地区129个雨量站(点),49个站累计雨量10—20毫升,80个站累计雨量140毫米,比常年少7成,全地区河流断流420条,19万口堰塘干涸16.6万口,占87.3%;大中小水库干涸1 269座,占86%;秋作物775万亩,受灾664.4万亩,成灾465.07万亩,基本无收成154万亩,50万人,18万头牲畜饮水困难。1982年,灾害频繁,先旱后涝,以水灾为重,7—9月降雨量比往常多4—8成。7月10日至8月24日,全地区自西向东相继4次出现暴雨袭击,尤其是7月27日至31日第二次暴雨,造成全区51个镇受灾,受灾农户19.73万户,113.67万人,受灾面积320多万亩,其中绝收14.6万亩,死亡127人,死大牲畜409头,民房倒塌15 325间,房屋损坏30 393间,暴雨还冲毁耕地12.9万亩,冲垮小型水库3座,堰塘3100口。5月25日下午,枣阳、随县、光华、谷城、保康等5县的部分社队发生风雹灾害,最大风力近12级,一般10级,冰雹大如鸡蛋,小似蚕豆,5县的131个大队,农作物受灾12.4万亩,倒塌房屋455间,刮倒大树6 290棵,死2人,重伤5人。1983年5—10月,汉江连续出现6次洪峰。受灾农作物面积210.54多万亩,成灾109.1万亩,受灾人口170.98万人,死亡61人,死大牲畜116头,民房倒塌9631间,房屋损坏27 773间,粮食减产4 027万斤,冲毁耕地5.31万亩,冲毁水库6座,堰塘7391口,各种损失折扣1亿元左右。1984年7月中下旬,全市降大到暴雨,局部地区洪涝成灾。受灾农作物面积110.98多万亩,成灾68.43万亩,受灾人口114.74万人,死亡26人,死大牲畜621头,民房倒塌10 104间,房屋损坏19 294间,粮食减产2.42亿斤,冲毁耕地3.88万亩,冲毁水库6座,堰塘1204口,各种损失折扣8 548.05万元左右。

1985年5月20日至7月中旬,发生3次大风和冰雹。同年5月25日,枣阳县杨垱区张官乡下冰雹,受灾农作物0.86万亩,成灾0.58万亩;同年6月17日5时,谷城县茨河区陶湾乡遭9—10级大风和冰雹袭击30分钟,砸坏农作物1.2万亩,倒屋274间;同年7月中旬,南漳、老河口两县市受冰雹灾25个乡,农作物受灾14.94万亩,倒塌和损坏房屋2460间,折断树木5.41万株。夏秋连续水灾,死亡14人,死大牲畜37头,民房倒塌955间,房屋损坏6790间。1986年,全市受旱农作物465.26万亩,成灾270多万亩。局部地区遭受水灾,受灾面积58.14万亩,成灾6.69万亩,倒民房876间,损坏民房8288间,死亡25人,死亡大牲畜142头。1987年4月20日,南漳县两个区遭受暴雨袭击。至8月18—20日,随州先后9次降大暴雨,其中雨量集中在100毫米以上的有5次。全市受灾面积122.43万亩,成灾86万亩,倒民房5394间,损坏民房15879间,死亡23人,死亡大牲畜355头。

1987年部分地方受旱,襄阳、宜城、枣阳、谷城、老河口等5县市受灾农作物74万亩,成灾33万亩。1988年,全市5月下旬到8月上旬总降雨量只有10—50毫米,比常年同期减少9成。7月,最高气温40℃,地面最高气温达58℃—60℃,加之4—6级的干热风,日蒸发量高达12—18毫米,比常年高2.5倍。全市67%的堰塘干涸,86%的河道断流,受旱成灾农作物617万亩,秋粮减产7.5亿公斤以上。全市受灾178个乡镇,占乡镇总数的95.19%;受灾377.86万人,有50多万人、35万头大牲畜饮水严重困难。1989年6月6日晚11时到7日5时,襄阳、枣阳、随州3个县市遭受特大暴雨灾,64万人成灾,农作物受灾面积120多万亩,成灾75万亩,其中无收7万亩,倒民房6 900间,损坏民房14 000间,死亡42人。8月中旬,随州、南漳、保康、谷城、老河口等5县、市同时遭受水灾。受灾农户1.2万户,成灾36万人,农作物成灾面积39万亩,基本无收7.6万亩。1990年7月中旬至9月下旬,除老河口外,全市均遭受80余天的干旱。受旱乡镇70多个,农作物受旱面积270多万亩,绝收11万亩,损失粮食1亿多公斤,皮棉20万担,油料10多万担,受灾人口200多万,有38.77万人、13.05万头大牲畜饮水严重困难。1990 年 5 月 12 日晚 9 时，襄阳、谷城、保康 3 县部分地区遭受暴雨。全市夏秋两季受水灾农作物 90.94万亩，成灾47万亩，基本无收8.5万亩，受灾人口近百万，倒民房 6 632 间，损坏民房 24 082 间，死亡 19 人，伤 114 人，死大牲畜 9 047 头。

1991 年，襄樊市局部地区先后遭受风、涝、雹、旱等自然灾害，211 万人不同程度受灾，因灾死亡 49 人，倒塌房屋 17 744 间(其中民房 15 696 间)，损坏房屋 24 742 间；农作物成灾 229 万亩，基本绝收 4.73 万亩，损失粮食 18 113 万公斤、棉花 18.62 万担，洪水冲走和浸烂农户存粮 615 万公斤；造成夏后缺粮农户 2.75 万户、12.4 万人，到接秋前共缺口粮 455 万公斤，秋收到第二年夏接新前，有 19.18 万户、86.3 万人缺口粮 5 465.5 万公斤。1993 年春夏连旱，后又遭暴雨等灾。全市共有受灾人口 438.85 万人，成灾人口 323.18 万人，受灾面积 687.59 万亩，成灾 427.28 万亩，基本无收 52.93 万亩；因灾倒房 2 600 间，损坏民房 1.58 万间，因灾死亡 9 人。1994 年，灾害以旱为主。旱灾集中在 5 月初至 6 月上旬和 7 月上旬至 9 月初两个农作物生长关键时间段内，主要出现在平原河谷城区的水稻产区和山区的半高山(海拔 500 至 800 米)苞谷产区。同年 5 月初至 6 月上旬，“夏收、夏种、夏插”之时，由于干旱无雨，全市有 30 多万亩水稻改旱，有 120 多万亩水稻被迫插过季秧。同年 7 月，全市总降雨量只有 50 至 70 毫米，较常年少 5 至 7 成，月日照较常年多 40 多小时；8 月份，全市总降雨量只有 40 多毫米，较常年少 7 至 8 成，长时间的干旱，致使全市 541.51 万亩农作物受灾，52.78 万亩基本无收。原襄阳县因旱实插水稻 65 万亩，比计划插秧少 10 万亩，受旱的达 35 万亩。保康县全县半高山区域内苞谷全部减产，减产幅度均在 25%以上。谷城县 6.12 万亩苞谷，受旱的有 4.5 万亩，基本无收的 0.7 万亩。南漳县的 21 万亩苞谷，有 13 万亩干卷了叶，损失在 3 至 5 成，有 5 万亩完全绝收。另外，当年烟叶、木耳、香菌、茶叶、板栗、核桃等普遍少收 2 至 3 成，还有 12.52 万户、52.75 万人饮水发生严重困难。

1994 年，局部地方共发生 4 次大的暴风雨和冰雹灾害。同年 4 月 28 日、7 月 8— 9 日、7 月 11—12 日、8 月 7—22 日，涉及襄阳、枣阳、谷城、保康、老河口、市郊等部分地区。最大风力达 10 级；冰雹大的似核桃，小的如蚕豆；降雨量每小时达 40 多毫米。全市共有 7.55 万户，31.88 万人受灾；农作物受灾面积 52.44 万亩，基本无收 3.15 万亩；损坏房屋 10 644 间，倒塌 2 363 间。1996 年，以阴雨、洪涝灾害为主。5 月 26 日至 6 月 9 日，正值小麦抢收脱粒的关键时刻，全市性持续阴雨达 15 天，致使大量小麦、油菜出芽、霉烂、变质，无论是田间、地头，还是麦垛，到处是返青的麦芽。全市 371.5 万亩小麦，有 261.5 万亩受灾，占小麦总面积的 70.12%；有 37.5 万亩绝收；全市小麦减产 2.94 亿公斤。当年的阴雨造成全市60万人出现夏荒，有近50%的农户缺种子，直接经济损失达5.4亿元，为新中国成立以来少有。

1996 年 7 月 2 日至 3 日和 8 月 2 日至 6 日，全市遭受两次大的暴雨灾害，尤其是 8 月的降雨，最大降雨量达 251 毫米，最低也有 145 毫米。农作物受灾面积 224.42 万亩，基本无收 40.86 万亩；4.05 万间房屋受损，2.35 万间进水，倒塌 1.83 万间；冲毁农田 8 万多亩；1 座大型水库和 8 座小型水库受损；还损坏堤防、水渠 14.9 千米、塘坝 2 871 座、桥涵 804 座、水闸 292 座、机电井 1 506 眼、泵站 146 座(装机 0.78 万千瓦)、水电站 10 坐(装机 0.57 万千瓦)；冲毁各级公路 100 多条，150 千米。另外，工商企业、学校、医院也损失严重。1997 年以旱灾为主，旱情超过重旱的 1988 年。

1997 年 5 月下旬开始，全市出现长时间高温少雨，夏旱连伏旱，伏旱连秋旱，持续干旱达 3 个多月。全市农作物受旱面积达 417.16 万亩，其中绝收 84.09 万亩。多种经营基地受旱面积达 180.72 万亩，直接经济损失 3.26 亿元。长期干旱，导致水库无水，河渠断流，堰塘干涸，全市 27.06 万人、23.3 万头大牲畜饮水困难。保康县有 6 000 多人、7 000 多头大牲畜因居住地水源枯竭被迫迁往二三十里外的南河沿岸搭帐篷暂住。1997 年先后遭受 8 次暴风雨和冰雹袭击，尤以 5 月 29 日、6 月 29 日和 7 月 16 日三次为重。全市受灾面积达 73.06 万亩，绝收 6.47 万亩；有 2.17 万间民房受损，2 659 间倒塌；因灾刮断电线杆 1.7 万根，种类树木 36.7 万棵；冲断各级公路 50 多条、75 千米。1998 年，长江沿岸发生特大暴雨洪涝灾害。

1998 年 5 月 20 日襄樊市发生了第一次大范围的暴雨洪涝灾害，比往年提前了近一个月时间，而且一直持续到九月中旬。尤其是 8 月，降雨量是有气象记载以来历史同期最高的月份。全市受灾人口 290.2 万人，转移安置灾区群众 18.77 万人，因灾死亡 29 人；农作物受灾面积 459.1 万亩，绝收 60.5 万亩，因灾倒塌民房 1.66 万间，损坏 3.44 万间；各项直接经济损失达 13.54 亿元。1998 年襄樊市的洪涝灾害虽然跟长江沿岸相比要小得多，但与自身相比，仍然是 1975 年以来最严重的年份。1999 年持续近一年的干旱。从 1998 年 8 月 24 日至 1999 年 9 月初，在长达一年时间内，全市基本上没有大范围的降雨，形成了秋冬春夏连旱，全市平均降雨量仅为 537 毫米，比常年同期减少 45%左右，接近有气象记载来的最低值。据当年 9 月初统计，全市 649 条河流有 500 多条断流，845 座大中小型水库有 429 座干涸，8.8 万口堰塘有近 6 万口干枯见底，3 000 多眼机井有 80%抽不出水来。旱魔肆虐之处，稻田龟裂、果树落果、作物枯死，全市农作物受旱面积 431.6 万亩，占秋季作物总面积的 75.6%，绝收面积达 75.5 万亩；有 128 个乡镇、2 036 个村、258.54 万人因旱受灾，其中 30.4 万人，39 万头大牲畜饮水严重困难。大旱造成当年夏粮减产 30%以上，各项直接经济损失达 26.22 亿元。2000 年春夏连旱及局部地区暴雨冰雹灾害。2 至 5 月全市平均降雨量不足正常年景的一半，且气温持续偏高，3 月月平均气温 13℃，4 月月平均气温达 18℃，最高气温达到 29℃至 30 ℃。全市农作物受旱面积 509.8 万亩（复播面积），绝收面积 132.6 万亩。旱情最严重的 5 月，全市有 49.31 万人、20.6 万头大牲畜饮水出现极度困难，群众争水、抢水现象时有发生。进入 6 月后，部分地区前后出现了 4 次暴雨灾，农作物受灾面积 166.9 万亩，绝收 37.1 万亩；因灾倒塌房屋 4 201 间，损坏 7 105 间，死亡 11 人，造成各项直接经济损失 4.3 亿元。当年全市受灾人口 376.4 万人，因灾死亡 13 人，因灾造成饮水困难人口 51.71 万人；农作物受灾面积 705.6 万亩(复播面积)，其中成灾面积 491.9 万亩，绝收面积 174.4 万亩，因灾减产粮食 3.1 亿公斤，因灾倒塌房屋 6 913 间，损坏房屋 25 595 间；因灾造成各项直接经济损失 18.77 万元，其中农业直接经济损失 16 亿元。2001 年以旱为主。

2001 年进入 2 月以后，全市各地一直降雨稀少、气温偏高。3 至 7 月上旬，全市平均降雨量 211 毫米，比正常同期少 6 成，全市月平均气温较常年偏高 3℃—4℃，长时间的久晴无雨，加之 3—4 级的干热风刮个不停，加大了蒸发量，导致河水断流，堰塘干涸，夏季农作物严重受旱，部分地区人畜饮水也频频告急。全市农作物受旱面积 528.45 万亩（复播面积），其中成灾 356.85 万亩，绝收 109.35 万亩，在干旱最严重的 7 月中下旬，全市共有 46.96 万人、24.7 万头大牲畜饮水发生严重困难。2001 年襄樊市的洪涝灾害主要集中在 8 月，特大暴雨洪涝灾害有两次。受灾人口 91.57 万人，成灾人口 68.78 万人，因灾死亡 11 人，伤 289 人。农作物受灾面积 150.15 万亩，成灾 104.1 万亩，有 36.9 万亩作物基本绝收。倒塌民房 9 112 间，其中倒光的有 1 468 户、4 334 间。洪水冲毁农田 5.3 万亩，冲毁公路 2 600 余处 150 千米，毁坏通信线路 245 杆程公里，输电线路 625 杆程公里。因灾造成各项直接经济损失 达 4.9 亿元。

2002 年雪灾、低温阴雨灾为主。在持续多年暖冬天气后，2002 年出现倒春寒天气，3 月 3 日至 4 日，全市普降大到暴雪。平均厚度达 23.8 毫米，局部达 100 毫米以上。全市受灾人口达 260 万人，成灾 88.9 万人，因灾死亡大牲畜 80 余头，农作物受灾面积 130 余万亩，成灾 93 万亩，有近 14 万亩经济作物或被积雪压断，或被积雪从根部压倒伏地，基本绝收；积雪压塌民房 720 间，损坏 1135 间，压塌高效经济蔬菜大棚 2.4 万个，毁坏 1.3 万个。棚中长势良好，正值上市的各种反季节蔬菜全部被砸毁。4—5 月，持续低温阴雨，4 月平均气温 15℃—16℃，与正常同期相比偏低 2℃，下旬偏低 4℃。5 月，降雨量比正常同期多 1 倍以上，上中旬 20 天内日照时数仅 10 小时，比正常同期偏少 47 小时，气温偏低 3℃左右。持续不断的阴雨，致使夏收作物田间渍水严重，出现了大面积的麦穗黑头、脱落，油菜根部腐烂；较低的气温致使育种秧苗、棉苗、瓜果等烂根而死掉，水稻死苗率达 30%，棉花死苗率达 20%，西瓜死苗率 40%，玉米花生烂种烂芽率达 30%。全市受灾人口达 350 万人，农作物受灾面积 320 万亩，绝收 42 万亩。因积水浸泡倒塌房屋 1 365 间，损坏 2 300 间。各项直接经济损失达 3.7 亿元。

2003 年，以暴雨洪涝灾害为主。9 月，由于丹江口水库泄洪，汉江发生 20 年不遇的特大洪水，给农业生产带来巨大的损失，给灾区群众生活造成极大的困难。据各地上报统计，当年全市受灾人口 370 万人，其中成灾人口 312 万人，因灾死亡 15 人，因灾伤病 371 人。农作物受灾面积 715.5 万亩（复播面积），其中成灾面积 560 万亩，绝收面积 148.8 万亩；因灾倒损房屋近 5.1 万间，其中倒塌民房 1.79 万间，损坏 3.31 万间，转移安置灾民 2.4 万人，全市累计因灾造成直接经济损失 25.3 亿元，其中农业直接经济损失 22 亿元。

2004 年的灾情主要以暴雨洪涝灾和山体滑坡最为严重，仅 8 月就先后六次遭受严重的暴雨洪涝灾害，每次降雨都在 150 毫米以上，是有气象记载以来历史同期最高的月份，这个季节是正直玉米、花生、棉花、芝麻收获、水稻扬花灌浆的关键时刻，造成大量作物绝收、减产，损失无法挽回。全市因灾共有 297.1 万人口受灾，因灾死亡 4 人，伤 617 人，农作物受灾面积 456.7 万亩(复播面积)，其中绝收面积 62.5 万亩，洪水冲毁耕地面积 97 万亩；因灾倒塌房屋 9 484 间，损坏房屋 18 800 间；灾害造成的各项直接经济损失达 20 亿元,其中农业直接经济损失 17 亿元。

2005 年 2—3 月暴雪、低温冷冻灾害，5—6 月旱灾，7—8 月暴雨风雹及地质灾害，10 月初汉江秋汛。全市全年受灾人口 329 万人，因灾死亡 21 人，因灾伤病 651 人。农作物受灾面积 592 万亩（复播面积），其中绝收面积 143.6 万亩；因灾倒损房屋 2.1 万间，其中倒塌民房 1.98 万间，损坏 3.04 万间，转移安置灾民 6.05 万人。全市累计因灾造成直接经济损失 25.9 亿元，其中农业直接经济损失 18.1 亿元。尤其是 7—8 月，保康县全县共发生各类地质灾害 197 起，灾害体总量达 3 835.8 万立方米，其中体积在 5 000 立方米以上的 91 起，体积超过 100 万立方米的特大型 4 起；直接经济损失 100 万元以上的地质灾害达7处。接连不断的地质灾害致使该县2.3万名群众生命财产直接或间接受到威胁，造成 1 357 户、4 904 间房屋倒塌，2 152 间房屋严重受损；4 008 名群众被紧急转移安置，因灾造成各项直接经济损失高达 5 385 万元。

2.赈济

每次发生自然灾害后，襄樊市各级民政部门都及时查核灾情，及时向省民政厅报告灾情，努力争取救灾资金，1979 年，国家下拨救灾款 465 万元，还下拨 1978—1979 年灾区群众建房款 148.44 万元，为全区 23 937 户，修建房屋 19 733 间，维修房屋 2 406 间。湖北省下拨给全市救灾款为 1986 年 165.7 万元、1987 年 296 万元、1988 年 485 万元、1989 年 510 万元，帮助灾民购买口粮 800 万公斤，修复民房 3 000 多间，转移安置灾民 13 370 人。1990 年，省下拨救灾款 395 万元，救济灾民 6.2 万户，27.9 万人，购买口粮 4 246.04 万斤，修复民房 3 500 余间。1986 年底，市委、市政府动员市直机关干部职工向灾区捐助。半个月时间，捐衣 15 万件，被子 500 多床，粮票 2.1 万斤，现金 1.5 万元。该批捐赠款物于 1987 年春节前后由市民政局分别送往保康、南漳、谷城、襄阳、枣阳、随州等县市灾区群众手中。根据 1988 年襄樊市出现了百年未遇的大旱、1989 年春荒问题十分突出的实际，1989 年 1 月，市委、市政府号召全市各地开展向灾区捐献活动。市直及各县市区共捐献现金 323.64 万元，粮票 28.92 万元，衣物 17.73 万件。1993 年冬至 1994 年春，全市乡镇以上党委、政府共组织了 400 多个专班，2 000 多领导干部参加了春节期间对农村五保户、特困户、重灾户的走访慰问活动。春节前，全市各级党政机关及各战线、各人民团体向灾区献爱心活动。全市共捐款 139.12 万元，捐物折款 157.92 万元。另外，春节前后，共下拨省拨救灾款 150 万元（不含随州、老河口两市），很好地解决了灾区群众的基本生活。1996 年冬至 1997 年春，全市有 24.25 万户 101.83 万人缺口粮 5 845 万公斤，人平缺粮 57.4 公斤。其中因灾缺粮 19.6 万户 81.46 万人，缺粮 4676 万公斤；特困户缺粮 3.57 万户 16.106 万人，缺粮 934 万公斤；高寒山区在正常年景情况下缺粮 1.08 万户 4.31 万人,缺粮 235 万公斤。1997 年春节期间,全市走访慰问贫困户、五保户 1.8 万户、7.2 万人,送去慰问金 80 万元、棉被 500 余床、棉衣 3 000 余件,粮食 32.5 万公斤,鱼、肉 1.5 万余公斤,春联、年画 1 万余对(张)。1997 年冬至 1998 年春,全市有 22.14 万户 90.8 万人缺口粮 5.06 亿公斤,人平缺粮 62 公斤。1997 年累计下拨救灾专款 400 万元,落实"217"科目(即地方配套资金)300 万元,确保了灾区群众生活急需。1999 年冬至 2000 年春,全市有 29.91 万户 91.65 万人缺口粮 0.7 亿公斤,其中有 12.12 万户 48.5 万人需救济口粮 2 750 万公斤。2000 年,市局共下拨救灾款和捐赠款 1 404 万元。2000 年,全市落实地方救灾配套资金预算 520 万元,比上年增加了 170 万元,全年实际列支 325 万元,比上年增加了 54 万元。全市新建了 205 个农村储粮会,增加储粮 85 万公斤。2000 年元旦、春节期间,全市各级共走访慰问重灾户、特困户和五保户 3 万余户、11 万余人,共向他们送去慰问金 500 多万元,衣被 5 万(件)床,并向他们送去慰问大米、鱼、肉、烟、酒、年画等各类年货,物资折款达 450 多万元,同时协调解决救济粮 300 万公斤。2000 年冬至 2001 年春,全市有 80 万人缺口粮 4 567.5 万公斤,其中有 55.87 万人需救济口粮 2 703.5 万公斤;人平缺 48.4 公斤。2000 年,市局共下拨救灾款和捐赠款 15 42 万元,这些灾款和捐款的及时下拨,为做好灾区群众救助和冬冬灾区群众生活安排打下了较好的基础。当年，全市落实地方救灾配套资金预算 517 万元，全年实际列支 448 万元。2001 年冬至 2002 年春,全市有 77.62 万人缺口粮 8 538.2 万公斤,人平缺 55 公斤,其中有 54.54 万人需救济口粮 5 182 万公斤。针对这一实际情况,民政部门把解决好灾区群众吃饭问题作为救灾救济工作的重点,采取开仓借粮、丰收地区捐粮支援重灾区、启用地方救灾配套资金、组织救灾捐赠、出台优惠政策、加大生产自救力度等措施,确保灾区群众生活不出任何问题。当年,襄樊市民政局共下拨救灾款 1 410 万元,全市落实地方救灾配套资金预算 449 万元,实际列支 435 万元。2002 年,全市共下拨救灾款 1 300 多万元,救助灾区群众 100 余万人次。全市落实地方救灾配套资金预算 450 万元,其中市级列支 50 万元。2003 年,全市共下拨救灾款 1 435 万元,集中加工制作御寒衣被 6 000 套,用于安排灾区群众基本生活。2004 年年关,对全市近万户农村特困户和重灾户进行了救助慰问。在认真做好对象确定、资金组织、定点采购等工作的基础上,按每户"五斤鱼、五斤肉、两斤油"的标准对农村特困户和重灾户予以年关物资救助。春荒期间,全市有 51.5 万人需救济口粮 2 050 万公斤,人平需救济 39.8 公斤。发放救济口粮 157.45 万公斤,春荒救济款 360 万元,春荒期间救助灾民 34 845 户、99 174 人。2005 年,为切实解决好城乡困难群众的元旦、春节期间的生活问题,对农村困难群众进行了"4 个 5"(每户 50 斤米、5 斤肉、5 斤面、5 斤油)的一次性物资救助和慰问。全市各县市区,元旦、春节期间共走访慰问农村特困户 1.95 万户，向困难户送去大米 48.75 万公斤，面 4.875 万公斤,油 4.875 万公斤,肉 4.875 万公斤,共支出走访慰问资金 422 万元。2005 年春荒期间,全市有 63.7 万人缺口粮 2 256 万公斤,人平缺 35.6 公斤,其中有 31.7 万人需救济口粮 1 351 万公斤,人平需救济 42.6 公斤。当年全市安排发放春荒救济口粮 100 万公斤,春荒救济款 493 万元,解决了 12.5 万灾区群众和困难户春荒期间的生活困难。

(二)特困救助

农村特困定期定量救助工作从 2003 年提出,并于当年开始前期的调查摸底工作。农村特困定期定量救助工作的实施标志着农村救助工作从临时性向制度性的重大转变。2003 年 3 月中上旬至 4 月 20 日,全市各级共抽调工作人员 5 000 余人,组成调查专班近 400 个,对全市农村特困家庭进行了全面的摸底排查。各地在调查研究和征求有关部门意见的基础上，按照当地上年人均纯收入总数的 25%,初步将农村特困标准确定在 500—800 元 / 年之间。通过摸底排查,全市共有农村人口 385.9 万人。其中农村特困家庭 54 367 户、165 374 人，占全市农村总人口的 4.3%。其中已享受农村最低生活保障的有 2 892 户，9 021 人，占农村特困家庭总人数的 5.5 %，全市年发低保金和实物折款 20.6 万元，月人均补助 22.8 元。未享受农村最低生活保障的有 514 51 户，156 353 人，占农村特困家庭总人数的 94.5%，其中孤寡 6 545 人；因残或缺乏劳动力致贫的 58 646 人；因病致贫的 52 346 人；因灾或其他原因致贫的 38 816 人。全面摸清了全市农村贫困家庭现状，为后期农村特困户定期定量救助等相关政策法规的制定实施，奠定了坚实的基础。2004 年初，全市的农村特困户定期定量救助工作正式启动，救济资金主要以财政投入为主，标准原则上人年均 120 元，其中省财政每人每年补助 100 元，各县(市)区财政配套 20 元。根据个人申请、民主评议、逐级审批、张榜公布的程序，对所确定的救助对象、救助经费、救助程序公开公示，对确定的特困户逐户建立救助档案，登记备案，实行动态管理。2004年，全市共落实救助对象15 167户、35 481人，其中鳏寡孤独户4 286户、4 982人，痴呆傻残户4 425户、10 676 人，因灾因病特别困难户 6 456 户、19 903 人。省定襄樊市农村特困户 24 200 人(一类特困县即保康县按 1%的农村人口，二类县即襄阳、南漳、谷城按 0.7%的农村人口，三类县即城区、枣阳、宜城、老河口按 0.5%的农村人口比例计算)，全年共发放救助金 425 万元，其中省级补助 242 万元，县级补助 183 万元。2005 年初，全市实施了农村特困户定期定量救助扩面，救助对象扩大至 5 万人，市区全覆盖。截至 2005 年底，全市农村特困户已达 29 170 户 77 322 人，占农村人口的 1.97%，月发放救助资金 84.3 万元，月人平救助资金 13 元。另外，2004 年，对全市住危房的农村特困户进行了调查摸底，截至 2004 年底，全市仍有 12 913 户 45 853 名困难群众无住房、住危房。为维护农村困难群众的基本生活权益，让他们也享受到经济社会发展的成果，从 2005 年开始，在全市范围内实施农村困难群众“危房改造工程”，即用 3 到 5 年时间，对农村困难群众危房全面进行改造，彻底解决农村困难群众住房难问题。2005 年全年，全市救助危房户 1 858 户、5 734 间，救助标准户平在 2 000 元(老河口市)至 6 000 元(谷城县)之间。

(三)农村“五保”

1979 年，中共十一届三中全会以后，农村开始实行联产承包责任制，这给农村“五保户”生活带来了一些新问题、新情况，尤其是一些失去生活自理能力的，生活不落实，无人照料的问题日益严重。针对这一问题，襄阳地区民政局于 1982 年初，转发谷城县《对“五保户”实行承包办法好》的调查报告，要求对“五保户”实行责任承包，对集体承包部分、个人承包部分和承包户的报酬等做出了明确规定。1986 年 3 月 16 日，省人大常委会颁布《湖北省农村“五保户”供养工作暂行规定》，襄樊市认真宣传贯彻落实《暂行规定》下大力气兴办农村福利院。为解决兴办农村福利院经费问题，采取“四个一点”的办法，即五保户所在村组负担一点，乡镇企业拿一点，社会捐一点，民政部门补一点。当年底，全市农村福利院发展到 490 所，集中供养 4 347 人，集中供养率 16.76%。1986 年全市实行五保供养经费乡镇统筹，然后再返还给“五保户”，分夏、秋两季兑现。1986 年底，全市实行乡镇统筹的乡镇达 189 个(当时的区辖乡)，占全市乡镇总数的 35%。供养标准最低的 180 元，高的 400 多元。

1987 年，全市统筹的乡镇达 308 个，占全市乡镇总数的 60%，供养标准也较 1986 年有了较大提高。1987 年，全市农村福利院增加到 560 所，集中供养 5 582 人，集中供养率 20%。

1988 年受特大旱灾影响，供养标准下降，兑现不及时，部分村办福利院管理不善，出现“散伙”现象。针对这一滑坡趋势，市民政局及时发出《关于对不合格的农村福利院开展整顿达标的通知》，随后又制定了《襄樊市农村福利院争先创优的五条标准》。各地通过整顿，开展争先创优，遏制了福利院滑坡的局势，出现了一批达标先进福利院。1989 年到 1990 年，全市各地进一步开展整顿达标活动，撤并了一批濒临垮台的福利院。在有条件的地方举办乡镇福利院和联村福利院，福利院开始朝规模型方向发展。同时各地开始注重发展院办经济，走以院办厂(场)、以厂(场)养院的道路。

1988—1990 年，全市各地又制定走访慰问农村五保制度，主要是春节，由各级党政主要领导带队，各有关部门领导参加，走访慰问“五保户”，帮助解决生活中的实际困难。1990 年底，全市符合五保条件的有 23 365 户，27 244 人(老人 26 181 人，孤儿 1063 人)，集体供养的 25 607 人，年供养金额 924.38 万元，年人平生活费 361 元。全市有农村福利院 359 所(乡镇办 76 所，村办 283 所)，工作人员 742 人，副业总收入 147.21 万元，纯收入 46.95 万元。收养五保对象 3 703 人，年供养金 158.74 万元，年人平生活费 428 元。分散供养 21 904 人，年供养金额 765.64 万元，年人平生活费 349 元。

1991 年，依照合理负担的原则，对“五保户”供养的各项费用从公益金中开支，由乡镇统一筹集，统一管理，具体工作仍由村组干部负责做好，实际供养标准由各县、市、区人民政府根据本地实际情况做出相应规定，同时乡镇、村组要依靠集体和社会力量，兴办福利院，根据自愿原则，吸收“五保户”入院集中供养。到 1991 年底，全市共办农村福利院 358 所，其中乡镇办 60 所，村办 298 所，集中供养人数 3 630 人，占五保总数的 13.2%；院办经济实体 169 个，年产值近 200 万元；有 75 个乡(镇)实行了五保供养经费统筹，占全市乡(镇)总数的 40.3%；全市五保金总额为 952.19 万元，年人均保金为 369.9 元。1993 年 3 月下旬至 5 月底，全市开展了一次五保对象大普查，普查后全市五保总人数为 22 154 户、24 847 人，比 1992 年底普查前减少了 456 户、798 人；共办福利院 331 所，其中乡镇办 89 所，集中供养五保 4 301 人，有 112 个乡镇实行了五保供养经费统筹。

1994 年 1 月 23 日，国务院《农村五保供养工作条例》正式颁布施行。为贯彻落实《条例》精神，市政府办公室转发了市民政局《关于贯彻落实农村五保供养工作条例实施意见的通知》。1994 年 12 月至 1995 年 1 月，根据省厅要求，对照《条例》规定，对全市五保资格进行重新认定，五保人数、供养经费等进行再次普查，同时，着重解决了五保应保未保、部分乡镇五保供养经费统筹、农村福利院建设等问题。

1996 年 1 月 24 日，省八届人大常委会第 18 次会议通过《湖北省农村五保供养工作规定》，襄樊市政府下发《关于进一步加强农村五保供养工作的通知》文件，制定农村福利院建设总体规划和年度计划。提出从 1996 年开始，用三年时间，一年打基础，两年上台阶，三年大变样，实现全市乡乡镇镇都有比较像样的中心福利院的目标。1996—1998 年，全市投资近 5 000 万元，用于新、改扩建 110 所乡镇中心福利院。截止到 1998 年底，全市共有五保对象 13 986 人，共有农村福利院 239 所，其中乡镇中心福利院 112 所，集中供养五保对象 5 709 人，集中供养率达 40.8%，比 1995 年上升 23 个百分点。

随着一大批乡镇中心福利院的建成，1999 年，市民政局下发《关于切实加强农村福利院管理工作的通知》，决定 1999 年为“全市农村福利院管理年”。举办全市农村福利院院长培训班，凡规模较大的乡镇中心福利院开院，市局领导亲临现场祝贺，并赠送大屏幕彩电一台，凡达到市局规定建设标准的乡镇中心福利院，市局都挤出资金重点予以扶持。1999 年，全市有 11 所福利院被评为“全省百强农村福利院”。2000 年底，全市共有农村五保供养对象 14 160 人，已建成规模较大、档次较高、设备齐全、管理规范的农村福利院 173 所，集中供养五保对象 6 406 人，集中供养率达 46%。2002 年督促各县(市)搞好税费改革后五保供养政策落实工作的调研，积极向领导反映五保政策落实情况。

农村税费改革后，乡镇及村一级基层财力不足，调控能力削弱，五保供养经费乡镇统筹这一方式已不能保证五保供养工作持续健康发展。面对新形势、新问题，农村五保供养工作随之进行重要改革，五保经费拨付由乡镇统筹改为中央转移支付，纳入财政供养，五保供养经费得到了保障。同时，2003 年至 2005 年，全面实施“福星工程”建设(即在自愿前提下，对所有五保对象实施集中供养)，农村五保供养工作成效显著。三年中，全市新改、扩建农村福利院 153 所，新增床位 11 195 张，集中供养率提高到了 71.3%，集中供养五保对象达 14 299 人，基本实现了自愿前提下的集中供养目标，五保对象基本生活权益得到了有效保障。

（四）城市低保

1997 年 4 月 2 日，省人民政府下发《关于在全省建立和实施城市居民最低生活保障制度的通知》，要求地级市和省直管市在当年 7 月 1 日开始实施城市居民最低生活保障（以下简称城市低保）制度。襄樊市按照省政府要求，先行一步，自 1997 年 6 月 1 日提前一个月开始在市区建立并实施城市低保制度。1997 年 5 月 29 日，襄樊市人民政府下发《襄樊市（市区）城市居民最低生活保障暂行办法》，同年 6 月 1 日，城市低保制度率先在城区（襄城区、樊城区和高新技术、汽车产业、鱼梁洲经济 3 个开发区）建立并实施，首批纳入的保障对象有 1081 户 3210 人，占市区城市人口的 0.61%，月发低保金 10.31 万元，月人均补助 32 元。1997 年城市低保标准为居民按户计算月人均 100 元。城市低保对象为户籍在襄樊市城区范围内的户人均实际收入达不到城市低保标准线的常住非农业户口居民，主要包括：无依无靠、无生活来源、无劳动能力的城市居民；无固定职业、无固定收入、无法定赡养或抚养义务人，或法定赡养、抚养义务人确无履行义务能力，不能维持基本生活者；领取失业救济金期满无法重新就业或不符合失业救济条件的失业人员及不能维持基本生活者；工资低微，家庭赡养、抚养系数高，或有病患人员致使生活难以维持者；连续停产 4 个月（含 4 个月）以上的企业在职职工；其他收入达不到最低生活保障线的个人和家庭。由于率先将停产企业职工纳入保障范围，创出襄樊特色，被誉为“襄樊模式”，受到民政部和省民政厅的充分肯定和推广。到当年 12 月底，城市低保对象达 1321 户 3571 人，占非农业人口 52 万人的 0.68%，6—12 月累计发放保障金 75 万元，月人均补助 30 元。

1997 年 9 月，枣阳市人民政府印发《枣阳市城市居民最低生活保障暂行办法》，标志着襄樊市辖第一个县级城市低保制度从 1997 年 10 月 1 日起开始建立并实施。1997 年 12 月 1 日，宜城市和老河口市分别在市区实施城市低保制度，标准分别为居民按户计算月人均 80 元、100 元。从 1998 年 12 月，保康县、南漳县、谷城县开始分别按 120 元 / 月、80 元 / 月、80 元 / 月的标准实施城市低保制度。1999 年 4 月 1 日，襄阳县人民政府下发《关于在全县建立和实施城镇居民最低生活保障制度的通知》，要求县城所在地从当年 6 月 1 日开始城市低保制度，标准为居民按户计算月人均 110 元。这是襄樊市所辖县市最后一个实施城市低保的地方。从 1999 年 7 月 1 日起，城市低保补助水平在现行保障标准的基础上提高 30%。1999 年 10 月 21 日，襄樊市人民政府政府下发《关于提高市区城市居民最低生活保障标准的通知》，从 1999 年 10 月 1 日起，市区城市低保标准从 100 元 / 月提高到 130 元。调标后，考虑到区财政的承受能力，市、区两级财政城市低保金负担比例由 6∶4 调整为 7∶3。2000 年，各县市相继调整城市低保标准，补助水平普遍提高 30%，襄阳县从 110 元 / 月提高到 130 元 / 月，枣阳市从 90 元 / 月提高到 117 元 / 月，宜城市从 80 元 / 月提高到 120 元 / 月，南漳县从 80 元 / 月提高到 120 元 / 月，谷城县从 80 元 / 月提高到 110 元 / 月，老河口市从 100 元 / 月提高到 120 元 / 月。2000 年末，全市共有城市低保对象 10 778 户 26 946 人，占非农业人口 170 万人的 1.58%，年发放低保金 1 240 万元，其中城区城市低保对象达 5918 户 16719 人，占非农业人口 63.3 万人的 2.6%，年发低保金 632.8 万元，月人均补助 40.4 元。

2001 年 10 月 9 日，市政府召开城市低保暨社会捐助工作紧急会议，传达全省会议精神，安排部署城市低保扩面工作。各县市区政府领导和民政、财政负责同志及市直相关部门负责同志共 250 人参加会议。城市低保首次扩面工作全面铺开，到同年 10 月 17 日，完成摸底调查、汇总上报任务，准确掌握了需要纳入低保的对象。2001 年末，全市共有城市低保对象 20 937 户 60 022 人，占非农业人口 176 万人的 3.4%，年发放低保金 2 150 万元，其中城区城市低保对象达 10 404 户 27 767 人，占非农业人口 71.1 万人的 3.9%，年发低保金 1 157.3 万元，月人均补助 41.7 元。

2002 年 1 月，民政部发出《关于贯彻落实朱镕基总理重要指示的紧急通知》，要求扩大低保覆盖面，在 6 月底前把符合条件的城市困难居民纳入保障范围，切实做到应保尽保。全市各级民政部门按照要求，积极做好困难群众生活状况摸底调查和低保扩面工作，到同年 6 月底，城市低保对象由上年末的 20 937 户 60 022 人增加到 49 282 户 123 205 人，新增 26 345 户 63 183 人；保障覆盖面从上年末的 3.4%提高到 7.19%，净增近 4 个百分点。2002 年 2 月 6 日，市人民政府办公室下发《关于提高我市城市居民最低生活保障标准的通知》，要求从 2002 年 3 月份起将市直城区最低生活保障保障标准由人平 130 元 / 月提高到 150 元 / 月，县市按照要求自行调整。根据省民政厅要求，从 2 月 9 日起，襄樊市及所辖 11 个县市区民政部门设立城市低保投诉热线电话，接受社会监督。2002 年 10 月 31 日，民政部下发《关于贯彻按实际收入计算家庭收入政策的紧急通知》，贯彻国务院第 138 次总理办公会议决定，对长期不能按时足额得到工资、下岗职工基本生活费“应得收入”的职工，其申请低保时要按“实际收入”计算家庭收入。全市各地紧急行动，认真做好按实际收入调整低保政策的工作。11 月 12 日，召开全市城市低保工作会议，传达上级精神，安排部署下一步低保工作，各县市区政府分管领导及民政、财政部门负责同志共 80 余人参加会议。到同年 11 月 24 日，仅 12 日就完成调查摸底工作，掌握了翔实的数据。2002 年末，全市共有城市低保对象 58 056 户 156 844 人，占非农业人口 180 万人的 8.6%，年发放低保金 6 794 万元。其中城区城市低保对象达 30 055 户 77 063 人，占非农业人口 75 万人的 10.2%，年发低保金 3 626 万元，月人均补助 48.7 元。

2003 年，全市低保对象基本实现应保尽保以后，保工作重点逐步转移到规范管理上来。省民政厅将 2003 年作为城市低保规范管理年。同年 4 月 25 日，襄樊市政府在老河口市召开城市低保工作规范化管理现场会，推广老河口市城市低保规范化经验，安排部署城市低保规范化管理工作。同年 7 月 18 日，省民政厅下发《关于在全省社区统一设置城市低保公示通报栏（牌）的通知》。全市各级民政部门按照要求，通过召开现场会、督办检查等形式，积极开展城市低保公示通报栏（牌）设置工作，到同年 9 月 18 日，短短两个月时间，全市已设置公示通报栏（牌）282 处，超额完成任务，做到了新增（调整）对象两榜公示，续保对象长期公示。同年 7 月 31 日，省民政厅印发《湖北省城市居民最低生活保障工作规范》，要求建立低保对象动态管理制度，主要包括低保对象分类管理制度、定期入户核查制度、续保申请登记制度、参加公益劳动制度、公示通报制度、优先就业培训制度等六种制度。到年底，全市已普遍建立动态管理制度。同年 10 月 29 日，省民政厅印发《湖北省城市低保规范化管理考核（评价）标准》，对保障对象管理与服务、资金管理与发放、基础设施建设、档案建立、机构人员配备等五个方面做出了具体规定。为此，市民政局先后下发《关于实施城市居民最低生活保障工作目标考核办法的通知》和《关于进一步加强城市低保规范管理的通知》，要求切实做好城市低保规范化管理工作，使城市低保制度有序运行。做好低保档案管理工作，在县、街道办事处、社区建立三级低保管理档案，在县级建立统一、规范的档案室，配备档案设施，对低保档案实行分类、分级管理，各类保障对象个人档案、综合档案和财务档案齐全、完善。2003 年末，全市城市低保对象 68 337 户 189 680 人，占非农业人口 189 万人的 9.9%，年发放低保金 11 027 万元。其中城区城市低保对象达 33 615 户 95 740 人，占非农业人口 80 万人的 11.2%，年发低保金 5 631 万元，月人均补助 56 元。2004 初，根据省民政厅《关于开展 2004 年元旦春节特困群体关爱行动的紧急通知》的要求，全市各地开展了对城市低保特困对象节日送温暖活动，即向特困低保家庭（包括全额享受城市低保的“三无对象”；长期有病、残患者家庭；家中缺失主要劳动力的家庭；夫妻双下岗家庭；就学子女多，生活负担重的家庭；其他突发性特殊原因造成生活特别困难的家庭）发放“5 个 5”救助物资（2.5 公斤鱼、2.5 公斤肉、2.5 公斤鸡蛋、2.5 公斤食用油、25 公斤大米）。据统计，1 月 15 日前，全市共向 18 372 户（其中城区 5 000 户）城市低保特困家庭发放每份价值 140 元的“5 个 5”救助物资，折合人民币 256 万元。同年 3 月 31 日，省人民政府办公厅下发《关于进一步完善城市居民最低生活保障制度的通知》，要求开展城市低保对象医疗救助工作，地方政府要按照上年度城市低保资金支出总额的5%的比例从地方低保预算中安排医疗救助资金。城区先行一步，从同年8月份开始率先实施城市低保对象医疗救助制度，到同年12月底，对1 000名城市低保对象实施门诊医疗救助，对65名城市低保对象实施大病医疗救助，人平救助900元。省民政厅同年10月25日在大悟县召开的全省医疗救助工作会议给予了充分肯定。4月15日，根据市长办公会议和对城市低保工作检查考核，市民政局、市财政局联合发文表彰了城市低保工作5个先进单位和96名先进个人，市财政拿出30万元给予了相应的奖励。同年6月2日，民政部、省民政厅先后下发《关于严格规范低保管理工作的紧急通知》、《关于开展城市低保对象全面核查工作的通知》，要求各地要以“6月1日晚中央电视台《焦点访谈》报道湖北省咸宁市通山县一些该享受低保的贫困群众没有领到低保、有的不符合条件的却一直吃着低保”为戒，切实做好城市低保对象核查工作，切实加强低保规范化管理。随后，市政府于同年6月29日专门下发《关于进一步做好城市低保工作的通知》，要求严肃执行低保政策，强化动态管理，开展低保对象核查工作，加强监督检查，坚决纠正低保工作中的不正之风。到7月底，各地普遍对本地所有城市低保对象进行了一次大核查，共清退低保对象7 375人，维护了低保政策的严肃性。同年7月29日，在经过充分调查研究、广泛征求意见、科学论证之后，新修订《襄樊市城市居民最低生活保障实施细则》出台，市政府印发了这个实施细则，成为襄樊市实施低保制度的地方政策依据。同年9月9日，省财政厅、省民政厅下发《关于提高城市低保对象人平补助水平的通知》，决定从2004年10月1日起将全省城市低保对象人平补助水平每月提高8元，其中省补助3.64元，地方负担4.36元。到同年12月底，全市181 154名低保对象领取到了10—12月份补助资金543万元。7月30，总投资45万元的襄樊市城市低保信息网络中心建成投入使用，对提升低保管理水平起到了非常重要的作用。2004年末，全市共有城市低保对象65 742户181 154人，占非农业人口193万人的9.7%，年发放低保金11 620万元，1—12月平均水平51.9元。其中城区城市低保对象达30 092户87 478人，占非农业人口82万人的10.4%，年发低保金5 558万元，12月人均补助76元。

2005年元旦、春节期间，继续对城市低保困难家庭实施“5个5”物资救助，全市2.8万户(其中市区1.5万户)低保特困家庭领取到每份价值165元的救助物资，共计物资折款460万元。根据物价上涨等因素，10月10日，市人民政府政府办公室下发《关于提高我市城市居民最低生活保障标准的通知》，从2005年12月起将市区城市低保标准由人平150元/月提高到170元/月。提高标准后，所需资金由市区两级财政按原实行的7∶3的支付比例共同负担，即市财政负担70%，区财政负担30%。襄阳区及各县市从2005年12月起按照当地最低工资标准47%左右的水平适当调整最低生活保障标准。根据省民政厅《关于城市低保规范化管理水平考核情况的通报》，同年10月12日，樊城区、襄城区、老河口市、宜城市被省民政厅授予首批湖北省城市低保规范化管理A级单位。为加强城区基层城市低保工作力量，做好城市低保工作，经市政府研究决定，同年11月15—22日，市人事局、市民政局组织通过严格的笔试、面试，招聘了150名基层低保工作人员。2005年末，全市共有城市低保对象64518户171793人，占非农业人口198万人的8.67%，年发放低保金12529万元，1—12月平均水平60.9元。其中城区城市低保对象达29314户84019人，占非农业人口85万人的9.8%，年发低保金6193万元，12月人均补助79元。

(五)慈善

1997年7月，襄樊市慈善会成立，选举市人民政副市长尚立学任会长，市政府副秘书李建华、市民政局局长陈农友、市工商局长胡逢潮与林民湛、李建峰任副会长，市民政局副局长杨宜城任秘书长，市民政局农救科长方先忠任副秘书长。2003 年 8 月，襄樊市慈善会第二届会员代表大会聘请尚立学为名誉会长，选举陈农友任会长，杨宜城任副会长，市民政局农救科长任定武任秘书长。2005 年 4 月，襄樊市慈善会更名为襄樊市慈善总会。在襄樊市慈善会成立之前，南漳县、宜城市分别于 1995 年 5 月至 1997 年 6 月建立慈善会，老河口市、谷城市、襄阳区、樊城区、枣阳市慈善会从 1994 年开始陆续建立，保康县慈善会也于 2005 年 6 月成立。各县市区慈善会大都由政府负责同志任会长或名誉会长，民政局局长任会长或常务副会长。全市经常性捐助站从 2002 年开始建立，当年市区设立了 8 个经常性社会捐助站(点)。次年 4 月，市区社会捐助站(点)增加至 20 个。襄樊市各级慈善组织成立后，动员社会力量开展募捐活动。到 2005 年底，全市慈善组织共募集善款 34 117 919.9 元，募集物资折价 2 960 105 元。接收捐赠情况见表 26—10。

1995—2005 年襄樊市慈善组织接收捐赠统计

表 26—10 单位：元

		1995 年	1996 年	1997 年	1998 年	1999 年	2000 年	2001 年	2002 年	2003 年	2004 年	2005 年	总 计
南漳县慈善会	捐款收入	35000	21000	82500	750000	121000	119100	98050	103000	115000	153000	142000	1739650
	物资折款	3200	1200	12000	54000	8400	13000	11000	9500	8400	9500	9200	139400
宜城市慈善会	捐款收入	—	—	50000	2480000	742000	189200	104000	25400	101000	379000	59000	4129600
	物资折款	—	—	104000	405000	306000	29000	11000	9500	10000	8160	9000	891660
襄樊市慈善会	捐款收入	—	—	16485000						2092134.9	2439800	2468000	23484934.9
	物资折款	—	—	1300000						0	0	0	1300000
老河口市慈善会	捐款收入	—	0	8000	20000	40000	90000	110000	140000	183000	150000	260000	1001000
	物资折款	—	0	300	900	1000	1200	1400	5600	6000	8000	10000	34400
谷城县慈善会	捐款收入	—	—	—	—	—	0	146000	142000	690000	140000	350000	1468000
	物资折款	—	—	—	—	—	0	57280	0	60000	114420	104000	335700
襄阳区慈善会	捐款收入	—	—	—	—	—	—	—	—	210000	180000	90000	480000
	物资折款	—	—	—	—	—	—	—	—	20000	12000	6000	38000
樊城区慈善会	捐款收入	—	—	—	—	—	—	—	—	90000	300000	370000	760000
	物资折款	—	—	—	—	—	—	—	—	0	0	0	0
襄城区慈善会	捐款收入	—	—	—	—	—	—	—	—	193750	165555	37320	396625
	物资折款	—	—	—	—	—	—	—	—	1500	2400	8500	12400
枣阳市慈善会	捐款收入	—	—	—	—	—	—	—	—	—	45800	79450	1252500
	物资折款	—	—	—	—	—	—	—	—	—	0	0	0
保康县慈善会	捐款收入	—	—	—	—	—	—	—	—	—	—	532860	532860
	物资折款	—	—	—	—	—	—	—	—	—	—	208545	208545

注：划“——”部分为该慈善组织没有成立

1997 年夏秋，襄樊市遭受严重旱灾，造成粮食短缺，襄樊市慈善会组织开展了救灾捐赠“献爱心”活动，在两个月内募集资金 405 万元，粮食 289 万斤，衣被 20 余万件。1998 年夏，为帮助长江等流域特大洪涝灾害地区恢复生产，重建家园，全市组织开展了捐赠活动，共募集善款 800 多万元，物资折款近百万元。其间，宜城市慈善会还组织了“风雨同舟抗洪赈灾”文艺募捐晚会，募集款、物 268 万元。1999 年、2001 年和 2003 年初，全市开展了向灾区群众和下岗职工“送温暖、献爱心”慈善捐赠活动，共募集 400 多万元善款。2003 年 8 月，襄樊市沿汉江各县(市)区遭受特大洪涝灾害，市慈善会开展了救灾捐赠“献爱心”活动，募集资金200余万元。2004年7月30日至8月4日，襄樊发生特大暴雨洪涝灾害，襄城区城南的南渠9处决口，造成檀溪、王府、庞公三个办事处大量农田被水淹没，居民住房被冲倒或被淹，最深处达2米以上，过往车辆被困水中。全市随后开展了“送温暖，献爱心”救灾捐赠活动，共接收捐款242万元，衣被10万件（床）。2004年9月，湖北省黄石市“劲”酒有限责任公司援助南漳县肖堰镇报信小学建校资金20万元，该县配套资金17万元，兴建学生宿舍楼一栋，建筑面积为1 024平方米。于2005年5月竣工，次月投入使用。2005年初，东南亚诸国遭受海啸灾难，全市响应国际慈善组织号召，共募集善款40余万元。同年5月至7月，全市举行“爱我西藏、支援西藏”一日捐活动，共募集捐款30余万元。2005年入夏，保康县、谷城县发生暴雨洪涝和山体滑坡灾害，全市开展了“赈灾慈善捐款”，共募集善款140余万元。同年8月，襄樊市社会福利有奖募捐委员会向襄樊市慈善总会划拨100万元福利基金，用于弱势群体救助和注册慈善基金会。同年12月，全市开展了向灾区和贫困地区“捐款捐物送温暖”活动，募集捐款38万元，衣被5万余件（床）。襄樊市各级慈善组织成立后，开展了形式多样慈善救助活动。到2005年底，全市慈善组织共救助支出30 276 930元。救助支出情况见表26—11。

1995——2005年襄樊市慈善组织救助支出统计

表26—11　　　　单位：元

	1995年	1996年	1997年	1998年	1999年	2000年	2001年	2002年	2003年	2004年	2005年	总计
南漳县慈善会	25000	18000	81300	728020	115000	103200	94500	95800	110300	138000	127980	1637100
宜城市慈善会	—	—	158500	2010000	1856000	230000	650000	114000	184000	495000	175000	5872500
襄樊市慈善会	—	—	14000000						1504090	2282500	844000	18630590
老河口市慈善会	—	0	8300	20900	41000	91200	111400	145600	189000	158000	270000	1035400
谷城县慈善会	—	—	—	—	—	0	12000	251000	680000	150000	340000	1433000
襄阳区慈善会	—			—	—	—	—	—	210000	180000	90000	480000
樊城区慈善会	—	—	—	—	—	—	—	—	90000	300000	370000	760000
襄城区慈善会	—	—	—	—	—	—	—	—	132920	212020	35500	380440
枣阳市慈善会	—	—	—	—	—	—	—	—	—	0	5000	5000
保康县慈善会	—	—	—	—	—	—	—	—	—	—	42900	42900

注：划“——”部分为该慈善组织没有成立

为切实解决灾区人民群众生活困难，每年以政府名义组织发起，由各级慈善会具体实施救灾捐赠活动，所筹集资金经政府批准，绝大部分用于灾区群众生活安排。除此之外，1997—2002年，襄樊市慈善会资助全市36所农村福利院建设补助经费130余万元；资助市福利院、市儿童福利院建设20余万元；资助本市残疾人联合会实施白内障“复明工程”20万元；资助南漳县安集镇莫家冲村打机井5万元；资助谷城县紫金镇水田坪村修建拦水坝5万元；资助市直困难企业解困资金160余万元；资助10余名家庭困难大学新生5万余元；对58名突遇大病、火灾等贫困对象实施了救助；支援河北当义县地震灾、湖北兴山特大自然灾害8万元；资助救灾物资储备仓库建设资金30万元。1998年8月22日，南漳县炸药库突然爆炸，造成1人死亡，82人受伤住院，96户共265间民房倒塌，131间民房严重受损，襄樊市慈善会下拨85万元捐款，用于灾后恢复重建。1998年9月，枣阳市遭受特大风雹暴雨袭击，襄樊市慈善会下拨10万元赈灾款，用于灾区群众安置和倒房恢复重建。同年10月，襄樊市慈善会资助80万元慰问长江沿岸抗洪军民和对口支援荆州市，资助灾后防疫费15万元。1999年，美国“微笑列车”国际慈善组织与中华慈善总会合作，在湖北省等地开展为贫困唇腭裂患者免费进行手术。

2003 年，增设襄樊市口腔医院为“微笑列车”定点医院，本市患者不再赴十堰市定点医院就治。到 2005 年底，全市有 300 多名唇腭裂患者接收了矫治手术。

2001 年，樊城区大众鞋帽城突发火灾，襄樊市慈善会下拨 10 万元救助专款。2003—2005 年，襄樊市慈善会对 40 多名突遇大病、火灾等天灾人祸贫困对象进行了救助，资助 20 多名贫困优秀学生解决困难 10 多万元；2003 年 7 月，襄樊市慈善会与襄樊五中合作，在襄樊五中创办全市首个资助“特困、特优”贫困新生的“慈善阳光班”。每班招生 50 名，每生每年救助 2 000 元生活费，连续资助三年。到 2005 年底，全市已开办三个“慈善阳光班”，150 名品学兼优的贫困生得到了资助，累计资助善款 60 余万元。同年，襄樊市慈善会再次向农村福利院建设资助 11 万元，用于市直企业解困 68.8 万元，用于灾区群众生活 51 万元，用于天灾人祸、患重病家庭困难对象救助共 20 人次，18.2 万元。同年底，“格列卫”药品免费救助慢性粒细胞白血病和恶性胃肠道间质瘤贫困患者在全市开展。到 2005 年底，全市 11 名患者得到了“格列卫”药品免费救助。2004 年，襄樊市慈善会在洪灾期间支付转移灾区群众安置费 11.2 万元，主要用于临时紧急转移出来灾区群众的吃穿住等。同年，对房屋倒塌、房屋重度进水户生产、生活救助 202.84 万元，为 26 人困难对象实施救助 12.8 万元。2005 年，全市用于灾区群众生活 30 万元，用于助医、助学、助困等救助 34.4 万元，经湖北省慈善总会转交给西藏自治区 20 万元和海啸受灾国家 40 余万元。同年 10 月，全市各级慈善组织对福利院老人、优抚对象中的残疾人进行了慈善轮椅救助，发放轮椅 493 台。同年，襄樊市慈善总会创办了四个“慈善超市”，通过“慈善超市”平台，发放社会捐助衣被 6 万余件(床)，大米、食用油、洗衣粉、牙膏等生活用品 200 余份，累计价值 60 余万元。同年 6 月，襄樊市慈善总会会同襄樊市安定医院、同和医院，分别在襄城区和樊城区创办两家“慈善药店”，并向 100 名特困户发放了“药品免费救助卡”。

五、社会福利

民政部门所承担的各项社会福利工作主要包括社会福利事业单位、社会福利生产、假肢科研与生产等。

(一)城市社会福利事业

随着经济体制改革的深入和城乡社会生活的变迁，社会福利事业也在改革中走向社会化，由原来单纯的国家办逐步转变为以国家办为主，集体办、个人办为辅的多层次、多形式福利事业。自 1983 年全国第八次民政工作会议后，社会福利事业逐渐在实现由福利型向社会福利经营型、封闭型向开放型、供养型向供养康复型转变。2001 年 6 月，为建立健全社区老年福利服务体系，民政部印发了《社区老年福利服务星光计划实施方案》。襄樊市自 2002 年启动“星光计划”以来，全市各级政府和社会各界共投入资金和实物折款达 380 多万元，在 11 个县市区、开发区共建立 89 个“星光老年之家”，推动了社会福利社会化进程。

1.公办社会福利院

公办社会福利院是收养城镇孤老、孤儿和残疾人的综合性社会福利事业单位。社会福利院对不同的收养对象实行不同的方针：对孤老是以养为主，辅以康复，使他们延年益寿，欢度晚年，并为社会贡献余热；对健全儿童，实行养、教结合，使他们德智体全面发展；对残疾儿童，实行养、教、治相结合，使他们恢复自理和劳动能力；对精神病人，实行养与治结合，使他们康复，重返社会。自 1984 年漳州全国城福工作会议后，各福利事业尝试开展自费收养业务。同时进一步明确了对老人实行“供养与康复并重”的工作方针，使他们“老有所养、老有所医、老有所乐、老有所学、老有所为”。1979 年，省民政厅批准，投资 20 万元，分别在宜城、保康、谷城、随州扩建 4 所社会福利院，1980 年竣工投入使用，到 1986 年，襄樊市共有公办社会福利院 10 所，年末在院人数 562 人。

20 世纪 80 年代后，城镇“三无”对象（无劳动能力、无生活来源、无法定赡养或抚养人）越来越少，而社会上却出现愈来愈多的虽然有家但无人照顾，或亲属无力照料的老人、儿童、精神病患者和残疾人，需要提供社会福利服务。襄樊市各社会福利院自 1981 年突破收养范围，向社会开放，逐步建立自费代养制度。从 1983 年起，根据全国民政第八次会议精神，部分有条件的社会福利院陆续开展自费收养业务，到 1985 年底，全市在院自费收养人员已增加到 23 名。1988 年 10 月，为规范福利事业单位管理机制，市民政局、财政局、物价局联合下发《关于社会福利事业单位收养残疾人、老年人的收费办法》，明确收养人员的入院程序和日托、全托的收费标准及负担办法，到年底全市各院自费代养人数达 42 人。

襄樊市委市政府十分重视社会福利事业的建设与发展。1987 年 1 月，为促进民政事业单位精神文明建设，襄樊市民政局在市社会福利院召开表彰大会，襄樊市委、市政府、市人大、市政协的领导，县市民政局局长等九十多人参加了会议。大会总结交流民政事业单位精神文明建设经验，受表彰的社会福利事业单位有襄樊市福利院和市儿童福利院、枣阳县福利院、谷城县福利院、随州市第二福利院。先进个人有襄樊市福利院行政股长王洪德、南漳县福利院院长万继珍、随州市第一福利院炊事员徐长发、宜城县福利院护理员王菊翠。民政部城福司和湖北省民政厅分别发来贺电。1999 年，各县市加大养老机构建设力度，宜城、保康、谷城、南漳老年公寓相继建成并投入使用。2001 年 5 月 23 日，经襄樊市机构编制委员会批准，市社会福利院加挂襄樊市老年公寓的牌子，实行一个机构、一套班子、两块牌子的管理机制。同年，襄樊市、宜城市、保康县社会福利院在升级达标活动中被省民政厅评为一级社会福利院；襄阳县、枣阳市、老河口市、南漳县、谷城县被评为二级社会福利院。到 2005 年底，全市国家办福利院床位 1102 张，收代养人数 992 人，分别是 1986 年的 2 倍，尤其是自费代养达到 339 人，占收代养总数的 34%，是 1986 年的 9 倍多（见表 26—12）。

1986 年 10 月 19 日，联合国儿童基金会的澳大利亚专家瓦茨·梅保同联合国官员谢丽到院参观、指导。民政部、省厅领导常到院视察，并接待过上海、安徽、江西、广西、湖南、四川、山西、河南等地及省内地、市的同行。二十年来，市社会福利院在全体职工的共同努力下，共荣获民政部和省委省政府表彰的集体荣誉 4 次，省民政厅和市委市政府表彰的先进个人 13 人次。其中，1998 年 3 月，职工周善福被民政部、劳动部、中国老龄协会、全国总工会、共青团中央、全国妇联等部门授予“全国敬老好儿女金榜奖”。 进入新世纪，养老需求得到进一步发展，各县市区为适应新形势，通过新、改、扩建社会福利院，不断加强设施设备建设、增加床位、提高服务质量、改善院民生活待遇等，发展社会福利事业。

2005 年襄樊市各县（市）、区福利机构一览

表 26—12

项目 单位	占地面积 m²	建筑面积 m²	职工总数	职工队伍情况									收代养人员							2005 年			投资改善设备环境(万)	年生产经营纯收入(万)	收养人员月供给标准(元)
				其中					文化结构				床位数	收代养人员数		其 中				新改建面积(m²)	维修面积(m²)	投入经费(万)			
襄樊市儿童福利院	6941	9000	81	10	32	26	7	6	—	42	39	55	100	89	57		89	18	30	—	800	6	1	101	130

续表

项目 单位	占地面积㎡	建筑面积㎡	职工总数	职工队伍情况									收代养人员							2005年			投资改善设备环境(万)	年生产经营纯收入(万)	收养人员月供给标准(元)
				其中					文化结构				床位数	收代养人员数	其 中					新改建面积(㎡)	维修面积(㎡)	投入经费(万)			
襄樊市社会福利院	14415	12842	53	5	7	36	3	2	3	38	12	20	220	189	86	99		50	104	—	—	—		10	140
枣阳市社会福利院	21000	5940	21	8	1	9	3	—	—	5	8	8	170	137	25	53	5	4	50	2600	500	60	10	9	150
宜城市社会福利院	8001	7860	28	6	—	16	6	—	—	15	13	3	100	89	51	87	2	12	39	—	—	—	1	10	150
南漳县社会福利院	10560	5746	28	5	1	12	4	6	4	18	5	1	96	87	25	42	8	22	15	—	1600	4	1	4	130
保康县社会福利院	12654	5840	20	3	1	12	2	1	—	16	4	18	105	97	52	88	9	6	30	—	420	28	5	10	165
谷城县社会福利院	7667	4327	23	3	2	12	4	2	—	15	8	4	108	98	37	60	6	7	25	—	1542	1.5	2	6.5	120
老河口社会福利院	1666.3	2656	19	4	2	8	5		1	14	4	15	80	56	18	25	3	10	23	386	120	33.1	—	—	330
襄阳区光荣院	7200	2700	23	3	1	13	2	4	—	16	7	23	70	32	1	29	1	2	11	—	250	0.5	0.95	0.35	180
襄阳区社会福利院	11000	3381	18	3	2	11	2	4	—	16	2	18	53	48	25	41	7	6	12	—	440	0.8	1.5	0.65	160
合计	101104	60292	314	50	49	155	38	25	8	195	102	165	1102	922	377	52	13	137	339	2986	5672	133.9	22.45	151.5	1655

2.社会办福利机构

襄樊市的养老事业，由于受传统观念、经济条件等因素制约，自费代养尚未普及，但养老需求已经凸现。2003 年 12 月，襄樊市个人办养老机构，首次由鼓楼商场停薪留职职工孙建丽申请兴办襄樊市夕阳红老年公寓开始。该公寓位于襄阳区潘台，属自有房产，建筑面积 648 平方米，设计床位 50 张。2004 年，湖北省民政厅和襄樊市民政局为鼓励和支持孙建丽热心参与福利事业，分别奖励一套健身器材和一套太阳能热水器。到 2005 年底，襄樊市夕阳红老年公寓已收养老人 26 人。社会组织办养老机构由湖北华光医院于 2005 年 9 月兴办的襄樊市汉江国际老年公寓开始，该公寓建筑面积 5000 平方米，设计床位 160 张。

3.残疾儿童康复中心

儿童福利事业，是我国社会福利事业的重要组成部分。20 世纪 80 年代后期，社会上流浪的和无家可归、无依无靠、无人抚养的婴幼儿童在日益减少，而社会弃婴却越来越多，残疾儿童康复中心收养的绝大部分是这种残疾的婴幼儿。自费收养工作的开展,为解除职工的后顾之忧和为残疾儿童康复、医疗、自理、重返社会创造了机会。1986 年 2 月 15 日,襄樊市残疾儿童康复中心成立,与儿童福利院一套班子,两块牌子,进行有偿服务。同年 10 月 20 日,受民政部委托,在中心举办第五期全国残疾儿童康复专业训练班,学员分别来自全国 27 个省、市、自治区。由联合国儿童基金会的外籍专家及国内教授讲课,于 12 月初结束,历时 50 天。1990 年,经省民政厅报请民政部同意,市儿童康复中心被列为国家与联合国儿童基金会第三周期(1990—1994 年)合作项目的受援单位,接受联合国捐赠的康复设备,并筹建市儿童康复中心大楼,省市财政投资 30 万元用于基建(于 1993 年 2 月建成并开业)。同年对市区 14 岁以下残疾儿童开展普查,共有残疾儿童 236 人。3 月,又承办本市第一期社区康复工作人员培训班。10 月,举办残疾儿童家长培训班。

市委市政府十分重视儿童福利事业的发展,多次动员全社会开展"献爱心"活动,得到了社会各界积极响应。1992 年,在市精神文明办等 18 家单位的发动下,有 450 个单位和集体近 30 万人,向中心捐资 83 万元,市募委资助 51 万元,市政府拨款 33 万元,兴建了 3000 余平方米的儿童福利大楼。在市总工会的支持下,全市又发起了第二次募捐活动,市直卫生系统捐献了 7 万余元的医疗、康复器械,25 家企、事业单位捐赠 20 余种大型玩具和教学用具,并修建了康乐园。

1996 年,儿童福利院积极探索"以医养院,以工养康"的路子,面向全社会,多渠道筹资成立了博爱医院,经过几年的发展,成为全市残疾人就医、康复、残疾鉴定的定点医院。1986 年 5 月成立的假肢矫形技术服务中心,于 1997 年并入儿童福利院,通过与德国奥特博克公司和中国假肢专科学校合作开展电脑辅助设计制作假肢技术,取得了较高的赞誉和较好的经济效益。1998 年 3 月,经多方筹资兴建 5200 平方米的综合儿童康复楼,并不断改善、完善基础设施,使儿童福利院逐步成为集供养、康复、医疗、教育和培训于一体的、功能比较齐全的孤残儿童的幸福乐园。1999 年 5 月,为实现福利事业管理科学化、服务社会化、功能多元化的目标,儿童福利院从社会福利院分出,与残疾儿童康复中心合并。合并后的残疾儿童康复中心内设办公室、财务室和儿童供养部、特教部、功能训练部,下设博爱医院和假肢矫形技术服务中心。2001 年 2 月,在等级福利院达标创优活动中,被省厅评为省二级儿童福利院。2003 年 5 月被评为省一级儿童福利院。

1998 年以后,市康复中心积极争取社会各界的支持,多方筹集资金,先后为 551 名孤残儿童手术矫治和康复,其中民政部门组织实施手术的有 378 名,由民间组织实施手术的 173 名。

2004 年 5 月 9 日,民政部"孤残儿童康复明天计划"正式启动,手术康复的对象是:城乡各类社会福利机构(儿童福利院、社会福利院、乡镇敬老院及其他收养性福利单位)0 至 18 周岁具有手术适应症的残疾孤儿。实施方案目标是从 2004 至 2006 年 3 年时间内,力争为 3 万名残疾孤儿有效实施手术矫治和康复。手术经费由部、省两级分担,有条件的地区也可由地(市)负担一部分。2004—2005 年全市共完成包括先心病、外科、五官科、矫形康复等手术 138 例。其中,市儿童福利院 24 例,县(市)114 例,无一例出现风险。截至 2005 年,市儿童福利院共接收社会孤、残儿童 700 余人。其中:弱智 305 人,聋哑 198 人,脑瘫 90 人,受训儿童入学 339 人;收养弃婴和孤儿 1100 人,并将 900 余人扶养成人、安排就业;假肢矫形为 1200 余名患者安装了假肢,为 1220 名上下肢躯干畸形患者制作了矫形器。博爱医院在 2003 年抗击"非典"过程中,仍接诊 13000 人次,住院 68 人次。

(二)社会福利企业

1979 年,襄樊市将工程塑料厂交市民政局管理,作为安置盲聋哑残疾人就业的福利性企业,同年成立市泡沫塑料厂、市第二酱品厂,成为直属骨干福利企业。1984 年,成立市社会福利生产服务公司,专事商业服务。1986 年,襄樊市社会办的福利工业、商业、服务业得到了迅猛发展。市县、区乡、街道、村办国家、集体、个人企业达453个,其中民政部门和区乡镇办225个,个体办228个,生产产品达1556个,全年完成产值3023万元,实现利润288万元。全市城乡有劳动能力的盲聋哑人22010人,共安置15750人,占盲聋哑人总数的71%,其中有14个区级镇就业面达100%。1987年经撤销、合并,全市福利企业达432个,完成产值4589万元,利润275万元。

1988年8月,针对当时出现的盲目追求企业数量,忽视提高社会效益和经济效益,虚报残疾人比例,企业制度不健全,管理水平差,以及假冒福利企业等问题,市民政局会同工商局、税务局、农业银行联合发文,对全市福利企业进行清理整顿。经自查登记,县市复查验收,全市符合条件的有259个。其中:县以上民政局直属企业16个,企事业单位办15个,街道办29个,镇办70个,乡办11个,村办27个,个体办91个。原有县以上福利公司10家,清理后保留6家。清理中发现有30%的企业属扶贫经济实体,改为归口管理;有7%经济效益差的企业自行倒闭;有3%的假冒福利企业给予取缔。清理整顿,1989年福利工业、商业服务业有265个,安置"四残"1657人,完成产值7298.7万元,利税447.8万元。

1989年8月,民政部会同劳动部、卫生部、中国残疾人联合会制定了《社会福利企业招用残疾职工的暂行规定》。1992年11月,民政部、国家税务局联合发出了《关于加强社会福利企业年检工作的通知》,1993年,福利企业正式实行年检认证制度。1994年,国家税务总局下发了《关于民政福利企业征收流转税问题的通知》(国税发〔1994〕155号)。1999年,湖北省国家税务局下发了《关于加强民政福利企业增值税先征后返管理的通知》。2001年5月,省政府《关于公布第一批下放、转移的省级政府部门审批事项的通知》,将福利企业新办、年检、换证下放到市州。2002年,湖北省财政厅、国家税务局、地方税务局、中行武汉分行、财政部驻湖北省财政监察专员办事处联合发布《关于进一步调整和完善分税制财政管理体制后增值税、营业税、所得税退库管理问题的通知》。以上文件对民政福利企业招用残疾职工和企业征收增值税、消费税、营业税的条件与优惠政策做了具体规定,完善了福利企业从申请、设立、变更、撤销到退税的规范管理。

1991年4月,全市社会福利生产会议在老河口市召开,市委领导参加会议并做了重要指示。1993年2月,市政府印发《襄樊市贯彻〈全民所有制工业企业转换经营机制条例〉实施办法(试行)》的通知。同年11月,下发《襄樊市残疾人优惠暂行办法》。1995年7月11日,襄樊市福利企业协会成立。2002年后,新办福利企业出现了国有、集体、股份制、有限责任及私营等多种形式共同发展格局。

1990年9月,民政部、国家计委、财政部、劳动部、物资部、国家工商局、中国残联联合发布了《社会福利企业管理暂行办法》。根据该办法规定,全市第一批有152个福利企业经省民政厅复查合格,领到了"湖北省福利企业证书"。其中:市局直属企业4个,襄城区3个,樊东区3个,樊西区5个,郊区6个,襄阳县10个,枣阳市24个,宜城县18个,南漳县26个,保康县4个,谷城县12个随州市20个,老河口市17个。福利工业、商业服务业262个,其中:民政部门直属企业28个,社会办工业212个,社会办商业服务业22个,安置残疾职工1797人。

襄樊市局属福利企业,襄樊市泡沫塑料厂、襄樊市社会福利生产服务公司分别于1996年5月20日、2003年2月13日依法破产;襄樊市工程塑料厂、襄樊市四季美调味品厂于2005年1月15日,依据市委市政府《关于加快市直国有企业改革的若干意见》文件进行改制,改制后的企业福利性质不变。到2005年底,全市共有福利企业132个,其中国办2个,集体办4人,私营126个,安置残疾人2600余人,实现产值59500万元,减免税收5800万元。

(三)社会救济

社会救济是我国社会保障事业的重要组成部分。在不同的历史时期,国家为保障特殊困难群体的基本生活，制定相应的补助政策。湖北省民政厅、财政厅分别于 1980 年、1988 年、1995 年和 2000 年进行了四次提标。其中包括机构精简后退职老职工、定期定量救济人员、城镇社会福利院收养人员、原国民党宽释人员、住院期间的麻风病人和收容遣送站收容人员的生活费。

1.城镇居民的定期定量补助

城镇居民的定期定量补助是对城镇中无劳动能力、无生活来源、无法定赡养(扶养)人的生活救济。定期定量救济实行动态管理，即户数、人数每年由基层政权组织审查核查上报；标准随物价上升指数而统一调整。1977 年，全市有定期定量救济对象 156 户 237 人，月支出救济金 1824 元，月人均 7.7 元；1980 年，居住城市的定救对象月标准调整为 16 元；1988 年在原定救标准上每人每月增加 10 元。1995 年的标准为：城市每人每月 66 元，城镇每人每月 64 元。自 1999 年 10 月 1 日《城市居民最低生活保障条例》实施开始，原定救人员除享受定期定量补助外，全部纳入城市居民最低保障范围，以后不再新增。2000 年新标准为：城市每人每月 92 元，城镇每人每月 90 元。

2.精减退职老弱病残职工的救济

1982 年，民政部、财政部下发《关于进一步做好精减退职老职工生活困难救济工作的通知》(民〔1982〕城 14 号)，省政府下发《关于做好不符合 40%救济的精减退职老职工生活困难工作的通知》(鄂政发〔1982〕138 号)。1979 年，襄阳地区有机构精简退职的职工 198 人，月发救济费 2 523 元。1986 年，全市共有享受 40%救济的 60 年代，机构精简退职老职工 1 435 人，年发放救济费 34.6 万元。1995 年根据文件精神，对机构精简退职老职工救济进行提标，提标标准为：享受 40%救济人员生活补助在原标准基础上，提高 40 元；不符合 40%救济条件又基本丧失劳动能力，生活无依靠的在原补助基础上提高 20 元，城市、城镇、农村为每人每月 34 元、32 元、30 元。2000 年的提标标准为：享受 40%救济人员在原标准基础上提高 20 元；不符合 40%救济标准的分别为 48 元、45 元、42 元。到 2005 年，全市共有机构精简退职的老职工 1 096 人，其中享受 40%救济的 884 人，享受临时救济 212 人（见表 26—13)。

2005 年精简退职职工救济统计

表 26—13

单位	总人数	享受 40%救济			享受临时救济		
		人数	中央财政	其他渠道救济	人数	地方财政	其他渠道救济
樊城区	6	6	6	—	—	—	—
襄城区	37	37	37	—	—	—	—
襄阳区	308	308	308	—	—	—	—
高新区	2	—	—	—	2	2	—
枣阳市	70	70	70	—	—	—	—
宜城市	107	84	84	—	23	23	—
南漳	191	101	101	—	90	90	—
保康	145	145	145	—	—	—	—
谷城	159	69	69	—	90	90	—
老河口	71	64	64	—	7	7	—
合计	1096	884	884	—	212	212	—

3.精减退职职业制武装民警的救济

精减退职职业制武装民警(简称职业制武警)是指60年代初期,公安机关领导的原人民武装警察部队对部分实行工资制、享受职业制警察待遇作退职、退伍精减下放回乡处理的警士。1986年11月10日,为解决精减下放的职业制武警的生活困难问题,公安部、民政部、财政部下发了《关于六十年代初期精减下放职业制武装民警按精减下放退职职工对待的通知》。1989年,襄樊市根据国务院、公安部、省公安厅有关文件精神,对全市在60年代被精减退职的3040名武装警察进行了摸底核查。经省、市、县(市、区)三级公安、民政、财政核准,对236名符合〔1965〕国内字224号文件规定,给予享受本人原标准工资的40%救济,人月救济标准72至85元;对不符合条件的2804人给予生活困难补助,人月补助标准45元,其中包括1958年以后参加工作的134人。在对职业制武警的救济中,各地根据当时当地情况,自行放宽救济条件、提高救济标准和改变救济款发放渠道,将其中的2577人提标为享受40%救济待遇。此举,导致享受原标准工资40%救济对象感到吃亏,纷纷要求政府提高标准,拉开档次;而享受生活困难补助对象仍不满足,要求享受与40%救济对象同等待遇。同时,有些退职武警还提出平反错案、复公、复职、办理离退休手续、换救济证为退职证等,出现轮流上访和合力上访的现象,虽经政府多次解答,上访问题也没有得到妥善解决。到2005年底,全市共有职业制武警2898人,其中享受40%救济228人,享受临时救济2670人(见表26—14)。

2005年职业制武警救济统计

表26—14

单位	总人数	享受40%救济			享受临时救济		
		人 数	中央财政	其他渠道救济	人 数	地方财政	其他渠道救济
樊城区	171	24	24	—	147	—	—
襄城区	190	15	15	—	175	175	—
襄阳区	680	44	44	—	636	636	—
高新区	18	3	3	—	15	15	—
枣阳市	442	17	17	—	425	425	—
宜城市	471	27	27	—	444	444	—
南漳	280	45	45	—	235	235	—
保康	15	15	15	—	—	—	—
谷城	352	22	22	—	330	330	—
老河口	279	16	16	—	263	263	—
合计	2898	228	228	—	2670	2523	—

4.艾滋病致孤儿童的救济

艾滋病致孤儿童是指父母一方或双方因患艾滋病死亡或自己也感染艾滋病的未满18周岁的未成年人。2004年7月17日,市政府下发《关于进一步加强艾滋病防治工作的通知》。同年11月,市民政局印发《襄樊市艾滋病防治救助办法》。将家住农村的艾滋孤儿纳入农村五保供养;将家住城镇的纳入城镇居民最低生活保障。2005年10月,湖北省民政厅、财政厅下发《关于做好艾滋病致孤儿童生活救助工作的通知》,要求对艾滋病致孤儿童生活救助经费每人每月200元,省级财政负担80%,地方财政负担20%。地方配套的要列入财政预算。襄樊市执行的艾滋病致孤儿童的救济标准为:财政救助加五保(低保)供养标准。艾滋病致孤儿童得到各级政府和社会各界的关注。2004年11月,市民政局对全市艾滋病致孤儿童进行全面调查摸底上报,经省民政厅复查核实确认为69名。2005年春节,全市各级民政部门组织近 50 人专班，下拨 12 万元专款，逐家逐户走访看望艾滋孤儿及其抚养家庭，向每个孤儿发放 1000 元救助金和学习用具，向收养家庭送去了棉衣棉被、大米、猪肉等过年物资（见表 26—15）。

2004 年襄樊市艾滋病致孤儿童统计

表 26—15

项目内容 单位	艾滋病致孤儿童数量（人）								
	致孤类型				养育情况				
	总数	父母双方患艾滋病死亡	父母一方死于艾滋病一方死于其他疾病	父母双方死亡自己感染艾滋病	在自己家中生活	收 养	被亲属或其他家庭代养或寄养	机构供养	其他方式
襄城区	32	32	—	1	32	—	—	—	—
襄阳区	11		11	—	11	—	—	—	—
宜城市	10	5	5		3	—	7	—	—
南漳县	12	9	3	1	5	—	6	—	1
保康县	3	3	—	—	3	—	—	—	—
谷城县	1	1	—	—		—	1	—	—
合计	69	50	19	2	54	0	14	—	1

（四）社会福利彩票

1987 年初，经党中央、国务院批准，由民政部门向社会发行销售社会福利奖券，以募集社会闲散资金，兴办发展社会福利事业。襄樊市 1988 年 1 月第一次发行社会福利奖券，到 2005 年底，全市共发行销售福利彩票 6.35 亿元，募集社会福利资金 1.94 亿元；其中市民政局直接组织发行销售 3.11 亿元，募集社会福利资金 0.96 亿元，为全市的社会福利事业发展注入了活力，作出了贡献（见表 26—16）。

襄樊市福利彩票销售及公益金统计

表 26—16　　单 位：万元

年份 单位	88－89年	90 年	91 年	92 年	93 年	94 年	95 年	96 年	97 年	98 年	99 年	2000 年		2001 年			2002 年		2003 年			2004 年		2005 年	
												即开	电脑	电脑	即开	网点	电脑	即开	网点	电脑	即开	电脑	网点	电脑	网点
襄阳区	—	0	0	92	20	16	200	400	100	100	170	100	28.6	121	0		161	0	0	385	0	603	—	1382.9	
枣阳市	—	20	0	168	100	240	600	400	100	70	100	150	35	129	0		218	200	0	422	50	967	—	2838.4	
宜城市	—	20	0	116	0	200	500	400	0	290	100	50	28.6	83	0	0	232	100	0	299	0	614	—	2039.5	
南漳县	—	0	0	85	0	220	100	120	0	100	200	10	20	50	0	0	136	0	0	361	100	649	—	3703.2	
保康县	—	10	0	20	10	40	80	260	0	0	20	20	0	21.7	10	0	30.2	0	0	63.3	0	202	—	1449	
谷城县	—	1	0	30	0	40	0	400	0	0	80	20	6	92	10	0	193	100	0	307	0	628	—	1907.1	
老河口	—	10	0	0	0	0	360	80	50	0	110	250	47.2	250	10	0	419	50	0	466	0	607	—	1220.2	
襄城区	—	0	4	45	0	6	12	0	0	0	70	0	0	0	0	0	0	0	0	0	0	0	—	0	
樊城区	—	0	8	136	20	17	35	0	150	0	110	60	0	0	0	0	0	0	0	0	0	0	—	0	

续表

年份 单位	88—89年	90年	91年	92年	93年	94年	95年	96年	97年	98年	99年
市直	71.3	40	20	160	21	85	31	1520	100	0	400
合计	102.4	101	32	852	171	864	1917	3580	500	560	1360
公益金	29.18	28.8	9.12	243	48.7	246	546	1020	143	168	408

<table>
<tr><th rowspan="2">年份
单位</th><th colspan="2">2000年</th><th colspan="3">2001年</th><th colspan="3">2002年</th><th colspan="2">2003年</th><th colspan="2">2004年</th><th colspan="2">2005年</th></tr>
<tr><th>即开</th><th>电脑</th><th>电脑</th><th>即开</th><th>网点</th><th>电脑</th><th>即开</th><th>网点</th><th>电脑</th><th>即开</th><th>电脑</th><th>网点</th><th>电脑</th><th>网点</th></tr>
<tr><td>市直</td><td>0</td><td>561</td><td>1150</td><td>0</td><td>55</td><td>2398</td><td>700</td><td>14</td><td>3795</td><td>650</td><td>5480</td><td>92</td><td>13403.7</td><td>370</td></tr>
<tr><td rowspan="2">合计</td><td>660</td><td>726</td><td>1897</td><td>30</td><td>55</td><td>3786</td><td>1150</td><td>14</td><td>6098</td><td>800</td><td>9750.2</td><td>92</td><td>27944</td><td>370</td></tr>
<tr><td colspan="2">1386.4</td><td colspan="3">1981.6</td><td colspan="3">4950.1</td><td colspan="2">6898</td><td colspan="2">9841.8</td><td colspan="2">28314</td></tr>
<tr><td>公益金</td><td colspan="2">429.784</td><td colspan="3">614.296</td><td colspan="3">1534.531</td><td colspan="2">2138.38</td><td colspan="2">3050.958</td><td colspan="2">8777.34</td></tr>
</table>

1.组织机构

1988 年 1 月，襄樊市组织第一次有奖募捐活动的同时，经市政府批准，成立市社会福利有奖募捐工作领导小组，市政府分管民政工作的副市长任组长，三名副组长分别由市政府副秘书长、市委宣传部副部长、市民政局局长担任，襄樊军分区、市计委、财政局、审计局、人民银行、工商银行、农业银行及襄城、樊东、樊西、郊区 4 个区的负责人为领导小组成员。领导小组办公室设在民政局内，分别由局长、副局长兼任办公室主任、副主任。办公室内设组织、宣传、联络、发行 4 个小组，具体负责有奖募捐活动的日常工作。每次发行销售活动结束，日常办事机构即行撤销。1990 年 4 月，民政部要求各地常年开展有奖募捐工作，襄樊市民政局正式设立募捐办公室，抽调 5 人专门办理日常事务。

1992 年 4 月，经市政府批准，成立襄樊市社会福利有奖募捐委员会，市政府分管民政工作的副市长任主任，民政局局长任副主任，市直有关部门负责人为成员，委员会下设募捐办公室。同年 8 月，核定市社会福利有奖募捐委员会办公室为事业单位，编制 4 名，经费自理。此后，各县（市）区也相继成立了募委会，建立了专门的办事机构。1994 年 12 月，民政部决定将中国社会福利奖券发行中心更名为中国福利彩票发行中心，并将从 1995 年起面市的奖券也更名为中国福利彩票。从 2002 年起，襄樊市有奖募捐机构更名为襄樊市福利彩票管理中心。

2.发行销售

襄樊市发行销售的社会福利奖券（彩票），从票种上来看，以即开即兑型为主；从发行销售方式上来看，随着时间的推移，发生相当大的变化：1988—1991 年，以分配任务和摆摊设点销售为主；从 1992 年到 2000 年，以大奖组销售为主；2000—2005 年，逐步转向以电脑彩票为主。

襄樊市区在发行销售社会福利奖券之初，主要通过五种渠道：以战线为单位预测销售。根据市直十大战线职工集中、人数多的特点，募捐办测算出奖券数，请战线牵头销售；以区、街道办事处为单位组织销售，由区负责实施；驻军单位由军分区牵头定额销售；请市区大型商场代售；由民政干部职工集中一段时间，到街市摆摊设点销售。这些方法在奖券发行之初，还是比较有效，也取得了一定成绩。1988—1991 年，全市销售福利奖券 235.4 万元，募集福利资金 67.1 万元。但这些方法中明显的行政干预和“提篮小卖”倾向，严重地影响着群众的博彩情绪和筹资效果。

1992 年，是襄樊市福利奖券发行销售实现重大转折，取得突破性进展的关键一年。襄樊市民政局先后五次组织各县（市）区民政局分管募捐工作的领导和募办负责人，到募捐工作先进省、市参观学习，打开眼界，开阔思路，借鉴先进经验和销售方法，使大家对大奖组销售法产生浓厚的兴趣，并纷纷开始尝试。这一年，全市共发行销售福利奖券 924 万元，筹集社会福利基金 217.3 万元，超过开展有奖募捐活动五年来发行销量的总和。从此，这种“大奖组、大奖群、大宣传、大场面、突击销售”（简称为“四大一突”）的大奖组销售法，便成为襄樊各地发行销售福利奖券（彩票）的基本形式，并创造了襄樊即开彩票发行史上一个又一个的奇迹。

1996 年，全市共组织 300 万元大奖组 8 个，发行销售福利彩票 3 800 万元，超省下达任务 860 万元，筹集社会福利资金 874 万元，比上年增长 141%，成为襄樊有史以来发行销售即开票最多的一年。这一年，襄樊市民政局先后三次组织大奖组销售活动，自办发行 1 520 万元，筹集社会福利资金 349.6 万元，尤其是当年“五一”“十一”期间的两次销售活动，在不到六天时间里销售 1 200 万元。各县(市)区民政局也不甘示弱，纷纷组织销售活动。谷城县 4 月中旬推出 400 万元大奖组，取得成功，12 月 9 日又推出 320 万元大奖组，再获成功。襄阳县 4 月下旬在黄集镇组织大奖组，9 天时间发行销售 200 万元，为打开乡镇彩票销售市场趟出了新路子。

1999 年，发行销售赈灾福利彩票，则是速度最快的一次尝试。1998 年，我国长江、嫩江流域发生特大洪水灾害。为尽快帮助灾民恢复生产、重建家园，经国务院批准，在全国范围内发行赈灾福利彩票 50 亿元，募集赈灾资金 15 亿元。省政府下达襄樊市 845 万元赈灾福利彩票销售任务。全市民政系统干部职工发扬抗洪精神，在时间紧、任务重、彩票市场疲软的情况下，克服重重困难，加大宣传力度，坚持科学设奖，不断开辟福利彩票发行新路子，在短短的几个月时间里，共组织大奖组 15 个，发行销售福利彩票 1170 多万元，并于 1999 年 4 月底前上缴了全部赈灾专项资金 253.5 万元，圆满完成了省政府下达的任务，被省募委评为“贡献奖”先进单位。

1999 年 12 月，襄樊市募委会在樊城松鹤路发行的 2000 万元大奖组，则是有史以来最大的一个奖组。此次销售活动的诱人之处不仅在于奖组大，2000 万元奖组创襄樊发行史之最，而且还在于奖金高、奖群大。此次活动共设 9 个奖级，最高奖一等奖现金 30 万元 5 名；二等奖 10 万元 15 名，三等奖 5 万元 40 名。为确保此次销售活动取得圆满成功，襄樊市政府高度重视，成立了以分管副市长为总指挥的销售活动指挥中心；召开了各有关部门负责人参加的协调会，明确了各有关部门的职责；全面启动报社、电台、电视台等宣传媒体跟踪专题报道。有线电视和无线电台在开奖前一周，连续播放市长关于福利彩票销售工作电视讲话，昼夜播放销售活动的时间、地点、30 万元巨奖等游动字幕，每天不少于 10 次。在福利彩票销售现场，请记者专题采访销售现场群众踊跃购票的盛况和中大奖者的喜悦心情。同时对现金巨奖作精美的外包装，为中大奖者佩戴大红花和绶带，新闻记者及时录像、照相，并张榜公布中大奖者姓名、工作单位，由公安人员一路敲锣打鼓用送奖彩车护送到家中。为扩大宣传，市民政局从局机关和直属单位抽调 100 人、5 辆宣传彩游车、2 辆小车、4 辆面包车，分 16 个宣传小组深入到大街小巷、工厂、学校、机关、企事业单位，深入到城区周边 40 公里以内的乡镇、村散发传单，张贴公告。真正做到家喻户晓、人人皆知。销售现场张灯结彩，拉条幅、升气球、扎彩虹门，开展“轰炸式、地毯式”的大宣传。近千人的彩票销售队伍，堆积如山的各种奖品，摆放在宽阔的松鹤路大街上，场面丨分壮观。尽管当时天寒地冻，最低气温为 7℃，但销售现场仍然十分火爆，人山人海，争相购买彩票。短短的一周时间，2000 万元彩票便销售一空。

2004 年 5 月，因体育彩票西安宝马事件影响，财政部决定从 5 月 15 日起，在全国范围内暂停大奖组销售即开型彩票。

3.电脑型福利彩票

根据《省人民政府办公厅关于同意在全省发行销售“楚天风采”电脑型福利彩票的批复》，2000 年 7 月，襄樊市被列为“楚天风采”电脑型福利彩票第二批发行销售单位，并分配电脑投注机 59 台。7 月 1 日，“楚天风采”电脑型福利彩票在襄樊市上市发售。初期以“楚天风采”命名的湖北省电脑福利彩票开通的第一个玩法是 33 选 7，即从 33 个号码中任选 7 个作为 1 注进行投注。一等奖 500 万元封顶。随着时间的推移，玩法不断更新，先后开通营运乐透型的 33 选 7，36 选 7，32 选 7，27 选 7+1，22 选 5；排列型玩法七位数，五位数，2003 年又增加了依附于 32 选 7 和 22 选 5 的“好运彩”系列。经市场筛选，最终形成了乐透型 22 选 5 及依附于这种玩法的好运彩系列为主的楚天风采品牌。2003 年 2 月 16 日，全国联销的另一种玩法“双色球”开始上市，2004 年 10 月 18 日，另一种全国联销的赔率型玩法

“3D”开始进入襄樊市场。电脑福利彩票自2000年在襄樊上市，到2005年已经形成以“双色球”为龙头，以“3D”为龙身，以“楚天风采”为龙尾的一个完整市场。2000年，襄樊市所辖各县市也开始销售电脑票，次年电脑票陆续向乡镇发展。到2005年，全市已有电脑投注机279台，彩票销售量也一年一个台阶，2000年为726万元，2001年为1 896.6万元，2002年为3 786万元，2003年为6 098万元，2004年为9 750.2万元，2005年创襄樊市彩票销售最新记录，年销量2.794 4亿元，位居全省市、州第二。全市六年共销售电脑彩票5.02亿元，筹集公益金1.75亿元，其中地方留存公益金5 000余万元，并在襄樊市范围内产生百万以上大奖10个。

2000年，为配合“楚天风采”电脑福利彩票上市发行，市募委办先后投资15多万元资金进行宣传炒作，同年5—6月开始在襄樊电视台、襄樊有线电视台、《襄樊日报》《襄樊晚报》、襄樊人民广播电台大力宣传“楚天风采”电脑福利彩票这一品牌，宣传福利彩票目的意义、资金使用范围和它所发挥的经济效益和社会效益；同时在市公共汽车1路、11路、13路、14路等公交车上印制了“楚天风采”电脑福利彩票宣传广告牌；在襄城、樊城两处最繁华地段制作两幅大型广告，并及时发放省中心印制的各种宣传单和宣传画。7月电脑彩票上市，又把工作重点放在内部管理和服务上，对全市所有电脑福利彩票销售人员进行业务培训和技术指导，建立和健全各项规章制度，讲授操作方法。先后对市区的59个销售站负责人通过会议等形式培训十多次，并多次深入到县市投注站了解情况，现场办公，听取意见，解答疑难问题，帮助县市募办和投注站改进工作，提高服务水平，发现问题及时处理。特别是对个别投注站不按操作规程办事或随意乱转点的，给予批评教育和停机处理。

注意加强对投注机进行经常性的维修和保养，做到随叫随到，上门服务，及时修理，保证投注机正常运转。坚持制度，完善责任制。坚持每期开奖值班制度，谁值班出现问题追究当事人责任。保证每期数据按时准确地传递到省福彩中心，从没有因数据未传递而影响全省开奖，造成工作中重大失误的现象。

4.福利金的使用

襄樊市各级民政部门和彩票发行管理机构认真贯彻落实中募委1989年2月颁布的《有奖募捐社会福利资金使用试行办法》和1991年9月正式颁布的《有奖募捐福利资金使用办法》，始终坚持福利资金只能用于社会福利事业的基本原则，始终保持福利资金使用的正确方向和正当范围。在抓好福利彩票销售的同时，襄樊市募办更注重福利资金的管理和使用，保证福利资金用在刀刃上，对筹集到福利资金做到不撒胡椒面，坚持重点投放，项目没有看准的不投放，没有经济效益和社会效益的不投放。截至2005年底，全市共筹集社会福利资金1.94亿元，累计投放福利资金1.87亿元，全部用于规定的使用范围，先后资助城乡福利院、孤儿院、光荣院、社区服务等项目超过500个；全市共结存福利资金700余万元，其中襄樊市直281万元，全部转入各级财政预算外资金管理账户上。

随着白发浪潮的到来，养老已成为一个严重的社会问题。襄樊市坚持把资助福利院的建设与发展，作为福利资金投放的重点方向。1996—2005年，全市用于资助国家办福利院的资金4500万元，占全部资金投入总量的60%以上，使福利院的建设和发展发生了质的飞跃，床位数由1996年的7600张到2005年的15600张，翻了一番还多。1997年，襄樊市资助200万元，兴建起一座高5层4000平方米的老年公寓，新增床位120张，居住的房间根据老人生活需要，均设有卫生间、壁柜、厨房、太阳能热水器等，同时还设有文化娱乐室、康复医疗室，成为老人安享晚年的幸福乐园。谷城县投资150万元，兴建的老年公寓大楼5层4000平方米，其中3000平方米可居住老人200—250人，1000平方米用以办公、健身，由于该老年公寓位于繁华闹市，区位优势明显，还可拿出一部分用于发展第三产业，年创收10万—15万元。枣阳、老河口、宜城、保康等县市也拿出相当数额的福利资金，资助福利院的改扩建，有效地改善了福利院的基础设施，提高了福利院的收养能力和老人的生活质量。

早在1992年,市募委会资助51万元,兴建市残疾儿童康复中心,1993年投入使用后开设有弱智班和聋儿语训班,十几年来,先后有648名聋哑、弱智、脑瘫儿童在这里接受康复训练,收到了明显效果。1998年,随着社会上弃婴现象的日趋严重,市募委会再次投入120万元,资助兴建市儿童福利院5层2500平方米,该院先后收养孤残儿童及弃婴1600多名,并将其中的1500多名抚养成人,安排就业。

通过发行彩票筹集的社会福利资金,既是福利事业的专项资金,又是社会救助的应急资金,同救灾款一样神圣不可侵犯。市彩票中心和各县市区彩票管理机构都建有专业的财务管理机构和专职的财务管理人员,并不断通过参加业务培训、组织学习观摩研讨等形式,提高管理人员的政策、法规、业务知识和管理水平。建立健全各项规章制度。根据国家有关法规和中募委、省募委一系列要求,襄樊市及其所属县市又结合本地实际,先后制定了《社会福利有奖募捐财务管理办法》、《社会福利资金管理规定》、《福利资金投放使用规范化程序》等一系列规章制度,使社会福利资金从筹集到管理,从投入到效益,每个环节都有章可循。加强资金使用管理,严格把好立项关、审批关、检查关。全市各发行机构在1996年前普遍成立社会福利资金使用项目评审委员会,凡是要启用福利金的项目必须由评审委员集体研究、充分论证、慎重决定,真正做到项目选准、资金用好。四是加强对社会福利金使用的监督。2000年以前,每次发行彩票都请司法部门对发行销售行为予以公证,每次彩票发行的结果都及时请新闻宣传部门予以报道,尤其是募集资金的投向及时向群众通报。对已募集资金的使用情况定期不定期地向社会公布,或以适当的形式向社会公开,如邀请人大代表、政协委员视察社会福利资金投入使用的项目等,广泛接受社会监督。同时,主动邀请或接受各级审计部门的审计监督,确保福利资金使用的合法合理。

六、社会事务管理

民政部门承担的社会事务管理,主要是指社会团体和民办非企业单位的登记管理,行政区划和地名管理、婚姻登记管理、收养登记管理、殡仪服务和殡葬管理、流浪乞讨人员的收容遣送和救助等。襄樊市由民政部门承担社会团体的登记管理工作,开始于1990年国务院颁布《社会团体登记管理条例》以后;而民办非企业单位的登记管理工作,则开始于1998年国务院颁布《民办非企业单位登记管理暂行条例》以后。其他诸如区划地名、婚姻、收养、殡葬和收容遣送等项社会事务的管理。1996—2001年,进行有史以来的首次省、县两级行政区域界限的全面勘定;地名管理工作,从1993年开始,进行大规模的地名标志设置;沿袭了50多年的收容遣送工作,自2003年8月1日起改为社会救助,实现根本性的转变。

(一)社团管理

1950年10月19日,政务院颁布《社会团体登记暂行办法》后,襄樊市成立社会团体登记委员会,在民政局办公。1951年9月1日,襄樊市社会团体登记委员会成立并开始登记,此后,民政部门未再管理社会团体登记等事宜,也无专门社会团体管理机构。1989年10月25日,国务院颁布《社会团体登记管理条例》后,明确社会团体登记管理机关是县级以上民政部门。襄樊市从1990年起恢复此项业务。1990年7月7日,襄樊市批准襄樊市民政局增设社会团体管理科,配备工作人员2人(事业编制),办公经费相应解决,新印章开始启用。2001年襄樊市民政局将社团科改设为襄樊市民间组织登记管理局。1990年7月，襄樊市所属县、市民政局相继增设社会团体管理科(股)，共配工作人员15人(行政编制9人，事业编制6人)。2003年初，襄樊市建立市直、县市区、乡镇办、村居委会四级管理网络，上下联动，共同参与，反应迅速，取得了较好的社会效果。襄樊市民间组织各县级登记管理机关积极创造民间组织能力提升的平台，承上启下，搞好对民间组织登记管理人员和民间组织管理干部的业务和政策法规培训，加强民间组织领导班子建设、工作人员队伍建设和党的建设；着力探索和解决民间组织发展中遇到的困难和问题，使其增强发展后劲，真正担当起社会建设与管理的重任。

1.社会团体

社会团体是指中国公民自愿组成，为实现会员共同意愿，按照其章程开展活动的非营利性社会组织。1951年9月1日，襄樊市社会团体登记委员会开始登记，至9月下旬结束，当时经审查仅有襄樊市总工会、学生联合会；中苏友好协会襄樊分会、保卫世界和平委员会襄樊分会；襄樊市工商业联合会、红十字会襄樊分会、襄樊市医联会；襄樊市清真寺民主管理委员会、襄樊市天主教爱国委员会、襄樊市基督教三自革新筹委会等17个社会团体。此后，民政部门未再管理社会团体登记事宜。新成立的社会团体，或由地方党委、政府批准，或由业务主管部门同意，还有社会团体批准社会团体的现象，无专门社会团体管理机构。80年代以后，襄樊市境内曾建立起一批社会团体组织。由于当时无专门的社会团体管理部门，造成多头管理，无人管理，社团管理工作一度较乱。

1990年9月，襄樊市政府批准成立襄樊市社会团体清理整顿复查登记领导小组，由襄樊市政府分管民政的副市长任组长，襄樊市民政局、公安局、经委、科协、体委、宣传部、教委等部门的负责人为领导小组成员，下设办公室(设民政局内)，从上述部门抽人组成专班，负责对社会团体进行清理整顿。截至1990年9月底，襄樊市共登记社会团体2 898个，其中市级社会团体320个、县(市、区)级社会团体2 578个。通过填表申报，专班上门调查，社会团体业务主管部门和社会团体归口管理部门复查，清理整顿办公室审查等程序，决定其社会团体的保留、缓登、合并、撤销、取缔，合格的予以登记发证。经过清理整顿，襄樊市有社会团体561个，其中地(市)级社会团体259个、县(市、区)级社会团体302个。

1999年，襄樊市各地登记管理机关开始对所属社会团体进行全面复查、重新登记。1998年前，条例规定社团有法人社团和非法人社团两类，现行条例只规定法人社团一种。襄樊市民政局结合本地实际，对符合社会团体法人条件的先行登记；对暂时不够条件又因工作需要暂不能撤销，而且积极创造条件达到法人标准的非法人社会团体，采取下发文件，限期整改，达到法人条件后，再办理社会团体法人登记证书；对不够法人条件，既不配合整改且通过努力无法达到法人标准的，予以撤销登记。截止2000年底，襄樊市共注销社会团体164个，撤销社会团体78个，实有社会团体503个，其中地(市)级社会团体205个、县(市、区)级社会团体298个。到2005年底，襄樊市共登记各类社会团体738个，其中地(市)级社会团体310个、县(市、区)级社会团体428个。包括行业性313个、学术性124个、专业性234个、联合性67个。襄樊市社会团体登记管理工作除严格依法登记外，重点在四方面下工夫：

认真搞好年检，不断改进和完善政府监督管理方式。每年2月份下发《关于对全市民间组织进行年度检查的通知》，并以信件或电话等方式通知各民间组织按时参加年检。根据《社会团体登记管理条例》的相关规定和民间组织年检评定标准，对民间组织严格进行年度检查，并将年检结论向社会进行公告。年检中，做到“五个突出”和“两个结合”，即突出民间组织动态情况的检查，突出对民间组织开展活动的检查，突出对民间组织财务管理的检查，突出对民间组织遵纪守法的检查，突出对民间组织内部管理的检查；把年检工作和监督管理相结合，把年检工作与加强登记机关自身建设、改进工作作风、提高工作效率相结合。2004年2月，根据湖北省民政厅《关于开展全省性社团年度检查的通知》和民政部《关于启用新版社会团体法人登记证书的通知》的有关规定，襄樊市对辖区各级社会团体

2003年活动情况进行年度检查并换发新版社会团体法人登记证书。襄樊市各级社会团体先进行自查，按要求认真填报《社会团体年度检查报告书》，对有登记事项发生变更而未及时办理变更登记手续的，在年检时同时报送申请变更登记的材料进行变更登记；对副会长（副理事长）、办公场所发生变更的，办理变更备案登记。对年检合格社会团体换发新版《社会团体法人登记证书》；对年检不合格的社会团体下达“限期整改通知书”；对整改后仍不合格的或未按规定进行年检的社会团体，根据《社会团体登记管理条例》和《湖北省社会团体登记管理办法》的有关规定，令其停止活动或责令撤换直接负责的主管人员，情节严重的予以撤销登记。同时，开展标准《章程》核准活动，对襄樊市社会团体的章程进行全面检查，对不合格、不规范的章程，要求其按程序进行重新修订，并报社会团体登记管理机关核准。经清查襄樊市注销社会团体2个，撤销社会团体1个。由于襄樊市年检工作着手早、措施得力、宣传力度大，全市年检率达到90%，市直年检率达到98%。

规范社会团体行为，加强社会团体能力建设，积极创造条件，赋予社会团体一定的社会公共服务职能，为社会团体发展拓展空间。积极推进社会团体建立健全以章程为核心的各项规章制度，健全会员大会或代表大会、理事会、监事会制度，推进民主选举、民主决策、民主管理和民主监督，完善法人治理结构，提高社会团体内部管理能力，完善社会团体的管理和民主决策机制；积极开展社会团体自律与诚信建设活动，提高社会团体的社会公信力。依托行业协会、商会，发挥他们中介管理主体的作用，避免粮油、纺织、砖瓦技术等行业曾存在的哄抬物价和恶性低价倾销等不正当竞争，规范了市场行为。例如襄樊市砖瓦技术协会通过制定行约行规、定期召开会议、实行奖惩措施等多种手段，有力的规范了襄樊市砖瓦行业市场，保持了价格的稳定，改变了原来各自为政、相互压价的混乱局面，由无序竞争转变为有序合作，促进了砖瓦市场行业的健康发展。

推进社会团体的民间性，弱化社会团体的行政色彩。2004年11月29日，湖北省整顿规范行业协会中介机构办公室、湖北省民政厅下发《关于印发〈关于整顿规范行业协会有关问题的处理意见〉的通知》。根据文件精神，督促行业协会在机构、人员、资产上与政府脱钩；行业协会的办事机构与政府部门合署办公的，从机构上彻底分开；现职党政公务人员在行业协会兼任领导职务的，或退出公职或退出行业协会职务。对存在问题的行业协会下达整改通知书，对在规定的时间内整改不到位的行业协会，劝其注销；3个月内不申请注销的，由民政部门依法撤销；对不符合产业升级要求，所在行业日益萎缩，长期不开展活动，名存实亡，以及无经费来源、连续两年年检不合格的行业协会，依法注销或撤销。通过清理整顿，襄樊市184家行业协会中撤销1家；注销7家；有8名未经批准在行业协会中兼职的领导干部辞去了职务；6家没有独立账号的协会开设了独立账号；9家没有独立办公场所的协会落实了办公场所。

2002年，襄樊市民政局根据湖北省民政厅要求，结合本地实际，率先在老河口市进行农村专业经济协会培育发展和监督管理工作试点。老河口市民政局深入农村调查研究，积极向党委、政府建议，主动与有关部门协调，根据农村发展的需要，与时俱进，开拓创新，培育和发展一批农村专业经济协会。2003年7月，襄樊市在老河口召开“襄樊市农村专业经济协会”现场会。在襄樊市推广老河口的经验，安排部署襄樊市农村专业经济协会培育发展与登记管理工作。

2004年5月25日，湖北省民间组织管理局下发《关于推荐上报“湖北省农村专业经济协会50强”候选单位通知》。根据文件精神，襄樊市开展“湖北省农村专业经济协会50强”评选活动。在此次评选活动中襄樊市襄阳区程河柳编行业商会、老河口市果蔬专业技术研究会、老河口市薛集镇秦集商会、老河口市光化葡萄协会、老河口市养猪协会、宜城市粮油行业协会、宜城市流水镇西瓜协会、谷城县天麻菌业协会、枣阳市吴店镇甘蔗技术协会、南漳县食用菌协会被省民政厅授予“湖北省农村专业经济协会50强”称号。

2004年8月，襄樊市人民政府下发《关于进一步做好农村专业合作经济组织发展工作的通知》

2004 年 9 月，襄樊市各民间组织登记管理机关开始对襄樊市农村专业合作经济组织进行调查摸底，对每个农村专业合作经济组织按区域和产业划分，了解其发展规模、经营管理、利益分配和品牌建设等方面的情况，同时认真办好试点，在襄樊市选择 10 个会员规模在 100 户以上的不同类型的农村专业合作经济组织作为试点进行完善、规范、扶持；各县（市）区重点抓好 5 个有影响的不同类型的农村专业合作经济组织作为试点。

通过引导扶持、典型带动、规范提高等措施，培育和发展这些农村专业经济协会集产供销服务、科技推广、信息交流为一体，在促进农业结构调整，推动农业产业化的发展，提高农民的组织化程度，促进农村精神文明建设等方面发挥着重要作用。截至 2005 年底，襄樊市有 185 个县级农村专业经济协会进行了社会团体法人登记，其中：襄城区 5 个、樊城区 8 个、襄阳区 23 个、枣阳市 20 个、宜城市 60 个、南漳县 14 个、保康县 16 个、谷城县 7 个、老河口市 31 个。按从业性质分，其中种植业类 50 个，畜禽业类 38 个，水产业类 29 个，其他 68 个；按活动地域分，在本镇活动的 107 个，在全县（市）、区活动的 78 个；按会员人数分，会员在 200 人以下的有 89 个，会员在 200~1 000 人的有 63 个，会员在 1000 人以上有 33 个。有 10 个被湖北省政府命名为“湖北省农村专业经济协会 50 强”称号。通过农村专业经济协会，共推广农业新技术 196 项、新品种 223 个，在多个地方实现了产、供、销一体化，形成了果树、茶叶等农业优势产业。

2.民办非企业单位

民办非企业单位是指企业事业单位、社会团体和其他社会力量以及公民个人利用非国有资产举办的，从事非营利性社会服务活动的社会组织。1998 年 10 月 25 日，国务院发布了《民办非企业单位登记管理暂行条例》，对民办非企业单位实行归口登记，业务主管单位和登记管理机关双重管理的体制。按照《民办非企业单位登记管理暂行条例》规定和湖北省民政厅要求，襄樊市各级民政部门在党委、政府的领导下，认真宣传贯彻民办非企业单位的法律法规和国家方针政策，开始民办非企业单位的复查登记工作。截至 2000 年底，襄樊市共登记民办非企业单位 830 个，其中市直民办非企业单位 664 个，县（市、区）民办非企业单位 186 个。涉及教育、卫生、文化、科技、体育、劳动、民政等各个领域。2001 年 11 月，民办非企业单位的复查登记工作全面完成。截止 2005 年底，襄樊市共登记民办非企业单位 1 094 个，其中市级 780 个、县（市）区级 314 个。包括教育类 148 个、卫生类 311 个、文化类 84 个、科学类 48 个、体育类 71 个、劳动类 174 个、民政类 79 个、中介服务类 10 个、法律服务类 23 个、其他类 146 个。

襄樊市民办非企业单位管理工作坚持以依法行政、维护经济秩序、保障民间组织合法权益、维护社会稳定、推动社会进步为目标，实现民办非企业单位的行政法制化、管理科学化、监督社会化，达到民办非企业单位自我发展、自我管理、自我约束的目的。

坚持依法行政，推进民办非企业单位监督管理工作规范化。在民间组织监督管理过程中始终坚持合法、合理、公正和责任原则，严格依据《民办非企业单位登记管理暂行条例》的规定，依法对民间组织进行监督管理，把执法程序的规范问题摆上重要位置，避免由于程序问题引起的行政复议和行政诉讼。对于需要成立民办非企业单位，但不熟悉国家法规政策的发起人，襄樊市民间组织管理局主动宣传国家法规政策，鼓励发起人积极完善条件，帮助其准备材料；对于已成立的民办非企业单位，依法帮助其建立健全以章程为核心的内部自律机制，引导其民主办会、规范办会。逐步完善双重负责的管理体制，加强与业务主管单位的直辖市、沟通，形成行政管理的合力。

坚决依法查处非法民办非企业单位，打击民办非企业单位违法行为。在执法监督工作中，襄樊市各级登记管理机关坚持保护合法、打击非法的基本原则，不断完善社会监督机制，提高依法行政水平。一方面联合相关部门依法保护民办非企业单位的正当权益，保障民办非企业单位依法按章程开展社会公益活动；另一方面加大监管、查处力度。各级登记管理机关专门设立了公开监督电话，接受对民办非企业单位违法违纪行为的投诉。对民办非企业单位恶意欺诈群众、造成不良影响的恶劣行为坚决予以曝光，对违法民办非企业单位和非法民办非企业单位坚决予以查处，积极、稳妥、迅速、果断地把非法民办非企业单位和民办非企业单位违法活动消除在萌芽状态。

建立民间组织诚信评定制度，创新民间组织自律机制，2005 年 4 月 15 日，湖北省民政厅下发《省民政厅关于印发〈开展民办非企业单位自律与诚信建设活动的方案〉的通知》，要求在湖北省范围内开展民办非企业单位自律与诚信建设活动。根据湖北省民政厅的统一部署，襄樊市在对民办非企业单位的发展状况进行认真调查研究、广泛听取有关方面的建议和意见的基础上，下发《关于开展全市民办非企业单位自律与诚信建设活动的通知》，并结合实际起草制定《襄樊市自律与诚信民间组织评估办法》，在襄樊市范围内开展“诚信民间组织”评选活动。襄樊市蓝翔技校等 30 家民办非企业单位，共同发起了《关于开展民办非企业单位自律和诚信建设活动的倡议书》，近 400 家民办非企业单位积极响应，襄樊市勘察设计协会等民间组织在全市本行业内开展“诚信自律公约”签字活动。经过认真评估和严格评选，培育、树立一批社会责任感强、管理制度健全、行为规范、社会声誉好、为公益事业发展做出突出贡献的先进典型。2005 年 11 月，湖北省民政厅下发《关于组织开展民办非企业单位自律与诚信建设活动评比表彰活动的通知》，襄樊市民间组织管理局根据文件精神起草下发《关于在全市开展自律与诚信民间组织评选表彰活动的通知》，并制定《襄樊市自律与诚信民间组织评选标准》，对评选出来的 20 个民办非企业单位授予“诚信民间组织”荣誉称号，并对其进行了表彰，对评估中查找出的问题，督促其认真整改。通过开展民间组织的诚信评定活动，促进民办非企业单位恪守非营利性原则，开展优质诚信服务，为推进民间组织监督管理工作的改革提供有益的经验。

（二）地名管理

1990 年以前，襄樊市及其所属市县区人民政府设立有地名委员会，成立有地名办公室，隶属各级政府直接管理。1983 年 10 月撤销襄阳地区，实行市管县新体制，地、市地名办公室合署办公。1988 年 11 月 24 日，市政府明确规定：市地名委员会办公室由市政府成建制划归市民政局管理；各县市的地名机构，原不属民政部门的，原则上成建制划归民政部门管理；各级地名工作机构的人员经费仍按规定的渠道，由各级财政解决。1990 年 4 月 7 日，襄樊市地名办公室正式移交市民政局管理，各县市地名办也于 1989 年前全部移交民政部门。1979 年 8 月，襄樊市革委会下发《关于路、街、巷、院和码头名称的通知》，对市区地名作了一次大更改，同时开展地名普查工作，基本上摸清了襄樊全市的地名情况，获得了丰富的地名档案资料，并对所普查的地名进行了标准化处理，为开展地名管理工作奠定了良好的基础。但由于受时间和当时条件的限制，还有部分地名尚未进行普查，有的还存在着不同程度的错误和遗漏。特别是 20 世纪 80 年代以后的政治体制改革，许多行政区划发生变更，尤其是地县改市、撤区设乡、乡改镇等，使得原来的地名普查内容已经过时，滞后于社会政治、经济建设和地名管理工作本身发展的需要。按照民政部和国家地名委员会 1988 年正式印发的《全国地名补查和资料更新工作实施方案》，襄樊市于 1989 年全面启动了地名补查和资料更新工作，成立工作领导小组，设立工作专班，组织专职工作人员，制定印发地名补查和资料更新工作实施方案，把地名的标准名称及别名、地名的书写形式、罗马字母的拼写、语种、类别、位置、来历、含义和沿革、地理实体概况作为地名补查和资料更新的重点内容，进行全面的、准确的改错、补漏和更新。力求做到一个地名的文字书写符合正字、正音的规定；地名的含义 健康；命名、更名履行法定的批准手续；译名符合国家制定的规范化要求，并按标准音进行译写。到 1990 年地名补查和更新资料工作基本结束。全市共补查地名和更新资料3万多条,其中重新进行地名命名和更名1.2万余条。

由于历史原因,襄樊市的地名标志设置、更新和管理的归口问题一直没有得到很好解决,2002年以前一直是公安部门管理门牌,城建部门管理街路牌,民政部门只进行地名的命名和更名管理。多头的交叉管理,造成了谁都管、谁也无法管的混乱局面,直到2002年才全部归口民政部门统一管理。从1995年开始时在全市范围内进行两次较大的地名标志设置工作。

国(省)道两侧的地名标志设置。1995年民政部、交通部、公安部和建设部联合下发《关于在国道两侧设置地名标志的通知》,要求用从1996年至1998年底,用3年时间,完成国、省道两侧的村镇地名标志设置。襄樊市在1997年转发了省四厅的文件,建立了工作专班,制订了实施方案,并将国、省道两侧地名标志设置纳入了政府工作的重要办事日程,市民政局上半年在宜城市进行工作试点,下半年召开全市地名标志设置工作现场会,学习推广宜城市的设标工作先进经验,以此推动全市国省道两侧地名标志设置工作的顺利实施。至1998年底,襄樊市的国省道两侧的地名标志设置工作全面完成,全市共设置行政建制村(镇)地名标志436块,其中国道两侧地名标志204块,平均2.04公里一块,省道两侧地名标志232块,平均2.8公里一块。

城市地名标志设置。2000年3月,民政部、交通部、国家工商局、质量技术监督局联合印发《关于在全国城市开展标准地名设置工作的通知》,要求从2000年初至2004年底,用5年时间在全国城市设置标准地名标志(即:街、路、巷、楼、门牌)。已设置地名标志的城市应在5年内更换标准的地名标志,使全国城市地名标志规范统一,符合国家标准。为按时保质完成任务,襄樊市2001年成立了由副市长尚立学为组长的城市设置标准地名标志工作领导小组和办公室,各地也相应成立了有政府领导参加的城市标准地名设置工作领导小组和办公室,在市委、市政府的支持下,襄樊市的地名标志设置工作从2002年9月理顺关系,到2003年9月具体实施,市区道路标志设置工作全面完成。市政府出资150万元进行地名标志设置,共设置各种街、路、巷牌880个,采用谁受益谁出资的形式共设置门牌标志8万多块。2005年取消收费以后,又通过市场运作的方式筹集资金设置街、路地名标志150块。

襄樊市的地名数字化建设工作于2005年全面启动,并计划用3年时间完成市、县二级地名数据库建设。为做好此项工作,由民政部门作为牵头单位,具体组织实施建库工作;编制部门负责提供行政单位、事业单位、工商管理部门负责提供企业单位;规划建设部门负责提供道路规划,建筑物;水利部门负责提出河流,湖泊;交通部门负责提供国道、省道、高建公路;国土资源管理和林业部门负责提供山峰、山脉、旅游部门负责提供旅游景点等地名信息资料。2005年,利用地名标志设置工作的成果,与电信部门合作开通了襄樊市电话问路查询系统,通过电话声讯服务,来查询相关单位的有关信息,方便了人民群众日常生活和社会交往。

(三)行政区划管理

经国务院批准,1979年6月襄樊市划出,改为省辖地级市;市、县(区)级行政区划调整。1979—2005年,襄樊市市县级行政区划经历了多次大的调整:国务院1988年1月8日批准,正式撤销枣阳县,设立枣阳市(县级);国务院1992年8月1日批准,将襄阳县人民政府驻地由襄樊市区迁至张湾镇;国务院1994年6月10日批准,撤销宜城县,设立宜城市(县级);省政府于1994年11月5日正式行文将随州改为省直管市;国务院1995年10月22日批准,撤销襄樊市原襄城区、樊东区、樊西区、郊区,重新设立襄樊市襄城区、樊城区;2000年经国务院批准,随州市由省管市改为地级市,正式脱离襄樊市管辖;经国务院2001年9月批准,撤销襄阳县设立襄阳区,将原襄阳县管辖区域并入襄樊城区,襄樊市进入大城市行列。乡镇级区划两次大的调整:1987年撤区并乡时的行政区划调整,撤区并乡前,全市共有区66个、乡454个、镇118个(其中县辖镇43个、区辖镇75个)、街道办事处9个;撤区并乡后,全市66个区全部取消,共设置行政建制乡51个、镇117个、街道办事处12个、农林场5个。另一次是2001年乡镇撤并时的行政区划调整,乡镇撤并前,全市共有156个乡镇办(其中乡21个、镇99个、街道办事处36个);乡镇撤并后全市共设置行政区划建制100个乡镇办(其中乡4个、镇72个、街道办事处24个)。2001年乡镇调整以后,乡镇行政建制基本保持稳定,襄阳撤县设区以后,有四个乡镇行政隶属关系发生了变更,即将原呢咀镇和欧庙镇压划归襄城区管辖,将原太平店镇和牛首镇划归樊城区管辖;2003年11月1日,经省政府批准,省民政厅正式行文将襄城区呢咀镇更名为卧龙镇。

每次大的的行政区划调整后,襄樊市都及时编制新的行政区划图。1992年10月以1∶200000比例尺制作出版《襄樊市行政区划图》;由于行政区划的变更,2003年10月,出版发行新的《襄樊市行政区划图》。两次行政区划地图的出版发行,有助于政府管理、城乡规划、经济振兴和社会交往,对于全市的建设与发展起了重要作用。

由国家组织全面勘界,在我国有史以来尚属首次。1996年8月12日国务院《关于开展勘定省县两级行政区域界限工作有关问题的通知》,对全面开展勘界工作进行部署。国务院要求此次勘界"要坚持实事求是、顾全大局、互谅互让的原则,依法勘界"。并强调这次勘界"以行政区域管辖的现状为基础,依照有关规定明确行政区域界线走向的位置,即核定法定线、勘定习惯线、解决争议线"。湖北省勘界的总体规划是从1996年起,用5年的时间,基本完成省县两级行政区域界限的勘定工作。

襄樊市地处鄂西北,与外省外地区交界处甚多,长期以来大部分行政区域界线不清,边界争议纠纷时有发生,界线勘定工作势在必行。根据《省人民政府办公厅关于成立湖北省勘界工作领导小组的通知》,经襄樊市人民政府研究决定,襄樊市于1996年6月25日成立了襄樊市勘界工作领导小组,市政府副市长邱勇任组长,市政府副秘书长李肃清、市民政局局长陈农友任副组长,市计委、市公安局、市财政局、市水利水产局、市林业局、市土地局、市规划局、市档案局、市宗教事务局等市的负责同志为领导小组成员。领导小组下设办公室,办公室设在市民政局,负责勘界日程工作。陈农友同志兼任办公室主任,陈理祥同志兼任副主任。襄樊市勘界领导小组制定下发《勘定市际和市内县、市、区间行政区域界限总体方案》。

襄樊市需要勘定的行政区域界线一共20条:其中省界1条即鄂豫线,涉及襄樊市的老河口、襄阳、枣阳3个市县;地市州界线5条即襄樊十堰线、襄樊神龙架线、襄樊宜昌线、襄樊荆门线、襄樊随州线;县市区界线14条即襄阳襄城线、襄阳樊城线、襄城樊城线、襄阳枣阳线、襄阳南漳线、老河口谷城线、宜城南漳线、襄阳老河口线、襄阳谷城线、枣阳宜城线、襄阳宜城线、谷城南漳线、谷城保康线、南漳保康线。1996—2001年,襄樊市勘定五条市、州级之间的县级界线14条共858公里;勘定市内县级界线14条共982公里;勘定省级界线一条320公里,勘定界线总长度2160公里。全市勘界工作连年受到上级业务部门的表彰,2002年,又分别被国家民政部、人事部和省民政厅、人事厅联合授予全国、全省勘界工作"先进集体"荣誉称号。2001年,襄阳撤县设区,部分乡镇行政隶属关系发生变更以后,形成三条新的行政区域界线,对此又立即进行新的勘定工作。

(四)婚姻登记管理

1983年,地市合并前,襄樊市城区婚姻登记在区民政局,郊区亦可在乡政府履行登记。1986—2003年,《婚姻登记办法》和《婚姻登记管理条例》都明确规定,办理婚姻登记的机关,在农村是乡、民族乡、镇人民政府,在城市是街道办事处或区人民政府、不设区的市人民政府。在此期间,襄樊市除市民政局和各县市区民政局直接办理婚姻登记外,各街道办事处和各乡镇均设有专门机构,负责办理婚姻登记。2003 年 10 月,新的《婚姻登记条例》开始实施,根据《条例》规定和省民政厅要求,襄樊市各县市区成立县级婚姻登记处,全部实行集中登记。各乡镇人民政府、街道办事处不再办理婚姻登记。保康县因山区交通不便,除县登记处外,各乡镇人民政府仍办理婚姻登记。2004 年,全市婚姻登记实现了“有机构、有编制、有人员、有经费、有场地”的要求,10 个登记处配备 42 名工作人员,并全部实行网上登记,全省联网。

1990 年 4 月,在纪念第一部《婚姻法》颁布 40 周年、第二部《婚姻法》颁布 10 周年的活动中,襄樊市成立以副市长李正洪为组长,市委宣传部长张子强为副组长,民政、宣传、司法等 10 个部门主要领导为成员的宣传贯彻婚姻法工作领导小组。副市长李正洪代表市政府作了学习、宣传、贯彻《婚姻法》和《婚姻登记办法》专题电视讲话。各县市政府领导也通过电视、电台、电话发表讲话 128 场次,直接受教育的干部群众达 301 万人次。各县、市、区还成立由司法、民政、计生委、共青团、妇联等部门参加的宣传贯彻《婚姻法》工作队,召开贯彻《婚姻法》联席会、协调会、纪念会近 300 场次。据统计,从 20 世纪 80 年代至 2002 年,全市累计办墙报、黑板报、宣传专刊 84 000 多期,翻印《婚姻法》和《婚姻登记办法》180 000 多册,编印宣传提纲 190 000 余份,书写、张贴宣传标语 980 000 多条,悬挂宣传横幅 820 多幅,印发张贴式《婚姻法》与《婚姻登记办法》15 000 余张,出动宣传车 74 台,灌制录音磁带 154 盒,组织讲师团 486 个,深入街道、村(居)委会、工厂、学校宣讲 16 470 多场次,放映幻灯、专题录像 1 862 场次,开展知识讲座 420 场次,组织知识竞赛 45 场次,各有关部门组织 2 400 多人次,设立咨询服务台(站)320 个,为群众解答疑难问题 1 400 多起(条)。

2001 年 4 月 28 日,第九届全国人民代表大会常务委员会第二十一次会议修正后的《婚姻法》开始实施。2003 年 10 月 1 日,新的《婚姻登记条例》出台。为了搞好的宣传工作,襄樊市民政局,将《婚姻法》、《婚姻登记条例》纳入“四五”普法内容,市民政局及各县市区民政局广泛利用报纸、广播电台、电视台、电视电话会、网络、标语等各种新闻媒体广泛宣传,使广大人民群众做到家喻户晓、人人皆知。襄樊市还开通了婚姻登记咨询热线电话“16881299”,方便了婚姻登记当事人。

1989 年 9 月至 1990 年 5 月,全市各县市区均成立清理查处违法婚姻工作领导小组,负责全市范围内违法婚姻的查处。此次全市共查处 1980 年至 1990 年 5 月期间的违法婚姻 83 444 对,其中早婚 1 6266 对、无证婚姻 66 930 对、近亲婚 172 对、禁病婚 7 对、包办买卖婚 69 对、重婚 24 对。随后对违法婚姻进行了严肃处理。处理结果向当地群众公布,接受群众监督,增强群众的婚姻法律意识。此次执法检查后,各级党政领导推行婚姻综合管理,使全市违法婚姻得到控制和预防。婚姻登记机关建立健全婚姻登记工作制度。村委会还建立村妇女组长、妇女主任、村主任三级审核婚姻状况制度。各级党、政领导对婚姻管理实行目标责任制(或百分考核制),与干部经济利益直接挂钩。许多县(市)采取部门间综合治理方式,将婚姻管理与户籍管理相结合,违法婚姻不得迁移户口;与土地管理相结合,违法婚姻不得分配责任山、责任田和宅基地;与计划生育相结合,早婚者不安排生育指标;与政治荣誉和岗位使用等相结合,违法婚姻当事人及责任者当年不得评为先进,不得加入党、团组织,不得提拔重用等。

1990—2005 年,违法婚姻数量大幅度减少。随着时间的推移,国家的法律法规发生了一些变化,违法婚姻的处理方式也逐渐由组织负责改为由当事人个人负责。特别是 2003 年 10 月以后,婚姻登记必需的法律要件发生了质的变化,当事人需要办理婚姻登记的不再需要单位和村(居)委会出具证明,婚前检查也不再作为法律要件。婚姻登记成为有完全民事行为能力公民的合法权益,结婚、离婚等行为属于个人隐私受到法律保护。各级组织不再管理和干涉公民的婚姻登记行为。有违法婚姻的当事人直接受到法律制裁,不再与户籍、责任田、责任山等经济指标相联系。新的《条例》以人为本,充分尊重了公民的人权,更加人性化。

从 2004 年开始,全省开展婚姻登记依法登记及规范化建设活动。同年 5 月,襄樊市民政局下发

《关于开展婚姻登记规范化建设的通知》和《襄樊市婚姻登记规范化建设实施方案》,对全市婚姻登记机关的设置、婚姻登记机关名称和印章的规范、婚姻登记机关的内部管理及婚姻登记机关内部环境的布置、婚姻依法登记等方面进行明确要求。2004 年 12 月至 2005 年 6 月,襄樊市民政局组织各县市区民政局对全市婚姻登记工作规范化建设进行了巡回检查。

2003—2005 年,市民政局先后举办五期婚姻登记培训班,对全市 47 名婚姻登记工作人员进行业务培训。系统的学习《婚姻法》、《婚姻登记条例》和《婚姻登记档案管理》等系列法律法规,对婚姻登记工作疑难案例进行了答疑分析,提高婚姻登记工作人员的执法水平。全市各县市区十个婚姻登记处于 2005 年全部被省民政厅授予了《湖北省示范婚姻登记处》的光荣称号。

1988 年开始,各地婚姻登记部门根据当地实际,在征得有关部门同意后,自行制定收费标准。根据证书质量的不同,分为不同的档次。低档结婚证工本费 2 元 / 对,中档证 4 元,高档证 6 元。离婚证 20 元 / 每对;出具《夫妻关系证明书》或《解除夫妻关系证明书》按 6 元 / 对收取。婚姻登记乱收费和借婚姻登记"搭车收费"现象,1990 年以前在襄樊市各县市比较普遍。从 1990 年到 2005 年,为制止全国各地借婚姻登记乱收费的现象,民政部先后共下发 17 个文件。襄樊市民政局从 2003 年开始,在全市开展了婚姻登记收费专项治理,下发了《关于开展婚姻登记收费专项治理实施方案》,成立以各县市区一把手为主要负责人的专项治理领导小组。市民政局与各县市区民政局签署了"襄樊市涉农收费专项治理责任状",把婚姻登记乱收费列入了"一票否决权"的范围,要求各婚姻登记处把收费标准在婚姻登记处内挂牌上墙,收费做到公开透明,同时通过报纸、电台、电视台等媒体宣传婚姻登记工作及收费标准,从根本上杜绝了婚姻登记乱收费现象。各县市区婚姻登记处按《婚姻登记条例》规定收费:即结、离婚登记收取工本费 9 元 / 对。襄樊市各县市区借婚姻登记搭车收费的情况到 2003 年得到彻底改变。

1990 年 4 月,襄樊市民政局在保康县进行县级婚姻登记档案管理试点。把该县各乡镇自解放以来的婚姻登记资料全部交由县民政局集中管理。试点成功后,襄阳县、南漳县、宜城县、谷城县、随州市等地也实行了婚姻档案集中管理。2003 年 10 月 1 日以后,全市各县(市、区)婚姻登记全部实现了网上登记。婚姻登记档案也全部集中到各县市区管理、查询。各县市区配有专用档案室、档案柜,档案管理按照民政部及国家档案局的要求进行规范,档案室做到了"五防"要求。档案信息准确完整,各种文书、表格、证件无差错、无伪造、无毁损、无丢失。档案管理水平逐步规范。截至 2005 年,全市 10 个县(市)、区共有婚姻登记档案 16 979 卷。

(五)收养管理

1992 年 12 月 29 日,《中华人民共和国收养法》颁布,自 1992 年 4 月 1 日起施行。民政部令第六号《中国公民办理收养登记的若干规定》于同日颁布施行。1992 年以前,国内尚无有关收养子女的专门法律,民间收养还是沿袭古代旧制(即遵从风俗习惯)。1992 年以后,襄樊市民政部门为贯彻《收养法》做了大量工作,确立收养登记机构。《收养法》和《收养登记办法》规定县以上民政部门是办理收养登记的机关,市民政局办理收养登记的机构设在城福科 (2003 年停办);培养收养登记管理干部队伍。1992 年 5 月,襄樊市民政局在老河口市举办全市收养登记管理干部培训班,受训人员 10 余人;广泛深入地宣传《收养法》。同年 5—6 月市民政局与市直妇联、司法等有关部门联合,在市直城区设立宣传站,开展咨询服务活动,接待咨询群众 70 多人次,受教育群众 3 万多人次;印发《收养登记须知》和《收养法》6000 余份,发至县(市)区及有关单位。各县(市)区采取多种有效形式大张旗鼓地宣传《收养法》。据统计,全市办黑板报 35 期,印发《收养法》、《收养登记须知》11 万份(张),有关领导答电台、记者问6次，培训乡镇《收养法》宣传员7场次，受训人员280多人。开展调查摸底，采取发函调查与走访调查相结合的办法，基本摸清了社会福利机构公养和社会上个人收养的情况。全市收养的弃婴78人，其中福利机构收养弃婴36人(女婴22人)，社会上收养弃婴42人(女婴31人)。经调查分析，社会公养和社会上个人收养有：弃婴多，特别是女性弃婴多；残疾儿童多；95%以上没有办理法律公证等特点。存在着被收养人落户难、入幼儿园难、上学难、长大后就业难等难以解决的社会问题。为维护当事人的合法权益，使被收养儿童能够健康成长，市民政局要求县(市)区民政局尽快、依法开展收养登记，并使收养登记工作逐渐规范化。

2000年，市民政局组织各县(市)区收养登记人员学习《收养法》和《收养法律知识问答》，讨论解答工作中遇到的疑难问题，交流工作经验，收到了预期的效果，当年检查收养登记合格率达100%。

1992—2005年，共收养登记746件，解除收养登记2件，其中国内收养744件，华侨及港、澳、台收养2件(见表26—17)。

1992—2005年襄樊市收养登记情况

表26—17

地区 年份	市民政局	襄城区	樊城区	襄阳区	南漳县	保康县	谷城县	宜城市	枣阳市	老河口	合计
1992	3	—	—	1	—	2	—	2	—	—	8
1993	8	—	—	1	—	1	—	2	—	1	13
1994	14	—	—	2	—	3	—	—	—	—	19
1995	14	—	—	1	—	4	—	1	—	—	20
1996	8	—	—	1	1	2	1	2	—	1	16
1997	10	—	—	3	—	6	9	3	—	—	31
1998	7	2	—	2	4	11	13	7	15	—	61
1999	15	4	—	2	16	5	8	4	46	2	102
2000	22	3	—	3	25	7	25	7	17	3	112
2001	18	5	—	5	3	2	15	6	18	4	76
2002	—	17	11	7	2	6	12	3	16	4	78
2003	—	12	13	6	5	5	10	5	16	1	73
2004	—	8	12	3	8	6	7	3	17	3	67
2005	—	7	10	8	9	5	8	3	18	2	70
合计	119	58	46	45	73	65	108	48	163	21	746

注：表内空格属未办或停办。

(六)殡葬管理

殡葬管理的基本方针是：积极地、有步骤地实行火葬，改革土葬，节约殡葬用地，革除丧葬陋俗，提倡文明节俭办丧事。殡葬改革是以推行火葬、节约土地资源为核心内容的丧葬方式改革。襄樊市各级政府根据本地实际，有针对性地制定和印发了殡葬改革的办法、通知、布告等，并通过会议、板报、电台、通报、宣传典型人、转发典型材料、张贴宣传单、划定公墓区和采取特别措施等形式推动火葬政策施行，使殡葬改革观念根植于人心。襄樊市境内推行以火葬为主要内容的殡葬方式改革，起始于1967年襄樊市火葬场的建成。到1974年，光化县、随县、早阳县火葬场相继建成并投入使用。但火化量一直较少，6 年火化尸体 684 具，年均火化仅 114 具。1983 年，襄樊市政府颁布《殡葬改革管理试行办法》；1986 年 5 月，襄樊市政府发布《关于坚持殡葬改革，加强丧葬管理的布告》。各县（市）区为贯彻《布告》精神，相继召开了殡葬改革工作会议，制定适合本地的殡葬管理实施办法，成立由分管民政工作的县（市）长为组长的领导小组，确定殡葬宣传月，建立殡葬执法小分队。1988 年 8 月，襄樊市委政研室、襄樊市土地管理局、襄樊市民政局联合下发《关于搞好殡葬改革，制止乱占土地建坟的通知》。1989 年 4 月，襄樊市政府就改划市区公墓区下发了会议纪要。同年 5 月，襄樊市委转发市民政局《关于迅速扭转我市殡葬改革工作滑坡局面的报告》。

1987 年 1 月，为促进殡葬改革工作健康发展，襄樊市召开表彰大会，市委、市政府、市人大、市政协、县市民政局局长等 90 多人参加了会议，有宜城县殡仪馆、老河口市殡仪馆和枣阳县殡仪馆火化工万赤明受到表彰。同年 5 月，市政府又在宜城县召开全市殡葬改革工作座谈会，总结交流经验，参观宜城县三个村办骨灰存放堂，认真分析殡葬改革形势，针对存在问题，讨论研究措施。1989 年 1 月 31 日，市政府召集民政、宗教、土地、林业等主管局和四城区负责人就市区公墓区的改划问题进行专题研究。在推行火葬进程中，各县(市)区为执行本地的殡葬管理实施办法，巩固殡葬改革成果，适时扩大火化区。截止 2001 年 10 月，全市经审批的火化区 83 个乡镇，涉及人口 478 万人，面积 11.4 万平方公里。土葬改革区 35 个乡镇，涉及人员 98 万人，面积 0.84 万平方公里。成立县（市）、乡（镇）、村（居）三级红白事理事会，制定村规民约加以配合（见表 26—18）。

全市建立红白事理事会组织统计（截至 1990 年 5 月）

表 26—18　　单位：个

县别	县(市)级	乡级	村（居）民委员会	合计
襄阳县	—	28	636	664
枣阳市	—	—	594	594
宜城县	1	16	182	199
南漳县	—	22	548	570
保康县	1	16	346	363
谷城县	1	19	424	444
老河口市	1	15	249	265
随州市	—	13	548	561
襄城区	—	—	13	13
郊区	1	—	55	56
樊东区	—	—	6	6
樊西区	—	7	15	22
合计	5	136	3616	3744

1992—2005 年，襄樊市共兴建经营性公墓 10 所。经湖北省民政厅批准兴建的有 9 所：襄樊市归山陵、襄樊市天堂、宜城市跑马山、老河口市百花山、枣阳市西郊陵园、保康县塔儿坡、襄阳区功德陵、谷城县公墓、南漳县万福山公墓。经市政府同意兴建的 1 所：襄樊市羊祜山公墓。全市有 1674 个村委会，公益性公墓 113 个，占地面积 375.8 亩。保康县是全市唯一的县级土葬区，每个乡镇建立公益性公墓区，村级公墓片，组级公墓点，并充分发挥红白事理事会的作用，逐步实行土葬管理公墓化。各级政府和民政部门推行目标管理，奖优罚劣，加强领导和业务部门责任感。各县、市将殡葬改革纳入民政业务承包范围，与乡（镇）签订责任状或合同书，实行量化管理，年终奖惩兑现。促使全市火化率逐年上

升，到2005年，全市火化率高达98%以上（见表26—19、26—20）。

2001年经省政府批准襄樊市火葬区与土葬改革区调整范围

表26—19

	火葬区				土葬改革区			
	乡镇总数（个）	村（居）委会数（个）	人口（万人）	面积（平方公里）	乡镇总数（个）	村（居）委会数（个）	人口（万人）	面积（平方公里）
襄阳县	17	644	141.9	3404	—	—	—	—
宜城市	9	209	54.9	2110	—	—	—	—
老河口市	10	272	51.8	1032	—	—	—	—
襄樊市区	17	168	71.7	338	—	—	—	—
枣阳市	16	541	94.7	2589	7	73	15	688
南漳县	5	192	40	1219	7	342	23	2640
谷城县	9	150	23.4	622	10	254	32.2	1881
保康县	—	—	—	—	11	353	28.1	3225
合计	83	2176	478.4	113699	35	1022	98.3	4834

襄樊市1986—2005年间火化情况

表26—20　　单位：具

	襄樊市区	襄阳	枣阳	宜城	南漳	谷城	随州	老河口	合计	火化率%
总计	77 166	45861	38844	56164	12088	19029	14390	50699	314241	82.5
1986	1 914	936	445	2670	373	301	1106	2468	10213	52.2
1987	2 876	1658	1327	3183	447	367	1507	2347	13712	44.3
1988	3 203	3125	1671	3178	494	303	1372	2260	15606	75.87
1989	3 053	1578	1036	2794	638	401	1303	1039	11842	61.3
1990	3 288	1576	1232	3300	709	522	1518	1831	13976	66.6
1991	3 080	1687	1786	2348	715	605	2270	2210	14701	60.3
1992	3 506	1683	2151	2836	713	723	2687	2350	16649	82.4
1993	3 414	1691	1703	2568	188	649	2627	2481	15321	77.6
1994	3 629	1721	1772	2496	690	852	—	2490	13650	82.2
1995	3 996	1701	2203	2564	561	926	—	2550	14501	87.3
1996	4 240	1830	2317	2478	691	1187	—	2580	15323	88.7
1997	4 360	2023	2741	2754	722	1210	—	2593	16403	95.2
1998	4 404	2011	3005	2870	643	1212	—	2613	16758	97.1
1999	4 395	2003	2547	2895	405	1284	—	2513	16042	92.6
2000	4 633	2501	2871	2862	573	1265	—	2701	17406	96.3
2001	4 581	2891	2954	2869	708	1370	—	3100	18473	98.2
2002	4 578	3027	2511	2872	846	1538	—	3326	18698	98.4
2003	4 711	3313	1585	2831	670	1559	—	3255	17924	97.8
2004	4 567	3832	1426	2836	650	1396	—	2950	17657	97.2
2005	4 738	5074	1561	2960	652	1359	—	3042	19386	98.8

说明：随州市1994年与襄樊市分立；保康县属土葬区。

1986 年 1 月 10 日，襄樊市火葬场更名为襄樊市殡仪馆。20 世纪 90 年代末，随着火化区的扩大，火化率的提高，始建于 70 年代初期的襄樊市殡仪馆已不适应新时期社会主义精神文明建设的需要，在市人大、政协委员的提案建议下，于 2000 年底开始筹建，2003 年底建成,2005 年实现整体搬迁。新建殡仪馆位于高新经济开发区团山镇陆寨村，占地面积 80 亩，建筑面积 7100 平方米，总投资 2000 万元。资金来源是殡仪馆自筹 800 万元，职工借资 262 万元（包括民政局所有工作人员），民政局支持 35 万元，市级福彩 200 万元，骨灰盒生产厂家借资 50 万元，施工单位垫资 653 万元。宜城市、老河口市，枣阳市殡仪馆的面貌也发生了根本性变化，服务质量不断提高。

襄樊市殡仪馆 1995—2005 年连续五届被市政府评为文明单位，多次被省人事厅、民政厅评为全省殡葬改革先进单位。2000 年 4 月被共青团湖北省委、省经贸委、省劳动和社会保障厅、财政厅评为“全省青年文明号”；2002 年 1 月，被省政府评为“全省民政系统先进单位”。宜城市殡仪馆，1996 年 2 月，被湖北省民政厅评为“殡葬工作先进单位”；1997 年 10 月，被民政部评为“全国殡葬管理先进单位”。

（七）收容遣送与社会救助

1980 年至 2003 年 7 月以前，襄樊市的收容遣送为强制性的收容遣送；2003 年 8 月 1 日起，国务院《城市生活无着的流浪乞讨人员救助管理办法》颁布实施，襄樊市收容遣送站更名为襄樊市救助管理站，工作也变为流浪乞讨人员自愿求助，救助站实施无偿救助。

1.收容遣送

1982 年 5 月，国务院发布《城市流浪乞讨人员收容遣送办法》，收遣对象明确地规定为：家居农村流入城市乞讨的；城市居民中流浪街头乞讨的；其他露宿街头生活无着的。襄樊市严格执行国务院规定，在收容管理中坚持“救援与教育相结合”的原则，对收容人员实行认真审查、区别对待、分类管理、分别处理的方针。收容人员进站后，经认真询问、登记，查清姓名、籍贯及外流原因，有针对性地进行思想教育。特别是对长流人员，指出外流的危害，指明个人应走的路，鼓励返乡参加生产劳动。对流入城市的孤儿、精神病人、无家可归的盲人及其他外流人员，在未查清籍贯和外流原因之前，暂时留站一边审查一边参加劳动，待查清后遣送。查不到地址的痴呆傻、精神病人，报主管部门审批，送市社会福利院供养。对少数无家可归的，待查清原籍后，与当地民政部门联系，由原籍妥善安置。审查时，发现有刑事犯罪或其他违法行为的，交公安部门处理。在收容期间，收容遣送站负责安排好食宿和疾病矫治。在遣送工作中坚持随时收容，随时遣送。收容人员留站时间一般不超过规定时限（省内一个月，省外一个半月），特殊情况需要延长的，报主管部门审批。遣送外流人员一般是组织集体遣送，也有资助路费自走。是所属县（市）的，送县（市）民政局；属外市、外省的采用对口站转送(见表 26—21）。

1986—2003 年 8 月襄樊市收容遣送情况统计

表 26—21　　单位：人

	上年末在站人数	本年收容人数	本年处理人数		本年末在站人数	备注
			小计	其中遣送		
1986	48	1 238	1248	714	38	
1987	38	596	604	264	30	
1988	30	464	443	235	51	
1989	51	596	638	277	9	
1990	9	295	291	70	13	

续表

	上年末在站人数	本年收容人数	本年处理人数		本年末在站人数	备注
			小计	其中遣送		
1991	13	356	349	295	20	
1992	20	361	360	265	21	
1993	21	837	854	674	4	
1994	4	884	871	650	17	
1995	17	1105	1117	869	5	
1996	5	1002	998	797	9	
1997	9	1115	1119	821	5	
1998	5	1500	1488	935	17	
2000	17	1755	1762	1340	10	
2001	10	2015	2023	1515	2	
2002	2	2839	2836	1368	5	
2003	5	1217	1219	1115	3	
合计	—	18175	—	12204	—	

2.社会救助

随着建设有中国特色的社会主义事业的不断深入,市场经济和城市化道路步伐的加快,城市企业的破产、改制,职工下岗,农村特别是偏远贫困地区的大批剩余劳动力涌向城市,社会上流浪乞讨人员的性质发生了变化,收容遣送办法已不再适应新形势的需要。为从根本上解决城市生活无着的流浪乞讨人员的实际问题,保障其基本生活权益。2003 年 7 月,国务院发布《城市生活无着的流浪乞讨人员救助管理办法》,将收容遣送制度调整为救助管理制度。救助对象为:因自身无力解决食宿,无亲友投靠,又不享受城市最低生活保障或者农村五保供养,正在城市流浪乞讨度日的人员。2003 年 8 月 6 日,襄樊市机构编制委员会将市收容遣送站更名为襄樊市救助管理站,其机构类别、隶属关系、人员编制、经费形式不变。同时,襄樊市还在老河口市、宜城市设站,2004 年保康县设站,枣阳市、谷城县、南漳县、襄阳区民政局加挂救助管理(科、股)牌子,设专人负责救助管理工作。同年 10 月,襄樊市政府召开了全市救助管理工作会议,就救助站的成立(建设)、编制、经费问题及以后的救助管理工作进行了安排部署。

救助管理工作是依法为符合条件的受助人员提供必要的衣、食、住、医疗、卫生、交通、通信中的一项或多项无偿服务,按照随时求助随时救助的原则,对受助人员实行身份甄别,热情接待,分类管理,分别处理,达到帮助受助人员返回常住户口所在地、住所地或单位,恢复正常生产、生活状态的目的。对因务工不着、寻亲不遇、因灾生活困难或被抢、被盗、被骗无钱回家的人和无钱交学费或离家出走漂泊街头的未成年人,提供必要的帮助(如理发、洗澡、换衣等);对危重病人、精神病人采取先医治后救助的办法;对痴呆傻和被遗弃的老人,能查清姓名住址或听口音能大致辩明的,联系对口站,不能查清的,送交社会福利院供养。对不符合救助条件和不如实提供个人情况的如职业乞讨、跑站和以乞讨为生财之道的人,则耐心解释并出具不予救助的书面说明。对擅自离站的,做终止救助处理。随着改革开放的深入,社会救助管理工作出现了诸多新情况新态势,主动求助已不能满足救助管理工作的需要,向主动救助转变已成必然。主要有:在车站、广场、商业区、旅游点、主要街道、繁华路段设立救助点和引导牌;派流动车上街劝导、救助;印发宣传单,向群众宣传解释救助管理的条件和程序等。2004 年后,市救助站每周上街流动宣传、救助三天并形成制度,重大节日在车站、广场、主要街道、繁华路段设临时救助点,为滞留旅客、衣衫单薄的乞讨人免费提供矿泉水、面包、衣物等物品。襄樊市自

2003年8月救助管理条例实施以来，各县(市)区救助管理站(科、股)共接待求助人员6364人。其中，实施救助6216人，终止救助148人，合计经费48.72万元（见表26—22）。

2003—2005年襄樊市救助管理情况统计

表26—22

	求助人员总数	救助人员总数	救助方式 (万元)							
			车船凭证	衣被	食品	医疗	通信	送对口站	合计	
2003	1 571	1528	2.04	1.6	2.07	2.32	1.09	1.2	10.32	
2004	1 655	1603	3.25	1.94	2.56	2.74	2.21	1.68	14.38	
2005	3 138	3083	6.1	2.52	4.61	2.89	2.8	5.1	24.02	
合计	6 364	6216	11.39	6.06	9.24	7.95	6.1	7.98	48.72	

七、老龄工作

老龄工作和老龄事业是伴随着人口老龄化进程而兴起的行业。人口老龄化是指一个国家或地区60岁以上老年人口占总人口的10%或65岁以上老年人口占总人口的7%，被称为“老年型”国家或地区。襄樊市1999年已提早步入老龄化城市行列。截至2004年全市60岁以上老年人口58万人，占总人口的10.28%。1985年以来，全市老龄工作取得显著成绩。尤其2000年以来，认真贯彻《中共中央国务院关于加强老龄工作的决定》，落实《老龄事业发展“十五”计划纲要》。基本实现了《纲要》确定的八大任务和九项目标，全社会敬老、养老、助老的风气进一步形成，老年社会保障制度初步健全，老年人精神文化生活丰富多彩，生活质量有很大提高，老龄事业健康发展。

(一)敬老服务

1.组织机构

1985年12月，经市委、市政府批准，襄樊市成立襄樊市老龄问题委员会，下设办公室。1988年，更名为市老龄工作委员会。1989年11月，市老龄工作委员会办公室为正局(县)级单位，归口市政府办公室领导。2002年5月，市人民政府明确规定，市老龄工作委员会是市政府主管全市老龄工作的议事协调机构。老龄委成员单位包括：组织、宣传、民政、人事、财政、教育等20个部门。其职能是负责全市老年人权益保障法的贯彻实施，制订老龄事业规划，开展敬老教育，维护老年人的合法权益，引导老同志参与社会经济发展和文化体育活动等事项。为加强对老龄工作的组织领导和机构建设，各县(市)、区包括乡镇相应成立老龄工作委员会，村(居)建立老年人协会。市直机关和大中型企事业单位也相应成立离退休管理办(处)、科等老年管理服务机构，老龄工作组织网络基本形成。1985年末成立市老龄问题委员会之前，老龄工作没有综合管理机构，具体工作由各涉老部门承担。

2.敬老活动

1987年，《湖北省保护老年人合法权益条例》规定，重阳节为湖北省“敬老日”。此后，全市每年重阳节(包括元旦、春节)开展一系列敬老活动。1994年，国际老人节启动后，全市各地隆重举行庆祝活动，市长贾天增为此题词“重振雄风为大业，甘洒余晖照后人”。副市长闫增福撰写的《继承和发扬敬老爱老的传统美德》文章，发表在《襄樊日报》上。1996 年 10 月，《中华人民共和国老年人权益保障法》颁布后，襄樊市利用多种形式广泛开展宣传教育活动，先后举办老龄干部培训班 3 期，培训干部 300 余人，各地印发宣传册 20 万册，下发基层单位。1998 年 5 月，全市举办《宣传贯彻老年法 发展老龄事业》摄影展览，展示尊老敬老、推进老龄事业发展的成果。1999 年，国际老年人年启动后，市老龄委、市委宣传部、市卫生局、马应龙药业集团联合举办“敬老工程”，包括问卷调查、慰问劳模、义诊、摄影大赛等活动。2005 年 8 月，市老龄委与珍奥襄樊办事处联合举办“孝心工程”，免费为数千名老人提供健康体检等项目。

在敬老活动中涌现了一批又一批敬老先进单位和先进个人。1988 年，宜城市谭锡香因孝敬老人荣获“全国敬老好儿女金榜奖”。2003 年，保康县民政局职工任爱玉因孝敬公婆被评为“荆楚十大敬老好儿女”。2005 年，谷城县、东汽公司襄樊基地因老龄工作成绩显著分别被评为“全国老龄工作先进县”和“全国老龄工作先进单位”。各级司法行政和监督部门充分运用法律武器，开展上门服务老年人活动，开通“12348”法律服务专线，优先受理、优先审理侵犯老年人权益案件。2000 年以来，共为老年人提供法律咨询 2 437 人次，受理侵权案 1 297 件，结案 1 242 件。其中人民法院判决 615 件，受理虐老典型案 121 件，判刑 15 人，治安处罚 30 人。

3.服务设施

全市各级组织和涉老部门在落实老年生活待遇的同时，注重改善老年福利服务设施，丰富老年人的精神生活。截止 2005 年，全市在村(居)建立“星光之家”89 所，建立老年活动中心室 5 120 个，老年大学(学校)66 所，室外广场 68 个。此外，一些条件好的单位建立健身室、添置健身器材等。

(二)老年福利

老年福利包括老年生活待遇和老年优待。

1.老年生活待遇

1978 年 6 月，国务院颁布《国务院关于安置老弱病残的暂行办法和国务院关于工人退休退职的暂行办法的通知》，两个办法的出台对离退休年龄、生活待遇和管理服务等进行了明确的规定。1991 年，全市 3766 名离休干部，13937 名退休干部，31883 名退休工人。在计划经济向市场经济转轨的情况下，基层组织和有关部门认真落实离退休干部、职工的生活待遇。 1991 年 6 月，《国务院关于企业职工养老保险制度的决定》出台后，在全市推行企业职工社会养老保险工作。2000 年 4 月，劳动和社会保障部出台《关于加快实行养老金社会化发放的通知》，按照通知精神在全市市推行此项工作。经过努力，城镇社会养老保障制度建立并日趋完善，“两个确保”得到落实。2003 年，在企业改制中，陆续出台并完善了企业离休干部保障制度、职工养老保险、医疗保险和城镇低保等制度。与此同时，加大了对老社会保障的投入。据统计，2001—2003 年，全市用于老年社会保障的投入就达 10.33 亿元。截至 2003 年底，襄樊市企业职工参保人数达到 48 万人，其中 10.5 万名离退休职工领取养老金 6.2 亿元，社会发放率达 100%。全市离休干部“两费”得到落实，3 375 名离退休费、医药费实现了全员保障。

老年人社会救助得到加强。襄樊市民政部门重视做好五保老人供养工作。1994 年 1 月，国务院出台《五保供养条例》。截至 2003 年，全市已建社会福利院 8 所，1437 张床位；村福利院 245所，床位 7939 张。农村五保供养对象 18577 人，集中供养率达到 60.8%。到“十五”末能接近 100%；18518 名在乡老复员军人的生活、医疗、住房问题得到解决。全市完善城市“低保”制度，享受低保的老年人 7763

人，月领取低保金38.9万元，全市122名百岁老人均享受了每年1200元的长寿保健费和生活补助费。

农村养老保障机制在积极探索中推进。截至2003年底，全市农村参加养老保险的84.6万人，到龄领取保险金达6 230人，年领取保险金43万元。此外，条件好的地方探索推行农民退休补贴制度，解除了老年农民的后顾之忧。

老年医疗保障制度改革步伐加快。截至2003年底，全市城镇参加医疗保险的职工有40.1万人，其中离退休职工为8.6万人。谷城县、老河口市作为全省新型农村合作医疗试点单位，自2003年7月启动到2004年6月，参加新型合作医疗的人数达57.98万人，约占80%。这项改革别有利于老年人。

2.老年优待

1999年8月27日，省人民政府常务会议审议通过《湖北省关于老年人享受优待服务的规定》。本省行政区内年满60周岁以上老人均可依照本规定，从1999年10月1日起，在全省范围内享受优待服务，其优惠范围包括生活、医疗、娱乐、法律援助等十多个项目。

市政府转发市老龄委《关于做好老年优待工作的意见》，并专门召开市长办公会，研究解决包括老年人免费乘车等有关事项。市老龄委办公室作为老年优待工作的管理服务机构，根据市政府的要求，一方面督促有关部门落实优待项目，为老年人提供优惠便捷的服务，另一方面对符合条件的老年人办理优待证，老年优待工作当年兑现。

为老年人提供以下优惠项目：百岁老人每月补助100元长寿补贴；老年人优先就诊、检查等；65岁以上老年人免费乘市内公共汽车；老年人免费入公共厕所；老年人进入公园风景区，门票实行免费或半费优惠；为老年人提供法律援助；福利院、敬老院供养孤寡老人或代养其他老人；优先为老年福利企业和老年经营者办理手续；社保机构按规定给予丧葬补助金；农村老年人不承担义务工、劳动积累工，不收取各类社会性集资款；70岁以上老人免交村提留、乡统筹款。截至2005年，襄樊市已为5万多自愿办证的老年人办理了“湖北省老年优待证”，市区16条公交线路、135所公厕和所有公园都免费为老年人服务。火车站、汽车站、医院等窗口服务单位均挂牌明示为老年人提供方便。

（三）老年活动

市老年活动包括老年人参与社会发展和开展适合老年人的群众性文化、体育、娱乐活动。

1.参与社会发展

1996年颁布的《中华人民共和国老年人权益保障法》明确指出，国家应当为老年人参与社会主义物质文明和精神文明创造条件，根据社会需要和可能，鼓励老年人在自原和量力的情况下从事下列活动，包括对青少年进行传统教育，传授文化科技知识，参与科技开发和应用，从事经营和生产活动，兴办社会公益事业活动。20世纪80年代初，随着党和国家离退休政策的落实，一大批老干部、老职工陆续离开工作岗位，过着退休生活。根据国家的有关政策和要求，全市注重发挥老干部、老科技、老党员的作用，开展老有所为活动。市老龄委办公室在此项活动中，注重抓调研、抓典型，抓动员。总结推广宜城市刘猴镇老干部开展“七种（种植业）八养”（养殖业）的经验。1988年组织参与了“全国老有所为精英奖”评选活动，原行署副专员、老红军秦志维注重对青少年进行革命传统教育，老河口市农行退休干部安明合回家创办乡镇企业，事迹突出，被授予“全国老有所为精英奖”。这些经验和典型进一步推动了全市老有所为活动的开展。

进入20世纪90年代，全市动员老年人积极参与经济建设，一手抓巩固提高，一手抓兴办经济实体,老有所为形成了良好发展的势头。一批从国有企业退下来的老干部、老科技利用资源优势兴办经济实体。1994年,市区办经济实体20多家。如:襄阳轴承厂老年服务部利用边角废料,加工生产轴承;建昌厂重阳公司加工卷烟机配件,等等。老同志兴办经济实体,一方面充实了精神生活,陶冶了情操;另一方面增加了个人收入,为困难老职工发放了生活补贴。仅建昌厂重阳公司94年销售收入达200万元,赢利后当年为每名离退休职工发放生活补贴200余元。进入21世纪,全市重视发挥老年人的政治优势和技术专长,老年人在社会和经济发展中做出新贡献。全市有10万多老年人以不同方式参与老有所为,有的著书立说,有的兴办经济实体、有的关心帮助下一代,有的参与公益活动,涌现一批先进集体和个人。市老区建设促进会坚持常年定向帮扶革命老区和贫困地区,为其修路、发展种养殖业,每年投入资金数百万元,受到群众的称赞。樊城区3000多名老同志参与社区管理教育活动,甘当政策宣传员、治安巡逻员、卫生监督员,纠纷调解员,在构建和谐社区中发挥了积极作用。

2.参与文体活动

市老龄工作委员会成立以来,各级老龄组织和涉老部门组织老年人开展丰富多彩的文体活动,尤其是1999年之后,随着人口老龄化进程加快和精神生活的需求,老年文体活动蓬勃发展。市区各级老龄组织和大型企事业单位,根据老年人特长和爱好注重培养老年文艺、体育、书画等团队。截止2005年,全市已建立老年体协组织830个,书画协会组织130个,文艺演出团队248个。全市有15万老年人以常参加全民健身活动。市老龄委办公室与有关部门坚持每年组织重阳节文艺汇演、举办健康知识讲座、才艺大赛多项活动,使老年人强身健体。1998年3—9月,市老龄委、市委宣传部、市妇联等单位启动“金银婚佳侣”评选活动。共评选佳侣63对,其中钻石婚10对、金婚20对、银婚33对,并举行颁奖文艺晚会。1999年8月,市老龄委、市委宣传部等举办“世纪健康老人”评选活动暨颁奖文艺晚会,有99名老人获得世纪健康老人称号。1999年,市老龄委承办了全国城市中老年人“金环杯”无极健身球保健操(舞)比赛,来自全国的76支代表队1110名中老年运动员参加为期三天的比赛。2001年,市老龄委动员老同志参加市区举办的周末文化广场活动。据统计,当年3月至10月,全市共有60多个老年文艺组织参加40余场文艺演出,达7100人次。

(四)老年大学

襄樊市老年大学成立于1986年8月,是全省较早举办老年大学的城市之一,也是中国老年大学协会成立之初的会员校之一。学校管理体制是组织部主管、老干部局主办。老年大学当时设在市老干部活动中心,教室只有100多平方米,开一个综合班。新老干部活动中心建起后给市老年大学留有两个大教室面积200多平方米。但这远满足不了离退休老干部学习的需要。2005年12月市委、市政府决定将市人事局军转干部培训中心大楼和礼堂计6200平方米全部由财政拨款租给市老年大学使用。学校有6个专用教室、两个排练厅、两个计算机教室,开设有诗词、英语、电脑、书法、绘画、音乐、园艺、舞蹈、摄影、烹调、京剧、太极拳、剑等12门专业课,共17个班,参加各科学习的学员达1900多人次。各县(市)区的老年大学也都办得生机勃勃。截至2005年底,襄樊市共建有老年大学(学校)25所,已毕业学员达21400多人次。

卷二十七　劳动、人事

中共十一届三中全会以后，襄樊市实行积极的就业方针，广开就业门路，调整产业结构和所有制结构，发展集体经济、非公有制经济。从业人数快速增长，基本上解决了上山下乡知识青年及其他城镇待业人员的就业安置问题。随着经济体制的全面改革，面临新增劳动力就业和企业下岗失业人员再就业的双重压力。全市坚持市场导向就业机制，多渠道开发就业岗位，落实各项再就业优惠、扶持政策，发挥劳务市场等职业介绍机构作用，使城镇登记失业率稳定在4.20%左右。1983年，试行劳动合同制。到1995年，全面实行全员劳动合同制，以固定工为主的用工制度被全员劳动合同制所取代，劳动力指令性统一调配制度被市场调剂所取代，逐步形成用人单位和劳动者双向选择，劳动力合理流动的机制。

企业工资制度由国家统一制定的工资制度逐步过渡到企业自主确定适合本企业特点的工资制度及分配形式。工资指导线制度、劳动力市场工资指导价位制度，指导企业的工资分配。1995年5月，开始执行最低工资标准，保障劳动者及家庭成员的基本生活。

从1991年起，全面开展对技术工人的培训、考核和鉴定工作。1989—2005年，共鉴定发证206 881人次。技工学校坚持以教学质量为中心，素质教育为重点，根据劳动力市场需求，开发和调整专业设置，从2000年起，招生人数呈大幅上升趋势，为社会培养、输送了大量专业技能人才。

1984年7月，襄樊市试行劳动合同制职工社会保险。1988年9月，国营企业职工离休、退休、退职养老基金实行社会统筹。1996年1月，基本养老保险实行社会统筹与个人账户相结合。1998年1月起，开始施行全国统一的企业职工基本养老保险制度，逐步实现统一企业和职工个人的缴费比例，统一个人账户规模，统一基本养老金计发办法。至2005年，襄樊市企业职工基本养老保险参保人数414 756人，离退休人数135 971人。农村社会养老保险于1992年5月起步，到2005年，参保人数901 800人，领取养老金人数7 353人，为新型农村养老保险试点工作的开展打下了坚实基础。

1986年底，开始在国营企业推行失业保险（1986年7月—1998年12月称待业保险），按企业全部职工标准工资总额的1%征缴保险费。1999年1月起，参保单位按照本单位工资总额的2%、职工按本人工资的1%缴纳失业保险费；失业保险金发放标准为当地最低工资标准的70%，医疗补助金为最低工资标准的5%，合计发放75%，领取期限最长为24个月。2005年，失业保险参保人数382 736人。

工伤保险制度改革自1991年进行试点，1993年全面实行。根据各行业的伤亡事故风险和职业危害程度的类别实行差别费率。2004年10月起，实行行业基准费率和行业浮动费率制。因工伤残职工的治疗费用和相关待遇，工亡职工的丧葬补助金、供养亲属抚恤金、一次性工亡补助金由工伤保险基金支付。2005年，工伤保险参保人数302 610人。

生育保险制度改革于1994年11月起步，当年27 540人参保。企业按上年度全部职工工资总额的1%缴纳生育保险费，女职工的生育待遇从生育保险基金中支付。2005年，生育保险参保人数276 358人。

城镇职工基本医疗保险制度改革于1999年3月启动，2000年4月，首批24 500名职工参保。基本医疗保险实行社会统筹和个人账户相结合。统筹基金支付参保人员在定点医院或治疗符合规定的病种所发生的医疗费用中，按规定由统筹基金负担的部分；个人账户主要用于定点医疗机构门诊治疗或在定点药店购药的费用。2005 年，医疗保险参保人数 489 434 人。

劳动监察机构 1994 年成立。1995 年，全面开展劳动用工年检、劳动保障专项监察、查处劳动保障违法案件等监察事项。至 2005 年，劳动监察立案 1167 件，结案 1 167 件，结案率 100%；清欠农民工工资 3 184.2 万元；清理整顿社会职介机构 484 个。1987 年 5 月，襄樊市劳动争议仲裁委员会成立。至 2005 年，劳动争议处理机构共受理劳动争议案件 4 239 件，结案 4 194 件，结案率 98.9%；鉴证劳动合同 695 924 份，纠正违法无效合同 53 664 份；11 个仲裁庭有 9 个被湖北省劳动和社会保障厅、湖北省劳动争议仲裁委员会命名为“规范仲裁庭”。

1979 年以后，襄樊市人事人才管理体制和工作机制进行一系列改革，探索与社会主义经济发展和建立社会主义市场经济体制相适应的新的人事人才管理机制，为优秀人才的不断涌现，为建设高素质干部队伍开创性工作，为社会主义经济建设和社会发展贡献力量。从 20 世纪(下同)70 年代末到 80 年代中期，襄樊市和所属县、市、区政府人事机构相继恢复和建立，人事部门在各级党委和政府领导下，贯彻党的基本路线，确定为经济建设服务的指导思想，推进干部队伍“革命化、年轻化、知识化、专业化”建设，认真执行党和国家的人事工作政策、法规，积极探索干部人事制度改革的路子。这时期干部人事工作的主要内容是：妥善处理历年积累的人事工作遗留问题，落实干部政策和知识分子政策，解决夫妻分居、“以工代干”、技术职称复查晋升、军队干部复员改转业等问题；加强干部队伍宏观管理，遏制干部队伍膨胀，提高干部队伍素质；调整和优化干部队伍结构，使干部流向合理，为经济建设一线服务；推行干部岗位责任制，加强德能勤绩全面考核，提高工作效率；恢复和健全干部退休制度，加强离退休干部管理，疏通干部队伍出口，促进新老交替；开展干部任免奖惩、落实工资政策、接受安置军队转业干部、分配派遣大中专毕业生等工作。这时期干部人事工作改革探索的主要内容有：推行企业干部全员聘用制，废除铁交椅（职务）、铁饭碗（干部身份）、铁工资，时称砸“三铁”；机关事业单位新增工作人员实行面向社会公开考试择优录用制度，公开招聘乡镇干部；事业单位进行干部职位分类管理试点，技术干部实行专业职称评聘工作；按国家统一部署，开展机关和事业单位的工资制度改革。80 年代后期至 90 年代中期，是干部人事制度改革全面进行并取得重大进展时期。这个时期人事工作，主要是建立健全了“三个制度”，即国家公务员制度、现代企业人事制度及事业人事制度和新的工资制度，进行了四个方面的改革：即人事制度改革、工资制度改革、职称制度改革、保险制度改革。主要工作有如下五个方面：实施国家公务员制度。1987 年中共十三大作出建立国家公务员制度的决策，1993 年国务院颁发《国家公务员暂行条例》。在这段时间内襄樊市人事部门对国家公务员制度进行广泛宣传、培训骨干、调查摸底，为实施公务员制度打下基础；改革企业人事制度。在普及和巩固全员聘用基础上，进一步简政放权，确立企业自主经营的法人地位，完善企业自主用人机制，针对不同企业特点，如股份制企业、集团型企业、三资企业探索不同的人事管理办法，建立现代企业人事管理制度。改革事业单位人事制度。按照“脱钩、分类、放权、搞活”的指导思想，对事业单位实行分类指导，推行聘用制、实行竞争上岗、择优聘用，将人事制度改革与工资分配制度、社会保险改革结合起来，实施综合配套，增强内部活力。建立健全人才评价、选拔和管理机制。实行专业技术职务聘任制，建立专业技术职务评聘和考核制度，规范评审、聘用的组织管理；改革大中专毕业生就业制度，为大中专毕业生就业提供各种服务，广开就业渠道，发挥各类人才作用；市委、市政府制订了奖励科技人才的办法，一批科技人员相继入选国家和省级有突出贡献中青年专家、市级拔尖人才、享受政府津贴，选拔一批省突出贡献的学术和技术带头人，选拔一批受到国家、省、市、县表彰的农村拔尖人才。适应政府转变职能需要，初步建立健全了人事宏观调控体系和人事计划管理体制，开展了人事争议仲裁工作，人事工作不断向法制化方向发展。90 年代后期至 2005 年，全市干部人事制度改革进入整体性推进和深化阶段。1995 年后，人事工作实行“两个调整”：把适应计划经济的人事管理体制调整到与社会主义市场经济相配套的人事管理体制上来；把传统的人事管理调整到整体性的人才资源开发上来，建立和完善“三个制度”、“三个体系”和“三支队伍”。“三个制度”即：符合机关和企业、事业单位各自特点的科学的人事分类管理制度；科学合理的机关、事业单位工资分配制度；多层次的机关、事业单位工作人员社会保险制度。“三个体系”即人事宏观调控体系；人才市场体系；人事法规体系。“三支队伍”即精干、廉洁、高效的公务员队伍；适应现代化需要的科技人员队伍；包括企业家在内的善经营、会管理的经营管理队伍。围绕干部人事制度改革的基本框架，这段时期，全市人事工作主要内容：一是全面推行公务员制度。1996 年《襄樊市推行公务员制度实施方案》获省政府批准，1998 年，按照新设的职位及职位要求，对原行政机关干部进行资格审查，竞争上岗、双向选择、轮岗，分流过渡，确定公务员身份和职位；2000 年，全市机关中层干部调整，根据公务员管理细则要求，继续实行竞争上岗和轮岗。2002 年，全市进行机构改革，根据“三定”方案要求，再次实行竞争上岗和轮岗；每年坚持公务员年度考核制度，考核结果与职务晋升、工资调整、评先创优紧密挂钩；公开推荐和选拔领导干部、依法任免。2003—2004 年，面向全市公推公选领导干部，扩大民主、增强监督，取得良好效果。公务员的回避、申诉制度也得到较好落实。2003 年，市委、市政府下发《关于加快推进事业单位人事制度改革意见》，对全市事业单位工作人员的公开招聘、聘用管理等进行规范；2004 年，市委组织部、市人事局转发《湖北省事业单位领导人聘任管理暂行办法》，在实行人员聘用制的事业单位，对党政领导及内设中层领导岗位的管理人员的聘任管理作明确规定。企业人事制度改革力度加大，逐步建立现代企业人事制度。制订人才规划，从当前与长远发展的需要，为企业筹集人才；健全和完善各级人才市场，使企业人力资源配置实现市场化；通过委培、与高校签订协议建立大中专毕业生实习基地等为企引进急需人才；通过继续教育、建立博士后产业基地等为企业提高科技人员素质、增强科技创新能力；2002 年，市人事局增设公务员管理科、专业技术人员管理科；实行政事分开，明确人事部门所属事业单位职能，强化人事行政宏观调控能力。在市政府行政服务中心设立一站式人事工作服务窗口，为社会提供高效便捷的人事管理服务。

一、劳动

（一）劳动力管理

随着社会的发展，劳动力管理逐步由粗放型管理向精细化管理转变。企业以人性化、科学化管理方式适应生产建设和经济社会发展需要。

1.用工制度

1979 年，按照“在国家统筹规划和指导下，实行劳动部门介绍就业、自愿组织起来就业和自谋职业相结合”的就业方针，推行多种渠道、多种形式的用工制度。1983 年，劳动用工制度改革，试行劳动合同制。劳动合同制职工的试用期，按行业、工种和是否经过就业前培训进行划分。就业前经各类学校、培训班和劳动服务公司定向培训并取得合格证的合同制职工，试用期分别为 3 个月至 1 年；就业前未经培训的合同制职工，除普通工和勤杂工试用期为 3 个月外，其他试用期为 1 年至 2 年。试用期满后，用工单位与个人正式签订合同书。合同制职工试用期满经考核合格，按其实际达到的水平评定级别，一般定为二级。对学习进步快、劳动态度好、技术水平高、工作效益显著者，可定为三级甚至更高。同时规定“合同制职工实行浮动升级办法”，即每年考核一次，连续三年考核合格达到上一级技术水平者，标准工资还可向上浮动一级；如果次年生产技术水平下降，工作表现不好，考核不合格者，则按其实际达到的水平,工资向下浮动。通过对用工制度的改革,突破了过去规定的条条框框,使劳动合同制职工的工资待遇优于固定工。当年,招收合同制工人 3 899 人。1986 年 7 月,国务院下发《国营企业实行劳动合同制暂行规定》,同年 9 月,湖北省下发《湖北省国营企业实行劳动合同制实施细则》,用工制度改革步伐加快。国营企业在国家劳动工资计划指标内招用常年性工作岗位上的工人,除国家另有特别规定以外,统一实行劳动合同制。1988 年,在 527 家全民企业中推行固定工制度改革,占全民企业总数的 43.66%。改革中产生的富余人员按照"内部消化和就地消化为主"的原则,安置了 5 600 人,占富余职工总数的 51.00%。1992 年,放开劳动用工计划,落实企业用工自主权。允许企业按照"面向社会、公开招收、全面考核、择优录用"的原则,自主决定用工数量、时间、条件和形式,随报随批。全年新招职工 38 966 名。1993 年,在卧龙饭店和国营 510 厂进行全员合同制改革试点,至年底 1 650 名职工全部实行劳动合同制。当年,劳动合同制工人达 108 124 人,占全民单位职工总数的 19.3%。1994 年,推行全员劳动合同制。企业内打破干部与工人,全民职工与集体职工身份的界线,不论干部、固定工还是合同制工人统称为企业员工。企业和企业员工在平等自愿、协商一致的基础上签订劳动合同,确立劳动关系。在市区四个企业进行试点后推行,并在宜城市、老河口市全面实行全员劳动合同制。同年将全民单位混岗集体职工,改制为全民合同制工人;对集体单位新招工人,将 25 岁以内的,改招为劳动合同制工人;对集体所有制单位工人,经单位和上级主管部门同意,成建制或个人改转为劳动合同制工人,按全民单位劳动合同制标准纳入统筹范围。通过"三改",全市劳动合同制工人达 146 250 人,占全民单位职工总数的 24.9%,高于全省平均数 5.9 个百分点。1995 年 1 月 1 日,《中华人民共和国劳动法》施行。全员劳动合同制全面实行。全市国有企业职工 310 796 人,已签订劳动合同的 300 146 人,占 96.6%;集体企业职工 110 540 人,改转并签订劳动合同 105 631 人,占 95.6%;其他所有制经济的职工 38 909 人,已签订劳动合同 36 992 人,占 95.1%。2001 年 3 月,国家经济贸易委员会、人事部、劳动和社会保障部出台《关于深化国有企业内部人事、劳动、分配制度改革的意见》,把深化企业人事、劳动、分配三项制度改革作为规范建立现代企业制度的必备条件之一。劳动用工制度的改革,打破过去"吃大锅饭"、"端铁饭碗"的传统做法,原有的国家"统分统配"的就业形式被彻底打破,面向社会公开招工制度相继建立,并逐渐过渡到劳动者自主择业,市场调节就业,政府促进就业的新的用工体制。

2.职工调配

在计划经济体制下,实行劳动力统一调配制度。对在职职工进行平衡调剂和调动,其目的在于使劳动力以新的变化来适应生产建设任务的需要,合理地使用劳动力,保证生产建设任务的完成或超额完成。职工调配的原则是:树立全局观点,局部服从整体,调出单位不要留强调弱,调入单位不要挑剔过严,从整体利益出发,共同协商解决;分轻重缓急,合理调配劳动力,急需用人的单位或职工家庭有特殊困难急需解决的及时办理,一般情况按正常调动办理,保证生产第一线有足够、精干的劳动力,不得无故将生产第一线人员调往非生产部门;劳动力的余缺调剂,按照先内后外,先近后远,尽量从本单位、本部门、本地区解决,从生产实际需要出发,减少远距离的调动;夫妻两地分居时间较长,家庭困难较大的,在可能的情况下,优先解决;凡编制定员已满员的单位,一般不得调入职工;集体所有制职工,原则上不得调入全民所有制单位,如有特殊情况,确实需要调动的,必须在全民所有制单位有增人指标的情况下,经地(市)劳动部门批准,方可调入;"四场"职工也不得调入全民所有制单位,一般在"四场"内互相调剂,因生产(工作)需要必须调入的,调入单位要有增人指标,并逐级报经省劳动部门批准后,方可调入;合同工、临时工、季节工、亦工亦农人员以及计划外用工,不能调动。

职工调配的形式很多,从范围上可分为企业内部调动,企业之间调动和地区之间调动;从劳动力的归属上可分为正式调动和临时借调,正式调动改变职工的隶属关系,临时借调不改变隶属关系;从人员数量上分为成批调动和零星调动。调动主要有以下四个方面:余缺调剂调动;工人夫妻两地分居调动;军队转业干部家属调动;其他调动。1979 年 4 月 1 日起,各县(市)属单位的工人正常调动,不再经襄阳地区劳动局审批,改由各县(市)劳动局直接审批和办理调动手续。1980 年 1 月 1 日起,县(市)及地直单位之间商调工人,经地区劳动局与县(市)劳动局联系商洽,同意后办理调动手续。1980 年 3 月以后,在劳动力调剂时优先解决夫妻分居的调动,1980 年至 1983 年,解决工人夫妻分居调动 23076 人。其中调入 11 481 人,调出 11 595 人。1985 年 3 月,劳动部门将县(市)属企业之间职工调配权下放给企业,以逐步改变对劳动力的调配统得过死、管理过严的做法。1992 年,职工调动实行“四放”:同城、同性质、同身份人员调动放开,由企业自主决定;市区内合同制工人转移放开,由企业双方商定并办理转移手续;市区内集体性质职工转为全民合同制工人,随报随批随办;市区内调出职工由企业自行办理。2001 年,襄樊市取消了粮油关系转移限制,户口迁移也随之松动。多数企业是通过自身的努力实现了引进和招聘各种技术人才的目的。指令性计划调配,不利于职工正常流动和劳动力合理配置而逐步被市场调剂所取代。部分年份职工调配情况见表 27—1。

部分年份职工调配统计

表 27—1

年 份	调入人数				调出人数				调入人数中解决夫妻分居	调出人数中解决夫妻分居
	合计	外省市	外地市	本市	合计	外省市	外地市	本市		
总 计	2 992	189	277	2526	2858	871	283	1704	966	958
1986 年	770	91	74	605	606	102	101	403	233	220
1993 年	867	45	82	740	865	181	77	607	294	277
1997 年	243	15	28	200	227	66	16	145	80	75
1998 年	289	7	22	260	240	42	25	173	90	85
2000 年	259	11	12	236	206	77	18	111	79	74
2001 年	295	4	36	255	236	108	19	109	94	88
2002 年	129	4	6	119	208	110	15	83	43	67
2003 年	88	5	7	76	145	91	4	50	30	29
2004 年	41	6	7	28	104	81	5	18	19	37
2005 年	11	1	3	7	21	13	3	5	3	7

(二)劳动力市场

1981 年 10 月,襄阳地区劳动服务公司成立。1983 年 12 月,襄樊市劳动服务公司担负介绍就业、输送临时工,组织生产、服务,进行职业培训等项任务,以安置待业人员为主要目的。各县(市)、区相继成立劳动服务公司,集镇、街道设立劳动服务站。1988 年 10 月 5—7 日,市区首届劳务市场交流大会在襄樊大学广场召开,有近万名求业者及家属参加。26 个用人单位投放招工和招生培训指标 1560 名;127 个单位需求技术工人 378 名;个人申请交流的有 24 人,当场被聘用 5 人;谷城、南漳、宜城三县为市区劳务市场提供家庭保姆 49 人,当场聘用 34 人;襄樊大学学生申请当家庭教师 77 人,当场聘用 2 人。1990 年 3 月,襄樊市劳动服务公司更名为襄樊市劳动就业管理局,为隶属市劳动局的副县级事业单位。1993 年 6 月,襄樊市劳务市场成立(1994 年 1 月更名为襄樊市劳动力市场)。地点设在市劳动就业管理局一楼大厅。将劳动就业管理局的社会劳动力管理科、就业安置科、待业保险科、就业前培训科和劳动局计调科、仲裁办以及养老保险相关业务纳入劳务市场，实行“一条龙”服务。劳务市场设置综合服务、就业培训、劳务服务、劳动力供求信息、职业介绍服务等7个部，开设信息咨询、职业介绍、劳务协作、职业培训、职工调动、合同制工人转移和综合服务等业务窗口。建立了劳务监察室、微机室、信息库，形成了为劳动力供求双方提供服务的网络，沟通了城乡、行业、企业之间劳动力供求信息。当年，通过各级劳务市场介绍职业4万余人，向社会发布劳务信息88条，接纳失业职工723人，组织就业前培训3万余人。通过劳务市场安排就业31 498人。其中，全民单位9 230人，集体单位12 022人，城镇个体就业3 845人，临时就业5 408人，其他所有制单位就业993人。

1994年，乡镇以上职业介绍所105个，其中劳动部门开办98个，职业介绍网络基本形成。1995年，职业介绍所上升至113个，办理求职登记66 528人，介绍就业33 125人。1996年12月22日，举办“市区96冬季劳动力交流集市”，有20多家用工单位进场招工招聘，2 300余名求职者参加报名，为800名城镇失业人员办理招工招聘手续，使20余名企业富余职工实现再就业。1997年，劳动力市场运行机制逐步健全，服务功能增强，通过“’'97樊城春季大型劳务集市”、“’97夏季襄樊市下岗职工再就业洽谈会”、“’97秋季襄樊市下岗职工再就业洽谈会”，帮助3 000余名下岗职工实现再就业。

1998年9月5日，经省劳动厅批准，鄂西北劳动力中心市场在襄城区檀溪路43号建成开业。该中心市场是在“襄樊市劳动力市场”的基础上，经省、市有关部门共同筹资250万元扩建而成，是湖北省较大的区域性劳动力市场。市场分东、西两个大厅，具有职业介绍、流动就业人员档案管理、办理证卡、合同鉴证、办理使用外来人员手续、用工手续、养老保险金转移、职工调动、劳务输出、培训、失业保险金收缴与发放、再就业服务等功能。1999年，以鄂西北劳动力中心市场为中心，初步形成网络互联。各县(市)、区统一安装“劳动99”计算机软件和劳动力市场分类软件，建立了樊城、襄阳、谷城、枣阳四个县区级局域网。中心市场举办9次大型劳务集市，进场求职者12 000余人，进场用工单位488家，提供就业岗位4 678个，达成就业意向3 593人。

2000年，劳动力市场实行“三化”(科学化、规范化、现代化)建设。襄阳县劳动力分市场、樊城区劳动力分市场、枣阳市劳动力分市场先后投入使用，与“鄂西北劳动力中心市场”实现联网，鼓楼室外电子显示屏于5月2日正式投入使用。通过劳动力市场办理求职登记32 394人，安置城镇失业人员27 524人。2003—2004年，进行劳动就业服务“新三化”(制度化、专业化、社会化)建设。全市投入1 700余万元，建立街道、社区劳动保障服务机构164个，建立乡镇劳动保障服务机构70个。到2005年，已形成以政府开办的公共就业市场为主体，社会团体和民办为补充的劳动力市场服务体系。劳动者可以得到政策咨询、职业介绍、职业指导、就业失业登记、职业培训、失业保险、劳务派遣、创业指导、劳动保障事务代理、职业供求信息、市场工资指导价位等公共就业服务。用人单位和劳动者双向选择，劳动力合理流动的就业机制得以实现。

(三)劳动就业与再就业

1981年，知识青年基本收回城镇就业。其中招工、招生、征兵、提干安置61 753人，顶职、病转安置2 938人，其他安置201人。此后，就业安置重点转向城镇新增长的劳动力和“文化大革命”时期遗留的待业人员。同年10月，襄阳地区劳动服务公司成立(1983年12月改名为襄樊市劳动服务公司)，承担部分劳动就业管理的任务。至1983年底，登记待业人员111 787人，安置72 844人，占登记人数的65.16%；举办各种类型的培训班90期，培训待业青年3383人、在职职工3 404人；组织待业青年从事临时工1 948人，季节工571人；帮助待业青年办企业、商店234个，安置待业青年2 287人。这一时期，实行劳动部门介绍就业、自愿组织起来就业和自谋职业的就业方针，发展集体经济，鼓励和扶持个体经济,加快发展劳动密集型行业。就业安置由过去主要靠国营企业招工,转到国营、集体、个体多种渠道。1983 年,安置待业人员 17 300 人,有 10 309 人安置到集体单位,占安置人数的 59.59%。至 1983 年底,从事个体劳动 29 692 户,从业人员 37 926 人,是国营企业职工总数的 8.6%。1985 年,城镇就业人数 617 194 人,其中集体单位和个体劳动者占 30%。劳动服务企业自 1981 年成立第一家,到 1990 年,发展到 810 家,从业人员 33 000 人。

1992 年,放开劳动用工计划,落实企业用工自主权,当年招工 28 966 人。1993 年,通过劳务市场和职业介绍机构,介绍就业 31 498 人。至 1993 年底,建有劳务输出网点 86 个,劳务信息窗口 12 个,累计输出劳动力就业 15 万人次。到 1997 年底,建立各类职业介绍机构 132 个,就业培训基地 16 个,职业培训机构 48 个;培训各类求职人员 49 910 人,通过培训就业的有 39 900 人。在进行产业结构和企业组织结构调整的过程中,企业失业职工逐年增加,到 1996 年,期末实有登记失业人数 24303 人,登记失业率 2.99%。随着企业改革的进一步深入,产生的大量下岗失业人员需要提供基本生活保障和分流 安置。

襄樊市政府及时启动"再就业工程"。经过 1997 年的试点运行,1998 年 8 月开始全面实施。为了不让下岗职工长期滞留企业内部,又不将其直接推向社会,建立 870 户再就业服务中心。职能是接受企业委托对下岗职工进行管理,保障下岗职工的基本生活,帮助下岗职工再就业。下岗职工与再就业服务中心签订托管协议,办理下岗证,享受为期三年的基本生活保障和再就业服务。下岗职工基本生活保障费的筹集,原则上采取"三三"制办法。企业负担三分之一;财政(包括中央财政转移支付资金和本级财政预算)安排三分之一;社会筹集三分之一(见表 27—2)。

1998 年下岗职工基本生活保障费社会筹集渠道

表 27—2

资金来源	提取比例(数额)
劳动部门征集的失业保险基金	45%
交通部门征集新增车辆基金	40%
供电部门征收路灯附加费	20%
建材总公司征收新型墙体材料发展基金	20%
财委征集商业网点建设配套费	20%
土地管理部门征收土地转让费	20%
物价部门征收物价调节基金	20%
水利部门征收水利建设基金	20%
人防办征收"结建"费	20%
规划部门征收市政配套费	20%
房改办房改评估费、工本费	30 万元
征收事业单位干部住房超面积补交款	100%
市直领导干部移动通信工具变卖款	100%
社会募捐收入	100%

至 1998 年底,筹集资金 6 310.6 万元,确保下岗职工基本生活费的足额按时发放和社会保险费的代缴。1998—1999 年,下岗职工基本生活费标准为 120 元 / 月,2000 年 7 月调整为 156 元 / 月。1999 年 9 月起,市直企业下岗职工基本生活费实行社会化发放。

再就业服务中心采取多种形式,促进下岗职工再就业:企业通过发展生产进行开发性消化;兴办劳动服务企业进行自救性安置;通过调剂,向优势企业和有空位的单位转移;动员被托管人员进入劳动力市场，自找接收单位；鼓励被托管人员开办经济实体，自谋职业；鼓励被托管人员进入社区，参与便民、利民、家政服务；组织劳务输出和到农村从事种植、养殖业。对接近退休年龄的人员，实行内部退养的保护性措施。

为了下岗的失业人员尽快实现再就业，政府制定每年新增 53 400 个就业岗位的目标。措施是大力发展第三产业，主攻方向放在商贸、餐饮、交通运输、公用事业等传统服务业和旅游、社区服务、信息、文化娱乐等新型服务业；发展劳动密集型产业，在技术、资金等方面扶持那些有市场前景的企业；大力发展民营经济，增加就业岗位；支持中小企业发展，降低准入门槛，疏通融资渠道；加快城镇化建设增强吸纳劳动力的能力；实施“走出去”战略，组织劳务输出，与外地开展劳务协作。

针对困难群体再就业难的问题，建立再就业援助制度。政府出资每年购买 500 个公益性岗位安置再就业重点援助对象；开发社区公益性岗位，优先安置再就业援助对象；依托社区基层劳动保障工作机构，摸清援助对象基本情况，逐一建立台账，帮助困难群体实现再就业；进一步完善“一帮一”结对帮扶制度，纳入各级干部年终考核的范畴。2003年，帮助3 572名重点援助对象实现再就业，其中 2 043 人通过开发社区公益性岗位实现再就业；2004 年，8025 名重点援助对象实现再就业，其中，3 403 人通过开发社区公益性岗位实现再就业；2005 年，12 981 名重点援助对象实现再就业，其中，5 491 人通过开发社区公益性岗位实现再就业。

2002—2003 年，中央、省出台 9 个支持再就业工作的优惠政策，襄樊市转发或出台 9 个相应文件和与之配套的 7 个实施办法，全面落实各项优惠政策（见表 27—3、表 27—4）。

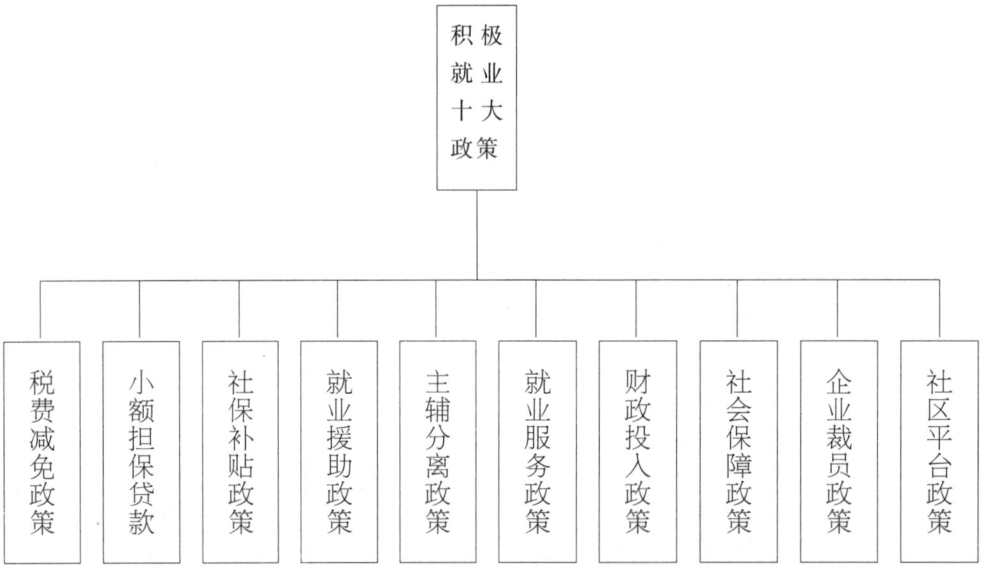

图 27—1　襄樊市再就业十大政策

襄樊市出台的部分配套政策文件

表 27—3

文号	行文单位	文件名	日 期
襄樊政办发〔2003〕33 号	市政府办	市人民政府办公室《关于加快推进全市再就业工作的通知》	2003—03—28
襄樊政办发〔2003〕36 号	市政府办	市人民政府办公室《关于下岗失业人员从事个体经营有关收费优惠政策的通知》	2003—07—07
襄宣文〔2003〕8 号	市委宣传部、市劳动和社会保障局	关于转发《进一步做好下岗失业人员再就业工作宣传提纲》的通知	2003—04—24
襄经贸〔2003〕88 号	经贸委等八个部门	转发省经贸委《关于转发国家经贸委等部门〈关于国有大中型企业主辅分离辅业改制分流安置富余人员的实施办法〉的通知》	2003—06—20
襄劳社〔2003〕24 号	市劳动和社会保障局等十三个部门	转发国家和省劳动保障等部门《关于贯彻落实中共中央国务院关于进一步做好下岗失业人员再就业工作的通知》的通知	2003—06—12
襄银发〔2003〕69 号	人行市中心支行等四个部门	转发《下岗失业人员小额担保贷款管理办法》的通知	2003—06—19
襄财社发〔2003〕84 号	市财政局市劳动和社会保障局	市财政局、市劳动和社会保障局《关于转发省促进下岗失业人员再就业资金管理办法的通知》	2003—05—12
襄银发〔2003〕86 号	人行市中心支行等四个部门	襄樊市直下岗失业人员小额担保贷款实施办法	2003—06—30
襄地税发〔2003〕53 号	市地税局市劳动和社会保障局	关于转发湖北省地方税务局、劳动和社会保障厅《转发国家税务局、劳动和社会保障部关于促进下岗失业人员再就业税收优惠政策具体实施意见的通知》的通知	2003—06—12
襄银发〔2003〕78 号	人行市中心支行等四个部门	关于落实下岗失业人员小额担保贷款政策的补充通知	2003—07—10
襄劳社〔2003〕25 号	市劳动和社会保障局	关于印发《襄樊市免费职业介绍实施办法》的通知	2003—06—12
襄再就办〔2003〕8 号	市再就业办	免费再就业培训考试考核实施细则	2003—06—04
襄政发〔2002〕8 号	市政府	市人民政府关于印发《襄樊市区开展再就业援助行动实施方案》的通知	2002—06—03
襄直工发〔2002〕7 号	市直机关工委	关于在市直机关开展机关党组织与特困企业党组织联建、副县级以上领导干部与特困企业职工联系帮扶活动的通知	2002—05—14
襄财社发〔2003〕153 号	市财政局	转发《省财政厅关于进一步落实再就业财政政策的意见》的通知	2003—10—15
襄樊政办发〔2004〕1 号	市政府办公室	关于开发公益性岗位安置下岗失业人员有关事项的通知	2004—01—05
襄劳社〔2005〕13 号	市劳动和社会保障局、财政局	转发《关于切实做好国有企业下岗职工基本生活保障制度向失业保险制度并轨有关工作的通知》的通知	2005—05—09

2003 年 3 月 27 日，市政府召开“落实再就业优惠政策工作会议”，落实再就业优惠政策工作全面启动。2003—2004 年，从事个体经营的下岗、失业人员享受税收优惠政策的有 10 912 人，减免税费 3331400 元；享受工商收费优惠政策的有 11 401 人，减免工商费用 2 173 928 元。到 2005 年底，共发放“再就业优惠证”106 737 本；为从事个体经营的下岗失业人员减免行政事业性收费 1 502.67 万元；为 864 名从事个体经营的下岗失业人员提供小额担保贷款 1 079.90 万元，微利项目贴息 7.9 万元；提供社会保险补贴援助 468.70 万元；帮助重点援助对象 24 578 人实现再就业；为 9.89 万人提供免费职业介绍，为 111 922 人提供免费再就业培训。

2001 年 4 月，市劳动局组织了 10 个小组，到 217 家企业调查研究下岗转失业的并轨问题。市政府两次召开市长办公扩大会、市委召开常委会听取汇报。市政府出台了《襄樊市国有企业职工下岗转失业实施办法》，决定从 2001 年 8 月 1 日起，停止建立新的再就业服务中心，停止下岗登记，分步实施下岗转失业并轨工作。“双轨”阶段从 1998 年 8 月到 2001 年 7 月底，下岗职工进入再就业服务中心，失业人员进入劳动力市场；“转轨”阶段从 2001 年 8 月 1 日到 2003 年底，停止进再就业服务中心，企业新的裁员直接进入劳动力市场并享受失业保险待遇；“并轨”阶段从 2004 年 1 月 1 日起，失业人员、企业新的裁员和协议期满出中心没有实现再就业的下岗职工，全部进入劳动力市场，符合条件的享受失业保险待遇或低保待遇，并轨目标完成。2001 年 8 月 1 日，首批协议到期的下岗职工出再就业服务中心，到 2001 年底，出中心人员 21 119 人。其中，领取一次性安置费 7 511 人，领取经济补偿金 9 512 人（5 653 人实现再就业，3 859 人进失业保险）；在企业办理内退和协议保留社会保险关系 1 889 人；回企业重新上岗 2 207 人。到 2003 年底，共有 11.58 万名下岗职工全部出中心，实现了并轨目标。

1998—2005 年，劳动就业工作全面进入以培育和发展劳动力市场为中心，以实施再就业工程为重点的轨道。就业与再就业从行政性、福利性安置向以市场竞争就业为主的开发性安置转变，形成了多领域、多渠道、多形式的格局。1988—2005 年就业人数统计(见表 27—5)。

1988—2005 年就业人数统计

表 27—4　　　　单位：人

年份	就业数	年份	就业数	年份	就业数
1988	21028	1994	33161	2000	42070
1989	21578	1995	33125	2001	28294
1990	24000	1996	25386	2002	40022
1991	28674	1997	35674	2003	49399
1992	38966	1998	16533	2004	44952
1993	31498	1999	27048	2005	50000

1996—2005 年劳动就业和失业基本情况(见表 27—6)。

1996—2005 年劳动就业和失业基本情况统计表

表 27— 5　　　　单位：人

年份	期末实有登记失业人数	期末从业人数	城镇登记失业率(%)
1996	24303	789393	2.99
1997	20351	807433	2.46
1998	22400	789500	2.76
1999	23127	842978	2.67

续表

年份	期末实有登记失业人数	期末从业人数	城镇登记失业率(%)
2000	27997	862400	3.14
2001	31190	942907	3.2
2002	42988	975841	4.22
2003	39560	885619	4.28
2004	39908	910929	4.2
2005	39464	906156	4.17

(四)社会保障

1.城镇社会养老保险

1978年6月,国务院颁发《国务院关于工人退休、退职的暂行办法》。规定全民所有制企业、事业单位和党政机关、群众团体的工人退休、退职条件和待遇标准。企业工人的退休费、退职生活费由企业行政支付;党政机关、群众团体和事业单位的由退休、退职工人居住地的县级民政部门另列预算支付。1984年7月,《襄樊市劳动合同制职工社会保险试行办法》出台。劳动合同制职工的社会保险基金,由用工单位和职工分别按职工个人月标准工资的16%和2%向劳动服务公司缴纳,专项存入银行,由劳动服务公司做专项储存使用。1986年5月,襄樊市劳动服务公司对襄樊市建筑安装公司等单位第一批招收的合同制职工征收社会保险基金。1986年12月,襄樊市职工社会劳动保险管理处成立(2001年11月,更名为襄樊市社会养老保险中心;2003年1月,更名为襄樊市社会养老保险管理中心。),定编15人,担负市直、驻市中央省属单位合同制工人社会保险基金的收缴管理工作。各县(市)、区相继成立社会劳动保险管理机构。1988年9月,襄樊市人民政府发布《襄樊市国营企业职工离休、退休、退职养老基金社会统筹暂行办法》。至年底,参加社会统筹企业957家,职工175510人(不含已参保的合同制职工)。其中,15150名离、退休人员全部领取社会统筹养老金。1994年4月,襄樊市人民政府印发《襄樊市城镇企业职工养老保险基金社会统筹暂行规定》、《襄樊市外商投资企业中方职工社会保险暂行规定》、《襄樊市企业临时工和个体劳动者社会保险暂行规定》,各类所有制企业和个体劳动者均纳入养老保险统筹范围。2001年5月,襄樊市企业化管理的事业单位开始参加企业基本养老保险。

作为国家深化企业职工养老保险制度改革的"试点城市",自1996年1月起,襄樊市基本养老保险实行社会统筹与个人账户相结合(简称统账结合)。职工缴费工资以本人上年度月平均工资为基数,超过当地职工平均工资300%以上部分不计入缴费工资基数;低于当地职工平均工资60%的,按当地职工平均工资的60%作为缴费工资基数。当年缴费比例为21%(单位18%,个人3%),其中12%进入职工个人账户,9%进入社会统筹基金。统账结合以前参加工作的,退休待遇由社会性养老金、缴费性养老金、个人账户和综合补贴组成;统账结合以后参加工作的,退休待遇由社会性养老金和个人账户组成。1997年7月,国务院发布《国务院关于建立统一的企业职工基本养老保险制度的决定》。襄樊市自1998年1月起,职工养老保险个人账户,统一按职工缴费工资的11%记入,个人缴费全部计入个人账户,其余部分从企业缴费中划入;缴费比例到2005年调整到单位20%,个人8%的统一标准。2001年2月,襄樊市农垦系统直属三家国营农场企业职工首批纳入基本养老保险统筹。2003年7月起,农场非农职工执行企业统一的养老保险政策;农工执行相对较低的缴费和退休待遇政策。

1992年3月,市属机关事业单位合同制职工的养老保险工作,由襄樊市职工社会劳动保险管理处移交到襄樊市机关事业单位养老保险管理处。2002 年 3 月，襄樊市机关事业单位养老保险管理处并入襄樊市社会养老保险中心。1994 年 7 月，枣阳市作为机关事业单位全员统筹试点，率先开展养老保险统筹。1996 年 9 月，在市直农业系统开展机关事业单位养老保险统筹。2004 年 8 月，老河口市作为湖北省乡镇事业单位基本养老保险试点城市，开展了乡镇事业单位的养老保险工作。2005 年 8 月，襄樊市社会养老保险管理中心开展市属乡镇事业单位养老保险工作。市直企业和个体基本养老保险缴费比例见表 27—6。

市直企业和个体基本养老保险统筹基金缴费比例

表 27—6

年　份	企业			个体缴费
	用工形式	企业缴费比例(%)	个人缴费比例(%)	比例(%)
1984—1994	合同制	16	2	18
1988—1992	固定工	10	—	18
1993	固定工	13	—	18
1994	固定工	12	2	18
1995	合同制	16.5	2	18
1995	固定工	13.5	2	18
1996—1997	全员劳动合同制	18	3	18
1998—1999	全员劳动合同制	18	4	18
2000	全员劳动合同制	18	5	19
2001	全员劳动合同制	17.5	5	19
2002—2003	全员劳动合同制	20	6	20
2004	全员劳动合同制	20	7	21
2005	全员劳动合同制	20	8	22

注：实行全员劳动合同制后，1996 年 1 月起，合同制和固定工采用统一的缴费比例。

市直机关事业单位基本养老保险缴费比例见表 27— 7 。

市直机关事业单位养老保险统筹平均工资及缴费比例一览

表 27— 7　　单位：元

年份	平均工资	合 同 制		固定工	
		比例(%)	其中个人比例(%)	比例(%)	其中个人比例(%)
1992	147	19	3	—	—
1993	389	19	3	—	—
1994	389	19	3	—	—
1995	389	19	3	—	—
1996	389	19	3	21	3
1997	389	19	3	21	3
1998	474	20	4	22	4
1999	474	20	4	22	4
2000	545	21	5	23	5
2001	545	21	5	23	5
2002	783	22	6	26	6

续表

年份	平均工资	合同制		固定工	
		比例(%)	其中个人比例(%)	比例(%)	其中个人比例(%)
2003	783	22	6	26	6
2004	925	23	7	27	7
2005	1091	24	8	28	8

注:平均工资仅为从企业调入职工补缴养老保险缴费基数差的参考值。

企业职工退休待遇在1995年及以前,按职工的工作年限以标准工资的规定比例计发。1996年1月起,退休待遇与职工工作年限、缴费工资、当地社会平均工资成正比。1993年至2005年,9次提高离退休人员待遇标准。2000年,企业离休退休人员养老金全部实现社会化发放。国营农场职工离退休待遇计发办法与企业职工相同。农工参保前达到退休年龄的,退休待遇由当地城镇居民最低生活保障标准、工龄补贴、调剂金组成;统账结合以前参加工作的,退休待遇由基础养老金、过渡性养老金、个人账户和补贴组成;统账结合以后参加工作的,退休待遇由基础养老金和个人账户组成。机关事业单位职工退休待遇按职工连续工龄以档案工资的规定比例计发。1986—2005年企业职工基本养老保险统筹情况见表27—8。

1986—2005企业职工基本养老保险统筹情况一览

表27—8　　单位:个、人、万元

年份	参保单位		参保人数		应征基金		基金全年收入		离退休人数		基金全年支出	
	市直	全市	市直	全市	市直	全市	市直	全市	市直	全市	市直	全市
1986	-	-	9845	20465	-	-	275.8	895.2	-	-	-	-
1987	315	1919	9868	27113	148.29	291.75	200.37	423.2	-	-	-	-
1988	605	2362	109658	212954	588.19	2013.7	566.34	1973.92	7504	15150	176.84	-
1989	698	3016	114909	229936	2001.18	2897.07	1941.55	3790.52	8460	16127	1151.04	2131.17
1990	725	3286	120664	236510	2256.9	4554.98	2301.89	4511.04	9220	17375	1418.02	2474.08
1991	825	3546	129907	258717	2992.31	5583.11	3232.73	6574.94	10425	20094	1899.82	3752.4
1992	364	1544	128998	270730	3369.22	6901.25	3299.63	7790.23	12466	23236	2456.21	4382.08
1993	196	1697	137773	279942	4505.04	8797.66	4646.04	9053.3	14468	26044	3326.28	5404.26
1994	205	1703	149588	298264	7816.61	12470.91	7609.79	12160.68	17010	32794	5293.18	8063.47
1995	376	2096	164406	322249	9508.13	17435.97	9306.46	17495.7	21327	36555	6698.99	11207.18
1996	383	1997	168041	346027	12168.94	21122.71	11893.1	1996319	25710	44268	9285.89	15768.27
1997	381	2310	168846	367211	15074.58	26536.12	16234.22	27138.81	28394	52463	14077.6	23754.26
1998	411	2353	162419	356145	15683.17	26814.52	15540.62	26419.74	33130	60915	15233.94	26134.24
1999	433	2707	167865	362672	17964.54	30787	17558.76	31416.53	36913	69573	19732.89	33986.64
2000	453	2567	194656	388711	20421	36723	20312	32655	43015	78796	23489	38950
2001	443	2397	189229	370357	22273	37792	19442	30906	47412	87025	32044	49641
2002	490	2383	175927	387999	24260	41907	20530	34538	53938	97531	33320	57386
2003	650	2571	178802	404043	24743	44115	23024	39905	58441	105499	36544	60108
2004	647	2679	186753	430953	34295	55412	27254	44999	68123	126517	43623	68725
2005	1552	3509	169153	414756	31398	57323	34981	58849	74805	135971	48504	79400

注:从1995年1月1日起,随州市的194家参保单位、36084名参保职工、2790名离退休人员从襄樊市分离。

2001—2005年机关事业单位职工社会养老保险统筹情况见表27—9。

2001—2005年机关事业单位职工社会养老保险统筹情况一览

表27—9　　单位:个、人、万元

年份	参保单位		参保人数		基金年收入		离退休人数		基金年支出	
	市直	全市	市直	全市	市直	全市	市直	全市	市直	全市
2001	351	2342	4221	63572	1419	8213	183	6072	935	7946
2002	351	2692	4221	74334	1467	9091	209	8462	662	8654
2003	282	2634	7890	72720	2702	12195	537	10549	1286	10815
2004	282	2349	7890	86911	2787	13550	706	11632	1448	12078
2005	274	2523	11159	92075	3820	14280	875	12163	3039	13869

2003年,襄樊市委、市人民政府印发《关于加快市直国有企业改革若干意见》。襄樊市劳动和社会保障局根据国企改革工作的需要及时制定出台《市劳动和社会保障局支持市直国企改革的意见》、《关于国有改制(破产)企业预交社保费的管理办法》、《国有改制(破产)企业预缴社保费工作流程》、《市直国有企业职工解除劳动关系后有关权益资金的处理意见》等多个相关文件。对职工各项权益资金标准的审核、预缴办法、划转程序及管理等各个环节作了明确具体的规定。2003年6月,为配合襄樊市国有企业改制工作,襄樊市社会养老保险管理中心全面开展改制及破产企业分流职工的养老保险接续工作,制定了《襄樊市养老保险费预缴工作试行办法》,统一核算并预征缴改制及破产企业距法定退休年龄五年以内及符合有关政策规定职工的应缴基本养老保险基金。在不低于本企业改制、破产当年养老保险缴费基数的基础上,按年均递增10%—15%的比例确定预退职工今后若干年的缴费基数,并具此逐人核算预征、预留基本养老保险基金。预征、预留的养老保险统筹基金经当地社会保险经办机构审核后,对本企业职工张榜公示。然后报同级政府国企改革办公室审批核准。预征的养老保险基金一次性上缴同级社会保险经办机构;预留的养老保险基金则由改制后的重组、兼并企业负责代管和缴纳。预征、预留的养老保险基金分别由上述基金代管单位按月及时拨缴,并接受职工监督。

1992年4月,襄樊市劳动局设立企业退休人员管理科,与企业退休审批科合署办公。1997年5月,成立襄樊市企业退休人员管理服务中心,2005年12月,并入襄樊市社会养老保险管理中心,保留社会法人地位。2003年6月,中共中央办公厅、国务院办公厅转发劳动和社会保障部等部门《关于积极推进企业退休人员社会化管理服务工作的意见》,确立对企业退休人员实行社会化管理服务的方针,实行居住地社区属地管理模式。至2005年,襄樊市建有210个退休人员管理服务机构,工作人员407人。企业退休人员98%实现了社会化管理服务,其中实现社区管理服务的占67%。1995年7月,襄樊市被中华全国总工会、劳动部、中国老年报社授予"先进退管工作单位"称号。

2.农村社会养老保险

农村社会养老保险(以下简称农保)是国家在农村建立以保障老年人基本生活为目的的基本养老制度,是推进农村社会发展的一项基本社会政策。襄樊市农保工作于1992年5月起步,至2005年底,参保人数90.18万人,领取养老金人数7353人,转移退保人数1715人,基金滚存结余6161.56万元。2005年支付养老金99.08万元。1992年1月,民政部印发《县级农村养老保险基本方案(试行)》的通知,农保工作拉开序幕。1992年5月,襄樊市农保试点工作在南漳县刘集镇展开,由民政局救济救灾科负责组织实施。南漳县及刘集镇成立农村社会保险工作领导小组,制定试点工作实施方案,分步骤地进行宣传动员、调查摸底、制定办法、全面参保。农保月交费标准设2、4、6、8、10、12、14、16、18、20

元 10 个档次，供参保人选择；领取养老金从 60 周岁开始，根据交费的标准、年限确定支付标准。村组农民向农保工作人员缴纳养老保险费，农保办公室向参保农民发放“农村社会养老保险缴费证”。1992 年 9 月 28—29 日，襄樊市政府在市财培中心召开扩大农保试点工作会议，提出新的目标和任务。同年 10 月，7 个县（市）、区在 13 个乡镇开展试点工作，层层召开动员大会并利用标语、墙报、报纸、电视、广播等进行宣传发动，张贴标语 1.2 万余幅，墙报、板报 300 余期，信息快报 50 余期，为试点工作打下了坚实基础。1992 年，参保人数 6 万人，缴纳保险费 75 万元。1993 年起，在总结试点工作的基础上，农保工作全面展开，工作任务纳入各级政府年度考核目标，逐步建立农保制度和管理体系，参保人数逐年攀升（见表 27—10）。

农村社会养老保险基本情况一览

表 27—10　　单位：人、万元

年份	年末参保人数	年末领取人数	本年保险基金收入	本年保险资金支出	年末基金滚存结余
1992	60000	—	75	—	75
1993	84000	—	77.86	—	152.86
1994	195000	—	598.84	—	751.7
1995	633770	—	2068.77	—	2820.47
1996	635180	—	1379.77	—	4200.24
1997	775200	—	829.6	—	5029.84
1998	821700	—	848.12	—	5877.96
1999	821700	2038	369.97	74.97	6172.96
2000	825500	3018	117.37	153.01	6137.32
2001	826000	4252	165.69	153.01	6150
2002	826300	5176	76.48	119.28	5954.24
2003	845700	6230	160.18	268.98	5845.44
2004	856700	6859	161.78	124.04	5883.18
2005	901800	7353	377.46	99.08	6161.56

1997 年 6 月前，襄樊市民政局救济救灾科负责农保工作。1997 年 7 月，市民政局设立农村社会保险科，负责农保工作。至 2005 年底，各地农保机构、人员情况见表 27—11。

襄樊市农村社会保险机构、编制情况统计

表 27—11　　单位：人、个

单位	农保机构、编办下文、级别	机构性质		乡镇农保机构个数	职工编制人数								实有职工人数								
						地级			县级			乡镇		地级			县级			乡镇	
		行政	事业		合计	行政	事业	自收自支	行政	事业	自收自支		合计	行政	事业	自收自支	行政	事业	自收自支	专职	兼职
合计		1	8	70	173	2	—	—		54	41	117	159	2	—	—	—	56	46	42	89
襄樊市	农保科、襄政办发〔1996〕88号、科级	√	—	—	2	2	—	—	—	—	—	—	2	—	—	—	—	—	—	—	—

续表 1

单位	农保机构、编办下文、级别	机构性质		乡镇农保机构个数	职工编制人数								实有职工人数								
		行政	事业		合计	地级			县级			乡镇	合计	地级			县级			乡镇	
						行政	事业	自收自支	行政	事业	自收自支			行政	事业	自收自支	行政	事业	自收自支	专职	兼职
襄城区													2								2
樊城区	农保处、樊基编〔1997〕19号、股级		√	2	3	—	—	—	—	3	—	—	6	—	—	—	—	—	—	—	6
阳区	农保办、襄政办〔1997〕76号、股级		√	13	16	—	—	—	—	3	—	13	16	—	—	—	—	3	—	—	13
枣阳市	农保处、枣编发〔2002〕22号、股级		√	16	23	—	—	—	—	7	7	16	26	—	—	—	—	10	10	—	16
宜城市	农保局、宜机编〔1996〕5、〔1998〕11号、副科级		√	10	61	—	—	—	—	11	11	50	39	—	—	—	—	13	13	12	14
老河口	农保局、河机编〔1993〕39号、副科级		√	10	17	—	—	—	—	7	—	10	17	—	—	—	—	7	—	—	10
南漳县	农保局、南编复〔1995〕11、〔1998〕12号、副科级	—	√	10	23	—	—	—	—	13	13	10	23	—	—	—	—	13	13	—	10
保康县	农保处、保编〔1993〕4号、股级		√	—	5	—	—	—	—	5	5	—	5	—	—	—	—	5	5	—	—
谷城县	农保股、谷机编〔1994〕24、〔1998〕3号、股级		√	9	23	—	—	—	—	5	5	18	23	—	—	—	—	5	5	—	18
说明	此统计表中各、县、市、区农保工作人员，为机构改革后的实有人数，乡镇农保工作人员均由民政办工作人员兼职，乡镇农保所已撤销																				

按照民政部印发的《县级农村社会养老保险管理工作规程(试行)》要求,1998年12月,在宜城市、南漳县进行试点,建章立制,定岗定责,规范"收缴保险费、发放养老金、转移保险关系、退保、基金管理"各个环节的操作流程。1999年3月,总结试点工作经验,在其他县(市)、区进行推广。2000年6月,各地均达到农保规范化管理要求,其中宜城市农保档案室达省2级档案管理标准,枣阳市、南漳县、保康县、谷城县、襄阳县达省3级档案管理标准。枣阳市、南漳县、保康县、谷城县运用农保微机软件进行管理;宜城市、枣阳市、谷城县建立了乡镇农保所,开办了营业大厅;南漳县实行养老保险金银行代理发放等。农保管理工作上了新台阶。

1997年9月,枣阳市获得民政部表彰的"全国农村社会养老保险先进单位"称号。1998年4月,枣阳市获得"全省农村社会养老保险十强县市"称号;枣阳市、宜城市、襄阳县、南漳县荣获"全省农村养老保险先进单位";枣阳市太平镇,南漳县胡营镇,宜城市小河镇、欧乐乡荣获"全省农村社会养老保险先进乡镇"。

农保基金以县级为单位统一管理,运营方式主要是购买国债,存入银行。基金纳入财政专户管理,不得直接用于投资。至2005年底,基金结存6161.56万元。其中襄城区207.00万元;樊城区155.54万元;襄阳区933.30万元;枣阳市1424.00万元;宜城市1345.00万元;老河口市195.54万元;南漳县681.30万元;保康县331.08万元;谷城县888.80万元。纳入财政专户管理的基金6052.76万元,占基金总数的98.2%;外借资金108.8万元。农保基金运营整体情况良好。按照政府机构改革方案,农保职能由民政部门整体移交劳动和社会保障部门。2003年5月21日,襄樊市政府召开成建制移交会议,研究农保工作移交问题。至2005年底,襄樊市及各县(市)、区拟定《农保机构移交备忘录》,移交准备工作完成。

3.失业保险

1986年7月,国务院发布《国营企业职工待业保险暂行规定》,自1986年10月1日起施行。襄樊市开始在国营企业推行待业(失业)保险,按企业全部职工标准工资总额的1%征缴待业保险费。符合以下条件之一的可以领取待业救济金:依法宣告破产企业的职工;濒临破产企业法定整顿期间被精简的职工;企业辞退的职工;企业终止、解除劳动合同的职工。待业救济金领取期限最长为24个月,以职工离开企业前两年本人月平均标准工资为基数,工龄5年以上的,1至12个月发60%至75%,13至24个月发50%;工龄不足5年的,发60%至75%,最多发12个月。

1993年4月,国务院发布《国有企业职工待业保险规定》。襄樊市自1993年5月起,企业按全部职工工资总额的1%缴纳待业保险费。符合下列情况之一的可以领取待业救济金:依法宣告破产的企业的职工;濒临破产的企业在法定整顿期间被精简的职工;按照国家有关规定被撤销、解散企业的职工;按照国家有关规定停产整顿企业被精简的职工;终止或者解除劳动合同的职工;企业辞退、除名或者开除的职工。待业救济金发放的标准为当地民政部门规定的社会救济金的120%至150%。连续工龄5年以上的,领取期限最长为24个月;连续工龄5年以下1年以上的,领取期限最长为12个月。

1999年1月,国务院发布《失业保险条例》。襄樊市失业保险范围覆盖城镇企业事业单位及其职工。自1999年1月起,城镇企业事业单位按照本单位工资总额的2%缴纳失业保险费,职工按本人工资的1%缴纳失业保险费。具备下列条件的失业人员可以领取失业保险金:按照规定参加失业保险,所在单位和本人已按照规定履行缴费义务满一年的;非本人意愿中断就业的;已办理失业登记,并有求职要求的;本单位破产、改制重组中未领取一次性安置费的。失业人员在领取失业保险金期间,按照规定同时享受其他失业保险待遇。失业人员在领取失业保险金期间有下列情形之一的,从次月起停止领取失业保险金,并同时停止享受其他失业保险待遇:重新就业的;进入全日制中等以上学校学习的;应征服兵役的;移居境外的;享受基本养老保险待遇的;无正当理由,3次不参加就业服务机构提供的职业介绍、职业指导和职业培训服务的；被判刑收监执行刑期或劳动教养的；有法律、法规规定的其他情形的。失业人员失业前所在单位和本人按照规定累计缴费时间满 1 年的，失业后领取失业保险金的期限为 3 个月，以后每增加 1 年缴费时间，增发 2 个月的失业保险金，领取失业保险金的期限最长为 24 个月。失业人员重新就业后再次失业的，其缴费时间从重新就业时计算。失业保险金标准为最低工资标准的 70%，医疗补助金为最低工资标准的 5%，合计发放 75%。

1988—2005 年，征缴失业保险费 27 430.00 万元；发放失业保险金 9 186.09 万元（见表 27—12）。

1988—2005 年失业保险基本情况统计

表 27—12　　单位：人、万元

年份	参保人数	征收金额（万元）	发放人数	发放金额
1988 年	161 000	262.32	89	2.14
1989 年	170 230	255.12	57	1.34
1990 年	183 001	162.01	64	1.12
1991 年	190 056	202.31	70	1.2
1992 年	210 197	364.04	77	1.4
1993 年	235 628	619.25	484	7.06
1994 年	298 872	727.41	2236	104.75
1995 年	324 086	842.56	3174	176.87
1996 年	312 981	959.53	2404	152.1
1997 年	317 200	1061.98	6298	307.84
1998 年	346 635	2196.7	6676	413.87
1999 年	402 060	1871.68	8726	279.57
2000 年	397 780	2102.47	11729	657.02
2001 年	404 640	2657.36	17156	1562.42
2002 年	425 930	2882.01	13847	1463.17
2003 年	405 559	2976	15664	1514
2004 年	390 170	3301.1	10116	1298.08
2005 年	382 736	3986.15	10075	1242.14

1998—2002 年，失业保险基金为国有企业下岗职工基本生活保障制度提供 2691.05 万元资金支持。

4.工伤保险

工伤保险制度改革以前，职工因工（公）伤住院医疗期间，由企业行政补助伙食费的三分之二，工资照发。1978 年 5 月起，对因工（公）负伤致残饮食起居需要扶助的，发本人标准工资的 90%；饮食起居不需要扶助的，发本人标准工资的 80%。1991 年底，企业职工工伤保险制度改革省级试点工作在保康县开展。1993 年 2 月，襄樊市人民政府印发《襄樊市企业职工工伤社会保险试行办法》，工伤保险工作全面启动。全市按统一的对象、范围、提取比例和支付标准开展工伤保险社会统筹工作。1996 年 8 月，国家劳动部发布《企业职工工伤保险试行办法》。2003 年 4 月，国务院公布《工伤保险条例》，2004 年 1 月 1 日起施行。2004 年 8 月，襄樊市出台《襄樊市工伤保险实施细则》。工伤保险费由用人单位按照职工工资总额的一定比例按月缴纳，职工个人不缴费。根据各行业的伤亡事故风险和职业病危害程度的类别实行差别费率。1993—1999 年，襄樊市工伤保险历年平均缴费比例在 1.03%以内。2004 年 10

月，开始实行行业基准费率和行业浮动费率制。将行业划分为三个类别，一类为风险较小行业，二类为中等风险行业，三类为风险较大行业，基准费率分别为0.8%、1.5%、2.0%。一类行业，不实行浮动费率，二、三类行业实行浮动费率。根据工伤发生率、职业病危害程度和工伤保险费使用等因素，1至3年浮动一次。上下浮动各有两个档次，上浮为基准费率的120%、150%两档；下浮为基准费率的80%、50%两档。工伤伤残分为十个等级，最重的为一级，最轻的为十级。由设区的市级劳动能力鉴定委员会进行鉴定后，按照伤残等级享受相应的工伤保险待遇。职工因工死亡，其直系亲属按照规定从工伤保险基金领取丧葬补助金、供养亲属抚恤金和一次性工亡补助金。2001年7月，工伤保险费征缴工作由市劳动部门移交市地税部门。2002年4月，工伤保险管理工作由养老保险管理机构移交医疗保险管理机构。2005年8月，襄城区、樊城区、高新区的社会保障行政管理职能，整体划归市劳动和社会保障局，其工伤认定由市劳动和社会保障局办理。1993—2005年工伤保险参保人数见表27—13。

1993—2005年工伤保险参保人数统计

表27—13 单位：人

年份	参保人数	年份	参保人数	年份	参保人数
1993	300121	1998	345613	2003	280013
1994	327181	1999	338487	2004	282110
1995	295105	2000	312226	2005	302610
1996	343338	2001	293689	—	—
1997	338806	2002	313475	—	—

工伤保险制度改革自1991年进行试点，1993年全面实行。根据各行业的伤亡事故风险和职业危害程度的类别实行差别费率。2004年10月起，实行行业基准费率和行业浮动费率制。因工伤残职工的治疗费用和相关待遇、工亡职工的丧葬补助金、供养亲属抚恤金、一次性工亡补助金由工伤保险基金支付。到2005年，全市工伤保险参保人数302 610人。

5.生育保险

1953年1月，政务院公布《中华人民共和国劳动保险条例》，规定女工人与女职员的生育待遇。1988年7月，国务院发布《女职工劳动保护规定》，自1988年9月1日起，开始执行新的生育待遇规定。1994年11月，枣阳市作为湖北省女职工生育保险试点城市，启动生育保险制度改革工作，当年参保人数27540人。1995年9月，《湖北省企业职工生育保险制度改革试行意见》出台，除乡镇企业以外的各种所有制企业及其职工纳入统筹范围，规定生育保险费的提取比例为职工工资总额的0.5%—1%，职工个人不缴费。1998年8月，市人民政府印发《襄樊市企业女职工生育保险暂行办法》，规定企业按上年度全部职工工资总额的1%缴纳生育保险费。1999年，襄樊市生育保险参保人数306774人，居各地(市)、州首位。2004年底，襄樊市被劳动和社会保障部确定为“全国生育保险重点联系城市”。生育保险制度改革以前，企业女职工生育期间的医疗费用和工资由企业承担。改革后，参保职工的生育待遇从生育保险基金中支付。产假期间的生育津贴，按所在企业上年度职工月平均缴费工资计发；生育医疗费用采取限额的办法支付，高于限额标准的，按限额支付，低于限额标准的据实支付。2001年7月，生育保险费征收工作由市劳动保障部门移交市地税部门。2002年4月，生育保险管理工作由养老保险管理机构移交医疗保险管理机构。1994—2005年参保人数见表27—14。

1994—2005 年生育保险参保人数统计

表 27—14　　　　单位：人

年份	参保人数	年份	参保人数	年份	参保人数
1994	27540	1998	116264	2002	297679
1995	69039	1999	306774	2003	266965
1996	111186	2000	272347	2004	269062
1997	117600	2001	253790	2005	276358

生育保险制度改革于 1994 年 11月起步，当年27 540人参保。企业按上年度全部职工工资总额的1%缴纳生育保险费，女职工生育待遇从生育保险基金中支付。2005年，生育保险参保人数276 358人。

6.城镇职工基本医疗保险

城镇职工基本医疗保险（以下简称医保）制度改革以前，企业实行劳动保险医疗，机关、事业单位实行公费医疗。企业的劳动保险医疗费，在企业职工福利基金项下列支；机关、事业单位的医疗费，在医疗经费项下列支。医疗费用的逐年攀升，超出了福利基金和医疗经费的支付能力。企业职工医疗费实行按工作年限制定报销比例进行报销。公费医疗将医疗费按定额标准由财政纳入单位预算，按月拨给单位，并对报销比例作了规定。这些措施一定程度上抑制了医疗费用的过快增长，但有的企业无力支付医疗费用，职工应有的基本医疗得不到保障。1998 年 12 月，国务院颁发《关于建立城镇职工基本医疗保险制度的决定》，在全国范围内进行医保制度改革。1999 年 3 月，市劳动局组建医疗保险改革工作专班，负责医改方案的测算、草拟，配套政策的制定。1999 年 6 月，襄樊市城镇职工基本医疗保险制度改革办公室成立。2000 年 4 月，在襄樊市职工社会劳动保险管理处加挂襄樊市医疗保险处牌子，实行一套班子、两块牌子，合署办公。2001 年 4 月襄樊市医疗保险处正式成立，内设 7 个科室，在编人员 24 人，是隶属于市劳动和社会保障局的全额拨款事业单位。2003 年 6 月，襄樊市医疗保险处更名为襄樊市医疗保险管理中心，内设办公室、基金核定科、医疗管理科、基金结算科、信息科、离休干部医疗费统筹办公室。1999 年 12 月，市政府出台《襄樊市城镇职工基本医疗保险暂行办法》，自 2000 年 4 月 1 日起实施。缴费基数按职工上年度平均工资确定，高于当地职工平均工资 300%的，按 300%确定；低于 60%的，按 60%确定。规定市区医保费的缴纳标准，单位按全部职工缴费工资总额的 6%，职工按个人缴费基数的 2%缴纳，退休（职）人员个人不缴纳医保费；统筹基金起付标准为 560 元，最高支付限额为 22 600 元。2002 年 9 月，城镇个体从业人员纳入医保，以当地上年度职工平均工资的 100%至 300%为缴费基数，按 8%的比例缴费，医保待遇与城镇职工相同。

缴纳的医保费用于建立基本医疗保险社会统筹基金和个人账户。个人帐户为参保人员个人所有。职工个人账户包括个人缴纳部分和单位缴纳的一部分（45 周岁以下、45 周岁以上、退休人员分别按单位缴纳的 22%、30%、65%记入），个体从业人员个人账户记入比例与职工相同。个人账户主要用于定点医疗机构门诊治疗或在定点药点购药所需的费用。统筹基金主要用于在定点医院住院或治疗符合规定的病种所发生的医疗费用，按规定由统筹基金负担的部分。统筹基金的起付标准为上年度职工平均工资的 10%，最高支付限额约为上年度职工平均工资的 4 倍。2003 年 1 月，最低缴费基数由上年度职工平均工资的 60%调整到 100%；困难企业职工个人不缴费，单位按上年度职工平均工资的 4.5%缴纳统筹金，参保职工享受住院的医保待遇，不分配个人账户。2003 年 3 月，对停产、半停产半年以上并经市政府确认的困难企业，按每人每年 310 元的标准缴纳医保费，全额计入医保统筹基金，不分配个人帐户；大额医疗费用补助保险，每人每年 50 元，缴费标准每年确定一次，企业经营状况好转时，可随时申请正常缴费水平。2004 年 10 月，调整市区医保有关规定，用人单位医保缴纳标准由职工工资总额的6%调整到7%，参保职工个人缴费标准不变；个体从业者，与原用人单位解除劳动关系者等灵活就业人员按本地上年度职工平均工资的9%缴纳医疗保险费，或按5%缴纳住院医疗保险费；最高支付限额调整到30 000元。

2000年4月，市区252家单位、24 500人首批参加医保，当年，全市参保人数83428人；2001年、2002年、2003年、2004年、2005年参保人数分别为205 221人、337 561人、401 356人、441 491人、489 434人。城镇职工基本医疗保险制度改革于1999年3月启动，1999年12月市政府出台《襄樊市城镇职工基本医疗保险暂行办法》，2000年4月正式实施，首批24 500名城镇职工参加了医疗保险。城镇职工基本医疗保险实行社会统筹和个人账户相结合。统筹基金支付参保人员在定点医院或治疗符合规定的病种所发生的医疗费用中，按规定由统筹基金负担的部分；个人账户主要用于定点医疗机构门诊治疗或在定点药店购药的费用。2005年，医疗保险参保人数达到489 434人。

7.社会保险基金监督与管理

2002年5月，襄樊市劳动和社会保障局设立法规基金监督科，负责对社保经办机构基金管理及财务运行情况进行实时监督和管理。2003年9月，襄樊市社会保障基金监督委员会成立，由劳动保障、财政、地税、监察、民政、审计、总工会、经贸委、人民银行等九个部门共同监督管理社会保险基金，基金监管工作步入规范化、制度化轨道。2003年1月，襄樊市社会保险基金结算中心成立(属劳动保障系统内副县级事业单位)。2005年2月，对各社会保险经办机构信息中心人员和设备进行整合，组建襄樊市劳动和社会保障信息中心，与基金结算中心实行二块牌子，一套班子，合署办公。2001年7月，社会保险费征收主体由劳动保障部门变更为地税部门。征缴工作移交后，缴费单位先办理社会保险登记，然后如实填写《社会保险申报表》，申报应缴的社会保险费，经社会保险经办机构核定无误后，交由地税部门集中、统一征收。参保单位缴费后，资金进入人民银行金库，由金库划入社会保险基金财政专户，同时地税部门将征收票据传递到结算中心，由结算中心录入传递到各社保经办机构，各经办机构完成个人账户的配置工作。在社会保险费征收、拨付、管理等工作中，地方税务部门负责社会保险费的征收、清欠和税票传递；审计部门负责审计监督；劳动保障部门负责社会保险费的核定、分账以及稽核、扩面工作，并协助地税部门做好清欠工作；财政部门负责社保基金的拨付，对基金的管理和使用实施审核、监督；人民银行金库负责对进入金库的资金进行清理核算，将《通用缴款书》返还地税部门。

2003年9月，建立社会保险综合服务大厅，由结算中心统一管理，实行社会保险费统一申报和一票征缴的“一站式”服务，实现社会保险业务相互衔接集中办公的运行模式。

2005年8月，襄城区、樊城区、高新区的社会保障行政管理职能，整体划归市劳动和社会保障局，撤销区级社保经办机构，成立襄城、樊城、高新三个社保办事处(正科级事业单位)，隶属市劳动和社会保障局。市区社会保险管理实现“五统一”，即统一缴费基数、统一缴费比例、统一待遇计发办法、统一基金管理、统一社会化发放。在襄城区、樊城区、高新区各设一个社保综合业务大厅，提高了工作效率，方便了参保单位和个人。同年3月，对各社保机构的计算机人员、设备、经费等进行统一整合，实现了市区劳动保障信息系统的“统一规划、统一管理、统一机房、统一网络、统一数据中心”。

8.劳动保障监察

1994年1月，襄樊市劳动监察大队成立，隶属市劳动局，定事业编制5名，经费自筹。各县(市)、区相继成立劳动监察机构。1996年10月，市劳动局内设劳动监察科。1998年12月，劳动监察科与劳动监察大队合署办公。2002年11月，襄樊市劳动监察大队更名为襄樊市劳动保障监察支队，定事业编制7名，经费纳入市财政预算。至2005年底，全市有专职监察员92人，兼职监察员108人。劳动保障监察机构成立后，通过开展劳动用工年检、组织劳动保障专项执法监察和日常巡视监察、接受群众举报投诉、查处劳动保障违法案件等，维护劳动者与用人单位双方的合法权益。至 2005 年，年检用人单位 40 171 个，日常巡视用人单位 24 480 个；督促企业补签劳动合同 3.9 万份；为农民工追回拖欠、克扣工资 3 184.2 万元；清退童工 5 人；受理举报投诉案件 2 635 件，下达整改指令书 1 244 份；依法处理处罚用人单位 167 个；清理整顿社会职介机构 484 个（见表 27—15）。

1994—2005 年劳动监察情况一览

表 27—15　　　　　　　　　　　　　　　　单位：件、万元、个

年份	1994	1995	1996	1997	1998	1999	2000	2001	2002	2003	2004	2005
一、劳动用工年检单位数	—	2100	2600	2900	3500	3810	3983	4010	4110	4210	4354	4594
其中：国有单位	—	1906	2050	2100	2200	2100	2000	2010	1900	1800	1300	1105
集体单位	—	104	350	500	970	1010	1070	1080	1000	1010	1100	982
其他单位	—	90	200	300	330	700	913	920	1210	1400	1954	2507
二、劳动用工年检合格单位数	—	2580	2600	2750	3200	3380	3460	3560	3651	3830	3954	4272
三、接受群众举报数	54	130	154	167	177	183	256	257	261	317	337	342
四、劳动监察立案数	13	34	47	67	77	83	97	105	107	207	217	113
结案数	13	34	47	67	77	83	97	105	107	207	217	113
结案率(%)	100	100	100	100	100	100	100	100	100	100	100	100
五、清欠农民工工资	—	—	—	—	—	—	404.2	205	152	940	1100	383
六、清理整顿社会职介机构数	70	60	55	45	43	37	42	32	30	27	23	20
七、专项监察员日常巡视户数	—	—	—	—	2700	2820	2940	3000	3060	3180	3300	3480

（五）劳动工资

1978 年，恢复计件工资和奖励制度，按劳分配原则得到落实。1986 年，襄樊市在试点的基础上开始实行全民所有制企业工资总额同经济效益挂钩（以下简称工效挂钩）。到 1990 年，1103 家全民所有制企业实行了工效挂钩或工资总额包干。其中实行工效挂钩企业 785 家，职工人数 198 224 人；实行工资总额包干的企业 318 家，职工人数 34 981 人。1990 年，实行工效挂钩、工资总额包干企业的年平均职工总数为 224 163 人，实发工资总额 39 484.3 万元，人均工资 1 761.4 元，比上年提高 10.5%。1993 年，将单一指标挂钩办法改为工资总额同实现税利、上缴税收、资金利率、工资税利率等指标的复合挂钩，综合全面考核企业经济效益，促进国有资产保值增值。1996 年，对工效挂钩和工资总额包干企业进行结算和基数核定，加强经营者工资收入的管理。对有效益和结余工资的 295 家企业的增资方案进行了审核。至 1998 年，工效挂钩、工资总额包干企业 1 486 家，职工 25.5 万人；推行岗位技能工资制的有 738 家。

1992 年，落实企业分配自主权，允许企业在不违背国家基本工资政策、不突破工资总量的前提下，自主决定内部分配形式。对国家政策规定的有关考核增资和奖励晋级指标，劳动部门只审核增资

总量，具体分配由企业决定。1995 年，按照“企业工资增长幅度低于经济效益增长幅度，职工工资增长水平低于劳动生产率增长”的原则，加强工资总量管理，对工资的提取、审批、使用等环节实施有效调控；建立企业工资内外收入检查制度，规范企业工资分配行为。1998 年，对全市国有企业、股份制企业和三资企业开展工资内外收入检查工作，企业自查率 100%；复查 1 153 家，复查率 86%；重点抽查和专项审计 465 家，达 35%；查处违纪企业 70 家，违规违纪金额 410.4 万元（其中，超提 75 万元，超发 298 万元）。1998 年，全面推行“企业经营者工资收入登记”制度，登记人数 1 600 余人。

1994 年，国有企业实施工资改革。市直参加工资改革企业 264 家，职工 117 054 人。月增资额 13 423 490.9 元，人均月增资 114.7 元。1997 年，启动企业经营者年薪制试点工作。开展试点工作的国有企业 213 家，按年薪制运行的企业 22 家，兑现企业经营者年薪 15 万元。2000 年，考核试点企业 34 家，兑现经营者年薪 979 073 元。最高年薪 207 700 元，最低年薪 3 419 元。34 家企业实现利润、入库税金和职工平均工资分别比上年增长 24.3%、39.8%、11.4%。2001 年，按照建立现代企业工资收入分配制度的要求，在国有、集体、股份制企业普遍实施工资指导线制度。实行工资指导线结算办法的企业达到 537 家，结算率达 100%。在上年试点的基础上，初步形成根据企业生产经营规模和经营业绩确定经营者年薪水平、将经营者年薪水平与劳动力市场工资价位接轨的运行机制。为了充分发挥劳动力市场工资指导价位对企业工资分配的基础性调节作用，对部分职业（工种）的职工 1999 年工资收入水平进行了抽样调查。调查企业 100 家，涉及职工 92 635 人，采集职工工资样本 7 271 个，涵盖 59 个职业（工种）。经过汇总、整理和充分论证，剔除不合理因素，形成首次通过劳动力市场向社会公开发布的 2000 年 45 个职业（工种）工资指导价位（见表 27—16）。

湖北襄樊劳动力市场 2000 年部分职业（工种）工资指导价位

表 27—16　　　　单位：元 / 年

职业（工种）名称	高位数	中位数	低位数
统计人员	10392	5604	3430
会计人员	13405	5583	3195
行政业务办公人员	12266	6480	3393
打字员	8918	4992	3210
计算机操作员	9860	5824	3600
治安保卫人员	11382	5580	3206
营业员	8559	4411	2958
收银员	8164	4800	3300
推销员	15513	6180	3484
采购员	12441	6447	3443
保管员	10331	5485	3178
锅炉操作工	9331	6120	3199
美容美发人员	15480	8158	5500
中式烹调师	10784	5575	3564
餐厅服务员	5052	3888	3316
客房服务员	7026	5364	3288
车工	11049	5640	3166
铣工	10758	5511	3242
刨插工	10617	6336	3119
磨工	10053	5600	3238

续表

职业(工种)名称	高位数	中位数	低位数
镗工	10536	5994	3756
钻床工	8797	6360	3690
铸造工	8873	5538	3310
锻造工	10976	6450	3647
冲压工	10631	5516	3089
焊工	13963	6384	3247
金属热处理工	10610	5194	3287
冷作钣金工	7560	5470	3840
钳工	13597	6377	3308
汽车修理工	14897	6360	3209
汽车驾驶员	20785	8206	3527
汽车运输调度员	8141	7123	3506
变配电室值班电工	13840	6078	3327
维修电工	11267	5626	3201
粗纱工	8514	5268	3155
细纱工	8318	5466	3004
捻线工	8364	6000	3433
织布工	7542	4880	3069
印染人员	9120	7080	3192
缝纫工	8120	4300	3050
水泥制品工	6505	4160	3133
砌筑工	10800	5662	3300
装饰装修工	11800	6840	3600
建筑油漆工	6126	4377	3100
导游	10000	6000	4000

2001 年发布 106 个职业(工种)工资指导价位,2005 年,发布 168 个职业(工种)工资指导价位。

1995 年 5 月,开始执行最低工资标准。1999 年、2002 年、2005 年分别进行调整。其目的是为了保障劳动者个人及其家庭成员的基本生活,促进劳动者素质的提高和公平竞争。到 2005 年,襄樊市区最低工资标准为 360 元 / 月,老河口市、襄阳区、枣阳市、宜城市、谷城县为 320 元 / 月,南漳县、保康县为 280 元 / 月(见表 27—17)。

襄樊市最低工资标准一览

表 27—17　　　　单位:元 / 月、元 / 小时

年份 / 地区	1995	1999	2002	2005
襄樊市市区	180	235	310/1.86	360/4
老河口市	160	210	280/1.68	320/3.5
襄阳区(县)	160	210	280/1.68	320/3.5
枣阳市	160	210	280/1.68	320/3.5

续表

宜城市	160	210	280/1.68	320/3.5
南漳县	140	180	240/1.44	280/3
保康县	140	180	240/1.44	280/3
谷城县	140	180	240/1.44	320/3.5

注:最低工资标准执行时间分别为1995年5月16日、1999年10月19日、2002年1月1日、2005年3月1日。

(六)劳动安全

1.机构及主要职责

襄樊市安全生产委员会是市人民政府负责研究部署、指导协调全市安全生产工作的机构。2002年以来,该机构一直得以延续。2005年3月,该委员会主任委员改由市长李德炳担任,其成员单位(委员)由市政府及其相关委、局共61个单位(委员)组成,其主要职责:在市政府领导下,负责研究部署、指导协调全市安全生产工作;研究提出全市安全生产工作的重大方针政策;分析全市安全生产形势,研究解决安全生产工作中的重大问题;必要时,协调襄樊军分区和驻樊武警部队,参加重特大生产安全事故应急救援工作;完成市政府交办的其他安全生产工作。安全生产委员会办公室设在市安全生产监督管理局,负责日常工作。市辖各县、市、区,也都先后成立了安全生产委员会及其办公室,其职责与襄樊市安全生产委员会类同。

2002年3月以前,襄樊市安全生产监督工作一直由市劳动局负责。2002年3月26日,市政府办公室印发《襄樊市安全生产监督管理局职能配置、内设机构和人员编制规定》的通知,同年6月18日,举行襄樊市安全生产监督管理局揭牌仪式。新组建的襄樊市安全生产监督管理局,为市经济贸易委员会管理的副县级行政机构,负责综合监管全市安全生产工作,履行国家安全生产监督管理职能。内设综合科、法制与技术装备科、安全监督管理科、教育培训科五个职能科室。2005年1月24日,襄樊市人民政府办公室再次下发《襄樊市安全生产监督管理局职能配置、内设机构和人员编制规定》的通知,规定襄樊市安全生产监督管理局为市政府直属的正县级工作部门。

市辖各县、市、区的安全生产监督管理局于2002年8月前陆续组建到位,其主要职责类同于襄樊市安全生产监督管理局。市及县(市)、区政府有关部门,依照相关法律、法规的规定,在各自的职责范围内对有关的安全生产实施监督管理。

安全生产监督管理局历任局长、副局长

表27—18

局　长	何国文	2002年3月—2005年6月
	郑德安	2005年7月—
副局长	郑德安	2002年4月—2004年6月
	张承洲	2004年9月—
	邓国宁	2005年5月—

2.综合监管

(1)规章及规范性文件

为强化安全生产行政监督管理职责,2004年11月7日,市政府印发《襄樊市人民政府市长、副市长安全职责分工》。2004 年 3 月 18 日，中共襄樊市委办公室、市政府办公室批转《襄樊市安全生产委员会成员单位安全生产工作职责规定》。2002 年 11 月 25 日，襄樊市安全生产委员会印发《襄樊市安全生产目标责任制考核办法》，并于 2003 年 12 月制定《襄樊市安全生产目标责任制考核评分细则》。2005 年 8 月 15 日，襄樊市安全生产委员会印发《襄樊市安全生产委员会工作规划》和《襄樊市安全生产委员会议事规则》。为规范、强化对全市重大危险源、重大生产隐患的监控和重特大事故应急救援工作，2003 年 2 月 28 日，市政府发布《襄樊市重特大安全事故应急处理预案》。2003 年 3 月 11 日，襄樊市安全生产委员会印发《襄樊市危险化学品重特大事故应急救援预案》。2003 年 6 月 24 日，襄樊市安全生产委员会印发《关于加强襄樊市十大危险源单位监控工作的通知》。2005 年 9 月 13 日，市政府印发《襄樊市重大事故隐患整治和重大危险源监控管理办法》。2005 年 12 月 9 日，市人民政府印发《襄樊市防雷减灾管理办法》。为强化安全生产工作，2003 年 9 月 17 日，市政府办公室发出《关于深化安全生产专项整治工作的通知》，当年 12 月 31 日，发出《关于进一步加强安全生产工作的通知》。2004 年 8 月 23 日，市政府发布《襄樊市工伤保险实施细则》。2005 年 9 月 26 日，市政府发出《关于进一步加强安全生产工作的通知》。

(2)安全生产目标责任制

2002 年 11 月 25 日，襄樊市安全生产委员会在下发的《襄樊市安全生产目标责任制考核办法》中规定，考核对象为各县(市)区政府、各开发区管委会及其行政一把手和分管领导、市政府有安全生产工作任务的部门和单位及其行政一把手和分管领导。按考核指标采用百分考核制，并实行安全生产“一票否决”制，即在本行政辖区、本行业有“发生一次死亡 3 人或死伤 10 人或直接经济损失 30 万元以上重、特大工矿企业安全责任事故”、“考核在 75 分以下的”等六种情况之一者，该县(市)区政府、开发区管委会或市政府有关部门不能参加当年先进单位评选，这些单位、部门的主要领导和分管安全生产的领导，不能评为年度先进个人，年终按考核结果实施奖惩兑现。

为促进安全生产目标责任制的规范与落实，2003 年 7 月，中共襄樊市委办公室、襄樊市人民政府办公室，组成六个检查督办组，先后用 22 天的时间，对全市落实安全生产目标责任制情况进行了检查、督办，并于 9 月 6 日通报了检查督办情况。2003 年 12 月 22 日和 2005 年 11 月 27 日，襄樊市安全生产委员会又先后对《襄樊市安全生产责任目标考核评分细则》进行修改。2002 年以来，全市安全生产责任目标的考核工作，大都是在当年的年底或来年的年初，由上级人民政府、单位组成考核验收组，对下级人民政府(部门)、单位，按照各级、各方面签订的安全生产责任状的内容，层层进行考核验收。对考核结果省、市、县(市)区人民政府大都以政府通报的形式予以公布，并在当年的省、市、县(市)区安全生产工作会议上予以奖惩兑现。

(3)安全生产检查

重要节假日的安全检查主要是每年的“五一”、“十一”、元旦、春节等法定节假日前进行的安全检查。自国家实施增加法定假日天数，出现通常说的旅游“黄金周”后，为确保这些节假日期间的生产安全，每当节假日之前，各级政府及安全生产委员会都会发出通知，要求下级政府、企业单位在节前组织安全生产大检查，在节日期间加强值班、巡查。

重大社会活动期间的安全检查主要是每年 3 月份全国人民代表大会、全国政治协商会议召开前，各级人民政府及安全生产委员组织的安全大检查。另外，在中国共产党第十六次全国代表大会召开前，以及襄樊市人大、政协会议年度会议召开前，市委、市政府也都发出通知，要求在各辖区内组织安全生产大检查。这些检查，一般都与保持社会稳定，防止重特大生产安全事故结合起来进行。

年尾岁头、冬去春来的安全检查正是各级政府、部门和企业单位安全生产责任目标层层考核验收的期间,也是生产经营单位抢时间、赶任务的旺季,因此也是生产(经营)事故易发期间。

(4)安全生产督查(督办)与协调

2002年以来,从安全生产督查(督办)的情况看,主要对象是乡镇煤矿、非煤矿山中小型露天采石场、水上交通、危险化学品生产和公共聚集场所消防安全等。乡镇煤矿历来是全市高危险生产行业中,生产安全事故发生最为频繁的行业,是全市安全生产监督管理的重点。2004年2月10日,根据襄樊市安全生产协会煤矿安全程度评估专家组对南漳县34家煤矿的评估结果,市安委会发出《关于限期整改煤矿安全隐患的函》,要求南漳县人民政府根据安全评估中指出普遍存在的四个方面的安全生产隐患,对各相关煤矿下达整改指令,限期整改。2003年农历正月十三日,南漳县东巩夹子沟煤矿两名工人,向襄樊市副市长赵振举报:该镇在正月前后,有关煤矿业主隐瞒死人事故。经调查,南漳县东巩镇自2002年12月24日至2003年元月10日,共有四个煤矿各发生1起死亡1人的安全生产事故,而有关方面均隐瞒不报。2003年3月6日,南漳县政府办公室向市人民政府写出《关于去冬东巩煤矿四起瞒报事故调查处理情况的报告》。随后,襄樊市安全生产监督管理局又派专人前往该县督查落实。2003年12月26日,根据省政府安全生产检查组的反馈意见,襄樊市安全生产监督管理局致函南漳县人民政府,要求对该县店子河等煤矿的安全生产隐患限期予以整改。2002年7月15日,襄樊市交通局向市安委会紧急报告:因米公祠前沙滩定位为适宜旅游区,夏季高温期已到,高峰时约有上万人聚集在沙滩上,从下午5点至晚上8点半,游人乘船到对岸游泳与游览,由于现有的旅游船舶不具备夜航条件,长虹大桥至鱼梁洲大桥间也为非夜航区,贸然夜航有可能发生重大碰撞、翻船事故。为此,市安委会立即召集有关部门开会研究,并于当月18日由襄樊市安监局、公安局、交通局、旅游局联合发布《关于禁止船舶在汉江市区段夜航的通知》,要求市民与游客天黑后不得乘船过江游览,所有船舶天黑以后也不得在该江段夜航。襄樊市新华市场(新华服装城),是鄂西北最大的服装批发市场,该市场日均客流量超过8 000人次,市场内从业人员5 000多人,商品辐射5个省、20个地区的50个县(市),是全市公共聚集场所消防安全防范的重点。2003年11月22日和27日,中共中央政治局委员会、中共湖北省委书记俞正声和代省长罗清泉先后对该市场存在的火灾隐患问题作过批示。2005年5月22日,国家公安部消防局消防安全检查组,在检查该市场时,提出了:市场防火未分区,防火间隔及自动报警系统不落实等三个方面的安全隐患问题。为此,襄樊市新华市场开发服务中心对上述消防隐患进行了整改,并于6月10日向市经贸委、市安全生产监督管理局写出了该市场消防隐患整改情况的报告。

2003年7月11日,襄樊市安全生产监督管理局就枣阳市非法设立危险化学品生产企业事项,向湖北省安全生产监督管理局写出报告。报告称,枣阳金马化工有限公司、枣阳金鹿化工有限公司均是以氰化钠、甲基氯化苄、液氯等为重要原料生产危险化学品的企业。两企业在未依法取得危险化学品生产企业批准书的情况下,枣阳市工商行政管理部门分别核发了企业法人营业执照,并先后开工生产。报告还提到,“2000年9月枣阳市金牛化工厂从陕西购买氰化钠的运输汽车,在陕西汉中翻入汉江支流,引起汉江沿线两岸数百万人的恐慌,惊动了党中央、国务院”。因此,要求对该两企业给予行政处罚、经济处罚,并按规定补办相关手续。

襄樊市区铁路货运下河专线,在清河口与316国道平交。该地段铁路货运列车周转频繁,过往人员、车辆更是川流不息。行人和车辆常常冒险抢道通过,险象环生。应襄樊铁路分局的要求,2003年3月5日,市安委会办公室在襄樊铁路分局召开清河口平交道口安全隐患整治工作协调会。会议一致议定,一方面在道口两侧增设铁制隔离栅栏,装设电子摄像监控设备、红绿灯交通信号和设置限速牌等,加强安全硬件投入;另一方面,由市交警支队派员定时和不定时协助铁路部门维持道口交通秩序。湖北东方化学工业公司是国家重点军工企业,其生产、贮存的烈性炸药产量大、仓库多。而库房毗邻宜城市金牛山林场，周边杂草、灌木丛生，一旦出现火险，将会造成严重的爆炸事故。为此，2003 年 12 月 24 日，省政府安全生产检查组会同市襄樊市安全生产委员会在襄阳宾馆，召开湖北东方化学工业公司烈性炸药库安全防火隔离带重大安全隐患整改问题协调会，宜城市人民政府及东方化工公司要关负责人参加了会议。会议就东方化学工业公司 18 个炸药库周边 30 米以内的土地（用以防火隔离带）所有权及隔离带内林木砍伐处置权责和隔离带的设施等问题取得一致意见。为此市安委会于 2003 年 12 月 31 日，派专人对上述协调事项进行了实地督查落实。

（5）重大事故隐患整治、重大危险源监控和重特大生产事故应急救援

2002 年，襄樊市安全生产监督管理局成立不久即开始着手进行重大事故隐患整治和重大危险源的监督管理工作。2004 年 7 月 22 日，经市政府同意，襄樊市安全生产委员会公布全市 100 个重大事故隐患和 100 个重大危险源，并决定在全市实施安全生产“双百”整治、监控工程（即“双百”工程），实行“政府组织协调，部门督办落实，企业全面负责，社会监督支持”的工作机制。2004 年 9 月 16 日，市政府办公室发出《关于开展安全生产“双百工程”专项督查暨“十一”安全大检查的通知》，并组织 6 个督查工作组，自 9 月 20 日至 10 月 6 日，分赴各县（市）区、开发区、市直相关部门、重点行业和重点企业，对“双百工程”实施情况进行督查。同年 11 月 1 日，襄樊市安全生产委员会在汇总各督查小组情况汇报的基础上，对全市“安全生产，双百工程”专项督查情况进行了通报。通报指出，100 个重大事故隐患的整治工作已全部启动，其中基本整改到位的 52 个；100 个重大危险源已全部制定了监督方案和应急预案。2005 年 4 月 18 日，襄樊市安全生产委员会办公室制定了《襄樊市重大危险源监督管理工作实施方案》，要求各地进一步对重大危险源进行调查登记，调查登记要落实到重要设备、设施、生产工艺参数、危险物质的分布、数量、能量等，同时落实定期的评估、检测和安全防范措施。2005 年 9 月 13 日，《襄樊市重大事故隐患整治和重大危险源监督管理办法》，作为襄樊市人民政府地方性法规正式出台，标志着全市重大事故隐患整治和重大危险源监督管理工作，步入规范化、法制化的轨道。

2002 年 6 月 29 日，《中华人民共和国安全生产法》公布后，襄樊市安全生产委员会开始着手对市政府 2001 年编制的《襄樊市特大安全事故应急处理预案》进行修订。2003 年 1 月 27 日，市政府公布经修订后的《襄樊市重特大安全事故应急处理预案》。为构建全市重特大安全事故应急救援体系，根据市人民政府、市安全生产委员会的要求，各县（市）区人民政府、各开发区管委会先后制定了本辖区应急处理预案。2003 年 3 月 11 日，襄樊市安全生产委员会公布了《襄樊市危险化学品重特大事故应急救援预案》，有的县（市）区，如南漳县，由县人民政府组织，在煤矿集中的东巩镇组织了煤矿瓦斯爆炸事故应急救援模拟演练。根据襄樊市矿山企业多，分布广的特点，南漳县、保康县先后组建了矿山救护队，并申请纳入了全省矿山安全应急救援体系。2005 年 11 月 11 日，襄樊市人民政府决定成立襄樊市应急管理工作领导小组，该领导小组由襄樊市委常委、常务副市长欧阳万坤任组长，下设五个工作专门组，将生产安全应急救援工作纳入了全市应急管理工作体系。

3.行业监管——安全生产专项整治（治理）

襄樊市安全生产专项整治（治理）工作从 2001 年开始。市政府办公室于 2003 年 9 月 17 日下发《关于深化安全生产专项整治工作的通知》，指出深化安全生产专项整治工作由市政府统一领导，市安全生产监督管理局负责监督协调，煤矿、非煤矿山、危险化学品、交通运输等行业专项整治工作的牵头部门负责。2004 年 4 月 29 日，市安全生产委员会办公室下发《关于贯彻落实国务院安办〈关于继续深化安全生产专项整治工作的通知〉的通知》。全市先后开展煤矿，非煤矿山，危险化学品，道路和水上交通运输，民用爆炸物品和烟花爆竹，特种设备和压力容器、压力管道，建筑施工，人员密集场所消防安全等方面的安全生产专项整治。有的专项整治在大的项目下还有若干小项目的专项整治，如危险化学品的专项整治，不仅包括危险化学品的生产、经营、储存、使用企业的安全整治，还延伸到危险化学品的运输危险化学品的包装物、容器及其生产、使用单位的安全整治。2004 年以后，又发展到灭鼠药剂、毒鼠强的安全专项整治。又如道路和水上交通运输的专项整治，又延伸到乡村道路、乡镇渡口的渡船以及旅游船舶的安全专项整治。鉴于安全专项整治涉及面广的特点，全市各类安全生产专项整治工作，均成立由市政府分管副市长或分管副秘书长为组长的专项整治工作领导小组，领导小组办公室设在牵头的市政府相关职能部门。

(1)全市煤矿安全生产专项整治

全市煤矿安全生产专项整治工作开展之前，全市有煤矿 71 家，其中保康县属国有煤矿 1 家，其余均为乡镇煤矿，且都集中分布在南漳的东巩、巡检两乡镇。这些乡镇煤矿由于煤层薄，地质条件差，绝大部分都是年产 1 万吨左右的小煤矿。另外，安全技术条件差，从业人员文化、技能低下，生产安全事故发生频繁。据南漳煤炭行业管理部门统计，1984—2004 年，该县乡镇煤矿共发生各类生产安全事故 158 起，死亡 275 人，重伤 81 人，一次死亡三人以上事故 10 起。2002 年 9 月 18 日，市安全生产委员会下发《襄樊市深化煤矿安全专项整治实施方案》，明确深化专项整治工作的重点是应取缔、关闭而未关闭和关闭后又死灰复燃的矿井；破坏资源、技术落后和不具备安全生产基本条件的矿井；国有煤矿“一通三防”存在重大隐患的矿井。深化整治的主要措施是对应取缔关闭的矿井，严格按照关井的“六条标准”，注销相关证照、停止电力供应、停止炸材供应、拆除设备、迁散人员，填实井筒。对恢复生产矿井，按照《湖北省深化煤矿安全生产专项整治验收标准》的规定，在煤矿企业自我验收的基础上，由乡(镇)、县、市分层次组织验收，最后报请省政府审查验收。经过 5 年的安全生产专项整治，全市共炸封、关闭、整合煤矿 36 家，其余 35 家均顺利通过了乡(镇)、县、市、省四级专项整治验收。2005 年，全市有 20 家煤矿顺利通过省级安全生产条件审查，取得安全生产许可证，其余 15 家煤矿因生产规模达不到 3 万吨 / 年，而实施矿井扩建改造。

(2)非煤矿山安全生产专项整治

据襄樊市国土资源部门统计，截至 2003 年 8 月末，全市办理采矿权手续的非煤矿山企业共有 252 家，其中磷矿是我市非煤矿山的主体，主要分布在保康、南漳县和宜城市，铁、锰等金属矿山仅在保康、襄阳区布有矿点，而大量的是各类露天采石场。2002 年 8 月 12 日，市安全生产监督管理局、公安局等市直六局联合下发《襄樊市非煤矿山安全整治工作实施方案》。对未取得采矿许可证、工商营业执照的矿山和违背国家产业政策、环保法规、安全生产法规的矿山予以取缔、关闭；严格按照湖北省非煤矿山安全专项整治验收标准，层层组织验收；对经整改仍达不到验收标准的，或达不到环保条件的矿山予以关闭。在襄樊市襄城南部山体保护区和隆中风景区规划范围内，2005 年 12 月以前共有 29 家采石场进行采石作业，既损害城市形象和生态环境，又形成多处生产安全隐患。经多次整治效果不佳的情况下，襄樊市人民政府于 2005 年 12 月 8 日，召开市政府常务会议，专题研究在上述范围内的禁止采矿问题。会议决定，在当年的 12 月 31 日前，全部关停这 29 个采石场。会后第二天，襄樊市副市长刘立勇又主持召开了督办会，襄城区政府及市直部门、市隆中管委会领导参加了会议，会议就禁采联合通告的发布、关停后的炸材收缴及职工安置等事项，进一步落实了措施。截止 2005 年底，全市共取缔关闭各类非煤矿山 32 个，已有 76 家非煤矿山企业领取了安全生产许可证。

(3)危险化学品安全生产专项整治

安全专项整治之前，全市有危险化学品从事单位 794 家，其中生产储存企业 179 家。2002 年 7 月 31 日，市经济贸易委员会、市安全生产监督管理局、市公安局等市直 10 个委(局)联合下发《襄樊市危险化学品安全专项整治工作实施方案》。该实施方案明确了专项整治的范围为危险化学品生产、储存、经营、运输、使用和废弃处置等环节；整治的重点是剧毒化学品和液化气体从业单位，不具备安全生产基本条件以及不符合有关资质要求和存在重大安全事故隐患的从业单位。同时打击利用危险化学品从事各种违法犯罪的活动。实施方案还明确了与危险化学品生产、储存、经营、运输（邮寄）、包装（容器）、环保、毒性鉴定、注册登记、办证等相关的市直职能部门在专项整治中的职责。该实施方案要求，通过深化整治，取缔非法从事危险化学品生产、经营、储存等环节上的从业单位；关停不符合基本安全生产条件的从业单位和使用氰化物的小金矿、小电镀厂、小电子器件厂；打击非法从事危险化学品生产、经营、运输使用等行为。深化整治的主要措施：一是严格按照《湖北省危险化学品单位深化专项整治验收标准》的要求，认真组织验收；二是全面推进危险化学品从业单位的安全评价和安全评估；三是严格对危险化学品生产、储存单位，特别是剧毒化学品生产、使用单位的安全生产条件审查；四是强化对从业单位各类人员安全业务知识、技能的培训；五是建立和完善危险化学品安全事故应急救援预案。为规范危险化学品的新建、改建和扩建企业的设立、审查，襄樊市安全生产监督管理局于2003年8月14日，发布了《襄樊市危险化学品生产、储存单位，设立、改扩建审查工作暂行规则》，并于同年11月18日，致函襄樊市工商行政管理局，就“共同做好危险化学品安全管理前置审批工作”进行协调。为加强对重大事故隐患的治理和重大危险源的监控，推进安全专项整治工作，经市政府同意，襄樊市安全生产委员会于2003年3月11日，发布《襄樊市危险化学品重特大事故应急求援预案》，该预案指出，全市危险化学品应急救援工作应坚持“统一指挥，分工负责，区域、单位自救与社会救援相结合”的原则，并就应急救援的机构和职责，专家组的组成，应急救援和事故应急处置等方面作了明确规定。2005年4月，市安全生产监督管理局向市政府提交《关于做好市区危险化学品生产、储存企业集中功能区规划工作的报告》，就危险化学品生产、储存专属区域的选址，集中功能区面积，基础设施的规划及建设等问题，提出建议。2005年9月14日，市长李德炳带领市直相关部门到拟规划的余家湖园区现场办公，对集中功能区的规划、企业搬迁等问题提出了要求。在全市危险化学品安全生产专项整治过程中，全市共取缔、关停各类危险化学品从业单位20多家，有74家生产、储存单位取得了安全生产许可证，有近百家经营单位取得了经营许可证。

（4）道路和水上交通运输安全专项整治

道路交通安全事故，无论是发生起数，还是死（伤）人数，历来是全市第一位的。根据国务院和省政府的部署，2002年，成立以市长罗辉为组长的全市创建平安大道工作领导小组，与此同时，市交通警察支队编制《2002年襄樊市创建平安大道工作实施方案》。该方案提出了创建活动的主要措施：强化交警管段，落实“四化四定”责任制；强化技能培训，加强路段建设；强化服务职能，确保路畅安全。2003年2月9日，市政府在转发市交通局、公安局《关于全市农村道路客运、机动车维修市场整顿及交通安全整治工作实施意见》中指出，整顿的范围为全市农村道路客运市场；整治的范围为全市所有从事机动车维修的一、二三类维修企业（业户）。并要求在整顿、整治中，严把客运市场准入关，严格客运班线管理，取缔无证无牌非法营运，打击欺行霸市的黑恶势力；认真清理机动车维修市场经营条件，严格检验作业规程，严查伪劣配件，取缔和打击非法经营和违章经营。在全市道路安全专项整治中，襄樊市安全生产委员会、高速公路襄樊区段工程建设协调指挥部于2002年7月下发《关于加强高速公路建设安全生产管理工作的通知》。2004年10月18日，襄樊市安全生产监督管理局又与公安局、市农业机械化管理办公室联合发布了《关于加强拖拉机安全监督管理的通告》，在强调所有拖拉机（含手扶拖拉机）必须依法持有牌、证，驾驶人员须经培训、考试获得驾驶资格证书外，还规定拖拉机一律不准进入高速公路行驶。2005年7月，襄樊市人民政府办公室下发《关于成立铁路无人看守道口安全管理委员会的通知》。

据2004年5月襄樊市交通部门的统计，全市共有6条通航河流，578公里通航水域，7个水上航运企业，47处乡镇渡口，5处旅游库区，616艘持证船舶，1473名持有操作资格证的船员。在安全专项整治前，全市乡镇船舶、渡口的安全管理职责不明，船舶老化、安全装备差，安全管理失控的状况比较突出。2002年9月17日，襄樊市交通局、安全生产监督管理局等部门在联合转发省交通厅等四厅局《落实乡镇船舶安全管理责任制实施意见》的通知中明确规定：乡镇船舶交通安全由地方各级人民政府负责，交通、海事、安全监管、监察等部门，在各自职权范围，分别履行监管职责。同时还要求，要在全市范围内深入开展乡镇船舶、渡口安全达标活动，打击“三无”船舶。2005年10月25日，经襄樊市人民政府同意，市交通局、市安全生产监督管理局，编制了《襄樊市开展渡口渡船安全生产专项整治实施方案》，方案要求，要落实渡口渡船安全生产责任制；规范渡口审批程序；严格渡船、渡工安全管理，整顿渡运秩序。到2005年底，全市所有营运船舶通过了安全生产专项整治验收。

烟花爆竹的安全整治工作，全市公安部门从2001年就开始了。通过深入烟花爆竹传统生产区——南漳县涌泉镇、樊城区太平店镇等乡镇开展专项检查，取缔非法生产、销售烟花爆竹窝点143处；对安全生产条件差，隐患较多的生产点，下达整改通知，限期或停产整改。2005年襄樊市安全生产监督管理局负责全市烟花爆竹安全生产监管后，于当年2月25日，襄樊市安全生产委员会发布了《2005—2006年襄樊市深化烟花爆竹安全生产专项整治工作方案》，该方案提出，深化专项整治的范围为：烟花爆竹生产、储存、销售、运输等生产经营领域和单位。整治的主要任务：依法打击非法生产经营烟花爆竹的行为，取缔家庭作坊和不具备经营资格的批发、零售单位；依法对不具备安全生产（经营）条件的生产经营企业（网点）进行停产（业）整顿。为了依法规范烟花爆竹销售行为，襄樊市安全生产监督管理局于2005年9月21日和12月22日，先后发布了《襄樊市烟花爆竹销售许可证实施细则》、《关于烟花爆竹销售许可证发放审核工作有关问题的通知》。通过安全专项整治，全市共关闭烟花爆竹生产企业12家，保留的4家烟花爆竹生产企业，2005年底全部通过了安全生产专项整治验收，取领了安全生产许可证；全市，烟花爆竹销售实现了一个县（市）、区一个批发企业，零售网点布局合理。

全市公共聚集场所消防安全专项整治，自2001年5月国家11部委局《关于开展公共聚集场所消防安全专项治理的实施意见》发布后即开始。2002年全市公安消防部门集中开展对网吧及其他公共聚集场所的专项整治，对7家公共娱乐场所、80家网吧依法予以取缔。经襄樊市人民政府同意，襄樊市公安局、市安全生产监督管理局于2003年6月24日，联合发布了《襄樊市关于开展人员密集场所消防安全疏散通道、安全出口专项治理的实施方案》，该实施方案提出专项整治的范围为：容纳50人以上的影剧院等公共娱乐场所；容纳50人以上就餐、住宿的旅馆、宾馆等场所；容纳50人以上的商场、超市和室内市场；学校、托儿所、幼儿园、养老院的集体宿舍，医院的病房楼；劳动密集型生产企业的车间、员工集体宿舍。专项治理的内容：疏散通道，安全出口被封闭、封堵和占用，不畅通的；指示标志，应急照明被遮挡、覆盖的；设置铁栅栏和在公共区域的外窗安装金属护栏影响消防安全疏散和应急救援的。针对自2000年以来，全国商场、市场火灾事故发生频繁，人员伤亡严重，经济损失巨大的情况，襄樊市公安局、安全生产监督管理局等六部门，于2005年6月15日联合发布了《襄樊市集中开展商场市场消防安全专项治理实施方案》。在全市公众聚集场所消防安全专项治理过程中，市公安消防支队针对整治中存在的问题，于2002年6月18日向市政府写出了《关于责令新华市场、卧龙饭店、襄江商场等存在重大火灾隐患单位停业整改的紧急请示》，根据市政府有关领导批示，市经济贸易委员会主持相关方面研究制定整改方案。到2005年底，全市公安消防部门督促整改公众密集场所火灾隐患2461处，打通疏散通道83处，5家省级消防隐患单位中，有1家整改到位，2家经整改验收降级，2家停业整改。

2003年底，经襄樊市质量技术监督部门普查，全市共有各类特种设备10920台（套），其中锅炉

1147台，压力容器6063台，电梯610台，起重机械2246台，厂内机动车816辆(台)，游乐设施215台(套)，压力管道65425米，各类气瓶近百万只。根据2001年6月12日，湖北省质量技术监督管理局下发《湖北省锅炉、压力容器、压力管道及特种设备安全生产整治方案》，全市质量技术监督部门在开展普查、登记的同时，进行安全整治。2002年10月15日，襄樊市质量技术监督局下发《关于对危险化学品包装物、容器质量进行监督检查的通知》。通知规定，凡盛装危险化学品的包装物、容器均属产品质量监督检查的范围；从事危险化学品及其包装物、容器生产的企业，其生产许可证的审验、发放工作由质量技术监督部门负责；对危险化学品的生产、管理、使用，实行登记制度和定期检验，检验工作由具有国家认定资质的检验机构进行。为配合特种设备的安全专项整治，襄樊市质量技术监督局于2003年10月15日制定《襄樊市特种设备行政许可实施办法》。通过特种设备安全专项整治，到2005年6月，全市共检验特种设备65012台次，出动检查检测4021人次，共查处隐患756起，发出监察指令593份，捣毁"土锅炉"48台，取缔5家无证充装单位，立案查处271起。对35家液化气充装站、120个城市燃气供应点进行了安全条件审核，取缔了流动售气行为。

自2002年开始，全市建设主管部门，突出抓建筑施工现场的安全整治。对236个工程项目实施全过程安全监管，检查各类安全隐患2744处，整改2418处。限期拆除23个工地的竹制脚手架；取缔了独杆吊和三角井架提升机，推广使用标准的物料提升机及塔式起重机；95%的施工现场配备了标准配电箱。90%的工地采用了三相五线制、三级配电及二级供电保护系统；还根据国务院《建设工程安全生产管理条例》的规定，强制新开工项目(单位)为从事危险作业的人员办理意外伤害保险。鉴于襄樊市几年来建设施工现场多，多个施工现场安全防护设施配备不到位，管理不规范，低劣、假冒防护用品充斥施工现场的情况，2003年5月12日，襄樊市安全生产监督管理局、襄樊市建设局联合下发《关于开展建筑行业劳动防护用品专项监督检查工作的通知》。通知指出，专项监督检查的主要内容：使用单位是否按规定为从业人员购置、配置了劳动防护用品；购置、配备的劳动防护用品有无"三证"(产品合格证、安全鉴定证、特种劳动保护用品安全生产许可证编号)；特种劳动保护用品生产企业是否有安全生产许可证；用人单位是否建立健全劳动防护用品采购、验收、保管、发放、使用、更换、报废等管理制度。根据专项监督检查的结果，襄樊市建设局、襄樊市安全生产监督管理局又于2003年10月23日，下发《关于进一步加强全市建设工程施工安全防护用品监管工作的通知》，在重申各项监管规定的同时，市建设局、市安全生产监督管理局还将会同市直相关部门，不定期地对全市建设工程施工现场劳动保护用品的流通、使用情况进行检查。

在开展安全生产专项整治的过程中，全市开展防雷电安全专项检查；太阳能热水器与空调安装市场安全专项治理；安全用电专项检查；电力线、通讯线、广播电视线交越和搭挂安全整治等。这些活动都组建有领导小组，制定了检查、治理条件(标准)及验收办法等。

4.事故处理

2003年3月29日，南漳县巡检镇佳勇煤矿发生煤与瓦斯突出事故，9人被堵井下。省政府副秘书长夏贤忍、市长付明珠、市委副书记万桃元等亲自坐镇指挥抢救。经黄石矿务局救护队全力施救，井下4名工人脱险，5名工人遇难。2005年5月25日，湖北东方化工厂TNT(炸药)生产线发生爆炸事故，4人死亡，2人重伤，23人轻伤。省政府副省长任世茂，兵器工业集团副总经理温刚，市委书记田承忠，市长李德炳等及时赶赴该厂指挥抢救。

(1)事故应急救援和安全生产责任追究制

襄樊市人民政府于2003年1月发布《襄樊市重特大事故应急处理预案》。2005年11月，以市政府名义成立襄樊市应急管理工作领导小组。市安全生产委员会也于2003年3月21日发布《襄樊市危险化学品重特大事故应急救援预案》。根据《国务院关于特大安全事故行政责任追究的规定》，中共襄樊市纪委、襄樊市监察局于 2001 年 6 月 19 日，发布《襄樊市重大安全责任事故领导责任追究暂行办法》，该暂行办法规定，责任追究的对象是本市党政机关、人民团体、企业、事业单位的领导干部，重大事故包括重大火灾、重大交通安全事故等七种类型。

（2）2002—2005 年襄樊市安全生产事故情况见表 27—19

襄樊市安全生产伤亡事故四项指标统计

表 27—19

类别 / 年份		2002 年	2003 年	2004 年	2005 年
合计	事故起数	1220	1120	846	1418
	死亡人数	235	238	188	156
	受伤人数	1246	1122	887	709
	直接经济损失（万元）	484.4	775.09	815.28	1227.34
工矿	事故起数	33	61	56	42
	死亡人数	34	65	52	49
	受伤人数	13	27	42	36
	直接经济损失（万元）	221.7	425.05	508.8	993.7
道路交通	事故起数	1152	1092	763	682
	死亡人数	200	159	132	105
	受伤人数	1230	1090	844	673
	直接经济损失（万元）	231.6	269.48	233.42	162.51
火灾	事故起数	35	54	25	694
	死亡人数	1	9	0	2
	受伤人数	3	5	1	0
	直接经济损失（万元）	31.1	69.36	65.56	71.13
水上交通	事故起数	0	3	2	0
	死亡人数	0	5	4	0
	受伤人数	0	0	0	0
	直接经济损失（万元）	0	11.2	7.5	0

（3）安全生产事故的调查、处理

2003 年 3 月 26 日，市安全生产委员会在《襄樊日报》上刊登《关于公布安全生产举报电话、通讯地址和受理内容的通告》。对在全市范围内发生的重、特大安全事故，政府安全生产监督管理部门会同新闻媒体，从事故的发生、抢救到结案，都是全过程跟踪报道。2003 年 1—5 月，全市共发生一次死亡 5 人以上重大事故 4 起，死亡 21 人，伤 6 人。省政府重特大安全生产责任事故处理情况督查组，对全市 4 起事故处理情况进行督查。市安全生产委员会及时将督查情况向市人民政府报告，通报全市。

5.社会团体和中介组织

（1）安全生产协会

2002年11月18日，由刘良军等五人发起筹办襄樊市安全生产协会。经市安全生产监督管理局审查，报请市民政局审核同意，于2003年8月8日在中共襄樊市委党校礼堂召开成立大会。大会推举何国文为襄樊市安全生产协会名誉会长，选举段占惠为襄樊市安全生产协会会长，邓国宁、余雷等10人为副会长，邓国宁兼任协会秘书长。主要工作是为生产经营单位提供法规宣传、咨询、教育培训、安全评估、信息交流、技术攻关等服务。该协会实行会员制，会员入会自愿，退会自由。2003年10月以后，南漳县、枣阳市、宜城市、襄阳区也先后组建了安全生产协会，其组织形式、主要工作内容与襄樊市安全生产协会类同。

（2）安全评价机构

自2003年2月以来，全市先后有6个单位取得过安全评价资质，具体是：襄樊市化工压力容器监测站，2003年3月12日取得评价资质，业务范围为危险化学品生产、储存、使用企业和经营单位的安全评价，2006年1月18日，更名为襄樊锦正安全评价咨询服务有限责任公司并重新取得安全评价资质证书，其业务范围有较大扩大；襄樊华和安全技术有限公司，2004年3月19日取得评价资质，业务范围为湖北省内，从事非煤矿山专项安全评价，2006年1月18日与襄樊岁福安全评价咨询有限公司合并，成立襄樊岁和安全技术有限公司，业务范围除煤矿、非煤矿山外延展到金属制造等行业的安全评价；襄樊岁福安全评价咨询有限公司，成立于2004年10月26日，业务范围为湖北省内九万吨以下煤矿的安全评价，2006年1月18日与襄樊华和安全技术有限公司合并；襄樊祥诚安全评价监测有限责任公司，成立于2004年10月26日，业务范围为安全评价、环境地质咨询评价及地质灾害咨询评价等。

6.安全生产文明教育

（1）宣传教育

自2002年以来，全市“安全生产月”活动形式多种多样。每年的5月底由分管安全生产工作的副市长，向全市发表开展“安全生产月”活动的电视讲话。由市安委会组织有关部门，在市区公共场所，开展“安全生产宣传咨询日”活动，布置安全生产知识展板，发放安全生产宣传资料，接受市民的咨询和观展。活动期间，均有市级领导到现场进行视察。2004年的“安全生产月”，在襄樊市人民广场开展“万人签名保安全”活动。2003年的6月18—28日，为配合“安全生产月活动”的开展，中国移动和中国联通公司，向90多万手机用户播发了安全短信，为使安全知识进校园，市安委会组织有关安全管理人员为中小学生讲授安全知识，还制作《安全伴你行》、《安全进校园》、《燃气与生活安全》等专题片。在活动期间，全市各级安全生产监督管理部门，组织了安全生产知识百题问答或安全生产知识竞赛活动，全市共有18万人次参加安全知识有奖竞答。为配合“全国安全生产月”活动，襄樊日报社、襄樊电视台开辟了“安全才能回家”、“让人民安全回家”、安全生产系列报道等专栏、专题。襄樊市安全生产委员会办公室，每年都要与襄樊电台联合制作一期安全谈话节目。2002年10月下旬，襄樊市安委会办公室与襄樊市政协、襄樊电视台联合制作了“关注安全，关爱生命”为主题电视专题节目。2002年至2005年，新闻媒体共播出安全活动报道450余篇（次）。

2002年9月9日，市安全生产监督管理局、市司法局、市普法工作领导小组办公室联合下发《关于广泛开展学习宣传（中华人民共和国安全生产法）的通知》。根据通知要求，成立襄樊市宣传贯彻

《安全生产法》活动领导小组。全市1252名领导干部参加《安全生产法》普法教育。自2002年10月开始，在全市范围内开展学习贯彻《安全生产法》的知识竞赛活动。在竞赛活动中，襄樊市热电厂代表队获全市一等奖；襄樊市建设局、襄樊市供电局代表队获全市二等奖；武钢集团襄樊长材公司、市百灵纸业公司、国营江山机械厂代表队获全市三等奖；610研究所、襄樊市交通局代表队获组织奖。左惠、韩蜀鄂、任帅三人获全市优秀选手奖。2002年12月13日，湖北安全生产委员会在湖北电视台举行了《安全生产法》知识竞赛决赛，襄樊市荣获优秀组织奖，襄樊市安全生产监督管理局代表队和襄樊热电厂代表队并列全省第一名，荣获全省一等奖。2002年10月下旬，襄樊市安委会办公室与襄樊市政协、襄樊电视台联合制作了以"关注安全，关爱生命"为主题、以《安全生产法》为主要内容的"政协论坛"电视专题节目。

(2)评优创先

在多年的安全生产工作中，全市涌现出了一大批先进单位和先进个人。这些单位和个人，经全市自下而上民主推荐，层层申报，组织审查决定，分别受到湖北省人民政府、省安全生产委员会、襄樊市人民政府、市安全生产委员会的表彰和奖励(见表27—20)。

2001—2004年度襄樊市受省、市人民政府(安委会)表彰的安全生产先进单位、个人情况

表27—20

年度	先进单位(个人)称号	表彰单位	受表彰单位及个人名单
2001	全市安全生产红旗单位	襄樊市安委会	保康县人民政府、襄樊市公安局交警大队、襄樊铁路分局襄樊车站、襄樊市公路总段、湖北华光新材料有限公司
	全市安全生产先进单位	襄樊市安委会	湖北金华麦石集团公司、宜城市劳动和社会保障局等33个单位
	全市安全生产先进个人	襄樊市安委会	刘志勇、沈显贵等48名
2002	全省安全生产责任目标考核先进单位	湖北省人民政府	襄樊市人民政府
	全省安全生产红旗单位	湖北省人民政府	中铁十一局集团有限公司、襄阳汽车轴承股份有限公司
	全省安全生产先进单位	省安委会	襄樊热电厂、湖北襄樊发电有限责任公司、襄樊铁路分局襄樊车站、襄樊市职业安全卫生检测检验站、襄樊市地方海事局、湖北华光新材料有限公司
	全省安全生产先进个人	省安委会	余振、邓国宁、蒋吉祥、关丕华、高麦生、李祥东、杨先锋
	全市安全生产责任目标考核先进单位	襄樊市人民政府	保康县人民政府、宜城市人民政府、枣阳市人民政府、谷城县人民政府、襄城区人民政府
	全市安全生产红旗单位	襄樊市人民政府	襄樊市公安局交警支队、风神襄樊汽车有限公司、中国南车集团襄樊内燃机车厂、中国航天科技集团四十二所、湖北天鹅涂料化工股份有限公司
	全市安全生产先进单位	襄樊市安委会	保康县汽车客运公司等61家企业、单位
	全市安全生产先进工作者	襄樊市安委会	周维钺等115名
	全省安全生产红旗单位	湖北省人民政府	中铁十一局集团有限公司、湖北襄樊热电有限责任公司
	全省安全生产先进单位	湖北省安委会	襄樊热电厂、湖北华光新材料有限公司、风神襄樊汽车有限公司、襄樊市公路管理处、燕京啤酒(襄樊)有限公司、襄樊市消防支队、襄樊市安监局

续表

年度	先进单位(个人)称号	表彰单位	受表彰单位及个人名单
2003—2004	全省安全生产先进工作者	湖北省委安会	胡家平、潘谊平、徐爱林、刘建强、胡美发、彭家才
	全市安全生产责任目标考核优秀单位	襄樊市人民政府	宜城市人民政府、襄阳区人民政府、襄樊市质量技术监督局、襄樊市园林局、襄樊市教育局、襄樊供电公司、襄樊卷烟厂、省移动通信公司襄樊分公司、襄樊市冶金行业协会、市机械行业协会
	全市安全生产先进单位	襄樊市人民政府	中铁十一集团电务工程公司、襄樊铁路分局襄樊车站等20个单位
	全市安全生产先进工作者	襄樊市人民政府	余振、高麦生等30人
	全省安全生产责任目标考核先进单位	湖北省人民政府	襄樊市人民政府
	全省安全生产红旗单位	湖北省人民政府	中铁十一局集团有限公司、湖北襄樊发电有限公司、襄樊火车站
	全省安全生产先进单位	湖北省安委会	襄樊市公安局交警支队、襄樊市特种设备检验检测所、航宇救生装备有限公司、襄樊丽明化工有限公司、湖北华光新材料有限公司、襄樊市热电厂
	全省安全生产先进工作者	湖北省安委会	段占惠、崔玉杰、张东、魏其涛、张少军、贾荣斌
	全市安全生产责任目标考核优秀单位	襄樊市人民政府	宜城市人民政府、枣阳市人民政府、襄城区人民政府、襄樊市公安局、襄樊市交通局、襄樊市安全生产监督管理局、襄樊市国土资源局、襄樊市卫生局、襄樊卷烟厂、襄樊市燃化医药行业协会

2004年6月15日，湖北省气象局、湖北省安全生产监督管理局通报全省防雷安全工作先进单位，市国税局、湖北金环股份有限公司、航宇救生装备有限公司三个单位受到表彰。

(七)劳动争议仲裁

1987年5月，襄樊市劳动争议仲裁委员会成立。主席由襄樊市劳动局局长担任，副主席由襄樊市总工会副主席担任。劳动争议仲裁委员会下设办公室，与劳动局劳动争议仲裁科合署办公，实行两块牌子、一套班子，负责办理劳动争议仲裁委员会的日常事务。随后各县(市)、区相继成立劳动争议仲裁委员会。

劳动争议仲裁委员会注重劳动争议的预防和相关人员的业务培训，在襄樊广播电台、报刊开设维权热线和劳动法规和政策咨询专栏；印发维权指南，制作普法展板，上街宣传，接受咨询；到企业讲解劳动法律法规；开展对企业劳动争议调解委员会的工作指导；组织专、兼职仲裁员参加部、省举办的仲裁业务培训班，参培人员400余人次；独自举办、与襄樊市总工会联合举办了共50期企业调解员和厂长、经理培训班；通过劳动合同鉴证和集体合同审查登记，帮助企业完善规章制度，促进劳动关系依法建立和规范进行。1988年，劳动争议处理机构受理劳动争议案件14件，至2005年，共受理4239

件，涉及劳动者近万人。处理案件时，遵循仲裁调解，依法处理和当事人在适用法律上平等的原则，通过仲裁调解、仲裁裁决和当事人撤诉方式结案4194件，结案率98.9%（见表27—21）。

1988—2005年襄樊市劳动争议案件处理情况一览

表27—21　　单位：件

年份	上期结转数	当期受理数	劳动者当事人数	劳动者申诉案件数	结案数	处理方式			处理结果			本期末结案数
						仲裁调解	仲裁裁决	其他方式	单位胜诉	劳动者胜诉	双方部分胜诉	
1988	—	14	—	—	14	14	—	—	—	—	—	—
1989	—	9	—	—	9	6	2	1	—	—	—	—
1990	—	2	2	—	2	1	1	—	2	—	—	—
1991	—	5	5	—	2	2	—	—	1	—	1	3
1992	3	41	42	—	39	9	—	30	9	10	20	5
1993	5	51	70	51	54	22	7	25	15	17	22	2
1994	2	35	619	34	31	26	3	2	10	11	10	6
1995	6	44	120	40	48	20	13	15	4	29	15	2
1996	2	53	151	43	52	19	33	—	9	26	17	3
1997	3	65	122	58	64	17	31	16	26	24	14	4
1998	4	153	246	140	152	41	104	7	27	63	62	5
1999	5	233	626	221	222	48	146	28	44	144	34	16
2000	16	402	1363	385	389	58	290	41	56	211	122	29
2001	29	486	1172	478	471	67	360	44	75	289	107	44
2002	44	586	1451	537	572	108	357	107	65	285	122	58
2003	58	660	1206	490	702	259	340	103	84	177	441	16
2004	16	693	1195	657	681	221	359	101	37	355	229	28
2005	28	707	1209	676	690	206	355	129	101	360	229	45

注：—代表当年未统计。

1989年，劳动合同鉴证工作全面铺开，至2005年，共鉴证劳动合同695 924份，纠正违法无效合同53664份（见表27—22）。

1989—2005年襄樊市鉴证劳动合同情况一览

表27—22　　单位：份

年份	鉴证劳动合同	纠正违法无效合同	年份	鉴证劳动合同	纠正违法无效合同	年份	鉴证劳动合同	纠正违法无效合同
1989	48000	—	1995	125819	4155	2001	18956	1214
1990	26246	—	1996	137145	11325	2002	24548	956
1991	16531	91	1997	48298	2904	2003	22041	928
1992	16698	592	1998	16038	1449	2004	49783	11013
1993	19169	3162	1999	19038	638	2005	56812	12503
1994	20703	2027	2000	30099	707	—	—	—

2002 年 3 月，襄樊市、枣阳市、老河口市仲裁庭首批被湖北省劳动和社会保障厅、湖北省劳动争议仲裁委员会命名为规范仲裁庭。至 2005 年，11 个仲裁庭有 9 个被命名为规范仲裁庭。仲裁庭建设取得实效。作为劳动争议仲裁机构实体化试点城市，2005 年 8 月，襄樊市劳动和社会保障局向市编委申请成立襄樊市劳动争议仲裁院。2007 年 7 月，经市编委批准，成立襄樊市劳动争议仲裁院，为副县级事业单位，劳动争议仲裁机构实体化建设进入新的发展阶段。

（八）职业教育与职业技能鉴定

襄樊市高级技工学校创建于 1960 年，为湖北省第二技工学校。1969 年，下放到襄樊市，改名为襄樊市机床厂。1976 年，在省第二技工学校的校址上开办襄樊市工业技术学校，1979 年，改名襄樊市一技校。1993 年 5 月，被湖北省人民政府命名为湖北省重点技工学校。1994 年 8 月，被劳动部命名为国家级重点技工学校；1996 年 11 月，被国家计委和劳动部批准改建为襄樊市高级技工学校。2004 年度，被湖北省劳动和社会保障厅表彰为湖北省技工教育质量管理规范学校。1997 年 5 月，被湖北省劳动厅批准为湖北省综合性职业培训基地。1998 年 12 月，被劳动和社会保障部批准为劳动和社会保障部综合性职业培训基地试点单位。1999 年 7 月，被湖北省劳动厅批准为湖北省襄樊职业学院。2005 年，被湖北省劳动和社会保障厅批准为湖北省技师学院襄樊市第一分院。学校占地 30631 平方米，建筑 40912 平方米。其中一栋六层教学综合楼，一栋三层实训大楼，一栋礼堂和食堂综合楼，一栋三层办公楼，二栋学生宿舍楼，五栋教工宿舍楼及其他辅助建筑。学校设有多媒体教室、语言教室、宽带网络综合教室，金相实验室、理化实验室和数控仿真教室；有数控加工、机械加工、模具加工、汽车维修、电工电子、电子技术应用、机电工程等实训车间，配备机床 70 余台，拥有各类实训器材，能同时提供 1500 个实习工位。学校图书馆藏书 4 万余册，订阅专业杂志百余种。体育设施有篮球场 3 个，排球场 1 个，环形跑道一条，乒乓球台 8 个。2005 年，学校教职工 227 人。其中具有高级职称的 52 人，占 22.9%；中级职称的 58 人，占 25.6%。开设有车工、钳工、电工、数控加工、模具加工、汽车修理、电工电焊、电子应用、机电工程、微机应用、电子商务等专业。学校从 1985 年创办高级技工班，是鄂西北最早开办高级技工班的学校。2005 年，高级技工班在校生达 291 人。学校还面向社会，开展了高级技工、技师、高级技师的培训和鉴定工作。学校先后建立了解放军 3611 工厂、襄阳轴承股份有限公司、东风汽车车桥厂、二汽神龙公司、深圳富士康集团等实习和就业基地，为学生提高实习质量和顺利就业搭建平台。至 2005 年，为社会培养、输送 30 000 余名中高级技能人才，短期培训 8 000 余人次（含为下岗职工免费再就业培训）。2005 年，在校学生 3 761 人（见表 27—23）。

1979—2005 年高级技工学校学生统计

表 27—23　　单位：人

年份	在校学生人数	当年招生人数	当年毕业人数	年份	在校学生人数	当年招生人数	当年毕业人数
1979 年	196	196	—	1993 年	1862	549	622
1980 年	384	188	—	1994 年	1770	505	678
1981 年	692	308	196	1995 年	1673	619	504
1982 年	796	300	188	1996 年	1767	643	535
1983 年	895	287	211	1997 年	1685	423	528
1984 年	947	360	250	1998 年	1222	156	750
1985 年	1170	370	281	1999 年	778	199	681
1986 年	1193	463	250	2000 年	854	499	423

续表

年份	在校学生人数	当年招生人数	当年毕业人数	年份	在校学生人数	当年招生人数	当年毕业人数
1987 年	1211	378	320	2001 年	1128	430	380
1988 年	1294	453	324	2002 年	1669	740	466
1989 年	1344	513	480	2003 年	2074	904	531
1990 年	1379	413	397	2004 年	3002	1358	750
1991 年	1523	597	420	2005 年	3761	1499	838
1992 年	1726	716	465	—	—	—	—

襄樊市第二高级技工学校前身是襄樊市工业学校。1976 年 3 月 29 日，湖北省革命委员会批复成立。1979 年 7 月 23 日，省革委会决定恢复与建立 37 所中等专业学校和技工学校。1979 年 8 月 10 日，襄樊市工业学校更名为襄樊市第二技工学校。2002 年 11 月 6 日，被劳动和社会保障部命名为襄樊市第二高级技工学校。1979 年，学校占地 18 000 平方米；建筑 6 302 平方米，其中教室 1 836 平方米、实习工厂及实验室 792 平方米、教职工及学生宿舍 3074 平方米；教职工 18 人。2005 年，学校占地面积 52 000 平方米；建筑面积 37 000 平方米，其中教学、实习、实验 12 634 平方米，教职工住宅及学生宿舍 11 800 平方米；教职工 214 人，其中"双师型"教师占 80%，高级职称 45 人；建有数控技术和机械加工实训中心、多功能计算机网络信息中心、多功能电工电子实验室、自动控制实验室；配置微机 600 余台，各类机床 300 余台，钳工工位 200 余个；图书馆藏书 30 000 余册，订阅报刊 180 余种。学校 1994 年 5 月被省劳动厅评定为"一类技工学校"；1997 年 1 月，被省政府命名为湖北省重点技工学校；1998 年 6 月，被劳动和社会保障部命名为国家级重点技工学校；2002 年 4 月，被省人事厅、省劳动和社会保障厅授予优秀技工学校称号，周先芳获"优秀校长"称号；2005 年 11 月，被国家 7 部委联合授予全国职业教育先进单位。2003 年，学校实行"考教分离"和"分层次教学"；2004 年开展多种形式的合作办学和工学结合。1976—1998 年，共开设专业 31 个。2002 年，设置 19 个适应市场、运作规范的复合型专业，形成"巩固传统专业，完善复合专业，重点发展数控与模具专业，加快发展自动化专业"模式。其中数控、模具、机械加工、机电一体化被评定为省二级重点专业。

1976 年，建校时上级批文规定"学制二年，规模 400 人"；1979 年省文件定"在校学生规模 600 人"。1996 年取消计划招生指标，当年招生 509 人，后时有起伏。2003 年招生 1 588 人，2004 年招生 2 565 人，2005 年招生 2 551 人。2005 年，在校生 7 000 人。学制有二年、三年、四年，以三年制为主。培养目标以高级技工和预备技师为主，其中，高级技工的培养占在校生人数的 60%(见表 27—24)。

建校以来招生与毕业生人数统计

表 27—24　　单位：人

年份	招生人数	在校生人数	毕业时间	毕业人数
1976	100	100	1979.6	99
1977	200	300	1980.6	199
1978	200	500	1981.6	100
1979	200	600	1982.6	200
1980	309	809	1983.6	200
1981	360	970	1984.6	336
1982	300	1070	1985.6	293
1983	300	1170	1986.6	298
1984	345	1179	1987.6	328

续表

年份	招生人数	在校生人数	毕业时间	毕业人数
1985	327	1213	1988.6	316
1986	345	1260	1989.6	335
1987	452	1384	1990.6	461
1988	335	1403	1991.6	320
1989	372	1440	1992.6	356
1990	537	1516	1993.6	531
1991	566	1762	1994.6	553
1992	631	2023	1995.6	625
1993	670	2176	1996.6	701
1994	1113	2736	1997.6	825
1995	961	3072	1998.6	968
1996	609	3214	1999.6	467
1997	483	3981	2000.6	183
1998	270	3928	2001.6	323
1999	205	3799	2002.6	4
2000	417	3651	2003.6	565
2001	775	3737	2004.6	689
2002	896	3913	2005.6	720
2003	1588	4601	—	—
2004	2565	6566	—	—
2005	2551	7000	—	—
合计	18982	—	—	11325

襄樊市第三技工学校前身是湖北省襄阳工业专科学校。1958 年 10 月 15 日开办，校址在樊城交通路鄂北机械厂。1959 年 12 月，更名为湖北省襄阳地区技工学校，1961 年停办。1975 年 10 月，重新开办湖北省襄阳地区技工学校，隶属襄阳地区行政公署劳动局，校址在襄阳城西门桥外陵园路 18 号。1984 年 4 月，因地市合并更名为湖北省襄樊市第三技工学校，隶属襄樊市劳动局。1993 年，被省劳动厅命名为湖北省一类技工学校；1996 年，被省人民政府命名为湖北省重点技工学校；2005 年，被劳动和社会保障部命名为国家级重点技工学校，被省劳动和社会保障厅授予湖北省技工学校先进单位、湖北省技工学校教育质量管理规范学校。1998 年，副校长陈月华被省委、省人民政府授予“湖北省职工劳动模范”，被全国总工会授予“五一劳动奖章”。学校占地 23 607.60 平方米。建筑 30 963.07 平方米，其中教学、实验实习及配套设施面积 18 465.24 平方米。2005 年，教职工 128 人，其中，“双师型”教师占 80%，高级职称 28 人。建有数控加工中心、钳工实训室、汽修实训室、车工实训车间、电工电子实训室、PLC（可编程控制器）实训室、计算机中心及多媒体教室、烹饪实训室和教学模型室，拥有加工中心、数控机床、电火花、线切割、整车模型、烘箱等教学实习设备 548 台套。学校自 1979 年起形成以第三产业为主，为社会培训中级技能人才为方向的技工学校。2004 年以来，根据市场需求，逐步形成“以传统专业创品牌，突出特色，以适应经济发展需要的新兴专业为活力，抢占市场”的专业发展思路。在继续办好烹饪、计算机、汽修、电工电子等传统专业的基础上，新办了数控加工、机电一体化、模具钳工、电子商务、动漫设计与制作、数控加工技术与模具高技专业，开办了西式糕点、珠宝设计与加工定向培养班。其中，电子商务、数控、汽修被评定为省二级重点专业。1979 年—2005 年共招收学生 11 866

名(见表 27—25)。

1979—2005 年招生人数一览

表 27—25　　单位:人

年份	招生人数	年份	招生人数	年份	招生人数
1979	197	1988	306	1997	216
1980	498	1989	411	1998	66
1981	197	1990	397	1999	133
1982	326	1991	467	2000	212
1983	378	1992	655	2001	265
1984	450	1993	505	2002	469
1985	360	1994	505	2003	649
1986	452	1995	782	2004	1167
1987	308	1996	629	2005	866

职业技能鉴定:1991 年 1 月,成立襄樊市技工学校教学研究室,隶属市劳动局,定事业编制 4 名,人员从系统内抽调,经费从技校招生费中解决,地址在襄城檀溪复聪路 1 号。1994 年 3 月,更名为襄樊市职业技能鉴定指导中心(以下简称市职鉴中心),承担技工学校教学研究和职业技能鉴定双重任务,其隶属关系、人员编制不变,经费来源按湖北省财政厅、湖北省物价局、湖北省劳动厅鄂价费〔1993〕37 号文件规定执行。1991 年以前,职业技能鉴定工作由市劳动局培训科负责组织实施。1990 年,推行技校毕业生“双证制”(毕业证、技术等级证),在襄樊市一技校、襄樊市第二技工学校进行“双证制”试点。通过对车工、钳工两个专业各 74 名学生应知应会的考核,车工达到四级标准的有 70 人,占 95%;钳工达到四级标准的有 46 人,占 62%。市劳动部门给合格者颁发了技术等级证书。1993 年起,技工学校毕业生全面实行“双证制”。1994 年起,职业技能鉴定范围扩大到职业中学(中专)、就业训练中心。1991 年起,全面开展对技术工人的培训、考核和鉴定工作。当年培训技工 38 757 人,通过考核 7121 人。其中,高级工 367 人,中级工 4 651 人,初级工 2 103 人。1994 年,开展特种作业人员考核鉴定工作,首批鉴定工种有电工、金属焊接(切割)、起重工、企业内机动车辆驾驶、建筑登高架设、锅炉司炉、电梯作业等 7 个工种。市职鉴中心负责规划、组织、指导襄樊市职业技能鉴定工作,承办职业技能鉴定所(站)的资质审核、年检及国家职业资格证书的核发。1995 年 2 月,谷城县等首批 12 个职业技能鉴定所(站)成立,至 2005 年,全市有 21 个职业技能鉴定所(站)。2002 年 3 月,4 家年检不合格的职业技能鉴定所(站)被撤销。自开展职业技能鉴定工作以来,共鉴定发证 20 6881 人次(见表 27—26)。

1989—2005 年职业技能鉴定人数统计

表 27—26　　单位:人

年份	国家职业资格五级(初级工)	国家职业资格四级(中级工)	国家职业资格三级(高级工)	国家职业资格二级(技师)	国家职业资格一级(高级技师)	合计
1989	—	—	—	—	—	1803
1990	—	—	—	—	—	403
1991	2103	4651	367	—	—	7121
1992	—	7008	1132	—	—	8140
1993	734	4399	5382	235	—	10750
1994	1040	4961	2720	194	—	8915

续表

年份	国家职业资格五级(初级工)	国家职业资格四级(中级工)	国家职业资格三级(高级工)	国家职业资格二级(技师)	国家职业资格一级(高级技师)	合计
1995	195	2965	690	173	—	4023
1996	3313	8397	2305	217	—	14232
1997	3903	10414	2742	245	—	17304
1998	1609	9791	3285	1246	591	16522
1999	1361	8908	3978	1066	321	15634
2000	2325	9250	2327	614	302	14818
2001	2821	9659	1469	172	62	14183
2002	3451	10111	1166	215	25	14968
2003	2491	13939	494	95	13	17032
2004	3923	14177	3648	697	144	22589
2005	3289	13216	1342	340	257	18444
总计	32558	131846	33047	5509	1715	206881

襄樊市(襄阳地区)劳动局领导干部情况

表 27—27

机构名称(起止年月)	姓　名	职　务	任职时间(年月)
襄阳地区劳动局	李瑞吾	局长	1976.10—1983.12
		副书记	1979.07—1983.10
	芦定华	书记	1979.02—1983.10
	易述先	副局长	1976.10—1983.12
	黄道明	副局长	1976.10—1979.03
	冷玉寿	副局长	1979.03—1983.12
省辖地级襄樊市劳动局	宗玉亭	局长	1979.06—1979.06
		书记	1980.03—1983.10
	杜文林	书记	1978.09—1979.06
		副局长	1976.10—1979.06
	李纯志	副书记	1976.10—1979.06
		副局长	1978.09—1979.06
	白景武(回族)	副书记	1980.03—1983.10
地、市合并之后的襄樊市劳动局	谢乐安	局长、书记	1983.12—1988.04
	连庆云	局长	1988.04—1991.06
		书记	1990.01—1991.06
	温贻权	局长	1992.09—1999.12
		书记	1991.06—1999.12
	宗玉亭	副局长、副书记	1983.12—1985.12
	冷玉寿	副局长、副书记	1983.12—1989.02
	白景武(回族)	副局长	1983.12—1985.12
	陈孔强	副局长	1983.12—1989.02
	谢　涛	副局长	1985.12—1999.12
		副书记	1994.04—1999.12

续表

机构名称(起止年月)	姓 名	职 务	任职时间(年月)
	蔺桂英(女)	副局长	1988.05—1992.07
		副书记	1990.01—1992.07
	孙建国	副局长	1990.01—1999.12
	陶礼璠	副局长	1991.03—1999.12
	李耀明	副局长、副书记	1994.04—1999.12
	吕永佑	纪委书记	1984.01—1988.11
	蔺德勇	纪委书记	1988.12—1999.12
	杨宗凤(女)	工会主任	1990.12—1999.12
襄樊市劳动和社会保障局(2001年11月1日更名为襄樊市劳动和社会保障局)	李耀明	局 长	1999.12—2005.12
	陶礼璠	副局长	1999.12—2005.12
	汪帮国	副局长	1999.12—2003.12
	李荣新	副局长	1999.12—2005.12
	杨卫东	副局长	1999.12—2005.12
	龚启良	副局长	1999.12—2005.12
	任宗云	副局长	1999.12—2005.12
	彭庭权	纪委书记	2000.09—2005.12

二、人事

(一)人事机构

1.襄阳地区、襄樊市人事局

1979年,行署未设人事机构,人事工作由中共襄阳地委组织部承担。1980年6月,地委决定设立襄阳地区行政公署人事局。内设3个职能科室:秘书科、干部科、工资福利科。负责干部吸收录用、调配、工资福利等,协调有关部门落实大中专毕业分配工作,配合有关部门抓好军队转业干部接收安置工作。暂定行政编制15人。1979年6月,原襄樊市由地辖县级市升格为省辖地级市。辖区组织人事工作由襄樊市革命委员会政工级干部组承担。1980年3月,襄樊市革命委员会决定成立市人事局。内设3个职能科室:办公室、监察科、干部科。职能与行署人事局相同,编制16人。1981年1月,襄樊市革命委员会撤销,成立襄樊市人民政府,襄樊市革命委员会人事局改称襄樊市人民政府人事局。1983年8月19日,国务院文件批复,撤销襄阳地区,其辖区划归襄樊市管辖,实行市管县体制。1983年10月,根据湖北省委办公厅函,成立襄樊市人事局,为襄樊市人民政府组成部门。内设6个职能科室:秘书科、干部调配科、工资福利科、任免奖惩科、科技干部科、退休干部管理科。襄樊市大中专毕业分配办公室、襄樊市军队转业干部安置工作领导小组办公室设在人事局。1985年,局内设5职能科室,秘书科改称办公室,干部调配科改称干部科,科技干部科撤销,其职能划归新成立的市科技干部管理局(隶属市科委)、工资福利科、任免奖惩科、退休干部管理科。市军队转业干部安置办公室,市大中专毕业生分配办公室设人事局。1985年1月,经市政府批准成立襄樊市人才交流开发服务中心,为正科级事业单位,隶属襄樊市人事局领导。1985年12月,襄樊市老龄问题工作委员会办公室设人事局。1986年,市政府决定将大中专毕业生分配职能划归市教育部门。1987年,市政府研究决定将非师范类大中专毕业生分配工作划归市人事局。同年7月,成立市大中专毕业生分配办公室,属市人事局管理。1988

年，撤销市科干局，其职能划归市人事局。局增设3科，即调研科、干部教育科、科技干部管理科。加之原设科室：办公室、干部科、工资福利科、任免奖惩科、退休干部管理科，共计8个科室，行政编制30人。市军队转业干部安置办公室、市大中专毕业生分配办公室、市老龄委办公室设人事局。市人才交流开发服务中心为局直属科级事业单位。1988年，市编委批准成立襄樊市军队转业干部培训中心，为市人事局直属科级事业单位，定编50人（1993年1月财政停止拨款）。1989年，局增设综合计划科，从劳动部门接管机关事业单位职工和工资计划及工人招、调等工作。同年11月，市委明确市老龄委办公室为正局级单位，归口市政府办公室。1991年，市人事局退休干部管理科更名为保险福利与退休科。同时成立襄樊市机关事业单位保险管理处，为正科级事业单位，与保险福利与退休科合署办公（1995年分设），并从劳动部门接管机关事业单位合同制工人养老保险工作。1997年，襄樊市机关事业单位保险管理处升格为副县级事业单位。1991年10月，襄樊市人才交流开发服务中心升格为副县级事业单位。1992年，襄樊市人才交流开发服务中心更名为襄樊市人才交流中心。1992年10月，市编委批准成立襄樊市人才市场，与市人才交流中心合署办公。1997年市编委批准市人才交流中心设人才市场科、人才开发科、综合科。1998年11月18日，由湖北省人事厅和襄樊市人民政府共同筹办，市人事局承办的省级区域性人才市场——鄂西北人才市场挂牌成立，与襄樊市人才交流中心、襄樊市人才市场合署办公。1992年9月，经市政府、市编委批准成立襄樊市人事考试指导中心，为正科级事业单位，直属市人事局管理。1993年4月，市政府批准成立襄樊市大中专毕业生就业指导中心，与襄樊市大中专毕业生分配办公室合署办公。1993年，市编委批准成立襄樊市专业技术职务评审中心，为市人事局直属正科级事业单位，编制4人。1997年，根据有关规定局设立监察室。1997年，市编委批准成立襄樊市人事信息中心、人事局机关后勤服务中心，同为局属正科级事业单位。1998年3月，市编委批准成立襄樊市机关事业单位工人技术等级岗位考核办公室，与工资科合署办公，不增编制。1998年，经市政府同意，成立襄樊市人事争议仲裁委员会。办公室设市人事局。2001年，全市进行机构改革。2002年3月，市人民政府办公室文件批准襄樊市人事局职能配置内设机构和人员编制。机关事业单位社会保险职能移交市劳动和社会保险局；非教育系统出国留学人员的派出管理职能移交市教育局。市人事局内设10个职能科室：办公室（行政审批科）、综合计划与流动调配科、公务员管理科、专业技术人员管理科、专业技术人员职称科、教育培训科、工资福利与退休管理科、政策法规科（市人事争议仲裁委员会办公室）、市大中专毕业生就业指导办公室、人事科。另设纪检（监察）机构（编制　名）。机关离退休人员工作科（编制2名）。局机关行政编制为30名。市政府军队转业干部安置工作领导小组办公室设在人事局，行政编制5名。2003年1月，市编委文件强调政事分离原则，事业单位实行“收支两条线”。批复市人事局直属各事业单位及其编制：正科级事业单位4个：人事考试中心，编制6名；人事信息中心，编制3名；专业技术职务评审中心更名为人才评价中心，编制3名；机关事业单位工人技术等级岗位考核评审办公室，编制2名；副县级事业单位1个：市人才交流中心，编制15名，内设综合科、人才市场管理科、人才就业指导科、人事代理科。成立自主择业退役军官管理服务中心，市人事局局属正科级事业单位，编制5名，经费列入财政预算。2003年，市政府办公室批准成立襄樊市人才争议仲裁委员会，主任由人事局局长担任，副主任分别由市人事局、卫生局、教育局、司法局分管的领导担任，委员由经贸委、科技局、司法局、卫生局和市总工会等部门组成，下设办公室，设人事局，负责处理人事仲裁日常工作。

襄樊市(襄阳地区)副县级以上领导干部情况

表 27—28

机构名称 (起止年月)	姓名	籍贯	职务	任职时间
襄阳地区人事局(1980.6—1983.8)	程家谟	谷城	谷城	1980 年 6 月—1983 年 8 月
	刘辉海	老河口	副局长	1980 年 9 月—1983 年 8 月
原襄樊市人事局(1980.3—1983.8)	谢乐安	老河口	局长	1980 年 3 月—1983 年 8 月
	李永成	襄樊	副局长	1980 年 3 月—1983 年 8 月
襄樊市人事局(地市合并后)1983.12—2005.12	程家谟	谷城	局长	1983 年 12 月—1997 年 4 月
	连庆云	监利	局长	1997 年 4 月—2001 年 6 月
	郭光福	襄阳	局长	2001 年 6 月—2005 年 12 月
	曾庆国	襄樊	副局长	1983 年 12 月—1988 年 2 月
	叶家齐	汉阳	副局长	1983 年 12 月—1986 年 1 月
	范成斌	襄阳	副局长	1985 年 12 月—1994 年 2 月
	王兆信	宜城	副局长	1987 年 5 月—2004 年 11 月
	黄玉富	河南	副局长	1988 年 6 月—1995 年 5 月
	胡抗美	襄阳	副局长	1989 年 11 月—1994 年 6 月
	张军	南漳	副局长	1991 年 11 月—1997 年 6 月
	周谦国	随州	副局长	1994 年 2 月—1999 年 5 月
	刘世强	随州	副局长	1997 年 6 月—2005 年 12 月
	熊开礼	谷城	副局长	1999 年 5 月—2002 年 1 月
	赵正友	郧县	副局长	1999 年 5 月—2005 年 12 月
	田玉华	宜城	副局长	1999 年 5 月—2005 年 12 月
	周乃波	恩施	副局长	1999 年 11 月—2005 年 12 月

2.县、市、区人事局(劳动人事局)

1979 年,襄阳地区所属各县、市(原襄樊市 1979 年 6 月前地辖县级市)均未设人事局。1980 年,襄阳地区所属县均设人事局。1983 年地市合并后,襄樊市及随州市、老河口市均设人事局,襄樊市所属各县均设劳动人事局(南漳县为人事科干局)。1988 年 9 月起,相继撤销各县、区劳动人事局,分别设立人事局、劳动局;撤销各县市科干局,其职能归并人事局;襄樊市属襄城区、樊东区、樊西区,郊区各成立劳动人事科(局)。

(二)人事综合计划

“文化大革命”前,人事计划主要是干部计划,通过编制管理实施,其间编制委员会办事机构设人事部门。1981 年 4 月地委、行署下发《关于调整地区编委会成员的通知》,编委办公室暂设组织部,后又单设,人事计划管理形式和内容发生变化。人事计划管理内容由单一的干部计划管理,发展为机关事业单位职工人数、机关事业单位工资总额、干部队伍增长等三项计划的综合管理。管理原则是“控制总量、调整结构、保证重点、充实基层”,重点是抑制干部队伍和机关、事业单位职工人数、工资总额的无序增长,使之适应国民经济的发展,保证干部、人才的需求。1989 年,市人事局增设综合计划科,各县(市)人事局增加相应的内设机构,具体管理干部计划、机关事业单位职工计划、机关事业单位工资基金,将干部吸收录用、职工调动、统配人员安置派遣及机关、事业单位工人招、调等纳入综合计划管理范畴。

1.机关、事业单位职工人数和工资总额计划

为控制机关事业单位职工人数和工资总额增长过快，1989 年，国家将机关事业单位职工人数和工资总额计划从国家劳动工资中计划单列，由人事部门编制、下达、监督、执行。据此，市人事局建立管理制度，制定实施办法，切实履行这一职能。每年在省人事厅下达的计划内，编制本市机关、事业单位职工增长计划和工资总额，分解下达到各县市区和市直各部门、各单位，并监督实施，检查落实。1990 年，市人事局下发《襄樊市全民所有制机关、事业单位职工人数和工资总额计划管理实施办法》，明确计划管理在人事工作中的“龙头”地位，强化机关、事业单位增人、增资计划指标的严肃性，严禁机关、事业单位无计划进人、招人，并规定国家统配人员（大中专毕业生、军转干部、复退军人等）安置进机关、事业单位的比例控制在 60%以内。1991 年，市人事局、人民银行襄樊市分行下发《襄樊市机关、事业单位工资基金管理实施细则》，统一使用《工资基金管理手册》，并建立机关、事业单位工资基金台账，完善工资基金审批制度。每季度由人事部门审批一次工资总额，并进入单位的《工资基金手册》和工资基金台账。银行按审定的工资总额划拨，单位在审定的总额内支付人员工资。年终，组织结算检查。1995 年，建立机关、事业单位“增人”计划卡制度。市、县（市、区）人事部门按计划指标发放增人计划卡，直接填写所增人员姓名。新增人员凭计划卡办理录（聘）用、招工、调入及工资套改等手续。为完善这一制度，对 1992 年 7 月 1 日以来机关、事业单位新增人员进行清理，凡符合政策规定、手续齐备的，补办“增人”计划卡。未能补办增人计划卡的，予以清退或重新安置。

2.全民所有制干部计划

1987 年，中共中央、国务院《关于坚决制止机构编制和干部队伍膨胀的通知》下发后，干部队伍计划管理尤显重要。1982—1985 年，全市新增国家干部 21 727 人。其中安置大中专毕业生和军转干部占 43%，吸收录用、调入引进等占 57%。1983—1988 年，全市干部平均增长率 6.66%。其中党政机关干部平均增长率 7.63%，事业单位平均增长率 7.73%，企业平均增长率 5.55%。1988 年全市共有干部 116 775 人，占总人中的 1.9%，干部总数比上年度增长 7.5%。其中党政机关、人民团体 30 832 人，占干部总数的 26.4%，事业单位 55 271 人，企业 30 672 人。根据中央逐步调整干部队伍结构、加强对干部队伍宏观控制的精神，从 1988 年起，组织、人事部门对干部增长实行指令性计划。市人事局每年 6 月、12 月底分两次向省人事厅上报干部减员名册和补充干部计划，由省编制年度“增干”计划，并下达执行。1988—1993 年，省每年下达襄樊市“增干”计划在 5 000 人以上（含干部自然减员数）。本市在执行中，首先重点保证大中专毕业生、军队转业干部等国家统配人员的安置；其次，尽可能满足重点单位、部门、行业的干部需求和急需人才的引进；再次，吸收招录少量的青年优秀分子进入干部队伍。其中对吸收录用严加控制，尤其是对机关、事业单位，须有“增干”指标、编制，方能实施。实行干部计划管理后，有效地扼制了干部的无序增长，特别是控制机关、事业单位干部增长卓有成效。1990 年，省下达襄樊市干部增长计划 3 508 人，加上本市干部自然减员 2 134 人， 合计 “增干”计划 5 642 人，实际增加干部 6 630 人。虽然超出计划 988 人（超计划原因主要是接收毕业生过多，全市安置 5 000 多人），但 1990 年全市干部总量（比上年）增长 5.3%，比 1993—1998 年平均增长率下降 1.3 个百分点。其中，行政机关下降 6.3 个百分点，事业单位下降 4 个百分点，企业上升 6.5 个百分点。随着干部人事制度改革，“增干”计划逐年减少。1993 年以后，不再对全民所有制企业单位下达干部增长计划。

1980 年，地区人事局下发关于干部调配工作的意见，规定工程师、讲师、主治医师调出地区的，需报地区人事局审批。1981 年围绕国民经济调整，调配 1 453 人，其中，为轻纺（发展产业）教育、政法战线调入 582 人，为农村公社调进干部 49 人，为关停并转企业调整干部 62 人。1980—1986 年，调配干部 30 142 人（不含分配安置的大中专毕业生和军队转业干部）。其中，调入本市8 242人，调出本市 11 643 人，本市内（市直之间、市直与县市区之间、县市区之间）调整、调动 10 257 人。1984 年，创历年干部调

配之最，调配干部 8 991 人。其间，解决干部夫妻分居调动 1 400 多人。1985 年，市政府下发《襄樊市干部调配暂行办法》，市人事局下发《关于贯彻执行〈襄樊市干部调配暂行办法〉的通知》，针对“管得过多，统得过死”的状况，对调配工作实行改革，本着“管少、管活、管好”的原则，下放干部调配权，使之适应经济体制改革需要，更好地为经济建设服务。同时加强宏观调控，保证干部调配的正确方针和方向。即继续以经济建设为中心，保障重点，充实基层，控制进入市区和行政机关的人员。当年调配干部 5 947 人，其中调入 3 362 人，调出 2 585 人。1988 年，鉴于干部调配中存在着有令不行、有禁不止、调而不动、逆向流动等不正之风和不正常行为，市委下发《关于严肃干部调配工作纪律的通知》。同年，市委组织部、市人事局、编办、劳动局实行联席会议，定期审批人员调动事项，防止无计划、超编制调人。1991 年、1992 年全市共选调 786 名干部，到基层计划生育工作站工作。1993 年根据中央六部委《关于清理调出不适合做政法人员的实施意见》精神，市直调离 15 名不适合做政法工作的干部，同时接收安置 4 名省劳改系清调干部。随着人才市场机制建立，除党政机关和全额拨款事业单位坚持计划调配外，其他单位的干部调配逐步进入市场调节。

3.机关、事业单位工勤人员

机关事业单位工勤人员是机关、事业单位职工、工资计划的一部分，1989 年，一并纳入人事综合计划管理。1991 年起，机关、事业单位招收工人，由市人事部门在机关、事业单位增人计划内统一下达“招工”计划，劳动部门按下达的计划办理“招工”手续。为减少财政支出，控制工资总额。1991 年，市人事局组织清退机关、事业单位计划外用工，到年底市直清退 600 多人。1995 年，市直机关、事业单位再次清退计划外用工 400 多人。1997 年，机关、事业单位工人招收、调动、退休等人事管理业务由劳动部门划归人事部门。市人事局制定相应的管理办法，切实将工人的招、调、退、管等置于机关、事业单位人事综合计划管理内。当年市直机关事业单位调动工人 158 人，招工 202 人，对 400 多名合同制工人办理合同签证。同时加强对计划外用工的控制和管理，制定《襄樊市机关、事业单位临时工、计划外用工管理暂行办法》，对单位临时用工的原则、范围、用工手续、工资待遇、处罚、争议仲裁等进行规范管理。

4.干部总量与结构

随着经济和社会发展，全市干部队伍总量呈上升趋势。1995 年原代管的随州市改为省直管、2000 年工商局改为省垂直管理，全市干部总量下降。2003 年以后，企业经营体制改革，企业干部明显明减少。干部人事制度改革，建立人事分类管理体制，传统的干部队伍被分解，干部统计对象发生了一些变化。2000 年前一直沿用“干部年报统计”，分行政机关干部、事业单位干部、企业单位干部。2000 年改为“家国家公务员、企事业单位管理人员、专业技术人员统计”，企业中非原国家干部身份的聘用制人员，不再统计。2003 年改为“人才资源年报统计”，分为机关党政人才、事业单位管理人才和专业技术人才、企业经营管理人才和专业技术人才。2005 年又改为“人事人才年报统计”，统计分类与 2003 年相同。

（三）干部任用（干部管理）

1.行政任免

1980 年襄阳地区人事局、襄樊市（地、市合并前的襄樊市）人事局成立后，相继开展行政任免的业务工作。1982 年 12 月，行署颁发《襄阳地区行政公署及各县人民政府任免工作人员暂行办法》，明确选拔任命工作人员的条件、原则、程序和任免权限、形式等，同时启用由专员署名的《襄阳地区公署任命书》，授权地、县人事局承办具体业务，包括任免文书、材料的接收、审核、呈报和任免通知、任命证书的颁发等。同年，襄樊市人民政府也制定下发类似的文件。依照国家宪法、政府组织法和湖北省人民政府任免工作人员办法，襄阳地区行署依法任免下列人员：地区行署各办、委副主任，各局（办、处、供销社）副局长（副主任、副处长）、顾问、总工程师、副总工程师，各办、委、局（处）及供销社办公室正副主任、正副科长、秘书及相当上列职务的人员，地区干部培训学校校长、副校长，驻汉办事处主任、副主任、顾问及地区干部培训学校、驻汉办事处办公室正副主任、正副科长；地区直属厂矿企业、农场、经济、科研、文化、教育、卫生等单位的正副职行政领导干部和总工程师、副总工程师及相当上列职务的人员；县、市人民政府顾问。

县、市人民政府各办、委主任各局局长、供销社主任，经本级人大常委会决定任免后，由县市人民政府报行署批准任免；县市人民政府各办委副主任，经县市人民政府决定任免后，报行署批准任免。

1983 年 2 月行署再次行文，县、市人民政府顾问，由县、市人民政府任免。县、市人民政府各委员会主任、各局（科）局（科）长，经本级人大常委会决定任免后，由县市人民政府报行署备案。县、市人民政府任免所属各局副局长、供销社副主任，各办委科长、副科长、秘书、总工程师、副总工程师；各局、供销社办公室主任、副主任、股（科）长、副股（科）长；直属企事业单位正副职行政领导干部；直属专业学校、中学教导主任、副主任、总务主任、副主任，公社、镇直属中学校长、副校长，县市中心小学校长、副校长；各公社、镇经济、文化、卫生等直属部门的主任、副主任、经理、副经理、所长、副所长、院长、副院长、站长、副站长，管理区的主任、副主任。

1984 年 10 月，颁发《襄樊市人民政府任免工作人员暂行办法》，任免对象与原行署基本一致，强调严格德、能、勤、绩考核，按革命化、年轻化、知识化、专业化的标准选拔任用干部。1985 年，全市行政干部提升任职 551 人。其中大专文化的 180 人，占 24.7%；40 岁以下的 369 人，占 66.9%。

1985 年，下放干部管理权限，实行下管一级，行政任免范围缩小。1987 年 2 月 28 日，市人大办公室、政府办公室、市委组织部、市中级人民法院、市检察院、市人事局，召开联席会，研究进一步做好依法任免国家机关工作人员问题，市委批转会议记要。按照《纪要》精神，当年呈报市人大常委会任免 16 人、市政府任免 66 人。1988 年 4 月 1 日起，全市新提拔副科级以上的领导干部，实行试用制度，试用期一年，经考核合格者正式任职。1988 年 5 月 11 日，市政府召开市直机关干部大会，颁发新任审计局副局长、广播电视局副局长试用通知书。当年 271 提职人员实行试用，其中副县级 13 人、科级 149 人。1987 年以后，随着企事业单位干部人事制度改革不断深入，企事业单位领导干部实行招标、聘用，特别是企业经营机制转换，大力发展民营经济，对企业的行政任免逐步消失，事业单位的行政任免也不断减少。1993 年，《国家公务员暂行条例》颁布后，公务员任用在坚持和完善依法任免的同时，引竞争机制，坚持德才兼备，强化民主监督。1995 年 6 月试行“双推双考”（即组织推荐与群众推荐相结合、考试与考核相结合）选拔副县级领导干部，经考试、考核，公开竞争，选拔 20 名领导干部。2003 年 10 月，面向全市公开选拔市交通局局长、农业局局长、旅游局局长、粮食局局长。经资格审查、笔试、面试、考察、考核、市委讨论提名等程序产生候选人，报市人大常委会依法任命。2004 年，以同样形式再次公开选拔产生市经委主任、教育局局长、卫生局局长、共青团襄樊市委书记、物价局局长、安全生产监督局局长、房产管理局局长人选，分别由市人大常委会和市委予以任命。2004 年 5 月，面向省直、襄樊市“公推公选”老河口市市长、樊城区区长。经组织报名、资格审查、民主推荐、实地调研、演讲答辩、组织考察等程序，市委决定施李国为老河口市长推荐人选、杨述明为樊城区区长推荐人选，7 月两地“人代会”分别通过任职决定。

2.吸收录(聘)用

改革开放以来,人事部门认真贯彻执行党的干部方针政策,慎重开展吸收录(聘)用工作,启用优胜人才,加注干部队伍活力。

(1)社会招录

20世纪80年代初,为适应经济建设和社会发展需要,在"增干"计划内面向社会招录一批优秀青年进入干部队伍,充实政法部门和经济调控、监督部门。1981年,面向城镇高中以上文化的待业青年,首次实行考试考核、竞争择优的方式,为金融系统招收录用干部414人。次年,选拔招录税务干部,从1979年12月31日前的城乡税务征收员(助征员)中考录;从城镇高中毕业生中招考。经考试、考核,择优录用干部570人。1983年,贯彻执行国务院和省政府关于认真整顿招收退休、退职职工子女工作的通知。全市从1983年9月9日起停止执行"退休退职职工可招收一名子女"的规定,人事部门不再录用"顶替"子女。1985年,"实行面向社会统一考试,分档储存,择优录用"的社会性招干办法,对全市2 500名城镇待业青年进行文化统考,将成绩分数分档储存,根据招干指标,从高到低依次选拔,进行考核。当年择优为政法部门和税务、银行系统录用干部132人。1988年,对政法、工商、税务等部门新增人员,实行面向社会公开招考、择优录用。报名5 795人,参考4 820人,录取353人。其中政法164人、工商76人、税务76人、银行37人。1993年通过考试,为公、检、法、司及林业、文化等部门录用工作人员862人。当年10月1日,《国家公务员制度暂行条例》施行,人事部发布《国家公务员录用暂行规定》,考试录用制度成为正式法规,行政机关录用公务员依法进行。此后,"国家干部"不复存在,企业不再录用干部,事业单位招录工作人员为数不多。2001年,贯彻执行中组部、人事部召开"严肃干部人事工作纪律"电视电话会精神,自同年8月20日起全市停止转干、录干、聘干工作,并对近两年的录、聘用干部进行清理。

(2)"以工代干"转干

"文化大革命"中,缺乏正常的干部吸收录用制度,许多企事业单位选调一批工人从事管理工作,"以工代干"应运而生,后又发展到国家机关。1981年开始对1980年以前的"以工代干"人员清理整顿。据统计,襄阳地区和襄樊市"以工代干"人员约占干部总数的12%左右。队伍庞大,人员复杂,清理整顿任务艰巨。地区和市人事局分别组织工作专班,调查摸底,进行试点,统一政策,在认定干部岗位的范围内将符合政策条件的人员转为国家干部,不属干部岗位的人员和不符合政策条件的人员回到工人岗位,并严格规定"不再搞'以工代干'"。清理整顿工作1983年结束,20000多名"以工代干"人员转为国家干部,但此后新的"以工代干"仍在继续。

1989年,省人事厅下达专项计划指标用于乡镇"小五站"(农经站、农机部、兽医站、水产技术推广站、农技站)和基层财政所内部人员招干,对象为本单位在岗连续工作五年的、35岁以下、高中以上学历人员。全市报名1538人,经考试、考核,录用265人。同年省再次下达农税人员招干指标,对象限于内部现有的农税征收员。全市报名610人,录用54名。1996年法院系统工人身份的司法警察中录用干部32名。1998年,为有利于推行公务员制度和机构改革,再次解决党政群机关的"以工代干"人员。根据省人事厅通知精神,经调查研究,对解决"以工代干"人员的范围、工作程序等作出具体规定,区别情况,分类处理。至当年底,对2624名符合条件的"以工代干"人员分别办理录、聘用手续。其中,为445名分流到企事业单位人员办理聘用干部手续,对671名已通过竞争上岗、符合过渡公务员条件有人员办理录用。至此,"以工代干"彻底解决。

(3)教师"民转公"

如同"以工代干"一样,"文化大革命"以来中、小学校中民办教师数量激增,其来源主要是农民和城镇待业人员。1980 年开始,国家和省下达专项计划,吸收优秀民办教师转为公办教师(以下简称"民转公")。至 1985 年,全市先后 6 次实施"民转公",共计 3 078 人转为国家公办教师,但全市仍有民办教师 16 200 多人。此后,"民转公"计划加大,并与人事制度改革一致。1986 年,市人事局、市教委下发《关于吸收部分办优秀民办为公办教师的实施意见》,对 1980 年 12 月 31 日前任教、获进修教材合格证书的部分民办教师转为公办教师。经统一考试、考核,2 093 名转为"公办"。"转公"教师全部实行聘用合同制,办理聘用手续。1992 年,省下达襄樊市"民转公"指标 530 名,采取直接选招、考核选招、考试与考核相结合选招三种形式进行。全市报名 7 680 人,其中中学 321 人,小学 7 363 人。直接选招"转公"76 人,考核选招"转公"58 人,考试与考核相结合"转公"396 人。1996 年和 1998 年,先后两次"民转公",且数量较多。1996 年,全市"民转公"2 150 人,1998 年"民转公"2 092 人。至此,"民转公"结束。对不符合转公办教师条件的人员同时进行安置、处理,全民所有制学校"民办教师"已不复存在。

(4)乡镇干部招聘

1983 年 11 月,市人事局转发省劳动人事厅关于做好选聘乡镇干部的通知,从农村优秀青年中选拔一批聘用合同制干部,充实到乡镇,解决乡镇干部缺员和年龄老化问题。知识青年 25 岁以下,农民技术员放宽到 30 岁以下。实行"自愿报名,基层推荐,统一考试,全面考核,择优聘用"。省下达襄樊市选聘乡镇干部指标 1 034 人。经分解,襄阳 170 人、枣阳 150 人、宜城 70 人、南漳 120 人、谷城 110 人、随州 220 人、老河口 60 人,市郊区 14 人。随后又下达招聘 312 名乡镇合同制人武干部指标,共计招聘合同制干部 1346 人。当年在保康县进行试点,次年,全市铺开,6 月招聘工作结束。经考试、考核,组织、人事部门审查批准,1 346 名新招干部签订为期三年的聘用合同走上乡镇干部岗位。1987 年,第一个聘用合同期满,组织、人事部门进行考核续聘。全市 1346 名乡镇聘用合同制干部中,1031 人续聘,占 96%,27 人延缓续聘,18 人解聘。续聘干部签订第二个聘期合同,并按规定办理城镇户口、粮油供应关系。年内以县市为单位举办培训班,对续聘干部进行普遍培训。续聘后建立岗位责任制,实行规范管理。同时组织、人事部门及时研究乡镇聘用制干部的调动、提升、同公务员制度衔接等问题,制订相应政策。到 1988 年底乡镇聘用制干部占乡镇干部总数的 27%,165 人担任正副乡镇长职务,占同级干部总数的 23%,547 人担任乡镇团委书记、妇联主任、武装部长。

1990 年根据湖北省委办公厅通知,再次组织招聘乡镇干部。省人事厅下达襄樊市招聘指标 222 名,其中 15%用于招聘女干部,即 33 名指标专用。招聘对象及条件为:任职满 3 年的现任村党支部书记、村长(女干部放宽到副职),35 岁以下,高中文化程度以上。全市 1 071 人报名,经考试、考核,择优录取 198 人,其中女干部 9 人,占录取总数的 8%,空缺指标 24 人。同年底组织补招女干部,将招聘对象放宽到村妇联主任。308 人报名参加考试,录取 24 人。整个招聘中共受理来信来访 480 件,53 人因弄虚作假,取消录取资格。此次招聘的干部同首批一样,签订聘用合同,实行动态管理,合同期满考核续聘。此后,根据省委规定,上述两批乡镇聘用制干部视同国家正式干部,不再办理聘用合同。1998 年,推行公务员制度中,绝大多数已过渡为国家公务员。1991 年,乡镇文化站"招干",省下达指标 50 名,210 名社会青年参加全省统考,择优录取 46 名。1992 年,再次为乡镇文化站"招干"66 名。上述招录人员全部实行聘用制。

3.考核与奖惩

(1)干部年终鉴定

早在20世纪50年代,地区行署就建立了干部年终鉴定制度,“文化大革命”中被中止。1986年,市委组织部、市人事局联合通知,在全市恢复干部年终鉴定制度。结合年终总结,对干部思想、工作、学习等情况进行全面检查,作出书面鉴定,由组织签署意见,存入档案。当年全市参加年终鉴定的干部99 492人,占干部总数的98.5%。其中党政干部27 177人,企事业单位干部67 779人。

(2)机关岗位责任制

1984年,开始推行机关岗位责任制。1987年,市政府下发《关于进一步做好市直机关、企事业单位岗位责任制和经济目标责任制的通知》,在市直机关重新建立岗位责任制、考核制、奖惩制,并成立市岗位责任制工作领导小组。同年5月11日,召开市直机关动员大会,随后市直86个局以上机关除1家待撤销单位外全部制定了“三制”配套的岗位责任制实施方案。同年12月,市委办公室、市政府办公室转发《岗位责任制年终考核评比兑现方案》,岗位责任制考核同民主评议领导班子成员、干部年终鉴定、单位评优选模结合;同奖励工资分配挂钩,奖勤罚懒、奖优罚劣,打破平均主义。1988年5月,市政府召开市直机关岗位责任制表彰大会,12家单位和10名局级干部受表彰。会后,县市区和乡镇逐步普及,至年底,县市区540家党政机关、145个乡镇机关建立岗位责任制,分别占92.5%和81.9%。1989年1月召开全市岗位责任制工作研讨会,市政府领导出席,180多人与会,重点研究、探讨岗位责任制考核的科学性、准确性、可操作性以及奖惩兑现的激励性等问题。此后,全市机关岗位责任制不断深化和完善,卓有成效,多次受到省里表彰。1991年,在人事部召开的全国任免奖惩工作会议上,襄樊市特邀与会介绍机关岗位责任制工作经验。

(3)年度考核

1993年10月实施《国家公务员暂行条例》,建立公务员年度考核制度。公务员年度考核分优秀、称职、不称职三个等次。与此同时,事业单位专业技术人员、管理人员、机关事业单位工勤人员建立相应的年度考核制度。考核等次分优秀、合格、不合格。

1994年3月人事部发布《国家公务员考核暂行规定》,当年首次开展年度考核,全市机关事业单位参加考核的人员占应参加者的96.2%。优秀的占考核人数的13.2%,称职(合格)占86.5%,不称职(合格)的占0.12%,未定等次的占0.2%。其中机关参加考核占应考核的97.4%,优秀占考核总数的15%,称职占考核总数的84.8%。1996年,机关和事业单位分别增加基本称职、基本合格等次。两次基本称职、基本合格,视为一次不称职、不合格。考核结果同工作人员的职务晋升、工资调整、奖金分配、评先创优紧密联系,故而年度考核制度坚持如一,组织实施积极慎重。被评为优秀等次人员控制在10%左右,不称职、不合格等次人员所占比例很小。

(4)奖励工资升级

1980年,根据国家人事局通知,继续执行1957年国务院颁发《关于国家行政机关工作人员奖惩暂行规定》,地区和襄樊市行政奖励工作全面恢复,适时开展全面的、专项的、常规性的评选、奖励活动。常见的是年终结合工作总结评选、表彰先进个人和先进单位。对先进个人和先进单位以精神奖励为主,并发放一定的奖金。从1982年开始,执行国家劳动人事部《国家行政机关工作人员奖励升级试行办法》,对各级行政机关中坚决拥护和执行中共十一届三中全会以来的路线、方针、政策,工作尽职尽责,有显著成绩和贡献的工作人员,给予升一级或二级工资的奖励,升级比例控制在当年机关工作人员总数的千分之二以内。“千分之二奖励升级”沿用到1997年，其间，全市约有近千名机关工作人员享受此种奖励。建立公务员年度考核制度后，“千分之二奖励升级”取消。取而代之的是，公务员年度考核连续三年被评为“优秀”等次提前晋升一级级别工资（正常为五年考核称职以上晋升一级工资）。1997年开始组织实施，政策调整为连续三年考核优秀晋升一级级别工资，不影响五年正常晋升级别工资，提前“晋升”实质成为奖励“晋升”。当年，全市320名机关工作人员提前晋升级别工资。与此同时，事业单位每年按在职职工总数3%的指标，对工作积极、成绩突出人提前或越级晋升职务工资。1997年首次实施时，将1993年至1996年四年指标合并使用，按12%计算。经省人事厅核准，全市晋升指标13 000人，实际使用10 500人。此后，每两年组织一次。2006年工资制度改革，上述政策废止。1994年根据市委《关于鼓励发展乡镇企业的决定》，对19名发展乡镇企业有功人员晋级奖励。

（5）行政表彰

1980年，恢复行政奖励工作后，除单位年终总结表彰奖励外，各部门、各行业纷纷开展系统内的评先创优、表彰奖励活动。但政出多门、重复奖励、乱设称号等问题日渐突出。1981—1985年，各部门、行业表彰奖励15 000多人次。1990年起，实行人事部门与行业主管部门联合表彰，加强表彰奖励工作的行政管理。据统计，1991—2005年市人事局与主管部门联合表彰先进个人8 100多人次、先进单位750多个。其中上报国家部委和省厅联合表彰先进个人2 200多人、单位200多个。

《国家公务员暂行条例》、《中华人民共和国公务员法》施行，行政奖励表彰依法实施。对公务员的奖励分为：嘉奖，记三等功、二等功、一等功、授予荣誉称号，且有明确的条件规定。对受上列奖励的公务员，按规定给予一定的物质奖励。1995年、1996年受奖人数居多，全市每年在千人以上。随后，奖励工作不断规范，受奖人员减少。据不完全统计，1995—2005年，全市6 816人次公务员获得奖励。其中，记功766人（一等功6人，二等功115人，三等645人）；授予荣誉称号的165人（中央部委授予的62人，省委、省政府授予的103人）。

1998年，全市组织开展“做人民满意公务员”和评选“十佳公务员”活动。受省政府记一等功奖励的公务员1人，受市政府记二等功奖励的2人，市政府授予模范公务员的10人。2002年，开展第二届“模范公务员”和“模范公务员集体”评选表彰活动。同年7月，市政府表彰10个模范公务员集体、22名模范公务员个人。2004年，南漳县民政局党组书记何德全被评为“湖北省模范公务员”，8月何德全作为湖北省唯一代表赴京参加中组部、人事部命名表彰大会，被授予“人民满意公务员”荣誉称号（后因违纪违法被开除公职）。2000年市政府下发《关于加强全市行政表彰奖励工作管理的通知》，次年下发《关于规范表彰工作的市长办公会纪要》。

（6）行政惩处

1980—1983年，地区行署和襄樊市先后下发一大批处分、处理人员复查结论，此后复查转为正常性工作。随后，市人事局对所管理的3 476份干部档案进行清理，对已纠正和平反的原错误结论材料一律清除，并将落实政策的结论材料归档。1980年后，行政惩戒工作的重点转为打击经济领域里的犯罪活动，当年查处干部经济犯罪案件100余起。1981年，行署批转人事局《关于国家机关工作人员行政处分审批权限的意见》。明确规定干部受警告、记过、记大过、降级、降职、撤职、开除留用、开除公职处分的审批权限。其中，各县、市属地管理的干部受行政降级、降职、撤职、开除留用、开除公职处分；县委管理的干部受开除公职处分；地直二级单位正副厂长、经理、校长、站长及相当这一职务，行署各局所属正副科长及相当职务人员，受降级、降职、撤职、开除留用、开除公职处分；行署办、委、局一般干部受降级、降职、开除留用、开除公职；地直二级单位正副科长及相当干部受行政降级、开除留用、开除公职处分由行署人事局审查，报行署审批。行署办、委、局副局长以上干部（含相当职务人员）受行政处分，由行署人事局审查，按干部管理权限报批。1985 年，惩处干部 177 人，其中警告 28 人，记过 10 人，记大过 25 人，降职 3 人，撤职 9 人，开除 18 人，降级及开除留用察看等 84 人。1987 年，市监察局成立，行政惩戒职能从人事部门划出。

4.干部教育培训

1978 年，恢复干部培训工作，以提高行政干部业务水平和专业干部理论基础、专业技术为主。1988 年，市人事局增设干部教育科，综合管理教育培训工作。

（1）学历教育

1983 年 4 月，地区农校、财校、襄樊市财校，开办干部中专班，学制两年，同年成立襄樊市干部文化学校，后改为襄樊市干部管理学校，以党政机关、企事业单位的管理干部为主要对象。市委党校、襄阳师范专科学校、襄樊职业大学相继开办干部大专班，入学对象为高中以上文化程度的党政干部。襄阳师专、襄樊职大开办干部大专培训班。各县（市）党校也分别开办干部培训中专班。1986 年 8 月，首届人事管理专业电大班在市委党校开班，34 名学员脱产学习两年。除脱产学习外，更多的干部在职积极参加电大、函大、业大、夜大、自学考试等多种形式学习教育。这一时期，干部求知欲望非常强烈、学历教育十分活跃，干部的文化程度和学历层次发生较大变化。到 90 年代中期，初中文化程度在干部队伍中人数甚微。

1996 年，市人事局与华中师大、湖北大学达成联合举办硕士课程和专科升本科的学历教育协议。当年招收 80 名机关和企事业单位管理人员参加学习，2000 年全部毕业。 2001 年，开办本科生班 3 个专业、研究生班 2 个专业。招收在职人员实施学历教育。本科班 200 人，研究生班 80 人，2005 年全部毕业。2001 年，市委组织部、市人事局、市教委下发《关于进一步规范干部学历认定工作的通知》，对 1983 年以后全市机关、事业单位工作人员在职取得的大专以上学历、学位清理认定。至 2003 年底，已清查认定 18 392 人的学历学位。其中硕士学位 13 人、研究生学历 218 人、本科生 6 395 人、大专 11 766 人；县级干部 805 人、科级干部 117 587 人。查出资料不全 300 多份，假学历 70 份。

（2）继续教育

1980 年 6 月，开办襄樊市科技进修学院，对专业技术人员进行知识更新。1986 年，在全市范围内开展继续教育问卷调查，并制定《襄樊市继续教育三年规划》。当年，省下达本市第二批“星火”培训计划，培训 2 000 人，拨款 23 000 元。随即，市制定第二批“星火”计划并给各县市下达任务，培训师资骨干 6 100 人（其中随州、老河口各 800 人）、辐射技术培训 27 000 人（其中随州、老河口各 5 000 人）；建立培训基地 99 个，其中市级 5 个，县级 10 个，乡镇级 84 个；高层次项目 83 个，培训 7 632 人。至 1987 年底，全市开办师资培训班 46 期，培训 8 200 人，辐射技术培训 38 000 人。

1990 年，继续教育向制度化发展，规定高、中、初人员每年完成的学时要求，实行统一的《专业技术人员继续教育证书》，进行严格的登记、统计和鉴证，并与专业技术职务晋升挂钩。人事部门和行业主管部门共同组织，采取办班、进修、考察、学术研讨等多种形式，对专业技术人员进行知识更新教育。1991 年，成立襄樊市继续教育工程协会，为群众性学术团体，致力于推进全市科技人员的继续教育工作。1993 年、1994 年先后两次召开继续教育现场会，全市继续教育普遍展开。仅 1993 年就组织不同层次、不同类型培训班 580 期，31 000 多人次接受继续教育。1998 年会同卫生局、技术监督局、经委开办多种形式的继续教育培训班，培训 5 916 人，并协同卫生局成立襄樊市医学教育委员会，具体组织实施全市医护人员继续教育事宜。当年，全市发放《专业技术人员继续教育证书》5 500 本。1999 年对继续教育逐步建立和完善政府调控、行业指导、单位支持、个人要求的运行机制，根据形势的发展适时调整教育培训的形式和内容,使专业技术人员的知识更新更为及时有效。2000年选送12名农业高级技术人才参加人事部、农业部举办的苞谷育种和农业产业化结构调整高级研讨班,接收新技术、新信息。1997年,组织公务员、企事业单位管理人员专业技术人员计算机运用等级培训。

(3)岗位职务培训

干部培训工作恢复以来,多形式、多层次的岗位职务培训在全市展开,逐步规范化、制度化。组织方式,以行业主管部门、单位开办培训班为主,人事部门综合协调、检查验收。培训内容,分专业科目和公共科目,以岗位、职务的专业业务知识为主,同时也加入行政管理、行政法规等公共科目内容。培训类型,有常规培训、上岗培训、转岗培训。参训人员经考试合格,由人事部门发给统一印制的《岗位培训证书》。1981—1992年,全市每年有近万人次接受岗位职务培训。1993年,实施国家公务员制度,岗位职务培训成为公务员管理法规。1994年,市人事局统一组织,分期分批开办培训班,对机关干部进行《政治理论》、《行政管理学》、《法律法规》、《机关公文》四门公共必修课的学习考试。培训机关干部24 000多人,19 925人参加考试,合格率达98%以上。同年,襄樊市行政学院成立,同党校"两块牌子、一套班子",专司公务员岗位职务培训。1995年,以公务员条例为主要内容组织机关人员培训,学习公务员制度知识,掌握公务员管理法规。年内,全市23 188名机关干部参加了过渡培训考试。1998年,组织补训、补考,3 100人参加。1998年,市军转干部培训中心,挂牌湖北省公务员培训基地。《中华人民共和国公务员法》于2006年1月1日正式施行,2005年11月,市委组织部、市人事局组织全市开展《中华人民共和国公务员法》(将于2006年1月1日正式施行)基本知识学习培训。同年12月24日,全市统考,22个考点,25 000人参加。培训考试成绩载入个人档案,列为年度考核内容和任职、晋升依据之一。2002年,全市公务员和企事业单位管理人员、专业技术人员进行WTO知识培训,42 405人参加学习考试,其中机关人员17 000人。2004年,组织公务员参加《行政许可法》培训学习,全市18 171人参加"依法行政"考试,参考率达80%。1993年以后,新录公务员由人事部门统一组织,坚持为期2—3个月的岗前培训。公安等特殊行业,主管部门组织实施。

(四)国家公务员制度

1.公务员知识学习宣传

1988年,市人事局组织编写公务员制度宣讲材料,在全市开办公务员知识讲座,将推行公务员制度内容正式列入政工人事干部培训课题。1989年,《襄樊日报》开辟专栏,对公务员制度内容连载,进行社会宣传。1990年8月,市和各县(市)人事局长参加人事部举办的公务员制度讲习班,系统学习公务员知识。1990年10月9日,国家公务员制度部分配套法规修改会议在本市召开。1991年12月,在全市范围内组织对《国家公务员暂行条例》征求意见稿讨论修改,先后有3 500多人次参加讨论,本市相关人员首次接触有中国特色国家公务员制度的具体内容。1993年,《国家公务员制度暂行条例》颁布,全市掀起新一轮学习宣传热潮。1993—1995年,全市有400多人到上级和外地参加公务员知识培训学习。市人事局举办公务员制度培训班、讲习班、研讨班90多期(个)。1995年,全市81 055人参加全国公务员知识竞赛活动,一人获人事部个人一等奖,一人获省级个人一等奖,襄樊市获组织二等奖。1996年,举办推行公务员制度乡镇长研讨班,110名乡镇领导参加。2005年,《中华人民共和国公务员法》颁发,全市再次开展大规模的学习培训,同年12月24日,25 000名机关干部参加考试。

2.“推公”范围及职位设置

1996 年,《襄樊市推行公务员制度实施方案》获省政府批准正式下发,同时制定《襄樊市公务员实施范围审批办法》。市、县(市、区)、乡镇行政机关中除工勤人员以外的工作人员;其他行使国家行政职能、从事行政管理活动的单位中除工勤人员以外的工作人员,列入推行公务员制度的范围和对象。各级党群机关、人大、政协、法院、检察院列为参照公务员制度管理(以下简称“参照管理”)单位。与此同时,建立非领导职务系列。根据《国家公务员暂行条例》制定《襄樊市国家公务员非领导职务设置办法》,“推公”单位和“参照”单位根据机构规格按规定比例分别配备调研员(正县级)、助理调研员(副县级)、主任科员(正科级)、副主任科员(副科级)。市“推公”领导小组逐一审核,下达非领导职务职数。2005 年颁发《国家公务员法》,党的机关、人大、政协、法院、检察院列入“推公”范围。

3.人员分流过渡

本市自 1990 年以来多次实施机构改革,压缩编制,精减人员,为机关现有人员向公务员过渡打下基础。1993 年,《国家公务员暂行条例》颁布后,加快人员分流过渡步伐,《襄樊机关机关现有工作人员向国家公务员过渡意见》、《襄樊市机构改革人员分流意见》等配套方案相继出台。

公务员制度实施前后,本市 4 次集中组织精减和分流机关人员。1992 年,市委办公室、市政府办公室印发《关于职能转移机关和机关精简人员兴办经济实体的试行意见》、《襄樊市党政机关人员向外流动有关问题暂行办法》,制定优惠政策,采取兴办经济实体、充实企事业单位、承包租赁领办乡镇企业街道企业民办科研机构、停薪留职自谋职业、辞职、内部退养等渠道分流。到 1993 年底,全市机关 2100 多人分流进入经济实体,500 多人停薪留职(后机关工作人员停薪留职被禁止,这部分人员有的回机关,有的调企事业单位)。1996 年,制发《襄樊市机构改革人员分流意见》,分流主要渠道有提前退休、辞职、调整到企事业单位等。对提前退休人员,根据提前的年限上调级别工资和职务工资。当年机关分流人员 500 多人,其中市直机关提前退休的 83 人。1998 年,《襄樊市推行公务员制度实施方案》施行,党政机关再次进行人员分流。2002 年 3 月,新一轮机构改革开始,市委制定下发《襄樊市市直机构改革人员定岗分流意见》。市直机关分流 459 人。其中离岗退养 362 人,辞职 16 人,病退 3 人,提前退休 40 人,充实基层 16 人,参加学习培训 22 人。1998 年,根据《襄樊市推行公务员制度实施方案》审定的实施范围,将现有机关工作人员向公务员过渡。在上述过渡培训考试基础上,按照所设职位及职位要求,进行资格审查,实行竞争上岗、双向选择,确认公务员身份和职位。

4.公务员管理

1985 年,本市开始探索、试行考试录用办法,引入竞争机制,公开透明,接受社会监督。1993 年 10 月 1 日,《国家公务员暂行条例》施行,人事部发布《国家公务员录用暂行规定》,考试录用制度成为正式法规。1993—1995 年,先后为公安、法院、检察院、司法局、林业局、文化局、招商局等部门录用非领导职务工作人员 944 人,一律实行“公开报名,统一考试,平等竞争,择优录用”,笔试、面试、考核、体检等成为法定程序,公开透明,接受监督。根据上级指示和下达的指标,从 1990 年起从大专院校选拔应届毕业生进入行政机关。“选调生”实行“考试竞争,择优选拔”,定位后全部下到基层锻炼,两年后考核,合格者回原定机关工作,不合格者重新分配工作。当年选拔 30 名毕业生进入市级机关。各县(市)、区根据指标,按此程序选拔进入本级行政机关毕业生。1997 年,依据《国家国家公务员暂行条例》和《国家公务员录用暂行规定》,制定下发《襄樊市国家公务员考试录用实施办法》,对考试录用中的报名、资格审查、笔试、面试、体检、考核、录取、试用、岗前培训等环节的规定具体化。当年 8 月,面向市区为市公安局交警支队招考 60 名警察,820 人报考。按照公务员考试录用程序,实行公开透明、竞争择优,年底录用工作结束。

1998 年，根据增人计划，对市级 36 家机关中的 139 个职位，面向全市公开招考补充主任科员以下的国家公务员。此次招录涉及部门多，报考职位多，集中组织，统一操作，并建立相对稳定的面试考官队伍，是襄樊市首次完整意义上的招录国家公务员。2 月组织公开报名，1839 人参加笔试，327 人参加面试，208 人参加体检。经考核，录取 104 人。当年根据湖北省人事厅、公安厅《关于在企事业单位公安机构体制改革中录用人民警察有关问题的通知》，全市 10 家企业中的公安派出所纳入地方公安机关体制。按照公务员招录程序，对符合条件的 203 名原派出所干警进行培训、考试、考核、体检，录用 181 人。2004 年成立市城管执法局，面向社会公开招考 40 名城管执法人员。2005 年公开招考公务员 98 人，其中人民警察 87 人（含省人事厅组织招考 8 人）。

1993 年 10 月，《国家公务员暂行条例》实施，转任、轮岗作为管理法规，在全市普遍推行。除单位组织实施外，市委组织部、市人事局先后三次统一部署，大范围地组织实行。1998 年，在公务员过渡和职位竞争中，全面实行轮岗、转任，全市机关中层干部和科办员转任、轮岗达 80%以上。2000 年，全市机关中层干部调整，根据《湖北省党政机关竞争上岗实施办法（试行）》和《湖北省党政机关推行竞争上岗综合测评实施细则》，继续实行竞争上岗和轮岗。当年市直机关参加竞争上岗的中层干部 298 人，竞争职位 126 个，取得上岗资格的 109 人，轮岗、转任 78 人。2002 年机构改革，根据“三定”方案，进一步完善岗位设置，再次实行竞争上岗和轮岗。市级 78 家“推公”单位中，58 家实行竞争上岗，67 家实施轮岗，轮岗、转任达 60%以上。

1994 年，落实公务员回避制度，对市直机关中 60 多名需要回避的公务员进行调整，到 1998 年，共调整回避对象 539 人，其中县处级 37 名，科级 450 人。2000 年，由市人事局、市政府法制办、市监察局组成公证委员会，首次受理市公安局下属派出所魏某对单位辞退不服的申诉案。经公证委员会调查分析，以事实为依据，以法律为准绳，客观公正审理，作出对魏某的辞退适用法规不当的结论，建议予以更变。对公务员考核、培训、奖惩、辞职辞退、工资福利、退休等按条例规定实施，实行依法管理。

（五）企事业单位人事制度改革

1.企业用人自主机制

1992 年 11 月 21—25 日，人事部中国人事与人才研究所、《中国人才》杂志社在襄樊举办全国部分省市企业人事制度改革研讨会，实地考察和研讨建立现代企业人事管理制度，完善企业用人自主机制。与会人员对本市企业人事制度改革十分赞许。

1984 年，《中共中央关于经济体改革决定》下发后，本市企业相继实行厂长（经理）负责制，承包、租赁经营责任制。由此，对企业内部的人事管理制度提出了改革要求。1986 年 12 月，首次召开全市人事制度改革座谈会，重点研究企业人事制度改革。1987 年 3 月，组织人员赴深圳、珠海、宁波等沿海开放城市考察企业人事制度改革。同年 5 月，选择市织袜厂、钢铁厂、建安公司、一水泥厂四家企业试点，推行干部全员聘用制，废除“铁交椅”（职务）、“铁饭碗”（国家干部身份）、“铁工资”（时称“砸三铁”）。4 家企业实行全员聘用后，内部机构减少 19.2%，管理人员减少 15.6%，146 名干部落聘，14 名中层干部聘为一般干部，17 名国家正式干部安排到工人岗位。全员聘用制畅通了干部上下、进出渠道，不同程度地解决了企业管理层人浮于事、责权利相分离等弊端，有利于人才竞争和成长，扩大了企业用人自主权，增强了企业活力。同年 10 月，召开全市企业人事制度改革经验交流会，推广试点企业全员聘用制经验。同年 12 月 15 日，市政府印发《襄樊市全民所有制企业干部聘用制暂行办法》，在全市全民所有制企业中普遍推行干部聘用制。

1988 年，在总结厂长、经理负责制，承包、租赁经营责任制，干部全员聘用制等改革经验基础上，实行以招标为主要内容的领导体制改革。年初在商贸系统试点,同年3月,召开经验交流会,后在全市工交、财贸系统企业中全面推开。同年,人事部、中组部下发《关于引进竞争机制,深化企业干部人事制度改革的意见》(〔1998〕11号),招标由中小型企业转向大型企业。同年9月,襄阳轴承厂、纺织机械厂公开招标厂长。到1988年底,市县两级所属1 196家企业中,实行公开招标企业经营者的495家、实行干部全员聘用制的761家(其中实行企业经营者招标又实行干部全员聘用制的430家),分别占企业总数的41%、62%。从工人中聘用管理人员2 109人,一批原一般干部甚至工人中标成为企业经营者,为企业优秀人才脱颖而出创造了良好环境。此后,干部全员聘用制全面普及,不断巩固完善,成为现代企业人事制度的重要构件。

招标经营者和全员聘用制初期,企业人事管理处于新老体制转换之间,企业管理层出现录用制干部和聘用制干部并存,"国家干部"身份客观存在,且仍有一定的吸引力,企业颇有反应。1991年2月,湖北省人事厅下达襄樊市从优秀工人中录用干部指标107名,主要是解决在企业任职两年以上的厂长、经理、书记且获奖评优人员的身份,这是本市最后一次在企业吸收录用国家干部。同年3月,襄樊市人事局下达1 000名企业干部聘用指标,解决在企业管理岗位工作5年以上的人员身份,由市人事局审批。时称"市人事局聘用制干部",在全市范围内流动,"聘用制干部"身份有效,在管理岗位上退休,可按国家正式干部待遇办理退休手续。1991年10月,中共中央组织部、国家人事部印发《全民所有制企业聘用制干部管理办法》,对企业从工人中聘用干部正式认可,并规定国家对企业聘用制干部实行计划管理,由企业按照条件,在定编、定员、定岗的基础上,根据工作需要自行选拔,企业主管部门审批,用人双方签订聘用合同,到当地政府人事部门备案和合同鉴证。按照5号文件精神,全市企业中22 000多人办理了聘用制干部手续。三年为一个聘期,1985年、1988年,先后两次组织续聘考核。此后,随着企业重组、改制等经营体制改革不断深入,企业中"干部"称谓逐步为"管理人员、专业技术人员"称谓所代替。"干部"与"工人" "录用制干部(即国家干部)"与"聘用制干部"的身份界限自行消失。

贯彻落实《中华人民共和国全民所有制工业企业法》、国务院《全民所有制工业企业转换经营机制条例》等法律、法规,市委、市政府不断加大对企业简政放权力度,确立企业独立、自主经营的法人地位。1992年市人事局先后下放和赋予六项权限,放活企业人事管理,完善企业自主用人机制。1985年,企业在市直本系统内可以自行调动干部。1992年,再次下放调配权,市区范围内企业中层以下干部调动,由企业双方协商办理调动手续。企业可自主在境内外招聘、引进人才,政府人事部门积极提供调入、合同鉴证、专业技术职务鉴定或评审等相关服务。企业根据生产、经营需要自主设置内部机构、确定管理人员数额,政府部门不得强行企业设置对口机构。企业法人根据生产经营需要,有权采用不同方式选拔和聘用所需人才,并实行动态管理。按照合同,有权解除和调整所聘人员职务。取消企业"增干"计划和指标,由企业按照中组部、人事部《全民所有制企业聘用制干部管理办法》(人法发〔1991〕5号)和襄樊市政府《全民所有制企业干部聘用制暂行办法》(襄政发〔1987〕177号),自主从工人中聘用管理人员(干部)。1987年,企业开展职称制度改革,全市企业中60 000多专业技术人员受聘担任各级专业技术职务。由于受计划指标控制,且国家规定首批取得专业技术职务资格人员实行评聘合一,企业在使用专业技术人员上受到限制,与企业干部全员聘用制极不协调。1992年10月30日市委组织部、市人事局印发《襄樊市企业单位专业技术职务评聘分开试行办法》(襄人字〔1992〕101号),取消企业专业技术职务资格评审指标,推行评聘分开。企业专业技术人员,凡符合国家规定的专业技术职务评审条件,都可通过相应的程序取得任职资格;企业在国家规定的专业技术职务结构比例内自主设置专业技术岗位,自主聘用专业技术人员,可以高职低聘,也可以低职高聘,在什么岗位享受什么待遇。1998年后,人事部门进一步转变职能,由"管理"彻底转为"服务",重点保障企业的人才需求。提供信息,牵线搭桥,满足急需;办好人才市场,调剂人才余缺,畅通流动渠道;完善评价机制,积极开展执业资格、专业技术职务任职资格、计算机等级等考试、评审、发证，提高企业人才队伍素质。

2.事业单位全员聘用制

针对事业单位门类众多、职能各异、经费来源不同等特点，1987 年组织调查 300 多家事业单位，将事业单位初步划分为行政管理型、社会公益服务型、生产科研经营型三大类别，分别开展人事制度改革试点。1988 年 2 月，在樊东税务分局（当时为行政型事业单位，后列为实施公务员制度单位）进行试点，探索职位分类管理，推行竞争上岗，择优聘用。将税务人员划为一、二、三级三个职位等级；工作人员自愿报名，经考核答辩、群众评议等程序，竞争职位；按级付酬，拉开档次，设置绩效工资级别，实行动态分配；实行目标管理，建立岗位责任制，完善考评机制。职位分类管理后，税务人员有了紧迫感、危机感，工作积极性、主动性、创造性增强，全局 1988 年提前 42 天完成税收任务。当年 5 月在全省人事工作会议上介绍交流改革试点情况，省人事厅予以肯定。7 月市委办、政府办转发该局人事制度改革经验，决定在行政型事业单位推行，并先后两次召开动员会进行部署。

1989 年，继续在襄樊五中、市农校、市中心医院、房屋开发公司、粘胶技术研究所（后改名回天公司，改为股份制企业）、计量所 6 家事业单位试点，以聘用制为主体，探讨切合事业单位各自特点的人事制度改革模式。经试点初步总结为：社会公益服务型事业单位，推行行政首长负责制，人员逐层聘用，工资动态管理，建立岗位责任制，完善考评机制，奖优罚劣；生产科研经营型事业单位，推行招标聘用，优化组合，建立经济目标责任制，工资分配形式多元化（如年薪制、效益工资、协议工资等）。这些改革模式先后在全市事业单位推广，对搞活事业单位人事管理，促进人才成长，推进事业发展都起到积极作用。尽管这一时期的改革只是粗浅的、单项的，但干部聘用制已见成效，成为事业单位人事制度改革的主要内容。

1994 年，结合国家工资制度改革，开始对事业单位实施用人制度、工资分配制度、社会保障制度“三制”配套的综合改革。先后在市电视台、绿化管理处、谷城县进行事业单位综合改革试点，从岗位设置入手，继续完善聘用制，推行管理人员职员职位聘用制、专业技术人员岗位聘用制、工人技术等级（职务）聘用制。至此事业单位中“干部”称谓也开始消退，为“职员”、“专业技术人员”所代替。到 1999 年底，全市已有 1002 家事业单位进入综合配套的人事制度改革。1999 年，面向社会公开招聘市妇幼保健院院长、市中小企业担保中心副主任一名及业务员三名。

从 2003 年 3 月 1 日起，事业单位新增人员实行公开招聘。同年 7 月市人事局制订下发《襄樊市事业单位公开招聘工作人员实施意见》（襄人字〔2003〕48 号）。在计划编制内，事业单位管理岗位、专业技术岗位、工勤岗位凡出现空缺需要新增人员，除涉密岗位、接收国家当年计划安置的军转干部（包括随军家属）及其他政策性安置人员（如援藏干部、退役优秀运动员等）外，一律实行公开考试、考核，择优聘用。单位引进的特殊人才、紧缺人才以及副高级职务以上专业技术人员，免除笔试，以考核为主、面试和考核相结合的方式招聘。新增人员包括非公开招聘和免试人员，一律与单位签订聘用合同。用人单位申报计划，审核批准后，市人事局统一发布招聘公告、统一组织考试、考核，择优聘用。

2003 年 6 月，市委、市政府下发《关于加快推进全市事业单位人事制度改革的意见》，市委组织部、市人事局下发《关于在全市事业单位推行人员聘用制度的意见》，成立全市事业单位人事制度改革领导小组，召开事业单位人事制度改革动员大会。全市事业单位人事制度改革着眼转换事业单位用人机制，由身份管理向岗位管理转变，由单纯行政管理向法制管理转变，由国家用人向单位用人转变，由行政任用关系向平等协商的聘用关系转变。聘用制由职务聘任延伸到全员聘用，破除职务、身份终身制，通过签订聘用合同，确定单位与个人的聘用关系。单位在实行人员聘用制中，根据编制和国家规定的专业技术职务结构比例，设置岗位，确定职数；通过考试（包括笔试和面试）、民主测评等程序，增强竞争性，提高透明度；规范聘用合同，聘用期限、辞聘、解聘、续聘、签订、鉴证等内容按统一规定;做好落聘人员安置。到2005年实行全员聘用制的事业单位298家,聘用上岗人员15495人。

2004年2月,市委组织部、市人事局转发《湖北省事业单位领导人员聘任管理暂行办法》,在实行人员聘用制的事业单位,对党政领导及内设中层领导岗位的管理人员实行聘任制。根据单位性质和岗位要求,分别采取竞争聘任、选举聘任、招考聘任、招标聘任等形式实施。

(六)专业技术队伍管理

1.专业技术职务评聘

1977年,全国科技大会决定恢复技术职称,实行技术岗位责任制。1978年开始,农业、教育、卫生、工程、会计、统计、图书、档案、工艺美术等各类学术和业务技术职称规定,经国务院批准陆续颁布。1980年5月,襄阳地区科技干部职称考评委员会成立,襄樊市也成立相应组织。1981年1月,行署和襄樊市先后成立农业技术、工程技术、会计、统计等学术、技术职称评审委员会,开始启动职称评定工作。此次职称评定,对1966年以前任命的技术职称全部认可。对1977年以前任命的技术职称,凡有学历的予以认可,没有学历的按条件参加套改。同年11月30日,行署召开全区颁发专业技术职称证书大会,对评审合格的534名专业技术人分别授予工程师、农艺师、畜牧师、兽医师、会计师、统计师职称并颁发证书。这次大会,对激发专业技术人员热情,推进职称评定工作都起着重要作用。会后,职称评定工作全面展开。到1983年8月,先后开展工程、农业、卫生、会计、统计、图书档案资料、教师等7个系列的专业职称评定。全市51 737名专业技术干部中,通过评审获各类职称的18 832人,占36.4%。所评职称人员中,高级27人(市区23人),占0.14%;中级2 160人,占11.47%;初级16 645人,占88.39%。高、中、初结构比例为1:80:616。

1983年8月,中共中央办公厅、国务院办公厅下发《关于整顿职称评定工作的通知》,决定暂停各类职称的评审,开展检查整顿。自同年9月1日起,全市学术和业务技术职称的考核、评定、晋升、授予、发证等工作停止,已上报的评审材料及有关待发的证件、批件等一律封存。1984年5月,成立襄樊市职称评定工作领导小组,负责组织实施国家和省的整顿部署,统一领导全市各学术、业务技术职称的全面整顿。第一阶段以单位、部门检查为主,第二阶段复查验收。

(1)职称制度改革

1986年1月24日,中共中央、国务院发出通知,决定改革职称评定制度,实行专业技术职务聘任制。随后,中央职称改革领导小组先后批转下发29个专业技术职务试行条例。1986年,本市职称制度改革启动,着手开展首批专业技术职务评聘工作。市和各县市成立职改领导小组,设立办公室,组成工作专班。全市成立评审委员会347个,其中高级13个,中级93个、初级231个。1986年,事业单位率先进行,次年企业单位接着展开。首批评聘采取指标控制,并暂社评聘合一。根据全市专业技术人员的分布结构,按照"统筹规划、确保重点、兼顾全面、照顾特殊、综合平衡"的原则,分解省下达的专业技术职务指标,严格按指标申报、评审。事业单位于1989年3月基本结束,53 063人评聘各类专业技术职务,占事业单位干部总数的88.7%。其中高级1 648人,中级12 116人,助理级23 405人,员级15 894人。高、中、初人员分别占评聘总数的3.1%、22.8%、74.1%,高、中、初级职务结构比例为1:8.33:27.99。企业单位1989年6月基本结束,49 917名专业技术人员取得专业技术职务资格。其中,高级1 148人、中级8 659人、初级40 110人,分别占2.30%、17.35%、80.35%,结构比例为1:7.80:34.94。

首批评审中,依据各系列评审条例,在严格评审条件的同时,不拘一格选拔人才。以政绩、成果为依据，全市破格评审 363 人。对 1983 年职称评定暂停时的 2 360 名“待批”、“待授”人员，作为遗留问题，按政策办理了专业技术职务任职资格手续。其中，中级 534 人，初级 1 826 人。市职改领导小组决定参照其他系列标准，一次性评聘企业政工专业技术职务 2 550 人，其中高级 50 人、中级 500 人、初级 2 000 人，任职资格在本市企业范围内有效。1989 年 12 月，对全市首批专业技术职务评聘工作进行复查验收，重点清查“五假”（假学历、资历、论文、证明、成果）行为，1990 年 6 月复查工作结束，查处有虚假行为的 174 人，其中降低任职资格 126 人，取消任职资格的 48 人。1989 年，建立专业技术人员年度考核制度，考核等次分优秀、称职、基本称职、不称职（后改为优秀、合格、基本合格、不合格）。当年参加考核的专业技术人员 92 628 人，占总数的 81%，优秀的 4 631 人，占参考人员的 5%，称职的 76 881 人，占参考人员的 83%，基本称职的 10 838 人，占 11.7%，不称职的 278 人占 0.3%。1994 年以后纳入整体年度考核制度之列，考核等次统一为：优秀、合格、基本合格、不合格。

职称制度改革和首批专业技术职务评聘，提高了专业技术人员社会地位，稳定和壮大了专业技术人才队伍。全市 103 751 人取得专业技术职务资格，比职称制度改革前的 18 832 人，增长 4.5 倍。首批实行评聘合一，绝大多数受聘到专业技术岗位，享受相应工资福利待遇，170 名符合条件的专业技术人员家属子女户口“农转非”。专业系列增多、中高级人员增加，特别是不拘一格选拔人才，一大批中青年技术人员走上重要专业技术岗位，使本市专业技术队伍布局结构（职务层次结构和年龄结构）趋向合理。首批评聘后高、中、初人员结构比例为 1 : 6.93 : 27.04，比职称制度改革前的 1 : 80 : 616，发生显著变化（见表 27—29）。

首批评聘专业技术人员结构分布统计

表 27—29

专业	总数	高级	中级	初级	未聘人数
总计	103751	2541	17606	68700	14904
工程技术	12073	840	2102	7959	1172
农业技术	2300	59	360	1380	501
科学研究	2	—	—	—	2
卫生技术	17562	398	2374	12173	2617
教育	41987	1005	7442	25464	8076
民航飞行	1	—	—	1	—
经济	15753	119	3247	10737	1650
会计	7483	25	784	6071	603
统计	1883	3	184	1600	96
翻译	19	—	10	7	2
图书档案文博	935	3	161	722	49
新闻出版	338	8	124	134	72
律师公证	94	7	30	35	22
播音	39	—	5	34	—
工艺美术	231	9	46	161	15
体育	52	—	15	19	18
艺术	449	15	222	203	9
政工	2550	50	500	2000	—

注：①此表统计时间 1990 年底，即转入经常化评审之前。②首批实行评聘合一。表中未聘人员包括在总数之内，主要是评后即退（休）人员、停薪留职人员、待安置和待岗人员、行政职务和专业技术职务双肩挑人员。

(2)专业技术职务资格评审经常化

1991年,本市着手转入经常化的准备工作:设置专业技术岗位及职数,清理首批下达的高、中级指标使用情况,将指标控制转为岗位职数控制;组建新的评审委员会,根据省职改办文件,省职改领导小组、省人事厅授权襄樊市组建卫生医疗技术、中小学教师两个系列高级评委会(其中卫生系列高评委负责副主任医师的评审和主任医师的推荐),其他系列高级评委会由省人事厅统一组建,中级评委会按系列由市人事局统一组建集中管理,初级评委会按系列由县(市)人事局统一组建和管理;清理首批各系列评审文件,凡与人职发〔1990〕4号文件不符的一律作废,在此基础上建立健全新的评审制度,评审程序由个人申报改为组织推荐,评审由半数评委通过改为2/3通过,由按年限、资历评审改为考试、考核、答辩同时进行;组织外语统考、继续实施不具备规定学历人员培训考试;对国家计划内的高校毕业生,直接确认起点专业技术职务资格。1992年,专业技术职务评聘转入经常化正式起步,当年全市5 000多名符合晋升条件的中、高级专业技术人员,按经常化评审政策和评审程序,经各专业评委会评审,取得上一级职务任职资格。此后,每年组织一次评审。事业单位按岗位职数,高、中级由省下达,初级由市下达。企业凡符合条件均可申报评审,不受指标限制。1992年,转入经常化后,随即在企业试行评聘分开。事业单位由于多重原因,转入经常化后的前几年基本还是评聘合一。随着企事业单位人事制度改革不断深入,特别是企业用人自主机制建立和事业单位人员聘用制度推行,专业技术职务普遍实行评聘分开。同年,省职改领导小组、省委宣传部下发《企业政工干部专业技术职务评聘暂行办法》,对5000多名企业政工人员评审政工专业职务资格。襄樊市首批一次性评定的2250名政工人员专业技术职务资格,开始在省内企业通行。1993年,乡镇企业专业技术人员职务资格评审正式纳入经常化范围。凡在乡镇企业工作的专业技术人员,都可以申报国家统一的专业技术职务评审。过去已评乡镇企业专业技术职务的人员,经考核基本符合国家规定的相关职务条件的,由人事部门换发国家统一的专业技术职务资格证书。暂不符合的经培训提高后换发。外地来襄樊乡镇企业人员在外地评审的专业技术职务资格予以认可,原在外地低评的可以重新申报。不具备规定条件而确有真才实学,可以低职高聘。当年,乡镇企业专业技术人员评为初级的2 300人,中级540人,低职高聘的360人。同年,全市25000多名党政机关工作人员,通过评审取得专业技术职务任职资格。此为一次性行为,且不聘任,不与工资待遇挂钩。但若分流到企事业单位,此次评审的任职资格有效。1998年,对任期已满三年的14个中、初级评委会进行调整换届,新成立刑事侦查、法医两个评委会。至此,全市有2个高级评委会(受省里委托组建)、19个中级评委会、101个初级评委会。1999年进行事业单位专业技术岗位清理,实行岗位和职数双重控制,强化聘任管理,同时建立专业技术职务资格评审公示制度。同年,对原已取得职称的人员换发新的专业技术职务资格证书。2005年,全市停止乡镇企业职称系列的评审,同时制发《襄樊市民营企业专业技术职务任职资格评审(试行)意见》。凡在襄樊境内的私营企业及尚未改制的乡镇企业、村组企业等非公有制经济组织中从事专业技术工作的专业技术人员,均可申报国家规定的工程系列中、初级专业技术职务任职资格的评审(见表27—30)。

襄樊市专业技术人员技术职务资格统计

表27—30

年份	总计	事业单位				企业单位			
		合计	高级	中级	初级	合计	高级	中级	初级
1983	18832	—	27	2160	16645	—	—	—	—
1989	102980	53063	1648	12116	39344	49917	1148	8659	40110
1990	103751	53287	1676	12206	39405	50646	1170	8765	40711
1991	—	—	—	—	—	—	—	—	—

续表

年份	总计	事业单位				企业单位			
		合计	高级	中级	初级	合计	高级	中级	初级
1992	108561	57041	—	—	—	51520	—	—	—
—	—	—	—	—	—	—	—	—	—
1993	111258	67584	2096	15850	49638	43674	1150	8986	33538
1994	120239	81534	2757	17357	51821	38705	1113	9819	26054
1995	98868	68787	2750	24971	60982	30081	1148	7943	19339
1996	102667	73121	3252	21345	41095	29546	1265	8368	18128
1997	107030	78131	3404	24265	41365	28899	1192	8468	18014
1998	111993	85001	3555	28356	42989	26992	1112	8349	17531
1999	116105	90042	3744	31913	45859	26063	1006	7887	16168
2000	113244	90320	3739	33972	46750	22924	968	7256	13708
2001	113920	91711	3768	35460	47869	22209	937	7049	13261
2002	115329	94879	4166	37933	48343	20450	851	6660	11947
2003	106810	94421	4287	40990	45132	12389	503	4202	7461
2004	102428	97150	5053	44265	43995	5278	13	1638	3315
2005	102644	99044	5970	45546	44423	3600	90	1065	2351

注：根据年报资料统计。取得专业技术职务资格人员，含集体所有制事、企业单位。1991 年转入经常化评审准备，数据与 1990 年无异

（3）职务技术资格考试

1992 年 9 月，成立市人事考试中心，为人事局下属事业单位。起初主要承担技术职务资格评审方面的考试业务，后逐步承担包括公务员录用、事业单位人员聘用在内的其他人事考试业务。1986 年，职称制度改革，国家颁布的 29 个系列技术职务评审条例都明确规定了学历要求。由于历史原因，不少专业技术骨干不具备规定学历，被拒之门外。为此，全省开展不具备规定学历统考，按专业分等级，对基础理论和专业知识实行闭卷笔试，成绩合格者，可参加相应专业、等级的评审。首批评审中，全市 13 000 多人参加不具备规定学历培训考试，8 200 多人成绩合格，使一大批业务能力强、实践经验丰富但不具备规定学历的专业技术人员进入评审范围。转入正常化评审，继续开展不具备规定学历考试。1991 年 11 月 17 日，组织转入经常化评审后不具备规定学历人员全省统考，全市 12 731 人参加，7 198 人成绩合格。此后每年评审前组织一次，直至 1998 年。报名考试人员每年均在万人以上，合格率 60%~80%不等。1987 年，首批评审中组织部分中级专业技术人员进行外语考试，语种分英、日、俄、德、法语，成绩仅作评审参考条件。转入正常化评审后，晋升中、高级专业技术职务人员均须参加外语考试，成绩合格成为评审的必备条件。1991 年 10 月 20 日组织转入经常化评审首次外语全省统考，全市 11 037 人参加。以后每年开展一次，1996 年后，按专业分为全省统和全国统考。据统计，1991~2005 年全市共 96 400 多人次参加外语统考。2001 年，对晋升中、高级职务人员开始实施水平能力测试，以综合考察专业技术人员在本专业领域内基础理论知识、工作适应能力、创新能力、综合素质的发展潜力。能力水平测试分笔试和答辩两种形式，在评审前进行，测试成绩合格为评审的必备条件。当年在卫生技术专业进行，595 人参加全省水平能力考试，125 名晋升副主任医师人员参加答辩。2002 年，在全省率先对高校、中专系列 3 510 名申报中、高级职务的人员进行能力水平测试，合格 3 190 人。次年，对晋升中、高级技术职务人员评审前全部实行测试。到 2005 年，全市参加晋升中、高级职务能力水平测试共达 21 600 多人次。

1990年,国家首次确定计算机软件程序员、统计员两个专业技术职务任职资格“以考代评”。同年9月14日、11月5日,全市114名计算机软件程序员、867名统计员先后参加全国统考。计算机软件程序员18人成绩及格,取得相应的任职资格,及格率15.25%。其中,取得高级职务任职资格的4人,及格率16%。统计员706人成绩及格,取得初级职务的任职资格,及格率81.4%。1991年,国家增加经济员、会计员两个专业职务实行“以考代评”。同年11月7日会计员专业全国统考,全市1965人参加考试。同年11月24日经济员专业全国统考,全市8 704人参加考试。1993年以后国家又陆续增加“以考代评”专业,并由初级职务向中级职务扩展。先后有统计师、经济师、会计师、审计师等专业技术职务进入“以考代评”范围。2002年开始,卫生系列中、初级专业技术职务资格原则上实行全国统考,乡镇卫生院及谷城、南漳、保康三个山区县的人员可以参加全国统考,也可以申报评审。当年报名考试医疗卫生专业中、初级职务资格的405人,及格163人,及格率40.2%。据统计,1990—2005年全市报考专业技术职务资格的达80 000多人次,由国家人事部统一阅卷、统一控制及格率。1993年,国家决定在与人民生命财产相关的特殊行业和关键岗位实行准入控制,建立执业资格制度。1998年开始,人事部门组织执业资格全国统考。先后开考的有注册审计师、房地产评估师、注册税务师、企业法律顾问、造价工程师、执业药师、执业中药师、监理工程师、国际商务、价格鉴证师、资产评估师、城市规划师、注册结构工程师、注册建筑师等10多个专业。1998—2005年,全市报名考试人员13 000多人次。

1993年,工资制度改革,机关事业单位技术工人实行技术等级工资制。技术等级(职务)分为:初级工、中级工、高级工三个等级和技师、高级技师两个职务,由人事部门会同行业主管部门组织考评。人事部门审批技术等级(职务)、颁发证书,实施技术等级(职务)工资。1996年,首次开展机关事业单位工人技术等级考评。全市开考104个工种,17 445人参加全省“高、中、初”定级统考。高级工由省人事厅审批、发证,中级工由市、初级工由县(市)人事局审批、发证。1998年,组织“晋级”考试,开考92个工种,9 422人通过全省统考晋升等级。此后每两年组织一次“晋级”考试,高级工审批、发证下放到市人事局。2001年,首次进行工人技师考评,365名高级工晋升为技师。2004年开始实施高级技师考评,4人晋升为高级技师。晋升技师和高级技师在全省统考成绩合格基础上,由省统一评审,省人事厅审批、发证。

1997年,组织公务员、企事业单位管理人员专业技术人员计算机运用等级培训。2000年,市人事局投资改造原有的初级培训教室,新建中级计算机培训基地。襄樊市、宜城市、枣阳市、老河口市、谷城县、保康县人事局计算机培训基地,先后被省人事厅批准为“全省计算机网络授权考试点”。1997—2005年,市直名机关、企事业单位计有64 540多人次参加计算机应用等级培训、考试。

2.人才资源开发

本市90年代初开始将传统的人事管理,逐步调整到整体性人才资源开发上来,建立健全人才市场调节机制,实行引进外地人才与放活本地人才并举,优化配置与教育培养同步,使用与关心结合。到2005年,全市形成数量充足、门类齐全、配置合理、效益显著的人才阵容。

(1)人才引进

70年代,本市以重视人才、率先引进人才而闻名。随着社会经济发展,人才匮乏愈显突出。1986年2月23日,时任市长章治文接受《文汇报》记者黎平采访,发表《欢迎各地人才来襄樊一显身手》谈话。见报后在全国引起强烈反响,各地人才纷纷来信来访,要求到襄樊工作。当年来访152人,来信456件。经联系考察,引进各类人才181人,其中大专以上文化程度的171人,助理职称以上的92人,拉开本市人才引进二次高潮的序幕。1986年6月、8月,分别到湖南省九嶷山医学院、西安工程学院引进国家不包分配、不承认学历的毕业生 80 人。其中本科生 55 人（九嶷山医学院）、专科生 24 名（九嶷山 18 名、西安 6 名）。经过一年实习试用，大部分正式录用。1986—1989 年，全市共引进各类人才 1 360 多人，充实到重点企业、乡镇企业及基层医院、学校。其中大专生及中级技术职务人员居多。尽管人才层次不高，但缓解了一些单位的燃眉之急。

进入 90 年代，随着高新产业兴起及企业转产、重组，高新专业人才成为紧缺且需求量不断增大。市、县人事部门立足省内放眼全国，组织用人单位北上京、津，南下广州、深圳沿海发达地区，东到苏、沪、杭，招贤求才，并借教育体制和毕业生分配制度改革之机，瞄准高等院校，争取计划外生源，引进高层次人才。1993 年襄樊市人才市场开业，人才引进纳入市场轨道，依托市场功能引进急需人才、高层次人才。当年组织用人单位先后参加在襄樊召开的全省毕业生洽谈会、全国人才交流会、全省人才交流会、鄂豫川陕毗邻地区经贸科技人才交流会、中国襄樊诸葛亮文化节科技人才交流会等五次较大规模的招聘活动，共签订引进合同或意向协议 9 820 多人次，成交 1 430 人，多为本市急需专业人才。2000 年，市委、市政府下发《关于进一步优化环境、引进高层次人才、放活科技人才的实施意见》人才引进向高层次发展，当年通过参加各地人才集市、人才交流会及到院校洽谈等形式，与近 2000 名本科以上学历的人员达成意向引进协议，到年底成功引进 351 人，其中首次引进博士生 1 人，另有 8 名硕士生。2004 年 6 月，引进中国城市规划研究院硕士、城市规划高级专家卢华翔任市规划局局长；清华大学硕士森峰、贺旺，分别任市建委副主任、规划局副局长；西安交通大学博士胡军，任高新技术开发区副主任，开引进高层次人才到政府机关任领导职务之先河。同年还引进中南财经政法大学硕士赵静到市检察院工作；中南民族大学硕士黄俊到市教育局工作；湖北大学硕士后哲到市委党校工作；华中师范大学硕士陈冰到市劳动和社会保障局工作；武汉大学病毒专业硕士赵耀儒到市卫生防疫站工作；延边大学韩语专业本科生安雪莲到市商务局工作。2005 年，引进高层次人才 1 146 人，其中博士后 1 人，博士 4 人、硕士 92 人、本科生 1049 人。一批高新企业、民营企业成为吸纳高层次人才主体。

（2）人才社会流动

1985 年 1 月，成立襄樊市人才交流开发服务中心，调剂人才余缺，开展人才智力引进、支援、协作等工作。同年 3 月，首次召开襄樊市人才与技术交流大会。同年 4 月，参加湖北省人才与技术交流大会。一年中，办理兼职、借调、聘用、调动等流动人员手续 600 多人，其中向集体企业和乡镇企业流动的技术人员 236 人，人才流动初有成效。1989 年 8 月 10 日，在随州召开全市人才交流现场会，总结推广随州人才交流工作的经验，研究人才流动问题，首次提出“由单向的人才支援、人才引进转向人才社会化流动”，“变人才单位所有为社会所有”的指导思想。会后，县（市）相继成立人才交流服务机构，配备专职人员，形成全市人才交流服务网络，致力于人才社会化流动，实现人才优化组合和最佳配置。1991 年 10 月，襄樊市人才交流开发服务中心升格为副县级事业单位。1992 年 10 月，更名为襄樊市人才交流中心。1992 年，市委、市政府下发《关于进一步放活科技人员的决定》。当年全市 200 多名科技人员辞职或停薪留职，承包、租赁、领办、创办科技开发企业，500 多名企事业单位科技人员从事技术兼职服务。

（3）人才市场

1993 年 4 月 18 日，襄樊市人才市场挂牌载业。随后各县（市、区）人才市场相继成立，形成全市人才市场网络。1998 年 11 月 18 日，由湖北省人事厅、襄樊市政府共同创办省级区域性人才市场——鄂西北人才市场在襄樊成立，使本市人才交流平台拓宽，市场流量增容，调节功能增强。在完善市场硬件建设的同时，着力培育市场功能，重点建立人才市场调节机制，使人才资源配置逐步由政府行为转向市场调节。市委、市政府先后制订一系列放活人才政策，打破人才单位所有、地区封锁，引导人才流向经济建设主战场建功立业。市人事局逐步将毕业生就业、企业人员流动、人才委托培养、“五大生”启用等业务纳入市场行为。人才市场运行当年，进场求职人员 2250 人、招聘用人单位 94 家，为 78 家用人单位推荐各类人才 858 人。此后，人才市场采取随时洽谈登记、定期（每周星期五）集会、大型集市、专场集市，进场招聘单位、求职个人逐年增多。特别是鄂西北人才市场定点襄樊，加大市场的辐射范围和人才流量。1998 年 11 月 18 日，鄂西北人才市场首次集市，82 家用人单位和 5000 多名个人进场招聘人才和求职，提供就业岗位 937 个，其中 600 个岗位达成协议，196 人现场办理手续。为提高市场效应，加强才人才信息收集、传递，市场建立人才供需信息库，同省内外 20 多家人才市场保持联系，实行资源共享。2004 年，开设“襄樊人事人才”网站，开通网上招聘、求职，年点击率 15 万人次以上。到 2005 年，基本形成信息灵通、运转灵活、功能齐备的人才市场网络。2005 年，举办人才交流会 45 场次，900 多家单位招聘，提供岗位 5000 多个，60000 多人次应聘。是年实行企业网上招聘会员制服务，年内襄樊国电机电公司、深圳永明会计事务所、福士科湖北分公司、襄樊云康工贸公司等 22 家企业登记为网上招聘会员。80 年代末至 90 年代初，本市出现人才外流现象，“孔雀东南飞”常有发生。据调查资料，1989—1992 年，有 1800 多名中级职务以上专业技术人才流向广州、深圳、海口等地。人才外流主要缘于地域经济的差异，市委、市政府曾采取措施稳定人才队伍防止流失，但收效甚微。随着人才市场调节机制运行以及地域经济差异缩小，“外流” 视为正常的人才社会流动现象，且数量逐步减少。到 90 年代后期，通过人才市场开始向外地输送人才，缓解本地就业压力。1998 年，人才市场为四川长虹电子集团招聘人才，先后三次输送 142 名本地专业技能人才。2001 年，为深圳中日龙公司招聘，该公司董事佐藤六男亲来襄樊面试考察，录取 8 名专业人才。此后，每年都有相当数量的富余、闲置人才到外地谋职就业，其中大专生、中专生居多。

为强化人才市场调节机制，创造人才社会化流动良好环境，本市 90 年代后期建立人事代理制度，开展人事争议仲裁。

1997 年 6 月，制发《襄樊市人事代理制度暂行办法》，人事代理正式启动。人事代理是由“单位人”向“社会人”转变的基础性工作，即将人员的户籍关系、人事档案及相关人事业务交市人才交流中心管理。人才交流中心负责代理对象落户、档案管理、专业技术职务评审和工资调整（事业单位）申报、出国审查等业务，分全程代理和部分代理。到 2005 年底，市人才交流中心人事代理总人数 4630 人，其中事业单位人员、机关工勤人员 1650 人，流动人员 2980 人。1989 年，人事争议仲裁起步，当年接待来信来访 50 件，受理人事争议案 10 件。1998 年，成立襄樊市人事争议仲裁委员会，配备专人并进行业务培训，人事争议仲裁走向规范。1999 年 5 月 10 日，襄樊市人事争议仲裁庭首次开庭，审理市内 事业单位辞退职员案，仲裁成功。当年受理案件 58 起，审理 56 起，结案率 96.6%。

（4）人才规划与人才培养

1987 年，开展全市人才普查，对 4195 个单位 113597 名对象开展调查，完成 200 多万项数据的调查统计和分析，对 57846 名专门技术人才进行登记造册，建立人才库。这次普查掌握了全市人才数量、分布和结构，对今后的人才规划、人才资源开发等起到重要作用。1995 年为实现国家“百千万人才工程”和省“111 人才工程”，制定襄樊跨世纪人才规划——“155 人才工程”，即到本世纪末，培养 1 名 45 岁左右，能进入世界科技前沿，具有国际竽水平的学术和技术带头人；5 名 45 岁以下具有国内先进水平，保持学科优势的学术和技术带头人；50 名 30 至 45 岁在各自的学科领域或行业中有较高学术造诣，成绩显著、起骨干作用的优秀人才。当年在全市范围内进行调查摸底，第一批初选取 30 人作为候选人员，推荐 15 名优秀中青年科技人员作为国家“百千万人才工程”入网人选。1997 年，围绕“科技兴市”战略和经济社会发展目标，制定《襄樊市 1997—2010 年人才资源开发规划》，夸世纪人才工程、农村人才资源整体开发工程、各类人才培养工程全面启动。2001 年，根据社会经济文化发展需求和现有人才队伍状况，制定与产业结构相适应的襄樊市“十五”人才发展规划：2001—2005 年间，人才年平均增长率为 8.4%，到 2005 年全市各类人才总量 20.65 万人。大幅度提高第一、第二产业人才密度，调整和优化第三产业人才结构，保证农业、能源、交通、通信等基础工业和汽车、纺织、医药、化工、建材、高新技术等六大经济支柱产业的人才需求。

1986 年 9 月 11 日，成立“襄樊市人才研究会”并召开第一次学术研讨会。1990 年按上级统一部署开展思想整顿和组织调整，吸收一批知识分子和企业家入会。市人才研究会相继加入市社科联和省人才研究会，为两会的团体会员。1987 年市人事局成立调研科，主管人事人才调研。依托人才研究会，全市形成一支稳定的人才调研队伍。一方面，发展对外联谊，先后同全国 50 多个地市以上人事部门建立联系，进行信息交流。另一方面，紧密围绕本市经济和社会发，开展多层次、多形式的人事人才调查研究，为人事制度改革创新和人才资源开发服务。先后召开专业技术队伍建设、继续教育工程、农业科技队伍、企业人事制度改革、国家公务员制度、机关岗位责任制等专题研讨会，取得一些成果。1991 年市人事局组织对全市农业科技队伍状况调查分析，撰写《摸清现状、研究对策、建立一支稳定高效的农业科技队伍》，获湖北省专项调研成果一等奖。1996 年襄樊市《加速人事管理方式转变，深化企业人事制度改革》一文入选《中国现代人事管理系列全书》之《现代企业人事管理》。1999 年市人事局邹远成撰写的《事业单位按生产要素分配的探讨》，获全国第二届人事科研成果三等奖。同年《基层人才市场的发展现状及对策》入选国家重点文库。1988 年创办《襄樊人事》（内部刊物），传递、交流人事人才调研信息、成果。1995 年更名《人事苑》，2000 年整顿报刊时停办，改为《襄樊人事》，后又改为《鄂西北人才报》。

80 年代中期，为缓解人才需求矛盾，弥补国家统配毕业生的不足，本市开始委托大中专院校定向为山区、基层特别是乡镇企业、集体企业、个体企业等地区和单位培养专业人才。1988 年首次同重庆建筑学院签订“委培”合同，选送 25 名学员。1989 年市政府下发《关于委托培养专业人才的暂行规定》，明确由人事部门统一组织，委托培养开始向规范化管理发展。当年在武汉华工、华农、武大、襄阳卫校、随州卫校开办 10 个专业，“委培”610 名学员，其中大专生 288 人。90 年代“委培”进入鼎盛时期，1994 年在省内外 15 所大专院校、11 所中专学校开办 31 个专业，委培 1456 人，其中本科 130 人，专科 326 人，中专 1000 人。

2005 年 3 月 8 日市委、市政府与清华大学签订《人才与科技全面合作协议书》。在人才培训与培养、项目合作、科技咨询、科技服务等方面加强合作。6 月 27 日至 8 月 10 日清华大学 9 名博士研究生组成首支襄樊社社会实践小分队，围绕《科学引进和使用高层次紧缺人才》《城中村问题调查研究》《襄樊城市历史格局变迁》《襄阳古城强保护及相关研究》等 9 个课题研究，进行暑期社会实践，市领导三次听取实践成果汇报，受益匪浅。同年，省人事厅、省博士后管理委员会办公室批复同意襄樊大力工业控制股份有限公司建立湖北省博士后产业基地，为本市继追日电器公司博士后产业基地后的第二家。同年，航天 42 所申报博士后企业工作站，次年获得批准。

（5）农村人才开发

80 年代中期，围绕发展乡镇企业，实施农村人才开发服务。启用“五大”（函大、业大、夜大、职大、电大）毕业生和社会闲散科技人员到乡镇企业工作，1987—1990 年录、聘用 2320 名上述人员到乡镇企业工作。1990 年，先后与武汉、宜昌、襄樊等地 10 所院校达成协议，为乡镇企业培养人才，开展兼职、咨询、对口支援、厂校挂钩、科技共建等多种形式的人才服务。原襄阳县七巧板、腾飞等乡镇企业与武汉化工学院签订科技共建协议，为企业提供人才、技术支援，注入生产、经营活力。1996 年南漳县九集镇与华中农业大学开展科技共建，进行人才、技术协作。1997 年在该镇召开全市乡土人才开发现场会，大力推行县校联姻、乡校联姻，科技共建，加大培养乡土人才力度。

1987年，采取短期培训、委托代训等形式为乡镇企业及中小型企业培训管理人员和专业技术人员25489人。1988年开办培训班，为乡镇企业培训300多名急需人才。1989年先后四批选派有培养潜力的乡镇企业人才到大中城市的大中型企业学习管理、经营及专业技术知识。1995年9月，举办首届乡镇企业家培训班，聘请华中农大教授讲课，参训122人。1996年举办乡镇企业管理人员和专业技术人员培训班，聘请华农大教授讲课，先后7期，800多人参加。次年再次组织乡镇企业管理人员和专业技术人员参加市场经济理论、现代企业管理知识和专业技术知识培训班，共计8期，参训人数980多人。

1990年，本市试行乡镇企业专业技术职务评审，1993年，正式纳入国家经常化评审范围，到2005年有20000多人取得专业技术职务。1996年，组织农村应届高中毕业生到大专院校学习，其中定向培养农学、畜牧兽医、特产、食用菌等农业产业化技术人才150多人，毕业后全部回到农村。1997年，出台《农村人才开发总体方案》《乡土拔尖人才评选办法》，启动创建"农村人才资源开发示范县（市）"工作。2000年，选送12名农业技术高级人才参加人事部、农业部举办的苞谷育种、农业产业化调整高级研讨班。2003年12月31日湖北省人事厅、农业厅、财政厅授予枣阳为"湖北省农村人才开发示范市"。2004年宜城市成为第二批"湖北省农村人才资源开发示范市"。2005年南漳县作为第三批省农村人才资源开发示范县，通过了检查验收。同年4月谷城县被评为"湖北省农村人才资源开发先进集体"、沈杰被评为"湖北省农村人才资源开发先进工作者"。

20世纪80年代中期，贯彻落实"科教兴国"、"人才强国"战略，提高人才效益，培养造就各学科领域中学术、技术带头人及骨干力量，中央、省、市相继实施选拔优秀中青年专家和拔尖人才工作，并建立相应的管理制度。1986年，国务院决定在全国选拔有突出贡献的中青年专家。当年经评选、考核，市包装协会高级美术师余庚三被国务院批准为国家级有突出贡献的中青年专家。此后，又有二人相继获此殊荣（见表27—31）。

国家有突出贡献的中青年专家名单

表27—31

姓名	工作单位	专业技术职务	批准时间	备注
余庚三	襄樊市包装协会	高级工艺美术师	1986年	—
黄致远	东方车桥股份有限公司	高级工程师	1992年	—
郭学勤	物资流通技术研究所	高工（教授级）	1992年	副总工程师

（6）国务院特殊津贴

1991年，国务院决定为优秀专家、学者设立政府特殊津贴，分每人每月100元、50元两档，由国家财政支付，个人终身享受（退休后仍然享受）。当年在全国选拔10 000名享受对象，本市余庚三等4人入选。后每年均有入选，到2005年，本市共有70名专家、学者先后享受国务院政府特殊津贴。1995年将50元标准统一为100元，本市原37人享受50元标准的人员，经考核36人转为100元标准。发放方式改为发足5 000元，不再享受。对1994年及以前入选人员，仍然终身享受。1998年改为一次性发10 000元，2004年改为一次性发20 000元(见表27—32)。

享受国务院政府特殊津贴人员名单

表 27—32

序号	姓名	工作单位	专业技术职务	批准时间	备注
1	余庚三	市包装协会	高级工艺美术师	1991 年	
2	谢维岳	市农科所	高级农艺师	1991 年	
3	王汉田	市粮机一厂	高级工程师	1991 年	
4	綦明刚	传感测控技术研究所	高工(教授级)	1991 年	
5	陈铭如(女)	市林业局	高级工程师	1992 年	副局长
6	倪永瑞	市床单厂	高级工艺美术师	1992 年	总工程师
7	曾光来	国营汉丹电器厂	高级工程师	1992 年	
8	丁学诗	国营汉丹电器厂	高级工程师	1992 年	
9	黄致远	东方车桥股份有限公司	高级工程师	1992 年	
10	李喜华(女)	市豫剧团	一级演员	1992 年	1998 年去世
11	陈昌银	东方车桥股份有限公司	高级工程师	1992 年	
12	万文澡(女)	宜城市农科所	高级农艺师	1992 年	
13	金在辛	市农科所	高级农艺师	1992 年	2000 年去世
14	丁丕显	襄樊一水泥厂	高级工程师	1992 年	
15	汪春丁	湖北化纤厂	高级工程师	1992 年	
16	曹庆明	襄樊市中心医院	主任医师	1992 年	外科主任
17	陈贞信(女)	枣阳市一医院	主任医师	1992 年	
18	罗干生	枣阳农机局	高级工程师	1992 年	
19	王维聪	襄樊学院	教授	1993 年	
20	宋金友	襄樊市一医院	主任医师	1993 年	
21	吴 军	襄樊市中心医院	主任医师	1993 年	
22	王敬荣	襄樊市中心医院	主任技师	1992 年	
23	李叙源	南漳县医院	副主任医师	1992 年	
24	魏家让	襄阳县医院	主任医师	1992 年	
25	蒋永治	谷城县	高级工程师	1992 年	1998 年去世
26	颜德超	襄樊市林勘所	高级工程师	1992 年	总工程师
27	罗 辉	襄樊市政府	教授	1993 年	市 长
28	肖安政	车桥股份有限公司	高级工程师	1993 年	副总工程师
29	张春俭	襄阳县农技推广中心	高级农艺师	1993 年	2001 年去世
30	雷官森	襄阳县农业局	高级农艺师	1993 年	
31	李学周	襄樊市轻工研究所	高级工程师	1993 年	
32	于宗顺	襄樊市轻工研究所	高级工程师	1993 年	
33	吴逸民	襄樊市轻工研究所	高级工程师	1993 年	1997 年去世
34	韩寿显	襄樊市轻工研究所	高级工程师	1993 年	
35	郭学勤	物资流通技术研究所	高工(教授级)	1993 年	
36	王治强	襄樊市中医院	主任医师	1993 年	内科主任
37	张克娴(女)	襄樊学院	副教授	1993 年	2003 年去世
38	刘厚义	老河口市林防站	高级工程师	1993 年	站 长
39	蔡进才	宜城市种子公司	高级农艺师	1993 年	
40	李泰安	宜城市农科所	高级农艺师	1993 年	
41	戴振伦	保康县林业局	高级工程师	1993 年	

续表

序号	姓名	工作单位	专业技术职务	批准时间	备注
42	陈定国	谷城县农技推广中心	高级农艺师	1993 年	
43	谷攀鹏	谷城县农技推广中心	高级农艺师	1993 年	
44	高朝纲	湖北东力公司	高级工程师	1993 年	副总经理
45	王德瑞	襄樊市铜版纸厂	高级工程师	1993 年	
46	徐玉初	襄樊市铜版纸厂	高级工程师	1993 年	
47	廖玉萍(女)	枣阳农技推广中心	高级农艺师	1993 年	
48	梁丰铎	襄樊市制革总厂	高级工程师	1994 年	总工程师
49	张福林	市三利达建材集团	高级工程师	1994 年	
50	李鼎顺	襄樊长虹数控集团	高级工程师	1994 年	总师主任
51	黄正华	湖北摩擦密封材料厂	高级工程师	1994 年	
52	叶长青	市农技推广中心	研究员	1995 年	
53	张士骆	襄阳县土肥站	高级农艺师	1995 年	
54	朱新义	市社科联	教授	1995 年	副主席
55	陈建国	襄樊辊道窑设备厂	高级工程师	1996 年	厂 长
56	徐珍道	襄阳农校	高级农艺师	1996 年	校 长
57	周志贤	宜城市水利局	高级工程师	1996 年	
58	刘金元	襄樊五中	高级教师	1996 年	
59	邱勇兴	市玻璃厂	高级工程师	1997 年	
60	张学光	湖北东力工业公司	高级工程师	1997 年	副总经理
61	华元林	襄樊四中	高级教师	1997 年	副校长
62	张德春	襄阳县医院	主任医师	1998 年	2001 年去世
63	杨立豪	宜城市一中	高级教师	1998 年	校 长
64	李大庆	市艺术研究所	一级作曲	1998 年	书 记
65	唐桂荣(女)	市农技推广中心	研究员	1999 年	主 任
66	张学志	襄樊市兽防站	高级兽医师	1999 年	站 长
67	李珍贵	襄樊四中	高级教师	1999 年	校 长
68	葛 懿	国营汉丹电器厂	高级工程师	2001 年	厂 长
69	颜家圣	襄樊仪表元件厂	高级工程师	2003 年	总工程师
70	吴 山	市农技推广中心	高级农艺师	2005 年	

1989 年,湖北省评选有突出贡献的中青专家和省级拔尖人才。当年襄樊市床单厂倪永瑞、襄樊市机械研究所綦永刚、谷城县汽车配件厂黄志远、随州挂车厂周继文被批准为省级有突出贡献中青年专家，23 人被选为省级拔尖人才。到 2006 年，全市共 40 人入选省级有突出贡献中青年专家 (见表 27—33)。

湖北省有突出贡献的中青年专家名单

表 27—33

序号	姓名	工作单位	专业技术职务	批准时间	备注
1	綦明刚	传感测控技术研究所	高工(教授级)	1989 年	
2	倪永瑞	市床单厂	高级工艺美术师	1989 年	总工程师
3	黄致远	东方车桥股份有限公司	高级工程师	1989 年	

续表

序号	姓名	工作单位	专业技术职务	批准时间	备注
4	陈铭如（女）	市林业局	高级工程师	1991 年	副局长
5	曾光来	国营汉丹电器厂	高级工程师	1992 年	
6	陈昌银	东方车桥股份有限公司	高级工程师	1992 年	
7	颜德超	襄樊市林勘所	高级工程师	1993 年	总工程师
8	李富元	湖北金洋冶金股份公司	经济师	1993 年	董事长
9	王万才	湖北石花酒厂	高级经济师	1995 年	厂　长
10	刘厚义	老河口市林防站	高级工程师	1995 年	站　长
11	郑育长	老河口市经委	高级工程师	1995 年	总工程师
12	王正明	枣阳农技中心化工所	工程师	1995 年	所　长
13	邱保党	枣阳农技推广中心	高级农艺师	1995 年	主　任
14	余华强	襄樊市农科所	高级农艺师	1995 年	所　长
15	罗元德	襄樊四中	高级教师	1995 年	
16	安　明	谷城石花纺织股份公司	高级经济师	1997 年	总经理
17	张伯良	襄阳县卫生防疫站	副主任医师	1997 年	站　长
18	齐　静（女）	襄樊市体校	高级教练	1997 年	
19	颜茂开	湖北化纤厂	高级工程师	1997 年	总经理
20	余云先（女）	襄棉集团有限公司	高级经济师	1997 年	总经理
21	葛　懿	国营汉丹电器厂	高级工程师	1997 年	厂　长
22	余志运	襄樊市中心医院	主任医师	1999 年	书　记
23	曹荣葆	襄阳县一中	高级教师	1999 年	校　长
24	裴　斌	襄樊市一医院	主任医师	1999 年	科室主任
25	李　凯	襄樊五中	高级教师	2001 年	校　长
26	杨庆毅	国营汉丹电器厂	高级工程师	2001 年	副总工程师
27	张华忠	枣阳市汉光酒厂	高级工程师	2001 年	副厂长
28	吴　山	市农技推广中心	高级农艺师	2001 年	
29	王道明	谷城县土肥站	高级农艺师	2001 年	站　长
30	鞠太运	襄樊书画院	级美术师	2004 年	院　长
31	陈德富	宜城市农科所	高级农艺师	2004 年	副所长
32	杨继禹	襄樊四中	高级教师	2004 年	副校长
33	刘道德	襄樊五中	高级教师	2004 年	副校长
34	谢家洲	三环车桥有限公司	高级经济师	2004 年	董事长
35	詹祖盛	华光新材料有限公司	高级工程师(教授级)	2004 年	总经理

1995 年，湖北省政府对有突出贡献的专家、学者设立政府专项津贴。当年本市唐桂荣等 6 人获批享受。津贴标准为四年发够 4 000 元，不再享受。1998 年改为一次性发给 8 000 元。到 2005 年，全市共 24 人先后享受省政府专项津贴(见表 27—34）。

享受湖北省政府专项津贴名单

表 27—34

序号	姓名	工作单位	专业技术职务	批准时间	备注
1	唐桂荣(女)	市农技推广中心	研究员	1995 年	主 任
2	张德春	襄阳县医院	主任医师	1995 年	2001 年去世
3	校毅芝(女)	襄樊市歌舞剧团	一级演员	1995 年	书 记
4	刘建华	襄樊市歌舞剧团	一级编剧	1995 年	团 长
5	邢玉广	枣阳啤酒厂	高级工程师	1996 年	副厂长
6	吴松莉(女)	襄樊市林业局	高级工程师	1997 年	
7	刘德昌(女)	汉丹电器厂	工程师	1997 年	副总工程师
8	赵双桂(女)	湖北化纤厂	高级工程师	1998 年	董事长
9	李怀福	襄樊日报社	研究员	1998 年	社长 2001 年开除党籍
10	安 明	谷城石花纺织股份公司	高级经济师	1999 年	总经理
11	吴富常	市中心医院	主任医师	1999 年	院 长
12	边广兰(女)	市文物管理处	二级美术师	1999 年	
13	周 毅	市中心医院	主任医师	2000 年	副科主任
14	李书达(女)	襄樊玻璃纤维厂	高级工程师	2000 年	总工程师
15	彭玉华(女)	正大集团襄樊公司	研究员	2000 年	
16	夏三稳	江华汽车公司	高级工程师	2001 年	副总工程师
17	段华汛	市中心医院	副主任医师	2001 年	副院长
18	苏超时	襄樊四中	高级教师	2001 年	书 记
19	王泽时	谷城银纺公司	高级经济师	2001 年	总经理
20	王 勤	科兴医药化工股份公司	高级工程师	2002 年	总经理
21	杨秋生(女)	襄樊市植物保护站	高级农艺师	2002 年	副站长
22	杨家全	市一医院	主任医师	2004 年	科主任
23	刘国华	市一医院	主任医师	2005 年	副院长农工党党员
24	朱小平(女)	襄樊五中	高级教师	2005 年	

2003 年，襄樊市政府设立专项津贴。首届评选，28 名专家、学者批准享受该项津贴。津贴标准为每月 100 元，连续三年，期满不再享受。2005 年开展第二届评选，30 人获批，标准和享受时间同前。2006 年进行第三届评选，29 人获批，标准改为一次性 6000 元。

2005 年设立“襄樊市人才资源开发专项资金”。市政府每年出资 100 万元，为人才开发提供资金支持，用于优秀人才评选、奖励；紧缺人才选拔、引进；科技项目资助等活动。同时制订《襄樊人才资源开发专项资金管理暂行办法》、《襄樊市优秀人才奖励暂行办法》。市委、市政府设置的优秀人才奖，分两个层次、四个类别。即“襄樊市杰出人才奖”、“襄樊市优秀人才奖”两个层次；“襄樊优秀专业技术人才奖”、“襄樊市优秀经营管理人才奖”、“襄樊市优秀技能人才奖”、“襄樊市优秀农村实用人才奖”。从 2005 年开始，每两年评选一次。当年开展“首届杰出专业技术人才”选拔工作。葛懿、陈建国、叶国法、夏三稳、李大庆、吴山、徐宏、颜家圣、陈吕银等 10 名专业技术人员被评为“襄樊市首届杰出专业技术人才”。市政府于 5 月 23 日发文表彰，授予荣誉称号，每人发奖金 10 000 元，创新中国成立以来襄樊市专业技术人才奖励规格之最。

(7)农村拔尖人才

1998年省、市相继开展评选乡土拔尖人才活动。1999年4月,市政府表彰百名乡土拔尖人才。到2005年,全市已有53人入选"湖北省乡土拔尖人才"。2004年5月,中组部、中宣部、人事部、农业部授予保康县尧治河村党支部书记孙开林"全国优秀农村人才"称号。省委组织部、宣传部、人事厅、农业厅授予老河口市仙仙果品公司杨遂胜"湖北省优秀农村人才"称号。

(七)军队转业干部安置

1978年5月,地区革委会成立军队转业干部安置办公室。1981年6月襄阳地委决定,成立襄阳地区军队转业干部安置工作领导小组,下设办公室。同年8月,襄樊市委决定成立襄樊市军队转业干部办公室。1983年,地、市合并后,成立襄樊市军队转业干部安置工作领导小组,下设办公室。

1.接收安置

1979—2005年,本市共接收安置军转干部11303人,随调随迁家属2733人。各级党委、政府认真贯彻落实军转安置政策,保证重点(团以上干部),照顾功臣及海边防、高原地区服役人员,采取一系列措施,圆满完成安置任务。根据地方干部结构调整需要和军转干部素质特征,安置去向主要在政法系统和经济监督部门。安置到企业的4 242人,占37.5%。1986年前军转干部进企业的较多,企业经营体制改革后,到企业的军转干部逐年减少。除正常转业安置外,1980年,对1969—1975年,复员的1 607名军队干部,改为转业,重新按干部安置。1984年,驻市铁道兵一师改编归属铁道部第十一工程局,473名干部集体转业(见表27—35)。

1979—2005年军转干部接收安置一览

表27—35

年份	合计	师职	团职	营职	连排	技干	市区安置	县市安置	到行政机关	进事业	进企业	自主择业
1979	803	—	30	204	569	—	—	—	—	—	223	—
1980*	1 607	—	—	33	1574	—	—	—	—	—	1108	—
1981	1 220	—	101	407	590	122	—	—	—	—	314	—
1982	371	—	29	103	176	63	—	—	—	—	189	—
1983	433	—	52	184	137	60	—	—	—	—	198	—
1984	467	—	43	249	129	46	—	—	—	—	205	—
1984**	437	8	54	137	95	143	—	—	—	—	437	—
1985	764	1	73	381	194	115	—	—	—	—	316	—
1986	1 231	1	79	349	573	229	—	—	—	—	637	—
1987	839	1	65	224	392	157	—	—	—	—	106	—
1988	394	—	33	118	180	63	—	—	—	—	81	—
1989	223	—	33	62	76	52	—	—	—	—	77	—
1990	148	3	28	42	46	29	—	—	—	—	48	—
1991	153	—	36	44	31	42	—	—	—	—	61	—
1992	144	—	19	31	50	44	—	—	—	—	56	—
1993	267	1	33	91	86	56	—	—	—	—	65	—
1994	220	—	28	88	59	45	—	—	—	—	32	—
1995	157	1	33	64	37	22	—	—	—	—	16	—

续表

年份	合计	师职	团职	营职	连排	技干	市区安置	县市安置	到行政机关	进事业	进企业	自主择业
1996	159	1	33	51	42	32	—	—		—	31	—
1997	166	—	37	58	37	34	—	—	—	—		—
1998	172	—	36	65	37	34	—	—	—	—	3	—
1999	279	—	54	96	66	63	—	—	—	—	5	—
2000	235	—	45	75	54	61	—	—	—	—	31	—
2001	99	—	24	36	19	20	—	—	—	—	—	25
2002	58	—	16	19	18	5	—	—	—	—	1	29
2003	57	—	13	22	15	7	—	—	—	—	1	47
2004	118	—	20	51	35	12	—	—	—	—	1	73
2005	85	1	16	24	36	8	—	—	—	—	—	67
总计	11306	18	1063	3308	5353	1564	—	—	—	—	4242	244

注:1969—1975 年的复员干部改转业 ** 铁道兵一师改编,473 名干部集体转业

1986 年,襄樊市政府被评为“全国军转安置工作先进单位”。同年,襄樊市政府、枣阳市政府、市建材工业公司被评为“湖北省军转安置先进单位”,17 人被评为军转干部先进个人。同年 9 月参加全省军转安置先进单位军转干部先进个人表彰大会, 襄樊市政府在大会介绍经验。1986 年 9 月 16—19 日,襄樊市首次召开军转安置先进集体和先进个人代表大会,表彰军转安置先进单位 44 个,军转干部先进个人 90 名。后分别于 1990 年、1997 年召开第二次、第三次军转安置工作表彰大会。

由于地方精简机构,压缩编制,军转安置工作难度加大。1996 年市委办公室、市政府办公室印发《关于加强军转安置工作纪律的通知》,强调“用政治纪律保证政治任务的完成”,明确规定接收安置军转干部七条纪律。2001 年,国家颁发《军队转业干部安置暂行办法》,由单一的计划安置,改革为计划安置与自主择业相结合。当年襄樊市接收计划安置军转干部 74 人,自主择业 25 人。次年成立“退役军官管理服务中心”,隶属市“军转办”。自主择业军官管理服务体系建立,管理服务工作起步。2005 年,全市自主择业军官 244 人。

2.岗前培训

1983 年开始,探讨军转干部定职定位后的岗前培训,1986 年,正式建立军转干部培训制度。当年全市统一组织开办 8 个专业班,对 1985 年度转业干部进行为期 1—2 个月的培训。此后,军转培训工作逐步向正规化发展。1987 年全市 17 个专业班统一开学,集体举行开学典礼;培训教材趋向统一,4 个专业班开始使用全国统一教材;培训场所逐步固定,大部分班转入干校、技校、培训中心;师资力量不断增强,大多由党校、大专院校教师和专业骨干任教。1989 年襄樊市军转干部培训中心落成,正式承担军转培训任务。该中心坐落在檀溪虎头山路,占地面积 3.2 亩,总建筑面积 6500 平方米,可承接 250 人左右的培训任务。1994 年,以后军转干部数量减少,培训工作由省统一组织,按专业分片集中实施。1994 年,襄樊市军转培训中心承担鄂西北片公务员、金融、工业管理、政法四个专业班的军转干部培训任务,计 151 人。此后,每年都有 2~3 个专业班在襄樊开办。

3.企业军转干部“解困”

企业改革中,部分军转干部待遇受到影响导致生活困难,出现集体上访。2004 年,根据中央和省委文件精神,积极做好企业军转干部解困和稳定工作。市、县成立企业军转干部“解困”领导小组,切实解决“三拖欠”(工资、养老金、医疗费)问题。通过中央财政转移支付和市、县各级财政共同努力,筹

措"解困"资金 3 430 万元。解决拖欠工资 984 人,资金 1175 万元;解决拖欠医疗费 1 155 人,资金 197 万元;解决拖欠养老金 452 人,资金 54 万元。年内,全市企业军转干部"三拖欠"全部解决。同年,为 4 000 多名企业军转干部进行体检;对 607 名下岗的企业军转干部安排再就业,其中安排公益性岗位 83 人,财政共补贴资金 43.88 万元;在驻樊部队中开展"手拉手,帮战友"活动,募捐 6 万余元,对口帮助首批 67 名生活特困的企业军转干部。2005 年,筹措帮扶资金物资近 10 万元,解决 100 多名"特困"对象生活实际问题,为 37 名下岗军转干部,安排公益性岗位。与 20 多名上访人员建立联系,做好思想工作。

(八)大中专毕业生分配与就业

1.数量与结构

1980 年,地区和襄樊市人事局成立后,接手大中专毕业生分配派遣工作。当年省下达分配计划 1 700 名,其中专科生 312 人、中专生 1 388 人。此后生源数量逐年增多。2000 年,全市接收非师范类毕业生 6 383 人,创历年之最。随后生源数量有所回落,2005 年,接收 3 890 人。本市接收的生源中专生居多,历年均在 60%以上,最高达 80%,主要来自市内中专学校。市内大专院校较少,高学历生源紧俏。1989 年以后院校毕业生分配自主权扩大,人事部门和用人单位抓住机遇,加强同省内外大专院校联系,采取进院校选要、参加毕业生供需见面洽谈会、实行厂校挂钩等方式,争取高层次和紧缺专业的毕业生,不断改变生源中的学历层次结构。1987 年接收本科毕业生 34 人,占生源总数的 2.34%;1993 年本科以上毕业生 386 人,占 9.34%,当年首次接收 2 名硕士研究生;2005 年,本科以上毕业生 946 人,占 24.32%,其中硕士生 31 人、博士生 2 人、博士后 1 人(为本市首次接收)。1985 年前包括师范类毕业生在内,统由人事部门派遣。接收的生源中文科类毕业生比例较大,其中尤以师范类最多。1981 年接收 3 700 人,其中师范类 1 699 人,占 45.9%,财经类 410 人,占 11.1%;工科 467 人、农科 290 人、医科 677 人,分别 12.6%、7.8%、18.3%。1986 年毕业生由教委分配,1987 年非师范类毕业生由人事部门分配。此后人事部门接收的毕业生中,工业、建筑等专业的毕业生增多,农业专业毕业生有所减少。随着科技发展和产业结构调整,计算机、生物工程、工艺美术、汽车产业等高新专业的毕业生逐年增多(见表 27—36)。

1980—2005 年毕业生接收统计

表 27—36

年份	总数	博士后	博士生	硕士生	本科生	专科生	中专生
1980	1 700	—	—	—	—	312	1388
1981	3 700	—	—	—	—	367	3333
1982	1 271	—	—	—	4	2259	1008
1984	1 620	—	—	—	7	464	1149
1985	633	—	—	—	—	94	539
1987	1 445	—	—	—	34	348	1063
1988	1 583	—	—	—	—	608	975
1989	1 906	—	—	—	—	820	1086
1990	—	—	—	—	—	—	—
1991	3 491	—	—	—	—	—	—
1992	4 033	—	—	—	—	1377	2926

续表

年份	总数	博士后	博士生	硕士生	本科生	专科生	中专生
1993	4 132	—	—	2	384	931	2581
1994	3 544	—	—	2	313	746	2573
1995	4 010	—	—	—	—	—	—
1996	4 972	—	—	4	240	1197	3531
1997	6 082	—	—	2	221	950	4909
1998	6 248	—	—	9	340	898	5001
1999	6 029	—	—	5	274	527	5223
2000	6 383	—	—	10	406	716	5251
2001	5 786	—	—	8	432	1044	4302
2002	—	—	—	—	—	—	—
2003	1 575	—	—	9	592	515	459
2004	2 456	—	—	16	410	215	1815
2005	3 890	1	2	31	912	399	2545

2.分配派遣及就业指导

1980—1992年，大中专毕业生实行“统包统分”。由计委会同人事部门根据省下达的分配指标，结合本市干部结构分布、单位用人需求编制派遣计划。人事部门按计划指标，坚持“专业对口，学用一致，面向基层、加强重点，照顾山区”的方针分配派遣。这一时期的大中专毕业生“供不应求”，都能分配单位，安置相应工作。1993年，低层次、普通专业毕业生“供大于求”显露，高层次毕业生依然紧缺。当年，222名毕业生未能上岗。随着人事制度改革深入发展，大中专毕业生分配派遣方式逐步发生变化，人事部门对毕业生的计划分配职能，开始转向就业指导。4月，市政府批准成立“襄樊市大中专毕业生就业指导中心”，隶属于市人事局。主要职责为收集、发布毕业生供需信息，指导双向选择，搞好就业推荐。毕业生由计划安置，开始转向市场就业。1994年，试行“计划指导下的双向选择”。市直专科以上毕业生以计划分配为主，中专生以“双向选择”为主。人事部门开始同深圳、珠海、福建等地的职业介绍机构建立联系，有组织地输送本地安置困难的毕业生到外地就业。1997年，市区本科以上、县(市)专科以上毕业生实行计划指令性分配。市区专科毕业生实行“双向选择”，中专生自主择业。“双向选择”和自主就业的毕业生档案、户口粮油关系管理延期三年，三年内就业的按应届毕业生派遣。本年度接收非师范类毕业生6 082人，其中研究生2人、本科生221人、专科生950人、中专生4 909人。当年派遣5 682人，占总数的93.42%。其中派遣到县市区的4 241人，到市区的963人，到外地市的478人。1998年，市委办公室、市政府办公室发文规定，国家计划内毕业生到集体所有制和非国有性质单位就业，保留干部身份，连续计算工龄。当年到私立学校和非国有企业就业毕业生374人，向外地输送富余毕业生600多人。1999年，接收非师范类毕业生6 029人，3 319人经双向选择落实用人单位，610人通过人才市场到外地工作，当年就业率达65.2%。2001年，市政府转发《关于调整毕业生就业程序的有关意见》，规定除国家机关凡进必考、全额拨款事业单位按有关规定 从严控制外，其他单位与毕业生签订就业合同，不再经其主管部门批准，由毕业生派遣部门直接向用人单位开据相关手续。为毕业生进入市场减政放权，当年接收非师范类毕业生5 781人，落实用人单位的4 470人，就业率达77%。根据省关于三年选拔1 500名毕业生到基层工作的部署，本市从1999年到2001年共选拔152名毕业生到基层。其中本科生17名、专科生135名；到乡镇机关的115名、事业单位的23名，企业的14名。

（九）机关事业单位工资福利

1979—2005年间，进行两次工资制度改革，机关事业单位先后执行了三种工资制度。

1.级别工资制的调整

1956年8月，根据国务院命令进行工资制度改革，实行统一的货币工资制，机关、学校、全民所有制事业单位工作人员评定级别，执行级别工资标准。为体现各地经济发展、消费水平的差异，全国分十一类地区工资标准，上下类区标准相差幅度约为3%。襄阳地区执行二类区工资标准，随后又有几次调整。1979年部分职工调整工资，升级面40%。同年，地直和襄樊市由四类工资区提高到五类，各县由三类提高到四类。1981年10月，调整教师、卫生单位职工、体育工作人员工资，升级面占85%，另有少部分人员升二级。1982年调整国家机关、科教文卫部门工作人员工资，升级面占83%，有10%左右的人员升二级。对这两次调整工资，行署和襄樊市都成立“调资”办公室，按照政策，精心实施。

2.第二次工资制度改革及结构工资制实施运行

（1）工资套改

1985年，全国进行第二次工资制度改革，机关事业单位实行以职务工资为主体的结构工资制，由职务工资、基础工资、工龄津贴、奖励工资构成。7月，成立“襄樊市工资制度改革领导小组”，下设办公室，开始工资套改。第一步，套改中小学教师工资，全市30 260教师参加，年底完成，人均月增资16.8元。第二步，套改机关事业单位工作人员工资，105 811人参加，1986年4月完成，人均月增资19.6元。第三步，实施职务工资。1986年6月开始审批，到年底，全市实施职务工资共7 688人，人均月增资10.36元。其中正市级9人，副市级31人，正县级403人，副县级990人，正科级2 167人，副科级3 699人。1988年，事业单位首批专业技术职务评聘结束后，审批兑现专业技术职务工资，6 583人进入本职务最低档，12614名教师实施职务工资，人均增资10.6元。至此，结构工资制入轨运行，随后贯彻中央“巩固、消化、补充、完善”的方针，进行了一系列调整。

（2）提高工资标准

1985年，工资制度改革时，襄樊市由四类工资区提高到五类工资区。1986年，市区由五类工资区提高到六类工资区。1987年10月，各县市按六类工资区标准实行差额补贴。根据劳动人事部文件，从1987年10月起，全市34 843名中小学和幼儿园教师工资标准提高10%，人均增资7.5元。根据人事部文件，从1988年10月起，全市3 256名在国家机关、事业单位各级医疗机构中从事护理工作并聘任为护士、助产士、主管护士、正副主任护士专业技术职务人员工资标准提高10%，人均增资7.7元。同时，对中小学和幼儿园教师、医院护士实行教龄津贴和护龄津贴。提高专业技术人员工资标准和大中专毕业生初期工资及见习期工资待遇。根据国务院文件，从1990年1月起，全市上列人员执行新的工资标准。提高工龄津贴标准。1991年执行国务院《关于调整机关事业单位人员工龄津贴标准的通知》，工龄津贴由每年0.5元提高到每年1元，全市147 683人调整，人均增资9.97元。提高奖励工资标准。1992年根据湖北省人事厅、计委、财政厅《关于适当调整国家机关和部分事业单位工作人员奖励工资标准的实施意见》，奖励工资由人均20元提高到人均50元。全市154 209名机关事业单位工作人员调整，人均增资31.18元。

(3)调整人员工资

1987 年,解决部分人员工资突出问题,理顺工资关系。全市 63 952 人调整工资,人均月增资 6.96 元。1989 年,解决部分中年专业技术人员工资,按照省政府文件,全市机关事业单位 89 993 人工资调整,人均月增资历 6.73 元。1990 年,根据国务院文件,机关事业单位工作人员工资“普调”,同时解决部分人员工资突出问题。全市 138 302 人参加“普调”,92 356 人在普调基础上再上调一级工资,占普调人数的 66.7%。上述两项调整,人平月增资 11.9 元。13 938 名离退休人员提高离退休费标准,人均增 10.1 元。1992 年,根据省人事厅文件,全市 24 119 名机关事业单位工人通过各工种的技能考试晋升工资,人均增资 7.40 元。按照省人事厅文件,全市 152 047 名机关事业单位工作人员调整工资,人均增资 7.38 元。

(4)农林“四场”工人工资“改制”

1992 年,根据湖北省人事厅《关于农林四场工人改行国家机关事业单位结构工资制的通知》,清河农场、随阳农场、万福店农场、车河农场、园艺场、原种场、畜牧场、林场等单位工人工资改为执行机关事业单位结构工资制。

3.第三次工资制度改革及职级工资制实施运行

根据国务院国文件,机关事业单位进行第三次工资制度改革。从 1993 年 10月 1 日起,全市机关工作人员执行职务级别工资制,简称职级工资制;事业单位管理人员和专业技术人员分别执行职员职务等级工资制、专业技术职务等级(岗位)工资制;机关技术工人实行岗位技术等级工资制、事业单位技术工人实行技术等级工资制,普通工人实行岗位工资制。

(1)工资“套改”

1994 年 1 月开始对工作人员工资“套改”,至年底基本结束。

(2)事业单位津贴分配

新工资制度,事业单位人员基本工资由职务(岗位)工资、津贴两部分构成。职务(岗位)工资,按所任职务执行相应工资标准,称为固定工资;津贴,按国家规定的全额拨款、差额拨款、自收自支事业单位不同比例核算到单位,与工作人员的实际工作数量和质量挂钩,拉开档次分配,称为活工资。单位在核定的津贴总额内,享有分配自主权。让活工资真正活起来,使工资分配成为促进事业发展、调动人员积极性的杠杆,是事业单位工资制度改革的真谛和精要。全市“工改”中结合本地实际,进行具体部署。1995 年加大搞活事业单位津贴分配力度,重点调查研究,全面检查督办,总结襄樊五中、老河口市一医院等 16 家单位的经验,实施分类指导,探讨不同的分配模式。年底,全市 6 000 多家事业单位,4 100 多家实行活工资活分配。襄樊五中搞活津贴分配的经验,在人事部专题会议进行书面交流。市人事局总结的“加强宣传教育,树立活观念;针对行业特点,选准活路径;严格考核兑现,强化活效力,加强宏观协调,增添活源泉”的基本经验在全省会议上介绍后引起强烈反响,外地不少单位来樊实地考察。1998 年,党的十五大提出“生产要素按贡献参与分配”后,全市探索知识、技术、管理等生产要素加入事业单位津贴分配,搞活事业单位分配有了新的起色。

(3)实施和调整津补贴

20 世纪 80 年代,国家、省相继实施一批津补贴项目。1993 年,工资制度改革,对各类津补贴进行清理整顿,同时取消工资区类别制度,建立地区津贴制度和岗位津贴制度。国家将原津补贴总额冲销

64 元纳入基本工资，剩余部分暂时保留。市直机关事业单位暂时保留津贴人均 182 元，县市略低。1996 年 7 月，调整岗位津贴和书报费补贴，全市机关事业单位工作人员每人每月增加 20 元。1996 年根据国务院文件，全市 4 068 名人民警察实行警衔津贴，107 名人武部干部执行人民武装干部岗位津贴（后县、市、区人武部收归军队建制，该津贴停止执行）。1997 年，市直机关事业单位调整工作人员生活补贴，按工作人员职务调整幅度不等，人均增资 148 元。各县、市、区参照此办法调整。

（4）正常增资

此次工资制度改革建立了正常增资机制，施行多种增资渠道。1993 年 10 月 1 日后晋升职务人员，执行新职务对应的职务工资、级别工资（指机关工作人员）标准。机关事业单位工作人员（包括工人）连续两年年度考核称职（合格）以上，晋升一档职务（岗位）工资。“工改”后到 2005 年，先后六次组织实施。

1998 年 1 月和 2003 年 1 月，两次集中组织实施。工作人员首次确定级别后，自 1993 年 10 月 1 日至 1997 年 9 月 30 日，凡年度考核称职以上并达到上一级别工作年限的可晋升级别工资，正常晋升级别工资考核年限重新计算。由此，每年都有晋升级别工资的人员。工资制度改革以后，按国家统一政策，先后五次调整工资标准，机关事业单位工资水平有较大幅度增长。新工资制度增资机制运行，机关事业单位人员工资增长快、幅度大。但受经济发展制约，县、市、区特别是山区县和乡镇以及市直部分事业单位未能全部兑现，拖欠工资较多。中央、省、市反复要求，多次检查督办，并采取一些措施，其中调整工资标准，由中央、省、市财政转移支付大部分所需资金，但终未杜绝一些单位的工资“拖欠”行为。

4.干部退休及保险福利

（1）健全干部退休制度

干部退休、退职工作始于 1954 年，“文化大革命”期间中止，1979 年全区退休、退职干部 3000 多人。1980 年，恢复干部退休、退职工作并建立干部离休制度，一大批到龄干部相继办理离退休手续，尤以 1981—1983 年间最多。到 1986 年，全市退休干部 11000 多人。但 1984 年以后办理退休人数明显下降，“到龄未退”现象仍然十分普遍。

1987 年，推行干部退休正常化，抓紧干部“到龄即退”工作。对全市男满 60 岁、女满 55 岁的干部进行调查摸底、逐人登记，并在商业局、航运局开展干部“到龄既退”工作试点，尔后全面推行。当年全市干部办理退休手续，比上年增长 62.5%。1988 年全市办理干部退休手续占“到龄”干部的 77.5%。1989 年“到龄未退”现象回升。年内办理退休手续的 933 人，占应退人数的 65%。市直办理手续的 300 人，占应退数的 38.2%。经调查“回升”原因有四：宣传、教育不深入；制约力度不够；管理主体过多（组织部、人事局、老干部工作局、教委分别有审批干部离退休的职能）；机关事业单位未建立养老保险制度。1990 年 3 月，市委、市政府批转组织部、人事局调查报告，强化干部退休制度。“到龄”干部退休不再由个人申请，改由组织直接通知；除依法任职期未满和个别县级女干部确因工作需要外，其他干部一律到龄即退，不办理退休手续的不再计算工龄，工资改按退休费执行；改变多头审批、多头管理的做法，由组织人事部门统一审批、管理。此后，“到龄未退”现象基本杜绝，干部退休制度走向正常化、正规化。

（2）退休干部管理服务

1981 年，地区行署和襄樊市政府分别成立退休干部管理服务小组，在抓紧干部“到龄即退”的同时，搞好退休干部管理服务，以"管"促"退"，完善干部退休制度。以落实"两个待遇"（政治待遇、生活待遇）为重点，积极开展"老有所养、老有所医、老有所乐、老有所学、老有所为"活动。

1981 年，全区建立退休人员管理专班 162 个，配备专、兼职管理人员 184 人。随后管理网络逐步形成，到 1983 年全区 111 个县辖镇、118 个公社和 415 家全民所有制企业相继成立离退休干部（工人）管理机构，管理人员 698 人，其中以兼职或聘请退休人员居多。1986 年 4 月 8 日市编委、市人事局发文，在区或区级镇配备退休干部管理专职干部。当年 11 月 10 日至 20 日举办全市退休干部专职管理人员培训班，参训人员 147 名。1987 年"撤区并乡"，乡镇退休管理干部减少，全市专职干部仅有 30 多人。1987 年 11 月 3 日—5 日在市老干部活动中心召开全市首次退休干部管理服务工作大会，总结、交流经验，研究进一步加强管理服务工作的措施。会后，退休干部管理服务工作引起高度重视，呈现新的起色。到 1988 年底，全市建有退休干部党支部、总支 288 个，各类学习小组 1 524 个。全市累计投资 450 万元，兴建老干部活动中心、基层活动室 815 个。从 1981 年起，退休干部活动经费每人每年 24 元，后提高到 36 元，由财政部门划拨，人事部门管理。1989 年市政府颁发《襄樊退休干部管理服务工作制度》，对退休干部管理服务机构设置、管理职能作出明确规定。将退休干部管理活动经费由每人每年 36 元提高到 50 元，由财政部门从各单位代扣，一次性划给人事部门；管理经费执行省人事厅鄂人〔1989〕116 号文件规定，由财政部门按在职职工年平均工资的 2.5%列入预算，一次性划给人事部门掌握使用。文件下发后，县（市）县人事部门普遍设置退休干部管理科、股，乡镇专职管理干部增至 152 人。退休干部较多的机关、事业单位和大中型厂矿企业，也相应配备了管理人员。

1980 年以来，各级党委、政府始终把落实政治待遇、经济待遇列为退休干部管理服务工作的重心，促使各项政策落到实处。1988 年，开展"落实'两个待遇'大检查"，纠正问题，总结经验，树立典型，强化管理服务工作。11 月在郑州召开的全国退休干部管理工作座谈会上介绍本市经验，播放《襄樊退休干部管理服务》录像片。年底召开全市离退休人员管理服务先进单位暨离退休人员先进个人代表大会，41 家单位、33 名个人受到表彰。1985 年，增发退休补贴。标准为党政机关退休干部工龄满 35 年以上的按退休前基本工资的 7%，30~34 年的按 8%（女按 13%），25—29 年的按 10%，24 年及以下的按 5%；事业单位退休人员和机关退休工人，满 35 年及以上的按 5%，30—34 年的按 5%（女按 10%），满 20 年及以上的按 5%补贴。进入 90 年代，退休干部管理服务工作重点逐步转向落实和提高生活待遇。1991 年提高离退休干部生活补贴，对未参加 1985 年工资制度改革的离休人员每月 15 元、退休人员每月 10 元。1993 年 10 月 1 日工资制度改革，退休人员按国家规定增加退休费。同年 10 月 1 日以后退休的，在按国办文件规定的计发比例的基础上，继续执行湖北省文件规定，增发退休补贴。1993 年，执行湖北省人事厅《关于提高机关事业单位受地厅级表彰奖励人员退休费标准实施意见的通知》，对受地厅级表彰奖励人员退休费标准提高 5%。1994 年，执行湖北省人事厅《关于提高教龄满 30 年教师退休费待遇的通知》，对男满 30 年、女满 25 年教龄的教师，退休费按 100%比例计发。1995 年；市政府办公室发出通知，为全市离休干部和副县级退休干部颁发新优待证，实行三项优待政策。在全市范围内购买车船机票、订阅报刊、借阅图书、看病住院均实行优惠照顾；门诊挂号、乘坐城市公共汽车、游览城市公园和风景名胜等均予免票；私人安装住宅电话（只限一部）按标准价优惠 32%。1993 年，工资制度改革后，与在职人员正常增资同步，1994—2005 年，机关事业单位退休人员先后 11 次增加退休费。与此同时拖欠退休费问题开始突出，解决"拖欠"成为管理服务工作重点。1996 年 6—9 月，开展退休干部管理服务工作大检查，为 1 805 名离退休干部兑现拖欠离退休费 163 万余元，为 2 083 名离退休干部兑现拖欠医疗费 48.7 万元。1999 年再次开展"兑现拖欠退休费"专项检查，市派出检查组分赴县市清查、督办，解决了一批"拖欠"问题。当年底，在全国保险福利退休工作经验交流会上介绍经验。

建立正常退休制度以来，不少退休干部返聘、外聘，参加社会公益活动，继续发挥"余热"。1987

年,加强对老有所为活动的指导,全市“老有所为”活动蓬勃兴起。到 1989 年,全市有 1317 名退休人员参加科技服务活动,5 000 多名退休人员参加社会公益活动。90 年代,随着退休人员中专业技术人员增多,“老有所为”逐步纳入整体人才资源开发。据 1996 年统计,全市退休专业技术人员 6 000 多人,具有中级以上专业技术职务资格的 4 000 多人,其中有不少为一些单位的急需人才。1997 年,总结推广枣阳、宜城、市一技校等单位发挥退休科技人员作用的经验,启动“二次人才资源开发”工程,全市开发老年人才的形式达 15 种之多。1997 年,在全省二次人才资源开发会上介绍经验。1998 年 10 月 12 日,襄樊市老年人才市场挂牌成立,为退休人员“老有所为”搭建“平台”。当年到市场求职的 130 多人次,招聘单位 6 家,成功推荐聘用 14 人。

1991 年,市人事局退休干部管理科更名为保险福利科,同时成立襄樊市机关事业单位保险管理处(为事业单位,与保险福利科合署办公,1995 年分设),着手建立和推行机关事业单位保险制度。从劳动部门接手机关事业单位合同制工人养老保险业务,当年在枣阳市开展机关事业单位全员养老保险统筹试点。该市机关事业单位全员养老保险制度启动,8 月召开现场会。会后全市事业单位全员养老统筹相继施行,机关全员养老统筹受财力所限未能实施。1994 年,市政府下发《襄樊市机关事业单位职工失业保险基金管理办法》,从 1994 年 1 月起开始征收机关事业单位职工失业保险,当年市直收缴基金 70 万元。1996 年,经市政府批准,下发《襄樊市机关事业单位临时工养老保险暂行办法》、《襄樊市流动人员养老保险暂行办法》,年内为 780 名临时工和流动人员办理养老保险。2002 年,机关事业单位保险管理机构和业务划归劳动和社会保障部门。

(3)职工福利

1979 年,干部福利按每人每月 2 元提取,用于个人困难补助、集体福利事业等。1981 年地区干部福利费提取 165 万元,当年支出 155.9 万元。其中个人生活困难补助 38 867 人,计 111.9 万元,集体福利开支 44 万元。1987 年 1 月,机关事业单位职工福利费提取标准调整为每人每月 2.5 元。1989 年 1 月,恢复“按工资总额的 2.5%提取福利费”的规定。1985 年工资制度改革,加之实行财政经费“包干”,提取福利基金取消。

1986 年,机关工作人员实行年休假制度。凡参加工作满 10 年的均可享受休假待遇,每年 15—25 天不等。事业单位工作人员除享受寒、暑假的单位外,也可实行年休假。1991 年,机关事业单位职工执行新的年休假制度。连续工龄满 5 年不足 10 年的,休假 5 天;工龄满 10 年不足 15 年的,休假 7 天;满 15 年不足 20 年的,休假 10 天;满 20 年及以上的,休假 14 天。1994 年 3 月 1 日起,全市机关事业单位(不含中等专业技术学校)执行每周工作 44 小时制度,此前为 48 小时。第一周星期六、星期日和第二周星期日为休息日,依次循环,中等专业以上学校试行每周五天半工作日制度。1995 年 5 月 1 日起,执行每周工作 40 小时制度。每周工作 5 天,星期六、星期日为“双休日”。1999 年 10 月 1 日起,全市执行国庆节、“五一”节 3 天休假制度。

卷二十八 教育

襄樊素有崇文尊师重教的传统。中共十一届三中全会以来，襄樊教育事业有了长足进步，各级各类学校的面貌发生根本性变化，教育教学质量不断提高，为地方经济和社会发展做出了重要贡献。1979—2005年，全市教育改革与发展大体经历了四个阶段。

第一阶段（1979—1985年）是教育事业拨乱反正、改革起步阶段。全市中小学学制得以恢复与重建，开始使用全国通用教材。学校教育迅速摆脱混乱局面，走上健康发展的轨道。在较短的时间内，教育战线落实知识分子政策，平反历次政治运动中的冤假错案，解决一批教师夫妻分居问题，办理小教四级、中教六级以上教师在农村家属子女"农转非"手续；不少教师加入中国共产党，有的被提拔到各级学校领导岗位，有几百名教师先后脱产到高校进修或参加高师函授；一些教师被选为省、市人大代表或政协委员；四次大幅增加教师工资，中小学教师教龄津贴和班主任津贴先后实施；教师住房条件大为改善，子女就业问题得到较好解决。教师的社会地位和经济待遇得到提高，尊重知识、尊重人才的社会氛围基本形成。自1981年起，各地着手改革单一的普通教育结构，开始兴办农（职）业中学，中等专业学校、技术学校稳步发展；同时注重发展民办教育、成人教育及其他各类教育，建立自学考试制度，开办电大、函大、夜大、职大和多种形式的岗位培训，开展扫除青壮年文盲工作（以下简称"扫盲"）。1983年，襄樊职业大学成立，标志着襄樊市的高等职业教育起步。1984年，全市开展普及初等教育工作。1985年，全市幼儿园788所，在园幼儿66 397人，教职工3 003人；中小学4 920所，在校生1 013 475人，教职工61 536人。宜城县、随州市和四个市辖区普及初等教育。全市农职业高中47所（含职业班），中专18所，技工学校4所，在校生18 507人；农职业初中55所，在校生16 608人，职工中专学校和职工学校132所，在校生8 680人；全市高等学校5所，在校生2 834人（不含电大）；全市青壮年职工（干部）初中文化补课合格人数77 795人，初级技术补课合格人数64 522人，参加职工高中文化学习或补习的8 326人，职工高等教育在学人数13 705人。宜城、谷城两县完成扫盲任务，成为"基本无盲县"。1984年，市政府颁布《襄樊市市区集资办学暂行规定》，确立"人民教育人民办"的思路。此后，市区财政拨款、单位集资、群众捐资等用于兴建校舍投资1 400万元，学校勤工俭学年纯收入200余万元。正常教育经费投资逐年增长，全市用于改善中小学办学条件的总投资1.5亿元，为各级各类教育事业发展奠定了基础。全市实现"一无"（学校无危房）；62%的学校实现"一无两有"（即校校无危房，班班有教室，人人有课桌凳）。宜城县和襄樊市四个城区实现"一无两有"。

第二阶段（1986—1991年）是教育事业改革发展阶段。1986年9月1日，全市开始实行"分级办学、分级管理、分工负责"的体制，逐步形成"村办小学、乡办初中、县办高中"的格局。各级政府把发展教育事业作为主要任务之一，在狠抓经济体制改革的同时，重视和抓好教育改革。1986年，市政府下发《襄樊市实施九年制义务教育规划》，根据经济、教育及地理条件的不同，按照国家和省的要求，将全市划分为三类地区，并分别规定普及年限。同年秋，宜城县被评为"全国基础教育先进县"，县长赴京领奖，并代表全国100个先进县在表彰大会上发言。同年12月，省教委批准枣阳县为普及初等教育单位。1987年3月，省教委批准随州市为普及初等教育单位。1988年1—3月，随州、枣阳、老河口、襄阳相继通过验收、批准，被列为"基本无盲县（市）"。同年11月，南漳、保康两县被批准为"基本无盲县"。1989年12月，襄樊市郊区最后通过验收合格。全市各县（市）、区均达到"基本无盲县（市）、区"

标准,比省规划提前一年实现“基本无盲市”目标。1990 年 3 月,经市政府验收、省政府复查,全市所辖 3 市 5 县 4 区普及初等教育。小学学龄儿童入学率 98.4%,在校生巩固率 98.8%,毕业班学生毕业率 96.5%。同年 12 月,确立“科教兴市”发展战略。1991 年 1 月 1 日起,在全市城乡全面实施九年义务教育。1986 年,市教委在南漳县开展农村教育综合改革试点工作,在全国率先发出“三教(普教、职教、成教)统筹”倡议。1988 年,全市出现普教、职教、成教统筹规划、协调发展的局面。1989 年,以南漳县、宜城县被纳入“全国百县农村教育综合改革实验区”为标志,全市启动了“农科教”结合和“三教统筹”工程。职教、成教的发展促进了全市经济指标增长和财政收入增长,形成经济、社会、文化、教育相互推动、良性循环的态势。1990 年 1 月,市政府确定南漳县、宜城县、枣阳市和襄阳县黄集镇为农村教育综合改革实验区。1987 年,在襄樊三中、四中、五中等校推行“校长负责制、职工全员聘任制、内部结构工资制、岗位责任制”改革试点,将竞争机制引入校长、教师队伍管理;在老河口市、保康县试行教师考试上岗制度;全市推行待岗进修和岗位培训制度,并恢复停止多年的教师职称评审工作。1988 年,在继续落实班主任津贴制度的同时,开始实行课时津贴制度。自 1986 年起,对全市高中进行调整。保留条件较好的高中,对不具备举办高中的学校,改办为初中或小学。按照 1.5—2 万人口的区域办一所初中的格局布局初中,摘除 1 000 余所小学的初中帽。全市选定 18 所高中为重点高中,60 所初中为重点初中,选定 130 余所中心小学和一批实验小学。1987 年,全市调整后的初中为 333 所。1989 年,停止非定点初中招生 50 所。1990 年,普通高中调整为 60 所,年招生 240 班,招生 12 000 人;初中调整为 397 所;小学调整为 4 209 所,初步形成“县(市)办高中、乡(镇)办初中、管理区办高小、行政村办完小及教学点或初小”的格局。经过调整,提高了办学效益。同年,小学毕业生升学率为 75%。全市初中生流失率从 1985 年的 15%降至 3.4%以内,毕业生合格率、优秀率分别由 1985 年的 40%、10%增至 80%、25%。全市高考上省线 1038 人,首次突破千人大关。

第三阶段(1992—2000 年)是教育事业快速发展阶段。襄樊市确立“办好教育为人民”的思路,以实施素质教育为核心,加快改革进程,全市教育事业步入快速发展的轨道。1993 年,宜城县成为全省第一个通过基本普及九年义务教育(以下简称“普九”)验收的县(市)和全国第一批“两基”工作合格县(市);1994 年至 1999 年 6 月,襄樊市区、老河口市、枣阳市、襄阳县、谷城县、南漳县、保康县等 11 个县(市)先后通过省政府“普九”验收,“普九”人口覆盖率达 100%,高出全省 87%的平均水平,全市比原规划提前一年完成。全市小学适龄儿童入学率 100%,巩固率 99.95%,小学毕业生升入初中的比例达 95%以上。宜城市、枣阳市先后被评为全国“普九”工作先进县(市),谷城县石花镇等 13 个乡镇被评为全省“普九”工作先进乡镇。1997 年,实现高标准基本扫除青壮年文盲的目标,比原计划提前两年完成。青壮年非盲率 99.1%,年巩固率 97.5%。襄阳县被评为“全国扫盲工作先进县”。 1998 年,保康县代表湖北省接受国家扫盲验收,顺利通过,并获高度评价。1996 年,襄樊市把工作重点放在“全员培训,更新观念”上,分类分层举办各种形式、各种主题的素质教育研讨班。1997 年,加大试点工作力度,确定“点上深化,面上推进、整体联动”的改革思路。1998 年,按照“区域展开、专项深入、整体优化、创造特色”的思路,全面推进素质教育。确立“科研兴教、教研兴校”的发展战略,加大教研教改和科研力度, 加强中小学课堂教学的主渠道地位和常规教育管理; 加快考试制度和评价制度的改革步伐,在中小学实行素质报告单制度。宜城市、老河口市、南漳县、枣阳市开展创建星级学校活动,促进中小学综合办学水平的提高。1999 年,总结推广樊城区的“优化课堂结构、提高课堂效率”,襄阳县、襄樊市师范附属小学的“上好活动课”,保康县的“教师业务能力考核”,枣阳市的“小学评语改革”,宜城市和谷城县的“中考招生改革”等试点经验等。自 2000 年始,以实施“快乐校园工程”(快乐环境、快乐课堂、快乐活动)为载体,推进素质教育向纵深发展。全市有 2 个县(市)和 10 所中小学进入全省素质教育实验区(校)行列。1992 年,襄樊市被国家教委确定为全国农村教育综合改革联系地(市)之一。全市加强“三教统筹”,探索出南漳县的“整体推进”,老河口市竹林桥镇的“综合改革”,襄阳县龙王镇的

“同步发展”，宜城市板桥店镇及谷城县的“全员、全程、定向、分流”渗透职业技术教育等模式；农业、科技、教育部门联合实施“燎原计划”“星火计划”“丰收计划”等攻关项目；开展“大中专—乡镇合作计划”和“乡镇成校—村组合作计划”，15 所大中专学校与 10 余个乡镇 100 余个村、12 家企业联合，通过人才培养培训，开展技术咨询、传播和推广活动，为地方经济发展做贡献；通过开展“三后”（小学后、初中后、高中后）分流教育，使职业教育和成人教育得到长足发展。这一时期，全市职业初中培养毕业生 2 万名，其中，1 760 人成为当地技术骨干或技术能手，307 人担任村组干部，2 540 人充实到乡镇企业岗位从事加工、营销、特优良种实验及推广中。1994 年，通过国家级重点中专、职业高中、技工学校的创建，全市中等职业学校招收新生 13 379 人，与普通高中招生比为 1.23∶1，在校生人数占高中阶段在校生总数的 58.1%。1998 年，全市职业初中 22 所，职业高中 10 所，职业中专及技工学校 28 所，10 所中专（职高）进入国家及省部级重点行列。全市 151 个乡镇均建有成人文化技术学校，村级成校办学面 98%，年平均培训农村劳动力 30%，培训乡镇企业职工 25%，培训应届回乡初中生 90%以上。创建省级示范成校 13 所，市级示范成校 28 所。这一时期，全市参加中、高等自学考试的考生 10 万人，开设专业 119 个，毕业 9 407 人，其中专科 8 092 人，本科 108 人。1995 年，全市成人中专 25 所，成人高校 6 所，各类自学考试、函授辅导站（班）50 个，普通高校 2 所，在校生 7 500 人。1998 年 3 月，襄樊学院成立，结束了襄樊无本科院校的历史。1999 年 6 月，襄樊农校与市农业科学研究所合并组建襄樊学院职业技术学院，加上襄樊广播电视大学，6 所成人高校以及高等教育自学考试，全市每年向社会输送专科以上高级人才 4 000 余名。2000 年 8 月，襄樊师范、襄樊农校、襄樊卫校、襄樊财校合并组建襄樊职业技术学院，完善了从初等、中等到高等相互衔接、协调发展的职教体系。这一时期，全市多渠道筹集建校资金 5.2 亿元，新建校舍 120 万平方米，维修改造校舍 70 万平方米，危房面积控制在 1%以下，农村 80%的学校盖起漂亮的教学楼，并建有体操房、舞蹈教室、美术室、音乐教室。1999 年，全市拥有校舍总面积 500 余万平方米，多数学校实现“八配套”（校舍、围墙、大门、沟路、场地、文体器材、课桌凳等），校园绿化达标学校达 90%以上，襄樊四中、五中，襄樊师范、襄樊教育学院、枣阳市七方镇一中被评为“全省园林式学校”，枣阳市、谷城县被评为“全省校园绿化先进县（市）”。“最好的房子在学校，最美的环境是校园”成为现实。各级各类学校还加大了实验室、图书馆（室）、体音美教学设施以及微机、语音室等的装备力度。自 1991 年始，每年 4 月在全市教师中开展“师德教育月”活动，同时启动中小学校长培训工作。1997 年，全市基本完成“民办教师转公办教师”的任务。2000 年，全市教职工 52 951 人，其中专任教师 46197 人。小学、初中、高中专任教师学历合格率分别达到 98.2%、87.1%、64%。小学、初中专任教师高一层次学历人数比例分别达到 20%、9%。全市三所中师多方筹资，开展标准化、规范化建设，办学条件和办学水平有较大提高，受到国家、省肯定。为全市 9 548 名从教 30 年的教师颁发“人民教师荣誉证书”，推行教师资格证书制度和持证上岗制度。

第四阶段（2001—2005 年）是教育事业的巩固提高阶段。2001 年，“以县为主”的基础教育管理体制开始确立。2001 年，建立市、县、乡三级贫困适龄少年儿童助学基金，开展城乡学生“手拉手”活动，加大城乡对口支援力度。同时，对贫困生在杂费收取上实行“减、免、缓”等办法，确保适龄贫困少年儿童按时入学。2002 年，资助贫困生 58 502 人，资助金额 515.9 万元。同年 5 月，谷城、宜城、枣阳率先通过省政府“普九”复查。同年 12 月，19 个乡镇被评为襄樊市“基本无辍学乡镇”。2003 年 10 月，老河口市、樊城区、襄城区、高新技术开发区通过省政府“普九”复查。2004 年，全市资助义务教育阶段贫困生 40 023 人，资助金额 455.25 万元。同年 8 月，23 个乡镇基本达到襄樊市“基本无辍学乡镇”标准。至 2005 年秋，全市资助义务教育阶段贫困生 66 467 人，资助金额 2191.12 万元。其中，中央补助课本费 533.26 万元，省补助杂费 942 万元，市补助寄宿生生活费和城区 1 万名贫困生“两免一补”费用 354.6 万元，县配套资金 361.26 万元。是年，全市下辖的 10 个县（市）、区全部通过省政府“普九”复查，成为全省首个通过省政府“普九”复查的市（州）。2001 年 2 月，襄樊四中、襄樊市二十二中、襄樊市体育运动学校(以下简称“市体校”)、襄城东街小学合并组建为新的襄樊四中,扩大了学校招生能力。同年12月,襄樊四中、襄樊五中和襄铁一中被评为省级示范学校。2002年,全市普通高中招生31 880人,在校生86 606人。2003年6月,襄阳区一中被评为省级示范高中。2004年,全市普通高中在校生102 743人。同年,枣阳白水高中、枣阳师苑高中、襄樊市东风中学和襄樊市楚才高中被评为市级示范高中。2005年10月,为扩大优质高中资源,决定襄樊五中迁至邓城大道沿线。是年,全市普通高中53所(含民办10所),招生38 840人,在校生109 669人。这一时期,全市普通高中教育教学质量稳步提高。以高考成绩看,1986年,全市高考上省线率不足10%, 2005年升至70%。上省线人数总数、文科人数、理科人数、高分段人数等均由20世纪80年代列全省各地(市)州之六七位,逐步升至前5位,上省线人数居第四位,理科第五位,文科居第三位,高分段人数升至第三位,并多次夺得省文、理科状元,体育、艺术、中职对口升学一直处于全省领先地位。2002年春,宜城市被确定为基础教育课程改革省级实验区。2003年秋,开始在市区小学,襄阳区、枣阳市、老河口市的小学和初中全面实施新课程改革。襄阳区被确定为第二批省级课程改革实验区。2004年,全市11个县(市)区中小学全部进入新课程改革。2005年,全市义务教育阶段学校起始年级全部实施基础教育新课程。进入新世纪,襄樊市更加重视校长、骨干教师队伍建设。2002年,86人被评为“襄樊市首批中小学骨干校长”。2003年,25名幼儿园园长参加华东师大首期“襄樊市幼儿园园长研修班”;48名小学校长赴北京师大参加“襄樊市首批小学校长高级研修班”;42名高中校长赴教育部中学校长培训中心参加培训;选拔、推荐40名余名中小学校长参加省级骨干校长培训。2004年,开辟“襄樊校长论坛”,每年不定期举办,每次确立一个主题,为全市中小学校长提供交流互动的平台。2005年,以华东师大和北京师大为基地,培训中小学校长330余人,教育行政干部120余人。在湖北省第七批特级教师评选工作中,全市推荐特级教师人选48人。全市有5人被评为湖北名师,15人被评为襄樊名师,5人被评为襄樊名校长,170人被评为襄樊市教坛新秀。进入21世纪,计算机教育逐步走进中小学课堂。2001年,全市用于校园网络建设资金3 500万元,8所学校建成校园网,35所学校建成教学系统校园局域网。2002年,全市有12所中小学建成含有教学点播系统、学校管理系统、教师备课系统的校园网;23所学校利用卫星电视宽带与信息技术资源中心联通,实现“校校通”。2003年,全市共有45所中小学建立了校园网,150所学校利用电视宽带网与信息技术资源中心联通,实现“校校通”。2004年,襄樊被确定为国家农村中小学现代远程教育工程试点区。农村现代远程教育工程的建设迈开步伐。2005年,全市建立功能完善的校园网学校32所,建设小型局域网的学校164所,接入襄樊市教育信息网络中心的学校500余所;350所中小学建立计算机教室,1 347所中小学建立了地面卫星接收站,458所中小学建立光盘播放点,130所中小学建立校园网并与市教育网络中心实现互联互通。2001—2002年,全市实施农村中小学危房改造(以下简称危改)的学校160所。其中,“一期危改”国家和省资金项目学校54所,贫困县义务教育工程项目学校17所,“一期危改” 地方自筹资金项目学校89所。完成危房改造面积15.96万平方米。2003—2004年,全市共设立危房改造项目257个,其中,“二期工程”中央和省资金项目106个,保康县“义教工程”危改项目16个,“二期危改”地方自筹资金项目135个。竣工项目142个。2005年底,中央和省资金项目181个全部竣工。全市“二期危改”共消除危房面积23.84万平方米。2003—2005年,全市三个山区县向国家申报农村中小学寄宿制建设工程项目10个,规划建设面积10130平方米,计划投资455万元。完工6个项目,完工项目建设面积7 080平方米。这一时期,分离企业办中小学出现高峰。2001年,市区2所企业学校分离,划归市教育管理;2 002年、2003年,市区各分离1所;2004年,南漳县分离4所,枣阳市分离6所,市区分离7所。2005年,襄樊铁路局所属6所中小学、5所幼儿园从企业分离。2001—2005年,全市26所学校聘请外籍教师120人次;派出留学生83人;与国外6所院校开展合作办学。2005年底,全市基本构建、形成从学前幼儿园教育至大学本科教育的国民教育体系。各级各类学校1 757所。其中高校3所(襄樊学院、襄樊职院、襄樊电大),中等职业技术学校38所(普通中专 10 所,成人中专 5 所,职业高中 15 所,调整后的中职学校 3 所),普通中学 283 所(高中 53 所,初中 230 所),职业初中 3 所,小学 1 354 所,特殊教育学校 5 所,幼儿园 71 所。全市在校生 87.84 万人。其中,高校 23 246 人,中职学校 39 820 人(普通中专 22 645 人,成人中专 2 098 人,职业高中 12 939 人,调整后的中职学校 2 138 人),普通中学 388 652 人(高中 109 669 人,初中 278 983 人),职业初中 2 885 人,小学 374 854 人,特殊教育学校 244 人,在园幼儿 48 673 人。全市教职工 63 112 人,其中专任教师 52 105 人。这一阶段,教育事业的发展面临的困难和问题是教育投入总量不足,城区义务教育资源缺乏，高中阶段教育资源尤其是优质高中教育资源短缺，不能满足需要；师资队伍建设仍需加强,教育教学水平有待提高;教育改革与发展的环境有待进一步优化;基础教育管理体制有待进一步调整、完善。

一、教育行政

1983 年 10 月,设立新的襄樊市教育局。市区划为 4 个区,分别设立文教卫生办公室,下设教育科。1985 年 10 月 15 日,市政府撤销文教卫办公室、襄樊市教育局和襄樊市职工教育管理委员会办公室 3 个机构,成立襄樊市教育委员会。同年 11 月 8 日,市教委内设办公室、政工科、普通教育科、职业技术教育科、高等教育科、师资培训科、计划财务科、城区教育办公室、成人教育办公室。1988 年 3 月 7 日,撤销高等教育科,成立市教委督导室。1989 年 2 月 17 日,增设老干部工作科。同年 7 月 10 日,更名为“离退休干部工人管理科”。同年 7 月 27 日,增设监察科、审计科。政工科更名为人事科。1990 年 5 月 16 日,人事科更名为组织干部科(以下简称组干科),并增设宣传教育科(以下简称“宣教科”)、德育工作科。同年 9 月 19 日,设人事科,与组干科合署办公。1993 年 4 月 27 日,成立襄樊市人民政府教育督导室,代表市政府行使教育督导职权。市教委设置督导办公室,作为其办事机构。1997 年 4 月 20 日,市教委设办公室、综合改革科(合署办公),政工科、师范类大中专毕业生分配办公室(合署办公),普通教育科、城区教育办公室(合署办公),师资培训科、市语言文字委员会办公室(合署办公),计划财务科,职业技术教育科,成人教育科,高等教育科,教育督导办公室,同时设置直属机关党委。其中市语言文字委员会办公室是市语言文字委员会的办事机构。2002 年 3 月 18 日,市教委更名为襄樊市教育局(与市委教育工作委员会、市政府教育督导室合署办公),为市政府组成部门,主管全市教育事业和语言文字工作。内设办公室(行政审批科),计划财务科 ,基础教育科 、体育卫生艺术教育科（合署办公),职业教育与成人教育科、高等教育科（合署办公),教师工作科 、市语言文字委员会办公室(合署办公),人事科 、市师范类大中专毕业生就业指导办公室 、市教育局团委(合署办公),纪律检查委员会、监察室(合署办公),市教育督导办公室,机关离退休人员工作科,局机关党委。2005 年 4 月 19 日,市教育局增设襄樊市学生资助管理中心,与计划财务科合署办公。同时,办公室与教育工会合署办公。

市教育局是市政府主管全市教育事业的职能部门,行政上受市政府的直接领导,业务上受省教育厅的指导。其职责是:贯彻执行中央和省的教育方针、政策、法律、法规,研究拟订全市教育工作政策和规定、办法等规范性文件并监督执行;研究制订全市教育事业发展战略、中长期规划及年度计划并组织实施;综合协调管理全市各类教育的布局结构调整以及体制改革,指导全市教育资源优化配置,指导、协调中小学校园规划;综合管理全市的基础教育、高等教育、职业教育与成人教育等工作,指导、协调各县(市)区、各部门有关教育工作,负责教育督导与评估;指导在樊大中专院校与本市有关的教育工作;统筹管理本部门教育经费。会同有关部门制订筹措教育经费、教育拨款、教育基建投资、教育收费的政策、规定，编报市级教育经费的年度预算建议方案；监督全市教育经费的筹措和使用；管理直属学校、直属事业单位的教育事业费、基建投资和教育系统的专项经费，并监督检查经费使用情况；统筹管理和指导全市学生资助工作。负责国家和省贫困生资助政策的落实、全市义务教育阶段学生免学杂费工作、全市中等职业学校享受国家助学金工作；指导全市普通高中学校资助贫困生工作；负责全市高等学校奖学金、助学金和助学贷款工作；负责湖北省教育基金会襄樊办事处日常工作。具体负责市直学校和市直大中专院校学生资助工作；主管全市教师工作。组织实施全市各级各类学校教师资格证书制度；负责全市中小学教师继续教育和中小学校长的培训工作；统筹规划学校教职工队伍建设；指导学校内部管理体制改革，协同有关部门制订教育系统劳动工资和人事管理的有关政策。负责直属学校、单位新教师的招聘录用和教师调配的审核办理工作；会同有关部门做好教师专业技术职务岗位设置和评审工作；指导各级各类学校的思想政治工作、德育工作、体育卫生与艺术教育工作、国防教育和学校安全等工作；归口管理全市的学历教育及其考试工作，规划、指导继续教育、民办教育、自学考试和扫除青壮年文盲工作；制订全市中等专业学校招生政策，下达招生计划，并组织实施；规划、指导全市师范类大中专毕业生就业指导工作；组织承担国家、省下达的教育系统重大科研项目并协调实施，规划、指导并推动全市教育系统的科研、教研及成果转化工作；负责全市教育系统的对外教育交流工作，负责管理全市出国留学和接受外国留学生工作以及教育系统中外合作办学；负责全市教育统计资料及信息系统的开发和建设工作，规划、指导学校远程教育工作；协调、监督、指导全市中小学的基本建设和项目管理，负责编制市直教育费附加使用建议计划并组织实施；负责全市语言文字委员会办公室工作等。

1979年1月—2005年12月襄樊市教育局(教委)副县级以上(实职)领导干部任职情况见表28—1。

1979 年 1 月—2005 年 12 月襄樊市教育局(教委)副县级以上(实职)领导干部一览

表 28—1

机构名称(起止年月)	姓名	籍贯	职务	任职年限	备注
襄阳地区教育局(1979.1—1983.10)	晁岱耀	河南清丰	局长	1975 年 3 月—1980 年 12 月	
	童中军	湖北恩施	局长	1980 年 12 月—1983 年 10 月	
	李恩久	辽宁法库	副局长	1972 年 11 月—1983 年 10 月	
	孟道正	湖北襄阳	副局长	1974 年 12 月—1983 年 10 月	
	沈发昌	湖北襄阳	副局长	1975 年 3 月—1979 年 2 月	
	刘绍祖	湖北襄阳	副局长	1977 年 4 月—1983 年 10 月	
	童中军	湖北恩施	副局长	1979 年 10 月—1980 年 12 月	
	郭发展	湖北随州	副局长	1980 年 10 月—1983 年 10 月	
襄樊市革命委员会教育局(1979.1—1983.10)	蔡子美	湖北汉川	局长	1979 年 6 月—1983 年 10 月	
	吴传德		副局长	1979 年 6 月—1983 年 10 月	
	王敬元(女)	河北故城	副局长	1979 年 6 月—1983 年 10 月	
	王华强(女)	山东	副局长	1979 年 6 月—1983 年 10 月	
	王文燕(女)	湖北襄樊	副局长	1979 年 6 月—1983 年 10 月	
	牟凌云	山东	副局长	1979 年 6 月—1983 年 10 月	
	焦泽浩	湖北襄阳	副局长	1981 年 12 月—1983 年 10 月	
	温亮	湖北南漳	副局长	1981 年 12 月—1983 年 10 月	

续表 1

机构名称(起止年月)	姓名	籍 贯	职 务	任 职 年 限	备注
襄樊市教育局(1983.10—1985.10)	童中军	湖北恩施	局长	1983 年 10 月—1985 年 10 月	党组书记
	温亮	湖北南漳	副局长	1983 年 10 月—1985 年 10 月	党组副书记
	张传刚	湖北黄陂	副局长	1984 年 3 月—1985 年 10 月	
	孟道正	湖北襄阳	副局长	1983 年 10 月—1985 年 10 月	
	祁万康	湖北襄阳	纪检组长	1983 年 10 月—1984 年 7 月	
	杨斌庆	湖北云梦	主任(兼)	1985 年 10 月—1986 年 5 月	
	焦泽浩	湖北襄阳	主任(兼)	1986 年 5 月—1988 年 4 月	
	郭发展	湖北随州	主任	1988 年 4 月—1996 年 12 月	1985 年 10 月任党委书记 1990 年 5 月任市委教工委书记 1992 年 2 月兼市政府教育督导室主任
	罗兴才	湖北襄阳	主任 市委教工委书记 市政府教育督导室主任	1997 年 4 月—2002 年 2 月	
	焦泽浩	湖北襄阳	副主任(兼)	1985 年 10 月—1986 年 5 月	
	郭发展	湖北随州	副主任	1985 年 10 月—1988 年 4 月	
	张卫东	湖北荆门	副主任	1985 年 10 月—1991 年	1985 年 10 月任党委副书记 1990 年 5 月任市委教工委副书记
	温亮	湖北南漳	副主任	1985 年 10 月—1989 年 8 月	
	张传刚	湖北黄陂	副主任	1985 年 10 月—1989 年 8 月	
	白祖庆	湖北大冶	副主任	1985 年 10 月—1997 年 4 月	1990 年 5 月任市委教工委委员
	孟道正	湖北襄阳	纪委书记	1985 年 10 月—1994 年 6 月	1990 年 5 月任市委教工委委员
	李国元	河南南阳	工会主任	1985 年 10 月—1987 年 3 月	
	任继文	湖北南漳	党委委员	1985 年 12 月—2002 年 2 月	1994 年 6 月任副主任
	向荫成	湖南溆浦	专职委员	1985 年 12 月—1990 年	
	李泽平	湖北随州	专职委员	1985 年 12 月—1989 年 8 月	
	耿立功	湖北襄阳	专职委员	1987 年 2 月—1993 年	
	李国元	河南南阳	市教育工会主席、党委委员	1987 年 3 月—1994 年 6 月	1990 年 5 月任市委教工委委员
	周忠山	湖北随州	副主任	1987 年 8 月—1994 年 6 月	1987 年 9 月任党委委员、1990 年 5 月任市委教工委委员
	张克文		专职委员	1989 年 8 月—1991 年	1990 年 5 月任市委教工委委员
	罗兴才	湖北襄阳	副主任	1989 年 12 月—1997 年 4 月	1990 年 5 月任市委教工委副书记

续表 2

机构名称(起止年月)	姓名	籍 贯	职 务	任 职 年 限	备注
襄樊市教育委员会（1985.10—2002.2）	喻修柱	湖北广水	专职委员	1990 年 5 月—1994 年	
	乾克贵	湖北襄阳	专职委员	1990 年 12 月—1994 年	
	刘德平	江西萍乡	专职委员	1992 年 2 月—1994 年	
	任继文	湖北南漳	副主任	1994 年 6 月—2002 年 2 月	1994 年 6 月任市委教工委委员 1999 年 5 月任市委教工委副书记
	张华美	湖北咸宁	副主任	1994 年 6 月—2002 年 2 月	
	龚传国	湖北宜城	纪委书记	1994 年 6 月—2001 年 10 月	1994 年 6 月任市委教工委委员 1999 年 5 月任市委教工委副书记
	周忠山	湖北随州	教育工会主席	1994 年 6 月—1997 年 6 月	
	朱世云	湖北随州	市政府教育督导室副主任	1995 年 3 月—2002 年 2 月	1995 年 3 月任市委教工委委员
	李耀楠	湖北咸宁	副主任	1996 年 8 月—1999 年 12 月	1996 年 8 月任市委教工委委员 1997 年 6 月任市委教工委副书记
	张家琦	湖北襄阳	教育工会主席	1997 年 6 月—1999 年 5 月	1997 年 6 月任市委教工委委员
	贾东辉	湖北老河口	教育工会主席	1999 年 5 月—2002 年 2 月	1999 年 5 月任市委教工委委员
	姚德明	湖北谷城	教委委员	1997 年 6 月—1999 年 5 月	
	郝礼明	湖北南漳	教委委员	1997 年 12 月—2002 年 2 月	
	徐晓旭	湖北襄阳	教委委员	1998 年 9 月—2001 年 9 月	
	姚开勇	湖北谷城	市政府教育督导室副主任	1998 年 12 月—1999 年 12 月	
	姚德明	湖北谷城	副主任	1999 年 5 月—2002 年 2 月	1999 年 5 月 市委教工委委员
	张家琦	湖北襄阳	副主任	1999 年 5 月—2002 年 2 月	
	雷振华	湖南永兴	教委委员	1999 年 5 月—2001 年 10 月	1999 年 5 月市委教工委委员
	李维艾	湖南桂阳	教委委员	1999 年 5 月—2002 年 2 月	
	刘慈文	湖北枣阳	市政府教育督导室副主任	1999 年 5 月—1999 年 12 月	
	徐晓旭	湖北襄阳	副主任	2001 年 9 月—2002 年 2 月	1999 年 5 月市委教工委委员
	雷振华	湖南永兴	纪委书记	2001 年 10 月—2002.年 2 月	
	罗兴才	湖北襄阳	局长 党委书记 市政府教育督导室主任	2002 年 2 月—2004 年 6 月	2002 年 2 月—2005 年 10 月党委书记、市政府教育督导室主任

续表 3

机构名称(起止年月)	姓名	籍 贯	职 务	任 职 年 限	备注
襄樊市教育委员会（2002.2—2005.12）	李 菲	湖北枣阳	局长 党委书记 市政府教育督导室主任	2004 年 6 月—	2004 年 6 月—2005 年 10 月党委副书记 2005 年 10 月市政府教育督导室主任
	张华美	湖北咸宁	副局长	2002 年 2 月—	
	任继文	湖北南漳	副局长 党委副书记	2002 年 2 月—	
	姚德明	湖北谷城	副局长 党委委员	2002 年 2 月—	
	张家琦	湖北襄阳	副局长 党委委员	2002 年 2 月—	
	徐晓旭	湖北襄阳	副局长 党委委员	2002 年 2 月—	
	雷振华	湖南永兴	纪委书记	2002 年 2 月—	
	李维艾	湖南桂阳	教育工会主席 党委委员	2002 年 2 月—	
	张占献	河南新野	党委委员	2002 年 12 月—	
	龚传国	湖北宜城	市政府教育督导室副主任	2002 年 2 月—2004 年 12 月	
	郝礼明	湖北南漳	市政府教育督导室副主任	2002 年 2 月—	
	朱世云	湖北随州	市政府教育督导室副主任	2002 年 2 月—	
	程敬荣	陕西商南	副局长 党委委员	2005 年 10 月—	

二、各类教育

(一)基础教育

1.幼儿教育

1979年,中共中央批转《全国托幼工作会议纪要》后,托幼工作受到重视。襄阳地区各县、襄樊市成立托幼工作领导小组。为满足学龄前幼儿入园教育的需求,各地采取多种形式、渠道开办幼儿园。城市有按单位办的,也有联合办或系统办的;农村有的办独立建制幼儿园,有的在小学附设学前班。1980年,襄阳地区行署召开全区托幼工作领导小组成员会议,研究办好幼儿园的措施。同年,襄樊市幼儿园159所,283个班,其中教育部门办的3所,其他部门办的146所,集体办的10所。入园幼儿8 813人,其中寄宿幼儿195人,教职工620人,其中教养员491人。在此前后,随着经济体制改革的深入,家庭幼儿园也兴办起来。地区辖襄阳、枣阳、随州、谷城、南漳等县(市)开办家庭幼儿园7所,入园幼儿450人。至1985年,全市幼儿园788所,其中教育部门办的41所,其他部门办的48所,集体办的699所,入园幼儿66 379人,教职工3 003人,其中园长143人,教养员2 462人,保健员266人。市区幼儿入园率65%,农村60%的地区基本普及学前一年教育(见表28—2)。

市直属机关第一、第二幼儿园(以下简称"市直一幼、市直二幼")、襄城区中心幼儿园、襄樊棉纺厂幼儿园、市水泥厂幼儿园等被评为省市先进单位。

1979—1985年襄樊市幼儿园基本情况一览

表28—2　　单位:所、人

年度	园数		幼儿数		年度	园数		幼儿数	
	全市(区)	市区	全市(区)	市区		全市(区)	市区	全市(区)	市区
1979	347	145	17408	4728	1983	600	125	40449	13625
1980	618	159	33975	8813	1984	998	201	62273	14441
1981	523	151	38281	6792	1985	788	125	66397	14962
1982	557	124	32037	11750	—				

1986年,城乡建设环境保护部和国家教委联合出台《托儿所、幼儿园建筑设计规范》。全市各类幼儿园强化了建筑设计管理和教玩具的配备完善工作。是年,全市幼儿园670所,在园幼儿78954人。1987年,襄樊市供销系统动员所属各公司自筹资金100余万元,为供销幼儿园兴建一栋教学综合楼,建设面积3 200余平方米,并建起排练厅和厨房,添置成套的活动器材。1990年始,全市各级各类幼儿园实行保育与教育相结合的原则,对幼儿实施体、智、德、美全面发展教育,促进幼儿身心和谐发展,同时为幼儿家长安心工作提供便利条件。政府和教育部门主办的幼儿园划片招生,适龄幼儿就近入园或在父母单位设置的幼儿园入园,幼儿园班额得到控制。是年,全市幼儿园751所,入园幼儿增至109 604人,教职工4 176人,其中专任教师3 529人。1991年,市政府出台《襄樊市举办幼儿园基本条件》,并实行幼儿园登记注册制度。是年,全市幼儿园教职工4 963人,其中专任教师4 261人,师范类中专及以上学历1 009人,学历合格率78%。1992年,国家教委颁布《幼儿园教玩具配备目录》。据此,各级政府加大幼儿园教学设施的投入,改善办园条件。市直一幼、二幼投资200余万元,改建教学楼、

新建综合楼、幼儿食堂，配置微机室、音乐室，添置大型玩具。老河口市、宜城市、襄阳县把幼儿教育纳入整体规划，加大投入新建和扩建幼儿园。市供销社、市粮食局、襄北监狱也投资兴建园林式幼儿园。1993 年，在园幼儿 165 453 人，入园率 70%，小学一年级新生有三分之二受过学前教育。民办幼儿园兴起，且数量逐年增加。1994 年 9 月 27 日，全市首家私立专业幼儿园——萌芽艺术幼儿园在樊东区开园。该园聘请专业幼儿教师任教，设舞蹈、钢琴、小提琴等 10 个专业。同年，建立幼儿园等级评估制度。首次评选“襄樊市级示范幼儿园”18 所，“一级一类幼儿园”6 所。1995 年，全市各级各类幼儿园 370 所，其中教育部门办园 41 所，占 11%，其他部门办园 292 所，占 79%；民办幼儿园和个体幼儿园37 所，占 10%。入园幼儿 36 305 人，学前班 2 554 个，入班幼儿 119 227 人，城市幼儿入园率 80%，农村 80%的地区基本普及学前一年教育。幼儿教师 2 163 人，学历合格率 80%，学前班教师 3 067 人，学历合格率 64%。至年底，分 3 批登记注册幼儿园 225 所，市教委发文通报，并在《襄樊日报》上发布。1996 年始，全市幼儿园以全日制为主体，秋季招生。为满足家长需要，企事业单位举办的幼儿园在寒暑假期间采取教师轮流值班的方式，让幼儿正常入园；有的幼儿园设半日制、定时制、季节制和寄宿制，平时有缺额，随时招补。是年，全市各级各类幼儿园 218 所，其中教育部门办园 68 所，占 31%；部门办园 123 所，占 56%；民办幼儿园和个体幼儿园 27 所，占 13%，收托幼儿 94 607 人。城市幼儿入园率 75%，农村 70%的地区普及学前一年教育。形成以教育部门办园为骨干、企事业单位办园为主体、民办幼儿园和个体幼儿园为补充的格局。1997 年，全市各级各类幼儿园 370 所。在园幼儿 36 305 人；学前班 2 554 个，在班幼儿 119 227 人；幼儿园教师 2 163 人，学历合格率 80%；学前班教师 3 067 人，学历合格率 64%。1998 年，全市各级各类幼儿园 344 所，在园幼儿 49616 人，学前班 2 446 个，在班幼儿 92 188 人，城市幼儿入园率 80%，农村 80%的地区普及学前一年教育。

这一时期（1994—1999 年），市直一幼投资 200 万元改造园舍园貌；枣阳市教委在新城区投资 300 万元改建市区内旧园舍，扩大幼儿活动场地；市直二幼投资 200 万元，改建教学楼、大门、新建综合楼、幼儿食堂，配置微机室、音乐室，添置大型玩具；老河口市把幼儿教育纳入教育整体规划，投资 527 万元，一次性征地 5 267 平方米，新建规模 18 个班的老河口市中心幼儿园；襄阳县新县城迁址建设，幼儿园作为配套工程进行规划实施兴建；宜城市机关幼儿园筹资 80 余万元，新建一栋综合教学楼，投资 20 万元，绿化、美化园舍，添置幻灯、投影、电视、各类教学玩具和炊事机械；市供销幼儿园先后投资 20 余万元，将原果品公司的六间仓库扩建成幼儿生活、学习的场所；襄北监狱为职工幼儿园投资 100 余万元，建造教学楼，并对幼儿园进行绿化、美化、净化；市金鹏公司筹措 4 万元装修教学楼，改善办园条件；市粮食局幼儿园投资近 20 万元，扩建教学楼，投入教学玩具和成品半成品材料，开展教学和区角活动。

2000 年 5 月，襄阳县直机关幼儿园接受拨款 200 万元，在新县城新建一所园林式幼儿园，其中，综合教学楼 5 600 平方米。是年，全市各级各类幼儿园 241 所，在园幼儿 76 363 人，城市幼儿入园率 85%，农村 80%的地区普及学前一年教育，经济发达地区普及两年教育。农村地区形成以乡镇中心幼儿园为示范，辐射村办园和学前班的学前教育网，基本满足了城镇幼儿入园的要求。2001 年，襄樊铁路分局投资 220 万元新建襄樊铁路分局第四幼儿园。同年，市教育局下发《关于全市开展幼儿园（班）清理整顿工作的通知》和《关于取缔无证幼儿园的通知》。并分别于 9 月、11 月对襄城、樊城的幼儿园进行评估。合格幼儿园 10 所，对不合格的 42 所幼儿园予以取缔并向社会公布。为加快市区学前教育步伐，推进部门、行业、单位办幼儿园向股份制和国有民营方向发展，推动民办幼儿园集团化、规模化、规范化发展，2002 年 11 月 21 日，市教育局将“襄樊棉纺织印染厂幼儿园”更名为“湖北襄棉集团有限责任公司幼儿园”。2003 年，在市政府统一领导下，通过扶持、联合、兼并、扩充以及资产置换、转让、拍卖等市场运作形式，发挥行业、企业办幼儿园的优势，实施办园体制改革，提高办园效益，减轻企业负担。全市新建改建扩建各类幼儿园累计投资 8 000 余万元。是年，全市各级各类幼儿园 274 所，在园幼儿 33 603 人，学前班 1 682 个，在班幼儿 43 211 人，城市幼儿受教育率 90%以上，农村基本普及学前一年教育。2004 年 8 月 25 日，原襄樊铁路分局公寓管理段第一、第二、第三、第四幼儿园和清河路幼儿园分别划转至市教育局管理，并分别更名为“襄樊市艺术幼儿园”、“襄樊市实验幼儿园”、“襄樊市三原幼儿园”、“襄樊市春园幼儿园”、“襄樊市清河幼儿园”。2005 年，全市各级各类幼儿园 71 所，在园幼儿 48 673 人，教职工 1 409 人。

1986—2005 年襄樊市幼儿教育事业发展情况一览

表 28—3

年度	幼儿园(所)	在园(班)幼儿(人)	教职工(人)	专任教师(人)
1986	670	78954	3265	2632
1987	674	76370	3227	2834
1988	630	82003	3330	2873
1989	648	92613	3536	3183
1990	751	109604	4176	3529
1991	377	130338	4963	4261
1992	351	154129	5248	4817
1993	321	165453	5714	4964
1994	264	158238	5290	4715
1995	350	36305	2163	3176
1996	218	94607	2792	2418
1997	370	36305	2163	2241
1998	344	49616	2501	—
1999	168	72331	2374	1948
2000	241	76363	1973	1668
2001	70	34238	1200	829
2002	75	47868	1290	928
2003	274	33603	1394	998
2004	79	48716	1400	979
2005	71	48673	1409	978

襄樊市直属机关第一幼儿园：建于 1951 年 6 月，始名襄阳地区行政公署托儿所，初位于襄阳城新街（解放前大地主善某之祠堂）。1956 年，改属教育局领导；1960 年，迁至襄城区荆州街惠安巷 9 号；1979 年，改属地区行管局领导；1983 年，更名为襄樊市直属机关第一幼儿园，隶属市政府机关事务管理局，主要收托市委、市政府机关干部的子女。1986 年，被省妇联少儿工作委员会评为“合格幼儿园”；1990 年，被省教委评为“窗口幼儿园”；1994 年 12 月，被评为“襄樊市示范性幼儿园”；1996 年 11 月，被评为“湖北省示范性幼儿园”；1997 年 5 月，被省教委评为“幼儿教育先进单位”；1998 年 6 月，被评为“省托儿所幼儿园卫生保健合格单位”。该园坚持在“做中教，做中学，做中求进步”，将学会生存、学会生活、学会学习、学会做人，渗透到一日活动中，为幼儿乐学和会学奠定基础。开设快速阅读、美术、舞蹈、翻盖乐、奥尔夫音乐、国学等课程。在吸纳蒙氏奥数精华的基础上，借助实物化教具，通过环境与材料的提供以及生活化、游戏化、趣味化操作，激发幼儿主动学习和探索的欲望。2005 年，全园占地 14 000 平方米。其中教学区 7 100 余平方米，户外活动场地 2 700 余平方米。20 个班，幼儿 797 人；教职员工 125 人，其中 80%为幼儿园高级教师，专职保教人员拥有大专学历以上的 29 人。各班配有消毒

柜、钢琴、电视、电脑、投影仪、摄影机、视频展示台等设施，户外配有多种体育运动器材及大型玩具。

襄樊市直属机关第二幼儿园：建于1955年，始名襄樊市党政群机关幼儿园，位于樊城解放路45号。1983年，更名为襄樊市直属机关第二幼儿园，隶属市政府机关事务管理局。1985年，被评为“省级合格园所”；1994年12月，被评为“襄樊市示范性幼儿园”。2005年5月，被评为“湖北省示范性幼儿园”。在教育教学教研活动中，该园以叙事研究和案例研究为载体，重点开展“四个一”活动，即：研究幼儿园的每一面墙饰，使其发挥潜在的教育功能；研究每一个区域，使其促进幼儿主动学习；研究一日生活中的每一个环节，使其成为教育契机；研究每一个领域的教育活动，使其支持和引导幼儿的有效学习。在园本教研的基础上，该园承担了国家教育部“十五”重点科研课题《学前双语教育师资培训研究》和2个省级重点课题，并被评为“全国课题研究优秀实验园”和“课题研究先进单位”。2005年，该园占地5000余平方米，有13个班，在园幼儿496人，教职工76人，其中专任教师56人，本科毕业3人，大专毕业31人，中专毕业22人，合格学历达到100%；全园中级职称40人，初级职称19人。

襄樊市实验幼儿园：建于1985年，始名襄樊铁路分局第二幼儿园，位于樊城区新华路襄樊铁路分局铁路二院家属区内，隶属郑州铁路局襄樊铁路分局公寓管理段。1987年，被铁道部评为“合格幼儿园”。2000年，被郑州铁路局评为首批“标准化幼儿园”。2001年8月，获“第二届少儿音乐舞蹈电视大赛铜奖”。在第二届全国幼儿创意画大赛中获金奖，并被组委会授予“全国百家幼儿美术创新教育基地”称号；在湖北省幼儿珠算、心算大赛上连续两年获团体一等奖。2004年，被市教育局命名为襄樊市示范性幼儿园。2005年1月，该园由铁路系统移交市教育局管理。同年5月，被评为“省级示范幼儿园”，同年7月，更名为襄樊市实验幼儿园。是年，全园占地近5 000平方米，有教学办公楼3栋，设有教室、寝室、卫生间、多功能活动厅、舞蹈室、美术室、玩具场、食堂、资料室和保健室。17个班，752名幼儿，80名教职工。专任教师55人，其中大专以上学历29人，中专24人，教师学历达标率100%。

樊城区木马蒙台幼儿园：建于2001年8月，初位于立业路39号(樊城法院办公楼)，是市教育局批准的首家民办幼儿园，因采用“蒙台梭利教育法”而得名。2002年，迁至乔营小区。该园秉承蒙氏“协助儿童生命发展”的精神，倡导“快乐童心、和谐　生”的理念，采用蒙氏区域教学(幼儿自主操作教具)、分组教学、集体教学等，将学习内容化为玩教具的形式，让幼儿自己动手操作，幼儿快乐入园率92%。2005年，被省教育厅授予“湖北省民办示范幼儿园”称号。同年，园舍建筑面积2 500平方米，户外活动面积2 000平方米。在园幼儿300人，11个班，其中大、中、小班各3个班，学前班2个。教职工48人。

2.小学教育

1979年，根据省教育局指示，襄阳地区教育局、襄樊市教育局分别对小学布局进行多次调整。全区办实验小学8所，重点小学160所。襄樊市办重点小学5所，66个班，在校生3 657人。至1982年，为适应城市人员增长需要，襄樊市又开办清河口小学、前进小学和幸福小学；扩建小学8所，面积9 140平方米。加上其他部门办学，小学84所(市属49所)，在校生32 146人(市属21 081人)。其间，地区辖县也对小学布局进行调整：2 000人以上的队办完小，2 000人以下的队只办初小，高小由队联办，并举办复式班；管理区办好1所中心小学，社(镇)办好1所示范性重点小学，县(市)办好1所实验小学。1980—1982年，襄樊市学龄儿童入学率平均99.36%(省规定98%)，入学儿童巩固率平均99.45%(省规定85%)，小学毕业生合格率平均69.48%(省规定60%)。1983年10月后，市区范围扩大，人口增加，小学随之增加。是年始，全市对小学教育进行改革。第一，在谷城县庙滩公社黄畈管理区举办普及小学教育试点，对农村小学进行改革：学校领导干部由委任制改为选举制；对民办教师实行合同制；学校领导、班主任和科任教师对学生入学率、巩固率、合格率实行“三包”责任制；管理区、大队干部实行普及小学教育责任制。第二，总结推广枣阳县整顿农村小学教育经验，改过去由县教育局委派校长为民主选校长；改过去公办教师由教育局调配，民办教师由大队派遣为校长聘请教师；学校建立岗位责任制；学校和大队签定“教育合同”。管理体制改革后，调动了干部、群众集资建校的积极性，校长办好学校的积极性和教师教学的积极性。全县农村小学入学率由96%升至99%，巩固率95%，受到省委主要领导肯定，《湖北日报》在头版作了报道。全市小学在校生数占全市总人口的18%。1985年，市区小学106所(市属74所)，998个班，毕业学生7 379人，新招生8 372人，在校生42 007人（市属31 570人）。全市小学4 264所，22 494个班，在校生743 429人。学龄儿童入学率97.8%，巩固率95%，毕业班学生毕业率96%，12至15周岁儿童普及率92%。市区、宜城市基本普及初等教育。全市实现基本普及初等教育的区(镇)105个，占区(镇)总数的78%，实现基本普及初等教育乡(镇)404个，占乡(镇)总数75%。同年，市直小学有大庆路小学、襄樊市师范附属小学和荆州街小学(见表28—4)。

1979—1985年襄樊市小学基本情况一览

表28—4　　　　单位：所、人

年度	校数		学生数		年度	校数		学生数	
	全市(区)	市区	全市(区)	市区		全市(区)	市区	全市(区)	市区
1979	4 375	62	885186	33170	1983	4400	84	748600	32025
1980	4 532	62	865146	33816	1984	4391	101	752280	41800
1981	4 398	65	826178	32953	1985	4264	106	743429	42007
1982	4 473	84	791133	32146	—	—	—	—	—

1986年，全市义务教育工作的重点是普及初等义务教育即小学阶段教育。选定20个经济、教育发达，已普及初等教育的乡(镇)为“普及九年制义务教育先行示范区(镇、乡)”。同年11月下旬，召开“普及九年制义务教育先行示范区(镇、乡)研讨会”，对“普九”的基本条件、学校设置和布局、发展速度和步骤、师资队伍建设、教育经费筹措、领导管理体制等进行研讨。是年，市政府组织对随州市、宜城县、枣阳县普及初等教育情况进行检查验收。全市小学4 245所，在校生751 448人，适龄儿童入学率98.3%，在校生巩固率98.1%，毕业班学生毕业率94.5%；小学毕业生升学率73.52%。1987年3月，省教委批准随州市为普及初等教育单位。同年10月13—22日，市政府组织对襄阳县、老河口市普及初等教育工作情况进行检查验收。同年12月21日，省教委批准枣阳县为普及初等教育单位。是年，为巩固初等教育，提高教学质量，市教委对小学布局进行调整：一至四年级实行就近入学。居住分散、学额不足的设教学点，办复式班。高年级学额不足的由乡(区辖乡)集中办高小。全市小学4 222所，在校生744 555人。适龄儿童入学率98.6%，在校生巩固率98.9%。1988年，全市小学按照“乡办中心小学、村办初小(平原地区、人口集中的村办完小)、片(原小乡)办高小(或完小)、山区合理设置教学点”的原则调整布局，完小由428所减至355所，初小由62所增至117所，教学点由54个减至44个。同年10月中旬，市政府组织对南漳县、谷城县的普及初等教育情况进行检查验收。41个乡(镇)小学“四率”及各项工作均达到要求。同年11月中旬，市教委代表省政府对襄阳县和老河口市普及初等教育情况进行复查，两县(市)小学“四率”及各项基础工作比上年有所提高和加强。保康县完成对县辖各乡(镇)普及初等教育的初检工作。是年，全市小学4 232所，在校生754 580人，适龄儿童入学率98.4%，在校生巩固率98.8%，毕业班学生毕业率96.5%。

1989年，全市小学按照“既有利于提高教育投资效益和教育质量，又方便适龄儿童入学”的原则调整布局，乡(镇)办中心小学、分片办高小、大村办完小、小村(2000人以下)办初小、根据需要合理设置教学点。同年4月，市政府组织对保康县16个乡(镇)普及初等教育工作进行检查验收，其“四率”

指标及各项基础工作达到国家和省定标准。是年，全市小学 4 225 所，在校生 759 309 人，适龄儿童入学率 98.9%，在校生巩固率 98.4%，毕业班学生毕业率 98%，小学毕业生升学率 77%。1990 年 3 月，经市政府检查验收，省政府复查批准，市辖五县、三市、四个城区基本实现普及小学教育。是年，全市小学 4 209 所，在校生 765 267 人，适龄儿童入学率 98.4%，在校生巩固率 98.8%，毕业班学生毕业率 96.5%。1991 年，各县（市）区制定《实施小学义务教育达标方案》。全市小学升学考试坚持"依据大纲，紧扣教材，着重双基，体现能力"的原则，统一时间，统一试卷，提高了小学教育水平。全市建立乡镇干部包片、包村，村干部包户的责任制和流失生报告制度，以控制学生流失。枣阳市一些乡镇与学生家长签订《义务教育合同书》；谷城县的劝返效果明显；保康县委书记李远继、县长陈天会筹资 15 万元，建立救助贫困失学儿童基金会，并发出《致全县人民的一封信》，号召兴教办学，动员子女返校。同年 4 月下旬，省教委在枣阳召开全省农村普及初等义务教育工作会议，宣传和推广襄樊市的做法及经验。是年，全市小学 4 185 所，在校生 768 647 人，流失率 0.95%，适龄儿童入学率 99.2%，在校生巩固率 99%，毕业班学生毕业率 98.7%，12 岁—15 岁少年儿童普及率 93%，小学毕业生升学率 76.2%。全市 25 个乡镇实现初等义务教育达标。

1992 年初，市教委在老河口市召开全市小学教学工作会议，表彰一批全面贯彻教育方针，加强教学管理，大面积提高教学质量的先进单位。并制发《关于加强和改革小学教学工作的意见》，提出"八五"期间全市小学教学改革的目标和措施，同时建立实施初等义务教育教学质量定点跟踪测试制度。同年 4 月，市政府以随州市新街乡为现场，召开全市农村实施初等义务教育工作会议，向首批实施初等义务教育合格乡镇颁发标志牌。同年 10 月中旬，在宜城县召开"全市义务教育工作会议"，组织参观宜城县部分中小学，印发全市实施义务教育工作情况通报，公布各县（市）区指标进展情况。同年底，全市市区、县（市）城关及 45 个乡镇基本普及初中教育。是年，全市小学 4 146 所，在校生 781 533 人，适龄儿童入学率 99.3%，在校生巩固率 99.1%，毕业班学生毕业率 99.2%，12 岁—15 岁少年儿童普及率 96%，小学毕业生升学率 78.2%。市区、县（市）区城关及 49 个乡镇，占全市总人口 40%的地区实施了小学阶段的义务教育。

1993 年秋，全市建立适龄儿童"入学通知书"制度。以宜城县为试点建立 6—17 周岁义务教育卡；设计和建立九年义务教育管理档案资料，并被省政府教育督导室组织翻印向全省推荐。同年 12 月 15—21 日，省政府组织"两基"评估验收团对宜城县各乡镇和 70%的学校进行全面的检查评估并予以确认。宜城县成为湖北省农村第一个实现"两基"的县。是年，城区取消小学毕业生统一升学考试。全市小学 4 117 所，在校生 806 724 人，适龄儿童入学率 98.7%，在校生巩固率 97.5%，毕业班学生毕业率 99.5%，小学毕业生升学率 77.95%。全市 58 个乡镇（占总人口的 39%）的初等义务教育、17 个乡镇 3 个城区和 1 个县（占总人口的 13%）的九年义务教育达到省定标准。

1994 年，全市 34 个乡镇被列入"普九"规划，其中 25 个乡镇达到"普九"标准。襄樊市在全省率先建立"义务教育卡"，坚持通知入学制度、学生流失报告制度和义务教育年报制度。是年，全市小学 4 109 所，在校生 848 844 人，适龄儿童入学率 99.6%，小学毕业生升学率 80.06%。1995 年，经省、市政府评估验收，市区、宜城市、老河口市及 94 个乡镇基本"普九"。全市小学 3 086 所，在校生 678 103 人，适龄儿童入学率 99.84%。1996 年，全市小学 3076 所，在校生 706 840 人，适龄儿童入学率 99.85%，在校生巩固率 98.9%，流失率 0.3%，12 岁—15 岁少年儿童普及率 97.5%，小学毕业生升学率 91.4%。1997 年，全市小学 2996 所，在校生 725 351 人，适龄儿童入学率 98.86%，在校生巩固率 98.92%，小学毕业生升学率 94.3%。

1998 年，针对襄樊市幸福小区、毛纺小区等地区小学入学难的问题，兴建市松鹤路小学，并合并了晨光小学和董台小学。是年，全市小学 2 784 所，在校生 716 026 人，适龄儿童入学率 100%，在校生巩固率 99.95%，流失率 0.26%，1999 年，为准确掌握全市义务教育阶段特困生情况，全市建立义务教育阶段特困学生档案。同时，对特困生实行定期登记复核制度。共建立特困生档案 8 860 份，其中南漳县 1 644 人，占 18.6%；谷城县 1 438 人，占 16.2%；保康县 1 576 人，占 17.8%，三县特困生占全市特困生总数的 52.6%。是年，全市小学 2736 所，在校生 674 136 人，适龄儿童入学率 100%。2 000 年，全市小学 2 486 所，在校生 625 920 人，适龄儿童入学率 100%，在校生巩固率 98.92%，小学毕业生升学率 95.7%。2001 年，开展新一轮中小学布局调整。按照"初小就近入学、高小相对集中、初中形成规模"的总体要求，改扩建小学 265 所，撤并小学 584 所，异地新建小学 6 所。是年，全市小学 2351 所，在校生 567 387 人，适龄儿童入学率 100%，在校生巩固率 99.7%，小学毕业生升学率 96%。2002 年春、秋两季开学，全市资助贫困生 58 502 人，资助金额 515.9 万元，涌现出老河口市的"护苗"行动，南漳县的"万名干部扶助贫困生"等一批先进典型。同年，全市撤并小学 566 所，改扩建 135 所，形成"联村办初小，高小变完小"的格局。是年，全市小学 1922 所，在校生 50 9984 人。

2003 年，全市撤并小学 695 所，改扩建 244 所，减少小学教学点 225 个（其中因撤销村小学而增加教学点 39 个，撤销教学点 264 个）。是年，全市小学 1 706 所，在校生 455 255 人。2004 年，结合危房改造工程和农村寄宿学校建设工作，全市各地调减小学 176 所，调减教学点 54 个。是年，全市小学 1531 所，在校生 415 000 人，适龄儿童入学率 99.9%，流失率 0.01%；2005 年，全市小学 1354 所，在校生 374 854 人（见表 28—5）。

1986—2005 年襄樊市小学教育事业发展情况一览

表 28—5

年度	学校（所）	招生数（人）	毕业生（人）	在校生（人）	专任教师（人）
1986	4 245	106796	97344	751448	33990
1987	4 222	136228	119790	744555	34224
1988	4 232	122261	89174	754580	35703
1989	4 225	124090	91898	759309	34711
1990	4 209	128673	104700	765267	34731
1991	4 185	134136	114732	768647	36477
1992	4 146	144629	114851	781533	37157
1993	4 117	156288	117653	806724	37468
1994	4 109	167574	114316	848844	38178
1995	3 086	125811	88143	678103	29890
1996	3 076	124223	88734	706840	30025
1997	2 996	115705	94445	725351	27108
1998	2 784	81244	107938	716026	28582
1999	2 736	87655	118633	674136	28831
2000	2 486	80246	122660	625920	29164
2001	2 351	70891	123651	567387	28555
2002	1 922	61970	118370	509984	27296
2003	1 706	57176	112741	455255	26106
2004	1 531	54145	91642	415000	25722
2005	1 354	51479	89739	374854	24764

襄樊市第一实验小学：建于 1941 年 3 月，始名湖北省立第五师范附属小学，初位于襄阳荆州街。1945 年秋迁至襄阳南街运动路（解放军第四七七医院旁）；1963 年，被定为湖北省重点小学，省委书记

王任重曾多次视察该校；1970 年更名为“襄樊市襄城区延南街小学”；1987 年 6 月，更名为襄樊市师范学校附属小学，为市教委直属小学，其教学业务由襄樊市师范学校管理，人事、计财、事业发展由市教委管理，正科级事业单位；2001 年 4 月，更名为襄樊市第一实验小学。自 1999 年 4 月始，学校教师王立洪等相继开展“经典诵读教育”实验，率先在全市引导学生学习、诵读中国古代经典名篇。2005 年，有教职工 128 人，在岗 87 人，其中专任教师 83 人，专任教师中特级教师 2 人，中学高级教师 5 人，小学高级教师 60 人，国家级骨干教师培训对象 4 人，省级骨干教师 6 人，襄樊名师 1 人。学生 1651 人，31 个班。校园建筑面积 13 000 平方米，绿化面积 4 500 平方米，各种树木近 20 种。

襄樊市昭明小学：建于 1903 年，是鄂西北最早的官办学校，始名襄阳县立高等小学堂，位于襄阳城内卉木林巷。1912 年，更名为襄阳县官立高等小学校；1921—1923 年，襄阳第二师范设立于此，中共早期革命活动家萧楚女曾先后两次来此任教，宣传马列主义；1938 年 12 月，学校迁往襄阳县泥嘴袁家巷内文昌宫。1942 年迁回原址；1949 年 5 月，更名为“襄阳县昭明镇小学”；1950 年 5 月，更名为襄樊市立第四完全小学；1958 年，更名为襄樊市西大街小学；1970 年，更名为襄樊市红卫西路小学；1975 年，学校“萧楚女烈士执教处”被定为市级文物保护单位；1980 年，学校更名为襄樊市西街小学；1984 年，更名为襄樊市昭明小学；1998 年，学校被市政府命名为“爱国主义教育基地”。2003 年春，学校确立“博爱、博闻、崇理、崇真”的校训。2005 年春，学校坚持“以人为本”，开展教师温馨生日、校长接待日、教学开放日、教师宣誓等活动。是年，学校占地 18 131 平方米，在校生 2 180 人，32 个班。有教职工 142 人，其中，在职教师 84 人，专任教师 78 人，大专以上学历 72 人。

襄城实验小学：建于 1950 年 2 月，初位于襄阳延南街，始名襄樊市第五小学。1952 年，迁至襄阳荆州街；1978 年，更名为襄樊市荆州街小学，并被定为重点小学；1990 年，划归襄城区教委管理，并更名为襄城实验小学。2005 年，学校占地 11 823.18 平方米。有 34 个班，在校生 2 337 人，教职工 120 人（在职 88 人，退休 32 人）。其中，特级教师 3 人，中学高级教师 3 人，湖北名师 1 人，襄樊名师 3 名，13 名省级骨干教师，28 名市级骨干教师。

襄樊市大庆路小学：建于 1957 年 8 月，始名广场路小学，位于樊城区大庆东路 8 号。1969 年更名为大庆路小学；1991 年易名为襄樊市樊东实验小学；1996 年复名为襄樊市大庆路小学。1999 年，湖北省“美育教育”现场研讨会在该校举行，其经验在全省推广；2002 年，被评为“湖北省教改名校”；2003 年，被评为“湖北省中小学综合实力 50 强学校”。2005 年，有教职工 101 人，学生 2 727 人，专任教师 92 人，其中取得大专学历的教师 73 人，市级以上教学骨干 16 人。

襄樊市米公小学：建于 1897 年，位于樊城区解放路 18 号，西邻米公祠（宋代书画家米芾故里），初为美国传教士办的鸿文书院。解放初改为樊城中学小学部；1952 年，改为襄樊一中小学部；1958 年，襄樊一中迁出，小学部更名为县府路小学；“文化大革命”时期更名为红卫小学；1982 年，更名为襄樊市米公小学。1990 年 10 月，该校毕业生李颖代表襄樊市 80 万少年儿童赴京参加第六次全国少先队代表大会，受到江泽民、李鹏、邓颖超等党和国家领导人的接见。学校以书法教育见长。2002 年，办起书法学习室、作品展览室，选聘专（兼）职书法课教师教学；2003 年，建起“米公书法苑”；2005 年，修建翰墨苑、书法教育馆、米芾生平纪念壁画、书法绘画室等，在教学楼走廊里悬挂名人画像和学生书画作品，并邀请市书协主席涂廷多等 20 余名书法界知名人士来校指导。同年 11 月，被评为“湖北省书画教育明星学校”。2005 年，学校占地 10 333 平方米，建筑面积 7 079.42 平方米。24 个班，在校生 1 493 人，教职工 63 人，其中本科 25 人，专科 27 人，中师 11 人。小学高级教师 40 人，中学高级教师 2 人。

襄樊市人民路小学：建于 1958 年 5 月，始名襄樊市定中桥小学，位于人民路 20 号。“文化大革命”期间更名为襄樊市胜利桥小学；1984 年，更名为襄樊市人民路小学；1990 年，更名为襄樊市樊西实验小学；1998 年，复名襄樊市人民路小学。1986 年以来，该校每学期举办一届“人民路小学艺术节”，内容涉及书法、绘画、劳技、器乐、摄影和文艺汇演等。1997—2005 年，在全国书画大赛中学生有千余人次获得一、二、三等奖，在省级书画大赛中800余人次获金、银、铜奖。2005年，学校占地9 447.6平方米，39个班，其中多媒体班17个，在校生2 600余人。专任教师102人，其中中教高级2人，小教高级63人，专科以上学历84人。全国优秀大队辅导员1人，省级骨干教师3人，市级骨干教师14人，学科带头人2人。

3.初中教育

1979年，全市初中641所，其中市区22所。1980年，襄樊市、襄阳地区教育局开始控制初中发展，调整布局。规定两万人以上的管理区办1所普通初中或职业初中，两万人以下的管理区实行联区办初中或高小、初中联办。1981年，全市初中654所，小学附设初中班386处，学校的"虚肿"现象基本消除，布局趋向合理。同年，初中升学率70.4%。1982年，为普及初中以满足城市人口迅速增长后对文化教育的需求，襄樊市又开办6所初中，全区初中674所，在校生240 981人，其中市区39所，在校生18 349人。1983年，全市重新确定市重点初中60所。1985年，全市初中578所，在校生235738人（见表28—6）。

1979—1985年襄樊市初级中学基本情况一览

表28—6　　单位：所、人

年度	校数		学生数	
	初中	其中市区	初中	其中市区
1979	641	22	341102	15898
1980	660	25	307809	16440
1981	654	24	266235	16265
1982	674	39	240981	18349
1983	612	39	219800	17944
1984	601	28	231384	23103
1985	578	33	235738	23250

1986年，全市初中605所，在校生259 632人。"戴帽"初中、一村两校甚至一村多校的的比例较大。学校布点多、摊子大、投资浪费严重，办学效益低下。基于此，各地对学校布局进行调整。1987年，全市开始撤区并乡。同年9月，市教委提出初中布局调整方案，每所初中服务人口1.5万—2万人，以集镇为依托，规模在12—18班，最低不少于12个班，最多不超过24个班。是年，全市初中576所，在校生243 478人。1988年，按照就近入学和规模效益相统一的原则，全市撤销或合并初中70所，16所普通初中改办为农职业初中。同年上半年，市教委组织对襄阳县农村初中现状进行调查，在此基础上，制定《襄樊市合格初级中学办学条件基本标准》。对学制、规模、教师队伍、领导班子及办学条件和达标时间做出规定。是年，全市初中490所，在校生215 405人。初中毕业生升入高一级学校（高中、中专）的升学率27.22%。小学毕业生的72.8%能接受初中阶段教育，全市20个"普九"先行示范乡（镇）的初中由86所减至55所。1989年，全市初中441所，在校生194 430人。初中毕业生升入高中（含农职业初中）的比例为23.6%。同年初，受新的"读书无用论"影响，全市初中生流失率6.6%。经各级政府和教育部门努力，3—9月，全市动员5 882名中学流失生返校，流失率比年初下降4.2%。是年，全市农村初中减至370所，市区减至33所。老河口市、保康县、谷城县、南漳县调整到位。1990年，撤销一批"小学戴帽初中"和规模小、条件差、质量低的初中，全市农村初中减至363所。随着定点学校规模逐步完善，市区及各县（市）城关地区基本普及初中教育。当年中考，全市及格率62%，优秀率

26%。同年,全市企事业单位办初中84所,在校生22 649人,占市区学生总数的1/3。涌现出汉江、轴承、襄棉、建昌、襄铁等一批先进学校,其中,汉江子校被评为全市红旗学校。是年,全市初中425所,在校生194 363人。1991年,城区小学毕业生9 790人,而初中招生能力仅8 680人。市政府采取以下措施解决这一问题:新增市三十一中、三十二中、三十三中和航空航天工业部42所等4所初中;挖潜扩班;发挥企业学校作用;控制非市区户口生源涌入。当年秋,城区小学毕业生全部升入初中就读。是年,全市初中397所,在校生210 271人。全市应届初中毕业生44 856人参加中考,及格率64%,优秀率24.5%。1993年,对城区初中布局进行调整。襄樊四中、襄樊五中停招初中新生,城区小学毕业生取消统一升学考试,初中实行划片就近招生。1995年,全市13—15岁适龄少年入学率89.7%,初中辍学率3.53%,17周岁人口中初中教育完成率85.4%。1996年,全市初中招生能力和规模得到提高,初中毕业生升入高中(含职业高中)的比例29.5%。初中在校生年辍学率3.48%,17周岁人口中初中教育完成率85.1%。1998年,扩建市三十一中,取消市三十二中高中部,幸福小区、毛纺小区等地初中入学难矛盾得到缓解。1999年7月,市建材技校改为市三十八中,为九年一贯制学校,进一步缓解了幸福小区、七里河一带初中入学难矛盾。

这一时期,初中进入入学高峰期。

2000年,按照"初小适当分散、高小相对集中、初中形成规模"的原则,全市启动新一轮学校布局调整,形成"初小村办、高小联办、初中进镇"的办学新格局。是年,初中毕业生升入高中(包括普通高中、职业高中、中等专业学校)的比例75%。全市应届初中毕业生57 933人,参加升学考试的考生47 572人(其中往届生14人)参加升学考试人数占毕业生报考总人数的82.1%。此后一个时期,全市农村人口大幅减少,学生减少,乡镇行政区划变更,部分学校分布不合理。2001年,各县(市)区利用乡(镇)、村行政区划调整的时机,按照"确保入学率不降低,确保辍学率不上涨,确保群众负担不增加"的原则和"初小就近入学,高小相对集中,初中形成规模"的总体要求,因地制宜,打破行政区划,采取"撤"(撤销一批不宜继续办的小学或教学点)、"改"(将一些不符合办学条件的完小和不宜继续办的高小改成初小或教学点)、"联"(联片、联村办学)、"并"(合并生源偏少的学校)等办法,开展新一轮全市农村中小学布局调整工作。至年底,全市改扩建初中39所,撤并初中23所,异地新建初中4所,新建初中2所。2002年,全市撤并初中12所,改扩建初中4所,实现布局合理、规模适中、教育资源得到优化配置的目标。2003年,全市撤并初中29所,改扩建初中29所,布局调整工作完成。2004年,调减初中3所。同年12月,市二十中通过省级办学水平综合督导评估,成为全省唯一一所省级示范初中。2005年,全市调减普通初中3所。同年,启动"初中规范化建设工程",制定《襄樊市初中教育管理(试行)办法》和《关于加强全市初中教育工作的意见》。是年,全市初中230所,在校生278 983人(见表28—7)。

1986—2005年襄樊市初中教育事业发展情况一览

表28—7

年度	学校(所)	招生(人)	毕业生(人)	在校生(人)	专任教师(人)
1986	605	81107	61205	246235	13540
1987	576	78233	65442	243478	15105
1988	490	59440	68145	215405	14462
1989	441	65449	69058	194430	14112
1990	425	76106	61169	194363	14126
1991	397	82134	52039	210271	15160
1992	381	84521	54146	224903	16187
1993	377	85899	62153	229702	16440

续表

年度	学校(所)	招生(人)	毕业生(人)	在校生(人)	专任教师(人)
1994	360	87910	63331	240075	16860
1995	267	71256	50915	190977	13548
1996	265	77472	50779	208035	14122
1997	265	84700	53391	230025	14834
1998	259	—	65048	249920	15477
1999	252	104751	67456	267115	16264
2000	247	110554	69851	292452	17171
2001	251	108615	79507	307431	17511
2002	240	113793	85517	324261	17576
2003	236	109319	95271	323957	17480
2004	233	88045	97126	302178	17221
2005	230	86828	99224	278983	17110

襄樊市第四中学初中部:建于1979年9月,始名湖北省第一建筑公司子弟学校,初位于襄城区东大街58号。1980年4月,改建为襄樊市第二十二中学,隶属襄城区教委领导。系九年一贯制义务教育阶段学校。2001年6月,更名为襄樊四中初中部;2002年春,学校迁至原市体校院内。2005年,学校教职工116人,专任教师112人,其中高级教师47人,一级教师61人,初级教师8人;具有大学本科学历教师94人,大专学历教师17人,研究生学历1人,中专学历4人。

襄樊市第七中学:建于1958年,初位于襄城运动路(现477医院处),始名襄阳师范专科学校附属中学。1962年,迁至襄城区民主路,并更名为襄樊市第七中学; 1977年设高中部, 2001年撤并高中部。2005年,校园占地27 700平方米,建筑面积22 039平方米,校园绿化面积17 241平方米,绿化覆盖率62.2%。37个班,在校生2 520人,在编教师134人,其中高级教师38人,省市级骨干教师及学科带头人36人。

襄樊市第二十中学:1979年3月, 由附近的几个驻军单位集资兴办, 位于樊城七里河路8号。2003年,学校8名教师被评为省级骨干教师和省优秀教师。2005年,学校57个班,学生3 908人,教职工195人,高级教师24人,中级教师103人。专任教师中,本科学历121人,专科学历60人,省市级骨干教师44人。2名教师获国家级优质课一等奖,完成国家级课题2个。同年,学校被命名为“湖北省普通中小学示范学校”。

襄樊市第三十一中学:建于1991年秋,位于市幸福小区。主要担负幸福小区内居民及附近单位的学生就近就读初中。该校英语、数学两科教学效果突出,同时重视电化教育,1997年被列为“湖北省电化教育试点学校”。2005年,学校占地12 693平方米,建筑面积3 130平方米,有200米环形塑胶跑道。25个班,在校生1 834人,在编教职工114人。省级骨干教师2人,市级骨干教师24人,学科带头人5人。

襄樊市第三十二中学:建于1991年9月,位于市长虹北路,春园西路口,毗邻诸葛亮文化广场。该校以培养学生的科技创新能力见长,学生发明创造申请数600余件,专利授权数310项,为襄樊市首批发明创造教育示范学校、樊城区科普示范学校。2005年,学校占地33 861平方米,35个班,在校生3 000余人,教职工198人,其中专任教师157人,全国优秀英语教师1人,全国优秀辅导员1人,省级骨干教师4人,襄樊市名校长1人,襄樊市名师2人,市级骨干教师37人,学科带头人5人。

襄樊市第三十五中学:1994年秋在襄樊市鹿角门小学的基础上改建而成。位于襄樊人民广场东侧,鹿角门旁,解放路118号。学校建有多个社团。其中,“竖笛乐团”在省级“校园之声”文艺汇演中获一等奖;“新月艺术团”参加第六届黄鹤美育节文艺比赛获省优秀文艺节目二等奖。2002 年 9 月,鹿门文学社被省教研室评为“优秀文学社团”。 2005 年,演讲协会成员尤天洋参加全省“纪念抗战胜利六十周年”演讲比赛获第一名。同年 12 月,该校学生段泽坤获“2005 年度感动襄樊人物”称号。是年,学校占地 11 067.8 平方米。33 个班,在校生 2 516 人,教师 131 人。

襄樊市第四十一中学:建于 1974 年 6 月,始名襄阳轴承厂职工子弟学校,位于檀溪路万山工业区。20 世纪 90 年代初,更名为襄阳汽车轴承股份有限公司教育培训处子弟学校;2003 年 11 月,从企业划转改制为市教育局直属的九年一贯制学校,并更名为襄樊市第四十一中学。该校以科普教育和电化教育见长。1988 年 12 月,美国宇航局与中国科学院举办第二届“全国青少年航天飞机零星搭机实验方案”竞赛,该校学生许毅设计的《太空环境对地衣共生关系的影响》实验方案,获全国一等奖,被选为三个上天实验方案之一。同年,学校被中国科学院、共青团中央、国家教委联合授予“全国科技教育先进学校”。1995 年 4 月,被省教育厅、省电化教育学会、省电教馆定为湖北省电化教育试点学校。2005 年,学校 49 个班,学生 2 921 人,教职工 149 人,其中初中部 87 人,高级职称 38 人,中级职称 32 人;31 人被评为国家、省、市级学科带头人、骨干教师、教坛新秀,28 人次获市级以上优质课奖励,其中 8 人次获省级一等奖。

4.普通高中教育

1979 年,全市高中 178 所,在校生 58 799 人。其中,市区 22 所,在校生 6 882 人。1980 年,襄樊市、襄阳地区教育局本着“高中适当压缩,初中控制发展”的原则,对中学布局进行调整。规定每县办好一所重点高中。襄樊市减少 6 个班 300 人的高中招生计划,撤、并 4 所学校的高中部。为改革中等教育结构,将市八中、九中高中部改为职业高中,并分别更名为“襄樊市第一职业学校”、“襄樊市第二职业学校”,招收 8 个专业班,330 名学生。1981 年,全市高中 152 所,在校生 45 562 人。其中,市区 22 所,在校生 4 956 人。同年,高中升学率 23.7%。1982 年,全市高中(含完中)114 所,在校生 37 795 人。其中,市区 23 所,在校生 4 190 人。1983 年,重新确定市重点高中(含完中)18 所。1984 年,各县(市)、区均有初、高中单科、单项、多科综合整体结构改革和“五四三”学制改革试点,条件较好的县(市)、区还开展从幼儿园、小学、初中到高中“一条龙”的改革实验。1985 年,全市高中 78 所,在校生 34 308 人。其中,市区高中 26 所,在校学生 7 850 人(见表 28—8),市教委直属高中为襄樊一中、三中、四中、五中。

1979—1985 年襄樊市高中基本情况一览

表 28—8　　单位:所、人

年 度	校 数		在校生数	
	全市	其中市区	全市	其中市区
1979	178	22	58799	6 882
1980	172	22	58165	6 932
1981	152	22	45562	4 956
1982	114	23	37795	4 190
1983	93	23	34200	4 139
1984	52	28	24371	6 296
1985	78	26	34308	7 850

1986 年,全市普通高中 76 所,在校生 36 380 人。

1988 年,全市普通高中 70 所(含完中 40 所)。

1990 年，国家实施“普九”，提出“稳定普通高中，控制盲目发展”的方针。7 月 15 日，市教委确定襄阳县一中等 61 所学校为全市普通高中定点学校。其中，襄阳县 8 所，宜城县 5 所，南漳县 5 所，谷城县 3 所，保康县 2 所，随州市 9 所，老河口市 5 所，枣阳市 6 所，市区 18 所。当年，全市高中在校生 36 781 人，756 个班，招生 12 600 人，252 个班。同年秋始，未列入定点学校的普通高中不再招收新生，在校生毕业后(修完三年学业)，学校改办为初中或小学。

1993 年，全市普通高中 45 所，招生 11 202 人，在校生 33 313 人。

1994 年 9 月 1 日，成立民办高中襄樊市楚才高级中学。

1996 年 10 月 7 日，民办襄樊市浩然高级中学成立，面向全市招收应届初中毕业生。

1997 年，全市保留普通高中 47 所，招生 13 908 人，在校生 39 158 人。

1998 年始，为缓解普通高中入学难矛盾，全市着力发展普通高中：适当放开高中收费政策；对普通高中新建、扩建无偿提供用地，免收校舍建设配套费；停收对高中收费的预算外调剂金；编制部门对高中发展中新增教师给予编制支持；允许市区高中面向县(市)招生等。市教委采取多项措施，扩大普通高中招生，调整学校布局，取消襄樊一中、三中、二十四中初中部，扩大高中规模；取消市三十二中高中部，恢复市八中普通高中建制，与市职业中等专业学校实行一套班子，两块牌子，招收普通高中生，试办综合高中；挖掘省、市重点高中潜力，组建襄樊四中、襄樊五中校外部，襄樊一中、三中、四中、五中当年共扩大招生 1 000 人；利用企业办学资源，与第六化建公司联合举办市三十六中，当年招收高中生 500 人，批准湖北制药厂子校、汉丹电器厂子校面向社会招收高中生；设立襄樊市育才高中、襄樊市世通外国语学校、襄樊市汉岘高中、襄阳县一中寄宿学校等民办普通高中；将宜城市教师进修学校改办为普通高中——宜城市三中。同年，全市普通高中招生 20 500 人，使全市当年高中招生人数占全市初中毕业生数的 34.4%。其中，市区招收普通高中 5 306 人，占市区初中毕业生数的 73.8%。是年，市教委直属普通高中为襄樊一中、三中、四中、五中、八中、三十六中。

1999 年，恢复市九中建制，与市旅游服务学校实行一套班子，两块牌子；在市机电工程学校、枣阳市职业高中分别加挂岘山高中、枣阳市七中牌子，试办综合高中，实行一套班子，两块牌子；恢复市二中高中部；组建襄阳县高级中学，将枣阳市师范学校改建为枣阳市师苑高中，谷城县教师进修学校改建为谷城县三中，老河口市电大改建为老河口市十二中；新建清河高中、长春高中 2 所民办高中；扩大襄轴子校、总后 3542 厂子校、东风汽车公司第十中学、爱百颗药业公司子校、汉丹电器厂子校等厂办学校高中招生规模。是年，全市普通高中招生 24 000 人，占全市初中应届毕业生的 41%，市区招生 7 760 人，占市区初中毕业生的 83%。

2000 年，市工业学校、宜城市职业高中、襄阳县第二职业高中分别加挂隆中高中、宜城市四中、襄阳县五中牌子，实行一套班子，两块牌子，招收普通高中生，试办综合高中。老河口市师范学校改建为老河口市九中，成为普通高中。保康县一中迁址重建，扩大招生规模。同年 9 月，民办襄樊市楚才高中迁址鱼梁洲，扩大招生规模。12 月，因管理不善等原因，市清河高中被撤销。

2001 年 2 月 7 日，襄樊四中、市二十二中、市体育运动学校、襄城东街小学合并组建新的襄樊四中，隶属市教委，扩大了四中招生能力。同年 5 月 23 日，市六中与隆中高中、育才高中合并组建新的襄樊六中，为襄城区属普通高中，原市六中为新六中初中部，撤销隆中高中、育才高中建制。同年 9 月，襄樊七中停招高中生。

2002 年 4 月，襄阳县一中、二中、三中、五中分别更名为襄阳区一中、二中、三中、五中，襄阳县高级中学更名为襄阳区高级中学，襄阳县四中更名为樊城区高级中学；襄阳县教师进修学校改办为普通高中，并更名为襄阳区第六中学；襄城区职业高中加挂襄城区高级中学校牌，实行“一套班子，两块牌子”，试办综合高中；襄樊学院、襄樊职业技术学院分别设立附属高中，当年招收普通高中生。根据全市初中毕业生人数变化和普通高中办学情况，同年秋始，不能持续发展的高中学校逐步停止招生，全市集中力量发展优质高中。是年,全市普通高中招生 31 880 人,在校生 86 606 人。

2003 年 3 月 20 日,市政府召开全市普通高中发展与建设工作会议。会前,各县(市)区分管教育工作的副县(市)区长、教育局长、县(市)一中校长及市直高中校长分赴孝感高中、大悟高中和京山一中参观考察。自当年始,各县(市)区把优质高中建设纳入地方事业发展规划,予以安排,并作为"民心工程",写入政府工作报告,公布建设项目,年底向人民群众公布建设进度。停止向高中收取调节金;国土资源部门根据普通高中发展的需要,无偿划拨建设用地;新建、扩建普通高中,免征城市建设配套费、耕地开垦费、土地有偿使用费及其他费用;计划部门主动争取高中建设的专项经费的立项。同年 4 月 2 日,市教育局所属松鹤路小区土地使用权划归市八中。6 月,恢复市世通外国语学校普通高中招生;老河口市九中更名为老河口市二中。7 月,在襄樊水文中专校址设立民办汇文高级中学;8 月,于市工业学校内恢复市隆中高中建制,实行一套班子,两块牌子,举办综合高中。

2004 年 8 月 25 日,襄樊铁路分局职工子弟第一中学从襄樊铁路分局分离,归襄樊市政府管理,成为市教育局直属学校。同年 9 月,东风汽车公司第十中学、东风汽车公司第二小学和襄樊东风汽车电气有限责任公司子弟学校合并组建为"襄樊市东风中学",为市教育局直属重点学校,正县级事业单位。是年,全市普通高中在校生 102 743 人。

2005 年 3 月,襄樊铁路分局职工子弟第一中学更名为襄樊市致远中学。同年 10 月 21 日,为扩大优质教育资源,襄樊五中迁建协调领导小组第一次会议召开,决定襄樊五中迁至邓城大道沿线。是年,全市普通高中 53 所(含民办 10 所),招生 38 840 人,在校生 109 669 人。市教育局直属高中为襄樊一中、三中、四中、五中、八中、九中、三十六中、东风中学、致远中学(见表 28—9)。

1986—2005 年襄樊市普通高中教育事业发展一览

表 28—9

年度	学校(所)	毕业生数(人)	招生数(人)	在校生数(人)	专任教师数(人)
1986	76	10740	12953	36380	2444
1987	73	12537	13297	37521	2694
1988	70	11733	11966	37513	2865
1989	65	11771	12960	36484	2816
1990	60	12188	12216	36781	2851
1991	59	12078	12049	36438	2959
1992	56	12513	11865	35238	2962
1993	45	11794	11202	33313	2955
1994	56	10932	13812	35423	2954
1995	51	8669	12523	31063	2517
1996	48	7990	13544	35975	2611
1997	47	10088	13908	39158	2738
1998	50	13929	20500	47356	3129
1999	59	13777	24001	58237	3929
2000	55	14124	25929	68320	4268
2001	52	18949	29360	78267	4642
2002	51	23602	31880	86606	4628
2003	57	26524	35598	97883	5015
2004	55	30539	36292	102743	5165
2005	53	33210	38840	109669	5276

1979—2005年襄樊市各县(市)高考上省线人数一览

表28—10　　单位:人

年度	市区	老河口	襄阳	枣阳	宜城	南漳	谷城	保康	合计	注
1979	149	42	54	41	36	49	14	17	402	地市专科以上
1980	225	46	55	60	47	34	18	2	487	
1981	290	30	68	91	57	30	57	3	626	
1982	179	25	47	36	23	24	21	11	366	省线以上
1983	141	40	39	83	50	33	23	19	428	
1984	171	17	29	53	38	34	28	3	373	
1985	282	25	74	63	59	39	17	9	568	
1986	315	34	54	52	34	28	13	9	539	
1987	328	48	60	48	31	35	30	3	583	
1988	366	55	79	92	72	46	19	6	735	
1989	292	48	58	71	67	43	29	4	612	
1990	298	59	76	99	75	42	38	11	698	
1991	332	62	58	110	97	37	28	3	727	
1992	302	49	69	129	117	20	19	7	712	
1993	277	59	106	144	103	21	22		732	
1994	395	79	159	140	64	24	11	4	876	
1995	476	115	229	178	148	58	17	11	1232	
1996	730	136	309	285	247	92	56	19	1874	
1997	1 085	283	749	555	494	250	146	65	3627	
1998	1 145	395	866	603	631	264	178	67	4149	
1999	1 423	484	1212	866	802	346	237	87	5493	
2000	1 788	741	1898	1539	1116	628	551	146	8407	
2001	3 533	915	2537	2274	1490	792	711	187	12439	
2002	5 399	1390	3410	3501	2164	1104	1085	332	18385	
2003	6 805	1663	3929	4890	2771	1317	1450	440	23265	
2004	7 589	1744	4360	5400	3157	1393	1698	469	25810	
2005	7 085	1513	3912	4645	3049	1269	1481	437	23391	本科

襄樊市第一中学：1897年，由基督教鸿恩会创办，始名鸿文书院，位于解放路66号。1913年，更名为“鸿文中学”，1927年停办。1928年，复校并更名为岘北中学。1952年，更名为湖北省樊城初级中学。1956年，更名为襄樊市第一中学。1958年，增设高中部并更名为“湖北省襄樊市第一中学”。1963年被市政府确定为重点中学，是湖北省108所重点中学之一。1998年，改为单设高中，直属市教委领导。2005年，学校占地53 506平方米，校舍建筑面积84545.3平方米，校园绿化面积8 300平方米。校图书馆被评为“湖北省合格图书馆”，馆内藏书(含电子图书)155 753册、期刊504种、报纸72种。在校生4 000余人。教职工260人，专任教师210人。其中，省特级教师4人，市级名师2人，国家、省、市级骨干教师(学科带头人)61人；高级教师86人，一级教师43人。

襄樊市第二中学：建于1949年10月，位于樊城解放路皮坊街1号(山陕会馆旧址)。是襄樊第一所公办普通中学襄阳联合中学的“樊城分部”，亦称“联中二部”；1950年秋，联中被撤销，易名为襄樊市立初级中学，简称“市中”；1956年，更名为襄樊市第二中学；1984年，学校下放樊西区管辖。1989

年，学校将普通高中改为职业高中；1994 年停办职业高中；1999 年秋，复办普通高中；2002 年 7 月，初中部分流至市十六中，单设高中。2005 年，学校占地 10 467 平方米，建筑面积 13 973 平方米，20 个班，在校生 1 430 人。教职工 93 人，其中，专任教师 71 人。省、市级骨干教师 31 人。

襄樊市第三中学：建于 1956 年 9 月，始为单设初中，位于襄樊市丹江路与大庆路交汇处。1971 年 7 月，增设高中班，为全日制完全中学，隶属市教育局管理；1970 年 6 月，下放东风公社革委会管理；1972 年 6 月，收归襄樊市教育局管理；1984 年，被定为市重点高中；1998 年，改为单设高中，直属市教委管理。1995 年 8 月，学校教职工代表大会通过《教职工双向聘任实施方案》，实行双层（学校聘任处室主任、年级组长、班主任，再由其聘任教师或职员）双向（主任与员工之间有权自荐、选聘或拒聘）全员聘任制。2002 年 2 月，市教育局转发学校实施教职工全员聘任制改革工作经验，供全市借鉴。2003 年，校长李明凯参加教育部主办的“教职工全员聘任制改革座谈会”，阐述学校的改革经验，受到关注。2004年底，确立科学发展的办学理念。2005年，在校生4 000人，教职工233人，其中专任教师186人。

襄樊市第四中学：建于 1954 年 9 月，位于襄城东街 35 号，始名湖北省襄阳高级中学。1956 年，更名为湖北省襄樊市第四中学。1978 年，被确定为湖北省重点中学和襄樊市对外开放学校。1979 年，更名为湖北省襄阳地区中学。1983 年，复名湖北省襄樊市第四中学。1985 年，被定为全国军训试点学校。1987 年，被定为全国培养优秀体育后备人才试点学校。1969—1993 年，学校为完全中学。1993 年，停止初中招生。2001 年 5 月，与市体育运动学校、市二十二中和襄城区东街小学合并，仍定名为湖北省襄樊市第四中学，保留襄樊市体育运动学校校名。合并后全校分高中部、体育部和义务教育部，成为一所以普通高中教育为主，集普通高中教育、普通初中教育、小学教育、体育教育为一体的综合性学校，隶属市教育局管理。1986—1995 年，为国家培养初中毕业生 5 035 名；1986—2005 年，为国家培养高中毕业生 13 780 名，为各级各类高等院校输送合格新生 12 677 名。涌现出中国科学院院士熊有伦、著名作家梅洁、经济学专家郭道扬等杰出人才。培养出 2 名全省理科状元梁一凡(1997 年)、朱师达(2005 年)和 1 名全省文科状元王林丽(2002 年)，4 名全市理科状元朱志军(1995 年)、李林(1996 年)、王丹(2003 年)、毛青(2004 年)和 1 名全市文科状元张雅林(2003 年)。2000 年 5 月，学校与澳大利亚肯摩尔高中建立友好关系；2002 年 10 月，与澳大利亚悉尼市米威尔英语学院联合举办中澳英语特训班；2004 年，与加拿大新斯科舍省教育部合作办学；与新西兰基督城米德尔顿·格兰奇中学建立友好关系；与澳大利亚昆士兰州南岸学院联合举办襄樊四中国际部。2001 年被命名为“湖北省普通高中示范学校”。2005 年，有 74 个班，在校生 4 768 人。教职工 442 人(含离退休教职工 100 人)，其中专任教师 243 人，特级教师 5 人，高级教师 126 人，一级教师 85 人；本科以上学历教师 217 人，其中硕士研究生学历 31 人。先后有 50 余人次获国家、省级表彰奖励。

襄樊市第五中学：1902 年，由鹿门书院（位于大北门内、市水利局院内）改建而成，位于襄阳城昭明台西侧、省级文物保护单位襄阳县县学宫内，始名襄阳府中学堂。1912 年，更名为湖北省第七区鹿门中学。1924 年，更名为湖北省第十中学。1928 年，与湖北省立第二师范（1913—1927 年办于昭明小学院内）合并，建立湖北省立第五中学。1938 年，学校西迁加入湖北省联合中学郧阳分校。1942 年，在襄阳县泥嘴（今卧龙镇）复校为湖北省立第五高级中学（后迁入城内府学宫，今运动路军干所）。1947 年，改称湖北省立襄阳高级中学。1948 年，曾迁荆州、咸宁、蒲圻及武昌。1949 年 10 月 8 日，建立襄阳联合中学（并入私立汉沔中学、鄂北中学和襄阳县各初中等 8 所学校），设高中、初中和师范部。1950 年 2 月，改称湖北省襄阳中学，简称省襄中（师范部分出另建襄阳师范）。1953 年，被定为省重点中学；1956 年，定名为湖北省襄樊市第五中学。校内存有棂星门石牌坊大门、泮池（古代地方学校标志）、状元桥、大成殿（1822 年建）、两座明朝石碑坊、大门照壁构件二龙戏珠石雕。1999 年，新建杏坛（孔子讲学纪念地）。1996 年，学校篮球队代表中国学生出访美国，校“状元桥”文学社受中国校园文学报刊协会理事会的委托，组织举办了“中国校园文学报刊协会首届年会”。1998 年，学校提出“崇尚一流，办出特色”

的办学思路和“理想的教育”办学理念。同年，创办分校。2001 年，被命名为湖北省普通高中示范学校。2004 年，21 人考入清华和北大。2005 年，18 人考入清华和北大。同年，有 60 个班，在校生 3 800 人，在岗教职工 280 人，其中，特级教师 10 人，高级教师 120 人，各级优秀教师和骨干教师 100 人。校图书馆藏书 10 万册。1992 年，学校建校 90 周年，原最高人们检察院检察长黄火青为母校题写了校名；2002 年，学校百年大庆，原中共政治局常委、国务院副总理李岚清发来贺电。

襄樊市致远中学：建于 1960 年，位于襄樊铁路大院西路北段，始名铁道部第四工程局第三处保定铁路职工子弟小学。1962 年，更名为襄樊铁路职工子弟小学；1966 年 9 月，设初中班，更名为襄樊铁路职工子弟学校；1970 年 9 月，开设高中班；1974 年 10 月，中、小学分设，中学部成为襄樊铁路职工子弟中学；1981 年 7 月，改称襄樊铁路分局职工子弟第一中学；2004 年 12 月，由襄樊铁路分局正式分离出来，划转归襄樊市教育局管辖；2005 年 3 月 28 日，更名为襄樊市致远中学。1982 年，该校毕业生陈建平以襄樊市理科状元、湖北省第 4 名的成绩考入中国科技大学数学系。1986 年，13 岁的初三学生李玉君考入中国科技大学少年班。1993 年，参加全国生物奥林匹克竞赛获二等奖 2 人；全国中学力学竞赛获二等奖 1 人；全国中学生盼奥运英语演讲比赛获一等奖 1 人；全国中学生物教学论文评比获二等奖 1 人(教师)。1994 年，参加“首届长城杯全国中学生作文大赛”获二等奖 9 人；“全国中学生英语奥赛”获一等奖 2 人、二等奖 4 人；“湖北省第三届力学竞赛”获二等奖 1 人。1998 年，参加全国中学生英语听力、口语竞赛获国家一等奖 2 人、二等奖 3 人、三等奖 10 人。2000 年 3 月，被定为“襄樊市示范学校”。2001 年 12 月，被授予“湖北省普通中学示范学校”称号。2005 年，学校分初中和高中两部，43 个班，在校生 2 271 人。高中部 27 个班，1 452 人。在岗教职工 181 人，其中，特级教师 2 人，高级教师 49 人，各级优秀教师和骨干教师 87 人。

襄阳区第一中学：建于 1952 年 8 月，始名襄阳县第二初级中学，初位于襄北马集。同年 12 月，迁至牛首文昌宫(牛首小学)。1958 年增设高中班，并更名为“湖北省襄阳县牛首中学”，成为完全中学。1966 年后停止招生；1970 年春，恢复招生并更名为襄阳县牛首高级中学。1978 年，恢复为完全中学并更名为襄阳县牛首中学。1981 年定为县重点中学，并更名为襄阳县第一中学。1984 年迁至襄阳县航空路 38 号，并与张湾中学合并。2001 年 8 月，更名为襄阳区第一中学。2002 年，该校学生刘婕获国际奥林匹克“体育与文学大赛”一等奖，并受到国际奥委会副主席何振梁的接见。2003 年，被命名为湖北省普通高中示范学校。2005 年，学校占地 133 340 平方米，绿化面积约 28 934.4 平方米，绿化率 100%。77 个班，在校生 5 492 人。在职教职工 459 人，其中，专任教师 292 人，特级教师 4 人，高级教师 81 人，中级教师 80 人。本科以上学历 275 人，其中研究生学历 30 余人。

襄樊市第二十四中学：建于 1986 年，位于樊城区汉江路 476 号。1992 年被定为市重点高中。1998 年被定为国家级实施素质教育襄樊地区唯一试点高中。学校以美术教育见长，建有省内一流的天光画室。全国优秀教师、特级教师陈生年带领美术组通过探索，形成“分层教学，分类推进”的教学模式和“扎实、严谨、快捷”的教学风格，并编辑出版了《普通高中美术班学生优秀习作选》《冲刺清华大学、中央美术学院、中国美术学院》《素描、速写、色彩》三套 11 册高中美术教材，面向全国公开发行。2005 年，学校占地 80 000 平方米。51 个班，在校生 3 600 余人。教职工 228 人，其中，专任教师 178 名，省、市级骨干教师 68 人。

(二)特殊教育

1979—1986 年，全市有 1 所特殊教育学校。

1990 年，老河口市恢复创办聋哑学校，教职工 5 人，其中专任教师 3 人；随州市创办特殊教育学校，教职工 13 人，其中专任教师 10 人；南漳县开办聋哑班。全市盲聋哑学校有 16 个班，在校生 252 人，教职工 51 人。同年，通过财政拨款、群众集捐资、省特殊教育补助专款等渠道，筹资 51.9 万元，新建校舍面积 3 937 平方米。是年，对全市 0—14 周岁残疾儿童进行普查，盲聋哑弱智儿童 7 693 人。

1991 年，南漳县恢复特殊教育学校，学校从花庄镇迁至县城，教职工 7 人，其中专任教师 5 人。1992 年，按照“先办班后办学”的原则，枣阳市在师范附属小学开办聋哑教学班。是年，全市特殊教育学校 4 所，在校生 261 人。逐步形成市办盲聋哑学校、县办聋校、弱智班的体制。1993 年 2 月至 4 月 23 日，根据《湖北省特教事业“八五”计划》和省教委《关于对弱智儿童少年进行筛查摸底的通知》精神，对全市弱智儿童少年逐人进行测试筛查。全市组织 188 个筛查小组，深入到 4000 余个村组、校、幼儿园、工厂和街道居委会，对弱智儿童进行测试，通过谈话—测试—计算—综合鉴定—个别复试，从全市 1460174 名 3—15 周岁儿童少年中筛查出 5 395 名盲、聋、哑、弱智三类残疾儿童少年。其中，盲童 285 名，聋哑童 1 449 名，弱智 3 661 名(重度 1 047 人，中度 10 65 人，轻度 1 549 人)。同年 10 月，宜城县创办特殊教育学校，教职工 13 人，其中，专任教师 10 人，首批招生 16 人。是年，全市特殊教育学校 5 所，在校生 241 人。争取到省特教专项补助经费 37 万元(其中，枣阳市 4 万元，南漳县 3 万元，市区 30 万元)。1994 年，全市特殊学教育学校在校生 268 人，二、三类弱智儿童随班就读 2 695 人，入学率 8.29%。1995 年，全市 7—15 周岁少儿 780 773 人中，残疾儿童 7 858 人，其中盲童 232 人，聋童 1 349 人，轻度弱智 2515 人，中度弱智 2 034 人，重度弱智 1 738 人。盲童入学 18 人，入学率 7.8%；聋童入学 454 人，入学率 33.7%；轻、中度弱智儿童入学 3 980 人，入学率 87.5%。是年，全市特殊教育学校 4 所，在校生 435 人。1996 年，全市将残疾儿童少年教育纳入“普九”总体规划，并同步实施。80%的残疾儿童少年能在普通学校随班就读，视力、听力、语言、智力残疾儿童入学率 82%，达到国家规定大中专院校录取标准的考生录取率 92%。是年，全市特殊教育学校 4 所，在校生 211 人，随班就读 42 84 人。1997 年，市教委制定《襄樊市特殊教育事业发展三年规划》。为保证残疾儿童就近入学，规划全市特殊教育学校分别在襄樊市区、老河口、枣阳、宜城、南漳布点。9 月，枣阳市投入近 200 万元新建一所特殊教育学校，教职工 11 人，其中专任教师 7 人，招生 67 名。至此，全市特殊教育学校布点全部到位。是年，全市达到国家规定大中专院校录取标准的残疾人考生录取率 93%。1998 年，全市特殊教育学校 26 个班，在校生 526 人。市盲聋哑学校、老河口市、枣阳市特殊学校初具规模，宜城市、南漳县特殊学校得到完善。保康县、襄阳县、谷城县等在普通中小学均附设特殊教育班和随班就读。全市收训聋儿 92 名，培训弱智儿童 115 名。1999 年，市、县两级特殊教育学校标准化、规范化建设得到加强。全市收训聋儿 123 名，培训弱智儿童 147 名。在校生 493 人，随班就读 3 547 人。是年，全市残疾儿童少年 7 376 人。其中，视力残疾 295 人，听力残疾 924 人，智力残疾 6 157 人；7—15 周岁残疾儿童少年 6 798 人(能够接受义务教育的 4 894 人)，入学 4 688 人(特校就读 240 人，随班就读 4 448 人)，入学率 68.96%。2000 年，全市收训聋儿 106 名，培训弱智儿童 151 名。并形成以市办中心特校，县办聋校、市区办弱智学校，乡镇中小学办弱智班或随班就读的格局，保障了残疾儿童受教育的权利。2003 年，全市特殊教育学校教职工 101 人，其中专任教师 71 人，在校生 235 人，残疾儿童少年入学率 80%。2005 年 3 月 25 日，市政府办公室转发《市教育局、市财政局关于落实经费保障政策，推动特殊教育事业发展意见的通知》。此后，未设立特殊教育学校的襄阳区、谷城县、保康县，其残疾儿童少年开始进入市盲聋哑学校接受九年义务教育，根据就读的学生数按照每生每年 2 000 元的标准由所在地财政列入预算并按时向市盲聋哑学校拨付特殊教育办学经费；市、县两级还把特殊教育经费纳入社会福利资金项目的使用计划，每年资助特殊教育学校一定数额的资金，建立了保障特殊教育发展稳定的经费渠道。同年，省政府对义务教育阶段随班就读的所有贫困残疾学生和贫困残疾人子女实行“两免一补”(免杂费、免书本费、补助寄宿生生活费)，对特殊教育学校的学生免费提供教科书，将特殊教育学校的贫困寄宿生纳入城镇低保对象。各县市(区)民政部门也根据省、市要求，为盲聋哑残疾学生办理了低保、医保。是年,全市特殊教育学校5所,在校生244人(见表28—11)。

1986—2005年襄樊市特殊教育事业发展情况一览

表28—11

年度	学校(所)	招生数(人)	毕业生数(人)	在校生数(人)	教职工数(人)	
					合计	专任教师
1986	1	—	—	168	—	—
1987	1	60	15	105	23	16
1988	1	90	—	165	28	11
1989	1	12	—	168	35	21
1990	3	85	—	252	51	26
1991	4	41	10	192	59	38
1992	4	56	22	261	65	39
1993	5	49	11	241	86	52
1994	5	66	12	268	93	63
1995	4	105	44	435	80	49
1996	4	52	20	211	84	61
1997	5	88	42	485	94	59
1998	5	—	—	526	98	—
1999	5	45	18	493	103	47
2000	5	44	26	220	131	76
2001	5	45	14	279	133	72
2002	5	63	39	233	114	70
2003	5	42	29	235	101	71
2004	5	58	25	363	100	73
2005	5	71	72	244	98	73

襄樊市盲聋哑学校:建于1959年4月,初位于襄城荆州街福利院生产区(本部)和樊城教门街(分部)。1960年,实行半工半读。1961年两部合并。1963年收归教育部门管理。1970年停办;1972年复办。1974年随福利院迁至西门口。1984年迁至襄城西门外臧家台(檀溪大道复聪路中段),是襄樊市区唯一一所对听力、视力二类残疾少年儿童实施九年一贯制义务教育的特殊教育学校,直属市教育局管理。1996—2000年,集中招收全市盲童入学,同时招收市区和襄阳、谷城、保康三县的聋哑学生入学。2000年4月,开展普通教育与特殊教育相结合实验,实行"两块牌子,一套班子"的管理体制。2001年9月,有6个聋生班,1个盲生班(小学和初中),在校生74人,教职工24人,其中专任教师16人。2004年,学校被省教育厅授予湖北省特殊教育先进单位。2005年,有7个聋生班,1个盲生班,在校生65人。专任教师24人,其中,本科6人,专科14人,学历合格率95%。

（三）初、中等职业教育

1.初等职业技术教育

（1）农职业初级中学

1983年春，谷城县黄畈乡初级中学率先改办为职业初中，随后一批普通初中也先后改办为职业初中。襄樊市成为全国最早试办职业初中的地区之一。1985年12月，全省职业技术教育座谈会在襄樊召开，谷城黄畈职业初中、老河口王浦洲职业初中在会上介绍了经验。1986年2月，省教委印发《全省职业技术教育座谈会纪要》，推广了襄樊市举办职业初中的经验。是年，全市职业初中37所，在校生13 397人，教职工1 279人。1987年，全市职业初中41所，在校生14 021人。1988年，全市职业初中57所，占全省职业初中总数的三分之一，在校生16 061人。1989年始，每年招收50名应届高中毕业生进入市电大师资班学习，毕业后全部分到职业初中任教。1990年6月，确定襄阳县东津职业中学等46所学校为全市农职业初中首批试点学校，并划归市和各县（市）教委职教科管理，学制四年，均属农村初级中等义务教育学校，专业课总课时为1 070课时，占四年总学时的25%。1993年4月20—22日，省教委、省农牧渔业厅联合在襄樊市农校召开全省农林中专、职业中学为农服务现场研讨会。谷城县黄畈乡职业初中、襄阳县东津职业初中被作为与会代表介绍经验。5月15—17日，市教委组织召开职业初中工作现场研讨会，与会代表回顾了全市职业初中教育10年来所取得的成绩和经验，就职业初中如何深化改革进行了探讨，着重就职业初中学校规模小、专业教师不足、学校特色不够明显、教学研究少等问题分析了原因，探讨了对策。1994年初，市教委根据学校现状和发展潜力，确定12所作为骨干职业初中加强建设，从生源计划、专业设置、办学条件的改善和教师队伍建设等方面予以指导和政策倾斜，使其得到较快发展，在同类学校中发挥示范作用。如谷城县黄畈乡职业初中，1983年改制时，学校占地30亩，校舍只有40间民房，21名教师，200多名学生，到1994年底，学校校园已扩大到100亩，校舍面积7 600平方米，教职工60人，形成农学、养殖、林特三个骨干专业，在校生714人。学校开展一班挂一村、一生联一户的挂村联户活动，先后与12个村650户建立了联系，推广两段育秧、果木嫁接、容器育苗、食用菌开发等大批技术项目和优良品种，培训农村科技致富带头人6 887人次，与专业设置相配套的“七园三场（厂）一塘”成为本乡特色企业发展的参照模式。中央教科所、国家教委多次派人到校调研，湖北省三次在该校召开职业教育现场研讨会，副省长韩南鹏四次到校视察。1994年该校被国家教委授予全国农村教育综合改革先进单位。同年5月29—30日，中共中央政治局常委、国务院副总理李岚清抵樊视察，对襄樊的职业技术教育予以肯定。

附：李岚清副总理视察襄樊谈教育（节选自《襄樊日报》）

刚才听韩南鹏副省长谈，全省在这里开初级职业教育会议，全省的现场会，这个你们抓对了。农村教育如果不学一点农业科技，农村的孩子培养9年，不教一点科技知识，不教一点乡镇企业知识和技能，就是认得几个字，有一点文化，能有多大用处？所以，初级职业教育很重要，尤其是在经济不够发达地区，更要注意这个问题。……我对你们这个数字特别感兴趣：23所中专、25所高职、50所初职。好啊！再多搞。…… 抓教育要从职业教育抓起，要把农村职业教育办出自己的特色，不能跟城市一样，9年当中，要把农村科技、乡镇企业基础知识结合起来。九年义务教育就包括有职业教育。

1995年，全市保留农职业初中29所，在校生9 626人。1996年，全市职业初中继续调整，减少数量，扩大规模，提高质量。保留职业初中27所，在校生9 960人。1997—2002年，全市职业初中由24所减至12所，在校生人数由10 489人减至4 841人。此间的初等职业教育主要通过短期实用技术培训和渗透职业教育形式开展。

为服务经济建设，进一步做好农村教育结构调整工作，2003 年 8 月 22 日，市委书记阮成发主持召开市委常委会议，听取市教育局关于加强农村中小学职业技术教育，服务县域经济发展的工作汇报，专题研究、部署此项工作。会后，制发《关于加强农村中小学职业技术教育，服务县域经济发展的意见》。确定：试办新四年制农村初中，主要招收初中毕业后即就业或继续接收职业教育的学生。培养目标定为：毕业生在达到农村普通初中文化课合格的基础上，职业技能达到初级技术员水平，某项专业技能达到中级技工水平。教学内容除国家规定的文化课外，用一年左右的时间学习职业技术课程，一、二年级学生主要学习土壤、气候、肥料、生物和农村种植业、养殖业基础知识，三、四年级学生重点学习农村加工业和种植、养殖的专项技术和技能。学时安排上，文化课与职业课总学时比为 3 ∶ 1，将原三年的文化课统筹安排为四年，每年安排 25％的学时用于职业技术课。每所学校不少于 2 至 3 名专职专业教师，并聘请一批相对稳定的兼职专业教师。襄樊职业技术学院承担四年制农村初中（班）专业课教师的培训任务。学生实验实习基地以乡镇为单位，集中人力、物力、财力在四年制农村初中学校附近建设面积在 20 亩左右的农科教结合的示范基地，同时由乡镇政府协调，将当地农村种、养、加厂（场）和种植、养殖大户的基地免费向四年制农村初中（班）学生开放。专业课教材由市、县两级农业、科技、教育等部门组织一批专家学者组成襄樊市农村中学职业技术课教材编撰委员会，围绕全市县域经济发展的实际和农村产业化调整的需要，从全市的地理、气候、土壤、种植、养殖、农产品加工等方面的知识和技能入手，编写襄樊市农村中学职业技术课教材，作为全市农村中学的必修课本。从 2003 年秋开始，市政府每年从农业专项资金、农业科技开发资金中拿出 150 万元，作为举办四年制农村初中（班）的专款。试点县（市）政府按 1:1 的比例安排拨付配套资金，用于四年制农村初中（班）的建设，每开办一个四年制初中班，市、县（市、区）两级政府拨付开办费 5 万元，以后每年由市投入 1—2 万元正常办学经费。

根据市委、市政府的要求，市教育局首先在枣阳、宜城、谷城三县市进行新四年制农村初中试点。同年暑期，三试点县（市）经宣传发动，共举办四年制初中班 36 个，招收学生 1 616 人。同时，制发《四年制农村初中指导性教学计划（试行）》供试点单位参照执行。选定《科学种植致富 100 例》和《农村实用技术》作为专业课教学过渡性教材。从襄樊职业技术学院选派 4 名实用技术课教师到四年制农村初中（班）对口支教，依托襄樊职业技术学院举办一期实用技术课教师培训班，试点单位选派 25 名教师参加为期 3 个月的培训，保证了秋季正常开学。同年 10 月 21 日，市教育局制发《襄樊市四年制农村初中（班）学生学籍管理规定（试行）》，指出："四年制农村初中班属于九年义务教育的一种办学形式，试点学校要按照所在县（市）区教育主管部门下达的招生计划，面向全乡（镇）或划片招收新生，亦可面向全县（市）区招生。""四年制农村初中（班）学生毕业时，经专业技能考试和考核合格，发给相应的专业技能等级证书"。"四年制农村初中（班）四年级学生可以根据其自愿注册为全市范围内中等职业技术学校一年级学生，毕业后免试进入自愿选择的中等职业技术学校学习的，学制实行二年（比其他学制进入中等职业技术学校的学生缩短一年学制）"。

2004 年，市教育局组织襄樊职业技术学院生物工程方面的专家、教授，编写出版了近 70 万字的《农业基础知识》和《农业实用技术》教材，供试点学校使用。并组织 44 名教师进行实用技术课培训。同年 8 月 17 日，市教育局发出《关于进一步做好四年制农村初中试点工作的通知》，提出积极稳妥地扩大举办四年制农村初中（班）试点（见表 28—12）。

1986—2005 年襄樊市农职业初中发展情况一览

表 28—12

年度	学校数(所)	在校生数(人)	年度	学校数(所)	在校生数(人)
1986	37	13397	1996	27	9960
1987	41	14021	1997	24	10489
1988	57	16061	1998	20	9652
1989	60	14950	1999	14	8407
1990	44	12306	2000	9	7699
1991	47	13189	2001	6	4979
1992	45	13936	2002	4	4841
1993	48	13815	2003	4	4635
1994	41	13233	2004	3	3552
1995	29	9626	2005	3	2885

(2)短期实用技术培训

20 世纪 80 年代中期,襄樊市除通过成人(农民)文化技术学校对毕业回乡的高、初中毕业生进行实用技术培训外,同时在学生毕业离校前集中进行岗前实用技术短期培训。1988 年,随州市成立了由分管教育副市长任组长,教委、科协、农牧、共青团、妇联等部门负责人为成员的“中学生实用技术培训领导小组”,于当年 6 月下旬至 7 月底,以乡(镇)为单位,开办应届初、高中毕业生实用技术培训点 143 个,编班 253 个,设专业 27 个,对 13 426 名应届初、高中毕业生进行为期 15—36 天的实用技术培训。宜城县对应届初、高中毕业生进行为期半月以上的实用技术培训。1990 年,全市 6.7 万名初、高中毕业生参加了岗前短期实用技术培训。1992 年,市教委发出《关于切实做好中小学毕业生实用技术短期培训的通知》。据此,全市小学在上好文化课的同时,渗透职业技术教育因素,开设劳动课。同时,从本地实际出发,开展小学毕业生短期实用技术培训试点。普通初中除在学习中渗透职业技术教育外,继续开展毕业生回乡前农村实用技术强化培训,坚持实行毕业证书和实用技术培训合格证书“双证书”发放制度。高三毕业会考结束后实行分流,对一部分不具备高考和升学条件的学生进行职业技术培训,对高考落选的毕业生实行就业前实用技术短期培训,使他们掌握 1—2 门实用技术。培训时间一般在 15 天左右。1994 年,市教委发出《关于坚持做好农村应届初中毕业生离校前短期实用技术培训工作的通知》。此后,对农村应届初中毕业生进行离校前的短期实用技术培训,注重实际、实用、实效和强调动手训练,培训内容追求“少而精”,使学生真正学会一些农业生产技术;在培训教师的选配上既有职中、成校的专业教师,也有当地农业科技部门的技术人才和“能人”;培训方法既有校内培训,亦有走出去,以职中、成校的实习基地为现场,进行实地培训。1995 年 7 月 19 日,市委、市政府发出《关于加快我市教育改革与发展的决定》。小学后、初中后、高中后的短期职业技术教育进一步落实。1996 年,全市小学后、初中后、高中后的集中短期实用技术培训工作被列入教学常规加以落实。1997 年,全市参加为期两周的实用技术培训的应届初中毕业生 4.8 万人,占当年应届初中毕业生的 90%以上,使绝大多数农村初中毕业生都掌握了 1—2 门农村实用技术。1998 年始,全市初中阶段的学生初等职业教育尽管采用了全程渗透式教育,但毕业生离校前的集中短期强化培训仍坚持进行。2000 年 5 月 23 日—6 月 2 日,市教委组织对全市应届初中毕业生短期实用技术培训工作进行了督办检查。其中,工作开展扎实、效果好的有谷城县、襄城区、樊城区;老河口市、保康县、枣阳市、南漳县为较好;宜城市、襄阳县中考后实施。

2001 年,对农村初中毕业生离校前进行实用技术培训的教材以各地编写的实用技术教材为主,培训时间从毕业考试后开始，为期10—12天。培训结束，采取笔试与操作相结合的办法进行考核，合格者由县(市)区教委统一验发《农村实用技术绿色证书》，不合格或擅自不参加培训者，未验发初中毕业证书。2004年，对中小学毕业生实用技术培训的办学模式逐渐呈现多样化态势。枣阳、宜城、谷城三个县市以探索四年制农村初中(班)的办学模式为主，保康县歇马中学开展"3+1"实验(三年文化课加一年职业教育课)；南漳县板桥中学、薛坪中学、襄阳区肖集中学开展"2.5+0.5"实验(两年半文化课加半年职业教育课)；襄阳区欧庙中学、樊城区太平中学、牛首中学、南漳县李庙中学等则开展"2+1"的办学模式实验(两年文化课加一年职业教育课)。全市初中学生毕业前的集中短期实用技术培训工作在改革中不断加强。

(3)"全员、全程、定向、分流"的职业渗透教育

自1995年始，宜城市板桥店镇中学依据学生兴趣和家庭生产项目开办"职业兴趣特长班"，打破年级、年龄界限，将活动课和初中劳技课合二为一，每周2课时，统一在文化课之外编班学习，并侧重于实践操作，既保证了文化课教学进度，又使学生动手动脑搞实验。"职业兴趣特长班"教学既注意与地方经济与家庭经营项目结合，又注意与季节农时合拍。这一试验，既丰富了校园文化生活，又使学生学到了农村实用技术，受到学生与家长的欢迎和支持。当年该校流失生25人，流失率3.2%。1996年，该校流失生18人，流失率降至1.8%。市教委将其做法概括为"全程渗透、定向选修、后期分流"的初中职业渗透教育办学模式。1997年，板桥店镇中学流失生4人，流失率降至0.2%。同年，市教委在宜城、谷城两县(市)推广宜城市板桥店镇中学的全员全程渗透职教的做法，进行较大面积试点。谷城县组织编写渗透职教教材《实用技术》，内容围绕全县"茶、菜、猪、果、菌"五大支柱产业，分种植、养殖、农产品加工(机电)三大类。同年9月1日，全县27所普通初中全部开展了渗透职业教育试验。是年，宜城市板桥店镇中学被镇政府确定为全镇袋装香菇种子生产示范基地，辐射全镇十个村、73个村民小组和六百多农户。全镇855家果林专业户，650家香菇专业户，920家西瓜专业户，170家葡萄专业户，60家特种养殖专业户和183家农业大户中大多数都有该校毕业生担任技术人员。其办学经验分别在《中国教育报》《光明日报》和《湖北日报》上宣传，其模式被概括为"三加专"，在全省推广。1998年初，市教委制发《关于在农村普通初中开展"全员、全程、定向、分流"渗透职业技术教育的意见》。同年4月下旬，全国农村教育改革研讨会在徐州召开，襄樊市渗透职业教育的做法在会上交流。此后，渗透职业教育在全市展开。在办学模式上，先后涌现出谷城县的"渗透+实训"模式，枣阳市徐寨、钱岗的"渗透+分流"模式，襄阳县伙牌、王河的"渗透+成校"模式，保康县歇马、店垭的"渗透+教育"模式，宜城市板桥店、郑集的"渗透+基地(样板项目)推广"模式，老河口市竹林桥的"渗透+家庭项目扶持"模式，南漳县刘集镇的"渗透+产业化技术引进传播"模式等，解决了教育脱离实际的问题。年底，全市农村初中开展了渗透分流职业教育的学校，已占全市初中学校总数的83.6%。是年始，农村普通初中开展"全员、全程、定向、分流"渗透职业教育工作被纳入年度教育工作目标管理予以考核。1999年1月28日，市教委制发《关于改革农村初中办学模式进一步推进职业渗透和定向分流教育的意见》。此后，农村初中渗透职业教育的模式是"渗透+分流+延伸"("渗透"即"全员、全程"渗透；"分流"即在初一、初二年级开展全员渗透职教的基础上，在初三上学期或下学期，根据学生志愿实行定向分流教育，对参与定向分流的学生，单独编班，适当减少文化课教学内容，增加实用技术课时，保证每周渗透职业教育课课时达到6节以上；"延伸"即对部分学生在毕业离校前集中一段时间，强化职业技能训练，重点提高其实用技术操作能力，并根据毕业生志愿，可不经中考直接进入高中学段的职业学校进行专业学习)。自1999年始，全市中考统考适量增加了职业教育渗透内容。是年，全市237所农村初中全部开展了渗透职业教育。2000年，市委、市政府将农村初中渗透职业教育列入《襄樊市教育示范乡镇标准》加以考核。同年11月，全国"两基"工作督导组抵樊督导检查时，肯定了襄樊市渗透职教的初中办学模式改革。2001 年 4 月,襄樊市渗透职教工作经验在国家和省基础教育改革工作会议上交流。2002 年 6 月 12 日,市教育局制发《关于在农村初中开展创建“渗透职业教育示范学校”的通知》,公布了“渗透职业教育示范学校”的检查评估内容和标准,并对创建和评估工作进行部署。同年 11 月,市教育局组织专班对全市申报市级渗透职业教育示范学校的单位进行了检查评估。25 所学校被评为“襄樊市农村初中渗透职业教育示范学校”。2003—2005 年,又先后分三批共 47 所学校被评估认定为“襄樊市农村初中渗透职业教育示范学校”(见表 28—13)。

2003—2005 年襄樊市农村初中渗透职业教育示范学校一览

表 28—13

年份	枣阳市	宜城市	老河口市	谷城县	南漳县	保康县	襄阳区	襄城区	樊城区
2003	刘升镇中心学校	板桥店镇中心学校	贾湖中学	城关镇四中	九集镇中学	寺坪镇中心学校	龙王镇一中	卧龙镇中学	太平店镇二中
	杨垱镇徐寨中学	板桥店镇莣忧中学	张集中学	茨河镇中心学校	肖堰镇花庄中学	过渡湾镇中心学校	黄龙镇中心学校		牛首镇竹条二中
	吴店镇清潭中学	流水镇中心学校	袁冲中学	庙滩镇二中	巡检镇峡口中学	马良镇中心学校	黄集镇中心学校		
2004	平林中学	刘猴镇李垱中学	薛集中学	盛康镇三中	东巩中学	歇马镇中心学校	朱集镇中心学校	欧庙镇杨威中学	牛首镇中心学校
	蔡阳中学	南营办事处官庄中学				城关镇中心学校	古驿镇三中		
2005	鹿头镇吉河中学	郑集镇楚都中学	孟楼中学	五山镇中心学校		两峪乡中心学校	程河镇中心学校	欧庙镇二中	牛首镇二中
	南城办事处梁集中学						张湾镇中心学校		

2.中等职业技术教育

(1)中等教育结构改革

1980 年,襄樊八中、九中两所完全中学改办为职业中学。1983 年 5 月 23 日,市政府制发《关于加快中等教育结构改革的步伐,大力发展职业技术教育的通知》,对职业学校的办学形式、办学经费、毕业生就业等作出规定。1984 年 5 月 15 日,成立襄樊市中等教育结构改革发展职业技术教育领导小组,市委常委、副市长胡久明任组长。同年 5 月 24—28 日,市政府在谷城县召开全市农业中、学工作会议。总结推广谷城县改革中等教育结构的做法和经验。同年 5 月 29 日,市政府制发《关于改革中等教育结构发展职业技术教育的意见》。1985 年,全市农职业中学(高中段)增至 47 所,在校生 10 323 人。另有技工学校 27 所,普通中专 9 所。中等职业学校在校生占高中阶段在校生总数的 36.8%.1986 年,全市中等职业学校在校生 21 571 人,占高中阶段在校生总数的 46.1%。市区“中职生”与“普高生”为 1.2∶1,提前四年实现了国家教委提出的 1∶1 的要求。1988 年,全市单设职业高中 31 所,职业高中教学点 109 处,普通中专 14 所,技工学校 28 所,中等职业学校在校生占高中阶段在校生总数的 46.2%.1990 年,全市职业高中教学点 35 处,在校生 1.3 万人;普通中专 15 所;技工学校 26 所,中等职业学校在校生占高中阶段在校生总数的 46%。1993 年,全市中等职业学校(含普通中专、职业中专、职业高中、技工学校)招生 12 706 人,占高中阶段招收新生总数的 53.15%。中等职业学校在校生 33 547

人，占高中阶段在校生总数的50.2%，首次达到并突破国家1∶1的标准。1994年，全市中等职业学校招收新生13 379人，与普通高中招生比为1.23∶1，在校生人数占高中阶段在校生总数的58.1%。1995年，中职招生突破应届往届、招生季节、地域和缴费方式限制，全市中职学校招收新生15 100人，与普通高中招生之比为1.21∶1，在校生人数占高中阶段在校生总数的54.4%.1996年5月11日，《中国教育报》刊登襄樊市职教工作专版，介绍襄樊发展职业教育的做法和经验。是年，全市中职学校招收新生16 400人，在校生人数占高中阶段在校生总数的54.6%.1998年，在全国高校扩大招生，普高热升温的形势下，全市中职学校招生10 700人，在校生人数占高中阶段在校生总数的52%。2000年，由于市属四所普通中专学校（市农校、卫校、财校、襄师）合并组建襄樊职业技术学院，减少中职招生和普通高中扩招等，全市中职学校在校生人数占高中阶段在校生总数的48.7%。2002年，全市中职学校招生9 522人，中职在校生人数占高中阶段在校生总数的35.4%.

为扭转中等职业教育下滑的局面，结合贯彻2002年7月召开的全国第四次职业教育会议精神，同年10月15日，市教育局制发《关于积极推进全市职业教育改革与发展的意见》。12月，结合贯彻全省职业教育会议精神，市教育局组织召开全市职业教育座谈会，针对全市职业教育改革与发展中存在的问题进行研讨。2003年7月，市政府出台《关于大力推进职业教育改革与发展的决定》，从办学体制改革、招生与就业、经费投入等提出加强职业教育改革与发展的措施。同年，全市抓住经济回升对职业教育带来需求的机遇，利用国家、省、市出台的一系列支持职业教育发展的优惠政策，加大职业学校招生工作力度，全市全年招生15 227人，中职在校生人数占高中阶段在校生总数的40.4%。2005年，抓住各级政府加大对职业教育扶持的机遇，通过建立省、市、县、校四级资助中职贫困生网络，扩大中职学校毕业生就业渠道等方式，加大招生宣传组织力度，全市38所中职学校招收新生30 456人，超额完成省教育厅下达的1.8万人的招生计划。使当年中职招生与普通高中招生比达到3∶4，中职学校在校生人数64 859人，占高中阶段在校生总数的43.2%（见表28—14）。

1986—2005年襄樊市中等职业学校在校生占高中阶段在校生人数比例统计

表28—14　　　　单位：%

年　份	比　例	年　份	比　例	年　份	比　例	年　份	比　例
1986	46.1	1991	44.4	1996	54.6	2001	45.4
1987	42.7	1992	—	1997	56.8	2002	35.4
1988	46.2	1993	50.2	1998	52	2003	40.4
1989	—	1994	58.1	1999	52.3	2004	—
1990	46	1995	54.4	2000	48.7	2005	43.2

（2）普通中等专业教育

1985年，全市普通中专学校10所（含襄樊市师范学校），在校生4 668人。1986年，学校增至17所，在校生7 456人。1987年3月9日，“襄樊市体育运动学校”建立。当年普通中专学校17所，在校生7 253人。1988年，全市中专学校减至14所，当年招生2 953人，在校生6 181人。20世纪80年代，普通中专学校主要招收应届高中毕业生，学制两年，进入20世纪90年代，普通中专学校开始试招应届初中毕业生（学制由两年改为四年），由只招收本地区学生扩大到试招收外省、地学生。1990年，全市普通中专学校15所，在校生10 750人。同年4月，省教委组织专家组对全省试点市卫校进行办学条件评估工作检查验收。1991年12月，国家教委、体委及省教委组织的中专学校办学条件复评验收组对襄樊市八所中专学校的办学条件进行复评验收，认定襄阳农校、市卫校、市财税贸易学校、市机电工程学校为合格；市体校处全省同类学校领先地位；市工艺美术学校、市护校、随州市卫校为基本合格。1992 年 12 月,省教委组织专家组对上年度办学条件评估合格的襄阳农校、市卫校、市财税贸易学校、市机电工程学校进行办学水平评估。1993 年 3 月 1 日,省教委、省计委联合批复,同意建立“襄樊市工业学校”和在襄樊教育学院设立中专部。一校一部同属四年制普通中专性质,市工业学校办学规模为 960 人,襄樊教育学院中专部办学规模 640 人。同年 6 月 15 日,省教委对全省 71 所中专学校进行办学水平评估,襄樊市卫校、襄阳农校、市财校被认定为 A 级学校;襄樊市体校、市机电工程学校被认定为 B 级学校。是年,省政府评估认定 40 所省部级重点普通中专,其中襄樊市占 5 所(外加已被认定为省部级重点的市师范学校,共 6 所)。襄阳农校、市卫校、市财税贸易学校、市体校、市机电工程学校均被认定为省部级重点中专学校。全市普通中专学校 14 所,在校生 14 745 人。

1994 年 6 月 14 日,国家教委组织的评估小组一行 4 人,对市体校、卫校申报国家级重点中专进行检查评估。同年 8 月 22 日,襄阳农校、市卫校、市体校被认定为国家级重点中专学校。襄樊市成为全国地(市)属普通中专中被认定为国家级重点中专学校最多的地(市)。10 月,“襄樊市粮食成人中专学校”改办为“湖北襄樊食品工业学校”,改办后属普通中专性质,设粮食加工、食品工业、工业企业管理、财务会计、市场营销专业。办学规模为 640 人。

1995 年,全市普通中专教育改革步伐加快,学校办学自主权进一步扩大,全部招收应届初中毕业生,除完成上级下达招生计划外,开始招收部分自费生。招生范围由本地区扩大到河南、山东、广东等十多个省市。同年 2 月 11 日,“湖北省人民警察学校”与“襄樊市人民警察学校”合并,校名仍为“湖北省人民警察学校”,隶属省公安厅,校址在襄樊檀溪路。是年,全市普通中专学校 14 所,在校生 19 955 人。1996 年 7 月,在“襄樊市商业职工中等专业学校”基础上成立“襄樊市商业服务学校”,属普通中专性质,由市政府领导,市商业局主管,设市场营销、公关秘书、国际商务、餐旅服务、导游、会计电算化 6 个专业,办学规模 640 人。同年 12 月 5 日,市体育运动学校被国家体委授予“国家高水平体育后备人才基地”称号,并授牌。同年,襄阳农校被国家农业部评为全国 6 所“窗口学校”之一。是年,全市普通中专 14 所,在校生 23 020 人。1997 年 4 月下旬,省教委评估专家组对市食品工业学校、市工业学校的办学条件进行检查评估,两校均被认定合格。同年 10 月,省教委专家组对地处襄樊市区的湖北省工艺美术学校和湖北省自动化工程学校(原湖北省气象学校)进行办学水平评估。1999 年,重点中等职业学校进行调整评估、重新认定。同年 11 月 18 日—12 月 6 日,省教委组织的国家级重点中等职业学校评估专家组对市卫校、农校(原襄阳农校)、财校、体校进行检查评估后向国家教委推荐。

2000 年 3 月 26—27 日,教育部专家组与省教育厅领导共 8 人组成的评估复查组对市农校、卫校、财校、体校进行国家级重点中等职业学校评估复查后,四校均被认定为国家级重点中等职业学校。同年 8 月 25 日,襄樊师范、襄樊农校、襄樊卫校、襄樊财校合并组建襄樊职业技术学院,同时撤销四所学校建制。同年 9 月 8 日,湖北省工艺美术学校与襄樊学院艺术系美术专业合并组建“襄樊学院美术学院”,同时撤销湖北省工艺美术学校建制。同年 11 月,市工业学校通过省教育厅组织的中等专业学校办学水平 A 级评估。2001 年 9 月 9 日,襄樊食品工业学校与中安达公司联合成立襄樊市中安达度假旅游学校。是年,全市普通中专学校 11 所,在校生 12 998 人。2003 年 6 月 4 日,襄樊市信息工程学校建立。是年,全市普通中等专业学校 10 所,在校生 11 333 人。2005 年,市工业学校被认定为国家级重点中等职业学校,市信息工程学校被认定为省级重点中等职业学校。是年,全市普通中专学校 10 所,在校生 16 606 人(详见表 28—15、28—16)。

1986—2005 年襄樊市普通中等专业教育发展一览

表 28—15　　单位:人

年度	学校数	在校生数	年度	学校数	在校生数
1986	17	7456	1996	14	23020
1987	17	7253	1997	15	24956
1988	14	6181	1998	15	22986
1989	14	9814	1999	16	21837
1990	15	10750	2000	15	15987
1991	14	10847	2001	11	12998
1992	14	12587	2002	11	12348
1993	14	14745	2003	10	11333
1994	15	18936	2004	10	14826
1995	14	19955	2005	10	16606

1986—2005 年襄樊市普通中等专业学校创建国家级、省级重点校情况一览

表 28—16

学校名称	省级重点认定年度	国家级重点认定年度	学校名称	省级重点认定年度	国家级重点认定年度
襄樊农业学校	1993	1994、2000	湖北省工艺美术学校	1999	—
襄樊市卫生学校	1993	1994、2000	襄樊市食品工业学校	2003	—
襄樊市财税贸易学校	1993	2000	襄樊市工业学校	1999	2005
襄樊市体育运动学校	1993	1994、2000、2004	襄樊市商业服务学校	2004	—
襄樊市机电工程学校	1993	2004	襄樊市信息工程学校	2005	—
湖北省自动化工程学校	—	2004	襄樊市护士学校	2003	2005

襄樊农业学校:建于 1950 年 3 月,始名襄阳高级农业职业学校,初位于古隆中。1956 年 8 月,迁至襄阳城西门外。隶属于市农委,为正县级事业单位。1993 年被评为省级办学水平 A 级学校和省部级重点中专,1996 年被评为全国农业中专“窗口学校”。1956 年、1994 年、2000 年先后三次被认定为国家重点中等专业学校。2001 年有教职工 260 人,具有高中级技术职称的 114 人,在校生 2 513 人。同年 8 月,学校并入襄樊职业技术学院,襄阳农校建制撤销。

襄樊财税贸易学校:建于 1950 年 10 月,始名襄阳专区财经干部学校。初位于襄阳县街(襄城新街 7 号,襄樊日报编辑部所在地)。1960 年,更名为“襄阳专区财政贸易干部学校”, 1961 年 1 月,迁至襄阳西门桥外。1964 年,迁至襄城民主路 60 号。1984 年 9 月 17 日,更名为“襄樊财税贸易学校”,由市政府和省财政厅双重领导,以市领导为主,隶属于市财委,为正县级事业单位。1993 年,经省评估,学校办学达到 A 级标准,被省政府认定为省部级重点中专。2000 年又被国家教委认定为国家级重点中等专业学校。同年 8 月,学校并入襄樊职业技术学院。2000 年教职工 201 人,具有高中级技术职称的 150 人,在校生 1 959 人。

襄樊市卫生学校：建于1952年5月，始名湖北省襄阳医士学校，位于襄城西门外（原铁佛寺和襄阳同济医院旧址）。1993年被确认为“省级办学水平A级学校”、“省部级重点中专学校”。1994年、2000年先后两次被国家教委确认为“国家级重点中专学校”。先后开办了医士、卫生医士、妇幼医士、中医士、护士助产士、放射医士、中药士、药剂士、检验士、临床检验士、英语护士、医学影像、计划生育和医疗专科、高级护理等专业。同年8月，学校并入襄樊职业技术学院。2000年有教职工497人，具有高中级技术职称的233人，在校生2 853人。

襄樊市护士学校：建于1979年8月，始名襄樊市人民医院附属护士学校。初位于市人民医院院内（樊城解放路与朝阳路交叉口北侧）。1982年6月，更名为襄樊市第一医院附属护士学校。1985年12月，更名为襄樊市护士学校，隶属于市卫生局，业务上接受市教委指导。1986年4月，迁至清河路37号与市第二人民医院合并。学校开设通科护理、电子应用技术、旅游服务与管理、计算机应用、财务会计、物流管理等专业，其中，通科护理是骨干专业。分全日制普通中专、护理专科、护理本科三个层次，开设解剖学、生理学、基础护理学、内科护理学、外科护理学、儿科护理学、妇科护理学等课程。2003年1月，被定为省重点中专。2005年，学校有教职工189人，专职教师137人，其中高级职称教师47人，中级职称教师73人，“双师型”教师64人，主任医师3名，副主任医师10名，主管护师5名，高级会计师、高级经济师、高级工程师等34名。同年7月，被定为国家级重点中专。

襄樊市体育运动学校：建于1980年7月，始名襄阳地区少年儿童业余体校。1984年5月，更名为襄樊市体育中学，定址于襄城运动路22号。1986年12月创立襄樊市体育运动学校，隶属于市体委，接受市教委的业务指导。1993年被省政府确认为“省部级重点中专学校”。1994年、2000年、2004年先后三次被国家教委（教育部）、国家体委认定为“国家级重点中专学校”。1996年被国家体委命名为“国家高水平体育后备人才基地”。学校开设田径、游泳、篮球、排球、武术、船艇、举重、体操、跳水、摔跤、柔道、足球等项目及体育教育、球类、武术、船艇等专业。先后为国家培养5 000余名大中专毕业生，向省队、国家队和高等院校输送高水平运动员500余人，其中，获世界三大赛前三名的8人次，亚洲级金牌20人次，国家金牌80人次，5名运动员获“国际级运动健将”称号。2001年5月，并入襄樊四中，并保留原校名。2005年，教职工60人，其中，专职教练员21人，高级教练员10人，在训运动员470人。在校生400余人。

图28 1 1990年10月，襄樊市体育运动学校武术队出访日本

襄樊市工业学校：建于1985年5月，始名湖北省一轻职工中等专业学校襄樊分校。1993年3月，改办为襄樊市工业学校，属普通中等专业学校性质。开设模具设计与制造、数控技术应用、机电技术应用、电子与信息技术、电器装配维修、轻工机械、计算机及应用、计算机网络技术、电子商务、会计电算化、广告设计与装潢等专业。1999年被评为省级重点中专，2000年被评为国家轻工技工教育示范学校。2005年学校被评为“国家级重点中专”。2005年，学校教职工260人，专任教师170人，其中中高级职称教师120人，“双师型”教师占40%。

湖北省襄樊食品工业学校：建于1981年5月，始名襄阳地区粮食干部学校，位于襄城檀溪西路花梨木店。1984年与襄樊市粮食干部学校合并组建湖北省襄樊粮食职工中等专业学校，并开始举办学历教育。1986年7月，升为副县级事业单位。1994年10月，更名为湖北省襄樊食品工业学校，为全日制普通中专学校，面向襄樊市、十堰市、随州市、神农架林区招收应届初中毕业生，隶属于市粮食局，业务上接受市教委指导。学校开设制冷、粮食加工、食品工艺、财会、市场营销、导游、旅游会计、饭店服务与管理专业、计算机应用、数控、模具、机械制造、品质检验、物流管理、人事文员、办公文员等专业，其中制冷、粮食加工、食品工艺为骨干专业。2003 年 11 月，升为省级重点中专。2005 年，学校占地面积 120.11 亩，建筑面积达 57 879 平方米，图书 123 577 册。有教职工总数为 167 人，专职教师 131 人，兼职教师 12 人，行政人员、工勤人员 36 人。专业技术人员中，大学本科学历 143 人，大专学历 14 人，高级职称 55 人，中级职称 73 人，初级职称 28 人。在校生 1 757 人，32 个班。同年 3 月，升为国家级重点中专。

襄樊市机电工程学校：建于 1955 年 6 月，始名襄阳专区农业合作干校，初位于襄城西门内民主街（原市财校旧址）。1960 年 1 月，更名为襄阳专区农业机械学校。1984 年 1 月，更名为襄樊市农业机械学校。隶属市农委和市农机局双重领导。1992 年 4 月迁至襄城环城南路 5 号。1993 年被省政府确认为“省部级重点中专”。 1995 年 1 月，更名为襄樊市机电工程学校，为全日制工科中等专业学校，为正县级事业单位，隶属于市农委。学校设有机电、数控 、模具、机制、电子等骨干专业，汽车专业成为省级重点专业，机电、数控专业成为市级重点专业。2003 年被教育部、交通部等四部委确定为“国家现代制造业汽车运业与维修专业领域技能紧缺人才培养基地”。2004 年被认定为国家级重点中等专业学校。2005 年，学校占地 93 338 平方米，建筑面积 45 439 平方米。有教职工 218 人，其中专任教师 156 人。在籍生 7 318 人。

（3）职业高中（中专）教育

襄樊市的职业高中（中专）教育始于 1980 年秋。1982 年后有了较快发展。1984 年 9 月，全省开始创建示范性重点职业高中活动。襄樊市第一职业高级中学成为全省首批办好的 6 所职业技术教育中心之一。1985 年 12 月 16—20 日，全省职业技术教育座谈会在襄樊召开。是年，全市职业高中 47 所，在校生 10 323 人。1986 年 2 月，省教委印发《全省职业技术教育座谈会纪要》，交流并推广了襄樊市发展职业技术教育的经验。同年 6—7 月，市政府组织检查组，对全市职业中学的办学条件、教育教学管理、教育质量进行全面检查，促进了全市职业高中办学水平的提高。是年，市区坚持广开门路，多渠道办学，调动社会各有关部门、厂矿企业和社会力量的积极性，挖掘各中专学校潜力，开办了 22 个职业高中班（不含教育部门办的职业学校），招生 1 100 多人，使市区中职学校在校生人数首次超过同期普通高中在校生人数，提前四年实现了省委、省政府提出全省高中阶段职业技术学校与普通高中在校生人数大体相当的目标，受到了省教委的肯定。同年，全市开展了县（市）职教中心建设，成为全省第一个县县有重点职业高中的市。全市教育系统单设职业高中 32 所，在校生 10 892 人。1987 年 3 月，襄樊市第十一中学改办为襄樊市郊区职业技术学校。全市职业高中 31 所，在校生 10 630 人。同时，部分职工中专学校开办了一批职业高中班。同年 5 月 4—19 日，省教委职业教育检查组对襄樊市 7 所县（市）办重点职业高中进行检查验收，除枣阳县职业高中外，其余全部验收合格。是年，经省教委批准，在襄樊市职业技术教育中心开始试办计算机应用专业职业中专班（属普通中专性质，国家承认中专学历，不包分配）。1988 年 4 月 20 日，市政府下发《市人民政府关于加快发展职业技术教育的通知》，为加快全市职业技术教育的发展提供了政策依据和保障措施。此后，教育部门与经济部门、厂矿企业与学校、厂矿企业之间联合办学、办专业；市商业、供销、粮食、轻工、卫生、财贸等部门利用系统职工中专开办职业高中班；部分普通中学附设职业高中班；一些大型厂矿企业自办职业高中班等。当年部门办职业高中班 50 处，比 1987 年增加 23 处，招生 1 500 余人，占当年职业高中招生总数的 35%。是年，全省有重点职业中学（职教中心）74 所，其中襄樊市 9 所，即襄樊市职教中心、随州市职教中心、枣阳市职教中心、老河口市职教中心、谷城县职业中学、宜城县职业中学、襄阳县职业中学、保康县职业中学和南漳县职业中学。经调整，保留单设职业高中学校 25 所，在校生 11 330 人。1989 年 10 月 10—15 日，省教委组织大、中专院校的专家一行 12 人，对襄樊市职教中心进行评估审定，对其办学方向、条件及经验予以肯定。是年，全市十个系统的厂矿、企业共与学校联合办班 24 个，招收职业高中新生 1 205 人。1990 年，襄樊市职教中心和谷城县职业高中被省认定为“省级示范性职业高中”。同年 11 月，在首批公布的全省 19 所省级重点职业高中中，市第一职业高中（襄樊市职教中心）和谷城县职业高中榜上 有名。

1991 年 1 月上旬，襄樊市第一职业高级中学获“全国职业技术教育先进单位”称号，襄阳县职业高中毕业生陶桂芬被国家教委授予“回乡致富的优秀毕业生”称号。同年 10 月 21—25 日，省教委组织督导评估小组，对襄樊市第一职业高中进行督导评估。在全省被督导评估的 13 所省级重点职业高中中，襄樊市第一职业高中列第一，谷城县职业高中列第七。同年 12 月，老河口市第二职业高中获“湖北省职业技术教育先进单位”称号，市第一职业高级中学钞辉临等 11 人获先进个人称号。1992 年 9 月 3 日，襄阳县职业高级中学、谷城县职业高级中学被授予“全省教育兴农先进集体”称号。同年 10 月，襄樊军分区与市教委在市第一职业高级中学联合举办预备军人职业高中班，首期共招收 77 名学员。1993 年，根据社会对人才的需求状况和职业高中办学能力，襄阳、枣阳、宜城、老河口、谷城、南漳、保康等七县市职业高中试办职业中专班，当年招生 2 500 余人。1995 年 3 月 15 日，市公安局驾驶员培训中心改办为“襄樊市汽车驾驶职业高中”。同年 4 月 1 日，市第一职业高级中学更名为“襄樊市职业中等专业学校”。同年 5 月 22—29 日，省教委省级重点职业高中评估专家组对市第二职业高中、襄阳县职业高中、枣阳市职业高中进行检查评估验收，同时对市职业中等专业学校和谷城县职业高中进行复查评估，确认五所学校达到省级重点职业高中标准。市第二职业高中、襄阳县职业高中、枣阳市职业高中被确认为第三批省级重点职业高中。同年 10 月 16 日 ~ 20 日，以省督学阮汉城为组长的湖北省国家级重点职业高中评估专家组到市职业中等专业学校进行评估检查。依据《国家级重点职业高中评估指体系》，专家组通过听汇报、看现场、查资料、召开联办单位、教师、学生座谈会等对学校工作进行评估检查，对学校的创建工作给予肯定。1996 年 3 月，国家教委认定襄樊市职业中等专业学校（襄樊市职业技术教育中心）为国家级重点职业高中。是年，“普高热”升温，中等职业教育招生受冲击。全市职业高中、职业中专招生 4 400 人。1997 年，根据全市产业结构调整和农业产业化经营的需要，市教委从全市职业学校的 52 个专业中确定适应社会和经济发展需要的 22 个骨干专业，改变了之前专业设置农少商多、农弱工强、布局不合理的局面。1998 年 4 月中旬，市委、市政府召开全市职业教育工作会议，制发《关于加快职业教育改革与发展的决定》。据此，市教委扩大各县（市）区职教中心办学自主权，招生实现“四个突破”（突破分数界限、地域界限、季节界限、职普成教界限）和“五个结合”（学生自愿与家庭需要相结合，统一招生与委托培养相结合，考试录取与推荐就学相结合，招收应届生与往届生相结合，收费与有偿培养相结合）。同年 11 月，省教委、省计委联合发出《关于组织县（市）中等职业技术学校实施“512 工程”的意见》，提出实行县（市）辖区内各类中等职业学校合并或联合，形成政府统筹、部门联办、教委主管，融职前教育、职后教育于一体，学历教育与职业培训相结合的职业教育办学体系，以利于优化职业教育资源配置，改变县（市）职业学校校点多、规模小、效益低的状况。要求自当年起，用 5 年时间，在全省范围内组建 100 所在校学生 2 000 人左右的县（市）区中等职业技术学校，原则上每个县（市）建一所，简称“512 工程”。据此，市教委对县（市）区职教中心建设提出了指导性意见。是年始，在市职业中等专业学校试办综合高中。按普通高中要求，年招收综合高中 2—3 个实验班，100—150 人。高一、高二年级按普通高中教学计划和教材要求组织教学，同时加入部分专业基础课程，渗透职业技术教育，高三实施分流。1999 年 7 月，宜城市、老河口市、谷城县三县（市）职教中心通过省专家组评估验收，成为全省首批“512 工程”合格学校。同年 11 月 18 日—12 月 6 日，市职业中等专业学校、谷城县职业高中接受省教委组织的国家级重点中等职业学校复查评估。

2000 年 3 月 26—27 日，教育部专家组和省教育厅领导一行 8 人，对市职业中等专业学校和谷城县职业高中进行复查和评估，两校均被再次认定为国家级重点职业学校。同年 10 月，襄阳县、枣阳市、南漳县三县(市)职教中心通过省教育厅专家组评估验收,被认定为“512 工程”合格学校。是年,市教委进一步改革中等职业学校招生办法,扩大学校招生自主权,实行计划招生与自主招生相结合,以自主招生为主,允许部分办学条件较好、社会需求旺盛的学校,根据办学能力和市场需求,自主确定招生规模,自主招生,招生结果报计划、教育行政部门备案。全市职业高中 15 所,在校生 12 426 人。2001 年 3 月下旬,襄阳县职业高中通过教育部评估复查,被认定为第二批国家级重点职业学校。4 月下旬,南漳县职业高中、保康县职业高中通过省教育厅专家组评估验收,被认定为省级重点中等职业学校。同年 6 月 28 日,经省教育厅、省发展计划委员会批准,襄樊英语信息学校在市旅游服务学校挂牌成立。它是全省首批 12 所英语信息“双特色”学校之一,旨在培养英语、计算机高素质人才。同年 10 月下旬,保康县职教中心通过省教育厅专家组评估验收,被认定为“512 工程”合格学校。至此,全市各县(市)提前一年完成省教育厅部署的“512 工程”创建任务。是年,全市综合高中 8 所,在校生近万人。2002 年 7 月,襄城区职业高中被教育部、劳动部和社会保障部、国家经贸委联合授予“全国职业教育先进单位”称号。同年 11 月 27—28 日,省政府召开的全省职业教育工作会议上,襄樊市以《推进职业教育改革创新,服务科教兴市发展战略》为题,介绍了经验。襄樊市职业中等专业学校、谷城县职教中心等 7 个单位被授予全省“职业教育先进集体”称号,襄樊市英语信息学校副校长杨兴义、保康县职业高中校长陈怀明等 12 人被授予全省“职业教育先进个人”称号。12 月,襄阳区职教中心通过省教育厅专家组验收,被认定为“512 工程”合格学校。是年,全市单设职业高中(中专)11 所,在校生 11 352 人。2003 年 10 月,襄阳区职业高中、宜城市职业高中和襄樊市航空工业职业中专学校接受省教育厅专家组评估验收并被认定三校为省级重点职业学校。同年 12 月,教育部专家组对老河口市职教中心和襄樊市职业中等专业学校、谷城县职业高中、襄城区职业高中分别进行了国家级重点中等职业学校的评估验收和重新复查认定。2004 年,教育部批准全国 1 076 所学校为首批国家级重点中等职业学校,襄樊市职教中心(襄樊市职业中等专业学校)、谷城县职教中心、老河口市职教中心、襄城区职业高中榜上有名。2005 年,保康县、枣阳市职教中心被认定为国家级重点中等职业学校。是年,全市有职业高中(中专)23 所,其中,市属单设职业高中(中专)12 所,在校生 12 939 人(见表 28—17、28—18)。

1986—2005 年襄樊市职业高中(职业中专)办学规模一览

表 28—17

年度	学校数(所)	在校生数(人)	年度	学校数(所)	在校生数(人)
1986	32	10892	1996	15	5662
1987	31	10630	1997	15	5607
1988	25	11330	1998	14	5986
1989	29	11126	1999	11	6108
1990	29	11982	2000	11	7993
1991	25	11677	2001	8	5642
1992	27	10547	2002	11	11352
1993	25	9338	2003	9	10080
1994	23	8039	2004	9	10172
1995	14	5241	2005	12	12939

注:此表不含部门办职业高中、民办职业高中和普通高中附设的职业班

1986—2005 年襄樊市国家级、省级重点职业高中(中专)情况一览

表 28—18

学校名称	曾用校名	省级重点职业高中认定时间	省级示范性职业高中认定时间	国家级重点职业高中认定时间
襄樊市职业中等专业学校	襄樊市职业技术教育中心	1988 年、1990 年、1995 年	1990 年	1996 年、2000 年、2004 年
	襄樊市第一职业高级中学			
谷城县职业教育中心	谷城县职业高级中学	1988 年、1990 年、1995 年	1990 年	2000 年、2004 年
襄城区职业教育中心	襄阳县职业高级中学	1988 年、1995 年	—	2000 年、2004 年
	襄城区职业高级中学			
老河口市职业教育中心	老河口市职业高级中学	1988 年	—	2004 年
襄阳区职业教育中心	襄阳县第二职业高级中学	2003 年	—	—
	襄阳区职业高级中学			
枣阳市职业教育中心	枣阳市职业高级中学	1988 年、1995 年	—	2005 年
宜城市职业教育中心	宜城县职业高级中学	1988 年、2003 年	—	—
	宜城市职业高级中学			
南漳县职业教育中心	南漳县职业高级中学	1988 年、2001 年	—	—
保康县职业教育中心	保康县职业高级中学	1988 年、2001 年	—	2005 年
随州市职业教育中心	随州市职业高级中学	1988 年	—	—
襄樊市旅游服务学校	襄樊市第二职业高级中学	1995 年	—	—
襄樊市航空职业中专学校	—	2003 年	—	—

襄樊市职业中等专业学校：建于 1966 年 4 月，位于樊城区高庄街 1 号，为普通完全中学。1980 年附设职业高中班，1981 年更名为襄樊市第一职业学校。1984 年更名为襄樊市职业技术教育中心，隶属市教育局。1990 年 4 月，更名为襄樊市第一职业技术高级中学。同年，经省教委评审、国家教委复核认定为“省级重点职业高中”。1995 年 4 月，更名为襄樊市职业中等专业学校。1996 年，被国家教委认定为全国首批“国家级重点职业高中”。1997 年定为正县级事业单位。2000 年、2004 年连续被复评认定为国家级重点中等职业学校。学校开设纺织、机械、电子、计算机、财会等专业，其中计算机、机电、电子、财会为常设专业和省、市级重点专业。2005 年，学校占地 53 300 平方米，校舍建筑 61 000 平方米。在校生 4 000 余人，教职工 238 人，专任教师中具有大学本科学历的占 99%，其中 5 人取得硕士学位，10 人在读硕士学位，高级职称教师 36 人，中级职称教师 74 人，“双师型”教师 26 人，市级名师 1 人，市级学科带头人 10 人，市级骨干教师 28 人。

襄樊市旅游服务学校：1966 年 4 月，由前进小学改建而成，位于樊城区风华路 30 号。1980 年秋，高中部试办两个职业班，并更名为襄樊市第二职业学校。1990 年 9 月，更名为襄樊市第二职业技术高级中学。1995 年 5 月，被定为“省级重点职业高级中学”。开设幼师、商贸、烹饪、办公自动化、宾馆(旅游)服务等专业。1997 年 7 月，更名为襄樊市旅游服务学校。同年 12 月，定为副县级事业单位。2001 年，经省教育厅、省发改委批准加挂“襄樊市英语信息学校”校牌，按“双特色”模式教学。2005 年，学校占地 25 330 平方米，建筑面积 31 582.14 平方米。在校生 1 650 人，在职教职工 119 人，其中高级教师 28 人，中级教师 22 人。省级骨干教师 1 人，市级学科带头人 3 人；市级骨干教师 10 人，专任教师学历本科率 98%，其中 5 人获硕士学位，27 人硕士在读。

襄樊市襄城区职业高级中学：建于 1956 年，初位于襄城区卧龙镇街东村，始名襄阳县第九初级中学。1958 年，更名为泥咀区人民公社第一中学。1959 年，更名为襄阳县泥咀初级中学。1961 年，更名为襄阳县泥咀中学。1971 年，更名为襄阳县泥咀区高中。1975 年，更名为襄阳县泥咀人民公社五七中学。

1977 年,复名为襄阳县泥咀中学。1983 年,更名为襄阳县农业技术中学,直属襄阳县教育局。1986 年,更名为襄阳县职业中学。1988 年,更名为襄阳县高级职业中学。 1989 年,学校被吸收为“全国职业教育研究会会员”。 1991 年 1 月,学校种植专业学生陶桂芬被国家教委授予“回乡务农优秀毕业生”称号。1996 年 3 月,陶桂芬被全国妇联授予“全国‘三八’红旗手”称号,并在全国劳模大会上作报告,受到全国人大常委会副委员长陈慕华的接见,并合影留念。2000 年 12 月,学校被教育部认定为“国家级重点中等职业学校”。2001 年 12 月,学校划归襄城区。2002 年,更名为襄樊市襄城区职业高级中学,直属襄城区教育局。同年,被教育部表彰为“全国职业教育先进单位”。2005 年,学校占地 36 668 平方米,建筑 4.4 万平方米,6 667 平方米实验基地。22 个班,在校生 1 750 人。专任教师 112 人。其中中高级职称 25 人,省级骨干教师 6 人,市级学科带头人 7 人。

(4)技工教育:20 世纪 80 年代中期,为适应工业发展需要,襄樊市技工教育发展较快。1986 年,全市技校 16 所,其中市区 11 所。在校生 5 983 人,其中市区 4 439 人。专任教师 404 人,其中市区 282 人。1987 年,全市技校 16 所。在校生 6 855 人,其中市区 5 067 人。专任教师 491 人,其中市区 351 人。1988 年,全市技校 28 所,在校生 9 600 人。1989 年,全市技校 12 所,在校生 5 572 人,专任教师 364 人。全市报名参加技校招考 8 050 人,录取 2 520 人,其中计划内招生 2 070 人[市区 1 138 人,县(市)区乡(镇)932 人],自费生 450 人;分配毕业生 2 218 人(其中计划生 1 989 人,自费生 229 人)。市区占 66.7%,各县(市)区占 31%,外地外单位占 2.3%。1990 年,在市一、二技校车、钳专业学生中进行“两证制”(毕业证、技术等级证)试点。通过对 74 名学生应知应会的考核,技术等级全部达到三级,其中 70 名车工达到四级,占 95%;46 名钳工达到四级,占 62.5%。是年,全市技校在校生 5 990 人,专任教师 436 人。全市报名参加技校招考 11 505 人,录取 2 716 人。分配到全民单位的毕业生 2 202 人(其中计划生 1 870 人,自费生 332 人),市区 1 409 人,占 64%;各县(市)区 727 人,占 33%;外地区 66 人,占 3%。同时,根据企业需要,对市一、二、三技校的铸造、锻压两个特殊工种 116 名农村户口青年及对烹饪专业的招生、录取继续实行降低录用分数线的优惠政策。1991 年,成立技校毕业生“毕业证”和“技术等级证”双证考核委员会,对 38 个技术工种的 1933 名毕业生进行技术等级考试,并颁发证书。1 574 名应届毕业生中,获得 4 级工等级证书的占 81.4%;57 人获 5 级工等级证书,占 3%。技校毕业生合格率 100%。同年,全市报名参加技校招考 6 272 人,录取 2 800 人,自费生 500 人。分配到全民单位的毕业生 1 895 人,其中,市区 983 人,占 51%;各县(市)区 835 人,占 44%;分配到驻樊中央、省属企业和外地区 77 人,占 5%。是年,全市技校 9 所,在校生 6 523 人,专任教师 344 人。1992 年,全市技校 10 所,在校生 6 848 人,专任教师 365 人。全市报名参加技校招考 5 424 人,录取 2 546 人,计划生 1 870 人,自费生 676 人。其中,市区 795 人,占 70%;各县(市)区 227 人,占 20%;驻樊中央、省属企业和外地区 113 人,占 10%。1994 年,全市技校实行校长负责、党委保证监督、教职工民主管理体制;按在校生总数的 4:1 配备教职工;人员任用实行逐级聘任制;分配实行由固定、浮动和奖金组成的结构工资制。全市技校招收新生 2 900 人,派遣技校毕业生 2 326 人。其中,与市计委、公安、粮食等协商,在农村招收技校生 800 人,办理“农转非”手续。1995 年,全市建立各类职业技能培训学校 31 所,其中劳动部门管理 12 所,在校生 24 000 人,向社会输送各类专业技术毕业生 7 000 余人。1996 年,全市技校改革办学方式、招生体制、专业学制、实习方式和安置办法。在职业培训与就业的结合上,形成以市场需求为导向、市场引导培训的格局。由于办学方式灵活,在城市学制改革,没有初中毕业生、社会生源紧张的情况下,顺利完成招生计划,使技校初步走出招生难、分配难的困境。市一技校被劳动部、国家计委批准为高级技工学校,二、三技校通过省部级重点技工学校的评审。1998 年,市属各技校招生 956 人,招收短期培训班学员 4 451 人。安置分配毕业生 2 762 人,占毕业生总数的 70%。2000 年,技校招生 1 996 人,比上年增长 92%;全年技校毕业生“双证”考试合格率 98%。2001 年,全市技校 8 所,在校生 5 271 人。技校招生 2 088 人(市属 3 所技校招生 1 619 人),招收短期培训学员 401 人;1 023 名技校毕业生通过“双证”考试,合格率 100%。其中,921 人就业。2002 年,全市学校 11 所。2003 年,全市技校招生 3 884 人。2004 年,招生 5 263 人。2005 年,全市技校招生 6 687 人。

襄樊市高级技工学校：建于 1960 年 4 月,前身为湖北省第二技工学校,位于樊城区人民路 278 号。1969 年下放襄樊市,改为襄樊市机床厂;1976 年于原址开办襄樊市工业技术学校,1979 年更名为襄樊市第一技工学校,1980 年将市机床厂改为学校实习工厂。1984 年创办高技班。1993 年被省政府评为“湖北省重点技工学校”,1994 年被劳动部评为“全国重点技工学校”,1996 年被国家计委和劳动部批准改建为“襄樊市高级技工学校”(正处级事业单位),1997 年 5 月,被省劳动和社会保障厅批准为“湖北省综合性职业培训基地”,1998 年 12 月,被国家劳动和社会保障部批准为“综合性职业培训基地试点单位”,1999 年 3 月,被省劳动和社会保障厅批准为“湖北省襄樊职业学院”。隶属市劳动和社会保障局。2005 年,学校占地 29 335 平方米,校舍总面积 41 828 平方米。教职工 231 人,具有高级职称的 52 人,中级职称 58 人。设有中级、高级部,开设车、钳、电、数控加工、模具加工、汽车修理、电工电焊、电子应用、机电工程、微机应用、电子商务、家电、电子应用等专业。其中,高技班 291 人。

襄樊市第二高级技工学校:建于 1976 年 3 月,始名襄樊市工业学校。位于建锦路西端,东靠闸口路,西临汉江大桥襄阳引桥头。1979 年 7 月,更名为襄樊市第二技工学校。2002 年 11 月,被省劳动和社会保障厅命名为襄樊市第二高级技工学校。1997 年 1 月,被省政府命名为湖北省重点技工学校,1998 年 6 月,被劳动和社会保障部评为“国家重点技工学校”。2005 年 9 月,被教育部、国家发展改革委、财政部、人事部、劳动和社会保障部、农业部、国务院扶贫办联合授予“全国职业教育先进单位”称号。隶属市劳动和社会保障局。学校以服务为宗旨,以就业为导向,以高级工和预备技师为培养目标,推行中、高级连读,高级班套读专科,预备技师班套读本科的高技能人才成长体系,高级工、预备技师比例占在校生人数的 60%。通过校企合作,订单培养比例达 40%,本土化就业率达 40%。农村剩余劳动力转移培训和非学历培训每年在 1 500 人次以上,职业技能鉴定合格率 90%以上。2004 年 8 月,学校获首届湖北省“华中数控杯”数控技能大赛团体一等奖。2005 年,学校占地 5.2 万平方米,建筑面积 3.7 万平方米。在校生 6 553 人,教职工 214 人,专业教师 150 人,“双师型”教师占 80%。开设全日制专业 19 个,其中,省一级重点专业 1 个(数控机床加工),省二级重点专业 6 个(模具制造与维修、机械加工、机电一体化、电子技术、焊接、计算机应用与维修)。有实习、试验场地 30 个,教学、实习实验设备 2 000 余台(套),使用面积 10 000 平方米,能同时容纳 1 500 人实习,实验、实习开出率 100%。

襄樊市第三技工学校:建于 1958 年 10 月,始名湖北省襄阳工业专科学校,初位于樊城交通路鄂北机械厂。1959 年 12 月,更名为湖北省襄阳地区技工学校,1961 年与襄阳农业机械学校合并。1975 年复办。1976 年 11 月,定址于襄阳西门外陵园路东侧(襄城区铁佛寺路)。1984 年 4 月,更名为湖北省襄樊市第三技工学校,隶属市劳动和社会保障局。学校以第三产业为主,培训中级技能人才。开设车工、棉纺织、薄记、家用电器维修、计算机应用、餐旅服务、商品营销、数控技术、模具钳工、汽车修理、中式烹饪与西点、电子商务等专业。2005 年,学校占地为 23 607.6 平方米,其中校园区占地 20 923.4 平方米,实习工厂(含凤雏家属院)占地 2 684.2 平方米,总建筑面积 30 963.07 平方米。教职工 181 人,其中,专业技术人员 119 人,高级职称 27 人,中级职称 57 人,初级职称 35 人。

(四)中等师范教育

1976 年后,各级师范学校进行调整,迅速恢复新中国成立以来行之有效的办学方针、政策和规章制度。学制 2 年,实行分科教学,开设语文、数理、外语等科。自 1978 年起,恢复考试制度,师范生学习质量不断提高。1981 年，按教育部规定，学制改为 3 年。1983 年，襄阳地区师范学校更名为襄樊市师范学校。同年，为加强对中小学校教师培训，解决教师水平偏低不适应工作需要的矛盾，经省教育厅批准，只保留襄樊市师范、枣阳县师范、老河口师范、随州市师范等 4 所学校，其他县师范学校一律改为教师进修学校。1985 年，全市中师 5 所（含宜城县教师进修学校办的师范班），34 个班，学生 1829 人，教职工 392 人（其中专任教师 186 人）（见表 28—19）。市教育局对师范学校师资队伍进行调配与充实，使能胜任教学工作的教师达到 80% 以上，为提高师范学校教育质量打下基础。

1979—1985 年襄樊市中等师范学校（含初师）基本情况一览

表 28—19　　单位：所、人

年度	校数	学生数
	其中中师	其中中师
1979	9 所 1 处	3143
1980	10	2690
1981	10	2041
1982	7	1479
1983	4	1826
1984	4	1583
1985	5	1829

1986 年，宜城县教师进修学校恢复为师范学校。1987 年，全市中师采取培养与培训相结合、师训与干训相结合、校内与校外相结合的多层次、多渠道、多规格的办学格局，除普师班外，还开办民师班、进修班、中师函授班、行政干部培训班。为适应全市幼儿园和农村小学对音乐、美术教师之急需，各中师学校相继开办艺师班（美术、音乐班）。1988 年 8 月，国家教委表彰全国 119 所中师，襄樊市师范学校榜上有名，并获奖金 10 万元。1989 年，根据省政府调整中师布局意见，全市保留襄樊市师范（规模 1 400 人，其中特殊教育师范学校 320 人）、老河口师范（规模 740 人）、枣阳师范（规模 640 人）、随州师范（规模 480 人）。其中，襄樊市师范为正县级建制，由襄樊市直接管理，其余为副县级建制，由襄樊市和学校所在市共同管理，以学校所在市管理为主。4 所学校校园总面积 316 052 平方米，总建筑面积 51 999 平方米，教学仪器总价值 158.1 万元，艺体设备总价值 19.62 万元，图书 14 万册，各种报刊 400 余种。并设有附属小学作为中师生见习、实习基地。特师生见习、实习基地为襄樊市盲聋哑学校。1990 年，全省定点中师 35 所。襄樊市师范、枣阳师范、随州师范、老河口师范名列其中。襄樊市其他师范学校改为教师进修学校。当年全市师范学校在校生 56 班（其中特师 2 班），3 400 人；教职工 386 人，其中，专任教师 238 人（其中高级讲师、特级教师 24 人，讲师 63 人，助理讲师、教员 151 人），讲师以上职称和本科毕业 189 人，占专任教师总数 77.8%，中青年教师占 82%。1991 年，全市中师加强了教学改革和标准化建设，编制了《中师各学科基本功考核标准》，毕业生质量逐步提高。同年 12 月 4 日，省教委发文表彰全省中小学校长岗位培训工作先进单位，随州师范学校，谷城县教师进修学校受表彰。1993 年，襄樊市师范学校开始进行培养专科程度小学教师的试验，当年招收一个文科班，38 人。1994 年 10 月 7 日，国家教委检查团一行 47 人，对襄樊师范、枣阳师范的标准化建设工作进行检查评估，两所学校因办学条件有差距未达标。1997 年，全市中师招生 2 360 人，各校在校学生数均超过千人（其中襄樊师范 2 835 人，枣阳师范 1 088 人，老河口师范 1 941 人），在校生总数 5 864 人，毕业生总数 1 546 人。同年 10 月，市教委成立“襄樊市中等师范学校办学水平评估领导小组”，负责督促做好全市中师办学水平自评和初评及迎接省教委评估的准备工作。这一时期，全国师范教育陆续由三

级(本科、专科、中师)向两级(本科、专科)过渡。

1998 年 10 月,老河口市政府以老河口师范学校为基础,将老河口电大、老河口市教育函授站、老河口市一职高、老河口市成人中专合并组建为老河口职业技术教育中心。1999 年,枣阳师范转办高中,与师苑高中一套班子,两块牌子。同年,全市中师有高级讲师 44 人,讲师 101 人,助理讲师 126 人,教员 68 人。2000 年 8 月,襄樊师范并入襄樊职业技术学院。2002 年 6 月,枣阳师范最后一届中师生毕业。学校由中师转为单一的普通高中,校名为枣阳市师苑高级中学(见表 28—20)。

1986—2000 年襄樊市中等师范学校学生数一览

表 28—20　　单位:人

学校 / 学生数 / 年份	襄樊市师范			枣阳师范			老河口市师范			随州师范			宜城师范			总数		
	招生数	在校生数	毕业生数	招生数	在校生数	毕业生数	招生数	在校生数	毕业生数	招生数	在校生数	毕业生数	招生数	在校生数	毕业生数	招生数	在校生数	毕业生数
1986	189	578	206	112	412	84	72	302	96	102	337	119	48	160	82	523	1789	587
1987	259	629	189	107	348	212	75	315	134	141	443	83	82	248	127	664	1983	745
1988	337	784	182	161	355	155	80	235	160	161	461	142	80	179	70	819	2014	709
1989	410	1008	186	180	436	99	91	226	100	179	479	160	69	195	53	929	2344	598
1990	360	1106	261	210	549	95	100	270	55	201	554	139	—	160	46	871	2639	596
1991	345	1113	336	205	550	206	115	284	104	205	544	214	—	50	108	870	2541	968
1992	373	1024	460	245	559	235	150	304	126	257	614	185	—	—	—	1025	2501	1006
1993	380	1033	370	350	754	155	655	868	91	300	700	213	—	—	—	1685	3355	829
1994	638	1378	293	400	909	234	625	1390	103	415	922	193	—	—	—	2078	4599	823
1995	583	1655	306	385	1082	206	571	1873	150	—	—	—	—	—	—	1539	4610	662
1996	1060	2324	391	310	1050	337	620	1878	615	—	—	—	—	—	—	1990	5252	1343
1997	1162	2835	651	448	1088	408	750	1941	487	—	—	—	—	—	—	2360	5864	1546
1998	950	3152	633	461	1390	329	—	—	—	—	—	—	—	—	—	1411	4542	962
1999	580	2638	1094	135	1043	304	—	—	—	—	—	—	—	—	—	1060	5374	2018
2000	320	1908	1050	—	—	—	—	—	—	—	—	—	—	——	—	585	3492	1208

襄樊市师范学校:前身为襄阳府中学堂,1905 年,更名为襄阳府简易师范学堂。1913 年秋,更名为湖北省立襄阳第二师范学校,并设有附属学校。1930 年春,更名为湖北省立襄阳第二乡村师范讲习所。1931 年夏,更名为湖北省立襄阳第三乡村师范学校。1938 年,迁至郧阳,并入省立联中郧阳分校为师范部。1941 年春,迁至襄阳县泥咀袁家巷内的文昌宫,并更名为湖北省立襄阳第五师范学校。1944 年春,迁至昭明镇(襄城区)杨氏宗祠。1947 年 2 月,更名为湖北省立襄阳师范学校。1949 年并入襄阳联中为师范部,校址设于襄阳城内荆州街。1950 年 3 月,师范部分出,校名仍为湖北省立襄阳师范学校。1952 年,迁至襄城运动路(解放军四七七医院)。1970 年 3 月,迁至襄阳县古驿公社桥洼,与原襄阳耕大、襄阳耕师合并,更名为“襄阳地区师范学校”。1971 年春至 1976 年,招收四批工农兵学员。1981 年秋,在继续招收高中应届毕业生的同时,开始试招初中应届毕业生,设幼师专业。1982 年始,停办专业班,全部招收初中毕业生,培养小学师资,学制三年。同年停招幼师班。1983 年,更名为襄樊市师范学校。1984 年 3 月始,学校陆续迁至襄城西门外千山。1986 年,学校为省教委确定的全省 14 所重点中师之一。同年,学校复招幼师班。1987 年始,增设艺师班(美术、音乐班)。1988 年 8 月,学校被国家教

委、湖北省教委分别授予“全国师范教育先进单位”、“全省师范教育先进单位”称号。同年停招幼师班。1989年始，学校面向全省招收特殊教育师范生，学制四年。进入20世纪90年代，学校突出中师特点，建立必修课、选修课、课外活动和社会实践四块结合的教学体系。增设口语、形体、毛笔字、电教等课程。并通过课外活动、建立兴趣小组，培养学生能力。1993年开设小教大专班，试行“三二”分段制，首批招收一个文科班38人，其中襄樊师范23人，枣阳师范8人，钟祥师范3人，竹溪师范3人，老河口师范1人。1994年招收一个理科班38人，其中襄樊师范26人，枣阳师范8人，随州师范4人。1995年招收一个文科班39人，其中随州师范20人，枣阳师范4人，襄樊师范15人。1995年，安良海、陈文俊、何菊明、宋清龙在全国中师教师论文评比中均获一等奖，湖北中师第一，全国中师位列前三。1996年，襄樊市小学教师继续教育中心在襄师成立。1997年12月，接受湖北省中等师范学校办学水平评估，列全省中师第二。1998年，招生1816人（含联合办学883人），在校生2 000余人。这一时期（1997—1999年），选派10余名教师赴华中师大进修硕士研究生课程。2000年，学校有专任教师150人，其中高级讲师35人，讲师58人。其中硕士3人，本科学历117人。招生320人，毕业1 050人，在校生1908人。同年8月，学校并入襄樊职业技术学院，原建制撤销。

枣阳师范学校：建于1948年，始名襄阳县简易师范学校，位于枣阳市民族北路45号。1951年更名为襄阳县初级师范学校，1953年7月更名为襄阳初级师范学校。1956年夏，襄阳地区调整师范布局，学校从襄阳县双沟镇迁至枣阳县城关镇北园，更名为湖北省枣阳初级师范学校。1958年升格为中等师范学校，并更名为湖北省枣阳师范学校，隶属地、县双重领导，负责为枣阳轮训在职教师和为襄阳、枣阳、随县培养小学教师的双重任务。1962年，停办中师班。1965年秋，复招中师班。1966年停止招生。1971年，主要培养初中教师。1977年，随高考招生，分专业培养中学教师。1981年后，通过中考招生，范围为襄樊市所属枣阳、襄樊、宜城、保康、南漳等。1986年，学校为正科级事业单位。同年，县教委函授站并入学校。此后，学校一直担负全日制和函授教育双重任务。1989年学校被定为全省35所保留中师之一。为副县级事业单位，隶属于枣阳市教委管理。1994年，学校通过国家教委组织的中南五省（区）中师联检团检查验收，被省教委定为“第二批重点达标建设学校”。1997年，学校通过省教委组织的全省中师办学水平评估。1998年，学校设普师、民师、文秘、微机、工艺美术专业共29个班，在校生1 429人。1999年，学校开始与师苑高中一套班子，两块牌子。同年，枣阳函授站从学校分出。2002年夏，最后一届中师生毕业，学校改制为普通高中。2005年7月，“枣阳师范学校”建制撤销。

老河口师范学校：建于1956年秋，始名湖北省光化师范学校，位于光化老县城内。1962年秋停办。1972年复办。1984年更名为老河口市师范学校。1989年被定为全省35所保留中师之一。并更名为湖北省老河口师范学校，为副县级事业单位，隶属于老河口市教委管理。1995年，学校教师邱天绪获“曾宪梓教育基金会中师教师奖”一等奖，获奖金4万元。1998年4月，学校被省教委授予全省中师办学水平评估“优秀学校”。同年9月，常国战获“曾宪梓教育基金会中师教师奖”三等奖，获奖金5000元。开设普(民)师、幼师、微机、计财、文秘、役前、机电等专业，生源范围扩至襄樊、十堰、荆门、孝感和河南南阳、驻马店及山西长治等22个县(市)。是年，学校有教职工160人，其中专任教师119人，高级讲师15人，讲师42人，助理讲师46人。42个班，在校生1 968人。同年10月，学校与老河口电大、老河口市教育函授站、老河口市一职高、老河口市成人中专合并组建为“老河口职业技术教育中心”。

随州师范学校：建于1958年5月，始名随县综合师范学校，位于随县北郊孔家坡。1961年8月停办。1972年2月重建，并更名为随县师范学校。1983年，定为襄樊市四所保留师范之一。1986年2月，被省教委确定为中等师范，并更名为“随州市中等师范学校”。同年8月，迁至随州市青年路2号。1989年被定为全省35所保留中师之一。1990年2月，更名为湖北省随州师范学校。1991年2月，为副县级事业单位。1994年10月，学校通过国家教委中师办学水平联检。1998年，学校有教职工165人，其中专任教师87人，特级教师1人，高级讲师15人，本科学历及中级职称以上的68人。2001年8

月,学校升格为正处级。24 个班,其中普师班 18 个,艺师班 3 个,民师班 2 个,文秘与办公自动化班 1 个,在校生 1 040 人。2002 年 12 月,学校与随州市中等专业学校、随州市卫生学校、随州市工业学校合并组建为“随州职业技术学院”。

湖北省襄樊特殊教育师范学校:建于 1988 年 12 月 31 日,由联合国教科文组织儿童基金会赞助,湖北省人民政府决定组建成立,与襄樊市师范学校实行一套班子、两块牌子,于次年秋开始面向全省招生。是全省唯一一所特殊教育师资培养与培训学校,隶属于省教委管理,学制 4 年。1989 年秋,招收首届聋教育专业学生 47 人。有专业教师 1 人,并从普通师范教师中抽调优秀教师任教文化课。1990 年,一年级开设特教概论;二年级开设手语、聋童心理学等课程。同年,招收聋教育专业学生 30 人,新增特殊教育专业教师 3 人。1991 年,学校成立特殊教育研究室,并编辑发行内部资料《特教天地》。同年 4—6 月,学校承办由省教委组织的全省特教师资培训班,来自全省的 96 名特校教师参训。1992 年 4—6 月,学校承办由省教委组织的全省聋教育专业师资培训班,100 名聋专业在职教师参训。同年 7 月 20 日—8 月 10 日,学校承办聋校语文、数学骨干教师培训班,共有 26 名语文教师和 24 名数学教师参训。16 名在职教师参加全省弱智班师资培训。1993 年 5 月 17 日,学校承办全省特殊学校骨干教师培训班,全省 29 所学校 40 名骨干教师参训。同年 6 月 24 日,承办普通小学聋童随班就读培训班,全省 39 所学校 40 名教师参训。1994 年,增设弱智教育专业,在校生 288 人。同年,承办全国特校教育学心理学教师培训班。1995 年 5 月 5 日—6 月 5 日,学校承办全省聋校在职教师培训班,37 名教师参训。2000 年,在校生 270 人,毕业 75 人。专业教师 9 人。同年 8 月,与襄樊师范一起并入“襄樊职业技术学院”。

(五)高等教育

1977 年,武汉大学襄阳分校建立。1978 年,在其校址上重建襄阳师范专科学校。1981 年 5 月,襄樊市教师进修学院成立。1983 年,分别成立襄樊广播电视大学、襄樊职业大学、襄阳地区教师进修学院。1984 年 3 月,“襄阳地区教师进修学院”并入“襄樊市教师进修学院”。但四所高校的办校规模和层次滞后于襄樊经济社会的发展。1985 年,襄樊市教师进修学院设中师班、中文专科班、数学专科班、英语专科班、幼师班(4 班)等 19 个班,学员 840 人,教职工 120 人,其中专任教师 65 人。随州市开办随州职业大学,学制 3 年,开设财经专业,招收学生 90 人,教职工 20 人。1986 年 11 月,襄阳师专与华中师大联合试办物理教育本科班。1992—1995 年,襄阳师专与华中师大、湖北大学、湖北师院、武汉体院联办中文、英语、化学、体育成人教育本科班;襄樊职业大学与武汉测绘科技大学、北京理工大学、武汉汽车工业大学联办电子技术、经济管理、会计、计算机及应用成人教育本科班,并与十堰汽车工业学院联办汽车工程专业全脱产高中起点的普通本科班;襄樊教育学院与华中师大联办英语、政教专业教师继续教育“三结合”(卫电、函授、自考)专科起点的本科班,并与华中师大、湖北大学、华中理工大学联办中文、政法、财会、工业工程管理、国际贸易等本科班。1995 年,市委、市政府提出将襄阳师专、襄樊职业大学、襄樊教育学院合并申办本科院校。1996 年,市十二届人民代表大会通过 51 名代表联名提出的三校合并申办本科院校的议案。市政府组成工作专班,开展申办工作。同年,襄樊教育学院开通从应届高中和应届中师毕业生直接招生的渠道。1997 年 8 月 19 日,省政府委托省教委召开组建襄樊学院专家论证会,与会专家一致同意组建襄樊学院。同年 10 月 8 日,省政府以鄂政函〔1997〕168 号《关于组建襄樊学院的函》正式向国家教委呈报。同年 10 月 30 日—11 月 1 日,国家教委派出以清华大学党委书记方惠坚任组长的专家考察组,实地考察了襄樊学院的组建情况。同年 11 月 21 日,在浙江宁波举行的全国高等学校设置专家评审会上,评审同意设立襄樊学院。1998 年 3 月 19 日,国家教委同意组建襄樊学院,为多科性本科院校,继续保留师范教育功能和高等职业教育任务。全日制在校生为8000人。学院实行省、市双重领导,以省为主的体制,归口省教委管理,主校区设在古隆中,为正厅级事业单位。当年秋,面向全省招生1641人,其中本科生750人,专科生891人。1999年4月8日,襄樊学院挂牌成立。同年6月,经省政府同意,“襄樊学院职业技术学院”在襄樊农校掛牌,当年招收高职生。是年,经教育部批准,襄樊电大为“中央电大人才培养模式改革与开放教育试点”首批试点单位。2000年8月,襄樊师范、襄樊农校、襄樊财校和襄樊卫校合并组建襄樊职业技术学院,全市高等职业技术教育得到快速发展。2002年,襄樊电大与华中科大、华中师大等数十所大专院校联合办学,开通了中央电大开放教育的本科教育和研究生学历教育,成为全市远程教育的中心。2005年,全市有襄樊学院、襄樊职业技术学院、襄樊广播电视大学3所高校,共有教职工2 745人,其中,专任教师1767人,在校生23 246人(见表28—21)。

1986年、1998年、2005年襄樊市普通高校发展情况对照

表28—21

学　校	时间	学生(人)	教职工(人)	专任教师(人)	图书馆藏(万册)
襄阳师范高等专科学校	1986	3100	500	225	24
	1998	5494	599	270	34.8
襄樊职业大学	1986	1497	254	153	5
	1998	2000	423	207	8.8
襄樊教育学院	1986	760	112	57	2
	1998	2000	256	189	11
襄樊广播电视大学	1986	2100	67	42	2
	2005	4800	156	97	5
襄樊学院	1998	5000	1278	666	54.6
	2005	11479	1300	732	133

襄阳师范高等专科学校:建于1958年5月,始名湖北省襄阳师范专科学校,隶属省政府。初位于襄城运动路。设中文、数学两科,学制两年。1962年6月,停止招生,学校并入襄阳师范学校并改为中学师资培训班。1970年,迁至襄阳县古驿公社桥洼。1975年秋,襄阳地区师范学校内设高等师范班,设政语、数理两个专业,学制三年,隶属省革委会。1977年春,由省下文件,在襄阳地区设立“武汉大学襄阳分校”,并发有印章。校址仍在桥洼。1978年4月,从襄阳地区师范学校分出,迁至襄阳城西古隆中(此处为1966年建立的武汉大学襄阳分校校址),复办的襄阳师范专科学校是由武汉大学襄阳分校更名,为省属高等师范专科学校,隶属省政府,实行省、市双重领导,以省为主的领导体制。1985年12月,学校升格为副厅级事业单位。1991年始,学校聘请英国海外志愿服务社(VSO)教师以加强对外学术交流与合作。同年9月,省教委确定学校物理、体育教育为全省首批进行重点建设的专业。1993年8月,学校更名为“襄阳师范高等专科学校”。同年9月,化学系“《无机化学》规范化建设与改革”科研项目被国家教委授予“全国普通高校优秀教学成果国家级二等奖”。12月,学校被国家语委评为“全国语言文字工作先进单位”。1994年,化学系副教授余荣泮获“曾宪梓教育基金会师范专科院校教师奖”一等奖。1997年,学校695名毕业生中33人达到普通话一级水平,列全省高等师范院校第一。同年5月,学校再次被国家语委评为“全国语言文字工作先进单位”。1998年,校园占地35.3万平方米,校舍建筑面积8.76万平方米,图书馆藏书34.8万册。设中文、数学、物理、化学、体育、英语、政史、地理、计算机科学等9个系16个专业,37个教学实验室,演播厅、计算机中心、电教中心各1个,研究所、语言

实验室各2个，15个研究室。全日制在校生2794人，函授生2700余人。教职工599人，专任教师270人，其中正教授9人，副教授77人，讲师184人。同年3月，学校并入“襄樊学院”。

襄樊教育学院：建于1981年3月，始名襄樊市教师进修学院，位于樊城陈家营(樊城区中原路)。同年10月，襄樊市函授站并入该院。1983年10月，于千山成立襄阳地区教师进修学院，1984年3月，并入襄樊市教师进修学院。1987年6月，更名为襄樊教育学院。系文理教管艺兼具的师范性成人高等学校，培训襄樊地区在职初中教师和教育行政管理干部。学院开设汉语言文学、数学、英语、物理、化学、政治历史(双科)、教育管理等专业。办学形式有脱产进修、业余教育(函授、夜大、卫电等)，专科、中专系统培训、短期培训，校内培训、校外联合办学、委托培养等。脱产专科、中专学制为2年，业余专科为3年。1988年，学院向世界银行“中学在职教师培训”项目中贷款50万美元用于物理、化学、生物等实验室建设。1992年，学院外语系被中美文化交流协会确定为“英语教师口语化训练基地”，与美籍教师合作举办了“襄樊市初中英语教师暑期口语强化训练班”。1995年，学院被授予“全省干训工作先进单位”。1997年5月，参加全省成人高等学校评估，属13所优良学校之一。学院设6个系，其中，艺术系是鄂西北地区唯一一所高等艺术教育中心，开设音乐、美术专业，面向全省招生。并与华中师大等高校联合开办了行政管理、政法、汉语言文学等专业的本科学历教育。学院自创办至1998年，学院为襄樊市及其周边地区培养中学教师、教育行政管理干部21 658人，其中全日制专科生3 745人，函数专科生11 129人，中专生1 883人，短期培训学员2 644人，协助华中师范大学培训本科生2 072人，专科生185人。1998年，占地面积4.8万平方米，校舍建筑面积5.15万平方米，图书馆藏书11万册，中外文期刊500余种；教职工258人，其中专任教师189人，教授3人，副教授71人。教职工在国内外学术刊物发表论文近500篇，出版专著30种。教师获曾宪梓奖4人，湖北省教学优秀奖3人，省级优秀教师3人。同年3月，学院并入“襄樊学院”。

襄樊广播电视大学：1979年2月，分别试办襄阳地区广播电视大学和襄樊市广播电视大学。1980年4月，两校正式成立，主要招收工人、农民、解放军战士、中小学教师、机关干部和社会青年，脱产学习三年，经统考成绩合格，取得毕业证书。1983年10月，两校合并定名为“襄樊广播电视大学”，办公地点设在樊城前进路10号。行政隶属市教委管理，业务上接受省电大指导。正县级事业单位。学生毕业文凭分别由中央电大和省电大颁发，成人教育学历证书由省教育厅验印。1985年8月始，招收应届高中毕业生。1986年2月，迁至襄城西门外铁佛寺路19号。1996年，在全省电大办学水平评估中，学校获地市电大第一名，被省教育厅授予“湖北省先进广播电视大学”称号，被中央电大命名为“信得过考场”。1999年，学校成为“中央电大人才培养模式改革与开放教育试点”首批试点单位。华中科大、华中师大、教育部直属奥鹏远教中心先后在学校设立网络分院(襄樊学习中心)。在全市设7个县级分校和25个教学站点。学校利用广播、电视和远距离教育技术先进、覆盖面广的优势，开设文、经、理、工类专业。将电授、面授、函授辅导和网上教学结合，除校本部主讲教师外，还聘请名校名师到校兼课讲学。建校以来，学校先后为社会培养、输送大中专应用型人才3万余名，其中普通大中专生1.6万名，成人及开放教育毕业生近2万人。2005年，学校占地1.8万平方米，建筑面积2万平方米。建有一个双向宽带校园局域网，2个视频教学系统，两套地面卫星接收和闭路电视系统，5个电脑教室，1个多媒体教学大厅，5个教学实验室，图书馆藏书5万余册。有教职工161人，其中专任教师88人，具有高级职称29人，中级职称61人，研究生学历14人，本科学历62人，“双师型”教师14人。各类学历教育在校生8 400余人，其中开放教育专科、本科生4 200人，普通大中专、成人大专生3 000人；校本部在校生4 100人，其中普通大专生520人，普通中专生450人；各类成人学生2 750人，研究生课程班380人。

襄樊职业大学：于1983年5月由华中工学院、武汉工业大学、武汉水运工程学院等高校的教学骨干援建而成。位于樊城区建华路14号，是一所以工科为主、培养应用性技术与管理人才的全日制普通高等学校，具有学历教育招生资格，学制三年，实行收费走读、住读相结合的办法，学生毕业成绩合格者，颁发大学专科文凭，国家承认学历但不包分配。学校实行以普通高等专科教育为主，集成人、函大、夜大、自修大于一体，融职前、职后教育为一体，多规格、多形式、多渠道的办学模式，为挖掘办学潜力，实行校、系（部）两级办学，校内外（市区、县区、工厂）联合办学。1993年，校系两级与北京理工大学、西安冶金建筑学院、武汉测绘科技大学、中国地质大学、中南民族学院等院校联合办班19个共11个专业，招收学生579人，为襄樊市经济建设培养了一大批急需的专业人才。1995年，国家教委批准学校设立英语专业四级考点，并设立国家计算机一、二、三级考点，成为襄樊地区首批取得计算机等级考试考点的学校。在全省三级英语统考中，全校学生合格率在全省同类学校中列第一。同年5月，校内金工实习基地通过省专家组验收。1996年，文秘、电气、工民建专业通过省专家组的抽查评估。1997年，学校形成以工科为主，兼设文科、经济与管理学科的办学格局。设机械工程、建筑工程、自动控制、化学工程、经济贸易、文秘、外语7系和基础课、社科2个教学部，1个成教中心，有机械制造工艺与设备、工业电气自动化、计算机应用、汽车工艺、化学工程等20个专业。同年11月，在全省优质课程评选中，学校《普通物理学》、《画法几何及机械制图》获优秀奖。1998年，学校占地14.07万平方米，建筑面积5.53万平方米，图书馆藏书8.8万册，各类实验室23个，实验开出率达90%。教职工423人，专任教师207人，其中正教授5人，副教授67人，讲师80人，专任教师中2人获博士学位，51人获硕士学位。各类在校生2149人。1998年3月，学校并入"襄樊学院"。

襄樊学院：于1998年3月由襄阳师范高等专科学校、襄樊职业大学和襄樊教育学院合并组建而成。是一所省属全日制、多科性普通本科院校。2000年，湖北省工艺美术学校于并入襄樊学院。主校区设于襄阳城西古隆中。学院秉承"淡泊明志，宁静致远"的校训，形成"弘扬先进校园文化，用隆中精神办学育人"的办学特色。注重以科研促教学，培养"厚基础、宽口径、高素质、创新型"的现代人才。设17个系（院）和以学校为母体举办的独立学院——襄樊学院理工学院。本科专业32个，涵盖文、教、理、工、经、法、管7大门类，面向全国招生。有政治学理论等省级重点学科、物理学等省级品牌专业、基础物理等省级实验教学示范中心和一批省级精品课程和优质课程。5个学科与武汉大学、华中师大等重点高校联合培养硕士研究生。学院承担省级以上科研项目119项，授权专利数列全省高校前十位；完成教学研究项目47项，获省级教学研究成果奖9项；教师编译教材、著作31部，发表论文2201篇，其中在核心期刊发表论文384篇，在SCI、EI、ISTP三大检索中收录论文31篇，指导大学生科研立项124项；学校学报被人大复印资料全文转载19篇，被《万方数据库》《中文科技期刊原文数据库》和《中国学术期刊数据库》收录，取得海外发行权，获得省"优秀学报奖"。学院与武汉大学、东风汽车公司等国内高校和企业建立了全面合作关系；与美国等国的十余所高校建立了长期的合作办学关系，聘请外教来校任教，常年选派教师出国进修，派遣学生赴新加坡等国留学。2005年，学院占地83.5万平方米，校舍建筑面积37.65万平方米，各类专业实验室33个，图书馆藏书133.35万册。教职工1300余人，其中专任教师732人，具有高级职称的235人，博士、硕士学历教师199人。享受国务院、省政府特殊津贴专家5人，有突出贡献中青年专家2人。8名教师分别被武汉大学和华中师范大学聘为兼职硕士生导师。全日制普通高等教育在校生11 504人，成人教育在校生6 701人，独立学院在校生1 093人。

襄樊职业技术学院：2000年8月25日，由襄樊师范、襄樊农校、襄樊卫校和襄樊财校合并组建而成。主校区位于襄城区檀溪西路73号。系专科层次的高等职业技术学院。以高等职业技术教育为主，兼顾成人高等教育，保留中等专业教育职能。实行省、市共管，以市为主的管理体制。市政府为主管单位，教学业务接受省教育厅的管理、指导。行政级别为副厅级。2001年4月，学院党政领导班子正式组建，实行党委领导下的院长负责制，同年8月下旬，完成实质性合并任务。学院以"厚德、笃学、慎思、敏行"为校训，贯彻"依靠行业、服务社会、育才树人、追求卓越"的办学理念，坚持职业教育的大众化，坚持开放式办学，坚持突出技术应用型特点，探索高职教育规律，确立了"1233"办学模式（即"一个目标、两个依靠、三级平台和三支队伍"）。"一个目标"即培养直接为生产、管理、服务第一线需要的，能将客观规律和原理转变为物化形态，直接为社会创造价值的高等技术应用型人才。“两个依靠”即在专业建设、课程建设、教学计划、课程设置、人才培养方案等方面，依靠行业组织和行业研究会办学，建立“校企互动”的办学机制。“三级平台”即搭建工具学科、专业基础和专业技能三级教学平台。“三支队伍”即“理论型”、“技能型”和“双师型”三支队伍。学院设4个教学区，10个教学单位。即主校区（襄城区檀溪西路73号），设信息技术系（机电工程系）、人文科学系、艺术系、生物工程系、外语系（国际学院）；南校区（襄城区檀溪路72号），设医学院（医学系、护理系）；北校区（襄城区檀溪路297号），设继续教育学院、附属高中、公共课部、附属医院；民主路校区（襄城区民主街60号），设会计（经贸）系。学院设数控技术、机械设计与制造、模具设计与制造、汽车检测与维修技术、机电一体化技术、计算机网络技术、计算机应用技术、应用电子技术、临床医学、护理、医学影像技术、医学检验技术、药学、会计、法律事务、市场营销、电子商务、旅游管理、酒店管理、物流管理、国际贸易实务、金融保险、经济信息管理、工程造价、生物技术及应用、园艺技术、酿酒技术、动物防疫与检疫、植物检疫、环境监测与治理技术、畜牧兽医、建筑装饰工程技术、服装设计、环境艺术设计、电脑艺术设计、音乐表演、英语教育、商务英语、文秘、语文教育、学前教育和特殊教育等42个专业。涵盖理、工、农、医、文、艺术、管理、经济等学科门类。其中，护理专业被教育部确定为“承担国家护理专业领域技能紧缺人才培养试点专业”，医学影像专业被确定为“省级教学改革试点专业”。2001年，学院有“双师型”教师38人。2002年，学院启动“131人才工程”（即按照“立足培养，积极引进”的原则，用五年左右的时间，使学院拥有10名首席特聘教授、30名学科带头人，100名骨干教师）。同年11月，学院被教育部、财政部确定为“国家重点建设示范性职业技术院校”。2003年11月，首轮遴选骨干教师35名。同年，“双师型”教师172人。2004年，学院被科技部确定为“国家星火计划农民科技培训星火学校”；同年11月，第二轮遴选骨干教师26名，“双师型”教师195人。同年，《马克思主义哲学》、《基础会计》被省教育厅定为湖北省优质课程。同年秋季，学院开始实施学分制教学改革。2005年11月，第三轮遴选骨干教师32名，学科带头人3名。实行任期3年动态管理。经过三轮评选，共产生骨干教师93名，学科带头人3名，“双师型”教师325人，占教师总数的56%。同年，校园占地56万平方米，建筑面积38万平方米，各类图书65万余册，中外文期刊4 500余种。教职工1 094人，其中专任教师588人，教授、副教授309名，外籍教师4人。取得国家、省、市科研项目95项，转让技术成果3项。出版专著、教材144部，发表论文2 775篇。各类在校生17 803名，其中高职生11 647名。

（六）成人教育

1.扫盲教育

1979年，根据国务院扫除文盲指示，襄阳地区扫盲委员会制定《关于加强领导采取措施尽快扫除文盲的规划》，各县（市）、公社成立由文办、工办、农办、工会、贫协、妇联、青年团、人武部、知青办、教育局参加的工农业余教育委员会，领导扫盲工作。同年，襄樊市开办农民业余初等教育扫盲班112个，参加学习的农民2 750人，毕业1 530人，配备兼职教师143人。办职工业余学校125所，214个班，其中扫盲班6个，学员864人；小学班11个，学员665人。1981，襄樊市在职工中办扫盲班60个班，864人参加脱盲学习。1983年，参加脱盲学习739人，参加初等文化学习3 689人。

1984年11—12月，宜城、谷城两县经扫盲工作验收团检查验收，报呈省教育厅批准，为基本无盲县。襄城区、樊东区、樊西区也相继通过验收、批准，成为“基本无盲区”。1985年，市区青壮年职工初中文化补课合格的77 795人，占应补人数69.5%，达到中央规定的“六五”期间低限任务要求；初级技术补课累计合格的64 522人，占应补人数61.31%；在职职工参加职工高中学习或补习的8326人，其中领到毕业证书的1200人。此外，各条战线还开办国家统考厂长（经理）培训班和各类管理人员培训班，共培训1.7万人次，同年，全市参加“双补”职工113 501人，占职工总数26.9%，文化补课累计合格率48.97%，初级技术补课合格率30%。农民50万人摘掉文盲帽。此后，全市出现解放后的第二个扫盲工作高峰。在“一堵”（即抓好普及初等教育，堵住新文盲的产生）、“二扫”（即扫除现有文盲，特别是15—40周岁的青壮年文盲）、“三提高”（即组织脱盲者学习，使其进一步巩固和提高，逐步达到小学和初中文化程度）方针指导下，扫盲工作由城市向农村延伸，由平原向山区拓展。

1986年，全市组建乡（镇）成人文化技术学校（以下简称乡镇成校）23所，配备专职教师217人，聘请兼职教师632人，连同村级成校，当年举办扫盲培训班1632个，全市244 694个青壮年文盲、半文盲中有近一半人（10 4177人）参加了脱盲学习，当年脱盲20 000人。另开办实用技术培训班1595期，参加脱盲后巩固提高培训59 485人。1987年，全市新建乡（镇）成校31所，全年参加扫盲和脱盲后提高培训人数349 781人次。全市青壮年中非文盲率达83.5%。1988年，全市乡（镇）成校97所，占全市乡（镇）总数的52%，全年参加扫盲和脱盲后巩固提高培训累计125 000人次。是年，除襄樊市郊区外，其他各县（市）、区青壮年中非盲率均达到和超过85%，相继达到“基本无盲县（市）”标准（15—40周岁青壮年中非盲率达到85%以上）。1989年，省下达给襄樊市扫除文盲24 000人的任务。全市重点加强了扫盲工作责任制建设。动员未脱盲农民参加文化补习，全市共举办学习班6 793期次，31 067人参加扫盲学习，年底脱盲30 054人。同年11月，襄樊市郊区通过验收，达到“基本无盲县（市）”标准。至此，全市各县（市）、区均达到“基本无盲县（市）”标准，全市比省政府要求提前一年实现“基本无盲市”目标。

进入20世纪80年代，根据国家和省要求，全市提出高标准扫除青壮年文盲（即在15—40周岁青壮年中，非盲率农村达95%以上，城镇和企事业单位达到98%以上，巩固率达95%以上）目标。1990年8月，市政府成立襄樊市扫盲工作领导小组，负责全市扫盲工作的宏观指导和检查，组织协调各有关部门、团体共同参与扫盲工作，表彰扫盲先进单位和先进个人，组织扫盲验收。各县（市）、区、乡（镇）也成立了以县（市）、区、乡（镇）长为组长，宣、教、科、农、青、妇等部门负责人参加的县（市）、区、乡（镇）扫盲领导小组，许多地方在管理区和村也成立了扫盲领导小组。配备了各级扫盲工作专职干部。同年，省下达给襄樊市扫除文盲2万人的任务。全市185个乡（镇）建立乡（镇）成人文化技术学校173所。开办扫盲班2 024个，参加扫盲学习50 758人，脱盲39 439人。动员1 872名流失或辍学学生返校学习。举办各类脱盲后巩固提高的实用技术培训班7 765期，参训人员38万人次。1991年，全市举办扫盲班7 224期，4万余人参加脱盲学习，脱盲3万余人。随州市高城镇在办农民文化补习班中出现了“子教父、女教母、夫妻比学、对讲对练”的学习场面。同年11月26日，宜城县被评为“全国扫除文盲先进单位”称号。1992年，全市扫除文盲25 000人，乡（镇）、村成校举办的各类培训班，参加培训农民61万人次，脱盲人员在学技术的同时得到巩固和提高。

1993年12月15—21日，省政府教育督导室副主任纪登训率团对宜城县“两基”工作进行检查验收，确认宜城县为全省首家“两基”达标县。是年，全市落实扫盲专职教师2 500人，安排民办教师5300人，动员社会青年2 100人，中、小学生12 000人参加扫盲活动，筹措扫盲经费22.4万元，兑现义务工12.6万个，举办扫盲班1 931个，参加脱盲学习60 979人，其中女性36 343人，当年脱盲22 664人，其中女性14 855人。全市187个乡（镇）均建起乡（镇）成校，3 995个村建起村级成校2 420所，占村总数的61%。参加脱盲后巩固学习33 591人，巩固率78.5%。全市青壮年中非盲率达93.8%。

1994年，全年举办扫盲班1 654个，参加扫盲学习人数20 318人，当年脱盲16 943人，其中，女性12 262人，青壮年中非盲率达97%。参加脱盲后巩固提高学习20 462人，巩固率为98%。是年，省政府认定宜城市、襄城区、樊东区、樊西区、市郊区、高新技术开发区、汽车产业开发区为“两基”合格市（区）。

1995 年 11 月,省扫盲验收团分别对襄阳县、枣阳市、老河口市进行检查验收,三县(市)青壮年非盲率分别为 98.23%,98.08%,98.8%,符合基本扫除青壮年文盲县(市)要求。是年,宜城、老河口、襄城、樊东、樊西、郊区、汽车产业开发区、高新技术区等 8 个县级单位和 94 个乡(镇),分别经省市政府验收和国家教委复查,达到基本扫除青壮年文盲标准,覆盖全市总人口的 70%以上。全市 3 013 个村中的 2 499 个村建起村级成校。全年举办扫盲学习班 4 662 个,参加扫盲学习 23 218 人,脱盲 9 930 人,其中女性 6 217 人,青壮年中非盲率达 97.6%。参加脱盲后巩固提高学习 17 367 人,巩固率 96.4%。

1996 年,全市投入扫盲经费 323.32 万元,对全市 43 800 名剩余文盲进行文化教育,共办扫盲学习班 1805 个,扫除剩余文盲 19 422 名,青壮年人口中的非盲率由上年的 97.6%上升到 98.1%。参加脱盲后巩固提高学习 25 000 余人。10 月,南漳、谷城两县扫盲工作通过省政府验收,实现了基本扫除青壮年文盲的既定目标。襄阳县对剩余的 11 320 名文盲人员进行分类排队,全县投入扫盲经费 117.25 万元,举办扫盲班 510 个,参加脱盲学习 4 860 人,当年脱盲 2 960 人。国家教委、财政部授予该县"全国扫除文盲先进单位"称号。

1997 年,全市投入扫盲经费 365.2 万元,比上年增长 1.1%,办扫盲班 2 063 个,扫除剩余青壮年文盲 13 895 名,青壮年人口中非盲率升至 98.9%。脱盲后参加巩固提高学习的学员 27 931 人,考试合格 27 883 人,巩固率 99.8%。同年 10 月,保康县实现基本扫除青壮年文盲的目标,通过省政府验收。至此,全市 7 个县(市)、2 个城区、2 个开发区实现高标准扫除青壮年文盲的目标。比省规划提前两年完成在 20 世纪内扫除青壮年文盲的任务。

1998 年 11 月下旬,保康县代表襄樊市和湖北省接受国家扫盲抽查验收。是年,全市投入扫盲经费 382.33 万元,办扫盲班 2 085 个,参加扫盲学习 15 141 人,其中女性 9 802 人,扫除青壮年文盲 12 720 人,其中女性8 284人,青壮年人口中非盲率升至99.2%。参加脱盲后巩固提高学习的学员 27 409 人,经考试合格 27 312 人,其中女性 17 155 人,巩固率 99.6%。1999 年,扫盲工作的重点转向扫除剩余文盲和扫盲后的巩固提高。全年投入扫盲经费 276.6 万元。办扫盲班 1 448 期,扫除文盲 9 724 人,巩固提高26 727人。经过随机抽样对各县(市)、区所属19个乡(镇)(办事处)、35个村的200名脱盲学员进行考试,脱盲学员的巩固率达97.5%。襄樊市扫盲工作经验在全国扫盲论坛研讨会上进行交流。

2000 年,坚持对青壮年文盲有一个扫一个的原则,将扫除剩余文盲的任务分解至各县(市)、区。同年 10 月,保康县被教育部授予第五届"中华扫盲奖"(湖北省仅有 7 家单位获此奖项)。并获奖励资金 30 万元。此后,全市扫盲工作转入以巩固提高培训为主,结合农村产业结构调整,扫盲教育融入农村实用技术和新技术培训,让脱盲人员在学科学、学技术的过程中巩固提高文化水平。谷城、宜城、枣阳、老河口、襄城、樊城六个县(市)、区的"两基"工作通过省政府复查。

2001 年,全市青壮年文盲 242 人。

2005 年,全市 15—50 周岁的 2 773 177 人中,文盲 5 人。

2.乡(镇)、村成校建设

1986 年,国家教委转发的《中共湖北省委农村工作部、湖北省教育委员会关于积极发展农村区(乡)成人文化技术学校的意见》。利用乡村成人技术学校(下称"成校"),加强对农民的文化技术及政治法制教育。同年,全市 187 个乡(镇)建乡(镇)成校 23 个,开办实用技术培训班 1595 个,培训 59 485 人次。1987 年,新建乡(镇)成校 31 所。此后,乡(镇)成校建设进入规范发展阶段。1988 年,全市乡(镇)成校 97 所。1989 年,全市乡(镇)成校 173 所,村级成校办学面占 50%以上。1989 年,全市乡(镇)成校建设投资124.93万元,办培训班4 887期,培训506 353人次。其中政治教育1352期,培训129 892 人次;文化教育 886 期,培训 34 902 人次;实用技术培训 2 798 期,培训 290 079 人次。为农村培养输送

图 28—2 1995 年,成人文化技术学校举办扫盲培训班

农民技术员 7 495 人,农村基层干部 6 249 人,乡(镇)企业职工 17 960 人,农民学校教师 670 人,获科技成果奖 87 项。是年,枣阳市平林镇成校、谷城县庙滩镇成校等 9 个单位被确定为全市第一批“燎原计划”试点学校,争取到“燎原计划”贷款 25 万元,确定推广农村实用技术项目 12 个。1990 年,全市乡(镇)成校专职教师 581 人,兼职教师 1 000 余人。1991 年,襄阳县双沟镇成校等 12 所乡(镇)成校被省授予“推广适用技术先进单位”。1992 年,全市乡(镇)成校培训农民 61 万人次,其中实用技术培训 40 余万人次,培养科技致富带头人 27 000 人。是年,襄阳县双沟镇成校被国家教委授予“先进成人学校”称号。襄阳县东津镇、枣阳市七方镇、枣阳市刘升镇、老河口市光华办事处、随州市三里岗镇、随州市新街镇、谷城县谢湾镇、宜城县濮河镇、宜城县孔湾镇、南漳县峡口镇、保康县马良镇双坪村、市郊区庞公乡十家庙村等 12 所乡(镇)、村成校被评为省级先进成校。

1993 年,全市所有乡(镇)均建有乡(镇)成校。村级成校办学面占 60%。同年,市教委组织编写了适合襄樊实际的《农村实用技术》作为乡、村成校教材。1994 年,全市乡(镇)成校 150 所,培训农民 286 121 人次。2 220 所村级成校培训农民 738 063 人次。培养科技致富带头人 133 415 人。同年,襄阳县东津镇成校被国家教委授予“国家级先进成校”称号。宜城市讴乐乡、南漳县九集镇、老河口市张集镇、枣阳市吴店镇等四所乡(镇)成校被评为全省成人文化技术教育先进单位。1995 年,全市乡(镇)成校建设投资 530.07 万元。专职教师 397 人,兼职教师 991 人。150 个乡(镇)成校培训农民 163 592 人次,2 499 个村级成校培训农民 413 526 人次,县、乡(镇)、村三级农民培训网络共培养农户科技致富带头人 129 170 人。村级成校办学面达 80%。此后,乡(镇)成校建设进入巩固提高阶段。1996 年,全市乡(镇)成校建设投资 322.96 万元。乡(镇)村两级成校对农民进行文化、科技、政治、人口、法律等培训 60 万余人次,培养科技致富带头人 113 198 万人。1997 年,全市乡(镇)成校建设投资 480.1 万元。村级成校设立面占全市村数的 97%,乡(镇)、村级成校共培训农村从业人员 28 万人次,培养科技致富带头人 1.3 万人。是年始,全市开展示范性乡(镇)成校创建工作。当年有 3 所乡(镇)成校被认定为全省首批省级示范性乡(镇)成校。

1998 年,全市乡(镇)成校建设投资 762.79 万元。自年始,全市开展市级示范性乡(镇)成校创建工作,全年分两批评出市级示范性乡(镇)成校 29 所。1999 年,全市村级成校办学面占 98%。7 所乡(镇)成校被评为省级示范性乡(镇)成校。

2000 年,全市乡(镇)成校建设投资 530 万元。其中,财政补助 65.6 万元,教育部门拨款 87.5 万元,教育费附加 262.2 万元(占教育费附加 3.6%),其他方面筹集 111.3 万元。全市 149 个乡(镇)成校校园面积 178 万平方米,校舍总面积 108 万平方米。种植基地 264 万平方米,养殖基地 1 548 亩,校办工厂、农场 96 个,大件教学仪器设备 3 492 套(件),图书资料 23.3 万册。全市乡(镇)成校举办培训班 4 598 期,培训 62.5 万余人次。其中,政治类培训 13.4 万人次,参加农村实用技术类培训 47.95 万人次,培训乡(镇)企业职工 11 526 人次。培训科技致富带头人 51 843 人。乡(镇)、村级成校组建了 261 个农业科技推广服务队,推广农业科技项目 329 项,推广农业新品种 428 个,受益农户 96 780 户。同年,全市创建省级示范性乡(镇)成校 11 所,占全省总数的 21.2%。17 所学校被评为市级示范性乡

(镇)成校。是年始,全市开展创建省、市级教育兴农示范基地活动,先后有襄阳县王河乡成校的黄贝木耳栽培基地、枣阳市七方镇成校的花卉、盆景培植基地、谷城县大峪山镇成校的花椒种植基地等30多所乡(镇)成校的基地被评为市级教育兴农示范基地。

2001年,全市乡(镇)成校种养殖基地面积513平方米,其中种植基地面积412万平方米,养殖基地面积101万平方米。开发、示范、推广项目561个,辐射农户68 214户,推广项目产值48 022万元。学校创收395.7万元。培训农业经济人才87.36万人次,其中乡(镇)企业人员54124人次,回乡知识青年76 134人次,乡(镇)、村干部60 767人次,农村实用技术培训499 203人次,文化、人口教育、法律知识培训183 416人次。同年,乡(镇)机构调整撤并,全市100个乡(镇)成校有专职教师534人,兼职教师692人。是年,全市9所学校被评为第四批省级示范性乡(镇)成校。全市省级示范性乡(镇)成校达20所,居全省各地、市、州首位。16所乡(镇)成校被评为第四批市级示范性乡(镇)成校。

2002年,全市7所乡(镇)成校被评为省级示范性乡(镇)成校;7所成校被评为第五批市级示范性乡(镇)成校;12所成校被评为第六批市级示范性乡(镇)成校;5所乡镇成校基地被评为全省首批示范性基地(全省共28个)。

2003年,14所乡(镇)成校被评为第七批市级示范性乡(镇)成校。13所乡(镇)成校被评为省级示范性乡(镇)成校。9所乡镇成校基地被评为省级示范性基地。2004年,7所乡(镇)成校被评为省级示范性乡(镇)成校。3所成校基地被评为省级示范性基地。是年始,乡(镇)成校承担部分农村劳动力转移培训任务。

这一时期(2004—2005年),全市参与农村劳动力转移培训的学校(培训机构)306所,其中,乡(镇)、村级成校249所,培训69 081人,其中转移前引导性培训35 054人,转移前技能性培训28 577人,转移后培训5 450人,培训后就业20 238人。

2005年,6所成校被评为省级示范性乡(镇)成校。保康县后坪镇成校被评为市级示范性乡(镇)成校。3所成校基地被评为省级示范性基地。至此,全市共创建省级示范性乡(镇)成校63所,省级示范性基地20个,市级示范性乡(镇)成校96所。是年,全市乡、村两级成校办学面分别占100%和98%(详见表28—22、表28—23、表28—24)。

1997—2005年襄樊市省级示范性乡(镇)成人文化技术学校一览

表28—22

学校名称	认定时间	学校名称	认定时间
襄樊市东津镇成人文化技术学校	1997	老河口市袁冲乡成人文化技术学校	2002.12
宜城市讴乐镇成人文化技术学校	1997	枣阳市熊集镇成人文化技术学校	2002.12
老河口市竹林桥镇成人文化技术学校	1997	保康县马良镇成人文化技术学校	2002.12
老河口市仙人渡镇成人文化技术学校	1999	樊城区牛首镇成人文化技校学校	2002.12
老河口市光化办事处成人文化技术学校	1999	汽车产业开发区团山镇成人文化技校学校	2002.12
枣阳市七方镇成人文化技术学校	1999	老河口市洪山咀镇成人文化技术学校	2003.12
襄阳县伙牌镇成人文化技术学校	1999	老河口市张集镇成人文化技术学校	2003.12
襄阳县黄集镇成人文化技术学校	1999	枣阳市吴店镇成人文化技术学校	2003.12
谷城县大峪桥镇成人文化技术学校	1999	枣阳市刘升镇成人文化技术学校	2003.12
南漳刘集城关镇成人文化技术学校	1999	谷城县庙滩镇成人文化技术学校	2003.12
襄阳县张集镇成人文化技术学校	2000.11	谷城县盛康镇成人文化技术学校	2003.12
襄阳县泥咀镇成人文化技术学校	2000.11	南漳县板桥镇成人文化技术学校	2003.12
枣阳市资山镇成人文化技术学校	2000.11	襄阳区古驿镇成人文化技术学校	2003.12
枣阳市环城办事处成人文化技术学校	2000.11	襄阳区程河镇成人文化技术学校	2003.12

续表

学校名称	认定时间	学校名称	认定时间
老河口市李楼办事处成人文化技术学校	2000.11	宜城市流水镇成人文化技术学校	2003.12
谷城县北河镇成人文化技术学校	2000.11	襄城区欧庙镇成人文化技术学校	2003.12
谷城县薤山林场成人文化技术学校	2000.11	保康县店垭镇成人文化技术学校	2003.12
南漳县肖堰镇成人文化技术学校	2000.11	樊城区柿鋪乡成人文化技术学校	2003.12
南漳县九集镇成人文化技术学校	2000.11	谷城县石花镇成人文化技术学校	2004.12
保康县歇马镇成人文化技术学校	2000.11	谷城县紫金镇成人文化技术学校	2004.12
宜城市郑集镇成人文化技术学校	2000.11	枣阳市杨垱镇成人文化技术学校	2004.12
襄阳县黄龙镇成人文化技术学校	2001.12	枣阳市新市镇成人文化技术学校;	2004.12
樊城区柿舖办事处成人文化技术学校	2001.12	老河口市孟楼镇成人文化技术学校	2004.12
老河口市薛集镇成人文化技术学校	2001.12	保康县寺坪镇成人文化技术学校	2004.12
襄城区尹集乡成人文化技术学校	2001.12	襄阳区石桥镇成人文化技术学校	2004.12
谷城县冷集镇成人文化技术学校	2001.12	襄阳县朱集镇成人文化技术学校	2005.12
宜城市鄢城办事处成人文化技术学校	2001.12	枣阳市平林镇成人文化技术学校	2005.12
保康县马桥镇成人文化技术学校	2001.12	枣阳市琚湾镇成人文化技术学校	2005.12
枣阳市兴隆镇成人文化技术学校	2001.12	保康县过渡湾镇成人文化技术学校	2005.12
南漳县巡检镇成人文化技术学校	2001.12	老河口市赞阳办事处成人文化技术学校	2005.12
襄阳县龙王镇成人文化技术学校	2002.12	宜城市板桥店镇成人文化技术学校	2005.12
谷城县五山镇成人文化技术学校	2002.12	宜城市板桥店镇成人文化技术学校	2005.12

1997—2005年襄樊市市级示范性乡(镇)成人文化技术学校一览

表28—23

学校名称	认定年、月	学校名称	认定年、月
襄阳县黄集镇成人文化技术学校	1998.1	枣阳市罗岗镇成人文化技术学校	2001.3
襄阳县伙牌镇成人文化技术学校	1998.1	老河口市纪洪镇成人文化技术学校	2001.3
枣阳市吴店镇成人文化技术学校	1998.1	老河口市赞阳办事处成人文化技术学校	2001.3
枣阳市徐寨乡成人文化技术学校	1998.1	宜城市新街乡成人文化技术学校	2001.3
宜城市璞河镇成人文化技术学校	1998.1	南漳县板桥镇成人文化技术学校	2001.3
老河口市李楼办事处成人文化技术学校	1998.1	南漳县峡口镇成人文化技术学校	2001.3
南漳县刘集镇成人文化技术学校	1998.1	谷城县紫金镇成人文化技术学校	2001.3
南漳县巡检镇成人文化技术学校	1998.1	谷城县当舖镇成人文化技术学校	2001.3
谷城县大峪桥镇成人文化技术学校	1998.1	谷城市官坊乡成人文化技术学校	2001.3
谷城县谢湾镇成人文化技术学校	1998.1	谷城市黄畈乡成人文化技术学校	2001.3
襄阳县朱坡乡成人文化技术学校	1998.12	保康县马良镇成人文化技术学校	2001.3
襄阳县竹条镇成人文化技术学校	1998.12	保康县马桥镇成人文化技术学校	2001.3
襄阳县双沟镇成人文化技术学校	1998.12	保康县店垭镇成人文化技术学校	2001.3
襄阳县张集镇成人文化技术学校	1998.12	樊城区王寨办事处成人文化技术学校	2001.3
宜城市郑集镇成人文化技术学校	1998.12	枣阳市平林镇成人文化技术学校	2002.1
宜城市朱市镇成人文化技术学校	1998.12	宜城市板桥镇成人文化技术学校	2002.1
宜城市孔湾镇成人文化技术学校	1998.12	谷城县茨河镇成人文化技术学校	2002.1
枣阳市七方镇成人文化技术学校	1998.12	谷城县五山镇成人文化技术学校	2002.1
枣阳市环城办事处成人文化技术学校	1998.12	谷城县庙滩镇成人文化技术学校	2002.1

续表 1

学校名称	认定年、月	学校名称	认定年、月
枣阳市兴隆镇成人文化技术学校	1998.12	保康县城关镇成人文化技术学校	2002.1
枣阳市姚岗镇成人文化技术学校	1998.12	保康县城寺坪镇成人文化技术学校	2002.1
枣阳市蔡阳镇成人文化技术学校	1998.12	襄阳区古驿镇成人文化技术学校	2002.12
南漳县肖堰镇成人文化技术学校	1998.12	谷城县赵湾乡成人文化技术学校	2002.12
谷城县城关镇成人文化技术学校	1998.12	宜城市王集镇成人文化技术学校	—
谷城县石花镇成人文化技术学校	1998.12	保康县过渡湾镇成人文化技术学校	2002.12
谷城县冷集镇成人文化技术学校	1998.12	保康县黄堡镇成人文化技术学校	2002.12
老河口市袁冲乡成人文化技术学校	1998.12	枣阳市新市镇成人文化技术学校	2002.12
老河口市薛集镇成人文化技术学校	1998.12	枣阳市刘升镇成人文化技术学校	2002.12
老河口市光化办事处成人文化技术学校	1998.12	高新区团山镇成人文化技术学校	2002.12
襄城区尹集乡成人文化技术学校	2000.1	樊城区牛首镇成人文化技术学校	—
樊城区柿舖乡成人文化技术学校	2000.1	樊城区欧庙镇成人文化技术学校	2002.12
襄阳县岘咀镇成人文化技术学校	2000.1	谷城县盛康刘畈村成人文化技术学校	2002.12
枣阳市资山镇成人文化技术学校	2000.1	汽车产业开发区米庄村成人文化技术学校	2002.12
枣阳市清潭镇成人文化技术学校	2000.1	樊城区太平店镇成人文化技术学校	2003.12
枣阳市薛集镇成人文化技术学校	2000.1	樊城区太平店龚洲村成人文化技术学校	2003.12
枣阳市梁集镇成人文化技术学校	2000.1	樊城区牛首张王岗村成人文化技术学校	2003.12
老河口市张集镇成人文化技术学校	2000.1	襄阳区石桥镇成人文化技术学校	2003.12
老河口市孟楼镇成人文化技术学校	2000.1	襄阳区张湾镇成人文化技术学校	2003.12
谷城县沈湾镇成人文化技术学校	2000.1	高新区团山黄家村成人文化技术学校	2003.12
谷城县薤山林场成人文化技术学校	2000.1	高新区台子湾村成人文化技术学校	2003.12
保康县欧店镇成人文化技术学校	2000.1	南漳县长坪镇成人文化技术学校	2003.12
保康县歇马镇成人文化技术学校	2000.1	南漳县东巩镇成人文化技术学校	2003.12
南漳县城关镇成人文化技术学校	2000.1	保康县龙坪镇成人文化技术学校	2003.12
南漳县九集镇成人文化技术学校	2000.1	谷城县南河镇成人文化技术学校	2003.12
南漳县李庙镇成人文化技术学校	2000.1	枣阳市北城办事处成人文化技术学校	2003.12
宜城市雷河办事处成人文化技术学校	2000.1	枣阳市鹿头镇成人文化技术学校	2003.12
襄阳县程河镇成人文化技术学校成人文化技术学校	2001.3	宜城市刘猴镇成人文化技术学校	2003.12
枣阳市王城镇成人文化技术学校	2001.3	保康县后坪镇成人文化技术学校	2005.12

2002—2005 年襄樊市省级教育兴农示范基地一览

表 28—24

基地名称	认定年月	基地名称	认定年月
谷城县薤山林场成人文化技术学校基地	2002.12	襄阳区黄龙镇成人文化技术学校基地	2003.12
老河口市仙人渡镇成人文化技术学校基地	2002.12	襄阳区张集镇成人文化技术学校基地	2003.12
枣阳市王城镇成人文化技术学校基地	2002.12	南漳县肖堰镇成人文化技术学校基地	2003.12
宜城市小河镇成人文化技术学校基地	2002.12	宜城市流水镇成人文化技术学校基地	2003.12
老河口市职教中心王甫洲基地	2002.12	襄阳区伙牌镇成人文化技术学校基地	2004.12
保康县马桥镇成人文化技术学校基地	2003.12	谷城县冷集镇成人文化技术学校基地	2004.12
谷城县五山镇成人文化技术学校基地	2003.12	老河口市袁冲乡成人文化技术学校基地	2004.12

续表

基地名称	认定年月	基地名称	认定年月
高新区团山镇成人文化技术学校基地	2003.12	襄阳区东津镇成人文化技术学校基地	2005.12
老河口市薛集镇成人文化技术学校基地	2003.12	谷城县紫金镇成人文化技术学校基地	2005.12
枣阳市熊集镇成人文化技术学校基地	2003.12	老河口市洪山嘴办事处成人文化技术学校基地	2005.12

3.成人学历教育

成人中等专业教育:襄樊市成人中等专业教育始于20世纪70年代末80年代初。1985年,全市职工中专学校(班)23处,在校生3 778人。1986年,全市保留成人中专18所,在学人员10300人。老河口市农民中专学校办学条件得到完善,随州、枣阳、襄阳、宜城等县(市)试办农民中专学校。另有农业广播电视学校一所(襄樊市农业广播电视学校)。1987年,全市成人中专招生5500人,参加成人中专自学考试742人。是年下半年始,全市开展干部中专专修班试点工作。市委组织部和市教委在襄阳县委党校、宜城县委党校,市商业职工中专、市物质职工中专等学校进行试点,各校开办一个班、每班规模50人,脱产学习一年。1988年,全市成人中专(含普通中专成人教育部)37所(处)。农业广播电视学校9所,208个教学班,学员6 483人。干部中专班15所,学员1 084人。同年6月30日,老河口市建立卫生职工中专学校,设护士、医士、妇幼医士三个专业,年招生300人,并纳入全省统一招生计划。是年秋,市委党校举办中专专业证书班一个,学员56人,学制一年。1989年,经省教委批准,设立"保康县成人中等专业学校"。全市有成人中专44所,其中党校8所,卫生职工中专7所,农机系统中专3所,其他各类成人中专26所。全市农业广播电视学校9所,215个教学班,在籍学员5025人,其中农学专业3 284人,畜牧兽医专业1741人。参加中专自学考试561人、2052科次。是年,全市成人中专招生11 134人,其中干部专修班704人,成人中专毕业7293人。1990年,全市成人中专42所,其中干部中专1所,职工中专21所,教师进修学校5所,广播电视中专10所,在校生16 807人。1991年6月中下旬,市教委组织对全市169个成人高、中等教育函授站、分校、校外班的办学条件和教学质量进行检查评估,其中检查成人中等专业教育函授站、校外教学班(站)70个,认定合格11个,基本合格34个,不合格25个;农业广播电视学校(分校)10所,认定合格4所,基本合格3所,不合格3所。同年,3万余人次参加成人学历教育学期结业和毕业抽考,700余人参加中专专业证书的入学和结业考试。1993年,成人中专自学考试开考权下放至地、市、州,全市中专自考报考3 597人,8 127科次。独立设置的成人中专学校25个,在校生9 877人。各类成人中等教育办学单位186个,在籍学员21 000人。1994年,成人中专学校与乡(镇)成人文化技术学校联手开办成人中专校外班,拓展成人中专教育直接为农村产业培养中等专业技术人才的路子。全市25所独立设置的成人中专共招收农村应届初中毕业生4 900人。经过调整,各类成人中等专业教育办学单位减至120个,参加成人中等专业教育8 239人。1995年8—11月,市教委组织对枣阳、老河口、宜城、南漳、谷城、保康等6所县(市)成人中专办学水平进行评估。老河口、枣阳、保康、宜城四县(市)成人中专学校合格。1996年1月,市教委组织对全市70所成人中等专业教育函授站、校外班、分校进行检查评估,合格单位57个,其中交通部电视中专湖北襄樊市分校、枣阳市卫生职工中专函授站、宜城粮食职工学校函授站、谷城卫生职工中专函授站等被评为先进单位。基本合格单位4个,不合格单位2个,另有7个单位因长期无生源或主办学校不能落实教育教学和管理工作被取消办学资格。同年,在全省示范性成人中专学校创建中,老河口市成人中专、谷城县卫生职工中专、襄樊商业职工中专榜上有名。襄樊市物资职工中专和枣阳市卫生职工中专被省教委命名为省级先进成人中专。是年,襄阳县成人中专被省教委批准建立并招生。至此,市辖各县(市)实现每个县(市)有一所成人中专的目标。谷城县成人中专学校与谷城县职业高中合并组建谷城县职业教育中心，实行一套班子，两块牌子。1997 年，市区新增设“襄樊市新型建筑材料职工中专”，老河口市成人中专学校与老河口市师范学校、老河口市职业高中合并。全市成人中专减至 22 所，当年招生 4 675 人。成人中等专业教育自学考试参加考试 946 人。这一时期，各县市成人中专先后与县职业高中、教师进修学校等合并，加上成人中专生源逐年减少，成人中专教育逐步萎缩。1998 年 1—5 月，市教委组织对全市大中专函授、自修辅导站、校外教学班、分校再度进行检查评估。49 个成人中专站、班中，45 个合格，3 个基本合格，1 个不合格。同时取消 57 个（含大专）单位的办学资格。是年，全市单设成人中专招生 2 502 人。市区 14 个普通中专成教部和成人中专在籍成人中专学员 4 269 人。全市 17 所成人中专选拔保送 109 名优秀毕业生进入成人高校学习（比省教委下达襄樊市计划超额 16 人）。1999 年，全市成人中专招生 1 109 人。保送成人中专优秀毕业生 122 人进入成人高校学习，参加中专自学考试 1 022 人，2 791 科次。2000 年，全市成人中专在册招生学校 16 所，招生 1205 人。2001 年，全市成人中专在册招生学校 8 所，招生 631 人。2005 年，全市成人中专（班）5 所，即老河口市卫生学校、保康县教师进修学校、南漳县教师进修学校、南漳县卫生职工中专学校和襄樊市铁路运输学校。招生 1190 人，在校生 2 098 人。

成人高等教育：全市成人高等教育分成人高等学校教育、成人高等函授教育和高等教育自学考试三种形式。全市单设成人高等学校有襄阳轴承厂职工大学、襄樊棉纺织印染厂职工大学和江山机械厂职工大学，均建于 20 世纪 80 年代初期。1983 年，襄棉职工大学更名为“湖北纺织职工大学”。1984 年 3 月，襄樊市高等教育自学考试工作班子成立。同年 9 月，“襄樊市教育局函授站”和“湖北省高等教育自学考试指导委员会襄樊分会”成立。1985 年，开始大规模组织高等教育自学考试。上半年，全市 2 517 名考生参加考试，下半年 6 100 名考生参加 12 个专业 47 门课程的考试。1986 年，全市中学教师报考参加华中师范学院和襄樊教育学院函授学习者 1 950 人。高等教育自学考试开考专业为 15 个。1987 年 1 月，全市设立各类函授教育辅导站 73 个（含中专函授站），在藉学员 9 792 人。市高等教育自学考试首届毕业生 257 人毕业。是年，全市报考自学考试本科段考生 502 人，专科段考生 9 866 人。1988 年，省内外高校在樊设立函授站 33 个。省委党校设市委党校大专函授 85 级 360 名学员毕业。同年，全市自学考试报考 46 617 科次，本科段毕业 3 人，专科段毕业 570 人。1989 年，省内外高校在樊设立函授站 27 个，设财政信息管理、行政管理、工商企业管理、纺织、金融、国际贸易、刑事侦查等 20 多个专业。同年，参加本、专科自考考生 24 872 人，56 448 科次。本科段毕业 5 人，专科段毕业 723 人。与之相适应的自修大学、社会助学班也先后成立。市委党校自修大学行管、文秘专业招收 600 余人。1990 年，设立襄樊市成人高等教育自学考试办公室（简称自考办）。全市自学考试本科段毕业 3 人，专科段毕业 1 056 人。全市 39 个社会力量办学单位中，有 21 个单位从事自考社会助学活动。同年，武汉大学、中南财大、中南政法学院、华中师大、湖北大学、同济医科大学等在樊设立函授站、校外班 36 个，专业 24 个。招收学员 10 692 人，毕业 5 001 人，在读学员 16 807 人。市教委组织对全市 36 个成人高等教育函授站（点）的 63 个专业、78 门课程 3 861 人次的教学质量抽查考试，促进了函授教学质量的提高。是年，为制止成人高等教育乱办学、乱收费、乱发文凭的“三乱”现象，市教委组织对 36 个成人高等教育函授站、校外班进行抽样调查，通过对市直财政、税务、审计、统计、纪委、农委、党校、公安、检察、法院、司法等 18 个办学单位 5 887 名学员的调查，明确有国家招生计划和开办专业批文的 5 个，占办学单位的 27%；5 887 名学员中，无学籍人数 607 人，占 10.3%；函授站经费无财政拨款，完全靠学费收入单位占半数以上。1991 年 7 月，市教委组织对全市 42 个高等教育函授站进行检查，42 个办学单位中，合格 10 个；基本合格 24 个；不合格 8 个。同年始，重点整顿自学考试的社会助学活动。同时，严格自学考试的考风考纪，加大了对自学考试中的违规违纪现象的处罚力度。是年，全市自学本科段毕业 17 人，专科段毕业 514 人。1992 年，全市高等教育自学考试报考人数 55 416 人，开考专业 61 个，报考 134 285 科次，实考 97 614 科次，考试合格 33 641 科次，本科段毕业 7 人，专科段毕业 1

573人。同年,全省成人高等教育函授站、校外班检查通报中,表彰全省18个成绩突出的函授站、校外班,其中襄樊占了3个,在各地市州中列第一,全省合格函授站131个,襄樊占28个。1993年,全市成人高等教育函授站、校外班48个,高等教育自学考试报考96 727科次。同年,省自考十周年总结表彰会上,宜城县自考办被授予"先进单位"称号,市、县(市)自考办11人被授予"先进工作者"称号。1994年,经过治理整顿和调整,全市成人高等教育函授站、校外班减至39个,参加成人高等教育函授学习者15 034人,毕业3 332人。成人高等教育从单纯追求学历转向适应社会市场经济发展需求的应用型专业教育,全市新开办专科段应用型专业15个。1995年,全市各类自学考试报考人数31 956人,135 856科次;成人高等教育函授站、校外班41个,在学函授生5 400人。襄樊党校系统加强与中央党校函授学院、省委党校函授部联合办学,招收函授本、专科学员1 483人,其中本科606人,专科877人。同年,16个不合格的函授站、校外班被取消办学资格。1996年1月,市教委组织对全市95个成人高等教育函授站、校外班、自学辅导站办学资格进行审验,市公安局函授站、市纪委函授站、市地税局函授站等5个单位被认定为先进办学单位,82个单位被定为合格单位,6个基本合格单位, 不合格单位2个。同年,全市各类自学考试报考179 520科次,自考平均及格率57%。同年,襄樊市自考办被国家教委授予"高等教育自学考试工作先进集体"称号,市、县(市)自考办14人被授予"高等教育自学考试工作先进个人"称号。是年,全市组织自学考试开考本科、专科、中专三个层次97个专业,创建国家级定点考场13个,"湖北省信得过考场"4个。1997年,组织4次自学考试,报考60 245人次,243 184科次,列全省第二。同年始,市人事局、市教委分别与华中师大、湖北大学联合举办成人硕士研究生课程班,面向机关干部和企事业单位培养高层次管理人才。是年,襄樊自考办、襄阳县自考办、谷城县自考办被省教委、省自考委授予"自学考试工作先进集体"称号,市、县(市)10人被授予"自学考试工作先进个人"称号,并每人奖金1 500元。同时,市成人招办、谷城县成人招办被省表彰为成人招生先进集体。1998年,全年各种类型自学考试报考人数62 958人次,225 738科次。1—5月,市教委组织对成人高等教育函授站、校外班、自修助学班等检查,市财政局函授站、市法官培训中心函授站、市公安局函授站、枣阳市教委函授站等被认定为先进办学单位。65个单位被认定为合格办学单位,3个基本合格单位,1个不合格单位。1999年,全年组织各种类型自学考试6次,报考人数49 333人次,234 176科次。其中, 应用型专报考5 555人次,19 657科次; 系统报考16 517人次, 48 442科次; 长线报考61 968人次,15 796科次;计算机上机操作考试5 530科次。2000年始,自考向农村延伸,开考种植、养殖、农产品加工、农村经济管理等专业。当年自考报考人数50 243人次,200 245科次,列全省第二。同年,市委党校函授教育录取新生6 464人,连续6年居全省各地(市)党校第一,在籍函授生逾万人,是全省唯一超万人学区。此后,普通高等教育扩招,全市成人高等学校先后停办,成人高等教育函授和成人高等教育自学考试生源逐年减少,总体呈萎缩趋势见表28—25、28—26。

1992—2005年襄樊市成人高等(中专)教育自学考试情况一览

表28—25

年度	报考人数	合格科次	毕业人数		
			本科	专科	中专
1992	55416	33641	7	1573	—
1993	38277	38025	22	1879	33
1994	33150	38068	27	2009	354
1995	31956	34491	38	1710	825
1996	44771	58597	36	1432	773
1997	60245	82252	139	1060	656

续表

年度	报考人数	合格科次	毕业人数		
			本科	专科	中专
1998	62958	71039	195	1358	694
1999	49333	49939	750	2258	236
2000	50243	60311	1329	2517	-
2001	49744	55581	1552	2180	-
2002	48963	27710	2096	2486	-
2003	38688	23762	1639	1386	-
2004	18560	14070	1080	1198	-
2005	8829	6130	89	1001	—

注:资料来源于市自考办

1986—2005 年襄樊市参加成人高等学校招生考试人数统计

表 28—26

年度	报名人数(人)	年度	报名人数(人)
1986	—	1996	13726
1987	10465	1997	12843
1988	12632	1998	8299
1989	12289	1999	11199
1990	13153	2000	12195
1991	13282	2001	13619
1992	13434	2002	17016
1993	13019	2003	9517
1994	14896	2004	6090
1995	15319	2005	6971

襄阳轴承厂职工大学:建于 1981 年,位于襄阳轴承厂培训大楼。设机械制造工艺及设备、轴承制造工艺、机床电气自动化、机械管理工程、工业与民用建筑、工业企业管理等专业,学制三年,脱产学习,另有少量电大生和函授生。先后毕业学生 750 人。1997 年,被省教委评为“合格学校”。2002 年,学校建筑面积 5 500 平方米,教室 17 个,实验室 5 个,另有图书室、阅览室、语音室、计算机房各 1 个。教职工 35 人,其中,专任教师 25 人。专任教师中本科学历占 40%,大专学历占 60%;高级职称占 40%,中级职称占 60%。同年,学校停办。

湖北省纺织职工大学:建于 1981 年,始名襄樊棉纺织印染厂职工大学。1983 年 3 月,更名为“湖北省纺织职工大学”。是全省唯一一所经教育部批准有招生资格的纺织职工大学。设大专部和中专部,面向全省招收在职纺职职工、待业青年和初、高中毕业生。1997 年,被省教委认定为“合格学校”。2000 年,有教职工 110 人,专任教师中高级职称 10 人,中级职称 50 人,理论课教师学历均为大专以上。学校教学、办公及学员生活用房建筑面积 15 000 平方米,设纺材、机织、化学、物理、电工、力学、钳工、制图、微机等实验室和教学电影放映室。先后开设纺织、印染、企业管理、机电一体化、空调、服装、财会、计算机等专业。全日制脱产学习,学制三年,学员学完规定课程,经考试考核合格者颁发国家承认学历的大、中专文凭。毕业生回单位或委培单位工作,享受大中专毕业生待遇。同年,学校停办。

4.职工教育

职工、干部“双补”(文化、技术补课):1985 年,市区青壮年职工初中文化补课合格 77 795 人,占应补人数的 69.5%;初级技术补课累计合格 64 522 人,占应补人数的 61.3%。1986 年,全市 56 所职工学校(培训中心)组织 51 439 人参加“双补”学习。其中成人高中学力在学人数 8 890 人,成人初中在学人数 11 183 人。同年 3 月、6 月、12 月三次举行全市职工初中文化补课考试。同年 7 月 19—21 日,举行全市夏季成人高中学力统一考试,参加补课考试 4 658 人。同年 12 月 20～21 日,举行冬季成人高中学力统考,全市 4 500 人参加考试,此次考试首次将各县(市)考生全部集中到市区参加考试。是年,参加职工学校培训的干部 6 394 人。1987 年,全市职工学校(培训中心)87 所,参加“双补”学习 95 993 人,其中参加成人高中学力统考 2 318 人,到年底,全市累计参加初中文化补课人数达 12.6 万人。高中文化补课人数达 9 784 人。同年,市委组织部、市教委联合在市商业职工中专、市物质职工中专、襄阳县委党校、宜城县委党校开办干部中专专修班试点,培训干部 200 人。参加其他职工学校学习的干部 11 187 人。1988 年,全市职工学校(培训中心)75 所,成人高中在学 7 896 人,毕业 4 174 人;成人初中在学 5 052 人,毕业 3 827 人。同年,参加全市成人中专学习的干部 7 034 人,毕(结)业 4 753 人。其中 16 所成人中专学校开办了干部中专专修班,在校学员 1 100 人,结业 205 人。参加其他职工学校学习的干部 10 072 人,结业 8 778 人。另有 10 435 名干部参加各类大专学习进修,毕业 4 297 人。市委党校开办了干部中专专业证书班,培训干部 56 人。1989 年,全市职工学校(培训中心)124 所。参加成人高中补课 3 234 人,毕业 2131 人;参加成人初中补课 640 人,毕业 462 人。同年,参加职工学校学习、培训干部 9 492 人,全市成人中专干部中专专修在读 704 人。市委党校毕业干部中专专修生 118 人。1990 年,职工教育转向开展工人岗位技术培训为主。全市有 15.6 万人参加文化补课,其中 13.5 万人获初、高中毕业证书。参加成人高等教育学习的干部 9 587 人。其中,党政干部 2126 人,企业领导和管理干部 1 220 人,专业技术干部 4 930 人,其他干部 1 311 人。此后,干部文化学习向高层次发展,业务培训转向岗位(职务)培训为主。

岗位(职务)培训:1986 年,在继续完成职工“双补”的同时,实施岗位培训(初级技术补课)。当年培训 51 439 人,1987 年培训 95 993 人,1988 年培训 36 683 人。同时, 对技术基础较好的职工同时开展技术等级培训。1988 年,全市参加技术业务培训职工人数 84 362 人。1989 年,参加技术等级培训人。1992 年,全市岗位资格培训学习 53 234 人,其中工人 46 991 人;参加技术等级培训 64 173 人,其中工人 54 707人,经考核获中级技术等级证书7 000余人,高级技术等级证书1 000余人。另有 174 967 名工人参加了岗位适应性培训。1993 年,参加工人技术等级培训 59 364 人,其中,12 000 人通过自培、委培、代培方式参加考工培训 79 期(班),经考核 10 750 人获得技术等级证书,其中高级工 5 382 人,中级工 4 399 人,初级工 969 人。经推荐考评,全市 11 个工种 235 名在岗技师中,160 名获得工人技师职称。同年,219 470 名职工参加过岗位适应性培训。1994 年,全市参加岗位资格培训职工 60 097 人,岗位适应性培训 95 446 人,技术等级培训 61 974 人,参加考工定级职工 11 000 人,2 720 取得高级工证书,4 061 人获中级工证书,1 040 人获初级工证书。1995 年, 全市参加岗位资格培训 50 516 人,参加技术等级培训 61 518 人,参加岗位适应性培训 43 896 人。此后,职工业务(技术)培训的重点逐步转向对下岗工人的再就业培训。1998 年,全市各级各类职业学校、成人中专学校和 15 所大中专院校参加对下岗职工再就业培训工作。对下岗职工的非学历实用技术实施免费培训,每期培训 15—30 天,对实施大中专学历教育培养的下岗职工实施减半收费的专业培训。市区成人中专学校为下岗职工培训开设 8 个专业项目,举办各类培训班 80 期,培训下岗职工 2 176 人;15 所大中专学校开设 26 个专业培训项目,培训下岗职工 6 450 人;市区 16 家短训机构,举办培训班 337 期,培训 13 507 人。1999 年,15 所大中专院校继续实施下岗职工再就业培训,开设培训项目 23 个,同时市教育电视台连续举办下岗职工再就业培训讲座。2001 年, 全市参加技术等级鉴定获证 4 771 人, 培训在职职工 40 148

人。是年，樊城区、襄阳区、宜城市为全市首批社区教育试点。2002 年，在社区教育实验区内先后建立社区教育中心 9 个，开展社区教育实验工作。省教育厅公布的全省 15 个省级社区教育实验区，襄樊市的樊城区、襄阳区列其中。同年，各行业学校主要面向本行业开展培训，企业学校主要面向本企业开展培训，社区学校和社会力量举办的学校主要面向本社区开展培训。培训工作按照"实用、实效、实际"的原则，重点放在第三产业需求上。2003 年，实现下岗职工再就业培训 21 857 人次。2004 年，完成农村劳动力转移培训 26 350 人次，"阳光工程"培训 19 704 人次，培训下岗职工 15 782 人次，并对 7 964 人次进行了在岗培训。2005 年，全市组织各种培训 9.1 万人次，其中再就业培训 3.7 万人次，创业培训 4 503 人次，农村劳动力转移培训 3 万人次。参加专业技术等级考核鉴定 19 000 人，取得各类专业资格证书 1.7 万人，其中技师 1 248 人。

三、"普九"工作

1986 年 4 月，六届全国人大四次会议通过《中华人民共和国义务教育法》，把普及九年义务教育用法律形式固定下来，成为国家意志。是年，宜城县被评为全国 100 个"基础教育先进县"。此后，为落实教育优先发展的战略，市政府相继制定了《市人民政府关于在全市城乡实施义务教育的决定》、《襄樊市普及九年义务教育规划》、《襄樊市城区普及九年义务教育和扫除青壮年文盲评估验收细则》等文件，把"普九"当做教育工作中的"重中之重"。1987 年，全市中小学实现"一无两有"；1988 年，襄樊市被选定为全国 30 个地市州农村教育综合改革联系点之一；1990 年 3 月，经市政府验收和省政府复查，全市五县三市四区实现初等义务教育普及。这一阶段，为全市"普九"的起步阶段。

图 28—2　1986 年 9 月，宜城县被评为全国"基础教育先进县"

1993 年，宜城县成为全省第一个通过"普九"验收的县（市）和全国第一批"两基"工作合格县（市）；1994—1999 年 6 月，先后有襄樊市区、老河口市、枣阳市、襄阳县、谷城县、南漳县、保康县等 11 个县（市）通过省政府"普九"验收，"普九"人口覆盖率达 100%，全市比原规划提前一年完成。宜城市、枣阳市先后被评为全国"普九"工作先进县（市）。这一阶段，为全市"普九"的攻坚阶段。

自 2000 年始，实现"普九"后的襄樊市面临着巩固和提高的任务，通过不定期督办检查、定期复查等措施，促进"普九"成果的巩固和提高。2002 年 5 月到 2005 年 10 月，全市 11 个县市(区)全部通过省政府"普九"复查。这一阶段，为全市"普九"的收尾与巩固提高阶段。

"一无两有"检查验收（1985—1988 年）：1985 年，开始实行"分级办学、分级管理"的体制时，全市掀起群众集资建校热潮。当年 1 月 1 日起，市区干部、职工每人每年按年标准工资 1%缴纳教育、广播电视集资款。同年 10 月 8—14 日，省政府组织的中小学实现"一无"检查验收团，对宜城县、南漳县及市辖 4 个区进行重点检查，对其他县（市）进行了一般抽查，全市成绩平均 97.7 分，列全省第二。宜城县及市辖四个区的中小学校基本实现"一无两有"。1986 年始，依法征收教育费附加。全市教育集资 3 414 余万元，用于改善办学条件。同年 6 月，湖北省集资办学先进集体、先进个人表彰大会在樊召开，市教委被授予“集资办学先进单位”称号。同年7月，市教委在南漳县巡检镇召开改善办学条件现场会。同年9月，经国务院批准，国家教委对全国100个基础教育先进县予以表彰。作为全省受表彰的四个县之一，宜城县获得“全国基础教育先进县”称号。之后，市政府向宜城县授奖旗一面，颁发奖金两万元，并号召全市各级政府向宜城县学习。同年10月，颁发《襄樊市各级各类学校办学条件分类标准》。1987年4月20日，市教委、市财政局拟订《襄樊市中小学“一无两有”检查验收试行标准》。要求一、二级危房坚决消除，三级危房全部修复，学生必须班班有教室，人人有课桌凳，其中标准桌凳要达到95%以上。是年，全市有11所重点高中建起语音实验室，10所重点高中建起微机室，兴建农村初中实验中心22个，小学实验室448个，宜城县在全市率先普及中小学实验室，通过省组织的验收。同年7月6—12日，经市政府批准，市教委、市财政局组织人员对保康县“一无两有”情况进行检查验收，共验收215所学校，占总校数的52.6%，校平92.96分。经检查组综合评议，认为保康县中小学基本实现“一无两有”。同年10月11—17日，经市政府批准，市教委与市财政局组织人员对枣阳县“一无两有”情况进行检查验收。共验收415所学校，占总校数的60.14%，校平94.86分，经检查组综合评议，认为枣阳县中小学基本实现“一无两有”。同年11月23—29日，市教委、市财政局联合检查组对谷城县“一无两有”工作进行检查验收。抽查266所学校，占总校数的51.3%，校平94.76分。经检查组评议，谷城县基本实现“一无两有”。同年12月1—5日市教委、市财政局联合检查组对老河口市“一无两有”工作进行检查验收。抽查176所学校，占总校数的63.6%，校平92.6分。经检查组评议，老河口市基本实现“一无两有”。同年12月13～20日，市教委、市财政局联合检查组对随州市“一无两有”工作进行检查验收。抽查747所学校，占总校数的63%，校平93.8分。经检查组评议，随州市基本实现“一无两有”。是年，省政府在宜城县召开全省基础教育经验交流现场会。这一时期，改善办学条件以随州市为代表，目标是改造“矮、小、暗、潮”的校舍，推到四合院，全部消除危房，使城乡中小学校舍达到安全、适用的要求。1988年1月13—21日，市教委、市财政局联合检查组对南漳县中小学“一无两有”工作进行检查验收。共抽查345所中小学，占中小学总校数的53%，按百分制标准记分，校平94.58分。检查验收小组认为，南漳县基本实现“一无两有”。同年1月22—29日，市教委、市财政局联合检查组对襄阳县中小学“一无两有”工作进行检查验收。共抽查435所中小学，占中小学总校数的59.8%，按百分制标准记分，校平94.8分。检查验收小组认为，襄阳县基本实现“一无两有”。

这一时期，改善办学条件以枣阳市为代表，以普及实验室、完善校舍配套建设为主要目标。市教委制定了《襄樊市合格初级中学办学条件基本标准》和《襄樊市合格中心小学办学条件基本标准》，提出校门、围墙、旗杆、实验室、运动场、实习基地“六配套”。

普及初等教育工作验收（1986—1990年）：1986年1月5—12日，市政府组织验收团对随州市普及初等教育工作情况进行验收。同年12月22—30日，市教委组织检查验收团对枣阳县普及初等教育工作进行检查验收。1987年3月9日，省教委批准随州市为普及初等教育单位。同年10月13—22日，市教委组织检查验收团对襄阳县、老河口市普及初等教育工作进行检查验收。结果表明，老河口市、襄阳县普及初等教育工作的各项指标基本达到国家和省规定的标准和要求。老河口市小学“四率”核实为：适龄儿童入学率98.7%，在校学生年巩固率98.3%，毕业班学生的毕业率99.2%，12周岁—15周岁少年儿童的普及率98.8%（其中实际毕业率为74.4%）。襄阳县小学“四率”核实为：适龄儿童入学率99.5%，在校学生年巩固率99.9%，毕业班学生的毕业率99.6%，12周岁—15周岁少年儿童的普及率98.4%（其中实际毕业率为58.5%）。同年12月21日，省教委批准枣阳县为普及初等教育单位。1988年10月15—26日，市教委组织各县（市）普教科长对南漳县22个乡镇、谷城县19个乡镇的普及初等教育工作进行检查验收。结果表明，两县的“四率”及各项基础设施均达到国家规定标准。1989年4月17—22日，市政府组织人员对保康县16个乡、镇普及初等教育工作进行检查验收。结果表明，保康县普及初等教育的“四率”指标及各项基础工作均达到国家和省规定标准。随后，市政府向保康县16个乡(镇)颁发普及初等教育证书。同年8月,中央电视台报道了襄樊市集资办学的做法。1990年3月,经市政府验收、省政府复查,全市所辖三市五县四区实现初等教育普及。小学学龄儿童入学率98.4%,在校学生巩固率98.8%,毕业班学生毕业率96.5%。1990—1993年,湖北省义务教育工作会、中小学规范化建设会、校园绿化工作会等相继在襄樊市召开,“三规”效益(规划出效益、规模出效益、规范出效益)经验从襄樊传至外地。这一时期,改善办学条件以宜城县为代表,以中小学规范化建设为主要目标,提出校园规范化、校舍规范化、设施规范化。如在校园规范化方面要求教学区、生活区、运动区,按功能合理分区,做到道路硬化、沟路配套、绿化美化。

“两基”评估验收(1993—1999年):1993年12月15—21日,省政府组织“两基”评估验收团对宜城县的“两基”工作进行评估验收。检查团检查了17个乡镇,143所学校,召开座谈会25个,有220人次参加,专访农户61户,查阅资料770册。20日召开检查团全体成员会议,以全票通过,确认宜城县基本普及九年义务教育,基本扫除青壮年文盲,成为湖北省第一个实现教育“两基”的县。1994年1月11—15日,省政府“两基”检查验收团对襄樊市襄城、樊东、樊西三区“两基”工作进行评估验收,认定三区“两基”工作达标。1995年1月4—8日,省政府“两基”工作评估验收团一行16人,对襄樊市郊区、高新技术开发区和汽车产业开发区的“两基”工作进行评估验收。评估验收团听取了关于“两基”工作的自查报告,分六个指标组对郊区5个乡和两个开发区的“两基”工作进行考察,共查看中小学51所,占学校总数的78%。最后,确认三个区达到国家和省定标准。同年8月3日,市政府办公室下发襄政办发〔1995〕73号文件,公布全市47个乡(镇)、场、办事处为1994年度襄樊市“普九”合格单位,覆盖人口204.7万,占全市总人口的38%。同年8月6—7日,市委、市政府在谷城县石花镇召开全市普及九年义务教育工作会议。市教委、市财政局、市农委负责人、各县(市)区分管教育的县(市)区长、教委主任及规划于1995年“普九”的49个乡镇负责人与会。年底,经省、市政府组织验收,上述49个乡镇中有47个乡镇达到普及九年义务教育标准。1996年1月9—12日,省政府“两基”工作评估验收团一行18人,对老河口市的“两基”工作进行评估验收。全市15个乡镇办事处及辖区内的江山机械厂等4个中央、省属企业检查面为100%;全市23所初中检查面为100%;212所小学,抽查了137所,检查面为64.4%;还核查走访了8个市直、乡镇有关单位;共召开座谈会20次,参加座谈会208人次,个别访问169人次,查阅档案资料282卷(册)。在每个指标组讨论分析的基础上,评估验收团全体成员一致认为,老河口市的“两基”工作达到现阶段国家和省规定的标准。同年1月15—23日,市政府教育督导室组织评估验收团对襄阳县牛首镇等37个乡镇“普九”情况进行评估验收。同年6月,分别对其印发验收认定报告。同年9月12—18日,省政府“普九”评估验收团对枣阳市“普九”工作进行检查评估,认定该市在普及程度、师资水平、办学条件、教育经费、教育质量等五个方面均达到省定指标。并被国家教委命名为“全国两基工作先进市”,获奖金20万元。1996年12月—1997年1月,市政府教育督导室组织评估验收团对规划于1996年“普九”的17个乡镇进行了评估验收。结果:南漳县的峡口镇、东巩镇、龙门镇;谷城县的当铺镇、沈湾镇;襄阳县的太平镇、朱坡镇被一次性认定为“普九”合格单位。1997年,全市实施“普九”进入最繁重、最关键阶段。有两县同时接受省政府评估验收。其中,襄阳县是全市人口最多的县,谷城县是全市首家接受省政府验收的山区县。两县人口约占全市总人口的三分之一。同年12月8—13日,以国家督学、省政府教育督导室副主任纪登训为团长的省政府赴襄阳县“普九”评估验收团和以国家督学朱定昌为团长的省政府赴谷城县“普九”评估验收团分赴两县进行评估验收。结果,两县被认定达到“基本普及九年义务教育”标准。谷城县提前一年完成“普九”规划目标,成为全市首家提前实现“普九”的县级行政单位。同年底,市政府教育督导室组织评估验收团对南漳县双坪、肖堰、花庄、板桥、雷坪、李庙、闫坪、薛坪等8个乡镇“普九”工作进行了评估验收,至此,全市有9个县(市)区通过省政府验收;126个乡镇达到当时的“普九”标准,占乡镇总数的84%;全市“普九”人口覆盖率达93%,高于全省平均水平。1998年8月7日,市政府教育督导室分别认定上述南漳县双坪乡等8个乡镇为“普九”合格乡镇；认定保康县重阳乡、两峪镇、歇马镇为“普九”合格乡镇。同年11月22日—26日，省政府组团对南漳县的“普九”工作进行验收，确认该县达到“普九”标准。至此，全市有10个县(市)区通过省政府“普九”验收，“普九”人口覆盖率达95%，高出全省87%的平均水平。1999年3月3日，市政府教育督导室分别认定保康县金斗、后坪、马良、马桥、百峰、城关、欧店、龙坪等8个乡镇为“普九”合格乡镇；同年6月1—5日，省政府组团对保康县的“普九”工作进行验收，认为该县基本达到“普九”标准(见表28—27)。

至此，襄樊市11个县、市(区)全部一次性通过省政府“普九”评估验收，比原规划提前一年实现了“普九”目标。全市“普九”人口覆盖率达到100%。1998年—1999年度，全市九年义务教育普及情况如下：

入学率：全市初等教育阶段7—12周岁适龄儿童总数526 064人，全部入学，入学率为100%；初级中等教育阶段13—5周岁适龄少年总数273 925人，初中在校生262 568人，入学率为95.9%。其中城区达99%以上，平原、丘陵县(市)达95%以上，山区县达90%以上；7—15周岁残疾儿童总数4 899人，入学4 022人，入学率为82.1%。其中城区和平原、丘陵县(市)达80%以上，山区县达60%以上。

辍学率：初等教育在校生653 351人，学年内辍学415人，年辍学率为0.06%；初级中等教育在校生262 568人，学年内辍学6 354人，辍学率为2.42%。其中城区控制在2%以内，平原、丘陵地区和山区县(市)控制在3%以内。

完成率：全市15周岁人口总数80 365人，其中受完初等义务教育79 971人，初等义务教育完成率为99.5%；17周岁人口总数68 670人，其中受完初等义务教育64 756人，初级中等义务教育完成率为94.3%。其中城区达95%以上，平原、丘陵县(市)达90%以上，山区县达85%以上。

文盲率：全市15周岁人口中有文盲23人，文盲率为0.03%。

1994—1997年“普九”合格乡镇一览

表28—27

1994年度	宜城市	城关镇 龙头乡 朱市镇
		讴乐乡 板桥店镇 郑集镇
		新街乡 流水镇 上大堰镇
		孔湾镇 小河乡 雷河镇
		刘猴镇 李垱乡 南云乡
		王集镇 璞河镇
	郊区、高新技术开发区、汽车产业开发区	团山镇 米庄镇 庞公乡
		王寨乡 檀溪乡 尹集乡 柿铺乡
	枣阳市	吴店镇 琚湾镇 北城办事处
		随阳农场 南城办事处
	老河口市	洪山嘴办事处 张集镇
		纪洪乡 仙人渡镇 酂阳办事处 竹林桥镇
	襄阳县	东津镇 黄龙镇 黄集镇
		张家集镇 泥咀镇
	谷城县	城关镇 黄畈乡 谢湾镇
	南漳县	九集镇 武安镇 清河农场
		城关镇

续表

1995 年度	襄阳县	牛首镇 伙牌镇 新集乡 张湾镇 朱集镇 龙王镇 峪山镇 王河乡 竹条镇 黄渠河镇 黑龙集镇
		欧庙镇
	枣阳市	车河农场 环城办事处
		姚岗镇 兴隆镇 罗岗镇
		七方镇 蔡阳乡 刘升镇 清潭镇 平林镇 吉河乡 鹿头镇 杨垱乡 熊集镇 梁集镇 耿集镇 王城镇
	老河口市	孟楼镇 袁冲乡 李楼办事处
		赵岗乡 光化办事处 付家寨镇 秦集镇 薛集镇 中山办事处
	南漳县	胡营镇 刘集镇 安集镇 涌泉镇
	保康县	店垭镇
	谷城县	石花镇 北河镇 大峪桥镇 冷集镇
1996 年度	襄阳县	太平镇 双沟镇 朱坡乡 石桥镇
		程河镇 古驿镇 肖集乡 法龙乡
	枣阳市	新市镇 姚岗镇 太平镇 徐寨乡 资山镇
	南漳县	巡检镇 峡口镇 东巩镇 龙门镇
	谷城县	庙滩镇 盛康镇 当铺镇 沈湾镇
	保康县	歇马镇
1997 年度	襄阳县	埠口乡 马集乡 方集乡
	南漳县	双坪镇 板桥镇 肖堰镇 兰庄镇
	谷城县	五山镇 茨河镇 紫金镇 南河镇
		赵塆乡 官坊乡 薤山林场
	保康县	马良镇 两峪镇

“普九”复查(1995—2005 年):县(市)区、乡镇通过省、市验收后,针对评估验收团提出的问题和建议,在半年内开展一次跟踪督导,督促被评单位在规定时间内进行整改,确认问题得到解决后,在《襄樊日报》公布“两基”合格单位名单。自 1995 年开始,对通过省政府“两基”验收的县(市)区,两年内开展一次复查。1998 年,襄樊市进一步完善“两基”复查机制:实行分级复查制度,由市和县(市)区两级政府分别负责对县(市)区和乡镇进行复查;复查时间由两年一次变为每年一次;复查方式由抽样检查变为按省政府“两基”验收模式进行,实行“乡乡到、重点查”;复查结果的处理由“软”变“硬”,对“两基”指标严重下滑、低于国家和省规定标准的,取消其“两基”合格单位称号,并对有关责任人员进行通报批评和行政处分,督促各县(市)区、乡镇政府解决“两基”工作中的实际问题。当年,对已实现“普九”的县(市)区和乡镇开展了第一次复查。1999 年始,全市开展创建“基本无辍学学校”和“基本无辍学乡镇”活动。一学年一评,实行分级评估。“基本无辍学学校”由乡镇负责评估、命名;“基本无辍学乡镇”由县(市)区负责评估、命名,并报市教委备案。市每年进行一次“基本无辍学学校”和“基本无辍学乡镇”抽查,并开展创建“基本无辍学学校”和“基本无辍学乡镇”先进单位的评选活动。2000 年 11 月初,谷城县代表湖北省接受国家教育部“普九”抽查,受到国家督学团的好评。2001 年 6 月,教育部、财政部、国家计委授予谷城县全国“两基”工作先进县(市)称号;市委副书记杨祥义、枣阳市教委主任王树生、保康县教委主任吴启全、南漳县教委主任张端友被评为全国“两基”工作先进个人;襄樊市获“湖北省推进‘两基’工作成就奖”;宜城市、枣阳市、保康县被评为“湖北省‘两基’工作先进县

(市);市教委、市地税局、襄阳县教委、老河口市教委、南漳县教委、襄城区教委、樊城区教委、高新区教委被评为“湖北省‘两基’工作先进单位”。

2002 年 5 月,谷城、宜城、枣阳率先通过省政府“普九”复查。同年 12 月 11 日,市教育局、市政府教育督导室认定以下乡镇为襄樊市“基本无辍学乡镇”:

襄阳区:张湾镇、黄龙镇;襄城区:庞公办事处;樊城区:王寨办事处;高新区:团山镇;汽产区:米庄镇;枣阳市:吴店镇、平林镇、兴隆镇、北城办事处;老河口市:赞阳办事处;宜城市:鄢城办事处、流水镇;南漳县:巡检镇;谷城县:冷集镇、南河镇、赵湾乡、紫金镇;保康县:店垭镇。

2003 年 10 月,老河口市、樊城区、襄城区、高新技术开发区通过省政府“普九”复查。结果:老河口市、樊城区、的普及九年义务教育的主要指标基本达到了国家和省规定的现阶段的要求,由省政府教育督导室发给绿色《湖北省普及九年义务教育复查结果通知书》。

2004 年 4 月,市教育局、市政府教育督导室对 2003 年以前各县(市)区评估认定的“基本无辍学乡镇”进行评估。同年 8 月 5 日,确认以下 23 个乡镇基本达到襄樊市“基本无辍学乡镇”标准:

襄阳区:伙牌镇、张集镇。

枣阳市:熊集镇、南城办事处。

宜城市:鄢城办事处、流水镇、郑集镇、孔湾镇。

老河口市:李楼办事处。

南漳县:巡检镇、肖堰镇。

谷城县:冷集镇、五山镇、紫金镇、南河镇、赵湾乡。

保康县:店垭镇、马良镇、歇马镇。

襄城区:尹集乡。

樊城区:柿铺办事处。

高新区:团山镇。

汽产区:米庄镇。

2005 年 5 月,省政府“普九”复查组,对保康县、南漳县、襄阳区进行“普九”复查。复查组首先听取县政府负责人的汇报,然后分赴 10 个乡镇抽查。同年 10 月,南漳县和襄阳区通过省政府“普九”复查。是年,全市下辖的 10 个县(市)、区全部通过省政府“普九”复查,成为全省首个通过省政府“普九”复查的市(州)。

四、经费

1979—2002 年,税费改革前,全市基础教育经费来源渠道主要为财政预算内拨付的教育事业费(包括地方本级财政预算和上级工资性转移支付)、教育税费(包括城市教育费附加、农村教育费附加、地方教育发展费和城市维护费中用于教育部分)、农村教育集资(经县级以上“减负办”批准后开展)、学校事业收入(主要是学杂费收入)、校办产业收入等(概言之即“财、税、费、产、社、基”)。2002 年税费改革后,农村义务教育经费的主要来源为本级财政预算、向学生收取杂费和上级转移支付。上级转移支付含改革前已执行的工资转移支付和税费改革转移支付,按省要求,农村税费改革固定性转移支付中应有 60%以上的比例用于教育。以上三块资金确保农村义务教育经费的正常需要。

预算内教育经费:主要包括国家和省下拨基本建设资金、预算内教育事业费(市、县、乡地方财政拨款和省下拨专款)和其他拨款。襄樊市发挥政府投资主渠道作用,坚持做到教育经费优先预算 、优先安排,优先拨付,保持预算内教育投入逐年增加。1985—1988 年,全市财政预算内教育经费分别为

6 893.63 万元、7 555.15 万元、7 832.90 万元、9 054.30 万元。市政府从地方机动财力中拿出 649 万元用于教育。1985—1989 年“五查”自查期间，全市地方机动财力投入教育的经费 1 170 万元，占财政预算内教育经费总额的 3.73%。1989 年，市教育经费决算为 9 266.27 万元。1990 年，在市场疲软、经费滑坡、财政吃紧的情况下，教育经费预算保持一定增长。省、市、县（市）各级财政拨款（即预算内教育事业费）为 11 336.4 万元，比上年的 10 122.3 万元，增长 12%；市、县（市）地方财政拨款为 10 956.2 万元，比上年的 9 883.8 万元，增加 1 072.4 万元，增长 10.8%，其中年初预算 9 480.4 万元，比上年年初数 8 476.2 万元增长 11.8%，全年预算内教育事业费支出 11 336.4 万元，占当年财政收入的 17%，占当年财政总支出的 18.5%，与上年的比重相比，分别提高了 2%和持平。

1992 年，在教育总投入中，国家预算内教育经费为 17 949.8 万元，占教育总投入的 44.3%。预算内教育事业费 14 732.7 万元。其中，市、县、乡地方财政拨款 14 409 万元。全市预算内教育经费支出 17 944.5 万元。

1993 年，在教育总投入中，国家预算内教育经费为 18 028.6 万元，占教育总投入的 46.3%。省拨预算内教育基本建设资金 84 万元。预算内教育事业费 17 944.6 万元。其中，省下拨专款 453.2 万元；市、县、乡地方财政拨款 17 491.4 万元。全市预算内教育经费支出 17 944.5 万元，占当年财政收入的 18.4%，比上年的 18.7%下降 0.3 个百分点；占当年财政支出的 21.8%，比上年的 21.5%下降 0.3 个百分点。生均教育经费 365 元。

1994 年，全市地方各级政府对教育的拨款 23 479.1 万元，比上年增长 80.8%，生均教育经费 503 元，实现“两个增长”。

1995 年，全市基本形成以地方财政拨款和政府征收教育税费为主，辅之以学校创收，适当收取学杂费和社会捐款资助学的新体制。地方财政拨款 2.3 亿元，生均教育经费 550 元。

1996 年，地方财政拨款 2.7 亿元，占总投入的 40%，按可比口径计算，比上年增长 17%，高于财政经常性收入增长的比例。1996—1998年，市政府教育拨款分别为26 012.8万元、29 918.6 万元、34 085.3 万元，年均增长 16.8%；财政经常性收入分别为 106918 万元、123 598 万元、143 414 万元，年均增长 15.8%。三年内教育拨款的年均增长速度低于财政经常性收入年均增长速度 1 个百分点。年生均事业费分别为 277.36 万元、303.52 元、337.01 元，达到逐年有所增长的要求。生均公用经费分别为 24.36 元、26.90 元和 26.23 元，实现了逐年增长。

1997 年，地方财政拨款 30 001 万元，按可比口径计算，比上年增加 3 582 万元，增长 13.5%，在教育经费总投入中，国家预算内经费占 40.2%；1998 年，国家预算内经费占总投入 42%，地方财政拨款 34 547 万元，按可比口径计算，比上年增长 17%，高于上年增长幅度 4 个百分点；1999 年，全市财政对教育的拨款 41 453.7 万元，占当年全市财政总支出的 18.89%，低于省政府规定的 35%的要求。在教育经费总投入中，国家预算内经费占 46.4%；

这一时期（1997—1999 年），全市财政对教育的预算内拨款占教育总支出的比例分别为 40.17%、42.86%、45.89%。全市预算内教育拨款年均递增 16.83%。地方财政经常性收入分别为 18.88 亿元、22.6 亿元、25.5 亿元，分别比上年增长 20.06%、20.06%、11.21%，三年累计平均递增速度为 17.08%。财政对教育的拨款分别为 29 918.6 万元、34 085.3 万元、41 453.7 万元，分别比上年增长 15%、13.9%、21.6%，三年累计平均递增速度为 16.83%。国拨教育经费增长速度低于地方财政性收入年增长速度 0.25 个百分点。财政支出分别为 149 848 万元、176 505 万元、219 417 万元，三年合计 545 770 万元。地方财政对教育的拨款三年合计为 105 457.6 万元，教育拨款占财政支出的比例为 19.32%。

2000 年，地方财政拨款 47 353.5 万元，按可比口径计算，比上年增加 8 586.8 万元，增长 10.7%，在教育投入中，国家预算占 53.5%，开始超过预算外经费比重。

2001 年，地方财政拨款 53 339.9 万元，按可比口径计算，比上年增加 5 986.4 万元，增长 12%，在教育经费总投入中，国家预算内经费占 54.7%。

2003 年，财政预算内教育经费财政决算数为 75 078.3 万元，比上年 66 756.5 万元增加 8 321.8 万元，增长 12.47%，其中教育事业费 72 975.2 万元，比上年 64 786.7 万元、增加 8 188.5 万元，增长 12.64%；占地方财政总支出 299 754 万元的 24.34%；占教育经费总支出 125 770 万元的 58%。本年上级补助各种专款 2 258.5 万元。人均教育经费支出 218 元，比上年 184 元增加 18.6%；人均预算内教育经费 130 元，比上年 115 元增长 12.9%。预算内教育事业费支出 74 896.6 万元，占总支出的 61.64%。

2004 年，财政预算内教育经费 85 062.2 万元，财政决算数 85 062.2 万元，其中教育事业费 83 086.2 万元，占地方财政总支出 336 495.2 万元的 24.60%；占教育经费总支出的 59.49%。人均教育经费支出 244 元，人均预算内教育经费 147 元。预算内教育事业费支出 84 001.7 万元，占总支出的 61.65%。

2005 年，全市预算内教育经费 103 136.5 万元，其中教育事业费拨款 101 690.4 万元，基建拨款 712 万元，其他经费拨款 734.1 万元。全市教育部门预算内教育经费 101 422.8 万元，其中教育事业费拨款 100 028.2 万元，基建拨款 712 万元，其他经费拨款 682.6 万元（见表 28—28）。

1986—2005 年襄樊市预算内教育经费情况一览

表 28—28

年度	预算内教育经费（万元）				
	合计	教育事业费			省拨基建款
		合计	省补专款	地方财政拨款	
1986	8607.35	7154.15	374.82	6779.33	401
1987	7922	7597.9	362.91	7234.99	235
1988	9292.7	8869.3	263.61	8605.69	185
1989	10570.8	10122.3	238.5	9883.8	110
1990	12023.4	11336.4	380.2	10956.2	90
1991	12680.5	11993.5	331.3	11712.2	85
1992	15656.05	14732.7	323.7	14409	108
1993	18631.6	17944.6	453.2	17491.4	84
1994	24166.1	23479.1	307.7	23171.4	134
1995	22517.6	22339.3	508.7	21830.6	163
1996	27137.5	26450.6	613.2	25837.3	81.5
1997	30605.6	29918.6	211.2	29707.4	83
1998	36553.75	34217.6	139.3	34078.3	132.4
1999	42501.9	41888.3	574.8	41313.5	154.5
2000	48112.1	47353.5	320.7	47032.8	—
2001	53810.7	53339.9	1586.5	51753.4	—
2002	66105.5	64786.7	—	—	—
2003	75078.3	72975.2	—	—	—
2004	89107.4	87332.8	—	—	—
2005	103136.5	101690.4	—	—	712

教育税费：主要有城市教育费附加、农村教育费附加、基础教育配套费、地方教育发展费、城市维护费、房地产开发教育配套费等。

农村教育费附加。1986 年，襄樊市制定《襄樊市农村教育费附加征收办法》，同年 7 月 1 日正式施行。是年征收农村教育费附加 945.99 万元。1990 年 2 月 15 日，襄樊市政府《关于在农村征收教育费附加实施办法》规定："农民和集镇街道居民，按不低于上年人均收入 1.5%计征。对个体经营者和专业户人均收入高于当地农民的部分，另按 2%计征；乡镇企业用于补助社会性开支的费用，按利润的10%在税前列支中提留，其中用于教育的部分不得少于 50%；乡镇、村所在地的中央、省、市、县属国营（集体）企业及有收入的事业单位，自己办学的，所在地不得征收教育附加。本单位不能办学、其子女在所在地就近入学的，按单位当年实际交纳国家重点能源建设基金数额 15%计征教育费附加。于1990 年 1 月 1 日起执行。"自 2000 年始，农村教育费附加征收比例由 1.5%增至 2%，并实行"乡征县管，统筹使用"。2002 年，实行农村税费改革，农村教育费附加被政策性取消。

城市教育费附加。1986 年 4 月，全市依法开征城市产品税、增值税、营业税（以下简称"三税"）教育费附加，按国家标准各单位和个人实际缴纳的"三税"的税额 1%计征。对从事生产卷烟和经营烟叶产品的单位减半征收。是年征收城市教育费附加 390.89 万元，市区 80 万元。1990 年 8 月 1 日起，城市教育费附加计征率增至 2%。根据国发〔1988〕50 号和国务院〔1990〕第 60 号令，襄政发〔1991〕73 号《关于襄樊市市区征收教育费附加实施办法的通知》第三条规定："教育费附加率为 2%"；第七条规定："市区教育费附加当年实征额达到 300 万元，由市税局从中提取 2%作为管理费；实征超过 300 万元，按照超过部分的 5%提取。"1997 年 9 月 9 日，市政府《襄樊市市区办有学校企业教育费附加返还暂行办法 》第二条规定："办有学校的企事业单位应按实际交纳'三税'的 3%足够缴纳教育费附加。"第三条规定："办有小学、初中、高中的企业，按上年实际缴纳教育费附加总数的 1/3 返还；只办有小学、初中的企业按上年实际缴纳教育费附加总数的 1/4 返还；只办有小学的企业，按上年实际缴纳教育费附加的 1/5 返还。"第四条规定："缴纳教育费附加时，已享受了政策性优惠的企业不再返还。"自2003 年始，城市教育费附加用于职业教育的比例不低于 20%，主要用于职业学校更新实验设备和改善办学条件。2005 年，城市教育费附加 4 062.1 万元。

其他教育税费。基础教育配套费是根据《襄樊市市区兴建住宅缴纳基础教育配套费暂行规定的通知》，于 1990 年 1 月 1 日起开征的。其第三条规定："兴建住宅按实际建筑面积每平方米 15 元的标准（占总造价 6%左右）征收。"第四条规定："自办小学、初中、高中，其子女不在地方学校入学的单位，兴建住宅免交配套费；只办小学的单位，兴建住宅按每平方米 10 元收取配套费；办小学和初中的单位，兴建住宅按每平方米 5 元收取配套费。虽办有学校，但兴建住宅户子女仍需到地方学校入学的，按本规定第三条和本条上款缴纳配套费。"该费 1997 年被取消。城市维护费从 1984　1989 年，一般每年 100 万元，最高时达 150 万元，但自 1990 年起，十多年未向教育拨付分文。襄政发〔2000〕37 号规定：在年度城市建设维护费中安排 5%—10%资金用于中小学建设。2002 年，市区征收该费逾亿元，通过争取落实到教育投入 150 万元，比例不足 2%，远远低于政府规定的比例。地方教育发展费根据鄂政发〔1997〕25 号，于 1998 年依法开征，征收率为生产经营额的千分之一。1997—1999 年，分别实征100 万元、390 万元、386 万元，后落实到教育的经费基本为每年 200 万元。该费由税务机关代为征收，所收资金的 30%上交省，70%地方留用。地方留用部分按省规定由税务部门提取 5%手续费后，全额进入金库，由财政部门分配使用。市区上交省后留用的部分 70%用于襄樊学院基本建设，其他用于基础教育。襄政发〔2002〕37 号文件规定：房地产开发企业如不配套建设学校应按开发资金的 5%缴纳基础教育配套费，由教育行政部门统筹用于学校建设。此政策到 2003 年尚未落实。襄政发〔1996〕67 号文件规定征收的市区人口机械增容费的 10%用于教育，但未落实。2005 年，地方教育附加费 644.3 万元。

教育事业收入：1986 年 7 月 25 日，湖北省物价局下文，上调中小学学杂费收费标准。全市中小学依此收取学杂费(见表 28—29）。

1986年中小学学杂费收费标准一览
（鄂价轻(86)第131号）

表28—29　　单位：元/每生每学期

	杂费				住宿费(含水电费)		
	小学		中学		住读生	走读生	
	初小	高小	初中	高中		在校晚自习	不上晚自习
大中城市	3	4	7	8	4月5日	1.5	1
县镇	2	3	6	7	4月5日	1.5	1
农村	1.5—2	2.5—3	4月5日	5月6日	4月5日	1.5	1

注：1.家庭确有困难的学生，实行减免。2.学生中途转学、休学、退学时已收的杂费、住宿费一律不退，转入新学校时，凭原学校收据不再缴费。

1986—1990年，全市小学、初中免收学费，普通高中学生上学只缴少量学杂费，分城乡，一般在每学期10—20元之间。

住宿费（含水电费）：住读生市区每生每学期为12元，县镇每生每学期10元，农村每生每学期9元。

搭伙费：在校就餐的学生市区、县镇每生每学期10元，农村每生每学期8元。

盲、聋哑、工读学校杂费：1—4年级每生每学期市区12元，县镇10元，5年级以上（含五年级）每生每学期市区16元，县镇4元。

职业中学实习费（暂定）：种养殖专业每生每学期4元，其他专业每生每学期7元。以上对户口不在本地的学生（不含同城跨区就读者）收取借读（办学）费。遇有特殊情况且经教育主管部门批准的军人，地质、支边、下派人员子女除外。收费标准：市区每生每学期小学60元、初中100元、高中50元。各县（市）由县（市）政府制定。

1990年，重点高中学杂费上调至每生每学期30元。同年，湖北省物价局下发文件（鄂价轻〔1990〕第98号），自当年秋季开学始，全市中小学杂费和高中部分学费按省定新标准执行（见表28—30）。

1990年中小学杂费收费标准一览表

表28—30　　单位：元/每生每学期

	高中	初中	高小	初小
大、中城市	17	14	10	9
县镇	14	12	8	7
农村一般地区	12	10	7	6
农村山区	11	9	6	5

注：1、大、中城市：省辖市（含江陵县城关）；2、县镇：县城关及县辖镇；3、高中：单设高中及完全中学高中部分；4、高小：六年制小学五年级（含五年级）以上，五年制小学四年级（含四年级）以上。

1992年，重点高中学费上调为每生每学期100—125元，普通高中每生每学期75—100元。高中住校生另加收每生每学期15元住宿费。同年秋，全市调整收费标准（见表28—31）。

小学杂费：城市（含县城关）每生每学期35—40元；平原、丘陵及经济条件较好的山区每生每学期25—35元；省政府认定的贫困乡镇每生每学期18—20元。

初中杂费：城市（含县城关）每生每学期50—60元；平原、丘陵地区乡镇政府所在地初中每生每学期 40—50 元；平原、丘陵地区其他初中每生每学期 35—45 元；贫困乡镇初中每生每学期 25—30 元。

特殊教育学校（指盲聋哑学校、工读学校）杂费：每生每学期 1—4 年级 50—60 元，5 年级及以上 70—80 元。

住宿费：在校住宿的学生城市（含县城关）每生每学期交住宿费 15 元，农村每生每学期交住宿费 12 元。

搭伙费：在校就餐的学生每生每学期交搭伙费城市（含县城关）15 元，农村 12 元。在上述规定的额度内，由各学校按学校实际情况和群众承受能力，提出具体标准，报县（区）教委、乡（镇）人民政府审批。对户口不在本地的学生（不含同城跨区就读者）按襄价费〔1990〕22 号文的规定收取借读费，遇有特殊情况经教育主管部门批准的军人、地质、支边、下派人员子女除外。收费标准：市区每生每学期小学 100 元、初中 200 元、高中 300 元。各县（市）由县（市）区政府制定。非义务教育阶段执行省标准。

1992 年襄樊市中小学收费标准一览

（襄教〔992〕72 号）

表 28—31　　单位：元 / 每生每学期

学校类别	学杂费	住宿费
职业高中	100—150	15
其中：农村职高	75—100	15
普通高中：1.重点高中	100—125	15
2.一般高中	75—100	15

1995 年，湖北省正式公布学杂费新标准，全市执行新的收费标准：市区初小每学期 45 元，高小每学期 50 元，初中每学期 100 元，重点高中每学期 225 元；县（市）城关镇初小每学期 40 元，高小每学期 45 元，初中每学期 95 元；平原乡镇初小每学期 25 元，高小每学期 30 元，初中每学期 70 元；贫困乡镇初小每学期 20 元，高小每学期 25 元，初中每学期 60 元。一般高中每学期 150 元，乡镇高中每学期 120 元。

1997 年，全市中小学实行“一次性收费”。同时根据市委市政府襄办发〔1997〕36 号《关于批转〈市教委关于进一步加强中小学收费管理工作的意见〉的通知》的有关精神，通过提高部分学校借读费标准的办法控制择校热，减轻部分学校的压力。同年，高中招生收费放开，由原来的交杂费，改为交学费，除增加指令性招生收费外，对调节计划招生收费市物价部门规定：省重点高中每生三年交学费 6 000—10 000 元，县（市）一中和襄樊一中、三中每生三年交费 5 000—8 000 元，一般高中略低于上述标准(见表 28—32）。

襄樊市区 1997 年秋季小学、初中收费项目及收费标准（一次性收费）

表 28—32　　单位：元 / 学期

		小学					初中				备注
		一年级	二年级	三年级	四年级	五年级	一年级	二年级	三年级	四年级	
学校收费	杂费	45	45	45	50	50	100	100	100	100	
	住宿费	—	—	—	—	—	30	30	30	30	仅指住宿生
	搭伙费	—	—	—	—	—	20	20	20	20	仅指搭伙生
	借读费	200	200	200	200	200	300	300	300	300	仅指借读生

续表

		小学					初中				备注
		一年级	二年级	三年级	四年级	五年级	一年级	二年级	三年级	四年级	
代收代管费	书籍资料费	82	72	82	83	75	155	175	220	210	包括学习用纸
	作业本子费	10	10	10	10	10	20	20	20	20	
	体检费	8	8	8	8	8	10	10	10	10	
	电影费	8	8	8	8	8	8	8	8	8	
	参观活动费	10	10	10	10	10	10	10	10	10	
	自行车停放费	—	—	—	—	—	6	6	6	6	仅指停车学生
	其他	2	—	—	—	—	3	3	6	12	

说明：1."其他"项目包括建档费、实验考核费、单科结业费；2.微机收费仅限于试点初中学校，本着自愿原则，按物价局规定标准执行；3.本表不包括初中毕业生升学考试费；4.高中按1995年襄价费3号文件执行；5.盲校参照上述标准执行。

1998年秋，市区部分中小学按规定向要求择校的学生收取择校费。其标准：小学一学年800元，五年共收4 000元；初中四年共收5 000元。市区三十一中、三十二中、三十五中、二十中、大庆路小学、晨光小学、人民路小学、米公小学、七中、二十二中、二十三中、昭明小学、襄城实验小学、襄师附小等14所学校共收取择校费390.69万元。

为开拓高中教育自我发展之路，经市政府同意，对1998年秋季招收所有高中新生适当收取部分培养费。市直6所高中(市一中、三中、四中、五中、八中、九中)共收培养费2 800余万元。是年，高中收费标准：指令性计划收费标准，省重点高中新生每生交纳3 000元，市重点高中每生交纳2 400元；调节性计划招生收费标准，省重点高中为6 000—9 000元，市重点高中为5 000—8 000元，体育特长生为9 000元。挖潜扩招生收费标准：10 000—25 000元之间，各考生按分数单具体交纳数额按调节性计划招生收费办法执行。特殊情况由学校和学生家长协商。市直重点高中7所，共收费2 929.46万元。

1999年，根据襄价费字〔1999〕8号文件精神，允许市七中、二十中、二十二中、三十一中、三十二中、三十中、三十五中、荆州街小学、襄城东街小学、昭明小学、襄师附小、大庆路小学、人民路小学、晨光小学、米公小学提高借读费标准，其他学校借读费标准应按原标准执行。收费标准为：小学一学年800元，五学年共4 000元；初中四学年共5 000元。提高借读费标准的学校，每年级招生借读生的比例不能超过该年级学生总数的10%。同年，全市指令性计划招生，省重点高中每生三年共3 000元，市重点高中每生2 100元；调节性计划，省重点高中为6 000—9 000元，市重点高中为5 000—8 000元，体育特长生为9 000元；挖潜扩招生(实为捐资生)原则上控制在10 000—25 000元之间。

2000年，全市高中根据"三限"政策(限分数、限人数、限钱数)，省重点高中收费标准为：指令性计划学生每生每年1 000元；调节性计划学生三年6 000—9 000元(以调节录取分数线为最高收费标准9 000元为起点线，然后每5分为一个档次，考生分数每提高一个档次减收1 000元，直至6 000元为止，扩招计划生三年为10 000—25 000元(以调节计划录取最低控制分数线下1分为收费起点线，每降1分加收200元，直至25 000元)。市级重点高中收费标准：指令性计划每生每年800元；调节性计划生三年为5 000—8 000元(以调节录取分数线为最高收费标准8 000元为起点线，然后每5分为一个档次，考生分数每提高一个档次减收1 000元，直至5 000元为止，扩招计划生三年为9 000—20 000

元(以调节计划录取最低控制分数线下 1 分为收费起点线，每降 1 分加收 100 元，直至 20 000 元，其他高中收费标准为三年总计不超过 15 000 元。按省政府规定，指令性计划不低于招生计划总数的 70%，调节性计划不高于 30%。同时招收捐资助学的择校生。

2001 年 8 月 2 日，市教委制定《2001 年襄樊市市区普通高中招生收费管理指导意见》。同年 12 月 27 日，市教育局、市物价局、市财政局制定《襄樊市区普通高中招生收费管理暂行办法》。《办法》在执行省定标准的同时，根据《教育法》、《国务院关于基础教育改革与发展的决定》中有关鼓励社会组织和个人自愿捐资助学的规定及市委常委会 2001 年 7 月 6 日《会议纪要》(第 10 号)确定的原则，鼓励社会各界及个人捐资助学。捐资助学的管理办法每年由市教育局商市物价局提出意见，报市政府批准后执行。同年，保康县中小学根据鄂政办发〔2001〕60 号实行“一费制”。是年，按省政府规定，全市高中招生收费，重点高中指令性计划生每生每学期 500 元；调节性计划生每生每学期 1 000 元至 1 500 元；一般高中指令性计划生每生每学期 350 元，调节性计划生，每生每学期 1 000 元，实施分学期收费。

2002 年，农村税费制度改革开始实行，中小学体检费、参观活动费、爱国主义电影费和初中毕业年级理化生实验操作考核费等一批收费项目被取消。湖北省取消农村小学微机上机费，降低农村初中微机上机费标准，由原执行的每生每学期 40—50 元调减为 15 元。此后，全市普通高中招生计划分为三类：即指令性计划、调节性计划、和扩招捐资计划(后称择校生计划)。省重点高中指令性计划学生每生每年交费 1 000 元，三年计 3 000 元，调节性计划每生三年 6 000—9 000 元；市重点高中指令性计划每生每年 800 元，三年共计 2 400 元，调节性计划每生三年 5 000—8 000 元。

2003 年，公办普通高中招收择校生实行“三限”政策：择校生的比例省重点高中和省级示范高中不超过当年学校招生总数的 20%，市级重点高中和市级示范高中及一般高中不超过当年学校招生人数的 10%；省重点高中和省级示范高中择校生每生三年学费最高不超过 27 000 元，市级重点高中和市级示范高中择校生每生三年学费最高不超过 21 000 元，一般高中择校生每生三年学费最高不超过 15 000 元(见表 28—33)。

2003 年襄樊市小学、初中一次性收费项目及标准

表 28—33 单位：元 / 每生每学期

			小学						初中				
			一年级	二年级	三年级	四年级	五年级	六年级	一年级	二年级	三年级	四年级	备注
学校收费	杂费	襄樊市区	70	70	70	70	70	70	120	120	120	120	市区含襄阳区原城关，不含市远郊区
		县市城关	60	60	60	60	60	60	110	110	110	—	
		平原丘陵农村	40	40	40	40	40	40	90	90	90	—	
		山区农村	35	35	35	35	35	35	70	70	70	—	
	住宿费	市区及县城关	40	40	40	40	40	40	50	50	50	50	仅对住宿生
		农村地区	35	35	35	35	35	35	40	40	40	—	
	搭伙费	市区及县城关	30	30	30	30	30	30	40	40	40	40	仅对搭伙生
		农村地区	30	30	30	30	30	30	40	40	40	—	
	借读费(市区及县城关)		250	250	250	250	250	350	350	350	350	350	仅对借读生，农村学校收取借读费后不收杂费

续表

<table>
<tr><th colspan="3" rowspan="2"></th><th colspan="6">小学</th><th colspan="4">初中</th><th rowspan="2">备注</th></tr>
<tr><th>一年级</th><th>二年级</th><th>三年级</th><th>四年级</th><th>五年级</th><th>六年级</th><th>一年级</th><th>二年级</th><th>三年级</th><th>四年级</th></tr>
<tr><td></td><td colspan="2">农村地区</td><td>200</td><td>200</td><td>200</td><td>200</td><td>200</td><td>300</td><td>300</td><td>300</td><td>300</td><td>—</td><td></td></tr>
<tr><td rowspan="3">代收费</td><td rowspan="2">书籍资料费（秋季）</td><td>五四制</td><td>60</td><td>60</td><td>80</td><td>80</td><td>90</td><td></td><td>120</td><td>125</td><td>150</td><td>135</td><td>严格实行多退少补</td></tr>
<tr><td>六三制</td><td>50</td><td>50</td><td>65</td><td>70</td><td>75</td><td>75</td><td>115</td><td>140</td><td>145</td><td>—</td><td></td></tr>
<tr><td>作业本费</td><td>市区及县城关</td><td>10</td><td>10</td><td>10</td><td>10</td><td>15</td><td>15</td><td>20</td><td>20</td><td>20</td><td>20</td><td>农村：小学5元、初中10元，均含学生用纸</td></tr>
<tr><td colspan="14">实践毕业年级实验技能考试费12元（物理、化学、生物三科每科4元），不含中考费。</td></tr>
</table>

注：襄樊市区以下学校借读费按每生每学期小学400元、初中600元执行：小学：市第一实验小学、襄樊四中小学部、市第二实验小学、襄城区实验小学、昭明小学、大庆路小学、人民路小学、晨光小学、米公小学、市二十中小学部、市三十九中小学部、铁路分局第一小学、东风汽车公司第二子弟小学。初中：襄樊四中初中部、市七中、市三十三中、市二十中、市三十一中、市三十二中、市三十五中、市三十七中、市三十八中、市三十九中、襄阳区城关镇一中。

2004年后，高中招生收费项目和标准的制定管理权限收归到省。普通高中招生指令性计划、调节性计划和择校生控制人数。指令性计划和调节性计划招生人数比例和收费标准按省文件执行，择校生招生执行国家和省规定的“三限”政策，收费标准执行省教育厅、省物价局、财政厅鄂教财〔2003〕24号文件规定（见表28—34）。

2004年襄樊市义务教育阶段中小学杂费、课本费收费标准（一费制）

表28—34 单位：元/生.学期

<table>
<tr><th rowspan="2">类别</th><th rowspan="2"></th><th colspan="4">初中</th><th colspan="4">小学</th></tr>
<tr><th>合计</th><th>杂费（其中信息技术教育费）</th><th>课本费</th><th>作业本费</th><th>合计</th><th>杂费（其中：信息技术教育费）</th><th>课本费</th><th>作业本费</th></tr>
<tr><td rowspan="2">一类</td><td rowspan="2">大中城市</td><td rowspan="2">340</td><td rowspan="2">170（40）</td><td rowspan="2">135</td><td rowspan="2">35</td><td>180</td><td rowspan="2">105（25）</td><td>50（1—2年级）</td><td rowspan="2">25</td></tr>
<tr><td>200</td><td>70（3—6年级）</td></tr>
<tr><td rowspan="2">二类</td><td rowspan="2">县城</td><td rowspan="2">330</td><td rowspan="2">165（40）</td><td rowspan="2">130</td><td rowspan="2">35</td><td>170</td><td rowspan="2">100（25）</td><td>45（1—2年级）</td><td rowspan="2">25</td></tr>
<tr><td>195</td><td>70（3—6年级）</td></tr>
<tr><td rowspan="2">三类</td><td rowspan="2">农村</td><td rowspan="2">290</td><td rowspan="2">135（25）</td><td rowspan="2">125</td><td rowspan="2">30</td><td>145</td><td rowspan="2">85（15）</td><td>40（1—2年级）</td><td rowspan="2">20</td></tr>
<tr><td>170</td><td>65（3—6年级）</td></tr>
</table>

注：1.本表课本费中国家课程教材占80%；地方课程教材占20%。2.本表只适用于今年试行“一费制”的义务教育阶段中小学，不适用于原“一费制”的义务教育阶段中小学。

集资办学和捐资助学经费：襄樊市社会各界素有捐资和集资办学的传统。1981年，全市主要利用集资开展中小学校舍维修工作，当时随县集资建校走在省市前列。1982年9月，省政府在该县召开经验交流会，推广集资办学经验。1984年2月19日，市政府颁发《襄樊市市区集资办学暂行规定》，全市集资办学由自发逐步走向规范。1985年，市教育局、财政局颁发《关于襄樊市区1985年—1986年学度集资办学实施意见》,全市掀起集资建校新热潮。省集资建校现场会在樊召开,襄樊市被省政府授予“集资建校先进单位”。1980—1985 年全市集资 17 287 万元(见表 28—35)。

1980—1985 年襄樊市集资情况

表 28—35 单位:万元

1980 年	482.27	383.37	94.9
1981 年	833.44	681.37	152.07
1982 年	960.88	822.09	138.79
1983 年	1 069.41	907.45	161.96
1984 年	3 270.55	2677.09	593.46
1985 年	1 917.88	1566.42	351.46
合计	8 534.43	7041.79	1492.64

1986 年 3 月 21 日,市政府下发《关于向市区内干部、职工开展教育、广播电视集资的通知》,规定干部、职工按年工资 1%集资。同年 4 月,市教委、市广播事业局、市财政局联合下发《关于向市区内干部、职工开展教育、广播电视集资的补充通知》。同年 6 月下旬,省政府在襄樊市召开“全省集资办学先进单位先进个人表彰大会”,市委、市教委被省委省政府授予“全省集资办学先进单位”。是年,全市共集资 3650.13 万元,其中群众个人集资达 2 524.42 万元,占集资金额的 69.12%。在实现“一无两有”期间,一些乡村集体、厂矿企业和农民个人把办教育,改善学校办学条件看作是自己的事主动为学校捐款捐物。1980—1987 年,全市农民捐赠钱物、献工献料折合资金达 12 947 万元,占全市集资的 60%以上;1980—1988 年,全市集资 2.3 亿元,成为解决学校“一无两有”的主要资金。1989 年 4 月 13 日,成立湖北省董必武教育奖励基金会襄樊分会。同年,市十一届人大一次会议强调开展教育集资,并得到人大批准。集资进一步规范化、法制化。同年 5 月 3 日,市政府下发《关于向市区干部、职工开展教育集资的决定》(襄政发〔1989〕79 号),具体办法是:各单位按小学生 70 元、初中生 80 元标准,自行向干部、职工收缴,单独列账。学生带集资款给学校,学校用市教委统一印制的收据收款,学生凭此据回家长所在单位在集资款中报销。学生父母双方所在单位各摊一半;只一方属于集资对象的由一方所在单位全部承担。根据襄政发〔1989〕189 号文,各县(市)都制定了相应的集资办学文件。同年 8 月,中央电视台报道了襄樊市集资办学的做法。是年,南漳县第一位留学博士、美籍华人周远开始在南漳一中设立助学金。枣阳市接受邵逸夫先生教育捐赠 20 万港元。1991 年,全市 36 个“经济发达、教育滞后”乡镇通过集资改善办学条件。市教委建立“襄樊市救助贫困失学儿童少年基金”,决定每年资助 300 名山区失学儿童入学。宜城县在县、乡两级分别建立“救助奖励失学儿童基金”。6 月,保康县成立“救助贫困失学儿童基金会”,全年募集资金 15 万元,3 次发放 49110 元,救助贫困学生 3 068 人。

1991—1992 年,城区学校和师生共捐钱物 50 万元,帮助山区新建校舍 3 728 平方米,消灭危房 624 平方米,配置教学仪器 1 万件,文体用品 4 万件,图书 3 万册,并为山区学校解决了一些实际问题:市一中师生每人捐款 5 元,共捐资 2.5 万元帮助峡口职中建起两级自动提水站,解决师生吃水难问题;市第二职业高中为保康县大湾乡 160 多名学生配置木床,解决学生长期睡地铺问题;襄樊教院捐 1.3 万元为南漳阎坪中学建宿舍;市机电学校向南漳县三景中学捐款、送粮和送钢材,建校舍。通过“手拉手”活动共捐款 20 万元,捐衣物 12 万件,粮食 1.5 万公斤,蔬菜 0.5 万公斤,使山区学校 700 名已辍学的学生领到资助金重返课堂,2 000 名濒临失学的学生坚持就读。1992 年,全市学校捐款近 40 万元,衣服 20 万件,粮食 8 万多公斤,学习用品 91 万件,教学仪器上千台。保康县救助失学儿童基金解决失学儿童入学 1 059 人,发放救助金 1.5 万元。市委驻保康工作队为教育投资 40 万元,捐款 4 万元，捐赠图书 1.5 万册，使 125 名失学儿童返校。同年，台湾同胞韩揆、周光斗分别为保康县一中捐资 2 000 美元和 600 美元。是年，宜城县建立中小学民办教师福利基金。襄阳轴承厂在襄樊五中建校 90 周年之际，为该校设立“襄轴尊师奖励基金”，当年到位 2 万元，五年计划募集 10 万元。襄阳亚细商场、中原搪瓷股份有限股份公司分别拿出 8 万元、6 万元设教育奖励基金，奖励高取优异成绩的学子。

1993 年 11 月 3 日，市政府安排市属大中专学校、中小学和市辖各区、老河口市城区、枣阳市城区以及襄铁分局等厂矿学校分别对口支援 22 个特困乡镇中小学，并坚持对口包干、长期不变的原则。同年 11 月 19 日，市教委在襄樊体校召开对口支援总结工作会议，会后，全市学校向南漳、保康、谷城三个山区县学校捐款。到年底，共捐送现金 140 075.78 元，衣物 141 548 件，大米 15 895 公斤，面粉 556.25 公斤，蔬菜 212 公斤，文具 16 814 件。随后又收到一批捐款。

1994 年 5 月 31 日，市教委关心下一代工作委员会、市教育工会、共青团市教委对市区学校发出《关于开展“捐赠一元钱，救助山区小伙伴”活动的倡议书》。11 月底，共收到捐款 95 805.73 元，其中委机关 3 772 元，市直学校 23 760.87 元，各区属学校 63 829.59 元，外系统事业单位 4 143.27 元，社会各界 300 元。

1994—1995 学年度，300 名特困生接受救助基金和捐款 6.5 万元。市建行建立“建行杯”教育奖励基金会。

1995 年，全市干部职工按年工资收入的 1.5%开展教育集资，农民按上年纯收入的 1%开展教育集资，保康农民按上年纯收入的 0.5%开展教育集资。市县两级形成规范有序的集资制度。市直部、办、委、局无偿支援资金建小学教学楼 43 幢。同年，襄阳县建立“人民教师奖励基金会”，收到捐款 25 万元。老区教育研究会，组织资金 12 万元，成立“希望工程指挥部”，收到资金 10 万元。全县 50 多个县直单位结合扶贫联系点、小康村联系点，同 41 所学校建立对口支援关系，支援水泥 150 吨、教育器材 300 多件、资金 75 万元，共计折款 100 多万元。同年 8 月 21 日，成立“襄樊市人民教育奖励基金”，副市长焦泽浩、袁军晶、宋德福等先后担任会长。襄樊四中高龄退休教师张希载一次向基金会捐款 7 000 元。台湾同胞李有佩向襄阳县黄龙镇红光小学捐款 10 万元。市直各单位在基金会成立现场认款或捐款达 53 万元，全年募集资金 60 万元。同年 12 月 31 日，市教育基金会被评为“湖北省教育奖励工作先进单位”。

1996 年，市教育系统向宜城、南漳、保康、枣阳、谷城等县（市）277 所遭受暴雨和龙卷风及冰雹袭击的学校捐款 22 万元，衣被 4 000 多件。

1997 年，市委、政府组织市直 31 个部门和单位援建 31 所山区乡镇初中，共确定援建项目 38 个，到位资金物质折款 120 万元。全市建立和形成了市、县（市）、乡（镇）三级对口支援山区学校体系。1997 年，各县（市）也开展了有对口援建活动。

1998 年，南漳、保康、谷城三个山区县“普九”进入关键时期。市直 15 个部（办、委、局）和市直教育系统向南漳开展“普九”援助。

1999 年，市直 15 个部、办、委、局向保康县援助 154.55 万元，市直教育系统援助 86.67 万元。同年，市区职工、干部教育集资取消。

2001 年，香港应善良基金会董事长沈炳麟向枣阳市太平镇崔垱小学捐赠 12 万元。

2002 年，市区学校向山区学生献爱心，共捐款 84 063.2 元、衣服 75 619 件、棉被 95 床、文具 2 326 件、电脑 19 台、电视机 20 台、大米 21 000 公斤，市红十字会捐赠大米 10 吨。同年秋，鳄鱼国际私人有限公司总裁陈进贤博士捐款 57.75 万元，设立“卡帝乐鳄鱼奖学金”，此后，每年拨款 57 750 元，奖励谷城、南漳、保康三个省级贫困山区县 3 750 名品学兼优且家庭贫寒的在校中小学生；枣阳市接受邵逸夫先生教育捐赠 62 万港元。是年始，农村集资被政策性取消，资助贫困生工作列入政府工作日程，捐资助教纳入资助贫困生工作范围，社会捐资成为资助金的重要补充。

2003 年，香港应善良基金会董事长沈炳麟向枣阳市王城镇陈店小学捐赠 19.4 万元。

这一期间，襄樊一中、四中、五中等一些学校利用邵逸夫教育捐赠建起逸夫科技楼。

资助农村中小学和贫困学生：2002 年 8 月 27 日，市政府下发《关于在全市大力开展资助农村中小学和贫困学生的实施意见》，要求开展社会捐助、建立资助基金、加强对口扶持、鼓励自愿资助、减免书杂费用、发展勤工俭学。全市当年资助贫困生 58 502 人，资助金额 515.9 万元。2003 年 1 月 20 日，市委办公室、市政府办公室印发《关于成立襄樊市资助农村中小学和贫困学生工作领导小组的通知》，市委办、市政府办及 17 家联合发起单位为成员。领导小组下设办公室，市教育局承担办公室日常工作。同年 3 月 5 日起，市教育局等 17 家成员单位联合在《襄樊日报》上发出《关于开展资助农村中小学和贫困学生的倡议书》，连续报道“大山里的苦孩子”，引起社会各界关注，涌现出众多热心助教的单位和好心人。至同年 6 月，共捐款 89 010.8 元，捐电脑 21 台。同年 9 月 23 日，市教育局下发《关于在市区教育系统开展“一帮一”结对子资助贫困生的通知》。同年 12 月上旬，市教育局，市教育工会联合发起市区大中小学校师生开展向山区贫困学生献爱心活动。同年 12 月底，收到捐款 5 万元、衣服 4.8 万件、棉被 800 床、大米 2.25 万公斤。全市全年各级行政部门和学校“送温暖、献爱心”共捐款 268 万元，捐衣服 13.7 万件，捐棉被 2 343 床，捐大米 9.5 万公斤，电脑 174 台，资助贫困生 38 820 人。市资助办公室建立起贫困学生档案，组织新闻采访团报道，开通捐资助学热线，共接受社会各界捐款 26 万余元，资助贫困生 650 人。2004 年 6 月 1 日，市区 20 所中小学发出倡议书，在市区中小学开展向山区贫困学生“献爱心”捐助活动。同年 9 月 3 日，市政府办公室转发《市教育局关于认真做好资助贫困生工作的实施意见》，落实省下达的资助生计划 40 600 人，确保全市义务教育阶段学生辍学率控制在国家规定的初中 3%、小学 1%以内，其他学段学生正常完成学业。各级政府建立资助机构，从本级财政预算中安排一定数量的资金用于资助贫困学生，建立资助贫困生资金专户。公办普通高中从“三限生”学费收入中提取 10%专项用于资助贫困生。同年 9 月 7 日，市委、市政府对资助工作领导小组进行调整，成员单位增至 26 家。同年 12 月 1 日，市委办公室、市政府办公室作出《关于在市区开展向农村寄宿制中小学贫困学生“献爱心、送温暖”捐赠活动的通知》。年底，市区教育系统向山区贫困学生“献爱心、送温暖”捐赠棉被 2 859 床、大米 53 874.5 公斤、棉衣 16 066 件、冬衣 58 886 件、电脑 2 台，现金 2 600 元，文具 1 078 件，风琴 4 架。

市直部门捐棉被 9 077 床、电脑 53 台、桌椅 286 套、大头菜 715 斤、床板 60 块、大米 98 342 斤、衣服 116 886 件、文具 4 211 套、风琴 4 架、食用油 850 斤、人民币 6 390 元。市委书记田承忠牵挂山区孩子，带头捐款 1 000 元，并为山区贫困孩子送去棉被和大米。

全市全年筹措资助贫困生资金 1 044.49 万元（其中教育部门筹措 636.17 万元、财政部门 101.22 万元、民政部门 9.88 万元、劳动部门 0.12 万元、社会募捐 151.94 万元，其他渠道 145.16 万元），落实救助人数 66 211 人。广西 89 岁老红军郝毅捐赠 1 万元，资助枣阳市土铺村贫困学生上学（他曾在此作战负伤过，受到群众救护）。

2005 年，全市筹措资助贫困生资金（不含市直学校和市属中专学校）2 763.1 万元（其中义务教育阶段 2 304.33 万元，普通高中 349 万元，中职学校 110 万元），共资助贫困生 10.99 万人（其中义务教育阶段 104 045 人，普通高中 4 936 人，中职学校 892 人）。同年 1 月 10 日，市妇联组织安利公司资助全市孤残儿童 100 人，资助金额 5 万元，向襄樊春蕾女童班捐赠 2 万元。同年 4 月 19 日，市编委批复市教育局增设“襄樊市学生资助管理中心”，并建立“奖、贷、助、补、减、缓、免”等形式的资助体系。全市落实“两免一补”（免书本费、免杂费、补助寄宿生生活费）资金 2 116 万元，资助贫困生人数 67 418 人。其中对没有纳入国家、省“两免一补”范围的襄樊市区（包括从原襄阳划入的 4 个乡镇）义务教育阶段贫困生，市政府采取市级财政负责筹措“两免”资金，区级财政负担“一补”经费的办法，筹措资助资金 216.79 万元，资助贫困生 11 436 人次。根据《关于做好襄樊市城区流动人口适龄子女接受义务教育工作的通知》，划定城区 20 多所公办中小学接受农民工子女入学，享受和城区居民子女一样的待遇。是年秋季开学，市区接收进城务工、到襄樊经商人员的子女 3 587 人就读，减免借读费、杂费等 122.6 万元。襄樊学院和襄樊职业技术学院的贫困新生获国家助学贷款 450 万元。资助贫困家庭初中毕业生进入中等职业学校学习，全市共招收家庭贫困的初中毕业生 2 450 人进入中等职业学校学习。年初，市直教育系统开展“送大米、送咸菜、送食用油”活动，共捐赠大米 15 500 斤，咸菜 1 550 个，食用油 890 斤。保康县遭受百年一遇的洪灾，全县向受灾学校捐款捐物折款 12 万元，市区教育系统向山区受灾中小学捐款捐物 80 多万元。这一时期，各级妇联组织各类大型公益活动，获捐款 200 万元，救助辍学儿童 6 000 多人重返校园，使 7000 多名在校特困生得到资助(详见表 28—36、28—37、28—38、28—39、28—40、28—41、28—42)。

2002 年襄樊市义务教育阶段资助贫困生工作情况一览

表 28—36　　　　单位：人、万元

县(市)区	在校贫困生人数			资助贫困生人数	资助金额				资助资金来源				备注
	合计	小学	初中		合计	减免杂费	减免书本费	其他	合计	政府	学校	其他	
襄樊市	42485	26285	16200	25828	369.83	158.92	193.41	17.5	369.83	45.7	236.78	87.35	
市直	431	120	311	304	7	3.9	0.9	2.2	7	—	6.95	0.05	
襄城区	755	351	404	712	9	7	—	2	9	—	9	—	
樊城区	3172	1700	1472	3172	31.2	—	31.2	—	31.2	—	31.2	—	
高新区	43	25	18	43	11.9	6.1	5.2	0.6	11.9	—	11.9	—	
汽产区	45	20	25	45	0.62	0.42	—	0.2	0.62	—	0.62	—	
襄阳区	2518	1610	908	1918	30	18	12	—	30	6	20	4	
枣阳市	1206	480	726	1026	7	3	4	—	7	5	2	—	
宜城市	5970	4128	1842	3552	58.31	28	30.31	—	58.31	0.5	57.81	—	
南漳县	9654	5829	3825	4749	40.6	26.6	14	—	40.6	14	—	26.6	
保康县	11480	7250	4230	3450	80	25	55	—	80	—	44	36	
谷城县	2461	1692	769	2107	56.2	18.9	29.8	7.5	56.2	15.2	27.3	13.7	
老河口市	4750	3080	1670	4750	38	22	11	5	38	5	26	7	

2004 年襄樊市义务教育阶段资助贫困生工作一览表

表 28—37　　　　单位：人、万元

县(市)区	贫困生总人数				已资助贫困生人数				资助贫困生形式及金额					资助贫困生资金筹措渠道及资金总额						
	合计	小学	初中	特教	合计	小学	初中	特教	发放免费教材		减免学杂费	补助生活	奖学金	合计	上级下达资助资金	地方筹措资金				
									上级下达	地方资金						教育部门	财政部门	民政部门	扶贫办	社会捐赠
南漳县	9675	5060	4530	85	9410	4865	4460	85	13	4	104.1	48.2	9	178.3	13	81.6	—	—	—	83.7
保康县	8216	5136	3080	—	7932	4960	2972	—	90	6	9.5	2.9	—	108.4	90	15.5	—	—	—	2.9
谷城县	7960	4000	3960	—	7771	3896	3875	—	13	4	14.4	7.5	5.34	44.24	13	23.96	—	—	7.28	—
宜城市	7326	4278	3010	38	7158	4166	2954	38	4	2	121	6	1.6	134.6	4	22.5	101.22	6.88	—	—

续表

县(市)区	贫困生总人数				已资助贫困生人数				资助贫困生形式及金额						资助贫困生资金筹措渠道及资金总额						
	合计	小学	初中	特教	合计	小学	初中	特教	发放免费教材		减免学杂费	补助生活	奖学金		合计	上级下达资助资金	地方筹措资金				
									上级下达	地方资金							教育部门	财政部门	民政部门	扶贫办	社会捐赠
老河口市	7704	4662	2990	52	7520	4561	2817	52	3	6	78	17	5		109	3	95	—	2	1	8
枣阳市	3475	1436	1996	43	3475	1436	1996	43	7	1.5	112	41	—		191.5	7	128.5	—	—	—	26
襄城区	4720	2410	2310	—	4720	2410	2310	—	—	2.5	3.1	—	—		5.6	—	5.6	—	—	—	—

2005年中央下达襄樊市免费提供教科书款情况一览

表28—38　　单位:万元

县(市)区	合计(人)	合计金额	小学		初中		特殊教育	
			人数	金额	人数	金额	人数	金额
襄樊市	55031	532.15	33737	235.1	21142	295.55	152	1.06
襄阳区	11095	107.59	6820	47.74	4275	59.85	—	—
老河口市	5379	52.04	3279	22.95	2056	28.78	44	0.31
枣阳市	12424	120.34	7614	53.3	4768	66.75	42	0.29
宜城市	5700	55.2	3485	24.4	2185	30.59	30	0.21
南漳县	6335	60.75	3872	27.1	2427	33.4	36	0.25
谷城县	7828	75.9	4812	33.68	3016	42.22	—	—
保康县	6270	60.11	3855	26.3	2415	33.81	—	—

注:标准小学每生一学年70元,初中140元,特教70元

2005年湖北省下达襄樊市免杂费款情况一览

表28—39　　单位:万元

县(市)区	合计(人)	合计金额	小学		初中		特殊教育	
			人数	金额	人数	金额	人数	金额
襄樊市	55031	942	33737	472.43	21142	465.12	152	2.13
襄阳区	11095	189.53	6820	95.48	4275	94.05	—	—
老河口市	5379	91.76	3279	45.91	2056	45.23	44	0.62
枣阳市	12424	211.89	7614	106.6	4768	104.7	42	0.59
宜城市	5700	97.28	3485	48.79	2185	48.07	30	0.42
南漳县	6335	108.1	3872	54.21	2427	53.39	36	0.5
谷城县	7828	133.72	4812	67.37	3016	66.35	—	—
保康县	6270	107.1	3855	53.97	2415	53.13	—	—

注:标准小学每生一学年140元,初中220元

2005 年襄樊市资助义务教育阶段贫困生各县(市)区配套资金情况一览

(用于补助寄宿生生活费)

表 28—40 单位:万元

县(市)区	合计金额	小学寄宿生		初中寄宿生	
		人数	补生活费	人数	补生活费
襄阳区	172	2274	45.03	4275	126.97
枣阳市	206.45	4674	92.55	3835	113.9
宜城市	107.73	3101	61.4	1560	46.33
南漳县	138.26	3672	72.71	2207	65.55
保康县	139.43	3419	67.7	2415	71.73
谷城县	155.91	3800	75.24	2716	80.67
老河口市	113.53	2650	52.47	2056	61.06
襄城区	55.95	—	—	1884	55.95
樊城区	16.66	—	—	561	16.66
汽产区	1.49	—	—	50	1.49
高新区	1.99	—	—	67	1.99

注:寄宿生生活费标准小学每生一学年 198 元,初中 297 元

2005 年国家财政落实“两免一补”情况一览

表 28—41 单位:万元

	“两免一补”资助人数				“两免一补”资助金额			
	合计	小学	初中	特教	合计	免教材费	免杂费	补助生活费
合计	55031	31330	23549	152	1909.65	542.1	954	413.55
襄阳区	11095	6360	4735	0	362.2	109.2	192	61
枣阳区	12424	7258	5124	42	398.07	121.44	214	62.63
宜城市	5700	3245	2425	30	209.41	55.93	99	54.48
南漳县	6335	3371	2928	36	195.28	62.96	111	21.32
保康县	6270	3571	2699	0	215.47	62.78	109	43.69
谷城县	7828	4464	3364	0	349.1	77.13	136	135.97
老河口市	5379	3061	2274	44	180.11	52.65	93	34.46

2005 年襄樊市级财政落实“两免一补”情况一览

表 28—42 单位:人、元

	资助人数				资助金额		
	合计	小学	初中	特教	合计	免杂费	免教材费
合计	11436	3825	7566	45	2167900	934800	1233100
市直	1999	473	1481	45	968775	440230	528545
襄城区	3655	1240	2415	0	486475	238230	248245
樊城区	4290	1650	2640	0	482300	202000	280300
高新区	1492	462	1030	0	230350	54340	176010

教育经费总收入:1989 年,全市教育经费总额 11 741.58 万元,其中预算内教育经费 7 555.15 万

元，包括教育事业费 6 779.33 万元，教育基建投资 401 万元，上级补助费和扶贫专款等 374.82 万元，教育税费 473.84 万元，社会捐集资 2 634.05 万元，勤工俭学补充教育的经费 463.56 万元，学杂费 614.98 万元等(各部门用于中专、技校的经费未作统计)。2005 年教育经费收入合计 174 560.7 万元，其中教育事业费拨款 101 690.4 万元，其他经费拨款 734.1 万元，城市教育费附加 4 062.1 万元，地方教育附加费 644.3 万元，事业收入 58 321.1 万元(其中学杂费 36 181.6 万元)，校办产业经营收益用于教育 3 305.1万元，捐、集资收入 417.6 万元，其他收入 4 674 万元，基建拨款 712 万元。上级补助专款教育专款3 048.5 万元(见表 28—43)。

1986—2005 年襄樊市教育经费来源及收入(投资总额)情况一览

表 28—43

年度	教育投资(万元)	教育经费来源情况(万元)										
		预算内教育经费	教育税费			企业办学经费	勤工俭学校办产业经费	事业收入		社会捐集贷经费	社会团体个人经费	其他
			合计	城市	农村			合计	学杂费			
1986	12807.17	7555.15	1336.88	390.89	945.99	—	505.47	734.14	702.94	2833.4	—	243.13
1987	13505.21	7832.9	1055.14	182.14	873	—	572.94	572.78	571.2	3447.15	—	259.3
1988	14828.6	9054.3	1715.4	288.5	1426.9	—	876.9	1061.4	1040.5	2045.5	—	260.1
1989	18069.5	10570.8	2617.5	319	2298.5	—	1273.6	1505.6	1260.1	1962.5	—	478
1990	24521.8	12023.4	3619	395.4	3082.6	—	1135.6	2516.9	2252.1	5352.2	—	471.7
1991	28856.5	12680.5	4719.3	735.5	3983.8	—	1678.6	2060.3	2060.3	7415.9	—	983.9
1992	33876.6	15656.05	5068.1	825.95	4242.2	—	1763.7	5110.2	5110.2	5101.5	—	1861.55
1993	38896.7	18631.6	5416.9	916.4	4500.5	—	1848.8	8160.1	8160.1	2787.1	—	2739.2
1994	55708.9	24166.1	6469.1	1088	5381.1	—	2245.2	9037.3	9037.3	9745.9	—	4732.3
1995	55962.6	22517.6	7000.5	1230.8	5769.7	—	2811.9	8617.8	8617.8	9067.7	—	6634.1
1996	67720.1	27137.5	7984.1	1264.8	6719.3	—	3172.4	9595.4	9595.4	13958.3	—	6559.4
1997	74481.4	30605.6	8846.2	1530.6	7315.6	—	4210.7	11746.3	11746.3	13265.4	—	6494.2
1998	80148.05	36553.75	8974.8	2154.8	6820	—	5025.5	15759.45	5873.15	8425.6	—	6096.05
1999	85814.7	42501.9	9103.3	2778.9	6324.4	—	5840.2	19772.6	—	3585.8	—	5697.9
2000	93475.2	48112.1	9503.2	2365.4	6867.8	3662.2	5033.3	21244.5	12403.4	1099.7	203.7	4557
2001	101141.5	53810.7	7187.7	2502.1	4451.6	2812.7	3910.2	25346.3	18412	787.3	805.7	6480.9
2002	100687.2	66105.5	2943.1	28271	—	2025	2817.2	23216	16225.2	1125	—	4480.4
2003	126517.4	75078.3	3630.2	2906.2	—	1777	3870.5	36198.2	23552	473.1	1285.3	4204.8
2004	151286.6	89107.4	4168.3	3484.2	—	1089	3590.3	47371.45	29866.8	445.35	1390.2	4124.6
2005	176055.7	103136.5	4706.4	4062.1	—	401	3310.1	58544.7	36181.6	417.6	1495	4044.4

五、办学条件

(一)装备建设与实验教学

1983 年，全市建立农村实验中心 71 个，在建 40 个。1985 年 11 月 4—17 日，南漳、保康、襄阳、随州、枣阳等五县(市)89 所农村理化实验中心通过省教委的检查验收,获省奖励 17.6 万元。全市中小学实验室面积达 4.11 万平方米,建立实验中心 154 个。襄樊四中、五中和几所师范学校教学仪器按部颁一类标准配置,县重点中学配齐 70%的教学仪器。一些实验小学和(区)镇中心小学建成小学自然实验室,开设生物园地和红领巾气象站。1986 年,省财政厅、教育厅实施《关于教学仪器经费使用试行办法》,变仪器经费按指标下达为补助和奖励,这一经费改革办法调动了各县市和学校积极性,各校利用勤工俭学收入投资教学仪器建设。各部门办中专、技校和高校通过行业拨款和省直拨,教学仪器设备达到了一定数量和水平。1987 年,开始普及中小学实验室建设,年底建成符合标准的初中理化实验中心 135 个、小学实验室 448 个。宜城县率先普及中小学实验室并通过省验收,被国家教委授予"全国中小学实验与仪器工作先进集体"。1988 年,全市中小学开展实验室规范化建设,市确定的 20 个"普九" 示范乡镇购置了一批教学仪器设备,15 个乡镇完成实验室配套建设。全市 1 589 所学校新建了实验室,添置仪器柜 18 360 立方米、实验桌 13 787 张、实验凳 57 348 把。保康、南漳二县中小学实验室通过省市两级教委验收基本合格,南漳县绝大部分学校建起图书室。1990 年,全市中小学实验室普及率 90.1%,达标率分别为 38.2%、61.2%,超过省定标准。完成实验室建设的中小学从 1988 年的 217 所、1 724 所分别增至 319 所、3 641 所。1991 年,全市各级各类学校教学仪器与设备装备总金额达 4 800 万元。是年,市会考办开展对高二学生理化生实验操作集中考核。1992 年,根据襄教〔1990〕28 号文件精神,各校按标准开展实验室提档升级,全市累计投放资金 3 400 万元进行实验室建设,各级各类学校教学仪器设备总金额达 8 200 万元。宜城县被省教委授予全省"中小学实验室建设先进单位"。1993年,全市把增加教学设备、配齐教学仪器和图书作为"普九"的主要任务之一进行落实。同时加快音、体、美、劳器材建设。市区和县市分别制定了配置标准。其中高中演示实验开出率 85%,分组实验开出率 80%以上;初中演示实验开出率 85%,分组实验开出率 75%以上;小学演示开出率 85%,分组开出实验率 85%以上。樊西、樊东二区中小学理、化、生、体、音、美、图、劳、卫、电"十室"建设均达省二类以上标准。襄城区建有标准运动场 6 个。1994 年,三个城区中小学图书量达 7. 13 万册,仪器器材设备总价值达 600 多万元。襄城区中小学技术装备基本配齐,教学仪器达标率 100%。1995 年,全市初中毕业生开展技能检测与考核,作为升入重点中学的重要参考,有 72 314 名应届初中毕业生参加实验操作考核,及格率在 96%以上。当年底,全市 65%的中小学达到了国家规定的装备标准。市三十一中等学校被评为省级教育装备先进单位。这一时期(1996—1998 年),南漳、保康、谷城三县实施"普九工程",投入了大量资金添置教学设备。仅保康县配置仪器设备达 78 万元,购置图书 78800 册。市区对口支援山区学校教学仪器 2 000 套,图书 40 000 册。1998 年全市学校教学设施装备总值达 1.73 亿元,图书 305万册。市区 80%的中小学建起实验楼,98%的学校按一类标准配备了实验仪器。1999 年,全市把装备建设作为巩固"普九"成果的重要工作来抓,加强实验仪器设施和图书的装备与管理工作,制定了统一的教育技术装备操作管理规范,市、县两级对中小学实验管理人员进行轮训。枣阳、宜城、老河口、襄城和樊城先后被省教委认定为"实验教学普及县市区"。全市中小学仪器总金额已达13 650 万元。是年,全市中小学投入教学设备金额达 1 533.8 万元,购置图书 642 000 册,购置专用教学设备 26 342 台套。2001 年 3 月,市教委确定市区首批现代教育技术装备试点学校,共 16 所。同年下半年,全市开展中小学实验室检查评估工作,共检查评估 104 所学校,其中小学 16 所,初中 80 所,高中 8 所。此次评估有 52 所学校达到"实验室工作先进单位"标准,有 52 所学校达到"实验室工作合格单位"标准。2003 年,全市学校专用设备价值 32 818.4 万元,图书 1 297.2 万册。同年将技能考核列入中考考试科目,考试分数以 10 分计入中考总成绩,存入考生档案,作为升学依据。2004 年,全市学校专用实验设备价值 30 362.8 万元,图书 1 330.4 万册。职业学校有实习设备 4 258 万元,图书 227 万册。2005 年,全市各级各类学校共拥有理科实验室 1 402 间,计算机教室 303 间,从事实验教学的人员总计已达 1 474 名,其中理化生实验教师 1 020 名,计算机教师 352 名,其他实验教师 102 名。全市各级各类学校实验装备金额达 21 498 万元，计算机教室装备达 6454 万元，拥有图书 6 391 800 册，图书金额 5 143 万元。1995—2005 年，全市共有 716 422 名学生参加了理化生实践技能考核考试，及格率达 97%以上（见表 28—44）。

1986—2005 年襄樊市各县（市）区“普九”教育技术装备投入情况

表 28—44　　　　单位：万元

县（市）区	投入金额	县（市）区	投入金额
襄阳区	9034	老河口市	2000
枣阳市	5233	襄城区	424.76
宜城市	966	樊城区	2870
南漳县	784	汽产区	364
保康县	2285	高新区	20.63
谷城县	1297.5	合计	25278.89

（二）多媒体教育

改革开放前，全市只有极少学校利用幻灯、电影、唱片、录音、广播等手段开展电化教学。1980 年后，逐步利用录音、电视、计算机进行电化教学。1984 年，省教育厅给市一中调拨 1 台苹果机、10 台 coxm 机，成为全市最早开展信息技术教育的学校。1985 年，全市各县（市）区都建立和健全了电教机构，配备了电教人员。各级教育行政部门和各级各类学校安排一定比例的资金，购置电教设备。各县（市）区均有重点高中、初中、小学各一所开展计算机教学，作为区域中小学微机教学中心。襄樊市职业技术教育中心开设微型计算机及应用专业，并建有 15 台苹果机和 10 台 COXM 机的微机室。1986 年，随着卫星地面接收站和放像点的建立，一些学校和教管站购置录像、放像设备。襄樊五中投资 3 万多元建起卫星地面接收系统，添置 30 台投影仪。1987 年，全市 11 所重点高中建起语言实验室，10 所高中建起微机室。1988 年，保康一中建起语音室、微机室，开始电化教学。1989 年，襄樊四中建立闭路电视系统，30 多个高中班班平一台彩电，开始用微机办公，电脑进课堂，在高中起了带头作用。1992 年，襄樊五中投资 8.3 万元添置 20 寸彩电 30 台，并配置录音机、放像机等设备；建成一个 64 座的语音室和有线广播台，有中华学习机、苹果机 20 台，电影放映机 2 台套；投资 2 万元购置计算机和成套的学校管理软件，发展计算机教学。1994 年，襄城区电教设备配置达到省定标准，在全市率先开办中学生电脑实验班。襄阳县电教普及率 80%。谷城县为学校添置 70 多台投影仪，并投资 2 万多元购置电教教材。同年 5 月，市电教馆在保康实验小学组织了一场电教现场会，该校以一本电教论文集、4 节录像课、10 节电教示范课、一部由 14 名教师进行电教片段演示的电教经验介绍专题片、一部学校开展电教的经验介绍专题片向与会 150 多名教师展示，显示了电教的重要性，提高了人们对电教的认识。同年，襄樊四中分获市和省电化教育工作先进单位称号。市二十中教师雷俊的课例《水》在省“五优”作品（优秀电教论文、优秀电教课、优秀 CAI 课件、优秀课堂电化教学设计、优秀 CAI 脚本设计）评比中获一等奖，是从 1984 年起襄樊市参加此项竞赛起获得的首个一等奖。1995 年，部分学校在创省电教试点学校工作中，信息化建设实现了跨越式发展。枣阳市第一实验小学一次性投入 40 多万元，购置 25 寸彩电 44 台、录像机 6 台、摄像机 2 台、编辑机和字幕机各一套、录像带 500 盘、教学光盘一套，建成并完善了学校闭路电视系统和红领巾电视台，电化教学条件发生了质的变化。南漳县实验小学自筹资金 15 万多元建闭路电视系统，全校 37 个班每班一台 25 寸彩电。同年 11 月，市电教馆在该校召开电教研讨会，为全省36所实验小学校长和全市400多名与会教师展示了电教设备和电教活动。襄樊五中投资5万元添置新的录像机和编辑机，投入20多万元建立了全市第一个386(37台)单显无盘网络教室。米公小学建红领巾电视台，建成了20多台25寸彩电的闭路电视系统。是年，全市城镇中小学普遍安装了电教设备，100多所学校电教设备达到国家一类标准。重点学校和一批条件较好的中小学建立了微机室、语言实验室、多功能电化教室。市教委印发《襄樊市中小学计算机教育实施意见》，全市进入以计算机为主的信息技术教育时期。1996年，市电教馆注重发挥省市电化教育试点学校的龙头作用和各县(市)区实验小学、市直重点高中、部分电教基础较好学校的示范作用，以提高设备利用率和教师电教素质。襄樊四中开展“电教年”活动，在电教硬件上投入达130多万元，在原有基础上建有两间微机室(50台电脑)，一间多媒体语音教室。市电教馆对全市300多名中小学校长、教管会主任进行计算机知识培训。全市城市中有70%以上的中小学在开展电化教育，农村乡镇中学、中心小学大部分在运用电化教育手段，各重点高中，部分城市初中，条件较好的厂矿学校建立了微机室、语言实验室、多功能电化教室。各县(市)实验小学，不少城市学校达到班班有投影仪、录音机。保康县20多所乡镇中学、中心小学达到班平一台投影仪、一部录音机标准。该县店娅镇地处偏远深山，克服困难集中投资发展电教，达到班班有投影仪、录音机等常规电教设备。宜城市、老河口市分别购投影仪200台、300台。这一时期，全市电教开始向农村学校延伸。襄阳县欧庙教管会为全镇8个学区各配一台录像机、一台电视机，为镇一中、镇中心小学购买一台摄像机。宜城市朱市镇教管会为每所中学配备一台录像机和一台彩电。襄阳县泥嘴镇一小、二小分别投资50多万元发展电教，实现班班有电视机、投影仪、录音机，还分别建起高档次的微机室、语言实验室和卫星电视接收系统。

1997年，襄阳县泥嘴镇一小被省教委确定为“省电教试点学校”，是襄樊市省级电教试点学校中唯一一所乡镇学校。襄阳县王河中学在教室内建立了电视信号双向传输系统。襄阳县张湾镇潘台小学建起全市第一家村小微机室。同年5月，市电教馆以襄阳县泥嘴镇第一小学和第二小学、牛首镇中学和镇小学、张湾镇潘台小学、王河乡中学为现场，召开了一次农村学校电教工作现场会，为发展农村学校电教工作树立了目标。这一期间，全市有300多人参加省电教馆举办的各类培训班、现场会。市电教馆先后举办录像机操作维修培训班、投影教材使用培训班、电教理论方法培训班、电教课堂设计培训班10多次，有700多名教师参加学习培训。华南师范大学秦兆年教授、华中师大李继桢教授、武昌电教馆谢国享老师曾多次来讲学。举办现场会8次，有近2 000名教师、校长参加。襄阳县欧庙镇教管会请投影教材制作行家谢国享老师为全镇90多名教师讲座一周，该镇民办教师梁艳丽通过培训，所讲的电教课多次获省市级奖，在全市教师五项基本功比赛中获得第一名，其主讲的《十里长街送总理》录像课获全国一等奖。

1998年，市电教馆录制示范课录像带共33盘，其中初中19盘38节，小学14盘28节，在全市发行。襄樊五中投资30多万元建立了全市第一个多媒体投影教室和PII、AMDK6机型彩显有盘工作站的网络教室各一个(其中计算机40台、投影机一台、实物展示台一台)。襄樊一中几年间相继安装了演播系统(摄、录、编齐全)，2个微机室配备486计算机68台，并上了Internet网，有摄像机3台、彩电36台、投影仪35台、录音机54台等设备，总投入达83万元。特别是1994年科技大楼启用后，语言实验室、微机室、阶段教室、多功能电教室等按标准配置，收集录音资料970多小时、录像教材940多小时、视盘74盘、软盘137件等。该校教师郭皓婷所讲《沁园春·雪》一课获全国电教优质课三等奖、省一等奖。南漳县实验小学投资达70多万元，31个班全部实现“三机一幕”(即班平一台投影仪，录音机，电视机及一幅玻璃银幕)，闭路电视、“红领巾电视台”、电脑室等配套齐全。市直机关第一幼儿园在幼儿电教中脱颖而出，1995年至1998年先后投资近20万元，配置摄影仪6台、录音机20部、幻灯机3台、彩电4部、录放机3台、VCD机一部、组合音响3套、摄像机一部、编辑系统(字幕机、编辑机、打印机等)一套，大班年级安装闭路电视，各学科录音教材资料150多盒，录像教材资料52盘，幻灯片

100多套，自制投影片51张，光盘45盘，建起了多功能电教室、演播室、声音资料室和“小星星电视台”。该校以强化电教媒体运用优化一日活动的特色电教，使100%的教师会操作电教媒体、95%的教师会自制电教教材，为全市幼教电教起到了示范引领作用。据不完全统计，全市中小学有投影仪5000多台，电视机2 000多台，录像机900多台，摄像机60多台，计算机近2 000台，60多所学校建有微机室，50多所学校建有语言实验室，30多所学校建立了闭路电视系统。各县（市）区实验小学，不少城镇学校实现了“三机一幕”。城区职业学校有微机879台，电视机395台，幻灯机27台，语音设室21套。这一时期（1994—1998年），全市教师在每年省“四优”评比（优秀论文、优秀教学设计、优秀课堂实录、优秀多媒体课件）活动中撰写电教论文和教学设计300多篇，主讲电教优质课50多节，其中大部分获省级奖。参加省、市级培训班、研讨会的教师达2 500人次，各种学术研究、评比活动获省级奖220多个。

1999年，全市进入计算机多媒体技术教育新时期。襄樊一中计算机达64台，配置了无盘工作站，并为每个无盘工作站配置了终端卡，实现windows环境下的教学工作。市教委印发《关于在全市中小学教师和师范院校学生中开展计算机培训工作的通知》，把计算机培训纳入教师继续教育必修课统一管理。投资40多万元成立市计算机培训中心，开始有计划地进行计算机技术常年培训。并实行“计算机培训合格证书”制度，作为教师聘任、晋升职称的必需条件之一。全年计算机培训中心培训教师500名，全市全年培训3 000人。是年，举办首届教育电视节目、论文“二优”评比活动。老河口市实验小学、襄阳县泥嘴镇第一小学的电教工作受到省表彰。2000年2月24日，市教委印发《关于规范全市教师计算机培训工作的通知》，规定“凡55岁以下男教师和52岁以下女教师均应接受计算机技能培训，凡不按要求参加培训的教师，不得参加本年的职称评定和教师资格认定”。南漳县实验小学等8所学校确定为市首批现代教育技术示范学校；襄樊二十三中等35所学校被确认为市首批现代教育技术实验学校。这两类学校创建实行动态管理，两年评估确认一次，两年后复评一次，复评不合格摘牌。襄樊五中投资12万元建起第二个多媒体投影教室，添置奔腾III计算机1台、投影机1台、实物展示台1台，并对第一个多媒体教室进行了改造。襄樊市第一实验小学投资250多万元，购买了不同档次的微机135台、笔记本电脑2台，投影机、实物展示台、影碟机、功放机各11台，组建多媒体电子教室1个（拥有多媒体电脑57台），电子阅览室一个（拥有30台P933、17寸彩显高标准的多媒体电脑），多媒体教室10个，多媒体报告厅一个，高标准的CAI研发中心一个（拥有6台P4液晶电脑、全套多媒体制作系统）。南漳县实验小学完成电教投资100多万元，建两个微机室，一套双向传输系统，配备大量教材和电教资源库，在电教基础设施和现代教育技术应用上处全市领先水平，根据鄂教基〔2000〕027号，确认该校为全国现代教育技术实验学校。至此，襄樊市现代教育技术实验学校形成了国家、省、市三级发展格局。是年，全市有183所学校建立了微机室，66所学校建立了语言实验室，39所学校建立了闭路电视系统，80多所学校建立了卫星电视地面接收站。全市电教培训基本形成“省十市十县十校”立体培训网络和基地培训、走出去请进来等多形式、多层次培训方式。全年举办计算机培训15期，举办了首届现代教育技术理论与应用培训班，举办三期CAI课件制作提高班，省课件制作专家胡才发来樊授课。这一时期（1996—2000年），全市15 000多名教师不同程度接受了现代教育技术培训，其中有2 500多名教师参加了县（市）区级电教部门培训。计算机培训中心建立后的两年时间里，共培训38期1 000多名教师。

自2001年始，全市进入信息技术教育高速发展时期。市电教馆举办一年一度的全市多媒体教学示范课和CAI课件制作“二优”评比活动及“二优”作品展示会。在省“五优”评比中，科研水平与武汉市并列进入全省各地市州总成绩排名第二。举办第二届现代教育技术理论及应用讲座，华中师范大学教授赵呈领来樊授课。全市多媒体投影教室发展成为亮点。襄樊五中投资54.2万元建起一个64台计算机集电子阅览、微机室、语言教室为一体的多功能微机室，增添两台服务器、3台教师机及电子图书管理软件；投资十几万元把大成馆报告厅建成现代化的多媒体电脑投影报告厅。是年，全市 50 多所学校建有多媒体教室 93 个，300 所学校建立微机室 320 多个，拥有计算机 11 000 多台，80 多所学校建起闭路电视教学系统。全市有信息技术专业教师 400 多人，每年有 40 多万中小学生接受信息技术教育。2002 年初，市电教馆通报全市现代教育技术工作检查情况。受检范围包括 65 所各级现代教育技术实验学校、54 所申报学校。受检学校信息技术教育硬、软件建设进一步加强，特别是创建市级第二批现代教育技术实验学校的学校在硬件配置上起点高、投入大。樊城区、谷城县、老河口市成效显著。是年，省市两级电教“五优”评比活动中，全市获省级奖 177 件，占全省 19%，其中一等奖 35 件，占全省 22%。南漳县实验小学、枣阳市第二实验小学、宜城市实验小学、老河口市实验小学业、襄樊五中、襄樊七中、南漳县城关实验小学、襄城区实验小学、襄樊市第一实验小学等发挥了主力军和示范作用。FLASH 课件制作、CAI 课件制作和信息技术教育师资培训共 5 期，培训骨干教师 260 多人。市教育局、市物价局联合下发《襄樊市中小学信息技术教育试点学校管理暂行规定》，并对 217 所试点学校进行检查，重新认定 174 所，43 所学校被取消试点资格。市多媒体教学示范课件和省“五优”评比，共报课件 1 350 件，比上年增长 53%，400 多件作品获奖。年底，328 所中小学建起微机室，其中 245 所中小学微机达 50 台以上，全市中小学有微机 15 501 台，80 多所学校建立多媒体教室（或学术报告厅）共 110 个。计算机有效开课率（计算机装机数达到 25 台以上的学校与学校总数的比）：高中 86.27%、城市初中 67.16%、县镇初中 90.63%、农村初中 69.50%、城市小学 22.90%。全市有现代教育技术实验学校 111 所，其中省级 46 所，当年创建 17 所。2003 年 4 月 1 日，市教育局印发《关于开展全市中小学教师信息技术教育理论与技能等级培训考试的实施意见》，要求中小学（包括职业中学）教师男 50 岁以下、女 45 岁以下均参加培训考试，实行等级证书制度与学分登记制度，与教师职称晋升、业务考核挂钩。全市中小学拥有计算机教室 382 个，装机量 19 050 台，多媒体教室有 286 个。襄樊五中共有 PIII 和 PIV 电脑 320 多台，其中包括四个电脑网络教室、一个电子阅览室、两个多媒体教室、一个多媒体报告厅、各学科电子备课室、办公室管理用电脑 30 台、笔记本电脑 24 台。在软件建设方面，学校购置了合适的大型教学资源库达 150GB，电子图书 3 万多册，自制资源 50 多 GB，为开展信息技术教学和信息技术与各学科的整合提供了保证。2004 年，全市中小学信息技术培训 8 期，培训教师 500 人。在信息技术等级考试中，2 500 名教师获合格证书。200 多所学校组织参加省“五优”和市“二优”报送作品 1 950 多件，有 56 件获省一等奖。襄樊市获湖北省中小学电教竞赛“金杯奖”。2005 年，参加省“五优”评比的作品 2 534 件，参与评比的学校近 400 所。参评课件作品 600 多件，150 多所学校有课件作品参赛。保康，谷城、南漳均有不少山区村级学校的教师能制作多媒体课件，并取得好成绩。襄阳区、老河口市、宜城市也有不少农村学校教师的课件作品获得一、二等奖。信息技术教育正快速向山区学校、农村学校延伸。全市有 260 多件“五优”作品在全省获奖，其中获一等奖作品有 54 件，获奖数及获一等奖数在全省都处于前列位置。参加全省“五优”作品特等奖的课件、课例作品有 28 件，占全省 114 件的四分之一。参加全国多媒体课件大赛湖北省获奖作品 16 个，襄樊市占 6 个，其中全省唯一一个一等奖获得者为襄樊十七中教师彭春霞。全年近 300 名教师参加“五优”专题培训，500 多名教师参加“五优”优秀作品展示会。350所中小学建起计算机教室，建有多媒体教室或学术报告厅 587 个，计算机 23 474 台，生机比 31.7：1。现代教育技术实验学校国家级、省级、市级分别达 1 所、62 所、81 所，市级现代教育技术示范学校 20 所。

（三）网络教育

1986 年 6 月 13 日，国家教委等九单位联合发出《关于利用卫星电视开展教育工作的通知》，市教委当月投资 4 万多元在全省率先建成第一个卫星电视地面接收站，同年 7 月 1 日开通，可清晰接收中国教育电视台播出的三套教育电视节目，襄樊市的网络教育自此起步。下半年，谷城县、随州、南漳县、襄阳县、老河口市、宜城县、保康县相继建成卫星电视地面接收站，大部分乡镇教管会和部分农村学校建立了放像点。市电教馆完整收录储存了中国卫星电视师院中师、高师课程，及时为各县(市)、铁路教育部门、其他地市教育部门复制课程 8 000 多小时，保证了卫电中师、高师按时开课。1987 年，市、县、乡教育部门建成地面接收站 11 座，放像点 133 个。至 1988 年，各县市共投资 200 多万元建设地面接收站，160 多个乡镇建立了放像点。参加卫星电视教师学历进修的专科学员 2 200 名、中师学员 4 500 名。1989 年，卫星电视教育的重点转向建设卫星教育电视台。谷城县建起全市首家教育电视台，其发射功率为 50 瓦，发射频道为 10 频道。1990 年 9 月 19 日，襄樊教育电视台建成并首播成功。市电教馆在谷城县召开现场会，推动了卫星电视教育事业的发展。1991 年 4—12 月，宜城县、随州市、南漳县、老河口市、保康县等地教育电视台相继建成开播。全市提前实现了《中国教育改革和发展纲要》提出的 70%左右的县建立起教育电视台的目标。全年播出师训、干训和其他教育节目近千小时。1992 年，全市建成教育电视台 8 家、地面接收站 18 座、放像点 264 个。1995 年，全市有教育电视台 7 家、地面接收站 36 座、放像点 264 个，3 所中学和 3 所小学安装了闭路电视系统。1996 年，30 所学校建起闭路电视系统，15 所学校建立有线电视台，20 所学校建起地面接收站，全市地面接收站 46 座，电视机 1 500 台，形成以教育电视台为骨干，以卫星电视地面接收站、学校闭路电视系统、乡镇学校放像点为补充的卫星电视教育网络。1997 年，全市有 30 所学校建起教学闭路电视系统，30 所学校建起卫星电视地面接收站。这一时期(1986—1997 年)，全市先后招收卫星电视高师、中师“三结合”(卫电、函授、自学)学员 10 000 多名，毕业高师学员 2 261 人，中师学员 6 059 人，中小学校长 980 人，中小学教师学历合格率大幅度提高。

1997 年，市教育电视台有工作用房 390 平方米，其中包括 60 平方米演播室一间，20 平方米录音室一间，20 平方米编辑室一间，40 平方米资料室一间，20 平方米播控室、接收复制室、设备保管室、会议室各一间，20 平方米办公室 4 间。300 米发射机 1 台，相对高度 52.5 米铁塔 1 座，6.3 米网状卫星接收天线 1 套，3.2 米板状接收天线 2 套，各类摄像机 3 台，大 1/2SVHS 编辑系统 1 套，各类监视器 10 台，字幕机 2 套，MX12 特技机 1 台，各类录像机 14 台，各类录音机 6 台，各类录像资料 8 000 多小时，拥有 120 多万元的固定资产。除检修机器和春节期间以外，市教育电视台每周播出七天，每天播出 4 小时。每周播出的教学节目总时数超过播出总时数的 70%以上，每天保证同步转播中国教育电视台新闻联播节目，每周转播录播卫星电视节目总时数在播出总时数的 70%以上。先后制作了《腾飞的事业》《十年育人谱新篇》《春天的乐章》《悠悠襄江育桃李》等 20 多部专题片。其中《电教架起致富桥》《拥抱希望的明天》分别在湖北省电教会上交流，受到好评。拍摄的“爱我湖北”系列电视片《襄阳米芾》获省二等奖。1994 年，拍摄制作的反映襄樊市先进模范教师事迹的纪实片《教师的风采》，多次播出并在全市发行 200 多部。重点栏目有《学习园地》《中小学生天地》《教育专题讲座》《名师课堂实录展播》《教学参考片荟萃》等。拍摄制作播出各科教学优质课 100 多节，推广交流了教师的先进经验和教学方法，促进了教研活动的开展。还播出了家电维修、服装制作工艺、烹调技术、美容美发、蔬菜种植技术、养鱼养鳖技术等科技片。由于受闭路电视不断发展的影响和行业之间的制约，教育电视台不能进入有线电视网络，功能逐渐淡化，于 20 世纪 90 年代末相继停播。1998 年，襄樊五中在全市教育系统中率先接入因特网，标志着襄樊市计算机网络教育开始。1999 年，全市有部分学校上了全国教育网和因特网。

2000 年，全市 39 所学校建起闭路电视系统，80 多所学校建起卫星电视接收站。2001 年 11 月 12 日，市教委与省教育厅签订《湖北教育信息网襄樊网络中心建设责任书》。市教委成立网络中心建设领导小组和襄樊教育信息网络中心筹建工作专班，欧阳茂源任专班负责人，散国伟任技术负责人，邱太强、郝锋、林海担任技术人员。是年,枣阳市教委投入 40 万元支持枣阳市第一实验小学和枣阳市第二实验小学建设校园网,两校分别自筹 70 多万元,于年底在全市率先建立校园网。南漳县实验小学也建成校园局域网。市教委从教育专项经费中划拨 250 万元用于襄樊市第一实验小学、襄樊一中、七中、二十三中校园网建设。襄樊四中、五中分别投入校园网建设资金达 300 多万元。当年全市用于校园网络建设资金 3 500 万元,8 所学校建成校园网,35 所学校建成教学系统校园局域网。

2002 年 4 月 10 日,市教育网络中心机房装饰工程招标,襄樊市中泰公司中标承建。该工程投资 25 万元,建主机房、配电房、网管室、采编室、值班室、多媒体报告厅等,装饰风格、配套设施严格执行省教育厅“六统一”标准,于同年 6 月 15 日建成。网络中心机房面积 250 平方米,有较完善的办公设备和设施,并通过市移动公司与省教育信息网(E21)联通。同年 9 月 2 日,市教育局与北京腾图文教电子发展有限公司责任公司签订“朝阳行动计划”合作协议。同年 12 月 5 日,市教育城域网光纤借用招标,市移动公司中标承建。在省教育厅和省信息发展中心的支持下,全年投入市教育网络中心的资金 220 万元。是年,全市有 12 所中小学建成含有教学点播系统、学校管理系统、教师备课系统的校园网; 23 所学校利用卫星电视宽带与信息技术资源中心联通,实现“校校通”。

2003 年 2 月 11 日,市教育局在市电教馆召开现场办公会,研究全市教育信息化建设和信息技术教育发展问题,形成《会议纪要》,推动了全市信息化教育工作。同年 4 月 30 日,市教育局局域网建成,并实现与网络中心的接入。襄樊一中、三中、五中、第一实验小学等 6 所学校实现与市网络中心的接入。6 月 26 日,市教育信息网第二期工程招标。二期工程投入资金 70 万元,主要进行网络集成建设,包括服务器、路由器、采编设备(数码摄像机等)、系统应用软件。湖北华枫公司中标承建,同年 7 月 28 日,主要工程竣工并交付使用。同年 10 月 10 日,启动教育信息网资源库建设。年底,建设配套费到位 90 万元,配套建设了 NE40 路由器一台、服务器 3 台、交换机 2 台。襄樊教育门户网站(www.xf.ezl.edu.cn)网络的主要信息能够做到每月更新,使用动态网站和数据库技术,安装 DNS 服务器并具有正常域名解析功能。网站硬软件建设合理配置,主页内容更加丰富,功能更加强大,增加了视频点播、教育商务、电子邮件等服务系统。是年,全市共有 45 所中小学建立了校园网,150 所学校利用电视宽带网与信息技术资源中心联通,实现“校校通”。

2004 年春,襄樊教育信息网(http://www.xf.ezl.edu.cn 和 http://www.xfedu.cn)完成教育行政管理平台、教育资源平台、办公自动化平台软硬件建设。作为中国教育科研网(cemet)、湖北教育信息网(ezI)在襄樊地区的主节点和襄樊教育的“门户网站”,具备承担中国教育科研网、湖北教育信息网的信息传输和襄樊地区区域教育门户网站的双重任务。市电教馆投资 20 万元配置教育教学资源,扩大教育网络中心资源库容量。襄阳区、枣阳市、谷城县、南漳县教育网站相继建成开通,与市教育网络中心接入的学校增加了 70 所。建有 ku 波段卫星接收的中小学 55 所。同年 3 月 3 日,为改善农村教学条件,市政府向省教育厅申报襄樊为国家农村中小学现代远程教育工程试点区。省教育厅下发文件,批准襄樊市作为首批试点地区,随后成立以分管教育的副市长任组长,市教育局、市发改委和市财政局部门负责人组成的领导小组。同年 10 月 26 日,市教育局下发《关于做好全市中小学现代远程教育工程学校教师培训工作的通知》,落实现代远程教育专业教师信息技术培训工作。同年 11 月,启动远程教育建设项目。远程教育工程建设分三种模式,模式 A:为农村小学教学点配备教学光盘播放系统,包括影碟机、电视机、教学光盘,每个点概算投资 3 000 元;模式 B:为农村中小学配卫星教学收视系统,包括多媒体计算机、卫星电视地面接收天线、接收机等,每个点概算投资 16 000 元;模式 C:为计算机配备不足 25 台的农村初中配备计算机教室,包括 32 台计算机、网络设备等,每个点概算投资 15 万元。

2005 年 4—5 月, 全市 1852 所项目学校通过省级合格验收。在第一批农村中小学远程教育工程建设中,襄樊市共建模式 A458 所,模式 B1347 所,模式 C47 所,总投资 3 005.6 万元。5 月 26 ~ 28 日,在襄阳区召开全省农村中小学现代远程教育工程建设应用现场会,推广全市经验和做法。全省 300 多名参会人员参观了襄阳区的张湾、双沟、古驿、黄龙、峪山等6个乡镇18个参观点，襄阳区电教站为大会提供了10万余字的经验交流材料。省教育厅厅长路钢、副厅长郑年春及省厅有关处室领导出席会议。新华网、中国教育电视台、湖北电视台、湖北日报、襄樊日报、襄樊电视台等做了报道。为加强远程教育设备和教育系统的应用，同年9月，在谷城县召开全市现代远程教育应用座谈会。同年12月，襄樊市承办了教育部专家巡回培训班，全省1 000多名教师接受了教育部专家关于远程教育应用、管理方面的培训和指导。年底，全市建立功能完善的校园网学校32所，建设小型局域网的学校164所，接入襄樊市教育信息网络中心的学校500多所。建有地面卫星接收站1347所，光盘播放点学校458所，校园网与市教育网络中心实现互联互通的学校130所。老河口市当年建成教育信息网络中心。

（四）学校基本建设

1979年以前，全市的中小学校舍存在“四多二少”：旧房多、危房多、土房多、暗房多；课桌凳少、仪器少。当时，南漳县巡检镇流传一句形容办学条件的顺口溜：“屋外下雨屋内流，墙裂土落人心愁，桌凳破烂腿子掉，屁股一落栽跟头。”1980年，中央下发文件，要求在小学实现“一无两有”。1982年8月5日，省政府下发《关于抓紧解决中小学危房问题的通知》，要求把“一无两有”作为最基本的办学条件。全市贯彻中央和省精神，全面开展“一无两有”工作。随县因成绩显著，1982年9月，“全省中小学校舍维修经验交流会”在该县召开。该县还出席“全国中小学校舍维修经验交流会”，并作典型发言。1983年10月，地市合并后，市委市政府把改善中小学办学条件列入重要议事日程，一级抓一级，“一无两有”工作呈现出快速推进局面。市教育局组织人员到各县（市）全面检查中小学校舍情况，作出了苦战一年，全市实现“一无”的目标规划。同年12月28日，省教育局、财政厅下发《湖北省中小学基本实现“一无两有”检查验收试行办法》，全市掀起“一无两有”攻坚战。1984年9月召开的全市教育工作会议上通报“一无两有”情况，全市中小学危房面积仍占校舍总面积的13%，尚缺课桌凳22万套，有为数不少的学生在夏不避雨、冬不避风的房子里学习。要求各县（市）区年底前实现“一无”，1985年实现“两有”。会上，市委发出“奋战100天，实现校校无危房”的号召。同年，市政府批转市教育局《关于进一步办好重点初中的意见》，优先建设重点初中。当年底，全市中小学危房比例下降到1.2%，实现“一无”的学校4 671所，占学校总数4 769所（不含厂校）的98.5%。市政府检查验收全市六县二市四区中小学“一无两有”工作，全部达到省颁“一无”验收标准。全市实现“一无两有”的学校3 001所（其中有1 000所学校课桌凳尚未达到规范化），占全市中小学总数的62.9%。“一无”工作按计划如期实现。1985年，市委要求加快实现“两有”步伐。市教育局采取整体规划、分类指导、逐步验收的办法推进“两有”工作。根据各地的经济条件差异，按三个层次，实行三种不同要求实现“一无两有”。第一个层次是经济条件较好的地方（人平纯收入在450元以上），办学条件要求达到“四化”：校舍逐步达到楼房化、学校建设坚持规范化、设施正规化、桌凳标准化。第二个层次是经济条件中等发达的地方（人平纯收入在300—450元），办学条件要求达到“四有”：有足够合格的教学用房，有必要的办学设施，有合乎规格的桌凳，有适当的活动场地。第三个层次是经济不发达的地方（人平纯收入在300元以下），要求消除危房，达到“两有”，配套建设，量力而行。1985年，实现了“两有”第一步走规划，在市区、宜城县以及其他县市的平原地区实现“两有”。同年10月8—14日，省“一无两有”检查验收组对上述地区及其他县（市）进行一般性抽查，总评成绩为97.75分，在全省排名第二。城镇97%的中小学基本达到校校无危房、班班有教室。小学生平校舍2.97平方米，中学生平校舍4.29平方米。经认定，宜城县、市辖四区基本实现“一无两有”。同年11月23日，市教育局组织全市乡（镇）以上干部在宜城县召开现场会，推广宜城经验，并摄制成电视录像专题片在各县市播放(见表28—45）。

1980—1985年襄樊市中小学校舍维修基本情况一览

表28—45

项目/年度	校舍总面积(平方米)	危房面积(平方米)	维修兴建投资(万元)	维修改建兴建面积(m2)						当年添置课桌凳(套)
				合计	就地维修危房	改建面积			兴建面积	
						合计	消灭危房	扩大面积		
1980	2976791	749496	849.32	240283	98943	49561	28933	20628	91779	21871
1981	3084551	664983	1285.68	319150	131915	61959	30344	30715	126176	37410
1982	3245244	647969	1375.75	308054	137594	45969	27314	18655	124491	41847
1983	3415108	533439	1778.08	363446	179946	70965	50824	20141	112535	67852
1984	3566000	377097	3916.33	615567	216178	219737	163764	55972	179652	82707
1985	3647118	25078	2660.09	249106	93687	—	—	—	155419	231981
合计	—	—	11865.25	2095606	858263	448191	301179	146111	790052	483668

1986年，实施“两有”第二步走规划，在全市70%的区镇实现“两有”。同年9月，市政府颁发《襄樊市分级办学、分级管理的暂行办法》，调动了各级政府和人民群众办学的积极性。市教委下发《襄樊市中小学办学条件分类标准(试行意见)》，推进标准化建设。同年10月，市委书记张怀念利用召开全市三级干部会议机会，把22个乡镇党委书记留下来开会，帮助出主意，想办法，加速“一无两有”进程。通过具体检查督办、分类指导，抓两头、促中间、推动全盘的工作方法，使第二步实现“两有”的区镇如期达标。全年全市共维修校舍131 133平方米，新建校舍168 066平方米，添置课桌凳137 671套。全市尚存危房93 524平方米。1987年，实施“两有”第三步走规划。同年2月22日，市教委在谷城县召开“一无两有”会议，总结经验，加强指导。同年3月10日，市教委印发《襄樊市区教育基建管理办法(试行)》。同年4月20日，市教委、市财政局联合下发《襄樊市中小学“一无两有”检查验收试行标准》。全市采取分级检查、分级把关、分批验收的原则和方法，先各乡镇组织自查，再由县(市)组织互查，然后向市政府申请验收。全市组织验收前，市教委和市财政局派人先抽查。检查验收面平原县占60%，山区县占50%以上，受检学校采取随机抽样。是年，枣阳县(同年10月17日验收，校平93.6分)、谷城县(同年11月30日验收，校平94.76分)保康县(12月验收，校平92.96分)三县和老河口市、随州市通过了“一无两有”验收，总分均在92分以上。全市基本实现“一无两有”目标。同年，省教委在宜城县召开现场经验交流会。

这一期间(1980—1987年)，全市用于改善办学条件的总投资达2亿元，共新建扩建校舍175万平方米，维修校舍123万平方米。全市中小学校舍总面积达422万平方米，比1980年净增125.3万平方米，危房比例由1980年的28%下降至1.34%。共添置课桌凳81.65万套，中小学标准课桌凳占95%以上。全市74%的学校实现“三通”(通路、通水、通电)。但仍有极少数学校尚未完全实现“一无两有”。

1988年，全市开展中小学校舍规范化建设和完善各项教学配套设施，对“一无两有”遗留问题进行复查。南漳县和襄阳县分别于同年1月20日、29日通过“一无两有”验收。为更好地指导规范化、配套化建设，同年10月12日，市教委印发《襄樊市合格初级中学办学条件基本标准》和《襄樊市合格中心小学办学条件基本标准》。全市用于改善中小学办学条件的投资达3 102万元，兴建校舍21.4万平方米，添置课桌凳7.36万套。市区共完成教育基建投资802万元，竣工面积36 555平方米。全市农职业中学改善办学条件投资达500多万元，共建教学楼、宿舍楼7幢，建筑面积10 500平方米。用于师范学校的基建投资305万元，建筑面积9 600平方米。1989年，全市中小学新建校舍25.76万平方米，维修校舍15.21万平方米，添置课桌凳4.9万套。其中“五查”期间，全市筹集资金1 256.6万元，新建校舍8.095万平方米，修整、改造危房3.54万平方米。是年，市教委印发《关于进一步办好“实施九年义务教育先行示范乡(镇)”的意见》、《襄樊市农职业初中基本办学条件标准》,指导学校规范化建设。全市中小学校舍总面积达 4 629 393 平方米,中学生人均校舍面积达 6.44 平方米,小学生人均校舍面积达 3.65 平方米。新建教师宿舍 19 万平方米,小学教师的人平住房面积由 1986 年的 8.7 平方米增至 11.6 平方米;中学教师的人平住房面积由 1986 年的 8.9 平方米增至 12 平方米。市城区学校办学条件得到改善。1984—1989 年,总投资 4 197 多万元,新建校舍面积 24 万多平方米,其中三个城区原有中小学 45 所,改、扩建 44 所。新建完工教职工单元宿舍 35 幢 986 套。枣阳市、宜城县中小学教师人均住房面积分别达 21.3 平方米和 27 平方米。但全市中小学危房面积较前两年又有回升。1989 年上半年实有危房面积 145 159 平方米,占校舍面积的 3.24%,比 1987 年回升近两个百分点,其中尤以襄阳县、保康县、南漳县、随州市较为突出。1990 年,湖北省在南漳县、保康县实行学校建设“项目管理”试点工作。同年 5 月,全市中小学校舍达 475 万平方米。大多数学校推倒危房,选点重建,校容校貌焕然一新,半数以上地方实现了中央提出的“最好的房子是学校”的要求。

这一时期(1989 年“五查”自查至 1990 年 8 月“五查”复查),全市列出 24 个乡镇名单作为整改重点。后进乡镇较多的襄阳县、随州市外学山东省平度县,内学襄樊市宜城县,广泛集资办学。随州市一年新建楼房 57 幢 72 742 平方米,消除危房 17 844 平方米,改造土木结构暗房 25 767 平方米。全市改造矮小暗漏的校舍 33 081 平方米,改造土木结构的校舍 28 546 平方米。共改造危房 10.8 万平方米,兴建维修校舍 30.1 万平方米。危房比例降至 1.48%,比“五查”自查时降低了 2 个百分点。全市尚存危房 7.08 万平方米,暗房 8.15 万平方米。1990 年,全市共投资 4 500 万元用于新建、改建校舍,施工面积 50.11 万平方米,竣工面积 38.93 万平方米。市区新建楼房13幢,面积31 281平方米,其中教学楼18 343 平方米,学生宿舍 5 245 平方米,教师宿舍 7 693 平方米,除樊西区待搬迁的菜越小学外,做到校校有教学楼、班班有标准教室,实验室、图书室、卫生室等基本配套。

这一期间(1986—1990 年),市区小学有校舍 8.06 万平方米(实用面积,含单身教职工住宅),生均 2.3 平方米;初中有校舍 7.085 万平方米,生均 2.97 平方米;教职工住宅面积 6.1 万平方米。全市用于改善办学条件的投资达 3 亿多元。

1991 年 1 月 1 日起,襄樊市开始实施普及九年义务教育。全市加快改善办学条件。全市 36 个经济发达教育滞后乡镇的 1 026 所学校,办学条件较好的 197 所,占 19.2%;一般的 447 所,占 43.6%;较差的 382 所,占 37.2%。校舍面积 90 万平方米,其中危房占 2.2 万平方米,土木结构占 8.5 万平方米,矮、小、暗房占 3.6 万平方米;缺课桌凳 5 210 套,许多学校被称为无门窗、无围墙、无操场、无教师住房的“四无学校”。36 个乡镇是:随州市的淅河、厉山、万店、淮河、环潭、柳林、何店、洛阳、府河、大堰坡;枣阳市的环城、北城、鹿头;襄阳县的双沟、张湾、朱坡、牛首、太平、石桥、古驿、程河、埠口、欧庙、峪山;老河口市的李楼、仙人渡、薛集;宜城县的流水、王集;南漳县的胡营、长坪;谷城县的北河、茨河;保康县的寺坪、过渡湾;市郊区的柿铺乡。3 月上旬,市委召开“经济发达、教育滞后”的部分乡镇教育工作会议,提出“一年突破、两年大变、三年跨进先进行列”的要求。此后,上述乡镇积极兴教办学,全年建教学楼 144 幢,平房 93 幢,在建教学楼 108 幢,总面积 231 657 平方米,实现“一年突破”的目标。这种“反弹琵琶”抓后进的工作方法得到省教委肯定。市区中、小学生均占地分别达 3.9 平方米和 2.89 平方米, 按省定标准分别差 35 233.6 平方米、19 506 平方米。全市中小学校舍总面积达 551.920 1 万平方米。是年,湖北省又将谷城县纳入学校建设“项目管理”,并在宜城县实行学校建设“目标管理”。1992 年,全市 4 095 所小学中,有 396 所未实现“一无两有”,占 9.67%;初中校舍严重不足,按普及初中要求缺 2 600 班的规模,外部建设需 2 亿元投资。是年,湖北省将枣阳市纳入学校建设“目标管理”。1993 年,将市区纳入学校建设“目标管理”。1994 年,中小学危房比例由 2%降至 1%左右。老河口市扶贫兴教,开展对口支援贫困村学校建设,共筹措资金 1 000 多万元,新建或改建学校 34 所,建筑面积 17 000 多平方米,新建教师公寓 4 400 多平方米。为争创国家和省级重点,襄樊市第一职业高级中学等5所学校征地28 000平方米，新建校舍10 000多平方米。1995年，全市贯彻三级教育工作会议精神，落实《中国教育改革和发展纲要》和省市《教育改革和发展的决定》，再一次掀起集资建校的新高潮。全市全年用于改善办学条件的资金1.2亿元，兴建校舍25万平方米，改造危房30万平方米，危房比例降至1%以下。国家“贫九”工程开始在南漳、保康、谷城三个山区县实施。是年，湖北省将市郊区、市直、襄阳县、老河口市纳入学校建设“目标管理”，三个山区县“项目管理”建设通过省验收。

这一时期（1991—1995年），全市投入建校资金5亿元（捐集资3.5亿元，献义务工115万个，靠地方政府的政策吸纳资金1.5亿元），新建校舍270万平方米，市区学校全部消灭危房和土木结构的建筑，实现校校楼房化。市区新建教师住宅1 929套，总面积153 988平方米，70%的住校教师住进单元楼；枣阳市教师住房面积达24.5万平方米，教职工人均住房面积达12.6平方米。谷城县住校教师3 588户，户平住房37.3平方米，超过当地居民住房水平。农村80%的学校达到基本规范要求。全市三所师范学校开展标准化、规范化建设，办学条件大为改善。市农校、卫校、体校创建成国家重点中专，财校、机电学校、襄樊师范创建成省部级重点中专，襄樊市第一职业高中、谷城县职业高中等建设成省级重点，学校建设处同类学校领先水平。

1996年，全市用于改善办学条件的资金达1亿元，兴建校舍20万平方米，改造危房25万平方米。1997年，全市用于改善办学条件的资金达1.1亿元，兴建校舍22万平方米，改造危房8万平方米，连续两年危房比例控制在1%以下。

这一时期（1996—1998年），市区用于改善中小学办学条件的资金达5 205万元，新增校舍面积8.6万平方米，其中，1996年，用于改善办学条件的资金1 306万元，兴建校舍2.1万平方米；1997年，用于改善办学条件的资金1794万元，兴建校舍2.8万平方米；1998年，用于改善办学条件的资金2105万元，兴建校舍3.7万平方米。

1998年，市区中小学校舍总面积达629 757平方米，其中小学生均面积7.87平方米，初中生均面积11.76平方米。市区学校占地总面积达365.3万平方米，建筑面积152万平方米，其中，市区政府办高中校舍154 387平方米，生均校舍15平方米；市区中专、技校校舍面积580 320平方米，生均校舍21平方米。各类职业学校占地331万平方米，建筑面积227万平方米。1999年，全市普通高中校舍面积959 677平方米，其中教学及行政用房413 711平方米，生均8.5平方米；学生宿舍185 694平方米，生均3.8平方米；教工住房307 338平方米，其他用房52 929平方米。全市实现“普九”，37所中小学的办学条件达到一流。

这一时期（1996—2000年），全市用于改善办学条件的资金5.2亿元。兴建校舍110万平方米，改造危房80万平方米，危房面积控制在1%以下。2000年底，全市中小学校舍总面积759.3万平方米，共有危房面积30万平方米，占校舍面积的4%。民办高中多数为租用校舍，办学者投入的固定资产所占比例较低，学生生活用房简陋，设施不配套、不规范。2001年，启动危房改造工程。2002年，全市有中小学校舍面积750万平方米。这一时期，高中进入入学高峰，城市人口剧增，城区义务教育资源呈现匮乏局面。主要表现：①资源总量不足。襄、樊两城区义务教育阶段的79所中小学校园总面积781 056平方米，生均10.52平方米，剔除校园内近50 000平方米的教职工住宅占地，实际生均校园面积为9.85平方米，低于国家规定（初中生均28平方米，小学生均20平方米）；城区学校有校舍面积397856平方米，生均5.81平方米，剔除近150 000平方米的教职工住宅面积，实际教学用房面积生均仅3.34平方米，低于国家规定（初中生均校舍面积不得小于10平方米，小学生均校舍面积不得小于6平方米）。②企业办学逐年萎缩。1995年，城区企业单位办学校39所，在校初中和小学生13 761人，占城区初中和小学学生总数的33.92%；2002年，企业办中小学仅剩27所，企业办中小学在校的初中和小学学生占城区初中和小学学生总数降为18.64%，造成有形教育资源流失。③学校建设滞后于生源膨胀。

与 1995 年相比，2002 年城区学校增加校园面积仅 5 499 平方米，增长 0.71%；校舍面积增加 77 472 平方米，增长 24.18%。小学在校生、初中在校生分别增长了 32.54%、166.54%，使生均校园面积从 13.56 平方米降至 9.58 平方米，生均校舍面积从 5.6 平方米降至 3.34 平方米。2003 年，全市校舍建筑面积 763.7 万平方米，固定资产总值 311 818.5 万元，其中房屋建筑物 240 757.7 万元。全年改造危房 10.8 万平方米，改造危房资金 1 983.9 万元，尚有危房 20.9 万平方米，其中初中 10.5 万平方米、小学 10.2 万平方米，职业学校 2 000 平方米（农村学校 17.8 万平方米）。全市普通高中有校舍面积 123 万平方米，其中教学及行政用房为 59.4 万平方米，生均 6.4 平方米；学生宿舍 22.3 万平方米，生均 2.41 平方米；教职工住房 48.3 万平方米。2004 年底，启动寄宿制学校建设工程。全市校舍建筑面积 793 万平方米。2005 年，全面完成“危改工程”（见表 28—46）。

这一时期（2001—2005 年），全市用于改善办学条件的资金 7.6 亿多元，改造危房 24.77 万平方米，危房面积控制在 1%以下。

1986—2005 年襄樊市中小学（含中职）校舍建设情况

表 28—46　　　　单位：平方米

年度	小学		初中		高中		中职	
	学校占地面积	校舍建筑面积	学校占地面积	校舍建筑面积	学校占地面积	校舍建筑面积	学校占地面积	校舍建筑面积
1986	16 587 922	2547487	7397542	1714789	356987	174524	859542	295874
1987	16 987 245	2555400	7524863	1726200	369288	181900	865872	302158
1988	17 458 372	2659600	7854219	1644100	378952	257700	875487	310574
1989	17 845 621	2974512	7956287	1854178	525487	459823	885795	325874
1990	17 956 428	3248799	8124589	1987424	723658	489652	895628	335241
1991	17 985 947	3487451	8359872	2084154	854588	524875	902158	339852
1992	18 142 817	3564875	8456987	2145875	1155632	618513	935877	345892
1993	18 245 779	3647821	8652487	2248759	1365892	659824	945628	350215
1994	18 320 486	3733581	8894862	2387249	1498562	698565	978767	351638
1995	17 451 897	3254897	7458156	2241547	1635589	735982	702548	301254
1996	17 548 729	3448845	7425896	2268957	1785777	777203	725847	309852
1997	17 784 592	3548792	7389652	2305698	2057892	854212	745282	315624
1998	17 868 029	3646843	7371059	2333265	2356895	895248	758952	319887
1999	17 956 283	3785462	7325698	2358975	2584794	958751	765982	320145
2000	18 024 589	3895426	7310258	2402569	2854679	985627	789524	323215
2001	18 284 161	4038788	7283962	2424983	3046066	1094583	798755	324741
2002	17 758 620	3756688	7265487	2485479	2784587	1169875	789542	335874
2003	17 404 389	3653149	7255426	2552649	2563917	1228294	731505	335169
2004	15 924 919	3495681	7125478	2516557	2677713	1353257	897745	448758
2005	15 331 688	3421838	7318582	2677534	2533786	1344879	1795942	705177

(五)校园环境与文化建设

20世纪80年代初,教育部门开始逐步重视校园绿化美化工作。1985年2月4日,市教育局通知全市学校开展植树活动,搞好校园的绿化、美化、净化。为贯彻国家教委、中央绿委《关于学校开展校园绿化和营造学校林的通知》精神,1986年2月27日,市教委副主任温亮在全市计财工作座谈会上要求全市学校全面规划,抓住季节,大力植树、精心种花,实现"四化"(绿化、美化、净化、香化),初步做到春有花、夏有荫、秋有果、冬有青,尽快把全市所有学校建成花园式学校。宜城县校园绿化美化工作中共植树2 000多万株,植绿化带12 000多平方米。璞河中学还被评为"全国绿化先进单位"。同年,市教委制定《文明学校标准》,将校园整洁优美、绿化美化作为文明标准之一。同年12月,市教委对12所重点高中检查评比,全市学校环境和美化绿化工作有了较大进展。

1987年,继续开展文明学校创建评比活动,有的县(市)、乡、村学校根据当地实际提出文明学校标准。宜城县标准化建设取得较大成绩,该县璞河中学实行学校对班级、班级对个人的校产承包管理,门窗、桌凳、花木管理落实到人,使学校窗明几净,环境幽雅,秩序井然。襄樊四中开展"绿化、美化、净化、香化"校园绿色工程建设,修建校园景点,改善育人环境。南漳县刘集镇中学一贯重视绿化工作,学校63.1亩校园建在不毛之地的河滩上,通过努力营造,绿化面积达37亩,绿化覆盖率50%,绿化率100%,校园形成"一林、一园、一池、三带、八片、十坛"绿化景观格局。1988年,全市开展完善学校配套设施为主要目标的规范化建设,宜城县走在前面,枣阳学习宜城后,创造的枣阳经验在全市推广。1989年,宜城县、枣阳市实现"六配套"的学校分别达到156所、250所,占当地学校总数的比例分别达70.6%、37.3%。宜城县在开展标准化建设中制定的《乡镇教育督导评估指标体系》经襄樊市在六个乡镇试点评估修订完善后,被省采纳为《省创建教育工作先进乡镇督导评估标准》。

这一时期(1987—1989年),南漳县城关镇教管会组织师生近万人次,投入资金5万多元,植树6 000多株,栽种各种花草25 000多株,修建花坛84个,花圃12个。

1990年,省教委下发文件,开展"十年绿化湖北"和合格学校评比活动。市教委在宜城县召开全市中小学绿化现场会,号召全市中小学校学习宜城县经验:校园建设规划有绿化美化规划,坚持校舍建设与绿化同步;学校工作计划、总结有绿化内容,坚持教学与绿化一起抓;教学内容有绿化知识教育,坚持绿化与育人相结合;绿化美化校园同经济创收相挂钩,坚持绿化与勤工俭学相结合。落实绿化责任制,实行教委领导包乡镇、教管会领导包片、校长包校、教师包班、学生包树、齐抓共管。县教委对全县中小学统一建立了绿化工作档案。是年,经省教委验收,南漳县刘集镇中学、宜城县南营中学等一批学校被确定为首批省级"绿化合格学校"。宜城县90%的学校达到省颁布的规范化标准,10月下旬,省教委在宜城县召开全省中小学规范化建设现场会。1991年,市教委开展"学校管理年"活动,印发《关于开展中小学规范化建设检查验收的通知》,并制定验收标准。同年5月,市教委在宜城县召开全市以"建设规范化学校,加强校园文化建设,强化管理,治理脏、乱、差,改造学校环境"为议题的现场培训会,乡镇教管会主任以上干部250多人与会。宜城县教委作了《加强校园管理,优化育人环境》的经验介绍,印发了40个乡镇教管会和学校优化育人环境的材料。会议还组织参观了平原、丘陵和山区不同类型的30个单位,市教委主任郭发展就校址的选择、校园的规划布局、校舍的规范化建设、设计施工的质量管理、校园的绿化美化、校园的管理、学校管理的反馈与检查评比等方面提出了具体指导性意见和要求。宜城会议后,全市城乡中小学普遍建立了橱窗、报栏,一些重点初中、重点小学确定了校训、校歌、校树、校花。襄樊四中、五中、市第一职业高中、樊西实验小学等校园文化建设突出。是年,全市各级各类学校植树60万株,修花坛2 180个,落实幼苗基地36万平方米,投入资金70多万元。

1992年，市教委下发《关于对全市重点高中校园环境管理进行督导检查的通知》，开始对全市重点高中校园环境管理工作进行督导检查。同年4月8—10日，市教委城区办采取普遍检查与重点抽查相结合的办法，检查市区学校校园文化建设。受检市直中小学8所、区属中小学64所、企业办学校33所，占市区学校总数的66.5%。市第一职业高中、襄樊四中、市棉纺织印染厂子校、襄城区实验小学、樊西区实验小学、清河口小学、市第一棉纺子校、铁路分局第一小学、襄阳轴承厂子弟小学、化六建子弟学校、王家洼村小学、乔营村小学、董台村小学、第十中学等14所学校为校园文化建设优秀学校，占受检学校数的13.3%；市第一职业高中、樊东区获流动红旗；校园文化建设一般学校79所，占75.3%；校园文化建设较差学校12所，占11.4%。是年，枣阳市因地因校制宜，突出各自特色，规划坚持以绿为主，以花为辅，结合各校实际，宜树则树、宜草则草、宜竹则竹、宜花则花，平面绿化与立体绿化相结合，校园绿化美化效果显著。同年4月上旬，枣阳市教委对全市中小学优化育人环境工作进行检查评比，南城办事区中心小学等42所学校受到表彰。该市罗岗镇中心小学、吴店镇第二初级中学、周寨村小学、琚湾镇闫岗小学、闫家岗村小学、姚岗镇第二初级中学、环城中心小学、耿集镇中心小学、新市镇中心小学、吉河乡第二初级中学、中心小学、南城霍庄村小学、北城西园村小学等一批学校，逐步向校舍规范化、配套规范化、绿化规范化、管理规范化迈进。吴店、琚湾、南城、环城等单位的一大批学校，实现了校园净化、绿化、美化。该市抓住冬春季节突击绿化、夏秋季节不停绿化，坚持"好品种、大规格、高质量"的要求，注重乔、灌、花、草、水结合，点、线、带、面、高、中、低搭配，绿化合格学校达到近30%。绝大多数学校有校训，有校牌，有宣传橱窗、有黑板报、有班训、有旗台、旗杆。枣阳市一中、第一实验小学和一些乡镇学校建起特色景点、建筑小品、园林小品。白水高中等学校选定了各具特色的校树、校花。1993年，全市各级各类学校投入资金470多万元用于校园绿化美化建设，修建花坛9 400多个，栽种常青树100多万株，种花60多万株，2 435所学校达到校园绿化美化要求，占全市学校总数的64%。1994年4月25—28日，省教委、省绿委在枣阳市召开全省中小学校园绿化验收现场会，首家接受并通过省教委组织的绿化合格验收。该市绿化合格学校占学校总数的85%以上，绿化率超过85%。同年7月，襄樊市接受省教委绿化验收，1 600所学校达到合格标准，绿化合格率由1993年的64%上升至95%，成为全省第一个完成学校绿化的地市。宜城市讴乐乡14所中小学全部被评为绿化合格学校，其中省级1所、市级4所、县级9所，成为该市首批中小学绿化全部达标乡镇。同年12月7日，省教委、省绿委召开全省表彰大会，襄樊市教委被评为全省"绿化工作先进单位"，宜城市、枣阳市、谷城县被湖北省授予"校园绿化先进县市"称号（全省有13个县市获此殊荣）。1995年10月4—7日，市教委对全市重点高中校园环境管理工作进行最后一次督导检查，多数学校绿化合格，教室、宿舍、路沟的净化程度提高；美化校园引起普遍重视并开始起步。各重点中学加强校园文化建设，校校有校训、有教育方针、学生日常行为规范、教师职业道德规范等永久性标语；一些学校校园内宣传橱窗、黑板报办得内容丰富、生动活泼，育人环境初步形成。多数学校的周围环境在朝着有利于学生教育和有利于学校安全的方向发展。1996年11月15日，市教委下发〔1996〕77号《关于实施第二阶段校园绿化目标的通知》。年底，全市有2 623所学校绿化达标，占有小学总数的81%，其中达省标有54所、市标367所、县标2 220所。枣阳市坚持"校园—花园—林园—知识园"的校园绿化目标，中小学平均绿化率达37.47%，绿化达标学校592所，占总数的97.53%，绿化合格学校占绿化学校总数的100%。经省验收达标并授牌的学校5所、市验收授牌的76所、本市验收授牌的491所。基本达到花园式学校标准（省教委制定）的有4所。1997年，全市90%的学校为绿化合格学校，其中省级60所、市级400所、县级3 100所。襄樊师范、襄樊教院、襄樊五中、襄樊一中、襄樊四中、枣阳市七方镇一中、襄阳县高级职业中学、谷城县一中、老河口市师范等11所学校建成为省级园林式、花园式学校。襄樊教院、襄樊师范、襄樊五中被省绿委授予"湖北省部门绿化百佳单位"。1998年，市教委把教育工作重心由学校建设转移到学校管理上来。重点加强学校环境管理和校园文化建设。先后制定了《学校管理年活动实施意见》、《襄樊市学校管理试点工作方案》、《在全市中小学创建和评选“十星级学校”实施方案》、《学校管理百校行活动方案》，开展绿化工作和校园文化建设，引导全市中小学绿化、美化、净化。成立学校管理工作专班，确定了5个市级试点和97个县(市)区级试点单位，提出三条具体标准，即绿化合格；校内有报栏、专栏、文明宣传标语牌、标准国旗杆，有教育方针和师生行为规范标牌；教室内有板报、名人名言或名人画像。同年10月，组织部分单位到荆门参观学习，开阔视野，促进了试点单位环境管理和校园文化建设。开展“百校行”活动，派专人专车带摄像机，采取不定时间、不打招呼的形式，对全市150多所中小学进行现场录像，并制成资料专题片。同年12月23日，在枣阳市召开现场会，组织与会人员观看，曝光揭短，起到了促进作用。枣阳市七方镇中学等学校管理过硬、环境优美、文化设施齐备，成为先进典型进行推广。是年，全市共评出“三星级学校”50所。枣阳、谷城、樊城、襄铁分局分获平原县(市)、山区县、城区学校目标管理第一名。市区95%的学校成为“绿化达标学校”。1999年，市教委印发《关于在全市学校开展塑形工程的通知》，制定《襄樊市校园形象及创建标准》，继续开展“学校管理百校行”活动。全市校园绿化达标率在90%以上。

这一时期，南漳县分三步实施校园形象工程建设。第一步，着眼高效益，突出科学性，在校园的净化和硬化上下工夫；第二步，着眼高起点、高规格，突出教育性，在绿化上下工夫；第三步，着眼高品位、高标准，突出艺术性，在美化上下工夫。重视规划，对新建、改建、扩建的680处工程，实地勘查，统一布局规划。城关实验小学成为丘陵、平原地区学校的榜样；县职业高中、巡检镇中学成为山区学校的榜样；雷坪乡中心小学成为贫困乡镇学校的榜样；县教师进修学校成为山区园林式学校的榜样。全县各级各类学校共建成大型雕塑18座，大型文化长廊97处，文化景点500余处。所有学校配齐了名人画像，书写了规范的标语口号。全县校园绿化面积占整个校园可绿化面积的90%以上。共评出二星级学校86所，三星级学校45所，县实验小学校被评为“四星级”学校。各乡镇共评花园式校园327个

2000年2月25日，市教委发出《关于继续加强校园绿化工作开展花园式学校创建工作的通知》，把创建省级园林式学校、市级花园式学校、省级标准化食堂落实到具体单位、具体人。同年5月，在谷城一中召开创建园林式学校、标准化食堂、规范化学生公寓现场会。宜城市聘请园林规划专业人员深入板桥、孔湾、雷河、龙头等乡镇中学高标准规划学校布局，高品位、高档次绿化美化学校。同年7月，全市有2所学校被评为第一批“省级绿色学校”。2001年5月29日，市教委印发《襄樊市中小学幼儿园食堂标准》(试行)，校园环境建设向深层次推进。同年11月30日，市教委、市环保局依据环境建设、行政管理、教育过程、教育效果授予襄樊市一中等11所学校(幼儿园)为襄樊市首批“绿色学校(幼儿园)”称号。同年12月21日，通报全市第二批57所“花园式学校”。是年始，国家环保总局、教育部启动创建“全国绿色学校”。2002年10月，全市有4所学校被评为第二批“省级绿色学校”。2003年，全市有国家级“绿色学校”1所，省级绿色学校5所、市级绿色学校11所。2004年，全市以老河口市为试点，建设中小学规范化食堂360个。同年4月，市教育局、市环保局召开全市第二批“绿色学校”命名授牌大会，15所学校被授予“襄樊市绿化学校”称号。2005年，市教育局印发《襄樊市中小学幼儿园食堂管理规范(试行)》和《襄樊市中小学规范化食堂验收标准》，经评估认定，襄城区欧庙镇第二中学等20所学校为全市农村中小学“规范化食堂”。同年，全市有3所学校被评为第三批“省级绿色学校”。

这一时期，各学校把危房改造、寄宿制学校建设工程和校园规划、美化绿化、文化校园建设等结合，实现了“最美的环境在校园”的目标(见表28—47)。

襄樊市省级“绿色学校”一览

表 28—47

单位	批次	评定时间	文号	备注
襄阳县职业高级中学	第一批	2000.7	鄂环办〔2000〕84 号	2003 年升为国家级
襄樊五中	第一批	2000.7	鄂环办〔2000〕84 号	
宜城市实验小学	第二批	2002.1	鄂环〔2002〕17 号	2005 年升为国家级
襄阳区第一中学	第二批	2002.1	鄂环〔2002〕17 号	
保康县职业高中	第二批	2002.1	鄂环〔2002〕17 号	
襄樊一中	第二批	2002.1	鄂环〔2002〕17 号	
襄樊市高庄小学	第三批	2005.4	鄂环发〔2005〕10 号	
襄樊市第一实验小学	第三批	2005.4	鄂环发〔2005〕10 号	
谷城县粉阳路小学	第三批	2005.4	鄂环发〔2005〕10 号	

(六)国家教育建设工程

20 世纪 90 年代中期开始，襄樊市先后实施“国家教育建设工程”，即“国家贫困地区九年义务教育工程”（以下简称“贫九工程”）、中小学危房改造工程、农村中小学寄宿制学校建设工程和农村中小学现代远程教育工程，为改善办学条件，加快实施普及义务教育，促进当地人民群众脱贫致富，发挥了重要作用。

国家贫困地区义务教育工程：1995 年，湖北省“贫九工程”开始在南漳、谷城、保康三个贫困山区县的 55 个特困乡镇 216 所小学实施。按照《湖北省“国家贫困地区义务教育工程”项目财务管理实施细则》，严格组织实施。1996 年，实施项目 90 个，建筑面积 77 240 平方米。当年完成项目 39 个，建筑面积 33 819 平方米；在建工程 21 个，面积 13 923 平方米；购置教学仪器 4 129 套，课桌凳 8 632 套，共完成资金投入 2 787 万元。1997 年，完成工程项目 70 个，建筑面积 67 200 平方米，购置教学仪器 5 230 套，课桌凳 9 850 套，完成资金投入 3 495 万元，占计划总投资的 88.6%以上。1998 年，完成建设项目学校 90 所，工程项目 132 个，建筑面积 86 840 平方米，购置课桌凳 4.6 万套及一批教学仪器。共投入资金 4 018.8 万元，占计划投资的 101.8%。同年 3 月底，保康县 40 个项目全部完成，实际投入 1190.9 万元，国家、省补贴 545 万元，地方财政投资 290 万元，多渠道筹资 355.9 万元，超计划投资 65.9 万元。其中，土建工程：计划项目 27 个，面积 22 086 平方米，投资 854.9 万元；实际完成 27 个，面积 24 851 平方米，投资达 907.7 万元。单项改善办学条件：计划投资 155.4 万元，实际投资 171.8 万元，共配置理科教学仪器、体艺卫设备 78 万元，安装地面卫星接收站 15 个、计算机 14 套，购图书 78 800 册，添置课桌凳 5 100 套。校长、师资培训：计划投资 114.7 万元，培训 528 人；实际投资 111.4 万元，培训 557 人。同年 4 月下旬，三个山区县的“贫九工程”通过省政府检查验收。1999 年 6 月 14 日，襄樊市开始实施第二期“贫九工程”。当年筹集资金 1140 多万元，其中争取国家资金 380 万元。9 月，全市立项（学校）142 个，其中，新建项目（学校）21 个，改建项目（学校）71 个，单项改善办学条件项目 50 个，共投入资金 3 945 万元（其中，中央补助资金 995 万元，地方财政拨款 1 955 万元，其他渠道筹措 995 万元），新建校舍 149 63 平方米，改扩建校舍 62 477 平方米，培训校长 288 人，培训教师 1 566 人，为中小学配置了大量的教学仪器、图书和课桌凳(见表 28—48）。

1999年襄樊市第二期“贫九工程”实施情况一览

表28—48

项目＼单位	项目内容								投资总额（万元）	资金来源		
	土建项目			仪器项目		师训项目						
	项目数	建筑面积（平方米）	资金（万元）	购置数量（台、套）	资金（万元）	教师人数（人）	校长人数（人）	资金（万元）		省补助（万元）	县乡配套（万元）	多渠道筹资（万元）
合计	21	28158	1051	20830	112	520	175	107	1270	380	380	510
南漳县	8	8030	310	12	25	300	75	37	372	110	110	152
保康县	5	7415	304	20530	38	180	100	38	380	140	140	100
谷城县	8	12713	437	288	49	40	0	32	518	130	130	258

在“贫九工程”实施中，谷城县建立党政领导干部定点联系学校制度，为“贫九工程”解决实际问题，同时采取财政拨款、教育集资、捐资助学、减免各种配套费用等筹资办法，优先保证“贫九工程”投入。在教育设施建设质量管理上做到：统一校园规划，统一审查图纸，统一建设标准，统一施工要求，统一经费管理，统一检查验收。在建设过程中，从规范管理、责任落实、质量管理三方面抓落实，县长分别与各乡镇政府党政负责人签定“贫九工程”责任书，县乡两级把好施工队伍关、预算关、施工关、验收关。全县“贫九工程”立项38个，建筑面积24 921平方米投入建设资金1 289．8万元，完成计划投资的101%，完成土建项目26个，建筑面积27 410平方米。1999年3月，谷城县被评为“湖北省实施贫困地区义务教育工程先进单位”。同年12月，被教育部、财政部评为“二类地区”国家贫困地区义务教育工程先进县。

2000年1月15日，市教委下发《关于加强我市第二期“国家贫九工程”管理的通知》，规定“贫九工程”款和配套资金专款专用，做到专户储存、单独建账、独立核算；土建和设备、图书采购强化基本建设的程序管理，严格实行项目法人制、招投标制、工程鉴理制、合同管理制和定期检查制度、不定期抽查制度、竣工验收制。同年“贫九工程”纳入“危改工程”同步实施。2002年9月，保康县获中央专款216万元。

中小学危房改造工程：进入21世纪，由于自然灾害、校舍年久失修、部分“普九”较早的学校房屋超年限使用等原因，中小学校舍形成大量危房。2001年3月6日，省政府办公厅转发《国务院办公厅转发教育部等部门关于实施中小学危房改造工程的通知》。同年6月底，市教委组织对全市危房进行普查。全市中小学校舍总面积7 641 584平方米，有危房学校校舍面积4 975 683平方米，危房面积307 616平方米（其中B级4 858平方米，C级123 331平方米，D级179 428平方米）。危房面积占全市中小学校舍面积的4.03%，占危房学校校舍面积的6.2%，有危房学校327所，占校总数比例的10.64%。市政府成立中小学危房改造工作领导小组，市长罗辉（后由李德炳接任）任组长，分管教育的副市长尚立学、曹敬兰、市长助理马新南任副组长，领导小组成员由市教委、计委、财政等部门的主要领导组成。市教委制定《襄樊市中小学危房改造工程规划实施方案》。

这一时期（2001—2002年），实施农村中小学危房改造一期工程。全市实施危改的学校160所（其中：“一期危改”国家和省资金项目学校54所，贫困县义务教育工程项目学校17所，“一期危改”地方自筹资金项目学校89所），占有危房学校总数的59.33%，完成危房改造面积15.96万平方米（其中B级危房0.22万平方米，C级危房6.03万平方米，D级危房9.71万平方米），占原有危房面积的51.88%。完成的危房改造面积中，属中央“一期危改工程”项目面积5.25万平方米，保康县“义教工程”项目面积1.39万平方米，自筹资金危改项目面积9.32万平方米；完成危改面积中，教学及辅助用房 8.75 万平方米、行政办公用房 0.89 万平方米、生活服务用房 6.32 万平方米。至 2003 年 9 月，完成危房改造投资 8 025.84 万元，其中，中央“一期危改工程”专款 962 万元，中央“贫九”工程捐款 647.95 万元，省级财政“两个工程”配套资金 286 万元，县级财政资金 355 万元，自筹和其他资金 5 774.89 万元。全市中小学校舍因自然灾害等原因增加危房面积 12.2 万平方米（B 级 0.82 万平方米，C 级 2.03 万平方米，D 级 9.35 万平方米），同时因中小学布局调整又核减危房面积 2.81 万平方米（B 级 0.09 万平方米，C 级 0.99 万平方米，D 级 1.737 万平方米），两项相抵，全市共增加中小学危房面积 9.39 万平方米（B 级 0.73 万平方米，C 级 1.04 万平方米，D 级 7.62 万平方米）。截止同年 9 月底，全市中小学共有危房面积 24.19 万平方米。其中 B 级危房 0.99 万平方米，C 级危房 7.34 万平方米，D 级危房 15.86 万平方米。

2003 年始，实施“二期危改工程”。2004 年 3 月 8 日，市教育局成立“襄樊市中小学危房改造工程领导小组办公室”，副局长张家琦任办公室主任。同年 11 月 30 日，市政府召开加快中小学危房改造工程电视电话会议。

这一时期（2003—2004 年），全市共设立危房改造项目 257 个，其中，“二期危改”中央和省资金项目 106 个，保康县“义教工程”危改项目 16 个，“二期危改”地方自筹资金项目 135 个。

至 2004 年底，共消除 D 级危房 6.22 万平方米，完成投资 3 574 万元。257 个项目中，竣工项目 142 个，正在施工项目 90 个，未开工项目 25 个；消除危房 8.81 万平方米（B 级 0.27 万平方米，C 级 2.32 万平方米，D 级 6.22 万平方米）；尚有危房 15.38 万平方米（B 级 0.72 万平方米，C 级 5.02 万平方米，D 级 9.64 万平方米）2005 年，中央和省危改项目 75 个，保康县“义教工程”项目 6 个，地方自筹资金项目 50 个。全市自筹资金 3 834 万元，实施危改工程 207 个，消除 D 级危房 29 744 平方米，建筑面积 73 764 米。当年底，中央和省资金项目 181 个中，竣工 180 个，基本竣工 1 个。全市“二期危改”共消除危房面积 23.84 万平方米（B 级 15.86 万平方米，C 级 0.81 万平方米，D 级危房 7.17 万平方米）共完成投资 6003 万元(见表 28—49、28—50)。（其中中央资金 1422 万元，省级配套资金 747 万元，县级自筹 3834 万元）

2005 年襄樊市中小学危房改造工程完成情况

表 28—49

项目单位	危改项目学校数（所）	2005 年省下达[改造危房学校数（所）	计划消除 D 级危房面积（平方米）	累计已消除 D 级危房（平方米）	2005 年省下达襄樊市消除 D 级危房（平方米）	计划建设面积（平方米）	计划总投资（万元）	项目实施进展情况：已开工项目：项目学校数（所）	已开工项目：施工面积（平方米）	已开工项目：完成投资（万元）	其中：已竣工项目：项目学校数（所）	其中：已竣工项目：竣工面积（平方米）	其中：已竣工项目：完成投资（万元）
乙	1		2	3		4	5	6	7	8	9	10	11
襄樊市	147	75	83393	83393	58443	84864	3564	147	87069	3272	147	87069	3272
中央项目	38	38	29306	29306	29306	25834	885	38	23850	905	38	23850	905
省级项目	37	37	29137	29137	29137	29038	1202	37	33227	1068	37	33227	1068
自筹项目	72	—	24950	24950	—	29992	1477	72	29992	1299	72	29992	1299

2005年农村中小学危房改造工程各级资金项目实施进展情况
（中央补助资金项目）

表28—50

项目单位	危改项目学校数（所）	计划消除D级危房面积（平方米）	截止本月累计已消除D级危房（平方米）	计划建设面积（平方米）	计划总投资（万元）	项目实施进展情况					
						已开工项目					
						项目学校数（所）	施工面积（平方米）	完成投资（万元）	其中：已竣工项目		
									项目学校数（所）	竣工面积（平方米）	完成投资（万元）
乙	1	2	3	4	5	6	7	8	9	10	11
襄樊市	38	29306	29306	25834	885	38	23850	905	38	23850	905
襄阳区	3	6428	6428	6000	193	3	3560	213	3	3560	213
南漳县	6	2514	2514	2374	79	6	2374	79	6	2374	79
谷城县	5	3842	3842	2310	87	5	2310	87	5	2310	87
老河口市	6	3085	3085	4340	175	6	4340	175	6	4340	175
枣阳市	8	4201	4201	4087	139	8	4087	139	8	4087	139
宜城市	10	9236	9236	6723	212	10	7179	212	10	7179	212

2005年农村中小学危房改造工程各级资金项目实施进展情况
（省资金项目）

表28—51

项目单位	危改项目学校数（所）	计划消除D级危房面积（平方米）	截至12月累计消除D级危房（平方米）	计划建设面积（平方米）	计划总投资（万元）	项目实施进展情况					
						开工项目					
						项目学校数（所）	施工面积（平方米）	完成投资（万元）	其中：已竣工项目		
									项目学校数（所）	竣工面积（平方米）	完成投资（万元）
乙	1	2	3	4	5	6	7	8	9	10	11
襄樊市	37	29137	29137	29038	1202	37	33227	1068	37	33227	1068
襄阳区	9	4984	4984	5140	184	9	6990	222	9	6990	222
南漳县	3	4374	4374	4750	277	3	4750	105	3	4750	105
谷城县	4	3508	3508	2930	109	4	3508	109	4	3508	109
老河口市	5	3529	3529	5004	195	5	5004	195	5	5004	195
枣阳市	8	5896	5896	5269	221	8	7030	221	8	7030	221
宜城市	8	6846	6846	5945	216	8	5945	216	8	5945	216

2005年农村中小学危房改造工程各级资金项目实施进展情况

（县自筹资金项目）

表28—52

项目单位	危改项目学校数（所）	计划消除D级危房面积（平方米）	截至12月累计消除D级危房（平方米）	计划建设面积（平方米）	计划总投资（万元）	项目实施进展情况					
						开工项目					
									竣工项目		
						项目学校数（所）	施工面积（平方米）	完成投资（万元）	项目学校数（所）	竣工面积（平方米）	完成投资（万元）
乙	1	2	3	4	5	6	7	8	9	10	11
襄樊市	72	24950	24950	29992	1477.5	72	29992	1299.5	72	29992	1299.5
襄城区	6	1538	1538	4176	258	6	4176	80	6	4176	80
樊城区	7	2812	2812	3580	280	7	3580	280	7	3580	280
襄阳区	6	5867	5867	3981	230	6	3981	230	6	3981	230
南漳县	8	1959	1959	2140	72.5	8	2140	72.5	8	2140	72.5
谷城县	7	2100	2100	3120	140	7	3120	140	7	3120	140
老河口市	5	2340	2340	3300	118	5	3300	118	5	3300	118
枣阳市	8	1640	1640	2100	90	8	2100	90	8	2100	90
宜城市	19	2044	2044	2945	84	19	2945	84	19	2945	84
保康县	6	4650	4650	4650	205	6	4650	205	6	4650	205

农村寄宿制学校建设工程：2003年，国家开始实施农村中小学寄宿制学校建设工程。保康、南漳、谷城三个山区县向国家申报工程项目。该项目规划土建工程20个，其中，中央项目10个，学生宿舍项目6个、学生食堂项目4个，规划建筑面积10 130平方米，建筑面积26 130平方米，总投资1 360万元（其中，中央资金445万元，地方自筹915万元）。2004年，全市启动寄宿制学校建设工程。以土建工程为重点带动其他配套设施的建设，推动工程项目的全面实施。市、县两级分别成立以市、县长任组长，分管教育的副市长、副县长任副组长，教育、发展计划、财政、城建、扶贫、土地、房管、工商、税务等部门负责人为成员的农村中小学寄宿制学校建设工程领导小组。县长与各项目乡镇签订农村中小学寄宿制学校建设工程责任书，并把项目工程的实施情况纳入年度工作目标考核指标。实行部门联动、领导包片。项目严把五道关口，即：项目工程与危房改造、布局调整同步，把好规划立项关；造型优美和结构坚固并重，把好单项工程的图纸设计关；标准过硬，分步实施，把好施工过程管理关；从源头抓起，分阶段验收，把好工程质量关；按规范设档，按程序建档，把好档案材料关。各县（市）区广开门路，多方筹资，采取个人捐一点、外单位援一点、旧房材料用一点、建设税费免一点、承建单位垫一点、项目学校挤一点的办法，弥补建设资金不足。

2005年底，中央项目共完成6个，完成建筑面积15 850米，投资775万元。全市筹资建设资金430万元，补助寄宿制学生生活费1 200多万元，置饭柜等设备1 00多套，添置学生床铺95 500套。

六、教师

(一)非学历教育

1985 年,全市获得教材教法进修合格证教师 42 523 人。1986 年,全市教师按照不同条件、不同学段过教材教法关人数占参加考核人数的 90%。同年,襄樊市在全省第一个建起卫星电视教育频道地面接收站,各县(市)也陆续建立地面接收站和放像点,为大面积培训提高师资创造了条件。1987 年 8 月 19—21 日,全市小学教师 28 083 人、初中教师 8 719 人、高中教师 1 346 人分别参加 31 门学科的“专业合格证书”考试,合格率分别为 44%、31.9%和 32.4%。10 月 10 日,全市 565 名幼儿教师参加全国统一的专业合格证书文化考试,合格率为 12.4%。1988 年 3 月 15—16 日,全市 15 700 名中小学教师参加了全国、全省统一组织的“专业合格证书”考试。高中教师报考大学本科课程的 581 科次,及格率为 41%;初中教师报考大学专科课程的 3 777 科次,及格率为 39%;小学教师报考中师课程的 11 964 科次,及格率为 22%;幼儿教师报考幼儿中等师范课程的 613 科次,及格率为 46%。全市获得“专业合格证书”的中小学教师 3 000 人。同年 3 月 20 日,参加全省第一学期课程统考,高师学员及格率为 61%,中师学员及格率为 62%。同年 9 月 25 日,参加全省第二学期课程统考,高师学员及格率为 84%,中师学员及格率为 92%。同年 11 月 6 日,全市举行教师教材教法过关考试。考试课程 55 门,参考人数9 771 人,高中教师及格率为 92.8%,初中教师及格率为 92.2%,小学教师及格率为 81%,幼儿园教师及格率为 90.4%。1989 年 8 月 28 日,全市教师参加省“专业合格证书”考试的高中、初中、小学段教师及格率分别列全省第六、第一、第一,幼儿教师及格率列全省第二。全市本年获得《专业合格证书》的小学教师 5 975 人,幼儿园教师 516 人,初中教师 133 人,高中教师 16 人。1991 年,全市开展以提高教师政治思想素质和教学能力为主要目标的继续教育试点班 12 个,参训教师 613 人。同年暑期,市教院邀请美国马里兰州巴尔的摩市美中教育交流协会的 10 名外籍英语教师,举办为期一个多月的初中英语教师强化培训班,全市 100 多名英语教师参加培训,提高了口语和听力能力。1991—1992 年,全市8 091 名中小学教师参加了全国、全省统一的“专业合格证”考试。共报考 16 130 科次,及格 10 675 科次,有 5 081 人获得“专业合格证”。至此,为期六年的专业合格证考试结束。1992 年,全市举办小学一级教师培训班 29 个,培训 1 027 人。同年春,在宜城市开展教师基本功训练试点。此后,全市开展了以教师职业基本功和特色基本功(微机、外语、教育研究等)为主要内容的训练活动。同年 11 月,全市举行粉笔字大赛,共评出 60 名优胜者。开展“优秀教案”的评选活动,评选优秀教案 28 篇,其中 9 篇受到省教委表彰。是年,举办中学英语教师强化培训班,聘请 10 名美国专家授课,培训 160 名英语教师及教研人员。1993 年,全市举办新教材培训班 56 期次,4500 余人次参训,基本功骨干训练班 240 多个,训练骨干 2 500 余人。同年,完成“三笔字”、“教学板书与设计”、“优秀教案编写”的训练、评审与考核。1994 年春,市教委在襄樊师范举办为期 3 个月的市区骨干教师培训。同年 6 月,在谷城县举办县级培训骨干教师试点班。全年培训中小学骨干教师 500 名。同年 4—11 月,市教委举行全市中小学教师基本功“五项全能”竞赛活动。内容为普通话、规范汉字(钢笔、毛笔、粉笔)书写、教案、公开课、即兴演讲,全市 51 000 名中小学教师参赛。经市级决赛,全市评出小学组一等奖 7 名、二等奖 15 名、三等奖 40 名;初中组一等奖 3 名、二等奖 7 名、三等奖 18 名。1995 年,进行“电化教学”“优秀教学论文撰写”的训练,同年 11 月,进行全市统一考核。1996 年,全市 46 名小学骨干教师和 48 名中学骨干教师参加中小学骨干教师继续教育试点班学习。利用暑期,市县两级教育部门举办 8 期体、音、美等学科教师强化培训班,参训教师 600 余人。同年,完成教师职业基本功中的“手工制作”“视唱”“体育游戏”、学科专业基本功中的“朗读”“计算”“实验演示”“故事编讲”等训练与考核。1997 年，启动骨干教师“百千万”工程，组织第二轮中小学骨干教师、学科带头人、教育教学拔尖人才的评选工作，并对首批评选的骨干教师进行培训，参训教师 240 人。同年，完成职业基本功中的“风琴弹奏”“素描”“查辞书”“下水作文”“绘图”“教具和标本制作”“品行观察”等训练与考核。全市 2.5 万名小学教师参加六项基本功考核和训练，80%的小学教师考试考核合格。至此，自“八五”开始的全市小学教师人均 16 个项目的教学基本功培训活动结束。1998 年，全市率先在宜城进行学分登记试点工作。并以退离休的特级教师、高级教师为主，成立继续教育教师团。1999 年 3 月，全市继续教育工程启动。暑期，全市 50 000 余名教职工集中学习了省教委印发的《继续教育宣传手册》。同年 7 月 19 日 ~ 7 月 30 日，市教委在襄樊师范举办“小学学科带头人”“初中学科带头人、拔尖人才”教育理论公共课程培训班。参训人员 234 人。年底，确定襄樊电大、襄樊学院、襄樊师范学校分别作为全市高中、初中、小学骨干教师培训和全市教师集中培训基地，形成以 3 个市级基地为龙头，以县（市）教师进修学校为骨干，以乡镇教师培训基地为阵地的继续教育网络。是年，筹建市中小学教师计算机教学技能培训中心。全年举办培训班 6 期，培训教师 500 人。各县（市）培训工作也逐步展开，全市全年培训教师 3 000 人。

2000 年为“跨世纪园丁工程年”。同年 3 月 20 日，市教委举办县、乡（镇）师训教师培训班，对乡（镇）教管会师训教师，乡（镇）语、数教师进行为期两周的集中培训。培训内容为教育政策法规、教育教学思想及改革、教学管理与教学评估、教育科研、现代教育技术、课堂教学艺术及评价、学科教学中的素质教育等。并举办乡（镇）教管会主任培训班，对乡（镇）教管会主任进行为期两周的培训。同年 4 月始，全市 2 万余名教师参加了为期半年的校、乡、县三级“大练兵、大评比”活动，选拔出 600 人于同年 11 月 10 日参加全市首届中小学教师教学基本功“大练兵、大比武、大评比”活动。举办优质课比赛 110 场，203 人分获一、二、三等奖。同年 7—8 月，全市 4 万余名中小学教师参加 14 门学科的基本功测试，合格率 85%。是年，启动第三轮骨干教师培训工作。全市培训中小学骨干教师 3 300 余人，并推荐 42 名中小学骨干教师参加国家级培训，460 名教师参加省级培训。并在骨干教师中开展以计算机知识为主要内容的现代技术培训，举办计算机培训班 16 期，培训教师 1 000 余人。2001 年 3 月，举办全市第二届中小学教师教学基本功“大练兵、大比武、大评比”活动，52 人获一等奖。同年 7 ~ 8 月，对全市 35 岁以下小学骨干教师进行培训，1 170 人参训。并以襄樊学院、襄樊职业技术学院、襄樊电大为培训基地，分别对高中语文、数学、英语、化学、政治、初中语文、数学、英语、物理、化学、政治、小学语文、数学、英语等学科的两千余名教师进行业务培训。同年 11 月，襄城区、樊城区、老河口市区被定为“研训一体化”工作试点单位。

这一期间（2000—2001 年），全市 5 万余名在职公办教师参加了 2000—2001 年度“在岗、限时、定书、自学、统测”活动。中小学 17 门学科教师参加教学基础知识考核，3 500 名通过考核。910 名高中教师参加专业知识培训。英特尔未来教育培训 341 人，中小学英语口语强化培训 114 人，普通话培训测试 15 505 人。

2002 年暑期，以襄樊学院和襄樊职业技术学院为基地，培训中学骨干教师 648 人，小学骨干教师 510 人。选派 32 名教师参加骨干教师国家级培训，290 名教师参加省级培训。全市共评选市级骨干教师 5 000 人，学科带头人 500 人，教学标兵 50 人。同年，全市中小学使用新课程教材，特邀国家课程改革中心肖川博士到襄樊作《基础教育课程改革纲要》辅导报告。各县（市）区教育行政干部、教研室主任、各中小学校长、骨干教师 1 600 人参加报告会。同时，全市选派 8 名教师参加课程改革国家级培训，200 人参加省级培训。2003 年，组织全市 3 万余名教师参加新课程通识性培训、学习和测试。同年 6 月 19 日，襄樊市作为全省首批“英特尔未来教育”培训项目的试点单位，共组织培训教师 400 余名。同年，全市 10 名骨干教师参加新课程国家级培训，200 余名教师参加省级骨干教师培训。2004 年 6 月，全市当年进入课改实验学校的教师，参加暑期教师新课程通识性、课程标准、新教材培训；未进入新课改实验学校的教师，参加通识性、课程标准、新教材教法培训；高中教师参加通识性、课程标准培训。坚持"先培训，后上岗，不培训，不上岗"制度，全年培训教师12 000人。同年6月—12月，举办第三届中小学教师教学基本功"大练兵、大比武、大评比"活动。2005年7月，组织市级新课程培训，内容涵盖小学、初中20个学科，培训教师12 500人。聘请全国课改专家和国家、省、市优质课教师作辅导报告60场，上示范课42节，举办互动沙龙62场，发放调查问卷12 000份，培训期间学员撰写论文、心得体会3 000篇；下旬，乡(镇)小学语文、数学骨干教师300余人参加集中培训。同年8月上旬，分别在襄樊学院、襄樊职业技术学院组织初中英语教师口语、听力强化培训，培训教师390人。组织宜城、南漳、谷城、保康、老河口等县(市)选送1600余名教师和校长赴省参加培训。1 360名教师参加普通话培训和测试。

(二)学历教育

1985年，全市小学、初中、高中专任教师学历合格率分别为55.7%、10.8%、36.2%。全市参加各层次学历进修教师12 058人。1986年，全市教师中在职进修本科750人，专科1 539人，中师5 798人；脱产进修本科66人，专科848人，中师1294人。同年6月7日，全市小学、幼儿园教师参加了全省教育系统进修统一考试，共录取中(幼)师新生4 963人。同年7月30日，市教委举行为期两天的第二次中师函授学历考试。考生为1985年1月底以前清理登记注册、未取得中师毕业证书的中师函授或脱产进修中师班学员。科目为语文、数学、自然、教育学与心理学(合卷)五科四份试卷。1987年2月8日，对全市2 793名中师函授有遗留问题的学员进行第三次学历考试，其中1 212人获得中师文凭。

1988年，参加卫星电视高师专科学历进修的学员2 200人，中师学历进修的学员4 500人。同年，全市中小学幼儿园在职教师进修招生录取本科学员625人，专科学员1 430人，中、幼师学员1 090人。1991—1992年，参加中师学历进修的小学、幼儿园教师1 948人，高师学历进修的中学教师3 232人。1992年，全市小学、初中、高中专任教师学历合格率分别为76.9%、52.1%和43.1%。1993年，全市小学、初中、高中专任教师学历合格率分别为91.8%、70.6%和51.3%。1994年，开通成人高师进修本科卫电、函授、自学三结合办学模式培训高中教师。11月，全市2 039名符合条件的高中和实验初中教师报名参加全省统考，录取1 643人，年底，全市小学、初中、高中专任教师的学历合格率分别为92.8%、72.8%、53.4%。1995年，全市小学、初中、高中专任教师学历合格率分别为91.8 %、74.9%、49.1%。是年，组织3 600名教师参加参加"三结合"模式的本、专科进修。1996年，全市19名骨干教师经考试录取参加全省中学骨干教师学历培训班学习，全市1 600名教师参加成人高师专业"三结合"学习获得毕业证书，1 400名小学教师考入中师进修。同年，全市小学、初中、高中专任教师学历合格率分别为92.9%、77%和47.2%。1998年，全市小学专任教师28 582人中，本科149人，专科4 367人，中专19 121人，学历合格率为82.7%，加专业合格3 430人，符合规定学历比例为94.7%，高一层次学历比例为15.8%；全市初中15 477人中，本科1 345人，专科10 739人，学历合格率为78.1%，加专业合格674人，符合规定学历比例为82.5%，高一层次学历比例为8.7%；高中专任教师3 129人中，本科1 800人，专科1 316人，学历合格率为57.5%，加专业合格95人，符合规定学历比例为60.5%，高一层次学历比例为0。1999年，全市中小学教师学历合格率为：小学96%，初中84%，高中66%；高一层次学历教育比例小学达到2%，初中达到9%。小学专任教师中，50岁以上4 086人，36岁至49岁12 425人，35岁以下12 320人。同年，首次组织中学骨干教师和教育行政干部参加研究生课程班学习。

2000年，将学历教育的重点放到了高一层次学历教育。高中、初中、小学学历不合格教师全部进入规定学历教育的渠道。按照高中专任教师总量5%的比例启动研究生学历学位教育；初中教师"专升本”人数达 1 000 人以上；小学教师参加“小教专科”进修人数达 1 400 人以上。在襄樊学院开通中学教师四个专业专升本函授教育，在襄樊电大开通小学教师文、理科大专及远程本科学历教育等进修渠道，全年报考各类专科学历进修的教师达 1 500 多人，本科 2 000 多人。并与华中师大合作，举办首届研究生课程班。同年，全市 2 430 余名小学教师、2010 名初中教师分别参加了高一层次学历学习。是年，小学、初中、高中专任教师学历合格率分别为 98.2%、87.1%、64%。小学、初中专任教师高一层次学历人数比例分别为 20%、9%。2001 年，在襄樊电大进行现代远程学历教育试点，组织 2 000 余名中小学教师参加合格学历或高一层次学历进修。全市小学、初中、高中专任教师学历合格率分别达到 99.7%、91%、72.4%。小学、初中取得高一层次学历教师的比率分别达到 30.4%、15.4%。2002 年，全市 1500 多名教师参加高一层次学历进修，其中 150 多名高中教师参加研究生课程班学习。全市小学、初中、高中专任教师学历合格率分别为 99.1%、90.1%、72.2%，高一层次学历比例小学、初中分别为 29.9%、15.4%，均高于全省平均水平。2003 年，全市小学、初中、高中专任教师学历合格率分别为 99.2%、92.3%、70.5%。小学、初中、高中取得高一层次学历教师的比率分别为 42.9%、21.3%、1.6%。2005 年，提出“小学教师专科化，初中教师本科化”的目标，同时强调学历进修中的专业对口，通过襄樊电大网络教育平台，开通小学、初中教师学历进修近 10 个专业，教师不出校门，不离岗位参加学历进修。全市小学、初中、高中专任教师学历合格率分别为 99.1%、94.8%、85.3%，小学、初中、高中取得高一层次学历教师的比率分别为 53%、28.2%、4%(详见表 28—53、28—54)。

1979—1985 年襄樊市中小学、中等师范学校专任教师一览

表 28—53　　单位：人

年度	小学	中学			师范
	合计（其中市区）	合计（其中市区）	初中（其中市区）	高中（其中市区）	
1979	35153（1434）	22436（1404）	19413（999）	3005（405）	213
1980	36745（1456）	21202（1434）	18258（982）	2944（452）	257
1981	37958（1517）	19362（1467）	16478（1081）	2884（449）	273
1982	35037（1597）	17759（1484）	14930（1092）	2829（392）	203
1983	44323（1597）	16693（1587）	10372（1181）	6321（406）	130
1984	33071（1786）	15409（1977）	13119（1441）	2290（534）	135
1985	33337（2136）	15873（2127）	13540（1536）	2333（591）	186

1986—2005 年襄樊市中小学公办教师数量一览

表 28—54　　单位：人

教师类别 / 年代（年）	中学教职工数	中学专任教师	小学教职工数	小学专任教师
1986	20702	14698	13568	11584
1987	22371	16353	15668	13353
1988	21509	15959	16888	14540
1989	22196	16647	17322	15122
1990	22382	17010	17754	15488
1991	23560	17858	18235	15908
1992	24842	18879	18572	16102
1993	25511	19388	20330	17728
1994	26015	20031	21401	18811

续表

教师类别 年代(年)	中学教职工数	中学专任教师	小学教职工数	小学专任教师
1995	20771	15993	19403	17133
1996	21741	16740	21174	18824
1997	22884	18078	23202	20627
1998	25129	—	31285	28582
1999	26231	20722	28787	25908
2000	27467	22440	30660	27870
2001	28361	22153	31601	28555
2002	30548	22204	31248	27296
2003	30682	22495	30625	26106
2004	31210	22386	29993	25722
2005	31248	22386	28895	24764

(三)待遇

1979 年,教育战线平反冤假错案,落实党的知识分子政策取得重大成绩。襄樊市平反在反右派、反右倾、“四清”、“文化大革命”中冤假错案 220 件,收回安排工作 80 人,补发 6 人在错误处理期间减发的工资,发展 16 名教师加入中国共产党。全区复审各种案件 5 071 件,占应复审 5 225 件的 97%。又有 40%的教职工增加工资,全体教职工享受每人每月 5 元钱副食补贴。1980 年,又实行班主任津贴,中学平均 6 元,小学平均 7 元。1982 年,襄樊市发展教职工党员 20 人,评选先进工作者 761 人,优秀党员 40 人。春季,市政府召开大会,对特级教师吴鸿基、全国“千名优秀体育教师”金质奖章获得者谭绍文和 59 名优秀教师、20 名优秀体育教师进行表彰, 向 201 名从事教育工作 30 年的教职工颁发光荣证书。2 176 名中小学教职工增加工资,升级面 95.78%,平均工资额由 48.52 元提高到 58.21 元。建造和改建一批教职工住宅,面积 14 936 平方米。给教职工发放洗理费,全年每人 24 元。同年,枣阳县一中化学教师周书亭、南漳县城关镇红星小学语文教师戴茂彦(女)被评为特级教师,南漳县体育教师秦良操、枣阳县吴店中学体育教师李尚芳被评为全国“千名优秀教师”。1983 年春,为了解教职工健康状况,中共襄樊市委决定对中小学教职工进行全面体检,通过体检,健康者占受检总数 66.11%。1984—1985 年,全市教职工中党员 9 514 人(含师范、幼儿园),占全体教职工的 14.6%。市五中特级教师吴鸿基参加襄樊市经济教育考察团赴日本国进行考察。

按照省委规定,全市中教 5 级以上 206 户 638 人,小教 3 级以上 25 户 76 人,按照市委规定,中教 6 级 626 户 2 399 人,小教 4 级的 168 户 620 人,教师家属需解决“农转非”的,已全部落实。大专毕业教师按照规定工龄需要办理家属“农转非”的 129 户 496 人,绝大多数已办理转迁手续。按照上级有关规定,510 名民办教师转公办和 5 111 名工转干工作顺利完成。通过审查核实,解决 1 827 人学历遗留问题。

教职工公费医疗标准同党政干部一样, 人年指标普遍有所提高。中小学教师的住房面积有所增加,标准有所提高,人均住房面积由 6.5 平方米增加到 9.2 平方米,城镇中小学教职工(不含家属、子女)人均住房面积由 12.4 平方米增加到 16.5 平方米。全市村小(含教学点)4 433 所(处),其中已解决集中食宿的 2 693 所(处),占总数的 63%。

对全市教职工工资进行改革，每个教职工工资都有所增加，人均月工资增加 16.8 元。并发放报刊费和图书资料费。（大专生 54 元，中专生 42 元）。在贯彻落实党的知识分子政策过程中，注意解决民办教师报酬问题，尤其是宜城县采取由区乡（镇）政府统一向群众收费，按月向民办教师发放工资办法，受到民办教师欢迎和省教育厅表彰。

1985 年 9 月 10 日，第一个教师节期间，解决了当年离退休教师的家属子女按政策规定享受“农转非”待遇问题和按原有规定应享受“农转非”待遇的遗留问题。1986 年 1 月 27 日，市政府召开“振兴襄樊教育”表彰大会。表彰了宜城县龙头乡等 99 个先进单位和何彻之等 676 名先进个人。同年 6 月14 日市教委系统落实知识分子政策任务基本完成。市教委专题向市委报告，市委验收市教委及直属 22 个单位落实知识分子政策工作。同年 9 月 10 日，中共中央宣传部、国家教委、共青团中央和全国教育工会通报表彰全国教育先进县、全国教育系统先进个人和先进集体。襄樊四中教师蔡顺华、南漳县东巩镇中学校长王立岳、枣阳二中教师骆东风、市师范学校副校长张德胜获“先进个人”称号；襄樊市 115 名教师获 “先进个人” 称号； 市教委与市委宣传部、 市教育工会通报表彰教育系统劳动模范 365 名。

1986 年始，全市教职工福利费开支逐年增加。中小学教职工津贴有粮贴、报刊费补贴、女教职工卫生津贴、岗位职务补贴、教龄津贴、班主任津贴、特级教师津贴、特殊教育津贴等。同年 12 月，经集中组织考试和考核，并与市人事局联合审批，2 050 名民办教师转为公办教师。

1986 年全国教育系统先进个人：蔡顺华，襄樊四中教师；王立岳，南漳县东巩中学校长；骆东风，枣阳二中教师；张德胜，襄樊市师范学校副校长。

1987 年 9 月 9 日，何彻之等 306 名教师被授予“襄樊市模范教师”称号；田力等 205 人被授予“襄樊市教坛新秀”称号。同年 12 月，将 2 233 名优秀民办教师转为公办教师，并首次实行聘任制。

1988 年 6 月 1 日，南漳县实验小学王爱群（享受部级劳模待遇）、襄樊三中胡开弟、随州市实验小学刘超、枣阳市实验学校郑德安被国家教委授予“全国德育工作先进个人”称号。同年 10 月 25 日，省教委表彰一批德育工作先进个人。襄樊市有 17 个先进个人受表彰。是年始，为保持和提高教职工生活水平，实行副食品价格补贴制度。当年为全市教育部门教职工发放副食品补贴 180.7 万元。全市所有公办教师工资提高 10%。

1989 年 9 月 10 日，全市受国家表彰的教育工作者 106 人，其中教育系统劳动模范 7 人，优秀教师 89 人，优秀教育工作者 10 人；受省级表彰的教育工作者 142 人，其中优秀教师 128 人，优秀教育工作者 14 人；受市级表彰的优秀教师和优秀教育工作者 770 名。

1990 年 5 月 21—23 日，市委、市政府召开全市教育工作大会。表彰了郭绍敏等 31 位兴教办学模范乡镇领导干部；常建亚等 12 位模范教育工作者；刘荣江等 15 位模范中、小学校长；朱明秀等 10 位模范教师。同年 12 月 28 日，市护校教师焦小东获“全国红十字青少年《我与红十字》有奖征文”二等奖，并赴京出席颁奖大会。同年，市直 2 200 余名教职工参加工资普调，70%以上工资晋升两级，人均增资 15.5 元；全市有 42 人被评为第三批“特级教师”。

1991 年 5 月 1 日始，全市正式教职工（含离退休人员）月增基本工资 6 元。

同年 8 月，全市评出全国教育系统劳动模范 2 人，全国优秀教师、教育工作者 23 人，省优秀教师、教育工作者 78 人，省优秀青年教师 9 人，省优秀中小学校长 3 人，省尊师重教先进个人 26 人。是年，市直教育系统发展新党员 76 人，其中大部分是教学第一线的教师。

1992 年 7 月，按照公开、平等、竞争、择优的原则，采取直接选招、考核选招、考试与考核相结合选招的方式，从全市优秀民办教师选招 530 人为公办教师，并实行聘用制。同年 9 月 4 日，省教委、省人事厅和省董必武教育奖励基金会联合发文《关于表彰全省优秀中小学校长的决定》，襄樊市米公小学李新胜、老河口市第三中学白建国、襄阳县龙王镇第一中学郑开强榜上有名。同年 9 月 7 日，市政府表彰了“1992 年教育教学改革标兵”306 人。

是年始，全市中小学根据自身经济状况，实行课时津贴和职务津贴。

1993 年 8 月 31 日，全市受国家教委、人事部表彰的教育系统劳动模范 1 人、优秀教育工作者 2 人，优秀教师 23 人；教师节期间受到省教委、省人事厅表彰的优秀教师 70 人、优秀青年教师 9 人、优秀教育工作者 9 人、优秀校长 3 人；受市教委、市人事局、市教育工会表彰的优秀教师 259 人、优秀青年教师 47 人、优秀教育工作者 55 人。受市建行“建行杯教育奖励基金会”奖励的优秀校长 5 人、优秀教师 10 人。同年 12 月下旬，襄樊一中女教师吴九寅当选为省党代表并出席党代会。按照层层推荐、分级考核、严格条件、照顾重点的原则，市教委向市委组织部、统战部推荐了 40 名政协委员候选人，其中男 31 人、女 9 人，中共党员 9 人、非党人士 31 人，少数民族 5 人、汉族 35 人。

同年 10 月，机关事业单位实行工资改革，保留津贴冲销 64 元后的基数 120 元、岗位职务补贴 25—55 元、报刊费差额 1—2 元、女教职工卫生津贴 4 元、回民肉食补贴差额 2 元等。在山区乡镇从事教学的专任教师，在享受规定的各种福利的同时，享受专业技术人员工龄津贴，起点为 10 元，按月发放并按山区工龄逐年递增 1 元。此后，教师工资增长进入规范化正常晋级轨道。是年，全市有 41 人被评为第四批“特级教师”。

1994 年，为加快解决教师住房问题，市政府把城镇教师住宅建设纳入城市建设总体规划和“安居工程”计划，对教师住房采取优先优惠政策，并在襄阳、樊城各划出一片专门用地，兴建教师公寓。同年，全市评出小学骨干教师 2 542 人，教坛新秀 255 人，学科带头人 254 人，教育教学拔尖人才 51 人。440 名教师受市级以上表彰和奖励，其中 1 人被授予“全国十佳民办教师”称号、1 人被授予全国“三育人（教书育人、管理育人、服务育人）先进个人”称号，74 人被省教委、省人事厅授予“湖北省优秀教师、优秀教育工作者”称号，364 人被市政府授予“优秀教师、优秀教育工作者”和“尊师重教模范”称号。同年，实行教师职务等级工资制。教师工资由职务（技术）等级工资（占 70%）和津贴（占 30%）构成。中、小学教师工资的套改不含原工资标准提高 10%的部分，套改后，在新工资标准基础上提高 10%。是年始，特级教师津贴每人每月 80 元。并建立人民教育奖励基金会，对品德高尚、成绩突出的教师和教育工作者进行宣传、表彰和奖励。

1995 年 9 月，21 人受国家教委、人事部表彰。其中，教育系统劳动模范 2 人，优秀教师 17 人，优秀教育工作者 2 人；受市级表彰的优秀教师 264 名，优秀教育工作者 71 名。市政府向全市 7 896 名从事教育工作满 30 年的教师颁发“人民教师荣誉证书”（此后，每年教师节前颁发一次）。同年 12 月，322 人被评为首批市级中学骨干教师。其中“骨干教师”47 人，“教坛新秀”166 人，“学科带头人”87 人，“教育教学拔尖人才”22 人。评出首批市级小学骨干教师 333 名，其中“教坛新秀”224 人，“学科带头人”74 人，“教育教学拔尖人才”35 人。是年，解决了市区学校 71 名教师夫妻分居问题，安排了 100 名教师子女就业；民办教师工资的每月国补标准由 22 元增至 38 元；教龄满 30 年的教师开始享受 100%退休费待遇。

1996 年 4 月 15 日，刘光荣、董泽贵等 6 名教师获“曾宪梓教育基金会民办教师奖”。同年 5 月 31 日，全市 2 150 优秀民办教师转公办教师。是年 9 月始，发放校长职务津贴。县级、科级、县（市）区实验小学、乡（镇）完全小学（含中心小学联片高小）、村级小学的校长、书记的津贴分别为每月 40 元、30 元、25 元、20 元、15 元，副职分别比正职低 5 元。校长在职享受职务津贴，免职或退休后取消职务津贴。10 月，全市教师每人每月增加报刊费和生活补贴 20 元。

1997 年，2 290 名民办教师转为公办教师，27 人被评为第五批“特级教师”。同年秋，开展全市第二轮中小学骨干教师的评选与培训工作。评出小学骨干教师 18 人，学科带头人 156 人，拔尖人才 78 人；初中骨干教师 42 人，学科带头人 92 人，拔尖人才 34 人；高中骨干教师 96 人，学科带头人 73 人，拔尖人才 30 人。是年始，为奖励优秀教师，实行 3%提前晋升职务工资的政策（即年度考核连续两年获得优秀的教师可晋升一级工资)。退休民办教师的退休费按在职民办教师工资发放渠道按月发放,任教满 30 年以上的,发原国补和集体支付工资总额的 100%;任教满 20 年不满 30 年的,按本人原月工资的 90%计发;任教不满 20 年的,按本人原月工资的 80%计发。计发基数随在职民办教师工资增加和物价上涨因素逐步提高。

1998 年 5 月,全市评出"十佳校长"、"十佳教师"各 15 人。同年下半年始,停止住房实物分配,教师住房分配步入货币化。此后,各校根据自身情况,采取利用学校自有土地集资建房、购买闲置土地集资建教师公寓的办法解决教师的住房问题。

1998 年全国优秀教师:宋清龙,襄樊师范学校;朱宗葵,保康县一中;陈生年,襄樊市二十四中学;吴云汉,老河口袁冲中学;冯举芝,南漳县城关镇马家嘴小学;宋艳秋,襄阳县张湾镇潘台小学。

1998 年全国模范教师:王顺治,襄阳县一中;宋德兰,宜城实验小学;王大明,枣阳第一实验小学。

1999 年,2502 名民办教师转为公办教师。同年 4 月始,教龄满 25 年的中小学女教师享受 100%退休费待遇。

2000 年 11 月,10 人被评为襄樊市首届"十佳青年教师",107 人被评为襄樊市"百名青年教师标兵"。同年始,全市教职工福利费增加了社会保障费内容,当年为全市教育部门教职工发放社会保障费 6910.9 万元。

2001 年 4 月始,全市中小学教师工资实行县级财政统一发放。同年,10 人被教育部、人事部表彰为全国模范教师、优秀教师、优秀教育工作者。50 人被评为第六批"特级教师"。是年始,教师住房通过自有收入、住房公积金、住房补贴、贷款购买的方式解决。

2002 年 7 月,5 438 人(含市级学科带头人 637 人)被评为全市第三轮(2002—2005 年)中小学骨干教师和学科带头人。

2003 年,5 人被评为"湖北名师"。全市解决"民转公"教师 479 人、办理退养手续 483 人,辞退 645 人。至此,民办教师问题得到解决。

2004 年,437 被评为首批"湖北省省级骨干教师",80 人被评为"襄樊市模范教师",20 人被评为"襄樊市模范教育工作者"。

2005 年,评出教育系统国家省、市劳动模范 3 人,全国优秀教师 7 人,省优秀教师 11 人,市十佳教师 17 人,襄樊市名师 15 人、名校长 5 人、教坛新秀 170 人。21 人被评为第七批"特级教师"。至此,全市共有特级教师 184 人。

1986—2005 襄樊市中小学教师人均年工资收入一览

表 28—55　　单位:元

年度	人均年工资	年度	人均年工资
1986	975	1996	5365
1987	1076	1997	7023
1988	1273	1998	—
1989	1489	1999	7135
1990	1529	2000	8115
1991	1632	2001	8273
1992	1781	2002	9210
1993	3446	2003	9285
1994	4669	2004	11223
1995	4747	2005	12708

1986—2005 年襄樊市中小学教职工工资、福利经费支出情况一览

表 28—56 单位:万元

年度	合计	基本工资	补助工资		其他工资	职工福利费	副食品价格补贴	社会保障金
			合计	其中民师补助				
1986	6898.95	4047.3	1727	368.55	699.35	426.59	—	—
1987	6291.5	3653.6	1647.5	737.1	531.4	459.57	—	—
1988	7559.8	4441	1806.5	—	867.3	441.91	180.7	—
1989	8688.3	4980.3	2135	—	1099.4	473.6	282.5	—
1990	9743.2	5340.3	2435.7	—	1380	587.2	328.5	—
1991	10326.3	5598.1	2581.1	—	1517.8	629.3	332.8	—
1992	13344.3	6637.3	1572	281.5	4820.3	749	393.5	—
1993	16362.1	7676.4	562.9	562.9	8122.8	597.5	—	—
1994	22537.5	17266.8	544.9	544.9	4725.8	1363.2	—	—
1995	21044.1	16437	554.9	554.9	4052.2	661	—	—
1996	23643.4	18799.7	487.4	487.4	4356.3	714.3	—	—
1997	27305.3	21969.1	405.6	405.6	4930.6	765.1	—	—
1998	32741.1	26867.4	311.9	311.9	5561.8	—	—	—
1999	38176.8	31765.7	218.1	218.1	6193	603.5	—	—
2000	55485.5	30909.8	12229.3	561.1	4239	1196.5	—	6910.9
2001	60462.8	36561.5	9462.2	275.9	3396.7	1569.9	—	9472.5
2002	68751.4	44125.6	8321.7	163.8	4220.9	1899.5	—	10183.7
2003	76872.5	49058.7	7677.3	56.4	4402.8	2057	—	13676.7
2004	87092.2	55479.9	9342.7	—	4105.3	2675.7	—	15488.6
2005	97311.8	61901.1	11008	—	3807.8	3294.4	—	17300.5

七、校长

为提高中小学校长的管理水平,1986 年,市教委对市区中小学副主任以上的领导干部进行了培训。同年 3 月 31 日,第一期市区“中小学学校管理讲习班”在襄樊四中实验楼阶梯教室开班。来自市区中小学(含厂校)的正、副校长,教导主任,总务正、副主任,各区文委和各系统、工厂主管教育的干部共 150 人系统学习了学校管理学的基本知识。同年 4 月 14 日,第二期市区“中小学学校管理讲习班”开班,学员为 152 名。28 日,第三期市区“中小学校管理讲习班”开班,学员 177 名。同年 6 月 3 日,市教委举办第 4 期“普通学校管理学”讲习班。4 期讲习班均由市教委主要领导执教。暑期,各县(市)区教委均举办“中小学管理学讲习班”,市县二级培训中小学领导干部 1600 余人。1987 年,市教科所举办 3 期“教育思想研讨班”,每期 7 天,230 余名教育行政干部和学校教育工作者参加研讨。1990 年,全市开始在襄樊教院和部分县(市)教师进修学校开办中小学校长岗位培训试点班。1991 年 8 月,全市正式实行正规化、系统化的岗位职务培训。按照国家教委和省教委的要求,对照《全国中小学校长任职条件和岗位要求》标准,除有计划地选派部分中小学校长到省、市委党校学习外,还在市教院开设了中学校长岗位培训班。当年培训第一期学员 50 人毕业。各县(市)以师范或党校为基地开设小学校长培训班 6 个，学员 346 人。组织编写了《中小学校长管理基础》，印发中小学校长人手一册，作培训教材使用。1995 年 5 月，市教委在谷城县组织全市中小学校长岗位培训工作终结性检查验收试点。同年 7 月，对其余 6 县（市）的干训工作进行终结性检查验收。至此，共举办中学校长岗位培训班 13 期，培训中小学校级干部 787 人，小学校长岗位培训班 40 期，培训小学校级干部 1995 人，另培训初小、高小校长 669 人，后备干部 81 人，其他教育管理干部 45 人。并按要求组织重点高中、实验小学校级干部参加了省组织的培训，使全市应训的中小学校级干部 2 782 人全部参加了培训，培训率为 100%，完成了第一轮中小学校长岗位培训任务。襄阳、宜城、谷城、随州等 4 个县（市）被评为全省干训工作先进单位。

1996 年 6 月，市委组织部、市教委、市人事局联合印发《关于全市实行中小学校长持证上岗的意见》，从 1996 年 9 月起实行中小学校长持证上岗制度。参加过校长岗位培训，并取得由省教委统一印制的“湖北省中小学校长岗位培训合格证书”者，担任中学、完全小学正副校长、专职书记职务。凡未按时参加校长培训并取得合格证书者，按干部管理权限予以免职。从 1996 年 9 月 1 日起，实行新任命校长、专职书记“先培训、后上岗”制度。凡未参加校长岗位培训的后备干部，不再任命担任中小学校长、专职书记职务。从 1996 年开始，不认真执行中小学校长持证上岗制度的县乡，不再评为教育先进县、乡，其“普九”工作视为不合格，学校不再评为合格及其以上等级的学校。县、乡教育行政部门负责人不再评为优秀教育工作者。

至 1996 年 9 月，采取分批分期轮训的办法，全市有 3800 名中小学校长经过培训，持证上岗。1997 年，全市全面完成中小学校长岗位培训，补训了“八五”期间漏训的 200 名校长，开展了第二轮校长提高培训工作，举办了 2 期培训班，参训的中小学校长 700 人，评出优秀校长 75 名。1999 年 4 月 1 日，举办全市中小学校长岗位培训班，435 人参训。2000 年 3 月 19 日—4 月 20 日，开展第十期中学校长提高班培训，培训 53 人。培训班主要开设中小学教育科研专题、学校管理研究专题、教育法制专题、教育思想研究、教育评估、计算机应用等课程。同年 4 月 2 日—5 月 1 日，开办第十六期中学校长岗位培训，培训对象为初中新任校长和漏训校长。培训地点为市教育干部培训中心，培训班主要开设：学校管理、教育学专题、心理学专题、教育政策法规、社会主义市场经济等课程。

同年，市教委组织推荐 4 名中小学校长参加国家级培训。

2002 年 11 月 25 日—12 月 25 日，市教育局组织全市 45 名中学骨干校长赴华东师大参加培训。同年 12 月 27 日，市教育局确认谢海英等 86 人为“襄樊市首批中小学骨干校长”。

为提高校长实施基础教育课程改革的理论素养和管理能力，2003 年 3 月 22 日—4 月 5 日，市教育局与华东师大合作，选送 25 名幼儿园园长参加首期“襄樊市幼儿园园长研修班”；同年 3 月 24 日—4 月 24 日，与教育部小学校长培训中心合作，组织全市 48 名小学校长赴北京师大参加“襄樊市首批小学校长高级研修班”；同年 10 月 25 日—11 月 18 日，组织 42 名高中校长赴教育部中学校长培训中心参加培训。还选拔、推荐了 40 名余名中小学校长参加了省级骨干校长培训。

图 28—4　2005 年 3 月校长办学理念研讨会

2004 年 12 月 18 日，为给校长提供一个学习、交流的平台，市教育局在襄樊五中举办“首期襄樊校长论坛——襄樊五中办学理念暨李凯同志教育思想研讨会”。市直学校和部分城区学校校长共30人与会。市教育局局长李菲做了“做一个思想着并不断实践着的校长”的发言。校长们从不同侧面发表自己的观点和看法，达成“只有学习和借鉴别的办学经验，结合自己的办学实际，方能办出有特色学校”的共识。

2005年，以华东师大和北京师大为基地，培训中小学校长330余人，教育行政干部120余人。全市共评选出襄樊市名校长5人。

八、对外合作与交流

1978—2005年，随着对外开放政策的实施和教育体制改革的不断深入，全市教育对外交流与合作日益向深度和广度发展，同境外的交往日益密切。

聘请外籍教师：1991年始，英国海外自愿服务社（Voluntary Service Overseas 简称VSO）向襄阳师专派遣英语教师。1999年9月，南漳县实验中学获聘请外教资格，并聘请1名美国教师。2000年9月，聘请1名英国教师。2001年，聘请1名亚美利亚教师。同年7月，市旅游服务学校、市七中、襄阳金环实验学校获聘请外教资格。同年10月，市旅游服务学校聘请1名澳大利亚教师。2001年11月，襄樊市四十四中获聘请外教资格。2002年，谷城县谷伯中学获聘请外教资格，襄樊职业技术学院聘请美国、澳大利亚、喀麦隆3名教师。襄樊四中、五中、铁路一中、襄樊食品工业学校亦获聘请外教资格。同年9月，铁路一中聘请1名澳大利亚教师。2003年2月，铁路一中聘请2名澳大利亚教师。同年3月，襄樊一中、三中、八中、市第一实验小学、枣阳市六中、枣阳市实验中学获聘请外教资格。同年6月，市四十四中被省外国专家局授予“引进外国智力先进单位”称号，校长金敏善被市外事工作领导小组评为“襄樊市外事侨务引智工作先进个人”。同年9月，襄阳区一中、市三十九中、宜城一中、私立培英学校获聘请外教资格；襄樊职业技术学院聘请1名英国教师；南漳县实验中学聘请1名澳大利亚教师；11月，铁路一中聘请1名澳大利亚教师。是年，襄樊职业技术学院聘请外教人数增至5名，增加了日语、韩语等语种。这一时期，襄樊三十三中、三十七中、襄阳区高级中学亦先后获聘请外教资格。

2004年4月，宜城市汉江中学、老河口市四中、襄樊市三十二中获聘请外教资格。襄樊三中聘请外教1人。同年8月，襄樊职业技术学院聘请美国、西班牙、俄罗斯3名教师。同年9月，铁路一中聘请澳大利亚、英国2名教师。是年，省政府授予襄樊职业技术学院美国籍文教专家凯诺（Carole Malstead）女士“编钟奖”。2005年6月，襄樊市二十四中获聘请外教资格。是年，全市具有聘请外教资格的学校26所，累计聘请外籍教师120人次。

留学生：1978年，襄樊地区的留学生不到10人。1985年，全市留学生29人，回国后，绝大多数成为各条战线的骨干力量。1986年，宜城县一中学生余建国赴英国留学，修交通自动化专业。同年3月，李莉、满炎高赴美国留学，分别修语言和医学专业。1998年6月，襄樊学院公派15名学生自费赴新加坡留学。分别就读电子与计算机工程、电机工程、机械工程、造船及岸外工程专业，学期3年。2001年11月5日，全市选拔15名学生赴俄罗斯科什特罗马国立工业大学学习。2003年，襄樊学院分派36名学生赴新加坡义安理工学院学习，累计派出30名学生赴科什特罗马国立工业大学学习。2004年3月，襄樊学院机械系组织学生赴日本研修。同年6月，学校派2名教师赴俄罗斯圣彼得堡大学学习。

合作办学：1988年1月21日，襄樊职业大学与日本东京工艺大学建立校际交流关系，两校在学术、科研、图书及人员互访等方面开展合作。1994年1月3日，襄阳师专与美国纽约技术学院开展联合办学。2000年10月，襄樊职业技术学院与澳大利亚查尔斯铎德大学建立合作办学关系，在襄樊职业技术学院就读计算机、工商管理、市场营销专业的学生，取得专业结业证书后，成绩优秀符合条件者直接赴查尔斯铎德大学深造一年，完成规定学分，成绩合格，取得该校本科文凭。2001年6月29日，宜城三中与澳大利亚国际商会合办“中澳宜城国际中学”。以招收高中生为主，学生在宜城三中就读高一后转至澳大利亚就读高二，后升入澳大利亚大学预科班就读。2002年9月，市教育局与澳大利亚昆士兰州教育部签定教育交流与合作协议书。此后，市教育局每年选派高中毕业生赴澳高校留学，选派教师赴澳参加英语培训，选派优秀中小学教师赴澳大利亚华人集居区的华人子女学校开展教学活动，邀请澳方志愿者、教师培训者暑假来樊从事英语教师培训工作等。同年10月7日，襄樊五中与澳大利亚卡兰德拉国际学院建立教育合作关系。同年11月，襄樊学院与新加坡特许科技学院、新西兰基督城理工学院结成姊妹学院，相互交流教育教学方法、开展学术科研合作、进行课程开发、互派留学生、为毕业生提供国际认可的职业资格证书。采用国际通用的教学模式，在襄樊学院学习三年，成绩合格者可同时获得襄樊学院和新加坡特许科技学院或新西兰基督城理工学院专科学历证书，成绩优异符合条件者，再赴新西兰基督城理工学院学习一年完成规定学分，成绩合格者，获新西兰基督城理工学院本科文凭。2004年2月，襄樊职业技术学院与美国AAW集团公司—美亚华护理学院建立国际注册护士（CGFNS）、英语考试培训中心，培养高级护理人员。同年6月18日，襄樊四中成立“国际部”，下设中澳班和中加班，中澳班以中国课程为主，加修英语强化训练，学制三年，招生150—200人，每年收费15 000元。同年7月，襄樊四中与加拿大新斯科舍省教育厅合作开办“中加双高中文凭班”，学生在国内完成中国高中和加拿大高中学历全部课程，考试合格，取得两国高中毕业文凭，学制3—4年。

卷二十九　科学技术

1978 年，全国科学技术大会以后，市委、市政府把依靠科技进步、提高经济效益作为主要工作。1982 年 4 月，襄阳地区成立哲学社会科学联合会（1983 年 10 月，地市合并以后，更名为襄樊市哲学社会科学联合会，负责组织指导协调全地区的社会科学研究工作）。1982 年 10 月 5—13 日，全国中小城市科技会议在襄樊召开。1983 年，地、市合并后，以城市为中心，农村为基地，城镇为纽带，着重抓城乡科技能力建设，建立健全有效的科技工作体系，形成市区以开发研究为主、县（市）以生产应用为主，城镇以服务为主，社（乡）队以示范推广为主的科技网络。1985 年 12 月，全市科技战线开始进行科技体制改革。主要采用经济办法管理科技工作，对科技三项经费实行切块包干、分层管理，各级政府把科技三项经费列入财政预算，切块专用，并建立科技发展基金，经费实行有偿拨款制度，将地方财政拨款、科技经费回收捆绑一起，提高科技经费的使用效益。1988 年，全市开展以“双放”为核心的科研机构运行机制方面的改革，市直独立开发科研机构在事业费全部削减到位的基础上，全面实行“三包一挂”，即包科研课题、数量和水平，包科研所发展后劲和技术储备，包效益指标。三包指标与工资、奖金挂钩。同年，市属 20 多家独立科研机构领办了一批乡镇企业，创收 1 528.9 万元。市直 21 个独立科研机构中，有 7 个所实行所长承包经营责任制，14 个所实行所长负责制（其中 10 个所实现了经费自给）。在南漳、保康、谷城三个山区县建立了瓷土资源开发、林特产品和矿藏资源适用技术开发示范基地，在随州、老河口、枣阳、襄阳建立了鄂北岗地开发的综合试验、立体农业、生态农牧业、生态林业试验基地。在全市建立了棉花、烟草、苎麻、羊毛、食用菌、猕猴桃等 12 种原材料生产基地，面积达 140 多万亩。全市农村均建立科技推广中心和农科所，63%的村和43%的组建立农技点。在工业方面，依靠军民联合，开发技术起点高的新型产业，壮大地方经济发展实力。1989 年 8 月，全市召开科技兴市大会。市、县（市）区两级先后成立以党委、政府主要领导牵头，科技、教育、计划、经济、农业、组织、财政、金融等综合职能部门主要负责人参加的科教兴市、兴县（市）区领导小组，并相应成立了由科委牵头的科教兴市、兴县（市）办公室。全市 8 个县（市）由省委派了第一批科技副县（市）长，180 个乡镇配备了科技副乡（镇）长，部分村、组和办事处配备了科技副村、组长和主任，形成市、县（市）区、乡（镇）、村组四位一体的科技管理体系。围绕“科教兴市、鼎足湖北”战略决策，市、县（市）区两级结合自己的实际，分别制定了科技兴市、兴县（市）区发展战略。是年，全市社会科学刊物 18 种。1990 年，全市开发新产品 475 种，新花色 2 300 个，新产品产值 4.8 亿元，创利税 4 500 万元。1991 年 7 月，中日两国政府换文，将“湖北省北部地区农业水利设备”列入日本国无偿援助项目，日方投资 16.35 亿日元，中方匹配资金 1.3 亿人民币，新建石台寺泵站。1992 年 2 月，襄樊高新技术园成立，该园面积 2.2 平方公里，有独立科研机构 10 家、大中专院校 5 所，各类科技人员 4 000 多名。同年 5 月，该园被定为省级高新技术产业开发区，享受武汉东湖新技术开发区的优惠政策。9 月，举办了“’92 襄樊全国科技成果湖北交易会”，会议历时五天，展馆总面积 3 800 平方米，共六个展厅 197 个摊位。交易会展出优秀科技成果、专利技术、国外小件样品 2 430 项，发布技术、人才需求信息 8 000 多条，展销新产品 220 多件。共签订各类技术合同 812 项，合同金额 16 469.06 万元，技术交易额 7 656.48 万元，会议取得圆满成功。12 月，襄樊高新技术园被定为国家级开发区。是年，全市高新技术企业 18 家。襄樊市被确定为全国专利工作试点市。1993 年 4 月，市科委参与主办“全国实用技术成果推广、乡镇企业技术引进襄樊交易会”,共接待会议代表和参观人员2万人次,签订意向性协议合同888项、技术交易额2294万元,项目总投资超过2亿元。同年7月,中日友好石台寺灌溉工程无偿援助计划完成,正式竣工通水。1994年1月,省科委批准谷城县石花镇为省级星火技术密集区。’1995年10月7—9日,95襄樊科技成果交易会暨中国中部协作区第四届科技交流会在襄樊技术市场举行。此次交易会由国家科委成果办、湖北省科委、全国学联和襄樊市人民政府联合举办。交易会共签订正式和意向性合同422项,项目总投资规模35 160.5万元,技术交易额5 815万元。1996年5月,国家科委批准谷城县石花星火技术密集区为国家级星火技术密集区。1997年5月,省科委批复枣阳南城星火技术密集区为省级星火技术密集区,同时,市政府批准市地震办公室更名为襄樊市地震局(正县级)。其间,全市企业与大专院校的产学研合作取得较好效果。1998年,襄樊学院设立马克思主义研究所、三国历史文化研究所、宋玉研究所、孟浩然研究所、米芾书画研究所、神学美学研究所、释道安研究所、高等教育研究所、鄂北区域研究中心;襄樊电大成立了旅游经济研究所。襄樊市委、市政府及有关部门相继设立了应用性的社会科学研究机构。学科建设由哲学、政治经济学、科学社会主义、中共党史、党建等几个基础理论学科发展到软科学、公共关系学、信息学、档案学、三国文化、荆楚文化、炎黄文化等新兴的边缘学科。1999年,全市高新技术企业增至37家,从事高新技术产品开发的骨干企业58家,高新技术产品产值达68.12亿元。全市高新技术产业形成新材料、机电一体化、电子信息三大产业雏形。

2000年2月,市科委与市纪委监察局、市公安局联合对首批13家重点民营科技企业实行挂牌保护。同年9月15日,成立民营科技企业协会。2001年,全市社会科学刊物有43种,其中《农村经济与科技》、《司务长》、《襄樊学院学报》、《襄樊职业技术学院学报》等7种全国发行。2002年6月28日,樊城区科技创业服务中心成立,成为全省除武汉市外第一家由县级政府举办的科技创业孵化器。同年8月19日,科技部火炬高技术产业开发中心批复认定谷城县为国家火炬计划谷城节能与环保产业基地。同年11月,省科技厅批准谷城过山口为省级民营科技园。2003年2月26日,市委、市政府在南湖宾馆召开全市民营经济总结表彰大会,对民营企业的28项优秀新产品给予了表彰。同年10月,襄樊市生产力促进中心获省科技厅批准,并于30日在市科技信息局挂牌成立。是年,枣阳市、南漳县、老河口市、谷城县、保康县、宜城市、襄阳县、樊城区通过科技进步考核,其中枣阳市、谷城县被国家科技部评为全国科技进步先进县(市)。2004年1月16日,科技部火炬高技术产业开发中心批准建立“国家火炬计划襄樊汽车动力与部件产业基地”。同年11月,襄阳区被国家科技部确定为国家级“双低油菜产业化关键技术研究与示范区”。2005年底,科技部火炬中心下文批准襄樊节能电机与控制设备产业基地为国家火炬计划。至此,全市国家火炬特色产业基地数达3家(占整个湖北省的三分之一),初步形成了以襄樊高新区为主体,以国家火炬计划襄樊汽车动力与部件产业基地、襄樊节能电机与控制设备产业基地和谷城节能与环保产业基地为支撑的高新技术产业发展格局。是年,全市高新技术企业164家,国家火炬计划重点高新技术企业9家。其中年销售收入过10亿元的高新技术企业4家,过3亿元的7家,过亿元的16家。5家企业获省政府科技型中小企业创新奖,35家企业被列入“十一五”湖北省科技“五个一百工程”。全市高新技术产业产值达到232亿元,实现高新产业增加值58亿元,高新技术产业产值和增加值分别是黄石的2.23倍和1.57倍,是宜昌的3.05倍和2.32倍。全市民营科技企业有155家,企业职工总数17 561人,资产总额53.2亿元,实现总收入69.6亿元,总产值73.7亿元,上缴税金3.67亿元,出口创汇3 150万美元。市社科联所属学会增至77个,会员4.2万人。其中1 000人以上的专业学会2个,500—1 000人的学会20个,300—500人的学会15个,50—100人的学会16个;会员中有中级职称的2 500人,高级职称的1 500人;本科以上学历的2 800人,大专学历的3500人。枣阳市、襄阳区、南漳县、宜城市、谷城县、老河口市、汽车产业开发区相继成立社科联。

一、机构

（一）机构沿革

1979 年 1 月，襄阳地区革命委员会科学技术委员会被撤销，成立襄阳地区科学技术委员会，隶属地委领导，工作人员 18 人。1980 年 9 月，更名为襄阳地区行署科学技术委员会。1983 年 8 月，更名为襄樊市科学技术委员会。1986 年，隶属市政府领导，工作人员 64 人，下辖科技情报局（科技情报研究所）、专利管理局、农业科学技术管理局、地震办公室、胶粘技术研究所、激光技术研究所、生物化学研究所、科技开发研究中心、科学器材供应站。1993 年 1 月，工作人员精减至 42 人。同年 4 月，襄樊市科技情报局更名为襄樊市科技信息管理局。同年 7 月，襄樊市农业科学技术管理局改制为科技服务实体，成立襄樊市环星科技发展总公司，为市科委直属全民所有制企业。原农业科学技术管理局所担负的政府职能移交给市科委，所属的成员企业（或事业）单位移交给环星科技发展总公司。1997 年 5 月，襄樊市地震办公室更名为襄樊市地震局，为正县级事业单位，定编 12 人，下设秘书科、监测预报科、工程地震科，归口市科委管理。7 月，胶粘技术研究所改制为湖北回天胶业股份有限公司，为民营科技企业，与市科委脱钩。2001 年 11 月，襄樊市科学技术委员会更名为襄樊市科学技术局，为市政府组成部门，综合管理全市科技工作。主要职能：贯彻执行国家有关科技发展的方针政策和法律法规，研究制定全市科技发展和科技促进经济与社会发展的中长期规划和年度计划，组织实施全市重点科技攻关计划，统筹管理各项科技专项发展计划；研究多渠道增加科技投入的措施，优化全市科技资源配置，管理全市重点科技项目计划，负责科学事业费及有关费用的预、决算；指导、规范高新技术产品及高新技术成果的投资入股的认定工作，协调高新技术产业开发区、星火密集区的有关工作；负责全市火炬计划、星火计划、科技成果推广计划和各类基金项目计划的申报和项目立项后的跟踪管理工作，会同有关部门指导农村和企业科技进步；管理全市对外科技合作与交流，制定全市对外科技交流合作计划并组织实施；管理全市科技成果、科技执法、科技奖励、科技保密工作，负责技术市场管理，指导全市知识产权保护工作；指导市属科研机构的组建和调整，指导、规范技术交易中贯彻执行《合同法》情况的监督检查，促进科技咨询、招标、评估等社会科技中介组织的发展，推动科技服务体系的建立；负责全市科技条件、科技信息、科技统计管理工作；指导、协调全市科技管理和科技体制改革工作，管理全市软科学工作，指导全市民营科技工作，负责全市科普工作；承担市科技教育领导小组的日学工作，负责市政府科技奖励工作办公室和市民营科技管理办公室的日常工作。

市科技局党组机关内设外事成果科和高新科，人事、监察和发展计划科，办公室和离退休工作科四个党小组。市科技局党组管理市知识产权局党组、市地震局党组、市科技信息局（市科技信息研究所）党委、市激光技术研究所党支部、市生物化学研究所党支部、市科学器材供应站党支部、市科技开发研究中心党总支、市环星总公司党委、市新科科技发展中心党支部。市科技局内设办公室（行政审批科）、高新技术发展与产业化科、政策法规与社会发展科、对外科技合作与成果科、农村科技科、发展计划科、人事科、监察室、离退休人员工作科。行政编制 30 名，其中，局长 1 名，副局长 3 名，纪检组长 1 名；正科级领导职数 7 名，副科级领导职数 4 名。老干编制 2 名，其中科长 1 名。设立市科技动员办公室，作为市国防动员委员会的办事机构，核定行政编制 2 名，主任由局长兼任。2005 年 12 月，市科技局机关在职人数 35 人，其中党员 32 名。全局系统共有党员 180 名，其中在职党员 107 名、离退休党员 73 名。

1979—2005 年襄樊市科技局领导任职一览

表 29—1

机构名称(起止年月)	姓名	籍贯	职务	任职时间
襄樊市科委(1979—1983)	张德富	上海	党组书记	1979.5—1983.2
	鄂万友	辽宁黑山	党组副书记、主任	1979.5—1983.10
	李泮芹	山东寿张	党组副书记、副主任	1979.12—1983.10
	吕宜学	山东沂南	副主任	1979.6—1983.12
	王运生	湖北枣阳	副主任	1979.6—1983.12
	熊正隆	湖南桃源	副主任	1979.6—1983.12
襄阳地区科委(1979—1983)	赵立真	山东蒙阴	党组书记、主任	1979.3—1983.12
	马中云	河南唐河	党组副书记、副主任	1979.3—1983.12
	吴怀宝	河北涞水	党组副书记、副主任	1979.3—1983.12
襄樊市科委(1983—1985)	张友林	湖北谷城	党组书记、主任	1984.6—1985.11
	刘成儒	山西榆次	党组副书记、副主任	1983.12—1985.11
	熊海楠(女)	湖北红安	副主任	1984.8—1985.11
	王应槐	上海	副主任	1984.8—1985.11
襄樊市科委(1985—1989)	张友林	湖北谷城	党委书记、主任	1985.11—1989.8
	熊海楠(女)	湖北红安	党委副书记、副主任	1985.11—1989.8
	陈声桂	湖南新宁	党委副书记、副主任	1985.11—1989.8
	王玉德	湖北襄樊	纪委书记	1985.11—1989.8
	王应槐	上海	副主任	1985.11—1989.8
	熊楚谦	湖北麻城	副主任	1988.10—1989.8
	李恩祥	天津	副主任	1988.11—1989.8
	丁明昌	湖北枣阳	工会主席	1989.3—1989.8
	刘茂林	山东招远	总工程师	1985.11—1989.8
襄樊市科委(1989—1990)	严永康	湖北襄樊	党委书记	1989.8—1990.9
	熊海楠(女)	湖北红安	党委副书记、副主任	1989.8—1990.6
	陈声桂	湖南新宁	党委副书记、副主任	1989.8—1990.9
	王玉德	湖北襄樊	纪委书记	1989.8—1990.9
	王应槐	上海	副主任	1989.8—1990.9
	李恩祥	天津	副主任	1989.8—1990.9
	熊楚谦	麻城	副主任	1989.8—1990.9
	丁明昌	湖北枣阳	工会主席	1989.8—1990.9
	刘茂林	山东招远	总工程师	1989.8—1990.9
襄樊市科委(1990—1992)	朱庆良	湖北通山	党委书记、主任	1990.9—1992.12
	陈声桂	湖南新宁	党委副书记、副主任	1990.9—1992.12
	王玉德	湖北襄樊	纪委书记	1990.9—1992.12
	李恩祥	天津	副主任	1990.9—1992.12
	熊楚谦	湖北麻城	副主任	1990.9—1992.12
	邓良云	武汉	副主任	1990.9—1992.12
	丁明昌	湖北枣阳	工会主席	1990.9—1992.12
	刘茂林	山东招远	总工程师	1990.9—1991.9
	王应槐	上海	总工程师	1991.9—1992.12

续表

机构名称(起止年月)	姓名	籍贯	职务	任职时间
襄樊市科委(1993—1994)	朱庆良	湖北通山	党委书记	1993.1—1993.12
	朱庆良	湖北通山	主任	1993.1—1993.5
	连庆云	湖北监利	党委副书记、主任	1993.5—1994.6
	陈声桂	湖南新宁	党委副书记、副主任	1993.1—1993.7
	李恩祥	天津	副主任	1993.1—1994.6
	熊楚谦	湖北麻城	副主任	1993.1—1994.6
	邓良云	武汉	副主任	1993.1—1994.6
	王应槐	上海	总工程师	1993.1—1994.6
	王玉德	湖北襄樊	纪委书记	1993.1—1994.6
	丁明昌	湖北枣阳	工会主席	1993.1—1994.6
襄樊市科委(1994—1997)	连庆云	湖北监利	党委书记、主任	1994.6—1997.4
	熊楚谦	湖北麻城	副主任	1994.6—1997.4
	邓良云	武汉	副主任	1994.6—1997.4
	王应槐	上海	副主任	1994.6—1997.4
	曾学毅	湖北黄陂	副主任	1994.6—1997.4
	丁明昌	湖北枣阳	纪委书记	1994.6—1997.4
	潘武成	湖北襄阳	副主任	1994.6—1997.4
	钟翔(女)	湖南沅江	工会主席	1995.8—1997.4
襄樊市科委(1997—2002)	徐建初	安徽天长	党委书记、主任	1997.4—2001.12
	熊楚谦	湖北麻城	党委副书记、副主任	1997.4—2001.12
	邓良云	武汉	副主任	1997.4—2001.10
	王应槐	上海	副主任	1997.4—1999.5.
	曾学毅	湖北黄陂	副主任	1997.4—1998.4
	潘武成	湖北襄阳	副主任	1997.4—2000.12
	丁明昌	湖北枣阳	副主任	1997.4—2001.12
	钟翔(女)	湖南沅江	副主任	1998.12—2001.12
	李元家	湖北南漳	副主任	1998.12—1999.5
	袁国顺	湖北老河口	副主任	1999.5—2001.12
	沈光	河北故城	纪委书记	1999.5—2001.12
	周耀华	湖北随州	工会主席	1999.5—2001.12
襄樊市科技局(2002—2005)	徐建初	安徽天长	党组书记、局长	2002.1—2005.12
	熊楚谦	湖北麻城	党组副书记、副局长	2002.1—2003.11
	乔海林	湖北襄阳	党组副书记、副局长	2003.12—2005.12
	余鄂洪	湖北黄冈	副局长	2002.1—2005.12
	丁明昌	湖北枣阳	副局长	2002.1—2004.12
	钟翔(女)	湖南沅江	副局长	2002.1—2005.12
	袁国顺	湖北老河口	副局长	2002.1—2005.12
	沈光	河北故城	纪检组长	2002.1—2005.12
	周耀华	湖北随州	工会主任	2002.1—2005.12

(二)社会科学研究机构与学术团体

1.襄樊市社会科学联合会(湖北省社会科学院襄樊分院)

1982年4月,襄阳地区成立哲学社会科学联合会,下属哲学学会、经济学会、科学社会主义学会、党史学会、党建学会等5个学会。1983年9月,更名为襄樊市社会科学联合会。1987年11月,更名为襄樊市社会科学界联合会(简称社科联),正、副会长改称正、副主席,办事机构设在市委宣传部内,由理论科负责有关业务工作。1991年3月,市社科联作为县级行政单位,从市委宣传部分设出来,定编8人,内设办公室、学会部(《社科研究》编辑部)两个科室。2000年12月,成立湖北省社会科学院襄樊分院,与市社科联合署办公,实行两块牌子、一套班子的领导管理体制。设城市风景旅游规划研究和旅游经济研究两个院外研究所。

1982—2005年襄樊市社科联历任主席团成员

表29—2

时 间	届 别	姓 名	职 务	机构名称
1982.4—1983.10		张 桓	会 长(兼)	襄阳地区哲学社会科学联合会 襄樊市哲学社会科学联合会
1984.7—1987.11		刘纯臣	会 长(兼)	襄樊市哲学社会科学联合会
			主 席(兼)	襄樊市社会科学联合会
1990.12	第一届	张子强	主 席(兼)	
		黄传高	秘书长(兼)	
1991.9		何明太	秘书长(兼)	
1997.9	第二届	张子强	主 席(兼)	
		何明太	秘书长(兼)	
2003.4	第三届	马 黎	主 席(兼)	
		何明太	秘书长(兼)	

2.社科联所属群众性学术团体

社科联所属群众性学术团体一览

表29—3

名 称	挂靠单位	名 称	挂靠单位
襄樊市哲学学会	襄樊市委党校	襄樊市党史学会	襄樊市委党校
襄樊市写作学会	襄樊市委党校	襄樊市经济学会	襄樊市委党校
襄樊市心理学会	襄樊市教科所	襄樊市工会学会	襄樊市总工会
襄樊市教育学会	襄樊市教科所	襄樊市新闻学会	襄樊日报社
襄樊市群众文化学会	襄樊市群艺馆	襄樊市医学理论学会	襄樊市卫生局
襄樊市卫生经济学会	襄樊市卫生局	襄樊市医学社会学会	襄樊防疫站
襄樊市档案学会	襄樊市档案局	襄樊市工商管理学会	襄樊市工商局
襄樊市统计学会	襄樊市统计局	襄樊市审计学会	襄樊市审计局
襄樊市法官学会	襄樊市中级人民法院	襄樊市女法官学会	襄樊市中级人民法院

续表

名 称	挂靠单位	名 称	挂靠单位
襄樊市地方、国际税收学会	襄樊市地税局	襄樊市税务学会	襄樊市国税局
襄樊市社会学学会	襄樊高新区管委会	襄樊市会计学会	襄樊市会计局
襄樊市检察学会	襄樊市人民检察院	襄樊市图书馆学会	襄樊市图书馆
襄樊市财政学会	襄樊市财政局	襄樊市广播电视学会	襄樊市广播局
襄樊市粮食经济学会	襄樊市粮食局	襄樊市金融学会	襄樊市人行
襄樊市商业学会	襄樊市商业协会	襄樊市城市金融学会	襄樊市工商银行
襄樊市农村经济学会	襄樊市农经局	襄樊市价格学会	襄樊市物价局
襄樊市供销经济学会	襄樊市供销社	襄樊市建材学会	襄樊市建材公司
襄樊市商业经济学会	襄樊市商务局	襄樊市农村金融学会	襄樊市农行
襄樊市公共关系学会	襄樊市电大	襄樊市楚国历史文化学会	南漳县政府办
襄樊市记者协会	襄樊日报社	襄樊市计划生育协会	襄樊市计生委
襄樊市图书报刊发行协会	襄樊新闻出版局	襄樊市企业管理协会	襄樊市经委
襄樊市财贸企业管理协会	襄樊市商务局	襄樊市行草书法协会	襄樊市社科联
襄樊市对外文化交协会流	襄樊市外宣办	襄樊市演讲协会	襄樊市社科联
襄樊市知名企业家协会	襄樊市社科联	襄樊市信息工作者协会	襄樊市委办
襄樊市物资行业协会	襄樊市经委	襄樊市纺织行业协会	襄樊市经委
襄樊市经纪人协会	襄樊市社科联	襄樊市外经贸协会	襄樊市商务局
襄樊市 WTO 研究会	襄樊市委党校	襄樊市统战理论研究会	襄樊市委统战部
襄樊市卫生系统思想政治研究会	襄樊市卫生局	襄樊市家庭教育研究会	襄樊市妇联
襄樊市历史文化名城研究会	襄樊市名城办	襄樊广播电视高等教育研究会	襄樊广播电视大学
襄樊市机关党建研究会	襄樊市机关工委	襄樊市软科学研究会	襄樊市科委
襄樊市城建经济研究会	襄樊市建设局	襄樊市精神文明建设研究会	襄樊市精神文明办
襄樊市中青年经济研究会	襄樊市体改委	襄樊市人才研究会	襄樊市人事局
襄樊市老区教育研究会	襄城区教委	襄樊市新四军历史研究会	襄樊市党史办
襄樊市体改研究会	襄樊市发改委	襄樊市地方人大工作研究会	襄樊市人大
襄樊市工交职工思想政治工作研究会	襄樊市经委	襄樊市思想政治研究会	襄樊市委宣传部
襄樊市炎黄文化研究会	襄樊市社科联	襄樊市延安精神研究会	襄樊市社科联
襄樊市诸葛亮文化研究会	隆中风景区管委会	襄樊市电力职工思想政治工作研究会	襄樊社科联
襄樊市荆楚文化研究会	襄樊市社科联	襄樊市电力职工研究会	襄樊市社科联
襄樊市女企业家协会	襄樊市社科联	襄樊市行草书研究会	襄樊市社科联
襄樊市襄阳米芾书画院	襄樊市社科联	襄樊市诺兰心理咨询中心	襄樊市社科联

3.刊物

1989 年,全市社科类刊物有 18 种。1996 年,《农村经济与科技》、《城乡税务》、《司务长》等 3 种刊物被省新闻出版局评为优秀期刊。2001 年,社科刊物发展到 43 种。《襄樊学院学报》、《名城报》、《理论研究》、《理论天地》、《农村经济与科技》、《财苑》、《城乡税务》、《金融与经济》、《司务长》、《科技与社会发展》等杂志较有影响。《襄樊学院学报》、《襄樊职业技术学院学报》、《名城报》、《农村经济与科技》、《城乡税务》、《司务长》等 7 种刊物全国发行。2005 年,《社科研究》与 80 多个省、市级社科刊物进行交流，影响不断扩大。

二、高新技术

（一）发展阶段

图 29—1 中航精机调角器生产线

1987 年，境内高新技术产业进入发展初期，主要依靠三线军工企业，开展军民结合，开发高新技术产品成本。1988 年，全市联合 60 多家军工企业，组织 20 多个军民联合体，开发了 50 多种技术起点高、市场前景好、有竞争能力的产品。同年 9 月，市政府批准组建襄樊市高新技术产业管理局。至 1991 年，全市高新技术企业增至 14 家，高新技术产业产值 1.43 亿元，实现利税 2700 万元。

1992 年 12 月，襄樊高新技术开发区升格为国家级开发区。自此，全市高新技术产业进入成长期。至 1998 年，全市从事高新技术产品开发的骨干企业 53 家，其中 30 家被认定为高新技术企业，高新技术产业增值 60 亿元。1999 年，全市高新技术产业进入快速发展时期。至 2005 年，全市经省科技厅认定的高新技术企业 164 家，国家火炬计划重点高新技术企业 9 家。年销售收入过 10 亿元的高新技术企业 4 家，3 亿—10 亿元的 7 家，过亿元的 16 家。全市高新技术产业产值 232 亿元，高新产业增加值 59 亿元，分别占全省的 15%、11%，占全市工业总产值、工业增加值的 40%、31%。

（二）重点领域和产品

按照“有限目标、突出重点、立足产业、滚动发展”的原则，至 2005 年，全市形成具有襄樊特色的电子信息、机电一体化、节能与环保、新材料四大重点领域和一批具有竞争力的高新技术产品，提高了经济增长的质量和效益。

（三）园区建设

1992 年 2 月，市委、市政府批准成立襄樊高新技术园，该园面积 2.2 平方公里，独立科研机构 10 家，大中专院校 5 所，各类科技人员 4000 多名。同年 5 月，省政府批准襄樊高新技术园为省级高新技术产业开发区，享受武汉东湖新技术开发区的优惠政策。同年 12 月，经国务院批准，认定襄樊高新技术产业开发区为国家级开发区，成为全国 53 家、全省 2 家国家级高新区之一。2002 年 8 月，国家火炬计划谷城节能与环保产业基地被批准建立。2004 年 1 月，国家火炬计划襄樊汽车动力与部件产业基地被批准建立。2005 年底，国家火炬计划襄樊节能电机与控制设备产业基地被批准建立。襄樊形成以高新区为主体、以三个特色产业基地为支撑的高新技术产业发展格局。2005 年,襄樊高新区实现工业总产值 307 亿元, 高新技术产业产值 216 亿元,技工贸总收入 262.6 亿元,利税 25 亿元,经省科技厅认定的高新技术企业 130 家。并形成以汽车产业为主体的汽车工业园区,以军工机电、新材料为主体的高新技术园区;以东风汽车公司襄樊基地为依托的汽车动力与部件产业群、以湖北华光新材料有限公司为龙头的新材料产业群、以江汉航空救生装备工业公司为主体的机电一体化装备产业群。东风汽车、东风仪表、中航精机、湖北新华光成为沪深两市的上市公司。同年,包括美国康明斯、美国德纳、日本日产、法国标致雪铁龙 4 家世界 500 强企业在内的 20 多家企业前来襄樊高新区投资。

图 29—2 湖北新火炬股份有限公司轮毂轴承全自动

图 29—3 湖北新火炬股份有限公司轮毂轴承全自动

图 29—4 机械手自动焊接

图 29—5 神龙汽车发动机

图 29—6 神龙汽车公司总厂发动机生产线

三、科技计划

(一)科技攻关计划

1958 年 10 月,襄樊市和襄阳地区专署分别设立科学技术委员会,科技攻关计划是当时科技部门负责实施的唯一的重点科技发展计划。1960 年 10 月,地、市科委被撤销而中止实施。1972 年地、市科委恢复成立而继续实施该计划。1979—1985 年,全市承担市级以上科技攻关计划项目 279 项,科技三项费 929 万元。重点实施的项目有:年产三十万平方米硅灰石低温快速烧成釉面砖、年产十万平方米合成面革、年产四百万条床单连续轧染新工艺、年产一千吨特种铜版纸、年产一千万件棉针织物丝光新工艺、年产一千吨异构糖工业性试验、风机和可控硅控制装置、移动通讯自动转换及多波道自动选通系统、抗碱玻璃纤维及应用研究、平板自动印花机、连续转移印花工艺和设备的研究、二氧化硫脲、1KZ—22 型机动地膜覆盖机、太阳能玻璃钢集热罩保护混凝土的研究、蔬菜新产品选育及栽培技术研究、乙波段卫星直播电视接收装置、高灵敏度高精度温度传感器、激光治癌设备及辅助仪器、金红石中试、石油伴生气回收装置等。1986—1990 年,全市承担市级以上科技攻关计划项目 297 项,科技三项费 1 018 万元。重点实施的项目有:鄂北岗地综合开发、麦棉两熟区集约化种植、水稻光敏感核不育中籼组合选育、茶园高产优质综合栽培技术、碳化硅二极管温度传感器、麻涤细薄织物系列产品、亨得 SF—780 型箭杆织机、云南硅藻土载体的研究、HMM 树脂新工艺的研究、吸附性活性炭中试、TP801/MCS—51 单片机开发、3 英寸液晶电视接收机的研制、双密封低噪音轴承、小麦新品种选育、保康磷矿资源评价、芝麻新品种选育、激光打孔机、网箱养殖尼罗非鱼、核桃丰产栽培技术、转移印花技术等项目。1991—1995 年,全市承担市级以上科技攻关计划项目 214 项,资金总投入 1 820 万元,其中三项费 1 178 万元。重点实施的项目有:棉花新品种大面积示范、杂交中稻“三两”栽培、五十铃 N 系列轻型汽车轴承、多画面彩色电视机、EQ1141G 型汽车前后桥关键制造技术、固体化学氧化发生器、小麦新品种选育、棉花自交混繁法原种生产技术、金属瓷质砖、半水煤气直接合成二甲醚新工艺的中试、可溶性止血消炎纱布、免维护铅蓄电池栅系列合金、轮胎钢丝圈成型加工成套设备、鄂北岗地综合技术开发、阴极电泳漆研究、钢塑复合管成型工艺、金红石彩虹和金色系列云母钛珠光颜料中试、十万亩麦冬山药大头菜优质高产试验示范、薤山银毫及其系列研究、岗地区降水量动态监测及干旱综合防治措施研究、中性施胶新工艺中试、省名特产资源开发利用研究等。1996—2000 年,全市承担科技攻关计划项目 455 项,资金总投入 3 660 万元,其中三项费 2 534 万元。重点实施的项目有:一次性医用手术缝合器、陶瓷压力传感器、自动高压溶样仪研制、新型反渗透膜净水器、新型旱田除草剂、小麦育种、特种表面活性剂 EHQ 的研制及应用、特种超薄眼镜片玻璃配方工艺研究、BC369 生物抗癌制剂、环保型水基覆膜胶粘剂配方工艺研究、有机硅废料裂解生产环体中试、小麦新品种选育、YQT 液体电阻起动调速器、轿车等速万向节精密成型技术研究、新式汽车点火线圈开发、植物新品种引进试验研究、三维坐标测量定位系统研究开发、热超导介质应用研究、磷酸萃取新工艺研究、秸秆气化集中供气技术示范、特大功率晶闸管开发、掌上多功能测厚仪、食用菌产业化关键技术研究与开发、科技信息数据处理系统研究等项目。2001—2005 年,全市承担科技攻关计划项目 736 项,资金总投入 8 969 万元,其中三项费 4 668 万元。重点实施的项目有:玻璃盘基小型硬盘盘片、优质高产高效保优栽培关键技术集成研究与示范、湖北省种地道药材规范化种植及示范基地建设研究、汽车用就地成型有机硅密封胶、亚纳米羊毛粉末研制及新纤维材料开发、交流电动机功率因数智能动态补偿系统的研制、油田抽油机间歇开启全自动控制装置、浸提法磷泥回收黄磷新技术、动态快速测量电子吊秤、剪子沟小流域土壤流失量综合研究、湖北省制造业信息化应用示范工程、生态有机茶开发、化学药物生产工艺提升研究—奈普生新工艺研究、小麦新品种鄂麦19、ZRP低压电能质量优化控制装置、自动跟踪型电极功率因数补偿器、环保型无甲醛抗水剂试验研究、智能化多功能电力终端远程监控装置、基于虚拟供应链的通信工程项目管理GIS系统、利用小麦麸高效生产功能性食品的关键技术研究、155千瓦电极—水泵机组双馈高速装置、电控式非叠氮气体发生器、中频小型永磁交流同步电动机等。

(二)星火计划

1986—1990年,全市承担省级以上星火计划项目67项,资金总投入3745万元(含项目单位自筹、财政拨款、银行贷款)。重点实施的项目有:旋耕机研究开发、优质绿茶系列产品、固态酒糟综合利用、石煤煅烧水泥熟料、防眩目汽车灯玻壳系列产品开发、多品种汽车前桥总成、哈科巴整径机、麦稻收割机、农用硝酸稀土、高档彩电遥控装置、小麦大面积高产示范等。1991—1995年,全市承担省级以上星火计划项目81项,资金总投入15 175万元(含项目单位自筹、财政拨款、银行贷款)。重点实施的项目有:自行车助行器、防眩型汽车玻璃、重型汽车锌合金防雾灯壳、麦稻良种生产、五十万亩小麦高产栽培模式、涤氨针织高弹面料、电话主副机自转器、油脂一步法制备脂肪精、LK—A即用浆料、R6型高能镍/氢化物电池、道路硅酸盐水泥生产技术、中高支纱系列织物、松香生产工艺及产品开发、魔芋精粉加工工艺及设备、农用运输车检测试验台、聚烯纤维色母料、无污染再生铅、高效节能荧光灯系列产品开发、SMC模压系列产品开发、汉江滩涂综合开发等。1996—2000年,全市承担省级以上星火计划项目82项,资金总投入70 193万元(含项目单位自筹、财政拨款、银行贷款)。重点实施的项目有:无污染再生铅技术、SD—1耐高温有机硅树脂、高档涤棉织物出口产品开发、高效生物复合(混)肥、蜗牛系列产品开发、LK—9469硬性织物乳液、高压静电除尘器、单双面电路板、麦胚饮料、高分离喷柒排气净化机、便携式X射线诊断仪、熊果苷、水溶法提取花生蛋白粉、年产10万吨钙镁磷肥改性复合肥、LK—98丙苯胶乳、节能节材旋压皮带轮、金红石型云母钛珠光颜料、埋地式无动力生活污水净化装置、双低油菜籽精加工生产线、RTM厢板复合生产线等。2001—2005年,全市承担省级以上星火计划项目48项,资金总投入58 132万元(含项目单位自筹、财政拨款、银行贷款)。重点实施的项目有:可控光和生物双降解新型农用塑料薄膜的开发、万亩魔芋基地建设及系列产品开发、喷气织机引进及高档服装面料开发、新型功能差别化纤维面料生产技术开发、蜂王浆蜂花粉深加工开发及产业化、大豆分离蛋白生产技术开发、无公害绿色仪器橡子深加工开发、年产90吨高效萃取皂素新技术开发、大豆卵磷脂生产线开发、环保型节能生态养猪及产业化、花椒深加工系列产品开发、构树的高效种植及生物加工技术开发、优质油菜核不育三系杂种生产技术示范、双低油菜种子产业化生产与示范推广、黑芝麻系列制品产业化开发与示范、沙梨品改换优示范、猪—沼—菜生态模式大面积推广示范、百三叶草种扩繁技术推广应用示范、优质高产杂交水稻粤优997丰产高效栽培技术示范、日本水芹繁育与制种产业化开发、高档苎麻弹力布技术开发、中间型留胚米产业化技术开发等。

(三)火炬计划

1986—1990年,全市承担国家、省级火炬计划项目9项,资金总投入2986万元(含项目单位自筹、财政拨款、银行贷款)。重点实施的项目有:高压合成绝缘子、冷藏运输用冷冻机组、直流主轴驱动装置、高效杀菌灭虫洗衣粉、电脑报警电话生产线、阿胶口服液、碳化硅二极管温度传感器及配套仪表、多信道移动通讯系统、特种橡胶圈等。1991—1995，全市承担国家、省级火炬计划共安排项目18项，资金总投入7 875万元（含项目单位自筹、财政拨款、银行贷款）。重点实施的项目有：FF系列电液伺服阀、电镀添加剂系列产品、商业收款终端机、电脑防盗保险箱柜、小车式吊车电子秤、高性能多用途密封胶、抗侵蚀剥落锆英石砖、压力传感器、联网型风力发电机、天然食用色素、无石棉—海泡石摩擦材料、长虹数控系统、高精度无极调节座椅液压锁、PVC型材及门窗、液压锁开发、高级纯澳毛太阳绒保暖制品、XSH—500千伏高电压合成绝缘子、一次成型光学玻璃等。1996—2000年，全市承担国家、省级火炬计划项目30项，资金总投入44 301万元（含项目单位自筹、财政拨款、银行贷款）。重点实施的项目有：WYF—1微机遥控防误装置、锆英石耐火材料、中速卷烟接装机组、瓷铂连熔断新工艺生产光学玻璃、XDN耐磨合金管道、熔合平顶双焦粗毛边镜片、水力除焦程序控制成套设备、KK800A—1600A快速晶闸管、表面保护膜、轿车等速万向节传动轴、回天系列厌氧性密封胶、耐XDN磨合金管道、磁盘用微晶玻璃基板、二甲基环硅氧烷（DMC）、Fe—TPMP复合管、聚氨酯软泡匀泡剂、高压热变电阻器、FTD系列智能化不间断电源、15吨串联驱动车桥、聚氨酯模塑蜡型脱模剂、全自动汽车前轴生产线、汽车座椅调角器、华中数控技术改造传统设备产业化基地等。2001—2005年，全市承担国家、省级火炬计划项目67项，资金总投入152 778万元（含项目单位自筹、财政拨款、银行贷款）。重点实施的项目有：达欧I排放6BTA\6BTAA型柴油发电机、高档大型客车车桥、高压交流电动机液态软起动装置、农膜用新型转光剂、年产2 000吨耐碱玻璃纤维、特大功率晶闸管、DNA分子标记技术培育玉米新品种正大一号、无氰电镀低锡青铜回火胎圈钢圈丝、智能化静止进相机、全自动汽车前轴生产线、PTT数字化在线不间断电源、TJB2A汽车座椅调角器、大功率节能荧光灯、高效萃取皂素、无污染再生铅、抽油机智能控制装置、EQ1040系列高档轻型商用车、高压热变电阻器、异型锻件加工新工艺精锻汽车转向节、高性能厌氧胶粘剂、汽车安全气囊气体发生器、汽车控制系统空气干燥剂、智能节电器、高效烟气脱硫循环泵、汽车变速器等。2005年，在国务院批准的全国53家国家级高新区中，湖北省为2家，其中襄樊市1家，即襄樊国家级高新技术产业开发区。襄樊市拥有国家级科技企业孵化器1家，即襄樊高新创业服务中心；省级1家，即樊城区科技创业服务中心。襄樊市被科技部火炬中心认定国家级火炬计划重点项目6项；认定国家火炬计划重点高新技术企业9家；全市承担国家级中小企业创新基金项目16项，获基金支持1140万元；承担省级创新基金项目16项，获基金支持420万元。

（四）科技成果重点推广计划

1986—1990年，全市承担国家、省级科技成果重点推广计划项目7项，资金总投入965万元（含项目单位自筹、财政拨款、银行贷款）。重点实施的项目有：静电除焦油塔、“四防”助剂、辐射管搪瓷烧成炉、线材轧后余热处理工艺及装置、沥青乳化剂等。1991—1995年，全市承担国家、省级科技成果重点推广计划项目40项，资金总投入7144万元（含项目单位自筹、财政拨款、银行贷款）。重点实施的项目有：提高冲天炉熔炼质量、废铝再生铝导线工艺、蒸气养护窑炉自控系统、高效节能荧光灯、面粗质次猪皮制革新技术、硫酸生产余热利用、回收利用纸机排水新工艺、冷冲模CAD/CAM系统、管道反应器制粒状磷铵及VPK复合肥技术、金属门窗及制品静电喷塑高装饰涂层、奥贝球铁齿轮制造工艺、蛋肉鸡优良品种及配套、子午胎翻新技术开发、铸态球墨铸铁新工艺、水泥机立窑综合节能技术、PT—13型静电粉尘喷涂设备、汽车前轴成型滚锻工艺、推广优质稻、推广秸秆养生、氨化饲料及牛的育肥技术、汽车检测诊断新技术等。1996—2000年，全市承担国家、省级科技成果重点推广计划项目25项，资金总投入23321万元（含项目单位自筹、财政拨款、银行贷款）。重点实施的项目有：粉末冶金铜铅合金钢带滑动轴承、麦茬杂交中稻综合高产栽培技术、优质小麦综合高产技术、小麦新品种高产栽培技术、年产4 000吨岩石膨化硝胺炸药、国产清梳联生产线、年产5万吨饲料级脱氟磷酸钙、直接法生产5 000吨/年过氧化氢、高速列车座椅、无污染再生铅技术、有机硅消泡剂系列产品、HB系列电机保护节电接触器、克虫金(阿维菌素)原药及系列产品、高强度薄壁轿车发动机缸体、稀土碳铵复混肥、密闭铅酸蓄电池技术、矿用KJ型镍氢电源安全帽灯、XG—10箱型封闭式高压开关柜等。2001—2005年,全市承担国家、省级科技成果重点推广计划项目16项,资金总投入18 895万元(含项目单位自筹、财政拨款、银行贷款)。重点实施的项目有:120吨/年沙坦联苯开发、阴极电泳漆系列产品、精馏法提取高a—型天然维生素E、SD—3改性氧化镁粉、汽车喷放制浆新工艺、稳定二氧化氯消毒杀菌剂、烟化法铅渣的铅锌回收技术、轴类零件制造技术、农业节水灌溉技术、鄂桃一号优质丰产栽培技术推广、汽车前轴辊锻复合工艺技术、新型天然油脂氧化亚硫酸化生产技术、锑硒合金生产工艺技术推广、汽车专用有机硅密封胶生产工艺推广等。

(五)重点新产品计划

1998—2000年,全市承担省级以上重点新产品计划项目26项,新产品补助经费53万元。重点实施的项目有:KB—1变频分体空调控制器、Fe—TPMP复合管道、二甲基环硅氧烷(DMC)、D2035新型阳极电泳漆、QLHJ—2000型氢氧焰焊割机、二甲基环硅氧烷、HJS5321ZFL型粉粒物料自卸车、熊果苷Arbutin、集装箱角件、镁氨肥、±500KV直流合成绝缘子、高倍捻线机WJ—400、防腐胶、特种超薄镜片毛坯、密封式铅酸蓄电池、高压交流电动机液态软起装置、低锡青铜回火胎圈钢圈丝、双列圆锥滚子轴承、电泳铝合金建筑型材、全密闭蓄电池接线柱正极负极衬套系列铅零件、交联阴离子型聚安酯皮革涂饰剂、生物农药克虫金等。2001—2005年,全市承担省级以上重点新产品计划项目49项,新产品补助经费249万元。重点实施的项目有:东风康明斯6BTA/6BTA型柴油发动机、700100粘接型单元圆锥滚子轴承、智能化不间断电源、太阳能沼气发生器、无间隙轿车座椅调角器、多层印刷电路板、无石棉汽车用制动器衬片、防护电离辐射铅屏蔽构件、智能型轿车轴承、LCD、CRT用高品质光学玻璃、锑硒合金、高折射率(16)光学树脂材料、JCBL串联有源电力滤波装置、汽蒸喷放(爆破)制浆技术装置、汽车灯光全自动测方式系统装置、机械式气体发生器、高效烟气脱硫循环泵、纳米镍铜铅合金滑动轴承材料、无线市话基站管理GIS系统、多维时序磁化磁场磁粉探伤机、大容量高压电动机热变电阻软起动装置、HTC—1耐高温无机胶、一次成型超细通孔拉丝模、超快恢复半导体功率模块等。

四、农业科技

(一)开发与推广

1979—1985年,全市实施科技攻关,成功选育襄麦五号,并于1982年5月18日通过鉴定,推广应用BG—90—2、929等中稻新品种和襄芝2号、“丰鲤”“荷元鲤”等优良品种,大面积营造泡桐、湿地松、火炬松、沙南松等速生优良树种混交林,大力推广杂交水稻高产栽培、地膜覆盖、配方施肥、化学除草、牲畜“四化”、袋料栽培食用菌、苹果梨矮密丰等种养新技术。1983年3月11日,在南漳和随县北部首次飞播造林7万多亩。1986—1990年,围绕大面积实施机耕深耕、秸秆还田等土壤改良措施;利用路、堤、渠设置林带,利用荒山、荒坡发展片林,利用村宅隙地建设湾子林。引进大红袍、板栗、新郑大枣、大佛手银杏、雪梨、黄花梨、雪桃、冬桃、藤稔葡萄等40多个品种，枣阳市推广甜油桃3000亩、雪梨1000亩，襄阳县建成梨枣、鲜仙桃等为主的高效优质果园3 500亩，银杏基地5 000亩，老河口市在汉江滩涂建立以华梨一号和大仙桃为主的高标准果园2.7万亩。大仙桃是襄樊市濒临灭绝的地方优良品种，在老河口农民杨遂胜家种植多年，1987年转入大田栽植，对其优质商品化生产的栽培管理、整形修剪、病虫综合防治等进行了全面的探索总结。2000年7月6日，通过成果验收和品种审定，2001年3月，湖北省品种审定委员会将大仙桃命名为"鄂桃一号"。全市共发展130 000亩，年产优质果20 000万公斤，年创产值5 000万元。1991—1995年，因地制宜实施10万亩油菜华杂二号示范推广、襄阳县百万亩小麦高产栽培大样板基地、10万亩优质稻优质小麦高产栽培基地、万亩南方大豆高产示范区基地、白果人工辅助授粉、襄阳县东津、优质茶栽培及加工试验示范、欧庙10万亩麦冬、山药、大头菜高产栽培试验示范、宜城6万亩芦苇开发基地建设、545短季棉示范、襄阳石桥1万亩莲藕示范基地项目；引进推广了"891"和"989"优质小麦、杂交中稻汕优63、优质稻"89734"和"1776"、鄂棉13号、芝麻中芝10号、中华螯绒蟹、淡水白鲳、黄山羊、鲁花克氏克牧草、转基因西红柿、脱毒草莓、土豆、水果型甘薯83—2146、优质烟叶"8611"等新品种20多个，优质烟叶"8611"大面积种植，取代云南烟叶，为襄樊市卷烟提供原料；重点推广了"水稻三两栽培"、模式化栽培、化学生物调控、地膜和温室栽培、测土配方施肥、水稻旱育秧、水稻旱育稀植、双膜棉等种植高产技术20多项；枣阳在主副林带沿线发展300多公顷桃园，老河口市在沿王甫洲建起万亩优质梨基地，年产10 000多吨，增收2 150万元，成为千里汉江第一洲。

1995—2000年，围绕"五优工程"（优质稻米、优质小麦、优质油料、优质生猪、优质水果），成功选育弱筋小麦鄂麦14和优质专用小麦鄂麦15。2000年，通过湖北省农作物品种审定委员会审定，在湖北及周边地区大面积推广。鄂麦14和鄂麦15单产达到6 270公斤/公顷，2000年被定为全省优质小麦重点示范品种；水稻主要引进了"香优14430"、91—33、65002和猫芽稻等优质水稻新品种，推广了两段育秧、旱育抛秧等新技术，单产增长到9 750公斤/公顷；重点实施了80万亩油菜秋发栽培技术、35万亩紧凑型玉米高产栽培技术等试验基地建设、省重点科技成果推广计划项目襄阳县30万亩麦茬杂交中稻综合高产栽培技术、襄阳峪山3万头循环养牛、枣阳市兴隆镇500立方米秸秆气化集中供气站、中韩合资永进绿色食品有限公司的"无公害绿色食品橡子仁深加工"项目，棉花主要引进示范短季棉545、鄂棉20、鄂抗棉3号等新品种，推广了两膜棉、植物生长调节剂等新技术，棉花单产达到1 020公斤/公顷；油料生产重点引进推广了高产芝麻和华杂系列等双低油菜新品种，油料产量增加到23.45万吨。形成特色产业，襄阳粮食和饲料加工、枣阳市水果产业带、河口大棚蔬菜、南漳生猪、谷城和保康茶叶和食用菌。2001—2005年，实施了"双低油菜大面积高产栽培技术推广示范""白三叶草种扩繁技术推广应用示范""砂梨品改换优示范""高档苎麻弹力布技术开发""粳、籼中间型留胚米产业化技术开发""年产1万吨大头菜精加工生产技术产业化开发"、湖北省宜城新丰粮油土特产品有限公司的《黑芝麻系列产品产业化开发与示范》项目，黄姜深加工，有机茶成套技术与示范被列入省市攻关计划，谷城紫金黄姜、保康马桥北柴胡、襄阳欧庙麦冬被列为全省30种地道药材规范化种植研究与示范基地建设项目；因地制宜推广各种高效种养模式、病虫害预测防治技术、配方施肥、地膜覆盖、秸秆氨化50多项。

图29—7 优质高产杂交水稻

水稻先后推广了两段育秧、旱育抛秧等新技术单产增长到 9 750 公斤 / 公顷；棉花先后推广了两膜棉、植物生长调节剂等新技术，引进示范短季棉 545、鄂棉 20、鄂抗棉 3 号等新品种，棉花单产达到 1 020 公斤 / 公顷；油料生产重点引进推广了高产芝麻和华杂系列等双低油菜新品种，油料产量增加到 23.45 万吨。襄樊市农科院选育的芝麻新品种 4116 号，1998 年被省品种审定委员会定名为鄂芝 1 号，亩产 120 公斤，含油量 59.1%。

图 29—8 鄂芝 4 号

图 29—9 鄂芝 5 号 B

图 29—10 鄂芝 6 号 C

（二）星火技术密集区建设

1994 年 1 月，谷城县石花镇被省科委批准为省级星火技术密集区；1996 年 5 月，被国家科委批准为国家级星火技术密集区。湖北省金洋冶金股份有限公司、湖北骆驼蓄电池股份有限公司先后被认定为省级高新技术企业，奥西达铝业有限公司被认定为“湖北省星火明星企业”，襄樊恒立铸造有限公司等 3 家企业被认定为“湖北省星火示范企业”。密封式铅酸蓄电池、奥西达牌铝型材、合金铅、锑硒合金、集装箱角件等 6 个产品被认定为国家级、省级重点新产品。“九五”以来该镇近 10 项成果获省、部级科技进步奖，其中，无污染再生铅技术获湖北省科技进步一等奖。仙石牌涤细布、谷花牌船用集装箱角件等 10 多个产品漂洋过海，畅销 30 多个国家和地区。区内出口创汇企业已达 11 家，年出口创汇 8 800 万美元。

1997 年 5 月，枣阳南城办事处被省科委批准为湖北省星火技术密集区。至 2005 年，区内工业企业已发展到 200 多家，年产值过千万元的企业 12 家，过亿元的企业 3 家。培植了大洋化工公司、龙口化工厂、光武化工公司、第一彩印厂等一批科技含量高、经济效益好、发展前景广阔的支柱企业。形成了以菜篮子工程为主体的城郊型农业经济和以化工为龙头、轻纺为两翼的工业格局。区内实现社会总产值 63.96 亿元，工业总产值 44.98 亿元。

(三)鄂北岗地开发

鄂北岗地位于鄂西北部,北与河南省南阳盆地相接,南与汉水、苏岭、滚河为界,东连桐柏山、大洪山余脉,西邻武当山脉,境内包括老河口市全部、枣阳、襄阳两县北部,随州市西北部,总面积7239平方公里,耕地27.16万公顷。此地一直被"旱、风、瘦"所扰,十年九灾,是湖北有名的"旱包子"、"风口子"、"瘦壳子"。1984年省委、省政府作出重点治理开发鄂北岗地的决议,同年,湖北省科委,将鄂北岗地综合技术开发作为重大科技攻关项目立项,1987年省科委将七方、伙牌、唐镇、仙人渡等列为鄂北岗地农业新技术示范园区,重点抓粮、棉、油、土肥、林果、烟叶、畜禽、渔业等项目的良种推广、高产栽培模式和农业技术革新。1986—1990年,以"治旱、治风、治土"为中心,按照"水为首、林为本、种养为主体、多工副一齐上、投入作保证"的综合治理思路,鄂北岗地先后续建了引丹工程,扩建了清泉沟泵站和大岗坡泵站,加固了西排子河水库,新建了石台寺泵站提灌系统工程。中日友好石台寺泵站总装机容量10 840千瓦,提水流量10.6立方米/秒,干渠总长32公里,解决了襄阳、枣阳15 300公顷农田的灌溉和10万居民饮水问题。引进、示范、推广滴灌、喷灌等节水新技术设备和节水灌溉设备30台套,价值300多万元;大面积实施机耕深耕、秸秆还田等土壤改良措施;利用路、堤、渠设置林带,利用荒山、荒坡发展片林,利用村宅隙地建设湾子林。引进了大红袍板栗、新郑大枣、大佛手银杏、雪梨、黄花梨、雪桃、冬桃、藤稔葡萄等40多个品种,推广50多项农林特组装新技术,实施深度开发。枣阳市推广甜油桃3 000亩、雪梨1 000亩,老河口市在汉江滩涂建立以华梨一号和大仙桃为主的高标准果园2.7万亩,襄阳县建成梨枣、鲜仙桃等为主的高效优质果园3500亩,银杏基地5000亩,随州市建成红梅李3万亩和葡萄6 000亩;在随州厉山、唐县镇、枣阳七方、双沟、襄阳张湾、牛首、老河口仙人渡、洪山嘴等地,形成苹果、红梅李、桃子、葡萄、金水梨等百万亩鲜果高效经济林,基本建成国道林果经济走廊。1991—1995年,因地制宜引进推广了"891"和"989"优质小麦、杂交中稻汕优63、优质稻"89734"和"1776"、鄂棉13号、芝麻中芝10号、中华鳌绒蟹、淡水白鲳、黄山羊、鲁花克氏克牧草、转基因西红柿、脱毒草莓、土豆、水果型甘薯83—2146、优质烟叶"8611"等新品种20多个,优质烟叶"8611"大面积种植,取代云南烟叶,为襄樊市卷烟提供原料;推广水稻旱育秧、水稻旱育稀植、水稻旱抛秧、配方施肥、平衡施肥、双膜棉等种植高产技术20多项;大力实施10万亩油菜华杂二号示范推广、襄阳县东津、欧庙10万亩麦冬、山药、大头菜高产栽培试验示范、宜城6万亩芦苇开发基地建设、襄阳石桥1万亩莲藕示范基地项目;在老河口仙人渡实施生态农业开发,整治滩涂岗地12 000多亩,襄阳伙牌完成15 000亩中低产田改造,基本达到:田平成方,植林成片,沟渠配套,灌溉分家。枣阳在主副林带沿线发展 3 00多公顷桃园,老河口市在沿王甫洲建起万亩优质梨基地,年产10 000多吨,增收2 150万元。1995—2000年,围绕"五优工程"(优质稻米、优质小麦、优质油料、优质生猪、优质水果),重点实施了天演速生杨的引种与扩繁、鄂北岗地大面积优质稻及两系杂交稻试验示范、高效可持续发展模式试验示范项目、名优瓜果开发、优质稻米基地建设、土豆—水稻连作耕作制度调整试验、大枣生产基地建设及枣系列产品开发项目、襄阳区双低油菜产业化技术研究与开发和氨化养牛及杂交中稻综合高产栽培项目、伙牌低糖高淀粉红薯生产及深加工项目、枣阳节旱地喷灌节水农业试验示范项目,七方、伙牌、仙人渡按照林、牧、特相结合的丘岗型、农、林、副相结合平原型、农、林、牧、特相结合河洲型三种农业开发模式,实施"万亩名优林果"项目。成功选育鄂芝1号、鄂麦14和鄂麦15,鄂麦14和鄂麦15单产达到6 270公斤/公顷,全省领先水平,2000年被定为全省优质小麦重点示范品种;水稻主要引进了"香优14430"、91—33、65002和猫芽稻等优质水稻新品种,推广两段育秧、旱育抛秧等新技术,单产增长到9 750公斤/公顷;棉花主要引进示范短季棉545、鄂棉20、鄂抗棉3号等新品种,推广两膜棉、植物生长调节剂等新技术,棉花单产达到1 020公斤/公顷;油料生产重点引进推广高产芝麻和华杂系列等双低油菜新品种，油料产量增至23.45万吨。

(四)农业科技扶贫和送科技下乡

1986—1998年，全市科技战线每年向贫困山区投放扶贫资金近千万元，帮助发展农、林、牧、副、渔等特色项目，推广运用科技成果，提高了农作物的品质和产量。先后在枣阳七方镇和保康县两峪村设立科技兴农试点，通过狠抓技术推广，引进高产、抗病农作物，大幅度提高了农作物产量，推动了当地农村经济的发展。1999年以来，先后到老河口孟楼，襄城区欧庙、卧龙，樊城区太平镇、牛首，襄阳区古驿、东津、双沟、两峪，南漳九集，谷城黄畈、庙滩，宜城朱市、枣阳市七方镇等地送科技下乡，为农民送去优质粮、棉、油、蔬菜、水果、名特优畜禽、水产品等新品种及其高产高效栽培技术，受到了农民朋友的广泛好评。1999年—2005年，每年在全市范围内都要组织送科技下乡20多次，送去农村适用新技术、新成果、新品种100多项，散发各类科技资料1万多册，发布科技信息200多条。

五、科学研究及交流与合作

(一)科技交流与合作

1986年，襄樊市科委科技外事科成立。1987年，襄樊市成立引进国外智力办公室和襄樊市对外科技交流中心，均挂靠科技外事科，形成三块牌子，一套人马。1986—1993年，襄樊市制漆总厂连续五次聘请日本花甲协会涂料专家吉崎清已先生到厂协助开发新产品，开发出高装饰汽车面漆等六个产品，其中高装饰汽车面漆通过东风汽车公司中心实验室对其30个技术指标的检测，全部指标达到或超过国家标准，被东汽采用。1986年底，日本政府派出调查团就“鄂北岗地农业水利计划开发调查”的内容、范围、日程及两国政府为推进该项目合作具体要求措施等问题同湖北省科委、襄樊市政府进行会谈，并签署开发调查实施细则。1987年，由中国科协发起的旨在大、中型企业科技人员中开展以提高产品质量、降低物能消耗、新产品开发和技术改造为主要内容的“讲理想、比贡献”竞赛活动。全市企业科协组织近万名科技人员共提出合理化建议和技术论证报告2 859条；技术攻关1 286次；开发三高一俏(技术起点高、出口创汇高、附加值高和市场俏销)的新产品125种。实现利税4 800万元，节能降耗的综合经济效益达6 564万元。湖北化纤集团公司科协、原宏伟机械厂科协先后被中国科协授予“全国讲理想、比贡献竞赛活动先进集体”荣誉称号。1989年4月，市科协组织市农学会、农村金融学会、农村经济学会、农机学会、水利学会、林学会、气象学会、粮油储藏学会等学会近200名科技工作者，对全市粮食发展状况进行调研，形成50余项调研成果，并召开“襄樊粮食发展战略研讨会”，向市委提交《未来十年襄樊市粮食发展战略思考》的研讨报告。省、市科协联合召开的“湖北省暨襄樊市节能降耗研讨会”、市总师联谊会组织的“关于《襄樊汽车工业‘八五’后四年发展规划》的咨询报告”，受到市委、市政府的肯定。市属科技团体先后开展的“纺织行业技术创新专项计划”、“高新技术振兴传统产业”、“强化企业管理暨搞活大中型企业”、“鄂北岗地膨胀土特性及渠道滑坡防护与整治的研究”、“金融与市场”等一系列决策咨询活动，有的被采纳作为宏观决策依据，有的被立项开发，有的被实施取得显著的社会经济效益。1991年7月1日，中日两国政府就日本政府向中国政府提供“湖北省北部地区农业水利设备”等五个无偿援助项目在京交换公文，其中湖北北部农业水利设备项目援款额为16.35亿日元，1993年7月通水。中日合作鄂北岗地农业水利开发项目解决了灌区中2处中型水库、4处小型水库经常干旱无水、水产养殖受到影响的问题；每年向枣阳市提供3 000多万吨工业和生活用水。从1992年始，境内引进水稻旱育稀植技术。1993年，聘请日本稻作专家原正市先生（国家友谊奖获得者）抵樊讲学及技术指导，通过讲座和实地指导，培训了一批技术骨干；并邀请多名小麦、蔬菜、果树、花卉专家来樊进行技术指导，效果较好。同年，襄樊市引进国外智力办公室牌子移至市外办。1993年，市科协、市经贸委联合下发《关于颁发企业科技人员“讲理想、比贡献”竞赛活动评比奖励办法的通知》。企业科协以“讲、比”为龙头，以“质量、品种、效益”和“强化企业管理”为具体内容，抓住企业急、难、新、缺的技术难题，开展了形式多样的活动。全年共立项508项，完成436项，新增利税743万元，提交公开化建议1 046条，采纳446条，组织技术攻关508项，技术开发30项，推广应用新成果22项，节约支出7 290万元。同年，全市有2个集体、5人获全省“讲、比”竞赛活动奖。从1994年始，市直各学会和厂矿科协实施科技兴工“金桥工程”。至1999年，全市百余家企业、2万多名科技人员参与活动，提出并得到实施的科技建议8 762条；组织技术咨询、技术服务和技术攻关3 505项；推广科技成果和开发新产品525种，技术帮扶中小企业67家。从1996年始，湖北新华光信息材料股份有限公司聘请日、加、德、美等国专家，为企业解决了光学玻璃熔制、生产、设备等方面存在的技术难题。该厂引进的加拿大光学玻璃专家彭波博士指导企业研制开发出计算机硬盘上使用的一种新材料—微晶基板玻璃基板，形成年产3 000万片的生产能力，填补了国内空白；被列入国家火炬计划和国家高新技术产业发展项目计划，该项成果于2000年获湖北省科技进步二等奖。1997年4月，湖北金洋冶金股份有限公司聘请法国ECTI冶金专家到厂进行技术指导，解决了关键技术难题，使生产工艺更加完善，产品各项指标得到提高，降低了环境污染。2001—2005年，该公司连续5年聘请德国SES专家组织专家LAMM先后到厂进行技术指导，开发出锑硒合金、高纯铅等多个新产品。其中锑硒合金是根据外方需求而开发的，产品全部出口，并获得湖北省技术发明三等奖。同年始，市科协发挥科技团体智力优势，组织各学会、企事业科协开展学会与企业结协作对子的“厂会协作行动”。2001年，市科协和农业部门组织农学会科技人员就建设全市“一优两高”农业示范基地，加快农业科技成果转化、用科技改造传统农业、合理开发利用资源、发展生态农业、节水农业和特色农业等课题，召开“农业结构调整和农业产业化交流研讨会”，交流论文30余篇，编印《农业科技学术论文集》。同年9月，市科协举办“襄樊首届科技论坛暨学术年会”，主题为“面向襄樊科技与经济、社会协调发展”。其间，在全市5个分会场举办5场多学科大型综合学术报告、交流、研讨会。全市学会、企事业科协、县（市、区）科协各自举办专题学术报告、交流、研讨会共计37场，发表、交流科技论文200多篇。2002年5月，市科协、襄棉集团公司科协联合举办“入世后襄樊纺织服装工业的对策与发展”学术研讨会，邀请武汉科技学院经济管理学院院长常亚平教授到襄樊作专题报告，300余名科技人员参加报告会。2003年，全市厂会协作项目31项，创经济效益1 700万元。2004年，规范“金桥工程”、“讲理想、比贡献”和“厂会协作”三项活动的管理，抓重点项目的落实。全年完成“三项活动”项目114项，年增利税7 263万元，节约资金1 673.6万元。2005年4月19日，市科协、襄樊学院、襄樊市物理学会在襄樊学院联合举办全市“世界物理年”学术、科普活动暨“物理照耀世界”全球光束传递活动启动仪式。其间，举办了“推动人类文明与进步的物理学”报告会；组织全市中小学生参观湖北省级基础物理实验室（襄樊学院基础物理实验教学示范中心）；开展了物理教学方案设计竞赛活动和趣味物理实验研制与表演艺术竞赛活动。同年8月20日，市科协组织50多名科技工作者参加在新疆召开的中国科协学术年会，同年参加湖北省科技论坛等高层次的学术活动。医学会举办6次大型专业技能培训班，培训乡村医生1 100多人，并构建市、县、院、科医学继续教育督办网络和运行机制；市防痨协会举办各类学术、技术讲座19场，襄北监狱科协举办培训班10期，内容涉及植保、铸造工艺和标准化管理。襄樊学院组织各学科专题学术交流活动23次。是年，“三项活动”立项150项，报省立项17项，获直接经济效益近1 000万元（见表29—4）。

1985—2005 年襄樊市历届自然科学优秀学术论文评选情况统计

表 29—4

年份	届数	一等论文(篇)	二等论文(篇)	三等论文(篇)	总数
1985—1986	一、二	60	214	379	653
1987	三	15	104	321	440
1988	四	15	121	328	464
1989	五	17	151	421	589
1990—1991	六	20	160	416	596
1994	七	11	85	189	285
1996	八	7	56	145	208
1998	九	5	48	106	159
2001	十	7	61	147	215
2003	十一	11	40	62	113
2005	十二	14	31	106	151
合计	12	182	1071	2530	3783

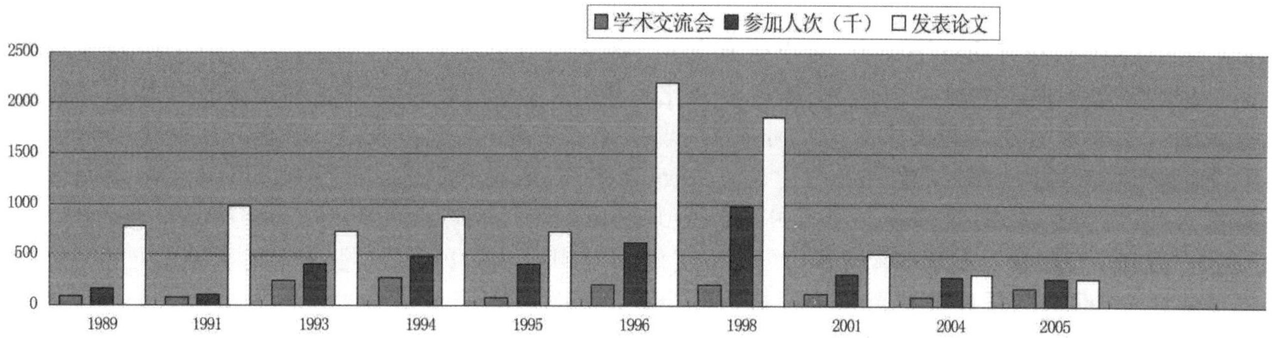

图 29—11 襄樊市科协学术团体发展状态图

(二)社会科学研究

1.理论研讨

纪念性研讨活动。1989 年 5 月，市委宣传部与市社科联主办“纪念五四运动 70 周年理论研讨会”。30 余名与会者就五四运动的意义，批判封建主义，民主意识与民主政治建设，民主、科学与现代化的关系等问题进行讨论。1993 年 12 月 7 日，为纪念毛泽东诞辰 100 周年，市社科联、市委宣传部、市讲师团主办“坚持和发展毛泽东思想理论与实践研讨会”，70 余人与会，收到论文 97 篇。研讨会从经济、政治、文化、党的建设、军事等方面对毛泽东思想及其实践意义进行了探讨。1996 年 10 月，市社科联、市党史学会主办“纪念红军长征胜利 60 周年座谈会”，市内各大专院校、军事院校、市委党校等有关学者参加，老红军秦志维在会上以亲身经历回顾了红军在长征过程中遇到的困难和艰辛。与会专家学者对长征精神的内涵及其现实意义、如何继承和发扬长征精神进行了探讨交流。1998 年 12 月，市社科联、市党史办、市委宣传部主办“纪念十一届三中全会 20 周年研讨会”，收到论文 103 篇。会议探讨了如何建设市场经济条件下的民主政治、法律秩序、文化模式，如何加强党的作风建设、廉政建设,国有企业改革,建立社会保障制度,实施名牌战略和实施再就业工程等问题。2004 年 4 月 16 日,市社科联和市图书馆主办“纪念梁斌诞辰 90 周年座谈会”。与会者缅怀梁斌的革命业绩、文学成就,追忆梁斌在襄樊的战斗岁月和革命情怀。

改革与发展研究。1990 年 3 月,市政协社会工作委员会、《社科研究》编辑部、市轧钢厂主办“90 年代与襄樊发展”有奖征文活动,收到研究文章 100 多篇,评出一等奖 1 篇,二等奖 4 篇,三等奖 26 篇。1993 年 3 月,市委宣传部、市社科联、市财政局主办“襄樊市社会主义市场经济与实践理论研讨会”,收到论文 230 多篇,其中 84 篇被评为优秀论文,同年 7 月,市社科联、市委宣传部、市政府经济研究中心、市郊区政府主办“襄樊市股份制经济理论与实践研讨会”,收到论文 60 篇。1998 年 12 月,市社科联、市工商局主办“个体私营经济发展理论与实践研讨会”。70 余人与会,收到论文 83 篇。2000 年 11 月,市社科联、市委宣传部、市计委、市财政局主办“抢抓西部大开发机遇,加快襄樊经济发展理论研讨会”,收到论文 158 篇。与会人员围绕西部大开发与襄樊发展这个主题,把中央关于西部大开发的精神与襄樊发展的实际结合起来,从经济政治文化和党的建设等各个方面,分别对襄樊在西部大开发中的战略定位、西部大开发与襄樊经济社会发展、西部大开发与经济结构调整、西部大开发与体制改革和科技创新、西部大开发与营造发展环境等问题,展开全方位多层次的研究,提出实施东拓西进、东引西进战略,其中把襄樊建成秦巴经济走廊中心城市的建议和措施,被市委、市政府采纳。2001 年 9 月,《秦巴经济走廊发展战略研究》课题评审会在樊举行。与会专家学者认为,襄樊具备宏观经济背景优势、区位优势、资源优势、历史文化优势、产业优势、城市优势,并提出把襄樊建成西北部的经济文化中心和湖北省的经济强市、秦巴走廊的中心城市、秦巴黄金旅游的中心点、中国中西部结合重要的交通枢纽和商品物流集散地、中国历史文化名城,成为秦巴经济走廊具有更强带头作用和辐射作用的核心。评审会还对襄樊未来的工业发展、现代化农业建设、旅游发展、交通信息枢纽和物流中心建设、生态环境建设和城镇建设提出建议。2005 年 5 月,市社科联主办“襄樊市县域经济发展理论研讨会”。研讨会认为,在发展县域经济中,要做到明晰思路,科学定位,突出工业,彰显特色;重点实施“放活”政策,发展民营经济,营造良好环境,实施招商引资;深化改革,推进体制机制的创新;全力构建和谐社会,促进县域经济社会的协调持续健康发展。

城市建设研究。1994 年 5 月,市社科联、市委宣传部、市委办、市建委、市经济研究中心主办“襄樊建设现代化大城市理论与实践研讨会”,60 余人与会,收到论文 61 篇。与会者对襄樊建成现代化大城市提出建议。会议期间,市领导责成有关部门消化吸收研究成果,开展建设现代化大城市的专项研究。省委政策研究室将会议的研究成果编成简报,发至全省各地参考。1997 年 9 月,市委宣传部、市社科联、市精神文明建设研究会、人民银行襄樊分行主办“襄樊市形象工程建设理论与实践研讨会”,收到论文 106 篇。会议围绕襄樊应该有一个什么样的城市形象、单位形象、市民形象和产品形象以及塑造形象的途径方法进行讨论。同年 12 月,以获奖作品为基础,编辑出版了 30 万字的《襄樊形象建设研究》。2004 年 10 月,襄樊市被评为“全国魅力城市”。同年 11 月 20 日至 2005 年 3 月 31 日,《襄樊晚报》开展“我说襄樊魅力”大型征文活动。围绕襄樊魅力究竟在哪里、如何不负魅力城市这个称号、应该怎样为襄樊增添新的魅力等问题进行讨论,共刊发 100 多篇文章。2005 年 11 月,襄樊晚报将刊发的文章编辑成《我说襄樊魅力》一书,并由湖北人民出版社出版。2005 年 10 月,市社科联、市政府研究室、襄樊日报社主办“构建和谐襄樊,建设省域副中心城市”理论研讨会,收到论文 165 篇。会议围绕省域副中心城市的标准、建设省域副中心城市的路径、工业立市、城市发展、县域经济、对外开放、构建和谐襄樊等问题,从不同角度提出意见和建议。会后编辑出版了《构建和谐襄樊,建设省域副中心城市》论文集,收录 50 篇文章,共 45 万字。

精神文明建设研究。1988 年 12 月,市委宣传部、市文明办、市伦理学会主办“全市移风易俗理论研讨会”,60 余人与会,收到论文 60 多篇。会议围绕风俗的形成和特点,社会主义初级阶段社会风俗的表现，大操大办、抹牌赌博、封建迷信三股歪风蔓延的原因，治理“三风”的途径方法等问题，进行了讨论。中国伦理学会主办的《道德与文明》杂志1989年第2期刊登了此次理论研讨会的观点综述。1990年3月，市伦理学会、市文明办主办“社会公德建设理论研讨会”。收到论文40多篇。与会者围绕社会公德的特点及其规范、社会公德建设的作用、社会公德建设的现状及原因、社会公德建设的途径方法等问题进行研讨。《道德与文明》杂志1990年第3期刊登了此次理论研讨会的观点综述。1995年9月，市伦理学会、市文明办、市总工会主办“家庭精神文明建设理论研讨会”。收到论文102篇，会议研讨了改革开放形势下家庭精神文明建设出现的新情况、新问题以及家庭精神文明建设的主要任务和途径方法，对开展文明家庭创建活动提出了建议和对策。2002年12月，市精神文明建设研究会、市文明办、市文明单位建设促进会主办“非公有制经济组织精神文明建设理论研讨会”，收到论文40多篇，探讨了在非公有制经济组织开展文明单位创建活动的指导思想、主要任务以及方法措施。

思想政治工作研究。1989年11月27日至30日，全国23城市职工思想政治工作研究会横向联系第四次会议在樊召开。来自全国各地23个城市研究会的108名代表与会。会议探讨在治理整顿改革的新形势下，怎样发挥企业党委的政治核心作用，加强和改进思想政治工作等。1995年，市思想政治工作研究会开展全市农村思想政治工作调查研究，印发问卷1000多份，实地走访20多个乡镇，50多个村组和部分农户，同时对100个经济发展较好的村支部书记和全市147个乡镇宣传委员进行专题调查，就农村的思想政治工作的特点、方法进行了研究探讨，撰写的《新时期农村思想政治工作大有可为》一文，省委宣传部专门编发了宣传信息，新华社《半月谈》、《农村、农业、农民》、《决策与信息》、《宣传与政工》等刊物先后予以发表。1996年，市思想政治工作研究会编辑出版《新时期思想政治工作百招》一书，总结了襄樊地区在改革开放新时期，基层探索的思想政治工作的新形式、新载体、新方法和新经验，获湖北省“五个一”工程奖，2000年获湖北省社会科学优秀成果三等奖。1998年5月，市思想政治工作研究会与全国职工思想政治工作研究会《思想政治工作研究》杂志社在襄樊联合召开“新时期企业党建工作座谈会”，研究探讨在市场经济条件下如何加强和改进企业党建工作，企业党建如何围绕经济建设开展工作等重大现实问题。《思想政治工作研究》杂志1998年第7期刊发座谈会9篇文章，推广襄樊企业党建的经验。1999年10月，市精神文明建设研究会根据文明社区建设出现的新情况，对社区思想政治工作进行调研，撰写的调查报告被省社科院的《汉江论坛》杂志2000年第8期发表。

历史文化研究。1995年9月，中国魏晋南北朝史学会、襄阳师专、隆中风景区管理处、襄樊市诸葛亮研究会在樊联合举办“中国魏晋南北朝第五届年会暨国际学术讨论会”。中国魏晋南北朝史学会会长、中国社会科学院研究员朱大渭，学会秘书长西北大学文博院院长、教授周伟洲等110名国内学者和日本东海大学教授藤家礼之助、韩国成均馆大学名誉教授李公范等23名国外学者与会。会议围绕“三国的政治军事和外交，以及十六国代朝的社会发展和民族关系”等问题进行深入探讨，在一些重大问题上取得共识。1996年5月8日，中国社会科学院魏晋南北朝研究会和中国魏晋南北朝史学会联合召开“诸葛亮躬耕地学术座谈会”。张子强率襄樊史学界部分代表与会。会上，北京大学、北京师范大学、首都师范大学、中国社会科学院历史研究所20多位专家一致认为，诸葛亮躬耕地在襄樊隆中。同年10月9日至11日，中国诸葛亮研究会第九届年会在甘肃天水市召开，研究诸葛亮政治、经济、军事和诸葛亮文化现象。襄樊市诸葛亮研究会一行10人与会，并提交学术论文6篇，丁宝斋在会上作的学术报告被组委会编辑出版的论文集收录。2002年9月14日，市委宣传部、市“节会办”、市社科联、市名城办、市炎黄文化研究会、市诸葛亮研究会主办“诸葛亮文化内涵与现实意义研讨会”，收到论文50多篇。国内学者黄惠贤、罗开玉、李光成等应邀参加。会议围绕诸葛亮文化内涵与现实意义、诸葛亮的目标方略、诸葛亮的财政经济思想、诸葛亮法德治国思想、诸葛亮的人品道德精神、诸葛亮生活的环境及相关人物事件、诸葛亮诗文评说、研究诸葛亮的现实意义以及如何进一步开展对诸葛亮的研究等方面进行了探讨和争鸣。研究成果编辑成《论诸葛亮文化》。同年9月16日至17日，宜城市委、市政府和湖北省楚文化学会主办“楚文化学术研讨会”。国家文物局顾问谢辰生、中国社会科学院考古所研究员曲英杰、北京中国屈原学会研究员方铭、台湾辅仁大学教授丁原植等应邀到会作学术报告，湖北省20多个县市80余名专家学者参加学术交流。与会者运用多学科的原理方法，综合交叉研究楚文化的构成及其旅游价值。武汉大学教授王克陵《从宜城汉江河道的自然变迁看楚国鄢都故址的定位》、湖北省博物馆研究员谭维泗《宜城楚文化遗产保护与利用浅议》、武汉大学教授谭白英《楚文化与湖北旅游发展》等学术报告，对楚文化在当代所呈现的科学性、美学性、独特性、可感性等旅游价值进行深层次探讨，对楚文化在襄樊乃至湖北旅游业中的地位与作用进行定位。2004年4月，中国第一次国际性的孟浩然研究学术研讨会在襄樊召开。美国、韩国和国内的五十多位专家学者参加，提交专著5部、论文40篇。会上交流和探讨了孟浩然诗作及风格、与孟浩然有关的史料、孟浩然与襄樊的关系、孟浩然对中国文学的贡献。

2.对外学术交流与合作

1987年底，市社科联发起召开了鄂豫川陕毗邻地区八地市社科联联谊会。会议交流了各地社科联及学会工作的情况和经验，协商产生了联谊会领导机构，实现了四省毗邻地区社会科学界的联合。1989年4月和1990年4月，市社科联分别参加在洛阳召开的第二次联谊会和在陕西汉中召开的第三次联谊会。市财政学会、会计学会1987年3月发起成立了鄂豫川陕友邻地区财政会计理论研讨会，并展开了优秀成果评奖活动。市审计学会在1988年10月发起成立了全国10个中等城市组成的审计学术及信息交流会，已先后召开三次。工交职工思想政治工作研究会先后参加了在吉林、福建、常州、遵义、三明、长春、徐州等地召开的城市信息网络和各种横向联系会议，并与1989年主持召开了23个城市“思想政治工作横向联系会”。

六、民营科技

1990年前，境内民营科技企业（时称民办科研所）11家。1994年7月11日，建立襄樊市民营科技管理办公室，办公地点设在市科委。1995年，境内民营科技企业增至22家。1998年，境内民营科技企业资产总额千万元以上的有10家。工业总产值（技工贸总收入）亿元以上的企业有4家，工业总产值（技工贸总收入）千万元以上的企业（含亿元以上企业）有9家。利税总额千万元以上的企业有2家。2000年2月15日，市科委、市监察局和市公安局联合下发《襄樊市市区民营科技企业合法权益挂牌保护工作暂行办法》，并对第一批13家民营科技企业授牌，进行挂牌保护。同年9月15日，成立襄樊市民营科技企业家协会，选举产生第一届理事会，伍荣显（原市人大常委会主任）为名誉理事长，张子强（原市委常委、市委秘书长）为理事长。2002年11月26日，省科技厅批准谷城县过山口民营科技园为省级民营科技园。2005年，全市民营科技企业155家。其中国有民营2家，集体民营1家，股份合作2家，有限责任公司119家，股份有限公司15家，私营企业8家，港、澳、台和外商投资企业8家。从业人员1.76万人，其中，科技人员9515人，占职工总数的54.1%；资产总额53.19亿元，工业总产值78.7亿元，技工贸总收入74.63亿元，利税总额11亿元。工业总产值（技工贸总收入）亿元以上的企业有13家；工业总产值（技工贸总收入）千万元以上的企业（含亿元以上企业）有69家。东风康明思发动机有限公司的净利润、上缴税金和总收入在当年全省民营科技企业中排名第一。资产总额千万元以上的企业（含亿元以上企业）有57家，2005年，工业总产值（技工贸总收入）亿元以上的企业有13

家；利税总额亿元以上的企业有 1 家，利税总额千万元以上的企业（含亿元以上企业）有 11 家（见表 29—6）。

1998—2005 年襄樊市民营科技企业基本情况一览

表 29—6

年　份	企业数量(家)	从业人员(万人)	资产总额(亿元)	总产值(亿元)	利税总额(亿元)
1998 年	62	0.26	3.12	7.02	0.65
1999 年	76	0.34	4.83	7.35	0.72
2000 年	85	0.41	5.46	7.71	1.01
2001 年	98	0.69	10.18	14.11	1.58
2002 年	120	0.97	23.83	31.5	3.77
2003 年	131	1.16	35.4	50.27	8.09
2004 年	140	1.35	55.5	61.08	10.85
2005 年	155	1.76	53.19	78.7	11

七、防震减灾

襄樊地处华中地震区的汉水地震带，绝大部分地区处于 6 度设防区，具有发生中强地震的地质构造背景，市辖区横跨秦岭地槽、扬子地台两个性质不同的大地构造单元，区内地质构造复杂，断裂纵横交错，主要有青峰、襄广等 7 条地震活动断裂带。20 世纪曾两次发生 4.8 级破坏性地震，1959 年有仪器记录以来，记录到地震 800 余次。1997 年，襄樊市被省政府定为全省防震减灾重点工作城市。

(一) 监测预报

1.台站设施

1989 年，市地震办在万山宏伟厂找到一口可用地震地下水动态观测的井，口径 2.73 米，井深 297 米，通过注水试验，此井井孔潜水层串通，导水性好，又恰好位于鄂中断裂带北端与东西向的青峰断裂带动延端的交汇处，符合布点要求，并在 6 月中旬安上 SWP 浮子式深井水位自记仪。1990 年，市地震办为改变襄樊市观测手段单一的局面，集中精力，建好万山地下水观测站。上半年完成了万山地下水点的地基、经费、建房、仪器购置及安装等工作，并在 7 月初全面投入正式观测。1991 年，万山水点通过省级和国家级验收，被纳入国家、省二级水网。2000 年，万山地下水综合观测台作为全省唯一纳入全省地震前兆台网数字化改造的地方台站，配备了 SZW—1 型自动测温仪和 LN—3A 型自动水位仪，使监测手段加强，投入试运行以来，实现地下水位、水温观测自动采样、自动传输，并顺利通过国家局专家组的考核验收。2003 年，万山台在原有仪器的基础上，又投入气象三要素辅助监测手段，使监测手段得到增强，实现地下水监测的多样化、自动化和科学化。万山台自运行以来，每月按时完成监测资料的分析上报工作，确保了监测质量和监测资料的连续、稳定，其水点观测资料连续多年获得全国和全省地下流体观测水位观测优秀奖。至 2005 年，全市有省地震局襄樊测震台、襄樊万山地下水前兆数字化综合监测台，分别承担测震、地下水前兆综合观测任务。

2.分析预测和趋势会商

分析预测。1990 年 7 月，市地震办集中组织人员，运用国家地震局地震预报方法实用化攻关研究的部分成果，完成了地磁、地下水、地震活动性分析、地震活动增强度分析 4 个专题研究报告。1996 年以后，针对近年襄樊市周边地区地震活动增强的态势，市地震局加强了辖区地震活动性研究，对三峡水库、丹江口水库蓄水诱发地震与襄樊地震活动关系、襄樊地震与竹山震群活动等课题进行深入研究，深化了对襄樊及周边区域地震构造环境、孕震条件和应力特征规律的认识。其中《丹江口水库水坝加高工程的水库诱发地震探讨》专题论文在河南淅川 5.1 级震群活动 30 周年暨震害防御学术研讨会上获得一等奖。《万山井地震地下水位变化与地震活动的关系研究》等相继被列为重点科技研究项目和软科学研究课题。2001—2003 年，建立完善了全球、全国、全省、襄樊及邻区地震目录数据库，为地震分析预报提供了资料储备。

趋势会商。1987 年 10 月 15 日—17 日，首次鄂豫陕毗邻地区地震联防会议在襄樊召开。此后，市地震办从观测资料、宏观前兆、历史地震、邻区信息等方面进行判断，每季度对辖区进行一次震情会商，并及时向市政府、省地震局提交每季度震情趋势会商意见报告。1996 年 10 月 7 日—10 日，鄂豫陕川第 15 届毗邻地区地震联防会在襄樊召开。来自汉中、安康、南阳、平顶山、十堰、襄樊、随州等地、市及襄樊辖区各县市(区)、地震台、站的领导和专家对联防区一年来的地震情况做了总结，在此基础上根据会议代表提交的 12 篇综合报告和专题论文，从地震地质、地震活动性、地震预报方法、前兆观测、有感地震考察方面，对联防区未来一年的地震活动趋势进行了深入研究和广泛探讨，提出了联防区震情会商意见。会议还对综合报告和专题论文进行了评审。2001 年，第 20 届鄂豫陕毗邻地区地震联防会在襄樊召开。2003 年，建立及完善地震趋势震情会商制度，坚持与襄樊地震台开展四个季度的地震趋势会商，市地震局完成的各个年度《襄樊及邻区地震趋势综合研究报告》多次在陕、豫、鄂毗邻地区地震联防会和湖北省地震趋势会商会上获奖。至 2005 年，3 次鄂豫陕毗邻地区地震联防会在襄樊召开。

3.群测群防

1979 年，襄阳地区建立 32 个群测群防点，其中谷城真武中学、光化竹林桥中学、保康马良卫生院已正常开展地震测报工作；1980 年，重建光化竹林桥中学群测群防点，新建光化林茂山林场测报点，光化竹林桥中学获全省群测点磁偏角观测质量三等奖；1981 年，新建光化县赵岗林场、谷城县前进水库、南漳县科委 3 个测报点；1982 年，在光化、谷城、保康、南漳建立了 6 个动物宏观点；1984 年，老河口竹林桥中学和赵岗林场观测点获得全省观测资料评比二等奖；1985 年，对谷城、南漳、保康 4 个观测点进行了调整和新建，谷城八仙洞水库地震测报点获全省地磁资料评比三等奖；1986 年，襄樊市辖区下设南漳龙门血防站、谷城八仙洞水库、谷城真武中学、保康黄化中学四个地磁观测点。1987 年，为突出重点，提高观测能力，调整压缩了观测点，撤销了谷城真武中学目视地磁点，加强和改造了谷城八仙洞水库骨干群测点、南漳龙门血防站群测点，新增老河口竹林桥地磁观测点。1988 年 7 月至 1989 年 10 月，市地震办更新群测手段，将南漳龙门、谷城八仙洞和保康黄化中学三个地磁目视观测点更换成光记录分时自动控制仪。1989 年 6 月，市地震办筹建地震动物宏观实验点，观测动物为两对虎皮鹦鹉，并配上动物活动节律记录仪作初试观测。1991 年，为“陶瓷偏角磁变仪”控制器研制创造条件，新建保康电磁波观测点。以后由于人员经费难以保障，仪器设备老化，至 2000 年，各地磁点相继被撤销。2000 年，市地震局加强对县(市)地震宏观观测点的管理，下发专门文件，制定观测情况上报制度、做好观测点联系人宣传培训，使地震宏观观测点管理进一步规范化，积极争取到省局领导对谷城地磁点数字化改造进行选址考察。2004 年，印发《关于加强地震“三网”建设管理的通知》文件，对加强“三网”建设提出任务和要求，指导、帮助县市(区)地震部门建立健全地震震灾速报通信网、地震宏观异常网和科普宣传网。建立和完善了横向到边、纵向到底的市、县、乡党委、政府通讯录，制定了通信网络管理办法，明确了管理责任，确保震情信息的通畅，为震时领导决策、沟通震情信息，开展应急工作发挥作用。2005 年，市政府办公室制发《关于加强地震群测群防工作的通知》，对加强“三网二进”建设提出了任务和要求，指导、帮助县、市（区）地震部门建立和完善地震宏观异常测报网、地震灾情速报网、地震科普宣传网，推动地震应急工作进社区，抗震设防技术进农居，逐步形成“横向到边、纵向到底”的群测群防网络体系。

（二）震害防预

襄樊市的建设工程抗震设防工作分三个阶段。

第一阶段（1990—1992 年）：开展工程地震咨询，为经济建设服务。1990 年 8 月，襄北农场水泥厂扩大生产规模，应其要求，市地震办对扩建工程场地地震烈度进行复核，为其出具《复核意见》；10 月，随州市人民法院受理随州市色织布厂基建施工爆炸影响民房安全一案，为案件中有关工程地震技术问题来市地震办咨询，市地震办为其提供了翔实的地震方面的资料。1992 年 7 月，应襄阳县粮食局要求，对其新建仓库工程场地地震烈度进行了复核，出据《襄阳县张集地区地震基本烈度复核意见》。

第二阶段（1993—1995 年）：推行工程地震安全性评价工作。1993 年，市政府组织对新建生命线工程、特殊工程、大中型工程和高层建筑开展地震安全性评价工作，促进了全市工程地震安全性评价工作的开展。谷城县、保康县也开展全县地震安全性评价工作。1995 年，市地震办加强了工程地震安全性评价工作，多次主动到市计委、市建委、市规划局等单位联系工作，调查研究，到市中心医院、市建行、市锦华房地产责任有限公司等工程项目建设单位宣传咨询服务，完成市中心医院新病房大楼、市建行银雅大厦、市锦华房地产责任有限公司综合大楼 3 个工程场地的地震安全性评价工作。

第三阶段（1999—2005 年）：重大工程地震安全性评价工作走上法制化、规范化轨道。1999 年，省政府颁布《湖北省工程建设场地地震安全性评价管理办法》，标志着地震安全性评价工作走上法制化、规范化轨道。市地震局加大了对重大工程地震安全性评价工作的管理力度，加强同市计委、市规划局等有关职能部门的联系，并制定安评工作《送达通知》，规范安评工作行为，明确了安评工作建设单位的法律责任，引起了建设单位的重视。通过耐心跟踪建设项目的进展情况，对建设单位严格执法。1999—2004 年，先后完成了市中心医院急救中心大楼、市电信局电信大楼、市公路总段 316 国道保康—南漳峰儿垭隧道、襄樊移动通信枢纽大楼、襄樊联通通信枢纽大楼、南漳峡口水库、襄孝高速公路、市中心医院新外科大楼、天然气管道、樊魏高速公路工程等工程地震安全性评价工作，提高了建设工程的抗震设防能力；并且对襄樊市辖区从事地震安全性评价工作的工程单位，进行资格审查和登记，对不具备安评资格的工程单位，明确告知不得在辖区内从事地震安评活动。2002 年，市地震局加强抗震设防要求和地震安全性评价管理制度建设，依据国家和省有关抗震设防要求管理的法律法规，制定《襄樊市建设工程抗震设防要求和地震安全性评价管理办法》。此后，市地震局与市发改委、市城市规划管理局联合出台《关于将建设工程抗震设防要求管理和地震安全性评价工作纳入基本建设管理程序的通知》。各县（市）政府也制定或转发加强抗震设防要求管理和地震安全性评价工作的文件。省地震局转发了襄樊市的两个文件，向全省推广襄樊市抗震设防要求管理经验。

(三)应急救援

1.应急预案

为增强破坏性地震应急反应能力，1993年2月，市政府印发《襄樊市破坏性地震应急反应预案》，同时，指导帮助各县(市)区政府和有关部门认真制定破坏性地震应急反应预案或措施。1995年，市地震办协助市直有关部门和单位制定完成了本部门、本单位的破坏性地震应急反应预案，并上报湖北省地震局备案。1998年，为加强破坏性地震应急反应能力，最大限度地减轻地震灾害损失，市地震局制定并由市政府办公室印发了《襄樊市破坏性地震应急预案》，对各类型地震的应急措施、应急机构及职责做了明确具体的规定。各县(市)区的《应急预案》也制定完成，初步形成了市县两级预案体系。1995年，市政府办公室印发《关于成立襄樊市防震减灾工作领导小组的通知》，落实了市防震减灾工作领导小组成员名单。2000年、2003年，分别调整充实了领导小组成员。

2.震情值班

1996年，针对全国强震频率较高的局势，省地震局下达《关于加强震情监视的通知》，市地震办加强了地震活动监视和震情值班，并发文要求各县(市)区地震部门增强震情意识，加强地震监测及震情值班工作。2000年，鉴于襄樊市地震活动和外区有感地震波及时间频繁，市地震局建立24小时震情值班制度，做到了地震发生能够快速反应。2002年，制定了《震情值班员职责》，排定值班表，24小时值班，责任到人。同时把震情值班工作纳入年底工作目标责任考核，实行奖优罚劣，促进了震情值班工作规范化管理。

3.应急事件处理

1981年6月17日，南漳县沐浴公社发生ML2.5级有感地震；1985年6月21日，保康县马良南发生ML3.0级有感地震；1986年，襄樊市辖区共发生3次有感地震，分别是3月21日谷城庙滩ML2.1级地震、5月30日南漳3.1级地震和7月25日谷城盛康温平ML2.5级地震。地震发生后，市地震办会同襄樊地震台与有关县、市的负责人赶赴现场调查，并将调查的情况及时向市委、市政府和省地震局作书面报告，对有感区的干部群众进行宣传解释，宣传地震知识，安定民心，稳定社会秩序。1990年3月22日，谷城南河镇温坪村发生有感地震，市地震办立即与省局震情值班室、襄樊地震台、丹江地震台联系，了解震情，并及时派员同谷城科委的同志赶赴现场进行考察。考察中，发现当地干群普遍有恐惧心理，担心会发生大地震。针对这一情况，考察组及时在现场进行地震知识宣传，赠送地震科普知识画册，解答大家提出的问题，稳定群众情绪，并及时向市政府、省局提供了考察报告。1991年6月22日、9月3日在随州金明铺、保康金斗乡发生ML3.4级、ML2.3级有感地震，市地震办接到电话报告后，及时取得有关地震参数，组织人员进行现场考察，在考察中针对情况宣传地震知识，平定慌乱情绪，并向上级部门提交了考察报告。1997年8月10日，南漳—远安间发生ML3.7级地震，波及东巩、双坪、巡检、峡口四乡镇，造成巡检、东巩70座小煤矿停产9天，间接经济损失近百万元，给震区人民生活带来一定影响。地震发生后，地震局全体人员立即到岗，在震后1小时内掌握这次震群活动的发震次数、时间、震级，迅速了解省局会商意见，及时报告市政府、市科委，为应急指挥决策提供了准确震情信息。8月11日，市科委、地震局考察组随同市委杨祥义副书记到达震区，逐乡逐镇察看了解震情、震感程度、震灾损失情况，拟定地震烈度，宣传防震减灾知识，提出具体措施和建议，为当地防震减灾起到了参考作用。1998年6月5日，襄阳县牛首发生ML2.9级地震，市地震局立即与省局震情值班室、襄樊和随州地震台联系，确定发震时间、地点和震级，震后1小时与襄阳县科委有关人员组成联合考察组赴震区考察。此次地震处微观震中的牛首一带无明显震感，而宏观震中隆中—万山—汉丹一带有明显震感，少数群众惊慌逃出户外，市地震局人员深入汉丹、襄轴、宏伟、六0九等单位做了大量宣传工作，消除了群众的恐震心理。1999年9月11日，南漳县九集发生ML3.0级地震，震发后，市地震局立即与襄樊地震台、随州地震台和省地震局震情值班室取得联系，确定地震时间、地点和震级，组织现场工作组赴震中区进行考察，并将考察情况及时上报市政府和省地震局。2000年4月29日，河南省南阳市镇平—内乡间发生ML4.7级中强地震，襄樊市城区、老河口、枣阳、襄阳部分地区受到地震波及，震感强烈。一些群众惊慌逃出户外，议论纷纷，不敢进屋；有的单位和学校生产和学习受到一定影响。震后仅10分钟，市地震局立即与湖北省地震局、河南省地震局以及周边邻区地震部门、地震台站联系，快速确定了地震发生时间、地点和震级。根据专家的趋势意见，及时作出此次地震活动趋势判断；及时向市委、市政府和省地震局上报震情，安排专人接听市民询问电话300余次，向群众做耐心的宣传解释工作，并接受新闻单位采访，通过新闻媒体广泛宣传地震科普知识；及时将震情通报市防震减灾领导小组成员单位，要求相关部门按照《襄樊市破坏性地震应急预案》做好地震应急准备，防患于未然。2002年3月18日，襄阳区肖集发生ML3.4级有感地震，谷城茨河白龙庙村部分群众震感强烈，市区609所、襄轴、文字603印刷厂等单位部分群众也有震感。市地震局立即成立地震应急专班，按照应急方案开展工作。震后30分钟内，确定并上报地震三要素参数，同时向有感震区县(市)区及乡镇通报，要求震区政府迅速了解地震影响情况。震后2小时，经与省地震局紧急会商，提出“后续不会发生更大地震”的趋势意见，上报市委、市政府主要领导，为领导决策提供了依据。3月19日，市地震局部署全市范围内的地震应急考察工作，分别与老河口市、谷城县、襄阳区地震办组成四个调查组，开展震情考察，并向省地震局、市委、市政府提交了考察报告。2005年11月26日，九江地震波及襄樊，市区及大部分县市普遍有震感。市地震局即启动应急预案，局领导和应急工作人员迅速到岗展开应急工作。震后15分钟，震情值班员向市委、市政府总值班室做了“襄樊有震感情况”的口头报告。40分钟后，反映九江地震参数和襄樊市震感初步情况的《震情》上报市委、市政府，随后又续报了震区余震情况、襄樊市震感详细情况和市地震局的应急措施。全市地震部门强化震情观念，实行24小时值班，地震台站密切监测地震活动，加强对社会面宣传，各应急小组做好应急准备。及时向市直各新闻媒体说明此次地震活动状况，告知市民不必恐慌，不听信谣言。同时把震情信息通报给市公安局110指挥中心、武警消防支队119报警台和市气象局，扩大宣传的覆盖面。此外，还安排专人接听市民咨询，详细解答群众关心的问题，仅上午4个小时就接听市民电话100多次。由于应急快速反应及时，措施得力，市民很快从地震恐慌中平静下来，保证了社会稳定。(详见卷二《自然环境与环境保护》)。

八、专利管理

(一)机构

1985年1月，在市科委成立专利成果管理科和专利事务所。1989年5月4日，襄樊市率先在全国地级市中成立襄樊市专利管理局，隶属于市科委，副县级行政单位。1990年、1992年，相继成立专利技术应用研究所、专利信息服务中心，形成专利管理工作服务体系。1997年，襄樊市专利管理局改为事业局，定编数由12人增至18人。1998年，宜城市、襄城区先后成立专利管理局，其余九个县(市)区均在科委设立专利管理科,做到机构编制、人员、经费三落实。2002年,市专利管理局更名为襄樊市知识产权局,并改为行政机构,人员编制为15人,增添了市知识产权办公会议办公室职能,主要负责襄樊行政区域内的专利管理工作和涉外知识产权事宜。2003年,原专利事务所更名为市专利服务发展中心,并设立专利事务所等中介服务机构。樊城区、襄城区、襄阳区、高新区、宜城市、枣阳市、谷城县、南漳县8个县(市)区先后成立知识产权局,老河口市和保康县则在科技局内设立知识产权管理科,配备专职工作人员。

(二)专利申请

1985—1990年,全市共申请专利325件,其中发明专利59件、实用新型专利240件、外观设计专利26件;职务发明76件,非职务发明249件;全市共授权专利159件,其中发明专利3件、实用新型专利146件、外观设计专利10件;职务发明的38件,非职务发明121件。1991—1995年,全市共申请专利719件,其中发明专利134件、实用新型专利542件、外观设计专利43件;职务发明117件,非职务发明602件;全市共授权专利460件,其中发明专利14件、实用新型专利417件、外观设计专利29件;职务发明的68件,非职务发明392件。1996—2000年,全市共申请专利626件,其中发明专利113件、实用新型专利412件、外观设计专利101件;职务发明109件,非职务发明517件;全市共授权专利474件,其中发明专利14件、实用新型专利407件、外观设计专利53件;职务发明的82件,非职务发明392件。2001—2005年,全市共申请专利2576件,其中发明专利125件、实用新型专利1645件、外观设计专利806件;职务发明527件,非职务发明2049件;全市共授权专利977件,其中发明专利33件、实用新型专利691件、外观设计专利253件;职务发明的248件,非职务发明729件。至2005年底,全市专利申请量4247件。其中"十五"期间专利申请为2576件。

(三)专利执法

1985—1989年,全市共受理专利纠纷案22件,其中市专利事务所10件,原市科委成果专利科12件。1990年6月,在湖北省专利管理局召开的专利纠纷调处工作专题座谈会上,省专利管理局决定襄樊市专利管理局有权独立在本辖区行使执法权利(全省具有这种执法权利的只有武汉市)。当年受理专利纠纷案5件,其中侵权纠纷2件,合同纠纷1件,申请专利纠纷2件。1990—2005年,共查处冒充专利行为和假冒他人专利行为案件102起,处理专利纠纷案件48起。

九、科技信息服务

(一)科技文献资源管理与服务

1986年,襄樊市科技情报所馆藏图书、文献资料15万余册,国内期刊2 000余种,国外期刊110余种,存有国内外专刊、样本、样品、样卡。2001年,增数据库8个,建立期刊全文数据库,为查新检索中心、万数据服务中心、翻译事务所、声像部提供了优越的服务条件。2003年3月1日,成立襄樊市科技信息镜像网站,资料由20世纪80年代的库存文本图书转变为文献资料数据库,即电子图书馆,收录了大量文摘数据，还有 8 000 余种外文期刊、STN 外文检索数据系统、中国企业产品数据库、中国科技成果数据库、中国专利数据库、科技专家数据库；收录行业专家 5 000 多名，在网上即可随即查询，并与“襄樊科技信息网站”进行了链接，同时拥有万方数据库；维普数据库资源，数据库容量 2.7T，方便了对信息的需求者的查询与使用，实现了服务范围无国界，积极拓展使用数据库会员。至 2005 年底，有会员 50 家，使数据库资源得到充分利用。

（二）科技信息网站建设及服务

1997 年 10 月，信息局开通长江技术经信息网二级分中心网络系统，襄樊市进入利用现代化手段开展信息服务的时代。2004 年 6 月，组建襄樊科技信息网站，建立健全了近三十多个栏目，设有政务公开、科技计划、高新技术、成果管理、政策法规、农村科技、知识产权、政务环境评价、评议、科技查新、评估论证、信息咨询、外文翻译、科技服务、下载中心、自主创新在襄樊、人才招聘、查新委托、民营科技、网站建设、电子商务、局长热线等系统。建成了专家数据库、招商引资库、清华成果库、高新技术企业黄页等信息资源平台。

（三）计算机检索与科技查新服务

1991 年，市科技信息局查新检索机构被湖北省科委确认为湖北省科学技术查新检索代理机构，负责襄樊地区重大科研项目立项、成果验收等查新检索业务。至 2005 年，每年完成查新课题 190 项，时间上由过去几十天乃至几个月才能检索到的信息，缩短至几分钟，服务领域由襄樊扩展到十堰、恩施、随州、荆州等地。

（四）咨询评估

为开辟科技服务新领域，2002 年组建咨询评估机构，主要对科学技术活动过程中有关的行为，依照事实和数据，用科学方法进行专业化咨询和评判，为科技管理决策提供参考依据。2002 年，完成新产品评估 30 项；2003 年完成评估报告 5 项；2004 年 11 月，为湖北天鹅涂料化工股份有限公司《环保型高性能 TE300 系列双组份阴极电泳漆》项目申报，获得科技部创新基金无偿支持 70 万元，襄西化工有限公司《越橘叶发酵萃取熊果酸》项目获省级创新基金支持 15 万元。

（五）外事翻译

1992 年，成立襄樊市翻译事务所，主要承担市外事翻译和各大中小企业的外文资料翻译。先后承接了英、日、俄、法、德、西班牙、越南、意大利、韩文等语种的文献资料翻译业务和口译任务。至 2005 年，文献资料年翻译量 80 万字，翻译队伍除单位专家外，还来自全国各地，翻译人员结构上形成以点带面的网络式结构。

十、协会与科普

(一)科普团体

1.襄樊市科学技术协会

1978年,襄樊市科学技术协会恢复成立,同年成立科学技术交流站,1982年,增设学会、普及、咨询工作部,从事学术研讨、科技咨询和技术交流工作。1984年,设立襄樊科技交流培训中心,以襄樊市科技馆为教学基地,负责全市的职工技术培训和科技人员继续教育。至1985年,全市市级专业学会44个,各县(市)、区均成立科协组织。1986年7月,咨询工作部更名为襄樊市科技咨询服务中心,1987年,成立中国农村致富技术函授大学襄樊分校,1988年,成立襄樊市青少年科技活动中心。为了发挥三线军工单位人才、技术、设备的优势,科协成立"襄樊地区繁星股份有限公司",1987年5月被撤销。1989年4月,市科协直属企业襄樊市特种科技开发公司成立,主要从事高压开关测试仪控制计算机项目推广四通打字机等。市级学会43个,企事业科协组织22个。2001年,襄樊市青少年科技活动中心与市科技馆合署办公。2004年,为规范学术团体管理,市科协启动全市性学会的改革,并在10个全市性学会中进行改革试点。市科协先后于1984、1988、1994、2000年分别召开了第二、第三、第四、第五次代表大会,实行代表大会制度下的民主办会。建立了包括机械、建筑、城市规划、计算机、医学、护理等种类专业学科在内的学会(协会、研究会)43个,企事业科协组织22个。

1997年,市科协配合社团登记管理机关,加强学会管理,促进学会改革。1999年,市科协会同市人大教科文卫委员会一起对各县(市)区执行《湖北省科学技术协会条例》的情况进行检查,强化了科协组织基础。2000年,市委、市政府授权市科协为自然科学类业务主管单位,按社团管理制度规定对学会、协会、研究会进行登记注册,同年,规范学会领导干部兼职程序。2005年,建立自然科学类人才库。在基层科协和学会推荐的基础上,全市共评选余龙海等96名自然科学类学会学科带头人,涵盖机械、卫生、建筑等50多个专业。同年10月,市科协启动全市学会、企(事)业科协人才库的筹建工作。至年底,有20个团体的6218人资料入库。

2.县(市)区科学技术协会

襄樊市下辖9个县(市)区的县级科协组织均独立设置,共定行政编制58名(其中最多为10名,少的为4名)、事业编制56名;高新区管委会建立科协组织,但未独立建制,与科技局合署办公。乡(镇)设立科协或科普协会。全市共创建全国科普示范县(市)2个,示范城区1个;建农村专业技术协会474个,专业种类89种,会员人数达115470人;发展农村科普示范基地127个,科普示范乡镇28个,科普示范村315个;培育科普示范户10016户,其中种植业193个、养殖业103个、加工业21个、其他种类155个。

3.非公有制科普组织

随着民营企业的发展,科协组织向民营企业延伸,2000年10月,襄樊天工机电技术有限公司申请,市科协批复同意成立全市第一家民营企业襄樊天工机电技术有限公司科协。2005年,为促进民营科技企业的发展,市科协下发《襄樊市科学技术协会非公有制企业科学技术协会组织实施细则》,襄樊大力工业控制有限责任公司成立科协组织。

1979—2005年襄樊市(襄阳地区)科学技术协会领导任职情况一览

表29—7

机构名称(起止时间)	姓名	籍贯	职 务	任职时间
襄樊市科学技术协会(1979.1—2005.12)	王运生	枣阳	主 席	1983.12—1992.07
			党组书记	1985.02—1986.02
			党委书记	1986.02—1988.10
			党组书记	1988.11—1992.07
	赵秉乾	南漳	党组书记	1992.07—1996.06
			主 席	1994.03—1996.06
	宋德强		主席、党组副书记	1994.07—1998.05
	王明兰(女)	河南邓县	党组书记	1997.08—2002.01
			主 席	1999.06—2005.01
	朱新民	湖北襄樊	党组书记	2001.01—2005.12
			主 席	2005.06—2005.12
	过冉		副主席	1979.01—1984.1
	钱令藻	浙江	副主席	1981.4—1983.12
	刘端生	孝感	副主席	1983.12—1992.07
			党组成员	1985.02—1986.02
			党委委员	1986.02—1988.10
			党组成员	1988.10—1992.07
	杨正文		副主席	1983.12—1985.04
	杨文安		副主席	1983.08—1983.12
	许德仁		副主席	1985.01—1988.10
			党组成员	1985.02—1986.02
			党委委员	1986.02—1988.10
	伍承瑞		党组成员	1985.02—1986.02
			党委委员	1986.02—1986.12
	陈敏英(女)		纪委书记、党委委员	1987.01—1990.6
	陈关灵	浙江	副主席、党组成员	1989.11—1994.01
	龚继山	湖北谷城	副主席、党组成员	1989.11—2000.03
			党组副书记、副主席	2000.04—2002.02
	张华		党组副书记、副主席	1994.01—1994.07
	王瑛	河南太康	副主席	1994.01—1999.05
			党组成员	1994.03—1999.05
	单剑平(女)	湖北郧西	副主席、党组成员	1997.04—2005.12
	花蕾	江苏高邮	副主席、党组成员	1999.5—2005.12
	徐进康	山东武城	副主席、党组副书记	2001.5—2005.12

注:1.1979—1983年间,市科协与市科委党组共设,只有专职副主席,无专职主席。2.本表中在1985—1989年(襄樊科协二大期间)市科协任职领导党内任职出现党组、党委、再党组任职过程,原因是1985年2月15日市委批准建立中国共产党襄樊市科学技术协会党组;1986年2月3日,市委批准成立中共襄樊市科学技术协会党委;1989年,中共襄樊市委文件通知,撤销市科协党委,改为党组。

（二）科学普及

1.科技知识宣传

报刊。1978 年 9 月，创办《襄樊科技报》，宣传党的科技政策和全市各项科普活动，以及身边的科学等知识，后因经费困难，于 1982 年 11 月停刊，共出版 50 期。1988 年，编辑出版《襄樊科协》期刊，主要宣传各级科协和学术团体的工作动态和典型经验，后也因经费紧张，于 1991 年停刊，共出版 48 期。编印《科技工作者建议》55 期，为科技人员参政议政、建言献策提供渠道。市科协借助各类新闻媒体大力开展科协宣传工作，编印《襄樊科协快讯》233 期，及时报道科协工作信息。在各类媒体刊发宣传稿件 968 篇，其中，2005 年 5 月 11 日新华社、5 月 12 日《人民日报》、《科技日报》（电子版）、《楚天都市报》、江门新闻网等都相继刊登（转载）了题为《科普大篷车进校园》多幅图片新闻。同年 8 月，建立襄樊科协网站（www.xfkx.cn），网站开设“工作动态”、“学会工作”、“科学普及”、“组宣工作”等栏目，并在中国科协、湖北省科协、襄樊市政府网站上建立了链接，该网站并作为襄樊市政府优秀推荐网站。襄樊科技馆网站（www.xfkjg.com）成为市民点击热点，该网站开设科普乐园、4D 科普影院、青少年工作室、小小科学家论坛等栏目。至 2005 年 12 月，网站共传发各类稿件 389 篇，图片 132 幅。2003 年，市科协与市委组织部、市农业局联合建立“襄樊农村党员干部远程教育网——‘金钥匙’网站”，建立“农村实用技术”、“农产品市场行情”、“培训交流”、“培训动态” 等栏目，为农民实时解答农技知识问题。

科普“大篷车”。1986 年，市辖 8 个县（市）科协均配置了科普车（由“万山”牌面包车改装）和电影放映机，5 个县（市）科协配备了录放像设备。当时的科普车配置简陋，仅有扩音机等简单扩音设备。进入 21 世纪，本着科普活动围绕“增强参与性、扩大开放性、增加趣味性、提高教育性”的原则，市科协在中国科协和省科协的支持下，于 2005 年 4 月 28 日，购买了价值 65 万元的“科普大篷车”（统一由中国科协组织对“依维克”面包车改装和配置），车内配置先进、设备齐全，有笔记本电脑、投影仪、声像设备、25 件可供操作的声、光、电科普展品，如：辉光球、鸟的视觉、磁悬浮仪、无源之水等，成为市科协的“流动科技馆”，科普触角延伸到城区、山区、乡村、军营、学校等。据一年的使用情况统计，“科普大篷车”先后奔赴市辖的 10 个县（市）、区，38 个科普服务点开展科普宣传活动，行程共 4127 公里（60% 为山区），参加科普宣传活动人数达 22 100 人次，90%是中小学生(见表 29—8）。

科普大篷车开展科普活动统计

表 29—8

活动时间	活动名称	受益人次	行程(公里)	发放资料		科普展品体验人次		科普展览		播放科普电影	
				纸质	声像	次数	受益人次	次数	人次	次数	人次
2005.5.10—17	科技周暨科普大篷车启动仪式	5100	90	2100	1800	2	5100	3	5100	1	5100
2005.7.28—8.1	科普大篷车进军营	4000	45	2000	1800	10	4000	5	4000	3	3000
2005.9.17—18	老河口全国科普日开幕式	20000	298	2980	1180	6	40000	5	38000	2	2980
2005.12.1—5 (保康科技馆长)	科普大篷车进山区	4000	450	3500	1000	15	4000	5	12000	—	—

续表

活动时间	活动名称	受益人次	行程(公里)	发放资料		科普展品体验人次		科普展览		播放科普电影	
				纸质	声像	次数	受益人次	次数	人次	次数	人次
2005.12.3—5(保康县一中)	科普大篷车进山区	3800	450	1680	2300	2	3986	4	8000	—	—
2005.12.16—18	科普大篷车进山区(南漳县科技馆)	5000	340	2300	1100	5	6800	3	5000	—	—
2005.12.23—25	科普大篷车进山区(谷城县一中)	4500	285	2000	1120	2	4500	3	5000	1	4100
2005.9.18	科普大篷车进校园(市20中)	4100	15	1080	2120	5	6000	16	6000	4	3000
2005.12.13—14	科普大篷车进校园(市42中)	4700	30	2750		5	5000	2	5800	30	40000
2005.10.29	科普大篷车进航天英雄聂海胜家乡	5000	115	2000	2120	15	6000	16	6000	4	3000
2005.1	科普大篷车赴谷城县寺坪镇石嘴子村科技扶贫	1900	130	210	118	2	2200	2	2700	—	—

2.农村科普

1987年,全市实施“燎原工程”。之后扩展为“讲精神文明,比科技致富、建设科普乡(镇)村”(讲、比、建)竞赛活动。1992年5月,中国科协、中宣部联合在宜城召开“全国农村‘讲、比、建’活动现场经验交流会”。为推广农村适用技术,促进农民增收、农业增效,2000年,市科协开展了“科学素质工程”。宜城市被中国科协命名为全国百名科普示范县(市)之一。枣阳市、樊城区、先后创建了“全国科普示范县(市)、区”。建科普示范乡(镇)43个、科普示范村3 12个,占全市3 009个自然村的1/10。2005年10月,市科协被中国科协授予“全国农村科普工作先进集体”称号。同年底,襄樊被中国科协批准为“全民科学素质行动计划”试点城市之一。

农村致富技术函授大学。1986年,按照“实际、实用、实效”的原则,市科协依托农函大对占农村人口16%、农业劳动力32%的35岁以下的农民工进行培训。襄阳县张集区1 600多名在乡中学生接受技术培训后,使农副业收入超出1985年的1—2倍,7万多人掌握了苎麻栽培技术;保康县通过地膜包谷高产栽培技术,使吃了28年救济粮的龙坪区当年交售400万斤商品粮。1988—1994年,“中国农村致富技术函授大学”襄樊分校培养农村初中级人才的毕业学员12 178名。各级科协与各级共青团、妇联、农业和教育部门共同培训农村知识青年224万人次;25 313人获农民技术职称;培养农村科技示范户6 523户,通过邻里效应帮助6 800户贫困户脱贫,并带动32 650户依靠科技增加了收入,14万农民走上脱贫致富奔小康的道路。

农村党员干部实用技术培训。2000年,全市举办各类种植、养殖实用技术培训班8 450期,培训农村党员干部及农民达26万人次,推广实用技术近300项,保康县科协及该县各学会、协会对16个乡镇、40个管理区、320个村举办了农作、禽兽快育、果树嫁接等15个专业、844场次的技术培训,受训农民及党员干部 13 700 人次，推广、运用、普及新技术 25 项。2003 年 4 月，市委组织部、市科协在枣阳联合举办“农村基层组织建设现场会”。此后，建立四级远程教育网络。同年 7 月开通“襄樊市农村党员干部远程教育金钥匙网”，并申请国际独立域名——WWW.JYSH.GOV.CN。网站主页设置襄樊概况、政策法规、实用技术、市场行情、培训动态、培训交流、专家答疑、“双带”先锋谱、农村基层组织建设、视屏点播等十个子栏目。同时，编印出版了《金钥匙快报》，每期分发到 2 377 个自然行政村，农村党员远程教育培训网点 157 个，遍及 566 个村，使 90%的农村党员掌握了 1—2 项致富技术。2005 年 9 月，南漳县科协在全县党员干部中开展了为期一周的“科技大讲堂”科普活动。全县科技、教育、卫生、农业、水利、林业等 15 个部门的上百名党员科技工作者参加了科普活动，上万名群众受到科普教育。

农村专业技术研究会。1979—2005 年，全市建立农村专业技术研究会 510 个，其中种植业 193 个、养殖业 103 个、加工业 31 个、其他种类 183 个，会员 10 万余人。创建科普服务实体 49 个；扶持中小、乡镇企业 180 个；引进推广农业新技术、新成果 183 项。

科普示范基地。2004 年，市科协与市原种场采取联合开发的方式，集中双方技术、财力和物力在市原种场丰硕果苗繁育中心的基础上建设 60 亩优质油桃科普示范基地。推广优质油桃品种 43 个，售苗 20 万株，1 400 余名农民接受了专业技术培训，辐射面积达 10 000 亩，带动 5 000 农户走上致富之路，该项目被评为 2005 年度全市科技推广成果二等奖，湖北省第七届“金桥工程”优秀项目奖，并被中国科协、财政部评为科普惠农兴村先进集体。至 2005 年，全市共创建科普示范基地 97 个，省级 11 个，市级 16 个，示范面积 2 456 亩。

科技下乡。1979—2005 年，全市各级科协先后到宜城市南营乡、老河口市孟楼镇、襄阳区太平店镇、双沟镇、欧庙镇、南漳县九集镇、襄城区庞公办事处、谷城县黄畈乡枣阳市琚湾镇等，共组织科技下乡 1120 余次，发放宣传资料 1 000 余万份，推广实用技术 1 442 项，开展科普展 300 多场次，展出《崇尚科学，反对邪教》《拒绝毒品，珍爱生命》《防治艾滋病》《防治“非典”》《科学发展观》等科普图片 2 600 多幅，参观人数达 65 万人次，发放科普书籍 25 000 多册，组织市农学会、农机学会、医学会、水利学会等 360 多支科技服务小分队、3 000 多名科技人员下乡服务，推广农村实用技术、新种子、新肥料、新农机具、新果苗等，义务为农民开展医疗咨询达 5 万人次。2005 年 3 月 5 日，由市政府主办、市农办、科技局、科协、农业局、林业局、水利局六家单位承办的、30 多个涉农单位参与的“襄樊市科技大集”在襄城区卧龙镇举行，通过“专题讲座”、“宣传农村政策”、“展销新种苗、农资和农机具”、“科普宣传”、“技术咨询”等形式，向农民提供科技知识、实用技术、政策法规、新型农资、市场信息等服务，同时还组织农业专家进村入户，手把手地教育农民科学种养技术，现场讲解技术要点，解答技术难题。同年，市科协和市科技局、市农业局赴卧龙镇、峪山镇和柿埔乡开展了三次大型的科技下乡活动。保康县科协、南漳县科协、谷城县科协先后组织 500 名科技人员组成 40 个科普服务小分队，深入到 20 个乡镇，开展食用菌的选种和栽培管理、有机茶管理及制作、无公害蔬菜的病虫防治、农机具推广使用等实用技术的普及，受益农民达 12 万人次。市科协展出 60 多块《科学发展观》宣传展板，现场散发 1 万多份包括“小麦春季管理”、“农村产业结构调整”、“畜禽养殖”、“防治禽流感”等内容的《科普快报》和关于养鸡、养鸭、养鱼、预防艾滋病等宣传单和小册子；专业技术人员现场操作、讲解示范农民急需的农作物良种（种苗）、新优种畜（禽）及水产品、新型农药、农膜和肥料、新型农机具等。

3.城区科普

城区科普主要依托社区、街道居委会（办事处）建立科普组织，开展以弘扬科学精神、普及身边科学为主的科普活动。全市社区共举办公众健康、破除迷信、反对邪教等科普报告会 1 623 场，科普文艺演出 3 569 场次，观众达 130 万人次。发放科普宣传书刊、资料 15 万册，张贴科普宣传图画 1 万多张。各级科协经常组织有关专家、科普工作者举办讲座、报告、咨询、培训等活动，丰富居民的科普活动。

市科协于2002年9月在襄城西门桥建起一座长40米的科普画廊，通过科普画廊、科普一条街等形式，向市民宣传科学、文明、健康的生活方式，提高生活质量。至2005年，共更换科普画廊40期，制作挂图2 000张。市科协还为各县(市)区科协制作了“科学发展观”的科普挂图、光碟，分发各地。

4.全国科普日(襄樊科技周)

进入20世纪90年代，市科协每年集中时间、集中人力、突出一个主题，开展以“科技周(科普日)”为主要形式的大型、综合性科普活动。市科协连续七年被湖北省科协评为“全国科普日优秀组织单位”。至2005年，共举办大型科技周(科普日)12届，参加人数达100万人次，举办大型科普报告会50多场，参加人数10万多人次，举办科普展览2 000多场次，观众达25万人次，播放科普影视片3 000多场次，观众达6万多人次，发放科普资料近30万份，举办科普培训班3000多期，受益群众达1 000万人次。通过赶科普大集、送科技下乡、科普培训、科普展览等形式，使科普活动深入社区、农村、学校、军营等，提高了全民科学素质(见表29—9)。

1989—2005年襄樊市历届科技周(科普日)活动情况统计

表29—9

届数	时间	主题	科普报告(场)	主体科普报告		科普展览	发放科普资(万份)	放映科教影视片(场)	参加人数
				报告题目	主讲人	(场次)			(万人次)
第一届	1989年1月	纪念李世光诞辰100周年	40	—	—	55	0.5		15
第二届	1992年4月	—	—	—	—		1.5		50
第三届	1996年1月	纪念《省科协条例》颁布	—	—	—	—	6	157	46
第四届	1997年10月2—31日	科技传播与可持续发展	—	《人口、资源、环境与可持续发展》	中国地质大学环境工程学院院长、博士生导师唐辉明教授	—	3.5	—	40
第五届	1998年9月	科学技术与跨世纪蓝图	—	《21世纪与知识经济》	华中科技大学博士生导师聂鸣教授	—	1.5	—	39
第六届	1999年9月20日—25日	科技强国是我们的共同责任	—	《弘扬科学思想，迎接新世纪挑战》	中国科普研究所所长袁正光教授	—	3	—	45
第七届	2000年3月18—24日	科学、文明、健康		—	—	—	2	—	37
第八届	2001年9月17—23日	科技在我身边	35	科技发展前沿及科技进步与创新	中国工程院院士、华中科技大学教授张传勇		2.5		41

续表

届数	时间	主题	科普报告（场）	主体科普报告		科普展览	发放科普资（万份）	放映科教影视片（场）	参加人数
				报告题目	主讲人	(场次)			(万人次)
第九届	2002 年 5 月 18—24 日	科技创造未来		—	—	15	6	20	15
第十届	2003 年 5 月 17 日	依靠科学,战胜非典	—	—	—	60	5	35	60
第十一届	2004 年 6 月 29 日	科技以人为本,全面建设小康	27	—	—	—	3	—	20
第十二届	2005 年 9 月 16 日	"树立科学发展观,共建和谐社会"	—	—	—	30	4	—	25

（三）青少年科技活动

20 世纪 80 年代初至 90 年代中期,全市青少年科普活动主要以青少年科技辅导员协会和自然科学学术团体为组织者,活动形式主要是学科竞赛、专题科技夏令营等,课外活动场所仅限于科技馆、青少年科技活动中心等少量科普资源。青少年科技活动发展到具有天文、地理、生物、计算机等专业。1988 年,青少年“两小”(即小发明、小论文)竞赛活动,共征集作品 500 余件,还组织了 180 多名中小学生参加全省计算机比赛,组织参加了“第二届中国青少年航天飞机科学试验”活动,获省级以上奖励 15 项。其中原襄阳轴承厂子校学生许毅获全国航天飞机搭载实验方案一等奖,并以“太空环境对地衣共生关系的影响”的方案获准参加“美国航天飞机零星搭机试验”,为国家赢得了荣誉。许毅以自己在参加科普活动中受益的亲身体验，在市区作了 7 场报告，鼓励更多学生参与科技小发明活动。同年,市测绘学会承办了“湖北省定向越野运动选拔赛”夏令营,并参加了在北京举行全国第三届定向越野运动比赛。营员来自宜昌、随州、襄樊等地 30 多所中学的 50 多名优秀青少年学生参加。此次活动主要是对青少年学生进行测绘科普教育,同时开展定向越野运动知识竞赛,选拔了 6 名运动员出席全国比赛运动员,获金牌和铜牌各一枚。

1988 年、1991 年、1992 年,市科协分别组织开展了全市中小学生计算机操作竞赛,1988 年还组织 120 余名中小学生进行了计算机操作竞赛,并参加全省青少年计算机操作竞赛,分获个人第二、四名好成绩。1992 年 3 月,组织 8 所中学 50 余名学生参加“全省中学生计算机操作比赛”,获三等奖 5 名。1991 年,市科协组织的“生活百项知识竞赛”活动,7000 名青少年参加,50 多名优秀学生参加了“青少年科技夏令营”活动,市数学学会举办了襄樊市首届初中数学奥林匹克培训班,130 余名优秀学生参加了培训。1992 年 3 月,市科协与教委、环保局、农牧局、林业局五家联合组织“全市青少年环保知识竞赛”活动,同时组织近万名中小学生开展了“环保宣传日”活动。市力学会组织 950 名中学生参加“全国中学生力学知识竞赛”,获二等奖 2 名、三等奖 13 名。1993 年,物理学会组织中学生参加全省中学生物理竞赛，获一等奖一名、三等奖30名、市级奖9名，优秀辅导员16名，青少年科技辅导员协会组织开展了生物百项活动，小星火杯竞赛活动。1996年，市科协与襄樊人民广播电台联合开办“科普之声”专题节目，全年共播出科普稿件400篇；同年还举办了“襄樊市现代科技知识大奖赛”，评出100名获奖者，并在《襄樊日报》公布。这一时期(1988—2000年)，市科协持续在青少年中开展“奥林匹克学科竞赛”、“小星火杯”等活动，获省及国家级金牌12块、银牌25块、铜牌43块。九十年代后期，实施“青少年科技传播行动”，培养大批跨世纪科技后备人才。各级科协先后举办了“计算机操作竞赛”、“小发明、小制作、小论文、小创造竞赛”、“环保知识竞赛”和“襄樊市青少年生物标本制作评选”等活动，以此培养、锻炼青少年的思维能力、动手能力和创造能力。2003年6月26日，为纪念《中华人民共和国科普法》颁布一周年，市科协与市教育局联合命名了市神农园、隆中植物园、锦绣园、市气象台、市科技馆、市动植物标本馆、地震台七个单位为首批“襄樊市青少年科普教育基地”。这些科普教育基地成为丰富青少年校外科技活动大课堂。同年，全市近100余所中小学校，10万名中小学生参加科技创新大赛，主题是：新世纪——与科技同行。大赛共受理参赛作品千余件，创历届大赛之最。共评出科技制作、科技小论文、实践活动、科幻绘画活动一等奖41项、二等奖88项、三等奖244项、优秀奖254项，并从中精选出30多件作品参加湖北省评选活动，获省奖16项。2004年，青少年科技创新大赛评出一等奖28件，二等奖55件，三等奖83件，其中获省奖26件。还开展了21世纪第二届“我爱科学”作文、书画大赛活动、第四届“宋庆龄少年儿童发明奖”评选活动、全市无线电制作培训活动等，提高了青少年科学素质。2005年3—4月，全市举行青少年科技创新大赛，近百所中小学校10余万青少年参加，受理参赛作品1 000余件。评出襄樊市2005年青少年科技创新大赛(科技发明、科技论文、科幻绘画、实践活动)项目一等奖36项，二等奖68项，三等奖68项。同年8月4—10日，市科协和《楚天都市报》社开展了“楚天科普夏令营”活动，倡导“三走进、三远离”即：“走进科学、走进自然、走进社会”、“远离网吧、远离赌博、远离毒品”主题。《楚天都市报》给予报道(见表29—10)。

2003—2005年襄樊市青少年科技创新大赛获奖情况统计

表29—10

举办时间	征集作品(件)	一等奖	二等奖	三等奖	优秀奖	获省奖
2003年3月	1000余	41	88	244	254	16
2004年3月	1000余	28	55	83	—	26
2005年3月	1000余	36	68	68	—	24

卷三十　文化

襄樊是文化大市，是全国历史文化名城、全国魅力城市、全国优秀旅游城市、全国园林城市、全国卫生城市和“三国文化之乡”。襄樊物华天宝，人杰地灵。仅籍于斯、生于斯、长于斯、成就于斯的人物即有忠贞不渝的卞和，有军事名将伍子胥，有辞赋名家屈原、宋玉，有东汉文学家王逸、王延寿父子，有东汉开国皇帝（人称“十大明君”之一）刘秀，有“建安七子之冠冕”王粲，有千古名相诸葛亮，有与诸葛齐名（人称“凤雏”）的庞统，有三国名将关羽，有西晋名将羊祜、杜预，有魏晋名医、太医令王叔和，有使印度佛教中国化的大法师释道安，有东晋著名史学家习凿齿，有唐代著名山水田园诗人孟浩然，有被鲁迅称为“一塌糊涂泥塘里的光辉和锋芒”的诗人、思想家皮日休，有唐代诗圣杜甫，有《枫桥夜泊》诗作者张继，有恢复大唐社稷的宰相张柬之，有唐宋八大家之一的欧阳修，有宋代著名书画家米芾，有宋代著名女词人魏玩，有抗金名将岳飞，有“闯王”李自成、“八大王”张献忠，有八路兵马总指挥王聪儿，有辛亥革命三烈士之一的杨洪胜，有抗日民族英雄张自忠，有中共鄂北第一个党小组的创建人程克绳。还有第一任襄阳党团特支书记谢远定，文化部原副部长、电影局局长陈荒煤，有《黄河大合唱》词作者张光年，有马克思主义在襄阳的最早传播者萧楚女，有中共襄阳地委首任书记张廷发，有最高人民检察院原检察长黄火青等。

襄樊历史遗迹和人文资源丰厚，全市共有各级文物点 94 处。从襄樊市区 3 个旧石器时代遗址所出土的石核、石斧等尖状器、刮砸器来看，这里古人类活动与“北京人”所处时代相当，与蓝田、丁村文化接近。到了“新石器”时代，襄樊一带成了人口稠密地区。据考，襄樊辖区“新石器”时代遗址近 200 处。史前 2 000 到 4 000 年间，已具有相当发达的制陶、石器加工和房屋建造等技术。如距今 4 000—6 000 年的雕龙碑遗址，即是一处内涵丰富、保存完整的原始氏族聚落遗址。出土的陶器制作工艺在许多方面超出了同时代其他文化遗址。尤其令人惊叹的是，房屋建筑均是布局合理的单元式住房，均采用推拉式房门。这无疑是我国古建筑史上的一大奇迹。位于襄樊境内宜城市郑集镇的楚皇城遗址，是春秋时期楚国都城遗址。坐落在枣阳市吴店和兴隆交界的一条南北向山冈上的九连墩，绵延 3 公里，有墓 9 座，南北向排列，已发掘出中国迄今最大的两个车马坑，坑中除出土了车马文物外，还出土了一千多片楚简、七大类九十余件乐器、一千多件青铜礼器，以及精美的玉照和漆器等珍贵文物，其中有楚墓考古中所罕见的虎座鸟架鼓龙蛇盘绕的底盘、身披马甲的铜马，以及木制冥器和木车等。

位于樊城西北 6 公里处的邓城村，是古邓城遗址。邓城是周王朝时期的邓国都城。“邓”是中华民族一个古老的部族，曼姓。西周初即受封于此，距今约 2 700—3 000 年。楚灭邓后，邓城成为楚国属邑，并成为中国最早的置县之一。战国时期，邓城一直是县治所在地。邓城发掘出土了大批陶器、青铜器、玉器以及窑址、灰坑、水井等。特别是先后出土了吴王夫差剑、徐王义楚之元子剑、邓公乘鼎等一大批带铭文的青铜器，都是珍贵文物。

襄阳古隆中位于襄阳城西 10 公里处，是诸葛亮躬耕之地，也是“旷世奇策”、“千古绝唱”《隆中对》诞生的地方。另有三国文化遗址、遗迹遍布市域。如荆州古治、呼鹰台、仲宣楼、去梯求计处、刘表墓、蔡瑁墓、刘琦墓、学业堂、凤林关击毙孙坚处、古隆中、马跃檀溪处、鱼梁洲、鹿门山、庞靖侯祠、水淹七军古战场、樊城汜水碑、涧湖、广昌里、南白沙、习家池、黄承彦故里、庞德墓、水镜庄、徐庶庙、宋忠故里、蒯越故里、马氏兄弟故里、廖化故里、三杨故里、堕泪碑、羊杜祠等。

千年古刹广德寺始建于唐贞观年间(627—649),寺中有全国重点文物保护单位——多宝佛塔。多宝佛塔又名五星塔,塔体全用砖石砌成,高17米,分塔座和塔峰两部分,近似印度佛陀伽耶大塔。塔座名曰金刚宝座,高7米,八方形,上迭浅檐,下奠矮基,砖砌角柱,石雕螭首。四面石砌券门入塔内,正门面南,门额刻“多宝佛塔”四字。每一门内均设一佛龛,各供奉一尊汉白玉雕盘坐佛像,意为佛光普照四面八方。座内设石阶盘道,可登顶部平台。平台上建有5座塔峰,直指苍穹。正如塔碑记云:“多宝者,寺之宝山,五峰突兀,迥出云表。”多宝佛塔融民族艺术与印度佛塔造型于一体,比例均称,结构严谨,造型独特。这种金刚宝座多宝佛塔在我国数量极少,仅有北京、呼和浩特和襄樊3座。而襄樊这一座,把元代盛行的喇嘛塔和辽代风格的密檐六角攒尖顶式塔组合在一个塔座上的,又为全国所仅见,故而极为珍贵。

襄阳明王府绿影壁,位于襄阳城内东南隅,是明仁宗第五子朱瞻墡徙封襄宪王时建造的王府门前的一块照壁。这块照壁,全国绝无仅有。

米公祠位于樊城西南的汉江之滨,是一座青瓦白壁的清代建筑,是为纪念我国宋代著名书法家、画家、鉴赏家米芾而建造的祠宇。现存米公祠建于光绪元年。

襄阳古城墙始建于汉。以后屡毁屡修,代有增筑。最初的护城河仅有20余米宽。宋代以后,护城河被不断拓宽,最宽处250米,平均宽度为180米。加上北城临江而建,据水守城,固若金汤,号称“华夏第一城池”。

襄阳城西真武山脚下石壁上留有宋代摩崖《襄樊铭》。《襄樊铭》距今700多年,是湖北境内唯一的书刻上乘,是保存完好的大型摩崖。

襄阳城南5公里处的凤凰山麓,有全国最早的私家园林习家池。东汉初襄阳侯习郁依照春秋末越国大夫范蠡养鱼的方法,在凤凰山下筑一长60步、宽40步的土坝,引山上的泉水进池养鱼。林、亭、阁浑然一体,景色迷人。

位于襄阳城西南1公里处,有号称小武当的真武道观。明永乐十年(1412),明成祖朱棣降谕修建。清顺治年间,在真武山上重建真武殿等百余间,号称“小金顶”。

襄樊市境内,枣阳有为祭祀汉光武帝刘秀而建的白水寺;南漳的卧牛寨,号称“华夏第一山寨”;谷城的汉唐古刹承恩寺;宜城的张自忠将军纪念馆;老河口有“光化黉学”等。

襄樊自古以来是宗教发展较快的地区,佛教、道教、天主教一度为全国领导中心。众多的寺观,如白马寺、凤林寺、檀溪寺、甘泉寺、谷隐寺、铁佛寺、保堤寺、十方院、鹿门寺、灵泉寺、如珠寺、龙泉寺、延庆寺、承恩寺、广德寺、清凉寺以及真武道观、沈垭大教堂等。

襄樊市博物馆内有文物1万多件,包括吴王夫差青铜剑和夏、商、周、春秋等时期的铭文青铜器,以及唐代宰相张柬之家族墓志铭等珍贵文物。还藏有古文献典籍4万多册。

中共十一届三中全会之后,襄樊各项文化事业得到迅速发展。1979—2005年间,襄樊在报刊、图书的出版、电影,以及广播电视、文学艺术、考古发掘、群众文化和名城保护等各项文化事业中均取得丰硕成果。

一、报纸

(一)全国统一刊号报纸

1979年,境内全国统一刊号报纸只有《襄樊日报》一种,1989年4种,1994年发展到11种。2004年后,保留4种(见表30—1)。

襄樊市1979—2005年全国统一刊号报纸存续一览

表30—1

报纸名称	创刊年份	全国统一刊号6	主办单位	开版版数	类别	刊期	期发量(份)	备注
襄樊日报	1949	CN42—0048	中共襄樊市委	8/2	综合	周七	55000	
襄樊晚报	1993	CN42—0105	襄樊日报社	24/4	综合	周六	52000	
随州报	1984	CN42—0026	中共随州市委	4/4	综合	周二	30000	1995年划出
襄樊广播电视报	1988	GN42—0101	襄樊电视台	24/4	综合	周刊	52000	2001年转刊
楚天声屏报(襄樊版)	2001	CN42—0114/01	襄樊电视台	24/4	综合	周刊	20000	
襄阳日报	1980	CN42—0056	中共襄阳县委	4/4	综合	周七	6000	2003年底停刊
谷城日报	1984	CN42—0031	中共谷城县委	4/4	综合	周六	6500	2003年底停刊
老河口日报	1988	CN42—0043	中共老河口市委	4/4	综合	周六	5000	2003年底停刊
南漳日报	1988	CN42—0079	中共南漳县委	4/4	综合	周四	5000	2003年底停刊
枣阳日报	1990	CN42—0088	中共枣阳市委	4/4	综合	周七	5000	2003年底停刊
宜城日报	1993	CN42—0048	中共宜城市委	4/4	综合	周四	5000	2003年底停刊
襄樊日报保康版	1994	CN42—0048	中共保康县委	4/4	综合	周三	5000	2003年底停刊
襄樊学院报	1998	CN42—0858/C	中共襄樊学院党委	4/4	综合	半月	2500	

1.《襄樊日报》

《襄樊日报》的前身是原中共襄阳地委机关报《襄阳报》和原中共襄樊市委机关报《襄樊报》。1983年11月9日,随着市管县体制的诞生,两报合并为《襄樊报》。1984年1月1日,改为《襄樊日报》。刊号沿用原《襄阳报》刊号:C N42—0048。并出了第一张彩报。主管单位为中共襄樊市委宣传部,主办单位为《襄樊日报》社(见卷十八《中国共产党襄樊地方组织》)。

(1)版式与发行

1987 年 1 月 4 日，出第一张周末版。1989 年 1 月 1 日，开始自办发行。全年发行量 6.8 万份。同年 4 月，改为四开四版。1990 年，由周 6 刊改为周 7 刊。创办科教专刊。1994 年 1 月 1 日，由四开四版扩为对开四版。1995 年 5 月 7 日，出第一张星期天特刊。1999 年 3 月 4 日，出第一张经济周刊。2001 年 4 月 28 日，创办《襄樊日报·汉江都市》，周六出版，每期 12 版。2004 年 1 月 1 日，由黑白报变成彩报，并增加周二、三、五日《汉江都市》和《星期天·特刊》，一周达 40 个版面。

1988 年前，《襄樊日报》通过邮政部门发行。1989 年起实行自办发行，在除保康县以外的其他县市建立了自己的征订、投递网络。随后，《谷城日报》《襄阳日报》实行自办发行。发行方式为：报纸征订采用依托各级党委负责党报党刊发行的优势进行，报纸投递则委托给襄樊日报社建立起来的当地网络或自行建立网络进行。1990 年起，年发行 7 万余份。

(2)宣传报道

从 1978 年开始，报纸加强了对农业、工业、财贸和各项重大建设项目的宣传。农业方面，宣传了允许和鼓励一部分农民先富起来、推行联产承包责任制、走农工副综合发展道路、发展集市贸易等内容。工业方面，宣传了扩大企业自主权、开发新产品、发展横向经济联合以及各种不同方式经济承包责任制。财贸方面，宣传了体制改革、商品流通、拓宽金融渠道等。还宣传了汉丹铁路、襄俞铁路、焦枝铁路、丹江水库等大型工程的建设情况。1990 年，在第二版推出“我们面前有困难，困难面前有我们”系列报道。历时 5 个月，发文 86 篇。又开辟“我为襄樊添光彩”等专栏，发文 87 篇。1991 年 4 月，围绕如何增强大中型企业的活力，展开系列报道。推出 45 期经验性报道。6—8 月，开辟《做文明市民，创文明单位，建文明城市》专栏。同年 10 月，开辟《爱我名城，建我名城》专栏。1991 年底至 1992 年 12 月，《襄樊日报》以市政府赴香港、深圳三次招商为线索，把扩大对外开放的报道贯穿始终。1993 年 1 月 3 日，在第二版开辟《保护农民利益加快农业发展》专栏。刊发了 7 个保护农民利益的典型。同年 2 月 8 日起，在《每周评论》里，先后刊发《农业要发展，急需加减法》、《保农政策好，落实要抓早》等评论。全年刊发为农业升温的报道 130 多篇。

1995 年 3 月 24—30 日，在一版显著位置刊发《产权制度改革导向》系列文章，共 6 篇：《改到深处是产权》《国有中型企业怎么改——全员买断，股份经营》《城镇集体企业怎么改——几人聚资，合伙经营》《乡镇企业怎么改——因厂制宜，四路并进》《春风一夜疑云消》，为全市企业制度改革提供可操作经验。全年经济宣传共推出 18 个系列报道，刊发 430 多篇(幅)文章(图片)。“困难企业，党和政府想着你”系列，共发文 50 多篇，为困难企业扭亏介绍经验，营造了氛围。

1997 年，邓小平逝世、香港回归、中共十五大召开。三件大事，《襄樊日报》报道及时、准确。同年 10 月 29 日至 11 月 20 日，《襄樊日报》根据十五大精神和中共襄樊市委领导的意图，结合本地实际，对“抓大放小”进行了深层次思考和高水准策划。组织记者和通讯员采写了《调整结构，集结资本》《择优扶强，壮大资本》、《兼并联合，盘活资本》《增资减债，优化资本》《股份改制，吸纳资本》《引进外资，嫁接资本》《以强带弱，托管资本》《包装捆绑，扩充资本》《发展集团，带而活之》《股份合作，联而活之》《出售产权，售而活之》《公有民营，租而活之》《主辅分离，剥而活之》《分块经营，分而活之》《优二进三，转而活之》《破产重组，组而活之》等 16 篇文章。为经济改革营造了良好氛围。

1998 年 1 月 19—21 日，在头版头条刊发三篇“二次创业”的文章：《跨入汽车工业新天地——我市汽车工业“二次创业”大扫描》《跨入纺织工业新天地——我市纺织工业“二次创业”大扫描》《跨入农村经济新天地——我市农村经济“二次创业”大扫描》。同年 2 月 9—24 日，在头版显著位置刊发农业产业化文章 8 篇。有关国有企业改革的报道，同年 3 月底至 4 月初，在“如何搞活国有大中型企业”专栏下，连续推出四个专版，刊发《人往哪里去》《钱从哪里来》《产品往哪销》《负担怎么减》等文，社会反响大，宣传效果好。

1999 年年初，在要闻版推出关于全市经济运行的 5 篇述评：《论坚定信心》《论明确思路》《论突出重点》《论加快速度》《论振奋精神》。同年 5 月，在“坚持正义、维护主权、反对侵略、保卫和平”通栏标题下，集中刊发中国政府及襄樊社会各界对北约军队轰炸我国驻南使馆致人伤亡暴行的抗议活动。在《强烈谴责北约暴行，沉痛悼念死难烈士》通栏下，刊发党和国家领导人沉痛悼念三烈士及全国下半旗志哀的图片。刊发三烈士骨灰护送回国以及胡锦涛代表党中央、国务院和江泽民到机场迎接的图片，版面庄严、肃穆。

2000 年 1 月 5 日，头版头条刊发《集全市人民智慧共同描绘襄樊“十五”蓝图》的署名文章。同年 10 月 27 至 31 日，连续 5 天在头版头条刊发了《“一个定位”揽全局》《“两个枢纽”通四海》、《“三个对接”架金桥》、《“四大基地”立支柱》《“五大工程”富人民》5 篇文章，宣传了“十五”规划。2000 年 5 月 16 日，在头版头条以《江泽民在江苏、浙江、上海考察工作强调：深入基层总结实践，积极探索开拓前进 / 按照“三个代表”/ 要求加强党的建设》为题，转发新华社 5 月 15 日播发的消息。同年 5 月 22 日在头版头条报道《市委中心组认真学习江泽民总书记重要讲话 / 按照“三个代表”/ 要求总揽全局 / 奋力推进襄樊各项事业健康发展》的消息。

2001 年 5 月 20 日至 7 月 20 日，《襄樊日报》4 名记者组成采访组，到河南新野、南阳，湖北荆州、赤壁，山东临沂，江苏无锡，浙江兰溪村，四川成都，重庆奉节，陕西汉中等地采访。发回稿件 40 多篇，为开好“襄樊诸葛亮文化节暨中西部经贸洽谈会”做了充分的舆论准备。为纪念建党 80 周年，《襄樊日报》根据党史办的一个个单一的全市党史资料，归纳、综合、提炼并重新采写，以独特的视角再现了昨天，记述了今天，昭示了未来。整个报道创意独特，构架新颖，脉络清晰，冲击力强。这组系列是：《开天辟地》《欢天喜地》《惊天动地》《战天斗地》《谈天说地》《上天入地》《顶天立地》《翻天覆地》。湖北省委宣传部在编印 2001 年第 39 期《舆情动态》中，对《襄樊日报》建党 80 周年宣传给予了充分肯定。

2001 年 9 月 17 日，由省委、省政府承办的“诸葛亮文化节暨中西部经济技术协作区经贸洽谈会”（简称“一节一会”）在襄樊隆重开幕。开幕当日，《襄樊日报》推出“一节一会”特刊 100 版。有招商篇、教育篇、县市篇等 25 个栏目。同年，国家“东引西进”、“高速公路建设”、“西气东输”、“南水北调”等新的发展机遇摆在襄樊人民面前。《襄樊日报》推出系列报道：《在“东引西进”中构建大厦—新世纪如何抓机遇加快发展走笔之一》《在“高速通行”中腾飞经济——新世纪如何抓机遇加快发展走笔之二》、《在“西气东输”中造福人民——新世纪如何抓机遇加快发展走笔之三》、《在“南水北调”中重建生态——新世纪如何抓机遇加快发展走笔之四》。内容新颖，有很强的宏观性和启迪性，引起了各方面的广泛关注。

2002 年，《襄樊日报》围绕迎接中共十六大召开，从“立党之本”、“大事回顾”、“成就展示”等方面，推出系列报道；开设《从百姓得实惠看“三个代表”》专栏，用看得见、摸得着的实例，宣传改革开放的成就；为中国优秀旅游城市检查验收，开辟“举全市之力创建中国优秀旅游城市”专栏；为“一节一会”编发稿件 350 余篇，推出 7 个系列报道。

2003 年 6 月 6 日至 8 日，《襄樊日报》推出了“再来一次思想大解放”系列报道：《不求所有，但求发展》、《不求身份，但求就业》、《不求精明，但求高明》。这组系列评论融会贯通，观点独到，说理透彻，对全市开展“再来一次思想大解放”起到了引导作用。2003 年，农村税费改革及配套改革正在深入进行。谷城县作为襄樊市的综合试点已先行一步。为了总结好试点工作的经验，《襄樊日报》于当年 6 月 19 日至 21 日，推出了一组系列报道：《坚冰，在这里打破——谷城县农村税费改革及配套改革综合试点走笔之一》；《春雨，在这里滋润——谷城农村改革及配套改革综合试点走笔之二》；《阳光，在这里直射——谷城县农村改革及配套改革综合试点走笔之三》。

2004 年，为宣传中共襄樊市委“服务东风就是发展襄樊”的战略思想，《襄樊日报》大版块推出《汽车城建设风采》的连续报道 61 篇；为“天籁”轿车下线，发稿 10 篇。

2005年，《襄樊日报》在头版重要位置开辟《在十六届五中全会精神鼓舞下》专栏，连续刊发各县（市）区、部门落实五中全会，制定“十一五”规划典型做法的文章；发社论4篇，专访11篇，理论文章5篇。

“神舟六号”是全市人民异常关心的热点。因“神六”上有襄樊籍宇航员聂海胜，有襄樊的科技企业（航天 42 所和中国航宇救生装备有限公司）的技术产品“航天椅”，故于 2005 年 10 月 12 日至 17 日，《襄樊日报》首次为“神六”成功发射和成功着陆编发了两期《襄樊日报?号外》，并赶印 40000 份，免费向市民发送。

（3）编辑出版

《襄樊日报》总编室，协助总编管理业务。要闻部，负责一版重要新闻的采编。政文部，负责社会新闻、文化教育、体育、卫生等方面的采编。副刊部，负责周末版的采编。摄影部，负责新闻照片的采编。出版部，负责报纸的文字校对、激光排版的管理及与印刷厂的衔接。印刷厂，负责报纸的印刷。

（4）获奖新闻作品

1995—2005 年，《襄樊日报》积极参加各级好新闻评选活动，共获奖 514 项。其中获全省地市州报好新闻奖达 143 项。仅摘录近十年《襄樊日报》在“湖北好新闻评选”、“全国地市州盟报好新闻评选”、“中国晚报好新闻评选”中的部分作品及奖项（见表 30—2）。

《襄樊日报》获奖新闻作品

表 30—2

作品标题	获奖等级	作者	编者	体裁
河北一私营企业主找到我市 18 项专利获得者曲孝先——出资 19 万预订科技成果	湖北新闻一等奖	高翔	高翔	消息
链式反应	湖北新闻一等奖	王少哲、刘进	陈心安、熊朝阳	消息
杂技演“砸”之后	湖北新闻二等奖	刘东仿	陈心安、熊朝阳	言论
精神文明建设问题述评	湖北新闻二等奖	黄道弘、熊朝阳、李万赋	陈心安	言论
奇迹出现在被淘汰之后	湖北新闻二等奖	陶宜军	—	摄影
新任市委书记三个摆脱	中国地市报二等奖	黄道弘	陈心安	消息
汽车产业开发区——淘汰一批“不下蛋鸡”	中国地市报二等奖	唐中平	陈心安、熊朝阳	消息
上面又来人了	湖北新闻一等奖	陶宜军	高尧、陶宜军	摄影
这就是陈鼎益	湖北新闻一等奖	郑跃	高尧、陶宜军	摄影
把我推到田头去	湖北新闻二等奖	吴胜桥	高尧、陶宜军	摄影
鄂北岗地成为襄樊米粮仓	全国地市州报一等奖	陈惠明、吴建萍	陈心安	消息
襄樊国税系统搬掉安乐椅	全国地市州报二等奖	黄道弘	陈心安	消息

续表 1

作品标题	获奖等级	作者	编者	体裁
运用股份制培育农业产业化大龙头	全国地市州报二等奖	谢春修	陈心安	美术
洗雪国耻的欢乐	湖北新闻一等奖	李晓滨	—	美术
工地深处有人家	湖北新闻一等奖	李怀福	—	摄影
零天零秒的欢腾	湖北新闻二等奖	陶宜军	—	摄影
农资打假农民欢乐	湖北新闻二等奖	陈晓平	—	摄影
襄樊市构筑“三道防线”保稳定,促发展	湖北新闻佳作奖	熊朝阳	毕俊峰、陈心安	消息
再就业　服务站	湖北新闻二等奖	杜可臣、吴建萍、李莉	毕俊峰	消息
农民赶信息潮	湖北新闻一等奖	熊明银、王合成	—	摄影
沉重的负担	湖北新闻二等奖	陈晓平	—	消息
雨夜壮歌	湖北新闻一等奖	钱显忠、王兴会	陈心安、毕俊峰	新闻
我市首起农民负担案在谷城公开审理	湖北新闻二等奖	陈晓平	毕俊峰、杜可臣	消息
寓言插图	湖北新闻一等奖	李晓滨	—	美术
“不识洋文难出海,借翅远飞闯世界”	湖北新闻一等奖	张道学	陈心安	消息
我市党政机关放手让民营企业挑“良驹”	湖北新闻一等奖	刘惠	唐中平、顾振华	消息
三国热线行	湖北新闻一等奖	李万赋、职战新、余杰、丁涛	陈心安、王志国	通讯
激活要素通“穴脉”	湖北新闻二等奖	王少哲	陈心安、王志国	通讯
从外商只要“国际惯例”想到的	湖北新闻二等奖	李万赋	毕俊峰	言论
《襄樊日报》11 月 11 日一版	湖北新闻二等奖	陈心安、陈战新	张军	好版面
界碑头村“说事”说拢了人心	湖北新闻一等奖	秋子、蒋子华	熊朝阳、顾振华	消息
解读十六大报道亮点	湖北新闻一等奖	集体	陈心安、毕俊峰、顾振华	系列报道
襄樊正迈向高速时代	湖北新闻二等奖	宋敏、李勇、肖毅	陈心安、钱显忠	通讯
《襄樊日报》7 月 26 日一版	湖北新闻二等奖	陈心安、顾振华	—	好版面
送给农民一张金卡	中国地市报二等奖	闵葆华	陈心安、顾振华	言论
单桨难行船	中国地市报一等奖	李晓滨	—	美术
难得的“汽车第一”等 3 篇探秘	湖北新闻一等奖	陈心安	陈心安	系列报道
杨进群 500 封家书撒播先进文化	湖北新闻二等奖	邢敦杰	高翔　王志国	消息
天籁之音	湖北新闻二等奖	秋子、龚莉、刘惠	陈心安　高翔	消息
保康财政扶贫实行挑选制	中国地市报一等奖	—	高翔、顾振华	消息
为了 98 位民工的血汗钱	中国地市报一等奖	—	陈心安、黄道弘	通讯

续表 2

作品标题	获奖等级	作者	编者	体裁
王木匠 35 年流水账折射发展轨迹	中国地市报二等奖	—	陈心安、王志国 职战新	消息
破冰之旅	中国地市报二等奖	邢敦杰	陈心安、顾振华	通讯
岳爸爸	中国地市报二等奖	邢敦杰	陈心安、顾振华	通讯
三夏时节走农庄	中国地市报二等奖	集体	陈心安、顾振华	系列报道
宜城与沿海五城市签订法律援助联动协议	湖北新闻二等奖	黎发建、赵德志	高翔、职战新	消息
保康首创为民代理方便百姓	中国地市报一等奖	都正阳	王志国、职战新	消息
无污染再生铅技术成就一个大产业	中国地市报一等奖	熊朝阳、姜道明	陈心安	消息

2.襄樊晚报

1993 年 10 月 19 日,新闻出版总署批复:“同意创办《襄樊晚报》,编入国内统一刊号,4 开 4 版,州刊。由中共襄樊市委宣传部主管,襄樊日报社主办。”(《襄樊日报》社见卷十八)。

(1)版式与发行

1994 年 3 月 18 日,《襄樊晚报》试刊。4 月 1 日,创刊。每周 2 期,每期四版。1995 年,4 开 8 版,周四刊。期发 2 万份。2000 年 12 月 15 日,由 8 版扩为 12 版,改下午出报为早晨出报。各版基本定位是:一版,重要新闻;二版,社会新闻;三版,华夏报道;四版,环球视线;五版,特别视点;六版,文娱快报;七版,体坛纵横;八版,襄樊民生;九版,长篇连载;十版;周一紫薇,周二网络驿站,周三美容美发,周四教育,周五择业向导;十一版:周一生活节拍,周二军事,周三健美健身,周四学生作文,周五法制。广场;十二版:周一爱晚亭,周二车迷,周三家,周四玫瑰园·人生舞台,周五时尚娱乐。2001 年 4 月,《襄樊晚报?新周刊》创刊,《襄樊晚报》步入厚报时代。逐步形成汽车周刊、教育周刊、健康周刊、生活周刊等专业化版块。2002 年,《襄樊晚报》扩版为 4 开 16 版,《新周刊》24 版,每周出 104 版。

自办发行,创刊当年日发行 3 万份。2002 年,日发行量 4.3 万份,最高达到 5.6 万份。

(2)宣传报道

1997 年,设置《昭明夜话》《襄樊历史上的今天》《夜间记者站》《我就是襄樊形象》《读者点题采访》《大追踪》《咱们一起来解困》等栏目。

1998 年,《襄樊晚报》克服日报化倾向,改进版面和新闻报道方式。新闻着眼点面对普通市民,推出《为下岗职工献一策》《举报台》《居家置业》专版专栏。同年 8 月,开展有奖征集新闻线索,760 多件新闻及时见诸报端。1999 年,春夏之交和秋冬之交,两次调整版面。改进报导内容和版式风格。某女记者只身深入监利、嘉鱼灾区采访,拍摄到朱镕基总理大年三十到簰洲湾看望灾区群众的新闻。同年 2 月 23—24 日,分两次在《襄樊晚报》刊出。2000 年 10 月,汉水上游陕西丹凤发生氰化钠泄露事件。襄樊晚报记者赶赴现场采访,以整版篇幅及时做了报道。消除了恐惧,稳定了民心。2002 年,晚报宣传注重突出五性:市民性、生活性、新闻性、综合性、本土性。2004 年雅典奥运会期间,推出 17 期 136 个版面的特别报道。满足了体育爱好者的需要。

2005 年,为配合全市迎接省级卫生城市检查、全国绿化城市检查,以“襄阳好风日”、“城市之光”、

“城市之魂”为主题进行了系列报道。

(3)编辑出版

2000 年 12 月,实行全员聘用制。5 名编辑记者被聘为部室正副主任。面向社会招聘采编人员 18 名。晚报全体职工实行末位淘汰制。《襄樊晚报》设总编室、记者部、新闻编辑室、副刊部、摄影部、通联部、周刊部和出版部等。

3.楚天声屏报·襄樊版

(1)版式与发行

该报创刊于 1988 年 12 月 26 日,原名《襄樊电视报》,4 开 4 版。1990 年 8 月,更名为《汉江文化报》,4 开 8 版。1993 年 9 月获国内统一刊号,更名为《襄樊广播电视报》,4 开 16 版。当年期发量近 18 万份。2001 年 1 月,全省广播电视报整合,更名为《楚天声屏报·襄樊版》。报纸集娱乐性、知识性、趣味性为一体,以影视信息为特色,突出生活服务功能,贴近百姓生活,传播丰富资讯,引领都市时尚,是读者的知心朋友。

《襄樊广播电视报》于 1988 年底创刊后就实行了自办发行,征订、投递通过聘请的发行员进行。每期发行 52000 份。2001 年,改名《楚天声屏报·襄樊版》后,当年交由邮政发行。从 2002 年第一期开始,版式也从新闻报纸类改为彩色封面杂志化装帧。2002 年,在市区恢复自办发行,县市订户仍由邮政发行,零售通过《楚天都市报》等零售网络进行。每期发行 20000 份。

(2)宣传

《襄樊广播电视报》的宗旨是依托电视节目和娱乐信息优势,进一步拓展和丰富电视的文化内涵,使普通市民能够通过报纸与电视的整体联动,有选择、有目的地收看电视节目。主要栏目有《荧屏导视》《影视文化》《屏前幕后》《影视故事》《影视人物》《文学园地》等。20 世纪 90 年代初期,《襄樊广播电视报》立足于影视,配合本地区制作播出的电视节目和影视作品,用理论和评论引导读者,帮助读者和观众正确地欣赏电视艺术作品。由《襄樊广播电视报》记者采写的影视人物专访已达两百多篇,如《马季在襄樊做客》《本色唐国强》《卢奇:把握机遇最重要》《“凤凰”在襄樊上演传奇》《范冰冰印象》《满馨:用“巴扬”奏响民族风》《用音乐播撒爱心的人——盛中国襄樊行》等作品多次获得优秀作品奖。1993 年,襄樊市举办首届诸葛亮文化节,《襄樊广播电视报》结合本地精神文明建设实际,推出了一批反映本地精神文明建设的报道。如《谁偷了襄樊?》《把自己的脸洗干净》等,在市民中引起积极的反映。襄樊市委宣传部表扬说,小报做出了大文章,对办好文化节是一个大的促进。文化节过后,报纸编辑部被襄樊市委市政府授予“先进单位”称号。

《襄樊广播电视报》将读者关心的问题引入讨论,用积极的方式回答社会问题。报纸先后推出了《明码标价—让人欢喜让人忧》《挂历市场静悄悄》《查你没商量》等引人深思的系列报道,对于规范文化市场秩序起到了很好的作用。1995 年,报纸又将着眼点放在社会生活的“冷”点上,注意从平凡的人和事中发现闪光的思想和精神,帮助人们提高精神境界。开办了《让我们走近他们》《私人照相簿》《笨伯信箱》《街谈巷议》《妞妞配音茶坊》等栏目。这些栏目不仅扬弃了周报时效差的劣势,避免了一味追求“热点”、“焦点”问题的盲目性,而且贴近读者生活和报纸实际。

从 2002 年开始,报纸在内容上进行了较大的调整,加大了自采力度,增加了《特别关注》《心灵倾诉》《五影灯下》等贴近本地读者,具有可读性的栏目。在襄樊电视台举办“首届襄樊小姐大赛”和“襄樊模特大赛”、“百对新人集体婚礼”等大型活动时,《襄樊广播电视报》都及时跟进全方位报道,其中述评《美,需要勇敢》《美,需要创造》《人体美与选美》《选美与服装》等系列文章。《襄樊播音员、主持人系列专访》《用影像记录故事,用 DV 展现精彩》《〈老兵讲述〉背后的故事》《高雅音乐送春来》等配合大型活动所开设的系列专题报道,都是报纸对电视内容的“再传播”,加厚了新闻背景,扩大了新闻报道的影响。

(3)编辑出版

报纸于 2001 年建立了激光照排室,自行排版。2005 年,编辑部有 36 人,其中管理 3 人,采编 8 人,激光照排 5 人,发行和广告 20 人。

4.襄樊学院报

原为 1981 年创刊的《襄阳师专报》。1998 年,襄阳师专、襄樊职业大学、襄樊教育学院合并组建襄樊学院,报纸更名为《襄樊学院报》,获全国统一刊号。报纸以“一切为全院师生利益服务”为宗旨,贴近校园、贴近师生、贴近教学,传递党委、政府和师生的声音,展示大学生风采。一版为校园要闻;二版为校园风景线,办有《名师风采》、《学子风采》等栏目;三版为理论与实践版,办有《观察与思考》、《校园直通车》等栏目;四版为古隆中副刊版。

《襄樊学院报》一直自办发行,对外交流通过邮寄投递。每期发行 2500 份。

(二)内发报纸

1979 年,境内行业、系统和单位用来指导工作和交流信息的内部报纸有两种,到 2005 年,发展到 15 种(见表 30—3)。

襄樊市 1979—2005 年内部出版报纸存续一览

表 30—3

报纸名称	创办年份	主办单位	开本	刊期	备注
襄樊群众文化	1949	襄樊市群艺馆	8	月报	1990 年停办
江山报	1973	湖北江山机械厂	4/4	周报	
随州卫生报	1982	随州市卫生防疫站	8	季报	1990 年停办
六 0 九人	1983	航空公司 609 所	4/4	月报	2002 年停办
襄樊经济信息报	1987	襄樊市政府办公室 襄樊日报社	4/4	周报	1994 年停办
月溪	1987	老河口市文联	4/4	月报	1996 年停办
岘山	1988	襄阳县文联	4/4	月报	1996 年停办
中原旅游报	1988	襄樊市新闻工作者协会	4/4	半月	1990 年停办
襄樊文化报	1988	襄樊市群艺馆	4/4	月报	1990 年停办
化六建报	1988	六化建党委宣传部	4/4	半月	
襄钢报	1988	襄樊钢铁厂党委宣传部	4/4	半月	1993 年停办
宜城文艺	1988	宜城县文化馆	4/4	双月	1993 年停办
襄樊人口	1988	襄樊市计生委	4/4	季报	1990 年停办
草庐	1989	襄阳县文化馆	4/4	双月	1990 年停办
作家与社会	1989	襄樊市作家协会	4/4	不定	1990 年停办

续表

报纸名称	创办年份	主 办 单 位	开本	刊期	备 注
枣 花	1989	枣阳市文联	4/4	旬报	1990 年停办
枣 阳摄 影	1989	枣阳市群艺馆	4/4	不定	1990 年停办
襄 棉 报	1989	襄棉集团有限责任公司	4/4	周报	2003 年停办
襄樊公安交通报	1989	襄樊市交警大队	4/4	半月	2004 年停办
鄂西铁道报	1989	襄铁分局党委	4/4	周报	
襄 轴 人	1989	襄轴股份有限公司	4/4	周报	
鄂 化工 人	1990	鄂西化工厂党委宣传部	4/4	半月	1993 年停办
农业科技报	1990	襄樊市农业局	4/4	周报	2000 年停办
金 环集 团	1990	湖北化纤集团公司	4/4	周报	
襄樊军纺报	1990	解放军 3542 工厂	4/4	周报	1996 年停办
湖北工建报	1993	湖北省工建集团公司	4/4	半月	2001 年停办
铁 建工 人	1993	铁十一局党委	4/4	旬报	
名城报	1996	襄樊市名城研究会	4/2	周报	
华光信息	1999	湖北华光器材厂	4/4	周报	
襄樊烟草	1999	襄樊卷烟厂	4/4	半月	
东方快讯	1999	湖北东方化工公司	4/4	月报	
航宇风采	1999	航空公司党委宣传部	4/2	半月	
卫东人	1999	国营卫东机械厂	4/4	月报	
爱百颗药业	1999	中天爱百颗药业公司	4/4	周报	
湖北钢丝	1999	湖北钢丝厂	4/4	月报	2002 年停办
车桥快讯	1999	湖北东力工业公司	4/4	半月	2002 年停办
汉江报	1999	航空公司汉江机械厂	4/4	月报	2002 年停办
襄樊车城	2000	襄樊汽车产业开发区	4/2	半月	
华中航修	2000	中国人民解放军第五七一三厂党委	4/4	月报	

二、期刊

(一)全国统一刊号期刊

1979 年,境内有全国统一刊号期刊 1 种,2002 年后增加为 5 种(见表 30—4)。

襄樊市 1979—2005 年全国统一刊号期刊存续一览

表 30—4

期刊名称	创刊年份	全国统一刊号	主办单位	开版	类别	刊 期	期发量(册)	备 注
粘 接	1979	CN42—1183/TQ	襄樊市胶粘技术研究所	大 16 开	科技	月刊	4500	
物流技术	1981	CN42—1307/TB	湖北省物资技术流通研究所	大 16 开	科技	月刊	2000	

续表

期刊名称	创刊年份	全国统一刊号	主办单位	开版	类别	刊期	期发量(册)	备注
农村经济与科技	1990	CN42—1374/S	中共襄樊市农办	大16开	科技	半月刊	5000	
襄樊学院学报	1981	CN42—5030/C4	襄樊学院	大16开	综合	单月刊	1000	
襄樊职业技术学院学报	2002	CN42—1651/Z	襄樊职业技术学院	大16开	综合	双月刊	1000	
汉水	1984	CN4—1122	襄樊市文学艺术界联合会	16开	文学	双月刊	10000	1997年底停刊

1.《粘接》

《粘接》是经中国科技情报编译出版委员会批准创办的国内最早的粘接技术专业期刊。该刊主要内容为中国胶粘剂研发的最新成果，粘接理论研究新进展，粘接技术在国民经济各领域的应用及工艺，国外研究成果介绍，国内外信息、动态、专利以及粘接知识介绍等。

2.《物流技术》

《物流技术》原名《物资流通科技》。该刊作为全国第一本物流行业专业技术期刊，主要内容为开展物流理论研究，交流国内外成功经验，传递国际物流信息，推广先进物流技术设备，促进我国现代物流业繁荣发展。在物流理论研讨、技术交流、供应链管理以及企业物流、军事物流、国外物流领域产生了一定影响。该刊1997年被评为第二届全国优秀期刊；被北京大学、北京物资学院、上海复旦大学、上海同济大学、天津南开大学等高校指定为职称评审论文的核心期刊。

3.《农村经济与科技》

《农村经济与科技》主要内容为：宣传政策，传播科技，推广典型，交流经验，为农村、农业、农民服务。

4.《襄樊学院学报》

《襄樊学院学报》原名《襄阳师专教学与研究》、《襄阳师专学报》。1998年，襄阳师专、襄樊职业大学、襄樊教育学院合并组建襄樊学院，两校学报并入更名为《襄樊学院学报》。全国统一刊号为CN42—5030/C4，国际标准刊号为：LSSN1009—2854。邮发代号为：38—346。从2000年起，改为大16开本，96页。主要刊登哲学社会科学、自然科学类学术研究论文。主要栏目有政治理论研究、伦理道德研究、汉语言文学研究、三国历史文化研究、襄阳地方历史文化研究、计算机科学与应用研究以及物理学、生物化学等学科的研究等。

5.《襄樊职业技术学院学报》

《襄樊职业技术学院学报》主要刊载基础理论、教育教学、产学研结合研究和科学与技术、医学与研究、政治与社会、经济与管理、语言文学艺术等学科的论文、文章。该刊注重联系本地实际开展应用研究，坚持为本地区产业结构调整、技术升级和经济社会发展服务。2005年，被全国高等职业技术教育学报研究会评为首届全国高职院校“十佳学报”。

6.汉水

《汉水》作为较早的地市级文学刊物，立足于繁荣本地文学创作、培养本土作者。出版近百期，最高期发量 30 万册，曾被列全国百强期刊，为培养文学新人、繁荣文学创作做出了贡献 。

（二）内部期刊

1979 年前，境内行业、系统和单位用来指导工作和交流信息的内部期刊有只有 1 种，到 2005 年，发展到 21 种（见表 30—5）。

襄樊市 1979—2005 年内部出版期刊存续一览表

表 30—5

期刊名称	创办年份	统一刊号	主办单位	开本	类别	刊期	备注
学习与宣传	1977	鄂内资 2331	中共襄樊市委宣传部	16	哲社	月刊	2003 年停办
襄樊国税	1981	鄂内资 2329	襄樊市国税局	16	经济	双月刊	2000 年停办
财　苑	1984	鄂内资 2327	襄樊市财政局	16	经济	月刊	2003 年停办
社科研究	1984	鄂内资 2002	襄樊市社科联	16	哲社	双月	
襄樊论坛	1984	鄂内资 2017	襄樊市委党校	16	综合	季刊	
襄樊教育	1985	鄂内资 2006	襄樊市教育学会	16	文教	月刊	
襄樊教育学院学报	1985	鄂内资 2325	襄樊市教育学院	16	文教	季刊	2000 年停办
襄樊大学学报	1986	鄂内资 2333	襄樊大学	16	综合	半年刊	2000 年停办
襄阳师专学报	1987	鄂内资 2328	襄阳师专	16	文教	季刊	2001 年停办
沧　浪	1987	鄂内资 2004	宜城市文联	16	文艺	季刊	
襄樊工商	1988	鄂内资 2323	襄樊市工商局	16	经济	季刊	2003 年停办
襄轴科技	1988	鄂内资 2334	襄阳汽车轴承股份公司	16	科技	半年刊	2002 年停办
职工之声	1988	鄂内资 2336	铁十一局	16	综合	双月刊	2000 年停办
化工建设	1988	鄂内资 2012	中国化工六建公司	16	科技	季刊	
理论天地	1990	鄂内资 0312	襄樊市委讲师团 市马克思主义理论教育研究会	16			

续表

期刊名称	创办年份	统一刊号	主办单位	开本	类别	刊期	备注
襄樊党风与廉政	1990	鄂内资 2322	襄樊市纪委	16	综合	双月刊	2003 年停办
城镇建设研究	1990	鄂内资 2327	襄樊市建委	16	综合	双月刊	2002 年停办
决策与实践	1994	鄂内资 2328	中共襄樊市委政研室	16	综合	月刊	2003 年停办
襄樊政报	1995	鄂内资 2329	襄樊市政府研究室	16	综合	月刊	2003 年停办
鄂西北文学	1996	鄂内资 2016	老河口市文联	16	文艺	季刊	
襄阳文艺	1996	鄂内资 2024	襄阳县文联	16	文艺	季刊	
襄铁职业技术教育	1999	鄂内资 2013	襄铁分局职教中心	16	综合	季刊	
谷 风	1999	鄂内资 2018	谷城县文联	16	文艺	季刊	
特教天地	1999	鄂内资 2003	襄樊职业技术学院	16	文教	季刊	
襄樊人大	1999	鄂内资 2010	襄樊市人大	16	综合	双月刊	
襄樊工程 造价信息	1999	鄂内资 2014	襄樊市建设工程造价管理站	16	综合	月刊	
新闻大地	1999	鄂内资 2015	襄樊日报社	16	综合	季刊	
汉江风	2001	鄂内资 2009	襄樊市文联	16	文艺	双月	
研究与交流	2001	鄂内资 2018	湖北省县市报研究会	16	综合	季刊	2003 年停办
襄广之声	2001	鄂内资 2008	襄樊人民广播电台	16	综合	月刊	
南宫书画	2003	鄂内资 2028	襄樊市书法家协会	16	综合	季刊	
班组学习	2003	鄂内资 2016	襄樊铁路分局	32	综合	季刊	2002 年停办
中航救生	2004	鄂内资 2005	航宇公司信息管理部	16	综合	季刊	
襄樊广播电视大学学报	2004	鄂内资 2004	襄樊广播电视大学	16	文教	季刊	
基层后勤研究	2004	鄂内资 2007	军事经济学院襄樊分院	16	综合	季刊	
风 范	2005	鄂内资 2001	东风汽车股份有限公司	16	综合	月刊	

三、图书

（一）图书出版

湖北人民出版社襄樊编辑部于1986年由初创全面走向正规，建立了自己的编辑（文字、美术）、校对、发行、财务和后勤队伍。先后组织襄樊和省内外及部队、院校的新老作者80余人，编审出版发行了哲学、历史、党建、经济、教育、文艺、旅游等10类56本图书，1900多万字。龚正荣、肖伟胜担任责任编辑出版的图书《科学社会主义新编》、《审计业务工作手册》获湖北省第三届社会科学优秀成果编辑奖三等奖，图书《诸葛亮在襄阳》、《诸葛亮研究新编》在国内产生积极影响。1987年，自筹资金购置了一栋6层1000余平方米的单元楼房，解决了办公和居住问题。到1990年，编辑部人员由1986年前的5人发展到22人，业务饱满，还清外债，自给有余。同年12月，编辑部按照要求撤销，工作人员除部分另行安排外，其余全部划归襄樊市文联。襄樊市没有图书出版社。

（二）图书发行

1979年后，发行行业垄断经营的格局逐步被打破，多渠道经营快速发展，民营书业在竞争中发展、壮大、逐步走向成熟。到2005年，发行行业已形成国营主渠道和民营多渠道经营并驾齐驱的格局。1979至1994年为发展阶段。改革开放前的发行业主要由国营两大机构所垄断，即新华书店垄断图书发行，邮政垄断报刊发行。随着发行业的逐步放开、市场需求增大和书报刊发行渠道的拓展，教育等其他部门和集体、个体经营业主大举进入发行领域，发行业的多渠道经营格局形成，图书销售摊点由此前的200多个发展到530个，从业人员1500余人。此时的个体经营大多是游散摊点，以粗放经营为主，经营品种单一，业主业务素质普遍较低。1995—2001年为壮大阶段。一批素质较好的个体经营业主在熟悉图书发行市场规律并完成原始积累后得到较快发展，做大做强的愿望强烈，此时政府及时加以引导，按照“批发进场，零售归市”的原则，改分散经营为集中经营，以市场辐射周边，带动零售网点的发展。市区先后形成了襄阳图书音像批发市场、樊城商城图书市场、樊城年画挂历批发零售市场、樊城派友电脑软件市场、樊城冉尔广场电脑软件市场等专门出版物市场。一批零售经营户依托专门市场得到了发展壮大，经营实力和规模显著增强，由游散摊点过渡到了店面经营。但从整个发行业来看，民营书店经营方式大多比较封闭，多为家庭、个体式的资本集聚，规模较小，普遍缺乏规范的内部经营管理机制，加上专业人才匮乏，资本积聚不充足，导致市场竞争力不够强。2002年至2005年为规模效益化阶段。2005年，境内共有多渠道经营书店420家。其中市区235家，发行布局和结构趋于合理，樊城与襄城网点的比例为3:1，与人口分布比例相当。图书超市、读书俱乐部、连锁店等新的经营模式开始创建发展。除专门市场外，还有大型图书超市2个、超市连锁销售点6个、读书俱乐部3个、区域性连锁书店28个、零售门市部56个、电子出版物经营点32个、邮政报刊亭90个，从业人员1 900余人，年图书销售码洋1.87亿元，销售收入1.18亿元，销售利润2 500万元。形成了以出版物市场为依托，新华书店和多渠道经营发行互动发展，超市连锁、零售、出租互为补充的发行网络。诸葛亮希望读书社发展连锁经营网点有50多个，遍布全国10余大中城市；一批民营店入股或依托沃尔玛、武商量贩、雅斯等大型超市发展图书销售业务。2004年，市区民营图书发行业主资本规模过80万元有2家，50万—80万元3家，30万—50万元9家，20万—30万元20余家。其经营品种10万余种，年税收300多万元，其销售码洋占全市图书销售码洋的38%。具有代表性的有：英才书店、英才文化用品公司、学海图书有限公司、诸葛亮希望读书社、长虹书店、开明书店、学生书店等，均以经营书报刊零售为主。有3家民营书店采取组建有限公司或与出版社合作的方式，涉足出版环节，组织图书的采编、印刷并与出版社共同发行，书价按国际规定制定。2005年，做书品种十余个，主要是以教辅读物为主。

1.新华书店

襄樊市新华书店成立于1949年9月8日。1985—2005年共发行各类图书611 040.9万册，码洋148 553万元。其中襄樊市书店宣传发行11 378.4万册，码洋38 212.6万元。

1979—1983年，襄阳地区新华书店重点发行《中国共产党十一届三中全会文件汇编》《关于建国以来若干问题的决议》《关于加快农村发展若干问题的决定》、邓小平《目前形势和任务》《周恩来选集》上下卷、刘少奇《论共产党员的修养》《朱德选集》《陈云选集》《马克思主义哲学纲要》《中共中央关于整党工作的决定》等图书。同时加强科技图书和大中专教材的预订零售工作；在全区书店开展社会主义劳动竞赛；开展文明售书和在城市书店门市试行开架售书活动。5年中，全区书店共销售各类图书12 544.9万册，码洋3645万元，分别是1974年至1978年全区图书销售册数、码洋的1.4倍、2.21倍。其中襄阳地区店销售145.8万册、码洋668.2万元，是1974年至1978年销售册数、码洋的1.49倍、2.53倍。1985年，襄樊市新华书店按照省店提出的“地、县市书店要把发行工作的重点放在农村，要重视农业科技图书的征订发行工作”要求，宣传发行《毛泽东选集》《毛泽东著作选读》《中共中央关于社会主义精神文明建设指导方针的决议》《宪法》《刑法》《青少年修养》《汉语大字典》《汉语大词典》，以及农村科学种田及学生课本、教材等图书。门市由封闭式的销售改为开架式销售。开展预约预订、送书上门、流动发行。每年在市区举办春、秋两次以上的大型书市。流动发行中，该店经常用汽车、自行车深入到工矿、学校、部队等20多个单位摆摊发行。加上用自行车送书上门，平均每年流动送书260多人次，销售各类图书40余万册20余万元。1985—1987年，该店销售图书金额平均每年以460万元的幅度增长。这一时期，各县市书店为加强农村流动发行，成立农村流动发行组，门市组织流动发行小分队，宣传发行大量配合党的宣传中心重点图书和农村科技书。涌现出襄阳县店贾信仁、宜城县店吴家南、谷城县店张国华、南漳县店唐兆进、保康县店唐明珍等先进、模范流动发行员。老河口市店储运科长王瑞珍被老河口市政府命名为“服务明星”。

1988—1993年，襄樊市店6年共宣传发行《毛泽东选集》(1—4卷修订本)、《中共中央第十三次代表大会文件汇编》《邓小平文选》(1—3卷)、《建设有中国特色社会主义》《坚持四项基本原则反对资产阶级自由化》《坚持改革开放搞活》《马克思主义基本常识》《共产主义道德》《中华人民共和国在世界上》《现代科学技术成就》《寻伟人足迹学雷锋活动》及课本教材等图书3 096.6万册、码洋5 086.7万元。销售额每年平均以162万元的幅度上升。1988年1月，成立了包括各县市店参加的“襄樊市新华书店图书发行信息中心”。通过信息中心对全市各书店库存图书的余缺进行调剂。同时，该店加强了图书进销存管理，增加常备书储量。做到常备书长年不断货，字、词典工具书长年不断销，重点图书突击征订，充分满足需要，使一般图书销售占全年图书总销售额的64%。同时，该店坚持流动发行。共送书到机关学校、企事业单位、农村共560多人次，自办和出版社联合举办“仲夏”、“金秋”等大型书市14次。1993—1995年，该店先后与全国150余家出版社建立了寄代销关系。年寄代销图书300余万元，图书寄销率为80%以上，使图书库存，由上年的426万元降至280万元。其间，各县市书店，开展了门市优质服务和流动发行、送书上门竞赛活动，使一般图书销售额由原来占年发行量的17%上升到33%。到1992年，襄樊市、随州市、襄阳县3家书店图书销售额均突破1 000万元大关。

1994—2000年，襄樊市店按照中央四部委要求开展全国性“送书下乡活动”和中宣部提出的“万村书库工程”及“科技兴农”活动，利用寄代销有利条件，组织充足的书源，开展一系列大型书市展销和流动发行活动。1995 年比 1994 年，年销售增长 290.75 万元。1996 年 1 月至 1997 年 10 月，该店在新建的襄阳图书超市和樊城中心图书超市，以现代设施、最佳服务、集约规模经营图书，使图书品种分别由原来的 8 000 余种增加到 3 万余种。

1996—1998 年，书店先后邀请全国著名科普作家叶永烈、中央电视台著名节目主持人赵忠祥、倪萍，邀请曾连获三届世界乒乓球比赛冠军庄则栋、中央电视台《正大综艺》节目主持人程前、全国一级作家周梅森等名人到襄阳、樊城中心图书超市签名售书，购书签名读者达 1.2 万余人次。两图书超市节日最高销售 5 万余册、码洋 18 万余元，年销售图书 1 400 万余元，是新建图书超市前两门市年销售额的 2 倍。其间，所辖各县市书店亦仿效襄樊市店以图书超市的经营模式，因地制宜地将城关中心门市扩建改造为各具特色的小图书超市，使图书品种由原来 5 000 多种增加到 1.5 万余种，一般图书销售额比未扩建图书超市前的门市销售额增长 50%。全国政协副主席胡绳、国家新闻出版署署长于友先、新华书店总店经理邓耘、湖北省新闻出版局局长路用元，以及中共襄樊市委、市政府、市人大、市政协主要领导和湖北省图书发行集团等领导，先后到襄阳、中心图书超市视察或考察。《光明日报》《新闻出版报》等媒体进行了报道。胡绳副主席为襄阳图书超市题词："襄阳图书超市已成为社会主义精神文明建设的重要基地。" 国家新闻出版署署长于友先题词赞扬图书超市的营运是 "弘扬新华精神"。北京总店经理邓耘等领导赞扬图书超市营运"是大、中城市新华书店发展的方向"。

1996—2000 年，襄樊市店共销售图书 3 056.6 万册，码洋 15 151.3 万元，比 1991—1995 年图书销售册数和码洋分别增长 1.6 倍和 2.45 倍。该店先后被评为全省商业批发贸易五十强企业、全省发行 20 强企业、全省批发零售贸易统计先进单位、全省新华书店最佳中转店和业务先进店。

2001—2005 年，襄樊市店以改变经营策略和坚持开展系列促销活动，促进一般图书发行。2002 年 5 月，该店与襄阳区书店解放路门市、枣阳市、老河口市书店中心门市进行连锁经营。同年，连锁门市图书销售额分别比上年增长近 50%。在促销中，该店以经营一般图书的"二八定律"（即以 20%的重点图书品种完成 80%的码洋销售任务）的经营理念，每年组织推介重点图书 500 余种，每种重点图书在 1 000 册左右，通过开展促销活动，促进重点图书销售。其间，该店组织发行《"三个代表"重要思想学习纲要》《新中国五十年》《保持共产党员先进性教育读本》《感动中国》《谁动了我的奶酪》《哈利·波特》及《汉语大词典》等重点图书。每年利用假期与各出版社、市演讲协会、三九酿酒厂等团体、单位联合举办"尝读名著公益课堂"和签名售书活动；与襄樊电视台等单位联合举办"'三个代表'重要思想主题读书活动"、"提高中小学生素质、进行爱国主义教育"、"建设学习型城市"等读书活动；与人民文学、11 家师范大学、中国青年等出版社联合举办"人文之春"、"有奖热卖"、"新书联展"、"抽奖送礼品优惠让利销售"、"特价图书展销"、"黄金图书展销"、"专题图书展销"等促销活动，各县市书店在坚持流动发行、送书上门的同时，协助办"农村图书俱乐部"、"科技文化屋"、"读者之家"，发放读书卡、购书优惠卡，向农村赠送农业科技书和文艺图书等，扩大一般图书销售。2001—2005 年，全市新华书店共销售各类图书 9 359.3 万册、码洋 50 624.8 万元，其中襄樊市书店销售各类图书 2 649.5 万册、码洋 17 202.6 万元，比该店 1996—2000 年销售图书册数减少 7.5%，销售码洋增加 13.5%（包括 2002—2003 年襄阳区、枣阳市、老河口市书店连锁门市销售册数、码洋在内）。1986—2005 年新华书店图书发行情况见表 30—6。

1986—2005全市新华书店图书流转

表30—6　　　　　　　　　　　　　　　　　　　　单位：千册、金额千元

年度	购进				销售				期末库存		图书周转次数	
	册数		金额		册数		金额		全市	襄樊	全市	襄樊
	全市	襄樊	全市	襄樊	全市	襄樊	全市	襄樊				
1985	16045	16045	6908	6908	31754	5374	13574	2924	3979	1489	5.0	6.6
1986	20184	7779	3771	3711	28465	4910	15098	3443	6079	2454	3.1	3.0
1987	25135	10315	4891	4891	31214	4571	17373	3866	4876	6173	3.6	4.4
1988	30154	8371	9986	9986	32471	5238	21454	4385	8781	1980	3.6	7.4
1989	34547	16657	13002	13002	37841	4984	30374	6714	15779	1959	2.8	10.4
1990	45411	16895	41721	15224	36285	5442	34442	6765	14156	2556	3.5	8.5
1991	67716	26052	70998	31427	37485	5628	43359	10192	17505	2598	3.6	8.3
1992	65361	29264	81198	37461	41139	5019	52557	11336	22106	4530	3.5	8.8
1993	55384	21530	85840	37621	40653	4657	60674	11475	22158	4797	3.9	7.8
1994	38853	13745	81300	32330	31148	6098	54991	11408	22298	4392	3.4	7.3
1995	35356	5291	72511	23058	27468	4803	62205	17289	18454	6199	3.4	2.8
1996	25488	4441	95438	26785	27281	5822	93919	28648	28450	4300	4.0	3.0
1997	30289	9484	110086	26604	27921	7488	106272	30123	30540	5040	4.0	4.0
1998	29468	4845	134675	34956	28145	4647	120675	28451	27203	10057	4.44	2.83
1999	30473	5195	130627	39309	28104	3641	125634	32679	31870	12511	3.94	2.61
2000	27720	6723	128628	36086	30042	8968	126681	31612	26884	12150	4.71	2.6
2001	24263	5821	119979	36957	24679	9064	113451	32853	25124	11654	4.52	2.82
2002	18068	5880	121003	48319	19061	4554	107866	34679	30589	17507	3.53	1.98
2003	18380	4896	109010	42526	17867	4666	105364	40149	25346	12804	4.16	3.14
2004	15954	4757	101833	38806	16226	3771	82703	34516	25407	10754	3.26	3.21
2005	16295	4189	101855	36744	15760	4440	96864	29829	22751	13399	4.26	2.23

2.民营书店

（1）襄樊市图书音像批发市场：1993年6月，在市解放路人民剧院家属院内，由12位图书经营者集结形成襄樊首个图书市场雏形。户经营面积在10—20平方米，品种几乎都是武侠、言情、少儿方面的图书，只有一两家经营期刊且品种不多。来进货的都是本地零售商。户日经营额在300—400元，年销售10万—15万元，年利润3万—5万元。1994年6月，政府规划在交通便利的市中原路建材家属院内正式开办图书批发市场。初始18个经营户入场，户经营面积20—30平方米。品种扩大到社科、教育、工具类。南阳、郑州、荆门、十堰等外地客商也来进货。1997年6月18日，襄樊市图书音像贸易中心成立，市场搬迁到襄阳鼓楼停车场上边，开业初有18个书店和2个音像店，到2003年发展到29个书店，10个音像店，户经营面积在25—45平方米。图书品种上万种，音像品种4 000—5 000种，有5个教辅专营店，三个期刊专营店。教辅品种6 000多种，期刊千余种。市场年销售额2 000万元。2004年6月18日，市场搬迁到襄城西街开业，新市场营业面积3000多平方米，内有37个书店，3个音像制品店，7个电子出版物专营店。年销售额5 000万元，辐射周边省市。市场经营向图书、音像、电脑软件、办公耗材多功能转变。年画挂历市场。1999年冬，兴建樊城年画、挂历批发零售市场，占地800余平方米，市场为季节性，每年11月下旬至次年2月有50—70经营户入场经营。主要销往境内县市和

河南部分地区。电脑软件市场。1999 年 9 月 29 日，在樊城派友兴建的“电脑大世界”开业，营业面积 800 余平方米，汇聚 30 多家电子出版物经营单位。2001 年，因租房期限已到，市场搬迁到长征路，随后几经搬迁，于 2003 年并入襄阳图书音像贸易中心、再尔软件市场。2001 年，20 多家电子出版物经营单位进入樊城长虹路再尔电器广场，经营面积 600 多平方米，多以电脑软件等电子媒介出版物经营为主，电脑耗材为辅。

（2）诸葛亮希望读书社：由田夫于 1998 年在樊城建设路米公饭店创办。书社从事图书租赁连锁经营，读者实行会员制。2000 年，境内连锁店发展到 12 家。2001 年 4 月，襄樊诸葛亮希望读书社有限公司成立，实行公司化运作，书社开始向湖北周边省份辐射。此后两年时间，在湖南、重庆、江西、安徽、山东、云南、浙江、贵州等地发展特许店逾百家。2005 年，特许店网络遍及全国 20 多个省、市、自治区，发展到 1 000 多家，会员读者 500 多万，向国家提供税费 300 多万元。书社秉承“从襄樊走向全国，打造图书租赁行业知名品牌”的发展战略，同年 9 月，公司总部迁到河南郑州。

（3）蓝天图书城：创办于 1993 年，初始为襄樊市蓝天书社，是市区规模最大的民营图书批发和零售连锁书店。经营面积 500 平方米，主营图书、杂志的批发和零售，人文类高品位图书和时尚类高端杂志是其品种特色。2005 年有员工 30 多人，销售图书码洋 600 多万元。

（4）开明书店：创办于 1996 年，市区首家专为自学考生服务的自考教材专业书店。为自学报考研究生、注册会计师和司法考试、成人高考等提供自考教材、配套大纲、辅导教材等。2003 年，书店搬迁到襄樊四中校门旁，营业面积由原来 30 平方米扩大到 150 平方米，图书品种增加了中小学教辅、医学、社科、励志等，由 300 多种增加到 5 000 多种。

（5）学海图书发行有限公司：前身为襄樊市教育书店，于 1993 年由市教育局下辖的雏鹰科教开发公司创办，1999 年由集体改为民营，2003 年成立公司。公司是市区最早的专营中小学教辅的书店，先后代理了学王一拖三系列、金星系列、全品系列、王后雄系列等精品图书，产生了良好的社会效益和经济效益。被市政府新闻出版行政管理部门授予首批“正版出版物示范单位”。

（6）长虹书店：创办于 1993 年，主营少儿图书和期刊，以零售为主。营业面积 15 平方米，年销售额 20 多万元。1997 年，营业面积扩大到 70 平方米，经营品种增加了教辅资料、社科图书等，年销售额 70 多万元。1999 年，在铁路文化宫设立分店，营业面积 180 平方米，经营品种新增了工具书、职业技能、书法美术、中外名著、医药卫生等。2005 年，有员工 10 人，销售额 100 万元。

（三）图书收藏

1988 年，襄樊全市有公共图书馆 11 个（含随州），藏书 713 347 册。连同大型厂矿、企业、学校，总共藏书 3 580 191 册。1989 年底，公共图书馆藏书 728 098 册。其中市图书馆藏书 348 665 册，少儿图书馆藏书 78 733 册。1990 年，公共图书馆藏书 732 577 册。其中市图书馆藏书 353 891 册。少儿图书馆藏书 79 106 册。1998 年，99.4 万册。2000 年，全市图书馆 9 个，藏书 107 万册。比上年新增 1.7 万册，购书经费 43 万元。2001 年藏书 1 092 924 册，购书经费 38 万元。2002 年藏书 1 125 445 册，购书经费 56.6 万元。2003 年藏书 1 134 994 册，购书经费 57.8 万元。2004 年藏书 1 159 911 册，购书经费42.8

万元。2005 年藏书 118 万册。2005 年 9 月，市图书馆、枣阳图书馆、谷城图书馆、老河口图书馆被文化部命名为二级图书馆，襄阳图书馆，宜城图书馆为三级图书馆。

1.襄樊市图书馆

襄樊市图书馆创建于 1953 年 10 月，原址在襄城十字街昭明台。1989 年建新馆，位于汉水之滨、真武山北麓的襄城区檀溪路 119 号。1996 年，新馆落成并正式对外开放。1980 年，藏书 21.5 万余册，1981 年增至 23 万余册。到 1985 年，有藏书 29.6 万余册。2005 年底，藏书 12 万种 47 万册。图书馆占地面积 24 亩，建筑面积 6 100 平方米，其中书库面积 2 500 平方米，设计藏书 100 万册，辟有 7 个阅览室，500 个席位，可同时接待读者上千人。图书馆现设置为 5 部 1 室，即采编部、报刊阅览部、图书外借部、科技服务部、研究辅导部和办公室。1973 年 6 月至 1979 年 12 月，何雪贞（女），任襄樊市图书馆馆长；1979 年 12 月至 1992 年 10 月，刘运根，任襄樊市图书馆馆长；1992 年 10 月至 2005 年 12 月，李慧玲（女），任襄樊市图书馆馆长。2005 年，有干部职工 56 人，馆领导班子 6 人。

该馆是襄樊市文献信息资源中心和市民文化学习中心。2005 年有藏书 12 万种 47 万册，初步建立了具有地方特色的综合性文献资源体系。藏书有以三国文化为重点，融历史文化、地方文化为一体的地方文献特色馆藏体系；有以机械、化工、纺织、汽车等为重点的多学科文献资源体系。馆藏电子文献数据库可提供 7 万种电子图书，以及 8 000 种全文电子期刊和 800 部优秀影视作品的查阅、下载、放映；可查阅清华同方维普期刊数据库并建有图书馆网站；建成了在全国具有较大影响和独具特色的名人馆藏——胡绳藏书馆，全部藏书 2.1 万册，全部由著名马克思主义史学家、理论家、全国政协原副主席胡绳个人捐赠。

图书实现全开架服务和自动化管理，书库内设阅览席位 50 个，读者可就地阅读、学习。所有图书资料全部实行免费借阅。报刊阅览服务。图书馆每年定有各种报纸 100 种，杂志 400 余种，有阅览席位 100 个。开展全国文化信息共享工程网络信息服务。共享工程始建于 2004 年。2005 年，共享工程一期工程竣工，正式开通运行，一年接待读者达到 8 万人次以上。

社团和学术研究交流活动就是为社会团体、学术研究活动提供平台，协调全市图书馆的业务工作，对基层图书馆（室）进行业务指导和辅导。科技情报定题服务可以为科研单位、企业攻关小组、政研室等开展定题定向服务，为新农村建设编印科技文摘、致富信息资料，可提供的资源有馆藏数据库和馆藏电子图书，方正 7 万余种全文电子图书数据库、清华同方全文数据库和重庆维普 1 万余种电子期刊全文数据库。开展各类读书征文、知识竞赛等公益活动项目。开展科普讲座活动，在每周六、周日上午都将利用全国文化信息共享工程提供的资料，免费向读者开通科普讲座。周末科普讲座、电影进社区活动。本活动是将人民群众喜爱的科普、文化、教育、生活等各类影片，根据群众的需要，进社区、企业、军营、福利院、劳教所，通过电影放映活动，满足人民群众基本的文化需要。还有各类、各种展览活动，如藏书、藏品展、书画作品展等。同时，还利用全国共享工程资源开展信息管理系统知识培训、计算机基础知识培训等。

附：馆事纪略

1980 年，襄樊市图书馆第一次选派 5 位同志到武汉大学图书馆学系函授专科学习。1985 年、1989 年，举办两届电视大学图书馆学专科班。1987 年，襄樊市图书馆学会成立。1990 年，建立市图书馆图书情报工作协调委员会。1991 年 6 月 24 日，《光明日报》发表《襄图建立技术人才库——实行资料技术人才一条龙服务》文章，文中说这项服务活动已帮助企业攻克技术难关 21 项，其中 6 项获国家和部级奖，7 项获省级奖，创经济产值 4 270 万元。375 个重点项目课题跟随服务，231 项目获得经济效益。1993 年，湖北省文化厅授予襄樊市图书馆“全国公共图书馆服务宣传周先进集体”。1995 年 12 月 30 日，图书馆新馆落成。1995 年 6 月和 12 月，胡绳捐赠的个人藏书 10 500 册，分二批到馆。1996 年 4 月

20 日，胡绳在副省长韩南鹏陪同下到新馆参观，并为新馆题写馆名，28 日，参加开馆剪彩。1998 年 4 月，全国政协委员会、香港汉荣书局董事长石景宜向图书馆捐书 3 284 册。1999 年 7 月，政协副主席张思卿到图书馆参观。1999 年、2004 年，全国公共图书馆第 2、3 次评估定级襄樊市图书馆被定为“地市级国家二级馆”。2005 年 5 月 26 日，全国文化信息资源共享工程襄樊分中心在市图书馆揭牌并运行。

2.襄樊市少儿图书馆

1988 年，襄樊市有少儿图书馆两个（含老河口 1 个）。1989 年，市少儿馆藏书 16 584 种、78 733 册。老河口少儿图书馆藏书 20 14 种、2 473 册。1990 年 6—10 月，襄樊市少儿图书馆与教育部门联合，举办“暑期红领巾读书活动”，近万名学生参加。1993 年 10 月，被湖北省少年儿童文化艺术委员会和省文化厅评为全省少儿文化艺术工作先进单位。1998 年，全年接待读者 1.2 万人次，新增图书 1 956 册。6—9 月，举办第 8 届“红领巾读书活动”，以“讲文明、树新风，庆祝襄樊解放 50 周年”为主题，57 所学校的 3.5 万名中小学生参加。2004 年 6—9 月，举办“新华杯”第 14 届少儿读书征文活动，以“我最喜欢的一本书”、“我是怎么读书的”为题，收到征文近千篇。2005 年 8 月，与幸福小区居委会联合开办分馆；7—11 月，与《襄樊晚报》社联合举办“新华杯”全市第 15 届少儿读书活动。

3.学校图书馆

（1）高校图书馆：襄樊学院图书馆，1998 年由襄阳师专、襄樊职业大学、襄樊教育学院合并组建。建筑面积 6000 平方米，藏书 35 万册。2002 年，藏书 72.92 万册。2005 年藏书 80 余万册。襄樊职业技术学院 2002 年新增图书 7 865 册。2005 年藏书 55 万册。

（2）中小学图书室藏书：2004 年，全市中小学图书室藏书 1 330.4 万册。2005 年，职业学校图书室藏书 133 万册。

四、广播电视

（一）机构设置

1.襄樊市广播电视局

1981 年 4 月 28 日，襄阳地区编制委员会批复襄阳地区广播事业局，一并同意成立各县（市）广播事业局。1983 年 10 月，襄阳地区广播事业局与襄樊市广播事业局合并，更名为襄樊市广播电视局，为政府组成部门。局内设办公室、政工、宣传、技术管理、计划财务、音像制品管理 6 个科室，工作人员 37 名。1997 年，局机关在原科室基础上又增加了总编室、监察室、审计科、保卫科，共 10 个科室，工作人员减为 30 名。2001 年 9 月 15 日，襄樊市广播电视局由襄城冯家巷 5 号，搬迁至襄城檀溪路 200 号。2002 年 1 月 21 日，襄樊市人民政府办公室襄政办发〔2002〕29 号文，确定襄樊市广播电视局为市政府直属单位，事业编制为 21 名，局机关设办公室、宣传、科技、人事、社会管理、计划财务 6 个职能科室。其中局长 1 名、副局长 3 名、纪检组长 1 名、总工程师 1 名，正科级领导职数 6 名，副科级领导职数 3 名，另外设立机关离退人员工作科（人员编制 2 名，其中科长 1 名。机关人员由 30 名精减为 21 名，科室由 10 个缩减为 7 个）。截至 2005 年底，襄樊市直广播电视系统共有干部职工 570 多人（含招聘人员）。有市级广播电台 1 座、电视台 1 座、有线广播电视网络中心 1 座，县级广播电视台 7 座，1 千瓦以上中波发射（转播）台 2 座，全市广播电视系统共有职工 2 100 多人。襄樊市广播电视局历任领导干部情况见表 30—7。

襄樊市广播电视局历任领导干部情况简

表 30—7

机构名称(起止年月)	姓 名	职 务	任职时间(年月)
襄樊市广播电视局 备注:2005 年 8 月上划至湖北省广播电影电视局直接管理,现更名为湖北省广播电视局襄樊中波转播台	王能裕	局长、书记	1977.9—1983.12
	于千里	局长	1985.12—1988.4
		副书记	1989.3—1992.7
		副局长	1983.12—1992.7
	刘贵龙	局长、书记	1988.4—1989.7
	席 蛟	局长	1989.7—1991.5
		书记	1991.5—1994.4
	魏儒雄	局长	1991.5—1997.4
		书记	1994.6—1997.4
	郑松涛	局长、书记	1997.4—2005.12
	张声典	副书记	1989.3—1989.7
		副局长	1980.3—1983.12 1983.12—1985.12
	郑松涛	副书记	1994.6—1997.4
		副局长	1989.7—1997.4
	牛文铎	副书记	1989.7—1999.5
	胡继明	副书记	1997.4—2005.12
		副局长	1994.6—2005.12
	闫 敏	副书记	2002.1—2005.12
		副局长	1999.5—2005.12
	刘辉海	副局长	1976.1—1978.5
	杨正文	副局长	1976.1—1983.12
	周冠英	副局长	1981.3—1983.12
	周德琼	副局长	1980.3—1983.12 1983.12—1985.12
	古顺水	副局长	1984.1—1987.3
	刘贵龙	副局长	1985.12—1988.4
	孙东海	副局长	1987.3—1989.7
	徐光忠	副局长	1988.4—1990.3 1992.7—1994.5
	郑 浩	副局长	1990.8—1994.6
	张慕良	副局长	1994.6—2004.11
	方光宗	副局长	1997.4—2002.1
	朱 慧	副局长	1997.4—1999.5
	吴 敏	副局长	1998.7—2005.12
	肖 蓟	副局长	1999.5—2005.12
	王占先	副局长	1999.8—2005.12
	曾 捷	副局长	2000.4—2001.12
	韩顺昌	纪检组长	1985.12—1991.3
	邹世全	纪检组长	1991.3—1994.6
	方光宗	纪检组长	1995.5—1997.4
	牛文铎(兼)	纪检组长	1997.4—1997.12

续表

机构名称(起止年月)	姓 名	职 务	任职时间(年月)
	毛文辉	纪检组长	1977.12—2002.1
	苏学武	纪检组长	2002.1—2005.12
	郭铭勋	总编辑	1994.4—1997.4
	胡继明	总编辑	1997.4—2005.12
	孙东海	副总编	1989.7—1995.4
	韩顺昌	副总编	1991.3—1996.11
	刘明璋	副总编	1994.11—2000.6
	戴延龄	总工程师	1995.1—1999.3
	张慕良	总工程师	1999.03—2004.1　2004.11—2005.12
	胡祥亭	工会主席	1987.5—1992.7
	牛文铎(兼)	工会主任	1995.5—1997.4
	苏学武	工会主任	1997.4—2002.1

2.襄樊人民广播电台

1979年前仅有编播组、机务组及广播服务部等部门,管辖庞公、王寨、襄城、东风、水上和望江等6个广播放大站。1980年2月4日襄樊电台恢复建制,与广播事业局合署办公,电台没有独立的机构和人员编制,人事由广播事业局统一管理。设立编播部、文艺播音组、技术、财务、广播站、中控室、办公室等部门。1980年7月15日,恢复襄樊人民广播电台呼号,实行有线广播和无线发射,同时进行播音。发射功率1千瓦,频率1 314千赫、每天播音8小时55分,分早、中、晚三次播音。襄樊人民广播站名称仍然保留。恢复后的襄樊人民广播电台与襄樊市广播事业管理局合署办公,两块牌子、一套班子,电台台长由市广播电视局副局长兼任,电台为全额拨款的副县级事业单位。历任台领导干部情况见表30-8。

1981年3月,市广播局向市编委上报《关于襄樊人民广播电台人员编制报告》,省厅对宜昌、沙市、襄樊3局复函,襄樊电台编制为46人。1981年电台实有人数是60人。

1983年地市合并,局与台分开,又增设了编辑部、文艺部、新闻部、技术部、广告部、公共关系部、发射台、政工科、保卫科、汉江经济台等部门。1983年10月,襄阳地区广播事业局和襄樊市广播事业局合并。1984年,有线广播在下面各放大站的工作人员撤回电台,市区只保留无线广播播出,有线广播就此结束。1987至1993年,电台先后制定了《襄樊人民广播电台各部门岗位责任制百分考核实施办法》《襄樊人民广播电台编辑记者职业道德守则》等,从而规范了新闻从业人员的从业行为。1990年,襄樊电台编制116人。截至1990年底,电台在编人员93人(男67人,女26人)。

襄樊电台于1999年9月制定《襄樊电台关于体制、机制、节目三项改革的实施方案》,得到市广电局、市委宣传部、市编办和市人事局的批准,从1999年10月开始运作。对内部机构进行调整,保留办公室、总编室、技术部、发射台、政工科、保卫科、广播站、经济信息部(广告部),公共关系部(对外宣传部)。撤销文艺部、新闻部,设置了文艺频率(台)、新闻频率(台)、交通音乐频率(台)、网络部和广告监管办等管理机构,实行双向选择、竞争上岗。1999年,制订《新闻业务人员稿酬管理办法》《新闻宣传奖励兑现试行办法》《节目考核量化管理办法》等制度,对记者、编辑、主持人实行工作量化管理。2001年,成立广告、新闻、节目和技术中心。除将全台广告人员集中管理外,对陆续开播的文艺、新闻、交通音乐频率试行中心制归口协调管理。2002年,对广告创收实行统分结合,增加系列频率(台)在宣传、创收上的责任与压力,专题广告类集中管理,品牌广告类下放系列频率(台)。2004年,广告人员全部分到各系列频率(台),直接实行台党委领导下的系列频率(台)总监负责制。

1998 年 9 月 20 日，电台对内设机构进行规范，设有新闻部、专题部、文艺部、总编室、经济信息部(广告部)、公共关系部(对外宣传部)、技术部、发射台、办公室、政工科、保卫科、广播站(暨广播产业部)等 12 个部门，首次以规范行文并报市广电局批复的形式任免 13 名中层干部(副科级)。1999 年 10 月，对内部机构进行调整，保留办公室、总编室、技术部、发射台、政工科、保卫科、广播站、经济信息部(广告部)，公共关系部(对外宣传部)。撤销文艺部、新闻部，设置了文艺台、新闻台、交通音乐台、网络部和广告监管办等管理机构。从 1998 年 12 月开始，电台相继开播文艺、新闻、交通音乐、城市广播网四个系列频率。成立广告经营、新闻、节目和技术中心，试行中心制协调管理。2002 年，电台对广告创收实行统分结合的体制，增加系列频率(台)在宣传、创收上的责任与压力，专题广告类集中管理，品牌广告类下放在系列频率(台)。根据市文改办文件批复的《襄樊电台体制改革实施方案》，实行台党委领导下的系列频率总监负责制。

2005 年底，电台职工总数 152 人，其中退休人员 16 人，二线内退 12 人，代养人员 6 人，聘用人员 45 人。内设机构及人员：领导班子 6 人，人力资源部 2 人，办公室、财务室 8 人，总编室 4 人，技术部 10 人、发射室 4 人、网络部 2 人，内资编辑部 2 人，广告专题部 7 人，新闻台 29 人，文艺台 15 人，交通台 18 人，综合台 13 人。借调至电视台 4 人。

2005 年，电台有副高级职称 16 人，其中在职 3 人；高级经济师 1 人，主任编辑 5 人，高级政工师 2 人，高级工程师 7 人，主任播音员 1 人；中级职称 30 人，编辑、记者 14 人，工程师 9 人，经济师 3 人，一级播音员 4 人；初级职称 26 人。同年，电台获得普通话等级一级甲等的有 7 人，一级乙等的有 28 人，二级甲等的有 17 人，二级乙等的人 36 人，三级甲等的有 9 人。

3.襄樊电视台

襄樊电视台的前身是襄阳地区电视转播台和襄樊市电视转播台，1975 年开始筹建。1977 年 11 月 1 日，开始试转播湖北省 822 台的电视信号。1978 年，正式建台并通过邮电部微波干线转播中央电视台节目。1983 年，地市合并，更名为襄樊电视台，开始试办节目。1986 年 10 月 14 日，经广电部文件批准，以“襄樊电视台”呼号正式自办节目，每周一、三、五转播湖北台节目，二、四、六自办新闻节目。建台后，襄樊电视台一直在襄城区冯家巷 5 号办公(现改为 3 号)。2001 年 7 月 20 日，襄樊电视台正式迁入襄城区檀溪路 200 号广电中心办公。

2005 年底，襄樊电视台有职工 319 人，中共党员 109 人，占 34%；中高级职称 138 人，占 43%；大学本科以上学历 210 人，占 66%；市级以上劳模 3 人。根据襄机编〔2002〕80 号文件，襄樊电视台下设办公室、总编室、新闻中心、社教中心、文体中心、节目广告中心、节目制作中心、技术保障中心、《襄樊广播电视报》编辑部 9 个中心部室和一个微波站。历任台领导情况见表 30—8。

4.襄樊有线广播电视网络中心

襄樊有线广播电视网络中心的前身是襄樊有线电视台。1993 年 4 月 12 日，襄樊市广播电视局行文，成立襄樊有线电视台筹建领导小组。同年 4 月 21 日，襄樊市编制委员办公室正式确认“襄樊有线电视台为事业性质、企业管理、独立核算、自负盈亏”的副县级事业单位。4 月 23 日，襄樊有线电视台正式开播。1994 年 12 月，经广播电视部批准，成立襄樊有线广播电视台。1995 年，开始自办襄樊有线电视新闻节目。1996 年底，襄樊市及 7 个县(市)区都建立了有线电视台。到 1999 底，有线电视网络已联通到县、区部分乡镇，城镇有线电视入户率达到 67%。到 2002 年末，不仅向公众传送 32 套电视节目，还自办具有地方特色的综合、图文信息、经济三个频道，多频道的开办使有线电视用户能够获取更多信息、享受更加丰富的收视需求。2003 年 1 月 3 日，襄樊电视台与襄樊有线广播电视台实行整合。原襄樊有线广播电视台实行网台分离，其宣传职能整体划入襄樊电视台。襄樊有线广播电视台更名为襄樊有线广播电视网络中心。中心下设：行政管理部、人力资源部、计划财务部、广告部、数据业务部、技术支持部、用户管理部、客户服务部、营业部、市场策划部、网络工程部、规划设计部、数字电视发展部 13 个部门。2003—2004 年，襄樊有线广播电视网络中心投资 6 000 多万元，全面完成了光纤同轴混合网、同步数字系列专线网和宽带城域网三大网络平台的建设，使襄樊有线电视网升级成广电综合信息网。到 2005 年，襄樊有线广播电视网络中心已建成传输干线网络总长 568.3 公里，市区建成有线电视网络总长 2 731.06 公里，光缆 333 公里、电缆 286.06 公里，广播电视分配网光纤芯长 1 002.72 公里，市区广播电视卫星收转站 52 座。同时，还开通了数字电视和襄樊广电宽带互联网业务，提供多种速率专线接入、宽带互联网接入、电子政务、电子商务、远程医疗、远程教育、局域网互联视频点播、视频会议等业务，满足不同层次受众的需求，为用户传输模拟电视节目 36 套、数字电视节目 71 套和 4 套立体声调频广播节目。网络中心基本业务用户超过 16 万户，总资产超过 1 亿元。有员工近 200 人。中级专业职称 38 人，副高级职称 4 人，正高级职称 1 人，具有大专以上学历 48 人。历任领导情况见表 30—8。

襄樊市广播电视局各台台长、书记名录

表 30—8

单　位	姓　名	职　务	起止时间
襄樊人民广播站	周德琼	党支部书记	1973.1—1980.5
襄樊市广播事业局	周德琼	副局长、党支部书记	1980.3—1983.12
襄樊人民广播站	柴兴安	站长	1974.11—1983.9
襄樊人民广播电台	于千里	副局长兼电台台长	1980.5—1984.1
	古顺水	副局长兼电台台长、书记	1984.1—1987.2
	孙东海	副局长兼电台台长、书记	1987.2—1989.7
	苏学武	书记	1989.7—1997.4
	刘明璋	台长	1990.7—1994.12
	庞建军	台长、总编辑	1994.12—1998.3
	吴敏	副局长兼电台台长、书记、总编辑	1998.7—2005.12
襄阳地区电视转播台	胡继明	党支部书记	1978.9—1982.4
	胡祥亭	党支部书记	1982.4—1984.12
	郑松涛	台长	1986.1　1989.7
	胡继明	台长、书记	1989.7—2005.12
	胡继明	副局长兼电视台台长、书记、总编	1994.8—1997.4
	胡继明	广播局总编辑、副局长、兼电视台台长、书记、总编辑	1997.4—2005.12
	邹世金	书记	1989.7—1991.3
	肖蓟	书记	1991.3—1994.8
襄樊有线电视台（有线广播电视网络中心）	肖蓟	书记、总编辑	1994.11—2003.1
	宋其才	台长	1994.11—2004.12
	韦玉忠	主任	2005.5—2005.12
襄樊市中波台	李四	书记	1979.1—2005.12
	程方成	台长	1979.—1980.
	刘义成	台长、书记	1980.—1983.12
	宋其才	台长、书记	1984.—1993.4
	鄢保元	台长、书记	1994.11—2000.7
	曾旭东	台长	2000.7—

续表

单　　位	姓　名	职　　务	起止时间
	鄢保元	书记	2000.7—2003.
	曾旭东	台长、书记	2003.—

附录:湖北人民广播电台襄樊记者站

湖北人民广播电台驻襄樊记者站(1983年地市合并前称襄阳站),是湖北电台在地市州设立的第一批记者站之一。襄阳地区记者站创立于1956年。1966年,"文化大革命"开始,驻地记者奉命回台参加运动,记者站停止活动。1972年,根据省有关部门的决定,襄阳地区记者站重新恢复活动。1980年,又成立了襄樊记者站(负责当时的襄樊市的报道工作)。1983年地市合并后,两站合并,称襄樊站,延续至今。1956年,根据广播事业发展的需要,经省委、省政府批准,湖北人民广播电台决定在全省各地市设立记者站。1956年春,襄阳地区记者站正式成立,成为湖北电台最早设立的记者站之一。当时的站长是胡宗海,继任者为彭耀书、李成等。郭明勋、古顺水、孙东海、蔡祥斌、李俊德、叶国卿等也先后担任过襄阳站和襄樊站的负责人。1980年,省编制委员会正式下发文件,确认湖北人民广播电台驻各地记者站为副处级单位,即站长为副处级,副站长为正科级。自那时起,先后担任过襄樊站站长的有覃水玲、雷震池、叶国卿、甘家泉等。

襄樊站是湖北人民广播电台在襄樊地区的重要窗口、收集反馈信息的重要渠道、联系市委市政府和群众的桥梁与纽带,也是电台培养锻炼新闻人才的基地和熔炉。50多年来,先后有数十名记者在襄樊站工作、生活、成长。从襄樊站走出了一大批高级记者和新闻单位、宣传部门的领导干部。襄樊站自建站之日起,实行电台与地方"共同建站,双重领导"的体制。即:驻站记者的人事、经费、业务等,以湖北电台管理为主;记者党的生活、行政生活等,委托市委市政府管理。在相当长的时期内,记者从本地选调,记者的户口和粮油关系,也在本地,记者的住房、记者站的办公场地,也是由市委市政府提供的。不少记者就是在宣传部的培养下,健康成长,加入了党组织。根据上级的要求,驻地记者的主要任务,一是采写稿件,二是反映情况,三是做群众工作。根据这一精神,记者站"跟地委,抓大事",宣传市委市政府的中心工作,宣传全市各个时期的先进典型(如梁彦斌、李明成、刘文豹、孙开林等)。

襄樊站始终坚持正面宣传为主的原则,围绕市委的中心工作,开展活动。及时报道全市各级党委政府贯彻执行党和政府的方针政策的新做法、新经验,以及全市经济建设和社会发展的新成就,报道大量先进典型和先进人物。许多重点报道,除在湖北电台播出外,还在中央人民广播电台、中国国际广播电台播出。不少稿件,被中央和省市报纸采用。比较有影响的报道有:全市落实政策的经验,全市大胆引进人才的经验, 全市小城镇建设的经验, 全市夏粮创高产的经验、襄樊市以市带县的系列报道,春访九里川系列报道,老河口工业生产系列报道,谷城县石化镇精神文明建设的经验,南漳县发展多种经营生产的经验,保康县开发磷矿和小水电的经验,襄阳县发展乡镇企业的经验,老河口市缝纫机厂抓质量的经验,枣阳市搬运公司坚持文明装卸的经验,随县县委带头学科技、钻科技的经验,以及宜城县建设吨粮田的经验等。这些报道,大多都在湖北台头条位置播出,有些还被中央人民广播电台和《湖北日报》采用。被中央人民广播电台或中国国际广播电台采用的通讯还有:《劳动模范的好帮手高文杰》(蔡祥臧采写)、《当今诸葛展奇才》(蔡祥斌、叶国卿采写)、《愿将一技报国家》(覃水玲、叶国卿、蔡祥斌采写)、《架起梯子上高楼》(覃水玲、叶国卿、蔡祥臧采写)、《我们山里的北京人》(蔡样斌采写)等等。蔡祥斌采写的通讯《考书记》还在《人民日报》发表,他采写的致富带头人、省特等劳动模范李明成的稿件,多次被湖北人民广播电台、《湖北日报》和中央人民广播电台采用,在省内外产生了广泛影响。广播稿《致富要有三股气》被评为全省好新闻一等奖。

襄樊站在市委宣传部和有关部门的支持下,多次承办湖北电台的记者全会、记者站站长会。还配合台里在襄樊举办过全国性的新闻评奖活动及全国性的专业会议。记者站还发起并积极参与湖北人民广播电台组织的大型系列报道《汉江行》、《湖北边界纪行》、《为了绿化湖北》等采访写作。为了全面介绍宣传襄樊，记者站积极做工作，发起并组织大型系列报道《看襄樊》。湖北电台的数十名记者，奔赴襄樊各地，采写50多篇散文和通讯，除在湖北台重要节目中连续播出外，还结集出版。

襄樊站一直是湖北台人员配备较多、较强的记者站之一。曾多次被评为先进记者站。先后在襄樊站生活、工作过的记者有：胡宗海、彭耀书、李成、郭明勋、古顺水、孙东海、刘明璋、蔡祥斌、叶国卿、雷震池、李俊德、覃水玲、蒋亚平、王斯擎、甘家泉、卢传才、郭新峰、蔡斌、宋丽娟等。

（二）广播

1979年，襄樊市区只有襄樊人民广播站办有一套有线广播节目。全天播音8小时。共有入户喇叭12 000多只。1979年6月20日，襄樊市从襄阳地区分出。次年7月15日，襄樊人民广播站恢复襄樊人民广播电台呼号，实行有线广播和无线发射。发射功率1千瓦，频率1314千赫，每天播音8小时55分。分早、中、晚三次播音。除转播中央电台和湖北电台重要节目外，自办《襄樊新闻》等9个栏目。襄樊人民广播站名称仍然保留。襄樊市区各基层放大站仍然转播市广播电台的节目，实行有线和无线混合覆盖。

1980年8月，市政府批复在庞公公社征地5亩建设中波发射台。1981年6月，襄樊电台向市政府申请40万元经费，筹建襄樊广播大楼。1983年10月1日，新广播大楼中控机房正式启用，至1984年6月，播音间等办公用房和电台庞公发射机房陆续启用。电台开始曲由《东方红》改为《歌唱祖国》。地市合并，局、台分开。1984年，有线广播结束。

襄樊广播事业在20世纪80年代中期迅速发展。1990年，襄樊电台中波发射机功率扩大为3千瓦。至1990年8月8日，各县（市）（除保康县外）人民广播电台全部建立，全市共有广播电台9座（含随州），发射总功率为9千瓦。

1992年10月，广播电影电视部批准，襄樊人民广播电台无线发射功率，扩大为10千瓦，频率仍为1314千赫。随着功率的扩大，无线覆盖不仅满足了本市区域范围内人民群众的收听需求，还覆盖着周边的河南南阳、新野、唐河及本省的丹江口、钟祥、荆门等部分毗邻地区的县市，覆盖人口达1000万。同时，电台还开办了三套调频立体声广播。节目进入了襄樊市区有线电视网络。

1993年，筹办成立了汉江经济广播电台。1996年8月，中波10千瓦发射机正式开播。1998至2005年底，陆续开办了FM105.3MHz、FM90.9MHz、FM89MHz、FM104MHz四套调频，和AM1098KHz一套中波，混合传输覆盖，先后开播了文艺频率、新闻频率、交通音乐频率和城市广播网。每套节目全天连续播音18小时30分，播出总量达到75小时，发射总功率达到17千瓦。从1999年开始，市区又陆续恢复了广播网。

1.广播宣传

据塞立信媒介调查公司2005年调查的数据显示：襄樊人民广播电台在襄樊地区广播市场占有率为88.7%，媒体接触率为70.6%，经常收听襄樊人民广播电台节目的听众约320万人，大大高于全国平均水平（62.3%）。

（1）新闻栏目：1980年前，有线广播站每天30分钟重播2次《本市新闻》。1980年7月15日，恢复播音，有《襄樊新闻》、《全市联播》每次各15分钟，《简明新闻》每次5分钟。1984年7月1日，《全市联播》7:00 和 18:30 播出，除随州、保康两地外，各县（市）广播站转播。1985 年 3 月 13 日，《全市联播》改为晚 18 时首播（当日下午录制，当日晚间播出）。1986 年 4 月 20 日，各县（市）广播站为电台《全市联播》提供的轮办新闻节目开播，每周日晚 18:30 播出一组。1987 年 1 月 12 日，18:00 转播《全省联播》节目；18:30《全市联播》；18:45《襄樊新闻》。1989 年 4 月 1 日节目表，撤销《简明新闻》。全天播出 12 小时 35 分，其中自办新闻 1 小时 45 分。1981 至 1989 年，先后推出“千军万马战山河”、“艰苦奋斗绘新图”“群英谱”“改革人物赞”“奋进者之歌”“来自重点工程的报道”“我为襄樊添光彩”等数十个挂牌专栏。从 1990 年 3 月开始，襄樊电台组成“襄樊边界行”采访小组，对全市所辖的县（市、区）边界乡镇进行比较全面的调查研究，对襄阳、老河口、谷城、保康等四县（市）的 20 个乡镇进行采访报道，收到了较好的效果。1990 年 7 月 17 日，《全市联播》由以前的每组 15 分钟改为 20 分钟。1991 年 5 月，推出大型综合版块直播节目《星期天特别节目》，每周日 8:00—12:00，15:00—19:00 两次播出，1995 年 5 月 8 日部分节目实行直播，全天播音 13 小时，其中正点新闻超过百分钟。1996 年 3 月 25 日，《午间 30 分》开播，中午 12:30 播出。12:00 至 12:15 的午间新闻，由录播改为直播（快讯加报摘）。1998 年 12 月 1 日，第一套节目（中波 1314 千赫）改版，从早上 6 点到晚上 11 点，全天 17 小时连续播出。彻底告别分次播音的播出模式。2000 年，新闻频率（台）打破传统方式，按新闻价值采用开放式编排，全天除 4 大新闻板块外，早中晚共开辟了 8 档整点新闻，重大新闻可以随时插播，实现了当天新闻当天播出。2002 年 2 月 8 日，开办《新闻早班车》《市民热线》等一批新闻栏目，四套节目全年播出新闻达到 2068 小时。2003 年，开始在每天中午 12 点推出《百姓 60 分》新闻谈话节目。2005 年，除每天 20 分钟《襄樊新闻》栏目 5 次重播、1 次转播外，新闻频率以全天 15 档整点新闻为主线，早、中、晚三大新闻密集区为支撑，新闻专题和谈话栏目为延伸的新闻播报模式、晚间新闻谈话节目《今晚有话说》、“音乐 + 新闻 + 谈话”为特点的《新闻下午茶》、广播新闻杂志类节目《新闻 2005》等成为新的亮点。四套节目每天播报新闻节目时间达 24.5 个小时。

（2）社教栏目：1979 年 3 月，襄樊人民广播站与市科协联办“科学技术广播讲座”，每周二、周三播出，每次 30 分钟。1980 年电台恢复播音之后，办《知识与生活》节目，周一、二播出，每次 10 分钟；《卫生与健康》节目，周三、四播出，每次 10 分钟；《科技之声》节目，周五、六播出，每次 10 分钟；《一周选播》周日播出，每次 10 分钟；《科学知识讲座》节目，每周二、四、六播出，每次 15 分钟；《英语讲座》节目每天三次播出，每次 30 分钟。1986 年 9 月 3 日，与市电大合办《电大文科教学》节目，每天 3 个课时，120 分钟。1986 年开办《初中英语朗读与讲座》，每次播出 30 分钟。1989 年 4 月 1 日，设社教栏目《知识宫》，包括“生活小百科”、“健康顾问”，“学习与思考”等。其中《文化广场》周一播出，每次 10 分钟，重播 1 次。《生活小百科》周二播出，重播 1 次。《学习与思考》周三播出，每次 30 分钟。《科技之声》周四播出，每次 30 分钟，重播 1 次。《健康顾问》周五播出，每次 10 分钟，重播 1 次。《“公关”瞭望》周六播出，每次 10 分钟，重播一次。1990 年 7 月，改版社教类专题栏目《知识宫》，其中：周一：文化广场，周二：为您服务，周三：学习与思考，周四：科技之声，周五：健康顾问，周六：公关瞭望，周日：农民之友。1994 年 5 月社教类直播节目《今夜悄悄话》，设“两性话题”、“心理热线”、“夫妇之间”、“古城夜话”、“罗曼热线”等 10 多个栏目。1997 年 12 月《社会立交桥》专题节目，报道襄樊市 3 个二次创业、襄樊高新技术产业开发区发展、襄樊火电厂建设等内容。20 世纪 90 年代末和 21 世纪初期，电台自办四套节目，定位逐渐清晰，社教类节目也日趋专业化。文艺频率 1999 年开办的早间 1 小时档栏目《汉江晨风》，传播老年人健身知识内容；《真情庄园》栏目，每天 40 分钟，属于励志类节目；每天 40 分钟的《相伴到子时（洪亮夜话）》和《今夜你我他》等情感疏导类节目，起到了社会心理减压阀的作用。从 1998 年 12 月开始，新闻频率《快乐田园》和《金色田野》等对农宣传栏目，每天下午 30 分钟。2000 年 6 月交通音乐频率开办有《红绿灯》《襄樊警讯》《律师说法》《909 法制时空》《法律专线》《校园风景线》

《紫薇乐园》《今晚有话说》。1999 年 3 月，与中共市委组织部联办《党旗在飘扬》专栏。随后，开办“科技英才”“党建之声”“老区行”“环保世纪行”等专题栏目。2000 年 5 月，新闻频率开办直播对话节目《行风热线》，每天 30 分钟。至 2005 年 12 月，共开办 1600 期，群众咨询或反映问题近 10 000 个，其中 95%以上做了反馈。2003 年 1 月 3 日，《文明市民广播学校》成立并开播。通过城市广播网（FM104）播出，开辟了文明宣传教育的新形式。7 月，市政协联办《政协委员视点》栏目，周四 12:30 至 13：00 主持人与政协委员对话并与场外的听众、与部门领导、政协委员连线。至 2005 年，播出 150 多期，参加节目的市政协委员和部门负责人近 200 人次，听众热线电话 500 多个。该栏目被评为 2004 年度全省十佳广播电视栏目。

（3）文艺栏目：1980 年 12 月，执行节目表，有《文艺》《文化与生活》《小说连播》（1982 年 8 月 30 日，改为《评书或小说连播》）、《每周一歌》等栏目。每周播出时间为 50 小时。1990 年 7 月 15 日执行节目表，文艺类节目有《音乐百花园》《戏曲天地》《每周一歌》《听众俱乐部》《文艺爱好者》（含音乐、戏曲、文学）、《评书或小说连播》《文学之窗》《空中剧院》《名曲欣赏》等。每周播出时间 2070 分钟。1991 年 5 月，“星期天特别节目”中，融入了文艺类栏目，如《流行金曲》、《开心一刻》《音乐诗书》《空中擂台》等。1998 年 12 月 16 日，襄广文艺频率（台）开播，以文艺节目为主，开设有《中国音乐民族风》、《影视新干线》《有情天空》《音乐新世界》《一周体坛》《飞跃零点》等音乐、体育类节目。1999 年春节期间，文艺频率（台）全天 24 小时连续播出特别节目，安排曲艺、音乐、智力竞猜等内容。2002 年 2 月 8 日，四套节目推出《音乐长廊》《音乐潮》《曲艺万花筒》《音乐新世界》《老情歌》《89 点歌台》等一批新的文艺节目。2003 年，新增听众点歌节目《有情天空》《音乐贺卡》。2005 年初，文艺频率开办《与酷歌同行》《世界音乐潮》《文艺抢“鲜”报》《K 歌之王》等新品牌。到 4 月 1 日，每周播出文艺体育类栏目 13 档，每周播出时间 70 小时。在塞立信媒体调查公司进行的听众调查中，文艺频率的收听率位居襄樊地区各广播频率之首。襄樊人民广播电台 1980—2005 年共制作和创作录制广播剧 13 部 30 多集。有《房子问题》《烽火襄阳》《潘金莲》《金色迷雾》《孔明恋阿丑》《清水湾的风波》《心愿》《黑色皮箱》《鼠牛相争》《将军的抉择》《不该发生的故事》《从洞房里听来的故事》《瑶山密林》等。还制作生产了长篇小说连播和大量的戏剧、曲艺节目。这些广播剧及戏剧、曲艺节目不仅在本台进行了数次播出，还与全国地市州盟 180 多个电台进行了节目交换。由襄樊市广播电视局组织录制的四集广播剧《离人情》还在中央人民广播电台、湖北人民广播电台进行了连续播出并获得湖北省第三届（1999 年度）精神文明建设“五个一工程”优秀作品奖，广播剧《王小二同学的爱情故事》获湖北省 2005 年度广播电视文艺奖一等奖。襄樊人民广播电台播放的歌曲、小品、长篇评书、京剧、戏曲、曲艺等娱乐节目丰富多彩，深受听众欢迎。

（4）服务栏目：1979 年，有线广播站每天播出《广播体操》《天气预报》。1980 年 7 月，电台恢复播音后，增加《广告》节目。全天服务类节目播出时间为 45 分钟。1984 年 7 月，办《经济与信息》节目，每次 15 分钟。《为您服务》节目，每次 15 分钟。1989 年 4 月 1 日，改为“气象与服务”，每天播时 5 分钟。撤销“广播体操”，增设“知心朋友”主持人节目，每天播时 5 分钟。1990 年，开办《企业之友》节目，直接服务于经济。1992 年 8 月，推出《经济大世界》板块节目，系主持人直播并与听众直接交流的综合性服务类节目。1993 年 5 月 6 日增办了《经济百花园》和《经济天地》，每天播出 45 分钟。1997 年 1 月，《太极神贴》药品讲座开播，每天半小时。1998 年开办《旧货交换街》节目，为听众提供二手货交换信息服务。1999 年 9 月，开办《空中医院》，每次 40 分钟。2001 年，新闻频率开办《市民热线》直播节目，2003 年改为《百姓 60 分》。2000 年 6 月，交通音乐频率开播，设置《路况信息》播报节目。同时，还提供《列车、航班时刻表》等服务类信息。随后陆续开办每天各 1 小时的《司机沙龙》《我爱我车》和《一路畅通》,介绍车辆驾驶、护理,以及维修等方面的常识和提供疏导服务。每周一至周五的《红绿灯》节目,宣传交通法律法规,主持人直接与听众互动交流。交通台和周边十堰、黄石、荆州、荆门、宜昌(后增加随州)等台于 2003 年成立“城市交通广播网”,交通新闻平台设在襄樊电台网站。1999 年初至 2003 年底,先由文艺频率(台),后扩展到其他频率,每周日晚上 19:00—19:30 时间为《总监热线》,由各频率总监在直播室接听热线电话,就节目设置、质量、监听、管理等与听众直接交流,听取意见,提供服务。2005 年 2 月新闻频率《房产工作室》节目开播,每天播出 40 分钟。同时,文艺频率开办的《我爱我家》,也成为面对家庭的一档服务类节目,每天播出一小时。《气象生活》在新闻台(FM104)播出,时长 5 分钟,以实时天气预报、天气走势和气象科普知识为主要内容。另外还开办有股市快报、彩票信息播报等节目。到 2005 年底,4 套节目服务节目共 26 个,全天播出时间 16 小时,全年共 5760 小时。

(5)临时特别栏目:1981 年 7 月 29 日,电台首次用无线广播直播全市先进单位表彰大会。1982 年 2 月 26 日,樊城人民剧场召开襄樊地区全民文明礼貌月广播动员大会,设 11 个分会场,电台进行现场转播。1985 年 11 月,与团市委等联合开办“争当青年乡镇企业家竞赛先进个人”活动节目。同年 12 月,举办“热爱襄樊知识竞赛”活动。1986 年 1 月,与襄樊市总工会、襄樊日报社联合举办“襄江谜会”。与市委宣传部等联合举办“1985 年度襄樊市十位新闻人物”和“热爱襄樊知识竞赛”活动。同年 11 月 4—8 日,中共襄樊市委六届三次(扩大)会议召开期间,按照市委要求,电台录制并播放了 14 名县市区乡镇党委负责人录音讲话。1987 年 4 月,举办“襄樊市首届青年艺术节”。1989 年 8 月,与市广电局联合举办“全市首届广播播音评比”。1990 年为庆祝襄樊建城 2800 年,举办了“市歌”征集、评选演唱活动。

1991 年,与市科委、市教委联合举办“兴市杯科技之声”有奖征文活动。1991 年 3 月,与市审计局等联合举办“庆祝建党 70 周年‘党在我心中’有奖征文活动”;同年 4 月,与市财政局联合举办“首届‘财政杯’文学作品大奖赛”;与市农行举办“‘农金杯’管理就是效益”有奖征文活动;与中国银行举办“公关在我身边”征文活动;1991 年与市机械局、市文联等单位联合举办“襄樊首届‘机械杯’书法绘画大奖赛”活动。与团市委等联合举办“评选襄樊十大杰出青年”活动;同年 12 月,与市音乐舞蹈家协会等联合举办“五金站杯”卡拉 OK 大奖赛。

1992 年 1 月,电台录制并播出中共襄樊市委书记杨斌庆的《元旦献辞》。市委市政府主要领导录制专题节目播出,这是第一次。4—5 月,电台与团市委等联合进行《青春之歌》《火红的团旗》《共青团之歌》《青春年华》等系列专题宣传。同时,参加市记协组织的“襄樊汽车产业经济技术开发区新闻采访团”采访,并做系列新闻报道。5 月 1 日,襄樊汉江长虹大桥通车典礼,襄樊电台负责大会音响并进行重点报道。电台与市财政局联合举办“‘财政杯’好新闻有奖征文活动”。为纪念毛泽东《在延安文艺座谈坐会上讲话》发表五十周年,举办了“空中文艺大联播”,播出文艺专题 20 多个。

1993 年 5 月,与市旅游局联合举办“襄樊十佳旅游景观”活动;同年 6 月,与市关心下一代工委会等联合举办“纪念毛主席诞生 100 周年书画展”;同年 8 月,与市工商局等联合举办“质量万里行在襄樊”活动;同年 10 月,电台实况转播“中国湖北襄樊隆中诸葛亮文化节”开、闭幕式,并负责大会技术保障、主持人和现场解说等工作。

1998 年 7 月 1 日,香港回归祖国怀抱一周年,电台播出特别文艺节目,营造喜庆氛围。同年 10 月 25 日,襄樊电台在市人民广场举行宣传咨询活动,征求群众意见,推出新台标等系列形象标志。

1999 年开设了《搞活国企一策一议》、《加快工业结构调整专题》、《再就业明星风采》、《动态股权看试点》等专题,其中反映襄樊市小城镇建设的专题新闻在中央台《新闻纵横》节目中播出。

2000 年 7 月 17 日晚,文艺台在樊城明珠广场举办大型听众见面会和爱心募捐活动。2001 年 3 月 11 日,与市消费者委员会在人民广场举行纪念“3·15”消费者权益日大型宣传咨询活动。4 月 8 日至 12 日，电台接待曾光玓女士(时任台湾省台北中华文化经济交流协会副秘书长、台北国际社区广播电台资讯总监)访问，就广播流程、电脑软件开发应用、广播文艺广告节目的创意制作、两岸广播文化的交流与合作等问题进行了交流和录音专访，10 日晚，曾女士参与了热线直播节目与听众直接交流。“一节一会”前后，襄樊电台采编了一系列的专题报道。节会期间开通热线，随时插播现场最新报道。电台被市委市政府授予“一节一会”突出贡献先进单位称号。5 月 18 日，与市纠风办在人民广场举办了《行风热线》开播周年暨现场咨询活动，现场解答和受理问题 800 多个。同年 8 月 18 日，在襄阳影剧院举办了城市广播网开通暨襄广台听友联谊会，近 2000 名观众现场观看。同年 9 月 17 日，对古隆中诸葛亮文化节开幕式及文艺演出进行了全程现场直播。

2002 年 4 月 12 日，襄樊电台在恒虹酒店举办首届广播节目推介会。活动融主持人展示、节目推介、客户交流、广告招商为一体，采用声像演示系统进行展示。来自企业界以及热心听众代表共 500 多人参加了推介会。会后共签订了近百万元的广告合同。

2003 年，先后开展了“举全市之力发展汽车产业”、“诚信在襄樊”、“众志成城、战胜非典”、“学习贯彻‘三个代表’重要思想，全面建设小康襄樊”、“推进国企改革”、“打好城市环境综合整治攻坚战”、“深化农村税费改革”、“襄樊从留醉中醒来——再来一次思想大解放大讨论”、“服务东风、发展襄樊”等专题报道。2003 年夏季，交通音乐频率组织开展“今天我值勤”活动，组织交通广播主持人到市区各交警大队体验生活。“八一”期间，襄樊电台人武部和民兵心理战分队正式成立，23 名记者编辑主持人宣誓加入民兵心理战分队。年底，由襄樊电台策划并与襄樊市青年企业家协会等联合举办 2003 年度襄樊经济风云人物评选活动。

2004 年，电台重点抓好襄樊优化发展环境、行业作风整顿、车城大道建成、天籁轿车下线和荣获魅力城市等专题报道。同年 5 月，文艺频率举办“青少年才艺大赛”，有近 600 名青少年选手参赛。同年 6 月中旬，新闻频率组织编辑、记者、主持人深入社区、开展《走进社区》采访活动。15 名记者到汉江两岸 45 个居委会和社区采访。同年 9 月，交通音乐频率开展为期一个月的“走进工厂 、走进学校 、走进军营、走进社区”系列活动。同年 9 月 28 日，“天籁”轿车下线。新闻台和交通台联手在下线车间、城区巡游路上和展示点进行直播。10 月，综合频率举办“老年才艺大赛”，历时半个月，报名人数达到 5 000 人，年纪最大 76 岁，1 000 多人登台表演，整个大赛观众超过 5 万人次；新华社发了通稿，《人民日报》和许多网站刊发了活动新闻照片。11 月 27 日，新闻频率在人民广场举办送岗位、送政策、送法律大型咨询活动；共组织 71 家用人单位，提供 3 416 个岗位；有 1281 名求职者与用人单位达成了就业意向。

2005 年 5 月 28 日上午，与市纠风办在人民广场举行“行风热线”五周年大型社会宣传咨询活动，万名市民与 34 个职能部门负责人 " 零距离 " 接触。同年 5 月 14 号上午，与市律师协会等联合举办“5·15”中国律师义务咨询日活动，市区 20 多家律师事务所 200 多名律师参加义务咨询，现场解答群众咨询 2000 多人次，发放宣传资料 1 万多份。同年 5 月—7 月，襄樊电台承办了首届全国青年普通话演讲大赛襄樊赛区比赛，全市近 1400 多名师生报名参加，43 位选手分获学生组和教师组一、二、三等奖。同年 8 月在北京举行的全国决赛上，襄樊市两位选手分别荣获一等奖第一名和第二名，还有四位选手分别获得二等奖，总成绩排全国第一。襄樊电台获得最佳组织奖。同年 8 月至 10 月，襄樊电台举办首届 “创建绿色家园——从我做起”环保摄影大赛，征集到 1 126 幅作品。从 8 月 27 日开始，襄广文艺频率、交通音乐频率“送健康、送科技、送文艺”下乡巡演，先后到襄城区欧庙镇，卧龙镇等地演出，深受农民欢迎，同时也开辟了与商家联办活动的新形式。9 月 24 日上午，襄广新闻频率和市消费者委员会联合在人民广场举办了“全市消费者信得过医院”授牌仪式，7 家医院的主要负责人分别就医疗服务质量等向市民做出承诺。同年 11 月 13 日，交通音乐频率发起举办“爱心在延续”救助活动。为出租车女司机被杀害案的亲属募得救助捐款 14 987.1 元。同年 11 月 17—21 日，襄樊电台联合市房协等单位在诸葛亮广场会展中心举办了秋季房地产展示交易会暨住宅产业博览会，并连续5天进行了现场直播。这一年还举办了“栀子花开”大型校园歌会、“寻找好声音”魅力歌手大赛、红旗驾驶员评选等大大小小20多次社会活动，建立全国小记者培训指导中心襄樊基地、“车友俱乐部”。

2005年，开辟《实践“三个代表”重要思想，保持共产党员先进性》专栏。同时推出“2005感动襄樊”人物风采、永远的丰碑等系列报道。同年10月，“神舟”六号载人飞船成功发射，襄樊电台与航天员费俊龙家乡电台、中央电台、聂海胜家乡以及活动现场连线……专题报道“神舟”六号成功发射和襄樊市庆祝活动的盛况，共播发关于“神六”的稿件64篇，现场连线专题报道每天都在10条左右。

2.广播技术

1979年，广播站共有入户喇叭12000余只，加上各种收听工具共计6.5万只。1980年，电台恢复播音以来，电台发射功率由调幅1千瓦发展到现在的两套中波、四套调频节目，发射总功率达到17千瓦。传输由当初的人工骑自行车送录音带，发展到小调频传输、微波传输和现在的光缆传输，录制播放设备从当年的模拟录音机发展到音频工作站和数字化制作播出。

(1)节目录制技术：1980年，有2个语言录制机房，1个文艺复制机房。播音员录制节目及播放节目使用601、602型录音机，磁带录制。1981年7月，电台播音、文艺和中控室录制、播出节目设备更新为635型开盘单音轨录音机，带速19.5cm/s。同年8月28日，播音室又装配652型开盘录音机进行语言录音。1995年，节目录制逐步调整为以SONY专业立体声卡座为主录音模式，部分节目改为以卡座录音为主。1998年10月，建成以调音台为中心、以数字音频录制工作站为主录设备、以网络为节目传输工具的现代化录音机房。

(2)节目播出系统：1980年，播出设备是电子管635放音机。1991年开办“星期天特别节目”，开始采用现场直播和听众参与的形式，逐渐从开盘带为主转入开盘带、卡座、CD等多种设备混合播音的模式。1998年12月，由电台自主研发的音频工作站开始播出，有1台节目存储服务器，存储容量为40G.；有9台音频工作站用来制作、播出节目。2003年对播出网服务器进行扩容升级，配置了专业的磁盘阵列设备，容量提升至300G。2005年，扩容至500G，并采用双服务器相互备份方式存储，同时增加了专门的音乐歌曲素材服务器；并实现电话采访自动录音，配置4套节目全天监录系统，半个月自动更新。

(3)节目传输：1984年6月21日，中波发射机房迁到襄城庞公路的中波发射台。襄樊电台制作的节目采用送磁带的办法传至发射台。1985年2月15日，开始通过FM92.9MHz、50瓦单声道调频发射机将节目信号传输至中波发射台。1998年11月，开始使用卫星接收机，接收并转播中央台和湖北台节目。1998年12月，购进第一台微波机，到2004年上半年，开始通过微波将播控中心节目信号传输至虎头山发射机房。2004年4月，租用襄樊有线广播电视网络中心光缆，电台调频广播信号进入有线广播电视网络（含市辖各县市区），随后，通过市广电中心至虎头山专用光缆，将襄樊电台四套调频广播节目信号传至虎头山发射机房。

(4)发射系统及设备：1980年电台恢复播音时，办公地点和中波发射机均设在襄樊电台（原武昌会馆）院内。1984年3月，省厅鄂广术〔1984〕018号转发广电部批复：“同意新建调频广播电台，呼号‘襄樊人民广播电台’，功率1千瓦，频率98.8兆赫，台址襄樊市虎头山。”20世纪90年代中后期，电台根据事业发展需要，着力进行调幅广播扩大功率和筹备发展调频广播的工作。1990年3月经过台技术革新,中波发射由1千瓦,改造为3千瓦。1992年10月,广电部科技司〔1992〕广技频字292号文件批复襄樊电台中波1314千赫扩大发射机功率,由1千瓦扩大为10千瓦。经过艰苦筹措资金,1996年8月2日,电台中波10千瓦发射机正式开播。1998年购进一台1千瓦调频发射机,当年12月16日开播;1999年7月2日—5日,电台在虎头山安装调试3千瓦调频立体声发射机和双工器,文艺台播出功率由1千瓦升为3千瓦,覆盖半径由60公里扩大到75公里。11月28日,FM90.9MHz1千瓦发射机开播;2000年6月18日,FM89MHz1千瓦发射机开播;2000年8月,FM104MHz1千瓦发射机开播。2002年初,电台自筹资金10多万元,购进一台10千瓦中波固态发射机。

(5)音频工作站及数字化发展:1998年4月,电台购回光盘数字录音机(MD),开始在语言节目中试用。电台数字化工作开始。从1998年12月4日凌晨起,由电台研发的音频工作站、数字化制作播出系统正式切割启用,原磁带节目均转换至微机硬盘播出。2000年10月13日,电台内部的微机办公网正式启用。2002年,电台接入了宽带网。襄樊电台新闻稿件从采写、编辑、审稿、制作到播出,全程无纸化。

3.广播产业经营

20世纪80年代,广播电台依靠政府财政拨款。1980年7月恢复播音时就开辟《广告》节目和时段。同年11月,武汉、襄樊等5台制定《广告科联合办理广告业务协议书》,开始广告经营。1984年电台全年广告收入为74 825.78元。1979年6月,电台成立广播服务部,进行唱片经销、电器维修、代购代销等业务。从开业到10月底,收入6 000多元。1985年5月,成立襄樊市广播广告信息开发公司(次年5月更名为襄樊市广告艺术公司)。1989年9月,电台成立视听器材经销部。1990年2月,采用台内招标方式将经济信息部承包给余平金等3人,招标为创收15万元,年突破20万元创收关口。1992年11月,由技术部胡正斌承包的“襄樊电台家电维修中心”和文艺部严斌利用电台演播厅开办的“东方歌舞厅”先后开业。1993年3月,创办汉江经济广播电台,探索新的广播广告经营形式,开拓了创收新的思路;5月,增加“经济百花园”等两个经济类综合板块节目,以传播经济信息为主,提供了新的广告载体;1993年1月,成立了襄樊市广发总公司;1995年3月,以激活经营为主要出发点的鼓楼直播室开播,每天2次播音,探索了新的创收形式。到1998年,年创收达到80万元。1998至2005年,年均增长41%。到2005年,年创收达686万元。

4.广播综合管理

1990年10月10日,襄樊电台下发《关于上投用稿、获奖作品和技术成果奖励的暂行办法》。1991年3月,电台印发《襄樊人民广播电台内部治安保卫工作实施条例》《保密安全制度》《门卫安全制度》《现金、票证管理制度》《防火、防盗安全制度》等。1996年3月,根据市物价局核定的标准,电台确定新的广告收费价格并出台《宣传服务创收管理规定》。同月,电台印发《社会治安综合治理工作和各项制度的通知》,成立综合治理领导小组。1997年4月,电台印发《关于禁止有偿新闻的规定实施意见》。重新修订《电台各部门岗位责任制百分考核实施办法》;1999年开始,推行“体制、机制、节目”三项改革,实行人民台领导下的系列频率(台)总监负责制和全员聘用制。制订了《新闻业务人员稿酬管理办法》、《新闻宣传奖励兑现试行办法》,印发了《广告经营管理办法(试行)》(从2000年1月1日起实施)。制定《襄樊电台考核方案》,共分总则、台领导、宣传、技术、广告、行政管理、系列频率7个部分,对台内所有岗位、编制、职责等进行细化要求,规范考核标准。2000年,电台制定《考勤管理暂行规定》《车辆使用管理规定》《节假日值班制度》《财务管理办法》《关于加强就餐和接待的规定》《物业管理办法》《关于职工休假的规定》等相关规章制度。2000年电台制定《机房管理制度》《播出管理制度》等规章制度。2001 年制订《节目监听管理办法》《襄樊电台季度优秀广播作品评奖办法》。2004 年 4 月，制订《襄樊电台宣传工作奖励办法》;2005 年 2 月，制订《襄樊电台新闻业务评分办法》。修订机房、播出管理制度，形成《出入播控中心管理规定》《监控室岗位规程》《录播室管理规定》《直播室管理规定》《局域网拓扑图》和《网站管理暂行办法》。编印《襄樊电台内部管理制度汇编》，分党建类、人事管理类、宣传广告管理类、行政管理类、技术管理类、新闻频率管理类、文艺频率管理类、交通频率管理类、综合频率管理类、广电总局规章规范类等 10 大类，人事管理若干规定、宣传工作奖励办法、财务管理办法等 59 项 10 多万字，成为襄樊电台在改革中以规矩管人、以制度管事的直接体现。

5.广播科研

1987 年 7 月，樊成琦的论文《谈谈我国播音风格与流派的形成和发展》获第三次全国城市电台播音研讨会优秀论文奖。1987 年 12 月，孙东海的论文《培养懂得经济懂得管理的新型宣传人才》获湖北省第二届广播电视新闻理论研讨会优秀论文奖。1988 年 12 月，孙东海、刘东仿的《录音述评漫谈》，刘明璋的《系统论在广播电视管理中运用初探》分获湖北省第三届广播电视新闻理论研讨会优秀论文奖。1989 年 3 月，电台连续报道《菜多想到菜少时》、通讯《三次缓建办公楼》分获 1988 年度湖北省优秀广播节目一等奖。1990 年 3 月，刘东仿、余平金的新闻专稿《产品积压，出路在哪里?》获湖北省优秀广播节目评比一等奖。1991 年 1 月，刘明璋《广播思维与专栏节目》、刘东仿《运用唯物辩证法进行穿透性思维》获市第四届广电理论研讨会一等奖。电台王颖的新闻专题《工人干大事，领导办小事》获 1991 年度全省优秀广播节目一等奖。1993 年，电台王建军连续报道《生命在呼唤》获 1992 年度湖北新闻奖一等奖，同年 8 月，该作品获第三届中国新闻奖三等奖。1997 年 9 月，樊成琦的《节目主持人和播音员起源与关系新说》获省第五届优秀播音论文评审一等奖;阮宏英的《浅谈人物通讯播音》获三等奖。在 10 月举行的全国第八届广播电视优秀播音论文评选中，樊成琦的论文再获三等奖。张涛撰写论文《打造全新闻频率，提升广播媒体品质——对开办广播全新闻频率的思考》在《中国广播》2005 年第五期刊发，获 2005 年度湖北新闻奖二等奖。

1998—2005 年，共上投省级电台用稿 2679 条，上投中央台和国际台用稿 144 条。一批新闻、文艺、广告作品先后在全国和全省评比中获奖，获得全国性评比一等奖 5 个、二等奖 2 个、三等奖 7 个，省级一等奖 6 个，二等奖 23 个。《政协委员视点》栏目被评为湖北省广电系统 2004 年度“十佳栏目”。襄樊电台获湖北省 1989 年度中波安全播出一等奖第一名。王林志等 18 人次获省以上技术评选先进个人奖励。其中边瑞琴 1992 年获“全国广播录音设备维修‘广录环’大奖赛”一等奖。2001 年至 2004 年，黄海等制作的《马派艺术千古流芳》《襄樊好风日》《巾帼丰碑夫人城》《成长的印迹》连续 4 年获湖北省广播节目技术质量奖二等奖、广电总局广播节目技术质量奖三等奖。襄樊电台 2000 年获湖北省广电局宣传改革奖;2002 年、2004 年，被湖北省工商部门评为全省广告行业自律先进单位;2003 年，被湖北省广电局和湖北省人事厅评为全省广电系统先进集体。

附录:湖北省广播电视局襄樊中波转播台

襄樊中波转播台是全额拨款的事业单位，它是由原襄阳地区中波台和襄樊市实验台组建而成的。1979 年 9 月 22 日，襄阳地区中波台设备调试完毕，开始试转中央人民广播电台和湖北省人民广播电台节目。同年 9 月 23 日，襄樊市实验台从樊城红光路迁至襄城庞公路 85 号中波台院内。1979 年，根据湖北省无线电管委会文件批准，实验干扰台与中波台合并，对外称襄阳地区中波实验台。1980 年，全国第 10 次广播工作会议和 1983 年第 11 次全国广播电视工作会议分别提出“自己走路”和“扬独家之优势，汇天下之精华”的宣传业务方针之后，襄樊的广播电视进行一系列的节目改进和调整;电台、电视台增加了新闻节目次数，延长播出时间，扩大新闻传播的信息量，增加自采稿件的分量，提高了新闻的时效性节目，栏目更加丰富多彩。电台增加录音报道，现场报道，电话连线报道。1983 年 10 月，地、市合并后改称襄樊市中波台，台址仍在襄城东门外庞公路 85 号。截至 2005 年底，襄樊中波转播台共担负转播中央人民广播电台一套节目、湖北人民广播电台二两套节目、湖北楚天电台节目一套节目及对其他干扰任务，共有发射机 8 部总功率为 53 千瓦。襄樊中波转播台每天转播中央、省电台节目 105 小时，日完成干扰 39 小时，播出覆盖范围包括襄樊市域大部分和邻省毗邻地区，覆盖人口约达 600 万，全年转播和播出时间达到 49 425 小时，现已成为湖北省骨干转播台之一。2005 年 8 月，划归湖北省广播电视局直接管理，更名为湖北省广播电视局襄樊中波转播台。

(三)电视

1.发展概况

1979—1980 年，襄樊广播电视台以转播上级台和报纸摘要的新闻节目为主。1981 年 10 月中旬，襄樊市人民政府采取“公办民助”办法，在樊城中山后街 78 号修建襄樊市电视转播台，在襄阳城西南的虎头山修建电视转播发射台。1981 年 12 月 21 日，襄阳地区电视转播台开始用八频道转播湖北电视台信号。1982 年 8 月 28 日，虎头山电视转播发射台用 2 频道试发电视信号；同年 10 月 6 日，开始转播湖北电视台节目和不定期播放文艺录像节目。1983 年 10 月，襄阳地区广播事业局和襄樊市广播事业局合并。1984 年 5 月，组建襄樊电视台(筹)。1986 年 2 月，开始不定期自办新闻节目，每周 2 次固定播出。1986 年 10 月 5 日，广播电影电视部，批准建立襄樊电视台。以襄樊电视台呼号正式自办电视节目得到行业主管部门的许可。1989 年 4 月 1 日，襄樊电视台开办《经济与生活》栏目，随后又开办《改革之窗》、《党的建设》、《都市广角》、《平屋闲话》等栏目。为服务商贸企业，开办《楼外话鼓楼》、《襄江潮》、《中心天地》等 10 个服务性栏目。1992 年 9 月，市、县两级拥有正规的电视台 9 座(含随州市)电视台，9 部发射机，功率为 9 千瓦。1994 年 5 月 28 日，襄樊电视台第二套节目正式开播，播出频道为 23 频道。8 频道以时政为主，23 频道以经济信息和娱乐为主。1995 年 3 月 20 日，襄樊电视台第一套节目开始实行全天滚动播出，早晨 9:00 开播到 0:00 结束。1995 年 3 月 27 日上午，《童淑英先进事迹报告会》在襄阳剧院举行，襄樊电视台首次进行了现场直播并获得成功。1996—1998 年，襄樊电视台引进自动播控系统，提高了电视节目编播质量。1999 年，襄樊电视台投资 140 多万元引进了硬盘多通道广告自动播出管理系统。随后，又投资 250 万元，设计安装了一台 6 讯道分量信号大型转播车。1999 年 4 月，成功利用微波接力技术现场直播了老河口“梨花节”的盛况，实现远距离不间断转播。2000 年 2 月 2 日，襄樊广电中心 900 平方米演播厅启用。同年，襄樊电视台投资 500 万元，建立综合制作网络。2001 年 7 月 20 日，襄樊电视台从冯家巷 5 号搬到檀溪路 200 号广电中心。随后，襄樊电视台投资近 600 万元，对频道和主要栏目进行整体包装，并独家购买央视索福瑞襄樊地区收视率调查数据。建成数字电视制作播出网络，使电视节目制作质量、制作能进一步提高。引进先进的虚拟演播系统，建起了虚拟演播室。2002 年，投资 150 多万元对电视转播车的视频通道、演播厅的灯光系统、录音系统进行了提档升级，建立音频工作站。同时，引进带库管理系统、硬盘播出系统，实现了带库管理科学化，节目播出控制系统迈向数字化。2004 年，投入 500 多万元对原有的电视节目制作网络进行升级改造，完善数字硬盘播出系统，购置了 10 千瓦米波全固态彩色电视发射机(8 频道)，10 千瓦分米波全固态彩色电视发射机(23 频道)和一批 AG—DV180 数字便携摄式相机。投入资金 100 多万元，购置了 6 频道无线电视发射机(后改为 7 频道)功率为 3 千瓦。2004—2005 年，襄樊电视台自筹 500 多万元资金扩大发射功率，购置了 6 部 10 千瓦全固态彩色电视发射机，解决了襄樊边远地区收看无线电视(湖北电视台第一套节目和襄樊电视台二套节目)信号弱、效果差的问题。在此基础上，襄樊市广播电视局还加大县、乡镇光纤联网的力度，南漳、保康、谷城等县还加大了小片网点建设力度，使“村村通”(4+2)步伐得到有效落实。据统计，全市 2 214 个行政村有 1 586 个实现了“村村通”，占 71.6%。到 2005 年底，襄樊电视台 7 个频道（其中自办 4 个）平均每天播出 125 小时；覆盖人口 1 000 多万（含鄂豫毗邻地区）；自办节目每天播出 78 小时；自办栏目定期播出内容涵盖襄樊社会、经济、文化诸方面的 13 个栏目；经营创收年达 3 000 多万元；职工人数发展到 319 人。

（1）改革创新

①技术创新：襄樊电视台紧跟国际国内电视技术发展步伐，提高电视节目制作水平和播出质量，先后 5 次被国家广电总局授予“全国广播电视技术维护管理先进单位”荣誉称号。自 1978 年利用微波无源反射原理成功解决电视发射机信号源问题以来，台内几乎每年都有技术创新项目。通过对电视发射机风冷系统进行技术改造，使末级功率放大管的工作寿命提高了三倍；通过对电视发射机进行固态改造，大大地减少了能源消耗，降低了维护成本，提高了发射机的稳定性；通过滤波器技术解决了电视发射信号邻频干扰问题，在频道资源紧缺的情况下使第三套自办节目实现了无线覆盖；在全省和全国地市州台率先采用硬盘播出管理系统，为广告经营创收和科学规范化管理提供了技术保障；先后搭建了当时全省工作站点最多的非线性电视节目制作网络和全省演播面积最大的虚拟演播室、大型节目演播厅，搭建了数字化播出控制系统、直播系统；依靠自身力量先后安装了四迅道电视转播车和六迅道分量信号转播车，为大型活动转播搭建技术平台。

②宣传创新：襄樊电视台配合地方党委、政府的中心工作，把握正确的舆论导向，认真贯彻落实“三贴近”原则，多次被省广播电视局评为“全省电视新闻宣传先进集体”。经常举办各种大型电视群众文化活动，连续多年组织国家级艺术院团和国外优秀演出团体到襄樊举办“新年音乐会”。在全省地市州台中率先对播出频道和主要栏目进行全面包装，提升了播出频道的整体形象。在襄樊地区落地电视频道中，襄樊电视台自办节目平均收视率一直位居前列。

③机制创新：1990 年，襄樊电视台在市直新闻单位中率先推行了工作业绩与奖金挂钩的分配机制，使当年上送新闻和广告创收比上年翻了一番，其中广告创收突破百万元大关；1994 年，在市直新闻单位中率先对外采记者实行稿酬制，一举改变了过去记者坐等新闻的现象，记者的采访作风得到了明显改善；1995 年，改革用人机制，对新进人员实行聘用制，面向社会招聘 29 名记者、编辑和技术人员，优化了襄樊电视台的人员结构，为襄樊电视台的快速发展打下了人才基础。2001 年，襄樊电视台新闻部又对新闻报道内容形式进行了初步改革，推行了以稿件质量为考核的管理办法，把记者的注意力集中到采编优质好稿上，提高了《襄樊新闻》的整体质量。2003 年 1 月 3 日，襄樊市广播电视局召开襄樊电视台、襄樊有线电视台全体干部职工大会，正式宣布撤销襄樊有线电视台，成立襄樊有线广播电视网络中心。原襄樊有线电视台宣传职能划归襄樊电视台。形成新闻、社教、文体、节目广告、节目制作、技术保障 6 大中心和台办公室、总编室、报纸编辑部、微波站 4 大部室。

④经营创新：1988 年，襄樊电视台根据市场需求，创办《襄樊广播电视报》，该报曾取得期发行量 17 万份、年创收 480 万元的佳绩，为全省地市州电视报之最；1989 年，推出第一个服务性收费栏目《经济与生活》；1991 年，开办收费性栏目《点歌台》，该栏目曾创年收入 120 万元的业绩，为全省同类栏目之最；1996 年，在 23 频道推行广告承包经营，增强了广告业务人员的竞争意识，改变了新开频道无广告投入的被动局面；1997 年，开办电视购物栏目；1998 年，电视购物主打产品取得了在全国地市州城市销量第一的骄人业绩；1999 年，对广告创收实行“上统、下分”的经营模式，即“统一归口、统一价格、统一折扣、统一合同、统一审核、到款播出、分组分类”经营。同年还推出“世纪之春”电视大拜年广告套播活动、“相约花季”绿色广告扶贫活动和电视剧有奖竞猜活动，收到良好的社会经济效果；2000 年 3 月，在全省广告行业“三先”表彰大会上，襄樊电视台广告部被省工商局、省广协评为“九九年度全省广告行业先进单位”，被中广协评为“全国广告行业精神文明先进单位”；2001 年，在全省地市州台中

首家购买央视索福瑞收视率调查数据，为广告商的投放和电视节目的编排提供科学依据；2004 年，对信息频道进行全面改版，使频道年创收由原来的负数增长到 157 万元，为全省地市州台同类频道之最；2005 年，引进新的经营机制，把信息频道的广告经营权对外发包，襄樊正点广告公司以 200 万元取得了为期一年的经营权。这是襄樊电视台改革经营机制走公司化、市场化道路的一次尝试。当年襄樊电视台广告部被湖北省广告协会授予“湖北省广告 20 年特别贡献奖”；为了进一步扩大广告创收渠道，创新广告发布方式，襄樊电视台先后推出《时尚置业》、《房车生活》、《陪你逛商场》、《快乐逛逛逛》等栏目，并经常举办相关的大型电视群众文化活动，提高了媒体的影响力和核心竞争力，巩固和扩大了襄樊电视台广告业务在全市广告市场中的份额。

2.电视宣传

(1)新闻宣传：1979 年 1 月中旬，襄阳地区电视转播台向省台传送的新闻片《襄阳县欧庙公社冬季大搞农田基本建设》，拉开了襄樊电视台新闻宣传的序幕。1984 年，开始不定期试办新闻节目。1986 年 2 月，开始定期自办新闻节目，每周三、六播出，每期 10 到 15 分钟。1988 年增加到每周 3 次。在《襄樊新闻》中开办《改革之窗》、《党的建设》两个社教栏目。1992 年 1 月，《襄樊新闻》增加到每周 5 次，同年 10 月，改为日播新闻，平均每天播出新闻 12 到 15 条。

1992 年 3 月，襄樊电视台与市委组织部、市委宣传部联合开办了《党的生活》栏目。1992 年 5 月 1 日，襄樊汉江长虹大桥建成通车，襄樊电视台出动 5 组电视记者，首次使用无线对讲设备进行现场调度，此次采访活动拍摄了大量的现场镜头并及时进行了编辑处理，于当晚播出一个长达 20 分钟的新闻专题“长虹大桥通车实况剪辑”。1993 年，襄樊市举办“中国湖北襄樊隆中诸葛亮文化节”暨“全国历史文化名城会”，襄樊电视台配合“节会”编发有关名城建设和“节会”的新闻 147 条，其中在省台播出 28 条，在中央台播出 3 条。1994 年，襄樊电视台开办了舆论监督栏目《社会访谈》，抓住群众关心的热点问题进行深度报道。1995 年 5 月 4 日，开办《都市广角》栏目、6 月开办《平屋闲话》栏目、8 月开办《襄樊警讯》栏目。1996 年，开办了法制类现场直播节目《现在开庭》。1998 年，由《襄樊警讯》栏目上送的《襄樊市 316 国道特大抢劫案被破获》先后被中央台《午间 30 分》栏目和浙江卫视台采用。8 月，襄樊电视台与襄樊市政协合办的栏目《政协论坛》开播，栏目时长 25 分钟，每月一期，在不同时段播出 8 次。该栏目曾获“湖北广播电视社教（十佳栏目）奖”。

1999 年，新开办《健康之窗》、《国际专列》两个栏目。同时，《社会访谈》增加了一个子栏目《政务直通车》。5 月底，中共中央总书记江泽民视察襄樊，襄樊电视台派出记者随同采访，制作了电视专题片《殷切的希望，巨大的鼓舞》。8 月 29 日，与市农业局联合开办的新栏目《襄樊农业》开播，解决了农业大市无专业农业电视节目的问题。2000 年《襄樊新闻》围绕国企改革、农村经济结构调整、思想政治工作、优化经济结构等中心工作，先后播发了“改革潮头”“名牌之路”“春风化雨”“三讲教育”等系列报道。2000 年，襄樊市政府成立政务公开新闻工作组，襄樊电视台迅速抓住这一契机，将舆论监督栏目挂靠“新闻工作组”并对栏目进行重新整合。襄樊市政府主要领导多次批示，要求襄樊电视台对一些事件进行曝光，并指定采制了多期电视内参。一些政府职能部门纷纷拿出调查报告和整改意见送到电视台。2001 年，《一个中型造纸厂的管道污染有多大？》报道了南漳县造纸厂未处理的废水直接排放到蛮河中，使沿线数十万群众深受其害的新闻，引起市委、市政府高度重视，市委、市政府督促南漳县整治关停排污不合格的造纸厂，让百姓吃上放心水。

2000 年 3 月，与市纪委联合开办《反腐倡廉纵横》，每月一期，每期 20 分钟。同年 5 月，襄樊电视台开办民生类新闻栏目《新闻追击》，把握“三贴近”原则，在选题派发、文稿写作、后期制作等方面积极创新，严格把关，争取每条新闻都有关注度。同年 10 月 13 日，根据市委市政府的要求，襄樊电视台开办新闻谈话节目《襄樊报道》,栏目两周一期,每期 20 分钟。2001 年“七一”前夕,《党的生活》栏目推出的 30 分钟谈话节目——《今天我对你说》被湖北省委组织部作为《党员电化教育教材》向全省转发。2002 年 3 月,《现在开庭》改版为《法庭内外》。同年 10 月,新闻部组织记者采制“迎接 16 大专稿”三大系列(与时俱进看襄樊、再就业明星之路、党员风采)和“庆祝十六大专题报道”。同年 12 月,《党的生活》栏目在全国第 7 届党员教育电视片评比会上荣获红星优秀奖。2003 年 4 月底,全市防“非典”工作进入紧急状态,襄樊电视台派出多组记者入驻市防“非典”指挥部,全方位采编防治非典工作的动态消息。同时配合防治“非典”工作,推出了《防非小常识》、《改变陋习,从我做起》等系列报道。2003 年 6 月下旬,新闻中心记者对某县在农机年检中,收费标准不一,存在关系费、人情费的情况进行报道(标题《如此执法怎能服人》)。报道后农机主管部门多次上门希望复制刻碟发往各基层农机站作为整改教材。2003 年 12 月,世界无国界医生组织和市卫生防疫站到感染艾滋病病毒的张有福夫妇家做客,和患者同吃同玩共度周末,《襄樊新闻》栏目派出记者跟踪采写《因为有爱不孤独》的新闻,消除市民对艾滋病患者的恐惧和误解。2004 年春天,突如其来的禽流感给襄樊市畜牧业发展和人民生命财产带来严重影响。襄樊电视台新闻、农业栏目及时报道疫情,为各地防疫提供指导。2004 年 8 月 4 日,襄樊市区出现几十年罕见的暴雨,襄樊电视台派出八组记者分赴抗洪一线,及时报道了襄樊党政军民团结一心抗洪抢险的壮举。2004 年 10 月,《襄樊农业》栏目在中国电视艺术家协会农村电视委员会举办的首届全国市县电视台优秀农业节目评比中获栏目二等奖。2005 年 3 月和 9 月,由襄樊电视台采制的两条反映襄樊市“保持共产党员先进性”活动内容的新闻在中央电视台《新闻联播》节目中播出。《法庭内外》栏目分别获得 2005 年度湖北省第四届法制节目栏目类一等奖、节目类一等奖,并连续三年获得全省电视专题节目类一等奖。2005 年,电视台开办有《襄樊新闻》《襄樊报道》《政协论坛》《汉江风》《健康之窗》《党的生活》《消费向导》《法庭内外》《反腐倡廉》《襄樊警讯》《生活快车道》《襄樊农业》等 14 个栏目,平均每天自制节目时间达 100 分钟。襄樊电视台年播发新闻 10 000 条以上,其中上省台 500 条以上,上中央台 30 条以上。

(2)文艺宣传:1987 年 5 月 6 日,襄樊电视台开办《每周一歌》栏目,播放经典影视歌曲。1991 年《每周一歌》改版为《点歌台》。年创收 120 万元。1994 年 9 月 15 日,襄樊电视台自办的第一个反映襄樊市人文地理、历史古迹、文化成就的综合文艺栏目《汉江风》正式开播。栏目为双周期,每期 10 分钟。1995 年 1 月 28 日,《汉江风》栏目首次在市区昭明台茶楼制作新年专辑《品茶·品韵·品新年》。1997 年 1 月,《汉江风》栏目改版,改版后由《人生风景》、《地域风貌》、《时代风尚》、《艺苑风情》四个板块组成。同年 11 月,在湖北省电视艺术家协会举办的第三届优秀电视文艺节目评奖中,《汉江风》栏目荣获优秀栏目奖。1987 年 1 月 31 日,湖北电视台同年 2 月 15 日中央电视台,播放襄樊电视台录制的《襄樊市’87 年春节电视文艺晚会》。1988 年 6 月 10 日,襄樊电视台录制的龙年春节文艺晚会《歌在古城、舞在古城》在中央电视台“龙年春节文艺节目展播暨文艺理论研讨会”上获三等奖。1993 年 9 月,襄樊电视台举办“’93 襄樊小姐大赛”,这次大赛共有 250 名选手报名。1994 年 10 月,襄樊电视台举办“’94 年影视歌曲大赛”,报名选手达 240 多人。1996 年,襄樊电视台制作的 MTV《给你的歌》、《那一段故事》在湖北电视台播出。同年 8 月,由襄樊电视台创作拍摄的作文 TV《爱》荣获省电视台“五丰杯”作文电视评比一等奖,并在中央电视台第一套节目中播出。1997 年 10 月,襄樊电视台创作室与湖北电视台文艺部制作的 MTV《巴舞土风》在第九届中国音乐电视大赛上荣膺金奖。襄樊电视台拍摄的戏曲片《秦雪梅》在 1997 年中国电视戏曲展播评比中获三等奖;文艺实况录像《西藏山南地区艺术团在我市演出》获实况转播三等奖。1998 年文艺专题片作文 TV《爱》、《汉江风》栏目、MTV《二千八百年的太阳》在湖北省第四届优秀电视文艺评奖会上分获一、二、三等奖。1998 年 4 月 15 日,《刘秀还乡赏析》在湖北卫视的《荆楚方园》栏目中播出。随后襄樊电视台总编室与湖北台先后联合拍摄播出六期

《荆楚方园》襄樊专辑节目，展示襄樊市改革开放取得的成就。在第四届湖北省优秀电视文艺评选活动中，襄樊电视台被评为全省优秀电视文艺节目创作单位奖。2000 年，襄樊电视台文艺部制作的音乐风光片《汉江踏歌》获得了中国文联颁发的“中国民间文化山花奖”。2000 年 12 月 29 日、30 日，为迎接新世纪，庆祝广电中心落成，襄樊电视台在襄阳剧院和襄樊广电中心 900 平方米演播大厅举办由中央民族乐团演出的 2001 襄樊新年音乐会。这是襄樊市建市以来第一次由国家顶级院团担纲演出的音乐会。2001 年 12 月 28 日，举办了由总政文工团交响乐团演出的“2002 襄樊新年音乐会——大型交响合唱《东方红》”。2002 年 12 月 27 日，举办由中央歌剧院演出的“2003 襄樊新年音乐会”。2003 年 7—8 月，襄樊电视台组织并承办“全国第十一届青年歌手大奖赛襄樊赛区暨长春杯襄樊青年歌手大奖赛”。2004 年，主办了“襄樊市首届戏曲电视大奖赛”“襄樊市首届器乐(钢琴类)电视大奖赛”和“襄樊魅力大使”评选活动。2004 年 12 月 28 日，举办了由中央歌剧院演出的“2005 年新年音乐会”。2005 年 6 月 5 日，举办“襄樊电视台首届汽车模特大赛”，共有 300 名选手参赛，历时两个月，决出十佳车模。为纪念红军长征胜利 70 周年、抗日战争胜利 60 周年，襄樊电视台与市老干局联合举办“湖北省首届经典老歌大赛襄樊赛区比赛”，有 500 多名老同志参赛，评出三个优秀节目赴省参加比赛，选送的“湖北省经典老歌大赛襄樊赛区比赛”实况录像片荣获“最佳电视效果奖”。同年 8 月 14 日，为纪念抗日战争和世界反法西斯战争胜利 60 周年，襄樊电视台与襄樊市第五医院联合成功举办了“寻找抗战老兵”活动专题文艺晚会，警醒世人勿忘国耻。在《襄樊新闻》中开办了“寻找抗战老兵”栏目，每天一次，每次 3—5 分钟活动历时一个月，介绍在抗日战争中做出突出贡献的国共两党爱国军人事迹。

(3)专题报道：1986 年 9 月中旬，中央电视台第二套节目播放了由襄樊电视台和中央电视台联合录制的专题片《迎接新的挑战》。1989 年，襄樊电视台有 8 部专题片在中央台播出，6 部专题片在省台播出，其中文艺专题片《襄樊风情》在中央电视台举办的国庆四十周年文艺专题节目展播评比中获二等奖。1990 年，襄樊电视台制作专题片 40 多部，省台采用 12 部，中央台采用 12 部。其中，专题片《隆中诗话》在中国电视艺术委员会举办的第三届“神州采风”优秀节目评比活动中荣获三等奖。1991 年 7 月，为配合建党 70 周年，先后拍摄制作大型党建专题片《鄂北岗地的变迁》《故乡魂》《石家沟》。12 月 22 日，在中国民间文艺家协会和全国民委宣传文化司联合举办的全国民俗民艺录像专题片汇映中，襄樊电视台选送的《古城春早》获三等奖；《襄樊风情》《隆中诗话》《花灯演出千台戏》获汇演奖。1992 年 3 月 21 日 18 点 30 分，中央电视台播放了襄樊电视台拍摄的专题片《岗地沧桑》。1993 年，襄樊电视台创作拍摄的电视专题片《襄阳绿影壁》《襄阳护城河》《襄樊一瞥》《希望的土地》分别在中央台的《文化园林》《神州风采》《祖国各地》和《经济半小时》栏目中播出。1993 年，襄樊电视台创作拍摄的电视专题片《襄阳绿影壁》《襄阳护城河》《襄樊一瞥》《希望的土地》分别在中央台的《文化园林》《神州风采》《祖国各地》和《经济半小时》栏目中播出，从不同角度反映了襄樊的人文地理、自然资源、投资环境和城市容貌。专题片《历史文化名城——襄樊》《襄阳绿影壁》通过卫星传送，在美国的斯科拉电视台播出。1994 年 7 月，襄樊电视台与中央电视台青少部合作拍摄的反映襄樊市教育成就的专题片《状元桥》、《春满校园》在中央电视台播出。襄樊电视台 1993 年录制的大型电视艺术片《古城·汉江·都市风》荣获第八届全国“星光杯”提名奖。1995 年第一季度，襄樊电视台《大山里的启明星》《访胜探幽古隆中》、《隆中深处话人才》三部专题片在中央电视台《神州风采》栏目中播出。1996 年 2 月，襄樊电视台拍摄的专题片《今日农家女——贾华英》分别在中央电视台一套节目《神州风采》栏目和湖北电视台播出后，被湖北省妇联、湖北省广播电视厅评为二等奖。同年 3 月 2 日，襄樊电视台拍摄的专题片《今日农家女——陶桂芬》，在中央电视台一套节目《神州风采》栏目中播出。同年襄樊电视台拍摄的电视片《围棋与古城》、大型文艺片《民以食为天》、专题片《诸葛孔明》先后在中央电视台播出。1997 年 3 月，反映襄樊市保护、开发野生牡丹、野生腊梅的新闻专题片先后在中央台《午间 30 分》及湖北电视台播出。1998 年，一季度，襄樊电视台专题部摄制的《送温暖情寓农家》《大地涌春潮》《荆山绿色致富路》《文艺下乡，乡野扬起欢声》《党员双带，带出改革路》分别在湖北电视台《焦点透视》《乡村采风》栏目中播出。随后，孙随拍摄制作的电视专题片《古丽剪纸》、郭疆平制作的《王雄和他的汉水文化小说》先后在湖北卫视中播出，其中《古丽剪纸》还在全国第七届少数民族题材电视艺术“骏马奖”评比中获专题、纪录片三等奖。同年 4 月 15 日，电视戏曲专题片《刘秀还乡赏析》在湖北卫视《荆楚方园》栏目中播出。同年 5 月 18 日，电视专题片《荆山奇葩》在湖北电视台《荆楚风》栏目中播出。1998 年由襄樊电视台新闻部拍摄制作的专题片《孙开林的心事》先后获湖北广播电视新闻类一等奖和全省首届经济人物专题片一等奖。2002 年 6 月，襄樊电视台总编室、文艺部、专题部等部室与中央电视台《城市平台》《旅行家》《龙行天下》《异想天开》等栏目合作，拍摄制作播出了 10 多部襄樊专辑，充分展示了襄樊市的人文地理和对外开放的新形象。2003 年，由襄樊电视台拍摄制作完成的外宣片——《中国襄樊》，分别用英、汉、日、韩四种语言配音，作为市委市政府对外招商的宣传品。2005 年，襄樊电视台制作的《老郭进城》获得中国纪录片学会颁发的国家纪录片学术奖入围奖。

(4)电视剧：襄樊电视台克服资金不足和编导人员匮乏等诸多困难，积极投入电视剧生产。到 2005 年底，共拍摄电视剧 7 部 17 集，有的在中央台播出，有的在湖北电视台播出，有的被其他地市台引进播出。1986 年 9 月 21 日，襄樊电视台第一部电视剧《大山里的孩子》在谷城县粟谷乡开拍。1987 年 11 月 12 日，中央电视台第二套节目播出了襄樊电视台和襄樊市财政局、襄樊市文联联合录制的上下集电视剧《未发出的黄牌》。湖北台 12 月 20 日也播出了这部电视剧。该剧导演是北京电影学院导演系讲师田金天，著名电影演员唐国强、李羚、寇振海、周里京参加了演出。为纪念抗日名将张自忠将军，1990 年襄樊电视台与襄樊市政协合作拍摄了 6 集电视连续剧《张自忠将军》。1993 年 10 月，由襄樊电视台和襄樊市政协联合拍摄的 6 集电视艺术片《诸葛孔明》播出后，受到电视观众和文学艺术界的好评。1997 年，由襄樊电视台拍摄的戏曲电视剧《刘秀还乡》(上、下集)于当年 11 月 4 日在中央电视台文艺频道(八套)播出，这是中央电视台播出的第一部我市完全依靠自己的编、导、摄、制力量完成的戏曲电视剧。1999 年《刘秀还乡》获中国广播电视学会颁发的“电视戏曲唱段类铜奖”。到 2005 年年末，共播放电视剧 30 000 多部(集)。其中 1984 年襄樊电视台播放的 59 集电视连续剧《射雕英雄传》，形成万人空巷观看此剧的局面。为了方便本地观众收看电视剧节目，襄樊电视台对三个频道进行统筹考虑，科学统筹安排节目内容和播出时间，凸显各频道特色，收到良好的经济和社会效益。2004 年暑假期间，襄樊电视台通过安排“红色影视”展映月活动，推出一批爱国主义和革命传统教育题材的影视剧，受到社会各界的广泛好评。2005 年 4 月，电视剧《24 小时警事》市场占有率达到 32%，使当周襄樊电视台市场占有率总和达到 49%，占据襄樊近一半的电视市场份额；同年 5 月，武侠剧《天下第一》又以高达 38%的市场占有率掀起收视狂潮，使得襄樊电视台一套当周黄金时段收视点首次超过中央电视台第一套《新闻联播》节目的收视点，创下历史最好成绩。

(5)社会服务：襄樊电视台从建台之初在新闻节目之后，固定十分钟开办广告节目。随着社会对信息的需求，又陆续开办了一系列服务性节目。主要有《天气预报》《每周一歌》《点歌台》《经济与生活》《商务时空》《生活快车道》《时尚置业》《供求热线》《襄樊环保》、医疗广告和字幕信息等十几档服务节目。1984 年 7 月，襄樊电视台制作了第一条广告片《揽月牌铝合金梯》，这条广告在全国城市台经济工作会上获三等奖。1986 年，襄樊电视台开始固定在新闻节目后播放 10 分钟的广告。1988 年 8 月 19 日，襄樊电视台录制的广告片《高效灭蚊灵》和《奥林饮料》在全国城市电视台广告协作会上分获二等奖和三等奖。1989 年 4 月 1 日，襄樊电视台自办的第一个主持人节目《经济与生活》开播，每周六播出。1991 年，襄樊电视台开办服务性收费栏目《点歌台》。1993 年，襄樊电视台结合本地特点开办了“楼外话鼓楼”“襄江潮”“中心天地”等10个服务性栏目。1996年1月，襄樊电视台23频道实行广告承包经营。1997年，开办了《商务时空》栏目。1998年，在中国广播电视学会和全国城市广播电视专业研究会联合举办的“全国城市广播电视优秀广告专项评比”中，襄樊电视台选送的广告作品《同行篇》获电视类一等奖，《鸿茅药酒水上人家》获三等奖。2002年，襄樊电视台广告部针对小客户，开办了广告超市类栏目《供求热线》。2003年4月8日，襄樊电视台广告中心根据广告客户的需求，新开办收费性栏目《生活快车道》，为二类广告提供了平台。同年5月19日，襄樊电视台广告中心推出《襄樊植保》栏目。自2004年5月1日起，襄樊电视台对图文频道进行全面改版，取消文字信息，开设视频窗口和“广告超市”，实现24小时滚动播出。2005年5月1日起，《信息·服务》频道的广告由襄樊正点策划公司独家代理。同年，襄樊电视台《时尚置业》栏目开播。

3.电视技术

襄樊电视台平均每年投入500多万元用于设备的更新和技术改造。至2005年底，拥有前期采访设备40多套，线性编辑系统8套，非线性编辑站点36个，六讯道分量信号大型转播车1辆，演播厅(室)4个，配音室2个，录音棚1个，电视发射机9部，能够独立制作和编辑各种类型的文艺节目。其中2000年建成的900平方米多功能大型演播厅是当时湖北省面积最大的演播厅。四套自办节目全部实现了硬盘播出，同时还配备了一批先进的电子检测设备。

1985年10月，襄樊电视台购进价值20万元的视频设备，初步具备了制作电视节目的能力。1986年7月1日，襄樊电视台卫星地面接收站投入使用，为转播中央台第一套节目的四频道发射机提供了稳定可靠的信号源。7月中旬，虎头山发射机房八频道发射系统安装调试完毕投入使用。八频道发射机为双通道、图像载频，功率1千瓦，伴音载频，功率100瓦发射信号质量及覆盖范围均好于二频道。7月底，冯家巷5号发射机房与虎头山微波站之间的微波传输系统完成安装调试投入使用。

1987年12月29日，市委副书记纪玲芝在虎头山微波站同副省长梁淑芬通过微波干线进行电视对话，这标志着湖北省鄂西北微波线路建成开通。同年12月31日，襄樊电视台自行设计、安装的电视转播车完工，市长章治文为转播车题字。1987年襄樊电视台投资90多万元，购置各类摄录设备21台(套)，从根本上改变了襄樊台靠租借设备办大型节目的被动局面。

1988年6月，为了满足群众收看中央电视台第二套节目，市广播电视局和襄樊电视台承办了安装转播第二套节目的发射机工程，工程总投资120万元。至12月19日，开始试播。12月30日下午，开播仪式在虎头山举行。1989年元旦正式播出。转播第二套节目的发射机功率为3千瓦，23频道。同时开通的还有转播湖北电视台节目的17频道，功率为1千瓦。1989年12月，在省广播电视厅组织的全省发射设备主要技术指标抽查中，襄樊电视台四频道和八频道发射机的主要技术指标均达到甲级标准。

1990年，襄樊电视台技术部门对虎头山发射机房进行了技术改造。1991年10月1日，转播“中一”节目的备机投入运行。同年12月10至31日，对四频道发射机天线系统进行技术改造。改造后的发射天线蝙蝠翼由原来的三层增至四层，增益提高一分贝，天线主馈改用SDV50—37—3，损耗减少2分贝，驻波由原来的1.25降为1.1。1992年1月13至16日，省广播电视厅组织5名技术员对襄樊部分无线台站进行技术检查测试，襄樊电视台发射系统主要技术指标均达到甲级标准。

1993年，虎头山发射台在省广播电视厅组织的全省安全播出优胜台竞赛中获电视类第二名。1994年12月28日，虎头山机房扩建工程竣工，机房可用面积扩大一倍，工作环境明显改善。1995年3月20日襄樊电视台第一套自办节目开始实行全天滚动播出，早晨9点整开播，0:00左右结束。

1999年1月，襄樊电视台先后投资140多万元引进了硬盘多通道广告自动播出管理系统，在全省及全国地市台中率先实现了广告播出管理硬盘化。广告节目播出质量和广告播出管理水平明显提高。同年6月10日,部分节目开始实行微机硬盘储存播出。同年6月11日,购置安装的“博士威自动播出”设备测试合格,其信噪比、微分增益、微分相位、色亮时延差、色亮增益差等主要指标均达到广播级标准。

2000年6月8日,全省广播电视技术维护现场会在襄樊召开,省厅宣布襄樊电视台获国家广电总局授予的“1999年度全国广播电视技术维护先进单位”称号。同年9月,投资600万元购置了部分前期采访设备,建成了全省工作站点最多的数字电视节目制作播出网络和全省演播面积最大的虚拟演播室,电视节目制作效率和制作管理水平迈上了新台阶。

2002年,投资150多万元对电视转播车的视频通道、演播厅的灯光系统、录音系统进行了提档升级,建立了音频工作站,提高了电视直播、现场录像和音乐节目录制的技术质量。2003年4月25日,一套具有国内先进水平的“带库管理系统”安装调试完毕并正式启用,该系统以IC卡/磁卡、条形码形式快速准确完成各种检索,实现了带库管理科学化。同年12月12日,襄樊电视台投入400多万元搭建的硬盘播出系统,经过调试正式启用。这标志着襄樊电视台节目播出控制系统由自动化迈向数字化,大大提高了电视节目的编播精度和编播质量,减轻了工作人员的劳动强度。

2004年,投入500多万元用于新技术引进和设备的更新改造,对原有的电视节目制作网络进行升级改造,完善数字硬盘播出系统。2005年为扩大襄樊电视台第三套电视节目覆盖面,解决农村及边远地区襄樊台电视节目无线覆盖问题,投入资金100多万元,购置引进了6频道无线电视发射机。在“神舟六号”发射期间,襄樊电视台调动技术人力资源,积极配合中央台、省台在聂海胜家乡及襄樊市区同时进行了两场和中央电视台连线的直播活动,中央一套现场直播25分钟,落地后中央一套直播12分钟,中央四套直播7分钟。

4.电视产业经营

襄阳地区(地市合并后为襄樊市)广播事业管理局1975年财政拨款11万元(含电台、电视台、中波台。下同),支出6.5万元。1979年财政拨款24万元,支出23万元。1985年拨款117万元,支出110万元。1990年财政拨款201.63万元,支出297.96万元。2000年财政拨款231.7万元,支出5 381.9万元,2005年财政拨款412.42万元,支出3 835.6万元。在财政拨款不足的情况下,襄樊有线电视台从成立之初就是自收自支。襄樊电视台从1999年起由财政拨款改为自收自支,只有襄樊电台、中波台和局机关为全额拨款单位。电台财政拨款只能满足在编人员费用,局机关虽是全额拨款行政单位,但还有40%左右行政经费靠自筹来解决。为解决经费不足,电台、电视台从建台之初就开始了广告创收。襄樊中波台从1999年起利用干扰频率转播湖北人民广播电台生活频道和省楚天台节目获得部分经费,较好地解决了经费不足的差额。截至2005年,市直三台服务性创收超过6 000多万元,从而较好地解决了发展资金不足的问题。

(1)广告经营:襄樊电视台主要经济来源依靠广告经营。2001年,广告收入2 000万元,2003年,广告收入3 000万元,位居湖北省内市(州)台前列。1991年,襄樊电视台开办服务性收费栏目《点歌台》,该栏目曾取得年创收120多万元的业绩,为全省同类栏目之最。2003年4月8日,襄樊电视台广告中心根据广告客户的需求,新开办了收费性栏目《生活快车道》,为二类广告提供了平台;同年5月19日,襄樊电视台广告中心推出《襄樊植保》栏目,吸引农资广告的投入。襄樊电视台通过年初对频道资源和广告资源的整合,到12月底广告收入达到2 500万元,同比增长700多万元。自2004年5月1日起,襄樊电视台对图文频道进行全面改版,取消文字信息,开设视频窗口和“广告超市”,实现24小时滚动播出,广告日播出量屡创新高,全年创收由有线无线合并前零收入上升到157万元。到2005年,广告收入达3 000多万元。

(2)广播电视服务公司：1983年10月，襄阳地区广播电视服务部与襄樊市广播电视服务部合并为“襄樊市广播电视服务公司”，为自收自支事业单位。1985年，襄樊市广播电视服务公司经襄政办发〔1984〕63号文件批复正式成立，专门经销和修理广播电视器材，为发展广播电视事业服务。各县(市)广播电视局(站)也先后成立广播电视服务公司。1992年7月7日，襄樊市编委襄机编〔1992〕35号文件批复将广播电视服务公司更名为“襄樊市广播电视总公司”，服务总公司下设六个分公司。襄樊市广播电视总公司服务项目不断扩大，经营范围不仅有广播器材还经销冰厢、彩电和其他音响、录音和音像制品、有线电视工程安装、报刊发行等业务。由于商贸市场变化，加之管理和经营不善，到2002年9月襄樊市广播电视总公司停止了经营业务。人员分流到电台、电视台、有线网络中心实行代养，根据不同情况每月每人分别发放500至800元代养生活费进行了妥善安置。

(3)自办后勤服务业：2001年3月18日，襄樊市编委襄机编〔2001〕29号文件批复成立“襄樊市广播电视局物业管理中心”，事业性质，不定级别，不给编制，按市场机制运作。2001年9月，市广播电视局、襄樊电视台、襄樊有线广播电视网络中心搬迁至襄城檀溪路200号后，物业管理中心承担起原冯家巷5号家属院、襄阳二桥头家属院以及广电中心家属院的安全、卫生及房屋修缮、园林绿化、供水供电等各项管理服务工作。同时利用原办公楼和冯家巷门面房对外开展出租业务。自2001至2005年，共收取门面房租金264.222 2万元，收代维费787万元(水费、电费、取暖费、保洁费、保安费、人工费及杂支等费用1 011.177 4万元)，较好地解决了机关和职工的后顾之忧。

5.电视管理

襄樊电视台本着“靠制度建台、靠管理兴业”的管理理念，逐步建立了一整套较为系统、完善高效的管理体系。先后制定了一系列管理制度:《组织建设制度》《新闻宣传管理制度》《襄樊广播电视报业务管理制度》《节目广告管理制度》《节目制作管理制度》《技术保障管理制度》《微波站管理制度》《人事管理制度》、《招聘(借调)人员管理办法(试行)》、《档案资料管理规定(试行)》《行政、财务管理制度》《工作制度与奖惩制度》《关于加强创收、财务管理的规定》，这些制度，促进全台新闻宣传、事业建设和经营管理规范化管理。襄樊电视台连续12年被评为市直宣传战线先进党支部，连续5年被评为市级文明单位标兵；连续10年被湖北省广播电视局评为“电视新闻宣传先进集体”；2000年，被湖北省政府授予“全省文明单位”称号，被人事部、国家广电总局授予“全国广播电影电视系统先进集体”；2000年、2001年、2002年、2004、2005年度，被国家广电总局授予“全国广播电视技术维护管理先进台站”荣誉称号；全台先后有200多人次、300多件作品获省级以上奖励，先后有两位同志担任中华全国新闻工作者协会第6届和第7届理事会理事，并受到江泽民、胡锦涛等党和国家领导人的接见。

6.有线电视

(1)改革与发展：1993年1月，有线电视前端中心机房建成，开始播出自办文艺节目，同时传输12套电视节目。1993年4月21日，襄樊有线电视台从襄樊电视台正式分出。襄樊有线电视台为“事业性质，企业化管理，独立核算，自负盈亏”。1994年12月，经国家广播电影电视部批准正式建台，名为“襄樊有线广播电视台”。内部机构设1室4部(办公室、新闻部、专题部、技术部和工程部)，编制为40人。1994年12月，到位47人。1995年，开办《襄樊有线新闻》和《政法天地》等栏目，初步奠定了襄樊市主流媒体的地位。

1996年，投资220余万元，在襄樊二桥襄城桥头购置典式型9层楼房一栋。1997年2月21日，有线广播电视台搬迁至襄樊二桥桥头。面积2900余平方米，前端机房和制作机房面积300平方米。电视节目由 17 套增加到 24 套，调频广播 1 套，新增摄、录、编设备 20 台(套)。1998 年，市区有线电视用户达 79 303 户。同年 12 月，湖北有线电视主干线传输网襄樊区域一期工程 297 公里的建设任务如期完成并开通。省有线电视台下传电影、综艺两套节目，回传 15 套各地有线台节目，并逐步开通多种综合信息业务。2000 年，襄樊有线广播电视台全年制作电视节目 452 小时，包装电视节目 184 小时。购买电视节目 1 460 小时。有线电视用户达 93 070 户。自办节目 3 套，转播卫视节目 24 套，立体声广播 1 套。2001 年 8 月 17 日至 9 月 15 日，襄樊有线广播电视台由原办公地长虹二桥襄城桥头搬迁至襄城檀溪路 200 号——襄樊广播电视中心。2001 年，襄樊有线广播电视台全年制作电视节目 357 小时，包装电视节目 111 小时，购买电视节目 1507 小时。被中央电视台采用 1 小时 29 分，平均每周播出 47 小时 55 分。有线电视用户达 99 995 户。自办和转播传输电视节目 32 套。2002 年，全市有线电视用户 106560 户，入户率 67%。同年，开通数字电视，传输数字电视节目 24 套，发展数字电视用户 1200 户。2003 年 1 月 3 日，襄樊电视台与襄樊有线广播电视台宣传职能合并。襄樊有线广播电视台更名为襄樊有线广播电视网络中心。2003—2004 年，襄樊有线广播电视网络中心传输干线网络总长 399.55 公里，模拟电视用户 128 129 户，数字电视用户 3500 户，传输模拟电视节目 32 套，数字电视节目 59 套。到 2005 年，襄樊有线广播电视网络中心传输干线网络光缆总长 568.3 公里。传输模拟电视节目 36 套，数字电视节目 71 套和 4 套立体声调频广播节目。新增有线电视用户 15 313 户。全年安全播出传输节目 615 800 小时。截至 2005 年底，有线数字电视用户 4018 户。2003 年 8 月，投资 1500 万元的襄樊广电宽带 IP 城域网建成。2004 年 1 月 1 日，建成并开通了“襄樊广电宽带网”。网站永久域名：WWW.XFCATV.COM、WWW.XFCATV.NET、WWW.XFCATV.COM.CN、WWW.XFCATV.NET.CN。开设新闻、影视、音乐、网络电视、游戏、交友和客户服务等频道。该网站定位为娱乐服务型综合型网站，以襄樊广电 IP 宽带城域网为网络平台，采用最新流媒体技术和先进的软硬件系统建设而成的站点。有先进的网络平台支撑、广电宽带用户可以拥有千兆到小区、百兆到桌面的接入带宽，可在线点播大量高清晰度的视频节目。

(2)有线网络栏目宣传：1994 年 12 月，经原国家广播电影电视部批准正式建台后，襄樊有线广播电视台于 1995 年 5 月 5 日开播“襄樊有线新闻”，从此结束了襄樊有线电视台无自办新闻节目的历史。在强化有线新闻时政宣传的同时，拓宽新闻报道领域，侧重深度报道，说民情、察民事，创立一批在观众中有良好口碑的新闻栏目。

新闻综合宣传栏目：1996 年，结合建党 75 周年、红军长征 60 周年，襄樊有线广播电视台组织了有关重点报道。全年共播出新闻 176 期，新闻稿件 2176 条，其中通讯员来稿 621 条，用稿 335 条；本台记者自采 1 543 条(同期声报道 377 条)，新闻上省台 10 条，中央台 2 条。全年共采编系列报道 20 期，如《万民同乐过大年》《实干局长陈鼎益》《企业两转在襄樊》等；采编连续报道 9 期，如《还烈士一方净土》《让我用生命陪伴你》《抗洪救灾》等。1997 年，襄樊有线广播电视台全年播出新闻稿件 2 500 条，其中系列报道 24 组、340 期，上省台 80 条、中央台 6 条。共拍摄、制作专题片 11 部，文艺片 2 部。开设了《困难企业之路》《再就业之路》《资本运营在襄樊》《为人民服务，树行业新风》等栏目，组织报道市政府以各种方式解决企业面临的难题，企业面对市场竞争，如何开拓潜力，走出困境的做法，栏目不唱高调，不说空话，以丰富具体的实事告诉人们解困、脱贫的经验和对策。1998 年，襄樊有线广播电视台全年播发稿件 4 000 条，上省台 380 条、中央台 11 条；襄樊有线广播电视台从同年 8 月 17 日起改每周播发 5 次新闻为每周 7 次。全年上送省台播出专题 9 部，上送中央台播出专题 3 部，1 部专题片在全国获奖，5 部在全省获奖，7 部在襄樊获奖。其中获全国有线电视“中国电视奖”二等奖一部，三等奖一部；获湖北电视奖一等奖二部，二等奖四部(集)。新增《新闻调查》《记者追踪》栏目，报道了与百姓衣、食、住、行相关的社会热点问题，如：《猪肉为何降价》《垃圾猪何时消》《中巴还能走多久》《木材会涨价吗》《安居房能安居吗》，深受群众欢迎；报道《南河水污染》《民办职介所》《讨债难》等，引起了相关部门重视；报道《打工妹余晓明》《呼吁救助大学生朱成波》，引起社会广泛关注，使打工妹病愈出院，大学生跨进大学门。1999 年，襄樊有线广播电视台改变上送方式，由过去多送时政报道改为多送深度报道、问题式报道、社会新闻。当年在中央台播出新闻 9 条，在湖北卫视播出 170 条，在湖北有线台播出新闻 310 条。其中有 9 件专题和 13 件新闻在全国、全省、全市获奖。2000 年，襄樊有线广播电视台新闻部全年完成各种系列报道 30 组 150 条，播出新闻 4100 条，上省台 421 条，其中省有线台 235 条，无线台 124 条，省经济台 30 条，新闻性专题 32 条，上中央台 14 条次。1999 年，襄樊有线广播电视台在《襄樊有线新闻》分别开辟子栏目《政务直通车》，每周播出一次，全年播出 43 期。2001 年 7 月 1 日，《襄樊有线新闻》栏目名称更改为《都市频道》，每周制作播出 6 期，实行滚动播出，周一至周六每日一期，每期首播时间 18:30 分。2000 年，襄樊有线广播电视台对新闻节目进行改革，相继对节目包装、片头制作从内容到形式进行改革创新，推出了《真情传递》《今日话题》《新闻聚焦》，三档栏目均以贴近生活、贴近实际、贴近群众、贴近社会为立足点。从 3 月 13 日开始，在播报新闻方式上尝试“说新闻”，缩短了与观众的距离，给观众更多亲切感，受到观众的好评。在新闻栏目结构上推出了《真情传递》板块，把百姓遇到的各种实际困难通过此板块以新闻节目形式反映出来，然后进行跟踪报道，直到问题得到妥善解决，集新闻性与服务性为一体，在新闻关注民生的方面上作出了有益的尝试，深受群众欢迎。同年 5 月，新闻部推出深度报道《新闻聚焦》之政务直通车新的栏目，该栏目选择与人民利益关系密切、群众关心的问题，抓住党委政府要求办好，而有关地方、部门、单位有能力办却没有办成、没办好的问题，披露并推动问题的解决。该栏目每周一期，每期 15 分钟，安排周日播出，成为市民争相收看的强档栏目。同年 7 月 27 日，《今日话题》栏目开播，该节目吸取中央电视台《实话实说》栏目之特点，采取外景拍摄、邀请嘉宾、分段播出等方式，选取领导重视、群众关心、社会普遍存在的话题进行交谈，抓住老百姓关心的焦点、热点，道出老百姓心里话。在栏目框架上采取新闻背景短片与嘉宾谈话相结合，不设固定专业主持人，由嘉宾主持。每 2 周一期，周四晚 8:00 首播，次周二 14:10 重播，五个月播出 16 期，自开播以来要求参与话题讨论人员 4800 人次。

社教栏目宣传：1995 年 9 月 15 日，自办第一个社教栏目《政法天地》开播，后更名为“社会大观”。全年播出 26 期。1997 年 3 月 27 日，“政法天地”栏目获广电部、司法部“金剑奖”1996 年度提名奖。1997 年 11 月 18 日，《七彩空间》栏目开播，采取写真、实拍等手法聚焦社会经济热点，反映普通百姓生活，设有《人物春秋》《经营点滴》《热点透视》等板块。1999 年 8 月 30 日，改版更名为《襄樊人的故事》。1996 年，襄樊有线广播电视台龚新民等拍摄制作的反映农村精神文明建设的《鄢村剧团》在湖北电视奖评比中，获 1996 年度“湖北电视奖”社教类节目一等奖和全国有线电视优秀节目奖社教类二等奖。1997 年 7 月 29 日、8 月 27 日在省台“荆楚风”栏目和美国斯考拉电视台播出。1997 年 10 月 4 日、10 月 9 日，分别在中央二台和中央一台的《祖国各地》栏目中播出。反映市青年书法家刻苦钻研并获得成就的电视片《青年书法家米克勤》，1997 年 3 月 19 日、5 月 12 日在省台“荆楚风”栏目和美国斯考拉台播出。此片获“湖北电视奖”社教类节目三等奖。1998 年，襄樊有线电视台龚新民等人采制的《施老汉的图书室》获“湖北电视奖”社教人物类一等奖。

文艺栏目宣传：襄樊有线广播电视台电视文艺宣传主要以影视剧的播出为主。1997 年，风光文艺片《唐诗咏襄阳》《古城今韵》《三国人杰出襄樊》《皮影世家》在省台“荆楚风”栏目播出。1998 年 7 月 30 日至 8 月 5 日，襄樊有线广播电视台举办首届“独活怀”普通话大奖赛。此后，该赛每年举办一次。1999 年，襄樊有线广播电视台创作的歌曲《重上堤岸》获全省“五个一”工程奖。

专题栏目宣传：1996 年，襄樊有线广播电视台拍摄专题片 11 部，省台播出 3 部、中央台播出 3 部。其中《大山里有这样一位母亲》《特教老师》分别获得中央台《半边天》栏目三等奖和鼓励奖。1998 年，襄樊有线广播电视台为庆祝香港回归一周年，组织播出 25 集专题片《中华女儿》。为创造文明卫生城市，播出 102 期《农民健康教育》。为全市开展党员教育活动，推出 5 部“天使”杯党员教育专题片。1999 年，襄樊有线广播电视台成立精品生产专班，上半年有 6 部专题在省台播出，主办的《七彩空间》首次在湖北电视奖评比中获奖。同年 8 月 30 日，《七彩空间》改版更名为《襄樊人的故事》。该栏目本着“反映百姓生活、讴歌家乡变化、颂扬真情善举”的创作原则，拍摄了一些叫好叫座的人物专题节目。2000 年，襄樊有线广播电视台获全国纪录片奖两部，由龚新民拍摄的《诗情画意走古城》和《泥土芬芳》分别获全国纪录片二、三等奖，并在全国展播。2002 年 1 月 1 日，襄樊有线广播电视台开办《农业与科技》栏目，主要向农民朋友介绍种植、养殖、致富等农业科技信息。每周一期，每期 20 分钟。全年 52 期。2002 年 1 月，襄樊有线广播电视台开办《中医与健康》栏目，主要介绍中医保健常识、提供中医就医指南，半月一期，每期 15 分钟。全年 26 期。

服务类栏目：襄樊有线广播电视台开办的服务类栏目主要包括《收视指南》《点歌台》《每周一歌》《视频点播》等。1999 年 2 月 1 日，信息频道开播。栏目设置为“社会观察”“生活信息”“市场信息”“财经信息”“生活向导”五大板块。每天播出时间 8 小时。4 月，推出华鼎股评节目，平均每天收到 30 至 80 个咨询电话。其他几个板块力求“快”和“新”，每天从网络中采摘信息，一天一更换，专门购买新华社的信号源，每天上午和下午接收新华社当日新闻。该信息频道每天播出的国际国内新闻比中央电视台《新闻联播》提前 6 个小时左右。信息频道改过去的“哑巴电视”为图文并茂，从单一的从报纸上选择外地信息到拥有国际国内和外埠极为丰富的信息资源，形成一个以股民为主体的企业人士和文化人士的收视群。

对外宣传与交流：1996 年 10 月，襄樊有线台的《让我用生命陪伴你》《特教老师》等专题片在美国期考拉台播出。其中，反映市民政部门工作人员献身残疾事业、辛勤培养残疾儿童的电视片《特教老师》获 1996 年度外宣作品一等奖，并先后在省台、美国华人电视台播出。1997 年，襄樊有线广播电视台摄制的反映法国人在襄樊参加经济建设的专题片《古城根下的法国村》获全省外宣节目评比优秀影视片二等奖。3 月 12 日、5 月 9 日先后在省台“荆楚风”栏目和美国斯考拉电视台播出，9 月 10 日在中央四台“中华大地”栏目黄金时段播出。

（3）技术与发展：有线电视设备更新与发展。建台之初条件简陋，转播节目使用了最为基本的基础网络传输设备，1995 年开始自办新闻节目，襄樊有线广播电视台逐步加强了新闻采编播设备的投入。1996 年，襄樊有线广播电视台投资 200 万元，添置了 3 套 S—VHS 编辑机，1 套 BETACAM 编辑设备，5 套摄像机。1997 年，襄樊有线广播电视台投资 200 万元，购进 3 套数字摄、录、编设备和一套非线性编辑设备，较大地改善了该台自办节目的信号清晰度，在全省地市州电视台处于领先水平。1997 年 4 月，湖北省广播电视厅授予襄樊有线广播电视台 1996 年度全省有线电视安全优质播出评比竞赛行政区域台第一名。1997 年 7 月，襄樊有线电视台购置两台美国 WAE—320 声音等化器，解决了各频道声音大小不一的问题。同年 8 月，襄樊有线广播电视台开播加密式股市信息节目。全年转播电视节目总计 136 034 小时，总停播时间为 240 分 10 秒，总停播率为每百小时 11 秒，实现了全年停播率控制在每百小时 1 分钟以内的目标。1998 年，襄樊有线广播电视台技术设备稳步升级，加强了新闻采访和社教专题力度，先后投资 80 多万元，购买了 JVC 数字编辑机、数字字幕机、数字特技切换台、图文电视制作和播出设备。1998 年 1 月，开通了河南卫视和湖南卫视两套节目。制作设备基本完成了模拟到数字的转换，部分节目实现了摄录编播数字化。全年累计播出时间 181 175 小时，停播时间为零，实现了播出安全年。1999 年 6 月，省广电局授予襄樊有线台 1998 年度全省广播电视技术维护先进台一等奖。2000 年 2 月，省广电局授予襄樊有线电视台 1999 年度全省广播电视技术维护管理工作一等奖。襄樊有线广播电视台获全国电视节目制作录制技术质量新闻类和专题类二等奖，获全国电视节目制作录制技术新闻类三等奖，是全省地市州电视台中唯一获此奖者。2000 年 9 月 27 日，襄樊有线台与市电信局联办的视频点播节目开播，所有节目由微机储存，24 小时不间断即时点播播出。2001 年，襄樊有线广播电视台投资 140 余万元，购置架设九洲卫星接收天线 10 套、巴可调制设备 15 台，左飞字幕播出机 2 部，机房铺设高级防静电地板，安装监控节目播出的电视墙由 59 部三洋纯平彩电组成，对襄樊有线广播电视台传输的 54 套节目进行实时监控。3 月，国家广播电视总局授予襄樊有线电视台 2000 年度全国广播电视技术维护先进台(站)。2002 年，襄樊有线广播电视台获全省广播电视技术维护二等奖。2003 年 1 月 3 日，襄樊有线广播电视台更名为襄樊有线广播电视网络中心。为使传输机房节目接收与传输功能更加完善，技术支持部制订了模拟前端数字化改造方案。先后购置两部偏馈天线，用于配套接收 HBO、探索频道、CIN 频道、ESPN 频道及法国时装台。更换原都市频道 DS1 为中央新闻频道，更换原省体育频道 Z5 为省都市频道。同时更换中央三套、五套、六套、八套卫星接收机，顺利实现节目授权。同年 7 月，襄樊有线广播电视网络中心对前端模拟方式播出的 23 套电视节目改造为模拟、数字电视并行播出，用户可收看数字电视节目 48 套。2004 年，襄樊有线广播电视网络中心获全省技术维护管理二等奖。2005 年 2 月 1 日，襄樊有线广播电视网络中心前端机房防范非法干扰预警发布系统正式启用，通过这个平台，工作人员可以及时了解到国家广电总局指挥中心统一发布的信号传输安全信息，在信号被非法攻击前启动应急预案，可以提高前端机房的安全保障能力。同年 7 月 3 日和 22 日，该中心前端机房工作人员发现异常情况，果断启用应急预案，及时防止了“法轮功”雅教组织对卫星信号的干扰。2005 年 12 月，襄樊有线广播电视网络中心获全省 2005 年度广播电视技术维护安全播出二等奖。

网络技术与发展：在襄樊有线广播电视台的筹备阶段，就开始传输网络的建设，其中襄樊有线广播电视网的建设尤为重要，该网于 1992 年 11 月开始建设，1993 年正式投入运行。为提高襄樊广播电视网络运行质量，满足高清晰电视广播和宽带高速数据广播及全市信息化建设的需要，襄樊有线广播电视台不断追踪新技术装备，加大设备更新换代，于 2003 年搭建形成了集有线 HFC(光纤同轴信息网)、SDH 传输网(同步数字传输网)及具有 MPLS(多协议标记交换)功能的宽带 IP 城域网于一体的多功能襄樊广电综合信息网，并建成了襄樊市第一个电子政务网传输平台。襄樊广电综合信息网是 ·个大容量、宽频带、安全稳定的广播电视节目和综合数据信息传输网络，经过多年投入建设，已形成光(电)缆线路四通八达，遍布市区，下连枣阳、南漳、宜城、老河口、谷城、保康 6 个县(市)，铺设光缆 786.378 公里(折合 9906.052 芯公里)，并与国家和湖北省广播电视综合信息网相连。1996 年，襄樊有线广播电视台投资 350 万元进行了光纤网络建设，截至 11 月 30 日，共敷设光缆 55 公里，前端光纤芯数 196 芯，开通光节点 20 个，同时配备了光时域反射计、光功率计、光熔接机和一些光纤工程必备工具。1997 年，襄樊有线广播电视台有线电视网络新发展架设主干和支干线光缆 5515 米，电缆主干线 7888 米，电缆支干线 4889 米，当年新发展有线电视用户 5800 户。同时，为提高网络的传输质量，完善网络建设，投资 550 余万元，将原单一的电缆网络改造为光纤——电缆混合网络，该网于同年 7 月 1 日开通。改造后光缆总长 1100 余芯公里，光节点 39 个，机房的光纤芯数 196 芯。该有线电视网络成为全省地市州有线网络传输质量和可靠性最佳网络。2000 年，有线电视网络总长 2200 公里，其中光缆 156 公里，折合 1680 芯公里，干线电缆 150 公里，分配网络 1894 公里。2001 年，襄樊有线广播电视台投入巨资加快“数字襄樊”网建设步伐，将市有线电视网改造成为襄樊广播电视综合信息网，7 月底市区架设光缆约 200 公里，开通 60 个光节点，分别在市区陵园路计委、襄城环山路庞公建行、襄城新街市公安局、樊城解放路、中原路等十四个地段建立了 SDH 环网网点。数字信号覆盖党、政机关、金融、企事业单位。8 月底投入试运行阶段，完成了市区到枣阳、老河口、谷城、宜城、南漳的光缆线路敷设。12 月 25 日，实现县(市)电视联网，襄樊有线广播电视台两套自办节目传至我市所辖各县(区)。并实现市委、市政府、市人大、市政协等 11 个一级交换节点的联网和开展虚拟专网服务业务。当年底，襄樊有线电视网络总长 2445 公里，其中光缆 356 公里，折合 4662 芯公里，分配网络 2112 公里。2002 年，有线电视网络总长 3 004 公里，其中光缆 692 公里，干线电缆 286.06 公里、广播电视分配网络 2 212 公里。2003 年初，襄樊有线广播电视网络中心投资 1 500 万元，于 8 月建成襄樊广电宽带 IP 城域网。襄樊宽带 IP 城域网是一个电信级别的网络，是依照国际国内的规范、标准，选择先进可靠的通信设备，采用国际上成熟的网络设计模式和最新的组网技术而建设的。它支持众多用户的不同方式的接入。通过 MPLS 技术，不但能解决 IP 网服务质量保证，流量工程，还能提供虚拟专线、透明 VLAN 业务等一批增值应用，满足用户对信息传输安全性、实时性、宽频带、方便性的需要。2003 年 10 月，襄樊有线广播电视网络中心参与襄樊电子政务网工程建设的投标工作，通过竞争取得了襄樊电子政务网建设项目。自 1999 年起，襄樊有线广播电视网络中心先后投入近 3 000 万元资金，对市区有线电视网络实施改造工程。到 2004 年，主干线改造基本完成(线路入地 130 公里)，分配网、用户终端改造工程已完成 50%。2005 年 5 月，襄樊市电子政务基础网络基本建成，总投资 1 000 万元。中心机房设在市广电大楼，配置华为 Quidway S8016 路由交换机 1 台。在市区分布 12 个接入机房，配置华为 Quidway S8016 路由交换机 6 台、华为 Quidway S3026E 交换机 15 台，接入节点 12 个，与各单位的接入方式为租用裸光纤。襄樊市电子政务网接入单位共计 148 家，其中市直部门 137 家，县(市、区)政府和开发区管委会 11 家。2005 年，为确保网络传输质量，当年共投入 956 万元用于基础建设，全年新敷设各种型号光缆 131 000 米，电缆 86 442 米，钢绞线 51 129 米，新立杆 26 根；拆除各种光缆 7 435 米，电缆 3 576 米，钢绞线 22 35 米。当年新开通光节点 75 个，为提高幸福小区有线电视节目质量，投资 100 多万元对其已老化的网络进行了免费改造。

(4)产业经营：襄樊市区有线电视网络自 1993 年 4 月开始筹建到 1993 年 8 月开始向有线用户收取“收视维护管理费”，由襄樊市广播电视台负责经营。筹建初期，市有线电视工程建设，按照“取之于民，用之于民”的原则，采取“谁受益，谁负担”的有偿服务的方式，对要求进入有线电视系统的单位和用户，适当收取有线电视安装费和收视费。1993 年 1 月，有线电视台信号开通，用户 300 多户，最先入网的单位主要分布在襄城。1994 年，开始设立点歌台。1995 年，正式建台后开始设立广告栏目。2000 年，与市电信局 168 信息台联合开办《视频点播频道》。2002 年，底开通运营数字电视业务，数字电视具有模拟电视不可替代的优势，能提高频道的利用率；提高图像和声音的传输质量，呈现给用户更清晰的图像和逼真的声音；改变观众从被动收看到主动地、交互式地收看电视，满足观众个性化的需求。2003 年，开通互联网宽带业务。至 2004 年，总收入比 2003 年增加 32%，创历史新高，使总资产额达到 9 850 万元。有线电视收视费根据物价局文件批复为 1992 年 8 月 25 日起每月为 6 元；1994 年 8 月 1 日起每月每户为 8 元；1996 年 1 月 1 日起每月每户为 12 元；1996 年，襄樊有线广播电视台各项创收达 720 万元。其中广告(点歌)70 万；有线电视收视费 450 万元；有线电视安装费 200 万元。1998 年，市区有线电视用户达到 79 303 户，其中新安装 7 000 户。2000 年 9 月 27 日，襄樊有线广播电视台投资 30 万元购置值守、播出、制作设备，与市电信局 168 信息台联合开办《视频点播频道》。2000 年，全市有线电视用户 93 070 户，新增有线电视用户 4 066 户。2002 年，襄樊有线广播电视台分期投资 300 万元，按照技术方案 1 月完成系统前端平台的搭建，安装、调试并开始试运行，7 月完成数据广播系统的安装、调试；8 月条件接收系统(CA)进行安装调试，同年 12 月，完成用户管理系统的开发、调试，并开始数字电视的商业运营。至年底传输数字 24 套，发展数字电视用户近 1 200 户。2003 年，网台分离后，襄樊市区有线电视网络由襄樊有线广播电视网络中心具体负责经营。2003 年 8 月，襄樊有线广播电视网络中心投资 1 500 万元，建成襄樊广电宽带 IP 城域网。主要开展了互联网接入、多媒体服务、专线专网等数据业务。2004 年，襄樊广电宽带网在短短一年内，就以其鲜明的网络特色、网络质量和优质服务在市场中赢得了很好的口碑。2005 年，中心与中国有线电视网络有限公司签订合作协议，解决了宽带运营出口问题，提高了用户上网速度，广电宽带的品牌形象进一步树立，宽带用户已达到

3 135 户，比上年增加 100%，许多其他网络用户纷纷转向襄樊广电宽带网。截至 2005 年，市区有线电视用户已超过 13 万户，当年有线电视创收 2 497 万元，累计总资产超过 1 亿元。

（5）队伍管理与改革：1992 年 9 月，市广电局决定由襄樊电视台负责筹建襄樊有线电视台，筹建负责人为襄樊电视台党支部书记肖蓟，副台长戴延龄、姚永。1993 年 4 月 12 日市广电局成立襄樊有线电视台筹建领导小组。组长：魏儒雄；副组长：徐光忠、郑松涛。同时成立有线电视台筹建处，主任：宋其才；副主任：任明春、姚永。1993 年 4 月 21 日，襄樊有线电视台成立，为副县级事业单位，内部机构设一室四部，即：办公室、新闻部、专题部、技术部和工程部；人员编制为 40 人。截至 1994 年 12 月，到位 47 人。其中中共党员 14 人，共青团员 13 人，干部 41 人，工人 6 人。1995 年 4 月，襄樊有线电视台更名为襄樊有线广播电视台。1999 年 12 月，该台设 12 个部室，在编人员 89 人（其中采编人员 31 人，工程技术人员 39 人），新闻采编人员中初级职称 11 人，中级职称 13 人，高级职称 2 人；工程技术人员中，初级职称 15 人，中级职称 15 人，高级职称 2 人。聘用 18 人。2000 年 12 月 16 日，挂靠在襄樊有线电视台的襄樊广电网络传媒有限公司挂牌成立。2002 年 8 月 30 日，襄樊市委办公室批复同意襄樊有线广播电视台更名为襄樊有线广播电视网络中心。2002 年 12 月 30 日，襄樊市编委批复襄樊电视台与襄樊有线广播电视台整合。2003 年，经国家广播电影电视总局《关于同意襄樊电视台和襄樊有线广播电视台合并、调整节目频道设置的批复》批准，2003 年 1 月 3 日，襄樊电视台和襄樊有线广播电视台正式实施整合，襄樊有线广播电视台宣传职能与襄樊电视台合并为一个实体，襄樊有线广播电视台更名为襄樊有线广播电视网络中心，为市广播电视局管理的副县级事业单位，主要负责人：宋其才，负责人：王涛、任道林、朱跃红。内设行政管理部、计划财务部、基本业务部、扩展业务部、数据业务部、技术支持部、客户服务部 7 个部。原襄樊有线广播电视台从事宣传工作的 36 名在编人员划转到襄樊电视台工作，原有线广播电视台从事网络工作的 55 名在编人员转入襄樊有线广播电视网络中心。中心主要承担广播电视节目的传输和开展增值业务及拓展业务。2004 年，襄樊有线广播电视网络中心对内部所属机构进行了调整，新组建了客户服务中心、营业中心、数据业务部、数字电视发展部。新成立的客户服务中心，配备了 4 名专业技术人员，协调指挥内部业务部室对用户的投诉处理、监督其他部门服务情况、为客户（用户）答疑解惑。2005 年 5 月 28 日，韦玉忠任襄樊有线广播电视网络中心党委书记、主任。同年 11 月 30 日，市委宣传部发文，中心班子其他成员调整补充到位，其中王涛任党委副书记、副主任；任道林任副主任、纪委书记、党委委员；肖存昌任总经济师、党委委员；胡晓平任总工程师、党委委员。中心下设：行政管理部、人力资源部、计划财务部、广告部、数据业务部、技术支持部、用户管理部、客户服务部、营业部、市场策划部、网络工程部、规划设计部、数字电视发展部 13 个部门。

（6）有线网络管理：襄樊有线广播电视网络中心前身为襄樊有线广播电视台。1993 年，制定《机房管理制度》《襄樊市区有线电视施工管理暂行规定》；1994 年，制定《财务管理制度》《关于加强施工管理的补充规定》《关于加强网络维护管理工作的暂行规定》《节目室工作人员职责》《安全、保卫、卫生制度》。1995 年，襄樊有线广播电视台正式成立，相继出台一系列规范管理规章制度：《中共襄樊有线广播电视台党委工作制度》《襄樊有线广播电视台关于新闻宣传责任追究制度》《记者（编辑）外出采访规定》《襄樊有线广播电视台编辑记者培训制度》《襄樊有线广播电视台关于宣传计划及重要稿件送审规定》《襄樊有线广播电视台关于新闻宣传奖惩办法》《关于播音员、节目主持人的管理规定》《机房安全制度》《机房检修制度》《单位领导带班制》等。1996 年，为充分调动新闻工作人员积极性，进行探索性改革，制定《关于新闻部目标管理暂行办法》，对新闻实行了打分制，即基本任务工资、超额任务工资。1997 年，组织采、编、录制人员学习《中国新闻工作者职业道德标准》《关于禁止有偿新闻的若干规定》,制定《襄樊有线广播电视台新闻采访纪律 10 条》;对新闻宣传实行严格管理,严把进出口关。实行审稿审片制。对所有自办节目实行二审把关,即一审文字稿,二审成片,把好节目的入口关和出口关,所有文稿未经分管领导签字,一律不得进入制作程序,将问题和事故苗头挡在播出之前。实行敏感问题报告制,从 1997 年开始襄樊有线作出新的规定,凡遇重大事件、有争议的事件、重要的批评性报道和其他敏感问题,必须事先向有关领导报告。2003 年,网台分离后,襄樊有线广播电视网络中心主要承担广播电视节目的传输和开展增值业务及拓展业务。2005 年,襄樊有线广播电视网络中心实行全员量化考核,根据各个岗位的职责、任务,制定考核办法。对数据业务在考核中加进了所产生费用实行包干管理的内容;出台《重大网络故障处理流程》《故障上报制度》《宽带维护常见故障分析》《网站管理制度》《网站制作规范》《网站服务器故障处理办法》等规章制度;对网络工程部重点抓文明服务、规范服务,修订完善了"文明作业"规定。重点抓外包队管理;制定《宽带施工工作流程及规范要求》,明确相关部门的职责、服务时限。

襄樊有线广播电视网络中心建立以后,变媒体为服务单位。2005 年 7 月 1 日,中心着手建设综合业务管理系统和客户关系系统,系统建成后对中心的业务进行统一综合管理,进一步提高各项业务的服务质量。同年 7 月 15 日,市消委在襄樊有线广播电视网络中心设立消费者委员会联络站。由中心主任韦玉忠担任站长,客户服务部张明等 7 位工作人员担任成员。该站主要受理消费者投诉、开展保护消费者权益的宣传教育、引导群众合理消费,参与有关行政部门对商品和服务的监督、检查。对于中心收费价格执行情况、工程安装、客户服务等工作进行质量监督。同年 8 月 24 日,同工商银行襄樊市分行签订《委托代收协议》,系统建成启用后,广电宽带服务费、有线电视和数字电视视听维护费实现银行代收。同年 8 月 29 日,襄樊有线广播电视网络中心在襄樊市内各大媒体发布《标志有奖征集启事》,旨在发动社会力量参与中心视觉形象建设。征集活动共收到来自全国各地近 300 件作品。同年 9 月,襄樊有线广播电视网络中心与深圳知名公司合作,正式启动视觉形象导入工程。同年 9 月 8 日,《襄樊有线简报》创刊,旨在提升网络中心的管理水平,加强中心内部技术、经营、管理等方面的交流和沟通,给员工提供一个思考中心事业,为中心事业发展出谋献策的平台,同时也提供了一个加强对外交流的平台。同年 9 月 20 日,襄樊有线广播电视网络中心举行服务质量社会监督员聘请仪式,聘请的 20 名服务质量社会监督员和特约宣传员,分别为人大代表、政协委员、工商、物价、新闻媒体工作人员和用户代表。主要请他们不定期对有线网络中心的外勤人员、营业厅和客服热线等服务情况进行监督、检查,专为有线服务情况"挑刺"。同年 12 月 1 日,客户服务部开始受理广电宽带的业务咨询和用户投诉,广电宽带等业务实现在客户服务部统一集中受理,大大方便了用户,提高了服务质量。同年 12 月 8 日,襄樊有线的标志图形开始在国家工商总局商标局进行六大类的注册,由此表明襄樊有线的知识产权保护工作迈出了可喜的一步,也为以后的品牌形象建设和对外宣传打下了基础。

7.电视艺术家协会主要活动

1990 年,为纪念抗日名将张自忠将军,协会与市政协合作,拍摄了六集电视连续剧《张自忠将军》。摄像:张云亭等。1992 年 1 月 8 日,在全省首届"党的生活"栏目好专题好新闻评比中,会员杨敏等拍摄的专题片《老街情》获一等奖。1993 年 5 月,会员张洪斌采编的新闻《全国劳模刘文豹又承包 2000 撂荒地》获湖北新闻奖一等奖;同年 9 月,协会组织举办"93 襄樊小姐大赛",此次大赛共有 250 名选手报名,参赛人数之多,影响面之广,为本市同类活动之最。1994 年 4 月,会员张云亭等拍摄的《诸葛孔明》获湖北电视专题一等奖;同年 10 月,协会组织举办"94 年影视歌曲大赛",报名选手达 240 多人,比赛采取预赛、复赛、决赛的方式淘汰晋级,有 28 名选手进入决赛,最后决出十佳。1995 年 11 月,由协会选送,会员谢伦国拍摄的《襄江特曲》电视广告片,荣获中国广告协会"古汉杯"'95 中国广告大奖银奖,填补了湖北省多次在全国优秀广告作品参评中电视广告的空白,为湖北广告界争得了荣誉。1996 年 8 月，会员马新中拍摄制作的作文 TV《爱》获省电视台“五丰杯”作文电视评比一等奖。1997 年 11 月，由协会会员苑长青、曾红进拍摄的戏曲片《秦雪梅》在 1997 年中国电视戏曲展播评比中获三等奖。1998 年，会员孙随摄制的专题片《古丽剪纸艺术》在全国第 7 届少数民族题材电视艺术“骏马奖”评比中获专题、纪录片三等奖。会员龚新明拍摄的《鄢村剧团》获全国电视优秀节目二等奖，《皮影世家》获全国优秀电视节目三等奖。1999 年，会员郭江平等拍摄的《汉江踏歌》荣获中国民间文艺最高奖“山花奖”。会员龚新明拍摄的民间舞蹈系列短片《泥土芬芳》获全国 1999 年文艺专题二等奖。2000 年，会员龚新明编导拍摄的《诗情话意走谷城》在首届全国电视纪录片《中华荟萃》评选中获中国广播电视学会奖二等奖，该奖属广播电视系统最高级专家奖。2001 年 12 月 28—29 日，协会组织举办“2002 襄樊新年音乐会—大型交响合唱《东方红》”，音乐会由总政文工团交响乐团演出，振奋人心的交响合唱艺术成为市民辞旧迎新的精神大餐。会员龚新明编导拍摄的贫困学子《山里娃儿》电视专题片，荣获全国电视专题三等奖。2002 年 12 月 27—28 日，协会举办“2003 襄樊新年音乐会”，音乐会由中央歌剧院演出，经典高雅的演唱为襄樊广大电视观众带来了艺术享受。2003 年 7—8 月，协会组织并承办“全国第十一届青年歌手大奖赛襄樊赛区即长春杯襄樊青年歌手大奖赛”。同年 12 月 28 日，协会举办“2004 年新年音乐会”，音乐会由总政文工团交响乐团演出。2004 年 10 月，杨光泽等拍摄的《襄樊农业》栏目在中国电视艺术家协会农村电视委员会首届电视节目评比中被评为二等奖；同年 11 月，协会主办了“襄樊市首届戏曲电视大奖赛”、“襄樊市首届器乐（钢琴类）电视大奖赛”和“襄樊城市魅力大使”评选活动，发现了一批文艺新人，丰富了市民的文化生活。同年 12 月 28—29 日，协会先后在襄阳剧院和广电中心演播厅举办“2005 年新年音乐会”，音乐会由中央歌剧院演出。2005 年 8 月，协会成功举办“寻找抗战老兵”活动专题文艺晚会，活动主要负责人：胡继明、米闽、邹建华。同年 11 月，协会承办了第 12 届全国青年歌手电视大奖赛即襄樊市第 2 届青年歌手电视大赛。同时承办了“全国千万家食品安全知识竞赛”襄樊赛区初赛。

五、文学

（一）作家

20 世纪 50—60 年代，襄樊有以李德复、孙樵声、胡树国、阎俊杰为代表的短篇小说作家群。70 年代末至 80 年代初，襄樊的小说园地有李叔德、王伟举、张月斌、黄河清、叶宗佩、王琦、宋骥弘等文学新秀；襄樊诗坛也有李圣强、彭泉瀚、黄耀晖、彭广全、叶青、汪光房、金口哨、任金亭等一批青年歌者。原本是空白的寓言和小小说创作，更是异军突起，新人辈出，形成了在全国颇具影响的襄樊作家群。1978 前的 30 年，襄樊的作家队伍中，基本看不到女性的踪影。1978 后，襄樊出现王建琳、尚爱兰、张岩竹、艾子、杨惠玲、赵丽、杨晓琳、张梦云、罗会芸、不染之荷、晓梦、九夕、胡平、叶之秋、周春兰、何雯、张蕾等一批女作者。襄樊的中国作家协会会员和湖北省作家协会会员已有 70 多名，襄樊市作家协会会员已超过 300 名。活跃在网络上的文学爱好者，更是无法统计。2003 年 2 月 18 日，襄樊市作家协会创办中国寓言网。随后，这个网被中国寓言文学研究会确定为该会的门户网站。

（二）创作

改革开放以来，襄樊在小说、散文、诗歌、报告文学这几类作品上，出版的集子达 50 余部。襄樊藉军旅作家陈怀国，他的短篇小说《北纬 41 度线》获 1989—1990 年《解放军文艺》优秀奖，《疏勒河故道的赶驼人》获 1991 年《人民文学》优秀奖，《荒原》获第四届青年文学奖，《毛雪》获《人民文学》创刊 45 周年小说新人奖，《黄军装黄土地》获 1991—1992 年《昆仑》优秀小说奖，中篇小说《无岸的海》获 1991—1992 年《解放军文艺》优秀奖，报告文学《洞天风雪》获 1996 年全国五个一工程奖。同时还出版了长篇小说《遍地葵花》，短篇小说集《毛雪》、《黄军装黄土地》等。客居襄樊的作家王雄。他潜心研究襄樊地方文化和风俗，写出了长篇小说“汉水文化三部曲”：(《阴阳碑》、《传世古》和《金匮银楼》)。评论界称他为“汉水文化最忠实的守望者和耕耘者”。

襄樊的寓言创作和小小说创作从 20 世纪 80 年代开始起步到 90 年代末，已走在全国前列，成为襄樊文学的高光点。襄樊寓言作家群是全国最有影响的寓言作家群之一。凡夫先后出版 10 本寓言集，被选为中国寓言文学研究会副会长，并代表寓言界出席了中国作家协会第 6 届和第 7 届全国代表大会。他的《古利特和罗西》、《团结友善的乖乖兔》和《凡夫当代寓言》、《黄鼠狼的名声》、《100 个动物寓言故事》、《狐狸的神药》，先后获得两届冰心儿童图书奖和 1、2、3 届中国寓言文学“金骆驼奖”，先后有 4 篇作品选入中小学语文课本，成为中国当代寓言文学的重要作家之一。在这个群体中，吕华阳、汤礼春、王大春、王俊楚、晓梦都是当今寓坛比较活跃的中青年作家。王大春和晓梦的寓言还先后获得金江寓言文学奖。

襄樊的小小说创作阵容可观。除尹全生、邓耀华等在国内外小小说文坛颇具影响之外，又涌现出田德琳、左龙岗、杨文勇、黄朝忠等一批作者。尹全生名列“中国当代小小说风云人物榜·小小说星座”(中国作家协会创联部、《文艺报》等联合授予)、“当代小小说八大家”，其作品三次获得“全国优秀小小说奖”，一次获得中国民间文学“山花奖”，由出版社约稿出版五部小小说作品集。邓耀华的作品也多次在全国获奖。由这些作者为骨干组成的襄樊小小说作家群，成为全国小小说创作的重要群体。

襄樊的散文创作，新人迭出，佳作连连。席星荃先后在《散文》、《随笔》、《大公报》等报刊发表散文 190 余篇，作品入选十多个全国选本。他的散文集《记忆与游走》获得冰心散文奖。青年作家谢伦的长篇文化散文作品频频在《散文》《散文选刊》《中国作家》《长江文艺》《芳草》等大型刊物发表，并获得“长江文艺完美散文奖”。卢苇的文化散文，曾海水的经济散文，郑浩、唐家举的游记，陈文道的格言语体散文，牛宪刚的随笔体散文，蒲继刚的杂文体散文等，都已形成自己的特色。

王伟举继 20 世纪 90 年代出版报告文学集《飞旋的世界》《东方底特律之梦》《超越神话》以后，又推出长篇报告文学《世纪沧桑》和《汾清河的儿女们》。《汾清河的儿女们》获得徐迟报告文学奖和湖北省五个一工程提名奖。

1.小说

(1)长篇：《地下儿童团》，胡树国，湖北人民出版社，1980 年 5 月。《兵行诡道》，刘久和，长江文艺出版社，1985 年 11 月。《风流墨客》，李叔德，漓江出版社，1989 年 1 月。《心》，何志平，江西人民出版社，1990 年 1 月。《解放襄阳》，曾旭东，百花文艺出版社，1992 年 9 月。《灰骡记》，孟道正，长江文艺出版社，1992 年 12 月。《战襄阳》，韩希梁，广西民族出版社，1993 年 4 月。《疯狂的岁月》，马慰慈，广西民族出版社，1993 年 5 月。《遍地葵花》，陈怀国，北岳文艺出版社，1997 年 7 月。《滔滔汉江》，刘学仁，武汉出版社 1994 年 5 月。《阴阳碑》，王雄，中国青年出版社，1997 年 9 月。《黄土魂》，孟道正，长江文艺出版社，1997 年 11 月。《男钱》王雄，海风出版社，1998 年 1 月。《我的日记》，张梦云，中国社会出版社，1999 年 1 月。《东方圣母》，黄攀，作家出版社，2000 年 6 月。《梦泊古城》，罗会云，中国文联出版社，2000 年 6 月。《昏鸦》，刘晓武，中国文联出版社，2000 年 9 月。《永不原谅》，尚爱兰，花城出版社，2000 年 10 月。《狐星侠胆》，张慧君，中国文联出版社，2001 年 8 月。《传世古》，王雄，中国青年出版社，2002 年 1 月。《送你一束沙枣花》，邱保华，作家出版社，2002 年 11 月。《欲狂》，马正华，中国国际广播出版社，2002 年 12 月。《金融牧场》，陈子成，中国国际广播出版社，2002 年 12 月。《我是一片云》，王双梅，王金文，天马图书出版社，2003 年 5 月。《迷彩男女》，王可伟，珠江文艺出版社，2004 年 1 月。《玉魂》，刘久和，2004 年 12 月。《桃花源传奇》（上中下），张璞，中国文联出版社，2005 年 2 月。《风骚的唐白河》，王建琳，长江文艺出版社，2005 年 12 月。

（2）中篇小说：《血染的故事》，岩翁（汪崇仁），中国文联出版社，2003 年 3 月。

（3）短篇小说：《赔你一只金凤凰》，李叔德，长江文艺出版社，1984 年 12 月。《智擒黑风霸》，阎俊杰长江文艺出版社，1988 年 4 月。《花地》，王伟举，中国文联出版公司，1989 年。《浪漫故事》，邓耀华，香港文学图书有限公司，1992 年 1 月。《属于我的秋天》，李叔德，漓江出版社，1993 年 2 月。《失眠人自白》，李叔德，广西民族出版社，1993 年 3 月。《我想吻吻你的手》，李叔德，文化艺术出版社。1991 年 3 月。《怪胎》，尹全生，广西民族出版社，1993 年 3 月。《失眠人自白》，李叔德，广西民族出版社，1993 年 3 月。《山神》，尹全生，广西民族出版社，1996 年 8 月。《五花八门》，李叔德，中国文化艺术出版社，2002 年 12 月。《饮食男女》，李修平，作家出版社，2002 年 8 月。《上帝的喷嚏》，一冰，陕西旅游出版社，2001 年 8 月。《男人女人》，邓耀华，中国文联出版社，2004 年 6 月。《醉翁之意》，尹全生，中国文联出版社，2004 年 6 月。

2.散文集

《课外乱弹琴》熊万里，漓江出版社，1993 年 2 月。《少年别样的世界》，熊万里，漓江出版社，1993 年 2 月。《课外乱弹琴》，熊万里，漓江出版社，1993 年 2 月。《黑龙国里尽朝晖》，田秀生，广西民族出版社，1993 年 3 月。《母亲河》，石和平，广西民族出版社，1993 年 3 月。《紫薇雨》，石和平等，广西民族出版社，1993 年 7 月。《浮生独白》，李修平，华夏出版社，1996 年 6 月。《天风》，葛昌永，中国文联出版社，1999 年 9 月。《打开天窗》，蒋方舟，长江文艺出版社，1999 年 7 月。《正在发育》，蒋方舟，陕西师范大学出版社，2001 年 5 月。《永久的纪念》，陈延华，中国国际广播出版社，2000 年 8 月。《桃乡撷翠》，李明、赵凤选主编，中国文联出版社，2000 年 9 月。《正在发育》，蒋方舟，台湾高富国际文化公司，2001 年 11 月。《数字美人》，尚爱兰著，陕西师范大学出版社，2001 年 1 月。《爱书者说》，熊万里，中国戏剧出版社，2001 年 4 月。《畅寥廓》，葛昌永，中国文联出版社，2001 年 12 月。《地球村散墨》，郑浩，长城出版社，2002 年 2 月。《官迷》，熊万里，作家出版社，2002 年 2 月。《苍桑风景》，席星荃，长江文艺出版社，2002 年 4 月。《青春前期》，蒋方舟，人民文学出版社，2002 年 5 月。《都往我这儿看》，蒋方舟，春风文艺出版社，2002 年 10 月。《襄阳赤子吟》，朱道钰，中国县镇年鉴社，2003 年 12 月。《生活的秋千》，熊万里，中国广播电视出版社，2003 年 2 月。《黑龙国里尽朝晖》，田秀生，广西民族出版社，1993 年 3 月。《母亲河》，石和平，广西民族出版社，1993 年 3 月。《天风》，葛昌永，中国文联出版社，1999 年 9 月。《贾桥散文》，贾桥，中国文联出版社，2003 年 4 月。《秋夜听雨》，唐家举，中国文联出版社，2004 年 6 月。《遥远的汉堤》，孙俊，中国文联出版社，2004 年 6 月。《海天片羽》，李圣强，中国文联出版社，2004 年 7 月。《香馥楼》，程砚塘，中国文字艺术出版社，2004 年 7 月。《匆匆的邂逅》，秦慰，海潮出版社 2004 年 9 月。《家乡枣阳》（多文体合集）李明中国文联 2004 年 10 月。《邪童正史》蒋方舟天津人民出版社，2005 年 1 月。《高山放歌》，迎河子，中国国际广播出版社，2005 年 8 月。《文心墨缘》，周解民，珠海出版社，2005 年 9 月。《记忆与游走》，席星荃，百花出版社，2005 年 12 月。《大枣树》，李明，天马图书有限公司，2005 年 12 月。

3.诗集

《飘香的晨雾》,金口哨,农村读物出版社,1988 年 7 月。《蓝色的梦幻》,尚建国,长江文艺出版社,1988 年 9 月。《爱情岛》,宋明发,长江文艺出版社,1989 年 7 月。《梦裙》,文爱艺著,诗集,长江文艺出版社,1989 年 12 月。《夜夜秋雨》,文爱艺著,诗集,广西民族出版社,1991 年 11 月。《空门》,金口哨著,诗集,广西民族出版社,1993 年 3 月。《独坐爱情之外》,文爱艺,宁夏人民出版社,1994 年 5 月。《梦的岸边》,文爱艺,成都出版社,1994 年。《流逝在花朵里的记忆》,文爱艺,宁夏人民出版社,1994 年 5 月。《成群结队的梦》,文爱艺,四川人民出版社,1995 年 10 月。《来不及摇醒的美丽》,文爱艺,四川人民出版社,1995 年 10 月。《生命的花朵》,文爱艺,四川人民出版社,1995 年 10 月。《遥远的家园》谢冰凛,华夏出版社,1996 年 6 月。《文爱艺抒情诗集》,文爱艺,太白文艺出版社,1998 年 5 月。《文爱艺散文诗集》,文爱艺,太白文艺出版社,1998 年 5 月。《爱情诗集》,文爱艺,太白文艺出版社,1998 年 5 月。《白雪唤醒的纯洁》,文爱艺,中国文联出版社,1999 年 2 月。《断桥边的红莲》,文爱艺,中国文联出版社,1999 年 2 月。《追逐彩蝶》,文爱艺,中国文联出版社,1999 年 2 月。《一帘梦》,文爱艺,新疆青少年出版社,1999 年 3 月。《伴月星》,文爱艺,新疆青少年出版社,1999 年 3 月。《雪花的心情》,文爱艺,新疆青少年出版社,1999 年 3 月。《长满翅膀的月亮》,文爱艺,新疆青少年出版社,1999 年 3 月。《大地的风筝》,李圣强,中国文联出版社,2000 年 1 月。《黎明之约》,杨丽,中国文联出版社,2000 年 2 月。《我的灵魂是火焰》,文爱艺花城出版社,2001 年 7 月。《像心一样敞开的花朵》,文爱艺,花城出版社,2001 年 7 月。《云寺》,吴鄂东,天马图书有限公司,2001 年 9 月。《爱情诗集》,文爱艺,学林出版社,2002 年 3 月。《放飞心情》,刘正文,中国文联出版社,2002 年 4 月。《银笛短歌》,刘传国,中国文联出版社,2002 年 7 月。《流逝在花朵里》,文爱艺,宁夏出版社,2004 年 5 月。《鸟群飞临》,蔡嘉彬,中国文联出版社,2004 年 6 月。《雨花》,文爱艺,东方出版社,2005 年 1 月。《雨中花》,文爱艺,东方出版社,2005 年 1 月。《病玫瑰》,文爱艺,东方出版社,2005 年 1 月。《太阳花》,文爱艺,东方出版社,2005 年 1 月。《寂寞花》,文爱艺,东方出版社,2005 年 1 月。《爱我所爱》,任金亭,大众文艺出版社,2005 年 11 月。

4.报告文学集

《南街村见闻》,胡华斌,华夏文化出版社,1996 年 6 月。《洞天风雷》,陈怀国,中共中央学校出版社,1996 年 12 月。《黄继光》,韩希梁,长征出版社,1996 年 12 月。《东方底特律之梦》,王伟举,北京燕山出版社,1998 年 12 月。《征服恐怖的世界》,张天儒,文化艺术出版社,2004 年 1 月。《超越神话》,王伟举,作家出版社,2004 年 2 月。

5.传记文学集

《血染羊城》,胡树国,湖北人民出版社,1985 年 2 月;《超越者的艺术风采》,胡树国,中国卓越出版公司,1990 年 5 月。《白鳍豚中国古代科学大师传记》,四卷(《博学多才的沈括》《自强不息的蔡伦》《百折不挠的张衡》《不畏权贵的祖冲之》)刘希俊,湖北少年儿童出版社,2004 年 4 月。《邪童正史》,蒋方舟著,天津人民出版社,2005 年 1 月。

6.寓言集

《凡夫当代寓言》,凡夫,湖北人民出版社,1987 年 10 月。《100 个动物寓言故事》,凡夫,湖北少年儿童出版社,1995 年 4 月。《狐狸的神药》,凡夫、瞿光辉,安徽少年儿童出版社,1997 年 9 月。《摘掉金箍的孙悟空》,凡夫,未来出版社,1999 年 3 月。《黄鼠狼的名声》,凡夫,福建少年儿童出版社,1999 年 9 月。《知识寓言故事》,凡夫,农业出版社,2000 年 6 月第一版。《古利特和罗西》,凡夫,湖北少儿出版社,2002 年 1 月。《道教仙境武当山》,凡夫,湖北少年儿童出版社,2003 年 8 月。《天生的伙伴》,凡夫,湖北少年儿童出版社,2000 年 10 月。《我是动物》,蒋方舟,郑州大学出版社,2003 年 10 月。《猫的礼物》,凡夫,蓝天出版社,2005 年 1 月。《团结友善的乖乖兔》,凡夫,21 世纪出版社,2005 年 9 月。

7.故事集

《风流米芾》,陈文道,人民中国出版社,1990 年 1 月。《智慧之星诸葛亮》,陈文道,汉欣文化事业有限公司,1994 年。《山水诗人孟浩然》,陈文道,武汉大学出版社,1995 年 10 月。《山水诗人孟浩然》,陈文道,汉欣文化事业有限公司,1995 年 10 月。《中国琴坛故事》,陈文道,武汉大学出版社,1995 年 10 月。《动物探秘》,陈文道,湖北少年儿童出版社,1997 年 6 月。《中国谜语故事》,陈文道、陈童洁,青海人民出版社,1999 年。《白水掬浪》,李明,赵风选主编,中国文联出版社,2000 年 9 月。《智慧的声音》,陈文道著,华文出版社,2004 年 1 月。

8.文学评论集

《生活 冲动 构思》,黄河清,法律出版社,1989 年。《老舍幽默论》,刘诚言,广西民族出版社,1991 年 8 月。《名家写作技巧探析》,郭邦民,北师大出版社,1991 年 8 月。《艺苑索秘》,张元国,改革出版社,1991 年 12 月。《孟浩然诗集评注》,李怀福等,长江文艺出版社,1992 年 6 月。《中国当代襄樊文学气象》,李耀南等,广西民族出版社,1993 年 3 月。

(三)作家协会

1.组织机构

襄樊市作家协会第一届主席团

1989 年 4 月 17 日

主席:孙樵声

副主席(以姓氏笔画为序):卫士洪　王稼田　王伟举　李圣强　李叔德　刘久和　段明贵
胡树国　黄河清　龚正荣

秘书长:李圣强(兼)

襄樊市作家协会第二届席团

1986 年 5 月 23 日

名誉主席、名誉理事名单:

名誉主席:沈汉民

名誉理事:(按姓氏笔画为序)

王光远　米坤岳　李　钟　李厚义　李国儒　祝遵珩　高士楚　张克文
张发荣　张守熙

主席、副主席、秘书长名单:

主　席:孙樵声

副主席(以姓氏笔画为序):卫士洪　王稼田　王伟举　李圣强　李叔德　刘久和　段明贵
胡树国　黄河清　龚正荣

秘书长:黄耀晖

副秘书长:宋明发

常务理事名单:(按姓氏笔画为序)
卫士洪 王稼田 王伟举 包毅国 叶宗佩 孙樵声 刘久和 任金亭
吴鄂东 李圣强 陈吕新 陈文道 宋骥弘 张月斌 段明贵 胡树国
郭长明 阎俊杰 黄河清 黄耀辉 龚正荣 董治平 彭泉瀚 李叔德
郑 浩 李永光 宋明发
理事名单:(按姓氏笔画为序)
丁道生 卫士洪 王稼田 王伟举 王东升 王 琦 石安堂 叶宗佩
刘久和 刘诚言 刘 蒂 孙樵声 任金亭 包毅国 阎俊杰 陈文道
陈吕新 肖定佐 李圣强 李智忠 李永光 李 勇 李永朝 吴鄂东
宋骥弘 张月斌 段明贵 胡树国 黄河清 黄耀辉 郭长明 龚正荣
龚建民 彭泉瀚 彭广全 韩 霖 董治平
襄樊市作家协会第三届主席团
1994 年 10 月 8 日
名誉主席:孙樵声 邱 勇 袁军晶
顾 问:胡树国 刘久和 王光禹 李守仁 谭平杰
主 席:段明贵
常务副主席:李叔德
副主席(以姓氏笔画为序):王稼田 王伟举 李圣强 李耀南 张 军 郑 浩 黄河清
黄耀辉 龚正荣
秘书长:陈文道
副秘书长:王 雄 石和平
理 事:
(市区,以姓氏笔画为序)
王小根 王伟举 王建琳 王 雄 王稼田 尹全生 石安堂 石和平
叶 青 任金亭 刘诚言 刘建华 刘明璋 刘 蒂 李智忠 李叔德
李永光 李圣强 李耀楠 李宪国 陈文道 何志平 吴鄂东 宋明发
汪选龙 张 军 郑 浩 胡金洲 段明贵 徐光忠 黄耀辉 黄河清
龚正荣 程发义 曾照云 彭广全 蔡义德 蔡顺华 席星荃 崔新建
冯 臻
襄阳县:熊万里 汪光房 张元国
枣阳市:王 琦 宋定修 侯亚雄
随州市:刘永国 包毅国 李顺忠
宜城县:张富山 黄中晴 史发忠
南漳县:胡光鼎 汪大洪 刘晓武
保康县:李修平 郝敬东 杨维汉 汪法频
谷城县:陈 波 范明强
老河口市:叶宗佩 芦 苇 彭泉瀚 汤礼春
团体会员代表理事:
襄樊市邮电局 徐 明
襄樊市税务局 唐家举
襄樊市供电局 龚建民

中房地产开发股份有限公司 汪选龙
襄樊鼓商集团 梅晓英(女)
襄樊钢铁公司 杨仲朝
东风汽车贸易公司 侯彦华(女)
襄樊卷烟厂
东方化工厂 李进才
襄樊铁路分局 郭书桥
金鹏纺织集团 郭 炼
襄阳轴承集团 唐良元
襄樊市建设银行 冯跃春
解放军空军医院 刘海清
特邀代表:龚强华 陈襄波 邹演存 陈吉祥 贾云秋 赵夫如
襄樊市作家协会第四届主席团
2001 年 4 月 27 日
名誉主席:王树华 李耀南
主 席:段明贵
副主席:(以姓氏笔画为序)王伟举 尹全生 陈文道 李圣强 李叔德 李修平 郑浩 黄河清 葛昌永
秘书长:陈文道(兼)
副秘密长:詹昌忠、杨学耕
理事会:

王琦 王伟举 尹全生 邓家顺 邓耀华 叶宗佩 田德林 刘蒂 刘海清 刘晓武
陈文道 宋明发 李圣强 李叔德 李修平 李宪国 张三元 张天儒 张富山 罗会芸
郑浩 杨学耕 段明贵 席星荃 黄河清 詹昌忠 谢德瑛

襄樊市作家协会第五届主席团
2006 年 12 月 26 日
主 席:段明贵
副主席(以姓氏笔画为序):王伟举 尹全生 李圣强 李修平 陈文道 郑 浩 席星荃 黄河清 曾海水
(后增补:唐家举、詹昌忠、谢伦、王建琳)
秘书长:陈文道(兼)
(后改为谢伦 兼)
副秘书长:张雅萍、王大春
理事名单(37 人)
(以姓氏笔画为序)

王伟举 王建琳(女) 尹全生 文爱艺 甘 泉
邓家顺 邓耀华 田德琳(保康) 叶华程(谷城)
李圣强 李修平(保康) 宋明发 刘 阳(襄阳)
刘海清 任金亭(襄城) 陈文道 芦 苇(老河口) 张 璞(宜城)
张永化(老河口) 李 明(枣阳) 郑 浩 周才彬(保康) 杨学耕 项 琼(女)
席星荃 段明贵 徐光忠 唐家举 黄河清 黄中晴(女,宜城)

崔新建 曾海水 谢 伦 谢德英(女,襄阳) 彭广全
彭泉瀚(老河口) 詹昌忠

2.重要活动

襄樊市作家协会每年都要以不同形式形式,举办创作笔会和作品研究会,并采取送出去学和请进来教的办法, 帮助作者提高创作水平和综合素养。《汉水》、《襄阳文艺》、《野花谷》、《谷风》、《鄂西北文学》、《沧浪》等文学刊物,每年都要刊发数以千计的各类文学作品。襄樊市"孟浩然文艺奖"、老河口市"光未然文学奖"和宜城市"宋玉文学奖"的设立和评选,成为催生新人新作的重要举措。1980 年 9 月,《襄樊文艺》更名为《汉水》。由襄樊市文化馆主办。1984 年 10 月,经湖北省委宣传部批准,湖北省出版局发给《汉水》杂志刊号:235 号,向全国公开发行。由襄樊市文联主办。1984 年 11 月,省市文联联合主办"襄阳孟浩然诗会",出席诗会的有来自全国各地及襄樊市的著名诗人和十余家文学期刊的编辑共 60 余人。1986 年事 9 月,市作家协会、《汉水》杂志联合举办"改革大潮中的襄樊"报告文学征文活动,1987 年 3 月,从征文中评出优秀作品 10 篇,集中在《汉水》杂志发表,受到省市委宣传部和广大读者的好评。1986 年 10 月,中国作协副主席张光年和文化部原副部长陈荒煤回故乡访问,并与襄樊市作者一起座谈。1987 年 9 月 7—10 日,襄樊市作协、《汉水》杂志联系在宜城举办"襄樊文学创作研讨会",作家、文学理论家 30 多人参加讨论。同年 11 月,由襄樊市作协、《汉水》杂志邀请知名青年作家邓刚、赵本夫、刘兆林、朱苏进、王蓬到襄樊进行为期一周的讲学活动。1988 年 3 月 12 日,《汉水》杂志经国家新闻出版总署批准,颁发国内统一刊号:CN42—1122 号,国内外公开发行。1995 年,举办全国笑话大赛,《汉水》杂志辟笑话专号,全国 13 家新闻单位到樊采访报道。同年,李圣强的诗《我是震动棒》《地震》收入《湖北新时期文学大系诗歌卷》,《半店风情》收入《新中国 50 年诗选》。1996 年,市作协与中国寓言文学研究会、《襄樊日报》联合举办"全国寓言百家征文",10 余个省市的作家参加。《襄樊日报》辟专版连续刊载。1997 年,《长江文艺》、《芳草》杂志联合在保康举办笔会。保康文学"山林支队"声名鹊起。同年至 1998 年,市作协举办"春泉杯"襄樊作者新作大展,《襄樊日报》辟专栏连载,《人民文学》、《散文》、《长江文艺》编辑到襄樊指导。1998 年,中国寓言文学研究会举办凡夫寓言研讨会,全国近 20 个省、市、区的寓言作家和评论家参加。中国寓言文学研究会在襄樊举办年会和代表大会,凡夫当选为中国寓言文学研究会副会长。同年,《上海故事》举办隆中笔会,发表了一批襄樊作者的作品。同年至 1999 年,市作协举办"鹿鸣岛花园杯文学大赛",评出了 20 篇获奖作品。1999 年,凡夫获"襄樊市德艺双馨文艺工作者"称号。同年,《上海故事》再次在襄樊举办笔会,发表尹全生两部中篇故事。2000 年端午节,市作协与市文联组织文学艺术家到荆州市采访。同年中秋节,荆州市文学艺术家到襄樊回访。1995—2000 年间,先后举办葛昌永散文研讨会、尹全生小小说研讨会、胡金洲小小说研讨会、李叔德文学作品研讨会、李修平散文研讨会、王雄长篇小说研讨会、王伟举报告文学研讨会、唐家举散文研讨会。

2001 年 11 月,凡夫当选为湖北省作家协会副主席。同年 12 月,凡夫参加中国作家协会第 6 次全国代表大会,成为襄樊市首位参加全国作代会的作家。2002 年,市作协与《襄樊广播电视报》联合推出"文学社团之窗",每期集中介绍一个文学社团,并由本市作家与青年作者见面,介绍创作知识,交流创作体会。同年,汤礼春被美国《东方》杂志聘为"东方幽默"专栏作家。2003 年 2 月 18 日,市作协创办中国寓言网,随后,这个网被中国寓言文学研究会确定为该会的门户网站。到 2005 年底,总点击率已接近 800 万,来自全国 29 个省(市、区)和海外的注册会员已达 4000 多人。同年 5 月,市作协与省作协在武汉联合党举办席星荃散文研讨会。同年秋,举办朱道珏作品研讨会。同年,在襄阳区黄集林场举办小说笔会,特邀山西省作家协会副主席张石山、深圳特区文学副主编曾培新、长江文艺副编审刘维佳、芳草杂志副主编刘宝玲为作者授课,进行面对面交流。同时,举行挂牌仪式,黄集林场成为市作协

第一个文学创作基地。

2004 年夏，市作协举办陈文道十卷本幽默套书及“文学与市场”研讨会。同年冬，省作协在南漳县财苑宾馆建立湖北省少儿创作基地，并举办首次全省少儿文学研讨会。同年，凡夫寓言《云雀明白了》收入香港现代教育研究社编辑出版的《现代中国语文》课本小学四年级上第 1 册；经全国中小学教材委员会 2004 年初审通过，凡夫寓言《瘸蝉》收入河北教育出版社义务教育课程标准教科书《语文》五年级下册，寓言《快乐》收入人民教育出版社《普通高中课程标准教科书〈语文〉》第 4 册，寓言《狮子和兔子》收入北京师范大学出版社小学课程标准教科书语文课本二年级下册。2005 年 2 月 25—26 日，凡夫作为中国代表团团长，率团参加在韩国举办的“东亚国际寓言研讨会”。在大会上作《寓言对当代管理的启迪》的发言，并回答中、日、韩国学者的提问。同年 3 月，李叔德的《浩然之风》和王建琳的《风骚的唐白河》成为省作协重点扶持作品。同年 5 月 20 日，市作协召开第四届理事（扩大）会。会议提出“齐心营建文化生态，合力打造文学襄军”的口号。同年 6 月，尹全生的小说《朋友，你到过黄河吗》，入选海南省高考统一测试模拟试题。同年 7 月 8 日，市作协召开李圣强作品研讨会。同年 7 月 15 日，襄樊市作协寓言文学研究会成立。王大春当选为会长。同年 8 月 16 日，市作协举办小说创作讲座，邀请武大教授陈美兰、长江文艺出版社副社长王汉广讲析当前小说创作态势。同年 9 月，张传华长篇小说《热血忠魂》由中共党史出版社出版，并被选入中共中央宣传部、国家新闻出版总署确定的纪念中国人民抗日战争暨世界反法西斯战争胜利 60 周年 100 部重点图书。同月，《故事会》在襄樊举办笔会。同年 10 月，席星荃散文集《苍桑风景》、郑浩散文集《地球村散墨》、李修平中短篇小说集《饮食男女》、卢苇散文《白水河漫笔》、田德琳小小说集《钟声》、张元国小小说《鼠戏》、文爱艺诗集《我的灵魂是火焰》七部文学作品，获“孟浩然奖”。

附录：1979—2005 年襄樊作家获奖作品

1995 年，李叔德中篇小说《生死套》获中国作家协会主办“世界反法西斯暨抗日战争胜利 50 周年文学作品征文大赛奖。同年，尹全生短篇小说《延安旧事》获路遥文学三等奖，《种子》获《文学港》杂志举办的文学大赛一等奖。1996 年，葛昌永散文《听月》《天风》获全国报刊副刊作品三等奖。1982 年，李叔德短篇小说《赔你一只金凤凰》获全国优秀小说奖。1985 年，王建琳短篇小说《好一只出头鸟》获《芳草》杂志优秀作品奖。1988 年，凡夫寓言《张果老选马》获中国寓言文学基金会 1988 年寓言文学创作奖。1992 年，席星荃散文《拾穗少年》获全国语文教师征文大赛一等奖。《母亲的歌声》获全国“心系中华”神州杯诗文大赛散文优秀奖。1994 年，凡夫寓言集《凡夫当代寓言》获中国寓言文学研究会首届“金骆驼奖”创作三等奖。寓言《一群人和一群猴》获首届（1992—1993）“金江寓言文学奖”。1996 年，凡夫寓言《蚂蚁和玻璃杯》获第二届“金江寓言文学奖”。1996 年，凡夫寓言《急转弯》获中国寓言文学研究会《寓言百家》征文二等奖。1997 年，席星荃散文《野菜》获《湖北日报》社“塔菲克杯”全国散文征文三等奖。1998 年，凡夫寓言集《100 个动物寓言故事》获中国寓言文学研究会第二届“金骆驼奖”创作一等奖。1998 年，凡夫寓言集《狐狸的神药》（与瞿光辉合集）获中国寓言文学研究会第二届“金骆驼奖”创作优秀奖；同年获第 2 届安徽图书奖三等奖。2000 年，葛昌永散文《左公柳》获《人民日报》征文奖。席星荃散文《马与英雄》获《散文天地》全国精品散文大赛二等奖（一等奖空缺）。尹全生小小说《借条》获全国 2000—2001 年度最佳作品奖（《小小说选刊》《百花园》组织）。2001 年，葛昌永、席星荃双获《长江文艺》完美散文随笔奖。尹全生故事《说大话》获《故事会》2001 年度优秀作品奖。2002 年，凡夫《黄鼠狼的名声》获第三届“金骆驼奖”创作一等奖，第五届全国优秀少儿图书奖三等奖，“冰心儿童图书奖”。同年 4 月 18—23 日，中国作协、《文艺报》、《小小说选刊》在北京联合召开“中国当代小小说 20 年庆典及理论研究会”，尹全生荣获“小小说星座”奖。同年，王大春《千里马的悲哀》获第 5 届“金江寓言文学奖”。席星荃散文《长风千年江湖老》获 2001 年度《长江文艺》散文随笔奖。尹全生小小说《第六病室》获“新世纪幽默微型小说全国征文大奖赛”二等奖（《微型小说选刊组织》）。故事《这个赌局有点怪》,获《故事会》举办的“光固杯”优秀作品一等奖。故事《通阴电话》获《故事会》2002 年度优秀作品大奖赛百姓话题一等奖。葛昌永散文《夜渡巫江》获《人民日报》“长城杯·新游记”征文二等奖。2003 年,席星荃散文《沉沦与上升》获全国第 2 届教师美文评比一等奖。尹全生小小说《知足之足》,获首届“全国微型小说年度奖”二等奖(中国微型小说主办)。2004 年 2 月,尹全生小小说《诡辩》,获第 2 届“全国微型小说年度奖”三等奖(中国微型小说主办),小小说《高手》,获《短小说》举办的“古运河“杯全国短小说征文大赛三等奖;4 月,小小说《日氏家谱》获“新世纪哲理微型小说全国征文大奖赛”二等奖(《微型小说选刊组织》)。席星荃散文《如梦的游走》获首届黄河口杯文学征文大赛纪实文学优秀奖(《中国作家》等组织),散文集《沧桑风景》获第 2 届湖北文学奖提名奖。2005 年 1 月,尹全生小小说《世仇》获第二届“全国小小说金奖大赛”二等奖(《小小说选刊》组织),4 月,小小说《传教》,获“新世纪推理微型小说全国征文大奖赛”二等奖(《微型小说选刊》组织,一等奖空缺)。7 月,尹全生的《逃兵》、汤礼春的《苦涩的寻找》获中国微型小说学会主办的第 3 届(2004 年度)全国微型小说年度评选中获三等奖。同年,凡夫寓言《运气》获 “全国安徒生杯儿童文学大赛奖”寓言组一等奖。

六、艺术

(一)戏剧

1.剧种

襄樊辖境的戏剧种类,主要有曲剧、豫剧、花鼓剧、京剧、歌舞剧等。曲剧,俗称高台曲。演唱形式简单、活泼,曲调流畅优美,词句通俗易懂。音乐伴奏以大弦为主。豫剧,又称河南梆子。由河南传入,具有浓厚的乡土气息。唱腔丰富,表情细腻,优美动听,深得民众喜爱。花鼓戏,演唱形式独特,一人主唱,众人帮腔。以锣鼓伴奏为主。京剧是国粹,比上述剧种高雅。1920 年前后传入襄樊,成为人们接受高雅艺术享受的剧种。歌舞剧同京剧一样,主要在城镇演出,为文化人所喜爱。

2.剧目

1979—2005 年,襄樊戏剧演出剧目繁多,丰富了市民的文化生活。1979 年,南漳曲剧团上演曲剧《结婚之后》,湖北省电视台录像播放。1981 年,枣阳曲剧团上演《装箱》(片段)、《老幺进城》等,均在省获奖。谷城县曲剧团上演的曲剧《揪心的喜事》,获省创作节目二等奖。1996 年,枣阳曲剧团演出《刘秀还乡》,获全国“五个一工程”奖。2001 年 12 月,又在湖北省首届优秀剧目展播中获展演奖。2004 年,《桃花魂》获省优秀新剧本奖。1981 年,随县花鼓剧团上演《赵五娘吃糠》、1982 年上演《翠兰卖猪》、1984 年上演《大鹏歌》,以及 1985 年宜城花鼓剧团上演《一品香》,均在湖北省戏剧汇演中获奖。2003—2004 年,宜城艺术团的襄阳花鼓戏《宋玉传奇》在湖北省第七届新人新作展演中,获演出、编剧、导演、音乐奖。1979 年,市豫剧团上演剧目有《刘三姐》《花木兰》《谢瑶环》《假婿乘龙》等传统剧目和《朝阳沟》等现代剧目。1984 年,上演了《七品芝麻官》,老河口豫剧团上演《文帝杀舅》。1985 年,襄阳县豫剧团上演传统戏《秦雪梅》。2000 年,市实验豫剧团新剧目《小小露水官》修改复排,2001 年,进京汇报演出。2003 年,豫剧《孔明村的活宝》在省第七届新人新作展演中获奖。2005 年 2 月,襄阳区豫剧团创作的《山野秀才》,入选湖北省精品工程重点剧目。同年 7 月,豫剧《尧治河的神话》上演。

京剧剧目,1979 年上演了《三顾茅庐》,1981 年上演了《瓜园斗敌》《卧虎沟》,1988 年上演了《闹天宫》、《八大锤》。2003 年,上演《襄阳米颠》,在 2004 年第四届中国京剧艺术节上获银奖头名及优秀编剧、优秀舞美设计、优秀表演等 5 个单项奖。

3.剧团

(1)京剧团:襄樊市京剧团成立于 1951 年。当时在樊城有一部分京剧艺人、票友组织成立业余京剧社,并排演《闯王进京》等剧目。1951 年初,襄阳专署拨粮 250 公斤以补助艺人的形式,组织学习、排戏。经过几个月的准备,于 1951 年 6 月 5 日成立襄樊市京剧团,演职员 30 余人,由原业余京剧社社长王实安任团长,在襄樊市文化馆领导下进行活动,经费自负盈亏。1953 年,由襄樊市政府拨小米 1 万公斤和以半年演出不发演员工资的积蓄,在樊城建起一座可容千人的剧场,挖掘演出数十个传统剧目。其中《三娘教子》、《芦花荡》两剧获 1956 年湖北省首届戏曲观摩演出二等奖。同年,成立中共襄樊京剧团党支部,谢国勋任书记兼团长。全团演职员发展到 70 余人,年演出约 300 多场。1972 年,该团改名为襄樊市毛泽东思想宣传队。翌年,恢复为襄樊市京剧团。先后演出了现代京剧《沙家浜》、《智取威虎山》、《平原作战》等样板戏。1979—2005 年,历任团长有戈乃中、彭泉龙、余克坚。

(2)演出情况:1977 年后,京剧团恢复传统剧目的演出,演出了大量的传统剧目,受到了广泛的好评。移植改编的京剧《雷锋的童年》连续演出超百场,受到了市文化局的表彰。1979 年,创作演出的《三顾茅庐》获省戏曲巡回观摩演出奖和省青年戏剧竞赛表演二等奖、配角三等奖。1988 年,演出的《闹天宫》、《八大锤》分别在省中青年演员戏剧竞赛中获银奖和铜奖。2003 年,剧团新编大型古装京剧《襄阳米颠》入选全省舞台艺术精品工程重点剧目。2004 年,该剧在第四届中国京剧艺术节上一举荣获优秀剧目奖(银奖)第 1 名和“优秀编剧奖”、“优秀舞美设计奖”、“优秀表演奖”等 5 个单项奖的优异成绩。2005 年,受文化部和解放军总政的邀请,该剧进京演出,并通过中央电视台面向全国直播。同年,襄樊市京剧团获人事部、文化厅颁发“全国文化工作先进集体”荣誉称号。

4.豫剧

(1)豫剧团:襄樊市豫剧院的前身是襄樊市曲剧团,1972 年,改为襄樊市豫剧团。1983 年,引进著名豫剧丑角表演艺术家牛得草到团工作并担任团长,改为襄樊市实验豫剧团。2001 年,经襄樊市人民政府批准,与原光明电影院合并,成立襄樊市豫剧院。2000 年,剧院向社会引资 100 多万元,建成 600 平方米小剧场,排练厅、办公楼、教学楼大为改观。1997—2005 年,剧院与湖北省艺术学校合办了 3 个戏剧班,培养了 170 多名学生,既为中国音乐学院、上海戏剧学院、武汉音乐学院等高等院校和部队输送了人才,同时也解决了剧团人才青黄不接问题。历任院(团)长的有张义良、牛得草、朱璋元、张格敏、雷剑朝。

(2)演出情况:襄樊豫剧团先后创作演出《旅客之家》、《七品芝麻官传奇》、《好人童淑英》、《小小露水官》、《孔明村的活宝》、《尧治河的神话》、《心灵的选择》等 60 多台剧目。早在 20 世纪 50 年代,老艺术家宋丽珍、魏仁兰曾在北京中南海演出,受到了周恩来、朱德、董必武、林伯渠、李先念等国家领导人的亲切接见。1984 年,牛得草担任团长期间,率团赴上海等地巡回演出,在全国引起轰动。1979—2005 年,剧院先后创作演出 36 台大戏、8 台小戏和小品,在各项比赛中荣获全国性奖励 8 项、全省性奖励 41 项、市级奖励 30 多项。先后 12 次走进河南电视台《梨园春》栏目。剧院优秀中青年演员雷剑朝、李华、陈保君、王会、刘丽霞、宋彬、陈亚萍、车顺红等先后荣获中国戏剧红梅奖、中国常香玉杯艺术奖、湖北省创作剧目大赛奖、中国豫剧名丑奖、湖北省牡丹花奖、湖北省首届地方戏比赛奖等项奖。

剧院坚持开展上山下乡巡回演出活动，年均演出 300 多场。1996—2001 年，连续 6 年被省文化厅表彰为“全省上山下乡巡回演出先进单位”；1998 年，被省人事厅、文化厅联合授予“湖北省文化先进集体”荣誉称号；1999 年，被省委宣传部命名为“全省送戏下乡示范剧团”；2001 年，又被省文化厅表彰为“全省十佳剧团”之首。中央电视台、《人民日报》、《光明日报》、《中国文化报》等 20 多家新闻媒体报道剧院事迹，中央电视台《焦点访谈》栏目和《乡约》栏目报道了剧院送戏下乡演出盛况。

5.歌舞剧

(1)襄樊市歌舞剧团:襄樊市歌舞剧团前身为襄阳地区文工团、襄樊市文工团，分别成立于 1958 年 12 月和 1970 年 7 月。1984 年合并，更名为襄樊市歌舞剧团，牵头人杜遵义、胡德明。1989 年 9 月，经中共襄樊市委常委会研究决定，襄樊市歌舞剧团党政正职享受副县级待遇。剧团系从事歌剧、舞剧、话剧、曲艺等舞台艺术表演的全民所有制事业单位，职能科室 7 个，单位人员编制 120 人。2005 年，有正高技术职称 4 人，副高技术职称 25 人，中级技术职称 29 人，初级技术职称 26 人。有价值 30 余万元的舞台音响设备和 4 间 860 平方米的练功排练场地。交通运输车辆 4 台，各类演出服装千余件(套)。1979—2005 年历任团长有贾云秋、曲明英、胡德明、刘建华。

(2)演出情况:襄樊市歌舞剧团服务方向是立足市区、服务农村、面向全国演出。曾代表襄樊市赴日本进行文化交流演出，并受文化部和湖北省人民政府派遣赴香港演出，每年演出场次均在 230 场以上。1992 年，创作演出的音乐诗剧《洪湖的女儿》晋京演出，获中宣部“五个一工程奖”，获文化部“优秀剧目文华奖”“文华表演奖”“文华舞美设计奖”、“超百场演出奖”以及湖北省文化厅“屈原文学创作奖”。创作的学校剧《断把的拖把》获文化部“奋发奖”。创作并表演的河南坠子《酒楼会》获文化部曲艺最高奖“牡丹奖”。创作的《盲盲盲》等舞蹈作品，在新加坡举办的“胡姬花”亚洲地区音乐舞蹈大赛中获“创作金奖”“表演大奖”。演奏的钢琴曲《皮黄》，在香港举办的亚洲钢琴公开赛中获中国作品高级组“一等奖”等。2005 年 8 月，在湖北省文化厅主办的第一届全省文化系统艺术院校中青年专业教师技能大赛中，胡栓栓、陈鹤、马亮获声乐、器乐、舞蹈二等奖；朱心刚、刘一、龚禹获舞蹈三等奖；秦小芳、薛献忠、叶姗、张玉慧获声乐、器乐、戏剧影视优秀奖。此次大赛，襄樊市获奖数仅次于湖北艺术职业技术学院，位于全省各地市州之首。在湖北省文化厅举办的第五届音乐舞蹈曲艺新人新作比赛中，市歌舞剧团获 10 项奖励。刘 、白金锋、高洋创作的二人舞《遥遥返城路》，获一等奖；武保健创作的《太阳升起的手》，获声乐一等奖；樊冲、李柯创作的声乐《失乐缘》，获三等奖。秦小芳获编钟表演奖声乐二等奖；程季、胡栓栓、宋婉丽、杨思思、吴芳等，获声乐三等奖；刘一、李佩的双人舞，获获舞蹈二等奖；薛献忠获器乐二等奖；张玉慧得河南坠子，获曲艺三等奖。

6.县(市)区剧团

1985 年，襄樊有专业剧团 12 个，其中市直 3 个，县(市)9 个，演职人员 900 人。有剧场 9 个。1988 年，全市专业剧团 10 个，其中市直 3 个。歌舞团 1 个，京剧团 1 个，花鼓剧团 1 个，豫剧团 4 个，曲剧团 3 个。演职人员 735 人，年演出 2014 场。10 月，襄阳县豫剧团李喜华演出《秦雪梅·吊孝》，获全国豫剧团青年演员最佳“金牌奖”。1990 年 10 月，襄阳县豫剧团进京角逐中国戏剧第八届梅花奖，李喜华荣获“梅花奖”。1993 年，全市剧团 12 个，市直 3 个，县(市)区 9 个。演职人员 609 人，其中市直剧团 235 人。1995 年 3 月，枣阳曲剧团晋京演出《刘秀还乡》。次年 5 月，获文化部颁发的“文华新剧目奖”。宜城市剧团创作表演的花鼓戏《宋玉传奇》和音乐舞蹈《荡气回肠——车马坑》等一批优秀剧目多次在省参赛并获奖。谷城县曲剧团自 1995 年起，连续荣获全省送戏下乡先进单位称号。传统舞蹈《高公戏神》获国家民委表彰；现代剧《竹乡情》在全省汇演中夺得七项大奖。襄阳县豫剧团演出的现代豫剧

《山野秀才》被评为“2004 年度湖北省舞台艺术精品工程”备选剧目，2005 年全年演出 248 场，并入选为“省精品剧目”，成为全省三台“精品剧目”之一。

7.襄樊市戏剧家协会

（1）机构：襄樊市戏剧家协会成立于 1983 年 4 月，经 5 次换届，有 339 名会员。其中国家级会员 11 人，省级会员 113 人，市级会员 215 人。1983 年 4 月，召开第 1 届会员代表大会暨 1 届 1 次理事会。会议选举胡树国为主席，阎俊杰、胡德明、汪爱芝、陈吉祥、李喜华为副主席。1988 年 4 月，召开第 2 届会员代表大会暨 2 届 1 次理事会。会议选举彭泉龙为主席，阎俊杰、李喜华、胡德明、汪爱枝、刘建华、李永光、吴鄂东、刘永田为副主席。刘永田兼任秘书长。1994 年 4 月召开第 3 届会员代表大会暨 3 届 1 次理事会。会议选举彭泉龙为主席，刘建华、李喜华、彭广全、刘永田、董治平、李永光、吴鄂东、杜忠道为副主席，杜忠道兼任秘书长。2001 年 4 月，召开第 4 届会员代表大会暨 4 届 1 次理事会。会议选举彭广全为主席，刘建华、杜忠道、李永光、余克坚、雷剑朝、王瑞国、肖道德、苏鹏程为副主席，肖道德兼任秘书长。

（2）取得的成果：自 1996 年《刘秀还乡》获“五个一工程奖”和“文华奖”后，大戏《小小露水官》《疙瘩儿厂长》《乔站长回乡》《桃花魂》《虞姬恨》《模范村的新娘》，小品《命若琴弦》《割肉还母》又获湖北省“新剧本”奖。京剧《襄阳米颠》在“中国京剧艺术节”上获银奖和 5 个单项奖；大型现代戏《孔明鼓的传人》在“全国戏剧文学评奖”中获得银奖；大型现代戏《寒梅》《尧治河的神话》在“全国戏剧文学评奖”中获铜奖，剧本均由由中国戏剧出版社出版发行；儿童剧《爸爸不是好孩子》在中国剧协《剧本》发表并获奖。坠子《傻大夯应考记》获文化部“群星奖”和省文化厅“楚天群星奖”；大戏《宋玉悲歌》《山野秀才》在省地方戏汇演中获一等奖。自李喜华 1991 年荣获第 8 届“中国戏剧梅花奖”后，她还获得豫剧十大名旦金奖，雷剑朝获得豫剧十大名丑铜奖。陈亚萍获全国“红梅”戏曲大赛银奖，并与王会双双获得中国“常香玉杯”奖。此外，市剧协会员袁本群、高建国、盖国宪、李华、张秀媛、樊蓉、张燕鹂、车顺红、陈亚萍、王会、刘丽霞、宋彬、罗松敏 13 人获得湖北戏剧“牡丹花奖”。市剧协组织专业剧团主动拓展演出市场，活跃城乡文艺舞台，取得社会效益和经济效益的双丰收。还有几十篇论文在国家级和省级刊物上发表。并将研究成果用于艺术实践，抢救了即将灭亡的襄阳花鼓戏剧种，进而将宜城市艺术团正式更名为襄樊市襄阳花鼓戏剧团。

（二）音乐、舞蹈、曲艺

1.音乐

（1）群众性音乐活动：1979 年，襄樊市文化局组织人力，对民间乐曲进行搜集整理，出版《襄樊民间歌曲选集》、《襄樊民间乐曲选集》共 4 集。1982 年，襄阳地区文化局组织编写《中国民歌集成·襄阳地区分卷》，收录民歌近千首。1987 年，编辑出版《襄樊市戏曲资料汇编》一书。

（2）音乐家协会：1979—1985 年，主席贾云秋，秘书长施裕芬。1986—1997 年，主席施裕芬。秘书长刘文岑。1998—2002 年，主席施裕芬，秘书长杨秋仪。2003—2005 年，主席校毅之，副主席李大庆、吴敏、武保建、孟襄南、毛凯、杨秋仪、李良伟、王刚强，秘书长杨秋仪兼。主要活动一是音乐理论研究。

2001—2005 年，襄樊市音乐家协组织多次音乐创作笔会、音乐理论研究会。在音乐理论研究方面取得许多成果。出版了《襄阳花鼓音乐》。在国家、省级音乐刊物上发表了《时代·观众·剧种》《变中求发展，特色尤为贵》《音乐创作与濒危剧种复兴》《音乐欣赏与创新思维》《演唱者心理素质的自我历练》《器乐欣赏应注意形式与意境结合》《浅论舞蹈与音乐伴奏的关系》《浅论唱好高音的几项原则》《高职教育多元化视野》等有价值的音乐理论研究著作。李大庆的论文《浅议豫剧男女声分腔》，在文化部主办的全国梆子声腔学术研讨会上获一等奖第一名；论文《在变与不变之间寻绎》，在文化部主办的中国豫剧艺术节理论学术会议上被评为一等奖；还出版了曲艺音乐专著《曲坛奇葩——郝桂平演唱艺术》。2005 年李大庆主编出版了多年的研究成果——《襄阳花鼓戏音乐》。二是音乐创作。1979—2005 年，创作音乐乐曲 100 余首。多年来，武保建创作了大量的音乐作品，其中近 50 首作品在各级比赛中获奖、为 8 部电视剧(片)作曲，多首音乐小品被中央电视台作为背景音乐。《太阳伸出的手》等歌曲收入湖北省《优秀歌曲集》。襄樊音乐家协会为襄阳花鼓戏《宋玉悲歌》、豫剧《山野秀才》、京剧《襄阳米颠》等 10 余部大型戏曲作曲、配器。其中襄阳花鼓戏《宋玉悲歌》入选为湖北省舞台艺术精品工程备选剧目；豫剧《山野秀才》入选为湖北省舞台艺术精品工程重点剧目，并获得湖北省第六届“屈原文艺奖”；京剧《襄阳米颠》获中国第 4 届京剧艺术节银奖第一名，歌曲《跨越激情》被选为湖北省第 12 届运动会会歌，歌曲《山锣鼓》获中国文联山花奖、首届全国主旋律歌曲征集大赛银奖；《山雨情歌》获省音协金编钟奖，歌曲《国旗》获全国百家电视台展播银奖。此外，《父亲》《竹篙一点走汉江》等几十首创作歌曲分别发表在《中国歌词选萃》《长江歌声》《长虹词刊》《艺术指导》等省以上音乐刊物。三是开展群众性音乐活动。2001—2005 年，由市音协组织的大型音乐活动有 25 次。2002 年，举办盛中国及夫人赖田裕子钢琴、小提琴演奏会。2003年，举办国乐大师宋飞、王中山、张强、许学东二胡、琵琶、古筝、扬琴演奏会。2004年，举办少儿艺术风采大赛，近2000名少儿参加了活动，同年，组织近百名学生到北京参加全国少儿艺术风采大赛，获得金奖16个，银奖21个。2005年，组织学生参加在澳门举办的首届华人青少年艺术节，获得3金、3银的好成绩。9月，推荐5名小选手参加第3届亚洲钢琴比赛。10月，举办襄樊市首届二胡比赛。11月，邀请中央音乐学院声乐教授来襄樊讲课，年底举办襄樊市首届管乐比赛。

2.舞蹈

(1)群众性舞蹈活动：广场舞蹈成为人们休闲生活的需求，既满足了人们对美好生活的追求，也增进了人们社会活动的交往，促进了人们精神文明的构建。企业舞蹈成为企业文化建设的主力，舞蹈在企业的发展不仅为企业文化建设增添了活力，还为企业培养了一大批生产能手。健身舞蹈成为社会的时尚，从幼儿到老人，从男人到女人都在跳健身舞蹈，人们从健身舞蹈中焕发出健康、活力和青春。

(2)襄樊市舞蹈家协会：1991 年，襄樊市舞蹈家协会从襄樊市音乐舞蹈家协会独立出来，正式成立。主席团主席：刘勇；副主席：线国友、刘燕萍、吴锦萍、邹荣、张勇；秘书长：刘燕萍。1996 年，襄樊市舞蹈家协会第 2 届主席团主席：线国友；副主席：刘燕萍、吴锦萍、邹荣、张勇、冯丽君；秘书长：刘燕萍。2001 年，襄樊市舞蹈家协会第 3 届主席团主席：线国友；副主席：刘燕萍、吴锦萍、邹荣、张勇、冯丽君、杜慧珍；秘书长：刘燕萍。舞蹈获奖作品有：由市歌舞团创作演出的《洪湖的女儿》获文化部华文奖；线国友创作的舞蹈《汉江情韵》获水利部奖、歌舞诗《供销人》获全国供销奖、舞蹈《爱在人间》获人国群星奖入围，舞蹈《拓》获省楚天杯一等奖、舞蹈《无名的朋友》获省一等奖、舞蹈《渡槽颂》获省一等奖、刘燕萍的合唱与舞蹈《铁路工人的气魄》获省楚天一等奖、舞蹈《春》获楚天一等奖、双人舞《风雪除夕夜》获省楚天二等奖、双人舞《外来妹》获七市金奖、舞蹈《快乐的列车员》获省楚天文艺三等奖、舞蹈《春满人间》与歌伴舞《我属于你，中国》获省黄河美育二等奖、歌舞《我是百灵》获黄河美育一等奖、舞蹈《黄河》获黄河美育三等奖；邹荣、康伟敏：舞蹈《钗铃乐》《滚灯》《快乐医疗队》获省级奖；汪家强：舞蹈《扇鼓》《小树》《欢乐今宵》获省级奖；刘宏才：《春雨》获省级奖；张明勇：舞蹈《放花牛》获省级奖；方勇：舞蹈《快乐黄河》《归航》获省级奖；刘凯舞蹈《建筑工人之歌》获省级奖；刘勇、陶铸鄂《水、生命、我们》获省级奖；方勇、张勇：舞蹈《光》获省级奖。襄樊的舞蹈作品硕果累累。线国友：舞蹈《汉江雏鹰》获全国儿童作品选拔赛湖北赛区一等奖；舞蹈《闪闪的红星传万代》获全国儿童作品选拔赛湖北赛区二等奖，舞蹈《荆楚水利魂》获全省水利；舞蹈《风》获全省舞蹈比赛一等奖；舞蹈《生命赞歌》获全国工会调演一等奖；舞蹈《精忠报国》获省银行调演一等奖。刘燕萍：幼儿舞蹈《放鹅的孩子》获全国少儿电视舞蹈大赛铜奖；《谁说女子不如男》获全国少儿风采银奖；《襄河谣》获省舞蹈大赛创作、表演二等奖、全国大学生艺术节湖北赛区创作、表演二等奖；《妈妈的女儿》获省舞蹈大赛创作、表演三等奖；《党的阳光照天山》获省金风创作三等奖。方勇：舞蹈《姚子河的故事》获省创作表演二等奖。宋蔚：舞蹈《鹰情》获宋庆龄基金会“金莲花”艺术大赛的编导、表演双金奖、组织的少儿健美操在全国、全省各种大赛中多次获得金奖。刘洪才、刘凯、方勇、马亮、王晓毅、李付良、周融、汪家强、康卫敏等一批编导在全国、省部级多次荣获各类大奖，各类获奖不仅提高了我市舞蹈艺术在全省的知名度和地位，还为襄樊市舞蹈事业增色添彩。

襄樊组织了广场舞蹈、健身操、交谊舞、国标舞、襄樊市首届舞蹈大赛等多次的影响大的舞蹈比赛；以抓产业文化为主，组织了行业专场歌舞晚会。如“民政辉煌”“城市建设”“交通之歌”“鼓商风貌”“白衣天使”“铁路工人气魄”“车城之春”“流动大地”“少儿之花”“春风里的歌声”“金婚、银婚”、“世纪之春”等不同行业、不同风貌的大型歌舞演出。

襄樊培养舞蹈艺术人才，普及舞蹈艺术举办了不同类型的舞蹈培训班。有幼儿班、少年班、中学生班、中专班。舞蹈家协会涌现出百名舞蹈教师，为舞蹈培养了近千名出类拔萃的舞蹈人才。其中有考入北京舞蹈学院、解放军艺术学院、南京艺术学院、北京师范大学、武汉音乐学院及其他省市大中专舞蹈学校，还有的作为艺术特长生考入北京化工大、中国农大、华中理工大、武汉大学、华中农大、武汉理工大、中国地大等，还有一部分成为各行各业的文艺骨干。

3.曲艺

新中成立初有大量的曲艺艺人活动在樊城四官殿、关码头一带。多在茶馆演出，形式以河南坠子居多。后在政府组织下，成立了说唱团。一度并入到豫剧团，后改为襄樊市歌舞团(小市)。1987 年地市合并，成为襄樊市歌舞团曲艺队。襄樊辖区宜城、枣阳、光化也都有曲艺队，经常在县区巡回演出，并多次参加湖北省曲艺调演，荣获褒奖。

襄樊市曲艺家协会：由于从事曲艺演出的人数不多，加之文联最初的设置，曲艺一直和戏剧家协会并存。1982 年，在省文联改变设置的同时，襄樊市的曲艺家协会正式从戏剧家协会分离出来。第一届主席是著名河南坠子表演艺术家、原市政协副主席郝桂萍女士，秘书长是市艺术研究所所长董治平，直至 2005 年。1982 年至今，襄阳(襄樊)曲艺家协会参与、参加、组织了大量的国家、省市等各项赛事和曲艺活动。1981 年，河南坠子《第九个犯人》，获湖北省首届“百花书会”创作、表演一等奖。1983 年 11 月，第二届湖北省百花书会比赛，河南坠子《太白醉酒》获得一等奖。表演者郝桂萍，作者董治平。1985 年 12 月，第三届湖北省百花书会比赛，河南坠子《秋枫叶草》获得一等奖。表演者郝桂萍，作者董治平。1987 年 10 月第四届湖北省百花书会比赛，河南坠子《第九个犯人》获得一等奖。表演者郝桂萍，作者董治平。1989 年 12 月第五届湖北省百花书会比赛，河南坠子《焦裕禄咱们的好书记》获得一等奖。表演者郝桂萍，作者董治平。1994 年 3 月湖北省第六届百花书会比赛，相声《会儿》获得二等奖，表演、创作者庚铭。1995 年 6 月全国第二节曲艺节大赛，河南坠子《酒楼会》获得“金牡丹”奖，表演郝桂萍。此奖项是文化部和中国曲协颁发的中国曲艺最高奖，等同戏剧“梅花”、电影“华表”、文学“矛盾"奖。1995 年 4 月，襄樊市曲艺家协会与当时的襄樊市金隆副食品有限公司联合举办了首届"金隆杯全市少儿故事大赛"，时任襄樊市副市长闫增福作为大赛组委会名誉主任出席决赛并为获奖选手颁奖。1995 年至 2005 年。襄樊曲艺一直在湖北省有着重要的位置。2003 年的春节，襄樊市曲协的王伯华、庾铭、刘东升、芦兴智还受河南省公安厅的邀请参加省公安厅的春节电视联欢晚会的演出。2004 年、2005 年，连续两年参加十堰市的党政军民团拜会演出。2005 年 7 月，湖北省曲艺家协会换届，郝桂萍辞去 20 年的副主席职务。

（三）电影

1.机构与改革

（1）机构：襄樊市电影发行放映总公司成立于 1952 年(原隶属襄阳地区行署管理)，1980 年地、市合并，襄阳地区电影公司和襄樊市电影公司合并。全公司有干部职工 227 人，负责全市（含各县市）各类放映单位影片发行及放映管理工作。属全民所有制的自收自支文化事业单位（副县级）。职工工资按照事业单位标准执行。截至 2005 年底，公司有各类中、高级人才 30 人（不含三个影院）。1983—2005 年，公司主要负责人先后有陈思明、武广清、李正富等。

（2）体制改革：1993 年，市文化局将原属于管理的樊城电影院、襄城电影院、光明电影院移交给市电影公司管理，三个影院的人员资金、财产及设备也同时移交，干部、职工人数达到 240 人。为了进一步发展壮大电影事业，公司实行了"五统一"，加强指导，理顺关系，为电影事业发展奠定了良好的基础。公司在 1980 年地市合并后，搬到襄樊市襄城区小井巷 17 号办公至今。1999 年，随着电影事业的不断发展，樊城电影院、襄城电影院、光明电影院又从公司分离出去，成为自主经营、自负盈亏的独立法人，隶属市文化局领导。光明电影院为了整合资源在 2001 年和市豫剧团合并，人、财、物全部整合到一起，改名为豫剧院。随着电影体制不断变化，电影的中介作用已于 1999 年全部终止，襄樊市电影发行放映总公司只能靠自己的第三产业和少量的电影发行收入来维持生存。2003 年下半年，市委常委会决定市电影总公司作为全市事业单位改革的试点，进行全方位的人事制度的改革，调剂处置资产（国有资产不准转移给任何个人），妥善安置全体干部职工。

2.发行放映

市区原有 13 家电影院和影剧院，分布在各个城区。20 世纪 80 年代初至 90 年代，公司利用当地工矿企事业单位的礼堂、俱乐部近 30 个对外放映电影，各县（市）电影公司及电影管理站（共 110 个）来负责该地区的电影发行和放映管理工作。公司到 2000 年中介职能取消之前，仍拥有含县（市）放映单位 100 个，为丰富广大城乡人民群众文化生活发挥了重大的作用。公司在 1992 年为配合市政府庆祝长虹大桥建成通车成功，举办了襄樊市首届长虹电影艺术节，著名电影演员王文娟、舒同、陶泽如、赵静、孙淳等应邀出席参加电影艺术节开幕式，演员所到之处，场场爆满，受到广大观众的热烈欢迎，给古城人民留下美好的印象。公司在 90 年代，尽管电影已经处于不景气状况，但每年公司票房收入达到 1 200 万元。90 年代初，公司开始录像带发行业务，按照各地市电影公司系省电影公司在各地录像业务的代理发行机构，以抵制非正常渠道节目在市场上自由泛滥，成立了录像发行科，并向各县（市）辐射，定期向社会发行一定数量的录像节目，以充实市场和净化录像市场，同时在社会效益和经济效益上都获得较大成绩。樊城电影院在 90 年代末，首次出现放映收入超百万元的影院，电影票房收入首次突破百万元大关，成为当时鄂西北唯一突破百万票房收入的影院，省公司专程到襄樊召开表彰大会以示祝贺。樊城电影院在90年代末，投资近70万元，改造成襄樊市第一家四声道立体声影院，放映美国影片《霹雳舞》场场爆满，取消了较好的社会效益和经济效益。为了保证电影事业的不断发展，公司从90年代初对各类专业职务进行聘任制，当年聘任各类专业人才20多人，这些人才在各自的工作岗位上，人尽其才。

1979年，襄樊有放映单位730个，年放映186 719场，观众15 574万人次。放映收入650万元，发行收入289.3万元。1985年7月，老河口豫剧团演出的《文帝杀舅》拍成舞台艺术片，全国发行105部拷贝，襄樊市放映930余场。到年底，襄樊有放映单位1 050个，放映17.6万余场，观众9712.8万人次。票房收入802.8万元，发行收入362.4万元。1988年，襄樊有电影放映单位955个，全年放映182 930场，观众9 757多万人次。《大上海1937》放映2 461场，发行、放映收入近40万元；《红高粱》放映1039场，发行、放映收入37万多元。1990年，襄樊市电影公司被命名为"湖北省电影战线先进单位。全年放映收入1 200万元，发行收入534万元。1993年，发行影片170部，观众1 542万人次，票房收入213万元，发行收入517万元。1995年1至11月，放映18 400场电影，观众78万人次，放映收入258万元，发行收入116.6万元。1997年，发行357部，《离开雷锋的日子》在市区放映186场，观众10万人次。《鸦片战争》在市区放映131场，观众3.6万人次。全年票房收入180万元，其他收入85.4万元。1998年，放映《周恩来外交风云》25场，《毒品危害》《缉毒英雄》13天，《泰坦尼克号》40天。全年发行电影237部，观众54万人次，票房收入214万元。1999年5月，举行重点影片《世纪之梦》首映式。公司采取下达指标、买断发行权等新的经营方式，与放映单位签订合同。放映704场，票房收入2.1万元。9月下旬至10月中旬，举办国产优秀影片展映活动，放映《国歌》《故园秋色》《铁血大动脉》《南线大追歼》等20多部，观众3.7万人次，收入7.9万元。学生寒暑假期间，放映《滑板梦之队》《长白山英雄汉》、《一个都不能少》《背着爸爸去上学》等影片288场，观众3.6万人次，票房收入7.4万元。全年，公司发行国产精品电影40余部，国产优秀影片20多部。爱国主义教育影片10余部。全年放映28 651场，观众达860万人次。票房收入219.7万元，产业收入237.3万元。2002年，公司发行国产精品电影66部，发行中影分账大片24部，厂方分账影片34部。上映爱国主义影片150部。全市电影放映1.9万场，观众510万。票房收入200万元，上缴发行收入20万元。2003—2005年，发行、放映无统计数字。

（四）美术、书法、摄影

1.襄樊市美术家协会

（1）组织机构：1981年，襄樊市美术家协会成立。主席：陈文芬；副主席：刘仲杰（兼秘书长）、何颖卿、刘贵友。1990年换届。1990—2005年，主席刘仲杰，副主席鞠太运、边广兰、汪国云、周解明、蔡国英；秘书长李晓滨。2005年，增补黄有柱为副主席。汪国云任秘书长。2005年，襄樊市美术家协会有市级会员350人。其中，中国美术家协会会员有陈文芬（中国画）、刘忠杰（油画）、帕提古丽（剪纸）、郭玉和（版画）、鞠太运（中国画）、边广兰（中国画）、孙利群（油画）等人；湖北省美术家协会会员有汪国云、周解明、蔡国英、黄有柱、王建、李晓滨、韩光新、李肖阳、吴象峰、李叔明、常捷、严永渊、李志、唐磊、汪啸云、陈化云、刘英、石宝光、邓德强等人。

（2）主要活动：1979年，陈文芬创作的《春晨》入选新中国成立30周年美展，被评为三等奖。1983年，陈文芬创作的《朝露》发表于《美术》杂志。1987年，陈文芬创作的《洛阳春雨》参加全国牡丹大赛获最高奖。1988 年，应山东潍坊国际风筝节邀请，举办汤文选、周韶华、鲁慕迅、陈文芬画展。1988 年，应日本犬山市邀请赴日本举办书画展。1989 年，陈文芬创作的《花卉》入选全国七届美展。1992 年，陈文芬创作的《栖》入选中国美协举办的首届花鸟画作品展，并入选画集。1993 年，陈文芬创作的《花鸟》被湖北省博物馆收藏。1995 年,陈文芬创作的《春风料峭》入选文化部，河南省举办的全国牡丹竞选国花展，获二等奖。汪耀海深入农村体验生活，搜集了大量素材，创作绘制了《童淑英》连环画册，出版发行了 5 万册。1996 年，汪耀海创作的《悠悠汉江》、《月光曲》、《回声》参加全国第 13 届版画展；1997 年 5 月 14—18 日，帕提古丽的剪纸作品 148 幅，在北京中国美术馆展出。同年 6 月，鞠太运创作的水墨《野谷苍秋》入选中国美协在深圳、北京举办的“首届中国画邀请展”。1999 年庆祝建国 50 周年中国美术家协会主办的全国山水画大展，鞠太运创作的《世纪风》获优秀奖。蔡国英的油画《祥和的高原》、边广兰的国画《律吕调阳》等作品，分别获“湖北省第三届楚天群星奖”铜奖和优秀奖。蔡国英 10 幅美术作品，参加中国绘画精品展。边广兰撰写的《少儿中国美术史话》一书，获湖北省 1993—1996 年群众文化科研成果优秀奖。2000 年，鞠太运创作的《山水》等两幅作品参加中华世纪之光中国画提名展。2001 年，鞠太运创作的作品参加文化部主办的申奥运中国画赴俄罗斯大展，作品《秋山图》获银奖。蔡国英的油画《遥远的祝福》获文化部第一届“爱我中华”油画、国画展银奖。边广兰国画《七月的阳光》获文化部第 1 届“爱我中华油画、国画展”优秀奖。王家舜的版画《风雨同舟》获湖北陆军预备役步兵政治部院画一等奖。汪耀海国画《多寿图》参加建党 80 周年市美展一等奖。2002 年陈文芬创作的《山花烂漫》入选纪念毛泽东《在延安文艺座谈会上的讲话》发表 60 周年全国美术展览。2005 年，鞠太运创作的国画《山水》入选第五届秦皇岛之夏中国画名家邀请展。《神龙溪风光》入选“泰山阳光·爱我中华 56 个民族中国画名家邀请展”。刘仲杰创作的年画《不知从何讲》入选湖北省第六届美展、全国第六届美展。刘仲杰创作的油画《土地主人》、《远方》入选第九届、第十届全国美展。刘仲杰创作的水彩画《高原行旅》入选第五届全国水彩画展。边广兰创作的《岁月如歌》获文化部、中国美协、中国书协主办的世界华人书画展铜奖。边广兰创作的《鱼》参加由中国画研究院主办的全国民族文化风情中国画大展。边广兰创作的《醉月》、《秋深》参加中国美协在香港举办的亚洲女画家作品展，获香港书画学会颁发的优异奖。

2.襄樊市书法家协会

(1)组织机构：襄樊市书法家协会成立于 1984 年 12 月，隶属于襄樊市文联。有驻会人员 3 名，118 平方米办公室 1 套。协会设主席团、秘书处、组织联络委员会、创作评审委员会、书学理论委员会、事业发展委员会、教学委员会等机构。市辖各县(市)区书法家协会，部分大型企业、学校的书法组织为团体会员。2005 年有市级会员 600 人，省书协会员 230 人，中国书协会员 25 人。1984 年 12 月，襄樊市书法家协会在市政府第一招待所成立。主席：王树人。副主席：邹演存、倪世伟、涂廷多。秘书长：涂廷多。1989 年 12 月，换届。主席：涂廷多。副主席：倪世伟、田文化、尤中会；秘书长：田文化（兼）；1994 年 12 月，第三次换届。主席：涂廷多；副主席：倪世伟、田文化、米克勤、王太雄、高万宝、杨晓琳（女）、严学章；秘书长：严学章（兼）（第 3 届 3 次主席团会议增补副主席：柴有炜、徐礼金、刘水露、王世霖）。2002 年 5 月，第 4 次换届。主席：涂廷多；副主席：严学章、田文化、王太雄、杨晓琳（女）、柴有炜、徐礼金、刘水露、王世霖、高万宝；秘书长：严学章（兼）（第 4 届 2 次主席团会议增补副主席：吴方清、杜程胜）。协会的活动经费主要来源一是政府财政拨款，年均约 4 万元，累计 80 余万元；二是会费；三是社会赞助；四是联办活动及书法作品销售收入。

(2)主要活动:1984 年 12 月,襄樊市书法家协会在市政府第一招待所成立。1985 年 11 月,市书协协办,中国书协、湖北省书协、湖北省书法理论研究会、襄樊市文化局、襄樊市文联主办中国襄阳米芾书会和中国襄阳米芾书会国际性书法作品展。中国书协主席舒同等 87 位全国著名的书法家、书学理论家和《人民日报》、中央电视台、《中国青年报》、《书法报》、《书法》、《书法研究》等 27 家新闻媒体出席,以中村紫峰为团长的日本国书道代表团也光临盛会。大会收到来自国内外书法精品 300 余件,书学论文百余篇。中国书协主办的《书法通讯》评价书会"对历史文化名人的专题研究,尚属首次"。1986 年,襄樊、镇江书法对展在襄樊展览馆举行。襄樊、宁波、潍坊、北京崇文区 4 市区书法联展先后在襄樊等市、区举行。1987 年 11 月,湖北省首届书法大赛,襄樊市荣获团体第一名,其中王树人、涂廷多获特别奖,涂廷多获优秀组织奖。王耀中获中年组一等奖,田文化、徐礼金、尤中会获二等奖(27 人获 28 项奖)。同年,田文化、王耀中人展国际临书大展。1988 年,张裕钊书法流派全国书法作品展在襄樊市举行。1989 年 10 月,襄樊市书协与湖北省书协联合举办"襄樊青年书法家 15 人作品展"在襄樊铁路文化宫举行。同时,全国第 3 届青年书法家篆刻展米克勤、侯贵邦获优秀作品奖,杨晓琳作品人展。全国第四届中青年书展,米克勤、卢元刚、徐礼金、林大学、马武、郑用琦人展,米克勤获优秀作品奖。全国第 4 届书法篆刻展览,襄樊市尤中会、杨晓琳、王太雄、米克勤的作品人展。1989 年 8 月 15 日,成立襄阳印社。社长:柴有炜;副社长:杨晓琳、刘光辉、刘跃、姚平。1989 年 11 月,由襄樊市书协协办,财政部(《中国财政》)、湖北省财政厅(《湖北财政》)、襄樊市财局(《财苑》)联合举办"全国财税系统书画影大赛"。历任财政部长为本次大赛题词,同时出版发行《中国财政四十年》书画影作品选集。王学仲、张道兴、薛夫彬、涂廷多、田文化等任评委。1989 年 10 月 11 日,应襄樊市书协邀请,中国书协副主席王学仲、北京书协副主席薛夫彬、海军著名书画家张道兴等著名书画家到襄樊市讲学。1989 年 10 月,襄樊市书协柴有炜、刘跃篆刻作品参加全国篆刻展。1989 年 12 月,涂廷多出席中国书协第 3 次全国代表大会,并当选为理事。1990 年 4 月,在湖北省首届青年书法大赛中,王太雄、柴有炜、米克勤、杨晓琳、刘水露获一等奖,赵开成、卢元刚、张德树、马武、王学全、严学章获二等奖,曹政、刘光辉等获三等奖,徐礼金、黄汉平、刘新、曾东海等获佳作奖。1990 年 9 月,襄樊?桂林举行两市书画联展。1990 年 10 月,米克勤获"赛可勒杯国际书赛"一等奖,侯贵邦获三等奖。1990 年 10 月,梁斌书画展在襄樊展览馆展出。1991 年,湖北省第 2 届书法大赛襄樊市获团体第一名,其中,米克勤获一等奖,涂廷多,倪世伟、高山嵩、侯贵邦、刘水露、柴有炜、林大学获二等奖,杨晓琳、严学章获三等奖。1991 年,襄樊市书协涂廷多、严学章等义卖作品为保康县后坪镇红家园村修建二座浮桥。1991 年,全国第一届新人新作展徐礼金、侯贵邦、林大学、严学章的作品人展。1992 年 7 月,全国第 5 届书展,襄樊巿米克勤、徐礼金、马武、卢元刚、刘水露、林大学、侯贵邦、刘跃的作品入展。1992 年 9 月,第 4 届湖北省 7 市书法作品联展在襄樊展出。1992 年,首届国际青年书法展,襄樊市刘水露、杨晓琳作品入展。1993 年 12 月,全国第 5 届中青展,襄樊市米克勤、徐礼金、林大学、侯贵邦、马旭辉、严学章入选。1993 年 12 月,全国新人新作展,襄樊市刘光辉、蒙耀文、陈磊作品人选。1993 年 11 月,由中同历史文化名城委员会主办、襄樊市人民政府承办、襄樊市书协协办的襄樊市首届中国湖北襄樊诸葛亮文化节"中国历史文化名城风采书画展"在襄樊首展(全国 62 座历史文化名城联办)。在全国产生较大影响。1994 年,在全国第一届正书展上,林大学获优秀奖,严学章入选。1995 年 5 月 1 日,襄樊市书协为希望工程举行义写义卖活动,当日销售书法作品 40 幅,捐义款 2 万元。征集作品千余件,接待观众近万人次。1995 年,在全国第 6 届中青展上,襄樊市杨晓琳、侯贵邦、赵开成的作品人展。1995 年,在湖北省第 3 届书法大赛上,襄樊市获团体第一名。1995 年,在全国第 6 届书展上,襄樊市刘水露、米克勤入展,侯贵邦人选。1996 年,赵开成、彭曦入展全国第 2 届楹联大展。1996 年,在全国第 7 届中青年书展上,襄樊市杨晓琳、朱杰奎、彭曦作品人展,赵开成入选。1996 年,在全国第一届行草书展上,襄樊市徐礼金、韦晓琳等入展。1998 年,在全国第 8 届中青年书展上,襄樊市朱杰奎、仝长勇作品入选。1998 年,襄樊市文联、襄樊市书协联合举办“纪念襄樊解放50周年中国书画展”，并出版书画作品集。1998年，在全国第3届楹联展上，涂廷多的作品特邀展出，襄樊市朱建中等人作品入展。1999年，在湖北省第4届书法大赛上，襄樊市获团体第三名。1999年9月，经中国文联批准，中国书协、中国美协评审团评审，襄樊市涂廷多被评为“99中国百杰书法家”。2000年，涂廷多出席中国书协第4次全国代表大会，并再次当选为理事。2003年，在湖北省第5届书法大赛上，襄樊市获团体第三名。2003年，中南5省书法家代表团访问襄樊。2003年，涂廷多书法作品入选“第1届中国榜书大展”。2004年，在全国第8届书展上，李俊杰作品获奖提名，刘水露、赵开成作品入选。2004年，杨晓琳获敦煌杯全国书法展一等奖。2005年5月，市书协与天润国际汽车城联袂举办“向贫困山区献爱心”系列活动，40万元资助款第一批3.6万元送到南漳县花庄中学。2005年2月，涂廷多作品入选中国第2届榜书大展。2005年，湖北省书协襄樊创作基地在襄樊挂牌。2005年，湖北省书协新会员研讨班在襄樊举行，与会学员147人。2005年7月，陈声桂主席率新加坡书法代表团访问襄樊。2005年，在樊举办“天和·丰田之春”中国当代书画名家提名展，中国书协驻会副主席张飙等出席。2005年12月，涂廷多出席中国书协第5次全国代表大会，当选为事业发展委员会委员。

襄樊市书协注意对外交流，先后与日本犬山市、江苏镇江市、浙江宁波市、山东潍坊市、北京崇文区、广西桂林市、广东中山市、河北廊坊市、湖北黄石市、荆门市等友好城市举行书法联展、对展。襄樊市书法家协会在“中国书法城”的申报和创建工作中受到了中共襄樊市委、市人民政府亲切关怀和高度重视，得到了市委宣传部、市文联和省书协的全力支持，得到了中国书协领导和专家的厚爱与指导。

3.襄樊市摄影家协会

(1)组织机构：1985年1月12日，襄樊市摄影家协会第1次会员代表大会开幕，选举黄守中为主席，曹志难、汪山渊、刘华榕、张明情为副主席，汪山渊(兼)秘书长。1985年4月15日，襄樊市摄影家协会第2次会员代表大会在市文联召开。参加会议的正式代表43人，特邀代表12人，代表全市177名会员。选举汪山渊为主席。刘华荣、李长海、朱建辉为副主席。副秘书长：陶宜军、刘兴启。1994年8月6日，襄樊市摄影家协会第3届代表大会召开，受襄樊市摄影家协会第2届理事会主席团的委托，汪山渊作题为《团结奋斗 继往开来》的报告。2001年4月8日，襄樊市摄影家协会第4届代表大会在鱼梁洲管委会召开。选举汪山渊为主席，胡继明、杜程胜、释贵明、韩国强、李光义、朱建辉、陶宜军、李长海为副主席，释贵明(兼)秘书长。

(2)主要活动：1987年9月23日，“宜昌、沙市、襄樊摄影艺术联展”在襄樊展览馆开幕。1989年8月28日至9月2日，谷城县文化馆召开摄影理论研讨会，参会代表共24人。影协主席汪山渊主持。市文联副主席陈吉祥作了题为《坚持党的文艺方向 发展我市摄影艺术》的报告。10月1日至10月7日，为纪念建国40周年、摄影术发明150周年，襄樊市摄影家协会举办《襄樊摄影活动周》。同年11月22日至28日，由《国际摄影》杂志社、中国影协湖北分会、襄樊市摄影家协会、襄樊棉纺织印染厂联合在襄樊市举办首次“国际摄影高级讲习班”。1995年4月28日，举办襄樊“名城名景”摄影展赛。1996年2月7日，在阳春门公园举办“冬雪”摄影大赛。同年3月26日，在襄城北街举办“杨华黑白人像艺术作品展”。同年3月8日，《襄樊晚报》成立“襄阳摄影沙龙”。同年5月7日，襄阳书市三楼艺术厅举办“江山多娇”韩露摄影作品展。1998年1月6日，鄂豫交界的孟楼镇举办“鄂豫两省看孟楼”摄影擂台赛，中央电视台在新闻联播中给予报道。1999年9月8日，谷城石花镇举办“红红火火看石花”摄影采风展赛活动。同年9月18日，在全国十九届影展中，襄樊市囊括湖北省的全部奖项，张治平的《信任考场》获银奖，汪山渊《山神》获铜奖。同年10月，汪山渊的作品《山神》，入选中国文联举办的“祖国颂”摄影大展，获文化部建国五十周年群众摄影大展金奖，被国务院新闻办、中国摄协选送联合国总部参加聚焦中国大型图片展。2000年7月，老摄影家张明情的《明情摄影》专集，由中国文联出版社出版。同年11月，在“湖北走向二十一世纪书画影”大展中取得金奖2名，银奖2名，优秀奖32名的优异成绩。12月14日，汪山渊赴北京出席中国文联“第三届中青年德艺双馨”百名文艺家座谈会。2001年6月3日，在隆中风景区和鹿门寺举行“一节一会”中国摄影家协会会员、湖北省摄影家协会会员创作采风活动。7月至9月，举办“鱼梁洲杯”摄影大赛，近100余人参赛，作品近600幅，评选出优秀作品60幅。9月26日，与樊城区委、市“立业”集团公司联合，举办“立业杯金秋襄樊”摄影大赛。同年10月，汪山渊摄影作品《山神》获湖北省第二届届原文艺奖提名奖。同年12月5日，在湖北省第19届影展上，汪山渊作品《梨园春色》获奖。游家祥作品《冰糖葫芦串串甜》获银奖。同时，王长根、黄守中、曹志雄、苏光照等荣获从艺40周年老摄影家荣誉称号。2002年1月8日，“襄阳摄影沙龙网站”在高新区开通。同年2月20—23日，摄影家协会组织创作骨干14人赴河南“马街书会”创作采风。创作作品千余幅，并与河南平顶山、焦作、南阳、洛阳摄协进行了艺术交流活动。同年3月8日，襄樊市摄影家协会妇女工作委员会成立。主任梅笑雪。副主任耿新斌、杨敏。成立当日，进行了“神龙园之春”创作活动。同年3月20日，襄樊摄影家协会老年工作委员会成立。主任李长海。副主任王民雄、徐信、陈天纪、李翼鹏。同年11月28日，襄樊市摄影家协会襄樊学院分会暨襄樊学院摄影艺术研究会成立。理事长戴俊凯。副理事长周如方。秘书长冯晶。2003年，王晓剑作品《话说天下大事》获湖北省第20届摄影艺术展记录类银奖。

(五)民间文艺

1.民间文艺展演

1989年5月13日至11月10日，襄樊举办首届艺术节，有87个文艺项目参演，观众近80万。1990年，职工业余汇演19次，演出节目500余个。粮食、税务、工商、铁路、财贸5个行业，在省级以上汇演中获奖39项。在宜昌举行的“湖北省七市文艺交流比赛”中，襄樊代表队夺得4个一等奖、10个二等奖、16个三等奖，总成绩居七市之首。1998年，举办民间文艺展演，5000余人参加表演，演出各类民间文艺节目86个，观众达25 000余人。通过此次展演，抢救、整理了司老爷查街、赶象、老背少、大头和尚戏柳翠、滚灯舞、南河套曲等6个濒临失传的民间文艺节目。

1992年，襄樊市湖北省“三民”调演比赛，民舞《山夫》获一等奖，笙独奏《山民的歌·情·魂》获三等奖。2001年，举办13场“周末文化广场活动”，演出节目1 860个，演员15000多人次，观众达100余万人次。2003年以来，每年的正月十五左右举行“舞龙舞狮暨民间文艺展演”活动。襄樊市举办的第一届舞龙舞狮大赛共有30条龙、12头狮子表演了“二龙争春”、“武狮雄风”等精彩节目；2004年的第二届大赛有11支代表队组织35条龙、21头狮子参加；从第三届开始，龙狮数量进一步增加，人民群众喜闻乐见的旱船、蚌壳、高跷、司老爷查街、猪八戒背媳妇等民间文艺形式也加入展演之中，变纯舞龙舞狮大赛为舞龙舞狮大赛暨民间文艺展演。2005年2月，襄樊市举办民间文艺展演，千余名演员参演，演出50多个节目。同年8月，组织专家对保康县的沮水巫音、南漳县的端公舞、老河口的丝弦等民间文艺，进行抢救性整理，并申报湖北省非物质文化保护。同年9月，在南湖广场举办“楚风汉韵看襄樊”文艺晚会。

2.襄樊市民间文艺家协会

襄樊市民间文艺家协会成立于1984年,隶属于市文联,业务上接受湖北省民间文艺家协会指导。协会主席团由会员大会选举产生,任期5年,可连选连任。协会成立时有会员56人。第一届主席团由冯惠敏任主席,熊子勋、郑浩、陈文道、黄耕、徐继成为副主席,陈文道兼任秘书长。1989年换届,郑浩任主席,陈文道、黄耕、徐继成为副主席,陈文道兼任秘书长。1994年,第三届会员代表大会召开,郑浩为主席团主席,陈文道、黄耕、徐继成、涂再奇、王志国、吴新兵为为副主席,陈文道兼任秘书长。1999年,第四次会员代表大会召开,选举产生新一届主席团,郑浩任主席,陈文道、黄耕、涂在奇、王志国、吴新兵、余襄生、赵仁良为副主席,陈文道兼任秘书长。

从1982年开始,挖掘、抢救、搜集、整理、编辑出版和研究民间文艺普查读物。先后编辑出版襄阳地区(襄樊市)民间文学集、民间器乐集、民间音乐集、民间歌谣集、民间舞蹈集等民间文艺资料及图书,襄樊所辖的各县市区也编辑出版了相应的民间文艺书籍,并且参与了《中国民间文学》、《中国民间舞蹈》、《中国民间器乐》三大集成的搜集、整理、编纂、供稿工作。

协会发挥专家智囊团作用,致力于本地区的非物质文化遗产的保护与申报工作,协助当地文化部门,具体参与普查、甄别、分类、整理和申报工作,使襄樊市已有27项非物质文化遗产进入省级保护目录,有3项进入国家级目录。

协会会员笔耕不辍,先后公开出版民间文学著作68本、民间文艺著作8本,在省级以上报刊发表论文100余篇次。陈文道策划的《古城春早》获1992年中国民协、国家民委共同举办的民俗片展演三等奖;吴新兵、郭江萍策划的文艺专题片《汉江踏歌》获中国民协第6届"山花奖";尹全生的新故事《舔血的狼》获第10届山花奖。1995年,襄樊民协与中国民协、省民协共同举办的"中国百字笑话"大赛受到中外瞩目,先后有新华社等37家新闻单位予报道,其优秀作品集结出版了《汉水》文学杂志专号。

七、群众文化

(一)机构

襄樊市群众艺术馆创建于1949年12月,初为襄阳县人民教育馆,樊仲远、赵宁任副馆长,馆址位于樊城后街理门公所(今解放路小学)。1950年4月,县、市分站,襄阳县人民教育馆改名为襄樊市人民文化馆。嗣后,更名襄樊市第一人民文化馆,陈其昌、邹演存任副馆长。襄阳又成立襄樊市第二人民文化馆,赫季毅为副馆长,两馆分片负责群众文化活动的组织工作。1951年,襄樊市第一人民文化馆仍为襄樊市人民文化馆,第二人民文化馆更名为市图书馆,王有常为中共文化馆党支部书记。樊仲远、陈其昌、党松衡、王少白、闫德润、王有常、郭玉合、曹志难等先后为副馆长。1962年冬,馆址从京剧团迁至人民公园茶社(现馆址),建筑面积约400平方米。1979年8月,襄樊市人民文化馆随之更名为襄樊市群众艺术馆。介德崇、汪耀海先后任党支部书记,王稼田、汪耀海先后任馆长,曹志难、刘化清、白万荣先后任副馆长。1974年12月,成立襄阳地区文化博物馆。陶明新、程鹏先后任党支部书记,陈楚云、魏章庆、童雁南先后任副馆长。该馆负责全地区群众文化与博物的组织、辅导工作。1979年6月,地区文博馆分成襄阳地区群众艺术馆、地区博物馆、地区图书馆。1983年8月,襄阳地区群艺馆改名为襄樊市第二群众艺术馆。贾明华先后任支部副书记、书记,李玉玺为馆长,郭玉合、任金亭为副馆长。同年,市群众艺术馆改名为第一群众艺术馆,张曰茂、汪耀海先后任支部书记,汪耀海、闫志斌先后任馆长，曹志难、刘明云、吴润生先后任副馆长。1989 年 3 月，为了工作需要，襄樊市第一、第二群众艺术馆合并为襄樊市群众艺术馆，升为副县级单位。筹备阶段，由闫志斌、李玉玺二人牵头。1990 年 1 月，市委组织部任命闫志斌为襄樊市群众艺术馆党支部书记，李玉玺为馆长。1991—1996 年，市委组织部任命闫志斌为襄樊市群众艺术馆党支部书记，欧阳飞云任党支部副书记、馆长，刘明云、李永光任副馆长，李宏俊任工会主席；1997—2006 年，市委组织部任命卓道成为襄樊市群众艺术馆党支部书记、馆长，李永光、刘明云、贺建华、边广兰先后任副馆长，李宏俊、扬秋仪先后任工会主席。襄樊市群艺馆于 1983 年兴建综合办公楼一幢，于 1986 年加盖干部职工宿舍一幢，1993 年在全国以文补文的环境下对办公楼进行了改扩建，创办了以文补文文化产业“二十一世纪饭店”。襄樊市群众艺术馆现馆址在樊城区长征路 5 号，馆舍面积 3 464 平方米。截至到 2005 年底，全年财政拨款 70 多万元。因馆舍面积及财政拨款不足，在 2004 年全国首次群艺馆（文化馆）评估定级中，被文化部评定为地市级三级馆。2001 年，群艺馆获得文化部表彰的“全国文化工作先进集体”荣誉称号。2004 年，群艺馆被省文化厅批准为社会艺术水平考级承办单位。群艺馆每年对 400 多人进行考评，规范了市辖社会各界业余艺术培训成果的检核。2005 年，该馆有在职人员 32 人，全为专业技术人员。本科以上学历 10 人，占人员总数的 31%；中级以上（含中级）职称 22 人，占业务人员总数的 69%；高级职称 4 人，占业务人员总数的 13%。该馆内设办公室、音乐舞蹈部、美术部、摄影部、文学调研部、非物质文化遗产保护中心、经营管理部、社会艺术水平考级办公室。有音乐、舞蹈、美术、书法、摄影、戏剧、曲艺、文学创作、理论调研、少儿培训辅导、文化遗产整理、艺术档案等较齐全的艺术门类。设有少儿练功厅、老年艺术大学、教室、画室、阅览室、展演多功能厅、电子游戏室、音乐茶室等文化娱乐活动厅室。多年来，该馆紧紧围绕职能，为保障全市人民群众的基本文化权益，更好地向全社会提供公益文化服务，不断开拓、探索，走出了一条特色之路，推动了全市群众文化的繁荣发展。

（二）群众文化活动

1.美术、书法、摄影展览

1986 年春节前夕，举办了迎虎年书画联欢。为提高全市钢笔书画技艺，举办了钢笔书法展览。六一前夕，举办了“小神笔”作品评奖和少儿书画展。举办了全市第 2 届版画展、全国青年美展、影协会员作品展，共展出作品 1000 余件。2001 年 7 月，在该馆展室举办庆祝建党 80 周年全市书画作品展，展出作品 180 件。2002 年 9 月，举办吉晓美现代油画展，历时 5 天，参观群众近 4000 多人次。2004 年，举办了 “迎春书画展”、“汪耀海中国画作品展”、“王耀中从艺 40 年书法作品展”、“鄢梅清书法作品展”。2005 年 8 月，该馆在市委宣传部领导下与市老年书协联合举办了“襄樊市宣传战线纪念抗战胜利 60 周年书画展”，展出作品 60 多幅作品。同年 9 月，该馆在市文体局领导下与市书画院联合举办了“郭玉合版面展”，展出作品 85 幅。同年 10 月，又与市老年书协联合举办“市文体系统六人画展”，展出作品 100 幅。观众达数千人次。

2.专题和主题群众文化活动

1991 年“七一”前夕，该馆举办“党在我心中”歌咏比赛，参加演唱的市直各战线 16 支合唱队共 4000 余人，市有关领导出席观看并为获奖单位颁奖。1995 年，襄樊市庆祝“建国四十六周年文艺汇演”；与市总工会等单位共同组织举办了“地税杯家家乐文艺大奖赛”；与市妇联、文化局举办了“全国小星星卡拉 OK 大奖赛”和全国“爱我中华”卡拉 OK 大奖赛襄樊赛区选拔赛，在赴省参赛中推荐选手获二等奖二名，三等奖三名。1996 年，为庆祝“三八”国际妇女节，该馆承办了“1996 唱红半边天”双十佳女歌手选拔赛；这些节目后制作成《泥土芬芳》专题片，在中央电视台和湖北卫视播出。1998 年 5 月，举办了庆祝襄樊解放 50 周年“文明使者杯卡拉 OK 大赛暨’98 襄樊十佳歌手”评选活动。报名参赛选手达 504 人，最后评选出 20 人参加决赛，其中 3 人获一等奖，7 人获二等奖，10 人获三等奖。获一、二等奖的 10 名歌手同时获得“98’襄樊十佳歌手”称号；国庆前夕，该馆与市委宣传部、市文化局联合举办“帅而美杯襄樊市首届合唱艺术节”。来自 2 个城区、2 个开发区的 12 个代表队，近千名演员参加了演出。2000 年元旦期间，该馆与市文化局、襄樊广播电视报社联合在襄樊派友电器商场举为“猜千年谜语，抽派友大奖”大型群众文化活动。精选古今中外谜语 5000 条供全市人民竞猜，吸引了数万名群众踊跃参与，丰富了节日群众文化生活。同年，该馆与相关单位联合举办了“金鳄杯襄樊市十佳、百优业余歌手演唱赛”，近 600 名选手报名参赛，其中县（市）选手近百名，年龄最大的近 70 岁，最小的仅 3 岁。共演出 15 场，观看观众达 3 万多人次，在社会上引起了广泛的影响；同年 8—9 月，该馆承担了庆祝建国 51 周年“群星璀璨”大型文艺晚会的组织工作。从市直单位和部分县（市）区精选的 14 个节目中，有 11 个节目是该馆业务业务干部创作、辅导加工而成的。2001 年 3 月，为纪念江总书记“繁荣社会科学”题词 3 周年，在樊城人民广场举办批判“法轮功”邪教组织大型图片展。同年 9 月，承办庆祝建国 52 周年“汉水欢歌”大型文艺晚会，节目在襄樊电视台现场直播，晚会受到市领导的高度评价和广大观众的热情赞誉；举办鱼梁洲“金龙泉之夜“文艺晚会在诸葛亮广场演出，观众达 10 000 多人次。2002 年 9 月，为迎接党的十六大召开，该馆在烈士陵园广场承办了“颂歌献给党群众歌咏比赛”，市区 14 支队伍近 4000 名群众参加了演唱，襄樊电视台对活动进行了现场直播。2003 年，承办了“襄樊市 2003 年国庆音乐会”专场演出，襄樊电视台进行了现场直播。同年，该馆参加了中央电视台《大风车》、《走遍中国》襄樊专辑栏目的拍摄，该馆退休干部扬顺适、曹志难分别在央视亮相，介绍了该市的孔明灯、巫音喇叭、端公舞等民间艺术，提高了襄樊市和该馆在全国的知名度。同年，举办了“全市首届巴山舞大赛”，全市共有 9 个广场的活动团队参加了比赛。2005 年中秋时节，该馆联合“金兰集团”在南湖广场组织了“襄樊市中秋文艺晚会”，组织节目 18 个，有说有唱，有演有奏，形式多样，受到数千观众的好评。

3.组织各项比赛活动

1986 年，该馆组织辅导、推荐作品 79 件参加全省少儿书画比赛活动，其中 1 件获省二等奖，14 件获三等奖，该馆美术部获组织辅导奖；1996 年，为迎接省辖 7 市第 7 届文化交流活动，该馆认真组织创作和选拔工作，在荆州比赛中共获金奖 1 个，银奖 3 个，铜奖 2 个，辅导奖 5 名，8 件少儿书画作品均获优秀奖。1998 年初，该馆选送 62 件作品参加“湖北省农民书画展”，共有 38 件作品入选，其中 2 件获一等奖、3 件获二等奖、5 件获三等奖、3 件获特别奖，其余作品获优秀奖，该馆获组织奖。1998 年，该馆与市环保局联合组织征集集作品参加湖北省“地球、环境、家园”主题画展，组织推荐作品 18 件，其中获三等奖 1 件、优秀奖 2 件，并获优秀组织奖。同年，该馆组织选送的 54 件少儿书画作品，参加’98“湖北省第二届金球杯少儿书画大赛”，获金奖 6 件、银奖 3 件、铜奖 18 件、优秀奖 24 件、佳作奖 5 件，并获优秀园丁奖 2 名。2002 年，策划并组织承办了“襄樊市首届隆中杯旅游摄影大奖赛”，共征集作品 500 余幅。经专家评审，评选出一等奖 1 名、二等奖 3 名、三等奖 10 名、优秀奖 39 名。2003 年 6 月，举办了“全省第二届少儿声乐大赛襄樊地区选拔赛”，对其中 14 名小歌手进行了辅导，8 月送省参加决赛，获得银奖 4 名、铜奖 5 名、优秀奖 5 名，群艺馆获得优秀组织奖；同年，组织征集作品参加“湖北省首届老年美术书法、摄影作品大赛”，筛选作品 37 幅送省参赛，获金奖 1 件、银奖 1 件、铜奖 6 件、优秀奖 4 件，其他作品均参加了展出，该馆获优秀组织奖；2004 年，举办了湖北省第 3 届少儿声乐大赛襄樊选拔赛，选拔出优秀选手赴省参赛，获金奖 1 名、银奖 2 名、优秀奖 3 名，该馆获优秀组织奖和辅导奖；2004 年举办了湖北省中老年戏曲演唱赛襄樊选拔赛，推荐 9 名选手赴省参赛，获金奖1名、铜奖1名、优秀奖1名,该馆获优秀组织奖;2005年6月该馆将湖北省少儿声乐大赛襄樊选拔赛、省少儿舞蹈大赛、“全国艺术新秀大赛”襄樊选拔赛有机地结合起来,组成了一个综合性活动。历时一个半月,组织了七个艺术门类200多名选手参加了比赛。在选送到省参加3个赛事的节目中,少儿声乐获得1银、4铜、6个优秀;少儿舞蹈大赛获得1金、2银、3个优秀;全国艺术新秀大赛送省58个节目,56个获奖的好成绩,该馆分别获得“少儿声乐大赛优秀组织奖”、“少儿舞蹈大赛优秀组织奖”等。该馆干部编创的小儿舞蹈《欢乐的草原》获全省小荷风采杯金奖;2002年,该馆协助市老龄委举办了“华林杯”老年文艺调演,并参加组织推荐辅导选送了5个节目参加全省老年文艺调演(录像)节目评审,获得了2金、1银、2铜的好成绩,该馆李永光创作的三弦书《好邻居》获业余组金奖。同年,该馆选送5个项目参加由省群艺馆举办的“全省首届绝技绝活大赛”复赛,有3项进入决赛,其中2项获金奖、1项获银奖,单位获优秀组织奖;组织选手参加“湖北省和平杯京剧票友大赛”获优秀奖1名,单位获优秀组织奖。同年,该馆选送5个项目参加由省群艺馆举办的“全省首届绝技绝活大赛”复赛,有3项进入决赛,其中2项获金奖、1项获银奖,单位获优秀组织奖。自1996年开始,该馆每年组织辅导全市青少年美术书法爱好者参加由湖北省文化厅、教育厅举办的全省青少年书画大赛。截至2005年,累计征集、选送美术、书法作品5000余件,并且每年都有大量作品获金、银、铜及优秀奖。

4.组织大型群众文化展演活动

1998年农历正月十五,在襄樊体育场举办了由四县、三市、两个城区、两个开发区参加的民间文艺展演。表演队伍达5000余人,展演各类民间文艺节目86个,现场观众达25 000余人,襄樊电视台第二套节目作了现场直播。通过此次展演,为抢救、整理司老爷查街、赶象、老背少、大头和尚戏柳翠、滚灯舞、南河套曲等6个濒临失传的民间文艺节目作出贡献。2001年全年,在襄樊市区举办“周末文化广场活动”,每周在市区各文化广场同时演出,累计组织演出13场,演出节目1860个,参演人员15000多人,观众达100万人次;同年6—9月,举办襄樊市“一节一会”大型文艺调演。来自各县(市)区共12支代表队演出12场,共3100多人参演。观众达20万人次。其中“七彩夕阳”专场和开幕式大型文体表演为老年文化专场。2001年12月,在诸葛亮广场举办“襄樊市区周末文化广场活动一周年爵王杯大型群众文化展演”,参加演出人员2000多人,观众达10000多人次。2002年5月,该馆与市委宣传部、市文体局、海蓓力夫公司联合举办了“海蓓力夫杯首届社区群众文体展演黄金周”活动,分别进行了群众歌咏、戏曲曲艺、少儿器乐、体育舞蹈、大型健身团队等5个专场的演出,参演节目70多个,演出人员1500多人,观众达6万多人次。同年,“一节一会”期间,该馆与市委宣传部、市文体局联合在人民广场举办“楚风汉韵看襄樊置地现代城杯万人文体表演”活动。2005年9月,该馆联合襄城区文体局、顺安山社区等单位,举办了“襄城区顺安山社区群众文化活动黄金周”活动。其间,该馆干部深入基层对社区艺术的团体和单位以及个人的剧(节)目进行了策划、编排和精心的辅导等,共组织了5台形式多样的精彩节目40多个,观众达数千人。同年,为庆祝庆祝“神舟六号”成功返回,该馆组织了5个表演方阵,1000多名群众演员举办了大型群众文化展演活动。中央电视台三频道做了现场直播,中央电视台一频道做了现场录像,为宣传家乡和襄樊的精神文明风貌做出积极贡献,受到市委、市政府的通报表彰。

5.非物质文化遗产保护

襄樊是一座具有2800多年建城史的历史文化名城,拥有丰富多彩的文化遗产。非物质文化遗产是文化遗产的重要组成部分,也是历史的见证,见证了襄樊人的聪明才智和创造力。襄樊市首批非物质文化遗产名录确定黑暗传、沮水巫音、端公舞、襄阳花鼓戏、鹿头皮影戏等29项非物质文化遗产。此批非物质文化遗产分为民间文学、民间音乐、民间舞蹈、戏曲、曲艺、杂技、民间美术7大类,分布在全市的各县(市)区。襄樊市将在此名录基础上,申报省级非物质文化遗产。

附:襄樊市第一批市级非物质文化遗产名录

(1)民间文学(共计1项)

序号	编号	项目名称	申报地区或单位
1	Ⅰ—1	黑暗传	保康县非物质文化遗产保护中心

(2)民间音乐(共计10项)

序号	编号	项目名称	申报地区或单位
2	Ⅱ—1	沮水巫音	保康县非物质文化遗产保护中心
3	Ⅱ—2	荆山阳锣鼓	保康县非物质文化遗产保护中心
4	Ⅱ—3	汉江磨调	宜城市非物质文化遗产保护中心
5	Ⅱ—4	什样锦	襄阳区东津镇文化站
6	Ⅱ—5	襄阳火炮	襄阳区双沟镇文化站
7	Ⅱ—7	武安镇闹年锣鼓	南漳县文化馆
8	Ⅱ—8	老河口丝弦	老河口市民族民间文化保护中心
9	Ⅱ—9	老河口阳锣鼓	老河口市民族民间文化保护中心
10	Ⅱ—10	老河口国乐锣鼓	老河口市民族民间文化保护中心
11	Ⅱ—11	巫音喇叭	南漳县文化馆

(3)民间舞蹈(共计10项)

序号	编号	项目名称	申报地区或单位
12	Ⅲ—1	麒麟送子	宜城市非物质文化遗产保护中心
13	Ⅲ—2	赶象	宜城市非物质文化遗产保护中心
14	Ⅲ—3	老背少	宜城市非物质文化遗产保护中心
15	Ⅲ—4	司老爷查街	襄阳区双沟镇文化站
16	Ⅲ—5	端公舞	南漳县文化馆
17	Ⅲ—6	东巩高跷	南漳县文化馆
18	Ⅲ—7	五鱼闹年	南漳县文化馆
19	Ⅲ—8	杠神	保康县非物质文化遗产保护中心
20	Ⅲ—9	板凳舞	老河口市民族民间文化保护中心
21	Ⅲ—10	大头和尚戏柳翠	枣阳市非物质文化遗产保护中心

(4)戏曲(共计1项)

序号	编号	项目名称	申报地区或单位
22	Ⅳ—1	襄阳花鼓戏	宜城市非物质文化遗产保护中心

(5)曲艺(共计3项)

序号	编号	项目名称	申报地区或单位
23	Ⅴ—1	保康独臂皮影戏	保康县非物质文化遗产保护中心
24	Ⅴ—2	枣阳市鹿头皮影戏	枣阳市非物质文化遗产保护中心
25	Ⅴ—3	宜城市兰花筒	宜城市非物质文化遗产保护中心

(6)杂技(共计1项)

序号	编号	项目名称	申报地区或单位
26	Ⅵ—1	老河口抬妆故事	老河口市民族民间文化保护中心

(7)民间美术(共计3项)

序号	编号	项目名称	申报地区或单位
27	Ⅶ—1	老河口木版年画	老河口市民族民间文化保护中心
28	Ⅶ—2	龙凤书	襄城区文化馆
29	Ⅶ—3	保康碑刻	保康县非物质文化遗产保护中心

经过市文体局、市群艺馆挖掘整理,全市非物质文化遗产项目达540多项。其中经过整理、制作上报,获市政府批准确定的市级名录48个;省政府批准确定的省级名录14个;国务院批准确定的国家级名录3个。获得国家批准确定的国家级非物质文化遗产传承人1名,获得省政府批准确定的省级非物质文化遗产传承人8名。同时,市辖南漳县、南漳县东筑镇、枣阳市被湖北省文化厅命名为“湖北省民间文化艺术之乡”。

(三)群众文化创作辅导

1986年6月,该馆创作的《放花牛》参加全国“三民”调演,获创作奖,10首歌曲送省参加评奖,其中《时间就是无价宝》等4首获全省三等奖。1986年,参加全国、全省学校剧本评奖活动,该馆李永光创作的《胖猪崽弹吉他》获全国二等奖、省一等奖。李永光创作的报告文学《牧马人的妻子》获省工商银行文学、文艺征文二等奖。施裕芬创作的幼儿歌曲《夸我有礼貌》在全省少儿歌曲评奖中获三等奖。朱建辉的摄影作品《晚风》在“上海第一届国际摄影艺术交流展览”中入选。1987年组织辅导160件美术作品参加“湖北省民间美术展览会”,31件作品入选湖北美术出版社出版专集《湖北民间美术》。1990年,为庆祝襄樊建城2800年,由李永光副馆长带领相关部室人员,深入到街道、厂矿、学校进行组织辅导,圆满地完成了文艺游行的任务,被市里授予先进单位。1990年,组织参加“省7市群众文化交流活动”4个项目中,旅游风光摄影、舞厅歌手两项获一等奖。全省“腾飞杯”创作节目评奖比赛,5个创作节目获6项奖,其中小品《黄昏曲》获创作表演二等奖和辅导奖。1991年,该馆舞蹈干部邹融、康卫敏创作的情绪舞《钗玲锣》是以道教祭祀为题材而创编的,并在全省小星星歌舞比赛中获三等奖;该馆与襄樊电视台联合录制的文艺专题片《古城春早》及《神龙神》在中央、省电视台播放后,参加了全国民间文艺家协会举办的民俗风光片展播,并获三等奖。1992年,该馆辅导创作的小品《价值》获湖北省文化协会举行的省辖7市文化活动金杯奖和创作银奖;小品《父亲的心愿》获湖北省鄂南工行杯群众戏剧小品创作剧目一等奖;该馆摄影干部朱建辉的作品《跟着月亮走》、《吉日》分别获省文化厅颁发的摄影作品一等奖和三等奖;在纪念中日友好邦交正常化20周年“日本—中国武汉藏书票展览”中,该馆美术干部汪耀海、王家舜的18枚作品入选展出。1995年,邓少林创作诗歌《雪花》获“屈原杯”诗歌大赛优秀奖;张海燕的小小说《夜归》获《青年月报》短文大赛优秀作品奖;扬秋仪创作的童声合唱《雪花飘》入选《湖北名家歌曲集》和湖北省中小学《音乐》教材;李永光与人合作的小品《价值》、王家舜参与创作的诸葛亮文化节开幕式(舞美设计)分别荣获“孟浩然文艺创作奖”;朱建辉的摄影作品《吉日》获提名奖。1996年,朱建辉摄影作品《襄阳古城墙》由文物出版社出版;李永光与他人合作的话剧小品《哑巴鳖王》获中国剧协“96青岛经协联谊杯百优小品大赛”三等奖;扬秋仪撰写的《怎样教琴》和《美的表达》分别在长江音乐刊物上发表。1999年,李永光创作辅导的快板舞《黄黄的路上显身手》在湖北省交通系统“先行颂”文艺汇演中获二等奖;2000年,该馆参加主创和联合录制的音乐电视片《汉江踏歌》多次在中央电视台和湖北卫视播放,并荣获经中宣部批准设立的“中国民间文艺山花奖”;该馆参加创作、辅导的舞蹈《放花牛》获湖北省第五届楚天群星奖铜奖;该馆干部创作、辅导的舞蹈《扇鼓乐》获楚天群星奖优秀奖;该馆业务干部创作的美术作品《竺天竹》获全国第2届花鸟画展优秀奖,《古影》等三幅版画作品在华南师范大学学报上刊登并永久性收藏。康卫敏、邹融编创的少儿舞蹈《襄阳白铜革是》获湖北楚天群星奖少儿类铜奖;该馆在参与第7届湖北楚天群星奖和第2届楚天蒲公英奖美术、书法、摄影、论文的评奖活动中,对征集的100多件作品及专著、论文进行了层层筛选,选送了42件作品进省参加评奖,获得了银奖3个、铜奖3个、优秀奖5个、入选奖12个,该馆获组织奖。该馆干部边广兰的美术作品《绿色空间》获楚天群星奖银奖,其专著《少儿中国美术史话》获楚天蒲公英奖铜奖,汪彦创作的油画《饰》获入选奖,王家舜创作的《闹春图》获优秀奖,朱建辉的摄影作品《秀色》、《塑》获入选作品奖;美术干部王家舜的版画作品《古影》参加了由中国西部十一省文联、美协、书协联合举办的“中国西部书画大赛”并获优秀奖,作品入选中国西部实力画派书画作品画册。2003年在湖北省文化厅、省曲艺家协会举办的湖北省第九届“百花书会”曲艺创作作品评奖中,李永光创作的三弦《好邻剧》获优秀创作奖。该馆干部边广兰创作的《如歌的季节》参加了北京世纪坛举办的“国际美术年——当代艺术大展”。2004年,在全国10届美展中,该馆选送作品41件,参加省展25件,入选全国展览10件;征集选送第九届湖北省楚天群星参评作品50多件,获楚天群星奖银奖3件、铜奖5件、优秀奖21件。其中该馆李永光创作的三弦书《好邻剧》获银奖,边广兰创作的美术作品《神农溪印象》获铜奖,王家舜的美术作品《乐》和朱建辉的摄影作品《晨阳》分获优秀奖。2003年,组织参加“第八届楚天群星奖”,并制作成录像节目送省,其中4件作品参加全省决赛,获铜奖2件,优秀奖2件。同年,参与了市委宣传部对外宣传画册的编辑拍摄和中央电视台《魅力襄樊》襄樊专辑“孔明灯”节目的拍摄工作。2004年,辅导组织保康县“薅草锣鼓”代表湖北省参加在山西左权举办的中国第二届南北民歌手擂台赛,获优秀歌手将和新传奖。

(四)群众文化理论研讨

1994年,湖北省第6届群众文化理论研讨会上,该馆选送的论文获一等奖1件、二等奖3件。扬秋仪撰写的《步履艰难的国民音乐教育》、《中国音乐教育》获全国音乐教育优秀论文一等奖,并在《中国音乐教育》、《长江音乐》刊物上发行;邓少林创作的诗歌《最后一只蝴蝶》获中国当代文学创作二等奖,并编入广东人民出版社《优秀新作集萃》一书中。1995年,该馆干部合作撰写了8000多字题为《参与、引导、辅导、协调》的论文被文化部、中国群众文化学会,全国老龄委采用,并参加了在广州举行的全国老年文化研讨会。1996年,该馆干部撰写的《新形势、新思维、新网络》在山西省群文研讨会上获奖,并出书选用。1999年,扬秋仪的歌曲《雪花飘》获南京“迎新世纪全国校园歌曲百名优秀曲作家”奖;卓道成撰写的论文《正确处理五个关系》在文化艺术出版社刊发。2000年,该馆与省《文艺指导》编辑部联合办襄樊专刊一期,组织撰写和发表了17篇理论文章和4件音乐作品。2001年4月,该馆在保康县召开了“襄樊文化与表现发展”理论研讨会,收到论文29篇,其中有5篇分别被《湖北文化》和《文艺指导》刊用。2001年3月,召开群星奖小戏、小品、曲艺创作研讨会。2001年7月,举办庆祝建党80周年全市书画作品观摩暨理论研讨会;该馆卓道成的论文《正确处理五个关系、繁荣群众文化事业》获省群众文化论文评奖银奖,《关于社区文化建设思考》获湖北省第6届楚天群星奖优秀奖;该馆扬秋仪的论文《从通俗韵的审美价值取向看我国通俗音乐创作》获湖北省群众文化论文评奖金奖;李永光专著《襄樊风情》(民俗分册)由湖北人民出版社出版。2001年，该馆在全市范围内组织开展“社区文化建设”理论研讨征文活动，共征集到文章30余篇，评出金奖3篇、银奖5篇、铜奖11篇、优秀奖10篇。2003年，该馆干部张勇新撰写的论文《坚持先进文化方向、探索群众文化市场道路》参加市社科联等单位举办的社区文化建设研究征文活动，获得全市三等奖；该馆干部苏奇撰写的《有为才有位》发表在2003年《湖北文化》第2期上；2004年，辅导选送10篇文章分别参加湖北省群众艺术馆、湖北省民族民间文化保护中心、湖北省民俗学会举办的“2004年湖北省群众文化论文评奖”和“2004年湖北省基层文化工作调研文章评奖”，获二等奖1篇、三等奖2篇、优秀奖1篇、鼓励奖5篇，该馆获组织奖。2004年，举办了“民族民间文化艺术传承与保护”基层文化工作理论征文评奖活动；2005年，该馆对全市10个群艺(文化)馆的现奖进行了较为翔实的调查，撰写了《襄樊群艺馆(文化馆)事业发展的调查报告》，并在《湖北文化》2005年第五期上刊登，并被纳入了市文化体制改革领导小组编印的《襄樊市文化事业发展》蓝皮书。该馆历年来馆办的《襄樊文艺》《襄阳文艺》《襄樊歌声》《襄阳文化报》《襄樊群众文化》《襄樊文化》等刊物。

八、历史文化名城保护

1986年12月8日，国务院批准公布襄樊市为国家历史文化名城。1990年7月18日，市政府下文正式成立名城建设管理委员会办公室。1995年3月，市编办文件批复成立名城办，隶属关系直属市政府管理。1996年，组建《名城报社》编辑部。1998年12月，成立名城建设管理委员会办公室，为正县级单位，归口市建委管理。2001年11月，市名城办更为市建委的内设机构。自国务院公布襄樊为国家级历史文化名城起，襄樊市在加速城市现代化建设进程中，按照“总体保护，突出重点，合理利用，赋新光大”的原则，正确处理名城保护与发展的关系，有效地保护和开发利用历史文化资源，完善城市功能，塑造城市特色，促进社会、经济、环境和城市的可持续发展。

(一)历史文化名城宣传

1992年5月25日，《名城风采报》创刊(后来更名为《名城报》)。1993年10月5—10日，“中国湖北襄樊诸葛亮文化节”和“中国历史文化名城第6次研讨会”在襄樊隆重召开。1997年5月，在仲宣楼举办了名城书画、摄影展，开展名城宣传工作。1997年8月，和襄樊市电视台在仲宣楼共同举办了中秋晚会，邀请了阎维文等数十位著名歌星会聚于此，取得了一定的社会效益。1997年10月，召开了全国名城联络员会议。1998年，编印出版《中国历史文化名城襄樊》画册。2000年，召开名城工作和名城委换届会议。2001年，参加了全国历史文化名城2001年年会暨第10次学术研讨会，并提交了交流材料《谷城历史街区的保护与利用》。2003年10月23日，参加了在成都召开的名城年会暨第11次学术研讨会，撰写了《建设生态城市，走可持续发展道路》的交流材料。2005年10月，参加了在肇庆市召开的名城年会暨第12次学术研讨会。

(二)改善城市生态环境

全市利用山川相连、依山傍水的自然地理优势，下大力气治理城市外围环境，利用南临起伏连绵的城郊绿化一体化的战略，把森林引进城市。市区东、南、西三面毗邻的鹿门山、隆中山、羊祜山已分别建成了国家级风景名胜区和国家森林公园，总面积 60 多平方公里，形成自然生态环境优美、历史文化浓厚的旅游休闲胜地，成为城市巨大"氧气库"和绿色屏障。

1989 年，经国务院批准的襄樊市城市总体规划已明确将襄樊定位为"山水园城市"，确定了突出"绿"字、保留"古"字的城市建设思路。1999 年，襄樊市总体规划修编后，明确了城市生态环境规划的框架体系。按照这一框架蓝图，实施以鱼梁洲生态旅游岛作为城市生态环境绿心，以城市的外围山体、水库、田园组成城市生态圈，以隆中风景区、张公祠国家森林公园、鹿门寺国家森林公园构成城市空间景观生态走廊，以汉江、唐白河、小清河及堤岸绿带形成城市的四条向心生态绿轴的城市大环境建设工程。初步形成城市"一心一圈一廊四轴"的生态环境框架体系。突出鱼梁洲、岘山、万山、汉江、小清河、唐自河等形成的"一洲二山三水"的城市自然特色，塑造滨江城市景观。对一些与历史文化古迹相衔接的重点景观带进行了科学合理的整修，使之在弘扬历史文化的同时，增添新时期的文化内涵。在如强化古隆中国家级风亲名胜区的建设工程中，着重加强了景区内路、景、园、场等配套设施建设，将通游览路、置景造园等工程整合为一，标本兼治，使之集休闲娱乐、观光游览、文化生态为一体。

根据米公祠保护规划，市财政拿出 1 000 多万元迁走影响其环境的市电机厂，而且严格控制生态绿化用地，让与其相邻的东风汽车车轿厂拿出相应地段的土地建厂前公园，不仅美化了车轿厂厂区环境，同时还为米公祠增加了生态环境空间。米公祠用地面积由原来的 7 亩扩大到 21 亩，在城市中心区形成一块市民共享的绿化空间，实现"多方胜景，咫尺山林"的艺术效果，成为城市中的亮点。汉江大道改造工程是襄樊市重点工程的重头戏，3.5 公里沿毕大道的改造丰富了滨江景观，拆除旧房 20 万平方米建生态绿地，将城市的历史与未来、文化与经济、园林绿化与自然生态环境有机地结合起来，形成襄樊的"外滩"。同时利用汉江滩涂地而兴建成的月亮湾公园占地 300 公顷，充满自然野趣，成为市区最大的休闲场地。

（三）建立紫线管制制度

2004 年，在省建设厅指导下，组织制定襄樊市城市紫线规划管制制度(包括襄樊市城市紫线规划管制文本、说明书、管制图则、网上查询系统)，并已代市政府拟定《襄樊市城市紫线规划管制办法》，已上报名城保护委员会、市人大审定，为历史文化名城保护向科学化、规范化管理提供技术规程和法制保证。

（四）保护性修复

1993 年以来，襄樊市集中财力，对襄城北街等历史传统街区、襄阳古城墙及护城河等历史景观严格按照名城保护规划的要求进行了修缮。先后投入资金 1 亿多元，拆迁厂房、民房 11 万平方米，绿化造景 38 万平方米，建成游园、广场 6 处。襄阳古城是襄樊名城的突出代表。城内以十字街为中心，形成南北中轴对称、道路为棋盘式的方正结构。在规划实施中，严格控制古城空间结构和城市形态。如襄樊汉江长虹大桥最初的选址在地质条件较好、江面较窄、投资较少的襄阳夫人城附近，为避免对襄阳古城风貌"开膛破肚"，桥址西移 500 米，不会对襄阳古城造成任何影响。在古城天际轮廓的控制上，城内以昭明台为制高点，一切新的建筑高度，均需低于昭明台，突出这一传统标志性建筑巍峨壮观的气势。同时，市长办公会专题研究文物保护管理和利用工作，市政府先后下发《关于加强文物保护管理的通知》、《关于加强襄樊名城保护与建设的通知》等，不断强化文物保护意识，规范政府和相关职能部门的行为。

2000年2月，国务院办公厅批准襄樊市城市总体规划（含名城保护规划）。两次修编襄樊市总体规划和名城保护规划，对城市格局、功能、风貌进行界定。全市确定7个文物风景保护区，即襄阳古城保护区、樊城老街传统保护区、隆中风景名胜保护区、岘山风景名胜保护区、檀溪万山风景名胜保护区、鹿门山风景名胜保护区、古邓城遗址保护区，并界定了每个保护区的保护范围。同时，陈老巷、友谊街、北街、荆州街北段等为重点保护的历史街区。古襄阳城内建筑高度实行四级控制范围，对邓城及地下文物富集区实行重点保护。在樊城新区，尽量采用现代城市建设手法，建成长虹路、修建邓城大道、开拓沿江大道。在沿江带、金三角地带、长虹路旁兴建商贸、金融高层现代建筑，筑造现代城市景观。此外，全市还选择一批具有代表性的传统民居、街巷、会馆、古建筑等实施有效保护，并着手开发利用，以此带动和提升城市文化品位。

市政府从20世纪80年代开始，着手对全市的地上文物进行系统全面的普查，并在普查结束后立即制定文物维修方案，拨付维修经费对文物进行抢救性维修。从现有文物保护单位中挑选一批具有代表性的文物点进行先期维修，如襄阳城墙、广德寺多宝塔、襄阳谯楼、习家池，以及米公祠的碑廊、洁亭、宝晋斋、仰高堂等。20世纪90年代，国家制定"保护为主、抢救第一"的文物工作方针后，襄樊市的文物保护与维修工作得到进一步加强，大部分文物建筑得到修缮。如襄阳城墙修复了大北门、东、西部分城墙以及东南角的仲宣楼，维修了部分残损和坍塌的城墙；新建米公祠东西苑碑廊、亭、台、水榭，对拜殿进行落架大修；重建了广德寺的大雄宝殿，全面维修了天王殿、东、西知客楼、东西方丈院、藏经楼；修复了黄州会馆后殿；维修了县学宫大成殿、铁佛寺大殿以及单家祠堂等。

从2000年起，市委、市政府先后投入大量资金对一批在国内比较有知名度的国家级和省级文物保护单位进行维修。其中国家级重点保护单位有4处，省级文物保护单位有3处。同年，对夫人城维修。2001年，对襄阳城墙北段西侧内墙（小北门至夫人城段）维修，西城墙南侧、南城墙中、西侧地段（均为外墙）修复。东城墙南侧（内墙）维修。2000年，政府投资600万元对米公祠东苑进行了扩建。2002年，山陕会馆被纳入年度城市重点工程建设项目进行了全面维修。这些文物保护单位的重建和维修工作基本上是由政府拨款投入的，其中县学宫大成殿、铁佛寺大殿的维修工作是由文物部门对使用单位做了大量的文物法宣传工作后，由使用单位自行出资维修，文物部门在维修过程中给予了技术上的指导。

九、文物博物馆

（一）机构

1.襄樊博物馆

襄樊博物馆始建于1951年，原址位于襄阳古城南街古谯楼，是襄樊地区文物收藏、宣传教育和科学研究的中心机构，管理全国、省重点文物保护单位襄阳王府绿影壁和谯楼各一处，馆藏文物近2万件，其中一级文物百余件（套），以先秦时期的青铜器著称。2005年底，有在岗职工51人，其中大专以上学历27人，高级职称4人，中级职称26人。下设机构有考古研究所、办公室、保管部、陈列部、宣教部、安保部。中共襄樊博物馆委员会书记邵炎才，馆长潘杰夫。

2.襄樊市考古队

襄樊市文物考古工作始于20世纪90年代初。当时市文化（文物）局管辖的3个单位，即市文物勘探管理办公室、市博物馆考古部和市文物管理处业务科。为适应较大规模基本建设的需要，相继开展了配合基本建设进行的考古勘探、发掘业务工作。1995 年，市文物管理处业务科承担的市建设银行彭岗住宅楼建设工地考古勘探、发掘业务，由于专业技术人员缺乏和管理方面的原因，致使一批战国时期楚平民墓遭毁坏。这一事件经中央电视台“焦点访谈”曝光后，引起了市文物局的高度重视。1996 年 7 月 11 日，市文物局将分散在原市文物勘探管理办公室、市博物馆、市文物管理处 3 个单位的考古职能和专业技术人员集中起来成立了襄樊市考古队。其具体职能有四项：受市文物局委托承担地下文物保护行政执法，防止地下文物遭到破坏；配合基本建设进行考古勘探、发掘；对出土文物进行修复整理和研究；协助公安等部门打击盗掘古遗址、古墓葬的各类犯罪活动。1997 年 10 月，襄樊市考古队与市博物馆合并，凡留在考古队但人事关系在其他单位的人员，皆调入博物馆。考古队与博物馆为一个单位，两块牌子，组织人事关系在一起，但考古队办公、财务仍与博物馆分开。

(二)考古发掘

1.古遗址发掘

(1)史前考古：本区经调查发现 4 处旧石器时代遗址，即山湾、金鸡嘴、军营坡和龚家洲遗址。共采集砾石工具 40 余件，绝大部分出自砖红壤上层，器类有石核、石片、尖状器、砍砸器、刮削器等。其特征与蓝田、丁村文化遗址中的同类器相似，时代当为距今 10 万年左右的旧石器时代中期偏晚。但尚未进行过旧石器时代遗址的考古发掘。本区新石器时代文化已相当发达，有文化遗存 150 多处，基本上沿汉水及其支流两岸较为密集地分布，尤其是在新石器时代中晚期，逐步在汉水中游北岸的南阳盆地西南部、西岸的襄宜平原和随枣走廊形成了相对集中的较大规模聚落群。经发掘的 10 余处遗址包括宜城市顾家坡、老鸹仓、冢子包遗址，高新区牌坊岗遗址，襄城区钱营遗址，襄阳区王树岗、王庄、邵家棚遗址，枣阳市周台遗址，谷城县水星台、下新店遗址等。许多遗址都清理出丰富的遗迹，如房屋建筑基址、灰坑、灰沟、壕沟、成人墓葬、儿童瓮棺葬及祭祀遗迹等，也出土了陶、石、骨器等大量文化遗物。发掘情况表明，本区的新石器时代文化主体为渊源于南方并一脉相承的大溪文化、屈家岭文化、石家河文化，同时也受到北方仰韶文化、龙山文化的影响，并在吸收、融合南北方文化的基础上形成了一定的地方特色，这其中以雕龙碑遗址最为典型。各遗址不同时代文化遗存的揭露为逐步展示了襄樊地区原始社会形态从母系氏族到父系氏族再迈入文明门槛的变化历程。顾家坡遗址是汉水中游西岸的一处新石器时代中晚期遗址。发掘于 2000—2001 年，发掘规模较大，收获颇多。遗址面积约 2 万平方米，揭露面积约 2000 平方米，清理出从大溪文化晚期到石家河文化早期的房址 12 座、灰坑 37 座、瓮棺葬 13 座、成人墓葬 239 座等重要遗迹，出土了大量大溪文化晚期和屈家岭文化时期的遗物。

(2)夏商周时期考古：本区夏文化遗存主要有 3 处，即襄城区王树岗遗址和枣阳墓子岗、顺城湾遗址。1997 年，发掘的襄城王树岗遗址清理出 2 座灰坑，出土有陶鬲、碗形簋、尊、花边口罐等典型的二里头文化遗物。本区商文化遗存尚未发现，历史也失载，只能从征集到的青铜爵、尊等少数几件商代文物中窥见商文化在本地的影响。两周遗址和墓地遍布襄樊全境，约 280 余处，相对集中在汉水北岸以邓城城址为中心的南阳盆地南部、随枣走廊和汉水南岸以楚皇城、郭家岗、小胡岗遗址为中心的襄宜平原地区。邓城城址附近考古发掘资料最为丰富，遗址有高新区黄家村、周家岗、韩岗、王家巷、卞营、彭岗、张营遗址，襄阳区的小马家、南杨家遗址，其中王家巷遗址清理出了制陶作坊遗迹，黄家村遗址出土了铸铜模、范等遗物，小马家遗址 3 座西周早中期灰坑是本区周代最早的遗存。墓地集中在汉水北岸，在邓城城址北至东南部呈扇形分布，大型墓地有王坡、团山、彭岗、余岗、沈岗及山湾、蔡坡（二者实为同一墓地）等六处，数量少者百余座，多者近千座，其他还有卞营、韩岗、黄家村、岭子等小型墓地，共发掘墓葬2000余座，出土各类遗物万余件，包括“邓子中”鼎、“邓公乘”鼎、“邓尹疾”鼎、“郑藏公之孙”鼎、“上鄀府”簠、“吴王夫差”剑等多件铭文青铜器。其时代上起西周中期，下到战国晚期，该地文化遗存以公元前678年、公元前279年为界，分属邓、楚、秦文化范畴。汉水东岸、随枣走廊西端发掘有陈坡、下柏、汪家洼遗址和陈坡墓地，中部发掘有枣阳周台遗址、郭家庙墓地、九连墩墓地。其中前三处遗址都有间断，以西周晚期为主，其属性难定，东周时期为楚文化遗存，而周台遗址自西周晚期至战国中期属曾国文化范畴，其西侧的郭家庙墓地则为曾国高级贵族墓地。其中21号墓，据其规模、形制特点和《曾伯陭钺》等大批出土器物，可确认为西周末期曾国国君曾伯陭墓。已发掘的九连墩M1、M2和陈坡M10属典型的楚国高级贵族墓葬。汉水以南今襄阳城内新街遗址及城西真武山遗址是汉水南岸发掘的2处有西周中晚期文化遗存的遗址，出土了大量特点鲜明的陶器。特别是后者清理出了多个遗迹，其出土的有字卜骨目前属长江流域甲骨文的首次发现，这种文明的发达程度表明该遗址的性质非同一般，但两者的国属还等待进一步的探讨。今襄阳城内许指巷、运动路遗址发现了少量战国遗物，间接说明了“楚北津戍”的设立史实，而城外岘山、郑家山等墓地的发掘清理了少量战国墓，不少有秦文化因素，是楚、秦以此为重要据点的见证。襄宜平原地区发掘了楚皇城、郭家岗遗址及母牛山、凤凰山、肖家洼子、罗岗、白庙墓地等，楚皇城遗址解剖发现了春秋中期以后的遗存，证实城墙建造时代相对较晚，但无论如何，仍应是一处重要的楚国城址；郭家岗遗址面积大，规格较高，时代自西周晚期遗址延续发展，对探究春秋早期楚郢都提供了线索；罗岗墓地发现了较大型的车马坑；白庙墓地一座战国晚期墓葬出土了2件“竟之溸之少鼎”，这可能对古竟陵和古郢都地望的研究提供重要资料。

两周时期发掘的遗址中，遗迹有灰坑、灰沟、房址、水井等，灰坑有圆形、椭圆形、长方形、三角形、马鞍形、不规则形等多种形状；房址一般残甚，除周台遗址分别发现长达37米的回廊式版筑台基、柱洞直径近1米的两处大型建筑基址外，其他 ·般面积较小，多清理出墙基、柱洞、居住面、门道等；水井均基本为圆形，因地域不同而有深浅之别，最深达13米。出土遗物以日用陶器为主，有鬲、甗、簋、盂、豆、盆、罐、罍、瓮、缸、器盖等。本时期的墓葬除战国晚期有极少量洞室墓外，均为土坑竖穴木椁（棺）墓，少量设生土台、壁龛、台阶、蹬台、墓道。出土遗物以陶器居多，主要分日用器和仿铜陶礼器两大类，前者有鬲、盂、豆、罐，后者有鼎、敦、簋、盏、壶、钫、盘、匜、杯等；铜器数量也较多，按功能分有容器（含祭器和燕器）、乐器、兵器、车马器、工具、装饰品等，较多的容器、兵器上有铭文；其他类器物还有漆木、竹、皮革、丝、麻、草、棕、石、玉、料、玛瑙、琉璃、水晶、骨、角、铁、铅锡、金、银等。可以说，两周时期遗存是本区的重点，出土遗物数量是最多的，特点也最为突出，序列较为清晰，是本区考古发掘最有特色的时段。

2002—2003年，枣阳周台遗址和郭家庙曾国墓地的发掘，是继曾侯乙墓之后曾国遗存的又一次重要发掘。在郭家庙共发掘西周晚期至春秋早期墓葬25座。其中21号墓，据其规模、形制特点和“曾伯陭钺”等大批出土器物，可确认为西周末期曾国国君曾伯□墓。这对于曾国历史的深入研究具有十分重要的意义。周台遗址和郭家庙墓地的周代文化遗存表现出强烈的姬周文化风格，出土器物的组合、形制、文饰与中原姬周文化遗存基本相同，且一脉相承。湖北省文物考古研究所2002年发掘的枣阳九连墩一、二号墓，都是战国中晚期典型的楚文化遗存。郭家庙墓地发现于2002年11月底，共发掘西周晚期至春秋早期墓葬25座。其中21号墓，据其规模、形制特点和“曾伯陭钺”等大批出土器物，可确认为西周末期曾国国君曾伯□墓。本次郭家庙墓地的发掘是春秋及其以前曾国墓地的首次发掘。尤其是对曾国国君曾白陭等高级贵族墓的确认，为曾国历史地望的研究提供了力证。本次发掘的墓葬虽绝大多数已被严重盗掘，但仍出土了大量随葬器物，其中的铜器和玉器，不乏精美之物。新发现交等方面十分难得的重要史料。此外，这次发掘出土的曾国陶器，对于进一步全面了解曾国物质文化提供了难能可贵的实物资料。

（3）秦汉时期考古：本区秦文化遗存发现不多，一般与西汉文化遗存同处一地，基本未见单独的秦文化遗存。秦文化遗存主要集中于秦占领下的原楚国重要城镇或军事据点，如邓城、楚皇城、襄阳城及其外围和老河口柴店岗附近。汉文化遗存则遍布襄樊市辖区，西汉墓葬分布较为密集，东汉墓葬则较为分散。秦汉时期的文化遗址发掘较少，主要有宜城楚皇城城址、高新区邓城北部的韩岗遗址和襄阳区的陈坡遗址。这一时期发掘的墓地较多，墓葬达千余座。秦汉相连的墓地有楚皇城城址外围的魏岗、雷家坡等墓地，邓城外围的王坡、余岗、岭子等墓地，襄阳城外的郑家山、付岗等墓地，柴店岗附近的九里山墓地。西汉墓地分布较为广泛，集中于南阳盆地南部、随枣走廊和襄宜平原三个大的地理分区，每个分区又相对集中于城址周围。较重要的墓地有南阳盆地南部邓城周边的高新区彭岗、黄家村、樊城高庄、长虹南路、松鹤路、贾巷、许家岗及老河口柴店岗遗址北部的九里山等墓地，随枣走廊春陵外围的果园、赵家湾、张家洼等墓地，襄宜平原襄阳城附近的岘山、贾家冲、真武山等墓地，宜城楚皇城附近的太平岗、白庙等墓地。其墓葬分布于遗址区周围的岗地上，一般聚族而葬，并呈一定规律分布。秦墓以长方形竖穴土坑为主，少量岩坑，墓坑以口大底小的居多，少数墓葬设生土二层台和壁龛。有个别秦代关中地区较流行的洞室墓。墓葬方向以南北向的居多，东西向的也占有一定的比例。葬具有单椁单棺，均朽，仅存腐痕。人骨架普遍保存极差，葬式多不明确，少量墓葬可根据人骨腐痕判断为仰身直肢，偶见典型秦文化中的仰身或侧身屈肢葬式。随葬品除小件器物放置于棺内外，大件器物置于椁内棺外的一端、一侧或一端一侧，有龛的墓葬则置于龛内。随葬器物的种类和数量因等级的差异而多寡不一，除少数等级较高的墓葬中随葬有青铜器外，一般以陶器为主，又以陶日用器所占比例最大。器类有陶、铜、铁、漆和玉石料角器，铜器有鼎、钫、壶、蒜头壶、鍪、镜等，陶器有鼎、盒、壶、豆、罐、盂、鍪、釜、灯等。西汉墓的墓葬方向以南北向占绝大多数。墓坑以竖穴土坑为主，有少数岩坑墓，部分墓葬有封土堆或墓道，坑口平面有长方形和近方形之别。2005 年，九里山墓地发掘表明，西汉中晚期带墓道的墓有单墓道和双墓道之分。夫妻墓由早期的异穴或同冢异穴合葬，发展到同穴一次合葬、二次合葬，进而一家数代同冢异穴合葬。墓型也由长方形竖穴土坑发展为近方形竖穴土坑、带墓道的近方形竖穴土坑。西汉晚期开始出现砖木混构墓葬，至末期发展为拱顶单室砖墓。葬制和葬俗的变化在老河口九里山墓地表现得较为突出，演变轨迹明晰。葬具一般有单棺、单椁单棺、单椁双棺，其中以单椁单棺最为常见，椁下常有两根垫木。葬具保存较差，未见分厢情况。葬式多因人骨腐朽而不明，少数可据骨痕判断为仰身直肢。随葬器物因时代、等级的不同，在各墓中的种类和数量也存在差异。等级越高，随葬器物的种类越全、数量越多。东汉墓葬的方向多不一致。墓葬形制有土坑竖穴木椁墓、土坑竖穴砖木混构墓、土坑竖穴砖室墓。前两者出现于早期，数量较少，中期以后本地主要流行带墓道的土坑竖穴砖室墓，砖室墓由单室向双室、多室发展，结构由简单到复杂，材料也由单一的墓砖到砖石混用，墓砖由素面到模印纹饰。画像石、画像砖墓在本地区的枣阳、南漳、襄樊皆有发现。这类墓最早见于中期，数量较少，夫妻同穴合葬比较流行。晚期还出现了一家数代同穴合葬。它们应是受到南阳盆地画像石、画像砖墓影响的产物。随葬器物中，仿铜陶礼器趋于衰落以至消失，日常生活用具的数量和种类增多，反映当时地主庄园经济生活的模型明器日见盛行。

（4）三国两晋南北朝隋唐时期考古：三国两晋南北朝时期考古中，遗址发掘集中于襄阳城内的许指巷、荆州北街、南街、运动路、宜宾路等几个点上，基本覆盖了今襄阳古城的范围，地层堆积较厚，遗迹较为丰富，出土了较多的反映这一时期文化面貌的盘口壶、四系罐、盖罐、碗、杯等青瓷器，印证了襄阳城的历史地位。墓葬发掘也比较典型，代表性的墓地有襄阳城东街和襄城区檀溪墓地，高新区黄家村、邓城周围的墓地,樊城区长虹南路(蔡家嘴)、高庄、贾巷墓地,谷城肖家营墓地、老河口杜家河墓地等。所发掘的墓葬基本上都是砖室墓,其形状、砌筑方法、墓顶结构、铺地砖的方式都与汉水及长江中下游地区大同小异。三国时期比较典型的大型多室墓主要有二座,一是襄阳城东街墓地 M1,1994年发掘,由甬道、双耳室、前室、中室和后室组成,墓室全长 17.8 米,因历史上多次被盗,随葬器物仅残存少量瓮、罐、盆、樽等陶器残片和贴有金箔的铜器残片、"五铢"钱及铁刀、铅器、残玉片等,发掘者根据墓葬综合特征并结合《水经注》等文献记载推测墓主为时任荆州刺史的刘表;二是高新区邓城北侧的贾庄大冢,1997 年发掘,由甬道、前堂、侧室、后室组成,墓室通长 12.8 米,该墓早年遭到严重破坏,出土有大量釉陶器残片和少量金银饰片。

两晋时期大型砖室墓较多,最大的一座是 2001 年发掘的樊城区贾巷墓地 M8,墓室全长 11.12 米,是夫妻同穴并列的两座多室墓组成的合葬墓,虽多次被盗,仍出土有陶盘口壶、奁、甑、灯、模型楼阁、磨、仓、灶、猪圈、鸭、镇墓兽、狗、铜钱、铁剑等多件器物。这是本地区发现的规格最高的一座西晋墓。比较典型的西晋中小型墓有 2004 年发掘的襄城檀溪印象小区真武山 M20,出土了较多的青瓷器如香熏炉、四系盘口壶、盘、唾壶、鸡首壶、虎子等,这批青瓷器有相当高的工艺水平,应为江浙窑口所烧造。

南北朝时期较有特色的画像砖墓葬有两座,一是谷城肖家营墓地 M40,1999 年发掘,画像砖内容既有青龙、朱雀和武士、仕女,又有"宝瓶插花"、八瓣菱花、菊花、花叶纹、涡纹等;二是襄城区麒麟店清水沟 M1,画像砖内容有双虎、双狮、博山炉、飞仙、供养人、人首鸟身、兽首鸟身、抬轿图、侍饮图、武士出行图、备马出行图、郭巨埋儿、王子乔吹笙引凤等多种题材。均由甬道及墓室组成,前设斜坡墓道。

隋唐时期的考古工作获得了较为丰富的资料。遗址发掘同样集中在襄阳城内,在三国两晋南北朝的基础上继续发展。墓葬发掘中,襄阳、樊城、邓城三城附近都发现了较为大型的墓地,如襄阳城西的檀溪墓地、樊城区的许家岗墓地、高新区黄家村墓地等,共发现墓葬 300 余座。这时期的墓葬规模都不大,基本上都是单室砖墓,平面多为"刀"形和长方形,一般都有斜坡墓道,刀形墓为券顶,长方形墓或为穹隆顶,或四壁外弧。随葬品以陶瓷器为主,有少量的铜器、玉器、铁器。其中陶瓷器有带盖罐、双耳罐、长瓶、鸡首壶、碗、唾盂、砚、粉盒,同时有较多人物俑和动物俑等。铜器有镜、铜币,铁器有剪、镰、剑等。本地隋唐墓随葬器物以陶人物俑和动物俑及三彩器最具特色。其中有无陶俑随葬,是官僚士族与一般地主的区别,而随葬陶俑的多少又与墓主身份等级相关。

1999 年,樊城区立业路南侧高庄墓群 M28 出土陶俑 23 件,墓主为五至九品的中下级官吏。其中武士俑肌肉发达,怒目圆睁,剑拔弩张;女俑则高髻广袖,亭亭立玉,悠然娴雅,十分丰满,动物俑或咧嘴长嘶,或缩颈低头,逼真生动。2005 年,樊城高新区黄家村汉北仓储基建工地 M217 出土的唐三彩罐,其色釉浓淡自然、浸润有致、斑驳淋漓,充分显示出堂皇富丽的艺术魅力和精湛的工艺水平。

长虹南路 M16 为"凸"字形单室砖墓,由墓道、甬道、墓室三部分组成。墓圹通长 10.02 米。甬道券顶,甬道口设券门,券门外侧设置可供开合的对开石门,有门楣、门枋和门槛,双扇门两面均浮雕图案,北扇正面自上而下分别为龙、鹿、虎、铺首衔环,背面上、中均为雀,下为铺首衔环;南扇正面上虎、中雀、下铺首衔环,背面上雀、下铺首衔环。墓室四隅券进式穹隆顶,内有八具人骨架。甬道及墓室散置随葬器物有陶壶、豆、盆、罐、瓮、钵、灶、井、磨、碓、猪、狗、鸡等,青瓷罐,铜鋗、弩机,铅锡马镳、泡,金、银环,骨管。

(5)宋元明清时期考古:这一时期在考古发现上同宋以前各个时代有较大的不同,遗址虽同样以古城址为主体,分散布置村落遗址,但这些遗址点因多与现居民点重合而遭到较大程度的破坏。较大规模的墓地不多,主要分布在襄阳古城外的多个山上,如郑家山、羊古山、虎头山等;一般集中埋葬的墓地以小型墓为主，墓葬数量在10—20座之间，并发现相当数量的墓葬单独或仅寥寥几座杂处于其他早期墓地中。遗址内的遗迹及出土器物和墓葬的形制及随葬器物与其他地区相比，以共性为主，地方性特色很少。本时期遗存共发掘文物点53个，有遗址点19个，发掘面积1 540平方米，其中14处遗址集中于古襄阳、樊城城内，发掘面积1 090平方米；墓地34个，墓葬212座，墓葬分布地点较多，但相对分散，且时代集中的墓地少，主要杂处于其他早期墓地中。共出土瓷、陶、硬陶、铜、铁、石、骨等器物标本2800余件（枚）。所发掘的19个遗址大多兼跨宋、明、清三个时代，个别时代单一，而元代地层和遗迹难以确定，仅能依据特征判断出个别该时期的遗物。

宋代地层和遗迹为主体，出土遗物较多，除相对较多的日用陶器外，还有大量瓷器。瓷器品类丰富，釉色多样，包含南、北方多个窑口的产品，各窑口烧制瓷器均以日用器皿为主，尤以碗居多。其中南方景德镇窑的青白釉瓷器最为典型，除胎色白亮、釉面温润如玉的显著特点外，不少瓷器还以简洁的印花、刻花装饰，增强了其观赏性和艺术感染力，也因此成为了整个南方地区瓷器的主流产品。南方吉州窑的黑釉瓷碗、盏也发现较多，除多见一般性的单纯黑釉瓷器外，还有叶脉纹、剪纸贴花和玳瑁釉瓷盏等独树一帜的黑釉瓷器。还出土有少量南方龙泉窑的粉青釉瓷碗、建窑的兔毫釉瓷盏等。北方窑口的产品主要有定窑的印花薄胎白瓷盘、均窑的紫红色窑变厚釉碗、耀州窑的繁密刻花青瓷大碗，以及磁州窑的白地黑花瓷瓶、天蓝釉碗、红绿釉碗等。整个宋代瓷器可谓百花齐放，异彩纷呈。

唯一一件可确定的元代遗物就是2004年出土于民主路遗址最早的明代早期地层中的黑花“岁寒三友”纹高圈足瓷碗。除位于襄阳城内西北部的民主路遗址为单纯的明代遗存外，其他或直接叠压在同一遗址早期的地层上，或打破早期地层和遗迹。该时期出土遗物较为丰富，瓷器占大宗，瓷器中更多的是青花瓷器，器类有碗、盘、碟、杯等，纹饰有花卉、枝叶、动物、人物、文字等多种，少量有年号、吉语款，胎质较粗，基本为民窑产品。青花瓷器外还有绿、白、红、蓝等单一颜色釉和多色釉上彩瓷器。

清代地层薄，遗迹少，且都受到相当程度的破坏，出土物较少，占主体的瓷器同样以民窑出产的青花瓷器一枝独秀。经发掘的200余座宋元明清墓葬同样以宋墓为主，按结构主要分为砖室墓和土坑墓两类，基本为小型单室墓葬，平面形状有长方形、多边形、圆形等，有部分迁葬墓。其中仿木结构砖室墓较具特点，它由斜坡或台阶状墓道、仿木结构门楼、券顶甬道、四弧边穹隆顶墓室组成，墓室往往在墓壁上用砖砌出倚柱、铺作、门窗、桌椅、灯檠乃至剪刀、勺子等，模仿生前居室式样，此类墓一般为两人同室合葬，有的还多个墓室并葬。仅在襄城檀溪花园发现一座砖砌阶梯状墓道、石筑八边形墓室的中型线刻壁画墓葬。各墓出土器物除铜钱外都较少，多者不到10件，少者无随葬品，器类有瓷、陶、铜、铁、银等；出土瓷器与遗址所出基本相同，以景德镇窑生产的青白瓷器较为多见。

可确定的元墓仅1座，位于宜城市刘猴镇石河村四组。该墓出土的“至正五年”纪年堆塑罐弥足珍贵。明墓较少，一般为掺和糯米浆或“三合土”修筑的墓葬，随葬品基本上仅少量铜钱和首饰，其他器物如陶、瓷日用器均较少。清墓相对较多，全为小型土坑墓，随葬品有少量铜钱和首饰，以及石砚，晚清时期则多设脚龛放置瓷碗和釉陶罐各1件。

（6）重点考古发掘：考古队成立后近9年的时间里，先后发掘了高新区韩岗、牌坊岗、黄家村、周家岗，襄城区王树岗、古襄阳城内，樊城区王家巷，襄阳区陈坡、王庄、汪家洼，宜城市冢子包、老鸹仓，枣阳市周台等20余处新石器时代到明清时期遗址15 000多平方米；高新区余岗、沈岗、团山、黄家村，襄城区檀溪、真武山、王树岗、付岗，樊城区长虹南路（蔡家嘴）、高庄、贾巷，谷城县肖家营、皮家洼，宜城市太平岗、桐树园，枣阳市郭家庙、赵家湾、果园，老河口市九里山、杜家河等50余处墓地新石器时代至明清时期墓葬2 800余座，出土各类文物标本15 000余件。除此之外，还参加了国家南水北调丹江口库区考古调查，承担了三峡工程巴东吴家坝遗址、秭归何家坪遗址等襄樊地区以外的考古发掘工作。

本着在建设过程中“既对文物保护有利，又对经济建设有利”的原则，在襄樊电厂、崔家营航电枢纽工程、武安铁路复线、忠武输气管道、襄荆、襄十、孝襄及樊魏高速公路、邓城大道、襄樊广电中心、高新技术产业园等数十项重点建设工程中，都积极做好地下文物保护工作，支持项目建设。

2.古墓葬发掘

（1）史前时代：顾家坡墓地发掘是湖北省有史以来首次对一个较大型的史前时代墓地的全面发掘。墓地位于遗址的西南部，呈长条形，南北宽约10米，东西长约90米。在这一狭小的范围内墓葬的分布十分密集，打破关系也非常多。这些墓葬一般开口于第二层下，打破第三层（次生土）和生土层。墓地的年代从大溪文化晚期到屈家岭文化时期。墓葬皆为土坑竖穴墓，墓口形状多为长方形。其基本特征：（1）单人葬占绝大多数，合葬墓多为同性合葬。（2）头向多朝北。（3）大量的二次葬。（4）大量的猪下颌骨用于随葬。（5）随葬品反映出明显的性别分工。男性一般随葬石钺、骨镞、实用陶器，女性一般随葬纺轮和非实用性的小明器。男性墓葬中只随葬石钺和骨镞等武器的现象也是顾家坡墓地的一大特色。（6）存在一定程度的贫富分化。有的墓葬除随葬有大量的猪下颌骨外，还随葬有陶器和石器，甚至玉器，而有的墓葬则什么也没有。

（2）夏商周时期：两周时期墓地集中在汉水北岸，在邓城城址北至东南部呈扇形分布，大型墓地有王坡、团山、彭岗、余岗、沈岗及山湾、蔡坡（二者实为同一墓地）等6处，数量少者百余座，多者近千座，其他还有卞营、韩岗、黄家村、岭子等小型墓地，共发掘墓葬2000余座，出土各类遗物万余件，其时代上起西周中期，下到战国晚期，该地文化遗存以公元前678年、公元前279年为界，分属邓、楚、秦文化范畴。本时期的墓葬除战国晚期有极少量洞室墓外，均为土坑竖穴木椁（棺）墓，少量设生土台、壁龛、台阶、蹬台、墓道。出土遗物以陶器居多，主要分日用器和仿铜陶礼器两大类，前者有鬲、盂、豆、罐，后者有鼎、敦、簠、盏、壶、钫、盘、匜、杯等；铜器数量也较多，按功能分有容器（含祭器和燕器）、乐器、兵器、车马器、工具、装饰品等，较多的容器、兵器上有铭文；其他类器物还有漆木、竹、皮革、丝、麻、草、棕、石、玉、料、玛瑙、琉璃、水晶、骨、角、铁、铅锡、金、银等。

（3）秦汉时期：这一时期发掘的墓地较多，墓葬达千余座。秦汉相连的墓地有楚皇城城址外围的魏岗、雷家坡等墓地，邓城外围的王坡、余岗、岭了等墓地，襄阳城外的郑家山、付岗等墓地，柴店岗附近的九里山墓地。西汉墓地分布较为广泛，集中于南阳盆地南部、随枣走廊和襄宜平原三个大的地理分区，每个分区又相对集中于城址周围。较重要的墓地有南阳盆地南部邓城周边的高新区彭岗、黄家村、樊城高庄、长虹南路、松鹤路、贾巷、许家岗及老河口柴店岗遗址北部的九里山等墓地，随枣走廊春陵外围的果园、赵家湾、张家洼等墓地，襄宜平原襄阳城附近的岘山、贾家冲、真武山等墓地，宜城楚皇城附近的太平岗、白庙等墓地。其墓葬分布于遗址区周围的岗地上，一般聚族而葬，并呈一定规律分布。10年来共发掘遗址4处，墓葬600余座。秦墓以长方形竖穴土坑为主，少量岩坑，墓坑以口大底小的居多，少数墓葬设生土二层台和壁龛。有个别秦代关中地区较流行的洞室墓。墓葬方向以南北向的居多，东西向的也占有一定的比例。葬具有单椁单棺，均朽，仅存腐痕。人骨架普遍保存极差，葬式多不明确，少量墓葬可根据人骨腐痕判断为仰身直肢，偶见典型秦文化中的仰身或侧身屈肢葬式。随葬品除小件器物放置于棺内外，大件器物置于椁内棺外的一端、一侧或一端一侧，有龛的墓葬则置于龛内。随葬器物的种类和数量因等级的差异而多寡不一，除少数等级较高的墓葬中随葬有青铜器外，一般以陶器为主，又以陶日用器所占比例最大。器类有陶、铜、铁、漆和玉石料角器，铜器有鼎、钫、壶、蒜头壶、鍪、镜等，陶器有鼎、盒、壶、豆、罐、盂、鍪、釜、灯等。

西汉墓的墓葬方向以南北向占绝大多数。墓坑以竖穴土坑为主，有少数岩坑墓，部分墓葬有封土堆或墓道，坑口平面有长方形和近方形之别。2005 年，九里山墓地发掘表明，西汉中晚期带墓道的墓有单墓道和双墓道之分。夫妻墓由早期的异穴或同冢异穴合葬，发展到同穴一次合葬、二次合葬，进而一家数代同冢异穴合葬。墓型也由长方形竖穴土坑发展为近方形竖穴土坑、带墓道的近方形竖穴土坑。西汉晚期开始出现砖木混构墓葬，至末期发展为拱顶单室砖墓。葬制和葬俗的变化在老河口九里山墓地表现得较为突出，演变轨迹明晰。葬具一般有单棺、单椁单棺、单椁双棺，其中以单椁单棺最为常见，椁下常有两根垫木。葬具保存较差，未见分厢情况。葬式多因人骨腐朽而不明，少数可据骨痕判断为仰身直肢。随葬器物因时代、等级的不同，在各墓中的种类和数量也存在差异。等级越高，随葬器物的种类越全、数量越多。

东汉墓葬的方向多不一致。墓葬形制有土坑竖穴木椁墓、土坑竖穴砖木混构墓、土坑竖穴砖室墓。前两者出现于早期，数量较少，中期以后本地主要流行带墓道的土坑竖穴砖室墓，砖室墓由单室向双室、多室发展，结构由简单到复杂，材料也由单一的墓砖到砖石混用，墓砖由素面到模印纹饰。画像石、画像砖墓在本地区的枣阳、南漳、襄樊皆有发现。这类墓最早见于中期，数量较少，夫妻同穴合葬比较流行。晚期还出现了一家数代同穴合葬。它们应是受到南阳盆地画像石、画像砖墓影响的产物。随葬器物中，仿铜陶礼器趋于衰落以至消失，日常生活用具的数量和种类增多，反映当时地主庄园经济生活的模型明器日见盛行。秦汉墓地代表性的发掘有樊城王坡、高新区余岗、襄城区付岗、老河口九里山、枣阳赵家湾墓地等。

（4）三国两晋南北朝隋唐时期：墓葬发掘也比较典型，代表性的墓地有襄阳城东街和襄城区檀溪墓地，高新区黄家村、邓城周围的墓地，樊城区长虹南路（蔡家嘴）、高庄、贾巷墓地，谷城肖家营墓地、老河口杜家河墓地等。所发掘的墓葬基本上都是砖室墓，其形状、砌筑方法、墓顶结构、铺地砖的方式都与汉水及长江中下游地区大同小异。这一时期的墓葬，除仍然保留长方形单室券顶的结构之外，有许多新特点。例如墓底习惯于用平砖“人”字形或“席纹”铺地；墓壁较普遍地使用“三顺一丁”的砌法，且常见墓壁外弧；多室墓的前堂流行“四隅券进”式穹隆顶。所采用的墓砖，一般为较复杂的几何纹及钱纹等。使用画像砖的墓，其画像多为青龙、朱雀以及武士、仕女等内容。此时的随葬品以陶器和釉陶器为主，有一定数量的青瓷器、铜器。陶器主要是罐、盆、钵之类的日用器和仓、灶、井之属，以及鸽、鸡、鸭、狗、猪之类家禽家畜等模型明器，瓷器则为实用的青瓷盘口壶、盘、四系罐、香熏炉、唾壶、鸡首壶、虎子等，铜器有镜、弩机及铜钱等。

三国时期比较典型的大型多室墓主要有二座：襄阳城东街墓地 M1，1994 年发掘，由甬道、双耳室、前室、中室和后室组成，墓室全长 17.8 米，因历史上多次被盗，随葬器物仅残存少量瓮、罐、盆、樽等陶器残片和贴有金箔的铜器残片、“五铢”钱及铁刀、铅器、残玉片等，发掘者根据墓葬综合特征并结合《水经注》等文献记载推测墓主为时任荆州刺史的刘表。高新区邓城北侧的贾庄大冢，1997 年发掘，由甬道、前堂、侧室、后室组成，墓室通长 12.8 米，该墓早年遭到严重破坏，出土有大量釉陶器残片和少量金银饰片。

两晋时期大型砖室墓较多，最大的一座是 2001 年发掘的樊城区贾巷墓地 M8，墓室全长 11.12 米，是夫妻同穴并列的两座多室墓组成的合葬墓，虽多次被盗，仍出土有陶盘口壶、奁、甑、灯、模型楼阁、磨、仓、灶、猪圈、鸭、镇墓兽、狗、铜钱、铁剑等多件器物。这是本地区发现的规格最高的一座西晋墓。比较典型的西晋中小型墓有 2004 年发掘的襄城檀溪印象小区真武山 M20，出土了较多的青瓷器如香熏炉、四系盘口壶、盘、唾壶、鸡首壶、虎子等，这批青瓷器有相当高的工艺水平，应为江浙窖口所烧造。

南北朝时期较有特色的画像砖墓葬有两座：谷城肖家营墓地 M40，1999 年发掘，画像砖内容既有青龙、朱雀和武士、仕女，又有“宝瓶插花”、八瓣菱花、菊花、花叶纹、涡纹等。襄城区麒麟店清水沟M1，画像砖内容有双虎、双狮、博山炉、飞仙、供养人、人首鸟身、兽首鸟身、抬轿图、侍饮图、武士出行图、备马出行图、郭巨埋儿、王子乔吹笙引凤等多种题材。均由甬道及墓室组成，前设斜坡墓道。

隋唐时期墓葬发掘中，襄阳、樊城、邓城三城附近都发现了较为大型的墓地，如襄阳城西的檀溪墓地、樊城区的许家岗墓地、高新区黄家村墓地等，共发现墓葬300余座。这时期的墓葬规模都不大，基本上都是单室砖墓，平面多为“刀”形和长方形，一般都有斜坡墓道，刀形墓为券顶，长方形墓或为穹隆顶，或四壁外弧。随葬品以陶瓷器为主，有少量的铜器、玉器、铁器。其中陶瓷器有带盖罐、双耳罐、长瓶、鸡首壶、碗、唾盂、砚、粉盒，同时有较多人物俑和动物俑等。铜器有镜、铜币，铁器有剪、镰、剑等。本地隋唐墓随葬器物以陶人物俑和动物俑及三彩器最具特色。其中有无陶俑随葬，是官僚士族与一般地主的区别，而随葬陶俑的多少又与墓主身份等级相关。

1999年，樊城区立业路南侧高庄墓群M28出土陶俑23件，墓主为五至九品的中下级官吏。其中武士俑肌肉发达，怒目圆睁，剑拔弩张；女俑则高髻广袖，亭亭立玉，悠然娴雅，十分丰满，动物俑或咧嘴长嘶，或缩颈低头，逼真生动。2005年樊城高新区黄家村汉北仓储基建工地M217出土的唐三彩罐，其色釉浓淡自然、浸润有致、斑驳淋漓，充分显示出堂皇富丽的艺术魅力和精湛的工艺水平。

（5）宋元明清时期：宋元明清时期较大规模的墓地不多，主要分布在襄阳古城外的多个山上，如郑家山、羊古山、虎头山等；一般集中埋葬的墓地以小型墓为主，墓葬数量在10—20座之间，并发现相当数量的墓葬单独或仅寥寥几座杂处于其他早期墓地中。经发掘的200余座宋元明清墓葬同样以宋墓为主，按结构主要分为砖室墓和土坑墓两类，基本为小型单室墓葬，平面形状有长方形、多边形、圆形等，有部分迁葬墓。其中仿木结构砖室墓较具特点，它由斜坡或台阶状墓道、仿木结构门楼、券顶甬道、四弧边穹隆顶墓室组成，墓室往往在墓壁上用砖砌出倚柱、铺作、门窗、桌椅、灯檠乃至剪刀、勺子等，模仿生前居室式样，此类墓一般为两人同室合葬，有的还多个墓室并葬。仅在襄城檀溪花园发现一座砖砌阶梯状墓道、石筑八边形墓室的中型线刻壁画墓葬。各墓出土器物除铜钱外都较少，多者不到10件，少者无随葬品，器类有瓷、陶、铜、铁、银等；出土瓷器与遗址所出基本相同，以景德镇窑生产的青白瓷器较为多见。可确定的元墓仅1座，位于宜城市刘猴镇石河村四组，该墓出土的“至正五年”纪年堆塑罐弥足珍贵。明墓较少，一般为掺和糯米浆或“三合土”修筑的墓葬，随葬品基本上仅少量铜钱和首饰，其他器物如陶、瓷日用器均较少。清墓相对较多，全为小型土坑墓，随葬品有少量铜钱和首饰，以及石砚，晚清时期则多设脚龛放置瓷碗和釉陶罐各1件。有关古墓葬的发掘情况（见表30—9）。

1996—2005年襄樊市考古发掘情况一览

表30—9

发掘项目	位置	配合工程项目	发掘时间	遗址面积(㎡)	墓葬数量(座)	出土文物(件)	时代
韩岗遗址	高新区团山镇邓城村	襄樊市邓城大道新建	1996.7—12	890	7	630	东周至汉、唐
		襄樊市邓城大道扩宽	2004.4	500	—	1301	东周至汉
韩岗墓地	高新区团山镇邓城村	襄樊市邓城大道新建	1996.7—12	—	11	—	汉、唐
		襄樊市邓城大道扩宽	2004.4—5	—	14	28	唐、宋

续表 1

发掘项目	位置	配合工程项目	发掘时间	遗址面	墓葬数	出土文	时代
马家洲墓地	南漳县涌泉镇马家洲村	南漳县涌泉镇村民改地	1996.1	—	2	5	东汉
彭岗墓地	高新区团山镇余岗村	襄樊市邮政处理中心	1996.11—12	—	16	73	汉、宋、清
		中房襄樊鑫鼎航天花园	2002.3	—	4	7	隋唐
		襄樊艺苑房地产盛世华庭	2004.3	—	10	52	东周
西园遗址、墓地	枣阳市前进路	枣阳市丽都娱乐城	1996.11	100	—	33	新石器时代
		枣阳市西城派出所	1997.11	150	15	86	新石器时代、明、清
彭岗遗址	高新区团山镇余岗村	襄樊市邮政处理中心	1996.11—12	4		17	战国
		铁道部电气化二处	1996.12—1997.1	475	25	155	战国、宋、清
羊古山墓地	襄城区羊古山	湖北省邮电技校	1996.9	—	4	—	唐、宋
		襄樊市烈士陵园	2001.3	—	29	742	宋
檀溪墓地	襄城区檀溪村	湖北省警校	1996.11	—	9	—	唐、宋
		襄樊市广电中心	1997.12—1998.3	—	90	201	隋、唐、宋、清
		襄樊国际商都	2004.5	—	43	14	汉、唐
		襄樊市公安局110指挥中心	2004.6	—	8	3	唐、宋
		襄樊中级法院	2005.12	—	50	48	东晋、隋、唐
竹条遗址、墓地	樊城区牛首镇竹条村	樊城区竹条邮电支局	1997.4—5	125	8	249	汉
王树岗遗址	襄城区欧庙镇黄龙观村	襄樊火电厂铁路专线	1997.4—5	325	—	77	夏、东周至六朝
		襄樊火电厂二期	2005.11	200	—	459	新石器时代
西街遗址	襄城区西街东段	襄樊市住宅经营公司红花园小区	1997.5	100	—	45	宋、明、清
西老街遗址	襄城区檀溪路东端	原襄樊市卫校住宅楼	1997.7	50	—	120	宋、明、清
邓城古井	襄城区团山镇邓城村	襄樊市高新区襄樊市邓城砖瓦厂	1997.7	—	5	13	战国
贾庄墓地				—	2	23	东周
贾洲墓地	襄城区贾洲村	湖北省食品工业学校	1997.7—8	—	8	24	西汉、宋、清
韩家岗墓地	枣阳市人民路	枣阳市人民检察院	1997.8	—	3	1	六朝
余家湖墓地	襄城区赵庄村	襄樊火电厂循环水工程	1997.9	—	12	—	东汉
集锦巷遗址	襄城区东街集锦巷	襄樊市邮政局营业厅	1997.1	20	—	22	宋、明、清

续表 2

发掘项目	位置	配合工程项目	发掘时间	遗址面	墓葬数	出土文	时　代
许家岗墓地	襄城区春园西路	襄樊市地税局	1997.10—11	—	21	24	汉、唐、清
		铁道部第十一工程局	1998.11	—	20	33	汉、唐
		襄樊现代精典公司	2003.4	—	2	5	宋
		武汉海润襄樊公司海润名都	2003.1	—	40	68	西汉至唐
贾庄大冢	高新区团山镇邓城村	襄樊市邓城大道取土	1997.11	—	1	—	东汉
红旗桥墓地	枣阳市西城靳庄村	湖北金兰首饰集团	1997.12	—	11	23	明、清
东街墓地	襄城区东街	襄樊四中学生公寓	1998.10—11	—	8	132	东汉、三国
涂家沟墓地	襄城区欧庙镇涂家沟村	襄樊火电厂储灰场	1998.3	—	4	1	汉
周家湾墓地	襄城区檀溪路东段	襄樊市民政局	1998.3	—	14	8	南朝、清
		襄樊市农校	1999.7	—	2	4	宋
		襄樊市农校（二期）	2001.11	—	7	13	唐、宋
长虹南路墓地	樊城区长虹南路中段	襄樊市纺织机械厂	1998.7	—	2	32	西汉
		襄樊闽发公司世纪新城	2005.1—3	—	16	84	东汉、隋、唐
		襄樊闽发公司民发广场	2006.5—6	—	31	85	战国、秦汉、唐宋
陈坡遗址	襄阳区东津镇陈坡村	襄阳区东津变电站	1998.7—8	800	—	131	战国、西汉
		崔家营航电枢纽工程	2005.10—12	—	—	—	周
陈坡墓地		襄阳区东津变电站	1998.6—7	—	23	47	六朝、隋唐
		崔家营航电枢纽工程	2005.10—2006、5	—	—	—	战国、西汉
曾家巷墓地	襄城区檀溪路	中房襄樊公司檀溪花园	1998.8	—	1	—	宋
太平岗墓地	宜城市太平村	宜城市太平变电站	1998.8—9	—	22	168	西汉
高庄墓地	樊城区立业路	湖北拓新工业用布厂	1998.1	—	15	47	东汉
		襄樊市烟厂	1998.11	—	3	189	东汉
		襄樊市富源房产公司	1998.12	—	7	59	汉、唐

续表 3

发掘项目	位置	配合工程项目	发掘时间	遗址面	墓葬数	出土文	时 代
蔡坡墓地	高新区团山镇蔡坡村	襄樊市第六新生砖瓦厂	1998.11	—	3	124	战国
		襄樊市第五新生砖瓦厂	1999.6	—	4	50	战国
		襄樊市陆寨变电站	2002.1	—	1	10	战国
黄家村墓地	高新区黄家村	襄樊市污水处理公司	1998.12	—	7	13	唐
		610 研究所	2004.4—6	—	47	121	六朝至宋
		高新工业园多家企业	2005.9—12	—	86	346	周至唐
竹林遗址、墓地	枣阳市兴隆镇竹林村	襄石铁路复线大坝山采石场	1998.12—1999.1	200	3	47	汉
荆州北街遗址	襄城区荆州北街	襄樊市襄城工行	1999.1	50	—	16	唐、宋
		襄樊市中心医院	1999.4	75	—	73	唐、宋
卞营墓地	高新区团山镇卞营村	襄樊供电局	1999.4—7	—	14	120	春秋至唐
		襄樊供电局输电分局	1999.9	25	6	—	
		襄樊市邓城大道扩宽	2004.5	—	3	13	东汉
肖营墓地	谷城县城关镇肖家营村	谷城县肖家营变电站	1999.5—7	—	72	110	东汉至宋
南街遗址	襄城区南街	襄樊市财政局采购中心	1999.6	100	—	195	六朝至清
闸口墓地	襄城区庞公路	襄樊市气象局	2000.7	—	9	3	宋、明
松鹤路墓地	樊城区松鹤路	中行襄樊分行	1999.7	—	2	4	东汉、唐
		襄阳县农发行	2000.4	—	3	16	东汉、唐
		襄樊工商分局	2001.4	—	9	8	东汉、唐
		汉江机械厂	2002.4	—	13	78	东汉、唐
		襄樊市裕欣公司	2004.5	—	1	36	东汉
柏树林墓地	襄城区黄家湾村	襄荆高速公路	2000.4	—	1	2	清
石林坡墓地			2000.5	—	5	5	唐、宋
背凹梁子墓地			2000.5	—	4	4	明
庙凹子墓地			2000.5	—	2	2	明
梁家老坟墓地	襄城区欧庙镇王沟村		2000.5—8	—	—	—	东周
顾家坡遗址	宜城市原种场		2000.9—2003.1	2000	—	971	新石器时代
七里河遗址	樊城区七里河路	航空航天部第 42 所	2000.6	150	—	20	明清

续表 4

发掘项目	位置	配合工程项目	发掘时间	遗址面	墓葬数	出土文	时　代
唐家巷墓地	襄城区虎头山路	襄城区国税分局	2000.11	—	3	70	南朝、宋
西关墓地	谷城城关镇西关村	谷城县运管所	2000.11	—	7	19	东汉、唐
九里坪墓地	谷城县南河镇九里坪村	谷城庙子头水电站	2000.11	—	1	—	宋
皮家洼墓地	谷城县城关镇皮家洼	谷城县皮家洼小学	2000.11	—	13	30	东汉至唐
擂鼓台墓地	谷城县庙滩镇古乐寺村	谷城县庙滩镇村民植树	2000.12	—	1	4	春秋
上岗墓地	高新区团山镇余岗村	襄樊市钻石公司钻石花园	2001.2	—	12	27	唐、宋
魏店墓地	襄阳区伙牌镇李食店村	襄十高速公路	2001.3	—	1	4	唐
李食店墓地	襄阳区伙牌镇李食店村		2001.3—4	—	6	5	宋
马集墓地	襄阳区黄集镇马集村		2001.4	—	5	31	汉
易岗墓地	襄阳区黄集镇易岗村		2001.5	—	2	—	东汉
王坡墓地	樊城区牛首镇马棚村		2001.4—2002.11	—	170	2487	东周至东汉
大井台遗址	樊城区解放路中段	襄樊市强人公司财富广场	2001.5	75	—	35	明、清
贾家冲墓地	襄城区环山路	襄樊青山电气厂	2001.5	—	8	23	隋唐
运动路遗址	襄城区运动路	中国人民解放军第四七七医院	2001.7	100	—	390	战国至清
火星观遗址	樊城区沿江大道西段	襄樊闽发公司汉江国际公寓	2001.1	100	—	47	明、清
贾巷墓地	樊城区花卉路	樊城区王寨办事处花卉路	2001.10—11	—	18	209	东汉至唐
周台遗址	枣阳市兴隆镇周台村	孝襄高速公路	2002.7—9	598.9	—	269	新石器、周
赵家湾墓地	枣阳市吴店镇春陵村		2002.7—9	—	27	390	西汉
张家洼墓地	枣阳市吴店镇二郎村		2002.8	—	1	110	东汉
黄冈墓地	枣阳市璩湾镇长堰村		2002.8	—	10	51	汉、唐、清
圣庙墓地	枣阳市吴店镇圣庙村		2002.9	—	4	3	六朝

续表 5

发掘项目	位置	配合工程项目	发掘时间	遗址面	墓葬数	出土文	时 代
程家坡墓地	枣阳市璩湾镇阎岗村		2002.9	—	10	20	东汉
王庄遗址	襄阳区双沟镇陈湾村		2002.9	1300	—	290	新石器时代
邵家棚遗址	襄阳区张集镇邵家棚村		2002.9	2150	—	—	新石器时代
郭家庙墓地	枣阳市吴店镇东赵湖村		2002.12—2003.4	—	29	4003	周
果园墓地	枣阳市璩湾镇果园村		2002.12—2003.7	—	58	1144	汉
乔老坟墓地	襄阳区黄集镇泰山庙村	樊魏高速公路	2002.1	—	6	1	宋
洼子里墓地	襄阳区伙牌镇邹家洼村		2002.1	—	5	16	汉、宋
小马家遗址	襄阳区伙牌镇耿坡村		2002.11	265	—	150	周、清
南杨家遗址	襄阳区伙牌镇冯家村		2002.11	15	—	11	东周
通城河墓地	南漳县峡口镇通城河村	南漳县峡口水电站	2002.11—2003.1	—	16	58	东汉、清
冢子包遗址	宜城市小河镇曾庙村	忠武输气管道	2003.11	250	—	120	新石器时代
老鸹仓遗址	宜城市小河镇胡湾村		2003.12	100	—	96	新石器时代
付岗墓地	襄城区欧庙镇付岗村		2003.11—2004.1	—	26	136	汉
紫贞墓地	樊城区长虹北路	襄樊市美亚置业	2003.9	—	7	9	宋、清
许指巷遗址	襄城区许指巷	襄樊市中房金茂公司祈祷苑	2003.1	20	—	80	战国、六朝、宋、明
龚家巷遗址	襄城区龚家巷	襄樊军分区住宅楼	2003.1	100	—	90	明、清
张公祠墓地	襄城区胜利街	湖北省气象学校	2004.3	—	1	1	唐
牌坊岗遗址	高新区米庄镇米庄村	高新区日产工业园	2004.4	175	—	430	新石器时代
牌坊岗墓地				1	—	2	宋
岭子墓地	高新区团山镇余岗村	襄樊市邓城大道扩宽	2004.4—5	—	41	174	战国至西汉
		襄樊五中	2006.2—6	—	63	132	东周至汉

续表 6

发掘项目	位置	配合工程项目	发掘时间	遗址面	墓葬数	出土文	时　代
沈岗墓地	高新区团山镇余岗村	高新区金岗北路	2004.5—7	—	136	572	东周、汉、唐
		高新区华光南侧路	2004.7	—	22	107	汉
		江山机械厂江山小区	2005.4—5	—	126	496	东周
		襄樊追日电气公司	2005.11—2006.1	—	20	174	战国、秦、汉
民主路遗址	襄城区民主路	襄樊市永建公司	2004.11	100	—	253	明、清
赵家巷遗址	樊城区建设路	襄樊钱塘潮公司	2004	100	—	—	新石器时代
真武山墓地	襄城区虎头山路	襄樊市住宅经营公司映像小区	2004.11—12	—	6	68	西晋、南朝
余岗墓地	高新区团山镇余岗村	襄樊市邓城大道扩宽	2004.4—5	—	30	133	战国至西汉
		襄樊高客站	2004.6—2005.6	—	248	1406	东周、汉、唐、宋
团山墓地	高新区团山镇	襄樊市 27 中	2005.1—2	—	11	74	战国、秦、汉
		高新区团山镇政府	2005.4—5	—	24	125	
别家庄遗址	襄阳区张集镇施营村	武安铁路复线	2005.6	150	—	89	宋、清
张园遗址	襄阳区太平店镇张园村		2005.7	100	—	30	宋、明、清
杜家河墓地	老河口市仙人渡镇杜家河村		2005.6—7	—	3	15	六朝
九里山墓地	老河口市仙人渡镇柴店岗村		2005.6—12	194	—	892	秦、汉
下新店遗址	谷城县石花镇下新店村		2005.6—7	250	—	122	新石器时代
水星台遗址	谷城县石花镇水星台村		2005.8—9	500	—	88	新石器时代
赵庄遗址	襄城区赵庄村	襄樊火电厂二期	2005.6—8	350	—	863	东周、汉
十字街遗址	襄城区南街	襄轴公司四医院公寓	2005.7—9	100	—	70	宋、明、清
黄家村遗址	高新区团山镇黄家村	高新工业园多家企业	2005.9—12	1300	—	600	周
赵家巷墓地	樊城区建设路	浙江钱塘潮公司	2005.8—9	—	8	3	东汉、清
		市十二中	2005.1	—	6	5	东汉

续表 7

发掘项目	位置	配合工程项目	发掘时间	遗址面	墓葬数	出土文	时 代
宜宾路遗址	襄城区宜宾路	襄樊市川惠大酒店	2005.9	30	—	46	六朝、宋、明、清
钱营遗址	襄城区钱营村	襄樊崔家营航电枢纽	2005.9	150	—	69	新石器时代
渡口遗址	襄阳区东津镇老营村		2005.9—10	500	—		明、清
汪家洼墓地	襄阳区东津镇老营村		2005.10—11		17	224	六朝至唐
汪家洼遗址			2005.10—12	300	—	174	周
桐树园墓地	宜城市农科所	宜城市农业局	2005.11—12	—	4	44	东周、东汉、西晋
霍庄墓地	枣阳市万通路	枣阳万通棉纺公司	2005.12	—	8	10	东汉、宋
红花园遗址	襄城区南街	襄樊金厦公司商住楼	2005.12	20	—	100	明、清
石河墓地	宜城市刘猴镇石河村	宜城市刘猴镇村民改田	—	—	1	2	元
西内环路遗址	襄城区西内环路	襄樊供电局襄城变电站	2005.12—2006.1	100	—	15	明、清
阳春门墓地	—	—	—	—	—	—	—
琵琶山墓地	—	—	—	—	—	—	—

(三)馆藏文物

襄樊市博物馆现馆藏不同时代、不同类别的文物 2 万余件,其中一级文物 61 件(套),二级文物 307 件(套)。馆藏文物包括金银器、青铜器、陶瓷器、玉石器、漆木器、古字画、碑帖墓志、石刻木雕等,质地多样,类别丰富、形制各异,时代特征明显。石器时代制古朴实用的石器、情趣可爱的工艺品,商周时期造型典雅、纹饰精美的青铜器,汉魏南北朝的晶莹剔透的瓷器、内容丰富的画像砖,以及唐宋明清时期的壁画、青铜造像、印章上、墓志拓征、书画碑刻等,真实地反映了襄樊地区生产力发展状况和社会生活图景,具有极高的历史研究和艺术观赏价值。特别是在本地区出土的诸多带有铭文的青铜器,如鄂侯尊、邓公牧簋、曾伯文铜簋、蔡大膳夫簠、上鄀府簠、黄季鼎、徐王义楚元子剑等,涉及楚、邓、卫、曾、蔡、黄、徐、鄀、吴、鄂、郑等十余个古诸侯国,构成了襄樊市博物馆馆藏文物的一大特色,为研究襄樊历史、楚文化和襄樊的政治、经济、文化的历史发展进程提供了丰富的实物资料。

1.青铜器

(1)商代晚期"丹父戊"铜爵:通高 20 厘米。1979 年,襄樊市征集。长流尖尾,菌形柱,圆腹,圜底,带状鋬,三棱形锥足。腹饰饕餮纹。鋬内腹上铸有铭文三字"丹父戊"。商代铜器铭文的内容较简单,铸铭的目的在于标记器主的族氏,识别用途。此器中父戊是受祭者的名字,商代贵族死后以下葬之日的干支来命名，是中原商代王族常见的族徽，西周时期其族一支南迁至汉水流域。爵为古代饮酒器,盛行于商和西周,尤以商代最多,春秋战国时已少见。

(2)西周早期噩侯弟厝季铜尊:高 19.8 厘米、口径 18×17 厘米。1975 年,随州安居出土。椭圆形,喇叭状大口,长颈,下腹稍鼓,圈足。腹侧有一龙形兽首鋬。腹饰四道凸弦纹,圈足饰一道凸弦纹。器内铸铭文二行八字“噩侯弟厝季乍旅彝”。鄂侯尊通体泛绿色光泽,器型规整,制造精美。

(3)西周晚期邓公牧铜簋:通高 21.8 厘米、口径 18.5 厘米。1979 年,襄樊征集。带盖。子母口,鼓腹,圈足下附三兽面小足。腹两侧有对称兽首耳,下有垂珥。盖顶隆起,有喇叭形状圆形握手。盖沿、上腹饰窃曲纹,间以兽面纹,腹部及盖顶饰瓦纹,圈足饰三角雷纹。器内底、盖内有相同铭文二列六字“邓公牧乍食责簋”。邓公牧为邓国国君。簋是盛食器,盛放煮熟的黍、稷、稻、粱等饭食的器具。青铜簋最早出现在商代早期,到了西周时代,簋成为标志贵族等级的重要礼器,在祭祀和宴飨场合,它和鼎配合使用。据礼书记载和考古发现,簋往往成偶数出现。

(4)西周晚期曾伯文铜簋:通高 22.3 厘米、口径 18.2 厘米。1972 年,随县均川出土。带盖。子母口,鼓腹,圈足下附三兽首扁足。腹两侧有对称双角兽首耳,下有垂珥。盖顶隆起,有圈形捉手。盖顶饰旋涡纹,盖、腹饰重环纹、瓦纹,圈足饰重环纹。盖、腹内均有铭文四列二十五字“唯曾伯文自乍宝簋用锡眉寿黄耇其万年子子孙孙永宝用享”。 整器浑朴庄重。

(5)西周晚期曾白陭铜戚钺:通长 19.3 厘米。2002 年,枣阳郭家庙墓地出土。器身较扁,刃部宽阔,刃角上翘,呈“U”形,长骹中空。刃部两面均铸有九字铭文,正面为:“曾白陭铸戚戊(钺)用为民”。背面为:“(上刑下鼎)非歷殴井(刑)用为民政。”钺是砍杀行刑的兵器,也可作为仪仗用具,象征王权,依此器铭义可知这件钺是曾国的国君制作,用来推行政令的,治理百姓的。

(6)西周晚期窃曲纹铜铃钟:通高 11.2—19.8 厘米、下口长径 7.6—11.6 厘米、短径 5.8—8.4 厘米、铃舌长 6.4—11.8 厘米。2002 年,枣阳郭家庙墓地出土。乐器。共七件,形制基本相同,大小相次。器身呈合瓦形,立面为上窄下宽的梯形,平顶,中心有圆形穿孔,顶上有半圆形环纽。铃下部敞口,口缘上弧。器表饰窃曲纹。

(7)春秋早期曾亘嫚非录铜鼎:通高 24.5 厘米、36 厘米,口径 28.4 厘米、31.8 厘米,2002 年,枣阳郭家庙出土。敞口,宽仰折沿,长方形附耳,直腹,圜底,蹄足。耳饰鳞纹,腹饰窃曲纹和凸弦纹各一周。腹内壁铸铭文三行 13 字:“曾亘嫚非录为尔(嬭)行器,尔(嬭)永祜福”。嫚,邓国姓氏,亘读为桓,为敬称或谥称,“非录”是名, 嫚非录可能为邓国嫁为曾国某位贵族的夫人。尔或为嬭,为楚姓,应是另一位嫁到曾国的楚国女子,名字不详。此铭文大意可知为:嫚非录与嫁到曾国贵族之家的楚女“尔(嬭)”夫人关系密切,并专门为她作祭器,愿她永远享受大福。

(8)春秋早期龙纹铜器座:底边长 24 厘米、宽 23.6 厘米、高 22 厘米。2002 年,枣阳郭家庙出土。平面呈方形,内空,底直口方唇,器身下部四面为长方形,顶中部隆起,形成四斜坡面,正中有一方形插孔,近銎口处有两个半圆形对穿销孔。器表分饰蛇云纹、三角形卷云纹、对称变形龙纹,每面中部有一长方形穿孔。此器纹饰精美,铸造精良。

(9)春秋早期鄘季之白歸鼜铜鼎：通高25.1厘米、口径27厘米。1976年，随州万店周家湾出土。共两件，形制、花纹相同。侈口，平沿外折，束颈，扁鼓腹较浅，最大腹径位于底部，方形附耳，平底，三兽面蹄足。颈部有六个扉棱，扉棱间饰带乳钉的窃曲纹，腹部饰弦纹和垂鳞纹，耳外饰斜角云纹，足上部饰浅浮雕兽面纹，兽双目起，鼻梁为突出的扉棱。器内壁有铭文四行二十字："邦季之白歸夷用其吉金自乍宝鼎子孙永宝用之"。邦季鼎器体厚重，造型精美，文字流畅，既有北方器体雄伟厚重之感，又不乏南方秀丽之美，是两周之际不可多得的文物珍品。这种束颈平底形式的鼎，一改传统鼎呆板、死气沉沉的风貌，而给人一种灵巧、生动的视觉效果。

(10)春秋早期蔡大膳夫龜铜簠：通高19.2厘米、口径28.4厘米×23厘米。1987年，湖北宜城朱市出土。带盖，盖器形制纹饰相同。长方体，直口，方唇，折沿，两短边置对称兽首环耳，矩形圈足四边有弧形缺，平底。盖长边有兽面卡扣，面上有规律地分布56个乳钉。口沿和圈足饰变形兽体纹，腹饰蟠虺纹。盖、器内均有铭文六列三十一字："隹正月初吉壬申蔡大膳夫龜乍其饋簠其万年眉寿无疆子子孙孙永宝用之"。膳夫，古代官名。《周礼·天官·冢宰》说："膳夫掌王之食饮膳羞，以养王及后、世子。"《左传》庄公十年(公元前684年)载楚文王利用息、蔡之间的矛盾，进入淮域伐蔡(即今河南上蔡县)，"败蔡师于莘，以蔡侯献舞归"。4年后，楚又再次伐蔡入其都。蔡大膳夫簠当为楚人伐蔡时所获之物。

(11)春秋中期上□府铜簠：高22厘米，器口纵33.6厘米、横23.5厘米。1972年，襄阳山湾出土。体长方形，直腹，斜壁，平顶，矩形足外侈。斜壁上有两对兽耳，盖上有六扣，通体饰蟠螭纹。盖、器有相同铭文，有七行三十二字"佳正六月初吉丁亥上都府择其吉金铸其列簠其眉老无记子子孙孙永宝用之"。春秋早期(公元前600年左右)上都被楚灭，楚封其同姓贵族为其地县公。

(12)春秋晚期蛇鱼纹铜钅和：通高7.5厘米、口长径15.4厘米、短径14.3厘米、底径6.7厘米。2005年，襄阳余岗墓地M237出土。这件钅和器壁较薄，整器十分秀美。器口呈椭圆形，略内敛，浅弧腹内收，平底。上腹部对称置龙首环形鋬。钅和内壁錾刻数组纹饰，腹内壁纹饰分上下两组：下组在近底部，为两周细密的水波纹；上组在腹中部，由一只立凤鸟纹和四条顺时针游行的鱼纹组成，凤鸟立于水波之上，高冠长喙，双翅欲振。器内底部中心有一双圈纹，周边饰四条相互缠绕的蛇纹，蛇探头吐信，两蛇鳞片清晰，蛇首内向注目而视；另两蛇线条简略，蛇首外伸异向前行。整器构图疏密得当，浓淡相宜，动静有度。

(13)战国晚期"五"字铜方鼎：鼎平面呈长方形，通高25.2厘米、口长28.8厘米、口宽18.4厘米。1991年，襄阳城外郑家山墓地出土。带盖。子母口，环形附耳，直壁略弧，平底，下承四个兽面纹棱状蹄足。盖面圆弧近平，正中有一铺首衔环纽，四边角各置一云状环纽。鼎盖、内壁以铜板分隔为左右两格，容量比例大约为1比2。盖、腹饰一道凸棱纹，耳饰兽面纹、"S"形云纹。一侧耳的顶面和盖面各铸有"五"字铭文。此鼎造型罕见独特，构思极其巧妙，是该时期不可多见的文物精品，其长方形、带盖、四足、器内分格等形制特征，既融汇了圆鼎、方鼎的基本特征，又有所创新。尤其是器身、盖内分格，可以放不同的佐料、蒸煮不同味道的食物，功能颇似现代的"鸳鸯火锅"，不由得让人感叹惊奇。

(14)战国错金嵌玉鎏金鳖形铜带钩：通长14.8厘米。1990年，湖北宜城楚皇城出土。形体似鱼似鳖，侧视如龙形，钩似鳖尾。身体宽大，带面分前后两段：前段前部为一张口鱼头，后部为一鱼作张口吞噬状，中部镶嵌一块椭圆形玉佩，上有孔，周边错金嵌绿松石；后段为鳖形，头部与鱼须相接，尾部上卷作钩，鳖身镶嵌一块弧形玉佩，竖起连接头尾，玉上有沁色，错金尾略卷，背面饰S形云纹。通体用不同线条刻画出不同部位的特征,线条中间错金。带钩制作精美,形象生动,线条圆润、流畅,做工精巧、细腻,又具有极高的观赏价值。

(15)东汉富贵昌宜侯王铜洗:高22厘米、口径43厘米。1973年,枣阳鹿头邓店出土。敞口,折沿,束颈,鼓腹,平底。腹部有两铺首环纽,腹部饰瓦纹。洗内底有凸起双鱼纹,两五铢钱纹,中间铸篆书“富贵昌宜侯王吉”七字祝福语,以祈求加官晋爵,富贵安康。该器高大厚重。洗,汉代日常盥洗用具,类似后世的脸盆。

2.陶瓷器

(1)新石器时代单把陶鼎:高16厘米、口径10厘米,2000年,宜城老鸹仓遗址出土。夹砂红陶,上有黄色陶衣。敛口,折沿,深腹,平底,下承三蹄形足。腹部一侧有一鸟首形把手,似流。其突破了三足圆腹鼎的模式,反映了制作者独具匠心和新颖的创作思路。

(2)新石器时代陶塑小鸟:高3.8厘米、长4厘米。2005年襄城王树岗遗址出土。二件。泥质红陶,上施黄色陶衣。刻画简单,只塑出基本形状,呈站立展翅状。两只小鸟老幼有别,形态各异。只见老鸟双翅伸展,引颈高歌,活泼有趣;而幼鸟则缩颈望天,憨态可掬,嗷嗷待哺。陶质小鸟均系手捏塑而成,刻画简单,形体较小。虽然只塑出了小鸟的基本形状,但质朴可爱,随意自然。

(3)二里头文化陶羊首杯:口径4.4厘米、底径4.2厘米、通高6.2厘米。2005年,襄城王树岗遗址出土。夹砂灰陶,侈口,卷沿,圆唇,宽平沿,深直腹,下附三小乳状足,平底。兽首张嘴侧耳,双眼平视,长颈前伸,无尾。其功用或为酒器,前部小兽象征意义更浓,后部杯体则为实用之器,组合在一起就达到了实用与陈设的和谐统一,展现了当时人们的较高审美情趣。

(4)西汉早期彩绘漆衣鸟云纹陶壶:通高54.3厘米、口径23.7厘米。1978年,襄阳擂鼓台墓地出土。仿漆木器,泥质灰陶。敞口,束颈,圆鼓腹,圜底,高圈足外撇。腹上部有对称铺首衔环耳。肩腹三道带纹。器身满黑漆,饰彩色花纹。盖中心饰变形鸟云云纹,外为弦纹和波折纹;口沿饰弦纹和波折纹;颈饰倒三角纹,三角纹中填白色;腹部为两圈变形鸟云纹。该器为仿漆木器陶器,器身彩绘漆衣,纹饰优美,线条流色彩艳丽,是西汉时期不可多得的彩陶珍品。

(5)东汉绿釉红陶楼:通高59厘米。1977年,襄阳伙牌出土。泥质红陶。楼分上下两截组成,重檐二屋,周有围墙,曲尺形小院。围墙上有人字形流水檐,围墙上装饰有人字形、三角形、菱形、横直条形等几何形图案,并有镂空三角形、长方形和方形望窗。前有五脊顶大门楼。楼房下屋为悬山顶,门开正中,门上浮雕铺首衔环。上层为庑殿顶。在一层楼房顶上列四柱,后列二柱,撑起两楼的围栏,柱上有挺腹人物浮雕。所有脊吻饰都为莲蓬、莲瓣。一楼门前和房顶上有相呼应的耍蛇艺人,二楼上一人凭栏下视,观赏耍蛇。

(6)三国黄釉青瓷虎子:通高17.4厘米、长30.3厘米。1981年,老河口李楼办事处付凯捐赠。灰胎,器身施黄釉,釉层较薄。整器呈虎形,作蹲踞状,瞠目张口,小耳后张,尾上卷与头部相接成梁。虎子于东汉开始出现,为六朝墓中常见的青瓷随葬品之一。青釉虎子为一种盛器,口部似张口的虎首,背有提梁,圆腹,下有四足,因其形如虎,故名。其用途有两说,一说是溺器,一说是水器。东汉时出现,六朝时墓葬中常见。

(7)西晋早期青瓷鸡首壶：高 10.4 厘米、口径 6.8 厘米、底径 5.4 厘米。2004 年，襄城真武山墓地出土。灰白胎，上施青釉，不及底。浅盘口，短束颈，溜肩，鼓腹斜收，平底。肩部对称置二桥形系，另外两侧对称置一无颈鸡首、鸡尾。肩部依次饰弦纹、网格纹及联珠纹各一周。

(8)西晋早期青瓷薰炉：通高 15.6 厘米、炉身最大径 14.4 厘米、炉座直径 15.2 厘米。2004 年，襄城真武山墓地出土。灰白胎，上施青釉，釉色发黄。炉身立于圆盘中央。盘，敛口，双唇，浅腹，平底。炉侈口，平沿，口盖相连，盖顶微隆，上有一桥形纽，一侧有一拱形开口。直腹，喇叭形高柄，中空。炉身饰有三周绹索纹，并对称堆塑四兽面纹。盖通体雕镂三角、菱形纹。

(9)唐长沙窑釉下褐绿彩胡人瓷碗：口径 14.2 厘米、底径 6.5 厘米。1977 年，湖北枣阳城关出土。灰白胎，通体施灰黄釉。敞口，斜直壁，圈足。碗心贴塑一胡人俑，左腿跪，右腿坐，双手合拢于胸前，满脸胡须，神态滑稽，体施酱黄、白釉。碗上施黄、酱黄、白釉，突破了青瓷单一的色调。碗内壁八朵釉下褐绿彩花卉图案，是先在坯上用褐绿彩直接画花卉纹饰，再施青釉。整器造型别致，特别称奇的是该碗心模塑一胡人俑，体现了唐代匠人的独具一格的创新精神和审美意识，十分罕见。瓷碗上施黄、酱黄、白釉，突破了青瓷单一的色调。

(10)五代越窑青釉瓷执壶：高 19.8 厘米、口径 8.6 厘米、底径 9 厘米。2004 年，高新区韩岗墓地出土。浅灰胎，绿釉。喇叭口，束颈，溜肩，瓜棱腹，矮宽圈足。肩部前后分别置六棱角形直嘴和扁带状把。整个器形廓线清秀，造型细巧优雅，釉色青翠匀净纯正，是越窑瓷器的精品。

(11)元钧窑天蓝釉瓷碗：通高 9.6 厘米、口径 21 厘米。2001 年，樊城七里桥墓地出土。体施天蓝釉，施釉不及底，釉色微泛玫瑰紫色，口沿较厚，因垂釉而呈褐黄色宽带边。灰白胎。口微敛、鼓腹斜收、假 圈足。

钧窑为宋代北方名窑之一，从已发现窑址可知其烧造历史可上溯到唐代，下限晚到元代。钧窑瓷器因釉中含有微量的氧化铜，其釉色变化多端美不胜收，打破了中国传统瓷器单一色釉的局面，为以后红色高温釉的烧制成功与美化瓷器奠定了技术基础。

(12)明磁州窑白釉黑花瓷罐：通高 21.3 厘米、口径 7.8 厘米。1965 年，襄阳城南谷隐寺出土。灰白胎，上施白釉。带盖，直口，圆唇，丰肩，长圆腹，圈足，平底。盖顶微弧，盖上宝顶施黑彩，盖面顶部用黑彩绘八朵莲瓣图案，盖边及下腹饰卷草纹一周，腹部饰黑彩缠枝花卉和飞凤图案。白釉釉下黑彩是宋磁州窑的主要装饰方法，元代继续烧造，明代的青花釉下彩绘、釉下多彩器虽是当时瓷器制造的主流，但这一件磁州窑白釉釉下黑彩彩绘瓷罐，器上彩绘的缠枝花卉、飞凤、莲瓣等，清新秀丽，线条流畅，情趣盎然，堪称明代民窑瓷器的代表作。

3.玉石器

(1)西周晚期玉戈：通长 31.6 厘米。2003 年 1 月，枣阳郭家庙墓地出土。青玉，局部受沁呈质褐黄色。长方直内，厚援无脊，无边刃。锋呈等腰三角形，刃较钝厚，近阑处有一圆形穿，上阑略缺，后缘较薄。

(2)春秋早期鱼形玉佩:通长7.6厘米、宽1.9、厚0.3厘米。2003年,枣阳郭家庙墓地出土。青玉,豆青色。体扁平,整器呈鱼形,张口,圆睛,尾巴上卷。两面阴刻有鱼嘴、圆形鱼目、鳃、鳍等,形态逼真。鱼目前有一圆形穿孔,尾上两穿,均为双面钻。

(3)春秋早期龙形玉佩:通长3.6厘米、高3.4厘米,厚0.5厘米。2002年枣阳郭家庙墓地出土。白玉,微泛米黄色,透明度差。器体扁平,龙体卷曲呈"C"字形,龙张口吐舌,圆鼻高耸,下唇下卷,上钻有一圆孔,颈背有鬣毛竖起。两面饰阴刻卷云纹,杂以环带纹和圆圈纹。

(4)春秋早期卷云纹玉玦:外径4.2厘米、内径1.1厘米、厚0.5厘米。2005年,高新区沈岗墓地出土。青白玉,整器扁平,双面均阴刻双勾卷云纹。

(5)春秋早期玉蟾蜍:长1.8厘米、宽1.1厘米、厚0.5厘米。2005年高新区沈岗墓地出土。青白玉,呈豆青色,整器扁平,呈蟾蜍形,脊略隆。口至底部对钻一圆孔。

(6)春秋早期玉人:长3.2厘米、宽1.5厘米、厚1厘米。2005年,高新区沈岗墓地出土。青白玉,呈豆青色,玉人为一站立男子形象,头大、粗眉、"臣"字形眼、大鼻,阔嘴,宽肩,上身袒露,下身着一及膝裹布,双手相拥置于胸前,上下有对穿孔。雕工细致,栩栩如生。

(7)战国玉璜:长6.9厘米、宽1.6厘米、厚0.3厘米。2005年,高新区余岗墓地出土。一对。青白玉,温润微透,上有褐色沁斑。体扁平略弧,拱背上有穿孔,素面。

(8)战国竹节形玛瑙管:长7.2厘米、孔径0.4厘米。2005年,高新区余岗墓地出土。红色,温润透明。体呈竹节形,中间较粗,上下段外壁微内收,两端平齐,中部有穿孔,可穿系。

(9)战国水晶珠:直径1.1—1.9厘米、厚0.7厘米。2005年,高新区余岗墓地出土。六枚,大小不一。紫色,透明,体呈圆柱形。两枚大珠周边各分布三个对称贯通穿孔,其余四枚小珠上下各有对钻穿孔。

(10)西汉谷纹玉璧:直径16.4厘米、厚0.3厘米。1991年7月,襄阳六化建出土。青玉质,呈青灰色,边缘有墨绿色沁斑。双面浅浮雕谷纹,内、外缘各饰一周凹弦纹,纹饰紧密有致。

4.其他

(1)南北朝备出行图画像砖:长36.6厘米、宽19.1、厚6.3厘米。1984年,襄城贾家冲墓地出土。主题浅浮雕墓主人准备出行的场面,共有四人一马。前面一人手持缰绳,后一人在侧牵马,马后一人双手执华盖,最后一人手扶团扇,作回顾状。四人均头带冠,身穿交领宽袖衫。马高大,长尾,前蹄跃起作行走状。画面四周饰忍冬纹边框。

(2)南北朝陶女侍俑组合:高12.7—22.5厘米。1984年,襄城贾家冲墓地出土。5件。均为泥质灰陶。2件头梳偏右髻,身穿交领宽袖衫,腰束带,腰着长裙,裙曳地,足尖微露,右手置于腹前。1件头梳双髻,身穿交领宽袖衫,下着长裙,裙曳地,足尖微露,右手持扇置于胸前,左手下垂。1件头髻损,身穿交领宽袖衫,下着长裙,裙曳地,足尖微露,左手持物,右手扶物置于胸前。1件头梳偏右髻,身穿交领宽袖衫，下着长裙，裙曳地，左腿跪状，右腿蹲状，右手触地，左手微抬。

(3)万历年款铜真武坐像：高 50.4 厘米、底座 33 厘米×21 厘米。旧藏。像铸于明万历四十一年(1613 年)。真武披发跣足，面容丰润，双目微闭，神态安详，身着宽袖蟒袍，右手放在右膝之上，左手掐诀，端坐在台座之上，两足间龟蛇相缠于方座之上。座后刻文“万历四十一年十月初一日南顿迤东会首等信士王敬安刘世方时廷洪刘可久高鞠李万良”。

(4)明弘治年款云龙纹鎏金铜钟：高 25.8 厘米、口径 16.5 厘米。旧藏。整器通体鎏金。龙首蒲牢纽，以双龙腹尾缠绕为提手，龙拱背四脚撑地与钟体相连，五爪。顶端圆弧近平，由细凸弦纹分为内外二区，内区饰四朵对称如意云纹，外区饰十六瓣变形莲瓣纹，顶部正中有直径 1.5 厘米的圆孔。钟身上部由凸弦纹划分为八区，区内浮雕八个云龙图案，区间各饰一朵如意云纹，共八朵。下部有一圈海水波涛纹，口沿均匀地分布着四个大圆饼。口部铸正楷阳文十六字“大明弘治丁巳年十二月吉日坤宁宫施”。是孝宗朱佑樘后宫效法皇帝在武当山肃醮所献的珍贵礼物之一。此钟声音清脆，铸造精致，造型秀美，反映了明代工匠精湛的工艺水平，具有很高的历史研究价值。武当山为道教圣地，在明朝得到了空前的发展，山上的宫观都是由明王朝按皇家的规格创建，也留下了很多珍贵文物古迹。铸造于弘治十年(1497 年)。

(5)清象牙笔筒：通高10.9厘米、口径5.5厘米、底径5.7厘米。旧藏。直口、直腹、圈足。口沿下饰凹弦纹、变形莲瓣纹，圈足镂空为缠枝莲花卉纹。笔筒正身为双层浮雕，下为几何镂空纹，其上浮雕有卷云、亭台楼榭、假山。芭蕉边、柳树下分别站立男女主人和侍童；松树下、假山旁一男持扇站立，一女焚香跪拜，香炉青烟袅袅。此器采用了镂空、浮雕、刻画等多种工艺，琢工精细，形象逼真，堪称民间佳作。

(四)文物保护单位

新中国成立以后，襄樊市申报并由省政府公布了五批文物保护单位，即 1956 年(鄂化字第〔1049〕号)公布的第一批文物保护单位，其中包括绿影壁、襄阳县隆中、米公祠及其石刻、襄阳城、夫人城；1981 年(鄂政发〔1981〕175 号)公布的第二批文物保护单位包括多宝佛塔、李曾伯纪功铭、邓城、余岗九冢古墓群；1988 年(国发〔1988〕5 号)公布的第三批国家级文物保护单位有广德寺多宝塔。1992 年(鄂政发〔1992〕166 号)公布的第三批文物保护单位包括习家池、襄阳县学宫大成殿、水星台、抚州会馆、岘山寺摩崖题刻、庆元己未摩崖题刻、三步两道桥遗址；1996 年(国发〔1996〕47 号)第四批国家级文物保护单位有襄阳古隆中。2001 年(国发〔2001〕25 号)第五批被公布为全国重点文物保护单位有襄阳王府绿影壁和襄阳城墙。2002 年(鄂政发〔2002〕35 号)公布的第四批文物保护单位包括樊城城墙遗址、襄阳谯楼、铁佛寺大殿。详见(表 30—10、30—11、30—12)。

襄樊市国家级文物保护单位确认登记

(共 4 处，其中古建筑 3 处、古遗址 1 处)

表 30—10

批次或公布日期	所在地址				年代	类别	备注
	市	县(区)	镇(乡)	村			
第三批 1988.01.13	襄樊市	襄城区			明	古建筑	国发〔1988〕5 号

续表

批次或公布日期	所在地址				年代	类别	备注
	市	县(区)	镇(乡)	村			
第四批 1996.11.20	襄樊市	襄城区			明、清	古建筑	国发〔1996〕47号
第五批 2001.6.25	襄樊市	襄城区			明	古建筑	国发〔2001〕25号
第五批 2001.6.25	襄樊市	襄城区			明	古建筑	国发〔2001〕25号

省级文物保护单位确认登记表

（共15处，其中古建筑8处、古遗址3处、古墓葬1处、石窟寺及石刻3处）

表30—11

批次或公布日期	所在地址				年代	类别	备注
	市	县(区)	镇(乡)	村			
第一批 1956.11.15	襄樊市	樊城区		柜子城	清	古建筑	鄂化字第〔1049〕号
第二批 1981.12.30	襄樊市	高新区		邓城	周	古遗址	鄂政发〔1981〕175号
第二批 1981.12.30	襄樊市	樊城区	竹条镇	九冢村	春秋、战国	古墓葬	鄂政发〔1981〕175号，保护较好。原名：九冢，原址：襄阳县余岗
第二批 1981.12.30	襄樊市	襄城区		真武山	南宋	石窟寺及石刻	鄂政发〔1981〕175号，风化严重，原地址：襄樊市龟山
第三批 1992.12.16	襄樊市	襄城区		郑家山	南宋	石窟寺及石刻	鄂政发〔1992〕166号，风化严重
第三批 1992.12.16	襄樊市	襄城区		岘山	南宋	石窟寺及石刻	鄂政发〔1992〕166号，风化严重
第三批 1992.12.16	襄樊市	襄城区	欧庙镇	赵山村	新石器时代	古遗址	鄂政发〔1992〕166号，保护一般
第三批 1992.12.16	襄樊市	襄城区	凤凰山	南麓	明、清	古建筑	鄂政发〔1992〕166号，损毁严重
第三批 1992.12.16	襄樊市	樊城区		前街	清	古建筑	鄂政发〔1992〕166号，损毁严重
第三批 1992.12.16	襄樊市	樊城区		水星巷	清	古建筑	鄂政发〔1992〕166号，损毁严重
第三批 1992.12.16	襄樊市	襄城区	第五中学		清	古建筑	鄂政发〔1992〕166号，保护较好
第四批 2002.11.7	襄樊市	襄城区		西门外	清	古建筑	鄂政发〔2002〕35号，保护较好。原公布樊城区
第四批 2002.11.7	襄樊市	襄城区		南街	清	古建筑	鄂政发〔2002〕35号，保护较好
第四批 2002.11.7	襄樊市	樊城区			明、清	古遗址	鄂政发〔2002〕35号，保护一般
第四批 2002.11.7	襄樊市	樊城区			清	古建筑	鄂政发〔2002〕35号，山陕会馆保护较好。黄州、小江西、中州会馆损坏严重

县(市)级文物保护单位确认登记

(共72处,其中古遗址13处、古墓葬19处、古建筑10处、石窟寺及石刻9处、近现代重要史迹及代表性建筑16处、其他5处)

表30—12

序号	文物保护单位名称	批次或公布日期	所在地址				年代	类别	备注
			市	县(区)	镇(乡)	村			
1	王家堤遗址	第一批 1981.4.15	襄樊市	樊城区	太平店镇	王家堤村	新石器	古遗址	襄阳县人民政府、襄政发〔1981〕032号。王家堤遗址。原址太平公社
2	尤家营遗址	第一批 1981.4.15	襄樊市	襄城区	卧龙镇	尤家营村	新石器	古遗址	襄阳县人民政府、襄政发〔1981〕032号。尤家营遗址。原址泥沮公社尤家湾队
3	邹湾遗址	第一批 1981.4.15	襄樊市	襄城区	欧庙镇	邹湾	战国至东汉	古遗址	襄阳县人民政府、襄政发〔1981〕032号,保护较好。邹湾遗址、原址区庙公社
4	胡营遗址	第一批 1981.4.15	襄樊市	樊城区	牛首镇	花园村	春秋战国	古遗址	襄阳县人民政府、襄政发〔1981〕032号,保护一般。胡家营遗址
5	李家岗遗址	第一批 1981.4.15	襄樊市	襄城区	卧龙镇	李家岗村	春秋战国	古遗址	襄阳县人民政府、襄政发〔1981〕032号。李家岗遗址、原址泥沮公社
6	欧庙遗址	第一批 1981.4.15	襄樊市	襄城区	欧庙镇	欧庙街	战国至六朝	古遗址	襄阳县人民政府、襄政发〔1981〕032号,欧庙遗址。原址欧庙公社
7	郭岗遗址	第一批 1981.4.15	襄樊市	樊城区	太平店镇	郭岗村	汉	古遗址	襄阳县人民政府、襄政发〔1981〕032号,郭岗遗址。原址太平公社郭岗大队
8	王家咀遗址	第一批 1981.4.15	襄樊市	樊城区	太平店镇	王家咀村	汉	古遗址	襄阳县人民政府、襄政发〔1981〕032号,王家咀遗址。原址太平公社
9	翟家垭子遗址	第一批 1981.4.15	襄樊市	襄城区	卧龙镇	翟家垭子	汉—宋	古遗址	襄阳县人民政府、襄政发〔1981〕032号,翟家垭子遗址。原址泥沮公社
10	马跃檀溪遗址	第一批 1983.3	襄樊市	襄城区		真武山	汉	古遗址	襄樊人民政府《襄樊市文物保护管理办法》公布,保护较好
11	金鸡嘴遗址	第三批 1992.5.3	襄樊市	樊城区	牛首镇		旧石器	古遗址	襄阳县人民政府、襄政发〔1992〕23号,保护较好
12	军营坡遗址	第三批 1992.5.3	襄樊市	樊城区	太平店镇		旧石器	古遗址	襄阳县人民政府、襄政发〔1992〕23号,保护较好
13	范杨镇遗址	第三批 1992.5.3	襄樊市	樊城区	太平店镇	乔岗村	汉代	古遗址	襄阳县人民政府、襄政发〔1992〕23号,保护较好

续表 1

序号	文物保护单位名称	批次或公布日期	所在地址				年代	类别	备注
			市	县(区)	镇(乡)	村			
14	古墓群	第一批 1981.4.15	襄樊市	高新区		施坡	不详	古墓葬	襄阳县人民政府、襄政发〔1981〕032 号
15	双冢子	第一批 1981.4.15	襄樊市	樊城区	太平店镇	朱坡	不详	古墓葬	襄阳县人民政府、襄政发〔1981〕032 号,保护较好
16	田湾王墓	第一批 1981.4.15	襄樊市	襄城区	新集镇		不详	古墓葬	襄阳县人民政府、襄政发〔1981〕032 号,保护较好。田家湾王墓
17	无名冢	第一批 1981.4.15	襄樊市	襄城区	卧龙镇	王家老屋	不详	古墓葬	襄阳县人民政府、襄政发〔1981〕032 号,保护较好
18	无名冢	第一批 1981.4.15	襄樊市	襄城区	卧龙镇	谢家洼子	不详	古墓葬	襄阳县人民政府、襄政发〔1981〕032 号,保护较好
19	无名冢	第一批 1981.4.15	襄樊市	襄城区	欧庙	崔营	不详	古墓葬	襄阳县人民政府、襄政发〔1981〕032 号,保护较好
20	无名冢	第一批 1981.4.15	襄樊市	樊城区	太平店镇	朱坡	不详	古墓葬	襄阳县人民政府、襄政发〔1981〕032 号,田家湾王墓。原址:太平公社
21	下坟包	第一批 1981.4.15	襄樊市	襄城区	卧龙镇	尤河	不详	古墓葬	襄阳县人民政府、襄政发〔1981〕032 号,保护较好
22	古墓群	第一批 1981.4.15	襄樊市	襄城区	卧龙镇	尹集	宋至明清	古墓葬	襄阳县人民政府、襄政发〔1981〕032 号。
23	山湾古墓群	第二批 1984.10.16	襄樊市	高新区	团山镇	陆寨村	春秋战国	古墓葬	襄樊市人民政府、襄政发〔1984〕90 号,保护一般
24	蔡坡古墓群	第二批 1984.10.16	襄樊市	高新区	团山镇	施坡村	春秋战国	古墓葬	襄樊市人民政府、襄政发〔1984〕90 号,保护一般
25	叫花子坟	第二批 1984.10.16	襄樊市	襄城区		钱营村	明	古墓葬	襄樊市人民政府、襄政发〔1984〕90 号,保护较好
26	朱建淑墓	第二批 1984.10.16	襄樊市	襄城区		隆中山	明	古墓葬	襄樊市人民政府、襄政发〔1984〕90 号, 保护一般
27	擂鼓台	第二批 1986.8.16	襄樊市	樊城区	牛首镇	李冲村	三国	古墓葬	襄阳县人民政府、襄政发〔1986〕88 号, 保护一般
28	老井洼王墓	第二批 1984.10.16	襄樊市	襄城区	尹集	老井洼	不详	古墓葬	襄樊市人民政府、襄政发〔1984〕90 号,保护较差
29	青冢	第二批 1984.10.16	襄樊市	高新产业开发区		孙庄	不详	古墓葬	襄樊市人民政府、襄政发〔1984〕90 号,保护较差。原地址:襄阳县张湾刘洼
30	窑山冢子群(3 座)	第三批 1992.5.3	襄樊市	樊城区	牛首镇	陈李湾村	不详	古墓葬	襄阳县人民政府、襄政发〔1992〕23 号,保护较好

续表 2

序号	文物保护单位名称	批次或公布日期	所在地址				年代	类别	备注
			市	县(区)	镇(乡)	村			
31	王坡墓群	第三批 2005.12.21	襄樊市	樊城区	牛首镇	马棚村	战国—汉	古墓葬	襄樊市人民政府、襄政发〔2005〕44 号
32	付岗墓群	第三批 2005.12.21	襄樊市	襄城区	欧庙镇	付岗村	秦汉	古墓葬	襄樊市人民政府、襄政发〔2005〕44 号
33	清真寺	第二批 1984.10.16	襄樊市	樊城区		友谊街	明	古建筑	襄樊市人民政府、襄政发〔1984〕90 号,保护较好
34	大顺帝李自成将军登基处旧址及后明襄王府	第二批 1984.10.16	襄樊市	襄城区		绿影壁巷	1643 年	近现代重要史迹及代表性建筑	襄樊市人民政府、襄政发〔1984〕90 号,保护一般
35	老龙庙	第二批 1984.10.16	襄樊市	襄城区		老龙堤	清	古建筑	襄樊市人民政府、襄政发〔1984〕90 号 现实施遗址保护
36	宁国寺	第二批 1984.10.16	襄樊市	樊城区	高新区	邓城村	清	古建筑	襄樊市人民政府、襄政发〔1984〕90 号,损毁严重
37	戏楼	第二批 1984.10.16	襄樊市	樊城区	牛首镇	镇中学	清	古建筑	襄樊市人民政府、襄政发〔1984〕90 号,损毁严重。牛首戏楼
38	襄阳书院	第二批 1984.10.16	襄樊市	襄城区		红花园	清	古建筑	襄樊市人民政府、襄政发〔1984〕90 号,保护一般
39	张公祠	第二批 1984.10.16	襄樊市	襄城区		南门外	清	古建筑	襄樊市人民政府、襄政发〔1984〕90 号,保护较好。原地址:襄阳南门外
40	石马 、石羊	第一批 1981.4.15	襄樊市	襄城区	新集镇	姜兴	明、清	石窟寺及石刻	襄阳县人民政府、襄政发〔1981〕032 号,保护一般。姜兴石马、石羊
41	石象	第一批 1981.4.15	襄樊市	襄城区	欧庙镇	镇政府	清代	石窟寺及石刻	襄阳县人民政府、襄政发〔1981〕032 号
42	石狮	第一批 1981.4.15	襄樊市	襄城区	欧庙镇	镇小学	清代	石窟寺及石刻	襄阳县人民政府、襄政发〔1981〕032 号
43	来将军去思碑	第二批 1984.10.16	襄樊市	襄城区		观音阁村	唐	石窟寺及石刻	襄樊市人民政府、襄政发〔1984〕90 号,风化严重。原地址:襄阳南观音阁
44	蛮王洞及石刻	第二批 1984.10.16	襄樊市	襄城区		南门外	宋	石窟寺及石刻	襄樊市人民政府、襄政发〔1984〕90 号,风化严重。蛮王洞摩崖石刻
45	石狮、石象(各一对)	第二批 1986.11.5	襄樊市	樊城区	太平店镇	沈河村	清	石窟寺及石刻	襄阳县人民政府、襄政发〔1986〕88 号

续表 3

序号	文物保护单位名称	批次或公布日期	所在地址				年代	类别	备注
			市	县(区)	镇(乡)	村			
46	稼穑维石碑	第三批 1992.5.3	襄樊市	樊城区	太平店镇		不详	石窟寺及石刻	襄阳县人民政府、襄政发〔1992〕23 号,风化严重。刘河石碑
47	“汉阳”石刻	第三批 2005.12.21	襄樊市	樊城区		中山前街	清	石窟寺及石刻	襄樊市人民政府、襄政发〔2005〕44 号
48	“民不能忘”石刻	第三批 2005.12.21	襄樊市	樊城区		公馆门	清	石窟寺及石刻	襄樊市人民政府、襄政发〔2005〕44 号
49	天主堂	第三批 2005.12.21	襄樊市	樊城区		人民路	清	古建筑	襄樊市人民政府、襄政发〔2005〕44 号
50	江苏会馆	第三批 2005.12.21	襄樊市	樊城区		友谊街	清	古建筑	襄樊市人民政府、襄政发〔2005〕44 号
51	马忠记花行	第三批 2005.12.21	襄樊市	樊城区		中山后街	清末民初	古建筑	襄樊市人民政府、襄政发〔2005〕44 号
52	宋家鱼铺	第三批 2005.12.21	襄樊市	樊城区		中山后街	清末民初	古建筑	襄樊市人民政府、襄政发〔2005〕44 号
53	肖楚女烈士执教处	第一批 1983.3	襄樊市	襄城区		卉木林巷	1920 年	近现代重要史迹及代表性建	襄樊人民政府《襄樊市文物保护管理办法》公布,完全损毁,现实施遗址保护
54	解放襄阳登城突破口	第一批 1983.3	襄樊市	襄城区		西门桥口	1948 年	近现代重要史迹及代表性建	襄樊人民政府《襄樊市文物保护管理办法》公布,原貌已毁,现实施遗址保护
55	烈士陵园	第一批 1983.3	襄樊市	襄城区		羊祜山	不详	近现代重要史迹及代表性建	襄樊人民政府《襄樊市文物保护管理办法》公布,原貌已毁,现实施遗址保护
56	中共襄阳特支旧址(一届)	第二批 1984.10.16	襄樊市	襄城区		大北门	1925 年	近现代重要史迹及代表性建	襄樊市人民政府、襄政发〔1984〕90 号,完全损毁,现实施遗址保护
57	乐群书店旧址	第二批 1984.10.16	襄樊市	襄城区		鼓楼北	1926 年	近现代重要史迹及代表性建	襄樊市人民政府、襄政发〔1984〕90 号,完全损毁,现实施遗址保护
58	中共襄阳特支旧址(二届)和共青团襄阳地委旧址	第二批 1984.10.16	襄樊市	襄城区		校士街	1926 年	近现代重要史迹及代表性建筑	襄樊市人民政府、襄政发〔1984〕90 号,完全损毁,现实施遗址保护

续表 4

序号	文物保护单位名称	批次或公布日期	所在地址				年代	类别	备注
			市	县(区)	镇(乡)	村			
59	中共襄阳特支旧址（三届）	第二批 1984.10.16	襄樊市	樊城区		米公小学	1927 年	近现代重要史迹及代表性建	襄樊市人民政府、襄政发〔1984〕90 号,完全损毁,现实施遗址保护
60	棉业改进所合作社训练班旧址	第二批 1984.10.16	襄樊市	襄城区		北街	1937 年	近现代重要史迹及代表性建	襄樊市人民政府、襄政发〔1984〕90 号,完全损毁,现实施遗址保护
61	第五战区文化工作委员会旧址	第二批 1984.10.16	襄樊市	樊城区		后街	1938 年	近现代重要史迹及代表性建	襄樊市人民政府、襄政发〔1984〕90 号,完全损毁,现实施遗址保护
62	中共襄阳鄂北特委和中共襄阳中心县委旧址	第二批 1984.10.16	襄樊市	襄城区		南街	1938 年	近现代重要史迹及代表性建筑	襄樊市人民政府、襄政发〔1984〕90 号,完全损毁,现实施遗址保护
63	新知书店旧址	第二批 1984.10.16	襄樊市	襄城区		鼓楼北	1938 年	近现代重要史迹及代表性建	襄樊市人民政府、襄政发〔1984〕90 号,完全损毁,现实施遗址保护
64	中共襄阳中心县委鄂北特委和鄂西北省委党员训练班旧址	第二批 1984.10.16	襄樊市	樊城区		铁匠街	1938 年	近现代重要史迹及代表性建筑	襄樊市人民政府、襄政发〔1984〕90 号,完全损毁,现实施遗址保护
65	中共鄂西北省委旧址	第二批 1984.10.16	襄樊市	樊城区		迎旭小学	1939 年	近现代重要史迹及代表性建	襄樊市人民政府、襄政发〔1984〕90 号,完全损毁,现实施遗址保护
66	襄樊战役活捉康泽处	第二批 1984.10.16	襄樊市	襄城区	友谊路	杨家祠堂	1948 年	近现代重要史迹及代表性建	襄樊市人民政府、襄政发〔1984〕90 号,完全损毁,现实施遗址保护
67	襄樊战役前线指挥所旧址	第二批 1984.10.16	襄樊市	樊城区	柿铺乡	吴家庄	1948 年	近现代重要史迹及代表性建	襄樊市人民政府、襄政发〔1984〕90 号,完全损毁,现实施遗址保护
68	白果树	第一批 1981.4.15	襄樊市	樊城区	太平镇	王家台村	元代	其他	襄阳县人民政府、襄政发〔1981〕032 号

续表 5

序号	文物保护单位名称	批次或公布日期	所在地址				年代	类别	备注
			市	县(区)	镇(乡)	村			
69	古柏树	第一批 1981.4.15	襄樊市	襄城区	欧庙中学		明、清	其他	襄阳县人民政府、襄政发〔1981〕032 号
70	泰定铁钟	第二批 1984.10.16	襄樊市	襄城区		绿影壁	元代	其他	襄樊市人民政府、襄政发〔1984〕90 号,保护较好
71	白马洞	第二批 1986.11.05	襄樊市	襄城区	卧龙镇	白马村	年代不详	其他	襄阳县人民政府、襄政发〔1986〕88 号
72	黄连树	第二批 1986.11.05	襄樊市	樊城区	太平店镇	邵楼村	年代不详	其他	襄阳县人民政府、襄政发〔1986〕88 号,保护一般

备注:市区各级文物保护单位共计 94 处、其中:古建筑 20 处、古遗址 16 处、古墓葬 22 处、石窟寺及石刻 12 处、近现代史迹及代表性建筑 19 处、其他 5 处。

1.国家级文物保护单位简介(含县区)

(1)古隆中:古隆中地处襄阳城西 13 公里的隆山之麓,是诸葛亮的栖隐处。1800 多年前,杰出的政治家、军事家诸葛亮在此“躬耕陇亩”10 年,“三顾茅庐”、“隆中对策”的故事就发生在这里。诸葛亮(181—234)字孔明,琅琊阳都(今山东沂南)人,汉兴平二年(195)随叔父诸葛玄投靠荆州牧刘表,随后在隆中躬耕苦读 10 年。在世界汉文化圈内,诸葛亮历来被人们视为“智慧化身”和“为人师表”。他的政治、军事思想和“鞠躬尽瘁,死而后已”的献身精神,一直受到中外人士的尊敬与推崇。自晋永兴中(304—306)镇南将军刘弘与参军李兴“至隆中,观亮故宅,立碣表闾”后,历代都有人到此树碑建祠,逐渐形成了三顾堂、六角井、躬耕田、老龙洞、抱膝石、半月溪、梁父岩、小虹桥、古柏亭、野云庵等隆中十景。1986 年,国家旅游局拨款 100 万元先后修复了隆中书院、诸葛草庐、吟啸山庄等景点。近年来又筹款修建了腾龙阁、珍稀植物园,拓宽了道路,整治了周边环境。1993 年,古隆中被评为襄樊市十佳旅游景观;1994 年,国务院公布古隆中为国家重点风景名胜区,面积扩大到 209 平方公里;1996 年,国务院公布为国家重点文物保护单位;2000 年后,国家旅游局定为 AAAA 级景区;1996 年,被评为湖北省十佳旅游景区;2004 年,被评为襄樊市十佳山水。

(2)襄阳王府绿影壁:位于襄阳城东南隅,坐南朝北,南距南城墙,东距东城墙各 200 米,绿影壁全长 26.2 米,高 7.6 米,厚 1.6 米,自重约 850 吨,是用绿泥片岩作壁心汉白玉石镶边的巨型石雕龙壁。绿影壁分三堵,中堵略高,壁心浮雕二龙斗宝,具吞云吐雾倒海翻江之势,汉白玉石镶边,上下槛各雕流云飞龙 10 条,左右抱框各雕流云飞龙 3 条,边框上的 26 条飞龙,瞠目探首,翻腾在流云中,仿佛被壁心二龙斗宝的场景所惊呆,依依难舍,不忍离去。左右两堵壁稍低,壁心各雕一巨龙舞于云水海涛之间,有浪里滚蛟,海天难辨之态,也用汉白玉石镶边,上下槛各雕流云飞龙 5 条,左右抱框各雕流云飞龙 2 条。这两堵边框各 14 条飞龙,好似流连忘返,护卫着叱咤风云的巨龙。绿影壁又是一座庑殿顶四柱三楼一字形影壁,其壁顶、柱枋、框架、须弥座等构件都用榫卯相接。中堵屋顶正脊两端立鸱吻,正脊正面雕流云飞龙 6 条,斜脊有戗兽,正面瓦 64 垄,山面瓦 13 垄。左右两堵屋顶正脊正面各雕流云行龙 3 条,斜脊无戗兽,正面瓦 35 垄,山面瓦 13 垄。屋檐瓦当饰坐龙,滴水饰流云飞龙,檐枋浅浮雕斜格形如意云。藻头饰以轱辘钱,西番莲。撞头浮雕江崖海水流云图样。须弥座三座相连,中座略高,左右稍低。上枋减地平,缠枝莲花二方连续,下枋素面,上下枭浅浮雕仰覆莲。上下鸡子混减地平卷云纹。圭角两端回纹。正反如意云的汉白玉玛瑙柱，玲珑别致。由12块绿泥片岩嵌成的束腰上各雕一行龙，威武雄浑，气宇轩昂。明朝仁宗皇帝的第五子，朱瞻墡于明正统元年（1436年）改封为襄阳王，绿影壁随襄王府建成于明正统五年（1440年）。1641年，农民起义军李自成部将张献忠攻破襄阳城，襄王府被焚烧，绿影壁因质地关系幸免于难而被保存下来。1643年，李自成在襄阳建立初期的农民政权“新顺”，改襄阳为“襄京”时，修缮过王府。王府颓废以后，内间先后修建过武圣宫、龙神祠、火神祠、城隍庙等建筑群，其中以雍正五年（1727年）创建的武圣宫距绿影壁最近。延续至清末，王府坪成为一片空地，绿影壁无人过问。

（3）襄阳城墙：襄阳城位于湖北省西北部，汉水中游，与樊城隔水相望。据郦道元《水经注》载：“城在襄水之阳，故曰襄阳。”因城墙坚固，城高池深，易守难攻，固若金汤，素有“铁打的襄阳”之美称。北临汉水城段稍宽，南靠岘山城段略窄，城略呈方形。城墙高10.84米，城周长7331米，其中有护壁砖墙6408米，夯土筑墙680米，残毁243米。城砖规格不一，现存最早的文字砖是明洪武十六年的年款砖（见拓片）。现存城墙保存基本完整，为明代初年砖筑城墙，清代重建城楼。除城墙外，现尚存长门瓮城、大北门瓮城、小北门城楼、夫人城城台、城东南角角台和重建的仲宣楼。城周有护城河环绕，主道宽130米，最宽处250米，被人们誉为“城湖”。小北门城楼建筑在拱券式城门洞上，城楼四柱三间，重檐歇山顶，七檩抬梁构架，砖木结构，为清道光六年重建。城楼下的城门券设有两道城门，洪水来时可在两道城门之间回填土石抵御水患。城台长13.75米、宽22.6米、外有垛墙、内有女儿墙、台西侧有蹬城马道。东晋太元三年（378年）前秦苻坚发兵围攻襄阳。东晋襄阳守将朱序之母韩夫人为保卫襄阳，率领家婢和城中妇女，在襄阳城西北角增筑一段二十多丈的城墙，秦军屡攻不下只好退兵，后来襄阳人民称这段城墙为“夫人城”。夫人城位于襄阳城的西北角，中间有一券洞式通道，南通护城河。夫人城墙体上尚保留有很多清代的年款砖。大北门瓮城，残高6米、内宽22.8米、深10.75米，东、西、南三面有券洞门，东西两面门洞设有两道防水闸门，瓮城北临汉水，无洞门，它实际上是一道坚固的防水堤，当出现水患时，瓮城可关闸封闭。长门瓮城在城的东北角，总面积4000平方米。其北墙临汉水无门洞，南墙在修焦枝铁路时被推平，现存台高7米，瓮城深25.5米，残宽34.5米，长门洞长34.4米，长门箭楼洞长12米。长门瓮城也可以封闭。东墙敌台有两座，均突出墙体7米。东南角台向南伸出，东西长8.4米，南北宽11.7米，上有重建的仲宣楼。襄阳城内以十字街为中心，以南北街为中轴线，两侧向东西街延伸，构成了棋盘式的建筑格局，构思巧妙，匠心独运。至今襄阳城内还保留了一些有代表性的古建筑遗迹，如绿影壁、府学宫泮池、县学宫大成殿、谯楼、单府、单家祠堂等明清建筑。襄阳城始建于汉，为汉末荆州牧刘表的治所。南宋乾道五年（1169年）对城垣作了维修。淳熙八年（1181年）修护城堤捍江、筑救生堤卫城。元朝襄阳颓废。明洪武初（1365年）朱元璋部将邓愈镇守襄阳，因旧址修筑，并另拓东北角，由旧大北门向东绕至长门环南增建新城。正德十一年（1516年）汉水溢，破城三十余丈，巡道聂贤捐俸补修，整新四门，又用铁叶裹城门。万历四年（1576年）知府万振孙题城东门曰“阳春”、南门曰“文昌”、西门曰“西成”、大北门曰“拱宸”、小北门曰“临汉”、长门曰“震华”。崇祯十四年（1641年）张献忠率起义军攻占襄阳时平毁城垛及城楼，袁继咸亲督标兵修复城垛如旧，都御史王永祚重建六门城楼及西南城角的狮子楼。清顺治五年（1648年）都御史赵兆麟、檄副史苏宗贵重修西门城楼，知府冀如锡重建南门城楼，同知徐腾茂、张仲重修大北门、小北门城楼，知县董上治重建东门城楼。雍正年间，副史赵宏恩重建仲宣楼于城东南角。

（4）广德寺多宝塔：广德寺位于襄阳城西11公里隆中山东侧山下的田园上，前有10里长冲，汉水迤逦其后，东、南、西有青山环抱，护寺河清碧如带，环绕四周。广德寺始建于唐代贞观年间，原寺址隆中山，名“云居禅寺”。明成化年间迁建于此，改名“敕赐广德寺”。1988年，被公布为全国重点文物保护单位。多宝塔建于明弘治七年至九年(1494—1496 年),是为襄阳广德寺供奉四十五尊佛像而建的金刚宝座式塔。塔为砖石结构,在一个八方形的台座上,耸立着五塔。塔高 7 米,上叠浅檐,下奠矮基,八角以砖砌成圆柱,东、南、西、北四面各有石券门。塔底内部正中有一砖砌八角亭式塔心柱。北面通道左侧夹壁间有石阶可直登塔座上。阶梯出口有四角攒尖式小塔稍低,塔内外嵌汉白玉四十八佛(其中有三个“佛”字)。此塔台座厚重牢固,塔身玲珑别致,是造型较为特殊的塔,至今完好无损。近来修建部分附属建筑天王殿、天雄宝殿、藏经楼以及僧房。广德寺原名云居寺,寺址隆中山。唐末十分荒凉,以后逐渐废弃。明景泰年间重建,成化年间迁于现址,成化十八年改名为广德禅林。弘治七年至九年(1494—1496 年)建多宝佛塔,从此广德寺香火又旺盛起来。明末寺院遭兵燹,唯存多宝佛塔,清康熙年间重修殿宇,但其规模已不及原貌,以后,殿宇又逐渐颓圮,到乾隆年间,由觉圣和尚募化盖东西耳房,并建两廓客堂。嘉庆十四年(1809 年)又由觉圣的徒孙源江新建山门,起造斋堂、厨室,维修大雄宝殿,因寺院地势低凹,源江和尚又兴工开挖了四周壕沟。此后,还陆续重装了各殿金像。道光咸丰年间由妙玺和尚主持维修过殿宇。自 1938 年国民政府在寺内兴办“襄阳中学”以来,广德寺一直被学校或单位占用。1950 年,襄阳行政公署在广德寺建立“襄阳农业高中学校”,1956 年,农校迁入襄阳城内,广德寺成为“襄阳地区综合试验场”,后改为“襄阳地区原种场”。1966 年,武汉大学襄阳分校迁入广德寺。1969 年,武大襄阳分校迁往隆中,这里成为“襄阳地区农业科学研究所”所在地。寺院鼎盛时期,僧人多达百余人。1938 年,国民党在此办学校时,规定寺内僧人只准存在,不许发展。解放初期,寺内只有五位僧人和一位当家的师傅,不久,这几名僧人也还俗离去。1975 年,武汉大学襄阳分校及农科所拆卸了寺内大量建筑,现仅存南山门、天王殿、东西知客楼、东方丈院、西院、藏经楼、多宝佛塔。

(5)雕龙碑遗址:雕龙碑古文化遗址,位于枣阳市鹿头镇武庄村,是国家级重点文物保护单位。是距今 6000 多年保存完整的新石器时代氏族聚落遗址,面积 5 万多平方米。1990—1992 年,中国科学院考古研究所先后进行了 5 次发掘,在 1.5 万平方米的范围内,发掘出房屋基址 21 座,窑穴 75 座,土坑穴墓 133 座,陶瓮葬 63 座,动物葬 23 处,出土 4000 多件斧、铲、刀、锛、凿、犁、镰、镢等石质生产工具以及大量的陶器生活用品和装饰品。尤其是房屋建筑构造是考古界前所未有的重大发现,房屋是单元式结构,木质推拉门,墙壁和房顶所用木头经过火烧,建筑材料已经使用了石灰和类似水泥的东西。该遗址在全国独一无二,被定为独具特色的新文化类型——雕龙碑古文化,对研究黄河流域、长江流域交汇地带新石器时代文化乃至探索中国都邑产生、人类文明进步史,都具有重大的科学价值。

(6)九连墩战国古墓群:是国家级重点文物保护单位。坐落在枣阳市吴店和兴隆交界的一条南北向山冈上的九连墩,绵延 3 公里,有墓 9 座,南北向排列,故称九连墩。仅从 2002 年对两座战国楚墓发掘的情况看,已发掘出中国迄今最大的两个车马坑,坑中除出土了车马文物外,还出土了 1000 多片楚简、7 大类 90 余件乐器、1000 多件青铜礼器,以及精美的玉照和漆器等珍贵文物,其中有楚墓考古中所罕见的虎座鸟架鼓龙蛇盘绕的底盘、身披马甲的铜马,以及木制冥器和木车等。发掘工作曾引起考古界的高度关注。当时,全国 40 多家媒体的 200 多名记者云集枣阳,湖北电视台对发掘现场进行了为期 6 天的现场直播。共发掘出土文物 1100 多件,其中有很多极具历史研究价值的文物,在考古界引起了很大的轰动,被中国社会科学院考古研究所定为 2002 年全国最为重要的六大考古发现之一。

(7)楚皇城遗址:楚国故都,位于宜城市郑集镇。楚皇城遗址被列为国家级文物保护单位,是春秋时期楚国都城遗址。城墙周长 6 440 米。有烽火台、紫禁城、跑马堤、散金坡、白龙池、金银冢、捞尸湖、鞭尸台(即伍子胥鞭打楚王尸首)等遗址。出土的遗物有铜方壶、大型铜车、金丝嵌玉片鳖形带钩、带流铜、蚁鼻钱金币“郢爰”、“中左偏将军”印章等。

2.省级文物保护单位选介

(1)**米公祠**:位于樊城区沿江路的西段,原名“米家庵”,是纪念北宋书画家、鉴赏家米芾而建的祠宇。米芾(1051—1107)(宋仁宗赵祯皇祐三年至宋徽宗赵佶大观元年),初名黻,字元章,号鹿门居士,又称海狱外史、襄阳漫士。祖籍太原,迁居襄阳,定居润州(今江苏镇江)。微宗召为书画学博士,曾官礼部员外郎,人称米南宫。因其举止“癫狂”,称他为米颠。米芾能诗文,擅书画,精鉴别,与蔡襄、苏轼、黄庭坚合称宋代四大书法家。米公祠始建无考,《襄阳县志》载:元末明初毁于兵燹,明代曾重修,并由太子太保吏部尚书郑继之于明万历四十七年(1619年)撰书《米氏世系碑》,记述米氏故里的沿革。米公祠占地面积16000平方米,主体部分是沿中轴线四进院落的建筑群,位于中间的拜殿是米氏后裔祭祀祖先的地方。后有宝晋斋是一座四合院,两侧的碑廊占地160平方米,保存有大量的历代石刻碑文,后又重建仰高堂及洁亭、东、西苑等建筑。祠内植草种树,置假山石,环境清幽。清康熙十一年(1672年),吴公琬、郑五云二人访古,得《米氏世系碑》残碑。襄阳籍官员王谨微诗记此事云:“三尺残碑卧道旁,剜泥认是米襄阳。一船书画人争羡,半亩荒庄仍自荒。”康熙三十二年(1693年),江南学政御史邵嗣尧经米氏故里寻得另一残碑与前碑恰为一体。雍正年间,重修祠宇房屋五栋,均为白墙青瓦,立有“米氏故里”碑。据《襄阳县志》载:“米氏祠在樊城朝觐门内,祀宋知淮维阳军米芾。祠前有墩,中有衢路。”雍正五年(1727年),知府高茂选建桥于墩,令与祠接,下做券门,以通行路,筑亭墩上曰“面墩亭”。又寻得米公及苏轼、蔡襄、黄庭坚等墨迹勒之于石。今祠中存石刻四十五方。祠前左有明陈继儒所撰《志林序碑》、碑阴刻《净名斋记》,右有缉朝御史邵嗣尧所撰《重修米氏故里》碑记,碑阴刻《西园雅集图记》。咸丰年间,兵荒马乱,道台金修樊城,筑堡障,城门为“宝晋门”。米氏族人,视其扼祠宇之地,有碍家庙,襄阳道台指示:兵乱在急,承年之后,仍修旧迹。同治三年(1866年),米氏族人禀明道、府、县官经三衙门会商,拟定筹款培修。共修房屋三栋,其一是米公祠牌楼及过厅,其二是庭院中三间卷棚,其三是祠宇的主体建筑“宝晋斋”。光绪元年(1875年)十二月,曾修祠宇,文渊阁大学士单懋谦为牌楼题写“米公祠”门额。民国时期军阀混战,米氏后裔为保护珍贵的文物,将石刻四十五块运至米芾二十七世孙米高秦家保管。抗日战争时期,日本帝国主义侵略襄樊,狂轰滥炸,为保护珍贵石刻全部窖藏地下,才免遭浩劫。1951年,襄樊市成立了文物保护管理委员会,米高秦主动献出石刻,这批珍贵石刻在米公祠内保存至今。1956年,米公祠及其石刻被湖北省人民政府公布为省级重点文物保护单位。

(2)**邓国故址**:邓城遗址位于襄樊市樊城西北六公里处的团山镇,地处北纬32° 051,东经112° 051,遗址地处南阳盆地南端,南接汉水北岸冲积平原,东有小清河,西北为绵延的低矮岗丘地,海拔高程65—137米,北高南低。邓城遗址是湖北省重点文物保护单位。是春秋时期邓国的都城。楚灭邓后,邓城一直是楚国境内较著名的城镇,其后作为分裂局面下南北交战的前沿要地而逐渐衰落下去,至北魏孝文帝大败齐军于邓城后,邓城终趋荒废。邓城是一座近方形的古城,系夯土所筑。东、西、南、北分别长766米、713米、896米、858米,厚约10—15米,城垣残高2—5米,面积约0.64平方公里。城垣四周有护城河环绕,河宽30余米。邓城遗址内地表大部分为耕地,建有少量民房。地表散有大量东周至汉代的器物残片,及少量更晚时期的残瓷片,邓城遗址尚未发掘。在邓城外侧,东、西、北三面长约5公里的地域内,呈弧状分布众多东周至汉代的遗址和墓葬群,出土有大批青铜器,其中含有邓、楚、吴、蔡、徐、郑、曾等国器物。

(3)**习家池**:习家池在襄阳城南5公里的白马山下,池北三里是著名的岘山。最早兴建的年代大约是东汉建武年间(光武帝刘秀的年号,25—56年)。它的主人习郁,字文通,曾拜侍中(侍候皇帝左右，出入宫廷的官），很快又提升为大鸿胪（九卿之一，负责接待少数民族之事的官），并被封为襄阳候。他依照范蠡养鱼的方法，在白马山下筑了一条长六十步，宽四十步的大坝，修了一个大水池，引白马泉水入池。池中建一钓鱼台，台上又筑楼台亭阁。山、林、亭、阁，映入池中，水波影动，景色醉人。习家池作为高阳池馆而且闻名，还是从晋镇南将军山简开始。据《晋书·山简传》记载，山简，字季伦，号山涛幼子。永嘉三年（309 年）任镇南将军，都督荆、湘、交、广四州诸军事，镇守襄阳。那时，西晋朝廷五威不振，朝不保夕，岌岌可危。在这国家危亡，人民灾难深重时刻，山简沉溺于醉酒之中。《晋书》记载：诸可氏，荆土豪族，有佳园池，简每出嬉游，多之池上，置酒辄醉，并自号高阳酒徒，名之曰高阳池。那时，由于战乱，大量饥民外出谋生，永嘉四年（310 年），朝廷勒令流亡南阳一带的雍州流民返乡，激起了以王如为首的流民大起义。次年，匈奴刘聪攻洛阳，山简派都护王万率军援救，途中被王如军打败，未能北上，山简被逼撤离襄阳，进驻夏口，不久病死。东晋时，习郁后裔习凿齿在此临池读书，登亭著史，留下《汉晋春秋》这一千古名作，成为名播后世的史学家，而使习家池益负盛名。晋以后，习家池曾一度荒废。后多次修缮，以其自然美和建筑美的统一，吸引着历代名流游客。孟浩然、皮日休、欧阳修、钱錞等大诗人，都曾神游赞叹、留墨遗诗于此。1983 年，习家池被襄樊市人民政府公布为市级重点文物保护单位。1992 年，被湖北省人民政府公布为省级重点文物保护单位。

（4）李曾伯纪功铭：襄樊铭位于襄阳城西南方真武山东麓。背依巍巍虎头山，面对古城和汉水。登崖上山顶，可纵览繁华城区和汉江鸭绿。摩崖劈山凿石，整个题铭的崖面高 5 米，宽 4.5 米，面积有 20 多平方米。铭文刻有：

壮哉岘　脊南北　口墉壑　幾陵谷

乾能夬　剥斯复　千万年　屏吾国

共 82 字，字径 30 厘米，碑文宽正，阴刻楷书，虽是不知名的书法家撰写，但整篇作品颇为厚实。字体方正宽博，遒劲有力，结体显现宽绰，结构丰满茂密。刻工技艺高超，字字清晰，保持了书体的原有神韵。四边以阴刻图案装饰，体现了摩崖的端庄肃穆，很有气势。镶嵌在高高的山壁上，历 700 年风雨剥蚀，雪霜侵袭，仍保持昔日风貌，未予磨灭，堪称为楷书中的珍品，是湖北境内唯一的书刻上乘、保存完好的大型摩崖。凭览襄樊铭，游者不禁追想到历史上为了疆土的巩固，抗御外侮，捐躯沙场的兵勇战将。偏安江左的南宋王朝末年（1251 年），统辖豫鄂湘等地的京湖制置使李曾伯，领兵光复了一度被金兵占领的襄阳和樊城。这场争战，也是南宋后期仅有的一次大胜仗。李驻兵襄阳，控制了南进的金兵，使它成为南宋王朝的北门屏障。3 年后，镌刻了这崖纪功铭。良将的浴血争战，亦不能挽回失败的大局，时隔 25 年后，南宋王朝因腐败无能而覆灭了，但记功铭永远地把英雄的业绩记载下来龙去脉，传播于世。襄樊铭，另有一说：它首次把襄阳、樊城两镇合称为襄樊。还有待于进一步考证。1981 年 12 月，被公布为省级重点文物保护单位。

（5）抚州会馆：抚州会馆位于樊城沿江大道中段，即昔日樊城归为繁华的商业文化街区陈老巷南口的东侧。是清代江西商贾设在樊城的工商行帮机构，会馆坐北朝南，建筑十分壮观，由于历史原因，现权存戏楼、正殿、和后殿，总占地面积约 2000 多平方米。会馆戏楼为木构二层四柱五牌楼。面阔 12.4 米，进深 8.4 米，楼下中间为通道，两侧为厢房，戏楼面向正殿，歇山庑殿顶，有 17 脊 18 冀角。正殿、后殿尺寸及式样一致，四柱三间，各面阔 16.4 米，进深 14.1 米，硬山顶，山峰式内卷棚，明间抬梁构架，次间穿斗构架，门窗经改建已非原貌。会馆由襄樊市房管局管理并使用。目前会馆院内被简易民房挤占，住满了原商城职工，仅留车过人小路，因产权部门管理不缮，古建筑目前存在着很大的安全隐患。会馆现存石碑一通，是嘉庆七年禁止缧马进入会馆的告示。1992 年 12 月，被公布为省级重点文物保护单位。

（6）小江西会馆：小江西会馆位于樊城中山前街212号。建于18世纪末，山墙上有许多“江西会馆”文字砖。它是襄樊保留至今唯一的一座仓储式古民居。它还是一座二层硬山式七进院落。楼下中间是通道，从大门直通到底达80米之深。楼上由天井廊房连通；除了住房，大部分是仓库，仓库设有很多气窗，便于抽气和采光。各天井有天沟接雨水，再由漏筒排入窨井。江西会馆建筑特点有三点。一是高，二是深，三是防盗、排水、防湿、通风性能好。小江西会馆是一组民居式建筑群，它实际上是江西会馆的仓库。其创建时代应与江西会馆同在清代雍正、乾隆时期。在清代是江西客商堆放货物的地方，也是江西经商办事人员常住和临时下榻的地方。晚清至民国这里开了一家当铺，抗日战争期间至解放前，前三进由江西富商杨攸顺开药铺。后四进由江西富商何仁顺囤聚粮食。解放后小江西会馆作为社会公共财产收归国有，由襄樊市房管局管理。小江西会馆是襄樊地区古仓储式民居的典型代表。它的特点是墙高院深，据测墙高达8米、深达80米。共有七重天井院。江西商人除经营瓷器外，大多经营药业。会馆房屋两百多年无虫蛀、无糟朽，可能与木质和存药有关。2002年7月，被公布为省级重点文物保护单位。

（7）黄州会馆：清朝鼎盛时期，樊城沿江一线会馆林立，黄州会馆则是保留至今仍较完整的一处本省人修建的会馆，也是一座神庙与会馆相结合的建筑群，至嘉、道年间会馆事业十分兴隆。据碑文载，黄州会馆当时有义地八亩。它的建筑结构一律是硬山式。现存三进院落，最具特色的地方有两点，一是主体建筑两侧有夹壁及双层封火墙；二是能充分利用屋顶空间的驼峰式内卷棚，式样别致，古朴高雅。1984年，黄州会馆被公布为市级重点文物保护单位。黄州会馆建于清朝鼎盛时期。据道光十年（1830年）修建的郑公祠捐款名单，黄州会馆已是名列前茅。清末民初办义学，黄州会馆改作黄州书院，现在院墙上还有“黄州书院”文字砖。新中国成立后襄樊市房地局接收黄州会馆，以后租赁给襄阳县医药公司作药品仓库。黄州会馆现存建筑为三进院落，占地约860平方。第一进面阔15米，深9.8米，有铁叶大门，中间为通道，两边为厢房，上层原有戏楼，仅门窗改观。第二进正殿面阔12.4米，深11.5米，高8米，四柱三间，砖木石结构。阴四角方石柱通至屋架，柱粗35厘米，楹柱阴刻“正气补苍穹想当年匹马雄风垂功不朽。精灵扶碧殿看此日飞□□雨兴古为新”。硬山顶牌楼式封火山墙，正脊微起翘。明间构架为抬梁式，次间为穿斗式。室内驼峰式卷棚，脊瓜柱有雕花芦斗承托，脊檩上墨书“同治捌年岁次已巳孟秋月谷旦齐安阖属弟子重建”。卷棚脊上墨书“同治捌年岁次齐安阖属弟子重建”。檐外拱形额枋，卷檐，方形挑檐枋出跳约1米。墀头、斗、枋均有彩绘雕花，花纹为各种花卉、花鸟等。第三进后殿面阔12.4米，进深10.6米，高8米，四柱三间，木柱柱围0.45米。梁架结构与正殿同，唯脊檩题记被后糊顶棚遮住，无法查看。现存光绪年间石碑一块，字迹漫灭，仅可见“洲地八亩”等字。黄州会馆于2002年7月被公布为省级重点文物保护单位。

（8）山陕会馆：襄樊山陕会馆位于樊城闹市区，现襄樊市第二中学校址，是神庙与会馆相结合的古建筑，也是一座琉璃装饰的古建筑群。襄樊民间有“山陕会馆金銮宝殿，武昌会馆三宫六院”的美誉。现存有琉璃八字影壁、戏楼、钟鼓楼、前殿、后殿等单体建筑。虽然会馆现存建筑仅原貌的十之一二，却不失画栋雕梁、飞檐翘角、金碧辉煌之气派。山陕会馆于1983年，被襄樊市人民政府公布为市级重点文物保护单位。山陕会馆始建于清康熙五十二年（1713年），名山陕庙，乾隆三十九年（1774年）又兴建了祭祀天、地、水的三官庙，嘉庆六年（1801年）又重修了山门及戏楼，以后又增建花园、荷花池及僧房，山陕会馆逐渐扩大，建筑总面积达数千平方米。解放前这里改作小学校舍，解放后用作襄樊市第二中学校舍。襄樊山陕会馆坐落于樊城邵家巷、皮坊街、磁器街三路连接处，现存建筑有琉璃八字影壁、戏楼、钟鼓楼、前殿、后殿。大门两边琉璃八字影壁、壁心团花双龙戏珠，莲花童子，右壁有红日高照及十二神明，左壁有皓月当空及十二月将浮雕，四角有象征福寿的蝙蝠瑞兽浮雕。影壁前一对青石狮,雕工精细,活泼可爱。两层飞檐戏楼下面是大门通道,上面是会馆的戏楼,待维修。高台式钟鼓楼建在前殿两侧。歇山顶、四角高翘,方形藻井,栏额有供品纹彩绘,斗拱为网状,它的斗拱较小,大约15厘米,有方形和八角形两种相间排列,一层斗座、昂、翘呈斜格排列,各斗之间用榫卯十字连接,所以这种斗拱外观上是双层网状。前殿四柱三间,高10.2米,面阔16.6米,进深14.2米,硬山式,琉璃瓦盖,十二檩卷棚顶,抬梁构架。八角座圆柱础,前殿前方石地墁、石栏已毁,残存石基础、柱栏及三级台阶。正殿是供奉关公神像的殿宇,高12.35米,面阔16.6米,进深13.4米。四柱三间硬山顶,琉璃覆顶,檐柱为阴四角方石柱,柱楹阴刻"先武穆而王大宋千古大汉千古,后文宣而圣山东一人山西一人"。其余柱为木质圆柱,柱径0.55—0.60米,抬梁构架,檐垫板以各种花卉斗方镶嵌在檐下,把殿宇装点得十分华贵、庄重。檐下设有撑拱,脊檩朱书题记:"山陕两省众首士虔诚同立,光绪岁次丁亥十三年后四月吉日修葺大吉。"山陕会馆于2002年7月被公布为省级重点文物保护单位。

(9)襄阳学官大成殿:县学宫大成殿位于襄阳城西北隅的积仓街,现在的襄樊第五中学校园内。县学宫始建年代无考。唐时厅城外。北宋庆元五年(1045年)迁至城内。屡兴屡废。后历代以明朝洪武五年、天顺四年、嘉靖元年、隆庆四年、万历二年多次重建。崇祯十四年(1641年)毁于战乱。清朝顺治年间重修,至康熙十二年增修,又于康熙六十一年、乾隆十九年、嘉庆二十四年及以后进行过多次维修。原先县学宫建筑很多,现仅存大成殿及泮池。大成殿是学宫的主体建筑之一,是学宫供奉孔子神位之所在。重建于清道光二年,以后也曾多次维修。虽历经风雨仍然巍峨浑厚,气象庄严。殿为六柱五间,面阔17.8米,进深11米,重檐歇山顶,中间五架抬梁,两山穿斗构架,拱形栏额檐垫板有雕花彩绘。殿下砖砌台基约高1米,台下铺陈二龙戏珠石雕板,是生员们叩孔子的地方。殿基下两侧各有大碑一通:一是年款不清的颜子赞,一是康熙二十五碑,均已字迹漫灭。殿前方80米处有一泮池凿于道光二年,呈半圆形,其半径为10料,池上架一小桥,俗称"状元桥"。1992年12月,被公布为省给重点文物保护单位。

3.县(市)区级文物保护单位简介[略,详见各县(市)区志]

十、文化管理

(一)机构

1.襄樊市新闻出版局

1988年5月,政府设立新闻出版局,归口管理境内出版业、印刷复制业、发行业;受省委托负责境内版权管理。核定行政编制20人,内设办公室、报刊印刷管理科和发行管理科。同年8月,组建局领导班子[见襄樊市新闻出版〈版权〉局历届领导任职情况],由胡树国牵头,开展局机关筹建工作,与湖北人民出版社襄樊编辑部合署办公。1997年4月,在党政机构改革中,局职能、编制和内设机构得到加强。核定行政编制21名,内设5个科室:办公室、发行管理科(挂襄樊市"扫黄打非"办公室牌子)、印刷管理科、出版管理科(挂音像管理科的牌子)、版权科。2002年1月,在行政机构改革中改为事业单位,编制为18人。主管全市新闻出版业,内设6个科室:办公室(行政审批科)、报纸期刊图书出版管理科(音像电子出版物管理科)、印刷业管理科、出版物发行管理科(市"扫黄打非"工作小组办公室)、版权管理科、人事科。

主要职能是贯彻实施国家和省关于新闻、出版、版权的法律、法令、行政法规、实施细则和具体规定等；贯彻执行党和国家有关新闻、出版管理的方针、政策，实施新闻出版检查；制定并组织实施新闻、出版事业发展规划；负责内部图书、报纸、期刊的审批和上报工作；管理图书、报纸、期刊市场，取缔非法书刊的出版、发行；管理图书报刊的印刷和物资供应；处理版权纠纷，保护著作权人的合法权益；归口管理新闻、出版方面的对外交流、贸易和合作；负责直属单位市新华书店和湖北省人民出版社襄樊编辑部的管理工作。1997 年 4 月，增加了研究制定新闻出版、著作权管理方面的地方性规章，并组织实施和监督检查；依照法规负责电子出版物和音像等出版复制单位管理工作；依法负责内部图书资料出版管理和印刷行业管理工作；负责新华书店系统业务的宏观管理，发展图书销售网点，满足群众购书需求；负责扫黄打非工作小组办公室的日常工作，查处新闻出版方面的案件；查缴图书、音像、电子出版物市场等方面的非法出版物，打击盗版盗印行为，净化出版物市场；管理全市著作权工作，作好著作权方面的咨询、调查，查处市属范围内的著作权侵权案件，处理或协助上级业务部门查处有关案件。2002 年 1 月，增加了审核、报批音像制品和电子出版物复制单位、出版集团、发行集团、报（刊）业集团及著作权集体管理和涉外代理等机构；审核、报批全市新闻出版中外合资企业和中外合作企业；审核、报批出版物二级批发单位。

2.襄樊市版权局

1996 年 4 月 23 日，襄樊市人民政府设立版权局，与市新闻出版局合署办公，为市政府直属机构。主管境内著作权工作，在著作权管理上单独行使职权。版权局下设版权科。主要职能是宣传贯彻著作权法，实施境内著作权管理，负责地方性版权管理法规规章的立项起草工作；开展版权咨询服务；调解版权纠纷；查处版权侵权案件；审核、报批著作权集体管理、代理、合同仲裁等机构；查处著作权侵权案件；协助处理涉外著作权事宜；审核处理本地涉外版权有关业务，促进版权对外贸易与交流；培训版权管理人员。2002 年 1 月，襄樊市版权局改为事业单位。襄樊市新闻出版局、襄樊市版权局历届领导任职情况见（表 30—13）。

1988—2005 年襄樊市新闻出版（版权）局历届领导任职情况

表 30—13

姓名	职务			任职时间（按任职时间排序）
	党组	党内	行政	
龚正荣	—	—	副局长	1988.8 —1989.7
王义新	成员	—	副局长	1989.7 —2002.2
韩亚欢	成员	—	副局长	1989.7 —1991.10
胡树国	书记	—	局长	1989.8 —1994.6
张秀珍	成员	纪检组长		1990.12—1997.4
蔡义德	成员	—	副局长	1991.11—1994.6
田本良	成员	—	副局长	1992.1 —1997.4
郑浩	书记	—	局长	1994.6 —1997.7
赵瑞华	副书记	—	副局长	1994.6 —1997.7
	书记	—	局长	1997.7 —2001.12
李振和	副书记	—	副局长	1997.9 —2002.2
刘炳文	成员	—	副局长	1997.4 —2002.2
吴敏	成员	—	副局长	1997.4 —1998.11

续表

姓名	职　务			任职时间(按任职时间排序)
	党 组	党 内	行 政	
陈宗贵	成员	纪检组长	—	1997.4 —1998.11
	成员	—	副局长	1998.11—
孟汉平	成员	工会主任	—	1997.6 —1998.11
	成员	纪检组长	—	1998.11—2002.2
	成员	—	副局长	2002.2 —2004.11
庞建军	成员	工会主任	—	1998.11—2002.2
文治金	书记	—	局 长	2001.12—2004.2
李月敏	副书记	—	副局长	2002.2 —
刘文岑	成员	纪检组长	—	2002.2 —
彭广全	书记	—	局 长	2004.4 —

3.襄樊市文化(文物)局

1984 年 10 月,襄樊市文化局内设秘书科、政工科、群众文化科、艺术科、文物图书科。1987 年 6 月 16 日,经市政府研究决定,成立襄樊市文物局,与市文化局合署办公,两块牌子,一套班子。1996 年 9 月,根据省委、省政府《关于襄樊市党政机构改革方案的通知》精神,襄樊市文化(文物)局为市政府组成部门。内设 8 个职能科室和直属机关党委:办公室(同时挂对外文化联络科的牌子)、政工科、财务科、艺术科、社会文化科、文物科、电影科、文化市场管理科(市文化市场管理办公室)、直属机关党委,纪检(监察)、审计机构按有关文件规定设置。襄樊市文化(文物)局机关行政编制为 30 名。其中,局长 1 名,副局长 4 名,(派驻)纪检组长 1 名;科级领导职数 13 名(正科 9 名,副科 4 名)。2001 年 12 月,根据《中共湖北省委、湖北省人民政府关于印发〈襄樊市机构改革方案〉的通知》和《中共襄樊市委、襄樊市人民政府关于印发〈襄樊市市级机构改革实施意见〉的通知》精神,设置襄樊市文化体育局(挂襄樊市文物局牌子),为市政府组成部门,主管全市文化、体育和文物管理工作。内设 10 个职能科室:办公室(对外文化体育联络科)、人事科(行政审批科)、电影科、艺术科、社会文化科、群众体育科、科研训练科、文物科(文物勘探管理办公室)、文化体育市场管理科(文化体育市场管理办公室)、文化体育产业科,纪检(监察)机构按有关规定设置。襄樊市文化(文物)局机关行政编制为 39 名。其中:局长 1 名,副局长 5 名,纪检组长 1 名:正科级领导职数 10 名,副科级领导职数 8 名。设立机关离退休人员工作科,人员编制3名,其中,科长1名。机关工勤人员事业编制4名。体育总会设专职副主席2名。

主要职能:贯彻执行文化、体育工作的路线、方针、政策,制定全市文化、体育事业发展规划,并组织实施;管理全市文化艺术事业,研究、指导文学艺术创作与生产,发展艺术教育,推广文化艺术科技成果;负责全市群众性文化、体育工作,组织全市性体育竞赛和青少年体育运动,培养体育后备人才;贯彻执行文物法规,管理全市文博事业;管理全市文物市场,参与名城建设、城市规划及旅游景点的文化、文物开发工作;管理全市图书馆事业,负责全市图书文献资源的建设、开发和利用工作,指导全市图书馆事业标准化、现代化建设工作;归口管理全市文化、体育市场,负责全市音像事业管理的有关工作;组织、管理全市重大文化体育活动,指导全市文化体育市场稽查和电影发行、放映工作;协调在本市举办的国际国内大型比赛的有关工作;承担全市参加省级以上年度竞赛和综合性运动会的组织工作;负责全市反兴奋剂工作;组织全市体育彩票发行工作,管理体育彩票公益金,统筹安排全市文化体育事业经费;负责全市对外文化体育交流联络工作;完成上级交办的其他工作任务。

襄樊市(襄阳地区)文化局领导干部情况

表 30—14

机构名称(起止年月)	姓名	职务	任职时间(年月)
襄阳地区文化局(1976.10—1983.12)备注:1979 年 7 月建局党组	刘香九	局　长	1976.10—1983.12
		书　记	1979.7—1983.12
	汪浩如	副局长	1976.10—1983.12
		副书记	1979.7—1983.12
	王毅夫	副局长	1976.10—1983.12
	王　杰	副局长	1978.11—1983.12
	胡树国	副局长	1981.10—1983.12
	贾云秋	副局长	1981.10—1983.12
襄樊市文化局(1979.06—1983.12)备注:1979 年 6 月建立党委	丁剑卿	局长(兼)	1979.6—1983.12
		副书记	1979.6—1983.12
	龚强华(女)	书　记	1979.6—1983.12
	陈吉祥	副局长	1979.6—1983.12
	邹演存	副局长	1979.6—1983.12
	王小平	副局长	1979.6—1983.12
襄樊市文化局(1983.10—2001.12)备注:1983 年 12 月成立党组,1985 年 12 月改为党委,1989 年 6 月成立文化局党组	席　蛟	局　长	1984.6—1986.10
		书　记	1984.6—1988.7
	龚强华(女)	局　长	1986.10—1992.1
		书　记	1989.06—1992.1
	李清晏	书　记	1992.1—1994.6
	彭泉龙	书　记	1994.6—1997.4
	王光祖	局　长	1992.1—2001.12
	徐光忠	书　记	1997.4—2000.8
	王廷兴	书　记	2000.8—2001.12
	丁振俭	纪委书记	1983.12—1986.1
	席　蛟	副局长	1983.12—1984.6
		副书记	1984.4—1984.6
	胡树国	副局长	1983.12—1988.8
		副书记	1986.1—1987.11
	杨孝轩	副局长	1983.12—1984.11
	田本良	副局长	1983.12—1992.1
	龚强华(女)	副书记	1986.10—1989.6
	李清晏	副局长	1988.8—1992.1
		副书记	1989.6—1992.1
	彭泉龙	副局长	1987.11—1994.6
		副书记	1992.5—1994.6
	胡德明	副局长	1991.3—1999.12
		副书记	1994.6—1999.5
	彭广全	副局长	1994.6—2001.12
		副书记	1999.5—2001.12
	刘建华	副局长	1994.6—2002.2

续表

机构名称(起止年月)	姓名	职务	任职时间(年月)
襄樊市文化局(1983.10—2001.12)备注见上	程家遂	副局长	1994.6—1997.4
		纪检组长	1989.7—1994.6
	雷振华(女)	副局长	1997.4—1999.5
		纪检组长	1994.6—1997.8
	刘克勤	副局长	1997.6—1999.5
	刘海清	副局长	1997.11—2002.2
	武广清	副局长	1999.5—2002.2
	樊梅(女)	副局长	2001.5—2002.2
	王英(女)	纪检组长	1997.8—1999.5
	贾明华	纪检组长	2000.12—2002.2
	王有常	工会主任	1989.3—1990.8
	宗金海	工会主任	1990.8—2000.7
	孙志刚	工会主任	2000.12—2002.2
襄樊市体育运动委员会1999.12—2001.12)	李先元	主任、书记	1999.12—2001.12
	孟正钢	副主任	1999.12—2002.2
	王军武	副主任	1999.12—2002.2
	王绍银	副主任	1999.12—2002.2
	李月敏	副主任	1999.12—2002.2
	侯明义	纪检组长	1999.12—2002.2
襄樊市文化体育局(2001.12—2004.12)	彭广全	局长、副书记	2001.12—2004.2
	文治金	局长、副书记	2004.2—12
	李先元	书　记	2001.12—2004.12
	孟正钢	副局长	2002.2—2004.12
	王军武	副局长	2002.2—2004.12
	王绍银	副局长	2002.2—2004.12
	樊梅(女)	副局长	2002.2—2004.12
	孙志刚	副局长	2002.2—2004.12
	刘海清	副书记	2002.2—2004.12
	贾明华	纪检组长	2002.2—2004.12

4.襄樊市“扫黄打非”工作小组

襄樊市“扫黄打非”机构的前身是成立于1989年的“襄樊市整顿清理书报刊及音像市场工作小组”及其办公室。1996年9月,分别更名为“襄樊市扫黄打非工作小组”和“襄樊市扫黄打非工作小组办公室”,办公室设在市新闻出版局并挂牌。组长由市委、市政府领导担任,成员单位有市新闻出版、版权、公安、文化、交通、工商、广播电视、财政、邮政、教育、海关、民航、铁路、编制等管理部门和有关单位,以及市辖各县市区扫黄打非办公室。后增加法院、检察院等单位。办公室负责制定年度及阶段性扫黄打非工作行动实施方案;组织协调,督促所辖县市区扫黄办及市直扫黄打非成员单位开展扫黄打非统一行动,检查收集总结行动成果;组织相关会议、表彰先进;向市委、政府汇报扫黄打非工作情况;起草扫黄打非文件;组织新闻媒体宣传报道,引导社会监督及执法人员积极开展扫黄打非工作;组织销毁收缴的非法出版物。

5.襄樊市反盗版联合会

襄樊市反盗版联合会成立于2000年6月。市版权局为理事长单位,常务理事单位18家。2003年换届,常务理事单位增至20家,团体会员60名,个人会员230名。联合会宗旨:组织开展学术交流,努力探索有中国特色的版权保护体系,着力于打击侵权盗版,维护著作权人和会员的合法利益,促进版权产业健康发展,繁荣本地区科学、教育、文化事业。联合会的任务是:学习、宣传版权法律法规,开展版权保护研究交流活动;收集、反馈反侵权盗版的信息;举报侵权盗版行为,对侵权盗版活动进行调查取证;参与侵权纠纷的调解、仲裁;组织鉴定盗版物品;提供版权法律咨询;协助权利人向版权行政管理部门、审判机关投诉。联合会连续7年配合市版权局在市区开展大型版权宣传活动,散发宣传资料2万多份,并在媒体开设专栏宣传版权法规,帮助100多家企业建立了版权维权档案;先后举办了10期版权法规培训班,参训人员500余人,还为襄樊学院、襄樊五中、襄樊追日电气公司等单位开展了版权专题讲座;组织开展维权活动,先后帮助100多人次,为50多个单位进行了版权纠纷的投诉、调解;聘请了20名版权维权监督员,编织了反盗版网络。

(二)文化市场管理

1.政策法规宣传

1996年5月,为增强管理人员和人民群众的版权意识,举办由20多名县市局股长参加的著作权法知识培训班。同年10月,摄制两部著作权法知识和管理的电视专题片在电视台播出。同时,报刊刊载一批宣传著作权知识文章。1999年2月5日,在襄阳昭明台举办反盗版万人签名活动,约2500余人参加了签名。散发《中华人民共和国著作权法》等法律法规资料1 000多本,反盗版倡议书2000多份。从2001年始,每年“4·23”世界版权日和“4·26”世界知识产权日开展“版权宣传周”系列活动。2002年,市版权局、共青团襄樊市委、教育局、科技局、知识产业局、科协等6家单位共同在樊城人民广场举行了“崇尚科学创新,尊重知识产权”万人签名活动。在全市20万青少年中启动了“打击侵权盗版,尊重知识产权”金钥匙工程。中国新闻出版报于4月27日刊发了文字新闻和四幅照片。

2003年11月6—7日,在市广电中心举办了全市《著作权法》电视大赛。市属7县市区和市直战线及文字603厂、民营大唐彩印包装广告有限公司等13个代表队参加了比赛,经过两场预赛,文字603厂等6个代表队进入了决赛。

2002年11月27—29日,湖北省版权局行政执法案例研讨会在市南山宾馆召开,襄樊版权管理工作的经验在会上进行了交流,受到省局领导和各地市州代表的好评。中国新闻出版报对此进行了报道。

2005年,在市委宣传部的组织下,市版权局、市教育局、团市委开展了“拒绝盗版,从我做起——中学生版权保护主题活动”。促进中学生树立正确版权保护意识,了解版权保护的知识,认识版权保护的重大意义。

2.版权管理

(1)打击侵权盗版:1988—2005年,共查处著作权侵权案200多起,调解各类著作权纠纷案300多起,为企业挽回经济损失3000多万元。全市共查缴各类侵权盗版音像制品和计算机软件制品100多万件,查处违规经营单位200多家。2005年,对辖区内中小学进行了6次检查,查缴侵权盗版教辅资料3.6万册。南漳教育书刊社违规发行侵权教辅资料案,码洋达200多万元,案件涉及主管部门南漳县教育局,影响较大。行政处罚生效后,被处罚单位拒不履行,市版权局依法向市中级人民法院提出了强制执行申请。1996 年秋,全市开展以打击侵权盗版为重点的“扫黄打非”集中行动,收缴盗版盗印非法报刊 6 万多册,非法音像制品 4384 盘,非法电子出版物 293 盘,收缴一批非法盈利传播工具,取缔无证经营 49 家,移交司法处理案件 3 起。此次行动也暴露了管理技术落后于市场发展的问题,如管理市场计算机软件、管理单位没有电脑设备等。对进口计算机夹带的软件磁介质不能及时组织审查。1996 年 9 月,根据市区群众“电脑游戏室中黄毒漫延,贻害青少年”的举报,版权和公安抽查了 10 家电脑游戏室的 40 多张游戏光盘及主机硬盘,无一例外存在侵权盗版、政治上反动和大量色情淫秽内容等严重问题,引起高度警示。1997 年 7 月,发布《关于加强出版物市场版权管理,打击盗版侵权活动的通告》,严禁非法生产、经营和传播书报刊(含年画挂历等)、录音带、录像带、唱片、激光唱盘、激光视盘及各种光盘、软盘、软件等。 1999 年 7 月,按照国家版权局关于保护音像制品《还珠格格》著作权人的合法权益的要求,市版权局组织了在全市音像市场查缴盗版《还珠格格》音像制品的行为,共收缴 600 多(盒)盘。2004 年 9 月至 2005 年 8 月,开展盗版教材教辅读物专项治理行动,打击软件盗版专项行动,打击印刷复制业侵权盗版专项行动,打击盗版光盘专项行动。全面清理整顿各类软件市场,加大对互联网非法传播软件行为的打击力度。为依法及时、有效地打击非法出版活动,经省新闻出版局 2002 年 6 月 17 日批准,成立由庞建军、李作东、来其发、范宏跃为鉴定成员的襄樊市非法出版物鉴定小组,负责境内淫秽色情以外的出版物鉴定。到 2005 年,共收到送审鉴定的各类出版物 160 种,作出鉴定结论 100 份,为行政和司法办案提供了有效的法律依据。

(2)保护合法经营:1998 年,市版权行政管理部门对市区出版物经营单位进行了检查评比。市新华书店、市金桥音像城等 5 家单位被评为“版权合格单位”并挂牌经营。2000 年,市新华书店襄阳超市建立了正版音像出版物发行基地,为零售单位经营者开辟又一进货渠道。2005 年 4 月,经过评选,授予襄阳教育书店、湖北教育书刊社谷城分社、市学海图书发行有限公司、市宏图书社、市新拓文化书社、市文教书店、市清华考试书店、湖北书刊社襄樊市区分社等 8 个单位为“正版出版物示范单位”。

(3)保护企业版权:2002 年,市版权行政管理机关依法对境内自然人和法人的著作权作品进行版权登记,保护作者的著作权。截至 2005 年底,登记作品 800 多件。境内拥有 39 个中国驰名商标和省级著名商标、76 个市级知名商标、38 个中国名牌和湖北名牌产品、5268 个国家专利产品的企业受到著作权管理机关的高度关注,品牌中的包装、图案、广告用语、图形、标识、说明书及相关产品等具备版权属性的部分受到监护。在企业推行建立版权保护制度,帮助 100 家自主知识产权密集的企业,把产品设计图、说明书、模型、广告等具有版权属性的作品用合同的形式确定权利归属,对走向市场的产品进行版权管理跟踪,对这些企业实行版权重点保护,让企业获得版权效益,用法规规避版权风险。2005 年,襄樊三九酿酒厂、东风电气两个企业依靠商标著作权保护,为企业挽回经济损失 1000 余万元。境内 50 家企业建立了知识产权工作部门,版权保护在企业形成长效机制。襄樊万州、追日电器股份有限公司生产的电气软起动产品,含有自主创新的版权成果,占据国内销售的半壁江山。一些企业未经许可使用了他们的版权作品。他们运用法律,制止了侵权行为,维护了自身合法权益。

(4)计算机软件正版化工程:2005 年,市政府集中支付招标采购计算机操作系统、办公系统、杀毒软件 5800 套,市直 39 个政府工作部门 1936 台计算机于年底实现了软件正版化。在随后推进的企业软件正版化工作中,市政府下发了《襄樊市使用正版软件工作实施方案》。对各类企业、事业单位完成使用正版软件工作的目标、时限、方法等提出了明确要求。境内首批 100 家大中型国营企业、中外合资企业、民营企业及部分事业单位的领导、信息主管人员经过版权知识培训,东风电气股份有限公司等

10 家单位联合发出了使用正版软件《倡议书》;举行了“襄樊百家企业使用正版软件,拒绝盗版软件”签名活动。次年,首批 100 家企事业单位全部实现了软件正版化。

3.打击色情淫秽及非法出版物

20 世纪 80 年代后期至 90 年代,随着人民群众物质生活水平的提高,文化消费观念有了显著变化,书报摊点、台球、电子游戏机、卡拉 OK 等娱乐项目相继出现,各种文化娱乐活动数量迅速增长,文化消费也相应发生较大变化,文化市场已具有相当规模。为了加强文化市场的管理,改善文化市场比较混乱的局面,90 年代初,经市政府同意成立文化市场管理办公室,负责市文化市场的审批和执法工作。2001 年,在文化局文化机构改革过程中成立了市场科,加快文化市场管理规范化、法制化进程,省人大和国务院相继出台了《湖北省文化市场管理条例》《音像制品管理条例》《娱乐场所经营管理条例》《互联网上网服务场所管理条例》《营业性演出管理条例》《美术品市场管理办法》等法规,为文化市场开展依法管理奠定了基础。

1989 年,开展了以清理整顿报刊及音像市场为内容的“扫黄”斗争。由新闻出版、工商、公安、文化、广播、邮政、海关、铁路、交通、民航等有关部门参与,协同作战,综合治理,分兵把关,齐抓共管,查缴宣扬淫秽色情的书报刊、音像制品,取缔从事非法经营的地下网点,惩处非法出版犯罪行为,打击各类非法出版活动。1992 年 12 月,开展了第二次扫黄打非斗争行动。此后,“扫黄”“打非”作为新闻出版社会监管的中心工作,每年坚持下来。针对各个时期出版物市场出现的不同问题,确定不同重点分别开展几次集中行动,以震慑犯罪分子,净化出版物市场,维护社会政治稳定。扫黄打非由市委和市政府领导,参加的部门和单位由最初的 10 多个发展到 20 多个。

1989 年国庆节前,一场由境内各单位参加的以促进文化市场健康繁荣的“扫黄”行动开始。整顿清理的对象为境内所有从事书报刊及音像制品出版、印刷、发行、传播的单位、个人及场所,重点打击走私、印制、复制、贩卖、传播淫秽色情出版物的犯罪活动,查缴违禁出版物,查暗底,挖黑窝,严厉打击非法出版活动。共组织 500 多个工作组,近 3000 人的清查队伍,历时 4 个多月清理整顿,仅图书馆(室)就清查了 1 001 个,封存收缴书刊 39 万余册。取缔违规违法经营单位和摊点 81 家,各级公安机关查处案件 96 起,治安处罚 70 人,劳教 7 人,行政处罚 12 人,经济处罚 61 人,判刑 8 人。境内书报刊市场混乱状况得到有效治理。同年 11 月 15 日,《新闻出版报》头版头条刊登题为《襄樊市采取有力措施不让一本非法出版物进入书刊市场》的文章,肯定了襄樊整顿清理书报刊音像市场的做法。1990 年 11 月,根据群众举报,查获隐藏一年多地下黑书库一个,收缴期刊 66 种、21 832 册。其中明令禁止的书刊 13 种 6 231 册。

2000 年 5 月,取缔群众反映强烈的襄阳区义乌音像制品非法销售市场,取缔非法经营摊点 48 个,收缴淫秽光盘 3 800 多张,13 名涉案经营业主受到处罚,3 人被司法机关处以劳动教养。

2001 年,以关闭音像制品集中经营场所为突破口,狠抓音像市场整顿;完成“白鹤音像市场”关闭工作;规范正版音像制品占有量;促净化,狠抓“扫黄打非”工作。以查处脱网游戏为突破口,狠抓电脑网吧整顿:全面开展了对网吧市场的管理。重点进行了以清缴非法出版物、清理出版物经营场所为内容的清理整顿出版物市场行动。开展了集中打击盗版盗印、地下黑窝点的专项斗争。对电子出版物市场、音像市场、教材教辅市场、印刷市场秩序进行了专项整治。

2002 年,以查处大案要案为突破口,狠狠打击违法分子嚣张气焰。通过社会举报、摸点排查,发现并查处了地下非法音像制品经营窝点 11 家,集中收缴非法音像制品 24 万余盘,刑事处理 3 人。同年 9 月 4 日,根据群众举报,端掉隐藏在襄城区文昌门一民宅中的地下书库,查缴《学王一拖三》、《高中重难点手册》、《英语教学》音像带等盗版教辅资料及《现代汉语词典》等盗版工具书共 13 个品种、4.4 万册,总码洋达 50 余万元。

2004 年春季，打掉隐藏在市糖业公司院内一个长期批销各类非法出版物的黑窝点，收缴非法出版物 3.9 万余册。2004 年、2005 年两年，扫黄打非立案查处行政案件 290 余起，取缔关闭非法出版物经营场所 280 余个。2005 年，网吧专项整治工作扎实有效，网络市场管理规范，铲除电子游戏赌博活动，电子游戏市场进入规范轨道，积极培育演出市场，规范演出经营行为。2005 年的 4 月 26 日“世界知识产权日”，举办了公开销毁非法出版物和音像制品活动，销毁非法图书报刊 6.3 万册、非法音像制品 5 万余张。

1989—2005 年，市区开展各种大规模的非法出版物集中销毁行动 9 次，销毁各类非法出版物 47 万余册(件)。1999 年，市“扫黄打非办”组织了 8 次扫黄打非活动，出动车辆 400 多台次、人员 3000 多人次。检查图书、音像制品、电子出版物经营单位及录像放映点 110 家次。收缴各类非法出版物 28454 册(套)，其中反动书刊 1 200 多册，色情淫秽书刊 1 400 多册。取缔非法经营单位 10 家，捣毁地下书刊批发窝点 5 个。查处邪教“法轮功”非法出版物 70 273 件，其中图书 50 588 本，音像制品 10 867 盘，电脑软件 103 盘，文件资料 629 件，宣传画、传单 8023 份。南漳县飞鹰印务有限公司非法印制“法轮佛法”3.5 万册，被取缔。2002 年，全年组织扫黄打非活动 3 次。出动 1 200 多人次，对 426 家出版物经营单位进行检查。行政处罚 30 家，取缔 12 家。收缴非法出版物 10 万余册(盘)，其中政治性非法出版物 4 000 余册，色情、淫秽出版物 2 000 余册(盘)，有害卡通画册等 2 700 余册。在扫黄打非斗争中，市新闻出版局和彭广全获得全国扫黄打非有功集体和个人称号，有 23 个单位获全省扫黄打非有功集体称号，32 名个人获全省扫黄打非先进个人称号。《中国新闻出版报》、《湖北日报》等媒体对襄樊的扫黄打非工作进行了广泛深入的报道。2003—2004 年，出动 4 800 多人次，检查出版物销售单位 1 236 家。立案查处 94 起，取缔非法 64 家。收缴政治性和黄色淫秽、封建迷信非法出版物 132 846 册(盘)；查缴色情“口袋本”、有害卡通 21 770 册，有害软件 1 020 件；查缴盗版教材、教辅 29 380 册。2005 年，制定了《襄樊市扫黄打非绩效考评办法》，成员单位的职责进一步明确细化、量化，奖优罚劣。组织扫黄打非绩效考评检查组对各成员单位工作进行检查考评，评定各级各有关部门的扫黄打非工作成绩。加强扫黄打非宣传，不断提高扫黄打非的社会认可度。每次集中行动都有新闻媒体记者随行，全程跟踪报道，设置并公布举报电话，扫黄打非斗争得到了社会的广泛参与和支持。

(三)印刷业管理

1979 年后，境内印刷业飞速发展，到 1989 年，独立核算的印刷企业由此前的 45 个发展到 222 个。具有书刊印刷资质的印刷企业 18 个。其中文字六〇三厂、襄樊飞日彩印有限公司两个厂为国家书刊印刷定点厂；《襄樊日报》社印刷厂为省书刊印刷定点厂。到 2005 年，全市印刷复制企业发展到 528 个。其中印刷类 242 个，包括出版物印刷企业 17 个、包装装潢印刷企业 22 个、其他印刷品印刷企业 203 个；打字复印类企业 286 个。印刷业从业人员 7 600 人，年用纸量 5.7 万吨，年产量 230 万令纸，实现产值 4.4 亿元。

1.书刊印刷企业

1989 年前，有书刊印刷企业 23 家。1996 年 6 月 24 日，湖北省新闻出版局公布的全省 291 个书刊印刷企业中襄樊境内有国家级书刊印刷定点企业 2 个：文字 603 厂、襄樊日报社印刷厂；省级书刊印刷定点企业 2 个：老河口市第一印刷厂、枣阳印刷包装股份有限公司；一般书刊印刷企业 15 个：襄樊市教育印刷厂、农业科技报社印刷厂、襄樊电务段印刷厂、襄樊市印刷厂、襄樊市统计局印刷厂、襄樊市飞环印务有限公司、襄樊市农业科技报印刷厂、铁道部第十一局路通印刷厂、襄阳县第一彩印厂、襄阳县第一印刷厂、宜城市教学服务站、老河口市第二印刷厂、保康新华印务有限责任公司、谷城县利丰印务有限公司、南漳县飞鹰印务有限责任公司。2005 年，书刊印刷企业有文字 603 厂、《襄樊日报》社印刷厂、襄樊飞日彩印有限公司、襄樊市百承彩色印务有限公司、襄樊市政府机关印刷厂、襄樊市鑫趵印务有限责任公司、南漳县金鑫印务有限责任公司、襄阳区教育印刷厂、襄樊市统计印刷厂、中铁十一局文峰印刷厂、老河口市教育印刷厂、湖北日报报业集团楚天印务总公司襄樊印刷厂、武铁培训基地印刷厂、宜城市以利印刷包装有限公司、襄樊地久印务有限公司十五家。

2.印刷企业整顿

1989 年出台《襄樊市图书报刊出版印刷发行管理暂行办法》。1993 年 7 月，新闻出版局颁布《襄樊市图书报刊出版印刷发行管理规定》。1995 年 8 月，组织 17 个专班，对 150 家印刷企业进行全面检查。对 7 家违规承印、盗印书刊的印刷厂进行了查处。11 月，对印刷企业实行重新登记发证。撤销 2 家，缓登 8 家。规范了印刷企业。1999 年 3—10 月，按照新闻出版署、公安部、国家工商行政管理局《关于对印刷企业进行全面清理整顿的通知》精神和湖北省人民政府鄂政发〔1999〕15 号文件要求，对全市印刷企业进行重新登记核发证件工作。取缔 55 家不合格企业，保留 241 家。其中出版物印刷许可企业 15 家，内部资料印刷企业 4 家，出版物专项印刷企业 5 家，包装装潢印刷企业 20 家，其他印刷企业 197 家。2003 年，襄樊市新闻出版局，发出公告：依法准予设立的印刷企业 21 家，年检合格的印刷企业 208 家，依法取缔的印刷企业 6 家。

卷三十一　医药卫生

1979–2005 年，襄樊市卫生工作围绕适应人民健康需求、适应市场经济体制、适应社会生产力发展水平，结合市情，推进卫生改革，卫生事业得到蓬勃发展。

1979 年以来，襄樊市突发公共卫生事件得到及时有效处理，各类传染病得到有效控制。全市常规计划免疫接种率实现以乡为单位达 85%的目标。传染病总报告发病率由 1979 年的 1497.87/10 万下降到 2005 年的 231.88/10 万，死亡率由 1979 年的 3.00/10 万下降到 2005 年的 1.07/10 万。单病种发病率除艾滋病外，均低于全省平均水平。天花、鼠疫、丝虫病、脊髓灰质炎已消灭，疟疾、麻风病达到基本消灭标准，霍乱、黑热病、斑疹伤寒、回归热、白喉、百日咳等多年未发现病例，碘缺乏病、地方性氟中毒等地方病得到有效控制，肠道传染病未发生大面积暴发流行。襄樊市加强对艾滋病、结核病、血吸虫病等重点疾病的防治。对全市需要住院的重症艾滋病人在市传染病医院定点免费治疗，对轻症艾滋病人在市卫生防疫站免费治疗，免费治疗率达 100%，是全省最早实现免费治疗的市州。对市区内所有疑似结核病人和已确诊的结核病人免费查痰、初次拍胸片，年均免费检查 12 000 人次。对所有符合条件的结核病人免费抗结核病药品治疗，近几年年均免费治疗病人约 4 000 人。对血吸虫病疫区的群众全部免费开展检查和诊断，每年约 3 000 多人次，并对所有血吸虫病人免费治疗。提高对霍乱、传染性非典型肺炎、流脑等传染病的疫情监控和应急处置能力。做好人禽流感、人感染猪链球菌等突发重大传染病的防治工作。公共卫生体系和应急机制初步形成，疾病预防控制和卫生应急医疗救治体系逐步完善，被国家和省列入公共卫生体系建设项目共 17 项。健全完善传染病疫情信息网络，全市乡镇以上医疗机构疫情网络直报率达 100%。认真贯彻落实《母婴保健法》和《中国妇女发展纲要》、《中国儿童发展纲要》，狠抓妇女和儿童两个系统管理，妇幼保健工作质量不断提高。截至 2005 年底，全市孕产妇死亡率、婴儿死亡率和五岁以下儿童死亡率分别为 40.12/10 万、8.56‰和 9.41‰，孕产妇死亡率和婴儿死亡率均低于全国、全省平均水平。全市住院分娩率 88.88%，孕产妇系统管理率 82.99%，儿童保健覆盖率 72.01%。

全市以实施初级卫生保健目标为龙头，以推行合作医疗为突破口，逐步形成并健全以县为中心、乡为纽带、村为网底的农村三级医疗预防保健网络的新格局。20 世纪 80 年代，全市有行政村 3912 个，建有卫生组织的 3 637 个，占 92.8%，村卫生室 783 个，乡卫生所 440 个，其中坚持合作医疗的 483 个，实行乡村医生和卫生员集体承包的 1 086 个，集体办医形式占全市村卫生组织总数的 67.2%。到 2005 年，全市行政村 2 395 个，村卫生室 2 289 个，村卫生室覆盖率 98.6%，合格村卫生室 1625 个，占村卫生室总数 71%；其中，甲级村卫生室 941 个，占 41%。襄樊市 7 个县(市、区)全部实行乡镇卫生院“县办县管”新的管理体制，均达到初级卫生保健“合格”标准，在湖北省率先以县市为单位提前四年实现“初保”目标。34 个乡镇卫生院、卫生防疫站、妇幼保健院被列入省“卫生三项”建设规划，全市 85%的县卫生防疫站、县妇幼保健院和乡镇卫生院达到“一无三配套”(无危房，房屋、人员、技术设备配套)要求。先后有枣阳、南漳、襄阳、宜城、老河口、谷城、保康等县(市)被列为全省三分之一重点县建设单位，整建后被确定为合格县(市)。新型农村合作医疗试点工作稳步推进，先后有 5 个县(市)启动新型农村合作医疗试点工作，总计 165.45 万名农民参加新型农村合作医疗，占全市农业总人口的 48.35%，以农业县(市)为单位覆盖率达 70%。2003 年以来，全市按照“试点先行、以点带面、综合配套、协调推进”的原则，大力开展城市社区卫生服务工作。加强社区卫生服务机构、制度和人员建设，完善预防、医疗、保健、康复、健康教育、计划生育技术指导“六位一体”的服务功能。襄樊市清河口社区卫生服务中心和襄城区成为湖北省社区卫生服务示范中心和示范区。襄城、樊城两个城区和高新、鱼梁洲两个开发区共80万社区人口，123个社区居委会，设有社区卫生服务机构46个，其中服务中心8个，服务站35个。

1979年以来，全市不断加大对《传染病防治法》《食品卫生法》《药品管理法》《母婴保健法》《执业医师法》《职业病防治法》《献血法》等卫生法律法规的贯彻落实力度。开展以打击非法行医专项行动、医疗和采供血机构监督、食品卫生、职业卫生、公共场所卫生、放射卫生、传染病防治监督等为重点的卫生监督执法工作，推进卫生综合执法。落实公共场所、生活饮用水、化妆品、学校、放射、职业卫生等各项卫生管理。食品卫生管理基本形成市、县（市、区）、乡三级管理网络。截至2005年底，食品生产经营单位卫生监测合格率87.32%，餐具消毒监测合格率82.14%。食品生产经营人员健康检查率100%，“五病”（痢疾、伤寒、病毒性肝炎、活动性肺结核、化脓性或渗出性皮肤病及其他有碍食品卫生的疾病）调离率100%。清理检查各级各类开展婚前医学检查、终止妊娠手术、结扎手术和助产技术服务等母婴保健技术服务的医疗保健机构151所，重新准入助产技术服务机构140家，从事助产技术服务人员1329名，取缔9家非法机构，对3家限期整改，对20家不符合要求的机构不予登记。对全市10861名符合条件的人员进行各级各类执业医师注册工作。查处违法药品案件500多起，查获和销毁假药、劣药、过期失效药品价值400余万元。

截至2005年底，全市有医院106家，其中三级甲等医院3家，二级甲等医院9家，二级乙等医院9家。县以上医院拥有核磁共振装置、螺旋CT、数字减影仪、直线加速器等大型医用设备35台(件)。各类医疗机构实现业务收入102 924.4万元，其中医疗收入56 310.7万元，占54.71%，药品收入40 422.3万元，占39.27%，由过多依赖药品收入转为通过提供优质服务和高精尖技术服务增强发展能力，保障日益增长的人民群众就医需求。同年，县及县以上医院共诊疗6 849 844人次，门急诊6 714 945人次，出院293 030人次，出院病人284 138人，治愈194 034人，治愈率68.29%；死亡2 125人，病死率0.72%。病床平均周转次数24.36次，病床平均工作日254.76天，病床使用率69.8%，出院者平均住院日7.26天。20世纪80年代以来，全市医疗机构临床和医技各科向专科化、专业化方向发展，出现市中心医院脑外科、市一医院神经内科等一批省市级临床重点专科及襄樊铁路医院（现襄樊市康达医院）皮肤科等部级特色专科。医疗技术水平不断提高，以市中心医院、一医院为代表的综合医院先后开展心脏换瓣、冠状动脉搭桥、经腹腔下胆囊、脾脏、肾及肾上腺肿瘤切除等新手术，有的已成为经常开展的业务项目，多项新技术填补襄樊市空白，有些达国内先进水平。微创术快速发展，县级以上医疗机构广泛利用微创技术治疗各类内科、外科、妇产科、眼科、耳鼻喉科疾病。全市通过开展“医院管理年”活动和“医疗安全100天活动”，进一步完善医院各项管理制度，加强对合理用药、检查、治疗和收费管理。

改革开放以来，中医事业受到党和政府高度重视，与西医共同发展，为保障人民健康作出重要贡献。除襄樊市中医院创建于20世纪50年代外，各县（市）中医院于改革开放初期陆续建立，至2005年，全市有中医医院8所，职工2 271人，中医医师1 520名，中西医结合医师85名。开放床位1 178张，门急诊873 097人次，住院25 644人次。全市中医医院突出中医特色，发挥中医药优势，注重内涵建设，以中医急诊和专病专科为重点，提高中医医院医疗质量，完善医院服务功能，中医中药特色专科建设初具规模。市中医院利用推拿、按摩、手法复位、手术治疗骨科疾病的方法吸引不少患者，已建设为“全国百佳医院”、“全国示范中医医院”、“全省知名中医医院”，骨伤科被确定为国家中医药“十五”重点专科建设项目和“湖北省中医骨伤医疗中心”，成为全市中医医疗、教学、科研、预防、保健、康复等项工作的技术指导中心，初具现代化综合性中医院雏形。达到二级甲等中医医院标准的南漳县中医院、宜城市中医院、保康县中医院、老河口市中医院和谷城县中医院在区域内发挥龙头作用。市中医院儿科、脑病科和谷城县中医院心血管内科被确定全省中医重点专科建设项目。保康县被国家中医药管理局确定为“全国农村中医工作先进县”建设单位。南漳县被省卫生厅确定为“全省农村中医工作先进县建设单位”。南漳县中医院被省卫生厅批准为“全省示范中医院建设单位”。2001 年，襄樊市中药研究所成立，挂靠市中医院管理。

1986 年以来，全市卫生系统共开展科研项目 223 项，有 186 项科研成果通过评审和鉴定。其中达国际先进水平 7 项，国内领先水平 112 项，国内先进水平 61 项，省内领先 6 项。获国家科技进步二等奖 1 项，国家科技进步三等奖 1 项，省科技进步二等奖 4 项，省科技进步三等奖 11 项，市级科技进步奖 138 项。全市医务人员结合工作实践，在省级以上刊物发表论文 3 000 余篇，出版著作 100 余部，有 27 个项目获国家专利。市中心医院成为华中科技大学同济医学院附属医院、科研基地及临床教学基地，并挂牌成立“华中科技大学同济医学院血液病研究所襄樊分所”。市一医院先后挂牌同济医科大学教学医院、湖北医科大学襄樊第一教学医院、湖北省全科医学临床培训基地。枣阳市一医院、南漳县人民医院、老河口市一医院、谷城县人民医院、宜城市人民医院为同济医科大学临床教学基地，襄阳县人民医院、谷城县人民医院为郧阳医学院临床教学基地。

1979 年以来，全市认真贯彻“政府组织，地方负责，部门协调，群众动手，科学治理，社会监督”的爱国卫生工作方针，坚持以创建卫生城市为龙头，以农村改水改厕为重点，以健康教育为先导，使全市爱国卫生工作在新的历史条件下得到不断发展。到 2005 年，全市共建成湖北省卫生城市 3 个、国家卫生镇（县城）1 个、省级卫生镇 4 个、省级卫生村 6 个，湖北省卫生先进单位 56 个，襄樊市卫生先进单位（卫生小区）82 个。全市农村改水受益率 28.1%，其中自来水普及率 25.6%，卫生厕所普及率 78.39%。襄樊市市区、枣阳市、老河口市通过省级卫生城市验收，保持省级卫生城市称号。谷城县先后被命名“湖北省卫生县城”和“国家卫生镇”。襄樊市区实现灭鼠、灭蟑螂达标，被授予“湖北省灭鼠先进城区”湖北省灭蟑螂先进城区”称号。枣阳市、谷城县、宜城市先后实现灭鼠、灭蟑螂达标，为湖北省灭鼠、灭蟑螂先进城区。老河口市实现灭鼠达标，为“湖北省灭鼠先进城区”。老河口市被确定为中国/联合国儿童基金会健康教育合作项目县。谷城县五山镇被确定为创建“湖北省亿万农民健康促进行动示范社区”试点。

襄樊市采供血工作经历从有偿献血、义务献血到无偿献血发展的过程。1998 年 10 月 1 日，《中华人民共和国献血法》颁布实施，全市逐步取消有偿献血，建立无偿献血制度。以确保血液安全为目标，以市中心血站为阵地，以深入贯彻《献血法》为综合手段，各级政府依法加强对无偿献血工作的领导，建立无偿献血工作可持续发展机制。至 2001 年，全市临床用血全部来自公民无偿献血，襄樊市被评为“湖北省无偿献血先进城市”，此后全市临床用血全部来自公民自愿无偿献血，襄樊市被评为 2001–2003 年度、2004–2005 年度“全国无偿献血先进城市”。襄樊市红十字会于 1986 年恢复重建后，各县（市）纷纷成立基层组织，积极发展会员，各项工作得到发展。截至 2005 年，全市有红十字会基层组织 89 个，会员 62 833 人，青少年会员 23 307 人，有冠名医疗机构 5 个。倡导并推进多行业救护培训，截至 2005 年底，各县（市、区）都有自己的救护师资队伍。积极开展赈灾、救灾、救助等人道主义工作，据不完全统计，自 1986 年以来，共为困难群众提供各级各类捐助物资价值近 2 000 万元。

全市卫生系统坚持开展医德宣传教育、文明创建等活动。全市卫生系统 80%的单位通过市级文明单位验收检查。其中省级文明单位、最佳文明单位 5 个，市级文明单位、最佳文明单位 16 个。市中心医院、市一医院被省委、省政府授予 2003—2004 年度省级最佳文明单位，市卫生局机关和市中心血站被评为省级文明单位。18 家医院获省级“文明医院”称号，18 家获省级“文明优质服务示范医院”称号。2004 年，襄樊市卫生系统被市委、市政府授予市级文明系统称号。2005 年，全省卫生系统精神文明创建推进会在襄樊市召开。市直卫生系统被授予“民主评议行风合格单位”。

截至 2005 年底，襄樊市有各级各类卫生机构 2 856 个，比 1979 年增加 2 430 个；卫生机构床位数共 12 902 张，比 1979 年增加 2295 张，其中医院床位数 12 390 张，比 1979 年增加 2 246 张；卫生机构人员数为 28 602 人，比 1979 年增加 13 262 人，其中卫生技术人员 21 745 人，比 1979 年增加 9 287 人；医师 8 984 人，护士 6 532 人，分别比 1979 年增加 3 944 人和 4 074 人；平均每千人有医师 1.55 人、护士 1.13 人，分别比 1979 年增加 0.39 人和 0.85 人；全市卫生事业经费 9 505.9 万元，是 1979 年的 10.08 倍。襄樊市人均期望寿命提高到 72 岁，人民健康水平和生存质量明显提高。

一、机构

（一）襄樊市卫生局

1978 年 10 月，原襄阳地区革命委员会卫生局更名为襄阳地区行政公署卫生局。1979 年 7 月，建立中共襄阳地区行政公署卫生局党组。局机关于 1980 年 4 月由行署西院迁至襄阳城荆州街地区药检所内，内设人秘科、医政药械科、卫生防疫科、科教科。1979 年 6 月，随着原襄樊市升格为省辖市，原襄樊市卫生局与襄阳地区卫生局隶属关系解除，内设办公室、医政科、防疫科、妇幼科、财会科，其党组织为中共襄樊市卫生局委员会，办公地址设在樊城长征路 114 号。1983 年 10 月，襄阳地区行政公署卫生局与襄樊市人民政府卫生局合并，成立襄樊市卫生局，并建立中共襄樊市卫生局党组。卫生局内设秘书科、政工科、医政药械科、卫生防疫科、妇幼保健科、计划财务科、医教科研科、工会办公室，办公地址设在荆州街 83 号。1985 年 5 月，增设中医科。附设市公费医疗办公室、红十字会办公室。卫生局下辖市中心医院、卫校、第一人民医院、第二人民医院、护校、中医院、卫生防疫站、口腔医院、职业病防治院、妇幼保健院、儿童保健所、结核病防治所、传染病医院、药品检验所、医疗器械修配管理站、皮肤病防治所。1986 年 2 月，卫生局党组改建为中共襄樊市卫生局委员会。1988 年，市卫生局成立药品监督科。调整市爱国卫生运动委员会办公室隶属关系，归属市卫生局领导。1989 年 3 月，增设老干部工作科，同年 7 月，更名为离退休干部工人管理科。同年市卫生局增设内部审计科。局机关内部科室有：秘书科、政工科、医政药械科、中医科、药品监督科、计划财务科、卫生防疫科、妇幼保健科、医教科研科、离退休干部工人管理科、内部审计科、监察科 12 个科。另有：爱国卫生运动委员会办公室、红十字会办公室、公费医疗管理委员会办公室、工矿企业医院管理委员会办公室、市委地方病防治领导小组办公室（设在市卫生防疫站）、医药卫生学会办公室和工会工作委员会、局团委。1990 年 5 月，撤销中共襄樊市卫生局委员会，同时组建中共襄樊市卫生局党组。卫生局成立机关工会委员会。同年 8 月卫生局成立机关妇女委员会。政工科改为人事科，同年 12 月又将人事科更名为政工科。1994 年 8 月将秘书科更名为办公室。卫生局内设办公室、政工科、医政药械科、中医科、卫生防疫科、妇幼保健科、科教科研科、计划财务科、审计科、药品监督科、监察科、离退休干部工人管理科、团委、妇女委员会、工会委员会、红十字会办公室、公费医疗管理委员会办公室、爱国卫生运动委员会办公室。1999 年 10 月，市卫生局机关从荆州街整体迁入铁佛寺路 28 号新址。2000 年 5 月，襄樊市组建市药品监督管理局，统一行使全市药品监督管理职能，市卫生局承担的药政、药监职能、药政管理科及其人员编制、下属事业单位市药品检验所整建制划入市药品监督管理局。2001 年 12 月，市卫生局党组改建为市卫生局党委，并于次年设置局直属机关党委。市卫生局内设 7 个职能科室和 3 个议事协调机构的办事机构：办公室、规划财务科（委派会计管理科）；医政和中医科（市无偿献血领导小组办公室、行政审批科）、疾病控制科、卫生法制监督科、基层卫生与妇幼保健科、人事科教科、市血吸虫病地方病防治领导小组办公室(简称“市血防地方病办”)、市爱国卫生运动委员会办公室(简称“市爱卫办”)、市公费医疗管理委员办公室(简称“市公医办”)。纪检(监察)机构按有关规定设置。市红十字会设在市卫生局。至2005年,襄樊市卫生局直属医疗卫生单位共14个:襄樊市中心医院、襄樊市第一人民医院、襄樊市中医医院、襄樊市卫生防疫站、襄樊市军工医院、襄樊市康达医院、襄樊市妇幼保健院、襄樊市护士学校、襄樊市口腔医院、襄樊市职业病防治院、襄樊市结核病防治院、襄樊市中心血站、襄樊市医疗器械维修管理站、襄樊市传染病医院。局直属事业单位3个:市医学会办公室、局机关后勤服务中心、市药品集中招标采购中心。

襄樊市卫生局领导干部情况

表31-1

机构名称(起止年月)	姓名	籍贯	职务	任职时间(年月)
原襄阳地区卫生局(1979.1--1983.12)	严永康	湖北襄樊	书记、局长	1979.1—1983.12
	刘俊卿(女)	河北束鹿	副书记、副局长	1979.1—1983.12
	万正国	湖北南漳	副书记	1979.7—1983.12
			副局长	1979.1—1983.12
	温光明	河南汲县	副局长	1979.1—1983.12
	陈长彬	湖北随州	副局长	1979.1—1979.10
	张友林	湖北老河口	副局长	1980.9—1983.12
	韩光元	湖北襄阳	副局长	1981.4—1983.12
原襄樊市卫生局(1979.1—1983.12)	李正之	湖北襄樊	书记	1979.1—1983.12
	乔立(女)	湖北襄樊	局长、副书记	1979.1—1983.12
	李永诚	湖北襄樊	副书记、副局长	1979.1—1980.03
	钱保元	湖北枣阳	副局长	1981.1—1983.12
	袁庆云	河南清丰	副局长	1979.1—1979.10
	高万清	河北任邱	副局长	1979.1—1983.12
襄樊市卫生局(1983.12—2005.12)	万正国	湖北南漳	局长	1983.12—1987.5
			书记	1983.12—1994.6
	韩光元	湖北襄阳	局长	1987.5—1994.6
			书记	1994.5—1997.6
			副局长	1983.12—1987.5
			副书记	1986.2—1994.6
	马言军	湖北随州	局长	1994.6—2004.7
			书记	1997.6—2005.12
			副书记	1994.6—1997.4
	林芳立	湖北随州	局长、副书记	2004.6—2005.12
	钱远大	湖北天门	副局长	1984.9—1994.6
	乔 立(女)	湖北襄樊	副局长	1983.12—2000.7
	钱保元	湖北枣阳	爱卫办主任	1983.12—1995.2
	连丕恒	吉林东辽	纪检组长	1985.1—1987.5
	海卫全	湖南邵阳	副局长	1989.8—1995.5
	汪心家	湖北随州	纪委书记、纪检组长	1989.8—1997.4
	杜道贵	湖北宜城	副书记	1994.6—2002.2
	司致顺	湖北谷城	副书记、副局长	1994.6—2002.2

续表

机构名称(起止年月)	姓名	籍贯	职务	任职时间(年月)
	程　竑	湖北鄂州	副局长	1990.12—2002.2
	涂元生	湖北黄陂	爱卫办主任	1995.1—1999.10
	叶恒波	湖北仙桃	副局长	1997.4—2005.12
	周延萍(女)	湖北老河口	纪检组长	1997.4—1999.5
			副局长	1999.5—2005.12
	于明珍(女)	湖北松滋	工会主任	1996.11—1997.9
	赵代义	湖北天门	副局长	1998.7—1999.5
	任爱林	河北故城	工会主任、工会主席	1998.12—2005.12
	韩　军	山东平度	副书记、副局长	1999.5—1999.11
	段华汛	河北井陉	副局长	1999.5—2000.12
	田明亮	湖北枣阳	纪检组长	1999.5—2002.2
			副书记、纪委书记	2002.2—2005.12
	王道明	湖北南漳	爱卫办主任	1999.10—2005.12
	高国胜	湖北随州	副局长	1999.12—2005.12

（二）医疗机构

1.综合医院

20 世纪 80 年代初，襄樊市的综合医院主要有各地政府举办的、大型企事业单位举办的和部队驻军医院三类。1980 年，襄樊市区有综合医院 71 家，各县(市)区有综合医院 82 家。2002 年 8 月，襄阳汽车轴承实业总公司医院被市中心医院兼并后，更名为市中心医院万山分院。2003 年 9 月，中国人民解放军总后勤部第七职工医院移交地方，更名为襄樊市军工医院，直属市卫生局管理。2004 年 11 月，襄樊铁路分局中心医院移交地方，直属市卫生局管理。2005 年 6 月，更名为襄樊市康达医院。至 2005 年底，襄樊市共有综合医院 106 家，其中三级甲等医院 3 家，二级甲等医院 9 家，二级乙等医院 9 家。

襄樊市中心医院：建于 1949 年 7 月，始称襄阳专署直属医院，门诊部设襄阳十字街，住院部设襄阳马士庙。建院初期仅设内、外两科。1951 年春，迁至宏大宫内(襄城荆州街 39 号)。改称襄阳专署人民医院。1968 年 10 月，更名为襄阳地区人民医院。1983 年 11 月，改称襄樊市中心医院。1979 年以来，先后成为华中科技大学同济医学院、武汉大学医学院等 8 所高等医学院校的临床学院、教学医院、实习基地，先后挂牌成立华中科技大学同济医学院科研基地和研究生培养基地、武汉大学医学院襄樊市中心医院、湖北省全科医学临床培训基地，每年在各类专业刊物上发表论文近 500 篇。医院有 72 项科研成果通过国内知名专家的评审，其中达到国际先进水平的有 3 项，居国内领先水平的 44 项，国内先进水平的 25 项。在这些科研成果中，有 1 项获国家科技进步三等奖(协作课题)，2 项获省科技进步二等奖，7 项获省科技进步三等奖，9 项获省卫生厅科技进步二、三等奖，44 项获市科技进步一、二、三等奖。襄樊市急救中心、襄樊市临床检验中心、华中科技大学同济医学院血液病研究所襄樊分所等均设在该院。有心胸外科、泌尿外科、神经外科、心血管内科、妇产科、眼科、耳鼻咽喉科、检验科 8 个省级临床重点专科及 26 个市级临床重点专科，省市临床重点专科名列地市级医院前茅。在国内、省内及襄樊市率先开展各项新技术、新业务 200 余项。先后被上级有关部门授予"全国卫生文明先进单位"、"湖北省最佳文明单位"、"全国医院文明卫生建设先进集体"、"全国医院文化建设先进集体"、"全国模范职工之家"、"湖北省职业道德建设先进单位"等称号。1993 年，在湖北省首批进入三级甲等医院行列，被世界卫生组织授予“爱婴医院”称号，是“国际紧急救援中心网络医院”，综合实力列湖北省医疗行业“十强”。 2001 年，与意大利都灵地区波斯卡医院建立友好合作关系。2002 年，成立万山分院。2004 年，被华中科技大学同济医学院定为附属襄樊医院，是湖北省人民医院医疗集团骨干医院。2005 年，医院占地面积 88 616 平方米，开放病床 1040 张，设 27 个病区，50 余个专科，年门诊量 58.13 万人次，年出院 3.23 万人次，年业务收入 2.62 亿元，固定资产 3.86 亿元。10 万元以上医疗设备已达 322 台，医疗设备总价值 1.8 亿元，价值 100 万元以上的有磁共振、螺旋 CT、ECT、数字减影仪（DSA）、DR 直线加速器、X 刀、心脏彩超、腹部彩超、各种内窥镜、高压氧舱、体外循环机、全自动生化分析仪等共 25 台（件）。全院职工 1572 人（其中在职人员 1210 人），卫生技术人员占职工总数的 80% 以上，其中在职高级技术职称者 198 人，兼职硕士生导师 14 名，兼职教授 106 名，硕士生 88 人，博士生（博士后）5 人，享受国务院津贴专家 4 人，享受省政府专项津贴专家 4 人，省有突出贡献中青年专家 1 人、享受市政府专项津贴专家 5 人。

襄樊市第一人民医院：建于 1949 年 8 月，位于樊城解放路 15 号。在襄阳专署创办的大众医院和接收两家教会医院、一家私人医院、一家诊所的基础上发展起来。建院初期有 489 平方米用房、16 名医护人员、20 张病床、日诊病人十余人次。1950 年更名为襄樊市人民医院，1982 年改称现名。为国家三级甲等医院、国际爱婴医院、红十字医院、国际紧急救援中心网络医院、全国百姓放心示范医院。改革开放以来，有 61 项科研成果通过知名专家鉴定，其中达国际先进水平 1 项，国内领先水平 47 项，国内先进 10 项，省级先进 3 项，获省科技进步奖 10 项，市科技进步奖 27 项。重点专科有神经内科、内分泌科、心血管内科、手外科、骨外科、普外科、妇产科、耳鼻喉科等 23 个；“窥镜、腔镜、介入”专科特色突出。开展的球囊扩张术、冠状动脉搭桥术、心内直视术、全髋关节置换术，肾移植术、睾丸移植术，断肢、掌、指（趾）再植和拇指再造术等百余项新技术分别达国内先进水平。先后获“全国维护消费者权益先进单位”、“全省卫生工作先进集体”、“湖北省最佳文明单位”等称号。中共十一届三中全会以来，与法国柏林红宝医院、意大利都灵医院、日本福岛医学院、台湾中山医学院建立技术合作、学术交流和友好往来关系。1992 年以来，先后成为武汉科技大学医学院等七所高等医学院校的教学医院、实习基地；华中科技大学同济医学院科研基地和研究生培养基地；湖北省全科医师培训基地，湖北脊柱微创培训中心。1999 年，与同济医科大学、湖北医科大学联合举办硕士学位班。2003 年，襄樊市微创诊疗中心在该院成立。2005 年，医院占地 5.2 万平方米，建筑 14 万平方米。开放病床 700 张，设 25 个病区，35 个临床医技科室，年门诊量 47 万人次，年出院病人 2.43 万人次，年收入 1.67 亿元。拥有 1.5T 超导核磁共振、螺旋 CT、全数字化 X 线摄像系统（DR），数字化血管造影机（DSA）、彩色 B 超、准分子激光近视眼治疗仪、胸腔镜、腹腔镜、椎间盘镜、鼻窦内窥镜等腔镜系列和全套多功能电子内窥镜、全自动生化分析仪、X 刀等一大批国际国内先进医疗设备。全院职工 1093 人，其中各类专业技术人员 988 人（正副高级职称 167 人，硕士博士 47 人）。享受国务院政府津贴专家 2 人，享受省、市政府津贴专家 7 人，硕士生导师 9 人，21 人进入湖北省新世纪高层次人才库。

襄樊市康达医院：前身是武汉铁路局襄樊医院和汉丹线办事处卫生所。1958 年，改名为武汉铁路局襄樊医院。1963 年，更名为郑州铁路局襄樊卫生所。1969 年，改称郑州铁路局襄樊医院。1971 年，改名为武汉铁路局襄樊医院。1983 年，又改名为郑州铁路局襄樊医院。2003 年，易名为襄樊铁路分局中心医院。另设有襄樊铁路二院、铁路三院、铁路四院、襄阳车站、清河路、丹江路、丹江口等六个保健站，随州、荆门两个门诊部和襄北分院。2004 年 11 月，襄樊铁路分局中心医院正式移交襄樊市卫生局，同时所属随州门诊部、荆门门诊部全部移交当地政府管理。其他保健站和门诊部转为该院下属的城市社区卫生服务机构。2005 年 6 月，正式更名为襄樊市康达医院。位于襄樊火车站及长途汽车站之间。是一所集医疗、教学、科研、康复、预防、保健于一体的大型综合国家二级甲等医院，国际爱婴医院。2004 年，被中国人寿保险公司、平安人寿保险公司列为医疗保险定点医院。2005 年，被列为市基本医疗保险定点医院。该院占地2.07万平方米,建筑3.12万平方米,实际开放床位370张。设有10多个专业病区,拥有特色专科白癜风治疗中心(皮肤科),三十多年来凭着独特的中西医结合、负压吸疱表皮移植术等,治愈率居全国前列。有中央空调、中心供氧、中心负压吸引、美国GE公司产双排螺旋CT、C型臂血管造影系统、数字胃肠机、电视腹腔镜、宫腔镜、前列腺电切镜、直线加速器、模拟定位机、TCD、彩超、体外碎石机、电子阴道镜、纤维支气管镜、全自动生化分析仪、全自动血球计数仪等设施,设有重症监护病房、血透室、放疗中心。

襄樊市军工医院:前身系中国人民解放军总后勤部第七职工医院,原址位于湖北省丹江口市浪河镇丁家营公社杨家沟,始建于1969年12月,于1970年10月开诊。1992年开始在襄樊市樊城区云兴路建设分院,对外使用第二名称襄樊军工医院,1993年12月在襄樊正式开诊。襄樊军工医院于2003年9月整体移交襄樊市人民政府,定名为"襄樊市军工医院",性质为公益类事业单位,病床编制为150张。2005年底,全院设机关办、财务科、医务科、外联部、医保科、感染科、五官科、内科、外科、妇产科、急诊科、麻醉科、新医科、药械科、检验科、功能科、放射科、后勤服务中心、服装部等19个临床、医技、职能科室,共有在职职工212人,其中高级职称21人,中级职称67人,是一所集区域医疗、防保、科研和社区医疗服务为一体的综合性二级医院。

襄樊市第二人民医院:建于1980年8月,位于樊城区清河路37号。建院初期,占地面积15000平方米,开设病床60张,设有2个病区,职工98人,仅能治疗常见的一般伤病。地市合并时,病床达150张,职工143人。为充分利用该院土地、人才、房屋等资源,1986年4月,经市政府批准,将附属于市第一人民医院的护士学校迁入该院,实行"院校合并、医教结合、以教为主、统一管理、分别核算、各负盈亏"的管理体制,对外保留襄樊市第二人民医院的名称,对内定为市护士学校的附属医院。为适应教学任务,按照"小而精"、"小而专"的发展之路,调整医院结构,精减富余人员,引进专科、专病人才和技术,开设特色专科。医院设置病床100张,医疗科室19个,职工114人,年门诊量3.1万人次,出院420余人次。能开展普外、妇产科中、小型手术以及骨关节病、不孕症等专科、专病诊疗业务。2001年5月,被省卫生厅确定为社区卫生服务示范点创建机构,同年8月被省卫生厅授予"社区卫生服务中心示范单位"称号。

县(市)区综合医院:全市有7个县(市)区设立9个直属综合医院。枣阳县利民医院于1949年10月成立,是最早建立的第一家公立县级医院。保康县医院系1949年冬在歇马镇防治所迁至城关镇后,于1950年1月正式成立的。南漳县卫生院于1950年3月成立。南漳县武安镇分院(现县第二人民医院)系1956年由南漳县武安镇卫生院扩建更名而成。原光化县卫生院系1949年10月在县政府内设立卫生所的基础上建立,1951年10月,改称老河口市人民医院,1953年4月又更名为襄阳专署老河口医院,由地区管辖。1958年11月,襄阳专署决定将襄阳专署老河口医院、光化县卫生院、妇幼保健院合并更名为光化县人民医院。1983年老河口县、市合并后,老河口镇卫生院更名为老河口第二人民医院。1950年6–10月,宜城、襄阳、谷城三县经过筹备,先后建起了县卫生院。至1950年底全地区县级卫生院全部建立起来。当时仅有三个县卫生院开设病床40张(枣阳20张、南漳10张、光化10张),时有职工92名。各县卫生院建立初期,均称县人民政府卫生院,一般内设医疗、卫生防疫、妇幼保健三股,承担全县医疗卫生综合业务,多数县实行科、院合一,还承担全县卫生行政管理工作。1958年—1962年,随着各县卫生防疫站和妇幼保健所的建立,各县卫生院先后撤销卫生防疫股和妇幼保健股,改名为县人民医院。枣阳、宜城改为县级市后,改称市人民医院。襄阳县改为区后,称区人民医院。9家县(市)综合医院改革开放前拥有病床1589张,职工1707人,固定资产760.1万元。1986年,湖北省评出县级"文明医院"6家,襄樊市有老河口市一医院、枣阳县医院、保康县医院三家,名列全省之首。1981—1995年,7个县医院分批进行重点建设,经省卫生厅组织验收,均达到合格标准。1993年,继枣阳市一医院列为全省首批"等级医院"评审试点,率先成为"二级甲等医院"之后,老河口市一医院、宜城市医院、南漳县医院、襄阳县医院、谷城县医院、保康县医院，分别于1994-1997年达到"二级甲等医院"标准。1983年10月，襄阳地区与原襄樊市合并时，市区设襄城、樊东、樊西、郊区四个县级行政区，原市属第三、四、五医院分别划给郊区、襄城、樊东区管辖。1996年，市区调整为襄城、樊城两区后，市第三、五医院划给樊城区管辖，第四医院划给襄城区管辖。这几所医院后来改制为民营医院。

2.中医医院

襄樊市中医医院：建于1957年5月，位于襄樊市樊城区长征路中段。初期仅设门诊、病房、药房、总务四个部分，医疗业务涉及中医内科、外科、骨科、针灸，西医内科等，人员50名。1998年，骨伤专科被评为湖北省中医骨伤医疗中心。2001年，成立襄樊市中药研究所，制剂净化生产车间1500平方米，可生产19种剂型100多种中药制剂。2002年，骨伤专科被评为湖北省知名中医专科，并被确定为"国家重点中医专科"建设单位。脑病科和儿科被确定为湖北省重点中医专科建设单位；糖尿病科、针灸科等6个科室被确定为襄樊市重点中医专科建设单位。为鄂西北地区中医医疗、教学、科研、预防、保健、康复区域技术中心，湖北中医学院附属襄樊医院和临床硕士研究生培养基地。先后获全国三级甲等中医医院、全国示范中医医院、全国百佳医院、爱婴医院、湖北省知名中医院、湖北省卫生工作先进集体、湖北省消费者满意单位、湖北省健康教育示范单位、襄樊市最佳文明单位、襄樊市消费者满意医院等称号。2005年，医院医疗用地占地19 284.8平方米，业务用房建筑21 919平方米，拥有13 800平方米的门诊大楼，病床450张。设3个门诊部、3大系列专科16个病区。除一般门诊外，还设有心血管、脾胃、乳腺病、肛肠、肿瘤、中风病、眩晕、郁证、内分泌、内病外治、颈肩腰腿痛等30余个专科、专家门诊。拥有美国产全身螺旋CT、CR（数字X线成像系统）、放射数字化胃肠机、体内伽玛刀、钼靶乳腺摄片机、体外高频热疗机、血液透析机、腹腔镜、宫腔镜、关节镜、多台进口麻醉机、彩超、自动生化分析仪、血气分析仪等系列现代化诊疗设备。在岗职工757人，其中卫生技术人员636人，有高级职称81人，中级职称303人，初级职称252人。全国中医优秀研修人才3人，湖北省知名中医3人，硕士研究生导师6人，享受国务院政府津贴专家1人，享受湖北省政府津贴专家2人，享受襄樊市政府津贴专家1人。

县（市）区中医医院：全市县（市）级中医院均建于改革开放初期。1979年，宜城县中医院成立，为全市组建最早的县级中医院。之后，光华县于同年7月在县人民医院二门诊部的基础上改建为县中医医院。襄阳县于1982年在县医院原来门诊的基础上建立县中医医院。随后，南漳县利用县医院二门诊部，保康县以城关镇卫生院为基础，谷城县利用原卫生局旧址，分别在1982年底组建县中医医院。枣阳县于1984年利用世界银行贷款和重点县卫生事业整顿建设的机遇，在县城南郊征地兴建县中医医院。至此，全市县（市）级中医医院均已建立。嗣后，全市充分利用湖北省三分之一重点县卫生事业建设和创建"等级中医院"的契机，加快县（市）级中医医院的发展。宜城、襄阳、保康、老河口等县（市）中医院就地进行改、扩建；南漳、谷城县中医院按照区域规划的原则和合理布局的要求，先后选择新址兴建搬迁。至90年代底，全市县（市）级中医医院业务用房基本配套，达到规划要求。经评审，各县(市)中医医院均达到"二级甲等"标准。1998年11月省，卫生厅批准南漳县中医院为全省县（市）级示范中医院。1992年，老河口市中医院被省卫生厅授予"文明中医医院"称号。2003年，南漳县获"全省农村中医药先进县"称号。2005年，保康县被国家中医药管理局授予"全国中医工作先进县"称号。2005年，谷城县中医院中西医结合心血管病专科被省卫生厅确定为"湖北省重点中医专科建设单位"。

3.专科医院

20世纪80年代初，襄樊市专科医院有3家，分别为市口腔医院、市传染病医院、市精神病医院。此后，分别于2001年和2005年增加民营的襄樊天丹血液病医院和枣阳楚祥病医院。

襄樊市口腔医院：于 1976 年在原襄樊市望江公社卫生院的基础组建而成。位于樊城区建华路 6 号。建院初期全院职工仅 107 人，门诊只有 5 台简陋的油泵椅，2 台高速涡轮机和一些简单的口腔诊疗器械。2005 年，全院占地面积 16812.3 平方米，房屋建筑 24909.08 平方米。有职工 234 人，其中卫生专业技术人员 196 人。卫生技术人员中，主任、副主任医师 14 人，主治医师 110 人，医、药、护、技师(士)72 人。医院设有牙体牙髓病科、牙周黏膜病科、口腔颌面外科、口腔修复科、口腔正畸科、口腔预防科、儿童牙病治疗中心、洁牙中心、技术制作中心、口腔病特珍室等 10 个业务技科室，门诊牙科综合治疗台 70 台(套)，住院部开设病床 50 张。除口腔专业科室外还有普通内外科、五官科、放射科、药剂科、心超室、供应室、消毒中心、自愿戒毒治疗康复中心和洗衣房等科室。院外开设了 4 个口腔专科门诊。日门诊量 400 余人次，年平均住院病人 918 人次。该院是湖北省口腔医院、咸宁医学院、荆门职业技术学院、京山职业技术学院的教学实习基地，担负着口腔大专班学生的临床教学任务。

襄樊市传染病医院：建于 1979 年 10 月，位于樊城七里河路 32 号。1980 年底，正式开展治疗业务。建院初期病床 60 张，职工 102 人，固定资产 32.3 万元，建筑面积 2 275 平方米，1982 年开始筹建病房大楼，1985 年竣工，承担常见传染病一般治疗业务。1991 年 9 月，将传染病医院交市一医院统一托管，对外保留襄樊市传染病医院名称。2002 年 6 月，从市第一人民医院分离，恢复为独立的事业单位。2003 年 4 月，该院承担起救治传染性非典型肺炎患者重担。“非典”过后，国家和地方政府投入 1950 万元兴建一栋综合楼，并配置相应医疗设备。2005 年，医院占地面积 33000 平方米，房屋建筑面积 14000 余平方米，固定资产 1097 万元。病床增至 160 张，职工增至 156 人，其中卫生专业技术人员 115 人，副高级 24 人，中级 69 人。医院设有病区、门诊、药剂科、检验科、放射科、心超室、供应室等科室。承担襄樊市区及所属县(市)法定传染病病人的收治任务，是市政府指定的收治艾滋病、非典型性肺炎定点医院及防止生物恐怖袭击的定点救治单位。

襄樊市精神病医院：建于 1966 年，初于市南郊刁家池，时称襄樊市精神病收治管理所，设病床 50 张，职工 27 人，主要收治复员退伍军人中的精神病患者。1970 年 9 月，经地区革命委员会决定，地区干部疗养所和精神病收治管理所的房地产全部转交给空军襄樊医院扩建，该所迁至枣阳县琚湾公社卫生院旧址改建，更名为襄阳地区精神病院，隶属于当时的地区革委会民政卫生局管理。1972 年，迁至襄樊市西郊万山现址(襄樊市襄城区檀溪西路 65 号)。随着地区民政、卫生分立，该院于 1972 年 11 月归属民政局管理。此后，为方便全市精神病人住院治疗，该院逐步扩大规模、扩大收治对象并改称为襄樊市优抚医院(襄樊安定医院)。2005 年，该院占地面积 5.8 万平方米，建筑面积 2.4 万平方米，有病床 400 张，职工 248 人，担负全市精神疾病患者的预防、治疗和康复工作，承担全市复退军人精神病患者和“三无”人员及流浪乞讨人员中精神病患者的收治工作，同时承担全市司法精神病鉴定和精神病人的劳动能力鉴定工作。

4.事业单位及驻军医疗机构

企事业单位的医疗机构主要有职工医院、门诊部、医务所(室)等类型，直属所在单位管理。20 世纪 80 年代，襄樊市有企事业单位职工医院 19 家。1996 年，襄樊市有企事业单位职工医院 21 家。随着国有企事业单位经济体制改革及产权制度的变革，企事业职工医院数量逐步减少。2003 年 12 月，《关于分离市直国有企业自办医疗机构实施意见》出台后，市直国有企业自办医疗机构逐步分离。2005 年，市区内企事业职工医院有 15 家，分别是中铁十一局中心医院、东风汽车公司襄樊医院、中国化学工程第六建设公司医院、航空工业襄樊医院、航空工业襄樊医院宏伟分院、航空工业襄樊医院江汉分院、襄樊学院医院、湖北省工建集团职工医院、襄樊供水公司职工医院、襄樊卷烟厂职工医院、际华 3542 厂职工医院、中国航天科技集团 742 医院、华中制药厂职工医院、襄樊监狱医院、中铁电气化局二处职工医院。

5.民营医疗机构

2001年5月，在襄阳区设立民营的襄樊天丹血液病医院，系全市首家民营医院。2002年，华光厂职工医院通过改制成民营医院。同年，在当地党委政府的支持下，隶属于襄城区的襄樊市第四人民医院和隶属于樊城区的襄樊市第五人民医院通过资产租赁等形式转为营利性医疗机构，成为民营医院。襄樊钢铁股份有限公司职工医院也于当年改制为民营医院，更名为襄樊普济医院。2004年1月，7家市直国有企业职工医院与企业分离成为民营医疗机构，分别为：襄樊天和医院（原襄樊棉纺厂职工医院）、襄樊卫东医院（原卫东机械厂职工医院）、江华医院（原江华汽车公司职工医院）、襄城祥和医院（原汉丹机器厂职工医院）、襄樊毛纺医院（原襄樊毛纺厂职工医院）、襄樊高新开发区社区医院（原钢丝厂职工医院）。2005年7月，设立民营的枣阳楚祥病医院。2001年，宜城市自行对乡镇卫生院实行拍卖，改制为民营医院。该市16家乡镇卫生院，至2002年底有14家实行民有民营。截至2005年底，全市共有上述民营医院27家。20世纪90年代，出现私人办的门诊部。截至2005年，经市卫生局审核批准，颁发《医疗机构执业许可证》的门诊部有14家，个体诊所有185家。

（三）卫生防疫、防治机构

1.卫生防疫机构

1993年前，襄樊市共有各级各类卫生防疫站10个，即襄樊市、枣阳市、宜城市、老河口市、襄阳县、南漳县、保康县、谷城县卫生防疫站、襄樊市棉纺厂卫生防疫站、襄阳轴承厂卫生防疫站。随着企业改制，襄樊市棉纺厂卫生防疫站、襄阳轴承厂卫生防疫站与企业脱钩，分别合并成立天河医院和中心医院万山分院。到2005年，全市有卫生防疫机构8个，职工1040人，其中卫生技术人员885人。1993年后，襄樊市城区成立卫生防疫站，先后成立襄樊市郊区、樊东区、樊西区、襄城区卫生防疫站。随着行政区的合并，到2005年，市区设有襄城区卫生防疫站、樊城区卫生防疫站、高新区卫生防疫站、汽车产业开发区卫生防疫站。城区卫生防疫站未得到省卫生厅批准。

襄樊市卫生防疫站：1952年7月，襄阳专署组建专区防疫队，系建国后全区最早的专门防疫机构。1958年，专署决定成立襄阳专区地方病防治所，此时专区防疫队与该所合署办公。1962年春，专区防疫队与地方病防治所合并，组建襄阳专区卫生防疫站，1966年，在襄城东街地区医院对面兴建实验、办公楼，面积1380平方米。1968年8月，该站被视为行政机关，指令留下3人留守，其余人员集中搞“斗、批、改”。1972年下放职工先后回来工作。从1973年后，有一批大中专毕业生逐年充实该站，不断扩大了业务、生活用房，并添置一批大、中型仪器设备。到1982年被省卫生厅确定为全国首批免疫试点承办单位，并被评为全省卫生系统红旗单位。1983年地市合并后，原地区卫生防疫站和原市卫生防疫站于1984年12月合并，组建襄樊市卫生防疫站，当时有职工121人，固定资产119.2万元，其中设备总值31.5万元，房屋面积6 982平方米。两站合并后，重新调整内部科室，在统一管理下，分别安排在两站原址开展业务，办公地点分别在樊城长征路119号与襄阳东大街46号。1986年国家卫生部确定该站为全国5家地市级卫生防疫站改革试点之一。1987年，利用原两站房地产转让费和多方筹集的资金，先后在襄城檀溪路兴建业务和生活用房29 773平方米，其中办公实验楼7 800平方米。1992年7月，襄樊市皮肤病防治所并入该站，成为该站皮肤病防治科，对外保留机构名称。1997年5月，市卫生防疫站迁至襄城檀溪路，并在新建办公实验楼内装配高标准实验室，添置一批较先进的大、中型仪器设备。1998年10月，经评审达到“全国地、市级一等卫生防疫站”标准，内设22个科室，开设地方病、皮肤病、肝病、预防接种等专科门诊，成为全市疾病控制、卫生监督监测、健康教育的技术指导、培训、科研中心和同济医科大学等五所医学院校的教学实习基地，多次被评为全国、全省卫生系统先进单位和市级“文明单位”。

县(市)区卫生防疫站：20世纪50年代初期，县(市)未设独立的卫生防疫机构，卫生防疫工作均由县卫生院防疫股承担。1953年，谷城县虽成立卫生防疫站，但挂靠在卫生院内。1957年7月，原襄樊市卫生防疫站成立，为县级站，始有职工17人。1960年，光化、襄阳、枣阳、宜城、南漳、保康等县先后建立县卫生防疫站，至1962年全地区县级卫生防疫站全部建立。此后，各县(市)站逐步建立实验室，由省卫生厅配备或自购部分常用检测设备，逐步开展一般卫生检测和细菌检验，至“文化大革命”前夕全地区卫生防疫工作方式初步实现由单纯行政性、社会性向技术性、科学性转变，工作效能和质量明显提高。“文化大革命”期间，各县(市)卫生防疫工作均受到严重干扰和破坏。1972年后，省卫生厅分期分批给各县卫生防疫站拨款三四万元进行改建、扩建或兴建，至1978年，县(市)站工作环境和条件进一步改善。1979年6月，原襄樊市由县级市改为地级市后，原市站升格为地级站。1979年改革开放后，各县级站分期分批纳入三分之一重点县整顿建设范围，1991年后又分期分批纳入农村卫生三项建设，开展整建工作。至1995年，7个县级站先后通过省卫生厅检查验收，达到整建规划标准。1993年12月，经省卫生厅、人事厅决定，南漳、保康、宜城、襄阳4个县卫生防疫站被评为先进集体。1995年1月，枣阳市卫生防疫站被卫生部、人事部授予“全国卫生系统先进集体”。1996年7月，枣阳市卫生防疫站率先成为“全国县(市)级一等卫生防疫站”。至1998年底，谷城、襄阳、南漳、老河口等县(市)站分别达到“全国县(市)级一等卫生防疫站”标准。

基层卫生防疫机构：城市各医院设有保健科，有专人从事所辖地段卫生防疫工作。社区设有卫生服务站，承担预防接种和防保工作。襄樊火车站卫生防疫站，负责火车站辖区内的卫生防疫工作。全市各乡镇卫生院均设立卫生防疫组，配备专职卫生防疫人员。村卫生室均确定兼管卫生防疫的乡村医生或卫生员。

2.专业防治机构

1991年前，全市卫生专业卫生防治机构3个，即襄樊市职业病防治院、襄樊市结核病防治院、襄樊市皮肤病防治所(即麻风病防治院)各1所。1992年，市皮肤病防治所并入市卫生防疫站。

襄樊市职业病防治院：建于1982年，位于襄阳城南护城河畔，是湖北省唯一一所地市级职业病防治机构。承担全市用人单位作业场所职业病危害因素检测、职业卫生学评价和从事职业健康检查及职业病普查、诊断与职业病人劳动能力鉴定，鄂西北地区职业病人治疗、康复，并指导用人单位开展职业卫生和职业病防治工作。2005年，该院占地6 860平方米，建筑8 889平方米。职工177人，其中高级卫生技术人员25名、中级卫生技术人员64名。设有临床部(职业病)和职业卫生一、二、三科，职业卫生监测科、职业病门诊、健康监护科，同时设有内科、外科、妇产科、五官科、中医科、药剂科、检验科、放射科等科室。实际开放病床80张。有固定资产总值358.6万元，主要医疗仪器设备有气相色谱仪、肺功能测定仪、电测听、汞测定仪、锌原卟啉测定仪、500毫安X光机、心电图、B超等。此外为满足工作需要，新建1902平方米的职业卫生监测楼。

襄樊市结核病防治院：位于高新技术汽车产业开发区新华路26号。1979年8月，成立襄阳地区结核病流行病学调查办公室，1980年10月，成立结核病防治所。1980年4月，原襄樊市结核病防治所成立。1984年6月，地、市结核病防治所合并为襄樊市结核病防治所；1993年6月，更名为襄樊市结核病防治院。主要负责所属三县三市一区结防机构《结核病防治规划》的实施、人员培训、技术指导和督导管理，负责全市结核病人的发现、诊断、报告、登记、治疗和管理工作。院内设有门诊住院部、结核病控制项目科、放射科、检验科、药剂科、院办公室、医务科、护理部、财务科、总务科等十个科室。设置标准传染病床位100张，拥有全自动生化分析仪、程控500毫安X光机、奥林巴斯纤维支气管镜、东芝

550A 型彩色 B 超、福田肺功能仪等多台（套）现代化诊疗设备。2005 年，全院占地 7.5 亩，业务用房 3 000 余平方米，职工 128 人，其中高级专业技术人员 16 名、中级专业技术人员 51 名。

（四）基层卫生与妇幼保健机构

1.农村基层医疗卫生机构

乡（镇）卫生院：1951 年开始分期分批设置区卫生所。南漳县东巩(当时称十三区)卫生所于 1951 年 1 月筹办，3 月 1 日正式开诊，成为全地区建立的第一个区卫生所。随后南漳武安镇、保康歇马、谷城盛康、襄阳双沟、枣阳吴店和刘升、宜城板桥等 7 个区、镇于 1951 年内先后建立卫生所，成为全地区第一批区、镇卫生所。此后，经过三年的努力，各县区、镇卫生所于 1955 年普遍建立起来，时有职工 577 人，仅宜城、保康县的四家卫生所设病床 49 张。直至 1958 年"公社化"时，各县区、镇卫生所人员、财务、药械调配均直接接受县卫生院统一管理。1958 年随着人民公社的普遍成立，各区、镇国有卫生所与各乡的联合诊所普遍实行"国、联合并"，此时区卫生所更名为公社卫生院。1961 年 6 月至 1962 年 8 月，根据中央"调整、巩固、充实、提高"的方针，开展农村基层卫生组织整顿工作。1972 年省、地首次为各县装备 16 个卫生院的医疗设备(小型 X 光机、冰箱、温箱、培养箱、干燥箱、显微镜等)，开始改变仅凭临床经验、物理诊断治疗疾病的状况。1983 年人民公社更改为乡、镇后，公社卫生院也随之更名为乡、镇卫生院。1987 年秋，随着各县一批新乡、镇的建立，将其所在地的卫生所调整，充实为乡、镇卫生院。随后，各县（市）乡镇卫生院推行以乡镇政府管理为主的管理体制。1992 年至 1998 年，通过农村卫生三项建设，有 82 个卫生院进行基础建设，投入资金达 7690 余万元，其中地方和单位自筹的配套资金占 87．4%，从而使卫生院医疗设施、设备大为改善，整体服务功能明显提高。1996 年通过医院等级审评，有 61 家达到"一等甲级"，57 家达到"一等乙级"，21 家达到"一等丙级"标准。2000 年，全市 135 个乡镇卫生院(不含市区街道、乡卫生院)，有 133 个开设病床计 3707 张，职工 8201 人，有 54 家能开展上腹部手术，127 家能开展下腹部手术，122 家能开展常规和常用生化检验，58 家能开展心电图、A 型或 B 型超声波检查项目。年诊疗人次和出院人次分别占乡、镇以上医疗单位的 44．8%和 31．5%。2002 年，全市加强乡镇卫生院门急诊、产科等重点专科建设和中心卫生院的配套建设，坚持一镇一院、政府举办的设置原则，对非镇政府所在地的卫生院推行撤、并、迁或进行租赁、承包、卖断、股份制改造等产权制度改革。谷城、老河口等乡镇卫生院将人员经费上划县级政府管理。2003 年—2004 年，全市 80 个乡镇（场）被纳入乡镇卫生院发热门诊和县级传染病区项目建设。以发热门诊建设为契机，改善乡镇卫生院医疗条件，提高其处理农村重大疫情和公共卫生突发事件能力，推进农村公共卫生体系的建立健全。2005 年，全市乡镇卫生院"县管县办"管理体制基本理顺，7 个县（市）区共计 7946 名乡镇卫生院人员、经费全部上划县级卫生行政部门管理。实施湖北省对全市 87 个乡镇卫生院实行每院 1.2 万元的急救设备配备的项目，促进和增强农村卫生服务的整体能力。2005 年，全市有 111 所乡镇卫生院，其中 30 所为中心卫生院。

地名卫生所：均设置在镇辖办事处或乡辖管理区所在地，按地名称谓。其前身多系 20 世纪 50 年代中期乡政府所在地的联合诊所。1958 年"国、联合并"后，成为公社卫生院分设的管理区卫生所。1962 年通过整顿后，恢复其"独立核算，自负盈亏"的集体所有制性质，主要承担常见病、多发病诊疗和所辖村的预防保健工作组织实施。1974 年"撤区并社"时，仅宜城县将卫生所与公社卫生院合并，其他县均予保留。1982 年，根据全省卫生所改革工作会议精神，对全地区卫生所进行一次全面整顿。1986 年下半年对卫生所又一次进行整顿后，卫生所自主权进一步扩大（民主选举产生所长，从实际出发决定经营机制，依据效益决定分配形式）。经营方式灵活多样（任务承包、超额分成；责任到人，定比提留;个人承包,租赁经营等)。医疗条件进一步改善(有 71 个所扩建用房 12 259 平方米、购医疗器械 200 多台件)。全市有 440 个乡卫生所,有 240 个实行集体承包,占 54.5%;有 199 个实行“五定一奖”(定岗位、定人员、定任务、定质量、定消耗,完成任务有奖)占 45.3%。1999 年后,各县(市)卫生所与乡镇卫生院、村卫生室通过试点,在不改变机构性质的前提下,普遍实行统一领导,分级负责,独立核算,自负盈亏的管理体制,承担着连接乡、镇与村分片管理防疫保健工作和常见伤病的诊疗任务。随着农村行政区划和卫生管理体制的变更,各地的卫生所逐渐萎缩,到 2005 年全市仅剩 48 个卫生所。

村卫生室:1955 年,随着农业合作化的兴起,为适应当时广大农民防病治病的迫切要求,各县开始在农业合作社建立卫生组织,始称保健室或卫生室。1958 年“公社化”时,高级农业社更名为生产大队,社办保健室变为大队卫生室。1968 年普遍推广农村合作医疗时,进一步推动了卫生室建设,是年底全地区 90%以上生产大队建起了卫生室,承办了合作医疗,其人员称为“赤脚医生”。1982 年,地委办批转地区卫生局党组“关于农村卫生工作中几个问题的报告”,针对当时推行“包产到户”中出现的部分卫生室解散、分药到人,个体行医的偏向,强调要进一步搞好卫生室建设。是年底全地区采取多种形式办医的大队卫生室占 98.1%,其中,坚持集体办医(含大队办、集体承包)的大队卫生室占 92.3%。1985 年,根据省卫生厅“农村卫生工作调查提纲”的精神,全市组织 166 个调查专班和 670 多名调查人员,在各县(市)卫生局分管领导带领下,采取全面普查和重点抽查相结合的办法,对全市乡、村卫生组织进行一次全面调查,仅掌握村卫生组织原始数据就达 140.7 万多个。据综合统计分析,2791 个队中有 98.6%的大队办有卫生室,其中坚持集体办医的占 94.6%。乡村医生有 3 156 人,卫生员有 3 394 人,室平房屋面积 31.5 平方米,室平流动资金 768.1 元,室平卫生人员 2.35 人。1986 年根据省政府有关文件精神,针对 1985 年冬至 1986 年春出现的反复,全市对村级卫生组织又一次进行有步骤、有重点的整顿建设工作。1991 年市政府下发《关于进一步加强农村卫生工作的通知》,1996 年下发《关于贯彻省政府决定进一步加强农村卫生工作通知》,以及 1991 年—1996 年开展的初级保健达标活动,对村级卫生组织巩固发展都发挥重要作用。1997 年,市委、市政府为贯彻执行中央《关于卫生改革与发展的决定》,再次下发《实施意见》,进一步促进村级卫生组织的建设与发展。至 1999 年底,全市设卫生室的村占 95.2%,坚持集体办医的占 88.2%,达到甲级卫生室标准的占 60.5%,村级卫生人员达 5 971 人,室平 2.1 人,其中取得乡村医生(相当中专以上)资格的 77.5%。2005 年,全市共有村卫生室 2 482 个,村级卫生人员中有 3 059 名乡村医生被确认达到“两化”(系统化、正规化)中专学历。

2.城市社区卫生服务机构

1998 年,在襄城、樊城两城区选择条件相对成熟的街道办事处,依托区属医院,建立社区卫生服务站 6 家,开展社区卫生服务试点工作。1999 年在市第二人民医院探索社区卫生服务工作。市中医院开展建立家庭和个人健康档案,落实普查、定期检查和跟踪检查的“三查制度”,开展社区保健服务工作。2000 年,市卫生局确定市第二医院和四医院为市区社区卫生服务试点。2001 年,市二医院清河口社区卫生服务中心,参加全省社区卫生服务示范中心试点创建活动,并通过检查验收。被省卫生厅授予“全省社区卫生服务示范中心”称号。2002 年,根据市政府《襄樊市社区卫生服务实施意见》(襄政发〔2001〕68 号)文件精神,社区卫生服务中心以街道办事处所辖范围设置,由二级、三级或专科医院内设机构和无级别社会医院及企业职工医院改制而成,下设社区卫生服务站或组建社区卫生服务团队。依据市区区域卫生规划要求,市卫生局对市区社区卫生服务机构设置进行布点规划,组织市区卫生单位和部分企业医院,深入社区举办服务中心和服务站。市区 26 个社区中,设置社区卫生服务机构 58 个,其中:中心 26 个,站 32 个,转型为社区卫生服务的卫生机构 13 个,覆盖人口数 62.4 万人。2003—2004 年在襄城区开展创建“湖北省社区卫生服务示范区”活动,经省卫生厅检查验收合格,襄城区被授予“全省社区卫生服务示范区”。截至 2005 年,襄城、樊城两个城区和高新、鱼梁州两个开发区共 80

万社区人口，123 个社区居委会，设有社区卫生服务机构 46 个，包括：服务中心 8 个，服务站 35 个。其中，襄城区社区卫生服务中心 6 个，服务站 24 个，樊城区社区卫生服务中心 2 个，服务站 11 个。

3.妇幼保健机构

襄樊市妇幼保健院：于 1993 年 6 月由原襄樊市妇幼保健院和原襄樊市儿童保健所合并而成。院所合并前，原襄樊市妇幼保健院的前身是襄阳地区妇幼保健所，1983 年于襄城西门外选址兴建业务楼 3780 平方米。1984 年地市合并时，经市政府批准，更名为襄樊市妇幼保健院，担负着全市妇女保健管理和技术指导工作。原襄樊市儿童保健所于 1953 年附设在市人民医院内。1984 年地市合并时，独立成为襄樊市儿童保健所，在樊城长征路有 998㎡二层楼房一栋，承担全市儿童保健管理和技术指导工作。1992 年卫生机构布局调整，将房地产转让给襄樊市中医医院，另在樊城春园路 12 号兴建业务楼 3883 平方米和 840 平方米临时用房。1993 年 3 月完成搬迁，1994 年 10 月春园路门诊大楼投入使用。医院妇女保健科除开展妇女病普查外，还相继开展青春期保健、更年期保健、妇女营养监测及 TCT 、阴道镜、利普刀诊治妇女宫颈疾病、乳腺病防治、妇女盆底功能康复等。儿童保健科除坚持“健美儿评选”外，开展儿童系统管理、小儿智测、龋齿防治、小儿多动症治疗、小脑电生理、经络导频治疗小儿脑瘫康复，感觉统合训练、亲子园、新生儿听力筛查及婴幼儿游泳抚触等。妇产科开展宫颈癌根治术、阴式全宫术及腹腔镜手术。儿科以诊治新生儿疾病见长。另外，该院近年发现六例世界首报的异常染色体核型，走在全市产前诊断前列。1997 年，在全省地市级保健院中率先开展新生儿疾病筛查，查出 23 例早期特殊患儿，筛查总人次列全省前茅。妇幼保健机构先后被卫生部、联合国儿童基金会、世界卫生组织授予“爱婴医院”，被卫生部授予全国妇幼卫生工作先进单位、“二级甲等”妇幼保健院等称号。2005 年，全院共有职工 296 人，其中高级职称 48 人，中级职称 137 人，卫生技术人员占全院总人数的 89.52%。开设病床 100 张，年门诊 13 万人次，出院 3 000 多人次。固定资产 2 010 万元，建筑面积 18013 平方米。

县（市）区妇幼保健院：1952 年 10 月光化县首先建立全地区第一家妇幼保健所。1953 年后，各县（市）先后建立起妇幼保健所，50 年代多附设在县卫生院内。60 年代后，随着县卫生防疫站独立设置，妇幼保健所（站）大都附设其中。至 70 年代末，各县（市）妇幼保健站均从卫生防疫站分离出来，设置独立的妇幼保健所（站）。90 年代后，各县（市）妇幼保健所（站）陆续普遍更名为妇幼保健院。1979 年改革开放后，通过三分之一重点县建设和农村三项建设以及世界银行贷款项目的实施，各县（市）结合整顿卫生机构布局，妇幼保健院（所）均选择新址，按规划兴建，工作和生活条件大为改善，设备不断充实，技术水平日渐提高，妇幼保健和临床业务全面开展。1987 年根据省卫生厅文件精神，对全市妇幼保健机构基本情况调查结果显示，其固定资产、房屋设备、技术水平、业务数量等均位居全省第二。枣阳市妇幼保健院于 1997 年 12 月在全省县（市）级率先达到“二级甲等妇幼保健院”标准。其后宜城、南漳、谷城、老河口等县（市）于 1998 年达到“一级甲等妇幼保健院”标准。

（五）其他卫生专业机构

1.采供血机构

境内仅市中心血站和保康县中心血库是经省卫生厅批准设立的合法的采供血机构。其他县（市）区血库和市区医疗单位血库仅为供血点。

襄樊市中心血站：1990 年 3 月，经市政府批准，在长虹南路征地 13 亩，开始筹建襄樊市中心血站。1993 年 11 月挂靠市中心医院管理。1994 年 6 月正式开展采供血业务。2000 年 1 月，经市委、市政府同意，市中心血站与市中心医院分离，正式成为独立的市直卫生事业单位。为卫生部临床检验中心室间质评优秀单位、省级文明单位。1992-1996年，该站先后兴建业务用房4000余平方米，总投资500余万元。1994年8月，取得省卫生厅颁发的《采供血机构许可证》，1995年5月，通过省卫生厅评审验收，成为国家合格血站。2001年，国家将市中心血站纳入国债专项建设项目，安排资金215.69万元，其中设备专款71.69万元，全部由中央预算内国债专项资金安排，改（扩）建专款144万元，由国家投资76万元，地方配套68万元，改（扩）建工程面积1 116.75平方米，2003年9月竣工投入使用。2003年开始兴建面积为7 364平方米的住宅楼，2005年竣工交付使用。截至2005年，该站有固定资产1 500余万元，干部职工59人，其中高级5人，中级25人。设4个职能科室，6个业务科室，年供血量15余吨，为湖北省仅次于武汉血液中心的第二大血站。拥有美国DYNEX全自动酶免检测系统、德国Vivace全自动血液检测加样系统、美国COBE全自动血细胞采集机、日本东亚K—4500全自动血液分析仪、日本三洋-80℃低温冰箱、日本全自动血压测量仪、奥地利CLINIBIO—128酶标仪、美国杜邦公司、贝克曼公司大容量低温离心机、国产千级净化间等先进设备，配备大型流动采血车5台，送血车4台。

保康县中心血库：建于1995年，1997年通过省卫生厅检查验收，获得中心血库采供血机构许可证，专门负责保康县境内采供血业务，挂靠保康县人民医院。

县（市）区血库和市区医疗单位血库：从1995年成立枣阳市人民医院血库，至2005年市卫生局同意谷城县中医院建立血库，襄樊市共批准设立血库17家。血库不开展采血业务，临床用血由市中心血站直接供应，负责本院临床输血工作。其中县（市）区血库还负责辖区内医疗机构临床供血。

2.医学教育机构

改革开放以来，曾隶属于襄樊市卫生行政部门管理的医学教育机构共10家，包括襄樊市卫校、襄樊市护校、随州市卫校3所普通中专学校和枣阳、襄阳、老河口、宜城、南漳、保康、谷城7所卫生职工中专学校，形成中专医学教育和职工医学教育网络。1994年，随州升格为地级市，随州卫校亦随之隶属于随州市管理。2000年，襄樊市卫校与其他学校合并组建职业技术学院，挂牌襄樊高级职业技术学院医学分院，升格为大专层次，划归市教委管理。各县（市）卫校自成立至20世纪90年代，为农村基层单位培养一大批卫生技术人员，有效缓解农村卫生人才匮乏局面，但随着社会形势发展和对医学人才层次的要求越来越高，其办学规模逐渐萎缩。至2005年，宜城、保康卫校已停止招生。

襄樊市卫生学校：位于襄阳古城西门外檀溪路297号。其最早办学历史可以追溯到（1924年民国13年）由美籍瑞典人文淑贞在同济医院创办的襄阳同济高级护士职业学校。1952年5月，经湖北省卫生厅批准，在襄阳同济医院、襄阳同济高级护士职业学校的旧址上创建湖北省襄阳医士学校。1958年和1959年，分别增办湖北省襄阳医学专科学校和襄阳专区卫生干部进修学校，除继续开办医士专业和卫生职工进修班外，还增办护士专业和医疗专科。1960—1962年困难时期和1966—1971年“文化大革命”时期，学校曾一度停止招生。1970年学校更名为湖北省襄阳地区卫生学校，同时开设附属医院。1972年恢复招生，并开始面向全省招生检验、放射专业。1978年，在继续举办中专教育的同时，还增办武汉医学院（后称同济医科大学，今华中科技大学同济医学院）襄阳分院，又一次招收全日制医疗大专生。1983年地市合并时，更名为襄樊市卫生学校。1988年3月承办同济医科大学校外医疗大专班。1990年在省教委组织的中专办学条件评估、1990年的合格学校评估和1992年办学水平评估中，均获全省中专卫校第一名。1983年以来，先后获得国家教育部、国家计委等五部委联合授予的“全国职业技术教育先进单位”，卫生部、人事部授予的“全国卫生系统先进集体”荣誉称号，两次被评为“湖北省卫生系统先进集体”；两次获得湖北省卫生厅“文明卫校”称号，多次被省、市评为先进集体、红旗单位。1993年8月，被湖北省人民政府确定为省部级重点普通中等专业学校。1994年8月，被国家教委确定为国家级重点普通中专学校。1998年，被省委、省政府授予“文明单位”荣誉称号。2000年5月，再次被国家教育部确定为“国家级重点中等职业学校(中专)”。2000 年 8 月，该校合并入襄樊市职业技术学院，其建制撤销。截至 2000 年 8 月，校园面积 103.34 亩，校舍建筑 78 937.09 平方米，固定资产总价值 7 800 多万元，仪器设备价值 650.8 万元。馆藏图书 14 余万册。教职工 428 人，有 24 个教研室、41 个实验室，有 80 座多媒体语音室及 175 台微机的计算机中心，校园微机网络通达各主要办公区域，电教中心网络覆盖各教室。附属医院设病床 120 张， 25 个临床医技科室， 为 “二级乙等医院”。在校生 2 800 多人，开设社区医学、医学影像诊断、医学影像技术、护理、英语护理、助产、妇幼卫生、药学、医学检验、中医、中西医结合、全科医学等 12 个中专专业。先后开办临床医学专科和本科班、高级护理自考大专班、卫生行政管理本科班、临床医学成人自考大专班及医学影像自考大专班。1997 年开办医学影像高职班。学校成为一所综合性中等卫生学校，为国家输送各类卫生技术人才 30 000 多人。

襄樊市护士学校：前身系原襄樊市人民医院于 1960 年经当时市政府批准附设的半工半读护士学校，1979 年经省卫生厅批准建立襄樊市人民医院附属护士学校。1985 年， 更名为襄樊市护士学校。1987 年，迁至位于樊城清河路 37 号的市第二人民医院内，与市二医院实行一套班子两块牌子、党政统一领导、财务分别核算的管理体制。1991 年，通过省教委组织的教学条件评估验收，被评为基本合格学校。1994 年、1996 年，经省高等教育自学考试委员会先后批准为襄樊辖区中等护理专业自学考试主考学校、襄樊辖区中等妇幼医士专业自学考试主考学校。1995 年，被省教委授予普通中等专业学校办学条件合格学校。此后逐步发展成为一所多专业综合性中等卫生学校。1987-2003 年，设通科护理、社区医学（医士）、妇幼医士、健康护理、康复护理、心理护理、英语护士、针灸推拿等 8 个专业。2004 年，根据学生专业选择情况，停办社区医学（医士）、妇幼医士、英语护士、康复护理、心理护理专业。1985-1996 年，面向市辖各县（市）区招生，每年按国家下达的招生计划，招收新生 220 名。1992 年，与湖北医科大学联合兴办高级护理自学考试助学班，1993 年自考学员达 423 名。1994—1996 年，除按国家计划内指标招收普通中专新生外，每年招收计划外代培生、自考生各 40 余名。1997 年，开始面向全国招生，外省学生主要来自山东、甘肃等省市。1999 年，与湖北医科大学联合兴办高级护理本科助学班，年招收自考本科生 98 人。2001 年，与三峡大学联合兴办临床医学本科班。1985-2005 年，该校为医疗卫生事业输送中等医护各类专业全日制毕业生 8100 余人、高级护理专科生 4255 人、高级护理本科生 1068 人，代培医护人员 263 人。各类专业毕业生当年就业率达 95%以上。该校与市二医院合并后，市二医院成为其附属医院，对外仍称襄樊市第二人民医院。

县（市）级卫校：各县（市）早在 1958 年分别在县人民医院内开办附属卫生进修学校，1961-1962 年停办，1972-1975 年先后复办。1983 年，经省政府批准，谷城县卫生进修学校升格为卫生职工中等专业学校。1985-1990 年，枣阳、襄阳、宜城三县（市）卫生进修学校先后经省教委批准成为卫生职工中专学校；老河口、南漳、保康三县（市）卫生进修学校经省教委批准为襄樊市卫校职工中专分校，开办职工中专班。1987 年经省教委组织的全省职工中专学校检查评比中，谷城卫校跨入全省先进职工中专学校的行列。至 2000 年，各县（市）卫校均建立稳定的校园基地，教职工增至 491 人，开办有医士、公卫医士、妇幼医士、口腔医士、五官科医士、护理、助产等专业，先后培养各类中、初级卫技人才 1.16 万余人次。谷城、枣阳、襄阳等办学条件较好的卫校，还与高等医学院校联合举办校外大专班。

3.医疗器械维修管理机构

襄樊市医疗器械维修管理站成立于 1972 年,1983 年前为襄阳地区医疗器械修配站,1983 年地市合并后,更名为襄樊市医疗器械修配站,1987 年更名为襄樊市医疗器械维修管理站。承担全市医疗卫生单位实验、诊断、治疗、教学、科研、制药等方面医疗器械、设备的维修、管理、技术鉴定等工作。除总部有营业面积 4000 平方米的家电平价超市外，在市区和周边市县设有多处经营网点。为鄂西北地区最大的制冷设备销售和安装、维修企业。先后与国内外五十多家空调、冰箱、暖通、中央空调及配套厂家建立特约经销、保修业务，业务覆盖整个鄂西北地区，市场占有率40%以上。1991年，被省卫生厅授予“文明医疗器械维修管理站”称号。截至2003年底，共有干部职工60人，离退休人员12人。2004年8月底，由于市场变化，经营与维修业务完全萎缩。2005年4月，市卫生局调整市医修站领导班子，并将原由市卫生局经营，位于谷城薤山的疗养院交给市医修站经营与管理。全市医疗废物处置工作也列入该站的业务范围。

4.药品检验机构

襄樊市药品检验所：建于1959年，时称襄阳专员公署卫生局药品检验所，办公室设在卫生局，房子两间，由于技术人员和检验设备的限制，只能开展中西药品的外观鉴别和药政工作。1963年至1975年，药品检验所办公室地点附设在襄阳地区卫生防疫站，由防疫站兼管。1973年改称湖北省襄阳地区革命委员会卫生局药品检验所。1974年征用土地3500平方米，由湖北省卫生厅和地方财政陆续下拨基建经费，新建药品检验所办公楼，1976年，正式落成。1976年药品检验所迁离原地区防疫站，搬进襄城区荆州街32号。1977年，更名为襄阳地区药品检验所，设立化学室、中药室、生测室、办公室，各项工作走向正规，相继开展。1983年地、市药品检验所合并，全所职工增至40人，隶属襄樊市卫生局。1985年经市卫生局组织考评，被评为“创建药品检验所先进单位”。1986年经省卫生厅组织考核验收，被评为全省“文明药检所”。1995年，被省卫生厅授予“全省卫生系统执行《药品管理法》先进集体”。1998年，再次被评为全省“文明药检所”。2000年5月，随着药品监督体制改革，行政上由襄樊市卫生局领导改为由襄樊市药品监督管理局领导，业务上受湖北省药品检验所指导。2003年12月，其名称规范为湖北省襄樊市药品检验所，核定全额拨款事业编制人数50人，由省财政拨款。全所共有建筑6800㎡，其中实验1400平方米、动物房300平方米、办公室及教学楼1 200平方米。设行政办公室、业务办公室、化学室、中药室、生测室、仪器室6个科室。能依照中国药典承担中药材、中药饮片、中成药、化学原料及其制剂、抗生素、生化药品和卫生材料等药品质量检验工作。

县(市)区药品检验所：襄阳、枣阳、保康三县(市)药品检验所成立于1973年，原襄樊市、宜城、南漳、谷城四个县(市)药品检验所成立于1974年，老河口市药品检验所成立于1979年。时有职工总数27人，仅能开展常用药品的感观和一般理化质检，主要代行药政管理工作。1991年市卫生局组织检查评比时，襄阳县药品检验所被评为“文明药检所”，枣阳市药品检验所被卫生部授予“全国卫生系统先进单位”称号。1998年12月，经省卫生厅组织综合检查时，襄阳、谷城、南漳药品检验所被评为“文明药检所”。截至1999年底，县(市)药品检验所职工总数达103人，质检水平也有所提高，均达到县级药品检验所应检能检标准。2001年，在组建县(市)药品监督管理局时，县(市)药品检验所建制撤销。

(六)卫生团体

1.红十字会

1918年1月13日，由樊城镇绅、商、政界人士发起，成立樊城临时红十字会，隶属上海中国红十字会，有会员84人。同年7月15日，成立樊城红十字会。1942年2月1日改称中华民国红十字会樊城分会。1948年改为襄阳县红十字会。1956年，襄樊市红十字会成立。同时在街道、工厂、医院、学校建起基层红十字组织，特别是在三年自然灾害期间，组织巡回医疗队深入灾区，为群众免费医疗，做了大量工作。1965年8月召开襄樊市第二届红十字会会员代表大会，到1966年春，会员发展到1 300余人。“文化大革命”期间停止工作。1986年4月29日，市红十字会恢复重建，设在市卫生局。编制5人。2005年，全市有89个基层组织，会员62 833人，其中，青少年会员23 307人。有冠名医疗机构5

个。20 世纪 80 年代后，各县(市)区红十字会陆续建立，其中襄城区是独立机构，其余均设于卫生局。

2.学术团体

中共十一届三中全会以后，襄樊市卫生界学术团体由唯一的医学会，逐步发展成 15 个学术团体。除医学会于 1979 年开展活动外，1982 年，成立药学会。1984 年，成立中医药学会。1984 年分别成立护理学会、防痨协会。1985 年，成立卫生经济学会。1989 年，成立思想政治工作研究会。1990 年，成立抗癌协会。1990 年，成立医学伦理学会。1991 年，分别成立预防医学会、中西医结合学会。1994 年，成立医学社会学会。2000 年，成立糖尿病协会。2004 年成立口腔医学会。2005 年，成立健康协会。市卫生局内设襄樊市卫生界学会办公室，负责组织协调全市各卫生学会的日常工作，承接市医学会工作，并从 2002 年起履行全市医疗事故技术鉴定职能。各学会、协会、研究会一般都有学术年会、报告会、讨论会、学习班等形式。学术年会包括综合年会和专科年会；报告会又包括座谈会和研讨会；学习班还包括讲习班和研讨班等。各学术团体自组建以来，先后开展全市性学术活动 1 663 场次，与会人员 4 万余人次，交流学术论文 3 万多篇。

(七)襄樊市食品药品监督管理局

2000 年 5 月 15 日，组建襄樊市药品监督管理局，为市政府直属机构，撤销襄樊市医药管理局(总公司)，主要职责是负责对全市药品(医疗器械)的研究、生产、流通、使用进行行政监督和技术监督，保证人民群众用药用械安全。原市医药管理局承担的医药、医疗器械的生产、流通和中药监督职能，市卫生局承担的药政、药检职能，原市贸易局(商业局)承担的生化药品市场监管职能划入新组建的襄樊市药品监督管理局；原市医药管理局承担的医药行业管理职能划转给隶属市经委的市燃化行业协会；襄樊市药品检验所成建制划入市药品监督管理局。新成立的市药品监督管理局内设：办公室、综合经济科、财务物价审计科、政工科、市场管理科、约政管理科、离退休干部科、监察科、工会。2001 年 10 月，湖北省药品监督管理局同意设立襄樊市药品监督管理局，为省药品监督管理局的直属正处级行政机构，行政编制 33 名，工勤人员事业编制 2 名。局领导职数为局长 1 名，副局长 2 名，纪检组长 1 名。局内设科室：办公室、安全监管科、市场监督科、药品注册科、医疗器械科、人事教育科、稽查分局。下辖 7 个县(市)区药品监督管理局和襄樊市药品检验所 1 个事业单位。2004 年 4 月，市药品监督管理局新增“食品、保健品、化妆品安全管理的综合监督，组织协调和依法组织开展对重大事故查处的职能”，增设食品安全协调与监察科(股)，同时更名为襄樊市食品药品监督管理局(分局)。襄樊市食品药品监督管理局内设科室：办公室、安全监管科、市场监督科、药品注册科、医疗器械科、人事教育科、稽查分局、财务科、纪检监察室、食品安全协调与监察科。

2000-2005 年襄樊市食品药品监督管理局领导名单

表 31-2

机构名称(起止年月)	姓名	职务	任职时间
襄樊市药品监督管理局（2000.7-2001.10）	毕冬梅	党组书记、局长	2000.7—2001.10
	谢家海	党组副书记、副局长	2000.7—2001.10
	关丕华	党组副书记、副局长	2000.7—2001.10
	闫寒梅	副局长、党组成员	2000.7—2001.10
	李恒勤	副局长、党组成员	2000.7—2001.10
	房志明	副局长、党组成员	2000.7—2001.10
	乔立	副局长、党组成员	2000.7—2001.10
	罗光富	纪检组长、党组成员	2000.7—2001.10
	王琦玲	工会主任、党组成员	2000.7—2001.10
襄樊市药品监督管理局（2001.10-2004.4）	毕冬梅	局长	2001.10—2004.4
	谢家海	副局长	2001.10—2004.4
	李恒勤	副局长	2001.10—2004.4
	闫寒梅	纪检组长	2001.10—2004.4
襄樊市食品药品监督管理局（2004.4-2005.12）	毕冬梅	局长	2004.4—2005.12
	谢家海	副局长	2004.4—2005.12
	李恒勤	副局长	2004.4—2005.12
	闫寒梅	纪检组长	2004.4—2005.12

二、卫生防疫

（一）疾病预防控制

1.疫情报告

1979—2005 年，襄樊市甲类传染病有副霍乱 1 种疫情报告，乙类传染病有乙脑、白喉、痢疾、伤寒副伤寒、猩红热、流脑、麻疹、脊髓灰质炎、百日咳、炭疽、狂犬病、疟疾、出血热、流感、病毒性肝炎、钩端螺旋体病、肺结核、新生儿破伤风、艾滋病、淋病、梅毒等共 21 种疫情报告（见表 31-3）。

襄樊市 1979—2005 年传染病报告

表 31-3

年份	报告病种	发病数	发病率（1/10 万）	死亡数	死亡率（1/10 万）	病死率(%)	发病居前三位的病种
1979	乙类 11 种	80885	1497.87	160	3	0.2	疟疾、痢疾、流感
1980	乙类 13 种	85052	1604.75	88	1.66	0.1	疟疾、流感、痢疾
1981	乙类 14 种	113157	2095.5	95	1.76	0.08	疟疾、流感、痢疾
1982	甲类 1 种、乙类 15 种	75577	1399.57	127	2.35	0.17	疟疾、痢疾、流感
1983	乙类 15 种	41611	763.5	144	2.64	0.34	疟疾、痢疾、麻疹

续表

年份	报告病种	发病数	发病率（1/10 万）	死亡数	死亡率（1/10 万）	病死率（%）	发病居前三位的病种
1984	甲类 1 种、乙类 14 种	33750	580.58	158	2.72	0.47	疟疾、痢疾、流感
1985	乙类 12 种	20421	348	216	3.68	1.06	痢疾、疟疾、肝炎
1986	乙类 12 种	29213	493.21	158	2.67	0.54	肝炎、痢疾、疟疾
1987	乙类 13 种	20645	342.76	105	1.74	0.51	肝炎、痢疾、疟疾
1988	乙类 14 种	20216	335.63	130	2.16	0.74	痢疾、肝炎、疟疾
1989	乙类 12 种	13656	221.48	94	1.52	0.69	肝炎、痢疾、疟疾
1990	乙类 14 种	17878	271.08	114	1.73	0.64	肝炎、痢疾、麻疹
1991	乙类 14 种	16731	253.69	85	1.29	0.51	肝炎、痢疾、疟疾
1992	乙类 14 种	17786	269.68	54	0.82	0.3	肝炎、痢疾、疟疾
1993	乙类 13 种	13191	197.24	48	0.72	0.36	肝炎、痢疾、疟疾
1994	甲类 1 种、乙类 15 种	10976	159.38	40	0.58	0.36	肝炎、痢疾、麻疹
1995	乙类 14 种	10356	193.11	26	0.49	0.25	肝炎、痢疾、疟疾
1996	乙类 13 种	10955	202.77	21	0.39	0.19	肝炎、痢疾、钩体病
1997	乙类 16 种	12592	232.46	21	0.39	0.17	肝炎、肺结核、痢疾
1998	乙类 15 种	11308	200.2	14	0.25	0.12	肝炎、肺结核、痢疾
1999	乙类 16 种	10256	178.95	28	0.49	0.27	肝炎、肺结核、痢疾
2000	乙类 15 种	8805	153.96	25	0.44	0.28	肝炎、肺结核、痢疾
2001	乙类 16 种	6914	121.47	26	0.46	0.38	肝炎、肺结核、痢疾
2002	乙类 15 种	11714	204.83	60	1.05	0.51	肝炎、疟疾、肺结核
2003	乙类 15 种	15252	264.16	39	0.68	0.26	肝炎、疟疾、肺结核、
2004	乙类 15 种	13598	235.48	49	0.85	0.36	肝炎、肺结核、疟疾
2005	乙类 17 种	13453	231.88	62	1.07	0.46	肺结核、肝炎、疟疾

2.疾病监测

1982 年，襄阳县被确定为全国 31 个农村疾病监测点之一，开展综合疾病监测工作。1990 年，通过分层整群随机抽样，全国疾病监测点在 1982 年 45 个点的基础上，建立由 30 个省 145 个疾病监测点组成的全国疾病监测系统。襄阳县监测点和省卫生防疫站批准，谷城县监测点由原来省级监测点升级为国家级综合疾病监测点。2005 年底，国家疾病预防控制中心调整全国疾病监测系统时，根据地区抽样需要，襄阳区监测点被取消。1986—2005 年，市卫生局要求市卫生防疫站根据各种传染病发病情况开展疾病监测，并协助湖北省卫生防疫站和其他单位开展疾病监测。先后开展乙肝监测、流感/人禽流感监测、艾滋病监测、肠出血性大肠杆菌 O157：H7 感染性腹泻监测、霍乱监测、性病监测、流行性出血热监测、流行性脑脊髓膜炎(流脑)监测、脊髓灰质炎监测、流行性乙型脑炎(乙脑)监测、布鲁氏菌病监测及计划免疫监测。

3.计划免疫

1982 年，襄樊市被确定为首批参与联合国儿童基金会、WHO（世界卫生组织，下同）同中国政府签订的扩大免疫规划合作项目试点区。同年 7 月，襄阳县欧庙镇率先建成全国第一条扩大计划免疫冷链线。1983 年 10 月，襄樊市计划免疫——冷链系统全部建成并投入运行。

计划免疫管理：1986 年 3 月 5 日，全国计划免疫监测座谈会在襄樊市召开。同年，市政府成立市计划免疫领导小组，1987 年 2 月，调整为市计划免疫协调小组，并成立以卫生行政和卫生业务部门领导和主要技术骨干参加的技术指导小组。各地建立疫苗监测制度、冷链仓库管理制度和实验室操作规程等计划免疫规章制度，基本做到计划免疫图帐标准化、资料系列化、管理制度化。各级地方财政先后拨款近 20 万元，用于解决增添冷链设备附属器材设施和印刷宣传资料。南漳县白龙乡实行“计划免疫保偿合同制”，为农村计划免疫工作闯出一条新路子。襄阳、保康先后将微机应用于计划免疫工作中。同年 12 月，市公安局、教委、卫生局、妇联联合下发《关于实施儿童预防接种证制度的通知》，要求襄樊市区儿童在上户口、入园、入学时，必须持符合规定、记录完整的预防接种证；无证或未按规定受种者，必须进行补证或补种。1986 年 –1992 年，全市应办儿童预防接种证 98 479 人，实办证 91 029 人，建证率 92.4%。1987 年，市政府拨出专款 5 万元支持市防疫站新建冷链仓库 480 平方米。同年 6–7 月，市卫生防疫站举办免疫监测学习班，来自湘、川、陕、豫、鄂毗邻地区 40 多位计划免疫专业人员和免疫监测人员参加免疫学基础、监测技术、卫生统计及电子计算机使用学习。1988 年，襄樊市通过计划免疫第一个 85%目标审评。同年 5 月，市卫生局下发《襄樊市区儿童计划免疫保偿实施细则（试行）》。1989 年 8 月，市教委、卫生局联合下发《关于进一步落实儿童预防接种证制度的通知》。截至年底，市区凭证入户口率 95% 以上，凭证入园入学率 50% 以上。各县城关镇凭证入户口率 60% 以上，凭证入园入学率 30% 以上。推广儿童计划免疫保偿制，全市有 137 个乡镇开展保偿工作，占全部乡镇数 74.46%，应入保儿童 749 975 人，已入保 407 000 人，占 54.27%，覆盖人口 400 多万，收款 93 万多元。1990 年，襄樊市通过计划免疫第二个 85%目标审评。1993 年，市儿童计划免疫保偿制度因被作为增加农民负担而被迫中止，乡村医生工作积极性受到很大影响。由于受到当时形势冲击，全市儿童计划免疫保偿工作基本停办。1995 年，市卫生局下发《关于对全市预防用生物制品实行计划供应归口管理的通知》，同年 10 月，组织有关专业人员检查市区生物制品使用单位 26 家，并在全市通报。1996 年 3 月，襄阳县泥嘴镇及谷城县北河镇代表襄樊市接受国家计划免疫第三个 85%目标审评团全面审评。审评团共走访 477 户，调查 1994 年出生儿童 58 名，“四苗”接种率均为 100%。5 月，市卫生局成立襄樊市预防接种异常反应诊断小组。1997 年 9 月，对樊城区八一居委会、老河口市李楼办事处办直、方营村常住儿童和暂住儿童计划免疫工作基本情况进行调查，共调查 0—7 岁儿童 329 人，流动儿童 36 人，占调查人数 10.9%。1998 年，加强新生儿计划免疫工作，督导市区各医疗卫生单位规范开设计划免疫门诊。健全凭预防接种证办理户口、入托、入学等制度，做好流动儿童计划免疫管理。10—12 月。对市区 1—14 岁儿童实施风疹疫苗免疫接种工作。应种儿童 130 970 人，实种 60 002 人，接种率 45.81%。1999 年 8 月，在市区正式实行预防接种许可证制度。2002 年，市政府和市卫生局分别调整全市儿童计划免疫工作领导小组和襄樊市免疫接种异常反应诊断小组。做好常规计划免疫，全年开展冷链运转 6 次，“四苗”接种率 96% 以上。组织开展 2002—2003 年度脊灰强化免疫活动，全市接种儿童 32 万余人，服苗率 95% 以上。加强安全接种管理，全年对 18 家医药单位和 17 家医疗卫生单位预防用生物制品管理、供货渠道、安全接种工作进行检查指导。把好免疫接种准入关，举办两期培训班，培训人员 220 余名。考核验收全市免疫接种门诊 80 家。印发《襄樊市预防用生物制品管理办法》、《襄樊市免疫接种一次性注射器使用管理办法》和《襄樊市区免疫接种方案》。截至 2003 年底，经过认证，全市共设免疫接种门诊 160 家，接种点 1 254 个，免疫接种人员 2 698 人。2003 年，市卫生局印发《襄樊市乙肝疫苗纳入儿童计划免疫接种实施方案（试行）》和《襄樊市计划免疫用乙肝疫苗及自毁型注射器管理细则（试行）》，分别于 3 月和 4 月举办两期乙肝疫苗预防接种知识和技能培训班，全市从事免疫接种工作人员共计 171 人参训。4 月，全市正式启动新生儿免费乙肝疫苗接种工作。2004 年，市、县卫生防疫站安装中国免疫规划监测信息管理系统软件，7 月正式启用计划免疫新监测系统。

计划免疫实施：1986 年，襄樊市冷链设备有低温冰箱 11 台，普通冰箱 164 台，土冰箱 35 个，冰排速冻器 70 台，保冷背包 3 265 个。1986—2005 年计划免疫“四苗”（脊灰糖丸、麻疹疫苗、卡介苗、百白破）单苗接种率均在 90%以上，1986—1997 年“四苗”接种率在 92%-99%之间波动，1998—2005 年“四苗”接种率均在 95%以上；1990—2005 年“四苗”全程接种率除 1993 年外，其他年份均在 80%以上。

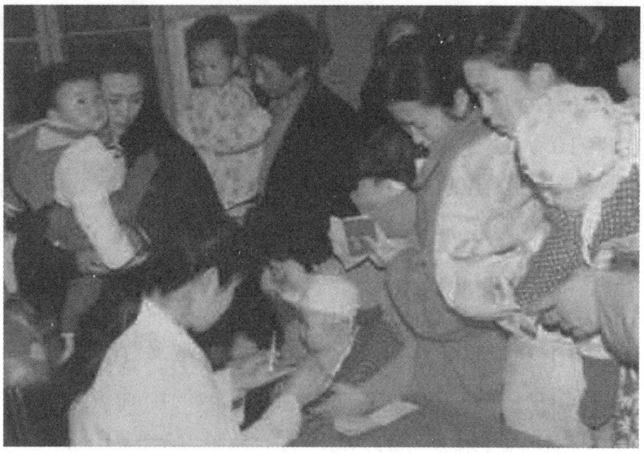

图 31—1　卫生防疫工作人员为儿童接种疫苗

从 1986 年起，全市逐步开展麻疹抗体水平调查、麻疹疫苗免疫成功率调查、麻疹疫苗效价测定和麻疹病人早期 IgM 诊断等，把学龄前儿童常规免疫抗体监测列入日常工作，并坚持至今。1986 年至 1988 年为第一阶段，逐步开展麻疹疫苗免疫成功率调查、麻疹抗体水平调查、麻疹疫苗效价测定和麻疹病人早期诊断、卡介苗活菌计数、锡克氏试验等免疫监测项目，共监测麻疹 1324 人，抗体阳性 1200 人，阳性率 90.63%；锡克氏试验 2307 人次，阴性 2163 人，阴性率 93.76%；麻疹疫苗效价测定 27 批次；卡介苗活菌计数 16 批次。此阶段免疫监测实行免费。1989 年至 2005 年为第二阶段，主要对各免疫接种门诊完成基础免疫后儿童抗体水平监测。五苗抗体累计监测 64926 人次，其中麻疹 15165 人，抗体阳性 12672 人，阳性率 83.56%；百日咳 12110 人，抗体阳性 9886 人，阳性率 81.64%；破伤风 12160 人，抗体阳性 10764 人，阳性率 88.52%；白喉 12160 人，抗体阳性 10325 人，阳性率 84.91%；脊灰 10760 人，抗体阳性 8862 人，阳性率 82.36%；乙肝 2571 人，表面抗体阳性 2138 人，阳性率 83.16%。

世行贷款疾病预防（计划免疫）项目：1995 年 2 月，完成项目建议书的起草。同年 5 月，市人民政府和各县、市（区）人民政府对项目贷款有关事宜进行承诺。1996 年 10 月，全市开展世行贷款卫生Ⅶ项目免疫接种率基线调查，共调查 11 个单位，走访 630 户，调查适龄儿童 77 人，建卡率 92.2%，建证率 80.5%；BCG 接种 70 人，接种率 90.0%，卡疤率 61.0%；OPV 接种 70 人，接种率 90.0%；DPT 接种 69 人，接种率 89.6%；MV 接种 67 人，接种率 87.0%；HepB 接种 14 人，接种率 18.2%；“四苗”全程接种 64 人，接种率 83.1%。1997 年 6 月，襄樊市世行贷款卫生Ⅶ项目办公室成立。1998 年 4 月，市政府在原襄樊市儿童计划免疫协调小组基础上成立襄樊市世行贷款卫生Ⅶ项目领导小组，制定项目实施计划和卫生Ⅶ项目管理工作制度。1998 年 5 月，市政府召开项目工作启动电视电话会。2004 年 11 月，省计划免疫审评团对南漳县计划免疫工作进行审评，调查儿童 631 名，建卡率 93.7%，建证率 57.4 %，BCG 合格接种率 95.1%，卡疤阳性率 77.8%，DPT1 合格接种率 88.7%，DPT2 合格接种率 92.7%，DPT3 合格接种率 87.6%，OPV1 合格接种率 92.4%，OPV2 合格接种率 93.2%，OPV3 合格接种率 88.9%，MV 合格接种率 80.5%，HBV1 合格接种率 58.2%，HBV1 及时接种率 39.5%，HBV2 合格接种率 54.8%，HBV3 合格接种率 51.0%，“四苗”全程合格接种率 67.8%，南漳县对调查发现问题进行整改。

4.传染病防治

疫情概况：1979－1984 年，襄樊市发生 1 种甲类传染病、15 种乙类传染病。襄樊市传染病发病率占前三位的主要是疟疾、痢疾、流感。1981 年疟疾发病率高达 1300.63/10 万，后逐年呈下降趋势，1984 年降至 228.79/10 万，仍占首位。1985－1989 年，襄樊市无甲类传染病发生，均为乙类传染病。1986 年，襄樊市法定传染病发病率前五位分别是：肝炎 217.84/10 万、痢疾 147.76/10 万、疟疾 75.97/10 万、出血热 17.79/10 万、流感 16.04/10 万；死亡率前五位分别是：流脑 1.20/10 万、出血热 0.46/10 万、狂犬病

0.37/10 万、乙脑 0.25/10 万、痢疾 0.25/10 万；病死率前五位分别是：狂犬病 100.00%、乙脑 16.30%、流脑 9.14%、出血热 2.56%、痢疾 0.17%。1989 年，发病率前五位分别是：肝炎 122.21/10 万、痢疾 75.63/10 万、疟疾 11.53/10 万、出血热 2.58/10 万、麻疹 2.30/10 万；死亡率前五位分别是：狂犬病 0.83/10 万、出血热 0.19/10 万、肝炎 0.18/10 万、乙脑 0.18/10 万、流脑 0.10/10 万；病死率前五位分别是：狂犬病 100.00%、流脑 13.33%、乙脑 8.87%、出血热 7.55%、肝炎 0.15%。1990－1994 年，襄樊市发生甲类传染病 1 例，为 1994 年枣阳市报告 1 例霍乱；其余统计均为乙类传染病。1990 年，襄樊市法定传染病发病率前五位分别是：病毒性肝炎 128.47/10 万、痢疾 69.01/10 万、麻疹 32.61/10 万、疟疾 18.07/10 万、乙脑 9.60/10 万；死亡率前五位分别是：狂犬病 0.71/10 万、乙脑 0.44/10 万、脊髓灰质炎 0.24/10 万、病毒性肝炎 0.14/10 万、痢疾 0.11/10 万；病死率前五位分别是：狂犬病 100.00%、脊髓灰质炎 7.44%、乙脑 4.58%、流脑 3.57%、出血热 1.86%。截至 1994 年，发病率前五位分别是：病毒性肝炎 82.49/10 万、痢疾 35.97/10 万、麻疹 13.63/10 万、疟疾 10.37/10 万、流行性出血热 6.74/10 万；死亡率前五位分别是：流行性出血热 0.17/10 万、狂犬病 0.10/10 万、流脑 0.09/10 万、麻疹 0.06/10 万、乙脑 0.06/10 万；病死率前五位分别是：狂犬病 100.00%、流脑 18.18%、钩体病 2.91%、流行性出血热 2.59%、乙脑 2.30%。

1995－2002 年，襄樊市无甲类传染病发生，均为乙类传染病。1995 年，襄樊市法定传染病发病率前五位分别是：病毒性肝炎 90.42/10 万、痢疾 71.08/10 万、疟疾 12.44/10 万、麻疹 6.00/10 万、流行性出血热 5.99/10 万；死亡率前五位分别是：流行性出血热 0.19/10 万、病毒性肝炎 0.11/10 万、狂犬病 0.06/10 万、钩体病 0.04/10 万、乙脑 0.04/10 万；病死率前五位分别是：狂犬病 100.00%、钩体病 66.67%、流行性出血热 3.12%、乙脑 2.56%、病毒性肝炎 0.12%。截至 2002 年，发病率前五位分别是：病毒性肝炎 69.09/10 万、疟疾 62.71/10 万、肺结核 45.43/10 万、痢疾 12.28/10 万、淋病 8.13/10 万；死亡率前五位分别是：病毒性肝炎 0.38/10 万、艾滋病 0.38/10 万、肺结核 0.23/10 万、乙脑 0.02/10 万、流行性出血热 0.02/10 万；病死率前五位分别是：艾滋病 59.46%、乙脑 3.45%、流行性出血热 0.85%、病毒性肝炎 0.56%、痢疾 0.14%。

2003－2005 年，襄樊市无甲类传染病发生，均为乙类传染病。2003 年，襄樊市法定传染病发病率前五位分别是：病毒性肝炎 101.70/10 万、疟疾 71.70/10 万、肺结核 64.86/10 万、痢疾 12.73/10 万、淋病 6.18/10 万；死亡率前五位分别是：艾滋病 0.21/10 万、病毒性肝炎 0.19/10 万、肺结核 0.19/10 万、痢疾 0.05/10 万、新生儿破伤风 0.02/10 万；病死率前五位分别是：新生儿破伤风 25.00%、艾滋病 20.00%、乙脑 4.76%、疟疾 0.41%、肺结核 0.29%。截至 2005 年，发病率前五位分别是：肺结核 109.49/10 万、乙肝 72.41/10 万、疟疾 16.01/10 万、痢疾 9.86/10 万、肝炎（未分型）6.21/10 万；死亡率前五位分别是：肺结核 0.33/10 万、狂犬病 0.28/10 万、乙肝 0.24/10 万、艾滋病 0.12/10 万、流行性出血热 0.05/10 万；病死率前五位分别是：狂犬病 100.00%、流脑 20.00%、乙脑 20.00%、艾滋病 14.29%、流行性出血热 5.00%。

主要传染病疫情：霍乱。1982 年 9 月 17 日，襄阳县欧庙公社水洼大队农民郭某，腹泻、呕吐不止，次日经驻军 87313 部队医务所初诊为疑似副霍乱，后经确诊为副霍乱。此为本市新中国成立后首例副霍乱病人。其后，相继在市区和襄阳县张湾发现病例，至 10 月底，共发现 9 例病人，4 例带菌者。其中市区 5 例，2 例带菌者。1984 年发现 2 例，均在市区。疫情发生后，市、县立即采取隔离治疗病人，封锁疫区、处理疫点，加强传染源检索和饮水、饮食、粪便管理，大力开展灭蝇等措施扑灭疫情，有效阻止疫情扩散，11 名病人无一死亡。1994 年，枣阳市报告 1 例霍乱，无死亡，这是 1986 年以来全市首次报告。患者段某，男，11 岁，家住枣阳市梁集村七组，为梁集镇中心小学学生。病人于 9 月 23 日上课时发病，第二天病情加重，到当地街道卫生所就诊，该所以霍乱疑似病例报告枣阳市卫生防疫站，27 日经省站鉴定为霍乱 EL－tor 生物型小川血清型。未查出传染来源。此后襄樊市一直无疫情报告。

病毒性肝炎。1986年，病毒性肝炎报告发病12903人，发病率217.84/10万，为1960年实行疫情报告制度以来第四次流行高峰（前三次为1961年、1971年、1978年）。之后1987年、1988年出现连续2年下降，1989年有所回升，发病数升到第一位。1990－1994年，病毒性肝炎发病率从129.46/10万降至82.49/10万，1992—1993年发病率有小幅度上升。自1960年建立疫情报告以来，共经历四次流行高峰，每次流行间隔约7至10年，比全省流行高峰约提前1至3年。1986年以来，襄樊市病毒性肝炎发病率持续高出平均年份发病水平，除1988年发病率低于痢疾外，一直居各种传染病之首，病毒性肝炎以散发为主，时有局部暴发。1995－2002年，病毒性肝炎呈逐年下降趋势，但仍居各类传染病发病首位。发病率较高原因主要是人们预防意识和卫生条件较差，各种防治措施难以落实及医源性感染等。2003－2005年，病毒性肝炎发病率逐年降低，2005年发病处于各传染病病种首位的位置被肺结核取代。病毒性肝炎以乙肝为主，占80%左右，甲肝和未分型肝炎所占肝炎比例分别不超过10%，丙肝和戊肝所占肝炎比例较少。2003－2004年戊肝发病率呈上升趋势。肝炎防治重点是乙肝。2005年6月，保康县过渡湾镇白峪沟村发生甲肝暴发流行，同时波及邻近龙洞、三岔河和西帮3个村。到7月20日累计发病31例，发病主要人群为学生。7月22日，谷城县南河镇温坪中心小学发生甲肝局部暴发流行，截至8月24日累计发病达74人，均为该校学生。

痢疾。襄樊市1988年大面积干旱，造成痢疾大幅度回升，发病率222.32/10万，居传染病报告发病数之首。痢疾发病自1981年后呈逐年下降趋势，平均每年下降幅度在15%左右，1990年下降到80年代发病最低值(69.01/10万)，但1991—1992年发病率有所回升，1992年达到92.72/10万，1993－1994年又降至30/10万左右。

伤寒。1990－1994年疫情稳步下降，但是1993年9至10月，襄阳县马集乡姚店村8、9组发生伤寒暴发流行，84人发病。

脊髓灰质炎。1985－1989年，全市连续5年无脊灰病例报告。1990年2至8月，由于部分县(市)对毗邻地区发病重视不够，防范措施不严，加之某些地区存在免疫空白，疫情发生后又未能及时报告，采取应急措施，全市七个县(市)及1个城区56个乡(镇)、159个村组发生脊髓灰质炎暴发流行，形成一个中等强度发病高峰。全市共发病247例，其中襄阳县147例，枣阳市51例，随州市42例，宜城县30例，南漳县8例，老河口市4例，襄樊市城区5例。有12例死亡。以襄阳县最为严重，发病107例，死亡11例。发病率3.75/10万，病死率4.86%。此次流行经1990年冬和1991年春两次全市范围对适龄儿童(0—4岁)脊灰疫苗突击普服后，得到控制。1990年流行高峰时病例比较分散，但以汉水以东地区(包括随州、枣阳、老河口全部及襄阳县、宜城县、襄樊市区大部分地区)占绝对多数(230例)，占全市(247例)发病93.12%，发病主要为散居儿童，绝大多数一户一例，一户多例者记载很少。1991年全市脊灰发病率由1990年的3.26/10万降至0.05/10万，1992—1993年无脊灰病例报告。随着脊髓灰质炎疫苗逐步广泛应用，发病逐渐下降。1994年9月，襄阳黄龙镇发现一例输入性脊灰野毒株引起的脊灰病例，为全国迄今为止报告的最后1例脊髓灰质炎。

麻疹。1995－1997年发病逐年升高，1997年达高峰，发病率19.83/10万。当年全市发病1074例，其中市区267例，襄阳县56例，南漳县37例，谷城县109例，保康县78例，老河口市115例，枣阳市206例，宜城市206例。以后逐年下降，时有反弹，每年都有散在发病。主要原因是7岁年龄组儿童麻疹疫苗加强接种不落实。

流行性出血热。肾病综合征出血热(流行性出血热)在襄樊市为除病毒性肝炎外，危害最大的一种病毒性疾病。自1964年有疫情报告后发病呈逐年上升，至1984年达到发病高峰(44.61/10万)。由于全市大面积开展全民灭鼠活动，发病率平均每年以46.55%的幅度下降，1989年下降速度减慢，与1988年相比，发病率下降18.87%，死亡率下降9.52%，病死率上升0.15倍，1989年发病上升到第四位，发病率超过5/10万的有宜城县(8.91/10万)，其余各县(市)均处于散发区水平。1984年高峰期后逐年下降，1990 年降到 2.44/10 万，1991 年回升，1993—1994 年上升至 5.00/10 万以上，流行强度由 1988 年散发水平到 1994 年中发水平，其中宜城市发病率 21.24/10 万，襄阳县发病率 13.50/10 万，已达高发水平。该病在 1995 年、1996 年连续下降 2 年后，1997 年发病率、死亡率、病死率又有升高，分别较 1996 年升高 10.63%、1.74 倍和 1.70 倍。但是 1998-2002 年该病发病一直呈逐年下降趋势。

狂犬病。自 1971 年老河口市报告疫情以来，发病数和疫区数量逐年增多，至 1988 年达发病高峰，累计发病和死亡 282 例，疫情波及 9 个县市区，死亡率位次连续三年（1987、1988、1989 年）占第一位，病死率均为 100.00%，1989 年与 1988 年相比发病及死亡率下降 17.82%，发病率以保康县最高（2.09/10 万）。2004－2005 年，狂犬病发病呈上升趋势，2004 年发病 7 例，2005 年发病 16 例，比 2004 年上升 127.93%。

疟疾。1990—1994 年，发病居各种传染病第三或第四位。1991 年在嗜人按蚊分布的 25 个乡镇 3.1 万人口范围内发生病例 1234 例，占全市发病总数 85.28%，为疟疾作为地区性防制工作重点提供现场依据。通过采取综合防治措施，发病率从 1990 年的 18.07/10 万降至 1994 年的 10.37/10 万。1995－2001 年，疟疾发病率稳定在 10/10 万左右，2002 年疟疾发病 3586 例，发病率 62.71/10 万，发病率跃居各种传染病第二位，与 2001 年相比上升 6.72 倍。主要是枣阳市(报告发病 2395 例)和襄阳区（报告发病 733 例）疟疾疫情暴发引起发病数急剧上升。2003－2005 年，全市疟疾发病总体呈下降趋势，但 2003 年发病 4140 例，发病率 71.70/10 万，居乙类传染病报告第二位。主要是枣阳市(报告发病 3008 例)和襄阳区（报告发病 566 例）疟疾疫情暴发引起。

钩端螺旋体病。1994 年宜城市报告 103 例，死亡 3 例，这是 1979 年以来全市首次报告，且是一起稻田型局部暴发流行。病人主要分布在宜城市小河、朱市两镇 5 个村 15—65 岁农民。1996 年 9 月上旬至 10 月上旬，宜城、襄阳、南漳三县（市）部分乡、镇、村发生钩端螺旋体病暴发流行，发病总人数 608 例，死亡 9 例，居传染病报告发病数第三位。1996 年发病率达高峰（4.59/10 万），以后逐年下降，2001—2002 年降至 0.02/10 万。1996 年发病时间集中，流行范围和强度均明显高于 1994 年，主要分布于襄阳县和宜城市 8 个乡镇、56 个村，南漳县也有散发病例。造成流行原因：一是村民防病意识缺乏，个人防护条件差；二是忽视重点人群预防接种工作；三是灭鼠工作不落实；四是正值夏秋收割稻谷时雨水较多，农民赤脚下田劳动，根据其流行特征分析确定为稻田型局部暴发流行。采取积极救治病人，广泛开展卫生科普知识宣传，提高农民防护意识，大力开展灭鼠防病活动，防止疾病传播，在疫区进行疫苗预防接种等多种防治措施，效果明显，此后无疫情报告。

乙脑。自 1980 年以来，全市乙脑发病一直处于低发水平状态，发病率控制在 5/10 万以下，但 1990 发病率突然剧增，达 9.6/10 万，且少数局部地区出现暴发流行。采取预防接种为主的综合防治措施，1994 年发病率降至 2.53/10 万。

肺结核。本病 1997 年正式纳入乙类传染病报告，连续 5 年居各类传染病发病第 2 位。2000 年参加全省统一组织的结核病流行病学抽样调查显示，当年襄樊市结核病患病率 440/10 万，涂阳患病率 124/10 万，从 1990 年至 2000 年十年患病率和涂阳患病率分别下降 32.6%和 28.7%，年均递降率分别为 3.3%、2.9%。以 2000 年流调资料推算全市有活动性肺结核病人 2.5 万，其中涂阳肺结核 1 万。肺结核呈常年发病，无明显季节性，发病人群以农民最多，病例主要集中在农村地区。农村卡介苗接种率及有效接种率低，肺结核治疗时间太长，患者常不能坚持全程而影响疗效。一些患者得不到全程足量治疗以及农民对肺结核防治意识淡薄，是造成肺结核发病居高不下主要原因。2003－2005 年，肺结核发病率逐年增高，2005 年发病居各传染病病种之首，呈现继续上升趋势。2001-2005 年卫 X 项目实施期间，发现活动性肺结核病人数 14 925 例，其中涂阳病人数 14 341 例，年均涂阳登记率 49.25/10 万。1997 年以前，肺结核作为监测病种，全市并未进行系统统计，其对居民身体危害性并未引起人们重视，之后由于国家加强对肺结核管理力度，结核病发现逐年增多。

淋病。1995 年后逐年升高，1998 年达发病高峰，发病率 20.40/10 万。此后，发病率稳步下降，但由于疫情漏报等诸多因素，存在潜在威胁。

梅毒。2003－2005 年该病呈上升趋势，2004 年梅毒发病比 2003 年上升 119.29%，2005 年比 2004 年上升 26.87%。

艾滋病。1995 年全市共发现 HIV 感染者 24 例，1996 年发现 58 例，出现第一个流行高峰；1997－1999 年共发现 HIV 感染者 20 例；进入 21 世纪后，艾滋病病毒感染者逐年增加。1995 年 4 月，境内在既往有偿献血员中首次发现一例艾滋病病毒感染者。2000 年 5 月发现第一例艾滋病病人。同年 6 月发现经母婴传播感染的儿童。7 月在境内暗娼中发现艾滋病病毒感染者。全市 7 个县（市）均发现艾滋病病毒感染者和病人，血液传播、母婴传播和性传播三种途径均已发现，以血液传播为主。截至 2000 年 12 月底，据省艾滋病监测中心资料显示，襄樊市发现 HIV/AIDS 占全省总数 50%以上，居全省各地市首位。自 1995 年襄樊市首次报告艾滋病感染者以来，HIV/AIDS 每年呈递增性上升，表明艾滋病及 HIV 感染处于快速增长期。艾滋病病人以经血液传播为主，多数为 1996 年前通过非法采供血途径感染，经过一定潜伏期发病。但通过性途径感染 HIV 者呈逐年增加趋势。进入 21 世纪，艾滋病病毒感染者逐年增加，2003、2004 年发现感染者和病人最多。2004 年比 2003 年上升 164.71%，发病呈上升趋势。2003 年 4 月发现吸毒人群感染者。艾滋病感染人群以农村青壮年为主，年龄最大的 70 岁，最小的只有 2 岁，20－49 岁占 82.79%；男性 357 人，女性 275 人，男女性别之比为 1:0.77；职业分布以农民最多，481 例（占 76.11%），其次是工人，31 例（占 4.91%）。全市 9 个县(市、区)均发现艾滋病病毒感染者分布，其中南漳县 283 例(占 44.78%)、襄樊市区 163 例(占 25.79%)、谷城县 51 例(占 8.07%)、襄阳区 30 例(占 4.75%)、宜城市 23 例（占 3.64%）、保康县 26 例(占 4.11%)、枣阳市 13 例(占 2.06%)和老河口市 8 例(占 1.27%)，外地 30 例(占 4.75%)，地址不详者 1 例。20 世纪 90 年代中期以采供血途径传播为主，这部分人约占确认感染者的 85.5%；但现阶段传播途径多样化，经性途径和母婴传播及共用注射器逐步增多。特别是 2005 年发现 83 例 HIV/AIDS 中经性传播占 37.35%，表明艾滋病经性途径传播已成为襄樊市艾滋病流行主要传播方式之一。据流行病学资料分析，传播途径以单采血浆为主 355 人（占 56.17%），其次是经临床受血 127 人(占 20.09%)，再次是性途径传播 101 人(占 15.98%))和母婴传播 13 人(占 2.06%)，共用注射器 5 人(占 0.79%)。襄樊市从 1995 年到 2005 年底共进行抗 HIV 检测近 30 万人次，到 2005 年经各级确认机构确认发现抗 HIV 阳性 632 名（包括外地确认机构发现的襄樊市 4 名感染者），其中 AIDS 病人 207 名，死亡 213 人。

重点传染病防治工作：结核病防治。1986—1992 年，现代结核病控制策略实施前，登记初治涂阳病人 5 218 人，全程督导 1 325 人，全程督导率 25.4%；治愈 4 107 人，治愈率 78.7%。登记复治涂阳病人 2 141 人，全程督导 441 人，全程督导率 20.6%；治愈 15 50 人，治愈率 72.4%。1993—2000 年卫Ⅴ项目实施期间，登记初治涂阳病人 10 392 人，全程督导 9 405 人，全程督导率 90.5%；治愈 10 110 人，治愈率 97.3%。登记复治涂阳病人 4 802 人，全程督导 4 298 人，全程督导率 89.5%；治愈 4 553 人，治愈率 94.8%。全市结防机构累计接诊疑似肺结核病人 54 191 例，发现登记活动性肺结核病人 19 158 例，其中涂阳病人 15 194 例，年均涂阳新登记率 33.8/10 万，完成项目规划任务的 126.1%。项目实施 8 年所发现涂阳病人是项目前 9 年（1982—1990 年）的 3.2 倍。项目免费治疗肺结核病人 15 561 例，涂阳病人平均治愈率 97.2%，比项目前 9 年平均治愈率 66.2%提高 31 个百分点。项目共投入资金 643.05 万元，其中贷款资金 336.27 万元，配套经费 306.78 万元（地方财政配套 213.06 万元）。1997 年始，各级卫生行政部门每年组织开展 1—2 次结核病归口管理专项检查，促进医疗单位报告、转诊肺结核病人，涂阳病人登记率逐年提高。2002 年，市卫生局、计委、财政局申请到世界银行贷款和英国赠款结核病控制项目（简称卫 X 项目），利用英国政府赠款软化贷款利息，通过世界银行贷款和地方政府提供配套资金开展结核病控制。项目实施 7 年，总经费 1331.1 万元，其中贷款 784.1 万元，配套 547 万元。

通过项目实施继续推行现代结核病控制策略，对可疑肺结核病人实行免费检查，发现和免费治疗传染性肺结核病人。2001—2005 年卫Ⅹ项目实施期间，登记初治涂阳病人 11 905 人，全程督导 10 881 人，全程督导率 91.4%；治愈 11 471 人，治愈率 96.4%。登记复治涂阳病人 2436 人，全程督导 2 197 人，全程督导率 90.2%；治愈 2 326 人，治愈率 95.5%。2003 年，实施全球基金结核病控制项目。第一轮全球基金结核病项目利用全球抗艾滋病、结核病和疟疾基金，补充部分贫困地区结核病防治经费的不足，推行现代结核病控制策略。该项目于 2003 年 4 月在保康县实施，项目周期 5 年。第四轮全球基金结核病项目通过实施该项目加强结防机构与综合医疗机构合作，提高病人发现率。该项目于 2005 年 7 月在襄樊市 8 个县（市）区实施。

艾滋病防治：1995 年，成立襄樊市艾滋病防治协调领导小组。市卫生防疫站成立襄樊市艾滋病监测中心，制定《艾滋病监测管理方案》。确定市中心医院、市一医院等 9 家医疗单位为襄樊市首批艾滋病监测哨点医院。建立市中心血站，把预防艾滋病传播重点放在血源管理上，确定血源“三统一”（即统一管理、统一采血、统一供血）政策，血液及血液制品艾滋病抗体检测率必须达到 100%，并接受市艾滋病监测中心抽检。2001 年，市政府印发《襄樊市预防与控制艾滋病中长期规划（2001-2010 年）》，建立政府领导、多部门合作和全社会参与的艾滋病预防与控制体系和经费保障措施。2 月，市政府主持召开全市无偿献血和艾滋病性病防治工作会议，安排 2001 年艾滋病防治工作，调整襄樊市艾滋病防治协调领导小组，将原 16 个艾滋病防治成员单位扩大到 22 个，确定各自职责。2003 年，市委、市政府成立防治艾滋病工作委员会，成员单位由各县（市、区）政府和市直 25 个单位组成。各县（市、区）也成立防治艾滋病工作委员会。市政府与各县（市、区）、各单位签订艾滋病防治目标管理责任书，实施目标责任管理。加大防治经费投入，要求各地按不低于人均 0.2 元标准配套防治艾滋病工作经费，每年纳入财政预算。争取到“无国界医生组织艾滋病治疗与关怀”、“国家艾滋病综合防治示范区”、“娱乐场所 100% 安全套项目”等大型国际、国内艾滋病防治项目，成立“示范区管理办公室”和“娱乐场所 100% 安全套项目管理办公室”，启动落实各项艾滋病防治措施。同年 4 月，襄樊市被确定为国家级艾滋病综合防治示范区。南漳县、襄阳区、谷城县被确定为省级艾滋病综合防治示范区。2004 年，南漳县、谷城县被确定为第二批国家级艾滋病综合防治示范区。同年，启动“第三轮全球基金艾滋病防治项目”，襄城区、南漳县、谷城县为项目县。成立全球基金项目领导小组和办公室，与示范区管理办公室合署办公，将市卫生防疫站艾滋病防治科更名为襄樊市艾滋病防治中心，进一步加强人员、技术、设施的配备。建立健全艾滋病自愿咨询检测（VCT）服务网络，成立艾滋病高危人群干预工作队和艾滋病抗病毒治疗技术指导小组，完成省政府下达的既往有偿献血人群调查工作，实际入户调查 1054575 户，2 428 442 人次，调查到既往有偿供血者 5 200 人次对现存活供血者已采样 3 296 人次，新检出 HIV 阳性者为 24 人。同年 9 月，中国—联合国开发计划署湖北省艾滋病防治领导能力建设第三次研讨会在襄樊市召开，参加这次会议的代表有湖北省政府防治艾滋病工作委员会各成员单位成员，合并省卫生厅相关处室的领导，10 个国家级艾滋病综合防治示范区政府领导和卫生、公安、民政、财政、计生、教育、团委、妇联等部门的负责人，相关地区的政府领导和有关部门负责人等 170 余名。2005 年，建立襄樊市艾滋病确认实验室。2000 年 11 月，襄樊电视台《政协论坛》节目录制并播放一个月的艾滋病防治专题宣传片。《襄樊晚报》先后刊登《拒绝艾滋病》《正视艾滋病》等文章。同年始，每年利用“世界艾滋病日”、“世界禁毒日”、“结核病防治日”、妇女节、红十字日等，组织卫生人员和志愿者上街宣传艾滋病防治知识。2004 年，襄樊市首次把艾滋病防治知识列入中考范围，与无偿献血和血吸虫病防治知识一起，共占 5 分。同年 11 月，国务院防治艾滋病工作委员会办公室组织的“红丝带万里飘”大型综艺节目演出活动在襄樊市襄城区、谷城县、南漳县举行，观众达 2 万多人；同年 12 月 1 日，襄樊市区和各县（市、区）围绕“关注妇女、抗击艾滋”的主题，开展大型宣传活动。全市共在各种场所发放宣传资料 742 509 份。襄樊日报对艾滋病新闻报道 98 次。自 2005 年 5 月 1 日始，襄樊电视台、襄樊广播电台每天免费播出艾滋病公益广告，及时宣传报道艾滋病防治活动、政策等。同年3月，襄樊广播电台与市卫生局联合制作并播出一期《行风热线》艾滋病专题节目。同年10月，襄樊市城市居民艾滋病防治知识知晓率平均达80%，农村居民知晓率达65%。是年，全市设立户外艾滋病公益广告28块，刷写宣传标语8 789条，设立宣传栏2 483个，发放宣传资料100万余份。

2004年，全省启动娱乐场所100%安全套使用项目，襄樊市市区、南漳县、谷城县、保康县被列入全省48个100%安全套示范县。同年6月，市公安部门协助卫生部门开展市区涉性场所调查活动，制作目标场所分布图，掌握暗娼艾滋病防治知识和行为等基线资料。同年8月，襄樊市艾滋病防治娱乐场所100%安全套使用项目启动会召开。公安、计生、药品监督和工商等市直相关部门主要领导，各县（市、区）卫生局、公安局和卫生防疫站负责人及市区部分娱乐场所业主300余人与会。同月，召开襄樊市免费阻断艾滋病传播工作启动会暨培训班。市卫生局、人口和计划生育委员会、卫生防疫站、妇幼保健院、人口和计划生育服务站及各县（市、区）卫生局、计生委、妇幼保健院（站、所）、防疫站负责人和有关工作人员，市区设置有妇产科的医疗卫生单位妇产科主任和市卫生防疫站艾滋病预防控制中心工作人员74人参加会议。9月，襄樊市卫生防疫站皮肤性病门诊正式挂牌，为市区娱乐场所100%安全套使用项目提供规范化性病诊疗、免费发放安全套等干预服务。12月，在市口腔医院药物依赖治疗中心设立针具交换点，为注射吸毒人员免费提供针具交换。同时，招募吸毒人员同伴教育员，开展艾滋病防治知识宣传、针具交换、安全套推广等工作。是年，全市启动免费孕产妇HIV抗体检测项目。2005年3月，襄樊市娱乐场所100%安全套使用项目业主会召开。市预防艾滋病办公室和襄城区公安局治安大队负责人、市卫生防疫站工作人员及60余家娱乐场所业主和服务人员与会。项目工作人员每月深入所有娱乐场所开展健康教育干预活动（即外展活动），发放宣传材料，传播艾滋病性病防治知识，提供健康咨询和安全套使用指导，引导正确就医，促进高危行为改变。定期调查了解涉性服务人员艾滋病性病知识知晓情况、安全套使用情况。建立规范化性病诊疗门诊。同年7月，启动女性性工作者同伴教育工作，当年招聘七名娱乐场所业主或服务员作为同伴教育员。通过集中培训和定期召开例会等形式，提高其艾滋病防治知识、健康教育方法和技巧。同伴教育员定期对辖区内娱乐场所开展艾滋病防治知识宣传、安全套推广，引导正确就医等同伴教育工作。此后，对利用娱乐场所提供服务人员，每年进行一次指定传染病项目例行健康检查，每半年进行一次艾滋病、性病检测。是年，襄樊市申报并开展海洛因成瘾者社区药物维持治疗门诊筹备工作；襄樊市申请到国家艾滋病防治社会动员"襄樊市男男性接触者同伴教育、推广使用安全套项目"，总经费6万元。

2003年，襄樊市在各级卫生防疫站、艾滋病重点疫点（村）建立温馨家园，以了解病人生理、心理状况及病人生活困苦和需求，以便及时为病人提供救助。同年2月17日，无国界医生组织比利时部（简称MSF）抵樊进行项目调查研究，同年4月10日，与省卫生厅、市卫生局、市卫生防疫站及公安局外事管理办公室等机构签署为期五年的《艾滋病关怀和治疗项目合作谅解备忘录》。同年5月26日，MSF与市卫生防疫站合作筹建的艾滋病诊所正式开始接待病人。MSF主要活动有三个方面：健康教育、治疗与VCT等。健康教育包括病人支持小组培训、医务人员防治知识培训和社区健康教育。同年7月22日"襄樊市艾滋病治疗与关怀"项目正式启动。2004年，为感染者和病人落实"四免一关怀"政策（"四免"即对艾滋病病人实行免费抗病毒治疗、免费检测；农村及城市贫困艾滋病病毒感染者每年可以报销1 000元抗机会性感染治疗药品费用，特殊困难的重症艾滋病患者可申请一次性相关疾病治疗药品费补助，限额5 000元，据实报销；国家为艾滋病病毒阳性孕妇免费提供母婴阻断药物和婴儿检测试剂及婴儿出生后一年内所需奶粉；免除艾滋病患者子女、艾滋孤儿及儿童艾滋病病毒感染者九年义务教育期间的杂费和课本费，对符合高中、普通高校入学条件者，实行统一建档、跟踪救助，资助其完成学业；将农村艾滋病病毒感染者困难家庭纳入全省农村特困人口救助范围，落实国家和省制定的农村特困人员生活救助政策，免除其农业税及农业附加税。"一关怀"即对城市贫困的感染者家庭纳入低保范围，落实国家和省制定的城市居民最低生活保障对象生活补助及医疗政策)。2005 年，MSF 共开展支持小组培训 6 次 79 人次，医务人员培训 4 次 240 人次，社区健康教育 1 次 43 人次；诊所接诊病人 139 人，抗机会性感染 917 人次，抗病毒治疗 58 人，抗病毒治疗前进行培训，共培训 6 次 58 人；VCT 共 88 人。全市共有 255 个艾滋病家庭被列入城市最低生活保障和农村特困人口救助范围，152 名艾滋病孤儿和 26 名艾滋病老人得到国家供养，121 名受艾滋病影响儿童免除九年义务教育期间的杂费和课本费，25 名艾滋病人死亡后得到安葬费补助。

传染性非典型肺炎防治：2003 年 4 月 17 日，市卫生防疫站成立非典型肺炎应急处理领导专班，负责全市非典防治技术指导、督办协调和应急处理。4 月 24 日始，襄樊市各医疗单位推行首诊负责制。25 日，襄樊市防非指挥部成立。5 月 2 日，13 个设立在全市各出入境交通要道的健康服务站全面启动，后增至 21 个。3 日，市直 7 个分指挥部成立，完善横到边、纵到底的防控网络。全市组织 1700 余人防控队伍，以卫生人员为主力，参加在 16 个公路入口、4 个铁路入口、1 个机场等主要交通道口设立健康服务站、留验观察点工作，对过往车辆免费消毒，对过往人员免费测量体温，填写健康登记表，对有发热症状的人员就地留验观察。为防止疫情向农村输入，全市共落实监测员 17569 人，乡镇防保员、社区及村卫生员成为骨干力量，建立市、县(市)区、乡(镇)、村、组五级疫情监测网，形成农村以乡镇、城区以街道、部门以系统为单位的疫情监测和排查体系。同年 6 月 5 日，专为收治 SARS 病人而筹建的“非典”专用病区在市传染病医院破土动工。23 日，在市区内原有发热门诊基础上选定医院设置 13 家规范发热门诊，收治发热病人。其中襄城 4 家：市中心医院、解放军四七七医院、364 医院、襄樊职业技术学院附属医院；樊城 7 家：市一医院、市中医院、解放军四七七医院(樊城)、襄樊铁路医院、军工医院、市三医院、襄阳区人民医院；高新区 1 家：铁十一局中心医院；汽车产业区 1 家：东汽襄樊医院。是年，全市设立“非典”防治定点医院 9 个、发热门诊 177 个、集中隔离场所 114 个，每个县(市)都有定点医院，每个乡(镇)都有较为规范发热门诊。发热门诊诊断治疗发热病人 3005 名，隔离留观 357 人，全市累计隔离 41771 人，定点医院收治疑似“非典”病人 5 名，除 1 名抢救无效死亡外，其余 4 人全部康复出院。全市组织相关专业技术人员 1016 名，设立防非医疗专家组 180 个，县(市)区乡镇医疗专业小组 142 个。

5.慢性病防治

“吸烟与健康前瞻性研究”跟踪调查：2002 年 5 月，根据国家疾病预防控制中心《关于对中国 25 万人吸烟与健康前瞻性研究进行核查通知》要求，襄樊市襄阳区疾病监测点对三个乡镇 13 961 名跟踪队列成员进行跟踪观察。1990—2002 年 5 月，死亡 2 764 人。其中男性 2 707 人，女性 57 人，女性占死亡人数的 2.06%。年龄分布：死亡对象集中在 50—80 岁之间，占死亡总数 88.78%(2 454/2 764)，尤以 60 岁、65 岁、70 岁、75 岁、80 岁五个年龄组死亡较多。死因构成中占第一位的是心血管疾病(45.88%)，其次为恶性肿瘤(19.14%)，余依次为呼吸系统疾病(17.87%)、意外死亡(9.59%)和消化系统疾病(3.69%)。在心血管疾病中，以脑血管意外为主，死亡 732 例，占该死因类 57.73%，其次为肺源性心脏病 198 例，占该死因类 15.62%。在恶性肿瘤中，胃癌占第一位，余下依次为肝癌、食道癌和肠癌，其构成分别是 25.90%、25.52%、18.34%、16.20%。呼吸系统疾病死亡 494 例，慢性支气管炎居第一位 478 例，占 96.76%。

慢性非传染性疾病社区综合防治：2004 年 6 月，襄樊市首家“慢病综合防治试点”在襄城区庞公社区卫生服务中心挂牌。2004 年 6 月至 2005 年 12 月，该中心对社区内 35 岁以上人群 1533 人开展慢性病基线调查，共查出患病人数 537 人，患病率为 23.03%，慢性病患病率从高到低依次为高血压病、冠心病、脑血管病、糖尿病、肺病和肿瘤，死亡率最高为脑血管和肿瘤。2005 年 8 月，根据基线调查结果，选取 100 名高血压患者开展行为干预。通过健康指导、跟踪治疗、定量进盐等干预措施，70 名患者明显得到控制，控制率达 70%。在“世界哮喘日”、“全国爱牙日”、“全国高血压日”、“世界糖尿病日”开展慢性病防治宣传活动，提高群众防病知识。

6.寄生虫病防治

血吸虫病防治：境内血吸虫病疫区是湖北省血吸虫病和钉螺分布的最北边缘，也是全国最北边流行区。血吸虫病流行于汉江南岸的谷城、襄城（因行政区域变更，原襄阳县的疫区现划归襄城区）、南漳三县（区），属光壳山丘型钉螺流行区。分布在谷城县姚河、黄畈河水系的庙滩、茨河镇；襄城区回龙河、渭河水系的法龙、泥嘴镇和南漳县清凉河、姚河水系的城关、九集、清河农场的 7 个乡（镇场）的 42 个村。到 2005 年三县（区）疫区村总人口 55 957 人，耕牛 5 721 头，累计历史病人 11 284 人，累计历史钉螺面积 12 327 亩。经过多年查、灭、治工作，谷城县、襄阳区、南漳县分别于 1982 年、1984 年、1986 年达到消灭血吸虫病标准，省血防领导小组颁发“消灭血吸虫病合格证”和消灭血吸虫病纪念杯。1986 年，襄樊市成为全省第一个达到传播阻断标准的地市。此后，血防工作转入巩固监测阶段。1987 年，在疫区范围内以村为单位，三年轮流查螺 1 次，对可疑环境进行复查。全年查螺面积 13303 亩，隐螺 885 支，均未发现钉螺。重点清查遗漏病人，定期随访历史病人，检查低年龄组人群，检查外地迁入人群，共检 4 258 人，均未查出新病人。谷城县南川乡万家营村，从外地购进血吸虫病牛一头，经两次治疗未愈，于当年 7 月宰杀掉。发现血吸虫病人 37 例，源自疫区招来的学生及外来流动人口。宜城市毗邻、南漳、襄阳，钟祥三个县均属血吸虫病流行区，因宜城发展大面积芦苇，为防止钉螺输入和新疫区出现，3—4 月，市血地办组织襄阳、谷城、南漳三个县血防专业人员和宜城卫生人员 71 人对种植年限较长，适应钉螺孳生环境，与流行县接壤地作为查螺重点，共查 10 个乡镇，27 个村，抽查面积 12437 亩，均未发现钉螺。1986—1990 年，共查螺 141 215.9 亩，查病 37 995 人，阳性 9 人（均为外地感染工人），治疗外地感染病人 263 例；查牛 10 986 头，阳性一头，治疗无效已宰杀。改孳生地 1 285.5 亩，维修血防水毁工程 247 处，巩固血防成果。1991 年，查疫区 13 606 亩，查非疫区 2814 亩，未发现活钉螺。以粪检为主，结合免疫学诊断综合查病，实查人数 10 639 人，未发现血吸虫病人。非疫区查流动人群 1 957 人，发现血吸虫病 45 例（均为外地感染病人）。全市历史病人 11 284 人，迁出 904 人。死亡 4 530 人，健在 5850 人。1992 年，查螺 16 050 亩，未发现活钉螺。三县（区）襄城、谷城、南漳共查 10 588 人，未发现血吸虫病人。查流动人口 300 人，其中发现病人 40 例。1993—1996 年，襄樊市血吸虫病防治转入常规工作。1997 年，查历史有螺面积 17935 亩，未发现新钉螺。全市查病 11790 人，未发现阳性病人；流动人口 1181 人，阳性 37 人。均进行治疗和追踪调查。襄阳县鲁衙村、谷城县庙儿岗村、南漳县刘家湾村为世行贷款中期评估项目监测村，村总人口数 3 256 人，钉螺监测面积 136.6 万平方米，湖北省考核组对三县项目监测村 1992–1996 年人畜查治病和查螺进行评估，疫区村人口花名册，人群查病结果，血吸虫病病人治疗，耕牛查病检查结果登记，查螺调查登记等原始记录齐全。1999 年，血吸虫病防治疫区南漳、谷城、襄阳三县共查历史有螺面积 16 331 亩，按水系分布扩大查螺 5 841 亩，未发现钉螺再现。病情监测 11 265 人，查牲畜 7 240 头，均未发现血吸虫病人和病畜。开展流行人群病情监测 943 人，血清免疫学阳性反应者 17 人，均及时进行治疗和追踪调查。2000 年 11 月，南漳县血地办在扩大范围查螺时发现九集镇龙门丁家营、曾家店两个新疫区村。两村共有 10 个组、417 户，人口 1 755 人，耕地面积 2 950 亩，耕牛 38 头，钉螺面积 526 亩。钉螺分布在两村共用的一条灌溉主渠（安乐堰）、与主渠相通的 12 条支沟及总长 12 000 米的稻田、堰塘、树林等复杂环境。在 7 个乡镇开展血吸虫病查治工作，查螺时未发现新螺区。开展血吸虫病查治工作，采用间接血凝法检查 7 090 人，阳性 71 人；粪检 3 234 人，阳性 11 人，查耕牛 822 头，未发现阳性，南漳县扩大治疗新疫区村 2 个，全市共调查 7 个乡镇，查钉螺面积 1 775.01 万平方米。开展疫情调查时，南漳县血防办发现一血吸虫病人，查明龙门镇丁家营、曾家店西村均有钉螺及病人出现，调查结果显示此疫区为新发疫区。2001 年，血吸虫病防治疫区南漳、谷城、襄阳三县共查历史有螺面积 17235 亩，按水系分布扩大查螺 7362 亩，未发现钉螺再现。病情监测 12 100 人，查牧畜 1 344 头，均未发现血吸虫病人和病牛。开展流动人群病情监测 1043 人，血清免疫学阳性反应者 19 人，均及时进行治疗和追踪调查。同年 12 月，市委、市政府与南漳县委、县政府及相关部门负责人，在南漳县九集镇龙门召开全市血吸虫病、地方病防治工作现场会议。新疫情发生后，襄樊市、南漳县血地办积极开展查病治病、查螺灭螺和血防健康教育工作。组成专班对疫区村 417 户 1 577 人进行群众性筛查，对 505 人进行治疗；免费发放防护药品灭蚴灵 400 瓶；对有螺面积进行 2 次药物灭螺。为从根本上消灭钉螺，进行埋旧开新的灭螺工程建设，共开挖新渠 5 500 米。2002 年，南漳、谷城、襄城三县（区）疫区按照《湖北省“十五”期间血吸虫病防治技术实施方案》和《达到消灭血吸虫病标准地区的监测技术方案》要求，开展疫情监测工作。全市调查历史有螺面积 11 000 亩。南漳县重点对清凉河流域疫区进行监测。疫区三县（区）在对历史有螺区监测的时，并周边村和毗邻地区进行了大查螺。南漳县对龙门新疫区村有螺区，采用药物喷洒法、浸杀法，结合农田水利基本建设土埋灭螺。对龙门新疫区所有居民进行血清免疫学检查，血检阳性者，病原学检查。对疫区所有耕牛进行检查。并对查出阳性病人、病牛及时、同步进行治疗。加强血防健康教育工作，给中小学生上好血防课和讲述查螺方法，覆盖率基本达到 90%。疫区县（区）协调农业、水利、水产等部门，把农田水利基本建设、改善生态环境与血防改孳工作有机结合起来，进行综合开发。南漳县完成新疫区安乐堰环改灭螺工程，对清凉河部分河段治理工程制订翔实改造计划；谷城县对黄畈河、石井冲河、姚河，襄城区对回龙河、渭水河实施以控制钉螺孳生地为主要目的综合治理，治理标准 90%以上。三县（区）疫区完成灌溉沟渠总长度 20%的硬化任务。2003 年 3—4 月，南漳县对丁家营、曾家店 2 个新疫区及相邻 17 个非疫区村、老疫区村及 11 所中学进行血吸虫病检查，采血样 21 161 人，阳性 137 人。系统治疗 682 人，扩大化疗 1 661 人，化疗耕牛 32 头。在九集镇龙门血吸虫病新疫区进行开新渠工程，建成硬化新渠 5 500 米，结合农业结构调整和农业综合开发实施水改旱措施。九集镇成立农林公司，以农业公司制模式管理血吸虫疫区。在新渠两旁建立产业结构调整示范区，调整产业结构 3 000 亩。同年，开展血吸虫病查治，全市共进行血清学检测 25 172 人，阳性 137 亩有螺区进行药物灭螺，共投药 2 吨，控制钉螺扩散；动工环境改造工程 9 处，改造钉螺滋生地 3 080 亩。为疫区及毗邻区 16 个村 44 所中小学 7 812 名学生举办血吸虫病防治知识课。刷写固定标语 56 条，张贴宣传画 1 000 余张。按照卫生部颁布的《血吸虫病传播阻断地区监测巩固方案》，对南漳县刘家湾、曾家店、清河二分场三个试验点进行全方位监测，查病人 2 286 人，阳性 12 人，粪检 528 人，未检出虫卵，查耕牛 508 头，未发现阳性。开展血吸虫病查治工作时，采用间接血凝法检查 7 090 人，查耕牛 822 头，未发现阳性，南漳县扩大治疗新疫区村 2 个共 1 883 人，查钉螺面积 1 775.01 万平方米。未发现新螺区，有螺面积 32.27 万平方米，在九集新疫区开挖血防新渠道，修建长 550 米泄洪渠，在山洪暴发时，洪水可直接从泄渠汇入清凉河，可避免血防新渠水毁。谷城县利用冬季农闲在庙滩镇对姊妹堰旧河滩进行改造，改造钉螺滋生地 40 亩，为改变钉螺孳生环境，疫区三县（区）共实施环境改造 85 亩。2004 年，在 7 个乡镇共查螺 40 880.9 亩，查出有螺面积 484 亩，系南漳县新疫区原有螺地区。南漳县、谷城县采且间接血凝法和粪检结合方法，共调查 14 196 人，查出病人 12 人，均为南漳县新疫区病人，对 12 名病人全部进行治疗，并对 143 名血检(间接血凝法)阳性进行扩大治疗。2005 年，襄樊市人群化疗重点是南漳县新疫区。对 2 个新疫区村 6 至 65 岁居民凡满足符合有疫水接触史、疫水接触史不明确但有疑似血吸虫病症状或体征者等，均为化疗对象，覆盖率达到 90%以上。特别是在有螺区域作业重点人群“五民两员”(渔民、船民、鸭民、牧民、樵民、看堤员、护林员)中实行全民化疗。家畜化疗上，覆盖率达 90%以上。全市在 7 个乡镇共查螺 63 952 亩，未发现新螺区。开展血吸虫病查治工作，共进行血清学检测 25 172 人，阳性 137 人；粪检 4 488 人，阳性 4 人。查耕牛 2 228 头，未发现阳性，对 484 亩有螺区进行药物灭螺，控制钉螺扩散；动工环境改造工程多处，纯降钉螺面积 42 亩，改造钉螺孳生地 3 080 亩。为疫区及毗邻区 16 个村 44 所中小学 7 812 名学生举办血吸虫病防治知识课。按照卫生部《血吸虫病传播监测巩固方案》，对南漳县刘家湾、曾家店、清河二分场三个试验点进行全方位监测，调查钉螺 17 122 框，面积 182 万平方米，查病人 2 286 人，阳性 12 人，粪检 528 人，未检出虫卵，查耕牛 508 头，未发现阳性。

疟疾防治：发病及流行。1974 年，"五省"（苏、鲁、豫、皖、鄂）联防以来，实行"两全"（全民休治、全民化防）抗疟措施，疟疾发病率逐年下降，发病率从 1974 年的 533.15/ 万下降到 1979 年的 74.10/ 万。1980 年停用"两全"抗疟措施，部分地区发病呈现此起彼落，局部地区还有爆发流行发生。1980 年至 1982 年发病呈现小的回升状态，发病率分别为 113.92/ 万、130.18/ 万、101.66/ 万。1983 年至 1985 年除嗜人按蚊疟区发病不稳定外，其他地区呈持续下降趋势，发病率控制在 50/ 万以下。从 1986 年至 2005 年大致经历下降阶段（1986－1996 年）、相对稳定阶段（1997－2001 年）、回升或局部地区暴发流行阶段（2002－2005 年）。1986 年、1996 年、1997 年、2001 年、2002 年和 2005 年发病率分别为 11.75/ 万、0.88/ 万、1.10/ 万、0.87/ 万、5.89/ 万和 1.60/ 万。嗜人按蚊、中华按蚊复媒疟区发病，自 1985 年在宜城市（原宜城县）讴乐乡发现嗜人按蚊（为湖北省首次发现）后，先后在大洪山周围的枣阳市（原枣阳县），襄阳区（原襄阳县），以及宜城市东南李档镇、南漳县安集镇（现为武安镇）低山丘陵区的 25 个乡镇，人口 63 万范围内发现传疟作用强的嗜人按蚊，1986－1996 年疟疾发病下降阶段，其发病数占各年发病总数 42.1%(1989 年) ~ 72.1%(1996 年)，并随着全市发病逐步降低，而嗜人按蚊复媒疟区发病所占的比例逐步增高。1997－2001 年疟疾发病相对稳定阶段，嗜人按蚊复媒疟区发病占全市发病总数均在 85%以上，最高达 93.2%（2000 年）。2002—2005 年疟疾发病回升或局部地区暴发流行阶段，因发病回升或局部暴发流行地区大多数在中华按蚊为媒介疟区，嗜人按蚊复媒地区发病所占比例有所下降，为 80%左右。

防治措施。休止期治疗。每年 3—4 月，对前 1—2 年疟疾病人、调查摸底发现病人作为休治对象，对病人家庭或疫点周围人群（扩大休治）用乙胺嘧啶、伯氨喹啉连服 8 日（2000 年后乙胺嘧啶改为氯喹），对疫情回升或有暴发流行地区采取全民休治。1986－2005年，疟史休治 54 873 人，扩大休治 396 287 人，全民休治 1 455 553 人，总计休治 1 748 823 人。预防服药（或集体治疗）。5—10 月疟疾流行季节，对发病成倍上升或有暴发流行苗头地区使用乙胺嘧啶（2000 年后改用氯喹）、伯氨喹啉进行化学预防。1986－2005 年，共预防服药（或集体治疗）1 084 953 人，平均服药率 84.01%。传染源管理。疟疾流行季节主要对现症病人采用氯喹、伯氨喹啉八日根治，对疑似病人采用氯、伯三日治疗，有效者再加服五天伯氨喹啉，6、7、8、9 四个月分阶段对现症病人、疑似病人进行清理复治，同时在发病重点地区对原因不明发热病人加服一次乙胺嘧啶。1986－2005 年，共治疗现症病人 31 330 人、治疗疑似病人 11 057 人、清理复治 206 746 人、顿服乙胺嘧啶的不明原因发热病人 1 321 860 人。嗜人按蚊区灭蚊。1987 年起，实行边调查边灭蚊策略。先后采用敌敌畏（DDVP）室内滞留喷洒，溴氰菊酯、克敌、氯氰菊酯浸泡蚊帐。1987－1991 年，采取室内滞留喷洒和浸帐灭蚊并重措施，以便尽快把嗜人按蚊密度降至较低水平。1992－2005 年，以浸帐灭蚊为主，以便尽量减少人蚊接触，保护健康人群。1987－2005 年，在嗜人按蚊疟区滞留喷洒 2 160.52 万平方米，浸帐灭蚊 858 549 床。

嗜人按蚊调查工作。1985 年，提出根据疟疾流行态势调查嗜人按蚊观点。把大洪山周围低山丘陵区作为调查重点，先后证实襄阳、枣阳、随州以及荆州、荆门等毗邻县市有嗜人按蚊存在。1986－1995 年，基本查清襄樊市嗜人按蚊分布范围。1997 年，宜城东南部李垱乡、与之相邻南漳安集镇局部地区发生疟疾暴发流行，经媒介调查证实有嗜人按蚊存在，经 1997 年、1998 两年调查，查清李垱、安集嗜人按蚊分布范围。至此，全部查清全市嗜人按蚊分布。

1986 年 6 月，市卫生防疫站和宜城市卫生防疫站在讴乐乡进行嗜人按蚊生态习性及其传疟作用调查研究，每旬作 1 次通宵观察，至 10 月上旬，解剖按蚊 2193 只，获得中华按蚊、嗜人按蚊经产蚊比、人血指数、生殖营养周期等数据，计算出该地中华按蚊、嗜人按蚊传播疟疾媒介能量。显示出嗜人按蚊媒介能量为中华按蚊 20 倍，从而证明嗜人按蚊是该地传播疟疾重要媒介，为制订嗜人按蚊复媒地区疟疾防治对策，乃至全省疟疾防治策略提供依据。1987 年，湖北省医科院寄生虫病防治研究所、襄樊市卫生防疫站、枣阳市卫生防疫站在枣阳市平林镇宋集办事处办嗜人按蚊防治试点，探索符合实际、简便易行、安全有效灭蚊方法，同时对嗜人按蚊生态学进行研究。试点工作坚持两年，取得并推广嗜人按蚊防制经验。

疟原虫镜检站和医疗单位门诊血检。疟原虫镜检站血检。1979 年起建立疟原虫镜检站，经过发展至 1986 年已达 306 个。1986－1993 年，每年血检发热病人 40 万人次以上。1993 年，对镜检站进行整顿，保留的镜检站基本上覆盖发病较高和不稳定疟区。1993－2000 年，镜检站数量虽然逐年减少，但工作质量得到提高，基本上能够检索出重点疟区疟疾病例。1986－2005 年，全市疟原虫镜检站共血检 4 809 426 人，其中阳性 5 764 人，平均阳性率 0.12%。医疗单位门诊血检。在疟疾流行季节，凡有条件的医疗单位门诊，均开展门诊发热病人血检疟原虫工作。1986－2000年，每年血检阳性数占当年疫情报告数的7.02%-31.79%。常规血检疟原虫工作。2001年后，对镜检站和医疗单位门诊血检进行调整、合并，转为常规血检疟原虫工作。所有医疗单位均要开展血检疟原虫工作，发病相对较高地区（即嗜人按蚊复媒疟区，发病极不稳定疟区）把“三热”病人（即疟疾、疑似疟疾和不明原因发热）作为血检对象，低疟区和发病相对稳定疟区把临床诊断为疟疾，疑似疟疾的“两热”病人作为血检对象。转为常规血检疟原虫工作后，虽然血检数量有所减少，但血检针对性增强，血检效率、质量和疫情报告准确率提高。2001－2005年，各年血检阳性数分别占当年疫情报告的32.64%、28.73%、17.69%、26.38%和26.69%。

疟疾联防。五省疟疾联防。1974 年，卫生部组织苏、鲁、豫、皖、鄂五省开展疟疾防治联防，疟疾发病逐年稳步下降，至 1985 年疟疾发病比联防前的 1973 年下降 95%以上。1986 年以后，五省间主要是开展疫情、防治措施相互通报及经验交流，实行推磨式防治互查，每两年召开一次经验交流会，每年各省抽查两个县（市）疟疾防治工作，其余县（市）由各地、市自行组织检查。至 2000 年，枣阳市、襄阳区多次接受五省疟疾防检查，市卫生局、防疫站多次出席联防会议，介绍疟疾防治工作经验，交流防治成果。2000 年以后，疟疾发病在全国呈上升趋势，五省联防工作得到进一步加强，至 2005 年，枣阳、襄阳、老河口三市、区连续 3 年代表湖北省迎接五省疟防检查，通过听汇报、查阅资料、现场调查、实验室检测等方法，对疟疾防治工作进行全面评价。每次检查结束后，检查团均一致认为疟防组织措施、技术措施得到全面落实，有效控制近几年疟疾发病回升和局部地区暴发流行，抗疟成果显著。

嗜人按蚊疟区联防。1987 年，省卫生厅组织大洪山周围低山丘陵区嗜人按蚊县、市开展疟疾联防，当时为随州、枣阳、襄阳、宜城、京山五县、市，1988 年钟祥、天门加入嗜人按蚊疟区联防。襄樊市参与联防县、市轮流担任值班任务，湖北省医学科学院寄生虫病防治研究所、有嗜人按蚊存在的地、市防疫站负责技术指导，参与制订和修改联防协议，指导制订联防技术方案，督促检查联防措施落实。每年 3 月下旬至 4 月上旬完成疟疾休止期治疗，5 月底完成嗜人按蚊区灭蚊，7 月下旬开展联防检查，同时 5 至 10 月根据发病态势，对发病成倍上升或有暴发流行苗头地区，以村、组为单位适时安排化学预防，强化传染源检索，及时发现现症病人，加强现症病人管理、分阶段做好清理复治，对原因不明发热病人开展顿服乙胺嘧啶。开展嗜人按蚊扩大调查，至 1998 年全部查清嗜人按蚊分布范围。1997 年，改为襄樊、随州小片联防，2000 年改为各地、市区域性联防。疟疾发病持续下降，至 2000 年嗜人按蚊疟区发病下降至历史较低水平，2002－2003 年，中华按蚊单一媒介区部分地区发生疟疾回升和局部暴发流行，但嗜人按蚊疟区发病仍比较稳定。

基本消灭疟疾。保康、谷城、南漳三县位于荆山山脉和武当山余脉地区，疟疾发病相对较低。保康县疟区主要集中在山间平坝地区，谷城县疟区主要分布在南河、北河两岸和沿汉江乡镇，南漳县疟区主要在九集、刘集、武安镇、清河农场和城关镇等丘陵平原地区。在各级政府领导下，通过广大卫生人员努力，经过控制疟疾流行，监测巩固成果，净化疟区三个阶段防治，保康县1986年疟疾发病降至1/万以下，并通过省、市“控制疟疾”达标考核，至1989年已没有活动性疟疾病灶点；谷城县1986年发病率已降至1.33/万，1987－1989年发病率分别为0.53/万、0.23/万、0.09/万；南漳县1986年疟疾发病率降至3/万以下，1987年后发病率一直控制在1/万以下。1990年，湖北省卫生厅对三县基本消灭疟疾进行考核，认为三县均达到卫生部基本消灭疟疾标准。三县达到基本消灭疟疾标准后，保康县疟疾发病一直控制在1/万以下，疟疾病例报告主要是流动人群即外出打工回归人员，本地没有新感染病例发生。谷城县虽然在2003年少数村组发生疟疾病例回升，但疫情很快被控制，全年发病率仍未超过1/万，其余年份发病率均在1/万以下，基本消灭疟疾成果巩固。南漳县基本消灭疟疾后，于1997年在安集地区发现嗜人按蚊，引起该地部分村疫情回升，通过对疫点处理，传染源发现和管理，防蚊灭蚊等综合防治措施落实，发病持续下降，至2004年发病率已控制在1/万以下（2004年发病率为0.91/万，2005年发病率为0.31/万）。

丝虫病防治：丝虫病在境内流行范围较广，除保康县全县和南漳县荆山山脉、谷城县五当山余脉等高山乡镇无丝虫病流行外，其余各地均有丝虫病流行。流行范围89个乡镇（原为区镇）、占全市总乡镇数78.76%，2154个村、占总村数81.81%，范围人口329.83万、占全市总人口80.24%。人群微丝蚴感染率高低因地形而异，平原感染率高，丘陵次之，低山区较低；汉江水系网地区感染率明显高于其他地区，据50、60年代调查，最高发病率16.58%（襄阳县黄龙、峪山），最低发病率3.32%（枣阳县王城、资山、兴隆）。流行虫种单一，为单纯马来丝虫病流行区。根据人群微丝蚴感染率判定，为中低度流行区。传播媒介为中华按蚊。根据丝虫病生物学和流行病学特征，采取反复查治传染源为主的防治措施，通过调查摸底（1957－1970年）、扩大查治（1971—1980年）、普查普治（1981－1984年）和考核验收（1985－1986年）四个防治阶段，至1986年全市达到基本消灭丝虫病标准。1986年5月、10月和11月，南漳、枣阳、宜城县、老河口市、随州市的丝虫病防治工作分别达到卫生部颁布的基本消灭标准。至此，襄樊市除保康县无丝虫病外，基本消灭丝虫病。1999年10月，市卫生局对襄阳、枣阳、宜城、南漳、谷城、老河口六县、市和襄樊市区消灭丝虫病工作进行审评，达到卫生部《消灭丝虫病标准》。2000年2月，湖北省卫生厅按照卫生部《消灭丝虫病标准》和《湖北省消灭丝虫病审评工作方案》，对襄樊市消灭丝虫病工作进行审评。认为襄樊市及各县、市丝虫病病原学监测指标和蚊媒监测指标均达到卫生部《消灭丝虫病标准》。

7.地方病防治

襄樊市是严重碘缺乏病区，有历史遗留现症状病人47 009人，其中地方性状腺肿大45169人，克汀病人1840人。经过多年实施以食盐加碘为主综合防治措施，于1984年达到国家基本控制标准，2000年达到消除碘缺乏病阶段性目标。地方性氟中毒也是襄樊市较严重地方病，分布于除宜城市外6县（市），共有病区村90个；其中轻病区村79个，中病区村10个，重病区村1个（南漳县城关镇大山村）；疫区村总人口13.42万人，共有氟斑牙人数27 779人，氟骨症病人768人。防治措施主要是实施改水降氟工程，开展人群病情和水氟监测。改水66个村，其中轻病区村55个，中重病区11个。

碘缺乏病防治：根据《湖北省IDD监测方案》要求，结合襄樊市实际，在市辖范围内按碘缺乏病区分类，选择经考核验收病情资料，中、重病区村为监测点，确定3个省级监测点（枣阳、谷城、保康）和市级监测点（南漳、襄阳、宜城、老河口）为监测对象，开展病情监测工作。1990—1992年，在碘缺乏病情监测点上共采取14岁以上健康人群血样271份，测得T4平均值51.04ng/ml，波动范围10.00—153.4 ng/ml，绝大多数在正常范围内。1995年始，每年5月“碘缺乏病防治日”宣传活动中，在全市城乡居民中开展宣传教育，重点是农村居民，尤其是农村中小学生。卫生与教育部门每年安排中小学生普及碘缺乏病防治知识，卫生部门为学校提供健教材料 10 多万份，采用文艺、黑板报、宣传栏、广播、专题报道、电视专访、知识竞赛评比，设宣传台、出动流动宣传车、知识问卷等多种形式开展宣传，10 年来共印发各类宣传材料 1 192.6 万份，悬挂宣传横幅 2 000 多条，展示宣传牌、展板 4 000 多块。碘盐尿碘检测。1999 年，全市监测盐样 4 571 份，合格盐样 4 263 份，合格率 93.28%，超过国家标准。监测市区学生尿碘 1 393 人次，达国家标准。新生儿甲低筛查 1008 人，未发现先天性甲低。对特需人群科学补碘 81 393 名。经省市考核评估，全市消除碘缺乏病阶段目标全部实现。2000—2001 年，全市监测样 2445 份，合格盐样 2 425 份，合格生新儿甲低筛查 2 822 人，未发现先天性甲低。对特需人群科学补碘 20 名。2004 年，全市监测盐样 23 894 份，合格 2 263 份，合格率 94.53%，尿碘监测 3 560 人次。2005 年，全市监测盐样 2 232 份，其中监测市区盐业公司。枣阳盐样厂盐样各 108 份，合格率 100%；监测各县市及区居民用户盐样 2 016 份，合格 1952 份，合格率 97.12%。尿碘监测 3 560 人次。

地氟病防治：境内地氟病分水源性地氟病和煤烟污染性地氟病两种。至 2005 年，全市除宜城市与市区外，各县市均有水源性病区存在，共有 92 个病区村，其中重病区 2 个，中等病区 15 个，轻病区 77 个。经 X 线诊断氟骨病病人 24 例，烟煤污染性地氟病仅存在南漳县东巩镇 4 个村，27 个组，1147 户 5416 人中，此型氟斑牙病人共 2714 例，经 X 线拍境内地氟病防治，重点是做好改水、改灶降氟工程和加强对水质、病情监测。在改水降氟工程建设与管理中，坚持“建管并重，以管为主、提高效益”原则，加强对已建工程管网、机电等设施维护维修和工程管理，让工程发挥最大经济效益。对有地方性氟中毒地区进行水质检测和病情调查，发现谷城有 6 处高氟村，其水氟含量在 1.18—1.41mg / L 之间。按照《省“十五”期间地方性氟中毒防治监测方案》（试行）要求，市卫生防疫站和谷城县卫生防疫站分别对监测点人群氟斑牙、尿氟、水氟进行监测。共检测 8—10 岁儿童 53 名，48 名正常，2 名可疑，极轻度氟中毒 3 名，患病率 5.66%，氟斑牙指数 0.07；检测尿氟 50 份，结果均正常；检测水样 5 份，未发现水氟回升和水源污染现象。1986 年，对全市地氟病病区点进行调查摸底，有 34 个区、66 个乡、178 个村、711 个组受害人数达 117 575 人。对全市 7—15 岁学生进行氟斑牙调查，查出氟斑牙患者 29763 例，摸清饮水含氟量及矿产分布，并确定有水与煤烟污染两种类型地氟病病区。1986－1988 年，在南漳东巩进行改灶降氟扫尾工作，使 2 700 户 16 000 余人彻底解除空气中容氟危害。地氟病防病防治全市投资 24 万元完成新建扩建改水降氟工程 4 处，病区受益人口 4 110 人，扩大受益 330 人。对谷城、襄阳、枣阳三个省级监测点进行病情与水质监测，调查 8—12 岁学生 279 人，查出氟斑牙患者 27 名，患病率 9.68%，检测水样 15 份，未发现水氟回升和水源污染现象。1989－1990 年，地氟病区村改水降氟工程动工 52 处，受益人口达 36 641 人；在南漳县开展改灶降氟 20 多处，受益人口达 2 万多人。保康、谷城完成改水工程。2001 年，地氟病防治全年投资 19 万元完成新建扩建改水降氟工程，病区受益人口 3 120 人，扩大受益 420 人。对谷城、襄阳、枣阳三个省级监测点进行病情与水质监测，调查 8-12 岁学生 422 人，查出氟斑牙患者 41 保，患病率 9.77%，检测水样 21 份，未发现水氟回升和水源污染现象。1993－2004 年，对全市地氟病监测点进行监测，共调查 8-12 岁儿童 4 451 人，氟斑牙患病率从 1993 年的 19.86%下降到 2004 年的 4.57%。

布鲁氏菌病（布病）防治：境内过去无人间布病报道。为摸清人间布病疫情，积累布病本地资料，给防治布病提供科学依据，襄樊市于 1990-1991 年对全市重点人群布病情况进行流行病等调查，共调查 8 568 人，查出布病感染患者 503 人，感染率 5.87%，患病 53 例，患病率 0.62%。布病感染在各职业人群中布病感染相差明显，以放牧员、饲养员、挤奶员、饲养猪和皮毛加工等职业人群染率较高，宰杀、畜牧兽医、饲养羊、饲养猪及其他职业人群感染率相应低些，感染率随年龄增加逐渐升高。

8.皮肤病和性病防治

性病防治：20 世纪 60 年代宣布消灭性病到 1986 年底，境内无性病疫情报告。1987 年，襄樊市被省卫生厅指定为省级性病监测点，此后开展性病防治工作。

疫情。1987 年首次报告性病疫情，当年报告淋病 29 例，1988 年报告淋病 74 例，全部为市区报告，其他县市无性病报告。1989 年老河口市、襄阳县，1991 年保康县、南漳县、宜城市、随州市，1993 年谷城首次报告性病，至此全市各县、市全部有性病疫情报告。从病种上看，1987 年、1988 年只有淋病，1989 年首次报告梅毒、尖锐湿疣、生殖器疱疹，1990 年首次报告非淋菌性尿道炎，至此除艾滋病外，其他规定报告性病病种在襄樊市均有报告。1987－1998 年以淋病为主，1999 年后以尖锐湿疣和非淋菌性尿道炎为主。2005 年，全市报告各种性病 1587 例，其中淋病 272 例、梅毒 154 例、非淋菌性尿道炎 613 例、尖锐湿疣 475 例、其他 64 例。1987－1999 年，性病疫情发病率逐步上升，1999 年发病率达到最高，2000 年以后发病率逐步下降。历年市区发病率均高于各县市（见表 31-4）。

1987－2005 年各种性病的发病数

表 31-4

年度	淋病	梅毒	非淋菌性尿道炎	尖锐湿疣	其他	合计
1987	29	–	–	–	–	29
1988	74	–	–	–	–	74
1989	259	1	–	25	2	287
1990	142	3	1	29	–	175
1991	203	6	82	41	9	341
1992	219	4	3	147	11	384
1993	322	3	7	136	1	469
1994	365	11	20	136	3	535
1995	306	6	25	199	2	538
1996	267	6	37	262	15	587
1997	254	16	51	272	10	803
1998	1535	46	813	1381	40	3815
1999	1157	196	952	1747	78	4130
2000	725	177	667	1126	92	2787
2001	522	106	695	706	38	2067
2002	533	77	806	561	60	2037
2003	354	60	856	614	44	1982
2004	341	122	807	632	88	1972
2005	272	154	613	475	64	1587
合计	7879	994	6435	8489	557	24599

注：其他包括生殖器疱疹、软下疳和性病性淋巴肉芽肿。

防治。1987 年，市区和南漳县两个性病监测点骨干专业人员参加国家和省级专业培训，省卫生防疫站在樊多次举办性病临床、检验、疫情管理、高危人群监测培训班，各县市卫生防疫站和综合医院皮肤性病科、妇科、泌尿外科及部分专科门诊专业人员参加培训。1998 年，市卫生防疫站派专业人员参加中英合作项目性病艾滋病防治管理培训。襄樊市性病宣传资料主要来自省卫生防疫站下发的性病宣传画和宣传单，市卫生防疫站进行多次翻印。2005 年，市卫生防疫站编印《性病健康教育处方》宣传读本 20000 册，在各种卫生宣传日到公共场所进行宣传，免费向群众发放，投放到各性病诊疗点。

1987 年始，在全市开展性病疫情监测，实行性病疫情报告制度，各医疗卫生单位发现性病后，及时上报当地卫生防疫站，再由各级卫生防疫站汇总，以月报、季报、年报形式逐级上报，并撰写半年和全年性病疫情分析。由市卫生局牵头，每年至少开展一次性病疫情管理工作检查评比。在襄樊市区、南漳县两个省级性病监测点每年至少开展一次医院性病漏报调查。全市医院性病漏报率 30% 以上。在襄樊市区和南漳县每年性病高危人群监测不少于 500 人，监测重点人群是卖淫嫖娼人群、违法犯罪在押人员、长途汽车司机和宾馆服务人员。1991—1995 年，对襄樊市收容所、妇教所及看守所等部门在押人员 1646 人进行强制性性病检测，其中性病患病率男性 4.74%，女性 37.80%，其他如疥疮、霉菌、滴虫等感染率 6.99%。1995 年，将皮肤性病体检纳入从业人员健康体检范畴，主要项目为皮肤性病常规体检，对梅毒进行血清学初筛，1997 年停止该项工作。2005 年，对 331 名暗娼进行性病检测，性病感染率 80%。早期性病诊疗大都在性病防治专业机构和综合医院皮肤性病科诊疗。20 世纪 90 年代后期，诊疗出现混乱。2002 年，全市设立 9 家性病诊疗专业机构，2003 年，在项目地区要求设立规范化性病门诊，对性病患者开展抗—HIV 监测。

麻风病防治：

疫情。1956 年 7 月，境内发现首例确诊麻风病人。后通过自报、互报、线索调查、普查、重点抽查和患者密切接触者检查，至 2005 年 12 月，全市共发现麻风病人 195 例，属麻风病非流行区。20 世纪 70 年代、80 年代、90 年代，襄樊市麻风病患病率分别为 0.69/10 万、1.20/10 万、0.29/10 万；21 世纪以来，患病率 0.12/10 万。

防治。1968 年以前，境内未设立麻风病防治专业机构，病人多送往房县、竹山、孝感等地麻风院、村住院隔离治疗。1968 年保康县在高山梅花寨建立一所简易麻风村，共收治 8 例保康县病人。1972 年襄阳地区行署在保康县过渡湾峡谷中新建一所麻风病院，称为襄阳地区保康过渡湾医院。建院后，接回本地在外就医病人及少数本地区新发病人隔离治疗。经过 1980 年全市各县市大规模普查和线索调查，最大限度发现病人，截至 1985 年底，该院共收容 115 例麻风病人，以隔离治疗为主。一旦确诊为麻风病人，即强迫入院治疗，实行医疗和生活费包干制度，其治疗药物为氨苯砜单一抗麻风药物治疗，俗称“单疗”。1986 年，实施 WHO 推荐的 MDT 治疗方案，由过去单疗转变为多种药物联合化疗方案，新发麻风病人不再收治入院，而是实施家庭内治疗，其 MDT 接受治疗率、覆盖率、规范治疗率、治愈率均达 100%。对经过 MDT 方案治疗的患者每年进行监测和密切接触者检查，判愈后，多菌型监测 10 年，少菌型监测5年。1992年4月，湖北省在襄阳县召开历史上患病率在1/1000以下的县、市基本消灭麻风病考核验收现场会。该方案后经修改、充实，作为全省以县、市为单位基本消灭麻风病达标验收方案。襄樊市以县、市为单位，经省麻风病防治专家组考核验收，1995年10月，谷城县、保康县、襄樊市区、枣阳市、襄阳县、老河口市相继达到基本消灭标准，12月，南漳县、宜城市达到基本消灭标准。2005 年底，除3例正在实施治疗和 3 例尚未判愈患者外，凡经 MDT 方案治疗患者均治愈，且未复发。

9.手足口病疫情处理

2005 年 9 月 14—10 月 7 日，襄阳轴承厂厂区中 14 名幼儿出现手足口病，14 名患儿中 10 名为该厂幼儿园学生。主要症状：发热，手、足、口、臀部有红色丘疱疹，口腔水疱位于舌头及两颊部。病程一般为 7 天，患儿病情稳定，无并发症。市卫生局、卫生防疫站迅速派出专业人员赶赴现场开展调查处理工作。调查组抄写该幼儿园 333 名学生名单及相关信息与市中心医院万山分院门诊日志和住院登记相对照，发现此次疫情首发病例在襄轴幼儿园。结合流行病学、临床表现、实验结果，判定该起疫情为手足口病；隔离治疗患儿，并向幼儿园提供 70%漂白粉精 30 公斤，对幼儿园进行消毒；对幼儿园开展晨检、日常消毒措施落实情况进行检查；提供 500 份《手足口病防治知识》宣传单，由幼儿园老师负责发放，并做好学生家长的思想工作。通过上述处理，疫情得到控制，经市卫生局对防制措施落实情况现场评估后，于10月7日重新开园。

10.传染病暴发疫情应急处理

1986—2003年，市区及所辖县（市）共发生传染病暴发疫情50余起、12个病种，无甲类传染病。其中麻疹40%；其次分别是钩体14%；脊灰13%；乙脑13%；其他还有炭疽、伤寒、轮状病毒感染、甲肝、流行性腮腺炎、水痘、风疹及不明原因性疾病。1990年，由于对毗邻地区脊灰、麻疹、乙脑发病重视不够，防范措施不严，加之某些地区存在免疫空白，疫情发生后未能及时报告，未及时采取应急措施，使这些疾病发生急剧增多，部分县（市）乡镇达到暴发流行水平，其发病率分别为3.75/10万、32.61/10万、9.60/10万。通过大规模疫苗接种，控制三病的二代发病。1992年5月12日晚8时，市卫生防疫站接到市一医院收治炭疽患者一名的电话报告，5月13日晨，市卫生防疫站流行病科专业人员前往进行流行病学调查。经现场调查和检验证实为“皮肤、肠、肺炭疽”。患者系枣阳鹿头镇松柏村人，因猎枪击伤右上肢锁骨于5月4日到枣阳一医院进行伤口缝合，后因伤口感染转入市一医院，5月12日对患者伤口分泌物培养检出炭疽杆菌，于5月21日死于败血症。在处理这起疫情中重点对疫点实施消毒灭菌。由于疫点处理彻底，未发生人畜再次感染。1997年、2001年，襄樊市局部地区发生麻疹暴发流行。1997年，市陶瓷集团子弟学校和襄阳师范专科学校分别发生麻疹暴发流行，发病率达12.9%和0.45%。2001年襄阳县王家洼小学发病20例，流行时间持续30天。市卫生防疫站实施现场流行病学调查，查明原因，重点开展病人隔离治疗，各种场所消毒及麻疹疫苗应急注射等控制措施，疫情迅速得到控制。2003年4月，襄樊市防治非典型肺炎指挥部成立。全市共处理疫情2 580起，调查5 876人。加强各级各类人员培训，办培训班19期，培训4 100余人。加大宣传力度，在襄樊广播电台“市民热线”专栏开展专家访谈防非专题节目，在新闻媒体专题报道防非知识41期。及时准确处理疫情，出动应急处理机动队165次，累计投入1 025人次，出动车辆311台次；处理疫情125起，投入917人次，调查2 017人次。其中调查处理疑似非典病人64人，密切接触者和一般接触者1 961人（本地1 466人，外地495人），调查对象中，当场排除81人、就地隔离观察302人、转送发热门诊109人、转送指定医院98人、转送集中隔离822人、家庭隔离观察625人。追踪127次、1910人次，投入831人次，追踪对象中，临床诊断疑似病例4人、医学观察病例14人、接触者1 895人、其他误报、虚报等5人；随访84次，845人次，投入267人次，其中随访临床诊断疑似病例30人次，医学观察病例83人次，密切接触者和一般接触者732人次；指导疫情预防和控制消毒130次、676点、17万平方米、51万立方米，投入238人次，其中疫情现场消毒91起、295点、12万平方米、37万立方米。市卫生防疫站对357家单位和3 100余台公共汽车、出租车进行消毒，面积70余万平方米，体积90余万立方米。筹资200余万元，购消毒药品20余吨，消毒器械650台（件），疫情处理车2台、电脑8台。经指挥部确认的5例疑似非典患者（其中死亡1例），经回顾性流行病学调查和临床观察，最终排除非典诊断。

（二）卫生监督

1.食品卫生

监督与管理：1986—1988年，市区定期开展辖区大型宾馆、饭店、招待所食品卫生协作检查、大中型冷饮生产行业考核评分检查及市饮食服务系统内部达标自我考核检查。每次检查结束后对前三名发流动红旗，并将检查情况及评比结果通报全市。与16家卫生工作难度大单位签订“达标协议书”，规定达标目的及完成期限，到期达不到要求给予处罚。1989年12月，枣阳市被列为全国建设食品卫生示范县（市）计划。1990年7月，老河口市被定为湖北省首批食品卫生达标县（市）。1990年4月，由市食品卫生领导小组办公室牵头，组织公安、工商、商业、饮食服务总公司、市容办、卫生等部门及四个区政府共27人检查团，对市区12条干线、18条街道、隆中风景区进行市容综合治理食品卫生整顿，共检查食品生产经营单位243户，处罚85户，其中限期改进32户，停业整顿19户，吊销卫生许可证3户，罚款48户，罚款金额1 557元，取缔占道食品摊位45户，没收不符合卫生要求及变质、超期糕点、饮料、罐头、酒类等食品30余种，计497.5公斤，封存两个批发单位超期食品2 300余件。1991年，以整顿市内饮食摊点，露天经营管理为重点，开展大检查6次，整顿个体摊饮点1 656家，现场拆除乱搭乱建201处，收缴不卫生用具425件，依法取缔无证经营者44家，限期改进8家，没收伪劣食品2 904公斤。1993年，市卫生防疫站开始试行卫生监督综合执法，对市区食品生产经营单位重新摸底，加强卫生监督，扩大监督覆盖面。全年监督13 081户次，对233户次违法户进行限期改进，对18家较严重违法单位进行行政罚款处罚，罚金9000余元，销毁不合格伪劣食品500公斤，超期变质软包装饮料700多袋，不合格糖果1 000公斤。同年，枣阳市被列为全国食品卫生示范县(市)。1995年，开展卫生监督17 283户次，行政处罚11户，处罚金额11 400元；销毁不合格食品850公斤，饮料850多袋，糖果100公斤。自1999年4月1日始，市区所有食品生产经营单位一律不得将“老水”作为食品添加剂经营、使用。7月，市卫生局印发《襄樊市查处食品中使用罂粟壳等违法行为实施方案》，对全市卤制品店、烧烤店、牛油面馆、酒店、火锅店等食品生产经营单位使用的卤汤、汤料、香料等进行检查。同年，在全市开展创建“食品卫生示范街”，推行“食品卫生承诺制”，评选“食品卫生十佳单位”和“食品卫生信得过单位”等活动。2000年，集中开展打击打击制售假冒伪劣健康相关产品违法犯罪活动。出动车辆19台次，新闻曝光3次，检查单位360户次，参加执法人员65人次。查封“女儿红糊子酒”1 000公斤，销毁“老水”460公斤、农药污染大米150公斤，查封使用假冒消毒碗个体餐馆4家。同年4月，授予全市85家单位为“食品卫生信得过单位”。襄阳宾馆、谷城县谷城宾馆、兴龙食品有限公司、美津大酒店等10家食品食品生产经营单位被省卫生厅授予湖北省“百佳”食品卫生先进单位称号。2001年，开展餐饮业整顿达标工作，对达标行动迟缓的72户餐饮经营单位进行重点稽查，下达限期整改意见书，经复查验收，大部分单位均落实整改意见，达到要求。3月，对市直管宾馆、饭店、招待所、酒店和集体食堂等餐饮业单位进行达标验收，812家单位通过验收。对辖区内所有粮食制品生产经营单位、食品添加剂生产使用单位进行检查。6月，在市食品原料调拨中心和市江城食品原料供应部共查获吊白块2桶50公斤，依法分别给予行政处罚。8月，对市区调味品市场进行抽查，在樊城大世界市场，发现部分零售批发商仍在经营超过保质期限调味品，现场予以销毁。在襄城区庞公乡新光酱品厂库房内发现假冒山西“高光”牌白醋及酱油60余件，现场予以封存。2002年，开展大规模专项整治活动13次，卫生行政处罚8起，其中罚款1起，罚金2 000元，停业整顿1起，没收违禁食品6次，查封可疑食品品种26种共计10 357公斤，销毁假冒伪劣食品519公斤。2003年，开展大型集中整治活动20余次，查处制假售假窝点18家，查处假冒伪劣食品6 180公斤，查获加工中使用工业原料235公斤，违法制售“老水”125公斤。卫生行政处罚106户次，其中警告20户次、责令改正20户次、责令公告收回销毁食品9 453公斤、罚款10户次，罚款金额38 660元，吊销卫生许可证2户次，处理卫生投诉21起，接待咨询120余次。开展食品卫生打假会战，出动监督执法人员720人次，突击检查500余家食品生产经营单位，查处制假售假窝点15家，查获假冒伪劣食品1 945公斤。2004

图31—2　卫生监督人员检查食品卫生情况

年，检查全市食品生产经营单位520余家，查获制假售假窝点3家，假冒伪劣食品189公斤。“3·15”消费者权益日活动期间，对全市散装食品、定型包装食品、保健品、粮油食品、调味品进行检查，没收超期和假冒伪劣食品1 250公斤，公开销毁处理。2005年，先后开展卫生许可专项整治、餐饮业和学校食堂专项整治、保健食品专项整治、食品包装用纸及塑料包装物专项整治、婴幼儿配方食品专项整治、食品添加剂生产企业专项整治、早点夜市及食品摊贩专项整治。没收超期和假冒伪劣食品1 000余公斤，并在鱼梁洲进行公开销毁处理；查处违法案件173起，其中警告和责令改正139户次，罚款8户次，金额15 000元；责令停产停业28户次，没收销毁食品户数26户合计671公斤，吊销卫生许可证户数2户，取缔非法经营活动户数20户。

监测：食品经营单位卫生监测。1986年，襄樊市食品经营单位1 102家，2005年增至4 467家。食品常规监测品种有粮油、肉禽、乳制品、水产罐头、食糖、冷食、饮料、酒、调味品、糕点、蜜饯、糖果、茶叶、保健食品、食品添加剂、新资源食品、豆制品、酱腌菜、食品用产品等。1986年，食品生产经营单位卫生监测合格率73.08%，2005年为87.32%。餐具消毒监测。1986年，餐具监测39件，合格率48.72%；1995年餐具监测365件，合格率81.64%；2005年餐具监测1 310件，合格率82.14%。宾馆、饭店监测。市卫生防疫站每年对各宾馆、饭店监测次数不少于12次，每次监测至少6份。1994年8月，对42家大型宾馆饭店、招待所制定12类42项标准，先由各单位自查，后由监督员9人组成检查专班，采取一听、二看、三查办法到受检单位对食品卫生和客房卫生进行检查，共现场抽查茶具、餐具等150件，经检验合格108件，合格率72%，评选先进单位38个。食品生产单位卫生监测。1986年，襄樊市食品生产单位126家，从业人员692人。1987年，检测各类食品633份，合格508份，合格率80.25%。其中冷饮103份，合格90份，冷食47份，合格31份；酒类310份，合格269份，糕点44份，合格28份；其他食品129份，合格90份。1989年，市区共检冷饮食品164份，合格153份，合格率93.29%。1990年6月，检查冷饮生产单位49家，对23家卫生问题提出整改意见。1991年，各类食品送检、抽检727份，总合格率88.86%。1994年8月，开展食用油检查，对市制、售食用油进行卫生质量监测，重点检查油脂掺杂，并进行通报。对37个生产厂家进行两次突击性卫生质量检查，现场抽取样品148份，经检验合格率77.03%。1996年，抽检市区冷饮食品单位88个，抽样154个品种，经检测15个单位18个品种不合格，合格率5.24%。1995年，食品生产单位198家，从业人员962人。1996年，开展副食品卫生质量监测，抽检35个单位97个品种，合格率90.72%；月饼抽样监测51个单位99个样品，合格率94.94%；卤制品样品监测22个单位31个样品，合格率58.06%；开展白酒监督监测，白酒抽检37个单位，79个样品，经检验均符合国家标准，合格率100%1997年3月，对市区各食品、药品批发企业、食品药品零售商店、综合性医院进行检查整顿，共检查单位45家，各类食品1 000多种。对不符合保健食品管理办法规定食品责令停止销售等处理。1999年5月，开展市区冷饮食品卫生检查。2000年4月，对市区10个冷饮生产厂家进行监督检查和综合评分，授予85分以上的市兴龙食品有限公司、市美滋滋冷饮食品厂7个厂家红旗单位称号。对75分以下营盘冷饮厂、奥健冷饮厂2个厂家，给予黄牌警告，责令其限期整改。2001年3月，对市区保健食品市场进行清理整顿，查处经销单位未取得卫生许可证经营和销售无标示、假冒伪劣、夸大作用、宣传疗效的保健食品行为。4月，开展市区冷饮生产专项卫生监督稽查，检查冷饮生产厂家29个，抽查各类冷饮40个品种62份样品，合格57份，合格率92%，对少数生产厂家防尘防鼠设施不全，消毒措施不严等卫生问题下达责令整改通知书。2002年5月，抽检市区冷饮生产经营单位冷饮26份，合格21份，合格率80.76%。2004年6月，抽检市区冷饮生产企业和批发零售单位冷饮食品22种，合格率100%。7月，针对部分保健食品中擅自添加药物、虚假广告宣传、违法宣传产品具有治疗作用、仿造卫生部批准文号冒充保健食品、未取得卫生许可证等问题，重点对食品批发市场和药品经营企业开展检查。同年，完成食品污染物监测任务3次，上报省卫生监督局样品结果306份。2003年3月，查处夸大宣传及未经审批保健食品11种共

391 盒(袋),查获标识不全不符合要求食品 60 余种,查处过期食品 8 袋。2003－2005 年,对城区内食品添加剂经营、使用单位开展检查,重点监督检查水产品(滥用甲醛、氢氧化钠等化工原料泡制),银耳、竹笋、生姜(滥用硫磺)以及米粉(滥用吊白块)、粉丝(滥用滑石粉)、肉制品(索证)等,查获使用非法食品添加剂经营单位 46 家,没收"老水"2 500 多公斤。2004 年,对食物中毒、奶粉掺假样品检测 224 个参数。在食品污染调查处理工作中,首次检出单核细胞增生李氏特菌,填补襄樊市该项空白。2005 年 7 月,抽检冷饮食品 26 种,微生物检测合格率 100%;食品添加剂检测合格率 100%。8 月,对全市 213 个保健食品经营单位进行检查整治。对三九药业有限公司和时珍国药堂有经销假冒保健食品批准文号行为立案调查,没收所有违法产品,责令停业整顿,并各处 3 000 元罚金。9 月,对植物油进行抽检,其中餐饮单位 6 份、集贸市场 7 份、学校食堂 5 份,检测结果均合格,合格率 100%。7—10 月,先后对全市 116 家经营婴幼儿配方奶粉商场、超市进行检查和产品抽检。经检查襄樊市无婴幼儿配方奶粉生产厂家,各大商场、超市绝大多数经销品牌产品,索证、标识、标签符合国家规定,18 份抽检样品经检验均符合国家标准。同年,食品生产单位 239 家,从业人员 828 人。

食物中毒事故处理:1986－2005 年,襄樊市市区共发生食物中毒 18 起,中毒人数 353 人,无死亡病例。1997－2000 年,发生亚硝酸盐中毒 10 余起。历年食物中毒以肉食居首,见于副大肠杆菌、鼠伤寒沙门氏菌和副伤寒菌。米饭中以腊样芽孢杆菌为主,依次为粮食、棉油、毒蕈、农药污染或亚硝酸盐、游离棉酚等所致。1997 年后以亚硝酸盐类食物中毒较多。枣阳市 1989－1991 年连续 3 年无食物中毒发生。襄阳区共发生食物中毒 24 起,1 956 人中毒,死亡 4 人。谷城县共发生食物中毒事故 17 起,中毒人数达 681 名,无死亡病例。主要以细菌性食物中毒为主,其次为化学性食物中毒、原因不明食物中毒、植物性食物中毒和真菌性食物中毒。其中较大食物中毒 6 起。南漳县共发生食物中毒 15 起,中毒原因以细菌性食物中毒为主,其次为化学性食物中毒。1998 年 4 月 3 日,宜城市小河镇张咀村发生食物中毒,发病 8 人,死亡 1 人,宜城市卫生防疫站及时派出专业人员开展调查工作,同时向上级业务部门报告情况,并按照食物中毒预案要求,较好处理这起食物中毒事件。1999 年 9 月 25 日,老河口市仙人渡崔营村发生 109 人集体就餐食物中毒事件,经查为粪链球菌合并沙门氏菌食物中毒,经抢救消毒,无人死亡。2000 年 6 月 9 日晚,张集镇罗营村一村民为小孩办"满月酒",65 人就餐,31 人中毒,经抢救全部脱险。中毒原因为变形杆菌所致。2001 年 5 月 31 日下午,老河口市中心幼儿园部分儿童以恶心、呕吐、腹泻等症入住市一医院。卫生局接报后组织有关单位及襄樊市专家协助指导,经查,系化学性食物中毒合并芸豆碱中毒。2002 年 9 月 11 日,张集镇中学发生一起食物中毒,至 26 日,老河口市一院、张集卫生院等单位共收治 350 名中毒学生,除一名中毒较重者死亡外,均治愈返校上课。

从业人员健康体检:1986－2005 年,襄樊市食品生产经营人员应健康检查 201 786 人,实体检 193 266 人,平均体检率 95.96%,检出"五病"(痢疾、伤寒、病毒性肝炎、活动性肺结核、化脓性或渗出性皮肤病及其他有碍食品卫生的疾病)人员 9 867 个,调离 9 867 人,调离率达 100%。2002 年 4 月 1 日,《湖北省健康培训合格证发放管理办法(试行)》在全省实施。健康证、培训合格证由省卫生厅统一印制,由县以上卫生监督机构负责发放管理,全省通用。

2.劳动卫生与放射卫生

劳动卫生:1986 年底,全市有接尘厂矿 454 个,接尘工人 43350 人,累积发生尘肺 424 人,尘肺患病率为 0.97%,累积发现尘肺观察对象 928 人,尘肺病人与观察对象比值为 1∶2.18,现患尘肺 377 人,尘肺现患率为 0.86%,尘肺死亡病例 47 人,尘肺病死率 11.08%,现患病例中合并肺结核 68 例,结核合并率 18.04%,1986 年体检人数为 4 622 人,受检率 10.66%。襄樊市各县(市)均有尘肺病发生,主要分布在襄樊市区,老河口市和襄阳县分别居第二位和第三位。1992－1998 年,市职业病防治院对 472 例尘肺病人开展心理护理研究,按不同年龄对尘肺病患者进行心理护理。采取信函预约,组织专班深入县、市各用人单位，与用人单位签订协议等多种方式收治职业病人。1994—1998年，开展第一次尘肺病复核换证。对1992年(含1992年)前经市职业病诊断组诊断的市辖区内所有工矿企业、铁路和农村务农的持有尘肺病诊断证明书(一期以上)尘肺病人和疑似尘肺病人(0+)进行复核。经复核，襄樊市区及辖区内各县(市)共有1 284名尘肺病人及疑似尘肺病人，进行复核换证，其中Ⅰ期尘肺483人，占37.62%，Ⅱ期尘肺78人，占6.08%，Ⅲ期尘肺17人，占1.32%，疑似尘肺706人，占54.98%。1995年，在谷城茨河、薤山建设疗养基地，每年组织职业病人分期分批疗养。2000年，开展第二次职业病复核换证，由市职业病防治院职业病门诊负责，共复查市区内职业病195人，办理尘肺病证187人，职业中毒及其他职业病8人。2004—2005年，开展第三次职业病复核换证。复核换证对象为2002年5月前疑似尘肺病人(0+)和Ⅰ期以上尘肺病人、职业中毒患者和观察对象、听力损伤和噪声性耳聋患者及其他职业病人。共复核换证298人，其中尘肺病281人，职业中毒及其他职业病17人。2004年10月，经体检发现保康县公溪沟煤矿100多名工人新发尘肺病11例，发病率10%以上，农民工遭受职业病危害严重。至2005年底，全市发现尘肺病654例，疑似尘肺例1058例。1986—2005年，市职业病防治院收治职业病人2 485例，其中尘肺病1875例，占职业病住院人数75.45%，职业中毒及其他610例，占24.55%。主要是铅、苯、锰中毒。同期，市区及谷城、保康、南漳、襄阳、宜城、老河口、枣阳均有急、慢性职业中毒发生。常见职业中毒有铅中毒、苯中毒、汞中毒、锰中毒、硫化氯中毒、氯气中毒、氮氧化物中毒、二硫化碳中毒、砷中毒、三硝基甲苯中毒、氰化物中毒、一氧化碳中毒以及刺激性气体、窒息性气体中毒20余种。1986年以来，对湖北汽车灯具厂、市橡胶厂、汽修、油漆厂、制鞋厂等用人单位进行苯职业危害调查和苯作业工人健康检查，职业性慢性苯中毒检出率1%，观察对象3%，发现苯中毒导致白血病5例；对锰作业场所进行职业危害调查和电焊作业工人健康检查，化验尿锰500多人份，职业性慢性锰中毒1%，观察对象3%；对市区及襄阳、宜城等地化纤厂2000余名二硫化碳作业人员进行职业性健康检查，职业性慢性二硫化碳中毒检出率0.5，观察对象2%。1986—2005年，襄樊市有资料记载的厂矿企业急性职业中毒事件11起。分为三大类，一般事故4起、重大事故6起、特大事故1起。按中毒化学物质分7种：急性氯气中毒2起、中毒14人、其中死亡1人；急性氯气、氮氧化物混合中毒1起、中毒23人、其中死亡7人；急性三硝基甲苯中毒3起、中毒36人；急性刺激性气体中毒1起、9人发生急性刺激性气体吸入反应；急性硫化氢中毒2起、中毒12人、其中死亡1人；急性氰化物中毒1起、发生急性氰化物吸入反应6人；异氰酸脂中毒、致敏、发生职业性哮喘导致呼吸衰竭死亡1例；急性苯中毒1起、中毒9人。1990—1992年，省卫生防疫站和市职业病防治院对水利局雷达、电视台转播塔(站)、电信局微波站进行微波漏能测试及噪声测试，共计测试30余点次，超标率>30%，职业性体检120人，其中微波站80人、电视台15人、水利局20人，发现微波作业人员存在晶体混浊、视力下降、神经衰弱症候群，异常率大于40%。其中视力下降、晶体混浊明显，观察组与对照组两者结果差异显著。2002年前，襄樊市职业病诊断组织机构隶属市卫生局直接管理，由市中心医院、市第一人民医院、市中医医院、市卫生学校、市结核病防治院和市职业病防治院内、外、五官、放射、检验等专家组成，办公室设在市职业病防治院医务科。1986年以来，市职业病诊断机构经过5次调整，技术队伍不断扩大，业务能力逐步增强，在1994年湖北省职业病诊断考试考核中，荣获全省职业病诊断职业中毒专业组第一名。2003年，市职业防治院申请职业病诊断机构资质认证，成为襄樊市第一家有职业病诊断资质单位。1986—1995年，襄樊市职业病诊断组每季度组织一次职业病诊断。1996—2005年，每月组织一次职业病诊断。20年来，在职业病诊断活动中，襄樊市共发现职业病8大类41个病种。其中尘肺病8种，累计尘肺病654例，可疑尘肺1 058例；职业中毒22种，职业病640例，观察对象255例；物理因素及其他职业病6类11种，职业病18例，观察对象56例。尘肺病、职业中毒、物理因素及其他职业病共1 312例，职业病观察对象共1 369例，职业病及可疑职业病2 681例。

工作场所职业病危害因素监测：1988—1990年，市经委、市卫生局、市总工会同市职业病防治院和有关企业主管局（公司）分别对境内5家尘毒严重超标企业治理情况进行检查，并对作业场所尘毒浓度进行测定。监测尘毒种类有：铅、尘、氟化氢；监测点次共304次，合格点次87次；其中湖北汽车蓄电池厂1989年铅最高浓度9.40 mg/m³，超标187.0倍；市玻璃厂1988年粉尘最高浓度209.3 mg/m³，超标103.5倍；市耐火材料厂1988年粉尘最高浓度216.0mg/m³，超标107.0倍；市建筑陶瓷厂1988年粉尘最高浓度154.0mg/m³，超标769.0倍；市无机化工总厂1988年氟化氢最高浓度78.69mg/m³，超标77.7倍；1989年粉尘最高浓度1325.0mg/m³，超标131.5倍。1992—2005年，对襄樊市厂矿企业3034个尘、毒监测点开展尘、毒检测，全市企业作业场所职业病危害因素监测覆盖率年均不足10%，合格率60%，低于全国70%水平。职业病危害因素监测种类中，粉尘浓度最高超标857倍；生产性毒物中铅超标125倍；物理因素中噪声最高值以A声级表示为116分贝，超标31分贝（工作8小时标准）。1995年，市职业病防治院对厂矿企业作业场所监测，空气中有毒有害物质浓度合格率虽有提高，但仍比国家要求差距相当大。化学毒物合格率67.1%，物理因素合格率63.6%；粉尘监测合格率最低为53.3%。有些厂矿企业作业场所职业病危害因素严重超标。市一水泥厂成品包装处粉尘浓度高达1770.0毫米/立方米，超国家卫生标准885倍；湖北汽车灯具厂油漆车间静电喷漆二处的苯浓度为265.0毫米/立方米，湖北汽车蓄电池厂总装车间三处测铅烟浓度分别为10.47、9.29、9.12毫克/立方米。2005年，检测襄樊市厂矿企业生产环境职业危害情况，粉尘企业54家，应测点357个，实测点61个，测定率17.09%，合格点46个，总合格率75.41%，化学因素企业29家，应测点262个，实测点89个，测定率33.97%，合格点76个，点合格率85.39%；物理因素企业40家，应测点334个，实测点69个，测定率22.66%，合格点47个，点合格率68.16%，总计企业数84家，应测点953个，实测点219个，测定率22.98%，合格率169，点合格率77.17%。

职业健康监护：1986—2005年，市职业病防治院共开展职业健康体检20多万人次，累计发现8类职业病41个病种，职业病1312例，职业病观察对象1 369例，职业病及职业病观察对象2681例。1986—1995年，职业健康监护工作由市职业病防治院承担，1994年，市职业病防治院与市燃化局联合，成立襄樊市化工职业防治站，按照化工部要求，全市化工系统全面开展化工职业健康监护工作。1998年，襄樊市区、枣阳、老河口、保康对辖区内23个厂矿企业进行职工健康监护及职业危害调查，但未开展车间环境的监测工作。被调查23个厂矿企业共有职工24 275人，接触有害因素人数5 825人，已体检3 577人，体检率61.44%，建档率100%，其中国有企业19个，职工总人数23 196人，接触有害因素人数5 218人，已体检3 203人，体检率61.38%，建档率100%；集体企业3个，职工总人数707人，接触有害因素人数347人，已体检184人，体检率53.03%，建档率100%；乡镇企业1个，职工总人数372人，接触有害因素人数260人，已体检190人，体检率73.08%，建档率100%。根据襄樊市厂矿企业统计资料，国有企业占35%，集体企业占19%，乡镇企业占43%，三资企业占3%，说明乡镇企业居多，国家和集体次之，实际工作中，襄樊市区及枣阳、老河口、保康调查资料表明：健康监护定期体检的厂矿分布比例为：国家企业19家，占82.61%，集体企业3家，占13.04%，乡镇企业仅1家，占4.35%，说明国家企业最重视职业卫生工作，乡镇企业较差，且职业危害严重，未引起足够的重视，有待加强监督。1999年，市职业病防治院首次规范全市药品作业人员体检工作，年均体检500人次，拓宽职业性体检工作范围。

职业卫生监督执法：1998年9月，市卫生部门对20余家尘、毒危害的重点企业50多名劳动安全卫生管理人员进行培训。市职业病防治院组织4个职业卫生调查组，到各个厂矿企业调查，征求意见，服务上门，开展经常性卫生监督，制定50家困难企业优惠政策，实行缓、减、免收费优惠标准，主动为企业排忧解难。2002年5月1日《中华人民共和国职业病防治法》正式实施，由市卫生局委托授权，市职业病防治院代理行使职业卫生监督执法权。2003年，襄樊市有51名专业人员取得职业卫生监督执法证。市职业病防治院职业卫生监督人员深入厂矿企业监督检查200余次，下达监督意见书85份。现场检查笔录200余份，完成用人单位职业病危害项目中申报51份，先后对市新三利水泥有限公司等12年单位进行立案。开展职业病危害专项整治活动，调查涉及用人单位83家，其中乡镇企业8家，农村个体工商户75家，从事有毒有害作业人员2800人。对襄樊市区15家用人单位提出整改意见，对4家用人单位下发限期整改通知。2004年1月，重点对19家用人单位进行监督执法。2004年9月，市职业病防治院对位于贾州豪森木业公司进行现场调查与职业病卫生监督执法，该厂厂房十分简陋，接毒工人180多人。从生产第一道工序旋切开始，到最后一道工序建筑模板喷漆，农民工在无防护措施环境下操作，进入生产车间刺鼻刺眼感觉明显，甲醛、苯酚等有毒物质使用，对工人身体造成侵害，有60%—70%的人发生刺激性接触皮炎，有的表现头疼、头晕、失眠、恶心、呕吐，所有工人未做过职业性健康检查。此后，省卫生监督局抵樊对该厂进行督办，限期整改。2005年，市职业病防治院共对市区23家用人单位的4 805人次进行职业健康检查，对33家用人单位进行职业病危害因素检测，检测粉尘115点次、物理因素618点次、化学因素174点次，检测生物样品1026人份，开展车间空气中锰、铅、丙酮、醋酸乙酯、铬化物、盐酸、硫酸、丙烯醛、苯、甲苯、二甲苯、氧化锌、氮氧化物、过氧化氢、二硫化碳、氨、溶剂汽油等20多种化学因素和车间环境中噪声、电磁辐射、照度、热辐射等物理因素的检测。

放射卫生：1987年6月，市卫生局、公安局、科委、环保局联合对全市放射性同位素和射线装置放射防护工作进行检查。检查内容：受检县（市）放射防护管理情况；各使用放射性同位素与射线装置的单位建立安全操作规程、制度及安全防护管理的情况；强辐射源及射线发生装置的存放、使用运行、剂量监测、安全防护和剂量报警装置的配备，检修及保证正常工作的情况；开展放射卫生防护知识宣传、培训、及法规教育频度、方式、效果及对从事放射工作人员考核等情况。1990年，襄樊市被确定为“全国放射卫生综合监督管理示范市”（简称“示范市”）。同年4月，襄樊市开始“示范市”建设。1998年7月，襄樊市被卫生部授予“放射防护综合监督管理优秀市”。同年8月，市卫生局在全国放射防护经验交流会上作经验交流。1994年，老河口市、谷城县、宜城市、枣阳市等县市对辖区内医用诊断X线机、个人剂量进行全面监测，监测覆盖率100%。1998年9月，在全市开展放射源安全防护检查，检查对象为襄樊市境内所有从事使用、销售、贮存、运输放射性同位素单位。1999年，全市开展医用CT机应用质量检测与管理工作。对未取得许可证而擅自启用大型医用设备，责令停止使用；经复审检查应用质量不合格大型医用设备，责令停止使用，并吊销其许可证，对当事人与主管人给予行政处分。情节严重者，吊销其“大型医用设备配置许可证”。2000年7月，对襄樊市CT机进行应用质量检测及技术评审，共检查CT机12台。同年10月，对全市放射性同位素工作单位安全防护工作情况进行检查。对放射源使用大户湖北宝石水泥集团公司进行重点抽查。检查摸清全市共有放射性同位素工作单位34家，开放型同位素工作单位8家。2001年，为市三利达水泥厂、湖北宝石水泥集团公司健全放射源档案，消除事故隐患；对襄阳县气象局、枣阳市真龙水泥厂下达《卫生监督意见书》，要求限期办证。2003年8月，分三批对全市近300名放射工作人员进行防护知识与法律法规培训。1998—2005年，襄樊市放射卫生经常性监督，应监督1 982户，实监督1 929户，其中合格1 582户，警告19户。1998—2005年全市共监测医用诊断X射线机使用单位设备2 470台，监测点35 934个，合格点33 585个；监测工业X射线探伤机使用单位设备157台，监测点1 155个，合格点1 118个；监测放射性同位素使用单位密封源148枚，监测点1 250个，合格点1 247个；放射性同位素使用单位开放源监测点1 387个，合格点1 375个。对市放射工作人员个人剂量监测，应监测5243人，实监测2 898人。1986年，应体检襄樊市放射工作人员573人，实体检492人；1989年，对市区、各县（市）医疗卫生单位、驻樊部队、厂矿从事放射性工作（包括医用诊断、治疗、放射性人同位素、工业γ、x射线操作及其他各类射线发生装置）放射工作人员共604人进行健康体检，体检率93.5%以上。1995年体检546人，体检率 95.12%。1998 年，在湖北省率先开展就读放射专业学生体检，共体检 40 名，查出 3 名不适宜从事放射工作学生，事后通知学生所在学校调整所学专业。2001 年体检 604 人，体检率 93.5%以上。2004 年共体检 563 人。

3.学校卫生

儿童少年生长发育调查：1986 年，按照世界卫生组织 1982 年推荐的国际儿童营养状况评价标准，襄樊市选择市区中小学各 1 所，作为长期健康动态检测点，对学生生长发育、营养状况、因病缺课、常见病等进行全面评价。1993 年，依据《学校卫生条例》和“襄樊市学校体育卫生工作要点”，系统安排学生体检工作。1986—2005 年，市区共开展学生体检 353 900 人，监督学校 297 个次，疫苗注射 39 114 人次，视力防治 42 229 人次。患贫血、沙眼、龋齿、肠寄生虫和营养不良学生分别为 57 017 人次、4 470 人次、8 046 人次、35 919 人次和 5 438 人次。体检结果表明，襄樊市 7 至 17 岁中小学生 1995 年比 1986 年发育水平显著提高，2005 年又较 1996 年有所提高，以形态发育尤为突出，身高发育高峰年龄提前，体型细长化，城乡差别缩小。学生沙眼患病率和肠道寄生虫感染率有所下降，龋齿患病率居高不下，肥胖率上升，学生视力低下率列于首位。

学生常见病防治：肠道蠕虫病防治。1986 年，市卫生防疫站通过三所学校学生粪检进行肠寄生虫病感染现状调查，查出阳性 671 人，噻嘧啶治疗 121 人，排虫 71 人，排虫率为 58.76%。1986—1996 年合计驱虫治疗 35919 人，未发生严重不良反应。1995－1997 年，针对各种学生常见病发病特点，制定预防为主治疗为辅突出重点综合防治工作方针，重点加强宣传基本卫生知识，组织学生集体服药驱虫，市直学校学生肠道蠕虫感染率在 1997 年降至 5%，提前达到 2000 年终期考评目标。沙眼防治。1986 年调查学生 43 646 人，沙眼患者 5 410 人，患病率 12.43%。1988 年 5 月，对庞公乡 5 所小学在校生视力及沙眼情况进行普查，采用国际视力表远视力检查法，受检 842 人，近视眼 41 人，占 4.87%，沙眼 175 人，占 20.25%，至 1997 年，监测感染率降为 8.4%，达到全国学生常见病防治 2000 年目标要求。屈光不正防治。市卫生防疫站通过试点调查与普查，发现全市中小学校学生视力低下率为 21.64%－46.81%，视力不良率随学习阶段上升而递增。1986—1987 年，对市区中小学生用眼卫生进行专题调查，调查中小学生 4 329 名，其中视力不良 1531 人，占 35.37%，沙眼 540 人，占 12.43%，同时发现学生用眼时间过长，超过《学校卫生工作条例》规定，有些学校场所采光照明和课桌不符合卫生要求，向教育部门提出改进措施。1995 年 3—4 月，市卫生防疫站对襄樊四中学生佩带眼镜卫生质量进行检测，共检测眼镜 790 份，查出不合格眼镜 689 份，占 87.22%。随后，对境内从事验光配镜和眼镜销售业务单位和个人提出要求，制定罚则，聘请 12 人为襄樊市眼镜卫生质量监督员。1996 年，培训眼镜行业从业人员 80 人，检查摸底调查全市眼镜生产经营单位 45 家，合格率 12.5%，对不合格单位责令限期整改，验收合格后实行卫生许可制度，发放卫生许可证 30 家。龋齿防治。1986 年监测龋齿患病率 46.57%。1987 年市卫生防疫站购进一台氟离子透入仪，对市区三所学校 3 586 人进行防龋齿氟透入预防。1997 年监测市区中度龋齿以上平均患病率 23.55%。1998 年成立牙病防治指导组，建立县乡村三级口腔卫生保健网，培训骨干，按照 2000 年人人享有初级口腔卫生保健具体目标，利用电视广播报刊等各种宣传媒介，开展 3 岁儿童应该刷牙等宣传内容。利用每年 9 月 20 日爱牙日开展宣传活动。营养不良与肥胖防治。1986 年，抽取市区人民路小学 7－10 岁男女学生 666 人进行营养状况调查。调查表明正常儿童 75.53%，营养异常儿童中，营养不良比营养过剩比重为大，营养不良 139 人，占 20.87%，营养过剩 24 人，占 3.9%。10 月对市区中学 171 人进行调查，正常 96 人，占 56.14%，营养不良 62 人，占 36.26%，营养过剩 13 人，占 7.6%，说明中小学生营养结构偏低，缺乏合理营养。1997 年，对市区学生营养状况调查发现，营养不良平均在 27%-30%之间，轻度为主，肥胖占 1.6%，营养状况有所好转。传染病防治。根据各类传染病发病特点和流行趋势，全市各地卫生防疫部门分别对学生开展流脑、乙脑、甲肝、乙肝、流行性腮腺炎、风疹、钩端螺旋体等疫苗预防注射，全市学生传染病预防注射覆盖率达85%以上，仅市卫生防疫站1999年开展学生乙肝疫苗注射就达5000多人，学生乙肝表面抗体水平监测1.2万人，甲肝疫苗注射7000多人，学生流脑、乙脑疫苗注射4000多人。2003年，全国发生“非典”流行，为做好高考期间市区各考点非典预防控制工作，市卫生防疫站对市一中、三中、四中、五中等八所考点学校进行督办，各考点固定1－2名监督员负责现场监督、技术指导、疫情调查处理等工作，对考点考室及食堂宿舍一律选用过氧乙酸、健之素或二氧化氯消毒。

膳食营养调查：1986年5月，对襄樊四中133名男女学生膳食营养状况进行追踪调查表明，每人每天三大营养素摄入量除13—15岁男生基本达到供给量标准外，其余摄入不足。特别是女生蛋白质、脂肪、糖类13—15岁分别占标准量61.47%、56.45%、94.73%，16—18岁只占63.15%、62.12%、86.14%，在摄入蛋白质总量中，动物蛋白所占比重13—15岁男生5.17%，女生3.0%，16—18岁男生5.43%，女生5.38%，豆类食品摄入仅占总蛋白量的6.49%—8.44%。

学校食品卫生管理：1998年，学校卫生工作重点转向学校内食品卫生管理工作，每学期开学初对校内食品卫生工作组织专项检查，强化学校食堂对发生食物中毒的防范措施。同时把各级各类学校饮用水卫生管理作为预防肠道传染病重要环节来抓，累计发放卫生许可证812份，从业人员体检办理健康证4787份，对查出患有传染病人员350人依法予以100%调离；开展餐具检测2944份，合格率80.64%%，食品抽检451份，合格率89.75%；对托幼机构消毒监测566件，合格率86.08%。2000年起，加强对学校饮用奶、饮用水和学校副食监督管理。检查襄樊市饮用奶4家生产和7家经营单位，对不符合要求产品及生产单位依法予以查处。2002年，市卫生防疫站直管大中专及中小学有18所，幼儿园10所，校内食堂25家，副食店41家，糕点豆浆加工6家，个体饮食摊点18家，向学生提供学生饮用奶的有学校5所和幼儿园1所。其中2所学校自制豆浆，订购销售光明牌和喜旺牌学生用奶，其他4所学校自行加工豆浆。对上述学校进行专项监督检查，提出整改意见并复查落实。1999—2005年，对市区学校进行食品卫生监督，共监督学校264个次、学校食堂497个次、学校副食部296个次、加工食品48个；发放食品许可证812个、健康证4787个；抽检餐具2944个，平均合格率80.64%，抽检食品451份，平均合格率89.75%。

4.生活饮用水卫生

2005年，市区有自来水厂13家，其中市自来水公司所属水厂5家；厂矿企业自备水厂8家；从事制供水人员217人，供水人口86.33万，占市区总人口100%；日供水能力64万吨；二次供水单位28家；从业人员31人。1986—2005年，市区集中供水共监督187户次，卫生监督率达100%；发证及年审160户次；监督从业人员3001人次，体检3001人次，培训2515人次；查出“五病”从业人员180人。二次供水共监督312户次，卫生监督率100%；发证及年审312户次；监督从业人员345人次，体检345人次，培训339人次；查出“五病”从业人员6人。监测集中供水出厂水样共712份，合格712份，合格率100%；监测末梢水样1496份，合格1486份，合格率99.15%；二次供水抽检334份，合格332份，合格率95.14%。

监督：市卫生防疫站每年对市自来水公司所属5家水厂和8家大型厂办自备水厂水质质量、环境卫生、加氯消毒，沉淀效果、池面管理及卫生、设备维修、各项记录、门卫制度、档案管理等九个方面进行检查，并组织市区自来水水质卫生协作检查。1986－2005年，水质卫生质量浑浊度、余氯合格率均为100%。每年对符合条件集中式供水单位进行验收发证或年审监督，对从事制水、供水人员进行健康体检。1992－2005年，开展高层建筑二次供水箱（池）定期消毒、建档和监督监测工作，对市区宾馆饭店等28家二次供水单位建立档案，建档率95%。每年对市区二次供水水质抽检，检测项目为浑浊度、余氯、细菌总数、大肠菌群、铁、锰、耗氧量等20余项，监测合格率90%以上。1996－2005年，每年

11至12月对二次供水单位进行全面检查,对较差单位提供技术指导,下达整改意见书。1993年,“中国襄樊隆中诸葛亮文化节”和“全国历史文化名城会”期间,对市区5家自来水公司所属水厂和8家大型厂矿自备水厂环境卫生、加氯消毒、门卫制度等进行检查,抽取水样进行卫生学分析,同时抽检有接待任务宾馆、饭店水样,保证“节会”期间饮用水卫生。1994年和1999年,加强制水、供水人员卫生培训和健康体检工作,对集中供水单位和有接待任务宾馆、饭店进行检查。1999年,对集中供水单位,涉及饮用水卫生安全产品使用销售单位卫生许可证、涉及水质状况、卫生设施状况、供水单位使用的涉水产品和经营涉水产品、专卖店销售涉及饮用水卫生安全产品管材、防护涂料、水处理剂、水处理器、大型水处理设备等进行检查;对全市集中供水、分散式自备水厂进行水质质量检查。2002年4月,为迎接国家及省对襄樊市创建中国旅游城市工作验收,对市区13家集中供水单位和28家二次供水单位进行全面检查。8月,“中国襄樊隆中诸葛亮文化节”和“全国历史文化名城会”召开前,对市区13家集中供水单位、28家二次供水单位进行检查。2005年,市卫生防疫站对市区集中供水单位进行检查。

水质监测:集中供水水质监测。1986—1992年,市卫生防疫站对自来水公司所属一、二、三水厂出厂水每季进行一次抽样分析,其色度、浑浊度、细菌总数、大肠菌群等合格率100%,对末梢水每月抽样2份,浑浊度、余氯、细菌总数、大肠菌群等合格率达5%,不合格原因主要是细菌总数超标。1993—2005年,对市自来水公司所属5个水厂及13家集中自备供水单位出厂水、末梢水定期定点进行采样监测。市区设置末梢水监测点20个,每月对监测点末梢水浑浊度、细菌总数、总大肠菌群和余氯等4项监测一次;6至9月份增加一次,四项指标合格率100%,每季度全项目分析一次,合格率均95%以上。二次供水水质监测。1992—2005年,对宾馆、饭店和居民住宅小区、高层建筑二次供水单位等28家水质每年进行抽样检测,其项目为浑浊度、余氯、细菌总数、大肠菌群、铁、锰、锌、挥发酚类、氰化物等30余项,合格率95%以上。汛期及突发事件生活饮用水监测。1998年襄樊地区及周边地区连续降大到暴雨,造成水质严重污染,在洪水期间开展地面饮用水、水源水和集中供水单位出厂水、末梢水、二次供水单位住宅区水水质进行抽样监测,全市共抽检水样154份,合格样146份,合格率94.8%。1998年7月28日至8月1日,汉江棉纺集团上游水被第一制药厂排放污水污染,造成汉江水棉纺集团水厂取水点挥发酚类超标,市卫生防疫站组织专班对汉江水进行不间断监测,共取水样30份,合格14份,合格率46.67%,主要不合格指标为挥发酚类,监测工作直达挥发酚类合格为止。2000年9月29日,丹江河内被宝鸡县一拉运5.2吨氰化物汽车翻入泄漏污染,市卫生监督人员、检验人员实行24小时不间断对汉江水质进行监督监测,共抽取水样48份,合格48份,合格率100%。

5.公共场所与化妆品卫生

公共场所卫生监督监测:1988—1997年,对新发证单位和当年复审单位进行公共场所卫生监测,1988年监测50户,监测项目308项次,合格197项次,合格率63.96%,到1997年监测208户,监测项目1800项次,合格1519项次,合格率84.39%,监测户次项目合格率逐年提高。1986年,市区有旅店100家、理发店(包括美容美发)70家、浴池13家、文化娱乐场所30家、商场15家、其他公共场所10家。1987年《公共场所卫生管理条例》颁布实施,市卫生部门对涉及公共场所7大类,28个行业进行卫生监督管理。1988年,对市区30家旅店(包括宾馆、饭店、招待所)、20家理发店(包括美容美发)、5家浴池、20家文化娱乐场所、10家商场及11家其他公共场所建立卫生基本档案。以后每年对新发证单位逐年建立卫生档案,至2005年襄樊市区公共场所发证管理单位达683家,其中旅店业185户,理发美容美发407户,浴池20户,文化娱乐场所56户,商场(店)35户,游泳池4户,体育馆2个,图书馆2个,其他7户。1988年,全市82名公共场所卫生监督人员经全省统一考试后由同级人民政府签发监督证和监督章。1989年4月,市政府、人大对公共场所经营单位环境卫生、公共用具消毒等情况进行检查。市卫生部门对公共场所空气质量、细菌总数、噪声、照度、二氧化碳、公共用具等进行监测。1991年，为落实省卫生厅，省工商行政管理局《关于公共场所经营单位卫生许可证和营业执照有关问题的通知》精神，根据《公共场所卫生管理条例》第八条“公共场所经营单位必须取得卫生许可证后方可向工商行政管理部门申请登记办理营业执照”规定，对《公共场所卫生管理条例》规定的七大类28项公共场所及时向市工商局进行协商并达成一致意见。1993年，对市区258家公共场所经营单位进行卫生监督执法检查。共出动车辆27台次，新闻报道16次。1995年10月，市政府颁布《关于加强食品卫生、公共场所卫生管理的通知》。市卫生防疫站印发《关于卫生许可证发放管理规定》和《襄樊市食品卫生、公共场所卫生监督员现场监督工作程序及内容》，规范公共场所卫生监督管理。1999—2002年，重点对宾馆、饭店、招待所、美容美发、公共浴池、歌舞厅、游泳池等单位公用拖鞋、茶杯、毛巾等专用具进行抽查，1999年抽样1 900项次，合格1 601项次，合格率84.36%，2000年抽样1 850项次，合格1 573项次，合格率85.02%，2002年抽样1 910项次，合格1 604项次，合格率83.98%，对抽样不合格经营者进行警告并限期达标。2003年，对旅店业、娱乐场所、美容美发厅公共用具等消毒情况进行专项检查。发放专家解答“非典型肺炎”知识手册100问小册3 700余份，张贴宣传画6 000余张，宣传消毒方法宣传单5 000余份，对357家单位和场所进行消毒服务，公共场所消毒面积20万㎡。加大对公共场所的公共用具消毒和空气质量监测工作，全年抽查263个单位，2300项次，合格2180项次，合格率94.78%。2005年，对市区省“十二届运动会”定点接待宾馆、饭店店堂卫生、卫生许可证、公共用品消毒等8个方面进行检查，现场抽取样品检测。

化妆品卫生监督监测：1992年，对襄樊市区有关化妆品生产企业进行摸底登记并建立基本档案。市区有大小化妆品厂家3家，其中集体2家，个体1家。按照《化妆品生产企业卫生许可证发放规定》，督促条件较好2家化妆品生产单位到省卫生防疫站申请办理卫生许可证，条件较差的1家个体户进行改进。1993年，对市区5个批发部3 500种化妆品包装、进货渠道进行检查，现场抽取样品16份，合格15份，合格率93.75%。1994年，抽检生产企业样品20份，合格19份，合格率95%。3家企业通过省卫生防疫站验收于1994年度取得有效卫生许可证，共有从业人员70人，全部取得健康证明和卫生知识培训合格证。由于市场经济体制改革，至1999年3家化妆品生产企业全部停业。1994—2001年，对全市化妆品批发部、大型商场、美容院等300余家销售和使用的化妆品进行监督检查，累计抽检样品165份，合格158份，合格率95.76%，就地销毁过期和无生产日期膏霜、洗发精150瓶(袋)。2005年，共抽查化妆品经营单位28个，美容美发厅(店)40个，宾馆、招待所20个，抽检样品20份，合格18份，合格率90%。

6.消毒卫生

1987年，襄樊市将各级各类医疗机构消毒工作和一次性医疗用品列入法规管理轨道。5月，市卫生防疫站首次对各级各类医疗卫生机构正在使用的消毒剂、物体表面、空气、医护人员手、微生物污染情况、紫外线灯灭菌强度和一次性医疗、卫生用品生产销售单位开展监督检查。同年，在全市医疗卫生机构普遍推行含氯消毒剂、活力碘、戊二醛、过氧乙酸等。1988年，按照卫生部制定《医院消毒供应室验收标准》，对全市县、市级医院和住市内大型企业医院共45家医院消毒供应室进行达标验收。医院消毒供应室达标率95.15%，无菌环境明显改善。同年，襄樊市医疗机构引用化学指示卡(袋)嗜热脂肪芽孢菌片(管)，监测高压灭菌效果，提高监测稳定性，保证高压灭菌监测效果。1995年，在全市医疗卫生机构实行《消毒合格证制度》。医疗卫生机构消毒合格由80年代中期的87.65%提高到99.62%。80年代初至90年代初，一次性医疗卫生用品管理工作在全市推行“准销售证”制度，1998年，取消“准销售证”制度，改为查生产许可证、合格证、当地卫生防疫站检测报告复印件，并进行抽检，管理更加规范。1996年，襄樊市在医疗机构率先推行“一把剪子、一个桶子、一个篓子、一个本子”，即用后将管子或乳头剪断，丢入消毒桶篓内，由处理人员做好登记，由专业人员到各科室回收集中再处理，达到无害化。2005 年，襄樊市建立废弃物处理站。各医疗卫生机构废弃物由原来分散处理变为统一回收、统一处理。

(三)爱国卫生运动

20 世纪 80 年代初期，襄樊市爱国卫生运动委员会办公室(以下简称“市爱卫办”)作为常设机构独立设置，归口市政府办公室管理，办公地址位于樊城区星火路 1 号，工作人员 14 人。1988 年，市爱卫办并入市卫生局，为内设机构，与市卫生局合署办公，对外为市爱卫会办事机构。市爱委会由市长任主任，市委、市政府、襄樊军分区有关领导为副主任，各城区政府、开发区管委会、市政府相关部门、有关人民团体和单位主要领导为成员，统一领导全市卫生创建(创建卫生城市、县城、镇、村、卫生先进单位)、健康教育、病媒生物防制、农村改水改厕等爱国卫生工作。

1.卫生创建

1986—1989 年，市爱卫会定期组织开展城镇卫生协作检查，同时，参加全省城市卫生检查评比，以此推动城市(县城)卫生管理。1991 年，全国爱卫会定期开展全国城市卫生检查评比，评选、命名卫生城市。2003 年 7 月，市爱卫会制定《襄樊市卫生城市(县城)、卫生乡镇、卫生社区(小区)、卫生村、卫生先进单位考核命名管理办法》和相应标准，使创建卫生城市、卫生县城、卫生镇、卫生村、卫生先进单位活动逐步走上规范化制度化，至 2005 年，全市共建成湖北省卫生城市 3 个、国家卫生镇(县城)1 个、省级卫生镇 4 个、省级卫生村 6 个。

卫生城市：1990 年，全国爱卫会决定开展第一次全国城市卫生检查评比。襄樊市市区、枣阳市、老河口市、宜城市参加这次检查评比活动。老河口市被评为全国“十佳卫生城市”。1992 年，在第二次全国卫生城市检查评比活动中，老河口市再次获得全国县级市“十佳卫生城市”称号。1995 年，在第三次全国卫生城市检查评比活动中，老河口市、枣阳市获“全国卫生城市”称号(不再设“十佳”)；襄樊市市区被评为“湖北省卫生城市”。1996 年，市委市政府提出把襄樊建成全国卫生城市，并召开创建工作动员大会，与 30 多个责任部门和单位签订责任书，每年对照全国卫生城市标准，组织进行一次模拟检查。1999 年 6 月 29 日至 7 月 1 日，省爱卫会按照第四次全国城市卫生检查评比工作统一要求，对襄樊市市区进行全面检查，市爱卫会组织检查团，于 1998 年 8 月、1999 年 5 月和 6 月分别对枣阳市、宜城市和老河口市进行检查，1999 年 9 月，省爱卫会授予襄樊市、枣阳市、宜城市和老河口市“湖北省卫生城市”称号(全国爱卫会决定不再命名“全国卫生城市”，只保留“国家卫生城市”称号)。襄樊市、老河口市和枣阳市被评为“第四次全国城市卫生检查评比先进城市”。2000 年 9 月 8-11 日，省爱卫会对襄樊市市区进行复查，市爱卫会受省爱卫会委托，分别对老河口市、枣阳市、宜城市进行复查。复查结果，进一步巩固创建成果，符合“湖北省卫生城市标准”。2005 年，省爱卫会决定对省级卫生城市进行复查确认，不合格的取消称号。市政府制定实施方案，召开动员会，对 13 个市直部门和各城区政府、开发区管委会共计 18 个单位下发任务书，全面整治环境，强化卫生管理，开展复查迎检工作。在资格审查合格的前提下，省爱卫会组织(暗访和明察)检查团，先后于 9 月 2—4 日、9 月 25—28 日进行暗访和明察，认为符合“湖北省卫生城市标准”。当年 11 月，市爱卫会受省爱卫会委托组织检查组，分别对经过资格审核和资料审查合格的枣阳市和老河口市进行暗访和明察，检查结果达到湖北省卫生城市标准。老河口市、枣阳市达到湖北省卫生城市标准，宜城市因无生活污水处理厂，不具备湖北省卫生城市的基本条件，未予复查确认。

卫生镇(县城):1986 年 5 月,市爱卫会推荐在 1985 年全市 6 县 2 市爱国卫生协作检查中被评为第一名的谷城县,作为襄樊市卫生先进城镇代表,出席了中央爱卫会在广东省电白县水东镇召开的全国城镇爱国卫生运动经验交流会,以《扎扎实实抓治本,建设文明卫生镇》为题,作大会发言。此后,该县坚持不懈抓创建,1995 年,经省爱卫会检查、考核,被评为“湖北省卫生县城”。2000 年 8 月被全国爱卫会命名为“国家卫生镇”,为湖北省第一个“国家卫生镇”。1998 年,市爱卫会确定枣阳市吴店镇、老河口市仙人渡镇、谷城县石花镇、襄阳县牛首镇(现归樊城区)、宜城市朱市镇为创建湖北省卫生乡镇试点,给予指导,并多次进行检查考核。2000 年 3 月至 5 月,枣阳市吴店镇、老河口市仙人渡镇、谷城县石花镇经省爱卫会调研指导和检查考核,达到“湖北省卫生乡镇标准”,12 月,省爱卫会命名其为“湖北省卫生镇”。2005 年,市爱卫会按照省爱卫会统一部署,分别对其进行复查,以巩固创建成果。2004 年 10 月,市爱卫会组织对南漳县东巩镇进行检查考核,当年 11 月命名该镇为“襄樊市卫生乡镇”,成为全市第一个市级卫生镇。2005 年 10 月,经省爱卫会检查考核,该镇达到湖北省卫生镇标准。12 月,被命名为湖北省卫生镇。

卫生村:2003 年 7 月,省、市爱卫会相继下发关于组织开展创建卫生村活动的通知,各县市区结合社会主义新农村建设,积极开展创建活动。2004 年 6–10 月,市爱卫会组织专班,对各县市区申报的试点村进行检查考核,同年 11 月,市爱卫会命名枣阳市新市镇火青村、谷城县五山镇何家湾村、闻家畈村、南漳县九集镇泉水堰村为“襄樊市卫生村”。经市爱卫会推荐,省爱卫会命名枣阳市新市镇火青村、谷城县五山镇何家湾村、闻家畈村为“湖北省卫生村”。2005 年 12 月,省爱卫会命名谷城县五山镇堰河村、田河村、南漳县九集镇泉水堰村为“湖北省卫生村”。

卫生先进单位:为了促进爱国卫生工作以点带面,全面发展,市爱卫会把开展创建卫生先进单位活动作为一项常规性工作,每年组织开展一次检查评比、命名表彰,并从中择优报省命名表彰。2000 年,市、县(市、区)爱卫会按照全省统一安排,对照《湖北省卫生先进单位基本条件》,对全市历年来评选命名的省级卫生先进单位进行清理,重新审核。清理结果,全市有省级卫生先进单位 130 个,其中已撤销的单位 6 个,单位更名的 22 个,83 个单位符合标准保留称号,19 个单位因创建工作滑坡、卫生状况不佳而又整改不力,予以摘牌。2005 年,全市评选出湖北省卫生先进单位 56 个,襄樊市卫生先进单位(卫生小区)82 个。

爱国卫生月活动:1989 年 4 月,开展第一个爱国卫生月活动。全市动员 13 万人,清除垃圾 36 000 吨,治理蚊蝇孳生地 1 636 处,改造泥巴路(场、院)90 多处 16 000 平方米,疏通阴沟 85 条,粉刷墙壁 76 万平方米,整修残墙断壁 8 043 平方米,清除占道经营 319 处,清除游散摊点 7 510 个,填平沆洼 250 处。到 2005 年,全市共组织开展 17 个爱国卫生月活动。

2.健康教育

1995 年,设立襄樊市健康教育馆,与市卫生防疫站合署办公。1996 年始,市财政按人平 0.1 元设立健康教育专项经费(当年市区总人口为 60 万)。1996 年 5 月,老河口市被确定为以传播“生命知识”为重点、配合学校控烟项目培训与传播,协同开展妇幼、计免、营养等项目,以提高妇女自我保健能力,促进妇女和儿童健康的中国 / 联合国儿童基金会健康教育合作项目县。2000 年,该项目结束。2003 年,谷城县五山镇被确定为创建“湖北省亿万农民健康促进行动示范社区”试点。

农村健康教育:1994 年,全国爱卫会等 10 部委决定在全国范围内实施“九亿农民健康教育行动”,市及各县(市、区)都成立领导小组,制定规划,中小学普遍开设健康教育课,电视台、广播电台、报纸设立专栏,全国“行动办”定期发放《全国九亿农民健康教育行动》录像带,由各县(市、区)电视台安排播放,与此同时,采取播放音像资料,散发宣传材料,举办专刊形式,向广大农民普及卫生知识。1996 年,中央人民广播电台记者对谷城县组织专人,进村入户播放“行动”录像片,开展健康教育做法和经验进行采访报道。2002 年，“全国九亿农民健康教育行动”更名为“全国亿万农民健康促进行动”，其主要工作方式也由免费制作、发放、各地电视台定期、反复播放“行动”录像资料，改为每年确定一定数量的“行动”核心信息，由各地结合当地实际选用，予以传播。当年全市确定 21 个乡镇广播站参加“乡村健康金话筒”联播。在春节前的文化、卫生、科技“三下乡”中，开展“相约健康社区行”活动。2004 年 6 月，谷城县五山镇被省爱卫会命名为“湖北省亿万农民健康促进行动示范社区”。2004 年 11 月 10 日，在全国爱卫会等九部门召开的“全国亿万农民健康促进行动”10 周年座谈会暨第六次全国“行动”领导小组扩大会上，谷城县被命名为“全国亿万农民健康促进行动示范县（区）”。

控烟健康教育：1988 年以来，市及各县（市、区）围绕“世界无烟日”活动主题，广泛开展宣传教育和监督检查，推动公共场所禁止吸烟。1996 年 9 月 29 日，市政府印发《襄樊市城区公共场所禁止吸烟暂行规定》，确定机关团体会议室、影剧院、医院候诊室、公共交通工具等 9 类公共场所为禁止吸烟场所，并决定自当年 10 月 1 日起施行。1996 年 10 月，襄樊市吸烟与健康协会成立。1997 年，在北京召开的第十届世界烟草或健康大会上展出反映襄樊市控烟成就的展板。1998 年，全市共评选 3 个省级、命名 28 个市级无吸烟先进单位，枣阳市和老河口市分别被省爱卫会授予“湖北省无烟草广告城市”称号。2002 年 4 月，市爱卫会、市教育局、市卫生局联合发出关于在中小学生中开展“拒吸第一支烟，做不吸烟的新一代”签名活动通知，同年 5 月 31 日，市爱卫会、市教育局、市卫生局联合在人民广场举行签名仪式，当天，全市有数万名中小学生参加签名。

医院健康教育：2003 年，省爱卫会决定在全省开展创建省级健康教育示范医院活动，市中医院当年被命名为省级健康教育示范医院。2005 年 8 月 26 日，襄阳区人民医院、宜城市人民医院、南漳县中医院、南漳县妇幼保健院、枣阳市中医院被省爱卫会、卫生厅命名为湖北省健康教育示范医院。

爱国卫生知识竞赛：2004 年 4 月至 5 月，为宣传贯彻《湖北省爱国卫生条例》，增强市民特别是少年儿童文明卫生意识，市爱卫办、市文明办、市妇联、团市委等单位联合举办襄樊市“丽波杯讲卫生从我做起”少儿绘画比赛。共征集参赛作品 1997 件，140 人的 135 件作品获奖，评选出一等奖 5 件，二等奖 10 件，三等奖 20 件，优秀奖 100 件。5 月 20 日，在襄樊市儿童美术培训学校举行颁奖仪式，市爱卫会副主任、市政府副市长曹敬兰等为获奖者颁奖，获奖作品同时展出。2005 年 2 月，为纪念《湖北省爱国卫生条例》颁布施行一周年，市爱卫会、市卫生局、襄樊日报社、市第五人民医院联合开展“五医院杯”爱国卫生知识竞赛，2 月 1 日，《襄樊日报》《襄樊晚报》同时刊载《湖北省爱国卫生条例》和《竞赛试题》60 题，市民踊跃参赛，到 4 月下旬共回收答题卡 498 份，评选出一等奖 1 名，二等奖 3 名，三等奖 10 名，纪念奖 200 名。

3.农村改水改厕

1985 年，全市 200 余万农民吃上清洁卫生水，约占农村总人口的 40%。1996 年，襄阳县和谷城县被确定为世界银行贷款第三期中国农村供水与环境卫生项目县，分别于 1996 年和 1997 年启动项目工作。谷城县沈湾镇沈湾水厂于 1998 年 11 月开工，是该项目第一个改水工程，1999 年 12 月工程竣工，使该镇 7 个行政村 43 个自然村和镇直单位 10 987 人用上安全卫生水。2004 年 8 月国家项目办对谷城县和襄阳区项目工作进行检查验收。该项目建设周期 5 年，贷款偿还期为 17 年，其中含宽限期 5 年。谷城县和襄阳区在 18 个乡镇实施项目，共贷款 370 万美元，投入配套资金 2 824.94 万元（人民币，按 1∶1 配套），新、扩建水厂 31 个，兴建卫生厕所 979 座，卫生校厕 5 座，受益村 109 个，受益人口 24 万人。1997 年，全市有 11 个农村自来水厂（站）被评为“湖北省农村优秀水厂”。4 人被评为“八五”时期全国农村改水先进工作者。2002 年，全市农村改水受益人口 403.9 万人，占农村总人口的 90.48%，其中自来水普及率 40.23%，累计建卫生厕所 86.81 万户，占农村总户数的 72.99%。同年，郊区被评为“全国农村自来水普及工作先进单位”，谷城县、郊区、襄阳区被评为“全国农村卫生厕所普及工作先进单位”，2 人被授予“全国农村自来水普及工作及农村卫生厕所普及工作先进工作者”。2003 年后，全省统一将农村改水工作交水利部门负责，改厕工作由农业部门负责，各级爱卫会负责规划、协调和指导。各地结合新农村建设，多渠道筹资，以点带面，实施饮水解困工程，推进“一建三改”（建沼气池，改厕改圈改厨）。市水利局于当年对全市农村饮水状况进行摸底调查，对全市农村饮用安全卫生水普及率进行调整。至 2005 年，全市农村改水受益率为 28.1%，其中自来水普及率 25.6%，卫生厕所普及率 78.39%。

4.病媒生物防治

除“四害”：1985 年春，全市投放灭鼠药 41 891 公斤，放置灭鼠夹 32 391 只，设灭鼠 18 313 个，灭鼠 6 757 395 只。此后，每年春秋两季开展以灭鼠为重点的除四害(老鼠、苍蝇、蚊子、蟑螂)活动。1992 年，市区实现灭鼠达标，被授予“湖北省灭鼠先进城区”称号。并经多次复查（命名满 5 年后）继续保持称号。1999 年，省爱卫会将宜城市和襄阳县确定成为灭鼠防病项目县（市），按照全省方案开展灭鼠工作。市区、宜城市和老河口市被省确定为“四害”密度监测点。1996 年，市政府按人平 0.1 元标准设立除“四害”专项经费，纳入财政预算。同年，经省检查考核，市区达到“湖北省灭蟑螂先进城区”标准。1993–1999 年，枣阳市、谷城县、宜城市先后实现灭鼠、灭蟑螂达标，为湖北省灭鼠、灭蟑螂先进城区，老河口市为“湖北省灭鼠先进城区”。

病媒生物监测：鼠类监测。境内查明有褐家鼠、小家鼠、黄胸鼠、黑家鼠、黑线姬鼠、黑线仓鼠、大仓鼠等 7 种。市郊农村以上 7 种鼠类均有，室内以褐家鼠为多，占室内捕鼠总数 56.3%，室外优势鼠种为黑线姬鼠，占室外捕鼠总数 71.4%；市区内（街道或机关）主要有褐家鼠，占市区内捕鼠总数 73.1%，是市区室内、外优势鼠种；黄胸鼠、褐家鼠、小家鼠在全市不论城市、乡村、山区、平原、丘陵、室内、室外均有，为襄樊市鼠类广布种。襄樊市区室内鼠密度 10.80%，室外 4.1%；市郊区（农村）室内鼠密度 28.6%；室外 4.1%，市区鼠密度平均 7.5%，郊区鼠密度平均 18.7%。蝇类监测。市区蝇类有 4 科 6 属 22 种。其中，家蝇属最多，占 44.8%；其次为金蝇属、录蝇属，分别占 24.33%和 20.89%；麻蝇属、丽蝇属、华蝇属较少。室内以家蝇、黄腹泉蝇为常见；猪圈周围主要有黄腹泉蝇、瞿氏泉蝇、大头金蝇；酱品厂内主要为白额麻蝇、大头金蝇、丝光录蝇、家蝇；白肉店内多为大头金蝇、黑尾麻蝇、铜录蝇、丝光录蝇、市蝇、家蝇；厕所内以大头金蝇、巨尾阿丽蝇、铜录蝇、红头丽蝇多见。家蝇属每年 6 月开始增多，8 月达高峰，9 月开始下降；金蝇属 6 至 8 月为高峰期；录蝇属 8 至 9 月最多。蚊类监测。境内发现五属 25 种蚊虫，其中按蚊属 6 种，库蚊属 14 种，伊蚊属 3 种，阿蚊属和曼蚊属各一种。蚊虫密度受温度高低、降水量多少、卫生条件好坏而有所变化。一般情况下，4 月下旬或 5 月上旬开始出现，10 月中下旬基本停止活动，活动高峰一般在 6 至 8 月。影响蚊虫活动高峰关键因素是降水量和气温。夜间活动有两个高峰，即 20 时至 21 时（大高峰），次晨 4 时（小高峰）。

三、基层卫生保健

（一）农村卫生

1.初级卫生保健

1987 年，宜城县被定为全省初级卫生保健工作五个试点之一。1990 年，通过省卫生厅组织的中期评估。同年，确定 33 个试点乡、镇，市卫生局举办由试点乡、镇的分管乡、镇长、卫生院长、县（市）区卫生局分管局长、科（股）长参加的初级卫生保健学习班。各县（市）区试点乡、镇普遍成立初级卫生保健委员会。12月，市卫生局组织对襄阳、枣阳、宜城、老河口、谷城、保康等县（市）13个试点乡镇进行检查和阶段性评审，3个乡、镇达标，8个乡、镇基本达标。1992年4月，省卫生厅评审组对宜城县试点工作进行全面考核评审，确认宜城县初级卫生保健基本达到国家规定的宽裕型地区最低限标准。1993年始，农村初级卫生保健全面实施。1995年，各县（市）层层建立初级卫生保健委员会，并成立初级卫生保健技术指导小组,负责技术咨询、指导工作。同年5月，省初级卫生保健委员会组织检查襄阳、枣阳、老河口、谷城工作。枣阳、谷城达标，老河口、襄阳基本达标。11月，市初级卫生保健委员会组织力量，对上述四县（市）进行检查考评，全部达到最低限标准。1996年12月，经省初级卫生保健委员会审评和全国中期审评组复核审评，襄阳县、枣阳市、南漳县、保康县、谷城县、老河口六个县（市）被省政府批准为初级卫生保健合格县（市）。至此，全市继1992年宜城县初级卫生保健达标后，市辖7个县（市）以县为单位全部达标，提前四年实现初级卫生保健工作目标。襄樊市政府、枣阳市政府被省政府授予"实施农村初级卫生保健先进单位"；老河口市被授予"初级卫生保健单项工作先进单位（推行住院医疗保险）"；襄阳县副县长罗华锋被授予"实施农村初级卫生保健先进个人"称号。1997年3月，市政府授予谷城、襄阳、保康县（市）政府和襄阳县太平、东津，枣阳市王城、姚岗，宜城市龙头，南漳县九集，保康县歇马，谷城县庙滩，老河口市洪山咀等乡、镇政府和办事处为"全市农村初级卫生保健先进单位"，并予以通报表彰。1997年始，全市初级卫生保健进入巩固发展阶段。至1999年，实行合作医疗的村由1996年的16.4%增至39.52%；农村改水受益人口增至383.89万人，占农村人口的91.6%，其中自来水受益人口增至38.33%；累计改厕户增至73.95万户，占农村总户数的70.08%。南漳、谷城两县有70%以上乡镇，其他各县（市）80%以上乡镇达到初级卫生保健目标。2000年，全市初级卫生保健达标率96%，同比增长16%。其中南漳、保康、谷城92%乡镇、其他县（市）98%乡镇实现初级卫生保健目标，同比分别增长22个和18个百分点。到2001年以乡镇为单位初级卫生保健达标率98%。2004年，在国家初级卫生保健基金会支持下，老河口市、谷城县、枣阳市、襄阳区等积极参与农村初级卫生保健项目，对农民群体进行特殊疾病普查和乡镇卫生院重点建设。

2.农村卫生基础建设项目

1988年，省卫生厅确定襄阳县为卫生事业整顿建设县，总投资442.57万元，其中省投资117万元，县投资265.5万元。全市先后有随州、枣阳、南漳、襄阳等五个县（市）被列为省1/3重点县建设。1992年12月，省1/3卫生事业整顿建设验收小组对襄阳县重点县建设情况进行检查验收，确认襄阳县为合格县。宜城、谷城、保康于1989年、1990年、1991年被列入全省1/3重点县建设单位。1993年，全市有34个乡镇卫生院、卫生防疫站、妇幼保健院被列入省"卫生三项"建设规划，有11个单位完成建设项目，基本达到房屋、设备、人员、技术、管理五配套目标。1995年12月，全市最后一批卫生事业1/3重点县建设县（市）宜城、保康、谷城通过省计委、省卫生厅检查验收，并被确定为合格县（市）。1999年，全市85%的县卫生防疫站、县妇幼保健院和乡镇卫生院达到"一无三配套"（无危房，房屋、人员、技术设备配套）要求。2002年，老河口市被确定为湖北省"创建农村卫生改革与发展先进项目县"。

3.村级卫生组织建设和管理

20世纪80年代初，全市3912行政村中3837个有村卫生机构，占98%。其中坚持合作医疗的464个村，村办卫生室的926个，实行集体和个人承包的2142个，卫生院所伸点和承包防保的292个村，个人开业13个村。共有乡村医生和卫生员8830人。1986年，全市对村级卫生组织进行整顿。185个村重新恢复卫生室，帮助692个办得差的村得到提高，使办得好的村增至38.8%，办得差的村降到17%，房屋面积增至52.5平方米，资产总值增长16.4%，乡医报酬不能落实的村由15.2%降至9.4%；

管理实现五有(看病有登记、用药有处方、收支有账目、管理有制度、防保工作有记录)的村分别提高10.2%—37.2%。1991年始,开展创建甲级村卫生室活动。同年12月,市卫生局对7个县(市)创建甲级村卫生室工作进行检查, 抽查26个村卫生室,20个达到甲级卫生室标准。全市3950个行政村中3740个村建立由村民委员会负责举办和管理的卫生室,其中30%的村实现"三房、六室、五有"。1992年12月,经卫生部医政司、中国农村卫生协会,健康报社组织评选,全市有37名乡村医生当选为"全国优秀乡村医生"。1993年,全市村卫生室覆盖率稳定在90%以上,有卫生技术人员9108人,5982名乡村医生被评定技术职称。其中主治医师272人,医师3385人,医士2325人。1994年,推广宜城龙头乡实行乡村联合办医经验,在全市推行乡村一体化管理。对村卫生室实行村办乡管和"五统一"模式(统一领导及人员聘用、统一财务管理、统一调拨卫生材料和药品、统一医疗质量管理、统一预防保健管理)进行管理。至1996年底,全市136个乡镇实行一体化管理的有117个,占86%,"甲级村卫生室"达40%。75%以上的乡村医生报酬得到妥善解决。1997年,市卫生局制定下发"甲级村卫生室"标准,从组织机构、工作条件、工作任务三个方面综合考评,全市甲级卫生室达59%,村集体办医率达98%,乡镇一体化管理率91%,80%乡村医生受到专业培训。1999年,全市95%乡镇实行乡村一体化管理,其中枣阳、宜城、保康达100%。村卫生室覆盖率98%以上,集体办医率95%以上,甲级卫生室达90%以上。2002—2003年,全市各县(市)开展对现有村级卫生机构的规划设置。根据"一村一室"原则和乡镇卫生院所在地不设卫生室的要求,使之在原来基础上减少30%。2004年,对符合条件的3500乡村医生发放"乡村医生执业证书"。2005年,由市卫生局统筹30万元建设资金,重点对保康15个贫困村的村卫生室进行建设,填补山区村无卫生室空白。各地卫生局完成对全市4218名村级卫生人员进行《传染病防治法》等相关内容的培训任务。

(二)城市社区卫生

1997年,市委、市政府《关于加快卫生改革与发展的实施意见》,就改革城镇职工医疗保障制度,实施区域卫生规划,调整现有卫生资源,推行社区卫生服务,提出了具体要求,明确了城区和厂矿企事医院主要承担社区疾病预防、常见病、多发病诊疗、妇女儿童与老年人保健、伤残康复、健康教育、计划生育等卫生技术服务范围。1998年,开展社区健康调查,为居民建立健康档案,作好社区卫生服务基础性工作。1999年,将开展社区卫生服务工作纳入市政府与区政府签订的《襄樊市卫生事业发展综合目标责任书》,对区政府进行考核。将社区卫生服务工作纳入市卫生局年度工作计划,加强对两个城区卫生局的督办工作。2000年,市卫生局制发《襄樊市社区卫生服务站基本标准(试行)》。2001—2002年,全市社区卫生服务工作实行统一规划,具体按试点和扩大试点、普及、发展三个阶段进行。2002年,将社区卫生服务纳入市政府年度工作目标考核,实行目标管理。并在市护校设立襄樊市全科医生(社区卫生服务适用人才)培训基地,开展全科医生培训。同年始,连续三年举办"襄樊市全科医生培训班",对200多名医务人员进行培训,优化全科医生队伍。2003—2004年,组织研究制定全市区域卫生规划(草案)。各城区政府依据规划设置,形成社区卫生服务网络;制定标准,依法准入,加强社区卫生服务监管。2005年,探索社区卫生服务双向转诊服务。樊城区清河口社区卫生服务中心坚持出诊、随访、双向转诊制度,全年向上级医院转诊150余人次,接受上级医院下转病人60多人次。襄城区社区卫生服务中心与站之间的双向转诊服务网络进一步健全。

(三)妇幼保健

1979年始，通过1/3重点县建设和农村三项建设以及世界银行贷款项目实施，全市结合整顿卫生机构布局，妇幼保健院(所)均选择新址，按规划兴建，改善工作和生活条件，充实设备，提高技术水平。2005年，全市孕产妇死亡率40.12/10万；婴儿死亡率8.56‰；5岁以下儿童死亡率9.41‰。

1.婚前保健

境内婚前医学检查工作自1987年开始，卫生行政部门指定县以上妇幼保健机构开展婚前医学检查。1987年至1994年，应检421 864人，实检143 470人，婚检率34%，检出疾病人数9 759人，疾病检出率6.80%，其中：指定传染病377人，占3.86，遗传性疾病281人，占2.88%，生殖系统疾病7 654人，占78.43%，其他疾病691人，占7.08%。针对病种病情提出指导意见，建议不宜结婚的26人，暂缓结婚的1106人，不宜生育的64人，限制生育性别的46人。1994年10月27日，《中华人民共和国母婴保健法》颁布，法律规定婚前保健内容、婚前医学检查主要疾病种类，确定婚前保健服务机构以及工作责任。1997年，卫生部下发《婚前保健工作规范》，按照此工作规范，省卫生厅组织省、市、县三级妇幼保健机构人员培训，襄樊市县以上妇幼保健机构共40人接受省级培训并取得《母婴保健技术考核合格证书》(婚检)。1998年10月，襄樊市及枣阳、老河口、宜城市妇幼保健院被省卫生厅批准为婚检执业机构，1999年3月，襄阳县、南漳县、谷城县、保康县妇幼保健院被省卫生厅批准为第二批婚检执业机构。《母婴保健法》实施后，卫生部门大力开展宣传活动，妇幼保健机构严格按照《婚前保健工作规范》标准增加男婚检室及检查检验设施，设立新婚学校为男女青年提供宣传、咨询服务，积极与各级民政部门搞好协调配合。市直于1999年8月理顺关系，各县(市)于2001年全面启动，婚检工作步入法制化管理轨道。2002年，市卫生局依法对全市准予婚检的8家单位进行校验，对从事婚检工作医务人员组织参加省卫生厅的再培训，确保婚检质量。截至2003年，全市应检374 290人，实检84 810人，婚检率22.66%；检出疾病8 616人，检出率10.16%，其中，指定传染病3 701人，占42.95%，生殖系统疾病3 244人，占37.65%，其他1 671人，占19.39%，针对疾病提出建议暂缓结婚968人，不宜生育9人，限制生育性别5人。2003年10月1日，《婚姻登记条例》实施，由于实行自愿婚检制度，受检人数急剧下降。2004、2005两年应检106 313人，实检927人，婚检率0.87%，检出传染病及妇科肿瘤有所增加，出生人口素质下降，出生缺陷发生率由1999年的4‰上升至10‰。针对这种情况，2004年，卫生部下发《关于免费开展婚前保健咨询和指导的通知》，根据《通知》要求，全市各妇幼保健机构免费开展婚前保健咨询和指导工作。加大宣传力度，呼吁全社会关注婚检工作，关注出生人口素质。积极采取措施，加强优生咨询指导，做好孕产妇系统保健管理，进行孕前、产前筛查，最大限度地降低出生缺陷发生率。

2.妇女保健

孕产妇系统管理：孕产妇系统管理是指从怀孕开始，到产后42天，对孕产妇进行系统地检查、监护和保健指导。襄樊市围产保健工作自1984年以来，经过三年摸索，于1987年2月正式出台《襄樊市围产保健管理实施方案》，目的在于保障妇女儿童身心健康，降低孕产妇死亡率及围产儿死亡率，降低孕产期各种严重合并症、新生儿出生缺陷及伤残儿的发生率。当年成立围产保健管理领导小组，建立全市统一的孕产妇门诊病历和围产期保健卡，健全全市围产保健网，实行地段划分、责任到院的管理负责制。围产保健网由街道居委会(或大队)、地段医院、围产医疗中心三级形成。全市区共有93个居委会(或大队)划分为14个地段，成立5个围产医疗中心。各街道居委会负责本街道新婚及早孕登记工作，各地段按万分之二人口比例配备保健人员，负责该地段孕产妇的建卡、围产保健、优生优育知识的宣传、产前检查、住院分娩、产后访视等，有疑难问题不能解决的，转围产医疗中心处理，各围产医疗中心都设有高危门诊。保健院对市区医院各派一名妇保医生负责联络、协调工作。在此基础上，全市共建乡级围保试点 26 个，市妇幼保健院城区围保试点 1 个（施营）、大型企业围保试点 4 个，包括轴承厂、棉纺厂、床单厂、603 厂，在试点企业行政领导及女工干部的支持下，配齐了妇产科（室），培训女妇保医生 14 名，各试点均配有产床、妇检床、骨盆测量器、皮尺等。轴承厂还设立产房及妇产科病房，确保围保工作顺利开展。同年 9 月，市妇幼保健院举办为期 3 个月的“妇产科理论提高班”，六县两市基层妇幼保健人员 48 人参加培训，通过专业培训，大大提高保健人员业务素质，对提高基层保健水平发挥积极作用。1989 年 5 月，市卫生局下发《关于成立襄樊市城区围产保健卡运转管理办法的通知》，成立围产保健协作小组，对城区孕产妇使用统一印制的围产保健卡进行系统管理，在新婚夫妇婚前健康检查时建卡。围保卡在城区通用，产前检查在孕 12 周前 1 次，以后分别于 20、28、32、34、36、38、39 周各检查一次，孕妇临产时持卡到市内任一家医疗或保健机构住院分娩，接产医院按要求填好产时记录，并作好产后第一次访视（市妇幼保健院到各接产医院回收围保卡、编号、整理，按产妇住址填写产后检查卡片，并返回），地段妇幼保健站负责产后 14 天 、28 天的访视，由市妇幼保健院负责产后 42 天的访视。1987—1990 年，市妇幼保健院在孕产妇系统管理及消灭新生儿破伤风方面取得较好成绩。1988 年 5 月，将枣阳王城作为妇幼保健保偿工作试点，取得良好社会效益；1988—1994 年，参加全国三十省、自治区、直辖市孕产妇死亡监测点工作，并获得国家科技进步二等奖；1989 年 4—7 月，五县三市 31 个乡、159 个自然村 4 万余名 18—35 岁育龄妇女进行破伤风类毒素免疫接种，总覆盖率达 95.99%，使新生儿破伤风得到有效控制；1990 年 7 月，市卫生局举办的襄樊市围产保健工作研讨会在市妇幼保健院召开，特邀省妇幼保健院专家参会指导。1994 年，开展产后延伸服务，将产后访视从 42 天延长到产后 6 个月，在以往访视服务的基础上，包含新生儿访视、母乳喂养技术指导等内容，并统一使用产后延伸服务手册。1996 年 3 月，建立出生医学证明制度，全国统一印发的《出生医学证明》开始使用。为提高孕产妇系统管理率和孕产妇保健手册建卡率，市妇幼保健院在向各接产医院发放《出生医学证明》同时，配套发放孕产妇保健手册。婴儿出生后，凭保健手册领取《出生医学证明》。全市保健手册建卡率大幅上升。通过《出生医学证明》的规范管理，促进全市孕产妇、婴幼儿系统管理，保证围产期保健、产后延伸保健工作正常开展和围产卡回收。80%以上的孕产妇在围产期获得系列保健服务。1999 年底，全市新法接生率 99.46%，住院分娩率 79.64%，孕产妇产前检查，孕早期检查和系统管理率分别为 93.7%84.98%、82.64%，分别高于全省平均水平 3.44、9.24、9.43 个百分点。7 岁以下儿童保健管理率和 3 岁以下儿童系统管理率分别达到 68.17%和 72.06%。新生儿破伤风得到基本控制（仅保康县一例），婴儿死亡率由建国前的 200‰以上下降到 9.28‰，孕产妇死亡率由 1500/10 万以上下降到 32.89/10 万，五岁以下儿童死亡率降至 11.08‰。1990—2000 年，全市加强对孕产妇系统管理，通过建立健全县乡村三级医疗预防保健网，明确村卫生室、乡卫生院、县（市）医疗保健机构各自的职责，实行对孕产妇分级分工管理；明确孕产妇保健内容，加强对育龄妇女的早孕保健、产前、产时、产褥期保健和产后访视工作；重点对高危孕产妇实行科学评估标准，严格管理程序，达到对高危产妇 100%系统管理；定期开展孕产妇死亡评审工作。定期组织市围产保健协作组成员对每一例孕产妇依照部颁标准开展评审，以明确死因，研究有关个人、家庭、医院、社会文化、风俗习惯等因素，针对性地提出干预措施，做到对孕产妇以预防为主、防治结合、防教结合，达到控制并减少合并症、并发症和难产发病率，控制并降低孕产妇、围产期死亡率目的。1999 年，全市孕产妇死亡率 32.89/10 万，孕产妇系统保健覆盖率 82.64%，非住院分娩新法接生 99.46%，住院分娩率 79.64%；4—6 月纯母乳喂养率 90%，妇女卫生健教率 81%；以县为单位基本消除新生儿破伤风，发生一例，比例为 0.64‰，全部达到纲要指标。2002 年，在全市范围内实行母婴保健技术服务许可证制度，严把机构和人员准入关。根据法律及配套法规的要求，按照《湖北省助产技术服务基本标准》，对拟从事母婴保健技术服务的机构进行检查，有46家单位获得母婴保健技术服务执业许可证，对3家不合格单位不予登记发证。对425名拟从事结扎手术、终止妊娠手术和助产技术服务的个人进行理论和技术操作考试，367名按要求双考双合格，准予发证。2000—2003年，开展“母婴安全”项目活动，市妇儿工委和市卫生局于2001年8月17召开全市“母婴安全”动员大会，还与各县（市）妇儿工委、卫生局签定目标责任书。成立襄樊市“母婴安全”活动领导小组和技术指导小组。制定下发《襄樊市母婴安全活动实施方案》。各县（市）也按照要求对乡级产科人员提出孕产妇保健系统管理体制，产前检查、危险因素筛查、正常接生各个环节处理，新生儿窒息的预防和复苏，人工剥离胎盘等九项技能基本要求。2002年，市、县（市）卫生局按照管辖范围，分别对辖区赔偿损失助产技术服务机构进行许可审批。全市各级各类157个助产技术服务机构取得合法资格，其中地市级17所，区县级140所，对达不到标准的机构，坚决不予发证。组织全市符合条件的人员参加母婴保健技术服务考试，有1529人获得资格；456人获得结扎、终止妊娠手术资格。根据《湖北省助产技术服务基本标准（县、乡级）》，重点在机构对孕产妇围产期保健、各项工作常规及操作规程和管理制度的建立健全，产科病历及相关记录完整规范等上下工夫。开展孕产期保健、安全分娩等知识的健康教育活动，推行三个新的理念：“所有的孕妇都面临危险，都应该住院分娩”、“离医院越远，越应该住院分娩”、“产前已发现高危因素的孕妇必须住院分娩”。倡导住院分娩，规范各级医疗保健机构的职责任务和技能要求。同时，通过创建“放心产房”等举措，加强产科建设，规范产科管理，提高了产科质量。建立健全妇幼保健三级网络和布局合理，运行便捷、经济有效的高危孕产妇转诊急救系统，以县（市）为单位建立“绿色通道”，形成县、乡、村三级孕产妇管理和急救网络。市围产保健协作组每年组织一次孕产妇死亡评审，针对死因制定干预措施。充分发挥围保专家督导组作用，指导“母婴安全”活动不断深入的开展，有效降低孕产妇死亡率。2003年5月，市卫生局印发《襄樊市孕产妇系统保健手册运转管理办法》，规定停用以前的围保手册和产后延伸服务手册，在市区启用《襄樊市孕产妇系统保健手册》。该手册将孕产妇系统管理和产后延伸服务融合一本，增加孕产妇健康教育内容和保健指导记录，较以往更全面、规范。按照《产前诊断技术管理办法》及省卫生厅通知要求，在全市推行新的产前诊断技术工作规范。组织全市从事产前诊断医疗机构资格申报工作，迎接省卫生厅评估。通过1989—2004年15年的孕产妇系统管理工作，全市孕产妇死亡率、婴儿死亡率、5岁以下儿童死亡率、新生儿破伤风发生率分别由1989年的217.4/10万、41.87‰、50.79‰、0.34‰下降到2004年的34.77/10万、7.18‰、8.32‰、0；新法接生率、住院分娩率由98.50%、68.11%上升到2004年的99.73%、89.53%；产后访视率、孕产妇系统管理率分别达到88.9%、78.85%。2005年5月，市卫生局制定出台《襄樊市孕产妇系统管理办法》，制作使用统一的危急重症孕产妇急救流程挂图和组织管理流程图，使孕产期保健和筛查高危孕产妇工作进一步规范，指导各助产技术服务机构及社区卫生服务机构进行规范管理。

妇女“五期”保健：妇女的“五期”保健，指对妇女月经期、孕期、产褥期、哺乳期、更年期的卫生保护。1985—1988年，襄樊市及各县（市）城镇贯彻执行1951年国务院颁布的《劳动保险条例》。襄樊市妇幼保健院以女工较多的市轴承厂、五一棉纺厂、5712厂、床单四厂，枣阳市妇幼保健院以烟厂、化肥厂等企业为试点，开展妇女“五期”卫生保健研究和探索。妇幼保健人员深入到试点厂矿指导厂方对孕期、哺乳期女工缩减工作时间，减轻劳动强度，将浴室盆浴改为淋浴，切断妇女病传播途径。1988年9月，国务院颁布9号令《女职工劳动保护规定》，使妇女“五期”劳动保护力度加强。襄樊市、枣阳市妇幼保健院在原试点厂进一步指导建立“四室三册二卡”，即：女职工卫生室、孕妇休息室、哺乳室、女工冲洗室；女职工登记册、新婚妇女登记册、更年期妇女登记册；月经卡、围产期保健卡。为进一步搞好妇女“五期”保健工作，由市妇幼保健院组织市区大型厂矿女工干部、保健医生共50余人于1991年5月到武钢参观学习，举办一期妇女保健知识培训班。以点带面，从城市到农村，掀起开展妇女“五期”

保健的热潮。随着老龄人口增多，妇女“更年期”保健问题日渐突出。1988 年，市妇幼保健院组建妇女病查治专班，常年以宣传、讲座、咨询等形式，宣传妇女更年期保健知识，并针对妇女更年期现状，以及影响妇女身心健康的主要因素向市卫生行政部门提出干预措施并组织实施。2005 年 6-7 月，在市妇幼保健院和襄阳区保健院分别成立“湖北省更年期综合征防治研究中心襄樊分中心”，并在襄阳影剧院举行揭牌庆典暨更年期保健知识大型讲座活动。分中心在市妇幼保健院常设更年期保健门诊。

妇女常见病防治：1977 年，湖北医学院第一附属医院在随县举办子宫脱垂防治学习班，为襄阳地区培养一批专业技术人员。随后，采用曼氏改良手术和上托保守疗法对子宫脱垂病人治疗。至 1985 年，手术治疗 10 376 人次，上托治疗 17 395 人次，通过防治，发病率由 1976 年的 3.16%降到 0.29%。1979 年，卫生部拨出专款并要求各地在三年内基本治完子宫脱垂、尿瘘两病。同年春，湖北医学院副教授田孝坤来襄阳地区举办手术治疗尿瘘班，亲自动手并指导学员对 144 例尿瘘病人进行治疗。此后，各县均采用这一新技术对尿瘘病人进行查治并得到普及。至 1985 年，全市治愈尿瘘病人 233 例，仅有 2 人待治疗。1975—1983 年，全市共调查 367 741 人，查出宫颈癌患者 120 人。多年调查证明该病已居全市妇女生殖器恶性肿瘤首位。1985 年，发现宫颈癌患者 26 例，全部得到治疗。1974—1985 年，共查出宫颈糜烂患者 198 606 人，治疗 144 450 人。1986—1988 年，完成全市 5 万人群的妇女病流行病学调查，查出妇科病 345 人，治疗 338 人，总治疗率 97.97%，其中宫颈糜烂 307 人，实际已治疗 296 人，治疗率 96.42%，近期治愈率 90.24%。此次流调摸清襄樊市妇女病患病情况。1987 年 7—8 月，通过对五千名妇女葡萄胎发病率调查显示，全市葡萄胎发病率为 377/10 万，街道居民高于干部 2 倍。发病时间多集中在上半年，发病年龄愈小，发病率愈高，且多发生在第一胎。1988 年，市妇幼保健院成立专班，开始对市区厂矿、企事业单位进行规范化的妇女病普查普治工作。此前每年妇女病普查率仅 50%。1990 年，对 30 个单位进行妇女病普查，应查人数 3 202 人，实查 2 435 人，普查率 76.05%，查出患病人数 1 257 人，患病率 51.62%。2000 年，对 186 个单位进行妇女病查治，实查 9 067 人，普查率 72%，患病人数 4 990 人，患病率 26.09%。通过定期例会、深入企事业单位宣传政策，积极开发各级领导，组织女职工参加知识讲座，提高女职工自我保健意识和自我保护能力，降低妇科病患病率。1998 年 8—10 月，对襄樊市育龄妇女贫血患病率调查，通过调查未孕育龄妇女 400 人，贫血患病率 12%；调查孕妇 200 人，贫血患病率 29%。2000 年，市卫生局、劳动局、人事局、总工会、市妇联下发“关于贯彻《女职工保健工作规定》加强女职工保健工作的通知”，2003 年，市总工会下发《关于加强全市女职工妇科病查治工作统一规范化管理的通知》，妇女病查治工作得到规范。为提高宫颈癌诊断水平，市妇幼保健院丁 2003 年购买电子阴道镜，2004 年引进利普刀，两年间共协助诊断出宫颈癌前病变 100 余例，确诊宫颈癌 8 例，显示患病率高达 33.38/10 万，查出乳腺癌 20 例，患病率 15.15/10 万。对宫颈癌前病变和重度宫颈糜烂患者实施利普刀治疗，收到良好效果。2005年，应查7 274人，实查5 831人，普查率80.16%，患病人数3283人，患病率 56.30%，对查出的疾病进行分析，提出干预措施，并组织实施。

3.儿童保健

自 1984 年原襄樊市儿童保健所成立，开始承担对全市妇幼保健机构中儿童保健专项工作的指导、监督与管理工作。1986 年 8 月对所属地段保健网点（四个地段为：樊西区、樊东区、襄城区、郊区，九个散居点为：定中街、七同街、襄江居委会、梯子口、马道口、机坊街、红花园、胜丰七队、高庄大队）提供保健服务。1994 年，地段保健网点撤销，各散居点由市妇幼保健院统一管理，并对随州市（1993 年划出襄樊市）、老河口市、枣阳市、谷城县、保康县、南漳县、宜城市、襄阳县各县市逐步进行规范化管理，管理内容包括新生儿及低体重儿保健管理、健康儿管理、体弱儿管理、传染病管理、小儿贫血、佝偻病管理、早期教育管理、建立健全三级儿童保健网、儿童系统管理及散居儿童系统管理、指导贫血调查、佝偻病调查、0—5 岁死亡调查、指导推广新技术新业务、襄樊市健美儿评选活动（1999 年拓展到各县市)等,全市儿童保健管理面 90.0%以上。

托幼机构卫生保健管理:1986 年 1 月,根据卫生部《托儿所、幼儿园卫生保健制度》文件精神,对全市 150 所托幼机构实行分级分类管理,包括幼儿园九大制度“八簿一卡”落实情况、儿童体格检查、缺点疾病患病及矫治情况、身高体重达标对比等。每月定期召开儿童保健工作例会,年终由市卫生局牵头总结年度管理工作情况,襄樊市托幼机构步入规范化管理。1988 年 4 月 18 日,卫生部妇幼司调查襄樊市三年（1985 年、1986 年、1987 年）来的儿保工作实施情况，对儿童保健工作给予充分肯定。1986 年开始,襄樊市妇幼保健院分步加强对托幼机构园所长和保健医生培训。截至 2005 年底,共举办各类学习班 29 起,参训 1141 人次。对保健医生通过培训考试,合格后发上岗证,推行保健医生持证上岗制度。坚持对所有托幼机构工作人员每年体检,给合格者以健康证,2005 年,托幼机构保健老师持“双证”上岗率 100%。1988 年,市儿童保健所参与全国 0—14 岁儿童智力低下流行病学调查项目,此项目属国家“七·五”攻关课题,襄樊市共调查 3180 例,摸清襄樊市儿童智力低下的流行趋势,制定干预措施,受到卫生部表彰。1990 年 10 月,襄樊市儿童保健所在全市范围内进行五岁以下儿童死亡调查,全市五岁以下儿童死亡率为 50.83‰,前五位死因依次是肺炎、新生儿窒息、溺水、蒙被综合征、早产。此次调查为制定“八五”规划和实施《九十年代中国儿童发展规划》提供依据。1996 年,对全市 101 所幼儿园进行分类管理,87 所幼儿园建立幼儿保健档案,保健管理率达 86.14%。1998 年 4 月,根据湖北省卫生厅、省教委下发的《湖北省托儿所、幼儿园卫生保健管理办法》,对托幼机构进行卫生保健评审工作。全市有 113 所托幼机构通过评审,各县(市)托幼机构的卫生保健检查工作由各县(市)卫生局负责组织,对合格的托幼机构,市卫生局组织抽查。市区托儿所、幼儿园按《湖北省托儿所、幼儿园卫生保健评审标准》自查合格后,向市卫生局书面申请并附自查情况汇报,由市卫生局组织“市托儿所幼儿园卫生保健工作技术指导组”,进行检查,内容包括行政设施、营养膳食、健康检查、保健设施、生活制度、防病措施、卫生消毒、安全保卫、良好习惯、体格锻炼、家长联系、登记统计等。全市有 113 所托幼机构通过评审,达到标准。其中市区申报的 17 所托儿所、幼儿园全部合格,并颁发“卫生保健合格证”。2003 年,根据卫生部统一部署及省卫生厅和教育厅的要求,在防疫部门配合下,对全市 322 所托幼机构进行卫生保健监督检查,促进托幼机构公共卫生管理、卫生保健和安全工作进一步规范。依据 1992 年 3 月 7 日颁布的《九十年代中国儿童发展规划纲要》及 1995 年 6 月 1 日实施的《中华人民共和国母婴保健法》等法规精神,每年 3—6 月,襄樊市妇幼保健院对市区托幼机构儿童进行全面健康体检,9—12 月进行防治。1986—2005 年,共体检儿童 308 371 人次,体检内容包括身高、体重、五官、口腔、内科外科、智测、化验(肝功能、血常规),做出全面健康评价分析,对儿童缺铁性贫血及维生素 D 缺乏性佝偻病进行专题调查(见表 31-5)。

经过 20 多年儿童保健工作的实施,五岁以下儿童死亡率大幅下降,2005 年降至 9.41‰,死因顺位也发生变化,依次为早产低体重、新生儿窒息、肺炎、意外窒息、溺水。

襄樊市集体儿童保健管理情况一览

表 31-5

内容 年度	托幼机构			市区保健管理					市区缺点疾病			健康教育	
	市区托幼机构数	各县市托幼机构数	各县市管理儿童数	保教人员数	入园儿童数	体检实查数	身长达标数	体重达标数	缺点疾病总数	矫治人数	缺点疾病患病率前五位	举办培训班期数	下基层指导次数
1986	150	158	67524	1350	10970	7200	7005	3700	5311	2971	①②③⑤⑥	2	13
1987	153	158	68175	1388	11974	7273	6357	3856	5311	2971	①②③⑤⑥	2	15
1988	119	164	69454	1594	16818	10293	4167	4513	6187	2111	①②⑩③⑥	4	11

续表

内容 年度	托幼机构			市区保健管理					市区缺点疾病			健康教育	
	市区托幼机构数	各县市托幼机构数	各县市管理儿童数	保教人员数	入园儿童数	体检实查数	身长达标数	体重达标数	缺点疾病总数	矫治人数	缺点疾病患病率前五位	举办培训班期数	下基层指导次数
1989	179	171	74361	1948	17290	10693	4125	4018	6857	2874	①②④③⑦	2	14
1990	159	175	77838	2008	12688	7940	3248	3998	5437	3501	①②⑩⑥③	3	12
1991	159	191	78412	1982	12766	8226	4729	4916	6496	4796	①②④③⑦	4	10
1992	147	194	72436	2138	17690	13945	6748	6001	8003	6641	①②④③⑥	1	4
1993	124	174	75483	2317	18496	14662	5841	5440	10042	6352	①②⑧③⑥	2	6
1994	117	168	61765	2467	12799	10438	5023	5184	7432	6026	①②⑩③⑧	2	5
1995	122	187	63471	2643	19875	11975	4928	5076	7289	6114	①②④⑩③	1	3
1996	131	212	44177	2777	19446	8473	3945	4083	6116	5442	①②⑩⑦	3	4
1997	128	204	41512	2742	17631	7225	3641	3579	5056	4187	①②⑤③	1	5
1998	116	235	57114	2550	24151	19871	9443	9987	15721	10046	①②③⑨⑦	1	10
1999	101	224	62481	2577	25520	20116	8042	9993	13971	9743	①③②⑩⑨	2	9
2000	99	264	76677	2699	25172	20471	8144	9912	14128	9188	③①⑩⑨⑩	2	7
2001	106	299	79412	2907	27144	24155	11442	13070	16993	11045	③①⑨⑩②	1	9
2002	121	348	86610	2994	29838	20478	9773	10479	14421	11376	③①⑨⑩②	3	6
2003	129	364	90081	3144	29788	25544	12279	13001	19761	17436	③①⑨⑩⑤	2	11
2004	134	353	85447	3219	31766	30442	17742	17998	21115	15488	③①⑨⑩⑦	2	8
2005	126	379	89872	3298	32834	31879	19510	20944	21437	17642	③①⑨⑩②	2	21

注：缺点疾病：①龋齿②沙眼（轻度）③佝偻病④结膜炎⑤贫血⑥气管炎⑦上呼吸道感染⑧扁桃体炎⑨包茎⑩鼻炎（鼻黏膜炎）

儿童生长发育监测：1987 年 5 月，制定《襄樊市小儿生长发育监测实施方案》，印发儿童生长发育监测预约单 2000 份。主要对象为 3 岁以下儿童，即凡在各医院妇产科 1987 年 7 月 1 日后出生的儿童出院时，由产科发放预约单，要求满月后到市儿童保健所门诊领取“小儿生长发育监测图”，由市儿保所（妇幼保健院儿保科）门诊对其神经动作发育、喂养、患病、预防接种、健康评价等情况进行定期监测观察。1987 年下半年至 1989 年，共监测 1379 名儿童，其中男 694 人，女 685 人，监测面达 70%，监测率达 87.5%，复测率达 81.7%。同时开展体弱儿专案管理工作。1986—1993 年，体弱儿管理共 8 650 例：其中营养不良、早产儿、低体重儿建档 605 人次；佝偻病防治 4130 人次，缺铁性贫血防治 6 880 人次，新生儿访视率 75%以上。1994—2005 年，体弱儿管理共 119 825 例。其中营养不良、早产儿、低体重儿建档 945 人次；佝偻病防治 67 526 人次，缺铁性贫血防治 11 254 人次，新生儿访视率 80%以上。1990 年至 2005 年，儿童生长发育监测工作融入儿童系统管理工作中。

儿童保健系统管理：20 世纪 80 年代初，市儿保所下设 4 个二级科室：儿保门诊（生长发育监测、儿童系统管理、体弱儿管理、“四病”管理）、基层指导（托幼机构管理、集散居儿童健康检查、各县市基层指导、缺点疾病防治）、智力测验门诊（早期水平能力测试）、五官科（眼保健、听力筛查）。1993 年，院所合并为市妇幼保健院，增设儿保专家门诊、计划免疫接种门诊、儿童口腔科、儿童心理咨询门诊、集体儿童管理、计划免疫接种室、高危儿干预室。1986—1993 年，共建立儿童系统管理登记卡 7796 人次。1989 年，儿童保健系统管理，集体儿童达到 68.5%，散居儿童达 11.9%，定期为小儿作健康检查。发现缺点疾病及时矫治。对 0—7 岁儿童进行定期体检：一岁内每 3 个月一次，一至三岁每半年一次，三岁以上每年一次，简称 4、2、1 体检。体检内容：身高、体重、头围、胸围、内科、外科、五官科及化验室检查（肝功能、乙肝表面抗原、血常规、骨碱性磷酸酶）。1994—2002 年，总门诊量 98 万人次。健康检查 137 091 人次，建立系统管理 110 983 例，体弱儿管理 965 例。咨询 62 142 人次，智测 1 347 人次。散居儿受检 55% 以上，体格发育水平超均值者 50% 以上。1999 年，全市获儿童保健 40 473 人，儿童系统管理 246 505 人，其中获眼保健、听力保健、口腔保健分别为 49 229 人、10 162 人、94 247 人次。营养评价 5 岁以下儿童 126 018 名，发现中度营养不良者 736 名发生率 3‰。2003 年 10 月，引进儿童保健系统管理软件，制作《襄樊市儿童保健手册》后，进一步规范儿童保健系统管理项目工作，除常规体检外增加了儿童早期发展水平测试及新生儿听力筛查等工作。至 2005 年，共建立儿童电子健康档案 36871 例，占当年全市 0–7 岁儿童数的 43.8%。

缺点疾病防治：开展小儿“四病”防治工作，针对严重影响襄樊市集、散居儿童身心健康的维生素 D 缺乏性佝偻病、营养性缺铁性贫血及小儿龋齿等缺点疾病，通过每年开展专题调查、疾病分析、专项矫治以及 1996 年开展氟离子透入防治龋齿及骨碱性磷酸酶检测等手段，有效控制儿童常见病患病率和发病率。佝偻病防治。1986—2005 年，共调查 75 057 人次，检查出佝偻病患儿 12 187 例，通过注射维生素 D3 治疗，开办佝偻病家长学习班，提倡患儿多晒太阳、家庭按摩等措施，广泛进行佝偻病防治。患病率从 1986 年的 22.7% 下降至 2005 年的 10.9%。缺铁性贫血防治。1986–2005 年，共调查 115 564 人次，贫血患病人数为 16 797 人次，经过防治患病率从 1986 年的 27.5% 下降至 2005 年的 13.4%。口腔保健、眼保健。龋齿、沙眼患病率长期居高不下，与卫生习惯和地方经济状况密切相关。随着人群保健意识提高及保健机构宣传教育，如开办学习班，宣传饮食卫生和用眼卫生知识，近年来龋齿及沙眼患病率明显下降。驱虫治疗。每年秋季体检时普发小儿驱虫药剂，并积极宣传饮食卫生知识，通过托幼机构和家长教育患儿饭前便后洗手，不吃生、冷、不洁食物等，儿童肠道寄生虫患病率逐年下降（见表 31–6）。

历年缺点疾病防治情况一览

表 31–6

年度	体检人数	缺点疾病总数	矫治人数	%	缺点疾病患病率前五位
1986	7200	5311	2971	55.9	①②③⑤⑥
1987	7273	5311	2971	55.9	①②③⑤⑥
1988	10293	6187	2111	34.1	①②⑩③⑥
1989	10693	6857	2874	41.9	①②④③⑦
1990	7940	5437	3501	64.3	①②⑩⑥③
1991	8226	6496	4796	73.8	①②④③⑦
1992	12185	8003	6641	82.9	①②④③⑥
1993	12662	10042	6352	63.2	①②⑧③⑥
1994	9848	7432	6026	81	①②⑩③⑧
1995	11975	7289	6114	83.8	①②④⑩③
1996	11725	6116	5442	88.9	①②⑩⑦
1997	10863	5056	4187	82.8	①②⑤③
1998	19871	15721	10046	63.9	①②③⑨⑦

续表

年度	体检人数	缺点疾病总数	矫治人数	%	缺点疾病患病率前五位
1999	20116	13971	9743	69.7	①③②⑩⑨
2000	20471	14128	9188	65	①③⑩⑨⑩
2001	22155	16993	11045	64.9	①⑨③⑩②
2002	23481	14421	11376	78.8	①⑨③⑩②
2003	25544	19761	17436	88.2	①⑨③⑩⑤
2004	27136	21115	15488	73.3	①⑨⑩③⑦
2005	28714	21437	17642	82.2	①⑨⑩③②

注：缺点疾病：①龋齿②沙眼（轻度）③佝偻病④结膜炎⑤贫血⑥气管炎⑦上感⑧扁桃体炎⑨包茎⑩鼻炎（鼻黏膜炎）

新生儿疾病筛查：筛查病种主要包括先天性甲状腺功能低下（CH）、苯丙酮尿症（PKU），这两种疾病共同特征是：孩子出生早期外观正常，半年以后出现症状，主要表现为不可逆的儿童智能发育落后，体格发育障碍。如果出生时采血进行实验室检测、早期确诊、及时治疗，患儿的智力、体格可在很大程度上避免异常。根据《中华人民共和国母婴保健法》第三章第二十四条规定，要“逐步开展新生儿疾病筛查”。结合襄樊市城区年出生人口约 8 000 人的现状，为及时掌握和矫治新生儿发病，早期发现并减少痴呆儿的发生，于 1997 年 10 月成立“襄樊市新生儿疾病筛查中心”，挂靠在市妇幼保健院率先在全省地、市级开展新生儿疾病筛查工作。襄樊市妇幼保健院开始对市区新生儿进行 CH 和 PKU 的筛查。并确定市区 25 家接产医院为首批筛查医院，制定下发《襄樊市新生儿疾病筛查实施方案》和《襄樊市新生儿疾病筛查血样递送常规》，使筛查工作有法可依，有章可循。同时，召开由筛查领导小组、各筛查医院院长参加的新生儿筛查专题会议，当场签订开展新生儿疾病筛查的协议书，明确各自责任义务。组织筛查医院采血人员的业务培训，提高各级各类人员法律意识和技术操作水平。由于各级领导重视与支持，市区新生儿疾病筛查工作得以顺利开展。工作开展之初，多数群众缺乏对筛查意义的了解，少数群众因经济原因不愿筛查，筛查率较低。为改变局面，市卫生局、市妇幼保健院采取多种形式向广大群众和社会各界进行宣传动员。印制有关筛查的宣传单，通过各医院孕妇学校、产科门诊、病房发放到所有孕产妇手中，让她们了解开展新生儿疾病筛查的重要性和必要性；在产科病房、门诊张贴卫生部印制的宣传画，使家长充分认识到接受筛查是法律赋予每个新生儿应当享有的健康保障权利，是家长应尽的法律义务，并对参与筛查的新生儿发放《新生儿疾病筛查证明》；通过报纸、电台、电视等媒体向广大市民宣传，开展筛查是提高人口素质，减轻家庭、个人和社会负担的好事实事。通过广泛深入的宣传，赢得全社会对筛查工作的理解和配合。至 1999 年，共筛查 9 430 例，筛查率达 64.64%，查出甲状腺功能低下患儿 4 例，出生缺陷患儿 45 名。2002 年，筛查 6 435 名新生儿，筛查率达到 83.4%，同比上升 5.96 个百分点，发现 3 名先天性甲状腺功能低下患儿。经过 6 年探索实践，市区新生儿疾病筛查工作初具规模，筛查率从最初的 59.09%上升到 2003 年的 89.55%。逐步向县（市）级区域开展新生儿疾病筛查的时机已成熟。2003 年 9 月，七县（市）共 21 家医疗保健机构负责人在市卫生局举行的“县（市）级医院新生儿疾病筛查动员大会”上，签订“开展新生儿疾病筛查协议书”和责任状，县（市）级区域新生儿疾病筛查工作正式启动。为保证筛查工作质量，市妇幼保健院利用妇幼保健网络优势，建立以市新生儿疾病筛查中心为龙头，各接产医院为基础的筛查网络，建立整套工作职责和制度，由筛查中心负责全市新生儿疾病筛查工作的人员培训、技术指导、业务管理和质量监督，承担全市血标本的实验室检测、可疑病例追踪、复查确诊和治疗，各筛查医院负责血标本的采集、登记、保存、递送等，并首创筛查工作季度例会制度。1997 年 10 月至 2005 年 9 月，市区活产数 66 745 人，筛查新生儿 48 453 人，年均筛查率 72.59%，2005 年达到 94.19%，呈稳步上升态势。2003 年 9 月至 2005 年 9 月，县（市）级活产数 25 495 人，筛查新生儿 4 903 人，筛查率为 19.23%。8 年间共召回可疑先天性甲状腺功能低下患儿 102 例，可疑苯丙酮尿症患儿 54 例。其中 20 例确诊为甲低，发病率为 1：2 667，高于全国 1/40 000—1/6 000 的水平，男女比例1：1.2；确诊PKU患儿2例，发病率为 1：26 678，男女比例 1：1。除 1 例甲低患儿拒绝治疗外，其余患儿均得到及时治疗，效果明显，收到了良好的社会效益。

健美儿评选专项活动：1985 年 4 月 15 日，由市总工会、妇联、计划生育委员会、卫生局联合组织第一届全市性健美儿比赛活动，联合下达关于“六一”前健美儿比赛的通知，委托市儿童保健所举行健美儿评选工作，制定评选出方案和评选标准。至 2005 年，已成功连续举办 21 届，共评选出健美儿童 23 214 人。此项活动受到市委、市政府、市人大、市政协及市总工会、妇联、计生委、教育局、卫生局等上级部门的支持和重视。每年 3 月，由襄樊市妇幼保健院召开专项工作会议，明确评选方法，下达体检标准及健美儿名额分配计划，强调体检标准及时间要求。各体检点初选合格者送到儿保所，由儿保评选专班进一步检查，符合条件者方可定为健美儿。参加会议的有各区保健站站长、地级保健工作人员、各企事业单位分管领导、部分幼儿园园长、市妇幼保健院分管领导、儿保科工作人员。1998 年，开始各地段健美儿由儿保科进行评选。1999 年，五县两市参加健美儿评选活动。

（四）创建“爱婴医院”和“爱婴县（市）”

创建爱婴医院是联合国儿童基金会、世界卫生组织倡议的旨在通过保护、促进和支持母乳喂养，保障母婴安康的全球行动。全市坚持“儿童优先，母亲安全”的宗旨和 2000 年母乳喂养率达 85%的目标，从 1993 年开始，根据省卫生厅安排部署，开展创建“爱婴医院”和“爱婴县（市）”活动。1993 年 2 月，市中心医院和随州市妇幼保健院被湖北省卫生厅确定为创建爱婴医院首批试点单位。两院严格按照《创建爱婴医院全球标准》，保护、促进和支持母乳喂养的政策规定，宣传教育、技术培训、支持组织等 10 点措施，展开创建工作。9 月由卫生部组织的创建爱婴医院评估，两院全部达标，被卫生部批准为“爱婴医院”。1994 年，襄樊市妇幼保健院和老河口市、枣阳市妇幼保健院经国家级评估被确认为“爱婴医院”。至此，全市有 5 所“爱婴医院”，居全省前列。1995 年 8 月，襄樊市一医院、老河口市一医院、南漳县医院、南漳县妇幼保健院、谷城县妇幼保健院通过省级评审，被确认为“爱婴医院”。1996 年，为实现 2000 年我国母乳喂养率以省为单位达 80%的目标，根据省卫生厅关于创建爱婴县（市）通知精神，制定下发创建爱婴县（市）有关文件，规范襄樊市母乳喂养及爱婴医院工作管理制度，采取不同形式进行分类指导。对襄阳县医院、襄阳县妇幼保健院、襄阳县中医院、宜城市人民医院、宜城市保健院、保康县保健院六家创建爱婴医院单位，按照全球标准和《国际母乳代用品销售守则》要求，进行培训、考核、自评、申报和现场督办。7 月，六家申报单位全部通过省级评估。又对 9 家已创建爱婴医院的单位进行抽查式复评，并提出了保持、巩固、提高要求。1997 年，根据《湖北省创建爱婴县市标准》，谷城、襄阳、宜城、枣阳四县（市）开展创建爱婴县（市）活动，按照“政府组织、卫生主抓、部门配合、社会参与”原则，严格标准，齐抓共建。9 月，四县（市）全部通过省级评估，成为全省首批 7 个爱婴县（市）。至此，全市建成爱婴医院 37 所和四个爱婴县（市）。1998 年，申报 38 所医疗机构（其中卫生院 26 所）为创建单位。举办全市母乳喂养暨创建爱婴卫生院培训班，组织市区专家深入创建单位现场指导。经市级爱婴卫生院评估，26 家卫生院全部达到爱婴医院标准。1999 年，深化爱婴行动，巩固和创建爱婴医院（卫生院）工作。9 月，襄阳县、老河口市 16 家爱婴卫生院，全部通过省级检查评审。襄樊市中心医院、襄樊市第一医院通过省级爱婴医院复查。年底,全市有爱婴医院44所,爱婴卫生院43所,占县以上应创建爱婴医院的97%,襄阳、宜城、枣阳、谷城成为爱婴县(市),占全省爱婴县(市)的57%。全市60%—80%的产妇能有意识的首选爱婴医院分娩,90%以上的新生儿住院期间得到母乳喂养。2000年,全市有89所医疗机构获得爱婴医院(卫生院)称号,襄阳县、宜城市、枣阳市、谷城县4个县市为爱婴县(市)。全市在院母婴同室率100%,母乳喂养率90%以上。2002年,市卫生局对全市19家爱婴医院和9家爱婴卫生院,对照十条标准进行复查,促进爱婴医院日常管理规范化。2005年6月1日,由全国妇联、伊利集团、《中国妇女》杂志社、襄樊市妇联和襄樊市妇幼保健院联合举办的"健康宝贝课堂热线"正式启动。至12月,共计接听热线电话500余个,专家讲座6场,营养咨询、科学喂养宣传活动10余次,受益人群达2000余人次。

(五)妇幼卫生项目

1988年3月,南漳县被确定为全国妇幼卫生示范县扩展县。该项目是我国与联合国儿童基金会在妇幼卫生方面的合作项目。1988—1989年,由联合国儿童基金会和省、县共同投资,为该县开展妇幼卫生服务、宣传、培训、调查提供活动经费和添置必要医疗设施。1989年,经国家经贸部和卫生部审定,谷城县被列入《发展中国基层妇幼卫生》项目(1990—1994)县。该项目是中国与联合国儿童基金会、联合国人口基金会、国际卫生组织此间在卫生领域合作的最大项目。主要对老、少、边、穷地区的妇女儿童健康进行保护。1990—1994年间,谷城县开始实施"湖北省加强中国基层妇幼卫生、计划生育服务"项目工作,1995年11月,通过卫生部组织的项目终期验收。1992年,要求该项目扩展到襄樊市其他各县(市)。根据省卫生厅"妇幼字〔1990〕第14号"文件精神,在基本情况调查基础上,进行调查培训,先后开办培训班4次,培训人员490人次,培训、复训面98%以上,加强婴幼儿系统管理。母乳喂养率75%以上;0—5岁儿童肺炎、腹泻死亡率分别控制在1.6%和0.21%以下;ORS推广率40%以上;贫血患病率23.32%,治疗率100%,治愈率90%以上;3岁以下佝偻病19.86%,治疗率100%,治愈率70%以上;预防接种"四苗"覆盖率95%以上。1996年,在1990—1994年《发展中国基层妇幼卫生/计划生育服务》及1994—1995年过渡周期两个项目取得成功的基础上,谷城县又被省卫生厅确定为1996—2000年妇幼卫生合作项目扩项目地区之一。从1993年开始,省卫生厅对妇幼卫生工作实行以实现"两纲"目标为努力方向的项目管理,每两年一个周期。市妇幼保健院结合本地实际,积极申报课题,1993—1995年第一周期项目"城区母乳喂养率的调查及提高母乳喂养率的对策"中标后,按照项目投资协议书及项目合同内容要求,成立项目领导小组及技术指导组,定期召开会议,按照合同完成调查、培训、质控、资料整理、汇总、分析,每年写出阶段小结和项目工作总结,根据项目资料,撰写科研论文及报告,在项目完成后,申报省级评审,获得优秀妇幼卫生项目奖。1995年,在省下达的第二周期(1995—1997)7个项目中,市妇幼保健院积极申报第二周期项目,又有三个课题中标:产科出血防治适宜技术的应用及推广;新生儿窒息复苏适宜技术的应用及推广;巩固爱婴医院成果及对策。1997年完成第二周期项目工作后,省专家评审组对上述项目工作管理给予高度

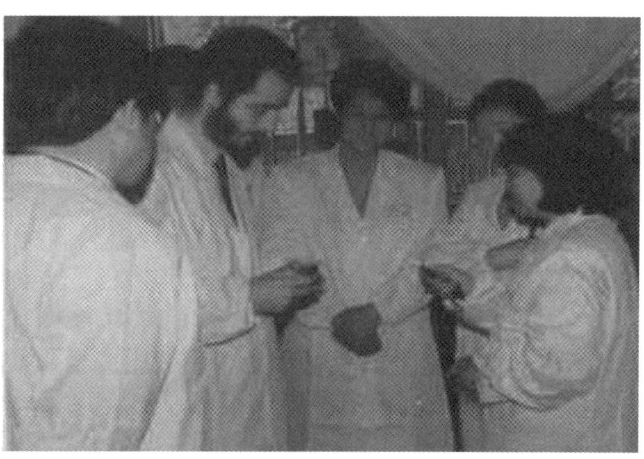

图31—3 世界卫生组织项目官员考察基层妇幼保健院

评价,其中产科出血防治适宜技术的应用及推广获省级优秀项目奖。南漳县妇幼保健院二个项目:降低三岁以下儿童死亡率对策的研究;降低新生儿破伤风发病率的措施;老河口妇幼保健院二个项目:儿童ARI病例管理的应用及推广;降低新生儿破伤风发病率的措施。1997年,申报第三周期妇幼卫生项目,市妇幼保健院"托幼机构五大管理模式研究"中标。1999年,申报第四周期妇幼卫生项目"出生缺陷监测及新生儿疾病筛查"项目中标。2003年,申报第五周期妇幼卫生项目,"新生儿听力筛查管理与服务的探讨"项目中标。通过10年五个周期妇幼卫生项目工作的开展,强化各级政府对项目工作的重视和支持,在政策和经费上给予倾斜,保证项目良好运转。

四、临床医疗

(一)西医医疗技术进展

改革开放以来,全市医疗机构临床和医技各科向专科化、专业化方向发展,专业科室越分越细,辅助诊断和治疗科室也越来越多。到20世纪90年代,市级综合医院在之前以2至3个二级专业为一个独立病区分科基础上,基本形成门类较齐全的二级分科,并有一些新兴临床医技科室出现。截至2005年,三级综合医院呼吸内科、消化内科、神经内科、心血管内科、血液内科、肾病内科、内分泌、免疫学、老年病、普外、神经外科、骨科、泌尿外科、胸外科、整形外科、妇科、产科、皮肤科、急诊医学、医学美容、康复医学、麻醉、传染、小儿内科、新生儿、口腔科、眼科、耳鼻喉、肿瘤等专业成为独立专业科室。县级综合医院逐步开展二级分科,在大内科、大外科的基础上设立若干二级专科(专业组)。全市出现一批省市级临床重点专科以及特色专科,诊疗水平在省内乃至全国具有一定地位和影响。市中心医院心胸外科、泌尿外科、神经外科、心血管内科、妇产科、眼科、检验科及市一医院神经内科、内分泌科以雄厚实力通过省卫生厅的评审,成为省级临床重点乙类专科。襄樊铁路医院皮肤科(现襄樊市康达医院白癜风治疗中心)白癜风治疗效果突出,为铁道部重点专科。市口腔医院口腔专科设备和业务水平位居省内同类医院前列,已成为鄂西北口腔疾病诊疗中心。全市各医疗机构通过自筹、贷款、职工集资、与生产经营企业合作开发等多种途径,更新、添置、引进一大批先进设备,不断提高诊疗水平和综合技术能力。到2005年,全市各级医疗机构共有磁共振、螺旋CT、数字减影仪、直线加速器、心脏彩超、腹部彩超、腹腔镜、体外循环机、全自动生化分析仪等医疗设备2 000余台(件),价值3亿余元。随着各类高、精、尖医疗仪器设备的投入使用和诊疗新技术、新项目开展,以市中心医院、一医院为代表的综合医院先后开展心脏换瓣、冠状动脉搭桥、同种异体肾移植、经腹腔下胆囊、脾脏、肾及肾上腺肿瘤切除、睾丸移植术等新手术,有的现已成为经常开展的业务项目,多项技术水平和病例数位于省内同级医院前列,许多新技术填补襄樊市空白,有些还在全省甚至全国都有一定地位和影响。微创技术快速发展,县级以上医疗机构利用微创手术治疗各类内科、外科、妇产科、眼科、耳鼻喉科疾病得到广泛应用,各种心血管疾病介入治疗、神经外科的介入治疗、显微外科手术、普外科的腹腔镜、胸外科的胸腔镜、泌尿外科的输尿管肾镜、骨科的关节镜以及妇产科的腹腔镜、宫腔镜技术呈现良好发展态势,还成功开展白内障超声乳化、宫颈癌根治术、卵巢肿瘤减灭等手术,引进低温等离子治疗鼾症、大面积脑出血肿瘤清除、放射性粒子植入治疗肿瘤、外周造血干细胞移植及脑瘫康复治疗等高新技术。各县(市)区医疗机构医疗技术水平也大大提高,能开展各种妇产科中等常规手术和常用生化检验、心电图、B型超声波诊断、CT诊断、X线拍片等业务,较疑难的重病、大病大都能在县市级医院得到治疗。枣阳市第一人民医院鹿角型多发性肾结石患者施行自体肾移植术、南漳县人民医院的断指再植术分别获得成功,成为全省开展此类手术的首家县(市)级医院。乡镇卫生院总体诊断水平和治疗水平不断提高,医疗业务范围不断扩大,一些常见多发病能就地诊疗,部分乡镇卫生院能开展腹部手术、常规或常用生化检验、心电图、A 型或 B 型超声波检查项目。

1.内科

20 世纪 70 年代以来,县及县级以上医院先后建立心血管、神经、肿瘤,消化及血液病等专科门诊,病房相对固定各专科床位,使诊断符合率提高,救治范围扩大。电子、激光、显微摄影等仪器在诊断与治疗上的使用和药物学进展,大大提高医疗技术水平和医疗质量,尤其对恶性肿瘤、冠心病及其他功能性、器质性疾病能早期确诊,治愈率不断提高。

呼吸内科专业:市一医院 20 世纪 80 年代以来,先后开展支气管内镜检查及肺功能测定、过敏原检测、纤支镜检查、肺部光动治疗、YAC 激光凝止血、激光治疗过敏性哮喘、经纤支镜支气管内置管放疗治疗肺内肿瘤、经纤支镜钳取支气管内异物、支气管息肉激光治疗、X 线导向下经纤支镜对周边肺病灶及皮穿刺肺活检、支气管镜腔内肿瘤局部放疗、经纤支镜腔内高频电切刀治疗肺内肿瘤、经纤支镜取气管异物、经纤支镜高频电切除气道肿瘤,进行胸腔内注射斯奇康治疗恶性胸水疗效观察、光量子治疗慢性呼吸衰竭的临床观察、经纤支镜肺活检、电透下周边肺活检及各种治疗等。1987 年,首次在省内开展纤维镜在支气管腔内激光治疗支气管内新生物。1996 年,开展湖北省首例经纤支镜高频电切治疗呼吸道肿瘤。21 世纪以来,在全市率先开展经纤支镜内置氧管供氧治疗呼吸系统急危症、衰竭,纤支镜下支气管内肿瘤高频电切术、经皮周边肺活检和支气管肺泡灌洗等,在鄂西北地区首次开展应用高频聚束刀治疗肺癌。开展 CT 引导经皮肺活检、腔内近距离放疗技术。

市中心医院先后开展经皮肺活检术及胸膜活检术、支气管镜介入治疗、纤维支气管镜介导支气管腔内治疗、睡眠呼吸障碍通气综合征合并呼吸衰竭综合治疗、细支气管镜对肺周围病变诊断等。1987 年,成立纤维支气管镜、肺功能、过敏原测试检查室,开展经纤维支气管镜肺活检技术。2000 年,在全市率先开展支气管气管支架置入术。2002 年,率先在省内同级医院开展支气管球囊扩张术治疗肺不张手术。2003 年,开展鄂西北地区及全市首例气管内支架置入术。2005 年,开展细支气管镜对肺周围病变诊断。枣阳市第一人民医院擅长支气管哮喘等疑难病症治疗。南漳县人民医院 1993 年开展支气管纤维镜、肺功能测定诊治肺部疾病。

图 31—4　2005 年,市一医院呼吸内科主任医师刘琨参加卫生部健康卫士事迹报告团赴中南六省作报告

消化内科专业:市一医院 20 世纪 80 年代以来先后开展内窥镜下药物治疗消化系统溃疡,内镜下高频电切胃息肉、肠息肉,食管、胃底静脉曲张硬化治疗,借助于腹部 B 超、CT 进行小肝癌诊断治疗,经电子胃镜进行高频电切除胃肠道良性肿瘤、C14- 尿素呼气、消化道狭窄扩张及支架置入术、小肝癌诊断(肝血管造影)介入治疗、选择性腹腔动脉造影及腹腔镜诊治、食道静脉曲张出血硬化疗法或套扎治疗、急诊内镜止血术。21 世纪以来,先后开展肝穿刺活组织检查、消化道肿瘤早期诊断、中晚期肝癌非手术治疗、内镜下消化道良性肿瘤高频电凝电切术、消化道出血止血术及黏膜切除术。2005 年,开展内镜下消化道息肉射频治疗术及食管癌射频治疗术、消化道病变染色及放大内镜诊断、食管黏膜白斑射频点灼治疗术、内镜下 Barrett 食管射频

灼除治疗术、内镜下疣状胃炎射频灼除治疗术，内镜下高频电切及热活检钳灼除法治疗胃粘膜脱垂症、中西医结合治疗重症胰腺炎。率先在全市开展胃肠动力监测及生物反馈治疗功能性便秘等。20世纪80—90年代，市中心医院先后开展电子胃镜检查、电子肠镜检查、消化道息肉内镜下高频电凝切除术、食管静脉曲张注射硬化剂、套扎治疗及内镜下逆行胰胆管造影（ERCP）、消化性溃疡的内镜治疗、内镜下食道静脉曲张破裂出血硬化治疗术、幽门螺旋杆菌C14尿素呼气试验检测、食管狭窄及贲门失迟缓症内镜下扩张治疗、胃镜下胃肠道平滑肌瘤切除等。1999年，成立消化道动力室，开展24小时食管pH值测定、上下消化道压力测定等诊疗技术，开展胃动力学研究和胃电图、肠电图临床应用。21世纪以来，先后开展经皮肝穿刺活检术、快速自动活检技术、食管狭窄镜下扩张安放支架术、胃肠道隆起性疾病镜下手术治疗（高频电切术）及无痛肠镜检查、染色内镜检查。2005年，开展内镜下十二指肠乳头括约肌切开术并胆总管取石术及色素内镜对早期胃癌的临床观察。南漳县人民医院2004年开展结肠镜诊治下消化道疾病。谷城县人民医院消化内科可诊治消化内科各种疾病。襄阳区人民医院1988年开展经皮肝穿无水酒精冲洗治疗巨大肝囊肿术，1992年开展纤维肠镜检查技术，2004年以来相继开展胃镜下异物取出、胃内息肉电凝、电切术、食道支架及肝动脉栓塞治疗原发性肝癌等技术。

神经内科专业：市一医院1991年9月在鄂西北地区率先建立神经病学专科。20世纪80年代以来，先后开展脑血管病、癫痫、颅内感染、脊髓疾病、帕金森病、旋毛虫、脑囊虫病的诊断治疗；脑血管造影、椎管碘油造影及重症一氧化碳中毒脑电监护与高压氧治疗，光量子、氦氖激光治疗、肉毒素治疗面肌痉挛；TCD及肌电图检查、血液流变学、脑脊液细胞学、甲襞微循环检查、脑循环中微栓子经颅多普勒监测、脑电图动态监测、无创颅内压检测、同型半胱氨酸检测、重症病人中央神经监护；颅内血肿微创清除术、颅内动脉瘤栓塞介入治疗、激光疼痛治疗、血液净化治疗，进展性脑卒中干预治疗、抗凝血酶治疗对脑出血后水肿影响的研究工作。21世纪以来，开展立体定向脑组织活检手术、脑血管内支架置入术及颅内血肿微创手术等，在全市率先开展帕金森病流行病学调查，在急性脑血管病基础研究和临床抢救、神经系统免疫疾病、癫痫及肌病诊治、脑血管病神经介入治疗等技术方面达到省市领先水平。20世纪70年代，市中心医院先后开展脑电图检查、肌电图临床运用、重症颅内感染及蛛网膜下腔出血的脑脊液置换治疗，自体血光量子治疗脑血管疾病和吉兰－巴雷综合征、血液稀释疗法、全脑血管造影术。1996年，在全省率先开展急性脑梗塞超早期大剂量尿激酶静脉及动脉溶栓治疗及研究，明显降低脑梗塞病人致死、致残率。同年开设心理门诊。1998年，成功抢救一例反复呼吸心跳停止近40分钟的吉兰－巴雷综合征患者，完全痊愈出院。同年建立神经重症监护病房（NICU），共救治急危重症患者1756例。1999年，开展高压氧治疗神经系统疾病。21世纪以来，对小脑出血进行微创穿刺治疗。为卫生部课题“微创清除技术治疗颅内血肿效果及效益再评价研究”协作单位。2005年，率先在省内开展脑血管病血管内介入治疗。开展颅内动脉瘤、动静脉瘘、动静脉畸形的栓塞治疗颅、内外动脉狭窄的球囊扩张支架置入治疗，急性脑梗死的动脉熔栓治疗等。南漳县人民医院先后开展静脉溶栓治疗急性脑梗塞、微创手术治疗脑出血病。谷城县人民医院2000年后开展脑梗塞早期及超早期静脉溶栓术，脑出血微创血肿清除引流术，全脑血管造影等。襄阳区人民医院1993年针对高脂血症、缺血性心脑血管疾病开展血液光量子辐射治疗，开展尿激酶溶栓治疗急性脑血栓形成等，2005年为卫生部课题《微创颅内血肿清除术最佳手术时机选择》协作医院。

心血管内科专业：1985年，市中心医院率先在本地区开展心脏介入诊疗技术，先后开展右心导管术及临时起搏器植入术。1988年，开展食道电生理检查新技术。1989年，开展左心导管术及左心室造影术、永久性起搏器植入术。1994年，率先在本地区开展选择性冠状动脉造影术和经皮冠状动脉成形术，同时开展风湿性心脏病二尖瓣狭窄球囊成形术。在全省地市级医院首次开展阵发性室上速射频消融术。1996年，设置冠心病监护病房，提高冠心病急性心肌梗塞救治水平。1997年开展床边Swan-Ganz漂浮导管术。1999年，开展冠脉内支架置入术，同年开展全市首例特发性室性早搏和特发性室性心动过速的射频消融术。2003 年,开展急性主动脉夹层支架植入术。2004 年,在全省地市级医院率先开展阵发性房颤环肺静脉阶段性射频消融术，在全省同级医院中首次开展经桡动脉穿刺冠状动脉内支架植入术。2004 年,在襄樊率先开展先天性心脏病介入治疗术。2005 年,成功开展全市首例三腔起搏器植入术(心室再同步化治疗心力衰竭),同年开展肾动脉狭窄支架植入术。市一医院 20 世纪 80 年代以来先后开展心肌梗死、病毒性心肌炎、冠心病、心脏瓣膜病变的诊治,在 800 毫安胃肠机下开展临时起搏器植入术和头颈部血管造影术，外周静脉和中心静脉置管术等。1992 年，应用 800 毫安胃肠机透视,在全市率先开展永久性起搏器植入术,射频消融术、风湿性心脏病经皮球囊二尖瓣成形术,右心导管检查。1999 年,在全市率先开展经皮冠状动脉支架置入术,成功抢救急性心肌梗死患者,开展阵发性室上性心动过速射频消融术。21 世纪以来,率先开展“三腔起搏”治疗阵发性房颤合并房室传导阻滞,开展双腔永久起搏器治疗肥厚梗阻性心肌病,应用药物涂层支架治疗冠心病,开展心脏介入治疗等。市康达医院开展心脏介入、经皮冠状动脉成形术(PTCA)、射频消融治疗快速性心律失常,率先在本地区完成一例体内埋藏式心脏自动转复除颤器植入术。枣阳市一医院先后开展颅内血肿微创清除术、急性心肌梗塞溶栓治疗等。宜城市人民医院开展冠状动脉造影及支架置入术、静脉溶血栓治疗急性心肌梗塞等。南漳县人民医院 2002 年开始,为心脏病患者安装永久性起搏器。谷城县人民医院开展心内介入治疗、冠状造影、支架植入术等。老河口市一医院 2004 年开展心血管病介入治疗。襄阳区人民医院 1985 年在武汉同济医院教授指导下,首次开展人工心脏起搏器植入术。1993 年开展尿激酶溶栓治疗急性脑血栓形成。1995 年在同济医院教授指导下,为一例病窦患者安装永久性起搏器。

血液内科专业：市中心医院 20 世纪 80—90 年代开展对白血病、再生障碍性贫血、免疫性血液病以及疑难复杂血液病的治疗。21 世纪以来，开设全市唯一全封闭垂直式百级无菌层流病房，组建层流室医疗护理人员。2004 年开展米托蒽醌联合阿糖胞苷治疗急性粒细胞白血病（MA 方案),开始 FLAG 方案治疗难治性急性白血病。同年 8 月完成全市首例造血干细胞移植术。2005 年，成立华中科技大学同济医学院血液病研究所襄樊分所,开展急性白血病 MIC 分型、自体造血干细胞移植治疗系统性红斑狼疮、自体造血干细胞移植治疗多发性骨髓瘤。

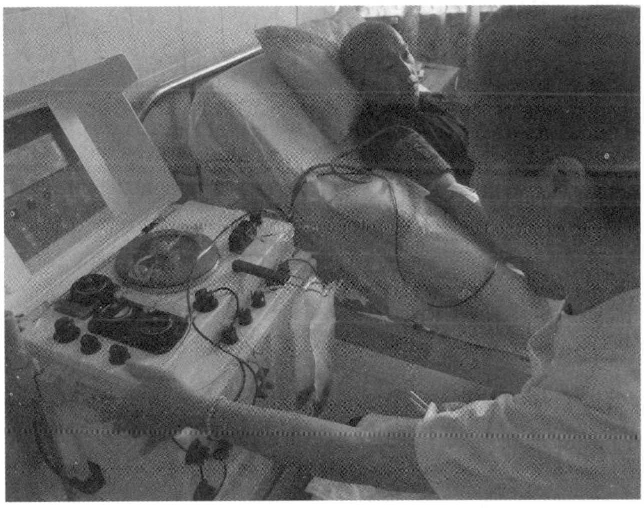
图 31-5 2004 年,市中心医院开展襄樊市首例自体干细胞移植治疗白血病

市一医院 1991 年在全市首次开展微波治疗技术。1999 年设立骨髓细胞学检查室、无菌层流室,开展造血干细胞移植及骨髓移植技术。先后开展贫血诊治、出血及血栓性疾病诊治、急性白血病诊治、急性粒细胞减少或缺少诊治及疑难血液病诊治。21 世纪以来,先后应用干扰素、白介素、各种细胞刺激因子、静脉丙种球蛋白治疗特发性血小板减少性紫癜研究，应用中心静脉导管引流并胸腔内化疗治疗恶性胸水，开展 G—CSF 保护下高剂量化疗、白介素 XI 治疗化疗后血小板减少症等新技术。枣阳市一医院三氧化二砷(砷剂)治疗白血病具良好疗效,儿童急性淋巴细胞白血病缓解率 90%以上,治愈率 70%。1998 年为 1 名白血病患儿行超大剂量化疗治疗取得满意效果,同年开展“骨髓活检”。

肾病学专业:市一医院 1986—1991 年开展尿渗透压、尿蛋白测定、尿变形红细胞检查、心钠素及内皮素测定、肾素—血管紧张素—醛固酮测定等,开展隐匿性肾小球肾炎、IgA 肾病、肾动脉狭窄、肾小管间质病、糖尿病肾病、急慢性肾衰竭、血液透析滤过、腹膜透析血液灌流、腹水浓缩回输治疗等。

1989年在全市率先创建血液透析室，率先开展经皮肾活检技术。1992年在全省率先成立襄樊市肾病学会。1992—2002年开展各种原发性肾小球疾病，肾小管—间质性病、肾血管病、遗传性肾脏疾病诊治。2003—2005年开展药物引起肾损害，疑难危重肾病血液净化治疗，肾移植术后免疫抑制治疗。市中心医院20世纪80年代初期开展中西医结合治疗肾病，初步形成一套中医治疗肾病的辩证用药模式，如益气健脾法，配合西药四联疗法治疗肾病综合征。清热解毒凉血止血法治疗急性感染后肾炎、各种血尿。中药保留灌肠、配合西药扩管抗凝治疗慢性肾功能衰竭，效果明显，优于单纯西药治疗。90年代早期开展甲基强的松龙、环磷酰胺冲击疗法治疗慢性肾炎、狼疮性肾炎，临床缓解率明显提高，复发率显著下降。将吗替麦考酚酯用于治疗狼疮性肾炎、肾病综合征，取得较好疗效。1997年开展腹膜透析技术。2002年开展B超引导下肾活检。2005年收治一例肾病综合征，肾活检病理诊断肾脏淀粉样变，填补襄樊市对罕见肾脏疾病诊治空白。同年，开展连续性肾替代治疗(CRRT)技术和全结肠透析治疗肾功衰，配合中医药治疗，提高早期肾功能衰竭治疗效果。枣阳市一医院1986年采用中西医结合方法治疗急性肾炎及抢救肾炎皮肤感染并心跳骤停疗效显著。谷城县人民医院能开展肾活检、血液透析、腹膜透析、肾囊肿碎吸等治疗。

内分泌专业：市一医院20世纪80年代以来先后开展各类激素检测、甲状腺疾病、生长发育不全、泌乳素瘤、肾上腺疾病、垂体疾病诊治、骨矿含量检测、骨质疏松治疗、内分泌器官核素显像检查、甲状腺扫描。2001年在全省率先开展糖尿病强化治疗项目、甲状腺激素检测，在全省同级医院中率先开展甲状腺核素治疗，先后开展云克治疗甲状腺浸润性突眼、类风湿性关节炎、恶性肿瘤骨转移所致骨痛的核素治疗技术。2002年成立襄樊市糖尿病宣教中心，举办全市糖尿病病友健康教育讲座及糖尿病监测，建立糖尿病友健康档案。2003年引进胰岛素泵治疗糖尿病，动态血糖检测，ICA、IAA、GAD检测用于临床糖尿病分型。市中心医院20世纪80—90年代先后开展糖尿病体感诱发电位研究、各类激素测定。1999年，率先在全市开展甲状腺粗针穿刺技术。21世纪以来，先后开展骨密度测定、中西医结合综合疗法治疗糖尿病足。2000年，在全市率先开展胰岛素泵应用。2001年，在省内同级医院较早开展性染色体测定。2005年，开展血管神经病变治疗仪治疗糖尿病合并的血管神经病变。

免疫学专业：市中心医院2004年创建风湿免疫科门诊，主要收治有系统性红斑狼疮、类风湿关节炎、硬皮病、多发性肌炎及皮肌炎、干燥综合征、混合性结缔组织病、成人still病、强直性脊柱炎、骨性关节炎、风湿热、痛风、淀粉样变等。2005年，在全市率先开展自身机体检测及HLA—B27检测新技术，引进风湿免疫科专科用药。同年，开展关节腔内注射药物治疗类风湿关节炎，开展唇腺活检，开展有关干燥综合征的病理检查。市一医院从1990年起主要诊治风湿、类风湿性关节病、系统性红斑狼疮、干燥综合征、强直性脊柱炎、结节性硬化症、皮肌炎等常见风湿性疾病及免疫系统疾病。1991年~1999年，先后开展免疫抑制剂环磷酰胺静脉滴注治疗系统性红斑狼疮，雷公藤总甙治疗类风湿性关节炎；甲基强的松龙冲击疗法治疗系统性红斑狼疮、强直性脊柱炎，类风湿性关节炎技术。2000年开展肌活检。2002年，开展云克静脉滴注治疗类风湿、风湿性关节炎、结节性硬化症。2004年，开展大剂量丙种球蛋白冲击治疗系统性红斑狼疮。2005年，开展风湿病免疫抗体、免疫球蛋白、胰岛细胞免疫抗体全套检测。

老年病专业：市中心医院老年病门诊和病房于1978年设立，主要收治对象是离退休干部，以老年病为主，集门诊、病房、检查、治疗、康复等多功能为一体，主要研究老年医学，收治高血压、冠心病、急性冠脉综合征、顽固心衰、脑出血、脑梗塞、慢性支气管炎、肺气肿、肺心病、糖尿病等老年病。尤其对高血压，冠心病，脑梗塞有完整诊断和治疗方案。以西医为主，诊治包括消化系统、心血管系统、神经系统及呼吸系统在内的大多数中老年疾患，尤其是老年痴呆预防，老慢支、顽固性哮喘治疗，顽固性心功能不全治疗等。市一医院1985年成立干部病房(老年病区)，主要诊治冠心病、支气管哮喘、肺心病、高血压、脑梗塞等老年病。1991年随着医院各专科的建立，老年病由各专科诊治，并取消老年病区。

重症监护病房(ICU):市一医院ICU病房成立于1992年,收治各科危重病人。1994年开展全胃肠外静脉营养临床运用,风心病瓣膜置换术后监护,多发伤病人的抢救。1995—1996年,开展试管法凝血时间监测指导DIC病人抢救,颅内压监测,有机磷中毒(重度)呼吸衰竭抢救。呼吸机新模式PSV在危重病人抢救中应用,多脏器衰竭病人抢救治疗。1997年,开展急性全身脂肪栓塞、重度子痫病人的抢救治疗,生长抑素治疗急性坏死性胰腺炎。1998年,开展PTCA术后病人的监护,重度妊娠脂肪肝病人的抢救治疗,心脏临时起搏病人的监护。1999—2000年,开展肺保护策略在ARDS病人中的应用,应用血气指导COPD病人脱机方式探讨乙脑呼吸衰竭抢救治疗。2001—2003年,开展局部应用尿激酶治疗深静脉血栓。气管切开病人持续气道湿化的临床观察,呼吸机ASV通气模式在危重病人中的应用。小剂量肝素治疗颅脑疾病合并DIC,PSV呼吸模式在呼吸机依赖患者离脱机中的应用,嗜铬细胞瘤病人术后监护治疗。2004—2005年,开展亚低温治疗颅脑损伤的新业务。参与卫生部"十年百项推广项目",长托宁取代阿托品救治有机磷中毒,PICC导管置入在危重病人抢救中应用,血液滤过治疗重度低钠血症。枣阳市一医院于2002年成立ICU病房,为全院大手术后患者提供呼吸监护、循环监护、感染控制、心肺复苏、镇静镇痛、营养支持等技术。襄阳区人民医院2005年底建立ICU病房。

2.外科

中共十一届三中全会以后,随着国民经济的全面好转,较为先进的医疗仪器普遍应用临床,外科医疗技术迅速提高。市、县级医院均开展一些新项目和施行较大手术。乡(镇)卫生院均可施行胃大部切除、阑尾切除等腹部手术和上环、结扎、刮宫、引产等节育手术。

普通外科专业:市一医院20世纪80年代以来,先后开展胃癌、结肠、直肠癌、乳腺癌、甲状腺癌根治术,胰腺囊肿及胃吻合术、门静脉高压断流、分流术、脾肾分流术,急性坏死性胰腺炎引流术以及小儿先天性巨结肠、肛门闭锁、胆总管囊肿手术等,开展严重腹部脏器复合伤抢救,胰十二指肠切除术、胰管空肠内引流术,重症急性胰腺炎的综合治疗,吻合器在直肠手术中的应用,复杂胰腺癌、胆道癌根治术,肝脏肿瘤及左、右半肝切除术,"小胃网膜囊置管灌注"治疗胰腺炎,腹膜后巨大肿瘤切除术,胃癌根治联合脏器切除术及胰尾切除等。1995年在全市率先开展腹腔镜胆囊切除术,后陆续开展腹腔镜胃穿孔修补术、肝囊肿去顶术、粘连性肠梗阻松解术。21世纪以来,先后开展胆道镜经瘘管取石术、无张力疝修补术;逆行胰胆管造影(ERCP),内镜下乳头括约肌切开取石术、鼻胆管引流术(ENBD)、经十二指肠镜胆道放置支架术、经皮经肝胆道造影术(PTC)及引流术(PTCD);肝癌射频治疗等。2002年开展全市首例显微椎间盘镜下椎间盘突症手术。该院肛肠专业1986年成立,2000年6月从普外科分出,成立肛肠科。先后开展肛瘘切除术、混合痣环切除术、肛周脓肿引流术、直肠脱垂手术等。其中2000年开展的直肠癌根治术达省内领先水平。2005年,开展混合痔外剥内扎术,肛瘘切除或挂线术、直肠前突手术、结肠癌、混合痔PPH手术和栓式套扎器内痔套扎术等先进技术。市中心医院20世纪80—90年代先后开展肠系膜上静脉与下腔静脉人造血管搭桥分流术及肝叶切除术,复杂胰腺癌、胆道癌根治术,全胃肠外营养疗法,纤维胆道镜术中及术后取石术,胰头癌根治术,肝门胆管癌根治术,肢体动脉栓塞气囊导管取栓术,动脉旁路手术治疗肢体动脉缺血及下肢深静脉瓣膜功能成形术,腹腔内化疗泵置入术。21世纪以来,先后开展胰管结石取石术+胰管空肠吻合术,右肝后叶切除术治疗肝癌(右后叶上段肝癌),经十二指肠镜乳头切开取石术(ERCP+EST),经纤维胆道镜行离子碎石,捆绑式胰腺吻合在胰十二指肠切除术中的应用,术中B超在肝胆手术中的应用。2002年,在全市率先开展疝环充填式无张力疝修补术。2003年,在全市率先开展腹腔镜结直肠癌根治术,腹腔镜脾脏切除术,腹腔镜胆总管切开取石术,在全省同级医院处于领先水平。同年7月,成功开展全省首例全腹腔镜下脾切除加贲门周围血管离断术。2004年,在全市率先开展腔镜甲状腺手术,使甲状腺疾病患者有更多术式选择。2005年，开展激光治疗下肢浅表静脉曲张（EVLT）。同年，开展晚期肝门部胆管癌内支撑吻合术和联合门静脉切除根治术，并进入肝脏移植前期准备阶段。成功为一"左下肢浅表静脉曲张"患者实施静脉曲张血管腔内激光治疗手术，为全市首例具有国际先进水平的血管外科微创手术。20世纪80年代以来，南漳县人民医院先后开展胆肠吻合术、肝左叶胆管切开取石、奥迪在刮约肌切开成形术、低位直肠癌切除保肛手术、十二指肠憩室切除术、腹腔镜胆囊切除术。保康县人民医院1992年开展脾破裂、脾切除加脾片大网膜种植术、肝左叶切除、肾肿瘤及肾破裂肾切除术。2002年开展直肠肿瘤切除术，2004年开展PPH手术。老河口市一医院开展胰十二指肠切除、肝叶切除术。襄阳区人民医院1985年首次应用"门奇静脉断流术、脾切除术、肠系膜上静脉与下腔静脉搭桥术"三种联合手术为肝硬化门脉高压患者解除痛苦。2004年腹腔镜胆囊切除术获成功。2005年，开展腹腔镜下卵巢囊肿、子宫切除术、甲状腺癌根治性切除术等。

神经外科专业：市中心医院1986年成立神经外科专科，以显微神经外科为基础，逐步开展神经外科各个领域的技术。至2005年底，已完成显微神经外科手术4 000余例，锁孔开颅手术700余例。综合应用显微外科、放射介入、内镜技术，在治疗颅内动脉瘤为代表的脑血管疾病方面突破较大。形成颅脑损伤，中枢神经系统肿瘤，脑血管疾病和功能神经外科四大稳定的业务内容，年开展手术600台次，已成为鄂西北地区的神经外科中心。21世纪80年代以来，先后开展颅外一内动脉搭桥术、高血压脑出血的手术治疗、垂体腺瘤切除术，三叉神经痛手术治疗，颅内压监护，亚低温治疗颅脑损伤，海绵窦内肿瘤切除术。1992年，成功开展全市首例全脑血管造影术。同年，率先在省内同级医院中独立开展颅内动脉瘤显微夹闭手术。至2005年，已完成颅内动脉瘤手术和介入栓塞治疗400余例。与显微技术相关的5项科研成果分别达到国际先进或国内领先水平。1995年，开展神经放射介入治疗，填补全市空白。同年，开展全市以及全省同级医院首例经唇下－蝶窦入路垂体腺瘤切除术。1996年，在全省同级医院中首次完成颈内动脉海绵窦瘘的可脱球囊栓塞术。1998年，开展全市首例脑干肿瘤切除手术。1999年，成功开展视网膜中央动脉栓塞导致的急性失明血管内治疗，填补省内空白。2000年成功完成一例长达20厘米脊髓室管膜瘤切除手术，此前国内文献仅报道1例。2001年，在全省率先开展锁孔开颅显微手术。2003年，开始应用神经内镜技术进行脑积水三脑室底造瘘术。并将内镜技术与显微手术相结合，进行内镜辅助的显微手术，完成近百例单用显微手术困难或效果较差的复杂手术，均填补全市和省内技术空白。2004年，首次在全市独立开展电解解脱弹簧圈栓塞颅内动脉瘤。同年，在全省同级医院率先完成经单侧鼻腔—蝶窦入路垂体腺瘤切除术和全市首例内镜经蝶垂体瘤切除术。2004年，通过一侧锁孔开颅夹闭双侧后交通动脉瘤，国际上未见报道，并在国际首创眉弓切口经眶锁孔入路夹闭前交通动脉瘤。2005年底，治疗1例临床Ⅴ级（濒死）的3个颅内动脉瘤夹闭手术，手术一次完成。此类病例救治成功，国内外尚未见报道。

图31—6　市中心医院神经外科主任医师周毅当选"2005年度感动襄樊人物"

1993年，市一医院在同级医院中率先组建神经外科实验室。1990年，在全市率先开展颅内显微手术。20世纪90年代，随着显微手术技术发展，开展鞍区肿瘤手术、脑血管造影检查、脑动脉瘤夹闭手术、桥小脑脚肿瘤切除术、松果体区肿瘤切除术等复杂手术。1996年开展全脑血管造影成形术。1999年，开展高血压脑出血双管引流术、颅骨凹陷骨折复位器临床应用2项新技术。2000年，开展烟雾病出血的DSA造影检查治疗、脑动静脉畸形血管内栓塞治疗；颅内前交通动脉瘤夹闭术、蝶骨脊内1/3处脑膜瘤、巨大浸润性垂体腺瘤的显微手术等。2001—2005年，广泛开展显微手术技术。开展颅咽管瘤显微切除术、经鼻蝶垂体腺瘤手术、三脑室肿瘤、高颈段肿瘤、脑动静脉畸形、三脑室造瘘术、脑动脉瘤显微夹闭手术、弹簧圈介入栓塞、颈内动脉海绵窦漏介入治疗等高尖技术。枣阳市一医院1998年成功开展颅内血肿清除术，独立完成脑膜瘤切除术。保康县人民医院2000年开展脑肿瘤切除术，2001年开展闭孔N切断术、胫骨支架外固定术、颅骨缺损修补术。谷城县人民医院开展脑血管造影、脑外伤、高血压脑出血和脑肿瘤的手术治疗。襄阳区人民医院1980年成立神经外科，是省内第一个组建该专科的县级医院。1983年开展明胶海绵覆盖预防脑膜粘连。2005年，与上海交大附属三医院合作开展湖北省第一例羟基骨水泥三维颅骨成形术。市康达医院和老河口市一医院可开展显微手术治疗颅内肿瘤。

骨科专业：市中心医院1978年与市卫生学校合作进行生物血管移植的动物实验与临床研究，1982年获湖北省科研成果三等奖。20世纪80—90年代，市中心医院相继开展四肢复杂骨折内固定术、腰椎间盘摘除术、脊柱骨折减压术、双臀肌筋膜挛缩“Z”形松解延长术、人工股骨头置换术、桡骨头下端肿瘤切除+腓骨转移术、小儿麻痹症矫形术、断指再植术、寰枕融合术、先髋脱位Salter截骨矫形术、骶骨肿瘤切除术、带血管蒂骨瓣移植术、臂丛神经损伤修复术、胸腰椎结核病灶清除术、人工椎体置换术、肱骨肿瘤切除+腓骨移植术、关节镜检查及镜下手术。1990年开展胸腰椎骨折椎弓根螺钉内固定术、颈椎后路单开门椎管扩大成形术。1992年开展脊柱侧弯手术治疗。1996年开展颈前路椎间盘摘除减压+植骨融合术、全髋关节置换术。21世纪以来，相继开展全膝关节置换术、人工髋关节置换术后翻修手术、脊柱肿瘤切除加内固定术、特制假体治疗四肢恶性骨肿瘤保肢术、腰椎滑脱椎弓根螺钉复位内固定术、颈椎前路减压+钛笼植骨+内固定手术、人工肩、肘关节置换术、椎间盘镜手术治疗椎间盘突出症。2001年，成功实施全市首例双侧人工全髋置换术。2002年，开展椎间融合器(Cage)治疗腰椎滑脱和腰椎不稳。2003年，开展人工全膝关节置换。2005年开展人工肱骨头置换术。市一医院1986—1992年开展骨创伤、结核、肿瘤等骨病治疗，前路颈椎间盘摘除+植骨融合术治疗高位截瘫，颈椎病前路减压植骨内固定术、胸腰椎结核侧前方减压及病灶清除术、人工股骨头置换术(填补襄樊市空白)、一次性股骨延长术(全市首例)、四肢大血管损伤修复及断肢再植术。1993年，开展后路椎体间植骨融合术、腰椎间盘镜的临床应用及小切口单侧开窗腰椎间盘摘出除术、全髋关节置换术(均填补全市空白)。1995—1999年，开展颈椎融合术脊椎侧前方减压术、小切口椎板开窗髓核摘除术、颈椎后路单开门椎管扩大成形术、带旋髂深血管蒂骨瓣转移治疗股骨头缺血坏死、小儿麻痹后遗症矫形术等。21世纪以来，先后开展胫骨延长术、显微内窥镜下椎管减压术、脊柱融合术和椎弓根螺钉复位内固定术等。2002年开展全市首例显微椎间盘镜下椎间盘突症手术。20世纪80年代以来，枣阳市一医院先后开展脊柱和骨盆骨折、椎体滑脱、人工关节置换等手术，1998年开展双股骨髁上截骨矫形术。南漳县人民医院先后开展断指再植手术、脊柱结核并截瘫手术治疗、当归注射液静滴加髋周围注射治疗股骨头缺血性坏死、带跗血管的跗骨瓣治疗距骨骨折等手术。保康县人民医院先后开展马蹄足畸形蹠筋膜切断加跟腱延长术、骨肿瘤刮除植骨术、股骨颈骨折切复加内固定术、膑骨骨折张力带钢丝内固定、脊柱骨椎弓根螺旋定内固定术等。襄阳区人民医院先后开展颈椎前路减压植骨内固定手术、断指再植术、膝关节镜手术等，1990年开展骨膜移植手术。

泌尿外科专业：市中心医院1982年将戊二醛处理牛心包替代膀胱动物实验研究成果首次应用与临床，至1985年底，共为22例膀胱癌患者做手术，其中20例获成功(2例感染)，应用临床后成功率91%，此项研究成果属国内首创。该院泌尿外科以肾移植、腔镜外科为主要特色，其临床技术居全省同级医院领先水平。能独立开展泌尿系疾病腹腔镜手术及各种泌尿系内腔镜手术。1986年，在全市率先应用输尿折叠术治疗先天性巨输尿管症获得成功。1989年，在全市首次开展同种异体肾移植术。

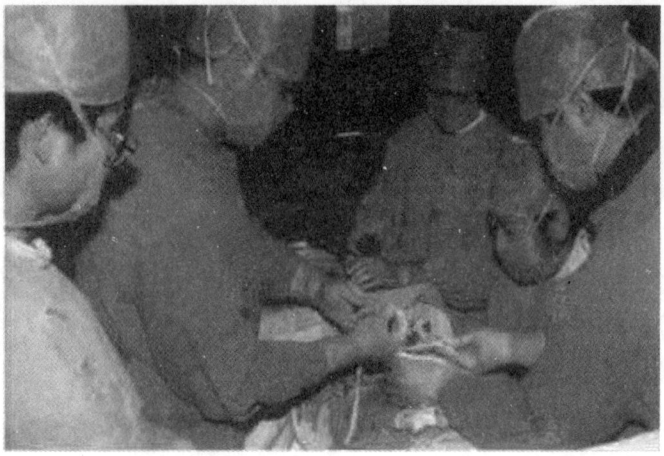

图 31—7　1989 年 12 月 21 日，市中心医院在境内首次成功实施同种异体肾移植手术

1996 年，在省内首次开展供体脾、肾体外循环试验。1999 年，在全市首次成功开展胰肾联合移植术。对男性性功能障碍开展一系列业务技术，1990 年利用罂粟碱阴茎海绵体内注射，即阴茎勃起试验，筛选判断出功能性和器质性阳痿。通过阴茎海绵体内注射罂粟碱及心理治疗，使许多功能性阳痿得到康复。对器质性阳痿进行阴茎海绵体造影和阴茎血流指数测定，并通过腹壁下动脉阴茎背深静脉吻合术治疗动脉性阳痿，通过阴茎背深静脉结扎、阴茎脚结扎术治疗静脉性阳痿，均获得满意疗效。21 世纪以来，泌尿外科引进尿动力学分析仪用于下尿路疾病诊断，引进生物反馈治疗仪及内生磁场治疗仪用于慢性前列腺炎等疾病治疗。2001 年，在全市率先引进并开展荧光膀胱镜用于膀胱癌早期诊断及治疗，同年 11 月成功实施鄂西北地区首例活体肾移植术，到 2007 年共成功开展活体肾移植术 11 例。2001 年，在全市率先开展经皮肾镜取石术。2004 年，实施全市首例经皮肾镜右输尿管上段结石钬激光碎石术。

市一医院 1989 年组建碎石中心，在全市率先开展体外震波碎石治疗技术。1991 年，开展异体肾移植手术、肾上腺瘤切除术、肾盂、输尿管切开取石术、肾盂成形术、膀胱肿瘤部分切除术、阴茎阴囊手术及膀胱、尿道镜检查，肾上腺疾病的手术治疗。1997 年，在襄樊市率先开展逆行射精患者精子洗涤后人工授精技术以及功能性不射精症治疗。21 世纪以来，腔镜技术逐渐成熟，后腹腔镜治疗肾、肾上腺、输尿管疾病，开展输尿管镜检查、尿流动力学检查、生物反馈治疗等新技术。2004 年，成功开展全省地市级医院首例、湖北省第 2 例首例同种异体睾丸移植术。枣阳市一医院 1998 年首次成功为 1 名患者施行阴茎再植术，21 世纪以来，先后开展输尿管镜检查及输尿管镜结合气压弹道碎石处理膀胱及输尿管各段结石等微创外科。宜城市人民医院开展前列腺汽化电切及输尿管弹道碎石等技术。南漳县人民医院先后开展泌尿系结石体外震波碎石术、双侧巨输尿管整形膀胶移植术。谷城县人民医院先后开展肾上腺嗜络细胞瘤、肾上腺囊肿、肾癌根治术、体外震波碎石术、经尿道前列腺增生气化电切术、腔镜输尿管切开取石术、肾移植术。老河口市一医院开展肾移植、肾输尿管膀胱手术、前列腺电切。襄阳区人民医院 2005 年开展数例阴茎延长手术、经腹腔镜肾囊肿去顶减压术及输尿管切开取石术、肾上腺肿瘤切除术。

胸心外科专业：市中心医院 20 世纪 80—90 年代先后开展先天性心脏病法乐氏四联症手术，二尖瓣置换术，胸腺瘤切除治疗重症肌无力，体外循环下二尖瓣，主动脉瓣置换术及冠状动脉瘤及冠状动脉右房瘘矫治术，布卡氏综合征的手术治疗，体外循环右室双出口矫治术，主动脉瓣下狭窄矫治术。1985 年，在协和医院心外科教授指导下成功施行全市首例体外循环心脏直视手术。1995 年，率先在全市成功开展首例心脏不停跳体外循环手术。1996 年，在鄂西北地区率先开展支气管袖状成形术。1997 年，率先在省内同级医院开展深低温体外循环下布加氏综合征的手术治疗，处于国内领先水平。1998 年，在鄂西北地区率先开展胸骨翻转术治疗漏斗胸，巨大胸骨肿瘤切除胸壁重建术。21 世纪以来，市中心医院先后开展体外循环中大量镁离子对心脏保护治疗，经胸膜外动脉导管结扎术，食管裂孔疝 Ailison 手术，贲门癌，肺癌，滋养细胞疾病的插管化疗，体外循环心脏不停跳下二尖瓣置换术，改进型 Q/CYAE 国产吻合器作食管胃吻合治疗食管癌。2000 年，成功实施全市首例冠状动脉搭桥术，至 2005 年已完成 20 余例，在省内同级医院中处于领先地位。2002 年，在省内率先开展胸腔镜辅助下气胸、手汗症治疗。2002 年 4 月成功为一冠状动脉粥样硬化性心脏病患者实施全市首例冠状动脉搭桥同期二尖瓣膜置换术。市一医院1989年后相继开展先天性心脏病手术，在全麻插管+低温体外循环下行心内直视室间隔修补术、房间隔缺损修补术，法氏四联症、二尖瓣、主动脉瓣。1994年在鄂西北地区率先开展深低温停循环布加氏综合征手术，在省内开展首例双瓣膜瓣，1995年在全市率先开展胸骨抬举治疗漏斗胸、矫正胸部畸形。1996年，开展鄂西北地区首例胸腔镜手术。2000年，在全麻插管+低温体外循环下行冠状动脉搭桥手术（搭3根血管），在省内地市级医院中处领先水平。2005年在省人民医院指导下，开展全省地市级医院首例心脏憩室切除术。20世纪80年代以来，枣阳市人民医院开展食管癌根治术、肺叶切除术。保康县人民医院1993年开展经胸、食道下端癌切除术。南漳县人民医院先后开展高位食管癌三切口颈部吻合术、肺大泡切除术、肺叶切除术、中心性肺癌动脉植管化疗泵治疗术、肋骨肿瘤切除术等。老河口市一医院开展肺切除手术。

整形外科专业：市一医院手外科专业始于1983年，同年在全市率先开展第一例断指再植获成功。1984—1985年应用显微外科技术成功行断掌前臂远端再植重建手功能一例、断指（肢）再植（四指）一例，经襄樊市鉴定，该成果达省级先进水平。1994年正式成立手外科，并开展烧伤整形专业。先后开展前臂桡侧岛状皮瓣、小腿内侧岛状皮瓣逆行转移分别修复手部和足部皮肤软组织缺损；腹股沟皮瓣、足背皮瓣和足背复合组织皮瓣游离移植重建手功能等高难度显微外科手术，绝育后输卵管复通术、输精管复通术及男性精索静脉曲张分流术。1987—1988年，成功开展第一例甲瓣游离移植和第一例第二足趾游离移植再造指术。1990年，为1名15个月幼儿断指再植获得成功。1992年成功开展一例右耳全离断再植。1995年，成功救治一起共3人被10万伏高压电大面积严重烧伤病例。1996年~1999年，开展周围神经损伤晚期功能重建术，带真皮下血管网皮瓣移植术、神经营养血管蒂皮瓣移植术、穿支皮瓣移植术、全身大面积烧伤切痂植皮术、异体肌腱移植术、游离移植第Ⅱ足趾再造拇指术。21世纪以来，开展先天畸形矫正和烧伤疤痕松解术，游离骨包膜下植骨、骨髓移植、骨膜移植、异种皮移植、微粒皮移植，断肢（指、趾）再植术。

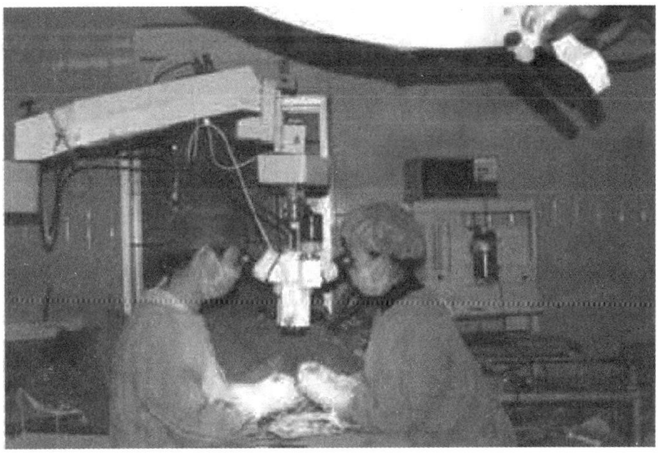
图31—8 2001年，市一医院手显微外科断肢再植手术

市中心医院20世纪80—90年代除开展常规眼睑术、眼袋祛除术、隆鼻术外，在体形塑形、隆胸、面部除皱、颌骨成型以及器官再造等方面技术成熟，可开展各种原因引起的烧伤疤痕切除及功能重建各类整形手术，各类先天性畸形唇腭裂、面裂等，眼部整形，耳部整形，妇科整形，鼻部整形，颌面部整形术，各类器官再造术，各类微创手术，腋臭切除术等。先后开展重眼睑术，眼袋祛除术，隆胸术，隆鼻术。21世纪以来，先后开展抽脂术，体型塑形术、皮肤扩张术。2003年，开展全市首例乳房缩小术。2004年，开展全市首颌骨整形手术。2005年，开展全市首例鼻小柱再造术。并开展唇裂术畸形矫治。枣阳市一医院1996年开展烧伤专科业务，治疗烧伤、烫伤、电击伤、褥疮、冻伤。2002年，成立独立的烧伤整形外科，以烧伤、整形、美容为一体。开展皮肤软组织缺损皮瓣移植术、瘢痕整复、各种畸形矫正、体表巨大血管瘤、肿瘤切除植皮、微创根治腋臭等。保康县医院1998年开展双上肢切痂植皮术。襄阳区人民医院2004年创建整形外科，同年率先在襄樊市开展皮肤软组织扩张器埋置后进行耳、鼻再造，颌面部及全身疤痕整复。成功给舌癌患者行颈淋巴功能清扫术。

3.妇产科

妇科专业：市中心医院1992年在全市率先开展子宫颈癌根治术+盆腔淋巴清扫术、卷地毯式卵巢癌最大限度缩瘤术(盆腔完全封闭,从后腹膜逆行子宫切除术式)、外阴癌根治术。1999年,成功对宫颈癌根治术中卵巢移位术进行改良,解决术后并发症问题。21世纪初,在腹腔镜、宫腔镜等微创手术逐步取代大部分传统手术方面,走在全省同级医院前列。2000年,引进"周氏"小切口手术。2003年,率先在省内开展腹腔镜手术治疗早期妇科恶性肿瘤,并将生物流体敷料膜及舒氧康应用于临床。2004年,率先在省内开展腹腔镜下宫颈癌根治术。2005年,在全市率先开展腹腔镜下子宫倒三角次全切除术。市一医院20世纪80年代以来,先后开展淋巴清扫、附件、宫颈、子宫全切除术,尿瘘、粪瘘修补术,绒毛膜上皮癌、宫颈癌、卵巢癌手术和药物化疗。1995年以来先后开展腹腔镜手术,如输卵管切除术、卵巢囊肿切除术、子宫肌瘤剔除术、子宫次全切除术、腹腔镜辅助经阴道子宫切除术等。21世纪后开展周式子宫全切术(子宫三角形切除术)、经阴道子宫全切术,阴道成形术(腹膜代阴道)、宫颈癌综合放疗、化疗、根治术(子宫广泛切除术+阴道延长+盆腔淋巴结切除+卵巢移位+膀胱造瘘),卵巢恶性肿瘤缩瘤术。市妇幼保健院建院以来开展计划生育四项手术、尿瘘和子宫脱垂防治,成功实行输卵管吻合术,抢救子痫病人。相继开展腹式卵巢肿瘤切除、子宫肌瘤剥除术、子宫全切术、宫外孕、筋膜内子宫切除、双侧输卵管复通术、阴式子宫切除、阴道前壁修补术。市康达医院开展妇产科宫腔镜、腹腔镜微创手术。20世纪80年代以来,枣阳市一医院先后运用TDP治疗慢性乳病、采用中西结合方法保守治疗产后子宫不全破裂、开展阴道纤维镜检等。2001年,通过宫腔镜介入疗法开展妇科微创手术,后开展宫颈癌根治术及晚期宫颈癌放疗与化疗的综合治疗。宜城市人民医院开展腹腔镜技术。南漳县人民医院先后开展剖宫产行下腹切口手术、子宫脱重手术、阴道前后壁具备补术、宫颈癌根治术,腹腔镜、宫腔镜微创技术。保康县人民医院开展盆腔清扫术、阴式全宫切除术加阴道前后壁修补术、腹壁横切口破宫产筋膜内全子宫切除术等。谷城县人民医院开展宫颈癌根治术、阴式子宫全切术、子宫、卵巢切除术、妇科腹腔镜、宫腔镜、阴道镜及阴式系列手术,利普刀技术和可视无痛人流技术在门诊广泛应用。襄阳区人民医院广泛开展阴道前后壁修补术及曼氏手术。2004—2005年,相继开展各种妇科恶性肿瘤的规范手术、腹腔镜下各种微创手术(肿瘤切除、子宫切除)等。

产科专业:市中心医院1986年对死因不明及畸形死亡的新生儿进行尸检以明确诊断。1990年开展胎心监护,对高危妊娠进行监测。21世纪以来,成功抢救多例HELLP综合征、妊娠合并心功能衰竭、严重血小板减少、急性白血病、DIC及重症肝炎病例等急危重病人及下级医院转诊的危重病人。2001年开展胎儿脐血流诊断(超声)。2003年开展母儿血型不合诊治。2004年成功救治全市首例四胞胎妊娠分娩。2005年,开展笑气在分娩镇痛中的应用,新生儿游泳、抚触等。市一医院先后开展平产接生、子宫下段剖宫产,子宫体剖宫产、毁胎术,新生儿复苏、蓖麻油煎鸡蛋引产等。2003年增设胎儿中央监护系统。2004年在全市率先开展导乐分娩、硬膜外麻醉分娩镇痛、新生儿沐浴游泳、抚触,小剂量米索前列醇用于晚期妊娠引产,开展会阴阻滞麻醉,会阴侧切伤口皮内缝合。市妇幼保健院开展新法接生和剖宫产手术,1990年后引进腹膜外剖宫产新技术。开展各种难产、新式剖宫产、无痛流产、无痛分娩、导乐分娩、高危妊娠诊断及处理、产前筛查及诊断。市康达医院开展无痛分娩。枣阳市人民医院1998年开展下腹部横切口皮内缝合剖宫产术。开展胎儿宫内生长受限的临床治疗观察、妊娠期肝内胆汁淤积症治疗观察。

计划生育及生殖健康与不孕症专业:市中心医院20世纪80年代中期开展输卵管吻合术和输卵管整形术。1996年,在全市率先开展腹腔镜下不孕症探查术。1997年,在全市率先开展经阴道彩色多普勒超声检查妇科疾病,应用经阴道彩色多普勒超声优势进行卵泡监测。2003年,开展可视下无痛人流术和宫腔内授精。市一医院先后开展药物粘堵绝育术、阴道成形术、输卵管再通术。2001年开展超声引导下人流,笑气吸入镇痛人工流产术。2004年开展门诊静脉全麻无痛人流术。

优生学专业:市中心医院优生专业开设产科及优生优育门诊以及产前咨询门诊,设有产前检查室及健康教育室(准妈妈课堂)。1990年,开设门诊实验室,进行产前染色体检查(周围血、羊水、绒毛)对孕妇进行 TORCH 全套筛查。2002 年，开展艾滋病筛查。2003 年，在该院成立襄樊市染色体遗传性疾病产前筛查中心实验室，开展先天愚型（唐氏综合征）筛查工作。

4.儿科

小儿内科专业：市中心医院 20 世纪 80—90 年代先后应用丙硫咪唑治疗脑囊虫病，静滴苯妥英钠＋生理盐水治疗癫痫持续状态，硝普钠抢救高血压脑病，头孢三嗪、丁氨卡那霉素大剂量疗法抢救鼠伤寒。1991 年首例川崎病得到确诊和治疗。1993 年，在国内率先提出小儿高热惊厥与遗传有关，得到国内专家认可。1994 年，研制"186"注射液经鉴定达到国内先进水平。1999 年，确诊襄樊市首例先天性肾病。21 世纪以来，先后运用妥泰治疗小儿癫痫，广泛在儿科应用高压氧，经皮给药、红外止咳贴治疗小儿肺炎、腹泻病，DEA 治疗小儿 AML，电除颤治疗顽固性心率失常。2005 年，在儿科消化系统疾病中广泛开展幽门螺旋杆菌检测。同时开展儿童精神发育不全监测及综合治疗。市一医院 20 世纪 80 年代以来先后开展遗传代谢内分泌疾病的诊断（染色体检查、生化诊断），腹泻病原学诊断和防治，癫痫、智力低下的诊治；小儿哮喘急性控制和缓解期长期预防及贫血、出血性疾病的综合诊治、小儿肝病的诊治及白血病的化疗等。21 世纪以来，相继开展丙种球蛋白辅助治疗变应性亚败血症、甲基强的松龙冲击疗法治疗难治性肾病综合征、环磷酰胺冲击疗法治疗难治性肾病综合征、脑瘫，肺部治疗仪治疗肺炎等。成功救治败血病严重感染并多脏器功能衰竭、先天性心脏病并感染性心内膜炎和脑脓肿、川崎病等。市妇幼保健院 1993 年后由过去仅能收治一般常见病，逐步发展到能够收治新生儿黄疸、新生儿缺氧性脑病、新生儿硬肿症、新生儿窒息性肺炎等疑难病症。2000 年以来，抢救严重心律失常、心源性休克、重症肺炎合并心功能衰竭等各种危、急、重症病人，成功率高。枣阳市一医院 1999 年引进经皮治疗，主治小儿腹泻和支气管肺炎患者，临床应用总有效率 95%。南漳县人民医院先后开展红外线复苏运用于临床新生儿窒息复苏、高频振荡呼吸机抢救呼吸衰竭、静脉注射用丙种球蛋白冲击治疗川崎氏病。谷城县人民医院主要诊治小儿血液、肾病、呼吸、消化、神经、心血管等各类疾病。襄阳区人民医院每年抢救危重病儿成功率 90%以上。

新生儿专业：市中心医院 20 世纪 80—90 年代初率先开展新生儿缺氧缺血性脑病的诊断由于 CT 的使用，颅内出血的诊断更为及时和准确，采用脑活素、胞二磷胆碱及复方丹参等药物与高压氧舱治疗缺氧缺血性脑病。1999 年，在省内同级医院率先开展新生儿连续同步换血疗法。全市多家医院开展简易 CPAP 治疗新生儿呼吸困难、气管插管和呼吸机救治新生儿呼吸衰竭、在输液吊瓶莫菲氏管中置入 7 号针头等治疗方式，控制液体滴速救治新生儿。21 世纪以来，以市中心医院为首逐年购置床边心电监护仪、微量注射泵和输液泵。2004 年，建立全市首家新生儿 ICU 病房，新生儿尤其是早产儿救治更加规范。应用新生儿呼吸机成功救治呼衰新生儿。成功抢救 800 克极低出生体重儿及四胞胎患儿。市一医院 1993 年诊治新生儿黄疸、新生儿缺氧性脑病、新生儿硬肿症、新生儿窒息性肺炎等疑难病症。2000 年开展新生儿缺氧缺血性脑病治疗。2002 年 10 月成功抢救本地区第一例新生儿先天性会厌囊肿患儿。2005 年开展新生儿早产和低体重儿监护治疗，呼吸衰竭抢救，并成功抢救 0.85 公斤极低体重儿 2 例。各县（市）医院也开展新生儿缺氧缺血性脑病、新生儿窒息、新生儿肺炎、颅内出血等重症治疗。

5.眼科

市中心医院 20 世纪 80—90 年代先后开展白内障现代囊外摘除术及人工晶体植入术，青光眼小梁切除术、板层及穿透性角膜移植术，显微镜下行泪小管断裂吻合术，无后囊二期人工晶体植入术，微机程序控制自动静态视野检查和调 Q 开关 Nd: YAG 激光行周边虹膜切除术，泪道逆行扩张插管术，TEKNAR A 超角膜厚度测量，放射状角膜切开术治疗近视眼，小切口白内障超声乳化吸除术，玻璃体切割术，玻璃体腔内注射 C3 F8 治疗视网膜脱离，眼前段重建手术，对黄斑裂孔采用玻璃体腔内注气和单纯外加压术，眼眶肿瘤眶外侧壁切开肿瘤摘除术，Nd:YAG 激光泪道重建术，小切口无缝线白内障摘除术，角膜上皮移植术，白内障超声乳化吸除联合折叠式人工晶体植入术，眼底激光治疗各种眼底疾病。2000 年，在全市率先开展复合式小梁切除术治疗各种青光眼，在省内同级医院率先开展玻璃体切除联合眼内光凝、气体或硅油填充术治疗复杂性视网膜脱离。2001 年，在全市率先开展非穿透性小梁切除术治疗开角型青光眼。2002 年，开展活动性义眼植入术，治疗各种术后无眼球疾患。成功开展全市首例无虹膜型人工晶体植入术，填补全市眼科技术空白。2003 年，在省内同级医院率先开展青光眼阀植入术，治疗各种难治性青光眼。开展准分子激光治疗各种屈光不正，在全市开展首例无虹膜型人工晶体植入术，填补全市眼科领域技术空白。2004 年，开展羊膜移植术治疗复发性翼状胬肉及睑球粘连，玻璃体切除联合视网膜切开、切除、视网膜下膜切除治疗增殖性玻璃体视网膜病变。将美国进口 Ahmed 青光眼阀植入先天性青光眼患者眼内，为全市首例。2005 年，开展眼眶爆裂性骨折开放复位钛钉固定术，玻璃体切除联合内界膜剥离术治疗特发性黄斑洞。市一医院 20 世纪 80 年代以来，先后开展青光眼虹膜嵌顿术、白内障囊内摘除术、斜视矫正术、泪囊—鼻腔吻合术，玻璃体切割、视网膜剥离手术方法改进、眼电生理，角膜穿孔伤、外伤性白内障人工晶体一期植入术。1998 年，在省内地市级医院中率先开展准分子激光角膜原位磨镶术治疗近视和散光（即 LASIK 手术），填补全市眼科技术空白。2002 年，开展白内障超声乳化术和小切口折叠人工晶体植入术，在全市唯一独立大规模开展此项手术。2003 年，为 1000 多名患者进行眼底荧光血管造影检查。2005 年，先后开展白内障囊外摘除＋人工晶体植入术、玻璃体切除术、各种抗青光眼的眼内（房角切开术）和眼外引流术（小梁切除术）、角膜板层移植等显微手术，视网膜脱离复位、斜视矫正、睑内翻矫正、睑外翻矫正、上睑下垂矫正等整形手术，鼻腔泪囊吻合术、泪道插管术、后巩膜加固术、眼内（非磁性）异物摘除术、结膜囊及眼睑成形术、眼眶良性或恶性肿瘤摘除术，糖尿病视网膜病变及眼底病的激光光凝手术，眼科超声诊断、视觉电生理检查、定量视野计检查及屈光与立体视觉检查与训练。

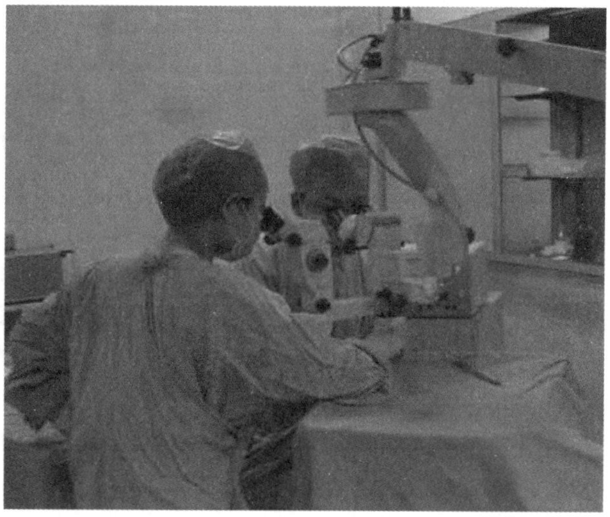
图 31—9　市一医院白内障超声乳化手术

20 世纪 80 年代以来，枣阳市一医院先后开展玻璃体切割术、人工晶体植入术、眼球摘除加自体巩膜植入术、角膜移植术、白内障超声乳化术、眼眶肿瘤摘除术、青光眼引流术、眼部整形术等。宜城市人民医院开展超声乳化白内障复明术。南漳县人民医院先后开展白内障囊内硅胶法摘除术、青光眼电工膜嵌顿术、白内障人工晶体植入术、视网膜脱离手术、泪小管外伤断裂吻合加全泪道植管术。保康县人民医院 1986 年能作白内障晶体摘除术。谷城县人民医院开展青光眼、内翻倒睫、白内障超声乳化术等。老河口市一医院开展人工晶体植入术。襄阳区人民医院眼科相继开展眼成形术，眼睑各种肿瘤切除，眼部整形、斜视矫正，白内障冷冻摘除、眼球内异物摘除、青光眼小梁切除术、白内障摘除术＋人工晶体置入术、眶内肿瘤摘除术。

6.耳鼻喉科

市中心医院耳科专业 20 世纪 80—90 年代先后开展Ⅱ、Ⅲ型鼓室成形术及听骨链重建术，外、中耳癌根治术，完壁式乳突根治术和改良乳突根治术，外耳、中耳畸形手术、外耳道成形术，后鼓室切除、迷路漏管治疗。鼻科专业先后开展手术治疗上颌窦癌，上颌骨全切和部分切除，面部无切口的面中部掀翻术，功能性鼻窦内窥镜手术。咽喉嗓音专业先后开展喉颈段气管狭窄成形术、喉扩张子植入术，声带小结、声带息肉、喉良性肿瘤的喉显微外科手术及术后嗓音康复训练。1999 年开展鼾症手术，成立鼾症监测及治疗中心，是全市唯一能开展鼾症诊断及综合治疗专科。头颈肿瘤专业 1988 年在全省同级医院率先开展保全喉功能的垂直和水平半喉切除、3/4 喉切除术及带蒂肌瓣修复术、喉癌喉全切除术及术后发音功能重建、下咽癌切除与修复以及颈淋巴结清扫术（根治性、功能性、选择性）。1999 年开展甲状腺手术。还举办鼻内窥镜手术培训班，使鼻窦内窥镜技术在本地区得到推广、普及、提高。先后开展经鼻内镜前后鼻孔闭锁成形术，经鼻内镜脑脊液鼻漏修复术，经鼻内镜视神经减压术，经鼻内镜鼻咽纤维血管瘤切除术，经鼻内镜前颅底肿瘤切除术。进入 21 世纪后，随着科室业务的发展以及科室规模的扩大，在“三甲”医院，耳鼻咽喉科基本实现三级专业划分，襄樊市中心医院成立头颈肿瘤组、鼻科组、听力组、咽喉鼾症组，使耳鼻咽喉技术主要向精、细方向发展。相继开展侧颅底手术、颈动脉体瘤切除、颅面联合径路颅鼻沟通瘤切除手术、喉显微激光手术、颈静脉球体瘤切除、鼓室球体瘤切除术等高难度手术。开展鼻内窥镜颅底肿瘤切除手术，鼻内窥镜手术得到进一步延伸和发展。市一医院耳科专业于 1995 年开展招风耳手术，面神经管开放治疗耳源性面神经麻痹，鼓室成形术。21 世纪以来开展耳郭鳞癌手术，鼓膜置管器临床应用。2005 年对各年龄段听力疾患进行听力学评价、诊治及听力重建术，开展开放式完壁式鼓室成形术、人工听骨植入术，面神经、耳神经等显微耳科手术。鼻科专业 1986 年后开展下鼻甲部分切除术、鼻息肉摘除术、鼻中隔黏膜下切除术、鼻侧切开及鼻咽成形术。1997 年，在本地区率先开展鼻腔鼻窦内镜手术。2005 年以鼻内镜技术、微波、激光、介入手术治疗鼻科疾病。咽喉科专业 1990 年后开展扁桃体挤切术剥离术、全喉切除术、睡眠呼吸暂停综合征手术治疗。1992 年开展的腭咽成形术，填补全市空白。1996 年开展喉裂开 + 全喉切除 + 颈廓清联合手术。2002 年开展全市首例显微镜下成功切除鼻咽部恶性肿瘤。21 世纪以来，开展微波治疗咽部新生物，纤维镜下咽异物取出术，支撑喉镜下会厌囊肿切除术，喉嗓音显微手术、喉裂开术、全喉切除术、小儿鼾症手术，睡眠呼吸暂停综合征的治疗等。市康达医院开展鼻内窥镜手术。市军工医院医院开展鼻窦内窥镜手术、上下颌窦根治术。各县级医院鼻科手术鼻内窥镜使用率达 98%。20 世纪 80 年代以来，枣阳市一医院先后开展腭咽成形术、耳道骨瘤切除术，鼻中隔偏曲矫正术、鼻咽纤维瘤、血管瘤、囊肿摘除术等。南漳县人民医院先后开展食管异物食管镜下取除术、下鼻甲切除术、鼻中隔矫正术、喉裂开术、鼻内镜内鼻腔鼻窦微创手术，腭咽成形术等。1986 年，保康县医院耳鼻喉科作下鼻甲切除、咽扁桃摘除术。谷城县人民医院先后开展扁桃体摘除术、内窥镜下治疗副鼻窦炎、上颌窦囊肿、支撑喉镜下声带息肉摘除术。襄阳区人民医院先后开展鼻息肉摘除术、鼻中隔黏膜下矫正术、乳突根治术、支撑喉镜下声带息肉摘除术、喉癌水平切除、垂直半喉切除术、鼻窦内窥镜下行沟突切除术等。

7.口腔科

市口腔医院是襄樊市唯一的口腔专科医院，亦是湖北省第二大口腔医院，成立于 1976 年。开设有口腔内科、口腔颌面外科、口腔修复科、口腔正畸科专业，开展口腔内、外、修复、正畸、儿童牙病科治疗。1991 年，该院发明“舌下口底显露器”获国家专利。1992 年，发明术后张口“训练器”。1998 年，甲醛甲酚治疗根尖病科研成果获襄樊市科技进步三等奖。1999 年，前牙外科正畸术经专家鉴定达省内先进水平，被载入“八五”攻关成果大全史册，填补襄樊市空白。2003 年，被中华慈善总会确定为“微笑列车”唇腭裂矫治项目定点医院，由该颌面外科具体实施唇腭裂矫治术。市中心医院是襄樊市“微笑列车”治疗唇腭裂定点医院。20 世纪 80 年代以来，口腔内科专业先后引进国际标准根管器械开展根管预备技术，开展窝沟封闭技术、现代根管治疗技术、纳米材料修复前牙切角缺损技术、试尖充填技术、非创伤性充填技术(ART)、显微根管治疗及热牙胶充填技术。口腔颌面外科专业在襄樊市处于领先地位，20 世纪 90 年代中期，率先开展一段式牙种植技术、腭咽成形治疗鼾症、颌面颈恶性肿瘤联合根治、先天性(唇腭裂一期二期)和后天性(肿瘤或外伤)畸形整复术、增加开展自体骨(肋骨、髂骨等)移植修复颌骨缺损骨手术、各种巨大血管瘤和淋巴管瘤的手术治疗、前臂游离皮瓣修复下唇巨大缺损技术、咽后壁修复严重的软腭裂技术、带血管蒂皮瓣(颈阔肌,胸锁乳突肌及胸大肌皮瓣等)舌再造技术及口腔软组织缺损、钛板在复杂性上下颌骨中应用技术等。正畸专业先后开展固定正畸技术、非减数固定正畸、直丝弓矫治技术、戴用口腔矫治器治疗鼾症等。口腔修复专业先后开展凝胶漂白技术、隐形义齿修复和阻生智齿移植技术、牙缺失主要采用活动义齿修复、义齿送外加工法开展固定修复技术。2005 年引进牙片数码成像系统、口腔内窥镜,填补襄樊市空白。市一医院口腔内科专业先后开展牙体充填术、前牙根管治疗、后牙根管塑化治疗、牙体病、牙周病,根尖周病、口腔黏膜病诊断与治疗;口腔颌面外科开展口腔颌面部感染、创伤、良恶性肿瘤、先天性畸形、后天性缺损畸形的诊断与手术治疗。1994 年成功实施全市首例上下颌骨部分切除 + 功能性颈淋巴结清扫术。同年独立进行该院首例“舌半则切除 + 舌骨上清扫术”。正畸专业先后开展牙颌畸形活动矫治、牙颌畸形手术矫治、牙颌畸形固定矫治等。口腔修复专业先后开展牙列缺失修复,固定义齿,金属固定桥义齿修复、桩冠修复、隐形义齿修复、烤瓷牙修复。20 世纪 80 年代以来,枣阳市一医院先后开展牙自体植入术、口腔正畸、下颌骨骨折内固定等。南漳县人民医院先后开展牙体再植术、自体牙移植术、即刻装冠修复单侧唇裂修补术等。谷城县人民医院 2001 年开展腮腺全切手术、颌面部外伤骨折有颌骨骨折微型钛板固定术。老河口市一医院开展口腔正畸。襄阳区人民医院先后开展下颌骨部分切除带血管蒂髂骨移植整复术、发际内冠状切口行上颌骨颧骨、颧弓开放复位坚强内固定术等。

8.皮肤科

市中心医院 20 世纪 80 年代以诊治常见皮肤疾病及银屑病、皮肤红斑狼疮、天狼疮等疑难病为主。1988 年开设皮肤美容门诊,开展皮肤护理,面膜倒模,化学药物剥脱治疗面部痣等病种。1989 年,应用激光仪治疗皮肤各种良性肿瘤、皮肤赘生物、汗管瘤、脂溢性角化病、黄色瘤、软纤维瘤等。1992 年开展皮肤病原菌直接镜检。1993 年开设皮肤科病床 8 张,设在中西医结合病区。1998 年开设性病专科,以及银屑病、白癜风、斑秃、血管瘤、扁平疣等专病门诊。2000 年后,相继开展皮肤真菌培养,“皮肤过敏原斑贴试验”,设立皮肤变态反应室并增设点刺试验,在自身免疫性皮肤病、真菌性皮炎、重症荨麻疹等诊疗方面积累有丰富的临床经验。性传播疾病专业 1985 年确诊并报告襄樊市首例淋病患者,继后又确诊梅毒、尖锐湿疣、生殖器疱疹等多种性传播疾病。1990 年,完善性传播疾病病原学实验室检查项目。2002 年,由市卫生局验收检查颁发“性传播疾病执行许可证”,开设男女性病诊室。2005 年,市卫生防疫站在该院设立“VCT 室”负者艾滋病人咨询及检测工作。市一医院 1986 年治疗过敏性、感染性、病毒性皮肤病,结缔组织皮肤病,皮肤肿瘤等。1994 年建立真菌实验室,在全市率先开展真菌培养及菌种鉴定检查,诊治糠秕孢子菌毛囊炎、着色芽生菌病、孢子丝菌病等。2001 年引进氦氖激光机、冷疗机等仪器开展冷冻、中医拔火罐、中药浴新疗法,对带状疱疹、丹毒、疖肿、过敏性紫癜、血管炎等疾病治疗。同时开展皮肤肿瘤、血管瘤、疣痣皮肤病的整形治疗。2005 年开展红斑狼疮、皮肌炎及大疱性皮肤病的诊治,梅毒、非淋菌性尿道炎及生殖器疱疹、艾滋病抗体等的检测。市康达医院 20 世纪 70 年代以来采用中药联合表皮移植术治疗白癜风,在白癜风治疗上独具优势,闻名国内。开展磨削术、窄谱 UVB 光疗、负压吸疱表皮移植术,居国内领先水平。2004 年以来,研制生产的治疗白癜风系列药品白一丸、白二丸、白癜平胶囊等,被中华传统医学会、中华名医名老中医专家委员会等评为“中华名药重点推广产品”。生产的白癜风袋装新药“小蜜丸”2004 年通过湖北省食品药品监督管理局审批。与安徽医科大学皮肤病研究所合作完成国家“十五”“863”项目《中国汉族人白癜风病因与基因学研究》,并在混合表皮细胞移植治疗顽固性白癜风上取得重要进展,填补国内外在该领域的空白。20 世纪 80 年代以来,枣阳市一医院先后开展各类疣、痣、软纤维瘤等诊治,自制化学剥脱剂治疗黑色素痣、雀斑，疗效显著。南漳县人民医院先后开展冷冻治疗各类疣、痣等，诊治红斑狼疮、大疱性天疱疮、鳞癌、淋病、梅毒等。保康县人民医院1999年研制出“疣灵擦剂”配合电离子手术，年治疗百余例患者，无一复发。谷城县人民医院先后开展皮肤科手术、冷冻、电灼、微波疗法、性病诊治。襄阳区人民医院1999年开设男女性病科及男性科（性功能障碍、前列腺炎等）。

9.医学美容科

市中心医院医学美容专业1995年以来开展皮肤中等护理、文眉、文眼线、文唇、电烫睫毛等。2000年引进新的文眉，绣眼线的纹绣方法。2001年引进水晶塑唇。2002年引进光子嫩肤仪，通过电脉冲治疗，解决面部雀斑、黄褐斑、色素沉着、毛孔粗大、毛细血管扩张等问题。2003年引进光子脱毛仪，通过光照去除身体各部位多余体毛。市一医院开放医学美容门诊以来，相继开展重睑、隆鼻、眼袋整复、隆胸、处女膜修补、体表疤痕、肿物切除及其创面修复，皮肤软组织扩张器临床应用等。其中头皮巨痣、头部疤痕性秃发切除+软组织扩张、皮瓣转移修复术，耳郭复合组织移植修复鼻翼部分缺损手术及全耳再造手术等技术填补全市空白。枣阳市人民医院美容中心业务范围包括医学整形美容和生活美容。大型整形手术有隆胸（丰乳术）、乳房上提、处女膜修补、阴道紧缩、上睑下垂矫正等。2000年，开展激光洗眉和超高频美容仪面部整形。

10.精神科

襄樊市精神病医院（襄樊安定医院）为鄂西北精神病人治疗中心。精神疾病治疗上从单纯精神病收容治疗到开展精神疾病临床、精神疾病预防与康复、心理咨询与治疗及精神卫生知识的宣传与普及等全方位服务。由封闭管理向开放管理发展，治疗从简单的化学药物治疗到西药、中药、中西医结合、心理治疗、康复娱乐治疗等系统综合治疗发展，病人治疗有疗效率90%。1990年，研制中药制剂安定1号、安定2号、安定3号、祛瘀合剂、解郁合剂、平躁合剂对不同类型精神障碍都有较好效果。成立襄樊市精神疾病司法鉴定所，负责全市及周边区域精神疾病法医鉴定工作。市康达医院精神病科（襄北分院）成立于1985年，开展认知疗法、行为疗法、森田疗法、生物疗反馈疗法、中西医结合疗法，治疗精神分裂症、躁狂症、抑郁症、强迫障碍、癔症、儿童多动症、孤独症、老年性痴呆等精神疾病。

11.传染科

市传染病医院是襄樊市法定收治传染病的专科医院，是政府指定的“非典”、艾滋病、人禽流感、手足口病、防生化武器袭击应急救治定点医院。在治疗破伤风病方面，采用破伤风抗毒素治疗结合冬眠镇静疗法，救治成功率高，在襄樊、十堰及周边河南南阳等地区具有广泛影响。先后与国内多家知名医院建立合作关系。1992年与解放军302医院（解放军传染病总医院）合作，经常请该院专家指导工作，学习先进技术。1993年与云南南疆医院合作，利用名医黄传贵祖传秘方治疗慢性肝病、肝硬化腹水、肝癌等。2003年和无国界医师组织等单位开展技术协作，为襄樊地区艾滋病病人提供免费治疗。市结核病防治院负责全市结核病人的诊治工作。按照结核病控制政策和策略，先后实施多个结核病控制项目、全面实施现代结核病控制策略（DOTS策略）。开展结核菌快速培养、纤支镜诊断治疗结核病等新技术。市中心医院1986年开展快速肝穿术。1990年主要收治各型肝炎及肝硬化病人。1991年建立肝病免疫室及PCR室，检测HBV-DNA。1994年开展马洛替酯治疗慢性肝炎。1995年开展利用经DSA施行颈静脉肝内门体分流术。2000年以来，开展腹水浓缩回输术，治疗难治性、顽固性肝硬化腹水患者。2002年在全省同级医院率先开展人工肝支持治疗技术。2004年开展经皮肝穿经门静脉行胃冠状静脉栓塞及脾动脉栓塞治疗。2005年开展连续性血液净化治疗。市一医院开展常见传染病治疗。1986年率先在襄樊市发现旋毛虫病，并开展《丙硫咪唑治疗旋毛虫病有效剂量的研究》，获市技进步三等奖。1987 年开展流脑、乙脑等疾病治疗。1988 年开展水痘、猩红热、痢疾、伤寒、败血症、结核病等疾病防治研究。1989 年，收治 1 名 19 岁女性脑炎患者，并发肺炎、败血症、泌尿感染等疾病，昏迷长达 48 天，人工呼吸维持 10 天，治愈出院。1990—1991 年，主要诊治消化道传染病，特别是研究治疗旋毛虫病取得重大成果达国内领先水平。对流行性出血热病的诊疗工作亦取得较大突破。2004 年 6 月，保康县过渡湾镇白浴沟发生甲肝（黄胆肝炎）暴发流行 31 例，保康县人民医院收治 20 例，治愈 20 例。襄阳区人民医院主要收治肝炎、结核、痢疾、乙脑、伤寒、麻疹、出血热等传染疾病。

12.肿瘤科

市中心医院 20 世纪 80—90 年代先后开展呼吸道肿瘤、头颈部癌、消化道肿瘤、乳腺癌、妇科及其他部位肿瘤等各种常见肿瘤综合治疗。常规进行根治性化疗、术前诱导放化疗、术后辅助性放化疗、姑息性放化疗以及放化疗联合的综合治疗，应用以中药制剂“消瘤平”为主的中西结合治疗肿瘤，胃网膜动脉插管化疗治疗晚期胃癌、肝癌，大剂量 MTX 治疗骨肿瘤，电化学治疗恶性肿瘤及大剂量顺铂联合化疗，抗肿瘤药物耐药治疗及肿瘤药物体外敏感试验。21 世纪以来，相继开展紫杉类抗癌药物、第三代铂类奥沙利铂、化疗泵、中心静脉导管、生物靶向治疗药物 Glieeve、淋巴瘤 CD20 单抗的临床应用。2005 年，率先在全市开展实体肿瘤的自体外周血干细胞移植应用于临床。市一医院 1995 引进鄂西北第一台加速器，相继开展淋巴瘤的治疗，各种恶性肿瘤常规放疗、化疗、生物治疗和姑息治疗，大剂量灌注化疗、腔内化疗、放化疗同步治疗及热疗。利用骨髓穿刺、活检等检测手段检测各种恶性肿瘤。21 世纪以来，开展各种恶性肿瘤术前、术后辅助化疗、肿瘤复发转移的综合治疗；生物免疫治疗，静脉丙种球蛋白治疗特发性血小板减少性紫癜研究，用中心静脉导管引流并胸腔内化疗治疗恶性胸水；腹腔灌注化疗，膀胱灌注化疗，射频热疗联合化疗治疗恶性胸水、多种恶性肿瘤。枣阳市一医院 1998 年利用介入放射技术首次独立为 1 例食管中下段癌患者进行食管金属内支架放置。2003 年成立放疗中心。2004 年，配备国际一流水平的全身三维适形 X—刀治疗计划系统，率先在同级医院开展各种常规和全身立体定向治疗，能进行当前国际最前沿的高精尖放疗技术——立体精确适形放疗。2005 年，被中科院批准为国家“863”计划肿瘤立体定向放疗临床研究基地。老河口市一医院开展介入治疗肿瘤。襄阳区人民医院 1994 年开展食管癌、胃癌切除术等。

13.急诊医学科

市中心医院 1992 年建立独立急诊楼，设抢救病床 2 张，急诊观察床 10 张，输液坐椅 45 个。配有监护仪、除颤仪、呼吸机、洗胃机、心电图机、手术包等，基本满足急诊抢救需要。围绕心功能衰竭、呼吸功能衰竭、肾功能衰竭、高热、昏迷、中毒、休克、抽搐、严重水电解质紊乱、急性创伤开展诊疗工作。掌握心肺复苏抢救，急诊心脑血管病诊断处理，急性呼吸衰竭救治，胸腔、腹腔、腰椎穿刺，气管插管、电击除颤等抢救技术，熟练使用洗胃机、呼吸机、除颤仪、吸痰机、心电监护仪等。1995 年，成功救治一例电击伤致呼吸心跳骤停的患者。2000 年以来，开展气管插管机械通气在有机磷农药中毒呼吸衰竭中的应用及有效人工通气时机对心肺脑复苏的影响研究和临床应用。2004 年，开展血管加压素在心肺脑复苏时的临床应用。市一医院 1986 年开展多种危重急症救治，如呼吸、心脏骤停，休克，急性心功能不全 、严重心律失常、心肌梗死，高血压危象，各种原因大出血、严重创伤、多发伤、急腹症、多器官功能障碍等，各种中毒病人的抢救，掌握气管插管、电击除颤及呼吸机等急救设备的应用。2002 年，开展纳洛酮在抢救昏迷患者中的诊断和治疗价值研究。2003 年，开展有机磷农药中毒呼吸早期使用呼吸机的观察，急诊创伤急救护理模式，早期应用长托宁注射液救治中毒性疾病的疗效观察。2005 年，开展急诊应急预案抢救成批伤员的应用。襄阳区人民医院急诊科承担本区（县）境内及市区部分医疗急救和重大意外灾害事故的急救医疗任务，特别是危重病人现场抢救、转运及途中医疗监护，组织有关急诊医学教学，宣传普及急救医疗知识，开展急救医学临床基础研究。

14.康复医学科

市中心医院20世纪80—90年代在针对各种疾病所致运动功能障碍及并发症，颈、肩、腰、腿痛，慢性病、老年性疾病常规治疗，同时开展运动疗法、作业疗法，日常生活功能训练、医疗体操及健身动力，“冬病夏治”穴位贴敷治疗慢性支气管炎、支气管哮喘、过敏性鼻炎和“万应膏”外用治疗腮腺炎、淋巴结炎及各种原因红、肿、热、痛症，弃杖膏治疗各种软组治损伤、穴位注射治疗顽固性皮肤病，超短波治疗小儿肺炎、急、慢性支气管炎。1991年设体疗室，开展物理治疗。1994年开展医学美容业务，利用超声波＋痤疮膏＋冷膜治疗对痤疮进行综合理疗。1996年成立康复病房，开展康复功能测评审和康复预防工作。引进开展“醒脑开窍”针刺法，治疗脑卒中后遗症及脑外伤昏迷病人促醒技术。2001年成立全市首家药浴治疗中心。利用我国传统医学原理配制不同中药方剂，根据治疗者不同症状和体征，分别选用不同方法进行药浴。开展有药物浸泡、冲浪、药物湿蒸、中式按摩、浴后理疗等项目。市一医院20世纪80年代以来，先后开展针灸、火罐、低频、中频、高频、红外线、特定电磁波、紫外线、智能汽化药热疗器等，诊治颈椎病、肩周炎、子宫肌瘤、乳腺增生、腰椎间盘突出、腰肌劳损、脑溢血后遗症、面神经麻痹、产后尿潴留等；利用各种治疗仪器，如电疗、辐射、磁疗、针灸、艾灸、点灸、穴位封闭、电针、水针、眼针、按摩、牵引等，治疗神经性头痛、腱鞘突、中风偏瘫、坐骨神经痛，药物导入治疗腰椎间盘脱出症，热能导药治疗颈、肩、腰、腿疼等疾病。2000—2004年，治疗脑溢血后遗症出现的失语、偏瘫，经过针灸治疗，促使病人逐渐恢复语言和肢体功能，产后尿潴留经康复治疗能迅速解除症状。引进内病外治、梅花磁针技术，治疗颈病综合征、腰病综合征、糖尿病、乳腺增生、前列腺肥大等疾病。枣阳市一医院对颈椎病、腰椎间盘突出症、脑血管后遗症等慢性病、老年病进行体疗、作疗、针灸、按摩、药物等综合治疗。谷城县人民医院以传统针灸、推拿和物理治疗相结合方法诊治病人，针灸、理疗应用到中风偏瘫、神经麻木、软组织骨关节病、风湿类风湿病等疑难病症治疗。襄阳区人民医院除开展传统针灸、火罐、按摩、手法外，引用电疗仪、穴位注射、中西药离子导入等现代医学手段治疗颈、肩、腰椎、肢体关节疾病。

15.麻醉科

市一医院20世纪80年代以来，先后开展脑外伤开颅减压术、食道癌手术、肺切除术、二尖瓣闭式扩张术、胃肠切除术、子宫切除术等手术麻醉。1986年，在襄樊市率先开展安氟醚、异氟醚等吸入麻醉。首次成功进行体外循环下犬心脏直视手术试验，术后犬最长生存24小时。1990年后开展人体心内直视手术、中心静脉置管及各种腔镜手术麻醉。1994年开展全市首例心脏双瓣膜置换术及鄂西北首例布加氏综合征深低温停循环手术麻醉。1999—2005年，相继开展硬膜外麻醉术后镇痛，分娩期镇痛，坐位全麻气管内插管术及无痛人流术。2004年6月成立疼痛科，主要开展各种慢性头痛、头晕、三叉神经痛、偏头痛、面神经炎，植物神经功能紊乱及颈肩部疼痛，各型颈椎病、腰椎间盘突出症，腰腿痛、关节炎，原发性骨质疏松症并骨痛治疗。开展三叉神经射频治疗，颈臂丛神经阻滞、椎旁神经阻滞、肋间神经阻滞、硬膜外神经阻滞、腰交感神经阻滞、颈交感神经阻滞，小针刀治疗等。利用臭氧治疗腰椎间盘突出症、膝骨性关节炎。通过神经阻滞和射频治疗带状疱疹后遗神经痛、外伤及手术后疼痛综合征、晚期癌症疼痛。市中心医院20世纪80—90年代先后开展静吸复合全身麻醉、全身麻醉复合硬膜外阻滞、单肺通气、中心静脉穿刺置管有创性血流动力学监测、麻醉深度监测、静脉靶控输注等麻醉技术。开展体外循环下深（中）低温心内直视手术、异体肾移植术、颅内动脉瘤夹闭术、腹腔镜下胆囊切除术、支撑喉镜显微喉外科手术等手术麻醉。1991年开展疼痛门诊，应用各种神经阻滞和注射疗法治疗各种急、慢性疼痛。1997年，广泛开展术后硬膜外镇痛技术。21世纪以来，全面开展妇产科、泌尿外科、普外科、神经外科等外科腔镜微创手术麻醉。2004 年应用新型喉罩避免在全麻建立气道过程中单纯依赖气管插管，降低全身麻醉风险。2005 年应用听觉诱发电位仪监测全麻深度，指导临床麻醉用药，每年完成手术麻醉 9000 余例。市中医院先后开展上肢骨科手术、下肢骨科手术，剖宫产，宫外孕，阑尾炎，疝气，脾切除，扁桃摘除、胃大部切出术，脊柱骨科手术，直肠癌，结肠癌、白内障、小儿骨科手术等手术麻醉。1997 年，开展中医特色麻醉、甲瘤手术采用针灸麻醉。2000 年开展术后镇痛业务，先后开展全髋置换、皮瓣移植、食道癌、脊柱高难度手术，子宫肌瘤、卵巢癌、开胸开腹开颅、腹腔宫腔骨科微创手术，无痛人流等手术麻醉，腰硬联合神经阻滞，术中使用参麦及生麦注射液维持患者循环稳定。枣阳市一医院 1998 年开展术后 24 小时止痛泵镇痛术及无痛分娩、无痛人流术；在全身麻醉下行双腔支气管插管术，完成开胸肺叶切除术。2000 年开展在全身麻醉下经鼻腔气管插管术。南漳县人民医院能开展全麻、硬膜外麻醉，配合各手术科室开展各类手术。保康县人民医院 2002 年开展镇痛泵用于术后镇痛。2005 年能开展臂丛麻醉、静脉复合麻醉、气管内麻醉、循环紧闭式等 20 多种麻醉。20 世纪 70 年代，襄阳区人民医院相继开展硬膜外麻、腰麻、静脉复合麻、针麻。2000—2005 年，陆续开展双腔导管先后插管全麻、锁骨下静脉穿刺、中心静脉穿刺、股动脉穿刺、微泵输入静脉全麻等麻醉及穿刺等技术。

16.医学检验科

市中心医院 20 世纪 80 年代以来先后开展 D—二聚体、L 型细菌、厌氧菌培养与鉴定；肺炎支原体、肺炎衣原体、糖化血红蛋白、PCR 荧光定量分析系统测 DNA 和 RNA、RH 分型、白细胞过滤技术、胱抑素 -C、铜蓝蛋白、微粒子酶免定量技术测 HIV、肝炎类、肿瘤标志物、肌钙蛋白、全自动蛋白电泳仪的应用，脑钠肽（BNP）检测、抗—环瓜氨酸肽抗体（CCP）检测、同型半胱氨酸（HCY）检测、自身免疫性肝病血清学检测，HLA 分子生物学分型，流式细胞术检测 B-27、淋巴细胞亚群测定、白血病免疫分型等 40 余项新业务、新技术。绝大部分为全市首家开展，多数达到省级、国家级水平。2005 年，在湖北省首家开展门诊快速检验，承担襄樊市临床检验中心职能。市一医院 1986 年设立"特检室"，开展胸腹水、脑脊液等测定，甘油三酯、血氨等检验，乙肝检测和蛋白电泳项目。1988 年组建"遗传学实验室"，进行染色体核型分析。1999 年成立"分子生物学实验室"，开展 PCR 各项检测。1989—1992 年，开展成分输血、蛇青因子、异丙酮试验等 20 余项。1993 年开展抗 -HEV 测定、丁肝抗原、抗体检测，填补全市空白。1997 年后开展抗凝血酶 III 试验、血小板相关抗体试验、T 细胞亚群试验、苛养菌、肺炎支原体的分离与培养、中性粒细胞碱性磷酸酶染色等。21 世纪以来，相继开展 PCR 荧光定量技术，细胞图像分析、细菌自动鉴定分析，骨髓细胞特殊化学染色、EB 病毒抗体检测等 40 余项。市中医院 20 世纪 80 年代以来除开展临床常规性检验项目外，先后开展甲状腺功能（5 项）、性激素（6 项）、肿瘤标志物（8 项）检测，PCR 定量检测，肺炎支原体、衣原体、自身免疫性疾病、优生优育等抗体检测、心肌损伤标志物和微量元素检测等。检测项目由原来几十项增加到 2005 年的 300 多项。南漳县人民医院 1986 年开展细菌编码鉴定技术。1989 年开展人类染色体分析诊断血液病、放射免疫检测甲状腺功能（T3T4）、肿瘤标示物（a-FP、CEA）、酶免法检测乙肝两对半（乙肝三系）。1998 年开展艾滋病抗体筛查检测及甲、丙肝检测。襄阳区人民医院常规检查、生物化学、微生物、免疫、分子生物学、血清标志物检查、生殖健康检查、病理检查、免疫组织化学、细胞学等。

17.病理科

市中心医院病理科 20 世纪 80 年代以来业务包括细胞病理学诊断及组织病理学两部分。细胞病理学诊断业务有：体表及脏器肿块穿刺细胞学诊断、体腔及脏器脱落细胞学诊断、血液及骨髓细胞学诊断、手术中标本印片细胞学诊断等。组织病理学诊断业务有：活检及切除组织病理诊断、手术中快速病理诊断及尸体解剖病理学诊断。年均细胞及组织病理学诊断工作量达 3.2 万余例。细胞病理学诊断正确率达 95%以上，组织病理学诊断正确率达 99%以上。21 世纪以来，先后开展 AgNOR、PAS、弹力纤维染色、POX 等特殊染色新业务 20 余项，开展免疫组化 Actin 、bcl-2、CgA 、P504S 等检测新项目 50 项，开展 P53、Her2 等癌基因检测、在 B 超引导下的腹腔内包块及小包块穿刺新业务及原位杂交分子生物化学新技术辅助诊断 HPV 感染。2005 年来引进液基细胞薄层制片新技术，提高宫颈病变早期诊断率。市一医院病理专业 20 世纪 80 年代以来设在检验科。先后开展全身各部位活检及手术切除标本病理诊断，手术中快速冰冷切片病理诊断，超声波组织处理快速石蜡切片、细胞印片，网状纤维染色、抗酸染色等 20 余项组织化学染色，各种免疫组织化学技术及手术中快速冰冻切片技术。免疫组织化学技术辅助诊断种类达 40 余种。全身各部位手术中快速冰冻切片诊断每年 400 余例。2005 年石蜡包埋常规切片、HE 染色 2 万余张，染色清晰，切片优良率 96.6%。市中医院开展体表肿块穿刺、血液、骨髓细胞学检查，脱落细胞学检查及体液细胞学检查，病理诊断等。南漳县人民医院 1986 年开展病理检测。1995 年起开展含血素、胶原纤维、糖原染色等 12 种新检验技术。

18.医学影像科

X 线诊断专业：市中心医院 20 世纪 80—90 年代先后开展胸腹主动脉造影、肾动脉造影、上下肢静脉造影及体表血管瘤造影等，为全市首次开展。同时开展了肝癌、肺癌、四肢血管瘤放射介入治疗和心血管造影、四肢血管造影、口腔曲面断层检查，经股动脉插管法全脑血管造影。90 年代初逐步增设 CT 室、磁共振室和放射介入室，并从放射科分离出去，形成独立科室，主要开展常规 X 线摄影、X 线造影检查及 X 线特殊检查技术和诊断。1999 年购置使用日本岛津公司生产的 800mA 数字化 X 光机，率先开展胃肠气钡双重造影和 200mA 遥控电视透视机，结束暗室透视历史。先后开展数字 X 光机下小肠插管双重造影和结肠运输实验、排粪造影，在电视透视下对颅面部骨及疑难部位投照技术的新改进。2003 年，开展钼靶乳腺摄片、乳腺导管造影、乳腺导管炎的药物灌注治疗等业务，全面实现数字化技术。市一医院主要开展全身各部位常规拍片及各项特检业务，为临床提供高质清晰 X 光片及 X 线诊断。相继开展胃肠气钡双重造影、排泄性肾造影、胆囊、T 管、下肢静脉、子宫输卵管、膀胱、膝关节、椎管、乳腺导管、全脑血管、肾逆行造影及钼靶摄影，肝动脉造影化疗栓塞、支气管动脉造影 + 化疗、在 X 光引导下行动脉溶栓术、子宫输卵管再通术，鼻出血栓塞、肺咯血栓塞、肾动脉破裂并假性动脉瘤的栓塞、脑动脉畸形栓塞、前列腺术后出血栓塞、子宫肌瘤栓塞及肾癌术前栓塞治疗等。2004 年，全面实现数字化技术，影像和诊断质量明显提高。市中医院相继开展普通透视、拍片、胃肠道钡餐检查、干版摄影、放大摄影、高千伏摄影和肾分泌造影等。2003 年组建科室局域网，实现数字化管理和存储。襄阳区人民医院 1985—1989 年先后用 SeLdingcr's 技术在本地区率先开展腹主动脉造影、颈外内动脉插管、全脑血管造影，肾动脉、肝动脉造影、肠系膜上动脉造影加止血药物灌注治疗下消化道出血等。各县(市)人民医院 20 世纪 80 年代以来相继开展血管造影、肾分泌造影、膀胱尿道造影、经皮肤穿刺胆道造影、子宫输卵管造影等。

CT 诊断专业：市中心医院 1991—2005 年相继开展对颅脑、胸部、腹部系统常见病、多发病检查诊断工作，内耳疾病的 CT 扫描和肝脏、胰腺疾病的“双期”增强扫描检查，肺部肿块的薄层扫描和支气管树成像，骨外伤病变矢、冠状位图像重建，“鼻咽腔造影”CT 扫描诊断鼻咽 Ca，肺部结节灶增强扫描检查，骨外伤病变的“二维”、“三维”图像成像工作，颅脑血管 CTA 造影检查诊断脑动脉瘤或血管畸形。和介入室配合开展 CT 下定位肝、肾囊肿硬化剂栓塞治疗，CT 下定位对晚期癌症患者腹腔内注射药物止痛疗法工作。和骨科配合开展 CT 下定位“椎间盘融解术”治疗椎间盘突出工作。和呼吸科配合开展对肺部肿块 CT 下介入穿刺细胞学检查诊断工作。2005 年 6 月，购入德国 SIEMENS SOMATOM Sensation 16 层螺旋 CT，7 月正式投入临床使用。市一医院 1993—2005 年开展全身各脏器 CT 检查诊断，部分疾病在 CT 引导下介入治疗。先后开展头、颈部先天性病变，脑血管病变，胸、腹部的肝、胆、肾先天性病变，感染、外伤、肿瘤等疾病的诊治；介入性 CT 导向颅内血肿引流，导向肺及肝脏肿瘤热疗术，导向椎间盘病变臭氧治疗。CT 引导下各部位穿刺细胞学病理检查，脊髓椎管内造影诊断椎管内病变等。市中医院开展常规 CT 诊断。南漳县人民医院 1996 年后应用 CT 机对全身各部位，如头、颈、胸、腹四肢等进行断层摄像。襄阳区人民医院 1989 年以后相继开展头、胸、肝、脾等部位 CT 检查，手推、静脉滴注给药用于头、胸部病癌检查。1992 年后开展全身各部位检查。2002 年后，开展全身各部位 CT 检查及增强扫描，CT 图像三维重建 CTA、骨密度测量、CT 导向下穿刺活检技术等技术开展及临床应用。特别是肺、肝小结节病灶（3 毫米）即可诊断。

磁共振成像诊断专业：市中心医院 1997 年末在省内同级医院率先引进超导高场磁共振成像机。1998 年，开展多部位磁共振检查技术，进行颅脑、胸腔、脊柱、腹部、盆腔、各大关节、软组织等部位扫描，发现并确诊脑、脊髓肿瘤，囊肿，炎症感染及多发创伤性病变。1999 年开始进行头颈部、脑部磁共振血管成像。2000 年开展膝关节线圈、体部线圈进行四肢关节磁共振扫描。2001 年开展脑桥 - 小脑角磁共振检查技术，解决临床三叉神经痛影像学诊断难题。2002 年开展脊柱磁共振检查。2003 年开展股骨头无菌性坏死，肝内、肝门胆管癌 MRI 检查。2004 年开展胆道磁共振成像，尿路磁共振成像等。2005 年采用大剂量注射造影剂进行胰腺、肝脏动态扫描。市一医院 1992 年在鄂西北地区率先成立核磁共振室，在全市率先引进 1.5T 超导 MRI 扫描仪，开展常规全身 MRI 扫描、磁共振水成像及功能成像技术等。2004 年开展常规 MRI 扫描及磁共振胸腹部动态增强扫描，磁共振水成像（MRCP、MRUP、MRM 等），磁共振功能成像（DWI、PWI、MRS 等）。市中医院 1992 年开始使用超低场 MRI，对头颅、脊柱等部位检查，弥补普通 X 线不足。

核医学专业：市中心医院 1992 年开展心功能检查。1995 年开展肝纤维化放射免疫三项检查（HA、LN、PCⅢ），FT3 及性激素六项（FSH、LH、P、T、E2、PRL）放射免疫检查。1996 年开展心血管疾病的放射免疫五项检查（AⅠ、AⅡ、ALD、ANP、ET）。1997 年开展 FT3、CA-125、PSA 等七项放射免疫新业务检查。利用放射免疫分析技术和全自动微粒子免疫分析仪对人体微量活动物质及病毒 / 衣原体等精确定量检查。开展激素类、肿瘤标志物类、传染病类、自身抗体等近百余项检查。2000 年对体外标记免疫分析进行梳理，改进实验时间安排。2001 年开展核素治疗业务原发性血小板增多症、类风湿、强直性脊柱类、血管瘤等疾病的检查治疗。特别是甲亢 131I 治疗，一次性治愈率 92%，甲减发生率仅为 2.78%，远低于国家≤5%的要求。其 32P 治疗红细胞增多症和 131I 治疗甲状腺功能自主性甲状腺瘤，填补全市空白。2003 年 4 月，市卫生局在核医学科成立襄樊市染色体遗传性疾病产前三联筛查中心实验室。为全市唯一中心实验室，负责接诊全市 20 多家二级医院医疗单位孕妇围产期保健点的此项产前筛查检查工作。至 2005 年，共筛查孕妇 4088 例，筛查出先天愚型（唐氏综合征）115 例，开放性神经管缺陷 32 例。其中确诊唐氏胎儿 4 例，开放性神经管缺陷 16 例。2005 年建立神经元特异性烯醇化酶（NSE）和 Cyfar21-1 检查项目。市一医院 1994 年开展放射免疫检测，主要检测甲状腺系列，AFP、CEA 等。1996 年增加肾、心脏、甲状腺功能测定及骨密度测定等。1998 年在全市率先开展核素显像技术，开展多脏器显像及功能检测等。2001 年开展核素治疗业务，在全市率先开展 131I 治疗甲亢、甲癌，89Sr 及 153Sm 治疗转移性骨肿瘤。2003 年开展甲状腺系列、肿瘤系列、肾功系列、胰岛功能及妇科系列检查治疗等。核素治疗已成为该科特色专业。

超声诊断专业：市一医院 1986—1991 年相继开展 M- 型超声、B 型（二维）超声、多普勒经直肠检查、彩色多普勒经阴道超声检查，及心脏双氧水造影、B 超诊断腰椎间盘突出症、视网膜剥离、化脓性阑尾炎等新技术 13 项。1995 年开展 B 超监视下心包穿刺抽液，彩色多普勒在瓣膜置换术、二尖瓣膜球囊扩张术中的应用。1996 年开展经阴道彩色多普勒诊断盆腔肿块，超声引导下经皮肾囊肿穿刺抽液并注射无水酒精治疗肾囊肿，彩色多普勒诊断胎儿脐带绕颈。1997—1999 年开展 B 超引导经皮肺穿刺活检诊断肺肿块、经直肠彩色多普勒诊断前列腺疾病。2003年以来开展经食管超声心动图，二维超声诊断急性血源性骨髓炎。2004年开展食道超声在球囊扩张术前后功能变化和术中超声监测的应用，填补全市空白。市中心医院20世纪80—90年代在全市率先开展二维多普勒超声心动图检查，率先购置腹部B超仪，应用B超对肝、胆、脾、胰、肾、肾上腺、子宫附件、胎儿、腹膜后等疾病进行超声诊断。彩色多普勒超声诊断经直肠检查。1996年，在全市率先引进美国HP公司彩色多普勒全身超声仪，陆续开展腹腔脏器疾病、外周血管疾病和小器官疾病的彩色多普勒超声诊断。1997年开展经阴道彩色多普勒超声检查妇科疾病。2005年，在全市率先引进实时三维/四维全身彩超仪，开展对胎儿畸形的诊断研究。21世纪以来，先后引进经颅多普勒超声仪，检测老年人脑动脉供血情况，诊断各种颅内外血管狭窄性疾病。市中医院1986年应用二维B超可开展心包积液、胸水、腹水、肝胆脾胰肾、妇科、产科等部位检查。1997年应用彩色多普勒超声诊断仪开展对心脏功能的测定、心脏运动速度及心壁运动异常进行定量评估、小器官（如眼球、乳腺、甲状腺等）、四肢血管等部位检查。2005年开展彩色多普勒经阴道、经直肠的检查，超声介入、三维超声在产科上应用。南漳县人民医院除开展肝胆、脾脏、肾、子宫、腹腔、前列腺及妇产科检查外，还开展心脏、腹部大血管、浅表血管、四肢血管及乳腺、眼球等检查。襄阳区人民医院可检查心脏瓣膜病、心肌病、心脏肿瘤、先心病、大动脉转位等心脏疾病，肝脏、胆总系统、胰腺、脾脏、肾脏、肾上腺、输尿管、膀胱、前列腺、腹膜后肿瘤、产科、妇科疾病、介入性超声等腹部疾病及正常TCD颅内脑动脉狭窄和闭塞，及血管畸形痉挛、椎基底动脉供血不足、颅内压升高等。

心电诊断专业：市中心医院1996年引进三导同步心电图仪，提高检查各种心脏疾患心电活动的检测手段和诊断水平。1992年及1998年，在全市率先引进踏车运动心电图及运动平板心电图。2000年及2005年购置3台十二导同步心电图，在临床广泛应用，进一步提高各种心脏疾病诊断水平。市一医院1986—2005年先后开展心肌梗塞、束支阻滞、早搏、心率失常、预激综合征、冠心病等疾病检查诊断。市中医院普通心电图由1986年的单导心电图发展为1999年的六导心电图，到2005年的十二导心电图，临床诊断水平不断提高。从1990年起开展立体心电图检查。可进行心电图、心向量图、正交心电图、时间心向量图、心电频谱图、高频心电图、心率变异分析、心室晚电位等检查。南漳县人民医院1986年实行三导联自动检测心电图。2003年开展运动平板负荷检测心电图。襄阳区人民医院可常规诊断心室肥大、心室传导阻滞、心肌梗塞、冠状动脉供血不足、心脏病、电解质紊乱、心律失常等。

脑电及脑血流图诊断专业：市中心医院1986—2004年先后购置上海医疗器械厂8导走纸脑电图仪、北京明思智能16导无笔描记脑电图仪、美国产Bio-logic16道动态脑电监测系统、视频脑电检测系统、Bio-logic8250数字脑电地形图仪，对癫痫、脑血管病、病毒性肝炎及颅内占位性病变等开展脑电图检查。2004年引进视频脑电及长程动态脑电图检测系统，填补全市脑电图诊断专业空白。市一医院1997年引进脑电仪，运用动态脑电图对病人进行长程监测。1998年与华中科技大学附属协和医院神经内科联合为宜昌企业生产的国产经颅多普勒做临床试验，为其培养多名经颅多普勒技术人员。市中医院1992年开展脑电图检查，1997年开展脑地形图检查。20世纪80年代以来，南漳县人民医院先后开展脑动脉硬化检测、血管性头痛等疾病检查诊断、椎动脉及肢体血流检测。襄阳区人民医院可开展癫痫、颅内感染、脑外伤后遗症脑电图。

神经肌肉电图专业：市中心医院1989年购置丹麦产Kepoint肌电?诱发电位仪，承担本院及全市肌电图? 诱发电位检查工作。市一医院自1996年开展肌肉电图专业。2003年更新引进英国牛津Medelec syeygr型仪器，既可记录周围神经和肌肉的各种电生理状态（包括神经传导速度、重复神经电刺激），应用于脊髓前角细胞和周围神经病变以及肌肉疾病检测，还可进行躯体感觉诱发电位、视觉诱发电位、脑干听觉诱发电位，为神经、肌肉疾病诊断提供重要依据。2001年开展的《甲亢性肌病的临床和肌电图研究》经鉴定达国内领先水平。市中医院2005年引进丹麦进口肌电图一台，对神经源性和肌源性疾病的鉴别诊断以及神经病变定位、损害程度和预后判断均有较高价值。

介入放射学专业：市中心医院介入室 1985 年与临床配合，在全市率先开展左右心导管术。1987 年，在全市率先开展胸腹动脉造影、下肢静脉造影及体表血管瘤栓塞治疗。1992 年，在全市率先开展经股动脉穿刺插管全脑血管造影术及动脉瘤、AVM、AVF、CCF、脊髓 AVM、颈动脉狭窄支架置入术等介入治疗。同年 10 月，开展第一例肺癌介入灌注化疗。1993 年，在全市率先开展门静脉高压症的经皮穿刺门静脉造影及介入治疗，实施全市首例 TIPPS 治疗。同年开展全市首例肾动脉球囊扩张术。1994 年开展支气管扩张大咯血介入治疗。1995 年，在全市率先开展肝血管瘤介入治疗，率先开展经皮冠脉造影、支架置入术。1996 年，在全市率先开展布－加综合征破膜穿刺、球囊扩张和支架置入术。1998 年开展股骨头无菌坏死的介入治疗。1999 年开展产后大出血介入治疗。2000 年完成全市首例胆管支架置入术。2001 年在全市率先开展特大球囊扩张术治疗贲门失弛缓症。2002 年在全市率先开展大动脉支架腔内隔绝。2004 年，在全市率先开展房间隔缺损室间隔缺损介入治疗，率先开展旋转 DSA 在颅脑血管性疾病介入中的临床应用。2005 年，和心内科首次成功合作，独立开展全市一例肾动脉狭窄支架植入术。市一医院 1986 年成功开展全市首例经腹动脉穿刺插管肝动脉造影及肝癌灌注治疗，随后开展肺癌癌灌注治疗及直肠癌术后介入治疗，1987 年开展经腹动脉穿刺插管全脑血管造影术，1994 年开展全市首例心脏射频消融术。1996 年购置数字减影血管造影机（DSA）设备，先后开展各部位肿瘤化疗、栓塞治疗、各部位血管造影，包括冠脉、肾动脉造影及支架置入术、出血的栓塞、肝动脉造影化疗栓塞、脾动脉栓塞治疗、食道狭窄球囊扩张及支架置入术、子宫肌瘤栓塞治疗、布－卡氏综合征介入治疗、输卵管再通治疗等。配合临床开展脑血管动脉瘤栓塞治疗、动静脉畸形栓塞治疗、心脏 PTCA+ 支架安装等。市中医院 1992 年开展肝 Ca、肺 Ca 等各种实体肿瘤的动脉栓塞和动脉内灌注化疗以及股骨头缺血坏死的动脉内溶栓治疗。又相继开展肝脏海绵状血管瘤栓塞、急性外伤性大出血动脉弹簧圈栓塞、子宫腺肌瘤血管栓塞、宫外孕滋养血管栓塞、腔静脉型 Budd-Chiari 综合征血管成形术、脾功能亢进栓塞等各种血管内放射介入治疗。2004 年，将放射介入治疗拓展到血管外领域，相继开展了肝、肾囊肿的抽吸硬化治疗、放射性粒子组织间插植放疗、CT 导引下全身各部位穿刺活检取材、经皮椎间盘旋切、胆道内外引流术、实体恶性肿瘤的化学消融等各种血管外放射介入治疗。2004 年开展的 CT 导引下组织活检取材术，在全市处于领先地位。2005 年，在全市最早引进和开展放射性粒子组织间插植放疗，其临床运用已居于全省领先水平。

放射治疗专业：市中心医院 1990 年开展腔内放疗。1992 年，开展"放射线剂量测量工作"。1995 年购进 6Mer－x 直线加速器和模拟定位机。1998 年，开展同中心照射技术和多野照射技术，运用于食道癌、肺癌等肿瘤放疗。2000 年，淘汰钴 60 腔内后装治疗机，更新为铱 192 后装治疗机，开展食道癌、肺癌的后程加速放疗。开展京万红治疗放射性皮肤损伤、乳癌腋下高能射线两野对穿放疗。2001 年，开展肺癌四野放疗技术、肺癌放疗中的组织较正技术、头颈部固定架的临床应用、高剂量低分割放疗技术。2002 年，开展放疗方面楔形照射技术应用于临床、宫颈癌四野放疗。2004 年，购进 BJ-6B/400 单光子直线加速器，开展三维适形放疗，填补全市空白。引进 I-125 粒子植入设备及治疗计划系统，在全市率先开展对前列腺癌、子宫颈癌、乳腺癌、胰腺癌等多种恶性肿瘤治疗，对手术及放、化疗后残存或复发的局部病灶疗效确切。2005 年，购进进口直线加速器及核通模拟定位机及三维 TPS 系统，能完成各种肿瘤常规放疗及特殊放疗，如 IMRT、全身电子束照射等，放疗设备和技术达到国内先进水平。市一医院 1995 年陆续开展电子直线加速器、高能 X 线治疗恶性肿瘤、高能 X 线加膜技术治疗浅表肿瘤，后装机铱 -192r 线治疗恶性肿瘤，组织间插植技术用于恶性肿瘤近距离治疗。2000 年，放疗中心被国际卫生组织、国际原子能机构（WHO/IAEA）评为"放疗剂量国际比对合格单位"。2000-2003 年，陆续开展全腹移动条治疗等中心治疗、楔形治疗、宫颈癌术前放疗、食道癌、肺癌及直肠癌的术后放疗等，与外科合作开展胰腺癌、脑胶质瘤等难治肿瘤的术中置管、术后放疗，与呼吸内科合作开展纤支镜下置管腔内放疗治疗肺癌的研究均取得成果。2004—2005 年开展良性肿瘤的放射治疗、脑垂体照射治疗、前列腺增生症、瘢痕疙瘩术后敷贴治疗。

激光治疗专业:市中心医院 1995 年开展 HE-NE 激光仪治疗血管内照射治疗,脑梗塞及脑外伤后遗症,血管性头痛、帕金森氏病、肢体闭塞性脉管炎、突发性耳聋等。1996 年,开展 CO?激光治疗内外痔疮、包茎、包皮过长、宫颈糜烂、宫颈息肉、鼻息肉、鼻甲肥大等。1997 年开展 Nd:YAG 激光治疗气管内肿瘤及食道内肿瘤和声带息肉等。1998 年开展 Nd:YAG 激光"插秧式治疗腑臭"。2001 年开展 CO?激光修复处女膜及阴道宽松缩窄术。2002 年应用调 Q 激光治疗文身祛眉及各种色素斑。2003 年开展光子脱毛,光子嫩肤及光子治疗痤疮等。2004 年开展"免针注射治疗皮肤疤痕"。2005 年开展半导体激光照射治疗皮肤湿疹、疖肿、褥疮及带状疱疹等。市一医院 1989 年初在全市率先成立激光中心,先后开展耳鼻喉科、妇产科、皮肤科、口腔科疾病治疗,如慢性鼻炎、过敏性鼻炎、鼻息肉、鼻出血、咽炎,慢性宫颈糜烂、宫颈囊肿、附件炎、外阴白斑、尿道肉阜,各种皮脂腺痣、疣状痣、血管瘤、带状疱疹、尖锐湿疣等,慢性唇炎、颞下颌关节功能紊乱、黏液腺囊肿和舌下腺囊肿等治疗。2005 年新引进微波治疗仪、射频刀等,开展纤维喉镜下声带新生物切除、分泌性中耳炎的鼓膜打孔,耳郭假性囊肿的激光治疗等。

19.药剂科

市中心医院 20 世纪 80 年代初筹建药检室,负责自制制剂质量控制,1988 年,建制剂楼后更新各种仪器开展旋光光度法、紫外分光光度法、永停滴定、细菌内毒素检查、中药饮片显微、理化鉴别等检验项目。1989 年,全市率先成立临床药学科,应用放射免疫分析法、紫外分光光度法开展地高辛、华法令、阿司匹林等药物血浓监测,率先于 1990 年购买高效液相色谱仪、2002 年购买荧光偏振免疫仪,逐步对环孢素 A、地高辛、甲氨喋呤、万古霉素、氨茶碱、苯妥英、苯巴比妥、卡马西平、丙戊酸、氯硝西泮、庆大霉素、丁胺卡那霉素等 16 种药物进行监测以实行个体化给药,于 1991 年引进"合理用药微机分析系统"软件并不断升级面向临床及患者提供合理用药咨询。制剂室至 1989 年已可按照规范开展多品种小针剂、大输液、合剂、片剂、软膏、蜜丸、散剂、胶囊、冲剂、滴眼液等剂型制剂生产,并不断开发新品种,生产 56 种临床必需而市场无供应的制剂。医院制剂、药检尤其临床药学工作始终位于全省同级医院前列。市一医院 1987 年先后购置旋光仪、紫外分光光度仪,开展旋光度测定、紫外分光光度测定。生产葡萄糖和盐水注射液 10 万余瓶、小针剂及普通制剂共 16 个剂型 80 个品种。1994 年购入微粒分析仪,对大输液不溶性微粒进行控制。1997 年开展用鲎试剂法检测输液内毒素,同年新配制生产维生素 E 霜、复方外阴涂膜剂,各种人工透析液及腹膜透析液。1998 年开展血清药物浓度监测。2002 年生产葡萄糖和盐水注射液达 50 万袋。2003 年开展新制剂聚维酮碘溶液。襄阳区人民医院 1990 年引进输液生产线按规范生产大输液,1996 年建成 3200 平方米制剂大楼,生产各种制剂数十种。

(二)中医及中西医结合

改革开放以来,襄樊市中医药事业的振兴和发展,得到党和政府的重视和鼓励。20 世纪 80 年代制定《襄樊市中医发展规划》,改善中医医疗服务设施,加快中医基础设施建设,建立农村中医医疗保健服务网络和中药科研基地,加大中药制剂开发力度。襄樊市除在市区设有中医院外,在所辖各县(市)都建有中医医院。县(市)级以上综合医院一般都有中医科、中药房、中医病床,各企业厂矿职工医院建有中医临床科室,区、县以下医疗单位和厂矿企事业单位卫生所大都设有中医中药人员。20 世纪 90 年代至 21 世纪以来,全市加强中医机构建设、专科(专病)建设、中医人才培养和农村基层中医药建设等各项工作，不断提高中医医疗服务质量和技术水平，襄樊市中医药事业得到长足发展。

1.内科

20 世纪 80 年代以来，市中医院内科系统逐步发展有心肺病科、肝胆病科、脑病科、糖尿病科、脾胃肾病科、综合内科、重症监护病房共七个病区和门诊内科急诊、儿科急诊等。该院心肺内科为市级重点专科建设单位，以治疗心血管及呼吸系统疾病为特色。1987 年，该科“宣清口服液”治疗肺系高热病治愈率达 96.7%，被列为省级攻关项目。特色中药有治疗慢性心力衰竭的“强心饮口服液”，治疗冠心病的“心痛灵胶囊”，治疗急性支气管炎的“杏苏止咳糖浆”等。该院肝胆病科采用中药治疗胆石症、胆囊炎疗效明显，尤其是抗毒转阴合剂、肝康糖浆治疗乙肝转阴疗效较好。研发纯中药制剂软肝胶囊，对治疗、缓解肝硬化疗效显著。2004 年 8 月，成功研制疏肝清脂胶囊，对脂肪肝、酒精性肝炎取得满意疗效。脑病科是省级重点专科建设单位，1990 年底，科室研发脑中风预测仪，专门用于预测中风，这台仪器通过省级科研鉴定，对于缺血性脑梗塞中风预测率达 98%。1991 年研制治疗脑病系列愈风Ⅰ号、愈风Ⅱ号、愈风Ⅲ号、中风康复胶囊、牵正丹、醒脑灵等供临床内服、外敷、直肠滴注，均取得满意疗效。“愈风系列口服液”，经过十几年临床验证，疗效可靠，已列为科研课题。在原自制药品基础上研发“脑立通合剂 / 胶囊”、“活血醒神合剂”等系列中药，疗效优于从前。大胆把“淤阻”理论应用于治疗急性出血性中风病中，其活血止血法取得显著临床效果。2004 年，“中风急性期诊断与舌诊及 CT 影像学研究”课题通过省级鉴定，达到国内领先水平。2005 年，被列为湖北省重点中医专科建设单位。研制的愈风系列中药制剂，治疗中风病疗效显著。糖尿（老年）病科自制中药“消渴安胶囊”对控制血糖，减少并发症，降低胰岛素抵抗具有良好的效果，有效率 90%。2005 年创立襄樊市首家糖尿病俱乐部。同年被确定为市级重点专科建设单位。7 种用于治疗内科疑难病的专病专药，均已通过湖北省医药监督局审核，取得批准生产文号，通过 10 多年临床实验，有效率均在 95%以上，在国内处领先水平。脾胃肾病科研制开发出 10 多种中成药制剂，用于治疗功能性消化不良、肠易激综合征、肾小球肾炎、肾病综合征、狼疮性肾炎、类风湿性关节炎、前列腺增生症、尿路结石及再生障碍性贫血等疾病，自制中药“肾康宁”灌肠液用于治疗肾功能不全、尿毒症等，均取得满意临床疗效。采用自制中药“健胃胶囊”治疗各种急、慢性胃炎、肠炎，有效率 93%。综合内科研制的“化积胶囊”、“化积膏”治疗中、晚期肿瘤，可有效控制肿瘤发展，减轻痛苦，且没有麻醉药品成瘾性。危重症监护治疗病房（简称 ICU 病房）成立于 2002 年 9 月，是集中收治各种急、危重病人、大手术后监护的特殊病房，已成为本地区危重病救治一支重要力量，在危急重症的救治中，运用中医辨证论治思想及整体观念，合理使用中医中药，挽救许多生命垂危患者。市一医院中医科成立于 1980 年，肝病科成立于 1994 年，2002 年两科合并成为中西医肝病科。1987 年主要开展中药治疗男性不育、女性不育症中医治疗。1988 年，主要开展中医药治疗慢性胃炎、结肠炎及泌尿系结石的临床铺研究工作。1989 年，中医科独立设置病区，重点开展糖尿病、高血压中医药治疗。1990 年，重点开展中风后遗症及面神经麻痹的中医药治疗。1991 年重点开展中药、针灸、推拿按摩治疗颈椎病及风湿坐骨神经痛、腰椎病的临床运用。1992 年主要开展中药治疗哮喘内病外治临床研究，规范中医疗效标准。1993 年开展中医治疗急性黄疸性肝炎、胆囊炎临床研究。1994 年，开展中西医结合治疗眩晕、慢性肾炎、泌尿系感染研治工作。1995 年，采用中医、中西医结合治疗内、儿、妇科常见病治疗及疑难杂症研究，“加味还少丸”治疗男性不育一文被美国中华医学会采用。1996 年，重点开展慢性肝病、慢性肾病的治疗和不孕症诊治。1997 年研治中西医结合治疗慢肝、慢肾、不孕症。1998 年，重点开展中医治疗老年病、中医兼容临床研治。1999 年，重点开展以中医药治疗慢性胃炎、结肠炎、肾炎、高血压病、老年病等。采用中药、针灸、按摩治疗常见病、多发病。如运用古方治疗痹症，眩晕、怔忡、喘症及男性不育、女性不孕等症。2000–2001 年，主要开展中医、中西医结合治疗疑难、多发性疾病。率先成立“临终关怀”病房，开展心理治疗。在肠胃病、老年病、更年期综合征，心脑血管病，妇科不孕等方面研治有新突破。2001–2005 年，主要收治消化道传染病、急慢性肝病、流行性出血热等。开展慢性肝病人，院内感染理论研究等。开展慢性肝病中医治疗、重型肝病人工肝血液透析、血浆置换，晚期肝硬化并腹水的腹水回输、肝病病人介入治疗，肝硬化脾功能亢进的脾栓塞术，布加氏综合征治疗，静脉支架及球囊扩张术，慢性乙肝抗病毒治疗、肝病治疗仪治疗慢性肝病等业务。枣阳市中医院 1996 年初成立枣阳市脑血管病防治中心，采用中风因子预测、微循环检测等检测手段治疗脑血管病。保康县中医院 1987 年建院之初开设内科，1989 年，另设肝病科，为该县重点中医专科。1998 年 6 月，与省中医院联合开办肝病治疗中心。谷城县中医院于 2004 年 9 月开设心脑血管专科，应用自制中成药健心灵、藻参降压胶囊、滋肾胶囊治疗慢性心衰和高血压疗效显著，2005 年被确定为省级重点中西医结合专科建设单位。糖尿病专科以中药为主，采用自制降糖益寿丸治疗 2 型糖尿病。

2.外科

市中医院外科设有门诊、急诊、病房，20 世纪 80 年代以开展普通外科手术治疗为主，已发展成为该院最大综合性临床科室，由普通外科、胸外科、泌尿外科、神经外科、脑外科、烧伤整形外科组成，并设有外科门诊及乳腺专科门诊。中西医结合诊疗相得益彰，普通外科可开展全胃切除术、胃癌根治术、脾切除术、胰－十二指肠全切、胰头癌根治术、肝切除、胆囊切除、胆总管探查取石、门静脉分流、全结肠切除、阑尾切除等手术。胸外科可开展各种创伤性开胸手术、肺叶切除术、食道癌根治术及其他各种食道手术。泌尿外科可开展肾切除、膀胱肿瘤切除、前列腺切除、肾及输尿管结石等手术。神经外科对周围血管疾病的诊疗及康复，特别是慢性血栓性疾病、肢体溃疡治疗有独到方法。脑外科颅脑外伤的急救与康复已形成特色，成功手术抢救各种脑外伤病人 200 余例。烧伤整形外科在中西医结合治疗各种烧伤冻伤费用低、收效快、愈后疤痕轻，可治疗各种整形美容疾病，手术治疗及中药调养治疗各种疤痕、血管瘤等疾病。研制消胀合剂在治疗及预防术后肠粘连、治疗肠梗阻方面疗效奇特，各种外用中草药治疗跌打损伤，化腐生肌有独特疗效。乳腺专科主要治疗乳腺增生、乳腺癌、乳腺纤维瘤、乳房成形术等乳腺病。研制中药乳癖Ⅱ号、复方仙灵胶囊治疗乳腺病有独特疗效。专利发明“颅骨凹陷骨折复位器”对颅骨凹陷骨折治疗方法改进提供很大帮助，已向全国推广。枣阳市中医院 1989 年始设手术室，并配置手术床、无影灯和部分手术器械，能做一般小型手术如疝气、阑尾切除术等。1996 年内、外科病房分设，外科设 15 张病房，手术用房由 2 间扩大至 3 间，配套设备较先进。2000 年 9 月，为 1 名患者行腹部手术，取出的恶性肿瘤，重约 2300 克。能在上级医院的指导配合下开展较大型手术，如胃大部切除术、胆囊摘除术、肠套叠整复术、剖腹产术等 20 余种手术。保康县中医院外科由建院之初的换注室演变发展，当时仅能开展一般外伤清创缝合处理。1994 年，开始做下腹部阑尾、疝气手术；2002 年行胆囊切除、肝胆管探查术；2004 年行开胸贲门成形术；2005 年，行开颅等系列脑外科手术、肾切开取石术、肾母细胞瘤切除术。现可开展脑外、胸外、普外、泌外、肛肠等大中型手术，急诊救治能力增强。谷城县中医院中医外科擅治痈、疽、疔、疖等及皮肤杂症，以“望、闻、问、切”辨别疮疡的阴阳属性，分析肿、痈、脓、痒的主症性质，采取内治、外治、火针等疗法以愈病。改良研制的千锤膏等药常用于临床，效果甚佳。

3.妇产科

市中医院妇产科设有门诊、妇科、产科。1983 年以来，除做一般妇科检查、指导计划生育外，还收治生理产科、病理产科、剖腹产等病症，中药治疗月经不调、痛经、更年期综合征、胎漏、恶阻等病有特殊疗效。1986 年 5 月，首次独立开展子宫下段剖宫产，子宫全切等较大妇产科手术，并将安定静脉推注加速产程进展、硫酸镁治疗中重度妊高征、滋养叶细胞肿瘤化疗等新技术运用于临床。次年开展中医中药治疗不孕症、盆腔炎、月经病等业务，探索中医中药、中西结合治疗妇科疑难杂症新方法与新途径。1988年，成立婴儿室。1993年，研制成功盆腔炎中药离子导入方剂，在全市独家开展中药灌肠+中药离子导入治疗慢性盆腔炎临床观察工作，已开展1000多例。1996年，按照爱婴医院标准，撤掉婴儿室，实行母婴同室，购置新生儿红外线辐射台，早产婴儿保暖箱等新设备。1998年，购置胎儿监护仪一台，对妊娠晚期胎儿宫内安危情况进行监护。1999年，率先在全市开展横切口剖宫产手术。2000年11月，邀请香港著名妇产科专家周基杰教授到医院讲学，展示周式新概念妇产科手术，在全市率先开展周式新概念妇产科手术。2002年6月，购进电子阴道镜，目前已开展阴道镜检查1500多例，对宫颈及外阴病变的诊断上升到新水平。2004年，购置利普刀(宫颈高频环切电刀)，引进宫腹腔镜技术，开展微创手术治疗子宫内膜异位症、异位妊娠、子宫肌瘤剔除、卵巢囊肿摘除、子宫切除等手术。同年，与麻醉科联合开展静脉麻醉下无痛人工流产手术，次年购进西安飞秒公司生产的内窥式流产吸引系统，满足人们对计划生育手术无痛，准确定位更高要求。枣阳市中医院建院初期设妇产科门诊，可做妇检、计划生育手术、顺产接生。1989年在外科配合下能做剖腹产及部分难产接生。1998年7月，首行"子宫全切术"获成功。南漳县中医院妇产科自创以铜绿、硇砂、寒水石等30多味中药配制的康复散，20多年来用于治疗宫颈糜烂、阴部白斑、尖锐湿疣、外伤发炎、烧伤、褥疮，临床效果良好。保康县中医院1984年2月与城关镇卫生院合并后开设妇产科，仅能开展刮宫、引产、住院自然分娩及常见妇科病诊治。1995年做第一例剖腹产手术；1998年做县内第一例改良式剖腹产手术；1999年行子宫全切术。运用传统中医药治疗子宫肌瘤、附件炎等妇科疾病效果良好。谷城县中医院对妇科病诊疗，从1983年经、带、胎、产四大类疾病发展到1993年治疗不孕症、宫外孕、子宫肌瘤等病。在治疗女性"不孕症"的床实践中，先从调经入手，临床有效率达80%。1993年开展剖宫产手术，采取中西结合在治疗妇科疾病。

4.儿科

市中医院儿科20世纪80年代主要开展儿科常见病、多发病、传染病、慢性病等诊治工作。1989年，成立儿科急诊。1990年，成立儿童哮喘专科，采用中西医结合及内病外治方法，治疗儿童哮喘取得良好效果。2000—2005年，儿科开设内病外治专科、哮喘专科、腹泻专科、小儿脑病专科等。小儿脑病专科运用中医推拿按摩、针灸、理疗、功能训练等治疗方法，开展小儿脑瘫治疗。根据中医"治未病"思想，延伸"冬病夏治"、"内病外治"治疗范围，开展慢性腹泻病推拿按摩治疗及哮喘、风湿、冻疮、过敏性鼻炎发泡治疗，每年夏季头伏、二伏、三伏，前来贴敷病人达6000多人次，疗效明显。研制出纯中药制剂"止嗽膏"贴敷治疗小儿咳嗽，"止泄膏"外贴治疗小儿腹泻，"遗尿散"治疗遗尿症，"抗菌灵"治疗小儿霉菌性肠炎，"哮喘平"、"哮喘定"治疗哮喘等药物。在本市率先开展内病外治工作，发泡膏系列在每年的三伏时节进行"冬病夏治"，治疗哮喘、风湿病、冻疮、过敏性鼻炎等，因痛苦小、价格廉、疗效好，病人逐年增多。中西结合治疗小儿咳喘疗效肯定，在襄樊市及周边广大地区享有较高声誉。"抗霉灵治疗小儿霉菌性肠炎的临床及实验研究"于2002年通过省级鉴定，已成为该院治疗小儿霉菌性肠炎常规用药。2005年被列为湖北省重点中医专科建设单位。保康县中医院儿科开设于1987建院之初，与内科同一诊室，1992年单设。以中医药诊疗技术为主，中西医结合治疗儿科常见病、多发病、疑难病效果良好。1998年与湖北中医学院联合开办"儿科智能专科"，引进"冬病夏治"中药敷贴治咳喘疗效显著。谷城县中医院儿科1992年根据小儿生理"三有余"(阳、心、肝)、"四不足"(阴、脾、肺、肾)等特点，总结归纳出"儿科治脾十法"：益脾补气法，主方参苓白术散加减；健脾化痰法，主方四君子汤合苏子降气汤为代表；扶脾温阳法，主方附子理中汤加减；运脾导滞法，主方保和丸加减；开脾益中法，主方补中益气汤加减；补脾摄血法，主方归脾汤；理脾调肝法，主方逍遥散合茵陈五苓散加减；燥脾化湿法，主方胃苓汤加减；泻脾清心法，主方泻脾散加减；养脾益阴法，主方益胃汤生脉散加减。

5.骨伤科

市中医院骨伤科始建于1957年，是在何氏正骨基础上逐渐发展起来的，当时只有门诊，1960年建立骨科病房，后不断发展壮大，骨伤科设有1个骨科研究所，2个骨科门诊科室(骨外门急诊科、颈肩腰腿痛科)、三个骨科住院病区(下肢骨科、脊柱骨科、小儿及上肢骨科)，已成为具有较大影响的特色专科。1998年被省卫生厅授予湖北省中医骨伤医疗中心，2002年9月被省卫生厅评为湖北省知名中医专科。2002年9月被国家中医药管理局确定为“十五”重点专科建设单位。

图31—10　以正骨而闻名的市中医院骨科创始人何成礼(左一)

下肢骨科是以中西医结合治疗下肢(包括骨盆)骨关节创伤和骨关节疾病为主的特色专科。所开展的透视下手法复位微创空心钉内固定治疗股骨颈骨折术，人工股骨头置换术，全髋关节置换术，各种解剖钢板及交锁髓内钉内固定术，可吸收螺钉内固定术，骨盆及髋臼骨折重建钢板内固定术，转移及移植骨皮瓣治疗大面积骨与软组织缺损等，在鄂西北享有盛誉。开展人工关节置换及翻修手术近100例均获得成功。2004年底引进国际先进膝关节镜技术，膝关节疾病治疗达到国内先进水平。拥有系列中药制剂，内服药如“活血止痛合剂”、“壮骨胶囊”、“萌生丸”等；外用药如“活血膏”、“活血酒”、“药物敷料”、“黄连纱条”、“玉红生肌膏”等，通过多年临床验证疗效确切。脊柱骨科是以治疗脊柱相关疾病为主特色专科，采用中西医结合疗法治疗脊柱骨折及骨病方面，已形成独特诊疗优势。发挥中医骨伤科优势，运用中医辨证施治、内外用药、推拿手法、牵引及针灸等综合疗法治疗颈肩腰腿痛及骨关节病有显著疗效。能熟练开展颈、胸、腰椎各种前、后路手术，治疗脊柱及椎管内肿瘤、脊柱结核，脊柱骨折、外伤引起的高位截瘫。近年来，积极开展脊柱微创治疗，达国内领先水平。采用经皮穿刺椎体(后凸)成形术，治疗椎体骨质疏松压缩性骨折，脊柱原发性、转移性肿瘤，具创伤小，疗效好优势。采用经皮椎间盘穿刺切除，后路椎间盘镜等微创技术治疗颈、腰椎间盘突出症，具有见效快，病人术后几天就可下床活动，深受患者青睐。2002年9月被国家中医药管理局确定为“十五”重点专科建设单位。小儿及上肢骨科是以治疗儿童及成人上肢骨科疾病为主的特色专科。1995年率先从上海市第六人民医院引进外固定支架，闭合或开放治疗上肢骨折，改变单一传统普通钢板或克氏针固定方式。进行断指、断肢再植手术及各种组织瓣移植手术、血管及神经吻合术、臂丛神经损伤探查及修复手术。2002年又在本市率先开展交锁髓内钉治疗肱骨干骨折、肱骨骨不连。在小儿骨科方面，保守及手术治疗各种骨折、先天性髋关节脱位、先天性马蹄内翻足、外伤性寰枢关节半脱位、尺骨鹰嘴垂直悬吊牵引治疗儿童髁上骨折；透视下手法复位闭合穿针固定治疗儿童肱骨髁上骨折及成人外科颈骨折和桡骨颈骨折；治疗各种骨肿瘤。研制“骨伤宁糖浆”解决儿童骨折患者无药可用局面。2002年9月被国家中医药管理局确定为“十五”重点专科建设单位。颈肩腰腿痛科是中医传统特色专科。在推拿、针灸、拔罐、刮痧、牵引、理疗、熏蒸、挑治、针刀、中药离子导入、正脊等传统手段治疗颈肩腰腿痛类筋伤疾患基础上，将业务范围扩展至脑卒中患者早期康复辅助治疗和骨折创伤后遗关节活动障碍的功能锻炼恢复以及亚健康状态人群保健养生等。开展的“小针刀疗法”、“颈椎斜位角度牵引”及“腰椎倒悬牵引疗法”、“经穴挑治疗法”、“宣氏粗银针疏导疗法”、“三维正脊”等，显示专科治疗特色和优势，并开展中药气疗、熏蒸、足浴保健按摩等。在本市首家引进红外热像技术，对疼痛形象描记，疗效客观评定，肿瘤早期预警、监测及亚健康人群体检具有显著优势。2002年9月被国家中医药管理局确定为“十五”重点专科建设单位。枣阳市中医院骨伤科于1987年成立，采用小夹板固定、小针刀、穴位注射以及自制骨刺消痛散治疗外伤骨折、颈肩腰腿痛、骨质增生等骨伤科疾病疗效显著。南漳县中医院推拿科手法治疗颈腰椎间盘脱出症、神经性血管性头痛、肩关节周围炎、跌打损伤、小儿腹泻等；膏药敷贴法治疗四肢骨折、风湿性关节炎、肩周炎、腰椎病、脊肌筋膜炎、坐骨神经痛等；中药熏蒸治疗风湿性关节炎、骨折中后期康复；药枕治疗颈椎病；火针疗法对风湿性关节炎、类风湿性关节炎具独到疗效。保康县中医院骨伤科开设于1996年，多项骨科诊疗技术县内独家率先开展，被列为该县重点中医专科。根据骨折病人骨痂生长不同阶段，自行研发应用伤科Ⅰ号、Ⅱ号、Ⅲ号、Ⅳ号系列中药制剂，对症治疗骨伤疾病效果理想。谷城县医院中医骨伤科（正骨科）1986由该院中医科分离组建，1998年组建单独中医骨伤科，1999年成立骨伤科病房。主要诊治颈、肩、腰、腿痛病，不仅在县境内享有盛誉，还吸引外地患者慕名而来。该科龚贤明于1989年运用“颈椎提牵”、“侧旋复位”手法治疗颈椎错位(椎间关节)，共治疗颈椎病1 500余例，总有效率97%。

6.肛肠科

市中医院院肛肠外科1984年由痔瘘科扩建而成。1986年，开展“消痔灵痔硬化注射术”。1987年，开展内痔套扎器行痔套扎术、CO_2激光治疗痔疮、肛瘘等疗法。1990年，辩证运用中药汤剂灌肠治疗结肠炎、便秘，中药制剂“抗霉灵”灌肠治疗霉菌性肠炎等，取得良好效果。同年，成功完成第一例直肠癌手术。之后又首创直肠癌超低位前切术反套吻合成形术。1994年，自行配制中药“坐浴粉”，运用于各种肛肠疾病治疗及术后康复，效果良好，有效率97%，成为肛肠外科独特疗法。直肠癌根治保肛手术彻底改变腹部造瘘的传统术式，对高位直肠癌采用前切除术，对低位、超低位直肠癌采用吻合器双吻合术、反套吻合术、原位肛门再造术。术后3—6个月肛门排便功能基本恢复正常，手术技术已达到国内领先水平，术后5年生存率66%。中西医结合治疗习惯性便秘技术，处于省内领先水平。2001年，在湖北省率先开展PPH手术，痛苦小，复发率低，解除混合痔、直肠黏膜内脱垂、直肠前突等出口梗阻所致习惯性便秘及痔疮反复发作患者痛苦。2004年，肛肠外科被确定为市级重点专科建设单位。

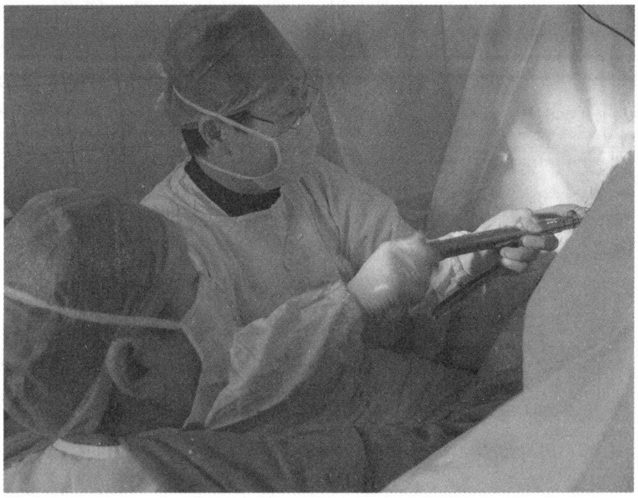

图31—11　市中医院肛肠外科PPH手术(吻合器痔上黏膜环切术)

枣阳市中医院1987年设肛肠科门诊，采用手术治疗痔疮、肛瘘、肛裂等有较好疗效，并配合中药治疗取得满意的疗效。

7.耳鼻喉眼科

市中医院耳鼻喉眼科（五官科）20世纪80年代分为眼科、耳鼻喉科、口腔科三个专业，1992年分为口腔科和耳鼻喉眼科。门诊业务范围不断扩大，如上颌窦冲洗置换疗法、咽鼓管吹张、中耳置管、穿刺抽液、中耳炎负压治疗、麦粒肿切排、内翻倒睫术、翼状胬肉摘除术、以及鼻出血、咽喉炎的微波治疗等在门诊就可完成。在一些常见病和多发病上发挥中医优势，如“利咽饮”代茶泡服治疗慢性咽喉炎，中药雾化剂治疗急慢性咽炎，中药止血药膜治疗鼻出血，黄连沙条治疗急、慢性外耳道炎，中药喷雾剂治疗急慢性鼻－鼻窦炎，中药退赤洗剂治疗急性结膜炎，“止血明目颗粒冲剂”治疗各种眼底出血等都取得良好疗效。1989年开展全市首例直视下乳突根治手术、鼻息肉摘除＋筛窦开放手术。1990

年在全市率先开展全麻支撑喉镜下声带显微手术。90年代初,率先在本地区开设听力、眩晕门诊,完成全市首例先天性外耳道闭锁行外耳道成形+中耳成形手术,使患儿听力提高约35分贝。1991年开展面神经减压显微手术。研制鼻腔止血药膜进入临床实验阶段,经过大量临床使用,证实该药膜对鼻腔不同部位出血均有良好疗效。1992年,开展全喉切除或垂直半喉切除及颈廓清术,上颌窦癌行上颌骨切除根治+眼内容物剐除术。1999年,引进鼻内窥镜术,鼻-鼻窦炎手术进入微创、功能性手术时代。自行研制辛灵鼻腔灌洗液,于鼻窦手术后术腔冲洗,拓展中医药用药途径。2003年,开展阻塞性睡眠呼吸暂停低通气综合征全麻下行腭咽成形术、局麻下腭咽成形术以及等离子刀行下鼻甲+腭咽悬雍垂成形+舌根成形术等,并采用术后中药制剂雾吸和中药鼻腔冲洗,达到中西医结合治疗鼾症良好效果。眼科于1987年开展视网膜脱离行巩膜扣带术+冷凝封闭裂孔术。1988年研制止血明目糖浆,后经剂型改良变为胶囊,最终形成颗粒冲剂,成为院内固定制剂,临床疗效良好。1994年开展在白内障囊外摘除术+人工晶体植入术、青光眼小梁切除术、泪小管断裂吻合术等眼科显微手术。1997年,引进90年代美国A1con公司univasal一Ⅱ型超声乳化仪,与上海成诚实业公司联合组建上海——襄樊白内障超声乳化手术中心。同年,在全省率先开展白内障超声乳化术+人工晶体植入术、请上海及日本眼科专家来院指导手术,形成一种工作模式沿用至今。枣阳市中医院建院时就设有中医眼科门诊,可做白内障摘除术、内翻倒睫等手术。1998年11月,首次合作行白内障超声乳化手术30余人次。1999年1月,成立香港—枣阳白内障治疗中心,专设眼科病房。已能开展白内障超声乳化手术、白内障囊外摘除术、人工晶体植入术、青光眼标准小梁切除术、泪道激光成形、鼻泪管吻合术、翳状胬肉切除+自体结膜上皮移植术等,运用中医药治疗角膜炎、中心性视网膜炎及各种原因引起的眼内出血,视神经萎缩等疾病。保康县中医院耳鼻喉科开设于1996年,能实施耳鼻喉眼部位各种常见多发病诊治。2006年开展耳鼻喉眼各个部位手术治疗业务,如鼻息肉、鼻甲肥大、翳状胬肉切除+羊膜移植、白内障、青光眼手术治疗等。可应用中西医结合诊疗方法治疗角膜炎、视网膜炎、中耳炎、耳鸣、耳聋等。

8.口腔科

市中医院口腔科成立于1987年1月,一直隶属五官科,1992年单独成科,以治疗口腔科常见病、多发病,配戴、修复义齿牙等为主。2000年后,相继开展烤瓷牙、隐形义齿、固定桥等修复治疗、小儿牙颌畸形早期治疗与预防、牙列畸形矫治与鼾症治疗。开展如内科牙体牙髓治疗,牙周、黏膜治疗;口腔颌面外科手术,如颌骨骨折内固定术、肿瘤切除。修复方面如固定桥、活动桥,可摘义齿修复,桩核修复,咬颌重建;正畸如安氏Ⅰ、Ⅱ、Ⅲ类错牙合畸形矫治,反牙合,前牙深覆盖、深覆牙合矫治等。研制中药"口疮合剂"、"溃疡膜"、"牙髓失活剂",用于成人口腔疾病及小儿鹅口疮治疗,已广泛运用于门诊治疗中。

9.针灸科

市中医院针灸科自建院之日起成立,是中医传统诊疗特色专科,主要针对治疗中风后遗症、风湿疼痛、肩周炎、腰腿痛、腰椎病、颈椎病、坐骨神经痛、面神经麻痹、神经性头痛以及失眠、小儿多动症、小儿遗尿等病症,采用针刺、艾灸、拔罐、刮痧、电针、耳穴贴压、穴位注射、穴位敷贴等综合方法进行治疗,临床疗效显著。采用自制黑膏药"风湿膏"、"通痹膏"外敷配合针灸治愈无数患者。1990年后,开展穴位注射技术,逐步由传统的运针发展为电针治疗。1999年,开展围刺治疗"寻常性痤疮"、"黄褐斑"及针灸减肥技术,备受患者欢迎。自行研制内服、外敷祛斑、祛痘等多种中药制剂,拓展专科业务范围,发挥针灸中医特色。2005年,开展新业务穴位埋浅治疗单纯性肥胖症,疗效明显。针灸美容并用中药结合针灸治疗皮肤病、内分泌紊乱、多动症等疑难杂症。研究中药制剂祛班、减肥疗效好。1985年以后,针灸在谷城县医疗卫生单位中医科逐渐普及。县中医院相继开展艾灸、体针、耳针、头针、手针、微针、电针、水针、梅花针等疗法。用梅花针治疗男性不育症，根据病情采取针、灸并施，20次为一疗程。至1995年12月，共治疗男性不育症48例，有效42例。开展小针刀、星状神经节阻滞、颈动脉注射、椎间盘胶原酶注射等一系列新技术，拓展业务范围。枣阳市中医院1994年成立针灸理疗科，采用针灸、针刀、拔罐、穴位注射、电针、导平仪等方法治疗风湿、腰腿痛、偏瘫等多种疾病。2004年，开展小针刀新疗法治疗颈椎、腰椎疾病。南漳县中医院针灸科用传统艾灸、姜片灸、梅花针联合施治颈椎病、椎间盘脱出症、肩周炎、关节炎、痛风、顽固性头痛、术后尿潴留、不孕不育症。自创“盘龙针法”治疗脊柱炎、“金针强补法”治疗多发性神经炎、“飞针点刺法”治疗脑炎后遗症、“一穴多透法”治疗面神经麻痹。针刺、体疗、全身中药熏蒸联合治疗中风后遗症效果显著。保康县中医院针灸科开设于1987年。运用针刺、艾灸、推拿按摩等传统中医手法，结合小针刀、骶管疗法、新针疗法、电针、穴位注射、中药离子导入、电动牵引等现代科学技术，治疗风湿疼痛、骨质增生、颈椎病、腰椎病、椎间盘脱出、腰腿痛、中风后遗症、面瘫（歪嘴）等各种疾病。对四肢、颈、腰椎关节错位症，手法复位熟练，1—3次即可复位；自创肩关节粘连手法松解术全市领先；推拿治疗小儿疳积症效果显著；中西医结合加针刺疗法治疗痛风症3—5天即可控制病情，为该县重点中医专科。

10.皮肤科

市中医院皮肤科1986年成立，当时只能开展常见皮肤病诊疗和护理。随着医疗技术的发展，除采用中药内服外敷共同治疗银屑病、白癜风、脱发、湿疹、黄褐斑、痤疮、带状疱疹、慢性荨麻疹等外，还开展火罐、脐敷、自体血腧穴封闭、耳穴、梅花针、熏洗疗法、自体疣移植术等治疗技术，并借助现代仪器如多功能离子喷雾器、多功能离子仪、白癜风自体表皮移植仪、多功能微波治疗仪治疗皮炎、痤疮、尖锐湿疣、寻常疣、色素痣、文身、腋臭、疤痕疙瘩、老年斑、传染性软疣、老年血管瘤、疱疹、鸡眼、赘生物等。建立激光治疗室、真菌室、美容室和脱发、白癜风、银屑病、性病等专科。先后引进斑贴试剂、德国阿罗格皮肤点刺试剂、德国百康生物共振治疗系统，在襄樊市首家建立过敏源检测室。研制系列特色制剂，如：清血解毒合剂、痤疮合剂、斑秃丸、白癫丸、止痒擦剂、生发酊、白癜风擦剂、消银膏、外用1～3号、虫爬性皮炎药水等，临床疗效良好。南漳县中医院皮肤科以中医中药为主治疗黄褐斑、湿疹、银屑病、荨麻疹，中药参治率80%。采用冬病夏治方法治疗气管炎、哮喘。保康县中医院皮肤科开设于1988年10月。运用中医、中西医结合方法治疗常见皮肤病如神经系性皮炎、痤疮、手足癣、体股癣、湿疹、荨麻疹、疥疮等效果良好。

11.急诊科

市中医院急诊科20世纪80年代称急诊室，1989年6月独立为急诊科，1997年成立120急救中心。现设有内科急诊、骨外急诊、儿科急诊、120急救中心、成人输液室、小儿输液室。成立以来，即担任院内急救工作，于1997年承担120院前急救工作，先后开展心肺复苏术、气管插管术、洗胃术、除颤、简易呼吸器辅助呼吸、呼吸机辅助呼吸、监护仪监测生命体征等急救技术。2002年开设独立的重症监护病房（ICU），应用中西医结合的方法抢救急危重症病人，效果显著。如参麦注射液治疗心律失常、休克，丹参注射液治疗冠心病，清开灵注射液治疗中风，强心口服液治疗心衰，宣清注射液治疗高热，大黄粉治疗消化道出血，生大黄用于口服中毒病人的导泻等。开展心脑血管疾病、各种昏迷、休克、出血、中毒、创伤、高热等急危重症病人急救工作。骨外急诊科1992年10月成立前，只限于一般的急诊清创、骨折整复固定等常规处理。1995年，骨科门诊及换药室统一归属骨外急诊管理。骨外急诊科融急诊、平诊、康复为一体，设有抢救室、手术室、三维立体牵引室、手法整复夹板固定室、中心换药室、中药熏蒸室、四肢创伤、手外小儿、脊柱诊断室、骨伤专家诊断室。承担各种骨外科急诊、平诊，各种骨伤疑难杂症的门诊治疗与康复，其手法整复在继承何氏正骨手法的基础上结合现代诊疗技术解决多发性四肢骨折、关节内骨折诸多复杂性问题，自制小叶柳夹板、活血敷料治疗四肢创伤居国内领先水平。相继开展“在臂丛麻醉下行闭合穿针治疗复杂尺桡骨双骨折”、“桥形夹板固定治疗腕舟状骨骨折”、“新鲜三踝骨折手法整复夹板固定术”、“电脑三维牵引治疗腰椎间盘突出症”等具有中医特点新技术、新业务。自制国内首创肩、肘、膝中药熏蒸治疗仪。骨伤康复中心研制内服“活血止痛合剂”、“杜仲合剂”、“血俯逐淤合剂”、“舒筋合剂”、“活血酒”和外用中药熏蒸配方，对各种急慢性软组织扭措伤、骨折后期愈合等有效率 95%以上。枣阳市中医院急诊科 1989 年设立，对中风、厥脱证、痛证、发热、血症 5 种中医急诊诊疗常规及外伤中毒抢救成功率 95%以上。

五、管理

（一）卫生行政许可

卫生行政许可主要包括医疗机构、医务人员、医疗技术、大型医疗设备、医疗广告、公共卫生、放射卫生和药品等方面的行政许可，在 2004 年 7 月 1 日《中华人民共和国行政许可法》实施前一般称为行政审批，此后统称行政许可。2001 年 12 月，市委市政府决定建立襄樊市行政服务中心（以下简称中心），要求市政府各部门行政审批均进中心办理。2002 年 1 月，市卫生局第一批进中心办理的审批项目包括 5 大类 18 项：医疗机构执业注册登记、变更、停业、注销，医疗广告审核，卫生许可证（食品、建设项目、公共场所、从事一、二次供水设施清洗），健康证、培训合格证（食品卫生、公共场所、供水人员、化妆品生产企业等），卫生系统高、中级专业技术职务评审及医师、护士资格审核认定。2004 年 8 月，取消 8 个项目：健康证（明）、培训合格证，儿童预防接种证，消毒效果评审，杀虫、灭鼠效果评审验收；杀虫、灭鼠药械审核认定，消毒药械、一次性医疗卫生用品生产企业卫生审查，学校卫生学评审，自然疫源地现场调查评价。5 个项目不再作为行政审批，转为业务管理：医疗广告审核，医疗机构等级评审，临床检验室质量评价，放射工作人员证，医疗事故技术鉴定。保留 7 个项目：设置医疗机构批准书，医疗机构执业登记注册，医师资格，医师执业注册登记，护士执业证书注册，母婴保健技术服务执业许可，卫生许可证。同年 9 月，对行政许可实施“分类办理”，将行政审批事项划分为便民类（A 类，即办件）、鼓励发展类（B 类，一个工作日内办结）、一般控制类（C 类，二个工作日内办结）、严格控制类（D 类，五个工作日内办结）、特殊类（E 类，二十个工作日内办结）等五种类型。其中市卫生局 7 项分别是：设置医疗机构批准书（诊所 C 类），医疗机构执业登记注册（诊所 D 类），医师资格（C 类），医师执业注册（A 类），护士执业注册（A 类），母婴保健技术服务执业许可（E 类），卫生许可证（食品生产加工业、餐饮业、放射工作场所卫生许可（D 类）。2005 年 11 月 1 日，《麻醉药品和精神药品管理条例》实施，市卫生局新增一项行政许可，即麻醉药品、第一类精神药品购用印鉴卡许可。2002 年 2 月，市行政服务中心挂牌。此前的行政审批工作直接在市卫生局办理，此后，上述行政审批事项由该中心的卫生局窗口（以下简称窗口）受理后，即办件在窗口办理，其他件送卫生局审批。2004 年 12 月，市卫生防疫站原办证科成建制进驻市行政服务中心工作。市卫生局所有行政许可事项的程序、条件、收费标准均在市行政服务中心进行公示。截至 2005 年 12 月 31 日，窗口共受理行政许可事项 13034 件，办结 13034 件，办结率 100%。

1.医疗机构行政许可

1986 年，市人民政府印发《襄樊市个体开业行医和医药市场管理细则》。要求申请个体开业行医者，一律由市、县卫生行政部门进行审查和技术考核，达到中级卫生技术水平，并有当地正式户口，才能发给行医执照；城镇街道办的医疗站、所，个体医务人员联合办的诊所和乡镇企业办的诊所，必须经当地卫生行政部门考核批准，发给行医执照，方可开业。医药经营单位的坐堂行医者，属于个体行医者，必须按有关条件经当地卫生行政部门考核，领取行医执照。1993 年，市政府印发《襄樊市社会办医管理暂行办法》，办法共 6 章 32 条，对社会办医具体条件、审批程序、执业管理等作出明确规定，制定具体规范。《医疗机构管理条例》(1994 年 9 月 1 日实施)、《医疗机构管理条例实施细则》(1994 年 9 月 1 日实施)、《湖北省医疗机构管理实施办法》(1995 年 11 月 17 日实施)，确立医疗机构分级审批，即乡镇卫生院、门诊部、诊所、医务所(室)、卫生所(室)等医疗机构由县(市)卫生局审批，一级医院和城区内的乡镇卫生院、门诊部、诊所、医务所(室)、卫生所(室)等医疗机构由市(州)卫生局审批，专科医院和二级以上的医院由省卫生厅审批，并统一使用新的“医疗机构执业许可证”。之后，全市医疗机构均换发新的“医疗机构执业许可证”，并按新的审批程序分级审批新设置的医疗机构。2000 年 7 月，卫生部、国家中医药管理局、财政部、国家计委印发《关于城镇医疗机构分类管理实施意见》，9 月 27 日，湖北省卫生厅、财政厅、发展计划委员会印发《湖北省医疗机构分类管理实施(暂行)办法》。全市随即启动医疗机构分类核定工作，按照医疗机构自愿选择和政府核定相结合的办法，根据医疗机构收支结余的不同用途，将所有的医疗机构划分为政府办非营利性医疗机构、非政府办非营利性医疗机构和营利性医疗机构三大类。2000 年 12 月 9 日，市卫生局下发《关于禁止政府举办的非营利性医疗机构设立非独立法人资格的营利性“科室”“病区”“项目”的通知》，强化对政府举办的非营利性医疗机构的管理。同年 12 月 18 日，市卫生局转发《省卫生厅关于印发湖北省医疗机构分类管理核定程序的通知》，明确医疗机构分类管理的程序。截至 2001 年 8 月 31 日，全市共有 710 家医疗机构进行分类核定(见表 31-7)。

襄樊市医疗机构分类核定情况

表 31-7

县(市)名称	政府办非营利性医疗机构					非政府办非营利性医疗机构					营利性医疗机构					
	医院类别(个)					医院类别(个)					医院类别(个)					
	小计	综合	专科	中医	其他	小计	综合	专科	中医	其他	小计	综合	专科	门诊部	诊所	其他
襄樊市市区	18	9	4	–	5	128	31	–	–	97	163		1	1	161	
襄阳县	5	2	–	–	3	19	4	–	–	15	13	–	–	–	13	–
枣阳市	7	4	–	–	3	51	4	–	–	47	18	–	–	–	18	–
宜城市	2	1	–	–	1	35	4	–	–	31	10	–	5	–	5	–
南漳县	4	3	–	–	1	24	2	–	–	22	18	–		–	18	–
保康县	2	1	–	–	1	10		–	–	10	11	–		–	11	–
谷城县	3	1	–	–	2	58	2	–	–	56	3	–	–	–	3	–
老河口市	3	2	–	–	1	24	2	–	–	22	81	–	–	–	81	–
合计	44	23	4	–	17	349	49	–	–	300	317	–	6	1	310	–

2002 年 8 月 12 日，市卫生局印发《关于公布首批市级核定医疗机构分类情况的通知》，将首批核定的医疗机构在媒体上进行公布。2005 年底，全市共有 3 262 家医疗机构，其中医院 106 家，中医院 8 家，妇幼保健院 9 家，社区卫生服务中心(站)31 家，卫生院 95 家，门诊部、诊所、医务室、村卫生室 3 013 家。

2.医务人员执业许可

1994 年 1 月 1 日《护士管理办法》实施之前，医疗执业人员没有执业注册制度，对医疗执业人员统一称为卫生技术人员，认定的标准为是否取得卫生专业学历和卫生技术职称。此后按照《护士管理办法》和《中华人民共和国执业医师法》，对医疗执业人员进行执业注册。

执业医师：1999 年 5 月 1 日实施的《执业医师法》，确立了执业医师注册制度。即取得医师资格的医师经注册后，可以在医疗、预防、保健机构中按照注册的执业地点、执业类别、执业范围执业，从事相应的医疗、预防、保健业务。医师资格的取得包括两种形式，一种是认定取得，对在 1998 年 6 月 26 日前已经取得医师（医士）职称的，经个人申请，逐级申报，省卫生厅审核认定后，发给“医师资格证书”，俗称“老人老办法”；另一种是通过国家医学资格考试取得，考试是全国统考，由市（州）级以上卫生行政部门组织，合格者由省卫生厅发给“医师资格证书”。2002 年，“医师执业证书”在全国范围内开始发放，但注册时间均标注为 2001 年 4 月 1 日。全市当年正式发放《执业医师证书》，要求执业医师在规定的执业地点执业范围内执业。2003 年后，市卫生局开展医师执业检查，督促取得“医师资格证书”尚未注册的人员及时注册，规范医师执业行为。2004 年 12 月，卫生部发布《医师外出会诊管理暂行规定》后，全市加强医师外出会诊有关管理。截至 2005 年底，全市共有各级各类注册执业医师 10861 名。

执业护士：1994 年 1 月 1 日实施的《护士管理办法》，确立执业护士注册制度。“护士执业许可证”（包括正、副本）由省卫生厅颁发，一证两用，一是确定护士资格，二是由注册机关在副本上作注册登记。“护士执业许可证”的取得分两种情形，一种是认定取得，即对 1993 年 12 月 31 日前取得护士职称的或是具有大专以上学历的（2005 年改为本科以上学历），由省卫生厅审核认定后取得；另一种是参加全国护士执业考试取得，考试由市（州）级以上卫生行政部门组织。2003 年以前，考试和注册工作由市卫生局医政科负责；自 2003 年开始，护士执业考试与护士职称考试合并，由市卫生局人事科负责。截止 2005 年，全市共注册护士 6 532 名。

3.医疗技术许可

2002 年 5 月 1 日实施的《医疗美容服务管理办法》规定，只允许医疗美容机构（科室）的医疗美容主诊医师开展医疗美容技术。此前，并未对医疗技术进行行政许可管理，主要是医疗机构通过派员外出进修等方式引进新的医疗技术。截至 2005 年 12 月 31 日，市区共有市中心医院、市一医院、市中医院、航空工业襄樊医院、东风汽车公司襄樊医院、夏文辉医学美容诊所等 6 家医疗机构被许可实施医疗美容技术。共有医疗美容主诊医师 61 名，其中美容外科类 39 名、美容皮肤类 3 名、美容中医类 4 名、美容医疗应用技术类 13 名、颌面美容技术类 2 名。

4.大型医疗设备许可

1988 年，市卫生局下发《关于印发“襄樊市医疗器械管理细则”的通知》，从组织机构及任务、购置的审批和手续、技术管理、经济管理和奖惩等方面提出明确要求。1995 年 7 月，卫生部发布《大型医用设备配置与应用管理暂行办法》。此后，大型医疗设备购置均由市卫生局初审后报省卫生厅审批。1996 年 3 月，卫生部以第 43 号令发布《大型医用设备配置与应用管理暂行办法》，要求大型医用设备配置、应用和上岗人员实行“三证”管理，即购置大型医用设备必须先报配置计划，取得省级以上卫生行政部门颁发的“大型医用设备配置许可证”，医疗机构方可购置大型医用设备；大型医用设备投入使用前，应经省大型医用设备应用技术评审委员会进行应用技术评审，经评审合格者，发给“大型医用设备应用质量合格证”；取得“大型医用设备上岗人员技术合格证”的人员才能操作大型设备。自此以后，对大型设备的监督管理，主要是检查有无“三证”。2004 年 12 月，卫生部、国家发展和改革委员会、财政部发布《大型医用设备配置与使用管理办法》，自 2005 年 3 月 1 日起施行，《大型医用设备配置与应用管理暂行办法》同时废止，明确大型医用设备是指列入国务院卫生行政部门管理品目的医用设备，以及尚未列入管理品目、省级区域内首次配置的整套单价在500万元人民币以上的医用设备。大型医疗设备的购置，由市卫生局初审后报省卫生厅审批。截至2005年12月31日，全市共有19台CT、4台MRI、6台DSA、6台LA。

5.医疗广告许可

1993年12月1日实施的《医疗广告管理办法》，确定省级卫生行政部门对医疗广告进行审查并对合格者出具《医疗广告证明》。省卫生厅批准襄樊市的第一个医疗广告是襄樊市霞光实业公司骨炎风湿专科门诊治疗骨髓炎类骨病的医疗广告。1994年5月，省卫生厅、省工商局联合印发《湖北省医疗广告管理规定》，授权地(市)州卫生行政部门审查医疗广告，此后市卫生局开始审批医疗广告。市卫生局审批的第一个医疗广告是襄樊市卫校附属医院的偏瘫、咽喉炎、糖尿病、癫痫等医疗广告。2001年4月，省卫生厅印发《湖北省医疗广告审批管理程序》，确定地(市)州卫生行政部门初审医疗广告，省卫生厅审查医疗广告。此后，市卫生局仅负责医疗广告的初审，未再审批医疗广告。2004年9月，省卫生厅印发《关于停止〈医疗广告证明〉出证工作的通知》，明确全省卫生行政部门不再有对医疗广告进行审批的职能，自此，市卫生局停止医疗广告的初审。

6.公共卫生行政许可

食品卫生许可：20世纪80年代至1995年，依据《食品卫生法(试行)》，襄樊市卫生防疫站在所辖范围内进行食品卫生许可证发放(复核)和管理。发证对象包括食品生产企业、食品批发零售业、饮食行业、集体食堂、街头摊贩及其他从事食品生产经营的单位。1991年起，全市使用统一的食品卫生许可证申请表等文书资料和发证程序、标准，当年全市按规定发放(复核)食品卫生许可证并建立卫生档案的食品生产、经营单位共计1648家。1995年10月《食品卫生法》颁布实施后，襄樊市食品卫生许可发放管理主体调整至各级卫生行政部门。1996年，根据《湖北省卫生许可证发放管理办法》的有关规定，市卫生行政部门修订食品卫生许可发放标准、条件和程序，并向社会公布。2002年1月，市卫生局转发省卫生厅《关于在全省开展食品卫生许可证专项治理整顿工作的通知》，重点整治9个方面内容，进一步规范食品卫生许可的审查发证工作，按照湖北省《卫生许可通用词使用规范》规范许可用语。2004年7月1日《行政许可法》正式实施，市卫生局公开卫生许可证等证照(证明)办理程序、时限，对市区各类别直管单位审批发放的卫生行政许可情况进行检查，坚持"谁许可，谁负责，谁发证，谁自查"和过错责任追究原则，重点进行档案检查及生产经营现场核查。2005年全市按规定发放(复核)食品卫生许可证并建立卫生档案的食品生产、经营单位共计4 706家，其中食品生产企业239家、食品批发零售企业1640家、饮食行业2 525家、集体食堂103家、食品摊贩199家。

公共场所卫生许可：1986年，对市区公共场所基本情况进行摸底：旅店100家、理发店70家(包括美容美发)、浴池13家、文化娱乐场所30家、商场15家、其他公共场所10家。1987年4月1日，国务院发布施行《公共场所卫生管理条例》，对宾馆、饭馆、旅店、招待所、车马店、咖啡馆、酒吧、茶座；公共浴室、理发店、美容店；影剧院、录像厅(室)、游艺厅(室)、舞厅、音乐厅；体育场(馆)、游泳场(馆)、公园；展览馆、博物馆、美术馆、图书馆；商场(店)、书店；候诊室、候车(机、船)室，公共交通工具等7大类28类公共场所以及新建、改建、扩建的公共场所的选址和设计实行"卫生许可证"制度。促使公共场所的空气、微小气候(湿度、温度、风速)，水质，采光、照明，噪音，顾客用具和卫生设施等符合国家卫生标准和要求。1988年，贯彻《公共场所卫生管理条例》初见成效，全市82名从事公共场所卫生监督的人员经全省统一考试后由同级人民政府签发监督证和监督章，履行《公共场所卫生管理条例》规定的卫生监督职责，全年对市区30家旅店(包括宾馆、饭店、招待所)、20家理发店(包括美容美发）、5 家浴池、20 家文化娱乐场所、10 家商场以及 11 家其他公共场所建立卫生基本档案，对符合条件的 86 家单位发放卫生许可证，对 950 名体检合格者发放健康证明。以后每年对新发证单位逐年建立卫生档案。2005 年，对符合条件的 679 家单位发放公共场所卫生许可证，对 2 730 名体检合格者发放健康证，对 35 名健康不合格者做调离处理。

化妆品卫生许可：1992 年，根据卫生部《化妆品卫生监督条例》要求，对襄樊市区有关化妆品生产企业进行摸底登记并建立基本档案，市区有大小化妆品生产厂家 3 家，其中：集体 2 家，个体 1 家。按照《化妆品生产企业卫生许可证发放规定》，督促条件较好的 2 家化妆品生产单位到省卫生厅申请办理卫生许可证，对一家条件较差的个体户督促改进。1994 年抽检生产企业样品 20 份，合格 19 份，合格率 95%。3 家企业通过省卫生防疫站验收于 1994 年度取得有效卫生许可证，3 家企业共有从业人员 70 人，全部取得健康证明和卫生知识培训合格证。1999 年，由于市场经济体制改革，3 家化妆品生产企业全部停业。至 2005 年，襄樊市区化妆品经营单位 52 户，从业人员 155 人，办理从业人员健康证 155 份，办证率 100%，培训人数 155 人，培训率 100%。监测样品 51 份，合格率 100%。

生活饮用水卫生许可：20 世纪 80 年代至 1997 年，开展饮用水消毒管理及水质卫生监督和监测工作，主要监督对象为襄樊市自来水公司所属 4 个水厂以及湖北制药厂、襄阳轴承厂、襄樊棉纺印染厂、六化建、襄樊热电厂、卫东机械厂、汉丹电器厂 7 个自办水厂。1998 年起，对全市集中供水单位和二次供水单位进行摸底建档，并开展卫生监督监测工作。市区有自来水厂 13 家，其中市自来水公司 5 家，厂矿企业自备水厂 8 家，从事制供水人员 217 人，供水人口 86.33 万，日供水能力 64 万吨；二次供水单位 28 家，从业人员 31 人。集中式供水单位卫生许可证有效期四年，每年复核一次，有效期满前 6 个月重新提出申请换发卫生许可证。1998—2005 年，严格供水单位卫生许可证发放的审查验收，每年对市区 13 家集中供水、28 家二次供水单位的卫生许可证进行审查发放或年审，每年对 13 家集中供水单位和 28 家二次供水单位水质质量进行抽样监测，其浑浊度、余氯、细菌总数、大肠菌群四项指标合格率达 95%以上。2005 年，生活饮用水单位 41 户，办理卫生许可证 41 户，从业人员总数 241 人，体检人数 241 人，体检合格人数 241 人，卫生知识培训 241 人。样品监测 122 份，合格率 100%。

7.放射卫生行政许可

1986 年，市卫生防疫站开展旧医用诊断 X 线机防护改装，改装率 99.59%，全市放射人员体检 492 人，受检率达 85.86%。1987 年，更换进口及国产 X 线机 14 台，制作活动铅房 4 个，铅硐堡 8 个。1989 年 6 月，市卫生局下发《关于换发〈医用诊断 X 线机使用许可证〉的通知》，对全市各级医疗卫生单位使用的透视、摄片、牙科、携带式等各种类型的 X 线机办理“医用诊断 X 线机使用许可证”。1991 年 12 月 17 日，市卫生局召开全市放射工作许可、登记证件发放工作会议，安排“放射性同位素工作许可证”“放射性同位素工作登记证”“射线装置工作许可证”发放工作。2000 年，市卫生局、公安局联合下发《关于开展放射工作登记证核查工作的通知》，对境内所有从事生产、使用、销售和储存放射性同位素（包括含密封源的仪表、装置等）及生产、使用、销售各类射线装置单位“放射性同位素工作许可证”“放射性同位素工作登记证”“射线装置工作许可证”开展核查。2003 年 3 月，市卫生局在全市范围开展换发“放射工作卫生许可证”工作，当年办理“放射工作卫生许可证”128 份、“放射工作人员证”468 份。2004 年，签发“放射工作卫生许可证”86 份、“放射工作人员证”393 份。

8.药品行政许可

1985 年 7 月 1 日，《中华人民共和国药品管理法》实施后，对药品生产、经营企业、医院制剂室实行“药品生产企业许可证”、“药品经营企业许可证”“制剂许可证”制度。1986—1994 年，市卫生局对全市 11 家药品生产企业、384 家药品经营企业和 65 家医院制剂室进行检查验收，颁发和换发许可证。

1992年起，对药品生产、经营企业实行合格证管理制度。即先由医药主管部门审查核发“药品生产企业合格证”“药品经营企业合格证”，再由卫生行政部门审查核发“药品生产企业许可证”“药品经营企业许可证”，最后由工商行政管理部门审查核发“工商营业执照”。1994—1999年，先后对13家药品生产企业、435家药品经营企业和47家医院制剂室检查验收，颁发和换发许可证。

（二）医政

1.医疗机构监督管理

1989年3月，襄樊市被确定为全国清理整顿医疗机构3个试点城市之一。市政府办下发《关于清理整顿医疗机构的报告》，成立以焦泽浩副市长为组长的清理整顿医疗机构领导小组，对全市医疗机构进行清理整顿。取缔无证和不符合条件的个体开业者210多人，对13个名不符实的医疗机构予以更名；对经3次检查考核不合格的2个医疗机构令其停业整顿。此后，历年均组织医疗机构整顿、校验工作。1997年4月，市卫生局重点清理整顿个体行医、药店坐堂行医、工矿企事业单位向社会开放的门诊部、卫生所、医务室以及医疗机构的“伸点”。未经市卫生局批准和无证擅自执业的医疗机构，必须立即停业；1994年以前市卫生局已批准的医疗机构，于通告之日起到各区卫生局登记；所有医疗机构必须经市卫生局审核批准，颁发“医疗机构执业许可证”方可执业。撤销“健民诊所”等151家医疗机构。1999年1月，市卫生局、市公安局、市物价局联合下发《关于加强医疗机构管理严厉打击“医托”违法活动的通知》。同年6月，市卫生局印发《医疗机构监督管理工作制度、程序及办事依据和时限》，规范医疗机构的监督管理。同年10月，市卫生局印发《关于清理整顿城区内医疗机构的工作方案》，再次开展清理整顿工作。2000年2月，市卫生局印发《关于清理城区内医疗机构的通告》，3月，成立卫生监督稽查专班，负责城区内医疗机构的监督管理。下发《关于城区医疗机构管理若干问题的通知》，对城区医疗机构管理有关事项做出具体规定。2—12月，开展大规模医疗市场清理整顿工作，打击非法行医，共取缔非法行医200家，行政处罚5起。2001年5月，市卫生局、市公安局、市工商局转发《省卫生厅、省公安厅、省工商行政管理局关于开展严厉打击非法行医整顿医疗服务市场秩序专项治理的通知》；市卫生局印发《襄樊市卫生领域整顿和规范市场经济秩序行动实施方案的通知》；8月，市卫生局、市公安局、市工商局下发《关于清理整顿医疗服务市场的通告》。截至年底，全市共取缔非法行医点440个，吊销医疗机构执业许可证11个，申请法院强制执行14起。2002年8月，市卫生局对市区性病诊疗专业机构进行现场审核，对不合格的单位吊销其性病诊疗科目。全年取缔非法医疗美容、性病、皮肤病防治机构，药店行医等无证行医245家，没收药品器械196箱，罚款17.5万元，取缔非法义诊31次。2003年3月，市卫生局成立襄樊市医疗机构监督管理办公室，对医疗机构的名称、执业地点、执业范围、医疗废弃物的处理进行监督，对医疗机构的规章制度、处方使用、门诊日志登记、业务用房等情况进行规范。现场检查市区各类医疗机构400多户次，立案查处违反《执业医师法》和《医疗机构管理条例》的医疗机构30家，年底共结案21起，收缴罚款57 300元。受理群众举报、投诉52起，涉嫌非法行医移交司法机关处理1起。查处取缔游医3起17人次，没收药品100余斤。申请强制执行3家，吊销城区卫生局颁发的医疗机构执业许可证4家，受理行政复议案件2起。现场检查市区坐堂行医药品经销企业13家，立案调查3家。现场审查校验市区工矿医院26家，个体诊所24家。2004年，加强对市区民营医院的监督管理工作，责令违反《医疗机构管理条例》的民营医院限期整改。校验市区个体诊所166家，审验新办个体诊所9家。立案查处擅自聘用外单位医务人员的医疗单位、坐堂行医药店及29家无证行医的个体诊所4家，年底结案18起，其中5起通过人民法院强制执行。受理群众举报、投诉40多起，受理行政复议案1起。涉嫌非法行医移交司法机关处理2起。同年8月，会同市各新闻媒体在鱼梁洲开发区销毁 78 箱 1 000 余公斤罚没药品，价值 3 万余元。同年 11 月，开展全市医疗机构口腔诊疗器械消毒工作检查，对城区除市直以外有 B 超设备和设有妇产科的医疗单位，开展禁止非法终止妊娠和禁止非医学需要鉴定胎儿性别工作的专项检查。全年共出动执法人员 450 人次，执法车辆 200 余台次。2005 年 7 月，市卫生局、市科技局、市公安局、市监察局、市人口与计划生育委员会、襄樊军分区后勤部等六部门制定下发《襄樊市打击非法行医专项行动实施方案》，成立全市打击非法行医专项行动领导小组，组建专项行动领导小组办公室，成立综合协调、整顿规范、宣传教育、监督检查和案件查处等四个专门行动小组。各县（市、区）也相继成立打击非法行医专项领导小组和有关机构。全市卫生部门共出动执法人员 13 535 人次，车辆 2 992 台次，查处违法案件 500 起，吊销“医疗机构执业许可证”3 家，移交公安机关处理 4 起，向工商部门移交涉嫌违规医疗广告 75 家，取缔无证行医 259 户，收缴罚款 49.2 万元，没收药品 222.5 箱，没收医疗器械 461 件。同年 11 月，市“打非”专项行动领导小组组长、市卫生局局长林芳立率 20 余名卫生、公安联合执法人员到樊城区董台第二、三居委会辖区查处非法行医，当场扣留药品器械 11 箱，收缴和拆除非法医疗广告牌 11 块，取缔无证行医 13 家。

2.医疗质量和医疗安全

创建文明医院：1986 年 5 月，省卫生厅组织“文明医院”检查团对襄樊市 11 所医院进行考核。市中心医院、随州市一医院、老河口市一医院、枣阳县医院、襄阳县医院、保康县医院被授予“文明医院”称号。1986—2005 年，襄樊市获省级“文明医院”称号的市直医院 8 所，县级医院 5 所，县中医院 5 所；获省级“文明优质服务示范医院”的三级医院 2 所、二级医院 2 所、一级医院 14 所。

创建等级医院：根据省卫生厅、省财政厅、省物价局印发的《湖北省综合医院分级管理办法实施细则（试行草案）》，省卫生厅负责三级医院和二级医院评审，市卫生局负责一级医院评审。1993 年，襄樊市中心医院被省卫生厅批准为三级甲等医院，枣阳市一医院被省卫生厅批准为二级甲等医院。1994 年，襄樊市开展创建等级医院第一周期评审工作，当年枣阳市杨档中心卫生院、随州市厉山中心卫生院和三里岗卫生院被市卫生局批准为第一批一级甲等医院。同年，市中医院被评为全国示范中医院和三级甲等中医院。宜城市人民医院被批准为二级甲等医院。1995 年，襄阳县人民医院、南漳县人民医院、保康县人民医院和襄樊铁路医院被批准为二级甲等医院，襄北监狱医院、襄南监狱医院被批准为二级乙等医院。1996 年，襄樊市一医院被批准为三级甲等医院；谷城县人民医院、老河口市一医院、铁道部十一局中心医院被批准为二级甲等医院；襄樊卫校附属医院、东风公司襄樊医院、铁道部内燃机厂职工医院、襄阳轴承集团股份有限公司职工医院、江山机械厂职工医院被批准为二级乙等医院。1997 年，枣阳市中医院被评为二级乙等中医院。襄阳县太平卫生院等 56 所卫生院、南漳清河农场医院、湖北省华光器材厂职工医院被评为一级甲等医院。1997 年评审工作结束。截至当年底，全市共有三级甲等医院 3 家，二级甲等医院 9 家，二级乙等医院 9 家，一级甲等医院 61 家，一级乙等医院 57 家，一级丙等医院 21 家。

医疗安全 100 天活动：1998 年起，市卫生局在全市卫生系统开展以病人为中心“医疗安全 100 天”活动，每年确定一个活动主体。成立襄樊市“医疗安全 100 天”活动领导小组，聘请医疗安全监督员 194 名（见表 31-8）。

1998—2005 年襄樊市医疗安全 100 天活动情况

表 31-8

届别	年度	时间区段	活动主题	活动范围	获奖情况
1	1998	6 月 15 日至 9 月 25 日	强化质量管理保障医疗安全	全市县级以上综合医院、市中医院	襄樊市一医院等 3 家单位获特别奖，襄樊市中心医院等 6 家单位获优胜单位奖，枣阳市卫生局等 2 家单位获组织奖，铁十一局中心医院等 2 家单位获鼓励奖
2	1999	6 月 19 日至 9 月 29 日	严查实纠互促确保医疗安全	全市县级以上综合医院、市中医院	襄樊市一医院等 5 家单位获优胜单位奖；谷城卫生局等 2 家单位获组织奖
3	2000	7 月 1 日至 10 月 10 日	严格质量控制确保医疗安全	全市县级以上综合医院、市中医院	襄樊市中心医院等 7 家单位获优胜单位奖；枣阳卫生局等 5 家单位获组织奖
4	2001	6 月 21 日至 9 月 30 日	强化制度管理确保医疗安全	全市县级以上综合医院、市中医院、妇幼保健院	襄樊市中心医院等 9 家综合医院，襄樊市中医院等 4 家中医院和襄樊市妇幼保健院等 4 家妇幼保健院获优胜单位奖；枣阳卫生局等 3 家单位获组织奖
5	2002	8 月 1 日至 10 月 10 日	强化全面质量管理稳步提高医疗质量	全市县级以上综合医院、中医院、妇幼保健院、防治院	襄樊市一医院等 9 家综合医院，襄樊市中医院等 4 家中医院和襄樊市妇幼保健院等 5 家妇幼保健院获优胜单位奖；谷城县卫生局等 3 家单位获组织奖
6	2003	9 月 1 日至 11 月 10 日	强化法制意识确保医疗安全	全市县级以上综合医院、中医院、妇幼保健院、防治院	襄樊市中心医院等 9 家综合医院，襄樊市中医院等 4 家中医院和襄樊市妇幼保健院等 4 家妇幼保健院获优胜单位奖；枣阳卫生局等 3 家单位获组织奖
7	2004	10 月 1 日至 12 月 16 日	规范病历书写确保医疗安全	全市县级以上综合医院、中医院、妇幼保健院、防治院	襄樊市中心医院、襄樊市中医院、枣阳市妇幼保健院等 17 家单位获优胜单位奖；谷城县卫生局等 3 家单位获组织奖
8	2005	7 月 1 日至 10 月 10 日	规范医疗细节确保医疗安全	全市县级以上综合医院、中医院、妇幼保健院、防治院	襄樊市中心医院等 10 家综合医院，襄樊市中医院等 4 家中医院和南漳县妇幼保健院等 5 家妇幼保健院获优胜单位奖；老河口市卫生局等 3 家单位获组织奖

医疗质量管理年活动：2002 年，市卫生局在全市县级以上医院（含二级以上企事业医院）、中医院、保健院、防治院中开展以“强化全面质量管理，稳步提高医疗质量”为主题的医疗质量管理年活动。2003 年，召开全市医疗质量管理研讨会，授予市中心医院等 17 家单位医疗质量管理年活动优胜单位奖，谷城县卫生局等 3 家单位医疗质量管理年活动组织奖。

医院管理年活动：2005 年，市卫生局在全市各级各类医疗机构中按照属地化管理原则开展“以病人为中心，以提高医疗服务质量为主题”的“医院管理年”活动，确定严格依法执业、持续改进质量、注重医患沟通、规范诊疗秩序、狠抓医德医风、强化人性服务、规范经济管理等七项重点。

临床重点专科建设：2003 年，市中心医院的心内科、胸外科、神经外科、泌尿外科、妇科、眼科、检验科等 7 个科室和市一医院的神经内科、内分泌科等 2 个科室被省卫生厅评为“湖北省乙类临床重点专科”。

3.医疗援助

援藏医疗:1986年,襄樊市卫校胡世宽、李春秀、郑启超三位教师进藏任教,对口支援西藏卫生事业建设,协助筹建拉萨市卫生职工中专学校,援藏时间一年。1988年,完成一次援藏医疗队员的选拔、派遣工作,并装备一批外事活动用品。1996年3月,市卫生局组织由市卫校副主任医师孙天焕、市一医院主治医师蒋克昌、市中医院主治医师康义华和市妇幼保健院主治医师刘学勤4人组成的医疗队赴西藏琼结县医院援助工作6个月,开展技术培训、疑难病诊治和健全医院管理等。市直卫生系统为琼结县医院捐赠医疗设备价值6万元。1999年3月,应西藏琼结县委、县政府邀请,由襄樊市妇幼保健院副主任医师王裕民、襄阳县医院妇产科主治医师潘正林、市卫校附属医院外科医师陈荣、市结核病防治医院内科医师蔡和伦4人组成的医疗队,赴琼结县开展医疗援藏工作。共诊治各种病人2812人次,开展大小手术30多种,临床带教总授课60小时,受训人员41人。2005年8月,中共中央政治局委员、湖北省委书记俞正声和湖北省副省长阮成发,率领湖北省党政代表团,视察襄樊对口支援的西藏山南地区琼结县,在琼结县人民医院看望襄樊市康达医院援藏的妇产科医生刘丹。

援外医疗:20世纪60年代初起,湖北省组建医疗队赴非洲阿尔及利亚开展医疗援外工作。襄樊市除第一、第三、第十六、第十七等四个队未选派人员外,其余十六个队都有人员参加。从1965年12月第二队派出王淑君开始至2005年,襄樊市共选派122人次,分33批赴阿尔及利亚和莱索托参与医疗援外工作,其中周本发、丁兴义、杨家全等先后两次出国援外。1986年前,由于援阿尔及利亚医疗点相对较少,各地选派的医疗队员由省卫生厅统一安排,相互搭配,混合编组。1986年3月,派出以周增辉为分队长兼党支部书记,以丁兴义、张伟立为支委,孙伯良为队委共15人,与荆门市8名医务人员一起,随湖北省援阿医疗第十二队第一批赴阿尔及利亚的蒂格尼夫建立新的医疗点。1987年,在医疗点增多、援外医疗任务加大情况下,省卫生厅要求以医务人员较多、技术力量雄厚的大市为主,组成医疗分队,承担医疗点全部任务。自此,襄樊市相对独立地承担援阿医疗点任务。1988年1月,派出以傅孝仁为分队长的11名医务人员,随湖北省援阿医疗第十三队第一批赴阿,接替上队在蒂格尼夫医疗点的工作任务。1991年12月,派出以赵宁生为分队长,共13名医疗队员,随湖北省援阿医疗第十五队第一批赴阿,在撒哈拉大沙漠腹地的阿德拉尔建立新的医疗点。1992年7月,派出杨家全接替分队长职务。1999年12月,派出以郑玉远为分队长,共14名援外人员(包括厨师1名、翻译1名和来自宜昌2名、荆州1名、襄樊9名医务人员)组成的医疗队,随湖北省援阿医疗第十八队第一批赴阿,在阿尔及利亚巴特那省医疗点工作两年。2004年9月,襄樊市独立组队,派出以蔡志强为分队长,共9名医疗队员,随湖北省援阿医疗第二十队第三批赴阿,在阿尔及利亚赛义达省医疗点工作两年。2005年,获得由阿尔及利亚全国劳动联合会颁发的先进集体荣誉奖牌,队员刘学勤获赛义达省政府颁发的劳动奖章。

医疗扶贫:1990年,市卫生局从全市县及县以上的医疗单位抽调377名医务人员,分两批赴保康、谷城、南漳的9个中心卫生院和边远乡镇卫生院及4个县直单位,为基层群众防病治病。1992年10月,国家、省二级医疗队派出专家到随州、谷城、南漳、襄阳、枣阳以及市三医院对小儿麻痹症病人,采取集中时间、集中病员、集中经费的办法统一手术,全市共接诊儿麻手术435例。1996年,市卫生局要求市直各医疗卫生单位对口支援1—2个山区卫生院。对山区卫生院投入医疗设备160多件(套),价值30多万元;免费进修农村医护人员20多名。组织下乡巡回医疗医护人员80多名,投放药品3万多元,免费诊治病人1万多人。1997年,市卫生局组织市中心医院、市一医院、市中医院及各县医疗单位专家到南漳、保康、谷城三县及有关对口扶贫卫生院开展帮扶工作,在全市卫生系统筹集近40万元的资金和设备帮助来凤县和巴东县等少数民族地区、三峡库区的卫生单位建设。2001年,市中心医院以协作、合作、合并等形式联合各县(市)区及周边各类医院,共同组建医疗集团,通过技术合作、优势互补、资源共享、共同发展、逐步形成一个功能、结构、层次比较合理的医疗体系。市一医院与襄樊卷烟厂等23家大中型企业医院达成建立医疗联合体协议。2002年，市一医院与27家乡(镇)卫生院达成医疗协作协议，规定市一医院与27家乡(镇)卫生院加强技术协作，派出相关专家到乡镇卫生院参加会诊、查房、教学、举办学术讲座，对协作医院医务人员进修费用优惠50%，双方互通医院管理、医疗安全、医疗业务等信息，实现优势互补、资源共享、共同发展目标。2004年，市卫生局组织市中心医院、市一医院医务人员到老河口市孟楼镇为农民义诊，受到当地广大群众的欢迎。

4.医疗急救

院前急救：襄樊市大、中型综合医院都设有独立建制的急诊科(室)，医院自备有救护车，车内配有急救用设备和药械。县(市)区以上医院都成立有各类卫生技术人员组成的医疗救护队，配备必要的医疗器材、药品和救护车辆。1997年9月，市卫生局和市邮电局联合，在市中心医院、市一医院分别开通120医疗急救电话。1998年5月，市中医院开通120急救电话。120的接诊模式：拨通120急救电话，语音提示按键1接通市一医院、按键2接通市中医医院、按键3接通市中心医院。各县(市)区向社会开通120，并与110、119、122联动，形成院前医疗急救快速通道。

院内急救：20世纪80年代，院内急救主要由各医院急诊室负责，负责急救门诊病人。90年代开展医院等级评审后，二级以上医院结合在急诊室的基础上设立急诊科，科内有治疗室、监护病床、急诊输液床和观察病房，配备有心电监护仪、除颤仪、洗胃机等8种以上的急救设备，成为具有急诊、抢救、治疗和监护等功能的临床科室。三级以上医院逐渐成立重症监护病房(ICU)，对各种重症病人进行连续监护。

国际紧急救援：1993年，襄樊市中心医院被亚洲紧急救援中心确定为定点医院。2000年9月，襄樊市中心医院“亚洲紧急救援中心定点医院”更名为“国际紧急救援中心定点医院”。同年12月，枣阳市一医院被卫生部国际紧急救援中心确定为“卫生部国际紧急救援中心网络医院”。2001年3月，老河口市一医院被卫生部国际紧急救援中心确定为“卫生部国际紧急救援中心网络医院”。

急救中心(站)：1987年3月，市红十字会在谷城至武当山建立“红十字安全旅游线”，沿线的五个区镇相继建立2个中心救护站、16个急救站，成功地进行了四次大的车祸事故的抢救。2005年10月，市卫生局承诺国债项目救护车(7辆)及车载救护设备(7套)到位。同年11月，市卫生局争取到市财政拨款130万元，用于市紧急医疗救援中心大楼土建工程建设。

5.医疗事故争议处理

1989年，市卫生局下发《关于成立襄樊市医疗事故鉴定委员会的通知》，明确襄樊市医疗事故鉴定委员会承办全市各医疗机构的医疗事故技术鉴定和对各县(市)区医疗事故鉴定委员会鉴定结论不服的鉴定工作。1995年，经市政府同意，市卫生局下发《关于调整襄樊市医疗事故鉴定委员会的通知》，第一次调整医疗事故鉴定委员会成员。1998年，组织编写《医疗事故处理与防范文件汇编》一书，举办“襄樊市医疗事故与纠纷的防范与处理”培训班，对市医疗事故鉴定委员会成员进行第二次调整。当年鉴定医疗纠纷14例。2000年4月，经市政府批准同意，第三次调整医疗事故鉴定委员会成员。2002年4月，国务院《医疗事故处理条例》发布，规定医疗事故分四级十二等，医疗事故技术鉴定交由医学会负责，卫生行政部门只负责医疗事故争议的行政处理，不再负责医疗事故技术鉴定。市卫生局召开《医疗事故处理条例》座谈会，讨论如何面对“举证责任倒置”问题，探讨完善医患沟通方法和途径，妥善处理医疗纠纷等。8月，确定首批医疗事故鉴定专家321名，并颁发聘书。2003年，专家库专家增至421人，2004年为525人，2005年达569人。2004年，对医疗技术鉴定专家库专家进行培训，特邀省医疗事故鉴定办公室主任谭莱茵作专题讲座，提高鉴定技能和水平。2005年，市卫生局、市公安局联合印发《襄樊市市直医疗单位重大医疗纠纷引发群体事件的处理预案》，就维护医疗机构正常的医疗秩序，保障人民群众就医安全发出联合《通告》。1989—2005 年，全市共对 246 起医疗纠纷开展技术鉴定，其中构成医疗事故的 30 起，未构成医疗事故的 216 起。

6.中医管理

中医医疗机构管理：1986 年，襄樊市各中医院加强中医专科建设，市中医院脑病专科、襄阳区中医院骨伤科、痔瘘科、老河口市中医院针灸科、骨伤科及宜城市中医院疮疡科相继成立。1988 年，全市有 7 县（市）中医院在房屋、技术、设备方面达到国家规定标准。市中医院脑病、骨科、痔瘘科已形成一定规模，较好发挥中医优势。1991 年，市中医院被国家中医药管理局批准成为"全国示范中医院建设单位"。同年《湖北省关于中医医院开展急症工作的试行办法》颁布，襄樊市各级中医院加强急症工作，健全和完善急诊科室，增添呼吸机、洗胃机、B 超、心电图、心电监护仪、救护车等急救设备，基本形成人员、技术、设备、药械配套的急诊系统。1992 年，襄樊市举办中医院分级管理学习班，按照分级管理标准，对全市中医院门急诊工作进行检查。通过摸底核实，推荐并上报老河口市、襄阳县中医院为省示范中医院建设单位。1993 年，市卫生局印发《襄樊市中医专科（专病）建设标准》，加强中医药服务体系内涵建设。1994 年 2 月，全省地（市）州中医医院院长座谈会在襄樊市召开，与会代表参观襄樊市中医院。同年 12 月，市中医院被评为"全国示范中医院"，并荣获"三级甲等中医院"称号。1995 年，襄樊市卫生局下发《关于实施中医医院分级管理的通知》，对中医医院实行分级管理。同年，老河口市中医院被湖北中医学院确定为"技术协作医院"和教学基地。当年 4 月，全国示范中医院经验交流会在襄樊市召开。卫生部副部长兼中医药管理局局长张文康，各省（市）、自治区、直辖市卫生厅（局）分管中医工作领导及全国示范中医院验收合格单位院长共计 140 余人参加会议。襄樊市副市长宋德福代表襄樊市示范中医院建设领导小组发言，介绍襄樊市中医院创建全国三级甲等医院和示范中医院经验，与会代表参观市中医医院。1997 年 7 月，宜城市中医医院、南漳县中医院被省卫生厅批准为二级甲等中医院。同年 12 月，老河口市中医院、保康县中医院被省卫生厅批准为二级甲等中医院，枣阳市中医院被襄樊市卫生局批准为二级乙等中医院。1998 年，市中医院开展创建"以病人为中心、优质服务百佳医院"工作，骨科、脑病、肛肠等专科技术位于全省同级中医院前列，被国家中医药管理局确认为全国中医系统 15 家"全国百佳医院"展播展示单位之一，湖北省中医机构仅此一家；被卫生部、国家中医药管理局和总后卫生部联合授予"全国百佳医院"称号。同年，市中医院被省卫生厅批准为"湖北省中医骨伤医疗中心"，该院肛肠科为"湖北省中医肛肠病诊疗中心建设单位"。南漳县中医院被省卫生厅批准为省级示范中医院。1999 年初，市中医院率先在全市开展社区医疗服务，在前进路二门诊设立社区医疗服务中心，建立社区个人健康档案 540 份，全天值班，随时出诊，建立并落实普查、定期检查和重点跟踪检查制度，全年诊治病人 4270 人次。

图 31—12　1995 年 4 月，全国示范中医院经验交流会在襄樊召开

1999—2005 年，全市各级中医院为确保医疗安全，分别以"严查实纠互促"、"严格质量控制"、"强化制度管理"、"加强医患沟通"、"强化法制意识"、"规范病历书写"、"规范医疗细节"为主题，开展医疗安全 100 天活动。2000 年 8 月，省卫生厅同意襄樊市中医院为湖北中医学院附属医院，使用"湖北中医学院附属襄樊医院"名称（第二名称），原隶属关系不变。承担湖北中医学院各专业学生实习任务

和部分理论教学任务。在符合条件的专业及相关学科承担研究生教学任务，同年，南漳县中医院被确定为“湖北省示范中医医院”建设单位。2001 年，襄樊市贯彻落实《湖北省中医发展条例》，加强中医医疗机构分类管理，各级中医医院开始实行“病人选医生”制度。2002 年，全市中医工作全面实施《湖北省中医发展条例》，开展树名医、创名科、建名院的“三名”创建活动，树立中医品牌形象。市中医院被授予“湖北省知名中医院”。市中医院骨伤科被国家中医药管理局、湖北省卫生厅确定为“十五”重点专科（专病）建设项目和湖北省知名中医专科。南漳县中医医院被省卫生厅批准为“湖北省示范中医院”。2003 年 12 月—2004 年 1 月，市卫生局对照《湖北省中医中西医结合医院医疗质量评价指标》，对全市 5 家二级以上县级中医医院医疗质量进行考核，宜城市、南漳县、老河口市、保康县和枣阳市中医院得分均在 90 分以上。2004 年 12 月，谷城县中医院被省卫生厅批准为二级甲等中医院。2005 年，国家中医药管理局专家评估组对全省 10 个国家“十五”重点专科项目进行中期评估。市中医院骨伤科作为项目之一，一次性通过中期评估，实现预期建设目标。襄樊市中医医院脑病科、儿科被列为湖北省重点专科建设单位。全市有 6 所市、县中医医院获省级“文明医院”称号。

中医药管理：1990 年，市卫生局印发《关于加强中药质量管理的通知》，随后开展中药质量专题调查，各县（市）卫生局开展中药管理专项检查。市卫生局开展全市中医院业务建设情况调查，根据调查结果写出《抓住根本，向内使劲，襄樊市中医事业发展迅速》一文，刊登于 1990 年 3 月 15 日《中国中医药报》头版头条。1997 年，市中医院被湖北省卫生厅授予“湖北省药品质量管理信得过单位”。1999 年，市卫生局印发《襄樊市农村中医药工作目标及评价标准》，挖掘和发挥农村中医药在卫生工作中的优势，突出中医药在初级卫生保健中的作用。同年 7 月，市卫生局组织部分中医药专家到南漳、保康、谷城普查中医药资源，查明襄樊市药源较丰富，中药开发利用前景较为广阔。仅保康就有中药材 2564 种，其中 80 多种有重要的治疗作用。保康县大力发展中草药种植，全县有 3000 多平方公里土地，种植中药材 1173 种，11 个乡镇有 6 个乡镇种植中草药面积达 4200 公顷，品种 50 多个，其中天麻、杜仲、枣皮、银齐、鼓姜、柴胡、白术等名贵中草药材已形成较大规模，被列为国家重点品种的 363 种中药中，该县有 230 种，占 63.4%，成为农业增效、农民增收、财政增税支柱产业。是年 12 月，襄樊市及 7 个县（市）中医院被省卫生厅批准为“放心药房单位”。2000 年，市中医院在全市率先设立中药材真伪品标准室。收集正品 200 余种，伪品、地方用品及混淆用品近 200 种，成为湖北省第二家中药材真伪品标本中心。2001 年，成立襄樊市中药研究所，挂靠市中医院，开展中药新制剂开发、试制、研究工作。开发新制剂 20 多种，完成 51 种纯中药制剂审定标准申报新批文工作。其中新增主药薄层色谱鉴别 68 种、主药含量测定 15 种、黑膏药软化点测定 2 个。2003 年 12 月，襄樊市在谷城县中医院举办学习贯彻《中华人民共和国中医药条例》座谈会。2004 年 10 月，襄樊市举行“中医药宣传周”，开展《中华人民共和国中医药条例》贯彻实施一周年活动。组织全市各级中医医疗机构近百名专家下农村、入社区，进行义诊、现场咨询和中医科普宣传等活动，共散发宣传资料近 7000 份，摆放宣传展板 20 余块，悬挂宣传横幅 10 余条，张贴宣传标语近 50 条，办黑板报 80 余期；成立中医医疗分队 10 余支，先后深入到 16 个乡镇 190 个村，免费义务咨询和健康检查 7000 人次，送药 4800 余元。2005 年，保康县被国家中医药管理局授予“全国中医工作先进县”称号。

中医建设项目：2005 年底，全市共有全国、全省中医项目 13 个。全国农村中医工作先进县项目，2000 年 8 月，保康县被国家中医药管理局确定为全国农村中医工作先进县建设单位，2005 年 9 月被批准为全国农村中医工作先进县；全国优秀中医临床人才研修项目，襄樊市有 3 名，分别是市中医院的朱学明、罗新民、陈时雄；国家中医药管理局“十五”重点专科建设项目为市中医院骨伤科，建设周期 4 年，已通过评估；全国示范中医院建设单位为市中医院，已完成二期建设；全省示范中医院建设单位为南漳县中医院，2004 年 7 月进入二期建设阶段；全国农村中医工作先进县为保康县，已完成周期建设并通过验收；全省农村中医工作先进县为南漳县，2003 年 12 月确定，建设周期 3 年；全省中医重点专科(专病)建设单位为市中医院脑病科、儿科和谷城县中医院心血管科,2005 年 1 月确定,建设周期 3 年;中医药应对突发公共卫生事件能力建设项目,襄樊市有 8 个市级、县级中医院参加,2005 年 3 月实施;中西部地区县级中医院感染性疾病科建设项目为南漳县中医院,2005 年实施,设备投入 25 万元;湖北省乡镇卫生院中医临床技术骨干培训项目,2005 年实施第一批,襄樊市 7 名中医入选;全国农村基层优秀中医成才规律与临床经验总结及推广项目,2005 年实施,有南漳、保康、谷城共 3 名中医参加;湖北省乡村医生中医专业中专学历教育项目,2005 年实施第一批,全市 19 人参加;全省中医药防治艾滋病科研工作试点县为南漳县,2005 年实施。

(三)药品

1988 年,市卫生局增设药品监督科(后更名为药政管理科)。各级卫生行政部门按照《药品管理法》的规定配备专兼职药品监督人员,至 1999 年,共配备 60 名专职药品监督员,聘用乡一级药品质量检查员 572 人,市、县、乡三级药品监督网基本形成。2000 年以来,襄樊市先后制定《整顿规范药品市场秩序工作要点》、《关于核发麻醉药品、第一类精神药品处方权资格证书的通知》、《关于确定全市第二类精神药品零售经营企业的通知》、《关于进一步加强特殊药品管理的紧急通知》、《关于印发药品监督执法检查实施方案的通知》、《关于印发襄樊市流通领域药品分类管理实施方案的通知》、《关于开展防治非典型肺炎医疗器械消毒产品专项联合执法检查的通知》、《药品放心工程实施方案》、《关于开展加强农村药品市场监督及农村药品供应网络建设工作实施方案》及《关于鼓励 GSP 认证企业优先发展的意见》等规范性文件,加强药品监督管理。全市药品监督管理系统各单位举办药品生产经营企业厂长、经理、医院院长、药剂科主任等各类人员参加的《药品管理法》、《药品管理实施条例》、《药品经营质量管理规范》等法律法规培训班、专题会议,学习培训 2.5 万人次。

1.药品质量管理

年度药品质量检查:20 世纪 80 年代开始,市卫生局每年都组织全市药品质量大检查,覆盖各产、供、用单位。对查出的问题责成单位整改,发现假劣药品一律没收销毁,发现重大问题依法立案查处。1988 年,全市集中 8 月、9 月两个月时间开展普遍自查, 9 月,市卫生局组织 4 个专班分赴各县(市)进行历时一周的抽查,检查覆盖率 87.52%,受检单位 1 816 个,其中药品生产单位 8 个、药品经营单位 158 个、医疗卫生单位 1 650 个,共检查中西药品 597 329 品次,合格率 97.94%。1993 年,在各县(市)卫生行政部门药品质量检查的基础上,市卫生局抽调市区和各县(市)药政药检人员和药品监督员组成检查组,突击检查市区和各县(市)产、供、用单位 156 家,查出假劣药品品规 45 个,价值 10 万余元,取缔无证经营、配制制剂者 10 起,处罚违法生产、销售、使用假劣药品的单位 12 个。

专项药品质量检查:1986 年,对辖区内各药厂、县级医院、医药公司等 20 余家单位进行大输液中不溶性微粒和 17 种中药材的核查,除中药材采购批发站伪品豹骨作为伪品标本外,对其他不合格产品进行封存或销毁处理。是年,对市区医疗单位经销非治疗性药品进行清查,处理部分医疗单位销售非治疗性药品问题。1988 年,对全市县以上医疗单位自制葡萄糖注射液进行质量考核,全市县以上医院 15 家,参加考核的 13 家,共考核自制葡萄糖注射液 38 批,合格 37 批,合格率 97.4%。1989 年,对全市 3 个中药生产企业、78 个药材经营单位、167 个医疗机构进行质量检查,查封山药、金钱草、沉香等伪劣中药材 12 300 公斤,价值 48 452.54 元。1993 年,市卫生局根据省卫生厅《医院药学工作考核评分细则》,对 22 家县级以上医院药剂科(部)进行检查验收,其中,按三级标准考核的 4 家医院全部通过,获 900 分以上的有襄樊市中心医院、随州市第一人民医院;按二级标准考核的 8 家医院,7 家通过，获800分以上的有枣阳市第一人民医院、保康县人民医院、襄阳县人民医院；按一级标准考核的10家，6家通过，获700分以上的有老河口市中医院、老河口市第二人民医院、南漳县中医院。22家受检单位，5家未达到合格标准。1998年，根据《湖北省药品监督执法工作检查评分标准》和《湖北省各级药品检验所考核评比办法(试行)》，对7个县(市)的药品监督执法、药品监测进行检查，并对部分乡镇的药品管理情况进行随机抽查。

药品检验：全市药品检验工作由襄樊市药品检验所和各县(市)药品检验所承担。市、县两级药品检验所分别于2000年、2001年，由卫生行政主管部门移交药品监督管理部门管理。1989—1990年，市、县两级药品检验所共做检品5000余件，抽验占50%以上，药品总合格率逐年提高，其中医院制剂合格率从1983年的78.0%上升到1990年的82.9%。1992—1993年，市、县两级药品检验所共做检品14000多件，其中抽验占64%。1993年抽验生产企业药品合格率95.4%，经营企业合格率86.0%，医院制剂合格率81.9%。1998年，市药品检验所共做检品1800件，其中抽验1409件，占78.2%，合格1234件，抽验合格率88%，高于全省1998年药品抽验合格率79.85%的平均水平。

药品不良反应监测：2002年7月，襄樊市成立药品不良反应监测中心，负责全市药品不良反应病例信息资料的收集、管理、分析评价和报告反馈及业务培训等工作。建立以医疗机构、药品生产、经营企业为网络的药品不良反应报告体系，首批列入全市药品不良反应监测的单位包括全市二级以上医疗机构和药品生产经营(批发)企业。

2.特殊药品管理

麻醉和精神药品管理：对麻醉药品实行“五专”(专人、专柜、专册、专账、专用处方)管理，精神药品实行“三专”(专人、专柜、专册)管理。1989年，市卫生局检查全市麻醉、精神药品使用单位172个，麻醉药品560品次，精神药品182品次，账物符合率、“五专”落实率均99%以上，处方合格率85%。1993年，召开全市麻醉药品管理紧急会议，确定供应专点，重申供应使用的审查把关制度，强调处方限量和“五专”管理制度，对罂粟壳作出仅限医院配方使用，不准单味售给单位和个人的管理规定。1997年，市卫生局下发《关于进一步加强麻醉药品、精神药品管理的紧急通知》。对襄樊铁路中心医院住院药房麻醉品被盗，盗走杜冷丁50支、芬太尼40支的事件，通报全市。1998年，市卫生局下发《关于进一步加强特殊药品管理的通知》，根据《医疗单位麻醉药品、精神药品计划供应办法》规定，对208个医疗单位购用麻醉药品、精神药品进行重新审核，颁发麻醉药品、精神药品购用印鉴卡。1999年，为实现世界卫生组织提出的“到2000年让癌痛病人不痛，并提高其生活质量”战略目标，推行“三阶梯疗法”，按患者疼痛的轻、中、重不同程度给予不同阶梯药物。在市区为74名晚期癌症病人办理“癌痛麻醉药品专用卡”，提高其生活质量。2005年11月，市卫生局制定《襄樊市麻醉药品、第一类精神药品购用印鉴卡申办、变更程序》，并将印鉴卡和麻醉药品计划的审批交由市行政服务中心卫生局窗口办理。

放射性药品管理：1996年，市卫生局对辖区内放射性药品使用单位进行检查验收，并上报省卫生厅审批。1997年，省卫生厅发出通知，对市中心医院、市一医院、老河口市一医院核准、颁发“放射性药品使用许可证”。取得“放射性药品使用许可证”的医疗单位，严格按照批准的范围使用放射性药品，不得超越使用范围；未取得“放射性药品使用许可证”的单位，从1997年3月15日起，不得使用放射性药品。

禁毒戒毒：1987年，在市政府统一部署下，组织清查罂粟工作，全市共拔除并销毁罂粟3万多株。1988年，市政府批转市卫生局《关于组织清查私种罂粟的报告》，全市共查获并当场销毁私种罂粟7045株，对情节严重者罚款6150余元。查处河南开封药贩张进立在枣阳市贩运罂粟壳233公斤。1991年，市卫生局会同市医药局发出《关于加强药用罂粟壳管理的通知》。1992年，在查禁毒品专项工作中，市区共查345家餐馆，其中55家非法使用罂粟壳，收缴干品12.75公斤。1998年，省卫生厅和省公安厅组织对襄樊市口腔医院成立襄樊市药物依赖戒毒治疗中心工作进行考核验收，颁发“药物依赖治疗特殊职业许可证”。1999年3月，经省禁毒领导小组办公室批准，襄樊市第一家自愿戒毒治疗中心“襄樊市药物依赖治疗中心”在市口腔医院成立。1998年10月至2005年底，共收治吸毒人员4000余人次，年均500余人次，2005年最多达745人次。被湖北省禁毒委员会授予“戒毒工作先进单位”、“湖北省甲级戒毒场所”。2005年4月，市卫生局、公安局、食品药品监督管理局以市口腔医院自愿戒毒中心为试点，在市区开展海洛因成瘾者社区药物维持治疗工作。

3.药品生产环节监管

2000年，襄樊市有药品注册批准文号的生产企业10家。

药品生产质量管理规范（GMP）的实施：2002年12月，湖北天药药业股份有限公司首次通过小容量注射剂（含激素类）GMP认证；2008年1月小容量注射剂（含激素类）通过GMP再认证。2003年5月，湖北制药有限公司小容量注射剂（含激素类）通过GMP认证；同年12月，襄樊隆中药业有限责任公司首次通过前处理车间、口服固体制剂车间、口服液体制剂车间GMP认证。2004年1月，湖北华中药业有限公司原料药（维生素B1、硝酸硫胺）、片剂、胶囊剂通过GMP首次认证。同年2月，湖北创力药业有限公司通过片剂、颗粒剂、胶囊剂GMP首次准认证。是年7月，湖北制药有限公司片剂（含激素类）、片剂（避孕药）、胶囊剂、颗粒剂、散剂通过GMP认证；8月，原料药（非那西丁、氢化可的松、氯氮卓、烟酸、醋酸可的松、双炔失碳酯、泼尼松龙、肌醇烟酸酯、烟酰胺、醋酸泼尼松、制霉素、己酸羟孕酮、醋酸氢化可的松、盐酸林可霉素、醋酸泼尼松龙、盐酸克林霉素、吡拉西坦、阿苯达唑、黄体酮、左炔诺孕酮、甘露六烟酯、碘酸钾、布洛芬、泼尼松、硝西泮、地西泮、艾司唑仑、芬布芬、萘普生）通过GMP认证。

医院制剂监管：对省食品药品监督管理局撤消的制剂品种，从撤销之日起一律不准配制，对已取得制剂批准文号的制剂品种，严格按照标准和操作规程进行配制。检查每半年一次。

药品安全信用分类管理：根据《湖北省药品安全信用分类管理实施方案》要求，完善药品安全信用信息档案，每年开展药品安全信用等级的评定。药品安全信用等级分为守信、警示、失信、严重失信四个等级。每年年底前完成药品生产企业信用等级划分认定。全市共有医疗机构制剂室21家。对其生产（配制）的129个已有质量标准品种和108个审定标准品种发给制剂批准文号。建立药品生产企业、医疗器械生产企业基本情况及日常监管档案等资料，做到“一企一档”。

4.药品经营环节管理

2001年2月，市委、市政府印发《关于进一步深化源头治腐工程工作的实施意见》，将药品集中招标采购制度纳入源头治腐新增项目，由市卫生局牵头负责，在全市医疗机构推行药品集中招标采购工作。同年4月，成立襄樊市医疗机构药品集中招标采购工作领导小组，由市政府分管市长任组长，市卫生局、市监察局、市物价局、市经贸委、市药监局、市纠风办等部门领导任成员，下设办公室，由卫生局局长兼任办公室主任。同月，市纠风办下发《关于成立襄樊市医疗机构药品集中招标采购监督委员会的通知》，成立襄樊市医疗机构药品集中招标采购监督委员会，负责对招投标过程的全程监督管理工作。同年10月，市编委批准组建襄樊市药品集中招标采购中心，负责全市医疗机构药品集中招标采购的组织、协调和技术性、服务性工作。

药品招标：2001年4月23日，市卫生局召开襄樊市医疗机构药品集中招标采购工作新闻发布会，向药品生产经营企业和新闻媒体通报医疗机构药品集中招标采购工作进展情况，药品集中招标采购工作全面启动。同年4月30日，首次药品集中招标采购开标大会举行，市中心医院、一医院、中医院和妇幼保健院作为首批试点单位参加，对临床使用量较大的30个抗微生物药进行集中招标采购，开标当日经评标专家委员会评审，确定9个品规、4家药品生产经营企业中标。2001年6月、8月、12月又分别组织三次药品集中招标采购工作，采购单位扩大到市直所有医疗单位及县（市）、区人民医院，采购品种扩大到临床使用全部抗微生物药、中成药及临床使用量较大的专科用药，涉及797个品种。2001年招标品种累计827种，中标品规755个，采购药品品种达到同期常用药品的65%以上，药品零售价格平均降幅25%，参加招标医疗单位采购中标药品3 280万元，占同期药品采购金额近50%，让利患者750万元。襄樊市药品集中招标采购工作在2002年1月召开的全省卫生工作会议上作大会经验交流。2002年5月、8月、12月共组织三次药品集中招标采购，将基本医疗保险目录内药品全部纳入集中招标采购。全年招标品种累计2 782种，中标品规1 645个，药品零售价格平均降幅10%左右，参加招标医疗单位实际采购药品1.03亿元，占医疗机构药品采购金额的62%，让利患者2 000多万元。是年5月，市卫生局、市纠风办联合下发《2002年襄樊市药品集中招标采购工作方案》，对招标的抗微生物药和中成药实施封闭管理，强调医疗机构引进新的抗微生物药和中成药必须报药品采购中心备案，待实施集中招标采购确定中标价格后，方可实施购进，从而确保中标药品的采购和使用。2003年6月、11月共组织两次药品集中招标采购，采购范围首次将全市县级以上人民政府、国有企业举办的62家非营利性医疗机构全部纳入集中招标采购，运用现代信息网络技术，建立襄樊医药招标采购网，实施全程网上招投标。全年招标品种2 576种，中标品规21 72个，药品零售价格平均降幅20%，招标采购药品金额15 027万元，占医疗机构采购总金额72%，让利于民3 000余万元。是年6月，市卫生局、市监察局、市纠风办联合下发《2003年襄樊市药品集中招标采购工作方案》，提出组建医疗机构药品集中招标采购专家委员会，负责对全市医疗机构药品集中招标采购品种目录的制定提供技术咨询；负责对已进入临床的药品进行质量、疗效和质量价格比的追踪评价，对质量价格比不合理的药品提出停止或限制使用的建议；负责对引进新药的临床再评价和开展药物经济学研究工作，提出新药最高限价。2004年5月、12月组织两次药品集中招标采购工作，采购品种首次将医疗机构临床用药（除毒麻精放类药品外）全部纳入集中招标采购。全年招标品规3 710个，中标品规3 260个，药品金额累计1.9亿元，占医疗机构购进总金额的90.16%，让利于民3 800余万元。是年5月，市卫生局、市监察局、市纠风办联合下发《2004年襄樊市药品集中招标采购工作方案》，要求进一步发挥药品集中招标采购专家委员会作用，由专家委员会确定招标品种通用规格及最高限价，并对其他通用名相同而规格、剂型、成盐、溶媒等不相同的药品进行合理性比价，使中标药品价格尤其是神经内科用药、肿瘤用药及抗生素类药品价格降幅30%左右。2005年6月、12月组织两次药品集中招标采购，全年招标品规4 682个，中标品规3 267个。药品集中招标采购金额2.5亿元，占医疗机构购进药品总金额的95%，让利于民4 000余万元。是年4月，市卫生局、市监察局、市纠风办联合下发《2005年襄樊市药品集中招标采购工作方案》，要求医疗机构切实加强对招标药品使用的动态管理，规范招标药品的临床使用，对临床使用不合理或有临床促销嫌疑品种采取干预政策，实施降低购进价、限量供应，甚至作出停止使用的处理；进一步发挥药品集中招标采购专家委员会作用，落实药品差价比的有关政策。组织专家委员会确定招标品种通用规格并按照国家发改委《药品差比价规则（试行）》（发改价格[2005]9号）规定的相关规则进行合理性比价和确定最高限价；规范药品集中招标采购行为，解决中小医院在药品配送中存在的不及时、不到位问题，市卫生局下发《关于做好襄樊市中小医院招标药品集中配送工作的通知》，提出在全市中小医院实施招标药品集中配送管理。

医用耗材招标：2004年，开发医用耗材网上招标管理信息系统，实施网上招投标。同年10月，举行全市首次医用耗材集中招标采购开标大会，招标品种主要是全市县级以上人民政府、国有企业举办的62家非营利性医疗机构普遍使用的医用耗材，招标品种327个，经评标专家委员会评审，确定75家医用耗材生产经营单位的638个品规中标。医用耗材集中招标采购金额约2 000万元，减少医院采购成本近400万元。2005年，针对医疗机构高值耗材购销中存在的问题，将医疗机构所用高值医用耗材纳入集中招标采购目录。10月，组织医用耗材集中招标采购，招标品种包括低值医用耗材和高值医用耗材，招标品种1 227个，中标品规2 297个，其中骨科类医用耗材较全市医疗机构前一年购进价格降低近30个百分点。医用耗材集中招标采购金额约5 000万元，减少医院采购成本近800万元。

5.药品广告监管

对虚假违法广告采取“停播（刊）、停售、曝光、移交”的行政措施，对监测到违法药品广告后，及时协调新闻部门对违法药品广告实行停播（刊）；对违法违规情节严重的药品广告上报省食局对相关药品实行停售，待发布广告的企业作出更正后恢复销售；对违法药品广告的违法行为通过门户网站和新闻媒体向社会作出公告，通过襄樊电视台、《襄樊日报》进行刊播“曝光”。对监测发现发布的违法药品广告每月按时上报省局，并及时把违法药品、医疗器械、保健食品广告移交工商部门查处。

6.医疗器械质量管理

境内共有医疗器械生产企业6家，其中Ⅰ类生产企业4家，Ⅱ类生产企业2家，有医疗器械注册产品12个，其中Ⅰ类产品10个，Ⅱ类产品2个。按照要求每季度对医疗器械生产企业检查一次，在检查中，按照“全面整治，突出重点”的基本原则，对医疗器械生产监管的检查覆盖面100%。从2000年起，襄樊市每年都将一次性使用医疗器械作为突击抽查的重点。是年，检查全市医疗器械生产、经营单位300多家，医疗机构517家，查获劣质医疗器械品种65个，标值200余万元，处罚医疗经营、使用单位58家，其中查获假劣一次性输液器、注射器29 200余支，一次性静脉输液针17.5万支，非法回收废弃的一次性使用医疗器械近2吨。2002年，针对襄樊市经营、使用单位的一次性使用输液器存在较严重质量问题及个别卫生院将使用过的一次性使用输液器非法卖给个体收购者的状况，发布《关于加强一次性输液器管理有关问题的通知》，加强对一次性输液器的经营和使用等环节的管理。同时，不定期对市场经营及医疗机构使用的一次性使用医疗器械的毁型、回收情况进行检查。

7.药品稽查打假及药品市场整治

1994年，市政府召开专门会议，成立领导小组，明确医药、卫生、工商、公安、技术监督等部门在药品管理工作中的各自职责，依法开展药品市场清理整顿工作。凡未依法取得“两证一照”（药品生产经营单位合格证、许可证，工商营业执照）的，不得从事药品生产经营活动，对擅自从事药品生产、经营活动的单位和个人，坚决予以取缔，个体工商户可依法申请药品零售业务，但不得从事药品的生产和批发业务。药品生产和批发企业不得承包给个人经营。医疗机构和药品经营企业必须向取得合法生产或经营资格的企业采购药品，严禁从非法经营者手中采购药品。乡村医疗诊所（室）的供药，必须由当地县级人民政府药品生产经营行业主管部门会同卫生行政部门共同指定的药品批发企业及其委托的乡镇卫生院负责。外地医药生产企业到襄樊设立办事处，须向医药管理部门提出申请，经批准方可设立，同时分别报卫生行政部门和工商行政部门备案。医药生产企业只能销售本企业生产的药品，不得销售本厂以外的药品。医疗机构配制的制剂，只限于本单位临床和科研需要，严禁在市场上销售或者变相销售。医疗机构不得以任何方式变相从事药品批发业务。药品生产、经营企业和医疗机构之间购销药品，实行公平竞争，严禁采用回扣或者行贿、索贿等手段购销药品。中药材专业市场必须严格按管理权限上报审批，禁止在中药材专业市场内出售国家规定限制销售的药品。对制售假劣药品的违法犯罪分子，坚决予以惩治，切断假劣药品的生产源头，取缔假劣药品的销售市场。1996年，国务院办公厅发出《关于继续整顿和规范药品生产经营秩序加强药品管理工作的通知》。市卫生局结合襄樊实际制定继续整顿和规范药品生产经营秩序，加强药品管理工作的实施意见。全市在清理整顿药品生产经营秩序工作中，对无证或证照不全、药品生产企业驻外办事处无证经营药品、各大商场无证开办药品专柜、国有药品经营企业及其经营部承包给个人或转让出租其证照、一证多点经营药品、无证企业或车间生产药品等6个方面重点需要解决的问题进行清理整顿。共检查单位746个，其中药品生产企业2个、药品经营企业306个、用药单位438个，抽查药品150 800个品批，查出不合格药品688个品批，价值51 241元。对不合格药品分别进行销毁、封存和退货处理。依法取缔21个无证经营药品的单位和个人。对隆中制药厂无证生产糖浆制剂进行处理，停止生产。要求湖北制药厂加快针剂车间改造工程进度，通过验收发证，合法生产。鼓楼商场、中心商场、古襄阳商都、永安商厦、长虹商场等开办的保健药品专柜，通过验收后颁发保健药品经营许可证。对全市43个医院制剂室和345个药品经营企业开展年度验证工作，对3个未通过验证的企业，提出了限期整改，取消2个药品经营企业许可证。查处违法案件6起，罚款38 000元。1998年，市卫生局对药品流通市场进行清理整顿，确保抗洪救灾期间药品质量，重点是无“药品经营企业许可证”、超范围经营及转证、出租证照或招租药品经营柜台、证照不符、多次出售假劣药品且整顿后仍达不到要求的等5个方面。全市依法取缔无证经营药品9起，查处超范围经营8起，异地经营5起，一证多点2起，发现有假冒药品48家，均依法处理。1999年，全市成立专班清理整顿医药市场，取缔无证经营药品单位和个人51起，证照不全关门停业41家。开展两次清查医疗机构伪劣过期失效药品和全方位药品质量大检查活动，检查单位651个，检查药品103 232个批次，其中合格药品102 030个批次，合格率98.8%，查处过期失效药品1 126个批次，价值99 150元，立案查处11起。市卫生局、医药局、工商局、公安局、监察局5部门联合下发《关于全面取缔各类药品集贸市场，进一步规范药品经营秩序的通知》。2000年以来，开展的重点专项检查包括：无证生产、经营假劣药品、医疗器械，医疗机构从无证单位购进药品、医疗器械，人血白蛋白专项整治，药品、医疗器械市场秩序专项整治，骨接合用无源金属植入医疗器械产品市场专项检查，药品广告专项整治，药品批发企业出租、出借许可证和批准证明文件、“走空票”“体外循环”，以及药品零售企业出租、出借柜台，非药品冒充药品，药源性兴奋剂生产经营专项治理，挂靠经营，隐性眼镜专项治理等专项整治活动。依法取缔襄樊春园路非法中药材市场，在市新华路92号商业自动化研究所院内取缔一无证销售药品窝点，非法经营中药饮片200多个品种，涉案金额5万余元；在襄阳区东津镇东津湾大酒店取缔一无证经营“丹参益心胶囊”案，涉案金额23万余元；在高新区取缔“高新区诚信义齿制作中心”无证生产二类医疗器械案，查处襄阳区进出口公司未取得“药品生产许可证”生产中药饮片“半夏片”案，涉案药品货值金额7万余元，襄樊共同化学有限公司无证经营激素类药品丙酸睾酮案，涉案药品货值金额6万余元等无证生产、经营假劣药品、医疗器械窝点。年均立案查处假劣药品、医疗器械违法案件1 100多件。

（四）血液

境内采供血工作经历从有偿献血、义务献血到无偿献血发展的过程。1994年以前，临床用血分别由各医院以有偿献血的方式自采自用。1994年6月襄樊市中心血站业务正式运行后，全市实行集中采供血。1998年10月1日，《中华人民共和国献血法》（简称《献血法》，下同）颁布实施，全市逐步取消有偿献血，建立无偿献血制度。各级政府依法加强对无偿献血工作的领导，采取计划献血与街头自愿献血相结合的措施，至2001年，全市临床用血全部来自公民无偿献血，襄樊市被评为“湖北省无偿献血先进城市”。此后，进一步加大公民自愿无偿献血工作的力度，取消献血计划，建立无偿献血工作可持续发展的新机制，使全市临床用血全部来自公民自愿无偿献血，襄樊市被评为2001—2003年度、2004—2005年度“全国无偿献血先进城市”。

1.血源整顿

新中国成立初期至80年代，临床用血基本上由医疗机构自行解决，采供血工作分散、无序，供血人员多以民间自发形式出现，由少数血头控制。90年代以后，经血液传播的疾病陆续被发现，引起各级卫生行政部门的高度重视，市、县卫生局和中心血站逐步介入，规范管理。1994年，仅市中心血站共登记有偿献血员13171人，参加有偿献血的人员主要集中在市郊区、襄阳泥嘴、谷城茨河以及南漳等地，以无业闲散人员为主。1995年，市中心血站按照市卫生局《整治采供血机构，加强血液管理》的通知要求，对全市献血者进行重新体检、登记、造册，核发供血证。当年4月7日，市中心血站在对献血员进行常规检验中，首次发现一例献血员艾滋病抗体阳性，5月又相继发现2例，经国家艾滋病确证实验室确认为艾滋病病毒感染者。市卫生局在全市实行血液管理“三统一”(统一规划采供血机构、统一管理血源、统一采供血)，除边远山区县保康以外，全市各医院临床用血只能由市中心血站供给，市区11家医院和6县(市)医院的血库取消采血职能，襄樊境内分散采血就此结束。同年，查处襄阳、南漳两个非法采浆站。1996年，市卫生局下发《襄樊市中心血站供血办法》。是年，端掉河南省一伙农民在襄阳县泥嘴镇设立的采浆窝点，并跟踪追击到河南省，抓获4名罪犯。1997年，市中心血站对供血队伍进行核查和重新登记，剔除重卡，建立固定献血员档案。登记在册的共有8960人，其中10%为市区下岗工人、三轮车夫和无业人员，90%为谷城、襄阳、老河口、随州、南漳、枣阳等县(市)农村农民。1998年《献血法》颁布实施以后，市卫生局多年坚持对全市二级以上医院和部分中心卫生院进行血液管理、血液安全大检查，检查情况通报全市，存在问题限期整改。

2.无偿献血

襄樊市1998年以前抢救危重病人，当血源短缺急需输血时，就有医务人员和群众自发参加义务献血、互助献血和无偿献血，1995年有49人参加，1996年有121人参加，1997年首次突破千人，献血量达到20多万毫升，占全市用血量的2.2%。1998年《献血法》正式实施后，襄樊市无偿献血工作大规模开展。在历经从分散无序采供血到血液“三统一”管理、从有偿献血到无偿献血、从计划献血到非计划献血三个阶段之后，襄樊市无偿献血实现跨越式的三大转变：献血模式由政府行为转变为社会行为，年10吨临床用血全部来自公民非计划自愿献血；献血量由一次献200毫升转变为献300毫升和400毫升，一次献300毫升以上的比例占95%以上；临床用血由用全血转变为科学合理的成分用血，成分用血比例达98%以上(见表31-9)。2003年10月，全省无偿献血工作经验交流会在襄樊召开。

1998—2005年襄樊市无偿献全血情况

表31-9

年度	献血总量		无偿献血量		无偿献血比例(%)
	人次	单位(U)	人次	单位(U)	
1998	26363	36170	11309	11305	43.9
1999	31253	32371	11048	12673.25	39.12
2000	31400	34823.2	19545	23875.5	68.56
2001	31623	34555.8	28783	30142.5	87.5
2002	24694	36195	24694	36194.5	100
2003	20164	32999	20164	32999	100
2004	23071	38362.8	23071	38362.8	100
2005	22884	39038.5	22884	39038.5	100

注：1单位(U)=200毫升

无偿献血组织动员:《献血法》实施初期,为避免因血液短缺出现的“血荒”,市政府高度重视,成立无偿献血领导小组(后改为献血工作委员会)和办事机构,每年召开全市无偿献血工作会议,制订分月实施的献血计划,纳入各县(市)区和市直各部门综合目标考核内容。利用“4·7”世界卫生日、“5·8”世界红十字日、“6·14”世界献血者日、“12·1”艾滋病防治日及《献血法》实施纪念日等活动向社会大力宣传。与部队、学校、机关、企事业单位及社会团体广泛开展共建、联谊活动,扩大宣传面和社会影响。1998 年 11 月,市政府在全省率先制定《襄樊市无偿献血管理办法》。2001 年,首次以市政府名义表彰无偿献血先进单位、先进工作者和无偿献血先进个人。通过报纸、电视、电台、网络、宣传展板、宣传专栏、文艺演出、献血宣传单、献血知识台历等载体广泛宣传献血法规政策,向群众普及献血知识。每月编辑《襄樊献血》刊物,截至 2005 年已编印 87 期,及时刊登献血动态和临床输血情况,发放到相关单位和献血者。2003 年 9 月 28 日,市献血工作委员会、市卫生局、市中心血站、市电台等单位在市人民广场举行无偿献血万人签名活动,社会各界 1 万余人参加。针对群众对献血存在的各种疑虑和误解,各级领导干部带头献血,有 200 多位县处级以上干部参加无偿献血。

图 31—13　无偿献血万人签名活动

无偿献血者招募:2000 年,市中心血站在市区繁华的人民广场设立采血点,摸索献血规律,献血效果大大超过预期,随即在 2001 年增设市区鼓楼广场采血点和枣阳献血屋,3 个点的街头自愿献血量占到总量的 60%以上。2002 年增设市区诸葛亮文化广场献血屋。2005 年设立老河口献血屋。5 台大型采血车方便群众自愿参加无偿献血,使临床用血 100%来自公民自愿无偿献血。市中心血站加强与献血者沟通与交流,逐步建立一支固定、低危、志愿的无偿献血者队伍。在征得献血者同意基础上,专门做好相关登记,定期加强联络。2003 年这类献血者达 500 多人,2005 年发展到 800 多人。市中心血站为献血者专设热线电话,在节假日向献血者献鲜花,组织献血者到血站参观工艺流程,为边远地区群众代办用血返还报销手续。为满足临床稀有血型供血需要,成立襄樊市“稀有血型献血者联谊会”,召开以“生命最宝贵,血脉永相连”为主题的座谈会,市领导亲自到会祝贺。2005 年襄樊市稀有血型献血者已登记在册 613 人,其中 A 型 178 人,B 型 160 人,O 型 177 人,AB 型 98 人。2003 年“非典型肺炎”流行期间,街头流动人员骤然减少,无偿献血受到很大影响。市中心血站及时制定采供血工作预案,调整工作时间和工作措施,加强对献血者的体检问诊,在采血车上悬挂“抗击非典,捐血救人”的条幅,张贴献血与预防非典型肺炎有关的知识解答,整个采供血工作经受住严峻考验,不仅保证全市临床用血,还向武汉血液中心调剂支援血液。2004 年 3 月,市中心血站成立机采室。同年 4 月,在原有美国 COBe 分离机的基础上,添置一台 MCS+ 血液成分分离机,当年采集血小板为 500 多袋。并开始招募无偿成分献血人员,到年底发展到 80 多人捐献血小板,无偿率达 25%。2005 年,血站加大力度开展无偿成分宣传,自愿无偿捐献成分血液人员 200 多人,完成血小板 800 多袋,无偿率突破 50%,至 2005 年底,机采血小板实现 100%来自无偿捐献。

无偿献血奖励:根据《湖北省实施〈中华人民共和国献血法〉办法》和《襄樊市无偿献血管理办法》,对无偿献血者和他们的配偶或直系亲属实行用血返还报销政策:无偿献血一次的,免费享用等量的医疗用血,无偿献血累计 600 毫升以上的,免费享用三倍量的医疗用血;累计无偿献血 1 000 毫升以上的，本人终生免费享用不限量医疗用血，其配偶或直系亲属免费享用等量的医疗用血。截至2005年，已有973人次享受返还报销，总金额450 578元。国家、省、市对无偿献血工作做出突出贡献的单位和个人给予表彰和奖励。截至2005年，襄樊市受国家表彰的先进单位有1个，先进个人92人，其中获无偿献血金奖25人，银奖13人，铜奖53人，促进奖1人；受省表彰的先进单位2个、先进个人88人；受市表彰的先进单位92个、先进工作者60人、先进个人15人。每年还评选出全市献血状元。

3.临床输血

20世纪80年代以前，临床输血品种单一，主要是全血。90年代初，开始制备少量成分血（血浆、血小板），且全部来自手工分离，临床用血95%以上为全血。1997年9月，市中心血站在全省率先购置一台美国COBE Spectra全自动血细胞单采机。省卫生厅为在全省推广成分输血，特别是血小板的输注，由省卫生厅主办，襄樊市卫生局、市中心血站具体承办的“湖北省成分输血培训班”在襄樊市召开。至此，襄樊市临床使用的血小板由手工血小板改为机采血小板。2002年6月，正式开展冰冻解冻去甘油红细胞业务，即将RH(D)阴性献血者所献血液进行-80℃冰冻保存，当患者需要时及时解冻。2003年5月，市中心血站引进冰冻血小板新业务，对采集后临床暂无需求的血小板进行冰冻保存（-80℃可保存一年）。1999—2005年，全市举办21期成分输血学习班，邀请上海、广州、武汉等全国知名专家讲课，2200余名临床医务人员参加培训。同时，市卫生局将成分输血比例纳入医院分级管理和综合目标责任制考核指标中，各医院又将成分输血比例纳入相关科室综合目标管理中，实行分级逐层管理，市卫生局每年对各医院贯彻执行《临床输血技术规范》情况进行检查，成分输血率、科学合理使用血液情况在全市卫生系统内进行通报。2001年，由于襄樊市在成分输血推广工作上的突出表现及取得的显著成绩，省卫生厅责成襄樊市卫生局委托市中心血站代拟《湖北省成分输血实施办法》，并于当年10月15日以省卫生厅文件“关于印发《湖北省成分输血实施办法（试行）》的通知（鄂卫发〔2001〕123号）在全省试行”。襄樊市临床成分输血工作得以推广，成分输血品种逐步多元化，成分输血比例逐年提高，到2005年，成分输血比例达98.7%（详见表31-10、31-11）。

1998—2005年采供血量统计

表31-10

	采血数量(U)全血	血小板	总数	供血数量(U)全血	成分血	总数	成分输血率(%)
1998年	36170	1040	37210	35973.5	6967	42940.5	16.2
1999年	32371	4240	36611	21097	21597	42694	149.4
2000年	34823.2	5300	40123.2	20139	26107	446246	156.5
2001年	34555.8	4580	39135.8	10649.5	40453.8	51103.3	179.2
2002年	36195	5120	41315	8468.8	51849.8	60318.5	186
2003年	32999	6470	39469	2521	61889.5	64410.5	996.1
2004年	38362.8	8110	46722.8	1151.8	73531.05	74682.8	98.5
2005年	39038.5	8070	47314.5	995.75	76969	77964.75	98.7

1999—2005 年临床用血情况统计

表 31-11　　　　　　　　　　　　　　　　　　　　　　　　　　单位：U

	红细胞类					血浆（%）	冷沉淀（%）	血小板			合计
	全血（%）	悬浮红（%）	洗条红（%）	冰冻红（%）	小计（%）			新鲜	冰冻	小计（%）	
1999	21097	10005	51	0	31153	8662	779	2100	0	2100	42694
	-49.4	-23.4	-1.2		-73	-20.3	-1.8	-4.9		-4.9	
2000	20139	11775	138	0	32052	11199	345	2650	0	2650	46246
	-43.5	-25.5	-3		-69.2	-24.3	-0.8	-5.7		-5.7	
2001	10649.5	19593	115	0	30357.5	15941.8	574	4230	—	4230	51103.3
	-20.8	-38.3	-0.23	0	-59.4	-31.2	-1.1			-8.3	
2002	8468.8	24991.3	286	23	33769	20977	712.5	4860	—	4860	60318.5
	-14.1	-41.6	-0.48	-0.038	-56.2	-34.9	-1.2			-8.1	
2003	2521	28132.5	268	18.5	30940.5	26809	461	5310	890	6200	64410.5
	-3.9	-43.7	-0.42	-0.029	-48.1	-41.6	-0.72			-9.6	
2004	1151.2	33399.3	140	73	34764	31193.8	805	5600	2320	7920	74682.8
	-1.5	-44.7	-0.19	-0.098	-46.6	-41.8	-1.1			-10.6	
2005	995.75	34751.5	258	27	36032	32938	915	6380	1700	8080	77964.8
	-1.3	-44.6	-0.33	-0.035	-46.2	-42.2	-1.2			-10.4	

4.单采成分治疗术的临床运用

2004 年 5 月，市中心医院与市中心血站合作开展外周血干细胞移植术，于当年 7 月 21 日和 22 日采集实体瘤患者外周血干细胞，并进行深低温冰冻保存，一个月后成功移植患者体内。至此，襄樊市单采成分血治疗术正式开始，陆续开展自体外周血干细胞移植术、异体外周血干细胞移植术、红细胞增多症去除术、血小板增多症去除术、白细胞增多症去除术、血浆置换。

5.血液质量控制

血液检测：1993 年以前，由于没有实行血液"三统一"管理，由各医院血库自行采血，血液质量检测参差不齐，大多只能开展血型、血比重、肝功能（谷丙转氨酶 ALT）、乙肝表面抗原的检查。1994 年市中心血站承担全市采供血任务后，依据卫生部 1993 年 2 月发布的《血站基本标准》及《供血者健康检查标准》，增加丙型肝炎抗体、梅毒的检测，并实行两种不同试剂的初、复检工作。1995 年开展艾滋病抗体（抗 -HIV）初筛检测，血液质量检测逐步走上规范化管理的轨道。1997 年，卫生部颁布《中国输血技术操作规程（血站部分）》，市中心血站对血液检测严格执行部颁标准和规定，确保血液质量。2003 年新增一套全自动加样器和全自动 Dynex 酶标分析仪后处理器，血液初、复检同时进行，至此淘汰沿用多年的手工操作。同年对抗 -HIV 检测使用进口试剂，加大对艾滋病的监控力度。2004 年改 ALT（丙氨酸氨基转移酶）手工操作为半自动生化分析仪判读，缩短窗口期对血液质量的影响。2005 年又添置全自动血型检测系统，并对实验室按照卫生部规定和标准进行改建，使襄樊的血液检测水平达到国内领先水平。

血液质量管理：1995 年，市中心血站设立质量控制科，专门管理血液质量工作，采用过程方法，找准整个检验过程的关键控制点，在人员、试剂、设备等多种因素保证情况下，坚持使用卫生部临检中心提供的质控血清做室内质控，初步建立实验室质量控制框架。2001 年卫生部将世界卫生组织（WHO）血液质量管理项目（QMP）引入中国，2002 年 8 月卫生部与世界卫生组织（WHO）在武汉联合举办“WHO 中国血站 QMP 师资培训班”，血站派员参加。2003 年构建起初步的质量管理体系，体系文件分为四级，依次为质量手册、程序文件、标准操作规程、记录。对质量管理采取严密措施，编发了 12 期《血液质量管理通报》，及时指导、解决质量工作中的问题，进一步确保血液从采集、运输、检测、制备到供应全过程的质量控制。2004 年，进一步健全血液质量管理工作体系，并参照 ISO9001-2000 标准对质量体系文件进行修改。2005 年，第二版质量体系文件颁布实施，形成全面质量管理体系，开展全面质量管理，确保全市输血安全。

（五）卫生改革

20 世纪 80 年代初，全市卫生部门开始对管理区卫生所进行改革，推行“统一领导、适当补助、独立核算、自负盈亏、按劳分配、结余有奖”的管理办法，改革核算形式，实行浮动工资，改革补助标准，落实预防保健任务，收到较好效果。1982 年 8 月，省卫生厅在襄樊召开管理区卫生所改革现场会。1983 年，开始对部分县以上医疗卫生单位在职能科室试行岗位责任制，在业务科室试行技术经济责任制，在后勤服务科室试行经济承包责任制，调动干部职工积极性，加强内部管理，提高工作效率和医疗质量，提高社会效益和经济效益。1984 年地市合并后，襄樊市即被省卫生厅列为全省第一家市管县体制卫生改革试点，同时被国家卫生部确定为全国卫生防疫改革的五个试点之一。市中心医院被市委、市政府列为襄樊事业单位的改革试点。在卫生部、省卫生厅和市委、市政府的领导及支持下，由点到面推进和深化全市卫生改革。市卫生局党组先后制订《关于进一步改革卫生工作的意见》、《关于县以上医院进行改革的意见》、《关于改革区、镇卫生院管理体制的报告》、《关于进一步搞好卫生防疫改革的报告》等一系列改革方案。同时，支持市中心医院党委制订全面改革方案，并呈请市委、市政府审批。审定市卫校综合改革方案，并呈报市政府审批。同年 10 月，市政府批转市卫生局《关于进一步搞好卫生防疫改革的报告》。在市委、市政府的重视支持下，局党组和各级医疗卫生单位根据上述有关卫生改革文件精神，逐步进行一系列改革。在全市 192 个乡、镇以上(含乡、镇)医疗卫生单位进行领导体制改革，逐步实行院、校、站、所长负责制，理顺单位中党组织、行政领导、职代会之间的关系，明确各自的职责范围，从思想上、组织上、制度上保证行政领导负责制的实施。

1987—1999 年，市直先后按卫生事业费的 10%—20%提成统筹基金计 1 700 万元，按各单位业务发展需要，分期、分批地用于各直属单位，扶持硬件建设和事业发展。各县(市)卫生局先后从乡、镇卫生院预算经费中提留统筹基金 4 860 余万元，用于乡、镇卫生院建设，对实现一无(无危房)三配套(房屋、设备、人才配套)发挥重要作用。改革职工工资分配办法。在改固定工资为五定一奖(即定人员、定任务、定质量、定设备、定收支，超额奖励)的基础上，逐步实行绩效工资，基本打破铁饭碗、大锅饭的平均主义分配办法，进一步调动职工的积极性。1987 年，结合襄樊市 9 年来进行卫生改革的经验、教训，市卫生局起草《关于深化卫生管理体制改革的报告》，经局党组集体讨论审定后，呈报市政府。1988 年 2 月，市政府批转市卫生局《关于深化卫生管理体制改革的报告》。同年 3 月，市卫生局首次举行年度定额承包合同签字仪式，局长韩光元与市直 16 家医疗卫生单位主要领导分别在各单位合同上签字。此后，各县(市)加大改革力度，进一步巩固发展领导体制、分配办法、卫生经费管理等改革，普遍实行党政职能分开的领导体制。全面推行劳动报酬与科室、班组、个人服务态度、服务质量、经济效益挂钩的分配机制。坚持卫生事业经费管理、使用的改革办法。基本实现以年度综合目标责任制为主体的多种形式的经营格局。由点到面地对乡、镇卫生院实行条块结合，以块为主，分级办医，分工负责的管理体制改革，全市乡镇卫生院普遍移交乡镇政府为主管理。

1992 年开始，在部分单位先行试验的基础上，普遍坚持以医为主，大力兴办其他产业和经营实体。至 1999 年底，全市卫生系统其他产业年收入近亿元，仅市医疗器械维修管理站营销、维修费收入总额就达 5 000 余万元。全额预算管理的卫生机构有偿服务收入达 2 500 余万元。1997 年，中共中央、国务院和省委、省政府召开全国和全省卫生工作大会，颁发《中共中央、国务院关于卫生改革与发展的决定》和省委、省政府《关于贯彻〈中共中央、国务院关于卫生改革与发展的决定〉的实施意见》。市委常委、市政府领导集中听取襄樊市卫生工作情况汇报，研究全市贯彻全国、全省卫生工作大会精神，加快卫生改革与发展的实施意见。同年 3 月，召开全市卫生工作会议，市委副书记、市长阎增福与各县(市)区长签订卫生事业发展综合目标责任书，全市卫生工作纳入各级政府重要议事日程，列入考核各级领导干部政绩的重要内容。会后，经有关部门分别审签，市委、市政府于 6 月下达《实施意见》，共 10 个部分、35 条，就改革城镇职工医疗保障制度，实施区域卫生规划，调整现有卫生资源；完善乡、镇卫生院双重管理体制，界定县(市)卫生局与乡镇政府的管理职能、职责；继续实行并完善院、校、站、所长负责制、综合目标责任制；建立有责任、有激励、有约束、有竞争、有活力的运行机制；推行社区卫生服务，明确城区和厂矿企事业医院主要承担社区疾病预防、常见病、多发病诊疗、妇女儿童与老年人保健、伤残康复、健康教育、计划生育等卫生技术服务范围，提出具体改革意见和部署。此后，襄樊市全面实施卫生事业发展综合目标管理，运用契约方式，强化政府行为，保障目标落实。市政府对各县(市)区政府确定卫生事业发展综合目标内容，主要依据事业发展需要，卫生工作重点、难点，以及卫生任务要求，共分八个方面目标：贯彻落实卫生工作会议精神；卫生投入；乡镇初级卫生保健达标与合作医疗；卫生“三项”建设；卫生室与乡村医生队伍建设；爱国卫生运动；卫生执法监督；文明建设。根据不同地区的不同条件，确定不同指标。如乡镇初级卫生保健达标率，山区县为 60%，平原县(市)为 70%；甲级村卫生室，山区县达到 40%，平原县(市)达到 60%—70%；爱国卫生运动，农村以落实“九亿农民健康教育”、改水改厕、除四害、改善卫生面貌为重点，城区以创建卫生城市为重点，等等。对 8 项目标内容，又在《考核标准》中划分出 27 个方面来考核，按总分 100 分，分解划定每项标准分数，明确各项目标的具体考核打分办法。达标考评成绩作为政府政绩考核内容之一，成绩在 90 分以上的为一类；80—89.99 分的为二类；60—79.99 分为三类；60 分以下的为四类。对一类县(市)区授予卫生事业发展先进单位称号，颁发流动奖牌。对四类县(市)区要求写出责任报告，市政府通报批评。对一、二类县(市)区，优先安排“农村卫生三项建设”资金。市政府制定的卫生事业发展综合目标责任书，由市长与各县(市)区长签字认定。各县(市)区结合实际将目标责任层层分解，由各县(市)区长与各乡(镇)长签字，层层落实目标责任。各级政府对照综合目标责任书及考核标准，进行综合或单项检查，层层督办落实。市政府组织卫生局等有关部门，年中对各县、市、区进行综合督办检查，检查结果以《政府简报》、《卫生情况反映》通报各地，针对突出问题，提出改进措施，有效地促进工作。平时对合作医疗、有关重点工作专项督查，促进各项责任目标落实。年底，由市政府组织，市政府办公室、市委组织部目标管理办公室、市卫生局等单位参加，组成卫生事业发展综合目标考核组，对全市进行考核检查，依照责任书规定评比分类，评选卫生事业发展先进单位。对考评结果，按照责任书要求兑现奖励和约束措施，对卫生事业发展先进单位，由市政府颁发奖状，给予表彰奖励；作为各县(市)区政府本年度工作政绩之一记录在案，供评价政府工作政绩时参考；针对薄弱环节提出具体措施，切实加强工作；为制定下年度卫生事业发展计划和完善综合目标管理提供参考依据，为卫生事业管理和卫生宏观决策积累经验。

1998 年 7 月，市卫生局深化人事制度改革，各医疗卫生单位分别进行干部、职工竞争上岗，调入先试用，职称与职务评、聘分离，转岗待岗，内部退养等改革。1999 年 9 月，市妇幼保健院被市委组织部和市卫生局作为干部制度改革的试点，面向全市卫生系统选聘院长，推行领导干部公示制、聘任制、试用制、在任审计制。经 28 人报名考试、择优 6 人答辩考核，最后选聘市一医院副主任医师、放疗中心副主任马健为全市卫生系统公开招聘的首名院长。2000 年，襄樊市区停止运行多年的公费医疗制度,建立城镇医疗保险制度,随后在全市城镇全面推行。2003 年,谷城县、老河口市列入全省第一批新型农村合作医疗试点。至 2005 年, 两地参加新型农村合作医疗人数 67.18 万人, 占农业人口的 77.91%,有 70.16 万人次从门诊和住院中受益,报销总额 2800.25 万元,近 30%的住院费用得到报销,实行大病救助报销万元以上有 18 人,有 44.37 万农民享受健康体检。2005 年,保康县、南漳县、枣阳市也被列入新型农村合作医疗试点县(市)。全市先后有 5 个县(市)启动新型农村合作医疗试点工作,总计 165.45 万农民参加新型农村合作医疗, 占全市农业总人口的 40%, 以农业县 (市) 为单位覆盖率 70%。

2001 年,在市政府的直接领导下,组织 4 个组对市区卫生资源进行全面调查,在此基础上提出市区卫生资源存量状况和优化卫生资源配置的初步设想, 市卫生局组织局领导班子和卫生系统专家论证后,集中专班进一步修改完善,形成《市区区域卫生规划》送审稿,报市政府审批。随后,按照边规划边调整的原则,对现有卫生资源进行调整:促进襄城四医院、樊城五医院、华光厂职工医院,通过资产租赁、股份制等形式转为营利性医疗机构;对社区卫生服务中心进行规划布点,指导社区卫生服务网络建设, 探索社区卫生双向转诊服务; 襄阳轴承厂职工医院实行社会化, 由市中心医院兼并收购资产,医院原职工全员社会化后再择优返聘工作;襄樊军工医院、襄樊铁路中心医院与原单位脱钩,移交地方管理,成为市直医疗卫生单位。2003 年开始,对乡镇卫生院管理,改以“乡镇为主管理”为“县办县管”体制,至 2005 年,保康等 7 个县(市)区的乡镇卫生院人员、业务、经费全部上划县级政府管理,共计 7946 名农村卫生人员、1196.8 万元卫生经费上划县(市)区卫生局管理。对村卫生室,普遍实行乡(镇)村联合办医、一体化管理模式,一体化覆盖率 90%以上。建立医疗机构分类管理制度,2001 年对全市 651 家医疗机构进行分类核定,其中政府办非营利性医疗机构 44 家(不含中医医疗机构),其他非营利性医疗机构 301 家,营利性医疗机构 306 家。针对市区两级卫生监督管理体制不顺以及全市卫生监督与疾病预防控制职能不分的问题,按照依法行政、政事分开、统一管理、综合执法、优化配置、提高效益、增强综合应急能力的原则,提出卫生监督与疾病预防控制体制改革初步方案。全市药品集中招标采购工作从 2001 年最初的市直 4 家医院试点扩大到全市 63 家县级以上人民政府、国有企业举办的非营利性医疗机构和医保定点医疗机构,集中招标采购品种涵盖医院临床所有用药(毒麻精放除外)和主要医用耗材,共开展 11 次药品及医用耗材集中招标采购,统一采购药品 11000 多个品规,医用耗材 700 多个品规,采购金额达 5.4 亿元,降价幅度平均 25%以上,让利于民 1.1 亿元。开展病人选医生、住院费用一日清及门诊收费查询制度。2001 年 6 月,市直三家三甲医院在门诊和住院部进行病人选医生试点,各县(市)区医院相继全部实行此项制度。同年,市中心医院试行住院费用 日清和门诊收费查询制度,市卫生局在中心医院召开经验交流会并在全市推广。全市医疗机构共投资约 200 万元,购置百余台微机和近 10 部电脑触摸屏,建立各临床科室、住院收费室和有关职能科室的电脑网络系统。推行医药分开核算、分别管理制度,医疗机构的药品收入占业务收入的比重普遍下降,三甲医院均降至 50%以内。2003 年起,襄樊市被国家和省列入公共卫生体系的建设项目有:市直及 7 个县(市)疾病控制中心项目 8 个;市紧急救援中心 1 个;市及县(市)传染病院(区)8 个;乡镇卫生院发热门诊 73 个;总投资 6490 万元。2004 年,有 4 个县(市)区的 14 个乡镇卫生院被列入国家农村卫生基础建设项目,总投资 580 万元。至 2005 年,大部分项目已建成投入使用,少数项目正在建设。

卷三十二 体育

中共十一届三中全会以后，襄樊体育逐步改变计划经济体制下管体育、办体育的思维方式和工作模式，竞技体育发展较快。襄樊运动员在国际、国内、省级比赛中成绩斐然。1980—2005年，襄樊籍运动员共获世界冠军3个，亚洲冠军7个，全国冠军16个，打破32项世界纪录；获全国运动会金牌74枚；在6届湖北省运会中共获得金牌224枚、银牌220枚、铜牌244枚；1988年，第24届汉城奥运会襄樊籍赛艇运动员共夺得铜牌2枚；1986年在汉城举办的第10届亚洲运动会上襄樊藉运动员获得金牌3枚；1990年第11届北京亚洲运动会，襄樊藉运动员获金牌3枚；1994年在第12届日本广岛亚洲运动会上，襄樊籍运动员获金牌1枚；2002年在韩国釜山第14届亚洲运动会上获金牌1枚；在第11届世界女子举重锦赛上，举重运动员向凤兰一举创造女子70公斤级抓举、挺举、总成绩3项世界纪录，成为襄樊第一位获得世界大赛冠军、第一位打破世界纪录的运动员。襄樊藉运动员王林12次参加全国比赛，获得24枚金牌，8次破全国纪录，7次破亚洲纪录；15次参加国际比赛，4次获得金牌；举重运动员刘宗友两破全国纪录。25年间，襄樊还承办了各类国际比赛3次，全国比赛31次，省内比赛100余次。1982年11月2日在襄樊举办的4省男子篮球赛，为襄樊首次举办全国篮球赛，可容纳5000人的体育馆场场座无虚席；1988年在襄樊市举办的“白鸽杯”全国排球赛为首次在襄樊举办的全国排球赛；1992年10月在襄樊举办的“金蝶杯”全国女子篮球比赛，由个人承办，首开国内国家级比赛由个人举办的先河；同年11月举办了“七巧板”杯国际排球邀请赛；2005年，宜城市获得“2006—2008年国际铁人三项洲际杯赛暨全国铁人三项冠军杯系列赛”的举办权。

1995年，国家体委推行国务院颁布的《全民健身计划纲要》。襄樊市体委依此一改过去行政组织形式，通过街道体育协会，组成市、县（区、市）街三级体育组织网络，发动社会力量，组织开展群众体育活动。1995年全市有22条街建立了街道体育协会，在组织群众体育活动中发挥了巨大作用。1997年举行万人迎春长跑，千人职工棋类、桥牌、万人远足、百队三人篮球赛、千人竞渡汉江。1998年举行“襄樊市全民健身周暨万人第八套广播体操展示赛”。1999年开展“文体联手十大导向活动”。2004年举行全市第1届运动会。1985—1998年举行职工篮球赛、职工羽毛球赛、职工乒乓球赛，1999—2005年举行“鹿鸣岛杯”钓鱼比赛，2002年组织的社区体育运动会等，都是通过这三级体育网络组织起来的，使每年以社区为基础参与体育活动的人数连年达50万人，最高时达到2003年的近百万人次。至2004年底，全市连续9年被评为全省、全国全民健身周活动先进单位，7个街办事处（居委会）分别被评为全国、全省体育先进社区，8个乡镇被评为“全国亿万农民体育活动先进乡镇”和“湖北省特色体育先进乡镇”，50多个单位、120余名个人分别受到国家体育总局和省体育局表彰。

1990年代初，各项大型群众体育活动、各类体育竞赛和部分专业运动队经费等资金来源由仅靠政府拨款的情况，开始出现部分资金由社会、企业和市场提供的变化。1986—2005年，襄樊卷烟厂、湖北襄阳油脂化工厂、市五一棉纺厂、湖北制药厂、枣阳野马自行车厂、长虹彩电、统一绿茶、江都建筑公司等企业，都相继组队参加全国排球赛、全国篮球赛、国际排球邀请赛、市第一届运动会、全市棋类赛、全市钓鱼比赛、全市迎春长跑、全民健身周等大型体育活动、竞赛，并出资赞助，其他各单项体育协会、群众体育活动经费由福利型向消费型转变，如协会会费、参赛费、培训费等，共为全市输入了200多万元体育经费，补充了全市体育经费的不足。办训练由单一形式向多渠道转变，体育训练也由国家拨款开始走向社会多元化办训练的模式。业余体育学校从体委独资到企业、事业、学校、工厂、个人都能办，专业训练也由过去的"要我练"转变为收费训练的"我要练"。1990年代起，宜城业余体校、枣阳业余校校、谷城业余体校、老河口业余体校、保康业余体校、襄阳县业余体校、襄樊市体育运动学校、襄樊市足协、襄樊市篮协、襄樊市乒协等开办的各类运动项目都实行收费训练。1994年，田志宏开办的"志宏"武术俱乐部，开创个人办学收费的先例；1995年吴勇在市体育场开办的襄樊武术学校，2000年浦青开办的乒乓球俱乐部，2001年熊世林开办的襄樊文武学校，2001年张虎开办的棋类俱乐部，2002年宋微开办蔚蔚艺术城，2000年田少华开办的体育舞蹈培训学校，1998年张庆林开办的篮球培训中心，都是体育专业训练从计划经济向市场经济转变的实例。

体育事业走向市场，带来竞赛机制上的变化。从承办市级、省级、国家级的体育竞赛，由原来的指派任务下拨经费转变为对竞赛组织工作和参赛队伍组织工作的竞标、出资模式，由官办转变为社会共同参与、市场筹措赛事经费等，襄樊体育走出了一条成功的市场化运作的道路。襄樊卷烟厂、湖北襄阳油脂化工厂分别出资赞助了全国篮球赛、全国足球赛和第一届襄樊市运动会。在组队形式上，也由1986年前的市组队转变为县(市)区体委组队代表襄樊参加省级或国家级比赛。形成以市体委、市教委承担青少年参赛队的组队，以市总工会、市体总、市残联、市农委承担成年人、职工、伤残等参赛队的组队为主的工作模式。同时，市体委又对此拟定相应的奖励办法，对完成省级及国家级比赛任务的单位和个人予以表彰和奖励。

群众体育走向社区，多渠道办训练，以竞标模式办竞赛，以及下放组织参赛队伍权限等举措，使襄樊市体委也逐步从办体育的忙碌中抽出手来，制定出了一系列相应的科学管理的规章制度和办法，使体育事业在改革潮流中步子越来越大，路子越来越宽。例如，通过1995年制定的《综合性群众体育先进社区评审办法》《襄樊市体育先进社区评定标准》等一系列评价体系，建立以市、县(市、区)、街道三级体育工作站为主的体育组织网络，到2005年，全市22条街道已建立具有双重管理职能的文体网络体系。此外，襄樊市文体局组建以后，还针对训练、竞赛、人事等方面相继出台了《优秀运动后备人才输送奖励办法》《教练员的试用制度》《运动员训练达标制度》《竞赛成绩奖励办法》《教练员聘用办法》《教练员工资浮动办法》《运动员训练年度评估办法》等具有激励机制的管理条例，打破体育干部、专业人才的铁饭碗，形成优胜劣汰、有序流动的管理模式和发展态势。经1997年审核，对市体委的39名教练员职务重新认定，其中高级教练11人，一级教练17人，二级教练11人。2001年，原市体委对两个二级单位领导班子成员在体育系统采取公开聘用制，并签目标责任状，二级单位通过定岗、定酬、定责的双向选择，有6位实行退养、待聘及交流处理。

1980—1988年，各级中小学在"改革、开放、搞活"方针指引下进行了学校体育改革的探索，涌现一批有卓越贡献的传统项目学校和个人。1988年，省市联合抽样测验，全市平均体育锻炼达标率为65.4%。其中，市区适龄学生达标率为78%；乡镇中小学为60.2%；全市73所重点中学为82%；29所传统项目学校平均达标率为87.5%。襄樊市体育达标活动受到省体委和省教委的表彰。至1990年代末，全市有95%的中小学坚持了"两课两操一活动"，80%的学校实施新的广播(韵律)体操，有415000名在籍学生达到国家体委颁布的《体育锻炼标准》，达标率为60.5%，市区中小学校达标率在85%以上，达标率居湖北省综合评比第3位。2000年，全年共举办各级各类学校体育比赛350余场次，参加运动员63000余人次。同时，通过开展各种形式的课余训练和校园体育竞赛活动，积极参加市级、省级及全国各类体育赛事，并取得优异成绩，有效地激发了广大学生参加体育锻炼的热情，促进了广大学生身心素质健康发展。

体育行业在从计划经济逐步向市场经济的转轨中分为本体产业和相关产业，除上述的体育本身即本体产业的市场价值外，相关产业也凸现出可观的市场价值。如体育彩票、体育广告、体育服装、器材制造经营、体育第三产业开发和营运等。襄樊利用体育资源招商引资，通过开展全民健身所形成的健身娱乐行业,以及产生的相关体育消费热,体育市场管理和专业技术人员的培训等,共创造5000多万元的经济价值。襄樊体育产业虽然是弱势产业、幼稚产业,面临着行业起飞共有的资本注入不足、人才贮备不足、经营管理和方式落后等问题;体育产业市场所创造的价值尚不能满足市民对体育健身、体育竞技水平发展的需要。但是,它已成为襄樊发展体育事业的重要力量,成为安置就业、促进消费的重要途径,成为国民经济新的增长点。

一、机构与场地设施

(一)机构

1956年后,原襄阳地区和原襄樊市所辖县(市)区相继建立体育运动委员会,负责所辖区的体育工作。1966年"文化大革命"中机构被军管,1972年后相继恢复。1999—2005年,襄樊市在襄城区、樊城区、高新汽车产业开发区及各县(市)、乡(镇)内的22个街道,76个乡(镇)经各级区政府批准,均成立街道、乡镇体育站,与街道、乡镇文化站合署办公,负责基层体育工作。

1.襄樊市体育运动委员会(襄樊市文体局)

1953年9月和1956年4月,相继成立襄樊市体育运动委员会和襄阳地区体育运动委员会,1966年9月,地、市体委合署办公,1971年5月分开。1979年6月,襄樊市升为省辖市,襄阳地区体委与襄樊市体委隶属关系解除。1983年8月,经国务院批准,撤销襄阳地区建制,实施市管县体制,1983年12月,由原襄阳地区体委和原襄樊市体委组建新的襄樊市体育运动委员会,隶属襄樊市人民政府,归口市政府办公室领导(1985年2月28日归口文教办公室领导),同时建立中共襄樊市体委党组,1985年改为党委。1984年4月,体委机关内设秘书科、竞赛科、群体科、行政科。1986年8月,根据工作需要改为办公室(党政合一)、计财科、学校体育科、社会体育科、竞赛科、体科所。1990年增设政工科。1993年,市体委实行机构改革,将原来8个科室、部门并为4个科室,定编25人,办公地点位于大东路2号。2002年,市体委同市文化局合并成立文化体育局,办公地点转至襄城北街,局机关行政编制46人,直属二级单位19个。机关设办公室、人事科、财务科、艺术科、社会文化科、科训科、群众体育科、文化体育市场管理办公室、文化体育产业科、纪检监察科、老干科等职能科室。主要职责:贯彻执行国家、省和市有关体育工作法律、法规、规章和方针、政策,指导和推动体育改革,研究制定全市体育工作发展规划、战略目标、年度计划等,并负责组织实施;指导县(市)区体育工作,领导和管理委直属事业单位;研究制订群众体育工作计划;指导和配合各部门、行业、社会团体的群众体育活动;抓好学校、企业、机关、社区、农村、街道的群众体育工作,贯彻落实《全民健身计划纲要》;协同有关部门做好全市体育设施的建设布局;研究制定全市性竞赛计划,负责在市内举办的国际、国内大型体育比赛的组织协调;负责各运动项目的全市纪录,负责裁判员、运动员、社会体育指导员的等级认定工作;监督全市性体育竞赛工作;统一规划全市青少年业余训练和部分优秀运动项目的设置和布局,并负责指导检查训练工作,完成选材培训任务;调研并研究拟订与《体育法》相配套的地方性体育法规、规章,并负责组织实施;伙同有关部门做好全市基础体育设施的建设工作;编制体育产业发展规划、年度计划,并对体育经济及经营进行宏观调控管理;加强体育市场的开发、培育、执法、监督;指导、督促、检查体育总会及体育社团业务工作和资格审查。

襄阳地区、襄樊市体委(文体局)领导干部情况简

表 32—1

机构名称(起止年月)	姓名	职务	任职时间(年月)
襄阳地区体育运动委员会(1979—1983.12) 备注:1981 年襄阳地区体委党支部改为党组,	王金庚	主任(兼)	1976.10—1978.05
	秦志维	主任(兼)	1978.05—1981.07
	贾守山	主任	1981.07—1983.12
		书记	1981.12—1983.12
	李洪斌	副主任	1976.10—1983.12
		党组成员	1981.12—1983.12
	张同贺	副主任	1976.10—1979.05
	陈恩锡	副主任	1981.07—1983.12
		党组成员	1981.12—1983.12
	杜宇心	副主任(兼)	1978.05—1981.07
襄樊市体育运动委员会(1979—1983.12) 备注:1979 年 6 月,襄樊市升为省辖市。	王根长	主任(兼)	1976.10—1978.04
	冯慧敏	主任(兼)	1978.04—1981.04
	汤学林	主任(兼)	1981.04—1983.12
	丁崇德	副主任(兼)	1978.04—1983.12
	陈明富	书记、副主任	1976.10—1983.12
	王起才	副主任	1976.10—1983.12
	刘大鹏	副主任	1981.10—1983.12
襄樊市体委(文体局)(1983—2005)	贾守山	主任(局长)	1981.07—1985.12
	刘隆堂	主任(局长)	1985.12—1987.05
	刘大鹏	主任(局长)	1987.05—1992.01
	李先元	主任(局长)	1992.01—2002
	彭广全	主任(局长)	2002—2003.
	文治金	主任(局长)	2003—2006.12
	刘大鹏	副主任(副局长)	1983.12—1987.05
	陈明富	副主任(副局长)	1983.12—1985.12
	陈恩锡	副主任(副局长)	1983.12—1984.2 病故
	周俊风(女)	副主任(副局长)	1983.12—1984.12
	王全轩	副主任(副局长)	1985.12—1994.11
	李先元	副主任(副局长)	1989.12—1992.01
	王军武	副主任(副局长)	1990.12—2003.
	王绍银	副主任(副局长)	1994.06—2005.12
	孟正刚	副主任(副局长)	1997.01—2005.12
	李月敏	副主任(副局长)	1997.05—2002.

2.市辖各县(市)区体育运动委员会(文体局、教体局)

1956 年,为遵照党中央关于“改善人民健康状况,增强人民体质是党的一项重要政治任务”的指示和当时国家体委提出的迅速建立区(盟)和县一级体委的精神,全市县(市)区体委相继成立,纳入政府管理。1968 年分别被军管,1972 年撤销军管。主要职能为具体领导、组织、开展所辖县(市)区基层群众体育活动,贯彻实施《体育法》《全民健身计划纲要》《奥运争光计划纲要》;贯彻实施《学校体育工作条例》和《国家体育锻炼标准》;完成省、市体育机构布置的体育工作任务;直抓社区、学校、工矿、农村体育的开展，以全面提高人民身体素质。

3.市体委（文体局）直属事业单位

襄樊市体育运动学校：该校是一所国家级重点中等职业学校，国家高水平体育后备人才基地。位于襄樊市襄城区运动路91号，校园占地102亩，建筑6.8万平方米，藏书12万册，教学训练、生活、办公设施齐全，师资力量雄厚，且具有国内一流的综合训练场馆。学校创建于1986年12月，其历史可追溯到李宗仁先生创办的鄂北运动场。1993年被省政府确认为省属重点中专学校，曾荣获“全国业余体育训练先进集体”、“全国群众体育先进集体”等称号。1994年、1999年、2004年连续三次被国家教育部命名为国家级重点中等职业学校。1996年、2005年连续两次被国家体育总局命名为“国家高水平体育后备人才基地”。学校开设有田径、游泳、篮球、排球、武术、船艇、举重、体操、跳水、摔跤、柔道、足球等12个运动项目。学校坚持多层次、多模式办学，开办有中专教育、高中体育特长教育，在校生人数400余人。学校建有8000平方米综合训练馆，可容纳篮球、武术、体操、摔跤、柔道、举重6个项目的运动训练。田经项目有400米标准田经场地2块（其中一块为塑胶场）；游泳项目有25×15米的室内游泳馆和50×25米的室外游泳池；船艇项目有襄阳护城河的水上训练基地。学校先后为国家培养5000多名大中专毕业生；向省队、国家队和高等院校输送高水平运动员500余人，其中，获世界三大赛前三名的8人次，获亚洲级金牌20余人次，获国家级金牌80余人次，有5人获“国际级运动健将”荣誉称号。学校输送的向凤兰在第11届世界女子举重锦标赛中三破世界纪录获得金牌。

襄樊市体育运动场：1993年成立，定编10人，由于政府实施卖馆建场，原市体育馆工作人员1994年合并至体育场，至2005年市体育场在编29人，实有人数40人（含离退休人员）。主要职责是开展全民健身，承办各级各类体育比赛及业余体育训练工作。襄樊市体育场业余训练坚持走“立足基础项目、发挥优势项目”的训练道路，遵循“选好苗子、打好基础、系统训练、稳步提高”的方针，调整项目布局，实行集中训练。加大对网球、游泳、足球、跆拳道等优势项目的投入，优化训练结构，积极参加年度竞赛，成绩逐年攀升，业余训练走上良性发展的轨道。游泳项目每年培训学员700多名，跆拳道每年培训学员400多名，足球项目每年培训学员100多名。体育场2003年被国家体育总局命名为“国家级全民健身基地”，是襄樊市最大的全民健身场所，内场定期定时向广大市民开放，场外健身区建设安装全民健身路径13条。同时，推行社会体育指导员执证上岗，为前去健身的市民进行科学指导。每天到体育场健身的人数超过2000人次。2005年被省体育局批准为“省级全民健身中心”。历任场长：刘全明、郭德友、沈德松。

襄樊市体育馆：1980年成立，在编16人。1980—1993年，市体育馆同有关部门连续不间断举办周末篮球比赛600余场次，并承办全市职工篮球、乒乓球、棋类等项目比赛。每年正月十五举办灯会。1982年，承办全国男子四强篮球赛；1988年，承办全省排球联赛；1990年，承办“白鹤杯”全国篮球赛；1992年，举办“金蝶杯”全国女子四强篮球对抗赛；1992年，举办“七巧板”杯国际男子排球邀请赛。还接待中央歌舞团、中央音乐团、广州歌舞团、天津杂技团等10余家各级文艺团体的演出和表演。相声演员马季、刘伟，哑剧演员王景愚，歌唱家李谷一、蒋大为、胡松华、吴雁泽，电影演员朱琳以及排球名将巫丹、姜英、杨晓君，女篮国手郑海霞、柳青、徐艳梅、王芳等文艺、体育界知名人士都曾在此表演。历任馆长：吴昆、周明友、张玉清。

襄樊市体育培训中心：成立于1994年12月，市文体局直属自收自支事业单位，编制10人。2001年增加了国民体质监测、体育旅游、体育中介等业务职能，人员从成立之初的10人增加到18人，另聘合同制用工5人。至2005年，中心先后开办了游泳、乒乓球、台球、体育舞蹈、跆拳道、棋类等项目，参加培训近万人次，向市体校输送体育后备人才10余人。其中棋类坚持以年龄组分等级培训，收到很好的效果，在每届襄樊市少年儿童棋类比赛中，中国象棋两个年龄组均获团体冠军。在2003年襄樊—十堰—南阳对抗赛中获团体冠军，获中国象棋个人冠军。2004 年参加省少年儿童比赛中获团体第 2 名。2005 年，体培中心体育舞蹈代表队参加了香港邀请赛。社会体育指导员每年培训一次，至 2005 年，全市共有国家级社会体育指导 13 人，一级体育指导员 54 人，二级体育指导员 334 人，三级体育指导员 210 人。2001—2005 年，先后上门为湖北化纤厂(10 000 人)、市人大、市政协、市委宣传部、湖北省超高压局襄樊分局、市一中、市十五中、鹿角门社区等近百个单位 5 万人进行体质测试，并分别为湖北化纤厂、超高压局襄樊分局、市十五中等 26 个单位写出测试结果书面分析报告，对其在开展职工体育活动方面存在的不足提出建议近 50 条。2004 年，组织编印《国民体质测试与科学健身小知识》手册，发放到各企事业单位。每年"五一"期间组织员工在人民广场开展咨询活动，发放《国民体质测试知识问答》10 余万份。7 次在襄樊电视台、《襄樊晚报》宣传国民体质监测工作的意义。2005 年编印《2005 襄樊市国民体质监测资料汇编》。历任主任：凌规乾、刘全明、韩振阳。

4.体育社团

襄樊市体育总会：1989 年 2 月 21 日成立。遵循"发展组织、理顺关系、开展活动、加强管理"十六字方针，逐步建立健全依托社会、自我发展、自我完善为主体的各级群众体育组织。宗旨为团结全市体育工作者及体育团体，推进襄樊体育事业的发展。襄樊体育总会与市体委合署办公。2005 年，对注册的 16 个单项体育协会委派市文体局群体科负责协会的组织工作，通过挖掘社会力量，补充体育活动经费不足。至 1994 年 12 月底，全市有体育总会 1 个，行业产业和县(市)区体育总会 6 个，体总分会 8 个，单项协会 16 个，在册会员 3480 人。协会组织覆盖全市各县(市)区所辖乡镇街道。各级各类协会举办市级体育竞赛 68 次，基本上做到"月有小赛，季有大赛，半年有邀请赛，年有杯赛"。承省级竞赛 1 次，参加省级以上竞赛 8 次，获金牌或一等奖 16 枚(个)、银牌或二等奖 22 枚(个)、铜牌或三等奖 21 枚(个)。历任体育总会会长：刘大鹏。

襄樊市篮球协会：1993 年 3 月 23 日成立。举办过全市体育先进乡镇篮球赛 4 届，3 人篮球赛、3 届"教育杯"职工篮球比赛、"白鹤杯"四省篮球邀请赛、"四强女子篮球对抗赛"。组队参加了 5 届由沙市发展的五市篮球邀请赛和 4 届 4 省 8 市篮球邀请赛，及中、小学篮球赛。举办篮球裁判员培训班 4 期，篮球教练员和篮球体育老师培训班 2 期。此外，组织全市每年一届的职工篮球联赛，组队参加了历年全省各类篮球比赛，举办了 3 次裁判员晋升等级考试工作。2005 年协会有委员 48 名。历届主席：谭平杰；名誉主席杨朝令；秘书长：徐生恒、凌规乾。

襄樊市乒乓球协会：1992 年 1 月 20 日成立。1990 年，接待日本犬山市乒乓球代表团到襄樊进行友谊赛，并参加在北京举办的中日友好城市乒乓球联欢会。组织运作 2000—2001 年国际长城汽车乒乓球擂台赛。国内外著名运动员王楠、瓦尔得内尔等 100 人参加比赛。每年举办 1 次全市各乒乓球俱乐部青少年乒乓球竞赛活动，为各俱乐部间相互交流，切磋技艺搭建平台。指导全市各条战线、各系统及大型企业单位乒乓球比赛。组织参加了第 6 届、第 7 届城区运动会及襄樊市第 1 届综合运动会；组队参加了省第 8 届、第 9 届、第 10 届、第 11 届省运动会；组织跨地市邀请赛 4 次；组织 3 次乒乓球教练员、裁判员、体育老师、运动员学习和 1 次全国大型乒乓球比赛观摩学习活动。历任主席：王全轩、王树平；名誉主席：姚祥栋；秘书长：王建。

襄樊市热气球协会：1987 年 6 月 18 日成立。1987 年 9 月，举办中国襄樊热气球邀请赛。连续三年组队参加在北京昌平县举办的热气球邀请赛。1992—1994 年连续三年参加国际热气球邀请赛，并参加全国热气球挑战赛 1 次。热气球具有体积大、色彩艳丽、比赛场面壮观、视觉效果冲击力强等特点，加之有特色的广告宣传效果，被各大企业广泛认同。如三九酿酒厂、石花酒厂、楚翁泉酒厂均通过热气球表演进行宣传，为协会筹措了发展资金。

襄樊市老年人门球协会：1987 年 6 月 18 日成立。先后举办 17 届中老年人门球比赛。1990 迎亚运中老年人门球“百团”大赛1次；组队参加全省及跨地市门球比赛或邀请赛14次；代表湖北省参加全国比赛1次。同时，协助指导各县(市)区及各大型企业单位门球协会组织的门球赛。至2005年底，全市有中老年男女代表队821个，门球场地96块，常年参加活动的中老年人超过1万人。

襄樊市信鸽协会：1964年成立。“文化大革命”中停止活动。1984年11月恢复后逐渐发展起来。有市辖6个县(市)区属二级信鸽协会，实行会员制，会员人数300多户。1993年12月10日产生第三届委员会。协会每年组织5—7次集中驯放，6—8次全市性竞赛活动，其中有“多点赛、专项大赛、指定信鸽赛、团体赛”等多种赛制。1990年2800羽信鸽参加第11届亚运会庆典活动；1997年参加香港回归庆典活动；1999年，为庆祝建国50周年举办“北京—襄樊”信鸽竞赛活动。1994—2005年，襄樊信鸽协会被省鸽协连续被评为省级先进集体，2005年，杨显毅被中国鸽协评为全国先进个人。历任会长：王军武；秘书长：朱福龙、朱克志、杨显毅。

襄樊市钓鱼协会：1992年4月10日成立。协会成立后按行政区划，成立县(市)区、街道及基层组织，会员1000多人。组织市级比赛12次，组队参加了2届省级比赛。会长：陈伟勋。

襄樊市体育舞蹈协会：1993年5月12日成立。下设竞训、裁判、交谊舞工作、青少年工作委员会，担负襄樊体育舞蹈运动的普及、发展和提高任务。协会曾组队参加“湖北省首届体育舞蹈锦标赛”和“省九运会”体育舞蹈比赛。在“省九运会”现代舞比赛中，襄樊运动员车春生、徐秀琴获得现代舞系列甲组第5名；庞端、贾秀英获现代舞系列长青组第5名。协会每年举办一次“襄樊体育舞蹈锦标赛”和“襄樊少年儿童体育舞蹈锦标赛”，并组队参加市第6届、第7届城区运动会和襄樊市第1届综合运动会。2002年、2003年、2004年、2005年参加全省体育舞蹈大赛，2005年代表湖北参加全国锦标赛。历任主席：张德胜、徐生恒、孟正刚；秘书长：杜梅云、毛运海、徐建华、胡瑞超。

襄樊市武术协会：1993年12月6日成立。下设竞赛部、群体部、科研部、财务部，现有个人会员1000人。襄樊武术活动流派甚多，1985年，全市拳种19个，300多个拳会，其中有动作名称的94个。襄樊武术协会有33个辅导部，66名站长，业务辅导员66个，每年参加活动的有近万人。1994年举办“澳隆杯”全市青少年武术比赛，中老年武术太极拳(剑)比赛，同年组队参加了湖北省举办的武术比赛。每年举办青少年武术比赛、传统项目学校武术比赛、中老年人太极拳(剑)武术比赛。组织参加历年省级比赛10余次。1997年举行了喜迎香港回归千人武术表演活动。1998年、1999年连续两年参加全民健身周大规模太极拳(剑)展示活动。2002年承办首届社区运动会武术比赛。武协建立表彰制度，对各县(市)区站、点为武术事业及辅导群众武术活动作出成绩的单位和个人进行表彰。协助办理武术裁判员晋级考试工作，指导各县(市)区武术协会和武术辅导站、馆、校的管理、审批工作。坚持每年举办武术教练员、裁判员培训班。历届主席：黄立土、徐长启；秘书长：龙明成、闫金学。

襄樊市桥牌协会：1993年3月8日成立。会员400多人。1993年开始举办桥牌讲座与培训班，促使襄樊参加桥牌活动的群众越来越多。该会每年除举办全市性桥牌甲、乙级队式赛之外，还组织“新春乐”“三八”“十一”“襄轴之夏”等桥牌双人赛，并组队代表省、市参加全国、全省比赛及跨地市邀请赛。历任主席：张德炳、王全生；秘书长：赵林、闫爱社。

襄樊市中国象棋协会：1994年11月28日成立。下设教练委员会、裁判委员会、竞赛委员会和纪律委员会。协会成立后，每年举办市辖各棋类俱乐部友谊赛，为各俱乐部之间交流搭建平台。协助市文体局举办全市每届青少年象棋竞赛活动，组队参加全省象棋比赛。先后3次组队代表湖北省参加全国比赛。并参加了第10届、第11届省运会职工象棋比赛。连续7年组队参加襄樊—十堰—南阳跨省市中国象棋邀请赛。历届主席：张广元、谭明章；秘书长：闫金学。

襄樊市太极拳协会：1992年4月10日成立。1998年后调整为襄樊市武术协会领导下的太极拳专业委员会。协会成立后，除举办太极拳(剑)套路训练班、理论班、学术讲座、教练员交流之外，还承办了市级每年的竞赛工作任务。1994—2005年，每年参加国民健身周启动仪式1000多人的展演活动。

2004年,组织1500人参加市第1届运动会开幕式表演活动。派员参加全省太极拳(剑)比赛的裁判工作和仲裁委员会工作。主席:黄光强。

襄樊市武当拳法研究会:1994年7月15日成立。下设办公室、组织联络组、武术交流组、挖掘整研组、财务管理组。本会实现联系全国各地武当拳击社团,联系各地武当拳击能人、名家,联系尚未公开露面的武当拳法隐士,并遵照国家政策开展挖掘整理工作,组织有关的拳法研究和交流活动,逐步全面、系统、科学地整理武当拳法资料,开展普及推广和科学发展工作。理事长:罗俊杰。

襄樊市香功协会:1994年3月28日成立。全市有28个香功辅导站,会员2 000余人。会长:赵庚辰;秘书:丁育生。

襄樊市围棋协会:1994年10月30日成立。协会积极推进围棋在襄樊的普及和发展,全推广在各级各类幼儿园、中、小学推广围棋活动,组织市区各棋类俱乐部相互间的交流学习,协助市文体局组织每届围棋比赛。连续举办了17届"芙蓉杯"职工围棋赛,还举办了跨省市邀请赛及组织参加省级以上围棋比赛。

襄樊市台球协会:1994年11月15日成立。开办台球俱乐部,在全市大型企业单位推广台球运动。全市80%企事业单位职工活动中心开设有台球项目,丰富了职工的业余文化体育生活。举办市级比赛1次,推广讲座2次,裁判员培训班1次。全市现有5000余人参与该项运动。在2003年省11届运动会上,台球运动员龙涵森获职工类个人赛冠军,襄樊获团体总分第2名。

襄樊市大雁气功武术专业委员会:1995年6月6日成立。办公地址:襄樊市樊城区菜越巷25号。2005年有会员20人。会长:赵世昌;秘书长:萧汉成。

(二)场地设施

1.场地建设

2004年,全市共有各种类型体育场地1942个,其中标准的场地1036个,非标准场地905个,被侵占1个。以2005年底全市人口580万人计算,每万人拥有3.3个体育场地。其中体育场、体育馆、游泳馆21个,占全市体育场馆的1.08%;室内游泳池及各单项,如乒乓球、羽毛球训练房51个,占全市体育场地总数的2.6%;运动场、小运动场678个,占全市体育场地总数的34.9%;篮球场、排球场、门球场1 072个,占全市体育场地总数的55%。在1 036个标准体育场地中,体育系统仅有20个,占0.02%;教育系统776个,占75.88%,其他系统管理的体育场地240个,占24.1%(见表32—2)。

图 32—1 全民健身设备

场地数量:1985年,襄樊市仅有950个体育场馆,到2005年达到1 942个,其中襄樊市文体局及各县(市)区文体局(教体局)在场地数量和硬件设施质量档次上有很大提高。通过体育彩票资金兴建的社区路径新增92条,新兴健身娱乐项目体育场地迅速增多。此外,全市人工大型水上娱乐项目有3个,并建有台球房、健身房、室内外网球场等体育设施。

管理模式:1990年代以前,体育场馆建设资金来源均由政府财政拨款。此后,襄樊市体育场地建设通过招商引资滚动开发,进入新一轮兴建发展时期。体育场馆在管理模式上仍以行政管理为主,也有少量承包和租赁等市场运作新模式。体育场馆管理模式有待创新,在利用市场运作兴建的体育项目设施过程中,管理和指导有待加强。1990 年代中期,市内兴建了 3 个保龄球馆,存在时间不长,大多因经营不佳被市场淘汰。

学校体育场地:2005 年,把全市学校体育场地计算在内,襄樊市每万人只拥有 3.3 个体育场地,人均拥有体育场地面积极少。个别县(市、区)没有室内体育馆。全市部分小学特别是乡镇农村小学没有标准体育场地。

场地结构及规划:至 2005 年底,全市体育系统 45 个体育场地中,室内场馆 11 个,占总数 0.6%;新兴娱乐项目场地较少;新建小区较少考虑同时建体育场地,同期建游泳池的寥寥数家;幸福小区有住宅楼 60 多栋,人口超过 7000 人,无一体育场地,仅有 20 世纪末才安装了几条健身路径;樊城区鹿角门社区近 3 万人口无一体育场地(除两所学校仅有两个篮球场除外);汉江北路—3542 厂—乔营小区一带近 50 家企业,占当地面积约 1/5,没有规划建设一块体育场地。

2.襄樊市重点体育场馆

襄樊市体育场:占地 128 亩,建筑设施面积 21000 平方米,投资 3000 多万元,能容纳观众 22000 人。1993 年建成投入使用,是鄂西北面积最大、功能最齐全的综合性体育场。拥有 400 米标准塑胶跑道和足球场。240 盏体育场专用金卤灯,照度达到承接省级以上夜场足球比赛的标准。配套建设有室内恒温游泳馆、跆拳道馆、网球场、瑜伽馆、健美健身中心。开设有田径、足球、游泳、跆拳道、健身、健美、瑜伽、网球等业训项目。体育场开设太极拳、舞蹈、健身秧歌、腰鼓、气功等大众健身项目,分时段开放体育场内场和健身场馆,为市民健身提供便利条件。体育场先后举办“襄樊市诸葛亮文化节”、“2000 年全省体育舞蹈比赛”、“哈萨克斯坦汽车表演赛”,“全国乙级足球联赛”、“宋祖英、刘欢、毛阿敏等明星演唱会”等大型文体活动。

襄樊市体育馆:1980 年建成并投入使用,总投资 200 万元,系钢混凝土结构。东西长 60 米,南北宽 40 米,最大高度 20 米,总建筑面积 2800 平方米。馆内共设有 4112 个座位,分东西两个看台和两个贵宾席,看台之间有 4 条通道相连。馆内吊顶距地面垂直高度 17 米,馆中心有一块长 34 米、宽 18 米的标准胶水地板,可供篮球、排球、手球、羽毛球、乒乓球、武术、体操、举重、柔道、棋类等项目的训练和比赛,还可供大型歌舞团、杂技团等文艺团体的演出和表演。馆内灯光、记分器、电子显示屏、音响等设施均属 20 世纪 80—90 年代国内先进水平。馆内空气流畅,气温适宜,采光面人,蜂状回音墙壁性能优良。体育馆一楼设有两个会议室,可分别供召集 50 余人和 20 余人的会议使用。同时与体育馆相配套的还有可供 200 余人住宿和就餐的招待所(于 1993 年用土地房产置换建设襄樊市体育中心以 2700 万元出售)。襄樊市体育馆先后举办市级、省级和国家大型体育赛事。1982 年承办全国男子四强篮球赛,1988 年举办全省排球联赛,1990 年举办“白鹤杯”全国篮球赛,1992 年举办“金蝶杯”全国女子四强篮球对抗赛,1992 年举办“七巧板”杯国际男子排球邀请赛。国家女篮、国家女排等高水平运动队曾多次在此登台献技。自 1980 年起,坚持不间断举办周末篮球赛,推动了襄樊市篮球运动项目的普及发展。

襄樊四中体育馆:建成于 1991 年,建筑 800 平方米,为全封闭式室内教学训练馆,当时是湖北重点中学第一座学校体育馆,固定座位 400 个,可进行篮球、乒乓球、排球、体操、武术、柔道、击剑等项目的教学训练及一般比赛。多次承担襄樊市各类室内项目比赛任务。常年对学生开放、使用率达到 95%以上。

襄樊五中逸夫体育馆:系香港广播公司董事长邵逸夫第 9 批赠款项目,由邵逸夫先生捐赠 60 万港元,省教委投资建设,建筑 2 800 平方米,总投资 300 余万元,于 1995 元 1 月动工,1996 年 6 月建成并投入使用。体育馆内有固定座位600余个,是一个拥有篮球场、排球场、羽毛球场、乒乓球训练房的综合性训练比赛用馆。附属有体育器材房、体质测试房、会议室、卫生间等配套设施。近年来,承接了国家级、省级、市级多项赛事。是五中学子运动训练和师生体育活动的重要场所。

襄樊市体校综合训练馆:1994年4月奠基,1998年8月18日建成投入使用,该馆总投资700万元,总建筑面积6 000平方米,可进行网球、篮球、排球、乒乓球、武术、柔道、摔跤、拳击、举重、健身等体育项目训练和全民健身活动。多次承办省市室内项目竞赛活动,全年向体校学生开放,节假日向社会开放,使用率超过95%。

襄阳县体育馆:1993年3月16日动工,1995年6月20日落成。占地5 100平方米,建筑4 700平方米,总投资480万元,观众容量1 500人。体育馆设计新颖,造型美观大方,馆前附楼4层,两侧各设2个楼梯,房顶呈钢梁网架结构。馆内设有电子自动计分显示器及音响、灯光等配套设施,可进行篮球、乒乓球、羽毛球、排球、柔道、摔跤、武术、健美操、棋类等多项比赛。1995年6月22日,承办湖北省青少年柔道比赛,同年7月18日,承办湖北省少年武术比赛。

宜城市体育馆:1999年建成投入使用,位于城区自忠路133号。该馆占地10亩,建设规格为42米×36米×12.5米,主体建筑2 600平方米,设固定座位1 700个,声光、电等基本设施配套。屋顶为螺栓球结构网架,屋面为双层镀锌板瓦,工程总造价300万元。可进行篮球、羽毛球、乒乓球、排球、武术、柔道、摔跤等项目训练比赛,还可举行较大规模会议和文艺演出。自1999年投入使用以来,承办了50余次襄樊市各类比赛,承办了宜城市教体局组织及各条战线、各系统、各体育协会的体育赛事。坚持常年向社会开放,为推动全民健身活动的开展发挥积极的作用。

宜城市游泳馆:占地4亩,泳池长25米,宽16米。2004年12月26日建成开馆。该馆是教体局招商引资项目,由民营企业家童云风先生投资兴建,开襄樊县级单位拥有室内游泳馆之先河。全年向市民开放,可满足广大市民参加游泳健身的需求,大大改善了宜城业余体校游泳项目的训练条件。

保康县体育馆:1993年10月建成,建筑面积900平方米,内设五级看台共1000个座位,安装有灯光、实木地板、液压升降有机玻璃篮球架,无电子计分计时系统,每年在此经常举办篮球、乒乓球、羽毛球等比赛,常年向社会开放。

枣阳市体育场:建于1998年,1999年6月正式动工,同年12月2日竣工。占地31 514.24平方米(其中看台及场地占地23 514.24平方米,停车场及人、车集散设施用地8 000平方米),总投资840万元。有看台座位11 426个(其中贵宾座位328个,观众座位11 098个),70米×100米足球场一个(草坪),标准半圆式400米跑道8条(煤渣)。能承办省级田径项目比赛、甲A级足球比赛、大型文艺演唱会、大型集会和大型商贸展销活动。体育场自建成以来,功能效益明显,先后举办了枣阳市第4届运动会(1999年12月)、湖北省首届体育先进乡镇运动会(2001年4月)、枣阳市第5届运动会(2004年10月)、枣阳市“中盐”杯家庭运动会(2005年6月)、大型网络歌手演唱会(2005年8月),连续举办了10届枣阳市小学生田径运动会。体育场全年对外开放,开放时间早晨(5:30—8:30),晚上(6:00—8:30),平均每天到体育场健身为数达300多人。

南漳县体育馆:1987年12月建成并投入使用。该馆占地1 852平方米,建筑1 000平方米,为混凝土框架结构,观众容量4 000人,可开展篮球、排球、乒乓球、武术、柔道、体操、举重、击剑、羽毛球等项目训练和竞赛,常年向社会开放。

老河口市综合训练体育馆:1989年建成投入使用,该馆长34米、宽24米、高9米,东西两侧看台约1 000个座位,可开展篮球、羽毛球、排球、乒乓球、武术、柔道、摔跤等项目的训练及竞赛。自建成至2005年多次承办省级、市级单项比赛,常年对市民开放,促进了该市全民健身活动的开展。

襄樊市体校排球训练馆:建于1986年,馆内铺设木质地板,面积480平方米(30米×16米),具有满足排球训练、比赛的照明设施。

襄樊市体校柔道训练馆：1998 年建成投入使用，位于学校综合训练馆内，面积 540 平方米(30 米×18 米)，标准地垫 80 块，通风、照明设施良好，训练设施齐全。

襄樊市体校举重训练馆：1998 年建成投入使用，位于学校综合训练馆内。面积达 540 平方米(30 米×18 米)，训练设施齐全，通风、照明设施良好。

襄樊市体校田径场：其历史可追溯到李宗仁创办的鄂北运动场。现拥有 2 片田径场，其中一片煤渣跑道田径场，一片塑胶跑道田径场。煤渣跑道田径场 2003 年全面翻修，400 米×8 道标准田径场；塑胶跑道田径场建于 2004 年，为 400 米×6 道标准田径场。

襄樊市体校游泳馆：1986 年建成投入使用，泳地长 25 米，宽 15 米，深水区 2 米，浅水区 0.7 米，灯光通风通气设施齐全，常年恒温，确保体校游泳项目全天候训练，暑期对青少年学生开放。其配套设施有男女浴室、锅炉房等，

襄樊市体校体操训练馆：1998 年建成投入使用，位于学校综合训练馆内。2004 年曾承办过湖北省“李小双”杯少儿体操比赛。

襄樊市体校篮球训练馆：1998 年建成投入使用，位于学校综合训练馆内。面积 1 500 平方米，有 2 块标准室内训练场地，全木质地板，通风、照明设施良好。曾经举办过湖北省“体校杯”篮球赛。

襄樊市体校网球训练馆：1998 年建成投入使用，位于学校综合训练馆内 2 楼，面积 1 200 平方米，有 2 块室内场地，塑胶地面，通风、照明设施良好，除训练外，训练馆常年对社会开放，使用率达 95% 以上。

襄樊市体校武术训练馆：1999 年建成投入使用，为独立场馆，面积 600 平方米，训练设施齐全，通风、照明设施良好。

襄樊学院综合训练馆：1995 年建成投入使用，东西长 150 米，南北宽 20 米，总建筑面积 6 000 平方米，1 楼为田径训练场地，2 楼为乒乓球训练场地，馆内通风、照明设施齐全。2000 年曾承办过全省大学生乒乓球比赛。

襄樊学院田径场：2004 年建成投入使用，为 400 米×8 道标准田径场，塑胶面层跑道田径场，场内铺设人造草坪，可进行足球项目训练竞赛活动。

襄樊市划船训练基地：襄樊市划船训练基地位于襄阳护城河上。训练基地水质清澈，水面平静，沿岸风景宜人。护城河全长 5.2 公里，护城河最宽处达 250 米，最窄处 130 米，总面积 48 公顷。2005 年建成船坞码头 1 座。

2004 年襄樊市体育场馆统计

表 32—2

场地名称	合计	体育系统	教育系统					其他系统
			合计	大学	中技	中学	小学	
体育场	11	5	5	1	—	4	—	1
体育馆	4	2	2	—	—	2	—	—
室内游泳池	6	1	1	—	—	1	—	4
有台室外池	4	3	—	—	—	—	—	1
无台室外池	11	4	2	—	—	2	—	5
灯光球场	22	5	1	—	—	1	—	16
篮球房	3	2	1	—	—	1	—	—
排球房	1	1	—	—	—	—	—	—
体操房	2	—	2	1	1	—	—	—
乒乓房	45	—	15	—	1	3	11	30

续表

场地名称	合计	体育系统	教育系统					其他系统
			合计	大学	中技	中学	小学	
举重房	2	1	1	1	—	—	—	—
健身房	17	1	—	—	—	—	—	16
棋类房	21	—	2	—	—	1	1	19
台球房	11	2	1	—	—	1	—	8
其他训练房	9	2	2	—	—	1	1	5
运动场	28	2	25	1	4	19	1	1
小运动场	650	—	—	—	1	151	491	7
足球场	15	—	11	—	1	4	6	4
室外网球场	3	—	—	—	—	—	—	3
室外轮滑场	5	1	—	—	—	—	—	4
篮球场	956	1	747	2	43	248	454	208
排球场	20	—	12	—	1	10	1	8
门球场	96	12	9	—	1	8	—	75
总计	1942	45	839	6	53	457	966	415

二、传统体育

襄樊民间传统体育历史悠久、项目众多、内容丰富。在体育设施缺乏和十分简陋的年代里，民间体育项目丰富了襄樊世世代代居民的体育生活，对强健民众体魄，发挥了巨大作用，也充分体现了劳动人民的创造力。如武术及气功、舞龙、舞狮、风筝、拔河等传统体育项目在襄樊民间十分普及。

（一）武术与气功

襄樊本地的武术可谓历史悠久、源远流长，其门派甚多，项目庞杂。既有北派的“硬功实劲”，也有南派的“轻灵活”。但总体看来，绝大多数拳类均系北派外家拳种。诸如少林洪门、少林小字门、少林形意门、少林心意门、辰意门、大智门、小智门、寺门、挂门、四花门等。1982 年初，原襄阳地区成立武术协会，席别头当选为武协副主席。当年在发掘传统项目武术时，席别头、邬永清、刘建武、龚建英等十几位老武师还积极收徒授武；邬永清并向国家奉献珍藏多年的短器械“日月凤凰轮”。自 80 年代初，市业余体校、各县（市）区业余体校、体育项目传统学校均开设武术训练班。进入 1990 年代，除各级各类业余体校设武术班外，民间个人开始举办武术培训活动，成立武术俱乐部。发展到今天，武术已成为襄樊在全国、全省的优势项目。全市每年参加习武健身者近万人，所习拳术、刀术、剑术、器械、气功达 46 套。1994 年 9 月成立襄樊市武术技击研究会。其宗旨是挖掘、整理、研究、继承、普及、提高和推广传统的中华武术。其职责是开展与有关武术发源地、高等学校体育、各类武协和拳（功）法研究会双向交流、研讨会及合作，以达到“取精华、去糟粕”，汇百家之长，兴中华武术，强国人体魄。其任务是推广传统武术，普及各类有价值的成果，使中华武术后继有人，发扬光大。1994 年成立“襄樊市武术运动学校”暨“襄樊武术馆”，该校以“习武强身、弘扬武术传统文化”为办学宗旨。该校（馆）长兼教练吴勇，少年时入少林寺拜师习武。1987 年毕业满师，同年考取嵩山少林寺武术学校武术教练职称。后又拜南京著名武术大师童以权为师，专习散打、气功以及传统拳法和器械。1998 年 3 月 28 日至 31 日，市体育市场管理办公室在樊城宾馆举办市直健身气功从业人员骨干培训班，培训内容包括传达“国家体委健身气功座谈会议精神”“气功与科学”“襄樊市健身气功发展态势”“健身气功从业人员应具备的条件及素质”“健身气功功派的相关性”等。有 318 名健身气功从业人员参加了培训并取得了传功资格。

（二）体育游艺

襄樊本地体育游艺活动历史悠久、内容广泛、形式生动活泼，群众喜闻乐见并踊跃参加。襄樊体育游艺可分为大型游艺、小型游戏和体育风俗游艺三种。

1.大型游艺

每逢春节、庙会、喜庆吉日，城镇、乡村都有大型游艺活动举行。常有集镇居民、乡村民众自发组织，一经倡导，便募集资金，集体排练，届时集会夺魁。常见的有耍狮子、踩高跷、舞龙灯、划旱船、故事、蚌壳精、大头和尚、杂耍表演、牵犟驴等。

舞龙舞狮：襄樊本地民间大型体育游艺之一。历史悠久，流传甚广，深受群众欢迎。常在春节期间或正月十五左右举行。20 世纪 80 年代，每年正月十五元宵节，市体委、市文化局联合在市人民广场举行舞龙舞狮表演。90 年代以后，全市及各县（市）区共有彩龙 39 条，彩狮子 22 头，每年在人民广场或市体育场举行表演赛，并得社会各方的大力支持，确保舞龙舞狮活动有足够的经费保证。广大农村地区，人们在喜庆日子里在乡村广场、田间地头用舞龙来祈祷龙的保佑，以求得风调雨顺、五谷丰登。2003 年，襄樊举办首届舞龙舞狮大赛，襄阳区获一等奖、襄阳轴承厂东风公司获二等奖，宜城市获三等奖，2004 年第 2 届“新襄阳杯”舞龙舞狮大赛有 11 支代表队 35 条彩龙、21 头彩狮子参加表演。2005 年第 3 届“中国移动杯”舞龙舞狮大赛，有 10 支代表队 39 条彩龙、22 头彩狮子参加表演。老河口、襄阳区获一等奖，宜城市、枣阳市、谷城县获二等奖，樊城区、襄城区、汽车产业开发区、高新区、南漳县获三等奖。

风筝：1991 年，“襄樊市首届风筝节”在谷城县石花镇举行，全市有 300 多人共放飞 1 000 多面风筝，并把每年三月三日定为风筝节。至 2005 年共举办 25 届。历届风筝节参与面广，学校、机关、企业、农村均有开展；参与人数在 3 万人次以上。全市有一大批制作风筝的传统艺人。谷城县石花镇把这一群众喜闻乐见、老少咸宜的风筝赛事作为体育活动中的特色来抓，并成立协会，负责技术指导，吸引镇内群众和周边乡镇风筝爱好者前来参加，在社会上产生较大的影响。1990 年石花镇政府在六〇桥西 3 公里河滩上，清除杂物，推平沙土，建成 3 公里长，宽 100 米的草坪，两边河堤建成风筝观礼台，在 3 公里河道中点建成一个风筝指挥台（评委台），形成一个永久性基地。2003 年 3 月 18 日，谷城县被湖北省农民体育协会命名为“湖北省农民体育协会风筝运动项目基地”。同年 10 月石花风筝队代表湖北省参加在广东省阳江市举办的全国风筝锦标赛，获得三等奖。

踩高跷：系襄樊本地群众喜好的体育游艺节目。表演时，由男女青年化装，腿绑木制高跷，结队走八字步，进退穿插，左右摇摆，动作协调优美，伴唱民间小调，具有浓厚的地方色彩。其活跃的“丑角”，以身形矫健、手脚灵活的青年扮演，腿绑 2 尺许高跷，行进中，时翻滚、时腾越、时劈叉，动作敏捷，技术娴熟。时有扭捏作态，形象滑稽，令人捧腹而笑。高跷表演还有舞狮子、拉犟驴、叠罗汉、凤凰展翅、蜻蜓点水、苏秦佩剑、朝天一炷香等成套动作，表演的内容常以传统的《虎牢关三英战吕布》《八大锤大闹朱仙镇》《桃园三结义》《穆桂英大破天门镇》《杨家将》《闹天宫》等历史戏剧，并以其中代表人物为主题，让人“一见人物便知其内容”。新中国成立后，着重表演工农兵形象。改革开放 30 年，经济发展，思想解放，各种光彩夺目的古装戏曲人物又开始走上街头。襄樊市区、各县（市）区、街道办事处、乡镇，每逢春节或吉庆佳日均有秧歌、踩跷表演。

故事："故事"一般配有其他游艺节目，于正月初二至十五进行，游行时用车拉着，前呼后拥，缓缓向前。故事分"平台"和"高台"两种。平台根据规模大小采用大方桌或木床，四周扎成布景，台上站有扮演各故事的剧中人物；高台则分两层，人站在最上层，或坐或立在某种"信子"上（"信子"即隐蔽支撑的一种钢铁支架，常利用人眼睛的错觉，使观众产生奇特感）。"信子"则安装于意想不到的地方，如马尾巴上，老虎头上，甚至龙的口中。高台故事人物、角色多由幼龄儿童化装扮演，如《白蛇传》《盗仙草》《梁祝姻缘》《杨八姐游春》《三打白骨精》《武松打虎》《空城计》，以及现代的《红灯记》《智取威虎山》等，并以绳索缚其双足，固定在网架上。新中国成立前常采取人推马拉的办法，新中国成立后则以大型彩车所取代。一般用汽车、卡车，四周围上伪装、布景等。沿街游走，以烘托节日气氛。

大头和尚：元宵节前后，人们常以蔑扎纸糊，衬布做成极大的人头，套在扮演者的头上，上街游行。此节目多以集体舞蹈、古戏、民间故事等形式，浓妆艳裹，游走于市，且做出各种各样滑稽动作，以博得众人欢笑，造成一种热闹气氛。这项活动全市各地均有开展。

杂耍表演：一般在春节期间，几个舞枪弄棒的拳师，夹杂在游行队伍中或掺杂在其他节目中。如"耍狮子"、"舞龙灯"等，届时，突然几个空心跟头翻到狮子或龙头前面，或征服狮子，或与龙逗耍，或趁游行队伍停下来围出一块场子，赤膊上阵，表演一段拳术、气功、对练等。此法以武功见长者取胜。

2.小型游戏

过五关：又称"越背比赛"，类似现代体操运动中的跳马或跳箱动作。玩耍时，由一人弯腰挺背，其他人则一个接一个地从其背上越过，谁若失败或胆小，谁就充当弯腰者，让别人越过。因越背总共分五个不同的高度，故又称"过五关"。所谓"五关"（系按勾腰人手放的位置），即指脚脖、小腿、膝头、大腿、叉腰五个部位。此游戏主要锻炼人的弹跳、灵活及勇敢精神。民国六年（1917）省立襄阳二师运动会时，经李时等人将此游戏略加改进，变成"越背竞走"，纳入运动会的竞赛项目。参与此项游戏活动以初中以下青少年学生居多。

踢毽子：是本地民间流传较早和广泛开展的一个传统体育项目。系由古代蹴鞠运动演变面来。据考，踢毽子起源于汉代，盛行于随唐、六朝。据《鄂北民教》记载，襄阳民众教育馆自1933年以来，几乎每年举办一次踢毽子比赛，比赛项目分文武两式。文式有"踢、雷鼓、单杆、双杆、张李和尚、内浪荡、外浪荡、脑壳、脸巴儿、腊"十种；武式有："九、由玄、捧、巴横、巴径、拉仿、开弓九、不落地玄"10种。1952年春，襄阳县双沟镇小学举行了一次踢毽子比赛，其中四年级学生肖喜娃，动作熟练，一次能踢300对儿。五年级学生董颇志，一次踢100对儿"玄由踢"。90年代毽子改称为毽球，各体育大专院校开设毽球专业，2005年襄樊参加省毽球教练员、裁判员培训，并将襄樊毽球基地设在襄阳区二中。

图 32—2 袋鼠跳

掰手腕：掰手腕，两对手分坐桌子两侧，掰腕手互相握好，肘部压在桌面上，另一手手心向下与胸平行平放在桌子上面，当听到裁判员"开始"的口令后，双方开始用力掰手腕。当一方将另一方手掰到桌面上后，一局结束，每场比赛采取三战二胜制，顺序为右手、左手、右手，并交换场地。

斗斗鸡：斗斗鸡参加人数须是偶数，先把参赛人数按实力平均分为人数相等的两组，两人一组面对面站立，参赛者分别把一条腿弯曲起来，用双手抓住脚（腿在前面弯曲），用弯曲起来的那条腿的膝盖去顶或挑对方的膝盖，尽量使对方握住脚的手松手，但不可用手推，用手推则算犯规被罚下，在对抗中弯起的腿掉下来的人算输。

图 32—3 摸石头过河

图 32—4 趣味活动

（三）龙舟竞渡

龙舟竞渡源于战国时期，为楚地之节令风俗性体育活动，一般在靠近江河湖泊的地方始见流行。襄樊本地因有汉水自西向东穿越而过，且支流成网，故此盛行。如汉江中游的老河口市，中下游的襄樊市区、宜城、襄阳县的东津湾、双沟、太平、唐白河汇集口等地均有开展。在漫长的封建社会，因体育无专门机构和人员管理，也很少有人提倡，故竞赛活动时停时兴。但自从“省立襄阳民众教育馆”和“乐康体育协会”（樊城商会成立的体育组织）建立以后，这里的龙舟活动便形成了规律。1936 年初，襄阳民众教育馆为提倡水上运动，鼓励民众勇敢奋斗精神，曾联合襄阳党部，在襄樊二城发起并办了“第 1 届民众划船竞赛大会”，共有 15 个代表队报名参加比赛。具体分组为学生组（4 个队）、市民组（9 个队）、军警组（2 个队），每大组之间不进行比赛。比赛结果市民组冠军为鲁肃队；学生组冠军为陆逊队；军警组因故中止比赛，未决出名次。此后，襄阳民众教育馆又利用“乐康体育协会”的名誉举办过多次端午节“龙舟竞渡”活动。新中国成立后直到“文化大革命”前，仍断断续续地时有举行。除此之外，襄阳县张湾镇、东津镇、光化县老河口镇龙舟活动十分活跃，尤其以老河口最为精彩。此活动自“文化大革命”开始后即中断，至今尚未恢复。

（四）棋类活动

中国象棋在襄樊流行甚广，老河口的李金福，抗日战争以前棋艺闻名鄂西北及豫南诸县。在襄樊由于民众教育馆和乐康体育协会大力提倡正当娱乐，提供弈棋场所，举办各类比赛，组织弈棋社，推选精于棋艺的梁其任为干事，故使襄樊的弈棋活动有较快的发展，参加弈棋活动的人数与日俱增。新中国成立后人民安居乐业，棋类爱好者更加普通，逐步兴起了国际象棋、围棋、军棋、跳棋。1965 年前，樊城的四官殿各茶馆、市文化宫、人民公园均有人一面品茶、一面下棋，为中国象棋开展活动阵地。市体委、市总工会也经常举办一些节假日职工弈棋活动。1978 年以后，棋类爱好者多集中于襄樊市体育馆，工人文化宫等地进行切磋。各单位工会建立“职工之家”“老年人活动室”，可供职工业余时间乘兴对奕。每年元旦、春节、“五一”、“十一”市体委还举办棋类比赛。1974 年，本市运动员刘力在湖北省第 4 届运动会上，荣获围棋冠军，在 1978 年省 5 运会上再次夺得围棋冠军。1982 年参加省 6 运会棋类比赛，襄樊市获中国象棋团体第 6 名。1986 年举办的省 7 运会棋类比赛中老河口运动员秦如意、沈光华又分获中国象棋成人组个人第 4 名和第 5 名。1982 年 12 月经老河口市倡议并于当地举办了“鄂豫地区首届棋类邀请赛”，参加单位有十堰市、襄樊市、丹江口市、老河口市、宜城县和河南邓县。1983 年在十堰市、1984 年在丹江口市、1985 年 12 月在河南邓县，分别举办了第 2 届、第 3 届、第 4 届邀请赛。在这 4 届邀请赛中，老河口市获中国象棋团体赛冠军 3 次，围棋团体赛第 2 名 2 次。襄樊市选手秦如意获中国象棋冠军 2 次，第 2 名 1 次。1985 年 8 月湖北省体委还在该市设“青少年棋类班”当年收学员 5 人。

进入 20 世纪 90 年代，城区各大型幼儿园开设棋类兴趣班，民间开办棋类俱乐部，2000 年市体培中心开设棋类培训班。各俱乐部及体培中心坚持每年分年龄组等级培训。2003 年举办了全市幼儿棋类竞赛活动有 15 个代表队 125 名小选手参加了竞赛。在 1990 年省 8 运会上，襄樊中国象棋代表队获团体第 2 名；马永平获男子个人第 1 名；张东雷获女子个人第 6 名。在 1994 年省 9 运会上，市青少年中国象棋代表队获团体第 5 名；许鹤获国际象棋第 5 名；女子组田原获个人第 5 名，刘襄琳获国际象棋第 2 名；市成年人代表队获中国象棋团体冠军，陈卫东获男子组国际象棋第 4 名，叶娟、马媛分获女子组围棋个人第 2 名和第 3 名。在 2003 年第 11 届省运会上，市农民类中国象棋代表队获男女团体第 3 名。其中刘友安获男子个人第 4 名；张颖获女子个人第 5 名。1998—2005 年每年举办一届“襄樊—十堰—南阳三地中国像棋竞赛”，其中 6 届襄樊获团体冠军。市体培中心中国象棋代表队每年参加市级比赛均获团体冠军；参加省级比赛获第 3 名；2005 年参加全国比赛获中国象棋个人第 5 名。

襄樊棋院于 2001 年 9 月 16 日挂牌成立。棋院致力于棋类运动的普及和发展，发起承办了省三项棋类赛，鄂豫陕三市擂台赛，襄樊业余围棋定段定级赛等一系列成人及少儿赛事，培养了一批优秀棋手。2005 年秋，时任中国棋院院长王汝南抵樊，在襄樊棋院举行座谈，激励襄樊棋类工作者继续努力，扩大棋类运动的社会影响力，加快棋类运动的发展。棋院棋类培训中心下设围棋部、中国象棋部、国际象棋部。其中围棋部是湖北省体育局棋牌运动管理中心注册的湖北省青少年围棋培训单位，师资力量雄厚，已有三名老师取得国家一级裁判证书。棋院长期热心于少儿围棋教育，已先后培养了数百名优秀少儿棋手，并在省市比赛中多次取得优异成绩。多年来，棋院先后进入市一实小、昭明小学、市二实小、东风小学二部、木马幼儿园、文体幼儿园、襄城实验小学等市内多所小学幼儿园，在小学生和幼儿中开展棋类启蒙教育。

1.襄樊棋院活动开展

2001 年举办“拓新科技杯”职业围棋表演赛，第 1 届“477 健康杯”中国象棋赛；2002 年举办“楚风汉韵看襄樊”省三项棋类赛；2003 年，举办文化公安战线围棋对抗赛；2005 年举办文化公安战线围棋对抗赛；2005 年举办“印协杯”少儿围棋定段升级赛，组队参加襄樊市文体局组织的每届少儿三项棋类比赛；2003—2005 年，连续举办三届鄂豫边三市围棋象棋擂台赛。

2.襄樊棋院学员取得名次

学员获 2001 年“土地杯”围棋两组第 1 名；2002 年“鱼梁洲杯”围棋乙组第 1 名；2003 年“育苗杯”围棋甲组第 1、2 名，乙组第 1、2 名；2004 年“育苗杯”围棋甲组第 1、2、3 名，乙组第 1、2 名，丙组第 2 名；2004 年市 1 运会围棋甲组第 1、2 名，乙组第 1、2 名，甲组团体第 1 名，乙组团体第 1 名；2005 年“育苗杯”围棋甲组第 1、2、3 名，丙组第 2、3、4 名，丁组第 1 名。2005 年湖北省少儿中国象棋比赛获 4 学员获个冠军(3 男 1 女)。1994 年，省第 9 届运会获国际象棋女子队获银牌，男子第 5 名。学员刘襄林成为省专业队队员，在国家级比赛中多次取得较好成绩，获得国家大师称号。

3.襄樊棋院主要教练员

张虎，襄樊棋院围棋教练员，围棋业余5段。1998年，参加第8届"芙蓉杯"围棋赛获第2名；参加第11届"芙蓉杯"围棋赛获第2名；同年参加第2届名人战获第2名，市第7届城区运动会获围棋第3名，并获得最佳运动员称号；2004年参加第17届"芙蓉杯"围棋比赛获第3名。张虎还参加了第9、10届省运会围棋比赛。马永平，襄樊棋院中国象棋培训部主教练，棋协象棋大师，2005年获"湖北省优秀象棋教练"称号。1989年参加省8运会，获青少年组象棋冠军；1990年获襄樊成人赛冠军，省成人赛第6名；1992年，获湖北省成人赛冠军，全国农运会第5名；1993年获湖北省成人赛冠军，全国业余大赛第10名；1994年湖北省农运会冠军，湖北省成人赛亚军；1995年获襄樊地区冠军。王雄英，襄樊棋院国际象棋培训部主教练。1965年，参加在北京举办的全国少儿国际象棋比赛获儿童组第5名；1986年，参加湖北省比赛获第10名。

（五）拔河

拔河源于距今2400年前春秋时期的楚国。楚国地处大江南北，水道纵横，除陆军外，还有一支强大的水军，并曾发明一种称之为"钩拒"的兵器，专门用于水上作战。后来钩拒从军中流传至民间，演变为拔河比赛。所以改称"钩拒之戏"（亦称"牵钩之戏"）为"拔河"。至唐代始为纯粹的嬉戏性、娱乐性拔河。唐朝时，由于中宗、玄宗的喜爱与提倡，牵钩由荆楚地区的地方性习俗，迅速发展为走向全国的全民性竞技项目。"唐中宗曾命三品以上的勋臣命官分队拔河"古代参加拔河的人数较多。大绳正中插一根大旗，旗的两边划两条竖线，称为河界线。比赛时，以河界线为胜负标志，一声令下，河界两边选手紧挽绳索，"使相牵引"，围观者"震鼓叫噪，为之鼓劲"。据考证，拔河亦有"挽拔天河，使之倒灌"之意，具有浓厚的"祈求风调雨顺、五谷丰登"的民俗性、节令性色彩。

现代拔河比赛中，较量的团队每边有8人，团队的总体重不得超过参加组别的指定重量。双方的人马分别站在圆周约10厘米的绳索的两端，面向对手。绳子正中标有中线，再于中线左右离开4米画出标志。绳子中线对齐地面划好的一条直界线，比赛于一声号令下开始。双方团队使劲往自己方向拉扯绳子，对手那边的标志超越了地面界线、或者对手犯规坐下或倒下，即当胜出。此项目在1900年第2届法国巴黎奥林匹克运动会中列为正式竞赛项目，至1920年第5次也是最后一次列入，后停办。

作为民众喜闻乐见的健身运动方式，拔河运动已被列入全国农民运动会及全国少数民族运动会比赛项目。按照国际规则每支队伍由8人组成，级别设置：女子从人均体重60公斤起，男子从人均体重70公斤起。襄樊市拔河比赛具有广泛的群众基础，每届市直机关运动会、社区运动会、大型企事业单位职工运动会、乡镇运动会，均设有拔河项目的比赛活动，拔河运动在襄樊具有强大的生命力。

三、群众体育

(一)大型活动

1.迎春长跑(春季长跑)

从1978年起,在各系统举行长跑比赛的基础上,由市体委(2002年后为文化体育局)组织的市级迎春长跑活动每年举办一届,形成传统,直至2005年。参加历届长跑活动的有学生、企事业单位职工、机关干部、军人。人数最多的一届是1982年,达5 000余人;最少的年份是1996年,1500人。在襄樊,长跑活动具有一定的群众基础。参加者年龄最大的80岁,年龄最小的7岁。从1980—2005年参加迎春长跑的总人数超过15万人次。1984年以前该项比赛按老年、职工和学生男女6个组别进行;1985年后分成年和学生男女4个组别进行。男子组的赛程为10 000米,女子组为5 000米。线路起点为人民广场,经大庆东路、三元路、春园路,终点站为市体育场。1993年男女起点为南湖广场,经胜利街、长虹路,男子终点为市体育场,女子终点为长虹桥北。1996年起点改为市体育场,经铁十一局、新华路、春园路、长虹路,终点为市体育场,总长10 000米。20世纪80年代初,市级迎春长跑活动的组织工作由市体委、市总工会、共青团、市妇联、市教委、市卫生局、市公安局等单位联合举办,经费由市财政专款划拨。90年代起该项活动由企业和社会冠名。1996年,为纪念贺龙诞辰100周年,市体委于当年3月10日在市体育场举行市区"高路华"杯春季长跑,市区1500名工人、学生、解放军、机关干部参加了长跑。其中男运动员1 000名,女运动员500名。1996年,孙允刚、马春玲、姚超分获男子组前3名;郭华玲、汪艳华、柯书玲分获女子组前3名。1998—2000年连续3年"统一绿茶"杯等均由社会赞助举办的迎春长跑活动。

2.迎亚运火炬接力活动

1990年9月12日上午8时,襄樊市第11届"亚运之光"火炬交接传递仪式在襄樊人民广场隆重举行。市委、市政府、市人大、市政协、市纪委、市总工会、襄樊军分区领导出席了火炬交接仪式。仪式由市政府副市长焦泽浩主持,市委副书记鄂万友讲话,市委书记章治文点燃主火炬,副市长吴德兴点燃各县(市)区分火炬。交接仪式结束后,城区举行了由320名运动员、武警战士组成象征着"团结、友谊、进步"的长跑活动。长跑路线由市人民广场经襄樊电影院、汉江一桥、鼓楼商场至青山路口,全长15公里。同年9月13日上午,各县(市)区分别在政府所在地举行了亚运火炬交接传递活动。其中5县3市还将亚运火种辐射到有条件的乡镇、学校及厂矿。据统计,全市共有44个乡镇550个厂矿、机关、学校参与了火炬接力活动,参加长跑的人数达到10余万人,行程近千公里。

3.周末篮球赛

自1980年原市体育馆建成并投入使用,至1993年市体育馆及所属土地出让置换启动市体育中心建设13年间,市体委为丰富广大市民文体生活,推动篮球运动的普及和发展,联合市教委、市总工会每逢周末举办篮球比赛。参加周末篮球比赛的队伍来自市区物资局、汽车运输公司、青山机械厂、汉江机械厂、纺织机械厂、税务局、粮食局、襄樊四中、襄樊五中、铁路分局、市直机关联队等40多支队伍,轮换参加友谊赛。每周末4个队组织两场比赛,每晚观众达3 000人。其间周边地市如南阳、十堰、荆门、宜昌前来观摩并组队参与比赛。13年期间共进行了624场比赛,参赛运动员31 200余人次,观看比赛观众1872000多人次。赛事所需经费在1985年以前由市体委补贴一部分、门票销售筹集一部分(当时每张门票0.5元)。1985年以后主要由企事业单位和社会支持,以及门票收入组织比赛。时任省体委主任刘贵乙多次组织省体委机关、省直及各地(市)州体育场馆负责人前去观摩,在全省推广襄樊经验。1985 年全国体育馆工作会议在江苏扬州举行,市体育馆负责人徐生恒参加会议,并在会上作了典型发言。

(二)幼儿体育

中共十一届三中全会后,全市涌现一批体育活动开展得较好的幼儿园,如市直机关第一幼儿园、第二幼儿园、铁路幼儿园、棉纺幼儿园、轴承厂幼儿园、商业幼儿园、湖北化纤厂幼儿园、文体幼儿园、木马幼儿园(个人办)。

每年的“六一”儿童节,各县(市)区及大型民办幼儿园几乎都要举行隆重的“幼儿运动会”,届时有大型团体操表演、各类体育比赛、幼儿节目调演等。除此之外,共青团、体委、工会、妇联等组织每有大型活动,幼儿都要参加歌舞表演、团体操、藤圈舞、武术、拔河、文艺节目、献花等。城区、各县(市)直属幼儿园、各系统幼儿园、民办大型幼儿园,随着条件的进一步改善,在师资力量配置上,考虑到家长培养幼儿体育兴趣的需求,开办幼棋类、乒乓球、武术、幼儿基本操、跆拳道等项的培训。襄樊棋院同市区 10 余家幼儿园联手开办开展三项棋兴趣班。全市 80%的幼儿园开设体育特长班,90%的幼儿园开展体育活动。2003 年 1 月 13 日至 14 日, 襄樊市第 2 届少年儿童三项棋比赛在襄樊市体育培训中心举行,全市共有县市区在内 15 支代表队 125 名运动员参加了比赛。化纤厂幼儿园自 2000 年参加全省幼儿基本操年度竞赛获 0.5 枚金牌,2002 年获 1 枚金牌。2002 年湖北化纤厂幼儿体操代表队参加全国幼儿基本体操大赛,夺取第 1 名,并被国家体育总局作为唯一幼儿基本体操,邀请参加纪念毛泽东题词 50 周年全民健身展示大会,并且出访了马来西亚、新加坡、等国家和我国香港地区,被襄樊市文化体育局指定为襄樊幼儿基本体操培训基地。市体校、宜城市直机关幼儿园,利用自身有利条件,开展幼儿早期游泳训练的尝试,收到较好的效果。

(三)学校体育

1979—2005 年,全市各级各类学校认真贯彻《学校体育工作条例》,都配有专职体育老师,坚持“两课两操三活动”,保证学生每天 1 小时的体育锻炼时间,广泛开展校园竞赛活动。中心以上学校每年组织体育竞赛达 4 次以上。1980—1988 年,各级中小学在“改革、开放、搞活”方针指引下进行学校体育改革的探索,涌现一批传统项目学校和个人。如老河口市一中、宜城城关中学、襄樊三中、四中、五中、宜城南街小学、八小、枣阳广场学校、随州一中等,以及优秀体育教师谭绍纹、秦良超、李尚芳、刘永安、邱光勇等。

1981 年 7 月,省教育厅、省体委认真贯彻《扬州会议》精神,举办“湖北省重点中学运动会”。1983—1984 年,为贯彻扬州会议和西安会议精神,促进中小学体育、卫生工作《两个暂行规定》的进一步落实,市体委、市教委、市卫生局三家组成“襄樊市重点中小学落实《两个暂行规定》检查验收团”,分别对 23 所中学、17 所小学共 40 所学校进行检查验收。除 3 个二中(襄樊二中、枣阳二中、襄阳二中)尚不合格外,其余中小学均通过检查验收,达到合格要求。

1984 年,市体委配合市教委深入学校,广泛开展“两课、两操、两活动”和体育“达标”,全市达标率只有 32%。1984—1985 年连续两年对市区 7—18 岁 6 010 名中小学生在形态、素质、健康方面进行了调查,取得了 126 210 个可靠数据,这对研究全市中小学生健康状况、改进体育工作是一个很大的贡献。在全省达标评比中,全省 17 所中学被评为“达标”先进单位,襄樊市随州一中、南樟一中和襄樊四中3所学校受到上级有关部门的表彰。

1986年,各级各类学校认真贯彻《学校体育工作条例》,全市参加体育锻炼的学生为978130人,占在校生的95.5%,通过《国家体育锻炼标准》人数为327850人,占适龄学生的52%,宜城城关中学被评为全省传统学校先进单位,老河口市江山机械厂子弟学校被评为全省"达标"先进学校。

1987年,全市各级各类学校重视学生的全面发展,将体育课与课外活动相结合,运动队与全校运动会相结合,体育传统项目学校与一般学校相结合,经常性体育锻炼与春秋季两届运动会相结合,长期规划与短期安排相结合,体育教学研究与运动训练相结合,体育场地建设与规划、扩建校舍相结合,使全市学校体育工作提高到一个新的水平。

1988年,省市联合抽样测验,全市平均达标率为65.4%。其中,市区适龄学生达标率为78%,乡镇中小学达标率为60.2%,全市73所重点中学达标率为82%,29所传统项目学校平均达标率为87.5%。襄樊市体育达标活动受到省体委和省教委的表彰。

1989年,全面推广第5套少儿广播(韵律)体操和第7套儿童广播(韵律)体操,举办了3期培训班,培训人员达150人,组织了1500名学生参加的广播(韵律)体操大奖赛。全市有95%的中小学坚持了"两课、两操、两活动",80%的学校实施新的广播(韵律)体操,有415000名在籍学生达到国家体委颁布的《体育锻炼标准》,达标率为60.5%,市区中小学校达标率在85%以上,达标率居湖北省综合评比第3名,随州一中被评为全省和全国体育达标先进单位,南障县一中被评为湖北省体育达标先进单位。

1990年,在省级以上中小学体育竞赛中,襄樊共夺得金牌32枚,银牌21枚,铜牌24枚。同年11月市体委组成检查组,对3市4区5县的36所传统项目学校进行了全面评审,16所中小学被评为体育传统项目先进学校;16人被评为体育传统项目学校先进工作者。

1992年,全市乡镇以上的教育主管部门先后成立了中小学体育中心教研组。90%以上的学校完成体育教学大纲任务,全市在籍学生按《国家体育锻炼标准》检查达标率为80%,其中优秀率为11.6%,良好率为22%。

1993年3月,市体委、市教委对5县3市4区40所学校进行了贯彻《学校体育工作条例》的检查。枣阳、宜城、樊西、襄阳县等18所学校受到表彰。当年全市在籍适龄学生达标率为85%。同年,市布局体育项目学校69所,省布局传统项目学校11所。同年6月,市体委、市教委对省、市传统项目学校进行检查评比,共评出优秀级10所,良好级13所,合格14所,不合格5所。全年举办中小学体育竞赛68次,通讯赛32次,参加学生达31万人次。同年,襄樊一技校、襄阳县东津镇一中、随州市体校、襄樊市体校被评为国家级先进单位。

1994年2月16日,市体委同教育部门印发关于贯彻《学校体育工作条例》实施细则,重点解决学校体育师资配备和培训、农村中小学校体育课教学、学校体育器材配备、体育场地设施等一系列问题,普遍实施《国家体育锻炼标准》。

1996年,学校体育以贯彻实施《学校体育工作条例》和《国家体育锻炼标准》为重点,配合教育部门抓好"两课两操两活动"和"雏鹰起飞"工作,抓好适龄学生的体育达标。会同教育部门对各县(市)区中小学生体育达标情况进行检查。

1997年,市体委同教育、卫生部门联合召开学校体育卫生工作会议,下发《襄樊市1997年学校体育卫生工作安排意见》,部署全年体育、卫生工作。同时,推广第8套广播体操,培训领操员200名。市区学校第8套广播体操普及率达100%,农村学校普及率85%。同年10月,市区举行声势浩大的第8套广播体操竞赛。当年,《学校体育工作条例》实施面达到100%。

1998年,市体委、市教委、市卫生局联合出台学校体育卫生安排意见,举办市第9届中学生田径运动会,组队参加湖北省雏鹰起飞小能手竞赛,举办"为祖国而锻炼健康奔向21世纪"长跑活动。

2000年，全年举办各级各类学校体育比赛350余场次，参加运动员63000余人次。同时，深入开展课外体育活动，特别是“减负”后通过开展各种形式的课余训练和校园体育竞赛活动，有效地激发了广大学生参加体育锻炼的热情，促进了广大学生身心素质健康发展。全市各县（市）区中心学校分别举办3—4次综合或单项运动会。各乡镇教管会还分别举办本辖区小学生运动会。枣阳市熊河镇熊河小学被湖北省实施《全民健身计划纲要》委员会命名为“先进单位”。

2003年，在学校推行贯彻国家教育部颁布的《学生体质健康标准》，以增强学生体质，保证学生“两课、两操一活动”的开展。坚持在各级各类学校实施“一二一”工程。同时，在全市开展“中小学生课外文体活动工程示范区”评选活动，加大学校体育工作力度，使学生体质有一定的改观，学校体育有了长远发展，参加体育锻炼适龄学生达92万人。2004年，市第七中学、襄阳第一高级中学被国家体育总局批准为“国家第六批青少年体育俱乐部”。

1.校级体育运动会

各级各类学校每年举办春秋两届运动会，开设田径、球类项目。适龄学生体质达标率逐年提升，2005年合格率达到85%。同时，推广健身操及第7、8套广播体操竞赛和表演，参加竞赛及表演赛的学生达在校生人数的60%以上。

2.县级运动会

襄樊各县（市）区定期开展各类综合运动会或单项比赛，有田径、球类、长跑、健身操、广播体操展演竞赛等，提高了广大师生参加体育锻炼的意识，为学校体育工作发展奠定了良好的基础。

3.市级运动会

襄樊市每2年举办1次全市中学生田径运动会，市属各县区积极参与，参与人数逐年增多（见表32 3）。

襄樊市第三届中学生田径运动会：1986年4月1—2日在老河口市举行。参加运动会的有6县2市4区12支代表队，运动员、教练员、裁判员共计500余人。比赛分甲、乙组进行，获甲组前6名的代表队分别是老河口市、襄城区、宜城县、樊东区、南漳县、随州市；获乙组前6名的代表队是老河口市、襄阳县、随州市、宜城县、樊东区、樊西区。老河口市和保康县被评为“精神文明礼貌队”。

襄樊市第五届中学生田径运动会：1990年5月2—3日在宜城县第一中学举行，全市共有17支代表队286名运动员参赛。获高中组团体总分前6名的代表队分别是宜城县、南漳县、襄樊五中、老河口市、铁一中、随州市；初中组前6名代表队分别是：老河口市、宜城县、谷城县、襄城区、南漳县，宜城市；郊区代表队获“精神文明运动队”奖励。本届运动会上，共有7人达到国家2级运动员标准，其中男子100米项目襄樊五中刘贵涛以10”78的成绩破襄樊市纪录；谷城县代表队女子队员黄有巧100米跑出12”89的好成绩。

襄樊市第六届中学生田径运动会：1992年4月25—26日在老河口市第一中学举办，共有18支代表队352名运动员参赛，设比赛项目8个。获高中男子组团体总分前6名的代表队分别是老河口市、襄樊一中、宜城市、枣阳市、南漳县、襄樊五中；高中女子组团体总分前6名的代表队分别是老河口市、襄樊四中、宜城市、南漳县、枣阳市、随州市；初中男子组团体总分前6名的代表队分别是宜城市、枣阳市、老河口市、谷城、襄城、襄阳；初中女子组团体总分前6名的代表队分别是老河口、襄阳、谷城、枣阳、宜城、樊西。获体育道德风尚奖的单位是老河口。本届运动会上有4人5项次达到国家2级运动员标准，其中襄樊四中代表队宁峰赛出女子铁饼42.16米、铅球12.61米的好成绩；铁路分局代表队郭容取得男子跳高1.87米的好成绩。

襄樊市第七届中学生田径运动会:1994 年 4 月 26—27 日在南漳县第一中学举办，共有 21 支代表队 361 名运动员参赛,设比赛项目 58 个。获高中男子组团体总分前 6 名的代表队分别是宜城、襄樊五中、随州、襄阳、枣阳、随州;高中女子团体总分前 6 名的代表队分别是襄樊四中、宜城、南漳、老河口、襄樊五中、襄阳县;初中男子组团体总分前 6 名的代表队分别是南漳、宜城、樊西、枣阳、谷城、随州;初中女子组团体总分前 6 名的代表队分别是宜城、枣阳、南漳、襄樊一中、随州、谷城。体育道德风尚奖获奖单位是南漳、宜城。

襄樊市第八届中学生田径运动会:1996 年 5 月 3—5 日在樊城区第三十二中学举行,各县(市)区教委、市直各中学、襄铁普教委、襄北农场、襄南监狱、汽车产业开发区、高新技术开发区管理委员会共 21 支代表队 384 名运动员参赛。设比赛项目 62 个,其中高中男生组设 17 个比赛项目、高中女生组设 16 个比赛项目,初中男生组设 15 个比赛项目、初中女生组设 14 个比赛项目。

襄樊市第九届中学生田径运动会:1998 年 4 月 29—30 日在谷城县第一中学举行,各县(市)区教委、市直各中学、襄铁普教委、襄北农场、襄南监狱、汽车产业开发区共 21 支代表队 404 名运动员参赛,设比赛项目 62 个。获高中男子组前 6 名的代表队分别是谷城、宜城、四中、襄铁分局、五中、樊城;高中女子组团体总分前 6 名的代表队分别是谷城、四中、宜城、襄铁分局、五中、南漳;初中男子组团体总分前 6 名的代表队分别是谷城、樊城、宜城、枣阳、老河口、襄阳。获体育道德风尚奖的单位是谷城代表队和保康代表队。在本届运动会上,共有 4 人打破 2 项省中学生田径运动会记录。运动会期间同时召开全市学校体育工作会议,交流近年来各地中小学贯彻《学校体育工作条例》的经验和做法。

襄樊市第十届中学生田径运动会:2000 年 4 月 14—26 日在枣阳市六中举行。

襄樊市第十一届中学生田径运动会:2002 年 4 月 15—17 日在襄阳区一中举行。

襄樊市第十二届中学生田径运动会:2004 年 4 月 27—29 日在襄樊市二十四中举行。以各县(市)区教育局(教体局)、市直各中学、襄铁普教委、襄北农场、襄南监狱教育局为单位组队。本届运动会共有 26 支代表队 493 名运动员参赛,是历届中学生田径运动会规模最大的一次。经过两天的激烈拼搏,有 79 人次打破 30 项市中学生田径运动会记录。高中男子组团体总分前 6 名分别是襄樊四中,襄铁分局、老河口市、襄樊五中、宜城市、襄阳县代表队;高中女子组团体总分前 6 名分别是枣阳市、襄樊四中、宜城市、襄樊三中、襄樊五中、襄阳县代表队;初中男子组团体总分前 6 名分别是枣阳市,谷城县、襄阳县、宜城市、樊城区、南漳县代表队;初中女子组团体总分前 6 名分别是枣阳市、宜城市、谷城县、襄阳县、老河口市、南漳县代表队。荣获本届运动会“体育道德风尚奖”的单位分别是保康、宜城市、枣阳市代表队。

襄樊市历届中学生田径运动会一览

表 32—3

届次	时间	举办地	运动队(支)	运动员人数	总裁判长
5	1990.4	宜城市一中	20	334	徐生恒
6	1992.4	老河口市一中	20	328	徐生恒
7	1994.4	南漳县一中	19	362	徐生恒
8	1996.4	襄樊市三十二中	19	367	徐生恒
9	1998.4	谷城县一中	18	368	方守才
10	2000.4	枣阳市一中	26	406	守才
11	2002.4	襄阳区一中	24	364	方守才
12	2004.4	襄樊市二十四中	24	300	方守才
13	2006.4	宜城市一中	20	309	方守才

襄樊市第七届少儿乒乓球比赛:2003 年 8 月 20 22 日市文体局、市教育局联合举办襄樊第 7 届少儿乒乓球比赛,全市共有县(市)区在内的 19 支代表队 180 名运动员参加了比赛。

襄樊市首届大中专男子篮球赛:2003 年 9 月 24—28 日分别在襄樊四中、襄樊五中体育馆举行,全市共有县(市)区在内的 27 支代表队、270 多名运动员参加了比赛。

4.参加省级比赛

湖北省第三届中学生运动会:1980 年 5 月在武汉举行。襄樊精选出 16 名男、女运动员参加了比赛。共获团体名次少年女子组第 2 名;少年男子组第 4 名。在田径各单项中有 26 项次进入前 6 名。其中冠军 6 人次,亚军 7 人次,季军 6 人次,第 4 名 3 人次,第 5 名 1 人次,第 6 名 2 人次。女运动员胡汉林在手榴弹项目中打破原省纪录。

湖北省重点中学田径运动会:1981 年 7 月,省教育厅,省体委为认真贯彻《扬州会议》精神举办"湖北省重点中学田径运动会"。襄樊重点中学田径代表队共夺得 26 个前 4 名奖牌。其中金牌 11 枚,银牌 8 枚,铜牌 4 枚,第 4 名多人次。五项全能运动员杨新民以 2494 分的成绩获第 1 名;100 米女运动员高风以 12 秒 8 的成绩获第 1 名,两人同时创两项本地最高纪录。

湖北省第四届中学生田径运动会:1986 年在武汉举行。襄樊市田径队取得女子组团体第 4 名,男子组第 5 名,男女团体总成绩居全省第 3 名。共获得 3 个第 1 名,两个第 2 名,3 至 6 名 15 个。

湖北省第五届中学生田径运动会:1990 年 4 月 21—23 日在丹江口市第一中学举行。有 16 个地(市)州组队参赛。襄樊市共有 25 名运动员参加比赛,获得高中女子组团体总分第 2 名;初中女子组团体总分第 2 名,破 3 项全省中学生田径运动会纪录。

湖北省第六届中学生田径运动会:1998 年 5 月 8—10 日在随州文峰中学举行,有 17 个地市州组队参赛。襄樊市共有 25 名运动员参加了比赛,获得女子团体总分第 2 名,男子团体总分第 3 名。获金牌 11 枚,银牌 7 枚,铜牌 9 枚。打破全省中学生田径运动会 8 项纪录,并荣获"体育道德风尚奖"。

湖北省第九届中学生运动会:本届运动会共设田径、足球、篮球、乒乓球、毽球五大项,比赛地点是黄石市,比赛时间为 5 月 1 日至 7 日,全省 17 个地市州组团参赛,运动员、教练员、裁判员及其他工作员共 2000 余人。襄樊市代表团共派出 52 名运动员,参加了 5 大项中的田径和篮球两大项竞赛,取得了 508.5 分的优异成绩,位居全省第 2 名,仅次于武汉。其中田径代表队以 414 分的高分获田径竞赛团体总分第 2 名。同时分组别获得甲组团体第 3 名,乙组团体第 2 名的优异成绩。王建平等 6 名运动员分获 7 个单项冠军。叶秀梅、杨先梅两名运动员均打破标枪项目省中运会纪录,李仕全打破铅球项目省中运会经录。男子篮球队获得季军,女子篮球队获得第 4 名。

5.参加全国性比赛

1980 年湖北省第 3 届中学生田径运动会后,选拔襄樊市霍健飞、谭大菊(女)、余多庆(女)代表湖北省参加在太原的全国比赛,武建萍被选入省田径队。1984 年,襄樊市有铁一中的董明华(女)、吕世兵(男),谷城大峪桥中学的张道斌(男)3 名田径选手代表湖北参加全国在福建莆田举行的传统项目初中学生运动会。1985 年,襄樊四中赵平(女)、随州一中樊丹(男)、随州实验学校方玉(女)代表湖北参加在广西玉林举行的传统项目田径运动会。1986 年,襄樊五中 3 名运动员,宜城一中 1 名运动员代表湖北参加第 3 届全国中学生运动会。襄樊五中的张辉同学打破了上届全国中学生运动会女子跳远纪录(5.65 米)。

6.出访比赛

应美国篮球协会夏季篮球联盟的邀请,襄樊五中男子篮球队代表中国中学生于 1996 年 8 月 16

日至9月5日出访美加利福尼亚州参加国际中学生篮球邀请赛。省体委副主任孙义良为代表团团长，襄樊市政府副市长宋德福任副团长，市体委主任李先元、襄樊五中党委书记叶本刚分别任正副领队，襄樊五中体育教师刘金元任教练，运动员12人。访美期间，与美国加利福尼亚州喀普顿高中、克林斯比高中、马克自高中男子篮球队进行了比赛。

（四）职工体育

1.组织领导及活动

襄樊职工体育由市体委和市总工会主管，主要按行业、系统开展工作。各县（市）区、局、大型企事业、大专院校均建有工会组织或体协，有专人分管体育工作，千人以上的单位配有专职体育干部。全市体育场馆、文化宫、俱乐部，定期向职工开放，每到周末、节假日，组织职工体育竞赛。

1980年在商业、轻纺系统开展"三操（广播操、生产操、医疗保健操）一拳（太极拳）一跑步活动"。在青年职工中开展长跑、球类、游泳、自行车、棋类等体育竞赛。在中老年职工中开展气功、太极拳（剑）、健身舞医疗保健体育活动。1982—2005年在职工中开展足球、羽毛球、长跑、武术、棋类、桥牌、拔河、钓鱼、信鸽、旱冰、门球等体育活动。

1980年，城区有职工体育活动场地71处，各种体育代表队175个，举办体育比赛216次，参加省级2次，市级比赛6次，接待省、市体育代表队的来访3次，常年从事体育活动的职工增加到9 700多人。

1985—1988年，市总工会、妇联、共青团、教委、纪委、铁路、税务、工商、粮食、财政、供销、纺织、建材、电力、物资、商业、机械、公安、武警、部队、大中专院校共举办田径、游泳、球类、棋牌、拔河、散打和健美操等大型运动会154次，参加队1900多个，参加运动员25 800人，比赛场次2 840次，观众达484 700人次。

1989年，职工体育以举办运动会和单项竞赛为主要形式，以系统战线为单位组织体育活动，推动职工体育的全面发展。全市有职工单项体育协会17个，会员42 500人。各部门举办运动会、单位联赛和跨地邀请赛693次，参赛队1 350个，参赛运动员147 587人次，观众达986 794人次。在省级竞赛中共获3项第1名，4项第2名，2项第3名。

1990年，全市有职工单项体育协会21个，会员530 000人。24个行业成立了职工业余体育代表队。单位自办、联办各种运动会、单项联赛、跨省市邀请赛1 378次，参赛队420个，运动员24 800人次，观众达484 700人次。

1992年，全市有市级单项体育协会34个，会员56 000余人。有61个行业成立了职工业余体育代表队，总人数6 400人。规模较大的有老年人体育协会、中专体协、铁路体协及铁路气功协会、围棋协会、信鸽协会等。同年，全市共举办各种职工体育竞赛198场次，参加人数5 700人，观众12.5万人次。同时，各县（市）区体委利用元旦、"三八""五一""十一"等节日举办职工篮球、武术、登山、舞狮子、玩龙灯、自行车慢骑、中国象棋等项目体育竞赛和表演达270场次，参加职工达1.2万人，观众达14.5万人次。

1993年，广泛开展以"支持北京申办2000年第27届奥运会"为主题的职工体育体育竞赛和表演。全年共举办市级比赛21次，参加人数132 084次，观众523 100人次，张贴申办200年奥运会宣传画3 000张，拍摄各类职工体育竞赛和反映体育活动照片670张。

此后，职工体育逐步转入社区，由单位主办，改为条块结合、社区单位结合主办。

2.体育竞赛

市级单项竞赛：1980—1983 年，市体委和市总工会组织迎春长跑、篮球、武术、乒乓球、游泳、中国象棋、广播体操等项竞赛。1985 年，举办职工篮球、足球、排球、乒乓球、棋类、桥牌等项目比赛，参加决赛的 80 个队，共计 5000 名运动员。县(市)区及大型企业 11 个单位也分别举办球类、棋类、田径、游泳、桥牌等项目比赛，共计 210 个队 8000 多人参加。1986 年，举办职工棋类、桥牌、篮球等项目比赛，参加队数骤增，仅篮球就有基层队 63 个，运动员 945 名。1988 年，举办首届职工健身、健美操比赛，100 多名男女选手参加。1987—1998 年，举办职工长跑、足球、篮球、乒乓球、武术、棋类等比赛，其中篮球比赛每届不少于 15 支代表队。同时，市五一棉纺厂连续举办 17 届"芙蓉杯"职工围棋比赛。从 1998 年起，每年组织职工参加"万人长跑"、游泳、广播体操、太极拳、自行车、钓鱼、棋类、球类、健身操、远足等系列导向性体育竞赛和展示活动，每年有 5—8 项。2004 年，约有 3000 多名职工参加襄樊市第 1 届运动会成人组的比赛。

参加省级比赛：1981 年，市体委和市总工会组织职工参加了在武汉举办的省职工篮球赛，市职工女队获得第 6 名。1985 年，全市有 14 个行业成立了业余体育代表队，参加省行业篮球比赛的税务、建材、供销体育代表队均获第 3 名。襄阳轴承厂桥牌代表队在湖北机械行业比赛中荣获冠军。1986 年 3 月，襄阳轴承厂代表襄樊参加全省桥牌比赛，获第 5 名。1984—2004 年，参加湖北省在武汉举办的职工健美操、足球、篮球、棋类、桥牌、钓鱼、台球、保龄球、广播操、体育舞蹈、手足操、巴山舞等 24 次比赛，有 387 支代表队 5970 人参加。2005 年 11 月，襄阳区房管局代表襄樊市参加全省巴山舞比赛获第 1 名。同年 12 月，襄城区的东风电器厂、襄樊九中参加全省健身球比赛，均取得第 1 名。

参加省五市职工篮球邀请赛：1983 年 5 月，首届 5 市篮球邀请赛在沙市举行，市物资局男队、青山机械厂女队代表襄樊参加比赛，分获男女第 4 名。1984 年，第 2 届省 5 市篮球邀请赛在襄樊举行。市男队获第 1 名，女队获第 3 名。1985 年，第 3 届 5 市篮球邀请赛襄樊市仅派职工女队参加比赛，并获第 2 名。

参加四省 8 市篮球邀请赛：1987 年，市税务局等单位联合组成市级男子篮球队，参加了在安康举办的"4 省 8 市篮球邀请赛"，一举夺魁，取得了冠军。1988 年，襄樊市税务局男子篮球代表队参加"4 省 8 市篮球邀请赛"获第 4 名。

1981—1985 年本地出席省职工球类运动会情况

表 32—4

时间及地点	运动会名称	本地组织者	派队出席情况	比赛成绩
1981 年 7 月	省职工篮球运动会	原市总工会、市委领队：张启斗、王起才教练，王起才、赵雨亭	基层选拔后组队	女篮第 6 名、男篮未获得名次
1983 年 5 月于沙市	首届五市篮球邀请赛	市体委、市总工会领队兼教练：王起才、赵雨亭	市物资局男队、青山机械厂女队	男篮第 4 名女篮第 4 名
1984 年于本市	第 2 届五市篮球邀请赛	市体委、市总工会领队兼教练：王起才、赵雨亭	市职工篮球联队	男篮第 1 名、女篮第 3 名，全队获得精神文明奖
1985 年	第 3 届五市篮球邀请赛	市总工会，领队廉保田	仅派职工女队	获本届女篮第 2 名

全国比赛：1984 年，襄樊市体校教练员齐静代表湖北省参加第 2 届全国职工运动会，在武术表演赛中荣获地趟拳、三节棍两项第 1 名和双人对练第 3 名。1986 年，齐静被评为"襄樊十大新闻人物"。1986 年，襄阳轴承厂桥牌代表队代表湖北省参加全国职工比赛，取得第 4 名；1987 年，市宏伟机械厂

首次举办“中国襄樊热气球邀请赛”,囊括了该项的全部冠军。

3.评比表彰

1986年,市总工会和市体委在工厂开展职工体育工作竞赛评比。按照组织领导、年度计划、总结、宣传、团结积极分子、群体活动和竞赛方面的工作进行考评。襄阳轴承集团公司名列榜首。1993年,襄樊铁路分局、襄樊税务局被评为“国家级体育先进单位”。1996年,襄樊电视台、《襄樊日报》社、枣阳电视台荣获“湖北省全民健身活动周优秀报导奖”;襄阳轴承集团公司、市邮电局、市地税局荣获“湖北省全民健身活动周先进单位”。1996年7月6日,襄樊地税局、襄阳轴承集团公司、襄棉集团公司、湖北化纤厂、国营光化水泥厂、枣阳市粮食局、谷城车轿厂、保康县农业银行、航天部609研究所被市政府命名表彰为“十强体育企事业单位”。1997年,襄樊五中、襄轴股份公司、谷城县、市体校、枣阳市体委被评为“襄樊全民健身周活动优秀组织奖”。

4.大型厂矿、企业、机关体育活动

湖北化纤厂:1979年成立体育协会后,每年举办较大型体育活动不少于5次,每年一届的“金环之夏”职工综合运动会从未间断。开设项目有田径、游泳、足球、篮球、排球、乒乓球、羽毛球、象棋、围棋等,还成立了篮球、足球、羽毛球、网球、乒乓球等5项单项体育协会,建立了木兰扇、太极拳(剑)、健身操等5个体育辅导站。经常参加体育锻炼的人数达3000人以上,占化纤厂职工总数的40%。1981年,参加襄阳地区职工足球联赛荣获第1名,并代表襄阳地区参加全省职工足球联赛。1985年参加襄樊市职工篮球联赛获第3名,1999年7月,湖北金环队代表襄樊市参加湖北省第10届运动会健美操比赛,夺得女单第1名、混双第2名、男单第3名、中年组第3名、青年组第4名和“最佳配乐奖”;参加湖北省纺织行业桥牌比赛获第2名,太极拳比赛获一等奖。1999年11月,参加第13届“芙蓉杯”围棋比赛,张剑飞夺得冠军。2000年参加湖北省大型工业企业职工健美操比赛,获团体一等奖、个人一等奖。2002年5月,参加全国幼儿基本体操大赛夺得第1名。并出访了马来西亚、新加坡等国家和我国香港地区,被襄樊市文体局确定为“襄樊幼儿基本体操培训基地”。1998年7月,承接湖北省“金环杯”少儿游泳比赛,举办“金环杯”湖北省大型企业男子足球邀请赛,并获得第2名。该厂连续3年出资赞助以“湖北金环”冠名的湖北女子花样游泳队。与此同时,投巨资修建体育场馆,目前已有标准足球场、网球场、羽毛球馆、台球馆、乒乓球馆、健身房、游泳池、篮球场等体育设施。1994年以来,湖北化纤厂多次被国家体育总局、全国总工会、省、市体育工会及行业协会授予“群众体育先进单位”。

湖北省超高压局襄樊分局:1985年以来,每两年举办一届职业运动会,每年一届职工篮球、钓鱼、棋类、拔河、台球、乒乓球、羽毛球、桥牌比赛等。经常组队参加各级体育赛事活动,把体育活动“带出去,引进来”。桥牌是该局的传统体育项目,曾代表襄樊参加省级或跨省市比赛。1999年12月参加省10届运动会,获第4名。2004年4月,参加襄十对抗赛获第1名。同年,参加华中电网5省1市电力系统职工桥牌比赛,获第1名。2005年4月组织参加“三阳”(襄阳、南阳、郧阳)桥牌比赛获第1名。同年12月参加湖北省俱乐部锦标赛,获公开队式赛第2名、混合队式赛第1名。襄樊超能桥牌俱乐部2004年在中国桥牌协会注册成为我国B类俱乐部。坚持每年参加全省二次桥牌比赛(等级赛和俱乐部赛)。该局自2001年开始,每两年一次对全体职工进行体质测试,并建立个人健康档案,对职工身体素质的优劣进行动态的监测。1985—2005年间,该局承办省市级比赛10次,参加省市级比赛50多次。与此同时,自2000年起投资40多万元购置健身器材,创建职工活动中心,将水泥灯光球场改造为塑胶地板。2001年,该公司被评为襄樊市“全民健身先进单位”;2003年被省总会评为省级“模范职工之家”的称号;2005年被省体育局评为全省“全民健身”先进单位,同年被襄樊市文体局评为“群众体育先进单位”。

襄樊市直属机关：1985—1988 年，市直机关共举行 3 届运动会，开展长跑、拔河、射击、自行车慢骑、棋类比赛。四大班子领导从书记、市长到工作人员，70%参加了基层选拔赛。1986 年 1 月 25 日至 2 月 5 日举行了市区直属机关第 1 届运动会。此次运动会历时 10 天，共进行了 9 个项目的角逐，运动员 278 人次。1988 年 12 月 14 日至 17 日举办市区直属机关第 3 届运动会，竞赛项目有篮球、乒乓球、羽毛球、门球、拔河、自行车慢骑、中国象棋、围棋等，运动员近 700 人次。

（五）社区体育

1.组织领导

襄樊社区体育活动，最初开展较为广泛的是武术运动。1979 年，各区体委在街道设立武术辅导站，到 1981 年，全市共有 100 个点(班)，有业余辅导员 45 人。1993 年襄城区昭明办事处率先成立地区体育协会，摸索出在辖区内开展群众体育活动的办法。1994 年召开推广成立街道体育协会现场会。至 2005 年，全市 22 条街道成立体育工作站。

2.社区活动

1981 年，武术辅导站、点遍布襄樊市区各大公园、广场和文化宫，参加武术辅导站活动锻炼的群众 800 人。1994 年，襄城区昭明办事处举办社区运动会，组织辖区的 56 个代表队共 1430 名运动员分别参加了拔河、羽毛球、象棋、围棋、跳绳、足球背向门、车轮滚滚、两人三足跑等 8 个集娱乐性、趣味性、知识性为一体的项目比赛，共产生 52 个团体奖，655 名运动员获得个人单项奖，有 12 个代表队被评为优秀组织奖。市中心医院、市农行、市五中分获团体总分前 3 名。同时，积极参加全市万人文体展演活动，组织辖区希望之星艺术团、襄城健身艺术团、西门桥健身中心、襄城公园健身点、昭明健身队等晨晚 200 多人参加了腰鼓、花棍、太极拳、扇子舞等 10 个方阵的文体表演。1995 年，实施“全民健身计划纲要”宣传活动，并由此派生出一年一次的“全民健身宣传周”活动。1996 年，成立以市委书记杨斌庆和市长贾天增为核心 30 个委、办、局为委员单位的全民健身领导小组，做了 3 件事情：抓社区基层组织建设，加强社会体育指导员培训工作；抓群众晨晚练点健身活动和组织网络建设，加强群众健身场所和体育市场管理；抓全民健身“一二一”启动工程和文体联手活动等项的工作，加强调研和导向宣传，努力营造全民健身活动的氛围。1997 年，结合国家与省、市全民健身活动，开展四个一（长跑、三人篮球、广播操和宣传周）活动。同年 3 月 10 日有 1500 名群众参加“高路华”杯迎春长跑；6 月由市体委、市教委联办“襄樊第 4 届全民健身宣传周暨 10 万人第八套广播体操展演活动赛”；10 月有 15 支球队参加了篮球赛。在全民健身宣传周期间，市区及各县市区组织了声势浩大的上街宣传活动，全市有 1.8 万名工人、学生、解放军、居民、机关干部等上街宣传，出动宣传车 24 台次，印刷宣传资料 6.5 万份，悬挂横幅 230 余条，张贴宣传标语 2.6 万人次，吸引 23.5 万人次参加全民健身宣传周活动。当年襄樊市被评为全民健身宣传周优秀奖，市五中、襄阳轴承股份公司、谷城县、市体校、枣阳市体委被评为“优秀组织奖”。1995—1998 年，城区群众大型晨晚练点由 156 个发展到 258 个，坚持健身活动的群众由 15 万人发展到 24 万人。1998 年各街、乡镇举办区、街、乡级体育竞赛 80 余次，举办居委会小型比赛 500 余次；襄城区举办家庭趣味运动会；樊城区举办“民间文体大展演”；高新区举办健身操展示活动；襄阳区举办舞龙、舞狮；谷城县举办风筝大赛；老河口举办龙舟竞渡及划旱船比赛；保康南障举办马拉松赛；宜城举办水上运动等活动。1999 年，公共体育场馆所、公园、广场、机关、学校、部队的体育场地设施进一步向社会开放，全市大型晨晚练点达到 369 个。2005 年，襄樊市文体局协助市老年体协在社区推广第二套太极柔力球运动，培训辅导员 50 多人；4 月下旬推广了大众广播体操培训辅导员 50 多人；12 月，试行推广了四种新的健身气功，培训辅导员 10 多人。

3.骨干、投放器材

为开展好社区体育工作及活动，积极培训骨干。从国家到省、县（市）、区四级体育部门分别举办国家级、一级、二级和三级社会体育指导员培训班。1996—2005 年，全市受培训的社会体育指导员总数达 611 人。其中国家级社会体育指导员 13 人，一级社会体育指导员 54 人，二级社会体育指导员 334 人，三级社会指导员 210 人。1998—2005 年，用体彩公益金在社区投放全民健身路径 92 条，小篮板 400 块。

4.国民体质监测

2000 年国民体质监测：2000 年，襄樊市国民体质监测抽样调查，按照《中国成年人体质测定标准》和《3—6 岁儿童和老年人体质评定标准》进行测试 1.5 万人，收集上报有效样本量 3358 个。通过评定分析，襄樊市达到合格级以上的人数占 80.28%。其中优秀占 12.39%、良好级的占 25.8%、合格级的占 42%，与省内城市相比，襄樊人体质状况占明显优势。

2005 年国民体质监测：2005 年，襄樊市国民体质监测队对全市 9 个县（市）区 3—6 岁幼儿、成年人和老年人三大人群 72 个组别 3956 人进行体质测试。测试内容包括身体形态、机能、素质和参加体育活动等情况的询问调查。通过等级评定，全市体质达标率为 94%。其中优秀率为 18.7%，比全省平均水平高 4.4 个百分点；良好率 32.4%，比全省平均水平高 4.1 个百分点；合格率为 42.9%，比全省平均水平低 4.8 个百分点；不合格 6%，比全省平均水平低 3.7 个百分点。测试结果同时显示城镇幼儿达标率高于农村幼儿，经常参加体育锻炼人群体质明显优于不锻炼人群，城镇体力劳动者体质达标率略优于城镇非体力劳动者，城镇中老年人体质优秀率和良好率高于农村中老年人群。

国民体质测试：此项活动非国家收集样本量，只为广大市民科学健身提供服务。2001—2005 年，市体培中心先后为湖北化纤厂（10000 人）、市人大、市政协、市委宣传部、市一中、市十五中、湖北超高压局襄樊分局、高新汽车产业开发区近百个单位约 5 万人进行体质测试，并组织编印《国民体质监测与科学健身小知识》读本和《2005 年襄樊市国民体质监测资料汇编》。省体育局在全省国民体质研讨会上推广襄樊经验，并连续 4 年获得省体育局表彰。

5.竞赛表演

社区运动会：2002 年 8 月，市文体局和市文明办联合举办襄樊市首届社区运动会。运动会设有 3 个项目，共有 14 个单位 600 多名运动员参加比赛。该次比赛在项目设置上满足了不同年龄、不同阶层群众的需求，比赛场地均设在社区，近 10 万人次参加和观看比赛。

健身表演赛：2000 年 11 月，襄樊派团观摩在武汉举办的首届全国健身路径优秀锻炼方法示范表演赛，该项活动在汉口三元里体育场举行，全国各地 20 支队伍 160 余名选手参加。比赛分为青年组、中年组、老年组和家庭组 4 个组别，进行了规范动作、自选动作和擂台赛，目的是征集、评选出优秀健身路径锻炼方法，向全国推广。

6.获得表彰

1998 年，襄樊在全省率先创办襄城王府办事处、樊城中原办事处体育试点。同年 12 月，襄城王府办事处被湖北省体委授予“1998 年度湖北省体育先进社区”。2000 年，枣阳市城北办事处、襄城王寨办事处被湖北省体育局命名为“全省城市社区体育先进单位”。2002 年，襄城区昭明办事处被评为“全国体育工作先进单位”。2004 年，襄城区落桥街社区居委会、樊城区汉江路居委会和中原幸福小区居委会被省体育局授予“湖北省第四批城市体育先进社区称号”，襄城区落桥街居委会同时被评为“全国第四批城市体育先进社区”。

7.参加省级以上比赛

2000年，樊城区幸福小区居委会泰迪球（操）代表队在管委会主任徐春荣书记的组织带领下，坚持每年训练，不断提高表演水平，在全省及全国比赛中均名列前茅。

（六）农民体育

1.组织领导及活动

1983年，党中央提出《关于关心人民群众文化生活的指示》下达后，各级政府把发展农村体育事业列入规划。襄樊市各县（市）区体育、文化、共青团三个部门共同参与该项工作。在乡镇中优先发展经济较富裕的和体育基础较好的乡镇体育，做到“四有”（有组织、有场地、有队伍、有活动）。1989年，全市有60%的乡镇配备有专（兼）职体育干部，98%的乡镇建有体育运动场地和活动室，基本实现了“有班子、有牌子、有章子、有场子、有票子”。全年举办农民篮球、乒乓球、田径、长跑、拔河、自行车、足球、武术等比赛、表演赛和民间传统项目比赛318场次，参加人数64 096人次，观众258 967人次。1995年8月25日，市体委与市农委、市农牧业局联合召开全市农村体育工作会议，成立市农民体育协会，市农委副主任王方玉任主席，张琼任秘书长。办公地点设在市农牧业局。农民体协成立后，狠抓了农民体育组织网络的健全完善工作。随着体育体制改革的不断深化和体育社会化程度的不断提高，全市逐步形成市、县（市）区、街道（乡镇）、乡村四级体育社团的层次结构，基本覆盖全市城乡广大地区。据调查统计，全市市以下共有各级农民体育社会团体220个，团体会员3 100人，并积极扶持和帮助基层单位建立多种形式的体育指导站和体育健身站，加大社会体育指导员培训力度，大力发展城乡社区农民体育指导站和活动点，扩大群众体育健身活动的基本阵地。2005年，有76个乡镇正式挂牌成立文化体育工作站，有一、二、三级社会体育指导员600多人，在指导站参加活动的人数共计352 600人。现已初步形成一个以体育社团为主线，以基层体育指导站、活动点为点线相结、覆盖面广的社会化农民体育组织网络，实现了“有组织机构、有专职人员、有固定经费、有场地器材、有各种活动”的“五有”目标。

2.争创先进

根据中共中央《关于进一步发展体育运动的通知》和湖北省及襄樊市建设体育强省、强市的有关文件精神，从1986年起，襄樊以争创体育先进县（市）区、乡镇为龙头，开展农村体育，加强经费投入，建立体育机构，重视群众体育普及，加快场地设施建设。1988年，枣阳市达到“两场、一池一房”（即标准田径场，带看台灯光球场、游泳池、训练房）的标准；襄阳县、宜城市、保康县、老河口市先后修建了体育馆、游泳池等设施。从1986年起，市体委与市农委、市教委联合开展争创体育先进乡镇活动。1991年，市体委与市农委配合开展“亿万农民健身活动”全市有25万农民参加。到2005年，枣阳市先后获得“全国田径之乡”、“全国体育先进县（市）”，1989—1996年，随州市、老河口市、襄阳县、保康县先后获湖北省及全国“体育先进县（市）”。襄阳县双沟镇、老河口仙人渡镇获“全国亿万农民健身活动先进乡镇”称号；枣阳市获“湖北省田径之乡”、“体育先进县”、“体育综合实力十强县”称号；老河口市张集镇、仙人渡镇，南漳县李庙、九集，保康县歇马、马良镇等10个单位获“湖北省体育先进乡镇”称号。1995年保康县马桥镇被国家命名为“全国群众体育先进单位”。1996年枣阳市平林镇、七方镇，老河口市仙人渡镇,襄阳县双沟镇、黄龙镇、东津镇,南漳县武安镇,保康马良镇,谷城县石花镇,宜城市龙头乡等10个乡镇被市政府命名为"襄樊市十强体育先进乡镇"。2005年12月,老河口市张集镇被省体育局、农业厅授予湖北省第二批"先进体育特色乡镇"称号。

3.体育先进单位

全国体育先进县(市)区——枣阳市:该市地处襄樊之东70公里,共有人口110万,其中农业人口占70%。1953年5月成立枣阳县体育运动委员会。1979年以来,群众体育活动逐步实现普及化、经常化。1995年贯彻《体育法》和实施《全民健身计划纲要》以后,至2005年经常参加体育锻炼的人数达到39万,占总人口的35%。该市450多所中小学从1980年开始实行"两个条例",100%学校实施《国家体育锻标准》,学生达标率由80年代的52%增至2005年的80%以上。1996年先后被襄樊市、湖北省体委、教委授予"《国家锻标准》先进市"。1985—2005年先后有25所中小学被命名为田径、篮球、乒乓球、排球、武术、射击、摔跤、举重体育传统项目学校。枣阳县业余体校于1979年成立,设有田径、柔道、篮球、武术等培训项目,1995年增设跆拳道、乒乓球项目。社会办业余训练,开设有篮球俱乐部、武术俱乐部、羽毛球俱乐部,在训人数达600多人。初步形成市业余体校、传统项目学校、定苗定点学校、普通学校运动队四级业余训练网络。1982年,该市运动员刘朝安、万发荣(女)参加全国竞赛和马拉松比赛;董明华、万发荣、胡承红、吕群、刘朝安、蔡从兵6名学生参加省青少年选拔赛;董明华代表省参加全国传统项目比赛。当年,枣阳鹿头中学为省划船队输送的张亚黎于1985年在全国锦标赛中获8人单桨2000米冠军,夺得金牌1枚。张亚黎还在1987年的全国第6届运动会上又获得4人艇的双桨第1名,被正式录用为国家队队员。1988年,张亚黎在汉城奥运会上获铜牌1枚。因其成绩突出,被国家体委授予"国际级运动健将"称号。1983年资山中学输送县、市业余体校的龚建明于1985年被武汉划船队录用,当年参加全国首届青运会获4人艇银牌1枚。被誉为"全国十大游泳健将"之一的王林在1975年选入"八一"队后,多次代表中国出席国际重大比赛,在12次国内重大比赛中获24项次金牌,破16项全国纪录和两次亚洲纪录,连续10年保持由他创造的100米蛙泳和200米蛙泳的全国纪录。20世纪80—90年代,各乡镇企事业单位相继成立文化活动中心、文体站,每年举办球类、棋类、台球、自行车等项目竞赛,并组队参加枣阳、襄樊、省及全国篮球比赛,获得过冠、亚军。1983—1984年,在县人民广场兴建400米西边直道10条、弯道8条的标准煤渣跑道的田径场(内设足球场),周边设有容纳2000人的三级看台。1985年8月,于县人民广场内建成50米×25米符合国家标准的钢筋混凝土游泳池一个。1988年在争创全国体育先进县工作的推动下,筹资20万元,新建一座21.5米×38米×8米的综合训练房,实现了国家规定县级以上有"两场一池一房"的体育设施要求。1991年体委对"一池一房"进行部分整修,当年全市新建篮球场36个,其中灯光球场6个,小型运动场28个,乒乓球房80间。1994年,有65%的乡镇办事处都建起"一场一室",80%的乡中心小学建立250—400米不同跑道的田径场。1999年6月建起占地47000平方米,设有13000座位的体育场,还投入40万元资金兴建了篮球场、门球场。2002年,探索买断产权新模式,与有关部门达成开发建设体育馆、游泳馆等合作意向。市体育场、门球场、灯光球场、训练房向市民开放,使用率达80%以上。1988—2005年,先后有10个乡镇被评为"襄樊市体育先进乡镇";平林镇被评为"湖北省体育特色乡镇"。1988年先后被命名为"全国体育先进县(市)"及"全国群众体育先进单位"(见表32—5)。

全国亿万农民健身活动先进乡镇——老河口市仙人渡镇:该镇是老河口市蔬菜、农副产品生产及工业基地。全镇有23个村,人口4万人。2000年社会总收入4亿元,上缴国家利税1000万元,被襄樊市命名为"双文明镇"。1991年5月被农业部、国家体委、中国农民体育协会联合授予"亿万农民健身活动先进乡镇"称号。1988年成立农民文化体育站,镇政府每年拨体育专款1万—2万元,基层单位每年筹集2万元作为发展体育事业基金。柴店岗村率先成立"文化体育活动中心",兴建游泳池、篮球场、旱冰场、乒乓球室等。到1990年底，全镇已建成2个旱冰场、1个标准游泳池、20个篮球场、5个简易足球场、2个排球场、25个乒乓球活动室、1个健身房。全镇共配置30付篮球架、30付乒乓球台，篮球、排球、足球300个，乒乓球拍、羽毛球拍200付，象棋、围棋400余付，健身器材2套。全镇各村基本实现"一场一室"（球场和活动室）。从1989年起，镇政府每年举办一届全镇农民象棋、游泳及冬季赛跑活动；两年一届乒乓球比赛及自行车慢骑赛。1989年举办首届仙人渡镇农民运动会，有1 000名运动员参赛，观众3 000余人次，还多次参加襄樊市、老河口市农民棋类、乒乓球等赛事。1990年，该镇组队代表老河口市参加襄樊迎亚运火炬活动，每年正月十五参加全市舞龙舞狮活动。

4.体育竞赛

全国比赛：1988年、1992年、1996年、2000年、2004年，襄樊市有多名农民运动员代表湖北省参加在北京、上海、湖北孝感、四川绵阳、江西宜兴举行的1—5届全国农民运动会。其中1992年，襄樊市中国象棋运动员马永平代表湖北参加全国农运会，获中国象棋第5名；1996年，襄樊市自行车运动员代表湖北参加在上海举办的第3届农民运动会，获女子团体第7名、男子团体第8名，实现了湖北省自行车在全国比赛中成绩"零"的突破。2004年，襄樊市组织风筝代表团参加在江西宜春举行的第5届全国农运会，获得金牌2枚，银牌3枚。

省级比赛：1988年4月，湖北省第一届农民运动会在武汉举行。襄樊市组团参加，并获田径团体总分第四名、男女篮球均获第五名。设篮球、乒乓球、田径、自行车、武术、摔跤、射击7个项目，有16个地、市、州及神农架村区代表团1269人参加。1995年10月，湖北省第2届农民运动会在随州市举行，设自行车、武术、乒乓球、象棋、田径5个项目。襄樊参加了自行车、中国象棋、田径、武术项目的比赛，获男子自行车载重团体冠军、女子自行车载重团体亚军、男子中国象棋冠军、女子中国象棋第6名、田径团体总分第6名。武术代表队获"体育道德风尚奖"，襄樊代表团获"体育道德风尚奖"。1999年9月—10月，湖北省第3届农民运动会在咸宁举行。设武术、自行车载重、乒乓球、中国象棋4个项目。襄樊组队参加了自行车、田径项目的比赛，获男女自行车载重团体第1名。襄樊获奖牌总数第1名，团体总分第2名。2000年7月，保康县组织14名农民运动员，参加了在公安县举办的湖北省第1届全国体育先进县运动会的中国象棋、门球、乒乓球比赛，获得乒乓球团体第8名，杨光辉获得男子单打第6名。2001年9月，襄樊市承办湖北省首届体育先进乡镇运动会，来自全省各地300多名运动员在枣阳市体育场参加了比赛。襄樊市勇摘团体总分、金牌总数桂冠。2002年10月，保康县选派11名农民运动员，参加在宜昌举行的湖北省第3届全国体育先进县运动会的门球、乒乓球比赛，杨光辉获得乒乓球男子单打第6名。2003年，襄樊市农民组队参加了湖北省第11届运动会农民类的竞赛项目，获省运会农民类团体总分和金牌总数第5名。其中胡广超获男子组30米搬重物第3名、男子拔河第1名，宋慧英获女子组农民三项全能第2名、女子组拔河第1名，彭水琳获女子组100米推轮第2名。

市级比赛：襄樊市第一届农民运动会。1988年3月10—15日举行。竞赛项目有田径、篮球、乒乓球、中国式摔跤，自行车、射击、武术。参加比赛的共有9个代表队600多名运动员。随州市、老河口市、宜城县分获团体总分第1—3名。襄樊市第一届全市体育先进乡镇篮球赛。1992年10月，由市体委和市农牧局在襄阳县双沟镇联合举办了襄樊市首届省级体育先进乡镇篮球赛。襄樊市第二届全市体育先进乡镇篮球赛。1995年5月4—10日在枣阳北城办事处举行。参加本届运动会的省、市体育先进乡镇有枣阳市北城办事处、七方镇、平林镇、兴隆镇、罗岗镇、鹿头镇、新市镇；宜城市郑集镇、龙头乡；老河口市孟楼镇；谷城县石花镇；南漳武安镇；襄阳县有东津镇、黄龙镇、黄集镇及郊区柿铺乡等乡镇。北城办事处、兴隆镇、双沟镇、黄龙镇、龙头乡、鹿头镇分别获得前6名。襄樊市第三届"骆驼杯"体育先进乡镇篮球赛。1998年5月15—20日在谷城石花镇举行。参赛代表队有襄阳黄集镇、双沟镇；

枣阳北城办事处；保康竹林桥镇；宜城龙头办事处、雷河办事处，另有襄城隆中办事处；樊城柿铺乡；谷城石花镇等。竞赛 20 场次。谷城石花镇、襄城隆中办事处、枣阳北城办事处分获前 3 名。襄城隆中办事处和枣阳北城办事处代表队获“体育道德风尚奖”。本届篮球赛由市体委主办，石花镇政府承办。襄樊市第四届全市体育先进乡镇篮球赛于 2000 年 4 月 18—24 日在枣阳市太平镇举行。参加本届篮球赛的有枣阳市北城办事处、太平镇、熊集镇、七方镇；襄阳县双沟镇；宜城市龙头乡；谷城县石花镇；保康县竹林桥乡；南漳县城关镇；老河口市仙人渡镇；樊城区王寨办事处等 11 个省、市体育先进乡镇。经过 10 轮 48 场次的比赛，枣阳北城办事处、谷城县石花镇、襄阳县双沟镇分获前 3 名，获 4—8 名的代表队是枣阳市七方镇、宜城龙头乡、老河口仙人渡、枣阳市熊河镇、樊城王寨办事处。

襄樊市体育先进县(市)乡镇统计

表 32—5

等级名称	命名时间	先进县(市)乡镇
全国体育先进县(市)	1988 年 10 月	枣阳市
	1990 年 6 月	随州市
	1990 年 6 月	老河口市
	1996 年 6 月	襄阳县
	1996 年 6 月	保康县
	1998 年 12 月	枣阳市被国家体育总局命名为全国田径之乡
全国体育先进乡镇	1991 年	老河口市仙人渡镇
	1995 年	保康县马桥镇
	1996 年	襄阳县双沟镇
	1996 年	枣阳市平林镇
	2000 年	谷城县石花镇
	1989 年	宜城县郑集乡
	1990 年	老河口市张集镇
	1990 年	老河口市仙人渡镇
	1990 年	襄阳县黄龙镇
	1990 年	随州市淮河镇
	1990 年	随州市淅河镇
	1990 年	枣阳市平顶镇
	1990 年	枣阳市七方镇
	1990 年	南漳武镇镇
	1990 年	谷城县石花镇
	1990 年	保康县马良乡
	1990 年	枣阳市罗岗镇
	1990 年	襄樊市郊区柿铺乡
	1993 年	襄阳县双沟镇
	1993 年	襄阳县双沟镇
	1994 年	南漳县武安镇
	1994 年 12 月	宜城县龙头乡
	1996 年	南漳县九集镇
	1996 年	谷城县五山镇
	1996 年底	保康县歇马镇

续表 1

等级名称	命名时间	先进县(市)乡镇
全省体育先进乡镇	1997 年	南漳县李庙镇
	1998 年 12 月	宜城县雷河镇
	1998 年 12 月	宜城县讴乐乡
	1999 年 10 月	枣阳市资山镇
	1999 年 10 月	襄阳县黄集镇
	1999 年 10 月	襄阳县东津镇
	1999 年 10 月	谷城县沈湾镇
	1999 年 10 月	保康县马桥镇
	1999 年 10 月	保康县欧店镇
	1999 年 10 月	枣阳市太平镇
	2005 年	老河口市张集镇
全市体育先进乡镇	1992 年 1 月	襄阳县黄集镇
	1992 年 1 月	襄阳县郊区柿铺乡
	1992 年 1 月	襄阳县黄龙镇
	1992 年 1 月	枣阳市七方镇
	1992 年 1 月	枣阳市兴隆镇
	1992 年 1 月	保康歇马镇
	1992 年 1 月	保康马桥镇
	1992 年 1 月	南漳县李庙镇
	1992 年 1 月	南漳县长坪镇
	1992 年 1 月	宜城县龙头乡
	1992 年 1 月	宜城县璞河镇
	1992 年 1 月	襄阳县双沟镇
	1992 年 1 月	襄阳县东津镇
	1992 年 1 月	老河口市张集镇
	1992 年 1 月	老河口市竹村桥镇
	1992 年 1 月	枣阳市新市镇
	1992 年 1 月	枣阳市鹿头镇
	1992 年 1 月	枣阳市罗岗镇
	1992 年 1 月	随州市洛阳镇
	1992 年 1 月	随州市新街乡
	1992 年 1 月	随州市安居镇
	1992 年 1 月	随州市历山镇
	1992 年 1 月	随州市唐镇
全市十强体育先进乡镇	1996 年 7 月	枣阳市平林镇
	1996 年 7 月	枣阳市七方镇
	1996 年 7 月	老河口市仙人渡镇
	1996 年 7 月	襄阳县双沟镇
	1996 年 7 月	襄阳县黄龙镇
	1996 年 7 月	襄阳县东津镇
	1996 年 7 月	南漳县武安镇
	1996 年 7 月	保康县马良镇

续表 2

等级名称	命名时间	先进县(市)乡镇
	1996 年 7 月	谷城县石花镇
	1996 年 7 月	宜城市龙头乡
全省特色体育乡镇	1996 年 6 月	枣阳市平林镇
	2005 年 12 月	老河口市张集镇

(七)军事体育

襄樊军分区、消防支队、武警四支队、公安部门、襄樊黄金技术学校、襄樊军事经济学院、襄樊警察学校,每年举办综合运动会、练武表演及各单项体育竞赛活动。1979 年,原襄阳地区业余体校开设有射击项目,教练员李成兴、莫宝珊。原襄樊市体委开设无线电体育项目,教练员闫金学。航空模型运动项目教练员是周光庆。2003 年, 市公安局组队参加省运会公安干警竞赛活动, 并获该组全省第 2 名。

1.军分区体育活动

襄樊军分区每年组织驻军部队举办综合运动会,开设有田径、篮球、排球、射击、羽毛球、练武表演等项目,已形成传统届次。驻军各部队每年举行 5—8 项单项体育比赛。襄樊军分区每年组队参加武汉军区或广州军区的体育竞赛活动, 每年派 1 000 名士兵参加襄樊迎春长跑活动及全民健身周体育活动。

2.武警四支队

武警四支队每年举办士官篮球、羽毛球、乒乓球、练武等表演竞赛活动并形成传统。1980—1993 年参加襄樊市周末篮球比赛,参加赛事运动员占士兵总数的 80%。

3.襄樊市公安文体活动

组织机构:1979—1983 年,襄樊市公安局下设政治处,负责全局文体工作;1983 年 8 月,襄阳地区与襄樊市合并,实行市管县体制,称襄樊市。同年 10 月,原襄樊市公安局和襄阳地区公安处合并,称襄樊市公安局,下设政治处。1989 年 11 月,政治处增设宣传教育科等科室;1997 年 9 月,市局机构改革,原政治处为政治部,下设宣传教育科、综合科、组织人事科、团委、妇委会、老干科、民警培训学校等,具体负责全局文体工作至今。

竞赛活动:1990 年,湖北省前卫体协组队参加全国公安系统篮球、田径、射击比赛,市局选派民警代表参加的田径 4×100 米接力赛获全国第 4 名。2001 年 4 月,举办了培训班,为全市培养了 50 名警体达标示范教员。各地采取组织民警晨练和专项辅导、举办达标培训班和警体达标运动会等进行达标测试,掀起了达标活动高潮。2002 年,作为全省警体达标工作示范点,市局继续深入开展警体达标活动,进一步促进警营体育发展、民警警体技能的提高。宜城的警体达标、保康的长跑耐力训练、交警的反袭警训练、巡警的防暴训练等已取得较明显成效,继续发挥着示范点的作用,以点带面,推动全市文体工作的发展。市局开展的公安民警手枪射击训练的经验做法被公安部《人事训练工作》第 33 期转发推广,全局青年组民警全部达标,中年组民警达标率达到 80%。2002 年,市局充分利用文体活动的凝聚作用,以文艺汇演、公安文学影视作品的评选、各类知识竞赛、体育比赛和业务技能竞赛等丰富多彩的活动形式为载体，加强交流、突出特点，增强民警的自豪感、归宿感和使命感。同年 12 月 5 日，市局交警支队在全省公安文艺调演中，推选的两个节目，获一个三等奖、一个优秀奖。2003 年，在第 11 届省运会公安警体育项目比赛中，市局手枪射击代表队和擒敌拳代表队获得团体总分第2 名的好成绩，张启锐军用射击男子第 4 名。2004 年 9 月 27 日，市局在省人民警察学校成功举行了以“分列式演练、警事技能演练、反恐怖演习、警用装备展示和警体四项全能竞赛”为主要内容的全市公安机关大练兵演练与演习，充分展示了公安队伍良好的精神风貌和强大的战斗力。2005 年，市局开展体能、技能、理论知识等各类竞赛 5 场次，不断掀起了文体活动的热潮。同年 9 月，市局组队参加了全省职工职业技能大赛公安类手枪射击比赛，取得了团体第 3 名、个人第 3 名和第 7 名。

襄樊黄金技术学校：该校每年举办春秋两次学校运动会，设有田径、篮球、排球、乒乓球、射击等 10 余项竞赛项目。年级之间、各年级班组之间进行单项竞赛活动 10 余次。自 1995 年起，每年参加襄樊全民健身周体育活动，每次不少于 500 人。

襄樊军事经济学院：每年举办一次院级运动会，设有田径、篮球、足球、羽毛球、乒乓球、广播体操、健身操等项目。参赛运动员占在校学生总人数的 80%以上，14 个系每年举办篮球竞赛活动并形成该院特色体育运动项目。

航空模型运动项目：1979 年，襄樊组队参加全省青少年航空模型通讯赛弹射模型滑翔机项目的比赛。襄樊运动员罗学杰、马亚雄分获全省第 11 名和第 13 名。同年参加全省青少年航空模型通讯赛的手掷模型滑翔机比赛，襄樊运动员陶文成获第 12 名，襄樊获该项团体第 8 名，获一级牵引模型滑翔机比赛团体第 8 名。1981 年，襄樊组队参加了全省青少年航空模型通讯赛的二级牵引模型滑翔机比赛，朱建新、刘涛分获第 19 名和第 23 名；参加二级橡筋模型飞机比赛，朱玉选获第 4 名；参加一级自由飞模型飞机，孙锡强获第 10 名。1986 年，参加在黄波举办的全省青少年竞赛，获二级动力个人第 3 名、二级牵引个人第 3 名和团体第 4 名。1987 年，参加在沙市举办的全省青少年航空模型比赛获无线电遥滑翔机个人第 2 名。1988 年取消该项体育活动。

射击：1979 年，原襄阳地区业余体校建有靶场，配备李成兴、莫宝珊担任专职教练员，开展射击训练工作。1982 年，全市已基本形成传统项目学校、业余体校、运动队的三级训练网络，射击为襄樊的传统项目。1979—2005 年，襄樊运动员参加全国、全省大赛，共获金牌 2 枚。著名的运动员有瞿卫民、郭春云。1979 年，襄樊组队参加湖北省青少年射击比赛，襄樊选手郭春云获女子手枪第 2 名，并于 1980 年代表湖北省参加全国青少年射击通讯赛。1980 年 6 月 15 日，由市武装部、教育局、体委三家联合举办市青少年射击比赛，参加本次比赛的单位有市十二中、市十七中、东风路小学、六化建、二汽仪表厂、东风公社 6 个单位 24 名运动员，开设有女子小口径步枪 50 毫米 × 20 毫米，男子小口径步枪 50 毫米 × 20 毫米等项目。六建化、十七中、东风路小学分获第 1、2、3 名。1981 年，襄樊参加省青少年射击通讯赛，获男女团体第 3 名，男子 3 毫米 × 10 毫米手枪比赛积 922 分获第 5 名，男子气枪襄樊队获第 2 名。在女子小口径步枪 3 毫米 × 10 毫米项目上，襄樊队获第 3 名。在女子气枪项目上，襄樊队获第 3 名。1982 年，在湖北省第 6 届运动会上，襄樊市射击运动员共获奖牌 11 枚，约占奖牌总数的 8%。在本届运动会上，襄樊市射击运动员瞿卫民在自选手枪 10+40 慢射个人赛项目中，以 264 环的成绩打破了原 262 环省纪录；郭春云在女子自选手枪 10+30 个人赛项目中，以 255 环的成绩获第 3 名；谢立群在女子气枪立射（40 发）个人赛项目中，以 252 环的成绩获第 2 名。1986 年，在省第 7 届运动会上，襄樊市运动员周建峰获男子组小口径自选手枪慢射 60 发第 6 名。1990 年，在省第 8 届运动会上，襄樊市选手分获第 5、6、7 名。1994 年，省 9 运会仅获 3 块奖牌，其中襄樊市少儿射击运动员黄立获男子自选手枪慢射 60 发第 1 名，男子自选手枪慢射 60 发第 4 名、男子气枪 60 发第 5 名；张小丽获女子气枪 40 发第 6 名；汪琴获跑猪 30 发第 2 名。1995 年参加省年度竞赛积 2 分，1996 年积 1 分。在 1999 年省 10 运会上均获青年男子组团体气枪 60 发、团体手枪慢射 60 发第 2 名；获女子团体气枪 40 发第 3

名、小口径 30+30 第 2 名；郑华获少年女子组小口径手枪 15+15 第 2 名。2000 年年度竞赛获银牌 2 枚，积 18 分；2001 年获金牌 1 枚。射击运动项目在襄樊起步较早，但发展慢缓，成绩有所下滑。2002—2005 年的省运动会及年度竞赛中，无一项一人进入前 3 名。

4.无线电运动项目

1977 年，襄樊恢复军事体育项目，开展无线电收发报、无线电测向体育活动。1978 年参加全省青少年无线电收发报比赛，襄樊运动员钱芳获女子个人第 6 名。1980 年，襄樊获全省青少年无线电收发报团体第 2 名。1980 年，参加全省比赛，襄樊运动员姚建民获个人全能第 1 名，钱芳获女子收发报第 1 名。1980 年，参加在黄石举办的全省青少年无线电测向比赛，襄樊派出姚建民、温卫国、李晋江（女）、徐祖洁（女）参赛；男子组获第 2 名，女子组获第 6 名。1981 年，襄樊组队参加全省无线电收发报及测向比赛。无线电收发报获 2 金，2 个第 3 名；无线电测向男子组获第 2 名，女子组获第 3 名。参加本次比赛的队员有邱军民、赵春林、李晋红（女）。1981 年姚建民、温卫国代表湖北省在上海参加全国无线电收发报比赛，获 4 枚奖牌。1983 年，全省无线电测向比赛在襄樊举行。襄樊代表队获得 1 金 1 银、1 个第 4 名、1 个第 6 名。其中赵春林获男子组金牌。同时，赵春林、李晋红等人获国家一级运动员。1984 年襄樊取消该项体育运动项目。

（八）老年人体育

1.组织领导

1984 年 1 月 12 日，襄樊市老年体育协会成立，王根长当选为主席，陈明富任秘书长。1986—2005 年间进行了 4 次换届选举，王根长连任 3 届，2004 年杨朝令担任第 4 届老年体协主席。到 2005 年底前，市所属 9 个县（市）区、全市所有乡镇、市直各战线、各学校及大型企事业单位老年体协组织全部建立。社区居委会老年体协组织建立达 90%以上，村级老年体协组织达 30%以上。标志着全市、县（市）区、乡（街）、社区（村）四级网络形成。截至 2005 年 12 月底，全市共有基层老年体协 1550 个，县团级体协 180 个，拥有会员约 3.5 万人。

2.老年体育活动

境内老年体育活动有散步、慢跑、登高、武术、太极拳（剑）、木兰扇（剑）、气功、导引养生功、保健功、门球、乒乓球、台球、网球、健身球、保龄球、篮球、足球、游泳、钓鱼、健身操（舞）、广播操、舞龙、秧歌、腰鼓、体育舞蹈、桥牌、棋类、泰迪球、竞技麻将等。特别是从 1999 年公园晨练免费入园起，老年人锻炼更方便。为逐步将老年体育引向纵深发展，采取训练班、辅导站、健身点、保健讲座等多种方式进行。至 2005 年 12 月底，全市共建立活动室 181 个，老年人体育辅导站点 300 多个。到 2004 年遍布全市各行业和社区的社会体育辅导员 611 人，其主要服务对象是社区老年人。20 世纪 80 年代门球运动由日本引进，襄樊从 1984 年办班推广，现已发展成为襄樊老年人最具规模的一项群众性体育运动。目前有门球队 800 多个，门球场地 96 块，常年征战在门球赛场上的老人超过 1 万人。此外，钓鱼、棋类、慢跑也是老年人喜爱的项目，襄樊市连年举办比赛，每年均有 1000—2000 人参加。

3.老年体育竞赛

从 1987 年起，襄樊每年举办一次全市门球比赛，到 2005 年共举办 18 届，共有 15000 名老年人参加。从 1999 年起，老年人钓鱼比赛已列入届次，每年秋季举办一次；从 2000 年起中国象棋比赛也列入届次，每年春季举行一次。每年安排 8—10 项比赛，主要项目有门球、乒乓球、棋类、桥牌、健身操（舞）、钓鱼、羽毛球、冬季长跑、泰迪球（操）、引导养生功、五禽戏、太极拳、太极剑、风筝等。举办方式采取自办、合办和委托基层办等形式，均举行简短开闭幕式，大部分项目不记团体总分，重在参与。同时，每年还举办 3—5 项邀请赛。各县（市）区、局、大型企事业单位、高校、部队干休所，以及所属基层单位亦相应举办老年人运动会或比赛、展演等活动 1 000 余次，近 15 万人参加。同时，襄樊共组派 154 支老年各项体育代表队，参加全国、中南协作区、湖北省和兄弟城市比赛。承办全国性、湖北省和地区性比赛 6 次。

4.评选健康老人,表彰先进

1985 年，由中国老年人体育协会和《健康之友》杂志社联合发起评选“健康老人”活动。湖北省和襄樊市老年体协于 1987 年、1991 年、1993 年、2000 年、2001 年 2004 年先后开展评选活动。襄樊市评选 80 岁以上“健康老人”59 名。襄樊地区有湖北省“健康老人”11 名，全国“健康老人”4 名，市级“健康老人”41 名。襄樊市老年体协曾于 1990 年、2004 年分别获得 “湖北省老年体育工作先进集体”，1990 年和 1993 年两次荣获“全国老年体育工作先进单位”称号。1990—2004 年先后 4 次组织评选表彰工作，共评出襄樊先进集体 43 个。其中 15 个湖北省先进集体，3 个全国先进集体。襄樊市先进个人 88 人，其中 37 名湖北省先进个人，5 名全国先进个人。2004 年，王根长、于艺芳等 7 人荣获“湖北省老年体育开拓者”称号。

（九）残疾人体育

1.组织领导

1979 年残疾人体育活动恢复发展。1985 年襄樊市残疾人体育协会成立。历任主席为周自成，秘书长为李新地。办事机构设在襄樊残疾人联合会。1990 年，残疾人体育机构 1 个，会员 3 500 人。残疾体育机构设 10 余个辅导站、点，有专兼职教练员、裁判员 120 余人。

2.体育竞赛

市级竞赛：1985 年举办襄樊市第 1 届伤残人运动会，有 87 名运动员参加田径、游泳、乒乓球和男女哑、盲、残体育比赛。1989 年，为丰实残疾人文化生活，提高其社会地位，促进其身心健康，开展了广泛的、形式多样的体育活动。

省级比赛：1985 年，襄樊市派出 12 名运动员参加湖北省首届伤残人运动会，取得 7 项第 1 名、6 项第 2 名和 5 项第 3 名。1987 年，在湖北省第 2 届伤残人运动会上，襄樊市 15 名伤残体育健儿一举夺得 15 枚金牌、6 枚银牌和 5 枚铜牌，团体总分名列全省第 2 名。1991 年，在湖北省第四届残疾人运动会上，襄樊龚潇婧夺得女子 B10 级 100 米和 200 米蛙泳两项第 1 名。1999 年，襄樊残疾人代表团参加了第 10 届省运会。2003 年，在省第 11 届运会上，襄樊市残疾人代表队获团体总分、金牌总数第 8 名。其中王盛获男子盲人 F11 级跳远、100 米冠军和季军，刘琴获女子盲人 F12 级 800 米、铅球冠军和亚军，刘巧平获男子聋人 T60 级 400 米、800 米、1500 米三项冠军，黄璐获盲人 F12 级 400 米第 2 名、800 米第 3 名和铅球第 3 名，姚挺获男子盲人跳高第 3 名，龚潇靖获女子肢残 SB9 级 200 蛙泳第 1 名、200 米仰泳第 1 名和 100 蛙泳第 2 名，陈建枫获男子肢残 SB9 级 200 蛙泳冠军，杨占波获男子聋人 OPEN 级 200 米第 2 名和 100 米蛙泳第 3 名，欧阳东获女子肢残 S10 级 200 米仰泳第 2 名，田开成获男子组 48 公斤级举重第 2 名，许宏林获肢残 TT10 级男子乒乓球单打冠军和肢残公开级男子单打第 6 名,陈群获聋人组男子单打冠军。

全国比赛:襄樊市乒乓球运动员汪长桥和陈樊生代表湖北省参加了全国第 1 届、第 2 届伤残人运动会。1992 年,襄樊市运动员龚潇婧代表湖北省参加在广州市举办的第 3 届残疾人运动会,夺得女子 B10 级 100 米和 200 米蛙泳两枚金牌。2005 年 10 月,襄樊残疾人坐式排球代表队代表湖北参加全国锦标赛。

(十)少数民族体育

1.组织领导

1995 年 12 月 22 日,襄樊市少数民族体育协会成立。襄樊市副市长袁军晶为名誉主席,胡中才当选为主席,马富军任秘书长。各县(市)区也成立了相应的基层组织,全市有会员 3500 人。

2.开展活动

襄樊市有回族、维吾尔族、土家族、蒙古族等 29 个民族成分,人口 2 万余人,其中回族就有 1.4 万人。襄樊市民族传统体育运动有着广泛的群众基础,特别是党的十一届三中全会以来,随着党的民族政策的贯彻落实,在“积极提倡、加强领导、改革提高、稳妥发展民族体育”的指导下,民族传统体育有了更快的发展。解放后至 1995 年全国先后举办了 5 届少数民族传统体育运动会。湖北省举办少数民族运动会形成制度。襄樊市均派员参加历届省少数民族运动会。自省运会开设少数民族体育竞赛项目以来到 2005 年,襄樊均组织参加比赛。在 2003 年第 11 届省运动会上,襄樊市运动员马富军、胡明坤获民族蹴球男子双蹴第 5 名,襄樊市获该项团体总分第 8 名。

四、竞技体育

(一)奥运会项目

1.田径

在历届省运动会上,襄樊田径选手夺得的金牌数处在全省前 3 名。1982 年 3—10 月,湖北省第六届运动会在武汉举行。原襄阳地区和原襄樊市共为本地夺得 143 枚奖牌,成为新中国成立以来在省运会中夺得奖牌最多的一次。仅田径一项就获得奖牌 85 枚,约占奖牌总数的 60%。1985 年,襄樊市田径获全省总分第 1 名,为省队输送 3 名竞走运动员,为国家输送 1 名运动员胡海芬(该运动员已获国家级运动健将)。同年,在全省各项比赛中,田径分龄赛获得团体冠军。在 1986 年省青 1 运会上,襄樊男乙组 4×100 米接力破省纪录。在 1986 年省 7 运会上,襄樊市运动员获成年男子组 1 500 米、3 000 米第 4 名,余多庆获成年女子组跳远第 1 名(5.30 米),同时,襄樊获 4×100 米接力第五名;何香玉获 5 000 米第 1 名和 3 000 米第 3 名,丁蕊、郑世强分获少年男子甲组 10 公里竞走第 1、2 名,熊英、胡海燕、梁英分获得少年女子甲组 5 公里竞走第 1、2、3 名,熊英获 3 000 米第 1 名,何德强获 1 500 米第 2 名,陈国华获少年男子乙组 110 米栏第 2 名,洪波获跳远第 2 名,王有根获 3 000 米第 3 名,余胜获三级跳远第 4 名,周志红获少年女子乙组铅球第 1 名,并打破省运会纪录,陈琳获跳高第 2 名,周志红获铁饼第 4 名。同时,襄樊获 4×100 米接力第四名。1988 年,襄樊市运动员何爱荣作为国家队员参加在澳大利亚举行的太平洋地区田径运动会,襄樊运动员终于实现了冲出亚洲走向世界的宏愿。

1988 年，在湖北第 2 届青少年运动会上，襄樊市田径队获团体总分第一名，全市有 11 名运动员打破了 26 项纪录，胡海燕、熊英获国家一级运动员称号，33 人获国家二级运动员称号。1990 年，在湖北省第 8 届省运动会上，襄樊市获金牌 17 枚、银牌 14 枚、铜牌 14 枚。其中田径金牌 5 枚、银牌 3 枚、铜牌 8 枚。在这次比赛中，王俊涛获男子少年乙组跨栏第 4 名，邓起超获跳远第 1 名，王纯芳获女子少年乙组短跑组第 1 名，胡琴获中长跑组第 1 名，刘小红获投掷组第 2 名，洪旭华获男子少年甲组 5 000 米第 2 名，冯波获 110 米跨栏第 3 名，李辉、李永雄分获 5 公里竞走第 3、4 名，李河燕获女子少年甲组 10 000 米第 1 名，别风林、杨艳琴分获 1 500 米第 2、3 名，张琴获 100 米栏第 3 名，陈广萍获标枪第 3 名。1991 年，襄樊市运动员杨红英(女)参加 1 500 米省田径比赛用时 4′ 53"8 达二级，李红会(女)参加田径 400 米用时 1′ 0"1 达二级，方敏(女)田径 1500 米用时 5′ 达二级。同年，襄樊市参加全省青少年竞赛田径项获金牌 12 枚、银牌 3 枚、铜牌 5 枚。1992 年参加省青少年竞赛，田径项目获得金牌 11 枚、银牌 5 枚、铜牌 1 枚。在 1994 年省 9 运会上，襄樊市运动员在田径项目中获金牌 2 枚、银牌 5 枚、铜牌 7 枚，积 214 分。其中少年田径队运动员陈云获男子甲组 400 米第 4 名和 400 米栏第 3 名；王琳获男子甲组跳高第 2 名、三级跳远第 4 名，张宗成获男子甲组撑竿跳高第 6 名和男子甲组七项全能第 5 名，杨红英获女子甲组 3 000 米第 3 名，郭全玉获女子甲组 3 000 米竞走第 2 名。襄樊获女子甲组 4 × 100 米、4 × 400 接力第 4 名和第 6 名。丁晓娟获女子甲组跳高第 2 名，王少丽获女子铁饼第 3 名，盛大华获女子甲组标枪第 4 名，丁瑞华获女子甲组四项全能第 5 名，李智武获男子乙组 1 500 米第 3 名和 3 000 米第 4 名，嘉昕获男子乙组三级跳远第 3 名，穆燕获女子乙组 100 米、200 米冠军，卞春梅获女子乙组 400 米第 2 名。襄樊获女子乙组 4 × 100 米、4 × 400 接力第 5 名和第 3 名。在 1995 年年度竞赛中，襄樊田径运动员共获金牌 14 枚、银牌 8 枚、铜牌 2 枚。在 1998 年年度竞赛中，襄樊田径项目获得银牌 4 枚、铜牌 7 枚。襄樊市田径优秀运动员邹菲输送省专业队。在 1999 年省 10 运会上，王勇获青年男子组 100 米第 5 名和 400 米第 4 名，江艳获青年女子组 100 米第 5 名，姚超获少年男子组 110 米栏第四名和 400 米栏第 3 名，王刚、邱军、王龙分获少年男子甲组 5 000 米竞走第 2、3、4 名。襄樊获少年男子甲组 4 × 100 米接力团体第 4 名。陈鲲获少年男子甲组标枪第 4 名，许文浩获少年男子乙组 400 米冠军，段少波获少年乙组 100 米第 2 名和 200 米第 1 名，余斌、郭瑞分获少年男子乙组 3000 米竞走第 2、4 名，李冉获少年乙组铁饼第 3 名，申超获少年男子乙组铅球第 1 名，孙小珊获少年女子乙组 1 500 米冠军，谢芳获少年女子乙组 100 米栏第 4 名。在 2000 年年度竞赛中，襄樊市田径项目获金牌 2 枚、银牌 2 枚、铜牌 9 枚，总分 351 分，继续保持全省优势地位。襄樊市参加 2001 年省青少年年度竞赛田径项目获金牌 5 枚、银牌 10 枚、铜牌 3 枚，团体总分 348 分，居全省第 2 位。2002 年，湖北省年度竞赛襄樊田径项目获金牌 4 枚、银牌 4 枚、铜牌 9 枚，总分 432 分。在 2003 年 11 届省运会上，襄樊市田径队获金牌 6 枚、银牌 5 枚、铜牌 4 枚。其中叶秀梅获少年女子甲组标枪冠军，贾云雨少年男子甲组 5 000 米竞走第 2 名，许妮娜获少年女子甲组 3 000 米第 2 名和 3 000 米竞走第 4 名，郭辉获少年男子甲组 1 500 米第 3 名，张三获少年男子乙组铅球第 2 名，吴晓盼获少年女子乙组铅球第 2 名。2004 年，参加全省青少年年度竞赛获金牌 3 枚、银牌 5 枚、铜牌 8 枚。2005 年获 6 金、9 银、5 铜。田径成为襄樊参加省级比赛的得分大户。

图 32—5 少年男子 110 米栏

2.游泳

襄樊市群众性游泳运动十分普及。1958 年,襄阳城修建了第一个游泳池。各机关、学校、工厂逐渐普及了蛙泳、自由泳、仰泳、测泳等姿势。1979—2005 年,襄樊游泳运动员在全国和全省比赛上多次获得优异成绩,在湖北省各类游泳比赛中位居前列。游泳运动项目逐渐发展成为襄樊在省内的强势项目之一。在新中国成立初期的湖北省第 3 届运动会上,襄樊三中学生马武振初露锋芒,取得了 200 米仰泳第 2 名和 100 米仰泳第 9 名的好成绩,并于次年 5 月被省体委竞技指导科选入省游泳队。1982 年,在湖北省 6 届运动会上,襄樊游泳获奖牌 37 枚,约占奖牌总数的 25%,并有 2 人次打破 2 项省纪录。其中儿童组曹广文在 100 米蛙泳比赛中以 1′ 5"4 的成绩打破世界纪录。1986 年,在湖北省第 7 届运动会上,襄樊市赵叶秋获儿童男子甲组 100 米仰泳、200 米仰泳、200 米蝶泳、200 米个人混合泳、400 米个人混合泳 5 个第 1 名,获 100 米自由泳第 2 名。襄樊获儿童女子乙组 4×100 米自由泳接力第 3 名。邹锐敏获少年女子乙组 100 米蛙泳和 200 米蝶泳第 1 名、100 米蝶泳第 2 名,及 100 米、200 米、400 米自由泳、200 米仰泳、200 米个人混合泳第 3 名。在 1990 年第 8 届省运会上,襄樊市获蹼泳银牌 1 枚、铜牌 1 枚,积分 126 分。襄樊市少年甲组余山获 200 米自由泳第 4 名,何金山获 100 米蛙泳第 4 名,男子少年乙组赵迎春获 100 米蝶泳第 4 名,熊小飞获 400 米自由泳第 4 名,尚成伟获 100 米仰泳第 5 名。同时,襄樊获 4×100 米接力第 4 名,获女子少年乙组 4×100 米接力第 5 名。在 1991 年省青少年竞赛中,襄樊市运动员获 100 米自由泳金牌、获 100 米自由泳银牌、获 100 米自由泳铜牌。在 1992 年省青少年竞赛中,襄樊市运动员获 100 米仰泳金牌、获 100 米蛙泳金牌。在 1994 年省 9 运会上,襄樊市黄凡获儿童男子甲组 50 米自由泳第 1 名、100 自由泳第 6 名、100 米蛙泳第 2 名、200 米个人混合泳第 2 名,王敏获儿童男子甲组 100 米仰泳第 2 名和 200 米仰泳第 4 名,段文获儿童男子乙组 50 米第 3 名、100 米第 1 名和 200 米自由泳第 1 名,马旗龙、段文分获儿童男子乙组个人混合泳第 4、5 名,李虹获儿童女子甲组 100 米第 2 名、200 米自由泳第 1 名、100 米仰泳第 1 名和 200 米个人混合泳第 2 名,王靖婧获儿童女子甲组 400 米自由泳第 2 名、100 蛙泳第 1 名、200 米蛙泳第 1 名、100 米蝶泳第 1 名和 200 米个人混合泳第 3 名。襄樊分获儿童女子甲组 4×100 米混合泳接力、4×100 米自由泳接力第 1、2 名。李妍获儿童女子乙组 50 米和 100 米自由泳两个第 1 名。李元元获儿童女子乙组 50 米自由泳第 3 名、50 米仰泳第 1 名和 100 米仰泳第 2 名,唐映获儿童女子乙组 100 米自由泳第 2 名、200 米自由泳第 3 名、50 米仰泳第 3 名和 100 米仰泳第 3 名,姚斌获儿童女子乙组 50 米第 3 名、100 米蛙泳第 2 名、50 米蝶泳第 4 名和 200 米个人混合泳第 2 名,陈伟获女了儿童甲组第 4 名。在蹼泳比赛中,刘波获男子 50 米潜泳第 2 名。襄樊获男子 4×100 米接力第 5 名。男运动员张春红获 1500 米蹼泳第 5 名。襄樊获 4×100 米蹼泳接力第 3 名。1996 年参加省年度比赛,游泳项目获金牌 10 枚、银牌 12 枚、铜牌 7 枚,积分 263 分,居全省第 2 位。1998 年,襄樊市参加全省青少年年度竞赛,游泳项目获得金牌 17 枚、银牌 19 枚、铜牌 8 枚,积分 436 分。在 1999 年省 10 运会上,襄樊市代欣获 10 岁组 50 米自由泳和 400 米自由泳两项第 2 名,李秋岑获女子 10 岁组 50 米仰泳第 3 名和 100 米自由泳第 4 名,赵娟获女子 10 岁组 100 仰泳第 3 名、50 米蝶泳第 4 名和 100 米蝶泳第 2 名,鲁阳获 11 岁组 50 米蝶泳第 3 名,花静获 11 岁组 50 米蛙泳第 2 名和 50 米仰泳第 3 名,闫小舟获 12 岁组 100 米蝶泳第 3 名,匡亚丽获 12 岁组 100 米、200 米自由泳、100 米蛙泳、200 米蛙泳 4 项第 3 名,刘娟获 12 岁组 200 米蛙泳第 2 名,李立获 13—14 岁男子组 200 蛙泳第 1 名、100 米蛙泳第 2 名和 200 米混合泳第 2 名,李小帅获 13—14 岁男子组 200 米仰泳第 2 名。襄樊获男子 13—14 岁男、女组 4×50 米混合接力、自由泳接力第 3 名。吴艳强获 15—16 岁组 200 米混合泳第 2 名。在 2000 年省年度竞赛中,襄樊市游泳项目获金牌 18 枚、银牌 18 枚、铜牌 4 枚,积分 455 分,居全省第一位。2001 年、2002 年,襄樊参加省年度游泳比赛分别获金牌 4 枚。在 2003 年省第 11 届运动会上,襄樊市运动员吴泽昊短池男子 9 岁以下组 50 米第 1 名、100 米仰泳第 2 名和个人全能第 1 名,马天奇获短池男子 9 岁以下组 50 米第 3 名和

100 米蝶泳第 2 名，刘颖获女子 13—14 岁组蝶泳全能、50 米蝶泳、100 米蝶泳 3 项第 3 名，徐飙琦获男子 13—14 岁组蛙泳全能 50 米、100 米蛙泳 3 项第 2 名，朱继欣获短池女子 9 岁以下 50 米、100 米蝶泳两项第 1 名，贺冰冰获短池女子 9 岁以下组 50 米第 1 名和 100 米蛙泳第 2 名，张宇曼获短池女子 9 岁以下组 50 米蛙泳第 2 名和 100 仰泳第 3 名。

襄樊籍游泳运动员王林在国内 12 次重大比赛中获 24 项次金牌，破 16 项全国纪录和 2 项亚洲纪录，连续 10 年保持了由他创造的百米蛙泳和 200 米蛙泳全国纪录。他 8 次代表中国参加国际重大比赛，获 14 枚奖牌。1980 年 5 月，在孟加拉举行的第 1 届亚洲游泳锦标赛上为中国队获得 2 枚金牌。1981 年，王林在南斯拉夫举办的第 13 届国际游泳邀请赛上又夺得 100 米和 200 米蛙泳金牌，并创 1 项世界最好成绩被国际泳坛授予“最佳男明星奖”称号。

3.跳水

由于受客观条件限制，襄樊市跳水项目起步较晚，1998 年市正式在业余训练项目布局中设立该项目。通过刻苦训练，进步较快。在 2000 年省青少年年度竞赛中，襄樊市运动员共获跳水金牌 5 枚、铜牌 1 枚，积 66 分。在 2001 年湖北省年度竞赛中，襄樊市运动员获跳水金牌 1 枚、银牌 3 枚、铜牌 3 枚，积 48 分。2002 年参加湖北省年度比赛跳水得 15 分。王凡、章子怡在第 11 届省运动会上分别获得儿童男子乙组跳水第 4 名和第 5 名。

4.排球

排球运动在襄樊有较好的群众基础，市区部分学校、企业均组建有业余男女排球队。20 世纪 70 年代，市区校际之间的排球比赛比较活跃，并积极参加省级各类比赛，培养输送了许多优秀运动员苗子。20 世纪 80 年代初期，襄樊排球运动得到恢复与发展。1985 年，襄樊参加省中学生排球赛获第 2 名，参加传统项目排球赛，男队获第 3 名、女队获第 5 名。1988 年，在省二青会上，襄樊市男、女排获得冠军，打破了襄樊市在省级运动会上“三人球”新中国成立以来无冠军的局面。1989 年，襄樊市少年男子排球队获冠军，这是继 1988 年省二青会后青少年男排第 3 次在省级竞赛中夺魁。在 1990 年省 8 运会上，襄樊市男女排球继续保持优势，男排获第 1 名、女排获第 2 名。到 1992 年，襄樊市男子排球在全省比赛中获得“三冠二亚”，并多次代表湖北省参加全国性比赛。1993 年，襄樊市男女排在省级比赛中继续保持冠军地位，有 4 名男排队员达到国家三级运动员标准，2 名女排运动员达到国家三级运动员标准。在 1994 年省 9 运动会上，襄樊市男女排球队再次夺得双连冠。在 1995 年省年度竞赛中，襄樊市排球获金牌 7 枚，积 18 分。1996 年 8 月 14 日，襄樊女子排球队代表湖北省参加在重庆举行的全国少年女子排球赛，获乙组第 8 名和丙组第 6 名。同年，襄樊市男女排在省年度比赛中双双获得冠。1998 年，襄樊市男女排球队在省级年度竞赛中获“一金一银”。在 1999 年省 10 运会上，襄樊市男女排球均获第 1 名。2004 年 10 月，襄樊排球队参加全省青少年排球（沙滩排球）比赛，襄樊获沙滩排球第 3 名。

5.篮球

篮球运动在襄樊有着广泛的群众基础，市区各中学、各大企事业单位重视篮球活动的开展。市体校自建校起设置男、女篮球运动队，向国家、省及大专院校输送优秀篮球运动员 20 多名。1986 年，在湖北省第 1 届青少年运动会上，襄樊男子篮球代表队获第 3 名。1984 年，老河口六小获全省传统项目学校（基层队）小篮球比赛男队第 3 名和女队第 3 名。1985 年，襄樊市代表队获全省乙组男篮团体第 2 名、全省乙组女篮团体第 5 名和全省甲组男篮第 5 名。在 1990 年省 8 运会上，襄樊市男子少年组篮球代表队获第 5 名，女子队获第 4 名。1993 年，襄樊市参加全省青少年分项目年度比赛获第 2 名。在 1994 年省 9 运会上，襄樊市篮球队获第五名，积 12 分。1996 年 8 月 16 日至 9 月 5 日，襄樊五中男子篮球队代表中国中学生出访美国加利福尼亚州参加国际中学生篮球邀请赛。1997 年，襄樊市女子篮球代表队参加湖北省青少年年度篮球分区赛获女子组第 1 名。在 2003 年省 11 届运会上，襄樊市职工男队获第 2 名。2004 年 1 月，襄樊市男、女篮球队参加湖北省“体校杯”篮球赛，襄樊获男子组第 2 名和女子组第 1 名。

6.足球

20 世纪 70 年代，襄樊市足球运动开展得比较好，襄樊三中为足球传统项目学校。该校足球代表队多次代表襄樊市湖北省参加全省及全国青少年足球比赛。市体校 1980 年开始设置足球运动项目，并积极开展训练，参加各级各类足球比赛。

1985 年，襄樊参加湖北省首届女子足球赛，获少年组第 8 名(取前 10 名)。1986 年在湖北省第 7 届运动会足球少年分区赛上，襄樊队获第 2 名。1998 年，襄樊参加省青少年年度竞赛中获第 3 名。2002 年，襄樊三十九中获省青少年 U—13 足球联赛获该组第 2 名。同年，在省年度足球比赛中，襄樊队获金牌 5 枚，积 45 分。

7.乒乓球

20 世纪 80 年代，襄樊广泛开展乒乓球运动，竞赛活跃。1979 年，原襄阳地区业余体校开设乒乓球项目训练，卫淑华任教练。在 1986 年省 7 运会上，襄樊市乒乓球成年男子组、成年女子组获团体第 6 名。在 1990 年省 8 运会上，襄樊市获儿童乙组乒乓球团体第 6 名，运动员李凡获男子单打第 5 名。在 1994 年省 9 运会上，襄樊市乒乓球进入决赛。1997 年省青少年年度竞赛乒乓球实现零突破。在 1998 年省青少年年度竞赛中，乒乓球积 6 分。在 1999 年省 10 运会上，襄樊获儿童女子乙组团体第 7 名。在 2000 年省青少年竞赛中积 10 分，乒乓球仍未走出低谷。在 2001 年青少年竞赛中积 2 分，2002 年积 14 分。在 2003 年省 11 届运动会上，襄樊市乒乓球代表队获男子团体第 6 名和女子团体第 3 名；职工类乒乓球代表团获地方 A 组男子团体第 2 名，A 组女子团体第 1 名，陈峻、郭佳获地方 A 组男子双打第 2 名，浦靖、李君、陈峻、浦靖获 A 组女子双打、A 组混合双打两项第 3 名，杨伟、陈长征获 B 组女子单打第2名和第3名，陈长征、杨伟获B组女子双打第2名，周新华、陈长征获地方B组混合双打第4名。

8.羽毛球

羽毛球是襄樊弱势项目，在省级各级各类竞赛中均未取得名次。但自 1990 年代初开始，开展羽毛球健身活动的市民逐年增多。各大型企事业单位为满足干部职工需求，增设羽毛球训练场地达 100 多块。东风公司、二汽试车场、二动力等均建有专业羽毛球馆。2003 年，襄樊成立羽毛球活动中心，约有 20 块场地，羽毛球活动更加普及，竞赛水平也在逐年提高。

9.网球

网球为襄樊市弱势项目，起步较晚。1995 年，襄樊业余训练才增设网球项目。在 1996—1998 年连续三年参加湖北省青少年年度竞赛中无成绩记录。2000 年、2001 年参加省青少年年度竞赛，分别积 16 分。2004 年参加青少年比赛获铜牌 1 枚，实现了省级比赛成绩“零”的突破。

10.举重

举重在襄樊开展较早，但普及不够。“文化大革命”中停训，1980 年代成绩回升。1985 年一批老队员退役，湖北省男子举重成绩下滑，但女子举重崭露头角。同年，襄樊市女子少年举重选手向凤兰入选湖北省队，在国内外大赛中成绩突出。在 1997 年第 11 届世界女子举重锦标赛上，向凤兰夺得 70 公斤级抓举、挺举总成绩3枚金牌，同时打破3项世界纪录。这是襄樊运动员首次获得世界冠军和首次打破世界纪录。在1990年省8运会上，襄樊市举重运动员获金牌3枚、银牌1枚、铜牌1枚，积61分。其中廖勇获17岁组60公斤举重冠军，女运动员宋瑞平获14岁组48公斤级举重冠军，谢雪梅获女子15岁40公斤级冠军，乔各琴获女子15岁组56公斤级第3名。在1991年省青少年年度竞赛中，襄樊市举重运动员获金牌4枚、铜牌1枚。1992年，襄樊市举重运动员获省年度竞赛60公斤级1金1银，44公斤级银牌1枚。在1993年全省青少年举重比赛中，襄樊市举重运动员获2项第1名、3项第2名和1项第3名。其中获国家二级运动员2男3女，国家三级男女各2人。在1994年省9运会上，襄樊市举重运动员获总分217分，奖牌5枚，列全省第5名。其中少年运动员骆宏强获男子甲组50公斤级第2名，陈林获男子甲组54公斤级第4名，傲树强获男子甲组70公斤级第5名，钱波获59公斤级第2名，乔雷获64公斤以上级第2名，杜文兰获女子甲组59公斤级第3名，陈晓丽获女子乙组46公斤级第5名。在1995年青少年年度竞赛中，举重获10金9银4铜，积146分。1996年获2金，积23分。1998年获2铜，积25分。在1999年省10运会上，襄樊市举重运动员王笑获少年男子乙组52公斤级第2名，刘星获少年男子乙组62公斤以上级第4名。2000年获铜牌1枚，积10分。2001年获银牌1枚，积7分。2002年举重积9分。在2003年省11届运动会上，襄樊市青少年获1银1铜。其中陈俊获少年男子乙组56公斤级第3名，贾旭获青年男子组62公斤级第2名，何蕊蕊获少年男子乙组48公斤级第6名。在2004年年度竞赛中获1银3铜。2005年获2金1银3铜。1980—2005年，襄樊男女举重运动选手共打破世界纪录3次，摘取世界大赛3枚金牌。

11.柔道

在1990年省8运会上，襄樊市柔道项目获金牌2枚、银牌2枚、铜牌4枚，分获一个第4名和一个第5名，积65分。在1991年省青少年年度竞赛中，襄樊市运动员分别获44公斤级、56公斤级、60公斤级、61公斤级、71公斤级金牌各1枚；同时获48公斤级、56公斤级银牌各1枚；52公斤级、56公斤级、60公斤级、61公斤级、66公斤级铜牌各1枚。在1992年省青少年年度竞赛中获60公斤级、65公斤级、66公斤级、78公斤级金牌各1枚；获44公斤6级、56公斤级铜牌各1枚。襄樊市少年男子柔道运动员吴伏斌获52公斤级冠军，邓建伟、黄良益获56公斤级第2名和第3名，荆大勇获76+公斤级第3名。1990年6月，襄樊市柔道运动员在郑州参加全国青少年柔道协作区比赛，获金牌1枚和银牌1枚。当年，5名柔道男运动员、3名女以柔道运动员达到国家一级标准；3名男运动员、3名女运动员达到国家二级标准。在1994年省9运会上，襄樊市柔道共获奖牌11枚，积98分，居全省第一位。其中男运动员魏红斌获52公斤级第3名，尚大群获56公斤级冠军，黄松年获65公斤级第2名，许健获71公斤级冠军，王建波获78公斤级第3名，王林获78公斤以上级第2名；女运动员郭辉获48公斤级冠军，陈玉林、李春香分获56公斤级冠军和第4名，赵志荣获56公斤级冠军，赵霞获66公斤级第2名，彭电红获66公斤以上级第4名。在1998年省年度竞赛中，襄樊市柔道队分获金牌4枚、银牌4枚、铜牌2枚，积92分。1996年一批老将退役，新老队员进行调整，本年度柔道队参加省年度竞赛仅获得1枚铜牌。经过2年调整期，襄樊市柔道队在1998年省青少年年度竞赛中分获金牌6枚、银牌3枚、铜牌2枚，积95分。在1999年省10运会上，襄樊市柔道运动员郑向科、黄修洋分获少年男女甲组60公斤级、61公斤级第2名，刘晓、张建涛、杜雷分获少年男子一组65公斤级、78公斤级、78公斤以上级第3、3、2名，唐涛获少年女子乙组61公斤级第2名。在2000年省年度竞赛中获金牌6枚、铜牌1枚，积60分；2001年获金、银、铜牌各1枚；2002年获金、银、铜牌各1枚。在2003年省11届运动会上，襄樊市运动员郑康、王剑分获男子甲组52公斤级、60公斤级两项第2名，杨志廷获男子乙组52公斤级第3名，刘爱娇获少年女子乙组52公斤级第4名。2004年获1金2银，2005年获2银4铜。

12.划船

赛艇是襄樊市运动员首次在奥运上获得铜牌、在亚运会上获得金牌、在全运会上获得奖牌最多的运动项目，分别实现了襄樊运动员获奥运会奖牌“零”的突破和亚运会上金牌“零”的突破，为襄樊人民获得荣誉。1986 年 10 月，在汉城举办的第 10 届亚洲运动会上，襄樊籍运动员张亚黎、周秀华、王新乐获赛艇 3 枚金牌，这是襄樊市运动员在水上项目第一次获得亚运会金牌。在 1987 年 10 月广州举办的第 6 届全运会上，襄樊市赛艇运动员马玉敏、张亚黎、周秀华、鄢东玲、王新东获 7 枚金牌、2 枚银牌。1987 年 8 月，在丹麦举办的世界锦标赛上，鄢东玲获铜牌 1 枚。在 1988 年第 24 届汉城奥运会上，襄樊市运动员张亚黎、周秀华获赛艇铜牌 2 枚。1990 年，在北京举行的第 11 届亚洲运动会上，襄樊籍运动员郑显伟、王新乐、鄢乐玲（女）代表我国参加了本次赛艇比赛，经过奋力拼搏，以较大优势勇夺 3 枚赛艇金牌。具体项目及成绩是：郑显伟获男子 8 人单桨有舵手 10 000 米赛艇金牌；王新乐获男子 4 人单桨无舵 1 000 米赛艇金牌；鄢东玲获女子轻量级 4 人舵赛艇金牌。此外，该 3 名运动员曾多次荣获亚洲冠军及进入世界前 3 名。1996 年，襄樊市体委在市体校设立船艇项目，严灵芝任教练员。当时既没有训练水域，也没有器材，更没有运动员。为了完成当年的比赛任务，经过艰苦的训练与严格的管理，克服重重困难，在当年的湖北省划船比赛中，几乎包揽了全部的金牌，列 7 个代表团第 1 名，总分 579 分。其中两名队员被省队录取。1997 年和 1998 年，划船队在湖北省年度比赛中名列第一。1999 年 10 月，湖北省第 10 届运动会集中了 13 个代表团，可谓是强手如云。襄樊划船队奋力拼搏，力挫群雄，以团体总分 178 分成绩捧回了 6 个团体奖杯，再次夺冠。其中陈真、许国峰获赛艇男子全能第 2 名和第 3 名，许国峰获男子组 500 米单人双桨、1 000 米单人双桨第 1 名和第 2 名，陈真获 1500 米单人双桨、500 米单人双桨第 1 名和第 3 名。襄樊获女子组赛艇团体第 2 名。刘丽萍分别获得女子组个人全能、500 米单人双桨、1000 米单人双桨、1 500 单人双桨项目的第 2、1、2、3 名。襄樊获男女混合团体第 1 名。2000—2001 年，襄樊划船队再创辉煌，多次夺冠，有 11 名队员被输送到上级优秀运动队从事专业训练。2002 年划船队获得团体第 2 名的成绩。在 2003 年省 11 届运动会上，襄樊市划船运动员高能武获得少年男子组 500 米单人艇，1 000 米单人艇，1 500 米单人艇冠军、亚军和冠军，彭飞获少年男子组 10 00 米单人艇、1 500 米单人艇冠军和亚军；蔡琛获少年女子 500 米单人艇、1 000 米单人艇两项亚军；杨梦婷获少年女子组 500 米单人艇第 4 名。襄樊代表团男队获团体冠军、女队获团体第 2 名。2004 年，在湖北省年度比赛中，再次夺得了 2/3 的金牌和团体冠军。2005 年获湖北省冠军。1996—2005 年共向省划船队输送 14 名优秀运动员。

13.摔跤

摔跤项目分中国式摔跤、古典式摔跤和自由式摔跤。1982 年，市体委在市业余体校开设此项目。在 1990 年省 8 运动会上获得金牌 3 枚、银牌 3 枚、铜牌 4 枚、2 个第 4、1 个第 5，积 86 分。其中刘宏兵获 51 公斤级古典式摔跤冠军，李银帮获 51 公斤级古典式摔跤第 2 名，庞河龙获 43 公斤级古典式摔跤第 2 名，沈亚威、张海燕分获 55 公斤级古典式摔跤第 3、4 名；余松、谢兵分获 43 公斤级自由式摔跤第 1、3 名，施小波 52 公斤级自由式摔跤第 2 名，罗敬祥获 70 公斤级自由式摔跤第 3 名，腾霁东、沈茂勇分获 76+ 公斤级第 1、3 名。在 1991 年省年度竞赛中，获得 43 公斤级古典式摔跤金牌 1 枚，47 公斤级自由式、古典式摔跤金牌各 1 枚，获 51 公斤级自由式金、银牌各 1 枚，55 公斤级古典式摔跤金牌 1 枚，自由式金牌 1 枚，76 公斤级自由式金牌 1 枚。在 1992 年省年度竞赛中，获 51 公斤级金牌 1 枚，55 公斤级自由式铜 1 枚，60 公斤级古典式金牌 1 枚，76 公斤级自由式金牌 1 枚，古典式银牌 2 枚。1993 年 6 月，在河南省平顶山市全国青少年摔跤协作区比赛中获得 3 金 1 银 2 铜共计 7 枚奖牌。在 1994 年省 9 运会上，襄樊市摔跤运动员共获 5 枚奖牌，积 65 分，居全省第 1 位。在 1995 年省年度竞赛中获 2 金、3 银、3 铜；在 1996 年获 5 金 1 银 1 铜，积 58 分。由于新老队交替，襄樊市摔跤成绩在这一时期有所下滑。调整后经过刻苦训练，逐步得到提高。1997 年，襄樊市摔跤在同类比赛中获 4 金 4 银，积 87 分。同时，摔跤运动员曹正午输送到省摔跤队。在 1999 年省 10 运会上，襄樊市运动员获少年甲组自由式 45 公斤级摔跤第 2 名，叶楠获少年甲组自由式 83 公斤级摔跤第 2 名，王守平、贾佳、曹锐、师胜分获少年乙组古典式 45 公斤级、48 公斤级、52 公斤级、83 公斤级第 3、3、3、2 名，蒋成成、刘东建分获少年乙组自由式 39—45 公斤级、52 公斤级两项第 2 名。2000 年襄樊获 4 金 2 银 3 铜，积 67 分。2001 年获 1 银 2 铜，2002 年获 1 金 2 银 1 铜，积 45 分。在 2003 年省 11 届运动会青少年类比赛上获 4 金 6 银。其中张余获少年甲组古典式 46 公斤级摔跤冠军，潘怡、李朋分获少年甲组古典式 58 公斤级、自由式 42 公斤级两项第 2 名，黄鹏获少年甲组自由式 76 公斤级摔跤冠军，余龙、余论分获少年乙组古典式 42 公斤级、76 公斤级冠军和亚军，李涛、石磊分获少年乙组古典式 83 公斤级、58 公斤级两项第 2 名。许金田、李秀虎分获少年乙组自由式 100 公斤级、69 公斤级冠军和亚军。2004 年参加省年度竞赛获 5 银 9 铜，2005 年获 3 银 10 铜。

14.拳击

拳击属奥运会竞赛项目，襄樊起步较晚，市体委在 1995 年全市业余训练项目布局中增设了拳击项目。同年，市体委开始招收队员参加培训。经过一年多的科学训练，在 1996 年省年度竞赛中，拳击项目获银牌 3 枚和铜牌 1 枚，积 47 分，使该项目有了一个很好的开端，实现了襄樊在拳击项目上奖牌“零”的突破。在 1998 年省年度竞赛中，拳击项目获金牌 1 枚、银牌 3 枚、铜牌 4 枚，积 51 分。在 1999 年省 10 运会上，襄樊市运动员黄泽亮、陈军、朱贵军、覃威分获 51 公斤级、54 公斤级、67 公斤级、71 公斤级拳击第 3、2、2、3 名；常志、钱鑫分获少年乙组 60 公斤级、54 公斤级第 1、3 名。拳击成绩稳中有升。襄樊从 1995 年业余训练增设拳击项目至 2005 年，共获得省级金牌 1 枚、银牌 6 枚、铜牌 5 枚。

15.跆拳道

2003 年，襄樊体育场开始跆拳道培训。至 2005 年底，全市民间组织及个人开办跆拳道俱乐部 54 个，遍布襄樊及各县（市）区。2004 年被列入市运会项目。襄樊市“楚星体育俱乐部”跆拳道代表队 2004 年参加香港、澳门跆拳道邀请赛。同年，襄樊首次组队参加湖北省年度竞赛，为跆拳道运动竞技水平的提高奠定了良好的基础。

16.体操

1995 年，市体委调整业余训练布局，在市体校开设体操训练项目，教练员张永刚。1996 年 10 月，市体委、市体校、襄城区体委、襄樊师范附小 4 家联合组建体操队，按 4∶3∶2∶1 的比例先期投入购置体操训练设施，在襄城区范围内招收队员 10 名，开始进行基本体操训练。1996 年 10 月至 2002 年 9 月，训练一直在襄师附小进行，2002 年至 2005 年在市体校训练。1997 年，襄樊首次参加在荆州举办的湖北省少儿体操比赛，刘佳获跳马铜牌。在 1999 年省 10 运会上获金牌 2 枚，银牌 1 枚，铜牌 4 枚。2002 年参加省年度竞赛获 1 金 2 银 5 铜。其中方龙获儿童男子甲组自由体操、个人全能、吊环、双杠、单杠、跳马 6 个项目的第 2、3、1、3、3、4 名。刘佳获儿童男子乙组跳马、自由体操第 3、4 名。襄樊获儿童女子乙组体操团体第 3 名。在 2003 年省 11 届运动会上获金牌 3 枚，银牌 6 枚，铜牌 4 枚。2004 年省年度竞赛获 2 金、2 银、3 铜；2005 年获 1 银、2 铜。襄樊市体操运动员陈怡莹选入“八一”体操队，获全国少儿季军；石永青交流到陕西队，获全国少年亚军；高杨帆交流到广东体操队，获省运会亚军；廖雨街现役福建体操队，省运会季军；王文龙交流到江苏省体操队训练，省运会冠军；陈朝辉（女）现湖北体操队，省运会冠军。在 2003 年省 11 届运动会上，襄樊市体操运动员黄秋爽分获儿童女子乙组跳马、平衡木、自由体操、高低杠、个人全能 5 个项目的第 1、1、2、3、3 名，李心愿分获得儿童女子甲组跳马、平衡木、自由体操、高低杠、个人全能5个项目的第1、3、3、3、3名,吴毓泽分获儿童男子甲组个人全能、自由体操、鞍马、吊环、跳马、单杠、双杠7个项目的第6、6、5、5、6、6、6名。

(二)非奥运会项目

1.蹼泳

1979年,襄樊市体校业余训练开设蹼泳项目。在1990年省8运动会上,襄樊运动员夺得1银、1铜,1991年省年度竞赛中获25米潜泳铜牌1枚。1993—1995年未获奖牌。由于蹼泳非奥运会项目,襄樊市于1995年在调整训练项目布局中取消蹼泳项目。

2.武术

武术在襄樊民间有广泛的群众基础,清末的武考场——洪学宫教场,至今在襄城内仍留有遗址(现区干休所和市体校)。当时襄阳人樊雄楚,少年时家聘名师,自设武学堂。1982年初,地区成立武术协会,席别头当选为武协副主席。当年在挖掘传统武术项目时,席别头、邬永清、刘建武、龚建英等十几位老师,还积极收徒授武,邬永清向国家奉献出珍藏多年的短器械,"日月风凰轮"。1980年在均县省武术表演会上,襄樊市运动员席别头荣获1等奖。同年席别头参加在太原全国武术表演赛上获个人优秀奖并得金牌1枚。1979年,原襄阳地区、原襄樊市在业余训练中均开设有武术训练项目,市业余体校教练员为王绍银、地区业余体校教练员为胡治美。1984年地市合并后,市体校武术教练员为齐静。1990年武术项目已发展成为襄樊市的优势项目,在当年的省年度8运会上,武术项目为襄樊市获金牌2枚、银牌1枚、铜牌2枚,1个第4名、2个第5名、2个第6名、积39分。其中张青获少年女子刀术、枪术第1名、全能第5名,杨雪梅、郑娟获少年女子对练第2名。在1991年省年度竞赛中,刀术获铜牌1枚,1992年省年度竞赛获武术全能金牌2枚,1993年省年度竞赛武术项目获金牌12枚、银牌6枚、铜牌5枚,同年在武汉举行的全国少年武术比赛中获1金、1银。在1994年省9运会上,武术项目获奖牌15枚,积101分,居全省第1位,其中少年武术队获男子团体第2名。男队的樊坤分获男子组个人全能、刀术、棍术3个项目的第2、1、2名,张凌、候鹤分获剑术第3、4名,候鹤、王小凯分获枪术第3、4名。女子获团体第1名。女队员刘绿怡分获拳术、刀术、棍术、对练4个项目的第3、3、5、1名,祝秀丽获刀术、棍术、对练3个第1名,杨雪梅获剑术、枪术、对练3个项目的第4、5、3名,郑娟获棍术、对练2个项目的第3、3名。襄樊获集体基本功团体第1名。成年人运动员蔡应奎获男子长拳第2名。团体总分套路第4名。冯举新获成人组男子刀术第6名,吴勇获枪术第4名;范清林获成年组女子长拳第4名,邱国芳获太极拳第6名。1995年省青少年年度竞赛武术项目获金牌11枚、银牌7枚、铜牌2枚,积148分。1996年省青少年年度竞赛获4金、5银、5铜。1998年省年度竞赛获8金、6银、8铜,积130.3分。在1999年省10运会上,襄樊市武术代表队获女子团体第1名、男子团体第2名。其中赵玉琼分获少年女子甲组女子全能、女子自选拳、女子剑术、女子枪术4个项目的第1、1、2、3名,刘艳丽分获女子甲组女子刀术、女子棍术2个项目的第2、1名;张斌分获少年男子乙组男子全能、男子规定拳、男子剑术、男子枪术4个项目的第1、2、2、2名,杨红获少年女子乙组女子刀术、女子棍术两个第3名。襄樊获集体基本功团体第1名。2000年省青少年年度竞赛武术项目获金牌12枚、银牌9枚、铜牌9枚,积168分,居全省第1位。2001年参加省年度竞赛获10金、10银、9铜,积203分,居全省第1位。因2002年市体校武术队员新老交替,在当年省年度竞赛中仅获金牌2枚、银牌5枚、铜牌6枚,武术成绩有所下滑。在2003年省11届运动会上,张坤、龚欣获少年男子甲组对练冠军,袁思思获少年乙组刀术冠军,杨丽分获少年女子乙组剑术、棍术、全能3个项目的1、1、2名,张坤分获少年男子甲组枪术、自选拳2个项目的第2、3名；李月、唐莹获少年女子甲组对练第2名。襄樊武术代表队获男子团体第2名、女子团体第3名。武术项目已发展为襄樊优势项目，成为在省运会上为襄樊市争夺团体总分、奖牌的大项。

3.门球

2005年，全市有门球队800余支，经常参加活动超过10000人，有门球场地96块。1985—2005年，老年人体育协会每年举办门球比赛，延续不断。其中1987年襄樊市老年体协举办全市老年人门球比赛共有112个男女代表队参加，被人们称为“百团大战”。1988年5月，襄樊市老年人门球代表队参加了湖北省组织的老年人门球比赛，取得第6名。1989年，在4次省级全国老年人邀请赛中，夺2项第1名、1项第2名、2项第3名，并获1项最佳奖、2项优秀奖。同年9月，市建委、市供电局、襄阳县和襄樊市等4个队参加在陕西汉中地区主办的4省12地市“武侯杯”门球邀请赛，分获团体第2、4、8、9名。1991年9月，襄樊市组队参加陕鄂川甘协作区“麦积杯”老年人门球邀请赛，获团体第2名和“体育道德风尚奖”。1999年，湖北省老体协举办全省各县(市)区分片门球赛，南片区在黄冈市举办，北片区在枣阳市举行。老河口市、襄阳县、枣阳市、宜城县、南障县、保康县、谷城县组队参加了北片区比赛。

4.钓鱼

钓鱼比赛深受中老年人欢迎，在襄樊有广泛的群众基础。老年人钓鱼比赛从1999年到2005年一年一届，从未间断。1999年5月8日，市老体协在襄北农场养殖场举办全市老年人钓鱼比赛，43个单位140多名运动员参加比赛，战斗队、联队和毛纺队获总重量团体前3名。供电局黄志强、李正国、陈邦平分获单杆重前3名。国家安全局王世友，战斗队衡光明、冯志礼分获个人重量前3名。战斗队衡光明、联队杨朝令、国家安全局王世友分获尾数前3名。2000年10月17日至20日，市体老体协组队参加湖北省“龙王恨杯”钓鱼比赛。襄樊市由杨朝令等组队代表襄樊市参赛，分获团体总分第4、5名。2000—2004年连续5年全市老年人钓鱼比赛由鹿鸣岛花园冠名。2001年9月14日在襄西第一钓举办老年人钓鱼比赛。37个代表队150多名运动员参赛。刘聚义、王世友、黄先福分获前3名。襄城一队、襄阳区一队、六〇九研究所获团体前3名。2002年参赛队员160名，市供电局、樊城区、襄城区分获前3名。冯忠义、刘聚义、鲁国刚分获个人前3名。在2003年省11届运动会上，襄樊市钓鱼代表队获团体第3名。其中贾晓虎获地方组个人总成绩、个人手杆钓赛、个人抛竿钓赛三项冠军，余国慧获地方组抛竿钓赛个人总成绩第2名和第4名。2004年，198名运动员参加全市钓鱼比赛，老河口一队、宜城一队、谷城二队分获团体前3名。屈大荣、刘聚义、罗秉义获西区个人前3名，尚宜学、候明义、周书先获东区个人前3名。2005年5月在襄西第一钓举办“长春杯”钓鱼比赛，145名运动员参加了比赛。老河口市二队、宜城三队、四队分获团体前3名，黄朝旺、汪源生、张风权分获个人前3名。同年9月，湖北省老年人“新大陆杯”钓鱼比赛在襄樊举行，此次比赛分手竿和海竿钓赛，来自全省60多名运动员参赛。江汉油田、宜城市、老河口市分获团体前3名。余瑞平、屈达荣、余鸿声分获个人前3名。

5.体育舞蹈

20世纪80年代后期在襄樊兴起。1988年，举办市首届体育舞蹈比赛。在1994年省9运会上，襄樊市运动员车春生、徐秀琴获现代舞系列甲组第5名，庞端、贾秀英获现代舞系列长青组第5名。2002年，组队参加湖北省体育舞蹈大赛，获金牌3枚，银牌4枚，铜牌7枚。在2003年省11届运动会上，襄樊运动员莫冰弦与刘则云、周绪仁与邱雪菲分获儿童甲组摩登舞冠军和亚军，莫冰弦与刘则云获儿童甲组拉丁舞第3名，乔晨雨与周童欣获儿童甲组拉丁舞第5名，周绪仁与邱雪菲获儿童甲组拉丁舞第

6名，贾自强与袁娣、钱斌与邹瑞分获职工类体育舞蹈冠军和亚军，贾自强与袁娣、严明晶与絮敏分获职工类体育舞蹈乙组公开拉丁舞、乙组新人拉丁舞两项冠军，赵枫与马承呈获职工类乙组新人摩登舞亚军，刘建辉与肖守琴获体育舞蹈甲组摩登舞第3名。襄樊获青年团体亚军。2005年参加湖北省体育舞蹈锦标赛，获奖牌56枚，其中金牌28枚，银牌12枚，铜牌16。同年，代表湖北省在上海参加全国体育舞蹈比赛，获金牌4枚，银牌4枚，铜牌5枚，体育舞蹈发展成为襄樊的优势体育项目。

6.桥牌

第1届桥牌协会办公地点设在襄阳轴承工会。2001年12月30日换届后的第2届桥牌协会，挂靠在湖北省超高压局输变电公司襄樊输电公司。1987年，襄阳轴承厂桥牌代表队在湖北省机械行业桥牌比赛中荣获冠军，并代表湖北省参加全国比赛，取得第4名。1999年12月，襄樊市派出由王全生、王哲、王军、冯志毅组成的襄樊市代表队参加省10届运动会，获第4名。2004年4月参加襄十对抗赛获第1名。同年7月，由湖北超高压输变电公司襄樊分公司承办的华中电力网公司5省1市（湖北、湖南、河南、四川、江西和重庆市）的电力系统职工桥牌比赛，襄樊获第1名。2005年4月，组织参加了襄阳、南阳和十堰的“三阳”地区桥牌联友赛获第1名。同年12月，参加湖北省俱乐部锦标赛获公开队式赛第2名，混合队式赛第1名，双人赛王哲、王军获第1名的成绩。

7.热气球

襄樊宏伟机械厂于1987年9月成功举办中国襄樊热气球邀请赛，并以绝对优势获得冠军。1991年组队参加了在北京举办的热气球邀请赛，获得该项全部冠军。1992年9月21日至27日在北京昌平县举办首届国际热气球邀请赛，并连续3年参加比赛。2003年10月参加在吉林举办的国际热气球锦标赛，2003年10月26日至31日参加由中国航空协会主办，浙江临源人民政府和北京航体公司承办的热气球冠军挑战赛。襄樊热气球运动依托市宏伟机械厂有了很大的发展。

8.信鸽

1986年，襄樊首次参加省鸽协举办的远程1000公里级竞翔赛获团体第1名。随州的陈启贤获单鸽第2名。襄樊的周克明、田新民分获单鸽第6、8名。1988年参加全省第2届优胜信鸽品评500—1200公里雄鸽竞翔赛，襄樊徐春进以87.52获品评赛第4名，冷王生以84.29获品评赛第12名。第2届全省优质信鸽品评500—1200公里雌鸽组竞翔赛，襄樊李淑雄、李捷、刘勇分别以88.69分、87.47分、87.04分分获品评赛第2、7、10名。1989年参加全省“建国杯”远程1 000公里级雄组竞翔赛，襄樊市徐进春、田新民分别以分速685.15米、597.64米、576.56米分获单鸽第2、5、8名。全省“建国杯”远程1 000公里级雌鸽竞翔，襄樊贾志华、徐进春分别以分速561.12米和536.5米分获单鸽第5、6名。全省“建国杯”超远程1 500公里级雄组及雌组竞翔的前8名和前4名由襄樊一家独揽。为湖北省参加“建国杯”全国信鸽竞翔赛1 500公里级团体第5名立下汗马功劳。1990年全省远程1 000公里级联赛（北京天安门放飞），襄樊李腊炳的雄鸽、徐进春的雌鸽分别以分速594.86米、879.64米均列雄、雌组榜首，刘志强、李圣禹、记忠、孟庆辉的雄鸽分获联赛单鸽第5、8、9、10名。同年参加全省远程2 000公里联赛（齐齐哈尔放飞），襄樊翟鑫根的雄鸽以分速270.07米获单鸽第2名。“迎亚运”全国信鸽大赛1 000公里级优胜信鸽竞翔赛，襄樊徐进春的雄鸽以分速879.60米获单鸽第1名。参加全省超远程2 000公里级组的竞翔赛，雄雌组前10名（除雄组第7名外）均由襄樊一家获得。1993年，襄樊刘明国的信鸽代表襄樊参加全省优胜信鸽品评赛，获2 000公里级雌鸽组冠军。同年，刘明国的信鸽代表湖北参加第8届全国优胜鸽品评赛，获2 000公里雌鸽组个人品评第1名。1993年参加第6届全省优胜鸽品评1 000—1 500公里级竞翔赛，襄樊申四清的雌鸽以82.75获全省第5名。1994年700公里竞赛，襄樊市获团体冠军，并夺得单鸽冠亚军。1999 年，省体委将信鸽列入省运会竞赛项目。首次参加省运会，襄樊市朱克明的雄鸽获 1 000 公里单鸽冠军，王之叶雄鸽获 1 000 公里亚军，藏建军的雄鸽获 1 000 公里第 3 名，襄樊市获团体总冠军。在 2003 年省 11 届运动会上，襄樊市方绍斌参加 500 公里雄鸽赛获单鸽冠军，窦广庆获雄鸽亚军。襄樊获 500 公里团体冠军。2004 年全省“正大杯”幼鸽大赛，襄樊市刘统一的雄鸽获单鸽冠军。2004 年全省联翔赛，襄樊宋顺喜的雄鸽获雄组单鸽冠军，杨显毅雏鸽获雏组单鸽亚军，刘涛的雏鸽获雏组单鸽第 3 名。2005 年襄樊郭军的雏鸽获全省冠军。

（三）运动员、教练员、裁判员技术等级制度

依据规定，国家体委审批国家级运动健将、高级教练员和国家级裁判员；湖北省体委审批一级运动员、一级教练员和一级裁判员；襄樊市体委审批二级以下等级运动员、教练员和裁判员。至于国际级裁判员则由国际单项运动协会审批。1985 年国家体委开始审批国际级运动健将。1990 年后，高级教练员由湖北省体委审批，国家教练员由国家体委审批。截至 2005 年，襄樊市经国家体委（1998 年更名为国家体育总局）审批的国际级运动健将有 5 人、国家级运动健将 9 人、国家级裁判员 4 人。

1.国际级运动健将

赛艇：张亚黎（1988 年）、周秀华（1988 年）、鄢冬玲（1988 年）、郑显伟（1992 年）

游泳：王林（男）

2.国家级运动健将

举重：向凤兰（女）

田径：胡海芬（女）

赛艇：陈　征（男）、郑显伟（男）、王新乐（男）、鄢冬玲（女）、马玉敏（女）、王永中（男）

举重：刘宗友（男）

3.高级教练员

田径：徐清华、裴鹰、王志勇

篮球：陈道林、魏天琦、袁桂琴、周明友

体操：张永刚

武术：齐　静

4.国家级裁判员

田径：方守才、裴鹰

篮球：王绍银

信鸽：杨显毅、刘爱斌、郑元新、刘慧强

游泳：何永继

(四)青少年业余训练

1.业余体校重点班

从 1980 年起,襄樊各县(市)区均先后开办业余体育学校(以下简称业校)。1980 年 7 月原襄阳地区业余体校正式成立,1981 年原襄樊市业余体校成立,均配置组织机构、教练员及资金投入,负责全市业余训练。为调动市、县(市)区两级训练的积极性,多出后备人才,市体委于 1982 年加大对基层业余训练的投资力度。这一举措得到各县(市)区积极响应,宜城、枣阳、老河口、南障、谷城、保康、襄阳县也相继开办重点班,形成一条龙的三级训练网。由于政策兑现,重点班训练人数达到 340 人。加上一般班训练人数 1 800 人,训练呈现兴旺景象。2004 年 12 月,全市业余体校教练员 39 人,其中高级职称 11 名、中级职称 17 名、初级职称 11 名,兼职教练员 83 名,有 40 支队伍,近 3 000 名运动员长年坚持训练。

为培训后备人才,与市教委合作,在全市中小学开办部分重点项目、传统项目业余体校。传统项目学校 29 所。1985 年全市有少儿游泳培训班 46 个,培训学生 8 000 余人。1987 年开展篮球活动的中小学有 63 所,2 000 余名少年儿童接受训练。从 1995 年起,重点开展乒乓球培训的中小学业余体校有 78 所,传统项目学校 12 所。同时,利用暑期开办篮球、足球、排球、羽毛球、网球、武术等 16 个项目的业余培训,每年约有 1 万名中小学生参加。1995 年 7 月,襄樊市第一个武术运动学校正式成立。篮球项目在 1990 年代有重点业校 14 所,开展排球活动的中学有近 10 所。1980 年代各县(市)区业余体校均设有武术班。至 2 000 年,武术业校重点班有 10 个。2003 年,市政府转发了由市文体局、市教育局、市编办、市财政局 4 家单位联合印发的《襄樊市少年儿童业余体育学校管理办法》,首次将县级体校正式列入九年义务教育系列,既解决了建制问题,又解决了长期困扰其发展的人员编制、经费、教学、训练等问题,打破过去由体育行政部门独家办训练的单一模式,充分发挥体育、教育的人才和场地优势,真正建立一批九年义务教育阶段的少儿业余体校,把各级少年儿童业余体校办成培养后备体育人才的基地。

2.业余体校考核评估

从 1993 年起,对市体校及各县(市)区业校的拨款及奖励实行年终考核奖励的办法。采取先考核评估,后奖励的方式投入经费。鼓励培养优秀体育苗子和人才输送。考核评估按“组织与管理”、“教学与训练”、“科学选才”、“人才输送”、“体育社会化”5 个方面 16 项细则打分,按分值累计奖励。要求具体,目标明确,以提高训练质量,突出田径、游泳、划船、柔道、摔跤、举重、篮球、排球等重点项目,保证业余训练服从奥运、省会战略的需要(见表 32—6)。

1993 年襄樊市分项目在校运动员达到等级标准统计

表 32—6

项 目	国家一级		国家二级		国家三级		合计
	男	女	男	女	男	女	
田径	—	—	2	5	3	3	13
游泳	—	—	—	3	—	—	3
举重	—	—	2	3	2	2	9
柔道	5	3	3	3	—	—	14
射击	—	—	—	—	1	—	1
摔跤	1	—	2	1	—	—	4

续表

项　目	国家一级		国家二级		国家三级		合计
	男	女	男	女	男	女	
篮球	—	—	35	5	31	—	71
排球	—	—	—	—	4	2	6

3.调整业余训练布局及训练形式

在项目布局上突出"省运战略"与优势项目接轨。狠抓田径、游泳大项，巩固划船、武术、柔道、摔跤等强项，抓好篮球、足球、乒乓球、羽毛球等群众基础好的项目，恢复男子排球、增设幼儿基本体操、围棋、中国象棋、国际象棋、体育舞蹈等项目。各县（市）区业余体校除抓好田径、男、女、篮球外，结合当地实际情况，另设置1—3个训练项目。1990年提出把培养运动员的年龄结构、周期输送比例、输送人才的合格率与指标同经费挂钩的办法，1992再次强调业余训练以省运会为目标，要求缩短战线，突出重点，理顺关系，优化结构，并提出在选拔体育苗子方面，采取定苗培训，体育中专代培，参加省运会集训三个层次的培训办法，以助苗子成长。全市有国家级重点体校1所，县(市)级业余体校9所，业余训练点17个，设有田径、游泳、射击、武术、摔跤、柔道、划船、体操、举重、篮球、排球、足球、乒乓球、跆拳道、棋类、体育舞蹈等16个训练项目。训练形式一是以市体校为代表的三集中训练模式；二是以宜城市为代表的二集中训练模式（集中训练、集中住宿）；三是以县（市）区业校、传统项目学校、各俱乐部训练网点为代表的一集中训练模式（集中训练）。至2005年12月，全市业余体校中10所设有田径，4所设有游泳，10所设有篮球，5所设有排球、1所设有划船，3所设有举重、10所设有武术、1所设有体操、10所设有乒乓球等，共训学生近3000人。

4.科学选才

1986年，襄樊市体科所成立，开展以科学选才为中心的课题研究。至1988年，已可作形态、机能、神经3个主要内容的测试、综合签订、生物年龄签订及身高预测等。1986年体科所开始对市、县（市）区业校重点班学员，进行科学选才测试，共对足球、篮球、排球、田径、游泳、体操、射击、武术、举重340人进行测试，获得数据13 230个，为科学选才提供科学依据。1990年市体科所对500人进行科学选才测试，对140名学员进行追踪测试，建立田径、游泳59个项目的选才数据库。同年在少儿短池游泳比赛中，实行融化比赛成绩，身体素质水平和选才条件为一体的竞赛改革办法，促进科学选才和以教学大纲为依据的科学训练。

5.传统项目体育学校

抓好体育传统学校是充分利用全市各中小学体育师资力量，扩大学生训练数量的积极办法。1984年，襄樊有省、市级传统项目学校29所。1987年，老河口市第六小学在全省小学传统项目学校田径比赛中获团体总分第1名，并代表湖北参加全国"长江杯"田径比赛，取得团体总分第4名。1988年，市布局传统项目学校29所，县（市）布局传统项目学校31所，受训学生1 400人。1990年，市体委与市教委联合组建"襄樊市体育传统学校指导小组"，坚持对全市传统项目学校进行检查验收。同年，全市传统项目学校60所。1992年全市有省布局传统项目学校29所，市布局传统项目学校15所，县（市）区布局传统项目学校40所，受训学生3 000人。1993年，市布局传统项目学校69所，省布局传统项目学校11所，同年6月，市体委、市教委对省市布局传统项目学校进行检查评比，共评出优秀10所，良好13所，合格14所，不合格5所。16名学生参加省级和国家级中学生单项体育竞赛，共获银牌（含团体分）1枚，铜牌（含团体分）18枚。1994年，全市有省布局传统项目学校24所，市布局传统项目学校20

所，县(市)区布局传统项目学校150所，受训学生1800余人。1988年，邱光永、逯成国、周文慧、王世恺、张永远被评全国传统项目学校优秀教练员；梅传佳等11人被评为省传统项目学校优秀教练员；郭定元等17名体育老师评为市传统项目学校优秀教练员。1986年以来，宜城城关中学被评为全省先进单位，襄樊四中、襄樊五中学校被评为“全国先进体育传统项目学校”。

6.多渠道办业余训练

1980年代以来，业余训练已突破国家投资办的单一模式，市体委大力提倡社会办和个人办，扩大业余训练人才面，呈现出国家办、社会办和个人办并存的局面。至2005年，市内有国办学10所；个人办学20所，其中有奥星体育俱乐部(项目：乒乓球、台球、跆拳道，李成林办)、襄樊武术学校(吴勇办)、力天乒乓球俱乐部(杨明办)、新希望乒乓球俱乐部(浦青办)、谷城乒乓球业余训练中心(陈少永办)、襄樊棋院(张虎办)、庆林运动人篮球培训中心(张庆林办)等。

(五)人才输送

1979—2005年，襄樊市各级业校向国家队、省队、市队、省体校、各大专院校、解放军部队输送了大批人才。1979—1994年向省划船队输送优秀运动员14名，其中有7人选入国家队。1979—1982年向省体校及解放军军区输送6人，1980年向省排球队输送2人，同年向省游泳队输送2人，向省田径队输送1人，1979—1981年向省击剑队输送2人。1989年向省体工队、省体校、国家队输送优秀运动员18名，向高等院校输送优秀体育人才32人。1996年有21名运动员在省专业队集训。1997年向省体工大队和省体校输送优秀运动员8名。1998年，襄樊向省级以上专业队输送优秀运动员7人。2000年向省专业队输送优秀后备人才6名，有9名运动员在省专业队的训练。2001年全年向省级以上专业队输送优秀运动员8名。2002年输送9人。2003—2004年有划船、田径、摔跤、武术等项目有2人入选全省新苗工程，向省田径、赛艇、皮划艇、游泳、武术等专业队输送7名高水平体育后备人才，输送30多名运动员到省专业队集训。2005年，向省专业队输送优秀后备人才9人(见表32—7、32—8、32—9、32—10、32—11、32—12、32—13)。业余体校项目布局(见表32—14、32—15)。

1979—1998年襄樊市运动员输送情况统计

表32—7

输送时间	姓名	性别	从事专业	备注
1979年	赵喜梅	女	篮球	
1979年	甄会强	男	篮球	
1979年	周 健	男	击剑	
1980年	杜 玲	女	篮球	
1980年	敖汉芝	女	排球	
1980年	颜京利	男	排球	后转入划船队
1981年	李育彬	男	击剑	
1982年	宋克山	男	篮球	
1980年	刘义明	男	游泳	
1980年	赵宝兰	女	游泳	
1980年	武建萍	女	田径	
1980年	张亚黎	女	划船	后转入国家队
1980年	钟维春	女	划船	

续表

输送时间	姓名	性别	从事专业	备注
1981 年	常守军	男	篮球班	
1981 年	樊军海	男	篮球班	
1981 年	陈国英	女	篮球班	
1981 年	安幼林	男	篮球班	
1982 年	王新乐	男	划船	后转入国家队
1982 年	周秀华	女	划船	后转入国家队
1982 年	马玉敏	女	划船	后转入国家队
1998 年	许国锋	男	赛艇	
1998 年	刘　刚	男	排球	
1998 年	郑晶奎	男	赛艇	
1998 年	陈　征	男	赛艇	后转入国家队
1998 年	鲁善祥	男	拳击	
1998 年	邹　菲	男	田径	
1998 年	曹正午	男	摔跤	

1991—1995 年周期体育优秀运动员输送情况统计

表 32—8

输送时间	姓名	性别	项目	备注
1992.11.1	张宏涛	男	赛艇	
1992.11.1	高建萍	女	帆船	
1992.11.1	唐吉涛	男	帆船	
1992.11.1	蒋先发	男	滑水	滑水
1992.11.1	李　燕	女	赛艇	赛艇
1993.11.1	谢海燕	女	排球	排球
1993.11.1	樊　坤	男	武术	武术
1994.11.1	丁　飚	男	武术	武术
1994.11.1	赵晓丽	男	武术	武术
1994.11.1	舒　丽	女	武术	武术
1994.11.1	祝秀丽	女	武术	武术
1994.11.1	周　丹	男	赛艇	赛艇
1994.11.1	徐意群	女	赛艇	赛艇
1994.11.1	王建波	男	自行车	自行车
1994.11.1	王小红	男	自行车	自行车
1994.11.1	赵明渊	男	自行车	自行车
1994.11.1	杜广明	男	自行车	自行车
1995.11.1	刘襄林	女	棋类	棋类
1995.11.1	李　妮	女	武术	武术
1995.11.1	赵　丽	女	赛艇	赛艇
1995.11.1	王冬玲	女	赛艇	赛艇
1995.11.1	陈非凡	男	帆船	帆船
1995.11.1	陈爱民	男	帆船	
1995.11.1	周伟武	男	自行车	

1999—2002年襄樊市体育人才输送统计

表 32—9

序号	姓名	项目	转正时间	金牌	得分
1	周成建	赛艇	1999	1	20
2	刘丽萍	赛艇	1999	1	20
3	余 力	摔跤	1999	—	—
4	李 涛	摔跤	1999	—	—
5	王 林	排球	2000	1	20
6	邵 洋	摔跤	2000	1	20
7	彭长旗	排球	2000	1	20
8	李春立	武术	2000	1	20
9	尚 真	赛艇	2000	1	20
10	刘同州	赛艇	2000	1	20
11	张东超	赛艇	2001	1	20
12	段道乾	皮划艇	2001	1	20
13	邓志强	排球	2002	1	20
14	高 鑫	赛艇	2002	1	20
15	林 洪	赛艇	2002	1	20
16	胡 兰	赛艇	2002	1	20
17	谷 丽	赛艇	2002	1	20
18	范雪飞	皮艇	2002	1	20
19	王 欢	跳伞	2002	1	20
20	李亮亮	田径	2002	1	20
21	王 松	田径	2002	1	20

襄樊籍运动员参加国内外比赛获奖目录一览

表 32—10

姓名	性别	时间	地点	竞赛项目	名次	备注
马玉敏	女	1983.9	上海	四单有舵	4	第5届全运会
		1983.9	上海	八单有舵	2	第5届全运会
		1984.4	杭州	双单无舵500米	5	全国优秀选手赛
		1984.4	杭州	双单无舵1 000米	3	全国优秀选手赛
		1985.1	武汉	双单无舵	3	全国锦标赛
		1985.1	武汉	四单有舵	1	全国锦标赛
		1985.1	武汉	八单有舵	1	全国锦标赛
		1986.5	杭州	双单无舵	2	全国冠军赛
		1986.5	汉城	四单有舵	1	第10届亚运会
		1987.11	广东	四单有舵	3	第6届全运会
张亚黎	女	1982	武汉	四单有舵	4	全国锦标赛
		1983	上海	四单有舵	7	第5届全运会
		1983	上海	八单有舵	2	第5届全运会
		1984	杭州	双单无舵	5	全国冠军赛
		1985	武汉	单人双桨	6	全国锦标赛

续表

姓 名	性别	时间	地点	竞赛项目	名次	备 注
		1985	武汉	双人双桨	3	全国锦标赛
		1985	武汉	八单有舵	1	全国锦标赛
		1987.11	广东	四人双桨	1	第 6 届全运会
		1988	汉城	八单有舵	3	第 24 届奥运会
周秀华	女	1986.4	杭州	双单无舵 500 米	2	全国冠军赛
		1986.4	杭州	双单无舵 2 000 米	2	全国冠军赛
		1986	广东	四单有舵	1	第 6 届全运会
		1987.11	汉城	四单有舵	3	第 10 届亚运会
		1988	汉城	八单有舵	3	第 24 届奥运会
王新乐	男	1985.9	上海	单人双桨	1	全国锦标赛
		1986.4	杭州	单人双桨 500 米	1	全国冠军赛
		1986.4	杭州	单人双桨 2 000 米	2	全国冠军赛
		1987.11	广东	四人双桨	1	第 6 届全运会
		1987.11	广东	双人双桨	1	第 6 届全运会
		1988.1	上海	四人双桨	1	全国锦标赛
		1988.1	上海	双人双桨	2	全国锦标赛
		1989.1	武汉	四人双桨	1	全国锦标赛
		1989.1	武汉	双人双桨	1	全国锦标赛
		1990.9	北京	四单无舵	1	第 11 届亚运会
		1986	汉城	八单有舵	1	第 10 届亚运会

襄樊运动员参加国内外比赛获奖日录一览

表 32—11

姓 名	性别	时间	地点	竞赛项目	名次	备 注
鄢东玲	女	1986	武汉	四单无舵(轻)	1	全国青年比赛
		1986	武汉	四人双桨(轻)	1	全国青年比赛
		1986	上海	四单无舵	4	全国锦标赛
		1986.4	杭州	四单无舵	3	全国冠军赛
		1987.8	丹麦	四单无舵	3	世界锦标赛
		1987.11	广东	四单无舵	2	第 6 届全运会
		1987.11	广东	双人双桨	3	第 6 届全运会
		1988.1	上海	双人双桨	3	全国锦标赛
		1988.1	上海	四单无舵	2	全国锦标赛
		1988.8	意大利	双人双桨	6	世界锦标赛
		1989	武汉	四单无舵	1	全国锦标赛与广东混
		1989	印度	双人双桨	1	亚洲锦标赛
		1990.9	北京	四单无舵	1	第 11 亚运会
		1988.1	上海	四单有舵	2	全国锦标赛
		1988	上海	双单无舵	3	全国锦标赛
		1988	日本	双单无舵	2	日本中部地区赛
		1989.8	大连	四人双桨	2	全国第 2 届青年运动会

续表

姓 名	性别	时间	地点	竞赛项目	名次	备 注
郑显伟	男	1989.8	大连	四单无舵	2	全国第2届青年运动会
		1989.1	武汉	四单无	3	全国锦标赛
		1990.9	北京	八单无舵	1	第11届亚运会
		1992.9	上海	八单无舵	5	全国锦标赛
		1993.6	四川	八单无舵	1	第7届全运会
		1993.1	韩国	八单无舵	3	亚洲锦标赛
王永中	男	1988.8	武汉	单人双桨	6	全国青年锦标赛
		1988.8	武汉	双人双桨	4	全国青年锦标赛
		1988.1	上海	单人双桨	6	全国锦标赛
		1989	大连	四人双桨	2	全国2青会
		1989	大连	四人双桨	2	全国2青会
		1989.1	武汉	四人双桨	1	全国锦标赛
		1990.1	上海	四人双桨	2	僵锦标赛
		1990.1	上海	双人双桨	1	全国锦标赛
		1991.1	南京	四人双桨	1	全国锦标赛
		1992.1	上海	八单有舵	5	全国锦标赛
		1993.6	四川	八单有舵	1	第7届全运会

襄樊运动员参加国内外比赛获奖目录一览

表32—12

姓 名	性别	时间	地点	竞赛项目	名次	备 注
王建丽	女	1988.8	武汉	双人双桨	2	全国青年比赛
		1988	武汉	双人无舵	2	全国青年比赛
		1988.1	上海	双人双桨	7	全国锦标赛
		1988.1	上海	四人双桨	5	全国锦标赛
		1989.8	大连	四人双桨	2	全国2青会
		1989.8	大连	四单无舵	1	全国2青会
		1989.1	武汉	四人双桨	2	全国锦标赛
		1989.1	武汉	四单无舵	6	全国锦标赛
		1990.1	上海	四单无舵	6	全国锦标赛
		1990.1	上海	四人双桨	5	全国锦标赛
		1991.1	南京	四单无舵	1	全国锦标赛
		1991.1	南京	四人双桨	3	全面国锦标赛
		1992.1	上海	八单有舵	1	全国锦标赛
		1993.5	上海	四单无舵	1	东亚运动会
宋艳红	女	1988	武汉	四单无舵(轻)	8	全国青年比赛
		1988	武汉	四人双桨(轻)	8	全国青年比赛
		1989.1	武汉	四单无舵(轻)	6	全国锦标赛
		1990.1	上海	四单无舵(轻)	4	全国锦标赛
		1992.1	上海	四单无舵(轻)	3	全国锦标赛
		1993.6	四川	四单无舵(轻)	2	第七届全运会

续表

姓 名	性别	时间	地点	竞赛项目	名次	备 注
张卫华	女	1988	武汉	四单无舵(轻)	8	全国青年比赛
		1988	武汉	四人双桨(轻)	8	全国青年比赛
		1989.1	武汉	四单无舵(轻)	6	全国锦标赛
		1990.1	上海	四单无舵(轻)	4	全国锦标赛
		1992.1	上海	四单无舵(轻)	3	全国锦标赛
		1993.6	四川	四单无舵(轻)	2	第7届全运会
		1993.11	香港	单人双桨(轻)	3	香港邀请赛
				双人双桨(轻)	2	香港邀请赛
龚燕	女	1989.1	武汉	四单无舵(轻)	6	全国锦标赛
		1990.1	上海	四单无舵(轻)	4	全国锦标赛
		1991.1	上海	四单无舵(轻)	5	全国锦标赛
王芳	女	1989.1	武汉	四单无舵(轻)	6	全国锦标赛
		1990.1	上海	四单无舵(轻)	4	全国锦标赛
		1991.1	上海	单人双桨(轻)	—	全国锦标赛
		1992.1	上海	双人双桨(轻)	—	全国锦标赛
		1992.4	四川	单人双桨 2 000 米(轻)	2	全国冠军赛
		1992	四川	单人双桨 1 000 米(轻)	4	全国冠军赛
		1992	四川	单人双桨 1 000 米(轻)	1	全国冠军赛
		1993.6	四川	双人双桨(轻)	3	第7届全运会
		1993.8	捷克	双人双桨(轻)	2	世界锦标赛

襄樊运动员参加国内外比赛获奖目录一览

表 32—13

姓 名	性别	时间	地点	竞赛项目	名次	备 注
李燕	女	1991.7	湖南	四人双桨(轻)	5	全国青年比赛
		1991.7	湖南	四单无舵(轻)	3	全国青年比赛
		1992.7	湖南	四单无舵(轻)	1	全国青年比赛
		1992.7	湖南	四人双桨(轻)	2	全国青年比赛
		1993.7	上海	四人双桨(轻)	1	全国青年比赛
		1993.7	上海	四人无舵(轻)	1	全国青年比赛
		1993.11	香港	双人双桨(轻)	2	香港邀请赛
刘宗友	男	1983.9	大马士革	男子举重 100 公斤级	3	第5届亚洲举重锦标赛
		1983.9	大马士革	男子举重总成绩	3	第5届亚洲举重锦标赛
		1983.9	上海	男子举重 100 公斤级提举	1	第5届亚洲举重锦标赛
		1985.1	长沙	男子举重 90 公斤级	2	全国举重锦标赛
		1985.1	长沙	男子举重 90 公斤级总成绩	2	全国举重锦标赛
		—	—	—	—	—

续表

胡海芬	女	—	—	—	—	—
		—	—	—	—	—
		—	—	—	—	—
		—	—	—	—	—
		—	—	—	—	—
		—	—	—	—	—
陈征	男	1997.9	—	八人单浆有舵手	3	全国赛艇锦标赛
		1998.6	—	赛艇四人单桨无舵手	1	全国青年赛艇锦标赛
		1999.8	—	赛艇双人双桨	8	世界青年赛艇锦标赛
		1999.9	—	赛艇八人单桨有舵手	1	全国赛艇锦标赛
		2002.6	—	赛艇四人单桨无舵手	8	第 3 站世界杯
		2002.1	釜山	赛艇四人单桨无舵手	1	第 14 届亚运会
		2003.1	—	赛艇单人双桨	2	全国锦标赛
向风兰	女	1997	—	女子 70 公斤级抓举	1	第 11 届世界女子举重锦标赛
		1997	—	女子 70 公斤级挺举	1	第 11 届世界女子举重锦标赛
		1997	—	女子 70 公斤级总成绩	1	第 11 届世界女子举重锦标赛
黄秋爽	女	2003	仙桃	体操平衡术	1	湖北省第 11 届运动会
		2003	仙桃	自由体操	1	湖北省第 11 届运动会
		2003	仙桃	体操跳马	1	湖北省第 11 届运动会
		2004	—	体操	1	广东省体育比赛
		2005	—	体操	1	全国青少年体操比赛

1995 年襄樊市业余体校项目布局

表 32—14

单位	田径	游泳	足球	篮球	排球	乒乓球	体操	举重	射击	摔跤	武术	拳击	柔道	网球	皮划艇	教练	训练人数
宜城	√	√	—	—	—	—	—	—	—	—	—	—	—	—	—	—	—
体校	—	—	—	—	—	—	—	—	—	—	—	—	—	—	—	—	—
老河口体校	√	√	—	—	—	√	—	—	—	—	—	—	√	—	—	—	—
枣阳	√	—	—	—	—	—	—	—	—	√	—	—	√	—	—	—	—
体校	—	—	—	—	—	—	—	—	—	—	—	—	—	—	—	—	—
保康	√	√	—	—	—	—	—	—	—	—	—	—	—	—	—	—	—

续表

单位	田径	游泳	足球	篮球	排球	乒乓球	体操	举重	射击	摔跤	武术	拳击	柔道	网球	皮划艇	教练	训练人数
体校	—	—	—	—	—	—	—	—	—	—	—	—	—	—	—	—	—
南漳	√	√	—	—	—	—	—	—	—	—	—	—	—	—	—	—	—
体校	—	—	—	—	—	—	—	—	—	—	—	—	—	—	—	—	—
谷城	√	—	—	—	—	—	—	—	—	—	—	—	—	√	—	—	—
体校	—	—	—	—	—	—	—	—	—	—	—	—	—	—	—	—	—
襄城	—	√	—	—	—	—	—	—	—	—	—	—	—	—	—	—	—
体校	—	—	—	—	—	—	—	—	—	—	—	—	—	—	—	—	—
樊城	√	—	—	—	—	√	—	—	—	—	—	—	—	—	—	—	—
体校	—	—	—	—	—	—	—	—	—	—	—	—	—	—	—	—	—
襄阳区体校	√	—	—	—	—	—	√	√	—	—	—	—	—	—	—	—	—
襄樊市体校	√	√		√	√	√	√	√	√	√	√	√	√	√	√	—	—
体育场	√	—	—	—	—	√	—	—	—	—	—	—	—	—	—	—	—

2005 年襄樊市业余体校项目布局表

表 32—15

单位	田径	游泳	足球	篮球	排球	乒乓球	体操	举重	射击	摔跤	武术	柔道	羽毛球	网球	跆拳道	幼儿体操	皮划艇	教练	训练人数
宜城体校	√	√	—	√	—	√	—	—	—	—	—	—	—	—	—	—	—	—	—
老河口体校	√	—	—	√	—	√	—	—	—	—	—	—	—	—	—	—	—	—	—
枣阳体校	√	—	—	√	—	—	—	—	—	√	√	√	—	—	—	—	—	—	—
保康体校	√	√	—	√	—	√	—	—	—	—	—	—	—	—	—	—	—	—	—

续表

南障体校	√	√	—	√	—	—	—	—	—	—	—	—	—	—	—	—	—	—	—
谷城体校	√	√	—	√	—	—	—	—	—	—	—	—	—	—	—	—	—	—	—
襄城体校	√	—	—	√	—	—	—	—	—	—	—	—	√	√	—	—	—	—	—
樊城体校	√	—	√	√	—	—	—	—	—	—	—	—	—	—	—	√	—	—	—
襄阳区体校	√	—	—	√	—	—	—	√	—	—	—	√	—	—	—	—	—	—	—
襄樊市体校	√	√	√	√	√	√	√	√	√	√	√	√	√	√	—	—	√	—	—

（六）体育竞赛

1.举办市级竞赛

1979—2005 年，襄樊市共办市级竞赛 1000 余次，项目有田径、游泳、足球、篮球、排球、乒乓球、羽毛球、台球、网球、门球、体操、举重、射击、摔跤、柔道、跳水、武术、太极拳（剑）、长跑、马拉松、渡江、中国象棋、围棋、国际象棋、桥牌、体育舞蹈、健美操、风筝、信鸽等。运动会形式有市运会、中学生运动会、幼儿运动会、职工运动会、农民运动会、伤残人运动会以及单项竞赛。举办方式有独办、合办、官办和民办；以及委托基层承办等多种形式。其中市体委（文体局）和市教委（教育局）联合举办的市中小学生多项体育比赛已形成传统。市体委、市总工会联合举办的多种职工竞赛影响深远。自 1985 年每年一届的老年人门球比赛、1999 年起的钓鱼比赛、棋类比赛常抓不懈。特别是 2004 年举办襄樊市第 1 届运动会，从本届开始各县（市）区均组团参加（原举办了 7 届城区运动会）。

第六届襄樊市城区运动会：城区综合运动会每两年一届。第六届城区运动会于 1995 年 4 月至 10 月 31 日召开，历时 6 个月。本届运动会共设置成年人组和青少年组两个组别。成年人组设篮球、足球、围棋、中国象棋、钓鱼、排球等 6 个竞赛项目，青少年组设田径、乒乓球、排球、游泳、围棋、篮球、武术等 7 个竞赛项目。运动员组队以城区和市直各战线、系统为单位，参赛运动员 3200 名。

第七届襄樊市城区运动会：1997 年 10 月 10 日至 11 月 28 日在市体育场举行。共设小学生组、中学生组、中专中技（含市直高中）组、成年人组、老年人组等 5 个组别，设田径、篮球、足球、乒乓球、第八套广播体操、健身健美操、导引养生功、门球、中国象棋、国棋等 10 大项 18 小项的竞赛；有 24 所小学、24 所中学、24 所中专中技、22 个战线（成年人组和老年人组）参赛，参加运动员 15000 人。本届运动会市财政累计投入 50 万元专项经费，较以往历届城运会有较大突破。运动会历时 40 天，共产生金牌 67 枚、银牌 71 枚、铜牌 65 枚，有 76 个单位受到大会组委会的表彰。市电视台、有线电视台、广播电台、《襄樊日报》、《襄樊晚报》组成联合报道组，共播发新闻 168 条。市电视台对第 7 届城区运动会开幕式进行现场直播。这是襄樊电视媒体首次现场直播体育赛事。

襄樊市第一届运动会：襄樊市第一届运动会是全市第一次综合性体育运动会，也是规模最大的一次体育盛会。由市政府主办，市文体局、市总工会、市教育局、市公安局、市农业局、市残联等单位联合承办。具有标准高、组织复杂、涉及面广等特点。本届运动会从2004年8月21日青少年游泳开始，至当年10月21日落下帷幕，历时3个月。共设青少年、职工、农民、残疾人4大类别25个单项，345个小项，金牌373枚。（其中青少年类10个单项，207年小项，金牌227枚；职工类11个单项，金牌55枚；农民类2个单项，11个小项，金牌11枚；残疾病人3个单项，80小项，金牌80枚）共有来自市、县（市）区、开发区、驻军部队、大中专院校、襄樊四中等18个代表团6 000多名运动员参赛。共决出355枚金牌，348枚银牌，319枚铜牌，其中14个代表团近3 000名运动员参加青少年项目的比赛。襄城、宜城、樊城代表团分列团体总分前3名；襄樊四中、襄城、宜城获青少年类团体总分前3名，襄樊四中、樊城、襄城获青少年类金牌数前3名；市直、襄城、樊城获职工类团体总分前3名，市直、襄樊学院、襄城获职工类金牌数前3名；谷城、宜城、襄阳获农民类团体总分前3名，宜城、谷城、襄阳获农民类金牌数前3名；宜城、樊城、襄城获残疾人类团体总分前3名，宜城、枣阳、襄阳获残疾人类金牌数前3名。评选出体育道德风尚奖代表团8个、优秀组织奖、最佳赛区、贡献奖各10个。整个运动会25个单项分三个阶段进行，8月举行了3个项目比赛，9月举行了8个项目的比赛，10月举行了15个项目比赛。体育道德风尚奖（8个）：驻军部队、襄樊学院、宜城市、保康县、谷城县、襄城区、南漳县、汽车产业开发区。优秀组织奖（10个）：宜城市、老河口市、襄樊职业技术学院、鱼梁洲经济开发区、市直、襄樊四中、襄阳区、樊城区、高新技术开发区、枣阳市。贡献奖（10个）：市文化体育局、市总工会、市农业局、市残疾联合会、市教育局、襄樊四中、市公安局、市卫生局、市财政局、襄铁分局（见表32—16、32—17、32—18、32—19、32—20、32—21、32—22、32—23、32—24、32—25）。

襄樊市第一届运动会团体总分榜

（总成绩）

表32—16

名次	代表团	总　分	双挂分	合　计
1	襄城区	1516	365.5	1881.5
2	宜城区	1544	181.4	1725.4
3	樊城区	1280.5	332.5	1613
4	老河口市	1035.5	187.4	1222.9
5	襄阳区	841.5	234.5	1076
6	枣阳市	686.5	25	711.5
7	谷城县	547.5	—	547.5
8	保康县	438	88.2	526.2
9	南漳县	435.5	60.2	495.7
10	汽产区	262.5	—	262.5
11	鱼梁洲	62	—	62
12	高新区	35	—	35

襄樊市第一届运动会金牌榜

（总成绩）

表 32—17

名次	代表团	金牌	其中双挂	银牌	其中双挂	铜牌	其中双挂	奖牌总数
1	樊城区	65	26	41	8	53	2	159.5
2	襄城区	64.5	20	60.5	4	44.5	9	169.5
3	宜城市	57.5	11.5	71.4	6.4	53	4	181.9
4	襄阳区	40.5	14	35	9	30.5	4	106
5	老河口市	29.5	11.5	41.9	9.4	41	1	112.4
6	保康县	19	9	13.2	1.2	11	—	43.2
7	枣阳市	14	2	29	1	23	—	66
8	南漳县	7	1	13.2	3.2	11	4	31.2
9	谷城县	6	—	15	—	23	—	44
10	汽产区	2	—	3	—	6	—	11
11	鱼梁洲	——	—	1	—	2	—	3
合计		450.5	95	390.2	42.2	343.5	24	—

襄樊市第一届运动会（青少年类）团体总分榜

表 32—18

名次	代表团	总分	双挂分	合计
1	襄樊四中	1529.5	—	1529.5
2	襄城区	998	365.5	1363.5
3	宜城市	1124	181.4	1305.4
4	樊城区	811	332.5	1143.5
5	老河口市	769.5	187.4	956.9
6	襄阳区	460.5	234.5	695
7	枣阳市	458	25	483
8	市直	370	—	370
9	南漳县	265.5	60.2	325.7
10	保康县	222	88.2	310.2
11	谷城县	289	—	289
12	汽产区	102.5	—	102.5
13	鱼梁洲	31	—	31

襄樊市第一届运动会（青少年类）金牌榜

表 32—19

名次	代表团	金牌	其中双挂	银牌	其中双挂	铜牌	其中双挂	奖牌总数
1	襄樊四中	96		43		26		165
2	樊城区	54.5	26	23.5	8	26	2	104
3	襄城区	51.5	20	35.5	4	27	9	114
4	宜城市	36.5	11.5	55.4	6.4	47	4	138.9
5	襄阳区	30.5	14	18	9	17.5	4	66
6	老河口市	24.5	11.5	35.4	9.4	34	1	93.9

续表

名次	代表团	金牌	其中双挂	银牌	其中双挂	铜牌	其中双挂	奖牌总数
7	市　直	15	–	12	–	7	–	34
8	保康县	12	9	8.2	1.2	7	–	27.2
9	枣阳市	4	2	26	1	19	–	49
10	谷城县	4		7		12	–	23
11	南漳县	2	1	7.2	3.2	9	4	18.2
12	汽产区	–	–	–	–	2	–	2
13	鱼梁洲	–	–	–	–	1	–	1
合　　计		330.5	95	271.2	42.2	234.5	24	—

襄樊市第一届运动会(职工类)团体总分榜

表 32—20

名次	代表团	总分
1	市　直	298.5
2	襄城区	295
3	樊城区	228.5
4	襄樊学院	178
5	宜城市	148
6	襄阳区	145
7	汽产区	145
8	老河口市	115.5
9	襄樊职院	109
10	枣阳市	67.5
11	南漳县	61
12	谷城县	49
13	驻军部队	41
14	保康县	37
15	高新区	35
16	鱼梁洲	31

襄樊市第一届运动会(职工类)金牌榜

表 32—21

名次	代表团	金牌	银牌	铜牌	奖牌总数
1	市　直	23	5	2	30
2	襄樊学院	9	2	7.5	18.5
3	襄城区	7	15	7.5	29.5
4	樊城区	4	6.5	17	27.5
5	宜城市	4	4	3	11
6	南漳县	3	2	1	6
7	襄樊职院	2	4	2	8
8	枣阳市	2	–	1	3

续表

名次	代表团	金牌	银牌	铜牌	奖牌总数
9	襄阳区	1	11	4	16
10	汽产区	1	3	4	8
11	老河口市	—	2.5	3	5.5
12	鱼梁洲	—	1	1	2
13	谷城县	—	—	2	2
14	驻军部队	—	—	1	1
合　计		56	56	56	—

襄樊市第一届运动会(农民类)团体总分榜

表 32—22

名次	代表团	总分
1	谷城县	72.5
2	宜城市	59
3	襄阳区	56
4	樊城区	50
5	襄城区	35
6	老河口市	25.5
7	保康县	21
8	南漳县	16
9	汽产区	15
10	枣阳市	12

襄樊市第一届运动会(农民类)金牌榜

表 32—23

名次	代表团	金牌	银牌	铜牌	奖牌总数
1	宜城市	2	4	1	7
2	谷城县	2	2	2	6
3	襄阳区	2	—	4	6
4	樊城区	2	—	2	4
5	襄城区	1	2	—	3
6	南漳县	1	1	—	2
7	汽产区	1	—	—	1
8	老河口市	—	1	1	2
9	枣阳市	—	1	—	1
10	保康县	—	—	1	1
合计		11	11	11	33

襄樊市第一届运动会(残疾人类)团体总分榜

表 32—24

名次	代表团	总分
1	宜城市	213
2	樊城区	191
3	襄城区	188
4	襄阳区	180
5	保康县	158
6	枣阳市	149
7	谷城县	137
8	老河口市	125
9	南漳县	93

襄樊市第一届运动会(残疾人类)金牌榜

表 32—25

名次	代表团	金牌	银牌	铜牌	奖牌总数
1	宜城市	15	8	2	25
2	枣阳市	8	2	3	13
3	襄阳区	7	6	5	18
4	保康县	7	5	3	15
5	樊城区	5	11	8	24
6	襄城区	5	8	10	23
7	老河口市	5	3	3	11
8	南漳县	1	3	1	5
9	谷城县	—	6	7	13
合　　计		53	52	42	—

2.参加湖北省运动会

1980—2005 年,湖北省共举办 6 届运动会,襄樊市代组队参加每届比赛。

湖北省第六届运动会:1982 年 10 月在汉口新华路体育场举行。全省 20 个单位 4500 人参加。竞赛项目有田径、篮球、排球、乒乓球、羽毛球、武术、棋类、射击、航空模型等 13 个项目。原襄阳地区和原襄樊市均派队参加,共为本地夺得 143 枚奖牌,成为新中国成立以来在省运会中夺得奖牌最多的一次。分别为:金牌 9 枚、银牌 17 枚、铜牌 26 枚,其他(前 6 名)奖牌 91 枚。在本届省运会上,襄樊市儿童组游泳运动员曹广文,在 100 米蛙泳比赛中,以 1′ 26″ 4 的成绩打破了上届同龄组的 1′ 27″ 8 的省纪录;射击运动员瞿卫民在自选手枪 10+30 慢射个人赛项目中,以 264 环的成绩打破了原 262 环的省纪录。

湖北省第七届运动会:1986 年 10 月在黄石市召开,全省有 20 个代表团 5000 余名运动参赛。襄樊市派出 282 名运动员参加了田径、游泳、潜水、武术、篮球、排球、足球、乒乓球、棋类、射击等 10 个项目的比赛。共获金牌 16 枚、银牌 16 枚、铜牌 18 枚,其他奖牌 64 枚,团体总分为 387.5 分,居全省第 6 位,并被评为精神文明代表团。襄樊少年排球队、足球队、棋类代表队、游泳代表队、乒乓球男队获“精神文明奖”运动队。这是襄樊市建国 30 多年来在省级比赛中取得最好成绩。其中襄樊女子少年乙组铅球运动员周志红破省记录，成绩为 11.35 米；少年女子组武术运动员任燕获枪术冠军、对练亚军、个人全能冠军，毕利东获剑术、对练亚军、个人全能第 6 名。

湖北省第八届运动会：1990 年 10 月 20 日—25 日在宜昌市召开。有 25 个代表团 3000 多名运动员参赛，分成年组和少年组。成年组设足球、篮球、乒乓球、羽毛球、游泳、棋类、桥牌、体育舞蹈项目；少年组设田径、游泳、体操、跳水、举重、射击、摔跤、柔道、足球、篮球、排球、乒乓球、羽毛球、武术、蹼泳、棋类项目。襄樊市由 348 名运动员、教练员、领队组成的代表团共参加 12 个项目的比赛，共获金牌 17 枚、金牌 14 枚、铜牌 20 枚，其他奖牌 58 枚；获团体总分 765 分，金牌总数和团体总分分别居全省第 6 位和第 8 位，并获体育道德风尚奖(见表 32—26)。

分县(市)区省八运会成绩统计

表 32—26

单位	奖牌数							总分	名次
	1	2	3	4	5	6	合计		
随州市	7	4	5	8	12	2	38	261	1
宜城市	1	3	2	11	11	6	34	213	2
枣阳市	10	4	5	3	2	1	25	193	3
襄阳县	5	3	3	3	6	1	21	136	4
襄城区	2	5	1	5	5	—	18	111	5
南漳县	1	1	1	2	4	—	9	59	6
老河口市	—	2	2	2	1	—	7	49	7
樊东区	1	1	1		3	4	10	45	8
谷城县	2	—	—	1	2	—	4	28	9
樊西区	1	—	—	—	2	—	4	20	10
保康县	—	—	—	—	—	—	—	16	11
郊区	—	—	—	13	—	—	—	—	12
市体校	7	6	10	—	11	6	53	356.5	

湖北省第九届运动会：1994 年 5 月 1 日开赛，10 月 20 日在宜昌进行总结赛。襄樊市共有 55 名教练员、243 名运动员参加田径、游泳、柔道、摔跤、射击、棋类、举重、乒乓球、篮球、排球、武术、体育舞蹈等 12 个项目的竞赛。共获金牌 25 枚、银牌 32 枚、铜牌 29 枚，奖牌总数 86 枚，团体总分 1 022.7 分，其金牌数、奖牌总数、团体总分分别居全省第 4、4、5 位。捧回了“奖牌总数”和“团体总分”两座优胜奖杯。

湖北省第十届运动会：1999 年 10 月在咸宁举行。共设业余训练、学校、职工、农民、残疾人 5 大类 56 个竞赛项目。全省有 33 个代表团 7 661 名运动员参赛。襄樊市组队参加了本届比赛，团体总分居全省第 3 位，奖牌总数居全省第 2 位。各单项成绩为：农民类团体总分居全省第 2 位，奖牌总数全省第 1 位；学校类、残疾人类团体总分、奖牌总数均居全省第 2 位；业余训练类团体总分居全省第 4 位，奖牌总数居全省第 5 位；职工类团体总分居全省第 6 位，奖牌总数居全省第 5 位。

湖北省第十一届运动会：2003 年 10 月 18 日至 23 日在十堰举行。运动会设青少年、职工、农民、残疾人、公安干警、少数民族、大专院校、中学生类、中专技校类 9 个类别 63 个项目。襄樊市选派 620 名运动员参加了 7 个类别的比赛，获金牌 87 枚、银牌 67 枚、铜牌 59 枚，团体总分 2 564.25 分。其中青少年类比赛团体总分和金牌总数列全省第 5 位；职工类比赛团体总分和金牌总数分列全省第 2、3 位；农民类比赛团体总分和金牌总数列全省第 5 位；残疾人项目的比赛团体总分和金牌总数列全省第

8 位；公安干警类比赛团体总分和奖牌分列全省第 2、4 位；少数民族类团体总分列全省第 8 位。

3.参加全国运动会

第五届全国运动会：1983 年 9 月 18 日至 10 月 1 日在上海举行。各省、市、自治区、解放军队、火车头队共 31 个代表团 3 697 名运动员参赛，设 26 个项目。湖北派出 202 名运动员，参加 19 个项目角逐，获金牌 8 枚、银牌 7 枚、铜牌 16 枚，4—6 名 41 个。其中襄樊参赛运动员夺得银牌 3 枚、一个第 4 名。

第六届全国运动会：1987 年 11 月 19 日至 12 月 5 日在广州举行。湖北省派出 433 人的代表团，参加 33 个项目的角逐，共获奖牌 48 枚，其中金牌 15 枚、银牌 13 枚、铜牌 20 枚；破一项亚洲纪录和 3 项全国纪录。襄樊参赛运动员获金牌 3 枚、银牌 1 枚、铜牌 2 枚。

第七届全国运动会：1993 年 8 月 15 日至 9 月 15 日分别在北京、成都、秦皇岛举行。湖北派出 319 名运动员参加 27 项比赛，获金牌 20.5 枚（含奥运会 2.5 枚），银牌 15 枚，铜牌 12.5 枚（含奥运会 1.5 枚）。襄樊参赛运动员获金牌 2 枚、银牌 1 枚、铜牌 1 枚。

第八届全国运动会：1997 年 10 月在上海召开。湖北省共有 301 名运动员进入决赛，参加了 24 个项目的比赛，获金牌 12.5 枚（含奥运会 3.5 枚），银牌 10.5 枚（含奥运会 3.5 枚），铜牌 9 枚（含奥运会 2 枚）。其中襄樊参赛运动员获金牌 4 枚，银牌 1 枚，铜牌 1 枚。

第九届全国运动会：2001 年 11 月在广州召开，襄樊有 9 人选入湖北代表团参加赛艇、皮艇、武术、排球、田径等项目地比赛，其中郑显伟获赛艇男子双人单桨无舵手第 2 名，王松获田径男子 4×100 米接力赛第 5 名，程彦虎获田径男子跳远第 5 名，陈征获赛艇单人艇第 6 名，童飞获皮艇男子 1000 米 4 人第 6 名，郑显伟获得赛艇男子 8 人单桨有舵手第 6 名。舒丽获武术女子南拳全能第 7 名，刘刚、周丹、王林入选湖北男排球队，排球获本届全运会第 11 名。

第十届全国运动会：2005 年 10 月在江苏南京举行。湖北省派代表团参加了本次比赛，其中襄樊运动员刘丽萍、林洪、胡兰、陈征、张乐超、段道轩、朱素敏参加了赛艇项目的比赛，陈征获赛艇男子单人艇第 3 名。

图 32—6 襄樊籍运动员王新乐（倒数第三）在 1986 年汉城第 10 届获得赛艇金牌

4.参加国际比赛

参加亚洲运动会：1986 年 9 月，第十届亚运会在韩国汉城举行。襄樊马玉敏、周秀华、王新乐（赛艇）等 3 名运动员入选。中国代表团获金牌 10 枚、银牌 6 枚、铜牌 3 枚。其中襄樊参赛运动员获金牌 2 枚、铜牌 1 枚。

1990 年 9 月 23 日至 10 月 8 日，第 11 届亚运会在北京举行。襄樊王新乐、鄢东玲、郑显伟（赛艇）等 3 名运动员入选，获金牌 3 枚。

1994 年 10 月 2 日至 16 日，第十二届亚运会在日本广岛举行，襄樊运动员郑显伟获男子单浆有舵手金牌 1 枚。2002 年，第十四届亚运会在韩国釜山举行，襄樊运动员陈征代表中国参加此届亚运会并获

图 32—7 鄢东玲（世界杯赛艇获铜牌、第 11 届亚运会赛艇获金牌）

赛艇 4 人单桨无舵手金牌。

参加奥林匹克运动会:1988 年 9 月，第二十四届奥运会在韩国汉城举行。在中国派出的运动员中,襄樊运动员张亚黎(赛艇)、周秀华(赛艇)参加了赛艇项目的比赛。其中张亚黎获赛艇 8 单有舵第 3 名;周秀华获赛艇项目 8 单有舵第 3 名(详见表 32—27)。

襄樊籍运动员参赛奥运会、全运会得分情况

表 32—27

姓 名	全 运 会				奥运会	输送单位	原 籍
	金牌	银牌	铜牌	参赛			
郑显伟	8.33	—	—	—	10	市体校	樊西区
王永忠	8.33	—	—	—	—	市体校	枣阳市
李 杰	20	—	—	5	—	老河口市	老河口市
宋艳红	—	10	—	—	—	市体校	随州市
向凤兰	—	—	—	5	—	襄阳县	(襄阳县)
张宏涛	—	—	—	5	—	市体校	襄阳县
赵叶秋	—	—	—	5	—	宜城市	宜城市
甄会强	—	—	—	5	—	市体校	樊东区
张 青	—	—	—	5	—	市体校	(随州市)
唐吉涛	—	—	—	5	—	市体校	襄阳县
高建萍	—	—	—	5	—	市体校	随州市
林德成	—	—	—	5	—	市体校	郊区

(七)襄樊承办重大国际比赛、全国比赛及省级比赛

1.承办重大国际比赛

1992 年 11 月,襄樊举办“七巧板”杯国际排球邀请赛,哈萨克斯坦国家队同湖北省排球队进行了一场表演赛。此为襄樊市首次接待“三大球”国际体育代表团队。2000—2001 年,襄樊承办长城汽车中国国际乒乓球擂台赛,中外近百名乒坛高手参赛。其中国内一流选手王楠及国际乒坛常青树瓦尔德内尔参加了本次比赛,推动了襄樊市乒乓球运动的发展。

图 32—8 襄樊籍运动员周秀华(右三)和张亚黎

2.承办全国重大比赛

1989 年 5 月 12 日至 19 日,第 2 届全国青少年运动会男子排球赛襄樊赛区预选赛在市体育馆举行,参加比赛的有湖北、河北、浙江、福建、新疆、江西、解放军等 7 支代表队。1990 年 10 月 17 日至 25 日,全国女子篮球赛第一阶段襄樊赛区预赛于在市体育馆举行。参加本次比赛的有广东、四川、辽宁、吉林、重庆、兰州军区、山东、云南等 8 支代表队。1992 年 10 月,“金蝶杯”全国 4 强女子篮球对抗赛在襄樊市体育馆举行。本次比赛是由韩振阳个人通过市场化运作承办,在全

国首开国家级大型体育赛事由个人承办的先河。1998 年 8 月 18 日至 23 日，“爵王杯”全国少年乙组排球赛在襄樊市体校举行，11 支代表队参赛。1999 年 10 月 11 日至 17 日，在襄阳剧院举办第 2 届全国中老年人无极健身保健（操）舞比赛，来自全国 31 个省、市、自治区和行业的 72 支代表队 1099 名运动员参赛。2001 年 8 月 17 日至 21 日，由国家体育总局武术运动管理中心、湖北省体育局、襄樊市人民政府办、樊城区人民政府、襄樊市文体局承办的“大力杯”第 3 届全国武术搏击擂台争霸赛于在襄樊市铁路体育馆举行，来自湖北、湖南、福建、河南、河北、陕西、山东及武汉体院等 8 支代表队 76 名选手参赛。同年 9 月 8 日至 9 日，由国家体育总局水上运动管理中心主办，谷城县政府承办的“金鳄杯”全国滑水暨“骆驼杯”全国摩托艇精英对抗赛于在谷城县王甫州库区举行，来自北京、上海、安徽、福建、江西、山东、湖北、湖南、中国青年摩托艇队及有关俱乐部的 16 支代表队 600 多名选手参赛。

3.承办全省重大比赛

全省青少年柔道比赛：1996 年 6 月 22—26 日，湖北省 1996 年度青少年柔道比赛在襄阳县体育馆举行。参加比赛的有恩施州、孝感、随州、宜昌、十堰、武汉、武钢、荆州、襄樊 9 支代表队。

全省青少年武术比赛：1996 年 7 月 18—22 日，湖北省 1996 年度青少年武术比赛在襄阳县体育馆举行。参加比赛的有黄石、鄂州、咸宁、宜昌、十堰、武汉、荆州、襄樊、黄冈、天门等 10 支代表队。比赛项目为武术、短器械、对练、集体基本功。襄樊成绩居全省第一。

省青少年年度篮球分区赛：1997 年 7 月 10—12 日，湖北省青少年年度篮球分区赛在襄阳县体育馆举行。参加本次比赛的共有 11 支代表队。其中男篮球有武汉、黄石、十堰、孝感；女篮有宜昌、黄石、襄樊、荆门、武汉。十堰、襄樊代表队分获男女组第 1 名。

省“体校杯”篮球赛：2004 年 1 月 12—14 日，全省“体校杯”篮球赛在市体校篮球馆和五中篮球馆举行。全省 16 支男子代表队和 5 支女子代表队共 315 名运动员参加比赛。襄樊分获男女第 1 名。

湖北省青少年三项棋类比赛：2002 年 9 月 12—16 日，由省体委主办，襄樊市文体局承办的《楚风汉韵看襄樊》湖北青少年三项棋类（中国象棋、国际象棋、围棋）比赛在市军转干部培训中心举行。来自全省各地市 18 支代表队 200 余名小选手参赛。三项棋类的个人前 3 名分别由武汉、黄石、十堰、襄樊、鄂州获得。襄樊四中队获体育道德风尚奖。

湖北省青少年 U—13 足球联赛：2002 年 10 月 1—7 日，由湖北省足球协会、中国银行湖北省分行主办，襄樊市文体局承办的中国银行长城卡湖北省青少年 U—13 足球联赛在市体育场举行。全省 10 个地市 24 支代表队的 400 余名运动员参赛。经 7 轮 84 场地角逐，省足球技术分院获得冠军；襄樊市三十九中、省足球学校分获亚军、季军。

申办省运会：2003 年 6 月 7 日，襄樊市政府向省政府提出承办湖北省第 12 届运动会的申请。同年 9 月 16 日，省体育局代表省政府批复，同意湖北省第 12 届运动会 2006 年在襄樊举办。

（八）国际交往

1.武术队访日

1990 年 5 月 5—16 日，应日本犬山市市长松山邦夫的邀请，由市体育运动学校武术队组成的襄樊市青少年武术团一行 16 人对日本犬山市进行了友好访问。这是襄樊市与犬山市建立友好城市以来首次派遣的体育访问团。访问期间，正值犬山市庆祝工商振兴节之际，市体校 12 名武术队员进行了 12 场次的表演，并与犬山市部分学校师生进行了联欢，代表团还参观浏览了东京、大阪、长琦等城市。代表团在日期间受到了松山邦夫及犬山市市政议员的盛情接待。日本《朝日新闻》、东京电台对此进行了4次专题报道。此次访问对进一步弘扬中华武术、增进两市间的体育交流发挥了重要作用。

2.襄樊、犬山组队参加中日乒乓球友好城市比赛

由中国乒乓球协会、日本乒乓球协会、中日友好协会联合举办的中日乒乓球友好城市比赛于1990年12月和1992年10月在北京举行。此次比赛共有100多个友好城市联合组队参加，襄樊市和犬山市的乒乓精英也联合组队，两次参加了此项活动。比赛结束，应襄樊市人民政府邀请，日本犬山市乒乓球运动员到襄樊进行了友好访问。在樊期间，襄樊、犬山市的乒乓球运动员深入到襄樊学院、襄樊市体校、襄樊市棉纺厂、襄樊市热电厂等单位进行了友谊比赛。访问期间，犬山市乒乓球代表团还参观了东风公司试车场、棉纺厂、热电厂等大型厂矿企业，并游览了古隆中、米公祠等名胜古迹。

3.襄樊市乒乓球友好代表团访日

应日本犬山市政府的邀请，襄樊市乒乓球友好代表团于1996年4月到日本犬山市进行访问。其间，与犬山市乒乓球界的运动员进行了多次友谊赛。参观了犬山市的中小学，了解了日本中、小学的体育教育及体育设施。就两市的经济发展、文化体育事业进行了友好交流，还就两市的体育交流达成了有关的意向协议。

4.中国体育运动学校代表团成员访问澳大利亚

应澳大利亚澳中体育友好协会的邀请，中国体育运动学校代表团于2000年2月访问澳大利亚，国家体委群体司青少年训练处促进了此次活动。代表团由国家体委群体司和全国10所国家级重点体育运动学校校长组成。在澳期间，参观了澳国家训练中心、中小学体育教育、社会体育培训中心和悉尼奥运会体育设施，并与澳大利亚体育部长进行了座谈。

五、体育产业

20世纪80年代以前，境内体育完全由政府体育部门管办。20世纪80年代中后期，随着体育社会化、产业化的发展，体育部门由办体育向管体育转化。1986—1988年，湖北齿轮厂、襄樊造纸厂、枣阳野马自行车厂、湖北制药厂、湖北化纤厂分别与省乒乓球队、省羽毛球队、省女排队、省武术队、省游泳队联办高水平运动队。湖北制药厂、市五一棉纺厂同市校联办运动队，弥补了体育事业发展资金不足的问题。进入90年代，襄樊市体育产业进入快速发展时期。

（一）本体产业

1.以“体”补“体”

1985年后，襄樊体育产业改革体育训练及竞赛完全依靠公费办的格式，走向依托社会办训练及竞赛的形式。体育训练实行部分收费培训，形成以“训”补“训”的滚动发展模式。市体校、市体育馆业余体校及各县（市）区业余体校等训练单位在保证社会效益、多出人才、出好人才的同时，经济实力不断增强。1995年，市体校拿出创收款启动综合训练馆、游泳馆等建设工程，并于1998年竣工建成投入使用。市体育场、市体培中心等采取不同形式，创办各种收费培训班。民办体育学校及体育俱乐部的相继成立，弥补了体育事业经费不足，扩大了训练阵地。襄樊市武术学校、体育舞蹈学校、谷城乒乓球培训中心、襄樊棋院、庆林运动人篮球培训中心成为硬件设施全、教学质量好、训练成绩高的民办学校。每年训练学生达数千人。1984 年,各单项体育协会陆续成立,各协会采取收会费、参赛报名费以及企业赞助等办法集资。其收费标准为:1985 年 1 万元;1986 年 1.3 万元;1987 年 1.5 万元;1988 年 5 万元;1989 年 7 万元;1990 年 8 万元;1991 年 10 万元。1987 年,襄樊市体育馆开始进行场地出租、收费培训、出售门票等,当年创收 7 万元;1989 年创收 12 万元;1992 年创收 20 万元;市体育场 1994 年创收 30 万元;1995 年创收 40 万元;1996 年创收 45 万元;1997 年创收 50 万元;1998 年创收 50 万元;1999 年创收 60 万元;2000 年创收 65 万元;2001 年创收 70 万元;2002 年创收 70 万元;2003 年创收 80 万元;2004 年创收 90 万元;2005 年创收 100 万元。

竞技体育走向社会一般采取体委与企事业单位联合办、群众团体办、由企事业单位赞助办和由单位系统自筹资金办等方式。襄樊 1986 年组队参加湖北省第 7 届运动会男排、女篮比赛,湖北制药厂、市五一棉纺厂共赞助 1 000 元。1988 年襄樊卷烟厂赞助 4 万元办全国排球赛。1990 年迎亚运会活动社会捐款 36 万元。1992 年襄樊卷烟厂、湖北襄阳油脂化工厂、襄樊棉纺织印染厂、中房公司等 15 家企业共赞助 20 万元与襄樊市体委合办各种竞赛。1996 年,由高路华电视机厂赞助 5 万元举办全市万人迎春长跑活动;1997 年由湖北统一绿茶公司赞助 5 万元举办“统一绿茶”迎春长跑活动;2000 年,由湖北三九酿酒厂赞助 5 万元举办国际乒乓球擂台赛。2004 年, 多家企业和公司共赞助 100 多万元举办襄樊市第 1 届运动会,弥补了体育竞赛经费的不足。从 1990 年开始,每年由市体委、市教委、市老年人体育协会、市总工会、各单项体育协会、市直各系统举办的各类比赛,扩大内需、拉动体育消费近 5000 万元。1988—2005 年依靠社会力量,共举办、承办省、市级公开赛、调赛、义赛、表演赛、大奖赛、擂台赛 200 余次。体育竞赛以“竞”补“竞”直接或间接地推动了体育和相关产业的发展。

2.彩票及广告

彩票:1990 年,襄樊市发售亚运会奖券,集资 36 万元。1996 年,中国即开型体育彩票开始在市内销售。到 2005 年,全市大规模发行即开型体育彩票 4 次。1994 年 400 万元;1995 年 800 万元;1996 年 1 200 万元;1997 年 120 万元,共销售彩票 2 520 万元。购买体育彩票已成为市民乐于参与的一项公益活动。根据该票发行分配原则,其中 30%的收益金用于体育事业的发展,因此该彩票的发行销售为全市各县(市)区体育事业的发展积累资金 302.4 万元。1999 年 9 月 7 日,经中国人民银行和省政府批准,中国电脑体育彩票在襄樊正式发行。到 2005 年底,全市电脑体育彩票发售点发展到 379 个,销售总金额累计达 5.64 亿元。按 7%作为当地体育事业发展基金,达 3 900 万元。

广告:襄樊市体育部门及直属单位没有单独成立广告公司,但通过大型竞赛,开展群众体育活动,体育场馆悬挂公布企业广告,1988—2005 年,广告收入 100 多万元,补充了竞赛、训练和群众体育活动的经费不足。

(二)相关产业

1.运动服装、器材经营及体育中介

1990 年,市体育馆开办体育用品商店,从事体育运动服装、器材营销,三年创收约 10 万元。1993 年,原市体育馆出让后该店停业。至 2005 年,每年销量可达到 1 亿元。襄樊无专业体育中介公司,举办大型体育赛事活动及群众体育活动主要由广告公司通过市场化运作来完成。

2.资产营运

在充分利用体育场馆所在地的地理优势及空余房产、地盘存量的基础上,开发收益较好。原襄樊

市体育馆长期靠财政拨款补差维持，1987 年进行综合开发利用，招商引资撤除围栏，建出租房、门面房 20 间，增加了出租面积，地盘得到充分有效利用。1987—1992 年，市体育馆房屋出租租金收入 50 多万元。市体委 1985 年利用市中心闲置地盘出租给市物资局从事汽车销售年租金 4 万元，1986 年利用闲置空房及地盘开办体育招待所及停车场等三产业开发，每年创净利润 20 万元以上。市体校、市体育场开办校办工厂、餐饮、宾馆业，多方创收补充学员训练经费的不足。1994 年，市体委投资兴建体育培训中心大楼，二层大楼每年创收 45 万元。

卷三十三　精神文明建设

1981年2月，全国总工会、共青团中央、全国妇联、全国文联、中央爱国卫生运动委员会、全国伦理学会、中国语言学会、中华全国美学学会等部门和团体发出倡议，在全国开展以讲文明、讲礼貌、讲卫生、讲秩序、讲道德和心灵美、语言美、行为美、环境美（简称“五讲四美”）为主要内容的文明礼貌活动。中宣部、教育部、文化部、卫生部、公安部联合发出《关于开展文明礼貌活动的通知》。中共中央决定把每年3月定为“全民文明礼貌月”。文明礼貌月活动以清洁卫生为突破口，围绕搞好环境卫生，解决一个“脏”字；围绕整顿公共秩序，解决一个“乱”字；围绕提高服务质量，解决一个“差”字；努力做到优美环境、优良秩序、优质服务。在“五讲四美”活动中，中共中央总结了一些地方开展热爱祖国、热爱社会主义、热爱党的活动经验，决定把“五讲四美”和“三热爱”统一起来。襄樊市从1982年起，连续三年组织开展了“文明礼貌月”活动，发动群众参与治脏、治乱、治差和学雷锋、树新风活动。

1984年2月，中共中央“五讲、四美、三热爱”活动委员会提出要把建设文明单位作为今后“五讲、四美、三热爱”活动的基本形式和基本内容。1984年5月，中共襄樊市委、市人民政府印发了《关于认真贯彻省委、省政府〈关于进一步开展建设文明单位活动的决定〉的意见》。《意见》指出，文明单位建设是广大人民群众的一个伟大创造，是把“五讲、四美、三热爱”活动落实到基层使之经常化、制度化的根本途径，各级党委、政府要坚持两个文明一起抓，坚持“积极引导、热情扶持、稳步发展、讲求实效”的方针，制定文明单位建设发展规划，把落脚点放在基层，并在工作上、组织上、制度上狠抓落实。此后，襄樊全市广泛开展了文明单位创建活动，并逐步从窗口单位发展到各行各业，从突击性活动发展到经常化、制度化，从改造环境面貌发展到提高人的精神境界，从创建单个文明单位发展到创建文明城市、文明行业、文明村镇等文明群体，在深度和广度上取得进展。

20世纪80年代初，襄樊市重点开展有理想、有道德、有文化、有纪律的“四有”教育活动，努力提高市民的思想道德素质，加强文明家庭、文明楼栋、文明小区、文明街巷建设，为文明城市建设奠定良好基础。从1990年开始，襄樊市参加省辖八市创建文明城市竞赛活动，围绕创建省级文明城市目标，加强城市基础设施建设和城市管理，强化文明城区建设基础，努力创造优美环境、优质服务、优良秩序，全面提升城市文明水准。从1996年10月开始，中共襄樊市委、市人民政府组织开展声势浩大的形象工程建设活动。通过塑造城市形象、单位形象、市民形象和产品形象，进一步提高市民素质和城市文明程度，为改革发展创造良好环境。1997年1月31日，襄樊市第十二届人民代表大会第四次会议通过了《关于开展创建文明城市活动的决议》。《决议》根据省级文明城市创建标准，提出了“半年初见成效，一年上台阶，两年大变样”，力争在1998年把襄樊建成“省级文明城市”和“全国卫生城市”的奋斗目标。要求创建活动以襄樊市区为龙头，城乡一体，相互促进，使襄樊辖区的城市化、现代化水平有显著提高，市民的整体素质有显著提高，人民的文化生活质量有显著提高，城市的文明程度有显著提高，让襄樊以崭新的形象跨入21世纪。通过几年的形象工程建设，襄樊市区的基础设施建设、城市管理、单位文明程度和市民文明素质都发生很大变化，在全国产生一定影响。1999年和2002年，襄樊市先后两次被评为“全省文明城市”和“全国文明城市创建工作先进城市”。

20世纪80年代，重点抓双文明户建设；进入90年代，主要开展了评选“十星级文明农户”活动。文明村建设从20世纪80年代初的治脏、治乱、治差发展到创建生态文明新村，促进农村的物质文明、政治文明、精神文明和生态文明协调发展。随着农村经济体制改革的深化,农村城镇化的趋势日益明显，中共十五届三中全会提出了发展小城镇的战略。配合这一战略的实施，襄樊市在抓好创建文明户、文明村的基础上,开展了创建文明城镇活动,引进城市建设和管理经验,不断提高小城镇的文明建设水平,对农村精神文明建设起到了很好的辐射带动作用。

20 世纪 80 年代,襄樊市的文明行业建设主要是抓窗口服务单位的服务态度和服务质量,组织基层服务单位开展优质服务竞赛活动。随着市场经济的发展,卖方市场向买方市场转变,在服务行业,又开展了规范管理、规范服务活动,实行全员、全过程、全因素管理,推进服务工作的优质化、经常化、规范化、制度化建设。进入 21 世纪,文明行业创建活动进一步深入,围绕“服务人民,奉献社会”这个主题,以诚信建设为重点,以切实纠正群众反映强烈的行业不正之风为突破口,坚持标本兼治,大力倡导行业文明新风,促进行业健康发展。

群众性精神文明创建活动,有力促进了城乡文明程度的提高,展示了强大的生命力,各级党委、政府把它放在更加突出的位置。1991 年和 1996 年,中共襄樊市委、市人民政府分别制定《襄樊市精神文明建设“八五”发展规划》和《襄樊市“九五”精神文明建设发展规划》。“八五”规划提出“加强思想道德建设,努力提高全市人民的思想觉悟和道德水平;发展教育科学文化事业,努力提高全市人民的科学文化素质;广泛开展群众性精神文明建设活动,努力提高城乡精神文明建设水平;加强党的领导,切实落实精神文明建设”的 4 大任务。围绕 4 大项主要任务,规划了 28 项具体工作。根据“九五”规划要求,中共襄樊市委办公室转发了市委宣传部制定的《襄樊市精神文明建设“九五”重点工程实施方案》。《实施方案》列出 10 大软件工程和 10 大硬件工程。

1996 年 11 月,中共襄樊市委第八届四次会议通过《中共襄樊市委关于贯彻落实党的十四届六中全会精神加强社会主义精神文明建设的实施意见》，提出 1996—2010 年全市精神文明建设的奋斗目标:在全市人民群众的思想上牢固树立建设有中国特色社会主义的共同理想,牢固树立坚持党的基本路线不动摇的坚定信念;实现以思想道德修养、科学教育水平、民主法制观念为主要内容的市民素质的显著提高,实现以积极健康、丰富多彩、服务人民为主要要求的文化生活质量的显著提高,实现以社会风气、公共秩序、生活环境改善为主要目标的城乡文明程度的显著提高;在全市范围形成物质文明建设和精神文明建设协调发展的良好局面。主要任务是:加强思想道德建设,努力提高全市人民思想道德素质;加强文化建设,积极发展全市文化事业;以塑造四个形象为载体,广泛开展精神文明创建活动;加强和改善党对精神文明建设的领导。全市贯彻执行中共十四届六中全会决议和市委八届四次会议精神,使群众性精神文明创建活动出现了向经常化、制度化、规范化发展的良好态势,创建水平不断提高。

2004 年 2 月,中共中央、国务院印发了《关于进一步加强和改进未成年人思想道德建设的若干意见》。为了贯彻落实《若干意见》精神,2004 年 7 月,中共襄樊市委、市人民政府下发了《关于进一步加强和改进未成年人思想道德建设的实施意见》。各地和各有关部门按照市委、市政府的要求,齐抓共管,各尽其责,形成了学校、家庭、社会三位一体的未成年人思想道德教育网络,为青少年的健康成长创造良好的社会文化环境。

为了加强对群众性创建活动的规范化管理,襄樊市文明建设委员会从 1993 年到 2002 年,系统地总结了群众性创建活动的实践经验。先后制定了文明单位、文明系统、文明小区、文明社区、文明科室、文明家庭、文明村镇、十星级文明农户、各类示范点等 9 个大类的管理办法,对创建的指导思想、标准、命名、管理、奖励等作出了具体规定。1996 年 11 月,市文明委将襄樊市伦理学会改为襄樊市精神文明建设研究会,加强对精神文明建设新情况、新问题、新思路、新形式、新途径的研究探讨。研究会先后进行了“移风易俗”、“社会公德建设”、“形象工程建设”、“文明单位建设”等方面的研讨,为创建活动提供了理论和实践指导。2001 年 12 月,市精神文明建设委员会制定印发了《襄樊市精神文明建设工作考评办法》,对考评的对象、考评的内容,考评方法、考评的原则、考评依据等作出了具体规定,从而将精神文明建设工作纳入了各级党政领导班子工作的考评内容,使精神文明建设任务得到较好落实。

一、文明市民教育

1985—2005年,全市贯彻落实中共襄樊市委《关于深入开展"四有"教育,争当文明市民活动的意见》,开展有理想、有道德、有文化、有纪律的"四有"教育活动,采取演讲报告等形式,用身边人教育身边人,用同龄人教育同龄人,组织各类演讲报告团50多个,参加演讲的先进模范人物250多人,演讲720多场次,听众达70多万人次。1991年10月,市文明办组织编写《怎样做一个文明市民》读本。这个读本全面系统地介绍了"四有"、"五爱"、职业道德、社会公德、家庭婚姻道德、文明健康科学的生活方式、移风易俗、正确处理人际关系、遵纪守法、城市意识、审美观念、文明家庭等方面的基本知识和行为规范,成为对市民进行思想道德教育的主要教材,共向基层单位发行15万册。1992年5月,中共襄樊市委办公室和市人民政府办公室转发市文明办《关于普及文明市民教育的三年规划》。这个规划根据党的十二届六中全会精神,对市民教育的指导思想、教育对象、教育内容、教育方法、实施步骤、保障措施等做出了具体规定,要求像普及法律知识那样普及文明常识。各地按照规划要求,采用开办文明市民学校等方式,加强市民教育,使市民的文明意识进一步增强。1993年4月,为了迎接中国湖北襄樊隆中诸葛亮文化节、烈山神农炎帝节、中国历史文化名城研究会年会、全国百名市长学法用法座谈会在襄樊召开,市文明委发出《关于加强文明市民教育,迎接"两节两会"的通知》,要求配合"两节两会",重点抓好增强名城意识和社会公德教育,引导市民在家做文明成员,在单位做文明职工,在社会做文明市民,树立人人懂礼貌、个个讲文明的良好风尚。市区先后召开演讲会、知识竞赛等1 820多场次,出板报2 400多期,办市民培训班312期,培训43 000多人次,使市民争当名城主人,乐为名城增辉的意识增强,保证了"两节两会"的顺利举办。

为了进一步推动文明市民教育,形成争当文明市民的舆论环境,1996年8月,襄樊市举行首届"十佳文明市民"评选活动。经过层层评选推荐,市评选活动组委会评选出了100名事迹突出的文明市民,又从这100名中先出20名"十佳市民"候选人,在《襄樊晚报》上刊登事迹,由广大市民投票选定。共发出选票30 000张,回收27 084张,有效票26 963张,经市公证处公证,评出崔德新等10人为"十佳文明市民"。1998年12月,中共襄樊市委、市人民政府表彰了群众评选的第二届"十佳文明市民"。这些文明市民在"讲文明、树新风"活动中,热心公益事业,爱岗敬业,见义勇为,助人为乐,奉献社会,尊老爱幼,做出了突出贡献。市长罗辉在表彰会上讲话,并为他们颁奖。市文明办和市文联联合编辑出版了《襄樊市第二届十佳文明市民报告文学集》,发到各基层单位学习。

1997—2004年,市区连续8年组织开展市民文明行为常识教育月活动,每年一个主题,对全面系统地提高市民文明素质起到积极作用。2001年9月,中共中央印发《公民道德建设实施纲要》,对公民道德建设进行了全面部署。同年12月,中共襄樊市委印发《关于贯彻落实〈公民道德建设实施纲要〉的意见》,要求各地各部门宣传好二十字公民基本道德规范。在宣传教育中,充分发挥各类阵地的教育作用、公民道德建设年的推动作用、宣传媒介的导向作用和各类先进典型的示范作用,广泛开展道德实践活动,让公民在参与中提高道德水平。各地按照市委要求,组织开展了多种形式的道德教育和实践活动,公民道德意识逐步增强。

(一)市民守则

1991年6月,市文明委颁发《十要十不市民守则》:要遵纪守法;要好学上进;要勤劳俭朴;要礼貌待人;要爱护公物;要讲究卫生;要团结互助;要尊老爱幼;要见义勇为;要移风易俗。不随地吐痰;不乱贴乱画;不乱扔乱倒;不妨碍交通;不损坏公物;不污言秽语;不吵架斗殴;不损人利己;不大操大办;不参与“六害”(卖淫嫖娼、制作贩卖传播淫秽物品、聚众赌博、拐卖妇女儿童、贩毒吸毒、利用封建迷信骗财害人)。为使市民守则家喻户晓,市文明办印发40万张卡片发放到市区各单位,在主要街道竖立210块大型市民守则宣传牌,组织创作录制《市民守则歌》磁带180盘,发到各街道教唱。通过多种形式的宣传,大多数居民掌握了市民守则基本内容。

2002年7—8月,市文明委根据九三学社襄樊市委员会《对〈襄樊市市民守则〉进行修改补充的建议》的提案,对市民守则进行了修订。同年7月底在《襄樊晚报》上刊登《关于修订市民守则的启事》,发动市民对守则的修订提出意见建议,并在报纸上开辟专栏,刊登好的意见和建议。在综合市民意见的基础上,参照外地先进经验,拿出修订初稿,又组织有关方面专家学者进行讨论修改,以文明委文件的形式予以公布。修改后的市民守则是:“要热爱襄樊,要遵纪守法;要礼貌待人;要诚实守信;要勤劳俭朴;要好学上进;要爱岗敬业;要尊老爱幼;要见义勇为;要保护环境。不随地吐痰;不乱贴乱画;不乱扔乱倒;不乱堆乱放;不妨碍交通;不损坏公物;不闹酒酗酒;不污言秽语;不涉黄涉赌;不相信迷信。”

(二)文明市民学校

1990年5月,南漳县城关镇街道办事处率先成立文明市民学校,设置固定的教学场所和设施,成立教学领导班子,从镇党校和退休教师中聘请8名兼职教师,利用业余时间采用集中上课、分散辅导等办法,对居民进行社会公德、移风易俗、遵纪守法等方面的教育。通过文明市民学校的集中教育,居民素质有了提高,街风民风有了好转。涌现五好家庭1 550户,文明礼貌户983户,卫生光荣户1 789户,文明市民1 872人,文明楼院14个,文明巷7个。1991年9月,市文明办召开了文明市民学校建设现场会,总结推广了南漳经验。到1992年底,全市以街道居委会为依托共创办文明市民学校175所,其中市区69所,普及面100%。各文明市民学校总结出了理论灌输(集中学习)、现场参观(文明家庭、文明单位)、典型示范(身边先进人物事迹介绍)、形象教育(电化教学)等教学方法,进一步增强了市民教育效果。

从1998年3月开始,中共襄樊市委、市人大、市政府、市政协主要领导先后到文明市民学校讲课,要求市民遵守社会公德,努力塑造高尚的人格,信守职业道德,培养高度的责任感,恪守家庭美德,建设文明家庭,人人都树襄樊形象,个个都当文明使者,以崭新的精神面貌把襄樊带入21世纪。在市领导的带动下,各城区区委书记、宣传部部长、文明办主任先后深入到77所文明市民学校,宣讲文明行为常识,解答市民关心的问题。

各经商户由于经营繁忙,不便组织学习,是市民教育的空白点。为了填补这个教育空白,市文明办与市广播电台联合开办文明市民广播学校,以市广播电台为依托,成立文明市民广播学校总校,各市场建立分校,总校定时播发教育节目,各分校建立有线广播小系统,按时接收转播总校节目,在不影响经营的情况下,让经营人员接受精神文明教育,从而提高他们的文明素质。2002年10月,市文明办发出《关于在各类市场开办文明市民广播学校的通知》。2003年1月,文明市民广播学校正式组建,成立了由市委宣传部、文明办、广播电台、经贸委、司法局、工商局、城管局、卫生局、科协、交警支队等部门领导参加的校务委员会，具体负责有关工作。当年成立分校的市场有 19 个：新华市场、长虹市场、光明市场、白鹤市场、前进市场、大世界市场、云集市场、中南板材市场、米公农贸市场、大众鞋帽市场、金马摩托城、长虹装饰材料市场、南方家具大市场、白鹤水果批发市场、襄阳大市场、胜利街市场、檀溪果菜批发市场、富康大市场、长虹食品城。

文明市民广播学校的教学内容主要是党的路线方针政策、时事政治、文明常识、科技知识、法律常识以及卫生、交通、工商、税收、城市管理等方面的规定。市广播电台还成立了技术和节目专班，配备专职编辑、主持人和技术人员。开设了文明动态、文明新风、经商之道、市民课堂、文明热线、文明辞典等栏目。每期节目播出 30 分钟，上午 9 时 30 分首播，下午 4 时重播。文明市民学校受到广大经营者的欢迎，他们说，过去想学习没机会，现在边做生意边听广播，学习经营两不误。

2002 年，老河口市以单位局域网络为载体，在 10 家省级文明单位创办“网上市民学校”。“网上市民学校”开设文明知识专题讲座、文明创建动态、典型风范、时事要闻、党史文库、网上说事、热点论坛等栏目。要求单位每个干部职工每周学习不少于一小时，每月写一篇以上心得体会。实行网上学习签到制度，在网上设置签到板，每次学习都要打开签到板签名，学习结束后，将学习体会以电子邮件形式发送到收件板，供检查考核。每个职工上网时间、学习内容、作业完成情况都在网上作了记录。网上市民学校开辟了新的学习载体，提升了单位文化品位，深受干部职工欢迎。2003 年 5 月，市文明办发出《关于做好文明市民广播学校巩固延伸工作的通知》，要求向市区大型商场、超市、车站等单位扩展。随后，市区及各县市又有 55 个单位办起了文明市民广播学校。2005 年，文明市民广播学校的教育节目播放向公路沿线的农村拓展，由市广播电台无偿提供播放设备，在农村文化科技屋建立无线广播播放点 150 个。

（三）市民文明行为常识教育月

1997 年开始，市文明委把每年 3 月定为“市民文明常识教育月”。一年一个主题，通过教育，提高市民文明素质和城市的文明程度。1997 年 3 月，为第一个文明常识教育月。主题是“学习文明常识，提高文明素质”。组织编印《文明行为常识》6.5 万册，从日常生活中的接人待物、说话、吃饭、喝酒、抽烟、吐痰、走路、衣着打扮等 10 个方面介绍文明常识 140 多条。机关利用政治学习日、企业利用班前班后会进行学习。8 月，市文明办组织全市开展市民文明知识测试活动。所有机关、街道、企事业单位的职工以及高中以上在校学生参加测试，测试情况作为文明单位考评的重要依据。年底评出“十佳居委会干部”“十佳三老义务服务员”“十佳城市美容师”“十佳交警”“十佳特色家庭”“十佳青年文明号”。

1998 年 3 月，为第二个文明常识教育月。主题是“人人都是襄樊形象，个个争当文明使者”。市委宣传部和市文明办举办了“化六建杯”文明常识竞赛，以《文明行为常识》和《市民文明行为自测 365 问》为主要内容，在《襄樊日报》《襄樊晚报》和《襄樊电视报》上刊登竞赛试题，并印发了 15 万份到基层单位，由各单位自行组织考试。在基层单位开展知识竞赛的基础上，市里组织决赛，市电视台转播了决赛实况。通过教育，涌现了一批为襄樊形象增光的“文明使者”。李为昌是志达出租汽车公司的司机。1997 年 12 月 18 日，他把一位外地客人送到余家湖。返回时，发现客人的帽子遗忘在车上。于是，专程返回将帽子送到客人手上。这位外地客人为此写信给市委书记，对李为昌司机进行表扬。1997 年 12 月 24 日，一位刚到襄樊的深圳客人要去七里河找联系单位，却不知道路怎么走。交通警察程宝群步行几里，送这位客人到要找的单位。市委、市政府领导认为这些看似小事，但它体现了襄樊人的文明素质，是一种值得提倡的文明行为，市民不以善小而不为，政府不以善小而不奖。1 月 3 日，市文明委命名李为昌、程宝群为襄樊市首批“文明使者”。市委、市政府为此专门召开会议进行表彰。市委书记、市长亲自为他们披红戴花，各奖价值千元的“帅而美”西服一套，并号召全体市民尤其是窗口行业的广大干部职工向他们学习。讲职业道德，创优质服务，树行业新风，塑襄樊形象。对李为昌和程宝群的表彰，收到了“点燃一盏灯，照亮一大片”的效果。“文明使者”不断涌现，为襄樊的形象建设增添了光彩。市文明委后来又连续3次命名表彰了5个集体和14名个人为襄樊“文明使者”。

1999年3月，为第三个文明常识教育月，主题是“三当一做”，在家当文明成员，在单位当文明职工，在社会当文明市民，做跨世纪的好公民。市委宣传部和市文明办组织编写《社会公德、职业道德、家庭美德100题》一书，12万字，由新华出版社出版，共印发60 000多册，作为市民教育的基本教材。教育月中，市区开展了万人护绿活动、千名志愿者进万家活动、百所文明市民学校读书演讲活动，使社会公德、职业道德、家庭美德知识进一步普及，市民道德素质进一步提高。

2000年3月，为第四个文明常识教育月，主题是“三管住一养成”，即管住自己的口，不说污言秽语，管住自己的手，不乱扔乱倒、攀花折木，管住看书的脚，不乱穿马路，不践踏绿地，按交通规则走路，按文明常识举步，养成文明习惯。同年2月29日，市里召开动员大会，市长罗辉和副市长陈鼎益作动员讲话。同年3月4日，市区以提高环境质量为内容开展“城市美容日”活动，组织机关干部、学生和青年志愿者5万多人到街头和居民区，纠正乱扔、乱倒、乱写、乱画行为，清除围墙、楼道等地方非法张贴的广告，擦洗交通护栏。同年3月18日，市区有10 000多名志愿者到社区打扫卫生，进行政策法律咨询，给孤寡老人、下岗职工送温暖。同年3月25日开展“万人护绿”活动，组织市民清理街道两旁绿化带内的垃圾，清洗绿色植物上的污染，市区出动31 000人次，清除野广告20 000多处，擦洗交通护栏30 000米，清运垃圾300多吨。市区有96所中小学在街头设立宣传站，发放文明常识宣传资料37 000多份。学校广泛开展了“小手拉大手，文明一起走”活动，小学生争当文明监督员，纠正大人不文明行为。

2001年3月，为第五个文明常识教育月，主题是“说文明话，做礼貌热情的襄樊人”。以“一节一会”（即2001年中国湖北襄樊诸葛亮文化节暨中国中西部地区经贸洽谈会）和《国家通用语言文字法》颁布实施为契机，在全市大力实施以“讲文明话，不讲污言秽语；讲礼貌话，不讲粗言俗语；讲普通话，不讲方言土语”为主要内容的“语言美工程”。同年3月3日上午，市区大中小学统一行动，在市区广场、商场、车站、公园等100多个公共活动场所设立宣传站，广泛宣传“语言美”活动的有关内容，对过往行人送发“语言美”宣传资料5万多份，出宣传展板500多块，悬挂宣传标语100多幅。市直机关工委、市妇联和团市委分别向市直机关干部、妇女和团员青少年发出积极参与语言美工程的倡议书，号召使用文明用语，推广普通话，并分别召开了“文明用语进家庭”和“青少年成长与语言美”座谈会。各市民学校组织开展了有关“语言美”内容的教学活动，受教育近10万人次。《襄樊日报》开辟了《语言美工程大家谈》专栏，组织各界知名人士和专家学者从不同角度讨论“语言美工程”问题。《襄樊晚报》举办了中小学生“语言美工程”征文比赛。电台、电视台、有线台也都开辟专题节目，经常报道“语言美工程”开展情况。为了有效推广使用普通话，首先从党政机关、窗口行业、各类学校抓起。市委宣传部、市纪委、市文明办等单位联合发出使用普通话的倡议，在市直机关干部中开展普通话朗读比赛，普通话演讲大赛，参赛选手达200多名。在副县级以上领导干部普通话朗读比赛中，市委常委、纪委书记曲颖，市委常委、组织部长王树华亲自登台朗诵，在市直机关掀起了讲普通话的热潮。市计委在干部职工中开展以“三讲三不讲”为主要内容的“语言美工程服务承诺”活动，制作了承诺卡，置于办公桌上，接受内外监督，并且将“语言美工程”纳入目标管理百分考核之中，每季度进行一次考核，测试结果张榜公布，实行奖惩。市地税局、市工商局结合“语言美工程”活动，在系统内开展文明用语和服务忌语征集活动，并将筛选后的文明用语和服务忌语作为规范干部职工服务行为准则打印下发，引导大家逐步养成使用文明用语的习惯。市公安局“语言美工程”活动领导小组向广大民警和民警家属就推广文明用语和普通话发出倡议，把使用普通话和文明用语作为窗口警种创“青年文明号”检查考核的重要依据，在交警、巡警、户口科、外事科等单位民警中开展“讲文明语言，创文明窗口”竞赛活动，110指挥中心平均每天接报警电话300多个，用普通话接警率达100%。

2002年3月，为第六个文明常识教育月，主题是“道德建设，从我做起”。市委、市政府把2002年定为“公民道德建设年”，把每年3月定为“公民道德教育月”，把每月最后一个星期六定为“公民道德实践日”，围绕“爱国守法、明礼诚信、团结友善、勤俭自强、敬业奉献”20字基本道德规范和社会公德、职业道德、家庭美德60字具体规范进行宣传教育，开展实践活动。市委宣传部编印了《公民道德修养》一书，系统地介绍了公民基本道德规范和社会公德、职业道德、家庭美德的基本知识，发到基层学习。市区有8个专业和业余文艺团体深入广场、街道表演道德建设文艺节目。市区开展道德教育演讲比赛，60多个县级单位150多人参加演讲，电视台现场直播演讲决赛实况。组织各新闻单位先后宣传了见义勇为英雄——襄樊人民广播电台记者李惊涛、四十年如一日坚持学雷锋做好事的军事经济学院襄樊分院幼儿园园长王和青、在四川城都勇斗歹徒英勇献身的城市英雄——谷城县紫金镇村民龚满明，以及坚持“以德治村”，帮助弱势群体脱贫致富的保康县尧治河村党支部等道德建设方面四个重大典型。市文明办与团市委联合开展了“我为名城添光彩”活动，组织4 000名青年志愿者走上街头，在市区重点路段清理垃圾；与市城建局开展了评选襄樊市“十佳文明公交车驾驶员”、“十佳文明出租车司机”活动。在市区竖立公民基本道德规范宣传牌300块。

2003年3月，为第七个文明常识教育月，主题是“诚信在襄樊”。诚信建设是规范市场经济的重要环节，是新时期精神文明建设的重要内容。根据《公民道德建设实施纲要》精神，在教育月中，以诚信教育为重点，协调各部门围绕“诚信”开展各具特色的宣传教育。妇联结合“三八”妇女节，开展了“做诚信夫妻、当诚信邻居”活动；工商局结合“3·15”消费者权益日，开展了“营造放心购物环境”系列活动；机关工委开展了“诚信机关”评选活动；物价部门开展了“诚信执法”活动；教育局举办了中小学生“诚信宣誓”活动，市区180多所中小学20多万名中小学生参加了宣誓。市文明办对市民守则进行修订，将“诚信”内容纳入市民行为规范，大力倡导以诚信为本的道德价值观，使“诚信”观念深入人心。举办了“农夫山泉杯”“用诚信铸造襄樊”演讲比赛，在各区各部门层层比赛的基础上，推荐18位选手参加市里决赛，评出一等奖2名，二等奖三名，三等奖5名，优秀奖6名。通过教育，市民诚信意识有了增强。

2004年3月，为第八个文明常识教育月，主题是“共铸诚信襄樊”。总体要求是抓教育，树立诚信意识；立规范，建立诚信机制；攻重点，整治突出问题。在教育月活动中，市工商局、技术监督局协调各有关职能部门研究制定了“企业质量信誉等级评价”制度，建立了企业质量信用档案。各新闻单位制作刊播了一批以诚信建设为主题的公益广告。各级文明办组织开展了多种形式的诚信实践活动，把诚信教育纳入文明单位、文明行业、文明科室等创建活动之中，广泛开展了争创文明诚信公民、文明诚信企业、文明诚信窗口单位、文明诚信执法单位、文明诚信企业家等活动。

（四）学雷锋活动

学雷锋一直是群众性精神文明创建活动的重要内容。20世纪80年代，重点是以“五讲四美三热爱”活动为载体，通过文明礼貌月推进学雷锋活动的广泛开展。进入90年代以后，学雷锋活动与搞好本职工作紧密结合，倡导“岗位学雷锋，行业树新风”，向经常化、制度化发展。1990年2月，市文明委印发《关于开展学雷锋活动的意见》，市长杨斌庆发表向雷锋学习的电视讲话，要求在改革开放条件下，进一步宣传雷锋精神，建立新型的人际关系，树立社会主义文明风尚。许多单位采用演唱会、演讲会、报告会、事迹展览、办专栏墙报等形式宣传雷锋精神，组织百万人次上街义务服务，普遍成立了学雷锋送温暖小组。把学雷锋与学本地先进典型结合起来，利用先进事迹报告会等形式，宣传勇斗歹徒的市公共汽车公司女司机杨华玲、襄阳县水泥制品厂司机程国先、市纺织机械厂护厂队员陈万祥、南漳县峡口镇供销社营业员伍剑平、枣阳市吴店镇农行出纳员张霞、老河口市交通警察王兆清、雷锋式的好青年枣阳市二中教师骆东风、焦裕禄式的好干部枣阳市人大退休干部白文宪等一批先进人物。

为了纪念毛泽东等老一辈无产阶级革命家提出向雷锋同志学习30周年的号，1993年2月，市文明委、市委宣传部、市政府办公室、襄樊军分区政治部、团市委联合发出《关于在全市深入开展学雷锋活动的通知》。各地采用召开纪念会、座谈会、事迹报告会、文艺演出、读雷锋日记、看雷锋电影、讲雷锋故事、唱雷锋歌曲等形式，进一步宣传雷锋精神，并把学雷锋与搞好本职工作结合起来，开展岗位学雷锋、行业树新风活动，抵制市场经济新时期出现的拜金主义，树立为人民服务的人生观。同年3月5日，全市有1 800多个单位、14.5万市民和2 000多名驻市官兵上街义务咨询服务和打扫卫生。服务项目120多个，接受服务34.5万人次。市文明办还组织宣传了张湾镇“三八”粮店28年坚持学雷锋和武警四支队用雷锋精神建设部队的事迹。同年，老河市交通警察大队、枣阳市实验中学副校长骆东风和中国人民解放军原87 313部队政委杨梓云被省委宣传部、省政府办公厅、省军区政治部和团省委等四家单位命名为全省学雷锋先进集体和先进个人。

解放军军事经济学院襄樊分院幼儿园园长王和青，40多年学雷锋无怨无悔。1963年，全国开展学雷锋活动，年仅16岁的王和青，立志以雷锋为榜样，走为人民服务的道路，为改变山乡文化落后的面貌，在村里办起了全县第一个农民“业余夜校”，成为该村有史以来第一任教师。为培养又红又专的接班人，她把母爱与师爱融为一体，既教书又育人，奉献出一片赤诚。她精心照料两位孤寡老人达17年之久。她服从工作需要，三次放弃转干机会。她干一行爱一行，勤勤恳恳忘我工作，在各个岗位上发挥了一个共产党员的先锋模范作用，先后30多次被各级组织评为“学雷锋标兵”、“先进工作者”、“三八红旗手”。1990年，王和青被中国人民解放军总后勤部评为“学雷锋先进个人标兵”，同年9月，应邀到北京参加全军组织的首都国庆观礼，受到江泽民总书记的接见。江泽民总书记握着王和青的手，称赞并鼓励她说：“你是雷锋精神的传人，你要好好地把雷锋精神传下去！”

1998年2月，市委副书记张振华和市委常委、秘书长张子强应中央宣传部和团中央邀请，到北京参加“纪念老一辈无产阶级革命家为雷锋题词35周年座谈会”，在会上介绍了襄樊以形象工程建设和讲文明、树新风活动为载体，弘扬雷锋精神的经验。

（五）未成年人思想道德教育

2004年2月，中共中央、国务院下发《关于进一步加强和改进未成年人思想道德建设的若干意见》，强调把加强和改进未成年人思想道德建设作为事关国家前途和民族命运的战略工程，作为确保中国特色社会主义事业兴旺发达、后继有人的希望工程，作为关系亿万家庭切身利益的民心工程，作为精神文明建设的基础工程，摆上全局工作的重要位置。同年7月，市委、市政府下发《关于进一步加强和改进未成年人思想道德建设的实施意见》，并于同年8月4日召开全市加强和改进未成年人思想道德建设工作会议，进行安排动员。市文明委于同年11月11日召开未成年人思想道德建设经验交流会。

机制建设。市委、市政府决定，由市文明委负责未成年人思想道德建设指导协调工作，在市文明办设立未成年人思想道德建设工作科，新增3个行政编制。市文明委下发了《襄樊市加强和改进未成年人思想道德建设目标任务分工》和《襄樊市未成年人思想道德建设工作责任单位述职考评办法》等文件，将全部工作分解为45条具体任务，落实到12个牵头单位和36个责任单位，每年进行述职考评，评审结果作为评审文明单位的重要条件。

队伍建设。团干部和少先队辅导员队伍：各中小学校选派了一大批业务过硬、工作热情高、创新能力强的青年教师担任团干部和少先队辅导员，指导青少年学生健康成长。班主任队伍：各中小学加强班主任教师队伍职业道德和职业精神教育，开展现代教育方法和理念的培训学习，提高他们解决实际问题的能力。关工委队伍：全市共建立由"五老"（老干部、老党员、老教师、老专家、老模范）组成的关心下一代工作委员会 3 252 个，从事人员 21 979 人，形成了市、县、乡、村四级组织网络。法制副校长队伍：各中小学选聘司法部门优秀业务人员担任法制副校长和辅导员，参与学校的法制宣传和校园治安环境综合治理，共聘任法制副校长 1 008 人，法制辅导员 705 人，市委常委、市政法委书记万桃元同志亲自担任襄樊学院的法制副院长。

道德教育。全市的未成年人思想道德建设以学校教育为主渠道，以丰富多彩的社会实践为载体，构建学校、家庭、社会"三位一体"的教育网络。中小学广泛开展"道德建设从我做起"主题教育活动，以科普展览、报告会、征文比赛、演讲等形式进行优良传统和民族精神教育。市妇联等部门开展"家庭教育宣传实践月"活动，聘请了 30 多名热心人士担任家庭教育志愿者，义务提供法律、文化、卫生、教育、心理等方面的咨询和服务。市区 80 多个居委会与部分中小学建立"家长学校"，以此加强学校、社区、家庭之间的沟通，向家长传授科学的育子成才方法。2004 年暑假期间，市电影公司开展百场电影送社区活动，为青少年免费放映优秀影片，活跃暑期文化生活；文化部门组织青少年开展艺术培训，举办美术、器乐、舞蹈和足球、篮球、乒乓球、游泳等培训班 20 多期次，参加培训近 3 000 人次；市文明办与团市委开展未成年人"游襄樊、爱家乡、共成长"活动，组织市区一万多名青少年免费参观浏览市区各风景点、科技馆和爱国主义教育基地。市关心下一代工作委员会开展了"万名老同志与青少年结对子、交朋友、共学共建"活动，倾听青少年的心声，引导他们树立远大理想，成为对社会有用的人才，全市共结对子 2 万多对；组建未成年人思想道德教育宣讲团 659 个，3 000 多名老同志担任了报告员。

道德实践。市委宣传部从 1995 年开始在青少年中开展读书活动，每年一个主题，通过读书、写体会，演讲比赛、使道德情操得到升华，读写讲综合技能得到提高，10 年来，共有 200 多万青少年参与主题读书活动。市环保协会每年开展"争做环保小卫士"活动，组织青少年到母亲河汉江清理河边"白色垃圾"，在实践中学习环保知识，增强环保意识。市文明办以"文明、关爱、表率"为主题，组织中小学生开展"道德实践社区行"，市区 40 多所中小学以分散、小型、多样的活动形式，组织学生到街道、福利院、贫困和老弱孤残家庭开展扶贫助残、打扫卫生、表演节目等各类公益性道德实践活动。襄阳区开办暑期"少年军校"，把消防中队定为"少年军校"基地，适时组织学生参观、体验军营生活，培养他们雷厉风行、不怕吃苦的作风。宜城市针对农村未成年人中"问题少年"数量居高不下的现状，成立 10 余所职业技术培训网点和就业中心，两年来培训农村未成年人 6 000 人次，推荐就业 4 300 余人次。

文化环境净化。每年开展暑期集中行动，重点是减轻中小学生暑期课业负担，加强对经营性网吧管理，禁止未成年人进入网吧，扫黄打非，杜绝播放不利于未成年人成长的色情、凶杀、恐怖等影视作品，营造有利于青少年成长的社会环境。两年来，全市共没收非法出版物 12 万多册（件），非法音像制品和电脑光盘 20 多万张。

典型宣传。推出了襄阳区 22 年如一日倾心未成年人思想道德建设的退休教师李运生这一先进典型。李运生是襄阳区峪山镇 73 岁的退休老教师，他身残志坚，自办家庭辅导站，对未成年人进行思想道德教育。经他帮助的孩子有 500 多人，其中有 30 多人考上了大学。2005 年 8 月 16 日，市文明委、市委宣传部、市关心下一代工作委员会向全市联合下发了《关于向李运生同志学习的决定》，组织李运生事迹报告团巡回演讲，报告团共演讲 30 余场次，听众近 20 余万人次。中央、省和襄樊市主要新闻媒体先后对李运生的先进事迹进行了宣传报道。2008 年 11 月，李运生被评为"全国未成年人思想道德建设先进工作者"，出席了中央文明委在杭州召开的全国未成年人思想道德建设工作经验交流会，受到中央政治局委员、中央宣传部长刘云山的接见。

(六)命名表彰

1.精神文明建设先进集体和先进工作者

1993年2月,湖北省文明办表彰全省精神文明建设先进集体,襄樊市文明办、老河口市文明办、随州市文明办、南漳县文明办、樊东区文明办受到表彰。郭宗旭、陈德秀、张志刚、刘国传、汪家启、刘明军、郭德全、汤茂荣、李贵才、赵贵成为全省精神文明建设工作先进个人。

1994年8月,市委、市政府表彰全市精神文明建设先进工作者100名:刘金文、周宗英、朱洪章、罗可发、冷光发、钱开春、张耀奎、王萍、朱保成、李孝明、陈庭超、琚兴建、褚全国、张志刚、赵亚楠、王遂洲、陈道国、赵道林、阎明成、张兴山、薛顺军、刘圣贤、莫合英、胡道娴、韩斌、韩秀成、曹炳武、周玉英、郭德全、张锦云、胡明玉、冯善华、李洪诗、黄有全、尚宗旺、刘世才、吴天星、尚宗伦、彭宗宝、石理英、陶礼全、王波、郭元富、刘成连、陈白强、李保贵、任永贵、刘玉生、王家友、吕永富、刘常伦、汪家启、陈晓咏、郑高安、李德胜、杨仕凤、廖桂芝、张富明、李宜保、王冬梅、刘明军、牛香兰、张仕林、刘明越、李万珍、刘奇丰、罗崇顺、张成国、陈春良、屈光友、周清宇、王兴合、吴兴枝、舒金鹏、邱济生、张建成、毛拓宇、李万友、刘家均、王明友、田平阶、齐长喻、刘世国、屈定坤、王兴裕、何俊虎、韩同锦、杜遵义、张成金、甄桂芳、熊元超、张则荣、张省如、陈宽斌、严虹、李昌云、程和洲、贾智明、白恩明、寇从然。

1996年4月,市委、市政府表彰全市精神文明建设先进工作者106名:周德宇、刘运泰、柏林、聂世均、刘可贤、胥万国、张祖田、周述平、梁汉江、徐增志、刘扬信、李大秀、胡建林、罗成喜、王文来、赵亚楠、刘世功、沈传银、任永贵、张俊、石理英、陶礼全、秦国林、郭祥华、王宪凤、宁天罡、杨荣国、梁书才、钟邦兴、卢荣先、郭德全、蒋光炳、雷安定、蔡永乾、王大运、张金生、李丹如、魏家礼、韩维秀、张石榴、刘正本、施经干、张富明、孟庆海、李贵才、施世军、叶立勤、彭万、刘明军、罗道香、潘大江、张献成、刘泽庆、易长江、张忠明、方常安、孙家宽、龚爱华、张学浩、谭平杰、陈春良、孟襄南、胡万昌、李文聪、贾荣明、张建筑、阮治川、高应芳、梁新潮、马永平、杨兆明、王国庆、王少明、张树林、裴宁、周致安、张怀玉、周刚、陈振、刘立勇、李均帮、贾东辉、韩丽华、邓文杰、张兴新、郭玉生、李彩洲、贾智明、杨力胜、邹兴敏、吴鄂东、张成金、李智勇、周世云、王玉、吴永明、罗水安、刘世菊、文家仿、曹欣、金志申、张维正、陈俊、陈玉超、王耀俊。

1998年5月,市委、市政府表彰全市精神文明建设先进工作者118名:管其国、朱华卫、陈仲池、李世英、刘德仁、刘泽庆、方常安、黄东升、吴运章、张文运、邓守业、谭平杰、夏治合、林家约、韩丽军、曹德印、马兴林、魏伟、徐应华、曹富贵、宁惠海、孙国富、贾玉芝、邹崇华、孟襄南、李文强、舒辉荣、孟义发、史庭会、苏家德、徐珍道、计光治、钟翔、朱小平、李珍贵、王少明、李耀明、杨立体、李建敏、吴基锦、安明书、司致顺、方胜明、文家仿、万俊波、饶炎坤、乔忠、段明贵、王稼田、郭宗旭、韩国强、肖蓟、刘伟、王爱琴、卢宾、梅笑雪、刘锋、王天智、廖桂芝、马文林、阎敏、金志申、史敬明、刘为生、王红彦、张志强、宋大海、施经干、谢正兴、黎新会、全灵琦、姚卫平、欧满琪、汪家启、沈学明、李明辉、李广斌、陈同富、朱启勇、梁汉江、赵遂林、郭长胜、张志刚、魏学明、肖顺才、王会贤、阮有根、朱保成、王兴忠、方安平、周志新、杜冬青、龙成群、赵玉成、江艳生、周玉英、黄久强、王祖瑛、卢荣先、邬培高、高明成、付彩军、雷安定、刘友明、张艳、柏自堂、周昌银、严高喜、石理英、张大才、张学良、安世平、果昌喜、李欣、刘定平、李大清、何青平、任永贵。

2.文明市民(使者)

1996 年 8 月,襄樊市表彰首届“十佳文明市民”:崔德新、答邦贵、陈鼎益、马有文、汪大有、周善福、张风山、王正方、刘义青、韩开平。

1998 年 1 月 3 日,市文明委命名李为昌、程宝群为襄樊市首批“襄樊文明使者”。

1998 年 3 月 1 日,市文明委命名市第一人民医院、襄城汽车站、樊城公安分局刑警大队 3 个集体和襄阳县竹条镇个体中巴司机刘伟、售票员刘军,襄樊五中高二(5)班学生何世林、李艳涛、胡克松,襄棉集团退休老工人李秀芝等 6 人为第二批“襄樊文明使者”。

1998 年 3 月 25 日,市文明委命名襄樊铁路分局 49/50 次客运车队为第三批襄樊文明使者。

1998 年 12 月,襄樊市表彰第二届“十佳文明市民”:邹演存、谭晓琳、朱海永、黄文萍、张希载、刘丹、齐静、谌祥琨、肖明芝、马建先。

1999 年 3 月 23 日,市文明委命名表彰第四批“襄樊文明使者”:杜诗武(襄樊小白象电器公司总经理)、肖治平(襄运集团客运四公司司机)、熊斌(襄轴股份有限公司保卫处干部)、季翔(襄樊帝苑出租汽车公司经理)、龚肇洲(市农业局高级农艺师)、白金华(市公路运输管理处维修管理科副科长)、李治和(襄樊五中教师)、常敏(市一汽运公司退休干部)。

1991 年 4 月,市委表彰了襄樊市粮油供应公司等 39 个“学雷锋先进集体”,韩丽军等 112 名“学雷锋先进个人”。

1997 年 12 月,市文明委表彰:十佳居委会干部:陈琳、张汉琴、刘秀芬、朱淑英、马建先、韩开洪、潘凤琴、王泉慧、刘义青、万秀英。十佳“三老”义务服务员:魏久香、张国斌、张家富、饶志莲、吴卓龙、马秀英、王有安、陶乐义、王道英、冯作英。十佳交警:王建军、李富国、张方勇、李增民、何瑞波、陈世昌、刘黎明、冯防修、陈丹、阴宏伟。十佳“城市美容师”:赵宏、刘庆荣、杨莲女、李正德、郭明英、杨淑华、舒远英、唐远、王启英、胡光华。十佳“青年文明号”:市人民银行城区办事处、市国税局稽查分局稽查三科、市地税局直属征收分局檀溪办税厅、市财政局国债服务部、市供电局市区分局用电管理所、市供水总公司营业所、鼓商集团百一商场、市农业银行襄城支行营业部、市中心医院急诊科、市公路建设有限责任公司。

3.市民教育先进单位

2002 年,市文明委表彰先进市民学校:东街管委会市民学校、四季青管委会市民学校、西街管委会市民学校、檀溪村市民学校、水星台市民学校、机坊街居委会市民学校、幸福小区居委会市民学校、前进管委会市民学校、马道口居委会市民学校、肖家台居委会市民学校。同年 4 月,市文明委授予襄樊五中等 43 个单位为市民文明行为常识教育月活动组织奖,授予孙书生等 52 名同志市民文明行为常识教育月活动先进个人称号。

2003 年教育月先进单位:共青团襄樊市委、襄樊人民广播电台、襄城区文明办樊城区文明办、樊城区汉江街道办事处、襄阳区文明办襄樊市经贸委、襄樊市供电局、襄樊市教育局、小白象家电有限公司。

2003 年教育月最佳活动奖:襄樊市工商局“十佳私营企业主”评选活动、襄樊市妇联“诚信夫妻责任书互签”活动、《襄樊晚报》诚信建设公益广告、襄城公路规费征稽所“学习十六大,加强公民道德教育知识竞赛”、襄城区文明办“用诚信铸造襄城”征文活动、樊城区教育局“用诚信铸造樊城”演讲比赛、襄樊市经贸委“厂长经理谈诚信”活动、鼓商集团“3·15”诚信联欢会、襄阳区交通局“诚实守信故事征文”活动、襄阳区国税局“三个十佳”评选活动。

2004 年教育月先进单位:襄阳区文明办、襄樊市工商局、襄樊市面国税局、襄樊市地税局、襄樊市司法局、襄樊市团委、襄樊市技术监督局、襄城区教育局、樊城区教育局、三十七中学。

二、文明单位创建

文明单位创建源于“五讲、四美、三热爱”活动，经过20多年的实践，从最初的单纯学雷锋做好事、治理脏乱差，发展到把物质文明建设、党的作风建设、民主法制建设、环境面貌建设、公益事业建设、思想道德建设融为一体，做到两个文明一起抓，全面提高单位文明程度；从国有制单位创建发展到各种所有制形式的单位创建；从单纯的精神文明建设载体发展成为提高单位和行业各项工作水平的重要抓手，领域逐步拓展，内容不断丰富，形式日益多样，作用越来越突出。

（一）文明礼貌月

1982年3月，第一个全民文明礼貌月。同年2月26日，中共襄樊市委、市人民政府召开襄樊地区10万人参加的广播动员大会，襄樊市委、市人大、市政府、市政协，襄阳地委、行署，襄阳军分区，襄阳县委，襄樊铁路分局党委，襄樊驻军以及中央、省属驻市企事业单位等各方面的领导出席会议，市长王根长主持会议，市委书记王清贵作动员报告，襄阳地委副书记陈仲华、襄阳军分区司令员何休亭到会讲话。第一个文明礼貌月的主要任务是搞好卫生，坚持植树造林，积极种花种草，大力美化环境，教育群众养成不随地吐痰、不乱扔果皮纸屑、不乱倒垃圾、不乱泼污水的卫生习惯；整顿公共秩序，严格交通规则，加强城市管理，搞好社会治安；坚持文明经商，做到礼貌待人，热心为人民服务，树立社会新风。会上，襄樊市总工会、市农会、团市委、市妇联、市文联、市科协等6个群团组织向各界群众发出积极参加文明礼貌月活动的倡议。同年2月28日，全市6万人走向街头，宣传文明礼貌，植树种花，打扫卫生，维护交通秩序，义务为群众服务。市区71所中小学组织35 000多名学生上街学雷锋做好事，在一路公共汽车沿线的“文明礼貌一条街”，有20多所中小学350多名学生组成的“文明礼貌监察队”，设立交通监督岗35个。团市委组织60多个单位的7 000多名青少年到扁山植树。同年3月2日，市委、市人大、市政府、市政协领导带领各部办委局机关干部，上街打扫卫生，维持交通秩序。襄阳军分区、武汉军区后勤部36分部、基建工程兵31支队等13个驻军单位出动车辆500多台次、1 300多人次，在市区清运垃圾5 600多吨，搬走了堆积多年的4座“垃圾山”。同年3月5日，全市15个系统91个服务队近400人，汇集在樊城人民广场，集中开展10多个项目的义务服务，共修理自行车180多辆，修电视机、收音机60多部，裁剪衣服80多件，钉鞋400多双。文明礼貌月结束后，市委、市政府表彰了279个先进集体、139个积极分子。5月，有20名先进代表参加了全省第一次“五讲四美三热爱”活动先进集体、先进个人代表大会，襄樊棉纺织厂党委、谷城县石花镇党委、宜城县李档公社副咀大队一队共青团员钟汉国在会上介绍了经验和先进事迹。

1983年3月，第二个全民文明礼貌月。根据中共中央宣传部等24个单位关于在第二个文明礼貌月在城镇重点治差，突出抓好优质服务的要求，市区组织商业、饮食服务、公共交通、医疗卫生等行业在从樊城火车站到襄城西街，开展“优质服务一条街”活动。沿街81个营业单位普遍开展了优质服务竞赛，坚持做到店内外卫生勤打扫，柜台货架勤擦洗，陈列商品勤整理。各单位共增加营业品种1 325种，组织84个义务服务队、504个学雷锋小组，送货到工厂、农村、街道共达1 890多次，售货金额达28万多元。同年3月7日，全市开展卫生突击日活动，5万多名青少年在街头巷尾、车站、码头等公共场所打扫卫生。一个月，全市共清除垃圾15 000多吨，疏通阴沟25 000多米，植树15万株，修建绿化带15 000多米。同年3月5日，全市开展“共产主义新风日”活动，172个青年服务队1 100多人参加了在樊城人民广场举办的义务服务活动。文明礼貌月结束后，市委、市政府表彰了194个先进单位。

1984年3月，第三个全民文明礼貌月。同年2月28日，市委、市政府在襄阳剧院召开动员大会，市委书记张怀念主持会议，市长章治文作动员讲话。总的要求是，以思想道德教育为核心，以创建文明单位为目标，以治脏为重点，结合治乱治差，开展“三优一学”活动，在市区重点抓“军民共建一个湖”（襄阳公园人工湖）、“文明礼貌一条街”（火车站至襄城西门口）、“交通安全一条路”（市化工厂到清河口）、“环境美化一座桥”（襄樊汉水一桥）、“营造三片林”（共青林、少年林、军民联谊林）建设。组织2 000多名部队官兵、1 000多名机关干部、3 000多名团员青年，从3月5日开始，对襄阳公园人工湖进行改造，共清除淤泥10 000多立方米。3月初和3月底，市委、市政府、市人大、市政协领导以及各机关干部、驻军官兵先后两次共7 000多人次在“文明礼貌一条街”沿途开展卫生大扫除。5月9日，市委、市政府召开总结表彰大会，表彰了284个文明礼貌月活动先进单位，16个襄阳公园人工湖改造工程先进单位，同时点名批评了22个文明礼貌月落后单位。这22个落后单位是：市水泥制品厂、市房管预制厂、市电影机械修配厂、襄阳桥头餐馆、北街邮电家属院、襄城烧饼店、襄城车辆修配厂、襄城回民饭店、襄城屠业社、襄城食品收购部、襄城豆腐社、襄城豆芽社、市人防工程队、市二轻工业局仓库、市药品批发仓库、红光二队、市钢窗厂、市轴承厂、市渔具厂、市灯丝厂、大华饭店、前进路餐馆。同年5月，全省召开第二次“五讲四美三热爱”活动先进集体、先进个人代表大会，襄樊市有36个先进集体和25个先进个人共61名代表参加了会议。

（二）文明单位建设

1984年5月，中共襄樊市委、市人民政府印发《关于认真贯彻省委、省政府〈关于进一步开展建设文明单位活动的决定〉的意见》，对创建文明单位活动提出具体要求。为了加强机关思想作风建设，提高工作效率，搞好为民服务。1991年2月，市文明委、市直机关工委联合发出《关于评审命名市直机关文明科室的通知》，要求各单位组织开展好文明科室创建活动，为文明单位建设打下良好基础。市文明办还制定了《襄樊市市直机关文明科室建设管理办法》，对文明科室的标准、评选程序、命名机关、日常管理等做出了明确规定。文明科室的评选标准是：思想作风好，执行政策好，完成任务好，遵守纪律好，团结互助好，道德风尚好，文明办公好。评选方法：各单位对照标准自查后向主管部门申报，主管部门考核后向市直机关工委和市文明办推荐，两年评选一次，由市直机关工委命名表彰。文明科室建设作为评选文明单位的重要依据。到1996年底，文明科室达到728个。

1996年初，市文明委印发《襄樊市文明示范工程建设实施意见》，要求在文明单位建设的基础上，通过抓示范，树样板，促进文明创建上水平。全市共确定文明创建示范单位103个，其中文明示范机关13个、工厂11个，学校10个、商场10个，宾馆10个、医院8个，银行4个、汽车站3个，市场9个、小区7个、街道9个、村委会9个。创建目标：队伍素质创一流，工作效率创一流，工作质量创一流机关建设创一流，社会形象创一流。各示范点采取措施，提高创建水平，促进了两个文明建设。1997年，中央文明委在全国内组织开展了建设文明创建示范点活动，先后公布了100个文明村镇示范点，200个街道示范点，300个文明窗口示范点，省文明委也公布了300个省级示范点。襄樊市有2个单位被定为全国示范点，32个单位被定为全省示范点。

在文明单位建设中，坚持与时俱进，内容创新。2002年，市文明委按照现代文明标准，提出了文明单位建设的“五化”标准：人员素质现代化、设施建设标准化、单位管理规范化、工作业绩优质化、环境建设花园化，推动文明单位建设由普及型向提高型转变，由数量型向质量型转变，由传统型向现货型转变。各基层单位按照五化标准创建文明单位，进一步提高了文明单位建设质量。

为适应经济成分多元化的发展要求，探索在非公有制经济组织开展文明单位建设的途径方法，襄樊市文明办、市精神文明建设研究会、市文明单位建设促进会于2002年12月召开非公有制经济组织精神文明建设理论研讨会。通过研讨，进一步明确了非公有制经济组织开展文明单位建设的指导思想、主要任务、方法措施。同时，抓了一批非公有制经济组织开展文明单位建设的重点单位。到2005年，襄樊市追日电器公司、襄樊市万洲电器股份有限公司、襄樊市王胖子建筑置业(集团)有限公司、湖北妞妞食品有限公司、襄樊市洪沟建筑安装工程公司、襄樊市绝妙美容有限公司、襄樊市杰鑫电子信息材料有限公司等一批民营企业进入市级文明单位行列。

1996年11月，成立襄樊市文明单位促进会。主要任务是组织文明单位共同总结经验，探讨新的创建途径，提高创建水平，加强横向联系，推进文明单位建设向大面积高水平发展。每年组织文明单位开展理论研讨，经验交流，参观考察活动。2005年5月，为了展示文明单位的文化建设成果，市文明办和文明单位促进会组织开展了“航宇杯”文明单位文艺展演活动，共有11个县(市)、区27个行业的68个单位参加了比赛，参演节目86个，涉及舞蹈、声乐、器乐、曲艺、小品等多种艺术形式，参演人员670多人，评出一等奖8个，二等奖12个，三等奖17个。此次活动不仅推动了文明单位的文化建设，而且促进了文明单位之间相互学习和相互交流。

(三)创建全国文明单位

襄樊市从1999年开始抓全国文明单位创建活动，要求省级最佳文明单位都要进一步提高创建水平，向全国文明单位目标迈进。2005年，航宇救生装备有限公司被中央文明委命名为首批“全国文明单位”，是襄樊市第一个获得“全国文明单位”称号的单位。

航宇救生装备有限公司是我国唯一从事航空防护救生、空降空投装备研制的现代高科技产业集团，也是世界航空生命安全领域的主要研发机构之一，形成了弹射救生装置、个体防护装备、降落伞、供氧系统等各专业综合配套、系统集成的研发体系，为各种轰炸机、歼击机、教练机提供了航空防护救生装备，被誉为“中国航空生命安全中心”。公司先后荣获国家科技进步一、二、三等奖等国家和省部级科技成果奖100余项，拥有有效专利21项，全部应用于产品研制中，主持和参与制订的国家及行业标准达29项。2004年，公司被中国人民解放军总装备部授予“中国首次载人航天工程有贡献单位”。2005年，在中俄“和平使命—2005”联合军事演习中首次“现身”，其与世界先进水平同步的“三车连投”、快速投入战力的精彩表现，使我国成为世界上少数拥有最先进的无货台战车空投系统的国家之一，得到中央军委首长的高度赞誉。在创建“全国文明单位”的过程中，公司以“建设和谐航宇”为目标，深入推进创建活动，全面提升企业综合素质，培育企业文化，提升企业形象，系统制定了《企业文化发展战略》，形成了以“重点型号”、“任务攻坚”、“质量文化”、“一流环境”、“5推进”为主渠道的航宇文化整体框架和以“敬业诚信，创新超越”为核心的航宇文化理念体系。在基层开展的文明单位、文明班组、文明职工、文明家庭、文明楼栋评选表彰活动，夯实了公司文明单位创建的群众基础。开展“党员工程”、“党员先锋示范岗”、“重点项目立功受奖”活动，加强了基层党建工作。开展技术比武、劳动竞赛、青年创新创效、“讲比”活动、“金桥工程”、科技咨询等和一系列的主题教育活动、丰富多彩的文体活动，使公司全体员工增强了凝聚力和团队荣誉感，大力建设创新型企业，培育创新文化。在湖北省庆祝中华人民共和国成立55周年文艺演出中，公司文工团自创自演的舞蹈《受阅在明天》、《酥油飘香》以较强的艺术表现力荣获一等奖。积极参与社会公益和精神文明建设活动。5年来，累计为赈灾、扶贫、爱心助学、新农村建设、青少年科普以及其他社会公益事业活动捐赠816.7万元。2003年以来，先后荣获“中国一航‘航空报国’优秀贡献单位奖”、“中国一航思想政治工作暨集团文化建设先进单位”、“中国一航优秀‘四好’领导班子”、“湖北省五一劳动奖状”等荣誉称号。

（四）文明单位管理

1987 年 5 月，市“五讲、四美、三热爱”活动委员会首次制定印发了《襄樊市文明单位、文明村镇命名管理办法》（试行），对文明单位的性质特征、创建标准、创建原则、申报程序、命名管理、一票否决等进行规范。《办法》对文明单位的定义是：文明单位是物质文明和精神文明建设同步发展并取得优异成绩的先进单位，具有先进性和综合性的特点，是一级党委、政府授予的最高荣誉称号。文明单位标准是：党的作风端正，思想工作好；生产持续发展，工作成绩好；实现安定团结，社会秩序好；礼貌热情周到，服务态度好；重视科学教育，文化生活好；环境整洁优美，讲究卫生好；执行人口政策，计划生育好；团结互助友爱，道德风尚好。文明单位由基层单位申报，主管部门推荐，市里检查验收，党委政府命名，“五讲四美三热爱”活动委员会办公室进行日常管理。1987 年 10 月至 1988 年 4 月，市“五讲、四美、三热爱”活动委员会对 358 个市级文明单位进行了复查考核，评出一类单位（即两个文明建设有较大发展的单位）280 个，占 78.2%，二类单位（即基本符合文明单位条件，但在某些方面存在问题的单位，70 个，占 19.6%，问题较多已不符合文明单位条件的单位 8 个，占 2.2%。对这 8 个单位作出如下处理：取消襄樊电视机厂、湖北空压机厂、市桥头纺织品商店文明单位称号，摘掉匾牌；南漳麻纺总厂、老河口市床单单厂、保康县商业局酒厂、樊西第五针织厂、市四川酒楼五个单位限期整改一年。到年底，襄樊电视机厂经过整改重新达到了文明单位标准，其他单位也有成度不同的变化。

1990 年 7 月，市委办公室印发《襄樊市贯彻贯彻〈湖北省文明单位建设管理办法实施细则〉》，规定市级文明单位每两年评选表彰一次。评选市级文明单位，在坚持文明单位标准的前提下，县（市）、区所属单位必须具有两项以上、市直和驻市单位必须具有三项以上有关部门授予的荣誉称号，工业企业要有部优和省优产品，服务单位要有当地精神文明建设委员会授予的优质服务先进单位称号。

1991 年 12 月，按照市委、市政府关于文明城市建设实行“条块结合，以块为主、区域共建”的要求，市文明委将市直文明单位初评权下放到区，所有市直单位不再直接命名为市级文明单位，必须先由所在区委、区政府命名为区级文明单位后，再升为市级文明单位，文明单位的平时管理也由区文明办负责。此项改革，对市直单位参与文明城区建设起到了积极作用。1995 年，市文明委总结了几年初评权下放的经验，根据文明单位建设的需要，对文明单位初评权作了调整，规定凡是与各城区的工作有密切关系，直接为城区服务的单位，仍由区里进行文明单位初评，其他单位可以直接命名为市级文明单位。这样做既保护了各单位参与区域共建的积极性，又调动了市直各主管部门的积极性，促进了文明单位创建活动的深入开展。

1994 年 2 月，市文明办根据省委、省政府关于对文明单位进行物质奖励的规定，与市财政局、审计局、人事局、劳动局等单位协商，制定了市级文明单位奖励办法，决定从 1994 年起，凡被市委、市政府命名为市级文明单位的，可一次性发给单位职工 20 天基本工资的奖金，机关事业单位从节余包干经费中列支，企业和实行企业核算的事业单位从企业成本中列支。从而改变了过去物质文明建设物质奖、精神文明建设只有精神奖的局面，极大地调动了各单位创建文明单位的积极性，掀起了文明单位创建热潮。

2002 年 4 月，市文明办和市档案局联合发出《关于加强和改进文明单位档案管理工作的通知》，要求做好文明单位建设各类创建资料的收集整理归档工作，设立文明单位建设专卷，重点收集思想道德教育和文明创建活动有关资料，作为考核文明单位的重要依据。这个《通知》对规范文明单位的档案建设起到了积极作用。

(五)军民共建

襄樊市驻军比较多,是全省开展军民共建较早的地方之一。从 1983 年共建文明村开始,发展到共建文明学校、文明单位、文明街道、文明城市。

1986 年 12 月,襄樊市成立军民共建领导小组,市委副书记纪玲芝任组长,市委常委、宣传部长刘纯臣,市委常委、军分区政委杨祥义任副组长,领导小组下设办公室,办公室设在军分区政治部,办公室主任由军分区政治部主任王耀芳兼任,副主任由襄樊市文明办主任兰传盛兼任。

1991 年 1 月,襄樊市军民共建领导小组成员调整,市委副书记鄂万友任组长,市委常委、军分区政委杨祥义,市委常委、政法委书记张学义,市委常委、宣传部长张子强,副市长焦泽浩、黄贤德任副组长,军分区政治部主任王耀芳兼办公室主任,市文明办主任段明贵兼办公室副主任。军地双方建立联席会议制度,有组织、有计划地开展军民共建活动。共建方针:以地方领导为主,以群众自建为主,以做思想政治工作为主。共建内容:共学雷锋,共卫祖国,共育人才,共同受益。在共建活动中,军队积极支援地方经济建设,截止到 1988 年,驻军共投入义务劳动日 14 万多个,动用机械 1.4 万台次,参加和支援大小工程建设 60 多项。市区驻军先后参加了襄阳公园人工湖、新华游乐园人工湖、襄江防汛堤防建设、南渠开挖加固治理等工程;派出 3 万多人次配合公安机关打击刑事犯罪,协助破案 700 多起;先后派出执勤小分队 2000 多组次,维护当地的社会治安和交通秩序。地方各部门深入开展国防教育,落实各项优抚政策,保护军营军产,培养军地两用人才,对军队的改革和建设给予了支持帮助。全市共建立 185 个军民共建点,到 1991 年,经过共建,有 117 个共建点被授予县级以上文明单位称号,其中有 30 个单位获省级文明单位称号。

总后二基地襄阳油库与驻地襄阳县太平店镇开展共建活动,驻军常年为四个村的 12 个五保户送柴、挑水、打扫卫生。1990 年 3 月,共建双方共同开展"学雷锋送温暖"活动,组织官兵和驻地团员青年为群众义务修理自行车 156 辆、电视机 32 台、收音机 15 台、洗衣机 12 台,义务理发 350 人次,医疗咨询 250 多人次;投入 350 多个劳动日,支援驻地公益事业建设。部队还为驻地 3 个村办起了夜校和文化活动室,捐献各类图书 2 500 多册;以夜校为阵地,开设 3 个扫盲班,为 120 多名群众摘掉了"文盲"帽子;举办水稻栽培、果木管理、农机修理、养殖等 7 个专业培训班,培训 13 期次,培训农技人员 600 多人,为部队培训机械加工、农机维修、淀粉生产、养猪等专业人才 360 多名。1990 年 6 月,市军民共建领导小组在襄阳县召开现场会,总结推广了襄阳县和总后二基地襄阳油库"共管、共育、共卫、共利"的"四共"经验。1994 年,总后二基地襄阳县油库和襄阳县太平店镇被评为"全国军民共建社会主义精神文明先进单位"。军民共建活动带动厂街、校街等多种共建活动的开展。1991 年,仅市区开展各种共建活动的单位就有 120 多个,建立共建点 50 多个。襄城实验小学与荆州街共建,开展"红领巾一条街"活动,定期组织少先队员上街宣传,打扫卫生,维持秩序,为困难户送温暖。1992 年,襄樊市全面开展创建"全国双拥模范城"活动,从此,军民共建精神文明活动纳入双拥模范城创建工作之中。

(六)命名表彰

1.全国文明单位

1999 年,建设银行襄樊市支行被表彰为全国精神文明建设工作先进单位。2002 年,襄樊市审计局,被表彰为全国精神文明建设工作先进单位。2005 年,襄樊市审计局、襄樊市国税局、枣阳市人民检察院、武汉铁路局襄樊站、中国银行业监督管理委员会襄樊监管分局被表彰为全国精神文明建设工作先进单位。同年,航宇救生装备有限公司被表彰为全国文明单位。

2.省级文明单位

1985 年,省级文明单位 15 个。1987 年,省级文明单位 17 个。1989 年,省级文明单位 30 个。1990—1991 年,省级文明单位 37 个,1992—1993 年,最佳省级文明单位 3 个,省级文明单位 45 个。1994—1995 年,最佳省级文明单位 7 个,省级文明单位 68 个。1996—1998 年,最佳省级文明单位 12 个,省级文明单位94个。1999—2000年,最佳省级文明单位20个,省级文明单位104个。2001—2002年,最佳省级文明单位26个,省级文明单位117个。2003—2004 年,最佳文明单位 31 个,省级文明单位 100 个。

3.市级文明单位

1985 年,市级文明单位 119 个。1986 年,市级文明单位 260 个。1987 年,市级文明单位 369 个。1988 年,市级文明单位 434 个。1990 年,市级文明单位 439 个。1992 年,市级文明单位 476 个。1994 年,市级文明单位 500 个。1996 年,市级文明单位标兵 52 个,市级文明单位 558 个。1998 年,最佳市级文明单位 81 个,市级文明单位 636 个。2000 年,最佳市级文明单位 121 个,市级文明单位 647 个。2002 年,最佳市级文明单位 167 个,市级文明单位 603 个。2004 年,最佳市级文明单位 120 个,市级文明单位 566 个。

4.军民共建先进集体、先进个人

1988 年 12 月,中共襄樊市委、市人民政府、襄樊军分区表彰军民共建先进单位:襄樊军分区荆州街干休所、59959 部队、87313 部队、88737 部队、空军襄樊医院、370 医院、89009 部队、87308 部队 76 分队、34512 部队 60 分队、34470 部队四营、34470 部队侦察连、86230 部队气象台、军事经济学院军需二系、军事科学院后方基地、总后二基地司训大队、装甲兵器材仓库襄樊分库、总后二基地汽车连、武警南漳县消防中队、武警襄樊市支队保康县中队、八一电影制片厂一分厂、谷城县人武部、老河口市人武部、南漳县人武部、宜城县人武部、襄樊陆军预备役师步兵第二团、襄樊陆军预备役师炮兵团、保康县庹家坪村民兵连、宜城县窑湾村七组、老河口市棉纺厂、随州市八角楼学校、盛丰小学、襄樊火车站、襄樊市汉丹电器厂、襄城区南街居委会、襄樊市毛呢厂。军民共建先进个人:付玉文、孙华胜、殷明国、汪耀贤、靳长虹、寥云、赵改庭、闵文进、王其中、陈良、郭宗旭、张秉格、张金生、刘国传、胡明柱。

三、文明行业创建

襄樊市的文明行业创建,最初以组织窗口行业改善服务态度、提高服务质量、创建文明单位为重点。随着市场经济的发展,创建重点转移到实行规范管理、规范服务。中共十四届六中全会后,襄樊市把创建重点放在树立行业新风,创建文明行业上。

(一)优质服务竞赛

1986 年,市区组织商业、铁路、长途汽车、公共汽车、医院、饮食服务、供电、邮电、粮店、影剧院、宾馆、饮食服务和园林等 12 个窗口行业开展优质服务竞赛活动。竞赛内容是:服务态度好,服务质量好，执行政策好，经营管理好，环境面貌好。竞赛方法：一是行业内各单位开展对口赛，二是单位内班组之间开展竞赛，三是单位内的个人之间比赛。1987 年的竞赛增加了公安、银行、物资供应、供销、税务、工商、市政公用、房管等 8 个行业。在竞赛活动中，各行业从加强职业理想、职业道德、职业纪律、职业技能教育入手，端正行业风气，提高服务质量。1986 年到 1988 年三年中，市区各服务行业共举办各类业务技术培训班 1 800 多期次，培训 35 000 多人次；组织各类知识竞赛 150 多场次，参赛者达 65 000 多人次。

在 1988 年市区窗口行业优质服务竞赛活动中，市精神文明办公室、市总工会、团市委、市妇联、襄樊日报社、市电台和市电视台联合组织群众投票评选最佳、最差服务单位活动，共向各界群众发送选票 4 968 张，回收 3 982 张，评出 10 个最佳单位，25 个先进单位，8 个最差单位，10 个竞赛活动优秀组织奖。10 个最佳单位是：114 查号台、鼓楼商场、人民商场、卧龙饭店、友谊商场、襄江商场、市妇幼保健院、红星副食店、荆州街粮店、113 长途台。

1989 年，市文明委继续组织市区各窗口单位开展讲职业道德、创优质服务竞赛活动，要求做到执行政策好、服务态度好、服务质量好、经营管理好、环境面貌好。通过竞赛，不少单位改善了服务态度，提高了服务质量。

1990 年 4 月，市文明委发出《关于在市区窗口行业开展规范管理、规范服务竞赛活动的意见》，组织市区商业、银行、饮食交通、城建、影剧院等 25 个行业开展“双规范”竞赛活动。竞赛的主要内容是，推行规范管理、规范服务，按照服务工作标准化、规范化、程序化、制度化、经常化的要求，对每个岗位工作人员的职业道德、文明用语、着装仪表、接待程序、业务技能、劳务质量、组织纪律、服务环境等方面提出具体要求，建立一套完整的科学的执行、检查、考核、奖惩制度和规范，形成合理有效严密的管理体系，使服务工作由经验型向科学型转变，由人治型向法制型转变，由抓少数人向抓全员转变。当年，市区有 350 多个基层服务单位参加了双规范竞赛活动。市文明办编印了《规范管理、规范服务基础知识介绍》，发到各基层服务单位，指导竞赛活动的开展。

1991 年，市文明委制定了《市区窗口行业双规范达标五年规划》，要求每年有 20%的单位达到双规范标准，5 年全部达标。达标活动开展以来，各单位普遍采取建立意见箱、设立监督电话、实行营业员挂牌上岗、召开用户座谈会、聘请社会监督员、发放征求意见书等方法接受社会监督。达标活动促使服务单位增强服务意识，提高服务技能，完善便民措施，更新服务设施，改善服务环境，促进了服务工作上水平、上台阶。1992 年经过检查考核，有 154 个单位双规范达到合格标准。

1993 年，为给“两节两会”提供优质服务，市区组织开展“微笑在襄樊，满意在襄樊”优质服务活动。要求以加强职业道德教育，提高服务质量为重点，全面改进服务工作。市区各宾馆饭店、商场、影剧院、歌舞厅、医院、公共汽车等直接为群众服务的行业共 500 多个单位参加竞赛，为“两节两会”提供了优质服务。1993 年 10 月，市委、市政府表彰了 32 个优质服务先进单位。1995 年，北京市、上海市、铁道部、国内贸易部、卫生部、邮电部、中国民航总局和光明日报社为窗口服务业确定“服务忌语 50 句”，大连百货大楼总结提炼了柜台文明用语 300 句。同年 9 月，市文明办发出文件，在全市窗口行业推行服务忌语 50 句和柜台文明用语 300 句，对规范服务用语起到了很好的促进作用。

（二）文明系统

进入 20 世纪 90 年代以后，文明行业创建由窗口服务单位向行政管理部门拓展，由创建单个的文明单位向创建文明系统发展。从 1991 年开始，市文明办在审计系统抓文明系统建设试点，至 1994 年，市直有 11 个系统开展了创建活动。1991 年 8 月，市委、市政府首次命名审计和建行两个文明系统，宜城、老河口等地也命名6个县级文明系统。1994年7月，市文明委下发《襄樊市文明系统建设管理办法》，对创建标准、创建途径、申报程序、管理办法等方面作出了具体规定，要求文明系统所属基层单位必须80%以上达到县级以上文明单位，行业作风端正，群众满意度高；要求系统领导机关带头搞好创建，为基层做出样子，市级文明系统其领导机关必须是省级文明单位，县级文明系统其领导机关必须是市级文明单位。11月初，市文明委在谷城县石花镇召开了文明城镇暨文明系统创建经验交流会，市委副书记、市文明委主任姚祥栋在会上作了重要讲话。此次会议后，以文明系统创建为主要抓手的文明行业建设得到较快发展。到2005年，审计、建行、工行、中行、人行、国税、地税、工商行政管理、交通、邮电、物价、气象、卫生、财政等系统先后被命名为全市文明系统，各县(市)、区共命名文明系统51个。

市审计局率先开展文明系统创建活动，从市到县成立创建文明系统领导小组，由局党组书记任组长，制定《襄樊市审计局创建文明系统规划》，把精神文明、审计业务、领导班子、机关建设等十项工作融为一体，实行目标责任制，任务到人，个个有责。截止到2005年，审计系统连续四届被评为市级文明系统，市审计局连续两届获"全国精神文明建设先进单位"，审计署也授予该局"全国审计机关先进集体"称号，省审计厅授予该局"审计综合质量优胜单位"称号。所属的9个县(市)、区审计局中，枣阳、谷城、老河口三个审计局为省级最佳文明单位，南漳、保康两个审计局为省级文明单位，宜城、樊城两个审计局为市级文明单位，襄城区审计局为区级文明单位。

(三)行业树新风

1997年，全国开展"讲文明、树新风"活动，重点解决环境面貌、交通秩序、服务质量、文明言行等方面的问题。襄樊市以此为契机，采取措施，推进文明行业建设，先后在政法、工商、税务、城管等执法部门推行执法公示制，在服务行业推行社会服务承诺制，广泛开展"服务人民群众，奉献一片爱心"、"共产党员服务卡"、"青年志愿者服务卡"和"六个一"(一张笑脸迎客、一把椅子请坐、一杯茶水暖心、一颗诚心待人、一流效率办事、一流业绩报国)主题活动，使执法部门和服务单位树立起奉献社会、诚实可信、敬业爱岗、勤政廉政的新形象。市公交公司、供水总公司、市政养护处、煤气公司等单位分别成立了以市劳动模范为主体的便民服务队，公开服务内容，公布电话号码，限时上门服务。

南漳县通过"评十星"活动，推进行业新风建设。南漳县在地税、国税、财政、教育、工商、公安、电力、交通、金融、邮电、人事等10多个系统50多个单位3 000多名干部中开展评选"十星级干部"、"十星级教师"、"十星级公务员"活动，把干部的德能勤绩分为10个方面，用信念星、业绩星、法纪星、技能星、管理星、道德星、文明星、廉洁星、风尚星、环卫星等10颗星表示，达到标准的挂红星，基本达到的挂蓝星，未达到的挂黄星，每月一评，积分定星，并与工资奖金挂钩，与评先表模、职务升迁挂钩。活动开展后，机关出现了五多五少：消极怠工的少了，爱岗敬业的多了；争条件比待遇的少了，比工作讲贡献的多了；作风漂浮、纪律松懈的少了，埋头工作、廉洁高效的多了；制造脏乱差的少了，说文明话、办文明事、讲究环境卫生的多了；搓麻将、打牌的少了，学技术、钻业务的多了。有10名干部被县委授予"优秀公仆"称号。

2001年8月，襄樊市有18个行业的25个单位被列为全省示范点。2004年3月，襄樊市精神文明建设委员会下发《关于深入开展创建文明行业工作的实施意见》，要求以"服务人民、奉献社会"为宗旨，以加强职业道德建设、规范行业行为、提高服务质量、树立行业新风为主要任务，以诚信建设为重点，把工作着力点放到与群众工作生活息息相关的事情上，切实解决群众反映强烈的问题。明确了文明行业建设的四项主要任务：加强思想道德教育，着力提高职工素质；着力抓好诚信建设，建立和完善诚信建设机制;完善行业管理,规范行业行为;改善工作基础设施,优化行业服务手段。根据这个意见,市区各公共服务单位和行政执法部门推行社会服务承诺制、行政执法公示制、生产经营信誉制,围绕服务程序、服务标准、服务承诺、服务言行等内容,制定亲民便民利民新措施。在党政机关,集中开展行风评议活动,整顿机关作风,优化发展环境。在2005年的行风评议活动中,市直各部门制定整改措施1 092条,解决热点问题457个,为企业办实事2 027件。襄樊人民广播电台连续6年开办行风热线节目,播出1 600多期,市直37个部门和窗口单位先后参与其中,群众通过热线电话咨询和反映问题1万多个,都基本得到解决和答复。2004年以来,在市区出租汽车行业开展以“诚信经营、文明服务”为主题的“文明优质企业”和“文明示范车”创建活动,有效地提高了出租汽车行业的服务水平;工商局部门在全市范围内开展了“文明诚信市场”创建活动,全市3 000平方米以上的市场、超市共312家,有212家参与了创建活动,使市场建设和管理水平有了提高,诚信服务意识不断增强。

(四)命名表彰

1.全国创建文明行业工作先进单位、先进个人

1999年,襄樊市工商局、樊城国税分局征收科、襄樊市供水总公司营业处、中国人民银行老河口市支行、铁路襄樊客运段49/50次车队,被命名表彰为全国创建文明行业工作先进单位。2005年,襄樊市吉星利汽车服务有限公司,被命名表彰为全国出租汽车行业规范管理先进企业。同年,襄樊市吉星利汽车服务有限公司张学忠,被命名表彰为全国文明出租汽车驾驶员。

2.全省文明行业创建工作先进单位

2001年,襄樊铁路分局客运段49/50次列车、谷城县公安局城关水陆派出所、枣阳市北城法律服务所。2003年,建设银行襄城支行、农业银行保康县支行、宜城邬家冲收费站、襄樊市中医医院、襄樊电信客户服务中心、襄樊市邮政局、襄樊市水利局、枣阳市北城法律服务所、保康县人民检察院。2005年,农业银行襄城支行、枣阳人寿保险支公司、建设银行樊城支行、襄阳区供电公司客户服务中心、襄樊市中医医院、襄樊市广播电视局、襄樊市国税局直属分局、襄樊市地税局、枣阳市东郊收费站。

2003年12月,全省创建文明行业活动示范点:襄樊市襄阳区征收稽查所、襄樊市城市污水治理公司、襄樊市公安局高新公安分局紫贞派出所、工商银行襄樊市分行解放桥支行营业部、建设银行老河口市支行、襄樊市国家税务局开发区分局、南漳县地方税务局第七分局、襄樊市中医院、襄樊供电局樊城供电分局城区供电营业所、襄樊市邮政局解放路支局、襄樊市电信分公司大客户部、枣阳市北城法律服务所、南漳县人民法院、枣阳市人民检察院、襄樊市人民检察院反贪污贿赂局、宜城市气象局、谷城县光荣院、南漳县九集镇福利院、移动公司襄樊中原路营业厅、襄樊市水利局、襄樊电视台、隆中风景名胜区。

2005年,全省文明诚信市场:襄樊市南方家具大市场、襄樊市大世界市场、武汉工贸家电襄樊店、仟吉连锁超市襄城店、南漳县水镜大市场、保康县马桥镇家发大市场。

2004年,全省交通文明优质企业:襄樊市利通出租汽车公司。

2004年省全文明示范出租车:鄂FX1749陈红艳、鄂FX1445胡瑛、鄂FX0092汪维华、鄂FX0478张海峰、鄂FX0626米华忠、鄂FX1006郭雷、鄂FX0418杨传海、鄂FX1387曾月洪。

2005年全省交通文明优质企业:襄樊市吉星利汽车服务有限公司。

2005年全省文明示范出租车:薛冬(鄂FX1761)、唐小才(鄂FX0580)、尚华清(鄂FX1573)、徐宗江(鄂FX1126)、管红(鄂FX1236)、王飞(鄂FX1551)、张学忠(鄂FX0098)、李艳辉(鄂FX0314)。

3.市级文明行业创建工作先进单位

1987年度市区窗口行业优质服务竞赛先进单位：市粮食局、市商业局、市饮食服务总公司、市建设银行、市工商银行、市交通局、市供电局、市邮电局。

1987年度市区窗口行业优质服务竞赛优胜单位：鼓楼商场、襄江商场、副食品公司火车站商店、友谊商场、粮油供应公司、第三粮管所、棉花公司、生活用品商场、卧龙饭店、北方餐馆、工业区餐馆、长庆市场管理所、樊西米公税务所、工行樊西支行、建行中心支行营业部、建行幸福小区储蓄所、农行王寨营业所、襄樊汽车客运站、邮电局长话科、市供电工区、市新药特药商店、隆中风景区纪念品商店、市化工建材公司、市第一人民医院、襄阳剧院、襄樊铁路文化宫、樊西区望江经营部、醉仙居宾馆、樊东房管所、交通大队二中队、公用汽车公司。

1987年服务明星：徐京萍、曹玉梅、吴晓菊、周恒谋、向秀荣、罗雅琴、王玉、陈永锋、孙殿英、李勤波、王凤祥、芦惠玲、郑庆惠、杨淑萍、李保国、赵秀华、秦红光、李桂英、韩文超、万军民、孟道山、李世祥、龚学勤、王顺初、杨畅、龙福元、吕少华、贾玉芝、尹显中、王家平、杨玉兰、唐明芝、张宗华、云山洪、范文典、尹全珍。

1989年群众评选优质服务最佳单位：鼓楼商场、卧龙饭店、襄江商场、中心商场、114查号台、樊城电影院、中心医院、工业品贸易中心、襄阳剧院、南湖宾馆。

1989年服务标兵：刘艳碧、李襄林、张桂萍、王喜云、范志融、杨德明、芮彩萍、刘昌群、王启、王永珍、马友文、李明珠、朱桂华、龙福元、史美林、宋传英、贾素华、刘桂英、朱永惠、尹全珍、宋明秀。

1990年窗口行业优质服务竞赛优胜单位：市卧龙饭店、市文化用品批发公司、市工业品贸易中心、市桥头纺织品商店、市鼓楼台商场、市糖业批发公司、市百货批发公司、市襄江商场、市交电批发公司家电商场、市美味餐馆、樊东工商公局长庆市场、市汉江路农贸市场、市文昌门加油站、市工商银行樊西支行、市工商银行襄城支行东街储蓄所、市工商银行营业部、市建设银行樊城支行、市农业银行樊城支行、市农业银行郊区支行营业部、市中心商场、市利民商场、市金桥商场、市粮油供应公司、市第二粮管所、市东风路粮店、襄城邮电局、市区供电工区、市邮电局樊城市话分局、市邮电局长话科、襄樊医药站、市一汽运公司客运站、市交警支队二中队、市机电公司、中心医院、市中医院、襄阳剧院、襄樊铁路文化宫、市新华书店中心门市部、市新华书店襄阳门市部、市公用汽车公司“三八”车队、市隆中风景区管理处、襄樊铁路客运段北京车队、襄阳县车站、襄阳县春园电影院、襄阳县农业银行营业部、樊东区白鹤宾馆、樊西区五金交电公司、襄城区物资公司、郊区工商分局文昌门市场。

1990年服务标兵：曹志强、白玉、曹玉梅、乔玉红、吴晓菊、梅春秀、季建华、周兴芳、项利先、杨德芝、李红、胡胜郁、闫小元、敖继香、李红艳、王永珍、王启、李晓菊、蒋玉清、贾清贵、毛春花、王春芝、袁瑞香、于淑华、马忠梅、胡敏、韩秀华、王德炳、陈红琳、石富清、尚如意、钱方勤、孟凡琴、刘学吉、宁桂荣、任秀勤、赖襄、郭艺琴、陈焕印、齐明先、喻辉、张华伟、伍法训、刘萍、王书杰、史美林、宁爱国、龙福元、郭国泰、方平、李彤、朱桂华、朱福清、赵义芳、何平、宋传英、盛佩华、王焕秀、董雄生、金昌华、吴军、程瑞芝、王敬荣、于振国、万斌、朱永惠、王治强、伍玉芬、马健、高锦平、王裕民、杨传美、周建军、杨旺全、贾燕平、杜永龙、徐天义、张明玉、郭砚、张光宇、江爱国、侯明珍、丁心荣、曾宪梅、张会玲、王华、熊敏、李仕祥、黄国林、王英、计翠兰、颜向阳、吴英、姜桂红、石巧珍、李清、马玉贤、沈少梅、张作然、李明杰、丰天莲。

1992年1月，市文明委命名襄樊市副副食品公司等154个单位为“双规范达标单位”。

1993年10月，市委、市政府表彰了鼓楼商场等32个“微笑在襄樊，满意在襄樊”优质服务活动先进单位。

2002年十佳文明公交驾驶员：王均涛、许光国、袁如刚、李宗贵、吴志国、熊春华、夏巧玲、汪淑芳、詹兵、王海玲。

2002 年十佳文明出租车司机:杨联平(鄂 XF0871)、姚远(鄂 XF 0085)、李为昌(鄂 XF 1508)、桑一多(鄂 XF 1044)、赵朝勇(鄂 XF 0318)、杨喜荣(鄂 XF 0188)、刘海潮(鄂 XF 0828)、刘大富(鄂 XF 0735)、任荣生(鄂 XF 1315)、史向锋(鄂 XF 1171)。

2002 年旅游行业文明示范窗口:隆中风景区管理处、南河风景区售票处、人民公园管理处、人民广场管理处、米芾纪念馆、铁路旅行社、晨阳旅行社、职工旅行社、铁路大酒店、襄阳宾馆客房部、长虹大酒店、红宝石大酒店餐饮部、谷城宾馆、保康宾馆、卧龙饭店、刘集机场、鼓楼商场、襄江商场。

四、文明城市创建

从 1990 年开始,襄樊市参加了湖北省文明委组织的省辖八市创建文明城市竞赛活动。此次竞赛是由武汉市、沙市市、襄樊市、宜昌市、十堰市、荆门市、鄂州市、黄石市共同发起,各城市主要负责人在竞赛协议书上签字。竞赛的主要内容是:抓职业道德建设,创优质服务;抓社会公德建设,创优良秩序;抓市容卫生建设,创优美环境,开展移风易俗活动,树文明新风。襄樊市文明委把竞赛内容细化为 20 项具体任务,分别落实到各有关部门。1990 年 7 月 10 日,中共襄樊市委、市人民政府召开动员会进行安排部署, 市长杨斌庆和市委副书记、市文明委主任鄂万友在会上讲话。要求形成强大的宣传声势,增强每一个市民的参赛意识;抓好思想道德教育,形成文明礼貌优质服务的良好氛围;集中力量,打好环境卫生、集贸市场交通和治安秩序三个方面的整顿;加强领导,搞好督办落实。市直各部门和各城区按照市里统一安排,结合各自职责,制定参与文明城市建设实施方案,广泛开展文明单位、文明窗口、文明市场、文明小区、文明街巷等创建活动,掀起了当文明市民、兴文明家庭、创文明单位、建文明城市的热潮。市政府把每年的六、七两月作为城市管理月,由市文明办、市容办、爱卫办负责组织城市管理月各项活动,集中力量解决主次干道卫生、摊点管理、交通秩序、市民行为等方面的问题。

为了加强街道工作力量,推进文明城市建设,市委还派出由 80 多人组成的城市精神文明建设工作队,到四个城区 80 多个居委会协助开展创建文明街道活动。1991 年 4 月,市文明委颁发《城市精神文明建设工作队管理办法》,从组织领导、主要职责、工作形式、政治学习、组织纪律、联系方法、活动经费、评选表彰等方面作出明确规定,保证了工作队各项工作的正常开展。工作队深入各街道,在宣传贯彻党的路线方针政策,加强基层组织建设,帮助街道发展经济,开展思想道德建设,提高居民素质,建立良好的社会风气等方面作了大量工作。

1991 年 5 月,省辖八市创建文明城市竞赛检查团对襄樊市 1990 年以来的文明城市创建情况进行了检查。检查团认为:襄樊市创建活动组织领导得力,有健全的领导机构和精干的办事机构,建立了两手硬的运行机制,经常检查,加强指导;文明单位建设和和各种共建活动有新的发展,评审文明单位的办法有改进,军民共建活动广泛深入开展,涌现了一批质量比较高的文明单位和共建单位;社会公德教育有新的进展,职业道德教育成果明显,文明市民学校和各种形式的社会公德教育活动提高了市民的文明素质,深入开展移风易俗活动,使“三风”得到遏止,窗口行业的服务工作得到有效改进。

1994 年,市委、市政府印发《襄樊市创建省级文明城市实施方案》,提出用三至五年左右的时间,把襄樊建成省级文明城市,达到“环境整洁优美、市容卫生达标,公用设施齐全、服务质量优良,社会秩序良好,道德风尚健康,文教体育先进、科学技术进步,经济繁荣富裕、生活水平较高”的目标。

1996 年 4 月 27—29 日,省委、省政府组织的省级文明城市检查团对襄樊市的文明城市创建工作进行了检查。检查团认为:襄樊市委市政府一贯坚持以邓小平建设有中国特色社会主义理论为根本指针,认真贯彻执行党的基本路线,坚持两手抓两手都要硬的方针,坚持以经济建设为中心,以创建省级文明城市为目标，解放思想，抢抓机遇，自加压力，真抓实干，团结拼搏，争先创优，两个文明建设取得了显著成绩。改革开放的步伐明显加快，经济建设快速发展，广大干部群众的思想观念、精神面貌、发生了深刻变化，人民生活水平不断提高，社会治安秩序平衡，城市环境面貌有了较大改观，城市绿化、美化、净化工作成效明显，城市的基础设施建设步伐加快，科教文体全面发展，群众性精神文明创建活动卓有成效，窗口行业优质服务蔚然成风，市民的城市意识和文明素质有了明显提高。检查团肯定了襄樊市文明城市创建的经验后认为，领导重视，目标明确，进一步强化了文明城市创建的领导力度和工作力度；依靠社会，群众参与，形成了全市上下齐抓共建的社会合力；综合治理，突出重点，初步突破了城市管理工作的重点和难点；抓住根本，注重教育，着力提高市民的城市意识和文明素质；建章立制，强化管理，探索了一套行之有效的文明城市建设的运行机制；深化创建，优化细胞，努力提高文明创建的档次和水平；宣传发动，正确导向，大力营造文明创建良好的舆论氛围；注重建设讲求实效，促进了两个文明建设的协调发展。

1996 年 10 月，全市开始形象工程建设活动。到 1998 年，城市环境面貌和人的精神面貌发生了很大变化，为省级文明城市建设打下了很好的工作基础。1999 年 10 月，襄樊市被命名为“省级文明城市”和“全国文明城市创建工作先进城市”，另有 4 个小区和 6 个城镇分别被命名为省级文明小区和省级文明城镇。

进入 21 世纪以后，襄樊市的文明城市创建工作在巩固发展中不断提高创建水平。襄樊市命名为全国文明城市创建工作先进城市以后，市委、市政府提出了“一年完善，三年提高，五年达标”的创建全国文明城市的总体思路。2001 年，以迎接”一节一会”（中国湖北襄樊诸葛亮文化节暨中西部地区经贸洽谈会）和创建全国优秀旅游城市为契机，进一步加大了文明城市建设的工作力度和投入力度。2000—2001 年，市政府筹措资金 7.13 亿元，启动了 17 项城市建设重点项目，新修道路 28 万平方米，新增绿地 15 万平方米，铺装地面 5 万平方米，新植各种树木 30 万株，新增各种灯饰 1 万盏，新修排水管网 6 万平方米，人民广场、夫人城广场、明珠广场、永安广场、诸葛亮广场、隆中广场以及人民公园、襄阳公园、新华公园、阳春门公园、老龙堤公园在前几年建设的基础上进一步配套完善，在市区初步形成了以滨江路、汉江大道、一桥、二桥为特色的环江风景区；以古城墙、护城河为特色的环城风景区；以自然风景为特色的古隆中环山风景区。这些工程的建成，进一步完善了城市的基础设施，为招商引资创造了良好的条件。

2003 年，为贯彻落实党中央国务院关于“一手抓好防治非典，一手抓好经济建设”的重大部署，市文明委和市爱卫会决定在全市广泛开展“讲文明、讲卫生、改陋习、树新风”活动，开展以清除垃圾、整治环境为重点的爱国卫生运动。市区共出动人力 10 万多人次，运输车辆 7 000 多台次，清除卫生死角 1 395 处，清除垃圾 30 万吨，清理牛皮癣 3 万余处，增设垃圾倾倒点 50 处，增设垃圾容器 5 000 多个，有效净化了城市环境。在全市城乡开展“禁止十大陋习、提倡十种新风”活动。十禁止是：禁止随地吐痰，禁止随地便溺，禁止乱扔垃圾，禁止乱泼污水，禁止乱堆乱放，禁止食用野生动物，禁止咳嗽和打喷嚏不掩口鼻，禁止在禁烟场所抽烟，禁止在公共场所大声喧哗，禁止光背赤膀进入公共场所。十提倡是：提倡讲究个人卫生，做到勤洗手、勤洗澡、勤换衣、勤晒被子、勤剪指甲；提倡垃圾袋装化和垃圾运输封闭化；提倡净菜上市；提倡一个摊位一个垃圾袋，一个门店一个垃圾桶；提倡不带宠物上街；提倡使用公筷和实行分餐制；提倡不敬烟、不奉烟；提倡积极参加户外锻炼，参加健康娱乐活动；提倡网上购物、网上应聘、网上交易、空中课堂、网上和手机会议等新的生活和交往方式；在农村提倡家禽家畜圈养和改水、改栏、改灶、改厕、建沼气池，创造整洁卫生的人居环境。

2005 年，全国、全省表彰文明城市，襄樊市因 2002 年市委主要领导违法犯罪被一票否决，未被评上省级文明城市和全国文明城市创建先进城市。市委、市政府决心重振旗鼓，经过几年努力，再夺全国文明城市创建先进城市金牌。2005 年 3 月 23 日，襄樊市精神文明建设委员会下发《“创建文明城市，构建和谐襄樊”活动实施方案》，提出坚持以人为本的科学发展观，打造诚信襄樊、文化襄樊、生态襄樊、法治襄樊、平安襄樊，推动和谐襄樊建设。当年，市文明委组织有关部门开展“清洁城市、美化家园”五大战役、十大行动，组织各县（市）区大力开展了文明县城、文明城区创建活动，组织各城区文明办负责同志到南阳、岳阳等地考察学习，探究文明城市创建新路径，结合襄樊市实际，提出“举全市之力，聚万众之心，创文明城市，建和谐襄樊”，制定了创建文明城市的实施方案。

（一）文明家庭

从 1995 年开始，在全市开展文明家庭创建活动。创建标准：积极进取的思想风貌、文明健康的生活方式、和谐的家庭邻里关系、良好的家庭教育、丰富的精神文化生活、优美的居住环境。市文明办和市总工会、市妇联连续三届评选表彰文明家庭标兵 340 多个。

加强家庭文化建设，让先进文化进家庭。市文明委组织开展“家家有书柜，人人读好书”活动，要求“变牌桌为书桌、变酒柜为书柜，变玩风为学风”，大兴读书之风，为大脑充电。在读书活动中，机关干部开展“学微机、学英语”活动，城区开展“日读千字文、周写一篇文”活动，农村开展“读一本科技书，找一条致富路”活动，新闻单位开展“我与书的故事”和“读者读书格言”征文活动。读书活动的开展，改变了市民的思想观念和生活习惯，爱书、买书、读书、用书的人明显增加，据 2001 年统计，市区个人购书支出比上年增长 27%。在家庭文化建设基础上，广泛开展“特色家庭”创建活动，涌现了一批文艺之家、体育之家、书法绘画之家、摄影之家、收藏之家、根雕盆景之家、写作之家、烹饪之家。

为迎接 1995 年 9 月联合国在北京召开第四次世界妇女大会，促进家庭精神文明建设，全市开展了迎’95 世界妇女大会精神文明建设系列活动：评选表彰职业女明星，共表彰襄樊市财政局副局长马新南、襄樊市长虹商场高级营业员黄静妹等 30 名做出突出成绩的女职工女干部；举办“改革开放与家”演讲比赛，经过层层选拔评出一等奖 4 个，二等奖 6 个，三等奖 10 个；召开“宝石杯”家庭精神文明建设理论研讨会，探讨改革开放和市场经济形势下家庭精神文明建设的新思路、新途径、新方法，收到论文、调查报告 102 篇，入选论文 53 篇，评出一等奖 5 篇，二等奖 10 篇，三等奖 20 篇；评选表彰了 100 名文明家庭标兵；举办了“地税杯”家家乐文艺大奖赛。

2005 年，市文明办、市总工会、市妇联共同组织开展“文明家庭展风采”才艺大赛，有 15 个家庭参加了文明家庭才艺比赛，9 个家庭表演的节目获奖，2 个节目代表襄樊参加全省家庭才艺比赛。

（二）文明楼院

2001 年以来，南漳县把文明庭院创建作为塑造南漳形象、深化文明县城创建、营造发展环境的主要载体，建成了一批山水园林庭院、生态园林庭院和休闲观光庭院。在建设内容上突出了五个方面重点：要求庭院临街围墙以通透式为主，临街墙面、大门和院内墙面全部用钢砖或外墙涂料装饰一新，消灭清水墙面和陈旧墙面，显示出单位特色。建好停车房等配套设施，院内阳台和临街面阳台统一封闭装修，杜绝乱搭乱建现象。强调布局合理，乔木、灌木、藤草、花卉、草坪科学搭配，达到整体美观，造型新颖。要求每个单位庭院绿化面积在 30% 以上，户平养花 10 盆以上，庭院内和大门口都要分别摆放两组以上的高品位花卉。临街面所有高层建筑都要安装射灯或霓虹灯饰，庭院草坪安装地灯，路灯布局合理，门前及庭院大小树木均用满天星灯饰造型。庭院净化，做到公共场所无乱扔废弃物和垃圾，地面无灰尘，办公室干净整洁，公厕卫生清洁，生活区、住宅楼无乱堆乱放，楼道无蜘蛛网积尘。在建设过程中，坚持建设与育人同步，塑形与塑魂同步，在建设特点上求新，在建设品位上求高，在道德风尚上求变,在创建形式上求活,逐步把庭院建成美丽的花园,舒适的家园,文明的乐园。通过培植典型,重点创建,有 55 个庭院达到了示范庭院标准,120 个庭院达到创建标准,成为文明城市建设的新亮点,有效地提升了县城品位。

(三)文明小区(社区)

1986 年 4 月,樊西区率先组织老城区的七个居委会的七条街道、19 个巷子、4 800 多户居民、18 000 多人口的老城区开展共建文明小区活动,做到五抓五治五变:抓思想建设,治旧变新,树立社会主义主义道德风尚;抓文化建设,治愚变智,提高居民精神素质;抓法制建设,治乱变安,建立的社会秩序;抓街道改造,治脏变净,创造优美的生活环境;抓发展生产,治穷变富,活跃街道经济。组织辖区 26 个驻街单位开展厂街、路街、校街、警民等形式的共建活动,每三四个单位帮助一个街道居委会,有人出人,有钱出钱,有物出物。通过一年的共建,共改造泥巴路 4 000 多平方米,粉刷墙壁 10 000 多平方米,修建下水道 3 700 多平方米,建造花坛、亭阁等景点 300 多处,七条街道分别建成了书法一条街、景点一条街、园林小品一条街、墙体美化一条街、壁画一条街,盆景一条街、花卉一条街。经过四个月的建设,初步建成了环境优美、风气端正、秩序良好的文明小区。同年 8 月 5 日,市委、市政府在樊西区召开建设文明小区现场会,总结推广该区的经验。市委副书记纪玲芝在讲话中指出,建设文明小区是"五讲四美三热爱"活动的深入,是新时期思想政治工作的新发展,是文明城市建设的新创举,各城区都要学习樊西的经验,广泛开展创建文明小区活动,为文明城市打下坚实的基础。省文明办主任代浩书在会上充分肯定了樊西的经验。他说,樊西的文明小区建设是继市自来水公司等先进文明单位后又一朵精神文明之花,是文明城市建设的又一成果。建设文明小区,是文明单位建设向群体化方向发展的重要标志,是建设文明城市的一个重要基础,也是新时期做好思想政治工作的一种好形式。樊西区充分运用社会力量,发展多种形式的共建活动,为群众办好事,办实事,把工作做到进院入户上楼,为改造老城区,建设文明城市,提供了有益的经验。

进入 20 世纪 90 年代,随着文明城市创建活动的逐步深入,文明小区建设在各城区普遍开展。市委、市政府把文明小区建设纳入"九五"精神文明建设规划,要求广泛开展创建活动,并达到"环境整洁优美,社会秩序安定,社区服务全面,社会风尚良好,文化生活健康"的标准。市文明委制定了《文明小区建设管理办法》,对创建标准、创建范围、创建原则、考核命名作出了具体规定。各城区按照老街居民区、新建住宅小区、大型单位生活区、城乡结合部村民小区四种类型,规划出 49 个小区廾展创建活动。樊城区举办了各办事处居委会负责人参加的文明小区建设培训班,进行系统培训,进一步统一思想,明确标准,掌握原则,熟悉方法,保证创建活动卓有成效开展。

1997 年以来,市区重点在基础条件差的老街背巷创建文明小区。老城区街道狭窄拥挤,房屋低矮破旧,道路坑洼不平,环卫设施不完善,上下水管道不通,群众反映有四多四难。即残墙断壁多,泥巴路院多,污水垃圾多,苍蝇蚊子多;行路难,如厕难,排水难,倒垃圾难。市委、市政府组织城区 13 个街道办事处开展创建文明小区竞赛活动,半年一检查,一年一总评,对获得前二名的给予重奖,对创建活动的开展起到了积极的推动作用。

在文明小区建设中,各街道采取驻街单位单位帮一点、居委会拿一点、居民群众捐一点的办法,加强小区硬件设施建设,改造泥巴路,修下水道和厕所,建垃圾池,粉刷墙壁,兴建景点,努力改善群众的生活环境。襄城区东街集锦巷在小区建设中,居委会筹资 50 多万元,硬化道路 5 条,安装下水管道 480 米,修下水井口 60 个,硬化泥巴场院 4 500 多平方米,修建花坛 20 个,安装路灯 25 盏,创建特色街巷 3 个,改变了脏乱差面貌,成为首屈一指的文明小区。

社区服务在创建活动中得到加强。各小区克服困难,为居民提供便民服务,为孤寡残疾人和特困户实行包户服务,为下岗职工提供就业服务,为住户提供安全服务。各小区普遍建起了社区服务站、家政服务中心、青年志愿者服务队、红白事理事会等服务组织,上门服务,为居民生活提供方便。水星台小区建立了家电维修、自行车修理、送煤气、水暖维修等七个服务队,固定专人利用设在小区内的经营点,对小区居民义务服务。襄城西街居委会组织“三老”(老积极、老干部、老模范)人员成立治安巡逻队,实行门栋关照制度,对七名失足青年实行包人、包教育、包转化,使小区保持了良好的治安秩序,民事纠纷调解率达98%,几年来无重大治安案件。小区居民反映说,治理脏乱差,使他们有了舒适感,开展社区服务,使他们有了方便感,综合治理社会治安秩序,使他们有了安全感,创建文明小区真是利国利民的大好事。

文明小区创建促进了特色街巷建设。一些小区与驻街单位共同研究规划,创建出一批具有文化内涵的特色街巷:襄城区的荆州街特色理论宣传一条街,冯家巷名人名言一条街、樊城区的十字街书法一条街,大同街科普宣传一条街,马道口计划生育一条街头等。各小区共建特色街巷60多条,使小区充满了文化氛围。

2000年4月,市文明委颁发《关于加强社区精神文明建设的意见》,要求各城区开展文明社区创建活动,坚持社区建设、社区管理、社区服务、社区教育、社区文化“五位一体”,狠抓“参与、共建和共享”,重点抓好6个方面的工作:深入开展思想道德教育,提高市民素质;搞好环境治理,改善人们的生活环境;维护社区秩序,为人民群众安居乐业提供保障;发展社区服务,为居民生活排忧解难;开展健康有益的文体活动,不断满足群众精神文化需求;加强基础设施建设,为提高居民生活质量创造良好的物质条件。市文明办还对社区思想政治工作情况进行专题调查研究,针对存在的问题制定改进措施。同年6月15日,市委召开了街道思想政治工作经验交流会,进一步推动社区精神文明建设。同年7月,襄樊的汉江社区和王府社区被省文明确定为全省文明社区建设示范点。同年9月,襄樊市作为全省唯一代表,参加了中央文明委在南京召开的社区工作座谈会。2001年12月,市文明委印发《襄樊市文明社区建设管理暂行办法》,对创建原则、创建标准、主要任务、评比命名程序、命名后的管理都作出了具体规定,进一步规范和促进了文明社区创建。

(四)文明城区

1991年4月,市文明委印发《关于开展创建文明城区竞赛活动的意见》。竞赛的主要内容是:环境面貌好,服务设施好,道德教育好,社会风尚好,文化生活好,治安秩序好。竞赛一年一评比,在新闻媒体上公布名次,第一、二名由市委、市政府表彰。具体任务:每年达到“十个一”的要求,即建成一个文明小区,一条绿化净化美化达标街道,一批文明楼院,一批文明家庭,一所达标的文明市民学校,一个达标的街道文化活动室,一个先进移风易俗理事会,一个达标的家庭劳动服务站,一台家庭文艺晚会,一次全区性争当文明市民演讲或知识竞赛。市文明办还对文明小区、绿化净化美化、文明市民学校、街道文化活动、移风易俗理事会、家庭劳动服务站等项目提出了具体的达标标准。1992年6月,经过考核评比,樊东区获综合评比第一名。

1991年,市委、市政府在樊东抓建设社会主义文明城区试点,建立“条块结合、以块为主、区域共建”的管理体制,要求辖区各单位服从城区统一规划和管理,积极配合城区做好文明城区创建工作。为了实行条块结合,樊东区在各街道成立精神文明建设理事会。理事会以街道为系统,以居委会为依托,以两个文明建设实力最强的单位为龙头,居委会辖区内所有机关、企业、学校、部队等单位为理事,联合组成管理机构,负责本街道精神文明建设的组织、协调、督促和检查。按照以块为主、条块结合、互利互惠、共兴共荣的原则，开展创建文明街道活动，打破了过去条块分割格局，使一个区域内所有单位都心往一处想，劲往一处使。理事会主要开展五联：思想工作联做，共育文明市民；社会治安联防，共保社会稳定；公益事业联办，共同造福于民；基础设施联建，共创优美环境；经济工作联抓，共同发展振兴。通过共建，社会秩序安定了，环境面貌改变了，人际关系密切了，共建意识提高了，区域经济发展了。共建的上半年，有 166 个街道实现了无刑事案件，无治安案件，无治安灾害事故；352 个驻街单位、16 所中小学基本无犯罪现象发生；全区工业总产值和销售 4 收入分别比上年同期增长 9.7% 和 11.49%。市委、市政推广了樊东区的经验，到 1992 年底，全市共建理事会发展到 51 个。

襄城区委、区政府把创建省级文明城区作为精神文明建设的有效载体和奋斗目标，以创建平安襄城、文化襄城、生态襄城、诚信襄城、和谐襄城为重点，精心组织实施，深化细胞创建，有力促进了全区三个文明协调发展，先后荣获“全省文明城区”“全省社区建设示范城区”“全省社区建设最佳示范城区”“全省城市社区卫生服务示范区”“全省群众文化先进区”“全省城市社区党建工作示范区”和“全国城市体育先进社区”等荣誉称号。

（五）形象工程建设

1996 年，襄樊市被建设部公布为大城市。市委、市政府抓住这一契机，以建设现代化大城市为目标，开展形象工程建设。同年 10 月 10 日，召开创建文明卫生城市动员大会，市委书记孙楚寅、市长闫增福在会上作重要讲话，要求全市人民积极行动起来，全力塑造四个形象。一是城市形象。通过完善城市基础设施、文化设施、和商贸服务设施，加强城市管理，让城市绿起来、美起来、净起来、亮起来、洋起来，成为鄂西北一颗诱人的明珠。二是单位形象。通过创建文明单位、文明家庭、文明科室，达到一流的人员素质、一流的工作效率、一流的工作质量、一流的环境面貌、一流的内部管理、一流的社会形象。三是产品形象。力争“九五”期间创国内、国际一流品牌 3—5 个，以品牌产品为核心，培植一批在国内有实力有影响的企业集团。四是市民形象。深入开展思想道德和科学文化教育，提高市民素质，努力塑造具有较高文明素质的襄樊人形象。要求半年见成效，一年上台阶，两年大变样。市四大家 35 位领导在 35 个街道居委会建立了文明卫生城市建设联系点，及时指导创建活动，协助解决有关问题。

从 1996 年 10 月到 1997 年底，市区围绕四个形象，组织了四个声势浩大的战役行动。第一战役，落实门前三包，集中治脏。在市区 419 公里共 384 条道路上的 1 896 个摊点和 37 000 多个门店签订了门前三包责任书，落实门前三包人员 3 000 人，监管员 3 700 人，各责任单位有 10 万多人参加清扫大街小巷的义务劳动，清运积存垃圾 12 500 多吨。通过这一战役，市区卫生状况大为改观。第二战役，消灭泥巴路，强化城市基础设施建设。投入 2 000 多万元，改造市区 58 条共 10 万多平方米的泥巴路。城区采取共建的形式，发动单位和群众改造背街小巷泥巴路 378 条，面积 40 多万平方米，消灭泥巴场院 1 435 个，面积 10 多万平方米。1997 年，市区大气总悬浮微粒氧化硫和氮氧化合物年日平均值分别为 0.246 和 0.036 毫克 / 立方米，环境空气质量主要指标达到国家二级标准。第三战役，清理占道经营，整顿交通秩序。先后投入 300 多万元，增设交通护栏 25 万米，配置夜间反光标志 1.1 万块，安装大型路标 60 块，各类禁令标志 190 块。拆除占道售货亭、电话亭、治安亭 1 223 个，转迁马路市场 8 个。第四战役，塑造单位形象。各单位在生活区开展楼道、阳台整治，在工作区开展办公桌面和文件柜顶整治，清除乱搭乱建、乱堆乱放，硬化绿化美化内部环境，临街单位推倒围墙，建通透式栅栏，使长期以来环境脏乱问题得到初步解决。每个单位、每个科室、每个员工分别设计单位、科室、个人形象，并用自己设计的形象要求自己，约束自己，提高自己。襄樊市文明办设计出了“思想开明，参谋高明，工作透明，言行文明，办事精明，纪律严明”的单位形象，要求把文明办建成不挂牌的文明单位，把文明办系统建成不挂牌的文明系统,并组织各县(市)区文明办开展思想业务建设竞赛活动,有效增强了文明办的组织协调能力。

在形象工程建设取得阶段性成果后,市委、市政府及时提出“五个延伸”,即向背街小巷延伸,全面消灭卫生死角;向单位内部延伸,实行门前三包,院内达标;向城乡结合部延伸,彻底消灭“垃圾围城”现象;向集贸市场延伸,推行净菜上市和垃圾袋装化;向立体空间延伸,对临街建筑物进行清洗整容。同时实行每个月最后一个星期六为“城市卫生日”制度,各机关单位自带工具,在指定的区域开展城市卫生劳动。

1998 年,形象形象工程建设继续深入开展,重点是建设基础设施,解决群众反映的行路难、如厕难、倒垃圾难和群众迫切需要解决的休闲娱乐场所少、护城河脏、城乡结合部乱等方面的热点问题。

经过两年的努力,初步实现了五个大变样;一是城市卫生和秩序大变样。市区门前三包率达 100%,新配垃圾容器 16 645 个,更新设置果皮箱 1 190 个,划定自行车停车线 5.6 万米,新硬化门前三包面积 10 万平方米,粉刷墙壁 55 万平方米,门前三包基本达到规范化、制度化、经常化要求。市区道路、背街小巷、居民小区、单位内部、楼道阳台的环境卫生得到改善。转迁了 11 个马路市场,新建改建了 12 个农贸市场,饮食摊点和施工现场卫生安全管理水平得到提高,市区卫生状况得到改观。实行电子监控与交通警巡查相结合,市民交通意识明显增强,市区交通秩序得到很大改善。二是基础设施和城市功能大变样。市区公厕由原来的 168 座增加到 206 座,水冲式公厕由原来 82%增加到 100%,全部达到三类标准;新建封闭式垃圾中转站 20 座,严重影响市容环境的露天垃圾集并点全部取消;完成了人民路中段等 7 条道路的改扩建任务,新硬化背街小巷泥巴路 150 余条,硬化泥巴场院面积 30 多万平方米。三是城市容貌和环境大变样。改造了 7 条道路的绿化带和 5 个街头小游园,市区植树 23 万株,铺草坪 9 万平方米,在 6 条人行道铺彩砖 6 万平方米,发展花园式单位 210 多个。四是城市风气和市民素质大变样,市区涌现一批水平较高的文明单位、文明小区、文明街巷、文明楼院和文明家庭,社会风气大为好转。五是产品形象和经济实力大变样。1998 年“银环牌”胶粘人造丝、襄阳牌卷烟等 14 个产品被省政府命名为精品名牌产品。

(六)命名表彰

1.全国文明城市创建工作先进城市

1999 和 2002 年:襄樊市

2.省级文明城市(城区、县城)

1996 年:老河口市

1999 年:襄樊市、老河口市

2002 年:襄樊市、宜城市、保康县城

2005 年:襄城区、保康县城

3.省级文明社区(小区)

1999 年:东街小区、水星台小区、东风公司襄樊基地生活小区、乔营居住小区。

2002 年:菜越社区、友谊社区、荆州街社区、东风公司襄樊基地生活区、水星台小区、华电寓苑小区、鹿鸣岛花园小区、中铁十一局集团公司机关小区。

2005 年:荆州街社区、水星台社区、菜越社区、春园社区、汽车产业开发区车城一区。

4.市级文明街巷、文明楼院、文明小区(社区)

1999年,文明街巷:绿影壁巷、前进路、建华路、长虹路、春园路、水星台团结巷、新华北路。

1999年,文明楼院:湖北机动通信局家属院、襄轴公司生活二区、市审计局家属院、荆州街健民院、工行郊区支行春园路家属院、建行樊西支行松鹤路家属院、建行汽车产业开发区支行清河园家属院、中行襄樊市分行松鹤路家属院、解放军总后襄樊干休所、东汽公司襄樊基地生活二区。

2002年,文明社区:襄城区王府口社区、樊城区水星台社区、鹿角门社区、汽车产业开发区神农公司生活区、鱼梁洲开发区明珠路社区。

2002年,文明小区:枣阳市西城金土地小区、北城东园小区、宜城市汉江路居民小区、南漳县玉溪小区、保康县东街小区、谷城县车桥公司生活小区、西关街小区、老河口市慈和小区襄城区滨江花园小区、西苑小区、樊城区新陶小区、振华小区、幸福小区、襄烟小区、二汽仪表厂生活小区、铁十一局机关生活区、铁十一局电务工程公司生活小区、省超高压局襄樊分局生活小区、铁十一局建安公司生活小区、汽车产业开发区车城生活二区、鱼梁洲开发区美亚花园、锦绣家园。

5.市级先进个人

1991年9月,市文明委表彰27名城市精神文明建设工作队先进工作队员:李保田、施世训、王梦悦、王大明、姚固才、胡家欣、朱发江、周景元、陶立平、王同远、衡光敏、朱振宇、王必成、饶尚格、周贵华、黄万均、刘世运、雷昌文、叶鸣、陈宗贵、李富勇、赵永勤、胡长锦、文志腰、袁溪、厉达均、胡勇。

1998年1月,市文明办和市总工会表彰了10个特色家庭:摄影之家赵华礼、音乐之家徐春丽、养鱼之家吴建忠、体育之家胡凤玉、养花养鸟之家王东明、文艺之家史德才、毛泽东著作收藏之家李晓航、写作之家段兰锦、藏书之家费锡强、书法绘画之家李进才。

6.最佳活动

1998年,市文明委表彰1997年度10个精神文明建设最佳活动:市委宣传部和市文明办的“市民文明常识教育月”、谷城县的“双向教育”活动、市总工会和襄樊晚报的“向下岗特困女职工献爱心”活动、东方化工厂的“月评一件精神文明建设最佳事迹”活动、枣阳市的“十星级卫生单位”活动、市文化局和市文联的“文艺三下乡”活动、团市委的“千名志愿者城市美容师”活动、襄城区文明办的争创“十星级文明居民户”活动、樊城区的“共建精神文明”活动、保康县的“形象工程建设”活动。

五、文明村镇创建

创建文明村镇活动主要任务是:大力培育新农民,积极树立新风尚,扎实营造新环境,努力建设新文化。文明村镇创建活动推动了农村的改革和发展,提高了农民群众的文明素质和生活质量。

(一)文明农户

从20世纪80年代初开始,全市农村和城镇在农户和工商个体户中开展了创建双文明户活动。双文明户具有五好家庭和专业户特点,他们遵纪守法,助人为乐,学习科技,勤劳致富,既是精神文明建设的先锋,又是物质文明建设的模范,在社会主义现代化建设中发挥了积极作用。20世纪八十年代初,原襄阳地区就宣传了枣阳县土元养殖专业户李明成和谷城县天麻状元周登朝的事迹。他们勤劳致富、科学致富，自己富了帮人富，一人富带动全村富，具有双文明户的特点。通过对他们的宣传，带动了双文明户建设的不断发展。谷城县在双文明户建设中，以区(镇)党校为阵地，充分发挥党员在建设双文明户中的作用；抓思想教育，提高党员带头致富的积极性；抓技术培训，提高党员致富才能。由于发挥了党员的带头作用，全县的双文明户达到总户数的20%。1985年12月27—29日，市“五四三”活动委员会在谷城县召开全市双文明户建设现场会，市委副书记、市“五四三”活动委员会主任纪玲芝在会上作了重要讲话，对双文明户建设提出了具体要求。谷城会后，各有关部门相互配合，对双文明户建设实行齐抓共管。妇联开展了五好家庭创建活动；农会开展建设重点专业户、致富户活动；民兵组织开展“一兵带全家、一排带全村”活动；政法部门开展创建“遵纪守法光荣户”活动，文化部门开展创建“文化专业户”活动。

1986年以来，襄阳县在双文明户建设中，提出“思想好、风格高、家庭和、邻里亲、爱集体、守纪律、不超生、环境美、讲科学、收入多”十条双文明户标准，并将十条标准编成歌曲印发到村组，各村又把十条标准具体化，制成发展规划表印发到各户。全县先后组织33个报告团巡回宣讲，5 000多名党员双文明户分包本村、本组缺信息、缺资金、缺劳力或思想文化素质差的农民，帮助他们尽快转化为双文明户。全县共涌现各级双文明户50 421户，占总农户的22%。1986年9月，全省农村精神文明建设经验交流会推广了襄阳县双文明户创建经验。1985—1988年，全市县、乡两级共命名双文明户98 394户，占农户总数的9%。

进入20世纪90年代以后，全市学习河南省荥阳县的经验，开展了评选“十星级文明农户”活动。争创“十星级文明农户”活动，就是把现阶段农村两个文明建设的任务归纳为十个方面，每个方面都有具体标准和要求，都用一颗星表示，共定为十颗星，如政治思想星、遵纪守法星、勤劳致富星、注重文教星、计划生育星、移风易俗星、邻里团结星、家庭和睦星、社会公益星、环境卫生星。在活动中，发动群众，对照标准，自报公议，三榜定星，达到标准的挂红星以示鼓励，达不到标准的挂黄星以示劝诫，家家门口悬挂一块星级牌，每家每户的优缺点一目了然，星多光荣，星少耻辱。这种方法是在农村实行家庭联产承包责任制后，使思想政治工作进村入户，让群众自我教育、自我管理、自我约束、自我提高，加强新时期农村精神文明建设，改善农村社会风气的有效形式。

1992年2月，市委批转市委宣传部和市文明办《关于在全市农村广泛开展争创“十星级文明农户”活动的报告》。同年7月，市文明委在南漳武安镇召开现场会，总结推广武安镇和安集镇在全市率先开展争创“十星级文明农户”活动的经验，使这一活动由点到面逐步铺开，当年有100多个乡镇开展了这一活动。根据省委、省政府《关于在全省农村广泛深入开展争创“十星级文明农户”活动的决定》精神，1997年5月，市委、市政府再一次下发《关于在全市农村深入开展争创“十星级文明农户”活动的意见》，充分肯定五年来全市开展“十星级文明农户”评选活动所取得的成绩，对进一步广泛深入开展这项活动进行安排部署，要求进一步提高认识，统一思想，把争创“十星级文明农户”活动摆上重要位置；广泛深入地宣传群众，发动群众，组织群众踊跃参与争创“十星级文明农户”活动；坚持标准，注重实效，扎实地开展争创活动；强化管理，切实做好巩固提高工作；加强组织领导，形成齐抓共管的合力。根据市委、市政府的安排，市文明办于1998年初，抽调人员组成四个组，对全市农村争创“十星级文明农户”活动开展情况进行了一次调查。调查组共调查了11个县(市)、区的25个乡镇和25个村。经过几年的普及推广，全市有150个乡镇、2 753个村、756 696户开展评星挂牌活动，分别达到乡镇、村、户总数的99%、92%和87%。十星级文明农户活动的开展，有效地提高了农民素质，改善了农村的社会风气，促进了农村经济和社会的全面发展。许多基层干部反映，此项活动的确是新时期对农民进行思想教育的好措施、好方法，深受群众欢迎，应该长期坚持。市文明办根据调查中发现的问题，向市文明委写出了《十星级文明农户活动存在的问题及对策》的专题调研报告，提出了四条改进措施：深化思想认识，实行目标管理；广泛宣传教育，形成舆论氛围；突出工作重点，完善竞争机制；加强协调指导，理顺共建关系。市文明委向全市批转了这个报告，省文明办简报也发表了这个调查报告，在全市、全省产生了积极影响。为了加强规范管理，市文明委还制定了《襄樊市争创“十星级文明农户”活动规范管理办法》，对组织领导、规划安排、评星程序、规章制度、档案管理五个方面提出了具体标准。“十星级”活动在农村取得成效后，迅速往城镇扩展，成为城镇开展思想政治工作的又一重要载体。襄城区在街道开展的评选“十星级文明居民户”活动、南漳县地税局开展的评选“十星级地税干部”活动、谷城县开展的评选“十星级文明工商户”活动、襄阳县开展的评选“十星级文明客车”活动，都取得了明显成效。襄樊市“评星进城”的做法，受到中央文明办领导的充分肯定。

（二）文明村

襄樊市文明村创建始于 1981 年。当初，文明村建设内容是五抓五治五变（抓生产发展，治穷变富，抓思想教育，治旧变新；抓文化科学，治愚变智；抓社会秩序，治乱变安；抓环境卫生，治脏变净）。进入 21 世纪以后，文明村建设向创建生态文明新村发展，加强生态经济、生态文化和生态环境建设，走以人为本、全面协调可持续发展的科学发展道路。

1981 年，宜城县在讴乐公社讴集三队和环城公社腊树四队开展了文明村创建活动。1982 年 4 月，襄阳地委召开县委书记会议，地委书记王耀带领与会人员专程到宜城参观文明村建设。地委于 1982 年 8 月，在宜城县召开了文明村建设现场会，要求各县县委和公社党委层层办试点。截至 1983 年 9 月，全市共办文明村试点 156 个。在试点的推动下，全市 26 000 多个生产队普遍开展了文明村创建活动，其中开展得比较好的有 2 600 多个，有 187 个生产队或自然村基本上达到了文明村建设的十条标准。1983 年 10 月，宜城县委出席了在苏州召开的全国文明村建设经验交流会，并在会上作了《切实加强领导，搞好文明村建设》的发言。

1985—2002 年，文明村建设的重点是抓双文明户建设和开展争创“十星级文明农户”活动。从 2003 年开始，全市把文明村建设的重点转移到生态文明新村建设上来。根据省文明委关于在农村开展治五乱（柴草乱放、粪土乱堆、垃圾乱倒、污水乱泼、畜禽乱跑）刹三风（大操大办、抹牌赌博、封建迷信）、建新村活动的要求，2003 年，市文明委发出《关于在全市农村开展生态文明村建设的实施意见》，决定在全市农村开展以实施“四四工程”为主要内容的创建生态文明村活动，并在谷城县五山镇抓生态文明村建设试点。“四四工程”即四改、四建、四通、四进家。四改：改水，改灶，改厕，改圈。改水，即改生活饮用不卫生水为卫生水和自来水；改灶，即改土灶台为节能灶；改厕，即改简易茅坑为男女分设可水冲的厕所；改圈，即改牲畜散养为圈养，防止粪便污染环境。四建：建家，建园，建场，建池。建家，建设住房，做到造型美观，功用合理，经济实用；建园，搞好庭院绿化美化净化硬化，大力发展庭院经济；建场，建设晒场，杜绝在公路上打场晒粮；建池，建沼气池，节约能源，保护生态环境。四通：通路，通电，通电话，通广播电视。四进家：党的政策进家、科技文化进家、法律知识进家、文明新风进家。总的目标是：建设布局合理、村容村貌美观、生态环境平衡、文化氛围浓厚、交通信息便捷、农村经济发展、社会风尚良好、生活方式文明。市文明办从北京请来环保专家孙君到五山镇进行指导。2004 年，每个县（市）抓了一个试点村。2005 年 4 月，市文明办在谷城县举办生态文明新村建设培训班，各文明村试点村村主任和县（市）文明办主任参加培训。通过培训，明确什么是生态文明，为什么要建设生态文明，怎样建设生态文明。此后，生态文明村建设在全市普遍开展。到 2005 年底，全市有 139 个村开展了生态文明新村建设。

谷城县以打造生态品牌为重点，积极开展文明新村创建，取得了良好的经济效益和生态效益。保护生态环境。先后封山育林 100 万亩，从而使现有森林覆盖率达到 67.5%。相继关闭轧钢、造纸、黄姜皂素等“五小”高能耗、重污染企业 12 家。以开发清洁能源为突破，全县建沼气池 6 800 户。发展生态经济。大力扶持绿色农产品，重点培育了骄王花椒、圣光种业、玉皇剑茶叶、朝贡御米、九龙蛟、银兴油脂、北河净菜、林源食用菌、谷城山药等九大全省无公害农产品品牌。开发生态旅游产业。依托谷城独具特色的自然生态环境，集中力量开发了南河小三峡、千年古刹承恩寺、中国南避暑山庄大薤山等一批重点旅游项目。培育生态文化。在全县上下大力倡导生态产业，绿色消费，培养广大青少年从小树立热爱生态环境、保护生态环境、建设生态环境的意识，引导农村广大群众养成科学、文明、健康的生活方式，使生态观念和环保意识成为农民群众的自觉行为。建设生态家园。以“依山傍水，显山露水”建设生态文明新村为重点，在全县 257 个村积极推广五山镇堰河村创建生态文明村的经验，实施以“五改五建五治”为主要内容的“三五”工程，即改水、改路、改厕、改厨、改圈；建池、建家、建园、建场（厂）、建室；治贫、治愚、治脏、治乱、治差。坚持走可持续发展路子，因地制宜探索并培育了近百个“工业主导型、粮油生产型、畜牧养殖型、商贸服务型、生态旅游型、城郊开发型”等六大具有地方特色生态文明新村。“打好生态牌，建设新农村”，已成为谷城叫响全省乃至全国的一大亮点。2005 年 4 月，湖北省社会主义新农村建设的“百镇千村示范工程”培训现场会在谷城召开。2005 年，被科技部列为“全国节能示范基地县”。2006 年，省文明委在谷城召开全省生态文明村建设现场会。

谷城县五山镇堰河村把文明新村建设与发展生态经济、改造生态环境、倡导生态文明融为一体，先后请来中国社会科学院环境研究所龚益教授、清华大学 NGO 研究中心仝志辉博士、北京绿十字生态文化传播中心孙君主任和市环保协会的有关专家参与策划，拟定“庭院映竹影，垂柳抚青莲，茶桂飘香处，山水桃花源”的生态村庄建设目标。在村庄环境建设上，因山就势，随弯就片，依山傍水，合理布局，宜街则街，宜林则林，宜景则景，错落有致，别具一格；硬化道路 10.5 公里，组组通了水泥路，并在农户相对集中地段安装了太阳能路灯；在沿河两岸、公路两旁及农户房前屋后广栽香樟、垂柳、翠竹、桂花等风景树和生态林，构建花园式家园，公园式村庄。在生态经济建设上，先后发展茶园 1 200 亩，组建天艺茶业公司，引进生物技术和无性繁殖技术，改造 200 亩有机茶园和 500 亩无公害茶园；栽种杜仲 800 亩，花椒 500 亩，嫁接板栗 500 亩，栽植欧杨等速生林 3 万株，形成多元化绿色经济格局。在生态环境建设上，实行垃圾分类，要求每户添置 3 个垃圾桶，每个组设一个垃圾分类中心，每天由专职保洁员统一收集、分类，湿垃圾采用堆肥和蚯蚓生物分解的方法进行有机处理、归田；可再生用品卖给垃圾回收中心；有害物质集中存储，统一销毁和填埋，做到污水不入河，垃圾不出村。建沼气池 120 余户，大多数家庭做到了室内清洁整齐，厕所干净卫生，并实现了柴草归院、垃圾归点、禽畜归圈。该村 2005 年获“全国文明村镇创建工作先进村镇”称号。

2004 年 3 月，市文明办组织开展“城乡文明手拉手，共建文化科技屋”活动，动员市直 27 家省级文明单位，采取一对一的形式，对南漳、宜城、谷城的 25 家重点文化科技屋进行援建。各单位共向 25 个文化科技屋援助书籍、电脑、影碟机、电子琴等各类实物折合人民币 30 多万元，有力地推动了文化科技屋建设，丰富了农民的精神文化需求。到 2005 年底，全市各级文明单位共援建农村文化科技屋 589 个。市财政征管中心在援建中坚持互动互学，开展了“五个一”活动，即开展一次向农民学习的大讨论，每人提一条加强文化科技屋建设和管理的建议，每人提供一条致富信息，每人到文化科技屋参加一次义务劳动，每人向农民朋友宣传展示一项文明健康的生活方式，受到农民朋友欢迎。

2005 年 4 月，刘云山到襄樊市考察农村精神文明建设，对襄樊市的文化科技屋建设给予了高度评价。同年 5 月，中央文明办赠送襄樊市 100 套《新中国舞台影视艺术精品》系列光盘。市委宣传部和市文明办将光盘发放到各县市区农村，免费给农民观看。

（三）文明集镇

1989年，市委、市政府组织三市四区四个县城和公路沿线的十个大镇开展了文明城镇竞赛活动。竞赛的主要内容是：抓职业道德建设，创优质服务，抓社会公德建设，创优良秩序，抓市容卫生建设，创优美环境，开展移风易俗树新风活动。1991年参赛城镇增加到27个，3市4县城为一个层次，20个镇为一个层次。1994年，参赛城镇增加到32个。竞赛活动取得了很好成效。一是改善了社会风气。各城镇在竞赛中，把思想道德建设放在首位，努力提高人的素质，切实改善社会风气。宜城县等单位在党政机关开展以“讲廉洁、比服务、看效率”为主要内容的“公仆杯”竞赛活动，加强职业道德和廉政建设，促进党风政风和机关作风的转变。老河市总结18号院6户人家共住一个院，共用一个水龙头，几十年团结友爱，和睦相处的先进典型，拍成电视片广泛宣传，促进了社会主义新型人际关系的建立。南漳城关地区广泛开展学雷锋活动，学校少先队、街道团组织、退休老同志共组织学雷锋服务小组1 760个，为群众做好事3万多件，涌现出920多个五好家庭，1 535个遵纪守法光荣户，建成文明街巷4个，文明小区4个。二是改变了环境面貌。各城镇把治理脏乱作为重点，搞好绿化净化美化。南漳城关坚持公共绿化、居民区绿化、庭院绿化三个层次一起抓，使绿化覆盖率由25%提高到35%，先后建起花园式工厂、机关、学校、街道24个，做到春有花，夏有荫，秋有果，冬有青。同时改造泥巴路16条，总长6 545米，新建改建公厕26个，疏通下水道和发行污水沟132条，95%以上的单位和居民户实行了门前三包，使环境面貌有了较大改观。老河口市对市区临街建筑进行统一设计，对所有残墙断壁进行了重新整修，新建景门、景窗、景墙347处，并在新修的秋丰路建立了雕塑，使整个城市显得优美典雅，受到全国小城市经济发展研讨会代表们的好评。三是增强了服务功能。各城镇按照量力而行、尽力而为的原则，发展基础设施，提高居民的生活质量。随州市厉山镇在一年多的时间里，在城镇配套设施建设方面，为群众办了10件实事，初步解决了群众行路乘车、污水排放、如厕倒垃圾、儿童入托入学、运输通信等10个方面的困难。四是促进了经济发展。通过文明城镇建设，改善了投资环境，增强了城镇的吸引力。太平店镇通过文明城镇建设出现了四多：农民进镇经商的多、外地人员驻镇搞贸易的多、市场成交额多、围绕集镇办企业的多，搞活了经济，工农业产值突破了亿元大关。据统计，参加竞赛的城镇工农业产值都有了大幅度增长，涌现了像仙人渡镇、淅河镇、双沟镇、武安镇等一批产值超亿元的城镇。

1997年10月8日，市文明委在谷城县召开全市农村精神文明建设工作会议，贯彻落实中共的十五大精神，总结交流经验，表彰先进典型，安排部署工作。会议要求，切实切实抓好文明城镇示范点建设，以治脏治乱为重点，在创造优美环境上取得新突破，以市民教育为重点，在规范居民言行上取得新突破，以解决群众迫切需要解决的总是为重点，在基础设施建设方面取得新突破，以文明户、文明单位建设为重点，在优化社会细胞方面取得新突破。石花镇在文明城镇建设中加强基础设施建设，绿化、美化了两条主要街道，整治了3条出口路，形成了名人名言、公益广告、百货批发、商业文化、土特产品五条特色街道，被中央文明办确定为全国文明村镇建设示范镇，并被定为全国重点宣传单位，新华社、中央电视台、《人民日报》等10多家新闻单位先后两次对该镇进行宣传报道，产生了很大的示范效应。1999年，襄樊市五山镇等九个村镇被列为全省文明村镇创建示范点。

2000年3月，市文明委召开文明集镇建设现场会，总结推广石花镇、仙人渡镇、太平店镇创建文明集镇的经验，进一步提高了文明集镇的创建水平。据2001年统计，全市106个建制镇，建有一条宽敞整洁实现绿化美化街道的有40个镇，占38%；建有一个规模较大、有顶棚、有货台、分类摆放、管理有序的农贸市场的镇有54个，占51%；建有设施基本配套的农民新村的镇有82个，占77%；建有工业小区的镇有 18 个，占 17%；建有广场或公园的镇有 26 个，占 25%；有 99 个文化站被评为市以上先进文化站，占 93%；有 45 个镇建有标志性建筑，占 43%；有 85 个镇建有观赏性景点，占 80%。

2000 年 3 月 2 日，市文明委印发《关于加强小城镇精神文明建设的若干意见》，进一步明确了小城镇精神文明建设的思路、目标和主要任务。基本思路是，以讲文明、树新风为主题，以提高人的素质为重点，以创建文明城镇为总目标，广泛组织群众参与，全面加强思想道德、科学文化、民主法制、公益事业、环境面貌、基础设施等方面建设，不断提高城镇文明程度，形成以城带镇、以镇带村、城乡联动，整体推进的工作格局。主要目标是，树立四个形象，解决四个方面存在的问题，达到四化。即抓整治，塑造整洁优美、秩序良好的街道形象；抓创建，塑造风气端正、工作高效的单位形象；抓教育，塑造文明礼貌、精神振奋的居民形象；抓管理，塑造道路畅通、安全舒适的交通形象；解决文明言行、服务质量、环境卫生、交通秩序四个方面存在的问题，达到城镇容貌美化、居民素质优化、管理服务规范化、基础设施配套化的目标；营造良好的发展环境，宽松的投资环境，高效的工作环境，推进小城镇现代文明建设向深入持久健康的方向发展。主要任务是，从思想道德教育入手，提高居民的现代文明素质；从落实门前三包责任制入手，提高城镇管理水平；从开展文明创建入手，提高城镇的文明程度；从加强文体设施建设入手，提高群众的生活质量；从完善基础设施建设入手，提高城镇的综合服务功能。要求在文明城镇建设中，围绕经济建设中心开展创建活动；服务群众，多办好事实事；集中整治，打好战役，解决突出问题；以城带乡，城乡联动，整体推进；抓好示范，搞好引导。这个文件对各城镇的文明创建产生了很好的指导作用，受到中央文明委的充分肯定，2000 年 4 月，中央文明办以简报的形式，向全国宣传推广。

2000 年 3 月 24 日，市委副书记刘善桥和市委常委、宣传部长徐晓伟一行五人到中央文明办专门汇报襄樊市小城镇精神文明建设情况。中央文明办副主任胡振民充分肯定了襄樊市经验，指出，襄樊市以文明城镇创建为载体，推进农村两个文明协调发展的经验，确实具有全局性、战略性、前瞻性和方向性，襄樊的经验对中西部欠发达地区农村城市化的发展具有普通的指导意义。同年，襄樊市出席了中央文明委在辽宁省开原市召开的全国文明村镇创建工作会议，市委副书记曲颖代表市委在会上发言介绍了我市加强小城镇精神文明建设的经验。

保康县在文明县城创建中，以“山花名城”定位，按照“三十年不落后”的标准，每年改造一条主要街道，坚持“高质量、高品位”，达到“小而精，洁而美、新而特”的品位。对县城主要街道全部进行规范改造，车道一律重新浇筑，人行道一律更换彩砖，通信、照明、电视“三线”全部入地，临街安装建筑轮廓灯，主要商场、标志性建筑安装霓虹灯、墙体射灯，繁华地段、街道出入口安装跨街霓虹灯。投资扩建 4 亩紫薇林，使紫薇广场与紫薇园林浑然一体。开辟垃圾处理场，使清运率达到 100%，保洁率达到 95%，无害化处理达到 95%。治理污染，使城镇饮用水水质达标率为 100%，工业固体综合利用率 100%，噪声平均值 55.8 分贝。以官山林场为核心，实行封山育林，建设原始森林公园；以紫薇、蜡梅、牡丹、杜鹃为重点，建成四大珍稀植物园；以县城地形地势为依托，建成了紫薇广场、紫薇公园、沿河公园、街心花园，单位和庭院绿化率达到 35%。涌现出 3 个县级文明社区，1 个市级文明社区，148 个省、市、县级文明单位，8 个“文明系统”。1999 年被评为“全省文明城市创建工作先进县城”，2002 和 2005 连续两届被命名为“全省文明县城”。

（四）文明走廊

文明走廊创建是襄樊市群众性精神文明创建活动的一个新创造，是农村精神文明建设的一个新载体。过去，襄樊市辖区内的 207 和 316 国道沿线违章建房、乱摆摊点、乱堆乱放、打场晒粮等现象十分普遍，既影响通行，又有碍观瞻。从 1997 年开始，市文明委在这两条国道开展创建文明走廊活动。文明走廊创建以国道为纽带，把沿线的城镇、村庄、农户都动员起来，共同开展创建活动，形成一个文明群体，建成文明窗口，推动讲文明、树新风活动向农村延伸扩展。两条国道沿线共有 28 个乡镇、167 个村、7 963 个经商户、39 023 家农户参与了文明走廊创建活动。创建活动在对农民进行宣传教育，提高共建意识，养成文明习惯的基础上，围绕治理脏乱，集中力量打了三个战役。第一，坚决贯彻实施《公路法》和《湖北省公路路政管理条例》，组建由交通、公安、城建等部门参加的执法队伍，拆除国道两侧的违章建筑和广告牌，切实解决道路不畅和一些安全隐患问题，使一度泛滥成灾的违章现象得到有效遏制。第二，组织国道沿线开展以“洁齐美”为主要内容的治脏治乱战役，经过反复治理，使国道脏乱面貌有了很大改观。第三，开展达标路段建设，要求每一个县市区分别建成一个不少于 10 公里的达标路段，巩固创建成果，提高创建水平。通过三个战役，共清理乱堆乱放 5 300 多处，平整门前土坑挖填土方 30 多万立方米，硬化门前场院 14 万平方米，统一制作经营门店灯箱 2 380 块，基本达到了“洁齐美”的要求。文明走廊创建，促进了国道沿线精神文明建设。沿线有 20 个城镇被评为文明城镇，106 个村被评为文明村，503 个单位被评为文明单位，45 000 户被评为“十星级文明农户”。2001 年 11 月，省文明委在恩施市召开的全省农村精神文明建设工作会议，襄樊市作了专题发言。2002 年，中宣部《党建》杂志也做了宣传报道。

（五）移风易俗刹“三风”

1987 年以来，移风易俗活动在全市普遍开展，重点是“刹三风，树新风”。年初，省委办公厅转发了省委宣传部、省综治委、省总工会、团省委、省妇联《关于加强社会主义精神文明建设，狠刹大操大办、抹牌赌博、封建迷信三股歪风的报告》，要求在全省开展移风易俗狠“刹三风”活动。市委办就贯彻落实这个文件向全市发出通知，提出了五条具体措施：各级党委要切实加强对“刹三风”的组织领导；各部门要分工合作，综合治理；要建立健全管理组织和规章制度；要宣传剖析一批正反两方面的典型；在元旦、春节期间，要集中力量加强刹“三风”的宣传教育。11 月 20 日，市文明委在谷城县召开移风易俗经验交流会，总结推广谷城刹“三风”的经验，市委副书记、市“五讲四美三热爱”活动委员会主任纪玲芝在会上做重要讲话。12 月 14 日，市委转发了《谷城县关于开展移风易俗活动，狠刹三股歪风的情况报告》，要求各地学习谷城经验，采取措施，坚决遏制“三风”蔓延。同时，市委还批转了市委政研室和市农委调查组的《狠刹农村大操大办铺张浪费之风刻不容缓》的调查报告，市政府印发了《狠刹农村大操大办铺张浪费之风》的布告。根据省委和市委的要求，各地采取宣传教育与依法打击相结合、职能部门抓与群众自治相结合、破与立相结合等办法，对“三风”进行了综合治理。全市共建立移风易俗理事会、妇女禁赌会、红领巾禁赌会等群众性自治组织 3 870 个，普遍制定了《红白事理事会章程》、《妇女禁赌条例》、《婚事新办规定》、《丧事简办规定》等章程，实行自我教育、自我管理、自我服务。保康县 16 个乡镇和 346 个村，层层建立了红白事理事会，开展疏导教育和服务。1988 年和 1989 年两年，全县有 2 250 对男女青年参加了集体婚礼，1 500 多起丧事实行了简办，捣毁迷信点 30 多处，禁办神事 1 000 多起，打击赌博团伙 10 多个，教育处罚 120 多人，基本实现了婚事新办、丧事简办、神事不办。谷城县在移风易俗活动中，注意以新代旧，摸索总结出了 10 个取代法，即；用集体婚礼取代大操大办，用包场放电影取代喜庆宴请宾客，用收录机放音取代喇叭班子吹奏，用理事会成员上门服务取代“虾扒杆”招揽白客，用火葬取代土葬，用追悼会取代烧灵屋、下猪头祭等封建祭奠方式，用行鞠躬礼取代磕头，用胸佩白花臂戴黑纱取代披麻戴孝，用遗像取代灵位，用献花植树取代烧纸围墓，用土管员画线定宅取代风水先生看地定向，用送医送药上门取代巫婆马脚，用健康的文化活动取代各种形式的赌博。1989 年，省委宣传部和襄樊市文明委先后在谷城召开移风易“刹三风”风现场会，总结推广了谷城的经验。

春节是“三风”的多发季节，为此，1989 年、1990 年、1991 年连续三年，市文明委发出《关于抓好春节期间移风易俗狠刹“三风”活动的通知》，提倡勤俭持家，反对铺张浪费，提倡婚丧简办，反对大操大办，提倡科学文明，反对封建迷信，提倡健康娱乐，反对聚众赌博。要求各职能部门切实发挥职能作用，齐抓共管，形成合力，共同抓好刹“三风”活动。市公安局在 1990 年春节前后，组织开展狠刹赌博风的专项斗争，共组织查禁力量 12 872 人次，从当年 2 月 1 日到 3 月 5 日，共查获赌博分子 2 112 名，查破赌博案件 2 649 起，收缴赌资 14 600 余元，依法打击处理惯赌分子 135 名，有效遏制了赌博案件上升的势头。1990 年全市发生赌博案件 2 213 起，比 1989 年的 3 636 起下降 64.3%。

1994 年，市委办和市府办印发《关于制止婚嫁葬丧大操大办的通知》。《通知》规定，倡导厚养薄葬，大兴葬丧新风；提倡在殡仪馆举办丧事，禁止在主次干道两侧搭设灵棚；严格控制灵车数量，不得大事动用公车进行葬丧活动，送葬机动车不得超过 3 辆；严禁送葬车辆沿途燃放鞭炮、丢纸钱和动用乐队吹吹打打；严禁用公车迎亲送亲，不准沿途燃放鞭炮。

2000 年，不少地方“三风”又开始抬头蔓延。在城镇，尤其是在农村，畸形人情歪风越演越烈，送礼名目繁多，封建迷信活动也有所抬头。这些歪风的盛行，加重了人们的经济负担，影响了经济发展，腐蚀了人们的灵魂，败坏了社会风气，构成了社会不稳定因素，已经成了人民群众的心头之患。市文明委于 2001 年 8 月 17 日发出《关于在全市广泛深入开展“刹三风、树新风”活动的通知》，指出三风抬头的种种表现，对刹“三风”提出了七条要求：第一条，站在“三个代表”重要思想的高度，充分认识移风易俗教育的重要性和紧迫性，作为精神文明建设的一件大事抓紧抓好，努力在全社会形成反对陈规陋习，崇尚科学文明的风尚；第二条，深入开展“刹三风、树新风”宣传教育，创造良好的社会舆论环境，切实帮助群众转变思想观念，把群众从巨大的精神束缚和心理压力下解放出来，要在全市城乡大力提倡婚事新办、丧事简办、神事不办，教育干部群众告别“礼桌”、“赌桌”、“神桌”。第三条，坚持先立后破，注重以新代旧，用新观念代替旧观念，用新仪式代替旧仪式，在“立”和“树”上做文章，提倡集体婚礼、旅游结婚、步行迎亲、电影待客、点歌祝福、电话庆贺、网上道喜、科技陪嫁、植树纪念等新的喜庆形式，使之成为一种新的习俗。第四条，深入开展创建活动，搞好对社会风俗的规范引导。第五条，加强群众自治组织建设，依靠群众力量搞好移风易俗活动。第六条，广大党员干部要率先垂范，做出表率。第七条，加强协调指导，形成齐抓共管的局面。这个文件印发各地后，引起了各级党委的重视，采取措施加强管理，使“三风”得到一定遏止。

（六）命名表彰

1.全国文明村镇

2005 年：石花镇、五山镇、仙人渡镇。

1999 和 2002 年：石花镇、仙人渡镇、太平店镇。

2005 年：马桥镇、尧治河村、堰河村、火青村。

2.省级文明村镇

1999 年：石花镇、仙人渡镇、太平店镇、吴店镇、五山镇、新集镇。

2002 年：石花镇、五山镇、仙人渡镇、太平店镇、吴店镇、兴隆镇、郑集镇、九集镇、马桥镇、尧治河村、洪山头村、苏家河村、便河村。

2005 年：石花镇、五山镇、太平店镇、仙人渡镇、东巩镇、马桥镇、熊集镇、板桥店镇、黄集镇、田河村、堰河村、平川村、火青村、尧治河村、便河村。

3.省级双文明户

1989 年：叶付成、解元国、田丰翠、杨克儒、廖国群、杜其有、都仕安、邹志华、闫德辉、黄元秀、周国英、魏长茂、陈文斌、刘文豹、杨伯银、郑卫平、张玉山、安启斌、刘琪瑶。

1992 年：杜营照、熊建国、龙崇发、潜明发、饶先炳、梅志红、钱声刚、阎国清、魏长茂、蒋香生、龚金成、黄元秀、周国英、彭国新、刘子军、张文国、宋庆生、郑维平、张承平、安启斌、张志慧、项华英。

1994 年：梁建国、马启德、朱楚清、周先如、吴世杰、傅明清、曹永生、贵得勇、刘定成、章德旺、付道华、郭显金、陈良普、阮先清、周兴福、黄先值、邹志华、叶尚忠、李丕平、罗东国、郝基全、李志安、王前、李学启。

1996 年：刘定成、杨福忠、陈道顺、王泽全、段明高、陈远寿、余德福、黄佳海、赵明秀、窦贤仁、胡春莲、计新秀、汤随国、王明浩、诸葛平、胡金富、肖明芝、姜正道、孙期国、陈良普。

4.市级文明村镇

1989 年文明城镇竞赛优胜单位：老河口市、南漳县城、石花镇、仙人渡镇、太平店镇、厉山镇。

1990 年文明城镇竞赛优胜单位：老河口市、南漳县城、仙人渡镇、石花镇、厉山镇、孟楼镇、盛康镇。

1990 年文明城镇竞赛进步奖：环潭镇、庙滩镇、武安镇、朱市镇、吴店镇、兴隆镇。

1997 年文明城镇：石花镇、吴店镇、双沟镇、仙人渡镇，太平店镇。

1997 年文明创建先进镇：牛首镇、盛康镇、孟楼镇、朱市镇、武安镇、兴隆镇、郑集镇、黑龙集镇。

2001 年文明城镇：双沟镇、黄集镇、七方镇、兴隆镇、鹿头镇、新市镇、紫金镇、盛康镇、冷集镇、孟楼镇、马桥镇、寺坪镇、刘猴镇、九集镇。

2001 年创建先进镇：店垭镇、郑集镇、东巩镇、巡检镇。

2001 年文明村：平川村、艾家畈村、谢湾村、申家冲村、大古桥村、陈家湾村、双北村、洪山头村、赵坡村、陶家村、前常村、四新村、赵庄村、湾子村、下涂村、一杜村、东合村、李寨村、韩岗村、杜湾村、平林村、祠堂村、魏庄村、冯岗村、崔庄村、沙店村、柴店岗村、黄龙庙村、临江村、庄家村、尧治河村、中坪村、九里川村、望粮山村、西坪村、倒座庙村、新星村、窑湾村、黄冲村、便河村、徐庶庙村、胡山寨村、桂花树村、泉水堰村、麒麟村、下刘村。

5.市级“十星级文明农户”活动先进单位和标兵

1997 年，争创“十星级文明农户”活动先进单位：黄集镇、九集镇、张集镇、石花镇、过渡湾镇、雷河办事处、南城办事处、新桥村、王湾村、柴店岗村、平川村、分水岭村、胡耳村、便河村、余岗村、下刘村。

1997 年，“十星文明农户”标兵：张新梅、张兴成、王合四、肖六娃、梁随政、明庭举、闻兴新、常随新、王天群、郭绍学、杨继英、赵善庭、李忠义、骆宗英、张承英、万兴山、马群、耿学亮、孙堂友、孙传友、赵新慧、钱声刚、胡明国、杨遂胜、范太军、曹平义、秦隧见、陈丰有、范玉来、陈家荣、韩玉玲、胡吉林、杨清祥、任小吉、王金顺、刘成福、李大合、宋正英、许大军、方安明、常启海、杨佰银、唐国海、叶修举、张传清、林水菊、龚贤国、李安春、黄德明、何享礼、赵祖涛、丁国权、丁世国、熊远明、刘天菊、韩国柄、周永发、范相怀、胡克银、杨道琴、付天珍、冯德合、刘学帮、唐永志、胡强诗、徐心安、章立设、汪自刚、吉付琴、胡光义、木昌柱、冯子安、陈万军、邓学俭、柯明强、代先涛、刘天才、陶尧卿、何天贞、董汉英、王吉生、黄志强、翟永成、肖祖军、陈玉清、刘启发、刘玉兰、谢万国、李学启、张士金、李风云、余志福、王金山、谢祥有、谢作军。

襄樊市精神文明建设委员会领导干部情况

表 33—1

（起止年月）	姓名	职务	任职时间（年月）
“五讲四美三热爱”活动委员会（1983.3—1984.2）	邓海波	主任（市委副书记兼）	1983.3—1984.2
	李正洪	副主任（副市长兼）	1983.3—1984.2
	欧阳文海	副主任（市委宣传部部长兼）	1983.3—1984.2
	丁崇德	副主任（人武部副部长兼）	1983.3—1984.2
“五讲四美三热爱”活动委员会（地市合并后）（1984.2—1985.8）	鄂万友	主任（市委副书记兼）	1984.2—1985.8
	胡久明	副主任（市委常委、常务副市长兼）	1984.2—1985.8
	焦泽浩	副主任（副市长兼）	1984.2—1985.8
	孙樵声	副主任（市委宣传部副部长兼）	1984.2—1985.8
	唐根效	副主任（解放军武汉军区后勤部 36 分部政委兼）	1984.2—1985.8
	陈广兴	副主任（襄樊军分区政治部主任兼）	1984.2—1985.8
“五讲四美三热爱”活动委员会（1985.8—1988.5）	纪玲芝	主任（市委副书记兼）	1985.8—1988.5
	张学义	副主任（市委常委、市政法委书记兼）	1985.8—1988.5
	李正洪	副主任（副市长兼）	1985.8—1988.5
	焦泽浩	副主任（副市长兼）	1985.8—1988.5
	陈革	副主任（市委副秘书长兼）	1985.8—1988.5
	王有道	副主任（市政府副秘书长兼）	1985.8—1988.5
	严祖堤	副主任（市委宣传部副部长兼）	1985.8—1988.5
	唐根效	副主任（解放军武汉军区后勤部 36 分部政委兼）	1985.8—1988.5
	陈广兴	副主任（襄樊军分区政治部主任兼）	1985.8—1988.5
襄樊市精神文明建设协调委员会（1988.5—1991.1）	纪玲芝	主任（市委副书记兼）	1988.5—1991.1
	刘纯臣	副主任（市委常委、宣传部长兼）	1988.5—1991.1
	张学义	副主任（市委常委、市政法委书记兼）	1988.5—1991.1
	李正洪	副主任（副市长兼）	1988.5—1991.1
	焦泽浩	副主任（副市长兼）	1988.5—1991.1
	王耀芳	副主任（襄樊军分区政治部主任兼）	1988.5—1991.1
襄樊市精神文明建设协调委员会（1991.01—1992.04）	鄂万友	主任（市委副书记兼）	1991.1—1992.4
	杨祥义	副主任（市委常委、襄樊军分区政委兼）	1991.1—1992.4
	张学义	副主任（市委常委、市政法委书记兼）	1991.1—1992.4
	张子强	副主任（市委常委、宣传部长兼）	1991.1—1992.4
	焦泽浩	副主任（副市长兼）	1991.1—1992.4
	黄贤德	副主任（副市长兼）	1991.1—1992.4
襄樊市精神文明建设协调委员会（1992.04—1993.03）	果真	主任（市委副书记兼）	1992.4—1993.3
	杨祥义	副主任（市委常委、襄樊军分区政委兼）	1992.4—1993.3
	张学义	副主任（市委常委、市政法委书记兼）	1992.4—1993.3
	张子强	副主任（市委常委、宣传部长兼）	1992.4—1993.3
	焦泽浩	副主任（副市长兼）	1992.4—1993.3
	黄贤德	副主任（副市长兼）	1992.4—1993.3

续表 1

（起止年月）	姓名	职务	任职时间（年月）
襄樊市精神文明建设协调委员会（1993.03—1996.05）	姚祥栋	主任（市委副书记兼）	1993.3—1996.5
	杨祥义	副主任（市委常委、襄樊军分区政委兼）	1993.3—1996.5
	张学义	副主任（市委常委、市政法委书记兼）	1993.3—1996.5
	张子强	副主任（市委常委、宣传部长兼）	1993.3—1996.5
	焦泽浩	副主任（副市长兼）	1993.3—1996.5
	黄贤德	副主任（副市长兼）	1993.3—1996.5
襄樊市精神文明建设协调委员会（1996.05—1998.03）	孙楚寅	主任（市委书记兼）	1996.5—1998.3
	姚祥栋	副主任（市委副书记兼）	1996.5—1998.3
	张子强	副主任（市委常委、宣传部长兼）	1996.5—1998.3
	黄贤德	副主任（市委常委、副市长兼）	1996.5—1998.3
	龚强华	副主任（市委常委兼）	1996.5—1998.3
	宋德福	副主任（副市长兼）	1996.5—1998.3
襄樊市精神文明建设协调委员会（1998.03—2000.02）	孙楚寅	主任（市委书记兼）	1998.3—2000.2
	张振华	副主任（市委副书记兼）	1998.3—2000.2
	张子强	副主任（市委常委、市委秘书长兼）	1998.3—2000.2
	黄贤德	副主任（市委常委、副市长兼）	1998.3—2000.2
	徐晓伟	副主任（市委常委、宣传部长兼）	1998.3—2000.2
	尚立学	副主任（副市长兼）	1998.3—2000.2
襄樊市精神文明建设协调委员会（2000.02—2002.05）	孙楚寅	主任（市委书记兼）	2000.2—2002.5
	刘善桥	副主任（市委副书记兼）	2000.2—2002.5
	徐晓伟	副主任（市委常委、宣传部长兼）	2000.2—2002.5
	尚立学	副主任（副市长兼）	2000.2—2002.5
	陈鼎益	副主任（副市长兼）	2000.2—2002.5
襄樊市精神文明建设协调委员会（2002.05—2002.12）	孙楚寅	主任（市委书记兼）	2002.5—2002.12
	刘善桥	副主任（市委副书记兼）	2002.5—2002.12
	马黎	副主任（市委常委、宣传部长兼）	2002.5—2002.12
	陈鼎益	副主任（副市长兼）	2002.5—2002.12
	曹敬兰	副主任（副市长兼）	2002.5—2002.12
襄樊市精神文明建设协调委员会（2002.12—2004.10）	阮成发	主任（市委书记兼）	2002.12—2004.10
	杨祥义	副主任（市委副书记兼）	2002.12—2004.10
	马黎	副主任（市委常委、宣传部长兼）	2002.12—2004.10
	陈鼎益	副主任（副市长兼）	2002.12—2004.10
	曹敬兰	副主任（副市长兼）	2002.12—2004.10
襄樊市精神文明建设协调委员会（2004.10—2005.12）	田承忠	主任（市委书记兼）	2004.10—2005.12
	杨祥义	副主任（市委副书记兼）	2004.10—2005.12
	马黎	副主任（市委常委、组织部长兼）	2004.10—2005.12
	曹敬兰	副主任（副市长兼）	2004.10—2005.12
	刘立勇	副主任（副市长兼）	2004.10—2005.12

襄樊市精神文明建设委员会办公室领导干部情况

表 33—2

机构名称(起止年月)	姓名	职务	任职时间(年月)
“五讲四美三热爱”活动委员会办公室(1983.03—1983.08)	欧阳文海	主任(宣传部长兼)	1983.4—1983.8
	杨三爽	副主任(团市委书记兼)	1983.4—1983.8
	赵夫如	副主任	1983.4—1983.8
“五讲四美三热爱”活动委员会办公室(地市合并后)	兰传盛	主任	1983.5—1988.5
1988 年 5 月更名为精神文明建设协调委员会办公室;1990 年 11 月,更名为精神文明建设委员会办公室。2001 年 1 月,改为市委宣传部内设机构,对外保留牌子。	兰传盛	主任	1988.5—1990.11
	段明贵	主任(宣传部副部长兼)	1990.11—1991.9
	方先春	主任(宣传部副部长兼)	1991.9—1994.6
	焦俊卿(女)	主任(宣传部副部长兼)	1994.6—2002.1
	胡立华	主任(宣传部副部长兼)	2005.5—2005.12
	刘克勤	副主任	1989.8—1994.6
	郭宗旭	副主任	1990.2—2001.12
	韩国强	副主任	1992.8—2001.12
	郭增兰(女)	副主任	1997.5—2001.12

卷三十四 社会生活

1979—2005 年，在物质生活不断改善后，精神生活的需求也与日俱增，日益丰富。1978 年，全市农民人均纯收入只有 126.44 元，2005 年，达到 3 191 元。其间增长 24 倍多，年均增长 12.6%。1981—2005 年，全市城镇居民人均可支配收入从 421 元增加到 8 144 元，增长 18.34 倍，年均增长 322 元，年均增长率为 13.1%。收入的增长，带动消费需求的变化。1979—2005 年，农民人均生活消费支出增长 13.4 倍，平均每人每年增加 73.27 元，每年递增 21.06%。城市居民消费，改革前 30 年以及改革初期，恩格尔系数都在 60% 以上，在温饱最低线上徘徊。"六五"期间，基本解决了温饱问题。1987—1997 年，襄樊城市居民恩格尔系数在 50% 上下波动，1992 年，恩格尔系数跌落 50% 以下，2005 年，降至 35.65%。

在衣食住行条件改善之后，人们的精神生活也变得丰富多彩。读书看报、学知识、学文化、学技术的人多了；听广播、看电视、参与各种文化活动的人多了；注重身体健康、参加各种体育活动的人多了；其他精神文化活动，如观光旅游、上网看世界的人也多了。积极健康的精神生活，是社会进步的反映。社会生活的变化，促使民风民俗也随之变化。生活习俗、家族观念、社交礼仪、生老婚丧等，推陈出新，与旧习俗有了较大改变；乡规民约、社区活动、宗教活动，也与时俱进，增添了新的内容；新词、新语大量产生，折射出社会变革的日新月异。

一、物质生活

中共十一届三中全会以后，尤其是到 20 世纪 90 年代中期，随着社会主义计划经济向市场经济体制转变，被长期窒息的生产力充分释放出来，经济持续快速稳定发展，经济总量大幅度增长，商品生产能力空前提高，社会供给能力增强，消费品品种琳琅满目，吃穿用商品应有尽有，品种品牌不断更新换代，质量档次显著提高，供不应求的商品逐渐减少，大部分商品生产能力过剩，人民群众的经济收入逐年增加，物质生活日益丰裕，由温饱型过度到了小康生活水平。

（一）农民物质生活

改革开放以来，农村生产关系发生重大变革，触发了经济潜能的集中迸发，极大地调动了农民生产积极性，农民的物质生活水平显著提高，逐步迈入小康水平。

1. 收入状况

随着家庭联产承包责任制的实施，农村经济全面发展，农民收入大幅度增长。同时由于全面落实各项惠农政策，加大农业和农村经济结构调整力度，大力推进"一县一品"建设，农业和农村经济出现了多年没有的好形势。农民收入打破多年缓慢增长的局面，快速增长。

（1）**农民收入构成**：1979 年以后，农业上打破长期以来“以粮为纲”的大一统局面，扩大种植业，进而走大农业之路，林业、渔业、牧业和家庭副业齐头并进，农民收入不仅仅体现在农业上，而是包括第二产业、第三产业在内的多种经营。2003 年的统计表明，当时全市的农产品收入就有 18 个大项目，其子项目多达近百个。其他收入还有工业、建筑业、运输业、饮食服务业、商业批发零售以及外出务工、财产性、转移性收入等等。

2001 年的抽样调查表明，农民收入构成中工资性收入占 16.5%；家庭经营收入（含农业、林业、牧业、渔业、工业、建筑业、交通运输与邮电业、批发零售贸易与餐饮业、社会服务业、文教卫生业、其他共 11 类）占 80.3%；财产性收入（利息、股息、租金、分红、土地征用补偿）占 0.1%；转移性收入（家庭非常住人口寄回或带回、亲友赠送、粮食补贴、救济金、救灾款、保险金年收入、退休金、抚恤金等等）占 3.1%。在工资性收入中，非企业组织中收入占 23.8%，在本地企业中得到收入占 11.9%；外出从业所得收入占 55.5%，其他收入占 8.8%。其中在本地企业得到的收入中，在本地乡镇企业得到收入占 41.3%，第一产业收入占 4.2%，第二产业占 40.2%，第三产业占 14.3%。

农业收入一直是农民收入中的大头。2003 年抽样调查的农民收入中，第一产业占 89.5%，第二产业占 3.4%，第三产业占 7.1%。

进入上世纪 90 年代，打工经济占了农民收入中的一大块，出现了很多集体外出打工的村子甚至乡镇。有的个人年收入达 4、5 万元。2005 年，农民外出务工收入人平 621 元，占当年人均纯收入的 19.5%。

（2）**农民收入增长情况**：1978 年全市农民人均纯收入 126.44 元，2005 年达到 3 191 元。27 年间增长了 24 倍多，年均增长 12.6%。特别是 1993 年至 1997 年间，农民人均纯收入每年增幅都达到两位数。其中 1994 年、1995 年达到了高峰，有 300 个村的 37 万多人人平纯收入接近 4 000 元（见表 34—1）。

1978—2005 年，全市农民收入变化情况大体划分为三个阶段。

第一阶段为 1978—1988 年：农民收入连年大幅度增长。1978 年，全市农民人均纯收入扭转了前 30 年收入增长缓慢、徘徊不前的局面，达到 126.44 元；1978—1988 年，全市农民人均纯收入，又由 126.44 元上升到 473.00 元，年均增加 34.66 元，年均递增 4.10%。进入“七五”后，农村经济基本上由“六五”的超高速增长转入到常规增长，农民收入继续得到稳步提高。1988 年，全市农民人均纯收入 473.00 元，比 1986 年的 427.99 元增加 45.01 元，增长 10.52%，两年平均递增 5.13%。

第二阶段为 1990—2000 年，农民收入逐年稳步上升。其间，农业产业结构发生巨大变化，各地以市场为导向，在稳定粮食生产的同时，大力调整经济作物比重，农民家庭经济得到健康发展，农民收入实现稳步上升。到 2000 年，全市农民人均纯收入 2 386 元，是 1989 年的 4.12 倍，翻了 2 番多，以 10% 的年均增长速度稳步上升。

第三阶段为 2001—2005 年，农民收入增长速度进一步加快。以新农村建设为主题的全面建设小康社会大规模展开，农村经济进入快速发展阶段，特别是劳务经济不断发展壮大，大量农村劳力外出就业，农民收入迅速增长。截至 2005 年底，全市农民人均纯收入 3 191 元。

农民人均纯收入构成

表 34—1　　　　　　　　　　　　　　　　　　　　　　　　单位:元/人

年份	第一产业收入	第二产业收入	第三产业收入	工资性收入	打工收入	其他收入	合　计
1978	—	—	—	—	—	—	126
1979	—	—	—	—	—	—	151
1980	—	—	—	—	—	—	173
1981	—	—	—	—	—	—	206
1982	—	—	—	—	—	—	275
1983	—	—	—	—	—	—	342
1984	—	—	—	—	—	—	377
1985	—	—	—	—	—	—	394
1986	—	—	—	—	—	—	428
1987	—	—	—	—	—	—	475
1988	—	—	—	—	—	—	473
1989	—	—	—	—	—	—	578
1990	—	—	—	—	—	—	700
1991	—	—	—	—	—	—	708
1992	—	—	—	—	—	—	763
1993	668	22	56	103	61	22	871
1994	969	26	58	136	56	40	1 229
1995	1 138	29	82	168	94	58	1 475
1996	1 490	38	95	207	124	82	1 912
1997	—	—	—	207	144	—	2 176
1998	1 732	68	115	284	118	112	2 310
1999	—	92	—	418	206	88	2 347
2000	1 503	91	154	502	217	136	2 386
2001	1 577	100	158	538	301	106	2 479
2002	1 580	101	177	580	343	126	2 564
2003	1 768	69	161	627	402	33	2 658
2004	2 064	70	159	705	480	62	3 060
2005	1 846	187	173	882	621	103	3 191

注:其他收入含财产性收入与转移性收入。空白处为资料缺失。

2. 消费情况

由于经济的快速发展,人们的基本生活必需品不再短缺,不再靠票证供应,社会商品供给能力明显提高,农民的消费得到较大满足。在收入水平提高的同时,农民生活水平与消费观念发生了重大变化。消费的物品日益丰富多样,档次有较大提高,许多中高档消费品进入农民家庭。农民不再要求“吃得饱穿得暖”,而是有能力讲究吃穿,追求时尚。1979—2005 年,人均生活消费支出增长了 13.4 倍,平均每人每年增加 73.27 元,每年递增 21.06%。实物消费量和质量有明显提高。消费支出中,商品性消费和自给性消费所占比重发生了较大变化。以农民消费总支出为 100,1978 年商品性消费比重占 3.49%,而 1988 年则占 60.00%。十年间,农民的商品性消费支出比重上升了 21.51%。农民的文化生活逐步丰富,1988 年人平用于文化生活服务支出是 1978 年的 10 倍。

(1)**食品消费**:1978 年前后,襄樊的广大农村已经普遍解决了温饱问题,其中主要是粮食能够自给自足。食品消费由 80 年代初的简单吃饱,转变为吃精吃好,品种逐步丰富,营养更加全面,消费结构逐步改变。1980 年农民餐桌上的主食与副食的价值之比为 87∶13,到了 1990 年为 79∶21,而 2005 年则为 63∶37。进入新世纪后,有不少农民能够经常有肉吃、有奶喝,粗粮与细粮的搭配几乎是一半对一半。1990 年以后,随着市场经济的发展、科学技术水平的提高,时令及反季蔬菜水果等琳琅满目、品种繁多、跨越了地域和季节的限制,逐步改变 80 年代初的鲜菜、鲜瓜果淡季断档现象,农民人均干鲜瓜果消费量逐年增加。

随着社会的进步,食品消费在农民生活消费中的比重(即恩格尔系数)一直在下降。最高的 1980 年为 73,而 2005 年降到了 52.81。还有一大变化是,食品消费中各种食物的成品、半成品消费量不断增加,减轻了农民的家务劳动负担。有的家庭逢年过节以及宴请亲朋好友,选择到酒店饭馆。农民为了方便,为了品尝美食,也经常在外就餐。2003 年的抽样调查表明,农民在外饮食占其食品消费的 7% 左右。

(2)**家庭设备及用品**:农民收入提高之后,即注重家庭设备的更新换代,购置中高档用品,特别是家用电器。2001 年,除了吸尘器之外,许多农民家庭都有了大型家具(组合柜、梳妆台等)、洗衣机、电风扇、电冰箱、空调机、抽油烟机、微波炉、热水器、自行车、生活用汽车、电话机、移动电话、寻呼机、黑白电视机、彩色电视机、录放像机、照相机、摄像机、影碟机、组合音响、收录机、家用计算机、中高档乐器等。2003 年,农民的家庭设备、用品消费占其生活消费总支出的 3.5%(见表 34—2)。

农民家庭百户耐用消费品拥有量

表 34－2

年份	自行车	电风扇	电视机	彩电	摩托车	洗衣机	电冰箱	空调机	电话机	移动电话	家用电脑
2000	132	114	–	–	–	7	4	–	21	–	–
2001	–	–	103	31	16	6	3	0.4	23	2.33	–
2002	136	136	108	43	21	7	3	0.4	26	4.52	–
2003	136	138	114	52	24	8	4	0.4	35	15.21	1.37
2004	126	156	121	71	40	11	5	0.4	49	30	1.51
2005	112	152	117	77	45	15	6	2.25	53	49.3	1.62

(3)**居住条件**:1979 年以来,农民的居住条件普遍有了较大改善。到 2003 年,农民的居住消费占其生活总消费的 13%。住房面积逐步扩大。1979 年人均住房 11.36 平方米,1989 年达到了 20.82 平方米,2005 年为 32.03 平方米,26 年间增长了近两倍。房屋档次较高。2001 年的房屋结构中,混凝土、砖木与其他类型之比为 38∶48∶14,而 1979 年用钢筋混凝土浇筑的房屋几乎为零。档次提高的另一表现是盖楼房的多了。2003 年的调查表明,楼房、砖瓦平房和其他房屋的面积之比为 49∶37∶14。一些较大的村镇按照统一规划,农民普遍建起了两层小楼。档次提高的第三个表现是不少农民家庭搞了简单装修,粉刷墙壁、铺设地板、安装防盗门、玻璃钢窗等。住房设施渐次高档化。2001 年住房有卫生设备的农户占调查户数的 2.6%,使用安全饮用水的农户占 47%,有取暖设备的农户占 28%。到 2005 年底,上述 3 个百分数分别上升到 5.7%、76% 和 41%。2003 年,有 36% 的农户家中有暖气或者火炕,3% 的农户建有水冲式厕所。燃料的使用上有液化气(包括沼气)、煤炭和柴草,2001 年三者之比为 1∶14∶85,2005 年三者之比为 1.5∶21∶77.5。2003 年,饮用自来水的农户占 21%,饮用深井水的农户占 32%,饮用浅井水户占 36% 户,饮用棋他水源户占 11%(见表 34—3)。

农民家庭人均生活消费支出

表 34－3　　单位:元

年份	食品消费	衣着支出	居住支出	设备用品	交通通讯	医疗保健	文教娱乐	其他用品	合计	恩格尔系数
1979	—	—	—	—	—	—	—	—	142	69.92
1980	—	—	—	—	—	—	—	—	151	73
1981	—	—	—	—	—	—	—	—	190	64.99
1982	—	—	—	—	—	—	—	—	223	64.92
1983	—	—	—	—	—	—	—	—	274	64.68
1984	—	—	—	—	—	—	—	—	311	64.6
1985	—	—	—	—	—	—	—	—	314	64.36
1986	—	—	—	—	—	—	—	—	346	63.8
1987	—	—	—	—	—	—	—	—	394	63.66
1988	—	—	—	—	—	—	—	—	421	62.03
1989	—	—	—	—	—	—	—	—	490	61.87
1990	397	30	43	43	15	34	56	21	639	62.14
1991	409	48	58	62	-	-	68	36	664	61.58
1992	—	—	—	—	—	—	—	—	665	61.96
1993	—	—	—	—	—	—	—	—	798	64.39
1994	677	64	—	45	30	—	95	14	1053	64.25
1995	645	87	93	61	18	45	101	13	1063	60.65
1996	998	99	118	98	45	72	180	19	1629	61.26
1997	956	101	108	73	54	68	200	15	1575	60.7
1998	964	91	138	86	53	57	212	34	1635	58.97
1999	869	88	118	67	45	56	203	27	1473	58.97
2000	899	68	125	56	56	69	197	25	1495	60.13
2001	929	79	138	52	53	53	200	31	1535	60.43
2002	867	86	195	63	71	91	204	50	1627	53.23
2003	900	92	218	57	99	85	195	28	1674	53.7
2004	1032	93	208	67	189	80	207	21	1897	54.35
2005	1081	110	199	89	126	186	219	37	2047	52.81

（二）城镇居民物质生活

1. 收入状况

在改革开放的初期，襄樊城镇居民就业方式比较单一，收入来源的构成也非常简单，总体上处于低收入阶段，但收入水平有所提高。国有、集体职工工资收入和离退休人员工资收入几乎是城镇居民可支配收入的全部，只有少量的其他劳动收入和个体劳动者收入。20 世纪末，襄樊经济发展进入全面提速阶段，城市居民生活也从 20 世纪 80 年代的低水平小康向高水平小康全面迈进。

（1）**职工工资收入**：1978 年，襄樊地区城市职工年均工资收入为 547 元，较 1970 年提高 25.7%，2005 年达到了 10 156 元，增长了 17.6 倍，年均增长 369.5 元，年均增长率为 11.7%。1981 年，国有、集体职工收入占城市坑民人均可支配收入（生活费收入）的比重为 85.9%；1990 年，其比重降到 69.4%；2000 年，其比重再降到 56.7%。随着产业结构的调整和国有企业改革的深入，国有企业"铁饭碗"被打破，就业渠道不断拓宽，收入来源多元化。城市居民家庭中个体劳动者逐年增加，家庭收入中个体劳动收入增长明显。个体劳动者的收入占城市居民人均可支配收入的比重由 1990 年的 0.2% 增加到 2000 年的 1.8%；从事第二职业或从事其他零星劳动收入的比重由 1990 年的 1.6% 增加到 2000 年的 5.3%；离退休人员再就业收入的比重由 1990 年的 2.6% 减少到 2000 年的 1.1%。

（2）**居民人均可支配收入**：1981—2005 年，全市城镇居民人均可支配收入从 421 元增加到 8144 元，增长了 18.34 倍，年均增长 322 元，年均增长率为 13.1%。80 年代中后期，城市家庭的"万元户"不断涌现，1990 年以来，襄樊市城市居民人均可支配收入从 1368 元提高到 1993 年的 2152 元，1999 年达到 6870，提高了 4 倍多。

（3）**收入结构**：改革开放以来，城市居民家庭收入分配结构由单一的按劳分配向按生产要素分配转变。随着产业结构的调整和国有企业改革的深入，国有企业"铁饭碗"被打破，就业渠道不断拓宽，收入来源多元化。城市居民家庭中个体劳动者逐年增加，家庭收入中个体劳动收入增长明显。1990 年，城镇居民劳动收入、财产收入、转移收入占可支配收入的比重分别为 73.5%、0.4%、26.1%，2000 年，其比重分别为 66.2%；3.5%；30.3%（见表 34—4）。

城镇居民家庭人均收入构成

表 34—4　　单位：元

年份	工资收入	财产收入	离退休收入	接受赡养	转移收入	合　计
1979	—	—	—	—	—	—
1980	—	—	—	—	—	—
1981	—	—	—	—	—	421
1982	—	—	—	—	—	441
1983	—	—	—	—	—	436
1984	—	—	—	—	—	503
1985	—	—	—	—	—	707
1986	—	—	—	—	—	813
1987	—	—	—	—	—	893
1988	—	—	—	—	—	1085
1989	—	—	—	—	—	1176
1990	—	—	—	—	—	1368
1991	1 272.6	21.4	—	—	227.2	1561
1992	1 527.9	30.8	—	—	225.5	1774
1993	1 912.91	22.9	—	—	256.24	2152
1994	2 344.01	39.5	—	—	319.28	2790
1995	2 967.78	38.28	—	—	528.31	3502
1996	—	97.26	—	—	608.11	3984

续表

年份	工资收入	财产收入	离退休收入	接受赡养	转移收入	合　计
1997	—	228.34	—	—	591.56	4797
1998	4078	195	476	161	—	4969
1999	4312	172.04	539	112	702.98	5194
2000	4416	132.99	653	108	1012.66	5663
2001	4767	193.46	—	—	953.54	6068
2002	5765.33	91.55	—	—	1083.35	6506
2003	6207.45	90.77	—	—	1172.36	7059
2004	6649.89	121.42	—	—	1416.42	7553
2005	7398.48	129.36	—	—	1445.04	8144

注:空白处为资料缺失。

2. 消费情况

襄樊城镇消费品市场从供不应求到供大于求,发生了根本变化,实现了由卖方市场到买方市场的转变。城镇居民消费水平、消费结构和消费环境都发生了明显变化。消费结构经历了由贫困型向温饱型,再由温饱型向小康型消费的转变。

(1)**居民生活消费的量变过程**:20 世纪 80 年代初,以满足温饱为目标的消费结构升级。食品消费之外,人们以经济耐用为主,那时消费的最高标准是自行车、手表和缝纫机,俗称“老三件”。改革开放之初的 1980 年左右,从吃的方面看,可以说是“一日三餐有保障”;从穿的方面看,已是“城市百姓三件衣(干部装、中山装、列宁装),四种色彩(灰、绿、蓝、白)盖满地”的一片大好形势;从用的方面看,则是注重实用价值,其中“三转一响”(自行车、缝纫机、手表和收音机)是城市居民富有的标志。人们羡慕的是骑上海产的凤凰牌、永久牌自行车,戴上海牌手表,抽襄樊生产的“丹江牌”香烟,穿“的确良”或者“涤棉”衬衣等。

20 世纪 80 年代中期到 90 年代中期,以电视机、冰箱、洗衣机为代表的家电普及为标志的发展型消费结构升级。当时居民消费呈明显上升态势,社会上出现电视热、冰箱热、洗衣机热,以及建房热、装修热等,已是“一浪高过一浪”。居民从“生存型消费”转向追求质量、档次和功能等为目标的“发展型消费”。其明显特征就是,以城市居民为主体的耐用消费品的消费热潮构成了当时需求的主潮流。据统计,城市居民从开放初期的“二电二机”很快就转入到“一彩三双”,即彩电、双门冰箱、双卡收录机和双缸洗衣机。到 80 年代后期,大屏幕平面直角遥控彩电、大容积冰箱、全自动洗衣机、高级音响等又成为潮流商品。1989 年,襄樊市每百户城市居民拥有彩电从 1984 年的 1 台提高到 49 台,洗衣机从 8 台提高到 83 台,电冰箱从 7 台提高到 57 台。这一时期,城市居民的消费热点转换频繁,档次不断升级更新,令人目不暇接。

20 世纪 90 年代后期,市场经济在西方经济学中出现的规则经济提上了议事日程,中国从实行了 40 多年的计划经济转向了市场经济,用市场去合理配置社会资源。2001—2005 年,居民家庭消费用品不断升温、升级、“换挡”及更新,构成以小汽车、电脑、住宅(特别是商品房)、有线电话、高档音响、手机、教育、金银珠宝、家庭影院、旅游等为主导的享受型消费结构升级。每一次升级所实现的购买力水平都大幅度提高,从几十元、几百上千元和万元级消费,向十万元甚至百万元级消费转变。消费结构也由衣、食消费向住、行消费转移,购房和买车等十万元级以上消费正在逐渐进入寻常百姓家(见表 34—5)。

城镇居民家庭百户耐用消费品拥有量

表 34—5

年份	自行车	电风扇	彩电	摩托车	洗衣机	电冰箱	空调机	照相机	电话机	移动电话	家用电脑	小汽车
1981	41	15	—	—	—	—	—	—	—	—	—	—
1982	38	31	—	—	1	—	—	—	—	—	—	—
1983	46	33	—	—	5	—	—	—	—	—	—	—
1984	56	34	1		8	—	—	—	—	—	—	—
1985	133	96	8	0	61	7	0	12	0	0	0	0
1986	144	119	14	—	71	17	—	—	—	—	—	—
1987	162	129	26	—	—	34	—	—	—	—	—	—
1988	190	139	36	—	—	58	—	—	—	—	—	—
1989	185	143	49			57						
1990	—	—	51	2	85	60	1	23		0	0	0
1991	184	181	70	—	—	73	—	—	—	—	—	—
1992	206	178	82	—	—	83	—	—	—	—	—	—
1993	196	254	88	—	—	81	—	—	—	—	—	—
1994	203	184	92	—	—	88	—	—	—	—	—	—
1995	212	182	92	3	98	82	3	32	27	0	0	0
1996	204	178	92	—	—	92	—	—	—	—	—	—
1997	210	199	102	—	—	93	—	—	—	—	—	—
1998	222	203	109	—	—	96	—	—	—	—	—	—
1999	—	—	110	—	—	—	—	—	61	12	5	—
2000	178	187	112	11	98	97	11	39	67	17	8	0
2001	183	189	116	9	98	95	21	41	67	21	17	0
2002	142	205	125	11	94	95	51	46	92	53	23	0
2003	151	207	127	11	97	96	56	49	94	79	29	0
2004	161	215	140	14	107	101	71	51	95	117	36	0
2005	122	170	136	19	99	96	86	47	82	145	39	1

(2)**居民生活消费的质变情况**:改革前30年以及改革初期,襄樊城市居民恩格尔系数都在60%以上,保持在刚刚脱贫仍在温饱最低线上徘徊的水平。直到“六五”期间,国家经济实力得到发展,市场供应日趋繁荣,人民收入水平大幅度提高,城市居民消费逐步取消了票证限制,解决了温饱问题。从1987年到1997年襄樊城市居民恩格尔系数在50%上下波动,1992年恩格尔系数跌落50%的大关之后一直下降,2005年达到35.65%。

消费结构的转变。城市居民的消费结构基本改变了多少年来以吃、穿为主的单一格局,虽然居民为改善饮食结构和质量,用于食品方面支出的绝对额在持续增加,但比重逐步减少,用于娱乐教育文化服务等发展和休闲享受型资料消费不断上升。1997年,城市居民食品支出占全部消费性支出的比重由1978年的60%以上,下降到1997年的43.25%,下降了20多个百分点。当年城市居民用于娱乐教育文化服务支出占消费性支出比重为12.63%,比1984年提高了4.2个百分点。说明城市居民在物质生活得到较好改善的同时,人们的精神生活也不断提到充实与提升,休养生息意识不断增强。

消费质量的转变。改革开放以前由于城市居民可支配收入少，购买力不足，加上许多领域消费短缺现象存在，居民消费能力的拓展和质量提高受到了很大的限制，整体上处于以数量满足为主要特征。改革开放后，随着城市居民收入不断提高，购买力增强，加之消费领域产品不断丰富，居民消费在数量基本得到满足的基础上，质量和档次明显提高。食品消费开始摆脱过去以粮食为主的“数量型”，逐渐向讲究营养、保健、休闲、方便等质量型转变；衣着消费由单调、低档、耐穿向多样、中高档方向转变，追求个体化特征十分明显，耐用消费品从无到有，从少到多，从低档到高档，从“老四件”到“新四件”迅速转换和普及。居民消费呈现以下几个特点：消费水平由“温饱型”向“宽裕型”转变；消费档次由“普通型”向“高档型”转变；消费结构由“生存型”向“发展型”转变；消费领域由“狭窄型”向“宽广型”转变；消费观念由“抑制型”向“开放型”转变。

生活环境的转变。生活质量的提高除表现在吃、穿、用、行等方面由量变到质变的变化外，还体现在居住条件的改善上。改革开放30年，城市居民在收入提高，生活改善的同时，家庭财富明显增加，居住条件明显改善。(1)居民家庭居住条件不断改善，房子越住越大。1997年末，居民人均住房面积18.84平方米，相当于1978年的3倍多；2005年人均住房面积29.37平方米，较1997年人均住房面积增长55.89%。(2)房子越住越高档。1997年城市居民住在成套住宅的家庭为75%左右，2005年居民住在成套住宅的家庭占93%，且装修率达33%。

交通通信的转变。20世纪90年代末，全市交通不便的状况明显改观，装电话难以及装电话后服务难的问题基本解决。尤其是进入21世纪，全市现代立体交通通信已形成较为完善的网络。据统计，到2005年末，全市载客汽车达5308台，其中出租汽车2408台，占载客汽车的42.9%，公交汽车704台，占12.3%。2003—2005年，全市新增私家车数量达41 900台，平均每年新增13 966台。大街小巷到处涌现的私家车，不但给百姓生活带来极大方便，也已成为城市改革开放成果的一个“缩影”。从通信方面看，到2005年末，城市居民每百户家庭拥有固定电话、移动电话175部，平均每户家庭至少拥有一部固定电话与移动电话；而1997年末，每百户城市家庭拥有1部移动电话。曾作为身份象征的移动电话现已成为普通百姓家庭的必备通信工具。城市居民家庭通讯更为便捷，2005年每百户家庭拥有家用电脑35台，城市家庭家用电脑普及率约50%，而在1997年，每百户城市家庭还只拥有1台家用电脑。2005年，每百户城市家庭接入互联网的移动电话和计算机已分别达到2部和28台。这在一定程度上，充分反映出襄樊市交通通信发展的流光溢彩，“千里之外，无线牵挂”（见表34—6）。

城镇居民家庭人均消费支出

表34—6　　单位：元

年份	食品消费	衣着支出	家用电器	医疗保健	交通通讯	娱文乐教	居住	其他	合计	恩格尔系数
1979	—	—	—	—	—	—	—	—	—	—
1980	—	—	—	—	—	—	—	—	—	—
1981	—	—	—	—	—	—	—	—	431	55.32
1982	—	—	—	—	—	—	—	—	402	61.83
1983	—	—	—	—	—	—	—	—	435	62.62
1984	—	—	—	—	—	—	—	—	453	62.55
1985	346.17	—	—	—	—	—	—	—	676	51.18
1986	405.07	—	—	—	—	—	—	—	757	53.49
1987	469.09	—	—	—	—	—	—	—	892	51.44
1988	538.74	—	—	—	—	—	—	—	1 072	48.9
1989	608.19	—	—	—	—	—	—	—	1 091	55.77
1990	648.62	—	—	—	—	—	—	—	1 207	53.74

续表

年份	食品消费	衣着支出	家用电器	医疗保健	交通通讯	娱文乐教	居住	其他	合计	恩格尔系数
1991	718.2	259.6	—	23.33	14.34	—	6.48	57	1436	50.02
1992	758.69	292.79	—	24.07	28.62	—	45.01	64.19	1521	49.89
1993	794.32	404.87	—	41.16	28.25	—	102.38	72.61	1851	42.91
1994	1082.11	522.89	—	37.47	31.16	—	133.31	89.13	2217	48.81
1995	1400.03	688.09	—	57.68	115.74	—	217.93	94.23	2952	47.42
1996	1551.37	690.09	—	65.36	127.93	—	247.78	112.53	3321	46.91
1997	1540.51	684.48	—	114.66	129.41	—	317.09	126.76	3569	43.25
1998	1478.28	657.23	310.34	186.43	134.8	445.72	364.76	119.46	3697	39.99
1999	1540.25	631.14	269.28	226.4	196.14	634.26	403.39	200.23	4101	37.56
2000	1716.28	674.18	395.66	349.22	223.04	485.94	501.19	212.85	4558	37.65
2001	1645	671.22	—	299.29	219.48	—	629.84	262.09	4846	33.94
2002	1795.99	610.8	—	501.67	471.32	—	448.25	189.28	5327	33.72
2003	1966.68	701.76	—	403.08	494.88	—	505.68	155.4	5771	34.08
2004	2067.58	724.62	—	415.51	558.17	—	535.32	183.21	6051	34.17

（三）　贫困人员生活救助

1. 城市最低生活保障

襄樊市从1997年6月开始实施城市居民最低生活保障工作，当年市区首批纳入的保障对象有1081户3 210人，占市区城市人口的0.61%，月发低保金10.31万元，月人均补助32元。到2001年底，共有112 931人参加了“低保”，占城镇居民总数的6.89%。2003—2004年，全市城市低保在“应保尽保”的基础上，完善保障制度，规范动态管理，继续加大低保资金的投入，加强保障金管理使用。至2004年底，全市低保对象65 868户、181 207人，月支出保障金916万元，月人均补差51元。其中城区（不含襄阳区）有保障对象29 809户88 212人，月支出保障金659万元，月人均补差75元。低保金全部实现社会化发放，低保对象凭低保证每月到银行领取。从2005年12月起，将市区城市低保标准由人平150元/月提高到170元/月。

2. 农村特困户定期定量救助

对农村特困家庭的生活救助，是按照当地上年人均纯收入总数的25%，将标准确定在500—800元/年之间。2004年3月，全市启动农村特困户定期定量救助。各级民政部门排查，经省民政厅核定襄樊落实定期定量救助24200人（2003年为特困家庭54367户、165374人），占全市农村总人口的4.3%。

3. 农村“五保”集中供养

襄樊市从1986年开始，兴办农村福利院，集中供养“五保”老人。当年底，全市建农村福利院490所，集中供养4 347人，供养率为16.76%。1987年为560所，集中供养5 582人，供养率为20%。1990年供养25 607人，年供养金额924.38万元，年人平生活费361元。1998年集中供养5 709人，供养率达40.8%。2003年，全市农村五保集中供养“福星工程”启动。至2004年底，各地利用原有政府闲置资源改扩建原农村福利院，大规模收住自愿入住的“五保”对象，集中供养人数为11 140人，供养率为60%。2005年集中供养14 299人，供养率提高到71.3%，基本实现了自愿前提下的集中供养目标。

4. 城镇失业保障

1986年，国务院关于城镇职工失业保险制度改革文件发布以后，襄樊市即开始组织实施。1995年参保人数为32.4万人，领取失业保险金176.87万元。1999年国家《失业保险条例》颁布后，襄樊的失业保险覆盖面不断扩大，保险对象不断增加。到2001年底，全市参加失业保险的为39.78万人，年领取失业保险金11610.65万元。其中领取失业金的人数为9875人。2005年，失业保险参保人数382736人。

5. 老年人生活保障

全市各级政府不断加大对老年社会保障的投入。2001—2003年的3年间，全市投入10.33亿元用于老年社会保障，市政府每年补给市公交总公司20万元解决老年人免费乘车问题。2003年，全市企业参加社会基本养老保险的人数达到48万人(2001年为38.75万人)，其中10.5万名离退休职工领取养老金6.2亿元，社会发放率达到100%。城市享受“低保”的老年人7 763人，每月共领取低保金38.9万元。农村参加养老保险者84.6万人，到龄领取保险金的6 200多人，每年领取保险金43万元。全市18 518名在乡老复员军人的生活、医疗、住房问题等得到了解决。2003年底，全市已建立老年公寓8所，“星光老年之家”89所，敬老院147所，有床位5 200张，老年活动中心(室)5 120个，门球场300多个，老年大学、学校66所，室外广场68个。

6. 烈军属优待抚恤

全市各地开展“爱心献功臣行动”，每年接收捐款数百万元，加上各级财政拨款数百万元，为一万多户优抚对象解决生活困难，包括新建和维修住房、解决看病难题等。受惠对象为军属户，包括农村义务兵家属、城镇义务兵家属、在乡烈属、在乡伤残军人、在乡复员军人、红军失散人员、在乡退伍军人、退伍红军老战士、带病回乡退伍军人、因公牺牲军人家属、病故军人家属、人武部干部遗属、孤老烈属、西路红军老战士等。民政部门负责对上述人员在生活上给予定期补贴或者抚恤，每户每年数百元到1 000多元不等。2001年享受定期抚恤者3 302人，2005年为3 444人，全市2005年发放抚恤金589万元。

二、精神生活

人民群众的精神文化生活在“四有”(有理想、有道德、有文化、有纪律)教育和“两德”教育(社会公德、职业道德)中健康发展，按照《公民道德建设实施纲要》，普及二十字公民基本道德规范，以讲诚信为主，遵守市民守则中的“十要、十不”，做到“人人都是襄樊形象，人人争做文明使者”。

(一)　文化活动

1. 看书读报

自1979年以来，乡村农民和城镇居民看书看报之风日渐普及。许多农民有购书借书看书和藏书习惯，而城镇居民家庭差不多都收藏有几十上百册书籍。报纸杂志在农民家庭大约是十有其一，在城市则是户有其一。人们读报订杂志，为的是学文化学科技，为的是了解党和国家的政策法规，知晓国家大事。1980年起，各级党政组织普遍开展送文化下乡、送文化进社区活动。1983年，全市16%的生产大队、28%的工矿企业开办有售书网点或者文化书屋，人们购书、借书非常方便。从1982年起，各地还出现自发办家庭文化室热潮。当时的光化县就办家庭文化室29处，形成在家庭普及文化和开展文艺活动的新局面。1983年，全市家庭文化室200余处。老河口市纪洪岗退休的小学校长周发文多方集资办家庭文化室，订有报纸、杂志14种，各种图书数百册；辟有科学、时事专栏；又用放映电影的收入建造一座容纳1000多名观众的露天电影院，活跃了当地农民的文化生活，还吸引了邻省河南农民来参加文化活动。2000年12月，响应中央号召，全市开展“全民读书月”活动。一是“议”，通过媒体发表《关于买一本书，读一本书，送一本书到西部的倡议》；二是“展”，在市图书馆展览地方文献，在新华书店办新书展；三是“颂”，举报读“红书”征文朗诵会；四是“评”，开展群众读书评书活动；五是“送”，即送书、送知识、送信息下乡活动。2000年前后，一些图书馆和新华书店相继开放，人们可以免费读书。因此在节假日，书店、图书馆都是门庭若市，购书、借书、现场读书做笔记者，络绎不绝，学子们求知若渴，市民们汲取文化营养。2004年6—9月，市图书馆开展第14届少儿读书征文活动，以“我最喜欢的一本书”、“我是怎样读书的”等为题，引导青少年“快乐阅读”。

2. 学知识学技艺

自1977年底全国恢复高考以来，人们自学求知的热潮一直高涨。很多人在工作之余通过自学考试取得了中专、大专和本科文凭，有的甚至拿到了研究生学历证书。城市退休在家的老年人，约有1/10参加各种形式的老年大学。他们学习中国历史知识和传统文化，以及学烹调、学书法、学绘画、学跳舞、学唱歌等等，使晚年生活更丰富更充实，真正地老有所乐、老有所为。

3. 大型群众文化活动

人民群众参与的各种社会文化活动，全市每年有几十起上百起。其内容包括书展、画展、影展、书画比赛、知识竞赛等。1986年春节前夕，全市举办了迎虎年书画联欢。为提高全市钢笔书画技艺，举办了钢笔书法展览。六一前夕举办了“小神笔”作品评奖和少儿书画展。组织举办了全市第二届版画展、全国青年美展、影协会员作品展，共展出作品一千余件。1994年，为贯彻落实《爱国主义教育实施纲要》，全市组织大中小学生参加“观看百部优秀影视片、读百部好书、唱百首歌曲”等爱国主义教育系列活动，同时举办了“知我襄樊、爱我襄樊、建我襄樊”知识竞赛活动。2000年元旦期间，有关部门举办“猜千年谜语，抽派友大奖”大型群众文化活动，精选古今中外谜语5 000条供全市人民竞猜，吸引了数万名群众踊跃参与，丰富了节日群众文化生活。2001年7月，为举办庆祝建党80周年，全市举办书画作品展，展出作品180件，参观群众4 000多人次。2003年6月，市图书馆开展以“弘扬民族精神、讴歌英雄人物”为主题的全民读书征文活动，收到征文670篇，评出一等奖1篇，二等奖3篇，三等奖6篇。2004年1月，全市举办“襄樊当代书画家迎春书画作品展”，展出四十多位书画家的六十余幅作品。

4. 收听广播

1979年前，人民群众收听的广播是以有线广播喇叭入户进行传播的，工人、农民和居民通过有线广播获取新闻信息和享受文化生活。1980年以后，无线电收音机逐渐普及，城乡居民家庭户均一台。1990年后，人们开始收听调频立体声广播。录放机也在城乡逐步普及。人民群众通过收听襄樊广播电台的“早间服务网”、“1314直播室”、“襄广时空”、“襄广晚新闻”、“今晚有约”、“襄广夜新闻”、“行风热线”等节目，了解与解决物质、精神上的疑难问题。一早一晚的公园里，人们捧着收音机，在游玩与锻炼身体中收听文艺节目。

5. 观看电影

1978年，全市放映电影1.0万场次，观众为1085.7万人次；1980年为1.3万场次，观众1 142.2万人次；1990年为1.6万场次，观众7 088.9万人次。1999年，全市农村放映电影1.8万场次，观众780人次。2000年全市放映电影2.2万场次，观众为710万人次。2002年1.9万场次，观众510万人次。2004年7—9月，市文体局组织两个电影放映队,开展“楚风汉韵看襄樊,百场影视到基层”活动,在市区各主要广场、社区和宜城、枣阳、老河口、襄阳、南漳5个县(市)区的30余个乡村、集镇放映电影100余场次,放映影片120多部,观众近20万人次。2000年前后,一些城镇居民家庭开始购买家庭影院设备,坐在家中看电影。还有的从网上下载电影观看。

6. 收看电视

随着经济的发展和社会的进步,人们精神文化生活不断提高,电视已经普及到普通老百姓家中。襄樊从1978年起城镇居民开始有电视节目可看。1992年,各县(市)都建有电视台,人民群众收看电视更加方便。到1999底,有线电视网络已联通到县、到部分乡镇,城镇有线电视入户率达到67%。通过有线电视,居民可以收看到全国几十家电视台的节目。2005年底,全市2 214个行政村有1 586个实现了村村通电视,占71.6%。2005年底,襄樊有线电视已为用户传输模拟电视节目36套,数字电视节目71套和4套立体声高频广播节目。人民群众通过收看电视,了解天下大事,知晓国家的大政方针,欣赏文艺节目,关注与生活有关的天气预报、医疗卫生、商品信息、电视购物、入学就业等。其中大多数时间用以收看电视剧,观看戏剧曲艺等。有的跟着电视学唱歌、学唱戏、学跳舞。

7. 观看演出

文艺演出,包括戏剧、舞蹈、歌唱、吹拉弹奏等,在襄樊有着广泛的群众基础。露天的表演,群众像赶圩一样,云集而来观看。影剧院的室内演出,观众也场场爆满。在襄樊市区的襄阳影剧院和铁路文化宫,市民们常常欣赏到京剧名家的演唱、新年音乐会、小提琴独奏、国外的芭蕾舞表演等。在广大农村,老百姓在农闲时间,经常走村串街观看各种文艺表演。1978年,全市文艺表演706场次,观众66.9万人次;1980年为518场次60.4万人次;1990年为1 181场次79.0万人次;2000年1 608场次200.4万人次;2005年为2 093场次297.5万人次。

8. 群众参与文化娱乐活动

改革开放以来,人们休闲的时间多了,广泛参与各类社会文艺活动。其中有的是有关机关或者社团组织的,有的是个人或者民间自发组织的。通过各种娱乐活动,愉悦身心,陶冶情操,增加见闻,加强横向联系。

(1)**大型文艺活动**:1988年,在庆祝解放襄樊40周年活动中,全市组织了200多个参赛单位、10万人参加的“万名职工颂襄樊”歌咏大赛,演唱歌曲400多首。1991年“七一”前夕,全市举办“党在我心中”歌咏比赛,参加演唱的市直各战线16支合唱队共4 000余人,市四大家领导出席观看并为获奖单位颁奖。市总工会等单位组织举办“地税杯家家乐文艺大奖赛”、市妇联、文化局等举办“全国小星星卡拉OK大奖赛”和全国“爱我中华”卡拉OK大奖赛襄樊赛区选拔赛。1996年,为庆祝“三八”国际妇女节,全市举办“唱红半边天”双十佳女歌手选拔赛。1998年农历正月十五,在市体育场举办由四县三(市)二个城区二个开发区参加的民间文艺展演。表演队伍达5 000余人,展演各类民间文艺节目86个,现场观众达25 000余人。同年5月,举办庆祝襄樊解放五十周年“文明使者杯卡拉OK大赛暨98襄樊十佳歌手”评选活动,报名参赛选手达504人,最后评选出20人参加决赛。国庆前夕,举办“襄樊市首届合唱艺术节”,近千名演员参加演出。2000年,多家单位联合举办“襄樊市十佳、百优业余歌手演唱赛”,近600名选手报名参赛,其中年龄最大的近70岁,最小的仅3岁,共演出15场,观众达3万多人次,在社会上引起广泛影响。2001年6—9月,举办襄樊市“一节一会”大型文艺调演,3 100多人参演,观众达20万人次。2002年5月,全市举办首届社区群众文体展演黄金周活动,分别进行群众歌咏、戏曲曲艺、少儿器乐、体育舞蹈、大型健身团队等5个专场的演出,参演节目70多个,演出人员1 500多人,观众达6万多人次。9月,在襄阳烈士陵园广场举办“颂歌献给党群众歌咏比赛”,市区14支队伍近4 000名群众参加了演唱。10月的“一节一会”期间,市区人民广场举办“楚风汉韵看襄樊万人文体表演”活动。2003年及以后,每年的正月十五左右市区举行“舞龙舞狮暨民间文艺展演”活动。当年的舞龙舞狮大赛共有30条龙、12头狮子表演了“二龙争春”、“武狮雄风”等精彩节目。从2004年开始,龙狮数量进一步增加,人民群众喜闻乐见的旱船、蚌壳、高跷、司老爷查街、猪八戒背媳妇等民间文艺形式也加入展演之中,进一步丰富了活动内容,增加了活动的观赏性。活动举办以来,其品牌的社会效应日渐发挥,龙头带动作用日益彰显,有力地推动了全市的精神文明建设,有效地发挥了文化在构建和谐社会中的功用。从不断攀升的观众人数,不难看出舞龙舞狮大赛的社会影响程度,而一幅幅全家出动、扶老携幼看表演的场景,更是验证了活动的受欢迎程度。优秀的文化形式具有感染人、塑造人的作用,总是在春风化雨、润物无声的过程中,提升人的精神境界。同时,活动推动了群众文化活动的开展和传统民间文化的保护和发掘。在活动的带动下,群众文化活动日益高涨。同年9月,举行首届老年才艺大赛,报名人数5 000人,年龄最大的76岁。1 000余名选手先后登台表演。同年10月23日决赛在人民广场举行,现场观众约2万人。2004年农历正月初一至初七,在樊城汉江大道和米公祠举行首届春节文化庙会。庙会汇集鬃人、泥人、糖人、面人、木刻、剪纸等二十多种民间手工艺和杂剧、特技、绝技、曲艺等民间文艺表演。湖南花鼓戏、安徽黄梅戏、河南豫剧、唐山皮影戏、漳州木偶剧等十多个地方戏表演团体演出20场地方戏,观众30余万人次。正月初一上午在市区主要路段举办春节民间文艺游行,两千多名业余演员表演秧歌、腰鼓等三十多种传统文艺节目。8月,举办少儿艺术风采大赛,有近2 000名少儿参加了此次活动,随后组织近百名学生到北京参加全国少儿艺术风采大赛。2005年中秋时节,在南湖广场组织“襄樊市中秋文艺晚会”,组织节目18个,有说有唱,有演有奏,形式多样。

（2）**民间文艺活动**:襄樊市的民间文艺活动一直很活跃。在各城区的公园、街头巷尾、桥头、护城河边,一早一晚或者双休日,人们尽情地吹拉弹唱,自编自演,自娱自乐,自我喝彩。襄樊市区的人民广场、南湖广场、西门桥、襄阳公园、临汉门外的码头上,每个晚间都有不少人在那里自由地演唱。在樊城人民公园,表演河南豫剧、曲剧的几乎每天都有,演唱者十几人或几十人,观众几十人。有时候甚至没有纯粹的观众,人人都是演员。他们中间有的是街道居民,有的是退休赋闲人员;有白发苍苍的老翁,也有五六岁的幼童。有的有音乐伴奏,有的就是清唱;有的化妆打扮,有的就是随身的服装。20世纪90年代,在人民群众自娱自乐的基础上,一些热心人自发组织民间文艺团体。2004年左右,各类民间文艺组织多达300多个。诸如豫剧团、老年曲剧团、红歌团、舞蹈队等。民间文艺团体的演出形式很活泼。有的下乡演出,有的在社区表演,有的为百姓的红白喜事凑热闹。

（3）**周末文化广场**:在襄樊市区,自2000年12月1日起,举办融知识性、趣味性、娱乐性于一体的周末文化广场活动。该活动一般分为四个篇章,即“冬之舞”、“春之声”、“夏之歌”和“秋之韵”。2001年全年,周末文化广场活动每周在市区各文化广场同时演出,累计组织演出13场,演出节目1860个,参演人员15000多人,观众达100万人次。12月在诸葛亮广场举办“市区周末文化广场活动一周年大型群众文化展演”,参加演出人员2000多人,观众达10000多人次。

（4）**舞蹈活动**:全市相继组织开展广场舞蹈、健身操、交谊舞、国标舞、首届舞蹈大赛等有影响力的群众性舞蹈比赛。组织“民政辉煌”、“城市建设”、“交通之歌”、“鼓商风貌”、“白衣天使”、“铁路工人有气魄”、“车城之春”、“流动大地”、“少儿之花”、“春风里的歌声”、“金婚、银婚”、“世纪之春”等不同行业、不同风貌的行业专场歌舞晚会。健身舞蹈成为社会时尚,从幼儿到老人,无论男女都在跳健身舞蹈。

（二） 体育锻炼

1. 锻炼身体

人们在业余时间都注意体育锻炼，用以预防疾病，强身健体。最常见的锻炼方式为散步、跑步、登山、下河游泳、打篮球、乒乓球、羽毛球、练气功、打太极拳、跳舞、做健美操、使用健身器材等。2000 年的资料显示，城镇居民每天有半数以上参加各种体育锻炼，锻炼时间每日 1 小时左右。

2. 职工体育

市体育运动委员会于 1984 年制定了用“三化”（革命化、科学化、社会化）促进全市体育腾飞的方针，鼓励各大厂矿、企业联办或自办运动队。很多机关、团体和企业事业单位都建有职工之家，组建有篮球队等，经常组织职工在单位内部或者走出去打篮球、打乒乓球、踢毽子、下象棋、打桥牌、拔河、自行车慢骑等活动。有对抗赛、友谊赛、邀请赛、表演赛等，丰富职工群众的业余文化生活，培养集体主义精神，增强单位的凝聚力。1980 年统计，省辖襄樊市各基层工会修建体育活动场地 71 处，组织各种体育代表队 175 个，举办体育比赛 226 次，参加省级比赛 2 次，市级比赛 6 次；常年从事体育活动的职工 9 700 多人。

3. 农民体育

襄樊的农民体育活动内容丰富。青少年中有打毛弹、打珠子、打陀螺、踢毽子、跳房、打跷子、荡秋千、滚铁环、赶老窝、过五关、打八叉、蝎子倒爬、赶老牛、射箭、捉迷藏、杀羊串等活动。青壮年农民则在田头、地角、河滩、稻场等地开展摔跤、竖石滚、抵杠子、掰手腕、碰膝盖等活动。1979 年，一些农村开始建立文化体育活动中心，开设文化室、娱乐室、乒乓球室、修建篮球场等。1983 年，枣阳县清潭公社女青年王成丽拿出积攒的 300 元人民币购买羽毛球拍、乒乓球拍、军棋、象棋、跳棋等，并在院内修建水泥乒乓球台一座，开办家庭娱乐室。每逢节假日，青年们都到她家里参加体育、娱乐活动。1984 年后，各乡镇农民体育活动开始由自发地兴起，逐渐走向有组织、有计划地开展活动。

4. 老年体育

1984 年初，襄樊市成立老年体育协会，各县（市）、区、市直各单位也相继设立老年体育协会。到 1985 年底，各级老年体协发展到 156 个，会员 4 570 人。随着各级老年体协的设立，老年体育活动便有领导、有计划地开展起来。内容有太极拳、鹤翔庄、导引养身功、配乐五禽戏、老年健身舞、老年人健美操、老年人门球、慢跑、钓鱼、桥牌等。每天清晨，广场、公园、汉水两岸的公共场所均有老年人在开展体育活动。

5. 体育游艺

襄樊境内各类体育游艺广为流传，久盛不衰。每逢春节、庙会、喜庆吉日，城镇及乡村均举行大型游艺活动。常由城镇居民、乡村民众自发组织，一经倡导，便募集资金、集体排练，届时集会夺魁。其常规节目有耍狮子、踩高跷、舞龙灯、划旱船，扮蚌壳精、大头和尚，以及杂耍表演、牵犟驴等。

6. 武术活动

襄樊境内武术活动向来受到人民群众的重视。机关、学校、企业、农村均有不少人从师习武健身，在群众健康、愉乐的基础上各地还成立有业余武术队。襄阳县体委在素有习武传统的牛首公社张庙大队办武术点，精选和培训了一批武术队员。武术队于 1980 年、1982 年出席襄阳地区和湖北省开展的武术比赛，多次获奖，被誉为“武术之乡”。老河口市中医院老武师席别头（席福庆）6 次代表襄阳地区出席湖北省和国家举办的武术比赛。1980 年在太原举办的全国武术表演赛中获金牌一枚。1985 年，仅老河口市坚持习武健身的就多达 1 700

多人，所习拳术、掌术、刀术、剑术、器械、气功等达46套。

7. 大型群众体育活动

每年冬季，襄樊都要组织大型的群众体育活动，以及登山、拔河、万人长跑等。2003年2月14日，一年一度的万人长跑活动在襄樊市区举行。长跑路线从南湖广场沿襄城南街、檀溪路、长虹路至诸葛亮广场。第一方阵从起点至长虹桥南侧，第二方阵从长虹桥北至终点。城区、开发区的干部职工和在校学生近万人参加长跑活动。

（三）其他精神文化活动

1. 旅游活动

1979年以来，外出旅游逐渐成为人们主要的休闲活动之一。20世纪90年代以后，旅游更成为新时尚。大多数居民利用节假日，尤其是国家法定的“黄金周”外出旅游。有的在境内游玩襄樊的山山水水，有的外出游览祖国的大好河山。城市居民的郊游，主要是以家庭为单位组织的春游踏青，欣赏大自然的美景，吸收新鲜空气，亲近泥土的芬芳，采摘野花野果。外出旅游的方式，有的自己驾车旅游，有的跟随旅游团体。进入新世纪后，许多退休老年人外出旅游比较普遍，不少人是一年两次，春天一个地方，秋天一个地方。每次10天左右，花费两三千元。1998年，襄樊城镇居民人均旅游费用为26.8元，1999年达到58.94元，2000年高达115.60元。在旅游高峰的2003年，全市国内旅游达到近500万人次。

2. 信仰宗教

改革开放以来，人们有了信仰宗教的充分自由。信仰国教的，经常到寺庙烧香拜佛，磕头诵经；信仰外教的教徒们定期定时到教堂里做礼拜，读经、祷告、唱圣歌等。信仰宗教，有的为了丰富业余文化生活，有的为了弥补精神空虚，有的为了修炼心性，有的为了以乞求平安躲避灾祸，有的为了祈请真主保佑安慰自己的心灵，还有的是为了还愿，为了做善事。襄樊境内有佛教、道教、伊斯兰教、天主教、基督教五大宗教，开辟有宗教活动场所94处，其中佛教20处、道教12处、伊斯兰教13处、天主教6处、基督教43处。全市宗教教职人员192名，其中佛教33名、道教24名、伊斯兰教16名、天主教31名、基督教88名。2005年底，全市有信教群众约11万人，其中佛教3.6万人、道教2.7万人、伊斯兰教2.1万人、天主教0.6万人、基督教2.2万人。

3. 身体保健及其他

（1）**健身与保健**：人民收入提高之后，也注意保养身体，有个健康的体魄。一是购买保健药品，以提高身体素质，增强免疫力；二是家庭购置健身器材，随时随地锻炼身体。城镇居民家庭，差不多都有各种各样的健身器材。据统计，1991年城镇居民的医疗保健费用为23.33元，1997年突破百元大关，1999年达到226元，而2005年为564元。14年间增长了23倍多，其中保健费用是同步增长。

（2）**美容与美发**：为追求时尚，享受新生活，从20世纪80年代起，一些城镇居民开始注重个人打扮，打理得精神奕奕，容光焕发。青年人是烫发染发和美容，烫发的烫成卷卷型或者漩涡状，染发的染成五颜六色，美容的使用高级或者进口的化妆品后变嫩变靓。中老年人则是染发，将白头发变成黑头发，显得分外年轻。一般人则是理发后将头发用电吹风吹齐整、吹平滑，再使用啫喱水定型后显得靓丽和帅气。襄樊市区的美容美发店有好几百家，而且几乎所有的乡镇街道上也都开有美容美发店。

（3）**洗脚搓背**:20 世纪 90 年代中期，襄樊开始有了洗脚行业，再后，搓背、按摩活动也应运而生。人们在一天或者一周的劳累之后，去洗洗脚、捶捶背、做做按摩，也是一种身体保健，一种休闲，一种消遣与享受。

城乡居民收入与消费总览

附表 34—7　　单位:元

年份	消费总额（亿元）	居民消费价格指数	社会消费品零售总额亿元	国内旅游万人次	城镇人均住房 M2	农村人均住房 M2	城镇人均可支配收入(元)	农民人均纯收入（元）	职工年均工资（元）	存款余额(亿元)
1979	—	100.9	5.32	—	—	11.36	—	151	586	3.7
1980	—	106.4	6.79	—	—	12.43	—	173	697	5.12
1981	—	100.9	7.51	—	4.35	13.56	421	206	688	5.24
1982	—	99.7	8.41	—	5.58	14.16	441	275	718	6.37
1983	—	99.9	9.44	—	6.83	15.27	436	342	725	7.75
1984	—	100.6	11.81	—	10.68	16.85	503	377	833	9.44
1985	—	108.7	14.76	—	12.61	16.25	707	394	966	12.84
1986	—	106.8	17.54	—	13.41	17.3	813	428	1107	17.92
1987	—	107.7	20.04	—	13.57	18.21	893	475	1206	24.81
1988	—	119.7	25.73	—	14.49	19.01	1085	473	1441	27.74
1989	—	113.3	26.82	—	14.19	20.82	1176	578	1544	32.85
1990	—	103.9	25.96	—	15.19	21.91	1368	700	1714	39.7
1991	—	107.4	29.46	—	11.64	23.34	1561	708	1920	47.47
1992	—	111.8	33.61	—	12.35	25.76	1774	763	2134	55.6
1993	—	117.3	40.93	—	12.06	22.97	2152	871	2456	70.7
1994	—	124.8	56.05	—	13.14	24.11	2790	1229	3590	97.34
1995	—	118.6	73.56	—	14.1	25.51	3502	1475	4199	104.92
1996	—	110.4	90.89	200	17.21	27.26	3984	1912	4641	135.23
1997	—	104.4	108.96	228	18.84	28.96	4797	2176	4810	193.3
1998	—	97.8	119.67	280	19.68	29.34	4969	2310	4667	210.13
1999	—	97.8	129.3	317	20.54	29.17	5194	2347	5775	266.94
2000	—	99.8	142.41	419	21.36	27.54	5663	2386	6196	251.01
2001	—	99.1	155.22	660	21.89	30.36	6068	2479	6696	290.11
2002	—	100	168.24	366	25.08	30.56	6506	2564	7599	355.34
2003	247.81	102.5	182.86	497	25.75	31.09	7059	2658	8555	418.49
2004	270.11	104.4	206.64	571	27.09	31.48	7553	3060	9124	487.7
2005	—	101.4	241.21	628	29.37	32.03	8144	3191	10156	559.76

三、民风民情

（一）生活民风

1. 生活习俗

襄樊人的生活习俗，近30年里发生了较大变化。

（1）**服饰（包括衣着、发式、首饰）**：衣着：20世纪70年代末到80年初，襄樊人的衣着着装相当简朴，无论面料质地、花色品种、制作工艺样式都比较单一。居民的衣服是家庭手工或缝纫机制作，也有拿布料到缝纫社或裁缝铺加工，付加工费。到商店购买成衣的人很少。春、秋、冬三季，男性单、棉衣服多为蓝、灰、黄、黑色的中山服（亦称人民服）、军干服、学生装和棉大衣。戴单人民帽、耳巴棉帽或“四块瓦”火车头绒帽，也有人戴“气死风”三挎线帽。脚穿晴雨两用的解放鞋或篮球鞋，大多数仍然穿传统的千层底布鞋。夏天，人们的单衣多为白色、月白色和浅灰色的长袖、短袖衬衣，身穿棉纱、针织背心或短袖汗衫，脚穿自制的草鞋、布凉鞋或木制拖鞋。穿裤腿较短、露出袜子的“吊八寸”。穿旧的衬衣、单衣，冬天作内衣。女性服装布料，色泽与男性大致相同，式样有别，上身穿的单、棉衣服多为对襟，很少穿偏大襟传统女装，下身穿偏开裆裤，自制的千层底布鞋，多为毛边，大口，黑色，配橘红或肉色袜茬。20世纪80年代中期，人们在商店选购成衣增多，自制或到缝纫社加工的逐渐减少。街面上出现时尚青年男女穿带铃铛的“喇叭裤”、连衣裙。冬季男女服装倾向于高档，时兴呢料大衣、外套。一般居民穿绒衣、毛衣、棉背心、小袄，外罩大衣、风衣。城乡居民的外套和内衣布料多为化纤合成或棉毛混纺织物。80年代后期，男性服装趋向国际化、时尚化，女性趋向多元化、舒适美观。男性一般穿蓝、灰、黑色单排扣西服。冬季内穿毛衣、绒衣、夹克，外罩呢料或皮、毛大衣或风衣。头戴鸭舌帽（工人帽），脚登各式皮鞋。夏季服装，丝绸面料仍占一定比重，但新型的化纤织物进入市场，的丝绸、乔其纱、朱丽纹等质地轻薄、穿着舒适、定型免烫，优于真丝绸，市场畅销。春、夏服装色调倾向于淡雅，图案简洁明快；秋、冬季服装色泽倾向于沉重，图案深沉大方。款式大都简洁，宽袖，无摆，立领或开关领，衬衣或外套多双贴兜。20世纪90年代，衣着倾向于华丽美观，讲究光彩夺目，吸引眼球。衣着多花衣花裤，格子服、无袖装、无领装等。尤其是年轻女性逐渐开放，穿低胸服、露脐服、超短裙等，大街小巷，比比皆是。春、夏男装款式，流行三颗扣的宽大衬衫和工作服。长裤则浅裆上宽下窄，近似20世纪50年代流行的“香烟裤”的裤脚。有的人着翻领运动衫，鲜艳印花大T恤衫，横宽条纹运动衫及条纹裤。质地以麻纱、混纺麻棉为主。色调以中和色或偏黑深色为主。90年代初，女性服装曾流行裙裤，裤脚短大、长短不一、颜色不等，既能掩饰各类不尽如人意的体型，又可呈现当代女性美的风韵。老年人的服装也在随时进化，不主故常。为了缩小与晚辈无形的“代沟”，搁置起传统的青、蓝、灰色的中山服、军干服，换上了各色流行时装，红红火火，呈现一派朝气。进入21世纪，人们的衣着更加趋向于国际化、时装化、多元化，讲究舒适美观。男性的春、秋装多以夹克、T恤为主；冬季为羽绒服、羊绒裤；夏季为短袖T恤衬衫。裤子由原来的“喇叭裤”改为直筒中腿长裤。女性改为直筒、低腰、大腿裤。面料多系厚实、耐磨的牛仔布。就多元化、时尚化而言，女性服装变化换代多于男性。女性在春、秋时节，大都穿T恤内衣，各式时尚外套，紧身裤或紧身裤穿长筒马靴等。冬天大都穿保暖内衣、内裤，外加套装或风衣及羽绒大衣，脚穿皮棉鞋或保暖鞋，高跟鞋多在2寸上下。除老年人外，青年男女夏天戴遮阳帽，其他季节很少有人带帽子，呈现青春活力。2004年后，女性穿百褶裙、公主裙、背带裙、工装裙和裤裙的人明显减少，改穿颜色浅淡的五分裤人增多，上配T恤衫，呈现青春时尚，曾流行大红、宝蓝、墨绿、几何图案的“唐装”，在市、县（市、区）中心区域部分中老年人和文艺界人士尤其偏爱。在民族民间重大节庆盛典上，也有特殊人群着装“汉服”以示纪念。各种行业制服、工装也颇流行。儿童服装多以现代与传统服装融合，衣料以棉布和混纺织物为主，衣帽鞋袜，花色鲜艳。中小学生穿上各色校服。2005 年,男女着装回归朴素大方、时尚庄重、健美,大部分女性不再追求外“露”,而是追求式样翻新。裤脚高低适当,线条整洁,外形宽松兼有流动。男性服装仍以西服、夹克为主。西服扣子由 3 粒改为 4 粒;夹克汇入中国服饰文化元素,由紧缩的下摆、袖口,改为宽松;裤子既有西服样式,也有中西合璧的休闲装。

发式:头发也趋于时尚。男性在 20 世纪 70 年代末,发式多为平头、分头、背头,老年人多为光头。女性多为下发头、妹妹头、双辫、羊角辫。男女发式都系自然色,有黑发、白发、黑白相间黎花头。80 年代,发型趋于时尚化、多元化。男性有留长发、背头、分头、包菜头等,中青年多打发蜡、发胶定型,城市在理发店,理发厅理发,农村集镇也有个体理发店铺,串乡包活剃头匠逐渐消失。女性发型各异,有烫成波浪式卷发、马尾式、披肩式、学生头、蘑菇头等。20 世纪 90 年代,部分男性发型女性化,有披肩发烫卷发,也有留胡子的现象,女性剃男式头并不少见。青年人染发由黄色增加到褐、绛色,特殊行业人群,如理发的学徒染成红、绿、蓝、白、紫“五花头”,以彰显发艺,有广告的特色。女青年也有把长发盘于头顶,挽于脑后,似古装的高髻。

首饰:首饰女性较男性重视。视家庭境况有选择的佩戴。中青年女性喜欢金镯、金戒指、宝石钻戒、金耳环、金耳坠、金项链等。老年妇女喜欢金戒指、金耳坠、玉石手镯。中、青年,也有老年男性戴“老板式”金戒指,刻有姓名,可作私人印章。2005 年前后,普及通信手机后,有报时功能,佩戴手表的人很少。女士的头饰花样繁多,各种发卡质地样式都不尽相同。胸花佩针以银质居多,主要是青年女性佩戴。女士用香水极为普遍,家庭经济不同,使用的档次品牌也不一样。男女作为嘉宾出席专业会,或男女新婚带塑料胸花也很普遍。男性青年也有戴金、银耳环,文身,使用男性专用香水的现象。

(2)**饮食**:20 世纪 70 年代和 80 年初,襄樊饮食南北有别。以汉水、小洪山为界。汉水以北,特别是与河南接壤的三北(襄阳、枣阳、老河口北方)以麦面为主,兼食大米、玉米、红薯等杂粮。有晒干菜、腌咸菜、捂冲菜、吃生菜的习惯。平时多主食、少菜肴,喜欢在户外或串门吃饭。农忙、节假日饮食丰盛。汉水、小洪山以南,荆楚山区,居民饮食习惯倾向南方,以稻米为主食,麦面为辅,兼食玉米、红薯等杂粮。居民有腌腊肉、松柏烟熏腊肉的习惯。平时,一家人围桌吃饭,重视菜汤。

80 年代中后期和 90 年代,居民主食大米、麦面,南北难分主次,兼食玉米、红薯等杂粮。随家长口味自行调节。菜肴猪、牛、羊、鸡、鸭、鱼肉和时令新鲜蔬菜为主,饮料以白酒、啤酒、黄酒、甜酹酒为主,兼饮白开水、茶水。进入 21 世纪,人们的健康饮食观念加强,倾向于天然绿色食品,合理膳食理念深入人心,人们有意识地在主食中加大粗粮、杂粮和蔬菜比重。大都讲究无公害的绿色食品,各色食品兼顾,注重食谱搭配的相宜、相克,吃出平安,吃出健康。中老年人口味习惯逐渐回归清淡、素雅,由喜吃荤“一咸三分味”到限肉、限油、限盐,加大蔬菜、水果比例。当地产的绿色食品品种很多,主要有白菜、萝卜、胡萝卜、西红柿、南瓜、冬瓜、苦瓜、黄瓜、土豆、山药、红薯、藕、芥菜以及木耳、蘑菇、香菌等。襄樊城乡人们的口味,咸淡适中,喜欢清香偏酸。部分人偏重于酸辣、麻辣、酸甜、微苦的食品。菜肴的佐料主要有葱、姜、蒜、胡椒、辣椒、八角、小茴香、桂皮、麻油、菜油、花生油、猪油、牛油、糖、醋、酱油等。

襄樊城镇居民早餐普遍称“过早”,喜欢到饭馆、排档、摊点上过早。20 世纪 70 年代末到 80 年代,城镇早餐一般为油条、油饼、馒头、窝子面,饮料多是豆浆、甜酹酒、稀饭就咸菜。90 年代,早餐有牛肉面、牛杂面、扳面、削面、热干面、油条、锅盔、蒸馍、包子、千层饼、米酒、豆浆、稀饭等。中餐也叫“过中”,大都在家中用餐。在没有客人的情况下,主食大米干饭,四菜一汤,至少有一样荤菜。晚餐称为“宵夜”,俗称“黑上饭二更半”。人们很重视,菜肴讲究荤素搭配,往往配上火锅,热热乎乎,全家人共餐,好酒者还要小酌一杯。

农村居民一日三餐都是正餐。农忙季节,抢收抢种,起早睡晚,半晌有吃“贴茶”的习惯。“贴茶”一般是黄酒、炒米茶、馒头、油层馍、黄瓜、咸鸡蛋等。最多时,一天达五餐。城乡居民春节前有腌腊肉、腊鸡、腊鸭、腊鱼、灌香肠的习惯。荆楚山区和小洪山区居民善于用松、柏枝叶熏肉、熏鱼、熏兔肉的习惯。薰出来的肉和野味油而不腻,清香可口。襄阳腌制的“大头菜”,亦称“诸葛菜”,别具地方风味。

全市城乡都有酿酒的传统，谷城的石花大曲系列、襄城区关公义酒、宜城的珍珠泉酒、襄阳区的古襄阳酒等都很驰名。襄阳城区的甜酹酒、甜酒、黄酒，"三北"的"双投"黄酒，以及均县移民的苦香黄酒都是优秀的传统美酒，常饮不衰，有的已成商品饮料进入市场。

城乡居民除了饮酒之外，还有饮白开水的习惯。城区居民饮茶，大都是一般春茶。农村大都用竹叶、菊花、枣芽、半枝莲、"四匹罐"，也有用柳编副产品柳条叶皮作茶叶的，解渴、消暑、祛火，久饮有益健康。到2005年，一些家庭购置了饮水机、果汁机、豆浆机，开始饮用热开水、果汁、豆浆。外出、集会多饮商品矿泉水。一些水质差的地方，居民做饭、饮用商品纯净水的也多了起来。

(3)**住房**：20世纪70年代末到80年代，城镇居民多数住在祖辈留下的旧式四合院和临街长筒子门面房里，少部分人对老房进行了改造，临街面盖起了砖瓦结构或钢筋混凝土结构的二、三层楼房。许多居民"蜗居"在公有的大杂院内。多数地方没有自来水，吃井水或轧取地下水，上公共厕所。机关团体、企事业单位的干部职工、领导干部多数住一、两间办公室带寝室，家属另住。结婚的双职工一般"蜗居"在一间房内。未婚、单身职工"蚁居"在公共宿舍内，往往一间房内住三四人，还有人长期住招待所或在街上赁民房栖身。绝大多数没有产权房。

农村居民多是一户一宅，多为传统的"四合院"、"三合头"，也有三开间，单屋独户。有砖包皮"四面青"，也有钢砖到顶"八面净"，很少"土坯座"、"干打垒"。楼房很少见。90年代，城镇居民很多在原有宅基地和临街面建起了两、三层楼房，但楼房多为"火柴盒"式的，门面贴有瓷砖，大门安有铁制防盗门，房内没有厕所。自来水不多，仍用轧水井汲取地下水。普遍上公厕方便。机关团体、企事业单位，干部职工大部分福利房，多为筒子房或筒子房改造的两室一厅，有厨房、厕所。住筒子房的人家公用厨房、楼道、上公厕。仍有人住一间房，兼办公室。

农村仍以四合院为主，依照山川水势，依山傍水建房，以坐北朝南为优。上房是平房或楼房，为正屋。正屋中间是堂屋，两头为卧室。堂屋大都作客厅兼餐厅，上摆电视柜、电视机、音响等。墙上挂历史人物、山水画，也有写"天地国亲师位"，左右配有对联，作尊贵的家堂。正屋前两侧建厢房，多作厨房、仓库用。正屋下房是过厅或门楼。没有建房的宅基地，则用砖砌成2.5米高的院墙，墙外栽有树木，墙内周边有牛栏、猪圈、鸡垅，中间是院落，植有花草果木，有轧水井或机井、厕所，适于安居乐业。

进入21世纪，大部分农民按新农村规划，在交通方便的地方或原有宅基地上盖起了三层楼房，也有人盖成别墅式的小洋楼，更有甚者，建起休闲旅游的"长寿山庄"。农村正在变城市、农业变工业、农民变市民。城镇居民除重新修整了原有的四合院、门面房，下层经营，上层居住外，大部分住上单元房，有了产权。单元房有两卧一厅，也有三卧两厅，一间厨房，两个厕所，经济条件好的住上高级商品房和别墅。机关团体、企事业单位有办公楼、宿舍楼、庭院硬化、绿化、美化、亮化，春有花，夏有荫，秋有果，冬有青，成为适宜人们安居乐业的环境。就全市城镇乡村而言，传统的"四合院"仍是民居的主流。城市居民的单元楼内，厅堂大都用板材装饰墙裙和吊顶，挂上宫灯或彩灯，地面铺有地板砖或木板砖，庭堂内放置时兴沙发、电视柜、电视机等，卧室内除有新式床铺外，还有书柜、写字台、电脑和组合家具。餐厅安置有用餐桌椅，其他杂物放入储藏室内。

电器：居民家用电器随着科技发展不断改进，趋向日新月异。2005年，一般家庭用上十几种现代化电器，诸如电视机、DVD机、电扇、饮水机、电热气、电热毯、电热壶、电熨斗、电吹风等。进入了普通百姓家庭，电脑进入家庭在2000年后，不少电脑用户和宽带连成"因特网"，还有电脑用户配置可以看电影，可以视频通话的装置。电视机由20世纪80年代的黑白画面变为彩电，又由12—21英寸变为25—29英寸及至34—45英寸，由一户一台变为一户多台，经济条件宽裕的家庭购置大屏幕投影电视或液晶电视。家用冰箱主要是档次逐步变高。空调从20世纪90年代中期进入居民家庭，开始是窗式单冷机，以后是分体双制挂机，2005年前后是双制柜机。电话普及进入居民家中是2000年之后，移动通讯工具普及在2003年前后，大多数家庭，至少有手机2部，甚至3部、4部，连老人、小学生都有手机，功能越来越多越全。

家具:20 世纪 70 年代末到 80 年代中后期,居民家具流行大立柜和穿衣柜,大都配有穿衣镜。20 世纪 90 年代,新婚或乔迁新居的家庭,一般是自购木料,请木工、油漆工打制,或在房屋装修时,根据房间大小和布局,制定固定壁柜、高低柜、壁橱、组合橱、书橱、博古架等,式样随家具风格而变化。20 世纪 90 年代末,居民家具风格逐渐发生变化,式样、材质趋向于粤式、港式和西式,更多的居民倾向于选购成套家具,如真皮沙发、聚酯家具、席梦思床逐渐普及。质地为实木的家具虽然坚固耐用,但合板材料进入市场,更受人们青睐。进入 21 世纪,家具风格与材质越来越丰富多彩,更加趋向国际化、现代化、时尚化,有欧式、美式、古典中式、现代中式、风格简约、典雅气派。床的宽度由 1.5 米演变为 1.8 米甚至 2 米。餐桌由中式方桌、圆桌演变成西式餐桌。电视柜高度由 50—60 厘米逐渐向 30—40 厘米矮地柜改变。窗帘由一般布发展为变形的花卉、风景、几何图案等偏大花形的面料制作,向着新颖别致、清淡高雅、使居室呈现温馨而富有生气的特色发展。浴缸逐渐退出卫生间,代之以淋浴装置、蹲式便具逐渐改为坐式冲水马桶。

厨具餐具:20 世纪 70 年代末到 80 年中期,城镇居民厨房燃料以煤为主,后期以罐装液化气为主,烧煤减少。农村居民普遍烧秸秆柴草,少数人家烧煤。90 年代末部分农村居民用上液化气、沼气,边远山区居民烧柴草做饭取暖普遍存在。在平原丘陵地区烧柴灶的人家明显减少。90 年代中期,饮具由原来的铁锅、铁勺、瓷坛、瓷盆、瓦罐等逐渐被铝制品、不锈钢制品和压力锅、电饭锅、微波炉、电烤箱、精细陶瓷、搪瓷制品所取而代之。居民日常家用餐具仍以瓷器制品为主,质料逐趋精细高档,搪瓷制品逐渐退出厨房。部分家庭在红、白喜事客情多时,多使用一次性餐具,如碗、筷、杯、碟、勺等。

(4)**出行**:20 世纪 70 年代末到 80 年代初,城乡居民家庭出行运载工具以各种型号品牌的自行车为主。农村居民运载工具大都是人力板车或机动手扶车。80 年代中后期,摩托车、机动三轮(麻木)发展迅速。90 年代,摩托车、机动三轮已在城乡普及,成为居民的主要出行工具。进入 21 世纪,城乡部分居民购置轿车、中巴车、面包车、电动摩托、电动三轮、客货两用车辆增多。中心城区到郊区有公交汽车、的士、乡镇公路有大巴、中巴客车,沿途有停靠站点,上下方便。境内与境外联系有高速公路、国道、省道,县、乡、村、组循环公路网络;有汉丹、襄渝、焦柳三条铁路交织的枢纽;有襄樊、老河口两座机场,多条航线组成的空中走廊;有汉水与唐白河、漳河等组成的水上运输网络,构成立体交通网络。居民前往国内国际出席会议、工作、经商、求学、打工、文艺演出、休闲旅游、走亲访友,“人行其便”、“物畅其流”、随心如意,极其便当。

2. 家族、家庭

家族:襄樊域区内,原始社会就有土箸家族村落。在历史长河中,国家有组织地或民间自发地多次向此处移民。土箸或外地迁入者集居一处,因人丁兴吐,发展成同姓同宗的大家庭。境内的许多城镇、村落多以姓氏命名。例如:襄城区的冯家巷、庞公祠、杨家河祠堂、王家湾;樊城区的邹家巷、邓城、董家台;襄阳区的程家河、朱家集、陶王岗、郭家七房、史家三房、九门李家,还有直接用开山始祖命名的刘天玉、张茂林;枣阳的徐寨、罗岗;宜城的郑集、刘猴集、孔湾、朱市;南漳的肖湾、孔寨;谷城的冷集、沈家湾;老河口的薛集、袁冲、郭白居(三姓命名)等。这些姓氏聚族而居,旧社会有大部分有族产、族规,族谱字派,有的大姓宗族有宗庙、祠堂。家族事务由族长掌管,往往政权与族权合二为一。新中国成立后,家族组织解体,宗法族规废止,宗族观念淡化,家谱被毁。但在农村集镇不少人还论一营一族,同姓同宗、家门近族,特别是不出“五服”的家门和“三代血亲”,家族观念尚存,按谱取名、分别长幼,仍然盛行。20 世纪 90 年代,中国社会科学院专家提出姓氏宗族属于“姓氏群体遗传学”的范畴,国有通史,方有方志,姓氏家族有谱牒,是中华民族优秀文化的瑰宝。随着国际种族寻根问祖的潮流,襄樊也出现“史回民间”的热点,不少家族又自发调查研究编写家庭史、续修家谱。襄阳陶王岗的陶家、鄢家埠的鄢家、郭家七房的郭家、乔庄乔家、谷城的王家、刘家,跨鄂豫两省,襄、枣、新、唐的中原赵家等都续修了家族谱牒字派,以辩家族长幼辈分,凝聚血脉亲情,便于流寓海内外宗族成员寻根问祖,增强民族的凝聚力。一般家族宗谱多以某一姓氏宗族支系为范围,除已知的赵、陶、乔姓外,其他以大范围的族姓写史续谱的少见。修谱续谱也随着时代更新、进步而变化，剔除封建迷信的糟粕，继承了优良传统，新家族谱牒中仍设置“寻根问祖”、“世系简表”、“族规家训”外，还将“宗族人物”记录范围扩大，不仅有党、政、军官员，部门单位负责人，还有劳动模范、先进工作者，德才兼备品行优良的地方贤达，技艺精湛、事业有成的艺人，社会贡献突出的英模，也有贤妻良母，教子成才女性，都以简介、名录形式录于谱中，留传后世，激励后人。

家庭：襄樊居民传统家庭结构大致有以下几种，以父母为核心，与未成年子女组成“核心结构”；以祖、父、孙三代血亲组成，嫡长承接的“直系结构”；由两系或两系以上祖、父、孙组成“联合家庭”；四代或五代同堂的“家族结构”；此外，还有鳏、寡、孤、独的“残缺结构”。家庭结构伴随时代变更，社会进步而变化。由于实行计划生育，晚婚晚育，外出工作，务工的人增多，20 世纪 70 年代末，家庭组成以直系结构为主，其中又以核心结构居多，由于生活习惯的差异，近些年不少老年人大都单独居住，四代、五代同堂的逐年减少。20 世纪 80 年代初，大部分家庭子女未成年时由父母供其生活、读书，男孩娶妻、女孩出嫁，各组成小家庭。父母或随幺儿子生活或单独生活。丧失劳动能力后，生活资料、医疗费用由兄弟共同负担，或父母轮流到各个儿子家生活。80 年代家庭多为独生子女，或一男一女。一般是女儿出嫁，男儿娶妻生子顶立门户。父母在子女长大成人后，有随子女一起生活的，也有单独生活的。如子女外出工作、务工等离开家庭，出现“空巢家庭”、“留守妻子（丈夫）”和“留守儿童”，也出现未婚同居的非正式家庭。由于自然灾害、工伤事故、离婚增多出现两系，或其他原因结成“组合家庭”的也不少。

家产继承：襄樊民间家产继承分割，多数由姑舅至亲和家族中德高望重的长辈主持，继承方式有以下几种：其一，以长子或长子为主的继承，长子以外的兄弟或未出嫁的姊妹分得的家产较少。其二，老人和儿子均分家产，由小儿子赡养父母。特别是中等人家，家财不多，长子和次子等依次成家分居，幼子不离爹娘，大部分由幼子继承。其三，父母完全丧失劳动能力后，儿子辈协商分割家产，由儿子媳妇赡养老人。女儿出嫁适当陪些嫁妆，不分家产，不负担义务。但女儿也应该尽孝心，给父母添置衣服、鞋帽，送些水酒、点心，给些零用钱。其四，没有儿子只有女儿的家庭，以招赘的方式，延续家庭“烟火”，家产由女儿女婿共同继承。20 世纪 70 年代末到 80 年代初，大部分家庭有兄弟几个，子女未成年由父母尽力供其生活，读书，娶妻成家然后分家，另立门户，只是分间把两间砖瓦房生产生活用具，无其他财产可分。80 年代后独生子女或一儿一女家庭增多，一般是女儿出嫁陪些衣被嫁妆，不分家产，男儿娶妻成家顶立门户，继承财产。90 年代到 21 世纪初，子女长大成人成材，多在外地工作，从业或务工，自找对象成家，不少人有房、有车、有收入、有存款，放弃分家继承父母财产。在城镇父母有工作、有收入、家庭有财产，儿女成家后一是同父母同住，父母管其生活，分家另居的父母有经济实力给儿子媳妇一些补贴，供孙子孙女读书，对出嫁姑娘也视其家庭状况适当给予补贴。一般家产由儿子媳妇继承，但出嫁姑娘不继承家产。姑娘在家招女婿和儿子一样赡养父母、继承财产。但在城镇也有人采用遗嘱继承家产，也有将遗产捐给公益事业者。

3. 社交礼仪

待客：襄樊人好客，待客多有讲究。客到笑迎，握手，道“稀客”。进客厅让座，奉烟、敬茶、陪客叙谈。客走送至大门外，拱手，叮嘱“慢走”“好走”“再来”等。留客吃饭，必有酒，有“怪酒不怪菜”之说。不论菜多菜少，主人皆说：“没菜，不成敬意。”先酒后饭，忌讳先饭后酒。谓之“饭（犯）上”。饮酒必劝，以将客人喝醉为好。进入 21 世纪，人们注重饮食保健，喝好不喝醉成为酒宴新风，声称身体不佳者，往往以奶茶代酒。20 世纪 90 年代以来，迎送客人拱手礼已废，多以握手，抬手礼代之，扣饭之俗也已消失，劝酒之礼沿存，但已不强求。

席次座位：襄樊请客设宴，非常讲究座次。特别注重尊老敬贤，请长辈、老师、邻里中的长者，必安排首席上座。一般堂屋客厅坐北朝南，面南为上座，若堂屋客厅不面朝南，则以屋门方位为标志，面向门为上座。餐桌有明显木纹，左右横向摆放，不得直对上座。若是客情多时，摆放两席以上，则堂屋为首席，主要客人就座。厅屋一般客人就座。陪客的身份、辈分、年龄，需与客人相当。过去有“先姑爹、后舅舅、姨爹坐在门后头”的陋习。20 世纪 80 年代以来，这些习俗民间还存在，但已不那么严格，倾向于姑、舅、姊一样亲近，往往平起平坐，互让上席,多让年长者坐首位。公务人员、同事之间同桌就餐已无这些讲究,仅让长者上坐。

亲友交往:襄樊自古民风淳朴、轻礼重义,有“人亲水也甜,凉水喝三碗”、“三辈至交,不分彼此”的俗谚。朋友交往患难与共,祸福相依。同时有尊师重道、尊老效贤之风。亲戚有近亲和远亲之分。近亲指和自己家庭中的成员血缘关系较密的亲戚。远亲是指和自己家庭成员血缘关系较疏的亲戚,对远亲有“一辈亲,二辈□,三辈四辈就拉倒”的惯例。至爱亲朋之间礼尚往来,名目繁多,有传统时令节日、婚丧嫁娶、生日寿诞、升学参军、乔迁新居等,都需赠送礼品和礼金。原来有“千里送鹅毛,礼轻人意重”的良风美俗,只要有来往就好。接受礼金、礼品的主人,有上“礼单”的习俗,亲朋之间礼尚往来大都根据礼单“赶礼”、“送人情”,还礼往往比送礼略高一些。

称谓:

对长辈:

父——直称爸、爸爸,少数称爹、叔,书面或旁称父亲、老爹。

母——直称妈、妈妈,少数称娘、婶,书面或旁称母亲、老娘。

祖父——直称爷、爷爷。

祖母——直称奶、奶奶。

曾祖父——直称太爷、老太爷,旁称老爷子。

曾祖母——直称太太、老太、太奶奶。

父之兄——称伯伯,若父兄多人,则冠以排行称大伯,二伯等。

父之弟——称叔、爹或以排行次序称大叔、二叔、大爹、小爹、幺爹等。

父之嫂——称大妈、二妈或妈妈(襄樊土话“妈”念四声,mā mà)。

父之弟媳——称婶,婶娘或依次称大婶,二婶等。

父之姐妹——称娘儿(niān),姑姑,姑,姑妈,或依次称大姑,二姑等。均县移民称“姑”为“大大”、“二大”等。襄樊人仅称新媳妇为“新大大”。

父之姐(妹)夫——称姑爹,姑父,或依次称大姑爹,二姑爹等。

母之父——直称外(wèi)爷、嘎公,旁称外公、外祖父。

母之母——直称外(wèi)婆、婆婆、嘎奶奶旁称外祖母。

母之兄弟——称舅舅,或依次称大舅,二舅等。

母之姐妹——称娘儿、姨娘儿、姨妈,或依次称大姨,二姨等。

母之姐(妹)夫——称姨爹,姨父,或依次称大姨爹,二姨爹等。

岳父——随妻称,旁称老泰山、老丈人。

岳母——随妻称,旁称老丈母、丈母娘。

对同辈:

兄——称哥,或依次称大哥,二哥,幺哥等。

弟媳随夫称,旁称大掌柜、二掌柜、瓢把子、瓢把哥。

兄之妻——称嫂子,或依次称大嫂,二嫂,三嫂等,旁称瓢把嫂。

弟——直呼其名,或按排行称老二,老三等,旁称掌柜。

弟之妻——称弟妹,或直呼其名。

妯娌——姐妹相称,小称大为嫂,大称小为妹,或大对小直呼其名。

姑、舅、姨之子女同称老表,依次称表哥、表弟、表姐、表妹,在需要时冠以姑、舅、姨老表加以说明。

姐妹之夫——小对大随妻叫,大对小直呼其名。书称:连襟;旁称挑担子、一担蹶、不配头。

对晚辈:

子——称乳名,学名,或按排行称老大、大娃子,老二、二娃子等。

女——称乳名,学名,或按排行称大俩子,二俩子等。

姐妹之子女——称外甥、外甥女,直呼其名,或按排行称大外甥(女),小外甥(女)等。

4. 生老婚丧

婚嫁:襄樊婚嫁风俗在继承保留了部分传统婚嫁习俗的基础上,也汲取部分外域婚嫁文化元素,出现移风易俗、喜事新办的新风尚。传统的繁琐的“周公六礼”逐渐淡出民间,演化成“恋爱、订婚和结婚”三部曲。恋爱关系确定后,可以进入婚嫁程序时,就要分别到对方家中“看人家”或“照门户”,征求家人的意见。男方到女方一般要带一份厚礼;女方到男方,要盛情招待,称“摆台子”,赠送见面礼。20 世纪 80 年代,经济条件好的人家多为“金戒指、金耳环、金项链”,名曰“三金”。一般人家送衣服、衣料。进入 21 世纪,见面礼改为送“红包”,不论数额多少,一般会有“6、8、9”三个吉祥数,意为六六大顺,八八大发,天长地久。双方父母同意后,订婚。双方确定订婚日期举行订婚礼,一般在男方家举行。女方亲属陪同,到男方家中。男方除“摆台子”外,要向女方赠聘礼,多为“红包”。订婚后,男女双方成了“准夫妻”,双方父母成了“准亲家”。男方和父母一般在媒人陪同下到女方家中或酒店会面、提亲,俗称“要人”。除建立联系外,主要商量正式成为亲家的具体时间,儿女正式结婚有关事宜。如婚后居住、新房布置、家具电器、婚期时间、开支项目等。达成共识后,即进入婚事的具体筹备阶段。新房和家具,一般由男方准备。农村居民将现有的房屋进行粉刷、装修和彻底清扫,再精心设计一间新房。城镇居民要复杂一些,男方需举全家之力置办新房,按时兴风格和标准进行装修。女方则准备部分家用电器和床上用品,这些费用一般男方承担较多。结婚前夕男方到女方家下聘礼。视经济状况,由双方协商,或者由男方赠给女方一定聘金,或者由男方支付女方客人婚宴费用,或由男女方客人一同参加婚宴,男方不给聘金。这些选择与女方出嫁时陪嫁多少有一定的关系。拍婚纱照,是新时期婚嫁礼仪的重要组成部分。结婚登记需要双方合影。婚纱照由专业婚纱影楼拍摄。一般全套价格近千元,高者达数千元。男女双方化妆,着时尚服装,或室内、或野外,摆各种姿态造型摄影并制成精美的相册和光碟作为永久纪念。择其中最佳者放大挂于新房之中。婚期确定之后,则下请柬遍请客人。男女双方的亲戚、朋友、家族近门、同学、同事都是通知对象。前一天中午,至亲先到男方送礼,称“暖郎席”。边远山区还有“十兄弟”劝新郎喝酒的习俗。与此同时,女方至亲先一天中午来吃“梳头酒”,送礼“添箱”,到第二天女方发嫁方可离开。发嫁前一天晚上,在荆楚山区,还有十妹陪新娘“哭嫁”的习俗。婚礼当天,男方要接亲,新娘化好妆后在娘家待嫁。新郎则在陪郎的陪同下带着接亲车队、乐队,抵达女方家。车队一般是吉祥数 6、8、9 辆,由花店用鲜花、双喜字、彩条装饰。接亲在早晨进行。车队到达女方家时,管乐高奏,锣鼓、鞭炮齐鸣。此时,新娘的姐妹或女客,关上大门。接亲的“路支客”从门缝中塞进红包,方能开门。烟茶招待,等待发亲时间。根据女方生辰“四柱”,选择良辰美时发亲。时辰一到,新娘被伴娘从闺房搀扶而出,等在门口的新郎向新娘三鞠躬。新娘、伴娘同上婚车。新娘的姐妹、亲戚朋友参加送亲。迎亲车队一路上往往会遇到“拦花轿”的,路支客需发糖敬烟,乐队奏乐,然后放行。到家后,新郎再次向新娘行礼,抱起新娘进入典礼厅堂。城市婚礼多在家里厅堂或宾馆酒店举行,农村多在堂屋、庭院举行。在城市,婚礼一般由婚礼公司的专业傧相主持;农村大部分都请懂礼节的学问人主持。婚礼有固定的程序,主持人按程序进行,多为先拜证婚人、父母,然后夫妻互拜,再拜宾客,亲友披红,即向新郎、新娘身上披衣料、被子、被单、毯子等。婚礼上新娘要改口称公、婆为“爸、妈”,公婆要响亮答应,一般要喊多遍。此时父母要给儿媳改口“封子”,无论成百上千上万,但尾数必须是一元,美其名曰“百里挑一,千里挑一,万里挑一”。婚宴在婚礼结束时开席。宴席桌上、荤素、热冷菜肴陆续端上席面,席上有白酒、啤酒。饮料和香烟。由“傧相”安排席次,送亲的娘家人为上亲坐首席。酒过三巡,新郎新娘换装后,在父母或亲友陪同下,先给上亲敬酒,然后逐席敬酒。叫出尊辈长上,答谢客人祝福。客人贺礼一般都是现金,一般宴前上礼,也有宴后上礼者。上亲宴席将近结束,听到放鞭炮,奏乐送客,即离席回归。宴席过后,上亲回归,接着就是闹新房。襄樊风俗“闹新娘三天不论大小。”但闹房的多是新郎新娘的年轻堂兄弟、表兄弟、同事和朋友。闹的项目和花招多种多样,别出心裁。讲究喜庆,热闹气氛。一般到晚上 12 点尽欢散去。婚后 3 天,新郎伴新娘回娘家,称为“回门”。当天去,当天回来,习俗叫“三天不守空房”。也有“看日子”,避祸免灾,图吉利,7 天回门,如果离娘家太远的一个月后,甚至更长的时间回门。婚后 1 个月,新娘回娘家,叫做“住对月”,也是襄樊的婚俗。

生育:重男轻女观念已趋淡化,一对夫妻只生一个孩子的越来越多。在农村大部分采取自然分娩,多请医务室女医生或接生员助产。在城镇一般采用手术分娩。婴儿出生后,领取“出生证”,以便申报户口。孩子出生第一天,孩子的父亲必须亲往或电告岳父家报喜。孩子出生第三天叫“三朝”,也叫“洗三”,给新生儿、产妇洗澡。洗澡水叫“长寿汤”,也叫“槐条艾水”,可以杀菌、祛风、免灾,使孩子健康成长。也有人在“长寿汤”中加上葱白、金属钱币叫“添盆”,寓意聪明,祝孩子将来长命富贵。“洗三”这天,至爱亲朋带些礼物、孩子的衣物来“瞧月子”(看望产妇和孩子)。长辈给孩子起个乳名。产妇“坐月子”,一般由婆母担当。也有请娘家妈妈、姑妈、姨娘照料的。在城市也有请临时工做“月嫂”,负责照料护理。坐月子期间,必须休息,禁风,忌冷水,忌生冷及有刺激性的食物。当地习俗,产妇不得入别人家宅子房屋,只可在自己宅地,家里和公共场所活动。如果误入别人宅地房屋,还需“挂红”,道歉,以免“妨碍”。“送粥米”又称“送月礼”、“送祝礼”。亲戚朋友要送“祝礼”。娘家人称送“粥米”、“送米面”,要充分准备一些婴儿所需的摇篮、玩具、被褥、衣帽、毛衫等用品和面条、鸡蛋、活鸡、猪蹄肉食补品等。其他亲友送些现金表示祝贺。主人家要设宴招待宾客。此宴称之为“满月面”。满月后不久,娘家派人来接产妇和婴儿回娘家“住满月”。娘家人要给孩子额头上摸锅烟,叫“打灶狗”。近亲给孩子脖子挂红钱,然后编成辫子、系长命锁、压灾。也有产妇带着婴儿到别的亲友家小住,叫“挪窝”。

生日:襄樊人叫“过生儿”。中青年人一般不过生儿。现在少数人即使过也很简单,只是全家人吃一顿较丰盛的饭菜,但离不了吃“长寿面”。对孩子们的生日越来越重视。一周岁“抓周”外,还过三岁、六岁、十二岁生日和十八岁成人礼。满周岁姑家、舅家、姨家和部分至爱亲朋为孩子举办“抓周”礼,“抓周”一般午宴后举行。在大桌子上摆放印章、书籍、笔墨纸张、算盘、账册、首饰、花朵、胭脂、玩具、吃食等。若是女孩还要加摆炊具、剪刀、尺子等让孩子端坐桌上,任其挑选。视其先抓何物,后抓何物,来预测、卜算其志趣、前程和将来可能从事的职业。“抓周”实际是一种生日游戏,事后并不当真。小孩的三岁、六岁、十二岁生日,城乡都过,宴请亲友,唯有十二岁生日特别隆重。十八岁成人礼是年轻人自己的事,家里一般不举行生日礼,多在学校社区或共青团组织集体举行。或年纪相仿的同学、朋友凑份子在饭馆吃喝欢聚一场,以示祝贺成人长大,进入社会。成人对于属相本命较为重视,特别对其中的 36 岁生日,当地流传口碑民谚有“人过 36,喜的喜,愁的愁”。因而人们对这一年龄段的生日尤为在意;每逢“9”的生日,9 谐间为久,一般也作家庭小型庆祝,如四十五、五十四岁生日等。进入老年人年龄段的 60、70、80、90、100 岁寿诞生日为“大寿”,一般由儿女操持庆祝活动。百岁老人,乡镇、社区居委会、村委会等组织“寿诞贺喜队”前往祝寿。襄樊老人大寿生日,往往提前一年过。20 世纪 70 年代末,一般中青年不过生日。“老人过生吃碗面,小孩过生加个蛋”。80 年代逐渐重视,一般家庭儿童和老年人过生日,在家中聚餐,在电台点歌以示庆祝。20 世纪 90 年代到 21 世纪初,城镇居民生日多在宾馆酒店举行,有生日蛋糕,吹蜡烛,切蛋糕,唱“祝你生日快乐”,亲友致词等。

丧葬:20 世纪 70 年代以前,当地居民亡故后,均为棺木土葬。70 年代末到 80 年代,提倡火葬。90 年代城市逐步废除棺木土葬,实行火葬。进入 21 世纪初,各县(市区)民政部门加强殡葬管理,推行殡葬改革,除边远山区、交通不便、人烟稀少的地方土葬外,城乡绝大部分实行火葬。殡仪内容既保留了部分传统形式,也汲取了外域文化元素,司仪名曰“督倌”,代主人家办丧事,形成新的殡葬礼仪。民间以停止呼吸、心脏停止跳动为“倒头”、“落气”。烧落气纸、放鞭炮,宣告“老了人”。将尸体由床上移至堂屋地下称下榻。铺上麦稻,盖被子,口含“清口钱”,手拿“打狗饼”,整容,将死者口眼抚摸使其闭上,用纸或布将脸蒙上,脚上绊脚绳。头前设香案,点照尸灯,上斋饭,置牢盆,跪垫,供人们祭奠。人亡要整容、洗澡,男剃女梳,寿衣内红外黑,衣服要双数,不能用皮毛衣料,扣子不能用金属的,亡者若有长辈在世,头上要裹白巾,以示尽孝,然后装殓。“人老了”之后,家属要及时给生前亲友报丧,亲友立马来奔丧、吊孝。要设灵堂,正中挂一个“奠”字或遗像,有追悼横幅和孝联。对着遗像放两条板凳,将棺材或冰棺放在上面。棺材大头对着大门,前头放一供桌,中间放一碗“过桥面”(碗上放一根筷子,上面搭面条),两边摆着刀头(猪头)、供香(圆形馒头)、香炉、蜡座等。桌下放一盏长明灯(碗内注香油,以捻点亮),一直点到出殡。桌前放一瓦盆,叫“牢盆”,供吊孝的人烧纸用。孝子先祭拜,然后等吊孝的亲友来陪祭。吊唁人烧钱化纸,酒祭三盏。吊唁毕,孝子方能起立。追悼会多在第二天下午或晚上举行,“督棺”请有学问的人对死者生平作一简介,追述死者一生的勤劳功德,激励后人,完成未竟事业,弘扬前辈优良传统。乐队奏哀乐,亲友点歌追悼尽孝。边远荆楚山区,还保留“打夜锣鼓、唱孝歌、跳丧”等古老楚风丧俗。瞻仰遗容称散棺。散棺后封棺,即人的一生至此结束,“盖棺定论”。然后出柩,即火葬区将冰棺灵柩用殡葬车运至火葬场火化,然后装入骨灰盒内,运到陵园公墓或家乡,入土为安。若是土葬区,一路“拦馆”跪拜,送到墓地,落棺下坑,亲友包土掩埋,谓之“掩棺”。掩埋后三天为“圆坟”,头七天为“焐烟”。“二七”至“五七”,逢“七”必到坟前烧纸。现在有人一次烧七堆纸,以省时简化。过后是“百日祭”、“头周年”、“两周年”、“三周年”、“十周年”祭。此后“年三十”、“清明节”、“十月一”民间为祭祖日,转入常规祀祀。孝子三年春节“初一、初二、初三”三天不能出门拜年,为守孝。一般为父守孝两年,为母守孝三年后,谓之满孝。

5. 时令节日

襄樊系中原文化与楚文化的交汇之地,古今对时令节日都很讲究。一年四季几乎月月都有节日。传统的节日依次为春节、元宵节、穿天节、二月二、清明节、三月三、端午节、六月六、七月七、七月半、中秋节、重阳节、十月一、冬至节、腊八节、祭灶、除夕。其中,对国家法定的春节、清明、端午、中秋四大传统节日特别隆重。

春节:农历正月初一至初三为春节,俗称过“三天年”,民间还有“破五(初五)大似年”、“初六小开事”、“初八大开事”,还有“正月里是新年”的说法,一直延续到元宵节甚至到二月二“春龙节”,是持续时间最长,最隆重的传统节日。当地俗谚“做庄稼的望八月,做生意望腊月”、“吃了腊八饭,都往年下办”,开始作过年的准备工作。机关团体、社区街道、民间文艺团队,加紧编排演练文艺节目,扎彩灯,旱船,龙灯等玩意道具。家家户户购制节日食品、用具、服装鞋帽,做黄酒,腌制鸡鸭鱼肉,灌香肠,缠猪蹄等腊味,当地居民称办年华。这一时段,人们特别是家庭主妇,见面寒暄第一句话往往是“年货办齐了吗?”腊月二十三过“小年”,也叫“祭灶”,民俗有“祭灶祭灶,全家都到”。有“君三、民四、官五”之说,先入为君,后入为臣,当地原住居民腊月二十三过“小年”,客籍居民二十四,楚霸王戍边二十五才赶回家过小年。民间颠倒“霸王”二字戏称“王八五”。腊月二十三,还有扫尘的习俗,打扫室内外垃圾秽气,洗涮用具、餐饮食具。送“司命灶爷上天”的习俗已废,但吃“灶饼”、“灶糖”、“蛴螬”的习俗在民间尚存。二十八蒸炸馍馍,菜肴已备好,只等过年三十。腊月三十上午称作“叫花子”集,人们只做半天营生。人们忙着贴春联、挂灯笼、厅堂内布置年画,呈现过年的氛围。下午男的祭祖上坟。家庭主妇准备丰盛的“团圆宴”,晚上全家吃“团年饭”,守夜,看春晚节目,半夜子时,放鞭炮礼花,喜迎新的一年到来。正月初一,称“大年初一”,天刚亮,全家老少都要起床,忌讳不吉利的话和字眼,晚辈给长辈拜年,废除了跪拜旧俗,时兴鞠躬,点头问候,长辈给未婚晚辈“压岁钱”。然后换新衣服,吃过“元宝”早餐,先给家族、邻里、亲朋好友顺序拜年。主人奉烟敬茶,拿苹果、甘橘、荸荠(平安、吉利、童言不忌)和糖果、花生、瓜子等招待,互相问候“新年好”、“恭喜发财”、“又添一岁”。下午看文艺演出,搞文娱活动。近年,商户初一正常营业,特殊行业轮流休假。初二,女婿带年礼给岳父母拜年,其次是拜姑父母、舅父母。再就是朋友之间相互拜贺。20世纪80年代请春客,“推磨转圈”、“还情”,比较盛行,一直持续到正月初十。从90年代中期到21世纪初,这种习俗逐渐淡化。

元宵节:又称“灯节”、“上元节”,是春节后的第一大节日。当地习俗过完元宵节才算春节过完,才正式上班工作。元宵节一般把出门的姑娘都接回娘家过。中午家家要摆丰盛的酒席,晚上吃元宵(汤圆)。傍晚做成“米面灯”,放在门墩上照门户,或放在鸡笼、牛槽、猪圈上,以除灾免疫,保人畜两旺;农村有“点天灯”、做庄稼的习俗。“点天灯”是将灯笼或电灯挂在高杆顶上,红灯高照,彻夜不息,预示人财两旺;“做庄稼”是老年人教给小孩用秸秆等做成小麦、谷子、芝麻、棉花等农作务模样及木掀、耙子等农具,插在粪堆上,祈求农业丰收。在城镇有举行舞龙、舞狮大赛,放鞭炮烟花之举,商家大都会在门前挂红灯以示喜庆。到了夜晚12点,城乡鞭炮齐鸣,告诉人们,年已过毕,新一年的劳作已正式开始。

穿天节:农历正月二十一日为“穿天节”是古今襄樊特有的风俗节日。宋朝庄吉裕在《鸡肋篇》中记有“襄阳正月二十一日谓这‘穿天节’,云交甫解佩之日。郡中移会汉水之滨,倾翅自万山泛绿洲而下。妇女于滩中求小白石有空可穿者,以色丝贯之,悬插于首,以为得子之祥。”襄阳民俗歌谣中也有“正月二十一,郎朝姐屋里,二人板凳坐,妹娃也,有话向你提”。近年来,挖掘保护非物质文化遗产,作为“天仙配”、“牛郎织女”神话传说故事的汉水文化元素,引起重视。襄樊文化、历史、社科界和市民,每年举办“穿天节”,而且越来越隆重。

春龙节:农历二月初二为“春龙节”,接近惊蛰,是蛰虫苏醒,龙腾虎跃之始,当地俗称“二月二龙抬头”。城镇有舞龙活动。当地有“二月二扁一扁(扁食,即饺子),不长疮不害眼”的俗谚。即到野外挖地命菜(荠菜)包饺子的习俗。北方来襄樊落籍的居民吃饺子,还用野菜和泡豌豆盘面蒸的蒸菜,取名“蚂虫捞蛋”;家庭主妇拿空簸箕,向外簸三下,说:“祛!”,意在驱除害人虫,保平安,保丰收。

上坟扫墓:清明节的习俗主要是扫墓,也称“上坟”,城乡居民在清明节无不祭祖先,寄托哀思。近年“史回民间”,续修宗谱成风,清明这天亲门近族聚集给祖宗扫墓,然后聚餐名为“清明会”。20世纪80年代以来,重视革命传统教育、学校、机关团体、共青团、少先队,在清明节前后组织青少年祭扫烈士墓。寄托人们对革命先烈的尊敬和缅怀,反映了中华民族及炎黄子孙忠贞、善良和孝心的美德。当地民谚“清明不戴柳,死了变黄狗”,因此,扫墓踏青人们头上要带柳圈,门楣上放柳枝,坟头插柳条。村民还习惯有柳叶制成清茶,解渴消署。

踏青春游:阳春三月,春风徐徐,阳光明媚,桃红柳绿,生机蓬勃,正是春游的大好时光。古代春游称“踏青”,从古传承至今,襄樊城乡、机关团体、企事业单位和学校,还有一些家族、家庭,大都会组织春游,参观名胜古迹,观赏奇山秀水,陶冶爱国爱乡的情操。

农事春耕:当地农谚“清明到白浩浩,种田下秧季节到”;“清明前后,点瓜种豆”;“清明到谷雨,种棉好天气”,正是耕种春作物的大忙季节。

端午插艾:艾是一味中药,有温气血、逐寒湿,调经安胎和驱五毒的功用。当地俗谚咒语:“端午不戴艾,死后变螃蟹”,因此端午插艾是当地的风俗。端午采集艾篙,插在屋檐门楣,戴在人头上,艾有香气,能除病压灾,有“艾虎”之称,城乡妇女、儿童有头上戴艾、插栀子花、石榴花的习俗,特别是一些心灵手巧的妇女,用红布、丝线绣成各式各样的“香布袋”,挂在胸前,也有缝制成红公鸡缀在孩子的肩上,以示驱毒辟邪、吉利免灾。

端午露水:当地习俗,端午露水是药,洗眼、眼亮;用碗净水在外面接露水,可以发面蒸馍,不酸、味道香甜。端午这天,人们还晒面酱、豆瓣酱、不生蛆虫。

洗刷用具:民间信仰,认为五月是毒月,初五为毒日,人们这天往往把日常用具、餐具搬到河流边浸泡、洗刷祛毒。人们还捉癞蛤蟆,吊在屋檐下晾干作药。因此有“癞蛤蟆躲端午,躲过初五,躲不过十五”的民俗谚语。

接新女婿换季:当地习俗,端午节,兵父母要接新婚女婿、女儿过节换季。所谓换季,即赠送女婿、女儿一把折扇、一顶草帽、一条汗巾(毛巾)、一套夏季穿的服装。

划龙船:襄樊沿汉水的主要城镇有端午赛龙舟的习俗。每到端午节,襄樊港区各码头和沿江街道都要出划子船一只。这些船称作龙船,不求装饰龙头龙尾,而是选用比较轻快的木划子。每只划子两旁各坐5名水手,手执木桨。船中立两人分掌锣鼓、船后置一长棹,起舵的作用,由一人掌握,称为“板棹的”。船头立一人手挚丈余的长条旗,作全船的指挥。各旗的颜色分金(黄)、红、青、白、蓝数种,分别为各色的“龙”。每个码头都各自有特定的旗色,年年不变,金、红色为“上色”,其余则为“下色”。龙船出动,各船的执旗人摇动长旗,锣鼓手敲出“呛采、呛采”的节奏,执浆水手随着锣鼓点子,一起一落的划着,如果龙船遇上同色旗的船,便友好的擦过;遇上异色旗的龙船,便进行挑战。按传统比赛规则,“上色”不同“上色”比,“下色”不同“下色”比。挑战者如果是白船执旗人,则将白旗在自己头上一绕,然后指着一个方向喊出“砸红船喽!”船上其余人接呼“砸哟!”如果红船应战,一方面喊:“砸白船喽!”“砸哟!”同时将自己的旗帜指向相同的方向,这叫认旗。一旦认旗,比赛就正式展开。这时,两只船上紧锣密鼓,桨片飞舞,全船赛手配合默契,齐心协力,力争上游。岸上观众齐声欢呼,呐喊助威。划过一段距离,若甲船远远落后,就算输给乙船。若乙船把甲船扔得太远,而从甲船前面绕圈,就算“包头”,这对甲船来说,是相当丢脸的事。江面上有很多对不同色旗的龙船同时互相挑战,认旗比赛,比赛对象可以自由选择。一切比赛规则都是按传统习俗进行。河岸上也有人搭彩棚，打襄阳火炮十样锦“猛虎下山”、“紧急风”助兴的场面。街上戏院上演《白蛇传》、《屈原》节令戏，呈现传统节日气氛。荆楚山区，按古楚俗，把“端阳”称为“丹阳”。初五为上丹阳，十五为中端阳，二十五为下丹阳，有纪念楚故都丹阳之意。

中秋节：襄樊俗谚“八月十五月儿圆，西瓜月饼敬老天”。中秋节正处于金秋收获季节，有庆贺丰收之意。再者襄樊民间元末曾发生农民起义，起义串连准备阶段，互赠月饼内夹起义时间“八月十五”纸条，所以当地人将八月十五吃月饼看作纪念元末农民起义。有趣的是柿子、石榴、月饼、天上月亮都是圆的，有用来全家团圆之意。襄樊人过中秋节与其他地方相同之处是互赠月饼、瓜果等礼品，在庭院或阳台上赏月。但襄樊人过中秋节的不同之处，像过年三十除夕，爱在中秋之夜全家团圆，祝老人健康长寿，祝年轻人工作顺利、青云直上，祝小孩学习进步、天天向上。旧时，还有些姑娘“拜月”，祈求嫁个如意郎君，民间还有“摸秋”的习俗，在南瓜上画上人形，裹上衣物，送给不孕的妇女，企盼该女早生贵子。襄樊城镇上演节令戏《天仙配》、《嫦娥奔月》、《凤仪亭》、《唐明堂游月宫》，民间艺人讲《牛郎与织女》的故事，爱好诗词的人士，中秋夜朗诵李白的名句“欲砍月中桂，枝为寒者薪”、“举杯邀明月，对影成三人”；白居易的“月中幸有闲地，何不中央种两株”；苏轼的《中秋》“暮云收尽溢清寒，银汉无声转玉盘，此生此夜不长好，明月明年何处看”。

重阳节：传统习俗认为九为阳数，故九月九为“重阳节”“重九”。襄樊有“九九长寿”之说，因此，重阳阳又称“老人节”。旧是地，重阳节有登高饮菊花酒的习俗。20 世纪 70 年代至今，襄樊常在这个节日期间举办大型菊花盆景展览，以及各种老年文艺、体育活动。

冬至节：旧时，有冬至祭祖之俗。襄樊民间有“冬至吃饺子，不冻耳朵”之说，此俗至今沿袭下来。

腊八节：农历腊月初八为“腊八节”，这天吃“腊八粥”，系用多种粮食、蔬菜、果品熬制而成，味道鲜美可口。原有喜庆丰收和预祝来年五谷丰登之意。佛教徒“腊月初八是教主释迦牟尼修炼成神之日”，将腊八粥节令食品称为“佛粥”，当今“腊八粥”除节令食品外，市场上还有特制的腊八粥罐头被认为是含有多种营养的保健食品。

（二）社会民风

1. 乡规民约

（1）**十提倡**：提倡讲究个人卫生，做到勤洗手、勤洗澡、勤换衣服、勤剪指甲。提倡垃圾袋装和垃圾运输封闭化。提倡净菜上市。提倡一个单位一个垃圾袋（筒）。提倡不带宠物上街。提倡使用公共筷子和实行分食制。提倡不吸烟不奉烟。提倡积极参加户外锻炼，参加健康娱乐活动。提倡网上购物、网上应聘、网上交易、空中课堂、网上和手机会议等新的生活方式和交往方式。提倡家禽、家畜圈养，改栏、改灶，建沼气池，创建整洁卫生人人居环境。

（2）**十禁止**：禁止随地吐痰；禁止随地便溺；禁止乱扔垃圾；禁止乱泼污水；禁止乱堆乱放；禁止食用野生动物；禁止咳嗽打喷嚏不掩口；禁止在禁烟场所吸烟；禁止在公共场所市场喧哗；禁止光背赤膊进入公共场所。

（3）**襄樊市文明行车公约**：遵章守法，按道行驶。控制车速，节约能源。变道示意，停车有序。少鸣喇叭，礼让三分。雨天行车，谨防飞溅。烟头垃圾，不扔车外。文明待客，微笑服务。车容整洁，各行其道。停车有位，禁止占道（录自襄樊市交警一大队宣传栏）。

（4）**十要十不要**：要爱国守法，不要违法乱纪。要爱惜市容，不要乱设摊点。要讲究卫生，不要乱贴乱画。要维护交通，不要乱行乱停。要爱护花木，不要毁草伤林。要移风易俗，不要铺张浪费。要相信科学，不要愚昧无知。要言行有理,不要粗痞斗狠。要敬业守信,不要失职失信。要团结互助,不要冷落无情。

(5)**三德规范**:社会公德规范:文明礼貌,爱护公物,助人为乐,保护环境,遵纪守法。职业道德规范:爱岗敬业,诚实守信,办事公道,服务群众,奉献社会。家庭美德规范:尊老爱幼,男女平等,夫妻和睦,勤俭持家,邻里团结(摘自襄樊市襄城区鼓楼社区居委会文化宣传栏)。

(6)**公民道德规范**:明礼诚信,团结友善,勤俭自强,敬业奉献。

(7)**村规民约**:遵纪守法,勤劳致富;学习技术,治愚治贫;关心集体,讲究公德;家庭和睦,邻里相亲;尊老爱幼,扶贫济困;维护正义,见义勇为;戒除赌博,反对迷信;晚婚晚育,少生优育;节约能源,整治环境;热心公益,文明行事(襄阳区张湾镇红星社区居委会宣传栏)。

2. 社区活动

20 世纪 80 年代,襄樊在城乡党员、干部和群众中广泛开展"学雷锋、树新风"、"五讲四美"活动。"五讲",即讲道德、讲文明、讲礼貌、讲秩序、讲卫生;"四美"即心灵美、语言美、行为美、环境美。以"科学的理论武装人,以正确的舆论引导人,以高尚的精神塑造人,以优秀的作品鼓舞人"。在各条战线倡导"开拓进取、艰苦奋斗、奋力拼搏、无私奉献"的四种精神;"争创、效益、成果、冒尖"四种意识,"读书、写作、调查研究、探讨问题"四种风气。

1989 年,襄樊市编印出版《社会公德、职业道德、家庭美德 100 题》一书,作为对市民进行教育的教材。进入 21 世纪,襄樊市及其所辖的县(市、区)文明办,坚持以思想道德教育为主线,以"讲文明、树新风"活动为主题,全面进行"三德"教育。1989—2005 年,襄樊精神文明建设工作将社会公德规范为"文明礼貌、助人为乐、爱护公物、保护环境、遵守法纪"。开展文明行为常识教育月活动。每年 3 月,都在襄樊市及其辖县(市、区)城乡开展以"三管住一养成"为主题的教育活动,即管住自己的口,不随地吐痰,不说粗脏话;管住自己的手,不乱扔乱丢,不乱写乱画;管住自己的脚,不翻越栏杆,不践踏绿地;养成良好文明习惯。进入 21 世纪,在党政机关、企事业部门、企事业单位、窗口行业推广普通话,并举行普通话演讲比赛,以提高公民文明素质。2001 年,围绕贯彻《公民道德实施纲要》开展"道德建设从我做起"的主题活动,把"爱国守法、明礼诚信、团结友善、勤俭自强、敬业奉献"的公民基本道德规范宣传到家喻户晓。2003 年,以文明市民学校为载体,推进公民道德教育,开展群众性读书活动,主题是"变酒柜为书柜,变牌桌为书桌,变玩风为学风,学习新知识,迎接新挑战,奉献新世纪"。2005 年,通过学习和实践公民道德规范,勤劳勇敢、朴实善良的襄樊人社会公道主流已形成"以德律己,以德报国,求真务实、锐意创业、孜孜求索,争先进单位,奉献为乐"的精神道德风貌。

在学习和实践职业道德活动中,以《职业道德规范》即爱岗敬业,诚实守信,办事公道,服务群众,奉献社会为主题。1997 年首先在城镇窗口行业,开展以履行职业道德、制定职业纪律、树立职业理想、提高职业素质为内容,以规范化服务、规范化管理为目的的优质服务竞赛活动。到 1998 年大部分单位在优质服务中达标。1995 年下半年,开展人生观、价值观大讨论,针对思想道德领域里出现的拜金主义和享乐主义和极端个人主义的新情况、新问题,在全市范围内开展了一场树立正确人生观、价值观的大讨论。2003 年至 2005 年,学习"三个代表"重要思想,开展争先创优活动,促进了职业道德教育。襄樊人职业道德已形成"以诚信敬业为灵魂,以创新奉献为准则,以亲民爱民为坐标,以勤奋务实为支点,以振兴中华为前提,以构建和谐社会为目的,而坚毅执著、自信追求、敢为人先"的职业道德新风尚。

1992 年,为深化农村精神文明建设,各县(市、区)农村开展"十星级文明户创建活动"。1993 年,城镇五星级家庭创建活动兴起。1995 年,在城镇的文明工商户、五星级文明家庭创建规范为创建文明家庭,围绕文明家庭,先后开展了"美在农家"、"净化文明家园"、"平安家庭"、"特色家庭"、"廉洁家庭",倡导热爱学习,勤俭持家、互敬互爱、平等民主的家风；开展“三德四千”活动。1997 年 7 月，襄阳县城乡开展“千对好夫妻”、“千对好婆媳”、“千对好妯娌”、“千对好邻居”评选活动。在 1998 年全市文明办工作竞赛中，襄阳县的“三德四千”评创活动，获得“活动创新奖”。

四、宗教

（一）佛教

1. 佛教活动场所

经各级人民政府批准开放的佛教活动场所 18 处，即襄樊广德寺、襄城风林禅寺、襄阳鹿门寺、枣阳白竹园寺、枣阳云峰寺、老河口太山寺、南漳普济寺、南漳柏香寺、襄樊鱼梁州道安佛堂、老河口百花山宝林寺、南漳薛坪朝阳寺、宜城城关观音堂、宜城流水朝阳寺、宜城王集庞居寺、谷城城关弘法林、枣阳重山寺、保康观音寺。

2. 佛教组织

1995 年 5 月，襄阳县成立佛教协会，鹿门寺住持释养玄任会长，1999 年 5 月，襄樊市成立佛教协会，广德寺住持释圣君法师任会长；2005 年 5 月，枣阳市成立佛教协会，释智果法师任会长；全市 18 处佛教活动场所均成立有民主管理委员会。

3. 襄樊佛教历史

佛教包括汉传佛教、藏传佛教和南传佛教，襄樊属汉传佛教。襄樊市佛教历史悠久。东晋时期高僧释道安在襄阳弘法 15 年（365—379），影响深远。释道安是佛门姓氏的统一者、中国僧制的首创者、中国第一部佛经目录的编纂者、净土信仰的倡导者、六家七宗之首“本无宗”的创立者。释道安为佛教中国本地化做出了重大贡献。挖掘以道安为中心的襄樊佛教文化资源，是海内外佛教界的愿望。2001 年，市政府批准成立释道安佛教文化研究会，拟建道安讲堂、纪念堂等项目。

（二）道教

1. 道教活动场所

经各级人民政府批准开放道教活动场所 10 处，即襄樊真武山道观、襄阳石桥明真观、枣阳太平唐梓山道观、老河口万仙宫、保康汤池峡道观、保康朝元山道观、南漳板桥九龙观、南漳龙门聚仙观、保康万年山道观、保康天宝寨道观。

2. 道教组织

2005 年 12 月，襄阳区成立道教协会，黑龙集道观住持李明君任会长。全市 10 处宫观都成立了民主管理委员会。

3. 鄂西北著名道教宫观

襄樊真武山道观：真武山道观始建于明朝永乐十年（1412 年）。据《大岳太和山》记述：真武观在襄阳府城西南二里……谒太和（武当山太和宫）者先奏表于此。真武山道观鼎盛时期，分上中下观，有道众 99 人，宫殿房屋三百五十余间,道观毁于历代战火,屡毁屡修。1966年"文化大革命"时,真武山仅存的祖师殿被当"四旧"拆毁。中共十届三中全会后,拨乱反正,全面落实宗教信仰自由政策,开放真武山为道教活动场所。1994年,真武山道教恢复建设。截至2005年,已建成真武山道观祖师殿、三丰殿、财神殿、灵宫殿及附属房屋三十余间,真武山道观已初其规模。每年到真武山朝拜、参观、休闲人数达十万余人。

(三)伊斯兰教

1. 活动场所

经各级人民政府批准开放的清真寺13处,即樊城友谊街清真寺、襄城南街清真寺、襄阳区双沟清真寺、襄阳区石桥清真寺、襄阳区古驿外沟清真寺、襄阳区黄集太山清真寺、枣阳市顺城清真寺、枣阳市鹿头松扒清真寺、枣阳市太平清真寺、老河口市清真寺、谷城县清真寺、南漳武安镇清真寺、宜城市清真寺。樊城区清真寺、老河口市清真寺、枣阳市顺城清真寺、谷城县清真寺,四处清真寺建造,年代均有数百年历史。

2. 鄂西北著名清真寺

樊城友谊街清真寺:位于襄樊汉江一桥樊城友谊街(原教门街),呈典型阿拉伯风格,属市级文物保护单位。该寺始建于元末明初,已有600余年历史,是鄂西北古建筑之一。该寺始为一简易摇窝,后经历次扩建至今。现寺占地2500平方米,建筑面积1400平方米,主体建筑为殿室、明三暗五的礼拜大殿、卷棚连成一体,顶端筑望月楼,大殿可容纳500人作礼拜,殿前原有两棵清嘉庆年间植的楸树,一株1958年卖给合作社作船,另株经180余年的沧桑巨变,现仍枝繁叶茂,绿荫盖百余平方米。"文化大革命"停止宗教活动,1982年,经政府拨专款穆斯林自筹资金维修后,红窗绿墙,面貌全新,寺愈显得雄伟、肃穆、壮观。宗教活动和伊斯兰教习俗得到全面恢复。

老河口市清真寺:始建咸丰三年(1853年),穆斯林群众捐资修建的一座大型清真寺,寺院巍峨壮观,颇具民族特色,是穆斯林群众宗教生活和人们旅游观光的场所。1939年,原国民党高级将领白崇禧向清真寺捐现洋2000元,用于清真寺发展教育事业,并亲手为清真寺题写"兴教建国"的牌匾,如今还高挂在清真寺大殿中央的上方,格外醒目。老河口清真寺由门楼、二殿、大殿三部分组成,占地800平方米。1985年,政府拨专款和穆斯林自筹资金22万元,新盖了一栋占地96平方米的三层门楼,办起了一座穆斯林饭店,解决了外地穆斯林到老河口旅游、经商吃住难问题。

枣阳市顺域清真寺:始建于1644年。该寺坐落枣阳市顺城回族民族村。大殿坐西向东,南有沐浴室(水房)4间,北有阿訇和客房6间,自成一院。由于清真寺属土木结构,历经300多年风吹雨淋,且"文化大革命"遭到严重破坏,变成危寺。1996年,枣阳市政府拨专款和穆斯林自筹资金20多万元,重建清真寺大殿,1998年竣工,砖木框架结构,全部琉璃瓦,总建筑面积300多平方米,能容纳300多人同时礼拜。建成后的清真寺礼拜大殿外观雄伟,建筑独特、宽敞明亮、环境优雅,具有浓厚的民族特色,是穆斯林礼拜庆典、聚会的高雅神圣之地。

伊斯兰教教职人员称阿訇。伊斯兰教的日常宗教活动主要是星期五(称主麻儿日)的礼拜活动,由阿訇领拜讲经。另外,伊历10月1日开斋节是伊斯兰教重大节日。朝觐是伊斯兰教的重要功课,所谓朝觐就是穆斯林要前往沙特阿拉伯的麦加圣地朝拜。《古兰经》规定,朝觐必须由穆斯林自费。中国朝觐活动由中国伊协统一组织。1997年,襄樊市穆斯林马明凡等人,随中国伊协朝觐团到沙特朝觐。

（四）天主教

1. 活动场所

经各级人民政府批准，全市有天主教活动场所6处。即樊城区定中街天主堂、谷城县沈垭天主堂、老河口市仁义街天主堂、老河口市修道院、老河口市袁冲天主堂、枣阳市袁庄天主堂。天主教主要在襄樊市区、谷城、老河口、枣阳等地活动。

2. 天主教会组织

成立有天主教襄樊教区工作委员会、襄樊市天主教爱国会、老河口市天主教爱国会、谷城县天主教爱国会。天主教6个宗教活动场所均成立了民主管理委员会。

3. 天主教襄樊教区情况

新中国成立前至2000年5月原襄阳地区有三个教区。即天主教襄阳教区、老河口教区、随州教区。2000年5月湖北省教区调整，决定将原襄阳教区、老河口教区、随州教区合并为一个教区，名为天主教襄樊教区，主教府设襄樊市樊城定中街天主堂。推选李新富神甫为教区长，现教区长为陈建庆神甫。成立了天主教襄樊教区工作委员会。该教区辖管襄樊市、十堰市、随州市、神农架林区的天主教教务。谷城县紫金镇沈垭天主堂有200多年历史，清康熙年间禁教后，部分外国传教士赴沈垭于山中建堂，成为当时仅存的全国三大天主教中心之一。新中国成立以来，我国天主教爱国会坚持独立办教，自选圣主教。2005年底襄樊教区有15名神甫，其中襄樊有神甫6人、修女30人，尚未选圣主教，教务工作由教区长负责。

（五）基督教

1. 活动场所

经各级人民政府批准开放的基督教活动场所43处。即襄樊市基督教中心堂、襄阳区张湾基督教堂、襄阳张家集基督教堂、襄阳黄集基督教堂、襄阳伙牌基督教堂、枣阳市基督教中心堂、枣阳随阳基督教堂、枣阳梁集基督教堂、枣阳西城开发区基督教堂、枣阳琚湾基督教堂、枣阳蔡阳基督教堂、枣阳鹿头基督教堂、枣阳钱岗基督教堂、老河口市基督教堂、老河口市孟楼基督教堂、老河口市竹林基督教堂、老河口市袁冲基督教堂、老河口市张集基督教堂、老河口市洪山嘴基督教堂、谷城县城关基督教堂、谷城石花基督教堂、谷城冷集基督教堂、谷城盛康基督教堂、南漳县基督教堂、南漳倒庙基督教堂、宜城市鄢城基督教堂、襄城区文垴基督教堂、襄城六化建基督教活动点、襄城基督教万山活动点、襄阳朱集基督教堂、襄阳程河基督教堂、襄阳古驿基督教堂、襄阳马集基督教堂、襄阳龙王基督教活动点、樊城区竹条基督教活动点、枣阳熊集基督教活动点、枣阳七方基督教活动点、老河口市薛集基督教活动点、老河口市孟楼基督教活动点、南漳武安镇基督教活动点、南漳安集基督教活动点、保康县基督教堂、保康过渡湾基督教堂、各县（市）区城关均建有基督教中心堂。

2. 基督教会组织

成立有襄樊市基督教三自爱国运动委员会、襄樊市基督教协会、老河口市基督教三自爱国运动委员会、谷城县基督教三自爱国运动委员会、南漳县基督教三自爱国运动委员会、保康县基督教三自爱国运动委员会。全市基督教43处宗教活动场所均成立有民主管理委员会。

3. 襄樊市基督教基本情况

襄樊市基督教有牧师5名，教师(副牧师)24名，义工(基督教传道员)218名。这些教牧人员分布在全市基督教43处宗教活动场所。1954年成立襄樊市基督教革新委员会，章哲清任主任。1981年11月，成立襄樊市基督教三自爱国运动委员会，杨洁霖任主任。1985年，襄樊基督教召开第三次代表会，杨洁霖当选主任。1996年6月，襄樊市基督教召开第四次代表会，潘正秋当选主任。2006年8月，襄樊市基督教召开第五次代表会议，谭玉娥当选主任。襄樊市基督教举办义工、圣乐培训班。义工培训班举办四期，第一期2000年2月至4月，参加人员50名；第二期：2000年11月至12月，参加人员57名；第三期：2003年11月至12月，参加人员50名。培训班主要学习宗教政策、宗教知识、堂口管理办法等。圣乐培训班举办一期：2005年8月至10月，参加人员34名。培训班主要学习声乐知识及教堂钢琴伴奏。通过举办基督教义工培训班、圣乐培训班，促进了基督教宗教活动制度化、规范化。新中国成立以来，特别是改革开放以来，基督教坚持独立自主、自办教会、奉行"三自"(自治、自养、自传)原则，提出"爱国爱教，荣神益人"，使基督教得到较快发展，但也出现了发展过快、过热等问题，特别是私设聚会点，自封传道人问题十分突出。宗教部门多次采取措施，进行综合治理。

五、方　言

境内语音属汉语北方方言的西南次方言，"语言清轻略带秦"。与河南省交界地方，豫音较重，靠近江汉平原地区则多卷舌音。襄阳、谷城、南漳、保康等县语音大体一致，枣阳、老河口语音稍硬，宜城语音偏软，唯随州话另具特色。下述方言以襄樊城区土著居民为代表，兼及辖县惯用语言。

（一）语音

语音系统

声、韵、调

声母。声母包括零声母共18个

P 饱边步	P ‘ 怕盘皮	m 门母妙	f 飞费冯
t 到店夺	t ‘ 太铁同	n 恼内来莲	
K 国告跪	k ‘ 开葵考	x 黑海花	
tɕ 接讲紧	tɕ ‘ 秋敲缺	ɕ 新旋向	
tɕ 知在增	tɕ ‘ 柴曹船	S 师桑树	ʂ 然人软

□闻耳岸云日偶衣

说明：

①P ‘ 、t ‘ 、k ‘ 。送气比北京音较强。

②n。鼻音较轻。

③ts、ts ‘ 、S。在u介音前部位略偏后，但不像任何tʂ、tʂ ‘ 、ʂ。

④ʂ 襄樊没有tʂ、tʂ ‘ 、ʂ，但有ʂ，唯舌尖不很翘起。

⑤O 开口洪音有时是喉塞音合口洪音及开合口细音以高元音时为多，间或略带摩擦音 W、i、ɥ。

韵母。韵母共38个。

ʅ 自词知石	i 米其滴疑	u 步朱福物	y 徐屈桔欲
ɯ 给去			
ɚ 儿耳二			
ɑ 他妈发大	iɑ 家匣牙	uɑ 瓜刷蛙华	
o 坡歌喝恶	io 觉学略约	uo 国活落托	
ɤ 蛇白北黑麦		uɤ 阔拙扩按	
ie 灭耶帖爷		ye 靴决月缺	
ɑi 埋开胎谐街		uɑi 帅怪外快	
ei 碑肥推岁醉		uei 追龟灰睡瑞	
ɑu 包某好绍高		iɑu 表条巧娇妖	
əu 头鹿路收丑		iəu 秋幼溜丢	
ɑn 半算暖反	iɑn 烟减恋片	uɑn 万专软关	yɑn 全玄院天
ən 奔分登腾吞	in 丁名今行英	uən 温坤纯横	yin 军旬永群
ɑŋ 邦朗巷床	iɑŋ 江娘仰腔	uɑŋ 狂汪庄窗	
ʌŋ 孟风同龙总东	uʌŋ 中红共茸翁	yʌŋ 穷兄用荣	

说明：

①ʅ 舌尖前元音。

②ɯ。u 的不圆唇

③ɚ 央元音的卷舌，或写作 ər。

④uei。中间的 e 很短。

⑤iɑn、yɑn。中间的 ɑ 偏前较闭，是 ε。

⑥iəu、uən。中间的 ə 很短。

⑦ʌŋ、uʌŋ、yʌŋ。Λ 是 ɔ 的不圆唇，在 uΛŋ、yΛŋ？中，因 u、y 的作用，Λ 微带圆唇倾向。

儿化韵：儿化韵共 35 个。

ər 子儿枝儿	iər 鸡儿皮儿	ur 珠儿肚儿	yər 鱼儿趣儿
ɑr 把儿疤儿	iɑr 芽儿尖儿	uɑr 花儿刷儿	
or 坡儿沫儿	ior 雀儿脚儿	uor 窝儿活儿	
ɤr 格儿车儿			
	ier 截儿叶儿		yer 橛儿靴儿
ɑr 牌儿苔儿		uɑr 块儿乖乖儿	
er 背儿杯儿		uer 味儿灰儿	
ɑur 刀儿袄儿	iɑur 鸟儿条儿		
əur 猴儿扣儿	iəur 阄儿袖儿		
ɑr 盘儿篮儿	iɑr 尖儿点儿	uɑr 玩儿船儿	yɑr 圈儿卷儿
ər 本儿门儿	iər 劲儿印儿	uər 捆儿滚儿	yər 裙儿菌儿
ɫr 方儿缸儿	iɫr 羊儿腔儿	uɫr 窗儿光儿	r ʌ̃缝儿封儿
u ʌ̃r 虫儿空儿			y ʌ̃r 熊儿

声调。声调有 4 种。

第一声阴平，调值˧˦34。如：干汤桑衣。

第二声阳平，调值˥˨52。如：门贫郎突。

第三声上声，调值˥55。如：反米买有。

第四声去声，调值˨˩˨212。如：富序菜树。

变调。调值↾52（读如阳平）。

迭音和动词重迭式后面的字，无论本调是什么，一律读阳平。如："妈妈"的"妈"˧˦↾，"姐姐"的"姐"˥↾，"弟弟"的"弟"˨˩˨↾，"叔叔"的"叔"˥˨↾，和"坐坐"的"坐"˨˩˨↾，"讲讲"的"讲"˥↾，"试试"的"试"˨˩˨↾，"吹吹"的"吹"˧˦↾，"打打"的"打"˥↾。

常用的一些双音节词，第二个音节无论本调是什么，也一律读阳平。如："窗户"的"户˨˩˨↾"，"消息"的"息"˥˨↾，"西瓜"的"瓜"˥˨↾，"道理"的"理"˥↾，"应付"的"付"˨˩˨↾，"招呼"的"呼"˧˦↾，"耳朵"的"朵"˧˦↾，"便宜"的"宜"˥˨↾，"客气"的"气"˨˩˨↾，"清楚"的"楚"˥↾，"撕翻"的"翻"˧˦↾，"愿意"的"意"˨˩˨↾，"动静"的"静"˨˩˨↾，"东西"的"西"˧˦↾，"风筝"的"筝"˧˦↾，"关系"的"系"˨˩˨↾，"窟眼"的"眼"˥↾，"太阳"的"阳"˥˨↾。

声韵调配合关系

襄樊话的18个声母可分8组。韵母有开口、齐齿、合口、撮口四呼。另外还有几个特殊韵母。

①P P‘m 拼开、齐、合三呼，但合口呼限于u韵。

②t 拼开、合两呼，但合口呼限于u韵。

③t t‘拼开、齐、合三呼。

④n 拼开、齐、合、撮四呼，但合口呼限于u。韵，撮口呼限于y韵。

⑤k k‘x 只拼开、合两呼。

⑥tɕ tɕ‘ɕ 只拼齐、撮两呼

⑦ts ts‘ s ʂ 气只拼开、合两呼。

⑧○（零）声母拼开、齐、合、撮四呼。另外，ʅ 韵每只与 ts ts‘s ʂ 相拼；ɯ 韵母只与 k k‘相拼；ɤ 韵母只与零声母相拼。

上述声韵调配合关系，详见下表表29—1—6。表内有音无字的音节用数码表示，并在表后加注，表里的黑体字，也在表后加注。加注的字，有两个以上义项的用（甲）（乙）（丙）标明。

	ɑ	iɑ	uɑ	o	io	uo
	阴阳上去	阴阳上去	阴阳上去	阴阳上去	阴阳上去	阴阳上去
	˧˦ ˥˨ ˥ ˨˩˨	˧˦ ˥˨ ˥ ˨˩˨	˧˦ ˥˨ ˥ ˨˩˨	˧˦ ˥˨ ˥ ˨˩˨	˧˦ ˥˨ ˥ ˨˩˨	˧˦ ˥˨ ˥ ˨˩˨
p p‘ m	巴拔把坝 叭爬　怕 妈麻马骂	⑦ ⑧　⑨		波薄跛簸 坡婆叵破 摸莫抹磨		
f	发					
t t‘ n	答达大大 他塔① 拉拿哪那	⑩ ⑪俩	⑲掠	多夺躲垛 拖驮妥唾 啰罗诺摞		

续表

	ɑ	iɑ	uɑ	o	io	uo
	阴阳上去	阴阳上去	阴阳上去	阴阳上去	阴阳上去	阴阳上去
	˩˥ ˥˩˥ ˥ ˧˩˥	˩˥ ˥˩˥ ˥ ˧˩˥	˩˥ ˥˩˥ ˥ ˧˩˥	˩˥ ˥˩˥ ˥ ˧˩˥	˩˥ ˥˩˥ ˥ ˧˩˥	˩˥ ˥˩˥ ˥ ˧˩˥
k k ‘ x	嘎②生③ ④ 哈　　下		瓜刮寡挂 夸　垮跨 花滑　活	歌各搁个 苛渴可 喝河　贺		锅国果过 科　颗课 豁活火货
tɕ tɕ ‘ ɕ		家甲假架 掐恰卡12 虾瞎　夏			脚 ⑳鹊 削学	
ts ts ‘ s ʂ	渣杂眨榨 叉茶⑤岔 沙杀洒⑥		抓⑬爪⑭ ⑮⑯ ⑰刷要 扌			撮昨左坐 搓戳　淀 梭说锁 　　弱
o	啊	鸦牙雅亚	蛙娃瓦18	阿鹅　涴	药	窝　我

注：

①〔t ‘ɑ ˥〕向下低垂：～下来。

②〔kɑ ˥˩˥〕“哪～?”（即“哪一个?”）

③〔kɑ ˧˩˥〕吃：～饭。

④〔k ‘ɑ ˩˥〕用力咳出来：～出来。

⑤〔ts ‘ɑ ˥〕（甲）咬：～一口；（乙）敞：～口。

⑥〔sɑ ˧˩˥〕淘汰：～下去。

⑦〔piɑ ˩˥〕贴：～上。

⑧〔p ‘iɑ ˩˥〕说：胡～。

⑨〔p ‘iɑ ˩˥〕（甲）坏：～东西；（乙）“～子”。即“水壶”。

⑩〔tiɑ ˩˥〕拎：～在手里。

⑪〔niɑ ˩˥〕娇：～里～气。

⑫〔t ‘iɑ ˧˩˥〕（甲）两大腿之间：～里：（乙）跨；～门槛儿。

⑬〔tsuɑ ˥˩˥〕（甲）踢：～他～脚；（乙）突出：～额脑。

⑭〔tsuɑ ˧˩˥〕手残废了：～子。

⑮〔ts ‘uɑ ˥˩˥〕淋：～雨。

⑯〔ts ‘uɑ ˥　〕夺：～扒手。

⑰〔Suɑ ˩˥〕抽打：～一鞭子。

⑱〔uɑ ˧˩˥〕蹬：～　儿。

⑲〔nio ˩˥〕轻轻地扫：～一下儿。

⑳〔t ‘io ˩˥〕（甲）捣：～大蒜；（乙）故意害人：～人。

黑体字：

答〔tɑ˧˥〕"不—理他"。即"不理他"。

乍〔kɑ˥〕坏：~娃子。

下〔xɑ˨˩˦〕，也读［iɑ˨˩˦］，'作量词用时，往往儿化。如：打两~儿。

婀〔niɑ˥〕"~子"。即"女子"。

涴［o˨˩˦］"衣服~烂了↓。即↑衣服沤烂了↓。

	ɯʅ卄'	i	u	y	ɤ	uɤ
	阴阳上去	阴阳上去	阴阳上去	阴阳上去	阴阳上去	阴阳上去
	˧˥˥˩ ˥ ˨˩˦	˧˥˥˩ ˥ ˨˩˦	˧˥˥˩ ˥ ˨˩˦	˧˥˥˩ ˥ ˨˩˦	˧˥˥˩ ˥ ˨˩˦	˧˥˥˩ ˥ ˨˩˦
P P' m		屄鼻比闭 劈皮痞譬 ①迷米谜	不补布 铺浦普铺 ③木母墓		掰白 拍迫 墨嘿	
f			夫扶府富			
t t' n		低滴底弟 剔提体剃 ②泥你利	都独赌度 秃图吐兔	**捋**女	得 特 勒 ④	
k k' x	**给** **去**		姑骨古故 枯哭苦库 呼湖虎互		革嗝咯 ⑤克⑥ 黑吓⑦	阔
tɕ tɕ' ɕ		鸡急挤寄 欺齐起气 希席洗细		居菊举句 区渠取趣 虚徐许絮		
ts ts' s ʂ	支直纸字 雌吃耻刺 诗石死事 日		猪竹主助 初除楚处 书熟鼠素 输如乳儒		遮则者蔗 车拆扯撤 奢涩拾社 ⑧热惹	拙 ⑨
□	儿耳二	衣移椅意	乌屋五雾	迂鱼雨遇	额	

注：①［mi˧˥］饮：~口酒。

②［ni˧˥］抽打：~一鞭子。

③［mɤ˨˩˦］笨拙：老~。

④［n］夸耀：~肥。

⑤［k'ɤ˧˥］紧紧握住：一把~住。

⑥［k'ɤ˥］真的：这朵花~好看。

⑦［xɤ ˥］憨：～包。

⑧［ʂɤ ˩˧］爱：这一道

⑨［ʂuɤ ˥］塞：～进去。

黑体字：

给［kω ˥］送交：～他一本书。

去［k‘ω ˧˩˧］走到：我要～北京。

输［ʂu ˩˧］负：～了两个球。

捋［ny ˩˧］整理：～胡须

掰［Pɤ ˩˧］用手把东西分开：～包谷

嚜［mɤ ˧˩˧］表肯定语气：是的～！

咯［kɤ ˧˩˧］接触到尖硬的东西使人难受：～脚。

	ie	ye	ɑi	uɑi	ei	uei
	阴阳上去	阴阳上去	阴阳上去	阴阳上去	阴阳上去	阴阳上去
	˩˧ ˥˩ ˥ ˧˩˧	˩˧ ˥˩ ˥ ˧˩˧	˩˧ ˥˩ ˥ ˧˩˧	˩˧ ˥˩ ˥ ˧˩˧	˩˧ ˥˩ ˥ ˧˩˧	˩˧ ˥˩ ˥ ˧˩˧
P P‘ m	憋别瘪蹩 撇①② 乜灭		⑩摆　拜 排排派 埋买卖		杯　背倍 呸赔　配 没媒美妹	
f						
t t‘ n	爹叠③ 铁 捏列		呆　歹带 胎台⑪太 来奶赖		堆⑲　对 推　腿退 累雷馁内	
k k‘ x			街　改盖 开⑫楷概 ⑱鞋海害	乖⑭拐怪 块快 怀⑮坏	克	归　鬼贵 亏葵⑳愧 灰回毁会
tɕ tɕ‘ ɕ	接姐借 切 些歇写谢	⑤绝蹶倔 ⑥缺⑦ 靴雪⑧				
ts ts‘ s ʂ			栽　宰寨 猜才彩菜 筛塞　晒	⑯　⑰拽 搋　揣⑱ 衰　甩帅	贼咀最 催　脆 虽随　岁	追　　赘 吹垂 谁水税
□	噎爷野夜	⑨月哕	崖矮爱	歪踒外		威围委卫

注：

①［p‘ie ˥］分开：～成两半儿。

②［P‘ie ˧˩˧］劣：～货

③［tie ˥］丑态：俏（t ‘iau）三～四。
④［nie ˨˩］躲开：～得远远的。
⑤［tɕ ‘ye ˧˥］滚开：～远一点。
⑥［tɕ ‘ye ˧˥］伸不直：身子～得难受
⑦［tɕ ‘ye ˥］折：～断。
⑧［ɕye ˨˩］好：这幅画多～。
⑨［ye ˧˥］不伸展：～皱了。
⑩［pai ˧˥］脚腿有残疾：脚是～的。
⑪［t ‘ai ˥］蛮子的对称：～子。
⑫［k ‘aiy ˨］大吃大喝：好好～一顿
⑬［xai ˧˥］作一种游戏过了界：～了。
⑭［kuai ˥］用肘子碰人：～他一下。
⑮［xuai ˥］用手猛拉：～他两下。
⑯［tsuai ˧˥］蹲：～下来。
⑰［tsuai ˥］傲慢：～得很
⑱［ts ‘uaiv ˨˩］肥貌：下～（猪腹下带油的肥肉）。
⑲［tei ˨］］碰上：～住了。
⑳［k ‘uei ˥］用膝盖顶撞；～到肚子了。

黑体字：

憋［pei ˧˥］（甲）气不通：真～气；（乙）急切：尿～醒了。
蹶［tye ˥］牲口跳起来腿向后踢：尥［nian ˨˩］～子。
哕［ye ˥］呕吐：饭～出来了。
奶［nai ˥］乳：吃～。
塞［sai ˨］］堵：洞口～住。
崖［ai ˨］山～。也作岩。
搋［ts ‘uai ˧˥］用拳头揉杵使它匀和：～面
踒［uai ˥］门脚被扭伤：脚～了。
背［pei ˥］迴避：～着他说话。
没［mei ˧˥］无：～得。
累［nei ˧˥］疲倦：～倒了。
尅［k ‘ei］申斥：～他一顿。

	au	iau	əu	iəu	an	ian
	阴阳上去	阴阳上去	阴阳上去	阴阳上去	阴阳上去	阴阳上去
	˩˧ ˥˩˥ ˥ ˨˩˦	˩˧ ˥˩˥ ˥ ˨˩˦	˩˧ ˥˩˥ ˥ ˨˩˦	˩˧ ˥˩˥ ˥ ˨˩˦	˩˧ ˥˩˥ ˥ ˨˩˦	˩˧ ˥˩˥ ˥ ˨˩˦
P P ‘ m	包　宝报 抛袍跑炮 猫毛①帽	标　表③ 漂瓢漂票 ④苗秒妙			班　板办 攀盘拌判 幔瞒满慢	边　扁变 偏骈⑨片 　绵免面
f	浮否				翻凡反饭	
t t ‘ n	刀　岛到 滔逃讨套 捞劳老涝	鹏　屌吊 挑条调跳 聊鸟料	兜　斗豆 偷头透咅 搂楼篓漏	丢 溜牛纽谬	单啖胆淡 贪谈毯炭 　男懒烂	颠　点店 天田添 拈年脸念
k k ‘ x	高　稿告 　②考靠 蒿豪好浩		钩　狗够 抠⑤口叩 　侯吼后		甘　敢干 鹏　砍看 憨寒喊汗	
tɕ tɕ ‘ ɕ		交嚼绞叫 悄桥巧窍 消肴小笑		揪⑥酒旧 丘求⑦ 修囚朽秀		尖　减见 牵前浅欠 　贤险现
ts ts ‘ s ʂ	招　早罩 抄潮草糙 稍韶少绍 　饶扰绕		周　走揍 抽绸丑凑 收　手瘦 　揉　肉		沾　盏赞 餐蝉产灿 三⑧闪扇 　燃染	
□	熝熬袄傲	妖摇咬要	欧　藕沤	忧尤有又	安俺晏暗	烟盐演雁

注：

①［mau ˥］（甲）没清点上：～了两个；（乙）卯：时辰。

②［k ‘an ˥˩˥］～恶，指心术坏的人。

③［piau ˨˩˦］盯梢：～住他。

④［miau ˩˧］偷看：～了一眼。

⑤［k ‘əu ˨˩˦］盖：把菜～上。

⑥［tɕiəu ˥˩˥］拧：把衣服～干。

⑦［tɕ ‘iəu ˥］乞求：一再～他。

⑧［san ˥˩˥］颤动：扁担两头一～一～的。

⑨［p ‘ian ˥］（甲）夸奖：都～他好。（乙）片：竹～子。

黑体字：

吊［tiau ˨˩˦］悬挂：～起来。

调［t ‘iau ˥］换：～换

音［t ʻəu ˥］抖动：把米袋～～。
拌［p ʻan ˥］（甲）搅和：～草喂牛；（乙）不讲理：横～。
幔［man ˩˧］罩、套：～外面再幔件布衫。
晏［an ˥］晚：太～了。

	uan	yan	əu	in	uən	yin
	阴阳上去	阴阳上去	阴阳上去	阴阳上去	阴阳上去	阴阳上去
	˩˧ ˥˩ ˥ ˧˩˧	˩˧ ˥˩ ˥ ˧˩˧	˩˧ ˥˩ ˥ ˧˩˧	˩˧ ˥˩ ˥ ˧˩˧	˩˧ ˥˩ ˥ ˧˩˧	˩˧ ˥˩ ˥ ˧˩˧
p p ʻ m			奔　本苯 烹盆　① 焖门　闷	彬　饼病 拼贫品聘 　明抿命		
f			分坟粉奋			
t t ʻ n			灯　等顿 吞腾②褪 　能冷嫩	丁　顶定 厅停挺听 拎零领令		
k k ʻ x	官　管惯 宽　款 欢环缓换		跟　哽更 坑　肯③ 亨痕很恨		滚棍 坤　捆困 昏魂　混	
tɕ tɕ ʻ ɕ		捐　捲卷 圈全犬劝 宣玄选楦		金　井静 青情请庆 新型醒信		均　迥俊 　群倾 熏旬　训
ts ts ʻ s ʂ	专　转赚 穿船喘串 拴 　　　软		尊　怎正 村成④寸 生神笋剩 　人忍认		准 春　蠢 　纯　顺 　　润	
□	弯完碗万	冤园远院	恩　⑤硬	阴银引印	温文稳问	晕云允运

注：
①［Pʻən ˧˩˧］～～香，很香。
②［t ʻən ˥］（甲）停留：～一会再来；（乙）抖动：～人，车走在不平的路上。
③［k ʻən ˧˩˧］～节上，节骨眼上。
以上是892—900页的内容
④［ts ʻən ˥］用力按，～倒在地。
⑤［ən ˥］鞋底不平，～脚。
楦［ɕyan ˧˩˧］做鞋用的模型：鞋～头。

听［t ‘in ˧˩˥］受人使唤：~差［ts ‘ai ˨˦］。如果读［t ‘in ˨˦］即“听觉”的“听”。

	uan	yan	əu	in	uən	yin
	阴阳上去	阴阳上去	阴阳上去	阴阳上去	阴阳上去	阴阳上去
	˨˦˦˨˦ ˥ ˧˩˥	˨˦˦˨˦ ˥ ˧˩˥	˨˦˦˨˦ ˥ ˧˩˥	˨˦˦˨˦ ˥ ˧˩˥	˨˦˦˨˦ ˥ ˧˩˥	˨˦˦˨˦ ˥ ˧˩˥
p p ‘ m	帮　榜棒 ①傍碰胖 ②忙莽			绷甭⑦蹦 ⑧棚捧碰 眼矇蒙猛梦		
f	方房纺放			风冯讽凤		
t t ‘ n	档　党荡 汤糖躺烫 ③狼朗浪	 娘两亮		东⑨懂动 通铜桶痛 聋农拢弄		
k k ‘ x	钢　港杠 康扛慷抗 夯行　巷			光　广逛 筐狂　况 荒黄谎晃		工⑪巩共 空　孔控 轰红哄阂
tç tç ‘ ç		江④讲酱 枪墙抢呛 香详想向				 穷 凶雄
ts ts ‘ s ʂ	张　掌帐 昌长厂唱 商常嗓上 瓤壤让		装⑤装壮 窗床闯创 双⑥爽	宗　总纵 葱从 松⑩耸送	中　种重 春虫宠⑫ 戎茸	
○	肮昂	央羊养样	汪王网望		翁⑬蓊瓮	雍荣涌用

注：

①〔p ‘aŋ ˨˦〕~~臭，气味很难闻。

②〔maŋ ˨˦〕（甲）牛叫：~！（乙）蜗牛：~~牛。

③〔naŋ ˨˦〕虚弱：~~倒。

④〔tçiaŋ ˦˨˦〕微微地动：这条虫还在~。

⑤〔tsuaŋ ˦˨˦〕猛蹬：~他一脚。

⑥〔Suaŋ ˦˨˦〕清洗：~~脚。

⑦〔pʌŋ ˥〕紧缩、没笑容：~着脸。

⑧〔p ‘ʌŋ ˨˦〕溅，射：~了一身水。

⑨〔tʌŋ ˧˩˥〕花钱：把家业~干了。

⑩〔sʌŋ ˦˨˦〕缩着：~个膀，像个~鸡子。

⑪〔kuʌŋ ˦˨˦〕（甲）冲撞：猪~墙脚；（乙）钻营：~个好位置。

⑫〔ts ‘uʌŋ ˨˩〕（甲）冒尖：~出来了。（乙）闯：他有个~劲。

⑬〔uʌŋ ˥˩〕蒙、埋入：~着头睡觉。如读〔uʌʔ〕时，意为“掩埋”。如：~上土。

黑体字：

傍〔p ‘ɑŋ ˥˩〕近：~晚。如读〔p ‘ɑŋ〕，意为不相上下。如：相~。

碰〔p ‘ɑŋ ˥〕碰撞：乱~腿

浪〔nɑ十 ˨˩〕波~。如读〔nɑ十˥〕时，意为“晃荡”。如：把这杯水~一~。

瓤〔ʂɑŋ ˥˩〕（甲）瓜~子。（乙）软、不硬实：这条扁担很~。（丙）差一点儿：一斤~一点（不够一斤）。

呛〔tɕ ‘iɑŋ ˨˩〕~鼻子。真够呛！

装〔tsuɑŋ ˥〕摆阔气：~面子。

空〔k ‘uʌŋ ˧˥〕~碗。如读〔k ‘uʌ十 ˨˩〕时，意为“闲暇”。如：有~儿。至于房子“空”着的“空”，也读〔k ‘uʌŋ ˨˩〕，不读〔k ‘uʌŋ ˧˥〕。

闹〔xuʌŋ ˨˩〕吵闹：起~。

蓊〔uʌŋ ˥〕繁茂：~茸。

语音特点

声母特点

保留了部分舌根音

tɕ、tɕ ‘、ɕ ———→k、k ‘、×

见晓组（见溪匣）二等字“皆阶秸街（阴）解（上）介累芥疥戒解押解（去）｜悭△嵌（阴）｜偕谐鞋（阳）解姓蟹懈邂（去），苋（去），项巷（去）”北京音读 t、t ‘、，襄樊音读 k、k ‘、×。

保留了个别舌面中音和舌尖前音

ʂ ———→y

影组（喻）三等字“荣嵘融容熔溶蓉榕（阳）”北京音读 ʂ，襄樊音读 y。

ʂ ———→s

章组（禅）三等字“瑞”北京音读，襄樊音读 S。

改变了舌尖后音

tʂ、tʂ ‘、ʂ———→ts、ts ‘s

知莊章组二三等字“之芝支肢知隻（阴）直殖侄执职（阳）止址旨指纸（上）至窒致志治制智稚（去）｜痴嗤魑（阴）池迟持（阳）齿耻（上）翅赤叱（去）｜尸狮师施诗（阴）十拾石时识实食（阳）史使驶始屎（上）世势誓逝市示事是视饰士氏式（去）”北京音读 tʂ、tʂ ‘、ʂ，襄樊音读 ts、ts、s。

改变了边音

l→n

泥组来母一三四等字“拉（阴）腊辣（阳），罗骡（阳）裸（上）洛落（去），猎列（去），黎离罹（阳）礼李里（上）例厉利吏砾（去），卢颅芦（阳）鲁卤虏（上）路赂（去），来莱（阳）赖籁（去），雷擂（阳）类泪（去），劳牢（阳）老（上）涝（去），燎聊寥（阳）了蓼（上）料炮（去），楼（阳）篓（上）漏陋（去），流刘留（阳）柳绺（上）馏（去），蓝兰拦（阳）览懒（上），林麟邻（阳）凛廪（上）赁吝（去），输伦（阳）论（去），郎狼（阳）朗（上）浪（去），良凉（阳）亮（去），陵凌灵零（阳）领岭（上）令（去），龙胧（阳）拢陇（上）弄（去）”北京音读 l，襄樊音读 n。

不分尖、团音

精组细音与见晓组细音都读 tɕ、tɕ ‘、ɕ（同北京音）。

聚＝矩〔tɕ—〕　　秋＝丘〔tɕ‘—〕

将＝江〔tɕ—〕　　千＝牵〔tɕ‘—〕须＝虚〔ɕ—〕　　箱＝香〔ɕ—〕

变全浊为清音

古全浊声母都变为清声母（同北京音）

拜（帮）＝败（并）〔p—〕

斗（端）＝豆（定）〔t—〕

奋（非）＝愤（奉）〔f—〕

救（见）＝旧（群）〔tɕ—〕

再（精）＝在（从）〔tS－〕

睽（溪）＝葵（群）〔k‘—〕

韵母特点

四呼的转换

△合口呼转为开口呼

u ——→əu

遇摄一等通摄三等合口字“奴卢颅芦庐（阳）努鲁虏卤（上）路赂鹿录陆戮（去）”北京音读合口韵 u，襄樊音读开口韵 əu。

u ——→ɑo

流摄三等开口字“浮蜉桴（阳）”北京读合口韵 u，襄樊音读开口韵 ɑo。

uei ——→ei

蟹摄一三等、止摄三等合口字“堆（阴）对兑队（去）｜推（阴）颓（阳）腿（上）退蜕（去）｜嘴（上）罪最醉（去）｜崔催摧（阴）悴瘁翠粹脆（去）｜虽绥（阴）随遂髓隧（阳）岁碎穗（去）”北京音读合口韵 uei，襄樊音读开口韵 ei。

uən ——→ən

臻摄一三第合口字“敦蹲（阴）盹吨（阳）炖顿盾（去）｜吞（阴）[1] 屯臀（阳）褪（去）｜抡仑伦轮纶（阳）论（去）｜尊遵（阴）｜村（阴）存（阳）忖（上）寸（去）｜孙（阴）损笋榫（上）[2]”北京音读合口韵 uən，襄樊音读开口韵 ən。

uɑn ——→ɑn

山摄一等合口字“端（阴）短（上）段缎断（去）｜湍（阴）团（阳）｜｜栾峦孪（阳）暖卵（上）乱（去）｜钻（阴）纂（上）钻（去）｜蹿（阴）攒（阳）窜（去）｜酸（阴）算蒜（去）”北京音读合口韵 uɑn，襄樊音读开口韵 ɑn。

uŋ ——→ʌŋ

通摄一三等合口字“冬东（阴）董懂（上）洞恫冻栋动（去）｜通（阴）同桐铜童瞳（阳）筒桶捅（上）痛（去）｜农脓隆龙咙笼（阳）拢陇垄（上）弄（去）｜宗棕鬃综踪（阴）总（上）纵粽（去）｜囱匆葱聪（阴）丛从淙（阳）｜松（阴）怂耸（上）｜宋送颂诵（去）”北京音读合口韵 uŋ，襄樊音读开口韵 ʌŋ。

△开口呼转为合口呼

ɤ ——→uo

---

① 注：“吞”为古开口字。

② 襄樊没有翘舌音，凡臻摄三等合口襄樊也读合口的字，就一定是翘舌音。如：“谆（阴）准（上）｜春（阴）蠢（上）｜唇纯淳醇（阳）顺舜（去）。”

果摄一等合口字“科蝌窠（阴）棵颗（上）课（去）丨禾和　龢（阳）”北京音读开口韵 ɣ，襄樊音读合口韵 uo。

o ——→u

臻摄一三等合口字“没殁（阳）丨佛（阳）”北京音读开口韵 o，襄樊音读合韵 u。

ou ——→u

通摄三等合口字“粥轴妯（阳）”北京音读开口韵 ou，襄樊音读合口韵 u。

ɑo ——→uo

岩摄一三等开口字“烙酪（阳）丨凿着（阳）丨勺芍（阳）”北京音读开口韵 ɑo，襄樊音读合韵 uo。

△撮口呼转为齐齿呼

y ——→i

遇摄三等合口字“驴律①（阳）吕侣旅（上）虑滤（去）”北京音读撮口韵 y，襄樊音读齐齿韵 i②。

ye ——→jo

宕摄三等、江摄二等开口入声字③“约（阴）钥跃乐岳虐疟（去）丨略掠（去）丨爵嚼爝觉珏（阳）雀鹊却确（去）④ 学（阳）”北京音读撮口韵 ye，襄樊音读齐齿韵 io。

△齐齿呼转为撮口呼

i ——→y

梗摄三等合口入声字“役疫（去）”、曾摄三等开口入声字“抑（去）”北京音读 i，襄樊音读 y。

鼻辅音韵尾的变化

ə ᶜ⁄ₘ ——→ən

曾梗摄一二三等字“崩（阴）丨烹（阴）彭膨澎（阳）丨登灯（阴）等（上）邓凳（去）丨疼腾眷藤（阳）丨能（阳）冷（上）丨愣（去）丨耕庚羹（阴）耿梗（上）丨坑（阴）丨亨（阴）衡恒（阳）丨争筝征蒸（阴）整拯（上）正政证（去）丨称（阴）成诚承乘（阳）秤（去）丨生牲甥升声（阴）绳（阳）省（上）胜圣盛剩（去）丨扔（阴）仍（阳）丨曾增憎（阴）赠（去）丨层（阳）蹭（去）丨僧（阴）丨郑（去）丨撑（阴）呈陈惩澄（阳）逞骋（上）”北京音读 əŋ，襄樊音读 ən。

通摄唇音字“棚蓬（阳）捧（上）碰（去）丨蒙萌朦（阳）猛蜢（上）梦孟（去）丨风枫蜂锋丰封（阴）逢冯（阳）讽（上）奉凤（去）”襄樊音也读 əŋ，与北京音同。这些通摄唇音字，很多都是梗摄并入通摄的。如“棚、萌、猛、孟”。

iŋ ——→in

梗摄二三等字“英婴樱鹦（阴）营莹赢盈（阳）影（上）映应（去）丨兵（阴）丙柄秉饼（上）病并（去）丨平苹瓶屏（阳）名茗铭明鸣冥（阳）命（去）丨丁叮钉（阴）顶鼎（上）定锭汀（去）丨听厅汀（阴）亭停廷庭（阳）挺艇（上）丨宁狞柠（阳）拧（上）佞（去）丨灵伶蛉玲零龄陵凌（阳）岭领（上）另令（去）丨京惊经荆（阴）景警（上）敬镜境竟径（去）丨轻卿（阴）请（上）庆（去）丨菁精晴晶（阴）井（上）净静（去）丨青蜻清（阴）情晴（阳）丨星腥猩（阴）省醒（上）姓性（去）丨萤（阳）丨茎（阴）丨形型刑邢行（阳）幸（去）”北京音读 iŋ，襄樊音读 in。

其他韵母的变化

ɤ ——→o

果宕摄一等字“蛾俄讹恶愕鄂鹗噩（阳）饿（去）丨哥歌（阴）各阁葛（阳）个^个^（去）丨^个^柯珂苛

① 注：“律”为臻摄三等合口字。

② 其他，北京音读 y，襄樊音分别读为 i、? u、ei。如：“履止摄三等开口域曾摄三等合口”，“缕楼遇摄三合口”，“屡遇摄三等合口”。

③ 凡入声字，襄樊话都读阳平。

④ 宕摄三等合口入声字“攫”北京音读撮口韵，襄樊音仍读齐齿韵。

（阴）可（上）｜何河荷鹤（阳）贺（去）”；山摄一等字“遏（阳）｜割葛（阳）渴（阳）｜割葛（阳）渴（阳）｜褐豁（阳）”；咸摄一等字“鸽（阳）｜磕瞌（阳）｜喝合盒（阳）”北京音读 γ，襄樊音读 o。

o ——→ ɤ

宕摄一第梗摄二等字“泊箔伯帛舶（阳）｜粕迫魄（阳）｜陌（阳）”北京音读 o，襄樊音读 ɤ。还有曾摄一等字“墨默”襄樊也读 ɤ，不读 o。

声调特点

襄樊话声调特点包括调类和调值两个方面。

调类特点。襄樊话声调的调类与普通话声调的调类完全相同，都是平声分阴阳，全浊上声变去声，入声消失。只是消失了的入声字的归属，襄樊话与普通话大不一样。现对比如表 29—7。

古今声调对比

<table>
<tr><th colspan="2">古调类</th><th colspan="2">古清浊声母</th><th>倒字</th><th>襄樊话调类</th><th>普通话调类</th></tr>
<tr><td rowspan="3">平声</td><td>阴平</td><td colspan="2">古清声母</td><td>夫汤妻诗</td><td>阴平</td><td>阴平</td></tr>
<tr><td rowspan="2">阳平</td><td rowspan="2">古浊声母</td><td>次浊</td><td>门难牛油</td><td rowspan="2">阳平</td><td rowspan="2">阳平</td></tr>
<tr><td>全浊</td><td>符糖齐时</td></tr>
<tr><td rowspan="3">上声</td><td>阴上</td><td colspan="2">古清声母</td><td>府短酒纸</td><td rowspan="2">上声</td><td rowspan="2">上声</td></tr>
<tr><td rowspan="2">阳上</td><td rowspan="2">古浊声母</td><td>次浊</td><td>米老藕有</td></tr>
<tr><td>全浊</td><td>扫稻旱似</td><td rowspan="4">去声</td><td rowspan="4">去声</td></tr>
<tr><td rowspan="3">去声</td><td>阴去</td><td colspan="2">古清声母</td><td>富对去试</td></tr>
<tr><td rowspan="2">阳去</td><td rowspan="2">古浊声母</td><td>次浊</td><td>慢浪岸用</td></tr>
<tr><td>全浊</td><td>附盗汗寺</td></tr>
<tr><td rowspan="6">入声</td><td rowspan="4">阴入</td><td colspan="2" rowspan="4">古清声母</td><td>哭吴出瞎</td><td rowspan="6">阳平</td><td>阴平</td></tr>
<tr><td>革加博节</td><td>阳平</td></tr>
<tr><td>谷缺北百</td><td>上声</td></tr>
<tr><td>客阔必式</td><td rowspan="2">去声</td></tr>
<tr><td rowspan="2">阳入</td><td rowspan="2">古浊声母</td><td>次浊</td><td>木绿日叶</td></tr>
<tr><td>全浊</td><td>白敌学直</td><td>阳平</td></tr>
</table>

从表中所列情况可以看出，在古平声、上声、去声中，襄樊话与普通话的声调是相同的，即平声都分阴阳，阴平包括古清声母平声字，阳平包括古浊声母平声字；上声都包括古清声母上，声字和次浊声母上声字；全浊声母上声字都归入了去声；去声字包括古去声和古全浊上声。在古入声字中，襄樊话与普通话声调的情况就不一样了。襄樊话和普通话的古入声都已消失。古入声字，在襄樊话里，无论古次浊、古全浊声母入声字，还是古清声母入声字都归入了阳平。而普通话里，古次浊声母入声字归入了去声，古全浊声母入声字归入了阳平，古清声母入声字分别归入了阴平、阳平、上声和去声。这就是说，在声调的调类上襄樊话与

普通话是相同的，只是入声字的归属不同。

调值特点。襄樊话声调的调值与普通话声调的调值大不相同。襄樊话声调的阴平为34 ˧˦，阳平为52 ˥˨，上声为55 ˥，去声为212 ˨˩˨。普通话声调的阴平为55 ˥，阳平为35 ˧˥，上声为214 ˨˩˦，去声为51 ˥˩。现比较如下图。

从下图可以看出：①襄樊话声调的阴平是个中升调，普通话声调的阴平是个高平调；②襄樊话声调的阳平是个高降调，普通话声调的阳平是个中升调；③襄樊话声调的上声是个高平调，普通话的上声是个低降升调；④襄樊话声调的去声是个低降升调，普通话声调的去声是个全降调。声调的高低升降变化不同，实际读音就不同。这是襄樊话声调与普通话声调的最显著的差异。

调值竖标比较

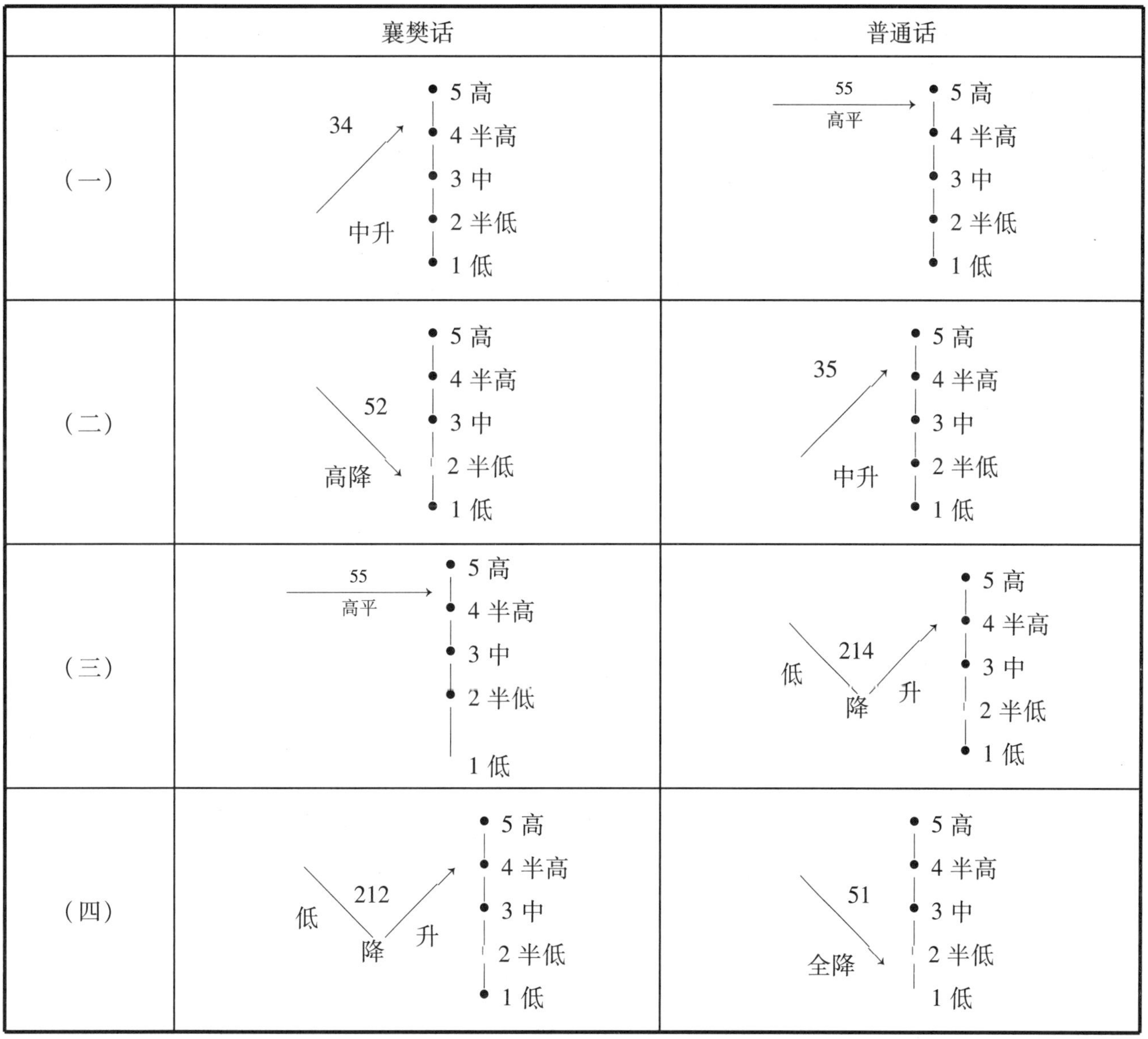

襄樊话标音举例

ər˥˩　ko˧˥
儿　歌

tsɿ˧˥ ma˥˩ kar˥，iau˥˩ iau˥˩ paŋ˨˩˦ ie˥˩ ie˥˩ ta˥ ku˥，nai˥ nai˥ ts‘aŋ˥˩。nai˥ nai˥ ts‘aŋ˥˩ ti˥˩
芝麻杆，摇摇棒，爷爷打鼓，奶唱。奶奶唱的

pu˥˩ xau˥ tiən˧˥，ie˥˩ ie˥˩ ts‘aŋ˥˩ ko˥˩ nuo˥˩ xua˧˥ sən˧˥。
不好听，爷爷唱个落花生。

iəu˥˩　ɕ˨˩˦
游　戏

nən˥˩ in˥ ko˧˥，ka˧˥ ka˧˥！tsai˥˩ nar˥ xar˧˥？mən˥˩ ti˧˥ɕ ia˥˩。sən˨˩˦ mo˧˥ mən˥˩？xaŋ˨˩˦ nʌŋ˥˩
绿莺哥，嘎嘎！在哪嗨？门底下。什么门？望龙

mən˥˩。nʌŋ˥˩ mən˥˩ nʌŋ˥˩ mən˥˩ tɕi˥ tsaŋ˥˩ kau˧˥？sɿ˥˩ sɿ˧˥ pa˥˩ tsaŋ˥˩ kna˥˩ tɕin˧˥ tian˥˩。
门。龙门龙门几丈高？四十八丈挂金条。

sən˥˩ mo˥˩ ua˥？niəu˥˩ ni˥˩ ua˥。sən˥˩ mo˥˩ tsuan˧˥？ts‘ai˥˩ xua˧˥ tsuan˧˥。nau˥ ie˥˩ nau˥ ie˥˩ ni˥
什么瓦？琉璃瓦。什么砖？菜花砖。老爷老爷你

ɕin˨˩˦ sa？uo˥ ɕin˨˩˦ p‘an˧˥。pan˧˥ ko˥˩ nian˥˩ xua˧˥ uo˥ kan˨˩˦ kan˨˩˦。pan˧˥ pan˧˥ pan˧˥！
姓啥？我姓潘。攀个莲花我看看。攀攀攀！

（《攀莲花》）

ian˨˩˦　y˥
谚　语

△tau˥˩ xua˧˥ kai˧˥，xən˥˩ xua˧˥ nuo˥˩，tsau˥ tsɿ˥˩ kai˧˥ xua˧˥ ts‘ɿ mo˧˥ mo˧˥。
桃花开，杏花落，枣子开花吃馍馍。

△pu˥˩ ɕin˥˩ ts‘uen˧˥ fʌ%m˧˥，na˥ iəu˥ ie˨˩˦ y˥。
不行春风，哪有夜雨。

△mai˧˥ mai˥˩ pu˥˩ tʌ%m˥ xa%m˥˩，ɕia˥˩ tsɿ˥˩ tsua%m˨˩˦ nan˥˩ tɕ‘jaÒ˥˩。
买卖不懂行，瞎子撞南墙。

△mɤ˥˩ iau˥˩ uan˧˥，tau˨˩˦ iau˨˩˦ kʌ%m˧˥，sən˧˥ tsai˧˥ tɕ‘ye˥˩ tsɿ˥˩，tɕ‘ian˥ tsai˧˥ ts‘uʌ%m˧˥。
麦要壅，稻要空，深栽茄子，浅栽葱。

△ta˨˩˦ tɕia˧˥ i˥˩ tiau˥˩ ɕin˧˥，xua%m˥˩ tu˥ pian˨˩˦ ts‘ən˥˩ tɕin˧˥。
大家一条心，黄土变成金。

mi˧˥　y˥
谜　语

△sən˧˥ ts‘uan˧˥ pɤ˥˩ nin˥˩p‘a˥˩，təu˥˩ tai˨˩˦ xuʌ%m˥˩ sa˧˥ mau˨˩˦，tsəu˥ nəu˥˩ man˨˩˦ tən˧˥ tən˧˥，
身穿白绫袍，头戴红纱帽，走路慢腾腾，

iəu˨˩˦ yin˥˩ɕ ia%m˨˩˦ ts‘uan˥˩ iau˥˩。
游泳像船摇。

△i˥˩ ko˨˩˦ iau˥ ku˧˥ nia%m˥˩，tsu˨˩˦ tsai˨˩˦ tən˥˩ xua˧˥ tsna%m˧˥，ie˨˩˦ ie˨˩˦ fa%m˥ mian˥˩ xua˧˥，
一个小姑娘，住在豆花庄，夜夜纺棉花，

pu˧˥ tsɿ˧˥
不知

uei˥˩ suai˥˩ ma%m˥˩。
为谁忙。

rau˥ kəu˥ niər˨˩˦
绕口令儿

tʌ ⁰⁄ₘ˧˥ i ˧˩ tei ˧˥ fən ˨˩˦，ɕi ˧˥ i ˧˩ tei ˧˥ xuei ˧˥，fʌ ⁰⁄ₘ˧˥ ts ʻuei ˧˥ fən ˧˩ xuo ˧˩ xuei ˧˥，pu ˧˩ tsɿ ˧˩ sɿ ˨˩˦ xuei ˧˩
东 一 堆 粪，西 一 堆 灰， 风 吹 粪 和 灰， 不 知 是 灰
fei ˧˩ fən ˨˩˦，xai ˧˩ sɿ ˨˩˦ fən ˨˩˦ fei ˧˩ xuei ˧˩。
肥 粪， 还 是 粪 肥 灰。

ɕie ˧˩ xəu ˨˩˦ y ˥
歇 后 语

△ɕiau ˥ təu ˧˩ ta ˥ kuan ˧˩ sɿ ˧˩ —— i ˧˩ pei ˨˩˦ tsɿ ˧˩ təu ˧˩ sɿ ˨˩˦ ru ˧˩。
小 偷 打 官 司 —— 一 辈 子 都 是 输。

△kəu ˥ tsɿ ˧˩ ɕyan ˧˩ mən ˧˩ niar —— tɕ ʻyan ˧˩ kau ˨˩˦ i ˧˩ tsaŋ ˧˩ tsei ˥。
狗 子 掀 门 帘儿 —— 全 靠 一 张 嘴。

△tsəu ˨˩˦ mʌŋ ˨˩˦ taŋ ˧˩ xuaŋ ˧˩ ti ˨˩˦ —— kuai ˨˩˦ xuo ˧˩ i ˧˩ xueiəi ˨˩˦ sɿ ˨˩˦ i ˧˩ xueiəi ˨˩˦。
做 梦 当 皇 帝 —— 快 活 一 会儿 是 一 会儿。

△mai ˨˩˦ təu ˨˩˦ fu ˧˩ ti ˧˩ ta ˧˩ ɕi ˨˩˦ tai ˧˩ —— mai ˥ mai ˨˩˦ pu ˧˩ ta ˨˩˦，tɕ ia ˨˩˦ tsɿ ˧˩ pu ˧˩ ɕiau ˥。
卖 豆 腐 的 搭 戏 台 —— 买 卖 不 大， 架 子 不 小。

（二）词　汇

词汇分类

天文·地理·位置

晒老爷儿 sai ˧˩ nau ˥ ier ˧˩（晒太阳）
荫凉坡儿 iən ˧˥ niaŋ ˧˩ p ʻor ˧˥（荫凉地）
旋磨风 ɕyan ˧˩ mau ˧˩ fʌŋ ˧˥（旋转风）
麻风雨 ma ˧˩ fʌŋ ˧˥ y ˥（毛毛雨）
飘泼桶倒 piau ˧˩ p ʻo ˧˩ tʌŋ ˥ tau ˨˩˦（大暴雨）
下罩子 ɕia ˧˩ tsau ˧˩ tsɿ ˧˩（雾）
天道 tian ˧˩ tau ˨˩˦（天气）
月黑头 ye ˧˩ xɤ ˧˩ təu ˧˩（黑夜）
撂天地儿的 niau ˧˩ tian ˧˥ tiər ˨˩˦ ti ˧˩（野外）
紧高头 tɕɪn ˥ kau ˧˩ t ʻəu ˧˩（最高处）
紧里头 tɕ in ˥ ni ˥ t ʻəu ˧˩（最里边）
挨根儿 ai ˧˩ kər ˧˩（附近）
这儿嗨儿 tsɤr ˨˩˦ xaiər ˧˩（这里）
那儿嗨儿 nar ˥ xaiər ˧˩（那里）
哪儿嗨儿 nar ˥ xaiər ˧˩（哪里）
床头起 ts ʻua ˧˩ tau ˧˩ tɕ ʻi ˧˩（床根前）
墙根□（底下）tɕ ʻiaŋkər ˧˩ tia ˧˩（墙根下）
末脑笃儿 mo ˧˩ nau ˥ tur ˧˩（末尾）
浮头 fu ˧˩ t ʻəu ˧˩（面上）
笃底儿 tu ˧˩ tiər ˥（底脚）

时间·节令

今年个儿 tɕin ˧˥ nian ˧˩ kor ˨˩˦（今年）

明年个儿 min ˧˩ nian ˧˩ kor ˥˩（明年）
旧年个儿 tɕiu ˧˩ nian ˧˩ kor ˥˩（去年）
往音儿 uaŋ ˥ iər ˧˩（过去）
那音儿 na ˥˩ iər ˧˩（那时候）
正喒儿 tsən ˧˩ tsar ˥（这时）
楞喒儿 nən ˧˩ tsar ˥（那时）
破五 p ‘o ˥˩u ˧˩（正月初五）
今儿的 tɕ ‘iər ˨˦ ti ˧˩（今天）
明儿的 mər ˧˩ ti ˧˩（明天）
前儿的 tɕiar ˧˩ ti ˧˩（前天）
后儿的 xəur ˥˩ ti ˧˩（后天）
外后儿的 uan ˧˩ xəur ˥˩ ti ˧˩（大后天）
麻麻亮儿 ma ˧˩ ma ˧˩ niłr ˥˩（黎明）
黢溜摸黑儿 tɕ ‘y ˨˦niu ˧˩ mo ˨˦ xər ˧˩（黑夜）

农事·种植·牲畜

挠布袋 nau ˥ pu ˧˩ tai ˧˩（扛布袋）
轱辘磙儿 ku ˨˦ nəu ˧˩ kuər ˥（石磙）
肚带绳 tu ˥˩ tai ˥˩ sən ˧˩（拘绳）
活襀儿 xuo ˧˩ k ‘ueiər ˥˩（活结）
死纥繨 sɿ ˥ kɤ ˨˦ ta ˨˦（死结）
稲秫 təu ˥ su ˧˩（高粱）
铺塌稞儿 p ‘u ˨˦ ta ˧˩ k ‘uor ˨˦（不捲卷心的白菜）
五月鲜儿 u ˥ ye ˧˩ ɕyar ˨˦（桃子）
黄花苗 xuaŋ ˧˩ xua ˨˦ miau ˥（蒲公英）
犍子 tɕian ˨˦ tsɿ ˧˩（阉过的公牛）
犤牛 mo ˥˩ niu ˧˩（母牛）
臊胡 sau ˨˦ xu ˧˩（公羊）（羯子）
水羊 suei ˥ iaŋ ˧˩（母羊）
牙猪 ia ˧˩ tsu ˨˦（公猪）
草猪 ts ‘au ˥ tsu ˨˦（母猪）
漫群 man ˥˩ tɕ ‘yin ˧˩（牛配种）
打男 ta ˥ nan ˧˩（狗配种）
踩水 ts ‘ai ˥ suei ˥（鸡、鸭配种）
跟圈 kən ˨˦ tɕ yan ˥˩（猪配种）
起课 tɕ ‘i ˥ k ‘uo ˥˩（驴配种）
牵缰tɕ ‘ian ˨˦ tɕiaŋ ˨˦（马配种）
跑羔 p ‘au ˥ kau ˨˦（羊配种）
叫春 tɕiau ˥˩ ts ‘uən ˨˦（猫配种）
下　ɕia ˥˩ tɕ ‘in ˥˩（吐）

人品·行为

儿娲子 ər ˧˩ ua ˧˩ tsɿ ˧˩（男孩）

婀子 nia˥ tsɿ˧˩（女孩）
悭头儿 kən˧˥ təur˧˩（刁滑）
老鳖衣 nuu˥ pie˧˥ i˧˥（老实而受人欺侮的人）
小鸡鸪儿 ɕiau˥ tɕi˧˥ kur˧˩（小聪明）
活疾作儿 xuo˧˩ tɕi˧˩ tsuor˧˩（活报应）
犟筋 tɕiaŋ˧˩ tɕin˧˥（牛犟）（不顺从）
丫不清儿 ia˧˥ pu˧˩ tɕ iər˧˥（不清醒）
白脖子 pɤ˧˩ po˧˩ tsɿ˧˩（外行）
扯皮拉筋 tsɤ ʻ˥ pi˧˩ na˧˥ tɕ in˧˥（找皮绊）
扯谎尥白 tsɤ ʻ˥ xuaŋ˥ niau˧˩ pɤ˧˩（说谎）
流里蛋 niu˧˩ ni˥ tau˨˩˦（二流子）
乍渣子 ka˥ tsa˧˥ tsɿ˧˩（坏蛋）
□扒手 ts ʻua˥ pa˧˩ səu˥（扒手）
轻神包 tɕin˧˥ sən˧˩ pau˧˥
野唬 ie˥ xu˧˩（性野）
尥蹶子 niuu˧˩ tɕ ye˥ tsɿ˧˩
捞欠 nau˧˩ tɕ ʻian˨˩˦（好吃）
饿羊 o˨˩˦ iaŋ˧˩（嘴馋）
猴羊 xəu˧˩ iaŋ˧˩（调皮）
由意儿 iəu˧˩ iər˨˩˦
潜养 tɕ ʻian˧˩ iaŋ˥（娇生惯养）
惯事 kuan˨˩˦ sɿ˨˩˦（不管教）
泼实 p ʻosɿ˨˩˦（强壮）
胡搅 xu˧˩ tɕ ian˥
反敲 fan˨˩˦ tɕ ʻiau˧˥
装歪 tsuaŋ˧˥ uai˧˥
寻短见 ɕyin˧˩ tan˥ tɕian˨˩˦
卫护 uei˨˩˦ xu˨˩˦
抢犯 tɕ ʻianŋ˥ fan˧˩
颠兑 tian˧˥ tei˧˩（有意憋人）
守不恭 səu˥ pu˧˩ kuʌŋ˧˥（卖弄）
没哒□ mu˧˥ ta˧˩ sa˨˩˦
瘦筋拉枯 səu˨˩˦ tɕin˧˥ na˧˥ ku˧˥
鲜净 ɕyan˧˥ tɕin˨˩˦
鲜凡 ɕyan˧˥ fan˧˩
郎色 naŋ˧˩ sɤ˧˩（美好）
膀 paŋ˥ sa˧˩（壮实）
富态 fu˨˩˦ t ʻai˨˩˦
刷挂 sua˧˩ kua˨˩˦（利落）
犟作物儿 tɕiaŋ˧˩ tsuo˧˩ uər˧˥（不顺心的孩子）
胡□ xu˧˩ p ʻia˧˥（胡说）

磁实 ts ‘ʅ ˨˩˨ sʅ ˨˩˨
泡和 p ‘au ˥˧ xu ˨˩˨
吃燥 tsj ˨˩˨ ts ‘au ˨˩˨（调皮）

心理·感受

呓怔 i ˨˩ tsən ˥˧（不清楚）
花哨 xua ˥˧ səu ˨˩˨
血乎里拉 ɕie ˨˩˨ xu ˨˩˨ ni ˨˩˨ na ˥˧（血肉模糊）
稀巴烂贱 ɕi ˥˧ pa ˨˩˨ nan ˨˩ tɕian ˨˩˨（便宜）
冒估堆儿 mau ˨˩˨ ku ˥ teiər ˥˧
冒打张儿 mau ˨˩˨ ta ˥ tsɬr（捕风捉影）
犯恶素 fan ˨˩ u ˨˩ su ˨˩
放黑快 faŋ ˨˩ xɤ ˨˩˨ kuai ˨˩
丢亥时 tiu ˥˧ xai ˨˩ sʅ ˨˩˨
欢窜 xuan ˥˧ ts ‘an ˨˩˨（活泼）
快麻点儿 k ‘uai ˨˩ matiar ˨˩˨（快点儿）
攒体己 tsan ˥ ti ˥˧ tɕ ‘iər ˨˩˨（攒私房）
连不连 nian ˨˩˨ pu ˨˩˨ niar ˨˩˨（连二连三）
稀溜会儿 ɕi ˥˧ niu ˨˩˨ xueiər ˥˧（差一点儿）
痞脸 pi ˨˩˨ nei ˨˩（调皮）
冷不吞儿 nən ˥ pu ˨˩˨ t ‘ər ˥˧（冷不防儿）
填还人 t’ ian ˨˩˨ xuan ˨˩˨ rən ˨˩˨（招人喜欢）
蝎呼 ɕie ˨˩˨ xu ˥˧（大声喊叫）
无足呹 u ˨˩˨ tsu ˨˩˨ ian ˨˩˨（不满足）
劳慰 nau ˨˩˨ uei ˨˩（感谢）
承头儿 ts ‘ən ˨˩˨ təur ˨˩˨
保佐 pau ˥ tsuo ˨˩˨
三不支儿 san ˥˧ pu ˨˩˨ tsʅ r ˥˧（不经常）
卖野眼儿 mai ˨˩ ie ˥ iar ˨˩˨
静办 tɕin ˨˩ pan ˨˩
遭孽 tsau ˥˧ ie ˨˩˨（可怜）
色气 sɤ ˨˩˨ tɕi ˨˩˨（小气）
气□tɕ ‘i ˨˩˨ sɤ ˨˩˨（有异味）
□节儿 kən ˨˩ tɕier ˨˩˨
不爱见 pu ˨˩˨ ai ˨˩ tɕian ˨˩（病了）
干哕 kan ˥˧ ye ˥（反胃）
包弹 pau ˥˧ tan ˨˩˨（指责）
一所 i ˨˩˨ suo ˨˩˨（整齐）
一顺色儿 i ˨˩˨ suən ˨˩˨ sɤr ˨˩˨
贬忌 pian ˥ tɕi ˨˩˨（贬低他人）
撕翻 sʅ ˥˧ fan ˨˩˨
半仯子 pan ˨˩ ts ‘au ˨˩ tsʅ ˨˩˨

半不拉子 pan˨˩˦ pu˥˩ na˧˥ tsɿ˥˩（半截）
眼气不岔儿 ian˥ tɕ‘i˧˥ pu˥˩ tər˨˩˦
过□kuo˨˩˦ ts‘uai˨˩˦（锋利）
骈了 p‘ən˧˥ nau˥˩（事情做坏了）
绞毫 tɕiau˥ xau˥˩（调皮）
撜 tən˨˩˦（用力拉）
绊脚索 pan˨˩˦ tɕiɔ˥˩ suo˧˥
郎搡 naŋ˥˩ saŋ˥˩
蹄跳 t‘i˥˩ t‘iau˥˩
趟了 tian˧˥ nau˥˩（偷偷地走了）
鸡蒙眼 tɕi˧˥ mʌŋ˥˩ ian˥
磨埾子 mo˨˩˦ tsu˥˩ tsɿ˥˩
不沾嫌儿 pu˥˩ tsan˧˥ ɕiar˥˩（差得远）
挨斤帮谱 ai˧˥ tɕin˧˥ paŋ˧˥ pu˥（差不多）
有筋色 iən˥ tɕin˧˥ sɤ˥˩
有依实 iən˥ i˧˥ sɿ˥˩
相赢 ɕiaŋ˧˥ in˥˩（便宜）
包园儿 pau˧˥ yaɤ˥˩
翻烧 fan˥ sau˧˥
掿 nuo（重叠）˨˩˦
□辣 xɤ˥˩˨˩˦ nai˥˩（坏味）
□会儿的 t‘ie˥˩ xueiər˧˥ ti˥˩（故意的）
吊儿吵胯 tiau˨˩˦ ər˥˩ sa˥ kua˧˥（不整洁）
瞎巴子扯 ɕia˥˩ pa˧˥ tsɿ˥˩ ts‘ɤ˥（瞎说）
弥留漫沿 mi˧˥ niu˥˩ man˨˩˦ ɕier˥˩（满）
咋法儿 tsa˥ far˧˥（怎么样）
笼哄 nʌŋ˥˩ xuʌŋ˥（哄骗）
撒欢子 sa˥˩ xuan˧˥ tsɿ˥˩
打测 ta˥ ts‘ɤ˥˩（说不沾边的话）
叙团 ɕy˨˩˦ tan˧˥
包□pau˧˥ ɕi˥˩（肯定）
不惯相 pu˥˩ kuan˨˩˦ ɕiaŋ˨˩˦（不习惯）
动□tʌŋ˨˩˦ k‘an˥˩（慢慢动）

红白大事·迷信

亲事 tɕ‘in˧˥ sɿ˥˩（婚姻）
过期 kuo˨˩˦ tɕ‘i˧˥
烤红火 k‘au˥ xuʌŋ˥˩ xuo˥
把姑娘 pa˥ ku˧˥ niaŋ˥˩
接媳妇 tɕie˥˩ ɕi˥˩ fu˥˩
新姑娘儿 ɕin˧˥ ku˧˥ niɫr˥˩
小登科儿 ɕiau˥ tən˧˥ kuor˧˥（新郎）

新郎官儿 ɕin ˧˥ naŋ ˧˩ kuar ˧˥
过嫁妆 kuo ˧˥ tɕia ˨˩˦ tsuaŋ ˧˥
添箱 t‘ian ˧˥ ɕiaŋ ˧˥（送婚礼）
敬老爷 tɕin ˨˩˦ nau ˥ ie ˧˩
暖郎酒 nan ˥ naŋ ˧˩ tɕiu ˥
牵亲奶奶儿 tɕian ˧˥ tɕ‘in ˧˥ nai ˧˥ naiər ˧˩
洗三 ɕi ˥ san ˧˥
抓周儿 tsua ˧˥ tsəur ˧˥
背生子儿 pei ˨˩˦ sən ˧˥ tsʅ ˧˥ ər
妈妈儿 ma ˧˥ mar ˧˩（奶）
挪窝儿 nuo ˧˩ uor ˧˥
认生 ʂən ˨˩˦ sən ˧˥
叵实 po ˧˥ sʅ ˧˩（不生病）
乖 kuai ˧˥
暖寿 nan ˥ səu ˨˩˦（祝寿）
寿□səu ˨˩˦ ɕyan ˧˥（寿命）
下世 ɕia ˨˩˦ sʅ ˨˩˦（去世）
寿器 səu ˨˩˦ tɕ‘i ˨˩˦（棺材）
灵牌儿 nin ˧˩ paiər ˧˩
报庙 pau ˨˩˦ miau ˨˩˦
过七 kuo ˨˩˦ tɕ‘i ˧˩
孝帐 ɕiau ˨˩˦ tsaŋ ˨˩˦
堂祭 t˙ŋ ˧˩ tɕi ˨˩˦
响手 ɕiaŋ ˥ səu ˥（乐队）
放口 faŋ ˨˩˦ iau ˨˩˦ kəu ˧˩
下祭 ɕia ˨˩˦ tɕi ˨˩˦
点主 tian ˥ tsu ˥
发引 fa ˧˩ in ˥
灵屋子 nin ˧˩ u ˧˩ tsʅ ˧˩
青狮白象 tɕin ˧˥ sʅ ˧˥ pɤ ˧˩ ɕiaŋ ˧˩
香腊纸货 ɕiaŋ ˧˥ na ˧˩ tsʅ ˥ xuo ˨˩˦
金银箔 tɕin ˧˥ in ˧˩ po ˧˩
骨殖坛子 ku ˧˩ sʅ ˧˩ tan ˧˩ tsʅ ˧˩
衣饭罐 i ˧˥ fan ˨˩˦ kuar ˨˩˦
家堂 tɕia ˧˥ taŋ ˧˩
神柜 sən ˧˩ kuai ˨˩˦
老天爷 nau ˥ tian ˧˥ ie ˧˩
火举子 xuo ˥ tɕy ˥ tsʅ ˧˩（火家道）
知客 tsʅ ˧˥ kɤ ˧˩（婚丧喜事的总管）
吴二爷 u ˧˩ ər ˨˩˦ ie ˧˩（土神；城隍）
阴阳先儿 in ˧˥ iaŋ ˧˩ ɕiar ˧˥

掐八字 tɕ‘ia ˩ pa ˩ tsɿ ˩（算命）
过阴 kuo ˩˧ in ˧˩
端公子 tan ˥ kuʌŋ ˧˩ tsɿ ˩（神汉）
捻阄儿 nian ˧˩ tɕiur ˧˩
黄雀叼卦 xuaŋ ˩ tɕio ˩ tiau ˧˩ kua ˩˧
饮食·游戏
吃场子 ts‘ɿ ˩ ts‘aŋ ˥ tsɿ ˩（吃酒席）
坐席 tsuo ˩˧ ɕi ˩
吃接茶 ts‘ɿ ˩ tɕie ˩ ts‘a ˩
麦仁糊子 mɤ ˩ rən ˩ xu ˩ tsɿ ˩
包谷糁儿 pau ˧˩ ku ˩ ts‘ər ˧˩
烫饭 taŋ ˩˧ fan ˩（菜汤煮饭）
白水饭 pɤ ˩ suei ˥ fan ˩
糊辣汤 xu ˩ na ˩ taŋ ˧˩
酸浆面 san ˩˧ tɕiaŋ ˧˩ mian ˩˧
消夜 ɕiau ˧˩ ie ˧˩（晚饭）
吃体已儿 ts‘ɿ ˩ ti ˧˩ tɕ‘iər ˩
炒现饭 ts‘au ˥ ɕian ˩˧ fan ˩˧（热剩饭）
窝子面 uo ˧˩ tsɿ ˩ mian ˩˧
烟饽 xu ˩ po ˩（一种面食）
清汤 tɕ‘in ˧˩ taŋ ˧˩
疙瘩 kɤ ˧˩ ta ˩（饺子）
抄手儿 ts‘au ˧˩ təur ˥（饺子）
菜脚子 ts‘ai ˩˧ tɕiɔ ˩ tsɿ ˩（剩菜）
碗笃子 uan ˥ tu ˩ tsɿ ˩（碗脚子）
尸气 sɿ ˧˩ tɕi ˩（坏味）
赫拉气 xɤ ˧˩ ma ˩ tɕi ˩˧
泡茶 pau ˩˧ ts‘a ˩
岜脚子 pa ˩˧ tɕiɔ ˩ tsɿ ˩
水煎包子 suei ˥ tɕian ˧˩ pau ˧˩ tsɿ ˩
炸馍 tsa ˩ mo ˩
油□子 iau ˩ kuo ˥ tsɿ ˩
锅盔 kuo ˧˩ kuei ˩
摺油馍 tsɤ ˩ iəu mo ˩
摊煎饼 t‘an ˧˩ tɕian ˧˩ pin ˥
糖炸馍 t‘aŋ ˩ tsa ˩ mo ˩
鸡头包 tɕi ˧˩ təu ˩ po ˧˩
欢喜团儿 xuan ˧˩ ɕi ˥ t‘ar ˩
扣碗子 kən uan ˥ tsɿ
臀肩肉 t‘ən ˩ tɕian ˧˩ rəu ˩˧
猪下水 tsu ˧˩ ɕia ˩˧ suei ˥

鸡杂儿 tɕi ⅄ tsar ∨
血幌 ɕie ∨ xuaŋ ⋁
洑汁酒 fu ∨ tsɿ ∨ tɕiəu ˥（甜酒）
糟肉 tsau ⅄ rəu ⋁
活水园子 xuo ∨ suei ˥ yan ∨ tsɿ ∨
潲水 sau ⋁ suei ˥（脏水）
酵子 tɕiau ⋁ tsɿ ∨
面剂子 mian ∨ tɕi ⋁ tsɿ ∨
泻汤 ɕie ⋁ taŋ ⅄（饭坏了）
炖汤 tən ⋁ taŋ ⅄
控干饭 kʌŋ ⋁ kan ⅄ fan ∨
玩艺儿 uan ∨ iər ∨
买卖儿 mai ˥ maiər ⋁（玩具）
把戏 pa ˥ ɕi ⋁
打瞎蒙儿 ta ˥ ɕia ∨ m ʌ̃r ∨
藏猫儿 tɕ ‘iaŋ ∨ maur ⅄
吃子儿 ts ‘ɿ ∨ tsɿ ər ˥
翻叉 fan ⅄ ts ‘a ⅄
推摇拢 tei ⅄ iau ∨ nʌŋ ˥
扯拉锯 ts ‘ɤ na ⅄ tɕy ⋁
点手心儿 tian ˥ səu ˥ ɕiər ⅄
打花巴场 ta ˥ xua ⅄ pa ⅄ ts ‘ɫr ˥
虫虫飞 ts ‘ʌŋ ∨ ls ‘ʌŋ ∨ fei ⅄
猜中指 ts ‘ai ⅄ tsuʌŋ ⅄ tsɿ ∨
撂破鞋 niau ⋁ po ⅄ xai ∨
过关 kuo ⋁ kuan ⅄
攀莲花 pan ⅄ nian ∨ xua ⅄
斗金鸡 təu ⋁ tɕin ⅄ tɕi ⅄
碰钱儿 pʌŋ ⋁ tɕ ‘iar ∨
打漂游儿 ta ˥ piau ⅄ iəur ∨
数丁丁脚 su ˥ tin ⅄ tin ⅄ tɕiɔ ∨
胳肢窝儿 kɤ ∨ tsɿ ∨ uor ⅄（哈痒）
牵羊儿 tɕ ‘ian ⅄ iɫr ∨
跳拐拐 tiau ⋁ kuai ˥ kuai ∨
赶老鸹窝 kan ˥ nau ˥ kua ∨ uo ⅄（似高尔夫）
莲花落儿 nian ∨ xua ⅄ nauər ∨
打花鼓 ta ˥ xua ⅄ kur ˥
站故事 tsan ⋁ ku ⋁ sɿ ⋁
肘猴儿戏 tsəu ˥ xəur ∨ ɕi ∨
被窝戏儿 pei ⋁ uo ⅄ ɕiər ⋁
跑龙套 pau ˥ nʌŋ ∨ tau ⋁

打加官 ta ˥ tɕia ˧˥ kuan ˧˥
竖羊桩 su ˨˩˦ iaŋ ˨˩ tsuaŋ ˧˥
来单双儿 nai ˨˩ tan ˧˥ surɫ ˧˥
推牌九儿 t ‘ei ˧˥ pai ˨˩ tɕiər ˥
押宝 ia ˨˩ pau ˥（赌博）
走马灯儿 tsəu ˥ ma ˥ tər ˧˥

名称及其他

□子腔 piaui ˧˥˧˥ tsɿ ˨˩ tɕ ‘iaŋ ˧˥（骗子）
狠头斋公 xən ˥ təu ˨˩ tsai ˧˥ kunŋ ˨˩
二糊子月亮 ər ˨˩˦ xu ˨˩ tsɿ ˨˩ ye ˨˩ niaŋ ˨˩˦（不清醒）
□种 ɕin ˨˩˦ tsuʌŋ ˥（傻瓜）
下三赖 ɕia ˨˩˦ san ˧˥ nai ˨˩˦
洋买卖儿 ia ˨˩ mai ˥ maiər ˨˩
婊子的孫儿 pia ˨˩ tsɿ ˨˩ ti uar ˨˩（骂人的话）
砍不成儿 kan ˥ pu ˨˩ ts ‘ər ˨˩
拉牢眼儿的 na ˧˥ nau ˨˩ iar ˥ ti ˨˩
□路的 tan ˥ nəu ˨˩˦ ti ˨˩（半路抢劫）
□住 tan ˥ tsu ˨˩˦（阻住）
浪 naŋ ˥（浪开水）
沁水 tɕ ‘in ˨˩˦ suei ˥（漏水）
井拔凉 tɕin ˥ pa ˨˩ niaŋ ˨˩（刚从井里打出来的水）
沁蜜儿甜 tɕ ‘in ˨˩˦ miər ˨˩ t ‘ian ˨˩（很甜）
止本 tsɿ ˥ pən ˨˩˦（本分）
拘栏儿 tɕy ˧˥ nar ˨˩
粗溜 ts ‘u ˧˥ niəu ˨˩（跑得快）
□叫唤 tɕ ‘in ˧˥ tɕiau ˨˩˦ xuan ˧˥（大声喊叫）
□tnuai ˥（傲慢）
硬抢实扎 ən ˨˩˦ tɕ ‘iaŋ ˧˥ sɿ ˨˩˦ tsa ˨˩（强迫）
把作 pa ˧ tsuo ˨˩（拘束）
受用 səu ˨˩˦ yʌŋ ˨˩˦
□和 p ‘a ˧˥ xuo ˨˩（烂）
憨包 xan ˧˥ pau ˧˥
轮正 nən ˨˩ tsən ˨˩˦（四四方方）
一贴 i ˨˩ t ‘ie ˨˩（完、了）
伸腿拉胯 sən ˧˥ tei ˥ na ˧˥ k ‘ua ˨˩
声气 sən ˧˥ tɕ ‘i ˨˩（声音）
膙 tɕiaŋ ˥（磨起的厚皮）
燎浆泡 niau ˨˩ tɕiaŋ ˧˥ pau ˨˩（皮肤烧起的泡）
抛撒 pau ˧˥ sa ˨˩（浪费）
擤鼻子 ɕin ˥ pi ˨˩ tsɿ ˨˩
家机布 tɕia ˧˥ tɕi ˧˥ pu ˨˩（木机织的布）

和了 xu ˨˩ nau ˨˩（赢了）
千担 tç ‘ian ˨˦ tan ˨˩（两头尖扁担；草虫）
彆宝 pie ˨˩ pau ˥（识宝）
窝彆uo ˨˦ pie ˨˩（不宽畅）
郎匡 naŋ ˨˩ kuaŋ ˨˩（不大合身）
素静 su ˨˩ tçin ˨˩（安静）
天干路响 tian ˨˦ kan ˨˦ nəu ˨˩ çiaŋ ˥
打拐 ta ˥ kuai ˥（骗钱）
打捞叉 ta ˥ nau ˨˩ ts ‘a ˨˩
白打光儿 pɤ ˨˩ ta ˥ kułr ˨˩（白吃、白拿）
打头儿 ta ˥ təur ˨˩（赌博、抽头钱）
打灰暴 ta ˥ xuei ˨˦ pau ˨˦（鸡子在灰窝里滚）
打呕吼儿 ta ˥ əu ˨˦ xəur ˨˩（大声喊叫）
打把式 ta ˥ pa ˥ sʅ ˨˩
打抽丰 tə ˥ ts ‘ən ˨˦ fʌŋ ˨˦
吃风喝沫 ts ‘ʅ ˨˩ fən ˨˦ xo ˨˩ mo ˨˦
磁板 ts ‘ʅ ˨˩ pan ˨˦（实在）
通 t ‘ən ˨˦（很：～好看，～好听）
神 sən ˨˩（很：～好看，～好听）
动静儿 tʌŋ ˨˩ tçiər ˨˩（响动）
打儿呵呵 ta ˥ ər ˨˨˩ xo ˨˦ xo（顺着别人吵闹）
打发 ta ˥ fa ˨˩
待承 tai ˨˩ ts ‘ən ˨˩
盘缴 pan ˨˩ tçiau ˨˩（花销）
林浪 nin ˨˩ naŋ ˨˨˩（树林）
卖野眼儿 mɑi ˨˨˩ ie ˥ iar ˨˩（不注意）
找模糊 tsɑu ˥ mo ˥ xu ˨˩（骂人）
行三儿找四儿 çin ˨˩ sar ˨˦ tsau ˥ sʅ ər ˨˨˩（借故）
找茬子 tsau ˥ ts ‘a ˨˩ tsʅ ˨˩
打茶围 ta ˥ ts ‘a ˨˩ uei ˨˩
打园和 ta ˥ yan ˨˩ xuo ˨˩（撮合）
打搅 ta ˥ tç iau ˥
打火镲 ta ˥ xuo ˥ pau ˨˩（乐器）
不打紧 pu ˨˩ ta ˥ tçin ˥
打把子 ta ˥ pa ˥ tsʅ ˨˩
打单帮 ta ˥ tan ˨˦ paŋ ˨˦
鳖圪瘩 pie ˨˦ kɤ ˨˩ ta ˨˩（受人欺侮的人）
不□贴 pu ˨˩ muo ˥ t ‘ie ˨˩（不称心）
将就 tçiaŋ ˨˦ tçiəu ˨˩
合磨 ko ˨˩ mo ˨˩（将就：一～着过）
濠水 xau ˨˨˩ suai ˥（涉水）

悬幌 çyan ˅ xuaŋ ˅（不稳当）
隔食 kɤ ˅ sɿ ˅（吃～～了。）
躲奸 tuo ˥ tɕian ˩˥（偷懒）
勒□ nɤ ˅ kən ˅（刁难）
忌讳 tɕi ˅ xuei ˩˥（醋）
卡鸡佬 tɕ ‘ia ˩˥ tɕI ˩˥ nau ˥（偷鸡佬）
首事 sau ˥ sɿ ˅（八大行之首）
傲强 au ˩˥ tɕ ‘iaŋ ˅（倔强）
猴腰 xəu ˩˥ iau ˩˥（弯腰）
不含糊 pu ˅ xan ˅ xu ˅（不在乎）
□肥 nɤ ˅˩ fei ˅（标榜）
寡子 kua ˥ sɿ ˅（没有受精的鸡蛋）
人事 ʐən ˅ sɿ ˅（礼物：送～）
尿脬 sei ˩˥ p ‘au ˅（膀胱）
断庄 tan ˅˩ tsuaŋ ˩˥（脱销）
□成 k ‘ɤ ˩˥ ts ‘ən ˅（刻薄）
垢夹 kəu ˥ tɕia ˅（污垢）
薄刀 po ˅ tau ˩˥（一种面食）
满□儿的 man t ‘an ti ˅（到处）
蒙 mʌŋ ˩˥（掩盖）
胡□xu ˅ ia ˩˥（胡说）
有打无事 iən ˥ ta ˥ u ˅ sɿ ˅
无幺三紧 u ˅ iau ˩˥ san ˩˥ tɕin ˥
拿不出手 na ˅ pu ˅ ts ‘u ˅ səu ˥
圪臼 kɤ ˩˥ tɕiəu ˅（蹲）
去豁了 tɕ ‘y ˅˩ xuo ˩˥ nau ˅（完了）
糊糊夹夹 xuxu ˅˩ tɕia ˅ tɕia ˩˥（不清楚）
起落儿 tɕi ˥ nuor ˅
掂对 tian ˩˥ tei ˅˩（整人）
背隔拉儿 pei ˅˩ kɤ ˅ nar ˩˥（角落）
担待 tan ˩˥ tai ˅
风湿疙瘩 fʌŋ ˩˥ sɿ ˅ kɤ ˅ ta ˅（承担责任）
膈噫 kiɤ ˅ i ˅
□人 nin ˅˩ ʐən ˅

词汇特点

词的源流上的差异

词的源流上的差异主要是指古词语的继承，创新及外来词语的借用所形成的差异。

古词语的继承。襄樊词语很多是继承或沿用古代词语的。如："包弹是买主"的"包弹"、"发面酵子"的"酵"、"劳慰你"的"劳慰"、"半不伆（ts 'au ⅵ）子"的"伆"和"把抓口𠮾 的"𠮾"都是沿用唐宋人的词语。"静办"、"承头"、"勒□"、"　了"，是沿用元人和明清时人的的词语。

词语的创新。如"神好看"、"神好听"的"神"兼有"很"、"十分"、"非常"之意，但这些词又不能代替它。又如："有偏"意即"对不起，有偏了"；"走路"意谓"妇女改嫁"；"添箱"指"送婚礼"；"填房"指"再娶的妻子"；"郎色"、"鲜凡"形容事物的美好；"万人脸"指"不要脸"；"欢疹"就是"活泼"；"潜养"就是"娇惯"，等。

外来词语的借用。襄樊境内居住着十几个少数民族，民族间的交往，自然影响襄樊方言的形成。比如"撇拉"、"络索"、"邋遢"、"挤　（naŋ ˥）"是借用的满语。"褡裢"和"歹"（好歹的歹）又是借用的蒙古语。

词的形义上的差异。

在词的形义关系上，有些词词义相同而词形不同；有些词词形相同而词义不同。现分述如下。

①词义相同而词形不同。即同一概念或事物用不同的词语来表达。这方面的情况比较复杂，可分为：

Δ 对概念相同的事物的不同称呼。如"男子"称"儿子"，"技工"称"把式"，"妻子"称"家务"，"蝙蝠"叫"檐老鼠"，"晴蜓"叫"丁丁"，"膝盖"叫薄脑盖儿或"　膝凸儿"，"便宜"谓"相赢"，"厉害"叫"恶造"，"偷懒"叫"躲奸"或"装歪"，说"孩子老成"像"老大长儿"，"莽撞"叫"赫包"，"不经心"叫"洋判"，"强盗"叫"抢犯"，"扒手"（掏腰包）叫"跑红的"。

Δ 对性质相同事物的不同描写。如"不清醒"说"丫不清儿"，"面色好"说"鲜净"，"饱满"说"富态"，"个头大"说"榜煞"，"形状"、"模样"说"来形儿"，"性情野"谓"野虎"，"爬高上低"谓"猴羊"，"好动"谓"不止本"，"不顺从"、"任性儿"谓"牛犟"，"拉扯 C 谓"拽（tsuai ⅵ）"，"两头拉"谓"扌 tən ⅵ"，"不稳当"谓"悬晃"，"偷偷地走了"谓"磨了"。

Δ 对功用相同事物的不同说明。如："对人有好处"称"填还人"，"令人讨厌"说"犯恶（u ⅵ）素"，"米出饭"叫"有依实"，"菜花样多"谓"走得出路来"，"引人注目"谓"打眼"，"私下储蓄"谓"攒私房"，"开小灶" 谓"吃体己儿（tç 'ian ⅵ）"，"没出息"说"没来头"，"无知识"叫"絆种"。

Δ 对同一事物，因忌讳而说法不同。如："舌头"说"赚头"，"耳朵"说"顺风儿"，"醋"说"忌讳"，"害病"说"不爱见"，"死了"说"老了"，"早饭"、"晚饭"说"过早"、"消夜"（因"饭"、"犯"同音）。"翻个面儿"说"调（t 'iau ˥）个面"（在船上不能说"翻"）。

Δ 对同一事物因俚语不同而说法不同（俚语——土语）。如"故意的"说"特为儿的"，"突如其来"说"冷不腾儿"，"到处"说，"满摊儿的"，"不经常"叫"三不支儿"，"二流子"叫"流离蛋"，"倔犟"叫"倔巴头"，"不听使唤"叫"犟作物儿"，"坏孩子"叫'左渣子"，"不讲理"叫"下三烂"，"害羞"叫"不出堂'，"玩具"叫"买卖儿"，"玩杂技"叫"玩把戏"，"贪婪"叫"鲁羊"，"调皮"叫"猴羊"，"短途运输"叫"打贩挑"或"扦脚"。

②词形相同词义不同。即同一词语所表达的概念或事物不尽相同。这些"形同义别"的词，虽说为数不多，但比较特殊。有以下几种情况。

Δ 词义的扩大。如："蚊子"包括夜蚊子和黑头蝇（饭蚊子）；"鼻子"，擤的"鼻涕"也叫"鼻子"；"乖"，听话叫"乖"，长得可爱也叫长的"乖"；吃，吸烟也叫"吃烟"。

Δ 词义的缩小。如"吃面"，专指吃面条；"质量好"，只包括"质"，不包括"量"；"声气"专指"声音"，与"气"无关。

Δ 词义的转移（另有所指），往往有修辞作用。如："大买卖"，不是指"大生意"，而是指"有权势的人”（即人物头儿）；“绊脚索”不是指绊脚的绳索，而是指有所拖累；“走路了”也不是“走路”的原意，而是说什么东西被人偷走了；“捉大头”的“大头”也不是“头大”而是指那些老实的易受人愚弄的人；“跑烂鞋儿”，不是鞋儿跑烂了，而是指那些“东奔西跑，说是道非”的人；“打网”也不是撒网捕鱼，而是借个名义向他人“索取钱财”；“白脖子”不是说某人的脖子白，而是说某人没有“能耐”、“一事无成”。

（三）语法

襄樊语法与普通话语法差异不大，但也有自己的特点。

构形法的特点

①内部屈折　利用声调的变换来表示语法意义。如：“排（p ‘ai ˥）名次的“排”，由去声（212 ˨˩˨）变成上声（55 ˥），与“排头排尾”的“排”意义就不同，前者表动作，为动词；后者表名称，为名词。“装（tsua ˥）面子”的“装”，由阴平（34 ˧˦）变成上声（55 ˥），与“装（tsua ˧˦）胡涂”的“装”意义就不同，前者表自动，为自动词，后者表它动，为它动词。“多（tuo ˥˨）少”的“多”，由阴平：［34 ˧˦］变成阳平（52 ˥˨），与“多（tuo ˧˦）少”的“多”，意义就不同，前者表程度，为副词，后者表数量，为名词。“背（pei ˥）着人”的“背”，由去声（212 ˨˩˨）变成上声（55 ˥），与“背［pei ˨˩˨］地里”的“背”意义就不同，前者表动作，为动词，后者表方位，为名词。

②重迭　形容词后缀的重迭，有多种形式，表达不同的感情色彩。

ΔAXX 式。如：“红堂堂”、“蓝茵茵”、“白弄弄”、“黑黢黢”、“紫葳葳”、“园丢丢”、“稀溜溜”、“香喷喷”、“甜咪咪”、“苦叽叽”、“软和和”、“脏嘤”，这种重迭，一般都可儿化，儿化后表示对事物的喜爱。

ΔA 不 XX 式。如；“红不堂堂”、“蓝不茵茵”、“白不呲呲”、“黑不黢黢”、“黄不加加”、“灰不吐吐”、“甜不叽叽”、“咸不丁丁”，这种重迭，表示对事物的厌恶。

ΔA 不 XY 式。如；“青不粗溜”、“白不拉呲”、“酸不叽溜”、“甜不叽叨”、“笨不拉叽”、“胖不伦敦”、“黑不溜秋”，这种重迭，比起前者，厌恶情绪更深一些。

ΔAXYZ 式。如“吊儿吵夸”、“精光粗溜”、“愣里八怔”、“血糊里拉”、“花里胡哨”、“胡里八涂”、“毛里毛稿”，这种重迭，除对某种事物的厌恶外，还带有憎恨的色彩。

ΔA 不 A、B 不 B 式。如：“男不男、女不女”，“老不老、少不少”、“稂不稂、莠不莠”，“人不人，鬼不鬼”，这种重迭是对某种事物的厌恶与讥讽。

③附加　附加是词根加词尾来表语法意义的一种构形手段。有下列几种。

Δ 儿尾。有动词加“儿”，如“歇歇儿”或“歇程儿”（劳动时，中间休息一会），“打伙儿”（意为“合作”），“由意儿”（意为“顺从”或“放纵”）。有名词加“儿”，如：“夯黑儿”（即“傍晚”），“大伙儿”（即“大家”），“十月一儿”（即十月一日，旧时节日）。有形容词加“儿”，如：“来形儿（即“模样”），“Y 不清儿”（指头脑不清醒的人）。有量词重迭加“儿”，如：“一会会儿”，“一丁丁儿”，“一汪汪儿”，“一下下儿”。“儿尾”还有几种变体：“孬儿”，如：“板凳孬儿”、“小椅孬儿”、“姑娘孬儿”、“面人孬”、“竹篮孬儿”、“酒盅孬儿”。“个儿”，如：“今年个儿”、“明年个儿”、“去年个儿”、“旧年个儿”、“往年个儿”。“嗨儿”，如：“这嗨儿（这里）”、“那嗨儿（那里）”、“哪嗨儿（哪里）?”。“喈儿”，如：“正喈（这时候）”、“另喈（那时候）”、“多喈（啥时候）?”。

Δ“子尾”。“子尾”的“子”不读“子”而读“得儿”，带“滚音［ɿ̃］”。如“桌得儿”、“椅得儿”、“袜得儿”、“帽得儿”、“小得儿”、“门帘得儿”、“菜包得儿”、“油果得儿”。

至于“石子”、“柿子”、“树枝子”、“老鼠子”、“刁咀子”，的“子”仍读“子”，舌尖不滚动，因为这些“子”尾的发音部位与前一音节的发音部位相近。除此之外，“子”尾的“子”之前有时也加“孬”，成为“孬子”表示小称，如：“羊孬子”、“牛孬子”、“树孬子”、“桌孬锅子”、“椅孬子”、“板凳孬子”。

"孬子"有时也单独用。单独用时意同"孩子"。

Δ"头"尾。"头"作词尾，也有多种情况。有名词加头，如"手头"、"块头"、"风头"、"裤头"、"月亮头"、"月黑头"、"人物头"；有动词加头，如"来头"、"打头"、"听头"、"吃头"、"嚼头"、"奔头"、"望头"；有形容词加头，如"狠头"、"悭头"、"甜头"、"苦头"、"滑头"、"倔巴头"；也有方位词加头，如"高头"、"下头"、"里头"、"紧里头"。无论什么词加头，即带"头"尾的词．一律都是名词。还有一种情况，"头"尾的"头"的后面如果加上"起"，成为"头起"，这就不再是词尾了，而成了"方位词"。如："风头起"、"气头起"、"床头起"、"脑壳头起"、"枕头头起"。当然，方位词，也属于名词。

句子结构上的特点

有几类常用句子，襄樊话的结构方式与普通话不同，其特点有以下几个方面。

词语位次上够特点

Δ把介词放在介词结构之后，表疑问。如："你住哪儿在?"（即"你住在哪儿?"）"书放哪儿在?"（即"书放在哪儿?"）

Δ把宾语提到肯定词与否定词中间，表疑问。如："你去学校不去?"（即"你去不去学校?"）"你看电影不看?"（即"你看不看电影?"）。

Δ趋向动词，词素放在句末，表陈述。如："闻不出香味来"（即"闻不出来香味"）"挤不出油水来"。（即"挤不出来油水"）

Δ状语放在动词之后，成补语，表祈使。如："走旁边!"（即"旁边走!"）

几类句式上的特点

Δ处置句和被动句。在处置句中，往往用"将"和"给"，把宾语提前。如："我将他打发走了"（即"我把他打发走了。"）"他给这碗酒喝光了"（即"他把这碗酒喝光了。"）在被动句中，用"教"和"给"不用"被"。如："他教狗子咬了。"（即"他被狗子咬了"）"小宝给他吓哭了。"（即"小宝被他吓哭了"）襄樊话中，不用"被"的被动句，如果不放在具体语言环境中，很容易与处置句相混。

Δ兼语句和紧缩句。有的兼语句，是由两句话紧缩而来。如："我输（读 ru ⅄）你不敢。"（即"我跟你打赌，你不敢"）有的紧缩句又很特殊，只用在回答别人问题时，而且很简要。如："你怎么不去吃饭啦?""我写完字再。"（即"我写完字再去吃饭"）"你去公园去吗?""我放了学再。"（即"我放了学再去"）还有："你给我站一张电影票。"（即"你替我站队买张电影票。"）

Δ"去"、"来"句。在"去"、"来"作谓语的句子中，直接用"去"、"来"，不用"上"和"到"。如："他去北京去了。"（即"他上北京去了。"）"我明天来襄樊。"（即"我明天到襄樊来。"）

词类中存在的一些特点

几个特殊的副词

Δ"亣当"。如"你亣当来了"。（即"你这么快就来了"）"他亣当走了。"（即"他这么快就走了"）

Δ"克"。如"我克是襄樊人。"（即"我正是襄樊人""他克会开汽车了?"（即"他汽车开的真好!"）

Δ"通"。如"这里通能盖些房子"，（即"这里很能盖些房子"）"他通知道些历史故事。"（即"他很知道些历史故事"）

Δ"神"。如："这幅画神好看"（即"这幅画很好看"）"这支歌神好听。"（即"这支歌很好听"）

Δ"冒"。如："他这次是冒兑上的。"（即"他这次奉意外碰上的"）"你怎么能冒打张呢?"（即"你怎么能瞎猜测呢?"）"他就好冒估堆儿。"（即"他就好瞎估计"）

Δ“广儿”。如：“你广儿知道：”（强调“你不知道”。）“他广儿买得起一部彩电。”（强调他买不起。）

“亢当”、“克”、“通”、“神”、“冒”、“广儿”这些表强调的副词是其他副词不能代替的，译为普通话，也只能是意义相近。

特殊的量词和方位词

Δ量词“伙子”。如：“他打了我两伙子。”（即“他打了我两下了”）“我一伙子吞了五颗丸药。”（即“我一次吞了五颗丸药”）“伙子”也可换为“下儿”，不过“伙子”比“下儿”的语气重些。

Δ方位词“嗲”［tia ⩗］（“底下”的合音）。如：“他坐在墙脚嗲晒太阳”（即“他坐在墙脚底下晒太阳”）“请把化肥埋在桂花树根嗲。”（即“请把化肥埋在桂花树根底下”）

（“嗲”本为“嗲声嗲气”的“嗲”字，这里只借音，与义无关。）

特殊的助词和介词

Δ助词“到”。如：“他说到话说到话就睡着了。”这个“到”相当于“着”。

Δ介词“打”。如：“你打哪儿来?”“我打家里来。”这个“打”相当于“从”。

数词的特殊用法

Δ“二十四的棍子。”（即“狠狠的一根子”）

Δ“不管三七二十一你都得去。”（即“不管怎样你都得去”）

Δ“一推六二五。”（即“推卸责任”）

Δ“三下五去二。”（即“很快”）

Δ“能三者四。”（即“充能”）

多种句末语气词

表强调语气

Δ“神的”。如：“走的咚咚神的”（走得很响）、“下得哗哗神的”（下得很大）、“忙的嘀嘀神的”（忙得不可开交）。

Δ“得荒”。如：“想得荒”（有些想念）、“欠得荒（有些挂念）、“眼气得荒（有些羡慕）。

Δ“掀天的”。如：“一天到晚老子掀天的，骂谁?”（一天到晚老子、老子的，骂谁?）

Δ“类的”。如：“油盐柴米类的都是他买的”、“写字算账类的他都能行”。

“类的”相当于“什么的”。

Δ“叭[illegible]的”。如：“可怜叭[illegible]的”、“丢人叭[illegible]的”。

表祈使语气

△“[illegible]”。如：“吃[illegible]！——不客气。”坐下来[illegible]！——站在那里干什么?”“快走！——慢了就来不及了。”

△“好”。如“还是不来好!”（为了稳妥起见）、“还是你去好!”（如果他不来）、“还是不吃好!”（既然变了味儿）。

表肯定语气

“[illegible]”。如：“是的[illegible]——我不骗你。”“就是那样的[illegible]”——我有啥法子?”这是你搞坏的[illegible]——我不冤枉你。”

表劝解语气

“算了”：如：“你不去算了。”（意即“你不要再去了”）“吃不完算了。”（“吃不完就不吃了”））“跑不动算了。”（意即“跑不动就不跑了”）

动词搭配多样化

对象不同，性质不同，处置的手段（所用动词）不同。

△生活常用语：如：秤盐；打油、割肉、灌酒、买菜、抓豆芽儿、端豆腐。

△生产常用语：如：撒芝麻、种绿豆、栽秧、割稻谷、摘棉花、砍稠秫、刨红薯。

同一对象，要求或情况不同，处理手段（所用动词）不同。

如：“洗衣服”有“搓”、“濯”、“揉”；“摆”、“扌 ruɑ ɅӀ”；“吃饭”有“啖 tan ˥”、“口 k ‘ai Ɐ”“口 zaŋ”、“乍ka Ɐ”、“馅 xyan Ɐ”。

（四）新词新语

混混：无业的社会闲散人员。

练摊：初学做生意的人。

伴读：又叫“陪读”，指家长、家属或被聘请的人陪伴学生读书。

打马虎眼儿：故意装糊涂哄骗人的行为。

打边鼓儿：即敲边鼓，别人说话在一旁插话、帮腔。

打铙钹：即打岔、打绞，打断别人说话或工作的讨嫌行为。

打岔悖：答非所问，文不对题，类似打岔。

老脸没搭讪：想跟别人搭腔说话，却讨个没趣。

媚俩娃：追求女性、谈恋爱。

上眼药：比喻乘机给人制造和增加罪名，使人受责难。

吃老米：姑娘不出嫁，招上门女婿。

吹灯：谈恋爱失败、分手叫吹灯。

散拉倒：散伙、拉倒、作罢。

吃高价饭：赶人情，送厚礼，吃酒席。

摆台子：置席摆桌办招待。

照门户：男女谈恋爱成熟后，女方及其女性亲属到男方家中查看，也叫“看家儿”。

拣场：订婚，办招待。

改口：举行婚礼时，女方喊公婆“爸”、“妈”，男方喊岳父母“爸”、“妈”，岳父母应声各声答应，这就称为“改口”。

改口费：女方改口，公婆需给改口费，无论几百、几千，但必须有一元尾数，美其名曰“百里挑一，千里挑一”。

划活船：不负责任，在两方说些模棱两可的话。

老磨腰：言不对题，说话不着边际、转弯抹角，让人捉不到头脑。

晒台子：比喻置之不理，慢待。

打野食：指某些男人在外拈花惹草。

掉价儿：商品降低价格；指失身份。

泡汤：比喻愿望和事情落空。

日大瞎：说瞎话；形容人和事非常糟糕。

弯弯绕：兜圈子，不直接了当。

麻木：街头人力或机动小三轮车被用作营运载客，人们称之为麻木。以电瓶作为动力的“麻木”称“电麻木”。

（五）谚语

春雨惊春清谷天，夏满芒夏暑相连。秋处露秋寒霜降，冬雪雪冬大小寒。

每月两节不变更，最多相关一两天，上半年六、二十一，下半年八、二十三。

打罢春，阳气升，树木林浪都发青。

两春夹一冬，无被暖烘烘。

一年两道春，黄牛贵似金。

春分有雨，粮仓有余。

到了雨水节，下雨赶下雪。

春雨贵如油，夏雨遍地流。

惊蛰出不动，冷在五月中。

惊蛰寒冷多逢晴。清明无雨旱黄梅。

清明要晴，谷雨要淋。谷雨连阴，雨水均匀。

三月南风不过三（天），五月南风只一天。

立夏不下，干到麦罢。

立夏滴一点，吃饭端大碗。

立夏东南（风），雨如常年；立夏西南（风），夏天必旱。

东北风立夏刮，黄梅雨乱如麻；西北风立夏到，收麦狂风闹。

雷打小暑头，黄梅倒转流。

小暑刮南风，十冲干九冲。

三伏热，冬天多雨雪。

淋伏头，干伏尾。

三伏不热也出汗，三九不冷也打战。

伏里西北风，腊月船不通。

头八不下二八休，三八不下干到秋。

四月十二湿了乌鸦毛，麦从水里捞。

四月十五云遮月，休种晚田紧打麦。

收谷不收谷，单看五月二十六（雨日）。

五月南风当时雨，六月南风热似火，冬天南风无处躲。

掏钱难买五月旱，六月连阴吃饱饭。

立了秋，万事休，锄头镰刀一起丢。

立秋闻雷，百日见霜。

立秋小雨淋，秋后雨水匀。

立了秋，还有二十四个秋老虎。

秋后南风当时雨，一雨成秋便凉爽。

重阳无雨望十三，十三无雨一冬干。

立了冬，不透风。

立冬东南风，来年夏天雨稀松。

大雪年年有，不在三九在四九。

冬至东北风，来年五谷丰。

十月三场雪，来年水上树。

交了十月节，刮风就下雪。

九九杨不落(叶)，芒种麦不割。

冬暖多春雨，冬冷春雨稀。

拦九打一杠，一冬不下炕。

十月还有小阳春。

腊月初一雪，来年干四月。

三九管三伏，三伏管三九。

九九南风伏雨，四九南风伏旱。

九九歌：一九二九，伸不出手；三九四九，凌冰上走；五九六九，春风摆柳；七九六十三，行人把衣单；九九八十一，黄狗行阴地；九九加一九，黄牛遍地走；九尽杏花开，柳青小燕来。

天上有了钩钩云，三日五日雨淋淋。

日落马尾云，半夜听雨声。

有雨天边亮，无雨顶上光。

云交云，雨淋淋。

早晨南风起云朵，下午阵雨就来临。

云从东南涨，有雨不过晌。

红云变黑云，必有大雨淋。

久晴西风雨，久雨西风晴。

瓦片云，晒死人。

东虹日头西虹雨。

早晨放霞，干死蛤蟆。

早霞不出门，晚霞千里行。

初四有雨雪，滴滴答答半个月。

月逢初四雨，一月只有九天晴。

不怕初一下，但怕初二晴。不怕十五下，但怕十六晴。

雨掺雪，半个月。

日头穿过云，明日晒死人。

春打六九头，不种芝麻也吃油；春打六九中，十担油篓九担空。

过罢二月二，冬瓜葫芦都落地。

清明浸种，谷雨下秧。

清明早，立夏迟，谷雨种棉正当时。

桃花开、杏花落，枣子开花吃馍馍。

麦到芒种谷到秋，芝麻到白露。

头伏萝卜，三伏芥，到了三伏种荞麦。

肥是庄稼劲,水是庄稼命。
麦盖三床被(雪),头枕馍馍睡。
地是刮金板,人勤地不懒。
棉锄七道白如霜,谷锄七道米无糠;
一块地里九条沟,你的不收我的收。
人勤地不懒,绿色银行有存款。
五黄六月坐着,十冬腊月饿着。
好种出好苗,好葫芦锯好瓢。
桃三杏四梨五年,枣子当年能赚钱。
要想发的快,农业加买卖。
三八二十三,人人说我憨,憨人卖完了,能人往回担。
做三分,留三分,撇下三分给儿孙。
堂屋里做酒灶屋里卖,便宜不出外。
好吃婆娘不留种,寅时吃了卯时粮。
一人省一口,万人省几斗。
增产好比摇钱树,节约如同聚宝盆。
信息灵,出金银。
做生意不懂行,如同瞎子乱撞墙。
拾零补缺,商家一诀。
冬制单,夏至棉。把住机遇就赚钱。
短斤少两,赚钱莫想
活着干,死了算,不当蛀虫和懒汉。
邻居搁得好,如同得个宝。
和顺一门有百福,平安二字值千斤。
兄弟和气家不散,妯娌和气金不换。
秀才不怕衣衫破,只怕肚里没得货。
能跟明白人打一架,不跟糊涂人说句话。
一回生二回熟,三回四回成朋友。
井淘三遍吃好水,人投三师武艺高。
是非好坏分不清,拣个棒槌当根针。
不懂装懂,永世饭桶。
能跟人家赛种田,不跟人家比过年。
借钱要忍,还钱要狠。
嘴越吃越馋,火越烤越寒。
杂草铲除要趁早,孩儿教育要从小。
会打三面鼓,还得一手人。
好笋出好竹,名师出高徒。

(六)歇后语

老鼠洞里打架——窝里斗。

飞机上的暖壶——高水瓶(平)。
叫花子要苦瓜——自讨苦吃。
诸葛亮礼待孟获——收收放放。
诸葛亮招亲——才重于貌。
诸葛亮借东风——神机妙算。
诸葛亮弹琴——临危不惧。
诸葛亮斩马谡——执法如山。
诸葛亮下东吴——心里有数。
诸葛亮空城计——不得已而为之。
诸葛亮用兵——虚虚实实。
诸葛亮吊孝——装模作样。
诸葛亮拜阿斗——见不得离不得。
诸葛亮丢荷包——没计了。
诸葛亮的锦囊——用不完的计。
诸葛亮见庞公——尊师重道。
诸葛亮就餐——大头菜。
刘备三顾茅庐——特为请诸葛。
刘备的夫人——没事(糜氏)。
刘备的江山——哭出来的。
刘备摔孩子——收买人心。
刘备借荆州——有借无还。
刘备对孔明——言听计从。
刘备访孔明——求贤心切。
刘备对诸葛—无话不说。
刘备遇孔明——如鱼得水。
刘备取成都——不得已而为之。
刘备招亲——弄假成真。
阿斗当皇帝——软弱无能。
孙权嫁妹—假戏真唱。
关公流鼻血——红上加红。
关公走麦城——死到临头。
关公不杀严颜——讲义气。
关公进曹营——单刀直入。
关公战秦琼——乱了朝代。
关公当木匠——大刀阔斧。
关公不杀张文远——念旧情。
关公刮骨疗毒——全无痛苦之色。
关公单刀赴会——有胆有魄。
关公走麦城——吃亏在大意。
关公放曹操——念旧情。
关公失荆州——骄兵必败。

关公降曹操——身在曹营心在汉。
张飞上阵——横冲直撞。
张飞找李逵——黑对黑。
张飞玩老鸹——啥人玩啥雀子。
张飞穿针——大眼瞪小眼。
张飞绣花——粗中有细。
张飞骑白马——黑白分明。
张飞卖刺猬——人强货扎手。
张飞买豆腐——人强货不硬。
赵子龙的妈——云母(矿物)。
赵云大战长坂坡——大显神通。
赵子龙打仗——常胜将军。
黄汉升射箭——百发百中。
庞统当知县——大材小用。
曹操用人——唯才是举。
曹操下宛城——大败而逃。
曹操与诸葛——心思不一样。
曹操遇马超——割须弃袍。
曹操遇蒋干——倒灶的事全来了。
曹营的蒋干——成事不足,败事有余。
吕布戏貂蝉婵——上了别人的当。
蒋干盗书——将计就计。
蒋干过江——尽干失着的事。

(七)童　谣

三岁娃儿,会栽葱,一栽栽到河当中,过路大哥莫打动,让它开花结莲蓬。莲蓬上面一对鹅,一飞飞到唐白河。唐白河边女娃儿多,又打花鼓又唱歌。歌,歌,歌扬歌,你看快活不快活。

月亮走,我也走,我给月亮赶牲口。一赶赶到柳树头,敲锣打鼓唱花鼓。

牲口说,快点走,月亮说,我不走,我要留下看花鼓,要儿风流儿风流。

芝麻秆,摇棒棒,爷爷打鼓奶奶唱。爷爷唱得不好听,奶奶唱得落花生。

蚂蚱蚂蚱簸簸箕,簸了三天我放你,放到田里害庄稼,放到门前喂母鸡。

表爷爷,叫隆平,他是一个大能人。搞科研,爱农民,水稻高产放卫星。

大米饭,香喷喷,吃饱饭,上北京,喜报送到党中央,亩产水稻双千斤。

说火箭,道火箭,三级火箭上蓝天,我喝彩,你喝彩,嫦娥一号飞天外。

嫦娥阿姨在月宫,清脆歌声传下来,一唱唱的东方红,二唱唱的新时代。

卷三十五 县(市)区概况

一、襄城区概况

襄城区,历史为襄阳城,始筑于汉初,是历代州、郡、路、道、府、县的治所。现为襄樊市党、政、军首脑机关所在地。1949 年 1 月,襄樊市襄城区爱国民主政府成立。1949 年 10 月,改称襄阳县襄城区人民政府。1950 年 5 月,再次划归襄樊市。以后名称几经变更,但一直是作为襄樊市、襄阳县的派出机构。1984 年 1 月 19 日,始建立襄樊市襄城区(县级)。1995 年 12 月,市辖区划调整,襄城区在原来基础上新划入郊区的檀溪、尹集、庞公 3 个乡。2001 年 8 月,将原襄阳县欧庙镇、泥咀镇(2002 年更名为卧龙镇)成建置划入。2005 年底,襄城区辖 1 个乡、2 个镇、1 个开发区,5 个街道办事处,129 个村委会,52 个居委会,有住户 14.3 万户。

(一)政区

位置:襄城区位于鄂西北汉水中游以南。北临汉江咫距樊城区,东环襄江濒依襄阳区,东、南与宜城市、南漳县交界,西北和谷城县毗邻。地处祖国第二阶梯向第三阶梯过渡地带,系荆山余脉绵亘。地理坐标为北纬 31° 58′ —32° 04′ ,东经 112° 04′ —112° 14′ 之间。承东接西,为鄂、豫、川、陕接壤地。汉水由西北至东南环绕出境。焦柳铁路纵贯南北,207 国道及 303、305 省道贯通全境。孝襄、襄十、襄荆、许樊 4 条高速公路交汇于此。北距襄樊市飞机场和老河口机场分别为 15 公里、65 公里,占水、陆、空运之便利,享“七省通衢”之美誉。区政府所在地檀溪路 60 号。

疆域:襄城区版图面积 657,57 平方公里,南北宽约 23 公里,东西长约 30 公里,边境周长约 163.36 公里,其中,陆岸线长约 145.66 公里,水岸线长约 33.8 公里。

行政区划:1950 年,建襄樊市后,襄(阳)城设为第一办事处,下辖延北、延中、东正、西大、延南 5 个街政府。1984 年,襄城区作为襄樊市市辖区,下辖东街、南街、中街、北街、红花园、闸口、西街、老龙堤、胜丰路、荆州街、四季青、檀溪、洪桥、宏伟、新村、青山 15 个居委会。1995 年 10 月,市区区划调整,将原郊区的庞公乡、檀溪乡、尹集乡划入襄城区。是年,区辖 5 个街道办事处(乡),24 个村委会,10 个居委会。2001 年 8 月,原襄阳县欧庙镇、泥咀镇划入襄城区。是年,辖 3 个乡(镇)5 个街道办事处,一个开发区。129 个行政村,52 个居委会,至 2005 年底无变。

人口、民族:全区户籍总数 14.316 1 万户、48.186 万人,其中,城镇人口 28.930 5 万人,未落常住户口 1.405 3 万人。总人口中男性 25.004 5 万人,女性 23.181 5 万人。60 岁以上老年人 5.108 6 万人。人口密度为每平方公里 591 人。境内居住以汉族为主,同时有 28 个少数民族人口居住。少数民族有回族、蒙古族、满族、土家族、锡伯族、朝鲜族、苗族、瑶族、布依族、侗族、彝族、白族、水族等约 3 100 余人,其中以回族、土家族、满族居多,占总人口数 0.67%,主要聚居地为王府办事处、庞公办事处、南街社区。

(二)环境

1.自然环境

地形：襄城区在全省地域分异规律上属鄂中丘陵区，由低山、岗地、河谷平原三个土地单元构成。平面形状呈不规则三角形，地势西南高东北低，中部和西部多山丘，临江为沙洲地，平均海拔 67 米。

气候：襄城区属北亚热带湿润季风气候区，冬冷夏热，春季冷暖无常，大风多，夏季降雨集中，易涝易旱；秋季降温迅速，多阴雨；冬季寒冷少雨，严寒期短。年平均气温 15℃—16℃，极端最高气温达 40℃，极端最低气温曾出现—15℃。年降水量 820—1100 毫米，年平均日照时数 1800—2100 小时，年无霜期228—249天。年平均相对湿度76%，气候温和，雨热同季，光照充足，非常适应各类动植物生长。

土地资源：2005 年末，全区土地总面积 102.7 万亩，其中耕地 22.65 万亩，占总面积的 22%；旱地 10.7 万亩，占总面积 10.4%；沙洲地 4.9 万亩，占总面积的 4.8%；林地 19.44 万亩，占总面积的 18.9%；水域面积 4.4 万亩，占土地总面积的 4.28%。全区土地结构多样，土质相差较大，可利用土地少，人均土地面积 2.078 亩。

水系、水利资源：全区均属汉江水系。汉水由牛车沟口入境，自西北往东注入，至小河口纳维水出境。区内长 33.8 公里，河床宽 700—1494 米，警戒水位 66 米，最高水位 70.60 米，最大流量 52400 秒 / 立方米(均在 1935 年 7 月 8 日)，多年平均流量 1375.71 秒 / 立方米，年径流量 429.94 亿立方米。境内“两河一水一渠”：肖家河，发源于南漳七里山，流经卧龙镇(原名泥咀镇)至万山入汉江，全长 24 公里，流域面积 122 平方公里；回龙河，发源于谷城承恩寺，流经卧龙镇至襄阳区永安巷，全长 23 公里，流域面积 106 平方公里；渭水，发源于南漳七里山，流经卧龙镇、欧庙镇，全长 47 公里，流域面积 414 平方公里；南渠，又称襄水、襄渠，源出扁山西麓凤凰村太山庙，亦名泉水坑，泉口直径为 10 厘米，终年涌水，泉水沿宋家包转子山、关路口北流，汇磨旗山杨家岗泉水，纳孙家冲、虎头山溪水，顺山东南下行，于观音阁注入汉江，全长约 18 公里，流域面积 30 平方公里，它是襄城区域内排洪、排涝、排污的一条重要沟渠。区内水资源比较丰富，地表水资源年平均 14 278 万立方米，主要由降雨和水库拦截地表经流产生。区内共有水库 48 座，其中：中型水库 2 座，小(一)型 4 座，小(二)型 42 座，堰塘 850 口。回龙河水库总库容 2 995 万立方米，渭水水库总库容 2 040 万立方米，蓄水总能力 8960 万立方米。常年蓄水量 4 200 万立方米。地下水总量 7 亿立方米，水层厚约 70 米，埋深 4—12 米，易开采，钻孔涌水量 1 000—5 000 吨 / 日，水质较好，为低矿化度淡水，矿化度小于 1 克 / 升，硬度为 20—30 德国度的软水至软硬水，pH 值在 6.2—8.4 间，有害成分极少。

生物资源：境内气候温和，雨量较多，光照充足，适宜各种动植物生长，也有利于不耐寒的动植物越冬。全区境内有生物资源 310 多种。其中：植物类约 20 个种类，木本植物 160 种，草本植物 47 种。植物主要有：马尾松、湿地松、雪松、杉树、柏树、杨树、柳树、紫穗槐、香椿、臭椿、青苹、红苹、野山楂等，较为珍稀的植物有银杏、水杉、花红等。动物类约 85 种，以人工饲养动物为主，兼有野生动物 50 余种。鸟类以乌鸦、喜鹊、斑鸠、画眉、杜鹃居多。水产有鱼类资源 50 多种。其中鲤科鱼 31 种，如青鱼、草鱼、鲢鱼、鳊鱼及虾、龟、泥鳅、牛蛙等水生动物。

矿产资源：区内探明的非金属矿藏资源有硅石、石灰石、白云石。其中硅石主要分布在雄鸡山、扁山、仙家山大约 9 华里的矿带。工业品位达 99%以上，储量 300 万吨；石灰石主要分布在岘山，真武山、磨旗山储量约 1 497 万吨，年开采量 60 万吨。白云石主要分布在铁帽山、扁山，储量较大。

旅游资源：襄城区是从襄阳城演化而来，历史悠久，素为南北驿道，自古兵家必争，商贾云集，文人墨客驻足，古迹、名胜、佳景丰富。境内有古代政治家、军事家诸葛亮躬耕地古隆中，有汉唐古刹广德寺、多宝佛塔;有 2800 年的襄阳古城墙与护城河;还有名噪历史的夫人城、昭明台、绿影壁、谯楼、仲宣楼、文庙、孟亭、襄樊铭、习家池、观音阁、岘山寺和摩崖题刻,汉中郎将庞靖候祠,刘备马跃檀溪,黄家湾风景园,九天娘娘洞,近代革命圣地襄樊烈陵园,萧楚女执教处,解放襄阳西城突破遗址;还有新修建的仿古一条街、南湖广场、环城公园等新的都市风景。

2.城区公共设施

交通设施:境内交通设施由铁路、公路、水路和管道组成。境内有输油管道 1 条,长 12.5 公里。有汉江最大的港口余家湖港,年吞吐量 1000 万吨。境内公路 97 条,总通车里程 563.4 公里,其中一级公路 53.14 公里,二级公路 29.84 公里,国道 33.15 公里,省道 45.48 公里,乡村公路 149.9 公里,干线好路率 90.14%。城区主要干道有东街、南街、北街、西街、胜利街、环城街、环山路,长虹南路、檀溪路、庞公路、江华路、向阳路、胜丰路、延庆寺路、河心路、岘山路,宽度在 30—50 米不等,机动车道和非机动车道均是水泥或柏油路面,人行道为彩色方砖,城区路灯亮灯率达 99%以上。城区短途客运有公共汽车和出租车及少量人力三轮车。城区开通 19 条公共汽车线路,公交车每天发班 475 车次,有市出租汽车公司 40 家,出租小汽车 1 700 辆。

环卫设施:辖区内有环卫管理所(公司)4 个(市 2、区 2),有环卫工作人员 239 人,负责城区主、次干道 40 条,背街小巷 51 条道路的清扫任务。自 1991 年开始全日保洁,保洁面 93 万平方米。区内建有公厕 15 座、垃圾转运站 11 个、垃圾处理场 1 座,有垃圾清扫车 16 辆、洒水车 1 辆,在城区主干道配置垃圾容器 1054 个。

供排水设施:辖区 1956 年开始饮用自来水。现有市自来水公司二水厂、四水厂和小型水厂各 1 座。两水厂在城区内铺设 DK500 毫米、DNI1000 毫米、DNI1200 毫米输水主管道 4 条,排水管网总长约为 200 公里,日供水能力 21 万立方米。除市二、四水厂外,还有湖北制药厂、航空航天部 609 研究所、襄阳轴承厂等 10 多家工业企业自办小水厂。城区排水,老城区采用截流式合流制排水,新城区采用雨污分流制两种类型,总长约 100 公里。1985 年后新建 4 条污雨合流排水管线,全长 23.61 公里,辖区有排水泵站 8 座,安装机泵 19 台,装机总容量 1387 千瓦,排水能力约 2.47 万立方米时。

防汛设施:境内防汛设施主要是汉江堤防、汉江支沟以及南渠。汉江在境内总长 33.8 公里,其中城区 17.7 公里,乡镇 16.1 公里。汉江支沟和南渠总长 34 公里,最大行洪流量 52 400 立方米 / 秒。境内堤岸总长 67.8 公里,抛石护岸 26 公里,已达防洪新标准的 17.7 公里,占堤岸总长 26.1%。另建排水泵站两座,总装机容量 768 千瓦,防洪排涝涵闸、涵管 21 处,基本能够抗御百年不遇的洪涝灾害。

供电供气设施:1985 年后,辖区用电改由 220 千伏乔营变站电和顺安变电站为枢纽的主网供电。1988—2000 年,辖区内新建改建 110 千伏钱营、顺安、庞公、郑家山、欧庙、泥咀 6 个变电站,380/220V 配电线路 47 条,总长 2 579 公里,配电变压器 565 台,总变容量 79 002 万千伏安。1998 年,在余家湖新建火力发电厂 1 座,一期发电设备容量 120 万千瓦,二、三期工程已相继动工,建成后年发电能力达到 720 万千瓦。2005 年,城区形成 220 千伏环网供电体系,以 110 伏为主体,35—10 千伏为配网的供电网络,城区电压合格率 98.07%,供电可靠率 99.98%。

襄城区使用天然气始于 2005 年 1 月,由樊城华润燃气有限公司供应。公司建有天然气门站 1 座,高中压调站 2 座,加气母站 1 座,车加气站 5 座,铺设城市天然气管道 260 多公里,年供气量 4 000 万立方米。

邮政电信设施:2005 年,襄樊市邮政局于襄城设置邮政营业厅一处,邮政服务网点 13 个,信筒 12 个,信报箱 3 180 个,城乡投递段道 82 段道。1990 年,市区实现农话人工拨号改自动拨号。1991 年 7 月,市区电话号码全部上升到 6 位数。1994 年,电话纵横制设备改为 29 万门数字程控设备。相继开通了移动电话、无线寻呼、磁卡电话、数据通信和礼仪电报等业务。1995 年,城区电话号码由 6 位升至 7

位数。2005 年,交换机总容量达 58.5 万门。同时,新建本地网传输(汇聚层)工程,宽带光纤接入扩容工程,村村通工程、村村通无线接入容量 60000L、PHS 接入容量 48000L,小灵通预付费容量 10 万户、ADSL 宽带数据接入端口 15000L、LAN 端口 15000L,襄城互联网出口带宽提高到 7.5 GB/S。固定电话第 100 万个幸运户尘埃落定襄城区庞公社区。完成电子汇兑网络优化工程,实现全国范围内 2 小时完成邮政电子汇兑,开办有支票汇款、网上汇款、电话汇款、ATM 汇款等业务。开办函件、包裹、集邮、报刊、彩扩、速递、电子汇兑储蓄、电信代办和邮政书店等综合业务。发行报刊 320 种、累计 1097.2 万份。

无线通信:2005 年,移动通信有限责任公司襄樊分公司总装机容量 145 万门。在襄城区建有基站 80 个,修建传输网光缆线路 720 公里,传输 SDH 传输点 40 个。网络接通率 95%以上。在农村建基站 30 个。采取自办营业厅、代办营业厅、合办营业厅等方式于襄城区开设营业网点 20 多家,拥有移动网用户 16 万户。联通襄樊分公司在市区建成连接武汉、十堰、荆门 302 公里二级干线光缆,建成襄樊地区传输网 4400 公里,形成覆盖全市所有乡镇移动通信网络。C 网交换容量 10 万线,基站 283 个;G 网交换容量25万线,基站298个。在襄城区建有5个自办营业厅,45家代办营业厅。C/G网用户32万户。

休闲场地:1985 年前,襄城区仅有一些名胜遗迹和 1 座襄阳公园、1 座烈士陵园。1986—2005 年,在原有基础上改扩建了襄阳公园(现更名为环城公园),新建了南湖广场,龙堤公园、张公祠森林公园、真武山游园、长虹桥南游园共 12 所。同时,城区还建有街头小游园,小绿地 13 处,总面积达 70106 平方米。①襄城环城公园:襄樊市面积最大、设施较为齐全的综合性娱乐休闲场所。1974 年始建,1990 年市政府将原隶属水利部门的护城河水面划给襄阳公园,将原襄阳公园,阳春门公园、市渔场三家合并,组建襄阳环城公园。从 1991 年开始至 2002 年分三期建成,总投资 6900 万元。公园总面积 395.5 亩,其中园林 67.7 亩,动物园 4.9 亩,花圃 27.1 亩,水域 191.8 亩。该公园自东由南向西绕古襄阳城旋转 180 度而修建,傍城环水,北临汉江建有小北门广场,公园共分长春、文荟、岘秋、安合 4 个景区,内建有石舫、亭榭、东西大门建筑群、茶室、“三叠瀑”、“百米喷泉”、奇花异草、珍禽异兽、书法碑廊等景观。可供人们休闲游乐、泛舟,除长春景区收费外,其余均为开放式公园。②南湖广场:位于襄城南门外,北临护城河,南接盛丰路,东与南街交汇,占地 109.5 亩。2001 年建修完工。建有中心文化广场,蝴蝶形喷泉、花园、商业区等,主区全部采用花岗石铺就,配有各种装饰灯,是一个集文化、休闲、生态于一体的大型综合性广场。③市民广场:2001 年兴建,位于襄城羊祜山北麓烈士陵园入口,占地面积 22.5 亩。广场内有一块下沉式露天舞场,在烈士陵园台阶下建有一块空旷场地,供人们凭吊缅怀革命先烈集会之用,广场与陵园浑然一体,上山可纳凉健身,下山有草坪绿荫休憩。④龙堤公园:位于长虹大桥南头西侧,总面积 60 亩,是一座区级公园。1993 年襄城区集资兴建。因地势低洼,年植树木多次被淹。2001 年又重新修建了园路,活动场地,种植了观赏树木,园容园貌焕然一新。⑤仲宣楼游园:位于襄阳古城东南角内侧,因与仲宣楼相邻而得名。2001 年改建。园内有三国名士王仲宣雕像,有面积 600 平方米的象棋及残局,象征三

图 35—1 襄阳环城公园

图 35—2 襄阳南湖广场

国时期群雄纷争的动荡局面；有空阔的园路与活动场地，供人们休闲与户外活动；有由乔、灌、花、草坪组成的大面积观赏绿地，配置以景石、桩景、游园与仲宣楼相得益彰，成为襄阳古城的又一处亮点。⑥长虹桥南游园：位于长虹大桥南头，由东北侧游园，交通岛和西南侧绿地等三部分组成，总面积12亩。2004年，市财政投资对绿地进行改建，主体工程在东北侧游园。园内修建了游路、花坛、安装了景观灯、重新配置了观赏植物，使之成为一处户外活动的好场所。⑦真武山绿地：位于襄城真武山北麓襄南路边，绿地面积26.7亩，原由市宗教管理部门负责兴建，后因资金原因未建成。2005年，由市园林部门负责组织续建，重新修建了园路、铺装场地、安放了景石、种植了大量观赏花木，有效美化了襄城西南门户。

（三）改革综述

1984年前，襄城区仅作为街道办事处形成存在，农业空白，工业弱小，商业零散。1985年，开始只是在区属企业中推行厂长（经理）负责制，对厂长（经理）实施产值利润考核。1986—1998年，在工商企业实行以承包为中心的经济目标责任制。这中间承包方式和承包内容均在不断地变化和完善。1986年，制定了《区属企业承包奖惩条例》，承包内容主要是产值、产量、销售收入、利税四个方面，1987年，提出了按照产值、销售收入、利税、劳动生产率、产品成本、产量、安全生产等10项经济指标实行承包。1989年，将利益机制、风险机制、激励机制引入承包，建立了比较规范的指标考核体系，1991年，将考核指标扩大到12项，并将企业划分6个层次，实行不同的承包方式和期限，改过去1人承包为领导班子集体承包的经营方式。其间，政府逐步下放企业管理权，将人事任免权、招聘权、奖惩权等11项权利还权于企业。同时，商品流通体制，商品价格放开，鼓励支持个体私营经济发展等项改革措施陆续实施。1994年，全区的金融、物价、文化、教育、科技、住房制度等改革全面展开。当年政府不再对企业“一把手”实行任命。是年，全面完成了公有住房1 033套73 000平方米的房改，实现房改收入1 000万元。

1998年，襄城区以改革总揽全局，用改革的办法去解决改革中出现的新问题。1998—2002年，对所属工商企业因企制宜，因宜施策，实行了“宜租则租，宜并则并，宜股则股，宜卖则卖，宜破则破”的改组改制工作。同时，在区政府统筹协调领导下，初步建立了以养老保险为主要内容的社会保障制度。全区有14家企业参加社会养老保险统筹，参保在职职工13491人，养老保险覆盖率达100%。

2001—2005年，各项改革继续深入推进，开放引进成效显著。2002年3月，区直行政机构改革，政府组成部门由23个减少到18个，行政编制压缩15%。3个乡镇行政机关定岗、定人、定编工作全面完成，干部职务消费试行货币化改革。同时推行行政审批制度改革，行政审批项目精减25个。企业民营化改制基本完成。农村实施了林权制度和税费改革。2002年，农民负担比上年下降32%，人平93.6元，亩平90.3元。2004年，全面取消农业税，实行粮食和粮种直补。乡镇综合配套改革全面铺开。市容环卫体制改为市场化公司运作，财政实行“零户统管”，政府集中采购，城市社区管理体制改革，城镇职工基本医疗保险制度改革初见成效。以“项目引进”和“环境整治”为主题的“两年”活动持续有效开展。5年间，累计引进埠外资金和项目300多个，到位资金13亿元。2005年，有出口创汇企业11家，出口创汇突破1 000万美元。

(四)经济

1.工业

襄城区工业基础差,规模小,起步晚,但经过改革开放,工业经济实现了快速发展。1985 年,辖区除有 4、5 家中央或市属大型工业企业外,区属工业仅有 31 家,且系街办工业,老、小、低、残,主要局限在纺织、服装加工、雨伞、塑料、玻璃、印刷、机件加工型行业。主要产品有棉布、服装、鞋带、袜子、特种布、玻璃、硅酸铝纤维、岩棉、汽标件、铸铁管等。1985 年,完成工业总产值 3 307 万元,实现销售收入 1581 万元,畅销产品占 80%。1986—1995 年,基本上是低速波浪式发展,年增长速度大多在几百万元之间,1986 年、1987 年两年突破了千万元。1989 年、1990 年、1991 年 3 年出现了负增长。1996 年,由于行政区划的调整,疆域扩大,领属增多,块头增大,当年底工业企业达 361 家,其中乡以上工业 63 家,乡以下工业 298 家,其中村办 82 家,城乡个体工业 216 家。当年实现工业总产值 38 763 万元,其中乡以上工业总产值 27 595 万元;实现销售收入 33 417 万元,其中乡以上销售收入 26 117 万元;实现利税 2 060.8 万元,其中乡以上实现利税 1 313.8 万元。亏损企业 9 个,亏损额 153.2 万元。当年独立核算工业企业职工人数 6 048 人。主要产品 36 个,主要产品产量:棉布 2 748.07 万米,袜子 53.5 万双,鞋子 19.2 万双,服装 140.4 万件,渗透剂 110.5 吨,水泥纸袋 94.9 万条,涂料 122 吨,铸铁管 401 吨,滚动轴承 260 万套,EQ140.153 螺母 57 万件,气门座绞刀 619 套,汽车整流器 764 套,工艺彩绘玻璃 3 526.4 万平方米,钢材 2560 吨,水泥预制件 8580 平方米。

1997—2000 年,襄城工业进入快速发展时期。以搞活乡以上骨干企业为重点,以市场为导向调整产品结构和产业结构,在原有工业基础上实行兼并联合,培植了纺织服装、机械加工、建材建筑三大支柱行业。同时增强科技创新意识和科技投入。1997 年,雪美公司投资 1 649 万元实施技改和设备更新,当年开发产品项目 33 个,新增 3.5 锭纺纱生产能力。2000 年,区属企业完成技改投入 1 500 多万元,实施重点技改项目 15 个,开发新产品、新花色 60 多个,新增产值 7 600 多万元,新增利税 500 多万元。2000年完成工业产值5.55亿元,与1997年4.74亿元比,年均增幅 2 000 多万元,年均增速 20%。

2001—2005 年,襄城工业完全完成了企业改制转型的改造任务,引导生产要素向优势企业集中,继续大力培植支柱行业,培植骨干企业,培植优质产品,工业经济步入了跨越式发展时期。此时,全区工业企业发展到 970 个,从业人员 12 034 人,完成工业增加值 10.02 亿元,纺纱织布比“九五”末增长 152.4%,年均递增 20.36%,形成汽车配件、建材建筑、纺织织布、农产品加工四个支柱行业,规模以上企业 14 家,年产值过亿元 2 家,产值过 5 000 万元 2 家。五年完成技改投入 2 亿元,实现了 50 多个产能扩大、工艺升级项目,开发新产品 200 多个,培育名牌产品 10 个。

2000—2005 年,襄城区招商引资工作获得了长足发展。襄城区招商引资制定了一系列“亲商、安商、惠商”的优惠政策,建立招商引资责任制,多方向多形式招商。2001 年,签订客商投资协议 131 个,协议利用区外资金 36 500 万元。其中 121 个项目破土动工,实际到位资金达 17 369 万元。“筑巢引凤”、“引凤筑巢”,在辖区建设工业园区 6 个。2005 年底,已建成工业小区有:檀溪工业小区、营盘工业小区、岘山工业小区。3 个小区投资 1 700 万元,占地 110 多亩,建成厂房 38 662 平方米,现已入驻企业 12 家。同时,襄城经济开发区、麒麟工业小区、真武工业小区正在筹建之中,意向明确的项目或企业尚有 28 个即将入驻和开工。

2.商贸

襄城区地处水陆要冲,舟车称便,自古是政治、军事、文化中心,人流、物流、信息流密集,商贸、三产业发展迅速。建有各类市场 31 个,其中,综合商品市场 15 个,农贸市场 14 个,城区有大型商场 4

家,超市23家,特色专业商品街5条。2005年,全区登记注册各类商业企业5 694户,其中法人企业676户,营业企业187户,累计注册资本23.33亿元。全区个体私营经济8 229户,从业人员32 843人,实现产值32.79万元。

国内贸易:1984年前,区属商业主要以个体工商户为主,以市商业局所属企业为主,以鼓楼商场为代表形成商业中心区。1991年,在东街首建襄阳夜市,建小吃摊位200多个,2000年后夜市转入城西内环路南。1992年,开发门面房270多间6 000平方米,商业、饮食、服务经营网点增加到633个,增加就业人员2 466人。三产业增加值达13 00多万元。檀溪、四季青居季会改组成为两个实业总公司,两公司所辖7个工业企业,4个商贸企业和2个批发市场,固定资产2 200万元,从业人员830人。1993年,区属第三产业实现利税530万元,首次超过工业经济,成为全区重要支柱财源。1995年,投资2 300万元(其中襄城区投资625.6万元),建成的襄阳大市场投入使用。大市场位于昭明台东北侧,天井式结构,建筑面积16 700万平方米。1997年新建农贸市场6个,集贸市场达13个,襄阳大市场周边开发门面房7 000多平方米。当年全区有各类市场15个,总面积3.5万平方米,固定摊位5 000个,从业人员6 049人,农贸市场成交额1.64亿元。1998年,在长虹大桥南端305省道和207国道交汇处,投资1 200万元,占地18 000平方米,建成辐射达鄂西北、鄂西南、武汉、四川、湖南等地的檀溪汽车配件大市场,容纳经营户100余家,年销售收入达5 000万元。1999年,襄城区坚持"三产兴区",把发展第三产业作为城区经济的重中之重,改造完善了仲宣楼市场、四季青装饰材料市场,胜利街花鸟市场、医修站空调家电市场、襄城家具市场、檀溪路农贸市场,沿街临路开发商用房5500平方米,初步建成"庞公河心""昭明四季青"2个民营经济小区,新增个体工商户2 587户,私营企业69家,从业人员6 310人。市场总面积62 105米,年成交额1.72亿万元,实现利税735万元。三产业服务网点9 297个,实现增加值28 080万元,实现利税6 384万元。2000年,武商、雅斯、国美电器等一批大型商贸企业在襄城落户。2005年,全区民营企业发展到8 928个,从业人员32 843人,实现产值391 162万元,全区社会消费品零售总额15.13亿元,是1996年1.13亿元的14倍。辖区初步形成鄂西汽配大市场、精品名店商务区、综合物流中心三大商贸板块。

对外贸易:全区对外贸易产品主要是滚动轴承、雨伞、棉布、服装和来料加工产品。1986年,开始有外贸出口产品。1987年自营出口创汇110.5万元。1993年,始有三资企业5家:忠海彩绘玻璃装饰公司、永德旺丰麦面食品发展公司、励丰纺织有限公司、励丰装饰有限公司、励丰娱乐有限公司。1994年,新增襄樊小世界欢乐城,当年引进外资172万美元。1996年,新增自营出口企业2家:襄樊星火轴承有限公司、襄樊向阳服装有限责任公司,出口供货额2 335万元。1997年,出口供货企业15家,全口径出口供货3 477.4万元。1998年出口供货1 243.6万元。1999年,出口供货5811.7万元。2001—2005年,引入外商投资企业7家,到位外资478万美元。2005年有自营出口权企业11家,出口创汇1035万美元。

3.农业

1995年前,辖区无农业门类。1995年,行政区划调整时将原郊区的庞公乡、檀溪乡、尹集乡划入,始有农业生产。时有耕地26 577亩,农业人口3.1万人。2002年,行政区划再次调整,将原属襄阳区的欧庙镇、泥咀镇划归襄城区领属。至此,襄城区总面积102.7万亩,其中耕地22.9万亩,旱地10 .7万亩,沙洲地4.9万亩,林地19.44万亩,水域4.4万亩。时有农业人口17.4万人,农村劳动力9万人,人均耕地0.5亩。

襄城区农业定位尚属城郊农业,以满足城市需要的蔬菜及其他经济作物为主,兼有粮、棉、油种植,主要农作物有水稻、小麦、棉花、玉米、芝麻、油菜、蔬菜、麦冬、山药。1996年,农业总产值1.33亿元,粮食总产0.715亿/斤,棉花总产8 060担,油料总产61.98万公斤,蔬菜总产3 014.5万公斤,当年农民人均收入 2 306 元。1997 年,针对农田基础设施薄弱问题,投资 350 万元,新建了一批泵站机井、渠道等水利设施,增强了农业基础地位。当年,蔬菜增产 500 多万公斤,上市品种 72 个,水产品上市量 142 万公斤,水果 116 万公斤,肉类 686 万公斤。2000 年后,以推进农业产业化为突破口,先后投资 3 000 多万元组织实施了水库除险加固、土地整理、生态林建设、蔬菜田园化、无公害蔬菜等基础项目建设,完善配套水利设施 3 380 处,新增灌溉面积 5 万亩,实现 11 .4 万亩耕地旱涝保收,农业生产条件大大改善。从 2003 年开始,组织实施"一区一品"产业战略,全区基本建成了"1 万亩山药、2 万亩麦冬、2 万亩制种、4 万亩水产养殖、5 万亩精细蔬菜、10 万亩速生丰产林"6 大优势产业基地, 使城郊特色农业获得淋漓尽致的彰显。欧庙镇主产麦冬,年产量在 6 000 吨左右,成为全国三大麦冬生产基地,产品质优量丰销往全国甚至东南亚各地。卧龙镇是湖北的制种大镇,其稻谷、玉米、油菜良种畅销湖北、河南。庞公街道办事处形成 4 000 亩精细蔬菜,2000 亩田藕,3 700 亩大棚蔬菜基地,不仅满足襄樊市区居民生活,而且还销往北京、广东等大城市。尹集乡林果、隆中风景区花卉基地也逐渐形成。

在特色产业基地效应的作用下,大力发展公司制农业,先后培育和引进了襄樊杨森林业开发有限公司,襄樊汉江米业有限公司,襄樊妙康食品有限公司,以及丽波、雪美、正荣、英明等 30 多家农产品生产、加工和营销企业,其中省级龙头企业 1 家,市级 5 家。网络农户 2 万多户,拓宽了农民增收渠道,同时发展各类养殖小区 14 家。全区建立专业合作社 22 个,会员 5000 多户。

2005 年,全区建成山药基地 666.67 公顷,麦冬基地 1333.33 公顷,水产养殖 2666.67 公顷,蔬菜 3333.33 公顷,速生丰产林 6666.67 公顷,全年肉产量 1.5 万吨,比上年增长 8%。禽蛋 6046 吨,比上年增长 10%。粮食、蔬菜分别为 12.13 万吨和 24.3 万吨。农民人均可支配收入 3395 元, 比上年增长 4.5%,比 1995 年增长 75%。

4.交通运输

境内公路网四通八达, 一条国道两条省道四条高速公路纵横交错。公路总里程 563.43 公里,其中,国道 33.15 公里,省道 45.48 公里,县乡道路 484.8 公里。汽车客运站 5 个,开通汽车客运线路 29 条,日平均班次 399.5 次,营运线路总里程 58857 公里,可达全国三个省 14 个市 9 个地(市)县。焦柳、襄渝、汉丹三条铁路贯穿南北,境内有汉江最大的港口余家湖及两个铁路货运站。1985—1998 年,有第三运输公司和四季青装卸公司两家企业,从业人员 495 人。1999—2005 年,有运输企业 7 家,从业人员 1759 人,有营运客车 196 辆,中巴车 193 辆;营运货车 992 台,总吨位 5901 吨。2005 年,全社会完成公路运输客运总量 491 万人次,旅客周转量 21759 万 / 人公里。货运量 204 万吨,货物周转量 21072 吨 / 公里。

5.财政税收

1988 年 1 月,襄城区始建立区级财政。此前区财贸办公室内设财政科,承担全区行政事业单位经费领拨和管理 ,市对区实行"支出包干,超支不补,结余留用,一定一年"的预算管理办法。1988 年,市对区实行"核定收支,分级包干,收入超基数比例分成,短收分担,结余留用,超支不补,一定两年"的财政管理体制,当年核定收入基数 1 182 万元,支出基数 188.6 万元,上解支出 993.4 万元。当年实际完成收入 1 554 万元,支出完成 295 万元,至 1991 年底财政滚存结余 189 万元。1992 年,市对区实行"递增包干上交"财政体制。包干上交基数为 1391 万元,每年按 6%的递增比例上交市财政,至 1995 年底未变。1994 年,中央实行分税制,新老体制"双轨"并行,当年完成财政收入 2 749 万元,其中地方收入 1 776 万元,递增上交 1 641 万元,结算上交 406 万元。当年全口径支出 3 067 万元,其中本级支出 1020 万元,当年本级可用财力 702 万元,发生赤字 318 万元。1995 年,全区全口径财政收入 2 707 万元,财政支出 3 397 万元,收支相抵出现缺口 690 万元。1996 年市行政区划调整,仍沿用以前的财政管理体制至 2001 年,其间只是随着人员增加相应增加财政收支基数。2002 年,市对区试行“明确范围,分征分管,比例分成,市区共享”的财政体制。区财政充分发挥职能,加强税收征管,优化支出结构,落实惠农政策,全区财政工作一年一个新台阶,当年实现财政收入 5 900 万元。2003 年完成 7 800 万元,2004 年完成 8 500 万元,2005 年完成地方一般预算收入 9 413 万元, 比 2002 年增加收入 3 513 万元,增长 59.6%。

6.城乡建设

襄城区前身为襄阳城街道办事处,原建成面积只有 2.2 平方公里。1984 年组建区时建成面积 4.2 平方公里。1984—1997 年,襄城区按照“突出重点,配套完善,分步实施,协调发展”的城市建设战略,突出基础设施和综合服务功能建设,配合市有关部门重点解决“行路难、乘车难、排水难、照明难、如厕难”问题,组织实施了襄阳古城修复和护城河治理,老龙堤广场、夫人城广场、北街区域综合治理,滨江大道、南湖广场、隆中景观大道等 30 多个市政建设工程,完成拆迁 18 万平方米,多方筹措资金改造泥巴路 152 条,硬化路面 25 万平方米,修建下水道 25 030 米,新建厕所 13 座,建烟尘监视瞭望台一座,无烟控制区扩大到 2.2 平方公里。1991 年,配合市城建部门,对老城区北街实施拆迁改造,建成古色古香的商业文化步行街,街道两旁门面房全部恢复明清建造原貌,青砖布瓦,飞檐吊脚,石板筑路,街宽 12 米、长 904 米,再现了古襄阳城历史文化风貌。1998 年,遵循“条块结合,齐抓共管,以块为主,区域共建”的原则,动员辖区单位为“形象工程”建设出资、出力、出物,消灭泥巴路。街道办事处、居委会成立硬化改造专班,实行统一规范、统一设计、统一标准、统一配套设施,全区投入资金 420 万元,改造硬化路面 29 条 8.8 万平方米,取缔马路市场 14 个。2000—2005 年,配合有关部门新建改造西南大街、檀溪路、滨江路等 14 条城区主次干道,城区 3 条出口路、城乡结合部和背街小巷完全消灭泥巴路,“村村通”工程相继完工,累计消灭泥巴路 150 多条,硬化乡村道路 378 公里,完成通村公路路基改造 380 公里。同时完成了老龙堤改造工程,以及南渠整治工程、尹集供水工程。其间,建商住小区 14 处,累计完成商品房开发 100 多万平方米。扩建城区达 20 多万平方米,创建花园式单位 20 多个,基本形成以城区为中心,以卧龙、尹集、欧庙、余家湖为拱卫的山水园林城市新格局。至 2005 年底,城区建成面积 21.8 平方公里,城市中心区人均公共绿地 5.2 平方米,城区房屋建筑平均达 8 层,城市人均居住面积由 1986 年 6.6 平方米上升到 2005 年的 22.94 平方米。2005 年,襄城区被省政府评为全省社区建设示范城区,“省级文明城区”。

(五)教科文卫

1.教育

襄城区自古以来就是鄂西北的文化中心。改革开放后,各部门各社会团体办学热情空前高涨,各类学校蓬勃发展。2005 年底,有大、中、小学,职教等各类学校 91 所,在校学生 91 254 人,小学、初中入学率均达 100%,“两基”巩固率达 98%。其中,普通中学 28 所,职中 1 所,小学 59 所。拥有襄樊学院、襄樊职业技术学院、襄樊广播电视大学、襄樊四中、襄樊五中、七中、襄城实验小学等一批名校。在职教师:中学 2043 人,小学 1 890 人,大学 2 673 人。校舍面积 72.89 万平方米。幼儿园(含托儿所)12 所,专任幼师 175 人,在园幼儿 5 709 人。另外,设立特殊学校 1 所,在校学生 128 人,教师 16 人,校舍 2 181 平方米。1996 年 4 月,襄城区行政区划重新调整后,区体育运动委员会与区文化局合并。8 个乡镇、街道办事处设立文体服务中心,在辖区内建有 48 个各种类型的健身场地。建区以来,襄城区派员参加省、市体育运动比赛 20 余次,荣获团体、个人单项入围名次 200 余人次。1989 年,成功地举办襄城区首届职工综合性运动会。群众体育方面,建立了老年体协、门球协会、蓝球协会、桥牌协会、钓鱼协会、舞蹈体操协会、象棋协会、太极拳协会和书法协会。1999 年,开展千人广播体操大赛、万人迎春长跑、万人红旗接力、芙蓉杯围棋赛等。辖区设有固定晨(晚)健身锻炼休闲点 30 多处,经常参加体育锻炼和健身的约 20 万人,占总人口的 40%。

2.科技

辖区共有科研机构 13 个,各类科研人员 6 000 余人,其中高级职称 180 人,中级职称 2 000 人。区属科研机构 2 所,科研人员 22 人。实施科技攻关项目 31 项,开发科技新产品 44 项,其中,省级以上科研成果 42 项。争取科技扶持资金 652 万元,高新科技企业 11 家,申报各类专利 321 项,其中发明专利 65 项。获各类科技成果奖 21 项(省 1 项、市 20 项),共有 11 项重要研究成果得到推广应用。2005 年,区投入科研经费 978 万元。区农业科研所、棉花原种场从中国农科院安阳棉花研究所和荆州农科院引进优质双抗棉亲本,中棉所 29 号、D180 人工杂交制种,培育出高抗棉铃中、红棉虫、高抗枯萎病、高耐黄萎病的中棉 29 号 F1、D180f1 新型棉种,被长江流域大部分地区推广种植。

3.文化艺术

辖区建广播站(电)台 4 个,文化馆(站)9 个人。有大型图书超市 1 座、市级图书馆 2 家、小型图书馆 13 家。还有城乡电影院 5 座、影剧院 1 所、电子游戏室 30 家、网吧 90 家、KTV12 家。襄城区文艺节目以民间传统节目为主,主要有舞龙狮、扭秧歌、划旱船、打腰鼓、扮蚌壳、扮毛驴、民间器乐演奏等。辖区建有襄城群众文化联合会,吸收有 30 多个民间文艺团队。1989 年 8 月,成功举办了首届计划生育书法、美术、摄影展,参赛作品有书法 144 幅、美术 39 幅、摄影 230 帧、辖区 100 多单位 1000 多人参观了这次展览。1992 年,首次组织拍摄了《为了这座名城》、《勇于探索的人们》两部电视专题片,以后又陆续拍摄电视专题片 2 部。1999 年,围绕建国 50 周年,澳门回归和迎接千禧之年等重大庆典,开展了丰富多彩的文化文艺游演活动。2001 年,围绕市委市政府举办的"一节一会",开展群众性文艺演出活动 70 余次,参加人员近万人次,吸引观众 15 万人次。从 2003 年开始,每 2 年举办 1 届社区艺术节,每届时间 3 个月,利用社区艺术人才展现襄城区民间文化和现代文化的风采。

4.卫生

襄城区属医疗卫生机构 10 家,开设病床 271 张。其中二级甲等医院 1 所,一级甲等 4 所。村级卫生室 195 家,个体诊所 136 家,社区卫生服务机构 31 家,总计有专业技术人员 957 人,其中:高级职称医师 17 人,中级 148 人,初级 273 人,离退休职工 155 人。乡以上医疗卫生机构年门诊 136870 人次。区属襄樊市四医院和七个乡镇卫生院设置职能科室比较完善,开设有内儿科、中医科、外科、骨科、妇产科、五官科、针灸理疗科、皮肤科等。配有 B 超机、心电图机、洗胃机、X 光机、彩色经颅多普勒、半自动生化分析仪、血球计数仪、多功能口腔治疗仪、多参数心电监护仪、立式麻醉机、同步呼吸机等大中型医疗设备,同时设有空调房。能够开展胆囊摘除、脾脏切除、胃大部切除术,结石取出术、子宫全切、剖宫产术,附件肿瘤摘除,阑尾切除术、疝修补术和各种骨折复位等大中型手术,基本能够满足辖区人民群众的医疗服务需求。辖区儿童计划免疫"四苗"(卡介苗、脊髓灰质尘糖丸疫苗、百白破三联制剂、麻疹疫苗)接种率达 98%以上。乙肝疫苗得到普遍推广。法定传染病和地方病报告率为100%,传染病发病率分别为 323.83/10 万、265.76/10 万。食品卫生监督率达 100%,监测合格率在 85%以上。此外,辖区还有以襄樊市中心医院(三级甲等)为代表的其他各种类型医疗卫生机构 24 家,其中有二级甲等医院 2 家:襄樊市妇幼保健医院、航空工业襄樊医院(364 医院);专业医院 4 家:襄樊市博爱医院、襄樊市安定医院、襄樊市职业病防治医院、襄南监狱医院;厂矿职工医院 7 家。卫技人员2 475 人,病床

1 820 张。

二、樊城区概况

1995 年 10 月，国务院批准襄樊市关于设置樊城区的请示之后，襄樊市委、市政府撤销原在樊城设置的樊东区、樊西区，筹建樊城区。1996 年 6 月 26 日，中国共产党襄樊市樊城区委员会正式成立。同年 7 月 12 日，樊城区第一届人民代表大会第一次会议选举产生樊城区首届政府领导人，樊城区正式成立。

（一）政区

位置：樊城区位于湖北省西北部、襄樊市区汉水以北。地处荆豫之枢、汉江之塞。东连江汉，南通湘粤，西接渝陕，北达宛洛，是鄂、豫、川、陕毗邻地区的交通枢纽，古有“南船北马、七省通衢”之誉，为兵家必争之地。如今，襄渝、焦柳、汉丹 3 条铁路干线交汇于樊城，区内公路四通八达，汉水依傍而过，襄樊飞机场和武当山飞机场距市区分别为 15 公里、65 公里，公路、铁路、水运、航空相互衔接的立体交通运输体系已经形成。今日之樊城，复为沟通祖国南北、华夏西东之枢纽，成了商家竞争之地。

疆域：樊城区辖境，东与襄阳区城关镇毗邻，北与襄阳区伙牌镇接壤，西与老汉口市仙人渡镇交界，南与襄城区隔汉江相望。地跨东经 111° 45′ —113° 47′ ，北纬 31° 13′ —32° 35′ ，东西长约 40 公里，南北宽约 20 公里，总面积 529.08 平方公里.区政府驻城区长虹路 23 号，距襄樊市政府驻地约 4 公里。

行政区划：1996 年，区政府组建之初，辖柿铺乡和清河口、屏襄门、定中门、米公、汉江、中原、王寨等 7 个街道办事处，计 11 个行政村、14 个街道管理委员会、107 个街道居民委员会。2001 年 8 月，襄阳区太平店镇、牛首镇划入后，区政府辖太平店镇、牛首镇和柿铺、清河口、屏襄门、定中门、中原、王寨、汉江、米公 8 个街道办事处，计有 88 个行政村、66 个社区居民委员会，其中太平店镇划分为 42 个行政村、346 个村民小组、3 个社区，牛首镇划分为 36 个行政村、2 个社区，柿铺办事处辖 6 个行政村、3 个社区，清河口办事处辖 8 个社区，屏襄门办事处辖 10 个社区，定中门办事处辖 8 个社区，中原办事处辖 10 个社区，王寨办事处辖 8 个社区，汉江办事处辖 9 个社区，米公办事处辖 9 个社区，至2005 年无变更。

人口、民族：据1999年10月至2000年10月开展的第五次人口普查结果显示，全区总人口422 248 人，其中男性 210 546 人、女性 211 702 人，男女性别比为 1∶1.005。总人口中，0—5 岁人口 25 095 人，占总人口的 5.49%；6—14 周岁 47 920 人，占总人口的 11.35%；15—64 周岁人口 330 130 人，占总人口 78.18%;65 岁以上的人口 19 103 人，占总人口的 4.53%。接受教育的程度分，具有小学文化程度的 70 107 人，占 17.65%;初中文化程度的 153 217 人，占 38.58%;中专文化程度(含高中)的 113 541 人，占 28.59%;大专以上文化程度的 41 345 人，占 10.41%;不识字人数 16 730 人，占 4.2%。2005 年 12 月区统计局统计资料表明，全区户籍总人口 21.9921 万户、70.248 4 万人。总人口中，男性 36.298 4 万人、女性 33.950 0 万人；人口自然增长率为 4.85‰，计划生育率为 99.75%。城镇人口 46.075 6 万人，农村人口 24.172 8 万人，另有未落常住户口的人员 23 337 人。六十岁以上 7 .958 5 万人。区内居民来自 20 个民族，汉族人口约占总人口的 99 % 。少数民族 19 个，即：回族、满族、羌族、土家族、蒙古族、苗族、壮族、藏族、维吾尔族、彝族、畲族、侗族、瑶族、白族、哈尼族、傣族、黎族、高山族、土族，总人口约 3 000 余人。少数民族中以回族居民为多，回族人口约占少数民族总人口的 30 % 以上，主要居住在米公办事处辖境友谊街,人称“樊城友谊回族街”。友谊街建有回民小学。

(二)环境

1.自然环境

地形:樊城区地处祖国大陆地形第二阶梯向第三阶梯过渡地带。地势自西北微向东南倾斜,海拔高程在85—140米之间。北与西北部,多为垄岗小丘,岗坡一般在10° 左右;汉江环绕东南、正南和西南部;中间为平原地带。

气候:地处北亚热带季风气候区。春季冷暖无常,大风多;夏季降雨较集中,易涝易旱;秋季降温迅速,多阴雨;冬季寒冷少雨,严寒期短。年平均气温15℃—16℃,极端最高气温曾达40℃,极端最低气温曾出现—15℃。年降水800—1200毫米,年日照1 800—2 100小时,年无霜期225—250天。

土地资源:在全区土地总面积529.08平方公里,占襄樊市版图面积2.87%。总面积中,各类面积分布情况是:水域面积320 328.2亩,占总面积的37.73%;养殖水面14 077.7亩,占水域面积的4.4%。耕地面积320 510.5亩,占总面积的37.75%。耕地面积中,蔬菜用地25 203.1亩,占耕地面积的7.9%;园地(果园、花卉园地)5 735.4亩,占耕地面积的1.8%。居民点及工矿用地135 514.2亩,占总面积的16%;其中城乡居民用地5 494.1亩。交通用地15 155.3亩,占总面积的1.79%;交通用地中,铁路用地1 644.2亩,公路用地5 494.1亩,农村道路用地7 997亩,分别占交通用地的11%、36.3%、52.7%。滩涂及荒坡地57 491.8亩,占总面积的6.77%。

水系、水资源:全境约均属汉江水系。汉江发源于陕西秦岭南,河道全长1 577公里,自丹江口以下,经谷城县、老河口市,横穿襄阳之后,进入樊城境,樊城区辖境汉江河道长40.4公里。在樊城境的支流主要有小清河、白龙沟、石河畈沟、姚家河。小清河发源于河南省邓洲,流经老河口市、襄阳区、高新技术产业开发区后,进入樊城区境,全长123公里,流域面积1 960平方公里;白龙沟长13.5公里,流域面积101平方公里;石河畈沟长27.4公里,流域面积101平方公里;姚家河长21公里,流域面积52平方公里。汉江干流及其支流均兴筑有防洪大堤。樊城区水资源较丰富。水资源分地表水、地下水。地表水资源量多年平均14 278万立方米,主要由降雨产生,多通过水库拦截地表径流,有效利用水资源。过境客水包括汉江和小清河径流。汉江过境客水多年平均为298亿立方米,小清河为2.94亿立方米。地下水类型属孔隙水。主要分布在汉江沿岸滩地及一级阶地。水层厚约70米,埋深4—12米,易开采。钻孔涌水量1 000—5 000吨/日。水质较好,为低矿化度淡水,矿化度小于1克/升,硬度为20—30德国度的软水至软硬水,pH值在6.2—8.4之间,有害成分极少。

生物资源:生物资源种类,南北兼备。在全国植被区划中,属东部亚热带常绿阔叶林亚区域,包括北亚热带常绿、落叶阔叶混交林地带和中亚热带阔叶林北部亚地带。主要树种有155种,其中一般用材林树种44种,引进用材林树种30种,经济林树种23种,引进经济林树种12种,种花木类树种27种,其他树种19种。野生动物种类约55种,常见的有黄鼬、草兔、锦鸡、鼠、蛇等,数量较多的属鸟类和经济鱼类、浮游动物等。鸟类以乌鸦、喜鹊、斑鸠、画眉、杜鹃居多,经济鱼类以草鲩、白鲢、鲤、鲫、鳜鱼、黄鳝、槎头缩项编(又称鳊鱼)居多,浮游动物有原生动物、轮虫、枝角、挠虫4大类。

旅游资源:樊城旅游资源以融自然风景与人文景观于一体为特色。供游览观赏的名胜古迹、革命旧址、自然风光、现代工程景点甚多。西周邓国遗址、米公祠及其石刻、太平店古街和郑公祠、樊侯祠、水星台、郑国寺、清真寺、黄州书院、抚洲会馆、山陕会馆、湖南会馆、福建会馆等遗址,具有历史保护开发价值。

图 35—3 樊城山陕会馆

图 35—4 樊城黄州会馆

中共(1927)襄阳特支旧址、中共(1938)襄阳中心县委、鄂北特委和鄂西北省委党员训练班旧址、中共(1939)鄂西北省委旧址、襄城战役前线指挥所旧址等具有保护开发进行革命传统教育价值。近些年来,在创建“中国优秀旅游城市”的推动下,新添了人民公园、人民广场、诸葛亮广场、新华游乐公园,月亮湾公园、明珠广场、永安广场等一大批新的都市观光景点。樊城地处华中地区旅游线路的交汇点上,东游武汉、大洪山,西览武当山、神农架,南下张家界、江陵和三峡,北上古都西安、洛阳,都经由樊城中转,发展旅游业具有得天独厚的条件。

图 35—5 樊城抚州会馆

2.城区公共设施

交通:襄十、襄荆、孝襄、樊魏 4 条高速公路及 316、207 两条国道于樊城区纵横交汇,并与京珠、黄武等全国高速公路网相连。境内县乡道路 3 条,镇村公路全部以水泥硬化。城区内开通 46 条公共汽车线路,677 台公交车每天发班 1 093 次,另有 3 000 辆出租小汽车承接客运。汉丹、焦柳、襄渝三条铁路在樊城交汇。汉江航道水路交通运输与武汉、宜昌同处于“金三角”的枢纽地位,常年可通航 500 吨级舰舶、2 000 载重吨船队, 辖区内大小港口 10 座,20 余个泊位,专业水运企业和港口装卸企业可承担各种方式的水路运输及铁（路）水(路)、公(路)水联运。襄樊机场、武当山机场位于汉十高速公路附近,已开通北京、上海、深圳等 10 多个航班。“一条汉江、两座机场、三条铁路、四条高速”是樊城区水、陆、空立体交通运输网络的真实写照。城区主要干道 18 条,即:长虹路、前进路、三元路、沿江路、朝阳路、解放路、大庆路、米公路、人民路、松鹤路、汉江路、中原路、新华路、建华路、建设路、长征路、丹江路,宽度 30—50 米不等。机动车道和非机动车道大都是水泥路面,人行道为彩色方砖(长

图 35—6 樊城建华路

虹路为柏油路面,人行道铺广场砖)。每条干道均设有污水排泄管道。长征路与丹江路交叉处建有飞环天桥1座,与大庆路在人民广场东北角交汇处建广场天桥1座。长虹路中段建有地下通道。长虹大桥、汉江铁路桥将襄城与樊城连为一体;鱼梁洲大桥将鱼梁洲旅游经济开发区与樊城连为一体。2005年,城区路灯亮灯率达99%以上,路灯设施保持完好率为96%。

环境卫生:樊城区城管局下设4个环境卫生管理所和1个渣土转运所,负责管理城区环境卫生。2005年,城区建有76座公厕,垃圾转运站24座,道路清扫人员297名,清运人员160名。拥有道路垃圾清扫车4辆、垃圾运转车24辆、洒水车一辆。城市空气环境质量主要指标平均值达国家二级标准,每年达国家二级标准以上的天数一般在265—280天之间。环境质量基本保持稳定。交通干线噪声年均值连续数年达国家和省质量考核标准。

电信:中国电信樊城区交换机容量118.5万门。2005年,固定电话用户94.8万户,宽带用户5.7万户,小灵通用户25.1万户,营业网点152家。中国移动樊城区交换机容量145万门,采取自办营业厅、代办营业厅、合办营业厅等形式于樊城设营业网点96家。2005年,樊城移动电话达30万部。中国联通公司在樊城设营业厅2个,樊城交换机容量130万门。2005年,樊城使用联通电话10万户。

邮政:襄樊市邮政局于樊城设置邮政网点45个,邮政投递线路2条覆盖整个樊城区。2005年,樊城区函件4.5万件,包裹3 500件,汇票640张,报刊发行6 000份。

供电:樊城用电,自1995年起,由220千伏乔营变电站、110千伏樊城变电站、110千伏董台变电站、110千伏广场变电站、110千伏徐营变电站等5座变电站供电。2005年,境内10千伏配电线路62条,总长594.72公里;配变1 682台,总容量63 6091千伏安;配电线路中有34条线路实现“手拉手”环网供电,线路环网率达54.83%;综合电压合格率为98.21%,供电可靠率达99.96%。

供水:樊城居民饮用水和部分工业企业用水自20世纪80年代起,即由襄樊水务集团有限公司第三水厂和第五水厂供水。第三水厂位于樊城大庆西路38号,占地35 750.2平方米,日产供水能力27万立方米;第五水厂位于樊成白家湾,占地14.72万平方米,日产供水能力40万立方米。两水厂于樊城城区铺设纵横供水管道长达400千米。樊城区用水除由襄樊水务集团有限公司第三水厂、第五水厂供水外,另有太平店镇自来水厂、铁路分局水电段、湖北化纤公司水厂、襄棉水厂、星河纺织厂水厂、毛纺厂水厂、卫生纸水厂、毛巾厂水厂、毛呢厂水厂、造纸厂水厂、瑞源公司水厂等10多家工业企业自办的小水厂供水。2005年,市区水压0.22兆帕—0.42兆帕,维修及时率达99%。

供气:樊城区使用天然气始于2005年1月,由樊城华润然气有限公司供给。该公司建有天然气门站1座,高中压调站2座,加气母站1座,车加气站5座,铺设城市天然气干管260多公里,年供气量达4 000万立方米。

防洪、排水:城区防洪设施经不断加固除险,已建成可抗百年一遇洪水标准的防洪大堤总长76.76公里,其中汉江大堤长27.96公里,汉江支流小清河堤防长22.08公里,大李沟堤长16公里,其他小支流堤长8公里。在加强防洪堤防建设的同时,注重堤内排水设施建设。先后因地制宜兴建18座排水涵闸,排涝保证率达95%。2005年10月3日,汉江洪峰流量达14 800立方米/秒,水位达67.25米,辖区内汉江干堤及其支堤未出现任何险情,城市防洪、排水工程发挥了重要作用。

休闲场地:城区7座广场(公园)是广大市民休憩娱乐的良好场所、城市“客厅”。①人民广场地处樊城闹市区,总面积64 200平方米。广场内花坛锦旌,绿草如茵,建有喷泉,引进饲养了数百只广场鸽,整个广场开阔、通透、明快、亮丽。②人民公园地处樊城闹市区,总面积37 378平方米,公园内古木参天,曲径通幽,花卉盆景区内的盆景园是鄂西北最大的盆景园,古色古香的得天楼,弯蜒曲折的水池,让客人流连忘返。③诸葛亮广场位于长虹北路,总面积20万平方米,是一座集文化、娱乐、体育、旅游、会展、劳务于一体的多功能生态综合广场,且是湖北省最大的综合性广场,现已成为中西部经贸会的主会场,有近万平方米的国际标准会展中心。整个广场分南、中、北三个区域。南区为绿化生态区，以园林绿化为主，种植有千年古树和大量乔木树种，建筑物有茶楼、凉亭、戏水池等；中区为健身场地、下沉式文化广场，喷泉设计喷高 38 米；北区为造型别致的会展中心，高 14 米、重 35 吨的诸葛亮铜像耸立在会展中心之前，成为整个广场的标志。④新华游乐公园位于新华路与前进路交接处，总面积 52 000 米。公园内园林建筑风格独特，雕塑小品意韵隽永，植物配置独居匠心，四季花开不断，风景怡人。还设置有碰碰车、自控飞机、疯狂老鼠、森林狩猎等 20 多种游乐项目。⑤月亮湾公园位于汉江之滨，总面积 110 万平方米，以其建在月牙形的江滩上得名。全园分为儿童游乐、体育运动、野趣游赏、跑马运动、水上运动等 10 余个各具风格特色的功能分区。⑥明珠广场位于汉江沿岸，东起鱼梁洲桥头，西至长虹桥头，全长 3500 米。其东部与襄樊市生态旅游开发区的鱼梁洲隔桥相望；中部（炮铺街、东风路一带）与人民广场相连；西部有米公祠、抚州会馆、山陕会馆、清真寺、瓷器街、友谊回民居住区、陈老巷等文物古迹和传统街区，具有浓厚地文化底蕴。⑦永安广场位于人民路、大庆西路与焦柳铁路交汇的三角地带，总面积 7000 平方米。建有造型别致的喷泉和 60 多米长的蓝色休闲长廊，广场中立有“九省通衢”的大型雕塑，风格独特，让游人感受到大都市的气息。

（三）改革综述

1996—1998 年，区委区政府突出抓好以资本营运为核心的中小企业改革。从区情出发，提出并实施了“宜股则股”“宜卖则卖”“宜并则并”“宜租则租”“宜破则破”的企业改制方案。3 年间，全区通过租赁承包、股份合作、公有民营、兼并联合、产权出售等多种形式，将区属 93 家企业先后进行了不同形式的改制，盘活闲置资产 2000 多万元，实现全区企业改革重大突破。同时，政府机构、财税金融和住房制度改革取得了不同程度的进展。并初步建立了以养老保险为主的社会保障机制，全区 134 家企业参加社会养老保险统筹，实行社会养老保险的企业达 100%。1999—2003 年，各项改革深入推进。一是基本完成了农村税费改革和乡镇机构、农业水费、公车等配套改革。全区 2003 年农民负担总额 1511.3 万元、亩平负担 78.96 元，分别比 1999 年下降 51.5%、51.43%。二是重点推进了企业制度改革，完成了 80 家区属集体企业的民营化改制，盘活企业闲置资产 3.25 亿元，资产变现 1.29 亿元，改制企业实现了“彻底、稳定、增收”的目标。2002 年，外商投资项目 4 个，实际利用外资 301 万美元，“三资”企业达到 40 家；2003 年，新增外商投资项目 2 个，实际利用外资 12.1 万美元。三是扎实推进行政机构改革。政府组成部门由 28 个减少到 21 个，行政编制精减 25%。在全市率先成立行政服务中心，简化办事程序，推进行政审批制度改革，行政审批项目由 121 项减少到 39 项。四是构筑以养老、失业、医疗为主的社会保险新格局，劳动和社会保障体系进一步完善。2004 年以后，城市经济体制改革因企制宜、因企施策，到 2005 年，区属企业民营化改制基本完成；农村税费改革圆满完成，并顺利完成了土地；二轮延包工作，被省委、省政府评为优秀等次。财政管理通过改革，实行了财务集中核算和政府采购制度，加大了“收支两条线”管理；城市管理推行环卫体制改革，组建了 4 个环卫清扫保洁公司，模拟市场化运作，对全区路段清扫保洁工作全部实行投标管理。招商引资工作进一步加强。2004 年新批外商投资项目 6 个，2005 年新批投资项目 2 个，实际利用外资达 575 万美元，全区外交企业达到 16 家。

（四）经济

1.工业

樊城是襄樊市老工业区和纺织工业基地。1996 年，樊城区有纺织、机械、轻工业等工业企业 408 个，其中乡及乡以上企业 156 个，村及村以下企业 252 个，集体企业 238 个，职工 13 650 人；年工业总产值 50 089 万元，乡及乡以上独立核算企业实现产值 35 230 万元，销售收入 29 512 万元，利税 951 万元。通过采取股份制、股份合作制、租赁承包、联合等不同形式的改制改革之后，1998 年乡及乡以上企业职工总数 8 505 人，实现工业总产值 77 118 万元，利税 1 608 万元，工业品销售率达 97%。主要产品有布、纱、纸箱、纸板等。1999 年，全区按照“放活机制、激活人才、盘活存量、提高质量”的要求，以资本为纽带，以技改为基础，以管理为根本，实施《樊城区企业经营者年薪制暂行办法》，推行厂、车间、班组三级成本核算管理模式，调动企业经营者积极性。是年，全区投入技改资金 1 150 万元，完成了瑞源集团纺织设备改造、拓新公司篷布油化，奥威公司仿汉白玉构件等 10 个技改项目。2000 年，全区工业企业 114 家，其中乡及乡以上企业 89 家，村及村以下企业 25 家，通过采取租赁承包、股份合作、兼并联合、产权出售、破产重组等形式改革，企业改制面达 90%以上。全区工业企业总产值 4.49 亿元。2001 年，全区工业企业 114 家，其中乡及乡以上企业 78 家，村及村以上企业 36 家，职工总数 13 075 人，实现工业总价值 49 439 万元。各类工业企业狠抓技术改造，全年新投入技改资金 3 060 万元，增项目 43 个，投入项目建设资金 4 590 万元，引进“光转换农用膜”等一批新技术，盘活闲置资金 6 000 万元，下岗工人重新上岗 1 000 名，工业经济运行质量和效益不断提高。2002 年，全区有年销售收入 500 万元以上规模工业企业 5 家，主要产品产量：布 216 万米、纱 1 579 吨位、纸箱 12 万平方米、纸板 6 万平方米。全区工业企业全年销售收入 20 667 万元，产品销售率达 99%，利税总额 277 万元。2004 年，规模以上工业企业 19 家，主要产品产量：布 2 642 万米、纱 14 174 吨、服装 99 万件，全区工业企业全年总产值 12 亿元，其中规模工业企业总产值 6.2 亿元，销售收入 5.16 亿元，实现利税 3700 万元。2005 年，全区工业总产值 21 亿元。规模以上工业企业 25 家，完成产值 12.3 亿。以化纤纺织服装、机械电器、农产品加工为主的三大支柱产业全年产值 11.6 亿元，其中化纤纺织服装产值 5.6 亿元，农产品加工产值 1.3 亿元，机械电器产值 4.7 亿元。工业园区已经成为全区经济发展的主动力和新亮点，被中国纺织工业协会授予“中国织造名城”称号。

2.农业

1996 年，全区耕地面积 1 350 公顷，其中水、电、井、路、渠等基本建设配套的蔬菜生产基地 1 200 公顷，约占耕地总面积 90%。粮、棉、油生产面积 134 公顷，养鱼池面积 124.6 公顷。农业机械总动力 8 042 千瓦，主要农作物有蔬菜、水稻、小麦、玉米、棉花、芝麻、油菜。1996 年蔬菜上市量达 75 443 吨，日上市品种 20 多种；粮食总产量 1982 吨，生猪存栏 37 242 头，羊出栏 6 753 只，家禽出栏 47 万只，鱼类产量 1 070 吨，农业总产值 10 006 万元(1990 年不变价，下同)。蔬菜是樊城区农业生产大宗产品。1997年区政府组织开发蔬菜样板田57片、177公顷，兴建千亩丰产片一处，蔬菜大中棚种植 11 374 套、206 公顷，当年蔬菜产量 1.948 亿公斤，日均上市 53 万公斤；家禽上市 30.5 万只；粮、棉、油产量分别达 16 140 吨、75 吨、103 吨。农业总产值 10 800 万元，比上年增 9.7%。1998 年蔬菜总产量增至 2.4 亿斤顷，日上市量增至 65 万公斤，家禽上市量增至 33 万只，粮、棉、油产量分别为 2 055 吨、35 吨、509 吨。1999 年，全区围绕市场需求狠抓结构调整，突出蔬菜主导产业。发展了 233 公顷反季节蔬菜和 533 公顷无公害蔬菜种植，普及推广蔬菜嫁接、多元微肥等新项目、新技术。改善农业生产条件。年蔬菜总产量 9.26 万吨，上市 8.25 万吨，家禽上市 46 万只，粮、棉、油总产分别为 1 812 吨、45 吨、397 吨；农业总产值 7 024 万元，比上年增加 3.3%。2001 年投入资金 2 000 万元，开发面积 234 公顷，启动“樊城万亩花卉苗木大世界”项目建设，同时建成柿铺高效蔬菜示范园。2002 年，牛首镇、太平店镇划入樊城区后，全区耕地面保扩大到 12 790 公顷，其中水田 5 050 公顷，旱地 77 40 公顷，农业耕作机械 996 台，运输机械 853 台，农业机械总动力 3.7 万千瓦。种植业中，粮食作物 11 590 公顷，其中水稻 5 045 公顷，小麦 6 545 公顷；棉花、芝麻、油菜、花生等经济作物 13 130 公顷；专业种植蔬菜 3 000 公顷。当年粮食总产 8 353 吨，其中水稻 5 330 吨、小麦 30 230 吨；棉花 1 933 吨，油料 12 533 吨；蔬菜总产量

27.86 万吨，肉类 12 122 吨，鱼类 2 409 吨，农业总产值 5.27 亿元，其中种植业产值 2.43 亿元，畜牧渔业产值 1.46 亿元。2003年起，区委区政府加大农业产业结构调整力度，着力实施以蔬菜为主导产业的“一区一品”建设，蔬菜基地面积由 3 00 公顷扩大到 5 000 公顷，大力发展公司制农业，先后引进聚龙山、亚杰美等各类农业龙头公司 20 多家，带动发展各类农业生产基地建设。2005 年，全区蔬菜种植面积 79 60 公顷，总产量 228 237 吨；粮食种植面积 15 730 公顷，总产 104 311 万吨；棉花 359 公顷，总产 538 吨；油料 3 980 公顷，总产 11 096 吨；猪、牛、羊出栏分别为 14.64 万头、102 万头、8 300 只；家禽出栏 117 万只，水产品产量 3 165 万吨；全年新增造林面积 1 333.33 公顷，花卉种植面积 648 公顷，农业总产值 7.2 亿元，比上年增 19.6%；农民人均收入 3 496 元，比上年增加 152 元。

3.商贸

国内贸易：樊城是襄樊市的商贸中心城区。区委区政府自组建之日起，以商贸兴区为着力点，调整第三产业结构，突出商贸特色。自 1997 年起，制定并开始实施《关于加快发展民营经济的暂行规定》，出台了一系列发展和保护民营经济的优惠政策，积极引导个体工商户和民营企业主参与樊城区企业改制、资产重组和存量盘活，促进民营经济快速发展，逐步形成了与大城市经济发展相适应的社会化、专业化的商业服务体系。2005 年樊城建有特色专业街道 10 条，主要超市 32 个，各类专业市场 83 个。专业市场中，工业品市场 21 个，农副产品集贸市场 34 个，其他市场 28 个，摊位总数量 1.9 万个，从业人员 8.1 万人。特色专业街道路有建华路、长虹路电子通信街，松鹤路餐饮街，立业路、风华路小吃一条街，友谊街民族餐饮特色街，长征路、解放路精品服饰街，三元路汽修汽配街，大庆中路五金水暖街，前进路家具装饰板材街，人民公园南路酒吧休闲街，丹江路日杂街。32 个超市分别是美联超市铁路分店、广益量贩店、双汇连锁幸福路分店、双汇连锁新华路分店、易购超市、好邻居春华路分店、好邻居火车站分店、十分利超市、仟居超市建设路分店、百宁超市、家家乐超市、雅馨超市、开心购物、美联超市大庆路分店、家乐美超市、开心购物七桥分店、军纺超市、武商襄樊分店、美联东风路分店、好邻居泰安路分店、双汇连锁都市花园分店、双汇连锁丹东农贸分店、仟居定中街分店、芳姿超市、大桥口超市、惠民超市、好邻居超市总店、仟居超市米公路分店、六福超市、美联超市分店、好邻居超市朝阳路分店、天天福超市。工业品市场分别是新华市场、白鹤市场、中原布匹市场、中原铝材市场、电工电料市场、华新市场、鄂西北建材市场、钢材市场、摩配市场、光明市场、陶瓷市场、纸业大市场、金大阳建材市场、万众摩托市场、长征灯具市场、永清洁具批发市场、再尔广场、中南板材大市场、长安装饰材料大市场、中南塑料电器大市场、太平工业品市场，摊位总数 4 400 个。农副产品集贸市场分别是果品批发市场、火车站土物产市场、前进水果市场、云集农贸市场、新华农贸市场、陈营农贸市场、万茗茶叶市场、种子市场、长虹农贸市场、襄棉农贸市场、毛纺花园农贸市场、内联厂农贸市场、毛皮厂农贸市场、大世界农贸市场、大世界水产品批发市场、粮食批发市场、水星蔬菜市场、丹东土特产市场、竹木市场、七桥农贸市场、西郊蔬菜批发市场、星火路农贸市场、东风路食品市场、东风贸易市场、长征农贸市场、米公集贸市场、土特产大市场、立业路农贸市场、朝阳路农贸市场、柿铺农贸大市场、牛首农贸市场、竹条农贸市场、熊集农贸市场、太平农副产品市场，推位总数 13 935 个。

2005 年，全区社会消费品零售总额 27.33 亿元，比 1996 年增加 5 亿元，增长 22.72%。各行业中，批发、零售贸易业完成零售额 23.5 亿元，占全区社会消费品零售额的比重为 86%；餐饮服务业零售额 3.8 亿元，全区社会消费品零售额的比重为 14%。第三产业实现税收占财政收入的比重达 80%以上。

外经外贸：区对外贸易据“三资”企业和自营出口企业经营状况，时有被动。1996 年组建之初“三资”企业 32 家，总投资 2 000 多万美元。时无自营出口企业。1996—1998 年，外贸出口供货额年均 5 000 万元（人民币）左右。1999 年出口供货 1200 万元（人民币）。2000 年以后，区政府扶持自营出口企业建设，并注重开展外经外贸活动。2002 年全区有自营出口企业 5 家，自营出口额 60 万美元；2003

年,自营出口企业发展到 7 家,自营出口额增至 437 美元;2004 年,自营出口企业增至 10 家,出口额为 161 万美元;2005 年,全区 10 家自营出口企业出口供货额达 1 426 万美元,创历史新高。出口供货品种历来以纺织、服装、手套、粮油、中药材、土畜造毛皮为主。

1996—2005 年樊城区主要经济指标完成情况

表 36—1

年份	地区生产总值(亿元)	全口经工业总产值(亿元)	农业总产值(亿元)	社会消费品零售额(亿元)	外经外贸出口额(万美元)	财政收入(亿元)	固定资产投资(万元)	城市居民人均收入(元)	农民人均纯收入(元)
1996	7.51	3.78	3.31	9.1	500	0.72	10000	3850	2360
1997	8.1	4.27	3.58	10	500	0.84	12000	4168	2650
1998	8.7	4.87	3.87	11	500	1.03	13900	4540	2900
1999	9.4	5.55	4.18	12.1	—	1.24	16740	4950	3053
2000	10.2	6.33	4.51	13.3	—	1.43	20080	5400	3208
2001	11	7.28	4.88	14.63	—	1.57	24100	5950	3400
2002	12.07	8.38	5.27	16.1	60	1.15	30600	6550	2700
2003	13.53	9.85	5.8	18.3	437	1.26	36200	7050	2900
2004	17.1	15.57	6.93	23.43	161	1.43	60000	7800	3344
2005	20.1	21.03	7.2	27.33	1426	1.69	80700	8550	3496

4.财政税收

1984 年,财(政)税(务)审(计)业务分离,财税审机构分设,刚组建的樊东区、樊西区、郊区分别设置财政、税务机构,负责各自辖区企业和个体工商户的税费征管工作,为国家和区政府组织财政收入。1994 年,实行新税制,国家税收、地方税收业务分离,国税、地税机构分设。1996 年 5 月,随樊城境内行政建置调整,樊城区财政局、樊城区国税局、樊城区地税局应运而生。1996 年,樊城区成立后,当年区财政收入完成 6 268 万元,其中地方一般性财政收入完成 4 364 万元。2000 年,区全地域财政收入完成 12 333 万元,年均递增 19.35%和 23.08%。税务部门认真贯彻国家税收法律、行政法规和规章,认真履行税务机构职责,负责境内中央税、中央地方共享税的征收管理。1996 年,国税、地税收入分别为 41 046 万元、3 561 万元。进入 21 世纪后,税务机关组织的收入占整个财政收入的 90%以上,2000 年,国税、地税收入分别为 58 811 万元、31 910 万元,2002 年分别为 81 174 万元、16 659 万元,2005 年分别达到 122 583 万元、19 020 万元。

5.交通运输

樊城是襄樊乃至鄂西北的交通枢纽。襄荆高速公路及 316、207 两条国道在境内纵横交汇,并与襄十、樊魏、孝襄、京珠、黄武等高速公路相连。汉丹、焦柳、襄渝三条铁路在樊城交汇,成为国内大型路网性铁路枢纽。位于樊城的襄樊铁路分局是鄂西北、鄂西南铁路的调度、指挥中心,建成有通信枢纽和机车、车辆检修基地。汉江水路交通运输与武汉、宜昌同处于“金三角”的枢纽地位,常年可通航 500 吨级船舶、2000 载重吨船队,有港口 10 座、20 余个泊位,专业水运和港口装卸企业可承担各种方式的水路运输及铁(路)水(路)公(路)联运。

6.城乡建设

1984—2009年，樊城由原来樊东、樊西、郊区三个区区委、区政府管理，到樊城区委、区政府统一管理，前后25年，发展成为全市经济、文化、金融、商贸、信息中心。辖区面积由165平方公里扩大到566平方公里，人口由35万人增加到71.4万人(其中樊城区人口59.56万人)。交通四通八达，襄荆高速公路和316、207国道穿城而过，并与襄十、孝襄、樊魏等多条高速公路相接。主次干道58条，镇村公路全部水泥硬化，公共汽车线路46条。电力充沛，供水无忧，防洪工程可抗百年一遇洪水。城区绿地达700多公顷，绿化率40.87%，人平公共绿地8.76平方米。城市建设逐步配套，服务功能显著增强，市容市貌焕然一新。进入21世纪，樊城新农村建设步伐加快，三农政策惠及广大农民，特色农业逐步形成，农业增效、农民增收有了可靠保障。市民居住环境明显改善，文明城区建设深入人心，城乡居民物质生活和精神生活质量有了显著提高。

(五)教科文卫

1.教育

1996年，樊城区有中小学、幼儿园75所，其中普通中学34所，在校学生14403名；普通小学37所，在校学生27794名；区属幼儿园4所，在园幼儿636名。小学阶段适龄儿童入学率和初中阶段入学率分别为100%、99.5%；高中阶段入学率为90%。全区九年义务教育普及程度和扫除青壮年文盲各项指标均达国家标准。1998年起，全区广泛开展素质教育和教育督导评估工作，同时加大学校领导班子建设和教师队伍管理。是年，全区小学阶段适龄儿童入学率和初中阶段入学率均达100%。2000年，建立教师奖励基金，对有突出贡献的教师实行重奖。2003年，襄樊市教育局调整市区学校行政隶属关系后，樊城区有高中4所、初中25所、职业高中一所(原16中)、小学102所(含驻樊企业所办学校)、区属幼儿园3所。2005年，区属高中4所，在校学生22470名，在任教师1971名；职业高中一所，在校学生707名，在位教师48名；小学102所，在校学生44327名，在任教师1761名；幼儿园3所，在园幼儿770名，在任教师71名。

2.科技

2005年，樊城区拥有生产力促进中心、人才交流中心等各类科技创新服务机构23家；群众性科技组织5家，即：蔬菜科技协会、发明协会、花卉信息协会、养殖协会、电机工程协会。各类科技人员3 887人，其中具有高级技术职称的130人、中级职称1 370人、初级职称2 185人。科研机构14所，科研人员563人。科研机构中从事科研项目攻关的科技人员340人。区政府年投入科研经费200万元。区科技局科研活动以引进开发新科技项目为主题，每年组织科技人员向国家和省申极科研计划，引进开发新科技项目。区科协以普及推广科学技术为主题，每年举办2—3次科技普及培训班，聘请有关专家、教授向农民传授科技知识。1992年，全区引进开发科技项目9个，组织申极国家级星火计划2个，科技对经济的贡献值达40%。1998年引进开发新科技项目2个，被列入省级星火计划2个，科技对经济的贡献值为44.3%。1999年，加强科技基础工程建设，建立“樊城区科技信息数据库”，并与国际互联网、省专利信息网及长江科技信息网联网。当年，被评为“全国首批科普示范城区”。2000年，区委、区政府制定实施《樊城区“九五”和2010年科技兴区实施方案》、《樊城区技术创新实施方案》等支持科技发展的措施，当年引进试验和推广水产、畜牧、蔬菜、花卉新品种100多个，科技对经济的贡献值上升到46.5%。2001年，创建全国科技进步先进城区工作通过国家科技部验收，成功举办了“湖北、樊城科技人才交流暨科技产品交易会”，引进、开发科技新产品10个。2003年完成省级科研成果6

项、市级科研成果15项。2005年完成省级科研成果3项、市级科研成果21项。

3.文化艺术

樊城是全国历史文化名城襄樊市的重要区域之一，历史悠久，文化厚重。这里曾孕育出唐代诗人孟浩然和宋代大书法家米芾等众多文人雅士，名胜古迹甚多。民间舞蹈、民间曲艺、民间音乐、民间文学、书法绘画等民间文艺长盛不衰；京戏、曲剧、豫剧表演以及烙画、捏面人等非物质文化遗产代代传承。樊城区组建后，在传承优秀传统文化的同时，从1997年起，全区以企业文化、街道文化、校园文化、村组文化、机关文化等为主要内容的群众性“多重文化建设”工作蓬勃开展。1999年，全区围绕建国50周年、澳门回归和迎接新的千禧年等重大庆典，开展了丰富多彩的文化、文艺活动，区委、区政府先后3次被市委、市政府授予组织奖。2001年，围绕市委、市政府举办的“一节一会”，开展群众性文化活动34次，参加人员近3万人次，吸引观众16万人次，成功举办了“大力杯”第三届全国武术博击擂台赛，受到国家体育总局高度评价。从2003年开始，每两年举办一届(次)社区艺术节，每届时间都在3个月以上，利用社区艺术节展现樊城民间文化丰厚底蕴和现代文化的多姿风采。2005年，全区有广播电台(站)2座，电视台1座，文化馆(站)11个，城区及集镇设图书门市部25个。辖区内已建成11个各其特色的社区文体资源共享基地，社区文化建设形成了规模和特色，受到省、市有关领导表彰。

4.卫生

1996年，全区医疗卫生机构6个，其中区级综合医院2个，乡级卫生院2个，卫生防疫站、妇幼保健站各1个。卫生机构床位261张，卫生技术人员397人。村级医疗点18个，基本形成“一村一室(卫生室)”和三级医疗卫生保健网络。区政府不断加强卫生基础设施建设，社区防疫、农村卫生工作发展迅速。1999年，全区合作医疗普及率达80%，甲级村卫生室普及率达70%。一次性通过国家爱卫办规定的灭蟑螂先进城区达标验收。城区卫生示范街建设蓬勃开展，在市政府组织年终考核中，全区卫生工作居城区第一名。2000年起，加大食品卫生整治力度，食品卫生监督覆盖率达100%，体检办证率达98%；加大对个体医疗机构清理整顿力度，辖区医疗市场秩序明显好转。同时，继续抓好农村三级卫生保健网络建设。2002年，区属乡镇以上医疗卫生机构增至10家，床位325张，医疗卫生专业技术人员530人，年门诊7.2万人次，传染病发病率为150/10万。2003年乡镇以上医疗卫生机构门诊15万人次，2004年达20万人次。2005年，乡镇以上医疗卫生机构10家，床位325张，专业卫生技术人员577人。全区公共卫生体系建设进一步加强，20家村级卫生室达到规范化标准。积极开展全省城市社区卫生服务示范区创建活动，建成了3个社区卫生服务中心和5个社区卫生服务站。高质量地完成了百分之一人口抽样调查工作，被授予省级先进集体。

三、襄阳区概况

1979年1月至1995年4月，襄阳县委、县人大、县政府、县政协及所属部、办、委、局均在襄樊市区办公、居住，襄阳有县无城。1995年5月1日，新县城初具规模。襄阳县委、县人大、县政府、县政协，县直部办、委、局及部分二级单位先后搬迁至张湾新县城办公。在抓农业发展的同时，发展工商企业，先后在新县城近郊及重点乡镇发展起18家县属骨干企业。兴办乡镇企业，各乡镇、村重点培植1—3家有规模、效益好的乡镇企业。20世纪90年代中末期，双沟、张湾、太平店镇的乡镇企业在鄂西北地区曾跃入前列。进入 21 世纪之后，依靠区位优势，襄阳逐步形成汽车配件制造、食品饲料加工、纺织服装为主的三大支柱产业。到 2005 年，规模企业发展到 46 家，工业总产值达 2 571 783 万元。外贸出口创汇达 1 196 万美元，财政收入突破 3 亿元。

(一)政区

位置：襄阳县(区)地处湖北省西北部，位于汉水中游，属南阳盆地边缘。襄阳为楚北大郡，上通关陇，下连吴会，北接宛洛，南达滇黔。古有“南船北马，七省通衢”之誉，招来四方商家云集。其得天独厚的区位优势，成为历代兵家必争之地。汉丹、焦柳、襄渝 3 条铁路干线从襄阳境内通过，襄樊东站亦在建设之中。区内主次公路干道 30 余条，四通八达。襄樊机场距城区仅 5 公里，公路、铁路、水运、管道、航空相互衔接的立体交通运输体系已经形成，正大农业开发有限公司、希望有限公司、安华纺织有限责任公司、钢铁长材有限公司、新世纪建材市场、光彩建材大市场、天润汽车城等 20 家企业落户襄阳。今日之襄阳，已是沟通祖国南北、华夏西东之枢纽，成为国内外商家竞争地。

疆域：襄阳县(区)辖境，东邻枣阳，西接老河口、谷城，南连宜城、南漳，北与河南省的邓州、新野、唐河接壤，地跨北纬 31° 46 ' —32° 28 '，东经 111° 44 ' —112° 23 '。县人民政府原驻襄樊市樊城大庆路 99 号，地理坐标北纬 31° 2 ' 20 "，东经 112° 8 ' 36 "。1995 年 5 月 1 日，县人民政府迁往张湾新县城，地理坐标为北纬 32° 05 '，东经 112° 11 '。全县南北长 79.6 公里，东西宽 77.2 公里，总面积 32 263 平方公里。2001 年 12 月，撤县建区，欧庙、泥咀划归襄城区管辖，牛首、太平店划归樊城区管辖。全区南北宽 77.6 公里，东西长 77.2 公里，总面积 2 486.22 平方公里，

行政区划：1979 年 12 月，襄阳县辖张湾、牛首、太平店、龙王、石桥、黄集、伙牌、古驿、朱集、程河、双沟、黄龙、峪山、东津、欧庙、泥咀 16 个公社和 1 个双沟镇，654 个生产大队，4 227 个生产队。1984 年 3 月，撤社建区。襄阳县辖张湾、牛首、太平店、龙王、石桥、黄集、伙牌、古驿、朱集、程河、双沟、张家集、黄龙、峪山、东津、欧庙、泥咀 17 个区和 1 个双沟镇，622 个村 4 150 村民小组。1987 年 9 月 21 日，撤区建乡镇，襄阳县辖张湾、牛首、太平店、龙王、石桥、黄集、伙牌、古驿、朱集、程河、双沟、张家集、黄龙、峪山、东津、欧庙、泥咀 17 个乡镇和竹条、朱坡、肖集、黑龙集、马集、黄渠河、埠口、方集、王河、法龙、新集 11 个乡，623 个行政村 4 235 个村小组。2001 年 4 月，乡镇机构改革，撤销合并乡镇。襄阳县辖张湾、牛首、太平店、龙王、石桥、黄集、伙牌、古驿、朱集、程河、双沟、张家集、黄龙、峪山、东津、欧庙、泥咀 17 个乡镇，623 个行政村 4 275 个村民小组。2001 年 12 月，撤县建区。襄阳区辖张湾、龙王、石桥、黄集、伙牌、古驿、朱集、程河、双沟、张家集、黄龙、峪山、东津 13 个乡镇，438 个行政村。

人口、民族：1979 年，襄阳县人口共有 22.71 万户，总人口 106.71 万人，其中城镇人口 6.26 万人，乡村人口 100.45 万人。2001 年，全县人口共有 26.5 万户，总人口 100.32 万人，其中男性 51.52 万人，城镇人口 30.07 万人，乡村人口 70 万人。2005 年，全县共有人口 27.321 7 万户，总人口 98.877 2 万人，其中男性 50.496 2 万人，女性 48.381 0 万人. 城镇人口 19.582 2 万人，乡村人口 78.295 0 万人。人口自然出生率 7.54%，计划生育率 7.54‰。全区有 19 个民族，汉族占总人口的 99.03 %，少数民族 18 个，在襄阳的少数民族中回族居民为多。2005 年，全区有回族、满族、壮族、蒙古族、土家族等 18 个少数民族，人口约 7 000 人，占全区总人口的 0.07%.其中回族 3 200 多人，主要分布在双沟、古驿、石桥等 6 个乡镇。全区有回民村 1 个，为双沟镇双北村。

(二)环境

1.自然环境

地质:襄阳县(区)属鄂西北岗地。除宜城外,较周围各县(市)略低,构成由汉江夹道向宜城开口的不规则盆地。汉江、唐白河、滚河将襄阳分割为4块,除江河两岸为连续带状冲积平原外,境内大部分为丘陵岗地。襄北属秦岭余脉,伏牛山之尾,地势西北高东南低,多波状起伏岗地。唐白河以东是起伏的黄土丘岗,海拔高度在80—120米之间。襄东滚河河谷盆地地势开阔,边缘与枣阳、宜城接界处多低山丘陵,最高霸王山海拔363米。襄南地区多低山丘陵,海拔高度在150—250米之间。

水系:襄阳境内大小河流82条,(其中流域面积在100平方公里以上的19条),全长1392.9公里,境内河道占地面积178.36平方公里,折合26.75万亩。其中汉江境内全长84公里,小清河境内全长39公里,唐白河境内全长52.3公里,淳河境内全长64公里,滚河境内全长42公里。

气候:襄阳县(区)属亚热带季风气候区,光照充足,热量丰富,气候温和,无霜期较长。常年平均气温为15.30℃,一般年均气温在15.10C—16.90℃之间。最热出现在7—8月,平均气温在27.20℃—27.90℃,最冷出现在1月,平均气温2.60℃。春季:(3—5月)15.80℃,夏季(6—8月)27.90℃,秋季(9—11月)16.90℃,冬季(12—2月)2.60℃。极端最高气温42.50℃,极端最低气温零下14.80℃。年平均降雨量878.3毫米,降雨量最高达1251.1毫米。春夏雨多,秋冬雨少。春季降雨量占全年降雨量的27.7%,夏季降雨量占43%,秋季降雨量占22.2%,冬季降雨量占7.1%,年平均降雨日为113.6天。霜日:全年平均无霜期在226.5天左右,初霜一般在11月上旬,终霜一般在3月中旬。雪日:全年平均在12天左右,初雪一般在12月上旬,终雪一般在3月中旬。结冰:全年结冰在53天左右,初冰在11月上旬,终冰在3月中旬。日照:全年平均日照时数为1 939.4小时。

土地资源:襄阳区土地总面积2 486.22平方公里。农用地208 256.64公顷,占土地总面积的84.38%.农用地包括:①耕地172 244.80公顷,占土地总面积69.79%,其中:水田42 553.55公顷,旱地128 234.73公顷,菜地1 417.73公顷,望天地37.10公顷,水浇地1.7公顷。②园地:1 091.41公顷,占土地总面积0.44%。其中:果园992.06公顷,桑园0.86公顷,茶园18.67公顷,其他园地79.81公顷。③林地:11 912.80公顷,占土地总面积4.83%。其中:有林地9 144.37公顷,灌木林441.23公顷,疏林地421.66公顷,苗圃371.37公顷,未成林造林地1 534.16公顷。④牧草地2.69公顷,其中:天然草地2.69公顷。⑤其他农用地23 004.29公顷,占土地总面积9.32%。其中:畜禽饲养地89.41公顷,设施农业用地1.9公顷,农村道路5 381.63公顷,坑塘水面7 116.34公顷,养殖水面2 541.15公顷,农田水利用地4 961.97公顷,田坎1 442.06公顷,晒谷场等用地1 470.44公顷。建设用地3 1631.74公顷,占土地总面积12.28%,包括:①城镇及工矿用地23 088.56公顷,占土地总面积9.36%。其中城市用地1 712.68公顷,建制镇用地1 160.76公顷,农村居民点用地18 370.75公顷,独立工矿用地707.30公顷,特殊用地1 137.06公顷。②交通运输用地2 091.29公顷,占土地总面积0.85%。其中:铁路用地325.34公顷,公路用地1 651.27公顷,民用机场114.34公顷,港口码头用地0.35公顷。③水利设施用地6 451.88公顷,占土地总面积2.61%。其中水库水面5 464.07公顷,水工建筑用地987.81公顷。未利用土地6 922.06公顷,占土地总面积2.80%。其中:荒草地2 987.94公顷,沙地5.19公顷,裸土地15.75公顷,裸岩石砾地48.28公顷,河流水面2 622.09公顷,苇地20.84公顷,滩涂地1 221.97公顷。土地资源利用特点:①耕地后备资源不足,开发难度大,村庄土地整理有一定潜力。未利用地中可开发利用的荒草地面积为2 987.94公顷,仅占土地总面积的0.01%。这些后备土地资源零散、不连片,开发难度大。农村居民点用地面积18 370.75公顷,占全区建设用地面积的58.08%,居民点用地的容积率较低,土地利用粗放,开展以移村腾地为主的村庄土地整理有一定潜力。②土地利用率较高。2005

年，全区土地利用率为97.2%，其中土地垦殖率为69.79%，农业用地率为84.38%，高于全省的平均水平，反映出本区为农业类型县。

矿产资源：全区已探明矿产有膨润土、黄卵砂、卵石、砖瓦用黏土、矿泉水。其中膨润土主要分布于峪山镇附近，有沉积型和过滤型两种，以沉积型为主，主要矿物成分为蒙脱石，胶质价43.5%—54.5%，润压强度0.626—0.860千克/厘米，耐火度1 190—15 800℃，为钙抟膨润土。地质储量105万吨。年开采量1 000吨；锰矿，分布于方集扁山、肖家山、覃湾、小观山等地，含锰16.6%—25.03%，含铁7.36%—26.65%，分别求得保有储量为11.1万吨和10.54万吨，因规模小，埋藏深，未开采。全区矿产种类储量较小，在全国和全省不属于矿产大区。

图 35—7 鹿门寺

水资源：襄阳区境内有大小河流82条，其中流域面积在100平方公里以上的14条，水资源总量492.7亿立方米，平均年径流量496亿立方米。境内地表水一是大气降水而产生的地径流，多年平均地表径流量为5.91亿立方米(包括地表径流客水1.68亿立方米)；二是江河过境客水，年平均为450.68亿立方米，占水资源总量的91.47%。境内有大中小型水库160座，其中大型水库2座(西排子河水库，承雨面积412平方公里，总库容2.26亿立方米；红水河水库，承雨面积190平方公里，总库容1.13亿立方米)，中型水库7座，小(一)型水库29座，小(二)型水库122座。境内地下水资源37.8亿立方米，一是汉、唐、白河沿岸浅层地下水，二是岗坡地孔隙承压水，三是裂隙岩溶水。全区水资源开发利用量为9.16亿立方米，占总量的1.86%。其中地表径流利用率为47.6%，江河客水利用率为0.89%，地下水开发利用率为0.92%。全区共有泉水11处，日涌水量75 380.41立方米。

图 35—8 鹿门山暴雨池

生物资源：襄阳物产资源丰富，南北水旱品种兼有重要生物资源共1 277种(其中植物924种，动物335种)。另有大量野生动、植物和微生物。襄阳区主要要农作物有小麦、大麦、黑麦、荞麦、水稻、蚕豆、豌豆、黄豆、绿豆、红薯、玉米、高粱、粟谷、芝麻、花生、油菜、向日葵、蓖麻、棉花、麻、龙须草、烟草、蔬菜。襄阳区动物资源丰富。其中，饲养动物主要有黄牛、水牛、马、驴、骡、山羊、绵羊、猪、兔、猫、狗、鸡、鸭、鹅、鸽、家蚕、蜜蜂等；野生动物有猪獾、狗獾、华南兔、普通鸬鹚、白鹭、普通秋沙鸭、董鸡、珠颈斑鸠、白腰雨燕、星头啄木鸟、家燕、八哥、喜鹊、白颈鸦、大山雀、王锦蛇、黑眉锦蛇、乌梢蛇、中华大蟾蜍。襄阳区主要植物，乡土用材树种有马尾松、麻栎、槲栎、青岗栎、栓皮栎、油松、栾木、粗糠、柞树、糙叶树、黄楸、梓楸、苦楝、香椿、臭椿、毛泡桐、枫杨、旱柳、垂柳、树柳、黄连木、黄擅、桑木、皂荚、梧桐、合欢、榆树、刺楸、五角枫、三角枫、圆槐、圆柏、侧柏、构树、化香、银杏、山杨、女贞、丝锦树、桂冠共40种；引进用材树种有刺槐、悬铃木、杉木、川柏、垂阳木、赤松、喜树、樟树、华山松、湿地松、火炬松、县叶松、雪松、黑松、广东马尾松、柳松、水松、池松、墨西哥落羽松、美国杨、毛的杨、小叶杨、加杨、沙半杨、大官杨、忌杨类、兰考泡桐、白花泡桐、欧洲栓皮栎檫木、酸枣、楠竹、旱竹、杜仲共34种；乡土经济林树种和果树有油桐、木境、木瓜、盐肤木、乌梅、山楂、枣、柿、板栗、杏、梅、桃、梨、花红、樱桃、石榴、棠梨、核桃、葡萄、无花果、拐枣、枇杷共22种;引进林树种和果树;茶叶、油茶、油橄榄、鸡爪乌桕、新疆核桃、枣皮、文冠果、南漳核桃、漆树、苹果、橘、猕猴桃、棕榈共13种;灌木树种有黄荆、杜荆、蔓斗果、山槐、山枣、马桑、柞刺、紫穗槐、杞柳、胡枝子、金樱子、马甲子、连翘共14种。其中水杉、银杏为国家一级重点保护植物,杜仲、香椿、香樟为国家二级重点保护植物。

旅游资源:①国家森林公园鹿门寺风景区。鹿门山位于襄阳城东南15公里,原名苏岭山,东汉建武中,习郁立神祠于山北麓,刻二石鹿门山。该寺西晋时曾改名为万寿宫,又名万寿禅寺;汉末襄阳名士庞德公不受刺史刘表数次延请,携其妻栖隐鹿门。后来,山东麓遂建有庞公祠。唐代孟浩然、皮日休也相继在此隐居,山上有孟浩然归隐处和皮日休书屋。因此,唐以后有"鹿门高士傲帝王"之说。鹿门寺原先规模宏大,工艺精巧,古朴雅致,故历代常有名僧来此主持佛事。北宋政和年间最为兴盛,当时有佛殿、僧寮、斋堂、方丈室共500余间。在寺后200米远的山腰处有一口八角井,又称八封井,井下泉水往下暗流20余米,又汇一泉称天坑,也称恬静;再往下暗流,经一天然石洞,洞中钟乳石纷多,有一大石块向外伸出尺许,泉水顺此石突然悬空倾泻,散如珠,垂如帘,称暴雨池。泉水再流至寺门前,从两个石雕的龙口中喷入庞公洗钵池,昼夜不停。1992年被定位国家森林公园。近年来,经过修复、重建、新建,形成了"三区五线"的游览新格局。三区即"山门翠薇景区""园林风光景区""鹿门名胜风景区";五线即"山门系列游览线",包括山门牌坊、伏虎碑亭、月牙桥、虎穴、黑白石林等景点;"九园园林风光游览线",包括牡丹园、植物园、动物园、盆景园、樱花园、樱桃园、梅园、柿园、竹园等景点;"佛殿游览线",包括佛殿、过殿、厢房、山门、聪明泉、龙泉池、天井、八角井、望江亭等景点;"庞公系列游览线",包括文物陈列馆、孔明拜师堂、浩然墓、庞公制药洞、汉楼、汉房等景点;"浩然系列游览线",包括浩然读书屋、三高祠、碑廊、和尚塔、浩然亭等景点。②九天娘娘洞风景区。撤县建区前襄阳县规划和开了九天娘娘洞风景区,距原襄阳县泥咀镇3公里。2003年6月,成功把九天娘娘洞风景区管理处债权债务移交给襄城区卧龙镇人民政府。同时,襄阳皇吉休闲度假旅游风景区、连山旅游度假风景区、西排子河水库、红水河水库、排子河渡槽,也成为旅游观光的景点。2000—2005年,襄阳区接待海内外游客270万人次,旅游收入9500万元。襄阳新县城配套的旅游级酒店,原红宝石大酒店,是按国外四星级标准投资建设的旅游涉外饭店。丽源国际饭店为三星级商务饭店,被襄阳区旅游局指定为"定点涉外饭店"。荣华国际酒店是由驰名中外的著名企业荣华集团投资管理的华中地区第一家日式皇家园林、广场花园,集餐饮、客房、会议、商务、休闲、娱乐、购物、旅游观光于一体"一站式",完全服务型国际四星级电子商务型酒店。

2.城市公共设施

交通设施:1997年,经县政府批准,成立襄阳县公交公司。当年,公司投资132万元从南京金陵客车厂首批购回3台双层公交客车,投入新县城肖湾—襄樊二桥公交线路营运。此后,公交公司先后开通新县城—余家湖水电厂,襄阳商贸城—樊城二桥头等公交线路。后来随着双层公交车老化,于2003年7月下线,由中巴车取代了双层公交车。2004年,为了规范襄樊—钢铁厂段16路公交车经营,经营此线路客运的38辆中巴车车主,自发组织联合体,淘汰了破旧客车,更换为"东风莲花"牌客运中巴车内安装自动投币机。2005年7月22日,襄樊市公交总公司在汉江国际大酒店举行收购"16路"中巴,"襄阳公交"车辆暨公交改造签字仪式。至此,原由襄阳区经营的50台中巴公交车(其中16路车38台)及经营的线路(襄钢长材公司—人民广场、义乌市场—长虹桥北)经营权全部被市公交总公司收购。市公交公司收购后,对其进行整合,16路起点站由人民广场延伸至市第一人民医院。同日,由市公交总公司经营的24路公交车终点站由清河口延伸至襄阳区政府,延伸后的24路车结束了多年来襄城至襄阳区没有公交车通行的历史。至2005年12月,襄樊市至襄阳区新城区开通4路、7路、16

路、23 路、24 路、515 路、516 路、518 路、530 路、533 路、536 路等 11 条公交运营路线。襄阳区客运站客运班车从市区发往龙王、石桥、伙牌、黄集、古驿、朱集、程河、双沟、张集、黄龙、峪山、东津 12 个乡镇。长途客运线路遍布全国 11 个省(市),30 多个大中城市,线路里程 1.7114 万公里,营运里程 8.2634 万公里。

环卫设施:襄阳区城管局下设环卫所 1 个,主要负责管理城区环境卫生。至 2005 年,城区建有公厕 5 座,垃圾中转站 3 座,城市洒水车 1 台,垃圾清运车 3 台,道路洗污车 1 台,道路清扫车 1 台,担负着城区内 30 多条道路 180 万平方米的道路清扫保洁,年清运生活垃圾 4 万吨。为全面提高城区清扫保洁水平,通过优化清扫作业方式,改过去一天两清扫为一天四清扫,实行全面候保洁作业方式。

供水、排水设施:1994 年,襄阳县自来水公司正式成立,占地 12.72 亩,位于八一路 15 号。1992—1995 年,铺设供水主管道 8 000 米,1996—1998 年铺设供水主管道 1 996 米,1999—2001 年,铺设供水主管道 7378 米,2002—2005 年,铺供水主管道 6 212 米。至 2005 年 12 月,城区内共铺设供水主管道 23 586 米,供水范围西至襄新路口,东至肖湾的襄樊武警支队,管网覆盖面积达 30 平方公里,年供水量由过去的 10 吨、20 吨、25 吨、50 吨、120 吨上升至 150 万吨。襄阳区市政的排水排污工程合二为一,实行两污合流,共有 5 个排污口,分别在六〇五、连山沟(步行一条街)、丽明化工厂、县化肥厂和清河二桥。1990—1999 年城区主干道路共埋设排水管道 23 公里,2001 年 12 月,城区排水管道增加到 33.5 公里,2005 年 12 月,城区排水管道达到 40 公里。城区内还为铁路专线设置了 3 座泵站,分别为襄新路公铁涵洞、交通路公铁涵洞和荣华路公铁涵洞。

供电设施:1992 年之前,全县有 35 千伏变电站 14 座,分布在双沟、太平店、黄集、东津、峪山、黄龙、程河、古驿、竹条、欧庙、龙王、张集、“257”“401”;有 110 千伏变电站 2 座,分布在太平店、双沟太岗坡。襄阳新县城搬迁之后,增建 110 千伏潘台变电站供电。潘台变电站工程是原县政府从襄樊市区外迁的配套工程。为襄阳新县城关供电枢纽。110 千伏潘台变电站设计规模双线圈 2 万千伏安主变压器二台。一期装主变压器 1 台,110 千伏出线 2 回,由 110 千伏油坊变电站引入电源,出至邓林变电站,10 千伏出线 14 回供城区用户用电。2000 年 12 月,一期农村电网建设与改造完成,新增 2 号主变压器 2 万千伏安及潘 07 间隔。2002 年 4 月,襄阳区二期农村电网建设与改造二期增补工程完成,新增潘 03、潘 06 开关,容量 2×2 万千伏安。110 千伏采用单母分所接线方式。SF6 新路器 6 台,10 千伏进出线 3 回,其中 110 千伏东潘线,潘 04 与 220 千伏东津变电站相连,是该站的主供电源;110 千伏潘台线,潘 07 与 110 千伏杨庄变电站相连互为备用电源;100 千伏潘桐线、潘 06 为全气化路备用电源,10 千伏东潘联线,潘 06 与 220 千伏东津变电站东 56 相连,互为备用电源。农村电网建设与改造中低压一期工程。该工程于 1999 年 11 月开工,2001 年 5 月竣工,其中中压部分建设 10 千伏线路全长 46.45 千米,立杆塔 759 基,新建线路 19.8 千米,新增杆塔 341 基,改造线路 25.65 千米,杆塔 418 基。低压部分共建设改造配电台区 87 个,核裂变容量 5 230 千伏安,新增配变 13 台,配变容量 890 千伏安,改造配变 64 台,容量 4340 千伏安,改造 380 伏线路 96.08 千米,其中新建 1.591 千米。改造 94.489 千米,改造 220 伏线路 71.44 千米,其中新建 1.163 千米,改造 70.277 千米,安装电表集装箱 3074 块,改造 1 户 1 表工程共 11 715 户,总投资 510.073 万元。农村电网建设与改造中低压二期工程。该工程于 2002 年 3 月开工,2004 年 12 月竣工。工程建设 10 千伏线路 20.6 千米, 改造 10 千伏线路 21.77 米,低压工程新增配电台区 51 个,配电变压器 51 台 6150 千伏安,380 千伏线路 27.95 千米,220 千伏线路 14.84 千米,改造配电台 1 个,配变压器 1 台,315 千伏安,380 伏线路 16.05 千米,220 千伏线路 7.74 千米,户表工程安装电表集装箱 1 113 块,改造 1 户 1 表工程 4 365 户,总投资 515.07 万元。新城网建设与改造,新城改造 10 千伏线路 12 条,其中潘台变电站线路 5 条,潘 55 何庄线、潘 57 正大线、潘 60 东潘联线、潘 62 肖湾线、油潘一回潘 63 线、潘 65 杨庄线、油潘二回潘 71 线、潘 72 政府线;油坊变电站线路四条:清河线 A 沿 57 线,油潘一回 62 线,油潘二回 77 线,清河线 A 沿 57 线,油潘一回 62

线,油潘二回77线,清河线B78线。工程于2004年6月开始,2006年4月结束。工程总投资3 397万元,完成投资100%。完成新建10千伏线路17条(含分支)线12 820千米,改造10KV线路23条(含分支)7.787千米,完成新建改造台区57个,完成低压线路新建改造1.605 5千米。新建改造160千伏安箱变1台,315千伏箱变1台,500千伏安箱变7台,800千伏安箱变1台。新建改造160千伏安配变9台,250千伏安配变6台,314千伏安配变28台,500千伏安配变1台,630千伏安配变1台,800千伏安配变1台,1 600千伏安配变1台。新增线路环网型重合器25台,柱上自动投切电容200Kvar12台,300Kvar3台,跌落式分断器29组,隔离刀闸132组,真空开关32台,跌落式分断器29组,隔离刀闸132组,真空开关32台。新增12米水泥电杆48基,15米水泥电杆175基,18米水泥电杆1基,新增铁塔12.5米7基,15米33基,钢管塔4基。

邮政电信设施:全区设邮政局、所23个,其中设在农村的局所19个,城区4个,在全区建成31个村级“三农”服务网点。全区22个储蓄网点和23个邮政电子化支局网点的64个台席实现全国联网,ATM自动取款机数量达到10台。襄阳邮政已建立起完备先进的信息基础设施,建成的邮政综合计算机网和金融网,集邮、储蓄、报刊发行、物流、速递、代收费等10多种应用系统上网运行。省辖市间的特快邮件实现“次晨达”,省辖市到各县市以上的特快邮件实现“次日递”。1995年,开通全县程控电话,并进入全县自动交换网,随之,组建万门程控局,总容量达27 748门,开门数字微波6处,120路,光缆121.4公里。1996年,全县数据通信网开通,开通端点口130个,1997年增加46端口。1999年完成7处交换机扩容,新增容量8704线,接入网光纤线路47皮长公里,架设通信电缆750杆路公里,完成出局电缆10 800线对,建成无线接入基站2个,开通话路18个信道,开发148、121点歌热线等声讯服务系统及中兴10机来电显示功能。2000年,新增和更新交换机容量7 816门,完成城区张湾交换机EJ20544线,架设农话电缆线路210长公里,新建小灵通机站20个,开通了无线市话业务。2001年全县交换机增容换型37136线,扩容2M口208个,新建DDN网节点14个,建设光纤接入网25个点,配套光纤线路135皮长公里,新增电话杆路568杆程公里,架设通信电缆983公里,完成小灵通网络二期扩容,新增小灵通机站36个,总数量达到56个。1996年,电信交换机容量44 312门,1997年达到60 398门,1998年达到70 632门,1999年达到74 240门,2000年达到79 232门,2005年达到110 308门,电话用户到达84 350户。1999年6月,电信、移动分设经营,同年7月1日,成立湖北移动通信有限公司襄阳分公司。分营之初,公司投资6 000多万元用于通信基站建设,将原有的14个902基站全部更换成西门子BS60基站,增设基站29个,至2001年底,共建基站43个,226个信道,建成本地传输网270公里,移动通信建设实现网络全覆盖。公司在城区和乡镇设立97个移动业务代办点和445个农村服务站,主要业务有:语音、短信、彩铃、手机上网、随E行、全球通地址簿、一码群发等业务。1999年分营时用户7 683户,2000年18 891户,2001年34 991户。

防汛设施:襄阳区现有防汛机构4个(区河道堤防管理处、张湾河道堤防管理所、唐白河堤防新县城段改线工程指挥部、崔家营航电枢纽淹没区西湾耕地防护工程指挥部)。境内有较大河流82条,全区共有蓄、引、提水利设施13 013处。在水利设施总数中,大中小型水库160座,其中大型水库2座,中型水库7座,小(一)型水库29座,小(二)型水库122座,固定泵站244处,堰塘11 891口。引水工程7处,大型引水渠道4条。全区已初步形成小型为基础,大型为骨干,大中小相结合,并兼顾防洪、排涝、灌溉、发电、养殖等综合利用的水利工程体系。

早在20世纪50年代,襄阳县就提出了“遇旱有水,遇涝排水”的防汛口号。20世纪90年代末期,襄阳逐步走上“依法治水,依法兴水”的轨道。每年秋播结束后,各级党委、政府将农业和农村工作的重心转移到农田水利和防汛基本建设上来。水利工程防汛建设按照“脱险、保安”原则,不断增强防汛防洪能力。1979—2005年,对红水河、西排子河、马张河三座水库重点加固,对西排子河、官沟、柳堰集、千公等水库增开了非常溢洪道或扩宽了老溢洪道,对罗岗、铁岗、杨湾、三八等水库进行了溢洪道衬砌和大坝护坡,对汉江、唐白河堤防进行了加固整治,对红水河溢洪道二级跌水衬砌,西干渠裴畈塌方衬砌,西排水河水库溢洪道尾水渠扩挖衬砌,小清河云湾段加高护坡,唐白河张湾段加高护坡经过整治,汉江堤防达到防御 64 型洪水标准,唐、白河堤防防御 7 000 米 / 秒流量的洪水,并战胜多次洪灾。

休闲场地:1991 年,襄阳规划新县城时已把休闲场地规划在县城建设中。至 2005 年 12 月,襄阳城区已建成开放 5 个休闲娱乐场地,分别是:区政府对面靠近六两河的旭园广场;紧靠邓城大道的与高新技术开发区的车城广场;靠近张湾老街与区政府家属院的三角游园;紧靠区政府大门左侧的人防广场;紧靠荣华国际大酒店附近的荣华广场。

(三)改革综述

农村经营制度改革。1978—1984 年,襄阳区农村经营体制由队为基础核算,逐步向农户为基础核算过渡。在此阶段农村主要采用大包干经营制度,其运作方式是交足国家的,留够集体的,剩余全归农户自己。1985 年之后,襄阳广大农村根据中央有关规定,逐步由大包干经营体制向农村家庭联产承包责任制过渡,这种改革模式激发广大农民加大对土地的投入,增强了农业的后劲,推动了农业生产力发展,提高了农业劳动生产率。在此期间,襄阳农村推行第一轮土地承包责任制,其主要模式是实行“两田制”,即口粮地和承包地。田粮地主要保障农民家庭的基本生活保障,维持农村的社会稳定;承包地一方面根据承包合同向上交承包款,保证“三提五统”和各种税费,另一方面达富民目的。1999 年,开始在襄阳农村推行二轮土地承包,时间为 30 年不变。为保证二轮承包经营制度落到实处,襄阳县委、县政府把二轮延包纳入法制轨道,在农户与集体签定土地二轮延包合同之后,由各级政府出钱,县公证处对每户二轮延包合同进行公证并出具公证书。为减轻农民负担,2003 年,根据中央文件规定,襄阳区在所有村组实施农村税费改革,全区分四个战区,四大家领导包区,各部、办、委、局领导成员包村组,严格按照农村税费改革方案实施税费改革。改革不仅免除“三提五统”,其他税费一律免除,结束了历代农民种田交税的历史。为防止农民负担反弹,2004—2005 年区委、区政府派审计、财税工作组深入各村各户检查督办落实税费改革情况。

工商企业经营制度改革。襄阳的工商企业改革始于 1984 年。从 1985 年开始在县属工业企业推广厂长(经理)承包责任制,实行简政放权,政企分开。赋予厂长(经理)自主决策,自我管理,独立核算,自负盈亏的权利,通过厂长(经理)承包经营制度的改革,县属国有企业增加活力,企业资产的保值增值、固定资产的投入,职工工资的增加均得到保证。1988 年之后,在部分国有企业和乡镇企业,实行股份制改造,厂长(经理)职工根据自愿原则在企业入股,股份制的实施,使企业流动资金得以保证,促使企业做大做强。1999 年之后,在企业推行现代企业制度,对原有的国有企业、乡镇企业实施改造、兼并、重组,做到产权明晰。21 世纪之后,企业改革力度加大,发展民营企业,通过招商引资,企业嫁接,实行国有民营,公有私营。到 2005 年 12 月,襄阳区规模以上企业由 20 世纪的 18 家发展到 46 家。

行政体制改革。1984 年 4 月,襄阳县实施撤社建区。1987 年 9 月,实施撤区建乡镇。2001 年 3 月,襄阳县对乡镇进行机构改革,把过去的 28 个乡镇减少合并为 17 个乡镇,减少乡镇领导职数 40%。2001 年 12 月 29日,撤县建区,襄阳区保留 13 个乡镇。2003 年,在农村税费改革之后,襄阳区对所辖 13 个乡镇的内设机构进行精简合并。

(四)经济

1.工业

到1985年12月,全县有机械、冶金、纺织、建材、食品加工、日用轻工、化工燃料等行业335家,在职职工57 999人。产品近千种,工业总产值35 167万元,工业利税总额4 322万元。20世纪90年代,全县改革进一步深化,开放步伐加大,国有、集体和私营企业一起上,县办、乡办、村组、个体五个轮子一起转。到1998年12月,全县共有工业企业7 356家,在职职工68 029万人,完成工业产值166.6亿元(可比价)。襄阳工业从小到大,形成化工、冶金、机械、建材、纺织、食品、饲料、服装等二十多个门类,工业经济规模不断扩大。1998年12月,县级以上独立核算的工业企业拥有固定资产21.4亿元,职工人数达到37 893人,实现销售收入596 707万元,利税48 700万元。大中型工业企业11家,产值达89 437万元,占乡级以上工业产值的15%。同时,县委、县政府把发展乡镇企业为振兴经济,强县富民的战略工程来抓,全县乡镇企业在国民经济中“异军突起”。1998年12月,全县乡镇企业共有10 920家,从业人数136 291人,拥有固定资产46.8亿元,实现销售收入258.6亿元。实现利税42.4亿元。2000年以后,襄阳经过大规模企业改制,企业重组,内联外引,兴办工业园,逐步形成以汽车零部件制造,纺织服务加工和农产品加工为主的工业企业体系。到2001年12月,全区工业企业总数9 524家,在职职工49 963人,工业总值(现价,全口径)1 557 972万元,利税总额167 485万元。到2005年12月,全区工业企业总数245家,在职职工42 034人,全区工业企业总产值2 571 783万元,利税总额93 772万元。

2.贸易

国内贸易:1979年,全县开放粮食集市贸易,市场上增设粮食交易所,新设牲畜、粮油、竹木柴草、麸糠交易所。1980年,上市品种由原来的70种增至180种。1982年,全县出现“四增一降”的新局面,市场网点增至54个,上市商品品种增至293种,成交额增至3 430.6万元,价格稳中有降。全县建立了公共销售台1 300米,核秤台26个,新建交易所32个。1983年,各种交易所由177个增加到200个,集贸市场网点增至60个,上市品种增至305种,成交额增至9 650万元。1984年,新建大型棚顶式农贸市场4座,面积2334平方米,上市品种增至330种,集贸网点增至67个。1985年,全县集贸网点增至69个,集市贸易成交额达9 075.58万元,上市品种增至620种。1991年以后,农副产品、粮油、禽、蛋货源充足,供求关系明显改善,市场管理日趋规范,各农贸市场不仅集中交易,交易场所环境有序,而且各市场由工商部门配齐兼职市场交易管理员,配齐复秤台,制定管理规范,上市品种增千余种,新县城搬迁后,为方便城区居民购物,新建了位于航空路的长安市场、京华市场、潘台市场。进入21世纪,先后组建了肖湾、清河口生产资料大市场,张湾、清河口种子大市场。2005年,新建邓城生资大市场,该生资市场由粮油批发城、农资畜牧城、日杂城、农机械四大专业市场组成。1979年,全县各社、镇、乡的贸易网点主要依靠供销合作社布点开展国内贸易,县城内主要贸易网点有食品公司、副食品公司、百货公司、纺织品公司、医药公司、跷中药材公司、五交化公司、饮食服务公司、石油公司、燃料公司、回收公司。改革开以来,全县贸易体制发生深刻变化,由过去的计划经济逐步向市场经济过度,按照市场经济规律,开放市场,资源配置物畅其流。1995年以后,商贸部门按照“抓大放小,因地制宜,重点突破,配套运行”的改革思路,通过改、转、租、包、破、兼等形式大力推行国有民营,公有私营,放开搞活国有商贸企业。通过兼并联合,投资改造,股份嫁接等形式积极组建贸易集团,扩大规模,如当年组建的亚西亚商场,工业品批发、零售市场,建立商品集散地,盘活城乡市场,扩大购销业务。1998年,全县完成社会商品零售额294 140万元,国有经济完成零售额68 201万元,集体经济完成零售额 29 782 万元，个体及其他经济完成零售额 96 157 万元。1998 年，国有集体、个体及其他所占的比重分别为 35.13%、15.34%和 49.53%。随着改革开放的深入，市场格局发生根本变化，商贸市场由过去的卖方市场逐步变为买方市场。2000 年以后，襄阳区利用地理优势和汽车产业优势，组建襄樊乃至鄂西北的物流和汽车市场。2005 年，已形成了 5 大市场。分别是：①华中光彩大市场。该市场由襄阳百盟投资有限公司在襄阳区开始投资的一个特大型商贸物流中心，位于邓城大道与春园东路交汇处北端。②中南天润汽车城。由湖北天润投资有限公司投资开发，位于春园东路段 1 号，占地 800 亩，总投资 4.8 亿元。天润汽车城聚整车销售、配件经营、物流商贸、会展中心汽车维修、汽车文化多种业态于一城，提供一站式服务功能，可直接提供汽车用品市场的客户资源，实现整车交易和汽车市场服务的现场对接。③襄阳国邦物流园。该园成立于 2003 年，是湖北省政府现代物流重点规划项目，是襄樊市政府"十一五"重要支持项目，是襄阳区政府重点招商引资项目。地处邓城大道，紧邻 316 国道和高速公路入口，拥有商务办公、物流采购交易、物流信息服务、企业孵化、综合服务、仓储、包装、深加工、储装箱、零担中转、停车、餐饮、娱乐等八大分区。已形成区域内物流、仓储、配送及大宗物资价格形式等现代物流功能。④襄阳新世纪建材市场。市场于 2001 年 8 月 8 日破土动工，2002 年 8 月 28 日正式开业，以批发、零售、仓储为主要业务，经营国内外新型建筑材料和家居装饰材料。经过几年的自我循环，发展壮大，到 2005 年，企业已形成规模，成为襄樊市比较知名的建材大市场，市场已入驻各类客商 400 多户，开张门面、店铺 1 000 多个。⑤邓城生资大市场。位于襄樊市"市场金三角"，邓城大道与春园东路交汇处，生资大市场主要由粮油批发城、农资畜牲城、日杂城、农机械四大专业市场组成。

对外贸易：1978 年，改革开放之后，襄阳县利用自身农业优势，开展对外贸易，促边本县经济发展，外销和出口的商品主要有桐油、麻油、芝麻、粮食、生猪、黄牛、棉花、棉织品、柳编、轴承、搪瓷制品等 20 多个品种。"襄古桐"是襄阳的重要出口商品，1980 年，出口桐油 111 担。新中国成立后的 1958—1980 年，共出口小磨油 4 528.85 吨，芝麻 6 983 吨，出口杂粮 3 090 吨，棉花每年平均 40 万担。1985 年，出口毛巾 6 330 打，出口轴承 49 980 套，出口搪瓷制口 8 335 件，生猪 565 头，黄牛 702 头。20 世纪 90 年代中末期，襄阳县委、县政府加大对外贸易力度，在过去以农副产品为主打的 20 多种出口商品的基础上，增加制衣、小五金，并把柳编作为对外贸易的主打商品。程河镇是湖北乃至全国的柳编之乡。由于地理优势，程河柳编包白、质柔、匀称、可塑性强，加上精巧、精细、精湛的编技，具有 300 多年的纺织历史，使程河柳编制品闻名遐迩。柳编无毒、无害、无化学污染，符合当今世界追求"回归大自然"的消费潮流。程河镇委、镇政府一直把柳编作为支柱产品来抓，坚定不移地走柳编产业化之路。逐步形成了"窗口 + 基地 + 农户"的专业化格局。1998 年 7 月，湖北金河集团柳编公司成立，注册资金 4000 万元，固定资产 1 400 万元，下辖 7 个柳编分厂，在北京、上海、广州等地设 8 个对外销售窗口，柳编制品年销售收入 1 亿元，实现利润 1 000 万元，财政收入 150 万元。2005 年，新批外商（含港澳台）投资项目 3个，有三资企业 9 家，实际利用外资 658 万美元，外贸出口创汇 1196 万美元。其中双孢茹食品生产的双孢菇罐装食品，自营出口，年产罐装食品 200 吨，产值 3 000 万元，税金 300 万元。程河柳编销售 12 000 万套（件），产值 1.2 亿元，出口创汇达 8 000 万元。在服装产品中，紫晶、百利服装公司生产的服装远销香港，出口英德，出口创汇 880 万元。

3.农业

襄阳历来为鄂西北重要的粮棉油基地，农业是经济主体。党的十一届三中全会以后，经过农村经济体制及经营制度的改革，农业生产开始朝着商品化、社会化和现代化的目标健康发展。到 1985 年，农业总产值达 50 135.9 万元，占工农业总产值的 58.77%，其中，粮食比 1949 年增长 5.4 倍，棉花增长 3.6 倍，油料增长 1.6 倍，生猪出口栏增长 27.2 倍，烟草、麻类、茶叶、药材和干鲜果等多种经营产品的产量和质量都有大幅度提高。

1986年以后,襄阳县大力调整农业产业结构,推进农业现代化、农村产业化进程,加快增值具有地方特色的主导产业,大力发展龙头企业和商品基地,促进农业和农村经济的发展,粮食、棉花、油料、肉类产量和农业产值,已跃入全国百强县(市)行列。1998年,全县实现农业产值297 878万元(可比价),实现农业增加值380 686万元,全县粮食总产量131.59万吨,棉花总产量21 472吨,油料总产量110 686吨,生猪出栏127.69万头,农业多种经营产值达184 605万元(可比价)。2005年,全区农业总产值达到264 855万元,粮食生产跨入全国十大粮食生产标兵县行列,粮食种植面积131 376.2公顷,粮食总产量86.012 8万吨,水稻、棉花、油菜、小麦优良品种覆盖率分别达到98%、100%、100%、96%。蔬菜、花生等经济作物和畜产品产值占农业总产值的比重明显提高。申报获批无公害绿化食品的标识34个,大头菜和柳编获省级名牌产品,有龙头国家级企业1家,省级2家,市级8家。建成规模养殖基地33处,万头以上养猪场5个,千头以上养猪场35个,百头以上养猪场500个。20头以上养牛大户76户,50头以上养羊户480户,万只以上养禽大户250个。年出栏猪93万头,比上年增长3%,牛13.5万头,增长1.5%,羊27万只,增长0.5%,禽1398万只,增长0.3%,肉类总产量12.2万吨,增长0.3%,禽总产量3.8万吨,增工0.5%。畜牧总产值15亿元,占农业总产值的36%。

4.交通运输

1979—1985年,襄阳县内有干线公路4条,共127.96公里,支线公路8条,共222.31公里,区乡公路413条,共2113.68公里,大、中、小型桥梁156座,共长3 569.56米,涵洞2108道,公路养护队伍431人,道班12个。全县17个区镇都能晴雨通车,623个村中有617个村可通汽车,拥有各类汽车1 236辆,常年营运的拖拉机4 418台。客运线路26条,共1 311公里,客运量169.90万人次。常年总运输量265万吨,水上运输实现机械化,船舶拥有量17 577吨,过境铁路3条,共143.4公里,为省内铁路线最长的县,年发出货物502 375吨,客运量40.175 8万人次。

1998年,县境通车里程2 655公里,是新中国成立初期的5.9倍,四级以上公路2116公里,二级以上公路265公里,高级路面391公里,公路桥梁7 036米、368座。货运量690万吨,货运周转量26 790万吨公里。客运量、客运周转量分别为728万人次和27.865万人公里。车辆拥有量2 128辆。

至2005年,全区各等级公路457条,总里程2 264.205公里。其中高速公路3条,共98.2公里,国道2条,共63.76公里,省道2条,共82.297公里,县道13条,共216.82公里,乡村公路437条1 809.3公里。有公路货运站场2个,客运站场35个,其中2级站2个,三级站2个,四级站15个,停车场点16个。水路港站码头10个,其中港口6个,码头4个。有营运船舶151艘,1 247载重吨,有车辆3 281台,其中货车2 995台,客车286辆。开通汽车客运线路53条,其中跨省11条,跨市5条,跨县7条,区内短途线路29条。全社会公路运输完成客运总量792万人次,旅客周转量28 110万人公里,货运量778万吨,货物周转量26 390万吨公里。

5.财政税收

1979—1984年,襄阳县财税合一。1984年后,财税分设。1995年,襄阳县从市区迁出,财政由供给型转向建设型。2001年12月,襄阳区正式撤销县制,成立襄阳区,财政管理参照省管县体制进行。1979年,县财政收入2 997万元,1987年,财政收入3 087万元,1994年,财政收入达到10 416.6万元,突破亿元大关。2001年,财政收入达到29 096万元,2005年,财政收入达到30 906万元,突破3亿大关。

1984—1994年,设襄阳县税务局。1994年7月,襄阳县税务局分设国税、地税两家,成立襄阳县国家税务局和地方税务局。国税、地税分家后,各自坚持依法征管,科学管理,加强税收分析,完善税源监管。1979年,各种税收2 930万元;1987年,各种税收3 384万元;1994年,国税征税1 200万元,地税征税 2 687.5 万元；2001 年，国税征税 6 000 多万元，地税征税 9 923 万元；2005 年，国税征税 1.2 万元，地税征税 2.1 亿元。

6.城乡建设

1991—2005 年，襄阳城区累计投入建设资金 16 亿元。其中城市基础设施建设投入 4 亿元，城区建成区面积达 15 平方公里，人口发展到 14 万人。城市各项市政配套设施日臻完善，修建城市公路 50 多公里，排水管网 78 公里；铺设供水管网 60 公里，年供水总量达 370 万吨；种植城区行道树 22 000 多株，培植绿化带 38 公里，百余家单位完成庭院绿化，并通过建设通透式围墙，实现内外绿化一体化。全城区园林绿化面积达 210.97 公顷，公共绿地面积 1.82 平方米；铺设城区天然气管网 18 000 米，近 1 万户市民受益。全区 12 个镇（不含城关张湾镇）建成区面积 2 836.5 公顷，常住人口 20 多万人，建有水厂 12 座，建设道路 156.47 公里，下水道 92 公里，绿化覆盖面积 558 公顷，绿地面积 308 公顷。全区城镇水平达 35%以上，双沟、黄龙、黄集、峪山等 4 个镇被列为国家、省、市重点镇。

（五）教科文卫

1.教育

1979 年，全县有小学 630 所，在校学生 182 096 名，教职员工 8 789 人，学龄儿童入学率 97.4%；初中 166 所，在校学生 64 623 名，专职教师 4 466 人。2005 年，全区有高中 9 所，在校学生 16 640 名，专职教师 763 人，6 795 人参加高考，过省线 5 805 人，毕业生高考录取率 83%，其中过重点大学本科线 665 人，三类本科线以上 3 945 人，有 8 名学生分别被清华大学、中科大录取。区一中高考重点大学上线人数 556 人，居全市同类学校第一。初级中学 26 所，在校学生 48 112 名，专职教师 2 544 人。小学 346 所，在校学生 20 475 名。职业学校、中等专业学校 3 所，在校学生 2 525 名，专职教师 129 人。全区小学、初中教师学历合格率分别达到 100%、93.2%，高一层次学历比例分别达到 40.9%、28.5%。“普九”工作通过省政府复查。全区 11 095 名学生享受“两免一补”优惠政策。全区初中入学率 94.64%、15 周岁少年受九年义务教育完成率 94.64%，小学入学率 100%、巩固率 99.99%。

2.科技

1979 年，襄阳县有各级各类科技人员 1 619 人，其中从事生产事业的 928 人，科学研究 18 人，教学 662 人，其他 11 人。在科技人员中，大专毕业 397 人，中专毕业 826 人，其他 396 人。1994 年，襄阳县科委被省科委授予“湖北省科委系统先进单位”。1995 年 2 月，被农业部、人事部、国家科委、林业部、水利部、国家农业综合开发办公室授予“全国农业科技推广先进单位”。同年在全国科技工作擂台赛中，襄阳县荣获“科技实力强县”称号。2005 年，全区有科研机构 20 所，从事科技活动人员 734 人。在从事科技项目攻关的科技人员中，具有高、中、初级专业技术职称的分别为 5 人、10 人、120 人。当年投入科技活动经费 133.4 万元，全年争取市以上批准立项的科技项目 20 项，争取各类无偿经费 232 万元。其中国家级项目 6 项，省级科技项目 9 项，市级科技项目 9 项。重点科技项目有：双低油菜大面积高产栽培技术、应用 DNA 或蛋白指纹图谱技术、加速度传感器项目、抗虫杂交棉化制种技术三元杂交改良牲畜品质技术、油脚二次利用技术研究开发项目、麦麸功能性食品研究开发项目。

3.文化艺术

1979 年，襄阳县有 3 个文化馆，16 个文化站，4 个电影院，62 个电影队，1 个剧场，1 个专业剧团。

2001 年，襄阳县文化系统有专业剧团(副处级)、文化馆、文物管理处、图书馆、戏剧工作室、文化市场稽查队、张湾剧场等 8 个直属二级单位，17 个镇文化站，干部职工 223 人，其中，正高级专业技术职称 1 人，副高级专业技术人员 8 人，中级专业技术人员 55 人，初级 52 人。2005 年，襄阳区有文化馆(站) 14 个、102 人。专业演唱团体 1 个、44 人，年演出 248 场次、观众 20 万人。1986 年，县民间文学集成办公室和县文化馆获省委宣传部、省文化厅、省文联、省民族宗教局举办的湖北民间文学集成首届“屈原奖”。1990 年 10 月，襄阳县豫剧团进京角逐中国戏剧第八届梅花奖，李喜华荣获“梅花奖”。1992 年，县电影公司等 9 个点位和 7 名电影工作者分别被国家农业部等六部委授予科教片放映“先进单位”和“先进工作者”。称号。现代豫剧《山野秀才》被评为“2004 年度湖北省舞台艺术精品工程”备选剧目后，2005 年全年演出 248 场，并入选为“省精品剧目”，成为全省三台“精品剧目”之一。

4.卫生

1979 年 1 月，县卫生局辖二级卫生单位 5 个，公社(镇)卫生院 17 个，地名卫生所 96 个，村卫生室 654 个，驻县医疗卫生机构 40 个，个体诊所 30 个。全县有卫生技术人员 1 631 人(不含村卫生室)，设病床 1 635 张，千人享有病床 1.42 张，千人享有卫生技术人员 3.11 人，年门诊量 93.4 万人次，出院 3.1 万人次，手术 6 843 例，业务收入 312 万元。2001 年 10 月，全县有二级卫生单位 6 个，乡镇卫生院 30 个，地名卫生所 73 个，村卫生室 623 个，驻县医疗卫生机构 54 个，个体门诊 86 个，卫生技术人员 3598 人，病床 2 614 张，千人享受病床 2.41 张，千人享受卫生技术人员 4.76 人。年门诊量 87.5 万人，出院 42 615 人次，手术 12 069 例，业务收入 4 842 万元。2005 年，全区有二级卫生单位 5 个，乡镇卫生院 15 个，村卫生室 438 个，驻区医疗卫生机构 24 个，个体诊所 86 个，卫生技术人员 2 318 人，病床 1 450 张，千人享有病床 4.83 张，千人享有卫生技术人员 4.3 人。年门诊量 54.25 万人，出院 2.76 万人次，手术 9 525 例，业务收入 6 399 万元。20 世纪 80 年代，县人民医院购置 CT 机，开鄂西北县级医院之先河。逐步发展成集医疗、教学、科研三位一体的综合医院，跻身全市综合医院前三名；冷链第一条试点县在襄阳运转，地甲病、血吸虫病、丝虫病被消灭；明胶海绵覆盖法预防脑膜脑粘连的实验与研究获“省科研成果二等奖”。20 世纪 90 年代，襄阳县荣获“全国爱婴县”；率先成为“全市卫生先进县”；提前五年实现“2000 年人人享有卫生保健合格县”；争取 1/3 重点县建设项目资金 597.5 万元，完成 17 个卫生单位的搬迁、改造；改水、改厕、健康教育项目争取世行贷款 210 万美元，国内配套资金 1 735.5 万元，13 个乡镇受益；县人民医院荣获“国家二等甲级医院”；21 家乡镇卫生院荣获“国家一级甲等医院”。2001 年以来，襄阳区被襄樊市人民政府授予“无偿献血先进县”；被省卫生厅授予“全省卫生执法监督先进县”；区卫生局被国家初级卫生保健基金会、健康扶贫工程组委会授予“全国扶贫工程先进单位”；区卫生局在抗击“非典”工作中被市委、市政府荣记集体二等功，并获“市级最佳文明单位”。至 2005 年 12 月，卫生系统专业技术人员共撰写医学科研论文 309 篇，在国家级医学杂志发表 59 篇，在省级医学杂志发表 158 篇，在各类医学研讨会交流 104 篇。

四、枣阳市概况

枣阳，汉光武帝刘秀的故乡，航天英雄聂海胜的家乡。是全国粮食生产先进地(县)标兵、全国果菜无公害十强县(市区)、全国质量兴市先进县市、全国科技工作先进县市、全国文化工作先进市、全国体育工作先进市、全国民政工作先进市、全国村镇建设先进市、全国科技进步先进市、全国科普示范市。枣阳地处南北过渡带，气候适宜，物产丰富。枣阳是“中国桃之乡”，是全国优质棉、优质烟叶基地、商品粮生产基地,被国家农业部授予“全国十大粮食生产先进县(市)”。枣阳矿产资源丰富,其中金红石储量居亚洲首位,岩盐、大理石、膨润土储量均居全省首位。改革开放以来,枣阳以发展为第一要务,大力推进新型工业化、城市化进程,坚持以结构调整为主线,以项目建设为载体,以改善民生为出发点和落脚点,以体制创新、科技创新、扩大开放为动力,突出优势资源转化,着力培育汽车及零部件、食品、纺织、精细化工四大特色产业集群,先后有北汽福田、中国有色、中盐集团、河北蓝贝、湖北宜化、武汉有机、日本杰出等 10 多家国内外知名企业云集枣阳。涌现出了湖北福田、金华麦面、枣化公司为代表的 11 家亿元企业和“中国名牌”金兰首饰、楚虹化肥、章陵面粉等一批名优产品。

(一)政区

建制沿革:公元前 221 年,秦推行郡县制,今枣阳地置蔡阳县,属南阳郡。公元前 45 年,西汉划蔡阳县的白水(今吴店镇)、上唐(今随州市唐县镇)两个乡置春陵侯国(治所在今吴店镇北的古城),与蔡阳县同属荆州的南阳郡。东汉建武五年(29 年)改春陵乡为章陵县。后又分蔡阳县东北地带置襄乡县,同属南阳郡。北魏废襄乡县,置广昌县,属广昌郡。隋文帝仁寿元年(601 年),为避太子杨广讳,改广昌县为枣阳县(枣阳之名沿用至今),属春陵郡。唐时地属山南东道。宋属京西路。元属河南江北行省。清属湖北布政使司襄阳府。中华民国初属鄂北道,后改襄阳道。民国 21 年(1932 年),属湖北省第八行政督察专员公署。民国 26 年(1937 年),属第五行政督察专员公署。其间,1930 年 7 月至 1932 年 6 月,建立县苏维埃政权,属鄂豫边革命委员会。1947 年 12 月,枣阳解放。枣阳境内以襄花公路为界,路北置枣阳县,属桐柏区行署三专署;路南置随枣县、襄枣宜县同属江汉行署一专署。1949 年 8 月,枣阳境内只设枣阳县,属襄阳专员公署。1981 年,属襄阳地区行署。1983 年 10 月,实行市管县体制,属襄樊市。1988 年 1 月,国务院批准撤销枣阳县,建立枣阳市。

位置面积:枣阳市位于湖北省西北部,鄂豫两省交界处,介于北纬 31° 40′ —32° 40′ 和东经 112° 30′ —113° 00′ 之间。东与随州市接壤,西与襄阳县毗连,南与宜城市为邻,北与河南省唐河、桐柏二县相连。城区东距武汉市 272 公里,西距襄樊市 74 公里。境内东西宽 53 公里,南北长 78公里,总面积为 3 277.58 平方公里。城区面积 17.5 平方公里。辖 12 个镇:鹿头、新市、太平、杨土当、七方、琚湾、熊集、吴店、平林、王城、兴隆、刘升,3 个街道办事处:北城、南城、环城,1 个开发区:西城经济技术开发区,2 个管理区:车河管理区、随阳管理区。

行政区划:1979 年,枣阳有 22 个乡镇,617 个村(居)委会,3958 个村(居)民小组。同年 1 月,“枣阳县国营车河农场”改称“湖北省国营车河农场”,实行省办,地、县共管;平林公社李楼管理区划归车河农场管辖。1981 年 6 月,资山人民公社改名为王城人民公社,同时,全县成立吴店、鹿头、太平、杨垱、七方、琚湾、清潭、平林、梁集、熊集、兴隆、资山、新市等 13 个社辖镇。环城公社增设惠岗管理区。城关镇新增设桥头农业办事处和火车站农业办事处。全县共划为 18 个人民公社,1 个镇,1 个农场。辖 80 个管理区,13 个社辖镇,606 个生产大队,3 968 个生产队。1984 年 3 月,枣阳县按照中央《关于做好政社分开建立乡政府工作的通知》精神,结合枣阳实际,进行体制改革,在原有 18 个公社,1 个城关镇和 1 个车河农场,80 个管理区,2 个办事处,3 个居委会的基础上,按照以社设区,以管理区建立乡政府的原则,全县共设立 19 个区,8 个县辖镇(区级),83 个乡政府,10 个区辖镇(乡级),5 个乡级办事处,98 个乡级政权机构。1985 年 10 月,枣阳取消车河区、随阳区名称,恢复车河国营农场和随阳国营农场名称。是年,将吴店、琚湾、杨垱、七方、太平、鹿头、兴隆等区,全部改为县辖镇,原所辖各乡不变。全县共有 19 个区(镇)、12 个街道办事处,621 个村民委员会,3 957 个村民小组。1987 年9 月,枣阳撤区并乡。撤销 21 个区、镇、场和 95 个乡(镇、办事处)。新设 26 个乡、镇、场。其中,5 个乡:环城乡、吉河乡、钱岗乡、徐寨乡、蔡阳乡;19 个镇:城关镇、鹿头镇、新市镇、姚岗镇、太平镇、杨垱镇、罗岗镇、七方镇、琚湾镇、梁集镇、熊集镇、耿集镇、吴店镇、清潭镇、平林镇、兴隆镇、王城镇、资山镇、刘升镇;2 个国营农场:车河农场、随阳农场。1988 年 1 月,枣阳撤县建市,辖 26 个乡、镇、场。同年 3 月,撤销城关镇、环城乡,设立枣阳市北城街道办事处、南城街道办事处、环城街道办事处。1989 年 12 月,湖北省国营车河农场、湖北省国营随阳农场改由襄樊市农垦工商联合公司领导,实行条块结合,双重领导,以襄樊市农垦工商联合公司为主。1998 年 1 月,枣阳市徐寨乡更名为徐寨镇。同年 7 月,枣阳市蔡阳乡更名为蔡阳镇。2001 年 3 月,枣阳市乡镇、办事处行政区划部分调整,撤销梁集镇,其行政区划划归南城街道办事处管辖。撤销耿集镇,其行政区划划归熊集镇管辖。撤销钱岗乡,其行政区划划归新市镇管辖。撤销吉河乡,其行政区划划归鹿头镇管辖。撤销徐寨镇,其行政区划一分为二,原徐寨镇所辖的老街、秦庄、赵岗、洪寨、汪营、崔岗、胡庄、彭家等 8 个村委会划归七方镇管辖;所辖的刘坡、余庄、桃园、光寺、长营、徐寨、龚营、薛场、胡营、郝店、张官、张庄、夏庄、陈寨、聂集、骆王、四铺等17 个村划归杨垱镇管辖。撤销罗岗镇,其行政区划划归七方镇管辖。撤销蔡阳镇,其行政区划一分为二,原蔡阳镇所辖的隆兴、梁家、祝岗、木桥、大房、张冲、胡坡 7 个村划归七方镇管辖;所辖的西街、东街、吴坡、余嘴、胡岗、申畈、芦坡、瓦子岗、龚寨、刘岗、祝冲、尹寨、车站等 13 个村划归琚湾镇管辖。撤销姚岗镇,其行政区划归太平镇管辖。撤销清潭镇,其行政区划划归吴店镇管辖。撤销资山镇,其行政区划划归王城镇管辖。全市乡镇、办事处、开发区由原来的 26 个撤并为 16 个,其中,街道办事处 3 个(南城、北城、环城街道办事处);镇 12 个(鹿头、新市、太平、杨当、七方、琚湾、熊集、吴店、平林、王城、兴隆、刘升);开发区 1 个(西城经济技术开发区)。2002 年 12 月,枣阳市对全市镇、办事处的行政村进行撤销或合并。2003 年 11 月,为了配合城镇配套改革,枣阳对村组撤销、合并工作进行了审核、督办,全市 599 个村撤并为 488 个村,撤并率达到了 20%。2004 年 2 月,湖北省国营车河农场、湖北省国营随阳农场按照属地关系,交由枣阳管理,分别更名为"枣阳市车河管理区委员会"、"枣阳市随阳管理区委员会",为枣阳市政府的派出机构,仍与原国营农场实行一套班子,两块牌子。

人口、民族:1979 年以来,枣阳认真贯彻计划生育国策,提倡一对夫妇只生育一个孩子,控制人口过快增长,有效提高人口质量。枣阳 1979 年总人口数为 84.2 万人。此后,人口自然增长率除 1983 年和 1990 年(自然增长率分别为 9.2‰和 13.7‰)外,均控制在 9‰以下。1992 年,枣阳人口首次突破 100 万人,2000—2005 年,人口出生率为低生育水平阶段。至 2005 年,全市总人口数为 109.821 6 万人,比 1979 年增加了 27.27 万人,年均自然增长率为 7.43‰。其中,男性 56.221 0 万人,女性 53.600 6 万人,非农业人口 35.183 8 万人。枣阳市居民主要是汉族,一直占总人口的 99%以上。1982 年,枣阳县有少数民族 10 个,分别是:回族、土家族、朝鲜族、黎族、满族、壮族、高山族、蒙古族、彝族、侗族,共 222 8 人,占总人口的 0.26%。1990 年,全市有少数民族 14 个,共 2 714 人,占总人口的 0.28%,其中回族 239 6 人,增加了苗族、瑶族、佤族、羌族、黎族共 5 个民族,减少了朝鲜族。2000 年,有少数民族 19 个,270 9 人,占总人口的 0.26%。增加了藏族、朝鲜族、维吾尔族、布依族、土族、达尔族、塔吉克族、仫佬族共 8 个民族,减少了羌族、高山族、黎族共 3 个民族。在社会主义现代化建设中,枣阳各少数民族人民与汉族人民和睦相处,为枣阳经济和社会发展作出了重要贡献。

(二)环境

1.自然环境

地貌:枣阳全境有低山丘陵、漫岗、平原三种轮廓分明的地貌。东北和南部分属桐柏山、大洪山余脉,地势由东北向西南倾斜,东北部玉皇项为境内最高点,海拔 778.5 米;最低点是襄、枣交界处的瓦子岗，海拔 70 米，构成枣阳水由东向西流的特点。枣阳承雨面积 3 514 平方公里(客水 284 平方公里)，按多年平均降雨量 857.7 毫米计算，年总水量为 31.3 亿立方米，径流量为 8.3 亿立方米。有大小河溪 180 多条，分为滚河、黑青河、小黄河、三夹河、莺河、淳河 6 个水系，流域面积 3 000 多平方公里。其中，滚河为枣阳境内最大河流。枣阳大型水库有 2 座，其中熊河水库总库容为 2.45 亿立方米，华阳河水库库容为 1.23 亿立方米。沙河水库为境内最大的中型水库，总库容为 7 200 万立方米。

地质构成：枣阳凹陷为受淮阴山字形和新华夏系构造联合，复合作用形成的中——新生代构造盆地。基底和四周山露地层，主要为中——元古界柳林群中酸性火山岩，其次为震旦系和古生界的硅质碳酸岩石。白垩系地层分布在局部地区。境内有两条大型断裂，南部自耿集、平林、清潭至随州境内的大洪山，有一条断裂，称襄大断裂；北部自随州市境的万和店，经枣阳新市、太平、杨当直至五当山，有一条大断裂。受两大断裂和造山运动的影响，枣阳境内中、小型断裂较多，褶皱节理甚多。地层岩分布：枣阳东、南部和东北部以志留系、云陶系、寒武系、震旦系和震旦亚界地层出露。主要岩性为黑色页岩、黑色硅质页岩、燧石岩、水云母页岩、细晶灰岩、生物灰岩、鲫状灰岩、泥质瘤状灰岩、粗晶灰岩、泥质白云岩、角砾状白云岩、粉砂质页岩、细晶白云质灰岩、条带状白云质灰岩、硅质白云岩、白云岩、白云钠长片岩、绢云石英片岩、绢云钠长片岩、云母片岩、千枚岩、长石绿泥石、白云母片岩、片麻岩、钠长石岩、黑云母花岗岩、石英岩等。另外还有白垩第三系的紫红色沙砾岩，分布在兴隆、随阳农场、枣漾火车站和耿集的钟湾一带。耿集的牛皮冲有超基性岩体，岩性以蛇纹石化杆为主。新市赵湾一带有花岗岩。城区工程地质：枣阳城区表层工程地质第一层为亚黏土，厚约为 0.3—0.6 米；第二曾为黏土，厚约为 3—5 米；第三曾为亚黏土，厚约为 2—4 米；第四层为砂类土，地基标准承载力为 2—3kg/平方厘米，地质条件较好，属江汉平原中北部低岗地带，其岩性为第四纪全新世冲积洪积层，为轻膨胀土区。

地貌特征：枣阳位于我国第二阶梯的东部边缘。境内东北部为桐柏山余脉，南部为大洪山余脉。地形由东北向西南倾斜，呈马鞍形地带。最高点是东北部鄂豫交界处的玉皇顶，海拔 778.5 米；最低点是枣阳西南部襄樊与枣阳交界处的瓦子岗，海拔 70 米。构成枣阳境内水的流向呈现由东往西流的倒流特点。随着山河走向，自然形成的低山丘陵、漫岗、河畈三种地貌轮廓分明。枣阳境内东北部为桐柏山余脉，山峦起伏，同属低山丘陵地带，面积约为 206.1 万亩，约占全市面积的 42%，耕地海拔在 150—250 米之间。山地海拔在 180—778.5 米之间，其中海拔 360 米以上的山地面积约 16 万亩，占总面积的 3。5%。桐柏山余脉从桐柏县和随州市境伸向枣阳，呈东西走向，向西延伸至唐梓山，向西南延伸至霸山。主要有玉皇顶、歇马岭、大阜山、唐梓山、牛心山、大洪山余脉、光武山、摩棋山、黑石山、梁家山、青峰岭。枣阳境内，介于山河之间的东、西、北部和中部，为起伏的低岗地区。分布为三个岗系：北干岗系，自玉皇顶沿县境北向西延伸至唐梓山，全长 29。4 公里。低山再蔓延成漫岗至沙河岸。较大漫岗为 5 条(李楼岗、钱岗、沙子岗、姚岗、韩岗)；中干岗系源于随州市的鸡鸣山和枣阳的大阜山，向西南延伸至太平岗。有 3 条平缓漫岗(太平岗、榆树岗、随阳岗)；南干丘陵岗系主要分布在清潭、平林等地，较大的有长里岗、蛇身岗、三里岗、马家岗、蚯蚓岗等。枣阳境内平原，滚河和黑青河流域的窄长地带，统称河畈地区，地势较平坦，土质较肥沃。面积约 49。82 万亩，占全县总面积的 10%。地面海拔在 70—110 米之间。

水系：枣阳市按水域划分属汉江水系，唐白河支流。市内有滚河、黑清河、小黄河、三夹河、莺河及淳河 6 条水系。

滚河。滚河古称白水、昆水。因昆与衮音近，演化曰滚河。正源为随州市万福店农场境内的一支流(油坊河)。由东向西横穿县境中部，经吴店、梁集、琚湾至襄阳区境注入唐白河，全长 90 公里，流域面积 2 478 平方公里，占全县总面积 3 277 平方公里的 75.6%。河道比降在千分之零点七至千分之二，上游河床较窄，约 30—50 米，中、下游宽为 80—100 米。支流分布于南北两大低山丘陵区，北有沙河、优良河、华阳河、大板桥；南有伍河、昆河、熊河；东有英河，下游有官沟，共 9 大支流（流域面积在 50 平方公里以上）还有 25 条小溪呈扇形向中间汇集，径流集中较快，河床切割较深，年平均总径流量 6 亿—7 亿立方米，冬季最小流量 1—2 立方米 / 秒，夏季暴雨，洪水滚滚，有时可达千立方米 / 秒以上，漫岸吞庄，危害人民。建国后兴修了熊河、华阳河两座大型水库，10 座中型水库和 32 座小（一）型水库，基本上根除了洪水灾害。主要支流如下：沙河：古称涢水。因河床全系黄沙无泥，自元代起即改称沙河，为滚河北岸最大支流，发源于随州市境内的七尖峰和柴家山，在三合店进入本市，经新市、鹿头、环城、北城，在琚湾东汇入滚河，全长 80 公里，流域面积 717 平方公里，上游河床宽约 50 余米，水流湍急，下游河宽有 100 米左右，流速相应变慢。沙河又有 6 条支流（流域面积约在 50 平方公里以上）26 条小溪，上游山高坡陡，系太古纪片麻石岩及红砂砾岩，缺乏植被覆盖，风化厉害，水土流失严重，致使河床逐年淤高。沙河流量变幅较大，枯水季节只有 0.38 立方米 / 秒，山洪暴发，河水猛涨时，最大可达 1 876 立方米 / 秒。新中国成立后，从1957 年冬开始根治沙河，到 1980 年已建成马鞍山、姚棚、沙河、黄河、石梯、北郊、吉河共七座中型水库和十座小（一）型水库，基本上控制了洪水灾害。熊河：古称瀴水，为滚河南岸最大支流，发源于随、枣、宜三市相交的乌龙罐。向北流，经车河、平林、熊集、梁集 3 镇（场）在梁集街与干流汇合，全长 45 公里，流域面积 390 平方公里。新中国成立后，兴修建了熊河(大型)水库，徐咀(中型)水库和 3 座小(一)型水库，开发利用很充分。华阳河：源出大阜山南之华阳山，因以此为名，流经刘升、兴隆，在新店与干流汇合，全长 40 公里，流域面积 220 平方公里，大、小溪流十一条。新中国成立后，兴建了华阳河(大型)和西河(中型)，4 处小(一)型(金峡、白鹤山、五里桥、三道河)水库，开发利用较好。优良河：为滚河北部支流，发源于鸭子山，流经南城办事处的惠岗，吴店镇的二郎，在吴店北注入滚河，全长 30 公里，流域面积 130 平方公里，大、小支流 5 条。新中国成立后兴建了东郊(中型)水库及 3 座小(一)型（三里、刘老庄、周家湾）水库，开发利用较好。昆河：古称鸜鹆水，即清潭河。其水之色，四季碧绿，源出随州市牧马岭，向北流入枣阳市境清潭，在吴店皇村南汇入滚河，全长 40 公里，流域面积 300 平方公里，大小支流 18 条。此河流速快，河床切割较深，但山洪暴发时仍漫岸成灾。建国后，兴建了清潭(中型)、4 处小（一）型(浩巴堰、甘家冲、林湾、腰盆井)水库和 6 座小(二)型水库，根治了洪水灾害。伍河：是滚河东南较大支流，发源于圣龙山，经资山往西北流，汇集五条小溪，在王城下游汇入滚河，全长 25 公里，流域面积 83 平方公里。开发利用少。后来兴建了资山(中型)和伍河小（一）型水库。英河：是滚河东部的一大支流，发源于随、枣交界的霸山，有 6 条小溪，在王城下游的新店注入滚河，全长 20 公里，流域面积 100 平方公里。新中国成立后，兴建了尤坊湾(中型)水库和张家垱小（一）型水库。大板桥：是滚河中上游一条小的支流，发源于南城办事处的张湾流经火车站、梁集，汇集了 2 条小溪，在谢庄入滚河，全长 20 公里，流域面积 51 平方公里，该流域尚未开发利用。官沟：发源于市七方镇，流经官沟水库（襄阳管）在襄阳区境内入滚河，在襄樊市流域面积 77 平方公里，由 4 条小溪组成，无主要干流，故无大的开发利用价值。

黑青河水系。黑青河在枣阳市境称泥河，古称真陂河，即镇北河。因宋孟忠襄公镇北将军得名，俗以字音近之，讹为真陂河。《水经注》之南长水也，源出唐梓山、三尖脑一带，向西南流，经双河、太平、草店、徐寨，至襄阳区境内入唐河，枣阳市内全长 50 公里，流域面积 400 平方公里，汇合中等河沟两条，小河沟 15 条。新中国成立后，兴修罗桥、刘桥 2 座(中型)和 10 座小（一）型(辛庄、马庄、莲花堰、杨庄、洪寨、双河、工联坝、打石场、王坡、石头河)水库，开发利用较好。

小黄河水系。小黄河，又称红砂河、苍龙河，即《水经注》之板桥水。源出河南省宋山和紫玉山，流经寺庄、湖河、杨当，在襄阳区的程河注入唐河，全长 40 公里，流域面积 258 平方公里，有小河沟 7 条。新中国成立后，兴建了周桥、小黄河 2 座(中型)水库和 2 座小（一）型(唐子山、赵桥)水库，开发利用较好。

三夹河水系。三夹河在河南省境内，古称溲水，俗名秋河，有 2 条小支流伸入我市邢川一带，一条叫香冲，向西流入河南姚河（三夹河支流）；一条叫邢川河，汇集3条溪沟向西流入河南丑河（三夹河支流）。2条支流在县内承雨面积共有105平方公里，皆深山峡谷，径流量大。新中国成立后，兴建邢川、烈士陵2座(中型)和丁庄小(一)型水库，拦截承雨面积32平方公里，开发利用较好。

莺河水系。莺河，古称汝水，发源于枣阳青峰岭，流向宜城市。在襄樊市流域面积95平方公里，有6条小河沟。分布于平林、车河的交界地区。现在只有些小型水利工程，开发利用价值较小。

淳河水系。淳河，源于枣阳市青峰岭的大古顶山，在耿集境内有2条河沟，属淳河支流，旧志称溭水两支流。经耿集流入襄阳区罗岗水库。在襄樊市流域面积有70平方公里，因源出山区故径流量大。新中国成立后，兴建仁河寨小(一)型水库，尚有两条小河沟待开发利用。

气候：枣阳属亚热带大陆性季风气候，冬冷夏热，春秋温和，四季分明。冬干夏湿，光照充足，雨量适中，无霜期长。极端最高气温日达40.8℃（1959年8月21～23日），最低气温为零下15.1℃（1977年1月30日）。年降雨量为500—1 000毫米之间。年平均无霜期为231天。主要有寒潮、伏旱、秋旱、秋涝、暴雨、冰雹等灾害性天气。大气环境质量是枣阳市区环境要素构成中较好一环，主要污染物浓度含量均在国家大气环境质量Ⅱ级标准之内。20世纪90年代中期以前，城区环境噪声污染较重，声环境质量差，成为市区环境质量要素构成中主要环境问题之一。近年来，随着市区区域环境噪声污染综合防治工作的深入，市区交通干道的改造完成和过境车辆有效分流，使市区区域环境噪声状况有了明显改观。2005年，市区区域环境噪声平均值52分贝。达到国家规定的城市区域环境噪声平均值低于55分贝的标准要求。市区交通干道噪声平均值66.5分贝。达到了国家关于城市交通干道昼夜噪声平均值低于70分贝的要求。

土地资源：枣阳系黄棕壤土向褐土过渡地带。水、旱农田比例为68∶251；适宜种植水稻、小麦、大麦、荞麦、高粱、玉米、粟谷、薯类、棉花、花生、芝麻、油菜、麻类、豆类、瓜类、甘蔗、烤烟等农作物。适宜栽培苹果、梨、桃、李、梅、枣、橘、核桃、白果、樱桃、木瓜、石榴、枇杷、花红等果树。

水资源：降雨。经过枣阳市及毗邻的21个（其中枣阳市为9个）雨量站多年的资料统计，多年平均雨量为892.3毫米。多年平均总水量为31.45亿立方米，频率：中等干旱年（P=75%）降雨709毫米，降水量为34.99亿立方米。大旱年（P=95%）降雨522毫米，降水量为18.4亿立方米。降水量以枣东北和枣南部两个山区最多，枣阳西部最少，其幅度为800—1 000毫米。降雨时间分布，以4—9月为最多，约占全年的70%—90%，夏季汛期最早出现在4月下旬，最晚至9月中旬，这4个月降雨量占全年的60—80%。地表水。枣阳市多年平均径流深为236毫米。中等干旱年（P=75%）径流深为143毫米，大旱年（P=95%）径流深为76.8毫米。径流分布大体与雨量分布相吻合，也是枣东北和枣南山区为最多，枣西、中部逐渐减少，由280毫米递减至200毫米。全市地表水总量包括市境外流入的面积248平方公里在内，多年平均总径流量为8.32亿立方米，中等干旱年（P=75%）为5.04亿立方米，大旱年（P=95%）为2.7亿立方米。可用客水有唐河水源、石台寺、大岗坡2个大型泵站提唐河的水。据唐河上游河南省新野县郭滩水文站记载，该河流每年枯水流量5立方米/秒，丰水季节（4—9月），河水最大流量为8立方米/秒。大岗坡泵站年均提水量5 000万立方米，石台寺泵站年均提水量为3 000万立方米。地下水。浅层地下水，从杨当镇的张官营、店子街和七方镇的罗岗、徐寨一线，一直到太平镇的湖河约200平方公里地带，是唐白河的古河道滚动范围，包括小黄河流域及黑青河的下游20—40米以下有沙层，厚约10米，含有大量地下水。其次是沙河沿岸直到琚湾镇的蔡阳铺长60公里，宽约2公里，在地面10—20米以下，是沙河的古河道滚动的范围，有浅层地下水。以上雨片面积为320平方公里，储水量为50万立方米/每平方公里，计有地下水储量为1.6亿立方米。深层地下水，枣中、西北部大片丘陵岗地面积约有1 577平方公里，都属黄棕壤土，土层很厚，土质黏硬，一般不含流动水层，只有在30—60米以下为新第三纪，含有一层白土夹沙砾，里面存有一定孔隙，储有一部分地下水，每平方公里约有20万立方米，计有储水量3.15亿立方米。但在150—200米深度时，储水量更丰富。

岩石滞水,枣西南从吴集到耿集,沿宜城市的边界地区有一个岩石滞水带,但不连续,主要在石灰岩地区有些泉水流出,共有3个部位。第一是吴集南边的乌龙观,刀坡岭、关门山一带,有龙王垱和响水滩的泉眼;第二是青峰岭一带,有大泉眼、小泉眼和宝贝井的泉眼;第三是耿集的鹰儿崖,水牛凸子一带,有马踏泉和核桃泉。这些岩石滞水地区面积有100平方公里,每年流出泉水1600万立方米。地下水质。地下水一般矿化作用不大,成分简单,属中性淡水,可以饮用和农业灌溉。地下水化学类型为重碳酸钙型和重碳酸钙镁型。重碳酸根离子的含量150—220毫克/公斤。钙离子含量32—53毫克/公斤。其毫克当量(%)、重碳酸根离子为80%—90%,钙离子为50%—56%。总硬度为6—11度,PH值为6.8—7.4。有害离子如铅、砷、汞、铜、锌、氟等约小于0.1—0.01,符合饮水标准。钠离水和氯(cl)离子毫克当量适合于灌溉。泉水。平林镇有泉眼5处:①响水滩泉:发源于平林镇清水店村二组马鞍翘山脚下,流经下岩子湾后山岩5米余高,似瀑布发出响声,相距十余里能听到流水的声音,故名“响水滩”。此泉雨后水旺,大旱干枯,到农闲积蓄的水量能灌溉田地250余亩,正常用水能旱涝保收80余亩。②双眼泉:位于平林镇西南清水店村二组大山坡脚下,两个泉眼相距16米远,故名“双眼泉”。此泉流水终年如故,能灌溉水田120余亩,到农闲积蓄的水量能灌溉水田1000余亩。③米缸泉:位于平林镇清水店村二组千条滚湾南,此泉似岗形,故名“米缸泉”。此泉长流水不断线,能灌溉水田30余亩。④龙王当泉:发源于平林镇吴集村南400米处的龙王当,有三个经常翻泡泉水,旧志记载称之谓“三眼泉”。能灌溉水田700亩,闲水蓄水能灌溉水田1500余亩。⑤大眼泉:位于平林镇吴集村上游干冲水库东南角徐家凹子,历史上称“大眼泉”,此冲有一石碑刻有“大眼冲”,后来泉眼只有三公分粗,又名“干冲”。大、小泉眼,发源于枣阳国营青峰岭林场场部西400米的猫子洞山脚下,可灌田700亩至1500亩。北小泉眼及吊泉眼:两泉皆位于李楼分场,徐岗大队一生产队小檀山,北小泉眼可灌田300亩,吊泉眼仅有鸡蛋粗的长流水,但水非常丰富,七九年特大旱灾时,架一台八匹马力动力机从二十四丈水井深处抽水不断。三间屋泉:发源于孙畈分场吴家湾大队,终年流水。

耿集镇有四处泉眼:①核桃泉:位于耿集镇楼子村猴娃背、十八盘北山脚下,泉眼有刯头粗,水速为每秒0.044立方米,四季出水,可灌溉66.67余公顷田地。②马踏泉:位于耿集镇七里村银铜山下,泉眼有二刯粗,水速为每秒0.04立方米,可灌溉250亩田地,1974年,在泉水下游竹林山下建一18千瓦发电站(后停用),当时可供七里村照明。③洪山水泉:位于耿集镇梁家山南脚下,水有三刯粗,正常水速约为每秒0.35立方米,可灌溉田地230余亩,其大部分水流入宜城境内。④螃蟹眼泉:位于耿集镇梁家山西峰一大石缝中,大石断面好似一只螃蟹,因而得名。泉水水量小,仅供过路人畜饮用。姚岗公社有八处泉眼:①水寺泉:位于姚岗镇泉水寺门前,泉水水流不断,古时在此修庙宇,名曰“泉水寺”。②莽牛泉:位于姚岗镇崔当村三尖脑南山坡。③母牛泉:位于姚岗镇崔当村三尖脑北山坡。④康河泉:位于姚岗镇康河桥下,常年有半部刯的水,昔人曾在此修“过山刯”能灌田地150亩。⑤龙王冲泉:位于姚岗镇龙王冲,系散泉水,能灌50亩田地。⑥袁庄北泉:位于姚岗镇水庄西北,大旱时能灌田20亩。⑦袁庄南泉:位于姚岗镇泉水庄南,可灌田6亩。⑧龙眼泉:位于姚岗镇康沟后稻场边,百日大旱能保收100多亩。

生物资源:粮食类有水稻、小麦、大麦、荞麦、高粱、玉米、粟谷、黍子、黄豆、绿豆、青豆、黑豆、紫大豆、红小豆、豌豆、蚕豆、扁豆、红薯等。油料类有棉花、麻(土麻、苎麻)、烟叶等。蔬菜类有白萝卜、胡萝卜、四季萝卜、白菜、青菜、韭菜、菠菜、芹菜、黄花菜、腊菜、甜菜、呆垱菜、芥菜、藕(又名莲菜)、冬瓜、南瓜、丝瓜、苦瓜、笋瓜、搅瓜、黄瓜、菜瓜(俗称稍瓜)、金瓜、瓠子、葫芦、茄子、笋子、大葱、洋葱(葱头)、紫菜苔、大蒜、蒜苗、生姜、辣椒、荆芥、苤蓝、茼蒿、芋头、四季豆、豇豆、扁豆、刀豆、眉豆等。建国后,引进有花菜、空心菜、笋瓜、球包菜、西红柿、泰国豆、青麻叶菜、土豆、山药等30个品种。瓜果类有水果有苹果、梨子、桃子、枣子、橘子、梅子、杏子、枇杷、栗子、柿子、核桃、樱桃、葡萄、木瓜、石榴、花红、白果、棠棣、软枣、山葡萄、猕猴桃、山楂(山里果)等。瓜有西瓜、甜瓜、哈密瓜等。竹木类有椿树(香椿、臭椿)、楝树、松树(马尾松、雪松)、樟树、桑树、槐树、杉树(水杉、云杉、马尾杉)、柏树(扁叶、针叶)、苹果树、桃树、梨树、枣树、柿树、橘树、梅树、枸橘树(称刺蛋)、杏树、核桃树、白果树、樱桃树、木瓜树、石榴树、拐枣树、枇杷树、花红树、软枣树、棠棣树、皂角树、柳树、栎树、杨柳树、白杨树、楸树、乌柏树、桐树(梧桐、桐子树)、冬青树、棕树、檀树、构树、柞树、刺槐树、黄连树、水杉、紫穗槐、法国梧桐、加拿大白杨、红果等。竹有青竹、楠竹、毛竹、斑竹、文竹等。中草药类有麦冬、菊花、天麻、生地、白芍、白术、苡米、薄荷、藕节、故子、枝子、姜皮、玄参、丹参、血参、黄柏、丹皮、杜仲、女贞子、枣仁、杏仁、桃仁、冬瓜籽、桑白皮、红化、泽泄、桔梗、陈皮、木瓜、白果、枳壳、枳实、牡丹、菊花、月季花、鸡冠花、透骨草、草决明、白桑皮、丝瓜络、白芥子、黄芥子、莱菔子、大力子、石榴皮、无花果、桔梗、柴胡、半夏、苍术、射干、金银花、蒲公英、茵陈、天丁、地丁、苦参、白芨、白薇、百合、山楂、下白、蛇床子、何首乌、半支莲、夏枯球、车前子、败江草、二丑、沙参、花粉、天冬、黄精、玉竹、连召、胆草、紫草、灵仙、青木香、益母草、白鲜皮、瓜篓皮、马便草、仙合草、夜交屯、旱莲草、五倍子、苍耳子、地夫子、王不留行、地骨皮、鱼腥草、金樱子、寻骨风、白茅根、香附子、山豆根、野菊花、土茯苓等。观赏类有桂花、腊梅、月季、玫瑰、栀子、牡丹、光棍红、迎春花、万年青、无花果、山茶花、石榴、冬青、铁树、海棠、柏松、松树、樟树、合欢、木槿、棕树、垂柳等等。引进栽培的有雪松、罗汉松、千头柏、石楠、黄杨、枇杷、花石榴、白玉兰、广玉兰、米兰、茉莉花、水杉、杜鹃、金橘、绣球、樱花、木芙蓉、芍药、兰草、吊兰、含羞草、鸡冠花、水仙、金银花、六月雪、大丽花、牵牛花、金凤仙(指甲草)、麦冬、观粉、秋海棠、菊花、美人蕉、芭蕉、玉簪、蝴蝶花、五月菊等。引进栽培的有君子兰、含笑等。仙人掌类有仙人掌、仙人山、仙人球、仙人根、昙花等。草类主要有茅草、苜蓿、稗草、燕麦、刺脚芽、回头青、冷草、熟草、锯拉齿、麦豆豌、冬冬壳、蒂菜、牛舌头、马耳朵、马齿菜、白草芭、蔓、黄花苗、野苋菜、三步跳、野鸡冠花、马鞭稍、艾蒿等。建国后,引进绿肥草种有红花、兰花、白花和田青等。水生草主要有红萍、青萍、游草、荷叶、鸡头苞、水荷子、草、鱼腥草、水索草、鸭儿草、荸荠、野荸荠、菱角、野菱角、牛毛毡、蒿瓜、水黄瓜、芦苇水浮莲等。家畜主要有黄牛、水牛、马、驴、骡、猪、山羊、绵羊、狗、兔、猫、貂等。家禽主要有鸡、鸭、鹅、鸽、鱼鹰、八哥、鹦鹉、鹌鹑等。野禽主要有喜鹊、乌鸦、麻雀、老鹰、大雁、鹁鸽、斑鸠、叉鸡、鹞子、八哥、蹲鸡、山鸡、野鸡、鹭鸶、鹌鹑、灰喜鹊、山麻雀、猫头鹰、布谷鸟、啄木鸟、黄莺、燕、青鹤、白鹤等。野兽类有黄狼、野兔、野猪、野羊、老鼠、田鼠、松鼠、水鼠、麂子、狐狸、蝙蝠、狼、狗獾、猪獾、狸、獭、刺猬等。鱼类主要有青鱼、白鲢、鲤鱼、红鲤鱼、丰鲤鱼、草鱼、鳊鱼、鲂鱼、金鱼、小银鱼;大银鱼、尼罗罗非鱼和红鲢。乌鱼(俗称黑鱼)、鲫鱼、鲶鱼、鳊鱼、格鸭、白鱼、花鱼、叁鲦、泥鳅、黄鳝、龟、鳖、虾、蟹等。虫类有饲养虫类桑蚕、柞蚕、蜜蜂。新中国成立后有饲养土元、蝎子等。引进的有意大利蜜蜂、金小蜂等。野生类有蝴蝶、蚂蚁、地老虎(俗称土蚕)、蠓虫、苍蝇、蚊子、蚂蚱、蜻蜓、螳螂、斑毛、蜘蛛、土元、蟋蟀、蝎子、蜈蚣、蝉、蜜蜂、麻蜂等;水生虫主要有螺、蚌、蚂蝗等。常见的蛇有蟒蛇、水蛇、乌稍、土布袋、花红柳、鸡冠蛇等。常见的小动物有:青蛙、蟾蜍(俗称癞肚)、蜗牛、壁虎、蚯蚓等等。全身用于中药的有蝎子、蜈蚣、土元、斑毛、乌稍等,民间有用活土布袋(毒蛇)泡酒治疗风湿病的,用蟾蜍治疗毒疮的;部分用于中药的有蝉壳(虫蜕)、蛇皮(蛇蜕)、鸡内金、刺猬皮、水獭肝、豹骨、狗肾、驴肾、牛黄和龟板、鳖甲(上下甲)等。枣阳菌类甚多,其中食用菌主要有露水菌、栎树菌、松树菌、毛木耳、地耳(俗称地脸皮),人工培养食用菌有黑木耳、白木耳、平菇、花菇、猴头菇、鸡腿菇、金针菇等。

矿藏资源:枣阳地质构造发育良好,矿产资源丰富,初步探明矿产资源 30 多种,其中金属 11 种,非金属 20 多种。金属资源储量最大的是金红石,藏于鹿头镇大阜山,为世界稀有矿,金红石含量 535.53 万吨,居全国及亚洲首位。但开采不到 1 万吨;金红石伴生矿床石榴子石储量为 2 444.06 万吨,居国内第一位,尚未开采。金属资源还有铜、金、铂、钯、铁、锰、铅、钒、钛、磁铁矿等。非金属资源有藏于兴隆霸山的辉长辉绿岩,储量 2 475.56 万立方米,居全省第一位,已开采 8 万立方米;还有大理石、芒硝、磷、重晶石、石灰石、石膏石、正长石、玉石、矾石、滑石、钟长石、膨润土、盐、石棉等。

旅游资源:①国家级文物保护单位。雕龙碑古文化遗址,位于枣阳市鹿头镇武庄村,是国家级重点文物保护单位。是距今6 000多年保存完整的新石器时代氏族聚落遗址,面积5万多平方米。1990—1992年,中国科学院考古研究所先后进行了5次发掘,在1.5万平方米的范围内,发掘出房屋基址21座,窑穴75座,土坑穴墓133座,陶瓮葬63座,动物葬23处,出土4 000多件斧、铲、刀、锛、凿、犁、镰、镢等石质生产工具以及大量的陶器生活用品和装饰品。尤其是房屋建筑构造是考古界前所未有的重大发现,房屋是单元式结构,木质推拉门,墙壁和房顶所用木头经过火烧,建筑材料已经使用了石灰和类似水泥的东西。该遗址在全国独一无二,被定为独具特色的新文化类型——雕龙碑古文化,对研究黄河流域、长江流域交汇地带新石器时代文化乃至探索中国都邑产生、人类文明进步史,都具有重大的科学价值。九连墩战国古墓群,位于吴店镇东赵湖村,发掘工作曾引起考古界的高度关注。当时,全国40多家媒体的200多名记者云集枣阳,湖北电视台对发掘现场进行了为期6天的现场直播。共发掘出土文物1 100多件,其中有很多极具历史研究价值的文物,在考古界引起了很大的轰动,被中国社会科学院考古研究所定为2002年全国最为重要的六大考古发现之一。②省级文物保护单位。白水寺,明、清时期,位于枣阳市吴店镇;黉学大殿,明、清时期乡试之地,位于枣阳市城区内大南街;毛狗洞遗址,新石器时代,位于枣阳市梁集镇梁坡村;跑马道遗址,汉代,位于枣阳市鹿头镇(原吉河乡)刘庄村;翟家石城遗址,汉代,位于枣阳市琚湾镇古城村;墓子岗遗址,夏商文化遗址,位于枣阳市新市镇赵庄村;石鼓山石刻革命标语,抗战时期,位于枣阳市新市镇石鼓山魏庄;郭家庙墓群,战国时期,吴店镇;郭营祠堂,清代,鹿头镇郭营村;邱家前湾古民居,清代,新市镇前湾村;钱岗陕山会馆,清代,新市镇钱岗小学;宋代古城墙,宋代,北城顺城村。③市级文物保护单位。报恩寺,位于

图35—9 枣阳九连墩战国楚墓

枣阳市区北城书院街94号;蔡阳铺起义旧址,位于枣阳市琚湾镇(原蔡阳镇)蔡阳铺;中共鄂北特委、工农革命第九军总部旧址,位于枣阳市琚湾镇翟家古城;白竹园寺,位于枣阳市新市镇白竹园寺林场;罗岗古城墙,新石器时代,罗岗镇;香草亭,清代,枣阳城区魏家巷;忠义寨遗址,清代,吴店镇东赵湖村。④革命圣地。鄂豫边区革命委员会诞生地——翟家古城,位于枣阳市琚湾镇古城村。

图35—10 白水寺风景

2.城区公共设施

交通设施:1980 年 1 月,枣阳县公共汽车公司成立,配备 5 辆客车,开始开通汽车站至枣阳火车站的城市客运线路。随着城市的发展和客运量的不断增大,公交汽车和公交线路也随之增加,至 2005 年,营运线路增加到 9 条,营运车辆增加为 104 辆,在市区主干道设景点式站点 42 处,立候车站点 150 余个,发车间隔时间为每 5 分钟一趟,年营运里程 800 多万公里,年客运量 547.5 万人,万人拥有标台 6 辆。基本实现城区及通往城乡结合部的主要干道均有城市公交车。1999 年,枣阳成立第一家出租汽车公司,隶属市公共汽车公司,当年购买红色夏利车 10 辆,第二年增加为 52 辆。2000 年和 2002 年,两家私营企业——康弘出租汽车公司和顺通出租汽车公司相继成立,分别拥有车辆 40 辆和 42 辆。至 2005 年,3 家公司的车辆总数达 200 多辆。此外,城区还拥有 500 多辆机动三轮车,400 多辆人力三轮,市民出行较为方便。

供水、排水:城区水厂 2 个,日供能力 11 万吨,年供水能力 1 650 吨,供水管网 115 公里,用水人口 18 万人,供水普及率 87%。其中,1982 年万吨水厂竣工投产,3 条主管道,全长 3 002 米,日供水能力 1.1 万吨。1986 年,扩建改造后,日供水能力增至 2 万吨。1985 年 12 月,建造地下式新泵房。1988 年 8 月,二水厂净水设施和送水泵房竣工。构筑物有 3 万吨 / 日制水能力的反应沉淀池和滤池各 1 座,蓄水能力 3 000 立方米的清水池 1 座,直径 5.3 米的吸水井 2 口,建筑面积 112 平方米,制水能力 6 万吨 / 日加药间 1 栋,送水能力 6 万吨 / 日送水泵房 1 座。1993 年 3 月,一水厂扩建,安装改造设备 52 台套,兴建了日处理能力 3 万吨的反应沉淀池。1976 年后,对城区东、西、南、北大街两侧的排水排污暗沟进行改建,由原来的 50 × 80 厘米扩展为 80 × 100 厘米;在光武路两侧修建 1 × 1.5 米的石砌排水排污明、暗沟。1983 年后,城区开始制定排水排污规划,逐步完善排水排污管道系统。先后在 16 条主要街道兴建和改建排水排污管道 30 条,全长 19 985 米,其中水泥涵管 11 405 米,石砖砌排水沟 8 580 米,雨水井 162 个;在城河两侧各修排水沟 1 条。

休闲场地:涢水公园位于沙河之滨,东园桥东端,因沙河古名涢水而得名。1990 年建成,总面积 12.2 公顷,其中水面 6.6 公顷,陆地 5.6 公顷。整园以植物造景为主,绿地率 95%。按功能特征分为三个区域,即主入口附近的活动区、沿河岸的游览区、南部的小型盆景区。园内植有雪松、萃柏、白杨、垂柳等数十种绿树,栽有桂花、梅花、白兰、玉兰等 10 余种花草。园内有游乐项目 25 个。开园以来,多次举办菊花展、灯展、动物展、烟火晚会等花事、园事活动。早、晚免费向市民开放,年接待游客 10 余万人次。涢水广场位于朝阳路南侧,与涢水宾馆相邻。2001 年 6 月,由省规划院进行总体规划,定性为市政广场,面积 3.23 万平方米， 期绿化建设铺设排水管涵,种植草坪 2 万平方米、4 排樟树后,已成为市民休闲的理想去处。

供电设施:1981 年底,枣阳全县 21 个区、镇、农场全部通电。20 世纪 90 年代中期,电力事业快速发展,1995 年实现村村通电,成为湖北省"农村电气化市"。1999—2004 年,枣阳实施农村电网改造,全市电网建设空前发展,至 2005 年,共建成 220 千伏、110 千伏、35 千伏几个等级的变电站 22 座,主变总容量 352.93 兆伏安,110 千伏、35 千伏各等级输电线路 635.3 公里,10 千伏、220 伏 /400 伏配电线路 7 912.3 公里,形成以 220 千伏变电站为中心,35 千伏变电站为网点,10 千伏配电线路为辐射的供电网络。基本实现户户通电,农户通电率为 99.98%.全市电网实现双主变双电源、线路环网和综合自动化保障供电安全。用电最大负荷 122.4 兆瓦,年供电量超过 6 亿千瓦时,位居湖北省各县(市)前茅。

邮政、电信:枣阳邮政局下瞎 27 个支局、2 个代办所,有市(县)干线邮路 1 条,市内干线邮路 5 条,特快专递线 1 条,投递邮路 122 条。2005 年,邮政储蓄余额达 12.98 亿元,新增余额在全省县(市)局排第一名,活期余额突破 2 亿元,在襄樊市县(市)局排第一名。函件 3.74 万份,包裹 1.98 万件,汇票 1.52 万张,报刊发行 34.76 万份。中国电信交换机容量 15.78 万门,2005 年,固定电话用户 11.43 万户,宽带用户 1.12 万户,小灵通用户 1.84 万户,乡镇设 11 个农村电信分局,全市有营业网点 28 家。

中国移动在全市建基站 90 多个,网络覆盖率达 100%,基本实现网络信号无缝隙覆盖。市区和乡镇设立业务代办点 70 多个,2005 年,移动用户达 13.9 万多户,普及率打 10%。中国联通 2002 年 7 月成立。至 2005 年,已建成 CDMA133 基站 48 个,GSMA 基站 37 个。自有和代理营业点 50 个,移动电话用户达 4.3 万户,互联网用户 500 户,长途通信用户 15 户,无线寻呼用户 3 万户。

(三)改革综述

1979—2005 年,枣阳工业企业经历了扩大企业自主权、转换企业经营机制、建立现代企业制度、调整产业结构几个阶段的改革。1979—1980 年,在县酒厂、印刷厂、棉纺厂、针织厂、轻工业机械厂、麻纺厂、卷烟厂进行企业扩权试点,试行利润提成、下放企业内部分配权、部分产品自销权、新产品开发权、职工奖惩权。当年,几家企业的工业总产值、销售收入、利润、上缴利税分别比 1979 年增长 169%、216%、112%和 27%。1984—1987 年,对县直企业在 1981 年推行经济责任制试点的基础上,对县直企业全部实行经济责任制,按照全额承包按件计酬、全额承包利润分成、定额承包奖超罚亏等形式,与县政府签定经济责任状,极大地调动了企业的生产极性,各企业的销售收入、生产总产值、利润均不同程度的逐年增长。1987 年末,枣阳开始在县车架厂、化肥厂、金红石矿等几家企业推行厂长负责制。一年后,又推行企业厂长承包经营责任制,厂长经理对企业只有经营权和管理权,没有产权,确定经营指标,利润按比例分成,完成给予奖励。1988—1990 年,第一轮承包经营期间,全市独立核算工业企业工完成工业总产值 143 646 万元,销售收入 141 201 万元,利税 3 494 万元,比承包前均明显增长。此后,又进行了第二轮承包。1994 年,枣阳进一步加大企业改革力度,决定对 4 家企业进行股份制改革,湖北汽车车架股份有限公司、枣阳楚虹化肥有限公司、湖北野马自行车股份有限公司相继改制成立。同时,对资不抵债的企业依法规范破产,金红石矿、第一针织厂宣告破产。1995 年,金银首饰厂、印刷厂、食品厂先后进行了股份制改造。以枣阳金银首饰厂为核心企业的湖北金兰首饰集团公司是全国首饰界第一家企业集团,改制后,1995—1999 年间,黄金、铂金系列首饰销售收入、利税排全省第一。1997 年,中共十五大提出“公有制实现形式可以而且应当多样化,非公有制经济是我国市场经济的重要组成部分”,1999 年,枣阳开始结合企业实际,采取破产、买断等形式推动企业民营化改革。年底,湖北金兰首饰集团公司率先卖断产权。2000 年后的几年间,枣阳国有企业改革进一步深化,对光武汽车工业总公司、野马自行车工业总公司、印刷包装有限公司等 8 家企业实行产权卖断、动态股权、租赁联合、破产等形式进行改革。并加大金华麦面、啤酒厂、水泥厂等骨干企业引进联合,实行大胆走出去、引进来,有的被外地企业租赁、有的采取合资合作,有的采取买断经营,逐步盘活了国有资产。至 2005 年,枣阳国有集体企业改制面达 90%,盘活面达 70%,60%的企业实现扭亏增盈。2005 年,依托资源和产业优势,集中兴建、扩建 32 个符合国家产业政策、技术起点高、市场前景好的重大项目。引进资金 5 亿多元,自营出口总额 930 多万美元。

(四)经济

1.工业

1979 年,枣阳先后在全县工业企业中推行扩大企业自主权、经济责任制、利改税以及承包经营责任制。20 世纪 80 年代,在短缺经济环境下,重点发展了一批轻纺企业,工业生产快速增长,工业生产增加值由 1980 年的 2 380 万元增加至 1990 年的 23 043 万元,10 年增长近 9 倍。进入 20 世纪 90 年代,枣阳工业继续快速发展,经济综合实力曾居全国百强,1992—1999 年,连续 8 年进入全省十强。

2000 年，工业生产增加值达 9.84 亿元，占襄樊地区生产总值的 19.44%,实现了十年翻 2 番。2000 年后，改革深化，企业重组，一大批企业破产改制，其中，枣阳卷烟厂并入襄樊卷烟厂，导致枣阳的利税锐减，2001 年工业生产增加值滑至 9.7 亿元。2001 年后，枣阳着力调整产业结构，加大招商引资力度，以项目招商、以环境招商、以政策惠商、以服务待商，先后有多家国内外客商到枣阳兴业，已形成了以汽车零部件、农副产品加工、轻工纺织、精细化工等四大支柱产业，建材、矿业等原材料工业全面发展的新型优势产业体系。2005 年，全市工业年销售收入 500 万以上规模的企业 70 家，工业企业完成生产增加值 10.8 亿元,占襄樊地区生产总值的 15%，是 1979 年的 57.78 倍。

2.贸易

国内贸易：1979—2005 年，是国家由计划经济向市场经济过渡的重大变革时期。党的十一届三中全会以后，政府调整农副产品收购政策，市场逐步开放；对商贸企业扩权让利，推行经济责任制，商业职工工作积极性高涨；随着社会经济发展，人民生活水平提高，城乡贸易日渐繁荣，对外贸易在多年徘徊后，逐年增加。1979 年，全县社会消费品零售总额已过亿元大关，达 1.18 亿元。外贸商业收购总值 297 万元。20 世纪 80 年代末至 90 年代初，商品生产快速发展，放开搞活民营商业的政策陆续出台，民营、个体商业如雨后春笋，蓬勃发展，全市商贸呈现勃勃生机。1995 年，全市社会消费品零售总额增至 14.05 亿元，为 1979 年的 10 倍。外贸商品收购总值过亿元，为 1.16 亿元。然而民营商业的发展却给全市商业、粮食、供销等国营、集体商业企业带来巨大的挑战和冲击，新中国成立后四十余年来，一直主宰着枣阳生产、生活资料收购与供应的城乡贸易主体地位开始动摇。20 世纪 90 年代中期，在市场经济大发展环境下，国营、集体商贸单位，除食盐、烟草等专营行业外，都因体制不相适应，经营陷入困境，多数单位名存实亡。进入新世纪，市场进一步繁荣，民营商贸壮大发展，基本取代了国有、集体商贸企业职能，成为全市商品流通的主流平台。2005 年，全市社会消费品零售总额达到 32.43 亿元，27 年中增长超过 30 倍。

对外贸易：1979 年，商品出口额逐年增加，1985 年达到 1388.9 万元，出口商品品种增加到服装、棉布、机械等门类。1992 年后，外贸体制改革进入整体推进阶段。当年，市外贸业务与上级外贸脱钩，取消省出口商品配额计划，自行寻找出口销售渠道。国家允许具备条件的生产经营企业自营出口,全市先后有 11 家企业经批准具有出口经营自主权。2002 年，全市累计兴办“三资”企业 35 家，其中 50%企业产品出口，初步形成自营出口企业、外贸企业、“三资”企业和国有企业、乡镇企业、民营企业“六路大军”一齐上的大外贸出口格局。出口商品从初期的粮油食品、土畜产品、粗加工产品，发展到工艺、矿产、轻纺、服装、化工、机械等 9 大门类，110 多个品种。省内外有 20 多个口岸出口枣阳商品，行销世界 30 多个国家和地区。2004 年，全市外贸先后有万通棉纺实业有限公司、市化工工业公司等 8 家企业获得自营进出口权，次年又增 2 家，达到 21 家。外贸出口主体呈现多元化格局。2005 年商品出口额分别达到 143.3 万美元和 932.4 万美元。出口商品 11 大门类，110 多个品种，其中工业品占出口商品的 85%，出口 30 几个国家和地区。全市的进口贸易从无到有，80 年代形成高峰。进口主要是引进西方国家先进的工业设备和技术。20 世纪 80 年代 90 年代，本市卷烟厂、麻纺厂、自行车厂、啤酒厂、呢绒服装厂等企业陆续引进英国、比利时、西德、日本、罗马尼亚、等国家卷烟、地毯、自行车、啤酒、西服生产设备，提高了企业的生产能力和产品质量。此外，市外贸部门为鼓励外贸出口，也通过省外贸或自筹外汇，少量进口为出口所需的化肥、饲料及棉纤等物资。2005 年 9 月，市对外贸易经济合作局机构撤销，成立枣阳市商务局，对外加挂“枣阳市招商局”牌子。外贸职能拓展，增辟全市招商引资职能。开展招商宣传，组织境内外招商洽谈，引进建设项目和资金，促进全市经济发展。

3.农业

枣阳是传统的农业大市,物种南北兼宜,盛产多种农特产品,农业经济以粮、棉、油、水果、畜禽为主导产业,是全国商品粮、优质小麦、优质棉基地,有中国桃之乡之称。粮棉油是枣阳的大宗农产品,粮食以小麦、水稻、红薯、玉米、豆类为主,常年复种面积在12万公顷左右,总产量90万吨。

小麦:1979年种植面积61.91千公顷,每公顷单产2 154公斤,总产13.33万吨;1996年种植面积83.98千公顷,每公斤单产3 952公斤,总产33.2万吨;1998年实行秸秆还田技术,共推广52千公顷,全年单产达到5 666公斤;2000年,实施种子工程,扩大良种面积,主要推广"郑麦9023"、"鄂麦19"、"内乡188"等,种植面积55.22千公顷,单产4 245公斤,总产23.4万吨。2005年,种植面积62.97千公顷,单产4 897公斤,总产30.8万吨。

水稻:1979年,全县种植45.9千公顷,单产3 626公斤,总产16.6万吨;1985年,种植43.24千公顷,亩平单产达到514.5斤,首次实现亩平过千的目标,总产量达到33.1万吨。1988年推广水稻大蔸大行、窄株、东西向栽培技术,每公顷单产达5 884公顷。1995年,增加插秧密度,每亩增加2万—2.2万蔸,使每亩单产提高50公斤。1998年,在推广普及"汕优63"良种、旱育秧技术基础上,重视以施钾、补磷、增施有机肥和微肥为重点的配方施肥技术,创造枣阳历年水稻单产和总产量的最高记录,当年种植47.46千公顷,母平单产815公斤,总产57.93万吨。2005年,种植面积46.9千公顷,单产7 930公斤,总产37.2万吨。

棉花:常年种植面积13.33—16.67千公顷,产量1.6万吨左右。

油料:常年复种面积26.67千公顷,产量8万吨左右,其中,油菜13.33千公顷,产量3.5万吨,芝麻8.67千公顷,产量1.6万吨,花生4.67千公顷,产量3万吨。

4.交通运输

枣阳公路密度为每百平方公里88.3公里,县乡道10条210.25公里,乡镇在册群养公路118条922.87公里,村级公路1 578.35公里。全市85%的镇、办事处、开发区贯通二级公路,642个行政村村村通公路,部分镇实现村村通油路,全市初步形成了以316国道和寺沙省道为轴线,以市区到各镇的县道为辐线,以环绕市区大小两个循环线为纬线的纵横贯通、干支配套,内畅外连的交通公路网络。

汉十高速公路:汉十高速公路贯穿枣阳东西,是汉(口)十(堰)高速公路的一部分,于2005年通车。东起于枣阳境内的王城镇,经兴隆、吴店、南城、琚湾,在枣阳境内全长55.46公里,分别设王城、吴店、琚湾三个互通区和出入口。

316国道:东起福州,西至兰州。东从随州经随阳进入枣阳境内,西经七方出枣阳,进入襄樊市襄阳区,在枣阳境内全长59.89公里。

省道:216省道北起枣阳寺庄,南至沙洋,经清潭向南出枣阳进入随州境内,在枣阳境内全长72.06公里。随南省道(306省道)东起随州,西到南漳,横穿枣阳市平林镇,在枣阳境内全长16.6公里。枣新省道(335省道)南起枣阳城区,北至枣阳新市镇,全长33.1公里。

5.财政税收

1979年,全县财政收入1 315万元。1983年,按照国家政策,枣阳在商品生产流通领域开征增值税,并同时开征建筑税、国营企业所得税,1984年,国营企业实行利改税,当年仅工商税就实现收入2 891万元。到1990年,财政收入突破亿元大关,达到10 503万元,成为全省第三个财政过亿元的县(市)。1994年后的几年,枣阳狠抓效益财政建设和税收征管工作,财政收入年平均以5 400万元的速度增长,年均增长22.9%,超过全省增长水平。2001年取消农业税后,2005年全市地方财政一般收入预算是19 103万元,比1979年财政总收入1315万元增加13.53倍。枣阳财政总收入主要包括本级预算收入、上级补助收入和其他收入。1979—2005 年 27 年间,枣阳财政收入累计达 627 235 万元。其中,本级预算收入 337 470 万元,上级补助收入 279 017 万元,其他收入 5 924 万元,累计结余收入 4 824 万元。同时,严格控制支出,以求收支平衡,1979 年,全县财政支出 1561 万元,2005 年地方预算支出 509 621 万元, 占同期地方预算收入 337 470 万元的 151.01%, 占同期地方总收入 627 235 万元的 81.25%。财政实际支出 66 200 万元。1979 年,全县完成税收收入 771 万元,1993 年完成 14 857 万元。以产品税、增值税、营业税、企业所得税、城市维护建设税为主体,其他税种数额较小。1994 年,国税和地方税务分设后,增值税和消费税成为枣阳国税的主体,收入比重占 80%以上。其中消费税 1994 年收入 9 016 万元,2000 年突破亿员大关, 达到 12 168 万元, 占当年国税总收入 24 769 万元的近一半。2001 年,枣阳卷烟厂和襄樊卷烟厂实行合并,枣阳消费税收入大幅下降,当年征收入库 2 647 万元,此后逐年锐减,2005 年,仅达到 103 万元。枣阳国税收入集中在增值税上,个人所得税虽然所占比重不大,但呈上升趋势,1996 年是 1 万元,2005 年达到 900 万元。分设后的地方税收,1994—2005 年,每年平均增收 684 万元,平均增幅 14.01%,地方税收收入从 1994 年的 3 297 万元增加到 2005 年的 10 827 万元,12 年累计完成地税收入 84 550 万元。

6.城乡建设

1979—2005 年,枣阳城乡建设迅速发展。农村居民基本结束住草屋和泥瓦房的历史,砖瓦和砖混结构成为农村住房的主体,农村人均居住面积由 1985 年前的 8.2 平方米提高到 17.1 平方米。小城镇建设整体推进,乡村城市化进程加快,建成区达 21.47 平方公里,全市小集镇达 49 个,其中万人以上的建制镇 7 个。1998 年,枣阳被列为全省唯一"乡村城市化"试点县(市)。兴隆、吴店、七方、太平、杨当、熊集等小城镇成为全省小城镇建设试点单位。熊集镇被列为全国生态农业试点镇。1999 年,市区和吴店镇双夺得湖北省首届城镇规划建设"楚天杯"金奖。城市规划建设不断发展,形成以市区为中以 316 国道、寺沙省道为骨架,以兴隆、吴店、七方、太平、杨当等中心镇为支撑,以其他建制镇为依托,以广大农村为腹地的现代化城镇布局体系。市区形成以城南工业园、城北商业区、城东行政区、城西开发区 4 个功能区,辐射全市 4 个办事处、开发区和 12 个建制镇。城区历经旧城改造、新区扩建、面积达 19.26 平方公里;先后完成了沿河路硬化、绿化、亮化,28 条背街小巷、街头景点、单位庭院等硬化、绿化、美化工程,城市管理以"容貌工程"、"细胞工程"、光彩工程建设为重点,狠抓市容市貌的整治,使整个城区得到净化、美化。

(五)教科文卫

1.教育

2005 年,枣阳市共有中小学 243 所。其中普通高中 9 所,职业高中 2 所,综合高中 1 所,普通初中 38 所,初中小学一条龙学校 2 所,小学 190 所,职业初中 1 所。特殊学校 1 所,职业学校、中等专业学校 6 所。

2.科技

1978 年,中共十一届三中全会后,枣阳县逐步建立健全科技行政管理机构,实施科技兴县战略。20 世纪 80 年代开始落实知识分子政策,为一大批科技人才评定技术职称,解决部分科技人员工资待遇低、家属子女就业难及"农转非"户口问题,充分调动科技人员的工作积极性。1980 年,首次在全县评定各类专业技术职称 899 人,1984 年, 在农村评定农民技术员 904 名。技术职称评聘工作步入制度化、规范化规道。至2005年,在全市23 650名科技人员中共评定各类技术职称19 041名,成为全市科技工作骨干力量,促进科技事业的发展。为提高枣阳科技水平,促进社会经济快速谐调发展,全市普及科学技术知识,推广和褒奖科技成果,加大科技投入,活跃技术市场,积极组织申报和实施各类科技计划,保护知识产权,科技事业较快发展。改革开放以来,共申报和实施各类科技计划项目504项,争取补贴资金298.23万元,贴息贷款1.54亿元,先后推广和奖励科技成果400项,建成星火技术密集区一个,高新技术企业5家,科技对全市经济增长的贡献率由1970年的3%跃至2000年的24%。枣阳市自1996年之后连续五年被评为全国科技工作先进市。

3.文化艺术

枣阳传统的艺术形式很多,主要有民间歌舞(采莲船、拉犟驴、小车舞、舞狮、舞龙、扭秧歌、踩高跷、扮蚌壳精等)、民间歌曲(号子、山歌、小调等)、民间故事、民间工艺美术(绘画、雕刻、刺绣、挑花、剪纸等)。传统的地方戏曲有花鼓戏、越调、河南坠子、枣阳大鼓、豫剧、曲剧等,其中曲剧流传最广。曲剧又名"高台戏",有100多个曲牌,曲调婉转流畅,善于叙事抒情,剧本多取材民间传说,故事内容通俗易懂,现已成为具有枣阳风味的地方剧种,以其大小、古今、传统、现代等多种形式均可上演的灵活方式深受群众欢迎。枣阳市有各种文化活动场所820个,影剧院18个,艺术团体16个。广场文化已成为群众文化娱乐主流,以扇子舞、交谊舞、健身球、太极拳、健身操、扭秧歌等为主要娱乐方式。

4.卫生

枣阳市有市级医院5所、乡镇(中心)卫生院27所,农村卫生室485所;有医护人员5463人,专业技术人员3 783人。枣阳市在传统疾病的防治上采取防与治并举的措施,全市计划免疫"四苗"接种率达79%,法定传染病发病率控制在122.4/10万。卫生防疫坚持以防为主,防、查、治、管一体化服务,不断加强疾病预防、卫生监测,扩大疫苗接种覆盖面。

5.广播电视

枣阳市有广播电台1家,电视台分枣阳电视台和枣阳有线电视台两家。广播每天两次播音,播出时间为12小时25分钟。电视播出时间为11小时。电视节目类型分为新闻、科技、信息、娱乐、法制、综合类等。广播播音覆盖面为100%,电视节目覆盖面为95%。广播主要节目收听率为100%,电视节目收视率为30%。全市电视机户平占有率为每100户80部。

6.体育

枣阳市传统体育项目主要为田径,湖北省在该市布局的体育传统项目学校有两所(枣阳市实验中学、枣阳市第二实验小学)。本市体委布局的传统体育项目学校有16所。枣阳市拥有体育场、田径场、篮球场、门球场、溜冰场等体育活动场所700余处。有市级运动队5个,包括田径、柔道、武术队等。1985—2005年间,枣阳市籍运动员参加各级体育大赛,共获得奥运会铜牌1枚,洲级金牌9枚,国家级金牌20多枚,省级竞赛第一名40多项。枣阳市先后被命名为全国体育先进县(市)、全国群众体育先进集体、全国全民健身先进单位、全国田径之乡、湖北省体育综合实力十强县(市)、全省最佳赛区。枣阳市群众体育项目主要包括篮球、乒乓球、象棋、门球、健身操等。

五、宜城市概况

宜城是楚国故都，是宋玉故里，是抗日爱国将领张自忠的殉国地。至2005年，全市财政收入30 611万元，比1980年的1 094.57万元增加29 516.43万元；农村居民人均纯收入3 555元，比1979年的183元增加3 372元；城镇居民人均可支配收入5 398元，比1981年的376元增加5 022元；居民储蓄存款余额252 478万元，比1979年的1 326万元增加251 152万元。

（一）政区

位置：宜城市位于湖北省中部偏北，汉水中游。地跨北纬31° 26′ —31° 54′ ，东经111° 57′ —112° 45′ 。市境东界随州、枣阳，西临南漳，南接荆门、钟祥，北与襄阳交界。市委、市政府所在地鄢城东距省会城市武汉332公里，北距襄樊市人民政府所在地襄城43公里。汉水由北向南直贯全境，焦枝铁路和襄荆高速公路由北向南穿市西境，207国道纵贯市境中部。

疆域：市境东西横距76公里，南北纵距53公里，全市版图面积2 107.86平方公里。有丘陵、岗地、河谷平原三个土地单元。

行政区划：1979年，宜城县隶属襄阳地区行政公署，辖13个公社，1个农场，181个生产大队。1983年，隶属襄樊市。1984年3月，全县撤公社建乡镇，设11个乡，5个镇，181个行政村。1988年，郑集、朱市、孔湾、流水、王集5个乡改为镇。1990年2月，设立上大堰镇、改小河乡为小河镇。1994年6月，经国务院批准撤销宜城县，设立宜城市（县级），以原宜城县的行政区域为宜城市行政区域。市政府驻城关镇。2001年4月，全市17个乡镇并为7个镇、2个街道办事处和1个工业园区。2002年，增设雷河发展区。2004年增设经济开发区。2005年，宜城市辖7个镇、2个街道办事处、1个工业园区、1个发展区、1个经济开发区、35个社区居委会、181个行政村。

人口、民族：2005年，全市总人口56.449 7万人。其中城镇人口22.804 6万人，乡村人口33.65万人。当年出生人口5 531人，其中男性2 8.457 1万人，女性2 7.992 6万人。60岁以上老年人8.583 2万人。境内居住人口以汉族人口为主，同时有18个少数民族人口居住。少数民族有蒙古族、回族、藏族、维吾尔族、苗族、彝族、壮族、布依族、朝鲜族、满族、侗族、瑶族、白族、土家族、哈萨克族、土族、塔吉克族、黎族。少数民族人口以回族居多，其次是土家族和蒙古族。少数民族人口共0.12万人，其中回族人口占80%以上，主要分布在鄢城街道办事处、板桥店镇、流水镇和王集镇。其他镇也有零星分布。

（二）环境

1.自然环境

地形：宜城市从全省地域分异规律上属鄂中丘陵区，由低山丘陵、岗地、河谷平原三个土地单元构成。流经市境的汉水以东丘陵系大洪山余脉，海拔高度为150—550米。汉水以西丘陵属荆山余脉，海拔高度为150—497米。市境东、西部的丘陵、中部狭长形的缓坡岗地和汉水、蛮河两岸的冲积平原共同构成了台阶式地貌变式。整个地势东西高，中部低，自北而南，平缓倾斜。

水系：全境均属汉江水系。汉江在市境段长59公里，容纳境内蛮河、莺河、落花河、牌坊河、母猪河和连江河等16条支流，共形成流域面积2113平方公里。其中蛮河在境内流长63公里，流域面积663.5平方公里，是境内汉江最大支流。

气候:宜城属于北亚热带湿润大区江北气候区。按湖北省的气候区划,属于鄂北气候区。一年中七月最热,一月最冷。日平均气温上升到10℃时,作物进入活跃生长期,喜温作物开始生长;日平均气温降到10℃以下时,作物停止生长进入休眠或生长缓慢期。宜城3月25日日均气温达到或大于10℃;5月19日日均气温达到或大于22℃,7月21日到8月9日日均气温在28℃以上;9月19日日均气温降到22℃以下;11月16日日均气温降到10℃以下。按气象学准确划分,宜城以3月25日至5月18日为春季;5月19日至9月18日为夏季;9月19日至11月15日为秋季;11月16日至3月24日为冬季。冬季最长有129天,春季最短只有55天。

土地资源:据1990年土地资源详细调查,全市土地总面积为3 074 242.79亩。其中耕地1 294 318.9亩,园地42 414.8亩,林地782 711.89亩,城镇村庄工矿用地171 611.75亩,交通用地48 449.89亩,水域占地40 0671.46亩,未利用土地334 064.93亩。全市人均土地面积6.32亩,低于当年全国(13.4亩)及世界(41.3亩)人均土地标准,属于人多地少的市(县)。

水资源:境内地表水为400多亿立方米,过境客水量为379亿立方米。多年平均降雨量为900毫米,平均径流深为261.8毫米。地表径流量5.53立方米,年均流量5.41立方米。枯水年地表水流量3.66亿立方米,特枯水年2.45亿立方米。境内地下水储藏面积1 003平方公里,总蓄水量21.8亿立方米。其中汉江两岸的河谷平原地下水储藏面积为321.2平方公里。钻孔最大可能涌水量5 000吨/昼夜。境内可灌田百亩以上的泉眼105处,可分别用作开发服务业、饮料、温水养殖和农田灌溉。

矿产资源:境内已探明地质储量的矿产有铝土矿、磷矿、石灰石、白云石、耐火粘土、膨润土、大理石、铅、镓、高龄土、煤和矿泉水12种,地质总储量在12亿吨以上。其中铝土矿、矿泉水、耐火粘土、白云石、硅石、石灰石、膨润土、磷矿、大理石和铅矿属宜城的优势矿,其品质和储量均居全省首位。另外,境内还有具开采价值的砂金矿、铜矿、银矿、锌矿和重晶石矿等。

生物资源:境内气候温和,雨量较多,光照充足,适宜各种动植物的生长,也有利不耐寒的动植物越冬。全市境内共有生物资源种类1190多种。其中,植物类910多种,以人工栽培的农作物为主;动物类280多种,以人工饲养的动物为主,兼有70余种野生动物。还有地龙、水蛭和蜈蚣等30多种药用动物和394种药用植物。

旅游资源:宜城是楚国故都。楚皇城遗址被列为国家级文物保护单位。与之同期的还有车马坑、古长渠等遗址。土地革命时期,宜城是中共鄂豫边区临时省委和省苏维埃政府所在地,现保留有中共鄂豫边区临时省委、省苏维埃政府、红军医院、红军被服厂、红军枪炮子弹厂和红军堂子(苏维埃政府)等旧址。抗日战争时期,著名抗日爱国将领张自忠在宜城殉国,境内建有张上将自忠殉国处、同难官兵公墓和张自忠将军纪念馆。

宜城解放初期,鄂北革命武装成功地平息了以宜城地区为中心的反革命武装"四六"暴乱。为此,宜城建有烈士纪念馆和"四六"烈士纪念碑。另外,境内还有庞居寺、仙人洞、莺河一库风景区和鲤鱼湖风景区等多种自然景观。

图35—11　宜城张自忠将军纪念馆

2.城区公共设施

交通设施:境内交通设施由铁路、公路、水路和管道组成。境内有1条输油管道。城区主要干道有大桥路、自忠路、情侣路、文昌路、农工街、新村路、中华大道、燕京大道、振兴大道等,宽度在

30—50 米不等。机动车道和非机动车道大都是水泥路面，人行道为彩色方砖，城区路灯亮灯率保持在 99%以上。城区短途客运有公共汽车和出租车两种方式。2002 年 8 月，宜城被湖北省委、省政府命名为“文明城市”。2005 年，城区建成面积 12.7 平方公里，常住人口 13 万人。

环卫设施：1998 年，城区生活垃圾开始由市环境卫生管理局统一组织清运。当年由沿路各单位集资 300 余万元，在城区 13 个路段新建垃圾中转站 14 座，建设国家二类标准以上公厕 13 座。市环卫局筹资 38.8 万元购回道路清扫车 1 辆，政府投资 20 余万元初步建成一座简易垃圾处理场，并配有推上机、沉淀池、防护屏等设施。2005 年，城区清扫保洁面积有 14 条主次干道 120 万平方米，有垃圾处理场 1 座。公共厕所 33 座，其中水冲式公厕 18 座。道路清扫车 1 辆、垃圾清运车 3 辆，垃圾中转站 24 座，在城区主次干道安放果皮箱 472 个。

供水排水设施：20 世纪末以前，城区生活用水主要由自来水厂取地下水作为居民的生活水源。2000 年 1 月 8 日，湖北省宜城江河供水有限责任公司成立。公司投资 4 142.4 万元兴建日供水 10 万吨净水厂，取汉江水源，于 2000 年 12 月 28 日工程竣工通水。从此，城区居民开始饮用汉江水。宜岛大沟是城区排水的主要通道。2005 年，城区结合道路建设在汉江路敷设排水管道 2 276 米，在自忠路敷设排水管道 2 187 米。同时对城区 47 公里的排水管网和老浆沟排水明渠进行清淤疏通，清除淤泥渣滓 44 万余立方米，工程投资 159 万元，使城区排涝标准达到了可抗 50 年一遇洪涝灾害。

供电供气设施：境内有 110 千伏变电站 4 座，主变容量 177 000 千伏安。35 千伏变电站 12 座，主变容量 49 760 千伏安。110 千伏输电线路 81.74 千米，35 千伏输电线路 268.25 千米。10 千伏配电线路 1 781 千米。2005 年完成售电量 6.315 亿千瓦时，比上年同期增长 5.71%。2002 年 12 月 31 日，大明集团注资 1 000 万元注册成立了宜城大明天然气有限责任公司。2004 年初开始向城区居民供气，当年供气 800 万立方米。2004 年，天然气入城工程一期工程全部建成，庭院管网覆盖范围达 70 多个单位，20 个小区，6 000 多用户。2005 年供气 2 500 万立方米。

邮政电信设施：1985 年，县邮电局下设 18 个支局、12 个邮电所、21 个报刊门市部、150 个邮票代售处。1990 年，全县实现农话人工拨号改自动拨号，长话国际国内直拨。1994 年，电话纵横制设备改为 6 000 门数字程控设备，相继开通了移动电话、无线寻呼、磁卡电话、数据通信和礼仪电报等业务。1995 年，全市电话号码由 6 位数升至 7 位数，交换机总容量达 33 642 门。1998 年 10 月，邮电分设为邮政局和电信局，两家又相继开办了“宜城热线”网站、互联星空、服务热线、电话声讯和公话超市等业务。2005 年，邮政局有网点 18 个，有储蓄押款车、特快专递车和物流配送车各一辆。有汽车干线邮路 12 条 265 公里，农村邮路 35 条 1 610 公里，邮政储网点 17 个。电信局下设 20 个分支机构，有网络总容量 11 万个端口、电话及网络用户 8 万户。

防汛设施：境内防汛设施主要是汉江堤防和蛮河堤防。其中：汉江堤在境内长 76.71 公里，已达到防洪新标准的堤段有 71.9 公里，占汉江堤总长的 93%；蛮河堤防在境内总长 28 公里，已有 22.6 公里达到防洪新标准，占境内蛮河堤总长的 80%。

休闲场地：城区居民休闲场地主要有紫盖山广场、燕京花苑广场和铁人广场，其次还有振兴广场、一阳广场和月亮岛广场等都是居民休闲娱乐和外地游客观光旅游的好去处。1999 年 5 月，位于城区中心的紫盖山广场建成开园。2000 年 12 月，广场二期扩建工程竣工，在原有的基础上设置了风景墙、三级瀑布泉、露天舞场、奇树、奇石、花柱、花篮和照明设施，使广场总面积达到 2.9 万平方米。2001 年 9 月 10 日，广场三期工程扩建改造竣工，在广场栽植观赏树木 12 个品种 69 棵，在风景墙上设置 43.6 平方米的电子显示屏，使广场总面积扩大到 3.1 万平方米。燕京花苑广场于 2001 年 6 月 5 日破土动工，同年 9 月 10 日竣工。广场位于中华路东段，北靠市政府，东临汉江，总占地面积 4.4 万多平方米。广场分集会区，含广场、司令台及停车场，占地约 1.2 万平方米，可容纳 2 万人；休闲区，东西两侧设两个沉降式小广场，配填绿化小品，占地约 1.3 万平方米；娱乐区，设置有小游路、方园平台、弧形小广场、雕塑草坪，占地约2万平方米。广场贴花岗石及广场砖1.85万平方米，铺设彩砖6 000余平方米，设罗马柱16根，四周设钢制栏杆近千米，架设高杆灯2根，华灯10盏，其他各类灯具200余盏，移植大树20余棵，各种造型苗木约1万株，铺设草坪2万余平方米。铁人广场是国际铁人三项洲际杯赛暨全国铁人三项冠军杯系列赛在宜城的举办地。广场面临平静的鲤鱼湖水，设有观礼台，地面全用方砖铺就而成，是居民休闲娱乐和外地游客慕名观光的理想场地。

(三)改革综述

1980年，全县开始在部分村实行家庭联产承包责任制试点，同时在少数企业推行利改税第一步改革。1982年，全县全面实行家庭联产承包责任制，土地和生产资料分户经营和使用。1984年，在工业、乡镇企业和商业企事业单位中推行厂长(经理)负责制，从领导、经营、利益机制等各方面进行改革，同时对农村的产业结构进行配套调整，实行农村种养业和工业企业生产直接挂钩。1985年，农产品派购制度改革全面推行，全县取消生猪等派购制度，粮食由派购改为合同定购，价格实行“倒三七”差价补贴。同期，商品流通体制改革稳步推进，商品价格开始逐渐放开，个体私营经济快步进入商品流通领域。随后，全县的金融、价格、文化、教育等体制改革全面展开。1998年，市委、市政府从实际出发，对中小企业实施“宜股则股、宜卖则卖、宜租则租、宜破则破”的改制方案。到2000年，全市通过租赁承包、股份合作、公有民营、兼并联合、产权出售等多种方式，完成了市直企业和乡镇企业的改制任务。2001年，全市16个乡镇级卫生院成功改制，变国有为民营。同年4月，乡镇机构改革结束，全市150名副局级以上乡镇干部退出领导岗位。2002年3月，市直机构进行改革，市政府工作部门由38个减少为25个。同年，全市林权制度和农村税费改革完成。2004年，全面取消农业税，实行粮食和粮种直补。2005年，全市继续加大招商引资的力度。当年，全市93个单位招商175个项目，到位资金62 219.4万元。31个单位向上争取293个项目，到位资金29 927.8万元。

(四)经济

1.工业

1979年，宜城有化学、机械、建材、森林、食品、纺织和缝纫等工业企业125个，年产值3 834万元。1980年，县委、县政府实施“优先发展轻纺工业，整顿调整机械工业，巩固提高化学工业，大力发展食品及矿产工业，积极发展乡镇企业”的工业企业发展方略。到1985年，全县工业企业发展到218个。1种产品获部优，3种产品获省优，毛巾、毛坯布、床单、皮蛋、板鸭等12种产品成功出口创汇。1989年，全县工业企业在1981年扩权放权、1986年联产计酬、1987年推行厂长(经理)负责制的基础上实行招标招聘、抵押承包。同时采取工农互促的方式发展镇、村、组、户办工业，使全县五级工业企业发展到2225家，实现产值26 574万元，首次超过全县农业年产值。1990年，全县工业企业内部实行“核定基数，定项承包，定比分成，自负盈亏、超收多留、歉收自补、复式挂钩，一定三年不变”的承包方式，在竞争机制、劳动组合、风险抵押、工效挂钩和内部管理五个方面进行改革，使一批外地科技人才、技术和资金陆续入注全县工业企业，一批企业以契约的方式租赁给私人经营，一批小、亏损企业通过合并、兼并和联营的方式成为规模企业。2000年，全市全面推行以“卖、租、破、联、股”为主要形式的企业产权制度改革，通过资产置换、招商引资等形式，使燕京啤酒、雅新家纺、万众纱业和楚都酒业等一批规模企业落户宜城。2005年，全市规模以上工业实现总产值236 713万元，比1998年增11亿。完成固定资产投资83 486万元，是1985年4 580万元的17.2倍。全县工业企业职工年均工资由1985年的

941 元增加到 6 887 元。

2.贸易

宜城具有人口密集、交通便利、物流量大的贸易优势，全市有 17 个综合商品市场，城区有 5 个大型超市，10 条专业商品街和 3 个综合农贸市场。2005 年，全市登记注册的各类商业企业 1 051 户，其中法人企业 550 户，营业企业 501 户，累计注册资本 9.38 亿元。全市个体私营经济 6 900 余户，从业人员 1.3 万余人。

国内贸易：改革开放促进了宜城商业的快速发展。从 1979 年起，宜城在继续发挥国有商业主渠道作用的同时，大力发展集体和个体商业。到 1985 年，全县社会商品零售网点由 1978 年的 218 个增加到 3 486 个，商品零售总额 17 139 万元，比 1978 年增长 3 倍。1991 年，县政府实施"立足城市市场，渗透农村市场，开辟县外市场"的商业发展战略，加快了个体商业的发展。到 1992 年，全县个体工商业累计发展到 5 059 户，其中从事服务业 4 520 户，占个体工商户总数的 91%。1994 年，市政府采取抓大放小的方法，对小企业、门店、柜组和一般商品批零企业实行改制、转轨、租赁或承包，使城市一般小型商业企业、乡镇集体供销社和农村双代店逐步由集体转为个体私营，大部分村民小组开设商品零售店。到 1998 年，全市累计有个体工商户 20 650 户，4.2 万人从业。1999 年，市直五交化公司、百货公司和副食品公司等 13 家大型商业企业最后进入破产或卖断产权程序，成功引进多又佳、美联、仟吉超市等大型商业集团进入宜城。2005 年，全市实现社会商品零售额 193 026 万元，是 1985 年 17 193 万元的 10.2 倍。

对外贸易：全市对外贸易主要有五大类：粮油食品类，主要有皮蛋、板鸭、黑木耳、香菇、芝麻油、大豆色拉油、芝麻粉和玉米油等；纺织品类，主要有尿布、手套、茶巾、床单、毛巾、浴巾、枕套和方巾等；化工产品类，主要有氧化铁红、硫酸镁等；非金属矿产品类，主要是球石；有色金属类，主要有金属钙粒和钙铝合金等。对外贸易的企业主要有新丰公司、国贸公司、雅新公司、凌飞菌业公司和鑫牛公司等。2005 年，全市新批外商投资项目 2 个，追加投资项目 3 个，项目总投资 8 540 万元人民币。其中合同利用外资 560.8 万美元，实际利用外资 576 万美元。全年完成出口创汇 1 820 万美元，新批自营出口经营权 1 家，申报中小企业国际市场开拓资金项目 3 个，申报湖北省外经贸发展促进资金项目 9个。

3.农业

1979 年以前，宜城农业用地实行集体同时拥有土地所有权和使用权的两权合一管理体制。1982 年，全县土地逐步由责任到组、联产计酬发展到以大包干为主要形式的土地承包责任制，在不改变农业用地集体所有性质的前提下，农民拥有土地自主经营权。1985 年，全县取消农产品派购制度，实行合同定购和市场收购。1987 年，全县小麦平均单产 319.5 公斤，被评为"全国夏季粮油高产县"。从1990 年开始，全县的农业种植结构由单一的粮棉油转为多种经营同步发展，使河东西瓜、河西冬瓜等一批农产品基地相继建成，并初步形成了农村种养业结构向工业原材料转化、农村劳力向乡镇企业转移、乡镇企业反哺农业的格局。1992 年，县委、县政府制定《关于鼓励发展个体私营经济的决定》，到1993 年，全县累计发展个体私营企业 14 797 家，有 32 182 人从业，其中 36%的企业由经营型向生产型转变，一批农民开始进城镇承包企业、务工经商或到外地务工。农村经济的发展在给农民增加收入的同时，也由于滥摊派和乱收费等原因使农民的经济负担逐年加重，致使部分乡镇一度出现了土地撂荒现象。1997 年，全市推行财务"两公开一监督"，同时政府采取减少行政管理人员、乡镇"七站八所"改制、限定收费项目和标准等一系列措施，才使农民负担呈逐步下降的趋势。2002 年 10 月，全市农村税费改革完成。2003 年 11 月，全市取消农业税和农业附加费征收，各部门涉农收费停止。2004 年 12 月，全市首次802万元良种直补款分发到户。2005年,全市实现粮食总产462 877吨,比1979年的253 659吨增长82.5%;棉花总产6 242吨,比1979年的5 933吨增长5.21%;油料总产8 280吨,比1979年的4 190吨增长97.6%。农民人平纯收入3 592元,是1979年183元的18.6倍。

4.交通运输

改革开放后,宜城采取"民办公助,自筹自建,先通后畅,逐步提高"的方法发展交通运输业。到1985年,全县有干、支、专用公路线共18条,其中有1条国道,2条省道和8条县道,总通车里程325.1公里。焦枝铁路在境内长36公里。汉江水道在境内长59公里。共有水路运输船109艘,运力12 388吨。1985年,境内原襄沙路被国家编排为207国道。1986年,207国道改线,改线后在境内里程为36.85公里。1989年12月,境内207国道改建工程竣工。之后,207国道孔湾大桥、汉江大桥、蛮河岛口大桥、随南省道扩建、宜东路扩建、全市路网建设工程等一大批公路建设工程相继竣工。1991年,汉江整治工程动工。之后,窑湾散货码头、汉江港口扩建、泥坪码头改建等一批汉江客运、货运码头相继竣工使用。航道达四级标准,可通航500吨级船舶及2 000吨级船队。2000年,境内焦枝铁路襄石复线工程竣工通车。2004年6月,襄荆高速公路宜城段建成通车,境内长33公里。到2005年,境内有铁路全长36公里,汉江航道可供营运里程55公里,公路里程2 643.6公里。客运车辆233台,客运线路20条。跨省客运车辆66台,线路35条。货运车辆1 677台,总吨位9 835吨。运输船78艘,达标码头22处。全市客运周转量2.2万人公里。货运周转量35 569万吨公里。港口货物周转量405.6万吨公里。

5.财政税收

1980年,县级财政对基层财政采取定收定支,增收分成的方法进行管理,对国营企业实行利润定额分成,对商业企业实行超计划利润分成,对亏损企业实行经费包干、超支不补、节余留用的办法。1985年,改为"划分税种、核定收支,分级包干、一定五年不变"的财政管理体制。1987年开始,本着"简化税种,统一税率,便于管理"的原则,实行税制改革。1990年。在国营工商企业中开展税利分流试点,理顺国家与企业的分配关系。2000年,全市财政税务采取强化税收征管、开展专项清理、坚持依法治税、加强效益财源建设,推行财会集中核算制、完善收支两条线管理和科技兴税等一系列措施,当年全市完成财政收入17 190万元,比上年增长10.5%。全市国税收入4 669.2万元,占年计划的104.09%,地税收入5 620万元,占年计划100.08%。2005年,全市财税部门继续完善各项改革、强化政府非税收征管、优化服务措施、不断提高税费精细化管理水平,全年完成财政总收入30 611万元,比上年的29 185万元增加1 426万元。全市完成国税收入9 291万元,比上年增长7.7%,地税收入7 387万元,比上年增长24%。

6.城乡建设

1985年,城区建成面积达6.5平方公里,是解放初期的6倍。宜城县编制城镇总体规划得到襄樊市政府批复,界定县城规划控制区:总面积为70平方公里,其中市区14平方公里,近郊区20平方公里,控制区36平方公里。按照城市规划,市区陆续完成了燕京大道、中华大道、情侣路、文昌路、振兴路和农工路等市内主要干线路网建设工程。1994年撤县建市后,加快了城市建设步伐。到1998年,市区基本构成"城外成环,城内成网"的市区路网框架。1999年开始,市政府采取资产置换、招商引资等方式加快推进城市建设,紫盖山广场、燕京花苑、情侣路、自忠路、市政府易地搬迁、宜城一中易地新建、商业步行街、商业广场、武装部整体迁址、一阳国际精品街、七里花园小区、发展小区、大明天然气、江河供水、中心农贸城和老浆沟整治等一大批关乎民生的市政工程相继建设。2002年8月,宜城市被湖北省委、省政府命名为"省级文明城市"。到2005年,市区建成面积达12.7平方公里,比1985

年增加一倍。居民居住楼平均 5 层，最高 16 层。市区排涝工程可抗 50 年一遇洪涝灾害。空气质量、环境噪声、烟尘控制区达标和饮用水均达到规划控制标准。城区常住人口 13 万人，工业废水排放达标率达 88.5%。

（五）教科文卫

1.教育

改革开放后，宜城按照“分级办学、分级管理”的原则，依靠集体力量发展城乡教育事业。到 1985 年，全县有全日制小学 262 所，学生 48 851 名；初中 16 所，学生 16 471 名；高中 7 所，学生 3 111 名。全县有中小学教职员工 4 639 名。1986 年，宜城县被国家教育委员会授予“全国基础教育先进县”。从 1987 年秋开始，全县分三批普及九年义务教育。1993 年成为全省“普及九年义务教育农村县（市）”和“全国首批公布的普九县（市）”。从 1994 年开始，宜城将教育投入的重点转入城区学校建设和农村初级中学建设，全市 17 个乡镇先后扩建和新建了初级中学。市区实验小学成立、汉江中学新建、第三高级中学扩建、第二高级中学转建、第一高级中学易地新建等工程相继竣工。城区 10 所中小学新建了高标准的综合楼。宜城市先后获得“全国扫除文盲先进单位”和“全国两基教育合格县（市）”等荣誉称号。到 2005 年，全市有小学 136 所，学生 32 671 人；初中 24 所，学生 25 507 人；高中 4 所，学生 10 844 人；职业高中 1 所，学生 787 人；职业初中 1 所，学生 1 015 人；特殊教育学校 1 所，学生 37 人。全市学校教职员工 5 605 人。其中：中学 2 651 人，职业中学 127 人，小学 2 750 人，幼教 77 人。全市有体育总会、太极拳协会、老年人体育协会和棋类协会 4 个体育团体。竞技体育先后有106 人参加省运会，共夺得金牌 18 枚，银牌 26 枚和铜牌 33 枚。

2.文化艺术

1985 年，全县有文化馆（站）18 所，图书馆（室）116 个，新华书店 1 家，图书销售发行点 151 个，电影院及放映队 132 个，录像放映点 15 个，剧院 1 个，广播电视差转台 32 个，档案馆、博物馆各 1 个。从 1990 年开始，乡镇文化、广播、电视、录像逐步合并为文化广播电视站，图书销售发行改供销社代办为新华书店和教育系统联合发行，乡镇电影院、放映队和县电影院逐渐被录像放映厅取代，群众文化、电视普及、文化艺术、戏剧、图书、档案、报刊、通讯、史志编修、图书销售和文博事业发展快速。宜城剧院、宜城电视大楼、博物馆、新华书店综合楼、工人俱乐部、图书馆、体育馆等一批公益文化工程先后建成。个体私营图书销售、网吧和游戏厅在城乡迅速普及。到 2005 年，全市 11 个镇（办、区）的文化广播电视站改为文化体育服务中心，共占地面积 24 766 平方米。文体中心藏书量平均为 6 000 册，少数文体中心设有舞厅、旱冰场、篮球场、音响录像等设施。全市农村分布有 680 个文化中心户，共有流动场所使用面积 21 980 平方米，117 个民间文艺团队共表演 20 多种民间艺术形式。市剧团创作表演的花鼓戏《宋玉传奇》和音乐舞蹈《荡气回肠—车马坑》等一批优秀剧目多次在省参赛并获奖。2000 年，宜城市被文化部、人事部命名为“全国文化先进市”。2001 年 6 月，宜城市被中国科协授予“全国科普示范市”。2005 年，全市有各类专业技术人员 7 662 人，其中高级职称 263 人。累计完成科技项目 350 个，其中 120 个转化为商品。

3.卫生

全市共有医疗卫生机构 125 个。其中：市直 4 个，乡镇 10 个，民营医院 14 个，社区、工矿企业、学校等医疗网点 73 个，村卫生室 154 个。共开设病床 776 张。全市卫生系统职工总数 1 523 人，其中技术人员 1 262 人,共有业务用房面积 93 335 平方米,全市人均寿命 69 岁。

六、南漳县概况

2005 年,全县完成地区生产总值 28.1 亿元,是 1978 年的 17.2 倍,全口径财政收入 14 742 万元,是 1978 年的 14.86 倍;农民人均纯收入 2 846 元,是 1978 年 28.74 倍;城镇居民可支配收入 6 547 元,人均消费性支出 5 244 元。20 多年来,该县先后被授予"全国拥军优属先进单位"、"全国法制宣传教育先进县"、"全省文化先进县"、"全省科技先进县"、"全省双拥模范县"、"全省先进旅游县"、"全省计划生育优质服务先进县"、"全省林业先进县"等荣誉称号。2003 年,南漳县武安镇界碑头村创造的"说事"制度得到中央、省、市的充分肯定。

(一)政区

位置:南漳县地处荆山山脉东麓,属鄂西北山区向汉水中游过渡地带,东临宜城,西接保康,东北与襄城为邻,西北与谷城接壤,南依远安,东南与荆门毗连。地理坐标为北纬 31° 13′ —32° 1′ ,东经 111° 26′ —112° 9′ ,总面积 3 859 平方公里,地理构成大致为"八山半水分半田"。

区划:1979 年,南漳县设沐浴、刘集、九集、龙门、李庙、长坪、薛坪、葛公、肖堰、东巩、巡检、板桥 12 个公社和城关镇、武安镇。1984 年,将除东巩以外的 11 个公社改为区,东巩改为镇,增加清河镇。1987 年 9 月,撤区并乡,全县设胡营、刘集、安集、九集、龙门、李庙、长坪、薛坪、板桥、峡口、巡检、东巩、肖堰、花庄、城关、武镇等 16 个镇和涌泉(后改为镇)、赵店(后改为闫坪)、三景、转弯头(后改为双坪)、凉泉(后改为雷坪)等 5 个乡,清河镇改为清河农场。2001 年 3 月,经省政府批准,南漳乡镇行政区划由 21 个(清河农场除外)调减为 10 个。即城关镇、武安镇、九集镇、李庙镇、长坪镇、薛坪镇、板桥镇、巡检镇、东巩镇、肖堰镇。

人口、民族:2005 年,南漳县总人口 58.39 万人,男女性别比为 108 : 100,农业人口为 462 634 人。人口出生率和自然增长率分别为 7.42‰和 4.36 ‰,人口密度为每平方公里 151 人。人口中,除汉族以外,还有回族、蒙古族、苗族、壮族、朝鲜族、满族、侗族、土家族、羌族等 16 个少数民族,总人数为 1 250 人,占总人口的 0.2 ‰。主要分布在武安镇、城关镇。

(二)环境

1.自然环境

地形:南漳县境内地形西高东低,呈阶梯状分布。西部群山耸立,由西向东逐步平缓。西部属高山区,中部属低山、丘陵地区,东部为平畈、岗地,最高点三尖山(与保康交界),海拔 1570 米,最低处界碑头(与宜城交界),海拔 65 米。

气候:南漳县地处亚热带季风性气候区。气候温和,雨热同期;四季分明,夏短冬长;日照充足,雨量充沛。境内气候有明显的地区差异和垂直差异。东部岗地,年平均气温为 15.4℃—15.6℃;自东向西,气温逐渐降低,年平均气温为 13.6℃—14.7℃;海拔 1 200 米处,平均气温为 10.4℃—11℃。河畈、岗地年降雨量为 830—950毫米;丘陵低山为960—1 000毫米;海拔800米以上的山区为 1 000—1 200 毫米。年无霜期为 185—195 天。

土地资源：由于境内海拔高度不同，地形特征各异，土壤可分为黄棕壤土、石灰（岩）土、紫色土、潮土、水稻土五个土类，13 个亚类、34 个土属、117 个土种。2005 年，全县土地总面积为 385597 公顷，其中农用地 332 009 公顷，占总面积的 86.1%；建设用地 15 593.21 公顷，占总面积的 4.04%；未利用土地 37 995.38 公顷，占总面积的 9.86%。

河流：南漳县境内水资源丰富。古有“四十八大泉、七十二河堰”之称。有大小河流 187 条，河流总长 1960.1 公里，流域面积 3832 平方公里，年平均径流量 18.53 亿立方米。河流分布比较均匀，河网结构呈树枝状，自北向南，有滩水、蛮河、漳河、沮河四大河流，均属长江水系，为山溪性河，因地势西高东低，四大河流均呈西北往东南流向。滩水发源于七里山北麓的刘家台。流经吴集、丁集两地由楼子湾进入襄阳境内。境内流长 79.7 公里，流域面积 130.65 平方公里。蛮河是南漳县第一大河。春秋时称夷(彝)水。发源于保康马胡垭，由王家湾进入南漳县境，流经长坪、李庙、城关、武镇等地，于申家嘴出境入宜城，在钟祥境内入汉水。境内干、支流总长 1146.7 公里，流域面积 2 293.4 平方公里。漳河古时称南漳河，以别于山西的清漳和浊漳，后改称漳水，发源于薛坪的三景庄，经板桥、巡检、肖堰、东巩向东南流，于东巩出境，与沮水汇合于当阳，在江陵县流入长江。境内干、支流总长 593.7 公里，流域面积 1 140 平方公里。沮河亦名沮水，发源于保康响铃沟，由峡口入境，经通城河，于百福头入远安，在当阳与漳水汇合。境内河流长 140 公里，流域面积 269 平方公里。南漳县水能和水利资源丰富。水能理论蕴藏量为 14.3 万千瓦。2005 年，有大、中、小型水库 132 座，已建成和在建的有峡门口电站、杨家峡电站、两河口电站等大小水电站 27 个。尚有 80%的水能资源有待开发。

矿产资源：南漳县矿产资源较为丰富，主要分布在西部和西南山区。经勘探，已发现有煤炭、铁矿、磷矿、水泥用灰岩、铝土矿、累托石、硫铁矿、铜矿、普通建筑石料、方解石、瓷土矿、伊利石、硅石、白云石、陶粒岩、铅锌矿、钼、锰、镓、耐火黏土、重晶石、矿泉水等 22 种矿产资源。已探明储量的有 13 种，已开发利用的主要有 11 种，其中金属矿种主要有铝土矿、镓矿、铁矿，非金属矿种主要有煤炭、磷矿、硫铁矿、累托石、陶瓷土、水泥用灰岩、制灰用灰岩、方解石。

生物资源：南漳县山林面积 2 840 平方公里，占县版图面积的 74%，地处华南华北交接地带，北亚热带季风气候区，适宜多种林木生长。境内有树种 500 余种，其中用材树 100 余种，经济树 50 余种，杂用灌木树 30 余种，园林绿化树种 50 余种。南漳县自古以来就以地域辽阔、特产丰富而享有“金南漳”盛名，据统计，仅林副产品就有 7 大类，1700 多个品种，其中大宗骨干品种有黑木耳、香菇、茶叶、板栗、核桃、柑橘、白果（银杏）、杜仲、花卉盆景、桑蚕等 10 种。南漳县野生动物种类约 125 种，植物 296 种，属国家保护的动植物 56 种，属省级保护的动植物 87 种，保护的野生动物有乌梢蛇、王锦蛇、黑眉锦蛇、松花蛇、菜花蛇、野猪、猪獾、麂子、果子狸、野兔、锦鸡、龟、鳖、鲫鱼、黄鳝、泥鳅等。国家保护的野生植物有黄姜、天麻、葛粉、绞股蓝、芫禾等。鱼类有 51 个品种，主要经济鱼类有草鱼、青鱼、白鲢、花鲢、鲤鱼、鲫鱼等，新引进的有罗非鱼。

旅游资源：经过 20 多年的建设，南漳旅游基本形成了三国源头游、荆楚文化游、荆山生态游、乡村游为主的格局，有七大景区被纳入全省荆山生态旅游总体布局。2004 年，香水河、鱼泉河、龙王峡三个景区被评为全市“十佳山水”景区。2005 年，水镜湖风景区被水利部批准为国家级水利风景区，同年 12 月，省国土资源厅批准成立南漳省级水镜湖地质公园，薛坪镇被评为“湖北旅游明星乡镇”。水镜庄是东汉末年名士司马徽隐居地。当年刘备马跃檀溪，襄阳脱难来到水镜庄，司马徽向他推荐“伏龙、凤雏，二人得一，可安天下”，由此便引出了“三顾茅庐”、“隆中对”等故事。现为国家 AAA 级景区，被列为国家级隆中风景区和荆山生态旅游区主要景区，是三国旅游热线源头。水镜庄位于县城南 0.5 公里处，依山傍水，景色迷人。景区内有巨洞，可容百人，传说通四川，因有白马奔出，故名“白马洞”。景区建筑多为亭阁式，飞檐凌空，气宇轩昂，金窗绣户，雕梁画栋。司马徽、庞德公及其学生诸葛亮、徐庶、庞统玉石雕像惟妙惟肖。半山腰有“头天门”、“二天门”，拾级而上，如登云梯。庄正门前蛮河之上一条木板铁索桥飞跨南北,游客漫步其上逍遥至极,别有情趣漾心头。水镜庄背倚巍峨高耸的玉溪山,三里石壁长廊雄伟壮观。水镜湖景区位于县城西 2 公里处,坐落于群山环抱之中,由“五湖”、“四峡”、“三岛”组成,俯视犹如一巨大明镜镶嵌崇山峻岭之中,山水相连,水天一色,山中有水,水中有山,湖中有湖,景中有景。湖岸景色非常奇妙,鹰子岩险峻,九龙山磅礴,龙门阵玄妙,红叶谷斑斓,黄龙洞清幽,令人目不暇接,流连忘返。经过多年的旅游开发,自然景观达 40 多处。景区内建有风格各异的水镜湖度假村、白鹤山庄、财苑宾馆、华侨别墅、君悦楼、湖心岛别墅群,还有各具特色的农家餐馆。拥有快艇、游船、划船、蹬船、自驾船等各种水上游船 50 多艘,日可接待游客 1 000 人次以上。香水河风景区位于南漳县薛坪镇境内,距县城 42 公里,景区面积 110 平方公里,规划分香水河、普陀庵、甘景洞、般若寺、三景庄五大功能区。香水河为主功能区,分布着“七彩瀑”“三叠瀑”“雄鹰瀑”“凤尾瀑”“峡口瀑”“一线天”“鳄鱼岛”“古渠”“水车”等 50 多个景点,各景点相互连贯,景景相映,景中有景,扑朔迷离。最为奇特的是七彩瀑,晴日上午八点至十一点,“七彩瀑”喷出的水花、水珠在太阳光的折射下呈赤、橙、黄、绿、青、蓝、紫珠状七彩,景观具有独特性。现为国家 AAA 级景区。2002 年全国新闻摄影年会的记者参观后,称之为“楚天九寨沟”。

七里山森林公园位于南漳县城北部 15 公里处,是国家级隆中风景区的重要配套景区之一。其东接古隆中,西通武当山,北倚承恩寺,南靠水镜庄。公园面积 26 200 亩,森林覆盖率达 92%,有“森林浴”、灵观寺、桃花谷、狮子山、五龙寺 5 大功能区 50 多个景点。园内古迹碑刻众多,天然泉眼密集,奇峰怪石林立,树木葱茏,是鄂西北的一大自然资源保护区和荆山生态旅游重要景区之一。园内林海茫茫,古木参天。有树龄达 100—300 年的古树名木 200 余株,国家重点保护的珍稀动物 10 多种,珍贵药用植物有天麻、灵芝、何首乌等百余种,是游人避暑、休闲、健身的好去处。龙王峡漂流位于南漳县肖堰镇漳河大峡谷内,251 省道穿境而过,距南漳县城 55 公里。漳河大峡谷是 7 000 万年前地壳运动形成的裂缝,人烟稀少,原始静谧,置身其中有返璞归真之乐趣。龙王峡漂流惊险刺激,在 8 公里的河道中,激流险滩和平整如镜的湖面相互交错,河道时而狭窄,时而开阔,既有伸手可触的浅滩,又有阶梯形瀑布,是漂流的精品河道。金牛洞景区位于南漳县板桥镇,距县城 90 公里,属天然溶洞,其洞穴之长,景区之大,景点之多,属省内少见,襄樊仅有。该洞形成于数千万年前,属地壳裂变而成,共有五个洞厅,长 5 188 米,为远岸大四层、近岸小八层的立体空间结构,洞内空间最高处 100 米左右,最宽处 50 米左右,共有 200 余个景点,千奇百怪的钟乳石数以万计,呈现黄、绿、红、白各种颜色,栩栩如生、惟妙惟肖。其主要特点:一是“特”。景点特殊,景致特别,最大的景点有数 10 米高,最小的景点只有 12 厘米,洞口对面有引人注目的“五峰寨”,洞北有自然景观“城墙岩”(回音壁)。二是“大”。已探明洞内分为 4 层,每层有比较宽阔的场地,可容纳万人,洞内空气清新。三是“奇”。洞顶、洞壁、地面均有形态各异的钟乳石和石笋,站在每个景点不同的方位可以观赏到不同的景观。四是“险”。置身洞内高处俯瞰洞底有深不可测之感,景点与景点之间有天然地下通道。南漳县境内古山寨众多,分布广泛,特色各异,其中较有代表性的有春秋寨、卧牛山寨、青龙寨。春秋寨遗址位于南漳县东巩镇北 13 公里处,紧邻 250 省道,山寨海拔高 270 米。此寨地形独特,山水交融,视野开阔,有“一夫当关、万夫莫开”之地利。而“春秋寨”得名于东汉末年,相传关羽胸怀济世大志,苦于不得明主,于此寨苦读史书《春秋》而得名。桃园三结义后,关羽战远安,搏当阳,在南漳东巩团山寺收周仓,现寺内尚存碑刻载“疑关圣人收周仓处”。徐庶庙又名单公祠,也称徐公祠,坐落在南漳县城内,因三国名士徐庶曾隐居此地而得名。徐庶庙始建于清嘉庆元年(1796 年)。嘉庆十七年(1812 年),南漳县守备任海复立“汉徐庶故里”石碑,塑徐庶像。以后多次复修,现已成为三国旅游线上的重要遗址,为省级文物保护单位。

2.城区设施建设

交通:南漳交通基础设施以公路为主。境内有 4 条省道(250 宜远路、251 南荆路、305 襄关路、306

随南路)和16条县乡主要干道,全县282个行政村通了公路,有210多个村通了水泥路。1978年,全县公路通车里程为1556公里,2005年达到3730公里。全年完成货物周转量18 986万吨公里,货运量340万吨,旅客周转量14 732万人公里,客运量433万人次。年末民用汽车拥有量5 610辆,其中个人汽车4 910辆。2005年,为了服务华新水泥南漳项目,县政府投资2 200万元,按山区重点二级公路标准,新修一条长2.49公里、宽12米的华新专用公路。境内有5条水库航道,通航里程为49公里。

环卫设施:南漳县建设局设市容管理处,负责城区环境卫生。2005年,城区建有15座公厕,新增垃圾车、果皮箱、集装箱、垃圾房、垃圾场、三轮车等一批环卫设施,有力地促进了环卫工作的正常开展。2005年,城市空气环境质量主要指标平均值达到国家二级标准,环境质量基本保持稳定。交通干线噪声年均值达到国家和省质量考核标准。

供水、排水设施:1986年,县自来水公司在城西鲁家山建有一座水厂、两个大口井为取水水源,设计供水能力1万吨/日,实际供水0.9万吨/日,处于满负荷运行状态。1989年,投资120万元对鲁家山水厂进行扩建改造,设计供水能力3万吨/日,从三道河水库导流洞取水,铺设直径500毫米的引水管道2.5千米,1990年建成供水。1993年开始筹建第二水厂,设计供水能力3万吨/日,1996年建成供水,实际投资1 400万元完成了一期工程,未完成给水管网的配套工程,两个水厂总设计供水能力6万吨/日。2003年,县政府与浙江浦峰集团签订招商协议,以1 158万元卖断了自来水公司的全部产权,改制为第一家县级民营供水企业。县城排水设施以城市主干道下水道为主,1986年后排水设施逐步改进,主要道路初步实现雨污水分流。城市排水设施主体由财政投入,在建或改造城市道路同步进行,背街小巷城关镇负责,以居民户投入为辅。20年来,城市排水设施改造建设共投入800.6万元。至2005年,已形成涵洞式排水道、涵管式排水道、边沟加盖板式排水道三大类,

供电、供气设施:1986年,县城居民使用生活燃料主要是煤,极少数居民用气到襄樊市燃气点购买。1990年后,城市燃气进入县城,开始时有2家气站。经过发展,气站逐步增加。至2005年,城市居民已采用瓶装石油液化气为主要生活燃料,全县已拥有6个气站和1家管道传送的燃气公司,实行特许经营管理,可以满足全县居民用气。1986年,南漳有2座110千伏变电站,2条110千伏线路。1996年11月,建成110千伏漳花线。2003年1月,建成110千伏余花线,拆除了110千伏顺花线。由此,南漳110千伏电网真正成为环网供电。

邮政电信:中国移动南漳分公司1999年7月从电信中分离出来,有4个移动基站,3 000多用户。6年来,加快基础建设和网络建设,通过自办营业厅、自建他营营业厅、代办营业厅、农村经纪人等多种方式拓展业务,到2005年,网上客户规模达到9万户,年运营收入达5 000万元,网络覆盖人口达总人口的80%。2005年,被省公司授予“效益最佳县”。中国联通南漳分公司2 000年4月正式挂牌。5年来,建立C网和G网移动基站120多个,建有7个自办营业厅、93家合作营业厅、300多个代理点,2005年,交换机容量增至10万门,拥有用户5万多户,年营业收入2 000多万元。1978年,南漳通信业固定资产40万元,业务收入52.16万元,交换机容量500门,电话用户342户,电缆5.5皮长公里。2005年,拥有固定电话用户38 376户、计算机互联网用户3 566户,完成电信业务总量2 262万元,完成邮政业务总量1 506万元。

休闲场地:水镜文化广场修建于2000年,位于县城中心地带,总占地面积13 800平方米,总投资450万元。在工程改造中,共拆迁各类建筑物7 800平方米,铺设花岗岩地板1 230平方米、广场砖9 000平方米,安装混凝土管道500多米,安装各类灯具200余盏,新建公厕及管理用房1幢,铺设草坪3 500平方米,建大型雕塑一座,设置音乐喷泉设备1套。高标准改造后的水镜广场,不仅提升了县城形象,创造了新的商机,而且为全城人民提供了休闲、娱乐、健身场所。水镜公园规划东起七〇三大桥的公路,西止鲁家山水厂山脚下,北到护城河和老堰沟,南至蛮河堤,规划全长1 900米,南北平均宽80米,面积15.2万平方米。总投资520万元。修建完成的一期工程全长500米,南北平均宽150米,面

积 7.5 万平方米,投资 300 万元。水镜公园一期工程新建有一座石拱桥、一座仿木平桥,一个画舫、两个茅庐、一个舞池、一个训练场、一个公厕、水池等设施,植树近 100 株,植草皮 15 000 平方米,安装灯饰 20 余基,草坪灯及射灯 30 余盏。修建完成的水镜公园为县城人民营造了一个休闲、游憩的好地方,改变了城南河滩脏、乱、差的状况,并与蛮河堤、蛮河河道和水镜庄连为一体,形成了一个集旅游、观光、健身为一体的环境优美的综合性公园。

(三)改革综述

自 1982 年开始,在全县农村推行多种形式的联产承包责任制。但薛坪公社出现批判勤劳致富典型张相恒的事件,给推行家庭联产承包责任制带来一定的阻力。县委迅速为张相恒恢复名誉,为进一步清除“左”的思想影响,县委印发当年《人民日报》评论员文章《保护勤劳致富的农民》并组织宣传讨论。到 1982 年底,有 98%的生产队实行家庭联产承包责任制,结束了人民公社“一大二公”的经营模式,农民的生产积极性高涨。1983 年,全县农产品产值达到 1.6 亿多元,人均占有粮食首次突破 500 公斤。1983—1987 年,为了巩固家庭承包制度,完善统分结合的双层经营体制,在不宜分散的农技、农机、农经、水利、防疫、物资供应等方面增强了“统”的功能,完善了服务体系。从 1983 年开始,南漳县把农村改革的经验引入城镇,对工商企业的经济体制进行改革,从实行简政放权、推行经济责任制入手,由点到面逐步发展,促使企业改革经营机制、分配制度、领导体制和内部管理制度。1987 年,全县企业推行了“包死基数、确保上交、超收全留、欠收自补、一定四年”的承包经营责任制,35 家实行厂长(经理)负责制、19 家实行目标利润管理和浮动工资。南漳县供销社系统从四个方面进行改革,取得了显著成绩。一是完善经营承包制,把经营承包制与经理负责制、租赁经营制、效益工资制相结合。二是改官办体制为民办体制,清理股金,兑现红利,吸引 9 万多农户集资入股。三是改革传统的购销体制,农副产品采购采取“分购联销”,工业产品采购采取“联购分销”,减少了流通环节。四是发展商农联合、商工联合,与农民合作,与乡镇工业联合经营,投入资金、提供原料、引进技术、推销产品,使供销社充满了生机。1983—1987 年,农副产品收购年均递增 24.4%,生产资料销售递增 12.4%,生活资料销售递增 10.7%,五年上缴利税 1 434 万元。供销系统的做法受到商业部,省、市、县三级政府表彰。1988 年,获全国“五一劳动奖状”。1984 年,南漳县在全省率先建立乡级财政体制。县对乡实行“核定基数,收支挂钩,基数递增,超收分成,一定三年;支出包干,超支不补,节余留用,一定一年”的管理体制。乡级财政体制的建立,调动了乡级政府理财的积极性,增加了财政收入和乡级机动财力,促进了乡镇经济的发展,省财政厅在全省推行南漳的经验。1985 年,南漳县在全省 36 个贫困县中,率先摘掉财政“吃补贴”的帽子。

1988—1994 年,南漳县委、县政府按照“巩固、发展、完善、配套”的方针,继续把全面深化城乡改革作为理顺经济关系,增强经济活力的一项重要措施,全县经济出现了农工商综合经营,一、二、三产业协调发展的新局面。在企业改革方面,调整了以加工工业为主体的单一结构,形成工业、原材料、加工业全面发展的新格局;深入开展了“双增双节”(增收节支、增产节能)和扩销促产;进一步完善了企业承包经营责任制,实行工效挂钩;明确了企业在经营决策、产品销售、劳动用工方面的自主权;按照“两权”分离、“两利”结合的原则,进行了企业经营体制的改革;组织企业与大中城市、大专院校、大中型企业开展挂靠引联;拓宽融资渠道,盘活资金存量、增加资金投入。在农村改革方面,大力优化经济布局和产业结构,放活开发“四荒”(荒山、荒坡、荒水、荒滩)资源,进行多种形式的联合开发,使广大农民进入流通领域;在农村建立合作经济组织和发展股份合作经济,使信用社还社于民;依托地方资源,大力兴办乡镇和村级企业;切实减轻了农民负担。7 年间共清退不合理负担项目 132 个、254 万元，停止收费项目33个、134万元。1993年，一次性兑现白条612万元。在对外开放方面，广泛开展招商引资、挂靠引联。1993年，接受登记合资企业19家，合资总额1 345.19万美元。

1994—1999年，在农村重点抓稳定完善家庭联产承包责任制、延长土地承包期、推行股份合作制、建立合作基金会、调整种植结构、推进农业产业化经营、拍卖“四荒”资源等，促进农村经济的发展。在城镇，重点抓企业改革和各项配套改革，在全县125家企业中进行多种形式的改革，改制面达91%，共募集股本和回收资本1.14亿元，吸纳增量投入3 050万元，盘活资产存量9 800万元，安置下岗职工3200多人。同时大力推进了财政、税收、金融、外资、计划和流通体制、城镇住房制度、社会保障制度、再就业工程、小城镇综合试点及推进国家公务员制度、企业干部人事制度等各项配套改革。对外开放不断扩大，对外贸易和利用外资大幅增长。

进入新世纪，深入推进企业产权制度改革、农村税费改革及配套改革、教育布局调整、行政事业单位机构改革、流通体制改革、住房制度改革、社会保障制度改革及行政审批制度改革，从根本上消除了制约经济社会发展的体制性和机制性障碍，产生了良好的社会效益。国企改革的基本完成，激发了企业活力；二轮土地延包、机关工作人员竞争上岗和“七站八所”事业单位转制等农村税费配套改革，达到了减人、减支、减轻农民负担和转变基层政府职能的目的。招商引资、项目建设、民营经济、外经外贸取得突破性进展，威利邦、华新公司等一批国内外知名企业落户南漳，为南漳今后的发展奠定了良好的基础。

（四）经济

1.农业

南漳县属山区县，农村经济基本上是单一的农业。1986年2月，县委作出《加强农业十大商品基地建设》的决定。到1987年底，商品基地初具规模，庭院经济有较大发展，全县多种经营的产值达到1.1亿元，占农业总产值的46.2%。农副产品的商品量增长较为迅速，农、林、牧、副、渔全面发展，工、商、运、建、服综合经营的新格局初步形成。1990年，全县多种经营基地总面积达到36万亩。1993年，县委提出农业结构调整区域布局，东部丘陵以“渔、禽、粮”为主；西南地区以“茶、果、桑”为主；西北地区以“药、菌、矿”为主；城关、武镇重点建设农副产品基地，开展农副产品加工。1995年以后，全县在粮食生产上推广科技，优化栽培，粮食产量不断增加，但农产品市场震荡加剧，粮食价格下跌，出现新的“卖粮难”。县委、县政府及时压缩水稻、小麦面积，扩大苞谷、杂粮面积，同时大力发展生猪、桑蚕等多种经营项目。到2000年，全县以生猪为主的畜牧业产值达到4.3亿元，占农业总产值的34.3%，全县肥猪出栏达45万头，仅生猪一项，全县人平增收30元，财政收入500多万元。其中刘集镇生猪出栏达10万头，居全省前5名。新建桑园5万亩，总面积达到7万亩，桑蚕总产达到129.5万公斤。2002年，南漳县加大支援农村、支持农业、服务农民的力度，农业综合生产能力持续增强。云台山、石门水库的综合治理，小(二)型水库整体除险等一大批农业基础设施建设项目的实施，提高了农业抗御自然灾害的能力。公路村村通、烟水(路)配套、封山育林、退耕还林、农村安全引水工程等项目的实施，极大地改善了农业生产和农民生活条件。2005年，全县公路通车里程达到2523公里，其中等级公路1 316公里，农村通路行政村达97%，完成了1 800户“一建三改”(建沼气池、改厨、改厕、改栏圈)任务、解决了1万人安全饮水问题。2005年，粮食总产29 861.5万公斤，油料总产2 690.5万 公斤，生猪出栏60.98万头，家禽出笼185.45万只，禽蛋产量699.5万公斤，茶叶总产46.45万公斤，水果总产1 565万公斤，食用菌总产264万 公斤，烟叶总产299.5万斤，蚕茧总产123.4公斤，水产品总产255万公斤。三是农业结构得到调整。2005年，优质稻、优质小麦、优质油菜比重分别达到64%、35%、和

98%,当年劳务输出达到7.1万人,主要农产品商品率达到63%,从事非农产业劳动力的比重上升到45%。四是农业产业化持续推进。2005年,全县农业产业化龙头企业达到147家,其中省、市级农业产业化重点企业9家,龙头企业实现销售收入4.5亿元,利税3 380万元,全县农业产业化经营共辐射生产基地54万公顷,带动农户7.5万户,人均增收75元。五是农村改革持续深化。2005年,全县落实了免征农业税、粮食直补、良种补贴、大型农机具补贴等"一免三补"政策,总额达到3 883万元。乡镇综合配套改革全面推进,事业单位改革全面深化,七站八所转制步伐加快,农村公益性服务事业"以钱养事"的新机制初步建立。

2.工业

中共十一届三中全会以后,南漳县发展地方工业的指导思想由侧重"为农业服务"转向面向国内外市场,由以增加产量为中心转向以提高经济效益为中心。20世纪80年代,一批利用和开发地方资源的轻纺工业兴起,麻纺厂的扩建,促进了苎麻生产;缫丝厂、丝织厂的建立,结束了蚕民只卖蚕茧的历史;汽车刹车装置在国内市场赢得声誉;化肥厂几次改造扩建,化肥生产自给自足;水能资源发电取得成效,煤炭和磷矿开采初具规模。银花牌苎麻条、水晶牌粉丝、大华牌刹车阀、金春牌烙花筷、珍珠液酒、凤泉液酒等30多种产品获国家质量奖和省优质产品奖,16种工业产品出口。1990年以后,随着社会主义市场经济体制的建立,南漳工业处于重要转折时期,企业转换经营机制,加快改革步伐,加强技术革新,调整产品结构,提高经济效益。进入21世纪后,企业产权制度改革的不断深入,全县工业逐步向民营化方向发展。到2003年,全县132家企业进行产权制度改革,基本实现了民营化,其中破产重组和产权卖断形式的有128家。到2005年,南漳工业年产值在500万元以上的规模企业31家,其中1 000万以上有18家。乡及乡以下企业(含个体)8 872家。当年全口径完成工业产值928857万元,其中规模企业完成92 887万元。基本形成了机电、化工、纺织、建材、轻工五大行业同步发展的良好局面。

机电:机电工业是1992年5月从原工业局分离出来的行业,当时有湖北刹车装置厂、汽车起动机厂两家企业。1993年,全县实现工业产值1 994.5万元,销售收入1 489.5万元,利税102万元。1995年10月,县政府从刹车装置厂分离出压铸产品和相关车间,成立襄樊有色金属压铸厂,1999年,完成工业产值1 605万元,实现利税155万元。2000年,改制为民营企业,更名为新元公司,企业产品增加到57种、12大系列,为二汽、航天部六〇八所、天津夏利轿车配套生产。2005年,机电工定实现工业总产值3 300万元,利税164万元。

化工:化学工业是1992年5月从原工业局分离出来的行业,当时有县化肥厂、硫酸厂、磷化工厂。1993年,全县完成工业总产值2 686.76万元,销售收入2 464.96万元。1996年成立盛华化工公司,生产液体氰化钠。1997年,引进襄樊制药厂老板侯銮组建襄九精细公司,生产溴氢酸。2002年,引进四川龙蟒集团,生产磷酸氢钙和硫酸。2004年,引进中德磷业公司,生产磷酸和磷酸钠。2005年,化工行业实现工业总产值20 611万元,销售收入18 725万元,利税1 500万元。

纺织:纺织工业是从1980年开始逐步发展壮大的行业,到1989年,全县纺织工业达到12家,当年完成工业产值10 696.24万元,首次突破亿元大关,成为南漳的支柱产业。进入20世纪90年代后,受国际国内市场影响,资金紧缺,市场疲软,原材料上涨,纺织行业举步维艰。企业通过招商、引进、剥离、组合、破产等方法,到2001年,全部实行民营化管理。2005年,纺织行业发展到20家,其中新华纺织公司、金辉纺织公司、南新无纺布公司、东漳茧丝绸公司、宏联纺织公司、北威纺织公司、利美纺织公司销售收入都达到500万元以上。

建材:建材工业按照"注重效益、提高质量、协调发展、稳步增长"的指导思想,到1989年,全县有建材企业达到160家(含乡镇村办),生产的建材品种达20多个,当年完成工业总产值2822.9万元。

由于国家压缩实心黏土砖、发展新型墙体材料，到2005年，红砖生产企业关停8家，保留11家，新型建筑材料企业5家。2005年3月，引进华新水泥股份有限公司在城关南背投资3.4亿元，兴建一条4000T/D熟料水泥生产线。

轻工：轻工业起步较早，最早生产土纸、日用家具、糕点、酱菜、酿酒及粮食加工。到1989年，全县发展到造纸、印刷、酿酒、食品、日用品、制革等15个行业，产品50多种，当年完成工业总产值6503.3万元，实现利税645.76万元。随着社会主义市场经济的不断发展，一大批轻工企业陆续破产，改制成为民营企业。到2005年，年销售收入在500万以上的有三家：华海纸业公司、珍珠液酒业公司、东方明珠酒业公司。

3.商贸

国内贸易：南漳县对内贸易经历了计划经济、双轨制和社会主义市场经济三个发展阶段。20世纪80年代，商品经济发展速度加快，原来实行计划供应的商品绝大部分敞开供应，允许多种经济成分并存，商业、服务业得到迅速发展。1987年，社会商品零售额由1978年的6 444万元，增长到21 912万元，年递增14.57%。在商业经济成分中，中共十一届三中全会以后，个体商业户快速发展，1985年发展到5 634户，从业人员8 056人，营业额350多万元。供销合作社逐步深化经济体制改革，增加网点，改善服务。1985年，县供销社辖7个经理部，14个基层社，102个分店，353个双代店，当年实现销售额7 983万元，毛利1 203万元，税金117万元。同时，国营商业也加快发展，20世纪80年代新建了一批商业企业，仅1986年实现社会商品零售额12 417万元。在贸易行业中，1984年，取消生猪派购政策，放开生猪市场。百货、五金、土特产、农业生产资料、日用杂品、副食烟酒、饮食服务都得到快速发展，满足了人们的生产生活需要。1984年，棉花经营部门与农民签订收购合同，合同内按国家定价和奖励政策收购，合同外议购议销，当年收购3 302.8吨。1985年4月取消粮食统购，实行合同订购，农民在完成征购任务后，可以到粮油集贸市场进行自由交易。粮食工作由管理型逐步转向经营型，促进了粮食商业的发展。1988—1991年，南漳县国有商业企业加强商品管理，控制社会集团购买力，理顺经营秩序，制止倒买倒卖，抑制通货膨胀。20世纪90年代，国有商业增加网点，调整布局，转变经营模式，提高企业效益，采取批发零售一体化经营，推行商品自选，开展特色经营、连锁经营，推行股份制、承包制改革。随着社会主义市场经济体制的逐步建立，一大批国营商业企业改革改制，破产重组。进入21世纪后，南漳开始在流通领域引进外地客商建立金城、家家乐、美联等大型超市，已成为全县人民购物的首选。县商业主管部门在抓好商品经营的同时，从1996年开始，还被县政府授予对生猪定点屠宰进行管理。2005年，全县生猪定点屠宰16 528头。1986—2005年，南漳县的个体私营经济发展经历了恢复发展、快速发展和健康发展三个阶段，已成为县域经济的重要组成部分。1992年，县委、县政府及时出台一系列优惠政策，鼓励、支持、引导个体经济发展，到2005年，全县实有个体工商户7539户，私营企业98户。社会消费品零售额11.03亿元，是1978年的183倍；集市贸易成交额1.6亿元，是1978年的51倍。

对外贸易：南漳县1974年建立外贸公司，经营出口商品。1978年，出口商品76种，价值320.1万元。20世纪80年代扩大对外贸易，1987年，出口商品达到120多种，价值4 364.8万元，其中工业品有40多种，出口商品经18个港口，销往8个国家和地区。南漳传统的出口商品是木耳、蜂蜜、桐油、核桃、冬花。20世纪80年代主要的创汇产品是麻条，“银花牌”麻条为免检出口商品，销往日本，1987年，出口510吨，价值1142万元。从20世纪80年代开始，引进国外先进工业设备，以推进南漳的工业技术改造，先后从捷克、日本引进“四色胶印机、多头绣花机、注拉吹制瓶机”，年创产值395万元。1986年以来，南漳县外贸在经历了计划经济和市场经济两种经济体制的变革后得到了快速发展，外贸出口由供货制发展到自营出口，外贸企业特别是出口生产企业不断增加，出口产品由单一的农副土特产品,发展到粮油、纺织、针棉织、棉纱、丝绸、服装、土产、畜产、矿产、轻工、工艺、化工等14大类160多个品种,出口供货额由1986年的4 059万元发展到1999年的3.2亿元,年递增率均在15%以上。2001年,南漳实现自营出口零的突破,当年出口创汇17.2万美元。2005年,全县外贸出口商品总值353万美元,外商直接投资163万美元。

4.交通运输

20世纪80年代,南漳县修通了南(漳)板(桥)公路和连接荆门、远安、谷城的公路,乡镇公路网发展较快。全县公路通车里程,1978年为1 556公里,1987年为2 200公里,年平均建成公路155公里。在水路方面,20世纪六七十年代建成的三道河水库、石门水库、云台山水库和花庄水库有少量短途客运。1988—2005年,是南漳交通事业快速发展的重要时期,以县内主要干线和农村水泥路为主要形式的公路交通网络基本形成,305省道(原316国道)穿境而过,襄南路、南远路改造升级,村村通工程全面启动,城乡客运联网互通,货物运输遍布镇村。2005年,完成货运周转量18 986万吨公里,旅客周转量147亿万人公里,全县通车里程2 523公里,实现村村通车。

5.财政税收

1995年,5个骨干工业企业提供财政收入400多万元,在全省依靠甩掉“吃补贴”帽子。1978—1987年,财政收入年均递增8.9%。20世纪80年代,县财政积极进行财政管理体制改革,1985年,省财政厅推广了南漳的经验。在财政收入中,1986—1993年,全县地方一般预算收入中,工商税所占比重较大。1994年,实行分税制改革后,财政收入结构发生重大变化,增值税、所得税所占比例较大。2002年,全面推行农村税费改革。2005年,全面取消农业税后,非税收入逐步增长,当年全县实现地方一般预算收入5 249万元,其中工商税3 178万元,农业四税498万元,非税收入1 573万元。在财政支出上,保证干部工资兑现,保县、镇、村三级组织工作正常运转,保稳定和事业发展。在财政改革与管理上,实行国库集中收付,加强预算外资金管理,加强财政监督管理,推行政府采购,1992年以来,南漳县财政局先后十次被省财政厅评为财政监督检查先进单位。

6.城乡建设

县城是全县的政治、经济、文化中心,非农业人口近7万人。城区面积由1979年的4.25平方公里扩展到2005年的9.33平方公里。20多年来,县政府先后投资1.27亿元,新建水镜路、学府路,改造万山路,新建城北防洪工程、水镜公园、水镜广场,对街道实行亮化、美化、净化、绿化,极大地改善了城区人民的生活条件。1986—2005年,县城城区共新建、改造道路12条,使城区道路增加到32条,促进了城市交通通畅和便利,基础设施配套,拉大了城市骨架,带动了城市经济,城市连接乡村、辐射乡镇经济的作用进一步加大。2005年,主要街道有水镜路、万山路、苗圃路、学府路、徐庶路、便河路、玉印路、玉凤路、文庙路、和平路等37条路、街、巷。2000年新建的水镜路,东起城东桐树店,西止城西长坪厂,中间设一个高杆灯,三处交通信号灯,四处过街彩虹,被称为南漳“长安街”。2005年,城关镇被列入国家重点镇、武安镇被列入省级重点镇、东巩镇被列入省级中心镇城镇建设计划。2001年,县城参加湖北省城镇规划建设管理竞赛,获得最高奖项——“楚天杯”奖。2005年,东巩镇创建湖北省先进小城镇,被省政府授予规划建设管理“楚天杯”先进小城镇荣誉称号。

7.旅游

南漳县是楚文化的发源地、和氏璧的故乡、三国故事的源头。境内旅游资源十分丰富,既有水镜湖、七彩瀑、金牛洞、七里山森林公园等自然景观,也有水镜庄、安乐堰、主山寨、徐庶庙等历史文化景观，还有龙王峡、鱼泉河漂流等休闲娱乐项目，素有“襄樊都市后花园”之称。2005 年，接待旅客 46.2万人次，实现门票收入 636 万元，旅游综合收入 11512 万元。

（五）科教文卫

1.教育

从 20 世纪 80 年代开始，该县不断调整学校网点布局，整顿教师队伍，提高教师素质，促进教育质量的提高。先后争取国家、省、市资金 2 969.97 万元，县、镇、村三级投入资金 15 437.33 万元，用于改善办学条件，新建教学楼、宿舍楼、学生食堂、运动场。全面实施素质教育，努力提高教学质量。1998 年，通过湖北省人民政府普级九年义务教育验收。2005 年，全县有高中 3 所，教师 388 人，在校学生 7014 人；职中 1 所，教师 98 人，在校学生 1 385 人；初中 2 5 所，专任教师 1623 人，在校学生 28 979 人；小学 191 所，专任教师 2 297 人，在校学生 31 238 人。

2.科技

中共十一届三中全会以后，南漳县先后建立了多种专业学术团体、科研机构和科技市场，科技成果项目实行了商品化。1987 年，有两项在北京国际发明展览会上获奖。1989 年，引进输出专利和转让科技成果项目 119 个。1989—2005 年，全县深入开展科技体制改革，实施科教兴县战略，强化科技管理，开展科普宣传教育，科技工作出现了新局面。其中 2000 年，南漳县被国家科技部授予全国科技工作先进县，后通过了每两年一次的复查考核。2002 年以后，加强了防震减灾知识产权保护工作，到 2005年，累计申请专利 59 件，授权 45 件。2005 年，全县有科研机构 5 所，科研人员 48 人，其中获中级以上职称 15 人。

3.文化艺术

1979 年以后，党对文化工作的各项政策得到落实，全县文化事业呈现繁荣景象。到 1987 年，全县文化干部 237 人，文化馆（站）21 个，文化专业户 91 个，专业文化工作骨干有 730 人，专业和业余作者在市以上刊物上发表剧本、曲艺、小说、诗歌、音乐、美术作品 347 篇（首、幅），其中在市以上获奖 45 篇，在首届“中国艺术节”期间，北京中国美术馆展出南漳 17 件民间美术作品，其中两件送往加拿大、美国展出。1978—1987 年，文化基础设施建设投资 710 万元，改建新建影剧院 33 座和一批文化馆（站），修复了“水镜庄”“徐庶庙”“玉印岩”等名胜景区。1987 年，全县文化设施总面积达 73 900 平方米，比 1978 年增加 19 倍。20 世纪 90 年代以后，以城区为龙头、以乡镇为枢纽、以村组为依托的文化活动长年不断。1993 年，文化部授予南漳县文化馆“全国标准文化馆”。1994 年 10 月，南漳县举办湖北省楚国历史与文化第九次学术研讨会暨理事会，受到国内外各方面专家、领导好评。1995 年，南漳县被省政府命名为“文化先进县”。2005 年，文化部授予南漳县“文化科技屋”项目创新奖。1992—2002 年，全县有 8 处古建筑及遗址成功申报为省级文物保护单位。1996 年和 1999 年，武安镇、李庙镇、九集镇先后被市政府、省体委命名为“体育先进乡镇”。文学艺术日趋繁荣。1988—2005 年，在市以上刊物发表及获奖作品 7 000 余件。2005 年，南漳有广播站（电台）5 个，南漳电视台日均播出节目 20 小时。有文化馆（站）14 个，专业歌舞团 1 个，年演出 92 场，观众 54 000 人。有城乡电影院 5 座，放电影 350 场，观众 30 万人次。

4.卫生

南漳县在20世纪80年代,各种传染病已基本得到控制,发病率大幅度下降。医疗设施不断完善,医疗队伍不断扩大,医疗水平不断提高。1987年,每千人中有医疗卫生技术人员3.5人,全县拥有病床1 267张。1988—2005年,全县先后投入8 700多万元改善卫生设施条件,添置卫生医疗设备,使一些疑难重病患者得到及时救治。1996年、1997年,县人民医院、县中医医院被授予国家"二等甲级医院"和"国际爱婴医院"。2002年,县中医医院被授予"湖北省示范医院"。2005年,全县拥有卫生机构72个,病床954张,卫生技术人员1 926人,年门诊64万人次,传染病发病率为214/10万,人均平均寿命70岁。

七、谷城县概况

谷城历史悠久,是楚文化发源地之一。周代立谷国,秦朝依筑水立筑阳县,县置几经更改,隋开皇十八年(598年)更名为谷城县,到2005年已有1407年历史。2005年,全县设9镇1乡、2个经济开发区和1个旅游度假区,总人口55.2万人。其中非农业人口17.55万人。

至2005年,地区生产总值居湖北省63个县市(下同)第33位、襄樊市6个县市(下同)第4位;工业增加值居湖北省第22位、襄樊市第2位;国税收入居襄樊市第1位,地方财政一般预算收入居湖北省第34位、襄樊市第4位;社会消费品零售总额售居湖北省第37位、襄樊市第4位;农民人均纯收入居湖北省第29位、襄樊市第4位。综合实力稳居湖北省省山区十强县(市)行列。

在经济较快发展的同时,社会事业明显改善。实现基本扫除青壮年文盲、基本普及九年义务教育目标;以科技示范区、科技示范户为先导普及科学技术,发展高新技术产业;加大对文化体育事业的投入,兴建广播电视大楼、文化馆、图书馆、体育场等设施,实现广播电视混合覆盖。参加体育锻炼人口达25万人,占总人口的45.5%;加大对医疗卫生事业的投入,推进医疗卫生制度改革,加强公共卫生体系和卫生基础设施建设。35.57万农民参保新型农村合作医疗,占农村人口的93.67%。2005年,全县人口年出生率10.39‰,计划生育率93.06%,自然增长率6.82‰。基本建立城乡养老保险、城市居民最低生活保障以及失业、生育、工伤保险等保障制度,综合保障能力和总体保障水平居全省县市前列;人民生活由温饱型进入小康型。城镇居民家庭人均总收入6 036.61元,人均可支配收入5 896.97元;农民人均纯收入2 888元。

(一)政区

位置:谷城县位于湖北省西北部,地处武当山脉东南麓,汉水中游西南岸。地跨北纬31°53′—32°29′,东经111°07′—111°52′。东与樊城、老河口隔江相望,东南与襄城接壤,南接南漳、保康,西与房县交界,北与丹江口市相连。谷城位居名城襄樊与车城十堰的中间地带,汉十公路和襄渝铁路穿境而过,襄樊机场和老河口机场与县境毗邻,汉水航运日渐发达,形成便利的水陆空立体交通网络。县城距襄樊市73公里,距武汉市420公里。

疆域:谷城县地处武当山东南麓和荆山西北麓之间,总属昆仑山中支北岭系的大巴山脉东延部分。东西长约69公里,南北宽约66公里,总面积2 540.56平方公里,占全省总面积的1.36%。

行政区划:1979年1月,谷城县辖城关、石花2个镇,北河、冷集、石花、五山、紫金、粟谷、赵湾、龙滩、盛塽、当铺、庙滩、茨河 12 个人民公社。下设 56 个管理区，394 个生产大队。1981 年春，将石花公社更名为大峪桥公社。全县 373 个生产大队，按原地名更名 346 个，13 个街道更名 8 个。1981 年 8 月，北河、冷集、大峪桥、五山、紫金、盛塽、庙滩、茨河 8 个公社下设 8 个社辖镇。1984 年 3 月，实行“政社分设”，全县划为北河、冷集、五山、紫金、粟谷、薤山、南河、南川 8 个区，谷城、石花、大峪桥、盛塽、庙滩、茨河 6 个镇；区镇以下设 48 个乡和 10 个乡级镇；以原生产大队、生产小队的规模建立 395 个村和 2765 个村民小组。1985 年 7 月，撤销南川区、薤山林区，薤山林区复名为国营薤山林场（仍为行政区级建制）；区镇下辖村民委员会 411 个，居民委员会 14 个。1987 年 9 月，撤区建乡，县城谷城镇复名城关镇，县辖城关、北河、冷集、大峪桥、石花、谢湾、紫金、南河、盛塽、庙滩、茨河 11 个镇，沈湾、五山、官坊、粟谷、赵湾、当铺、黄畈 7 个乡和 1 个薤山林场。1994 年 3 月、11 月，五山、沈湾分别撤乡建镇。1995 年 10 月撤销粟谷乡建置，当铺撤乡建镇。2000 年 10 月，薤山林场行政建制撤销。2001 年 4 月乡镇机构改革，全县撤并为 9 个镇 1 个乡，即：城关镇、冷集镇、石花镇、五山镇、紫金镇、南河镇、盛塽镇、庙滩镇、茨河镇，赵湾乡。至 2005 年，全县设 9 个镇 1 个乡，有 248 个村民委员会、29 个社区居民委员会。

人口、民族：1982 年，第三次人口普查统计，谷城县总户数 10.66 万户，总人口 50. 62 万人，其中男性 26.01 万人。2005 年，谷城县总户数 18.572 8 万户，年末总人口 55.22 1 万人，其中农业人口 37.651 2 万人，非农业人口 17.550 9 万人；男性 28.608 4 万人；县城常住人口 15.66 万人，县城流动人口 1.35 万人；人口密度为 216 人 / 平方公里。1982 年，第三次人口普查统计，谷城县有汉族、回族、蒙古族、满族、壮族、瑶族、土家族、白族、彝族、苗族等 10 个民族。人口最多的是汉族，占全县总人口的 99.79%，其次是回族，972 人，占总人口的 0.18%，其他 8 个少数民族计 112 人，约占总人口的万分之二。2005 年，谷城县有汉族、回族、蒙古族、满族、壮族、瑶族、土家族、白族、彝族、苗族等 22 个民族，其中汉族最多，回族 915 人，其他少数民族 195 人。

（二）环境

1. 自然环境

地质、地貌：谷城境内地质，有远古时代武当变质岩和石灰岩，也有年轻的第四季黄褐色黏土以及近代河流冲积物。海拔在 1200米以上的谷南高山为志留纪页岩；海拔在 500—800米左右的谷南低山，为震旦纪和寒武纪的灰石岩；海拔在 800—1 200米的谷西北二高山地带，属武当变质岩区；海拔在 100 ~ 500米的谷中丘岗以及海拔在 500—800米的谷西北低山，犬牙交错地存在白垩纪—第三纪红砂岩、第四纪黄土以及底砾岩和少数基性岩；海拔在 100米以下的汉水西岸及南、北河下游间断性的小平原，为近代河流冲积物及第四纪黄褐色黏土。谷城县境处于中国地理结构的第二阶梯和第三阶梯的过渡段。地貌特点是：地割强烈，峰峦栉比，谷涧纵横，起伏坡度大。地势西南高、东北低，坡度倾斜 1:2，呈“簸箕”状。西南部海拔 900 米以上高山 72 座，1 000 米以上高山 42 座，呈折扇形，耸峙于县境西南边缘。最高峰为赵湾乡的青龙山，海拔 1 584 米，最低点为茨河镇九道湾，海拔 71 米。

水系：谷城县境内有汉水、南河、北河等大小河流 107 条，其中流域面积 100 平方公里以上的 12 条。流域控制面积 8 254.67 平方公里(其中自然面积占 30.37%)。年均降水量 24.61 亿立方米。地表水总流量 399.67 亿立方米，地下水 0.742 亿立方米。汉水于冷集镇王家康村入境，于茨河镇白龙庙村出境至襄城区，境内流程 61 公里，大小支流 24 条。南河发源于神农架东南麓，由官坊乡玛瑙观村入境，至城关镇格垒嘴村注入汉水，境内流长 74 公里，大小支流 42 条，流域面积 1051 平方公里，年径流量 25.2 亿立方米。北河发源于房县南进沟，由紫金镇彦家洲村入境，至北河镇安家岗村注入汉水，境内流长 59.6 公里,大小支流 41 条,流域面积 1 121.2 平方公里,年径流量 1.2 亿立方米。全县水资源容量为 28.31 亿立方米(不含汉水)。境内河流水能蕴藏量 14.5 万千瓦(不含汉水),可利用 12.57 万千瓦。全县水域总面积 17.8 万亩,其中,可养殖水面 2.7 万亩。

气候:谷城属北亚热带季风气候,雨量充沛,光照充足,气候温和,四季分明,冬冷夏热,雨热同季,无霜期长。春季气温回升快,寒潮过后,开始转暖。4 月雨日较多,6 月受副热带高压控制,易出现梅雨天气。7—8 月,天气炎热,伴有伏旱。秋季渐凉,雨日少,气温日差大。冬季寒冷,寒潮降临时,常伴有雨雪和暴风雪。全年日均气温 15.4℃,7 月下旬至 8 月上旬气温最高,平均在 28℃以上。1 月最低气温平均 3.5℃。气温年较差 24.5℃。极端最高气温 41.4℃,极端最低气温—19.7℃,最大日较差 21.7℃。年平均日照 1894.2 小时,日照率 43%。8 月日照最多,220 小时,日均 7.1 小时,日照率为 59%;2 月日照最少,仅 116 小时,日均 4.1 小时,日照率为 34.0%。无霜期 234 天。年均降水量为 854—1254 毫米。7—8 月最多,为 122.3—300.2 毫米;12 月至次年 1 月最少,为 25.4—30 毫米,年均降水日 122 天。

土地资源:2005 年,谷城县国土总面积 3829497 万亩,其中耕地面积 398 850 亩(水田 260 689 亩,旱地 138161 亩)。全县山丘、水面、农田的大体比例为 8:0.5:1.5(俗称"八山半水分半田")。人平耕地 0.72 亩,农业人口平均占有耕地 0.94 亩。分 5 个土类、10 个亚类、29 个土属、118 个土种。其中水稻土占 11.8%,黄棕壤占 59.8%,石灰土占 23.5%,紫色土和潮土占 4.9%。有 30.6%的耕地分布在海拔 100 米以下的沿河平川,41.4%的耕地分布在 100—500 米的丘岗地带,23.6%的耕地分布在 500 ~ 800 米的低山地带,4.4%的耕地分布在 1 000 米左右的中高山地带。据 1982 年土壤普查,全县 534 284 亩耕地,其中农耕地质量优良的一级土壤 70754 亩,占总耕地的 13.2%(水田 51 034 亩,旱地 19 720 亩);质量良好的二级土壤 169 323 亩,占 31.7%(水田 127 906 亩,旱地 41417 亩);质量一般的三级土壤 133 651 亩,占 25%(水田 45406 亩,旱地 88 245 亩);质量差的四级土壤 160 556 亩,占 30.1%(水田 77 529 亩,旱地 83 027 亩)。土壤酸碱度呈中性的耕地有 230 391 亩,占耕地总面积的 43.1%;呈微酸性的有 12 259 亩,占 22.9%;呈微碱性的 116 517 亩,占 21.8%,适应各种农作物生长。全县酸性土壤面积 5116 亩,仅占耕地的 1%,碱性土壤面积 59 663 亩,占总耕地的 11.2%。

矿产资源:谷城县矿产资源十分丰富。已探明非金属矿藏有重晶石、石灰石、硫铁、石棉、石膏、硅石、白云石、石英石、磷、型砂、大理石、花岗石、水晶石、蛇纹石、铝土、膨润土、高岭土、砂土、砂石和煤等 20 多种;金属矿藏有铜、铁、金、锰、铅、锌、钼、锗等 10 多种;有温泉和优质矿泉水 1 处。储量大、分布广、开采价值高的有重晶石、石灰石、石棉矿、石膏矿、硅石、白云石、石英石、大理石、花岗石、水晶石、铝土、铁矿、铜矿、铅锌矿等。重晶石矿硫酸钡含量 91.08%至 96.54%,总储量 5 000 万吨以上。石英石矿含二氧化硅 95%左右,总储量 4 000 万吨。花岗石矿产于冷集沈湾,储量在亿立方米以上,色泽鲜艳、光洁度高、块度完整。铜矿储量 37—44 万吨,原矿品位 0.5%—0.6%。铅锌矿储量约 2 000 万吨。

水资源:谷城县水资源素较丰富。年均降水量 24.61 亿立方米,地表水总流量 399.67 亿立方米,地下水总储量约为 7 400 万立方米。地下蓄水主要集中在汉水沿岸及南、北河下游低洼的含沙量水层地带。

生物资源:动物资源。谷城县常见动物有猪、牛、马、羊、骡、鸡、鸭、鹅、兔等,野生动物鸟类有野鸡、喜鹊、灰喜鹊、画眉、八哥、麻雀、大山雀、斑啄木鸟、鹌鹑、山斑鸠、雕、夜鹰、大杜鹃、家燕、大雁等;兽类有貉、狐、獾、獐、松鼠、狸子、野猪、飞狐、香菇狼、黄鼠狼等;珍稀动物有 15 种,其中,国家Ⅰ级保护动物有虎、豹、黑麂、梅花鹿、白鹤(西伯利亚鹤)、白头鹤、红腹角雉;国家Ⅱ级保护动物有穿山甲、水獭、麝、鸳鸯、红腹锦鸡、娃娃鱼;国家Ⅲ级保护动物有黑熊、岩羊等。

旅游资源:谷城山清水秀,古迹众多。著名风景名胜旅游区有南河"小三峡","中国南避暑山庄"

薤山国家森林公园，“千年古刹”承恩寺和沈垭天主教堂。革命圣地有薤山革命旧址群落，鄂西北区党委(省委)和鄂北手纺织训练所旧址等。①南河“小三峡”。位于武当山东南麓，县城西南22公里处，与“中国南避暑山庄”薤山国家森林公园毗邻相连。南河水又称粉水，“粉水澄清”为谷城八景之一，河水清澈透底，令人心旷神怡。据《谷城县志》载：“萧何夫人渍粉，鲜洁异于诸水，因取为名。”南河因山谷纵深，落差较大，酷似三峡。1980年建成的南河水电站，形成“高峡平湖”的新景点。离南河坝不远处，有一温泉，常年恒温在34.5℃，经专家鉴定，属优质矿泉水，也是休闲疗疾的理想处所。南河奇异的自然景观达100多处，海拔1000多米的五龙山巍峨壮观，景色绮丽，晴日可揽武当胜景，雨日可赏群山云海，清晨可观五龙日出，入夜可见五龙捧月。民间盛传真武大帝曾在此修炼，天池宫、金顶扶栏遗迹尚存。山中云霄洞，洞中有河，河可行船，传说是古典名著《封神榜》和《西游记》中太乙真人修炼之地。南河岸边“文龙书院”相传是宋朝状元刘文龙读书之地，现石床、石桌、石椅仍在。书院上端是周文王观奇揽胜遇险的“跑马道”，崖上悬挂的“马心”、“马肺”、“马肝”清晰可见。河对岸“马驹岩”像小马驹在奋蹄嘶叫。娘娘落泪的“滴水岩”，长年不干。娘娘为文王敬香的香炉坠入河中，长出一巨石，名曰“香炉石”，盛夏酷暑，水涨水落，从未淹过。滴水岩旁新发现的“娘娘洞”，洞内奇特的天然钟乳石，形似金色、金龟、青蛇、如来佛、一炷香等，形象逼真，奇妙无比。南河西岸桃花溪一棵楮树，高30米，胸围约7米，树冠约70平方米。树夹石缝而生，树根裸露于外，又将石抱住。近旁有株直径1.8米、长约50米的青藤缠绕其上，像一条青龙，故名“青龙缠树”。这青龙缠在树上，几近千年。沿河向上8公里即是著名的“八仙洞”，洞内神奇的钟乳石，酷似八仙过海中的何仙姑、铁拐李、张果老、吕洞宾等八位仙人。地处三岔境内有一特大溶洞，名黑龙洞，洞内大厅极为宽敞，可容纳万人以上。洞壁上有自然形成的清泉宝塔，上下15层，每层都有酷似敦煌千佛洞的小门窖，其天然壁画“飘若浮云，矫若惊龙”。南河两岸还有形象逼真的棺材山、卧牛山、偏头山、蜡烛山、笔架山、尖山、帽儿山、大佛一线天、百亩田、三叠泉、鲢鱼洞、老虎洞、豹子洞等。②薤山国家森林公园。位于县城西南40公里处，因盛产薤白而得名。“薤山叠翠”为谷城八景之首，山上奇峰怪石甚多，有女儿峰、猴娃山、梳妆台、风动石、鸳鸯石及众多的溶洞、钟乳石等。主峰顶端原建有“龙圣宫”，现石柱、石碑尚存。清同治年间，外籍神职人员在这里兴建别墅、礼堂、商店、篮球场和男女游泳池。民国时期，英、美、加拿大、挪威、丹麦、西班牙、葡萄牙、荷兰等国神职人员每年都到此度假避暑，被誉为“中国南避暑山庄”。保存完好的有李宗仁别墅、郎宁别墅，中共谷城县委、县苏维埃政府、薤山红军游击队司令部旧址以及“浩瀚亭”、“叠翠亭”、“叠翠松”等。李宗仁先生曾在《回忆录》中写道：“……至薤山脚下乘滑竿上薤山，行半途已觉清风徐来，暑气全消，……山上林荫片片，泉水潺潺，真是别有一番天地，我这才尝到所谓避暑的乐趣。”薤山森林资源十分丰富，拥有15万亩山林，有丰富多彩的山珍野味及各种土特产品。主要树木有松、杉、柏等，活立木蓄积量19.07万立方米。薤山绿茶产于高山云雾之中，叶芽鲜嫩，青绿分明，色香俱全，含晒量达0.125ppm，具有抗癌之功效。山中野生动物有山鸡、锦鸡、獐、兔、獾、鹿、野猪、野羊等。1994年薤山被国务院批准为国家森林公园，2001年被湖北省人民政府批准为首批省级旅游度假区，2005年被评为国家AAA级景区。全国人大常委会副委员长程思远为薤山国家森林公园题名。③承恩寺。位于县城东南茨河镇五朵山北狮子峰下，距县城35公里，是湖北省重点文物保护单位。相传隋炀帝公主因在此治愈头癞，遂遣使兴建庙

图35—13　薤山风光

宇,取名“宝岩禅寺”。现寺旁仍有“隋炀公主之墓”。唐广德年间,代宗改为“广德寺”。明永乐年间,襄宪王朱赡善改“五朵山”为“永安山”,改“广德寺”为“大承恩寺”。明英宗赐“大承恩寺”匾额。该寺为古代佛教寺院建筑,原有殿阁、禅堂200余间,现存75间。大雄宝殿为单层檐歇山顶,天王殿及配房为支檐硬山顶,钟楼为双层重檐歇山顶。所有建筑为砖木结构。殿中有高大佛像和彩绘龙凤、麒麟、天马、牡丹等各种鸟兽花卉图案。湖北省最大的“万斤铜钟”制作精细,造型美观。钟上铸龙,金碧辉煌、栩栩如生。该寺地处群山环抱之中,泉水绕寺,古松挺拔,山清水秀,极为幽静。整个寺院布局巧妙,主次分明,井然有序。寺内外还有玉石碑、卧牛池、龙泉池、玉带水、锁风桥、金子山、狮子峰等自然景观,构成一幅优美的图画。山中泉水因水质极佳,被称为神水。20世纪60年代中期,八一电影制片厂在此建分厂。据专家考证,此地聚气藏风,在此练功,可以产生难得的“金字塔”效应。近几年省气功协会先后在此召开多次气功研讨会,培训数以千计的气功爱好者。④沈垭天主教堂。位于谷城西南紫金镇,距县城70公里。始建于雍正元年(1723年)。雍正九年,该堂已成为天主教在鄂西北的总堂,拥有直辖会口10余个,教众2000余人,是全国为数不多的几个天主教中心之一,最盛时管理17县,7000余教众。光绪五年(1879年),意大利神父南熙在沈垭木盘山修建西式教堂和修道学院、育婴堂、男婴小会、大圣堂等。解放初,在此破获的以外籍神甫艾国梁为首的“沈垭天主堂反革命案”,是新中国第一起涉外教案。1982年,谷城沈垭天主教堂被列为湖北省重点开放的教堂之一。各级政府和主管部门拨专款对其进行维修和复修,并新添许多新景点。维修后的天主教堂保持原有西式风格,显得雄伟壮观,富丽堂皇。教堂周围古银杏参天,古栎树成荫,桂花飘香,两口古井及古铜钟,仍保护完好。周围群峰竞秀,瀑布飞悬,大溶洞、钟乳石等千姿百态、栩栩如生,文物胜迹与自然景观相结合,形成一处独特绝妙的旅游观光胜地。⑤鄂西北区党委、鄂北手纺织训练所旧址。位于县城东南35公里处的茨河镇下街,是襄樊市和谷城县重点文物保护单位,襄樊市爱国主义教育基地。1939年2月,中共鄂西北区委员会(省委)在襄樊成立,同年4月迁入茨河下街。鄂西北区党委在谷城活动近两年,领导鄂西北地区15个县的抗日救亡斗争。同时,在茨河下街创办鄂北手纺织训练所(又称茨河手纺织训练所),举办3期训练班,先后培训学员200余人,发展党员60多名,生产出纺织机械2 000台,棉布、毛巾、棉纱50余万公斤,发展生产合作社20多个,被誉为“鄂北抗大”。⑥薤山革命旧址群落。位于薤山国家森林公园内。由土地革命战争时期的中共谷城县委、谷城县苏维埃政府、红军游击队司令部三大旧址组成,是谷城县重点文物保护单位,湖北省和襄樊市爱国主义教育基地。中共谷城县委旧址:1930年6月,谷城县委为加强对薤山红军游击队的领导,筹建红色苏维埃政权,将机关迁入薤山避暑别墅群内。该旧址现有房屋一幢6间;谷城县苏维埃政府旧址:1931年10月5日,谷城县苏维埃政府正式成立,机关驻地设在薤山避暑别墅群内,下辖28个苏维埃政府,苏区面积达到1 500平方公里,人口约20万。该旧址现有房屋1幢4间;中国工农红军薤山游击大队旧址:1931年8月,在红三军的帮助下,将薤山红军游击队整编为薤山游击司令部,司令部设在薤山避暑别墅群内。同年9月,薤山游击司令部整编为薤山游击大队,并正式树起“中国工农红军”大旗,指挥部仍设在此处。该旧址现有房屋1幢4间。

谷城为湖北省商品粮基地县之一。盛产小麦、水稻、玉米、棉花、芝麻、花生、黄豆、油菜等农作物。已查明的被子植物有374种,裸子植物18种,针叶树16种,阔叶树376种,绝大部分为野生植物。其中,珍稀树种有水杉、珙桐、楠木、银杏、杜仲、黄杨木、青檀等18种。银杏被定为谷城县树。

2.城区公共设施

交通设施:1979年以前,由于县城城区面积仅为2平方公里,居民城区内出行步行即可。20世纪80年代初,人力三轮车兴起,1984年前后机动三轮车兴起。1990年,城区公共交通管理机构成立。1996年,在创建文明卫生城市过程中强制取缔“电麻木”和劣质人力车,并限量控制机动三轮车。1997年前后,城区出现一批自发形成的城市出租车。1999年8月,由县物资局出资成立金天出租汽车公司，有小车共计46台，车型以天津夏利为主。与此同时，县汽运公司成立公交公司，并开通县城至石花的第1路公交客运。翌年4月，开通县城至冷集的第2路公交客运。新购中级客车8台，新增144个客座。2003年，县公交公司收购县城至盛墉18辆个体农用中巴车，新购6台宇通牌中级客车，投放至县城至盛墉线路公交运营。2002年10月，由四川个体户老板出资成立金谷出租汽车公司，有小车50台，以奥托为主要车型。至2005年底，两家出租公司拥有车辆96部，另有零散个体出租车辆20余部；城市公共汽车中有普通客96辆，中级客车42辆，高级客车26辆，客运线路65条，公交客运能力为4万人/日，实际客运量为日平均2.5万人次。公共汽车每班发车时间间隔10分钟，日平均1.15万人次，节假日运量2.1万人次。城区两条公汽线路有站台(候车亭)8处，站台间距平均1.5公里。

环卫设施：1979年，开始配备城镇环卫工人。1983年，在全省首次提出环境卫生“门前三包”。1987年，全县环卫工人达到33人，配清运车5台，洒水车2台，清扫面积达15万平方米，日清运垃圾26吨。1992年8月投资2万元在南河南岸大桥附近建起1座占地30亩的垃圾处理厂，在城区全面实行“门前四自三包”责任制。新建垃圾转运站10座，对日产160吨的垃圾(其中建筑垃圾40吨)清运率达100%。城区建成公厕25座，其中水冲式公厕22座，日产粪便119吨，通过三格化粪排入污水管道，消纳95.2%，每日运往城郊农村用作农家肥23.8吨。垃圾粪便运输车辆车容整洁，车体无损，实行密闭运输，垃圾粪便处理率达100%。1993年5月在城区主要街道投放200个新果皮箱。1996年投资23万元新建中华街、县幼儿园旁、卫生局旁、银城宾馆旁、西关市场旁5座垃圾转运站，垃圾转运站达到7座；1996年开始选址垃圾处理场，选定在城南老君山村的一处山洼建设1座垃圾处理场，日平均清运垃圾20车。1995年筹措80万元，购置多功能垃圾车1部，新建垃圾转运站10座，新建水冲式公厕3座，购置果皮箱240个投放到街道。对城区主次干道进行全面清扫保洁，达到“五无四净”标准。在创建文明卫生县城期间，建成1个占地35亩的垃圾处理厂，垃圾规范处理率达100%。2003年县城垃圾实现日产日清，街道清扫保洁达到“五无四净”，实现垃圾容器化、袋装化收集，施工、维修场地垃圾污物及时清运；投资70万元对老君山长2136米、宽5—7米的垃圾处理场上山道路进行硬化；投资10万元在银城大道南段建设公厕和垃圾转运站各1座。2005年建垃圾转运站12座，添置10个垃圾集装箱。2005年老君山垃圾处理场停用，垃圾转至庙滩汪洲临时堆放场倾倒，占地25亩，并重新选定在回流湾一处山冲新一座高标准、规范化的垃圾处场，日平均清运垃圾车数23车。至2005年，全县有环卫机械35台套，公厕75座，其中水冲式45座。

供水、排水设施：供水。1979 — 1987年，先后投资 397 万元在城关、石花、盛墉、庙滩、茨河、冷集、紫金7个镇建成自来水厂8座，引山泉溪水建自来水厂13座，日供水量达4.8万吨，城镇供水普及率为46%。县城城关镇自来水厂1979年7月建成投产供水，1986年，供水工程进行扩建改造，城区共建有地下水供水部5座。1986年，县城有供水管道13 700米，水源井由1980年的1眼增加到4眼，装机总量6台套，265千瓦，日供水7 000余吨。1988年共投资142万元新辟水源井4处，兴建泵房4座，铺设各种管道14 100米。其中主管道8 100米，支管道6 000米。增加用水人数1万人，市郊、机关、街道实现供水，普及率达85%，日供水量突破万吨。1989年，固定资产达210万元，用水单位和个人达2 110户，使用自来水达3.8万人，当年铺设供水管道2.84万米。1990年新建泵站2座，改建3座，装机容量由“六五”期间的265千瓦/小时，扩大到520千瓦/小时，供水能力扩大到17 000立方米/日，供水主管道扩大到22170米。增加供水用户166个，全年供水量突破510万吨，城镇居民供水普及率达87%。1991年，县府路供水主管线改造竣工。1993年，城区新增供水管道57.56公里，年供水量达676.7万吨。1993年，投资600万元始建第二水厂，至1995年全面建成。1995年改造西关街管道，配套加压泵房，铺装供水管道1 0000余米，供水能力达3万立方米/日。1996年城区自来水源增加到8个，城区用自来水普及率达95%。2001年另建一个地面水源厂，供水能力达8万立方米/日。2003年县第三水厂动工建设，次年12月一期工程建成并对外供水。至2005年底，城区供水主网到达范围东起太平坊村6组,西至胡家井村,南达黄康村,北至聂家滩大桥。供水主管包括主供水管8.5公里,支供水管79.5公里;县城日供水量达到15万吨。2005年,全县城镇建城区排水管道114.7公里;乡镇以上水厂13个,年供水能力1700万吨,自来水普及率达92%,其中县城自来水普及率99%。1979—1987年,先后投资98.3万元在城关、石花、盛壉、庙滩、茨河、大峪桥6镇新铺排水管道1.68万米,整修管线2.17万米。县城城区排水系统主要分布为南渠和北渠两大排水区域。排水设施大部分集中在老城区的鸭子坑和太平坊村一带,主要干管渠道分布在城区北部等地,有南渠和北渠排水口两个。1986年,城区排水管道长22.5公里,至1990年延长到28.5公里。1993年,县城共新修、改造下水道长达30.03公里,完善排水系统,解决排水不畅,实现天晴路干。1994年,排水管道延伸至32公里,排水管密度3.0公里/平方公里,1995年,县城排水管线有136条,长92公里。1997年5月,开工建设南渠排水工程,工程北起康乐路,南至南河堤坝,安装¢1 500毫米管道800米,浇筑砼箱涵。1998年3月,开工建设北渠排水一期工程,于6月竣工,工程始于银城大道,经城关三里桥村、大古桥村、卫生局、县医院,依西高东低自然坡势,到三道沟水闸,采用砼箱涵式安装涵管643米。1998年3月,开工建设北渠排水一期工程,于6月竣工,工程始于银城大道谷城县超仪制箱厂。1999年5月,安装银城大道南端ф600毫米排水管网250米,6月,开工建设北渠二期工程,工程起始城区北部,经大古桥村、太平坊村,至太平坊村9组。采用浇筑砼箱涵式安装¢1500毫米涵管1148米,11月竣工。2001年,分别安装粉阳路、粉水路道路¢600毫米涵管共1668米。2002年安装后街道路¢400毫米涵管450米。2003年安装康乐西路道路¢400毫米涵管550米。2004年分别安装南河橡胶坝工程排水¢800毫米涵管840米和土地局道子工程¢400毫米排水管300米;2005年三岔路高速公路出口路改造配套工程安装¢1000—1200毫米排水涵管1274米,城区建造检查井1毫米733座。至2005年,城区排水管总长104.8公里,管网密度每平方公里7.1公里。

供电、供气设施:1979年,县城机关单位和90%以上的居民均用电照明,街道路灯不足200盏,光源全是白炽灯。1983年,对城区空中网线和地下网线进行改造,改造电力线路108杆程公里,安装路灯560盏,建变电站2座,总供电量达17750万千瓦时。进入20世纪90年代,县城城区主要街道全部装上第三代光源高压钠灯。1993年秋,县电力局路灯管理所成立,路灯由供电所代管的历史结束。同年7月,在西大街烟草大楼前的十字路段立起价值20万元的交通岗高杆灯,高30米,总容量10.9千瓦。至1994年底,县城路灯达1162盏,有高中杆灯3座。1995年,城区路灯灯型有"单臂雨花"、"单臂海鸥"、"双臂海鸥"、"兰火球"、"单头玉兰"、"双火菱形"、"四火腰鼓"、"蘑菇"、"燕式" 等10多种灯型。1996年,县城有路灯2286盏,将原来简易白炽杆灯改造为造型各异的工艺碘钨灯,在粉阳路东口、县府街西口、体育场安装大型高杆塔灯。2000—2005年,县城主要街道逐步达到平均每30米一盏路灯,亮灯率保持在96%以上。2005底,全县变电站13座,其中110千伏,变电站4座,总量115 650千伏安;35千伏变电站9座,容量44 800千伏。2005年供电量3 255.8万千瓦时,用电量3179.8万千瓦时。电力销售收入12 694.15万元。电力固定资产比1995年增长3.7倍。1979年,谷城未开通天然气。1986年,县城开始有零星供气。县液化气站于1991年6月正式向社会公开供气。1993年供气总量达到550吨,供气人口为1.8万人,分别比1986年增长2倍。1997年,用气人口增加到2万人,供气总量达870吨。至2000年,供气人口达2.1万人,供气总量达1 050吨。2005年,县城有6家液化气站点,分别是:县液化气站、兴豪液化气站、城东液化气站、城关利民液化气站、县中心液化气站、6713液化气站,使用液化气人口达到8.95万人,年供气量2 200吨。

邮政电信设施:2005年,谷城县邮电系统完成业务总量11 932万元,增长29.8%。城乡有线电话用户74 890户,移动电话75 321户,电话普及率13.5部/百人、移动电话普及率1364部/万人。1979年,谷城县邮路分干线邮路、省内邮路、市内邮路、农村邮路。邮政业务主要有4大类:国内信函、国内包件、报刊发行、兑汇,1986年开办储蓄业务。1983年,收发函件73.08万件,办理包裹1.44万件,承办报刊 642.35 万份，承办汇票 3.5 万张。1988 年开办邮政快件业务，1994 年开办特快专递业务。1995 年，函件业务完成 87.6 万件，出口包件 1.4 万件，订销报刊 2 000 多种 685.9 万份，出口汇票 2.9 万张，特快专递 1.01 万件，邮政快件 10.1 万件，邮政储蓄 3 812 万元。2005 年，全县邮路及农村投递路线 2 954 公里，投递各类邮件 479.4 万件，邮政储蓄 6.05 亿元，完成邮政业务收入 1 457.99 万元。1979 年，谷城县有 HXJ—976 型纵横制自动电话机 1 部 500 门，到 1983 年，市话单机 432 部。1986 年并装 500 门，达到 1 000 门。1987 年 9 月将原主机改为 HJ—921 型 1 000 门纵横制自动交换机，市话单机增至 739 部。1988—1994 年，先后经历磁石改自动、自动改程控、明线改光纤、载波换先端（机）的升级换代阶段。1994 年 5 月 28 日，谷城县 6 000 门程控电话顺利切割开通，标志着电话跨入现代通信行列；1996 年 10 月新增 S—1240 程控交换机 1 万门切割开通，使全县市话交换机总容量达到 2 万门，市话覆盖面由原来的 2 平方公里扩大到 10 平方公里。是年底，市话用户达 9 450 户，市话普及率 10.24%。移动电话：1993 年 4 月 10 日，谷城县 900 兆移动电话切割开通；1995 年 3 月 26 日，石花镇移动电话直放站竣工使用，使武汉至十堰移动电话在境内消除盲区；完成移动电话增容工程，建立 GSM 数字移动通讯，扩大辐射范围，移动电话由 10 信道增容到 40 信道。1996 年底，全县手持移动电话用户达 2 850 部，居襄樊市人口平均持有数第 1 名。无线寻呼（“BB”机）：1991 年 4 月安装开通北京产京新牌 JX8802A 型人工数字无线寻呼业务。安装的设备有 8802F 型无线寻呼人工操作终端机和 GX—150T—100C 型 100 瓦无线寻呼发射机，初期容量 1.0 万户，后分期扩容至 10 万户。1992 年 8 月 24 日开通，1994 年 11 月实现全省联网漫游，由初期的容量 500 户发展到 5 000 户再次扩容达到 1 万户。1996 年底，累计发展无线寻呼用户 3801 户，在襄樊市居第四位，3 个山区县中居第一位。2000 年 7月，谷城县开办“128”电信寻呼台，为信鹏寻呼公司，2001 年 8 月，谷城无线市话（小灵通）开办，无线寻呼业务随后逐渐萎缩，以至自动退出。互联网（数字数据网 DDN）：1995 年 3 月 26 日，谷城开通分组交换数据通信网，扩充数字电路达到 450 路并开办数字数据网（DDN）业务，设备为加拿大新桥网络公司的 3600 带宽管理器，1996 年 8 月，入网 33 路端，一跃而赶上全国大中城市水平。其节点机端口（类似于交换机容量）51 个，1998 年增加到 78个，2001 年增加到 183 个，到 2004 年达到 765 个。其电路传输速率由开办初期的低速率电路到 2000 年的光纤传输等多种高低速率不同的传输电路。2001 年，谷城 DDN 用户达到 82 户。从 2002 年开始，随着银行营业网点的压缩撤并和 DDN 用户向价格低廉且速率更高数字电路转移，DDN 用户大幅度减少，其设备被淘汰。电报：谷城至襄樊电报电路 2 条，境内话传电报电路 18 条，形成以县城为中心的全县电报通信网。1985 年 11 月，安装开通至武汉的 BZP01 报话合用载报机。1986 年 3 月，安装开通至汉口双机头 BT34201 自动发报机。1987 年 2 月，开通至汉口的 BHC83C 型汉字译码机，使原来由襄樊转口转为直达武汉，电报差错进一步减少，传递速度进一步加快，同年 4 月，与全国的 256 路自动转报系统联网，实现谷城至国内电报的自动转接，一直到电报业务量鼎盛时期 1992 年。此外，县内电报电路为 1958 年开通沿用至 2000 年邮电局至谷城气象局的有线人工话传气象电路，县内各邮电分支机构至县局的电报业务一直是有线人工话传。随着区、乡、镇的建制和三线厂矿设置撤销，1985—2005 年，全县有 10 个邮电支局和 11 个邮电所开办电报业务，2000 年，全县电报割接，由原来的人工话传改为自动传真，由于现代通信的发展，程控电话、移动电话开通，传真、互联网、私人住宅电话、移动电话的普及、短信业务的方便快捷发展。电报业务量从 1992年逐年下降。2005 年 12 月，停办国际国内电报业务和水情电报业务，从此电报业务从电信业务中退出历史舞台，来报业务用挂号方式由邮政部门按址投递。

防汛设施：谷城县城地处汉江、南河交汇处，且地势较低，遇久雨必遭洪涝，因此，县城防汛设施较为完备。主要有北河汉江堤防，为永久性堤防，总长 20 公里。南河堤防 1.5 公里。1991 年国家投入“以工代赈”资金重点投入到防汛岁修、堤防和水库整险加固，并完成北河红石亮至邱家楼和北河改道大堤整险加固任务。同时开始全县大小河流堤岸普遍维修整治，用时 3 年。1994—1998 年，整修大小堤岸23条,其中完成韩家卡、邱家楼、北河红卫桥—安岗等堤段护坡固脚700米。2000年,兴修南河右岸县磷肥厂段大堤470米,完成南河公路大桥头至水利局大门口堤段的堤顶硬化,长570米。2001年、2002年连续对汉江、南河、北河主、支堤岸维修加固、护岸固基。2004年,汉江王马套险段应急整险加固工程动工,分2期进行。一期工程填塘固基和做反滤坝平台,二期工程对外坡做防渗截水墙。2005年整修王马套堤岸内护坡1 700米,其中混凝土护坡700米以及反滤坝填塘固基,同时动工整治汉江龚家河堤防崩岸。至2005年,汉江、南、北河建成重要堤防51.6公里,其中已护岸长13公里。堤防累计完成投资近3 600万元,其中国家投资1 500余万元。

休闲场地:①谷山公园。1992年,经襄樊市人民政府批准建立。公园位于城关镇红石亮村,占地434.04亩,规划主要景点有人工湖、百步梯、禹王庙、双雄会馆、烈士塔、纪念馆、青少年活动中心及盆景园等。至2005年,公园内先后建成梅园、桃园、桂花园。全园绿化面积345.5亩,绿化率达79%。②世纪广场。始建于2000年3月,地处县城中心位置,南面紧靠谷城县汽车客运站,占地4 000平方米。广场突出地方文化特色,主要以奔向21世纪雕塑为主题,与世纪花钟遥相呼应,增强园林景观文化底蕴。③南河橡胶坝。2002年3月动工建设,同年8月竣工。该游乐场所突出地方水域特色,利用原有的水流设置观景台、绿化景点,展现自然美。④桥头游园。桥头游园位于南河大桥北端,1992年绿化,游园占地面积37485.4平方米,梯形绿带占地面积1 414.04平方米。园路系统主次分明,园内设置休憩用条椅、圆桌及各种游乐设施,为县城内综合性小游园。⑤高压线游园。1993年建成,位于县城银城宾馆南端,占地面积8 524.26平方米,绿地面积2 841.42平方米。游园入口处种植法国冬青构成屏障。疏朗配置中央部分植物,为人们安静休息之需。园路系统分明,用流畅的曲线勾勒出平面别致的硬地,用砖牙与绿地加以分割。设置小圆凳、长条椅,供人们休憩和娱乐。⑥食品所游园。位于县城偏东南闹市区中心,属县城商贸中心,1995年退商建园,总面积8 600平方米,采用空透式钢护栏,以植物造园为主,设置圆桌、圆椅、长条椅10套,供游人休憩。东头一仿古亭点缀其间。⑦沿河路三角地游园。1995年建成,绿地面积200平方米。园中充实点缀冬青、广玉兰、桂花600多株,铺设马尼拉草坪100多平方米,设置树凳1套、圆桌2套、条椅4套。邱家楼游园。位于银城大道北端,2005年建成,园内点缀金盏菊、万寿菊、鸡冠花、美人蕉、串红、菊花、艺菊等。两游园干道及行道由瓜籽黄杨球、葱兰镶边。设置石凳、石桌、石椅,供游人休闲。⑧三岔路游园。位于高速路出入口,2005年绿化,占地面积185 823.87平方米,绿地面积5 000平方米。游园突出地方植物特色,配以巨石景点,形成园林景点映衬、红花绿树点缀的可人景观。⑨文化街游园。位于艺苑街,1993年绿化,绿地面积4 841平方米。文化街游园有紫薇、石榴、花园等园区,大气恢宏,精巧雅致。

(三)改革综述

1979—1987年,谷城县通过开展真理标准大讨论,落实党的各项政策,平反冤假错案,为2 821名城镇居民和农村社员落实有关政策,把24 761名地富出身和地富子女成分的人一律改为社员,为6 504名改造好的"四类分子"摘帽;复查处理各类案件2 361件,按有关政策纠正、平反1 321件,占总数的56%。

1979—1985年,谷城县在经济体制改革中,首先对农村经济实行5个方面的改革。一是改革旧的管理体制。到1982年冬,全县50万亩耕地全部实行包干到户,联产承包。二是改革农副产品统购制度,使农产品逐步走向市场。三是改革农村产业结构,大力开发山场资源,多种经营有迅猛发展。四是进一步开展农村技术改革。五是,改革单一的集体经济所有制形式,大力发展乡镇企业,开创乡村组户4个轮子一起转的新格局。其次,探索工业经济体制改革。随着指令性计划范围逐步缩小,指导性计划逐渐增多,企业自主权扩大,由单纯生产型向生产经营型转变,并由以增加产量为中心向以提高经济效益为中心,活力明显增强。1984 年,经济体制改革进一步深化,加强企业科学管理,实行分级管理、分级经营、分级核算和以承包为中心的经济责任制与目标责任制,企业生产经营与经济效益大幅度提高。再次,实施机构改革。1984 年 1 月,对政府机构设置进行调整,保留名称 22 个,改变名称 6 个,合并 2 个,使机构、人员编制初步得到精简。

1988—1996 年,全县经济体制改革主要抓了 10 项工作。推行企业承包经营责任,拟定二轮承包方案,对县直 62 家企业组织实施企业二轮承包;实施企业干部人事制度、工资分配制度、劳动用工制度"三项制度"改革,企业干部实行聘用,企业工资实行计件工资、岗位工资、浮动工资等分配制,企业职工实行优化组合;推动国合商业经营、价格、分配、用工"四开放"改革,建立新的营销机制、价格机制、分配机制、用工机制;推行股份制改造,1993 年到 1996 年,累计发展股份制企业 34 家,其中有限责任公司 27 家,股本总额达 34 598.28 万元,农村股份合作制企业 897 家;推行国合流通企业改革,27 家商业网点实行"国有民营"、"社有私营"经营方式;推行社会保障制度改革,全县参加养老统筹企业 245 家,参保统筹员工占总员工的 74%;实行土地使用制度改革,采取出让、拍卖方式使用土地推进城镇规划区用地"五统一";实行城镇住房制度改革,全县 195 个单位参加房改,165 个单位建立公积金制度,15000 名职工建立个人公积金账户,归集房改资金 2100 万元,3 级住房基金形成体系;推进小企业改革,全县分 2 批对 132 家企业进行小企业产权制度改革试点,其中实行抵贷返租的 20 家,租赁经营的 20 家,脱壳经营的 2 家,托管经营的 1 家,兼并经营的 8 家,个人买断经营的 9 家,分立经营的 7 家,拍卖 3 家,破产 14 家;组建企业集团 3 家。其间,稳步推进干部人事制度改革。在干部管理上通过试行招聘合同制,推行党政机关干部岗位责任制,下放干部管理权限,改革干部选拔任用程序,在县乡两级党委、政权组织换届选举中普遍实行差额选举制等。

1997—1999 年,改革向纵深发展。在农村,积极推进股份合作制改革,创造性地将这一制度引入山水开发,同时大力推进农业产业化经营。在城镇,重点放在企业改革上。银纺公司现代企业制度试点工作、骆蓄公司动态股权激励试点工作进展顺利,全县 90%以上的工商业企业实施兼并、买断、承包、托管、破产、拍卖等多种方式的改革,企业集团发展到 5 家,股份制企业发展到 46 家。住房制度改革、财税体制、社会保障制度、粮食流通体制、金融体制等各项改革都取得新的进展。在机构和干部人事制度改革中,1997 年,按照"精简、统一、效能"的原则对党政机构再次进行改革,推行国家公务员制度,制定机关招考录用工作人员办法,进一步明确干部管理权限,不断创新干部选拔任用机制,健全和完善干部选拔任用制度。在其他社会改革方面,稳步推行劳动制度、住房制度、医疗卫生制度、社会保障制度等多项改革,并取得重大进展。

2000—2005 年,各项改革扎实推进,发展活力不断提高。企业改革步伐加快,继车桥公司后,东银公司、东安公司成功加盟三环集团,一大批县乡企业通过不同形式的民营化改革增强发展活力,有 28 家企业实施动态股权制改革,26 家企业买断经营,29 家企业兼并联合,48 家企业依法破产重组。以公司制农业为重点的农业组织形式积极推进,发展农业公司 60 多家。农村税费改革和配套改革稳步推进,2002 年改征"三提五统"为征两税两附加,即征农业税和特产税,再按农业税和特产税的 20%征农业税附加和特产税附加。2005 年,全面取消农业税,延续 2500 多年种地缴"皇粮国税"的历史终结。与此同时,干部人事制度改革不断深化。2000 年 9 月 5 日,新华社以专电形式向全国播发"湖北省谷城县委任免干部变举手表决为无记名投票"新闻通稿,介绍谷城县委改革干部任免方式的创举。社会保障机制逐步完善。企业养老、医疗等保险覆盖面不断扩大,新的农村医疗保障体系初步形成,在全省率先建立机关事业单位养老统筹制度,综合保障能力和总体保障水平居全省县市前列。

(四)经济

1.工业

2005年,谷城县实现工业增加值11.3324亿元,居全省第22位,襄樊市县市第2位。全县工业经济呈现工业运行质量提高,经济效益增强的态势。全年工业产销率为98.4%,上升2.4个百分点,其中国有经济产销率为97.06%,集体经济产销率为57.04%,民营经济产销率为98.97%;全年完成新产品产值34 226万元,增长66.3%;全县规模以上工业实现销售收入21.51亿元,增长20.8%,利税总额1.32亿元,增长18%;亏损企业5家,与上年持平,亏损额709万元,比上年下降74%。

工业企业:1979年,谷城县工业企业185家,其中全民企业36家,集体企业149家(不含村组企业)。1987年企业发展到315家,其中全民企业50家(含中央企业5家,市属企业1家),集体企业265家(不含村组企业)。2005年,全县规模以上工业企业38个,规模以上工业企业拥有职工12 022人,拥有资产26 1444万元。

工业产值:1979年,谷城县工业总产值6 353万元,1987年为26551万元。2005年,全县规模以上工业总产值26.38亿元(现价,下同),比上年增长18.9%。按经济类型划分:国有经济2.96亿元,比上年增长38.3%;股份制经济22.68亿元,比上年增长18.9%;其他经济0.72亿元,比上年下降8.8%。按主要行业划分:机械工业10.5亿元,比上年增长25.1%;纺织服装工业5.7亿元,比上年增长1.8%;化学工业9 525万元,比上年增长12.1%;建材工业1.66亿元,比上年增长15.3%;轻工业2543万元,比上年增长10.22%;水电工业19245万元,比上年增长19.9%。

支柱产业:汽车配件工业。2002年,底全县拥有汽车零部件生产企业34家,职工人数5600人,其中工程技术人员520人,拥有固定资产原值25 000万元,主要生产设备1450台套;完成产值89 000万元,占工业总产值的52%。在34家汽车企业中,过亿元企业3家,过千万元的企业5家。纺织服装工业。2002年全县拥有棉纺、织布、麻纺、服装等4个行业共10家企业,其中县属4家,固定资产原值22 298万元,其中县属6 814万元,职工3 461人,全行业装备各类织机2030台(套),年产棉纺锭6万锭,标纺15 000吨,织坯布3 470万米;完成产值26 999万元,占工业总产值18.6%,销售收入23 264万元。在10家企业中,产销过亿的企业两家。化学医药工业。有企业16家,其中规模以上企业3家,乡镇企业3家,外资企业1家,占全县规模以上企业总数的20%;2002年实际完成产值13334万元。

名优产品:“石花大曲”白酒系列。1996年获“中国八大大众名酒称号”;1998年5月,被湖北省政府评为“湖北省精品名牌产品”。2005年,该产品年产量1204吨,先后销往厦门、襄樊、河南等地及周边县市,本地销售份额占40%。汉鹰牌汽车前轴系列品种。2002年2月,被省机械工业厅评为一等品,2002年7月被省名牌战略推进委员会评为湖北省名牌产品。自1980年试生产CAl0B前轴以来,拥有用户57家,营销网络遍布全国29个省、市、自治区,产量销售每年呈增长趋势,2005年生产50万件,销售38万件,实现营业收入4亿元。汽车前轴总成。1997年获机械工业一等品奖励。银纺公司银谷牌纱线。1999年获国家技监局中国十大品牌金奖。该产品年产量20 000吨,85%销售广东、沿海,市场信誉较好。

2.贸易

国内贸易:1979年后,谷城县商业贸易随着改革开放的不断推进日趋活跃繁荣,贸易总额不断增加。1979年,全县商品零售总额4 751.81万元;到1990年全县商业、饮食服务业机构达到3656个,从业人员达到11 790人,实现社会消费品零售额达15 287万元,年平均增长11.3%。1991年至1995年,全县兴建、改建近20家不同规模的商场、集贸市场,形成以县城为中心的市场网络,全县消费品零售额达到3.82亿元，比“七五”末期增长1.5倍；1996—2005年，是谷城县消费市场活跃时期。2005年，社会消费品零售总额11.26亿元，“十五”期间年均增长8.9%。

对外贸易：1979年，谷城县出口商品达9类。1990年，外贸出口达30多个品种，远销世界23个国家和地区，出口额2 346万元。1993年，外贸出口8 181万元，比1990年增长3.5倍，被省政府授予外贸出口供货先进县。1994年，外贸供货出口突破亿元大关。1999年，自营出口383万美元，外贸出口占GDP的比重达1.2%。2005年，自营出口567万美元，“十五”期间年均增长8.2%。

3.农业

农业产值：1979年，全县农业生产总值9 626.01万元，1990年，实现农业总产值34 225万元，实现乡镇企业产值44 970万元，实现农村社会总产值72 223万元。1995年农业总产值达到5.84亿元，比1990年增长70.5%，乡镇企业总产值达到40.99亿元，增长8.1倍。2005年，全县实现农业总产值169 503万元（现价，下同），按可比价比上年增长3.2%，其中种植业产值90 105万元，林业产值8 630万元、牧业产值61 830万元，渔业产值6 198万元。种植业占农业比重由解放初期的77.95%下降到53.16%，林、牧、渔占农业比重分别由解放初的2.17%、18.13%、0.4%上升到5.09%、36.48%、3.66%，农业结构逐步趋于合理。

农作物产量：1979年，生产粮食134 709吨，棉花1 959吨，油料2 500吨。1987年粮食产量达到209 427吨，棉花产量732吨，油料产量4 846吨。1991年至1995年，粮食在面积逐年调减的情况下，总产稳定在25万吨左右。油料、猪肉、禽蛋、水产品和茶叶等主要农副产品产量增长1倍以上。1994年为粮食产量历史最高年，总产达到255 611吨。1996年至2005年，粮食生产经过结构调整，基本保持稳定，肉类、蔬菜和茶叶等大宗农产品大幅度增加。2005年，粮食总产量201 806吨，其中水稻120 922吨，小麦47 812吨，玉米243 03吨；油料总产量达到12 296吨。

林业生产：自1992年实现消灭宜林荒山，1995年实现绿化达标后，谷城林业生产又取得新的成就。全县林业用地260万亩，占版图总面积的67.9%；绿色通道685公里；共完成营造林141.5万亩，其中人工造林69.2万亩。至2005年，全县四旁植树261万株，义务植树182.9万株，森林绿化覆盖率达70%，活立木总蓄量达291万立方米；共有水果林55 000亩，水果产量10 349吨，主要有柑橘、梨、桃等，板栗15万亩，产值1亿元，食用菌（包括香菇、黑木耳、平菇等）产值达3 000万元。

畜牧水产特产：谷城县畜牧业生产近年来发展很快，并形成规模。2005年，全县出栏生猪31.87万头，羊8.95万只，牛3 6951头，出笼家禽306.05万只，禽蛋产量18 739吨，分别比上年增长2.6%、2.6%、1.5%、6%和6.3%。2005年，全县放养水面43 055亩，水产品产量7 653吨，与上年持平，亩平单产177.8公斤。全县人均水产品占有量13.86公斤。主要水产品有青鱼、鲤鱼、草鱼、鲢鱼、鳙鱼、甲鱼、鳜鱼、鲫鱼、罗非鱼、鳝、虾、牛蛙等名特水产品。谷城县名特优新农副产品项目达到52种。继续生产的传统项目有茶叶、食用菌、生漆、油菜、天麻、麦冬、山药、桃、梨等，新增的有罗非鱼、甲鱼、牛蛙、银鱼等。2005年，全县主要名特优新农副产品产量为：茶叶2 884吨，食用菌近1万吨。

农业科技推广：1996年以来，谷城县大力推广和普及农业科技，加快传统农业向效益农业的转型。全县粮经作物面积比进一步优化，由1995年的7∶3下降到4:6。农业“四优”工程稳步推进，品质结构提档升级，无害化生产受到高度重视。农业创新取得突破，产业化优势逐步显现，产业特色进一步鲜明，订单农业面积达30万亩，占耕地面积的67.5%。引进的脱毒马铃薯“鄂马铃薯3号”、马协型优质杂交稻“武香”系列水稻受到农民普遍欢迎。兴办的石花、城关万亩小麦条锈病综合防治样板被列为全省样板；兴办的千亩玉米制种、百亩水稻制种、百亩马铃薯良种繁育样板在农村引起强烈反响。至2005年，全县农产品外销率达50%，农业科技贡献率达50%。

农业产业化：2005年，谷城县突出抓龙头企业基地建设，实现多种经营增加值80 575万元，占整个农业增加值的78%。全县多种经营基地总面积达到40万亩。到2005年,全县多种经营生产种植业初步实现由小而全向产业化的转变,茶叶、蔬菜、花椒、种子、畜禽等生态农业产业初具规模,形成以谷西南山区为主的(包括五山、紫金、南河、薤山)优质绿茶基地,总面积11万亩;以城镇郊区为主的(包括城关、石花、庙滩、冷集)蔬菜基地,总面积达到17万亩;以谷北丘陵岗地为主的(包括冷集、五山、庙滩、石花)花椒基地,总面积8万亩;以谷西南中低山为主的(包括紫金、南河、盛康、茨河,五山)银杏、板栗基地,总面积5万亩。

4.交通运输

公路:2005年,谷城县境内公路通车里程3 126.5公里。其中高速36.65公里,二级及二级以上公路160.67公里,国道50.661公里,省道99.11公里,县级公路190.76公里,乡镇公路2 636.2公里(其中2005年新建221.2公里);有汽车客运站9个,其中二级站1个,三级站1个,四级站7个;开通汽车客运线路56条,班次372个。营运线路总里程13 001公里,可直达全国8个省(市)、19个地(市)县。营运客车225辆,其中大巴、中巴车125辆,的士100辆;全社会公路运输完成客运总量1397万人、旅客周转量42189万/人公里;货运量745万吨、货物周转量34 262万吨/公里。

铁路:1976年9月建成的襄渝线铁路,自城关镇格垒嘴村入境,途经城关镇、石花镇、五山镇,至五山镇金家店村螳螂沟出境,全长43公里,途经15个村;境内设黄站、谷城站、石花站、黄营站、文畈站,均为四级站。2000年谷城站升为三级站。2005年,襄渝线铁路基础设施没有变化,设黄土康站、谷城站、黄营站、石花站、文畈站等5个站点,谷城站为三级站,其他均为四级站。襄渝线铁路谷城段有桥梁18座,总长度6 483.43米;隧道8处,总长度5 620米。2005年6月28日,武(汉)安(康)铁路二线谷城段在城关镇格垒嘴村举行开工仪式。武(汉)安(康)铁路二线谷城段自城关镇格垒嘴村入境,途经城关镇、谷城经济开发区、石花镇、五山镇,至五山镇吴家沟出境,全长45.132公里,途径27个村。境内有汉江、南河、北河、卧佛川、彪家庙、东湾、胡家井等大中小型桥梁25座,总长8 780米,其中特大桥6座,5 767米。隧道7处,总长8 948米(含武当山隧道7 500米,其中谷城境内3 000米)。设黄、谷城、黄家营3个四等客运站;新建货场1个,79 211平方米,共设三股道,1.655公里。武(汉)安(康)铁路二线谷城段建设征地拆迁补偿费0.62亿元,拆迁317户,房屋面积65 912.91平方米。2005年12月,武(汉)安(康)铁路二线谷城段建设进入高峰期。1994年3月,谷城县接收旭东铁路专用线,作为地方铁路货物运输线。2000年6月,谷城县托管红山铁路专用线和机车。是年,谷城县成立“地方铁路运输处”,管理经营红山铁路专用线和机车。1994—2000年,谷城县投入500万元,对地方铁路专用线进行维修,提高运输能力。2005年,全县地方铁路货运量上升到130万吨。

航道:汉江航道谷城段。2003年3月6日,省港航局投资启动汉江谷城—丹江段航道疏浚、护岸、筑坝工程,使汉江谷城段航道规模达Ⅳ(2)、500吨级,2004年完工。其中汉江谷城段投资8 250万元,整治汉江谷城航段,主要整治付家寨滩群、仙人渡滩群、回流湾滩群、太平店滩群及伍家河滩群。疏浚挖槽13处,总长24 933米,308.39万立方米;筑坝12座,总长5 926米,6.36万立方米;护岸2处,总长2 320米,2.8万立方米。2005年,汉江谷城段通航能力达到500吨级,为内河五级标准,通航保证率97%;水路货运量15万吨,货运周转量7485万吨/公里。

5.财政税收

1979年,谷城县财政收入为1029.9万元,1994年突破5000万元,1998年突破亿元大关,达到1.17亿元。2005年,完成全地域财政收入28123万元,其中一般预算收入9748万元,分别比上年增长21.5%和5.1%,国税收入县级排序居襄樊市第1位,基本保持收支平衡。金融形势朝着平稳、有序、宽松的方向发展。2005年末,银行各项存款余额345534万元,比上年增长20.1%;贷款余额135353万元，比上年下降22.9%；城乡居民储蓄余额263339万元，比上年增长21.3%，人平储蓄额4750元。

（五）教科文卫

1.教育

基础教育快速发展，“两基”工作成效显著。1996年扫盲工作通过省政府考核验收，成为基本无盲县，1997年“普九”工作通过省政府考核验收。至2005年底，全县共有小学219所（含教学点39个），共有1 285个教学班（含复式班230个）、43 772名在校学生、3 064名教职工。适龄儿童入学率100%，在校小学生年巩固率100%，毕业率100%。幼儿园在园幼儿2 178人；初中26所（含职业初中2所）、512个班、26 859名学生、2 378名教职工。

高中教育得到快速发展。1999年兴办高中1所，高中办学规模扩大。至2005年，全县兴办普通高中3所，在校学生8 430人，教职工488名。高考上省线人数逐年增加。1997年，突破百人，达144人；2000年省上线人数突破500人，达539人；2005年省上线人数为1 779人。

成人教育和职业教育卓有成效。全县有中等职业技术教育中心学校1所，在校学生4 499人，教职工143人。全县有乡镇成校11所，村级成校274所，已建成省级示范成校4所，市级示范成校8所，每年培训农民10余万人次，编印科技信息10余万份。

教师队伍素质明显提高。全县小学、初中、高中专任教师合格率分别达到99.2%、93.8%和81.5%，高一层次学历分别达到25.2%、11.9%和5%。全县共有特级教师4名，中学高级教师71名，中级职称的教师1 123名。1996—2005年间，全县教育系统共有149人次和76个集体受省级以上表彰奖励；先后被评为全国“两基”工作先进县、国家和省级“贫九工程”先进县、中华扫盲奖先进单位、全国教育工会先进集体等。

2.科技

2005年，谷城县拥有比较正规的科研所2个，即谷城县农业科研所、湖北骆驼蓄电池公司省级企业技术中心；全县共有专业技术人员9 904人。其中正高2人，副高305人，中级4 413人，助理级4 722人，每万人拥有专业技术人员181人；被确认的国家级专家1人、省级专家6人，享受国务院、省政府特殊津贴的6人；投入科研经费130万元，有5项技改被列入省级计划，2项自主开发技术获省奖，6个产品被列为全省知名品牌，国家和省级高新技术企业达9家，居全省县（市）之首，荣获“全国科技进步先进县”和全省“科技创新示范县”称号；高新技术总产值140 733万元，比上年增长33%，科技进步对经济社会发展的贡献率已达50.9%。近几年通过鉴定的科研成果共12项，其中重点6项。国家级重点新产品3项：密封式铅酸蓄电池、防护电离辐射铅屏蔽构件、锑硒合金。省级重点新产品3项：电泳铝合金建筑型材70、90型、全密封蓄电池接线柱正极/负极衬套系列铅零件、集装箱角件。获市以上科技进步奖励项目20项，其中，省级10项，市级10项。无污染再生铅技术获省科技进步一等奖。汽车前轴成型辊锻复合工获市科技进步一等奖。车桥公司还被认定为“国家星火区域性支柱产业（汽车配套）承担单位”。

3.卫生

2005年，谷城县乡镇以上有医疗机构18个(其中县级医院2个，乡镇卫生院16个)，农村卫生所36个，农村医务室215个。县医院为二等甲级医院。石花、庙滩、盛　、茨河、冷集、大峪桥为一等甲级医院。全县卫生系统现有医护人员1 872人，其中主任医师4人，副主任医师63人，主治医师443人，医师983人,医士382人。有床位930张。2005年乡镇以上医疗卫生机构年门诊695 338人(次),传染病发病人数比上年减少1 230人,发病率224.56/10万,比上年下降12.41%。县医院拥有直线加速器、螺旋CT、500MAX光机、彩超、腹腔镜、人工肾、全自动生化分析仪等价值在万元以上的设备140多台件,总价值为500多万元;县中医院拥有500MA光机、B超、心电图仪等设备36台件;县卫生防疫站拥有气象色谱仪、紫外分光光度计等监测、检测仪器。2003年,谷城县被省人民政府确定为全省首批新型合作医疗试点县市之一,至2005年,全县农村人口全部纳入合作医疗范围,参加合作医疗人数达36万人,占农村总人口的95%。

4.文化艺术

2005年末,谷城县有正科级宣传机构7个,即县委宣传部、县文体局、县广播电视局、谷城报社、县新华书店、县文明办和县文联;副科级单位1个,即电影公司。文化系统有电影院、文化馆、博物馆、图书馆、曲剧团、文艺创作室、承恩文管所等10个县直单位。有乡镇文化馆(站)10个,集镇电影院17个。广播电视系统有乡镇广播电视管理站10个,9个乡镇办有有线电视,广播电视人口覆盖率为98%。全县共有有线电视用户3.3万户,其中城区2.2万户。户平电视机占有率达135%。谷城县电视台自办节目频道3个,转播其他电视节目38套。县图书馆被命名为国家二级图书馆。县曲剧团自1995年起连续荣获全省送戏下乡先进单位称号。该团的传统舞蹈《高公戏神》入选国家卷并获国家民委表彰;自编、自导、自演的现代剧《竹乡情》在全省汇演夺得七项大奖。1997—2005年,谷城有30多种文化艺术作品获得全国和国际大奖,40多部文化艺术方面的学术著作经省以上出版社出版。继1995年被命名为全省文化先进县之后,1996年5月谷城又被命名为全国文化先进县。

5.体育

2005年末,谷城县有群众体育团体8个,体育场1座,400米标准田径场3个,200米田径场29个,水泥篮球场126个,其中灯光水泥篮球场4个,门球场21个,网球场2个,50×25米标准游泳池1座。全县体育人口达250 000人,占总人口的45.5%。1985—2002年,全县共向大专院校输送优秀运动员120人,向国家输送体育人才2人,向省市输送体育苗子120人,向大中专院校输送体育专业人才200多人。1979—2005年,谷城籍运动在参加的国际国内大赛中共奖牌41枚(其中金牌25枚),破两项全国纪录。著名赛艇运动员王新乐共在国际国内体育比赛中荣获金牌11枚,其中参加两届亚洲运动会获金牌2枚。2000年、2001年,谷城县连续两年承办全国摩托艇精英赛对抗赛,北京、上海、湖北、安徽、福建、江西、山东、湖南等省市共14支代表队参赛。

6.人民生活

1985年,谷城县农民人均纯收入285元。1990年,城镇居民人均生活费收入1 085元,农民人均纯收入534元,分别比1987年增长66.9%和42%。1995年,城镇居民人均生活费收入2 486元,农民人均纯收入1 174元。2005年,城镇居民人均可支配收入5 897元,农民人均纯收入2 888元,“十五”期间年均分别增长7.8和7.5%。

八、保康县概况

保康县始建于明弘治十一年(1498年)。全县总面积3 225平方公里。至2005年,下辖10镇1乡,

261个村委会，9个社区，1 244个村民小组，总人口28.6万人。全县国内生产总值达到14.4亿元，人均国内生产总值达到5 234元，财政收入达到1.29亿元。初步形成以工业为主导，以特色农业和生态旅游业为补充，多业并举、整体发展的新型产业格局。交通、水利、邮政通信、广播电视等基础设施建设不断完善，科技、教育、文化、卫生等社会事业全面协调发展。通过实施"希望工程"、"普及初等义务教育工程"、"普及九年义务教育工程"，办学条件得到根本改善，扫盲、"普九"工作分别通过国家和省级验收。城乡医疗卫生条件进一步改善，医疗卫生队伍水平不断提高，乡镇卫生院、村和社区卫生室基本实现规范化改造，建立和完善农村新型合作医疗制度，"看病难"、"看病贵"的问题正逐步解决。人口与计划生育工作得到加强，从1995年以来，人口出生率一直控制在国家标准之内。文化体育事业健康发展，荆楚巫音、《黑暗传》等一批文化遗产得以传承。城镇居民可支配收入由"六五"末的900元增加到5 256元，年均增长24%；农民人均纯收入达到2 145元，比1978年的85元增长25倍。社会保障体系基本建立，社会保险覆盖面不断扩大，城镇登记失业率控制在4.5%以内，城镇低保基本实现应保尽保，农村"五保"实现了集中供养，困难群众和弱势群体的基本生活得到有效保障，人民生活总体上已经由贫困跨入小康。

（一）政区

位置：保康县地处鄂西北山区，位于襄樊市西南部，跨北纬31° 21′ 03"—32° 06′ 40"，东经110° 45′ 30"—111° 32′ 35"。南北长84.59公里，东西宽72.99公里，县域面积3 220.41平方公里。

疆域：保康东临南漳，北接谷城，西与房县、神农架交界，南与远安、宜昌、兴山毗邻。东由县城沿公路经黄堡坪至张家沟抵南漳县界40.5公里，由县城经塘坊垭至谭家荒三管石交谷城、南漳县界30公里；东南由县城沿公路经马良至潮水大垭接南漳县界91公里，经马良至店垭锅厂核桃树店接远安县界103.5公里，经马良至段江下坪夏家湾接宜昌市夷陵区界92公里；西南由县城沿公路经歇马至欧店合作村抵兴山县界90公里；西由县城经马桥至毕架鱼头河抵神农架林区界72.44公里；西北由县城沿公路经开峰峪、寺坪、至珠藏洞交房县界36公里；北由县城经过渡湾至东庄峪交谷城县界22.1公里。由县城沿公路至襄樊市130公里，至武汉478公里。

行政区划：1979年，保康县隶属襄阳地区行政公署。1983年8月襄阳地区与襄樊市合并，建立市带县行政体制，保康县隶属襄樊市。1979年，全县设清溪河、黄化、后坪、龙坪、两峪、店垭、马良、歇马、欧店、马桥、寺坪、过渡湾12个公社和城关镇，52个管理区、338个生产大队、1 841个生产队。1984年4月，设城关、马良、歇马、马桥4个县辖镇，黄化、后坪、龙坪、两峪、店垭、沮河（原马良）、梅花（原歇马）、寿阳（原马桥）、寺坪、过渡湾10个区，4个区辖镇、46个乡、2个办事处，338个村、1 934个组。1985年7月，全县设城关、马良、歇马、马桥4个镇，黄化、后坪、龙坪、寺坪、两峪、店垭、过渡湾7个区，56个乡（含4个区辖镇）、344个村民委员会（含6个居民委员会）、1 947个村民小组（含26个居民小组）。1987年10月，进行区乡体制改革，撤区建乡镇，全县设城关、黄堡、后坪、龙坪、店垭、马良、歇马、欧店、马桥、寺坪、过渡湾11个镇，大湾、两峪、金斗、百峰、重阳5个乡，56个管理区（办事处）、338个村，1 937个组。2001年3月，撤销大湾乡、重阳乡、百峰乡、金斗乡和欧店镇，将大湾乡并入黄堡镇，重阳乡并入马良镇，金斗乡并入马桥镇，百峰和欧店镇并入歇马镇，全县设城关镇、黄堡镇、后坪镇、龙坪镇、寺坪镇、过渡湾镇、马良镇、歇马镇、马桥镇、龙坪镇和两峪乡，乡镇下设55个办事处、341个村、1926个村民小组。2002年11月，撤销所管理区和办事处，乡镇直辖村和社区。2001年5月，启动村组合并工作，至2002年8月结束，全县行政村由341个合并为261个，减少80个；村民小组由1 926个合并为1 555个，减少371个。2 003年，再次将1 555个村民小组合并为1 244个。

2002 年 6 月,组建光千、新街、河西 3 个社区;2 005 年 1 月,组建城南社区和王湾社区。至 2005 年,全县共辖 10 镇 1 乡,5 个社区,4 个居委会(马良、歇马、寺坪、马桥各 1 个),261 个村委会,1 244 个村民小组。

人口、民族:1979—2005 年,全县人口增长呈先升后降的特点。1979 年,全县总人口 26.831 9 万人,其中女性12.982 7 万人。随着育龄人口进入高峰期,人口数量稳步增长,1999 年达到 30.163 1 万人,为历史最高值。此后,人口稳中有降,2005 年为 28.613 5 万人,其中女性 13.336 1 万人。境内人口以汉民族为主,占总人口总数的 99.89%,各少数民族人口占人口总数 0.11%。1990 年,县内有蒙古族 9 人,回族 262 人,苗族 8 人,满族 8 人,侗族 3 人,瑶族 1 人,白族 4 人,土家族 15 人,合计 309 人。2000 年人口普查全县除黄堡镇外, 各乡镇均有少数民族定居。其中城关镇 275 人, 占少数民族总数 320 人的 86%。除城关镇外,马桥镇 15 人,过渡湾镇 9 人,龙坪镇、店垭镇、寺坪镇各 3 人,后坪镇、马良镇、歇马镇各 2 人,欧店镇、大湾乡、两峪乡、重阳乡、百峰乡、金斗乡各 1 人。城关镇黄土岭村为回民聚居村,总人口 742 人,其中回民 114 人。

(二)环境

1.自然环境

地质:保康县地处扬子准地台一级构造区北缘,处于鄂西山地强烈上升区,四周分布有挽近期活动性断裂,北部为近 EW 向青峰断裂,西有 NNE 向新华断裂,南有 NNW 向通城河断裂,中部为 EW 向阳日湾断裂。开封峪以北位于青峰断裂带南缘,近 EW 向断裂特别发育,地层重复、缺失现象频繁。县区北部青峰断裂与阳日湾断裂间展布受断裂切割破坏的向、背斜,北为以志留系为槽、寒武系和奥陶系为翼的向斜,南为一 EW 向的复背斜,核部由中元古界神农架群构成,两翼依次出露震旦系至志留系。县境西部马桥以南,位于神农架穹隆东翼和北翼东端,岩层向东和北倾,并受 NNE 向新华断裂影响,断裂东盘上升,震旦系地层出露地表。县境西南部处于黄陵背斜北翼,往东依次出露震旦系至志留系。境内新构造运动除了上述大型断裂继承性活动外,地壳运动表现为普遍的上升与下降,第四系以来的山势、河流、沉积分布特点受区域性构造特征控制,反映出近代地壳运动的趋势和特点,形成区域范围内自西向东、地势由中—低山逐渐过渡到丘陵区。保康县活动性断裂极其发育,区域内地壳仍有微弱活动,保康县地震基本烈度为 4 度区,与西北面的竹溪、房县Ⅶ度区相邻。县内地层自元古界至新生界均有出露。根据岩土体类型、结构、岩性组合及工程地质特征,区内岩土体划分为 5 个岩类、9 个岩组。松散土体工程地质岩类:主要由第四系[Q4]冲积的砾石、细砂、亚砂土和残坡积的粉质黏土、碎石组成;碎屑岩工程地质岩类:坚硬块状石英砂岩岩组,岩性主要为石英砂岩,岩石坚硬、性脆,抗风化能力较强,力学强度较高,干抗压强度 66.6—162.5Mpa,以刚脆性变形为主;坚硬较坚硬中至厚层状砾岩夹薄层中厚层砂岩岩组,岩性主要为砾岩、粉砂岩、砂砾岩,岩体力学强度随岩性、胶结物不同而变化;软质薄至中厚层状砂岩、页岩岩组,岩性主要为炭质页岩、页岩、粉砂岩,岩体质地软硬不均,力学强度因岩性不同而差异较大,干抗压强度 3.9—85.3MPa;碳酸盐岩工程地质岩类:坚硬厚层状强岩溶化灰岩、白云质灰岩岩组,岩性主要为灰岩、白云质灰岩、白云岩,岩石坚硬,岩溶发育,以刚性脆性变形为主,力学强度高,干抗压强度 39.2—137.2MPa;坚硬—较坚硬中至厚层状强至中等岩溶化灰岩夹软质页岩、砂岩岩组,岩性主要为灰岩、泥质白云岩、薄层砂、页岩,其中[Pt2l]仅出露于胡桃树垭口以东,玉皇顶以西,金斗以北,刘家沟以南一带,灰岩岩石坚硬,岩溶发育,力学强度高,干抗压强度 117.6—137.2MPa,软弱夹层易软化;较坚硬薄层至中厚层状中至弱岩溶化灰岩、泥质灰岩与软质页岩、砂岩互层岩组,岩性主要为灰岩、页岩、砂岩,岩溶发育,力学强度较高,干抗压强度 39.2—

137.2MPa，岩层中的软弱夹层易软化；变质岩工程地质岩类：为较坚硬中至厚层状变质沉积岩岩组，由青峰断裂以北出露 [Pt2wd]的片岩、变粒岩组成，仅分布于县区北部与房县交界一带，表层岩体剧—强风化，呈疏松状；特殊岩类：为分布于[P1q]地层中的煤层，力学性质差，是一种软弱层。

地貌：境内山峦重叠，沟壑纵横，地势起伏多变，为构造侵蚀?—岩溶地貌组合特征，素有“八山一水一分田”之称。山脉大致为东西走向，荆山山脉自西向东横贯县境中部，自然将保康分成南北两部：保南山势平缓，河谷较宽，以侵蚀—堆积河谷为主；保北山势高突，河谷较窄，以侵蚀河谷为主。全县有大小山头 3 100 余个，大小山沟 3 300 余条，平均海拔 910 米。境内最高点欧店关山，海拔 2 000 米；最低点过渡湾枫桥，海拔 194 米。按海拔高度，全县可分为 5 种类型：500 米以下的平畈占 11.3%，500—800 米的半山占 34.3%，800—1 200 米的二高山占 35.3%，1 200—1 500 米的高山占 14.6%，1 500 米以上的大高山占 4.5%。

水系：境内无大河，小河沟甚多，标名的河沟 3 369 条。其中小河 52 条，总长 1 186 公里；大山沟 178 条，总长 1 446 公里；承雨面积 10 平方公里以上的河流 84 条，总长 950 公里。较大河流 3 条：南河、沮河、清溪河。南河在县境流长 67.5 公里，承雨面积 5 275 平方公里；沮河长 71.3 公里，承雨面积 1 283 平方公里；清溪河长 50.7 公里，承雨面积 591 平方公里。所有河沟从属南河、沮漳河、蛮河三大水系。①南河水系。南河为汉江中游右岸的一条较大支流，发源于神农架东南麓。流经神农架阳日湾后始称粉清河，向东北进入保康县马桥镇，流经马桥、寺坪，在珠藏洞与房县的马栏河汇合后统称南河，再经西北部的过渡湾进入谷城县汇入汉江。南河干流（包括上游主源粉清河）全长 255 公里，总流域面积 6497 平方公里。在保康县境内流长 67.5 公里（按习惯仍将其主源粉清河包括在内），流域面积 1517 平方公里，占全县总流域面积的 47.3%，除干流外，共有常流性支流 22 条。其中主支 5 条，即清溪河、金斗河、两河口、鳝鱼河、金堂河。南河年平均流量 80 立方米 / 秒，年径流总量 28.4 亿立方米，径流深 400 毫米，洪峰流量一般出现在 6—8 月。年内径流分配很不均匀，一次洪水历时一般为 2—3 天，洪峰历时 2—3 小时，洪水暴涨暴落，洪枯流量相差最大达到 410 倍。②沮漳水系。沮河亦称沮水，沮河流域地处保康县东南部，始于歇马镇欧店关山。流经歇马镇和马良镇，于潮水出境入南漳县。县境内全长 71.3 公里，流域面积 1 283 平方公里，平均流量 13 立方米 / 秒，洪水季节可达 3 200 立方米 / 秒，枯水季节低至 0.5 立方米 / 秒，河床比降 15%，平均宽 80 米，河水清澈，产少量淡水鱼。下游（马良）地势坦缓，低凹湿润，土地肥沃，气候温和，光照较强，无霜期长，为保康主要产粮区，农作物以水稻、小麦为主，灌溉面积达 400 多公顷。沮河在境内除主源歇马河外，常流性支流有 20 多条，其中主支 5 条，即峡峪河、深溪河、鸡冠河、重溪河、白腊河。③蛮河水系。蛮河发源于保康县东部的黄堡，由西向东流经南漳到宜城县璞河镇关山附近注入汉江。全长 179.4 公里，流域面积 3 248 平方公里。蛮河在境内长 17 公里，流域面积 171 平方公里，有峠峪河、赤马河两大分支。

气候：保康县属北亚热带大陆性季风气候，冬冷夏热，月季变化明显，降水高度集中。境内地貌复杂，高低悬殊，各地气候差异较大，素有“高一丈，不一样，阴阳坡，差得多”之说。低山河谷，日照充足，热量丰富，雨量充沛，四季分明；高山地区多雨，温度低，温差大，降霜早，积雪较长。低山谷地带的年平均气温在 14℃—16℃之间；半高山地带在 12℃左右；高山地带在 7℃左右。低山河谷与高山地带温差在 5—7 度之间；在相同的高度下，保南较保北高 0.5℃；阳坡较阴坡高 1.0℃。年平均日照数 1486.1 小时，占可照时数的 40%。历年平均降水量（1958—2005 年）为 932.4 毫米。全年降水主要集中在夏季（4 ~ 9 月），占全年降水量的 79%，7—8 月雨量最多。大到暴雨以 8 月份最多，占全年的 30%左右；北部多于南部，保北平均每年 1.6 次，保南平均每年 1.1 次。全县以后坪出现大到暴雨的机率最大，平均每年 2 次。县内降雪期低山河谷为 4—5 个月，高山在 6 个月以上。无霜期随高度的增加而减少，平均每增高 100 米，无霜期大约减少 6 天左右。低山河谷的无霜期平均为 240 天左右，最长达 271 天；最短为 214 天。海拔高度 800 米以上地区无霜期平均为 210 天。海拔高度 1700 米以上的高山地区无霜期平均少于150天。

土地资源:保康县国土总面积481万亩,占全省总面积的1.7%。耕地面积35.9万亩,占总面积的7.4%,其中旱地30.5万亩,水田5.4万亩。园地4.45万亩,占0.92%;林地340万亩,占70.2%;牧草地面积61.6万亩,占12.7%;水域5.2万亩,占1.1%,难利用土地4.4万亩,占0.9%。从土地资源结构看,林地、耕地为主要土地类型。在耕地中,旱地、坡地所占比重较大,分别占耕地总面积的84.9%和46%。

水资源:保康县降水量较为充沛,水资源丰富。多年平均径流深400毫米,平均地表径流量12.96亿立方米,占总水资源量38.5%。另有上游粉清河、马栏河客水汇入,多年径流量13.25亿立方米,占水资源总量的39.3%。地表水资源量达26.21亿立方米,加上不易开发和开发利用不多的岩溶裂隙水及浅层地下水,水资源总量达33.71亿立方米。水能蕴藏量19万千瓦,可供开发利用13万千瓦,已开发利用5.6万千瓦。

生物资源:全县已查明有维管束植物201科852属2119种,分别占全省总科数的83.4%,总属数的58.68%,总种数的35.2%。其中蕨类植物27科50属93种;种子植物174科804属2026种。树种有1223种(含亚种、变种、栽培种),隶属114科350属。其中有46种打破湖北省分布新纪录。全县共有国家珍稀濒危保护野生植物46种。其中,国家重点保护野生植物有28种(Ⅰ级6种,Ⅱ级22种);国家珍贵树种22种(一级6种,二级16种);国家珍稀濒危植物31种(1级1种,2级11种,3级19种)。在众多的植物种类中,可用于园林绿化、花卉的植物有600种左右,尤以腊梅、牡丹、紫薇、杜鹃等分布广、面积大。

根据1999年森林资源二类调查,全县林地面积226 083公顷,占总面积的70%左右,人均林地面积0.75公顷。全县森林覆盖率59.63%。因退耕还林工程的实施,部分耕地转为林地,到2005年底,全县林地面积约为232 283公顷,森林面积约为175500公顷,森林覆盖率在63.5%左右。全县活立木总蓄积3271 281立方米,人均10.85立方米。森林蓄积3261 830立方米,人均10.81立方米。

全县已发现并经证实的陆生脊椎动物共有268种,其中兽类8目5科60种,鸟类12目37科151种,爬行类3目9科34种,两栖类2目8科23种,野生动物资源比较丰富。全县国家重点保护野生动物48种,其中国家Ⅰ级保护野生动物有云豹、金钱豹、林麝、金雕等4种,国家Ⅱ级保护野生动物44种,省级保护野生动物77种(其中兽类18种,鸟类36种,两栖类13种、爬行类10种),是湖北省野生动物多样性保护的重要区域。列入中国濒危动物红皮书的野生动物45种(兽类18种,鸟类10种,两栖类5种,爬行类12种)。其中极危1种,大鲵;濒危6种,云豹、金钱豹、林麝、滑鼠蛇、尖吻蝮、中国小鲵。

矿产资源:境内矿产资源十分丰富,目前已发现矿产资源32种,正开发利用的有磷矿、煤矿、硫铁矿、铁矿、硅矿、萤石矿、重晶石、地热、高岭土、石灰石、方解石、铅锌矿、砂、黏土等14种矿产,主要分布在马桥、城关、寺坪、过渡湾、龙坪、两峪、马良、歇马等乡镇。其中磷矿资源蕴藏量最丰富,居全国八大磷矿第四位,由白竹、马桥、峰山、洞河、观音岩、寨沟、石灰山、毛河八个磷矿区组成,已查明地质储量3.98亿吨,保有储量3.37亿吨,平均品位23.15%。白竹矿区为主要磷矿区,查明储量3.04亿吨,保有储量2.86亿吨,平均品位22.67%。

旅游资源:保康山清水秀,峰险洞奇,峡深谷幽,自然风光旖旎,旅游资源丰富。以五道峡、汤池峡温泉、野花谷、永兴洞、中华紫薇林、官山度假村为代表的风景旅游区已初具规模,九道河漂流、温泉攀岩、飞降、九路寨探险、农家乐等新兴旅游休闲项目颇受青睐,以张家沟、九路寨为代表的原始生态旅游风景区正在规划建设中。①五道峡风景区。位于保康县后坪镇以南2公里处,北距县城22公里,峡长7.5公里,谷底平均宽约4米,因谷中有5处石卡犹如五道山门将峡谷自然分成五段,故名五道峡。这里悬崖峭壁,嶙峋怪石,飞泉流瀑,随处可见;峡底九曲回肠,野花幽香,古木葱郁,它集险、奇、秀、幽于一身，融山景、石景、洞景、林景、水景于一谷，以雄奇清幽称奇，素有“天然公园”之称。景区内有仙人洞、龙王寨、八叠瀑、五指峰、抱玉岩等自然景点100多个，有国家保护的珍稀动物27种、珍稀植物30种。②汤池峡温泉。位于保康县城西南16.5公里的汤池峡中，东依保（康）宜（昌）公路，西靠五道峡风景区，峡中群峰拥翠，溪流潺潺，自然风光十分优美，地热温泉闻名遐迩，素有“华中第一泉”之称。温泉来自地表千米以下深循环温泉河床，是优质水资源、地热资源和矿产资源综合作用的产物，常年水温39.5℃，日出水量3 000多立方米，水中含有氡气和锶、硒、钼等多种有益于人体健康的微量元素，饮之可强身，浴之可疗疾。1995年1月，全省第一座建有室内标准游泳池的温泉馆正式建成并对游客开放，建筑面积达980平方米，并附有池浴、淋浴、冲浪、桑拿浴等项目，日均接待游客200余人。此后又兴建了得钰泉疗养中心、温泉宾馆，恢复了祖师顶道观，相继开发出尼罗罗非鱼垂钓、农家乐、道教朝圣等旅游项目，现已成为集观光、度假、垂钓、游泳、道教朝圣为一体的多功能旅游度假区。③官山森林公园。位于保康县城东北郊，地处群山环抱、绿树掩映之中，森林面积达2万多亩，林区内植物种类繁多，湖北省内的大部分植物种类均有分布，珍贵药用植物如金钗、天麻、灵芝、七叶一枝花等达100余种，自然形成了一个珍稀树木标本园。建有颇具云南少数民族风情的建筑—吊脚楼15座，还有宾馆、餐厅、会议厅、舞厅、健身房等，集游、购、娱、饮食、健身于一体，设施齐全，服务配套。这里古木参天，浓荫如盖，环境幽静，空气清新，素称“天然氧吧”，是人们避暑、踏青、游乐、休闲的理想胜地。④刺滩沟风景区。位于保康北部过渡湾镇，南距县城20公里，景区长10公里，是世界上第一个野生蜡梅自然保护区的核心区，区内有世界上面积最大的野生蜡梅纯林2 000亩，野生牡丹、云锦杜鹃、红豆杉等珍稀花卉遍布山谷，繁花似锦，花香不断，一年四季景不同，为保康开发生态旅游的重要景点。⑤九路寨。位于保康西南边陲，地处保康、宜昌、兴山三县交界处，距县城128公里。最高海拔1 426米，山寨被战口河、唐坪河、南门河、霸王河、锣鼓寨河等6条河流所环绕，其方圆百里的森林植被基本处于原始状态，许多秀丽的山水藏于其间。此处山奇水美，峰险石怪，石林、象鼻山、一线天、情侣峰、黄龙飞瀑等景观引人入胜，可与雄奇的三峡、奇幽的张家界媲美，有“扩大的盆景，缩小的仙境”之称。⑥张家沟。位于保康黄堡镇最东端，与南漳县交界，距305省道仅8公里，面积约4万多亩，92%属原始森林，境内地势起伏大，河流切割深，地貌类型多，岩溶分布广，风光旖旎，处处皆景，其自然景观浑然天成，原始古朴，具有广阔的开发前景。

图35—14 五道峡·迎宾瀑

图35—15 温泉夜景

2.城区公共设施

图 35—16 象鼻山

1975 年 8 月,保康县城区遭受特大洪水灾害,交通等基础设施损毁严重。在重建家园过程中,特别是 20 世纪 80、90 年代,为适应经济社会发展需求,保康县结合省级文明城市创建和楚天杯创建,坚持高起点规划、高水平建设、高标准管理,公用基础设施日益配套完善,城区面积解放初期的 0.3 平方公里扩展到 3.63 平方公里,城区人口发展到 4 万多人,一座“十里长街、百户企业、千座商铺、万家灯火”的山花名城已初步形成。

交通设施:经过 20 多年的建设,县城区现已建成由 9 条街道、8 条街巷、3 座桥梁组成的交通网络,街道总长达 22.33 公里。光千路、清溪路、河西路横贯城区,迎宾路、东街、南关街、西后街与光千路、清溪路纵向相连,清溪河一桥、清溪河二桥、紫薇大桥连接老城区与河西新区,形成“三横、四纵、三桥相连”的总体布局。长期以来,人们出行靠步行或以自行车代步。1995 年前后,机动三轮车投入营运。1998 年,县投入 16 台公交车辆试运行。1999 年因客源不足停运,城区居民出行为客运机动三轮车取代,三轮车总数 590 余辆。

环卫设施:1979 年 9 月,县防疫站招收 8 名清洁工,配备板车 3 部,负责清扫东街、南关街、河街和东沟街四条街道约 2.4 万平方米的街道和 12 个小型砖砌垃圾池(居民垃圾收集池)的垃圾清运。1985 年,清扫面积达到 4.7 万平方米,全年清运垃圾 2 083 吨。1991 年 7 月,成立保康县环境卫生管理所,环卫事业快速发展,清扫面积迅速扩大,实行全天、全面、全员保洁,垃圾运输实行机械化,垃圾处理实行集中填埋覆盖。到 2005 年,清扫保洁面积达 22 万平方米,年垃圾清运量 2.2 万吨,拥有 140 型摆臂式垃圾清运车 2 台,垃圾清运有偿服务单位 240 多个(其中日产日清和定时服务各 120 多个)。在塔儿坡建设简易填埋场两个,设计容量 51.8 万立方米。

供水、排水设施:县城现有 6 座水厂,2 座水塔,占地面积 80 余亩。水厂配有初滤池、加药间、反应池、沉淀池、过滤池等常规水处理设施。城区主供水管网长 59 千米。供水人口约 5.6 万人,日供水量 5 000 立方米左右,与日需量 8 000 立方米相差 3 000 余立方米。老城区排水系统现已初具规模,河西排水系统尚需完善。城区排水管渠总长约 19 公里,其中光千路、清溪路、河西路、官山路采用管径为 2.0 米的排水管网,其余支道采用管径为 0.8 米的排水管网,每隔 40 米设检查井一处。城区排水管线初步形成网络,排水普及率达到 70%以上,基本做到雨后城区无积水,平日污水不外流。

供电、供气设施:1973 年 4 月,城关 35 千伏变电站建成,实现大网对保康县城的供电。1981 年 3 月,马桥二级站建成投产,马桥至马良 35 千伏线路建成,保南 5 个乡镇(马桥、欧店、歇马、马良、两峪)小水电实现临时并网运行。同年 11 月,保康 110W 变电站建成投入运行,架设谷城紫金到保康 110 千伏输电线路, 结束了保康电站不能联网历史,1984 年全县单机 100 千瓦以上的小水电站实现联网运行。1983 年,保康被国家列为全国首批 100 个农村初级电气化试点县,全县的电力建设事业进入快速发展时期。到 1989 年,全县建成电站总数达 82 处,总装容量 17 261 千瓦,年发电量 6 175 千瓦时;建成 110 千伏输电线路 63.5 公里,35 千伏线路 106.4 公里,10 千伏线路 1 190.4 公里,低压线路 4674 公里;建成 110 千伏变电站 2 座,变电容量 4 万千伏安,35 千伏变电站 4 座,变电容量 5700 千伏安,全县变电站总容量 4.57 万千伏安。全县 16 个乡镇全部通电, 346 个村, 通电村 333 个, 占 96.2%,1 936 个村民小组,通电 1 773 个,占 91.6%,65 605 户,通电 61 568 户,占 93.8%。全县用电量 5 152

万千瓦时，其中工业用电538万千瓦时，农业用电220万千瓦时，生活用电13 672万千瓦时，供电保证率94%。全县电网形成以110千伏为骨架，35千伏为主线，10千伏为辐射，以低压线路为电力用户服务的供电网络。1998—2004年，全县农网改造一期工程完成投资11 758万元，其中新建改造10千伏线路136条138.5公里，低压线路改造2 024条2 802.24公里，改造配电台区273个；农网改造二期工程完成投资2 505万元，其中完成10千伏线路改造59条39.63公里，改造配电台区105个，改造低压线路410条913.29公里。2005年11月，投资800万元，实施城网建设和改造工程。1988年，县物资局出资200万元，建成全县首座液化气充装站，为县城1万多户居民及周边乡镇每月提供15吨左右液化气，全年供气约180吨。2001年，个体经营户建城南液化气站，全年供气约120吨。

邮政电信设施：1979—2005年，邮政电信事业快速发展。以邮路网、投递线路网、邮政金融网和电子化支局网为骨干的邮政设施网络和以计算机网络相互联通的安全、快捷、高效的通信服务网络逐渐完善，邮政业务逐渐从函件、包体、汇兑、报刊发行、机要通信等传统业务向集邮、邮政储蓄、邮政快件、特快专递和物流业等领域拓展。1986年11月，邮政储蓄业务恢复以来，储蓄网点达17处，储蓄额稳步上升，相继开通邮政绿卡网、电子汇兑业务顺利进入全国银联大网，与商业银行通存通取。2005年储蓄余额突破2亿元，邮政储蓄收入占邮政整体收入的60%以上。1985年，全县仅有磁石电话交换机1部900门，自动交换机1部500门，电话单机315部(含磁石电话单机15部)。九十年代以后，固定电话设施不断升级，电话交换机不断扩容，电话进入百姓住宅，无线寻呼、声讯服务、移动电话、传真、互联网等新兴电信业务迅速崛起。1986年1月，割接开通500门纵横制交换机，市话甩掉“摇把子”。1994年5月，长、市、农话合一的4 000门程控电话交换机开通，1995年，扩容到10 000门，保康电话进入襄樊市扩大本地网。2000年11月，在县城开通小灵通基站20个，小灵通投入使用；2002年8月，开通ADSL宽带业务。2005年1月，“村村通”工程项目建设第一期工程完成，3 412户山区老百姓用上了“村村通”电话。2005年，全县固定电话市话用户18 572户(其中住宅电话9 488户)，公用电话969户，小灵通用户7 210户，村村通电话13 412户，互联网用户2 870户，电信总用户达到33 033户，比1985年的315户，增长105倍。移动通信从20世纪90年代中期兴起以来，即以迅猛态势发展，手机进入千家万户，进入寻常百姓家庭。1994年3月，开通模拟数字移动通信，仅可容纳移动电话用户151户。1997年以后，CSM、CDM、CDMA数字移动通信先后开通，移动基站逐步向乡镇延伸，通信信号覆盖全县城乡，通信业务迅速拓展，2005年全县移动电话用户达到4万户。

防汛设施：清溪河自东南向西北流经城区。1975年8月，山洪暴发，两岸河堤大部分溃毁。当年9月，全县调集5 000名民兵重修清溪河大堤。堤身用青石砂浆垒砌，用水泥砂浆勾缝。堤身呈梯形，底宽3.38米，面宽1.6米，高4米，全长5 000米。同时兴建1处泵站、1处排渍涵洞、5处排水闸、2条排渍渠用护脚等附属设施，对上游支流和清溪河西岸长达万米的河堤进行整修，清溪河河床由40米扩宽至80米，城区的防洪能力大幅度提高。

休闲设施：①沿河公园。位于清溪河畔，与县人民广场相连。公园呈带状，全长175米，宽28米，总面积4 900平方米，园内建有姊妹亭、“二〇标”、门球场、儿童游乐园等景点和游乐设施，1992年12月建成开放。②紫薇广场。位于保康县城东县标处，2001年动工，2003年竣工，总投资800多万元。广场占地20000平方米，建有图腾柱、浮雕景墙、廊坊、音乐喷泉和儿童游乐设施。紫薇广场与建在县城东坡上的中华紫薇林连为一体。紫薇林属抢救性保护古莼紫薇而兴建的珍稀花卉生态园，占地180多亩，园内千年以上的古莼紫薇达6 000余株，造型各异，形态万千。分十个景区：群芳争葩、急流涌翠、栖清旷居、香远益清、层层叠嶂、九曲花溪、溪流探问、紫薇寻源、濠情濮趣、水清云远。每当夏秋时节，红霞覆树的紫薇争奇斗艳，绚丽夺目，花期长达三月之久。人们游园赏花，休闲健身，其乐无穷。

图 35—17 紫薇广场

图 35—18 紫薇林

(三)经济

1979—2005 年,该县以经济建设为中心,县域经济结构逐步优化,主导产业从以传统农业和资源开发为主转变为以工业为主导、以特色农业和生态旅游业为补充,多业并举、整体发展的新型产业格局,经济实力明显增强。2005 年,全县国内生产总值达到 14.4 亿元,比 1978 年增长 23.35 倍。三次产业结构由 1978 年的 66.4 : 14.3 : 19.3 调整 34 : 28 : 38。

1.工业

改革开放以来,保康立足于本地资源,实施“三龙”(石龙、水龙、木龙)、“四县”(矿化大县、水电强县、特产名县、旅游热县)战略,地方工业从小到大、由弱及强、滚动发展,初步形成了一批水电、化工、轻纺、建材等原料性企业群。1978—1990 年,全县工业企业净增 4 008 家,净增固定资产 3 007 万元,净增产品 120 种,净增生产规模 1.2 亿元。到 1999 年,全县各类工业企业达到 4 490 家。在 58 家县属工业企业中,国有及国有控股企业 40 家,集体 13 家,合资 1 家,私营 4 家,生产规模达到 7 亿元,资产总额 6.68 亿元。以水电为根基,磷化工业为主干,机械、建材、轻工、汽配等行业为枝干的树型工业结构体系基本形成。二十多年来,坚持以改革求发展,以开放促开发,全面推进企业经营体制和产权制度改革,对县属工业企业实行卖断经营,以产权换资金,以存量求增量,借外力求发展,加大招商引资力度,先后引进葛洲坝公司、兴发集团等一批大公司,兴建过渡湾电站、寺坪电站等重点工业企业,重点培植以水电、磷化工为主的骨干企业。2005 年,全县年产值过 500 万元的企业达到 21 家,过亿元的企业达到 3 家,形成了城区和马桥磷化工业、南河流域水电工业和沮河流域农副产品加工业的工业布局。全县工业总产值达到 17.66 亿元,已建和在建水电装机容量 129 182 千瓦,发电量 20 315 万千瓦时,磷矿石 123 万吨,水泥 10.87 万吨,分别是 1978 年的 161 倍、57.8 倍、80 倍、82 倍、23 倍;黄磷 8 069 吨,磷肥(折纯)6 783 吨,硫酸(折纯)18 980 吨,分别是 1989 年的 65 倍、2.6 倍、13 倍。

2.贸易

1978 年,全县建有各类商业网点 456 个,从业人员 811 人,其中个体 3 家、4 人,社会商品零售总额 3 537 万元、集市贸易成交额 28 万元。在由计划经济向社会主义市场经济转型中,全面推行国有民营、公有私营为主要形式的民营化改革，制定落实优惠政策，创造宽松环境，扶持个体私营经济快速发展，打破国合商业一统天下的局面，逐步形成多种经济成分、多种流通渠道、多种经营方式并存的格局，商品市场、商品流通日渐繁荣活跃。2005 年，社会消费品零售总额 68 730 万元，集市贸易成交额 48 173 万元，分别比 1979 年增长 18。43 倍、633 倍。全县建有各类市场 19 个，民营商业达到 3 333 家，从业人数 5 315 人，实现增加值 12 675 万元。全年利用外资 1 351.2 万美元(含寺坪电站 1300 余万美元),12 家企业取得自营出口权，完成出口 200 万美元，有机茶远销欧盟，磷化产品出口印度和孟加拉国。

3.农业

在农村逐步实行、稳定并完善家庭联产承包责任制，实施农村综合配套改革，极大地调动农民生产积极性。坚持以市场为导向，深入推进产业结构调整，基本形成 5.3 万亩烟叶、6 万亩茶叶、6.98 万亩蔬菜、354 万袋食用菌和 19 万头生猪、95 万只山鸡的产业规模，农业综合生产能力不断增强，农业产业化经营不断发展。以烟叶、茶叶、无公害蔬菜、食用菌、畜牧业为主的特色产业替代传统的粮油种植业成为农业支柱。粮油生产大力推广杂交良种、地膜栽培、麦苞套种、科学施肥等先进生产技术，生产水平大幅度提高。2005 年，全县粮食种植面积 30.47 千公顷，比 1978 年减少 38.32%，粮食总产量 9.01 万吨，仅下降 12.86%；油料、茶叶、食用菌、蔬菜、肉类等主要农产品产量分别达到 7364 吨、1 355 吨、885 吨、103 418 吨和 24 000 吨，分别是 1978 年的 5.26 倍、32.57 倍、4.45 倍、1.7 倍；实现农林牧渔业总产值 851000 万元，农村经济总收入 115 737 万元，农民人均纯收入 1 937 元，分别是 1978 年的 12.83 倍、32.32 倍、22.79 倍。

4.交通运输

1978 年，全县公路通车里程 625 公里，桥梁 42 座 1 601 延米，拥有汽车 115 辆，基本形成以省县道为骨架、以乡道为脉络的公路交通网，完成陆运货运量 67 042 吨，货运周转量 630 万吨公里，客运量 291 563 人，客运周转量 1 877 万人公里。改革开放以后，交通运输事业快速发展。公路建设逐步由普及向养建并重转移，由数量扩张向质量提高转变，重点抓好干线公路升等改造，先后对 305 省道、保宜路、石开路、后高路等干线进行改造，全面启动“村村通”工程，基本建成以县城为中心，以 6 条省道为主干线，3 条县为次干线，1 000 多条乡村道路为脉络，外连襄樊、宜昌、神农架、房县、谷城等市县，内通乡镇、村组的公路交通网络。2005 年，全县公路通车总里程 3155 公里，其中等级公路 942 公里，公路桥梁 116 座、4 785.8 延米，公路密度达到 94 公里 / 百平方公里。拥有营运车辆 1087 辆，完成货运量 248 万吨，货物周转量 21 900 万吨公里，完成客运量 297 万人，旅客周转量 11 980 万人公里。

5.财政税收

不断深化财政体制改革，对乡镇逐步建立完善“划分收支范围、收支基数、定额上交或者补贴基数、转移支付”的财政体制，对县直部门实行“分类管理，定额定员，基数预算，综合平衡”，理顺和完善财政体制配套措施。加大财源建设的力度，1996 年过渡湾电站和 2002 年寺坪电站等一批重点工业项目相继动工建设，农业结构不断调整，逐步形成了以烟、茶、菌、板栗、药材、果类、菜等特色农业和磷化工、小水电为主的财源项目。财政收入稳健增长，收入结构不断优化。“七五”时期，全县财政收入总额 4 973.7 万元；“八五”时期，财政收入总额 1.220 7 亿元，比“七五”时期增长 250%；“九五”时期财政收入总额 3.248 4 亿元，比“八五”时期增长 270%，比“七五”时期增长 5 倍；“十五”时期财政收入总额 5.503 亿元，比“九五”时期增长 175%，比“七五”时期增长 11 倍。

1991 年以后，全县试行综合预算改革，将预算内和预算外资金统筹安排，捆绑使用。建立工资专户,保证工资正常发放和中心工作开展;规范操作,扩大政府采购范围,采购资金直接拨付给供应商,强化财政监督职能;推行财政集中收付,减少资金支出中间环节;社会保障资金实行专户储存,确保社会保障资金专款专用。2002年,县乡行政事业单位人员工资实行“编委核编、人事核人、财政核资、银行代发”;对社会保障资金实行“部门审批、银行代发、财政监督”的社会化发放方式;企业基本养老、失业保险和城市居民最低生活保障范围逐步扩大,社会保障得到加强。2004年,农村税费改革后全县中、小学教师工资及经费全额纳入预算,财政统拨统发。1986—1990年(“七五”时期),全县财政支出总额8175.8万元,财政累计赤字达到1154万元;1991—1995年(“八五”时期),全县支出总额1.4677亿,是“七五”时期的1.8倍,累计财政赤字2270万元;1996—2000年(“九五”时期),财政支出总额3.4497亿元,是“七五”时期的4倍;2001—2005年(“十五”时期),财政支出总额6.7006亿元,是“七五”时期的8倍。1986—2005年,全县累计财政支出12.63558亿元,财政支出结构和比重日趋合理,初步建立公共财政支出格局。

1983—1984年,全县完成利改税,共开征21个税种。1994年6月,实行税制改革,先后组建国家税务局和地方税务局,理顺税收征管体制。2005年,完成税收9472万元,其中国税完成4370万元,地税完成5102万元。

(四)教科文卫

1.教育

大力实施“科教兴县”战略,教育体制改革逐步深入,教育事业迅速发展。2005年,全县有各级各类学校151所,幼儿园9所,其中高中阶段学校4所(含职中2所),初中16所,小学80所,教学点51个,在校学生33 709名。城镇适龄幼儿入园率90%;农村基本普及学前一年教育;全县正常适龄儿童入学率100%;正常适龄少年入学率96.2%,“普九”工作1999年通过省检查验收;中等职业教育在校人数3 653人,比1986年的309人增长10倍以上;累计扫除文盲15 513人,非文盲率达到98.7%,1998年通过国家验收,被教育部授予“扫盲工作先进单位”;高等教育自修考试累计报考7.5万科次,1 700多人获得自修考试大专文凭;电大累计培养中专、大专、本科毕业生2139人,其中中专388人,大专1 094人,本科657人。先后组织实施“一无两有”工程、国家贫困地区义务教育工程、中小学危房改造工程、寄宿制学校建设工程和现代远程教育工程,办学条件得到根本改善。全县校舍总面积达到43.30万平方米,比1980年净增22.94万平方米,其中砖混结构校舍比例达到68.9%;全县中小学装备计算机1 997台,建计算机教室49个,多媒体教室29个,5所学校建成校园局域网,94所学校安装了卫星收视系统;1997—2003年,投资3 679万元迁址新建县一中;“十五”期间新建学生宿舍和餐厅9500平方米,添置课桌1万套、床铺8 000套。2005年,全县拥有专任教师1999人,小学、初中、高中教师学历合格率分别达到100%、95%、80.1%, 高一层次学历教师比例分别达到57.8%、28.1%、6.6%。2004—2005学年度,初中毕业生2597人升入高一级学校就读,占初中毕业生总数55.8%;高考上各类线和省线人数分别达到927人、432人, 分别比2000年净增553人、262人, 增长率分别为148%、154%。

2.科技

1985—2005年,申报科技计划项目328项,立项190项,其中国家级5项,“节能节材旋压皮带轮技术研究”、“湿法磷酸脱氟生产磷酸氢钙技术研究”等项目被列入国家星火计划项目,争取科技资金4000余万元。全县共自主研发和引进成果29项,全部通过各级科技部门组织的鉴定或验收,其中农业科技成果15项，工业科技成果9项，社会科学成果5项。有13项成果受到市及以上政府奖励，其中省级6项。《保康县水利区划报告》获得省科技进步二等奖，《腊梅资源调研》获得市科技进步一等奖。2001年和2005年，保康县先后举行第五届、第六届科技进步奖评选，对40个科技项目进行表彰奖励。其中，工业黄磷节能降耗、2万亩高山反季节无公害蔬菜荣获一等奖；2000T/a食品级焦磷酸钠等6项获二等奖；袋栽香菇技术推广等13项获三等奖；“多功能拐杖”和“治疗颈椎腰椎骨质增生病的药物”获技术发明奖；“电信宽带档案辅助支撑系统”等8项成果获科技进步奖；“湖北省柴胡GAP研究与示范”等5项成果获科技成果推广奖；“铜合金拨叉技术创新”等4项技术成果获科技型企业创新奖。1991年以来，全县组织申报专利333件，其中有203件已被国家专利局审查批准授权。授权专利发明25件，实用新型164件，外观设计14件。坚持开展科技培训和各种形式的送科技下乡活动，推广普及农业适用技术，年培训180多场次，累计培训20多万人次，累计培养科技致富带头人5 500人，培养科技致富明白人6.5万人，全民全社会科技素质明显提高。2003年，先后开通“荆山科技网”和“农技110”，多形式多渠道收集、筛选、传递实用技术信息，取得比较明显的社会经济效益。2000年，保康县被国家科技部授予“全国科技工作先进县”称号。

3.卫生

2005年，全县各级各类卫生机构450个，其中县直卫生单位5个，乡镇卫生院11个，分院3个，村卫生室414个，个体诊所及医务室17个，编制床位581张，拥有固定资产总额4 534.2万元，拥有万元以上医疗设备138台(件)，形成了比较完善的县、乡、村三级医疗卫生服务网络。其中经省、市卫生厅局评审并命名的“二甲”医院2所，一甲医院4所，爱婴医院1所。全县有卫生人员1 128人，其中专业技术人员1 032人。年诊疗病人44.8万人次，收治住院病人9 000多人，传染病发病率277/10万。许多严重损害人民健康的重大疾病如梅毒、疟疾、白喉基本消灭、地甲病等地方病达到消灭标准，全县免疫“四苗”接种率年均在96%以上，传染病发病率逐年下降。婴儿死亡率从新中国建立前的210‰下降到2005年的11.7‰，孕产妇死亡率降至101.72/10万。全县饮用安全卫生水人口达23.7万人，占全县农村总人数的92%，新、改建各类卫生厕所2.93万个，粪便无害化处理达48%。农民生活卫生质量明显改善。全县人均期望寿命达69岁，人民群众健康水平显著提高。

4.文体艺术

全县共有文化机构16个，相继成立作协、书协、美协等群众文艺社团组织，形成了以李修平、周才彬等为代表的文学创作群体，被誉为山林文学支队，文艺创作成果斐然，多人多部(篇)作品获奖。县图书馆面积由1978年的200多平方米增加到1 200平方米，馆藏图书由1.3万册增加到3万余册，1999年被文化部命名为“国家三级图书馆”。沮水巫音、皮影戏和薅草锣鼓等传统民间艺术得到深入挖掘整理和有效保护。1982年和1991年，开展两次全县文物普查，共有县级文物保护单位28处，其中省级1处。2005年，12个农村公益电影队放映109场次，观众5.2万人次。

1989年7月，县调频广播开通，有线广播和无线广播混合覆盖，实现广播村村通。自1977年开通电视信号以来，全县累计建电视发射站2个，卫星地面接收站7 300个，全县261个村实现广播电视“村村通”。1991年，正式开通有线电视，1997年，加密电视开通，传输电视节目增至18个。1999年至2001年传输节目增至31套。2003年，南漳经保康至神农架的150公里光缆线路架通，开始转播襄樊电视台节目。2005年，大网信号及本县电视节目通过光纤传输到全县11个乡镇，保康县成为全市第二个实现全县乡镇联网的县。全县自办节目2套，电视覆盖人口由1986年的8.2万人增至2005年的26.28万人，覆盖率由29%增至95%。

体育事业蓬勃发展，体育场馆设施和体育器材日趋完善，竞技体育水平不断提高，全民健身活动不断普及。1998 年 8 月、2003 年 8 月举办第一届和第二届全县运动会,球类、棋类、武术类、田径类运动广泛开展。截至 2005 年,全县共建体育场馆 134 个,其中体育馆 1 个,标准足球场 2 个(人民广场、县一中),灯光球场 1 个,游泳馆 2 个(露天 1 个,室内 1 个),篮球场 128 个。全县坚持体育运动和健身活动人口占全县总人口比重达到 41%,1996 年被命名为“全国体育先进县”。

九、老河口市概况

老河口是一座有着 3000 多年历史的文化名城。地处“襄郧要道、秦楚通衢”,历来是重要的物资集散地及战略要地。明清年间即出现“商贾辐辏、烟火万家”、“天下十八口,除了汉口数河口”的繁荣景象,并有“小汉口”之誉。老河口总面积 1 032 平方公里,人口 52 万,地处中原腹地,处在鄂、豫、川、陕四省结合部,是湖北省经济发展的重要区域之一,是我国实施中部发展战略的跳板和重要桥头堡,是湖北汽车工业走廊的纽带。交通方便快捷,基础设施配套完善,有大型航空港—老河口机场,汉丹、襄渝两条铁路在此交汇,316 国道和汉十高速公路贯穿其境,汉江水运通江达海,城乡高等级公路密度居全省第一位。

老河口产业实力雄厚,工业发展势头强劲,以东风创普公司、苏州仁和公司、东沃公司、学世汽车公司为龙头,形成年产轻、重型汽车 5 万辆的汽车产业和以镁合金等高精汽车零部件的生产链;以润发公司、大进公司、君益公司、国泰华公司、君鑫公司、德大公司、富利华公司为龙头,形成拥有 20 万绽纺纱规模的纺织产业;以宝石公司、回天公司为龙头,形成年产 170 万吨水泥的建材产业;以奥星公司、回天油脂公司、梨花湖食品公司为龙头,形成年产 30 万吨精品粮油的食品产业;以华松公司、富林公司为龙头,形成年生产能力达 20 万吨的化工产业。

老河口是全国农业生态建设示范县市,也是全国优质商品粮生产基地,农副产品资源十分丰富。在推进城市新型工业化的同时,老河口市以新农村建设为突破口,全面推进农村经济社会建设。市委、市政府投入资金高标准改造李国路,以此为龙头,建成总面积 2.80 万亩的省级基本农田保护高产示范区。全市先后建立梨桃、花椒、水产、优质粮等八大板块产业。其中,30 多万亩梨桃、花椒、水产基地,被列为湖北省重点发展项目。优质水稻、小麦总面积达到 40 多万亩。改变乡村面貌,提升文明素质,是老河口市新农村建设又一新的起点。全市以孟楼省际“口子镇”建设为纽带,在 10 个乡镇开展文明创建活动,在国道、省道沿线创建百里文明走廊,乡村环境得到综合整治,农村基础设施建设进一步完善。

老河口资源丰富,有充足的水、电、矿产资源。亚洲最大的低水头发电站——汉江王甫州水电站就建在老河口,电站装机容量 10.9 万千瓦,年发电量 5.8 亿千瓦时。此处有优质的水资源。老河口是南水北调中线工程的启水源头,位于汉江中游东岸,汉江流径老河口 50 多公里,水质优于国家环保二类标准,没有受到污染。此处有丰富的矿藏资源。老河口有天然优质的饮用矿泉——六股泉,有含量丰富、品位极高的赤铁矿、石灰岩矿、白云石矿、有可供生产优质砖的高岭土等。

老河口环境优美,是全国十佳卫生城市,省级文明城市,省级园林城市。为改善城市环境,提升城市品位,先后组织实施城东开发区、滨江大道、中山公园、光未然文化广场四大改造工程,新建四星级的奥华大酒店和一批花园式住宅小区,更新改造城市主次干道 15 条。

老河口是一座充满开放活力的新型魅力城市。清真寺始建于咸丰年间,位于市区中心两仪街,寺内设有大殿、厢房、过厅等 130 余间,寺内有白崇禧民国 30 年题“兴教建国”匾额。抗日战争国民党第五战区李宗仁长官司令部旧址位于市区北京路中段,内有高级将领会议室、李宗仁旧居陈列室、资料陈列室等，展出李宗仁及五战区资料300余件。梨花湖风景区位于老河口市城区西侧，是由汉江王甫洲水利枢纽工程蓄水而形成的42平方公里的人工湖。梨花湖风景区，依湖布点，沿岸的王甫洲梨花岛生态旅游观光基地、中洲岛梨花山庄娱乐基地、五龙公园、汉水山庄度假基地、湖边沿岸游乐基地四大旅游基地形成独具特色的梨文化旅游。而且老河口距三峡、古隆中、武当山、神农架、丹江口、少林寺、龙门石窟等国内旅游热线，行程都在1至3小时以内。

老河口市先后出台《关于招商引资的优惠办法》、《加快发展第三产业的意见》、《支持鼓励第三产业发展的若干政策》等一系列惠商、利商的扶持措施。2005年，全市实现生产总值37.96亿元。其中：第一产业增加值13.57亿元，增长4.7%；第二产业增加值12.44亿元，增长9.7%；第三产业增加值11.95亿元，增长11.8%。三次产业结构由上年的37.8∶32.4∶29.8变化为35.7∶32.8∶31.5。

（一）政区

1.位置

老河口市地处湖北省西北部，汉水中游东岸。地理坐标北纬32° 10′ —32° 38′ ，东经110° 30'—120° 00'，东面和南面与襄樊市襄阳区毗邻，西部以汉水为界与谷城县相望，东北及北部与丹江口市、河南省淅川省、邓州市接壤，东南至省会武汉市418公里，距襄樊市71公里，西至十堰市133公里。因位于鄂、豫、川、陕四省要冲，素有“襄郧要道、秦楚通衢”之称。

2.疆域

老河口市地处秦岭支脉伏牛山南支尾端，位于汉水中游东岸，南阳盆地边缘，地貌形态多姿。地势北高南低，由西北向东南倾斜，呈若干条“鸡爪子”状丘岗伸向东南，形成丘陵、平岗、平原三种地形。平岗地高程在100米至150米之间，其面积占总面积的42.94%；丘陵地高程在150米至450米之间，其面积占总面积的39.17%；平原地高程在100米上下，其面积占总面积的17.89%。境北朱连山东西横断，与河南省淅川县、邓县相隔，为境内最高山脉；自西向东，高庄寨高346米（黄海高程，下同）。彭家寨高451米，煤铁垭高402米，青杠扒北岭高462米（为境内最高点），吴家庄东岭高408米，大山寨高393米，至六股营北岭高239米，再向东即为岗坡地带，高程在200米以下。朱连山以南之岗岭均为自北向南走向。其主岭自二劈山向南经渔关庙、黄庄、孙家洼西岭、梁岗、袁冲、郝岗、杨陈扒、韩家大堰、石碑岗、九里岗、张岗、晋公庙、土地岭、西张湾西岭、杨家山，再向南入襄阳区境，岭长57公里，沿线岭高在186米至159米之间。这道岗岭，将境内水系分为东西两片，岭西地形起伏较大，属丘陵地带，其间大小河流均直接汇入汉水；岭东属平岗地带，其河流则分别汇入排子河、黑水河，再入小清河，至襄樊市北入汉水。朱连山主岭以西的支岭，均为自东向西南走向，由主岭直至汉水边。

3.行政区划

1979年1月，省、地区农垦部门以张集公社和从竹林桥公社划入的9个大队的范围试办国营农场，保留公社名义，场社并存。11月，经湖北省革命委员会报国务院批准，国务院国发〔1979〕269号文件批复，光化县下辖的老河口镇划出设市，成立中共老河口市委，与中共光化县委并存，同属中共襄阳地委领导。除镇辖范围外，并划白莲公社童营片、赵岗公社洪山嘴片5个生产大队为其所属。市设街道办事处（北京路、和平路、洪山嘴）、公社（环城人民公社）。1983年8月，根据国务院关于《湖北省地市行政体制改革方案的批复》（国务院〔1983〕国函字164号），撤销光化县建置，其辖区并入老河口市，老河口市仍为省辖（县级）市，实行计划单列，由地市合并后的襄樊市代管。11月，光化县与老河口市政权机关正式合并办公。1984年实行政社分开。1985年,全市设5区、2镇、5个街道办事处、30个乡、231个村民委员会、24个居民委员会、1642个村民小组、316个居民小组。1987年9月,根据省委和襄樊市委关于撤区并乡的决定,市委、市政府决定撤去原来的赵岗区、袁冲区、薛集区、竹林桥区、张集区。新设张集镇(兼国营张集农场)、竹林桥镇、薛集镇、秦集镇、袁冲乡、纪洪镇、赵岗乡、傅家寨镇、仙人渡镇、孟楼镇、李楼办事处、酂阳办事处、中山办事处、光化办事处、洪山嘴办事处。1991年11月,傅家寨镇陈家港村划入丹江口市,划出后,总面积由1043平方公里减为1032平方公里。2001年4月,乡镇办事处机构进行撤并,赵岗乡、傅家寨镇、洪山嘴办事处合并为洪山嘴办事处;纪洪镇、袁冲乡合并为袁冲乡,秦集镇、薛集镇合并为薛集镇;中山办事处、酂阳办事处合并为酂阳办事处。撤并后,乡镇办的数量由原来的15个乡镇办事处合并为现在10个,即袁冲1个乡和仙人渡、张集、竹林桥、薛集、孟楼5个镇及李楼、酂阳、光化、洪山嘴4个办事处。

4.人口、民族

1979年以来,计划生育被列入基本国策,采取一系列措施,控制人口增长。1979年全市总户数81115户,总人口37.56万人,其中:男19.28万人,女18.28万人。2005年末总人口51.4万人,其中:男性人口26万人。全市人口分布历来是丘陵地带较疏,平原地区较密,乡村较疏,城镇较密。全市有15个少数民族,即:回族、满族、蒙古族、土家族、朝鲜族、壮族、苗族、瑶族、白族、佤族、彝族、布依族、锡伯族、维吾尔族。

(二)环境

1.自然环境

地质:老河口市处于华北陆台与杨子陆台之间,秦岭地槽东端,武当隆起之东北部。市区西北部因受北面挤压力的作用,使其形成以断裂少,褶皱多的构造形态。其褶皱均为向南倒转之复式褶皱,其地层多为上元古界震旦系及古生界寒武系地层,其次为新生界地层。汉水中游地区在老岩层上部沉积了较厚的下第三系白垩系砂岩,由于风化侵蚀作用,形成低丘地带,此后又沉积了第四系沉积岩。

水系:老河口境北有朱连山横断,其主岭将境内水系分为东西两片。境内水系,除汉水为过境河段,流程58公里外,流域面积在50平方公里以上的有:蒿堰河、四道河、孟桥川、大梁河、苏家河5条,总流域面积519.5平方公里(其中市境外51平方公里)。流域面积25至50平方公里的河流有4条。流域面积在25平方公里以下的河流和排水沟16条。

气候:老河口市属北亚热带季风气候,具有南北过渡型气候特征。据气候资料统计,年平均温度为15.3℃,无霜期236天;年降水量为845.6毫米,80%的保证率为674毫米,是湖北降雨较少的地区之一;年平均日照时数为1914.7小时,是湖北省日照比较充足的地区之一。

降水量:老河口市是一个贫水市。降水量年内分布不均,主要集中在4—9月,降水量占年降水量的74.2%;多年最大月降水量为7月,其降水量占年降水量的16.3%。

蒸发:老河口多年平均水面蒸发量为864.2毫米,月最大蒸发量在6月,达137.4毫米,最小蒸发量在12月,为26.6毫米。多年平均陆地蒸发量为606.9毫米。多年平均干旱指数为1.09,属半湿润地区。

土地资源:老河口市版图面积1032平方公里,占全省总面积的0.56%。地形以岗地为主,西北部丘陵区面积225.3平方公里,东部平岗区面积590平方公里,中南部平原区面积216.7平方公里。土壤类型多样,西北部为山地棕壤,PH值一般低于7.0,含氮0.2%左右,有机质含量3%;东南部岗地和中南部平原多为水稻土,PH 值 7.1 左右,有机质含量 1.8%,含氮 0.14%、含磷 0.06%、含钾 1.73%;东北部黄棕壤土居多,PH 值 6.8—8.5 之间。

水资源:地下水资源:老河口市地下水资源量的大小与降水量、河川径流量间呈正比关系。山丘区为裂隙水,汉江沿岸为孔隙水。全市地下水资源净储量为 9.7 亿立方米。8—20 米浅层地下水资源量为 2 551 万立方米。客水资源量:老河口市的客水资源量是本市水资源的 2 倍,主要是引丹水和汉江提水。引丹客水:老河口市通过引丹总干、一干、二干、三干渠道可引提农业灌溉水量和各水库、塘堰的补充水源。根据 20 年引丹供水资料排频分析,平水年可供水 21 418 万立方米,偏枯年可供水 30 570 万立方米,枯水年可供水 36 725 万立方米。汉江多年平均过水量 368.6 亿立方米。丹江水库在实施南水北调以后,减少来水量 1/3。水利工程:老河口市共建有大中小型水库 57 座,堰塘 4 429 口,蓄水级力为 2.64 亿立方米,供水能力为 3.34 亿立方米,引水灌溉渠道 984 条,长 1 120 公里,引水能力为 3.2 亿立方米。20 千瓦以上的提水泵站 187 处,总装机 17 720 千瓦,机电井 821 眼,全市蓄引提水能力达 4.88 亿立方米。本市水利工程以引丹干渠为骨干,水库堰塘为基础,泵站、机井为补充,大中小相结合,蓄引提相配套,形成独具特色的"西瓜秧"式灌溉体系。水污染情况:老河口市属"三北"旱包子地区,多年平均径流与陆地蒸发之和与多年平均降水量基本一致。由于人为活动和大量畜禽、生活污水和化肥种地,地表水(除大中型水库外)浅层地下水均不同程度受到点污染和面污染。近年来,由于化肥养鱼热兴起,大、中型水库也存在严重污染的趋势。汉江过境客水由于距丹江口太近,工业和生活污水自净能力差,尤其在王甫洲发电站蓄水发电以来,湖水基本禁流,加上旅游开发、运输、挖沙和人为活动,又形成二级污染,梨花湖沿江岸富营养带明显形成,湖水水质污染明显加剧。

生物资源:植物。农作物除粮、棉、油外,先后发展了烟叶、药材(麦冬、生地)桑蚕,引进了茶叶、油菜、苹果、橘子、黄花、梨、桃等。本市有蔬菜生产的优越条件,土质、气候适宜,地下水资源丰富。品种繁多,传统的有冬瓜、萝卜、大白菜、黄瓜、南瓜、茄子、藕。精细菜种的韭菜、辣椒、小葱、丝瓜、芹菜、菠菜、冷豆等数十种。本市土壤种类繁多,适于多种林木生长。丘陵土壤分布在市北、西北和南部。主要种植和马尾松、刺槐、栎类、紫穗槐、国外松等。岗地土壤种植有刺槐、此穗槐、川柏、波兰杨、大观杨等。平原土壤种植有杨柳类、椿、榆等速生阔叶树种。本市境内中草药有牡丹、丹参、生地、桔梗、紫花、红花、白勺、玄胡、玄参、草决明、菊花、荆芥、青木香、板蓝根、柴胡、射干、薄荷、泽兰、前胡、菌陈、二花、千里光、天冬、百合、麦冬、山楂等 40 种。花卉有女贞、桂花、月季、菊花、鸡冠花、仙人掌、君子兰、一串红、百日红、石榴、杜鹃、玫瑰等。动物。本市家禽、家畜有牛、猪、马、羊、鸡、鸭、免等;水产有鳊、鲫、鲢、鲭、鲩、鳝、鳅、虾、蟹、鳖、蚌等;鸟类有鸠、鸽、鹌鹑、鹰、燕、鹊、鸦、雀、莺等;野生动物有免、蛇、蝎、蜈蚣、萤、蚁、蜂、蝶、蜻蜓、螳螂、土元、蟋蟀、壁虎等。

旅游资源:老河口历史悠久,文化灿烂。曾是春秋名将伍子胥故里,汉代开国丞相萧何封邑,北宋文豪欧阳修治所,《黄河大合唱》词作者、著名诗人光未然(张光年)故乡,抗战时期,第五战区司令长官李宗仁曾在此御敌六年。老河口风光旖旎,景观独特,省级风景名胜区梨花湖、酂阳八景、宋长城遗址、第五战区抗战纪念馆等景观让人流连忘返。老河口境内,天主教、基督教、佛教、道教、伊斯兰教五教并融,荆楚文化、巴蜀文化、中原文化三源交汇,是湖北"三国文化寻踪线"、"三峡观光线"、"武当山观光线"、"神农架探险线"黄金旅游圈的中心地带。百花山森林公园地处市区东郊,位于北纬 32° 23′—32° 24′、东经 111° 43′—111° 45′之间,在建城区内,北至光化办柳树湖村的张庄,李家营南端,南到百花山林场苗圃南端,东起电视塔(李楼办黄龙庙村一组山上),西至飞机场西沿,东西长 3 公里,南北宽 2.7 公里。全景区面积 51.26 公顷。总绿地面积在 89.5%以上。百花山森林公园北望碧波万顷的丹江水库,南临襄阳古隆中,东接南阳卧龙岗,西邻道教圣地武当山。公园占地 150 公顷(建城区内 51.26 公顷),其中有林地 63.44 公顷,灌木林 15.12 公顷,森林覆盖率为 52.4%,蕴藏植物种类繁多。汉江王甫洲水利枢纽工程是水利部和湖北省人民政府共同投资建设,汉江中下游规划兴建的七个梯级的第一个水利枢纽工程。具有发电、航运、灌溉、养殖、旅游等综合利用效益。1999 年 8 月,老河口市委、市政府为汉江王甫洲水利枢纽工程兴建所形成的大平湖命名——梨花湖。梨花湖位于城区西侧,是由汉江王甫洲水利枢纽工程蓄水而形成的 42 平方公里的人工湖。梨花湖风景区,依湖布点,沿岸的王甫洲梨花岛生态旅游观光基地、中洲岛梨花山庄娱乐基地、五龙公园、汉水山庄度假基地、湖边沿岸游乐基地四大旅游基地形成了独具特色的梨文化旅游。2003 年 11 月,经省林业局审核,省政府正式批准梨花湖被列入省级自然保护小区,12 月被命名为省风景旅游名胜区。霸王冢·半兜堰。霸王冢,在仙人渡镇安岗村徐家营北 0.5 公里处。共有土冢 3 个,呈三角形分布,每个土冢占地约 520 平方米。三个土冢的土质与所之地截然不同,呈灰白色,1975 年,霸王冢被地、市人民政府定为文物保护单位。半兜堰位于霸王冢附近,占地 1.5 亩,该地土质呈灰白色,与霸王冢相同。据传,项羽、刘邦楚汉之争时,楚霸王项羽败走,在此遇江不过,遂战死此地(别有一说是霸王手下一员大将,楚兵每人挖土半兜以葬将军。后来,挖土的地方便成了口大堰,人称"半兜堰"。堆土之处,即掩埋将军之所,被称作"霸王冢",也有称作"将军坟"。光化"黉学"始建于宋熙宁年间(1 068 年),至清光绪年止已多次更修,原有建筑二十余处,如石碑坊、登云桥(状元桥)、大成殿、明伦堂等,主体建筑沿南北中轴线布置,名宦乡贤祠、获文祠等置于东西两庑,现存南北相应一殿一堂。第五战区李宗仁长官司令部旧址位于市区北京路东侧。原建筑一井三院,前、中院为典型砖木结构北方民居,后院为砖木结构仿欧式建筑,现建筑面积为 824 平方米,占地总面积为 2 530 平方米。维修复原有"高级将领军事会议室"、"李将军书房、卧室"、"侍从室"、"接待室"、"调查室"、"机要室"、"作战室"等。"旧址"布展有"旧址史料陈列",以"正面战场、首战告捷"、"移师河口、战绩辉煌"、"文人志士、光河救亡"、"青春戎马、晚节黄花"四个部分。

2.城区公共设施

交通设施:干线公路。老河口市位于鄂西北边陲,是进出鄂、豫、川、陕的重要交通通道。境内 316 国道、302 省道穿城而过,半秦路、黄老路等县乡公路网络纵横交错,交通基础设施十分发达。"十五"期间,主要以配套升级国省干线公路为主,不断提升县乡公路等级,以"一线串珠"政策为主线,加快通村公路建设,形成境内"一小时通达"的公路网络,快速交通基础设施已初具规模。共实现公路改扩建 257.6 公里,总投资 3 亿元。其中,一、二级路面 105.5 公里;一级路基 58.7 公里;二级路面改造 93.4 公里;全市一级沥青路面达 39.76 公里;公路大中修 65.13 公里,全市干支好路率始终保持在 81.5%,其中国省干线公路达到了 83%。绿化公路 271 公里,公路密度达到了每百平方公里 83.1 公里,初步建立了桥梁养护机制,加固危桥 7 座,维修光华大桥 13 次之多。县乡道公路:老河口市县道公路总里程 195.792 公里。2005 年,改扩建 128.78公里,总投资 7 778.31 万元。老河口市乡道公路总里程 715 公里。2005 年,新增 283.34 公里水泥路面,总投资4 151.28 万元(其中交通规费投资 1 383.76 万元,地方筹资 2 768.52 万元)。桥梁隧道。全市有公路桥 74座,涵洞 813 个。光化汉江公路大桥是市境内唯一特大桥,建于 1980 年 5 月 14 日,是跨汉江联络谷城以勾通鄂西北山区公路网的一座重要国防战备公路桥梁。该桥全长 1 999.792 米。建成时在全国排名第二。属湖北省诸公路桥梁之首。1976 年 4 月,国家计划委员会、总参谋部、总后勤部、交通部四单位联合行文,将光化汉江大桥列为该年国家重点建设项目之一。4 月 30 日,交通部以光化大桥作为光(化)房(县)公路改善的配套工程下达任务书,并确定由交通部第二公路勘察设计院勘测设计,交通部第二公路工程局第一工程处施工。光化汉江大桥主体工程,于 1979 年底基本完成(包括两端桥头土方工程),1980 年 4 月,并报请上级及有关单位验收。初验工作由湖北省交通局主持,22 个单位共 45 人参加,在详细检查后,又进行静、动载试验。由交通部主持的大桥验收委员会,于 1980 年 5 月 14 日通过大桥验收竣工鉴定书。并决定从 1980 年 5 月 15 日起交付使用,同时移交由襄阳公路总段接管养护。正式建成通车后,襄阳地区光化渡口所改为老河口市光化汉江大桥管理所。1986 年 9 月，根据省公路局文件精神与老河口市公路段合并，改为大桥守卫班，具体工作由公路段养护科领导，负责大桥的维护和处理违章。铁路。襄（樊）—渝（重庆）、汉（口）—丹（江）两条铁路干线在境内交轨，连接全国各大中城市。襄渝线与汉丹铁路共轨进入市境，在莫家营火车站分道，西跨汉水铁路大桥入谷城县境。汉丹线自东而西由襄阳县入境，经莫家营、仙人渡、老河口、傅家寨等站入丹江口市，境内长 47.25 公里。水运。汉水沿市区西部边缘羊皮滩入境。流程 58 公里，是本市唯一通航河流。上达秦塞，下抵东海。1995 年王甫洲电站开工兴建，形成王甫洲船闸，至 1999 年 12 月船闸金属结构安装竣工，于 2000 年 4月经汉江王甫洲水利枢纽船闸工程验收组验收合格后正式启用。设计水位上游通航水位（84.73—86.23 米），下游通航水位（75.93—80.70 米），当水位高于最高通航水位时，船闸应当封航，当水位低于最底通航水位时，船舶应减载航行。设计河底标高（上游引航道小于或等于 83.00 米,下游引航道 73.23 米，船闸底板顶 72.50 米）。船闸闸门设计为上闸首下沉门，下闸首人字门。船闸布置在发电厂房的右侧。民航。拥有全国大型航空港—老河口机场，占地面积 124.34 万平方米，机场跑道全长 1500 米，宽 50 米。1987 年 12 月，中国人民解放军总参谋部、中国民航联合总公司，国家经委批准开通老河口—北京，老河口—武汉航班。后又相继开通上海、广州和温州航班。

环卫设施：1979—1990 年，城区日均清运垃圾 70—100 吨左右，1991 年至 2000 年，城区日均垃圾清运量约为 105—170 吨左右。在此期间，清装垃圾容器为垃圾桶，清运垃圾车辆为密封车；自 2001 年以来，城区垃圾日均产量约为 180—220 吨左右，清装垃圾容器为方式垃圾集装大箱，清运垃圾车辆为摆臂式垃圾车。环卫处现有垃圾清运车辆 5 辆，垃圾集装大箱 42 个，保证了城区垃圾日产日清。1996 年 10 月，垃圾处理场建成，顺利通过竣工验收，并投入使用。1999 年 1 月，首座国家一类标准垃圾转运站在市区秋丰路中段建成，占地 980 平方米，总投资 27 万元，日清运能力 50 万吨。

供水、排水设施：市供水一公司、供水二公司两家供水企业担负着市建成区 27 平方公里工业用水和 16.5 万人城市居民生活用水的生产和供应。全市供水面积 27 平方公里。供水普及率、水质综合合格率均达到 100%。市城区排水经过三期集中建设：1986—1989 年为二期排水、主要建设项日有：航空路排水系统、化工路排水系统、汉口路排水系统、环二路排水系统。1989 年以后，相继建成：环三路排水系统、学府二路排水系统、大明渠工程、污水处理厂。截至 2005 年底，市城区排水管网总长已达 70 余公里，基本满足市区生产、生活污水及雨水的排放需要。

供电、供气设施：1979—2005 年，境内先后建成洪山嘴变电站、老河口变电站、竹林桥变电站、仙人渡变电站、张集变电站、袁冲变电站、榆沟变电站、薛集变电站、江山机械厂变电站、孟楼变电站、西关变电站等。市液化气公司为全市第一家燃气企业，始建于 1983 年，随着社会经济的不断发展，经批准相继成立江山机械厂液化气站、铁十一局液化气站、光化液化气站，并建设市区小区管道供气工程 3 处。

邮政电信设施：1979 年以来，作为传播信息之源的邮电事业，被列为经济发展的战略重点。1986 年 5 月，安装开通到汉口 DD14 长途半拨设备。6 月，引进一套计算机控制的汉字电传机正式开通。8 月，安装开通到襄樊 DD14 长途半拨设备。1989 年，自动电话并入全国长途自动电话网，用户坐在家中可直接与全国各大、中、小城市通话。同年，增添现代化的电报传真机，使电报通信增加新的功能。1990 年 3 月，仙人渡镇支局人工改自动电话工程完成，并双向与市话联网直拨，成为全市第一个直拨电话在邮电支局。5 月，完成市话增容 1 000 门工程，从而使市话门数达到 3 000 门。9 月，在医院、北京路口设置两个邮电报务代办亭，经营部分邮电业务。1991 年 8 月，电报机换代。机械式电传改换为具有来报自动译码功能的全电子中文电传机。来报需人工翻译和缮写报封的历史宣布结束。9 月，开通国际长途直拨电话。1993 年 8 月，市邮电局大楼落成，塔顶至地面高 72 米。建筑面积 5774 平方米，可供安装全套电信设备。同日，6000 门程控电话顺利割接开通。市内电话号码由 5 位数升为 6 位数。

12 月，仙人渡镇开展 HPS—512 门数字程控电话。同时开通仙人渡镇到邮电局的 WTX?S——H 型 8GHZ/120 路数字微波农话中继电路，成为全市实现数字电话通信的第一乡镇。1994 年 5 月，建成“市内邮运自办网”。至此，老河口至各乡镇办邮件全部由自备机动车辆运递。9 月，引进西班牙 1 万门程控电话交换机并网开通，市话交换机总容量达到 2.1 万门。10 月，建成数据通信分组交换网。1995 年 11 月，市话交换机容量增至 3.5 万门，连续三次创全省县市级最高纪录。同月，开通 GSM 数字移动电话。1997 年，武汉至西安光缆老河口段开工建设，竹林桥寻呼直放站建成。1998 年，建成洪山嘴办事处、孟楼镇的通信基站；建成全省首家县(市)级多媒体能信网；新建电话村 30 个；完成市区大面积的通信管道建设。10 月，根据鄂邮编〔1998〕36 号、襄邮局发〔1998〕27 号、襄邮党组〔1998〕11 号文件精神，市邮政、电信分营。成立市电信局和市邮政局。1999 年，电信完成市区划片六个分局(所)网络优化工程，更新交换机总容量 12 000 线；完成仙人渡到张集、洪山嘴至赵岗 53 公里光缆杆线工程施工；完成电话标杆线施工 20 个；开通无线接入系统和市话自动停、复话系统。邮政在市区建成 7 个报刊零售点，方便市民购买报刊等读物；新建邮币卡市场和邮政超市。近几年，邮政通信形成网络，实现四通八达。电信通信网络不断增加，移动、联通、电信、铁通先后开通，通信范围不断扩大。2005 年，邮电业务收入 1.10 亿元；全市电话机交换总容量 7.57 万门，固定电话用户 4.21 万户，其中城市用户 3.06 万户，农村用户 1.15 万户；移动电话用户 8.19 万户。

防汛设施：境内汉水河道属游荡性和分汊性河道。河段地质结构主要为中、新生代沉积岩和第四纪沉积物分布，沿程河床为卵石夹砂和河质河库。老河口堤防。1981 年，对城区驳岸进行重点抛石护脚。1982 年，整修加固望江楼以下块石护坡 760 米。1983 年，重修水西门至汉江桥头石砌驳岸 260 米；新修新沟口至洪山嘴段土堤 4016 米，顶高 92 米。1984 年，对新沟口以上新修的土堤进行块石护坡，长 1500 米，垂直高度 1.5 米。傅家寨护岸。傅家寨至冯营块石护坡，全长 620 米。主要为保护交通道路及沿岸耕地。仙人渡堤防。自五条沟口至唐麻嘴块石护坡，全长 1100 米。

休闲场地：中山公园位于市区中心，占地面积 4.8 公顷(72 亩)，始建于 1933—1946 年，国民党第五战区司令长官李宗仁和刘峙将军，为庆祝抗日胜利和纪念孙中山先生并主笔书写“中山公园”四个大字，园内建有“中山纪念堂”、“钟楼”、“翠亨亭”等建筑物，与园外的“中正堂”、“德邻堂”形成初具规模的风景区。“文化大革命”期间中山公园遭到破坏。近几年，对中山公园进行全面的规划和修复，修复“抗日阵亡将士纪念碑”、“中山纪念堂”、“钟楼”、“古典型西大门”、“逸仙湖”、“曲桥”、“六角亭”，新建“孙中山像”、“水榭”、“龙墙”、“五组大型雕塑”、“两个喷泉”、“一座厅式展室”等，儿童游园，设置有自控飞机、大小火车、大风车、赛车、电轿、浪卷珍珠等游乐设施和其他娱乐项目。湖面上有碰碰船、电动船等造型别致的游船十余只，盆景园内制作和培植成套的树桩盆景，部分曾参加过省举办的盆景展览并获奖。花园内培育有中、高档花卉品种 2 000 多株，供游人欣赏及销售。公园内栽有各种花卉树木进万株，90 多个品种。在植物配置景点上基本达到一园一景，形成春有花、夏有荫、秋有果、冬有青的园林特色，园容园貌整洁美观，园林设施、小品设置合理，花坛组合错落有致。在植物品种搭配上，根据各绿地的性质、功能，结合树木的生态性，采取乔灌结合、花草结合的多层次，多色彩组景，给人一种清新、悦目、芳香宜人的美好环境，每年接待游客 20 多万人次。1995 年被老河口市命名为“爱国主义教育基地”。中山纪念堂建在公园南北轴线的北端，坐北向南，总面积为 266.8 平方米。公园湖中心处是为纪念孙中山先生修建的一个亭，名叫“翠亨亭”，是以民族特色形式修建的六角亭，逸仙湖又名“荷花池”。修在公园西部钟楼正对西大门，西式三层，楼上有时钟两座，西大门仿古式样，钢筋混凝土结构，琉璃瓦飞檐两层。为适应现代人多方位的娱乐需求，成为一个综合性的服务单位，经常举办一些趣味性知识性都很强的展览活动，极大地丰富了娱乐内容。该公园以能够适应不同年龄层次游客的娱乐需求为立园之本，成为老河口市男女老少共同的“乐园”。滨江广场改造工程于 2001 年 9 月正式动工，次年 9 月竣工正式开放。改造后滨江广场占地面积 15 000 平方米，共分三个区，即中心区、静区、动区。静区内栽有樟树林、专供老年人休闲活动；动区为舞池，设计有大、中、小三个舞池，最大的舞池 1200 平方米，最小的 300 平方米。滨江广场的景点设置与国税局的穹顶浑然一体。体育场建于 1983 年，占地 90 亩，场内设有田径场、游泳池、灯光球场、足球场等设施。

（三）改革综述

1979—1983 年 8 月，光化县、老河口市分设。1979 年 11 月，经湖北省革命委员会报国务院批准，光化县下辖的老河口镇划出设市。1983 年 8 月，国务院批复湖北省实行市带县新体制，光化县并入老河口市。这一时期各级党组织认真落实党的各项政策，平反纠正冤假错案，实现工作重点向经济建设的历史性转变。共复查处理历史案件 2159 件，其中“新中国成立”“四清”案件 790 件全部复查处理，新中国成立以来历史老案查处 343 件。原划右派分子 633 人，属于错划的 616 人全部改正，另外17 人摘掉帽子。经济建设方面，普遍推行、逐步完善联产到劳、包产到户等多种形式的生产责任制，调整农村生产关系，恢复农副产品集市贸易，发展社员家庭副业，调整农业部局，改变单一的生产方式，大力发展多种经营，扭转农业生产的徘徊局面。1979 年，全县粮食总产、农副业总产值和社员人均分配创历史最高水平。从 1980 年开始，在农村推行家庭联产承包责任制和对部分工业企业实行利改税第一步改革，到 1982 年，广大农村全部实行家庭联产承包责任制。当年战胜连续三年的严重自然灾害，粮食总产 13 576.5 万斤，比 1979 年增产 992.5 万公斤，增长 7.9%，多种经营产值达到 1 358 万元，工业产值达到 4 795 万元。县市合并后，市委、市人民政府在中共湖北省委和省人民政府的领导下，高举邓小平理论和“三个代表”重要思想伟大旗帜，认真落实科学发展观，紧紧抓住发展第一要务，大力实施“工业立市、三产活市、统筹发展、富民强市”战略，实施一系列改革措施，各项事业取得巨大变化。1983 年开始在工业、商业企事业单位中推行以厂长（经理）负责的经营承包责任制，从领导机制、经营机制、利益机制等各方面进行改革；实行企业兼并，横向联系、优化组合、工效挂钩等多种形式。在新体制下，确立“以城市为中心，以集镇为纽带，以农村为基础，以工业为重点，围绕中心，突出重点，抓工促农，以城促乡，工农携手，共建河口，城乡并进，共同繁荣”的指导思想，极大地调动全市人民热爱老河口、建设老河口、振兴老河口的积极性，促进经济的迅速发展。1984 年，结合实际明确提出“广连四城（襄樊、十堰、丹江、南阳），开发三边（鄂、豫、陕三省交接一带），固农兴工，城乡一体，依靠科技，双向开拓”的经济发展方向。同时，更明确具体地指出，农业要唱好“两部曲”发展战略，工业要实施“产品战略”，财贸要发挥“边际效益”战略，城镇公共福利事业实施总体规划，各项工作创一流。走出一条符合老河口实际，具有老河口特色的经济发展路子。1986 年 2 月，市委发出《关于市委、市政府及市直机关领导干部下基层蹲点的通知》，决定市委、市政府领导从自身做起，并从市直机关抽出一批领导干部深入基层蹲点，做好调查研究，帮助搞好工作，特别是彻底扭转那些长期亏损和不景气企业的被动局面。3 月，市委印发《关于试行干部任期目标制的决定》，规定对市直部、办、委、局级企事业单位、区、镇、办事处的现职领导干部实行任期目标制。在两年任期内，任期目标分年制定。7 月，市委下发《关于村级整党的实施方案》，部署村级整党工作。1987 年 7 月，市委下发《关于进一步加强党的建设的意见》，要求克服党不管党的软弱涣散现象，把党要管党的原则贯彻到党委的全部工作之中。1988 年 6 月，印发《党建工作八项制度》。包括党委会工作制度，党委组织生活会制度、党委理论学习制度、党风责任制、党的代表（党员）大会制度、民主评议党组织党员制度、民主评议领导干部制度、党建工作四联（市委委员联系基层党委、基层党委委员联系党支部、党支部委员联系党小组、党员联系群众）责任制度等八个方面。8 月，开始清理整顿公司，治理流通领域秩序。组织专班，按照上级规定，本着实事求是的精神，对全市 156 个公司和 291 家商业批发网点进行清理整顿、撤、并、留工作。同年，印发《关于整顿机关作风的五条措施》,号召全市要以党政机关廉洁奉公为突破口,不断加强全市党风建设。1989 年,在 14 个乡镇办事处相继成立农村合作基金会,当年集聚股金 500 万元。1990 年,采取下派和下调党政机关干部到基层工作,整顿农村后进党支部,整建农村中间层党支部,组织工作队进驻重点企业,开展集团扶贫和专题调研,进行党的基本路线教育,建立领导干部联系点,坚持现场办公。12 月,分期分批在农村开展社会主义教育,主要开展党史、社会主义优越性、党的方针政策和形势任务、党的宗旨、爱国主义与集体主义、艰苦奋斗与移风易俗、社会主义民主与法制等内容的教育。1991 年,对市属 53 家企业进行第二轮承包,对 48 家企业的税利分流方案进行调查论证和充实完善。1992 年,在市属 53 家企业中全面推行三项制度改革,科室由原来的 545 个减为 451 个,中层管理人员减少 180 人,1 139 名落岗职工中,有 189 人从事第三产业,137 人参与项目开发。同时推行股份制改造,通过清产核资,明晰产权,14 家市属工商企业改造成为股份公司,16 家企业通过兼并联合发生产权转让行为。1994 年 8 月开始实行产权制度改革针对企业运行机制中,产权不清等深次矛盾,借鉴宜宾改革经验,全面推行产权制度改开。1995 年 3 月,市委发布《采取“双推双考”方式公开选拔领导干部公告》,“双推双考”工作正式开始。同年,在企业中实行“抓大放小”改革,按照政府调控、市场调优、优势互补、企业自愿、合理配置资源的原则,采取“一长两厂”,改革隶属关系,实行兼并、引资、嫁接、实行破产等 6 种不同形式,深化企业改革。1997 年,全市党、政、群机关转移保留职能 546 处,下放职能 95 条,取消职能 5 条;内设机构精简 52 个;市级行政编制改革前减少 798 人;乡镇办事处工作机构减少 90 个,编制减少 118 人。1998 年,实行村级组织规范化管理,把以村党支部为核心的村级配套组织作为一个有机的整体。同年,组织千名党员干部深入到农村组,开展“千人百户双向教育”活动。2000 年,启动乡镇办农村合作基金会接管工作,开始农村合作基金会清欠工作。同年,组织工作队员进村驻户,化解村组不良债务工作。2001 年,开展“三个代表”重要思想教育,为做好农业和农村工作提供坚强有力的思想和组织保证,并于同年开展农村税费改革。2002 年,开展市直党政群机关机构改革工作,此次改革,市委机构由 14 个减少为 6 个工作部门,2 个部门管理机构,1 个议事机构。政府工作部门由 32 个减少为 22 个工作部门,2 个直属机构,1 个议事机构。总减幅为 30%。具有行政管理职能的正局级事业单位由 15 个减少为 8 个,减幅近一半。2003 年,开始进行领导干部职务消费货币化改革和农村税费改革及综合配套改革。2004 年,出台《老河口市关于招商引资的若干政策规定》、《老河口市招商引资考核及奖励实施细则(试行)》和《中共老河口市委、老河口市人民政府关于建设老河口市工业园区的实施方案》等文件,大力开展招商引资,突破性发展工业经济。同年,在农村启动依法完善农村土地二轮延包工作。先后被省委、省政府和襄樊市委授予“湖北省农村税费改革及综合配套改革先进县市”、“湖北省先进党委中心组”、“襄樊市双联双促先进单位”等荣誉称号。

(四)经济

1.工业

老河口市是湖北省老工业基地,工业经济起步早,工业产品门类齐全,产业链条初具规模。1979—2005 年,在围绕“企业转换机制,政府转变职能”,积极推行工业企业“三项制度”改革和商业企业“四放开”政策,在乡镇企业推行股份合作制,在国有企业积极探索产权制度、股份改造、兼并联合、企业托管、分块盘活、租赁、破产等多种形式的改革,推进开放引进,发展民营经济,调整所有制结构、优化经济结构,实施“工业立市、工业富市、工业强市”战略,产业、产品结构不断得到优化,实现速度和效益的同步增长。工业经济形成机械汽车、纺织服装、食品加工、精细化工、新型建材、冶金六大支柱产业。2005 年,全市有各类工业企业 281 家,其中规模以上企业 89 家,产销过亿元的企业 9 家,涌现出

“宝石水泥”、“飞翔电器”、“仙仙果品”、“回天油脂”等一批知名品牌产品。

老河口市地处湖北汽车工业走廊中心，在东风汽车公司的辐射和带动下，全市机械汽车企业已发展到57家。拥有“东风”“楚光”“神剑”3个国家汽车改装品牌，整车生产能力达到5万辆，机械汽车产业已成为老河口第一支柱产业。

纺织服装工业企业40家，各类设备9200多台(套)，主导产品有棉纱、坯布、针织品和服装生产等系列60多个品种。全市纺纱规模近30万锭，礼仪手套生产能力居亚洲第一。

依托优质梨桃、花椒、优质粮油、蔬菜、水产等八大农业板块基地，食品加工产业已形成年产30万吨优质粮油的加工能力。奥星粮油、回天油脂、仙仙果品、梨花湖食品、银康水产等食品加工企业挺立市场潮头，5家企业成为湖北省农业产业化重点龙头企业。

化工产业是传统产业之一，化工产品主要有精细化工、医药中间体、高效低毒农药、基础化工原料等四个系列80多个品种。开发研制的辣椒碱、丙烯醛、甲基丙烯酸、硫基异辛脂、戊二醛等高科技产品填补国内市场空白。其中，雪飞公司硝化棉在全国民用硝化棉生产企业中名列第一，华松公司增塑剂产销量居全国第三。

建材产业现形成以水泥为主的产品系列，具有年产170万吨水泥生产能力。宝石牌水泥获湖北省精品名牌产品称号，在省内外享有盛誉。

冶金产业是新兴支柱产业，主导产品为电解铅和稀贵金属。老河口汉江冶炼厂具有年产5.5万吨电解铅、300公斤黄金、100吨白银的生产能力，是我国第三大电解铅冶炼企业。

1979—2005年，工业经济经历五个发展时期：经济启动时期(1978年至1983年)：1978年中共十一届三中全会提出“调整、改革、整顿、提高”的八字方针，老河口经济开始启动。主要表现在：农村推行联产承包制，粮食总产量从1977年11.65万吨增加到1983年15.31万吨，年均增长4.7%；工业企业产销大幅度增长，工业总产值(按90年不变价)由10798万元增加到25491万元，年均增长18.7 %。

经济增长时期(1984—1988年)：1983年底县、市合并后经济发展逐步加快，受改革开放的强力推动，经济发展进入高速增长期。主要表现在：GDP年均增长23.3 % ，固定资产投资加快，投资规模从1983年到1988年年均递增35.9%；工业企业快速成长，存量增加，产值年均递增29.5%；银行贷款规模增加，年均递增27.9%；财政收入明显增加，年均递增28.7%。从1985年开始，我国将以市场为导向的改革推向城市，进行第二阶段的改革。乡镇企业加快发展，1985年开始，乡镇企业大发展，提出“离土不离乡”的口号(1990年代开始，从“离土不离乡”变成“离土又离乡”，农民工开始进城)。全市经济由初始的农业经济阶段跃升为工业经济阶段。

经济治理整顿时期(1989—1991年)：从20世纪80年代中期，国家陆续放开大部分商品价格，物价波动较大，物价指数居高不下，通货膨胀加剧，3年涨幅分别在4.5%、4.6 %、5.5 %，经济膨胀加剧；到1991年经济发展速度有所减缓，信贷规模和建设项目有所下降。这一时期，GDP虽然保持年均增长8.9%的较快速度，但增幅比前一时期下降14.4%个百分点(最低年份为1990年仅为3.3%)，出现第一个回落期。GDP年均增长低于全国、全省、襄樊市平均水平，这一时期全市经济社会发展步入低谷。

经济结构调整时期(1992—2000年)；通过治理整顿，过旺的社会需求得到有效控制。邓小平视察南方重要谈话后，老河口市经济又进入新一轮的发展期，GDP年均增长回升到8.7%，增幅比前一时期提升7个百分点。这一时期经济社会综合实力一直稳居于全省第六、七位，全襄樊市第一、二位，各项指标名列前茅，其间在1993年、1994年、1995年连续三次入围全省“十强县(市)”。但是该时期的增长是粗放型的增长，经济效益较差，财政收入占GDP的比重由1990年的10.0%下降到1995年的8.2%。这一时期老河口经济进入一个以结构调整为特征的阶段，受计划经济体制长时间影响，老河口经济体制转轨过程中困难十分突出，经济发展和改革的阵痛开始显现。从九十年代中期开始，部分企业停产半停产,大批职工下岗,集体上访不断,截至1999年底,市属73家企业平均资产负债率高达149.6%。2000年市委、市政府先后分四批对全市152家工商企业进行产权制度改革,涉及总资产15.83亿元,职工11.2万人。这一阶段培育两大支柱企业。1993年东风创普公司建成投产;1999年,王甫水电公司运行发电。

经济稳定发展时期(2001—2005年):通过改革改制,盘活了存量,增加了投入,培植了发展后劲。从2001起,老河口市经济走过了一条从谋发展到务求实现大发展之路,经济日趋复苏。老河口市改革开放以来的经济发展历程,其持续快速的增长,是由农业起动、工业提升、三产业促进、投资拉动而实现的。通过二十多年的改革开放,计划经济的烙印逐步淡化,市场经济逐步形成和完善。2005年底,工业增加值由2000年的17.53亿元增加到28.2亿元,年均增长9.7%,占全市生产总值的比重由39.8%提高到43.7%;规模以上企业由44家增加到54家,涌现出一批销售收入过亿元的大型骨干企业和省级名牌产品。

2.贸易

国内贸易:1979年,改革商业体制,恢复供销合作社集体所有制性质,恢复合作商店、小组,恢复集市贸易,恢复和发展个体商业。打破地区间经济封锁、实行城乡、商商、工商、农商通开,将单一统购统销调拨制转向计划分配与市场调节相结合的多渠道商品流通制。经营管理权分级下发,业务经营推行承包责任制,核算单位化小,年终结算盈亏,奖惩兑现。采取行政管理与经济管理并行,责、权、利直接与职工挂钩,加强责任感。落实党对工商业者的政策。将1970年下放到农村落户的个体商171人收回,安排到合作商店工作,或发给执照恢复个体经营。到1986年,全市商贸部门拥有固定资产5 300万元,个体工商户从1979年的4户发展到3 034户,从业人员3 395人。全市城乡商业网点2 754个。逐步形成以国合商业为主导,个体经济为补充的多种经济成分并存的商品流通格局和以市区主体,以乡镇为网络的商业辐射网。进入90年代,商贸系统进行改革。1992年,按照积极慎重、分段安排、注重实效、稳步推进的原则,在全市27家国合商业企业推行与三项制度改革相适应的,以经营、价格、用工、分配为内容的“四放开”改革。1993年,为适应社会主义市场经济需要,转变经营机制和职能,推行以资产承包为主的国有民营和公有私营。按照“全面深入,配套改革,稳步推进”的原则,在56家独立核算商贸企业中的206个自然门店实行资产承包经营。1997年,组建商业集团有限责任总公司,完善商贸企业内部经营机制,采取资产承包、集体承包等形式盘活资产存量。全市商贸企业所有承包体中,实行资产承包的1 224个。其中集体承包417个,个人承包807个。1999年,商贸企业内部参与承包人数4 562人。采取资产承包、内部租赁、社会承包等形式收取承包租赁费860余万元。当年实现商品零售额174 847.1万元。一系列的改革措施,使国内贸易效益明显改善,活力不断增强。2005年,实现社会消费品零售总额24.53亿元,在社会消费品零售总额中,批发零售贸易业13.79亿元,餐饮业2.20亿元,其他8.54亿元。分城乡看,城市实现消费品零售额18.60亿元;农村实现零售额5.93亿元。

对外贸易:老河口对外贸易历史悠久。1980年,出口总额422万元,为适应外贸事业发展,1984年,外贸出口实际贸易总额达到654万元,在外贸的基础上增加外资外经工作,业务范围进一步扩大。1985年,出口商品发展到土产类、中药材类、纺织品类、丝绸类、工艺美术类、粮油食品类、畜产类、化工类、五金机械类等9大类百种,出口总值达783万元。1987年,坚持改革开放以多出口创汇为目的,积极开展对外贸易工作。完成上调收购额3 013万元。1988年出口收购额突破3 000万元大关,1989年完成出口供货3 425万元,为国家创汇近800万美元。在完成出口供货的同时,注重加强工贸结合和出口商品基地建设,帮助工矿企业扩大外贸出口。加速外资外经引进工作,1991年第一家台商独资企业—老河口林立山钢木制品有限公成立,使全市“三资”企业实现零的突破,招商引资有了长足发展。1993年，改变传统单一的向省供货的传统经营方式，走向自出口。当年实现外贸出口额1.625亿元。1997年，利用自营出口权，开拓业务，利用驻外机构，加强信用证出口业务。先后从上海、深圳、武汉、青岛等地组织五金工具、电子元件、防空罩等产品出口美国、英国、土耳其等国家，全年出口近90万美元，创汇60万美元。配合全市开放引进、招商引资工作，借“’99中国·湖北·老河口梨花节”之机，吸引大批外商及客户到市参观、考察、签订合作项目，成功引进资金2.12亿元。1999年“三资”企业发展到23家，投资总额达到2 426万元，注册资本2 201万美元。投资者来自美国、韩国、加拿大等国家和我国香港地区，企业涉及轻工工艺、化工、纺织、服装、建材、电子、饮食等行业，产品品种多达100多个。2000年以来，老河口市集中力量，集中精力，采取超常规的举措开展招商引资。招商引资累计完成13.6亿元；外贸出口总额累计完成2 827万美元；实际利用外资累计达895万美元。

3.农业

老河口市地处鄂西北丘陵地区，是襄樊市的重要粮食产地和特色农业生产基地，是全省43个粮食主产县市之一。1979—2005年，老河口市把农业生产、农民富裕、农村稳定当作全市头等大事来抓，不断加快农村基础设施建设。特别是近年来，市委、市政府抢抓国家政策机遇，以水、电、路、气等农村基础设施为重点，采取项目扶持、财政投入、部门帮扶、群众参与、社会共建的办法，解决基础设施建设资金投入问题，不断改善农村生产生活条件。以市乡道路为重点，全面推进农村公路建设。按照地形特点及行政区域设置，本着“延伸死角，一线穿珠，联通成网，区域循环”的乡村公路建设思路，加快推进“村村通”公路建设。截至2005年底，全市完成通村公路建设480.1公里，连通行政村227个。同时，集中解决农村水利设施和居民饮水安全问题。按照轻重缓急，抓基础，抓急需，着力解决群众最急切的水利排灌设施和“吃水难”问题，全市农业排灌条件和生产基础条件实现质的飞跃。全市累计投资1433万元，在洪山嘴、袁冲、孟楼、竹林桥等乡镇办新建安全饮水工程5处，解决8万余人的安全饮水问题，结束农村居民吃水难，吃苦咸水、高氟水的历史。把新农村建设与农村沼气建设相结合，采取“点、线、面”相结合的办法，对10个试点村集中开展以通路、通水、通气、通电视、通电话为主的基础设施建设，大力推进百里生态文明走廊和文明集镇、文明新村创建活动，城乡面貌焕然一新，城乡一体化步伐进一步加快；整合部门项目资源，集中部门的力量“各炒一盘菜、共办一桌席”，李国路新农村示范区建设得到省、市的高度肯定，国家、省、襄樊市先后在该市召开现场会，推广该市新农村建设的先进经验。同时，在广大农村开展以村庄规划整治、发展一村一品、改善基础设施、树立文明新风等为主要内容的新农村创建活动，促使新农村建设在全市全面铺开。

加快农业结构调整步伐，推进农业产业化，形成八大优势农产品板块基地，搭建现代农业的基本框架，成为农村增收致富的主导产业。25万亩粮油板块进入全省笼子，13万亩水果板块在更新改造中不断巩固提升，13万亩水产养殖板块纳入全省水产大市创建规划，蔬菜、红薯等特色产业在襄樊市独具特色。围绕做大做强农产品加工企业，大力培植仙仙果品、回天油脂、奥星粮油等骨干企业，加快升级改造。全市农业产业化龙头企业达到58家，经营面积达到30万亩以上，其中省级重点龙头企业5家，襄樊市级龙头企业8家，全年销售收入达6.25亿元，农产品绿色食品、无公害食品认证品牌达到8个。各企业不断加大基地建设力度，建立企业与基地对接的有效机制，全市参与订单农户达2万户，占总农户数的31%。

落实农村政策，充分发挥农民经营自主权。通过进一步稳定和完善家庭联产承包责任制和粮食生产“双轨制”（定购价、市场价）、双层经营（集体统一经营，农户分散管理）、落实土地二轮延包、一免三补、农机购置补贴、库区移民、能繁母猪补贴等各项支农惠农、扶持农业发展的优惠政策，保护和调动农民的积极性。全市基本完成完善土地二轮延包工作的227个村，占总村数的100%，已基本完成完善二轮延包工作的村民小组数的100%，已确权确地并换发经营权证书70253户，到户率99.5%。加快发展农村社会事业,建立农村社会保障体系,重点在养老、就医、入学、脱贫、救助等方面突破。

维护农民利益,促进农村社会和谐,把维护农民的物质利益、保障农民的民主权利作为制定政策的基本出发点,让农民参与发展进程,共享发展成果,着力解决农民群众最关心、最直接、最现实的利益问题。健全完善农村合作医疗机制,至2005年底,全市参加新型农村合作医疗农民24.15万人,占农业人口的82.4%;健全农村义务教育保障机制,积极推进农村中小学布局调整,先后合并、撤销、改扩建中小学教学点近百所,兴建寄宿制学校32所,集中师资力量,农村教学质量明显提高;注重解决农村困难弱势群体的生产生活问题,全市共救助农村特困户4287户11490人,年发放救助金132万元,新建幸福房2876间;加强农村文化设施建设,新建文化科技大院23个,配备流动舞台车、流动放映车各1部。广播电视"村村通"向农村进一步延伸,新增农村广播闭路电视用户1.6万户。

农村经济社会发展呈现前所未有的迅猛态势。全市粮食总产达273162吨,棉花总产2299吨,油料总产12578吨;畜牧水产养殖业实现跨越式发展,存栏(笼)生猪23.72万头,牛9.74万头,羊7.71万只;水产放养面积达到13.91万亩,水产品产量2.47万吨;多种经营快速发展。2005年,全市农林牧渔总产值达到23.98亿元,农民人均纯收入3631元。

4.交通运输

1983年,老河口市拥有长途客运线路20条,营运总里程4114公里,其中跨省、地县线路2 486公里。1985年客车达到37辆,客运线路24条,每日开往市外班车44班,市内班车17班。1986年,共有客车45辆,营运收入253.4万元。1987年有客车49辆,境外客运线路25条,总长3 388公里。跨省线路6条,16个班。跨地区线路19条。1988年增开至平顶山客运班车,1989年又增开至宜昌、竹山客运班车,1990年增开至郑州客运班车,共有客车62辆,境外客运线路29条,其中跨省9条,19班,跨地区20条,104班,总里程4552公里。1992年,共有客车66辆,境外客运线路30条,其中跨省12条,跨地区18条。1995年共有客车79辆,境外客运线路34条,其中跨省12条,跨地区22条。1996年增开至深圳客运班车,境外客运线路40条,跨省线路13条,跨地区线路27条。1999年,客运班车线路共有42条,其中跨省线路14条,跨地区线路28条,此年增开了至洛阳客运班车。截至2005年底,共有客车127辆,客运线路共52条,其中跨省线路19条,跨地区33条,总里程7 962公里。营运货车643辆,3 419.7吨,道路运输经营许可证在册数1 433家。全年完成客运量834万人次;货运量444万吨;境内公路里程756.7公里,其中:高速公路里程10.7公里,国道28公里,省道41公里,县道196公里,乡道481公里;民用汽车1366辆。

5.财政税收

1980年,执行"划分收支,分级包干,一定五年不变"的管理体制。在支出的安排上,根据实际情况和财力的可能,因地制宜统筹安排。1980—1984年,财政支出坚持量力而行,统筹兼顾,全面安排,保证收支平衡。市财政对基层财政所采取定收定支,增收分成的办法,即在上一年的基础上,其增收部分按10%比例分成,对公社烟叶税实行三七分成,对国营企业实行利润定额分成,对商业、供销合作社实行超计划利润分成,对亏损企业和非工业企业实行经费包干,超支不补,节余留用的办法,调动各方面的积极性。1985年改为"划分税种,核定收支,分级包干,一定五年变"的财政管理体制。1987年至1994年,本着"简化税种、统一税率、便于管理"的原则,实行税制改革,实现平稳过渡。1990年在国营工商企业中开展税利分流试点,理顺国家与企业的分配关系,促进企业经营机制转换。1994年,在城、乡之间实行"划分税种、收支包干、超收奖励、欠收自补"等一系列财政体制改革,拓宽理财领域,提高理财水来,强化金库建设,协调国、地税等方面的关系,划清收支渠道,实现新旧体制的有效衔接和平稳过渡。1994年到1995年,全口径财政收入由1.2亿元增长到2.6亿元,年平均增长26.42%。

2000年以来，实施“收支两条线”管理改革、部门预算、国库集中收付管理改革及政府采购制度改革，增强政府调控财政资金的能力，强化预算编制的约束机制，提高财政支出效益。同时，加大收入征管力度，对预算内收入做到一分不少，应收尽收；对新增财源，按照“多予、少取、放活”的原则，积极扶持，培育壮大，从而克服农业税降点、取消、历史债务包袱过重等不利因素，实现财政收入的持续增长，率先在全省推行乡财市管乡用改革，提高乡镇财政保障水平。2005年，全市完成财政收入3.27亿元，其中：地方财政一般预算收入1.58亿元，税收收入1.60亿元。地方财政支出3.65亿元。其中：文体卫生事业支出0.11亿元，教育事业费支出0.67亿元，科三项费支出0.03亿元，支援农业生产支出0.32亿元。

1979年1月，国家财政部税务总局在光化县地方国营15家企业进行利改税试点。具体做法是对国营企业的利润收入改用工商所得税的形式交纳。实行五级超额累进税率。全年利润在1万元以下的免征，1万元以下至5万元的部分，税率为50%，5万元以上至10万元的部分，税率为60%，10万元以上至20万元的部分，税率为65%，20万元以上至50万元的部分，税率为70%，超过50万元以上的部分，减除20%的利润后计算交纳所得税。企业缴纳所得税后，留存的利润作为企业基金。同年，根据国务院〔1978〕250号文件批转财政部《关于减轻农村税收负担问题的报告》，开始按照起征点征税，湖北省起征点定在人均口粮水稻产区210公斤，杂粮产区150公斤以上，人均分配50元以上，凡在起征点以下的免征农业税。据此，县组织专班进行试点调查测算，落实起征点以下的纳税单位513个生产队，占总产队数的32.5%。全县农业税任务占常年产量的6.26%。为让利于民，藏粮于民，减免任务115万公斤，占农业税任务的13.7%，其中全免纳税单位34个，减免14.24万公斤，减半纳税的单位163个，减免19.16万公斤，减免半数以下的纳税单位316个，减免62.44万公斤。1982年省、地区先后三次核减市农业税135公斤（正税117公斤，附加18万公斤）。至1985年数年间，基本做到“稳定负担、增产不增税”。1994年实行税制改革，先后组建市国家税务局和市地方税务局，理顺税收征管体制。税收征管改革稳步推进，先后在农村实施“稽核督导、源泉控管”农村地税征管新模式，形成“政府、税务、部门、群众”四级联动，齐抓共管，协税护税的新格局，农村税收超幅增长，在城区和乡镇固定纳税户中广泛推行了“自行申报、集中征收、重点稽查、微机监控”的征管机制。2001年4月，进行农村税费改革试点，逐步下调农业税率，减轻农民负担。2005年实现税收收入1.6亿元。

6.城乡建设

1979—2005年，老河口市城市建设开始走向制度化、规范化。1988年，成立城市管理监察队和城市科学研究会，主要任务是抓好城市规划、建设和管理，加强城市科学的综合研究。1989年，撤销城市建设管理指挥部，成立城市管理工作委员会，并颁发《老河口市城市规划管理工作规定》。同年，被国家建设部授予“全国规划管理先进单位”。1990在市召开第三届全国小城市经济社会问题研讨会，来自全国中小城市的300多名代表，对城市建设和管理给予高度赞扬。全省小城市绿化工作现场化在本市召开，老河口市荣获“全国十佳卫生城市”殊荣。1992年，先后荣获“城市环境综合整治县级市优秀城市”、“全国规划先进单位”等称号。仙人渡镇、孟楼镇先后进入“中国乡镇百颗星”、“楚天明星乡镇”行列。1994年，在全国城市建设工作会议上获“环境综合整治县级市第一名”。1996年，城市建设总体规划进行编修。2002年，被省建设厅授予湖北省第二批 8 个省级园林城市之一。2004年，下发《关于进一步加强城镇规划建设和管理的实施意见》，对今后城市规划管理工作提出新的目标和任务。2005年，完成城市第五次总体规划修编和13个控制性详规和专业规划。城市基础设施建设投资额累计达3.7亿元，比“九五”期间增长63.4%。城区路网、市乡公路、通村公路建设步伐加快，水泥路面铺装率居湖北省各县(市)第一，形成全省县市唯一乡乡镇镇通水泥路的“一小时交通”公路网。

(五)文化

1.科技

1979—2005 年,实施科教兴市,以“科学技术作为第一生产力”为指导,整个经济发展中的科技含量显著提高。1987 年,全市共建科技示范户 220 户,其中省科协“科技示范户”118 户。全年依靠科技新增产值 12.22 万元,帮助 118 户脱贫,带动 582 户致富。1989 年,开始实施科技兴市战略,同年,完成科技示范户 140 户,其中经襄樊市审批报审的 128 户,纯收入计 917210 元,户平 7110 元,人平 1424.24 元。主要帮带户 847 户,主要扶贫户 581 户。1997 年,通过“全国科技工作先进市”验收。2000 年,设立“科技兴市奖”,对科技人才的重大科研成果实生重奖,以充分调动广大科技人员的积极性、主动性和创造性,确保外地科技人才引得进、本地科技人才留得住,提高科技对经济发展的贡献。2001 年,科技兴贸计划开始实施,对列入科技兴贸计划的项目,享受国家、省有关税收优惠政策;对部分实施效果好的项目,予以一定数额的货款利息补贴。2002—2004 年,两次通过全国市(县)科技进步考核,在全省县(市)中名列前茅。2005 年,开通科技信息网站,栏目涉及政策法规、科技计划、科技信息、农业科技、工作动态、科技需求、知识产权、防震减灾、科技论坛等。当年,实施各级科技计划 32 项,取得各类科技成果 94 项,有 3 家企业被认定为省级高新技术企业。

2.教育

1979—2005 年,老河口市把教育事业放在突出的战略地位,不断深化“百年大计、教育为本”的观念,逐步增加对教育的投入,使办学条件不断改善,促进教育事业的全面发展。1984 年,市政府制定发展教育的“分级办学、分级管理”的实施办法,规定各级政府的管理范围和职责,全市开始实行市、乡(镇、办事处)、村分级办学,分级管理。同时提倡集体办学、大型厂矿办学和私人办学。1986 年,市人民政府决定,完成普及初等教育的任务。决定要求各地要积极做好适龄儿童、少年入学接受义务教育的工作,使适龄儿童、少年都能入学接受基础教育。对于校外流生,要实行干部、教师责任制、动员返校。任何企业单位不得招收应接受初等教育的适龄儿童、少年就业。1987 年,根据《中共中央关于教育体制改革的决定》和《中华人民共和国义务教育法》中“实行基础教育,由地方负责,分级管理”的精神,结合实际,制定《老河口市分级办学分级管理试行办法》。同年,开始征收教育费附加费,当年征收 150 万元。1988 年,12—15 周岁青少年非盲率达 99.8%,15—40 周岁青壮年非盲率达 94.5%,适龄儿童入学率达 99%,在校学生年巩固率达 98.5%。12 月中旬经省人民政府复查验收,全市适龄儿童入学率达 98.5%,毕业生毕业率达 99.5%,12—15 周岁少年儿童普及率达 98.2%。1997 年,全面启动“素质教育工程”。次年,被确定为“省级素质教育实验区”。近几年,通过优化中小学校布局,整合职教资源,教育质量稳定提高。先后被省政府命名为“基本普及九年义务制教育市”、“基本扫除青壮年文盲市”,被国家教委命名为“幼儿教育先进市”。至 2005 年,全市有高中 3 所,在校学生 6 821 名,在任教师 334 人。当年升入高等院校 1 596 名,毕业生高等院校录取率 62%;初级中学 18 所,在校学生 23 719 名,在校教育 1 321 人。小学 105 所,在校学生 39 453 名,在任教师 2 055 人。幼儿园在园幼儿 6 222 名;职业学校、中等专业学校 2 所,在校学生 3041 名,在任教师 216 人。九年义务教育全面普及,小学适龄儿童入学率和 15 周岁人口初等教育完成率分别达到 100%和 99.2%,基本扫除青壮年文盲的目标。

3.卫生

1979 年以来,市委、市政府重视卫生事业的发展,对全市各级卫生单位进行整改、恢复,制定卫生事业发展规划，加强卫生机构和业务建设，落实知识分子政策，逐步恢复国家、集体、个体等办医形式。1982 年以来，卫生部门采取一系列改革措施，普遍建立岗位责任制，使卫生部门设备、业务范围、服务项目得到较快的发展，经济效益和卫生技术人员的业务水平不断提高，卫生专业技术结构大大改善，业务技术开始由小而全型向专科型发展。1985 年，湖北省卫生厅根据“湖北省三分之一卫生事业整顿建设方案”把老河口市列入第二批建设县市之一，确定规划投资 690 万元。1986 年，开始农村办医整改，全市 231 个村卫生室通过整顿，包括实行合作医疗的 49 个村，村办卫生室的 69 个村，乡医集资承包的 41 个村，乡医个人承包的 14 个村，院、所伸点 3 个村，个人开业 5 个村。199 个村落实乡村卫生员和医生的报酬。1988 年，开始推行计划免疫，同时改进公费医疗管理办法，公费医疗经费标准由每人年平 30 元提高到 70 元，按工龄和职务分档次，其中在乡二等乙级以上残疾军人年 100 元；医疗费同个人挂钩，按工龄、门诊医疗费自 2%—15%，医院医疗费自费 0.1%—18%。1989 年，为加快全市医疗卫生改革步伐，促进卫生事业的发展，市委、市政府转发布《关于老河口市医疗卫生改革的若干意见》，从指导思想到改革内容制定 23 条改革措施。同时，对乡镇卫生院交由乡镇管理为主以后，卫生院干部的管理、调配及乡政府、卫生局、卫生院的职责作了规定。1994 年创办“农民住院医疗保险”，1996 年开办“农民住院合作医疗”，年底全市农民入保率达 80%以上。次年被指定为全省推行合作医疗试点县(市)。2000 年，建立起卫生事业发展基金，促进卫生资源的合理配置。2003 年被列入全省首批八个新型农村合作医疗试点县(市)之一。2004 年底及 2005 年初，在原防疫站的基础上成立卫生监督局和疾病预防控制中心，进一步理顺管理体制，增强全市重大疾病控制和卫生监督执法能力。至 2005 年，公共卫生体系和应急机制初步形成，卫生服务体系逐步健全，新型农村合作医疗试点工作进展良好，参合农民达 24.15 万人，占全市农业人口的 82.4%。全市乡镇以上卫生机构 19 个，病床 1 187 张，专业技术人员 1 579 人。

4.文化艺术

1979 年后，本市文化艺术事业复苏，优秀的民族文化得以弘扬，现代文化迅速发展。政府将文化设施建设纳入文明城市建设和总体规划，投资 482 万元，使明星影剧院、公共图书馆、曲艺厅、新华书店、剧团综合服务大楼、有线广播、档案馆、广播电视大楼等拔地而起。同时，扩建电影院、文化馆、站及文化一条街等一大批文化设施，先后建起电台、电视台、装备电视卫星地面接收站，创办《老河口报》。同时建设农村集镇文化中心，形成一个国家、集体、个人一起上，多层次、多渠道、多形式办文化的新格局。农村集镇都有影剧院、文化馆、阅览室、图书发行门市部、录像放映室、照相馆、书场、茶社、游艺室等活动阵地与设施。全市文化网络基本形成，多重文化网络日趋完善。改变过去单纯由文化部门办文化的格局，群众文化群众办。采取“群众文化大家唱戏、借船出海、借台唱戏”。每年组织举办诸如“元旦、春节文化活动”、“梨花节活动”，极大地丰富了人民群众文化生活，促进了全市精神文明建设。

体育运动和全民健身运动取得新进步。特别是改革开放为体育事业注入了生机，体育由偏重体委一家办转变为社会各行各业多家办，运动项目由比较单一发展到多种多样，体育锻炼由少数人参加到自发活动发展到大批人参加的自觉活动。群众体育以大力推进全民健身活动为中心，坚持“以学校为重点，抓企业，促农村，兴全民”的指导思想，促进学校、职工、社区、农村体育的全方位发展，按照全民健身计划的要求，注重城乡体育活动的开展和普及，大力开展群众喜闻乐见的体育活动和体育竞赛，吸引越来越多的人加入到体育爱好者的队伍中，增强全市人民的体育意识和参与意识，推动群众体育活动快速发展。滨江公园、中山公园、体育中心、秋丰路等地段形成群众性体育健身活动中心，每天有数以万计的人参加各种体育健身活动。1989 年，运动员李杰、韩艳飞、崔建平在全国第二届青少年运动会上获金牌 1 枚、铜牌子 1 枚、第五名 1 个。同年，被省政府授予“体育先进市”。1990 年被授予

“全国体育先进市”。1991 年 4 月,举办第一届体育运动会。来自全市各条战线、各乡镇办事处的 33 支代表队及教练员、裁判员近 300 人参加运动会。

十、高新技术产业开发区概况

图 35—21 高新技术产业开发区

襄樊汽车产业经济技术开发区于 1992 年 1 月由湖北省人民政府批准成立(批准文号:鄂政发[1992]8 号,以下简称汽车区)。襄樊高新技术产业开发区于 1992 年 11 月经国务院批准设立(批准文号:国函〔1992〕169 号,以下简称高新区)。2005 年 2 月,襄樊市委、市政府报经湖北省人民政府批准(湖北省人民政府省长办公会议纪要〔2005〕72 号),将高新区与汽车区合并,组建新的国家级襄樊高新技术产业开发区。合并后的高新区下辖团山、米庄两个建制镇和紫贞、七里河两个街道办事处,常住人口 12 万人,总控制面积 96 平方公里,其中政策区面积 7.5 平方公里,建成区面积 22 平方公里,是襄樊市城市发展总体规划的中心区域。1992 年以后,有来自美、日、法、德、韩、南非、新加坡、印度等 20 多个国家和我国香港、台湾地区的企业前来投资。

(一)原高新区发展历程

原高新区经历了三个发展阶段。

起步阶段(1988—1995 年):1986 年 8 月,邓小平视察天津时题词:“开发区大有希望。”1988 年 9 月,襄樊市委、市政府成立高新技术产业管理局,负责全市火炬计划的管理和襄樊高新区的筹备组建工作。1992 年 2 月 28 日,襄樊高新技术园成立,同年 5 月 5 日,省政府批准该园为省级高新区,享受与武汉东湖高新区同等的优惠政策,归口省科委管理。同年 11 月 9 日,襄樊高新区被国务院批准为国家级高新区。1995 年底,高新区社会总产值达 25 亿元,实现利税 1.98 亿元,实现工业总产值 20.74 亿元,组建三资企业 16 家,总投资 3839 万美元,其中利用外资 1101 万美元。1994 年 11 月,经国家经贸委批准,高新区成立进出口公司,拥有自营进出口权,承担区内企业的设备、产品进出口业务,1995 年出口创汇 4936 万美元。

全面建设阶段(1996—2000 年):1996 年,高新区理顺财政、土地、城建、城管、规划、环保等方面的管理体制和权限,公、检、法机构相继成立,各类服务部门和社会中介组织投入规范化运作。1997 年,高新区引进项目 11 个,其中外资 5 家,内资 6 家,项目总投资 3.8 亿元。总投资近 3000 万元的火炬大厦交付使用,投资 2000 万元的海关大厦竣工,长虹北路配套工程被纳入襄樊市政建设,大吕沟路改造工程顺利获得世行贷款,黄龙沟改造工程被列入省、市计划。1998 年,高新区民营科技园拥有高级工程师 82 人，享受国务院津贴专家 2 人，技术人员 311 人，为社会提供近千个就业岗位。至 2000 年底，高新区创业中心共建成孵化基地二处，孵化面积 8000 平方米，先后入驻企业 80 家，其中外商投资企业 5 家，留学人员创办企业 2 家。在孵企业注册总投资 4000 多万元。

“二次创业”阶段（2001—2004 年）：2001 年 2 月，襄樊市委、市政府出台《关于加快襄樊高新技术产业开发区建设和发展的决定》。高新区推行“一栋楼办公、一站式服务、一个窗口对外”的管理方式，实行“低税区和零费楼”政策，建立企业投资服务中心，完善政策法规体系、风险投资体系、人力资源开发体系、业务代理体系等。同时，坚持引进与扶持相结合，推动科技创新与科技进步。一方面，依靠大院大所、大中型企业、大专院校带技术、带资金、带人才到高新区创办高新技术企业。另一方面，完善孵化器建设，建立多种科技创新基金，积极申报落实各类科技计划，加强对区内企业科技创新的扶持力度，引导和推动企业开发技术含量高、市场效益好的拥有自主知识产权的高新技术产品。2004 年，全区军转民大中型骨干企业 8 家，省、部级大型科研所 3 家，市级各类科研机构 50 多个；共承担省级以上火炬计划 28 项，其中国家级 22 项，直接转化科技成果 60 多个，形成基板玻璃、高电压合成绝缘子、PE 表面保护膜、民用飞机座椅及液压锁、车用角调器、免维护蓄电池、变速箱和轿车轴承等 100 多个高新技术产品。

（二）原汽车区发展历程

原汽车区经历了四个发展阶段。

初步建设阶段（1991—1993 年）：20 世纪 90 年代初，随着第二汽车制造厂（后更名为东风汽车公司）在樊投资项目不断增加，1992 年 1 月，经湖北省人民政府批准成立襄樊汽车产业经济技术开发区，并将襄樊市郊区米庄镇整体划转给汽车区，全区控制面积 46.8 平方公里，总人口 32 617 人。同年，湖北省人民政府批准襄樊汽车区为省级开发区，授予地市级行政、经济管理权限。汽车区成立之初，确定了“服务、外引、内联、自办”的发展模式，1992 年自办项目 37 个，投入资金 4 500 万元。1993 年底至 1994 年初，因国家对全国开发区进行清理整顿，一批自办项目相继倒闭或破产。

加快发展阶段（1994—1997 年）：进入 20 世纪 90 年代中期，汽车区形成日供水 10 万吨、供电 1.5 亿度的能力。新修老城区通往汽车区的 5.5 公里二级公路，开通 9 000 门容量的程控电话，完成第三产业区与工业起步区的场地平整工程、汽车区南大门的车城大道路面硬化、花池绿化带、人行道、路灯等配套工程。依托东风公司实施的东移战略、建设中的中法合资 30 万辆轿车及 15 万辆轻型车项目工程，引进了一大批汽车配套项目。引进外来企业联合办厂，使一批村办企业走上与大企业合资联营之路。1997 年，汽车区实现工农业总产值 121 541 万元，比 1994 年增长 2.08 倍，完成固定资产投资 83 341 万元，比 1994 年增长 16.8%；完成 GDP52536 万元，比 1994年增长 2.85 倍；完成财政收入 7 705 万元，比 1994 年增长 30.99%；完成外贸出口 300 万美元，比 1994 年增长 3.70 倍。全区文明单位 41 个，文明系统 2 个，文明小区 6 个；卫生机构 28 个，比 1992 年增加 10 个；医院病床数达 200 张，比 1992 年增加 100 张；区直学校 9 个，比 1992 年增加 2 个；学龄儿童入学率达到 100%，并通过省政府“双基”达标验收。

经济扩张阶段（1998—2002 年）：20 世纪 90 年代末，东风公司进行结构调整和战略重组，汽车区顺利完成一期开发，实现四个跨越，即由大投入向大产出跨越。固定资产投资由 1991 年的 9.13 亿元增加到 2002 年的 62.32 亿元，增长 5.8 倍，开发面积由原来的 4 平方公里扩展到 11.5 平方公里，工业总产值由 1991 年的 6848 万元上升到 2002 年的 114.75 亿元，增长 168 倍，年均递增 59.29%；由布局调整向结构升级跨越。形成以东风襄樊基地为主体的汽车动力、整车制造、汽车研制开发和零部件制造四大基地,产品达到 10 多个类别系列。企业总数达 296 家,其中投资亿元以上的 8 家,千万元以上的近 30 家,汽车工业及其关联企业达 131 家,零部件加工企业 35 家,形成了年产 8.1 万辆整车和 33 万台发动机的生产能力;由总量扩张向效益扩张跨越。GDP 由建区初期的 0.21 亿元上升到 2002 年的 21.7 亿元,增长 103.33 倍,年均递增 52.44%,人均 GDP 达到 4.4 万元;全口径财政收入由 1352 万元上升到 52991 万元,增长 39.19 倍,年均递增 40%,经济总量和效益增长保持年均 40%以上的增长速度;由内向型经济向外向型经济跨越。美国康明斯、法国标致雪铁龙、日本日产和台湾裕隆等知名品牌企业在汽车区落户。全区外资企业达 18 家,合同总额达 62378 万美元,累计实际利用外资 2.6 亿美元,2002 年出口创汇 346 万美元,在全市规模以上工业经济中的份额占三分之一以上。

“二次创业”阶段(2003—2004 年):2002 年底,襄樊面临东风 / 日产全面战略合作新机遇,市委、市政府提出“举全市之力支持东风公司”,支持汽车区发展。汽车区聘请上海同济大学及时调整总体规划修编,积极融资和开展基础设施建设,进行城市环境综合整治,不断优化投资环境。出台《招商引资优惠办法》和《关于对鼓励类项目建设用地优惠的补充规定》。东风汽车股份有限公司下属的 B 系列柴油机与康明斯 C 系列柴油机进行了整合,东风康明斯发动机有限公司揭牌,国内规模最大、技术最先进的柴油机生产基地在汽车区投入运行;促成东风第二动力厂与日本石川岛播磨重工业株式会社(IHI)在襄樊签订合作协议;东风国际花园开工建设;东风汽车公司和日本日产汽车公司合资的东风汽车有限公司正式挂牌;“东风汽车”新的底盘生产线正式投产。

(三)合并后的高新区

2005 年 2 月,襄樊高新区实现了资源整合、优势互补,形成了“一大产业、三大集群”的产业格局,作为项目的承载体,高新技术产业园和汽车工业园的基础设施和投资环境日臻完善。

1.汽车产业

依托国内行业三强之一的东风汽车公司,不断延伸汽车产业链条,壮大汽车产业集群。已初步成为集整车制造、关键零部件制造和汽车研发检测于一体的中国新车城。商用车以上市公司东风汽车股份有限公司为阵地,形成了“东风小霸王”、“东风金霸”、“东风多利卡”、“东风之星”等轻卡,“东风金刚”专用车,“东风莲花”轻客,“东风信天游”皮卡等七大系列 40 多个品种。乘用车以东风与日产合资的风神襄樊汽车有限公司为平台,形成了“天籁轿车”、“蓝鸟轿车”等主打品牌。汽车关键零部件基地成为科技部确定的全国七大特色产业基地之一。发动机包括神龙轿车发动机和东风康明斯柴油发动机。神龙轿车发动机产能 40 万台,东风康明斯柴油发动机产能达 20 万台;东风德纳车桥有限公司中重型车桥产能达 40 万根;湖北中航精机股份有限公司汽车座椅调角器产能达 160 万辆,其产品不仅占领了国内中高档轿车 80%的市场份额,还远销马来西亚、泰国、印度、伊朗、日本、北美等国家,实现了我国中高档轿车座椅调角器从依赖进口到出口的转变。此外,区内还有汽车轴承、电气、仪表、灯具、蓄电池、车门锁等 158 家零部件配套企业,与整车、关键零部件和国家汽车检测中心一起形成较为完备的产业体系。

2.航空航天、机电一体化、新材料高新技术产业集群

以大力公司、追日公司为主近 30 家企业的全国最大的电机软启动集群,主要生产电动机软起动产品,其销售占全国同行业销售市场的 70%以上。以湖北新华光公司、国网绝缘子公司、回天胶业有限公司为主的新材料产业集群,主要生产特种光学玻璃、合成绝缘子和汽车粘胶剂等。

3.园区建设

2005年以后，高新区形成了“一区两园”的格局，先后建成汽车工业园和高新技术产业园。汽车工业园总面积12平方公里，其中建成区面积5平方公里，在建面积7平方公里。园区内有神龙工业园、汽车电子园、节能产业园等多个园中园，重点发展汽车产业、新能源、节能环保等产业。主要企业及重点产品有风神公司的天籁轿车，东风股份公司的轻型商用车、康明斯发动机、旅行车及各种工程专用车，神龙公司的轿车发动机，新火炬公司的汽车轴承，博亚公司球笼式等速万向联轴器，宇清公司的汽车电机电控及福达东康公司的发动机曲轴等。

高新技术产业园总面积8平方公里，其中建成区面积3平方公里，在建面积5平方公里。园区内有台商工业园、国际创新产业园、健康产业园等多个园中园，重点发展航空航天、机电一体化、新材料、健康产业等特色产业。

4.体制改革

2005年2月20日，市委宣布两区合并；同年3月下旬，新一届高新区党工委管委会领导班子到位；同年5月下旬，按照市委“三定方案”，正式启动机构改革，所有人员实行竞争上岗；同年8月，高新区机构改革全面完成。改革后，区直部门由33个精简为13个，减幅达60%。党工委管委会班子成员由22人减少至11人，减幅达50%；部门正职由41人减少为13人，减幅达69%；部门副职由89人减少至44人，减幅达51%；部门中层干部由86人减少至51人，减幅达40%；一般工作人员由116人减少至55人，减幅达55%。

十一、鱼梁洲经济开发区

1996年2月，市委、市政府经过慎重决策决定开发鱼梁洲，成立鱼梁洲旅游开发区管委会，明确鱼梁洲管理委员会为市委、市政府派出机构，受市委、市政府的委托对开发区内各项工作实行统一管理。至此，鱼梁洲的开发正式拉开序幕。同年12月，省开发区管理办公室下文，决定将鱼梁洲开发区列为省管开发区。

1997年1月，为加快鱼梁洲开发，市委下发《中共襄樊市委常委会议纪要》，明确鱼梁洲开发区采取“小政府、大社会、企业化”的管理模式，组建“鱼梁洲开发建设总公司”，党、政、企“三位一体”，实行党委领导下的管委会、总公司各司其职的领导体制，实行“三块牌子、一套班子”，以企业运作的方式，具体实施鱼梁洲的开发、经营、建设。

1997年11月，市委下发《中共襄樊市委常委会议纪要》，明确要求对鱼梁洲实行封闭式管理，部分管理职能由市直有关部门授权开发区有关内设机构履行。此后，根据市政府“三定”方案，开发区陆续设置了规划建设环保局、土地管理局、财政局、社会事业局等内设机构，公、检、法、工商、税务等部门也相继派出有关驻区机构，履行社会和经济管理职能。2001年9月，市委下发《关于加快襄樊鱼梁洲旅游经济开发区的建设和发展的决定》，市发改委、建委、房管、土地管理、规划、环保、园林、人事等部门也陆续出台了支持鱼梁洲发展的意见，向开发区移交、委托部分管理职能，初步形成封闭式管理体制，在开发区内部基本形成“一栋楼办公、一个窗口对外、一条龙服务”的运行机制。2003年之后，土地管理、城市管理、规划管理、房产管理、人事管理等职能，上级有关部门陆续回收。

(一)政 区

位置、面积与行政区划:鱼梁洲位于汉江中游襄樊市区河段,在汉江公路铁路大桥下游 2.5 公里处,处在襄阳、襄城、樊城的环抱之中。历史上由于汉江洪水频发,鱼梁洲少有人问津。直到 1968 年丹江口水库建成,汉江洪水机率减少,周边农民和一些外地游民开始上洲垦荒。经多年绿化、耕种,鱼梁洲大部分已被植被覆盖,基本形成一个绿岛。南北长 10.65 公里,东西宽 5.30 公里,以四周主航道中心为界,总面积 31.28 平方公里,61.5 米(吴淞高程,下同)以上洲体面积 26.5 平方公里。从钻探情况看,鱼梁洲表面 3—4 米的砂土层之下为鹅卵石层,与市区地质结构类似。1996 年 8 月,襄樊市政府下发襄政发〔1996〕45 号文件,统一鱼梁洲的行政区划,将鱼梁洲开发区以四周主航道为界,31.28平方公里的区域面积划归市政府直接管理,责成鱼梁洲开发区管委会具体处理直管事宜。

人口、民族:2005 年 12 月,全区总人口 6040 人,均为城镇人口,流动人口约 5000 人,全区有 3 个民族。汉族人口约占总人口的 99%。少数民族 2 个,即:回族、土家族。

(二)环境

1.自然环境

地形:鱼梁洲开发区地处汉江襄樊市区河段,为汉江与唐白河冲刷淤砂而成,地势平坦,全区海拔最高点 69m(吴淞高程)。

图 35—22 鱼梁洲地理环境

气候:地处北亚热带季风气候区。春季冷暖无常,大风多;夏季降雨较集中,易涝易旱;秋季降温迅速,多阴雨;冬季寒冷少雨,严寒期短。年平均气温 15℃—16℃,极端最高气温曾达 40℃,极端最低气温曾出现—15℃。年降水 800—1 200 毫米,年日照 1 800—2 100 小时,年无霜期 225—250 天。

土地资源:至 2005 年末,全区土地总面积 3 128 公顷,土地总面积中,有林地面积 376 公顷,占土地总面积 12%;水域面积 478 公顷,占土地总面积 16.6%。

水系、水资源:在鱼梁洲境内以汉江水系为主流,支流有南河、唐白河、小清河,鱼梁洲水资源较丰富,洲体四周水域面积 4.78 平方公里。

生物资源:鱼梁洲在 1996 年开发前,洲上原生植物主要有芭茅、亚热带常绿、落叶阔叶混交林,开发后有计划开展了大规模的植树造林。截至 2005 年 12 月,共植树 5 345 亩。野生动物种类常见的有黄鼬、草兔、锦鸡、鼠、蛇等,数量较多的属鸟类和经济鱼类、浮游动物等。鸟类以乌鸦、喜鹊、斑鸠、画眉、杜鹃居多，经济鱼类以草鲩、白鲢、鲤、鲫、鳜鱼、黄鳝、槎头缩项鳊（又称鳊鱼）居多，浮游动物有原生动物、轮虫、枝角、挠虫 4 大类。

旅游资源：鱼梁洲旅游资源以融自然风景与人文景观于一体为特色。鱼梁洲地处华中地区旅游线路的交汇点上，东游武汉、大洪山，西览武当山、神农架，南下张家界、江陵和三峡，北上古都西安、洛阳，都经由鱼梁洲中转，发展旅游业具有得天独厚的条件。

2.城区环境

交通：鱼梁洲处于襄樊“四城望洲”的城市布局中心区域，依靠襄樊市区发达的交通网络，襄十、襄荆、孝襄、樊魏 4 条高速公路及 316、207 两条国道于市区纵横交汇，并与京珠、黄武等全国高速公路网相连。区内公路全部以水泥硬化，开 3 条公共汽车线路，区内主要干道 6 条。2005 年，城区路灯亮灯率达 95 %以上，路灯设施保持完好率为 90 %。

环境卫生：2005 年，城区建有 2 座公厕，垃圾转运站 1 座，道路清扫人员 18 名。城市空气环境质量主要指标平均值达国家二级标准，每年达国家二级标准以上的天数一般在 265—280 天之间。环境质量基本保持稳定。交通干线噪声年均值连续数年达国家和省质量考核标准。

供电：1996 年以来，境内有十万千伏配电线路 1 条，总长 5.5 公里，综合电压合格率为 98.21%，供电可靠率达 99.96%。

供水：鱼梁洲居民饮用水自 20 世纪 90 年代起，即由襄樊水务集团有限公司第四水厂供水。区内铺设纵横供水管道长达 6.5 千米。

防洪、排水：2005 年以前，鱼梁洲开发区防洪设施经不断加固除险，已建成可抗 20 年一遇洪水标准的大堤（以路代堤）总长 1.8 公里。2005 年 10 月上旬，汉江洪峰流量达 12 300 立方米 / 秒，鱼梁洲洲头水位达 66.08 米，辖区内未出现任何险情。

（三）改革综述

从 1996 年开发至 2002 年 9 月，鱼梁洲开发区累计吸引投资 10 多亿元人民币，开发面积 2.28 平方公里，引进项目 58 个，主要有房地产项目、旅游休闲项目和基础设施项目。建成了樊城至鱼梁洲大桥，服务区的道路体系，以及相应的电力、通信、市政、道路、有线电视等基础设施体系，开通了与市区相连的 2 条公交线路。休闲、娱乐、餐饮等现代服务业成为全区经济发展的新亮点，得到了长足发展。区内常住人口、暂住人口和流动人口保持在 1 万人左右。

鱼梁洲开发引起了各级领导的高度重视，从 1998 年起，省委三任书记都曾亲自登洲视察。特别是 2002 年 1 月，中共中央政治局委员、省委书记俞正声视察后明确指出：鱼梁洲的确是一块宝地，一定要高标准、高档次规划好、建设好。

鱼梁洲开发历程大体经历四个阶段。

创业阶段（1996—1998 年上半年）：开发之初，鱼梁洲是一片现代文明的空白，开发区“无拨款、无贷款、无自有资金”，完全是白手创业。这一阶段，开发区主要做了两方面的工作：一是编制规划，指导开发。1997 年 11 月，市政府下发襄政函〔1997〕85 号文件，批复同意鱼梁洲开发总体规划和起步区修建性详细规划。规划的总目标是：通过旅游业和房地产业的开发使鱼梁洲成为襄樊市经济发展新的增长点，在此基础上，把鱼梁洲建设成为充分体现襄樊市历史文化传统、具有鲜明特色的生态旅游岛。二是制定政策，启动开发。市委、市政府根据鱼梁洲开发定位和资源特点，制定了“以地生财、以洲养洲、不予不取、滚动发展”的方针。随后，开发区采取“以土地换基础设施”的办法，预约出让土地 4000

亩,聚集资金,开始大规模建设基础设施。在此阶段,架通樊城至鱼梁洲大桥,服务区内的道路、电力、电信、给排水、有线电视陆续动工。至 1998 年,已基本形成较为完善的基础设施体系,为后续开发建设创造了条件。

建设阶段(1998 年下半年至 2002 年 9 月):在此阶段,开发区开始推行"项目兴区"战略,按照规划要求,以项目为依托求发展,实行优惠政策,进入了快速发展时期。1999 年 9 月,省政府下发鄂政函〔1999〕152 号文件,同意将鱼梁洲开发区列为省级开发区。开发区初步形成了 3 类产业,累计实现全社会固定资产投资 13.1 亿元,引进投资额在 500 万元以上的项目 26 个,累计引进投资 12.1 亿元。引进投资包括一是房地产业, 建成了 "鹿鸣岛花园"、"锦绣花园"、"美亚花园"、"置地花园"、"嘉园新村"等 10 多个商住、别墅小区;二是旅游娱乐业,建成了鄂西北地区最大的综合性水上游乐项目——水上乐园、隆美保龄球馆等项目;三是教育产业,吸引襄樊绝妙美容美发公司,投资兴建了当时全省规模最大的绝妙美容美发技能培训学校,吸引襄樊市老区促进会兴建了楚才学校。

整改阶段(2002 年 10 月至 2005 年 6 月):2002 年 9 月,因开发手续不完备等原因,省政府下发文件,撤销鱼梁洲省级开发区资格,并要求鱼梁洲开发区进行全面整改,鱼梁洲开发转入整改阶段。开发区党委、管委会通过认真学习,高度重视整改工作,停止开发建设,及时采取整改措施,将位于吴淞高程 65.32m 以下的 18 处 16152 平方米碍洪建筑全部拆除完毕,加大了绿化、美化工作力度。同时,委托长江委水利勘测设计院编制了鱼梁洲防洪评价报告。经过反复向上汇报、沟通,2005 年 1 月,通过了长江委组织的专家评审。同年 3 月,长江委下发长江务〔2005〕108 号文件,同意实施鱼梁洲生态旅游建设项目,同意《襄樊市鱼梁洲生态旅游建设项目规划方案》提出的分区控制原则。至此,鱼梁洲开发建设得到了长江水利委员会的同意和确认,取得了合法化地位。2005 年 6 月,省政府下发文件,正式恢复鱼梁洲开发区省级开发区资格,并将鱼梁洲旅游经济开发区更名鱼梁洲经济开发区。

恢复阶段(2005 年 6 月至 2005 年 12 月):恢复省级开发区资格之后,开发区党委、管委会按照市委、市政府的指示,主要做了推进规划修编、小区稳定、改善区内环境、招商引资等基础性工作。

(四)经济

2000—2005 年鱼梁洲开发区主要经济指标完成情况

表 36—2

年份	财政收入(万元)
2000	1947
2001	2413
2002	2133
2003	1275
2004	1171
2005	1112

(五)教科文卫

1.教育

2005 年以前,全区共有学校 3 所。其中高中 1 所,小学 1 所,职业培训学校 1 所。楚才高中学校有教师 60 人,在读学生 1100 人。育才小学 1 所,有教师 10 人,在读学生 120 人。绝妙美容美发学校学校有教师 9 人,在读学生 100 余人。

2.卫生

2005 年以前，全区医疗卫生机构 1 个。卫生机构床位 10 张，卫生技术人员 6 人。为社区卫生医疗点。

卷三十五 县(市)区概况

卷三十六　人物

该卷分为人物传、人物录、人物表和革命烈士录四个部分。其中传、录、表收录人物，坚持“生不立传”的原则。入传入录人物为副师职以上及百业之人影响巨大者（一般采取有事迹材料者入传，仅有简历者入录）。入表人物为正县职以上离休干部及百业之人影响巨大者。该卷所有人物，均以卒年排序。

一、人物传

曾仲涛（1907—1981），祖籍江西丰城，后落籍襄樊。号银藤馆主、龙眠山民等，襄樊市著名国画家，曾获“中国著名书画老艺人”称号。曾仲涛早年就读于湖北艺专，毕业后任襄阳师范专科学校美术教师；1970年调襄阳工艺美术厂工作，专攻中国画小写花鸟，兼及仕女人物和山水。不受传统“画法”、“法度”所役，画面少有“画家习气”；积学创新，师古人，师造化，深得中国画之精髓；真实自然，极富想象，线条凝练，干湿并重，敷色清雅，章法奇特，充分体现出“师古而不泥古”的艺术追求；作画不求精细模样，追求超然物外之想，寻摸一个“写”字，寄托一种意趣，形象不刻板，不机械，一切随意而出；纵笔挥写，所以得凝练传神、简率自在之境；神清骨秀，色泽润藉，笔法俊逸，意境幽淡，真正达到了气韵生动的艺术境界。其作品既透视出徐渭泼辣豪放、酣畅淋漓之气，又有石涛、郑燮冷逸粗犷之风，更兼华岩、吴昌硕的简练洒脱，凝练古厚之韵，形成了自己独有的艺术风格，被国画界誉为“冰肌玉骨，凌寒留香”。其作品深得人们喜爱和收藏，不少作品远传日本、东南亚以及美欧等地。有《曾仲涛先生画辑》行世。

何烽（1920—1982），曾用名沙奎，江苏兴华市人。1939年参加地方组织的抗日活动。1941年冬加入新四军一师二支队编制。1942年加入中国共产党。后任兴化县合塔区力寿乡乡长、区农抗会副会长、区消费合作社政治教导员、召北县支前司令部民工科科长。1946年随军北上，任华东军区总政治部教导大队排长、山东滨海地委渔民工会职工医院政治指导员。1947年12月随军南下，任七大队三中队班长、老河口市二区副政委。1949年1月在樊城组建新政权，组织发动群众，镇压反革命，恢复发展工商业，支援大军南下。对辖区主要街道进行命名，如亲自书写命名“解放桥”。后历任襄樊市樊城区政委兼区长、襄樊市政府民政科科长、襄阳专署统计科科长、襄阳专署计划委员会副主任、襄阳地委委员、襄阳专署计委主任。在计委工作期间，他注重实际，尊重科学，经常深入基层调查研究，掌握大量翔实的第一手资料，组织并主持编制了襄阳地区国民经济发展的第一、第二个五年计划。“文化大革命”期间被迫停止工作。1972年9月恢复工作后，任襄阳地区科委主任、襄阳地区计委副主任、党组副书记。在1958年“大跃进”期间，能刚直不阿，坚持如实汇报粮食产量和有关数据，向党讲真话，抵制浮夸风。由此受到不公正待遇，直到1961年5月才恢复正常工作。1972年在襄阳地区科委主持工作期间，深入农村抓沼气试点，并大力推广，在缺乏燃料的农村收到很好的效果；注重生态环境保护，采用通俗易懂的方式印制保护青蛙宣传画，受到广大农民的拥戴。离休前任原襄阳地区计委副主任，党组副书记，1982年6月因病逝世。

刘叔远(1896—1982),襄阳人。1896年9月生。其父刘鉴三,清末贡生,早年执教于鹿门中学,历任襄阳道立女子师范讲习所所长、襄阳县教育会会长。刘叔远自幼聪颖,1919年由鹿门中学考入武昌高等师范学堂(即后来的武汉大学)。1923年毕业后,投身于教育事业。专攻数理,兼及襄樊文史。诗歌、文章备受襄樊教育界、史志界的重视。1923年夏,受聘为湖北省立第二师范学校物理教员。一度担任教导主任。1928年起从军三年,后在武汉任教。1932年秋,返回襄樊,任省立第十二小学校长。1938年,赴省立郧阳联合中学任教。抗战胜利后,在襄樊创办私立鄂北中学并任校长。解放后,任教于襄阳联中(即后来的襄樊五中)。后转入襄樊四中任教,1961年退休。刘叔远读书勤,执笔也勤,每有所得,笔以记之,著述颇丰。在"武高师"读书时,就自制"国耻地图册",把鸦片战争以来清廷对外割地,绘制成册,附加说明,以为永志。撰写《化学元素之历史与其命名之由来》,载于"武高师"出版的《数理杂志》上。1924年,在省立襄阳二师任教期间,撰著《相对论讲义》,内容包括特殊相对论原理、普通相对论原理基础知识,以及当年天文界所测到的水星经过日面、金星昼见、火星接近地球的自然景观。1933年,撰写《方之基础》一书,由汉口江汉印书馆出版。对整数二、三、四、五、六、N次幂等问题进行分析研究。刘叔远喜欢读书也爱好藏书,乐于笔耕。1963年,编写《辛亥革命时期襄阳专区人物志》,记载46名襄阳籍人士参加辛亥革命的事迹。同年又编写《科举停后襄阳学校教育发展概况》,记述襄阳地区1903—1948年各个时期学校教育情况。1964—1965年,撰著《杜甫与襄阳》一书。此外,还编有《隆中艺文录》、《米襄阳诗文辑佚》、《状元谱》等。诗集《襄阳好》,110余首诗歌,以时为序,分别吟咏襄阳的历史人物、名胜古迹以及解放后襄阳的发展变化,积淀了丰富的襄樊历史文化。其收藏的文物,解放初全部捐给国家。其中有《积石斋钟鼎疑戍》、明版古籍《十三经注疏》、《圣门志》、《粤雅堂丛书》等近千卷(件)。铸铜地藏像、铜真武像、定陶瓷香炉、水纹古瓷瓶、海马葡萄镜、双龙镜、刘君车马铜磬等上百件珍贵文物。刘频远去世前夕,再次将所有藏品全部捐献国家。有古籍《唐文粹》、《乐府集》,全套《二十四史》等2000多卷(件)。还有一件填补了考古中关于曾国文字记载空白的重量级国宝——曾孟弥谏盆(春秋中期铜器)。1950年春被选为襄樊市第二届人大代表,后又担任襄樊市政协第三届、第四届常委,第五届委员。1982年在四川纳溪去世,享年86岁。

吴静波(1919—1984),原名凤均,河北故城县人。1937年4月参加工作,为地下交通员。1938年10月加入中国共产党。抗日战争时期,历任区武委会委员、区小队长、区长。1947年12月,随干部团南下。历任连长、指导员。到达襄阳地区后,为建立南漳、保康游击区和保康马良区根据地做出了贡献。1948年任南保兴宜县第一区区长。1949年起,先后任中共保康县马良区区委书记、保康县副县长、中共保康县委组织部部长、保康县委第一副书记等职。1959年9月,奉调西藏参加平息西藏叛乱,历任中共西藏自治区昌都县县委书记、中共丁青县县委书记、西藏昌都地区农牧局长。他坚持藏区工作16年,为西藏的平叛、民主改革和社会主义建设做出了贡献。1974年4月,调回襄樊,任中共文字六〇三厂党委书记。1984年10月21日,因积劳成疾病逝(享受国家司局级待遇)。

陈光明(1916.10—1987.11),原名节文,江西于都县半寨村人。1929年秋,组织成立儿童团并任团长,为地方游击队站岗放哨传递情报。1930年7月,由胡汉珠介绍加入中国共产主义青年团。先后任村苏维埃委员、赤卫队队长。1935年在中央工农红军第一方面军第一军团二十分队任通讯员,参加了五次反围剿。在二万五千里长征途中,由彭志新介绍加入了中国共产党并任政治保卫员兼特派员。1938年,任陕甘宁中央红军第三支队政治保卫员。数月后,调军委政治处第一秘书处任政治保卫员,并给毛泽东当理发员。1936年9月,毛泽东在理发时说:"节文这个名字,我认为不怎么好哇!中华民族提倡文化昌盛,而不是节文嘛!我们人人都应该有文化、希望光明早日到来。小陈同志,你说是不是呀?我想你的名字以后就叫陈光明,好不好?"于是,更名陈光明。土地革命战争时期,陈明明曾任红一方面军总指挥部警卫连通讯员、班长、排长。在督河村的一次战斗中,俘虏国民党特务组组长,毛泽东连声称赞:"好,好,好,不错,又立一功。"1938—1946年,在中央警卫旅工作。1946—1947年,在冀察热辽军区工作。1947—1951 年，任四十五军教导大队科长。1951—1952 年，在中南军区工作。1952—1953 年，任中南后勤军需二一二厂主任。1953—1954 年，在教导大队工作。1954—1955 年，在干部业余文化班学习。1955—1987 年，转业到光化县(后改称老河口市)工作，历任股长、副局长、监委会专职委员。1987 年 9 月离休。1987 年 11 月 3 日，在老河口逝世，享年 71 岁。

薛愚(1894—1988)，字慕回，襄阳峪山镇人。1894 年 11 月 24 日生。一岁时，其父亲因抗租，被官府通缉，外逃，杳无音讯，靠母亲务农维持生计。外祖父资助其读了 3 年私塾，后入樊城教会办的鸿文学校学习。在河南、湖北、湖南三省教会中学联合毕业会考中，名列第一。1920 年，由鸿文学校资助就读齐鲁大学理学院化学系。1925 年毕业，薛愚受聘清华大学。1926 年，参加"大地社"，并在社刊《现代青年》上发表文章。1930 年，赴法，在巴黎大学药学院 M·Bridel 教授的指导下学习。1933 年，宣读博士论文《中药醉鱼草成分研究》，并报告《植物体中甙类成分的形成与变化》论文，被授理学博士学位。1933 年回国，任河南大学理学院教授，讲授分析化学。1935 年，校长以"不安定分子"为由，将其解雇。后赴上海暨南大学任教，讲授分析化学和生物化学，兼任同德医学院化学教授。1936 年，至武功西北农林专科学校任教。创建了农化系并兼任系主任。1937 年，中共地下组织成立西北农专抗日救国后援委员会，薛愚为负责人之一。组织募捐并将募集财物送交西安八路军办事处。在西安拜访了林伯渠。又被学校解雇。1938 年夏，到国立药学专科学校任副教务长，讲授有机化学和药物化学。1939 年春，教育当局派督学检查该校工作，薛愚又一次离职。1939 年冬，在成都齐鲁大学筹建化学系、创建药学系。1944 年暑假前，因担任中国西部青年科学工作者协会会长，反对校长，被当局解聘。1945 年春，国民党政府教育部长朱家骅电请薛愚至重庆任国立药学专科学校校长。抗日战争胜利后不久，薛愚强调药专的兴亡与中国药学教育事业密切相关，力争恢复药专。经多方努力，教育部决定由薛愚组织领导"药专复员委员会"。终于在南京重建了国立药专。一切就绪之际，教育部指令："药专校长薛愚另有任用，着行解职。"1946 年，任国立北京大学医学院药学系教授，讲授有机化学、药物化学。一年后，任药学系主任兼药厂厂长。中华人民共和国成立后，北京医学院从北京大学析出，薛愚被任命为药学系主任。1957 年，被错划为"右派分子"。"平反"以后，不顾年迈体弱，刻苦地工作。曾任全国人民代表大会第一届代表，中国人民政治协商会议全国委员会第一、三、四、五届委员。北京市人民政府委员，九三学社北京市分社第一届主任委员，九三学社中央委员。还任中国药学会第十四届理事长，第十七届名誉理事长。1984 年加入中国共产党。1988 年 1 月 17 日，逝世于北京。著有《实用有机药物化学》、《普通化学定性分析实验教程》、《医用有机化学》等。他集 8 年教授医科学生有机化学课程的经验，取材于巴(G·Barger)，哈、罗二氏(Harrow，Loway)，康氏(Conoant)及季氏(Gibsnt)等的医用有机化学及有机化学的书籍，并补充了维生素类、微生物产物等方面的内容，编辑成全国第一部医药院校专用的有机化学教科书。1943 年，发表《论药学教育》一文，阐述他的"三三"制办学观点，即三级制、三系制与三关制。此后，他又发表《再论药学教育》、《中国药学建设纲要》、《药学建设之我见》等文章。在 20 世纪 40 年代，他是中国较早应用现代化学方法研究中药的学者之一。1947 年联合赵燏黄、周冠军等人重组中国药学会北京分会，并被选为分会理事长。中华人民共和国成立以后，他力促中国药学会迁到北京，并创办药学刊物——《北华药讯》。1953 年，出席维也纳世界卫生大会，并且到苏联和捷克斯洛伐克进行参观访问。1954 年，在北京医学院任教时，进行 60 余种中药的挥发油含量测定及理化性质鉴定的研究，并用 2 年的时间将实验结果整理总结，写成论文送交北京医学院学报编辑部，但因他被错划为"右派"分子的缘故，未予发表(可惜以后竟连底稿也丢失了)。1954 年，出席印度科学年会，作《中国文化遗产—中药》的学术报告。参加巴基斯坦科学年会，作《中国药学现状—教育与生产》的报告。1955 年，赴日本访问参观，与日本药学会建立了初步联系。1956 年，被选为中国药学会理事长。1964 年完成近 25 万字的《中国炼丹化学史》一书。因"文化大革命"，该书稿未能出版。薛 85 岁时(1979 年)，主编《中国药学史料》一书。1983 年，他又撰写《对我国药学教育的设想》一文。1982 年，从中药醉鱼草

(Buddleiauariabilis Hemsl? var? grandiflora) 中，提得醉鱼草素甲 (Buddleflavonoloside) 及醉鱼草素乙 (Buddleoside)，并分别测定其化学结构，研究其理化性质。90 岁时(1984 年)，出版《中国药学会史略》一书。

刘峻峰(1899—1988)，原名树德。枣阳人，1899 年 10 月 15 日生。1917 年考入武昌第一中学。1919 年 6 月考入交通部唐山工业专科学校预科，两年后升入本科土木组铁道系。1925 年 9 月毕业，获土木工程学士学位，分配到北宁铁路局工作。1926 年 1 月 1 日起到滦县工程处任实习工程师。1927 年冬主持修建彰武县大桥的英国工程师回国，刘峻峰接任督修大桥工程，1928 年胜利完工。第二年全线通车后，调到山海关铁路总段工作并晋升为试用工程师。在北宁铁路柳河大桥施工中，我国首次使用了气压沉箱下桥基技术。1930 年春荷兰治港公司承包葫芦岛建港工程，刘峻峰经考试被荷兰治港公司录用，遂即辞去北宁铁路局工作。同年 6 月到葫芦岛荷兰治港公司承担方块制造场工作，先后参加了葫芦岛建港工程及连云港一、二号码头工程。积累了较丰富的筑港知识和经验。1931 年"九·一八"事变后，筑港工程停顿。1932 年，刘峻峰对青岛第五码头(后改为第三码头)的初步设计进行认真的审查，反复推敲测算，大胆地对其岸壁断面设计进行修改，比原设计预算节省 17%。1932 年 10 月，调到烟台扩建海港。1933 年随公司调往连云港，参加连云港工程规划设计及施工。1936 年夏，连云港工程完工。同年秋，荷兰治港公司与上海大昌建筑公司合伙承包江阴军港及建厂工程，刘峻峰担任江阴分公司的经理兼总工程师，工程于 1937 年 6 月完工。刘峻峰由于工作成绩很好，受到好评。1937 年 6 月至 1938 年 2 月，由荷兰治港公司派到广州建黄埔港。此时沿海各城市多被日本侵略军占领，刘峻峰为爱国热情所激，放弃优厚待遇，毅然回到大后方，投身抗日战争。1938 年 3 月至 1939 年 10 月，在昆明先后任航空委员会驻滇工程师、工程事务所所长，负责全省飞机场及其附属建筑工程。1939 年 10 月，重庆国民政府兵工署在昆明凤鸣村建厂，聘请他为顾问。1941 年底，刘峻峰应约到柳州修建飞机场及飞机库(山洞)。由于太平洋战争爆发，工程未能开工。1945 年任 52 工程处副处长，负责主办工程事项，修建湖北来凤机场。1945 年 12 月，调任武汉区域规划委员会专门委员及规划处处长。1946 年 4 月至 1948 年 2 月，任善后救济总署湖北分署专门委员兼工矿组主任。其间，赴美国考察港埠水利工程近一年。1948 年 2 月至 1949 年 5 月，任张华浜码头仓库管理处副处长兼总工程师。1948 年初，仅用 3 个月时间完成了上海张华浜码头的初步设计。中华人民共和国成立后，刘峻峰任铁道部上海张华浜码头仓库管理处总工程师。1950年 6 月，调交通部航务工程总局任总工程师。后历任海河总局、基建总局、航务工程管理局总工程师、基建局顾问及交通部科技委员会委员、中国水利学会第二届常务理事。1950 年冬，长江水流冲刷着南京对岸的浦口江岸，严重地威胁南北运输大动脉津浦铁路的浦口火车轮渡码头的安全。刘峻峰根据我国历代治河的经验，提出了"柴排护岸"的方案并付诸实施，有效地确保了南北大动脉的正常运输。1953 年，主持了修建厦门岛和大陆之间海堤的设计和施工方案的审查。修筑海堤时，出现了软土滑坡。刘峻峰及时地提出采用抛石压坡脚、稳定基础的办法，保证了工程的顺利进行。1954 年，刘峻峰以总工程师身份与谭真总工程师一起主持湛江港初步设计及相关各项工程技术设计的审查。为了确保华东地区及上海市的煤炭供应，国家决定在安徽芜湖修建裕溪口煤码头。刘峻峰主持选定了港址，审查裕溪口煤码头的初步设计和技术设计，直至建成投产。1960 年，刘峻峰总工程师和谭真总工程师等一起，共同领导干船坞的建设工作，还积极参与领导了青岛港老码头的修复、上海港张华浜港区及天津港三码头的建设，以及长江口航道整治的研究等工作。刘峻峰作为高级知识分子列席了全国政协二届二次会议，历任第三届全国人大代表，第三、第五、第六届全国政协委员。1956年刘峻峰被评为交通部优秀科技工作者。中共十一届三中全会以后，刘峻峰不顾年事已高仍然关心我国交通运输事业，特别是建港事业的发展，直至逝世前几年还对连云港扩建、长江口治理、宝钢码头工程等适时提出一些建设性意见。1978年，他出席全国科学大会。1988 年 2 月 22 日，逝世于北京。其主要论著有《柳河大桥施工纪要》《山海关至沈阳铁道坡度改善之研究》《陇海铁路终点——连云港》《如

何解决汉口市被水威胁之患》《考察美国港埠水利工程总报告》《空视绘图术》等。(李道南 / 文)

李松华(1916—1988.8),别名正山,河南泌阳县人,1932 年迁居樊城。在樊城火巷口豫隆烟酒店当学徒满师后,另立门户。1938 年在樊城后街经营振华、豫友烟酒店。1945 年开烟酒店兼办卷烟厂。1947 年与李兰生、杜秉章、文春祥、侯邦祥等人合股兴办多友烟厂,被推举为经理。建厂初期有木制手摇卷烟机、切烟机各 1 台,工人 34 人,主要产品有“多友”、“蝙蝶”、“五福竺”等牌号卷烟。年生产量 2 000 余箱,主要销往襄阳、宜城、南漳、沙市、宜昌等地。1950 年被推举为襄樊市工商联第二分会主任委员。1951 年任襄樊市烟业工会主任委员。1952 年,豫襄、大新、多友、明华 4 家私营烟厂联合组成私营建联烟厂后,任副经理。1956 年建联烟厂与复兴烟厂实行公私合营,组建公私合营襄樊卷烟厂,继续任副厂长。1983 年退休。1988 年 8 月病故。

杨光斌(1953—1989),襄樊檀溪乡人。出身普通农民家庭。初中毕业回乡务农,为基干民兵。一日晚,一人从襄阳轴承厂偷出一个电瓶,他上前夺下,送回工厂。不久,他进城理发,偷电瓶的人约来 4 个人将他围住。他毫无惧色,打得歹徒抱头鼠窜。好心人劝他少管闲事。他却说:“坏蛋坏事,不管不行。”后来,他被选拔为基干民兵排长,同时也成了远近闻名的“神枪手”和“擒拿能手”。1974 年 1 月,他被襄樊市公安局选拔为收审所看守员。一年后转为民警,实现了当人民卫士的夙愿。1975 年 9 月起,被分配到反扒队工作。七年时间,共破获扒窃案件 210 起,抓获扒手 420 名,破案和抓获扒手数占全队总数的 20%。1982 年 2 月,被调到刑侦队。1988 年 7 月,他要求到清河口派出所工作,通过明察暗访,先后破案 81 起,其中大案 10 起,逮捕案犯 15 名,缴获现金和赃物折款 21 000 元。襄樊市樊东公安分局为他请功。1988 年 10 月,某科长的儿子因盗窃被收审。某科长三番五次登门送礼,要求“高抬贵手”,被他婉言谢绝。上司的弟弟盗窃作案,先后被抓获三次,最后送劳教三年。他常说的一句话是:“认法不认人,犯了法就要管!”1989 年 6 月 9 日,他在追击持枪抢劫犯杨波、李兴章时,身中五弹而牺牲。在生命垂危之际,以惊人的毅力举枪射击,将罪犯李兴章毙命。同年 6 月 11 日,中共襄樊市委追认杨光斌为中共正式党员。同年 6 月 16 日,湖北省人民政府批准杨光斌为革命烈士。同年 6 月 29 日,中共襄樊市委、襄樊市政府作出《关于开展向杨光斌、郑兴雄同志学习的活动的决定》。同年 7 月 4 日,襄樊市公安局发出《关于深入开展向杨光斌、郑兴雄同志学习活动的通知》。同年 7 月 10 日,襄樊市政府追授杨光斌“顽强歼敌英雄民警”称号。同年 10 月 16 日,公安部授予杨光斌“一级英雄模范”光荣称号。1989 年 6 月 20 日,被湖北省人民政府批准为革命烈士。同年 8 月 4 日,被公安部追授全国公安战线一级英雄模范称号。

秦德俊(1930—1990),曾用名仲明,襄樊市人。1949 年 5 月参加工作,任樊城区区公所干事。1950 年 5 月加入中国共产党。1949 年 9 月,任襄阳地委反霸工作队副组长。1949 年 12 月至 1953 年 2 月,先后任中共襄阳县双沟区委副宣委、双沟区副区长。1953 年 2 月起,历任襄阳县朱坡区区长、襄阳县张集和峪山区区长、中共襄阳农业学校党支部书记、校长、襄阳专署农场生产科科长。1958 年 11 月,调任襄阳专署冶金轻化局任副局长。至 1960 年 12 月,调任襄阳专署办公室秘书。1962 年 9 月至 1969 年 9 月,任襄阳农业学校校长。1969 年 9 月至 1971 年 5 月,任焦枝铁路襄阳指挥部副组长。1971 年 5 月至 1972 年 8 月,任南河电站建设指挥部副组长。1972 年 8 月至 1987 年 3 月,任中共襄阳农业学校党委书记、校长。1987 年 3 月后,担任襄阳农校名誉校长。在担任中共襄阳农业学校党委书记、校长期间,带领全校师生员工狠抓教学质量,大力开展勤工俭学,使学校面貌发生了显著变化。1958 年,学校被国务院确定为全国重点中专。中共十一届三中全会后,针对改革开放初期人才需求的实际情况,大胆探索新的办学机制。在保证完成国家普通班招生计划和常年为襄樊市轮训农业领导干部的同时,先后开办了招收农村青年的自费包分配班、公费不包分配班、委托代培班、职业高中班、知识青年班等,并增设了植物保护、动物检疫和特产等专业,这些举措填补了当时本地区农村技术人才的空白。1980 年,学校再度被命名为全国重点学校,并被省、市党委和政府多次授予“文明单位”荣誉称号。1990 年

3月9日，因病去世，享年59岁。

廖永福（1915.12—1990.4），曾用名云桃，贵州道真县人。1939年10月参加革命工作，在抗敌委员会豫鄂挺进纵队4团通讯排担任通讯员。1940年1月加入中国共产党。1940年5月至1944年9月，先后在新四军5师15旅45团任通讯排副排长、2连1排排长、军校一队学员班长、2营6连指导员、1营3连指导员、警卫连指导员。1944年10月至1945年9月，任新四军5师13旅38团3营7连指导员。1945年9月至1946年2月，任江汉军区二分区独立5团2营4连指导员。1946年2月至1947年1月，任中原军区二纵队13旅38团1营1连指导员。1947年1月至5月，任陕南军区第4支队手枪队指导员。1947年5月，调第二野战军十二纵队34旅，先后任101团1营、102团2营副指导员。1948年1月至1949年4月，任江汉军区洪山军分区安应指挥部协理员。1949年4月至1951年8月，在湖北军区孝感军分区先后任随县指挥部参谋长、大悟县大队大队长、独立3团政治部主任。1951年9月至1953年11月，先后任中南军区暂编10团、11团副政委。1953年12月，调襄阳地区公安大队任政委。1955年9月起，历任襄樊市武装部政委、襄阳地区财贸干校副校长、校长、校革委会主任、襄阳地区"五七"干校政工组组长等职。任襄阳地区财校主要领导职务期间，带领学校一班人利用学校搬迁至民主街新址和襄阳专署发出的《关于招收社会青年学生补充财贸队伍缺额的通知》精神这个契机，扩充学生规模，充实教师队伍，使学校的面貌焕然一新，逐步形成了以全日制中等专业教育为主，以职工培训任务为辅的办学模式，先后开办了商业统计、商业会计、物价、税收等十几个专业，培养了一大批国家建设急需的人才。他还常常鼓励学生要好好学习，要具备"一手好字、一篇好文章、一手好算盘"的基本功。在教学中，要求教师要把德育放在首位，要坚持理论联系实际，注重学生的社会实践和勤工俭学，这些措施的实施，对提高广大学生理论水平、专业技能、增强社会主义事业心和劳动观念都发挥了重要作用。1982年12月离休。1984年11月经中共襄樊市委组织部批准，享受副市长级待遇。1990年4月10日，因病去世，享年74岁。

张福（1931.1—1990.9），山东新泰人。1944年4月，为山西省南部娘铺通讯员。1945年5月，为中国人民解放军第二野战军5分区新编19旅司号员。1946年12月至1948年11月，任中国人民解放军第二野战军19旅5团2营副排长。1947年5月加入中国共产党。1948年11月，任湖北荆南指挥部警卫员。1950年1月至1948年11月，历任湖北荆州专署公安队警卫员、副队长、大队队长。1955年8月至1958年9月，任公安内卫53团6连连长。1958年9月至1960年11月，任石家庄高级步校1大队学员。1960年11月至1962年12月，任湖北省军区教导大队1中队副队长。1962年12月至1985年2月，先后任湖北襄阳军分区轮训队队长、郧西县人武部副部长、襄阳军分区司令部军训科科长、襄阳军分区司令部副参谋长、襄阳军分区司令部参谋长、襄阳军分区副司令员。荣获解放奖章一枚。1985年2月离职（副师职）休养。1990年9月，在襄樊病逝，享年59岁。

张德富（1919.2—1990.11），曾用名王启龙，上海市人。1940年10月参加革命工作，1942年2月加入中国共产党。1940年10月至1945年8月，历新四军3师7旅21团警卫连战士、班长。1945年9月至1950年11月，任东北民主联军43军21团警卫连1营排长、指导员、教导员。1950年12月至1952年10月，任中南空军（汉口）57团干部处处长。1952年11月至1960年5月，任湖北省劳动厅失业工人训练班主任、一技校副校长。1960年6月至1970年6月，任湖北省劳动厅第二技校校长。1970年7月至1972年12月，任襄樊市革委会生产指挥组副组长、工交办公室副主任。1973年1月至1977年，任襄樊市革委会副主任。1978年至1983年10月，历任襄樊市革委会顾问、市政协副主席、襄樊市人民政府顾问。1940年10月入伍后，在历次的战斗中，屡立战功。在解放海南战役中，被授予战斗英雄称号。1952年到地方工作后，为地方经济建设发展尽心尽力，尽职尽责。1983年12月离休，1990年11月因病逝世。

王勇（1939.4—1990.12），南漳县肖堰镇转弯头乡板凳岗村人。1958年参加工作，1959年1月在南漳县商业局供销社人事股任办事员、股长。1960年8月加入中国共产党。1965年7月，调襄阳地区组织部任干事。1969年8月起，任襄阳地区公安机关军管会保卫组内勤。1973年4月起，历任襄阳地区政法办公室秘书，襄阳地区中级人民法院副院长，襄阳地区司法局副局长、局长，襄樊市中级人民法院院长等职。1986年6月落实为副厅级。他从事政法工作20余年，经历了民主与法制建设的各个不同时期。中共十一届三中全会以后，为宣传法律、恢复法制和维护地区的社会秩序稳定竭尽全力，尽职尽责。他担任地市法院合并后的首任中级人民法院院长期间，面对许多复杂疑难问题，深入基层调研，通过抓重点、抓两庭建设、抓干部队伍、抓审判业务等方法，很快打开了法院工作新局面。坚持严管队伍、严肃执法、依法严打的方针，以务实的工作作风使襄樊两级法院的队伍建设、审判工作、两庭建设等工作很快步入了良性轨道，使两庭建设和审判工作率先走在全省乃至全国前列。1990年12月因公殉职。

周仲英(1902—1991)，曾用名周斌，襄阳县东津镇周寨村人。早年在家乡念私塾，后考入武昌第三十一中，继而转入武昌师范大学附中读书。青少年时期在“五四”运动影响下，按受共产主义进步思想，1922年中学毕业后负笈北京，抱着“实业救国”的梦想考入北京财政商业高等专科学校。在大学期间，从《新青年》和《向导报》等红色报刊接受新思想，对“十月革命”和共产主义开始有所领悟。1925年冬，加入中国共产主义青年团，领导北京师范大学附中共青团支部工作，同时指导城南区国民党部的工作。1926年，参加北京“三·一八”学生游行示威爱国运动。此后，被中共北方局书记李大钊派到广州黄埔军校第六期学习。1927年春，李大钊亲笔致信军校党的负责人恽代英，介绍他转为中国共产党党员，并任入伍生团党的支部书记、军校国民党特别党部执行委员。1927年“4·12”政变后，周仲英乔装潜离广州，经上海辗转到武汉，与陶铸等担任黄埔同学会的接收、整训工作。宁汉分裂后，参加以黄埔军校武汉分校学生组成的军官教导团，准备赶赴江西参加“八一”南昌起义。由于行船误期，同年8月2日才到达九江，只好返回湖北。后被派往鄂北组织武装暴动，任中共襄阳县委委员兼四区区委书记、襄枣边区工农革命军第十一支队队长，带领队伍攻打黄龙荡，歼灭地主、土豪劣绅民团武装。鄂北暴动失败后，离开襄阳。1928年春，再次赴北平。3月，任北平市委军事委员，负责领导陆军大学北平分校及方振武等部地下党的军运工作。中共第六次代表大会后，被派往上海党中央交通站工作。经常往来于大连、烟台、天津等地，负责中央与顺直省委间的秘密联系工作。1930年秋，任中共顺直省委交通科长。1931年春，中共河北省委被破坏，周仲英同省委负责人陈原道、郝清玉、周启敦、安子文、刘亚雄等被捕，由天津警察局转送北平军法处即北平军人反省分院草岚子监狱。在狱中，他经受了敌人的严刑拷打和各种威逼利诱，始终坚贞不屈。1936年秋，由党营救出狱。后到中共中央北方局，在薄一波为书记的山西公开工作委员会工作，为工委五人领导成员之一。受中共北方局委派，同阎锡山建立公开的抗日民族统一战线，参与领导山西牺牲救国同盟会(简称“牺盟会”)和创建山西新军的工作。1937年12月，任山西新军第一总队政治部主任，率部在江西一带开展抗日游击战争。为巩固晋察冀抗日根据地英勇奋战，屡建奇功。1939年7月，任新军216旅政治部主任。1940年，任决死一纵队政治部副主任、主任。1942年，任一旅政委，太岳军区第一军分区政委兼地委副书记，参与领导太岳区革命根据地的创建工作。1944年11月，被中央派往国民党38军做秘密工作。同时，任伏牛山军区党委委员。他根据毛泽东主席的指示，在地下党的支持和配合下，做了大量的、艰险的工作。1945年，国民党38军17师官兵，及35师中一部分进步力量，毅然起义，并入八路军129师建制。周仲英受到党中央通报表扬。1947—1949年，历任太岳区党委委员兼城工部部长、太岳军区副政委(无政委)、第二野战军八纵队(即六十军)副政委等职。1950年1月至1951年1月，任公安部党组成员、中央公安干部学校副校长兼党委书记(罗瑞卿兼校长)。1951年1月至1959年9月，中央公安干部学校改组为中央人民公安学院，任副院长兼党委书记(罗瑞卿兼院长)，主持全面工作。坚持从中国的国情出发，正确贯彻党的干训工作方针，培养了大批公安干部，对公安工作做出了重大贡献。1959年9月，他调离中央人民公安学院，任国家经济委员会副主任兼机关党委书记，并被选为中央国家机关党委书记处书记。在 1962 年中共八届十中全会上，被选为中共中央监察委员会候补委员，兼中央监委派驻国家经委监察组组长。“文化大革命”中，周仲英面对林彪、江青反革命集团的迫害，不畏邪恶，坚持真理，始终表现了共产党员的高尚革命气节和高贵革命品质。1970 年初，被赶到河南西华县国家计委“五七”干校劳动。1978 年 12 月，中共十一届三中全会，中央批转了中央组织部《关于六十一人案件的调查报告》，拨乱反正，为他彻底平反，恢复名誉。在中共十一届三中全会上，周仲英被选为中共中央纪律检查委员会常务委员。同时，中央任命他为国家经委顾问、党组成员，兼经委党组纪检组组长。1983年，他退居二线，专事党史、军史资料的编写工作。1984 年，被选为第六届全国政协委员。历任中国共产党的第七次、八次全国代表大会的代表，第一、二、三届全国人大代表。1991年5月23日，因病在北京逝世，终年89岁。

李瑞吾（1917.6—1991.8），河北省魏县人。1933 年加入中国共产党领导的地下青年先锋队。1938 年 5 月参加革命工作，任冀南大名市抗日救国会青年部长。同年 7 月加入中国共产党。1939 年 7 月至 1941 年 1 月，任冀南大名市组织部部长、二区区长、六区区长。1942 年 1 月至 1944 年 1 月，任冀南二分区一地委秘书处秘书长、成安县公安局长。1944 年 4 月至 1945 年 9 月，任大名市市长。1946 年 6 月随干部大队南下，任第二纵队新兵补充 2 团副团长。1948 年 9 月任光化县公安局局长。在襄阳地委书记、军区司令员张廷发的领导下，消灭了光化县土匪恶霸反共民团头领陈别山。同年，在豫西南、鄂西北接壤的地带，率公安部队，平息了国民党襄阳督察专员兼保安司令李朗星策划的反革命暴乱。1950 年 3 月，任光化县县长。1953 年 4 月，调任襄阳专署财政科副科长兼财政干校校长。1961 年 5 月起，历任襄阳地区工商局局长、物资局局长、中共劳动局党组书记、劳动局局长等职。中共十一届三中全会以后，他认真贯彻党的路线、方针、政策，坚持理论联系实际，勇于开拓创新，在做好全市劳动工作的同时，经过深入调查研究和科学论证，在襄樊市创建了全国第一所锅炉压力检验窗口，受到湖北省劳动厅的表扬。为培养技工人才，主持建立了襄阳地区技工学校。为拓宽劳动就业渠道，亲自在张湾镇建立了毕业学生自谋职业试点。1981 年被湖北省劳动厅授予先进工作者称号，奖励北京吉普一部。1983 年离职休养，享受副市长级待遇，1991 年 8 月因病逝世。

孙龙章（1918.1—1992.4），山东招远县人。1940 年 6 月加入中国共产党，并参加革命工作。1940 年 7 月起，在埠上村任村长、党支部书记、农会主任等职。1945 年 5 月起，先后任招远县毕郭区区委会宣传干事、宣传委员、副书记。1948 年 2 月南下，任第一大队第一中队支委、分队长。1948 年 10 月南下湖北郧县后，任 5 区、6 区区委书记。1950 年 2 月至 1952 年 6 月，任郧县县委组织部副部长、部长。1952 年 6 月 1954 年 3 月，任竹山县委副书记、书记。1954 年 3 月调中南局农村工作部任科长。1957 年 7 月起，历任湖北省委农林水机关党委副书记、郧西县委第一书记、郧阳县委第一书记。1960 年 7 月调襄樊市，历任市委书记处书记、市委书记，兼任襄樊市政协第二届、三届委员会主席。1965 年 7 月至 1969 年，任襄阳专署副专员、地委委员。1969 年 1 月起，先后任襄阳地区引丹渠道指挥部副指挥长、南河电站指挥部副指挥长、襄阳地区革委会农办副主任、襄阳地委直属机关党委书记。1983 年 6 月离休，1992 年 4 月病逝。

方文英(1929.10—1992.12)，湖北光化县（今老河口市）人。自幼母亲病故，父亲租天主教堂的菜园耕种，养活全家 4 口。1936 年，7 岁时被父亲送到光化县城内的天主教堂育婴堂，取圣名加纳。在教堂内一边读书，一边做杂工。1943 年，同教会内的进步人士一起，在教堂内张贴标语，散发“打到帝国主义”传单。被教会内的外籍人员发现，被抓起来，严刑拷打。腰椎骨被打断，留下终身的残疾。新中国成立后，在当地政府的培养下，积极做好爱国爱教工作。1952 年任襄樊市鹿门街组长兼任马道口居委会主任。1953 年任襄樊市东风化肥厂厂长。1954 年，襄樊成立“天主教三自革新委员会”（所谓“三自革新”就是摆脱梵蒂冈罗马教廷的控制，采取自治、自养、自传的方针，独立自主，自办教会），当选为副主任兼樊城分会主任。1955 年，襄阳总会和樊城分会合并，改称“襄樊市天主教爱国会”，当选为主任。

五十年代初，国内部分传教士自动离境。她参加了天主教全国性的反帝爱国运动，参与北京、上海、武汉等地遣送教会内外籍人员回国事务，无一例安全事故。六十年代初，受到“左”的思想对宗教的干扰。“四清运动”后，限制了宗教活动。“文化大革命”期间，她被错定为帝国主义的孝子贤孙，牛鬼蛇神，经常受到批斗。1972 年 6 月，任襄樊市渔业合作社任妇女主任、会计。中共十一届三中全会后，党的宗教工作全面恢复，对受到迫害的人员予以平反。1981 年，由襄樊市委领导推荐，当选为襄樊市天主教爱国会主任，并成为湖北省天主教爱国会常委。1982 年，当选襄樊市政协第六届二次会议委员。连任第七届、第八届市政协常委。1989 年，当选为襄樊市第十一届人大代表。任职期间，积极协助政府贯彻落实党的宗教信仰政策，坚持走独立自主自办教会的道路。经常组织神职人员及教友全面正确理解党和国家的宗教政策，在宪法和政策允许的范围内开展宗教活动。为解决“文化大革命”遗留问题，收回教会的房产，修复教堂，她做了大量的工作，使神职人员有了住宅与活动场所。1992年，因病去世。

吴兰盈（1930.2—1993.2），河北省武邑县人。1940—1945 年，在河北省武邑县抗日高小和抗日游击简师学校学习。1946 年 1 月参加工作，任武邑县第五区杨吕池村、吴桥头村小学教员。1947 年 8 月至 1947 年 10 月，在冀南军政干部学校学习。1947 年 10 月至 1948 年 8 月，随刘邓大军南下。在随县岩子河区教导团第八分队任队长。1948 年 7 月加入中国共产党。1948 年 9 月至 1950 年 5 月，在随县财政科任会计、审计。1950 年 6 月至 1951 年 7 月，在随县粮食仓库、粮食局任科员、股长。1951 年 8 月至 1953 年 8 月，在随县浙河区政府任区长。1953 年 9 月至 1955 年 1 月，任随县第二区区委会政委。1955 年 2 月至 1956 年 3 月，任随县供销社主任。1956 年 3 月至 1959 年 1 月，任随县人民委员会副县长。1959 年 2 月至 1965 年 8 月，任中共随县委员会副书记。1965 年 9 月至 1966 年 5 月，任中共枣阳县委员会副书记。1966 年 6 月至 1969 年 1 月，在随县桃园河、枣阳县黄河水库劳动，后又在汉口八一小学学习班学习。1969 年 2 月至 1973 年 7 月，在枣阳县革委会农林水小组和农业科任副组长、副科长。1973 年 8 月至 1977 年 2 月，在襄阳地区物资局任副局长。1977 年 3 月至 1979 年 3 月，在襄阳地区计委任秘书。1979 年 3 月至 1982 年 5 月，任襄阳地区物价局副局长。1982 年 5 月至 1983 年 10 月，任襄阳地区物价局局长。1983 年 10 月至 1989 年 2 月，任襄樊市物价局局长、党委（组）书记。1986 年任襄樊市价格学会会长。1989 年 3 月任局巡视员。1990 年 5 月被湖北省物价局聘为督导员。1991 年 7 月离休，享受副市长级待遇。1993 年 2 月因病逝世。

李基（1922.5—1993.5），河北衡水县人。1943 年 7 月参加工作，为河北省衡水县二区区中队战士；1944 年 6 月至 1945 年 5 月，任衡水县二区区公所通讯员。1945 年 5 月至 1946 年 2 月，任衡水县二区武委会事务长。1946 年 2 月至 1947 年 6 月，任衡水县城关区武委会军事部长、副主任。1947 年 6 月至同年 8 月，因故在家务农。1947 年 8 月至 1947 年 11 月，随人民解放军南下，为湖北省洪山县茅茨畈区工作队员。1947 年 11 月至 1948 年 1 月，调荆钟宜县白山区为工作队员。1948 年 1 月至 1949 年 2 月，在荆钟宜县仙居区历任工作队长、副区长、区长。1948 年 7 月，加入中国共产党。1949 年 1 月起，历任宜城县雷孔区区长、璞河区区长、宜城县政府民政科科长兼人事科科长、中共宜城县第八区区委书记、宜城县财办主任、宜城县人民委员会副县长、宜城县南营区党委书记。1959 年 2 月至 1960 年 7 月，在湖北省文化干校学习。1960 年 7 月至 1960 年 9 月，任宜城县人民委员会副县长。1960 年 9 月至 1961 年 4 月，任中共宜城县国营流水农场党委书记。1961 年 4 月至 1963 年 11 月，任中共宜城县官堰区党委书记。1963 年 11 月至 1966 年 6 月，任宜城县人民委员会副县长。1966 年 6 月至 1968 年 5 月，任宜城县生产指挥组副组长。1968 年 5 月至 1973 年 3 月，任宜城县革委会常委、县生产指挥组副组长、县农业办公室负责人。1973 年 3 月至 1980 年 10 月，任宜城县革委会委员、农业办公室副主任。1980 年 10 月至 1982 年 10 月，任宜城县人大常委会副主任。1982 年 10 月离职休养。1993 年 5 月，因病逝世。

于惠福(1932—1993),山东高唐县人。1945 年 8 月参加革命,为高唐县人民政府通信员。1947 年 4 月南下。1948 年 10 月,任南漳县人民银行办事处业务组组长。1949 年 6 月加入中国共产党。1951 年 9 月起,先后任南漳县银行石门营业所主任、中共南漳县委组织部检查组长、南漳县涌泉区区长、中共南漳县邮电局书记、南漳县邮电局局长、共青团南漳县委书记,中共南漳县委委员、县委常委、南漳县李庙公社党委书记、南漳县委副书记、南漳县委书记,南漳县副县长、县革委会副主任、县委革委会主任、县人武部第一政委等职。1985 年 3 月至 1989 年 3 月,历任襄樊市政协第七届委员会副主席、党组成员、兼任襄樊市委统战部部长、襄樊市政协第八届委员会副主席、党组成员。在南漳任县委书记期间,为了全县的农村改革工作顺利展开,达到预期目的,走遍全县的山山水水,发现与培育了一批好的典型,掌握了大量丰富的第一手资料,为县委科学决策提供了重要的依据。他重视来信来访工作,对来自方方面面的意见、建议、呼声,都会挤出时间认真听取汇报。1993 年,因积劳成疾,病逝在工作岗位上,享年 63 岁。

卓坤（1923.10—1993.12),襄阳县竹条镇卓营村人。1945 年 8 月毕业于湖北省第六师范学校,1958 年考入华中师范学院数学函授系,自修三年,大专毕业。卓坤一直从事教育教学工作,为中学高级教师。热爱地方文史,曾任襄阳县人民政协第二届文史委员会委员。为 1989 年版《襄阳县志》副主编。1972 年开始,在家乡一带搜集太平天国时期襄阳红巾军起义的故事。1974 年 5 月,与武汉大学历史系组织的调查组一起,先后在襄阳、谷城、光化、保康、均县等地进行走访调查,获得不少资料。同年七八月份,他和武大肖致治老师又到河南邓县、南阳等地调查,又获得大量资料,并完成《鄂西北红巾起义》书稿。1983 年,又从北京获取许多档案资料,最终写成《襄阳红巾军起义纪略》,载入 1989 年版《襄阳县志》附录。后又写成《红巾军寻踪》书稿,收文 33 篇,约 7 万余字。完稿之后,因积劳成疾,住进医院。1993 年 12 月,在襄阳县人民医院逝世。

贾义先(1911.8—1994.1),湖北均县(今丹江口市)人。1937 年在武昌就读于省第一中学。1938 年秋参加革命工作,在均县从事地下工作,同年入中国共产党。1940 年受组织指派到郧阳高中从事地下工作。不久,到西北农学院读书。因中共郧阳地下党组织遭破坏,与组织失去联系。1942 年,他与党组织取得联系后,继续在西北农学院从事地下工作,直至 1946 年年底。1947 年,辗转鄂豫边境一带,开展地下工作。1948 年 5 月,受组织任命,赴湖北均县任县长。1949 年 10 月起,历任郧县县长、郧阳专署文教科副科长、湖北省林业厅秘书科科长、老河口烤漆厂副厂长、襄阳地区师范学校副校长等职。任襄阳师范学校副校长后不久,便赶上三年自然灾害,学校遭遇严重困难。为保证学校的稳定和发展,他和学校师生一道认真贯彻中央提出的“调整、巩固、充实、提高”八字方针。精简机构,开展教学改革。学校的建设取得了可喜的成绩。先后增设了襄阳专区幼儿师范学校、襄阳师范专科学校、幼儿园、附属初中。扩大了办学规模,提高了办学档次。为国家的建设培养造就了一大批优秀教育人才和管理人才。1980 年 10 月离休。1984 年 11 月经中共襄樊市委组织部批准,享受副市长级待遇。1994 年 1 月 7 日,因病去世,享年 82 岁。

秦威(1919.11—1994.2),河南罗山县人。1938 年 10 月参加革命工作,1939 年 7 月加入中国共产党。先后任鄂豫边区挺进支队一中队战士、班长。1939 年 10 月至 1940 年,担任鄂豫边区党委书记陈少敏警卫员。跟随陈少敏出生入死,先后在河南罗山、湖北孝感一带参加游击战争。在战争中机智勇敢,不怕牺牲,冲锋陷阵,得到陈少敏的赞扬。1940 年 3 月至 1946 年 3 月,先后在天汉地区财经委、税务局任手枪队长、连长、股长。当时环境极为恶劣,但他积极与敌对分子作斗争,努力完成收税任务。1946 年 4 月至 1947 年 2 月,在汉江财经干部支队任分队长。1946 年 7—8 月,随江汉军区财经干部队突围,在镇平县遇敌阻击后,他仍返回到南漳板桥一带坚持打游击,消灭敌对势力。直到再次被敌包围,突围后,组织上安排他隐蔽,仍积极与地下党取得联系,坚持斗争。1947 年 3 月突围后,被北山地下党安排到钟祥尤家集当雇工,转入地下工作。1947 年 11 月至 1949 年 11 月,在襄西荆钟宜指挥部先后任队长、指导员、区长、教导员。1949 年 12 月至 1950 年 6 月，在襄阳军分区教导大队任指导员。1950 年 7 月至 1969 年 10 月，在襄阳专署水利局任副局长。1969 年 11 月至 1973 年 9 月，在襄阳地区丹江渠道指挥部先后任工程组长、副指挥长。1973 年 10 月至 1983 年 8 月，在襄阳地区行署水利局任副局长、党组副书记。1983 年 8 月离职休息，享受副师级待遇。1994 年 2 月因病逝世。

李庚尧（1909—1994.6），名世贵，又名华山、继唐，谷城县人。1922 年就读谷城县立高等小学，因对学校克扣学生膳食费不满，带头组织抗议活动，被开除。1924 年，考入基督教会办的樊城鸿文中学，结识同在鸿文中学读书的高如松等进步青年。在高如松等人的影响下，参加反对帝国主义教会的斗争，又被开除。随即转入襄阳第二师范就读，参加了反帝爱国运动和声援上海“五卅”爱国运动等活动。1926 年毕业，回到家乡。不久，高如松也回到谷城，在高如松的引导下李庚尧走上革命道路。1926 年冬至 1927 年春，在谷城地下党组织的安排下开展发动农民，组织建立农民自卫军和农民协会等工作。参加了盛塿(康，左边加土字旁，下同)农民自卫军攻打敌建国军别动师步兵第二旅的战斗。1927 年“四·一二”反革命政变后，根据地下党组织的指示转入秘密活动。1927 年 10 月，根据中共谷城县委安排，到九里坪发动群众，组织建立农民赤卫队。翌年春，发动并组织九里坪群众抵制国民党政府禁唱春戏的斗争，并借此机会宣传马克思主义，宣传中国共产党的主张，发动广大群众同土豪劣绅进行斗争。1928 年 3 月，经高如松介绍加入中国共产党。1928 年 4 月 10 日，率领九里坪农民赤卫队参加县委组织的盛康农民武装暴动。捣毁盛塿的国民党公安局和屠宰烟酒局，缴获一批物资，烧毁公文簿册。1928 年 5 月 18 日，县委发动石花农民武装暴动。九里坪农民赤卫队作为这次暴动的先头部队，攻打石花街的西北军米文和的一个旅。在暴动中他机智勇敢，奋勇杀敌，不怕牺牲，受到县委和暴动指挥部的赞赏。1928 年 7 月，县委又发动攻打县城的农民武装暴动。失败后，因身份暴露离开谷城，重返襄阳复学读书。1930 年春，中共谷城县委恢复后，重返家乡。在县委领导下继续从事党的地下活动，同年冬参加九里坪游击队。1931 年春，随九里坪游击队上薤山，参加新组建的薤山红军游击队，担负保卫薤山红色苏区的重任。同时往返于薤山与九里坪之间，参加筹建县、乡苏维埃政府组织。1931 年 11 月，国民党军队联合地方反动武装疯狂围剿薤山革命根据地，随红军游击队撤退至房县，留在房县开展地方工作。1932 年 2 月被派往鄂西巴（东）兴（山）归（秭归）苏区工作，担任巴兴归苏维埃政府秘书长。3 月，国民党正规军和地方反动民团围剿苏区，与巴兴归县委、县苏维埃政府负责人带领少数游击队员进入山林与敌人周旋数月后，在前往四川寻找上级党组织的途中被敌人逮捕。数日后，因证据不足被释放。遂辗转武汉、北京、上海等地寻找党组织。1935 年 5 月到上海，经友人介绍结识在上海从事文化和学生运动的共产党员张执一。经过考察，恢复党组织关系。同年秋，被分配到湖北蒲圻县民众教育馆开展抗日救亡宣传活动。年底，因“宣传抗日，赤化民众”再遭逮捕，送国民党武汉警备司令部关押，翌年春释放。1937 年 6 月到延安学习。后担任山西五台县城区区委书记，崞县(现原平县）县委书记，崞县、代县、五台县中心县委书记等职，又调晋察冀中央分局工作，任晋察冀中央分局党校班主任。1942 年夏秋之间，被调往北平，任北平地委常委、宣传部长。1944 年 5 月，调任察东地委常委、宣传部长。1945 年 3 月，任察南地委常委、宣传部长。1947 年 7 月在察南崇礼县开展群众工作时被敌包围被捕，押送北平囚禁。1949 年 1 月北平和平解放，获释。1949 年 4 月，返回察哈尔省。经党组织审查后，恢复组织关系。后调任察哈尔省工业委员会委员，省劳动局副局长。1952 年 4 月，到国家地质部工作。同年 7 月，调长春地质学院任党委书记、校长。1955 年 4 月调北京地质学院，历任新生部主任，院办公室主任，院党委副书记等职。1982 年 12 月离休。1994 年 6 月因病逝世。

王学博（1926.6—1994.7），山东招远县人。1945 年 1 月加入中国共产党，1945 年 8 月参加革命工作，任山东省招远县公安局干事、股长。1948 年 1 月在华东建国大学第二分校学习。1948 年 7 月，任山东省潍县公安局股长。1949 年 12 月至 1950 年 12 月，任山东省西海区公安局治安科科员、代分局长。1950 年 12 月至 1954 年 6 月，任山东省莱阳专署公安处人事科科员、政治协理办公室副主任。

1954 年 6 月至 1955 年 1 月，任航空工业局国营第 120 厂保卫处三科科长。1955 年 1 月至 1955 年 12 月，在中央公安学院经济保卫系学习。1956 年 1 月至 1960 年 5 月，任航空工业局国营第 120 厂保卫处处长。1960 年 5 月至 1962 年 5 月，王学博授航空工业局的委派，担任襄樊航空工业学校校长兼中共襄樊航空工业学校党支部书记。时襄樊航空工业学校一无校舍，二无教学设备。为完成航空工业局提出的“当年招生，9 月开学”的指令，王学博和崔思翰副校长带领从南昌航校来援建的 14 人，从北京航校选调来的 20 名毕业生，以及陆续抽调来的教职工，开展了夜以继日的建校工作。校长带头，航校全体教职员工人人参加基建劳动，加班加点不计报酬。为确保 9 月 1 日开课，襄樊航校在襄阳天主教堂借房子将教师全部集中，开展教学准备工作。经半年的艰苦努力，建成了 4 栋砖拱平房，1 栋简易教室，共计 900 平方米。当年招收中专班学员 75 名，招收技工班学员 30 名。至 1960 年 12 月，襄樊航校师生员工达 270 余人，航校的“实习工厂”已购进教学实习设备 134 台，均安装到位。这些教学实习设备的正常运转，不仅为建校做了大量的辅助机械加工，还承担了襄阳地委分配的为襄阳县的农业排灌机械设备的修理任务。1961 年，党中央为了解决国民经济出现的困难局面，国家停止了对部分新建项目的投资，学校的基本建设也因此停止。在国家面临经济困难的危难关头，王学博和崔思翰副校长经过商议，毅然决定站出来带领襄樊航校的全体员工顶下去。国家不拨款，生产无项目，就自己找活干，挣钱维持。粮食不够吃，就开荒种地，用瓜菜充饥。1962 年 5 月，航空工业局正式决定襄樊航空工业学校停建，学校改为“国营汉江机械厂”。国营汉江机械厂由襄樊航校改建成为航空企业，成为襄樊的第一家军工企业，为后来襄樊航空工业的发展奠定了基础。学校改厂的当年即完成工业总产值 36 万元，给国家上缴利润 2 万元。1962 年 5 月至 1975 年 10 月，王学博先后任中共国营汉江机械厂党委副书记、监察书记、工会主席、厂革委会副主任、主任等职。1975 年 10 月至 1981 年 7 月，任湖北省国防工办六机局副处长、处长。1981 年 7 月至 1983 年 3 月，任中共航空工业部中南物资供应站党委副书记。1983 年 3 月至 1984 年，任中共航空工业部中南物资供应站党委书记。1994 年 7 月病逝。

邱祥林（1921.8—1994.9），曾用名祥麟，襄樊人。1936 年起，先后在河南新野新甸铺花油行、樊城新盛永山杂货行当学徒、帮工；在襄樊四五合作茶社当营业员；在汉襄客栈帮工当会计。1947 年与人合伙经营瑞丰祥烟酒店；1950 年转业开新生祥杂货行；1954 年又转业开新生祥糖果店；1956 年 1 月公私合营后任糖果商店经理；1961 年 4 月任襄樊市贸易货栈土产行经理；1966 年到市蔬菜公司当营业员。从 1951 年 4 月起，当选为襄樊市工商联第一至第五届副主任委员；1981 年调市工商联，历任第六届专职副主任委员、主任委员；1985 年任市工商联七届主任委员。1957 年加入中国民主建设促进会，任襄樊市支部组织委员。1984 年任中国民主建设促进会襄樊市支部主任委员。先后担任襄樊市政协第一、第二、第三、第五届委员，第六届常委，第七届，第八届兼职副主席。1994 年 9 月，去世。

袁溥之(1904.11—1994.11),女，老河口袁冲村人。从小受叔父袁书堂影响，第一次国内革命战争初期参加革命，成为武汉地区妇运工作的早期领导人之一。1920 年，考入武昌女子师范学校。1921 经林育南等人介绍加入中国社会主义青年团。1922 年，因参加学生运动被学校开除。1923 年进入安庆女子中学读书，同时兼做共青团工作。1924 年 9 月，参加董必武、陈潭秋领导的收回汉口租界的罢工斗争，组织各校学生示威游行，支援罢工运动。1925 年 8 月，经袁书堂介绍到武汉大学附属小学当教员。10 月，经钱介磐、蔡以忱介绍加入中国共产党。武大附小实际上是党的地下机关。1926 年任中共湖北省妇委书记。1927 年受党组织指示，带领 50 多名学员赴苏联莫斯科中山大学学习。1928 年 12 月，被党组织分配到中共安徽省委工作。1929 年初被捕，1933 年 8 月出狱。后在中共上海“互济会”工作，编辑《互济生活》。1934 年 5 月到北平。1939 年 9 月到重庆找到董必武，恢复了党组织关系。1940 年到延安工作。历任绥德干部子弟学校校长、延安干部子弟学校教师、中共东北勃利县委组织部部长和县青年干部学校校长、鸡西煤矿工人学校校长、东北工业部工人学校校长等职。解放后，1950 年任燃料工业部人事司副司长兼干部学校校长。1955 年，任煤炭部教育司副司长。1957 年至 1958 年，任广东省教育厅副厅长、广东省高教局副局长等职。1967 年被当作“叛徒”审查。1968 年被送英德“五七”干校劳动改造。1969 年被“开除党籍”。1979 年 2 月平反,任广州高教局顾问。1981 年开始编写《回忆陈郁同志》一书。1984年为《冼星海全集》出版奔波。1985年出版《陈郁传》。1994年11月4日在广州去世,享年90岁。

贺德福(1923.12—1995.6),河北鸡泽县人。1945 年 4 月入伍,1943 年 2 月加入中国共产党。1945 年 4 月,任河北鸡泽县大队 3 连战士、副政治指导员。1946 年 6 月,任冀南 9 分区警卫营 4 连政治指导员。1947 年 2 月,任独 5 旅警卫连政治指导员。1947 年 7 月,任 10 纵队 29 旅警卫连政治指导员。1948 年 8 月,任 10 纵队 85 团 1 连政治指导员。1949 年 6 月,任独 7 团 2 连政治指导员。1950 年 8 月,任独 7 团 8 营副政治教导员。1950 年 10 月,任襄阳县大队政治处主任。1955 年 2 月,任湖北竹山县兵役局副政治委员。1961 年 5 月,任湖北房县人武部第 2 政治委员。1964 年 4 月,任湖北襄阳军分区政治部副主任。1966 年 12 月,任郧阳军分区副政治委员。1974 年 1 月,任咸宁军分区副政治委员。1976 年 9 月,任咸宁军分区顾问。先后参加襄樊战役、保康剿匪,荣获三级解放勋章、独立功勋荣誉章各一枚。1979年2月离职休养(副师职)。1995年6月,因病在襄樊军分区民主西路干休所逝世,享年72岁。

董华生(1920.3—1996.3),山西霍县人。1938 年 3 月在霍县牺盟会训练班参加工作,任协理员。同年 5 月加入中国共产党。1938 年 10 月至 1948 年 4 月, 先后任霍县三区农协会宣传委员, 三区委委员、四区区委委员、霍县县委会组织干事、四区委书记、五区区委书记、县委组织部副部长、部长等职。1948 年 4 月随军南下。1948 年 6 月起,先后任湖北郧阳县委副书记、郧阳县委书记郧阳地委组织部部长、襄阳地委组织部部长。1954 年 6 月至 1958 年 10 月,历任湖北省手工业管理局任副局长、局长兼手工业联社主任、湖北省工业厅副厅长。1958 年 10 月至 1969 年 9 月,任襄阳地委副书记。1969 年 9 月至 1972 年 11 月,任引丹工程指挥部副指挥长兼党委副书记。1972 年 11 月至 1978 年 11 月,任襄阳地委常委、地区革委会副主任。1978 年 11 月至 1979 年 8 月,任襄阳地区行署(地委常委)副专员。1979 年8月起,历任襄阳地委副书记、襄樊市委顾问等职。1985年4月离职休息(正厅级)。1996年因病逝世。

梁斌(1914.4—1996.6),原名维周,河北蠡县梁庄人。11 岁离开家乡就读县立高小,加入共产主义青年团。1930 年,考入保定第二师范学校后,阅读了大量革命理论的进步书籍,参加过爱国学潮,并亲历家乡的农民革命斗争。学潮被镇压,受到通缉。梁斌来到北平,并加入了北平“左联”,以笔为枪,开始了文学创作。1934 年在北平左联刊物《伶仃》上发表反映河北“高蠡暴动”的小说《夜之交流》。在抗日战争和解放战争期间,参加地下革命斗争、游击活动,并担任中共蠡县县委领导职务。1942 年创作短篇小说《三个布尔什维克的爸爸》及据此扩充成中篇小说的《父亲》。1949 年夏,随军南下。经中共江汉区党委副书记刘建勋提议,被安排到湖北襄阳地委宣传部担任部长、兼任《襄阳报》社社长、总编辑。在组建报社过程中, 认真调查摸底。得知襄阳县委宣传部部长王育民曾在华北冀南六地委办的《运河报》当过编辑;南漳县教育科长江津在重庆《新华日报》干过新闻工作。于是,建议地委立即将此二人调来当副总编辑。又得知襄阳县泥嘴区区长张先迪(张文伯之子),有一定文化水平,只是家庭出身不好。立即将该同志调入报社,委任编辑组代理组长。在主持宣传部、报社、党校工作期间,皆大量吸收了的知识分子。徐新甫、万超、王汉章、毕希圣、单阳生等一大批革命知识分子汇集麾下,使襄阳地委的宣传、文化工作十分出色。工作之余,不忘写作,《红旗谱》的创作萌芽始于 40 年代初,但真正构思酝酿成熟则在襄樊,《翻身纪事》也是在襄樊工作中获取了大量的素材。1952 年,湖北省委书记李先念亲自点将,调梁斌出任新武汉日报社长。1953 年 6 月,正式开笔《红旗谱》。梁斌的创作状态异乎寻常,他完全沉醉在《红旗谱》中,不谙生活世事,每天伏案疾书十多个小时。他曾这样描述:“我的创作欲、灵感升到高潮,欲罢不能。黎明起床,略作洗漱,即开始写作。早餐时间已到,我还没有写完一个节目,当我写完一个段落,饭时已过。午餐晚餐无不如此。有时写着写着,想起我还未吃饭,其实两顿饭已经过去了。”夫人散帼英回忆丈夫创作《红旗谱》时的日子说:“他就像傻了一样,送饭就吃,不送就饿着。不跟人说话,别人说话也不听,但谈起《红旗谱》中的人物时,他马上眉飞色舞起来。写作之后，他脑子仍处在亢奋状态静不下来，除了失眠还是失眠。"一年后完成初稿，1956年年底定稿。1958年一出版便受到专家好评和读者喜爱，成为中国当代文学史上一部里程碑式的作品。1963年出版第二部《播火记》，1983年出版第三部《烽烟图》。"文化大革命"以后，1977年出版了长篇小说《翻身纪事》（上部）。1996年6月逝世，葬于天津元宝山庄生命纪念公园。

果真(1932.11—1996.6)，南漳县薛坪镇人。1949年3月参加工作，为中共南漳县委办公室文书，同年6月加入中国共产党。1949年9月至1950年5月，任中共南漳县委工作队队长、县委办公室研究员。1950年6月后，调襄阳地委组织部。历任干事、组织科副科长、科长。1966年6月，任地委组织部副部长。"文化大革命"期间被迫停止工作。1972年11月至1975年11月，任中共襄阳地委党校校长兼党委书记。1975年11月至1983年11月，历任地委副秘书长、地委组织部部长。1983年11月地市合并后，历任中共襄樊市委组织部部长、市委副书记。自八十年代开始，随着经济体制和政治体制改革的不断深化，党的建设出现了许多新情况、新问题。面对新的课题，果真在调查中思考，在思考中调查，运用抓重点、抓典型、抓队伍、抓制度的方法，开创党建工作的新局面。他对县以上的领导班子，着重抓好民主集中制建设；对机关党员干部，着重抓廉政建设；对基层党支部，着重抓班子建设；对企业党的建设，着重抓理顺党政关系，发挥企业党组织的保证监督作用；对干部工作，他着重抓好干部制度改革，大胆引入竞争机制，把干部队伍搞活。他与组织部的同事一起，总结推广了一大批各种类型、各个层次和有分量、有反响的典型上百个。这些典型中，既有县以上领导班子自身建设的典型，又有基层党支部的样板；既有农村党支部的先进事迹，又有城市街道、工矿企业的经验；既有先进集体，又有先进个人。这些典型，既为加强全市党的基层组织建设提供了经验，同时，也为解决新时期党建工作的一些难题提供了经验。1989年，中共中央组织部授予他"优秀党务工作者"称号。1992年9月任中共襄樊市委顾问。1996年6月，因病逝世。

黄少希（1910.6—1996.7），宜城平堰村人。1925年，考入襄阳私立鄂北中学，受其私塾老师曾勉之影响，参加反帝、反封、反军阀、反卖国贼及抵制日货的学生运动。1927年春，到武汉求学，结识了中国共产党党员胡天经、胡东之、刘尔朋等，步入革命道路。1928年2月，回乡以办私塾为掩护，从事革命活动。同年5月，经胡东之、刘尔朋介绍，在杨有朋家加入中国共产党。参与组织共产党领导下的革命武装"大刀会"。1929年春，因夺取敌军枪支失利，走避武汉。同年10月，返回宜城。1931年5月，被捕入狱，判刑5年。在狱中与共产党员邓传诰、毕求变组建狱中临时党支部，与敌人开展斗争。1937年10月，国共第二次合作后，经党组织营救出狱。后与杨有朋、杨有梓、王华翰等，重建宜西区革命武装。1938年1月，同杨有朋、杨有梓、谭达、简发生一行5人，到武汉向湖北省委汇报工作，被派往敌后，抵达安徽桐城，参加了新四军。后历任新四军军事教员、侦察参谋、连营政治指导员、教导员等职。1953年，任中国人民解放军第22军团政委。1957年起，任杭州市宣传部副部长。"文化大革命"期间，受到打击、迫害。1976年后，历任杭州市园林局局长、西湖区区委书记、杭州市统战部副部长、杭州市政协副主席等职。1996年7月，因病医治无效，在杭州逝世，享年87岁。临终遗嘱，将个人所有积蓄支援家乡教育事业，并将骨灰的一半葬于故乡平堰小学。

黄旭（1921.10—1996.8），原籍广东中山县，生于香港。1938年10月参加工作，1939年1月加入中国共产党。1938年10月至1940年1月，任广东抗日先锋队五区战工队队长。1940年月1月至1944年2月，历任中共中山县第四区南庄村党支部书记、中山县第二区委组织干部、党支部书记等职。1944年2月至1949年5月，任广东番禺县大岑乡学校党支部书记、中山张溪乡县城郊游击队负责人、中山五桂山区党委书记。1949年10月至1954年4月，任中山石岐市军管会主任、中共珠海县委副书记等职。1954年至1973年，历任哈尔滨轴承厂车间主任、洛阳轴承厂生产科长副厂长、一机部轴研所所长、洛轴生产指挥组副组长。1973年12月至1984年，任襄阳轴承厂临时党委副书记、厂长、顾问等职。湖北省第五届人大代表。任广东中山青年抗日先锋队第一战斗队队长期间，参加了著名的横门战斗。全国解放后,首任石岐市军事管制委员会主任,全面负责市党政军工作,对解放区初期中山的政权建设作出了重要贡献。1973 年调入湖北参加国家重点建设,在襄阳轴承厂筹建工作中,克服重重困难,认真筹划襄轴蓝图,使襄轴的发展规模由小到大逐步走向正规,为 1980 年顺利通过国家验收打下了良好基础。1984 年离休(享受地厅级待遇)后,仍然十分关心国家大事,关心中山市的各项建设事业和襄轴的建设发展。利用长期积累的经验和智慧,调查研究,参政议政,为中山的改革开放和两个文明建设、为教育青少年和发展老年事业作了大量工作,为襄轴的建设作出了较大贡献。1996 年 8 月逝世。

陈荒煤(1913.12—1996.10),襄阳人。1913 年 12 月 23 日生于上海,小名沪生,原名光美,笔名有漪之、漪萍、梅白、荒煤等。父陈人杰,字伯超,同盟会成员。参加辛亥武昌起义,历任团长、县长。1925 年任湖北大冶铁矿警察所所长,举家迁往大冶。陈荒煤 1927 年迁居武汉,在读高小时,加入共产主义青年团。1928 年考入汉口第二中学商业专科学校。1932 年加入武汉左翼戏剧家联盟。同年秋,在上海加入中国共产党。转入中国左翼作家联盟。1934 年开始小说创作,处女作《灾难中的人群》在北平《文学季刊》发表。在上海期间,著有短篇小说集《忧郁的歌》和《长江上》,先后由上海文化出版社出版。其影响渐著,被视为左翼文学的新人。1938 年秋赴延安,在鲁迅艺术学院戏剧系、文学系任教。次年春,带领该院文艺工作团赴华北抗日前线采访,创作了《陈赓将军印象记》、《刘伯承将军会见记》、《一个厨子的出身》等十几篇报告文学作品。延安文艺座谈会后,到农村、部队采访,又创作了《模范党员申长林》等作品,后来结集为《新的一代》。抗日战争胜利后,到晋冀鲁豫边区文联、北方大学文艺研究室工作,主编《北方文化》。1948 年后,在天津、武汉参加军管会文教部工作。中华人民共和国成立后,历任中共中央中南局宣传部部长兼中南军政委员会文化部副部长、文化部电影局副局长、国家文化部电影局局长、文化部副部长、中国文联党组副书记、中国艺术研究中心主任、中国影协主席、《当代电影》和《中国作家》等杂志主编等职。结合领导工作,写了许多文艺评论文章。1952 年有论文集《为创造英雄人物的典型而努力》出版。“文化大革命”中受迫害。粉碎江青反革命集团后,历任中国科学院文学研究所副所长、顾问,文化部副部长、顾问,中国作家协会副主席和中国电影艺术研究中心主任等职。1980 年出版评论集《解放集》,1982 年出版评论集《回顾与探索》,1983 年出版《荒煤文学评论选》及《荒煤散文选》,1986 年出版《攀登集》。此外,尚有短篇小说集《在教堂里唱歌的人》、《荒煤短篇小说集》,报告文学集《新的一代》,电影文学评论集《探索与创新》、《点燃灵魂的一簇圣火》,散文集《梦之歌》、《永恒的记念》、《冬去春来》、《难忘的梦幻曲》,话剧剧本《扑食》、《我们的指挥部》等出版发行。主编《中国现代文学史汇编》、《中国新文学大系》、《当代中国电影》丛书等。散文集《荒野中的地火》获全国首届优秀散文奖。直到他去世之时,还担任着中国作协副主席、《中国作家》主编、中国夏衍电影学会会长等职务。1996 年 5 月,重病期间还创立并首次颁发“夏衍电影荣誉奖”。1996 年 10 月 25 日,在北京逝世,享年 83 岁。

蒋永治(1931—1997.1),浙江义乌人。1955 年由哈尔滨东北林学院林学系毕业分配至湖北省林业厅工作。1958 年调襄樊市谷城县林业科工作。在承恩寺林场林业中学负责教学工作,为谷城县培养 110 名林业初级人才。1964 年担任薤山林场林业中专专业课教师并兼任林场技术指导。“文化大革命”期间,被迫离开薤山。1973 年重回薤山,一直工作到退休,培养中等专业技术人才 100 多人。在薤山林场工作 20 多年,除从湘、赣、冀、川等省引进树木种子外,还收集各种树木种苗,为薤山林场引进外地树种 100 多种。其中水杉、柳杉、花柏、椤木、鹅掌楸等 50 多种已在薤山生长成材、结实。开发优良乡土树种,如青冈栎、白玉兰、石楠、锥栗等,在简陋的条件下开展嫩枝扦插,繁殖了大量树苗,解决了种植中的难题。为薤山营造杉木基地 8 个品种、面积 2 867 公顷,营造松树基地 13 个品种,面积 600 公顷,油茶、茶叶等经济林基地 100 公顷,使薤山形成了以杉木为主,长短项目齐发展的高山林场。潜心林业科学研究,多篇科研论文获奖。1984 年获中国林学会颁发的“劲松奖”,被林业部和湖北省林业厅表彰为“科技推广先进工作者”。1985 年被中共湖北省委、湖北省政府授予“山区先进工作者”。1987 年至 1988 年受到湖北省政协、襄樊市政协关于“各界人士为改革和建设做贡献”的表彰。1988 年被谷城县委授予“专业技术人才”称号。参与研究完成的《杉木地理变异和种源区划分的研究》科研成果，荣获 1989 年度国家科学技术进步一等奖。《中国林业专家大辞典》、《湖北科技精英》等均有收录。报刊、电台曾以“高山劲松”为题报道他的事迹。1997 年 1 月 27 日，因病逝世，享年 64 岁。

张宝山（1931.7—1997.3），吉林龙井市人。出生贫苦，13 岁进日本人开办的工厂当工人。他自学了中学课程，并学了日语、韩语、俄语。1946 年至 1949 年，在龙井面粉厂、龙井开山屯造纸厂工作。1949 年，被中共党组织选派到东北吉林党政干部学校学习。毕业后回厂，23 岁时被评为八级工。1954 年调入设备管理科，从事设备管理工作。先后主持和参与了开山屯厂焙烤炉工程、沸腾炉工程、制药瓦斯系统改造工程等 10 多个项目的新建和改建工程。1958 年被评为工程师。1958 年底，被选派筹建吉林省龙井发电厂。一年半的时间建成并成功发电。所发明的“新瓦斯风”发电技术，因其节能效果好，被国家推广。1972 年加入中国共产党。1989 年，支援三线建设，被调到湖北襄樊参与湖北化纤厂的筹建工作。先后任筹建处设备组组长、排长、连长，化纤浆车间筹划组长兼主任、热电分厂的厂长兼筹划组主任、湖北化纤厂副厂长等职务。先后主持和参加了化纤厂液化气站、机修车间、棉浆车间、污水车间、供水车间、供电车间、金环一厂、造纸厂等建设。1997 年 3 月逝世，享年六十六岁。

任立顺（1922.4—1997.3），河北故城县东元西村人。1943 年 10 月加入中国共产党，同年参加革命工作。1944 年 6 月，任东元西村党支部书记；1945 年 9 月，任故城县四区区委组织干事；1947 年 11 月编入南下干部工作队。1948 年 5 月任中国人民解放军某部四团一营三连副指导员，随军南下。1948 年 9 月，任桐柏军区汉南工委组织部组织干事。1949 年 1 月至 1966 年，在襄阳地委组织部工作，历任副科长、科长、副部长、部长。其中 1965 年任中共襄阳地委委员、地委组织部部长。“文化大革命”初期受到冲击。1970 年 6 月起，历任襄阳地区生产指挥组副组长兼办公室主任、中共襄阳地委委员、农办副主任、襄阳地区革委会副主任兼农办主任、襄阳地区行政公署副专员、襄樊市人民政府顾问等职。长期从事农业和农村工作，积极推行以联产承包责任制为主要内容的农村经济体制改革，深入调查研究，兴办试点，大力推广典型，努力探索农业和农村经济发展的新路子。先后领导了“引丹工程”等一批重点水利工程的建设，为治理鄂北岗地“旱包子”、全面改善襄樊市的水利灌溉条件奠定了良好的基础；组织开展了以杂交水稻为代表的农业新品种、新技术的推广应用工作，使全市粮棉油等主要农产品的产量有了大幅度提高。组织实施了襄、枣、宜百万亩用材林基地等一批经济林、用材林、生态林基地建设，使全市林业和多种经营生产有了较大发展。退居二线后，还主持完成了襄樊市农业区划工作，并被授予“湖北省区划工作优秀工作者”称号。1985 年 6 月离休后，积极参加老区建设促进会，为襄樊市老区贫困地区人民脱贫致富奔波操劳。支持老龄工作，先后担任老年大学校长、老年书画协会主席等职，为全市老龄工作发挥余热。1997 年 3 月，因病逝世。

张安文(1918.8—1997.6)，山西文水县人。1938 年 1 月，在山西省和顺县参加革命，投身抗日战争。同年 2 月，加入中国共产党。历任和顺县抗日游击队干事、中共和顺县委秘书、武装部长等职。1947 年 8 月南下，同年 11 月调中共湖北省随县县委工作。历任县委组织部长、宣传部长、代理县长、县委副书记、书记等职。1955 年 7 月调襄阳地委工作，历任地委委员、监委副书记兼宣传部副部长。1958 年 7 月起，历任中共襄阳地委组织部部长、地委秘书长、地委副书记。1966 年 7 月至 1968 年 12 月，调文化部工作。1968 年 12 月回襄阳，曾任中共襄阳地委党校负责人、襄阳地区革委会政工组副组长、中共襄阳地委常委、襄阳地区革委会副主任、中共襄阳地委组织部部长等职。“文化大革命”结束后，继续担任中共襄阳地委常委、襄阳地区革委会副主任。1978 年 10 月，改任襄阳地区行署副专员。1979 年 7 月至 1983 年 11 月，任中共襄阳地委副书记。1983 年 11 月离职休息。1997 年 6 月因病逝世。

周本立（1927.6 —1997.11），河北衡水花园区周家村人。1944 年 1 月加入中国共产党，参加革命工作，在家乡学校任教。1946 年 6 月至 1947 年 11 月，任中共衡水县六区区委会组织干事。1947 年 11

月随军南下到湖北，同年 12 月起，历任洪山县环潭区工作组组长、洪山县武委会秘书、中共洪山县委宣传部通讯干事、洪山县共青团团委副书记。1952 年 8 月，调襄樊市任市共青团团委书记。1953 年 5 月至 11 月，在中共中央中南党校学习。12 月至次年 10 月，任中共襄樊市委办公室主任。1954 年 10 月至 1957 年 11 月，在中共湖北省委审干办公室工作，历任秘书、秘书组长。1957 年 11 月起，任中共枣阳县委副书记。“文化大革命”初期受到冲击，被迫停止工作。1969 年 1 月起，历任枣阳县革委会生产指挥组组长、中共枣阳县委副书记、革委会副主任、枣阳县委书记、革委会主任、襄阳地委常委、行署副专员。1983 年 10 月地市合并后，历任中共襄樊市委常委、农工部部长、襄樊市人大常委会副主任。在枣阳工作期间，领导实施了一大批重点水利工程建设，使鄂北“旱包子”的水利灌溉条件有了很大改善。组织开展了以苹果为主要品种的经济林基地建设，为枣阳发展成为湖北的“水果之乡”奠定了基础。大力发展以家庭养殖业为主要内容多种经营生产，使枣阳农村经济有了长足进步。中共十一届三中全会后，他认真贯彻党的改革开放政策，积极推进农村经济体制改革，领导制定并组织实施《枣阳县经济发展战略》，把枣阳推向一个新的发展阶段。1989 年 3 月离休。1997 年 11 月因病逝世。

童淑英（1955—1997.11），女，老河口市袁冲乡郝岗村人。1978 年 2 月至 1985 年，在郝岗小学任民办教师。她大胆改进教学方法，教学成绩在全区 23 所小学中常列第一。1985—1992 年，任校长。其间，她带领师生承包 15 亩鱼塘、8 亩林果蔬菜生产基地，将收入用于救助贫困生 350 余人。她走遍全村家家户户，把全村适龄儿童入学率、巩固率由原来的不足 60%提高到 100%。1992 年被国家教委、人事部评为“全国优秀教师”。1993 年被老河口市政府聘为公办教师。同年春，患乳腺疾病。为不耽误学生功课，未住医院治疗，仅靠吃药抗过去。1994 年 7 月，病情恶化。在家人和同事们的劝说下到乡卫生院检查，医生劝其尽快到医院治疗，但她只开了点注射药物就返回学校，一连上了三节课。10 月 14 日，老河口市第一人民医院检查，因惦记着 35 名学生没老师上课，不顾医生劝阻，返校上课。11 月 14 日 9 时，在上课时猝然倒下。被送往湖北省肿瘤医院，确诊为乳腺癌晚期。住院期间，她依然时刻挂念同事和学生。1995 年 2 月 8 日，《湖北日报》头版头条以《永远的烛光》为题，报道了她身患癌症仍坚守教学岗位的事迹。12 日，中共襄樊市委、襄樊市政府发出《关于开展向优秀共产党员童淑英同志学习活动的决定》。1997 年 11 月 1 日，因医治无效去世，年仅 42 岁。

陈崇兴(1928.10—1998.3)，襄樊市人。1950 年 10 月，任襄樊市搬运公司出纳。1950 年 12 月加入中国共产党。1952 年 9 月，在襄樊市生产工作组工作。1953 年 8 月起，历任襄樊市第二办事处助理员、襄樊市手工业科副科长、襄樊市工业局副局长、襄樊市手工业联社副主任、襄樊市手工业局局长、手工业联社主任、襄樊市火柴厂支部书记、襄樊市柴油机厂支部书记、革委会副主任、襄樊市烟厂党委书记等职。1974 年 1 月至 1975 年 4 月，任襄樊市委委员、市革委会副主任。1975 年 4 月至 1978 年 6 月，任中共襄樊市委常委、组织部长。1978 年 6 月至 1982 年 11 月，任中共襄樊市委常委、纪委书记。1982 年 11 月至 1991 年 5 月，改任中共襄樊市委委员、市纪委副书记。任地辖和省辖襄樊市纪委书记和副书记 5 年多，正值“拨乱反正”时期，带领纪委一班人狠抓党风廉政建设，加强党规党纪的学习，从严查处违纪违法现象，平反了一大批冤假错案，维护了安定团结的政治局面。1991 年 5 月退休，1998 年 3 月去世。

李喜华（1952.5—1998. 4），女，艺名品梅。襄阳县石桥镇人。1970 年，入襄阳县豫剧团，开始戏剧艺术生涯。师从阎立品，习青衣和闺门旦，被阎老称为状元弟子。学习上演常（香玉）派的剧目。她演出的《大祭桩》等剧目，不仅具有常派之风，而且也揉入自己的风格。她的唱腔以委婉秀丽而著称，不浮、不燥，始终用“情”字融会贯通，以正确把握人物性格为基点去完成表现人物、刻画人物的根本任务。善于用对比、统一的手法，凭借自己良好的天赋和对事业的潜心追求，最终悟得用气息支配声音、去演唱音域极为宽阔的豫剧唱腔，用艺术的内在感染力和特有魅力去打动观众。她的表演既有北方的粗犷奔放，也有南方的委婉细腻，形成了自己典雅、俏丽、清新、细腻的演唱风格。她独特的“情深气足,柔而不媚”的演唱风格,成为留给戏曲艺术的一笔宝贵财富。不少专家评论:“演唱技法丰富而巧妙”,“各种抖音、颤音、顿音、疙瘩腔、断续腔、豁腔、大跳音、水滑音、大甩腔,凡所能掌握的一切演唱技法,都被运用了”;“不以大哭大嚎和唱中夹哭”取胜,“而靠气息支配,把这种种哀伤表达得动人心弦”;“她立定于豫剧史上无数前辈大师积累的传统演唱艺术遗产之肩,又吮吸现代各类声乐艺技之乳,她的艺术感染力和生命力,正在于她的演唱是民族的大众的”。先后在《杨玉环》《儿女春秋》、《血溅鸳鸯镜》等20多台大中型戏剧中担任主要角色。代表剧目《秦雪梅》《蝴蝶杯》《大祭桩》被湖北省电视台录制成电视戏曲片多次在中央和省市台播放,唱腔被中国音像出版社录制成《李喜华豫剧唱腔精选》在全国发行。《人民日报》《湖北日报》等报刊先后登载评价其艺术成就的文章达百余篇。1981年主演的《秦雪梅》获湖北省首届中、青年演员比赛主演一等奖,1982年被湖北电视台拍成电视艺术片。1987年主演的《大祭桩》获湖北省第二届中、青年演员比赛金牌奖,同年9月该剧参加了中国首届艺术节展演。1988年主演的创作剧目《杨玉环》获湖北省创作剧目比赛主演一等奖,同年又获全国戏剧梅花奖。在湖北剧坛上享有“汉江边上唱破天”的赞誉,河南观众由衷赞叹“豫剧一枝花,花开在楚家”。1998年4月,因车祸去世。生前为湖北省豫剧团国家一级演员。中国戏剧家协会会员、湖北省戏剧家协会副主席。

马勇(1930.5—1998.6),河北涞源县人。1942年1月至1947年7月,在涞源县北城子小学、察哈尔省立中学读书。1945年12月加入中国共产党。1947年8月入伍后,参加察哈尔省军区卫校学习三个月,被评为“三好”学员。后被部队选派到黑龙江中国医科大学学习。一个多月步行二千多里,越过几道敌人封锁线,到达目的地。学习期间,亦被评为“三好”学员。1949年12月,毕业分配到第四野战军第六后方医院任军医。在天津战役伤病员的救治工作中,及时做清创缝合、截肢手术130余例。1950年6月至1952年12月,先后在广东军区西江军分区休养所和华南军区警卫四团卫生队任副所长、队长。1953年1月至1956年12月,在中南军区防空军536团卫生队任主任、主治军医。其间,被授予大尉军衔并获中国人民革命战争时期“解放奖章”。1957年1月至1968年8月,在武汉军区空军山坡基地卫生科任科长。其间,晋升为少校军衔。1968年,受命对湖北医学院附属二医院实行军管,担任中共湖北医学院附属二医院党委书记、革委会主任。先后两次出席武汉市和武空积极分子代表大会。1973年7月至1981年12月,任空军襄樊医院副院长。1982年1月转业到襄樊市人民医院任院长、中共襄樊市人民医院党委副书记、书记、调研员兼中华医学会医院管理学会襄樊分会理事。从事临床医学及行政管理工作40余年,具有丰富的临床经验和较高的行政管理水平。擅长肝炎、流行性脑炎、出血热、痢疾等疑难重症传染病的诊治,先后成功抢救流脑18例、乙型脑炎8例、出血热6例,还开展脾、胃切除及外科手术250余例。1991年3月离休,享受副市级待遇。1998年6月因病医治无效在襄樊逝世。

朱池亭(1912.11—1998.11),曾用名金城。河北肥乡县人。1942年10月参加革命工作,任肥乡县大队部会计。1945年4月加入中国共产党。1945年8月,任北河三区独立团供给处会计。1946年,在冀南独立三团,被评为工作模范。1947年11月至1949年8月,任枣阳县指挥部供给股副股长。1949年8月至1954年9月,在襄阳军分区先后任财会股副股长、后勤科副科长。荣立小功一次。1954年10月至1968年9月,任襄阳专署粮食局副局长。1968年10月至1972年6月,在襄阳地区五七干校学习。1972年7月起,历任襄阳地区农业学校副校长、副书记。任职期间,正值学校第二次发展期,学校由专区管辖转为襄阳地区管辖。朱池亭勇挑重担,积极协助学校主要领导做好学校复办后的各项工作,尽量减少学校因“文化大革命”遭受的损失。学校先后恢复招收农学专业高中毕业生班、牧医专业中专班和农学专业大专班。这期间,在朱池亭的具体主持下,一大批行之有效的教学制度得以实施:实行了全省统一的教学计划,使用全国统编教材;开展了电化教学,积极发动教师制作标本、模型、挂图;统一了学制,牧医专业为五年制,其他专业为四年制。朱池亭要求教师在完成教学任务的同时要积极开展适合学校条件的农业科研和积极为农业生产、农村经济、农民群众以及农村教育服务的各种活动，要把科研和为农业服务作为培养合格毕业生和高素质教师的重要手段，作为扭转“在黑板上种田，在黑板上养猪”等脱离实际的倾向的重要途径。教师们深受启发，纷纷在生产中选择技术研究和推广性课题或者承担各级科研部门的课题并取得了可喜的成果。通过这些努力，学校人心安定，再次焕发出勃勃生机。离休后，朱池亭仍然坚持读书看报，坚持学习马列主义、毛泽东思想、邓小平理论，关心支持学校的建设和发展，心系青年学生成长，主动参与青少年教育工作，积极参加老干部政治学习和其他社会公益活动。1982 年 10 月离休(享受正县级待遇)。1998 年 11 月 27 日，因病去世，享年 86 岁。

汪立进(1917.6—1999.3)，河南新县人。1930 年 12 月参军，为鄂豫皖红四方面军十一师特务连战士。1934 年 11 月起，历任鄂豫皖红四方面军 11 师特务连战士、红 25 军手枪队战士、陕南红 74 师 2 部侦察员、副连长。1937 年 1 月加入中国共产党。1939 年 11 月起，历任陕北鹿县 6 团 7 连副指导员、副连长、陕北抗日军政大学 3 大队 7 队学员、陕北鹿县 3 支队 7 团 1 营副营长。1947 年 3 月任 15 旅 7 支队 3 营营长，同年 12 月任江汉 2 分区 44 团副团长。1949 年 10 月至 1950 年，任宜昌独立 2 师 44 团团长。1950 年 1 月至 1951 年 4 月，任恩施独立 8 团团长。1951 年 4 月起，历任襄阳军分区副司令员、司令员。1968 年至 1973 年 3 月，历任恩施军分区司令员、武汉军区湖北生产建设兵团副司令员、湖北省军区副司令员。1978 年 6 月离职休养，1999 年 3 月因病逝世。

李振民(1923.2—1999.4)，山东冠县人。1942 年 9 月参加工作，1945 年 9 月加入中国共产党。1942 年 3 月至 10 月，在冀鲁豫三地委当通讯员；1942 年 10 月至 1945 年 9 月，在冀鲁豫三地专署警卫连和冀南 24 团 5 连当战士、班长；1945 年 9 月至 1948 年 1 月，在二野十纵 85 团当排长；1948 年 1 月 1951 年 3 月，在襄阳军分区 7 团任连指导员；1951 年 3 月至 1953 年 10 月，在湖北省军区暂编 11 团任教导员；1953 年 10 月至 1956 年 4 月，在湖北省军区干校学习；1956 年 4 月至 1959 年 4 月，任郧县武装部副政委；1959 年 4 月至 1965 年 12 月， 任枣阳县武装部部长。1962 年 2 月被湖北省军区授予少校军衔；1965 年 12 月至 1983 年 6 月任枣阳县工交部长、县工交办副主任。李振民戎马大半生，南征北战，参加了抗日战争和解放战争，历经大小战斗百余次。1947 年在催乔战斗中，率领工兵越过敌人火力封锁线，完成炸碉堡的任务。他在战斗中多次立功受奖，1950 年荣获“华北解放纪念章”、“解放华中南纪念章”；1954 年荣获“全国人民慰问人民解放军代表团纪念章”；1956 年荣获“独立自由奖章”和“解放奖章”等。平时工作中，他善与人团结，敢于大胆提建意见，虚心接受别人建议。在武装部工作期间，他勇挑重担，不怕吃苦，狠抓军事训练和机关建设，带出了一支作风过硬、素质优良、能打善战的武装队伍。1961 年 10 月为抓好备战工作，他亲自带领工作组，到地区复杂的新市区白竹园寺翻山越岭看地形，准确地完成备战任务。他事业心强，工作积极主动，认真负责，从事地方工作后，为枣阳地方武装建设和工业经济发展做出大量基础性和开拓性工作，成效卓著。他对组织、对人民态度诚恳，光明磊落，密切联系群众，与周围的同志和睦相处，生活简朴，以身作则，廉洁奉公，发挥了党员领导干部的表率作用。1983 年 6 月他离职休养，1984 年 12 月起享受副厅级待遇，1999 年 4 月因病逝世。

钱 浅(1925.8—1999.5)，江苏如东人。1944 年 1 月加入中国共产党，1944 年 8 月入伍，任新四军华中苏中特务 4 团文工队队员。1945 年 2 月至 1952 年 12 月，先后任新四军苏浙军区 3 纵队 8 支队供给处粮秣员、华东野战军第 4 纵队 66 团 2 营供给员、第 3 野 23 军 69 师 206 团供给处财务股长、第 3 野 23 军 69 师 206 团司令部军务股副股长。1952 年 12 月至 1959 年 6 月，历任中国人民志愿军 23 军 69 师 206 团后勤处副主任、解放军总后勤学院油料系学员、第 1 军 2 师坦克 207 团后勤处主任。1959 年 6 月至 1964 年 5 月，任武汉军区独立通信团后勤处处长。1964 年 5 月至 1970 年 1 月，任襄阳军分区后勤处处长。抗日战争时期，先后参加开辟苏、浙、皖抗日根据地和苏中七战七捷等战役战斗。解放战争时期，参加枣庄、莱芜、孟良崮、淮海、渡江、上海等战役。参加抗美援朝战争。荣获解放奖章、独立自由功勋章、朝鲜三级国旗勋章各一枚。1970 年 1 月退休,1982 年 5 月离休(副师职)。1999 年 5 月,因病在襄樊军分区民主西路干休所逝世,享年 74 岁。

李希英(1929.8—1999.10),河北巨鹿县人。1947 年 7 月参加工作,1948 年 1 月加入中国共产党。入伍后历任学员、工作队员、干事。1949 年 12 月,任湖北军区襄阳军分区独立 7 团 3 营保卫干事。1951 年 1 月,任襄阳军分区政治部保卫干事。1953 年,任荆州军分区政治部保卫干事。1956 年,任湖北省军区军事检察院检察员。1965 年,任黄石市人武部政工科长。1966 年,任湖北省军区军事检察院副检察长。1970 年,任湖北省军区政治部保卫处处长。1977 年 11 月,任襄阳军分区政治部主任。1979 年,任襄阳军分区副政治委员。解放战争时期,参加过挺进大别山、解放邓县、襄樊的战斗;参加过南漳、保康、谷城等地的剿匪。1983 年 8 月离休(副师职)。1999 年 10 月,因病在襄樊逝世,享年 70 岁。

黄火青(1901.5—1999.11),枣阳县新市镇杨庄村人,原名贤佑,字民孚。青年时期接受爱国主义教育和进步思想影响,参加了襄樊学生运动。1926 年 1 月参加共产主义青年团。同年 3 月转为中国共产党党员,担任党、团支部书记,以教书为掩护,发展组织,开展反帝反封建的宣传工作。1927 年 4 月,在武汉工人运动讲习所和中央军事政治学校学习,后编入中央独立师补充第二营。1927 年 6 月至 1930 年 4 月,赴苏联学习,先后任东方大学中国特别军事政治训练班连长、支部干事,步兵学校中国连行政班长、党支部书记。1930 年 4 月回国后,先后任红十四军一团政治委员兼参谋长,上海法南区区委委员、工人纠察队特派员,江南省委军委兵运书记,中央巡视员。1931 年 11 月进入江西中央苏区后,任工农红军学校总支书记,国家保卫局特派员。同年 12 月任红五军团 14 军政委兼政治部主任。1932 年 5 月,任工农红军学校政治营政委。1933 年秋,以潘汉年秘书的名义,在福建人民政府做统战工作。1934 年春,任红军第一方面军第九军团政治部主任。同年 10 月,参加长征。1935 年夏,一、四方面军会合后,随四方面军行动,先后任四方面军党校教员、政治部军人工作部部长,参加西路军远征至新疆。其间拥护中共中央,反对分裂活动。1937 年 12 月,留新疆工作,任新疆民众反帝联合会秘书长。1939 年 5 月,任阿克苏专区行政长。1940 年 10 月回延安,先后任军政学院副院长,中央党校一部主任、秘书长。抗日战争胜利后,先后任冀察热辽中央分局副书记兼组织部部长,军区副政委兼政治部主任,热河省委书记兼热河军区政委。1949 年 1 月至 1958 年 6 月,先后任天津市委副书记兼市委组织部部长、市总工会主席,全国总工会委员,天津市委第一书记、市长、市政协主席、天津警备区政委,第一届全国人民代表大会常务委员会委员。1953 年随毛泽东主席视察山东济南。1958 年 6 月,调任辽宁省省委第一书记、省军区政委、省政协主席、东北局书记处书记。1964 年陪邓小平视察了辽宁海城。“文化大革命”期间,受到林彪、江青反革命集团的残酷迫害。与林彪、江青反革命集团进行了针锋相对的斗争,表现了共产党人的铮铮铁骨。1978 年 3 月起,担任中央政法小组副组长,中央政法委员会委员,最高人民检察院检察长、党组书记。重建并迅速恢复了被江青反革命集团彻底破坏而停顿了 10 年的检察工作。为发展社会主义民主,健全社会主义法制,开创检察工作的新局面,为促进有中国特色的社会主义检察制度的完善与发展,作出了突出贡献。1979 年 7 月,中央决定对林彪、江青两个反革命集团进行审查。黄火青任“两案”审理领导小组副组长。根据全国人大常委会决定,成立最高人民检察院特别检察厅,黄火青任特别检察厅厅长,直接领导对“两案”的审查起诉工作。1980 年 11 月,他认真履行法律职责,坚持以事实为根据,以法律为准绳的原则,依法公诉,使林彪、江青反革命集团受到法律制裁。1981 年至 1995 年,用 14 年的时间整理出版《一个平凡共产党员的经历》,回忆讲述了 70 年来的革命经历。黄火青是中共第七、八、十二、十三次全国代表大会代表,中共第十四次全国代表大会特邀代表,中共第八届中央委员会候补委员、第十一届中央委员会委员。在中共党的第十二次全国代表大会上当选为中央顾问委员会常务委员。1995 年 1 月在家休养,中共中央总书记、国家主席、中央军委主席江泽民曾到家中看望。1999 年 11 月 9 日 20 时 04 分,在北京逝世,享年 99 岁。

姜玉夫(1926.6—2000.1),山东牟平人。1944 年 8 月参加革命工作,1945 年 2 月加入中国共产党。

1944年8月至1946年7月，在胶东军区后勤部任副班长、出纳会计、胶东行政公署实业处统计干事。1946年7月至1947年12月，在胶东东海区任牙前公安局侦察干事。1948年1月至1949年9月南下，为干部支队公安大队队员、江汉军区京应县公安局干事。1949年2月至1951年6月，任应城县公安局股长、秘书。1951年7月至1954年7月，在孝感公署公安处汉阳蔡甸水上分局任副局长、公安处政保科科长。1954年7月至1957年2月，在第二汽车制造厂筹备处任中共党支部书记。1957年3月至1966年8月，在西安仪表厂任人事科长、仪表技校校长、厂办主任、副厂长。1966年8月至1970年10月，在陕西仪表总厂任副厂长、革委会主任。1970年11月至1976年11月，在襄阳轴承厂建设指挥部任副指挥长。1976年11月至1979年5月，任中共襄阳轴承厂临时党委副书记。1979年5月至1983年6月，在一机部中南材料供应管理处任副主任。1983年6月至1984年9月，任襄阳轴承厂副厂级调研员。为筹备建设襄阳轴承厂规划蓝图，使生产规模由小到大、步入正轨付出了心血，为顺利通过国家验收打下了坚实基础。1987年9月离休。2000年1月，因病去世。

王福山（1927.10—2000.2），河北故城县人。1945年7月入伍，1946年3月加入中国共产党。1945年10月至1949年3月，历任中国人民解放军第二野战军2纵6旅18团3营8连战士、班长、副排长、排长、副连长。1949年3月至1950年3月，任第10军29师89团1营1连副连长、连长。1950年3月至1951年1月，任川南军区内江军分区87团通信连连长、87团司令部警卫参谋。1951年1月至5月，任15军29师89团司令部警卫参谋、87团通信股副股长。1951年5月至10月，任志愿军19师87团通信股股长。1951年10月1954年9月，任志愿军29师87团2营营长。1954年9月起，历任高级步校学员、29师87团3营营长、29师87团司令部副参谋长等职。1961年8月至1973年3月，任湖北省恩施军分区训练科科长。1973年3月起，任湖北省谷城县人武部副部长。先后参加钜野、羊山集、大小杨湖、成都、淮海、平汉、上党、定陶、千里跃进大别山、豫北、渡江作战、上甘岭等战斗战役。立二等功一次，荣获独立自由奖章、解放奖章、朝鲜三级国旗勋章。1977年12月退休，1982年2月离职休养（副师职）。2000年2月，因病在襄樊逝世，享年73岁。

申明德（1928.7—2000.5），河北省武安县人。1943年6月参加工作，1942年8月加入中国共产党。1943年6月至1947年3月，任武安县政治处通讯员、武安县政府秘书。1947年3月至1954年，历任中共河南郾县第二区委秘书、第五区委会书记、县委宣传部干事、宣传部部长等职。1954年调河南洛阳轴承厂，历任审干办公室组长、洛阳轴承厂车间书记、厂团委书记、厂政治部副部长等职。1968年至1984年10月，任襄阳轴承厂建设指挥部副指挥长、中共襄阳轴承厂党委副书记、襄阳轴承厂厂长。1984年10月，任襄樊市企业家协会会长、湖北省协会副会长、襄樊市襄城区人大代表。担任襄阳轴承厂建设指挥部副指挥长期间，从襄轴选址到最后确定，几经搬迁。在极其困难和艰苦的条件下，和工人们同吃、同住、同劳动，在一片荒坡上建起了我国现代化汽车轴承生产基地。在担任党委副书记、副厂长期间，分管党务和共青团工作。他关心广大青年和青年干部的成长教育，注重发挥广大青年在生产经营中的先锋队作用。在他担任襄阳轴承厂厂长期间，坚持从加强企业基础管理入手，进行了三次整顿五项验收。经常下车间、跑市场，使企业规模不断扩大。退居二线后，继续关注着襄轴企业的发展。在厂里钢材供应和产品生产工作出现困难时，不顾身患高血压、心脏病等多种疾病，多次到钢厂求援和参加订货会。离休后，为了降低企业生产成本和提高轴承钢利用率，他积极组织部分老同志组建老年服务部，为提高襄轴公司的经济效益发挥余热。1988年后，担任襄城区人大代表、襄樊市企业家协会会长、湖北企业家协会副会长工作。积极提供合理化的建议，为襄樊经济建设发挥作用。1989年离休（享受厅级待遇）。2000年5月病逝。

何善清（1914.4—2000.8），湖北大悟县人。1940年12月入伍，1942年11月加入中国共产党。1940年12月，任新四军5师12旅供应处通信员；1944年5月，任豫南指挥部特务排排长；1946年6月，任河南军区司令部警卫连连长；1948年6月，任湖北江汉军区云梦独立营教导员；1949年6月，任云梦县指挥部政治处副主任；1950 年 11 月，任孝感军分区云梦县大队大队长；1951 年 11 月，任湖北省随县人武部部长；1954 年 10 月，任随县兵役局局长；1956 年 3 月，任襄阳军分区参谋科科长；1963 年 12 月，任湖北省军区司令部处长；1964 年 6 月，任襄阳军分区司令部参谋长；1966 年 1 月，任襄阳军分区副司令员。曾参加中原突围等战役战斗中，荣立一等功 1 次，荣获三级独立自由勋章、三级解放勋章、独立功勋荣誉章各一枚。2000 年 8 月，因病在襄樊逝世，享年 86 岁。

胡绳(1918.1—2000.11)，江苏苏州人。早年就读于北京大学哲学系。抗战初期，在武汉、襄樊、重庆从事文化工作和统一战线工作，先后任武汉《全民周刊》、《全民抗战》、《救中国》等刊物编辑、第五战区文化工作委员会委员、《鄂北日报》主编、《新华日报》社编委等。中华人民共和国建立后，历任中共中央宣传部秘书长、中共中央政治研究室副主任、毛泽东著作编委会办公室副主任、中共中央党史研究室主任、中国社会科学院院长等职。长期从事理论、宣传工作，著有《理性与自由》、《帝国主义和中国政治》、《枣下论丛》、《从鸦片战争到五四运动》、《历史和现实》等。1938 年 10 月，首次到襄阳(现襄樊市城区)，参与第五战区文化工作委员会工作，主编《鄂北日报》。先后在襄阳古隆中、樊城高庄干部训练班讲授《抗日民族统一战线问题》，宣讲《中共抗日救国十大纲领》，并撰写了一系列思想、文化评论文章，发动群众投入抗日救国洪流。其间，写有《襄城记事》《襄江》等诗。1982 年 6 月，胡绳第二次到襄樊，重游隆中诸葛故居和襄阳米芾祠堂，写有《米公祠》、《重来》(二首)。《重来》两首诗深情地表达了他对五十年前牺牲的革命战友之深情地悼念和哀思。1995 年 4 月，他以全国政协副主席的身份第三次到襄樊，写下了《襄阳为余弱冠时旧游地重来抒感》四首诗，并决定将个人藏书分批捐赠给襄樊图书馆收藏，还为襄樊图书馆题写了馆名。1996 年 4 月，专程从北京护送部分藏书，第四次到襄樊，出席了襄樊图书馆暨胡绳藏书馆开馆典礼并讲话。1997 年 10 月 8 日，第五次到襄樊，向图书馆捐赠图书。设置在襄樊市图书馆内的胡绳藏书馆，有藏书 21 000 余册，内容涉及哲学、政治、历史、文学艺术等学科门类，其中历史类占全部藏书 1/3。对中国共产党各个时期特别是早期宣传马列主义思想的进步文献、党史著述、理论刊物、图书收集得较为系统和完备。而且较为齐全地收集了马克思、毛泽东、周恩来、邓小平等的著作单行本，讲话、谈话记录单行本，选集、文集、书信集、专题汇编等。古线装书部分有 800 多种，3 300 册。其中毛主席借阅圈点过的《晚清文选》、《卷施阁集》，明刻善本《二程全书》、《汉魏丛书》等，以及王羲之、黄庭坚、颜真卿、米芾等历代书法家的书法作品拓本，关山月、启功等书画名家书画集等珍品。

韩希梁(1922—2000)，原名张贞光，枣阳吴店镇人。1938 年，在枣阳地下党组织的引荐下参加了八路军。在革命根据地，他读到了一些反映苏联卫国战争的作品，受到强烈感染，决心创作反映中国人民争取民族解放伟大斗争的作品。他根据国民党抓壮丁，尔后令其亲人拿钱赎人的事实创作的处女作《手工钱》，在《华中新华日报》上发表后，在华中解放区引起很大反响。因此，他被调到《华中新华日报》社当战地记者。淮安、淮阴相继失守，报社被迫转移到后方，他要求到前线当指导员，边带兵打仗边写稿子。孟良崮战役期间，他的“日记”，便经常在《华中新华日报》上发表。战役刚结束，山东解放区就出版了他的日记体报告文学《飞兵在沂蒙山上》。淮海战役期间，又以日记形式发表在战地小报上。上海解放后，他的日记体报告文学《六十八天》很快出版了。《六十八天》详细描写了淮海战役过程，讴歌了军民间血肉关系，同《飞兵在沂蒙山上》一起被载入我国现代文学史。1947 年，《飞兵在沂蒙山上》被华东军区评为二等奖。韩希梁先后升任炮兵营教导员、团政治处主任。1950 年，朝鲜战争爆发，他找到文化部部长陈沂，要求到朝鲜战场。陈沂部长经不住他的苦磨，只好同意。在朝鲜战场上，他不断记录和搜集战斗素材。黄继光用身体堵枪眼的事迹、英雄战士许家朋、李家发的事迹，让他眼前一亮。他来到黄继光生前所在的连队，与连队每个战士进行亲切交谈，和黄继光生前的战友们吃住在一起。1953 年 7 月 27 日停战后，韩希梁为写好这部作品，执意留下来，他又前往上甘岭黄继光堵枪眼的地方凭吊祭奠。1954 年，长篇传记小说《黄继光》初稿完稿，他回到北京。后来他又赶到四川黄继光的老家，在英雄的母亲黄妈妈的身边住了一个月，到处寻访和调查黄继光的经历道路。1990 年，经总政文化部编审出版社审阅修改后，《黄继光》作为解放军文艺丛书之一出版了。与此同时，又发表或出版了一批报告文学和散文作品，如当时在全国比较有影响的反映海军生活的《黄海散记》和关于解放军抢险救灾的《水风砂》等。《今日三八线》、《伟大的时刻》和《阿妈妮，别撵火车》等也是颇有影响的好作品。1957 年反右开始后，韩希梁被下放到八一电影制片厂任编剧。60 年代初被“流放”回家乡枣阳。直到“文化大革命”以后才调到襄樊市区，在古襄阳城外的一座旧宿舍楼里安顿下来。在他生命的最后十几年里，仍笔耕不辍，以写作为乐事。先后又创作出版了《战襄阳》、《刘邓襄樊擒康泽》和 40 万字的新长篇《百万雄师过大江》等作品。

范世杰（1922.1—2001.6），安徽太和县人。1939 年 7 月参加革命，1940 年 4 月入伍，1941 年 4 月加入中国共产党。1939 年 7 月，任战时学校学员；1940 年 4 月至 1942 年 6 月，历任新四军第 6 游击支队战士、司令部文书；1942 年 6 月，任 21 军第 4 师司令部文书股长；1945 年至 1949 年 6 月，历任学员、第 9 旅侦察参谋，师团教育、作战参谋；1949 年 6 月至 1951 年 3 月，历任 21 军司令部教育股长、作训科副科长；1951 年 3 月，任浙江军区金华第 13 步校教务科长；1952 年 9 月，任长春军事教员训练班学员；1953 年 7 月，任浙江军区金华第 13 步校教员训练班主任；1954 年 7 月，任学员营 1 营营长；1955 年 10 月，任南京军事学院基本系第 5 期学员；1959 年 9 月，任北京解放军政治学院军事教研室教员；1964 年 4 月，任武汉军区第 29 师参谋长；1966 年 10 月，任湖北省孝感军分区副司令员；1967 年 3 月，任孝感地区抓革命促生产指挥部副指挥长；1968 年，任恩施军分区副司令员；1970 年 3 月，任铁道部第 4 工程局军管会主任；1975 年 5 月，任襄阳军分区副司令员；1979 年 1 月，任襄阳军分区顾问。参加恢复津浦路西豫皖苏根据地、孟良崮，淮海、渡江、解放杭州、温州、进军闽北，解放三都岙、宁德等战役战斗，荣获三级独立自由奖章、三级解放勋章、独立功勋荣誉勋章各一枚，荣立二等功 2 次。1980 年 6 月离职休养。离休后历任干休所党委副书记、襄城区政协委员、新四军历史研究会襄樊市分会名誉会长，理事等职。2001 年 6 月，因病在襄樊军分区民主西路干休所逝世，享年 79 岁。

孙绍先（1920.10—2001.12），河北任县人。1944 年 4 月参加革命工作。1945 年 12 月加入中国共产党。1944 年 4 月至 1947 年 8 月，在任县县政府财政科先后任会计、科员和县仓库副主任。1947 年 9 月至 1947 年 11 月，随十纵队南下，任独立旅第二支队总务科科长。1947 年 12 月至 1948 年 5 月，先后任襄阳县第六区、第七区区长。1948 年 6 月至 1952 年 8 月，先后任襄阳县财政科科长、县政府秘书。1952 年 9 月至 1969 年 4 月，先后任襄阳地区水利局副局长、局长。1969 年 5 月至 1972 年 8 月，在襄阳地区“五七”干校劳动。1972 年 9 月至 1973 年 3 月，任襄阳地区南河电站副指挥长、中共南河电站党组副书记。他热爱水利事业，尽职尽责地工作，足迹踏遍了全市的山水和大、中、小型水库，不仅对水利工程由小到大、由少到多，由单一到综合、由局部开发到流域治理，形成大、中、小相结合，蓄、引、提相配套的灌溉系统，保证全市城乡用水、防汛抗旱和农业丰收起到了很大的作用，而且向全省推广了“李大贵引水上山”、“赵岗乡的‘西瓜秧’式自流灌溉系统”的先进经验。他依靠群众，排万难，大兴水利的经验在《人民日报》上发表，受到了有关部门的充分肯定。1983 年 11 月离职退休，享受副师级待遇。2001 年 12 月逝世。

张光年（1913—2002.1），光化县城路家巷人。曾用名文光、华夫，笔名光未然。当过钱庄学徒、书店店员。1927 年 3 月，在左觉农等共产党人的引导下，加入了共产主义青年团。1929 年 3 月加入中国共产党。1931 年春，党组织安排进入武汉华中大学学习。1933 年参加秋声剧社任社长。后因鄂北组织被破坏，失掉组织关系。1935 年退学到武昌安徽中学任教。1936 年 5 月创作并发表歌颂抗日志士、反对卖国投降的歌词《五月的鲜花》。1936 年 6 月，到上海从事抗日救亡文艺活动。1937 年重新加入中国共产党。1938 年秋，率抗敌演剧队第三队在吕梁山游击区一带开展活动。1939 年 1 月，奔赴延安。同年 3 月，在延安创作《黄河颂》。同年 4 月，经冼星海谱曲，在延安首次上演。此后，又创作了组诗《黄河大合唱》。1940年到重庆从事文艺活动,创作了长篇叙事诗《屈原》。"皖南事变"后,赴缅甸主编《新知周刊》,组织华侨青年战时工作队。1942年回到云南,任北门出版社和《民主增刊》编辑。与李公朴、闻一多一道从事民主运动和诗歌朗诵活动。1944年9月,完成长篇叙事诗《阿细人的歌》和抒情长诗《绿色的伊拉瓦底》。1945年10月,离开昆明。抗战胜利后抵北平,编辑《民主周报》北平版。1946年赴晋冀鲁豫解放区,先后任北方大学艺术学院主任、华北大学第三部副主任。新中国成立后历任中央戏剧学院教务长、《剧本》月刊主编、中国剧协党组书记,兼任《人民文学》主编、中国作协名誉副主席、中国笔会副主席。1949年7月至1953年10月,任中华全国文学艺术界联合会全国委员会委员。1964年12月至1975年1月、1978年2月至1983年6月,为全国人大代表。1979年11月至1981年10月,任中国作家协会书记处书记。1979年11月至1988年11月,任中国文学艺术界联合会全国委员会委员。1979年11月至1996年12月,任中国作家协会理事会副主席。1979年11月至1988年11月,任中国文学艺术界联合会全国委员会委员。1982年9月至1992年10月,任中共中央顾问委员会委员。1985年1月至1996年12月,任中国作家协会理事会理事。张光年最著名的作品是《黄河大合唱》。经冼星海谱曲后,1939年5月11日,在延安陕北公学礼堂正式演出。党政军各界领导人及观众千余人观看。张光年朗诵,冼星海指挥,合唱队全是鲁艺师生。演出成功,当晚冼星海在日记里写道:"今晚的大合唱可真是中国空前的音乐晚会,里面有几首动人的歌曲,当我们演完时,毛主席都跳起来,很感动地说了几声好,我永远不忘记今晚上的情形,我是很严格地热情地去指挥歌唱队的。"同年7月8日,在延安各界欢迎周恩来从重庆归来的晚会上,再次演出。周恩来听了《黄河大合唱》之后,亲笔题词:"为抗战发出怒吼,为大众谱出呼声!"张光年少年立志,献身祖国。1931年,离开家乡时,写诗道:"少年涉江去,四海为家乡。更名改籍贯,江海两相忘。汉江一掬水,注入长江水。长江一朵浪,汇入黄河黄。"其为事为人,坦诚亮直。严于律己,宽厚待人。2002年1月28日,张光年在北京逝世,享年89岁。他的骨灰洒在奔流不息的黄河水中。

沈尔康(1919.10—2002.7),上海市人。自幼酷爱学习,立志建设祖国。1937年毕业于南京中央实验中学,考入重庆中央大学航空工程系飞机设计专业。1943年大学毕业后到印度加尔各答中国航空公司任机械员。1945年5月至1946年8月,在美国纽约泛美航空公司实习。回国后,在上海、香港中国航空公司任工程师。1949年11月9日,参加中国航空公司和中央航空公司在香港举行的起义,在"两航"起义后担任执行委员会主席,负责中航公司的机务工作,参加留港护产斗争,对飞机的维护及留港器材的运输回国做出了一定贡献。1950年,回到大陆。1951年任太原民航机械修理总厂检验科科长。1953年后,先后在南昌飞机制造厂和北京飞机制造厂学习研究雅克—18型飞机和米格—17飞机的修理和制造技术。1956年,任沈阳飞机制造厂的飞机设计室机翼组组长,参加了我国自行设计的第一架飞机——亚音速喷气教练机"歼教—1"的飞机机翼和尾翼的设计和试制工作。接着参加了超音速歼击机"东风—107"的设计工作。1961年任国防部第六研究院(航空设计研究院)第一研究所副总设计师,负责飞机上的操纵系统、液压系统、燃油系统和高空救生系统等各种机械系统的设计工作。并参加了对原苏联米格—21飞机的分析研究工作。1964年1月,获中国人民解放军少校军衔。调飞机试飞研究所工作,任副总工程师职务,分管该所部分研究室的技术工作。1965年因体制变化随集体由部队转入地方。"文化大革命"期间,受到隔离审查,被送往该所的农场劳动。1973年4月,平反恢复工作。调航空救生研究所(即610所驻襄樊),任副总工程师(该所未设总工程师),领导并参加飞机救生装备设计和制造工作。负责研制我国第一代具有零高度和零速度救生能力的HTY—3型火箭弹射座椅和HTY—4型火箭弹射座椅的设计定型工作。1981年,升任该所所长,并被选为襄樊市第九、第十、第十一届人大常委会委员。1983年该所成立科学技术委员会,他改任科技委主任。是年起被遴选为第六、七届全国政协委员。1990年获国务院政府特殊津贴,1992年获航空航天工业部"有突出贡献专家"的称号。1994年退休。2002年7月10日逝世。其著述甚丰,与人合译了英国《飞机载荷手册》一书(泰勒著)。担任过《中国大百科全书》航空航天卷“飞行与生命保障”分支的副主编,并撰写了《弹射座椅》和《火箭滑车试验》释文,与人合写了《航空弹射救生装备》专著,他还为航空工业部内部出版的史料撰写过不少文章。

丁宝斋(1934.3—2002.8),湖北丹江口市人。1984—1986年,历时三年的襄樊申报国家历史文化名城筹备工作中,为寻觅襄樊历史早已远逝的沧桑岁月,足迹踏遍城区及各县(市)区,搜集有价值的名城史料。白天实地调查考证,夜晚遍寻浩繁史籍。为争取各有关方面对申报工作的广泛支持,先后六次赴京。在评审会上,以厚实的学术功底和对襄樊历史及地面文物的了如指掌,沉着答辩,为申报取得成功发挥了特殊作用。他先后为1993年10月全国历史文化名城工作会议在襄樊召开、成功申报隆中为国家级风景名胜区和国家级文物保护单位等重大项目,起了重要和关键性作用。为《襄樊名城保护规划》撰稿、参与襄阳仿古北街设计规划、恢复昭明台古建筑设计等,为襄樊历史文化名城的保护与建设作出了重要贡献。潜心研究襄樊历史文化,成果达数百万字。《错批谭其骧》、《诸葛亮与中国传统文化》(收入韩国庆北大学任大熙主编《中国魏晋隋唐史论著》)、《论工业经济主导型名城襄樊的保护与建设》、《襄樊市风景名胜区建设散论》、《诸葛亮躬耕地在襄阳隆中》、《诸葛亮与汉末襄阳大姓》、《诸葛亮与曹操文化现象比较研究》等近百篇论文见诸全国性和海外报刊,或在有关国际学术研讨会上交流。其中,有7篇论文收入《中国社会科学文库》等丛书,6篇论文评为省市级优秀论文。由他编著和参与主编的论文集有《名城襄樊的保护与建设》、《诸葛亮躬耕何处?》、《诸葛亮研究新编》、《隆中志》、《诸葛亮躬耕地望论文集》等10多部。在诸葛亮与三国文化研究方面,他独树一帜、求真创新,勇于组织承担重大历史问题研究课题。诸葛亮躬耕地之争由来已久,1988年邮电部“隆中对策”邮票首发地引发新的“战火”。针对南阳方面的动作,丁宝斋迅速以一篇题为《襄阳隆中——刘备三顾茅庐的地方》澄清史实的文章在《集邮》杂志发表,随之拉开“诸葛亮躬耕地”新一轮论争的序幕。历时三年,不懈努力,得到了著名史学家唐长儒、何兹全、张传玺、朱绍侯、朱大渭、石泉、黄惠贤等专家学者对诸葛亮躬耕于襄阳隆中的支持和确认。并得到了著名历史地理学泰斗、《中国历史地图集》的主编谭其骧先生的认可,写下了“诸葛亮躬耕于南阳郡邓县之隆中,在今襄阳城西二十里。北周省邓县,此后隆中遂属襄阳”的亲笔题词。为这场争论,在学术界画上了圆满的句号。2002年8月,因突发脑溢血病逝于工作岗位。生前历任襄樊市文化局研究员、中国魏晋南北朝史学会副秘书长、中国城市科学研究会会员、山东省志办《诸葛亮志》学术顾问、陕西省三国蜀汉研究中心特聘研究员、湖北民间艺术建设设计院高级顾问、《中国名城》杂志编委等十多个学术职务。

张桓(1925.7—2002.9),江苏赣榆县人。1942年12月参加工作,为赣榆县征收外征收员。1943年8月至1947年12月,任赣榆县门河区群团青年干事、县银行办事员、县财粮科科员、县民政科科员。1946年8月加入中国共产党。1948年1月至1948年8月南下。1948年9月至1950年11月,任襄阳县石桥区仓库主任、区宣传委员。1950年12月至1952年4月,先后任中共襄阳县委宣传部干事、县委秘书。1952年5月至1955年3月,任中共襄阳县薛集区区委书记、中共襄阳县县委办公室主任、县委宣传部部长。1955年4月至1955年8月,任湖北省林业局计划科科长。1955年9月至1965年9月,任襄阳行署文教局局长。1965年10月至1971年5月,参加焦枝铁路、襄丹二四输电工程建设,任副指挥长。1971年6月至1972年9月,负责襄阳地区工交办工作。1972年10月至1985年6月,任中共襄阳地委宣传部副部长、中共襄樊市委宣传部副部长、顾问。在抗日战争时期和解放战争时期,曾在支援前线时荣立二等功,被授予银质奖章。1985年离休,享受副地级待遇。2002年9月去世。

朱家霖(1916.9—2002.11),保康城关镇人。1931年6月,贺龙率红三军转战到保康,参加中国工农红军,时15岁。1931年6月至1933年10月,历任中国工农红军第三军第七师勤务员、西路军补充团排长。1933年至1939年10月,先后调任西路军警卫营战士、班长,新疆新兵营无线电班班长。1938年8月加入中国共产党。先后参加过鄂豫皖革命根据地第三次、第四次反“围剿”,川陕革命根据地反三路围攻、反六路围攻,红四方面军长征和西路军艰苦作战,战斗中被敌人打散,与红军部队失去联系,为了迅速找到红军部队,他和另一名战友携带武器,冒着随时杀头的危险行走几百公里到四川找到了红军部队。参加了著名的二万五千里长征,三次爬雪山过草地。随后又参加了中国工农红军红四方面军西路军在甘肃省临泽县倪家营子的坚守和突围战,战斗中英勇顽强,不怕牺牲,身负重伤。1939年10月,调任中央局电台报务员。1940年10月至1945年11月,任陕甘宁边区留守兵团关中区警卫一旅电台报务员分长。先后参加了临泽县坚守和突围战、李家营子坚守战、平县突破战、义县西围歼战和追击战、赤峰县平庄歼灭战、广东魏峰山阻击战等战役。1945年11月至1947年3月,调任冀热辽军区电台分队长。1947年3月至9月,任热北分区电台队长。1947年9月至1951年,任冀热辽军区骑兵五师司令部通信科长、东北军区司令部通信科长、通信第六团政治委员。1951年参加抗美援朝,历任志愿军通信处军邮局局长、通信处副主任。抗美援朝战争结束后,历任宣化通信兵学校校务部部长,通信兵后勤部副部长、部长,总参通信部后勤部部长,总参通信部司令部顾问等职。1955年9月荣获三级八一勋章、三级独立自由勋章、三级解放勋章,1988年获二级红星功勋荣誉章。1982年3月离职休养,享受正军职待遇。2002年11月3日在北京逝世,享年86岁。

李鸿波(1927.11—2002.11),山东武城县人。1944年8月参加革命,任山东武城县5区联防队事务长。1947年3月参军,在八路军晋冀鲁豫军区独5旅14团(后改名为解放军2野10纵86团)当战士。同年护送20万中原票(当时货币)随部队南下,10月到达河南邓县。解放战争中,英勇杀敌,在桑庄战役中负重伤住院。病愈后历任桐柏军区3分区交通站收发、86团团部骑兵通讯员。1948年7月解放襄阳后,任南保兴宜县马良区中队副队长。同年被国家民政局评定为贰等乙级伤残革命军人。1949年3月,任保康县大队5连副连长,同月加入中国共产党。1950年9月至1951年11月,任襄阳县贸易商店人事股长、襄阳县百货公司副经理。参加"三反"、"五反"运动。1955年肃反运动中,是襄樊市五人小组负责人之一。1952年11月至1954年8月,任襄樊市百货公司经理。1953年被评为全市商业企业领导干部甲等模范。1954年8月至1956年5月,任襄樊市财经委员会副主任、中共襄樊市委委员。1956年5月至1962年4月,任中共襄樊市委常委、财贸部部长。1962年4月至"文化大革命"初期,任中共襄樊市委常委、襄樊市副市长。在任分管商业的副市长期间,正值我国遭受三年自然灾害之后,国民经济刚刚进入恢复时期,针对当时城市人民生活用品十分紧张,物资极度匮乏的现状,他亲自组织调粮、运柴,保证了人民生活物资的急需,维护了社会稳定。重视支持商品流通,发展商业网点,他提出每条街面都要建立"三店"(粮食店、副食品店、柴煤店),逐步放开市场,方便了群众。"文化大革命"中,受冲击蹲"牛棚"达3年之久。1970年5月至1973年3月,任襄樊市计划委员会主任。1973年3月至1977年10月,任襄樊市工交办公室主任。1977年10月至1981年元月,任襄樊市财贸办公室主任、襄樊市财贸政治部主任、中共襄樊市财贸政治部党组书记、中共襄樊市市委委员。1981年1月至1984年1月,任中共襄樊市委统战部部长、襄樊市政协第六届委员会副主席、党组副书记。1984年元月至1989年3月,任襄樊市政协七届委员会副主席、党组副书记。1992年12月离职休养,2002年11月27日,因病逝世。

王根长(1923.11—2003.1),河北深县人。1938年8月在河北省抗战学院参加革命,同年10月加入中国共产党。11月,任冀中军区抗日联合会宣传队队员。1939年1月,任河间县抗日联合会宣传队队长。同年4月,任河间县第三区青救会主任。1940年8月,任深南县青抗先大队指导员。同年11月,任深东县区文建会工作员。1942年1月起,历任深東县第三区教员、治安员、束鹿县辛集市公安局股长。1947年8月,南下到湖北汉江军区。历任湖北省洪山县环潭镇派出所所长、洪山县公安局股长。1951年1月起,先后任襄樊市水上公安局秘书、副局长、局长、襄樊市公安局局长、襄樊市人民政府副市长、襄樊市人民委员会市长、副市长、襄樊市委公交部部长、襄樊市人民委员会副市长、市长。1967年1月至1970年3月,在"五七"干校学习。1970年4月至1983年10月,历任襄樊市革命委员会常委、生产组副组长、襄樊市革命委员会副主任、中共襄樊市委副书记、襄樊市人民政府市长。1983 年 10 月至 1991 年 1 月，任中共襄樊市委副书记、市人大常委会主任、中共襄樊市委颐问。1991 年 1 月离休，正厅级。2003 年病逝。在襄樊市市长任上，为经济发展殚精竭虑。为了加快对外开放的步伐，襄樊市政府决定与日本犬山市建立友好关系。王根长亲自主抓，1983 年 3 月 13 日与犬山市正式结为友好城市。之后，共有 60 多个团组互访，促进了襄樊市的经济发展。经济建设需要高素质人才，人才来自教育。襄樊市委、市政府酝酿办一所地方性职业大学。对一个地级市来讲，办大学可不是一件容易的事。要解决校区，校舍问题。王根长说："把市政府大楼拿出来办大学。"原来在此之前，襄樊市政府办公地点在长征路，楼房破旧狭窄，就在建华路新建了政府办公楼，生活区也基本建成。王根长要把新建成的政府办公大楼，生活配套设施全部拿出来办大学。得到认可后，他又亲自兼任襄樊职业大学第一任校长。王根长严于律己，以身作则。他有二子二女，大儿子高中毕业后被送到林场当工人。其他三个子女也都上山下乡当过农民。按照当时的上山下乡的政策，多子女的家庭可以留一个子女在父母身边照顾家庭，但王根长没有那么做。1969 年下半年, 襄樊在市委党校举办"毛泽东思想学习班"。他作为内控干部配合军代表负责学习班工作。市财政局一干部因历史问题, 连续遭批斗。不堪其辱, 剖腹自杀未死，又跳进大粪池。王根长闻讯不顾胃痛，跳入粪池，将此人救起。次日因胃穿孔住进医院, 胃被切除四分之一。

王树人(1921.2—2003.1)，号"静观斋主"、"天游逸人"、"冬青老人"。河南南阳人。自幼染翰，师承薛公瑞先生。初学颜体，打得较好根底。十四岁时，独自一人到襄樊谋生。广涉猎，勤临池。注重以碑强其骨，以贴养其气。系统地临摹了《魏碑大观》二十四册。后又潜心临习张旭、怀素的草书，宋四家的行草，明王铎、张瑞图的草书。视野大开，碑、帖皆进，融会贯通。解放后，他先后在文化馆、图书馆工作。阅读了大量古典文学作品，潜心研究碑版、目录学。1957 年，被错划为"右派"。"文化大革命"期间，更遭厄运。但他对书法艺术的赤诚未泯，即使在"五七"干校劳动改造时、在河边挑水时也会情不自禁用扁担在沙滩上"划沙而书"。擘窠榜书，气度非凡。有自题小诗云："清风两袖，破屋三间，颓笔一支，颐养天年。"七十年代初，受聘于襄樊市工艺美术厂，专职书法创作。作品首次在广州交易会上展出，日本文化代表团团长看后大为震惊，赞不绝口。立即大量定制，长期索书。随后，我国港澳，新加坡、马来西亚、泰国以及美国、英法等西方国家的收藏家、客商频频光顾。八十年代，出口书法作品二万余件，为国家创汇数百万元。同时，不少作品为《中国画》、《中国现代书法选》、《中国古今书法选》等书刊所刊用。《书法报》和香港出版的《美术家》等报刊还有专版介绍。日本及我国香港地区曾成立"王树人书法研究会"。历任中国书法家协会会员、湖北省书法家协会副主席、襄樊市书法家协会主席等职。

张克娴(1933.11—2003.2)女，湖南益阳市人，1933 年 11 月 23 日生。1956 年夏，在华中师范学院(后改为华中师范大学)学习期间，时逢全国掀起向扎根农村的知识青年邢燕子学习的高潮，张克娴向《中国青年》投稿，表明她对身为农民的丈夫的忠贞爱情，立志终身厮守，永不变心，并鼓励丈夫扎根农村，热爱农村，当好新时代的农民。不久，《湖北日报》以整版篇幅报道了她的事迹。1958 年 8 月大学毕业分配至华中工学院化工系，主讲《无机化学》，任无机化学教研室主任。曾参与《大学普通化学》、《普通化学习题解》的翻译工作。1985 年 7 月，放弃条件优越的武汉，到襄樊职业大学工作并创建化工系。1986 年加入中国共产党。曾任襄樊市政协第七届、第八届委员，党委委员、提案委员会委员，襄樊市化学化工学会理事。发表论文多篇。发明的"四防"(拒水、阻燃、防雷、防虫蛀)包装布技术，荣获襄樊市科技成果奖。襄樊市特种织布厂投入生产，热销各地。其事迹被载入《中华大词典》。1993 年，作为全市首批具有突出贡献的专家，享受国务院专家津贴。1994 年退休。2003 年 2 月病逝。

亓仲平(1920—2003.4)，山东莱芜人。1939 年 5 月参加革命。1940 年 6 月至 1948 年 7 月，先后任山东新甫县汶南区文书、县文教科员、副区长。其间，加入中国共产党。1948 年底任湖北省南(漳)远

(安)县巡检区副区长、区长兼区委副书记。1949 年底,先后调任南漳县民教科长、民政科长、县政府秘书、县政府机关党支部书记。1953 年 1 月调任襄阳专署秘书。1954 年 3 月任文教科(局)长,参与筹建地区教研室和“省襄高”(襄樊四中)、地区文工团和地区电影队工作。1955 年 9 月始,历任襄樊五中校长、党总支书记等职。“文化大革命”时期受冲击,1979 年恢复名誉、职务和待遇。曾任市委第五届党代会代表和第九届、十届人大代表。1998 年 12 月享受副厅级待遇离职离休。并任市书法家协会名誉主席、市老年书法家协会主席,许多书法作品在国内外获奖,襄樊五中大成殿修葺时的题记系亓书写。2003 年 4 月病逝。

徐守玺(1926.2—2003.4),山东安邱县人。1944 年 2 月,为安丘县南吾区徐家沟村民兵队长。1944 年 3 月参加革命工作。1945 年 6 月,在南吾区区公所工作。1947 年 6 月加入中国共产党。1948 年 8 月起,历任湖北光化县三区和一区区公所秘书、贫协主任。1951 年 7 月至 12 月,在湖北省委党校学习。12 月起,历任光化县一区区委组织委员、光化县一区区委书记、光化县委宣传部长、县委副书记。1956 年 9 月至 1958 年 4 月,任襄阳专区城建局副局长、襄樊市委书记处书记。1958 年 4 月至 1972 年 1 月,先后任湖北光化县委书记处书记、丹江工程总指挥部机械师政委、光化县委副书记、光化县委书记。1972 年 1 月至 1985 年 6 月,先后任襄阳地区煤炭局副局长、襄阳地区文教局局长、襄阳地区行署工交办副主任、襄樊市经济贸易委员会顾问。1985 年 6 月离休,副厅级。2003 年病逝。

谢怀栻(1919.8—2003.5)枣阳王城镇人。生于 1919 年 8 月 15 日。1937 年,高中毕业后,考入清华大学机械系。抗战爆发后,崇尚“以文报国”的思想,从清华大学退学,考入中央政治学校大学部法律专业,为第十期学生。1942 年,以成绩最优通过司法考试。1943 年 5 月,到重庆,任地方法院学习推事(见习法官)。10 月,入中央政治学校公务员训练部司法官组学习。1944 年 2 月,参加高等文官考试及复试,均取得第一名的成绩,被任命为重庆地方法院推事(法官)。1945 年,抗日战争胜利后,任台湾高等法院推事。受命与台湾高等法院院长杨鹏一道,前往台湾。从日本殖民统治者手中,接收台湾各级法院(包括新竹、台中、台南、高雄、嘉义、嘉隆等六个地方法院)。为被日本侵略者非法关押的大批抗日爱国志士,签发了第一个宣告无罪的判决。1946 年 11 月,因不满台湾当局对民主的镇压,回家乡闲住近半年时间。1947 年 6 月,出任上海地方法院推事。1948 年 8 月起,先后担任上海国立同济大学法学院副教授、教授,讲授民商法。1949 年,中国新法学研究院在北京成立。同年 11 月,谢怀栻作为“旧法人员”前往学习,接受思想改造。1950 年 10 月,新法学研究院第一期结业后留校。1951 年末,中国新法学研究院和司法部司法干部轮训班一道并入新成立的中央政法干部学校(彭真担任首任校长),谢怀栻成为中央政法干部学校哲学教研室辅教员。1957 年 6 月 4 日,在北京法学界座谈会第 4 次会议上,作了题为《立法工作的指导思想和肃反运动的法律问题》的发言。指出立法指导工作中的错误倾向,将立法迟缓的现状归因于三个方面:“以政策代法律”;“领导同志对审判错误的原因没有很好研究”、“‘经验爬行主义’倾向”。同年 6 月 11 日,整风运动转为反右斗争,被划为“右派”分子。1958 年,谢怀栻受到“开除公职,劳动教养”的处分,离开了工作岗位,到北京市清河农场劳动教养。1962 年 6 月,劳动教养结束。后在北京团河农场劳动。1966 年 7 月,送至新疆生产建设兵团农三师劳动。1979 年 2 月,平反后回京,与妻子复婚,一家团聚。后经过徐鹤皋力荐,到中国社会科学院法学研究所工作。历任副研究员、研究员,兼任中国社会科学院研究生院教授。此后 20 年,被公认为民法泰斗、民商法学界的“百科全书”、“国宝级法学大师”。与江平、梅仲协,被称为“中国民法三杰”。著有《票据法概论》(法律出版社 1990 年)、《现代中国合同法》《国际比较法百科全书》(英文)第 7 卷、《台湾经济法》(中国广播电视出版社 1993 年)、《票据法概论》(法律出版社 1990 年)、《谢怀栻法学文选》(中国法制出版社于 2002 年)、《外国民商法精要》(法律出版社 2005 年)、《民法总则讲要》(北京大学出版社 2007 年)。其中《票据法概论》获中国社会科学院 1977—1991 年度优秀科研成果奖,重印十余次。在其他领域,如经济法领域与公法领域,也参与编写了大量的文章,如《西方国家税法中的几个基本原则》,还参与编写了《会议规则》、《香港特别行政区基本法导读》、《澳门特别行政区基本法导读》、《资本主义国家民权法规极其简析》等。2002 年被评为法学所终身研究员、终身教授。2003 年 5 月 3 日,因病在北京逝世,享年 84 岁。安葬于八宝山革命公墓。

杨云升(1909.7—2003.5),南漳人。1931 年 6 月参加工农红军为战士。1931 年 6 月,为红四方面军 88 师卫生处看护员。7 月,任 88 师卫生处班长。1934 年 9 月起,历任四川红军 30 军 262 团卫生所长、30 军卫生部看护队长、延安抗大一大队卫生所班长、抗大三大队卫生所班长、冀西抗大总校医院看护长、山西武乡抗大卫生处医训班学员排长等职。1938 年 8 月加入中国共产党。1940 年 10 月至 1949 年 11 月,历任河北抗大 3 大队卫生所医助、抗大一大队学员、抗大绥德卫生处学员、陕北 358 旅野战医院医助、新四军 5 师教导团卫生所所长、新四军 5 师 45 团卫生所所长、江汉军区野战医副卫生所所长、冀鲁豫野战医院 3 所副所长、冀鲁豫军区教导团卫生所、桐柏二军区卫生所长、河南南队军分区 45 团卫生队队长、河南 21 兵团 215 师 644 团卫生队队长等职。1950 年 11 月至 1951 年 11 月,为广西洛容 215 师教导队学员。1951 年 11 月起,任广西 215 师 644 团卫生队队长、广西壮族自治区中医院副院长、广西东兰县绿兰林场场长、广西东兰县林业局局长、广西那坡县医院院长等。1966 年 12 月回南漳休养,老红军待遇。2003 年 5 月病逝。

崔寿臣(1930.10—2004.4),河北故城县人。1946 年 10 月参加工作,任故城县武委会通讯员,同月加入中国共产党。1947 年 4 月至 1948 年 2 月随军南下。1948 年 2 月至 1955 年 3 月,历任谷城县北河区、粟谷区公安干事、农协主任、区委书记、县委委员。1955 年 4 月至 1965 年 8 月,历任中共谷城县委常委、组织部长、县委副书记。1965 年 9 月至 1969 年 12 月,任中共宜城县委书记、县革委会副主任。1970 年 1 月至 1972 年 12 月,任襄阳县革委会副主任、中共襄阳县县委副书记。1973 年 1 月至 1978 年 5 月,任中共襄阳地委常委兼襄阳县委第一书记、县革委会主任。1978 年 6 月至 1983 年 12 月,任中共襄阳地委常委、宣传部长兼襄阳地区党校校长。1984 年 1 月至 1994 年 4 月,任襄樊市人大常委会副主任。1949 年,任谷城县北河区、粟谷区公安干事期间,8 月 9 日得到情报,谷城县的土匪团长罗会通集结在粟谷李家山,同南漳土匪头子黄相国勾结,调动解放军,乘机到盛康谷城抢粮。县公安队会同三区(盛康)、四区(庙滩)两个区中队,从盛康出发,行军百余里,第二天赶到李家山。罗匪佯装溃败,向南漳方向逃窜。罗、黄一会合就使公安队和区中队陷入被动。公安队和区中队迅速撤离,没中其圈套。罗、黄二匪见阴谋破产,大为恼火,悄悄尾随不足三十人的公安队,妄图将其吃掉。公安队到达苏庄住下不久,罗、黄二匪也赶到。他们借着大雾的掩护,发起进攻,公安队情况危急。关键时刻,崔寿臣带领民兵赶到,亲自端起机枪向敌人扫射。民兵队奋勇出击,公安队也发起进攻,赢得苏庄剿匪战斗的胜利。1969 年,组织参与了引丹工程建设,建设排子河渡槽时,开挖总干渠,带领十万建设大军克服极端恶劣的自然条件,仅用 5 年时间就相继建成了清泉沟泵站、全长 6 775 米的清泉沟隧洞、68 公里长的总干渠和 4 320 米长的排子河渡槽等大型水利设施,胜利实现了丹渠建成通水。任宣传部长其间,组织人员到南漳李庙公社调查,写了两篇报道:一是石门大队重视技术人才,发展集体经济,反映了一个因破坏军婚判刑 3 年的释放人员利用在劳改农场学到的烧砖瓦技术,为生产队办砖厂,壮大集体经济的先进事迹;二是当地盲目“学大寨”,满山开荒造田,破坏植被,造成“越学越穷”的教训。县委审查稿件时提出不同意见,报社总编也不敢见报,只发了《内参》。他知道以后找报社了解情况,他说:“这样的稿子不是生动地宣传三中全会的精神吗?为什么不敢发表?思想不解放!”离休后致力于襄樊市教育事业,协助各地建立爱国主义教育基地和革命传统教育示范学校。1994 年 6 月,创办襄樊市楚才高级中学,为湖北省市一级民间社团学校,解决了部分市区初中毕业生上高中难的问题。筹备成立了襄樊市老区教育研究会[辖八个县(市)研究分会],先后被聘为襄樊市老区教育研究会会长兼楚才高中董事长、襄樊市老区教育研究会名誉会长。2004 年 4 月 2 日因病去世。

任必年(1948.1—2004.4),宜城人。1970 年秋,毕业于武汉测绘学院,分配到襄阳地区公路总段陈岗道班当养路工。一年后，回到襄阳地区公路总段当秘书和技术员。后任秘书科长和办公室主任。1983年12月至1985年3月，任中共襄樊市交通局党组副书记、交通局局长。1985年3月至1986年6月，任中共襄樊市交通局党组书记、交通局局长。其间，他首创力推的“民工建勤、民办公助、多方集资办交通”的做法，带来了襄樊交通事业蒸蒸日上、蓬勃发展。1986年6月起，先后任中共湖北省公路管理局党委书记、湖北省公路局局长兼党委书记。1992年，担任宜黄公路（江宜段）工程指挥部常务副指挥长。江（陵）宜（昌）段宜昌境内80公里，他多次徒步走完全程亲临指挥。使工程比原计划提前一年完成。1993年9月起，任湖北省交通厅副厅长、党组成员、兼中共湖北省公路局党委书记。1994年，参与京珠高速湖北段的筹备工作。1998年，任湖北京珠高速公路指挥部常务副指挥长。1999年，领导建设的湖北京珠高速公路北段和军山长江大桥被交通部评为“全国十大优秀在建项目”之一。2000年1月，任中共湖北省交通厅党组书记、交通厅厅长。2001年12月，京珠高速湖北北段通车，工程比原计划提前1年完成。2002年，京珠高速（湖北段）全线通车。该路被誉为“投资规模大、内在质量好、外观形象美、科技含量高、环保能力强”的优质工程，总投资比批准概算节约33亿元。任必年在湖北省交通厅“主政”后，确定了建设湖北交通现代化的宏伟目标，开创了交通融资的新局面，推动了全省交通行业的思想大解放，工作大发展。在他的领导下，全省交通建设年度投资突破了100亿元大关，路网建设全面启动，高速公路总里程不断攀升，运输生产力全面发展，行业管理全面规范，全省交通行业的“三个文明”建设取得显著成绩，得到了交通部、省委、省政府和社会各界的充分肯定和广泛赞誉。2004年4月25日，陪同交通部相关领导检查高速公路，在返回湖北省交通厅的路上，因意外交通事故，不幸以身殉职。享年56岁。

江仲华（1909.8—2004.6），曾名海霞，女。襄阳人。1909年8月出生。1937—1938年春参加襄阳县抗日救护训练班培训，其间参加战时妇女工作促进会，并留襄阳妇促会工作。后又参加了由中国共产党领导的湖北省战时乡村工作促进会，同时参加了民族解放先锋队。1939年1月加入中国共产党。抗日战争初期，江仲华在鄂北从事党的地下工作。1938年秋，武汉沦陷，国民党第五战区司令长官部由武汉迁到老河口。为了发动抗日救亡斗争和敌后游击战争，1939年2月，正式组建的中共鄂西北区党委，机关设在樊城。后经过区党委和进步人士李范一、杨显东、吴显忠等人的积极争取，五战区司令长官部同意开办“行政院农产品促进委员会鄂北手纺织训练所”，由杨显东任所长。内设党的特别支部，王锦文(王曦)、江仲华等先后担任支部书记，以此为掩护，进行秘密工作。鄂北手纺织训练所开始在樊城筹建，鄂西北区党委考虑到谷城茨河水陆交通便于军需物资运输，一旦被敌人发现，可以随时撤进山里面打游击。于是，1939年4月将手纺所改设在茨河，中共鄂西北区党委也由樊城迁至茨河，设在下街康家当铺。1938年秋到1939年4月之间，江仲华同时还担任“均县战时儿童保育院”的主任教员，在均县草店工作历时半年。所负责的幼儿班，有6岁以下的难童60人。她对这些在战乱中失去家庭、失去父母的难童倾注了慈母之爱，从衣食住行、保育教育各方面体贴入微，教唱抗战歌曲，教跳各种舞蹈，使难童逐步成长。并和卢纯宜等带幼儿班的孩子到草店街，同战时教育工作团、五战区文化工作团配合演唱，演出节目，宣传抗日。在抗战时，以特殊工作方式，为全民抗战作出了应有贡献。当鄂西北政治形势逆转后，中共鄂西北地方组织进行了及时、有计划的撤退。江仲华等则转移到鄂中。1940年1月，根据党的安排到达鄂豫抗日根据地，在新四军第五师李先念和陈少敏领导下从事边区党委机关的行政、总务和机关秘书工作，被同志们誉为“区党委机关的好管家”。解放战争时期，江仲华历任中共中原局高干招待所总支书记、中原局民主建国大学总务科长，负责安排接待王震率领的359旅南下支队的同志和投奔革命的青年知识分子的教育训练工作；1946年6月中原突围前，她根据组织安排赴华东解放区，于当年9月到达东北安东，任中共辽东宽甸县委组织部部长，坚持敌后斗争和支前土改工作，直至东北全境解放；1949年3月，重回长期战斗的湖北，在中共江汉区党委组织部工作。中华人民共和国成立后，江仲华长期担任湖北省财贸战线的领导职务。1952年10月任湖北省供销社副主任，经常深入基层调查研究，广泛联系群众，与基层干部一同做好财贸工作；后历湖北省商业厅厅长、省财贸办公室副主任等职。1956 年 9 月当选为中国共产党第八次全国代表大会代表。历任第二、第三、第五届全国政协委员。1980—1983 年，任湖北省人大常委会副主任，中共湖北省委顾问委员会委员、常委，1986 年 12 月离职休养。2004 年 6 月 22 日在武昌病逝，享年 95 岁。

王湜（1918—2004.7），曾用名洋，光化县南乡王家营人。1938 年 5 月，在延安抗日军政大学学习。同年 8 月，加入中国共产党。1938 年底，随抗大二分校到晋察冀军区。次年 5 月，分配到晋察冀军区后方医院，任休养连指导员。1940 年 5 月至 1943 年底，一直在卫生部门工作。先后任中共晋察冀军区卫生部政治处宣教干事、组织干事及总支书记。经历过 1939 年、1940 年、1941 年和 1943 年的反扫荡斗争。1943 年底，调至军区独立团任总支书记。1944 年独立团划归教导二旅编制，奉调回到延安。1945 年 8 月，任旅卫生部政委。1946 年 4 月，重新回到战斗部队，历任营教导员、团政治处主任、团副政委、团政委。解放战争期间，参加了西北战场从延安保卫战到兰州解放的所有战役。1949 年 9 月新疆和平解放后，在十六师师长吴宗先、政委关盛志的指挥下率部进军新疆。1949 年 11 月，任六军十六师政治部主任。1950 年，部队进驻哈密后，兼任哈密行署第一任专员。1951 年 3 月，任十六师副政委兼任政治部主任。1952 年起，先后任南京军事学院政治、军事学院党史教授会副主任、高级指挥系副政委、政治部理论研究室主任、党史研究室经济教授会教员、主任等职。其间，主编《中国共产党历史简编》、《中国共产党与中国革命的基本问题》。1955 年被授予上校军衔，荣获二级独立自由勋章和二级解放勋章。1960 年晋升为大校军衔。1961 年中共中央军事委员会决定在军事学院创建外国留学生系，担任系政治委员(正军级)。为中国军队开展外国留学生教学，做出了开创性的探索和实践经验。1966 年，调北京工业学院工作。“文化大革命”期间受到迫害，被降职分配到兰州军区生产建设兵团任副政委兼第一师政委。兰州军区军政干校成立，调任副政委。1978 年奉调政治学院工作。中共十一届三中全会以后得到彻底平反，恢复正军职务。1979 年，任政治学院政治部副主任。1980 年在首届中共党史学会成立大会上，被推选为副会长。1982 年被授予中国人民解放军独立功勋等荣誉勋章。2004 年 7 月 17 日，在西安因病去世，享年 86 岁。

温光明（1925.7—2004.7），河南汲县人。1943 年 8 月加入中国共产党。1939 年 1 月入伍，为河北省南宫县一大队四连战士。1939 年 7 月至 1951 年 12 月，先后担任部队卫生员、调剂员、助理军医、军医、卫生队副队长、卫生所副所长、卫生队队长。1951 年 12 月至 1952 年 6 月，调湖北军区襄阳军分区，任卫生处医政股股长、后勤科门诊所所长。1952 年 10 月至 1953 年 6 月，在军事干校学习。1953 年 6 月 1954 年 10 月，先后任襄阳军分区后勤门诊所所长、襄阳军分区勤务科副科长。1954 年 10 月转业到湖北襄阳专署人民医院工作，任监委。1954 年 12 月，襄阳专署医院、襄阳卫校，习家池疗养所合建一个中国共产党支部，任支部书记。1963 年 4 月，医院单独成立中共党支部，任支部书记。1972 年 9 月，医院成立中国共产党总支，任书记。1978 年 4 月调襄樊市卫生局任副局长。1979 年被聘为主治医师。1983 年 12 月至 1986 年 11 月，任卫生局顾问。1943 年在日寇“铁壁合围”大扫荡中，与 12 位战友被日军包围，不幸被俘。入狱一个多月后，成功越狱。到襄阳专区人民医院工作时，全院仅有西医师 14 名。他四处走访，得知襄阳城内知名中医邓子英后，登门拜访、真诚邀请，接纳邓老先生为地区人民医院的医生。他还积极争取从省级医院接收下放技术骨干，加强医院内、妇、儿等科的技术力量，使襄阳地区医院成为鄂西北医疗技术高水平人员的集聚地。担任襄阳专区人民医院主要领导 24 年，医院的技术水平和医疗质量不断提高。医院业务用房从不到 2 000 平方米增至 12 000 平方米；病床从 160 张增至 416 张；门诊人次从 6 万人增至 36 万人；出院人次从 2 646 人次增至 7 593 人次。1986 年离休，享受副厅级待遇，2004 年 7 月 20 日去世，享年 79 岁。

安海田(1918.6—2004.8)，河北鸡泽县人。1940 年 10 月，中共鸡泽县委指示，22 岁的安海田在村里以开杂货店为掩护，建立地下抗日物资供应站、联络站，收集传送情报，接待转移抗日干部。曾多次冒死救护鸡泽县参议会议长、敌工站站长杨直轩等领导干部。经他介绍参加革命的史光存，被日本鬼子抓住绑在村头大树上用刺刀挑死后，他又担负起养育烈士四个遗儿的义务，直至抗战胜利。1943年3月，加入中国共产党，同月以鸡泽县风正集交易所主任的公开身份，走上了职业革命道路。1944—1947年春，任中共鸡泽县二区区委委员、县公安局股长，被评为“模范干部”。1947年春，随鸡泽县县长韩友真和二区区委书记庞志民带担架队支前，立功一次。1947年10月南下，任中国人民解放军二纵二团一营二连（新兵连）连指导员。1948年起，先后任桐柏军区（行署）随阳县政府公安科科长、中共随阳县（随北县）唐王店区区委书记、中共随阳县唐县镇镇委书记、唐县镇镇长、随县唐县镇区区委书记、随县县委常委、组织部长兼县委妇委会书记、县委副书记兼县委纪律检查委员会书记等职。在河南省方城县总结评功会上，被评立乙等功。1955年1月至1956年12月在中共湖北省委鄂城党校学习，任校党委委员、班党支部书记。1956年12月起，历任中共随县县委副书记、县委书记处书记、县委书记处第一书记、县人民武装部第一政委、兼党委书记等职。在随县工作期间，曾兼任政协随县第一届、第二届委员会主席。开展大规模水利建设和粮食生产，建成大、中、小型水库80多座。1965年5月至1967年，任中共襄阳县委书记、中共襄阳地委委员，兼任襄阳县人民武装部第一政委、党委书记。1967年至1970年3月，受“文化大革命”冲击，在“五七”干校劳动。1970年4月至1972年9月，任襄阳地区谷城煤炭矿区副指挥长。1972年9月至1980年12月，任中共襄樊市委委员、市革委员会副主任。1978年6月至1979年6月，兼任政协襄樊市第五届委员会副主席。1979年6月至1984年4月，任中共襄樊市委常委政协襄樊市第六届委员会主席、党组书记。任职期间，分管城市管理和医疗卫生工作。重点狠抓自来水卫生、城市排污管网建设、城市绿化、市容整顿、泥巴路改造、城区清扫和垃圾转运，以及全市动员全民动手的爱国卫生运动。1973年至1980年，在全省6市卫生大检查评比中，襄樊市连续8年获“卫生先进市”称号。1984年4月离休，2000年3月，被中共襄樊市委组织部、襄樊市老干部局评为“全市离休干部先进个人”。2004年8月3日因病逝世。

何成礼(1921.10—2004.12)，襄阳县伙牌部营人。1980年5月加入中国共产党为副主任医师，湖北省著名中医骨科专家，襄樊市中医院骨科创始人之一。何家三代从事中医正骨，祖父何勤本专治跌打损伤，父何开贵师从，为鄂西北一带名医。何成礼从小随父学医，悉心钻研祖传中医正骨手法、夹板固定及内外用药等法旨，而立之年已成名医，人称“何包夹子”。1955年，组建襄樊市中西医联合诊所，自任所长。1957年组建襄樊市中医院。1998年，襄樊市中医院骨伤科被省卫生厅授予湖北省中医骨伤医疗中心，2002年9月被省卫生厅评为“湖北省知名中医专科”，并被国家中医药管理局确定为“十五”重点中医专科建设单位。在长期的行医实践中，何成礼逐渐形成了自己独特的学术思想和特点。何氏诊病以“四诊、八纲”为基础，重视辨证施治，并总结出许多常用验方，如加味桃红四物汤等。对开放性骨折伴软组织大面积缺损、创面感染、骨骼外露且久治不愈合者，有独特疗效。他研制的“祛腐生肌散”、“收敛生肌散”和“生肌玉红膏”，经临床长期观察，创面愈合快，疤痕少。

何成礼曾任湖北省第一届人大代表，襄樊市政协第五、第六届政协委员，中华全国中医学会襄阳分会理事。1975年至1985年任襄樊市中医院骨科副主任、主任，1979年获湖北省科技先进工作者称号。为襄樊市中医骨科事业的振兴和中医院的建设发展做出了重要贡献。1988年退休后，仍坚持定期上门诊为病人诊治。2004年12月因病去世，享年83岁。

米克勤（1956.12—2004.12），字厚一，樊城人。宋代书法家米芾的第二十八代孙。中国襄阳米芾纪念馆（米公祠）的负责人。中国国民党革命委员会委员，襄樊市人民政协常委、襄樊市人民代表大会代表、中国书画家协会会员、襄樊市书画家协会副主席、湖北省知识分子联谊会理事，湖北省书学研究会理事，米南宫画会会长、米芾书画社社长。

米公祠内的负责人，历来选米氏同辈中书画最出色的人来担任。米克勤有一种超乎寻常的书画天赋，取得了这个席位。在长达38年的书画艺术研究上，上追秦汉魏晋、下涉唐宋明清，师承二王、颜真卿、欧阳询、褚遂良、米芾、李唐、董源、范宽、荆浩、赵孟頫、董其昌、石涛、朱耷及近代书画艺术大师。尤其对祖先米芾及米氏派系浸淫最深。其书画作品在继承家法的基础上，又溶进个人意识和时代情感。其书法作品获“全国第三届中青年书法展优秀作品奖”、“全国第四届中青年书法展获奖作品”，从而荣获中国书坛权威界展的最高奖。还获得了“国际文化交流赛克勒杯中国书法竞赛一等奖”、“中国历史文化名城风采书法大赛一等奖”、“湖北省三游洞书法大赛一等奖”。入选“全国第四届、第五届、第六届书法展”、“全国第五届中青年书法展”、“国际书法邀请展”，应邀赴台湾举办“癸百年终大陆二十大名家作品展”。其作品还曾赴日本、新加坡、美国用我中地区展出并被收藏。国内十余家报纸杂志专题介绍了米克勤的艺术成就，还被《当代中国书法艺术大成》等辞书收录。中央电视台五次播放了米芾及米克勤合集的专题片，台湾中视、华视、香港亚洲电视台等播放了米克勤专题采访片。米克勤先后接待了中央领导李先念、乔石、李瑞环、张廷发、廖汉生、杨静仁、胡绳等，并与他们合影留念。2004 年 12 月，因病去世，年仅 48 岁。

许国富(1937—2005)，枣阳吴店人。1954 年 11 月参加工作，1961 年 8 月加入中国共产党。历任枣阳县吴店区粮管所营业员、中共吴店区委办事员、枣阳县委农工部会计辅导员、随县草店区委副书记、随县均川区委副书记、均川公社党委书记等职。1980 年 7 月起，历任中共随县县委常委,随县县委副书记、县革委会副主任、副县长，中共随州市委副书记兼随州市人大常委会主任等职。1988 年 8 月起，任中共襄阳县委书记、县人武部党委第一书记。1994 年 2 月起兼任襄阳县人大常委会主任。在担任中共襄阳县委书记期间，征得国务院批准，在张湾镇兴建新县城。修建六两河大桥。1992 年、1994 年襄阳县连续二次被中央军委、民政部授予“全国双拥模范县”称号，为全省第一个进入全国双拥模范县的单位。1989 年、1990 年、1991 年连续三年全县夏粮生产夺得全省三连冠，被国务院和省委、省政府授予“夏粮生产先进县”。1995 年襄阳县在全省经济十强县市排名中名列第六。引进国际知名企业正大集团在襄阳投资建厂，成为湖北省农业产业化重点龙头企业。1992 年 8 月鹿门寺风景区被批准为国家森林公园。同时，襄阳大头菜、襄阳柳编、襄阳麦冬等知名品牌走向国内和国际市场。许国富注重调查研究工作，善于研究经济和社会发展规律，撰写理论文章，在中央、省市报纸杂志上发表 200 余篇，获国家级理论成果奖 2 项。其中，《抓市场、奔小康》一文被全国县委书记、县长工作研究优秀成果评选委会授予优秀奖。《选择最佳模式、发展立体农业》一文被湖北省农科院、湖北科学技术出版社授予首届优秀科普文章一等奖。《采取有效措施，密切干群关系》一文被中共湖北省委政研室评为优秀调研文章，获得二等奖。1994 年 3 月，当选襄樊市政协第九届委员会副主席，兼任中共襄阳县委书记。1995 年 8 月任襄樊市政协第九届委员会副主席、襄樊市政协党组成员。2005 年 5 月 13 日，因病逝世。

王耀(1920—2005)，河北无极县人。1938 年 8 月，在无极县青训班学习，同月加入中国共产党。1939 年 8 月，任中国共产党甄家庄村党支部书记。1940 年 10 月至 1941 年 5 月，任中共无极县三区区委组织委员、区委书记。1943 年 3 月起，历任中共平山县黄泥洪子店区委书记、深泽县一区区委书记、深泽县委宣传部副部长、新乐县委宣传部部长。1947 年 7 月南下。1948 年 6 月至 1953 年 3 月，任中共湖北省洪山县委宣传部部长、县委副书记、县委书记。1953 年 3 月至 1966 年 5 月，历任中共襄阳县委书记，襄阳地委农工部部长，襄阳地委常委、秘书长，襄阳地委副书记。1966 年 5 月任华中工学院工作组组长，11 月在襄阳地委地直机关参加“文化大革命”。1968 年 1 月起，先后任襄阳地区革委会常委，中共襄阳地委党的核心小组成员、副主任、地委常委，襄阳地委副书记，襄阳地委书记，襄樊市委顾问，湖北省顾问委员会委员等职。1994 年 9 月离休，2005 年 6 月病逝。1981 年，中央发布《关于加强农业发展若干问题的决定（草案）》，联产承包责任制开始。他通过调查研究，提出要根据生产队的不同情况，允许选择不同形式的责任制，不搞一刀切。联产到组、联产到人、包产到户等多种形式责任制在各县实行。1982 年 4 月，他组织带领所辖各县县委书记、地直有关部门的主要负责人到南阳地区学习考察，使一些尚在犹豫的同志打消了顾虑，解放了思想。此后，联产承包责任制全面开展，并逐步得到完善。当时流传这样的顺口溜:包产一年有饭吃,包产两年存钱使,责任制长期不改变,农村也能赶城市。任地委书记期间,对农业种植结构进行调查研究。深感襄阳地区受天气、水利等自然条件的限制,不适合大规模推广双季稻。1978 年,中共湖北省委召开传达关于开展真理标准问题的讨论会议,他在会上发言说:“双季稻问题本来是一个生产问题, 可硬说成是一个路线问题, 好多地方种双季稻吃了亏。在这个问题上应该走群众路线,实事求是,以增产为目的。”此后,他要求所辖各县尽可能地扩大夏粮(主要是小麦)种植面积,逐步减少双季稻面积。1978 年全区小麦种植面积由过去的 300 多万亩增加到 400 多万亩。1983 年小麦种植面积达到 500 多万亩,基本恢复了麦稻、麦苞、麦杂两熟为主的种作制度。1978 年至 1983 年,麦稻总产量增产近五成。他十分重视干部作风问题,强调要尊重群众、爱护群众,不要动不动就办“学习班”,就处罚。1978 年,组织工作组对付家山、秦坪、光化三个管理区干部违法乱纪、捆绑吊打群众的事件进行了调查处理。对“文化大革命”及历次政治运动出现的冤假错案的平反工作,他亲自听取汇报,组织部门协调,直接过问督办具体案件的落实。襄樊五中冯慧敏等三同志“文化大革命”中被打成“三家村”。他在一份材料上批示:当时冯惠敏等同志被打成“三家村”,并在襄阳报点名批判,现在看来,事实错了,宣传部对此问题应考虑一下处理意见,向地委写出报告。同时被打成“三家村”、“四家店”的其他人的问题请一并加以考虑。在他的督促下,这类问题很快得到妥善处理。深入基层,调查研究,是他一贯的作风。他常说:“一段时间不下乡,脑子就空了。”下乡时,他不打招呼,不要人陪,不只听汇报。而是在田边地头、村子里、村民家里同老百姓拉家常,了解第一手材料。1982 年 10 月底至 11 月初, 他用一个星期的时间就保康县如何致富的问题进行了调研。先后同后坪、寺坪公社的各级干部座谈,并直接到农户家走访。当他听说有农民上街卖菜,把篮子放在街上,人却躲了起来,怕见熟人,深受触动。深感山区商品经济之短缺、商品意识之缺乏。在随后召开的中共保康县第五次党代会上,他明确指出:保康要致富,必须靠山吃山、吃山养山,发展商品经济,从领导到群众都要解放思想。要鼓励发展各种类型的专业户,允许个人经营商店、工厂,开展运销,允许私人雇请人员帮工,妥善解决专业户的口粮供应问题等。此后形成的调查报告经地委常委会议讨论批准,转发各县参照执行。1983 年中共湖北省委部署机构改革工作。他主动让贤,退出领导岗位。由于他的带头,地市合并机构改革,顺利实现了新老交替。

冯慧敏(1926.9—2005.7),河北大名县人。1943 年 6 月参加革命工作。1945 年 6 月任大名市政府教育科员。1947 年 10 月南下,任二总二团政治处宣教干部。1948 年 7 月加入中国共产党。1948 年 9 月起,历任中共湖北光化县县委宣传部干事、宣传队指导员、共青团县委副书记、共青团县委书记、光化中学校长、光中和河中两校共产党支部书记。1955 年 3 月起,历任中共襄阳地委干部文化补习学校校长、中共襄阳地委学校副校长、中共襄樊五中党支部书记、襄樊一中校长、中共襄樊一中党支部书记、襄樊市教育局长、中共襄樊市教育局党委书记、襄樊市革命委员会副主任等职。1979 年至 1980 年,任襄樊市副市长,分管科教文卫工作。面对“文化大革命”后百废待兴的局面,深知肩上的责任和担子之重。他夜宿办公室,日蹬自行车。深入每一所学校、每一个科研所,每一个医院和剧团。了解困难,落实政策,解决问题。使科教文卫系统的工作很快得到了恢复,走向了正规。后历任襄樊市文联主席、襄樊市体委主任、襄樊市教育学院院长、襄樊市电视大学校长等职。1981 年 1 月起,任襄樊市第九届人大常委会副主任、党组成员、襄樊市政协第七届委员会副主席、党组成员。1992 年 10 月离休。离休后,被聘为襄樊市文联名誉主席、襄樊市诗词学会名誉会长、市民间文学艺术家协会名誉主席。2005 年 7 月 19 日因病逝世。

刘忠汉(1936.12—2005.8),河南新野人。1953 年 3 月参加工作,为中共襄樊市委通讯员。1955 年 10 月加入中国共产党。1956 年干校初中毕业,为襄阳地委工交政治部干部。1958 年 5 月起,历任襄阳地区汽车保养厂副指导员、襄樊市化工厂指导员、共青团团委书记、襄樊市耐酸材料厂副厂长、中共耐酸材料厂党支部书记、中共襄樊市望江公社党委委员、襄樊市粮食局粮管所主任、中共襄樊市望江公社党委秘书、望江公社副主任、襄樊市科委(社教、文化工作队)副主任、襄樊市"五七"干校学员兼任三连指导员等职。1970 年 7 月至 1975 年 3 月，任中共襄樊市轻工业局党委书记、轻工业局局长。1975 年 3 月至 1981 年 3 月，任襄樊市革命委员会副主任、兼中共轻工局党委书记。1981 年 3 月至 1982 年 2 月，在武汉大学政治部经济系学习。1982 年 2 月起，先后任襄樊市人大常委会秘书长、机关党支部书记。1985 年 5 月兼襄樊市烟厂、襄樊市烟草专卖局临时党委书记。在烟厂工作期间，根据市场需要，积极开发新产品，抓企业目标管理；实行车间、班组、科室目标责任制和对工人实行计件工资，打破"大锅饭"；抓技术改进，培养企业后备人才；加强精神文明建设和后勤工作，为企业的发展起到了积极作用。1989 年 3 月起，历任襄樊市第十一届人大常委会副主任、第十二届人大常委会副主任。1998 年 4 月退休，2005 年 8 月因病去世。

朱明达(1913.8—2005.9)，襄阳朱集人。1937 年卢沟桥事变后，考入县政人员训练所水利组学习。半年后结业，回乡投入抗日救亡运动。1938 年，被"中共鄂北省特委"吸收为中国共产党党员。1939 年初，任中共襄枣宜县委军事部长。同时，被党派遣从事统战工作，以朱集联保主任身份，进行抗日救亡工作。积极发展党员，组织联络了赵坡等四乡联保，很快地掌握了唐河两岸乡村的保甲政权，并组织了一支抗日武装。1940 年 5 月 2 日，利用朱集家具交易会机会，进行抗日救亡宣传活动。在日军侵犯襄樊时，朱明达带着联保办公处武装，坚持与日、顽周旋。同时，收容国民党的散兵游勇，介绍他们加入与中共统战关系密切的戴焕章游击队。又以开办纺纱厂任理事会主席的身份，招收 30 多名学生当工人，进行政治教育，发展党的组织。被国民党县党部和中统特务怀疑，国民党第十一集团军总司令黄琪祥，以日军在朱集遗弃 60 万发弹药为借口，派襄阳县县长蒋元将其扣押。朱明达后化装潜逃，辗转到达鄂豫边区敌后抗日根据地。1941 年，任鄂豫边区党委社会部科长、公安总局科长。1942 年日军侵占了云梦县城，国民党云梦县党部、县长指示义堂镇内寿记盐行主李丹甫次子李厚生，配合伪保警团袭击共产党在当地的县乡政权，捕捉共产党过往干部和交通员，拦劫由江汉地区送往新四军五师师部、边区党委、行署的财物。为了清除这一障碍，朱明达奉命率领总局警卫连、手枪队，乘夜突袭寿记盐行，捕获李厚生，公审后予以枪决。由此，震慑了敌人，鼓舞了群众，维护了抗日交通线的畅通。1943 年秋，他调新四军五师联络部专做统战、联络、情报工作。使第五战区右路游击队戴焕章部加深了对共产党新四军的了解，双方来往逐渐密切，常相互提供重要的军事情报。新四军五师也多次获赠弹药，不少路过的中共负责人和进步青年也得到掩护。1946 年冬，调任旅大党委社会部侦察科任科长。1947 年底，调辽南工作。1948 年夏，调辽宁省公安处工作。1949 年 5 月南下江西赣州，同年 10 月 17 日，随叶剑英进入广州，任边防公安局局长。1951 年秋，调华南分局社会部工作。不久，调省公安厅任处长。1955 年升任副厅长，主管劳改与治安工作。1960 年 8 月，任广东省人民委员会副秘书长兼厅党委书记。随后又兼任省委、省人民委员会接待委员会副主任。"文化大革命"后期，曾任广东省高级人民法院副院长、省政协常委。1979 年，任广东省政府副秘书长。1985 年 5 月离休，被鄂豫边区革命史编辑委员会聘为编委审议委员。2005 年 9 月 20 日逝世，享年 93 岁。

蓝光(1921.10—2005.12)，女，原名张惠兰，曾用名松林，笔名蓝光。湖北老河口人。少时爱好文学。1936 年入汉口市立第一女子中学高中部学习。抗战爆发后，因不满校方提出的"读书救国"，参加了业余演剧活动，演出《"九·一八"以来》《放下你的鞭子》等剧，并到伤兵医院做护理工作。1939 年 1 月加入中国共产党。主要作品有独幕剧《上前线去》《婆姨家》《不走正路的婆姨》《民族魂》《公家是谁》《皇协军的弟兄们》以及朗诵诗《致姐妹们》《女生力军》等。1948 年任晋察冀边区华北联合大学文艺学院戏剧组研究员，参加创作和演出多幕话剧《民主青年进行曲》。1949 年任华北大学剧本创作室编剧，与刘沧浪等合写以争取团结、改造旧知识分子为题材的多幕话剧《思想问题》。解放后，先后在中央戏剧学院创作室、文化部艺术局创作室、戏剧家协会创作室从事剧本创作。与赵寻合写《走向一条路》、《从头学起》《人民的意志》等独幕剧，后结集为独幕剧集《人民的意志》(与赵寻合著)。1949 年至 1954

年,在唐山华新纱厂及天津棉纺三厂、五厂深入生活,并担任厂宣传部副部长、总支副书记等职,创作了反映纺织工人生活的独幕剧《姐妹俩》《苗桂珍》等,其中《姐妹俩》经北影演员剧团、山东省话剧团演出获优秀独幕剧奖,入选1956年《独幕剧集》及建国十周年《独幕剧选》。1958年创作多幕剧《最后一幕》,演出后受到好评。1958年至1960年,在武汉钢铁公司深入生活,与赵寻合写了《高炉火花》《万户一家》等多幕剧。1961年在中央实验话剧院任专职编剧和剧目组组长。其间在清华大学深入生活,改编小说《汾水长流》为多幕话剧;与邵燕祥、赵寻、孙维世等合作改编苏联小说《叶尔绍夫兄弟》为话剧。还发表有戏剧评论及剧本创作方面的文章多篇,湖北人民出版社出版了她与赵寻的报告文学集《真实的故事》。1978年起,任中央实验话剧院副院长,为中国剧协理事、中国作协会员、《剧本》月刊编委。曾任中央实验话剧院副院长、党委书记、院长,全国剧协理事、国际剧协中国中心理事、中国话剧研究会常务理事等职,一级编剧。2005年12月24日,逝世,享年84岁。

二、人物录

马庆杨(1902.12—1979),河南邓县人。15岁从军,1917年12月至1924年6月在国民党17混成旅当通讯员。1925年3月返乡做贩卖杂货生意。1940年迁居襄樊,任民生肥皂厂经理。1943年肥皂厂转产为裕民烟厂,继任经理。1947年,联合商界人士合资兴办大新烟厂,仍任经理。1952年,襄樊大新、豫襄、多友、明华四家私营烟厂实行公私合营,组成建联烟厂,任副经理。1956年建联、复兴烟厂合营为襄樊烟厂,任副厂长。1962年退休,1979年病逝。

张华信(1924.4—1981.5),安徽宿县人。1938年入伍,1942年加入中国共产党。1956年起,历任湖北省谷城县兵役局局长、襄阳军分区副参谋长、荆州军分区副参谋长、恩施军分区副司令员。1981年离职休养(副师职)。1981年5月,因病在襄樊逝世,享年67岁。

武凤翔(1922.5—1981.11),山东清徐县人。1938年3月入伍,1942年3月加入中国共产党。病逝前任襄樊军分区政治部副主任(副师职)。1981年11月,因病在襄樊逝世,享年59岁。

钱溏江(1924.6—1983.5),河北元氏县人。1941年1月入伍,1941年10月加入中国共产党。1941年5月至1944年2月,任河北省11旅宣传队分队长。1944年2月至1949年5月,曾任河南省林太军区7分区政治部分队长。1949年5月起,历任15军文工团分队长、15军45师宣传队队长、15军45师文化科副科长、中国人民志愿军15军45师文化科副科长、15军29师政治部文化科长、湖南长沙第一政治学校学员、湖北军区政治部俱乐部主任、总参外语学校班主任、襄阳军分区政治部副主任等职。1977年4月离职休养。1983年5月,因病在襄樊逝世,享年59岁。

邓明远(1928.6—1983.10),山东荣成县人。1944年8月入伍,1944年2月加入中国共产党。1945年3月,任威海独立营副班长。1945年10月至1949年4月,历任四纵队12师36团警卫连班长、1营2连排长、3营机枪连副政治指导员、3营9连政治指导员。1949年4月至1953年8月,历任41军123师36团3营7连连长、团司令部副股长、1营参谋长。1953年8月至1964年8月,历任汉口高级步兵学校训练部战术系教员、特种兵研究室副主任。1964年8月至1968年10月,任湖北公安部队3团副团长。1968年10月至1973年2月,任陆军51师司令部参谋长。1973年2月至1976年10月,任湖北省军区独立师司令部参谋长。1976年10月至1982年2月,任襄阳军分区顾问。1982年2月离职休养(副师职)。1983年10月,因病在襄樊逝世,享年55岁。

王魁印(1927.1—1983.11),河北省邢台县人。1945年8月入伍,1947年3月加入中国共产党。曾任襄阳军分区参谋长。1976年11月离职休息(副师职)。1983年11月在襄樊逝世。

吴子厚(1913.11—1984.11),曾用名本敦,南漳人。1929 年至 1940 年在南漳武镇同康杂货店当店员。1941 年与他人合伙在南漳开设同义公纸铺。1944 年后,先后同他人合伙在樊城开设公义永杂货行、信义昌杂货行。1954 年 9 月公私合营后,任公私合营建新砖瓦厂厂长。1961 年 1 月任襄樊市贸易货栈经理。1964 年 12 月起,历任市工商联主任委员、襄樊市政协第五届、六届、七届委员会兼职副主席等职。1984 年 11 月因病逝世。

冯林诚(1926.5—1984.12),湖北黄坡人。1951 年毕业于湖北公医专科学校,同年 4 月分配到襄樊市中心医院从事外科临床诊疗工作。1961 年 9 月加入中国共产党。历任外科医师、主治医师。1973 年 4 月起,任副主任医师、大外科主任、中华全国医学会湖北分会外科学会委员、中华医学会襄樊市分会副理事长等职。1984 年 12 月 8 日去世,享年 58 岁。

李钟(1922.3—1986.10),襄樊人。1938 年加入中国共产党,任地下党支部书记。1940 年参加新四军第五师,历任团宣传股长、旅教导队政治教员主任、江汉军区科长。1949 年后,相继任信阳步兵学校系主任、河南省委干部学校科长、三门峡市教育局副局长。1982 年 10 月后,相继任襄樊市文联副主席、中共襄樊市委党史征集编纂办公室副主任。1985 年 4 月离职休息(享受副市长级待遇),因病逝世。享年 64 岁。

李泮芹(1923.3—1987.2),山东寿张县人。1938 年 3 月加入中国共产党,1939 年 4 月参加工作,任鲁西二地委学校学员。1940 年至 1942 年任鲁西日报社收发、译电员、译电股长。1943 年至 1946 年,任中共冀鲁豫朝城县委会组宣干事、区抗联主任、代书记;1946 年至 1950 年,任二野一纵队 19 旅营教导员、旅政工大队大队长。1950 年至 1953 年,任中南局公安部干部学校教育科长。1953 年至 1957 年,任中南工程局人事处科长、中南工程管理总局干部学校教导处主任。1958 年至 1967 年,任襄樊市工交部部长、襄樊市计划委员会主任。1967 年至 1979 年,在“五七”干校学习。1979 年起,任襄樊市科委副主任。积极解决科技人员的后顾之忧,配合市委、市政府解决了部分科技人员夫妇分居和农村家属户口问题。积极安排科技人员的家属、子女就业。为贡献大的科技人员建造一栋 3 100 多平方米的工程师楼。1983 年 12 月离休(享受副市级待遇),1987 年 2 月因病逝世。

田自中(1916.2—1987.5),河北深泽县人。1939 年 4 月入伍,同年加入中国共产党。1939 年 4 月至 1942 年 3 月,任河北冀中七分区文书、连长。1942 年 3 月至 1942 年 5 月,在中共抗大学习。1942 年 5 月至 1943 年 4 月,在家养伤。1943 年 4 月至 1944 年 10 月,任治安员。1944 年 10 月至 1947 年 7 月,任河北省深泽县武委会政工股长、主任。1947 年 7 月至 1948 年 1 月,任南下干部大队班长。1948 年 1 月至 1952 年 7 月,任湖北省洪山县区委书记、县人武部部长。1952 年 7 月全 1954 年 10 月,任襄阳军分区科长。1954 年 10 月至 1966 年 9 月,先后任郧县和襄阳县兵役局、人武部副政委、第二政委。1966 年 9 月至 1981 年 10 月,任襄阳地区气象局局长(其中 1971 年 3 月至 1973 年 4 月在地区“五七”干校任副政委)。1981 年 10 月至 1983 年 11 月,任襄阳地区气象局顾问。1983 年离休(享受副厅级待遇)。1987 年 5 月病逝。

王仙洲(1916.12—1987.7),曾用名登蓬,河北邱县人。1939 年 8 月参加工作,并加入中国共产党,任村长。1942 年 10 月,任邱县一区干事,后历任冀南四专署司务长、收发、邱县工商局干事。1947 年 10 月南下,翌年任湖北光化县工商局主任。历任光化县贸易商站主任、百货公司经理、襄阳地区百货公司经理、商业局副局长。1970 年 3 月至 1972 年,任襄阳地区驻汉办事处负责人。1972 年至 1982 年 12月,任襄阳地区商业局副局长。1982年12月离职休息(享受副市长级待遇),1987年7月因病去世。

李炳志(1922.12—1987.10),曾用名寒雪,河北束鹿县小白店村人。1940 年 6 月参加工作,1942 年 11 月加入中国共产党。1940 年 6 月至 1941 年 2 月,在冀南隆北抗日中学、晋察冀八中受训学习。1941 年 3 月至 1942 年 5 月,任冀中宁晋县政府实业科科员。1942 年 6 月至 1946 年 3 月,任宁晋县第五区公所,第一区区公所助理员、区长。1946 年 4 月至 1947 年 7 月,任宁晋县司法处审判官、县政府民法科科长兼审判官。1947 年 7 月至 1949 年 5 月南下，先后任汉江襄枣宜县耿集区区长、中共耿集区区委书记。1949 年 6 月至 12 月，任汉江枣南县政府司法科科长、襄阳地委工作队队长。1950 年 1 月至 1951 年 6 月，任保康县寺坪区区长、中共寺坪区区委书记。1951 年 6 月至 1954 年 12 月，任中共保康县委委员、组织部副部长、部长、第一副书记。1955 年 1 月至 1965 年 8 月，任中共保康县委书记。1965 年 8 月起，历任中共枣阳县委书记、襄阳地委化肥厂工作队负责人、中共襄阳地区化肥厂厂党委书记、襄樊市委常委兼农办主任、中共襄樊市委副书记、光化县委副书记等职。1979 年 6 月至 1984 年 1 月，任中共襄樊市委副书记。1984 年 1 月起，任襄樊市人民政府顾问。1985 年离休，1987 年 10 月因病逝世。

李重廉(1922.11—1988.1)，河南南阳县人。1947 年毕业于河南大学医学院，就职于湖北省立医院，任外科住院部总医师。同时作为中共地下党外围成员，投身于中国的革命事业。不久，加入中国共产党。1949 年 5 月武汉解放后，随军南下解放湖南。1951 年 1 月，作为中国人民志愿军中南医疗手术队副队长，首批奔赴抗美援朝前线。同年 9 月回国，任湖北省立医院外科主治医师。1952 年 2 月，为开拓贫困地区的卫生事业，主动请缨，调至襄阳专署医院。任副院长兼襄阳卫校副校长。经常从事临床外科业务研究工作，先后开展甲亢手术、肠梗阻手术、胃大部分切除术等，均获成功，成为襄阳地区外科创始人。被誉为“鄂西北地区第一把刀”。1981 年，晋升为副主任医师。历任襄樊市政协常委、襄樊市科协副主席、襄樊市红十字会副主席、湖北省医学会常务理事、襄樊市医学会主任理事等职。1957 年获湖北省防病治病先进工作者称号。1985 年离职休养，1988 年 1 月 17 日因病去世，享年 65 岁。

孔宪常(1924.12—1988.1)，河北故城县人。1943 年 6 月参加工作，1945 年 12 月加入中国共产党。1943 年 6 月至 1947 年 8 月，在故城任民兵队长。1947 年 8 月至 1948 年 9 月，随军南下。1948 年 10 月至 1951 年 6 月，任南保兴宜县工作队员、襄阳专署支前司令部仓库主任、南漳县粮食局仓库主任。1951 年 7 月至 1954 年 11 月，任南漳县粮食局副局长、局长、县人事科科长，中共南漳县城关镇委书记。1954 年 12 月至 1961 年 3 月，任中共南漳县委组织部副部长、部长、县委书记处书记。1961 年 4 月至 1980 年 7 月，任襄阳专署农业局副局长、局长，中共襄阳专署农业局党组书记。1980 年 8 月至 1983 年 9 月，任襄阳地区农垦局局长、中共襄阳地区农垦局党组书记。1983 年 9 月至 1985 年 6 月，任襄樊市农垦农工商联合公司顾问。1985 年 6 月离职休养(享受副市长级待遇)，1988 年 1 月因病逝世。

李祥(1925.5—1988.2)，襄阳县人。1950 年 12 月参加工作。1947 年 8 月至 1950 年 7 月湖北省立武昌农学院(现湖北农学院)农作专业就读。1950 年 8 月至 1950 年 12 月，参加湖北全省农业普查。1950 年 12 月至 1952 年 8 月，分配到襄阳专署建设科植棉推广站任技术员。1952 年 8 月至 1953 年 5 月，在襄阳县建设科任技术员。1953 年 5 月至 1967 年，在襄阳专署农业水产局工作。1968 年至 1970 年，住襄阳地区“五七”干校。1971 年至 1979 年 7 月，在襄阳地区行政公署农业局当干部。1979 年 7 月至 1984 年 1 月，任襄阳地区行政公署农业局农技师。1984 年 1 月，任襄樊市政协副主席(副市级)。1982 年 11 月获批高级农艺师技术职称。李祥是湖北省棉麻学会会员、襄阳地区农学会理事。1988 年 2 月，因病逝世。

孙连清(1925.2—1988.10)，山东沂东人。1940 年 12 月参加工作并加入中国共产党。1940 年至 1943 年，在沂东地区从事党的地下工作。先后任中共地下党小组组长、村党支部书记和中心党支部书记。1943 年至 1948 年 4 月，先后任中共沂东县寨西区委宣传干事、宣传委员、代理书记，沂东县委宣传部干事，双泉区党委副书记、代理书记等职。1948 年 5 月至 10 月随军南下，任分队副队长。1948 年 11 月至 1951 年 5 月，先后任中共谷城县城关区区委书记兼区长、北河区区委书记。1951 年 6 月至 1961 年 5 月，先后任湖北省团校办公室主任、教育长，共青团湖北省委组织部长、书记处书记。1961 年 6 月至 1966 年 12 月，先后任中共天门县县委副书记、书记，荆州地委委员，天门县革委会主任，中共保康县委常委，保康县革委会副主任、中共襄阳县委副书记，襄阳地区农办副主任等职。1983 年 12 月至1985年4月,任襄樊市委农村工作部顾问。1985年5月离休(享受副市长待遇),1988年10月因病逝世。

孙彪(1923.9—1989.1),山西沁源县人。1939年7月入伍,1941年5月加入中国共产党。1939年7月至1948年1月,历任太岳军区一纵队三十八团战士,太岳军区教导队班长、小队长,浮山县县区游击队副政治教导员,汾东支队教导员,二十一旅工兵连、炮兵连政治指导员等职。1948年1月至1952年12月,历任中共湖北省郧阳县二区区委书记、郧阳地委工作队员、郧阳地委政策研究室研究员等职。1952年12月至1964年,历任襄阳地委办公室秘书、襄阳地委政策研究室副主任、襄阳地委办公室主任等职。1965年至1967年,任襄阳地委农村工作部副部长。1970年至1973年,任襄阳地区"五七"干校副校长。1974年至1983年,任襄阳地区农办副主任。1983年12月离职休养(享受副市长待遇),1989年1月因病逝世。

陈兰亭(1928.12—1989.4),河北南宫县人。1945年2月加入中国共产党,1946年4月参加工作。1946年4月至1949年12月,历任2纵队5旅宣传队员、政工队分队长。1949年12月至1960年10月,任宜都县白洋区中队指导员、县大队政工干事。1960年10月至1982年4月,历任襄阳军分区组织科副科长、宜城县人武部副政治委员、襄阳县人武部副政治委员、南漳县人武部政治委员、襄阳军分区离休干部一所政治委员。1982年4月离休。1989年4月,因病在襄樊逝世,享年61岁。

王佐(1929.11—1989.8),曾用名宪清,山西阳城人。1943年5月参加工作,为阳城县政府阳北办事处通信员。1947年7月加入中国共产党,任南下工作队工作组组长。1947年12月至1949年9月,历任鄂陕经济分局指导员、郧阳工商管理局股长。1949年9月起,历任竹溪县税务局局长、竹溪县副县长、中共竹溪县党委书记、保康县县长、中共保康县党委书记、湖北省人民检察院襄阳分院检察长、中共湖北省人民检察院襄阳分院党组书记。1984年3月地市合并后,任襄樊市人民检察院检察长、中共襄樊市人民检察院党组书记。1989年8月因病逝世。

刘富臣(1924.8—1989.12),山东冠县人。1945年7月在山东参加工作,1946年12月加入中国共产党。1947年南下到湖北老河口,先后在光化县财政局、光化县企业公司、光化县合作总社、光化县商业局任科长、经理、局长,中共光化县商业局书记。1960年2月至1966年3月,任光化县副县长、中共光化县县委委员,分管工业财贸工作。1966年3月起,调襄阳地区专署,任计划委员会副主任。"文化大革命"期间被迫停止工作。1972年9月恢复工作,任中共襄阳地区计划委员会党组书记。在任光化县副县长,分管工业、财贸工作期间,创办了制杆厂、化工厂,创造了全省办电第一县的工作业绩,受到中共湖北省委书记张体学的肯定和表扬。1983年12月离职休养,1989年12月因病逝世。

班益民(1923.l—1990.2),曾用名鸣谦,河北广平人。1944年11月,为广平县政府民教科办事员,1945年6月加入中国共产党。9月起,先后任广平县粮食仓库会计、晋冀鲁豫新兵补充五团供给处副主任。1948年7月南下,历任老河口市工商局会计股长、老河口市人民银行副行长、老河口市百货公司副经理、襄阳专署财委秘书、老河口市人民银行行长、光化县副县长、襄樊中心支行副行长、襄樊市财办副主任。1983年12月离职休息(享受副市长级待遇),1990年因病逝世。

乔兆华(1920.3—1990.2),曾用名廷茂,山东荣成人。1941年,任荣城县第一粮站会计、十区财粮助理。1946年4月加入中国共产党,任县财粮科粮库负责人。1947年至1948年,任胶东区东海专署粮局会计股长。翌年南下,任13大队13中队班长、副中队长、桐柏三专署邓西县财粮科长。1949年至1977年3月,历任襄樊市财粮科长、襄阳专署仓库主任、专署办公室秘书、专署公安处秘书科科长、中共襄阳地区交通局书记、襄阳地区交通局局长、襄阳专署经委副主任、襄阳地区电力公司负责人、襄阳地区工交办副主任等职。1977年4月至1983年11月,任襄阳地区行署工办主任、工交政治部主任。1983年12月离职休息(享受副市长级待遇),因病逝世。

史长明(1925.4—1990.5),河北南宫县人。1943年4月参加革命工作,1944年3月加入中国共产党。1943 年 4 月至 1948 年，历任冀、鲁、豫 6 分区 3 团 2 营 5 连战士、班长、排长、连长。1948 年至 1949 年，任中国人民解放军第二野战军 17 军第 50 师第 150 团营长。先后参加淮溪阻击战、山堆集攻坚战、淮海战役和广西剿匪。1949 年 1 月至 1960 年 10 月，历任炮兵基地后勤处技术处长、锦州炮校通信军官轮训队队长、军务科长。1960 年 10 月起历任襄阳公安大队副支队长、第 5 监狱政治委员、谷城县人武部部长、襄阳军分区副参谋长等职。1982 年 4 月离休。1990 年 5 月，因病在襄樊逝世，享年 65 岁。

赵立真(1925.10—1990.5)，山东蒙阴县人。1944 年 2 月参加工作，为蒙阴县大岗区坦埠区民政工作助理员、民政科科员。1947 年 11 月加入中国共产党。1948 年 10 月至 1950 年 10 月，历任中共襄阳县石桥区区委委员兼事务所主任、中共张湾区区委委员兼事务所主任、襄樊市税务局秘书。1950 年 10 月起，历任枣阳县税务局副局长、局长，枣阳县政府秘书、副县长、县长，中共枣阳县委副书记。1965 年 8 月至 1979 年 3 月，历任襄阳专署农办副主任、襄阳地区农办副主任兼农业局局长。1979 年 3 月至 1983 年，任襄阳地区科委主任。1983 年任襄樊市科委顾问(享受副市长待遇)，1990 年 5 月因病逝世。

姜敏樵(1933.12—1990.10)，浙江镇海县人。1956 年 8 月，南京工学院毕业。1956 年 9 月至 1969 年 12 月，在哈尔滨轴承厂任技术员。1970 年 1 月起，历任襄樊市精密机床配件厂技术股长，襄樊市缝纫机会战指挥部工程师，襄樊印染线会战指挥部工程师，襄樊市科技情报研究所副所长、所长、副总工程师。襄樊市政协第七届、第八届委员会兼职副主席(1986 年 1 月后为驻会副主席)。1990 年 10 月病逝。

赵武生(1922.5—1990.11)，河北邯郸人。1938 年参军，为河北巨鹿县青纵 4 旅战士。1940 年 2 月加入中国共产党。后在桐柏 3 旅纵队当战士。1946 年起，任湖北军区独立 2 师警卫连排长、连长，湖北恩施军分区教导大队军训科科长，巴东县兵役局局长。1960 年后，相继任恩施地区林业局副局长、中共恩施地区建筑公司党委书记、利川煤炭指挥部指挥长、中共恩施建筑分公司党委书记。1974 年至 1983 年 11 月，任中共湖北石棉厂党委书记。1983 年 12 月离职休息(享受副市长级待遇)，1990 年，因病逝世。享年 68 岁。

徐楚才(1914—1990)，又作楚材，化名冯白涛，襄阳县黄龙荡人。1935 年加入中国共产党。抗战时期历任中共黄龙中心区委委员、襄枣宜县委委员、圻南县工委书记兼县指挥部政委。解放战争时期任襄枣随边行政委员会主席。新中国成立后历任中共咸丰县委书记兼政委，恩施地委监委书记兼行署检察处长、地委委员、行署副专员等职。后离休，1990 年病逝。

鲍椝(1923.11—1991.2)，河北省南宫人。1946 年 11 月参加工作，1947 年 6 月加入中国共产党。1946 年 11 月至 1948 年 10 月，历任战士、班长。1948 年 10 月至 1951 年 2 月，历任鄂豫 1 分区商城指挥部书记、见习参谋。1951 年 2 月始，任宜昌军分区干部科干事。1959 年 3 月至 1963 年 8 月，任宜昌军分区供管科副科长、科长。1963 年 8 月至 1970 年 8 月，任湖北省军区司令部管理处副处长。1970 年 9 月起，任湖北省南漳县人武部部长。1978 年 1 月起，任襄阳军分区后勤部部长。参加过冀鲁豫满州、汲县、白寺、羊山、鄂豫商城等战斗。1978 年 8 月离休。1991 年 2 月，因病在襄樊逝世，享年 68 岁。

韩佩胜（1917.4—1991.5），山西盂县人。1940 年 1 月加入中国共产党，1944 年 10 月参加工作。1944 年至 1946 年，先后任陕西省盂县乔家庄村武委会副主任、主任，第三区武委会副主任、主任。1947 年至 1952 年，随军南下，先后任襄、枣、宜县方集区副区长，宜城县官稚区、流水区、新田区区长，中共新田区区委副书记、书记。1953 年至 1955 年，在中共湖北省委党校文化班学习。1956 年任中共宜城县委委员、副县长。1959 年任宜城县县长。1960 年任中共宜城县委书记处书记。1962 年任宜城县县长。1968 年任宜城县革委会副主任。1970 年至 1978 年 3 月，任谷城县革委会副主任。1978 年 4 月起，任谷城县政府顾问。1985 年 3 月离休，1991 年 5 月因病逝世。

张敬礼(1917.12—1991.7) 又名九礼、张敬，山西晋城人。1941 年参军为 212 旅 56 团 12 连 2 排战士。先后任54团3连2排班长、团供给处被服干事、12旅留守处被服干事。1947年11月加入中国共产党。1948年南下。历任湖北郧阳军分区后勤部军械、生产科长、郧阳地区木材公司副书记、副经理、襄阳地区森林工业局代局长、副局长、副书记。1973年7月至1983年11月,任襄阳地区木材公司书记、经理、林业局副局长。1983年12月离职休息。享受副市长级待遇。

吕宜学(1927.7—1991.12),山东沂南县人。1945年2月加入中国共产党并参加工作。1948年3月随军南下,历任陕南银行业务员、房县银行业务科长。全国解放后,先后担任房县税务局副局长、局长,中共房县县委城工部部长、工交部部长。1958年7月至1962年7月,在华中工学院学习。1962年7月起,历任中共襄樊市委工交部部长、襄樊市经委主任、襄樊市卫生局副局长、襄樊市科委副主任、襄樊市第八届人大代表等职。1983年12月离休。1991年11月因病逝世。

董明(1925.11.—1991.12.),曾用名尚国,丹江口市人。1942年8月参加革命工作,1949年2月加入中国共产党。1942年8月至1942年12月,在乡公所任通讯员。1943年1月至1945年7月,在新四军第五师15旅44团三营当战士。1945年8月起,任陈任远警卫员。1946年11月起,任随枣独立营一连排长。1946年新四军第五师于湖北孝感县突围时,负伤,坚持行军,转战鄂西、陕南、豫西。1949年4月至1950年9月,在襄阳军分区教导队工作。1950年9月至1952年12月,在第二十一步兵学校学习。1953年1月至1955年6月,任55军215师团作战参谋,同年5月任连长。1955年获得解放奖章。1955年6月至1966年,先后任营长,团参谋长。1966年至1974年,先后任光化县政府交通科长、交通局长。1974年3月至1984年10月,任中共6621仓库党支部书记、老河口市商业局(系统)工会主席。1984年10月离休(副地级)。1991年12月因病逝世。

戴志刚(1929.2—1992.2),河北完县人。1946年在晋察冀军区白求恩医大附属医院护士学校学习。翌年加入中国共产党。后相继任华北军区白求恩国际和平医院护士长、化验员、院政治处组织干事、助理员、党务助理。1958年起,在长春解放军第一政治部学校学习一年,在解放军政治学院学习两年。后在北京任公安部政治部组织干事。1966年5月起,先后任湖北公安总队医院副政委、解放军第370医院副政委、谷城县人武部副政委、襄樊市人武部副政委、襄樊市财办副主任。1983年12月至1986年1月,任襄樊市工商行政管理局局长。1986年1月至1991年,任襄樊市工商行政管理局巡视员。1991年1月离职休息(享受副市长级待遇)。1992年,因病逝世。享年64岁。

王仁和(1926.8—1992.2),山西省沁县人。1947年2月入伍参加革命工作,1949年5月加入中国共产党。1952年5月至1953年2月,任郧阳军分区郧县花果区人武部部长。1954年至1960年,历任湖北南漳县兵役局,枣阳县兵役局,襄樊市人武部政工科科长、副政委。1969年至1970年,先后任湖北光化县人武部、湖北襄阳军分区后勤部政委。1978年4月退出现役,转业到襄阳轴承厂工作。历任襄阳轴承厂政治部副主任、厂工会主席、纪委书记(正处级)。1954年在县人武部工作期间立二等功一次。1987年9月,中共襄樊市组织部批准离职休养,离休后享受副厅级待遇。1992年2月因病逝世。

成玉明(1925.2—1992.2),山西文水县人。1941年9月参加工作,1945年10月加入中国共产党。1941年9月至1945年,任晋绥军区2科参谋,曾入中国人民抗日军政大学学习。1945年起,历任晋绥军区吕梁军分区干事、西北军区2纵政治部干事、1军团军政干校1大队队长、喀什军区后勤部干部处处长、工程大队政委、军事学院合成教研室教员等职。1970年至1982年,任襄阳军分区副政治委员。1982年1月离休。1992年2月,因病在襄樊逝世,享年67岁。

徐正民(1931.3—1992.6),河北蠡县人。1946年10月参加工作,1946年3月加入中国共产党。1946年10月至1949年2月,历任晋察冀军区2纵队战士、学员、队长。1949年2月至1958年1月,任67军炮团6连指导员、600团保卫干事、营教导员。1958年1月至1969年10月,任汉口高级步校学员、指导员、干事、大队副政治委员。1969年10月至1983年8月,任17军51师151团政治委员、襄樊军分区政治部副主任。1983年8月离休。1992年6月,因病在襄樊逝世,享年61岁。

王丁月(1911.10 —1992.8),原名闫亭育,山东省招远县人。1939 年 5 月参加革命,同年 7 月加入中国共产党。曾任山东省招远县第三乡党支部书记。1940 年 7 月起,历任山东省招远县第一区委宣传委员、区参议长,山东省闻泉区委宣传委员,山东省华山区中心小学校长,南招县统战部干事等职。1948 年 3 月,随军南下。先后任湖北省保康县第二区区长,保康县政府秘书,洪山县政府副县长、代理县长等职。1955 年 10 月,调任襄阳师范学校校长、党支部书记。1958 年 8 月至 1962 年 6 月,兼任襄阳师范专科学校副校长。1959 年,以湖北省教育战线先进代表身份,参加国庆十周年观礼。1960 年春,出席湖北省文教战线“群英会”。同年 5 月,代表全校师生出席全国“群英会”,并被选为主席团成员,受到毛泽东、周恩来、刘少奇等党和国家领导的接见。被湖北省委、省政府授予劳动模范称号。1971 年,任襄阳地区师范学校党支部书记。1979 年 10 月任襄阳师范专科学校顾问。政协襄樊市第六届委员会副主席。1983 年 8 月离休。1984 年 9 月被批准享受副市长级待遇。1992 年 7 月病逝。

杨正友(1943.11—1992.8),谷城县人。湖北省书法家协会会员,谷城县第七届政协常委,县书法协会主席。1968 年被选拔为谷城县文化馆正式职工。其身残志坚,一生执著追求书法艺术,作品先后获日本国际文化交流金奖、国际现代书法大赛优秀奖、于右任全国书法大赛优秀奖等。被聘为当代农民书法研究会顾问。曾任褒禅山艺术研究院书法研究员、襄樊市书法家协会理事、紫云书画会副会长。作品多发表于《书法报》、《青少年书法报》、《书画作品选》等 56 家报刊。参加过 10 多个省、市邀请赛。《翰园大碑林》约稿刻入碑林,被多家博物馆收藏。部分作品载入《当代书法篆刻家辞典》、《中国当代书法名家墨迹》、《中国当代书画篆刻家精品集》、《国际当代书法篆刻大观》,以及《当代书法家作品鉴赏》等书刊。1990 年在日本东京美术馆参加“第 51 届国际文化交流展”,获得九席高级金牌。1991 年在日本东京“国际文化交流展”中获金牌 1 块。1992 年 8 月 12 日因病去世,享年 49 岁。

王清贵(1929.9—1992.10),湖北随州人。1947 年在随县淅河简易师范学校毕业后,相继在县三里岗小学、城关小学任教。1950 年加入中国共产党。相继任随县三里岗区公所文教助理、秘书,县委宣传部干事、安居区委书记、县委委员。1953 年 9 月至 1970 年,任随县副县长、县长。1970 年在焦枝铁路襄阳地区指挥部工作,后任襄阳地区南河电站指挥部副指挥长、襄阳地区水电局副局长。1972 年 12 月起,历任中共枣阳县委副书记,光化县委副书记,襄樊市委副书记、书记等职。1983 年至 1986 年 5 月,任中共十堰市委书记、省委委员。1986 年 5 月至 1988 年,先后任十堰市委顾问、襄樊市委顾问。1954 年后,曾相继当选为湖北省第一、二、三、五届人民代表大会代表。1982 年,当选为中共第十二次全国代表大会代表。1983 年 12 月,当选为中共湖北省第四届代表大会代表。1992 年,因病逝世。享年 64 岁。

曹通道(1925.10—1993.2),山东招远县人。1945 年参加中国人民解放军,同年加入中国共产党。历任战士、班长、副连长、连长、股长、师部大队长、营长、师部科长等职。1966 年 10 月转业到襄阳县油脂化工厂任副厂长、中共襄阳县油脂化工厂党支部副书记。1975 年 11 月调任襄阳县邮电局工作,历任襄阳县邮电局副局长、中共襄阳县邮电局党支部副书记。1983 年离休(享受副厅级待遇),1993 年 2 月因病逝世,享年 68 岁。

罗玖伍(1932.1—1993.2),湖北武昌人。1952 年入华中农学院农学专业学习。1955 年,分配到襄阳地区农业试验站当技术员。1961 年,调襄阳地区农业科学研究所为技术员。后任襄阳地区派驻农村工作组技术员、随县环潭四清工作队队员。1966 年,任襄樊市农业科学研究所技术干部,从事小麦、水稻研究。1967 年负责研究的“襄麦四号”新品种,在湖北省首届科技大会上受到省政府奖励。1979 年至 1987 年研究的水稻“7971”品种,具有生长期短、抗虫害强、不需重复制种等优点。1988 年在襄樊以及河南等地推广。1987 年晋升为高级农艺师。1989 年 3 月起,任襄樊市政协副主席。1993 年因病逝世。享年 62 岁。

王英华(1918.3—1993.5),河北深县人。1938 年 10 月在河北省深县抗战学校学习期间,参加民族解放先锋队。1938 年 11 月加入中国共产党。1939 年 1 月至 1944 年 12 月,先后在冀南行署三专署和五专署任办事员、司务长、总务、粮秣、财政科长、粮食局长。1945 年 1 月起,历任河北省武邑县委副书记兼组织部长、河北省衡水县委副书记兼县长。1949 年随解放军南下,任中队指导员。1946 年 6 月至 1952 年 8 月,任中共湖北省咸宁县委书记兼县大队政委。1952 年 8 月至 1959 年 1 月,任中共湖北省委组织部干部处处长、审干办公室主任。1959 年 1 月至 1960 年 8 月,任中共襄樊市委第一书记兼市政协二届委员会主席。1960 年 8 月至 1965 年 9 月,任中共恩施地委副书记。1965 年 9 月到黄石,先后任中共黄石市委副书记、代理书记、革命委员会副主任。1970 年 8 月调宜昌地区,先后担任宜昌地区革命委员会副主任、地委常委、行署副专员。1983 年 12 月离休,1993 年 5 月病逝。

童唐轮(1922.8—1993.6),曾用名保平,河南唐河人。1938 年 6 月参加新四军做看护员。1939 年 1 月,任豫鄂边区独立游击队第二团队卫生队班长。4 月,加入中国共产党。后相继任豫鄂边区挺进纵队第一支队第 3 团队卫生队看护长、司药,新四军第五师 13 旅 38 团卫生队医助、37 团卫生队医助、师卫生部医训班区队长、司令部门诊所所长、警卫团卫生队队长、37 团卫生队队长。1946 年 9 月始,任陕南军区后方医院院长。1948 年 11 月至 1949 年 6 月,在华北局教导大队学习。1949 年 7 月至 1950 年 3 月,在湖北省人民医院当医生。1950 年 4 月起,任襄阳专署卫生科副科长、科长。1956 年 12 月起,任老河口人民医院院长。1973 年 10 月病休,1993 年因病逝世。

孙天锡(1930.6—1993.9),湖北郧县人。1948 年为郧县县政府工作员,1948 年加入中国共产党。后相继任中共郧县杨溪区委组织委员,白桑、五峰区委副书记、书记,茶店区委书记。1954 年 4 月至 1960 年 8 月,任郧县县长,先后到中共湖北省委党校、第五中级党校学习。1960 年 8 月,任中共郧县县委副书记,后相继任中共第六地委农业局副局长。1973 年 2 月,任襄阳地区农机局副局长,后任丹渠排子河工程副指挥长。1985 年 6 月离职休息,1985 年 9 月被批准享受副市长级待遇。1993 年 9 月,因病逝世,享年 64 岁。

吕静(1918.9—1993.9),河北定县人。1939 年 5 月加入中国共产党。1940 年 2 月参加河北冀中区七分区抗联会,先后在河北省新乐县工会、农会工作。1947 年 8 月随军南下,到湖北省洪山县双河区任工作组组长。1948 年春任中共枣阳县吴店区组织委员、区长。1949 年至 1950 年 10 月,任随县厉山区、柳林区区长、中共柳林区区委书记。1950 年 11 月至 1953 年春,任随县农会副主任、公安局长,随县副县长。1954 年 1 月至 1972 年底,任中共襄阳县委副书记。1973 年 1 月,任襄阳地区中级人民法院院长。1983 年 6 月离休,1984 年 11 月被批准享受副市长级待遇。1993 年 9 月因病逝世。

侯伯言(1908.7—1993.10),山东省博山人。1939 年 6 月参加革命工作,任博山县柏树乡乡长。1939 年 9 月加入中国共产党。1940 年 7 月至 1941 年 12 月,在博山县第七区区公所任财粮员。1942 年 1 月至 1945 年 5 月, 先后担任第七区和峨庄区副区长。1945 年 6 月至 1947 年 12 月, 在博山县口头区、两河区、崮山区分别担任区长。1948 年 5 月,随军南下到鄂西北地区,同年 11 月至 1949 年 8 月,在郧县六区任区委书记。1951 年 9 月,调任郧阳专署办公室主任。1952 年 7 月,任中国人民银行郧阳中心支行行长。1953 年 11 月至 1972 年 12 月,担任湖北省人民法院襄阳分院(后为襄阳地区中级人民法院)院长。1982 年 12 月离休,享受副市长级待遇。1993 年 10 月因病逝世。

张凯(1929—1993.12),河北唐山人。1948 年 7 月参加工作,1949 年 8 月加入中国共产党。历任中央第一机械工业部沈阳机床厂教育科长、沈阳机电学校副校长、武汉机械学院动力机械系主任、兼中共武汉机械学院动力机械系党总支书记、华中科技大学动力工程系主任、华中科技大学教务处副处长等职。1983 年初,创办襄樊职业大学,并任校长,兼中共襄樊职业大学党委书记。其间,从华中科技大学引进刘献君、雷式祖、龙国斌、王维聪、王子亭等一批干部、教授和教学骨干,并争取到一批图书资料和教学设备,为襄樊市培养了一批急需的建设人才。1986 年 11 月 22 日,调回华中科技大学工作。1993 年 12 月 18 日,因积劳成疾病逝。

尚海峰(1917.5—1994),襄阳县朱集镇尚寨村人。1933年,加入红二方面军4师12团1营4连当通讯员。1935年1月加入中国共产党。11月参加长征,1936年10月在将台堡与一方面军会师。1937年起,先后在八路军115师685团任战士、班长、分队长、连长、作战参谋、大队长、代营长等职,参加过著名的平型关战斗。1941年11月至1945年9月,曾到115师鲁西军校学习。1945年9月起,先后在沈阳保安3旅辽宁军区独立6团任连长、副政治教导员、副营长、股长等职。曾任中共辽宁军区独立3师侦察连党支部委员、独立6团3营党委委员。此间,参加过四打四平及辽沈战役,立大功一次,获奖章一枚。抗美援朝战争中,曾任中国人民志愿军公安18师股长、队长、副科长、营长、中共18师教导队党支部委员等职,获二级军功章一枚。1955年被授予少校军衔。1955年5月,调哈尔滨电表仪器厂任科长。1979年12月离休。1994年病逝于哈尔滨。

田庆帮(1924.8—1994.8),河南尉氏县人。1938年7月入伍,1940年7月加入中国共产党。历任战士、班长、副排长、排长、副连长、政工干事、民运干事、队长兼政治指导员、副政治教导员、政治教导员、团政治处副主任,大悟县人武部政委、武汉江岸区人武部副政委、随县人武部政委、中共随县县委书记、襄阳军分区副政委等职。抗日战争和解放战争时期,先后参加平汉战役、山东青州战役、南下打开封、八里垸战役、流河战役、山东羊山战役等战役战斗。荣获三级独立自由勋章、三级解放勋章。1976年10月离职休养。1987年7月荣获中国人民解放军三级独立自由功勋荣誉章。1994年8月,因病在襄樊逝世,享年70岁。

刘择一(1922.4.—1994.10),河北枣强县人。1939年7月参加工作,同年8月加入中国共产党。1939年7月至1948年,历任枣北县青年抗日先锋队大队长、枣北县武委会宣传部长、枣北救国会宣传部长、枣北县工农妇联合会组织部长、南下大队副队长。1948年至1949年1月,任江汉二分区京林应县区工委,区委副书记、书记,云孝县第五区区委副书记。1949年2月至1952年12月,先后任中共湖北孝感县第五区区委书记、湖北孝感地委干校科长。1953年1月至1954年3月,任一机部中南工程公司二队队长。1954年1月至1955年8月,任一机部中南工程公司材料科科长、一机部中南工程公司劳保登记工作组组长、中南建工局干校分校副校长、中共中南建工局干校党委副书记等职。1955年9月至1966年10月,任中南建工局材料供应处科长、副处长,湖北建工厅供销处副处长,湖北建工厅计划处处长,湖北建工厅城建局副局长。1966年10月至1968年10月,任湖北省建设总公司办公室主任。1969年1月至1970年5月,任湖北省直“斗批改”2团6连副班长。1970年6月至1972年9月,任省直“五七”干校2团4连排长。1972年10月至1982年12月,任中共襄阳轴承厂党委常委、副厂长。1982年离休(享受副厅级待遇),1994年10月逝世。

龙天惠(1940.11—1994.11),女,湖北孝感人。1963年毕业于湖北医学院,分配到保康县医院任妇产科医师、主治医师。1983年调入襄樊市第一人民医院工作,历任副主任医师、主任医师、同济医科大学兼职教授。从事临床医疗工作,刻苦钻研业务技术,具有系统的妇产科专业知识和丰富的临床经验,成功抢救千余名疑难危重病人。对胎儿监护、羊水细胞学子宫检查、阴道镜内窦窥镜检查、不育症的临床研究取得了成果。成为医院妇产学科带头人。1994年11月因病去世,享年54岁。

陈茂平(1945—1994.11),江苏丹徒人。1961年6月,在丹徒上党机械厂参加工作。1966年4月加入中国共产党。1971年9月调襄樊市无机化工总厂(原襄樊市磷肥厂)工作,历任厂共青团团委副书记、政工科科长,中共襄樊市无机化工总厂党总支副书记、书记、厂党委副书记、厂长兼党委书记,湖北省第五届人民代表大会代表、湖北省第七届政协委员。任厂长期间,带领全厂职工,使不景气的化工厂成为全国化工行业先进单位,为全国中小磷肥行业的“四朵金花”之一。1990年4月,调任襄樊市卷烟厂任厂长。1991年6月,襄樊烟草行业实行“三合一”(专卖局、公司、厂)体制后,历任襄樊市烟草专卖局局长、中共襄樊市烟草专卖局党组书记、湖北省烟草公司襄樊分公司经理、襄樊卷烟厂厂长兼中共襄樊卷烟厂党委书记。率先推行人事、劳动、工资制度改革,转换企业经营机制,实施“以销促产”

的经营策略，使企业重新焕发生机。四年间，企业的产值、销售收入平均每年以近30%的速度递增，成为襄樊市的骨干企业。连续3年跻身于全国500家大型工业企业行列，在全国烟草加工企业中跃居第28位。连续两年被中共湖北省委、湖北省政府授予“双文明单位”称号。1994年11月20日，因车祸不幸殉职。12月15日，中共襄樊市委决定，追认陈茂平为优秀共产党员。

焦捷(1921.3—1994.11)，曾用名德宝，山西晋城人。1937年，任八路军晋豫边白晋支队政治工作员。1938年入延安抗大总校第4期为旁听生，第5期毕业。1939年加入中国共产党，任中共八路军太岳大队政治指导员、支部书记。后历任八路军总部特务团政治处干事，抗大总校高干科学员、冀中警备旅32团政治指导员、代理教导员，太岳4分区政治部巡视员，太岳基干2团和豫北黄河支队营教导员，太岳军区补充团3营教导员、党委书记，晋冀鲁豫大军区政治部、民运部科长等职。1947年，任南下纵队政治部民运科长。后任中共大别山礼山县和孝感地区应山县区委书记。1950年起任应山县人民政府民政科长，孝感地区矿区政府人事科长，孝感地区应城膏矿组织部长、纪委书记，湖北省人民委员会工办和省委煤炭指挥部科长，省计委办公室农业处副主任、副处长，省科委农业处副处长。1973年10月起，任襄樊市计委副主任，“五七”干校副校长，建设委员会副主任、顾问。1985年5月离职休息(享受副市长级待遇)，1994年11月病逝。

于锋(1924.2—1994.12)，曾用名广振，河北故城人。1943年3月，任乡抗日自卫队队长，同年11月加入中国共产党。1947年，南下为2总队4团警卫连司务长。1948年，任保兴宜县3区财务助理。1949年起，相继任谷城盛康区、龙滩区农会主任、中共紫金区委书记、谷城供销社主任、谷城县副县长、谷城县县长、中共谷城县委常委。1969年任襄渝铁路民兵师师长。1971年起，任谷城县革委会副主任、中共谷城县委副书记。1976年3月起，任中共襄阳地区行署企业局党委书记、局长。1983年12月离休(享受副市长级待遇)，1994年12月病逝。

芦邦友(1944．9—1995．4)，南漳人。华中工学院船舶工程系毕业。1968年12月至1970年4月，在山东烟台6003部队锻炼。1970年4月至1972年10月，在湖北蒲圻446厂实习。1972年10月后，相继任江华机械厂设备管理员、助理工程师、技术科长、组织部长、副厂长等职。1993年1月起，任江华汽车公司总经理，中共江华汽车公司党委书记、总经理。1995年4月20日，因车祸殉职。

张明谷(1930.6—1995.4)，襄樊市人。1948年11月入伍，1949年4月加入中国共产党。历任战士、政治指导员、炮兵学校教员、基地政治部主任等职，1983年离职休养。1995年4月，因病在襄樊逝世，享年65岁。

刘德芳(1919.1—1995.7)，河北三河县人。1944年毕业于天津工商学院建筑学系。1949年至1964年，历任中华纺织建筑公司技术员、华北工业纺织局工务处技师、中央纺织工业部设计院工程师。1965年至1968年，派往阿富汗等国家执行援外纺织工程设计任务。1969年入“五七”干校，后任湖北安陆棉纺厂工程师。1972年至1979年1月，任襄樊市建筑设计院工程师，主持设计了“五七”纱厂、市棉织厂、市印染厂、市合成纤维厂等一大批纺织工程项目。1979年2月至1982年，任襄樊市规划设计院副院长、总工程师、高级工程师。1985年7月加入中国共产党。1985年退休，1995年7月病逝。

魏恒若(1919.12—1995.8)，湖北潜江人。1937年2月加入中国共产党，从事党的地下工作。曾任湘鄂西特委常德工委书记、荆潜县委敌工部长、湖南地下党常(德)安(乡)南(县)工委书记。全国解放后任中共常德县委副书记、副县长。1951年11月起任湖北省保育院院长。1953年7月后相继任湖北省交通厅科长、处长、主任。1958年5月后任恩施地区汽车分局副局长、局长，计委副主任兼物资局局长，运输指挥部副指挥长。“文化大革命”中蒙受冤屈。1975年被降职使用，为宜城县农机局副局长。1979年落实政策后任襄樊市交通局副局长。1983年9月离职休息(享受副市长级待遇)，1995年8月因病逝世。

王大昌(1922.5—1995.8)，湖北均县人。1950年1月加入中国共产党。同年12月起，任中共均县草店区委组织干事、委员、区委副书记。1955 年 5 月起，调中共湖北省委组织部任组织干事。翌年 5 月至 1958 年 1 月，为湖北省地质局行政科负责人。1958 年 1 月至 1962 年 3 月，先后任鄂西北地质队工会副主席、中共鄂西北地质队党总支副书记。1962 年 4 月至 1971 年，任第十二地质队队长、中共第十二地质队代理党总支书记。1971 年病休。1995 年 8 月因病逝世。

洪滋(1917.7—1995.9)，江苏射阳县人。1941 年 3 月参加盐城地方游击队，6 月加入中国共产党。1942 年至 1945 年 5 月，任射阳县独立团班长、副排长。1945 年 5 月任新四军 3 师 8 旅 23 团 3 营 9 连排长。1946 年 5 月至 1951 年 3 月，历任吉林省乾安县粮政科副科长、怀德县范家屯糖厂经理科副科长、龙华水利工程处供运弘科长。1951 年 3 月至 1953 年 1 月，任东北抗美援朝空军后勤第八工程大队队长。1953 年 1 月至 1956 年 12 月，任东北建筑工程总局材料处处长。1956 年 12 月至 1958 年 8 月，任中共建工部东北第二机械化施工公司党委书记。1958 年 9 月至 1969 年 11 月，任中共建工部第一、二、三土石方公司党委书记、经理。1969 年 12 月至 1973 年 2 月，任建工部第二汽稽挥部五分部副指挥长。1973 年 3 月至 1984 年 10 月，任湖北省第一建二局局长。1984 年 11 月离职休息。1995 年 9 月因病逝世。

刘秉玲(1926，2—1995. 12)，山东牟平县人。1945 年 8 月参加工作，为大连国营广源油脂总厂工人。1948 年 2 月加入中国共产党。翌年 3 月入沈阳工人政治大学学习，5 个月后南下到武汉市工商局工业科工作。1949 年 7 月起，历任武汉总后第四汽车修配厂副主任、组织部长，武汉建业机器厂总支书记、厂长，949 厂厂长，9611 厂厂长等职。1984 年 2 月起，为 9611 厂顾问、厂级调研员。11 月离职休息(享受副地级待遇)，1995 年 12 月因病逝世。

王金庚（1925.12—1996.1），江苏高邮人。1943 年 2 月参加工作，1943 年 3 月加入中国共产党。1943 年至 1945 年 9 月，历任战士、班长、排长。1945 年 9 月至 1951 年 10 月，历任 29 军 87 师 260 团副连长、连长、副营长、营长。1951 年 10 月，任南京军事学院学员。1956 年 1 月起，历任公安部队司令部科长、公安部队军事学院战术教研室主任、湖北省郧阳军分区副参谋长。1982 年离休，1996 年 1 月，因病在襄樊逝世，享年 71 岁。

高子昌(1924.12—1996.3)，山东武城县人。1944 年 10 月参加工作，1946 年 6 月加入中国共产党。1944 年 10 月至 1947 年 10 月，任山东武城县第五区高庄村民兵队长。1947 年 10 月随军南下，到南、保、兴、宜县任工作员。后历任谷城县石花区农协副主任、紫金区农协主任、谷城县地方工厂经理、谷城县人民银行代理行长、中共谷城县委委员、县农工部部长等职。1967 年 1 月至 1973 年 4 月，因“文化大革命”下放到潭口水库劳动。1973 年 5 月起，任中共谷城县委委员、县农办主任、县革委会副主任、县人大常委会副主任等职。1985 年 6 月离休(享受副市长级待遇)，1996 年 3 月因病逝世。

郭金良(1923.2—1996.3)，安徽定远县人。1944 年 8 月参加新四军，1945 年 1 月加入中国共产党。曾任新四军二师淮南军区 6 旅 4 分区定风嘉支队 1 连文书、6 旅 16 团 2 营文书、苏北 12 纵队 34 旅卫生部见习会计。1949 年 6 月后任皖北军区政治警卫连指导员、军区政治部直工部干事、空军第 3 航校卫生处指导员、4 大队副政委、空军通讯团 1 营副政委、内勤通信营指导员。1958 年 6 月起，任第 20 训练基地 3 部 4 营政委。1962 年 6 月晋升少校军衔。1963 年 11 月起，任第三机械工业部第 603 研究所指导员。1974 年 4 月至 1983 年，任中共第三机械工业部襄樊 61 仓库党委书记。1983 年离职休息(副厅级)，1996 年 3 月因病逝世。

单心诚(1922.1—1996.4)，湖北郧西县人。1947 年 10 参加革命工作，1949 年 5 月加入中国共产党。先后任郧西县城关区土改工作组组长、农会主席。1949 年 2 月至 1952 年 6 月，先后任郧西县城关区副区长、区长，中共郧西县城关区区委副书记、书记。1952 年 7 月至 1953 年 2 月，任中共郧西县委组织部副部长、部长。1953 年 3 月至 1955 年 10 月，先后任郧西县副县长、县长。1955 年 11 月至 1956 年 10 月，在襄阳专署办公室任秘书。1956 年 11 月至 1959 年 10 月，任襄樊市第一机制砖瓦厂厂长、中共襄樊市第一机制砖瓦厂党支部书记。1959 年 10 月至 1963 年 3 月，任中共襄樊市委委员、市计划委员会第一副主任。1963 年 3 月至 1968 年 2 月，任襄樊市商业局局长。1968 年 3 月至 1974 年 2 月，先后任襄樊市生产指挥组副组长、农村工作组组长等职。1974 年 3 月至 1982 年 12 月，任襄樊市水电局局长、中共襄樊市水电局党总支书记。1982年12离职休息（享受副师级待遇），1996年4月因病去世。

邓兰发(1922.2—1996.5)，山东省冠县人。1944 年 10 月参加工作，为第 24 团特务营战士。1946 年 4 月加入中国共产党。1947 年 9 月参加冠县党校学习后随军南下至光化县。历任光化竹林桥区土改工作队员、队长，税务所主任和供销社主任。1955 年至 1956 年，任光化县油脂公司经理。1956 年 6 月至 1960 年 7 月，任光化县粮食局局长。1960 年 7 月至 1973 年 10 月，调任襄樊市粮食局局长。1973 年 10 月至 1983 年 12 月，任襄樊市财办副主任，并从 1978 年 9 月至 1983 年 12 月兼任中共襄樊市粮食局党委书记、局长。1983 年 12 月离职休息，1996 年 5 月因病逝世。

张靖国(1914.1—1996.7)，河北衡水人。1939 年 3 月参加工作，同年 4 月加入中国共产党。先后任衡水二、三、六区公所区委助理、区长、翼南五专署主任科员等职。1949 年 1 月随解放军四野南下，历任大冶县公安局长，大冶县人民政府副县长、代县长，大冶钢厂计划科长，鄂城钢铁厂厂长，省机械厅计划处处长、办公室主任，襄樊市机械工业局副局长、顾问等职。1982 年离职休息（享受副厅级待遇），1996 年 7 月因病逝世。

于会元(1924.9—1996.12)，河北昌黎县人。1944 年 5 月参加八路军，曾任八路军冀东军区独立十旅警卫营 1 连 2 排副班长、班长。翌年 9 月，加入中国共产党。1948 年 1 月后，先后任东北野战军 9 纵队 25 师补充团 3 营 7 连 2 排、警卫营 3 连 2 排副排长、代理排长。参加过辽沈、平津等战役。1949 年 3 月后，历任解放军 4 野 36 军 136 师警卫营 2 连 2 排排长、见习副政治指导员、中南军 46 军 136 师警卫营 3 连副政治指导员等职。参加过衡宝战役及湘南、湘西剿匪的战斗。1952 年 9 月赴朝作战，任中国人民志愿军 46 军 136 师炮兵团 1 营 2 连政治指导员、一营副教导员。1953 年后，任 46 军 136 师炮兵 517 团 3 营教导员、46 军炮兵基干团 2 营教导员。1963 年 8 月，晋升少校军衔。同年 12 月，任 3 机部第 6 研究院第 1 研究所 7 室政治指导员。1966 年 2 月至 1968 年 9 月，任贵州航空工装元件厂任政治部主任。1968 年 9 月起，到襄樊参与 610 研究所的组建工作。1975 年 6 月至 1983 年，任中共 610 研究所党委副书记。1983 年离职休息（享受副厅级待遇），1996 年 12 月因病去世。

刘印鸿(1917.8—1997.2)，河北丰南县人。1944 年 5 月参军为冀东军区第四区队战士，后为冀东 14 旅 59 团 4 连副班长。1946 年 6 月加入中国共产党。入冀东军分区军政干校学习，任干校 4 中队学员、轻机枪训练队助教、军政干校参训队区队长。1947 年 7 月至 1948 年 2 月，任东北军区 9 纵队 27 师 53 团 3 营 8 连副连长。1948 年 3 月至 9 月，任东北热河军大分校 2 大队 10 中队区队长。1948 年 10 月至 1949 年 8 月，任南下工作团第 2 分团 4 大队副中队长。1949 年 9 月至 1950 年 9 月，任四野 51 军 212 师大冶分区司令部指导员。1950 年 10 月至 1952 年 7 月，任 212 师兼大冶分区司令部协理员、新兵 2 团 3 营教导员。1952 年 8 月至 1953 年 10 月，任湖北襄阳军分区枣阳人武部副部长兼军事股长。1953 年 11 月至 1956 年 2 月，任湖北省军区干校 2 营 8 连学员兼排长。1956 年 3 月至 1959 年 6 月，任湖北随县兵役局副局长。1959 年 7 月至 1964 年 4 月，任保康县人武部部长、中共保康县县委委员。1964 年 5 月晋升为中校军衔。1965 年 5 月转业。1965 年 12 月至 1972 年，任中共光化县委委员兼老河口栲胶厂党委书记。1973 年至 1975 年 3 月，任光化县革委会工交办公室副主任、主任。1975 年 4 月至 1982 年 11 月，任光化县革委会办公室副主任、光化县政府办公室副主任。1982 年 12 月离职休息（享受副地级待遇），1997 年 2 月因病去世。

连大璋(1921.—1997.2)，山西交城县人。1938 年 5 月，任八路军 120 师 358 旅独立 3 团干事。1939 年 7 月加入中国共产党。从 1948 年 8 月起，任绥蒙军区 22 师政治部教育股长。1954 年 8 月起，任辽宁军区公安 2 团政治处主任。1959 年 5 月起，任湖北省公安总队科长、医院副政委。从 1962 年 12 月起，任湖北省公安总队襄阳支队副政委。1965 年 2 月转业到襄阳农校任副校长。从 1975 年 7 月起，任中共襄阳地区建筑公司党委副书记。1982 年 3 月离职休息（享受地师级待遇），1997 年 2 月病逝。

鲍实甫（1918.9—1997.3），原名恒诚，山东沾化人。1937 年参加革命，同年 10 月加入中国共产党。1938 年 3 月起，历任中共山东省沾化县区委宣传委员、中共冀鲁边区军政学校第 3 队党支部书记、冀鲁边区军政学校党总支组织干事、山东省德平县县委书记、115 师教导第 6 旅教导营政治教员、山东省霑阳隶县武工队队长、山东省渤海区四分区霑西县工委会敌工科科长、山东省沾化县城关区区长、山东省渤海四分区政治部教育干事、四分区直属队政治部指导员、渤海区 21 团 2 营政治教导员、渤海纵队 7 师直属队政治协理员等职。参加过同材战役、昌维战役、益都战役、济南战役、淮海战役。1949 年，任中国人民解放军第三野战军 339 军 97 师政治部宣传科科长，参加渡江战役、上海战役。1952 年，任华东公安 14 师 40 团政治处副主任。1955 年 9 月，被济南军区政治部授予少校军衔。1956 年，任公安军边防第 51 团政治委员。1957 年 6 月，在青岛 67 军授三级独立自由勋章一枚、三级解放勋章一枚。1960 年 3 月，任 67 军 199 师后勤部政治委员。1960 年 4 月 20 日，被济南军区授予中校军衔。1961 年，任 67 军守备第 49 团政治委员。1964 年 4 月转业。先后任湖北省农业厅财务处处长，中共国营漳河机械厂党委书记，国营 9604 厂党委书记、顾问。1997 年 3 月逝世。

柯施仁（1915.2—1997.3），武汉人。1947 年毕业于中央卫生实验院（中国医科院），1949 年春调宜昌县卫生院任院长，同年 7 月调湖北省立宜昌医院任院长。1950 年 10 月至 1958 年 3 月，任襄阳专署人民医院院长兼工会主席。1952 年至 1958 年 3 月，任襄樊市卫生工作者协会副主任。1954 年至 1958 年 3 月，当选为襄樊市第一、第二届人大代表及市人大常委。1982 年，任中华医学会襄阳分会副理事长，被聘为襄阳卫校内科、病理、公共卫生教师。1980 年底离休后，担任襄樊市老干部局保健组长、襄樊市老年大学教授、襄樊市红十字会常务理事等职务。1957 年以前，主管内科、儿科、妇产科等临床医疗工作，是襄樊市中心医院妇产科奠基人。1957 年以开展子宫颈癌根治术、外阴癌根治术、输尿管结肠吻合术而著名。1997 年 3 月病逝。

王保民(1922.10—1997.3)，河南新安县人。1938 年加入中国共产党。1944 年冬参加八路军。历任八路军晋西北 6 支队政治处宣传干事、陕南军区 12 旅 45 团政治处民运干事、陕南行署郧阳县 2 区区长、中共郧县县委组织部组织干事、湖北军区郧阳军分区卫生处司令部政治协理员、湖北独立第 8 团 1 营教导员、湖北省公安纵队郧阳公安大队副政委、湖北省交通厅秘书科科长、湖北省建筑工程局计统科科长、湖北省商业干校教研科科长、湖北省大同湖第 4 机械农场副场长、襄阳地区地方病防治所所长、襄阳地区万福店农场医院副院长、襄阳地区结核病防治所副所长等职。1985 年 11 月离职休息（享受副厅级待遇），1997 年 3 月因病逝世。

杨中奎(1931.—1997.3)，河南偃师县人。1952 年 3 月，为西北机器厂工人。1954 年 10 月加入中国共产党。1967 年至 1971 年，任西北机器厂动力车间副主任。1971 年 1 月，调建昌机器厂，历任 3 车间和试制车间主任。1981 年 1 月，任厂副总工程师。1983 年 4 月，任建昌机器厂副厂长。1992 年 5 月退休（享受副厅级待遇），1997 年 3 月，因病逝世。

张连奎(1924.4—1997.4)，山西洪洞县人。1943 年 10 月参加工作，1944 年 5 月加入中国共产党。先后在山西省洪洞县 4 区民兵游击队任指导员、4 区区委干事、洪洞县农会事务秘书、太岳 2 分区警卫团机炮连宣传干事、中共洪洞 4 区区委组织委员、洪洞二区农会主席。1948 年 4 月至 1961 年元月，历任中共湖北省均县 4 区区委副书记、区委书记、均县合作科科长、均县副县长、中共均县县委副书记。1961 年 1 月至 1964 年 8 月，任中共房县县委第一书记。1964 年 9 月至 1970 年 10 月，任襄阳专署移民局局长。1970 年 11 月至 1972 年 7 月，任襄阳地区工业局机械修配厂党支部书记。1972 年 8 月至 1983 年 12 月，任襄阳地区燃化局副局长、中共襄阳地区燃化局党组副书记。1983 年 12 月离职休息（享受副地级待遇），1997 年 4 月因病逝世。

文振嵩(1924.11—1997.5),河北饶阳县人。1945年12月加入中国共产党。历任河北省饶阳县大队战士,冀中2纵队62团副班长,四野8纵66团排长、副指导员、指导员,45军399团政治处干事、股长、教导员。1952年9月赴朝鲜,任中国人民志愿军46军399团教导员、团政治处副主任、主任。1955年回国,后历任人民解放军46军133师炮团政治处主任、吉林省延吉县敦化县农安县武装部政委、吉林省德惠军分区政治部副主任等职。1964年,解放军政治学院肄业,晋升中校军衔,调任长春警备司令部副参谋长;1976年4月,转业到航天部609研究所任副所长。1983年离职休息(享受副厅级待遇),1997年5月因病逝世。

齐茂祯(1929.—1997.5),河北玉田县人。1944年7月参加工作,1945年11月加入中国共产党。先后任冀热辽军区18分区4区队通信员、卫生员,辽吉军区保一旅司令部机要科设电员,七纵44军司令部、后勤部译电员。1950年9月至1956年6月,任中南海军司令部机要科副股长、中共中央中南局机要科副股长。1956年6月至1973年10月,任中共武汉汉桥区监察委员会副书记、武汉新康化工厂党总支书记、武汉玻璃仪器厂党总支书记。1973年10月起,历任中共襄樊市燃化局党委副书记、局长,医药局局长等职。1990年5月离职休息,1997年5月因病逝世。

周西济(1935.8—1997.5),武汉人。1954年7月毕业于武昌药剂学校,分配到襄樊市第一人民医院工作。1957年8月南京药学院药学系函授本科毕业。曾任医院药剂科主任,湖北药学会襄樊分会理事、襄樊市医疗事故鉴定委员会委员。任《武汉医药情报通讯》、《药物流行病学》杂志编委、《襄樊药讯》月刊主编。1995年12月退休,1997年5月因病去世,享年62岁。

王叔恂(1922.7—1997.6),山西洪洞县人。1942年8月,加入中国共产党。1946年1月参加工作,为山西省赵城县第二高级中学教员。1947年8月至1949年2月,随军南下任中共河南省西峡县县委秘书。1953年5月至1964年3月,历任湖北省建筑工会副主席、省总工会驻襄阳办事处副主任。1964年4月至1975年5月,调任湖北省老河口市橡胶厂厂长。1975年6月至1980年7月,任光化县总工会主席。1980年8月,任老河口市总工会主席、人大常委会副主任。1983年12月离休(享受副厅级待遇),1997年6月去世。

于源清(1922.10—1997.7),山东莱阳县人。1944年2月参加工作,历海莱县工商局稽征员、税务所稽征员、济县工商局稽征员、莱阳县财政科稽征员、莱阳县陶障区财经助理。1947年1月加入中国共产党。1948年3月,随军南下,历任荆钟宜县粟溪区税务所主任、宜城县城关镇税务所主任、宜城县刘猴区税务所主任、宜城县税务局计划股股长、宜城县税务局副局长、宜城县税务局局长、宜城县城工部部长、宜城县财贸部部长、宜城县工交部部长、宜城县经委会副主任、宜城县副县长等职。1969年3月至1971年4月,历任襄豫铁路民兵团团长、焦枝铁路民兵师师长、宜城县莺河二库工程指挥长。1971年4月至1982年10月,先后任中共宜城县委委员、县生产指挥组副组长、县农工财办公室负责人、宜城县革委会副主任兼财贸办公室主任、中共宜城县县委常委、宜城县人大常委会副主任。1982年10月离职休养,1997年7月因病逝世。

葛宪勋(1922.6—1997.7),山东新泰县人。1941年1月参加工作,同年2月加入中国共产党。历任山东省蒙阴县黄庄区中队班长、排长,蒙阴县独立营1连排长、副政治指导员,鲁中军区第二军分区整风轮训队区队长、俘训团3连连长、兵站政治指导员,华东野战军第八纵队供给部押运连政治指导员,第三野战军第26军后勤部政治处组织股副股长、股长等职。先后参加过蒙阴城、鲁南、莱芜、孟良崮、洛阳、淮海、渡江、上海等战役。1950年10月起,赴朝作战,任中国人民志愿军第26军后勤部政治处组织股长。1952年6月回国,历任济南军区26军78师283团干部处副处长、政治处主任,南京军区60军181师283团副政委,哈尔滨军事工程学院7系1科副政委,国防部第6研究院第5研究所6室指导员、所政治部副主任,第三机械工业部第610研究所政治部主任、党委副书记兼纪委书记。1983年离职休息,1997年7月因病逝世。

杨兆明(1941.4—1997.8),云南宜良县人。1959 年 3 月在铁 1 师 3 团当战士。1961 年加入中国共产党。历任四川绵阳铁道兵学校排长、铁 1 师 3 团宣传部干事、1 营 4 连指导员、政治部组织科干事。1973 年 12 月起,先后任铁 1 师政治部组织科副科长、宣传科科长,铁 1 师 29 团政治委员,铁 11 师政治部副主任,铁 11 局政治部副主任,铁 11 局局长助理、副局长,中共铁道部襄樊内燃机车工厂党委书记。1997 年 8 月,因公外出遇车祸去世。

潘体民(1917.3—1997.9),江苏泗洪县人。1943 年 9 月加入中国共产党。1944 年 1 月起历任李集乡副乡长、丹城区宝冢乡政治指导员、石集乡政治指导员、刘集区副区长、观堂区副区长、河南通许县朱砂岗区区长、双庙区区长。1949 年 5 月南下,任财经队政治指导员。1949 年 6 月起,历任武汉市军事管制委员会接管组织员、湖北省财政厅人事秘书、湖北省人民政府政策研究室秘书、土改工作队队长兼中共孝感县周巷区区委书记。1952 年 6 月至 1968 年 9 月,任湖北省农业厅计划统计科科长,特产处副处长、处长。1968 年 10 月在沙洋干校劳动。1970 年 8 月至 1984 年 2 月,任中共湖北汽车蓄电池厂党支部副书记、指挥长、党委书记。1984 年 3 月离职休息(享受副厅级待遇),1997 年 9 月病逝。

曹国兴(1921.8—1997.11),1937 年 6 月参加工作,为延安清凉山中央印刷厂刻字工人。1940 年 12 月加入中国共产党。1945 年 6 月至 1946 年 6 月,任延安边区总工会执行委员。后历任延安子长等地中央印刷厂刻字主任,临县绥德《群众日报》社工会主任,延安西北印刷厂工会主任,西安《群众日报》发行部主任、副经理、副厂长、厂长等职。1953 年 11 月起,任西安 248 厂筹备小组成员、代经济计划科科长、厂筹备组副主任、成都 208 厂生产副厂长、总工程师,中共成都 208 厂党委委员、常委。1969 年 9 月调任 5108 厂工地副指挥长、厂核心领导小组成员, 至 1973 年 4 月, 任中共 5108 厂临时党委代书记。1979 年 6 月起,任 5108 厂厂长(正厅级)。1983 年 12 月离职休息,1997 年 11 月病逝。

赵洪海 (1927.7—1997.11), 山东省武城县人。1945 年 7 月参加工作,1947 年 3 月加入中国共声党。1945 年 7 月在定津二地委军政干校学习。1946 年至 1948 年 10 月,任恩县武委会会计、宣传干事,恩县三区武委会武装干事、二纵 4 团供给处股长。1948 年 10 月起,历任谷城县子盒区秘书,谷城县公安局副股长、股长、副局长,襄阳专署公安处科长,西藏社会部 3 处治安科长,西藏第 1 劳动大队书记、大队长,西藏地质大队副书记、副大队长,西藏建筑工程公司副书记,西藏电机厂革委会主任等职。1974 年 9 月调任文字 603 厂党委副书记。1987 年 6 月离职休息(享受副厅级待遇),1997 年 11 月因病逝世。

刘雅荣(1941.12—1997.12),女 ,武汉人。1965 年 9 月毕业于湖北中医学院医疗系,分配到襄樊市人民医院工作。历任中医科副主任、主任、中国中西医结合研究会会员、湖北省中医学会会员、湖北省第六届人大代表。1984 年、1991 年两次赴阿尔及利亚作医疗援助工作。从事医疗工作 30 余年,擅长中医内科疑难杂症的诊治,通晓中医四大经典著作及中医基础理论,对常见病、多发病及复杂疑难病症有丰富的临床治疗经验,是中医学科带头人。先后在医学刊物及学术交流会上发表论文 60 余篇。1997 年 12 月因病去世,享年 56 岁。

谢鹏翔(1924.12—1998.2),河南信阳县人。1945 年 4 月参加工作,任新四军 5 师信确纵队 5 连文书。1945 年 7 月至 1946 年 8 月, 先后任新四军 14 旅 42 团 5 连文书、359 旅 719 团 5 连和营部文书。1947 年 7 月加入中国共产党。1947 年 7 月至 1949 年 10 月,先后任新四军 13 旅 38 团 1 连文书、文化教员、1 营营部文书、江汉军分区独立团 3 连排长、团部侦察参谋、4 连指导员、独立师 38 团机炮 1 连指导员。1949 年 11 月至 1951 年 12 月,历任恩施军分区独立团 2 连指导员、1 营副教导员、团政治处青年股长、1 营政治教导员、恩施军分区政治部青年科副科长。1952 年 1 月至 1954 年 11 月,任湖北省军区军政干校 8 中队指导员、政治部支书训练班副主任、政治处副主任。1954 年 11 月至 1955 年 10 月,任湖北省委干校组织科科长。1955 年 10 月起,历任襄阳地区文化用品公司经理、襄阳地区副食晶公司书记、中共襄阳地区烟麻茶站党支部书记、襄樊市烟草专卖局顾问等职。1989 年 10 月,离职休息

(享受副厅级待遇),1998年,因病逝世。

刘连三(1911.12—1998.2),山东安邱人。1939年9月加入中国共产党。1945年3月参加工作,为部山区粮库财粮干事。1948年2月,任中原支队6中队管理员。1948年11月起,历任宜城县财政科会计、副科长,宜城县银行副行长、行长,宜城供销社主任,宜城县县长,中共宜城县委委员、县委书记处书记、县委副书记、常委。1966年6月起,历任襄阳专区外贸办事处主任、襄阳地区行管局副局长、中共襄阳地区行管局党组副书记兼襄阳地区招待所所长。1983年12月离休,1984年11月批准享受副市长级待遇。1998年2月病逝。

汪梅(1926.10—1998.3),湖北钟祥人。1947年11月参加工作,任湖北省钟北县政府文书。1948年6月任湖北省洪山县政府文书、宣传干事。1949年8月加入中国共产党。1951年3月至1954年8月,任中共襄樊市襄城工委宣传委员、副书记、书记。1954年8月至1961年5月,任中共襄樊市委常委、宣传部长、办公室主任。1961年5月至1965年4月,任襄樊市手工业联社主任、中共襄樊市市委常委。1965年4月至1966年10月,任中共襄樊市委副书记。1966年10月起,受"文化大革命"冲击。1970年1月起,历任襄樊市农办负责人、中共襄樊市委常委、革委会副主任、市委政法委书记。曾任襄樊市第九届、第十届人大常委会副主任。1989年3月离休,1998年3月因病去世。

冯月梅(1923.5—1998.5),河北清河县人。1939年3月加入中国共产党。1939年3月至1947年12月,任河北清河本村自卫队长、区武工队员、村武委会主任、农会主任、党支书、区武委会副主任。1947年12月至1950年5月,随军南下后,任保康县二区区委。1950年5月至1970年,任襄阳地委党校学员队主任、组织科长、教导处副主任、主任、副校长。1970年至1975年5月,任襄阳地区商业局负责人、副局长。1975年5月至1985年4月,历任襄阳地区供销社副主任、主任,中共襄阳地区供销社党委副书记、党委书记。1985年4月离休(享受副市长级待遇),1998年5月因病逝世。

王树茂(1923.5—1998.5),吉林大安县人。1948年1月参军,同年12月加入中国共产党。曾任辽吉军区警卫3连战士,东北独立10师28团2营4连副班长、文书,四野38军151师451团2营4连文书、文化教员。解放后,历任广西军区龙州分区151师451团机炮连副政治指导员,48军142师424团政治处组织干事,中南公安11师31团政治处、南澳守备团政治处党务助理员,广州军区守备156团、广东军区边防守备1团、101团37高炮营政治教导员,广州军区41军守备第22师政治部组织科副科长、青年科副科长,国防部第6研究院第2研究所2室副政治委员、副政治指导员、政治指导员,第三机械工业部贵州航空工具厂政治部主任,610研究所所务处政委、党总支书记。1983年离职休息(享受副厅级待遇),1998年5月病逝。

史从文(1922.7—1998.6),河北省滦南县人。1944年3月参加革命工作,1947年1月加入中国共产党。1944年3月至1951年9月,历任战士、班长、排长、副连长、连长。1951年9月至1953年9月,任46军137师409团副营长、作战股长。1953年9月至1964年3月,任汉口高级步校学员、区队长。1964年3月至1968年,任襄阳军分区参谋科科长。1968年至1970年,任宏伟机械厂三线建设指挥部副指挥长。1970年至1982年4月,任襄阳轴承厂建设指挥部副指挥长。1982年4月离休。1998年6月,因病在逝世,享年72岁。

刘宝书(1924.11—1998.7),河北景县人。1944年9月参加工作,为村公安员。1945年8月加入中国共产党。1948年1月至1954年,历任襄枣宜新田区工作组组长、中共新田区区委会组织委员、宜城县委组织部干事、襄阳地委组织部干事等职。1954年12月至1956年9月,任宜城县第一区区长、襄阳专区骨粉厂厂长。1956年10月起,历任中共襄阳通用机械厂党委书记、846和960工厂党委书记、5108工厂党委书记。1983年7月离职休息(享受副厅级待遇),1998年因病逝世。

李崇德(1918.5—1998.7),河南武陟县人。1938年4月参加工作,1935年9月加入中国共产党。1938年至1941年,历任太岳军区386旅3团战士、班长、副排长。1941年至1945年,历任太岳军区

386旅2分区情报站站长、情报处派遣参谋、一科参谋。1945年至1948年,历任晋北独立营3连连长、10旅侦察参谋。1948年至1970年,历任8纵队补充团组织干事、司令部参谋,川西军区警卫营营长、解放军高级炮兵技术学校4教班代理主任,湖北省竹溪县、光化县兵役局长,光化县人武部部长,襄阳军分区轮训队队长。1970年至1975年,历任铁道部第4工程局军代表、军管组副组长,枣阳县人武部部长。1975年4月离休。1998年7月,因病逝世,享年80岁。

申振江(1921.12—1998.8),河北武安县人。1946年2月参加革命工作,在晋冀鲁豫军区太记商店、邯郸货栈当店员。1948年任华北禁烟总局冀鲁豫办事处长垣站任站长。1949年1月随军南下,任中原禁烟总局江汉办事处驻马店站任站长。1949年4月加入中国共产党。1949年5月,任武汉市接管湖北省茶业公司任军代表。同年10月,任中纺公司住襄樊接收站军代表。1950年4月起,任樊城花纱布公司经理。1956年5月起,任襄阳专署农产品采购局副局长。1957年5月起,任襄阳专署服务局副局长。1958年4月起,任襄阳县专署商业局副局长。1963年4月起,在襄阳专署商业局任局长。1973年,任襄阳地区百货站负责人。同年12月起,任襄阳地区商业局副局长、工商局局长。1984年1月离职休息(享受副厅级待遇),1998年8月病逝。

刘寿延(1922.6—1998.10),河北任邱县人。1939年1月参加工作,为冀中军区炮兵队战士。1940年在冀中军区后勤部机械所当工人。1941年在冀中军区化学厂任组长。1942年8月加入中国共产党。1942年起,先后担任冀察冀军区工业部化学厂组长、冀东军区军工材料处第三分队队长、冀热辽军区军工厂化学厂厂长、冀东军区军工局化学厂副厂长、冀热辽军区军工部三总厂副厂长、东北军区军工部招待所干部。1949年3月后,历任二机部三局375厂副主任、375厂副厂长、中共375厂党委副书记。1965年1月至1975年9月,历任525厂厂长、革委会副主任、主任,中共525工厂党委常委、党委副书记。1975年10月调任湖北省小三线选厂工作组负责人。1980年7月起,任525工厂顾问。1982年8月离职休息(享受正厅级待遇),1998年因病去世。

张毓惠(1942.1—1998.10),山东临清市人。1966年9月参加工作,任黑龙江省密山县国营475厂理化室技术员。1969年11月至1980年12月,任谷城县国营295厂机电设备科计划员。1978年6月加入中国共产党。1980年12月至1988年6月,先后任谷城县国营295厂组干科科长、供应科副科长、中共谷城县国营295厂党委副书记兼纪委书记。1988年6月至1993年7月,任中共湖北省宜昌市国营809厂党委书记、常务副厂长。1993年7月至1995年11月,任中国兵工物资湖北公司总经理。1995年11月至1998年9月,任中国兵工物资湖北公司总经理、中共兵工物资湖北公司党委书记。1998年因病逝世。

张玉桃(1942.9—1998.12),四川铜梁人。1961年8月参加工作,历任战士、副排长、排长。1964年3月加入中国共产党。1970年2月调铁道兵2668工程筹建处,参加襄樊内燃机车工厂建设工作,任干事。1982年12月转业,历任襄樊内燃机车厂劳资科副科长、副厂长(副厅级)、厂长等职。1998年6月病退,1998年12月因病逝世。

张昌斌(1925—1998.12),河北灵寿县人。1942年3月参加工作,任河北省灵寿县张阜安村抗日联会主任。同年3月加入中国共产党。1945年2月至1947年8月,历任河北省灵寿县第4区、第5区助理员、民政科科员。1947年8月南下。1948年7月起,历任湖北省随枣县商店经理,中共枣阳县资山区委副书记,枣阳县委秘书、城关区委书记,枣阳县委宣传部副部长、县委副书记、县委第一副书记,襄阳地区农业机械学校校长等职。1962年10月至1985年4月,先后任中共襄北农场党委副书记、书记、襄北农场场长。1985年4月起,任襄北农场调研员。1990年10月离职休息(享受副厅级待遇),1998年因病逝世。

邵启旺(1932.1—1998.12),枣阳清潭镇人。1948年2月在湖北洪山县参加革命。1949年11月加入中国共产党。历任洪山县清潭区公所事务长,平林区公听青年书记,茅茨畈区武装部政工干事,枣阳县食品公司门市部主任，资山区委宣传委员、区委书记等职。1955年调随县工作。历任随县安居区委书记，城关镇委书记，两水公社第二书记和厉山区委第二书记、区委书记等职。1965年调襄阳县工作，历任襄阳县太平区委书记，伙牌区委书记和县委副书记、县人大主任等职。1981年11月至1984年12月，任枣阳县委书记。1984年12月起，历任襄樊市委副秘书长、市委委员，襄樊市第十一届人大常委会副主任，襄樊二汽基地经济技术开发区管委会党委书记等职。1995年10月离职休息，1998年因病逝世。

解福林(1929.11—1999.5)，山西襄垣县人。1945年3月参加八路军。1946年3月，加入中国共产党。先后任太行38团5连班长、44师131团政治处保卫干事、2营指导员。1950年参加抗美援朝。1953年4月，进中国人民解放军第二政治学校学习。1955年8月起，历任44师政治部4级保卫助理员，44师130团保卫股长，44师130团1营教导员、党委书记，44师132团政治处主任、44师132团副政委、党委副书记等职。1978年8月至1987年4月，任襄阳师范高等专科学校副校长，党委委员。1987年4月至1990年2月，任襄阳师范高等专科学校调研员。1990年2月离职休养，享受副厅级待遇，1999年，因病逝世。

周光斗(1929—1999.11)，保康城关镇土门村邓家湾人。1945年毕业于保康县立初级中学，考入襄阳五中，因战乱迁徙转学，1948年毕业于咸宁高中。1949年赴日本求学，获日本驹泽大学硕士学位。其后赴美，获美国国际大学荣誉博士学位。返台后，任台湾中兴大学和逢甲大学副教授。毕生从事教育工作与新闻事业。在新闻工作岗位上，从记者开始，到编辑、主编，至《新生报》发行人。著有《西洋经济史》、《古今商经闲话》、《飞絮花落时》、《如沐春风集》、《比较银行制度》、《中硫经济史》等著作30多部。改革开放以后，多次回保康探亲。关心家乡的经济文化事业建设。捐资修建百峰南山小学校舍、土门大桥和拦沙坝，资助出版《古老的保康》和《荆山景海拾贝》。从1998年起，设立“周光斗纪念奖学金”，每年捐资1000美元，资助一中、二中和职中考上大学的困难学生。临终之前，嘱其长女周帮贞代父继续办理此项奖助学金。2001年，按每校8000元的标准购置图书捐赠县内中小学，截至2005已向全县40余所学校捐赠价值30多万元的图书。1999年11月，在台湾病逝。长女周帮贞遵其所嘱，将骨灰葬于保康土门村邓家湾。

盛承烈(1933.2—1998.10)，浙江嘉兴人。1955年10月毕业于浙江大学医学院眼科系，分配到襄樊市中心医院工作。1972年11月加入中国共产党。1973年1月参加湖北省援外医疗队赴阿尔及利亚工作，1974年12月任眼科主治医师，1975年4月回国。1975年5月起，担任眼科副主任。1981年10月起，任副主任医师。1982年7月起，任眼科主任。1987年12月起，任眼科主任医师。1993年7月退休。1998年去世，享年65岁。曾任湖北省科协委员、湖北省眼科学会常务委员、同济医大兼职教授、襄樊市医学会分会常务理事、眼科学会组组长、高级卫生技术职务评审委员会委员、医疗事故技术鉴定委员会委员等职。1992年度，被湖北省卫生厅授予“湖北省白求恩式卫生工作者”荣誉称号，先后在省级以上刊物或学术会上发表或大会交流的论文译文19篇。

李秀儒(1922.9—1999.3)，山东莱芜县人。1939年6月参加工作，同年6月加入中国共产党。1939年6月至1941年12月，任山东莱芜县矿山区抗联青救会长。1945年8月至1948年1月，任莱芜县第一区委会副宣传委员。1948年1月至1948年3月，在山东太山乡区党校学习。1948年3月至1948年5月，在华东建大任中队指导员、支书。1948年5月至1948年8月，在华东随军步校任中队副支书。1948年8月至1948年10月，调入江汉任党内小组长。1948年10月至1949年6月，任襄枣宜县委宣传干事。1949年6月至1951年6月任中共襄阳东津区委书记。1951年6月至1951年9月，任中共襄阳县委委员。1951年9月至1955年8月，历任襄阳专署人事科副科长、民政科科长、人事科科长。1955年8月至1963年3月肃反时，接受组织审查而劳动教养。1963年3月至1983年3月，为襄阳地区原种繁殖场干部。1982年8月平反。1983年3月调入襄阳地区农业局工作。1983年12月离休。1984

年 9 月批准享受副市长级待遇。1999 年 3 月,因病逝世。

高序兴(1924.1—1999.3),河北景县人。1941 年 5 月参加工作,1943 年 3 月加入中国共产党。1941 年 5 月至 1947 年 7 月,任景县区地下交通站通讯员、区委组织干事、武装干事。1947 年 7 月至 1952 年 12 月,任襄枣宜黄龙区工作组组长,中共黄龙区委组织委员、副书记。1952 年 12 月至 1953 年 4 月,任襄阳县党训班调查组支部书记。1953 年 4 月起,历任中共襄阳县姜沟区委书记、襄阳区委组织部长、襄阳县副县长、襄阳县革委会副主任、生产指挥组副组长、襄阳县人大常委会副主任、襄阳县人大常委会主任、襄阳县委顾问等职。1985 年 3 月离休(享受副厅级待遇),1999 年 3 月去世。

潘效纯(1935.11—1999.4),河南商丘人。1954 年 11 月加入中国共产党。历任南京第三炮兵技术学校步兵武器系学员、南京军械学校 11 连排长、南京军械学校政治部干部科干事。1975 年 8 月起,先后任总后襄北"五七"干校组织科干事、兽医大学干部处干事、总后干部学校训练部军事教研室协理员、后勤学校军政系军事教研室副主任、后勤学校学员队政治委员、后勤学校训练部后方教研室正团职教员、总后军事经济学院军需教研室副师职教员。1983 年 3 月离职休养,1999 年因病逝世。

郭芳钧(1925.12—1999.4),湖北竹溪人。1951 年 3 月加入中国共产党。1949 年 6 月至 1949 年 11 月,在竹溪鄂坪小学教书。1949 年 12 月至 1955 年 3 月,任中共竹溪县委会政策研究员、竹溪县委办公室副主任。1955 年 3 月至 1969 年 2 月起,历任襄阳地区农村工作部副科长、中共襄阳地区"五七"干校党支部书记、革委会秘书、地委办公室政策研究科科长、襄阳行署社队企业局副局长、襄樊市乡镇企业管理局顾问。1987 年 3 月离职休养,1999 年 4 月因病逝世。

蒋万庆(1924.6—1999.5),陕西宁强县人。1945 年 10 月参加工作。1947 年 11 月加入中国共产党。1945 年 10 月至 1948 年 5 月,历任战士、排长。1948 年 5 月至 1951 年 6 月,历任 3 军 7 师 19 团 2 营 6 连副连长、4 连连长。1951 年 6 月参加抗美援朝战争,任 3 军 7 师 19 团 2 营副营长、营长。先后参加包头、原平、八里庄、大同、高加保、杨州村、永丰镇等战斗。1962 年 8 月至 1965 年 9 月,任 1 军 7 师 19 团 1 营营长、副团长。1965 年 9 月至 1967 年 12 月,任湖北省石首县人武部部长。1967 年 12 月至 1982 年 10 月,先后任湖北省南漳县人武部部长、保康县人武部部长。1982 年 10 月离休,1999 年 5 月,因病在襄樊逝世,享年 75 岁。

郭兆明(1940.11—1999.5),广东鹤山人。1963 年 7 月毕业于北京轻工业学院硅酸盐专业,分配到成都光明器材厂任技术员。1970 年 12 月,调入湖北华光器材厂,先后任技术员、工程师、车间副主任、技术科副科长、总师办公室主任。1983 年 4 月加入中国共产党。1992 年 7 月起,历任副总工程师、副厂长、研究员级高级工程师。1992 年起享受政府特殊津贴,副厅级待遇。1999 年因病逝世。

张明山(1926.9—1999.8),辽宁省辽中县人。1947 年 8 月入伍,历任副班长、班长、排长、连长。1948 年 2 月加入中国共产党。3 月,为切断沈阳与长春之敌的联系,第 7 纵队首长命令进攻四平。时任副班长,主动请战,参加突击爆破班。指挥 3 名战士英勇果断炸毁敌碉堡,迎接大部队攻城。为全歼敌 88 师、3 个保安团、1 个骑兵团起了很大作用,被师首长记大功 1 次,并授予"勇敢奖章"1 枚,所带班受到师部通令嘉奖。1948 年 10 月参加辽沈战役,在攻打锦州外围罕王殿南山的战斗中提升为排长。在进攻锦州城战斗中,荣立大功 1 次,获奖章 1 枚。在平津战役中,升为副连长,又荣立大功 1 次。1949 年出席第 44 军英模大会,被评为"全面模范"。全国解放后,入第 25 步校学习,并兼区队长。后来任第 1 高级步校学员队长、副大队长等职。1970 年 8 月至 1983 年 8 月,历任谷城县、襄樊市人武部部长、随县干休所所长等职。1983 年 8 月离职休养。1988 年授予独立功勋荣誉章。1999 年 8 月,因病在襄樊逝世,享年 73 岁。

刘庆海(1929.5—1999.11),黑龙江双城县人。1946 年 2 月参加工作,1947 年 2 月加入中国共产党。1946 年 2 月至 1949 年 7 月,历任战士、排长。1949 年 7 月,任 164 师 436 团 2 营 4 连连长。1951 年 9 月,任 164 师 634 团 2 营营长。1952 年 10 月至 1970 年 2 月,历任汉口高级步校学员、队长、副大队长。1970年2月,任保康县人武部部长。1974年7月,任光化县人武部部长。1978年1月,任随县人武部部长。1979年1月,任襄阳军分区副司令员。1983年8月离休。1999年11月,因病在襄樊逝世,享年70岁。

郭光灼(1923.—1999.11),山东省利津县人。1946年10月参加工作,任山东省军区23团班长,翌年5月加入中国共产党。1948年,任山东省第9军分区9团政治处书记。1949年至1954年,任铁道公安21师政治部组织干事。1954年起,历任陆军第64军190师政治部干事、炮团股长、长春第二政治干校学员、陆军第64军190师炮团股长、教导员等职。1964年转业,后任沈阳蓄电池厂政治部主任。1970年至1984年8月,任中共湖北汽车蓄电池厂、灯具厂党委书记。1984年8月离职休养(享受副厅级待遇),1999年11月病逝。

李向前(1911.6—1999.11) 河北曲周县人。1942年7月参加工作,1945年6月加入中国共产党。历任永年县抗日救国会秘书,中共永年县委会秘书。1948年南下,历任随阳县二区区长兼中共随阳县委副书记、中共随北县吴山区委副书记、吴山区副区长,中共随县县委会秘书、县委组织部长、县委副书记兼随县县委监委会书记、襄阳地区科委副主任等职。1972年6月离职休养,1999年11月病逝。

刘传贵 (1927.7—2000.3), 湖北荆门人。1945年5月参加工作,1948年10月加入中国共产党。1945年5月至1951年5月,历任湖北独立2旅33团战士、排长、副连长。1951年1月至1981年,任湖北省建始县大队副政治指导员,建始县人武部科长、副政治委员、政治委员。1981年至1982年1月,历任襄樊军分区政治部副主任、襄阳地委常委、军分区副政治委员。解放战争中,先后参加荆门、清水河、长岭岗、江陵和恩施等战斗。1982年1月离休。2000年3月,因病在襄樊逝世,享年73岁。

朱世雄(1922.2—2000.3),湖北江陵人。1940年12月,在江陵县独立营参加革命工作并入党。1942年3月,为荆门县抗日宣传队队员。1942年7月至1943年3月,在第五师党校公安学校学习。1943年3月至1945年8月,任云梦县公安局干事、手枪队队长。1945年8月至1947年4月,任二纵保卫部保卫队副指导员。1947年4月至11月,任13旅干事。1947年11月至1949年11月,历任洪山县清潭区土改队员、中山口税务所主任、洪山县税局局长。1949年11月至1957年9月,历任襄阳专署税局科长,光化县税局局长,襄阳专署财政科副科长、审干办公室副主任、办公室秘书等职。1951年在专税局评功选模时,被评为一等功臣。1959年9月至1966年11月,历任农机供应站站长、农机局副局长、局长等职。“文化大革命”期间,被迫停职。1969年5月后,历任襄渝铁路民兵师后勤组长、副师长。1971年至1983年12月,历任襄阳地区农林局负责人、襄阳地区农机局局长、襄阳地区行署农办副主任。1983年12月离休,2000年3月因病逝世。

洪克川(1917.10—2000.4),浙江慈溪人。1942年11月参加新四军抗日游击纵队,后在余上办事处工作,同年12月加入中国共产党。1943年至1945年8月,任浙东游击区马注区指导员,临山区指导员、代区长。1945年9月至1948年12月,任新四军一纵政治部组织干事、后方政治处干事、股长。1948年1月至1950年10月,历任中国人民解放军三野20军军后战地工作队队员、战地行政处书记、辎重营3连政治指导员。1950年10月至1952年12月,任抗美援朝志愿军20军总兵站干事。1952年12月,在陆军第29医院休养中转业。1953年1月在黑龙江省干部学校学习。1953年3月至1969年9月,任中共国有475厂基建科党总支书记、党委组织部副部长、党委监委副书记、党委办公室主任。1969年10月至1973年9月,任国有295厂指挥部后勤组组长、办公室主任、材运总支协理员。1973年10月至1982年9月,任中共国有365库党委书记。1982年10月离职休养(享受副厅级待遇),2000年4月病逝。

刘继和(1924.3—2000.6),山东夏津县人。1944年9月任夏津村民兵指导员,同年9月加入中国共产党。1945年10月至1947年7月,任夏津村党支部书记、武委会政工干事。1947年7月随军南下,任连长。1948年8月至1956年,先后任谷城县庙滩区公安助理、副区长、区长,中共庙滩区区委书记,中共谷城县委宣传部副部长。1954 年 4 月至 1955 年 9 月，任湖北森林—T. qk 局科长。1955 年 9 月至 1965 年 9 月，任中共襄阳县委宣传部部长、县委副书记。1965 年 4 月至 11 月，任中共襄樊市煤炭矿区党委书记。1979 年至 1983 年任襄阳地区交通局副局长。1983 年 12 月离休(享受副厅级待遇)，2000 年 6 月病逝。

卫伯九(1924.10—2000.8)，山西洪洞县人。1938 年 3 月参加工作，同年 9 月加入中国共产党。1939 年 4 月至 1941 年 8 月，在八路军晋西支队延安中央发行部解放社新华书店工作。1941 年 9 月至 1949 年 2 月，历任军委三局通信学校学员、陕甘宁边区关中分区电台报务员、延安联司通讯队学员、358 旅电台报务员。1949 年 2 月至 1950 年 4 月，任一军司令部电台队长。1950 年 4 月至 1954 年 4 月，历任中国人民解放军一军骑兵支队通信股长、一军通信处参谋、一军炮兵司令部通信科副科长。1954 年 5 月至 1966 年 9 月，任军事电讯工程学校教研室教导员、资料处副处长。1966 年 10 月至 1969 年 9 月，任中共西北机器厂(709 厂)代理党委书记、革委会主任。1969 年 9 月至 1979 年 9 月，任国有建昌机器厂工地指挥长、革委会主任。1979 年 10 月至 1983 年 4 月任中共国有建昌机械厂党委副书记、厂长。1983 年 5 月至 1985 年 3 月，任国有建昌机器厂顾问。1985 年 3 月离休，2000 年 8 月病逝。

张法正(1927.5—2000.8)，山东寿光县人。1948 年 6 月参加革命工作，即进入华东大学学习。1949 年 2 月随军南下，任解放军九兵团司令部作战处文印员。1950 年 6 月加入中国共产党。同年 11 月，加入抗美援朝队伍，任志愿军九兵团情报处书记、步兵 67 师通讯参谋。1954 年回国后任解放军南京空军通讯团 7 连政治指导员、3 营副教导员、教导员。1969 年 4 月任沈阳空军通讯团副团长、团党委常委。1976 年转业，先后任襄樊汉江机械厂任政治部主任、工会主席、副厂长等职。1984 年离休。1990 年 8 月被航空工业部批准享受副司局级待遇。2000 年 8 月病逝。

黎镜如(1938.9—2000.8)，女，湖南益阳市人。1961 年毕业于湖北医科大学医疗系，分配到襄樊市中心医院儿科工作。1986 年、1987 两年，在阿尔及利亚做援外医疗工作。1986 年起，先后在省级以上刊物及学术会议上发表交流的论文 54 篇。被评为主任医师，曾任儿科副主任、主任，同济医大兼职教授，湖北省儿科学会委员，襄樊市儿科学会主任委员。1995 年 10 月，被选任襄樊市农工党副主任委员。历任襄樊市人民政协常委、襄樊市海内外联谊会委员。1995 年，中共襄樊市委、襄樊市政府授予“党外各界人士岗位建功先进个人”称号。1996 年，襄樊市政协授予“优秀提案先进个人”称号。后加入中国共产党，曾任襄樊市法院、监察局、审计局监督员。2000 年 8 月去世，享年 62 岁。

张金全(1927.4—2000.9)，山东诸城县人。1944 年 10 月至 1947 年 10 月，任解放军滨海支队 1 纵警卫员、副排长。1945 年 10 月加入中国共产党。1947 年 10 月至 1953 年 11 月，历任东北军政大学学员、排长、副连长，中南军政大学中队长。1953 年 11 月至 1963 年 8 月，任解放军高级通信学校中队长、解放军通讯学院班主任。1963 年 8 月至 1965 年 6 月，任总字 924 部队行政处军务科长。1965 年 6 月至 1975 年 3 月，任三机部 6 院 7 所劳资行政科长、609 研究所办事组负责人。1975 年 3 月至 1983 年 5 月，任航空工业部 609 研究所所务处副处长。1983 年 6 月离休，1983 年 7 月被航空工业部批准享受司局级待遇。2000 年病逝。

彭洪志(1919.5—2000.9)襄阳县双沟镇人，1919 年 5 月生于双沟镇一农民家庭。1935 年 5 月参加中国工农红军，9 月到红二方面军三军团六师电台当报务员。参加了著名的二万五千里长征。1937 年 1 月加入中国共产党。抗日战争爆发后，任八路军 120 师师部报务员、358 旅旅部电台队队长、晋绥 2 分区电台队队长、晋绥军区报讯队队长、西北通信学校副校长、西北军区通讯联络处副处长、西北邮电学校校长等职。新中国成立后，1952 年 1 月任西北邮电学校校长，后担任西安电信局局长、西北邮电管理局副局长、邮电部监察室副主任、邮电部邮电科学技术研究院党委书记、中央监委驻邮电部监察组副组长、邮电部党组成员、邮电部副部长，1983 年 12 月离休。因病于 2000 年 9 月 28 日在北京逝世。享年 81 岁。

蒋顺鼎(1910.9—2000.11),襄阳县人。1937年4月参加工作,同年4月加入中国共产党。离休前任四川省宜都县农业局副局长。1983年4月离职回乡休养(享受副厅级待遇),2000年11月病逝。

何廷文(1928.7—2000.12),曾用名长命,四川梓潼县人。1947年9月至1955年4月,在中国人民解放军第7师19团,先后任战士、副班长、副排长、排长、指导员、组织干事等职。1948年8月加入中国共产党。1952年冬,参加抗美援朝。1955年4月至1957年9月,在汉口高级步校学习。1957年9月至1967年11月,在一军7师19团干部处任助理员。1967年12月至1981年11月,先后任中共枣阳县人武部党委委员、襄樊市人武部党委副书记、随县人武部政委、襄阳军分区政治部副主任等职。1981年11月至1989年12月,任襄樊市气象局局长、中共襄樊市气象局党委书记、纪委书记。1989年12月离休(享受副厅级待遇)。曾获解放奖章1枚、记一等功1次、二等功1次。2000年12月30日病故,享年73岁。

石甫生(1923.5—2001.2),河南省林州人。1945年参加革命工作,任民兵连长,1946年加入中共党员。1947年11月至1949年,随刘邓大军南下,任湖北省随县洛阳区区长、政委。领导和组织群众在剿匪反霸、减租减息等一系列斗争中出生入死,为开辟新区,巩固新生的革命政权屡建功勋。1949年至1952年,任随县县委宣传部副部长。1952年至1957年,为湖北省委组织审干办公室干部。1957年至1965年,任襄樊市市委常委、农工部长、副市长。1965年至1981年,任襄阳县农机局长、建委主任、政协副主任。在社会主义革命和建设时期,为襄樊填补了很多工业和农业的经济空白,如旱地改水地、种小米改种大米,引进高科技、新品种等。1981年离休。1985年10月经省委组织部批准,享受副地级待遇。2001年2月因病去世。

徐家馨(1923.10—2001.2),湖南保靖县人。1938年9月至1946年7月,在保靖县中学学习期间,参加过旅外学生服务团和童子军训练,开始接触进步思想,宣传抗日。1946年11月,入武汉大学学习。1948年加入江西同乡会。1949年7月至9月,由武大新青社调入华中团校培训,由新青社成员转为新民主主义青年团团员。同年10月大学毕业,分配到黄石市团委工作。1952年8月加入中国共产党,调共青团华新水泥厂任总支书记。历任华新团工委宣传部长、计划科统计股长、细磨车间主任。1958年8月被错划为"右派分子",1963年3月摘掉右派帽子,1975年3月恢复党籍、恢复工资级别。1975年9月,调光化水泥厂物资科工作。历任物资科副科长、科长。1983年10月离休(享受副地级待遇),2001年2月病逝。

郝三林(1928.9—2001.3),山西左权县人。1946年9月参加工作并加入中国共产党。历任解放军三纵队8旅、十纵队29旅、谷城县公安队通信员、警卫员、排长。1949年9月至1955年6月,曾任襄阳地区公安大队副队长、副连长。1955年7月至1956年5月,曾任湖北省公安2团1营3连连长。1956年6至1963年6月,任襄阳地区民警大队指导员。1963年7月至1971年1月,任南漳等县民警中队队长。1971年2月至1978年9月,任汉川县人武部军事科长、副部长。1978年10月至1989年3月,任国营建昌机器厂副厂长、调研员。1989年4月离休,享受副地级待遇。2001年病逝。

黄鼎铭(1925.6—2001.6),山东沂水人。1944年3月参加工作,1945年1月加入中国共产党。1943年1月至1947年12月,在山东沂水老家先后任村青救会会长、区青年干事、青救会副会长等职。1948年1月至1949年2月,南下湖北,先后任南下干部队分队长和南漳板桥区办事处主任。1949年3月至1954年1月,先后任中共襄阳县泥咀区委副书记、书记,襄阳县委委员兼朱坡区委书记。1954年2月至1965年8月,先后任中共襄阳县委组织部副部长、部长、县委常委、农工部长。1965年9月至1969年,任襄阳专署农业办公室秘书。1970年至1979年2月,先后任引丹工程管理局管理处副处长、副局长、中共引丹工程管理局管理处党委副书记。1979年3月至1983年5月,先后任襄阳地区水利局副局长兼中共三道河工管局党总支书记、党委书记。1983年6月至1985年5月,先后任襄阳地区水利局副局长、中共襄阳地区水利局党组成员、襄樊市水利水产局顾问。他热爱水利事业,尽职尽责于引丹大渠和三道河水库的维护管理,科学合理调水管水,为防汛抗旱和确保农业丰收做出了贡献。为渠道和库区的绿化付出了心血。1985 年 6 月离职休息,享受副师级待遇。2001 年 6 月因病逝世。

周德芳(1925.5—2001.10),湖北沙洋人。1943 年 7 月入伍,1945 年 1 月加入中国共产党。先后参加中原突围、秦口、高山铺、亳州、鄢陵、扶沟、周口、老新口、浩口、周家矶等战役战斗。获独立自由奖章、独立功勋荣誉勋章各一枚。曾任襄樊军分区顾问,1980 年 7 月离职休养(副师职)。2001 年 10 月,因病在襄樊逝世,享年 76 岁。

高成章(1924.6—2001.11),山西洪洞县人。1944 年 2 月入伍,1944 年 5 月加入中国共产党。历任武委会干事、主任、副科长、军分区办公室主任、省兵役局动员科长,人武部副部长、部长、湖北省军区动员处处长、襄阳军分区副司令员等职。1976 年离职休养,2001 年 11 月, 因病在襄樊逝世, 享年 77 岁。

杨学礼(1928.1—1999.11), 原籍南漳县涌泉,汉剧皮影艺人。1941 年,迁谷城定居。与谷城开茶馆的肖斗三结识,合伙在南河边开办皮影茶社。后来,茶社地址经过 4 次迁移。演出用的皮影都是亲自设计、雕刻。形象逼真、栩栩如生,引人喜爱。由于技艺娴熟,唱腔圆润,群众都踊跃观看演出,茶社生意红火。1956 年又与其他两家茶社组建汉剧皮影。1964 年与石花越调皮影队合并组建“谷城曲艺队”,分两个班组展开演出活动。除固定演出外,1966 年后还深入谷城山区的五山、紫金、粟谷、南河等地演出。一起进山的还有徐佑卿、肖斗三、陶保洪、邱福、叶祥成等人。他们为传承中国的皮影艺术,使之发扬光大,服务于谷城人民的文化事业作出了功不可没的贡献。1979 年,在谷城城关鸭子坑继续开皮影茶社,深受当地群众赞许。直至 1997 年,因年事已高告别皮影戏曲舞台,到襄樊市福利院养老。1999 年 11 月病逝于福利院,终年 71 岁。

张晓初(1917.11—2000.11),河北武强县人。1939 年 5 月参加革命工作,同年 7 月加入中国共产党,任村抗日团体文教主任。同年 10 月在华北联合大学学习,任学习班排长。1941 年 10 月任武强县造纸粉笔厂厂长。1942 年 7 月因日寇“五一”大扫荡与党组织失去联系,在长春新站做流动木工。1945 年 7 月任武强县五区城工委委员。1946 年 3 月在本县二区工作,先后任实业科科员、二区区长、代理区委书记。1947 年 7 月随军南下到湖北,任大洪山茅茨区区长、代理区委书记。1948 年 10 月起,历任洪山专署工商局建设股股长、洪山专署襄花路局局长,湖北省航运局任副科长,湖北省船舶修造厂厂长、党委书记,湖北省交通厅航运局副局长兼船舶修造厂党委书记、湖北省交通厅机务材料处处长,湖北省经济委员会企业管理处处长等职。1965 年 9 月至 1972 年 11 月,任襄阳专署副专员。1972 年 11 月至 1978 年 10 月,历任襄阳地区革命委员会副主任、中共襄阳地委委员兼地区革委会工交办公室主任、襄阳地区行政公署副专员等职。1983 年 12 月离休,2000 年 11 月因病逝世。

祝钟芝(1930—2001.2),枣阳七方镇人,1948 年参军入伍。随参加长江渡江战役,获得渡江战役勋章一枚。参加了解放江西、浙江、福建、广东、贵州、广西直到云南的战斗,加入共产党。1950 年任排长,参加建设滇西巩固国防剿匪征粮等工作,荣立二等功。剿匪胜利后驻防云南省峨山县,任 35012 部队 117 团连长。1950 年考入湖南长沙陆军军事学院学习。1953 年 5 月至 1956 年 12 月,参加了军事干部集训、昆明军区炮兵干部训练大队、在职军官政治理论学习。后任团长,在云南抗震抢险中,受到嘉奖。在自卫反击战中,荣获纪念章和纪念品。1979 年 9 月,转业到湖北化纤厂任厂办主任。在职期间舍己为人,厂里为了解决一批干部家属转入工作时,固定名额只有十一名,但实有十二人要解决,他二话没说,放弃了自己老伴的工作。他自己子女没有一人提干、进科室。1985 年任厂纪委书记。同年 5 月,因患脑血栓病退,2001 年 2 月病逝。

张殿铎(1926.11—2002.1),山东东阿县人。1940 年 3 月参加工作,1945 年 6 月加入中国共产党。1940 年 3 月至 1947 年 3 月,历任通信员、交通员、文化干事。1947 年 3 月至 1949 年 11 月,历任中国人民解放军第二野战军 1 纵 5 团 3 连副指导员、政治部警卫连指导员。1949 年 11 月起,历任 16 军警卫营副教导员、西南军区总干部部志愿军干部助理员、解放军政治学院学员、炮兵工程学院专科政治委员、湖北省公安总队干部科科长、襄阳军分区政治部副主任等职。曾参加过东阿县、茌平县、热河八河、张家口、安阳和西台集、淮海战役和进军大西南、贵州剿匪等战役战斗。1982 年 4 月离休,2002 年 1 月,因病在襄樊逝世,享年 76 岁。

毕希圣(1925.5—2002.2),河北丰南县人。1944 年 5 月参加工作,1945 年 12 月加入中国共产党。1944 年 5 月至 1947 年 11 月,历任晋察冀北方分局敌工训练班学员,京西昌宛县武工队队员、区青救会主任、行政秘书。1947 年 12 月至 1948 年 3 月,随军南下,历任南漳县巡检区工作队员、副区长、区长、武镇镇长。1951 年 8 月至 1958 年 3 月,历任中共襄阳地委宣传部干事、教育科长。1958 年 4 月至 1960 年 2 月,任中共襄阳报社党支部书记、襄阳报社社长。1960 年 3 月至 1966 年 8 月,历任中共襄阳地委宣传部副部长、部长、地委委员。1966 年 9 月至 1972 年 5 月,在中共襄阳地委“五七”干校学习。1972 年 6 月至 1972 年 11 月,任襄渝铁路民兵师师长。1972 年 12 月至 1983 年 1 月,任襄阳地委宣传部副部长、地方志办公室副主任。1985 年 12 月离休,享受副厅级待遇,2002 年 2 月病逝。

袁树华(1922.5—2002.2),枣阳人。1945 年 8 月至 1949 年 6 月就读于湖北师范学院。1949 年 7 月至 1952 年 9 月,任襄阳联中(现襄樊五中)教员、教导主任。1952 年 10 月至 1961 年 7 月,任襄阳地区农业学校教导主任。1961 年 8 月至 1972 年 7 月,任襄樊市第一中学教导主任。1972 年 8 月至 1989 年 7 月,复任襄阳地区农校教导主任。为襄樊市第三、第四届政协委员,第五、第六届政协常委、第七届襄樊市政协副主席。1990 年 8 月退休,享受副厅级待遇,2002 年 2 月病逝。

李新(1923.11—2002.5),曾用名新阳,河北清河县人。1944 年 4 月参加工作,1945 年 7 月加入中国共产党。1943 年至 1944 年,在清河联乡小区任公安员。1945 年至 1947 年 7 月,在山东高唐县三区区委会工作。1947 年 7 月至 1948 年 7 月随军南下,任副指导员。1948 年 7 月至 1948 年 12 月,为湖北南漳县武镇区工作人员。1949 年 1 月至 1953 年 2 月,先后任襄阳县泥咀、尹集、欧庙等区区长、中共区委会书记等职。1953 年 3 月至 1958 年 10 月,任中共襄阳县委组织部部长、县委副书记、书记处书记。1958 年 11 月至 1965 年 9 月,任中共丹江工程局党委委员、开挖局书记,襄阳专署水利局副局长。1966 年 5 月至 1970 年 6 月, 任中共南漳县委副书记、革委会副主任等职。1970 年 7 月至 1974 年 7 月,在农村劳动。1974 年 8 月至 1977 年 5 月,任南河电站工程指挥部副指挥长、中共南河电站工程指挥部党委副书记。1977 年 6 月至 1982 年 12 月,任襄阳地区气象局副局长。1984 年 1 月离休(享受副厅级待遇),2002 年 5 月病逝。

赵汝杰(1927.3—2002.5),山东冠县人。1939 年 5 月参加革命工作,1944 年 4 月加入中国共产党。1939 年 5 月至 1942 年 3 月,任山东冠县县委通信员。1942 年 4 月至 1946 年 6 月,任济南第七专署机要员、第七区政工员。1946 年 7 月至 1948 年 3 月,任桐柏敌后武工队分队长。1948 年 4 月至 1949 年 9 月,任汉南 85 团保卫干事。1949 年 10 月至 1951 年 11 月,任襄阳军分区政治部秘书、襄阳县县大队副政委。1951 年 12 月至 1952 年 8 月,任谷城县人武装部长。1952 年 9 月至 1954 年 3 月,任光化县人武部长。1954 年 4 月至 1958 年 6 月,任襄阳军分区政工科长。1958 年 7 月至 1963 年 5 月,任襄阳军分区襄樊市人武部政委。1963 年 6 月至 1967 年 8 月,任襄阳军分区政治部主任。1967 年 9 月至 1969 年 3 月,任宜昌军分区政治部主任。1969 年 4 月至 1971 年 2 月,任咸宁军分区副政委。1971 年 3 月至 1973 年 6 月,任湖北省体育局政委。1973 年 7 月至 1982 年 1 月,任宜昌军分区副政委。1982 年 1 月离职休养,副师级。2002 年 5 月病逝。

陈江清 (1925.1—2002.5), 湖北云梦县人。1943 年 11 月参加新四军,1945 年 1 月加入中国共产党。历任警卫员、班长、排长、副连长,曾先后参加大悟山、江阴店、丁家店、小白岭、五里坪战斗和中原突围战。解放后历任洪山大队副连长、连长、指导员,平林区武装部长,保康兵役局政工社长、副政委,光化县人民武装部副政委、政委,南漳人民武装部政委。1980 年 10 月离职退养,享受副师级待遇,

2002年5月病逝。

罗天佑(1924.8—2002.5),襄阳县人。1948年7月参加工作,1950年4月加入中国共产党。1948年7月至1951年7月,任部营乡农会主席。1951年7月至1953年11月,先后任中共姜沟区组织干事,宣传委员,姜沟区副区长。1953年11月至1963年6月,先后任中共伙牌公社党总支书记,伙牌区委副书记、管委会主任。1963年6月至1974年10月,先后任中共欧庙区委副书记、书记。1974年10月至1978年9月,任中共襄阳县县委委员、县农办副主任。1978年9月至1980年12月,任中共襄阳县县委委员、县贫协主任。1980年12月至1983年12月,任中共襄阳县县委委员、县人大常委会副主任。1983年12月至1985年11月,任襄阳县委巡视员。1990年12离休。2002年5月因病去世。

赫龙山(1929.11—2002.7),山东汶上县人。1945年9月参加工作,1947年3月加入中国共产党。1945年9月至1950年9月,任16军48师14团1营战士、随营学员。1950年10月至1951年10月,任川南军区泸州军分区古宋三区区队长。1951年11月至1955年3月,先后在川南军区教导团5队、第2炮校1大队1中队学习。1955年4月至1960年5月,历任15军炮兵教导营参谋长、基干团85加农野炮营营长。1960年6月至1961年4月,任15军炮基干团司令部队列股长。1961年5月至1964年4月,任炮二师后勤处副处长。1964年5月至1965年11月,任襄阳军分区司令部管现科科长。1965年12月至1976年5月,历任随县、南漳、襄樊市人武部副部长。1976年6月至1992年1月,任湖北石棉制品厂副厂长。1992年2月离休(享受副厅级待遇),2002年7月病逝。

梁绍庭(1919.10—2002.11),河北威县人。1937年2月参加工作,1946年9月加入中国共产党。1937年2月至1938年1月,任威县章华堡小学教员。1938年2月至1947年10月,在威县中心村抗日联合救国会工作,历任主任、委员、区长。1947年11月至1948年8月随军南下,任政治指导员。1948年9月至1952年4月,任湖北省光化县工商局局长。1952年5月至1954年12月,任襄阳专署工商科副科长、科长。1955年1月至1971年12月,先后任襄阳专署商业局副局长、局长,化工局局长,轻工局局长,工业局局长。1972年1月至1982年11月,任襄阳地区建委副主任。1982年12月离休(享受副厅级待遇),2002年11月病逝。

甄永春(1927.11—2003.1),山东齐河县人。1947年6月参军为冀鲁豫齐河县独立营某班班长,并加入中国共产党。1949年10月至1952年12月,在贵州军分区153团警卫连任排长、连长。1952年12月至1963年5月,历任空军7预校2中队中队长,武汉军区空军工程营连长、副营长。1963年5月至1976年7月,历任空军工程兵6团作训股股长、团副参谋长、副团长,空军46库副主任。1976年7月至1982年8月,任空军襄樊航材库主任。1982年8月离职休养,副师职待遇。2003年1月,因车祸逝世。

赵增庆(1925.10—2003.3),河北易县人。1947年2月参加工作,同年加入中国共产党。1948年4月南下。历任湖北荆钟宜县盐池区乡长、副区长。新中国成立后,历任宜城县小河区副区长、区长,中共小河区区委副书记,宜城县县委组织部干事、县第七区、第一区区委书记、宜城县委宣传部部长。1955年7月起,先后任中共宜城县委副书记、书记,中共谷城县委书记,襄渝铁路民兵师副师长,中共光化县革委会副主任、县革委会主任,中共襄阳地委委员、襄阳地区革委会工交办公室副主任、襄阳地委统战部副部长、襄樊市委统战部顾问等职。1985年5月离职休养(享受副厅级待遇),2003年3月因病逝世。

宫润盛(1925.2—2003.4),山东乳山县人。1943年7月加入中国共产党。历任八路军胶东军区13团战士、通信员、警卫员、班长、连长。1945年11月至1948年3月,先后在山东省乳山县人民政府民政科、司法科、实业科工作。1948年3月至1956年1月,历任华东局军政干部大学南下大队副分队长,湖北省随县工商所主任、税务所主任、税务局副局长、局长,中共随县县委委员。1956年1月至1971年3月,历任襄阳地委财贸部干部科科长,枣阳县财贸部部长、经委副主任、计委主任,枣阳县人民委员会副县长、县革命委员会常委、第一副主任、党的核心小组副组长。1971 年 3 月起,历任中共襄阳地区百货站党支部书记,中共襄阳地区商业局党委副书记、商业局副局长,中共襄阳地区外贸局党总支书记、外贸局局长,中共襄樊市商业局党组副书记、商业局顾问等职。1985 年 6 月离休,副厅级,2003 年 4 月病逝。

靖汝衡(1925.10—2003.5),山东临沭人。1943 年 6 月参加工作,为抗日小学教员。1945 年 2 月至 1948 年 2 月,先后为山东省沭水县青云区公所文书、临沂县政府收发员、临沂县委司法科干事。1948 年 2 月随军南下,任江汉军区襄西分区荆钟宜县盐池区署秘书。1949 年 3 月起,历任荆钟宜县委交通股长、宜城县邮局局长、光化县邮局局长、光化县邮电局局长、中共光化县委办公室副主任、光化县委工交部长兼河口镇委书记、光化县委副书记、襄阳电力公司党委书记、襄阳地区电力局党委书记、襄樊供电局党委书记等职。1985 年 4 月离休(享受司局级)。2003 年 5 月病逝。

张松斋(1926.3—2003.5),山东栖霞人。1945 年 2 月参加工作,为山东栖霞独立团战士。6 月加入中国共产党。1945 年 10 月起,历任东北辽南 4 团 7 连班长,36 团副排长、代排长、副指导员、指导员、后勤处协理员、干部处副处长、处长,中国人民解放军 11 军 123 师军务科长,守备 22 师军务科长等职。1961年6月至1983年3月,历任国防科工委第6研究所军务处副处长、国防科工委第6研究所 603 所行政处副处长、608 所副所长、610 所副所长。1983 年 3 月离休(享受副厅级)。2003 年 5 月病逝。

王东明(1927.7—2003.9),山东牟平人。1944 年 7 月参加工作,至 1947 年 12 月,历任山东平东县政府会计、科员,南村征收所所长。1948 年南下后,历任光化县税务所主任、县税务局秘书,襄樊市襄城税务所所长,襄阳专署税务局副科长、科长、副局长,襄阳地区税务局副局长、财政局副局长,襄阳地区税务局局长,中共襄阳地区税务局党支部书记,襄阳地区财政局副局长,中共襄阳地区外贸局党组书记、外贸局局长。1985 年 5 月离休(享受副厅级待遇),2003 年 9 月病逝。

刘子玉(1912.11—2003.11),曾用名清璞,山东莱芜人。1938 年 8 月加入中国共产党,于双龙岭村抗日小学任教员。1945 年 8 月至 1948 年 1 月,先后在莱东县公安局、鲁中专署公安局、博山县公安局从事便衣侦查和文秘工作。1948 年 2 月随解放军南下,转战到保康县,任县公安局审计股长。1951 年 7 月,调襄阳专属公安处工作,历任秘书科副科长、科长、劳改科科长。1956 年 5 月,调襄阳医士学校(襄阳地区卫校前身)工作,历任中共襄阳医士学校支部书记、校长。医士学校创办初期,没有校舍,组织师生盖了三间草屋做教室,没有课本,自编自刻自印,没有教具自己制作。缺师资,就聘专署人民医院的医生兼任。在艰苦的环境中创造条件努力开展教学活动,先后建起了化学、物理、解剖、细菌四个实验室。1974 年 10 月离休。2003 年 11 月 17 日,因病去世。

吴怀宝(1921.2—2004.4) ,河北涞水县人。1940 年 10 月加入中国共产党。1940 年至 1948 年 1 月,历任河北涞水县岭南台村财粮委员、第四区工商助理员、涿鹿县农会秘书。1948 年 2 月至 1949 年 2 月,任荆钟县栗濮区财政助理。1949 年 3 月至 1952 年 8 月,任宜城县小河区副区长、中共宜城县委会政策研究员、宜城县郑集区区长。1952 年 9 月至 1953 年 5 月,任宜城县建设科科长、中共宜城县委办公室副主任。1953 年 6 月至 1958 年 12 月,任中共宜城县郑集区区委书记、宜城县财贸部副部长、宜城县委农工部部长。1959 年 4 月至 1961 年 4 月, 任中共宜城县官埝公社党委书记。1961 年 5 月至 1965 年 10 月,任中共宜城县委副书记。1965 年 11 月至 1968 年 10 月,任襄阳地区水利局副局长。1968 年 11 月至 1971 年,在地区"五七"干校劳动。1972 年至 1974 年 11 月,任襄阳地区水利局副局长。1974 年 11 月至 1983 年 10 月,任襄阳地区科委副主任。1983 年 12 月离休,2004 年 4 月因病逝世。

杨润吾(1922.11—2004.6),河北隆尧人。1944 年 6 月参加革命工作,1949 年 3 月加入中国共产党。先后任河北省隆平抗日县政府教育科科员、副科长。1947 年南下,历任湖北省宜城县财政科科长,湖北省花纱布公司襄阳分公司经理,襄阳地区行署财委副主任、主任、襄阳地区行署副专员、地委委员,襄樊市人民政府顾问。1985 年 6 月离休,2004 年 6 月因病逝世。

袁良栋(1925.10—2004.6),光化袁冲人。1948年1月至1948年5月,在桐柏3分区工作。1948年6月至1949年3月,在桐柏行署工作。1949年3月至1952年,在光化县第6区工作。1949年10月加入中国共产党。历任区长、区委书记。1952年至1955年,任光化县人民政府县长。1956年至1982年,因历史问题被撤职,务农。1982年3月至1983年3月,任襄阳地区行署粮食局副局长。1983年3月离休(享受副市长级待遇),2004年6月病逝。

左兆松(1929.8—2004.12),山东莱阳人。1943年8月参加中国人民解放军,任胶东五师14团通信兵。1945年1月加入中国共产党。1944年11月至1948年8月,任四野四纵队10师29团2连班长、代连长。1948年8月至1949年7月,在东北军政大学学习。1949年7月至1954年9月,任武汉公安总队2团副连长、连长、营长。1954年9月至1955年11月,任武汉总安总队84团1营任营长。1955年7月被授予独立自由奖章和解放奖章。1955年11月至1957年4月,任武汉公安总队53团副团长。1957年4月至1958年8月,任襄阳县兵役局第二局长(正团级)。先后参加过辽沈、平津战役和塔山阻击战。1946年被评定为一等伤残革命军人。任襄阳县粮食局副局长期间,多次受到县委表彰。“文化大革命”期间,多次被批斗,但为了保护粮食仓库的安全,冒着生命危险,坚守岗位,使得国家资产未受到损失。1991年2月离休。2004年12月,因病逝世。

贾敏德(1927.11—2005.1),山西宁武人。1942年1月入伍,1947年3月加入中国共产党,1944年1月,任山西省忻山亭支队侦察员;1949年5月至1956年1月,任陕西省李泉县25团参谋、侦察股长;1956年1月,任第1军直属工兵营营长;1961年,任第1师司令部工兵科科长;1965年8月,任工程兵建筑301团团长;1966年3月,任湖北省军区司令部工程处处长;1969年9月,任湖北省军区国防工办副主任兼生产指挥组长;1974年6月,任襄阳军分区副司令员。先后参加保卫延安、瓦子街、榆林、沙家店、宝鸡、兰州和抗美援朝等战役战斗。荣获三级自由独立勋章、解放勋章、朝鲜三级国旗勋章和独立功勋章各一枚。1982年2月离职(副师职)休养。2005年1月,因病在襄樊军分区民主西路干休所逝世,享年78岁。

罗树爱(1934.6—2005.2),湖北黄陂人。1950年毕业于湖北省财经干部学校,同年3月参加工作。至1952年,先后任郧阳地区粮食局、组织部干事,同年7月加入中国共产党,12月调襄阳地委组织部任干事。1959年5月调襄阳专区新华书店任副经理。1984年10月地市合并为襄樊市新华书店,任副经理并主持书店全面工作。翌年10月后任经理和党总支、党委副书记。1989年取得高级经济师任职资格。在职40余年,酷爱学习,笔耕不辍。与人合编《襄樊市新华书店40年》一书铅印出书,撰写发表研究图书发行论文、文章12篇。业余写文艺小说和记学习笔记200余万字。1986年始,带领全市书店率先进行会计达标和经营承包改革,受到系统领导赞扬。1993年6月,承建书店“娱乐城”大楼工程姓陆的包工头私下送给他2000元作为答谢。他想到自己“要清清白白做人”,“这是不义之财不能要”。第二天他将2000元交给书店财务科。同年,他被湖北省人事厅、新闻出版局评为“全省新闻出版系统先进工作者”。他生前的信念为:“只知默默奉献,没有惊人表现;只知永不疲倦,没有自我陶醉;只知鞠躬尽瘁,没有个人企求。”1994年11月退休后继续参与社会活动。1997年10月,当选为襄樊市台胞台属联谊会第二届理事会副会长、副秘书长。1999年1月,当选为政协襄樊市委员会第十届委员。2005年2月9日,因患心脏病医治无效逝世,享年71岁。

周金贵(1924.7—2005.2),河北南宫县人。1947年2月入伍,1947年7月加入中国共产党。历任战士、班长、排长、连长、副营长,襄阳县人武部副部长,丹江水库农工开挖师师长,襄阳军分区训练队队长,均县人武部部长,襄阳军分区副参谋长等职。他参加解放战争和朝鲜战争,荣立大功1次、二等功5次、三等功3次,被湖北省政府授予劳动模范。1977年1月离休,2005年2月,因病在襄樊逝世,享年81岁。

江会平(1967.1—2005.2),湖南永兴人。1985年11月加入中国共严党。1990年国防科技大学应用化学专业硕士研究生毕业，同年在航天科技集团公司四院42所参加工作。先后任42所6室副主任、党支部书记、科技处副处长、所长助理兼科技处处长、四院科研生产部副部长、42所党委书记等职（正厅级）。2005年2月，因车祸逝世。

徐卫民(1928.10—2005.5)，山东阳谷县人。1945年2月参加革命工作，至6月在冀鲁豫军区学校学习。1945年6月至1946年1月，任冀鲁豫军区司令部见习参谋。1946年1月至1948年3月，任野战一纵队学校宣传干事。1947年5月加入中国共产党。1948年3月至1949年，任安应县政府秘书。1949年至1950年，在中共湖北省委干部学校学习。1950年至1951年，任中共湖北省委招待处组织干事。1951年1952年，任湖北省联运公司科长。1952年至1954年，任湖北省运输局襄樊总站站长。1954年至1958年，任中共襄樊公路运输管理处党委书记。1958年至1962年，任襄阳行署交通局局长。1962年至1966年，任襄阳汽车运输公司副局长。1966年至1979年，任汽车修理厂材料科科长。1979年至1985年6月，任襄阳地区航运分局局长。1985年6月离休，享受副厅级待遇。2005年5月病逝。

贾天兴(1915.5—2005.5)河北省任县人。1935年8月参加中国共产党领导的冀南农民暴动，10月加入中国共产党。1940年12月至1947年8月，历任冀南地委交通员、武工队通信员、生产干事等。1947年9月至1948年9月，任襄阳县古驿区工作队队员、古驿区副区长。1948年10月至1950年9月，在襄阳地委政治干部学校学习。1950年10月至1952年1月，任襄阳县竹条区委、泥咀区委土改工作队员。1952年2月至1953年8月，任襄阳县双沟区委工作队员。1953年9月，调襄阳县水利局工作。1981年12月离休（享受副厅级待遇），2005年5月病逝。

丁宗德（1931.2—2005.5），山东陵县人。1944年1月入伍，1946年2月加入中国共产党。历任战士、班长、排长、政治指导员、分区干事、政工股长、人武部科长、军分区动员科副科长、襄樊市人武部副部长、部长等职。抗战时期参加过夏津、长恩县战斗。解放战争时期参加过德州、高唐、雀桥、桐柏、驻马店、确山、信阳等战斗和南漳、保康、谷城等县的剿匪战斗。荣立大功2次，小功5次，三等功1次，并被授予“工作模范”称号。1983年10月离休。2005年5月，因病在襄樊逝世，享年74岁。

邱长荣(1923.9—2005.8)，辽宁锦县人。1948年11月参加工作，1950年1月加人中国共产党。历任锦西化工厂电气工程组组长、机动科科长、总动力师、副总工程师。1956年1月至1956年5月，任吉林101厂总动力师。1956年6月至1959年10月，任兰州化肥厂总动力师。1959年11月至1961年3月，任兰化公司动力处处长。1961年3月至1968年6月任兰化公司302厂长、中共302厂党委书记。1968年6月至1984年1月，任中共鄂西化工厂党委书记、化工厂革委会主任、厂长。1984年1月离休，副厅级。2005年8月病逝。

廖光国（1918.5—2005.11），湖北安陆县巡店镇人。1939年10月加入中国共产党，为中国共产党地下交通员。后在安陆县巡店区委工作。不久被党组织安排进入豫鄂边区党校学习。1942年6月起，历任新四军豫鄂边区二分区政治部联络科交通员，天门十乡乡长，京安县七区公安员，荆州公安处股长、副科长，洪湖县公安局局长，石首县公安局局长。1960年3月至1969年11月，任湖北省农垦干校办公室主任、省农垦厅副处长。1969年12月至1980年1月，在湖北省“五七”干校劳动、襄樊市烟厂工作。1980年2月至1983年7月，任襄樊市中级人民法院副院长、顾问。1983年7月离职休养，享受副厅级待遇，2005年11月因病逝世。（法院）

王辰（1924.10—2005.11），山东新泰县人。1941年10月入伍，1946年8月加入中国共产党。1943年10月至1945年3月，为鲁中11团粮秣员。1945年3月至1945年11月，任鲁中军区特务营排长。1945年11月起，历任辽南5分区铁梅支队兵工股股长、辽南5分区铁梅支队粮秣股股长、辽南5分区铁梅支队政治部总务股股长、第1分区独立1团供给主任等职。1949年7月至1962年11月，历任武汉公安总队后勤主任、公安3团7连副连长、3团2营副政治教导员、武汉总司令部行管科科长、武汉军区汉口航务军代处运输科科长等职。1962年11月起，历任湖北省光化县人武部副部长、湖北省随县人武部部长。先后参加过讨吴(化文)、贷崮、沂水及新、蒙、莱、淄等战斗，参加辽南、辽沈战役。荣立小功一次，荣获三级独立自由勋章、三级解放勋章、独立功勋荣誉章，抗日战争胜利 60 周年纪念章。1981 年 9 月离职休养。2005 年 11 月，因病在襄樊逝世，享年 81 岁。

梅先芬(1918.11—2005.12)，襄樊东津镇人。1934 年组织“寒梅读书社”，引导同学读进步书刊。1943 年参加“中国戡业青年社”，为抗日救国运动做出了贡献。1946 年在重庆沙坪坝国立艺术专科学校毕业后，参加工作。创办诗刊《芒笛》、《星火》，宣传革命思想。1948 年曾冒生命危险，护送中共地下工作者到解放区，并组织一些学生加入解放军第四野战军。全国解放后，从事教育工作。1957 年 7 月加入中国共产党。先后在湖北省文联、襄阳联中高中部、襄阳地区师范学校、襄阳地区师范专科学校工作。历任襄阳地区师范学校工会主席、襄阳地区师范专科学校语文科主任、工会副主席等职。参与 1994 年版《襄樊市志》编纂工作，为地方方言的搜集整理，付出了心血。1988 年 2 月离休，2005 年 12 月因病去世，享年 87 岁。

三、人物表

李仁汇(1929.12—1982.1)，湖南安化人。1948 年 7 月参加工作，1949 年 9 月加入中国共产主义青年团，1950 年 9 月加入中国共产党。1948 年 7 月至 1949 年 7 月，先后在《江汉日报》、《湖北日报》任校对；1949 年 8 月至 1951 年 4 月，任中共南漳县委宣传部通讯干事。1951 年 5 月至 1954 年 7 月调《襄阳日报》社工作，先后任编辑部编委、副总编。1954 年 8 月至 1968 年 9 月，历任襄阳地委办公室秘书、副主任。1968 年 10 月至 1973 年 3 月，在襄阳地区“五七”干校学习。1973 年 4 月至 1982 年 1 月，任襄阳地区农办副主任，带病坚持工作，15 日殉职，年仅 53 岁。

徐守彬(1914.1—1982.12)，山东省荣成县海崖村人。1939 年 12 月加入中国共产党。1940 年 8 月，被推选为海崖村第一任村长兼村自卫团团长。1941 年 1 月参加八路军。后因病转荣成县信用合作社任主任，历胶县、高密县政府民政科科员。在胶县荣立三等功一次。1948 年 8 月南下到达光化县，后历任张集税务所主任、光化县工商科生产股股长、老河口土产公司副经理。1951 年 8 月至 1966 年，历任襄阳专区合作货栈经理、襄阳专区合作科秘书股长、副科长，襄阳专区合作办事处副主任、襄阳专区商业局副局长、湖北省供销合作社襄阳专区办事处副主任等职。1982 年 12 月因病逝世。

晁岱耀(1929.11—1986.7)，河南清丰人。1949 年 6 月加入中国共产党。1955 年，任中共湖北省委组织部干事。1958 年，任中共光化县完全中学党支部书记、县委委员。后调任中共光化县委宣传部部长。1966 年后，历任襄阳行署文教局负责人，襄阳报社负责人，中共襄阳地区卫生学校党总支书记、卫生局党委副书记，襄阳行政公署教育局局长、党组书记。1980 年，任襄阳师范专科学校校长、中共襄阳师范专科学校党委书记。1982 年，任襄阳地委纪检委常委。1985 年，任襄樊市纪委正县级检查员。1986 年 7 月病逝。

张传珠(1927.2—1987.10)，湖北应山人。1953 年入解放军海军第 2 航校学习，后调海军航空兵独立 1 团司令部为协理员、第 8 师管理科科长。1964 年起，历任襄阳地区生资站副经理、中共襄阳地区棉花站支部书记、省棉花站襄樊转站党支部书记。1983 年离职休息，1987 年因病逝世，享年 61 岁。

李义洪(1927.8—1988.1)，南漳城关镇沐浴人。1949 年加入中国共产党，历任沐浴区生产干事、副区长、区长。1954 年后，历任中共涌泉区委代理副书记、中共东巩区委代理书记、中共九集区委第二书记，中共九集公社党委书记、肖埝公社党委书记，中共南漳县委组织部长、县委副书记，县政工组副组长，县革委会副主任等职。1984 年 1 月至 1985 年 12 月，任南漳县政协主席。1985 年 12 月至 1987 年

11 月，任南漳县委顾问。1987 年 11 月离休，1988 年 1 月因病逝世，享年 61 岁。

陶深远（1930.4—1988.5），襄阳人。1948 年参加工作，1950 年加入中国共产党。1948 年 7 月至 1953 年 9 月，在中国人民解放军六纵队 16 旅 47 团 2 营六连、12 军 36 师 10 团二营当战士。1951 年被团通令表扬一次。1952 年朝鲜阻击战中立三等功一次。1956 年 8 月至 1968 年，在 60 军坦克团任连长。1968 年至 1976 年 2 月，在坦克 9 师 35 团任营长、副参谋长。1976 年 3 月至 1979 年 8 月，在襄阳轴承厂机修车间任党支部书记。1979 年 8 月至 1982 年 4 月，在襄阳轴承厂工会任工会副主席。1982 年 4 月至 1985 年 3 月，在襄阳轴承厂武装部任副部长兼党总支书记。1988 年 5 月病逝。

廉兴田（1924—1989），襄阳县朱集人。1948 年 6 月至 1949 年 1 月，任朱集区公所事务长。1949 年 1 月至 5 月，在桐柏军区公安干校学习。1949 年 5 月任襄阳县公安局侦察员。7 月，加入中国共产党。1951 年 10 月，在地委党校学习。1951 年 12 月起，历任襄阳县公安局副股长、农业机械局副局长等职。1975 年 5 月起，在县纺织品公司相继任副主任、党支部副书记兼经理。离休后于 1989 年病故。

李淑云(1934.3—1990.3)，女，樊城炮铺街人。1951 年为襄阳地区企业公司轧花厂工人、襄城新光布厂工人。1965 年，为襄樊市毛巾厂工人。1960 年 1 月加入中国共产党。1965 年任襄樊市毛巾厂工会副主席。1968 年作为湖北省劳动模范，在北京参加国庆观礼。1970 年，任中共襄樊市毛巾厂党委副书记。1973 年，任襄樊市工会副主席。1977 年 12 月，任湖北省革委会委员，第五届全国人民代表大会代表。1983 年 12 月，任襄樊市总工会纪检组长。1988 年 2 月，任市总工会巡视员，1990 年 3 月，因病逝世，享年 56 岁。

张正午(1931.9—1991.11) 曾用名振武，均县人。1952 年 7 月加入中国共产党。1949 年 2 月起，历任光化县政府文书，襄阳地委纪检委秘书，襄阳地委专署办公室秘书，中共襄阳地区水电局副书记、水电局副局长，中共引丹工程管理局党委书记，引丹工程管理局局长，地区交通局副局长、地区检察院副检察长、中级人民法院副院长等职。1983 年 12 月后，任中共襄樊市委政法委顾问、市委政法委巡视员。1991 年 11 月病逝。

葛振明（1930.3—1992.4），山东武城县（今河北故城）人。1945 年 6 月参加工作。1947 年 7 月加入中国共产党。1947 年 5 月随军南下。1948 年 8 月起，历任谷城县盛康区中队指导员、粟谷派出所副所长、中共五山区委副书记、石花区委副书记、谷城县煤矿区委书记、石花区委书记。1956 年 6 月至 1970 年 1 月，先后任谷城县公安局副局长、局长。1970 年 1 月至 1973 年 6 月，先后任城关镇革委会主任、中共城关镇党委书记。1973 年 6 月至 1980 年 1 月，任中共谷城县委常委、革委会副主任兼计委主任。1981 年 1 月至 1991 年 1 月，任谷城县人大常委会主任、县人大党组书记。1991 年 1 月离休，1992 年因病逝世。

甘顺堂（1928.11—1993.1），谷城县人。1949 年 2 月参加工作。历任谷城县北河区文教助理，北河区宣传干事、副区长。1953 年 3 月加入中国共产党。历任中共盛塬区委员会书记、石花公社党委书记、城关镇党委书记、谷城县委委员、县委统战部长、县政协副主席、政协党组副书记。1991 年 1 月离休，1993 年 1 月病逝。

张中柱（1929.6—1993.3）枣阳人。1947 年 10 月参加工作，1952 年 7 月加入中国共产党。1956 年任鹿头区区长，被评为先进工作者。1960 年 6 月至 1976 年 10 月带队支援边疆。1980 年 4 月回襄樊，历任襄樊市供销社副主任、中共襄樊市供销社党委委员、供销社纪检组长、党组成员、供销社纪委书记、党委委员。1990 年 7 月离休，1993 年 3 月病逝。

李浩（1929.6—1994.4），江苏淮阴县人。1946 年 6 月参加革命工作，1947 年 7 月加入中国共产党。1947 年 10 月南下，历任襄阳县双沟税务所主任、中共太平镇党委书记、黄龙区委书记、县委农村工作部副部长、襄阳县公安局长、襄阳县委书记处书记兼双沟区委书记、襄阳地区林业局营林科副科长、丹江渠道工程指挥部保卫组组长、襄阳地区中级人民法院副院长、襄樊市中级人民法院顾问等职。

1990年5月离休。1994年4月逝世。

辛光显(1929.9—1994.10),襄阳人。1949年3月参加工作。1952年10月加入中国共产党。历任襄樊国营复兴烟厂经理、副经理、公私合营襄樊烟厂副厂长。1971年始,任中共襄樊市化工厂党委副书记、副厂长。1980年6月升任厂长。1983年7月,任调研室主任。1989年10月离休,1994年因病逝世,享年66岁。

杨步广(1928.8—1994.12),枣阳人。1947年6月参军,1950年1月加入中国共产党。1951年2月,参加抗美援朝战争。11月,调179师536团,先后任作训参谋、股长、营长、副参谋长、参谋长、团长等职务。1960年2月至1961年7月,在南京军事学院学习。1978年8月转业到谷城县工作,历任中共谷城县委常委、县革委会副主任。1981年1月至1984年1月,任中共谷城县委常委、县政协主席。1990年10月离休,1994年12月因病逝世。

欧阳文海(1934.11—1994.12),湖北仙桃人。1952年2月加入中国共产党。1951年至1954年,历任襄樊市第二街道办事处秘书、工委委员、副主任、市文教局副局长、教育局副局长、教育局局长、中共襄樊市委办公室主任等职。1970年10月,调任中共襄樊烟厂党总支书记。1973年3月至1978年5月,先后任市文教办公室副主任、中共襄樊市委宣传部副部长、市委办公室副主任、第五届市委委员。1978年5月至1983年12月,任中共襄樊市委宣传部部长兼《襄樊日报》社社长。1983年12月,任中共襄樊市公室书记、外事办主任、市对外友协副会长。1994年12月因病逝世,享年61岁。

姜法良(1928.4—1995.2),枣阳太平镇人。1952年2月加入中国共产党。1948年6月起,历任枣阳县太平区袁寨乡财粮干事,枣阳县公安局副股长,枣阳县检察院(署)秘书、副检察长、检察长,枣阳县计委副主任、县商业局局长、县革委会财办主任,中共枣阳县县委常委、县革委会副主任等职。1979年8月调任宜城县革委会副主任、县财办副主任。1982年6月调襄樊市商业局任副局长。1990年2月离职休息。1995年2月逝世。

王成汉(1930.11—1995.3),南漳人。1948年10月参加工作,1951年加入中国共产党。1949年11月起,先后在南漳县武镇区公所、襄阳地区公安干校、武镇派出所、南漳县检察院工作。1954年4月起,历任中共南漳县九集区党委书记、南漳县委农工部副部长、襄阳地区万福店农场党委书记、襄阳地区农垦局副局长、襄樊市农垦农工商联合公司顾问等职。1995年3月因病逝世。

刘志平(1931.9—1995.7),襄阳县张湾镇人。1949年4月参加工作,在襄樊市税务局先后任稽征员、股长、副局长。1958年起,历任中共襄樊市财政局党组副书记、书记,市税务局局长,中共襄樊市造纸厂党支部书记,中共襄樊市电子工业局党委副书记、市电子工业局副局长,中共襄樊市供电局党的副书记、市供电局副局长,中共建设银行襄樊市支行书记、建设银行襄樊市中心支行党组书记等职。1991年离职休息,1995年7月逝世。

杨云胜(1929.10—1995.9),襄阳县杨庄人。1952年8月加入中国共产党。1948年2月至1951年8月,任襄阳县古驿区下涂乡杨庄村杨庄小学教师;1951年8月,任襄阳县古驿区宣传干事。1952年后,历任襄阳报社编辑、副总编、副社长、社长、总编、中共襄阳报社党委书记等职。1994年8月离职休息,1995年9月逝世。

刘鹤成(1923.8—1995.9),山东武城县(今属河北故城)人。1945年6月参加工作,同年12月加入中国共产党。1947年10月南下。1949年4月至1981年在谷城县工作。1982年10月离休(享受正县级待遇),1995年9月因病逝世。

武世润(1931.12—1996.4),湖北竹山县人。1949年5月参加工作。1952年12月后,相继任襄阳地区林业局科员、副科长,木材公司副经理,湖北铅厂基建科科长。1955年6月加入中国共产党。1964年后,历任襄樊市人防办副主任、主任,中共襄樊市人防办党委书记、党组副书记。1985年11月离职休息,1996年4月病逝。

艾华民(1927.3—1996.10),山东莒南县人。1945年5月加入中国共产党。1948年4月随华东野战军干部学校南下。1955年9月调襄阳地区工作，先后在襄阳医校、地委干审办公室从事秘书工作。1958年12月起,历任南河电站卫生科科长、政治部副主任,中共襄阳专署邮电局副书记。1962年11月后,先后任襄阳专署手工业管理局副局长、襄阳地区工业局副局长、地区工交办公室秘书、建委副主任、建工局局长等职。1990年7月离职休息,1996年10月因病逝世。

肖肃(1919.12—1997.2),襄樊市樊城区肖家台人。1949年2月参加工作,曾任襄樊二中校长。1950年9月后,任襄阳联中副校长、专区教联主席、襄阳师范学校副校长。1954年9月起,任襄樊市第四中学教员。1957年7月加入中国共产党。历任襄阳专区教育行政干校校长、襄阳师范专科学校附属中学校长、襄樊市第七中学校长、襄樊市第一中学校长。

郭秉乐(1925.12—1997.3),襄阳县太平区五板桥大队人。1949年5月参加工作。1949年8月至1949年10月,任襄阳县太平乡乡长。1950年2月,调襄阳专署公安处任侦察员。1951年12月加入中国共产党。1952年9月至1953年1月,在中南公安干校学习。1953年2月至1955年8月,任襄樊市公安局预审股副股长。1955年9月至1970年4月,任襄樊市人民检察院副检察长、检察长。1970年5月至1972年12月,任襄樊市财政局局长。1973年1月至1979年,任襄樊市人民法院院长。1979年6月至1984年1月,任襄樊市中级人民法院(原市法院)院长、党组书记。1984年2月至1989年3月,任襄樊市人大常委会法制工作委员会副主任。1992年离休,1997年3月因病逝世。

赵基鼎(1925—1997.8),河南尉氏县人。1952年加入中国共产党。1953年2月调中共襄阳地委工作。历任中共襄阳地委党校教务处副主任、教务主任、宣传科副科长、组宣科副科长。1968年3月后,历任襄阳地区革委会政工组副组长、襄阳地区革委会机关副书记、襄阳地委办公室计统科科长。1978年10月至1988年6月,历任襄阳地委统战部科长、襄樊市民族宗教事务局局长。1988年7月离职休息,1997年8月因病逝世。

刘俊卿(1927.11—1997.10),女,河北束鹿县人。1943年3月,加入中国共产党。1944年11月,参加工作。历任何家庄区妇女干部、束鹿县一区妇女干部。1946年6月至1948年12月南下。1959年1月至1971年3月任襄樊市妇联主任;1971年3月至1971年秋任襄阳地区民政卫生局负责人;1971年秋至1990年5月任襄阳地区(襄樊市)卫生局副局长。1990年5月离休,1997年10月20日去世,享年70岁。

邢连恩(1927.11—1998.1),山东省蓬莱县人,1945年7月入伍,1946年10月加入中国共产党。1945年7月至1948年,在山东省蓬莱县独立营、东北安东保安团一营、辽南独立师7团2营5连任战士、副排长.1949年至1958年10月，在武汉市公安总队、广东军区公安警卫团一营任副教导员。1956年获解放奖章。1959年至1964年12月,在人民解放军武警部队任教导员。1964年至1966年5月,转业到湖北省外贸局土产公司第一加工厂任厂长。1966年5月至1970年11月,任中共湖北省委汽车队党支部书记。1970年11月至1971年,在省干校一团学习。1972年3月至1989年10月,调襄阳轴承厂任运输科临时党支部书记、党支部书记等职。1989年离岗休养(享受副市长级待遇),1998年1月病逝。

张建敏(1920.8—1998.2),河北省任县人。1947年9月随刘邓大军南下湖北襄阳。历任襄阳县第六区副区长、区长,组织了土改、剿匪工作。襄樊战役期间,组织支前工作,受到主攻团团长洛克(曾任广州军区后勤部司令员)的高度赞扬。1951年3月至1958年3月,任襄阳地区财经干校教务处副主任。后被错划为右派,1979年平反后，任市棉花公司财务科科长。1981年1月离休。1998年2月因病去世。

朱植衡(1932.1—1998.2),保康县人,1948年6月参加工作,为解放军86团谍报员。1949年1月,加入共青团。1949年2月,参加清剿土匪的战斗。战后在重阳乡组建根据地,组织自卫军、农会,任工作组组长。1949 年 11 月保康解放后，任马桥区政府武装部长。1950 年 5 月加入中国共产党。1953 年 1 月后，历任中共两峪区委宣传委员，黄化区委副书记、书记，县农业局局长、县人民银行行长，中共寺坪区区委书记，中共保康县委委员、县委常委，保康县革委会副主任、副县长、县人大常委会主任等职。1983 年被选为湖北省人大代表。1987 年 3 月，调任中共襄樊市郊区区委委员，政协主席。1991 年离休，1998 年 2 月逝世。

田吉鸿(1926.11—1998.3)，河北阜城县人。1945 年 6 月参加工作，1947 年 1 月加入中国共产党。1948 年 1 月南下，历任襄枣宜县宋集区秘书，南营区副区长、区长，中共襄阳县欧庙区区委书记，湖北省团校三队主任、教研室主任、副教育长。1958 年 11 月起，历任襄樊市轻工业局第一副局长，襄樊市人委物价局副局长，襄樊市经委副主任兼市工业局局长，襄阳专署支援工业办公室秘书，襄阳地区交通局党委副书记、副局长，襄阳地区基本建设委员会副主任，襄阳地区行署建筑材料工业局局长，中共襄阳地区行署建材局党组书记等职。1991 年 3 月离休，1998 年 3 月因病逝世。

刘玉川(1929.5—1998.3)，湖北天门人。1948 年 12 月参加工作。1949 年 8 月至 1960 年 3 月，在襄阳地区第一仓库、襄阳地区粮食局工作。历任中共襄阳地区粮食局党委副书记、粮食局副局长。1960 年 3 月起，历任襄城公社副社长、襄樊市卫生局副局长、中共襄樊市房管局党委书记、房管局局长，中共襄樊市“五七”干校党委副书记、副校长，中共襄樊市交通局党委书记、党组副书记、副局长等职。1990 年 10 月离休，1998 年因病逝世。

邱巴东(1941.5—1998.5)，襄阳县龙王集人。1965 年 8 月毕业于湖北医科大学医疗系，分配到襄阳专署卫生局工作。1966 年 10 月至 1974 年 12 月，为襄樊市中心医院儿科医师。1981 年 6 月，晋升为儿科主治医师。1982 年 6 月至 1984 年 7 月，在阿尔及利亚援外医疗队工作。1985 年加入中国共产党。历任儿科副主任、儿科副主任医师、儿科主任医师、儿科主任。1998 年 5 月去世，享年 57 岁。

宋洪刚(1975.7—1998.5)，襄阳县张集镇宋营村人。1995 年加入中国共产党。1993 年入伍。1996 年退伍，同年参加工作。1997 年 2 月，任张集镇街道办事处共青团总支书记。1998 年 5 月 21 日，张家集镇发生特大洪水，奉命到梅铺村二组参加抗洪抢险，被洪水卷走牺牲，年仅 23 岁。中共襄阳县委、湖北省陆军预备役师、共青团襄樊市委分别追授其为“优秀共产党员”、“优秀预备役战士”和“模范共青团干部”等光荣称号。

李大福(1932—1998.5)，湖北随州人。1949 年 2 月参加工作，曾任洪山县园通乡乡长、洪山县第三区公所民政干事。1954 年 12 月加入中国共产党。1955 年 2 月起，历任中共宜城县板桥区委副书记、官庄公社党委书记、宜城县钢铁厂党支部书记。1973 年 3 月至 1996 年 6 月，历任中共襄阳地区钢铁厂、襄樊市钢铁厂、襄樊钢铁股份有限公司党支部副书记、总支副书记、党委书记。1996 年 6 月离职休息。1998 年 5 月，因病逝世。

邓文清(1927.10—1999.3)，光化县白莲公社华光大队人。1949 年 1 月参加工作，1950 年 3 月加入中国共产党。历任中共光化县白莲公社宣传委员、公安助理、中共光化县委组织部建党工作组组长、竹林桥区政委、薛集区区委书记、襄阳县石桥区区委书记、光化县县委副书记、县人大常委会主任等职。1988 年 5 月离休，1999 年 3 月因病去世。

刘香久(1928.11—1999.3)，宜城人。1949 年 4 月加入中国共产党。1948 年 2 月至 1950 年 1 月，任洪山县板凳岗区政府干事、武委会副主任、区委会统计干事。1950 年 1 月起，历任中共洪山县张集区委会组织委员，洪山县第四区区委副书记、书记，洪山县第五区区委书记，洪山县委农工部部长。1958 年 5 月起，任中共随县县委委员、办公室主任、中共随县县委书记处书记、县委书记处书记兼农工部部长、中共随县唐镇区区委书记。1965 年 8 月起，任中共保康县委副书记、保康县革委会常委、办事处组长。1971 年 9 月起，历任襄阳地区革委会文教局领导小组副组长、副局长、局长，中共襄阳地区行署文化局书记、局长，中共襄樊市干部学校党委书记，襄樊市文化局巡视员。1990 年 5 月离休。1999 年因病逝世。

尚金芳(1927.9—1999.4),北京市人。1942年10月加入中国共产党。1949年南下到湖北工作。1957年7月至1966年2月，任中共襄阳农业机械厂党总支副书记、襄阳地区通用机械厂党委书记。领导了“襄江40”拖拉机的研制工作。1966年3月至1970年2月,历任中共襄樊市委副书记、市革委会常委。1970年2月至1980年1月，调光化县任革委会生产指挥组副组长、中共光化县委副书记。1980年2月至1991年11月,历任中共老河口市委副书记、市政府市长、市人大常委会主任等职。1991年12月离休,1999年4月逝世。

武继修(1926.9—1999.5),山东沂水县人。1946年10月参军,1948年3月随军南下到襄樊工作。1949年3月加入中国共产党。1957年1月起,历任襄阳专署商业局副局长、襄阳专署干部农场副队长,襄阳专署文工团团长,襄阳专署物资局副局长、局长、物资局顾问、巡视员、中共襄阳专署物资局党支部书记、中共襄阳地区物资局党委书记等职。1990年2月离休,1999年12月因病逝世。

李宪昌(1927.12—2000.3),山东武城人。1945年7月参加革命,1947年10月加入中国共产党。历任85团1营战士,光化县11中队班长,河南邓县、湖北光化县大队排长、指导员,光化县一区人武部部长,谷城县人武部军事科长、副部长,宜城县人武部副部长,国营9611厂副厂长,中共襄樊市第三技工学校党总支书记等职。1990年2月离职休养,2000年3月病逝。

马志光(1932.2—2000.7),武汉市人,回族。1949年7月参加工作,1952年7月加入中国共产党。1965年5月起,先后在襄阳专署民政局、襄阳地区军管会、襄阳地区中级法院工作。历任樊东区法院院长、襄樊市中级人民法院审判员等职。1992年3月离职休养,2000年7月病逝。

安尽良(1928.5—2000.11),河北馆陶县人。1944年6月任馆陶县游击队通讯员,同年8月加入中国共产党。1947年1月至1948年9月南下。1948年10月至12月在襄阳县石桥区工作。1951年6月以后,历任南漳县粮食局局长、南漳县副县长、中共南漳县委委员、襄阳专署煤炭管理局局长、南漳县工交办公室副主任、县革委会副主任、县革委会顾问、县人民政府顾问等职。1990年1月离职休养,2000年11月逝世。

李鸿钧(1929.10— 2000. 12),河北大名县人。1944年8月加入中国共产党。1948年8月南下。历任枣阳县湖河区公安助理、县公安处科长,保康县公安局局长。1958年12月至1973年7月,任襄樊市机械局局长。1973年7月至1990年10月,历任襄樊市二轻局局长,中共襄樊市委办公室主任,襄樊市总工会主席、巡视员。1990年10月离职休养,2000年12月病逝。

钱学习(1926.1—2000.12),光化县光化公社群团大队人。1949年6月参加工作,1951年3月加入中国共产党。历任中共光化县委常委、光化县副县长、县人民政协主席,中共老河口市委顾问,襄樊市人民政府副市长、中共襄樊市委委员等职。1986年1月离休,2000年12月病逝。

赵万炳(1933.1—2001.4),宜城人。1949年8月参加工作,1953年8月加入中国共产党。一直在宜城县工作。历任中共宜城县委委员、县委常委、组织部长、县委顾问,宜城县革委会副主任、县政协主席、团县委书记等职。1993年4月离休,2001年4月病逝。

付正奎(1931.11—2001.5),宜城人,1948年5月参加工作,1953年3月加入中国共产党。历任宜城县供销社会计、人事科秘书,中共襄阳地委监察组监察员,光化县监委会副书记、县委委员、光化县革委会副主任、县委常委、组织部长,老河口市人大常委会副主任、老河口市委顾问等职,1992年3月离休。2001年5月病逝。

李遇争(1932.6—2001.8),湖北均县人,1952年6月加入中国共产党。1949年4月随军南下,在支前司令部、鄂北公校、汉南办事处工作。1950年1月至1971年1月,先后在襄阳专署粮食局、襄阳专署民政科、襄阳报社、襄阳专署交通科、专署交通局、襄渝铁路指挥部工作。1971年1月起,历任襄阳地区气象台负责人、襄阳地区农林水办公室政工组负责人、襄阳地区农业办公室秘书、襄樊市农委政工科科长、市农委巡视员等职。1990 年 9 月离休，2001 年 8 月病逝。

张仁俊（1924.9—2001.10），枣阳平林镇人。1948 年 4 月参军，为洪山江汉军区部队战士。1949 年 7 月至 1952 年 7 月，任湖北军区政治处分队长、宣传干事。1951 年 2 月，加入中国共产党。1952 年 7 月至 1978 年 9 月，在南海舰队工程政治处工作，历任宣传干事、股长、文化助理员、副主任。1978 年 9 月转业到枣阳县计委工作，任副主任。1984 年 2 月离职休息。2001 年 10 月因病逝世。

李桐轩（1917.3—2002.1），河北枣强县人。1943 年 8 月加入中国共产党。1948 年随军南下，任团部后勤会计兼队长。1948 年至 1949 年初，任保康县后坪区区长。1949 年至 1960 年，历任襄阳专署贸易科副科长、合作办事处主任、财办副主任、办公室副主任等职。1960 年起，历任地委多种经营办公室副主任、襄阳专署农办副主任等职。1982 年离职休养，2002 年 1 月因病逝世。

魏德玺（1930.8—2002.3），河南镇平人，1949 年 3 月参加工作，1949 年 11 月入党。1952 年 1 月至 1956 年 9 月，历任中共张集区委委员、张集区委副书记。1956 年 9 月至 1981 年 3 月，历任中共襄阳县委农工部秘书、县委办秘书、县农工委部秘书、县委办副主任，县农办副主任、县农办主任、县农材政治部主任、县革委会副主任、县团委副书记、县农材政治部农业办公室主任等职。1981 年 3 月至 1991 年 2 月，任县人民政府副县长、县人大常委会副主任。1991 年 2 月离休，2002 年 3 月 6 日因病去逝。

续现龙（1929—2002.5）河南省清风县人。1948 年 12 月参加工作，1949 年 12 月加入中国共产党。1958 年 12 月至 1968 年 7 月，任洛阳轴承厂技术、供应科副科长等职。1968 年 7 月，调任襄阳轴承厂工作，历任供应科科长、厂办公室副主任。1984 年退居二线，1989 年 11 月离职休养。2002 年 5 月病逝。

万能献（1933.5—2002.9），兴山县人。1949 年 9 月入伍，1952 年 10 月加入中国共产党。历任房县、郧西县人武部干事，襄阳专署商业局干事，襄阳地委组织部副科长，中共老河口市委常委、组织部长，襄城区人大副主任、副区长、政协副主席、统战部长等职。1994 年 2 月离休。2002 年 9 月逝世。

江声（1926.11—2002.12），武汉新洲县人。1949 年 2 月参加工作，1952 年 7 月加入中国共产党。历任中共襄阳地委文工队负责人，襄阳报社来信组组长、副总编辑，中共襄樊地委办公室秘书，襄阳报社副总编辑、社长，中共襄阳地委办公室副主任、地委副秘书长，襄阳地区行署办公室主任，襄樊市人民政府秘书长等职。1987 年 6 月离休，2002 年 12 月逝世。

吉报德（1927.10—2003.1），陕西华县人。1949 年 7 月入伍并参加工作。1954 年 1 月加入中国共产党。1946 年 7 月至 1949 年 6 月，在韩城、华县师范、太五庙、临潼中学、小学任教。1949 年 7 月至 1950 年 1 月，在西北军政大学一大队俄文队学习。1950 年 1 月至 1952 年 6 月，在重庆西南军大俄文团、重庆高级步校学习。1952 年 6 月至 1954 年 3 月，在西南军委机械局一机部设计院汽车局筹建处任组长。1954 年 3 月至 1973 年 10 月，历任洛阳轴承厂专家工作室、厂办副科长、一机部轴承局办公室副科长、洛阳市计委、科委副科长。1983 年 10 月至 1954 年 10 月，任襄阳轴承厂设备科、材料科副科长、动力科科长等职（正县处级）。1984 年退居二线。1989 年离休（享受正县处级待遇），2003 年 1 月病逝。

石爱民（1930.5—2003.2），河南滑县人，1943 年 5 月参加工作。1943 年 8 月加入中国共产党。1951 年 3 月至 1953 年 6 月，任濮阳专区监狱公安处秘书。1954 年 8 月，任滑县公安局派出所所长。1954 年 8 月至 1969 年 5 月，历任洛阳轴承厂保卫科、监察室、职工医院、自动化车间副科长、副主任、党支部书记、副院长等职。1969 年 6 月至 1984 年，历任中共襄阳轴承厂党委委员、党委组织部部长，襄阳轴承厂政工组组长、政治部副主任等职（正县处级）。1989 年 5 月，离职休养。2003 年 2 月逝世。

刘民丰（1933.3—2003.2）枣阳鹿头人。1949 年 7 月参加工作，1952 年 6 月加入中国共产党。1950 年至 1957 年，在大冶、咸宁、随县、郧县等地从事机要工作。1958 年，调中共襄阳地委党校工作。1973 年 7 月，任襄阳地区招待所所长。1984 年 1 月至 1989 年 7 月，历任襄樊市接待办副主任兼中共襄阳宾馆党支部书记、襄樊市外事接待办副主任。1989 年 7 月任襄樊市政府办公室巡视员。1993 年离休。

2003年2月病逝。

张贵轩(1930.3—2003.3),襄阳伙牌邓城人。1949年2月参加工作,为襄阳县邓城小学教师,3月加入中国共产党。历任襄阳县土改工作队组长,中共张湾区委统计干事,襄阳县委组织部干事,襄阳县检察院副检察长、检察院检察长、法院院长等职。1968年8月后,任襄阳县革命委员会工交小组组长、襄阳县革命委员会政工组副组长。1973年7月,任中共襄阳县委组织部部长,后升任县委副书记、县政协主席。1991年3月离休,2003年3月逝世。

左瑜(1923.12—2004.1),江西省阜宁县人。1941年5月参加工作,1941年11月加入中国共产党。1970年至1976年3月,任襄阳地区民政局副局长。1976年4月退休,1980年6月被襄阳地区组织部批准为离休。1990年6月经襄樊市委组织部批准,享受正县级待遇,2004年1月病逝。

李玉龙(1925.5—2004.3),山西阳泉人。1943年3月参加工作,加入中国共产党。1968年调湖北襄阳地区行署驻武汉办事处,历任中共襄阳地区行署驻武汉办事处副主任、党支部副书记、党委书记。1985年10月离休,2004年3月病逝。

方国桢(1933.6—2004.4),枣阳齐集镇人。1948年11月,参加中国人民解放军。1949年9月,加入中国共产党。在西藏部队工作三十多年,历任指导员、团政治处副主任、医院副政委、县武装部政委等职。1982年转业,任襄樊市民政局副局长。1993年9月离休,2004年4月病逝。

李和玉(1924.11—2004.10),山西文水人。1939年2月参加革命。1947年6月加入中国共产党。1939年2月至1940年2月,为晋西北120师特务团通讯员。1940年2月至1946年5月,为陕西延安化学厂工人。1946年5月至1952年10月,先后在河北曲阳县、石家庄化学厂、太原145厂任股长。1952年10月至1975年2月,先后在黑龙江475厂、山西太原245厂、湖北295厂任车间主任。1975年12月至1983年12月,任湖北295厂副厂长。1983年12月离休,2004年10月逝世。

张福生(1923.11—2004.12),河北安新人。1945年3月参加工作,同年9月加入中国共产党。1945年至1976年,历任中国人民解放军排长、副连长、指导员、教导员、团政治处副主任、司令部管理处处长等职。1976年转业到中国化学工程第6建设公司任副总经理。1985年2月离休,享受副局级待遇。2004年12月病逝。

丁学维(1932.1—2005.1),谷城县人。1949年7月参加工作,1952年2月加入中国共产党。历任中共谷城县委组织部干事、县五人领导小组办公室及审干办公室负责人、县小沟铁厂书记、县监委会副书记、县委组织部组织组组长、副部长、县委委员、县委常委、组织部长、县人大常委会副主任等职。1992年1月离休,2005年1月病逝。

赵福生(1927.5—2005.1),山西左权人。1945年7月参加工作,1947年2月加入中国共产党。1963年5月至1970年12月,转业到襄樊人民银行任副行长。其后,历任中共襄樊市二轻局家俱厂党支部书记、襄樊市樊东区办事处副主任、樊东区政府顾问等职。1987年6月离休。2005年1月因病逝世。

孙新民(1929.10—2005.5)河北衡水人。1946年1月随军南下,在随枣县乌金区公所工作。1948年9月起,一直在枣阳县工作,历任副县长、革委会副主任、中共枣阳县委副书记、县长等职。1991年3月离休,2005年5月因病逝世。

秦权武(1926.2—2005.5),河南省博爱县人。1945年10月入伍。1946年4月加入中国共产党。1955年7月至1955年12月,调任襄阳地委工作队员。1955年12月起,一直在宜城县工作。1984年2月离职休养,2005年5月因病逝世。

刘成富(1928.11—2005.7),吉林辽源市人。1947年11月入伍,1952年12月加入中国共产党。1950年10月至1952年12月,在抗美援朝战争中,荣立“三等功”,被授“解放奖章”。1972年6月至1979年9月,历任总后汽车55团副政委、武汉军区769医院副政委。1979年9月转业,任襄樊市城建局副局长。1985年12月,任襄樊市园林局巡视员。1990年7月离休,2005年7月因病去世。

四、革命烈士录

陈继铎(1918.3—1944),生于1918年3月27日,襄阳县朱集上陈村人,中共党员。1938年参加革命,开始在谷城盛康纺纱厂工作。后纱厂被破坏,转移到本县兴办黄观寺(现朱集李坡)纺纱厂,建立厂地下党支部,任支部书记。不久,身份暴露,被通缉。转入大洪山任新五师大队长,改名广义。转战湖北黄冈地区。1944年,在日军扫荡中被追赶,因背着军饷(银元)渡湖,溺水而牺牲。1983年7月20日,民政部批准其为烈士。

刘明善(1918.3—1948.7),1918年3月生,枣阳鹿头镇郭营村人。1947年3月参加工作,任刘升区铁炉村村长。1948年7月23日夜10点左右,在刘升区开完会回家途中,被国民党还乡团截住,枪杀于葛家堰。1999年12月21日,湖北省人民政府批准追认为其革命烈士。

王兆清(1945.11—1990.2). 襄阳县石桥镇人。退伍军人,中共党员。1974年调任老河口市公安局交通警察大队调处科民警。1990年2月5日,因阻止歹徒打人,身中五刀而牺牲。1990年6月13日,中共襄樊市委追认王兆清为"中共优秀党员",湖北省政府批准为革命烈士。5月21日,公安部追授其为"全国公安战线二级英雄模范。"

信荣田(1947—1988.10),枣阳市人。退伍军人,中共党员。新市镇税务所干部。1988年10月25日下午,征税时遭到纳税人的拒绝,被从拖拉机上推下,车轮辗轧而死。1989年7月12日,湖北省人民政府批准其为革命烈士。

赖火成(1948.3—1997.1),广西富川县人,转业军人,中共党员。襄樊汉江大桥管理处验票副站长、收费二站站长。1997年1月17日,为阻止逃票,被强行冲站歹徒撞倒,碾压牺牲。1999年8月15日,湖北省人民政府批准追认为其烈士。

陈万祥(1949.2—1990.7),退伍军人,中共党员。襄樊市纺织机械厂保卫科保安。1990年7月31日下午6时,因阻止歹徒调戏女工被歹徒用锄头击中头颅而牺牲。1992年7月2日,湖北省人民政府批准为烈士。

陈尚军(1950.11—1995.5),谷城县庙滩镇人。转业军人,中共党员。谷城县人武部部长、政委、县委常委。1995年5月11日,县人武部领导在清理该部后勤财务时,发现后勤科长挪用公款1.5万元,要求该科长在5月底以前全部收回被挪用的公款。5月31日晚遭报复袭击,连中4枪而牺牲。根据《革命烈士褒扬条例》有关规定,1995年11月30日,湖北省人民政府批准追认为其革命烈士。

付文明(1951.12—1996.8),保康县交通局职工(电工),退伍军人,中共党员。1996年8月4日在保康县316国道施工工地为抗洪抢险而牺牲。1997年10月12日,湖北省人民政府批准为革命烈士。

殷荣景(1953.4—2004.8),谷城庙滩镇万家营村1组村民。2004年8月4日上午10时左右,因抢救落水少年肖坤,被洪水卷走而牺牲。2005年1月15日,湖北省人民政府批准追认其为革命烈士。

杨光斌(1953.10—1989.6)(见人物传)

刘昌福(1956.4—2000.6),中共党员,谷城县赵湾乡腰儿坪村党支部副书记、村委会副主任。2000年6月3日下午,为抢救被洪水冲走的村民而牺牲。2001年1月3日,湖北省人民政府批准其为革命烈士。

孙鄂军(1957.10—1990.7),湖北宜城城关镇人。1975年夏,应征参军。9月,入空军第二航空学校学习。1978年7月毕业,被分配到北京军区空军航空兵8师24团任轰炸机飞行员。11月10日,北京军区空军政治部发布命令为机长孙鄂军记一等功。1984年,接到参加国庆阅兵任务,他驾机飞越天安门,圆满完成任务,荣立三等功。1987年,晋升为空军飞行大队长。1988年9月,被授予空军中校军衔。

1989 年，升为航空兵 8 师 24 团副参谋长。1990 年 5 月，升任航空兵 8 师飞行技术检查主任。7 月 7 日，部队进行飞行新科目训练，他作为技术指导组成员乘机随同。9 时 47 分，因飞行意外事故，飞机坠毁，不幸牺牲。1990 年 7 月 11 日，中国人民解放军总政治部批准其为革命烈士。

张中旺（1957.7—1991.6），枣阳徐寨乡张官村二组村民，退伍军人，中共党员。1991 年 6 月 23 日晚，暴风雨把通往张官村二组的电线刮断。6 月 24 日中午 12 时，徐寨乡张官村小学学生张华超放学回家，不慎踩及落地电线被击倒，同行的小学生急忙喊来张华超的父亲张朝中。惊慌失措的张昭中上前去拉儿子，不幸一同触电，二人生命危在旦夕。张中旺听到喊声，顺手拾起一根约 1 米的木棍，快速跑到现场，用力将电线挑开。由于木棍太短，用力过猛，电线反弹过来缠在张中旺的胸部。张昭中父子得救了，而张中旺却献出了自己的宝贵生命。1995 年 6 月 5 日经湖北省人民政府批准追认其为革命烈士。

鲍光裕（1958.10—1987.11），赵湾乡丁湾村人，中共党员。1976 年 3 月入伍，历任战士、志愿兵。1987 年 11 月 29 日在山海关执行铁路押运任务中不幸牺牲。1987 年 12 月 30 日中国人民解放军总政治部批准鲍光裕为革命烈士。

张正江（1958.10—1998.5），枣阳市兴隆镇人，襄樊市预备役步兵师二团司令部军务股预任副营职军务参谋。1998 年 5 月 21 日 7 时 15 分，一场特大暴雨使枣阳市区到处积水，市人民路东侧南城中心小学院内积水达 70 厘米，校方决定停课一天。该校学生杜姗、杜强姐弟俩在返回的路上，不幸一同落入排水渠中。驾车路过的张正江，奋不顾身跳入激流营救，被吸入下水管道而牺牲。1999 年 4 月 13 日经湖北省人民政府批准追认其为革命烈士。

吉洪善（1958.10—1996.7），枣阳市人，中共党员。武警鄂州市支队参谋长。1996 年 7 月 15 日，支队奉命抗洪抢险。7 月 21 日零时 30 分，因过度疲劳，心肌梗塞，以身殉职。1996 年 8 月 16 日经中国人民武装警察部队政治部批准追认其为革命烈士。

黄宗祝（1959.8—1987.11），谷城庙滩镇黄畈村人。1978 年 12 月参加中国人民解放军，历任战士、志愿兵、代理站长等职务。1987 年 11 月 4 日在郑州市执行任务中牺牲。1987 年 11 月 20 日中国人民解放军总政治部根据《革命烈士褒扬条例》有关规定，批准黄宗祝为革命烈士。

王立运（1961.4—1996.6），谷城县石花镇陶湾村林场会计。1996 年 6 月 28 日，谷城县普降大雨，卢家垭水库库水猛涨。为了不使防护提和下游百亩稻田被冲毁，王立运赶到水库，打开闸门泄洪。下午 2 点左右，发现村民卢林荣的 6 岁女儿落水，便跃入水中奋力抢救。因体力不支沉入水库，与落水儿童同时遇难。1999 年 4 月 14 日被湖北省人民政府批准追认为革命烈士。

杨显泽（1962.8—1997.9），谷城县石花镇凉水井村村支部副书记、村委会副主任。1997 年 9 月 9 日，因执行计划生育政策，做村民工作遭到七组村民李某夫妇的拒绝。被火药严重烧伤，医治无效而殉职。1999 年 4 月 14 日经湖北省人民政府批准追认其为革命烈士。

夏世泽（1962.10—1992.4），南漳县薛坪镇人。南漳县丝织厂合同制职工。1992 年 4 月 28 日因见义勇为被歹徒杀害英勇牺牲。1993 年 2 月 11 日，经湖北省人民政府批准追认为革命烈士。

李家学(1963.2—1992.6)，襄阳县东津镇李湾村农民。1992 年 6 月 14 日，因连降大雨淳河水高出堤内田地 1.7 米，河水从直径 60 厘米的涵管激流而出，威胁着李湾村及其良田。一袋袋堵涵洞的泥土被冲走，他纵身跳入水中，抱着泥土袋用身体堵住涵管断流，壮烈牺牲。1992 年 12 月 14 日，被湖北省人民政府批准为革命烈士。

崔虎（1965.12—1989.12），河北省丰润县人。退伍军人，中共党员。中国工商银行襄樊中兴支行营业部经济民警。1989 年 12 月 17 日下午 4 时许，襄樊市工行中心支行营业部民警曹林、周海寿携带“五四”式手枪一支及健身球等作案工具，窜入襄樊市轧钢厂储蓄所，用健身球将当班储蓄员砸晕，抢去该所人民币 17 000 余元。当日下午 4 时 45 分，崔虎乘车到轧钢厂储蓄所执行押运账款任务，发现储蓄员被害，立即上前抢救。随车一起的曹林感到罪行即将败露，掏出手枪从崔虎的身后向其开枪，光荣牺牲。1991 年 4 月 16 日经湖北省人民政府批准追认崔虎为革命烈士。

朱心光（1966.4—1992.2），退伍军人，中共党员，湖北省保康县店垭镇神龙村一组人。1991 年 10 月，被襄樊市公安局刑警支队聘为临时治安反扒队员。1992 年 2 月 21 日下午 3 时许，服刑保外就医人员周襄生伙同无业人员伍志等 6 人携带藏刀、马刀等凶器，上街抢劫，劫持人质。朱心光临危不惧，抓捕歹徒时，被歹徒刺伤，而壮烈牺牲。1998 年 4 月 24 日，湖北省人民政府批准其为革命烈士。

张 斌（1966.8—2002.3），中共党员，宜城公安局交警大队 3 中队副政治指导员，三级警督。2002 年 3 月 31 日凌晨 5 时许，他带领实习民警在 207 国道宜城孔湾路段巡逻执勤时，发现路边停靠的一辆红色桑塔轿车及旁边站立的 3 名男子形迹可疑，遂下车上前进行盘查时，被歹徒开枪打伤，经抢救无效牺牲。2003 年 7 月 31 日，湖北省人民政府批准追认其为革命烈士。

王淑娥（1966.8—1977.7），女，河北省望都县人，中共党员，东风汽车公司造三厂组干科组织干事。1977 年 7 月 12 日零时，为制止歹徒杀人，同歹徒搏斗时，被刺中心脏，英勇牺牲。1998 年 4 月 22 日经湖北省人民政府批准，追认其为革命烈士。

田明忠（1966.9—1991.12），男，襄阳县方集乡人，中共党员，枣阳火车站团支部宣传委员。1991 年 12 月 16 日 15 时 28 分，由武汉开往襄樊的 503 次旅客列车，即将通过一号扳道房驶入枣阳火车站，突然发现离扳道房 18 米处有一青年农民，危急关头，他毫不犹豫冲上道心，将青年农民推出道心，农民得救了，而田明忠却被列车撞倒，献出了宝贵生命。1992 年 8 月 3 日经湖北省人民政府批准追认其为革命烈士。

姜明华（1967.12—1998.6），保康县后坪镇汪家沟村人，1986 年 11 应征入伍，在广东佛山市服兵役。1990 年到佛山市公安局巡警支队一大队二中队工作，任一大队二中队三班班长。1998 年 5 月 22 日晚，姜明华奉命与本班战士邓永坚在 325 国道上执行任务，在市区亲仁西路白燕公司测面人行道上，发现两名形迹可疑的人，即上前盘问，其中一名歹徒突然拔出手枪向姜明华头部射击，姜明华身负重伤，经抢救无效于 1998 年 6 月 1 日下午 16 时 55 分壮烈牺牲。1998 年 6 月 3 日经广东省人民政府批准追认其为革命烈士。

李士勇（1968.5—1993.3），老河口市人。1987 年 11 月入伍，中共党员，曾任中国人民解放军第三十九集团军炮兵旅二营六连排长，少尉军衔。1993年3月17日，他带领战士在复州湾盐场执行挖盐任务时，突遇 3 米高的盐堆顶部松动坍塌的危机，他奋力将身边埋头铲盐的战士崔子顺推开，自己却被几吨重的盐方砸中，英勇献身。1993年经中国人民解放第三十九集团军政治部批准追认其为革命烈士。

李胜军（1968.6—1999.5），南漳县巡检镇专武干部，1999 年 5 月 7 日晚在抗洪抢险中牺牲。1999 年 12 月 23 日，湖北省人民政府批准其为革命烈士。

付先秀(1969.10—1999.5)，女，中共预备党员，谷城县当铺镇高院子村妇代会主任。1999 年 5 月 10 日下午 5 时许，因正确执行计生政策在该村计生活动室被歹徒用匕首杀害。2001 年 1 月 3 日，被湖北省人民政府批准为革命烈士。

樊健（1972.1—1991.7），襄城区公安分局岘山派出所治安联防队员。1991 年 7 月 29 日晚 10 时巡逻时，见一形迹可疑青年。他上前盘查遭反抗，与犯罪嫌疑人展开搏斗。穷途末路的犯罪嫌疑人凶相毕露，拔出随身携带的剪刀朝樊健的左腋下和腹部猛刺二刀，后逃现场。樊健因被尖刀刺破主动脉失血过多而壮烈牺牲。1992 年 2 月 24 日，被湖北省人民政府批准追认为革命烈士。

王国强(1972.8—1997.8)，谷城庙滩镇李家洼村人。退伍军人，中共党员。1993 年 8 月，应聘为襄樊铁路分局护路联防总队谷城站联防中队任联防队员。1997 年 8 月 27 日凌晨 1 时 50 分，由福州开往重庆的 305 次旅客列车驶进谷城站，正在接车的王国强发现车未停稳有几个人从车窗惊慌跳出逃窜，随即听到“抓小偷”的呼喊声。王朝跳车人追去，搏斗中被歹徒用匕首刺伤而牺牲。2002 年 12 月经湖北省人民政府批准追认其为革命烈士。

余志勤(1972.9—1994.4),湖北省黄州市人。1994 年 4 月 23 日在大桥管理处与犯罪分子搏斗中遭杀害。1996 年 2 月 15 日经湖北省人民政府批准追认其为革命烈士。

姚园安(1973.2—1995.12),襄樊市襄阳县黄渠河镇罗岗村人,村治安联防队员。1995 年 12 月 21 日在维护社会治安时,被犯罪嫌疑人杀害。1996年6月16日经湖北省人民政府批准追认其为革命烈士。

曹磊(1973.10—1994.9),樊城区人。1991 年应征入伍,1994 年 8 月加入中国共产党。1994 年 6 月,随连参加河南省洛阳市高新技术开发区援建施工。9 月 2 日工程收尾测量时,突然裂缝塌陷而英勇牺牲。1994 年 9 月 8 日经中国人民解放军总政治部批准追认其为烈士。

王陨襄(1977.10—1991.9),樊城区牛首镇李冲村人。1991 年 9 月 30 日傍晚,她和同学在回家途中遭遇色狼。在营救同伴时,被歹徒推下山崖而牺牲。牺牲后,共青团湖北省委授予其"英雄少年"光荣称号。1992 年 12 月 14 日,湖北省人民政府追认她为"革命烈士"。其事迹先后在《湖北日报》、《中国教育报》、《襄樊日报》多次刊登。

李伟(1978.11—1996.8),老河口市人。1995 年 12 月入伍,江苏省军区 83544 部队 404 分队战士,中共党员。1996 年 8 月 24 日在部队进行作业时,因意外事故,为救护战友受重伤,经南京军区总医院尽力抢救无效,不幸牺牲。1996 年经江苏省军区政治部批准追认其为革命烈士。

杨慎吉(1979.1—1993.8),女,枣阳市杨垱镇中心小学五(3)班学生。1993 年 8 月 5 日下午 3 时,为救 5 名落水儿童不幸牺牲。1994 年 3 月 22 日经湖北省人民政府批准追认其为革命烈士。

陈天宝(1972.2—1998.5),共青团员,枣阳市建筑材料制品厂工人。1998 年 5 月 21 日晨,上班途中。发现沙店小学校门前的洪水中冲下来两名学生,他毫不犹豫向落水的孩子扑去,强大的冲击力和巨大的吸引力将他吸入 2.5 米深的下水管道。献出了宝贵的生命。1999 年 4 月 13 日经湖北省人民政府批准追认其为革命烈士。

张 俊(1979.7—2001.7),保康马桥镇高桥河村人,保康商贸中心工作。共青团员,退伍军人。2001 年 7 月 14 日上午 9 点,为救落水少女,不幸牺牲。2002 年 8 月,湖北省人民政府批准,追认其为革命烈士。

郑兴雄(1965.7—1989,6),退伍军人,共青团员。1988 年 11 月被聘为樊东区公安分局清河口派出所联防队员。1989 年 6 月 9 日晚 9 时许,随同派出所民警杨光斌到樊东区大庆东路居委会三组执行缉拿罪犯李兴章的任务。面对持枪暴徒,他无所畏惧,机警地闪入室内,首先向李犯靠近,准备夺枪。李犯孤注一掷,朝郑兴雄等射击。郑兴雄为擒拿暴徒,掩护战友而壮烈牺牲。1998 年 6 月 16 日经湖北省人民政府批准追认其为革命烈士。

龚满明(1982.4—2002.3),襄樊人。中共党员。2001 年 12 月应聘为成都太极集团经济民警大队队员。2002 年 3 月 4 日下午,两名歹徒在成都洞子口五福菜市场实施抢劫后朝五块石方向逃窜,正在太极集团西部医药城搬运货物的龚满明和五位同事发现后,立即奋起追击。在与歹徒搏斗的过程中,龚满明不幸被歹徒用刀刺中胸部,伤及心脏,光荣牺牲。2002 年 12 月,被民政部追认为革命烈士。

附　录

一、重要文件、法规

(1979—2005 年)

中共襄阳地委办公室文件

襄地办[1981]42 号

转发地委农村政治部

关于完善农业生产联产计酬责任制几个问题的意见

各县、市委,地委各部、委,行署各办、委、局党组:

根据地委领导同志意见,现将地委农村政治部《关于完善农业生产联产计酬责任制几个问题的意见》印发给你们,供参考。

农业生产推行联产计酬责任制,是经营管理上的一个重大改革,我区大部分地方实行这种责任制的时间不长,缺乏经验,有很多问题需要研究解决。同时,各级领导机关和有关部门的工作方法或经营方式也需要与之相适应。各地在实践中,要注意调查研究,不断总结摸索经验,使之逐步完善。

中共襄阳地委办公室

一九八一年十二月十三日

转发地委农村政治部
关于完善农业生产联产计酬责任制几个问题的意见

一年来,我区各地根据中央〔1980〕75 号文件精神,积极推行各种形式的联产计酬责任制。目前,全区实行联产计酬的生产队已达 24 959 个,占生产队总数的 95.7%。其中,专业承包、联产计酬的 672 个,占 2.6%;统一经营、联产到劳的 20 599 个,占 79%;统一经营、联产到组的 214 个,占 0.8%;包产到户和包干到户 3 474 个,占 13.3%。各种联产计酬责任制的实行,使生产者的责、权、利更好地结合起来,有力地促进了农业生产的全面发展。为了进一步发展农村大好形势,今冬要实行全党动手,切实搞好各种责任制的稳定、完善工作。对于完善中一些带共性的问题,按照地委领导同志多次强调指出的原则,我们同一些干部群众座谈讨论了以下意见。

一、土地的承包和使用

土地是农业的基本生产资料。坚持社会主义公有制，首先必须坚持土地公有制。社员承包的责任田，只能在生产队统一计划下进行耕种、管理，不准买卖、出租、转让。不准随意在责任田上盖房、裁砖、埋坟、取土，社员之间调换责任田块要经过生产队批准。

划分责任田，要本着挖掘劳力和土地的潜力，有利于发展生产的原则进行。要以劳为主，一般按人三劳七的比例承包，不能全部按人头承包。要有利于耕作、排灌和轮作换茬，不能把地块划得过于零碎。田地远近、好坏之间不平衡的矛盾，主要通过合理定工、定产进行调节。耕地已划得过于零碎、影响生产、群众有意见的，要通过群众讨论，调整过来。为了保证生产的连续性，鼓励社员种地养地，社员承包的地块，可以一定几年不变；作物的种植面积、定工、定产等，可一年一议。

生产队在承包土地时，一般应留下一定数量的机动地，除供添人调剂使用外，还可用于科学试验、培育良种等。这些机动地，可暂时包给劳力充裕的户耕种，实行一季或一年一定，不得荒芜。

二、处理好统与包的关系

坚持从实际出发，宜统则统，宜包则包，把调动社员个人的积极性和发挥集体经济的优越性更好地结合起来，促进生产的发展。既要防止大包大揽，统得过死，影响社员积极性，又要防止分得过散，忽视甚至放弃统一经营，削弱集体经济。无论实行哪种形式的联产计酬责任制，都要坚持把适宜集体经营的项目由生产队统一经营。哪些该统、不该统、统多、统少，主要根据生产水平和发展生产的需要而定。作物布局、茬口安排、抗御灾害、防治病虫、管水用水、繁育供应良种、农田建设等，一般应由集体统一组织进行，其他生产环节分户进行。在多种经营和工副业生产上，一些成片基地、骨干品种等适宜集体经营的项目，应由生产队统一经营，可以专业承包到组、到劳、到户。不能把现有集体经营的项目随意解散或下放。一些不便集体经营的零星分散的项目，则应鼓励社员经营。各种耕作、加工、脱粒、排灌机械及大型农具应由集体统一管理使用，中型农具可包到户管理使用，小型农具可自置自用。在生产投资上，抗灾、排灌费用一般应由集体统一支付；化肥、农药等到可以全部或大部由集体统一购买，分户领用，抵费用包干指标，以保证必要的生产投资，同时鼓励社员合理增加投资。其他小量开支，可实行指标到户，社员自理，节约归己，超过不补。

三、合理定产，正确处理三者关系

合理定产是正确处理国家、集体、个人三者利益关系的一个前提。定产过低，不利于巩固壮大集体经济和完成国家任务；定产过高，又不利于调动群众的积极性。因此，定产要积极可靠，留有余地，即使集体增收，又使多数社员经过努力有产可超，防止偏高偏低。根据各地经验，应参照历史产量和生产条件变化及当年增产措施等情况，民主评议，合理定产。在正常年景下，一般以前三年的平均产量，加上适当增长幅度作为基数。连续几年增产的队，可以上年产量为基数；连续多年减产的队，可以历史最高年产量为基数。

在定产时，要把粮、棉、油、猪、蛋等农副产品的征购、超购和派购任务一并落实到户，并签订合同。除遭受不可抗拒的灾害外，要保证完成。

为了扩大再生产和发展集体福利事业，随着生产的发展，在保证社员收入逐年有所增加的同时，要适当提高积累率。实行包干到户的队，社员上交的提留额，除保证上交国家税金和支付干部、民办教师、赤脚医生的报酬，烈军属、五保户的优待以及其他公共消费外，还要有一定的净积累。为使集体提留的资金不被挤占和拖欠，粮、棉、油实行分户交售、分户结算的队，可先从各户出售的价款中扣取提留。

四、加强对集体财产的管理

集体拥有的机械、耕牛、水利设施、公房、储备粮、存款等财产，是合作化以来社员群众辛勤劳动的积累，是扩大再生产的重要物质基础,必须加强管理,提高利用率。不得随意拆散、毁坏、平分和变卖。

机械的管理使用,要实行单机核算,采取“几定一奖”、利润包干均可,但要规定农田作业任务,首先保证服务农业。

耕牛是农业的重要生产力。目前多数社队耕畜严重不足,有些地方大田联产计酬后,社员在安种季节,争着用牛,加班用牛,还有的轮户喂养,造成耕牛劳役过度,体质下降,甚至非正常死亡。为了解决这个问题,要坚决纠正耕牛“吃派饭”的做法,实行养用合一,把责、权、利紧密结合起来。耕牛由集体统一饲养管理的,要固定专人喂养,专人使用,实行“几定一奖”。各户耕作用牛,由生产队按照先急后缓,统筹安排。耕牛按耕地面积搭配到户的,也应固定专户饲养,专人使用,并实行耕牛作价,保本保值,增值奖励,繁殖分成,非正常死亡赔偿。

对集体的水库、堰塘、泵站、机井、堤防、渠道等水利设施,不得损坏、下放、乱挖乱填。两个大队或生产队以上的共用设施,由公社或大队统一管理。生产队内的较大水利设施,由生产队固定专人管理。小塘小堰随田到户。联户使用的,实行一口堰、一冲田、一把锹的管理办法。

集体的仓库、牛栏、公房、储备粮等财产,要逐项清理,作价入账,固定社员专管或兼管。暂时闲置的公房,可用于兴办集体的工副业、学校和福利事业,也可集体收取租金,租借给社员使用,损坏赔偿。

五、巩固和发展集体的工副业生产

积极发展集体工副业生产,是安排农村剩余劳力,发展商品生产,繁荣农村经济的必由之路。随着联产计酬责任制的普遍推行,农村剩余劳力越来越多,给进一步发展工副业生产创造了条件。各级干部要充分认识这一新情况,积极解决联产计酬后出现的新问题,把现有的工副业生产搞好,并且要充分利用本地资源,广开生产门路,大力发展多种经营,办好社队企业。

集体的工副业生产,要因队、因项目制宜,采取灵活多样的承包方法。一些骨干项目,可采取专业组、专业户、专业劳承包的办法,实行“几定一奖”或利润包干,以发挥统一经营、分工协作的优越性。处理好从事工副业人员与从事大田生产人员之间的经济利益关系,使各业之间的报酬平衡、合理。工副业人员的粮、棉、油、柴草等农副产品分配,可以年初议定补贴标准,年终不变,或年终按同等劳力的平均数付给。一些有技术专长的人员,其劳动报酬可适当高于大田生产人员。对收益小或短期无收益的项目,可由集体给以定额补贴,或兼包其他项目,实行综合经营,长短结合,以短养长。集体猪场要坚持办好,主要养母猪,提供猪源。

目前,有不少社员在承包大田生产任务的同时,利用剩余劳力和剩余劳动时间,承包集体的某项工副业生产。这种兼业承包的办法,即使剩余劳力有了出路,又为集体创造了财富,干部群众乐于接受。随着多种经营和工副业生产的发展,要引导这部分兼业户逐步过渡为专业户,促进农村专业化分工。

六、稳定林权,建立健全林业生产责任制。

农村在推行联产计酬责任制中,群众说:“联农不联林,农村不安宁”,“联田不联山,堵了致富门”。历史经验证明,经济政策的变动,在林业生产上反映很敏感,搞不好就会造成破坏,在大田生产联产以后,要加强山林管理,把林业生产责任制进一步建立健全起来。

要稳定山林权属,决不能因经营管理办法的改革而改变林权,不能把社员管理的责任山与自留山混同起来,将集体的山林和树木随意下放到户。有条件的地方,划分社员自留山,要按照国家的规定执行。

现有社队林场要继续坚持办好,领导、劳力要相对稳定,实行在场劳动,在场分配。收益暂不能自给的公社、大队应给予定额补贴或拨给一部分耕地,解决在场人员的实物分配。

林业生产的管理责任制,根据不同情况,采取不同的办法。成片的林木,应固定护林员专职管理。成片的果园实行专业承包。离村庄较近的小片林木可以就近承包给有管育能力的社员管理。田边地角的零星树木,可以树随田走,确定合理报酬,分户管理。社员负责管理的山林、树木可以柯枝用柴,无权自行砍伐,树木成材出售以后,比例分成,大头归集体。零星分散的经济果木,可估产分成或定交纯利润。

林木生产的周期长,责任制和承包办法确定以后,登记造册,签订合同,不要随意变动。

七、坚持不懈地搞好农业基本建设

农业基本建设是实现农业稳产和持续增产的重要保证。必须把农业基本建设作为一个长期任务,坚持不懈地搞下去。对山、水、田、林、路、村、沼气统一规划,综合治理。

无论实行哪种责任制,每年都要坚持一定的劳动积累,一般每个劳力每年投放农业基本建设用工不得少于三十个。生产队应根据基建任务大小,需工多少,按照劳力底分分摊到户,轮流出工,超工奖励,欠工惩罚。有条件的队还可以提取农建专用基金,以保证农业基本建设的进行。农业基本建设要坚持谁受益谁负担的原则,需要联队施工的要统一组织,解决好协作互利问题。过去有"推磨转圈"协作关系的,以工还工,做到大体平衡。社员承包的责任田需要改造和平整的,可由生产队统一规划,鼓励社员自己施工,抵作集体用工。对当年受益有影响的,适当调整定产指标。

八、加强农业科学技术的推广工作

实行联产计酬责任制后,群众中出现了学习、运用农业科学技术的热潮。为了适应这一形势,必须继续办好公社、大队、生产队的农科队、所、组。原由生产队转为农科所、队的,仍应坚持独立核算,自负盈亏。抽调劳力和土地组成的农科队、所,应实行定人员、定报酬、定生产任务、定科研项目、定投资、定奖赔的责任制度。鼓励农技站、农技干部、农民技术员,与生产队和承包户签订技术推广合同,明确责任,议定奖赔办法。

积极提倡生产队建立种子生产专业组或专业户,落实繁育良种、杂交制种和种子的提纯复壮任务,签订合同,执行奖赔。集体对种子专业组、户在技术指导、物资供应等方面给予必要的扶持和优待。为了防止种子混杂和盲目引种用种,应由生产队统一确定定向品种,统一供应各户社员用种。

要采取多种形式组织农民学技术,普及农业科学知识。可以结合农事季节,举办农业技术短训班,建立农业技术询问处,印发农业科技资料以及召开户长现场会等办法,推广行之有效的增产经验和技术措施。

九、妥善解决大队、生产队干部的报酬

实行联产计酬责任制后,各地解决大队、生产队干部报酬的做法大体有两种:

一是干部承包一部分责任田,按同等劳力的报酬,差额部分集体给予补贴。一般大队主要干部承包责任田的30%—40%,定额补贴百分之六十至七十;生产队主要干部承包百分之六十至七十,定额补贴百分之三十至四十。年终再按照干部岗位责任制的考核内容评定奖惩。

二是不论干部承包责任田多少,另付给定额岗位津贴。即事先匡算出大小队主要干部全年工作误工的天数,参照本队工分值或同等劳力平均日收入,计算出补贴金额,年终经过考核,工作好的全得,工作不好的适当扣减。

以上办法,要在实践中逐步完善。不论采用哪种办法,都要注意掌握几点:一是本着精简的原则,补贴的人数不宜过多。一般大队定补3—4人,生产队定补2—3人,其他干部实行误工记工,误工时间也要有所控制,以减轻群众负担;二是要把干部的报酬与工作好坏紧密联系起来,干部分工负责的队,增产增收,干部的补贴相应提高,减产减收,干部补贴适当降低;三是大小队干部承包责任田多少,应视其家庭实际情况而定,做到生产、工作两不误;四是在一般情况下,干部的收入可适应高于同等劳力,但不能悬殊过大。

十、认真落实对烈军属、五保户和困难户的优待照顾

对烈军属、五保户、困难户给以照顾,是社会主义集体经济优越性的具体体现,也是关系到部队建设和社会安定的一项重要工作。实行联产计酬责任制后,这项工作只能加强,不能削弱。对烈军属、残疾军人,应本着使其生活不低于当地平均水平,年初一次确定补助数量,多劳不少补,少劳不多补。对因公致残的社员和因公死

亡的社员遗属,生产、生活有困难,可参照烈军属的优待办法给以照顾。对五保户的照顾,由集体负责到底,狠抓落实。不能把对烈军属、残疾军人、五保户的优待物资转到承包名下,集体甩手不管。对家大口阔、生疮害病、缺少劳力和智力不全、缺乏安排生活能力的困难户,干部要分工包干,采取亲邻相助,以工换工等办法帮助他们解决生产、生活上的实际困难。

国务院[83]国函字 164 号
关于湖北省地市行政体制改革
方案的批复

一九八三年八月十九日

湖北省人民政府:

1983 年 6 月 2 日、6 月 23 日请示悉。同意你省:

一、撤销襄阳地区,将襄阳地区的襄阳、枣阳、宜城、南漳、保康、谷城六县划归襄樊市管辖。随州市、老河口市仍为省辖(县级)市。

………………

八、撤销随县,将随县的行政区域并入随州市。

九、撤销光化县,将光化县的行政区域并入老河口市。

………………

关于批复襄樊市市级
党政机关机构改革方案的通知

中共襄樊市委、襄樊市人民政府:

1983 年 10 月 15 日关于襄樊市市级党政群机关机构改革方案的请示报告收悉。省委、省人民政府原则同意所报机构改革方案。现通知如下:

一、市委工作部门设:办公室、组织部、宣传部、统战部、政法委员会、农村工作部、政策研究室。

二、市人民政府工作部门设:办公室、计划委员会、经济委员会、农业委员会、科学技术委员会、城乡建设管理委员会(保留人民防空办公室合称)、计划生育委员会、体育运动委员会、财贸办公室、外事办公室(侨务办公室与外事办公室合署办公)、民政局、公安局、司法局、劳动局、人事局、机械工业局、燃料化学工业局、第一轻工业局、第二轻工业局、交通局、环境保护局、房地产管理局、农牧业局、林业局、水利水产局、财政局、税务局、审计局、商业局、粮食局、吩外经济贸易局、工商行政管理局、文化局、教育局、广播电视局、卫生局、物资局、统计局、物价局。

三、市属各级(不含市辖县)党政群机关编制人数(不含公安、检察、法院、司法行政机关的编制),待中央、国务蘸对我省各市的总编制下达后再行核定。市纪律检查委员会、市人大常委会、市政协、检察蘸、中级法院、各民主党派和群众团体等组织机构，按照党章、宪法和有关规定设置，不作批复。

四、市委、市人民政府各部门领导干部配备人数，按照省委、省人民政府批转《地市州机构改革座谈会纪要》和有关规定办理。

中共湖北省委办公厅
湖北省人民政府办公厅
一九八三年十月三十一日

关于经济体制改革若干问题的暂行规定

（一九八四年六月十日　中共襄樊市委、市人民政府发布）

襄发［1984］97号

一、下放经济管理权限

第一条　改革企业管理体制。在各县（市）的市属企业，下放给所在县（市）管理。在市区范围内的市属部分企业逐步下放给所在区管理。下放企业的方案由市经委、财贸部门会同有关单位迅速制订。

第二条下放基本建设项目审批权。（1）全民单位的危房改造由各县（市）、市辖区按上级有关规定审批下达。（2）老河口市的城市三项费用用于城市基础设施改造的可按规定自行审批下达。（3）全民所有制单位自筹基建项目任务书，非生产性建设项目在50万元以下、生产性建设项目在100万元以下；自筹基建项目的年度投资在50万元以下；利用外资的项目，总投资在30万美元以下、国内配套资金在90万元（人民币）以下的，在控制总规模的前提下，除国家限制发展的项目外，均由县（市）、市辖区审批，报市计委备案。

第三条　下放技术改造项目审批权。（1）贷款项目总投资在30万元以下的，由各县（市）、区经委和有关银行联合审批。（2）自筹资金技术改造计划指标，由市经委切块下达，项目由各县（市）、市辖区安排。

第四条　鼓励、支持各县（市）、市辖区和各企业利用外资，引进先进技术、先进设备。利用引进技术生产的优质产品，投产后一、二年内免征工商税和所得税，并在贷款利息上给予优惠。凡用贷款进行的基本建设和技术改造项目，投产后用企业的税前利润偿还。

第五条　改革物资和农业生产计划管理。（1）省、市计划管理和分配的物资，由省、市统一平衡；其余部分切块下达给各县（市）、市辖区计委安排。计划分配的数量较大的专用物资，可指标分签，直供到厂，减少中转环节；企业可以委托物资部门组织订货供应，也可以选择供货单位。（2）在农业生产计划方面，粮、棉、油指标，市对各县（市）、市辖区只下达产量计划，不再下达播种面积指标。同时，改年初下达计划为上年九、十月份下达计划或作出预安排。

随州市按照省委、省政府的规定，享受相当于省辖市的经济管理权利。

二、全面推行经济责任制

第六条　工业企业内部实行经济责任制，可根据本企业生产经营的特点采取不同的形式，总的要求是把责、权、利落实到人。可以实行记分发奖、浮动工资、计件工资，超定额计件工资和单项任务承包，车间承包、集体承包等形式。集体企业还可实行厂长“组阁”承包，以及“除本分成”等办法。要有计划地将小型国营企业改为集体企业或实行集体企业的管理办法。

第七条　财贸部门所属企业要全面推行以承包为中心的经营责任制。公司对商店，商店对柜组层层承包。

对职工要定岗定责,能包则包。大中型企业可实行利润定额上交超利分成的办法;小型企业可采取集体承包、个人承包、租赁等办法,实行自负盈亏;理发等行业可实行按件计资、多劳多得。允许职工留职停薪,离店经营。无论采用哪种经营承包形式,都要严格执行政策,严禁掺杂兑假、以劣充优、短斤少两、抬级抬价、压级压价等损害生产者和消费者利益的行为,如有违犯,要严肃处理。

第八条　纳入计划的技术改造项目,实行承包责任制。在资金、材料落实的情况下,按时保质保量完成改造项目的要给予奖励;提前投产见效的,提前投产期间实现的利润可全部留给企业,并对为该项目作出了较大贡献的人员,给予物质奖励,节约投资的,可按节约资金额度提取适当比例的奖金;到期完不成承包任务的,要追究责任,对承包者给予一定的经济惩罚,延长工期而多支出的全部费用由企业自己负担,并扣减企业的利润留成。

第九条　基本建设要全面推行投资包干制和招标承包制。(1)凡有条件的建设项目,都要签订投资包干协议,由建设单位对国家全面负责。节约的资金,归建设单位所有;超过投资,由建设单位负担。(2)城市工业、民用建设的设计和施工,要实行招标、投标办法。国营和集体、城镇和农村的设计、施工单位、经审查合格后,都可以参加投标。在整个工程实行承包后,建筑企业内部还要全面实行百元产值工资含量包干办法,落实到班(组)或个人。

第十条　调整财政对企业的分配关系。(1)对大、中型企业实行鼓励先进、多超多留。其调节税的减免按省有关规定执行。(2)对小型国营企业按八级超额累进办法纳税,税后利润,全部由企业支配。(3)对 1983 年实行利改税时,核定为减亏增盈四六分成的企业,实行定额上交、增盈全留、亏损自负。(4)对微利企业,可实行包干上交、超收全留。(5)对计划亏损的企业,工业企业实行定额包干、超亏不补、减亏全留;粮食、食品企业实行减亏四六分成(企业留 40%,上缴财政 60%)、超亏不补;蔬菜企业实行定额补贴、超过不补、减亏全留。

第十一条　改革工资和奖金制度。(1)企业发放奖金与上缴利润挂钩,上不封顶,下不保底。完成利润上交任务的企业,全年可按两个月标准工资发放奖金;超额完成上交任务的,企业留利和奖金可按超计划比例同步增长,并按国务院的有关规定交纳奖金税。完不成利税上交任务,但比上年有增长的,全年发入奖金不能超过一个月标准工资;完不成上交任务,又比上年下降的,除停发奖金外,工资随下降比例下浮。(2)对部分企业可试行奖金与工资捆在一起,同上缴利税挂钩上下浮动的办法。(3)对经营性亏损的企业,一律停发奖金,并限期三个月扭亏为盈。到期仍然亏损的,扣发企业领导人百分之五到十的工资,企业停止执行 1983 年调资方案,什么时候扭亏,什么时候恢复。停止执行调资方案期间少发的工资不予补发。(4)实行浮动工资升级制。各地、各行业均可选择一些经过整顿合格、潜力较大、经济效益较好,超额完成国家税利入库任务的企业,作为自费改革企业工资制度的试点。连续三年浮动升级的职工可固定一级。

第十二条　设立优质产品单项奖。为了鼓励企业提高产品质量,争创优质产品,各级政府从地方机动财力中拿出部分资金,设立“创优产品奖励基金”。对获国家金质产品奖的奖励 2 万元,获国家银质奖的奖励 1 万元,获部优质产品奖的奖励 3000 元,获省优质产品奖的奖励 1000 元。企业所得奖金可用于集体福利和职工奖金。同时,对为创优产品作出了重大贡献的人员,除发给一次性奖金外,可给予晋升一级的奖励。

三、改革企业的人事劳动制度

第十三条　改革干部任免制度。(1)市属县团级企业的厂长(经理),由主管部门任免,报市委备案;行政副职由厂长(经理)提名,主管部门任免。各县(市)、市辖区可参照此办法,制定各自重点企业干部的任免办法。(2)其他所有国营企业的厂长(经理),由主管部门委派;行政副职由厂长(经理)提名,报主管部门批准。(3)市属县团级企业的党委正副书记,由主管部门党委(组)任免,报市委备案;其他企业的党组织负责人,由主管部门党委(组)任免。各县(市)、市辖区可参照此办法,制订企业党组织负责人任免办法。(4)所有企业的科室、车间等中层干部一律由厂长(经理)或企业任免。(5)各企业可从工人中选拔干部,任职期间享受同级干部待遇,免职后仍回生产岗位。(6)对连续两年完不成国家计划或连续两年出现经营性亏损企业的主要干部,实行就地免职。免职后,原系干部的,保留干部待遇,分配适当工作;原系工人的,不保留干部待遇,回生产岗位。(7)干部任职权改变后,不改变其应享受的干部等级待遇。要任人唯贤,严防"三种人"混进领导班子。对违背党的原则,造成任免不当的,上级组织、人事部门有权进行检查、监督和纠正。

第十四条　企业的厂长(经理)、书记、总工程师和其他工作人员成绩显著的,应给予奖励。主要经济技术指标达到同行业先进水平;产品在国际市场有竞争力,创外汇高,经济效益显著;连续三年实现三个同步增长等。符合上述条件之一者,可给予记功、奖金或晋级等奖励。

第十五条　改革企业用工制度,(1)除特殊工种外,今后企业招收新职工一律实行合同工制,能进能出。企业可根据需要提出招工计划,劳动部门核定下达指标后,按照招工政策在指定的地区内公开招收,进行考试或考核,择优录用,报劳动部门备案,其他单位不得干预。技校毕业生分配,也要实行合同制。(2)企业可根据需要,在劳动部门指定的范围内,自行决定使用季节工、临时工、轮换工和民工包工。

第十六条　企业可根据需要公开招聘技术、管理人员,并自行确定报酬,人事部门要积极协助企业从外地引进人才。企业之间的人才交流形式可以多种多样,可以调动,可以借用,可以定期招聘,也可以通过双方协商作兼职服务。

第十七条　改革企业病假工资制度。允许各企业终止执行原来的有关病假工资规定,从严要求、自行制订本单位病假工资发放办法。在制订新规定时,对患有特殊疾病和工龄长的老职工应予照顾。

四、扩大企业经营管理自主权

第十八条　企业在完成国家计划后,对计划内产品(国家有特殊规定的除外),可按不同情况允许企业自销百分之三到百分之十;超计划的产品可以全部自销。以市场调节为主的产品,企业可自行安排组织生产。

第十九条　企业有权参与或组织跨行业、跨部门、跨地区的联合经营;有权择优选点,组织生产协作或扩散产品,主管部门要积极支持、协助和指导企业作好这方面的工作,尽快组织起全市的工业经济网络。

第二十条　扩大厂长(经理)权力。(1)厂长(经理)有权按国务院的有关规定给有特殊贡献的职工晋级。(2)厂长(经理)有对职工进行警告、记过、降级、撤职、留厂察看、开除等处分权。开除职工应持慎重态度,对确属屡教不改必须开除者,可由厂长(经理)提出,职工代表大会讨论通过,报主管局和劳动局备案。(3)市经委和各县(市)、直辖区要尽快选择一批具备必要条件、生产正常的企业,进行厂长(经理)负责制的试点,取得经验,逐步铺开。

第二十一条　适当下放价格管理权限。(1)对经过鉴定确认的省以上优质新产品,在试制试销的一年内,企业可以自行确定价格。企业自行组织原材料加工的产品,可以执行国家的统一价格,也可以低来低去高进高出。(2)商业部门对非计划管理的工业品,可根据不同的季节、不同的质量、不同的花色、不同的数量,分别实行季节差价、质量差价、花色差价。批发商品还可实行批量差价。(3)国家规定开放的小商品的价格管理权和残损、积压商品的削价处理权交给企业。(4)在完成国家统购、派购、超购任务以外的农副产品,实行议购议销,其作价权下放给企业。(5)允许理发业、修理业根据营业设施的好坏、技术的高低、质量的优劣,在收费标准上有所不同,实行优质优价。

第二十二条　进一步对集体企业放权。集体企业除了享有国营企业所具有的自主权外,还有以下权力:(1)集资分红权。企业可以实行职工集资,所集资金由税后利润中分期偿还,并提取一部分税后利润对被集资者实行股金分红。职工入股自愿,退股自由。(2)劳保福利改革权。对职工的医疗费、病事假工资、退休工资等,企业可根据自身的条件,制订不同的标准和执行范围。

五、改革商品流通体制

第二十三条　市区和各县(市)要根据本地情况,尽快建立起各种类型的贸易中心和批发市场,采取灵活多样的经营方式,通开城乡市场,做到货畅其流。超计划的和非计划的商品,都可以在贸易中心和批发市场自由购销;无论市内、市外、县内、县外,无论全民、集体或个体,都可以到贸易中心和批发市场交易。

第二十四条　各县(市)可以到市区开设农副土特产和地产工业品批零商店。个体商业户和农民都可以到市区或县城、集镇盖大楼、办商店,在指定的地段摆摊设点。市各有关部门和各县(市)、市辖区都要积极支持,提供各种方便。

第二十五条　进一步打破地区、行业、企业性质等界限,大力发展工商、农商、农工商、商商、商贸等多种形式的联合经营。大力开拓地产品市场,对收购和推销地产品措施得力、经济效益好、增长幅度较大的批发单位,财政对企业留利和职工奖金在原有基础上再给一定的好处。

第二十六条　要积极支持各种经济联合体和个人从事交通运输。只要车、船、拖拉机等运输工具符合技术标准,驾驶人员经过考试合格,在中国人民保险公司参加保险的,车管、港监部门应及时办理手续。在我市范围内的车站、港口、码头应向各种运输力量开放。对各种经济成分的运输业,在政策上要一视同仁。任何部门和单位,不得自立名目,向个体和联户运输业乱收费用。

六、改革科技、教育体制

第二十七条　建立健全科技工作领导管理体系。市成立"襄樊市科技工作领导小组",统一制定全市科技发展规划,组织协调重大科技项目。各县(市)也要建立科技工作领导小组;各产业局设立科技机构;各区、乡配备科技专职或兼职干事,逐步健全科技工作管理体系。

第二十八条　改革科技干部管理体制。成立"襄樊市科技干部管理局",隶属市科委领导,主管全市工交、财贸、农林水、建筑行业科技人员的培养、调配、使用和考核晋升等工作。其他方面的科技人员,目前暂由其主管部门管理。各县(市)、市辖区也要设立相应的科技干部管理机构。

第二十九条　调整科研机构。将市属的现有17个独立的综合性和专业化科研所,调整为16个行业性和专业性研究所。对现有的26个厂办科研所(室)要进一步充实和加强;协助有条件的企业组建厂办科研机构。科研机构调整后,要逐步做到企业化,实行科研工作与经济效益挂钩的有偿原则。

第三十条　扩大科研单位的自主管理权。全市的科研所(研究所)用都要实行所长负责制。所长由市科委任命,实行任期制;副所长由所长提名、主管局任命,报市科委备案。第三十一条　改革教育体系。(1)改革中等教育结构,发展职业技术教育。有计划地将一批普通中学改为职业学校。(2)各企业可与大专院校、中等专业和技工学校挂钩联系,自己选送培养人才,谁培养谁使用,计划部门不列入计划分配。(3)市属大中专、技校在完成上级招生计划后,应挖掘潜力,增办各种急需的专业班或培训班,为各企业单位、经济联合体和专业户培养人才。

以上各条,望各地各单位结合实际,认真研究执行。在执行中有什么问题和意见,请及时报告我们。

市委、市政府要求,各级党委和政府、各部门和各单位的领导干部,全体共产党员,都要解放思想、勇于思考、勇于探索、勇于创新;反对因循守旧、固步自封、无所作为,要站在改革前列,作改革的促进派。在实施上述改革的过程中,要切实加强思想政治工作,及时解决干部职工的思想认识问题,正确处理三者利益关系,严格执行财经纪律。在工作中既要大胆实践,又要注意分类指导;既要满腔热情地支持群众的创新精神,又要善于因势利导,及时研究、解决前进道路上出现的新问题,保证我市经济体制改革工作的顺利进行。

关于城市经济体制综合改革实施方案的报告

襄发[1984]130号

省委、省人民政府：

在基本完成市管县机构改革任务的基础上。省委、省人民政府又确定我市为城市经济体制综合改革的试点，授予我市比其他省辖市更大的经济管理上的审批权限。这是为探索以城市为中心组织城乡经济的新路子，加快我市经济发展作出的重要决策，是对我们的信任和鼓励。我们一定集中力量抓好改革，一抓到底，抓出成效。现将综合改革的方案报告如下：

一、改革的指导思想

这次综合改革，坚持解放思想，实事求是，积极探索，扎实工作的精神，立足于简政放权，搞活企业，搞活流通，打破两个“大锅饭”，更好地调动各方面的积极性，充分发挥中心城市组织城乡经济的作用。从襄樊市的自然资源条件，已有的国民经济基础和军工企业多，技术设备、科技力量较强的特点出发，组建全市性各种经济网络，把城乡结成一个有机整体，发挥优势，扬长避短，互相支援，同步发展，逐步建立起以襄樊市为中心，随州、老河口为两翼，数百个集镇为纽带，广大农村为基础，城乡结合，工农结合，军工民用结合，辐射型开放式的经济区。初步设想，襄樊市区今后的发展方向是：以智力开发和科技进步为手段，以轻纺工业为重点，电子工业为先导，纺织、电子、化工、机械、建材、卷烟、食品饮料、饲料加工八大产品为支柱，逐步建成生产、科研、经营型的现代化产业城市。要特别注重我市同二汽在地理位置和扩散产品方面的紧密联系和优势，发挥二汽对我市经济发展的促进作用。农村的发展方向是：围绕发展商品生产，依靠科技进步，推进农业立体开发，以种植业、养殖业、乡镇企业和农村商业为支柱，大力发展“两专一联”，逐步建立农工商综合经营、协调发展的新型农业经济体系。初步规划，争取到一九八五年，全市工农业总产值在一九八□年的基础上翻一番，到一九九五年再翻一番，提前五年实现党的十二大提出的宏伟战略目标。

二、改革的主要内容

（一）建立城乡工业网络，推进企业改组联合

根据国务院关于省不直接管企业，中央各部基本上不直接管企业的精神，在襄樊的中央民用企业和省属企业，除个别因特殊原因必须由部、省直接管理的外，均要求逐步下放给我市管理；军工企业党的关系也转入我市。市将从发挥工业生产潜在优势，发展横向经济联系的要求出发，在自愿、平等、互利和扬长避短、择优发展的原则指导下，对中央、省属和市、县（市）、乡镇企业，统一按行业进行调整改组，组织多种形式的协作联合。主要途径和形式可采取：(1)以重点产品为“龙头”，组织“一条龙”协作；(2)组织同一产品企业的工艺协作；(3)组织厂乡挂钩，加工企业与原料产地联合；(4)组织铸造、锻压、电镀等各类专业化生产中心；(5)组织生产与科研联合等。

（二）建立商品流通网络，搞活商品物资流通

省二级站（除石油站外）下放给市后，与市三级公司合并，实行站司合一，按专业划细经营的原则，组成若干批发公司。无论国营、集体和个体商业，均可直接到市公司进货，可以参加市里举办的展销会、交易会，可以到市区开设农副土特产品和地产工业品商店。

襄樊市区和各县（市）贸易中心（批发市场、贸易行栈），要逐步建成自主经营、各有侧重的贸易群体。贸易中心以市场调节为主，与专业批发公司互相渗透，把封闭式、多层式的批发体制。改变为开放式、少环节、多渠

道的批发网络。

进一步打破地区、行业和所有制界限,开展工商、农商、商商、农工商、内外贸,国营集体个体等多种形式的联营活动。

鼓励集体和个人兴建饮食店、商店、理发店、旅店、修理店等中小型企业。

供销社改“官办”为“民办”,市、县两级联社与基层社建立平等、互利的经济关系,并在业务上给予指导,使基层社真正成为农村购销、加工、储运和技术服务中心,促进农村商品生产的发展。

物资供应体制的改革,坚持物资流向,经济合理的原则,实行指标到局,供应到厂,就地就近供应的办法,改变层层设库、同城倒库、迂回运输的状况,加快物资流转。同时。搞好物资的配套承包供应,并逐步创造条件,把襄樊建成鄂西北物资流通中心。

(三)建立金融信贷网络,管好用活信贷资金

健全和完善资金结算体系,在全市范围的市县之间、县县之间,实行“以车代邮”,加速资金周转,提高资金使用效率。允许集体和个体企业在银行开户,通过银行办理结算业务。健全和完善资金调度体系,统一调度全市各级专业银行信贷资金。健全和完善货币流通体系,有计划地投放和回笼货币,使货币流通与商品流通有机结合起来,有效地控制货币投入量。

改革信贷制度,增加信贷控制指标,扩大市中、短期设备贷款的审批权和调剂使用权。对企业的贷款,根据资金使用效果分别实行浮动利率和差别利率。对重要的技术改造项目和开发新产品,提供优惠贷款。对生产优质名牌产品的企业,以及季节性的商品储备,提供低息和贴息贷款。

信用社要切实恢复“三性”,实行独立经营、独立核算、自负盈亏,充分发挥民间借贷的作用。

要求省适当扩大我市减免税收权。

(四)建立科学技术网络,改革科技管理体制

我市作为全国四个科技体制改革试点城市之一,要全面深入贯彻“经济建设必须依靠科学技术,科学技术必须面向经济建设”的方针,大胆改革一切不利于科技发展的制度和规定,调动科技人员的积极性和创造性,利用各种资源和市场优势,依托中央企业和军工、三线技术力量,使科技在经济建设中的先导、渗透、推动作用充分显示出来。

建立健全科技工作管理体系。形成市以开发研究为主、县(市)以推广运用为主、乡镇以科技服务为主、村队以试验示范为主的多层次科技工作体系。成立“襄樊市科技工作领导小组”,统一组织制订全市科技发展规划和体改方案,组织协调、实施重大科技攻关项目。各级建立、制订相应的管理机构和方法。

建立“襄樊市科技开发中心”、“科技交流培训中心”、“科技情报信息中心”、“计量测试服务中心”和“农村科技开发中心”。加强与全国高等院校、科研单位的联系,逐步形成纵横交错、城乡通升的科技升发、交流服务网络。

加强农村科技工作。探索适应农村改革新形势的组织、管理新体制。逐步向技术服务、技术经营型转化。确定枣阳、谷城两县为农村科技体制改革的试点。

改革科技人员管理制度。打破科技人才的部门、单位所有制,搞好人才合理流动和知识交流。市、县(市)成立科技干部管理局(科),隶属同级科委,统一管理市、县科技人员的培养、考核、职称评定、晋升、奖励和调配工作。制订促进科技人员合理流动的优惠政策,努力办好国家科委在我市进行的科技人才聘用制试点。

试办“襄樊市科技小银行”。将科技三项经费、科技贷款、地方科技发展基金等项资金捆在一起,由科委、银行组织调查,确定项目,以贷款形式发放,为“科技小区”(即从科研、中试、生产、推广一条龙安排)配套。

制订特殊的互惠互利政策,充分调动企事业单位的科技力量,为发展地方经济服务。

整顿科研机构,改革科研管理办法。扩大科研单位自主权,实行所长负责制,推行技术承包责任制和技术转让有偿制。

(五)建立交通运输网络,挖掘社会综合运力

成立襄樊市交通联运指挥部，与襄樊铁路分局建立固定业务联系，协调全市铁路、公路和水上运输。市属在各县(市)的汽车队(站)人财物全部下放到所在县(市)管理。市区与县(市)、县(市)与县(市)之间的客货运输，可以在自愿、平等、互利的前提下，通过协商实行联营，也可以自营；梳理河道，兴建码头，发展船队，积极开发以汉江为主体的水上运输；热情支持各种经济联合体和个人从事交通运输，"有路大家走，有水共行船"，大力挖掘社会综合运力，逐步形成以铁路、水运为骨架，公路为支撑，民运为补充，松散型开放式的交通运输网络。

(六)建立经济信息网络，提高预测应变能力

建立市、县(市)两级经济信息中心，配备专职工作人员。各经济主管部门、工商企业，根据业务大小设置信息机构，配备专职或兼职工作人员。市经济信息中心对县(市)经济信息中心和市内所有信息机构，通过各种形式进行经常性的业务指导，逐步形成经济信息网络。

选择有代表性的大中城市，如北京、上海、天津、广州、武汉、深圳以及其他沿海城市，建立情报信息联络站，利用本市派驻人员、外采人员或聘请当地人士，广泛搜集经济、科技等方面的信息。改善信息手段，加强信息分析，搞活信息利用，促进经济健康发展。

(七)发展对外贸易，加速"四个引进"

适当扩大市、县外贸外经工作管理权限。在全市完成省外贸计划后，经市批准，县(市)和企业可以自选口岸，直接对外洽谈进出口业务。要求适当扩大我市外汇分成比例。积极创造良好的投资条件，大力引进资金、技术、设备、人才，努力开创外经外贸工作新局面。

欢迎国内外各企业单位，各方面人士到襄樊地区从事各种经济活动，包括自营、合资经营、入股分红和补偿贸易。从政策上给予优惠，从多方面提供服务，给予方便。

(八)改革城建管理体制，加快城乡建设步伐

加快建筑业的改革，全面推行投资包干制和招标承包制，推行百元产值工资含量包干。同时，为农村建筑队进城大力提供方便，逐步建立以国营为主导、集体为辅助、农村建筑队为补充的城乡结合的建筑体系。对城市建设实行综合开发。无论旧城区改造和新城区建设，一律按城市总体规划要求，实行统一管理。对城市基础设施，由无偿使用改变为有偿使用；大力推行住宅商品化试点工作。要求适当扩大市土地审批权。

加快小集镇建设，更好地发挥其联结城乡的纽带作用。市属工业企业有计划地把一些劳动密集型的产品扩散给小集镇，并在技术上给予指导和帮助。对城市志愿到小集镇工作的技术人员和管理干部，允许保留城市户口。采取得力措施，扶持乡镇企业的发展。进县城和集镇务工经商的农民，在自理口粮的前提下，经过批准，可以入临时户口。

(九)扩大企业经营自主权，全面推行经济责任制

国务院《关于进一步扩大国营工业企业自主权的暂行规定》和省委、省人民政府《关于当前城市经济体制改革的若干意见》，对企业扩权问题作了具体规定，要全面贯彻落实。联系我市实际，再作如下规定：

改革企业人事劳动制度：企业根据需要，可以采取一些特殊措施，招聘、吸引外地、外单位和社会闲散人员中的各类专门人才来厂工作，可以从工人中选拔干部，享受同级干部待遇，不担任干部回生产岗位后，不保留干部待遇。为了解决干部自然减员问题，要求实行减一补一的办法；集体企业工人调入全民企业、外省工人调入本市企业，由市审批。

改革企业分配制度：国营企业可试行职务工资制，企业领导干部在任职期间，可按国家规定的级别工资标准，领取职务工资。允许企业一部分职工通过自己的辛勤劳动，贡献大，收入多，先富起来。

扩大企业计划管理权：今后凡国营企业生产的产品，除国家有特殊规定外，允许自销；省以上优质产品在正式投产一年内，允许企业自行定价；企业采购的一、二类商品或自行组织原材料生产的一、二类产品，可以低来低去，也可以高进高出；三类工业品，由生产企业自行定价，或由工商协商定价；为了广泛吸收社会游资，弥补流动资金之不足，在产销正常、经济效益好的企业，经过批准，可以向社会集团和个人发行股票，实行付息分红，允

许股票转让。

根据中央办公厅[1984]15 号文件精神,选择一批国营企业进行领导体制改革的试点。

(十)适应经济体制改革要求,搞好上层建筑的改革

坚持两个文明建设一起抓,互相促进,同步发展。进一步精简行政层次,要求授予老河口市与随州市同样的相当于省辖市的经济管理权限。改进工作方法,加强经济综合、协调、服务和监督。要求省给予我市机构设置权,以便进一步搞好党政机构的改革调整经济管理结构。

三、改革的方法、步骤和领导

(一)各县(市、区),各战线,各部门要结合自己实际,尽快制定出改革的具体实施方案。对方案要进行定量和定性的可行性分析,特别是对经济效益的测算,要力求准确。在实施过程中,还要根据情况变化,不断修改、补充和完善。

(二)各县(市、区),各战线,各部门都要认真抓点,以点带面,推动全盘。市委、市政府在工口抓二到三个搞活企业的点,在财口抓二到三个搞活流通的点。各县(市)都要有自己的试点。

(三)进一步加强组织领导,建立健全改革机构。成立襄樊市经济体制改革委员会,由市委书记担任主任,一名副书记或副市长担任常务副主任,有关部门负责同志为成员。体改委员会下设办公室,组织精干的工作专班。各县(市、区),各战线,各部门相应成立改革班子。经济体制改革委员会的主要任务是制定体改方案,掌握改革进程,督促、检查、协调、指导改革工作,总结推广经验,使之健康发展。

以上报告当否,请复示。

中共襄樊市委
襄樊市人民政府
一九八四年八月二十日

省委办公厅、省政府办公厅
关于襄樊市经济体制综合改革实施方案的批复

一九八四年十月十五日

中共襄樊市委、市人民政府:

你市襄发[1984]130 号文《关于经济体制综合改革实施方案的报告》收悉,经省委、省政府研究,原则上同意你们的报告。现就有关问题批复如下:

一、根据省委、省政府关于省直厅局不直接管理企业的精神,在襄樊市(含随州、老河口市)的省厅所属企业,原则上均下放到所在市管理,以充分发挥中心城市的作用。

二、市管新产品在试制成功、批量生产前,襄樊市有免税两年的审批权。襄樊市有权减免城镇街道企业所得税。

三、完成省外贸合同任务后,襄樊市有权自选口岸外销地方产品,或委托省外贸公司代理出口。引进技术、设备在 150 万美元以下;利用外资的基建项目总投资在 150 万美元以下,由襄樊市审批。襄樊市有权参加引进技术、设备的谈判,有权参加外贸出口商品谈判。

四、在省下达的全民基建指标内,同意襄樊市有 500 万元以下的基建投资项目的审批权。

五、在信贷指标切块下达的控制数内,襄樊市有 150 万元中短期设备贷款的审批权,并可调剂使用。对企

业的贷款，按销售资金率的变动幅度，实行浮动利率；对获得国家授予金、银牌奖的产品和部、省命名的优质产品，实行优惠利率。

六、征用土地在20亩以下，由襄樊市审批。

七、给予襄樊市机构设置权。

八、同意老河口市享有与随州市同样的经济管理审批权限，从一九八五年起，计划由省单列。

城市经济体制综合改革，涉及面广，情况复杂，任务艰巨。望你们发扬大胆探索、开拓前进的精神，走出一条以城市为中心，农村为基础，促进城乡经济协调发展的新路子，为把襄樊市建成一个发达的经济区，一个科技示范区，一个物质文明、精神文明的带头区而努力。

中共襄樊市委 襄樊市人民政府 关于襄樊市农村股份合作企业试行办法

襄发[1993]5号

一、总 则

第一条 为了鼓励和引导全市农村股份合作经济健康发展，促进生产要素的优化组合，保障股份合作企业的合法权益，根据农业部颁发的《农民股份合作企业暂行规定》和《湖北省乡镇企业股份合作制试行办法》，结合我市实际，特制订本办法。

第二条 农村股份合作企业是指三户以上(含三户)的劳动农民或农村集体经济组织，按照协议以资金、技术、劳力、资产实物等作为股份，自愿组织起来从事生产经营活动，实行民主管理，以按劳分配为主，又有一定比例的股金分红，有公共积累，能独立承担民事责任的经济组织。它是乡镇企业的重要组成部分。

第三条 农村股份合作企业的主要任务是:发展农村社会主义市场经济，加快农民致富步伐，促进社会主义生产力发展，满足人民日益增长的物质和文化生活需要。

第四条 农村股份合作企业在国家法律允许的范围内，可以兴办工业、交通运输业、建筑业、商业、饮食服务业、种植业、养殖业、水产业及其他开发性事业。

第五条 兴办农村股份合作企业的原则是:入股自愿，股权平等，利益共享，风险共担。

二、形 式

第六条 新办乡镇企业，可采用入股方式办成股份合作企业。

第七条 现有的乡村集体企业，可通过资产评估，界定资产，并吸收其他股份，改造成为股份合作企业。

第八条 社区合作经济组织，将集体固定资产进行评估，折成集体股和个人名义股，再行扩股，将原集体经济改造成股份合作经济。

第九条 鼓励户与户、村与村、企业与企业以及乡、村、户合股办企业，支持国有企业与农民采取合股经营方式，创办股份合作企业。

第十条 在企业兼并中发展股份合作企业。被兼并企业的资产所有者可将净资产作为股份，入股到兼并方企业中，将兼并方企业改组成为股份合作企业。

第十一条 创造条件同外商合作，兴办“三资”股份合作企业。

第十二条 有条件的企业，可以突破行业、区域、所有制的界限，发展集团型股份制企业。

三、股　份

第十三条　股份合作企业的股东以其入股的资金享受受益权,并承担有限责任;参股资金必须划分为等额股份;以土地、实物、技术、劳力入股的,必须按照协议将其折成资金和股份;任何个人和单位都不得入空股。企业资产属举办该企业的全体股东所有。

第十四条　农村股份合作企业根据资产的来源,可设立不同的股份,一般设集体股、名义股、法人股、个人股四类。

集体股,指将村、组集体积累或企业现有资产评估、作价后折成的股份。

名义股,为了明晰产权,可将集体股划出一定比例,量化到村民或职工名下。这部分股份,村民或职工只有分红受益权,没有股份所有权,不能继承、转让,村民或职工离开原村组或企业后,终止分红受益权。

法人股,指国有企业、大专院校、科研单位等社团法人,向农村股份合作企业投入的各种生产要素所形成的股份。

个人股,指村民或职工个人所购买的股份及社会上的群众以个人财产投资的股份。

第十五条　个人股股权可以依法继承、转让、馈赠,但必须经企业董事会批准,并办理过户手续。法人股股权可以转让,但不能抵押。

为了保证企业稳定发展,企业必须加强股份管理。在章程规定的年限内,股东一般不得退股,个别因特殊情况要求退股的,在注册资金不减少的情况下,经董事会批准可以退股。

四、程　序

第十六条　开办农村股份合作企业须持有村民委员会证明(乡镇办企业持乡镇经委证明)、合股协议、企业章程等文件,报经乡镇人民政府审核批准,然后持批准件到工商行政管理部门和税务部门办理营业执照和纳税登记。以原企业全部资本加入股份合作企业的,同时取消原法人资格,企业性质登记为股份合作企业。

第十七条　集体企业改造成股份合作企业,必须进行资产评估,对房屋、设备、土地等有形资产采取原值减折旧或按现值进行计算;对技术、专利等无形资产按使用价值由股东协商决定。资产评估应由合作经济组织代表、股份合作企业法人代表和乡镇财政、农行、审计等部门参加,一般要经法律公证。

第十八条　企业改变名称、合并、分立、迁移、歇业、终止或其他登记事项,须向原批准和发证单位申请办理有关手续。

五、机　构

第十九条　农村股份合作企业实行股东大会(或股东代表大会,下同)制度。股东大会是企业的最高权力机构,每年召开 1—2 次。股东大会的职权是:制订或修改企业章程;选举董事会和董事;审议董事会工作报告;讨论决定企业其他重要事项。

第二十条　农村股份合作企业设董事会,为企业的常设权力机构,对股东大会负责。董事会由股东大会选举产生,设董事长、副董事长以及董事若干人。

第二十一条　股份合作企业实行董事会领导下的厂长(经理)负责制。企业厂长(经理)由董事会在董事中选举产生或对外招聘。厂长(经理)对董事会负责,是企业的法定代表人。厂长(经理)作为企业营运的直接责任者,除个人股金外,应以个人部分或全部财产作为任职抵押,写入任职保证书,交董事会存执。

第二十二条　企业用工实行招聘制,根据国家有关劳动法规签订书面合同,明确双方的权利和义务。有条件的企业逐步建立职工退休和保险制度。严禁招用不满十六周岁的童工和在校学生。

六、收益分配

第二十三条　农村股份合作企业实行按劳分配和按股分红相结合的分配方式。

第二十四条　农村股份合作企业税后留利可划分为公共积累基金、分红基金和集体福利基金三部分。具体比例由企业自定，但公共积累基金一般不低于50%，分红基金不高于40%。

第二十五条　公共积累基金属企业所有股东共有，按股金比例折成增值股划归股东。增值股的处理和名义股同等对待。

第二十六条　企业实行“两限”并存的股份合作制体制。即股东承担有限亏损，最大的亏损责任是把入股资金全部赔完，超过股金的部分由发起者承担，无限分配红利，所有股金在企业中分配，上不封顶。

第二十七条　股份合作企业的股金原则上只能分红，考虑到企业和群众的承受能力，在其起步阶段，也可以保本付息分红，但时间不宜过长，一般在三年左右。

七、政策与管理

第二十八条　已经注册登记的农村股份合作企业，享受乡镇企业的优惠政策。

第二十九条　农村股份合作企业的合法权益受国家法律保护，任何单位或个人不得以任何方式平调、侵占和无偿使用企业的资金、设备和劳力。企业有权抵制、拒付一切超规定的摊派。

第三十条　农村股份合作企业按33%的税率缴纳所得税；对新建的企业，一年内免征所得税，免税期满后，纳税仍有困难的，按税收管理权限报经批准，再给予适当照顾；技改项目经批准允许税前还贷；企业发生年度亏损时，可以从下一年度所得利润税前予以弥补，但连续抵补不得超过三年。

第三十一条　农村股份合作企业实行独立核算、自主经营、自负盈亏。依法享有自行确立企业管理机构、经营方式、生产计划、产品销售、资产使用、计酬形式、收益分红、职工招聘或辞退等权利。

第三十二条　农村股份合作企业原则上应比照执行国家体改委制定颁发的股份制企业财会制度，加强财务管理，搞好自身积累。

企业各项专用基金、经营费用和补农、建农基金，可按乡村集体企业的标准提取和列支；个人股金利息可列入生产经营成本。

第三十三条　市、县(市)、乡镇人民政府的乡镇企业管理部门是农村股份合作企业的主管部门，负责对企业的指导、管理、监督、协调和服务。

第三十四条　计划、财政、工商、税务等部门要大力支持和保护农村股份合作企业的健康发展；股份合作企业要自觉接受工商、税务、审计等经济杠杆部门的指导和监督。

八、企业分立、合并和终止

第三十五条　企业分立、合并应经股东大会讨论，并有一半以上的股东同意，方可进行。企业终止或破产时，必须保护其财产，并依法清算企业的全部资产，扣除清算费用后，按以下顺序结算：1. 所欠职工工资和福利保险费；2. 所欠税费；3. 所欠债务；4. 剩余资产按股金比例在股东间分配。

企业终止或破产，由体改、金融、税务、审计和企业主管部门组织清算。

九、附　则

第三十六条　本办法由市委政研室负责解释。

第三十七条　本办法自颁布之日起生效。

中共襄樊市委　襄樊市人民政府
关于国有企业股份制试点工作的若干意见

襄发[1993]12 号

为了促进我市国有企业经营机制转换，进一步规范股份制试点工作，指导股份经济健康发展，现根据国家有关股份制试点的政策、意见和要求，就我市试点工作提出如下意见：

一、进一步提高对试行股份制的认识，增强紧迫感。股份制改革是对国有企业产权制度的一种根本性改造，实践证明，股份制有利于转换企业经营机制，彻底实现政企分开，促使企业适应市场经济要求，成为自主经营、自负盈亏、自我发展和自我约束的市场主体；有利于深化企业内部改革，增强企业活力；有利于企业直接融资，突破资金对经济发展的制约；有利于生产要素合理流动，实现社会资源的优化配置；同时也有利于引进和采用国际先进管理经验，为“复关”作好准备。各级党委、政府都要从建立社会主义市场经济体制的高度认识股份制，试行股份制，要把股份制作为转换企业经营机制的推进器，看作实现企业大发展的又一次机遇，消除思想障碍，以最大的决心推行股份制。

二、今年股份制试点规划是，全市共完成股份制改制试点企业 100 家。其中：市直 38 家，襄阳县、枣阳市、随州市、老河口市各 10 家，宜城县、谷城县各 6 家，南漳县、保康县各 5 家。在市直(含 4 个城区)规划的 38 家企业中，工交企业 24 家，财贸企业 12 家，农口企业 2 家。建委、计委、科委等战线也应选择 1 ~ 2 家企业进行试点。已取得试点经验的县(市)、区和部门，要积极扩大试点。尚未进行试点的地区和部门，要加快步伐，实现突破，然后逐步推开。

三、股份制试点工作必须坚持规范化原则，严格按照国家体改委等部门颁发的《股份有限公司规范意见》、《有限责任公司规范意见》及其配套文件进行，不得违背规范意见的基本原则，随意放宽对试点企业的要求。

四、进一步明确股份制试点工作的重点。国有大中型企业和骨干企业是股份制改制的重点。当前尤其是要把那些技改任务重，市场前景看好，具备试点条件的企业放在优先位置，突出抓好。要把试点工作同企业正在进行的“贪大求洋”活动结合起来，与推进企业技术进步，强化企业管理结合起来，促使企业上规模、上档次、上质量、上包装、上广告，提高经济效益，加快全市产业结构的调整。

五、股份制试点企业应具备下列基本条件：

1. 企业近年来经济效益较好，具有较高的盈利水平；

2. 企业投资方向明确，具有良好的发展前景；

3. 各项基础工作扎实，管理水平较高；

4. 企业领导班子团结，具有较强的开拓精神。

六、积极试行多种类型的股份制。总的要求是：大力试行法人持股的有限责任公司，积极试行内部职工持股的股份有限公司。选择 4 ~ 5 家规模大、效益好的企业，做好基础工作，向省申报，作为社会募集股份的试点，并创造条件，逐步培育成为上市公司。

七、股份制试点企业的审批程序。总股本在 1 000 万元以上，要求设立股份有限公司的企业，经市体改委会同有关部门审查后报省体改委审批；要求设立有限责任公司的企业由市体改委牵头，会同市有关部门联合审批。

八、股份制试点企业应向授权审批部门报送下列文件：

1. 设立股份公司的发起人协议书；

2. 股份公司筹委会名单；

3. 企业要求改组为股份公司的申请；

4. 设立股份公司的可行性研究报告；

5. 设立股份公司的招股说明；

6. 资产评估报告；

7. 国有资产管理部门的资产确认文件；

8. 工商管理部门核准的企业名称通知书。

九、股份制企业的注册登记。试点企业应持要求改为股份公司的申请报告，先行到工商行政管理部门申请公司名称登记；股份制企业经政府授权部门批准成立后在 30 日内到工商部门申请筹建登记；公司股份全部募足并召开创立大会后，于 30 日内向工商行政管理部门办理企业法人登记，同时到税务管理部门办理纳税人变更登记手续。

十、妥善处理承包制与股份制的衔接工作。股份制试点企业在九三年度内继续执行二轮承包，承包期满后，企业上缴所得税办法可比照国营企业办法予以确定。

经税务部门批准，按 33% 所得税率上缴所得税的企业，免交能源交通建设基金和预算外调节基金。企业对外投资所得红利，不计入应纳所得税额。

企业改组股份制企业后，继续享受国家对原企业的各项优惠政策。股份制企业用贷款或自有资金新办的第三产业。其税收政策按襄政发[1992]84 号文件执行。试点企业纳税确有困难，经税务部门批准，可酌情减免税收和“两金”。按国家税务部门规定享受减税政策的特殊行业、企业改组为股份制后，继续享受原优惠政策。

十一、土地使用权应按规定进行价值评估，列入国有股本，有关部门暂不收取土地使用权转让费。

十二、股份公司的税后利润，须按公司《章程》规定的顺序，经股东大会讨论通过后进行分配。要坚持股权平等，同股同利的原则，不得以压低国家股的红利率来提高个人股、法人股和外资股的红利率。

国有股分得的红利暂留企业，用于发展生产、扩大经营。

十三、股份制企业在坚持工资总额增长幅度低于企业经济效益增长幅度和职工平均实际收入增长幅度低于本企业劳动生产率增长幅度的前提下，可自主决定年度工资总额。工资总额基数由企业提出，报劳动部门核定。企业可根据其经济效益和经营特点，实行灵活多样的内部分配形式，合理确定各类职工的工资收入。

十四、试点企业的资产评估由具有资格的资产评估机构按照《国有资产评估办法》独立进行。资产评估要坚持科学、公正、切合实际，要考虑行业的特点和企业的发展历史，资产额的计算以实有资产为准。既要防止国有资产流失，又要避免随意高估资产，损害其他股东利益。产权界定由国有资产管理部门按国家有关政策进行。企业用留利进行投资而形成的资产，为国家资产，划为国家股。

十五、改进和完善股份制试点企业的人事管理制度。党委和政府授权部门重点选好、管好国有资产产权代表，推荐董事长、监事会主席和总经理人选，然后按照《章程》进行选举和聘任。国有资产的产权代表原则上应从原企业中产生。董事长和总经理可以分设，也可以一人兼任。企业党委书记、工会主席和纪委书记原则上进入董事会或监事会，以提高决策效率。企业原主管部门负责人一般不要到企业任职，如确实需要到企业任职的，需经组织部门批准，并与原单位脱钩，真正实现政企分开，保证企业自主经营。

十六、政府有关部门和中介机构要大力支持企业进行股份制试点，改制过程中的各项收费应给予优惠。坚决制止随意提高收费标准，加重企业负担的现象。

十七、改进对股份制企业的宏观管理。

1. 公司增加或减少注册资本，应由股东会作出决议，不设股东会的，应由董事会作出决议，同时修订公司章程，向原登记机关办理变更登记并予公告；

2. 公司需要修订章程时,应经股东会讨论并作出决议,不设股东会的应由董事会作出决议,报政府体改部门认可;

3. 试点企业按照财政部、国家统计局的规定,向政府有关部门报送表时,应抄报同级体改部门;

4. 试点企业的董事会、监事会的选举结果应分别报市委和政府授权部门备案,同时抄送国有资产管理部门。

十八、各级政府及政府部门要充分认识股份制对转换企业经营机制的重要作用,按照市委、市政府关于股份制试点工作的总体要求,成立试点领导小组,切实加强领导,制订实施方案,进行督促检查。要抽调得力人员,组成专班,帮助企业进行改制试点工作。各地、各部门要统一思想、统一认识、步调一致,搞好配合,不得以任何理由阻挠或设置障碍而影响试点进程。

省人民政府关于随州市由省直管的通知

鄂政发[1994]152号

襄樊、随州市人民政府:

根据省第六次党代会关于"发挥城市主导作用,加强城市和小城镇建设"的精神,为了更好地发挥中、小城市的作用,形成合理的城市布局,促进区域经济的发展,经研究决定,原委托襄樊市代管的随州市由省直管。

湖北省人民政府
1994年11月5日

中共襄樊市委　襄樊市人民政府
关于加速推进农业产业化的决定

襄发[1997]12号　1997年4月27日

农业产业化是实现农业两个根本性转变的一种有效方式,也是提高农业效益、增加农民收入的重要途径。要把农业产业化作为建设农业强市的战略举措,作为今后一个时期农村改革与发展的重中之重,大力支持,正确引导,切实抓好。

一、统一思想认识,增强推进农业产业化的紧迫感

经历了80年代初农业经营体制改革所带来的高速增长之后,农业和农村经济中久已存在的深层矛盾日益显露出来,突出表现为小生产难以与大市场对接,农工商分离,农户生产规模不经济,农业组织化程度不高,农业比较效益偏低。解决这些问题,必须深化改革,有效途径是大力推进农业产业化。

农业产业化是以农业为基础,以国内外市场为导向,以提高经济效益为中心,优化组合各种生产要素,把农业生产与服务、加工、销售等环节结合起来,延长农业产业链条,实行农工商一体化经营、社会化服务、企业化管理的农业生产经营方式。通过市场牵动龙头企业，龙头企业带动农业生产基地，生产基地联结农户的形式，实现农业生产的专业化、农产品商品化和服务社会化，逐步形成种养加、产供销、贸工农、经科教一体化生产经营体系和各具特色的龙型企业实体，使农业和农村经济走上自我发展、自我积累、自我调节的良性发展轨道。推进农业产业化，有利于实现经济体制和经济增长方式的根本性转变，有利于小生产与大市场衔接，有利于提高农业比较效益，有利于转移农村剩余劳动力，有利于富民、富村、富财政、活部门，有利于加快城乡一体化、农业现代化进程，推动农村改革与发展第二次飞跃。

当前，推进农业产业化的机遇很好。我市经过18年的改革发展，农产品比较丰富，非农产品快速发展；消费结构和市场的变化，对农产品系列加工提出了新的要求；近些年不少地方进行了农业产业化试点，积累了经验；农村进入了发展社会主义市场经济的新时期，干部群众盼望对农业经营方式进行创新。同时也看到，全市推进农业产业化还是一个新课题。有的产业化意识不强，产业化推进力度不大，发展不平衡，缺乏龙头企业，带动能力和辐射能力还比较弱。有些地方在布局上重点不明显，特色不够突出，趋同性强。长期形成的体制不够顺，产供销有些脱节，也影响着产业化进程。我们要敏锐地把握趋势，抓住机遇，立足解决农业和农村经济中的深层次矛盾，加大改革力度，促进农业产业化发展，把农村经济发展推向新阶段。

二、突出区域特色，选准和培植主导产业

确立和培育主导产业是实施农业产业化经营的基础。要根据市场需求，立足本地资源优势，突出区域特色，大搞基地建设，选择市场前景好、质量效益高、投入风险少的产业和产品作为开发重点，形成特色明显、结构合理的主导产业和产品。

发展主导产业，必须从实际出发，重在巩固和壮大产业、产品优势。要巩固优化传统产业，提高影响力和产品市场占有率；积极培育新兴产业和产品，对优势项目组织力量攻关，重点突破，尽快形成新的主导产业和产品；大力发展特色农业，在特种作物、畜禽、林果和水产上下工夫，努力开发名、特、优、新、稀产品。积极开发高技术含量、高出口创汇和优质高效的产业和产品系列。全市重点抓好“10条龙”：（1）以市米、面加工厂，襄阳县万宝集团和枣阳市粮油加工商贸城为主体的粮油加工一条龙；（2）以市纺织集团、老河口市、襄阳县和枣阳市制衣厂为主体的棉纺服装一条龙；（3）以枣阳市苹果、桃子基地，襄阳县雪梨基地，老河口王甫洲优质梨基地为主体的水果产供销一条龙；（4）以襄阳县正大集团、希望集团，枣阳市正昌集团为主体的饲料加工一条龙；（5）以市蔬菜公司、蔬菜市场为主体的蔬菜产供销一条龙；（6）以市肉联加工厂、襄阳分割鸡厂、枣阳分割鸡厂、汉江流域肉牛带为主体的畜禽产加销一条龙；（7）以市酒厂、石花酒厂和老河口、南漳、保康、宜城等县（市）酒厂为主体的酿酒一条龙；（8）以南漳、保康、谷城、枣阳等4个县（市）产茶大镇为主体的茶叶产供销一条龙；（9）以保康、南漳两县香菇、木耳集中产区为主体的菌类产供销一条龙；（10）以襄樊、枣阳烟厂，鄂北岗地和保康烟叶基地为主体的烟草产加销一条龙。每个县（市）都要从本地实际出发，培植一、两个或几个能带动本县（市）农村经济全面发展的支柱产业。

发展主导产业，市、县要搞好科学论证，制订实施方案，优化结构布局，避免低水平重复建设和产业趋同。要正确处理三个关系，促进大发展，有利大提高，防止大失误。一是正确处理资源与市场的关系，注意从市场与资源的“结合部”上来确定项目，保证产业和产品的生命力。二是正确处理专业分工与规模效益的关系，既要立足“一村一品、一乡一业”，又要着眼“几村一品、几乡一业”，力求在更大的区域内联合创大业。三要正确处理龙头企业和加工能力与原料基地生产能力的关系，做好计划，相互配套，既要防止“小马拉大车”，也要避免加工能力闲置，出现“无米之炊”。

三、依托资源优势，积极兴办龙头企业

龙头企业内联千家万户，外联国内外市场，具有开拓市场、深化加工、搞好服务、促进发展的综合功能，是发展农业产业化的关键。龙头企业经济实力的强弱和带动力的大小，决定着产业化经营的规模和成效。要围绕主导产业和拳头产品,兴办和发展龙头企业,特别要选准和办好能够带动千家万户生产经营、进入国内外市场的龙头企业。要采取原有企业改造扩建、小型企业联合和发挥资源优势新建企业等办法,兴办和发展龙头企业。要实行国有、集体、个体、联合体、私营、三资企业相结合,农、工、技、贸各部门相结合,鼓励多层次、多成分、多形式发展龙头企业,谁有能力谁牵头,谁当龙头就重点扶持谁;积极扶持农民采取合作方式兴办农产品加工、销售企业;支持供销社、乡镇企业向农产品加工业延伸;鼓励国有企业和外商投资兴办产业化的龙头企业。在发展方向上,要重点扶持大规模、高科技、外向型的龙头企业。

发展龙头企业,一个重要方面是发展农副产品加工业。要充分利用物质基础、市场拉力、区位优势,重点发展农副产品深度加工型龙头企业,进行农产品深加工、系列加工,不断开发新产品,更多地创造精品名牌。

四、围绕主导产业,加强生产基地建设

农产品生产基地是形成产业化经营的基础,要按照“四化”的要求,切实抓好基地建设。一是布局区域化,充分发挥优势,突出特色,合理布局,相对集中,围绕主导产业,形成与资源特点相适应的区域经济格局。二是经营集约化,坚持基地规模经营,努力扩大商品批量。实行国家、集体、个人一起上,支持、鼓励国有工商企业参加基地建设,努力吸收外商投资,多种形式联合建设基地。三是建设标准化,搞开发、建基地必须坚持高标准、高起点,加大科技含量,建设阶段严格按项目管理。四是管理科学化。多主体联合开发的大片基地,实行企业化管理,专业化生产。以千家万户为依托的基地,坚持家庭承包经营,社会化服务。通过因地制宜落实管理形式,强化基地管理,防止前开后荒。

五、妥善处理利益关系,逐步完善运行机制

农业产业化是由农产品商品基地、加工企业、销售市场三大环节构成的由农民、集体、国营、个体等多元化生产经营主体参与的生产经营体系。合理分配生产者、加工者、经营者三者之间的利益,是农业产业化顺利发展的重要保证和内在动力,也是建立新的产业化运行机制的核心问题。探索建立新的运行机制,要遵循三条基本原则:一是扶持生产,保护农民。加工经营部门要着眼长远利益和事业发展,始终注重保护农民利益,先保农民赚钱,后有企业发展,特别是在市场变化、产销不对路的情况下,不能把损失转嫁给农户。正确处理分配与积累的关系,建立发展基金,谋求更大的发展。二是利益均沾,风险共担。生产者、加工者、经营者共同承担市场风险,真正结成共损共荣的经济利益共同体,齐心协力抗击市场风波。要按照现代企业制度,塑造高效率的市场主体,使每一个加入一体化的企业和农户既有积极性,又有较强的应变能力。积极而有步骤地发展股份合作制,按照互利原则,将股份合作制引入产业化一体化经营系统。三是依章办事,规范行为。要用法规契约规范各方的经济行为,把承担责任、履行义务、利益分配、违约处罚等纳入规范化管理的轨道。

六、努力开拓市场,增强农业产业化的发展活力

积极培育市场,努力开拓市场,是推进农业产业化的前提和关键。在一定程度上讲,市场是农业产业化的真正“龙头”。无论是兴办基地,发展主导产业,还是建立龙头企业,都要始终坚持以市场为导向,不断地研究市场,顺应市场,开拓市场。一是要完善农产品市场体系,根据产品优势建立农产品专业批发市场、零售市场、期货市场和外地窗口市场,充分发挥市场体系的集散作用和拉动作用。二是要大力发展各类运销组织和销售实体,鼓励和支持农民进入流通领域,努力降低交易成本,提高运销效率。三是积极开拓国外市场,通过扩大外贸收购出口、自营出口、外资嫁接直销出口等多种形式,大力发展外向型农业。

七、实行倾斜政策,加大农业产业化的推进力度

农业产业化需要良好的政策环境。各地要在实践中加强政策措施研究,逐步形成比较健全的政策,用政策推动农业产业化的健康发展。

资金投入政策。计划、财政、金融等部门,对发展项目、生产基地、产品加工、市场建设等,都要列出专项资金,重点给予支持。农业综合开发、粮棉大县建设、扶贫开发以及星火计划、丰收计划等方面的资金,在使用上要注意向产业化倾斜,最大限度地发挥投资效益。

风险保障政策。财政部门拿出一定的资金,一体化经营组织从税后利润中提取一定的资金,作为农业产业化风险保障专项资金,按规定审批使用。保险部门要研究优惠的保险措施。

税收政策。认真执行已有的支持农业和乡镇企业发展政策法规,同时本着欲取先予、涵养税源的原则,对开办初期的产业化实体,对边远山区、贫困地区的基地、企业,对从事粮食、饲料、肉类加工贮存、运销经营的企业,在税法范围内给予必要的支持。

扶持龙头企业政策。要认真落实发展壮大龙头企业和企业集团的政策措施,真正发挥他们的骨干、带动作用。市里每年用于乡镇企业和多种经营各 300 万元周转金要重点向市级龙头企业倾斜,每年拿出 1 000 万元贷款扶持龙头企业发展。鼓励支持国有工业、商业、粮食、外贸、农口各单位以及科研单位、大专院校进入农业领域,参与一体化经营。特别是供销合作社要发挥与农业关系直接、点多面广的优势,积极参与,提供优质服务。

减轻企业负担政策。要下大力治理“三乱”,维护农业产业化经营实体的合法权益。各方面不得以任何借口违纪违规加重企业负担。

激励政策。对在农业产业化发展中的先进个人、企业部门等,予以表扬鼓励。市财政每年拿出一笔资金奖励有突出成绩的先进单位和有功人员。

八、加强组织领导,保证农业产业化顺利推进

推进农业产业化涉及方方面面、各行各业,城市乡村需要各级党委和政府统一组织,切实加强领导。各地党政主要负责同志必须亲自抓农业产业化,总揽全局,统一部署,协调关系;坚持深入群众,深入实际,亲自办点,要用办工程的办法组织推进产业化。每个项目都要有专人负责,专班实施。为了加强对农业产业化的综合协调工作。市里成立了农业产业化工作领导小组,办公室设在市农委。

产业化的发展,离不开部门的支持。有关部门要将支持产业化作为支持农村、农业、农民的实际行动,以积极投入、热情服务为己任,作为本职工作纳入重要议事日程,千方百计把自己的业务融入到产业化发展之中,当服务主体,为推进农业产业化提供人才、技术、资金、物资、信息、市场等全方位的服务。农村工作部门、农村干部要把推进农业产业化作为工作重点,鼓实劲、动真格、拿硬招、抓实效,把工作做细、做具体。各地都要把农业产业化发展情况作为考核农业、农村工作干部政绩的一个重要内容。各新闻宣传单位要搞好宣传发动,总结经验,推广典型。

各级干部要不断适应市场经济的新形势,改变领导作风和领导方法,在实践中提高领导农业产业化的能力。要把实施农业产业化与发展“两高一优”农业相结合,与发展提高乡镇企业相结合,与科技推广相结合,与强化社会化服务体系建设相结合,与农村经济和重大投资项目相结合,与发展集体经济、完善双层经营体制相结合,与城镇建设相结合。真正做到以产业化为龙头,带动整个农业农村工作。

中共襄樊市委　襄樊市人民政府
关于大力推进国有企业改革和发展的实施意见

襄发[1999]23号　1999年11月14日

一、推进国有企业改革和发展是一项重要而紧迫的战略任务,必须深化认识,明确主要目标和指导思想。

1. 进一步增强国有企业改革和发展的紧迫感。国有企业是社会生产力的主体和国民经济的支柱。国有企业改革,始终是整个经济体制改革的中心环节。国有企业改革成功与否,关系到改革开放大业和社会主义制度的前途与命运。国有企业改革和发展,既是一个重大的经济问题,也是一个重大的政治问题。推进国有企业改革和发展是一项重要而紧迫的战略任务。

2. 国有企业改革和发展的主要目标。到2000年,全市大多数大中型国有及国有控股亏损企业基本摆脱困境,经营状况明显好转,亏损企业所占比重降至20%以下,净资产收益率提高5个百分点左右。对具备条件的国有大中型企业全部完成改制工作。同时,将改制向交通、能源、基础设施等优良资产多、效益好的领域延伸。所有改制企业都要按《公司法》规范运作,大多数国有骨干企业初步建立起现代企业制度。

到2010年,基本完成对国有经济的战略性调整和改组,形成比较合理的国有经济布局和结构;大多数公司制企业建立起比较完善的现代企业制度;国有骨干企业科技开发能力、市场竞争能力、抗御风险能力和对国有经济的控制力明显增强。

3. 推进国有企业改革和发展必须坚持以下指导思想:

调整国有经济布局同改组国有企业相结合。市域经济要在积极抓好重点国有亏损企业扭亏和国有骨干企业发展壮大的同时,进一步放开搞活中小企业。县域经济要逐步形成民营化的区域经济特色。

改革同改组、改造、加强管理相结合。着力转换企业经营机制,提高企业整体素质,构造产业结构优化和经济高效运行的微观基础,探索灵活多样的分配方式,形成有效的激励和约束机制。

建立现代企业制度同协调推进各项配套改革相结合。按照"产权清晰、权责明确、政企分开、管理科学"的现代企业制度要求、健全决策、执行和监督体系,努力使企业真正成为自主经营、自负盈亏、自我约束、自我发展的法人实体和市场主体。切实转变政府职能,建立权责明确的国有资产管理、监督和营运体系,保证国有资产发挥最大效益。

推进企业科技进步。加强企业的科研开发和技术改造,重视和保护科技人才,大力引进智力资源,促进产学研结合,形成技术创新机制,走集约型和可持续发展的道路。

二、优化国有经济布局,着力推进企业结构创新

4. 加快所有制结构调整步伐,不断增强国有经济控制力。坚持有进有退、有所为有所不为和"抓大放小"的原则,巩固国有经济在供电、邮电、烟草、军工、公路等垄断行业、特殊行业、支柱产业和高新技术产业中的支配地位,在这些行业中不断发展壮大一批国有及国有控股企业,提高其运行质量和效益,增强国有经济的控制力;鼓励个体、私营、外商投资等非公有制经济渗透一般性加工行业、竞争行业和县属中小国有企业,国有经济逐步从这些行业和领域中退出;积极探索国有股权流动、转让、置换、盘活的有效途径和方式,鼓励各种经济成分参与国有企业的投资,限制发展国有独资公司,大力发展股份有限公司、有限责任公司和其他混合所有制经济,逐步减少股份公司中国家股的比重;把一部分在市直影响不大,但在县(市)区有较大影响的市属企业下放

到县(市)区,转成县或区属企业,由各县(市)区重点扶持。同时,县域经济要坚持以民营经济为主体,积极鼓励,放手发展。

5. 加快产业结构调整步伐,提升传统产业。

汽车工业要以有优势和发展潜力的总成和零部件为重点,不断提高汽车零部件总成的规模、档次,努力把襄樊建成全国汽车零部件生产基地和汽车零部件大市场。到 2000 年,全市汽车工业总产值力争突破 130 亿元,力争 3 ~4 年内有 10 家企业成为全国同类产品的重点骨干企业。

纺织服装工业要贯彻国家"压锭、重组、减员、增效"的方针,打好结构调整和产业升级攻坚战,努力把我市建成全省高档服装面料基地、化纤基地、服装生产基地和纺织品出口创汇基地。到 2000 年,全市纺织服装工业总产值达到 60 亿元以上。

军工企业要充分发挥科技科研实力雄厚、科技人才队伍整齐等优势,加速军品向民品的转化,在巩固现有军用优势产品市场的同时,深度开发军民两用技术,拉动相关产业发展,不断提高军工企业对地方经济增长的贡献率。

按照发展、调整、淘汰三大板块,对轻工、建材、医药、化工等传统产业进行认真的分析和定位,抓住一批有潜力、有实力、可快速发展的强优企业,大力推动产业结构重组和产品结构调整,培植利税大户,增加财源;淘汰、压缩一批"五小"企业,为优势企业成长拓展发展空间。

6. 加快企业组织结构调整步伐,大力培植"龙头"企业。以襄轴、化纤、东力、襄烟、襄棉、宝石水泥、襄酒等国有及国有控股骨干企业为重点,实行倾斜政策,通过兼并和国有资产无偿划转等形式,将本地的优良资本、优势产品、高新技术等各类生产要素向其聚集,实现快速低成本扩张。同时,支持其采取各种有效手段,网络外地全资、控股、参股子公司,组建一批以产仅为纽带、以产品为龙头、以母子公司体制为组织形式的资产和销售收入双过 5 亿—10 亿元的企业集团。扩大国有资产授权经营覆盖范围,在继续办好市化工资产经营公司等工业企业授权经营试点外,选择一批商贸企业集团进行资产授权经营试点,盘活流通领域的国有资产。对双过 5 亿—10 亿元的重点企业集团和资产经营公司实行动态管理,在减轻企业债务负担、资金投入、技改贴息、发行债券、股票上市等方面给予重点扶持。

7. 加快产权制度改革步伐,多种形式放开放活中小企业。

股份制改造壮大一批。选择若干基础好、潜力大、效益好、班子强的中小骨干企业,实行动态股权制。

股份合作改制一批。对有一定净资产,职工具备一定购买能力的企业,可将企业净资产折价转让给企业内部职工,在"劳动者有其股"的基础上,积极探索"经营者控其股",改制为合作制企业。

挂靠、联合、兼并一批。鼓励支持中小企业参与跨地区、跨行业、跨所有制的并购活动,成为各类大集团、大公司的全资或控股子公司。到 2000 年全市争取再有 10 家企业加盟国内外知名企业集团。

出售产权卖断一批。可以整体出售,购买方出资购买企业净资产,同时接收企业全部债权、债务,安排相应职工;也可部分出售。对出售产权的企业实行属地管理,切断与原主管部门的关系。

租赁转让一批。将企业部分或全部资产交由社会法人和自然人租赁。在租赁过程中,要克服企业短期行为,提倡企业内部职工出资组建有限公司,返租企业资产。

剥离分立,分块搞活一批。对经营困难,难以整体搞活的企业,可以将有效资产从母体中剥离,在合理承担相应债务的前提下重组新的法人实体。

"退二进三",解困一批。对有地域优势,适合发展第三产业的企业,实行"退二进三",将企业易地重组,利用级差地租收入发展第二产业。

破产重组,淘汰新生一批。对长期亏损、资不抵债且扭亏无望的企业依法实施破产。有的企业破产后直接淘汰,有的企业可在破产后重组。

三、进一步建立和完善现代企业制度

8. 积极探索国有资产管理、监督和营运的有效形式,建立健全出资人制度。进一步明确发挥市国有资产管

理委员会、市国资办的体制与职能。成立综合性的国有资产经营公司,以产权为纽带建立母子公司管理体制。继续对具备条件的大型企业、企业集团和控股公司授权经营国有资产。大胆探索部分国家(公有)资产终极所有权与阶段性分配权的分离,通过分配制度创新促进国有资产发挥最大效益。企业整体改制,国有资产的出资人必须以市国资委、资产经营公司等形式加以明确。出资人要到位,但不能直接干预企业正常的生产经营活动。政府对国家出资兴办和拥有股份的企业,通过出资人代表行使所有者职能,按出资额依法享有资产受益、重大决策和选择经营管理者等权利,对企业的债务承担有限责任。企业享有法人财产权,依法自主经营,自负盈亏,照章纳税,对出资人承担保值增值责任。

9. 不断推进公司制企业规范运作,逐步健全和规范法人治理结构。股份公司的党委书记和董事长可由一人担任,提倡董事会和党委成员"双向进入";董事长、总经理原则上分设。董事会、监事会成员均有职工代表参加。在具备条件的公司试行外部董事制度。在股东大会选举中逐步试行累计投票制度。积极创造条件,探索和推进公开招聘制、选举制、考任制等新的公司制企业经营管理人员选拔任用方式。

要依法建立健全股东会、董事会、监事会和经理班子,形成各负其责、协调运转、有效制衡的法人治理结构。董事会要维护出资人权益,对股东会负责,发挥其对重大问题统一决策的职能作用;进一步明确董事会的决策职能和经理班子执行职能的内涵和边界;发挥监事会对企业财务和董事、经营者行为的监督作用。公司内部董事、监事和经理班子成员,原则上要持有一定数额的公司股份,在任职期间不得转让,离职三年内也不得转让。理顺"老三会"与"新三会"的关系,确保各个组织协调运行。健全议事规则、决策程序和规章制度,建立和落实股东年会和董事会、监事会例会及临时会议制度。

着力解决股份公司运行中存在的问题。体改部门要切实解决好股份公司在股本金、内部职工股集中托管、利润分配、信息披露、议事规则等方面存在的问题。

10. 深化企业内部三项制度改革,切实转换企业经营机制。推行动态股权制,建立按基本劳动分配、按资本分配和按贡献分配三位一体的分配格局。实行竞争上岗、全员聘用的选人用人办法,深化企业用工制度改革。建立健全民主决策、严格考核的监督制衡机制。

11. 进一步做好股份公司股票上市工作。加大通力、万众、华光、车桥等企业的资产重组和攻关力度,力争2000年高科技板块上市有新的突破。金鹏、拓新等企业,要力争在上B股方面有所突破。其他具备条件的企业,经资产重组、"债转股"后,也应积极争取上市。

四、切实加强和改善企业管理

12. (略)

13. 企业管理要全面贯彻国家《"九五"企业管理纲要》精神,以提高管理素质为核心,实施管理示范工程。

14. 质量管理,要认真贯彻《质量振兴纲要》精神,建立健全质量制度,鼓励企业积极进行ISO9000系列质量体系认证;成本管理,要建立内部模拟市场核算机制,严格实行成本否决;资金管理,要重点抓好"三统一分",即:统一财务管理机构和人员,统一银行账号,统一资金调度,分级核算。要以减少应收账款和产成品资金占用为重点,提高资金利用率。实行物资采购比质比价管理。在销售总成本中,降低采购成本,将采购中隐蔽的权力公开化,集中的权力分散化,把采购、销售环节纳入企业内部严格的监控之中。

15. 大力推进现代化管理。充分运用现代管理技术、方法和手段,努力提高管理现代化水平,实现企业管理的信息化,建立和完善生产经营信息系统。到2000年,全市国有骨干企业力争全部进入"金企网"。

五、加快企业技术进步和产业升级

16. 加快技术改造和产品升级步伐。加强国有企业技术改造,大力推进高新技术产业化和传统产业高新化,不断提高重点企业的工艺和装备水平。大力实施精品名牌战略,到2000年底,在全市现有的30个省级精品名牌产品中精选2~3个产品,通过增投入、上广告、提高市场占有率等方式,争创国家级精品名牌。

17. 加快建立以企业为主体的技术创新体系。到2000年底，全市国有大型企业和企业集团都要建立技术开发中心，力争用2～3年时间创建省级企业技术开发中心10～15个，其中国家级2～4个。以技术中心或类似机构为载体，研究开发有自主知识产权的主导产品，不断增加技术储备，适时转化科研成果。

18. 积极推进产学研联合。到2000年，全市大中型企业都要主动挂靠1所以上大专院校和科研院所。充分发挥襄樊科研成果较多的优势，对现有成熟技术大胆采取“拿来主义”，缩短产品研制和投放市场的周期，加快科技成果向现实生产力的转化进程。

19. 加大对企业技术创新的扶持力度。增加用于技术进步的财政预算，对国家技改和创新项目补充资本金。培育和发展产业投资基金和风险投资基金。采取加速折旧、加大新产品开发费提取、减免进口先进技术与设备的关税和进口环节税等政策措施，鼓励企业进行技术改造。

20. 加快科技人才队伍建设。落实技术、管理作为生产要素参与投资、分配的政策。允许高新技术成果拥有者将其成果作为投资股本，参与企业收益分配，其成果价值占注册资本的比例可达到35%，当事人之间如有约定，可以突破比例限制。高新技术成果完成人和对成果转化有贡献的人员，可按规定提取奖励经费；对在技术创新和发展高科技产业中作出突出贡献的专业技术人员和经营管理者，优先申报政府特殊津贴和有突出贡献的中青年专家称号，破格评聘专业技术职务，按贡献大小给予股权奖励；积极引进国内外优秀科技人才。对企事业单位引进的优秀科技人才和留学归国人员，要在住房、子女入学等方面提供一切方便，并给予一定的安家费。国内外科技人才带高新技术成果来襄樊实施转化的，在科研经费资助等方面提供全力支持。

六、营造和保护国有企业改革与发展的外部环境

21. 加大增资减债力度。积极发展上市公司，筹集配股资金；支持上市公司吸纳优良资产，扩大资本规模；经有关部门批准，效益好、信誉高的企业可发行企业债券；通过引资、股权转让、职工人股、岗位配股和资产拍卖等办法筹集资金，扩大社会产业资本；特困企业，经地税部门核准，可缓征税费；对实施并购的国有企业和政府部门认定的政策性亏损企业，要充分运用核销呆坏账准备金政策，为企业冲减债务；对有较好经营项目的企业，实行封闭贷款，银行、税务、供水、供电、邮电、土地等部门不得从封闭资金中扣缴以前的欠款；对符合条件的重点企业实行“债转股”；对重大技术改造项目积极申报贴息贷款；中小企业要积极利用中小企业信用担保机构筹措资金。

22. 支持企业启动存量资产。允许企业通过政府指定的产权交易机构将包括国家划拨给企业的土地使用权等产权与债权进行变现和转移。土地使用权出让所得全部返还企业，作为国有资本金投入，其他产权转让所得用于企业资本金投入；优势企业兼并亏损企业，5年内免征所得税，实现的利润全额用于弥补亏损；各职能部门在企业改革中的收费不得超过国家规定标准的三分之一，特困企业免交；企业破产，国家划拨给企业使用的土地不纳入破产资产，由政府收回转让，其收入用于安置破产企业职工。

23. 加快分离企业办社会职能。力争用3年左右的时间，使国有大中型企业的学校、医院等社会服务机构从企业中分离出来，移交到政府统筹管理，所需费用可在一定期限内，由企业与政府共同承担。企业要加大主辅分离力度，积极为过渡到政府直接管理创造条件。

24. 转变政府职能，提高服务水平。党政机关必须同所办的经济实体和直接管理的企业在人财物等方面彻底脱钩。市委、市政府经常性组织企业代表对政府及其部门的服务水平进行专项评议，切实保护企业经营者合法权益。对经济纠纷，在依法办事的前提下，未经同级党委批准，执法机关、纪检监察部门不得随意对企业经营者采取强制措施，不得随意查封企业账户。

25. 改善投资环境，大力发展外向型经济。以改善投资的软硬环境为切入点，依托高新技术产业开发区和汽车产业经济技术开发区，实行特殊的招商引资激励政策。同时，要严格执行国家有关外资企业的法律法规，加强外汇、税务、海关、商检、银行等部门的沟通，营造宽松的出口环境。

26. 强化本地产品协作配套，带动地方经济发展。市内基本建设、重点项目建设和企业生产配套，在同等条

件下鼓励优先采购地方产品。实施政府采购制度,提倡全市党政机关、事业单位和企业购买、使用本地办公用品,在公务活动中使用本地产品。财政每年要安排一定资金,支持、组织企业到市外、省外、境外开展本地产品促销活动。建立地产品促销联席会制度,及时协调解决地产品销售中的有关问题。各新闻媒体要加大对地产品的宣传力度。对地产品的宣传广告收费控制在对外地产品收费的50%以内。

27. 加大治乱减负力度。行政事业性收费单位对企业的检查、收费全面推行“一证一书一卡”制度,全面落实收支两条线制度,实行查缴、罚缴、收支三分离。经物价部门严格审批,公安、工商、建设、环保、规划、房管、民政、卫生、交通、人事、技术监督等部门要实行公示制,把收费范围、名称、标准公布于众,接受社会监督。对未作公示的收费名目,企业有权进行举报和拒付。审计、税务等各类经济监督部门要对企业实行一年一审制,杜绝对企业的多头、重复检查。凡未经市政府批准,随意对企业进行检查的,企业有权拒绝接受。杜绝只收费,不服务,对没有服务的收费项目,企业有权拒绝。物价、纪检、纠风等部门对向企业乱收费、乱摊派、乱罚款、乱检查等违法违纪行为要坚决查处,对顶风违纪、打击报复的,要严肃处理,突出的典型要通过新闻媒体予以曝光。

七、扩大再就业渠道,完善社会保障体系

30. 要鼓励企业加快发展,创办独立核算、自负盈亏的经济实体,安置企业富余人员。要抓住机遇寻求扩大生产能力,增加就业岗位。要大胆采用动态股权制的运作方式,适当增加不配或少配岗位股的职数,探索竞争上岗“三位一体”的分配模式。

31. 大办第三产业,广开就业门路。同时要对于失业人员、下岗职工组织起来就业和自谋职业等形式实现了就业的,要按政策规定给予经济补偿和税费减免。

32. 建立和完善社会保障体系。进一步深化国有企业保险制度改革,切实提高社会保险费的征缴率,建立和完善群众监督、企业主动缴纳、社保机构及时征缴的机制,劳动部门要加大执法监察力度,依法清缴拖欠的社会保险费,尽快收回挤占挪用的保险基本金。逐步推进社会保险的社会化管理,实行退休人员与原企业分离,养老金由社保机构发放,人员由社区管理的办法。积极推进城镇职工基本医疗保险制度改革,做好劳保、公费医疗制度向新的基本医疗保险制度过渡的衔接工作。

八、努力建设高素质的经营管理者队伍

33. 积极探索适应现代企业制度要求的选人用人机制,打破行业、所有制、地域、身份、级别等界限,全面推行聘任、选举、招标、考任等多种选拔形式,建立市场选拔经营者的格局。

34. 大力推行“资产经营,增值分成”、“动态股权激励”以及年薪制等多种分配形式,把经营者收入与业绩挂钩,适当拉大经营者收入与职工收入的差距。加大对企业经营者的保护力度,严厉打击和查处各种危害经营者身心健康的违法犯罪事件。加大对经营者的纪律约束,全面执行经营风险抵押制度。建立和完善企业经营业绩考核制度和决策失误追究制度,实行企业领导人员任期经济责任审计,对重点国有企业应建立稽查特派员制度。

35. 国有企业主要负责人,每年必须集中一个月时间,免费参加由市政府组织的国有企业经营者培训班,系统学习有关经济理论、科技文化、法律法规等知识。

九、进一步加强党和政府对国有企业改革与发展的领导

(略)

关于抢抓西部大开发机遇
推进襄樊更快更好发展的决定

襄发[2000]29号　2000年11月3日

实施西部大开发战略,加快中西部地区发展,是党中央面向新世纪作出的重大战略决策,也是实现襄樊振兴崛起的重大历史机遇。必须审时度势,真抓实干,奋力推进襄樊更快更好地发展。

一、全面认识西部大开发的机遇与挑战,明确工作的指导思想和奋斗目标

(一)认清优势,抢抓机遇。我市参与西部大开发有四大优势:一是区位优势。我市地处湖北省西北部,是鄂豫陕川渝毗邻地区唯一的大城市,铁路、公路、航空、水运、电力、通讯等基础设施承东启西、贯通南北。在西部大开发中,我市既是国家开发的前沿,又是东部地区向西部扩散辐射的战略跳板。二是产业优势。我市经济总量较大,大中型企业集中,汽车工业、纺织服装工业以及建筑建材业等实力雄厚,参与西部大开发,具有雄厚的产业基础。三是科教优势。我市"三线"军工及中央、省属企业聚集,科研机构众多,拥有国家级高新技术产业开发区和省级汽车产业经济技术开发区,在新材料、航空航天、机电一体化、汽车工业等领域具有雄厚的产品开发和技术创新实力,参与西部大开发空间广阔,接受东部辐射基础较好。四是资源优势。我市水能、矿产、林特、旅游资源丰富,特别是农业和旅游资源开发潜力巨大。这些优势得天独厚,我们要充分认识,大力发挥,在参与西部大开发中争取主动权。

(二)正视挑战,增强紧迫感和危机感。首先,襄樊正面临"东西夹击"的竞争态势。一方面东部地区经济呈现大规模、高起点、外向型的特征,整体竞争力很强。另一方面,随着西部大开发热潮的形成,国家优惠政策的到位,西部地区正在奋起赶上。无论是参与西部大开发,还是确立襄樊在全国新一轮经济发展格局中的地位,我们都面临严峻挑战。其次,我市经济结构调整相对滞后,经济运行质量和效益不高,竞争能力较弱,参与西部大开发,加快自身发展,需要艰苦努力。第三,思想解放不够,经济民营化程度低,个体私营经济发展不够,经济发展环境不理想。全市上下务必增强紧迫感和危机感,进一步解放思想,转变作风,真抓实干,主动迎接挑战。

(三)明确工作的指导思想和奋斗目标。襄樊参与西部大开发的指导思想是:以邓小平理论和党的基本路线为指导,认真贯彻中央实施西部大开发战略的总体部署,坚持东拓西进、双向开发、向上争取、实干兴市的基本策略,在参与西部大开发中加快襄樊大通道建设;开拓西部大市场,拉动相关优势产业的发展;加快经济结构战略性调整和优化升级,全面提高经济素质和竞争力;加快城市化、高新化、市场化进程,促进经济持续、快速、健康发展和社会全面进步。

襄樊参与西部大开发的奋斗目标是:一年大启动:进一步研究西部大开发的政策、规划、项目、措施,高质量地编制好专题规划,力争今年启动一批项目。五年大变样:到2005年,全市经济增长的质量和效益明显改善,综合实力和竞争力进一步增强,人民生活质量显著提高,在秦巴经济走廊中的龙头地位更加凸现。十年登上新台阶:到2010年,全市综合实力、人民生活水平再上一个新台阶,力争经济总量进入全国先进行列,市区基本实现现代化;产业结构演变为"三二一"的格局并实现优化升级;城市化水平达到50%左右,初步形成城乡一体化的区域经济结构;建成比较完善的社会主义市场经济体制,使我市经济融入经济全球化之中;襄樊成为鄂西北和秦巴经济走廊上的重要经济增长点,实现振兴崛起。

(四)参与西部大开发要切实遵循五项原则。一是坚持有限目标,重点突破,发展壮大与西部大开发密切相关的粮食、林特产、汽车、纺织服装、建筑建材、交通运输、高新技术、旅游等优势产业。二是坚持统筹兼顾,有序推进,将参与西部大开发的目标、步骤、政策、措施纳入国民经济和社会发展的“十五”计划及长远规划。三是坚持以创新为灵魂,着眼于高起点,切实抓好结构创新、技术创新、管理创新,努力提高技术、产品、管理、服务的档次。四是坚持把深化改革、扩大开放作为我市参与西部大开发的强大动力,加快国有经济战略性调整和国有企业战略性改组,推进县(市)域经济民营化,提高国民经济市场化程度,以改革促发展,以开放促开发。五是坚持以加快自身发展为主,以市场导向为主,以企业参与为主。

二、发挥襄樊在五省(市)毗邻地区中重要作用,全力推进秦巴经济走廊建设

(一)在秦巴经济走廊建设中充分显示龙头地位和作用。秦巴经济走廊就是以秦巴谷地为中轴线,以北包括秦岭南坡地区,以南包括四川盆地以东、长江三峡以北大巴山地区,涵盖陕西的汉中、安康、商洛,四川的达州,重庆的万州,湖北的襄樊、十堰、神农架、荆门以及河南的南阳共十个地(市)区。该区域经济社会发展相互交融,相互补充,联系紧密。我市要顺应发展趋势,充分发挥大城市作用,共建秦巴经济走廊,推进区域经济共同发展,把襄樊建成国家实施西部大开发战略的重要支点,建成贯通东西的一条大通道。

(二)建设秦巴经济走廊,参与西部大开发,必须加强基础设施建设。要争取国家有关部门的支持,密切配合周边省市,大力推进公路、铁路、航空、电力、信息、管输六大通道建设。公路和水运大通道重点是建好汉十、襄荆、许襄三条高速公路襄樊段,做好襄渝高速公路襄樊段的立项申请工作,新建两座汉江大桥,加快境内公路升级和乡村公路建设,初步形成以市区为中心,内联县乡镇,外接省市区,辐射全中国的布局合理、快速便捷的公路网。同时,加大汉江航道重点港口、泊位的开发建设力度,完善航运网络,形成水运大通道。

铁路大通道建设重点是完成襄渝线扩能和襄洛线电气化改造工程,襄樊火车站、襄北铁路编组站改扩建工程,提高运行等级,增强运输能力。

航空大通道建设重点是抓好襄樊机场飞行区改扩建及相应配套完善工程。充分利用襄樊机场和老河口军用机场现有条件,开辟新航线,增加航班,提高机场运营效益,成为区域性航空运输中心。

电力大通道建设重点是抓住国家“西电东送”的机遇,进一步加快汉江水电的梯级滚动开发,重点建成新集水电枢纽、崔家营水电枢纽、雅口水电枢纽、峡口水电枢纽等一批水电站。加快襄樊火电厂二期工程和市热电厂三期工程建设步伐,把我市建成中西部水火电并举的能源基地。同时加快全市农村电网和城市电网的改造步伐,推进全市高水平的电气化。

管输大通道建设重点是抓好“西气东送”工程,力争到2010年前实现“西气入襄”,改善我市能源结构以及相关产业的原料结构,促进全市经济可持续发展。

信息大通道建设重点是以构建“数字襄樊”为目标,加大传输基础设施的投资力度,抓好电视网、广播网、电信网、互联网、邮政网建设,推进国民经济和社会的信息化。

(三)大力推进经济结构调整和产业优化升级,实现农业大市向农业强市、工业大市向工业强市、传统商贸城市向现代商贸城市、旅游弱市向旅游大市的跨越。农业方面,要抓住西部地区退耕还林还草的时机,加快高效旱作节水农业和中低产田改造,大力推广农业新技术、新品种。以产业化经营为纽带,以肉牛、水果、蔬菜、水产为重点,连片开发,规模经营,突破性发展多种经营。坚持“三大战略”扭在一起抓,大力发展农产品精深加工业特别是食品工业,提高农村经济的质量和效益。工业方面,要巩固提高优势产业,特别是积极支持东汽公司在襄樊建设全国重要的轿车、发动机和新产品开发研究基地,发展市场急需的各种专用车、改装车,形成新的经济增长点。加快汽车零部件行业技改步伐,推进资产重组,尽快建成一流的汽车轴承、车桥、角调器、座椅、蓄电池、变速箱、灯具等总成集团。要改造重组传统产业。纺织服装行业紧紧围绕提高产品质量、开发新产品,大力发展化纤、服装,巩固提高纺织和印染,淘汰部分规模小、装备落后的小企业。化工行业稳定发展农用化工,积极开发有机化工、精细化工。建材行业以水泥、建筑卫生陶瓷、汽车摩擦材料、高档耐火材料、新型建筑材料为重点,实现资源重组,规模扩张。医药行业重点调整化学原料药产品结构,扩大抗生素、激素、维生素生产规模,开发药物制剂和生化药品。第三产业方面,要在全面加快发展的同时,与中西部地区紧密合作,整合古隆中、武当山、神农架、大小三峡、西安古城旅游资源,形成以我市古隆中三国旅游线、山水生态旅游线为主要连接点的多条黄金旅游线,构建连线成片的大旅游格局,使旅游业尽快成为我市经济发展的重要支柱。要大力发展文化产业,促进文化消费,拓展文化市场。

(四)深入实施“科教兴市”战略。要以增强创新能力为目标,把科学和教育放在优先发展的地位。积极推进教育改革,在抓好基础教育的同时,加快襄樊学院和襄樊职业技术学院建设步伐,大力发展职业技术教育,使襄樊成为中西部人才培养的重点基地之一。要以高新技术产业开发区为依托,以三线军工和中央、省属企业为骨干,在航空航天、机电一体化、电子信息、纳米技术、汽车工业、新材料等领域,迅速培育形成具有襄樊特色和优势的高新技术产业和企业集团。大力扶持科技型中小企业发展,促进民营科技企业迅速发展壮大。要树立人才资源是第一资源的观念,大力培养和引进人才,完善用人机制,使我市成为聚集人才、创业发展的理想场所。

(五)加快城市化步伐,增强对秦巴经济走廊的辐射带动作用。统筹规划,合理布局,大力推进中心城市和农村城镇建设,逐步形成以襄樊市区为中心,中小城市为纽带,小城镇为依托的区域城镇体系,促进区域经济的集约化经营和规模化发展。争取国家批准襄樊为较大的市。进一步放宽对外开放政策,加快市区基础设施建设,完善以商品、人才、技术市场为重点的市场体系建设,增强对西部的辐射功能,对东部的吸引功能,对内部的带动功能,把我市建成秦巴经济走廊各种生产要素合理流动、资源有效配置的中心。

三、采取相应的对策与措施,在东拓西进中推进襄樊更好更快发展

(一)充分利用我市与西部地区资源优势不同、产品供需不同的落差,大力推进产品西进,拉动优势产业大发展。一是大力开拓基建工程市场。发挥我市建筑业实力雄厚的优势,积极开拓西部公路、铁路、机场为重点的基建工程市场,带动我市钢材、水泥等原材料工业品及装备工业品西进。二是大力开拓电力工程市场。抓住“西电东送”、农村电网改造等重大电力工程实施的机遇,积极开拓高低压合成绝缘子、高低压配电柜、高压线自动检测仪等电力产品西进。三是大力开拓汽车机械产品市场。积极开发西部建设工程急需的大吨位专用运输车、农用运输车及田间作业机械、小型汽油发动机等通用机械产品市场。四是发挥我市传统产业优势,大力开拓粮食、纺织服装、日用化工及农资产品市场。

(二)大力推进企业西进。一方面鼓励和引导有比较优势的企业特别是原材料企业、机电企业到西部建立加工基地,变“产地销”为“销地产”,就近占领西部市场。另一方面,充分发挥大企业、大集团在西进中的龙头带动作用,鼓励和支持我市纺织、农产品加工等优势企业到西部收购、兼并企业,或与西部企业联合办厂,就近开发利用西部资源。

(三)大力推进科教西进。科研单位要根据市场特别是当前西部基础设施建设、资源开发、产业结构调整、高新技术产业发展等需求情况,积极开拓新的科研领域,通过成果转让、技术入股、合作开发等各种形式,加快已有科研成果的转化;通过联合研制、委托研究等多种形式,广泛开展与东西部地区科研院所、企业之间的合作,加快科研成果转化。鼓励市内企业联合相关科研机构,通过兼并、联合等资本营运形式,或产学研一体化的形式,参与西部高新技术产业的发展。

市内高等院校和中等专业职业技术学校,要认真研究西部大开发对人才的需求特点,调整专业设置,整合教育资源,有针对性地为西部开发培养和输送人才。提倡到西部地区联合办学、设立分校,围绕西部大开发组织科研和教学活动,推动我市与西部地区的人才、技术、教育、经济合作。

(四)大力推进劳务西进。要以企业西进为依托,以工程项目为载体,带动劳动力资源有序转移。劳动就业部门要加强与西部地区的信息联系,疏通流动渠道,精心组织劳务西进。要鼓励民间经济向西部渗透,拓展发展空间。

(五)加大对外引进力度。要抓住当前东部技术、资金、人才向西部转移的有利时机,制定切实有效的政策措施,吸引一批东部乃至国际上知名企业到襄樊投资落户,增强我市的经济实力。同时,瞄准东部地区市场结构,发展自己的特色产业和优势产品,打入东部市场。在发挥东西部桥梁作用中左右逢源,发展自己。

(六)加强政府间沟通与协作。要保持与中央和省有关部门的紧密联系,积极争取项目、资金和政策支持。切实加强与东西部省市政府间的沟通与协作,通过贸易洽谈会、招商会等各种渠道,掌握东西部发展的最新动态和合作空间,及时沟通信息,落实政策,引导组织我市企业与东西部地区开展经济技术合作。

(七)高度重视山区发展。充分利用国家西部大开发的政策,积极争取国家和省有关部门的支持,多渠道增加山区公路建设资金,修通断头路,融入大市场。加快山区水电资源开发和水利基础设施建设,搞好小流域治理,改善农田水利条件,加快人畜饮水工程建设,抓好水库除险加固工程。对山区科技、教育经费的投入,要在"九五"基础上保持适度增长。鼓励社会力量到山区投资兴办科教事业。山区要以丰富的山水资源、林特资源为依托,以市场需求为导向,以科技进步为动力,以产业化为纽带,坚持"念山水经,唱特色戏,打优势仗",以肉牛、水果、干果、水产、茶桑药杂为重点,逐步形成以特色经济为主的区域经济格局。

(八)加强生态工程建设和环境保护。坚持以封山育林、退耕还林、植树造林为主要内容的生态环境综合治理工作。当前要重点抓好"五大生态工程":即山区封山育林退耕还林工程、鄂北岗地绿色屏障工程、汉江防护林工程、公路铁路绿色通道工程、高效经济林绿化致富工程。力争五年内初步建成与国民经济可持续发展相适应的生态防护林体系和比较发达的林业产业体系。

加大城市污水、生活垃圾处理工程建设力度,巩固提高工业"三废"治理成效,重点解决好汉江及其支流污染问题。大力推广清洁生产技术,积极开发无公害产品、洁净能源及节能降耗技术。一定要避免出现"高增长、高消耗","大开发、大破坏","先污染、后治理"的现象。

四、切实加强组织领导,为参与西部大开发营造良好的环境

(一)参与西部大开发是全市工作的大局。各级领导要认真学习、深刻领会中央精神,广泛宣传西部大开发战略,充分调动广大人民群众的积极性和创造性,迅速掀起参与西部大开发的热潮。各地各部门都要把参与西部大开发摆上重要议事日程,早规划,早部署,早实施,力争尽快取得突破。

(二)强化参与西部大开发的组织领导。市委、市政府成立全市参与西部大开发工作领导小组,由市委、市政府主要领导任组长,各相关职能部门的主要负责人为成员,办公室设在市计委,负责我市参与西部大开发的组织协调、规划、调研和督促工作。行业主管部门要及时制定本行业相应的规划和政策措施,组织所属单位积极参与西部大开发,争取国家主管部门的项目和政策支持。宣传部门要加强舆论引导,大力宣传参与西部大开发的好经验、好典型。其他相关部门也要采取措施,为参与西部开发大开绿灯、多作贡献。对参与西部大开发工作,要建立专门的目标责任制,包括领导分工责任制、重大项目责任制,并抓好跟踪检查考核,定期督办通报,确保任务完成。

(三)切实为参与西部大开发营造良好的环境。各地各部门要把治理发展环境作为参与西部大开发的基础性工作,切实抓好。特别是要认真落实市委、市政府《关于进一步创造和优化经济发展环境的决定》等一系列规范性文件和行政事业性收费"黄皮书"制度,下工夫整治"三乱",切实减轻企业和投资者负担。要进一步建立健全我市开放开发的政策体系、服务体系和监督保障体系,全方位、多层次保证开放开发政策的落实。要进一步转变政府职能,简化办事程序,减少审批项目,增强政务活动透明度。要深化形象工程建设,提高市民文明素质,让襄樊以崭新的姿态迎接西部大开发。

(四)各级党组织必须坚决按照"三个代表"的要求,切实加强自身建设,努力开创全市思想政治工作的新局面,为参与西部大开发提供可靠的政治保障。广大党员要把思想统一到中央的决策上来,提高广大党员贯彻执行党的方针、政策的自觉性。各级领导干部务必率先垂范,转变作风,真抓实干,为参与西部大开发多办实事,多解决一些实际问题。认真落实党风廉政建设责任制,从重从快查处各种违纪违法案件。大力加强党的组织建设,提高基层党组织的凝聚力和战斗力,团结广大人民群众为参与西部大开发而共同奋斗。

襄樊市市级机构改革实施意见

襄发[2001]22号　2001年11月1日

根据《中共湖北省委、湖北省人民政府关于印发＜襄樊市机构改革方案＞的通知》(鄂文[2001]52号)精神,为做好我市市级机构改革的组织实施工作,现提出如下意见:

一、改革的指导思想和原则

这次市级机构改革的指导思想是:适应社会主义市场经济发展要求,进一步加强和改善党的领导,巩固党的执政地位,提高党的执政水平;进一步转变政府职能,实现政企分开,理顺各方面关系,精干公务员队伍,降低行政成本,提高工作效率,通过改革,建立廉洁高效、运转协调、行为规范、适应新形势的行政管理体制。

这次市级机构改革的原则:

一是加强和改善党的领导。党委机构设置要有利于全面加强党的思想、组织和作风建设,有利于充分发挥党委总揽全局、协调各方的领导核心作用,不设与政府部门和人民团体相重复的机构。

二是转变职能,政企分开。按照社会主义市场经济和社会发展的要求,把政府职能切实转变到贯彻执行国家宏观调控政策,搞好社会管理和公共服务上来,把生产经营和投资决策的权力真正交给企业,把社会可以自我调节与管理的职能交给社会。

三是精简,统一,效能。调整政府组织机构,加强综合经济部门和执法监管部门,减少专业经济部门,调整社会服务部门,培育和发展社会中介组织,精兵简政,裁减冗员,优化结构,提高效率。

四是权责一致。合理划分事权,理顺条块以及行政层级之间的关系。调整并界定部门之间的职能分工,将相同和相近的职能交由一个部门承担,克服多头管理、政出多门。

五是因地制宜。市级党政群机构的设置既要符合上级要求,又要与襄樊地域特点、经济社会发展水平、市场发育程度、人力资源状况相适应。

六是依法行政。加强行政管理的制度化、规范化和法制化建设,建立机构编制管理与财政预算管理相配套的约束机制,实现机构组织、职能、编制、工作程序的规范化和法制化。

二、转变职能,理顺关系

在社会主义市场经济体制下,政府的主要任务和职能是监管市场、公正执法和社会管理。市政府要加强对社会性事务的管理,改善投资环境,加强基础设施建设,维护市场秩序,搞好社区服务。

(一)实行政企分开。解除政府主管部门与国有企业的行政隶属关系,政府部门不再直接管理企业,全面落实企业经营自主权。不再保留工业经济管理部门和行政性公司,其行政管理职能划归政府有关部门。党政机关、政法机关与所办经济实体和管理的直属企业在人、财、物方面彻底脱钩。

(二)推进政事、政社分开。现有政事合一的机构不再承担行政职能,不再加挂政府机构的牌子;将政府不该管的社会事务交由事业单位和社会中介组织承担;机构改革中不再保留的部门,其所属的教育、卫生、科技等事业单位,分别交由教育、卫生、科技等主管部门管理;政府各部门与所办的各类会计、律师、公证、资产评估、咨询等社会中介服务机构彻底脱钩。

(三)改革行政审批制度。

以国家和地方有关法律法规和省政府行政审批制度改革的要求为依据,对行政审批事项该取消的要取消,该精简的要精简。部分审批事项改为备案管理,或通过市场机制运作。改进审批方式,规范程序,简化手续,规定时限,提高效率。建立健全监督制约机制,实行审批责任追究制。

(四)改进和完善行政运行机制。按照"一件事情由一个部门办"的要求,理顺党委部门与政府部门、社会团体之间的关系,明确各部门的职责权限。

(五)改革行政执法体制。清理整顿行政执法队伍,规范执法范围和程序,综合设置精干、统一的行政执法机构,实行相对集中行政处罚权制度,优化执法队伍人员结构,建立健全"收支两条线"制度,强化行政执法监督机制。

三、党政机构改革

(一)市委机构

1. 保留的机构

纪律检查委员会机关(监察局与其合署办公)、办公室、组织部、宣传部、统一战线工作部、政法委员会(社会治安综合治理委员会办公室与其合署办公)、政策研究室、市直机关工作委员会、台湾工作办公室(挂政府台湾事务办公室牌子)。老干部工作局为部门管理机构,由组织部管理。市委党校(行政学院、社会主义学院)为市委、市政府直属事业单位。

档案局(档案馆)为市委、市政府直属事业单位,以市委办公室管理为主。党史办公室与地方志编纂委员会办公室合并,对外分别挂牌。襄樊日报社为市委直属事业单位。

2. 更名的机构

信访办更名为信访局,由市委办公室、市政府办公室管理,以市委办公室管理为主。

3. 调整的机构

市委机要局、保密委员会办公室(市国家保密局)设在市委办公室,对外分别保留牌子。

精神文明建设委员会办公室改为市委宣传部内设机构,对外保留牌子。成立市委处理"法轮功"问题领导小组办公室及防范和处理邪教问题办公室,挂靠市委办公室。成立市委农村工作领导小组,为市委议事协调机构,下设办公室,为市委办公室内设机构,对外挂市委农村工作领导小组办公室牌子。不再保留市委经济贸易工作委员会、市委财贸工作委员会、市委农村工作委员会,其职能并入市委有关工作部门。不再保留市委讲师团,职能并入市委党校。

(二)市政府机构

1. 保留的机构

办公室、经济贸易委员会、民族宗教事务局、公安局、监察局、民政局、司法局、财政局、人事局、卫生局、计划生育委员会、审计局、统计局、交通局、水利局(挂防汛抗旱指挥部办公室牌子)、农业局、林业局、粮食局、环境保护局。机构编制委员会办公室,既是市委工作部门,又是市政府工作部门。人民防空办公室,既是市政府主管人民防空的工作部门,又是市国防动员委员会的常设办事机构。

2. 更名的机构

计划委员会更名为发展计划委员会。市国防动员委员会经济动员办公室、交通战备办公室与有关科室合署办公,对外挂牌。教育委员会更名为教育局。科学技术委员会更名为科学技术局(市国防动员委员会科技动员办公室与有关科室合署办公,对外挂牌)。原科学技术委员会承担的知识产权保护、协调职能由新组建的知识产权局承担。专利事务局更名为知识产权局,由事业单位改为副县级行政机构,由科技局管理。科技信息管理局(科技信息研究所)原体制不变。对外贸易经济委员会更名为对外贸易经济合作局。旅游事业管理局更名为旅游局,由事业单位改为政府工作部门。外事(侨务)办公室更名为外事侨务局。

3. 调整的机构

经济体制改革委员会改为议事协调机构，下设经济体制改革办公室，设在市政府办公室，对外保留牌子。政府研究室改为市政府办公室内设机构，对外保留牌子。法制办公室由市政府办公室管理。不再保留财贸委员会、机械工业局、燃料化学工业局、贸易局，其职能并入经贸委。将机械工业局、贸易局、燃料化学工业局分别改为机械行业协会、商贸行业协会、化工医药行业协会；将一轻工业总公司、二轻工业总公司合并，改为轻工行业协会（手工业联社与轻工行业协会合署办公，一套班子，两块牌子）；将建筑材料工业总公司、冶金工业总公司合并，改为建材冶金行业协会；将纺织工业公司、物资总公司、饮食服务总公司分别改为纺织、物资、饮食行业协会。行业协会为事业单位，原级别不变，由市经贸委按有关规定管理。原行政性公司承担的行政职能并入经贸委和发展计划委员会。原医药总公司承担的医药工业的行业管理职能并入化工医药行业协会。市财政按新核定的行业协会人员编制核拨经费。国有资产经营公司的组建工作由国资办、财政局等有关部门负责。不再保留建设委员会、城市建设局、建筑管理局、市容环境卫生管理局，组建建设局、城市管理局。历史文化名城建设委员会办公室与建设局相关科室合署办公，对外挂牌。不再保留农业委员会，其行政管理职能并入农业局。将多种经营办公室、农村能源办公室、蔬菜办公室并入农业局。农村经营管理局划归农业局管理，挂农民负担监督管理办公室牌子，其机构性质、级别、职能不变。农业机械管理局更名为农业机械化管理办公室，为农业局管理的正县级事业单位。畜牧局为农业局管理的副县级事业单位。农场管理局改为市农业局管理的正县级事业单位。农垦农工商公司改为经济实体，与农场管理局脱钩。扶贫开发办公室由市政府办公室管理。水产局为水利局管理的副县级事业单位。在劳动局的基础上组建劳动和社会保障局。市社会劳动保险处更名为市社会养老保险中心。市劳动就业局更名为劳动就业中心。市医疗保险处更名为医疗保险中心。设立市社会保险基金结算中心。上述四个中心均为劳动和社会保障局管理的副县级事业单位。土地管理局和地质矿产局合并，组建国土资源局，与城市规划管理局合署办公，一个机构，两块牌子。文化局、体育运动委员会合并，组建文化体育局，挂文物局牌子。新闻出版（版权）局改为正县级事业单位。物价局作为市政府价格主管部门。广播电视局改为正县级事业单位。乡镇企业管理局改为正县级事业单位。机关事务管理局与机关事管理处合并，组建机关事务管理局，为正县级事业单位。组建信息产业局，为市经贸委管理的正县级事业单位。园林局为正县级事业单位。房地产管理局更名为房产管理局，住房制度改革委员会办公室与房产管理局合署办公，一个机构，两块牌子，为正县级事业单位。住房制度改革委员会资金管理中心，为独立的事业单位，接受市政府和住房制度改革领导小组领导。地震局为市科学技术局管理的正县级事业单位。国有资产管理委员会办公室与财政局合署办公。不再保留国有资产管理局、财政直属分局、控购办，其职能并入财政局。农业综合开发办公室并入财政局，对外挂牌。保留会计局、财政监督局、预算外资金管理局、市政府采购中心，设立市财务核算中心、市直财政征管中心，均为财政局管理的副县级事业单位。经济技术协作办公室调整为市政府办公室管理的副县级事业单位。口岸办公室设在市经贸委，对外挂牌。汽车工业办公室设在市经贸委，对外挂牌。市安全生产监督管理局设在市经贸委，为副县级事业单位。各部门内设县级机构待“三定”时确定。其他部分县级事业单位机构改革下一步进行。

4.政府派出机构和其他机构

保留襄樊高新技术产业开发区管理委员会、襄樊汽车产业经济技术开发区管理委员会、襄樊鱼梁洲旅游经济开发区管理委员会、襄樊市隆中风景名胜区管理委员会。市政府派出机构由其领导班子负责本单位机构改革实施工作。市政府驻外办事机构按省里统一规定进行改革。供销合作社维持现行体制不变。

5.根据《湖北省市（州）县（市）乡（镇）机构改革实施意见》（鄂发［2001］5号），市政府机构中与省政府组成部门相对应的工作部门，为市政府组成部门，由以下24个部门构成：即办公室、发展计划委员会、经济贸易委员会、对外贸易经济合作局、教育局、科学技术局、民族宗教事务局、公安局、监察局、民政局、司法局、财政局、人事局、劳动和社会保障局、国土资源局（城市规划管理局）、建设局、城市管理局、交通局、农业局、水利局、文化体育局、卫生局、计划生育委员会、审计局。

6.市直承担行政职能的局级事业单位，要按照精简、统一、效能的原则，与政府机关同步改革。

7. 改革行政执法管理体制，清理整顿行政执法队伍，规范执法范围和程序，实行相对集中行政处罚权制度。对经贸、农业、林业、水利、交通和市区卫生、城市管理、文化、动检、环保行政执法体制的调整，待市主管部门"三定"工作基本到位之后，再组织实施。调整工作实施方案由市机构改革领导小组办公室商各城区和市经贸委、农业局、林业局、水利局、交通局、卫生局、城市管理局、文化体育局、环保局研究制订。

保留、更名和改变隶属关系的机构，由其领导班子负责单位机构改革实施工作。不再保留的机构由其原单位领导班子协同有关部门负责人员、财产和文件档案移交等工作，处理工作中的遗留问题，其下属机构由并入后的单位管理。重新组建的机构要本着精简、统一、效能的原则设置，由其新领导班子负责组建工作，并与机构改革领导小组办公室研究制订和实施本单位的"三定"规定。

四、人大、政协、法院、检察院、各民主党派和人民团体机关的改革

人大、政协、各民主党派机关按照省委、省政府统一部署进行改革。

法院、检察院和群团机关的改革与党政机关机构改革同步进行。

人民团体机关作如下调整：保留总工会、团市委、妇女联合会、科学技术协会、工商业联合会、归国华侨联合会、文学艺术界联合会、社会科学联合会(社科院)、残疾人联合会。老龄委办公室设在市民政局，对外挂牌。红十字会设在市卫生局。

五、认真做好"三定"工作

(一)"三定"的范围

市纪律检查委员会机关，市委工作部门和部门管理机构，市法院、检察院机关，市政府工作部门、部门管理机构、派出机构和驻外机构，市委、市政府议事协调机构的常设办事机构，人民团体机关，市委、市政府承担行政职能的事业单位。

(二)"三定"的内容

1. 定职能

(1)市委机关重点是理顺职能关系，进一步理顺党委部门之间、党委部门与政府部门之间的关系。市政府机关的重点是转变职能，实现政企、政事分开和政社分开，解除政府与企业的行政隶属关系，把政府不该管的社会事务交给事业单位、中介机构和社团组织承担，把政府职能切实转变到进行宏观调控、社会管理和公共服务上来。合理划分和界定部门之间的职能分工，切实减少职能交叉。

(2)按照一件事情由一个机构管理为主的原则，把相同和相近的职能交由一个部门承担。必须由几个相关部门共同承担的任务，要分清主次，明确主体。

(3)划清上下级管理权限，要将一些应由下级机关管理的事项，放权给下级机关管理。

(4)进一步改革行政审批制度，减少审批事项，规范审批程序。

这次"三定"中解决部门之间的职能交叉的办法，一是根据有关法律、法规进行界定；二是参照省委、省政府机关"三定"规定的职能进行调整；三是由市机构改革领导小组办公室组织部门之间进行协商解决；四是由市委、市政府决定。

2. 定内设机构

(1)按照新确定的职能，本着精简、统一、效能的原则设置内设机构。对职能重复交叉的要坚决裁减，职能相近的要尽量合并，职能单一、工作量小的应综合设置。有些单位承担党和国家特殊专项职能的可以挂有关机构的牌子或使用其印章，其工作由单位有关内设机构负责，不单独设置专门机构。

(2)规范机关内设机构层次。市直党政群机关和承担行政职能的事业单位，只设科一级。

(3)市委、市法院、市检察院和人民团体机关的内设机构精简10%—15%；政府机关内设机构精简20%。其中，撤并和重组部门的内设机构精简比例要高于20%。各部门、各单位的业务科室应占内设机构总数的

60% 以上。

(4) 离退休干部工作人员编制在 2 名以上的部门可设置离退休干部管理科，属行政机构性质，不占单位内部机构个数。

3. 定编制

(1) 市直各部门编制，根据承担的职责和任务量，按不同精简比例重新核定。市委机关精简 20%—25%；市政府机关精简 30%—35%，合并和职能单一的管理部门精简比例还要高一些；人民团体机关精简 25%—30%；市人大、市政协和各民主党派机关按中央、省有关规定执行。

公、检、法、司的专项编制根据“先减后增”的原则精简，按省下达的编制数统一核定。市委、市政府的领导和厅级调研员及相关的编制实行单列。离退休干部工作人员编制仍按市机构编制委员会《关于市直机关离退休干部工作机构设置和人员编制的意见》(襄机编[1996]11 号)执行。机关后勤服务人员按各部门重新核定的行政编制数的 10% 核定工勤编制，其人员经费由市财政核拨。已下设后勤服务中心的单位，机关不再配工勤编制。

(2) 重新核定领导职数。市委、市政府配备秘书长、副秘书长。市委、市政府办公室主任由秘书长兼任，副主任可由副秘书长兼任。市直各部门领导职数一般配备不超过 4 名，包括配备妇女干部、党外干部。工作量大、业务面宽的综合管理部门可增配副职 1 名。具体职数一般按单位人员编制核定：原则上编制在 10 名以下的，领导职数为 2 人；编制在 11—20 名的，领导职数为 2—3 人；编制在 21 名以上的，领导职数为 3—4 人。市纪委领导职数按有关规定配备；确有必要设置的工会组织，领导职数按有关规定执行。设机关党委的部门，另设副书记 1 名；县级非领导职务设置调研员、助理调研员，职数按不超过县级领导职数的三分之一设置。市直各部门内设科(室)的领导职数设置，原则上控制在各部门干部编制数的三分之一以内。科(室)人员 3 人以下的为 1 名；4—7 人的为 2 名；8 人以上的为 3 名。市直各部门的主任科员和副主任科员职数，按照有关规定执行。

4. “三定”规定的审批程序

市直各部门的“三定”规定由本部门提出初步意见，经与市机构改革领导小组办公室交换意见后，以正式文件报市机构改革领导小组，抄送市机构改革领导小组办公室一式二十份，由市机构改革领导小组办公室审核后提出意见，报市机构改革领导小组审定，由市委办公室或市政府办公室印发。

六、做好人员分流和定岗定员工作

按照“带职分流、定向培训、加强企业、充实基层、优化结构”的基本要求，做好人员定岗分流工作。实行一次定编定员，3 年完成人员分流任务。公务员转入企业的，执行企业职工养老保险制度，在机关工作符合一定工作年限的人员，在退休时按机关社会保险的办法予以补偿。

七、机构改革的实施步骤

市级机构改革工作在市委、市政府的统一领导下，由市机构改革领导小组组织实施。具体步骤：第一步：全面部署市级机构改革和“三定”工作。11 月上旬，市委、市政府召开市直机关机构改革工作动员大会。同时，市机构改革领导小组办公室举办市级机构改革“三定”工作培训班。市直各部门成立机构改革工作领导小组和专班，拟订本部门“三定”规定，于 11 月 15 日前报送市机构改革领导小组办公室。第二步：审批“三定”规定。11 月 15 日至 30 日，市机构改革领导小组办公室按程序审核各部门的“三定”规定，报经市机构改革领导小组同意后，由市委办公室或市政府办公室印发。第三步：实施“三定”规定。各部门按批复的“三定”规定组织实施，力争 12 月 20 日前基本完成市直机关机构改革工作。第四步：检查验收。12 月中下旬，市机构改革领导小组办公室组织人员，对市直各部门机构改革的实施情况进行一次全面检查验收，督促各部门落实“三定”规定。

八、加强领导，确保机构改革顺利进行

（一）加强组织领导。机构改革任务重、时间紧、难度大、政策性强、情况复杂，各部门要统一思想，提高认识，加强领导。要以“三个代表”重要思想和党的十五届六中全会精神为指导，按照市委、市政府统一部署，把机构改革工作列入重要议事日程，党政主要领导负总责，组织强有力的工作班子，抓好本部门的机构改革工作。市机构改革领导小组要抓好机构改革方案的组织实施工作。

（二）做好思想政治工作。要坚持“既要积极、又要稳妥”的方针，把干部职工的思想统一到市委、市政府的决策上来。要教育广大干部职工自觉服从党的需要，服从组织安排，积极贯彻落实机构改革的各项方针、政策和工作部署，积极支持改革、参与改革。

（三）严明机构改革纪律。市直各部门必须严格遵守组织人事纪律、机构编制纪律和财经纪律，做到令行禁止，不搞“上有政策，下有对策”，不折不扣地落实机构改革实施方案。在整个机构改革中，做到人心不散、秩序不乱、国有财产不流失、工作正常运转，确保机构改革和各项工作顺利进行。

（四）搞好协调配合。机构改革是一项全局性的工作，各部门必须统一步调，明确分工，加强协作，密切配合。各部门领导班子负责本单位机构改革的具体组织实施工作；市机构改革领导小组办公室负责各部门“三定”规定的审核和组织实施的协调工作；组织、人事部门负责干部安排和机关人员定岗、分流工作；财政部门负责做好调整单位的经费、物资、房产等国有资产的处置交接工作；纪委、监察部门负责机构改革过程中的纪律检查和行政监察工作。

二、1994 年 12 月版《襄樊市志》补遗

（一）人物传

萧楚女（1896—1927），湖北汉阳人。1911 年 10 月加入新军，参加武昌起义。1919 年在武汉参加“五四”运动。1920 年和恽代英等发起组织中国社会主义青年团。1922 年加入中国共产党。先后担任中共中央特派员，负责筹建四川党组织，《新蜀报》、《中国青年》主编，黄埔军校政治教官，广州农民运动讲习所任专职教员。是传播马克思主义的先驱。萧楚女曾于 1920 年 9 月和 1923 年 8 月，两次来到襄阳湖北省立第二师范学校执教，是襄阳乃至整个鄂北第一个马克思主义播种人和党组织的培育者。湖北省立二师，是当时省办的一所公费师范学校，校址在现襄樊第四小学。萧楚女第一次任教是在 1920 年 9 月至 1921 年夏，其间讲授鲁迅《狂人日记》、《药》、《孔乙己》等作品，宣传了反帝反封建的民主主义思想；向学生讲授辩证唯物主义和历史唯物主义以及社会发展史，批判反马克思主义的思潮，使学生初步解了马克思主义，认识了社会发展前途；开展学生运动和革命群众斗争。例如组织学生自治会，发动“学生自治会”领导学生举行示威，发“快邮代电”，要求北洋军阀政府迅速与苏俄建立平等友好的外交关系以及开展移风易俗的活动等。一个学期后，因为校长刘泥清被免职而被迫离开二师。萧楚女第二次来二师是 1923 年秋，这时他已是一位坚定的共产主义者。这次来校，他专门讲新文学。和第一次大为不同的是，他注意直接向学生宣传马克思主义，主张用马克思主义观点考察中国问题，变革社会。他介绍一些学生阅读《共产党宣言》、《唯物史观》、《阶级斗争》等书籍，介绍学生订阅《新青年》、《新潮》、《东方杂志》、《小说月报》等进步报刊，特别是对《向导》、《中国青年》更是亲自联系订阅，指定同学分发。萧楚女的文章，尖锐泼辣，旗帜鲜明，笔调生动，议论风生，充满革命的战斗精神。在二师执教期间，萧楚女曾撰写并在《中国青年》杂志发表了《新聊斋志异》、《基督教底唯物营业》等革命著述。揭露了封建官僚政客欺骗群众、敲诈百姓、募捐自肥和有人披着宗教外衣，干着不可告人卑鄙勾当的行径，帮助人们擦亮眼睛，提高认识。课余时间，萧楚女和学生谈心聊天，对学生中的进步分子注意考察培养，为在襄阳建党作准备。还经常利

用各种机会在校内外组织领导青年开展各种革命活动。正当这些革命工作紧张进行的时候，却遭到了反动襄阳当局的仇恨，被军阀张联升驱逐出校。但他在襄阳这块土地上所播下的革命火种却在继续熊熊燃烧。通过革命活动，锻炼了学生，培养了干部，为尔后襄阳党组织的建立打下了思想基础。在萧楚女离开襄阳不久，轰轰烈烈长达两年之久的襄阳二师学潮就发生了。那些亲身聆听过萧楚女教诲的学生，大多成了学潮中的积极分子。而这些积极分子多数又成为以后鄂北各地革命运动的骨干和中共党组织的创始人。1927 年在广州"四·一五"反革命政变中，被国民党反动派杀害，年仅 34 岁。现襄阳城内有萧楚女执教处遗址。（《文化襄樊》）

张茂修(1898—1931)，号松轩，湖北省谷城县城关镇张家营人。大革命时期，国共两党实现第一次合作。中共第三次全国代表大会决定"共产党员、共青团员以个人身份加入中国国民党"。1926 年夏，被中共湖北地委(省委前身)和以共产党员董必武、陈潭秋、钱亦石为核心的国民党省党部委派回谷城组建国民党县党部，发展共产党组织，建立地方革命政权试点的工作。1926 年 11 月，国民党谷城县党部筹委会和谷城县革命政府挂牌成立，其当选为县党部常委并主持政府日常工作。至此，谷城县的农民协会、商民协会、妇女协会、店员工会以及儿童组织如雨后春笋层层建立起来，"一切权力归农会"的口号响彻谷城大地。1927 年 3 月 16 日，中国国民党谷城县党部正式成立。张茂修根据《中国共产党第二次全国大会宣言》和《湖北目前最低限度政纲》精神，起草的《谷城县最低限度政纲》在国民党谷城县第一次代表大会上一致通过，并立即付诸实施。该《政纲》充分体现了中国共产党的政治路线、武汉国民政府的政策主张和谷城人民的热切愿望，具有鲜明的革命性、前瞻性和切实可行的操作性。中共湖北地委、省政府领导董必武、陈潭秋和中共中央主管宣传工作的瞿秋白同志对张茂修同志的工作是满意的。当时我党领导的《汉口民国日报》和血光社都派出记者进行了跟踪报道。据统计，仅 1927 年 1 至 4 月间，刊登在《汉口民国日报》上的消息和经验达 12 条之多，居全国之首。例如，1927 年 2 月 17 日《汉口民国日报》对谷城的革命景象作了生动的描述："红男绿女，来往如织，从事扩大宣传，全县党员各于所在镇市由区党部召集游行讲演大会，第一区党部在城内为集中点，齐集于三神殿，其团体到会者有农民协会、商民协会、妇女协会及群众约万人……张松轩(茂修)同志解释主义及群众对国民党应切实认识等演说，全体鼓掌……此诚为谷城第一次壮举也。"此讲演充分体现了陈潭秋同志对《国民党的分析》一文之精神，唤起了民众的觉醒。再如，1927 年 4 月 29 日的《汉口国民日报》，全文刊登了《谷城县最低限度政纲》，以推广谷城的经验。1927 年 4 月 12 日蒋介石发动了反革命政变。4 月 27 日，驻扎襄樊一带的张联升部将谷城县城团团包围，县府公安警队和自卫军奋起反抗，终因势单力薄，死伤甚众，县党部和县政府亦被匪徒捣毁。张茂修跳下城墙逃脱，潜回家中。然后乘船顺汉江而下，至武汉，向省党部和中共湖北地委述职。正值国民革命军第二次北伐，陈潭秋即调张茂修到贺龙北伐军从事政治宣传工作。是年 6 月，西北军首领冯玉祥立场有变，与蒋介石达成协议，决定在军队中进行"清党"，以刘伯坚为首的 200 多名共产党被"礼送"南下。为应付这一突如其来的变化，组织上决定选调一批立场坚定而又没有暴露身份的共产党员到西北军，继续从事政治宣传工作，张茂修便是其中的一员。在第三次北伐途中，因共产党嫌疑被捕，囚禁于开封监狱 19 天，终以"证据不足"而获释。张茂修几经辗转回到武汉，国民政府已人去楼空。他再次化装潜回谷城老家，足不出户，以静待动。1928 年 8 月，他来到洪湖，几经周折，找到了曾任贺龙北伐军宣传队队长的周逸群同志。1931 年春，在贺龙领导下，随红三军转战鄂西北地区。当红军主力转移时，张茂修被选留地方，领导谷城大薤山苏维埃政府的创建和反围剿的斗争。1931 年 11 月中旬，在反围剿的战斗中负伤被俘。张茂修视死如归，坚贞不屈。1931 年 11 月 20 日，在谷城石花苍台河滩壮烈牺牲。临刑，高呼"中国共产党万岁"、"中华苏维埃万岁"、"打倒国民党反动派"等口号。头颅运回谷城，挂在城门楼上示众。1952 年，中央人民政府民政部为张茂修颁发了烈士证书，1956 年湖北省《烈士英名录》记载了张茂修的英勇事迹。（张则荣提供）

欧仕道(1896－1950)，号志先，谷城当铺人，早年毕业于上海艺术专科学校。民国 15 年(1926 年)任武昌艺术专科学校教授兼省立第二女子师范学校和省立高级商业学校图画教师。抗日战争时期，先后执教于湖北联中和谷城县初级中学。抗战后重返武昌艺专任教。

欧幼年受业于中国著名国画家贺履之、齐白石，专攻山水画，兼习金石篆刻，造诣甚高作品独具特色。民国

31 年，与国画家王霞宙合作在老河口和均县等地举办画展，受到第五战区司令长官李宗仁的赞赏，并合影留念。民国时期，他珍藏的古代绘画珍品 400 多幅，金石、玉印、古砚数枚，以及大量自己的作品，具有很高的鉴赏价值。1950 年因病去世，终年 54 岁。

郑云亭(1907—1975)，祖籍河南省唐河县白秋镇。抗日战争中期移居樊城，曾在河南桐柏、平民等县地方保安团队任营长等职，后经商办实业，在樊城开办“信诚烟栈”，任经理。1944 年，郑云亭与河南叶县华丰烟厂驻樊推销员崔兴仁和华丰烟厂经理任厚甫共同在樊设立豫襄烟厂，集资十股，每股 50 万元(国民党法币)，共 500 万元。主要股东有任厚甫、郑云亭、崔兴仁、齐海潮、郑文学等十多人，郑云亭任经理。全厂工人三四十人。烟厂所用烟叶多是“均(县)邓(县)名晒烟”，卷烟纸采用手工制作的“粉纸”，生产设备为手摇卷烟机、切烟机，日产“隆中牌”、“兄弟牌”、“万里牌”、“环球牌”等卷烟 3～4 箱(每箱 5 万支，折合 1000 条)，年产量约 1000 箱左右，绝大多数就地销售。1945 年 3 月，日军侵占襄樊，郑云亭一度将该厂迁往谷城茨河附近的承恩寺继续生产。由于运输困难，人力不足，产量减半。抗日战争胜利后，烟厂迁回樊城。此时，郑云亭的弟弟郑荣亭及崔兴仁任副经理。郑云亭多在政界交往，工厂生产经营由郑荣亭全权主持。为适应市场所需，产品又增加了“驼牌”，卷烟纸主要改用美国“天平牌”、埃及“蜜蜂牌”机制盘纸。1946 年，新产品“驼牌”销量大增，工厂新增加设备 1 套，产量成倍增加，工人达百余人。同年，郑云亭被推举为樊城商联会长，后改任理事长。1947 年，豫襄烟厂卷烟销售量在同行业中居首位，郑云亭为增加产量，改一班制为两班制生产，日产量达 15 箱左右，年产量 4000 多箱。由于经营活动扩大，积累增多，他曾用 100 多两黄金在武汉购置房产设“庄”(办事处)，派专人驻汉采购烟纸、香料等原辅材料，并进行商业活动。还在邓县等地设“庄”采购烟叶。各庄常驻 2～3 人，庄与厂之间有专人送购销款、押运原材料。这一阶段，工厂产销两旺。1949 年，该厂资金按当时票面值算，比初创时投入增加了七八百倍。1949 年 1 月，襄樊第一次解放，郑云亭因对中国共产党和人民政府的政策缺乏了解，转往武汉。不久，由武汉去香港。1951 年 1 月又经香港去台湾，寄居其弟郑松亭家，l975 年在台湾去世。

黑光忠(1937—1978.11)笔名黑山，襄阳黑营人，工人作曲家，曾系中国音乐家协会武汉分会理事。黑光忠 1955 年毕业于大冶技校，次年调入大冶铁矿青年号电铲司机。1958 年患肾小球肾炎病，离开电铲工作。当时正是大冶铁矿重建投产前夕，广大职工为了加速矿山建设步伐，争取早日出矿，成立了突击队。他虽抱病在身，但产生了为矿山建设谱写乐曲的欲望，于是开始接触音乐创作。不久，他的左右两肾溃烂，已到了肾功能衰竭期，坚强的黑光忠仍然在病床上坚持学习和创作，1959 年他的处女作《开山炮》、《矿山好》两首歌曲问世。随后，他又陆续创作了《青年矿工之歌》、《毛主席来到咱铁矿》、《我们战斗在露天矿》、《我爱矿山》、《喜讯传来乐开怀》、《矿山工人之歌》、《风钻伴我唱赞歌》等 161 首赞美矿山、鼓舞矿工斗志歌曲。这些新中国的第一代矿山人，形成了当时在中国颇有影响的矿山文化，是矿冶文艺创作大军中的佼佼者。他们辛勤建设矿山、热情歌颂矿山，丰富了矿山人的业余生活和精神生活，推动和发展了矿山文化。1963 年 7 月，黑光忠为了写好《铁矿工人进行曲》，拖着浮肿的双腿，冒着酷暑，到工地了解情况，收集素材，挖掘矿工的内在情感和气质。歌曲写好后，又到矿工中去面众歌唱，征求意见，此歌三易其移，先后在《黄石日报》、《武汉晚报》和中国音协的权威杂志《歌曲》上发表，并荣获了省文化局、省电台、武汉音协联合举办的“1964 年湖北省群众歌曲比赛”创作奖。1972 年，黑光忠加入中国音协武汉分会。1978 年，中国音协武汉分会恢复活动，当选该协会理事。但因心力交瘁，于 1978 年 11 月去世。(李道南/文)

(二)烈士

谢坤(1913—1941.5)，又名谢显祖。男，生于 1913 年，襄阳县黄龙蓝家垱人，谢耀武之子。1928 年春，任本乡儿童团长。1930 年 12 月参加红二十六师。1932 年夏，党组织指示隐蔽到国民党第十四军十师五十八团当机枪手。1937 年回乡找到地下党负责人余益庵，参加抗日救亡工作。1938 年底加入共产党，任赵楼支部书记。1939 年 5 月同朱大山率领襄东 50 多名由共产党员和进步青年组成的小分队参加了特种工作队，任支队政治教导员，开赴抗日前线。8月，调任新四军五师司令部警卫排排长。1940年1月率领警卫排战士在大花岭连续打退敌人多次进攻，毙敌200多人，保护了五师司令部的安全。1941年夏，任随枣支队政委。5月29日，原警卫营二连连长陈全海叛变投敌，带领敌人设下埋伏，包围了谢坤的队伍。谢坤为掩护战士们突围壮烈牺牲。

王建桥（1916—1944.5）又名王克，原名涂光谦。生于1916年，枣阳新市人。1936年，襄阳五中毕业，次年到新市小学任教。1938年加入共产党，先后任枣北区委宣传委员、东区区委书记、枣阳县委组织部长。12月，调任襄樊近郊工委书记，以在襄阳泥咀街办文化站、推销《新华日报》的公开身份，从事党的秘密活动，发展党的组织。1939年3月，调任光（化）谷（城）中心县委组织部长、书记。1940年9月，参与组建了新四军鄂豫边挺进纵队襄西独立团，并任团副政委。1941年秋，新四军十五旅成立，任旅政治部科长等职。1942年春，在天汉地区与日军作战负伤。同年秋，相继调任江陵、汉沔、天潜沔县委书记。1943年7月，任襄西中心县委书记，参与筹建了三十三团，并兼任团政委。1944年元月任襄西中心县委副书记、指挥部副政委兼当阳县委书记。同年5月16日在与叛徒搏斗中牺牲于当阳东安乡。

田润民（1919—1942），生于1919年，襄樊市樊城定中街人。7岁入私塾。14岁转入樊城尚志小学。1934年秋，考入湖北省立第五中学，1935年北京"一二·九"学生运动发生后，襄樊各校组织鄂北学生救国会，田为救国会骨干，积极发动和组织全城学生举行罢课、游行示威。1936年，同王之铮等进步青年先后组织"荒摸社"、"烽火社"，创办并主编《荒漠》、《烽火》杂志（半月刊），进行抗日救亡宣传，声援东北抗日义勇军，激发广大青年的爱国热忱，对襄樊抗日救亡运动起了积极作用.后来，又同王之铮等组织鄂北文化界流动宣传团，参加"青年救国团"。1938年2月，经光未然介绍加入中国共产党。他利用社会关系，组织和领导宣传队深入到黄龙挡等地从事宣传活动，主演《放下你的鞭子》、《三江好》、《打鬼子去》等戏剧，得到了群众的好评。9月，参加襄（阳）光（化）谷（城）中心县委举办的新党员训练班。结业后，被分配做青年工作。遵照中心县委指示，同王之铮等建立"中华民族解放先锋队"鄂北支队，团结广大青年积极开展抗日救亡运动。10月，"第五战区战时教育工作促进会"成立，田为领导成员之一。翌年春，任中共襄（阳）光（化）谷（城）中心县委委员，同时协助和领导老河口战教分会的组织活动，为推进鄂北抗日救亡运动做了大量工作.后来，国民党当局发动第一次反共高潮，鄂北政治局势日趋恶化。7月，被党组织送往河南确山竹沟镇中原局党校学习。后转到鄂豫边解放区做地方工作；曾任中共天汉地委社会部长，为地委书记顾大椿的得力助手，经常在武汉近郊汉阳一带开展党的地下活动。1942年6月，同汉阳工委书记王文斌一道向地委汇报工作，途中遇日军扫荡.被捕，遇害于汉口。

王振铎（？—1941），又名王铎。生年不详，襄阳西门外人。曾在国民党第二十六路军当兵。1931年，所在部队准备起义，他受参谋长赵博生的委派，与袁血卒到瑞金同中央红军联系。12月14日随赵博生于宁都起义，在红军中任团长。因腿部受伤未参加长征，后随罗忠毅调新四军工作，皖南事变时牺牲。

廖挺（1923—1948.10），原名佑昆，1923年生，襄樊市樊城中山街人，出身于商人家庭.幼时入尚志小学、襄阳中学读书。1938年，鄂北一带已掀起了抗日救亡高潮，进步书刊广为流传。他受到进步思想的影响，对社会腐恶的现象日益不满，更厌恶家中那种宾客盈门、醉生梦死的生活，毅然离开家庭，投身革命。1940年春，加入了中国共产党，参加了新四军，被分配在纵队（师）政怡部资料室工作。1941年夏，为《挺进报》记者。1943年，四分区派挺进十八团由鄂东向皖中发展，廖被派去做政治宣传工作，随部队转战于安徽的宿松、太湖和湖北的黄梅、广济一带。在战斗频繁、工作和生活条件极其困难的情况下，仍积极撰稿。后又随部队渡过长江，在江西的彭泽、九江、瑞昌一带开展抗日淤击战争，创建抗日根据地。曾担任过瑞昌行政委员会主任，负责过瑞昌工委工作。1946年在参加中原突围战斗中腿部负伤，经组织决定回家养伤。伤愈后，又随江汉军区部队南下。1948年10月26日在解放应城的战斗中牺牲。

（三）襄阳地区1958年各种皮子产量统计

襄阳地区1958年各种皮子产量统计

县别	牛皮	黄狼皮	野兔皮	羊皮	水獭皮	狐皮	豹皮	虎皮	其他什皮
总计	49292	69037	274206	122135	62	5828	130	281	131514
襄阳	11240	4006	58847	26575	—	15	—	—	5572
枣阳	4500	4500	96262	25150	—	26	—	15	80
随县	4592	5000	44007	2500	—	250	40	—	57200
宜城	2200	3500	10532	3610	30	3000	5	—	9000
南漳	800	2000	5000	700	—	800	—	100	3000
光化	5920	3250	30387	29570	—	35	—	—	29200
谷城	850	2581	4371	230	12	36	—	—	5042
均县	2700	1000	1500	1500	20	40	15	20	—
郧县	2900	2150	3000	3200	—	186		7	20000
郧西	2560	1000	7700	5100	—	200	50	3	10000
竹山	860	1500	6000	4500	—	250	20	6	—
竹溪	270	2600	2000	1000	—	320	—	2	15000
房县	960	3200	4200	2860	—	310	—	28	32400
保康	940	1000	300	700	—	300	—	100	—
市	800	250	100	15000	—	—	—	—	5000

三、1994年12月版《襄樊市志》勘误

《大事记》勘误：

第8页“晋十六国”应为“东晋十六国”。

第9页 “襄阳为京西南路治所”应为“京西南路治所襄阳”。

第10页“襄阳为安襄郧荆道治所”应为“安襄郧荆道治所襄阳”。

第16页“死亡22 419人”与第79页“死亡4.1万”不一致，应为“死亡4.1万”。（22 419人是襄阳县死亡人数）。

第16页“汉水流域沿岸普降大雨”应为“汉水流域普降大雨（或汉水沿岸普降大雨）”。

第26页“汽车大修厂为设武斗据点”应为“汽车大修厂设为武斗据点”或“汽车大修厂为武斗据点”。

第26页“武汉‘七二〇’事件波及襄樊。由文斗升为武斗” 应为“襄樊受武汉‘七二〇’事件波及。由文斗升为武斗”。

第28页 1975年“受灾面积180万亩，灾民150余万人”应为“受灾面积120万亩，灾民112万余人”

卷一 建置勘误：

第38页：“秦今境约以汉水为界，北属南阳郡”应为“今境约以汉水为界，万山以西、汉水北属南阳郡”。

卷二 自然环境勘误：

第65页 “汉水在境内河段多床游荡性与分叉型河道”应为“境内汉水河道多床游荡性与分叉型河道”。

第65页 “南河、唐白河、蛮河为最大支流”应为“南河、唐白河、蛮河为主要支流。”

第65页 “1967年丹江口大坝建成后”应为“丹江口水库大坝建成后”。

第 65 页“向东经、南阳、新野等县市，与瞿湾入襄阳县境”应为“于瞿湾入襄阳县境”。

第 79 页 “1937 年 9 月 27 日襄阳站水位 68.5 米”应为“1937 年 9 月 27 日 68.5 米”。“1938 年 9 月 18 日襄阳站水位 68.71 米”应为“1938 年 9 月 18 日 68.71 米”。“8 月 8 日，襄阳站水位”应为“8 月 8 日，汉江襄阳站水位 68.38 米”。

第 79 页“唐白河泛滥成灾，襄阳县境东西长 60 公里，南北宽 5 公里”应为“唐白河泛滥成灾，襄阳境内沿岸东西长 60 公里”。

第 79 页“蝗灾 1951 年绝迹，80 年代初偶有零星发现”应为“蝗灾 1951 年基本绝迹”。

第 80 页“襄阳小樊洲、乔洼”应为“襄阳小樊洲、襄樊市（县级）乔洼”。

第 80 页“保康两峪、桃园”应为“保康两峪公社桃园大队”。

第 81 页“1981 年夏旱接伏旱”应为“1981 年夏（伏）旱”

卷二十六文物名胜：

第 803 页“以‘菊花须插满头归’7 字为咏分赋”应为“以‘菊花须插满头归’七字为韵分赋”。

卷二十九民俗：

第 886 页“宋代左季裕”应为“宋代庄季裕”；“交南解佩”应为“交甫解佩”；“郡中移合”应为“郡中移会”。

四、清代《襄阳府志》补遗

唐代襄州刺史补遗：

刘瞻（武德七年，武德八年至贞观二年）、崔君肃（武德七年）、李愔（龙朔中）、李灵夔（高宗时）、李千里［仁］（永昌元年　不知州事）、皇甫知常（武则天时）、元玄敬（约武则天时）、陈正观（约开元初）、李守礼（开元三年）、杨慎交（约开元六年前）、裴观（开元八年）、独孤策（约开元十五、六年）、元彦冲（开元二十二年）、宋鼎（开元二十四年）、郭崇默（开元中）、宋遥（约开元末）、卫玠（天宝三载?）、陆景融（约天宝五、六载）、裴宽（约天宝八载）、张九皋（约天宝九载）、李惺（天宝十载）、崔伯阳（至德元年?）、韩红（约至德元年）、李恒（至德元年至二年）、崔光远（乾元二年）、韦伦（上元元年，未至任）、郑涯（咸通二年至四年）、卢耽（约咸通六年至九年）、裴坦（约咸通十年至十二年）、杨知温（咸通十三年至十四年）、李蔚（咸通十四年?）、于琮（乾符元年至三年）。

索　引

1、本索引为主题词综合索引，不含概述、附录、《大事记》和人物篇中的人物录、人物表及革命烈士录中的内容。

2、本索引主要收录的主题词词条有人名、地名、图、表及文中主题词等内容。但是对目录、图、表等内容均进行了突出主题词的处理。

3、凡是以区域开头的机关、学校、企业等各类机构，均进行了缩写。例如“襄樊市人力和社会保障局”，简化后以“人社局”为词条；“襄樊市图书馆”，则以“图书馆”为词条；

4、人名索引，有查阅价值并有一定信息量，进行了加黑处理。

5、地名索引以最后一层地名为主。如“某某县某某路”，以“某某路”为词条。

6、图、表索引，均加以简略。“1981年襄樊市城区大气环境质量状况一览表”，以“大气环境质量（表）”为词条；图入索引同理。如：“2000年整险加固后的汉江大堤”，以“汉江大堤（图）”为词条。有些图的介绍非常明了，如“长虹路”，直接为词条，但括注为图。

7、县（市）区概况篇索引，均以县（市）区名起始。例如：“版图面积”，以“襄城版图面积”为词条。

数字首

字母首

C

D

E

F

G

H

J

K

L

M

N

P

Q

R

S

T

W

X

Y

Z

编后记

编纂地方志书是一项功在当代、利在千秋的基础性系统文化工程。东晋以来，历代编修的襄樊地方志书达21部之多。20世纪80年代初，原中共襄阳地委、襄阳地区行政公署（后为中共襄樊市委、襄樊市人民政府，现为中共襄阳市委、襄阳市人民政府）展开新志书编纂工作，并于1994年12月出版新中国成立后第一部《襄樊市志》。一届市志全面记述1886-1985年间襄樊全区自然和社会的沧桑巨变，为研究襄阳历史、掌握襄阳地情提供了丰富的资料，为襄阳人民留下了一笔宝贵的精神财富和历史文化遗产。

一届市志编纂工作启动之时，中国刚刚进入改革开放新时代，百业待兴，百废待举。此后，随着改革开放的全面深化，襄樊的政治、经济、文化及社会生活各个方面经历深刻变革，襄樊市情发生了巨大变化。这不仅为二届修志提供了丰厚的历史内容，也使修编二届志书成为势在必行、人心所向的紧迫任务。为适应改革发展需要，真实反映改革发展历程，弘扬光大襄樊历史文化，2000年7月和10月，中共襄樊市委、市人民政府下发《关于编纂襄樊市第二届市、县（市）区地方志的通知》和《襄樊市第二届地方志编纂工作规划》两个文件，将修编二届志书纳入襄樊市国民经济和社会发展“十五”、“十一五”规划，开始着手准备二届修志工作。选择枣阳、襄阳、市烟草专卖局进行二届修志试点，并取得良好效果。

2006年2月，市委办公室、市政府办公室印发《关于襄樊市志（1986—2005）编纂方案的通知》，正式启动二届修志工作。《通知》确定二届修志工作实行“党委领导、政府主持、地方志编纂委员会及其办公室组织实施”的领导体制，在市地方志办公室设立《襄樊市志（1986—2005）》总编室，具体负责市志编写的组织协调和业务指导。其后，市地方志编纂委员办公室先后举办三期二届修志业务培训班，培训修志人员400余人。根据省地方志办公室文件精神和编纂工作需要，对市志修编断限和篇目进行两次较大幅度的调整。2008年11月，《襄樊市志（1979—2005）》篇目经省志办批复确定，修编工作全面铺开。市直150多个独立承编单位和各县（市）区相应成立修志编纂工作领导机构和工作专班，开始资料搜集和初稿编写工作。至2010年4月，市直各承编单位及各县（市）区共编写出3000余万字的志稿初稿。在此基础上，市地方志办公室组织对志稿的初审、复审、三审，市志总编室按照评审意见对志稿进行认真反复地修改。2011年12月，志稿完成。2012年6月26日，通过省地方志编纂委员会组织的地（市）州志评审委员会终审，最终定稿。

《襄樊市志（1979—2005）》是一部凝结全体编纂人员和工作人员无数心血的鸿篇巨制，范围广大、卷帙浩繁。全书除序言、志首图片、凡例、大事记、总述、附录、编后记外，共36卷，计600余万字。市直各承编单位及各县（市）区史志部门的300多位作者参与本单位初稿编写工作。市志总编室的11位编纂者参与志稿的评审和修改工作。其中晋宏忠、魏平柱、毛运海负责确定凡例、编写总述及全部志书统稿工作；毛运海承担全书统编（一笔统览）任务及对自然环境与环境保护、人口、教育、文化、县（市）区概况卷的前期修改工作；袁天斌负责对外开放、经济综述、财税、经济综合管理卷的修改；安良海负责政法、科学、医药卫生、体育卷的修改；李俊勇负责民政、劳动人事卷的修改；冯毓奎负责城乡建设与管理、贸易、旅游、中国共产党襄樊地方组织卷的修改；徐钊负责政区、邮政电信、交通、军事卷的修改；魏新生负责大事记、农业、水利、林业卷的修改；马善记负责金融、工业、精神文明建设、社会生活卷的修改；郭宗旭负责地方人民代表大会、地方人民政府、襄樊市人民政协、民主党派、人民团体卷的修改；魏平柱负责人物卷的修改。原地方志办公室主任余国成、裴宁，市党史和地方志办公室主任叶长卫、江万丰先后主持编纂工作。原地方志办公室副主任戴学青、副调研员萧辉及沈正明、王冬梅，市党史和地方志办公室副主任汪云、张俭、陈太宇、副调研员赵乾文及秦盛丽、郭炜、黄立平、高健、李福平、李安、梁发双、胡广海、汤和银、赵堃、李月文、詹慧生等分别参与市志编纂人员培训、篇目设计、督办协调和有关材料起草等工作，为市志的编纂出版做出了重要贡献。党和国家领导人照片及题词由梁发双、陶宜军、赵兴沛、释贵明提供，随文插图由相关单位提供。

《襄樊市志（1979—2005）》编纂工作得到各级领导、各有关单位及社会各界的大力支持与关心。在志书编纂出版过程中，省地方志办公室领导文坤斗、陈章华、司念堂、常红权等先后到襄樊检查指导。中共襄樊市委、市政府领导陈文海、施真强、李肃清、陈天国等经常听取工作汇报，并对编纂工作给予具体指导。市财政局给予大力支持，市档案局为市志编纂提供大量有价值的资料。原宜城市志办副主任、樊城区志主编肖明忠，市水利局李德亮，市纪委程元银提出许多宝贵的意见和建议，在此一并鸣谢。

由于《襄樊市志（1979—2005）》篇幅巨大，涉及面广，编纂工作持续时间长，参与人员众多，后期编纂工作时间紧迫，加之编者水平有限，存在问题在所难免，敬请广大读者批评指正。

襄阳市党史和地方志办公室

2014 年 12 月